U0865648

证券代码：600011
证券简称：华能国际

华能国际电力股份有限公司
HUANENG POWER INTERNATIONAL,INC.

实力雄厚

管理一流

股票代码 (H股0598)

Success in Service

服务创造价值

www.sinotrans.com

"我们致力于创建世界级的物流品牌，

成为全球领先的综合物流服务提供商"

中国外运股份有限公司
SINOTRANS LIMITED

地 址：中国北京海淀区西直门北大街甲43号金运大厦A座 邮 编：100044 电 话：(86-10) 62296666 传 真：(86-10) 62296600

Add: Sinotrans Plaza, A43, Xizhimen Beidajie, Beijing 100044, P.R. China Tel: (86-10) 62296666 Fax: (86-10) 62296600

股票代码：600020
证券简称：中原高速

枢纽四方
连贯南北

董事长：宋春雷　　享受国务院政府特殊津贴专家

河南中原高速公路股份有限公司是经河南省人民政府批准，由河南高速公路发展有限责任公司、华建交通经济开发中心、河南省高速公路实业开发公司、河南省交通规划勘察设计院及河南公路港务局等五家法人单位共同发起设立的股份有限公司。2000年12月，中原高速在河南省工商行政管理局注册成立。

公司股本结构：总股本1,050,000,000股，其中国家股233,897,419股，国有法人股536,102,581股，社会公众股280,000,000股。

2003年8月8日，公司发行的28,000万股人民币普通股A股股票在上海证券交易所上市交易。公司股票简称：中原高速，证券代码：600020。

公司主营业务为高等级公路、大型和特大型独立桥梁等交通基础设施项目投资、经营管理和维护。

2001年公司主营业务收入4.93亿元，利润总额2.56亿元；2002年主营业务收入6.82亿元，利润总额3.75亿元；2003年度，主营业务收入8.03亿元，利润总额4.21亿元；2004年1-9月份，公司主营业务收入8.33亿元，利润总额5.67亿元。截止2004年9月底，公司资产规模已达44.76亿元，其中净资产36.01亿元。

河南省地处中原，承东启西，连贯南北，是全国重要的交通枢纽，具有突出的交通区位优势，在国家经济社会发展以及实施西部大开发战略过程中具有重要的战略地位。中原高速郑州至漯河、漯河至驻马店高速公路和郑州黄河公路大桥属于国家南北公路大动脉北京至珠海国道主干线和107国道的重要区段，也是河南省高速公路网络的核心组成部分。中原高速所具有的行业、地理位置、优良资产和经营与发展环境等多方面的优势，使公司具有良好的市场前景和广阔的发展空间。

中原高速将不断完善法人治理结构，保持规范运作，努力提高经济效益，维护全体股东的利益，将公司建成为现代化大型公路企业。同时充分发挥优势，吸收更多的社会资金参与河南省高速公路建设，并分享河南省高速公路快速发展的丰硕成果。

董事长：王祥

岳阳纸业股份有限公司是由湖南省岳阳林纸集团有限责任公司作为主发起人，于2000年9月28日以发起方式设立的股份有限公司。公司首发人民币普通股8000万股经中国证监会核准，上海证券交易所批准，于2004年5月25日在上海证券交易所挂牌上市，公司注册资本17986.67万元。

公司主要从事文化类印刷用纸的制造、销售，主导产品为中高档新闻纸、颜料整饰胶版纸，机制纸年生产能力达35万吨。公司地处洞庭湖和长江交汇处的城陵矶，得天独厚的自然资源和区位优势奠定了岳阳纸业快速成长的基础平台。

公司所处洞庭湖区和周边的江南丘陵拥有丰富的意大利杨、马尾松、国外松、荻苇、竹子等纤维造纸原料。公司积极参与洞庭湖及周边地区的“退田还湖、退耕还林”综合治理，坚持走“林纸一体化”的道路。这不仅符合国家林业生态环境建设的战略布局和产业结构调整以及建设高效林业的原则，而且在解决自身木材原料短缺问题的同时达到以林保纸、以纸兴林、林纸结合、林纸共同发展的良性循环。

公司坚持技术创新，实施品牌战略，在国内率先开发了45g/m^{2}低定量新闻纸、精制高白彩印新闻纸和颜料整饰胶版纸，其中精制高白彩印新闻纸通过了国家级新产品鉴定，并被纳入2002年度国家重点新产品试产计划。颜料整饰胶版纸获得了湖南省2001年度新产品证书。公司以良好的产品质量、产品价格优势、品牌优势以及完善的售后服务赢得了市场和客户的信赖。

2004年5月25日“岳阳纸业”在上海证券交易所隆重上市

董事长王祥在上市庆祝酒会致辞

岳阳纸业股份有限公司

www.yypaper.com

好氧处理

林业基地

公司苗圃

上市庆祝酒会

岳阳纸业文化中心夜景

地址：湖南省岳阳市城陵矶洪家洲
电话：0730-859 0330
传真：0730-856 2203
网址：http://www.yypaper.com
电子信箱：zq@tigerfp.com

董事长：王德贤

总经理：汤涌泉

安徽山鹰纸业股份有限公司前身为马鞍山市造纸厂，建于1957年，1994年改制为马鞍山市山鹰造纸有限责任公司，1999年10月变更成立安徽山鹰纸业股份有限公司。

公司坚持以技术进步谋求发展，生产规模不断扩大，经济效益连年提高。1997年晋升为国家大型一档造纸工业企业，1998年被省政府评为现代企业管理示范单位，1999年通过ISO9002国际质量保证体系认证，2000年评定为安徽省优秀高新技术企业，2001年评定为国家火炬计划重点高新技术企业和科技部技术创新重点联系企业。2001年底公司成功发行6000万社会公众股并在上海证券交易所挂牌上市，成为安徽省造纸行业首家上市公司；2003年6月公司成功发行总额为2.5亿元人民币五年期的可转换债券。两次融资极大地促进了公司的快速发展，公司综合经济效益位居国内同行业前列，是安徽省重点扶持发展的40家大型骨干企业之一。2004年12月公司增发新股9883万股，募集资金全部投资主业，将进一步扩大高档纸板产能，使得品种更加齐全，产品结构更加合理，配套能力更强，规模效益更加明显，公司的产品竞争力将进一步增强，并进一步巩固公司在全国同行业中的前列地位。

目前公司总股本26493万股，其中流通股16443万股；总资产16亿元，净资产8.8亿元。公司主营包装纸及纸板，主导产品为箱纸板、瓦楞原纸、纸箱等，在马鞍山、苏州、杭州、扬州拥有7家子公司。公司现有包装纸板年生产能力45万吨，纸箱2.3亿m^2以上，为安徽省最大的包装纸板和纸箱综合生产企业。公司技术装备精良，产品质优价廉，享誉市场。2003年，“山鹰”牌箱纸板、瓦楞原纸、纸箱被评为“中国著名品牌”。

公司位于长江下游南岸的马鞍山市，距南京仅30公里，紧靠长江黄金水道，水陆交通便捷，是该地区唯一主营包装纸板的上市公司。长江三角洲是发达城市群，纸板需求量大，市场空间广阔，产品辐射面广，为公司实现可持续发展提供了良好的条件。

公司将坚持以市场为导向，以经济效益为中心，以产品质量为保证，以技术创新为手段，充分发挥自身优势，在调整优化产品结构的基础上不断扩大高档产品生产能力，发展生态纸业，走循环经济之路，逐步把公司建设成为可参与国际竞争的大规模、高效益的现代化造纸企业，并努力创造出更加优良的发展条件、更好的经济效益，回报社会，回报投资者。公司秉承“团结、拼搏、创新、卓越”的精神，愿与各界朋友携手共进，共谋发展，再创辉煌。

地址：安徽省马鞍山市勤俭路3号
电话：0555-282 6275
传真：0555-282 6369
网址：http://www.shanyingpaper.com
电子信箱：stock@shanyingpaper.com

地址：湖南省株洲市天元区滨江一村17栋208-209号
邮编：412004
电话：0733-839 2172
传真：0733-839 0145
网址：http://www.torchmetals.com.cn
电子信箱：zytorch@torchmetals.com.cn

董事长：李枝芳

公司成立于2000年12月13日，系由原湖南火炬有色金属有限公司整体变更设立，公司注册地为湖南省株洲市天元区。

公司主要生产、加工、销售锌、锌合金和硫酸，是中国电锌主要生产和出口基地。公司湿法炼锌的设计能力为年产25万吨，在全国同行业中排名第一位，也是亚洲最大的湿法炼锌企业之一。在2001年度英国伦敦金属交易所《金属导报》评选的“世界十大顶级炼锌企业”中，公司排名第九位。2002年和2003年，公司实际产出电锌分别为26万吨和28万吨，居国内第一。

公司锌冶炼系统采用的焙烧--浸出--净化--电解--铸型湿法炼锌工艺，是当前世界上成熟的、国内先进的炼锌工艺流程，整体工艺装备处于国内领先水平，主要装备具有国际先进水平。

湖南株冶火炬金属股份有限公司

HUNAN ZHUYE TORCH METAL CO., LTD.

公司高管

公司拥有行业一流的综合回收能力，实现了多种有价金属元素的全面综合回收，综合回收率在72%以上，国际国内都处于领先水平。

公司生产系统在行业内率先通过了ISO9002国际质量体系认证，主导产品“火炬”牌锌锭最早在伦敦金属交易所(LME)注册，特高级锌产出率99%以上，享受出口免检待遇；2003年荣获国家质量监督检验检疫总局“进出口商品出口免验证书”，为同行业及湖南省第一家，全国第18家获此资格的企业；2004年公司还成为了有色行业和湖南省首家中国海关总署红名单企业。

公司坚持走生产和环保并重的可持续发展之路，以技术和设备的先进性、前瞻性来解决环保问题，创建花园式工厂，各项工业排放指标均达到了国家污染排放标准。2001年，公司成为国内铅锌行业第一家通过ISO14001环境管理体系认证的企业。

2004年8月30日，湖南株冶火炬金属股份有限公司(600961)1.2亿A股在上海证券交易所挂牌交易。上市以后，公司的总股本为42,745.7914万股，注册资本42,745.79万元。根据公司披露的上半年财务报告显示，截止2004年6月30日，株冶火炬经审计的总资产17.01亿元，净利润5518万元，在册员工3098人。

深化企业改革

深化企业改革

北京巴士股份有限公司是以城市客运为龙头，集旅游、广告、公共交通高新技术应用为一体并逐渐向全国辐射的现代化大型交通企业。公司以城市客运为主体，以中高档客运交通方式为基础，站稳首都市场，面向全国市场。同时，狠抓经济效益，运用优质高效的服务手段，运营线网遍布首都，以运力配备充足，运营指挥灵活，服务质量优良为首都经济发展服务，为奥运经济服务。

公司综合竞争实力不断增强。截至2004年第三季度末，公司总资产33.67亿元，比2000年增加了2.9倍，公司拥有运营车辆7090部，运营线路144条，运营线路长度6337公里，运营收入91087万元。有方便、快捷、舒适、冬暖夏凉的空调车和双层客车3千多部，提升了公共交通服务的整体水平，展现了首都经济发展的窗口形象，起到了维护城市功能的作用。公司客运交通线网依托为首都三、四环路，覆盖主要政治、经济、商务、旅游、休闲地区，连接五环路、首都机场、京通、京沈、京津唐、京开、京石、八达岭等高速公路，连接几百个居民小区，极大地方便了市民出行，也为公司持续发展奠定了基础。

公司客运市场运作不断规范。作为北京客运交通行业第一家股份制企业，积极利用上市公司在管理科学、规范运作等诸多方面的优势，充分发挥公司在城市客运交通方面多年积累的经营经验，以及在市场份额及车辆档次、车辆技术上的优势，利用国家加大基础设施投入、首都大力发展公共交通事业、公交优先的一系列政策优势，努力开拓市场，调整运营结构，有效配置运营资源。

北京巴士股份有限公司

BEIJING BASHI CO., LTD.

为首都经济和奥运经济服务

为首都经济和奥运经济服务

公司以人为本，塑造巴士品牌。针对公司发展中出现的问题，由于近几年公司发展较快，吸收了大量首都富余劳动力，服务理念培养和服务技能养成，都要求公司必须加大职工素质培训力度，公司职工培训机构在公司党政的统一领导下，结合行业培训特点，采用多种形式，使员工珍惜再就业的服务岗位，在平凡的岗位上作出不平凡的业绩，涌现出了以“北京十大杰出青年”刘俊华同志为代表的一批优秀售票员、司机员、调度员，更在公司掀起敬业爱岗、钻研业务、无私奉献、文明服务的热潮，营造崇尚先进、争当先进、团结协作、和谐稳定的工作氛围。

公司深化改革，优化资源配置。由于公司发展较快，车辆、人员增加，管理机构也随之增加，管理难度增加，使管理效率有所降低，管理成本上升，公司董事会和高管层采取机构改革的重要举措，将原有的8个客运分公司重组合并为4个分公司，减少了二、三线管理人员，加强了运营生产一线，增进了管理人员的责任意识和能力的提高。优化了运营资产的优化配置，整合了线路资源，该项改革措施已取得了明显效果，在一定程度上降低了由于燃料价格上涨对公司业绩的不利影响。

公司控股的北京公交广告有限责任公司和北京八方达巴士长途客运有限责任公司，也进一步完成了深化企业改革，按照现代企业管理制度规范运作，在各自市场发挥了主导作用，经济效益、社会效益同步增加，实现着双主业共同兴旺发展的良好局面。

地址：北京市海淀区紫竹院路32号
电话：010-6847 7383
传真：010-6873 1430
网址：http://www.newbjbus.com
邮箱：bjbashi@btamail.net.cn

公司以“发展绿色食品，维护生命健康，振兴海洋经济”为使命，按照“建一流企业，做一流产品，创一流效益”的发展思路，坚持以海洋资源优势为依托，以产业和产品结构调整为突破口，以两大市场为导向，以科技创新为动力，以强化管理为保障，大力发展营养价值高，科技含量高，附加值高，市场占有率高的绿色海珍品养殖和冷冻食品加工，积极为社会提供质优价廉的海珍品和冷冻方便食品。

随着中国加入WTO所带来的前所未有的挑战和机遇，山东好当家海洋发展股份有限公司将进一步调整产业结构，与时代同步，与世界同步！

打造绿色产业

YUAN DA ZAO LU SE CHAN YE

SHANDONG HOMEY AQUATIC DEVELOPMENT CO., LTD.

SHANDONG HOMEY AQUATIC DEVELOPMENT CO., LTD.

董事长：吴俊光

总经理：冯启富

党委书记：唐鼎宏

广深铁路股份有限公司（简称广深公司）于一九九六年三月六日按照中华人民共和国《公司法》在中国深圳市注册成立。

一九九六年五月，广深公司发行的H股和美国存托股份（ADSs）分别在香港联合交易所有限公司（香港联交所）和纽约股票交易所（纽约交易所）上市，是目前中国唯一一家在境外上市的铁路运输企业。

广深公司独立经营全长147公里的广深铁路，穿越中国广东省经济高速增长的珠江三角洲，连接京广、京九、三茂、平南、平盐和香港九广铁路，是中国华南地区交通网络的重要组成部分，是中国内陆通往香港的唯一铁路通道，具有良好的区域地缘优势。

广深公司主要经营广州至深圳间客货运输业务及部分长途旅客列车运输服务，并与香港九广铁路公司合作经营九广直通车旅客运输业务，亦经营铁路设施技术综合服务、商业贸易及兴办各种实业等与公司宗旨相符的其他业务。

广深公司经营的广深铁路是目前中国现代化程度最高的铁路之一，其技术装备达到国内领先水平，部分技术指标达到或接近国际先进水平，是中国最早开行时速200公里高速旅客列车的铁路。

广深公司不断推进高速列车发展计划，广州、深圳之间已于2001年实现了城际特快旅客列车公交化运输，开创了全国铁路的先河。截至2004年6月30日，广深铁路共开行列车115对，其中广深城际特快列车64对，广九直通车12对，广深普速列车2对，国内长途列车37对。

广深铁路是中国铁路干线与港口连接紧密的铁路，分别与广州的广州港和深圳的盐田港、蛇口港、赤湾港、妈湾港连接。广深公司拥有完善配套的货运设施，能有效地进行整车、零担、集装箱、笨重货物、危险货物、鲜活货物、超限货物的运输，在中国内陆中长远距离运输方面具有竞争优势。

广深铁路是中国综合效益较好的铁路之一。广深公司客货运输吸引区范围涵盖广州、珠海、中山、佛山、东莞、深圳和香港等地。广深公司提供的客货运输服务已成为粤港经济和市民生活的重要组成部分。随着粤港区域经济协作的进一步发展和广深公司运输条件的不断改善，广深铁路运输市场的前景将更加广阔。

不断推进资本市场改革开放和稳定发展

2004年，影响资本市场发展的诸多因素正在发生积极变化，资本市场正面临十分重要的发展机遇。2005年要以加强市场基础性制度建设为主线，围绕推进资本市场的改革和发展、加强市场监管、扩大对外开放和强化自身建设等工作重点，逐步解决市场存在的深层次问题和结构性矛盾。

2004年，证券期货市场改革的力度很大，是出台重大改革和发展政策措施最多的一年，是贯彻落实《国务院关于推进资本市场改革开放和稳定发展的若干意见》的第一年，是在社会主义市场经济体制下对资本市场重要性、规律性认识进一步深化的一年，是资本市场基础性制度建设积极推进的一年，是资本市场改革、创新取得重大进展的一年。围绕贯彻《若干意见》，在发行制度改革、上市公司持续监管、维护社会公众股股东合法权益、规范证券公司运作、发展机构投资者、市场建设、产品创新等诸多方面，推出了一系列改革措施，保持了市场的平稳运行，证券期货市场的改革和发展都取得了显著成效。

一是认真学习和深入领会《若干意见》精神，努力推动《若干意见》的贯彻落实。二是多层次市场体系建设迈出重要步伐，品种创新取得新进展。三是发行制度改革不断深化，市场约束进一步加强。四是进一步规范市场主体行为，切实保护投资者合法权益。五是稳妥处置市场风险，积极维护市场和社会稳定。六是狠抓大案要案急案调查，严厉打击违法违规活动。七是全面推进依法行政，法制诚信建设取得新进展。八是着力夯实期货市场发展基础，期货市场功能进一步显现。九是全面整合证券期货监管系统资源，进一步增强监管合力。十是加大与相关部门的协调力度，改善市场发展的外部环境。十一是对外开放逐步深入，国际交流不断拓展。

从2004年的市场情况看，虽然受宏观调控、金融政策调整、历史积累的风险相对集中释放等多方面因素的影响，市场出现了一些波动，但证券市场总体上保持了平稳运行的态势。全年境内市场共有133家企业发行股票，16家企业发行可转债和公司债，境内市场筹资866.6亿元，增长5.28%，新增上市公司97家，上市公司总数已达1377家。发行证券投资基金55只，募集金额1862.5亿元，同比增长168.7%，基金发行规模超过了过去历年的总和。期货市场稳步发展，规模进一步扩大，呈现较好的发展态势，市场交易量继续保持增长，全年总成交金额14万亿元，交易手数2.77亿手，同比分别增长了45%和12.7%。

2004年取得的成绩得益于牢固树立和认真落实科学发展观，不断提高对社会主义市场经济体制下发展资本市场重要性及其规律的认识，坚持不懈地推进《若干意见》的落实。目前，贯彻落实《若干意见》已经有了良好的开端，但这只是一个起步，全面贯彻落实《若干意见》是一个长期的过程，任务还十分艰巨，必须做坚持不懈的努力。

当前，我国资本市场的改革和发展正处于一个关键时期，影响市场发展的诸多因素正在发生积极变化，资本市场正面临十分重要的发展机遇。

首先，证券期货市场的重要作用已得到社会各界的广泛认同，大力发展资本市场并全面发挥其功能已成为全社会的共识。第二，国民经济持续快速健康发展，证券期货市场发展的宏观环境良好，为证券期货市场的进一步发展奠定了扎实的基础。第三，金融改革、投资体制改革、国有企业改革不断深入，大力发展资本市场已成为改革的客观需要。第四，各类社会资金保值增值的需求不断扩大，为证券期货市场的发展提供了广阔的资源。第五，中国经济在全球的地位和作用日益凸显，资本市场吸引力进一步提升，为我们综合利用境内外市场和资源促进资本市场发展，提供了良好的机遇。

资本市场的改革发展还面临着法制建设和执法环境不配套、市场主体运作不规范、市场结构仍需完善以及监管工作有待进一步加强和改善等方面的挑战。资本市场改革发展的形势是机遇与挑战并存，把握机遇关键在于夯实基础。近几年，证监会坚持不懈地狠抓市场基础性建设，特别是全面贯彻落实《若干意见》，影响市场发展的一些关键因素正在发生积极变化：投资产品在丰富，上市公司结构在改善，投资者结构在优化，合规资金入市渠道在拓宽，市场秩序在规范，投资者权益保护在加强。市场基础建设所取得的这些成绩，为市场功能的进一步发挥打下了坚实的基础。总之，对当前资本市场的发展形势要有一个科学和全面的认识，既要看到存在的问题，更要看到面临的机遇。只要坚定信心，坚持不懈地狠抓基础性建设，市场运行的效率就会不断提高，市场的结构就会逐步改善，市场优化资源配置的作用就会日益增强，市场的发展就会越来越健康。

2005年，证券期货监管工作要贯彻这样的指导思想：以邓小平理论和"三个代表"重要思想为指导，全面贯彻党的十六大、十六届三中、四中全会和中央经济工作会议精神，坚持求真务实，牢固树立科学发展观，全面落实《若干意见》，要以加强市场基础性制度建设为主线，围绕推进资本市场的改革和发展、加强市场监管、扩大对外开放和强化自身建设等工作重点，逐步解决市场存在的深层次问题和结构性矛盾，促进资本市场持续稳定健康发展。

2005年资本市场各方面要重点做好以下工作：

一是要深入学习领会《若干意见》，做好2005年落实《若干意见》的工作安排。二是要继续推进多层次市场体系建设，完善市场功能。三是要深化发行制度改革，提高市场融资效率。四是要推动上市公司完善法人治理结构，维护公众股东合法权益。五是要促进证券公司规范发展，做好高风险证券公司的处置工作。六是要大力发展机构投资者，加快投资者结构改善步伐。七是要推动期货市场健康发展，提高市场运行质量。八是要加强法制建设，进一步提高稽查办案水平。九是要稳步扩大对外开放，积极开展国际交流与合作。十是要加强自律管理，发挥自律组织的功能与作用。

总之，我们要要深入贯彻落实中央经济工作会议和国务院的指示精神，扎扎实实地做好资本市场各方面的工作，努力开创证券期货市场改革开放和稳定发展的新局面。

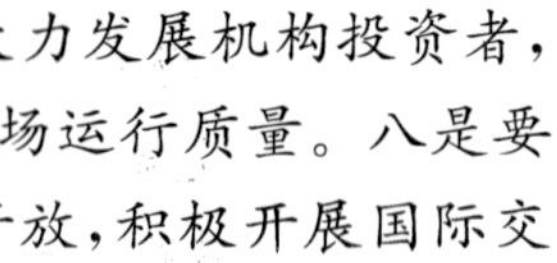

2004

中國證券業年鑒

CHINA SECURITIES YEARBOOK

上

总第十二期

总编辑 陈乃进 朱从玖 张育军
上海证券交易所 深圳证券交易所
天津中新药业集团股份有限公司
中国证券业年鉴编辑委员会

新华出版社

声　明

图书在版编目(CIP)数据

中国证券业年鉴. 2004年/《中国证券业年鉴》编辑委员会 编.
—北京:新华出版社，2005.4
ISBN 7-5011-6913-6

Ⅰ.中… Ⅱ.中… Ⅲ.证券市场—中国—2004—年鉴 Ⅳ.F832.51-54

中国版本图书馆CIP数据核字(2004)第127825号

责任编辑:吕仙珽　陈洁

中國證券業年鑒(2004・总第十二期)

中国证券业年鉴编辑委员会编

新华出版社出版发行
新华书店经销
上海中证鉴广告有限公司数据植字
上海出版印刷有限公司承印
开本:850mm×1168mm　1/16　印张:180　插页:360　字数:6800千字
2005年2月第一版　　2005年2月第一次印刷
ISBN 7—5011—6913—6/F・996

总定价:人民币780元　港币780元　美元120元

编辑说明

《中国证券业年鉴》是一部全面反映我国证券市场发展史的大型史料性年刊。自1993年创刊以来,《中国证券业年鉴》已逐渐成为一个展示公司业绩、总结市场成就、记录证券业历史、促进我国证券市场对外交流与合作的重要窗口。《中国证券业年鉴》每年出版一次,国内外公开发行。

《中国证券业年鉴》主要反映上一年度中国证券、期货、基金、保险、金融、债券市场及企业制度建设和发展方面的情况和最新动态,供海内外有关机关、社团、学校、研究部门、企事业单位及社会各界人士做进一步研究参考使用。为推动中国证券业的规范化和国际化、建设有中国特色的社会主义市场经济服务。

《中国证券业年鉴》(2004.总第十二期)共分十编,内容设置专论、中国证券市场、中国金融市场、中国期货市场、中国基金市场、中国保险市场、中国债券市场、政策与法规、市场统计资料、中国证券业人物等部分。另有彩色图片1230幅。

《中国证券业年鉴》的资料直接来源于公司的公告和报告、国务院有关部委及各省、市相关单位提供的材料,保证了《年鉴》的权威性和准确性。《中国证券业年鉴》(2004)在基本保持上一期的内容和体例的基础上作了较大的改版。整合了原有的编章,同时重点充实了中小企业板、投资银行、非银行金融机构、保险市场等部分内容,突出反映了2004年我国证券市场的整体发展状况。但由于中国证券业仍处于发展阶段,加上各地区的发展不平衡以及我们的水平有限,难免出现一些疏漏,敬请读者谅解和指正。

《中国证券业年鉴》由中国证券业年鉴编辑部组织编辑,由新华出版社出版,在编辑出版过程中得到了国务院有关部门及中国证券监督管理委员会、各省、直辖市、自治区证券监管机构、中国证券报社、上海证券交易所、深圳证券交易所、证券界有关领导、专家的指导和支持,在此我们表示最诚挚的感谢。

中国证券业年鉴编辑部

中国证券业年鉴顾问委员会

	陆建新	中国证券监督管理委员会厦门监管局	局长
	方向瑜	中国证券监督管理委员会甘肃监管局	局长
	丁文奇	中国证券监督管理委员会大连监管局	局长
	夏业成	中国证券监督管理委员会宁夏监管局	局长
	毕恩元	中国证券监督管理委员会青岛监管局	局长
	王建军	中国证券监督管理委员会青海监管局	局长
	洪　磊	中国证券监督管理委员会基金监管部	副主任
特别顾问：	陈耀先	中国证券登记结算有限责任公司	董事长
	詹原竞	天津中新药业集团股份有限公司	董事长
	宋春雷	河南中原高速公路股份有限公司	董事长
	陈兴汉	南京栖霞建设股份有限公司	董事长兼总经理
	王文京	北京用友软件股份有限公司	董事长兼总裁
	朱崇仁	云南驰宏锌锗股份有限公司	董事长
	刘子静	广州白云国际机场股份有限公司	董事长
	张洪飚	中国航空科技工业股份有限公司	董事长
	李建新	湖南长丰汽车制造股份有限公司	董事长
	张　斌	中国外运股份有限公司	董事长
	王　祥	岳阳纸业股份有限公司	董事长
	刘晓光	北京首都创业集团有限公司	总经理
	刘龙华	北京城建投资发展股份有限公司	董事长
特邀顾问：	何振亚	北京动力源科技股份有限公司	董事长
	于汝民	天津港股份有限公司	董事长
	罗庆红	四川广安爱众股份有限公司	董事长
	孙　亮	山东基建股份有限公司	董事长
	闫希军	天津天士力制药股份有限公司	董事长
	朱重庆	浙江航民股份有限公司	董事长
	袁志敏	广州金发科技股份有限公司	董事长
	孙新华	芜湖港储运股份有限公司	董事长兼总经理
	刘绍喜	广东省宜华木业股份有限公司	董事长兼总经理
	宋　鑫	中金黄金股份有限公司	董事长
	徐立华	宁波波导股份有限公司	董事长兼总经理
	邓中华	湖南郴电国际发展股份有限公司	董事长
	贺长松	湖北楚天高速公路股份有限公司	董事长
	陆益平	中国石化上海石油化工股份有限公司	董事长
	刘双珉	科达集团股份有限公司	董事长
	裴　华	开滦精煤股份有限公司	董事长
	赵凤高	上海汽车股份有限公司	董事、总经理
	李鹏程	山东好当家海洋发展股份有限公司	董事长
	王佳芬	光明乳业股份有限公司	董事长兼总经理

孙勇才	黑龙江北大荒农业股份有限公司	董事长
胡联奎	北京华胜天成科技股份有限公司	董事长
闫作利	武汉春天生物工程股份有限公司	董事长
胡云峰	徐州维维食品饮料股份有限公司	董事长
高巨谦	青岛黄海橡胶股份有限公司	董事长
扎西江措	西藏天路交通股份有限公司	董事长兼总经理
杨延良	山东博汇纸业股份有限公司	董事长
傅日高	浙江中国小商品城集团股份有限公司	董事长
沈长全	江苏宁沪高速公路股份有限公司	董事长
孙东兴	安徽方兴科技股份有限公司	董事长
黄忠渠	贵州钢绳股份有限公司	董事长
阮水龙	浙江龙盛集团股份有限公司	董事长
曹朝阳	风神轮胎股份有限公司	董事长
周建雄	湘潭电机股份有限公司	董事长
黄代放	泰豪科技股份有限公司	副董事长、总经理
陈树扬	江苏省纺织品进出口集团股份有限公司	董事长
张国光	北京巴士股份有限公司	董事长
张跃文	湖南新五丰股份有限公司	董事长
孙　云	四川路桥建设集团股份有限公司	董事长
雷锦录	西安交大博通资讯股份有限公司	董事长
徐伟强	宝胜科技创新股份有限公司	董事长
郑　华	贵州盘江精煤股份有限公司	董事长
赵　伟	大连圣亚旅游控股股份有限公司	董事长
肖同友	南京钢铁股份有限公司	董事长
王大和	甘肃省敦煌种业股份有限公司	董事长
鲍俊华	武汉健民药业集团股份有限公司	董事长
陈　平	武汉马应龙药业集团股份有限公司	董事长
刘进奎	北京空港科技园区股份有限公司	董事长
杨龙江	广州东方宝龙汽车工业股份有限公司	董事长
王林祥	内蒙古鄂尔多斯羊绒制品股份有限公司	董事长
李枝芳	湖南株冶火炬金属股份有限公司	董事长
张连选	天津市房地产发展(集团)股份有限公司	董事长
梁英奇	柳州两面针股份有限公司	董事长
陈启祥	济南钢铁股份有限公司	董事长
赵唯一	江苏吴中实业股份有限公司	董事长
李永进	宁夏赛马实业股份有限公司	董事长
陈天麟	浙江国祥制冷工业股份有限公司	董事长
张海龙	安徽雷鸣科化股份有限公司	董事长
张建良	北矿磁材科技股份有限公司	董事、总经理

中国证券业年鉴编辑委员会

王大为	山东基建股份有限公司	董事、副总经理、董事会秘书
宋利元	天津天士力制药股份有限公司	董事会秘书
高天相	浙江航民股份有限公司	董事、副总经理、董事会秘书
吴　诚	广州金发科技股份有限公司	副总经理、董事会秘书
欧业群	芜湖港储运股份有限公司	副总经理、董事会秘书
谢纯斌	广东省宜华木业股份有限公司	证券事务代表
李跃清	中金黄金股份有限公司	副总经理、董事会秘书
马思甜	宁波波导股份有限公司	副总经理、董事会秘书、财务负责人
杨东旭	湖南郴电国际发展股份有限公司	副总经理、董事会秘书
逯英劲	湖北楚天高速公路股份有限公司	证券事务代表
戴剑石	中国石化上海石油化工股份有限公司	董事会办公室
韩晓光	科达集团股份有限公司	董事会秘书
侯树忠	开滦精煤股份有限公司	董事会秘书
戚　燕	山东好当家海洋发展股份有限公司	董事会秘书
朱建毅	光明乳业股份有限公司	董事会秘书
史晓丹	黑龙江北大荒农业股份有限公司	董事会秘书
胡家飞	北京华胜天成科技股份有限公司	董事会秘书
闻彩兵	武汉春天生物工程股份有限公司	副总经理、董事会秘书
丁金礼	徐州维维食品饮料股份有限公司	董事会秘书、总经济师
宋志勇	青岛黄海橡胶股份有限公司	董事会秘书
多吉罗布	西藏天路交通股份有限公司	董事会秘书
杨　升	山东博汇纸业股份有限公司	董事、副总经理、董事会秘书
陈荣根	浙江中国小商品城集团股份有限公司	董事会秘书
姚永嘉	江苏宁沪高速公路股份有限公司	董事会秘书
李群虎	安徽方兴科技股份有限公司	董事会秘书
杨期屏	贵州钢绳股份有限公司	董事会秘书
阮兴祥	浙江龙盛集团股份有限公司	董事、董事会秘书
韩法强	风神轮胎股份有限公司	董事会秘书
汤鸿辉	湘潭电机股份有限公司	董事、董事会秘书
杨　骏	泰豪科技股份有限公司	董事会秘书
范云涛	江苏省纺织品进出口集团股份有限公司	董事会秘书
傅世学	北京巴士股份有限公司	副总经理、董事会秘书
袁端淇	湖南新五丰股份有限公司	董事会秘书
曹　川	四川路桥建设集团股份有限公司	副总经理、董事会秘书
关　辉	西安交大博通资讯股份有限公司	董事会秘书
翟立锋	宝胜科技创新股份有限公司	董事、董事会秘书
伍正斌	贵州盘江精煤股份有限公司	董事会秘书
肖　峰	大连圣亚旅游控股股份有限公司	副总经理、董事会秘书
张锦根	上海汽车股份有限公司	董事会秘书
徐　林	南京钢铁股份有限公司	董事会秘书
赵　明	甘肃省敦煌种业股份有限公司	董事、董事会秘书

杜明德	武汉健民药业集团股份有限公司	董事会秘书
夏有章	武汉马应龙药业集团股份有限公司	董事会秘书处副主任
宣顺华	北京空港科技园区股份有限公司	董事、副总经理、董事会秘书
刘祥能	广州东方宝龙汽车工业股份有限公司	副总经理、董事会秘书
周　锋	安徽雷鸣科化股份有限公司	董事会秘书
曲晓力	北矿磁材科技股份有限公司	董事会秘书
李成君	内蒙古鄂尔多斯羊绒制品股份有限公司	董事、董事会秘书
刘伟清	湖南株冶火炬金属股份有限公司	董事会秘书
陈长来	天津市房地产发展(集团)股份有限公司	董事、董事会秘书
王为民	柳州两面针股份有限公司	董事、副总裁、董事会秘书

中国证券业年鉴编辑部

主　　任： 曹文桥

副 主 任： 张学军　邢　达　黄八一　秦　朝

编　　辑： 邱　天　黄爱斌　陈　冀　肖　龙　丁　红　吴兵兵　陈赛敏　周晓燕
江小嫣　胡文雅　王治涛　蒋文俊　刘思凯　韩　滔　威泽铎　曹林东
郭　平　刘　辉　姚　玲　吴美珍　秦智渊　黄昊华　张　昊　李　青

地　　址： 上海市浦东南路1550号5号楼1003室

邮　　编： 200122

电　　话： 021—68670009

传　　真： 021—58206180

目　录

第一编　专　论

第二编　中国证券市场

第一章　中国证券市场概况

第二章　证券监管与经营机构

第三章 上市公司

第一节 上市公司/业绩报告

第四章 证券业中介服务机构

第六章 证券业大事记

第三编 中国金融市场

第一章 中国金融市场概况

第二章 报告与统计数据

第三章 金融管理机构

第四章 商业银行

第五章 非银行金融机构

第四编　中国期货市场

第一章　中国期货市场概况

第二章　统计数据

第三章　期货交易机构

第四章　期货经纪公司

第五编　中国基金市场

第一章　中国基金市场概况

第二章　基金托管机构

第三章　基金管理公司

第六编　中国保险市场

第一章　中国保险市场

第二章　保险经营机构

第七编　中国债券市场

第八编　政策与法规

第九编　中国证券市场统计资料

第一章　上海证券市场统计资料

第二章 深圳证券市场统计资料

第十编 中国证券业人物

插页目录

上　册

中　册

下 册

深圳证券交易所中小企业板块上市公司专栏

证券公司、投资银行专栏

中国证券业人物成就展

中国证券业人物成就展

上海证券市场表现

上证指数

上证180

上证B股

CSRC

中国证券监

CHINA SECURITIES I

中国证券监督管理委员会是国务院直属正部级事业单位，是全国证券期货市场的主管部门。下设办公厅、发行监管部、市场监管部、机构监管部、上市公司监管部、基金监管部、期货监管部、稽查一局、稽查二局、法律部、会计部、国际合作部、人事教育部、党委宣传部、监察室、机关党委、规划委、派出机构协调办等18个职能部门和信息中心、行政中心2个直属事业机构。

中国证券监督管理委员会在全国各省、市、自治区设立的派出机构

北京监管局	云南监管局	新疆监管局	广西监管局
上海监管局	辽宁监管局	山西监管局	陕西监管局
天津监管局	山东监管局	贵州监管局	黑龙江监管局
重庆监管局	海南监管局	内蒙古监管局	厦门监管局
深圳监管局	河南监管局	宁波监管局	甘肃监管局
湖北监管局	河北监管局	福建监管局	大连监管局
江苏监管局	浙江监管局	西藏监管局	宁夏监管局
广东监管局	湖南监管局	吉林监管局	青岛监管局
江西监管局	四川监管局	安徽监管局	青海监管局

督管理委员会

EGULATORY COMMISSION

CSRC

地　址：北京市西城区金融大街19号富凯大厦A座

邮　编：100032

中国证券登记结算有

CHINA SECURITIES DEPOSITORY & CLEARING

董事长：陈耀先

总经理：金颖

中国证券登记结算有限责任公司成立于2001年3月30日，是经国务院同意，中国证监会批准，依据《证券法》和《公司法》组建的沪、深两市唯一一家证券登记结算机构。公司实行董事会领导下的总经理负责制。公司总部设在北京，设有上海、深圳两个分公司。中国证监会是公司的主管部门，公司业务接受中国证监会的领导、监督和管理。

限责任公司

CORPORATION LIMITED

公司的宗旨是，建立一个符合规范化、市场化和国际化要求，具有开放性、拓展性特点，有效防范市场风险和提高市场效率，能够更好地为我国证券市场未来发展服务的集中统一的证券登记结算体系。公司的经营范围是：证券账户和结算账户的设立和管理、证券登记与过户、证券托管与转托管、证券和资金的清算与交收、受发行人委托办理证券权益分配等代理人服务、因特网信息服务以及中国证监会批准的其他业务。

2004年证券登记结算系统将继续发挥其基础性作用，保持平稳运行和良性发展。一是证券登记结算规则将进一步建立和健全，登记结算系统运行将更加规范；二是结算参与人制度将逐步建立，风险管理措施将不断完善；三是登记结算系统功能将进一步拓展，继续支持证券市场的制度创新和产品创新；四是技术系统将不断升级和优化，服务质量将进一步提高。

公司高层管理人员

公司总部

地址：中国北京市西城区金融大街27号投资广场22-23层
邮编：100032
电话：010-5859 8888

上海分公司

地址：上海市浦东新区陆家嘴东路166号中国保险大厦36楼
邮编：200120
电话：021-6887 0587

深圳分公司

地址：广东省深圳市深南中路1093号中信大厦18楼
邮编：518031
电话：0755-2593 8000/2598 8133

中央国债登记结算有限责任公司

CHINA GOVERNMENT SECURITIES DEPOSITORY TRUST & CLEARING CO., LTD.

党委书记、董事长：王纯

中央国债登记结算有限责任公司（简称"中央结算公司"）成立于1996年12月2日，是为全国债券市场提供国债、金融债券、企业债券和其他固定收益证券的登记、托管、交易结算等服务的国有独资非银行金融机构，是财政部唯一授权主持建立、运营全国国债托管系统的机构，是中国人民银行指定的全国银行间债券市场债券登记、托管、结算机构和商业银行柜台记账式国债交易一级托管人。

截止2003年底，在中央结算公司托管的债券余额达3.7万亿元，约占全国债券待偿余额的90%，开户结算成员单位2895家，涵盖了国内商业银行、农村和城市信用社、保险公司、证券公司、证券投资基金、财务公司、信托投资公司、金融租赁公司以及外资银行在华分行等金融机构和企事业单位等非金融机构。几年来，中央结算公司累计支持债券发行31,000多亿元，办理债券交易结算（含公开市场业务）550,000多亿元，代理拨付债券本息资金20,000多亿元。

公开市场

公司高层领导

公司的业务范围包括：国债、金融债券、企业债券和其它固定收益证券的登记、托管、结算、代理还本付息；为中国人民银行公开市场业务系统和债券发行系统提供技术支持；担任债券基金及其它基金资产的托管人并办理基金单位的登记、托管、结算；债券市场与货币市场中介服务及信息服务；债券市场及货币市场的研究、咨询、培训与宣传；办理外币固定收益证券的托管、跨境结算并组织办理相关的资金结算和国际业务；根据管理部门授权对债券次级托管进行监督；经中国人民银行、财政部批准的其它业务。

在主管部门的领导下，经过中央结算公司与广大市场参与者的共同努力，一个全国集中统一的债券登记托管体系已基本建立，一个运作规范、发展迅猛的银行间债券市场已具规模，一种适合我国国情的电子柜台债券托管和交易模式已经推出，这些都为中国债券市场的进一步发展打下了坚实的基础。

安全维护

http://www.chinabond.com.cn

中國证券報

评析证券市场

社长、总编辑：陈乃进

传递证券信息

《中国证券报》是新华通讯社主办的全国性证券专业日报，是中国证券监督管理委员会指定披露上市公司信息、中国保险监督管理委员会指定披露保险信息的报纸。

《中国证券报》的办报宗旨是：宣传党和国家有关经济、金融、证券的方针政策，传递金融、证券信息，评析金融、证券市场，普及金融、证券知识，做可信赖的投资顾问。

《中国证券报》以证券、金融报道为中心，报道国内外经济大势、宏观经济政策；报道证券市场、上市公司等专业领域；也关注货币、保险、基金、期货、房地产、外汇等相邻市场，并在更加广阔的财经领域有着较大的影响力。

《中国证券报》的目标是做高水准的财经报纸，即所刊登的文章有较多的独家新闻、深度报道和具有前瞻性的分析评论，这些文章被较多地转载、援引、提及，受到人们的关注和重视，从而在较大程度上引导舆论，影响人们对证券市场、金融形势和经济走势的看法。

作为一张全国性的证券专业报纸，《中国证券报》努力弘扬报道的权威性，帮助读者把握宏观政策精神，客观认识市场走势；着力增加有效信息量，方便读者及时了解国民经济、行业部委、上市公司和证券市场等各个层面的信息，为其投资决策提供有效参考；注重市场报道的实用性。同时，重视发挥媒体的舆论监督功能，揭露并抨击重大违法违规行为，维护投资者利益，促进证券市场健康发展。

据国家统计局中国经济景气监测中心等机构联合发布调查报告显示，《中国证券报》为阅读率最高的全国性四大报纸之一，央视调查咨询中心2000年在15城市的调查显示，在全国金融证券类报刊中，《中国证券报》阅读率名列第一。央视调查咨询中心等机构2001年的调查显示，《中国证券报》在2001年上半年全国性报刊媒体广告经营额排名第一，在北京市2001年上半年报刊媒体广告经营额排名第三；《中国证券报》平均每期读者阅读率达3.2%，平均每期读者数达130.8万人，白领读者占读者总数的58.84%。

《中国证券报》在上海、深圳、辽宁、广东、湖北、山东、四川、重庆、江苏、浙江、福建、海南、陕西13个省市设有记者站，它们和新华社遍布全球的分社、支社为《中国证券报》提供了广泛的信息来源。

《中国证券报》每周一至周六出版，每期对开十六版以上，海内外公开发行。《中国证券报》国内邮发代号为1-175，国外代号为D1228；全国各地邮局均可破季破月订阅，各城市还设有零售业务。

北京动力源科

BEIJING DYNAM

董事长：何振亚先生

北京动力源科技股份有限公司是北京市中关村科技园区高新技术企业，现有员工600人，以提供电源产品和电源解决方案为核心业务，现主要从事开关电源的系统研发、制造和销售。公司已形成独立完整的经营体系，拥有独立的研发、生产、销售和服务系统，是具有自主知识产权的规模化的电源制造企业。

公司是国内通信开关电源主要的供应商，产品已形成系列化，并多次获奖，其产品大量运行在中国电信、中国移动、中国联通、中国网通、中国铁通等国家公网，以及军队、公安、水利、电力等专网上，用户遍布全国30多个省、直辖市和自治区，是业界公认的知名品牌产品。

公司建立了完善的质量管理体系，通过了ISO9001质量体系认证。历经磨砺，公司已具备强势的技术研发和市场竞争能力，造就了一支高素质和富于创业精神的优秀团队。公司将依靠人才和技术优势不断提升核心竞争力，以最好的产品、最佳的服务打造美好的未来。

技股份有限公司

C POWER CO., LTD.

董事长何振亚先生和上海证券交易所副总经理吴雅伦先生交换上市协议书

鸣锣开市，动力源成功上市！

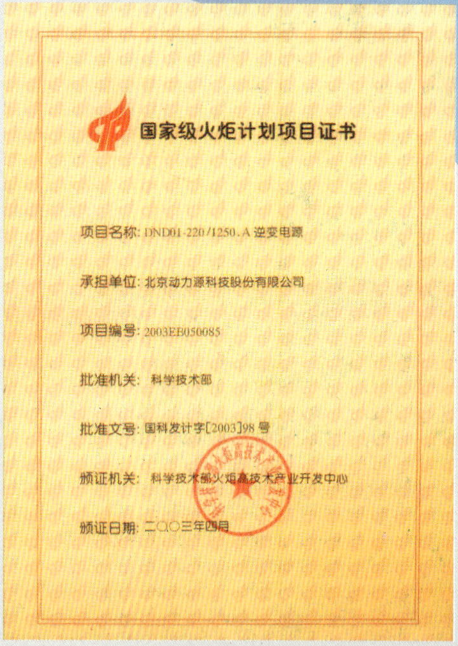

国家级火炬计划项目证书

项目名称：DND01-220/1250.A 逆变电源

承担单位：北京动力源科技股份有限公司

项目编号：2003EB050085

批准机关：科学技术部

批准文号：国科发计字[2003]98 号

颁证机关：科学技术部火炬高技术产业开发中心

颁证日期：二○○三年四月

高新技术企业证书

企业名称：北京动力源科技股份有限公司

统一编号：0211008A1407

有效期：二年

北京市科学技术委员会

2002 年 04 月 05 日

tjpgroup@mail.ptacn.com
tjpgroup@mail.ptacn.com

天津港股份有限公司所在地天津港是我国沿海综合性主枢纽港和北方地区主要的集装箱枢纽港；是中、西亚地区国家的出海口岸和亚欧大陆桥的桥头堡；是京津及华北地区国民经济和外向型经济发展的重要依托；是我国南北物资交流的重要枢纽、中西部地区内引外联的窗口及其对外交通的重要口岸。同时天津港也是中国最大的人工港，2001年11月天津港成为我国第四个过亿吨大港。

天津港股份有限公司原名天津港储运股份有限公司，其前身是天津港储运公司。1992年，经天津市经济体制改革委员会津体改委字（1992）37号文件批准，天津港储运公司实行股份制试点，由天津港务局作为独家发起人，通过定向募集方式设立股份有限公司，成立日期1992年12月21日。

天津港

董事长：于汝民

1996年，经中国证监会监发审字（1996）49号文件审核批准，公司股票于同年6月14日在上海证券交易所挂牌交易，股票简称“津港储运”，股票代码600717。

经过历次股本扩张及资产收购等行为，公司先后收购天津港务局属下的货运公司90%股权、第六港埠公司、第五港埠公司以及东方海陆51%控股权等优质资产，使本公司由原单纯经营产品储存、中转及运输发展成为集港口装卸、港口物资集疏运及货物代理为一体的综合性港口经营公司。

1998年，公司更名为天津港（集团）股份有限公司，股票简称“天津港”。此次更名标志着公司发展过程中质的飞跃。

2004年公司名称变更为天津港股份有限公司。

公司目前经营的主要货类包括集装箱和焦碳、煤、金属矿石等大宗散货。在未来的运作中公司将一如既往的大力发展港口建设，充分利用加入WTO给我国港口行业带来的机遇，培育核心能力，奠定坚实的竞争优势。

地址：天津市塘沽区新港二号路35号　电话：022-2570 6615　传真：022-2570 6615　邮编：300456
电子信箱：tjpgroup@mail.ptacn.com

股份有限公司

追求天人合一
提高生命质量
天士力制药股份有限公司
天士力集团
TASLY GROUP

工程股份有限公司

Engineering Stocks Co., Ltd

电话：027-876 54767　　传真：027-8765 4797
电子信箱：stocks@spring.com.cn

精诚团结的员工队伍

丰富多彩的文化娱乐活动

Biological Engineering
Spring

上海汽车

悬架弹簧

公司地址：上海张江高科技园区松涛路563号A幢5层
电　　话：021-5080 3808
传　　真：021-5080 3780
互联网址：www.china-sa.com

上海汽车股份有限公司是由上海汽车工业(集团)总公司独家发起，以原上海汽车齿轮总厂的资产为主体，采用社会募集方式设立的股份有限公司，于1997年11月上市，证券代码600104。

历年来，公司在“上汽集团”的倾力支持下，进行了不断的资本扩张，已从汽车零部件生产向整车制造、金融和信息产业等领域渗透，母体企业有上汽仪征汽车有限公司、汽车齿轮总厂、中国弹簧厂和粉末冶金厂，并投资参股了上海通用汽车(SGM)、制动系统、转向机、车灯、空调热系统、传动轴等二十余家整车及零部件制造企业，已形成依托“上汽集团”、配套全国，同时积极参与国际市场竞争的独立营销体系。

历年来，公司经济效益稳步增长，同时为股东提供了较好的回报，树立了规范、绩优的市场形象。公司目前总股本为32.76亿股，“上汽集团”持有国家股70%，公众流通股30%。历年的各项经济指标在全国同行业中名列前茅，为公司在汽车行业中的稳步发展打下了坚实的基础。

随着世界经济一体化的发展趋势，公司将着力推进“用户满意、全面创新、全球经营、人本管理”等四大工程以及“人人成为‘经营者’”管理模式，进行规范、稳健的资本运作，不断提高公司综合竞争力，保证股东权益的不断增长，努力实现上汽集团“到2007年年产汽车100万辆、跻身世界500强、自主品牌汽车5万辆”的三大战略目标，为中国汽车工业走向世界，作出不懈的努力！

股份有限公司

粉末冶金制品

变速器

董事长：王文京

企业的使命

发展民族软件产业 推进中国管理现代化

企业的宗旨

与用户真诚合作，做用户可靠朋友

核心价值 帮助客户提高经营与管理能力

企业理念

通过为顾客带来价值，为股东带来价值增值，为员工带来价值实现，把公司发展成为中国最有价值的企业之一

企业文化核心 以人为本、客户为本

产品方针 实用、先进、可靠

服务方针 专业、及时、真诚

质量方针

实用、先进、可靠的产品，专业、及时、真诚的服务

企业口号 软件推动管理进步

软件推动管理进步

用友软件股份有限公司（以下简称“用友公司”）成立于1988年，长期致力于提供具有自主知识产权的企业应用软件、电子政务管理软件的产品、服务与解决方案，并在金融信息化和软件外包等领域占据市场领先地位。2001年5月，用友公司股票在上海证券交易所挂牌上市（股票简称：用友软件；股票代码：600588）。2002年“用友”商标被认定为“中国驰名商标”。

用友公司是中国最大的管理软件、ERP软件和财务软件供应商。用友公司的企业应用软件产品线非常丰富，涉及ERP（企业资源计划）、SCM（供应链管理）、CRM（客户关系管理）、HR（人力资源管理）、EAM（企业资产管理）、OA（办公自动化）和行业管理软件等诸多领域。依靠领先的技术、丰富的产品线、强大的咨询实施队伍和优秀的本地化的服务，用友管理软件、ERP软件销售、服务收入持续几年稳居中国市场首位，在制造业、流通业、服务业、金融业、政府机构以及传媒出版行业，用友软件都得到了广泛的应用，成为推动中国企业管理信息化和政府信息化的主流应用软件。在中国ERP软件市场，用友公司从2002年开始一举打破国际厂商在该领域的垄断地位，持续两年摘取市场占有率第一的桂冠。用友公司的崛起改变了中国ERP市场的版图，使该市场成为一个以本土厂商为主的国际化竞争市场。作为中国最大的财务软件供应商的用友公司，以30%左右的市场占有率长期保持该市场中的领先地位，用友公司的财务软件在各行各业得到广泛深入的应用，成为推动中国财务管理信息化的主流应用软件和实际应用标准，为中国的财务会计改革提供了强有力的工具。

用友软件

从1999年开始，用友公司就成为中国最大的独立软件供应商。用友公司秉承着“与用户真诚合作、做用户可靠朋友”的理念，长期专注于软件产品研发与市场推广，16年的持续耕耘为用友公司积累了30多万客户，同时使用友成为中国行业应用最广泛、实施服务经验最丰富的企业应用软件供应商。

用友公司的产业布局划分为三大板块，分别是企业管理软件、电子政务软件和软件外包业务。用友旗下有用友软件股份公司、用友政务软件公司、用友软件工程公司等10家投资控股的企业，5家海外公司、31家参股公司，用友公司在全国各地拥有35家分公司、15家办事处，形成了近千人的软件开发队伍、逾千人的软件咨询顾问实施队伍和三千多人的企业规模。

2003年，用友公司主营业务市场份额再度提高，继续囊括管理软件、ERP软件和财务软件中国市场占有率三项第一，政务软件业务增长迅速。用友公司在产品、实施、人才、渠道、售前五大工程和矩阵式管理的总体业务策略指导下，积极开展各项工作，在产品研发、专业服务、伙伴发展和人才建设等业务领域取得了较大发展，各项业务能力和管理水平得到提升，顺利实现了公司三年战略目标，完成了从财务软件向管理软件的业务转型。

2004年，在帮助大量中国客户走向世界、帮助大批外资企业客户来到中国并协助其提升管理运营水平的同时，用友公司发布国际化战略并提出产品、研发、经营体系、服务、伙伴合作在内的“五大突破”，用友公司计划不断提升核心竞争力，全面拓展国际市场。

用友公司的目标是：2006年成为亚太领先的管理软件企业，2010年进入全球管理软件业第一梯队，成为世界级的、长寿的软件公司。

战略发布会

实用 先进 可靠
专业 及时 真诚

地址：北京市海淀区上地信息产业基地开拓路15号
电话：010-6298 6688-5850
传真：010-6298 7991
网址：http://www.ufsoft.com
电子信箱：ir@ufsoft.com.cn

股份有限公司

地址：江苏省南京市玄武区龙蟠路218号
电话：025-8560 0533
传真：025-8550 2482
邮编：210037
网址：http://www.chixia.com
电子信箱：600533@chixia.com

枫情水岸

南京栖霞建设股份有限公司
® NANJING CHIXIA DEVELOPMENT CO., LTD.

仙林景观

尧化板式

南京栖霞建设股份有限公司是国家一级资质房地产开发企业、中国房地产著名企业和核准制下中国房地产行业的首家上市企业，也是目前江苏省内唯一的专业性房地产类上市公司。

公司总资产：

达26亿多元人民币

（包括少数股东权益）

公司主营：

住宅小区综合开发建设、

商品房销售、租赁、售后服务等

公司股票简称：栖霞建设

股票代码：600533

董事长兼总经理：陈兴汉

自成立以来，公司在“住宅产业现代化+企业管理现代化+资本运作现代化”这一跨世纪发展战略的指引下，秉承“新城市生活主义”开发理念，以诚信经营为根本，以技术创新为依托，以市场需求为导向，以实现环境效益、社会效益、经济效益的同步增长为目标，成功开发建设了包括月牙湖花园、东方城、天泓山庄等三项国家示范工程（其中，天泓山庄为全国第二家企业集团型康居示范工程，建筑规划设计方案总评优秀）在内的多个精品住宅小区，在历次住宅小区评比中获得“国家小康示范工程”、“全国物业管理优秀示范住宅小区”（两次）、“建国五十周年南京十大标志性工程”等各级各类荣誉30余项。其中，月牙湖花园不仅在建设部、科技部组织的小康住宅评比中一举获得规划设计、工程质量、科技进步、室内装修、环境质量、物业管理等全部六项优秀奖（目前为止，全国唯一），还获得联合国改善人居环境迪拜奖，从而有效引导了南京市乃至江苏省房地产行业整体开发水平的提高，为南京城市面貌的改变和地方经济的发展作出了重大贡献。目前，公司在江苏省范围内拥有东方城、太阳城天悦花园、太阳城天泓山庄、汇林绿洲、云锦美地、枫情水岸、枫情美地、百水芊城等十多个在建项目，总建筑面积近230余万平方米。

公司长期致力于企业核心竞争能力的培养，在构建学习型组织、培养职业经理人队伍、加强法人治理结构、建设优秀企业文化、锻造技术创新能力、建立质量保证体系方面做了大量工作，并取得显著成效。如今的栖霞建设不仅拥有一支高效的管理团队（董、监事及高管人员中有教授4人、博导2人、博士5人、研究生5人）和一位优秀的企业带头人，还拥有一套经过20年实践锤炼的业务流程和管理制度（公司已通过英国雅斯利公司ISO9001质量管理体系认证）、一个享誉全国的著名品牌（“星叶”商标是南京市著名商标和中国房地产著名品牌，在南京市有关部门组织的一项房地产企业品牌信誉度调查中，南京栖霞建设股份有限公司的提及率高居首位，领先第二名达11个百分点）和一种积极向上的企业文化。公司自成立以来，不仅年年被评为“AAA”级信用企业和南京市重合同守信用单位，还被中房协评为“中国房地产品牌营销成功开发典范”，并连续三年（2001、2002、2003年）蝉联“中国房地产著名品牌企业”称号，连续两年（2002、2003年度）被南京市委、市政府评为“建设新南京有功单位”，2003年3月，公司又被评为2001-2002年度南京市首批“A级纳税人”。董事长陈兴汉女士也曾获得“全国三八红旗手”、“全国工程建设管理先进个人”、“江苏省劳动模范”等10多项省级以上荣誉称号，并先后当选“中国房地产十大风云人物”和“中国房地产企业十大功勋人物”。2003年4月，陈兴汉女士被授予全国“五一”劳动奖章。

为早日成为“全国最大的现代化住宅产业集团之一”，栖霞建设已制定了以跨区域发展为重要内容之一的中长期发展规划。苏州栖霞建设有限责任公司的成立，则标志着栖霞建设“跨区域发展”的正式启动。

董事长兼总经理徐立华

BIRD

宁波波导股份有限公司

宁波波导股份有限公司位于浙江省宁波市，创立于1992年，是专业从事移动通讯产品开发、制造和销售的高科技上市公司。主要产品有移动电话、掌上电脑、系统设备等。2003年度公司被评为"中国十大最具价值上市公司"。

公司以"科技兴业，人才为本"为宗旨，在杭州、重庆、宁波等地设立了五所研究院，拥有以硕士、博士、博士后为主体的近1000人的科研队伍。2003年波导的全部产品均系自主开发，并形成了波导、多易随等品牌齐头并进，高中低端全线覆盖，摄像、智能、彩屏全系列发展的产品矩阵，深受消费者的喜爱。

公司拥有覆盖全国的营销服务网络， 2000-2003年，波导手机连续五年夺得国产品牌手机销量第一。2003不仅连续第四年保持国产品牌销量第一，而且超过所有品牌实现中国市场占有率第一。2004年1-9月，波导手机国内外销量达1000万台，累计销量在国产品牌手机厂商中率先突破3000万台大关，实现国产品牌手机销量"五连冠"。权威国际市场调研公司IC Insights公布的2004年度"全球十大手机厂商"排名显示，波导是唯一入选的国产品牌手机厂商，名列第八。

波导在保持国内领先的同时，开始积极进军国际市场，初步建立了海外营销网络，并积极地与欧美电信运营商合作。2004年5月，波导在德国与西门子公司签订了长期战略合作备忘录，在全球范围内共同开发、生产、销售移动电话。目前波导手机出口已经覆盖30多个国家和地区，2004年出口量有望突破300万台。

波导西门子达成战略联盟

波导董事长徐立华在上海CEO论坛上

波导2003年度最具价值上市公司

地址：浙江省奉化市大成东路999号　电话：0574-8891 8907　邮编：315500　网址：www.chinabird.com

DOEASY多易随

DOEASY 多易随是波导公司针对商务人士推出的高端智能手机品牌,定位于" 移动商务精英",具备"海量功能，轻松操作"的特点。基于波导国际一流的研发能力,目前多易随已推出6款风格各异且功能强大的机型，全面覆盖各细分市场。2004年，多易随位居国产品牌智能手机销量第一。在第五届"CCID中国手机用户满意产品调查"中，多易随智能手机荣获"最受欢迎智能手机奖"。

精致·极智 多易随 手写E860

多易随（DOEASY）智能摄影手写手机E860是继E868、E858、E859之后多易随的又一力作。此次新推出的E860不仅外观精致，其极智的性能更是可圈可点。E860采用了波导公司自主研发的操作系统，堪称为中文使用者量身定制。它集数码相机、DV、高清触摸屏、电子词典、MMS、Email、来电大头贴、名片式管理、WAP下载等功能于一身，此外，制造商波导公司还为该机型提供了强大增值服务，内置了易读、信息宝典、移动冲浪、彩信乐园等，强大的功能全面诠释"海量功能、轻松操作"。

DOEASY多易随
移 动 商 务 精 英

波导彩客手机

2004年，摄影手机成为市场主流趋势，波导基于强大的研发实力，首创 "彩客"概念，将摄影的应用服务注入每一部波导彩客手机。用户通过"彩客"增值服务，可以随时将手机上的照片、文字等信息传输到"彩客帝国"网站(www.caike.com)的个人专区中，在专区中，用户可以自由地对其进行存储、编辑和发布，尽享手机、电脑、网络"三合一"的无限乐趣。在第五届"CCID中国手机用户满意产品调查"中，波导彩客手机荣获"最受欢迎拍照手机奖"。

百万像素，百变精彩

波导彩客D200

超百万高精摄像头，8种场景模式，8倍变焦，7种创意效果，10张高速连拍，12种魔幻变脸，9种曝光补偿，400张照片存储。高清双彩屏，DV动态摄录，180秒录音功能，K-JAVA游戏下载，支持红外线、USB等数据传输方式，WWW/GPRS/WAP三种方式上网。以2270元的上市价，树立行业价格新标杆。

A150 A130 A120 S689 S570 V79 V89 D200

波导彩客手机
"2004世界冠军风采摄影大赛" 指定手机

广安是一代伟人、中国改革开放总设计师邓小平同志的故乡，资源丰富，物华天宝，地灵人杰。

巍巍华蓥，滔滔渠江，孕育出一颗璀璨的明珠--四川广安爱众股份有限公司。

公司的前身为四川渠江电力有限公司，注册资本16017万元，总资产7亿元，是一家经营水力发电、供电、天然气供应、自来水生产及供应等公用事业的国有控股企业。2004年9月，在邓小平同志诞辰100周年之际，公司A股在上海证券交易所成功上市，成为小平故里第一家上市公司。

爱众明珠耀川东

董事长：罗庆红

公司现有水电装机容量83240千瓦，110KV变电站2座，35KV变电站13座，以110KV为基础、35KV为骨架的供电网络795公里，年发电能力4.5亿千瓦时，年供电能力15亿千瓦时；自来水厂3个，城市供水管线89公里，年供水能力2000万立方米；天然气配气站四座，城市燃气管线220.1公里，年供气能力5800万立方；年销售收入约2亿元，净利润2000余万元。

公司投资控股四川岳池爱众电力有限公司、四川广安爱众压缩天然气有限公司、四川华蓥爱众发电有限公司、四川岳池爱众水务有限公司、四川岳池富流滩发电有限公司5个子公司，内设8个部门、1个计量检测中心，下设供电、发变电、供排水、天然气、安装5个利润中心和1个物资供应成本控制中心。公司成立以来，严格按照现代企业制度的要求，聚精会神抓改革，全心全意谋发展，以优质的产品和高效、快捷的服务赢得了客户的信赖，树立了全新的企业形象，经营业绩年年攀升，先后获得“四川省水利系统优质文明服务示范窗口单位”、“四川省服务质量消费者满意单位”、“四川省重量守规则共铸诚信单位”、“广安市优秀企业”、“广安市文明单位”、“广安市重合同重信用企业”、“广安市重质量讲诚信单位”等荣誉，连续3年被四川省农业银行评为“AAA”级信用企业，入选“中国优秀企业数据库”，下属四九滩电站创建为“全国青年文明号”、“省级最佳文明单位”，凉滩电站创建为“省级文明单位”。

公司将立足公用事业领域，以“成为中国有影响力的上市公司，成为西部一流、全国知名的公用事业品牌”为目标，实施可持续发展战略，秉承“爱心起搏生活，管网情连大众”的服务经营理念，不断推进制度创新、管理创新与机制创新，扩大机制优势、制度优势、文化优势、服务优势和资本优势，为客户提供高效、优质的服务，全面提升核心竞争力和盈利水准，并采取收购、参股、控股等资本运作方式，逐步整合、拓展周边水、电、气市场，实现规模化、集约化经营，力争用5-10年时间，将公司发展成集发电、配电、水务、燃气四大产业群为一体的现代企业集团和公用事业服务商。

花园自来水厂

凉滩电站

地址：四川省广安市广安区渠江北路86号
邮编：638000
电话：0826-298 3111
传真：0826-222 2677
电邮：AAA@sc-aaa.com

党委书记兼董事长：孙新华

董事长：沈东新

新疆八一钢铁股份有限公司是经新疆维吾尔自治区人民政府批准，由新疆八一钢铁集团有限责任公司联合邯郸钢铁集团有限责任公司、南京联强冶金集团有限公司、新疆华顺工贸有限公司、新疆维吾尔自治区技术改造投资公司四家企业，以发起设立方式设立的股份有限公司。2000年7月27日在新疆维吾尔自治区工商行政管理局注册登记，注册资本27,942.785万元。

经中国证监会核准，公司于2002年8月1日成功发行了13,000万股人民币普通股(A股)，发行价为每股人民币7.38元。流通股于2002年8月16日在上海证券交易所上市流通。由于八一钢铁在市场上的优良表现和良好的经营业绩，从2003年7月1日起，"八一钢铁"因行业代表性和市值因素入选上证180指数样本股。目前，公司的总股本为58,957.6104万股，其中流通股本为18,720万股。

公司的主营业务是钢铁冶炼、轧制、加工及销售。公司现有综合产钢材能力230万吨/年，产品覆盖棒、型、带、线、管等。生产普碳钢、螺纹钢、焊条钢、棉花打包丝钢、冷轧带钢筋专用钢、抽油杆钢、弹簧钢、合金结构钢、优质碳素结构钢等众多品种的钢材。公司主导产品的实物质量已达到国际公认的高精度产品的标准，产品曾多次荣获自治区名牌称号，其中"互力"牌螺纹钢荣获全国"冶金产品实物质量金杯奖"并于2001年3月通过国家首批质量免检认定。

公司自成立以来，先后荣获"全国守信誉工作先进单位"，"中国市场知名企业"，"中国企业最佳形象AAA级"和国家级"守合同重信用企业"及"2003年新疆最具成长力十强企业"等荣誉称号。截止2003年12月31日，公司具有大、中专及本科以上学历的员工约占员工总数的40%，资产总额为332,074.69万元。

公司将在未来两年内立足主业，顺应钢铁行业整体发展的趋势，加快技术更新、技术引进吸收的步伐，进行产业结构调整，从以生产建材产品为主，向高附加值、多元化、精品化方向发展。作为战略构想的第一步，公司已投资筹建板带工程项目，预计新增产品既可填补自治区冷轧生产的空白，又可供自治区及周边国家和地区的石油、化工、食品、家电、汽车、建材等行业迅速发展的需求。同时冷轧产品具有深加工的潜质，可以促进自治区相关产业的发展，增加就业机会。

地址：新疆维吾尔自治区乌鲁木齐市头屯河区新钢路
传真：0991-389 0266
邮政编码：830022
电话：0991-389 0166
网址：http://www.bygt.com.cn
电子信箱：chenht1@bygt.com.cn

提供智能建筑电气集成优化解决方案，
实现建筑物使用“节能、高效、安全、舒适、环保”的目标
TELLHOW
创导智能生活
BA
建筑智能化5A关键是BA
BA OA CA FA SA
TELLHOW
泰豪科技股份有限公司
http://www.tellhow.com
股票简称：泰豪科技 股票代码：600590
公司本部市场部门电话：
●泰豪（北京）管理本部
电话：（010）82390077
●泰豪（深圳）管理本部
电话：（0755）83472655
●泰豪（南昌）管理本部
电话：（0791）8112160
公司各地代表处电话：
沈阳：（024）23225969
西安：（029）88360590
济南：（0531）6050087
青岛：（0532）8080590
广州：（020）22263590
成都：（028）86619983
重庆：（023）62955590
郑州：（0371）3857822
武汉：（027）87259085
长沙：（0731）5540590
南京：（025）84798039
上海：（021）50940590
智能建筑电气集成优化设计
智能建筑是通过信息技术和智能技术的应用，将建筑物的结构、系统、服务、管理四项基本要素以及建筑电气产品之间的内在关系进行集成优化组合，来提供一个投资合理、具节能、高效、安全、舒适、环保的建筑物。
配电设备
发电设备
空调主机
空调末端
给排水系统
照明
消防系统（FA）
保安系统（SA）
电梯设备
车库管理
BA
OA
CA
BA系统是以中央计算机为核心，对建筑物内的环境及其设备运行状况进行控制和管理，从而达到一个稳定的温度、湿度、光度和空气清新的办公环境，建筑智能化5A关键是BA。

个人的成功

在于承担责任的实现

人生的价值

在于不断地承担责任

泰豪科技股份有限公司

泰豪科技股份有限公司是江西省和清华大学“省校合作”在南昌国家高新技术开发区设立并发展起来的高科技企业。公司经国家科技部认定为“国家火炬计划重点高新技术企业”，并被国家工商总局评定为全国首批公布的520家“重合同、守信用”企业。2002年7月3日，公司股票在上海证券交易所挂牌上市，成为国内智能建筑电气产业领域首家上市公司，2003年8月31日，胡锦涛总书记亲临泰豪视察，对公司发展给予了亲切关怀和热切鼓励。

公司以致力信息技术应用，积极发展自主知识产权技术产品，同时重视引进跨国公司先进的工艺技术和发挥军工企业完备的生产能力，建成了具有国际水准的泰豪（南昌）高科技工业园。在智能建筑领域，公司拥有设计、制造和安装智能中央空调、智能发电机组、智能电力设备等楼宇智能化电气产品的综合实力，成功承办了“第三届全国智能建筑技术交流会”，引领国内智能建筑电气产业的发展。在军工电源领域，公司将清华科技融入三波电机数十年的制造技术中，创造了行业内唯一荣获国家发明奖的产品，服务我国国防现代化建设。在光机电一体化产品领域，公司不断进行技术创新，将现代光学技术、医学技术、信息技术综合应用，开发了具有国际先进水平的泰豪光电信息产品。

公司秉承“自强不息、厚德载物”的清华校训精神，“承担、探索、超越”，积极实践“技术+资本”的发展模式。泰豪人信奉“个人的成功在于承担责任的实现，人生的价值在于不断地承担责任”，注重建设以“承担责任实现”为核心价值观的企业文化，以期把泰豪建成智能建筑电气产业领域国际化高科技企业。

INFRASTRUCTURE

山东基建股份有

SHANDONG INFRASTRUCTURE CO

山东基建股份有限公司于1999年11月16日成立，注册资本为33.638亿元人民币。2002年3月18日，公司首次公开发行A股股票5.05亿股并在上海证券交易所挂牌交易，成为山东省交通路桥行业第一家上市公司。公司目前的核心业务为经营和管理山东省境内的济南－青岛高速公路、泰安－曲阜一级公路、济南黄河大桥、滨州黄河大桥、平阴黄河大桥和济南黄河二桥。公司成立四年来，秉承“服务大众、奉献社会、回报股东”的宗旨，致力于山东省公路交通事业发展，锐意进取，求实创新，强化管理，规范运作，不断提高综合服务质量，取得了良好的经济效益和社会效益。截止2003年12月底，公司总资产75.5亿元人民币，较成立初总资产61.8亿元增长22.2%；公司净资产63.8亿元，较成立初净资产44.1亿元增长44.7%。

2001年12月，公司通过了ISO9001质量体系认证，成为山东省第一批符合ISO9001-2000版标准要求的运营路桥。2003年3月2日，公司在中国百强高峰论坛、中国企业改革与发展研究会和《经济时刊》杂志社联合举办的中国上市公司经营业绩100强评选中被评为37名。2003年5月18日，在中联财务顾问有限公司和中联资产评估有限公司组织有关专家对1211家上市公司进行的经营业绩评价中，公司被评为中国上市公司2002年度经营业绩100强，位居第七。2003年6月6日，上海证券交易所专刊《上市公司》组织的2002年度上市公司50强评选中，公司在2002年度沪深股市上市公司50强和沪市上市公司50强中分列第38位和第28位。

2003年1月2日，公司股票入选上证180指数；2003年12月26日，公司股票入选上证50指数，成为山东省唯一入选的股票。

公司将以山东省境内高速公路经营、建设为中心，以提高经济效益和加速经济发展为根本目标，坚持“路桥为主、综合经营、规模发展”的方向，通过提高管理水平，形成科学、有效的管理体系，使公司管理的资产产生最大的经济效益和社会效益，使公司经营规模不断扩大，逐步向主业突出、综合经营、管理规范、业绩优良的现代化企业集团发展。

地址：山东省济南市经十路71号山东大学科技园创业中心
电话：0531-266 2952　　传真：0531-266 2950
网址：http://www.sdicl.com
电子信箱：600350@secure.sse.com.cn

限公司

MPANY LIMITED

公司行政大楼

柳州两面针股份有限公司前身为柳州市牙膏厂，1980年元月建厂，1994年改制为股份公司。拥有固定资产原值3.5亿元，现有员工近800人，四个生产厂区，占地共19万平方米，是全球最大的中药牙膏生产企业。

两面针

柳州两面针股份有限公司

LIUZHOU LIANGMIANZHEN CO., LTD.

1990年起，公司跨入全国500家最佳经济效益工业企业行列。1993年，公司成为中国100家最大化学工业企业、中国轻工业企业200强之一。1994年，在中国化学原材料及化学制品制造业中公司列第一位。1992、1997年，公司两次获得全国“五一”劳动奖状。1997年元月，公司成为全国牙膏行业首家通过ISO9001国际质量体系认证的企业。1999年，公司被列为512家国家重点企业，同年，“两面针”被国家工商行政管理局认定为驰名商标。2000年，公司被评为全国轻工系统先进集体、广西轻工业优秀企业。2002年，两面针牙膏被国家质量监督检验检疫总局评定为中国名牌产品，同年，公司当选中国牙膏工业协会理事长单位，并经国家人事部批准设立“博士后科研工作站”。2004年1月，公司成为中国牙膏行业首家以自己品牌上市的公司，两面针中药牙膏成为全国牙防组唯一认证的中药牙膏，并被认定为“国家质量标准示范产品”。

公司主要产品两面针牙膏，采用广西特有的两面针植物精华研制而成，产品独树一帜，具有消炎镇痛、去瘀解毒、止血防臭、防龋健齿等多种功效，对牙龈炎、牙周炎、牙本质过敏及各种口腔炎症引起的牙龈出血、牙痛、口臭等均具有明显疗效。产品销往全国31个省、市、自治区，市场占有率达13%，在同行业的国内企业中排名第一，自1983年至今，两面针中药牙膏已连续21年位居全国同类产品销售第一。产品还出口到美国、乌干达、肯尼亚、香港、东欧及东南亚等地。

根植于中国传统医学文化的强势品牌

现代朝阳产业的新技术之星

Backed on Traditional Chinese Medicine and Pharmacology, Liangmianzhen isan influential product and a company of contemporary rising industry with new technology in China

口腔用品系列

旅游用品系列

公司拥有从欧、美等国引进的具有国际先进水平的全封闭制灌膏及包装设备。另外，公司卫生巾生产线和通过GMP标准认证的制药生产线等设备整体水平达到了国内一流。经过二十多年的发展，公司在激烈的市场竞争中确立了多元化发展的道路。将单一的牙膏产品扩展成了“口腔卫生用品、洗涤用品、妇女卫生用品、植物药、酒店用品”等五大系列，为公司的非相关多元化发展打开了广阔的空间。

洗涤用品系列

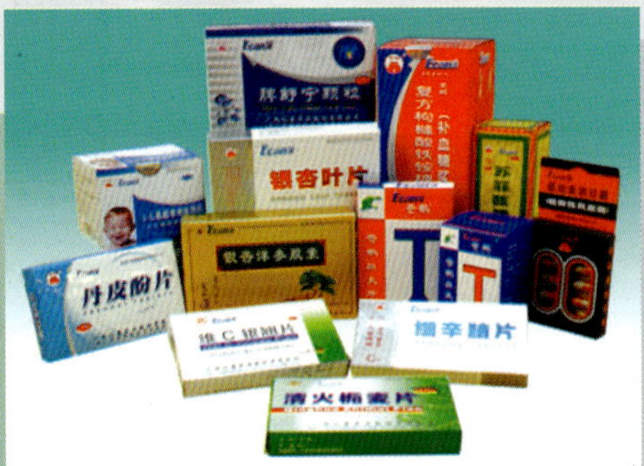

亿康药业系列

未来的岁月，公司将坚定不移地贯彻执行发展战略，进一步拓展“中药护牙”的理念，继续向规模化、多元化发展，做大做强两面针，将“两面针”发展成为国际品牌。

地址：广西壮族自治区柳州市柳北区长风路2号　电话：0772-250 6159　传真：0772-250 6158

网址：http://www.tooth-paste.com　电子信箱：lmzstock@lmz.com.cn

董事长：邓中华

董事兼总经理：刘晓文

公司简介

湖南郴电国际发展股份有限公司是经湖南省人民政府湘政函[2000]第221号文件批准，由原郴州市电力公司作为主发起人，联合宜章县电力总公司、临武县水利电力有限责任公司、汝城县水电总公司、永兴县水利电力有限责任公司将其供电经营性资产出资，联合国国际小水电中心以现金出资共同发起设立的股份有限公司。公司于2000年12月成立，2004年4月8日在上海证券交易所挂牌上市，流通股股数为7000万股。截止2004年9月30日，注册资本为21026.77万元，总资产109,845.59万元，净资产64,964.26万元。

公司是以经营地方电网、小水电为其主要电源的电网经营企业。公司网内发电装机容量46万千瓦，电网覆盖郴州市城区以及苏仙区、北湖区、宜章县、临武县、汝城县、永兴县等县（市、区）所辖区域，连接桂阳县、资兴市以及衡阳、永州两地区的地方电网，并以三条110千伏通道与广东省电网联网。电网规模、售电量、销售收入和利润等在全国800余个县级地方电网和40余个跨县、市的地方区域电网中名列前茅。

湖南郴电国际发展股份有限公司

经营宗旨及经营范围

公司的经营宗旨：通过各发起人的资产进行重组，优化资本结构，充分发挥资源、技术、规模经营的优势，使之成为湘南地区电力行业龙头企业，并借助于联合国国际小水电中心的优势，以及当地中小水电发展的特色和经验，通过小水电国际间的合作，促进当地和全球小水电的综合开发利用，推动各地经济、文化和社会的全面发展。

公司的经营范围是：电力供应，中、小水电综合开发，提供小水电国际间交流、合作、信息咨询（不含中介）服务。

获得的荣誉

近几年来，郴电国际不仅在电力经营、电网建设管理、国际水电开发合作和企业文化建设等方面取得了突出成绩，而且在技术装备、内部管理和制度创新方面达到了全国地方电力行业的先进水平。基于公司致力于小水电事业及所取得的突出成绩，经联合国工发组织国际小水电中心批准，以本公司为承办单位在郴州设立了全球第一个国际小水电示范基地，面向国际进行小水电的建设管理示范和开展国际合作、交流。2001年度，本公司被国家人事部、水利部评为“全国水利系统先进集体”、被中国质量万里行工作指导委员会评为“质量信誉双满意”单位。2002年5月，全国水利系统地方电力现代化建设与管理现场会在本公司召开，并确立郴电国际在现代化企业管理、现代化技术应用中的全国地方电力“郴州模式”，向全国推广。

发展前景

公司董事会制订了公司的战略发展规划，公司将以电网为主业，在此基础上涉足水利发电、工业气体等前景较好、风险较低的行业，使郴电国际成为一个多元化、集约化、现代化、外向型的企业集团。

员工培训

变电站

地址：湖南省郴州市环城南路民生路口万国大厦15层　邮编：423000

电话：0735-233 9232　传真：0735-233 9206

电邮：ydx@chinacdi.com　网址：www.chinacdi.com

小水电基地·万国大厦

董事长：陈启祥

济南钢铁股份有限公司创立于2000年12月，由济南钢铁集团总公司作为主发起人，联合莱芜钢铁集团有限公司、山东黄金集团有限公司、山东金岭铁矿和山东省耐火原材料公司四家法人企业共同发起设立的特大型钢铁联合企业。公司22,000万股A股2004年6月14日发行，并于6月29日在上海证券交易所挂牌交易，公司的总股本为9.4亿股。2003年末公司总资产69.88亿元，净资产17.92亿元，公司拥有员工9364人，其中研究生学历54人、大学本科学历607人，有各类专业技术人员1875人，占员工总数的20%。

2001年、2002年和2003年公司的钢产量分别为241.46万吨、259.25万吨、334.59万吨，净利润分别为24753.49万元、37250.88万元、59693.46万元。三年累计实现主营业务收入213.2亿元，年均递增25.99%，实现净利润12.2亿元，年均递增34.2%。

公司拥有从原料、烧结、球团、炼铁、炼钢到轧钢完整的生产工艺系统，具有独立面向市场的产、供、销系统，主要从事钢铁系列产品的生产和销售，主要产品有中厚板、螺纹钢。主导产品中厚板包括碳素结构热轧中厚板、A、B级船用板、高强度09MnNb耐用海水腐蚀船用板、AH32、AH36高强度船用板、09CuPTiRE耐侯性钢板、汽车制造用优质碳素热轧板、汽车大梁用热轧钢、锅炉板、压力容器板等40多个品种，技术水平均达到国际水准。目前公司已形成年产钢450万吨、中厚板250万吨的规模，是国内最大的中厚板生产基地，中厚板产量占全国同类产品总量的1/10，产量、市场占有率均排名第一。

120吨转炉主控

120吨转炉生产

高炉夜景

董事长：孙云

四川路桥

泸定大渡河大桥

湖南潭邵高速

渝长高速

成都绕城高速

四川路桥建设集团股份有限公司是经四川省人民政府批准，于1999年发起成立的股份有限公司。公司于2003年3月在上海证交所成功上市，成为四川省交通系统首家A股上市公司。

公司注册资本2.5亿元人民币，总资产截止2003年一季度为24.5亿元，职工6600余人，各类专业技术人员2161人。拥有现代化大型施工机械设备1200多台（套），年产值达30亿元。

公司现有7个专业化分公司，主要从事公路、桥梁、隧道工程的承包、施工、管理与投资开发，拥有国家公路工程施工总承包一级资质，2001年获得ISO9001:2000版国际质量保证体系认证。

公司主发起人——四川公路桥梁建设集团有限公司始建于50年代初，几十年来共修建公路1万余公里，其中新建高等级公路4000余公里，大型桥梁500多座，以及大量隧道、机场、市政工程等，为四川乃至全国交通事业发展做出了突出贡献。

公司积聚了四川公路桥梁建设集团有限公司的优质资产和核心公司，在高速公路路面和深水大跨型桥梁施工方面有较强的实力。公司以“发展交通、造福人民”为宗旨，近年来先后承建了四川成雅路、成乐路、绵广路、成南路、达渝路、内宜路、南广路，湖南潭邵路、临长路、湘耒路，湖北武汉绕城线，浙江甬台路、陕西榆林路、甘肃镍柳路等高速公路项目及西藏泽错路、妥昌路道路改建工程等；桥梁方面则同时承建了宜宾长江大桥、重庆巫山长江大桥、湖北巴东长江大桥、湖北宜昌长江大桥、湖北鄂黄长江大桥等五座长江大桥及其它一些技术水平和施工难度居全国乃至世界前列的大型、特大型桥梁。

公司视质量如生命，十分重视工程质量管理，在施工中严格按照ISO9001国际质量保证体系运作，把工程质量当做生产的第一要务来抓，所有承建工程的合格率达到了100%，优良率达到了95%，以“优质高效、信守合同”的形象在国内公路建设市场上赢得了各方业主的广泛赞誉。

公司在安全生产方面取得了良好成绩。在日常工作中，公司不断加大安全设施的投入，不断加强安全法规、安全知识的教育，根据实际情况不断健全各项安全管理规定并严格执行，三年来公司未发生一起重大安全事故，并在2001年、2002年连续两年被评为省交通厅安全生产先进单位，2002年又荣获省安全生产监督管理局“安全生产先进单位”称号。

建设集团股份有限公司

地址：四川省成都市一环路南四段17号　电话：028-8508 5853　传真：028-8508 5853
网址：http://www.srbc.com.cn　电邮：srbg@mail.sc.cninfo.net

鄂黄长江大桥

涪陵长江大桥

中坝大桥夜景

公司在2000年12月被四川省科学技术厅认定为高新技术企业。由公司承建的多项工程荣获了国家级和省部级优质工程奖和科技进步奖。万县长江大桥先后荣获国家科技进步一等奖和詹天佑土木工程大奖；四川涪陵乌江大桥、四川大件公路北段工程、成渝高速公路互通式立交桥等多项工程荣获交通部优质工程奖；涪陵长江公路大桥、成乐高速公路F1合同段、成雅高速公路CQ9合同段、达渝高速公路、泸定猫子坪大渡河大桥等工程项目荣获"天府杯"金奖、银奖。

2000年，公司荣获了"四川省国有建筑企业综合实力首强"及"最佳效益首强"、"四川省文明单位"、"四川省先进单位"、"重点建设AAA信誉企业"等荣誉称号。并连续三年被评为四川省企业集团综合实力、经营规模10强，资产规模20强。当前，公司正迎着西部大开发的春风，以上市为契机，积极实施"二次创业"，朝着总资产上百亿、年产值上五十亿，跨地区、跨行业、跨国经营的国内一流路桥施工企业迈进。

浙江中国小商品城

ZHEJIANG

◎公司领导班子

◎国际商贸城二期

◎集团公司大楼

◎篁园市场

集團股份有限公司

CHINA COMMODITYIES CITY GROUP CO.,LTD.

浙江中国小商品城集团股份有限公司创建于1993年底，是以专营开发和管理全国大型工业品批发市场--中国小商品城为主业的规范化股份制企业。公司股票于2002年5月在上海证券交易所上市，股票简称"小商品城"，股票代码"600415"。2004年4月1日获准增发部分股票上市，目前公司总股本12496.8637万股，现拥有7家分公司、15家参、控股企业，员工1500余人。2003年公司主营收入11269.02万元，实现利润总额9858.98万元，资产总额21.18亿元。

浙江中国小商品城集团股份有限公司是目前我国最大的专业批发市场的发展商之一。公司旗下的中国小商品城现有经营面积80多万平方米，拥有国际商贸城、篁园市场、宾王市场三大市场集群，共34个行业、1502个大类、32万种商品，3.4万个商位，从业人员8万余人，日客流量20万人。自1991年始，市场成交额连续13年位居全国工业品批发市场前茅，2003年市场总成交额达248.27亿元，商品外向度达到50%强，商品辐射180多个国家和地区，是我国小商品的流通、研发、展示中心和重要出口基地之一。

公司坚持"创新创优、做强做大"的发展思路，积极进行商品批发市场功能的创新工作，大力提升和创新整合市场现代化要素，使中国小商品城保持良好发展势头。公司率先在同行中导入并通过商品批发市场ISO9001国际质量认证，构建全球性市场体系等现代经营举措。短短几年，引领中国小商品城实现了由辐射农村市场内贸为主到辐射国际市场外贸为主的现代化市场功能转变。公司依托中国小商品城得天独厚的市场资源和优越的商业环境，坚持"提升市场主业、带动相关发展，实行多元开拓"的发展战略，实现市场管理服务和开发经营一条龙。

自2002年公司股票上市以来，公司充分发挥集团化规模优势，按照“打造全球最大超市、建设国际购物天堂”的全新理念，积极有效地实施中国小商品城国际化战略，成功申办由国家商务部主办的国际性小商品博览会，投资兴建现代化的中国义乌国际商贸城，加速市场布局结构调整，促进市场主业快速发展。公司进入一个以国际化为目标的新发展阶段。

◎宾王市场

◎国际商贸城一期

公司地址：浙江省义乌市宾王路158号
电 话：0579 - 5544955 5544933
传 真：0579-5546226 邮编：322000
网址： www.cccgroup.com.cn
电子信箱：ccc@cccgroup.com.cn
中国小商品数字城：www.cccecity.com

光明乳业股份有限公司

BRIGHT DAIRY & FOOD CO., LTD

董事长兼总经理：王佳芬

光明乳业股份有限公司是由国有企业上海牛奶（集团）有限公司脱胎而来的，由国资、外资、民营资本组成的产权多元化的股份制上市公司。主要从事乳和乳制品的开发、生产和销售，奶牛和公牛的饲养、培育，物流配送，营养保健食品的开发、生产和销售，是目前中国规模最大的乳品企业之一。公司拥有世界一流的乳业研发中心、乳品加工设备以及先进的乳品加工工艺，生产和销售的“光明”牌系列产品在上海已有40多年的历史，为上海市著名商标、中国驰名商标。

作为国家级农业产业化重点龙头企业，光明乳业长期以来秉承“创新生活、共享健康”的使命，始终以领先变革的首创精神和行业领跑者的行事风范，锐意进取、不断创新。2000年，“光明”系列产品获第27届中国奥运代表团唯一指定乳制品称号；2001年，入围“中国最受尊敬企业50强”；2002年、2003年连续两次在中国企业联合会、中国企业家协会组织的“中国500强企业”评选中入围，而且名次逐年上升。2003年，当选为“首届上海100强企业”。2004年1月，在著名媒体《财富中国》发布的《2004年中国证券市场领导力报告》中，光明乳业入选“2004年全国最具领导力的20家上市公司”。

保鲜奶生产线

乳品生产流水线

公司总部大楼

地址：上海市吴中路578号

电话： 021-5458 4520

传真：021-6401 3337

网址：http://www.brightdairy.com

邮箱：600597@brightdairy.com

董事长：黄忠渠

总经理：赵跃

广东虎门大桥
Guangdong humen bridge

贵州钢绳股份有限公司

GUIZHOU WIRE

公司系列产品

车间生产线

贵州钢绳股份有限公司成立于2000年10月，是贵州钢绳集团有限责任公司联合水城钢铁集团有限责任公司等五家法人单位发起设立，2004年5月在上海证券交易所挂牌上市，注册资本16437万元，主要从事钢丝、钢绳产品及相关设备、材料、技术的研究、生产、加工、销售及进出口业务，是该领域技术实力最强、生产能力最大、市场占有率最高的企业之一。

公司拥有省级技术中心，已承担并完成国家重点技术创新项目二项、国家级新产品试制计划一项，省级创新项目和省级新产品试产计划等共十项。公司获得过四项省部级科技进步奖和技术创新优秀项目奖，涂塑钢丝绳被国家经贸委确定为国家级新产品。公司自主开发的海洋打捞用镀锌钢丝绳、三捻钢丝绳、不旋转提升用钢丝绳等一系列高难度产品先后填补了国内空白。

公司产品年产量12万吨，结构规格齐全，在高强度、高韧性、特粗、特长、特殊结构和特殊用途钢丝绳的生产方面具有突出优势。其中矿用钢丝绳、船舶用钢丝绳、石油用钢丝绳、回火胎圈钢丝等获全国“冶金产品实物质量金杯奖”，“巨龙”牌钢丝、钢丝绳被中国质量检验协会评为“全国质量稳定合格产品”，同时公司产品连续12年被4次评为“用户满意”产品，“巨龙”牌“钢丝绳”、“回火胎圈钢丝”被贵州省经贸委和贵州省质量技术监督局确认为贵州省名牌产品。2004年9月“巨龙”牌“钢丝绳”被国家质量监督检验检疫总局授予“中国名牌产品”称号。

“以质量求生存”是公司的一贯方针，产品的高质量多年来为用户所公认。公司已通过中国船级社质量认证公司认证，并通过挪威船级社工厂认可、英国劳埃德船级社工厂认可、美国石油学会工厂认可，获得API会标使用许可认证。

人力资源是公司发展壮大的第一要素，专业技术人才和骨干更是公司的宝贵财富。公司拥有高素质、高水平、多层次的技术开发队伍，并为科技人才的成长创造一个良好的环境，将科技人员的积极性吸引到创造科技成果上面来。截至目前，贵州钢绳已拥有各类专业人才近400人，其中具有大专以上学历的人员占89%，各种中、高级职称的人员占19.4%。一批长期从事钢丝和钢绳开发与应用的行业专家、资深的技术人员成为公司持续发展的中坚力量。

公司是国内商品钢丝、钢丝绳产销量最大的专业生产厂家，公司研制和生产的特殊结构、特殊用途钢丝绳更具有无可替代的优势，有效地缓解了国内钢丝绳高端产品依赖进口的现状，一批高技术含量的产品先后用于葛洲坝工程、三峡工程、武钢、宝钢、虎门大桥、润扬大桥等多个国家重点工程，并出口到美国、欧盟、澳大利亚、香港等国家和地区。

贵州钢绳是国家大型钢丝、钢丝绳专业生产经营企业之一，研发能力、制造工艺、产品质量、市场份额等处于行业领先地位。上市以后公司将利用业已形成的人才技术优势、产品优势、市场优势和知名度，以提高经济效益和市场占有率为中心，通过采用高、新技术提高产品的技术含量和附加值，增强整体实力，逐步发展成为具有较强国际竞争力的金属制品生产经营基地和出口基地。

ROPE CO., LTD.

地址：贵州省遵义市桃溪路47号

邮编：563000

电话：0852-841 9247

传真：0852-841 9075

网址：http://www.gzgs.com

电邮：g247651599@public.gz.cn

KEDA GROUP

科达集团股份有限公司

KEDA GROUP CO.,LTD.

地址：山东省东营市广饶县大王经济技术开发区
邮编：257335
电话：0546-830 1886
传真：0546-830 4191
网址：http://www.keda-group.com.cn
电子信箱：keda@keda-group.com.cn

2004年4月26日“科达股份”在上海证券交易所隆重上市

董事长：刘双珉

总经理：韩晓明

科达集团股份有限公司地处美丽富饶的黄河三角洲，是山东省建设系统50强企业和山东省100家重点企业之一。公司主要从事各级公路、市政基础设施、桥隧、水利、环保等工程项目的建设施工和新型路面材料研究开发。下辖三个公路施工分公司、一个桥梁分公司、工业园和东营市新型路面材料研究所。

公司具有建设市政公用工程施工总承包一级资质、交通公路工程施工总承包一级资质和商务出国施工经营权。荣获"全国优秀市政施工企业"、"全国重合同守信用企业"、"全国五一劳动奖状"、"全国就业和社会保障先进民营企业"、"AAA特级信用企业"等多项荣誉称号。

公司3000万A股于2004年4月26日在上海证券交易所成功上市，是山东省基础设施建设行业首家上市企业、东营市第三家上市公司。公司将以此次股票发行上市为契机，开拓创新，追求卓越，进一步改革内部管理体制，强化核心技术力量，努力实现公司稳定、持续和健康发展。

让健康成为欢乐的力量 让世界充满阳光 让健康成为欢乐的力量 让世界充满阳
维维
维维豆奶
欢乐开怀
在中国的大地上
无论你走到哪里
无论在城市还是乡村
无论是老人还是孩子
人人都会说上一句
维维豆奶 欢乐开怀
早晚一杯维维豆奶
已成为人们一种新的生活习俗
这是对维维豆奶的
最高褒奖
维维麦片
维维麦片
维维麦片
维维
高钙低糖豆奶粉
Soybean MILK POWDER
维维
维他型豆奶粉
Soybean Milk Powder
维维
多V
维维
多V
维维
多V
新品上市
中国国家女子篮球队
唯一指定豆奶

维维
天山雪
TIANSHAN SNOW
神奇天山所赐
牧场：天山绿洲　空气：清新无污染　水源：纯净的冰川水　奶源：纯正
维维乳业
VV DAIRY

JIANGSU WUZHONG

江苏吴中实业股份有限公司(以下简称江苏吴中或公司)系1994年6月经江苏省体改委苏体改生[1994]114号文批准，由江苏吴中集团联合其他四家公司共同发起，采用定向募集方式设立的股份有限公司。1999年3月，公司经中国证监会批准向社会公开发行了人民币普通股3350万股，并于同年4月在上海证券交易所上市。江苏吴中是沪深两地交易所的“普教第一股”，也是一家高科技、高成长型的上市公司。

2000年，公司被江苏省科委认定为高新技术企业，2001年被国家科委认定为国家火炬计划重点高新技术企业。公司主营业务分服装、药品和投资三大板块，服装板块主要从事“365”牌学生装、“吴中”牌休闲装、“芭芭拉”女装、“铁飞龙”男装等品牌服装的生产销售。药业板块主要从事各种原料药、输液剂、注射剂、冻干粉针、胶囊、片剂、口服液等各种抗生素类、维生素类、止血类普通药品和生物药品的生产销售。投资板块主要针对市场前景好、资产优良的成长型高科技企业进行战略性或财务性投资。

公司的服装和药业两大板块，经过多年特别是公司A股发行上市以来卓越的经营运作，业务得到有效的整合和提升，公司服装业连续五年获江苏服装“销售前十强单位”和“利税前十强单位”称号，1998年以来连续六年跻身全国服装行业销售利税百强企业。品牌服装“365”学生装2001年获得江苏省著名商标，“芭芭拉”女装在2002中国国际时装周上荣获“中国最佳女装设计奖”，公司设计师也获得“中国十佳时装设计师”荣誉称号。公司药业特别注重研发、技术创新和自主知识产权的培育，省级企业技术中心已获经贸委认定，省级基因药物工程技术中心获科技厅认定。药业项目及产品多次在国家、省市评定中获得殊荣，来氟米特原料药和注射用奥美拉唑钠获省科技厅“高新技术产品认定书”，芙琦星列入江苏省火炬计划项目，生物制药G-CSF获产品创新奖，来沃幸、络法新胶囊分别获苏州市科技进步奖。依托于强大的新品研发能力，公司近年来真正开发研制一批具有自主知识产权的医药新品，大大增强了公司的市场竞争实力。

第一编

专　论

116/184

本栏目由以下单位协办(排名不分先后)

★ 科达集团股份有限公司
★ 山东好当家海洋发展股份有限公司
★ 山东博汇纸业股份有限公司
★ 济南钢铁股份有限公司
★ 莱芜钢铁股份有限公司
★ 青岛黄海橡胶股份有限公司
★ 山东基建股份有限公司
★ 山东黄金矿业股份有限公司
★ 山东铝业股份有限公司
★ 山东金晶科技股份有限公司

搏击股海风云
赢取最大回报
中國證券業年鑒
CHINA SECURITIES YEAR BOOK

专 论

2003年国民经济和社会发展统计公报

中华人民共和国国家统计局 2004年2月26日

2003年，全国各族人民在党中央、国务院的正确领导下，以邓小平理论和"三个代表"重要思想为指导，全面贯彻落实党的十六大和十六届三中全会精神，沉着应对突如其来的非典疫情、多种自然灾害和复杂多变的国际形势带来的严峻困难和挑战，万众一心，奋力拼搏，实现了经济和社会发展的主要预期目标。国民经济较快增长，运行质量明显提高，经济活力进一步增强；结构调整取得积极进展，改革开放稳步推进；科技、教育、文化、卫生、体育等社会事业取得新成绩；城乡居民生活继续改善。

一、综　　合

国民经济较快增长。全年国内生产总值116694亿元，按可比价格计算，比上年增长9.1%，加快1.1个百分点。其中，第一产业增加值17247亿元，增长2.5%，减慢0.4个百分点；第二产业增加值61778亿元，增长12.5%，加快2.7个百分点；第三产业增加值37669亿元，增长6.7%，减慢0.8个百分点。在第三产业中，金融保险业增长6.9%，批发和零售贸易餐饮业增长6.6%，房地产业增长5.3%。

价格总水平有所上涨。全国居民消费价格总水平比上年上涨1.2%。其中，城市上涨0.9%，农村上涨1.6%(见表1)。居民消费价格中，食品价格上涨3.4%，服务价格上涨2.2%。商品零售价格下降0.1%。工业品出厂价格上涨2.3%。原材料、燃料、动力购进价格上涨4.8%。固定资产投资价格上涨2.2%。农产品生产价格上涨4.4%，其中，谷物上涨2.3%，棉花上涨35.3%，油料上涨19.4%，畜产品上涨1.8%。

表1　2003年全国居民消费价格比上年上涨情况(%)

指标	全国	城市	农村
全国居民消费价格总水平	1.2	0.9	1.6
食　品	3.4	3.4	3.4
其中：粮食	2.3	2.3	2.2
烟酒及用品	−0.2	−0.2	−0.1
衣　着	−2.2	−2.6	−1.4
家庭设备用品及服务	−2.6	−3.0	−1.7
医疗保健及个人用品	0.9	−0.2	2.5
交通和通信	−2.2	−2.6	−1.4
娱乐教育文化用品及服务	1.3	0.5	2.8
居　住	2.1	2.8	1.0

就业人数增加。年末全国就业人员74432万人，比上年末增加692万人。其中城镇就业人员25639万人，增加859万人。全年有440万下岗失业人员实现了再就业。年末城镇登记失业率为4.3%，比上年末上升0.3个百分点。

国际收支状况良好。全年对外贸易顺差255亿美元，比上年减少49亿美元。利用外资继续增加。外汇储备大幅度增长，年末国家外汇储备达到4033亿美元，比上年末增加1168亿美元。人民币汇率保持基本稳定。

国民经济和社会发展中存在的主要问题是：农民收入增长缓慢；就业和社会保障任务较重；能源、交通供需关系紧张；固定资产投资规模偏大，部分行业盲目投资、低水平重复建设比较严重；部分社会成员收入差距过大，不少低收入居民生活还比较困难，资源环境压力增大等。

二、农　　业

农作物种植结构继续调整。全年粮食种植面积9941万公顷，比上年减少448万公顷；糖料种植面积165万公顷，减少17万公顷；棉花种植面积511万公顷，扩大92万公顷；油料种植面积1497万公顷，扩大20万公顷；蔬菜种植面积1791万公顷，扩大56万公顷。

粮食、棉花、油料、糖料等大宗农产品减产；蔬菜、水果在调整品种、优化品质的基础上稳定增长。全年粮食产量43067万吨，比上年减产2639万吨，下降5.8%(见表2)。

表2　2003年主要农产品产量

单位：万吨

产品名称	绝对数	比上年增长%
粮　食	43067	−5.8
夏　粮	9622	−2.4
早　稻	2944	−2.8
秋　粮	30501	−7.1
油　料	2805	−3.2
花　生	1337	−9.8
油菜籽	1141	8.1
棉　花	487	−0.9
糖　料	9670	−6.1
甘　蔗	9051	0.4
甜　菜	619	−51.8
烤　烟	201	−5.7
茶　叶	78	4.5
水　果	14470	0.3
蔬　菜	53960	2.1

畜牧业、渔业生产稳步发展。全年肉类总产量达6920万吨，比上年增长5.1%。其中，牛、羊肉产量分别增长12.9%

和10.8%。牛奶产量增长迅速。全年水产品产量达4690万吨，增长2.8%。

全年新增有效灌溉面积78万公顷，新增节水灌溉面积137万公顷。

三、工业和建筑业

工业生产高速增长。全年全部工业增加值53612亿元，比上年增长12.6%，其中规模以上工业企业(即国有工业企业及年产品销售收入500万元以上的非国有工业企业)增加值增长17.0%(见表3)。工业产品销售率98.1%，比上年提高0.1个百分点。

表3　2003年规模以上工业增加值主要分类情况

单位：亿元

指　标	绝对数	比上年增长%
工业增加值	41045	17.0
其中：国有及国有控股企业	19408	14.3
其中：集体企业	2787	11.5
股份制企业	16878	18.3
外商及港澳台投资企业	11174	20.0
其中：轻工业	14653	14.6
重工业	26392	18.6

高技术产业增长较快。规模以上工业中，高技术产业增加值比上年增长20.6%。光通信设备、程控交换机、移动电话机和微型电子计算机等信息通信产品产量分别增长25.9%至1.2倍(见表4)。

能源生产增长加快。全国一次能源生产总量16.03亿吨标准煤，比上年增长11.0%。全年发电量19107.6亿千瓦小时，比上年增长15.5%；原煤生产量16.67亿吨，增长15.0%；原油生产量1.70亿吨，增长1.8%。

主要原材料生产快速增长。全年黑色金属冶炼及压延加工业增加值比上年增长22.6%，有色金属冶炼及压延加工业增长18.1%，化学原料及化学制品制造业增长14.1%，非金属矿物制品业增长16.6%。分产品看，钢产量2.22亿吨，增长21.9%；钢材产量2.41亿吨，增长25.3%；十种有色金属增长19.1%；氧化铝增长11.2%；烧碱增长7.7%；水泥增长18.9%。

汽车工业增势强劲。全年交通运输设备制造业增加值比上年增长22.0%。汽车产量444.4万辆，增长36.7%，其中轿车产量202.0万辆，增长85.0%。

表4：2003年主要工业产品产量

产品名称	单　位	绝对数	比上年增长%
纱	万吨	983.58	15.72
布	亿米	374.64	16.21
化　纤	万吨	1181.14	19.16
糖	万吨	1083.94	17.06
卷　烟	万箱	3583.25	3.35
彩色电视机	万部	6541.40	26.89
家用电冰箱	万台	2242.56	40.26
房间空调器	万台	4993.40	59.27
一次能源生产总量	亿吨标准煤	16.03	11.00
原　煤	亿吨	16.67	15.00
原　油	亿吨	1.70	1.80
发电量	亿千瓦小时	19107.62	15.52
钢	万吨	22233.60	21.92
钢　材	万吨	24119.35	25.28
十种有色金属	万吨	1205.00	19.07
其中：铜	万吨	184.00	12.71
氧化铝	万吨	609.39	11.24
水　泥	亿吨	8.62	18.90
木　材	万立方米	4950.00	11.59
硫　酸	万吨	3371.22	10.52
纯　碱	万吨	1128.04	9.18
烧　碱	万吨	945.27	7.67
乙　烯	万吨	611.77	12.66
化　肥(折100%)	万吨	4200.85	10.81
发电设备	万千瓦	3700.62	74.49
汽　车	万辆	444.39	36.69
轿　车	万辆	202.01	84.99
大中型拖拉机	万台	4.88	7.49
集成电路	亿块	148.31	53.99
程控交换机	万线	7379.93	25.92
移动电话机	万部	18231.37	50.10
传真机	万部	746.58	151.13
微型电子计算机	万部	3216.70	119.79
光通信设备	万部	8.65	34.11

工业经济效益大幅度提高。规模以上工业企业实现利润总额8152亿元，比上年增长42.7%，其中国有及国有控股企业实现利润3784亿元，增长45.2%；集体企业实现利润480亿元，增长31.4%；股份制企业实现利润3764.6亿元，增长46%；外商及港澳台投资企业实现利润2680.5亿元，增长40.5%。亏损企业亏损额同比下降1.9%。行业盈利面明显扩大。39个工业大类行业中有38个行业利润保持增长。石油和天然气开采业、交通运输设备制造业、黑色金属冶炼及压延加工业、化学工业和电力工业新增利润占全部规模以上工业新增利润的48.7%。

建筑业保持较快发展。全年全社会建筑业实现增加值8166亿元，比上年增长11.9%。全国具有建筑业资质等级的总承包和专业承包建筑业企业实现利润459亿元，增长23.8%。

四、固定资产投资

固定资产投资大幅度增长。全年全社会固定资产投资55118亿元，比上年增长26.7%(见表5)。国有及其他经济类型投资中，东部地区投资24666亿元，增长33.6%；中部地区投资10092亿元，增长33.1%；西部地区投资7171亿元，增长26.4%。

表5　2003年固定资产投资情况　单位：亿元

指　标	绝对数	比上年增长%
全社会固定资产投资	55118	26.7
其中：国有及其他固定资产投资	39748	28.2
集体经济投资	7807	30.4
城乡居民个人投资	7563	16.0
其中：基本建设投资	22729	28.7
更新改造投资	8444	25.1
房地产开发投资	10106	29.7

工业投资增长明显快于其他产业。全年国有及其他经济类型投资中，第一产业投资1156亿元，增长3.7%，增速比上

年回落 19.8 个百分点。第二产业投资 15007 亿元，增长 39.1%，加快 16.2 个百分点。其中工业投资 14460 亿元，增长 39.0%，加快 16.8 个百分点。部分工业行业投资高速增长。在 500 万元以上项目中，钢铁投资增长 96.6%，电解铝增长 92.9%，水泥增长 121.9%，汽车增长 87.2%，纺织增长 80.4%，煤炭增长 52.3%。第三产业投资继续保持较快增长，全年完成投资 26480 亿元，增长 24.2%，加快 9.8 个百分点。房地产开发投资 10106 亿元，比上年增长 29.7%；全年商品房销售额 7671 亿元，增长 34.1%，其中销售给个人增长 35.8%，所占比重为 92.5%。

表 6　2003 年全国基本建设投资新增主要生产能力

指　标	单　位	绝对数
发电机组容量	万千瓦	3000
11 万伏及以上变电设备	万千伏安	8300
新建铁路投产里程	公里	1164
增建铁路复线投产里程	公里	583
电气化铁路投产里程	公里	615
新建公路	公里	36444
其中：高速公路	公里	4639
港口万吨级码头泊位新增吞吐能力	万吨	8220
新增局用交换机容量	万门	6744
新增光缆线路长度	万公里	45
新增数字蜂窝移动电话交换机容量	万户	6232

重点工程建设进展顺利。长江三峡工程实现了蓄水、通航、发电的目标；青藏铁路建设累计完成新线铺轨 317 公里，占应铺轨里程的 28.6%；西电东送工程向广东送电能力已突破 500 万千瓦；西气东输管道工程已完成总投资的 48%，东段线路全面完工，实现向华东地区供气；南水北调工程东线和中线已开工 4 个单项工程；19 项治淮骨干工程已完成总投资的 49%。

五、国内贸易

消费品市场稳定增长。全年社会消费品零售总额达到 45842 亿元，比上年增长 9.1%，扣除物价因素，实际增长 9.2%。其中，城市消费品零售额 29777 亿元，增长 10.3%；县及县以下消费品零售额 16065 亿元，增长 6.8%。分行业看，批发零售贸易业零售额 37693 亿元，增长9.2%；餐饮业零售额 6066 亿元，增长 11.6%；其他行业零售额 2083 亿元，增长 0.2%。

全年限额以上批发零售贸易业销售额中，汽车类零售额比上年增长 68.5%，通信器材类增长 70.9%，家用电器和音像器材类增长 18.3%，家具类增长 28.2%。

六、对外经济

对外贸易快速增长。全年进出口总额达 8512 亿美元，比上年增长 37.1%。其中出口额 4384 亿美元，增长 34.6%；进口额 4128 亿美元，增长 39.9%（见表 7）。对主要贸易伙伴的进出口均增长较快（见表 8）。

能源和原材料进口大幅度增加。全年进口原油 9112 万吨，比上年增长 31.3%；成品油 2824 万吨，增长 38.8%；钢材 3717 万吨，增长 51.8%；氧化铝 561 万吨，增长 22.6%；铁矿砂及其精矿 14813 万吨，增长 32.9%。

表 7　2003 年进出口主要分类情况

单位：亿美元

指　标	绝对数	比上年增长%
进出口总额	8512	37.1
出口额	4384	34.6
其中：一般贸易	1820	33.7
加工贸易	2418	34.4
其中：机电产品	2275	44.8
其中：高新技术产品	1103	62.6
进口额	4128	39.9
其中：一般贸易	1877	45.4
加工贸易	1629	33.3
其中：机电产品	2250	44.6
其中：高新技术产品	1193	44.0

表 8　2003 年对主要国家和地区进出口情况

单位：亿美元

国　家	出口额	比上年增长%	进口额	比上年增长%
美国	925	32.2	339	24.3
香港地区	763	30.5	111	3.7
欧盟	722	49.7	531	37.7
日本	594	22.7	742	38.7
东盟	309	31.1	473	51.7
韩国	201	29.4	431	51.0
俄罗斯	60	71.4	97	15.7

外商直接投资保持较大规模。全年批准设立外商直接投资企业 41081 个，比上年增长 20.2%；合同金额 1151 亿美元，增长 39.0%；实际使用金额 535 亿美元，增长 1.4%（见表 9）。

表 9　2003 年外商直接投资分主要行业情况

单位：亿美元

行业名称	合同项目		合同金额		实际使用金额	
	个数	增长%	绝对数	增长%	绝对数	增长%
全国总计	41081	20.2	1150.7	39.0	535.1	1.4
其中：农、林、牧、渔业	1116	14.5	22.8	34.8	10.0	—2.6
采掘业	211	—	6.6	72.1	3.4	—42.1
制造业	29281	17.5	807.5	36.2	369.4	0.4
建筑业	396	20.4	16.8	58.6	6.1	—13.7
交通运输、仓储及邮电通信业	506	24.9	50.1	228.0	8.7	—5.1
批发和零售贸易餐饮业	2207	28.6	23.8	43.3	11.2	19.7
金融、保险业	23	35.3	3.2	—30.7	2.3	117.5
房地产业	1553	18.0	91.1	26.2	52.4	—7.5
社会服务业	4242	24.1	70.4	41.2	31.6	7.4
卫生、体育和社会福利业	85	70.0	2.7	4.4	1.3	—0.6
教育、文化艺术及广播电影电视业	70	45.8	2.8	159.1	0.6	53.0
科学研究和综合技术服务业	558	145.8	7.5	41.1	2.6	31.0

对外经济技术合作保持良好发展势头。全年对外承包工程、对外劳务合作、对外设计咨询新签合同额 209 亿美元，比上年增长 17.0%；完成营业额 172 亿美元，增长 20.1%。

七、交通、邮电和旅游

交通运输和邮电通信业全年实现增加值 6531 亿元，比上年增长 7.0%。

全年完成货物周转量 57152 亿吨公里，比上年增长 13.1%；港口完成货物吞吐量 33 亿吨，增长 17.9%。受非典疫情的影响，旅客周转量 13795 亿人公里，下降 2.3%（见表 10）。

表 10　2003 年各种运输方式完成运输量

指　标	单　位	绝对数	比上年增长%
货物周转量	亿吨公里	57152	13.1
其中：铁路	亿吨公里	17092	10.2
公路	亿吨公里	7010	3.4
水运	亿吨公里	32275	17.3
民航	亿吨公里	58	12.3
旅客周转量	亿人公里	13795	−2.3
其中：铁路	亿人公里	4789	−3.6
公路	亿人公里	7679	−1.6
水运	亿人公里	64	−21.1
民航	亿人公里	1263	−0.4
港口完成货物吞吐量	亿吨	33	17.9
其中：外贸货物吞吐量	亿吨	9.4	19.8

全年完成邮电业务总量 7282 亿元，比上年增长 27.8%。其中，邮政业务总量 543 亿元，增长 9.7%；电信业务总量 6739 亿元，增长 29.6%。全年新增局用交换机 6744 万门，总容量达到 3.5 亿门。新增固定电话用户 4908 万户，年末达到 26330.5 万户，其中城市电话用户 17129.2 万户，乡村电话用户 9201.3 万户。新增移动电话用户 6269 万户，年末达到 26869 万户。年末全国固定及移动电话用户总数达到 53200 万户，比上年末增加 11177 万户，电话普及率达到 42 部/百人。

旅游业受非典疫情影响较大。全年入境人数 9166 万人次，比上年下降 6.4%。其中，外国人 1140 万人次，下降 15.2%；香港、澳门和台湾同胞 8026 万人次，下降 5.0%。在入境旅游者中，过夜人数 3297 万人次，下降 10.4%。国际旅游外汇收入 174 亿美元，下降 14.6%。全年国内出境人数达 2022 万人次，增长 21.8%。其中因私出境 1481 万人次，增长 47.2%，占出境人数的 73.2%。国内旅游人数达 8.7 亿人次，下降 0.9%；旅游总收入 3442 亿元，下降 11.2%。

八、金融、证券和保险

货币供应量增长加快。年末广义货币供应量（M2）余额为 221223 亿元，比上年末增长 19.6%，增速加快 2.8 个百分点；狭义货币供应量（M1）余额为 84119 亿元，增长 18.7%，加快 1.9 个百分点；流通中现金（M0）余额为 19746 亿元，增长 14.3%，加快 4.2 个百分点。

金融机构存贷款增加较多。年末全部金融机构本外币各项存款余额 220364 亿元，比上年末增长 20.2%；全部金融机构本外币各项贷款余额 169771 亿元，增长 21.4%（见表 11）。贷款结构继续改善。全国农村信用社人民币贷款余额 16979 亿元，比上年末增加 3186 亿元。人民币消费贷款余额 15736 亿元，增加 5091 亿元，其中个人住房贷款余额 11780 亿元，增加 3528 亿元。

表 11　2003 年全部金融机构本外币存贷款情况

单位：亿元

指　标	年末数	比上年增长%
各项存款余额	220364	20.2
其中：企业存款	76785	19.4
城乡居民储蓄存款	110695	17.4
其中：人民币	103618	19.2
各项贷款余额	169771	21.4
其中：短期贷款	87398	13.8
中长期贷款	67252	30.0

金融机构不良贷款减少。按照五级分类统计，年末银行业主要金融机构不良贷款余额为 2.44 万亿元，比年初减少 1906 亿元，不良贷款的比例为 17.8%，比年初下降 5.32 个百分点。

证券市场稳定发展。全年证券市场通过发行、配售股票共筹集资金 1358 亿元，比上年增加 396 亿元。其中，发行 A 股（包括增发及可转债）97 只，配股 24 只，筹集资金 820 亿元，增加 40 亿元；发行 B 股、H 股共 24 只，筹集资金 537 亿元，增加 355 亿元。年末境内上市公司（A、B 股）数量由上年末的 1224 家增加到 1287 家，市价总值 42578 亿元，比上年末增长 11%。

保险事业发展较快。全年内外资保险公司保费收入 3880 亿元，比上年增长 27.1%。其中，寿险保费收入 2669 亿元；健康险和意外伤害险保费收入 342 亿元；财产险保费收入 869 亿元。支付各类赔款及给付 841 亿元。其中，寿险业务给付 264 亿元；健康险和意外伤害险赔款及给付 101 亿元；财产险赔款 476 亿元。

九、教育和科学技术

教育事业保持较快发展。全国研究生教育招生 26.9 万人，在学研究生 65.1 万人，毕业生 11.1 万人。全国普通高等教育招生 382.2 万人，在校生 1108.6 万人，毕业生 187.8 万人。各类中等职业教育招生 504.1 万人，在校生 1240.2 万人，毕业生 343.8 万人。全国普通高中招生 752.1 万人，在校生 1964.8 万人，毕业生 458.1 万人（见表 12）。全国初中招生 2220.1 万人，在校生 6690.6 万人，毕业生 2018.4 万人。普通小学招生 1829.4 万人，在校生 11689.7 万人，毕业生 2267.9万人。特殊教育招生 4.9 万人，在校生 36.5 万人。幼儿园在园幼儿 2004 万人。

表 12　2003 年各类教育招生和毕业生情况

单位：万人

指　标	招生数	毕业生数
研究生	26.9	11.1
普通高等教育本专科	382.2	187.8
各类中等职业教育	504.1	343.8
普通高中	752.1	458.1

科技事业取得新突破。全年全国科学研究与试验发展（R&D）经费支出 1520.1 亿元，比上年增长 18.1%，占国内生产总值的 1.3%，其中基础研究经费 86 亿元。年末国有企事业单位共有各类专业技术人员 2834.4 万人。全年国家安排了 1573 项科技攻关计划项目和 4479 项“863”计划项目，新安排高技术产业化示范工程项目 274 项，滚动安排重大技术装备研制项目 15 项，新建国家工程研究中心 9 家，安排国家重点实验室改造项目 46 项。认定国家级企业（集团）技术中心 302 家。全年共取得省部级以上科技成果 29870 项。其中，基础理论成果 2029 项，应用技术成果 26425 项，软科学成果 1416 项。全年受理国内外专利申请 30.8 万件，授权专利 18.2万件，分别比上年增长 22.1%和 37.6%。全年共签订技术合同 26.8 万项，技术合同成交金额 1082.7 亿元，比上年增长 22.5%。首次载人航天飞行的圆满成功，使我国成为世界上第三个独立掌握载人航天技术的国家。

全国共有产品检测实验室 15676 个，其中国家检测中心 245 个。全国现有产品质量、体系认证机构 113 个，已累计完成对 4.6 万个企业的产品认证。全国共有法定计量技术机构 3815 个，全年强制检定计量器具 2691 万台件。制定、修订国家标准1653项，其中新制定734项。全国共有天气雷达观测站点250个，卫星云图接收站点386个。全国共有地震台站1253个，地震遥测台网30个。全国共有1737个海洋观测、监测站点。测绘部门公开出版地图1572种，测绘图书454种。

十、文化、卫生和体育

文化事业稳步发展。年末全国共有艺术表演团体2587个，文化馆2892个，公共图书馆2708个，博物馆1519个。广播电台282座，中、短波广播发射台和转播台744座，电视台320座，教育台62个。全国有线电视用户10508万户。生产故事影片140部，科教、纪录、美术片61部，特种影片1部。出版全国性和省级报纸243.6亿份，各类期刊29.9亿册，图书67.5亿册(张)(见表13)。年末全国共有档案馆3978个，已开放各类档案5583万卷(件)。

表13 2003年广播电视及出版物情况

指　标	单　位	数　值
广播综合人口覆盖率	%	93.6
电视综合人口覆盖率	%	94.8
期刊出版量	亿册	29.9
图书出版量	亿册(张)	67.5

卫生事业发展加快。2003年上半年，24个省、自治区、直辖市先后发生非典疫情，全年累计临床确诊病例5327例，累计死亡349人。非典疫情发生后，中央和地方政府增加了卫生投入，应对突发公共卫生事件应急机制逐步建立，医疗救治和疾病预防控制机构得到较大加强。年末全国共有卫生机构30.5万个，其中医院、卫生院6.4万个，妇幼保健院(所、站)3058个，专科疾病防治院(所、站)1811个。医院和卫生院床位290万张。卫生技术人员424万人，其中执业医师和执业助理医师183万人，注册护士124万人。全国疾病预防控制中心(防疫站)3600个，卫生技术人员15.9万人。卫生监督检验机构755个，卫生技术人员1.5万人。乡镇卫生院4.5万个，床位66.8万张，卫生技术人员90.7万人。

体育事业取得新成绩。全年我国运动健儿共获得了87个世界冠军；9人1队19次创16项世界纪录。全民健身运动蓬勃发展。

十一、人口、人民生活和社会保障

人口自然增长率继续下降。年末全国总人口为129227万人(见表14)。全年全国出生人口1599万人，出生率为12.41‰；死亡人口825万人，死亡率为6.40‰；全年净增人口774万人，自然增长率为6.01‰。

表14 2003年人口主要构成情况

单位：万人

指　标	年末数	比重(%)
全国总人口	129227	100.0
其中：城镇	52376	40.53
乡村	76851	59.47
其中：男性	66556	51.50
女性	62671	48.50
其中：0—14岁	28559	22.1
15—64岁	90976	70.4
65岁及以上	9692	7.5

居民生活继续改善。全年全国城镇居民人均可支配收入8472元，扣除物价上涨因素，实际增长9.0%；农村居民人均纯收入2622元，实际增长4.3%。居民家庭恩格尔系数(即居民家庭食品消费支出占家庭消费总支出的比重)，城市为37.1%，比上年降低0.6个百分点；农村为45.6%，降低0.6个百分点。年末全国私人轿车拥有量已达489万辆，比上年末增加146万辆。年末农村贫困人口为2900万人。

社会保障进一步加强。年末全国参加基本养老保险人数为15490万人，比上年增加753万人。其中参保职工11638万人，参保的离退休人员3852万人。全国参加失业保险的人数为10373万人，增加191万人。全国参加医疗保险的人数为10895万人，增加1494万人。其中参保职工7977万人，参保退休人员2918万人。年末全国企业参加基本养老保险离退休人员3551万人，绝大部分实现了养老金按时足额发放；年末全国有195万国有企业下岗职工进入再就业服务中心，进入再就业服务中心的人员全部按时足额领到了基本生活费和代缴了社会保险费；年末全国领取失业保险金人数为415万人，比上年减少25万人；全国共有2235万城镇居民得到政府最低生活保障，增加170万人。

年末全国各类收养性社会福利单位床位122.2万张，收养各类人员92.4万人。城镇建立各种社区服务设施19.2万个，其中综合性社区服务中心9251个。全年销售社会福利彩票200亿元，筹集社会福利资金近70亿元，直接接收社会捐赠款30.1亿元。

十二、资源与环境

耕地面积继续减少。全年建设占用耕地22.9万公顷，灾毁耕地5.0万公顷。生态退耕223.7万公顷，因农业结构调整减少耕地33.2万公顷。土地整理复垦开发补充耕地31.1万公顷。全年净减少耕地253.7万公顷。

能源和主要原材料消费明显上升。初步测算，全年能源消费总量16.78亿吨标准煤，比上年增长10.1%。其中，原油消费量2.52亿吨，增长12%；原煤15.79亿吨，增长13.6%。主要原材料消费中，钢材2.71亿吨，增长28.6%；氧化铝1168万吨，增长15.7%；水泥8.36亿吨，增长15.3%。

水资源供求关系依然紧张。当年人均水资源2076立方米，比上年下降5.6%。全年平均年降水量640毫米，下降3.0%。年末全国454座大型水库蓄水总量1864亿立方米，增加210亿立方米。全年总用水量5410亿立方米，比上年下降1.5%。其中生活用水增长5.0%；工业用水增长1.1%；农业用水下降3.5%。全国人均用水量为420立方米，下降1.9%。

总体水质状况略有下降。七大水系干流地表水水质有52.5%的断面满足国家地表水三类水质标准要求，比上年下降0.4个百分点；38.1%的断面为四类、五类水质，比上年上升11.3个百分点；超过五类水质标准断面的比例为9.3%，比上年下降11个百分点。237个近岸海域海水水质监测点中，达到国家一类海水水质标准的监测点占19.8%，比上年下降1.5个百分点。

矿产资源勘探取得新进展。全国已发现的矿种为171种。有查明资源储量的矿种共计158种，其中，能源矿产10种，金属矿产54种，非金属矿产91种，水气矿产3种。国土资源调查及地质勘察新发现大中型矿产地157处。有59种矿产新增查明资源储量，其中，石油7.99亿吨，天然气5035.4亿立方米，原煤51.95亿吨。

城市环保工作有所加强。监测的340个城市中，有141个城市空气质量达到二级标准，占监测城市数的41.5%，比上年提高 7.7 个百分点;有 108 个城市为三级,占 31.8%,比上年下降 3.2 个百分点;有 91 个城市为劣三级,占 26.7%,比上年下降 4.5 个百分点。城市污水集中处理率、城市生活垃圾无害化处理率和工业固体废物综合利用率,分别达到 42.1%、58.0%和 53.5%,比上年提高 2.1、3.8 和 1.5 个百分点。全国建成烟尘控制区 3.3 万平方公里,环境噪声达标区 2.0 万平方公里。

生态环境建设力度加大。全年完成造林面积 930 万公顷,比上年增长 19.7%。其中,六大林业重点工程完成造林面积 831 万公顷。截止 2003 年,全国共批准国家级生态示范区 82 个,自然保护区达到 1999 个,国家地质公园 44 个,地质遗迹保护区 457 个,三峡库区完成地质灾害治理项目 158 个。综合治理水土流失面积 5.6 万平方公里。

赤潮发生次数增多。全年发现赤潮 119 次,比上年增加 40 次,上升 50.6%;累计面积约 14550 平方公里,直接经济损失约 4280 万元。

各种自然灾害比较严重。全年全国农作物受灾面积 5438.6 万公顷,比上年上升 15.4%;其中成灾面积 3251.6 万公顷,上升 19.0%;绝收 854.6 万公顷,上升 30.3%。全年因海洋灾害造成的直接经济损失约 80.5 亿元,比上年上升 22%。全年共发生 5 级以上地震 29 次,比上年增加 20 次,其中 6 级以上地震 7 次。地震共造成 319 人死亡,直接经济损失 46.6 亿元。

注:

本公报为初步统计数。

各项统计数据均未包括香港特别行政区、澳门特别行政区和台湾省。

国内生产总值、各产业增加值绝对数按现价计算,增长速度按可比价计算。

表 2 中的水果产量含果用瓜。

基本建设新增生产能力中新增局用交换机容量、新增光缆线路长度及新增数字蜂窝移动电话交换机容量含更新改造增加的能力。

邮电业务总量完成额按 2000 年不变价格计算。

中共中央关于完善社会主义市场经济体制若干问题的决定

——2003 年 10 月 14 日中国共产党第十六届中央委员会第三次全体会议通过

为贯彻落实党的十六大提出的建成完善的社会主义市场经济体制和更具活力、更加开放的经济体系的战略部署,深化经济体制改革,促进经济社会全面发展,十六届中央委员会第三次全体会议讨论了关于完善社会主义市场经济体制的若干重大问题,并作出如下决定。

一、我国经济体制改革面临的形势和任务

(1)深化经济体制改革的重要性和紧迫性。十一届三中全会开始改革开放、十四大确定社会主义市场经济体制改革目标以及十四届三中全会作出相关决定以来,我国经济体制改革在理论和实践上取得重大进展。社会主义市场经济体制初步建立,公有制为主体、多种所有制经济共同发展的基本经济制度已经确立,全方位、宽领域、多层次的对外开放格局基本形成。改革的不断深化,极大地促进了社会生产力、综合国力和人民生活水平的提高,使我国经受住了国际经济金融动荡和国内严重自然灾害、重大疫情等严峻考验。同时也存在经济结构不合理、分配关系尚未理顺、农民收入增长缓慢、就业矛盾突出、资源环境压力加大、经济整体竞争力不强等问题,其重要原因是我国处于社会主义初级阶段,经济体制还不完善,生产力发展仍面临诸多体制性障碍。为适应经济全球化和科技进步加快的国际环境,适应全面建设小康社会的新形势,必须加快推进改革,进一步解放和发展生产力,为经济发展和社会全面进步注入强大动力。

(2)完善社会主义市场经济体制的目标和任务。按照统筹城乡发展、统筹区域发展、统筹经济社会发展、统筹人与自然和谐发展、统筹国内发展和对外开放的要求,更大程度地发挥市场在资源配置中的基础性作用,增强企业活力和竞争力,健全国家宏观调控,完善政府社会管理和公共服务职能,为全面建设小康社会提供强有力的体制保障。主要任务是:完善公有制为主体、多种所有制经济共同发展的基本经济制度;建立有利于逐步改变城乡二元经济结构的体制;形成促进区域经济协调发展的机制;建设统一开放竞争有序的现代市场体系;完善宏观调控体系、行政管理体制和经济法律制度;健全就业、收入分配和社会保障制度;建立促进经济社会可持续发展的机制。

(3)深化经济体制改革的指导思想和原则。以邓小平理论和"三个代表"重要思想为指导,贯彻党的基本路线、基本纲领、基本经验,全面落实十六大精神,解放思想、实事求是、与时俱进。坚持社会主义市场经济的改革方向,注重制度建设和体制创新。坚持尊重群众的首创精神,充分发挥中央和地方两个积极性。坚持正确处理改革发展稳定的关系,有重点、有步骤地推进改革。坚持统筹兼顾,协调好改革进程中的各种利益关系。坚持以人为本,树立全面、协调、可持续的发展观,促进经济社会和人的全面发展。

二、进一步巩固和发展公有制经济,鼓励、支持和引导非公有制经济发展

(4)推行公有制的多种有效实现形式。坚持公有制的主体地位,发挥国有经济的主导作用。积极推行公有制的多种有效实现形式,加快调整国有经济布局和结构。要适应经济市场化不断发展的趋势,进一步增强公有制经济的活力,大力发展国有资本、集体资本和非公有资本等参股的混合所有制经济,实现投资主体多元化,使股份制成为公有制的主要实现形式。需要由国有资本控股的企业,应区别不同情况实行绝对控股或相对控股。完善国有资本有进有退、合理流动的机制,进一步推动国有资本更多地投向关系国家安全和国民经济命脉的重要行业和关键领域,增强国有经济的控制力。其他行业和领域的国有企业,通过资产重组和结构调整,在市场公平竞争中优胜劣汰。发展具有国际竞争力的大公司大企业集团。继续放开搞活国有中小企业。以明晰产权为重点深化

集体企业改革，发展多种形式的集体经济。

(5)大力发展和积极引导非公有制经济。个体、私营等非公有制经济是促进我国社会生产力发展的重要力量。清理和修订限制非公有制经济发展的法律法规和政策，消除体制性障碍。放宽市场准入，允许非公有资本进入法律法规未禁入的基础设施、公用事业及其他行业和领域。非公有制企业在投融资、税收、土地使用和对外贸易等方面，与其他企业享受同等待遇。支持非公有制中小企业的发展，鼓励有条件的企业做强做大。非公有制企业要依法经营，照章纳税，保障职工合法权益。改进对非公有制企业的服务和监管。

(6)建立健全现代产权制度。产权是所有制的核心和主要内容，包括物权、债权、股权和知识产权等各类财产权。建立归属清晰、权责明确、保护严格、流转顺畅的现代产权制度，有利于维护公有财产权，巩固公有制经济的主体地位；有利于保护私有财产权，促进非公有制经济发展；有利于各类资本的流动和重组，推动混合所有制经济发展；有利于增强企业和公众创业创新的动力，形成良好的信用基础和市场秩序。这是完善基本经济制度的内在要求，是构建现代企业制度的重要基础。要依法保护各类产权，健全产权交易规则和监管制度，推动产权有序流转，保障所有市场主体的平等法律地位和发展权利。

三、完善国有资产管理体制，深化国有企业改革

(7)建立健全国有资产管理和监督体制。坚持政府公共管理职能和国有资产出资人职能分开。国有资产管理机构对授权监管的国有资本依法履行出资人职责，维护所有者权益，维护企业作为市场主体依法享有的各项权利，督促企业实现国有资本保值增值，防止国有资产流失。建立国有资本经营预算制度和企业经营业绩考核体系。积极探索国有资产监管和经营的有效形式，完善授权经营制度。建立健全国有金融资产、非经营性资产和自然资源资产等的监管制度。

(8)完善公司法人治理结构。按照现代企业制度要求，规范公司股东会、董事会、监事会和经营管理者的权责，完善企业领导人员的聘任制度。股东会决定董事会和监事会成员，董事会选择经营管理者，经营管理者行使用人权，并形成权力机构、决策机构、监督机构和经营管理者之间的制衡机制。企业党组织要发挥政治核心作用，并适应公司法人治理结构的要求，改进发挥作用的方式，支持股东会、董事会、监事会和经营管理者依法行使职权，参与企业重大问题的决策。要坚持党管干部原则，并同市场化选聘企业经营管理者的机制相结合。中央和地方党委要加强和改进对国有重要骨干企业领导班子的管理。要全心全意依靠职工群众，探索现代企业制度下职工民主管理的有效途径，维护职工合法权益。继续推进企业转换经营机制，深化劳动用工、人事和收入分配制度改革，分流安置富余人员，分离企业办社会职能，创造企业改革发展的良好环境。

(9)加快推进和完善垄断行业改革。对垄断行业要放宽市场准入，引入竞争机制。有条件的企业要积极推行投资主体多元化。继续推进和完善电信、电力、民航等行业的改革重组。加快推进铁道、邮政和城市公用事业等改革，实行政企分开、政资分开、政事分开。对自然垄断业务要进行有效监管。

四、深化农村改革，完善农村经济体制

(10)完善农村土地制度。土地家庭承包经营是农村基本经营制度的核心，要长期稳定并不断完善以家庭承包经营为基础、统分结合的双层经营体制，依法保障农民对土地承包经营的各项权利。农户在承包期内可依法、自愿、有偿流转土地承包经营权，完善流转办法，逐步发展适度规模经营。实行最严格的耕地保护制度，保证国家粮食安全。按照保障农民权益、控制征地规模的原则，改革征地制度，完善征地程序。严格界定公益性和经营性建设用地，征地时必须符合土地利用总体规划和用途管制，及时给予农民合理补偿。

(11)健全农业社会化服务、农产品市场和对农业的支持保护体系。农村集体经济组织要推进制度创新，增强服务功能。支持农民按照自愿、民主的原则，发展多种形式的农村专业合作组织。鼓励工商企业投资发展农产品加工和营销，积极推进农业产业化经营，形成科研、生产、加工、销售一体化的产业链。深化农业科技推广体制和供销社改革，形成社会力量广泛参与的农业社会化服务体系。完善农产品市场体系，放开粮食收购市场，把通过流通环节的间接补贴改为对农民的直接补贴，切实保护种粮农民的利益。加大国家对农业的支持保护，增加各级财政对农业和农村的投入。加强粮食综合生产能力建设。完善扶贫开发机制。国家新增教育、卫生、文化等公共事业支出主要用于农村。探索建立政策性农业保险制度。

(12)深化农村税费改革。农村税费改革是减轻农民负担和深化农村改革的重大举措。完善农村税费改革试点的各项政策，取消农业特产税，加快推进县乡机构和农村义务教育体制等综合配套改革。在完成试点工作的基础上，逐步降低农业税率，切实减轻农民负担。

(13)改善农村富余劳动力转移就业的环境。农村富余劳动力在城乡之间双向流动就业，是增加农民收入和推进城镇化的重要途径。建立健全农村劳动力的培训机制，推进乡镇企业改革和调整，大力发展县域经济，积极拓展农村就业空间，取消对农民进城就业的限制性规定，为农民创造更多就业机会。逐步统一城乡劳动力市场，加强引导和管理，形成城乡劳动者平等就业的制度。深化户籍制度改革，完善流动人口管理，引导农村富余劳动力平稳有序转移。加快城镇化进程，在城市有稳定职业和住所的农业人口，可按当地规定在就业地或居住地登记户籍，并依法享有当地居民应有的权利，承担应尽的义务。

五、完善市场体系，规范市场秩序

(14)加快建设全国统一市场。强化市场的统一性，是建设现代市场体系的重要任务。大力推进市场对内对外开放，加快要素价格市场化，发展电子商务、连锁经营、物流配送等现代流通方式，促进商品和各种要素在全国范围自由流动和充分竞争。废止妨碍公平竞争、设置行政壁垒、排斥外地产品和服务的各种分割市场的规定，打破行业垄断和地区封锁。积极发展独立公正、规范运作的专业化市场中介服务机构，按市场化原则规范和发展各类行业协会、商会等自律性组织。完善行政执法、行业自律、舆论监督、群众参与相结合的市场监管体系，健全产品质量监管机制，严厉打击制假售假、商业欺诈等违法行为，维护和健全市场秩序。

(15)大力发展资本和其他要素市场。积极推进资本市场的改革开放和稳定发展，扩大直接融资。建立多层次资本市场体系，完善资本市场结构，丰富资本市场产品。规范和发展主板市场，推进风险投资和创业板市场建设。积极拓展债券市场，完善和规范发行程序，扩大公司债券发行规模。大力发展机构投资者，拓宽合规资金入市渠道。建立统一互联的证券市场，完善交易、登记和结算体系。加快发展土地、技术、劳动力等要素市场。规范发展产权交易。积极发展财产、人身保险和再保险市场。稳步发展期货市场。

(16)建立健全社会信用体系。形成以道德为支撑、产权为基础、法律为保障的社会信用制度,是建设现代市场体系的必要条件,也是规范市场经济秩序的治本之策。增强全社会的信用意识,政府、企事业单位和个人都要把诚实守信作为基本行为准则。按照完善法规、特许经营、商业运作、专业服务的方向,加快建设企业和个人信用服务体系。建立信用监督和失信惩戒制度。逐步开放信用服务市场。

六、继续改善宏观调控,加快转变政府职能

(17)完善国家宏观调控体系。进一步健全国家计划和财政政策、货币政策等相互配合的宏观调控体系。国家计划明确的宏观调控目标和总体要求,是制定财政政策和货币政策的主要依据。财政政策要在促进经济增长、优化结构和调节收入方面发挥重要功能,完善财政政策的有效实施方式。货币政策要在保持币值稳定和总量平衡方面发挥重要作用,健全货币政策的传导机制。重视人口老龄化趋势等因素对社会供求的影响。完善统计体制,健全经济运行监测体系,加强各宏观经济调控部门的功能互补和信息共享,提高宏观调控水平。

(18)转变政府经济管理职能。深化行政审批制度改革,切实把政府经济管理职能转到主要为市场主体服务和创造良好发展环境上来。加强国民经济和社会发展中长期规划的研究和制定,提出发展的重大战略、基本任务和产业政策,促进国民经济和社会全面发展,实现经济增长与人口资源环境相协调。加强对区域发展的协调和指导,积极推进西部大开发,有效发挥中部地区综合优势,支持中西部地区加快改革发展,振兴东北地区等老工业基地,鼓励东部有条件地区率先基本实现现代化。完善政府重大经济社会问题的科学化、民主化、规范化决策程序,充分利用社会智力资源和现代信息技术,增强透明度和公众参与度。

(19)深化投资体制改革。进一步确立企业的投资主体地位,实行谁投资、谁决策、谁收益、谁承担风险。国家只审批关系经济安全、影响环境资源、涉及整体布局的重大项目和政府投资项目及限制类项目,其他项目由审批制改为备案制,由投资主体自行决策,依法办理用地、资源、环保、安全等许可手续。对必须审批的项目,要合理划分中央和地方权限,扩大大型企业集团投资决策权,完善咨询论证制度,减少环节,提高效率。健全政府投资决策和项目法人约束机制。国家主要通过规划和政策指导、信息发布以及规范市场准入,引导社会投资方向,抑制无序竞争和盲目重复建设。

七、完善财税体制,深化金融改革

(20)分步实施税收制度改革。按照简税制、宽税基、低税率、严征管的原则,稳步推进税收改革。改革出口退税制度。统一各类企业税收制度。增值税由生产型改为消费型,将设备投资纳入增值税抵扣范围。完善消费税,适当扩大税基。改进个人所得税,实行综合和分类相结合的个人所得税制。实施城镇建设税费改革,条件具备时对不动产开征统一规范的物业税,相应取消有关收费。在统一税政前提下,赋予地方适当的税政管理权。创造条件逐步实现城乡税制统一。

(21)推进财政管理体制改革。健全公共财政体制,明确各级政府的财政支出责任。进一步完善转移支付制度,加大对中西部地区和民族地区的财政支持。深化部门预算、国库集中收付、政府采购和收支两条线管理改革。清理和规范行政事业性收费,凡能纳入预算的都要纳入预算管理。改革预算编制制度,完善预算编制、执行的制衡机制,加强审计监督。建立预算绩效评价体系。实行全口径预算管理和对或有负债的有效监控。加强各级人民代表大会对本级政府预算的审查和监督。

(22)深化金融企业改革。商业银行和证券公司、保险公司、信托投资公司等要成为资本充足、内控严密、运营安全、服务和效益良好的现代金融企业。选择有条件的国有商业银行实行股份制改造,加快处置不良资产,充实资本金,创造条件上市。深化政策性银行改革。完善金融资产管理公司运行机制。鼓励社会资金参与中小金融机构的重组改造。在加强监管和保持资本金充足的前提下,稳步发展各种所有制金融企业。完善农村金融服务体系,国家给予适当政策支持。通过试点取得经验,逐步把农村信用社改造成为农村社区服务的地方性金融企业。

(23)健全金融调控机制。稳步推进利率市场化,建立健全由市场供求决定的利率形成机制,中央银行通过运用货币政策工具引导市场利率。完善人民币汇率形成机制,保持人民币汇率在合理、均衡水平上的基本稳定。在有效防范风险前提下,有选择、分步骤放宽对跨境资本交易活动的限制,逐步实现资本项目可兑换。建立和完善统一、高效、安全的支付清算系统。改进中央银行的金融调控,建立健全货币市场、资本市场、保险市场有机结合、协调发展的机制,维护金融运行和金融市场的整体稳定,防范系统性风险。

(24)完善金融监管体制。依法维护金融市场公开、公平、有序竞争,有效防范和化解金融风险,保护存款人、投资者和被保险人的合法权益。健全金融风险监控、预警和处置机制,依法严格实行市场退出制度。强化金融监管手段,防范和打击金融犯罪。增强监管信息透明度并接受社会监督。处理好监管和支持金融创新的关系,鼓励金融企业探索金融经营的有效方式。建立健全银行、证券、保险监管机构之间以及同中央银行、财政部门的协调机制,提高金融监管水平。

八、深化涉外经济体制改革,全面提高对外开放水平

(25)完善对外开放的制度保障。按照市场经济和世贸组织规则的要求,加快内外贸一体化进程。形成稳定、透明的涉外经济管理体制,创造公平和可预见的法制环境,确保各类企业在对外经济贸易活动中的自主权和平等地位。依法管理涉外经济活动,强化服务和监管职能,进一步提高贸易和投资的自由、便利程度。建立健全外贸运行监控体系和国际收支预警机制,维护国家经济安全。

(26)更好地发挥外资的作用。抓住新一轮全球生产要素优化重组和产业转移的重大机遇,扩大利用外资规模,提高利用外资水平。结合国内产业结构调整升级,更多地引进先进技术、管理经验和高素质人才,注重引进技术的消化吸收和创新提高。继续发展加工贸易,着力吸引跨国公司把更高技术水平、更大增值含量的加工制造环节和研发机构转移到我国,引导加工贸易转型升级。进一步改善投资环境,拓宽投资领域,吸引外资加快向有条件的地区和符合国家产业政策的领域扩展,力争再形成若干外资密集、内外结合、带动力强的经济增长带。

(27)增强参与国际合作和竞争的能力。鼓励国内企业充分利用扩大开放的有利时机,增强开拓市场、技术创新和培育自主品牌的能力。提高出口商品质量、档次和附加值,扩大高新技术产品出口,发展服务贸易,全面提高出口竞争力。继续实施"走出去"战略,完善对外投资服务体系,赋予企业更大的境外经营管理自主权,健全对境外投资企业的监管机制,促进我国跨国公司的发展。积极参与和推动区域经济合作。

九、推进就业和分配体制改革,完善社会保障体系

(28)深化劳动就业体制改革。把扩大就业放在经济社会发展更加突出的位置,实施积极的就业政策,努力改善创业和就业环境。坚持劳动者自主择业、市场调节就业和政府促进就业的方针。鼓励企业创造更多的就业岗位。改革发展和结构调整都要与扩大就业紧密结合。从扩大就业再就业的要求出发，在产业类型上，注重发展劳动密集型产业；在企业规模上，注重扶持中小企业；在经济类型上，注重发展非公有制经济；在就业方式上，注重采用灵活多样的形式。完善就业服务体系，加强职业教育和技能培训，帮助特殊困难群体就业。规范企业用工行为，保障劳动者合法权益。

（29）推进收入分配制度改革。完善按劳分配为主体、多种分配方式并存的分配制度，坚持效率优先、兼顾公平，各种生产要素按贡献参与分配。整顿和规范分配秩序，加大收入分配调节力度，重视解决部分社会成员收入差距过分扩大问题。以共同富裕为目标，扩大中等收入者比重，提高低收入者收入水平，调节过高收入，取缔非法收入。加强对垄断行业收入分配的监管。健全个人收入监测办法，强化个人所得税征管。完善和规范国家公务员工资制度，推进事业单位分配制度改革。规范职务消费，加快福利待遇货币化。

（30）加快建设与经济发展水平相适应的社会保障体系。完善企业职工基本养老保险制度，坚持社会统筹与个人帐户相结合，逐步做实个人帐户。将城镇从业人员纳入基本养老保险。建立健全省级养老保险调剂基金，在完善市级统筹基础上，逐步实行省级统筹，条件具备时实行基本养老金的基础部分全国统筹。健全失业保险制度，实现国有企业下岗职工基本生活保障向失业保险并轨。继续完善城镇职工基本医疗保险制度、医疗卫生和药品生产流通体制的同步改革，扩大基本医疗保险覆盖面，健全社会医疗救助和多层次的医疗保障体系。继续推行职工工伤和生育保险。积极探索机关和事业单位社会保障制度改革。完善城市居民最低生活保障制度，合理确定保障标准和方式。采取多种方式包括依法划转部分国有资产充实社会保障基金。强化社会保险基金征缴，扩大征缴覆盖面，规范基金监管，确保基金安全。鼓励有条件的企业建立补充保险，积极发展商业养老、医疗保险。农村养老保障以家庭为主，同社区保障、国家救济相结合。有条件的地方探索建立农村最低生活保障制度。

十、深化科技教育文化卫生体制改革，提高国家创新能力和国民整体素质

（31）营造实施人才强国战略的体制环境。创新人才工作机制，培养、吸引和用好各类人才。以党政人才、企业经营管理人才和专业技术人才为主体，建设规模宏大、结构合理、素质较高的人才队伍。多层次、多渠道、大规模地开展人才培训，重点培养一批高层次和高技能人才。加强西部和民族地区人才开发，建立促进优秀人才到西部、基层和艰苦地方工作的机制。尊重知识，鼓励创新，实行公平竞争，完善激励制度，形成优秀人才脱颖而出和人尽其才的良好环境。建立和完善人才市场体系，进一步促进人才流动。积极引进现代化建设急需的各类人才。

（32）深化科技体制改革。改革科技管理体制，加快国家创新体系建设，促进全社会科技资源高效配置和综合集成，提高科技创新能力，实现科技和经济社会发展紧密结合。确立企业技术创新和科技投入的主体地位，为各类企业创新活动提供平等竞争条件。必须由国家支持的从事基础研究、战略高技术、重要公益研究领域创新活动的研究机构，要按照职责明确、评价科学、开放有序、管理规范的原则建立现代科研院所制度。面向市场的应用技术研究开发机构，要坚持向企业化转制，加快建立现代企业制度。积极推动高等教育和科技创新紧密结合。建立军民结合、寓军于民的创新机制，实现国防科技和民用科技相互促进和协调发展。建设哲学社会科学理论创新体系，促进社会科学和自然科学协调发展。

（33）深化教育体制改革。构建现代国民教育体系和终身教育体系，建设学习型社会，全面推进素质教育，增强国民的就业能力、创新能力、创业能力，努力把人口压力转变为人力资源优势。推进教育创新，优化教育结构，改革培养模式，提高教育质量，形成同经济社会发展要求相适应的教育体制。巩固和完善以县级政府管理为主的农村义务教育管理体制。实施全员聘用和教师资格准入制度。完善和规范以政府投入为主、多渠道筹措经费的教育投入体制，形成公办学校和民办学校共同发展的格局。完善国家和社会资助家庭经济困难学生的制度。

（34）深化文化体制改革。按照社会主义精神文明建设的特点和规律，适应社会主义市场经济发展的要求，逐步建立党委领导、政府管理、行业自律、企事业单位依法运营的文化管理体制。转变文化行政管理部门的职能，促进文化事业和文化产业协调发展。坚持把社会效益放在首位，努力实现社会效益和经济效益的统一。公益性文化事业单位要深化劳动人事、收入分配和社会保障制度改革，加大国家投入，增强活力，改善服务。经营性文化产业单位要创新体制，转换机制，面向市场，壮大实力。健全文化市场体系，建立富有活力的文化产品生产经营体制。完善文化产业政策，鼓励多渠道资金投入，促进各类文化产业共同发展，形成一批大型文化企业集团，增强文化产业的整体实力和国际竞争力。依法规范文化市场秩序。深化体育改革，构建群众体育服务体系，健全竞技体育体制，促进体育产业健康发展，增强全民体质。

（35）深化公共卫生体制改革。强化政府公共卫生管理职能，建立与社会主义市场经济体制相适应的卫生医疗体系。加强公共卫生设施建设，充分利用、整合现有资源，建立健全疾病信息网络体系、疾病预防控制体系和医疗救治体系，提高公共卫生服务水平和突发性公共卫生事件应急能力。加快城镇医疗卫生体制改革。改善乡村卫生医疗条件，积极建立新型农村合作医疗制度，实行对贫困农民的医疗救助。发挥中西医结合的优势。搞好环境卫生建设，树立全民卫生意识。健全卫生监管体系，保证群众的食品、药品和医疗安全。

十一、深化行政管理体制改革，完善经济法律制度

（36）继续改革行政管理体制。加快形成行为规范、运转协调、公正透明、廉洁高效的行政管理体制。进一步调整各级政府机构设置，理顺职能分工，实现政府职责、机构和编制的法定化。完善国家公务员制度。推进依法行政，严格按照法定权限和程序行使权力、履行职责。发展电子政务，提高服务和管理水平。建立健全各种预警和应急机制，提高政府应对突发事件和风险的能力。完善安全生产监管体系。深化地方行政管理体制改革，大力精简机构和人员。继续推进事业单位改革。完善基层群众性自治组织，发挥城乡社区自我管理、自我服务的功能。

（37）合理划分中央和地方经济社会事务的管理责权。按照中央统一领导、充分发挥地方主动性积极性的原则，明确中央和地方对经济调节、市场监管、社会管理、公共服务方面的管理责权。属于全国性和跨省（自治区、直辖市）的事务，由中央管理，以保证国家法制统一、政令统一和市场统一。属于面向本行政区域的地方性事务，由地方管理，以提高工作效率、降低管理成本、增强行政活力。属于中央和地方共同管理的事务，要区别不同情况，明确各自的管理范围，分清主次责任。根据经济社会事务管理责权的划分，逐步理顺中央和地方在财税、金融、投资和社会保障等领域的分工和职责。

(38)全面推进经济法制建设。按照依法治国的基本方略，着眼于确立制度、规范权责、保障权益，加强经济立法。完善市场主体和中介组织法律制度，使各类市场主体真正具有完全的行为能力和责任能力。完善产权法律制度，规范和理顺产权关系，保护各类产权权益。完善市场交易法律制度，保障合同自由和交易安全，维护公平竞争。完善预算、税收、金融和投资等法律法规，规范经济调节和市场监管。完善劳动、就业和社会保障等方面的法律法规，切实保护劳动者和公民的合法权益。完善社会领域和可持续发展等方面的法律法规，促进经济发展和社会全面进步。

(39)加强执法和监督。加强对法律法规的解释工作，加大执法力度，提高行政执法、司法审判和检察的能力和水平，确保法律法规的有效实施，维护法制的统一和尊严。按照权力与责任挂钩、权力与利益脱钩的要求，建立权责明确、行为规范、监督有效、保障有力的执法体制，防止和纠正地方保护主义和部门本位主义。改革行政执法体制，相对集中行政处罚权，推进综合执法试点。推进司法体制改革，维护司法公正。实行执法责任制和执法过错追究制，做到严格执法、公正执法、文明执法。

十二、加强和改善党的领导，为完善社会主义市场经济体制而奋斗

(40)党的领导是顺利推进改革的根本保证。建成完善的社会主义市场经济体制，是我们党在新世纪新阶段作出的具有重大现实意义和深远历史意义的决策，是对全党新的重大考验。全党同志要充分认识肩负的历史责任，不断学习新知识、研究新情况、解决新问题，继续探索社会主义制度和市场经济有机结合的途径和方式。要自觉适应社会主义市场经济发展的新形势，改革和完善党的领导方式和执政方式，坚持谋全局、把方向、管大事，进一步提高科学判断形势的能力、驾驭市场经济的能力、应对复杂局面的能力、依法执政的能力和总揽全局的能力。要坚持党管人才原则，培养和造就大批适应现代化建设需要的各类人才，加强各级领导班子和基层党组织建设，为改革和发展提供强有力的组织保证。要着眼于我国基本国情，坚持一切从实际出发，因地制宜，把改革的力度、发展的速度和社会可承受的程度统一起来，及时化解各种矛盾，确保社会稳定和工作有序进行。要统筹推进各项改革，努力实现宏观经济改革和微观经济改革相协调，经济领域改革和社会领域改革相协调，城市改革和农村改革相协调，经济体制改革和政治体制改革相协调。

(41)加强和改进党风廉政建设。加强党风廉政建设、反对和防止腐败，是建立和完善社会主义市场经济体制的重要保证，必须贯穿于改革开放和现代化建设的全过程。要进一步抓好党和国家机关工作人员特别是领导干部的廉洁自律，坚决查处各种违纪违法案件，切实纠正损害群众利益的不正之风。要坚持标本兼治、综合治理，注重思想道德教育，加强廉政法制建设，完善监督制约机制，建立健全与社会主义市场经济体制相适应的教育、制度、监督并重的惩治和预防腐败体系。坚持立党为公、执政为民，务必继续保持谦虚谨慎、不骄不躁的作风，务必继续保持艰苦奋斗的作风，坚决抵制各种不良风气的侵蚀，为完善社会主义市场经济体制营造良好的社会氛围。

(42)坚持社会主义物质文明、政治文明和精神文明协调发展。中国特色社会主义是社会主义市场经济、社会主义民主政治和社会主义先进文化协调发展的伟大事业。要积极稳妥地推进政治体制改革，扩大社会主义民主，健全社会主义法制，巩固和壮大爱国统一战线，加强思想政治工作，为发展社会主义市场经济提供强有力的政治保证。要大力加强社会主义文化建设，着力建立与社会主义市场经济相适应、与社会主义法律规范相协调、与中华民族传统美德相承接的社会主义思想道德体系，弘扬和培育民族精神，不断提高全民族的思想道德素质和科学文化素质，为改革和发展提供强大的精神动力和智力支持。

全党同志和全国各族人民，在马克思列宁主义、毛泽东思想、邓小平理论和“三个代表”重要思想指引下，全面贯彻十六大精神，紧密团结在以胡锦涛同志为总书记的党中央周围，开拓进取，扎实工作，为建成完善的社会主义市场经济体制、实现全面建设小康社会的宏伟目标而努力奋斗！

政府工作报告

——2004年3月5日在第十届全国人民代表大会第二次会议上

国务院总理　温家宝

各位代表：

本届政府履行职责已经一年。现在，我代表国务院，向大会作政府工作报告，请予审议，并请全国政协各位委员提出意见。

一、一年来工作回顾

过去的一年，是我国发展进程中重要而非同寻常的一年，是改革开放和社会主义现代化建设取得显著成就的一年。面对复杂多变的国际形势、突如其来的非典型肺炎疫情和频繁发生的自然灾害，在中国共产党领导下，各级政府和全国各族人民一道，以邓小平理论和“三个代表”重要思想为指导，贯彻落实党的十六大精神，迎难而上，顽强拼搏，奋力开拓创新，在全面建设小康社会的道路上迈出重要步伐。

——抗击非典取得重大胜利。

——经济快速发展。国内生产总值比上年增长9.1%，达到11.67万亿元；按现行汇率计算，人均国内生产总值突破1000美元，跨上一个重要台阶。

——国家财力明显增强。全国财政收入达到2.17万亿元，比上年增加2787亿元。

——对外贸易大幅增长。进出口总额比上年增长37.1%，达到8512亿美元，由上年居世界第五位上升到第四位。

——就业超过预期目标。城镇新增就业859万人，下岗失业人员再就业440万人。

——居民收入增加。城镇居民人均可支配收入实际增长9%，农民人均纯收入实际增长4.3%。

——首次载人航天飞行获得圆满成功。

这些成就，标志着我国综合国力又有新的提高，进一步增强了全国人民继续前进的信心和勇气。

一年来，我们主要做了以下六方面工作：

(一)采取果断措施，集中力量抗击非典

去年春天，我国遭遇了一场非典疫情重大灾害。党中央、国务院把人民群众的身体健康和生命安全放在第一位，及时研究和部署防治非典工作。贯彻《中华人民共和国传染病防治法》，制定《突发公共卫生事件应急条例》，将非典列为法定传染病管理，如实公布疫情，在全国范围内实行群防群控。国务院和地方政府成立防治非典指挥部，统一调度人力物力财力，充分发挥城乡基层组织的作用，确保预防、救治工作紧张有序进行。组织科研攻关，在诊断、治疗、防疫等方面取得重要进展。对农民非典患者实行免费治疗等措施，严防疫情向农村扩散。

在抗击非典斗争的艰难时刻，各级领导干部深入第一线，全国人民万众一心，社会各界同舟共济，广大医务工作者临危不惧，中华民族经受住了严峻的考验。

(二)适时适度调控，促进经济平稳快速发展

我们坚持扩大内需方针，继续实施积极的财政政策和稳健的货币政策，针对经济运行中出现的新情况，及时采取措施进行宏观调控。

在非典肆虐的情况下，我们坚持一手抓防治非典不放松，一手抓经济建设不动摇。着力加强重点建设，促进工业生产，保证物流畅通，及时对受疫情冲击较大的行业实行减免税费、贴息贷款等扶持政策，并制定促进就业和增加农民收入等方面的措施，最大限度地减轻了疫情对经济发展的影响。

我们主要运用经济、法律手段，采取综合措施，引导和调控社会投资。进一步整顿和规范土地市场秩序，全面清理各类开发区，制止乱征滥占耕地。适当提高金融机构存款准备金率，控制货币信贷过快增长势头。在调控中，注意适度微调和区别对待。

我们加大"三农"工作力度，及时作出部署，保护粮食主产区和广大农民的种粮积极性。加强经济运行协调，采取措施增加供给，引导需求合理增长，缓解煤、电、油、运和重要原材料供应紧张状况。

我们积极推进经济结构战略性调整，抓紧一批对经济增长和结构调整有重大促进作用的重点项目建设，特别是加快水利、能源、交通等项目的开工和建设。三峡水利枢纽二期工程胜利完成，三期工程拉开序幕；西气东输东段工程成功贯通；青藏铁路正线铺轨顺利推进；西电东送规模扩大；南水北调工程东、中线开工建设。西部大开发继续推进，东北地区等老工业基地振兴战略开始实施。

(三)注重统筹兼顾，加快社会事业发展

非典疫情蔓延，集中暴露出我国经济和社会发展不协调的问题。我们从政府工作的着力点和财政投入等方面，及时作出必要调整，推动社会事业加快发展。中央财政全年用于教育、卫生、科技、文化、体育事业的支出达855亿元，比上年增长12.4%；支持社会事业发展的国债投资达163亿元，增长近两倍。

以疾病预防控制和农村为重点，加强全国公共卫生体系建设。制定并组织实施《国家公共卫生监测信息体系建设规划》和《突发公共卫生事件医疗救治体系建设规划》，建立突发公共卫生事件预警和应急机制。加强公共卫生设施建设，重点抓了省、市(地)、县三级疾病预防控制网络建设。采取中央与地方共建办法，加强农村卫生医疗机构建设。开展新型农村合作医疗制度和医疗救助制度试点。

国务院作出《关于进一步加强农村教育工作的决定》。中央财政和国债资金加大了对农村教育的支持力度，主要用于补助中西部农村教师工资发放、中小学危房改造、中小学现代远程教育工程试点和资助家庭经济困难的学生。许多城市开始实行以流入地政府管理为主的办法，努力使进城务工农民的子女能够上学。

一年来，我国基础研究、战略高技术研究和高新技术产业化取得重要进展。国务院着手编制国家中长期科学和技术发展规划，组织大批专家参与研究论证，已有一批重要研究成果。

积极推进文化体制改革和文化事业发展。文化市场整顿力度加大。群众体育和竞技体育运动取得新成绩。

人口和计划生育工作进一步加强。国土资源管理、环境保护、林业发展和生态建设等方面都做了大量工作，取得新成效。

(四)关心群众生活，做好就业和社会保障工作

我们高度重视解决群众特别是困难群众的生产生活问题，维护群众切身利益。各级政府认真落实中央关于扩大就业再就业的一系列措施，加大资金投入、政策支持和工作力度。中央财政新增47亿元专项补助资金，用于支持就业再就业。加强对高校扩招后首批毕业生就业的指导和服务，全国普通高校毕业生就业率去年底达到83%，比上年增加60万人。

为继续落实"两个确保"和"三条保障线"，2003年中央财政支出700亿元，比上年增长19.9%；其中用于城市居民最低生活保障的补助资金由上年46亿元增加到92亿元。全国2235万城市居民得到最低生活保障。从2003年起，中央财政每年安排专项资金，支持地方解决企业军转干部等生活困难问题；再次提高革命伤残人员等优抚对象的抚恤补助标准。

我们进一步加强农村扶贫开发工作，增加资金投入，改善贫困地区生产生活条件。全力做好抗灾救灾工作，中央财政用于洪涝、干旱、地震等救灾救济支出80.3亿元，比上年增长63.9%；用于灾后重建的中央投资27.9亿元。灾区群众生活得到妥善安排，恢复生产和重建工作有序进行。各级政府重视解决拖欠农民工工资问题，加大了工作力度，取得初步成效。

(五)推进体制创新，改革开放迈出重要步伐

按照十届全国人大一次会议批准的方案，国务院机构改革顺利完成，调整和新组建的机构运转正常。宏观调控体系建设、国有资产管理体制改革和银行业监管体系建设取得重要进展。统一内外贸管理体制，调整了食品安全和安全生产监管体制。省级政府机构改革基本完成。行政审批制度改革进一步深化。

国有企业股份制改革继续推进。电力、电信、民航等行业的改革加快。国有及国有控股工业企业经济效益大幅度提高，实现利润3784亿元，比上年增长45.2%。银行、证券、保险业改革稳步推进。制定并实施国有商业银行股份制改造试点方案。改革了证券发行审核制度。国有保险企业股份制改造取得明显进展。酝酿多年的农村信用社改革开始在8个省(市)试点。农村税费改革试点扩大到全国。促进非公有制经济发展的政策措施进一步落实。深入整顿和规范市场秩序，坚决打击制售假冒伪劣商品和走私等违法犯罪活动，改善市场环境，维护消费者和生产者合法权益。

我们认真履行加入世贸组织的承诺，继续降低关税税率，扩大服务业对外开放。外贸经营权进一步放开。制定并实施出口退税机制改革方案，积累多年的欠退税问题将逐步得到合理解决。加强了应对国外反倾销调查和解决贸易争端的工作。进出口商品结构进一步优化。全年实际利用外商直接投

资535亿美元。年底国家外汇储备达4033亿美元，比年初增加1168亿美元。人民币汇率保持稳定。去年，还签署了内地与香港、内地与澳门建立更紧密经贸关系的安排，增强了内地与港澳的经贸联系。

（六）加强法制建设，维护社会稳定

我们高度重视政府法制建设。国务院先后提出银行业监督管理法草案、对外贸易法修订草案等5部法律议案；制定了《企业国有资产监督管理暂行条例》等28部行政法规。针对收容遣送工作中存在的问题，制定并组织实施《城市生活无着的流浪乞讨人员救助管理办法》和配套措施。《法律援助条例》的实施，为困难群众解决打官司难提供帮助。

加强社会治安综合治理。对治安混乱地区进行重点整治。加大对严重暴力犯罪等突出犯罪的打击力度，社会治安取得新的进步。坚持执法为民、从严治警，着重解决超期羁押、滥用强制措施等问题，保障公民的合法权益。加强政法队伍建设，发挥公安机关和武警部队在维护社会稳定中的重要作用。

过去的一年，各级政府按照党中央的部署，兴起学习贯彻“三个代表”重要思想和党的十六大精神的高潮。社会主义政治文明建设继续推进，精神文明建设进一步加强。廉政建设和反腐败工作取得新成效。民族、宗教、侨务工作取得新成绩。国防和军队现代化建设迈出新步伐。外交工作开创了新局面。

一年来各方面的显著成就，确实来之不易。这是党中央总揽全局、正确领导的结果，是全国各族人民团结奋斗、辛勤劳动的结果。我代表国务院向全国工人、农民、知识分子和干部，向社会主义劳动者和社会主义事业的建设者，向解放军指战员、武警部队官兵和公安民警，表示诚挚的感谢！向全国各族人民，各民主党派、各人民团体和各界人士，对政府工作的信任和支持，表示诚挚的感谢！向关心和支持祖国建设和统一的香港特别行政区同胞、澳门特别行政区同胞和台湾同胞，以及广大侨胞，向一切关心和支持中国现代化建设的各国朋友，表示诚挚的感谢！

回顾过去一年，我们清醒地看到，在前进道路上还有许多困难和问题，政府工作还有不少缺点，群众还有一些不满意的地方，多年积累的深层次矛盾从根本上解决还需要相当长时间。农民增收缓慢，就业和社会保障任务重，区域发展不平衡，部分社会成员收入差距过大，资源环境压力增加。在经济加快发展的过程中，又出现一些新的矛盾，特别是投资规模偏大，部分行业和地区盲目投资、低水平重复建设比较严重，能源、交通和部分原材料供求关系紧张。粮食减产较多，违法违规占用耕地现象比较突出。社会事业发展滞后，群众对上学难、看病难等问题反映比较强烈。城乡不少低收入居民生活还比较困难。一些地方严重刑事犯罪案件屡有发生。重大安全事故接连出现，给人民群众生命财产造成严重损失，教训极为深刻。我们还清醒地看到，有些政府工作人员存在主观主义、形式主义和官僚主义作风，奢侈浪费，弄虚作假，甚至贪污腐败。政府自身建设和反腐败工作十分艰巨。

对这些矛盾和问题，必须高度重视而不可回避，认真解决而不可任其发展。政府工作任重道远。我们要保持清醒头脑，增强忧患意识和历史责任感，下定决心，知难而进，开拓创新，扎实工作，以新的精神状态、新的工作面貌，迎接新的考验，决不辜负人民的期望。

二、2004年主要任务

今年是我国改革和发展十分关键的一年。政府工作的基本思路和主要任务是，以邓小平理论和“三个代表”重要思想为指导，全面贯彻党的十六大和十六届三中全会精神，抓住重要战略机遇期，抓好发展这个第一要务，坚持科学发展观，按照“五个统筹”的要求，更加注重搞好宏观调控，更加注重统筹兼顾，更加注重以人为本，更加注重改革创新，着力解决经济社会发展中的突出矛盾，着力解决关系人民群众切身利益的突出问题，正确处理改革发展稳定的关系，推动经济社会全面、协调、可持续发展，实现社会主义物质文明、政治文明和精神文明共同进步。

（一）加强和改善宏观调控，保持经济平稳较快发展

今年经济工作的基本着眼点，是把各方面加快发展的积极性保护好、引导好、发挥好，实现经济平稳较快发展，防止经济出现大起大落。中央提出今年经济增长预期目标为7%左右，既考虑了保持宏观调控目标的连续性，也考虑了经济增长速度与能源、重要原材料、交通运输等实际条件的衔接，减轻对资源和环境的压力。这也有利于引导各方面把主要精力放在深化改革、调整结构、提高经济增长的质量和效益上，把更多的财力、物力用在社会发展和加强薄弱环节上。

搞好宏观调控，既要保持宏观经济政策的连续性和稳定性，又要根据经济形势发展变化，适时适度调整政策实施的力度和重点。适时，就是把握好调控措施出台的时机，见微知著，防患于未然；适度，就是松紧得当，不急刹车，不一刀切。

要坚持扩大内需的方针，继续实施积极的财政政策和稳健的货币政策。发行建设国债是在需求不足的情况下采取的阶段性政策，随着社会投资增长加快，应逐步调减发债规模。今年拟发行建设国债1100亿元，比上年减少300亿元。为了建立正常的政府投资机制和稳定的资金来源，在逐年减少国债发行规模的同时，要逐年适当增加中央预算内经常性建设投资，今年拟先增加50亿元。总的考虑是，经过几年努力，在现有财政赤字规模不扩大的情况下，中央预算内经常性建设投资逐步增加到一定规模，同时逐步减少发行建设国债。要调整建设国债使用方向，集中用于促进经济结构调整和社会全面发展。今年国债投资要向农村、社会事业、西部开发、东北地区等老工业基地、生态建设和环境保护倾斜，保证续建国债项目建设。要切实管好用好国债资金，确保国债项目工程质量和资金使用效益。继续做好财政税收工作，大力增收节支，严格依法征税，保证重点支出。充分发挥货币政策的作用，适当控制货币信贷规模，优化信贷结构，既要支持经济增长，又要防止通货膨胀和防范金融风险。促进国际收支基本平衡，保持人民币汇率在合理、均衡水平上基本稳定。

适当控制固定资产投资规模，坚决遏制部分行业和地区盲目投资、低水平重复建设，是今年宏观调控的一项重要任务。要坚持以市场为导向，主要运用经济、法律手段，辅之以必要的行政手段，加强引导和调控。一要完善产业政策和行业规划，健全行业信息发布制度，正确引导社会投资方向。二要抓紧制定和完善行业准入标准，严格市场准入。凡在环保、安全、能耗、技术、质量等方面不符合标准的项目，尚未建设的不准开工，在建的要进行清理，已建的要限期改造。三要依法加强用地管理。对不符合国家产业政策和行业准入标准的建设项目，一律不得批准用地。继续清理开发区，整顿规范土地市场。四要强化信贷审核和监管。对不符合市场准入条件的新建项目和改扩建项目，金融机构不予贷款。五要严肃税制，坚决禁止和纠正擅自出台税收优惠政策的行为。通过这些措施，努力使投资结构得到调整和优化，投资总规模保持合理水平，投资效益得到提高。要按照走新型工业化道路的要求，推

进国民经济和社会信息化，促进产业结构优化升级。积极发展对经济增长带动作用大和拥有自主知识产权的高新技术产业。加快振兴装备制造业。大力发展现代流通、旅游、中介服务等第三产业，逐步提高其在国民经济中的比重。

保持经济平稳较快发展，必须缓解当前能源、重要原材料和运输的供求矛盾。一方面，要增加煤炭、电力、油品生产；加强经济运行调节，促进煤、电、油、运和重要原材料的供需衔接，保证居民生活、重要行业和重点企业的需要；加快大型煤炭基地、重要电源电网建设，加快石油等重要资源勘探开发，加快重大交通运输干线与枢纽工程建设。另一方面，要坚持增产与节约并举，把节约放在优先位置。这不仅是当前解决供需矛盾的迫切需要，也是缓解我国资源环境压力的长远之计。必须切实转变经济增长方式，各行各业都要杜绝浪费，降低消耗，提高资源利用效率，形成有利于节约资源的生产模式和消费方式，建设资源节约型社会。

合理调整投资与消费的关系，是今年宏观调控的重要方面。我国消费在国内生产总值中的比重偏低，不利于国内需求的稳定扩大，不利于国民经济持续较快增长和良性循环。要努力增加城乡居民收入，提高居民购买力水平；加大收入分配调节力度，提高中低收入居民的消费能力；发展消费信贷，完善消费政策，改善消费环境；适应消费结构的变化，扩大服务消费领域，改善生产供给结构；各项改革措施要有利于增强消费者信心，形成良好的消费预期，增加即期消费。要通过不断努力，逐步改变投资率偏高、消费率偏低的状况。

(二)巩固和加强农业基础地位，实现农民增收和农业增产

解决农业、农村和农民问题，是我们全部工作的重中之重。当前，我国农业发展又处在一个关键时期。今年要按照统筹城乡发展的要求，采取更直接、更有力的政策措施，加强农业，支持农业，保护农业，努力增加农民收入。

第一，保护和提高粮食综合生产能力。实行最严格的耕地保护制度，依法加强耕地管理，坚决制止乱占滥用耕地，纠正随意改变基本农田用途的现象。加快改革土地征收、征用制度，完善土地征收、征用程序和补偿机制，确保占补平衡。扩大粮食播种面积，努力提高单产。重点支持主产区发展粮食生产，启动优质粮食产业工程，建设稳产高产基本农田。

第二，推进农业和农村经济结构战略性调整。大力发展优质、高产、高效、生态、安全农业，提高农产品质量和竞争力。推进优势农产品产业带建设，促进农业产业化经营。积极发展畜牧业，切实做好高致病性禽流感等动物疫病的防治工作。发展农产品加工业等农村非农产业，壮大县域经济。稳步推进城镇化，改善农民进城就业环境，加强农民工培训，多渠道扩大农村劳动力转移就业。

第三，继续推进农村税费改革。除烟叶外，取消农业特产税，每年可使农民减轻负担48亿元。从今年起，逐步降低农业税税率，平均每年降低1个百分点以上，五年内取消农业税。今年农业税率降低可使农民减轻负担70亿元。为支持农村税费改革，今年中央财政拿出396亿元用于转移支付。加快推进县乡机构等配套改革。

第四，深化粮食流通体制改革。全面放开粮食购销市场，加快国有粮食企业改革，加强粮食市场管理和调控，对种粮农民实行直接补贴。今年国家从粮食风险基金中拿出100亿元，直接补贴种粮农民，以调动农民种粮的积极性。加强农业生产资料价格监管，保护农民利益。

第五，加大对农业和农村投入力度。各级政府都要增加对“三农”的投入。今年中央财政投入增加300亿元以上，比上年增长20%以上。国债投资重点加强农村“六小工程”和农田水利建设，改善农民生产生活条件。继续搞好农村扶贫开发，多渠道增加扶贫资金投入，扩大以工代赈规模。改进农村金融服务，农村信用社要增加农户小额信用贷款和农户联保贷款，支持农民发展生产。

第六，加快农业科技进步。加强农业科研攻关，增强农业科技创新、储备和转化能力。加强农村科技推广体系建设，大力推广增产增效的先进适用技术，扩大农作物良种补贴范围和规模。

(三)统筹区域协调发展，推进西部大开发和东北地区等老工业基地振兴

促进区域协调发展，是我国现代化建设中的一个重大战略问题。要坚持推进西部大开发，振兴东北地区等老工业基地，促进中部地区崛起，鼓励东部地区加快发展，形成东中西互动、优势互补、相互促进、共同发展的新格局。

继续实施西部大开发战略，认真总结经验，完善政策，落实各项措施，积极有序地推进。扎实搞好退耕还林、退牧还草、天然林保护、风沙源和石漠化治理等重点生态工程；加强基础设施建设，重点抓好关系全局的重大项目，不断增强经济发展后劲，继续抓好改善农牧民生产生活条件的小型工程建设；以义务教育、公共卫生和基层文化建设为重点，促进社会事业发展；积极发展特色经济和优势产业，推进重点区域和地带开发。

认真实施东北地区等老工业基地振兴战略，今年要有一个良好的开端。落实中央的各项政策措施，突出体制机制创新，扩大对内对外开放。加快经济结构调整和技术进步，着力抓好重点行业、重点企业的调整改造，做好资源型城市经济转型和采煤沉陷区治理工作。要坚持自力更生，艰苦创业，充分发挥广大干部群众的进取精神和创造精神。

加快中部地区发展是区域协调发展的重要方面。国家支持中部地区发挥区位优势和经济优势，加快改革开放和发展步伐，加强现代农业和重要商品粮基地建设，加强基础设施建设，发展有竞争力的制造业和高新技术产业，提高工业化和城镇化水平。

东部地区加快发展，有利于增强国家财力、物力和科技实力，更好地支持中西部地区发展。要继续发挥优势，加快产业结构升级，进一步发展外向型经济，有条件的地方要率先基本实现现代化。东、中、西部地区要加强多种形式的合作，在协调发展中逐步实现共同富裕。国家继续采取措施，支持革命老区加快发展。

(四)继续实施科教兴国战略，坚持走可持续发展之路

切实把教育放在优先发展的地位，用更大的精力、更多的财力加快教育事业发展。实施新一轮《教育振兴行动计划》，重点加强义务教育特别是农村教育。今年要启动西部地区“两基”攻坚计划，到2007年使西部地区基本普及九年义务教育，基本扫除青壮年文盲，中央财政将为此投入100亿元。要完善农村义务教育“以县为主”的管理体制，中央财政和省、市(地)财政要增加对贫困县义务教育的转移支付。继续实施第二期农村中小学危房改造，中央财政将投入60亿元。中央财政和地方财政还将加大投入，发展农村中小学现代远程教育。优化教育结构，积极稳步发展高等教育，大力发展职业教育和继续教育。各级各类学校都要全面贯彻党的教育方针，加强素质教育，深化教育改革，提高教育质量。规范和发展民办教育。坚决治理教育乱收费，切实减轻学生家庭负担。

今年，要继续集中力量完成国家中长期科学和技术发展规划的编制，确定未来15年我国科技发展战略、目标、任务和政策。要推进科技体制改革和机制创新。加快国家创新体系和科技基础设施建设，切实加强基础研究。组织实施一批关系经济社会发展全局的重大科技项目，促进科学技术与产业结合，推动高新技术产业化。坚持社会科学和自然科学并重，充分发挥哲学社会科学在经济和社会发展中的重要作用。

认真实施人才强国战略。大力培养、积极引进、合理使用各类人才，为现代化建设提供坚强的人才保证和智力支持。

积极实施可持续发展战略，按照统筹人与自然和谐发展的要求，做好人口、资源、环境工作。稳定低生育水平，提高出生人口素质。完善基层计划生育基础设施和服务体系，切实加强流动人口计划生育管理。做好老龄人口工作。认真实施全国生态环境保护和建设规划，实施以生态建设为主的林业发展战略。加大执法力度，强化生态环境监管，严格控制主要污染物排放，抓紧解决严重威胁人民群众健康安全的环境污染问题。大力发展循环经济，推行清洁生产。依法保护与合理利用国土资源。重视海洋资源开发与保护。加强水资源保护和节约利用。做好防灾减灾工作。

（五）加快卫生文化体育事业发展，加强精神文明建设

发展卫生事业，今年重点抓好三件事。一是加强公共卫生体系建设。力争用三年时间，基本建成覆盖城乡、功能完善的疾病预防控制和医疗救治体系，提高应对重大传染病等突发公共卫生事件的能力。要高度重视并采取坚决有力措施，做好非典型肺炎、艾滋病、血吸虫病等重大传染病的防治工作。二是改善农村医疗卫生条件，做好新型农村合作医疗制度试点工作。要切实把医疗卫生工作的重点放在农村，加强农村医疗卫生基础设施和农村卫生队伍建设，逐步改善农村缺医少药的状况。要从各地实际出发，积极稳妥地推进新型农村合作医疗制度试点，逐步建立由政府组织和引导，农民自愿参加，个人、集体和政府多方筹资，以大病统筹为主的农民医疗互助共济制度，确保农民群众受益。三是积极推进城镇医疗卫生体制改革试点。继续改革城镇职工基本医疗保险制度、医疗卫生和药品生产流通体制。实行医疗机构分类管理，合理配置和有效使用卫生资源，发展社区卫生事业，改进医疗卫生服务。同时，在城乡广泛开展爱国卫生运动。

随着我国经济发展和社会进步，人民群众的精神文化需求不断增长，必须把文化建设摆到更加重要的位置。要大力发展社会主义先进文化。弘扬以爱国主义精神为核心的民族精神，特别要加强对青少年的思想道德教育。积极开展群众性精神文明创建活动。加强农村、社区和企业等基层文化建设。普及科学知识，弘扬科学精神。倡导科学、健康、文明的生活方式。进一步发展文学艺术、新闻出版和广播影视业，实施精品战略，提供更多健康向上、人民群众喜闻乐见的精神文化产品。抓紧制定文化体制改革总体方案和文化发展纲要。积极推动文化体制改革和机制创新，加大对公益性文化事业扶持力度，完善文化产业政策，发挥市场机制作用，促进文化事业和文化产业共同发展。搞好文物、档案工作和自然、文化遗产保护工作。继续加强文化市场和互联网的建设与管理，坚持不懈地进行“扫黄”“打非”斗争。积极扩大对外文化交流。广泛开展全民健身运动，努力提高竞技体育水平。继续做好2008年北京奥运会和2010年上海世界博览会的准备工作。

（六）抓住有利时机，深化经济体制改革

今年，要按照党的十六届三中全会决定的部署，有重点有步骤地推进改革，力求在一些重要方面取得新进展。

深化国有资产管理体制和国有企业改革。抓紧完善国有资产监督管理相关法规和实施办法，研究建立国有资本经营预算制度和企业经营业绩考核体系，进一步落实国有资产经营责任。积极推进国有企业规范的股份制改造，完善产权结构和法人治理结构，推动企业经营机制转换。大力发展混合所有制经济，逐步使股份制成为公有制的主要实现形式。继续做好电信、电力、民航等行业的改革重组工作，稳步推进邮政、铁路行业改革。推进市政公用事业的市场化进程。通过改革和发展，形成一批核心竞争力强、拥有自主知识产权和知名品牌的大公司大企业集团。继续推进集体企业改革，发展多种形式的集体经济。

大力发展和积极引导非公有制经济。各级政府要抓紧清理和修订限制非公有制经济发展的法规和政策，落实放宽市场准入的措施。进一步研究制定鼓励非公有制企业参与国有企业改组改造，进入基础设施、公用事业及其他行业和领域的具体办法。在投融资、税收、土地使用和对外贸易等方面，采取措施保障非公有制企业与其他企业享受同等待遇。保护非公有制企业的合法权益，改进服务和监管，支持和鼓励有条件的企业做强做大。加快推进现代产权制度建设。

推进金融体制改革。要加快国有独资商业银行改革，重点做好中国银行和中国建设银行股份制改造试点工作。其他商业银行和政策性银行也要深化改革。继续搞好农村信用社改革试点，总结经验，逐步扩大范围。推进资本市场改革开放和稳定发展，扩大企业债券发行规模，逐步提高企业直接融资比重。继续推进保险业改革，大力发展保险市场。完善银行、证券、保险监管体制，加强相互配合，强化金融监管，维护金融稳健运行。

推进财税体制改革。重点是逐步推行增值税由生产型改为消费型，将设备投资纳入增值税抵扣范围，促进企业技术进步，提高自主发展能力。今年在东北地区部分行业先行试点。抓紧制定配套措施，认真落实出口退税机制改革方案。

推进投资体制改革。主要目标是：改革政府对企业投资的管理制度，按照“谁投资、谁决策、谁收益、谁承担风险”的原则，扩大和落实企业投资自主权；合理界定政府投资职能，加强政府投资管理，建立政府投资责任追究制度；健全投资宏观调控体系，改进调控方式，完善调控手段。经过努力，最终建立起市场引导投资、企业自主决策、银行独立审贷、融资方式多样、中介服务规范、宏观调控有效的新型投资体制。

加快社会信用体系建设。抓紧建立企业和个人信用信息征集体系、信用市场监督管理体系和失信惩戒制度。加大整顿和规范市场秩序的力度，重点是继续抓好直接关系人民群众身体健康和生命安全的食品、药品等方面的专项整治。严厉打击制售假冒伪劣产品、非法传销和商业欺诈行为。加大知识产权保护力度，依法惩处盗版侵权行为。严厉打击偷逃骗税、洗钱和走私等违法犯罪活动。

（七）适应新的形势，提高对外开放水平

我们必须统筹国内发展与对外开放，充分利用国内国外两个市场、两种资源，拓展发展空间，积极主动地做好对外开放各项工作，增强参与国际合作和竞争的能力。

努力保持对外贸易适度增长。要继续实施市场多元化战略，坚持科技兴贸，以质取胜，优化出口商品结构，促进加工贸易转型升级。加强对外贸易协调，努力打破贸易壁垒，减少贸易摩擦，为企业争取公平贸易的环境。深化涉外经济体制改革，落实各类所有制企业的进出口经营自主权。增加国内短缺原材料、关键技术和重大设备的进口，推进重要物资进口来

源多元化。要积极合理利用外资，着力提高利用外资质量。继续实行鼓励外商投资的政策措施，进一步改善投资环境。加快实施“走出去”战略，加强对境外投资的协调和指导，鼓励各类所有制企业采取多种形式到境外投资兴业，拓展国际市场。积极开展多边、双边和区域经济合作。继续认真履行加入世贸组织的各项承诺。

（八）加大就业和社会保障工作力度，进一步改善人民生活

千方百计增加就业是政府的重要职责。今年的预期目标是，新增城镇就业900万人，下岗失业人员再就业500万人。继续实施积极的就业政策，特别要把财政、信贷支持和税费减免等政策真正落到实处。今年中央财政预算安排再就业补助资金83亿元，比去年增加36亿元。要拓展就业渠道，注重发展劳动密集型产业、中小企业和非公有制经济，推行灵活多样的就业方式，鼓励自主创业和自谋职业。要健全再就业援助制度，政府出资开发的公益性岗位要优先安置就业困难人员。支持国有大中型企业通过主辅分离、辅业改制，分流安置富余人员。要重点做好老工业基地、资源枯竭城市和独立工矿区以及军工、煤炭、森工等行业下岗失业人员的再就业工作。完善就业服务体系，加强就业技能培训、职业介绍和就业指导。今年仍是高校毕业生就业高峰年，退役军人安置任务也很重，要认真做好就业指导和服务工作。

建立与我国国情相适应、与经济发展水平相适应的社会保障体系，是一项重要而艰巨的任务。要继续做好“两个确保”工作，搞好“三条保障线”的衔接。稳步推进国有企业下岗职工基本生活保障向失业保险并轨。坚持社会统筹与个人帐户相结合，完善职工基本养老保险制度。依法扩大社会保险覆盖面，加强对各类参保企业社会保险费的征缴。各级政府要加强执法检查力度。进一步做好城市“低保”工作，规范“低保”标准和范围。继续多渠道筹集并管好社会保障基金。在总结辽宁省完善城镇社会保障体系试点工作的基础上，将试点范围扩大到黑龙江和吉林两省。今年，中央财政安排用于“两个确保”和城市“低保”的补助资金779亿元，比去年增长11.3%。地方财政也要增加这方面的投入。

对城乡特殊困难群众，要给予更多的关爱。继续完善社会救助制度。切实帮助特殊困难家庭解决就医看病、子女上学、住房、冬季取暖等实际困难。完善农村“五保户”生活保障制度，确保供养资金。切实做好农村受灾地区税收减免和受灾群众生产生活救济等工作。关心和支持残疾人事业。

抓紧解决城镇房屋拆迁和农村土地征用中存在的问题。在城镇房屋拆迁中，要严格依据城市总体规划和近期建设规划，合理确定拆迁规模，规范审批程序，完善补偿安置政策，强化监督检查。在农村土地征用中，要严格控制征地规模，依法按规划和程序征地，及时给予农民合理补偿，切实保护农民合法权益。

切实保障农民工工资按时足额支付。当前要抓紧解决克扣和拖欠农民工工资问题。国务院决定，用三年时间基本解决建设领域拖欠工程款和农民工工资问题。清欠要从政府投资的工程做起，同时督促各类企业加快清欠。对拖欠农民工工资拒不支付的企业和经营者，要坚决依法查处。要建立健全及时支付农民工工资的机制，从源头上防止新的拖欠。各类企业都要按时发放工资，严格执行最低工资制度。要保证机关事业单位工资和离退休费的按时足额发放，任何地方都不得出现新的拖欠。要严格工资专户管理，财政资金要优先保证发放工资。

（九）加强民主法制建设，维护国家安全和社会稳定

积极稳妥地推进政治体制改革，发展社会主义民主，健全社会主义法制。进一步扩大基层民主，完善村民自治和城市居民自治，尊重基层和群众的民主权利。坚持和完善职工代表大会和其他形式的企事业单位民主管理制度，保障职工的合法权益。

继续做好民族、宗教、侨务工作。全面贯彻党的民族政策，巩固和发展平等、团结、互助的社会主义民族关系。加大对民族地区经济社会发展的支持力度，加强少数民族各类人才培养，促进各民族共同繁荣发展。全面贯彻党的宗教信仰自由政策，依法管理宗教事务，坚持独立自主自办的原则，积极引导宗教与社会主义社会相适应。进一步做好海外侨胞和归侨、侨眷的工作，充分发挥他们在促进祖国统一和民族振兴中的独特作用。

加强政府立法工作。要重视社会管理和公共服务方面的立法。重点做好应对各种突发事件、保障农民权益、劳动就业和社会保障，以及社会事业发展方面的立法。要努力提高政府立法工作质量。研究拟定涉及人民群众切身利益的重要法律草案和制定行政法规，要广泛征求社会各方面的意见。加强律师、公证等法律服务，做好法律援助工作。依法保障妇女、未成年人和残疾人的合法权益。加强普法宣传教育，在全社会营造学法、懂法、守法的良好环境。

保障人民群众安居乐业，是政府应尽的责任。要进一步落实社会治安综合治理各项措施，推进社会治安防控体系建设。严厉打击黑恶势力犯罪、严重暴力犯罪、多发性侵财犯罪、毒品犯罪等。加大对突出治安问题和治安混乱地区的整治力度。完善政法经费保障机制，为政法机关正常开展工作提供必要条件。重视和加强反恐怖斗争。深入开展同邪教组织的斗争。正确处理新形势下人民内部矛盾，健全预防、化解各种矛盾和纠纷的机制，重视做好人民群众来信来访工作，维护正常社会秩序和社会稳定。

要以对国家和人民高度负责的精神，切实加强安全工作。强化安全生产监管，加强安全专项整治，落实安全防范措施，健全安全责任制。坚决查处各类安全事故，依法追究有关人员责任，维护法制和纪律的严肃性。

加强国防和军队现代化建设，是维护国家安全和全面建设小康社会的重要保障。要按照“政治合格、军事过硬、作风优良、纪律严明、保障有力”的总要求，全面加强部队建设。积极推进中国特色军事变革，努力实现国防和军队现代化的跨越式发展。实施科技强军战略，重点加强高新技术武器装备研制，培养高素质新型军事人才，推进以信息化为主导、机械化为基础的军队现代化建设，提高高技术条件下的整体防卫作战能力。坚持依法治军方针，加强正规化建设。坚持国防建设与经济建设协调发展，提高国防建设整体效益。坚持军民结合、寓军于民的方针，积极推进国防科技工业改革、调整和发展，提高自主创新能力。精心做好军队体制编制调整改革工作，确保完成2005年前裁减军队员额20万等各项任务。加强后勤建设和改革，提高后勤保障能力。进一步增强人民武装警察部队执勤和处置突发事件的能力。要大力加强国防教育，增强全民国防意识。积极支持国防和军队建设，搞好预备役部队和民兵建设，建立和完善快速高效的国防动员体制。深入开展双拥共建活动，加强军政军民团结。

三、加强政府自身建设

在全面建设小康社会的进程中，政府担负着繁重而艰巨的任务。各级政府和领导干部必须适应新形势新任务，不断

提高行政能力和管理水平。一年来，我们按照执政为民的要求和建设法治政府的目标，突出强调实行科学民主决策、坚持依法行政和加强行政监督三项基本准则，并认真贯彻执行。新的一年，我们要着力抓好以下几个方面：

第一，推进政府职能转变。各级政府要全面履行职能，在继续搞好经济调节、加强市场监管的同时，更加注重履行社会管理和公共服务职能。特别要加快建立健全各种突发事件应急机制，提高政府应对公共危机的能力。要加快政企分开，进一步把不该由政府管的事交给企业、社会组织和中介机构，更大程度地发挥市场在资源配置中的基础性作用。同时，加强对中介机构的规范和监管。政府该管的事一定要管好，并适应新形势改进管理方式和方法，提高行政效能和工作效率。

第二，坚持科学民主决策。要进一步完善公众参与、专家论证和政府决策相结合的决策机制，保证决策的科学性和正确性。加快建立和完善重大问题集体决策制度、专家咨询制度、社会公示和社会听证制度、决策责任制度。所有重大决策，都要在深入调查研究、广泛听取意见、进行充分论证的基础上，由集体讨论决定。这要作为政府的一项基本工作制度，长期坚持下去。

第三，全面推行依法行政。各级政府都要按照法定权限和程序行使权力、履行职责。所有政府工作人员都要学会并善于依法处理经济社会事务。要改革行政执法体制，相对集中行政许可权和行政处罚权，推进综合执法试点，解决多头执法和乱罚款等问题。要加强行政执法监督，促进严格执法、公正执法和文明执法。实行执法责任制和执法过错追究制，完善并严格执行行政赔偿制度，做到有权必有责、用权受监督、侵权要赔偿。《中华人民共和国行政许可法》今年7月1日将正式施行，这是规范政府行为的一部重要法律，各级政府必须认真执行。

第四，自觉接受人民监督。政府的一切权力都是人民赋予的，必须对人民负责，为人民谋利益，接受人民监督。只有人民监督政府，政府才不会懈怠。各级政府要自觉接受同级人民代表大会及其常委会的监督，接受人民政协的民主监督，认真听取民主党派、工商联、无党派人士和各人民团体的意见。同时，要接受新闻舆论和社会公众监督；重视人民群众通过行政复议、行政诉讼等法定渠道，对政府机关及其工作人员的监督；加强政府系统内部监督，支持监察、审计部门依法独立履行监督职责。为便于人民群众知情和监督，要建立政务信息公开制度，增强政府工作的透明度。

第五，加强政风建设和公务员队伍建设。弘扬求真务实精神，树立科学发展观和正确的政绩观，是加强政风建设的一项重要内容。各级政府办事情、作决策，都要符合中国现阶段国情。必须坚持一切从实际出发，按客观规律办事，既要积极进取，又要量力而行，不盲目攀比；必须坚持办实事，求实效，珍惜民力，不搞劳民伤财的“形象工程”；必须坚持察实情，讲真话，不虚报浮夸；必须坚持统筹兼顾，立足当前，着眼长远，不急功近利；必须坚持改进工作作风，精简会议，减少文件，把更多时间和精力用于深入基层，调查研究。各项工作都要经得起实践、群众和历史的检验。

公务员的素质决定着政府的管理水平和效率。要建设一支政治坚定、业务精通、清正廉洁、作风优良的公务员队伍。这支队伍要坚持解放思想，实事求是，与时俱进；牢固树立执政为民的思想，保持同人民群众的密切联系，全心全意为人民服务；遵守宪法和法律，具有依法行政能力；忠于职守，努力学习，勤奋工作；遵守纪律和职业道德，诚信廉明，公道正派，甘于奉献。各级政府都要从严治政，赏罚分明。要重视和加强公务员的培训和考核工作。

加强廉政建设和反腐败斗争。要建立教育、制度、监督并重的预防和惩治腐败体系。坚决查处违纪违法案件，坚决惩处腐败分子，坚决纠正损害人民群众利益的不正之风。全体政府工作人员特别是各级领导干部，都要继续保持谦虚谨慎、不骄不躁的作风，继续保持艰苦奋斗的作风。

各位代表！

维护香港、澳门长期稳定和繁荣发展，是我们坚定不移的目标。我们坚持“一国两制”、“港人治港”、“澳人治澳”、高度自治的方针，严格按照香港基本法和澳门基本法办事，全力支持香港、澳门两个特别行政区行政长官和政府依法施政。广泛团结港澳地区各界人士。切实做好内地与香港、澳门建立更紧密经贸关系安排的工作。我们对香港、澳门的前景充满信心。

我们坚持“和平统一、一国两制”的基本方针和现阶段发展两岸关系、推进祖国和平统一进程的八项主张。我们将积极推进两岸人员往来和经济、文化交流，促进直接“三通”，依法保护台湾同胞在大陆的正当权益，继续推动在一个中国原则基础上恢复两岸对话和谈判。我们将以最大的诚意、尽最大的努力，实现祖国的和平统一。坚决反对任何形式的“台独”分裂活动，绝不允许任何人以任何方式把台湾从中国分割出去。我们坚信，在包括台湾同胞在内的全体中华儿女的不懈努力下，祖国完全统一的共同愿望，一定能够早日实现！

各位代表！

当前，国际形势继续发生复杂、深刻的变化。和平与发展仍然是当今时代的主题。世界多极化、经济全球化在曲折中发展，谋求和平与发展、促进合作与进步已成为不可阻挡的历史潮流。但是，单边主义倾向有新的发展，局部冲突不断，国际恐怖主义活动频繁，南北差距拉大，传统和非传统安全问题交织，给各国人民带来严峻挑战。

过去的一年，我们坚持独立自主的和平外交政策，把握机遇，应对挑战，主动进取，对外工作成绩显著。我国在国际上赢得了更多的理解、信任、尊重和支持，国际地位和影响力进一步提高。

在新的一年，我们要继续高举和平、发展、合作的旗帜，坚定不移地奉行独立自主的和平外交政策，坚持和平共处五项原则，推进与各国的友好交往与合作，努力争取更好的国际环境和周边环境。

我们要坚持促进世界多极化，倡导国际关系民主化和发展模式多样化，促进经济全球化朝着有利于各国共同繁荣的方向发展。要坚持互信、互利、平等、协作的新安全观，反对霸权主义和强权政治，反对一切形式的恐怖主义，继续推动建立公正合理的国际政治经济新秩序。

我们要深化同发展中国家的友好合作，探索合作的新渠道、新形式，支持广大发展中国家联合自强。

我们要坚持与邻为善、以邻为伴的方针，与周边各国深化睦邻友好合作，维护地区和平与稳定。

我们要不断加强同发达国家的关系，努力寻求和扩大共同利益的汇合点，通过平等对话与磋商，逐步解决存在的分歧，促进相互关系的稳定发展。

我们要积极拓展多边外交，在联合国和其他国际及区域组织中发挥建设性作用。

中国政府和中国人民将始终站在人类正义事业的一边，同各国人民一道，为维护世界和平、促进共同发展不懈奋斗。

各位代表！

新的一年，政府工作任务相当繁重，我们深感肩负的责任重大而光荣。全国人民对政府的信任和支持，给了我们无穷的力量和必胜的信心。我们坚信，在以胡锦涛同志为总书记的党中央领导下，高举邓小平理论和"三个代表"重要思想伟大旗帜，紧紧依靠全国各族人民，一定能够克服各种艰难险阻，不断把改革开放和社会主义现代化事业推向前进！

提高认识　统一思想　牢固树立和认真落实科学发展观

——在省部级主要领导干部"树立和落实科学发展观"专题研究班结业式上的讲话

温家宝　2004年2月21日

一、统一思想，牢固树立科学发展观

党的十六大在全面分析国际国内形势的基础上，明确提出了我国新世纪实施社会主义现代化建设第三步战略部署特别是头20年全面建设小康社会的目标和任务。党的十六届三中全会进一步明确提出了"坚持以人为本，树立全面、协调、可持续的发展观，促进经济社会和人的全面发展"；强调"按照统筹城乡发展、统筹区域发展、统筹经济社会发展、统筹人与自然和谐发展、统筹国内发展和对外开放的要求"，推进改革和发展。这样完整地提出科学发展观，是我们党对社会主义现代化建设指导思想的新发展。牢固树立和全面落实科学发展观，对于全面建设小康社会进而实现现代化的宏伟目标，具有重大而深远的意义。

发展观是关于发展的本质、目的、内涵和要求的总体看法和根本观点。有什么样的发展观，就会有什么样的发展道路、发展模式和发展战略，就会对发展的实践产生根本性、全局性的重大影响。我们党提出的科学发展观，根据马克思主义辩证唯物主义和历史唯物主义的基本原理，总结了国内外在发展问题上的经验教训，吸收人类文明进步的新成果，站在历史和时代的高度，进一步明确了新世纪新阶段我国要发展、为什么发展和怎样发展的重大问题。我们一定要深刻认识科学发展观的理论基础、精神实质和指导意义。

第一，科学发展观是我们党对社会主义现代化建设规律认识的进一步深化。实践是认识的基础，认识来源于实践又指导实践，同时接受实践的检验。我们党对社会主义现代化建设规律的认识，是随着实践的发展而不断深化的。早在新中国成立初期，我们党就提出要探索社会主义建设规律问题。1956年，毛泽东同志发表了著名的《论十大关系》，着眼于调动一切积极因素，提出一系列关于社会主义建设的重要理论观点，初步探索了符合我国情况的发展道路。党的八大在全面分析国内外形势的基础上，指出我国社会的主要矛盾是人民对于经济文化迅速发展的需要同当前经济文化不能满足人民需要的状况之间的矛盾，强调要集中力量发展社会生产力，实现国家工业化。这些重大判断和指导思想是正确的，对实践的发展起到了积极作用。但是，后来由于种种复杂的原因，我国的发展走了弯路。1978年，党的十一届三中全会深刻总结了过去20多年的经验教训，果断地把党和国家的工作重点由"以阶级斗争为纲"转移到社会主义现代化建设上来，作出了实行改革开放的重大决策。邓小平同志和我们党明确提出走自己的路，建设有中国特色的社会主义，提出并实施现代化建设"三步走"发展战略，强调社会主义的根本任务是发展生产力，"发展才是硬道理"，并制定社会主义初级阶段"一个中心、两个基本点"的基本路线和一系列重大方针政策。这是对我国现代化建设规律认识的一次飞跃，有力地推动了我国改革开放和现代化建设事业的迅速发展。以江泽民同志为核心的第三代中央领导集体提出"三个代表"重要思想，强调发展是党执政兴国的第一要务，坚持用发展的办法解决前进中的问题，明确提出在发展社会主义市场经济条件下正确处理现代化建设中的一系列重大关系，提出科教兴国战略、可持续发展战略、西部大开发战略等重大战略，进一步丰富了社会主义现代化建设的理论和实践。以胡锦涛同志为总书记的党中央在邓小平理论和"三个代表"重要思想指导下，按照党的十六大精神，根据新的形势和任务，特别是抗击非典的重要启示，明确提出了科学发展观，把坚持以人为本和经济社会全面、协调、可持续发展统一起来，并强调按照"五个统筹"的要求推进改革和发展。这标志着我们党对社会主义现代化建设规律的认识更加深入。科学发展观同毛泽东、邓小平、江泽民同志关于发展的重要思想是一脉相承的，是与时俱进的马克思主义发展观。

树立和落实科学发展观，是贯彻落实"三个代表"重要思想的体现。按照"三个代表"重要思想的要求，发展先进生产力，发展先进文化，就是要抓好发展这个党执政兴国的第一要务，促进社会主义物质文明、政治文明、精神文明协调发展。发展的最终目的是为了实现最广大人民的根本利益。科学发展观强调以人为本，强调实现经济社会全面、协调、可持续发展，体现了"三个代表"重要思想关于发展的要求，体现了我们党立党为公、执政为民的本质。树立和落实科学发展观，就是要把"三个代表"重要思想贯彻到社会主义现代化建设的各个领域和各项工作中。

第二，科学发展观的实质是要实现经济社会更快更好的发展。发展观的第一要义是发展。离开发展，就无所谓发展观。坚持科学发展观，其根本着眼点是要用新的发展思路实现更快更好的发展。发展是硬道理，这是我们必须始终坚持的重要战略思想。中国解决一切问题的关键在于发展。改革开放25年来，我们党的路线方针政策之所以得到广大人民群众的拥护，我们之所以经得起国际国内各种风浪的考验，我国的国际地位和影响力之所以不断提高，归根到底是由于我国经济持续快速发展，各项社会事业取得很大进步，综合国力显著增强。今后，我们要不断提高人民生活水平，解决经济和社会生活中的各种矛盾，维护社会稳定，实现全面建设小康社会和现代化建设第三步战略目标，要靠发展；我们要增强国防实力，维护国家安全，要靠发展；我们要履行维护世界和平与促进共同发展的责任，在风云变幻的国际局势中立于不败之地，也要靠发展。现在世界各国都在发展，形势逼人，如果我们不加快发展，就会落后，甚至会处于被动挨打地位。因此，我们必须始终聚精会神搞建设，一心一意谋发展。

本世纪头20年，对我国来说，是一个必须紧紧抓住并且可以大有作为的重要战略机遇期。从国际情况来看，和平与发展仍然是当今时代的主题，争取较长时期的和平国际环境和良好周边环境是可以实现的；世界科技进步日新月异，经济全球化深入发展，国际间生产要素重组和产业转移加快，我们有可能利用有利的时机和条件加快发展。从国内情况来看，实现加快发展的有利条件也很多。我们必须十分珍惜和切实用好这一重要战略机遇期。这里的关键在于，发展必须有新思路，必须把握和运用现代化建设规律。只有以科学发展观为指导，辩证地认识和处理与发展相联系的各方面重大关系，发展才能有新思路，改革才能有新突破，开放才能有新局面，也才能紧紧抓住和充分用好战略机遇期，顺利实现既定的战略目标。否则，现代化建设就难以顺利推进，甚至会走弯路。因此，我们要站在能否抓住和用好战略机遇期，实现更快更好发展的高度，来深刻认识和理解科学发展观的精神实质。

第三，科学发展观是全面建设小康社会和实现现代化的根本指针。改革开放以来，我国经济社会发展取得了历史性的伟大成就，胜利实现了现代化建设"三步走"战略的第一步、第二步目标，人民生活总体上达到小康水平。但是，现在达到的小康还是低水平的、不全面的、发展很不平衡的小康。党的十六大提出，要在本世纪头20年，集中力量，全面建设惠及十几亿人口的更高水平的小康社会，使经济更加发展、民主更加健全、科教更加进步、文化更加繁荣、社会更加和谐、人民生活更加殷实，并明确提出了经济、政治、文化、社会发展等方面的目标和任务。树立科学发展观，是全面建设小康社会的必然要求。我们要到本世纪中叶实现现代化建设第三步战略目标，基本实现现代化，也必须以科学发展观为指导。

从我国进入经济社会发展新阶段面临的矛盾和国际发展经验来看，树立科学发展观至关重要。多年来，我国在经济快速发展的同时，也积累了不少矛盾和问题，主要是城乡差距、地区差距、居民收入差距持续扩大，就业和社会保障压力增加，教育、卫生、文化等社会事业发展滞后，人口增长、经济发展同生态环境、自然资源的矛盾加剧，经济增长方式落后，经济整体素质不高和竞争力不强等。这些问题必须高度重视而不可回避，必须逐步解决而不可任其发展。还要看到，我国人均国内生产总值已达1000美元，按既定的部署和现行汇率计算，到2020年将达到3000美元。这是整个现代化进程中一个非常关键的阶段，也是经济社会结构将发生深刻变化的重要阶段。许多国家的发展进程表明，在这一阶段，有可能出现两种发展结果：一种是搞得好，经济社会继续向前发展，顺利实现工业化、现代化；另一种是搞得不好，往往出现贫富悬殊、失业人口增多、城乡和地区差距拉大、社会矛盾加剧、生态环境恶化等问题，导致经济社会发展长期徘徊不前，甚至出现社会动荡和倒退。正反两个方面的经验教训告诉我们，在这个重要阶段，一定要处理好经济发展与社会发展的关系，处理好城乡发展、地区发展的关系，处理好不同利益群体的关系，处理好经济增长同资源、环境的关系，处理好改革发展稳定的关系，处理好物质文明建设同政治文明建设、精神文明建设的关系，还要处理好国内发展与对外开放的关系。科学发展观为我们解决前进道路上面临的矛盾和问题，顺利推进全面建设小康社会和整个现代化事业，提供了正确的指导思想和根本指针。

总之，牢固树立科学发展观，是全面贯彻"三个代表"重要思想和党的十六大精神的要求，关系党和国家工作的大局，关系中国特色社会主义事业的长远发展。我们一定要把思想真正统一到科学发展观上来，统一到中央的重大决策和要求上来，自觉运用科学发展观来指导我们的各项工作，推进各项事业健康发展。

二、全面理解和认真落实科学发展观

科学发展观的内涵极为丰富，涉及经济、政治、文化、社会发展各个领域，既有生产力和经济基础问题，又有生产关系和上层建筑问题；既管当前，又管长远；既是重大的理论问题，又是重大的实践问题。我们要全面理解和正确把握科学发展观的主要内涵和基本要求，认真加以贯彻落实。

（一）坚持以经济建设为中心。马克思主义认为，生产力的发展，是人类社会发展的最终决定力量。我国正处于并将长期处于社会主义初级阶段。初级阶段就是不发达阶段。社会主义初级阶段的主要矛盾，始终是人民日益增长的物质文化需要同落后的社会生产之间的矛盾，根本任务是发展社会生产力。我们党执政兴国的第一要务是发展，首先是要发展经济。只有不断解放和发展生产力，才能为社会全面进步和人的全面发展提供物质基础。因此，以经济建设为中心任何时候都不能动摇、不能放松。

坚持以经济建设为中心，必须以高度的历史责任感和紧迫感，抓住机遇加快经济发展，保持较快的发展速度。我们讲的经济较快发展，是建立在优化结构、提高质量和效益的基础上的发展，实现速度、结构、质量、效益相统一。经济发展需要一定的速度，特别是作为一个发展中的大国更需要长期保持较快的发展速度，但不能片面追求经济发展速度。我国经济建设存在的突出问题是结构不合理，经营方式粗放，经济增长主要靠增加投入、扩大投资规模，资源环境的代价太大。为此，必须坚持走科技含量高、经济效益好、资源消耗低、环境污染少、人力资源优势得到充分发挥的新型工业化道路。必须加快转变经济增长方式，坚持以改革开放为动力，充分发挥科学技术作为第一生产力的重要作用，注重依靠科技进步和提高劳动者素质，加快推进经济结构战略性调整，显著提高经济增长的质量和效益。

总结历史经验，保持经济平稳较快发展是个至关重要的问题。经济长期平稳较快发展，有利于提高经济增长质量和效益，有利于不断提高人民生活水平，也有利于增强人们对经济发展前景的信心。否则，如果经济大起大落，不仅会打乱正常的社会经济秩序，而且会造成社会资源的严重浪费和损失。去年，我国经济保持了良好的发展态势，同时经济运行中也出现了一些矛盾和问题。突出的是投资规模偏大，部分行业和地区盲目投资、低水平重复建设的现象比较严重。这些问题如果任其发展下去，就会由局部性问题演变成为全局性的问题，妨碍经济持续快速协调健康发展。我们要见微知著，防患于未然。当前我国经济发展正处在一个重要关口，工作搞得好，就能够把来之不易的好形势巩固和发展下去；如果搞得不好，经济发展也可能出现波折。我们必须极力避免出现大的问题和损失。

今年经济工作的基本着眼点，是把各方面加快发展的积极性保护好、引导好、发挥好，实现经济平稳较快发展，防止大起大落。因此，必须更加注重搞好宏观调控。今年宏观调控的重点：一是坚持科学发展观，按照“五个统筹”的要求，促进经济社会全面、协调、可持续发展。二是适当控制投资总规模，调整和优化产业结构，坚决遏制部分行业和地区盲目投资、低水平重复建设。同时，支持有市场有效益的产业和企业加快发展。三是加强经济运行调节，努力缓解煤、电、油、运和部分重要原材料的供求矛盾。四是重视防止通货膨胀，抑制物价总水平过快上涨。在宏观调控中，要适应市场经济发展的要求，从当前实际情况出发，主要运用经济、法律手段等综合措施，并注意把握时机和力度，做到适时适度，区别不同情况，松紧得当，不急刹车，不一刀切。

（二）坚持经济社会协调发展。经济发展是社会发展的前提和基础，也是社会发展的根本保证；社会发展是经济发展的目的，也为经济发展提供精神动力、智力支持和必要条件。随着人民群众的物质生活水平日益提高，对精神文化、健康安全等方面的需求也日益增长，更加要求社会与经济共同发展。如果社会事业发展滞后，经济也难以实现持续较快发展。改革开放以来，各项社会事业虽然取得明显进步，但总体上看，经济发展和社会发展存在着“一条腿长、一条腿短”的问题。去年非典疫情的蔓延，集中暴露出这个方面的问题。我们必须按照科学发展观的要求，在大力推进经济发展的同时，更加注重加快社会发展。

社会发展包括科技、教育、文化、卫生、体育等社会事业的发展，也包括社会就业、社会保障、社会公正、社会秩序、社会管理、社会和谐等，还包括社会结构、社会领域体制和机制完善等。全面建设小康社会的宏伟事业，理所当然地包括这些方面的发展和进步。

加快社会发展，就要大力发展教育、科技、文化、卫生、体育等事业。建设现代国民教育体系，优化教育结构和教育资源配置，特别是发展义务教育、农村教育、职业教育与培训。加强基础研究和高技术研究，推进科学技术事业发展。普及科学知识，弘扬科学精神。加快公共卫生体系建设，尽快建成覆盖城乡、功能完善的疾病预防控制和医疗救治体系。注重改善农村医疗卫生条件。大力发展社会主义先进文化，积极发展文化事业，加强精神文明建设。加快社会发展，就要保障人民群众安居乐业，继续做好就业和社会保障工作，逐步理顺收入分配关系，化解社会矛盾，维护社会秩序，保持社会稳定，促进社会和谐。加快社会发展，还要发展社会主义民主，健全社会主义法制，建设社会主义法治国家，促进物质文明、政治文明、精神文明协调发展。同时，要坚持国防建设与经济建设协调发展的方针，在经济发展的基础上推进国防和军队现代化。

为了加快社会发展，必须增加投入，深化改革，完善政策。各级政府都要较大幅度地增加对发展社会事业的投入。同时，要加快社会领域改革和体制创新，增强社会发展的活力。还要实行鼓励、引导的政策措施，调动企业和社会各方面参与社会事业发展的积极性、主动性。

（三）坚持城乡协调发展。统筹城乡经济社会发展，逐步改变城乡二元经济结构，是我们党从全面建设小康社会全局出发作出的重大决策。农业是国民经济的基础，没有8亿农民的小康，就不可能实现全面的小康；没有农村的现代化，就不可能有全国的现代化。全面建设小康社会，重点在农村，难点也在农村。我们党历来重视“三农”问题，但是由于种种原因，城乡差距、工农差距仍呈不断扩大的趋势。农业基础薄弱，农村发展滞后，农民收入增长缓慢，已成为我国经济社会发展中亟待解决的突出问题。我们必须统筹城乡发展，站在经济社会发展全局的高度研究和解决“三农”问题，实行以城带乡、以工促农、城乡互动、协调发展。

统筹城乡发展，必须更加注重加快农村发展。关键是要抓好四个环节。一是合理调整国民收入分配结构和政策，加大对农业的支持和保护力度。农业是基础产业，又是弱势产业，要承担自然风险和市场风险。加快农业农村发展，增加农民收入，光靠市场调节不行，国家必须加强扶持和保护。这是世界各国普遍的做法。国民收入分配要向农业倾斜，通过税收政策、财政转移支付等，加强对农业、农村的支持。要进一步落实对农业“多予、少取、放活”的方针。二是农业和农村自身要加快发展，推进城镇化。要继续实施农业和农村经济结构的战略性调整，加快科技进步，全面提高农业综合生产能力，提高农业素质和效益。深化农村改革，充分调动农民的积极性。加快农村社会发展，加强农村基础设施建设。推动农村劳动力向非农产业和城镇转移，加快农村工业化、城镇化进程。三是城市发展要和农村发展相协调，充分发挥城市对农村的带动作用。随着现代化进程的推进，城市必然还要进一步发展，但要防止规模过大、标准过高的倾向，注意以城市繁荣带动农村发展。要把更多的财力等社会资源用于农村，并更好地为农村产业结构调整、劳动力转移和农民增收创造条件。四是统筹推进城乡改革，消除体制性障碍。逐步建立城乡统一的劳动就业制度、户籍管理制度、义务教育制度和税收制度等，逐步形成有利于城乡相互促进、共同发展的体制和机制。

（四）坚持区域协调发展。我国幅员辽阔，地区发展很不平衡。改革开放以来，各地区都有很大发展，但地区发展的差距也在不断扩大。逐步扭转地区差距扩大的趋势，促进地区协调发展，不仅是重大的经济问题，也是重大的政治问题，不仅关系现代化建设的全局，也关系社会稳定和国家的长治久安。

统筹区域发展，就是要继续发挥各个地区的优势和积极性，逐步扭转地区差距扩大的趋势，实现共同发展。国家要从宏观政策上支持欠发达地区加快发展。根据我国当前区域发展的实际情况和全面推进现代化建设的要求，中央明确提出了促进地区协调发展的战略布局：坚持推进西部大开发，振兴东北地区等老工业基地，促进中部地区崛起，鼓励东部地区加快发展，形成东中西互动、优势互补、相互促进、共同发展的新格局。这是一个把握规律、统揽全局的重大决策。

今后一个时期，我们要按照这个战略布局，努力促进地区协调发展。要继续实施西部大开发战略，认真总结经验，完善政策，落实各项措施，积极有序地推进西部地区的开发。继续加强生态环境建设和基础设施建设，重点抓好关系全局的重大项目，不断增强经济发展后劲。要认真实施东北地区等老工业基地振兴战略，突出体制创新和机制创新，扩大对外开放，着力抓好重点行业、重点企业的调整改造，加快经济结构调整和技术进步。中部地区要充分发挥区域优势和经济优势，加快改革开放和发展步伐，加强现代农业和重要商品粮基地建设，提高工业化和城镇化水平。东部地区快速发展，有利于增强国家财力、物力和科技实力，更好地支持中西部地区发展。要继续发挥东部地区在全国经济发展中的带动作用，有条件的地区要率先基本实现现代化。东、中、西部地区要积极发展多种形式的经济交流与合作，在区域协调发展中逐步实现共同富裕。

（五）坚持可持续发展。这就要统筹人与自然和谐发展，处理好经济建设、人口增长与资源利用、生态环境保护的关系，推动整个社会走上生产发展、生活富裕、生态良好的文明发展道路。我国人口众多，资源相对不足，生态环境承载能力弱，这是基本国情。特别是随着经济快速增长和人口的不断增加，能源、水、土地、矿产等资源不足的矛盾越来越尖锐，生态环境的形势十分严峻。高度重视资源和生态环境问题，增强可持续发展的能力，是全面建设小康社会的重要目标之一，也是关系中华民族生存与长远发展的根本大计。

统筹人与自然的和谐发展，必须坚持计划生育、保护环境和保护资源的基本国策；坚持经济社会发展与环境保护、生态建设相统一，既要讲求经济效益，也要重视社会效益和生态效益；坚持资源开发与节约并举，把节约放在首位，在保护中开发，在开发中保护；坚持统筹规划，加大投入，标本兼治，突出重点，有步骤地进行环境治理和建设；坚持依靠科技进步推进环境保护和治理，推进资源开发与节约，依法严格保护环境与生态；坚持深化改革，创新机制，实行政府调控与市场机制相结合，从体制和机制上促进可持续发展。要大力发展循环经济，在经济建设中充分利用资源，提高资源利用效率，减少环境污染。在全社会进一步树立节约资源、保护环境的意识，形成有利于节约资源、减少污染的生产模式和消费方式，建设资源节约型和生态保护型社会。

（六）坚持改革开放。党的十六届三中全会提出的“五个统筹”，是落实科学发展观的根本要求，也是完善社会主义市场经济体制的根本要求。按照“五个统筹”推进改革开放，才能为贯彻落实科学发展观提供体制和机制保障，才能促进社会资源的优化配置，才能把各方面的积极性充分调动起来，为发展提供强大动力。

完善社会主义市场经济体制，全面建设小康社会，必须锐意推进改革。现在经济社会生活中存在的深层次矛盾，只有通过深化改革才能解决。改革仍处在攻坚阶段，要坚持解放思想，勇于开拓创新。必须坚持社会主义市场经济的改革方向，注重制度建设和体制创新；坚持尊重群众的首创精神，充分发挥中央和地方两个积极性；坚持正确处理改革发展稳定的关系，有重点、有步骤地推进改革；坚持统筹兼顾，协调好改革进程中的各种利益关系；坚持科学发展观，贯彻落实“五个统筹”。要统筹推进各方面的改革，努力实现宏观经济改革与微观经济改革相协调、经济领域改革和社会领域改革相协调、城市改革和农村改革相协调、经济体制改革和政治体制改革相协调，使各方面改革相互促进。

统筹国内发展和对外开放，是落实科学发展观的重要内容。在新的发展阶段，必须适应经济全球化深入发展和我国加入世贸组织的新形势，在更大范围、更广领域和更高层次上参与国际经济技术合作和竞争，提高对外开放水平。要坚持“引进来”和“走出去”相结合，统筹利用国际国内两个市场、两种资源，更好地促进我国现代化建设。要把利用外部有利条件和发挥自身优势结合起来，充分发挥我国市场广阔、劳动力资源丰富的优势。我国作为发展中大国，必须始终把扩大内需作为经济发展的基本立足点和长期战略方针。要处理好内需与外需、利用外资与利用内资的关系。要注重引进先进技术、管理经验和高素质人才，提高自主创新能力。要扬长避短，趋利避害，既要敢于扩大开放，又要善于保护自己，在扩大开放中注意维护我国企业利益和国家经济安全。

（七）坚持以人为本。这是科学发展观的本质和核心。以人为本，就是要把人民的利益作为一切工作的出发点和落脚点，不断满足人们的多方面需求和促进人的全面发展。具体地说，就是在经济发展的基础上，不断提高人民群众物质文化生活水平和健康水平；就是要尊重和保障人权，包括公民的政治、经济、文化权利；就是要不断提高人们的思想道德素质、科学文化素质和健康素质；就是要创造人们平等发展、充分发挥聪明才智的社会环境。以人为本，体现了马克思主义的基本观点。马克思说过，未来的新社会是“以每个人的全面而自由的发展为基本原则的社会形式”。我们从事的是建设中国特色社会主义的伟大事业，理所当然地必须坚持以人为本，一切为了人民，一切依靠人民。坚持以人为本是贯彻“三个代表”重要思想，坚持立党为公、执政为民的本质要求，也是进一步发扬党的优良传统和作风的具体体现。

坚持以人为本，既是经济社会发展的长远指导方针，也是实际工作中必须坚持的重要原则。从全社会范围来看，要比较充分地满足人们多方面需求和实现人的全面发展，必须有相应的物质基础和社会条件，这只能是一个不断发展和进步的过程，不能要求过急。现在我国还处于社会主义初级阶段，无论生产力发展和物质财富的积累，还是生产关系和上层建筑的完善，满足人们的多方面需求和实现人的全面发展还不可能完全做到。要注意处理好人民群众根本利益和具体利益、长远利益和眼前利益的关系。同时也要看到，以人为本是我们的执政理念和要求，应当从现在的具体事情做起，贯穿到经济社会发展的各个方面，贯穿到我们的各项工作中去。

坚持以人为本，当前工作中的一个重要方面，是着力解决关系人民群众切身利益的突出问题。要进一步做好增加就业、加强社会保障工作，积极帮助城乡特殊困难群众解决生产生活问题。要下更大的决心，坚决纠正土地征用中侵害农民利益的问题，坚决纠正城镇拆迁中侵害居民利益的问题，坚决纠正企业重组改制和破产中侵害职工合法权益的问题，坚决纠正拖欠和克扣农民工工资的问题，坚决纠正教育乱收费和药品购销、医疗服务中的不正之风。解决这些方面的问题，中央已三令五申，老百姓也有强烈愿望。各部门、各地区都要以对人民群众深厚的感情和高度负责的精神，抓紧采取切实措施，认真加以解决。

三、统筹兼顾，提高执政能力和领导水平

党的十六大向全党提出了加强党的执政能力建设，提高领导水平和执政水平的要求。在新的历史条件下，提高各级党委、政府和领导干部领导水平和执政能力，必须牢固树立和贯彻落实科学发展观。至关重要的是，在领导和管理经济社会工作中，做到把握全局，搞好统筹兼顾。“五个统筹”，实质上就是统筹兼顾。统筹兼顾，协调好各方面利益关系，调动一切积极因素，是我们党的一个重要历史经验，也是我们党在新的历史条件下要长期坚持的战略方针。我们必须适应新阶段、新任务的要求，更新发展观念，创新体制机制，转变政府职能，改进工作作风，完善政策措施，认真贯彻落实科学发展观。

（一）努力提高贯彻落实科学发展观的自觉性。首先，必须加强学习。要认真学习邓小平理论和“三个代表”重要思想，从理论和实践的结合上，全面系统地把握科学发展观的精神实质、主要内涵和基本要求。要以宽广的眼光观察世界，正确把握时代发展要求，深刻认识我国国情，善于进行理论思维，坚持按照客观规律和科学规律办事，增强运用科学发展观推进经济社会发展的自觉性和坚定性。

第二，必须正确处理好涉及全局的重大关系。要处理好当前与长远的关系。既要重视当前发展，也要考虑长远发展，不能只顾当前，牺牲长远，要把当前利益和长远利益很好地结合起来。要处理好局部和全局的关系。全国经济社会发展是一个整体，从根本上说，局部利益与全局利益是一致的。局部要服从全局，全局要照顾局部，兼顾局部利益和全局利益，充分发挥中央和地方两个积极性。要处理好物质文明、政治文明和精神文明的关系。建设中国特色社会主义是物质文明、政治文明和精神文明共同发展的进程，必须协调推进经济、政治、文化建设和改革。要处理好政府和市场的关系。更大程度地发挥市场对资源配置的基础性作用，增强经济的活力和效率。同时，要加强国家宏观调控和政府的指导，提高依法行政的水平。

第三，必须把积极进取精神同科学求实态度很好结合起来。贯彻落实科学发展观，既要有紧迫感和责任感，又要看到解决发展不平衡问题的艰巨性、复杂性和长期性。我国人口多，底子薄，社会生产力水平不高，发展很不平衡。实现经济社会全面、协调、可持续发展，是一个动态的历史进程，既要努力奋斗，又不能急于求成。必须看到，解决城乡、地区发展差距问题，实现人与自然和谐发展，是一个长期的历史性任务。要从我国现阶段国情和各地的实际情况出发，提出分阶段的目标和任务，积极而又扎扎实实地推进。

（二）正确把握宏观调控目标。党的十六大明确指出："要把促进经济增长，增加就业，稳定物价，保持国际收支平衡作为宏观调控的主要目标。"树立和落实科学发展观，必须全面把握宏观调控目标的内涵和要求。

——促进经济增长。就是要保持经济较快增长。经济增长是社会财富增加和综合国力增强的重要标志，是社会发展和人民生活水平提高的物质基础，是宏观调控的首要目标。经济增长需要与资源供给和市场需求相协调。我们要根据需要和可能，保持经济适度较快增长。经济增长速度低了不行，过高也不行。速度低了，经济增长潜力不能充分发挥出来，经济社会生活中的许多矛盾难以解决；速度过高，势必造成经济关系紧张，重大比例失调，导致经济大起大落。促进经济增长，不仅是增加数量，而且要优化结构和提高质量、效益，还必须合理利用资源，保护生态环境，实现可持续发展。党的十六大确定的本世纪头20年国内生产总值翻两番，这个增长速度综合考虑了各方面的因素，应当说是比较快的速度，也是经过努力可以实现的发展速度。我们要全面看待经济增长，既要看增长速度，还要看增长的结构、投入产出效益以及资源和环境的代价。

——增加就业。就是要实施积极的就业政策，广开就业门路，努力把失业率控制在社会可承受的限度内。我国人口多，就业压力大，始终是现代化建设中的一个突出矛盾。就业是民生之本，必须把改善创业环境和增加就业岗位放到更加突出的位置，用更大的精力做好就业和再就业工作。增加就业，必须统筹城乡新增劳动力就业、下岗职工再就业和农民工进城就业，坚持劳动者自主择业、市场调节就业和政府促进就业的方针，充分发挥各方面的主动性和积极性。经济发展、结构调整和推进改革，都要有利于扩大就业。

——稳定物价。就是要保持商品与服务价格总水平基本稳定。既要防止通货膨胀，又要防止通货紧缩。无论是通货膨胀还是通货紧缩，都会影响市场主体对经济运行前景的判断和信心，扭曲资源配置，对经济发展和社会稳定产生负面作用。在物价总水平持续较快上涨时，要抑制通货膨胀；在物价总水平持续出现负增长时，要抑制通货紧缩。当前要重视防止通货膨胀。

——国际收支平衡。就是包括经常项目、资本项目和金融交易在内的国际收支保持基本平衡。我们要坚持国际收支基本平衡、略有结余的方针，有效利用国际国内两个市场、两种资源。坚持深化金融改革，完善以市场供求为基础的人民币汇率形成机制，保持人民币汇率在合理、均衡水平上的基本稳定。

以上宏观调控四大目标，必须统筹考虑，不能顾此失彼。在不同时期，宏观调控的重点会有所不同，要根据实际情况，把握好宏观调控的方向、重点和力度。

（三）全面履行政府职能。在社会主义市场经济条件下，政府的主要职能是经济调节、市场监管、社会管理和公共服务四个方面。落实科学发展观，必须加快政府职能转变，全面、正确地履行政府职能。

——经济调节。就是对社会总需求和总供给进行总量调控，并促进经济结构调整和优化，保持经济持续快速协调健康发展。经济调节主要运用经济手段和法律手段，同时通过制定规划和政策指导、发布信息以及规范市场准入，引导和调控经济运行；而不是靠行政审批管理经济，不是政府直接干预企业生产经营活动，更不是由政府代替企业决策招商引资上项目。

——市场监管。就是依法对市场主体及其行为进行监督和管理，维护公平竞争的市场秩序，形成统一、开放、竞争、有序的现代市场体系。完善行政执法、行业自律、舆论监督、群众参与的市场监管体系，依法打击制假售假、商业欺诈等违法行为。建立健全社会信用体系，实行信用监督和失信惩戒制度。

——社会管理。就是通过制定社会政策和法规，依法管理和规范社会组织、社会事务，化解社会矛盾，调节收入分配，维护社会公正、社会秩序和社会稳定。加强社会治安综合治理，保障人民群众生命财产安全。保护和治理生态环境。加强社会管理，必须加快建立健全各种突发事件应急机制，提高政府应对公共危机的能力。

加强安全工作，是政府履行社会管理职能的重要方面。最近，一些地方接连发生重特大安全事故，给人民群众生命财产造成重大损失，教训极为深刻。各级政府一定要高度重视安全工作，把加强安全生产和公共安全工作摆到重要位置，列入重要议程，常抓不懈，防患于未然。要深化安全专项整治，狠抓各项防范和整改措施的落实，堵塞漏洞，坚决消除重大安全隐患，完善安全防范规章制度和应急机制，层层落实安全责任制。

——公共服务。就是提供公共产品和服务，包括加强城乡公共设施建设，发展社会就业、社会保障服务和教育、科技、文化、卫生、体育等公共事业，发布公共信息等，为社会公众生活和参与社会经济、政治、文化活动提供保障和创造条件，努力建设服务型政府。

过去我们在经济调节方面积累了许多经验，近些年来市场监管方面也在逐步加强，今后还必须适应新形势，进一步改进经济调节和市场监管的方式方法，切实把政府经济管理职能转到主要为市场主体服务和创造良好发展环境上来。同时，更加注重履行社会管理和公共服务职能，把更多的力量放在发展社会事业和解决人民生活问题上。要继续推进政府职能转变，加快政企分开，政府该管的事一定要管好，不该由政府管的事要坚决交给企业、社会组织和中介机构，更大程度地发挥市场在资源配置中的基础性作用。同时，要合理划分中央和地方经济社会事务的管理责权，逐步理顺中央和地方在财税、投资、市场监管和社会管理、公共服务等领域的分工与职责。

（四）树立正确的政绩观。科学发展观与正确的政绩观紧密相关，要树立和落实科学发展观，必须树立和坚持正确的政绩观；不坚持科学发展观，就不可能有正确的政绩观。各级党委、政府和各级领导干部，要真正树立与科学发展观相适应的政绩观。创造政绩是为了发展，是为了造福人民。我们讲的发展，是以经济建设为中心，经济社会的全面发展、协调发展和可持续发展；我们所讲的政绩，是为实现这样的发展而创造的政绩。我们要用全面的、实践的、群众的观点看待政绩。所谓用全面的观点看政绩，就是既要看经济指标，又要看社会指标、人文指标和环境指标；既要看城市变化，又要看农村发展；既要看当前的发展，又要看发展的可持续性；既要看经济总量增长，又要看人民群众得到的实惠；既要看经济发展，又要看社会稳定；既要看“显绩”，又要看“潜绩”；既要看主观努力，也要看客观条件。所谓用实践的观点看政绩，就是重实干、办实事、求实效，各项政绩应该经得起实践检验和历史检验。所谓用群众的观点看政绩，就是倾听群众呼声，忠实履行全心全意为人民服务的宗旨，把实现人民群众的利益作为追求政绩的根本目的。衡量干部政绩，最根本的是看人民群众拥护不拥护、赞成不赞成、高兴不高兴、答应不答应。

树立科学发展观和正确政绩观，必须大兴求真务实之风。我们想问题、办事情、作决策，都要符合中国现阶段国情。必须坚持一切从实际出发，既要积极进取，又要量力而行，不追求脱离实际的高指标，不盲目攀比；必须坚持办实事，求实效，珍惜民力，不搞劳民伤财的“形象工程”；必须深入实际，察实情，讲实话，不虚报浮夸，不做表面文章；必须立足是当前，着眼长远，不急功近利。要淡泊名利，只有视个人名利淡如水，才能视人民利益重如山。现在一些不正确的政绩观及其表现，许多与我们现行的体制、机制和具体制度有关。要推进和深化改革，抓紧建立和完善政绩评价标准、考核制度和奖惩制度，以形成正确的政绩导向。

（五）抓紧研究制定统筹兼顾的政策和规划。要落实科学发展观，必须合理调整与完善相关政策措施，包括从财政、税收、投资、分配等方面采取有利于促进经济社会全面、协调、可持续发展的政策措施。同时，要加强与落实科学发展观相适应的体制、制度、机制和法制建设。要加强宣传舆论引导，在全国形成树立和落实科学发展观的良好氛围与环境。当前，有关方面正在拟定“十一五”国民经济和社会发展规划。“十一五”规划要成为充分体现科学发展观的五年规划，以更好地推进全面建设小康社会和现代化建设。

确立科学发展观，是我们党解放思想、实事求是，与时俱进、理论创新的重大成果。牢固树立和认真落实科学发展观，必将把中国特色社会主义伟大事业更加卓有成效地推向前进。我们要紧密团结在以胡锦涛同志为总书记的党中央周围，高举邓小平理论和“三个代表”重要思想的伟大旗帜，锐意进取，开拓创新，扎实工作，不断开创改革开放和社会主义现代化建设的新局面。

二〇〇三年中国货币政策执行报告

中国人民银行

2004年2月25日

2003年是不寻常的一年。在党中央、国务院的正确领导下，我国国民经济克服“非典”疫情等多种困难，呈现出增长加快、效益提高、活力增强的良好发展态势。国内生产总值达到11.7万亿元，增长9.1%，人均超过1000美元。但在经济快速增长中也存在一些影响经济、金融持续健康发展的矛盾和问题，部分行业盲目重复建设、能源交通出现了多年少有的“瓶颈”制约，通货膨胀压力加大。

2003年，中国人民银行继续执行稳健的货币政策，密切监测经济、金融运行状况，并积极与有关宏观经济管理部门沟通和协调，从一季度起，就加强了对宏观经济的“预调”和“微调”，及时采取了必要的调控措施：一是针对外汇占款和基础货币增加较多的情况，从4月份开始发行中央银行票据，加大公开市场“对冲”力度；二是针对商业银行贷款特别是房地产贷款投放过快的情况，于6月份及时对房地产信贷进行风险提示，进一步规范房地产信贷市场发展，同时加强对商业银行贷款的窗口指导；三是经国务院批准，将金融机构存款准备金率由6%上调为7%，冻结商业银行约1500亿元的超额准备金；四是稳步推进利率市场化，进一步完善货币政策传导机制，在12月份进一步扩大了金融机构贷款利率浮动幅度，同时，下调了超额存款准备金利率。总体看，2003年货币信贷调控取得了积极成效，信贷增长偏快的趋势得到有效控制，为国民经济持续快速协调健康发展提供了稳定的金融环境。

2003年末，广义货币M2余额22.1万亿元，同比增长19.6%。金融机构贷款前三季度增加较多，第四季度得到有效控制。2003年末，全部金融机构本外币贷款余额17万亿元，比年初增加3万亿元；本外币存款余额22万亿元，比上年末增加3.7万亿元。基础货币余额5.23万亿元，同比增长16.7%。金融机构超额准备金率为5.38%。利率总水平和货币市场利率基本稳定。2003年末，国家外汇储备4032.5亿美元，比年初增加1168.4亿美元，是我国外汇储备增加最多的一年。年末人民币汇率为1美元兑换8.2767元人民币。

2004年是建国55周年，也是我国改革和发展十分关键的一年。目前，我国经济发展正处在一个重要关口，加强和改善宏观调控是今年我国经济工作中的一项重大任务。中国人民银行将根据十六大、十六届三中全会和中央经济工作会议精神，牢固树立和认真落实全面、协调、可持续的发展观，依据统筹城乡发展，统筹区域发展，统筹经济社会发展，统筹人与自然和谐发展，统筹国内发展和对外开放，实现经济增长与人口、资源、环境相协调的原则，继续执行稳健的货币政策，做好对经济金融运行特别是物价走势、社会资金流动和重点行业贷款的监测，综合运用多种货币政策工具，适度控制货币信贷规模，实现经济平稳较快增长，防止大起大落，高度重视防止通货膨胀。考虑到2003年货币信贷增长过快的滞后效应，2004年货币供应量增幅和新增贷款规模应低于2003年的实际水平。预计 M2 和 M1 分别增长 17%左右，人民币贷款增加 2.6 万亿元。

2004 年货币政策取向：一是进一步增强货币政策的前瞻性和科学性，保持货币信贷总量平稳增长；二是稳步推进利率市场化进程，进一步发挥利率调控作用；三是保持人民币汇率在合理、均衡水平上的基本稳定；四是着力调整信贷结构，促进产业结构调整；五是加快发展金融市场，扩大直接融资；六是加快推进国有商业银行股份制改造，做好农村信用社改革资金支持工作。

第一部分　货币信贷概况

2003 年，我国国民经济克服了多种困难，保持了良好的发展势头。中国人民银行认真执行稳健的货币政策，主要依靠经济手段对货币信贷过快增长进行了调控，努力促进国民经济持续快速协调健康发展。总体看，上半年货币信贷增长偏快的势头在四季度得到有效控制，人民币汇率保持稳定，金融运行总体平稳。

一、货币供应量快速增长

2003 年末，广义货币 M2 余额 22.1 万亿元，同比增长 19.6%，增幅比上年末提高 2.8 个百分点。5—11 月份，广义货币增长都在 20%以上，年末略有回落。流通中现金余额为 1.97 万亿元，同比增长 14.3%；全年累计投放现金 2468 亿元，同比多投放 879 亿元。

二、金融机构贷款前三季度增加较多，第四季度得到有效控制

2003 年末，全部金融机构（含外资，下同）本外币贷款余额 17 万亿元，比年初增加 3 万亿元，同比多增 1.1 万亿元。其中，人民币贷款比年初增加 2.8 万亿元，同比多增 0.9 万亿元；外汇贷款比年初增加 276 亿美元，同比多增 185 亿美元。上半年人民币贷款月均增加 2965 亿元，第三季度月均增加 2300 亿元，第四季度月均增加 979 亿元。

2003 年新增人民币贷款主要集中在四个方面：一是基建贷款增加 6373 亿元，同比多增 3199 亿元；二是个人消费贷款增加 5091 亿元，同比多增 1397 亿元。其中：个人住房贷款增加 3528 亿元，同比多增 857 亿元；三是票据融资增加 3403 亿元，同比多增 1171 亿元；四是农业贷款增加 1531 亿元，同比多增 354 亿元。以上四项贷款合计增加 1.64 万亿元，占全年人民币贷款增加额的 60%。

不良贷款实现双下降，国有独资商业银行效益提高。按照一逾两呆口径，2003 年末，银行业金融机构不良贷款余额 2.4 万亿元，比年初下降 1574 亿元；不良贷款率为 15.19%，比年初减少 4.69 个百分点。根据各国有独资商业银行发布的报告，中国工商银行、中国农业银行、中国银行分别实现经营利润 621 亿元、197 亿元、570 亿元，中国建设银行实现拨备前利润 512 亿元。

三、人民币存款增长较快，外汇存款有所下降

2003 年末，金融机构本外币存款余额 22 万亿元，比上年末增加 3.7 万亿元，同比多增 8351 亿元。其中，人民币存款增加 3.7 万亿元，同比多增 9399 亿元；人民币存款中，企业存款增加 1.3 万亿元，同比多增 0.3 万亿元，储蓄存款增加 1.7 万亿元，同比多增 0.3 万亿元。外汇存款减少 19.2 亿美元，2002 年为增加 107.2 亿美元。

四、基础货币增速较高，金融机构流动性基本正常

2003 年末，中国人民银行基础货币余额为 5.23 万亿元，同比增长 16.7%，增幅比上年末提高 4.9 个百分点。基础货币增速加快主要是因为外汇占款继续大量增加，全年外汇占款增加 1.15 万亿元，同比多增加 6850 亿元。

2003 年末，金融机构超额准备金率为 5.38%。其中，国有独资商业银行超额准备金率为 4.12%，股份制商业银行和农村信用社超额准备金比率分别为 8.33%和 8.11%。总体看，金融机构流动性正常。

五、利率总水平和货币市场利率基本稳定

2003 年，人民币存贷款利率水平保持稳定。自 2002 年 2 月 21 日降息后，金融机构 1 年期存款利率为 1.98%，处于改革开放二十年来的最低水平，1 年期贷款利率为 5.31%，法定存款准备金利率为 1.89%，1 年期再贷款利率为 3.24%。2003 年四季度，商业银行人民币协议存款（期限在五年以上、单笔金额在 3000 万元以上）利率集中在 3.6%—3.7%的区间，比年初提高 0.5 个百分点，略有上升。

2003 年，境内外币存、贷款利率受国际市场利率变化影响先降后升。上半年，伦敦同业市场美元等利率一路下行，7 月 2 日，中国人民银行下调了境内美元等外币小额存款利率。此后，外币存、贷款利率水平随国际市场利率有所回升。12 月，商业银行 1 年期大额美元（300 万美元以上）存款加权平均利率为 0.9919%，1 年期美元贷款固定利率加权平均水平为 2.5612%，浮动利率加权平均水平为 2.193%，与年初基本持平（见表 1）。

货币市场利率在出现短期波动后趋于平稳。12 月，全国银行间市场 7 天品种的同业拆借和债券回购月加权平均利率分别为 2.24 和 2.14，分别与上年同期持平和下降 0.15 个百分点。

六、国家外汇储备继续增加，人民币汇率稳定

2003 年末，国家外汇储备 4032.5 亿美元，比年初增加 1168.4 亿美元，是我国外汇储备增加最多的一年。年末人民币汇率为 1 美元兑换 8.2767 元人民币，继续保持稳定。

第二部分　货币政策操作

2003 年，金融宏观调控面临复杂局面。中国人民银行对经济、金融运行状况密切监测，并积极与有关宏观经济管理部门沟通和协调，继续执行稳健的货币政策，对货币信贷过快增长的趋势及时进行"预调"和"微调"，取得了积极成效，货币信贷增长偏快的趋势得到有效控制，为国民经济持续快速协调健康发展提供了稳定的金融环境。

一、灵活运用公开市场操作，保持基础货币平稳增长和货币市场利率相对稳定

2003 年，中国人民银行根据货币信贷总体规划，通过公开市场操作保持基础货币稳定增长。针对外汇占款投放基础货币大幅增长的情况，人民银行通过发行央行票据等方式，加大基础货币回笼力度。一方面坚持对冲操作的大方向；另一方面也根据市场的变化，适时进行灵活操作，满足金融机构短期流动性需求。

从 4 月 22 日至 12 月底，中国人民银行共发行 63 期央行票据，发行总量为 7226.8 亿元，发行余额为 3376.8 亿元。2003 年中国人民银行共开展 59 次公开市场操作，通过公开市场债券交易累计回笼基础货币 13186 亿元，累计投放基础货币 10492 亿元，投放、回笼相抵，净回笼基础货币 2694 亿元。外汇占款投放基础货币11459亿元，外汇、人民币公开市场操作相抵，净投放基础货币8765亿元。银行间具有代表性的7天期回购利率，虽然由于新股发行引起一些波动，但在公开市场操作的引导下，11月下旬以来一直稳定在2.15%左右的水平。通过灵活开展公开市场操作，保持了基础货币的平稳增长和货币市场利率的相对稳定。

二、上调存款准备金率，适度调低超额存款准备金利率

为配合公开市场操作"对冲"基础货币过快增长，减轻发行中央银行票据回收流动性的压力，有效控制货币信贷过快扩张，经国务院批准，中国人民银行从2003年9月21日起，将存款准备金率由6%调高至7%。这次存款准备金率调整提前一个月宣布，给金融机构流动性管理提供了缓冲的时间，并在总量适当收紧的同时，对有短期流动性困难的金融机构及时给予必要的资金支持。政策实施过程中，金融运行和货币市场利率走势总体平稳。

中国人民银行还决定从2003年12月21日起将金融机构在中国人民银行的超额存款准备金利率由1.89%下调至1.62%。法定存款准备金利率仍为1.89%。适度降低金融机构在中国人民银行的超额存款准备金利率，有利于货币市场和资本市场的平稳运行，有利于改变目前直接融资和间接融资不平衡状况，进一步推动资本市场的发展，发挥宏观经济政策协调配合的综合效应。

三、扩大贷款利率浮动区间，稳步推进利率市场化进程

2003年12月10日，经国务院批准，中国人民银行决定自2004年1月1日起再次扩大金融机构贷款利率浮动区间。商业银行、城市信用社贷款利率的浮动区间上限扩大到中国人民银行制定的贷款基准利率的1.7倍，农村信用社贷款利率的浮动区间上限扩大到贷款基准利率的2倍，金融机构贷款利率的浮动区间下限保持为贷款基准利率的0.9倍不变。扩大金融机构贷款利率浮动区间，有利于营造公平竞争的市场环境，支持中小企业发展和扩大就业。

与此同时，中国人民银行还对一些利率管理制度进行了改革，进一步理顺利率结构，稳步推进利率市场化进程。一是放开人民币各项贷款的计、结息方式，由借贷双方协商确定；二是放开了境内英镑、瑞士法郎、加拿大元的小额存款利率管理，由各商业银行自行确定并公布，同时对美元、日元、港币、欧元小额存款利率实行上限管理，商业银行可根据国际金融市场利率变化，在不超过上限的前提下自主确定；三是改革邮政储蓄转存款利率计息办法，明确自2003年8月1日起，邮政储蓄新增存款转存中国人民银行的部分，按照金融机构准备金存款利率（年利率为1.89%）计息，此前的邮政储蓄老转存款暂按原转存款利率计息（年利率为4.131%），同时允许邮政储蓄新增存款由邮政储蓄机构在规定的范围内自主运用。

四、密切监测房地产贷款状况，对商业银行贷款进行必要的窗口指导

保持房地产业的持续、稳定、健康发展，对国民经济健康发展至关重要。针对部分地区房地产信贷投放过快、隐含风险加大的情况，2003年6月份，中国人民银行发布了《中国人民银行关于进一步加强房地产信贷业务管理的通知》（银发[2003]121号），对房地产信贷进行了风险提示，对开发商贷款、建筑业流动资金贷款、个人多套住房贷款和高档住房贷款制定了比较原则性的限制措施，进一步规范房地产信贷市场发展。同时，针对贷款投放过快的情况，人民银行及时对商业银行进行了窗口指导。早在2003年初，中国人民银行就组织商业银行认真分析贷款多增的趋势，认真把握贷款进度。7月份以后，中国人民银行三次召开窗口指导会议，对商业银行进行了必要的风险提示，要求金融机构注意防止资本充足率下降，防范各类信贷及流动性风险，改进和健全内部考核制度，适度控制贷款总量。"窗口指导"作为辅助性货币政策工具，对传导货币政策意图发挥了积极作用。

五、积极支持农村信用社体制改革试点

农村金融体制和农村信用社改革事关农民、农业和农村经济发展大局。为促进农村信用社健康发展，改进对农村经济的金融服务，在目前货币政策面临较大压力的情况下，国家仍然决定出资支持试点地区农村信用社的改革。根据国务院部署，2003年下半年，农村信用社改革试点在山东、吉林、浙江、贵州、江西、陕西、江苏、重庆八个省市全面展开。根据国发(2003)15号文件精神，中国人民银行按2002年底实际资不抵债数额的50%，发放专项再贷款或专项中央银行票据，帮助试点地区农村信用社化解历史包袱，目的是使改革后的农村信用社能做到产权明晰、财务状况良好、治理结构完善。为此，中国人民银行制定了《农村信用社改革试点专项票据操作办法》和《农村信用社改革试点专项借款管理办法》，在手续和条件的设计上坚持切实促进改革到位并真正达到"花钱买机制"的效果。

六、加强货币市场制度建设，积极推动货币市场发展

一是扩大记帐式国债柜台交易的试点范围，目前，开办柜台交易的地区扩大到北京、上海、江苏、浙江、福建、广东；二是简化银行间债券市场债券上市审批程序，对于在全国银行间债券市场发行的国债、政策性银行债券，中国人民银行授权中央国债登记公司和全国银行间同业拆借中心公布每期债券的上市日期；三是规范证券公司信息披露工作，规定凡经批准成为全国银行间同业拆借市场成员的证券公司，应向同业拆借市场披露必要的信息，并保证披露信息的真实性；四是组织国家开发银行在国内发行了第一只美元债券，发行额为5亿美元，并相应地解决了美元债券的登记托管等技术问题。

七、保持人民币汇率基本稳定，促进国际收支平衡

2003年，中国人民银行采取了一系列深化外汇管理体制改革、保持人民币汇率稳定、促进国际收支平衡的措施：一是完善经常项目管理，便利企业和个人外汇收支，切实满足企业、个人合理的经常项目用汇需求；二是稳步推进资本项目对外开放，放宽企业购汇限制，实施境外投资外汇管理改革试点，逐步拓展资本流出渠道，支持"走出去"战略的实施；三是扩大远期结售汇业务试点，允许开办外债项下的远期业务，加快外汇市场建设，逐步完善人民币汇率形成机制。

八、加强货币政策同其他宏观经济政策的协调配合

2003年，面对经济运行中出现的一些新情况和新问题，中国人民银行在分析宏观经济形势和趋势的同时，积极与其他宏观经济部门沟通和协调。在对宏观经济进行调控的过程中，注意加强与计划、财政等其他宏观调控手段的协调配合，以充分发挥宏观经济政策协调配合的综合效应。

第三部分　金融市场分析

一、银行间同业拆借市场交易量快速增长

2003年，银行间同业拆借市场交易十分活跃，交易量快速增长。全年累计成交2.4万亿元，比2002年增加1.2万亿元,增长99.2%,比2001年增长近2倍。

从同业拆借市场资金融出、融入情况看,国有商业银行仍然是最大的资金净融出部门,且净融出比重同比上升较大,其他商业银行也是资金净融出部门,但净融出比重同比下降较多。资金净融入方为证券及基金公司、农村信用社联社、政策性银行、财务公司、信托投资公司和外资金融机构,其中,证券及基金公司净融入比重同比上升较多(见表2)。

2003年,银行间市场同业拆借交易的月加权平均利率呈"下降—回升—上升—下降"走势。年初为2.16%,之后持续下降,4月份降至1.98%;从5月份起开始恢复性回升,8月份升至2.19%。受多种因素影响,拆借利率从9月份开始快速上升,10月份升至2.86%。11月份起开始回落,12月份为2.17%,比上年同期下降0.06个百分点。全年同业拆借加权平均利率为2.24%,比2002年上升0.09个百分点,比2001年下降0.24个百分点。市场利率运行总体较平稳。

二、债券发行状况总体较好,二级市场交易活跃

(一)债券发行状况总体较好。2003年,财政部累计发行国债6280亿元,同比增加351亿元,增长5.9%。其中,凭证式国债发行2504.6亿元,同比增加1031.6亿元,增长70%;记帐式国债发行3775.5亿元,同比减少680.5亿元。政策性金融债累计发行4520亿元(不含2003年9月份发行的5年期5亿美元政策性金融债),同比增加1445亿元,增长47%,增幅同比高28.3个百分点。企业债累计发行358亿元,同比增加33亿元,增长10.2%。全年国债发行利率基本稳定(见表3),政策性金融债发行利率随市场利率变化,总体上呈下降—回升—下降的态势。

(二)银行间债券市场成交金额再创新高。2003年,银行间债券市场交易十分活跃,成交金额再创历史新高,累计成交14.8万亿元,同比增加4.2万亿元,增长39.3%。其中,债券现券成交3.08万亿元,同比增加2.64万亿元,增长近6倍;债券回购成交11.72万亿元,同比增加1.53万亿元,增长15%。银行间债券市场的流动性明显提升。从资金融出、融入情况看,国有商业银行是最主要的资金净融出方,资金净融入方主要为其他商业银行和其他金融机构,且其他商业银行净融入比重同比上升较多(见表4)。

2003年,银行间市场债券回购交易月加权平均利率也呈"下降—回升—上升—下降"的走势。债券回购利率由年初的2.28%下降至4月份的1.97%;从5月份起至8月份,回升至2.24%。9月份开始快速上升,10月份升至3.11%。11月份转而回落,12月份降至2.17%,比上年末下降0.14个百分点,比当年10月份最高时回落0.94个百分点。全年银行间债券回购市场加权平均利率为2.35%,比2002年上升0.28个百分点,比2001年上升0.04个百分点。

三、票据市场在规范中发展

2003年企业累计签发商业汇票2.77万亿元,同比增加1.16万亿元,增长72.2%;累计票据贴现和再贴现4.44万亿元,同比增加2.12万亿元,增长91%。12月末,已签发的未到期的商业汇票余额为1.28万亿元,同比增加0.54万亿元,增长73.5%;票据贴现和再贴现余额8934亿元,同比增加3669亿元,增长69.7%。从各月情况看,商业汇票当月签发额个别月份出现小幅波动,累计发生额保持增长态势;前8个月贴现余额增长势头较为强劲,月平均增长508亿元,8月末贴现余额为9266亿元,之后贴现余额明显回落,12月末降至8168亿元。

发展票据市场应与拓宽企业融资渠道、改善金融服务、促进商业银行转变经营方式、健全社会信用制度和完善货币政策传导机制的需要相适应,在发展中规范,以规范促发展。现阶段应把发展具有贸易背景的票据市场作为加强货币市场建设的重要政策措施。加快票据市场基础设施建设,提高票据交易效率。同时,要进一步完善票据法规制度,整顿票据交易秩序,切实防范票据业务风险,查处票据违规行为。要实行通报制度、退出交易制度和责任追究制度,以扶优限劣,保障票据市场规范、健康、可持续发展。

四、股票市场运行平稳

2003年股票市场运行平稳,全年沪、深股市累计成交3.21万亿元,同比增加0.41万亿元;日均成交133.3亿元,同比增加15.2亿元,增长12.9%。其中A股累计成交3.13万亿元,同比增加0.41万亿元;日均成交129.8亿元,同比增加15.3亿元,增长13.4%。

1—5月份,沪、深股指在波动中上扬。上证综指和深证综指分别由上年末的1358点和389点,上扬至5月末的1576点和441点,分别比上年末上升218点和52点,分别上涨16.1%和13.4%。6月份起至10月份,沪、深股市出现下滑。10月末,上证综指和深证综指分别收盘于1348点和365点,比5月末分别下降228点和76点,分别下降14.5%和17.2%。11月份起,沪、深股市小幅回升,12月末,上证综指和深证综指分别收盘于1497点和379点,比10月末分别上升149点和14点,上涨11.1%和3.8%。

2003年股票市场融资增加较多,全年累计融资1357亿元,同比增加395亿元,增长41.1%,主要是H股和可转债增长较快。其中,A股筹资(包括发行、增发和配股)639亿元,同比减少99亿元,下降13.5%;H股发行(主要是中国人寿保险公司和人保公司)筹资64.6亿美元,同比增加42.62亿美元,增长近2倍;发行可转债180.6亿元,同比增加139亿元,增长3.4倍。

2003年,国内非金融企业部门(包括住户、企业和政府部门)以贷款、股票(可流通上市股票的筹资部分)、国债和企业债这四种方式新增融入的资金总计为3.52万亿元(本外币合计),同比多融资1.12万亿元,增长46.6%。国内非金融企业部门贷款、国债、企业债和股票融资的比重为85.1∶10∶1.0∶3.9(见表5)。

五、保险市场发展迅速

2003年,我国保险业发展迅速。一是保险机构不断发展。截至2003年底,我国保险公司(不含筹建)已经发展到56家,保险公司的总资产达到9123亿元,同比增长41.5%,继续保持较快的增长速度。二是保费收入持续增长,人身险保费收入明显快于财产险。1999年至2003年间,我国保险业保费收入以年均29.2%的速度持续增长,其中人身险保费收入年均增长36.3%,增幅比财产险保费收入高22.6个百分点。2003年,累计保费收入3880亿元,同比增长27.1%。其中人身险保费收入3011亿元,同比增长32.4%,增幅比财产险高20.7个百分点。三是保险的经济补偿作用明显增强。2003年全年,保险业累计赔款、给付841亿元,同比增加134亿元,增长19%,比1999年全年增加331亿元,增长64.8%。

随着保险市场的快速发展,保险公司的可运用资金不断增加,资金运用渠道仍主要为银行存款和国债投资。到2003

年末，保险公司的银行存款和投资资金合计余额为8379亿元，比1999年增长3.6倍，比上年同期增加2849亿元，增长51.5%，其中，银行存款占54.3%，国债投资占16.8%，证券投资基金投资占5.5%，其他投资（包括金融债券、企业债和其他投资）占23.4%，银行存款、国债投资和证券投资基金投资占比分别比上年同期下降0.4、3.2和0.1个百分点，其他投资上升3.7个百分点。

保险市场与货币政策调控的关联度日益提高。一方面，保险投资的产品主要集中在利率敏感性产品方面，货币政策调控对保险市场的影响越来越大；另一方面，保险资金相当部分属于居民的预防性储蓄，与储蓄存款具有较强的替代性。随着保险资金参与金融市场交易规模的不断扩大，对市场价格和资金流向的影响力也在不断增强。

六、外汇市场交易量显著增加

2003年，由于外贸增长迅速、境内外美元利差扩大及本外币利差变化等原因，银行间外汇市场交易量显著增加，各币种累计成交折合美元1511亿美元，同比多成交539亿美元，日均成交6.02亿美元，同比增长54.4%。其中，美元品种成交1478亿美元，日均成交5.89亿美元，同比增长54.2%。

第四部分　宏观经济分析

一、世界经济复苏加快，主要经济体货币政策宽松

（一）世界经济复苏加快。2003年世界经济经历了两个阶段，一是上半年受伊拉克战争和“非典”疫情的影响，世界经济增速放慢，呈现出很强的不确定性；二是下半年复苏加快，经济增长高于预期，全球贸易总量出现了反弹性增长，国际直接投资在连续两年大幅下降后首次微量回升，但就业状况没有得到相应改善，贸易磨擦进一步加剧。2004年1月，国际货币基金组织将2003年世界经济增长率调高至3.7%，比2002年实际数高0.7个百分点。

美国经济回升势头强劲。2003年，美国GDP增长率为3.1%，高于2002年的2.2%，是2000年以来增长最快的一年。但通货膨胀与通货紧缩的危险依然同时存在，财政和贸易的“双赤字”持续扩大，经济复苏具有一定的脆弱性。分季度看，2003年1—4季度GDP增长率分别为1.4%、3.3%、8.2%和4%，CPI同比上涨分别为2.9%、2.1%、2.2%和1.9%，失业率分别为5.8%、6.2%、6.1%和5.9%。

欧元区经济有所好转。2003年第三季度，欧元区经济结束了连续3个季度的停滞局面，季度环比增长0.4%，同比增长0.3%，预计全年增幅在0.5%以下。CPI持续保持在2%左右。失业率从3月份到12月份一直居8.8%的高位。

日本经济复苏。到2003年第四季度，季度环比GDP已经连续8个季度正增长，特别是第四季度的增长率是1990年第二季度以来最高的。2003年GDP增长率达到2.7%，其中1—4季度同比分别为2.8%、2.3%、1.2%和3.6%。12月份CPI同比下降0.4%，已连续4年零4个月下降。失业率由年初的5.4%下降到12月份的4.9%，创下两年来最低水平。财政赤字较高，占GDP比重高达7.7%。

主要发展中国家经济表现良好。东南亚国家在2003年上半年受“非典”冲击和全球经济衰退的影响，出口增势有所下降，但随着外部环境的改善，2003年下半年基本恢复了强劲增长的态势，增长速度仍高于世界平均水平。转轨国家近几年持续较快增长，据联合国预计，2003年转轨国家GDP增长5.1%，仅次于东南亚发展中国家5.4%的水平。

（二）主要股票市场强劲反弹，美元贬值幅度较大。2003年全球主要股票市场强劲反弹。在第一季度持续下跌之后，随着战争、疾病等不确定因素的消除，欧美股市自3月中旬急剧反弹，亚太地区主要股市则从4月底开始持续上扬。美国道·琼斯指数和纳斯达克指数全年分别上扬25%和48%，英国金融时报指数和日经225指数分别上涨13%和24%。

美元贬值幅度较大。由于美伊战争和宏观经济状况因素作用，美元第一季度和第三季度曾经出现两次较大的反弹，但是总体保持跌势，第二季度和第四季度跌幅再度加剧。2003年从年初到年底，对日元和欧元跌幅分别超过10%和20%，并继续面临贬值压力，表明市场对美国经济稳定增长仍心存疑虑，国际金融市场的不确定性很大。

（三）主要经济体货币政策宽松。2003年，为克服不利外部影响，刺激经济增长，各主要经济体纷纷采取了连续降息等宽松的货币政策。美联储在6月25日将联邦基金利率从1.25%下调到1%，达到45年来最低点，并表示将在“相当长时期内”维持利率在低水平不变。欧洲中央银行理事会两次下调利率，幅度为0.75个百分点，达到2%的水平。日本银行多次采取措施放松银根，增加基础货币投入以维持短期零利率水平。英格兰银行虽然在第四季度将利率调高到3.75%，但是前三季度也曾两次降息，降幅达0.5个百分点。

二、我国经济快速增长，通货膨胀压力加大

2003年，在党中央、国务院的正确领导下，我国国民经济克服“非典”疫情等多种困难，呈现出增长加快、效益提高、活力增强的良好发展态势。国内生产总值达到11.7万亿元，增长9.1%。但在经济快速增长中也存在一些影响经济、金融持续健康发展的矛盾和问题，部分行业盲目重复建设、能源交通出现了多年少有的“瓶颈”制约，通货膨胀压力加大。

（一）我国经济处于经济周期的上升阶段，投资需求高速增长是主要拉动力。2003年，我国经济处于经济周期的上升阶段，增长速度是1997年以来最快的，其中，一季度增长9.9%，二季度6.7%，三季度9.1%，四季度10.7%。中国人民银行2003年四季度工业景气问卷调查显示，宏观经济运行景气指数回升；企业产销平稳增长，经济运行质量提高；产品订单增加，企业家对未来宏观经济运行及企业经营状况乐观。

经济快速增长主要由投资需求拉动。2003年，消费、投资和净出口三大需求中，投资需求增长最快，仅次于1992年和1993年经济过热时期。1992和1993年，全社会固定资产投资总额名义增长率分别为44.4%和61.8%，固定资产投资价格指数分别为15.3%和26.6%，实际投资增长分别为29.1%和35.2%。2003年，全社会固定资产投资总额名义增长率为26.7%，固定资产投资价格指数为2.2%，实际投资增长24.5%左右。新开工项目超过12万个，同比增加1.1万个；计划总投资3.8万亿元，增长54.7%。分月来看，6月份固定资产投资增长达到最高点32.8%，之后随着关于控制开发区规模、制止一系列生产能力过剩产品的重复建设政策的出台，投资增速逐月回落。房地产投资高速增长。2003年，我国房地产开发投资增长29.7%，是1995年以来增长速度最高的一年。

消费需求呈现快速恢复性增长。2003年4、5月份，受“非典”疫情的影响，始终平稳增长的消费需求出现了大幅度的下滑。5月份社会消费品零售总额同比增长4.3%，仅为上年同期增速的一半，是1991年以来的最低水平，其中餐饮业销售下降16%。“非典”过后，消费需求迅速回升，到三季度基本恢复到“非典”前水平。7—12月，全社会消费品零售总额增长均高于上年同期增长水平。全年社会消费品零售总额同比增长9.1%，增幅比上年同期高0.3个百分点。

进出口快速增长，贸易顺差缩小，净出口需求对经济增长贡献减弱。2003年，我国进出口总值8512亿美元，同比增长37.1%，是1980年以来增速最快的一年。其中，出口4384亿美元，同比增长34.6%；进口4128亿美元，同比增长39.9%；进出口顺差255亿美元，比上年减少49亿美元。外商直接投资增速有所下降。2003年，我国实际使用外资金额535亿美元，同比增长1.4%(商务部调整了统计口径之后的数据。商务部加强了对实际到位资金的检验工作，要求实际到位资金应有会计师事务所的验资证明)。

(二)经济效益明显提高，增长方式有待进一步转变。全国税收总收入及其增收额创历史最高记录。2003年，全国共入库税款突破2万亿元(不含关税和农业税)，比上年增长20.3%；增收额首次突破3000亿元，完成年度预算的108.2%。税收收入占国内生产总值的比重达到17.6%左右，比上年提高约1个百分点。

企业经济效益明显提高。2003年，工业经济效益综合指数达到1992年该指数建立以来的最高点。成本费用利用率、总资产贡献率、流动资产周转率都创近年来最好水平。工业企业实现利润连续五年保持增长，2003年，全国规模以上工业企业盈亏相抵后实现利润总额8152亿元，比上年增长42.7%，利润总水平创历史新记录。39个工业大类行业中，有38个行业利润比上年同期增加；其中，石油和天然气开采、黑色金属冶炼及压延加工、交通运输设备制造、化学工业、电力热力的生产和供应五个行业共新增利润1310亿元，占全部规模以上工业新增利润总额的48.7%。

应该看到，2003年经济的快速增长和经济效益的大幅度提高主要依靠的是原材料和能源的高投入，基本上还属于粗放型经济，经济增长方式的转变仍然任重道远。目前，我国的GDP折算成美元约占世界各国GDP总和的4%，但钢材消耗约2.6亿吨，占世界钢材消耗总量的25%还要强，是世界第一大钢材消费国；石油消耗约2.5亿吨，日均消费石油占世界日均消耗石油的7%，是仅次于美国的世界第二大石油消费国；煤炭消耗约15亿吨，占世界煤炭消耗总量的30%左右；水泥消耗约8.2亿吨，占世界水泥消耗总量的50%左右；用电总量约1.9万亿千瓦时，占世界用电总量的10%左右。这种高投入、高消耗的粗放型经济增长方式对我国资源的合理利用和环境保护造成严重的负面影响，难以为继。

(三)通货膨胀压力加大，需要密切关注。2003年前8个月我国居民消费价格总水平同比持续小幅正增长，但从9月份开始快速上升，月环比分别为1.2%、0.9%、1%和0.6%，同比增幅在12月已经高达3.2%。据初步估算，2004年同比价格上涨的翘尾因素为2.2%，其中一季度为1.7%，二季度2.9%，三季度3.6%，四季度0.7%。也就是说，2004年即使没有任何新的涨价，全年物价上涨也会达到2.2%。

受固定资产投资高速增长和经济高增长的拉动，从2002年四季度开始生产价格就以高于CPI的幅度快速上涨，其间受“非典”影响一度回落，2003年9月份以后部分原材料和能源出现“瓶颈”制约，价格涨势迅猛。主要特点：一是初级和中间产品价格涨幅高于最终产品。人民银行统计的企业商品价格连续14个月上升，2003年12月份同比上涨6.3%；其中初级产品同比上涨10.9%，中间产品上涨6.5%，最终产品上涨4.1%。二是原材料购进价格的涨幅高于工业品出厂价格。据国家统计局统计，2003年原材料购进价格和工业品出厂价格分别比上年同期上涨4.8%和2.3%，而2002年分别同比下降2.3%和2.2%。三是生产资料价格涨幅高于生活资料。据国家统计局统计，2003年生产资料出厂价格同比上涨3.6%，影响工业品出厂价格上涨约2.6个百分点；生活资料出厂价格同比下降1.1%，影响工业品出厂价格下降约0.3个百分点。

进口商品价格攀升。2003年三季度，我国进口商品价格上涨6.4%，其中投资品上涨27%，消费品上涨16%；中间产品上涨4.5%。

房地产价格和固定资产投资价格增势不减。房地产价格2003年的涨幅明显高于2002年，且呈加速趋势。分季度看，2003年土地交易价格分别上涨8.5%、7.1%、8.8%和8.9%，分别比上年同期高0.6、1.7、2.5和1.1个百分点；房屋销售价格分别上涨4.8%、4.9%、4.1%和5.1%，分别比上年同期高0.5、1.3、0.1和1.6个百分点；房屋租赁价格分别上涨1.7%、1.9%、1.8%和2.2%，分别比上年同期高0.5、0.8、0.7和1.4个百分点。固定资产投资价格受固定资产需求高速增长的拉动持续上涨，已从2002年上半年的零增长，升至2003年上半年的1%，又升至三季度的1.5%、四季度的2.2%。

全面反映通货膨胀压力的GDP缩减指数变动率，在2003年高达4.5%，远高于2000年0.8%，2001年0%，2002年－1.2%的水平，且在一年内从2002年的－1.2%骤升至2003年的4.5%，表明通货膨胀的形势不容乐观。

三、主要产业运行正常，产业结构调整须抓紧推进

2003年，第一产业增长2.5%，增速比上年减慢0.4个百分点；第二产业增长12.5%，增速比上年加快2.7个百分点；第三产业增长6.7%，增速比上年减慢0.8个百分点。

(一)农业基础有待进一步加强。2003年，受面积调减及自然灾害的影响，主要农产品减产，全年粮食总产量比上年下降5.8%。粮食供给的相对减少和对粮价上涨的预期，已经改变了原有的供求关系。粮价有所上涨是经济结构调整的必然要求，粮价适当上涨有利于快速增加粮食供给和增加农民收入，如配合正确的宏观调控政策，在我国目前总体供求关系的格局下，不会导致严重的通货膨胀。农民收入增长缓慢问题变得更加突出。2003年，各地区各部门按照中央的要求，加大了解决“三农”问题的力度，农民人均纯收入恢复性增长至4.3%，但仍比上年减慢0.5个百分点。农民收入的提高，关系到农民生活水平的提高，关系到粮食生产和农产品供给，关系到整个国民经济增长，必须高度重视。

(二)工业持续高速增长。受投资、出口快速增长和汽车、通信等消费热点的共同拉动，我国工业生产持续高速增长。2003年，全国工业增加值增长12.6%，拉动GDP增长5.7个百分点。其中规模以上工业增长17%，增速比上年加快4.4个百分点。从轻重工业结构看，重工业增长快于轻工业，重工业增长18.6%，轻工业增长14.6%。从所有制结构看，外商及港澳台投资企业增长最快，达到20%；其次是股份制企业增长18.3%；之后是国有及国有控股企业增长14.3%，集体企业增长11.5%。分行业看，电子通信设备制造、交通运输设备制造、电气机械及器材制造、冶金和化工五大行业是带动工业生产快速增长的主要力量，共拉动工业增长8.7个百分点。

（三）第三产业发展相对滞后。第三产业，也称服务业，是国民经济重要的组成部分。从世界经济的发展情况看，服务业在整个国民经济中所占比重呈上升趋势，也就是说，服务业的平均增长在较长的时间内会快于国民经济的平均增长速度，但20世纪90年代以来我国却发生了相反的情况。2003年，我国第三产业比重进一步下降至32%，远远低于大多数发达国家60%—80%的水平，也低于发展中国家40%左右的水平。2003年，我国第三产业增长仅6.7%，比GDP增长率低2.4个百分点，比规模以上工业增加值增长率低10多个百分点，这其中或许有第三产业漏统的因素，但也在一定程度上说明了我国第三产业发展严重滞后于经济发展。加快发展第三产业有利于扩大就业、优化产业结构、提高国民经济整体效益，应引起高度重视。经济理论和各国发展的实践都告诉我们，工业的就业弹性远低于服务业，真正解决就业问题的出路在于大力发展服务业。

（四）部分行业盲目扩张。2003年以来，部分行业盲目扩张，低水平重复建设严重，特别是钢铁、电解铝和水泥。2003年，钢铁、电解铝和水泥同比分别增长23.3%、26.1%、16.5%，目前，我国钢铁、电解铝和水泥的产量已位于世界首位。普通生产能力超出市场预期需求，产品结构不合理，高能耗、高污染、低质量问题十分严重。

（五）能源和交通供求矛盾突出。2003年以来，受工业超高速增长和投资规模过大的影响，煤电油运供给紧张，进入四季度紧张程度进一步加剧，成为制约新一轮经济增长的“瓶颈”。全年规模以上企业煤炭产量达到11.8亿吨，增长17.7%，但煤炭供应仍然很紧；全年发电量增长15.4%，达到90年代以来最高增速，但仍有不少地区拉闸限电；原油、成品油进口大量增加，分别进口9112万吨和2824万吨，同比增长31.3%和38.8%；铁路主要干线客货运输能力已经饱和，满足率不足50%。中国人民银行2003年四季度工业景气问卷调查显示，工业企业设备利用水平景气指数达1992年以来的最好水平，有更多的企业认为能源、电力和原材料供应不足。市场机制的作用从本质上说是通过价格调整实现的，相信通过适当调整，可以较快达到市场出清。

第五部分　预测和展望

一、2004年国际经济金融趋势展望

2004年全球经济增长总体稳中趋强。国际货币基金组织、世界银行和联合国均预计2004年全球经济增长明显快于2003年，其中，国际货币基金组织2004年2月的最新预测数为4.6%，高于2003年0.9个百分点。

美国居民消费支出和商业投资增长较快，经济有望保持继续上行趋势，国际货币基金组织预测美国经济2004年增长4.6%，比2003年高1.5个百分点。欧元区经济增长略显逊色，国际货币基金组织预计欧元区经济增长1.8%，比2003年高1.3个百分点。日本经济出现好转，投资和出口增长较快，但由于消费增长未明显提高，国际货币基金组织预计日本经济2004年增长2.1%，比2003年低0.2个百分点；世界银行的预测较为乐观，认为日本经济2004年增长将快于2003年0.5个百分点。

世界经济总体好转使各方对2004年全球贸易增长趋于乐观，国际货币基金组织、世界银行、联合国均预测2004年世界贸易比2003年有大幅提高。

2004年，主要经济体的货币政策态势将根据各自经济增长状况有所调整。美联储公开市场委员会2004年1月28日宣布维持1%的联邦基金利率不变，但在会后发表的声明中，没有再使用利率在“相当长时间”保持低水平的措辞，而是改为“仍有耐心”。鉴于英国经济增长势头强劲，居民消费尚无减缓迹象，消费者债务规模日益扩大，英格兰银行于2月5日宣布将官方利率从3.75%上调至4%。同一天，日本银行政策委员会宣布维持货币政策不变。由于欧元区经济只是逐步复苏，且物价比较稳定，欧央行可能会在相当长时间内维持目前的货币政策态势。

2004年，我国经济发展的外部环境总体良好。随着世界经济趋好，国际市场需求日趋旺盛。同时，国际产业结构加快调整，跨国公司加紧进行全球布局调整，发达国家向发展中国家转移生产能力和拓展市场的趋势仍在延续。但不确定因素仍然存在，世界贸易不平衡状况突出，国际竞争更加激烈，贸易保护主义加剧，能源和原材料价格波动较大可能对我国敏感行业的成本和经营造成不利影响。

二、2004年我国宏观经济展望

2004年是建国55周年，也是我国改革和发展十分关键的一年。综观当前国际国内形势，我国改革和发展面临许多有利条件和新的机遇，也存在不少困难和新的挑战，我国经济发展正处在一个重要关口。当前，我国国民经济增长较快，效益较好，活力较强，结构调整取得积极进展，各项改革有序推进。但越是形势好，越要保持清醒的头脑。要见微知著，防患于未然，高度重视经济社会发展中的突出问题，主要是价格上涨加快、部分行业盲目扩张的趋势仍未得到有效遏制、投资总规模偏大、煤电油运紧张程度加剧、农民增收困难、城乡发展不平衡、就业和社会保障任务重等。

综合各方面的考虑，中央经济工作会议提出2004年我国经济增长目标为7%，这一预期目标有利于保持宏观调控目标的连续性，并有利于在“求真务实”的思想指导下，引导各方面把主要精力放在经济增长的质量、效益上，有利于搞好宏观调控。预计2004年全年CPI将上涨3%左右。其中翘尾因素影响CPI上涨2.2个百分点，新涨价因素和政策性调价因素估计会影响CPI上涨约1.0个百分点。此外，还存在难以量化的价格上行压力，一是2004年经济和投资的快速增长将导致物价总水平的进一步上升；二是2003年粮食等食品价格涨价的滞后影响会逐步显现，推动其他下游产品价格上涨，从而推动价格总水平的上涨；三是2003年货币信贷高增长的滞后影响。2004年我国物价也存在下行的压力，主要表现为汽车、家用电器、药品等价格仍继续保持下降的态势。总体上，2004年影响价格上升的因素多于影响价格下降的因素。

三、2004年我国货币政策趋势

中国人民银行将根据十六大、十六届三中全会和中央经济工作会议精神，牢固树立和认真落实全面、协调、可持续的发展观，依据统筹城乡发展，统筹区域发展，统筹经济社会发展，统筹人与自然和谐发展，统筹国内发展和对外开放，实现经济增长与人口、资源、环境相协调的原则，继续执行稳健的货币政策，不断健全金融调控机制，按照“稳定政策，适度调整”的基本思路，保持政策的连续性和稳定性，密切关注宏观经济运行中供求变化的新特点，特别是物价上升的趋势，进一步增强调控的科学性、预见性和有效性，及时采取预调和微调措施，不断改进中央银行调控水平，加强与其他宏观经济政策的协调配合，避免“一刀切”。在促进经济平稳较快增长的同时，高度重视防止通货膨胀和金融风险。考虑到2003年货币信贷增长过快的滞后效应，2004年货币供应量增幅和新增贷款规模应低于2003年的实际水平。预计M2和M1分别增长17%左右，人民币贷款增加2.6万亿元。

(一)进一步增强货币政策的前瞻性和科学性，保持货币信贷总量平稳增长。

针对当前经济运行中存在的问题，中国人民银行将综合运用多种货币政策工具，继续控制货币信贷总量，既要防止货币信贷增长过快，又要保证经济稳定增长的合理资金需要，促进经济平稳运行。中国人民银行将继续加强宏观经济形势和趋势分析，继续采取中央银行票据和债券公开市场操作等手段，适时调节流动性；加强再贷款和再贴现管理，综合发挥好各种货币政策工具协调配合的功效，保持基础货币的合理增长。

(二)稳步推进利率市场化进程，进一步发挥利率调控作用。根据国内外经济金融形势，当前应继续保持人民币存贷款利率的基本稳定，稳步推进利率市场化改革。密切监测货币市场利率走势，加强与有关部门协调，保持货币市场利率基本稳定。进一步完善利率结构。通过运用货币政策工具调控和引导市场利率，使市场机制在金融资源配置中发挥基础性作用。

(三)保持人民币汇率在合理、均衡水平上的基本稳定。完善人民币汇率形成机制，保持人民币汇率在合理、均衡水平上的基本稳定。在有效防范风险前提下，有选择、分步骤放宽对跨境资本交易活动的限制，逐步实现资本项目可兑换。密切观察分析国际收支和金融市场变化的新形势，协调本外币政策，改进现行结售汇制度，积极培育外汇市场，促进国际收支平衡。

(四)着力调整信贷结构，促进产业结构调整。进一步加强信贷运行监测，逐步建立钢铁、汽车、电力、房地产等重点行业与基础产业的信贷风险预警体系，加强信息和政策引导。引导商业银行着力调整信贷结构，对盲目投资、低水平重复建设行业的建设项目强化信贷风险管理。鼓励和引导商业银行加大对农业、中小企业、扩大消费、助学、增加就业方面的贷款支持，促进产业结构的调整和优化。完善下岗失业人员小额担保贷款管理，支持扩大就业。

(五)加快发展金融市场，扩大直接融资。按照《国务院关于推进资本市场改革开放和稳定发展的若干意见》的要求，继续支持资本市场改革开放和稳定发展，扩大直接融资渠道，改变我国直接融资比重过低、融资结构不合理的状况，建立统一互联的证券市场，完善交易登记和结算体系。加快发展货币市场，推动货币市场基金发展，实现货币市场与资本市场的良性互动。建立健全各类市场有机结合、协调发展的机制，积极推进货币市场、资本市场和保险市场的协调发展。加强对货币市场、外汇市场和黄金市场的动态监管，监测各类金融市场的运行状况，防范跨市场风险，促进金融市场有序健康发展。

(六)加快推进国有商业银行股份制改造，做好农村信用社改革资金支持工作。国有商业银行综合改革，是整个金融改革的重点。2004年1月，国务院决定中国银行和中国建设银行实施股份制改造试点，并动用450亿美元国家外汇储备等为其补充资本金。这次改革最注重的是注资与深化银行内部改革和完善公司治理结构结合起来。中国人民银行将与中国银行业监督管理委员会等有关部门密切配合，按照改革与管理并重的原则，严格监督这两家银行各项内部改革措施的落实情况，切实转换经营机制，确保实现这次股份制改革的各项预期目标。同时，按照国务院的部署，严格把关，服务至上，认真做好农村信用社改革的资金支持工作。完善农村金融服务体系，全面推进其他金融企业的微观机制改造。

表1　2003年境内大额美元存款与美元贷款平均利率表

单位：%

期限	大额存款				贷款	
	3个月以内	3—6个月	6—12个月	1年	1年(固定利率)	1年(浮动利率)
1月	0.9748	0.9552	1.0132	1.0532	3.0915	2.2361
2月	1.0052	0.9827	1.0167	1.0946	3.1509	2.1816
3月	0.9669	0.9413	1.0237	1.0251	2.931	1.8614
4月	0.9341	0.9456	0.9543	1.0826	2.4339	2.361
5月	0.9362	0.9274	0.9055	0.9619	2.6846	2.2841
6月	0.8047	0.8198	0.7528	0.8341	2.5959	1.9538
7月	0.8571	0.8399	0.859	1.0073	2.4739	2.2618
8月	0.875	0.8603	0.9712	1.1477	2.5024	2.3563
9月	0.8868	0.9226	0.9653	1.2902	2.5139	2.1416
10月	0.8513	0.9873	0.8849	0.9825	3.1369	2.2167
11月	0.7336	0.9986	0.8548	1.2822	2.5082	2.2086
12月	0.8935	1.2632	1.3829	0.9919	2.5612	2.193

资料来源：商业银行外币利率备案表

表2　2003年金融机构同业拆借资金融出、融入情况表

单位：亿元

	净融入1	比2002年增长(%)
国有商业银行	−9108	126.9
其他商业银行2	−891	−72.9
其他金融机构	9568	35.2
其中：证券及基金公司	8911	58.7
外资金融机构	431	89.9

表3　2003年国债发行情况简表

	期限(年)	利率(%)	发行额(亿元)
2003年国债发行累计			6280.1
凭证式国债：			2504.6
凭证式国债1期：			600
三年期	3	2.32	300
五年期	5	2.63	300
凭证式国债2期：			900
三年期	3	2.32	450
五年期	5	2.63	450
凭证式国债3期：			500
三年期	3	2.32	250
五年期	5	2.63	250

续表

凭证式国债4期:			504.6
三年期	1	1.98	203.4
五年期	2	2.25	301.2
记帐式国债			3775.5
一期	7	2.66	350
二期	10	2.8	260
三期	20	3.4	260
四期	5	2.45	260
一期(续)	7	2.66	350
五期	3	2.32	260
六期	5	2.53	260
七期	7	2.66	460
八期	10	3.02	160.5
九期	15	4.12	220
十期	2	2.77	220
十一期	7	3.5	360
十二期	1	2.55	255
十三期	0.3	2.37	100

资料来源:中国人民银行《中国金融市场统计月报》

表4　2003年银行间市场金融机构债券资金融出、融入情况表

单位:亿元

	净融入	同比增长(%)
国有商业银行	-66042	46.6
其他商业银行	+46251	112.3
其他金融机构	+19939	-14.2
证券及基金	+2651	145.6
保险公司	+605	-84.7
外资金融机构	-149	-441

注:1.负号表示净融出,正号表示净融入。

资料来源:中国人民银行《中国金融市场统计月报》

表5　国内金融市场融资情况表

单位:亿元,%

	全年融资量(亿元人民币)			比　重		
	2003年	2002年	2001年	2003年	2002年	2001年
国内金融市场融资总量	35154	23976	16555	100	100	100
贷款	29936	19228	12558	85.1	80.2	75.9
国债	3525	3461	2598	10	14.4	15.7
企业债	336	325	147	1	1.4	0.9
股票	1357	962	1252	3.9	4	7.6

2004年宏观经济将稳定增长

国家信息中心发展部负责人　徐宏源

通货紧缩的中长期压力依然存在

2003年我国国内生产总值突破11万亿元人民币大关,比上年增长8.9%左右,比上年加快0.9个百分点,增速是1997年以来最快的一年。人均国民生产总值首次超过1000美元。这是自亚洲金融危机以来,中国经济增长率首次连续两年维持在8%以上。这一结果表明,我国政府持续实施多年的扩大内需的宏观调控政策开始取得显著成效,中国经济增长的内生动力明显增强,我国经济运行已经平稳进入新一轮景气循环的扩张期。

2003年经济增长内生动力增强体现在,一是总量较快增长的同时,质量和效益进一步改善和提高。预计全年规模以上工业企业利润将超过8000亿元,增长40%以上,是近年来增长最快的一年;全年财政收入扣除新增出口退税指标后,实际增收3000亿元以上,是历史上增收最多的一年。城乡居民收入继续稳步提高。二是在总量扩大的同时,经济结构继续改善。电子信息、交通运输设备、电气机械等技术含量较高的制造业成为工业增长的主导力量,高技术产业对工业增长的贡献率达到23.7%。技术含量较高的机电产品出口比重进一步提高,全年机电产品出口所占比重超过50%。居民用于汽车、通讯、住房等方面的消费支出大幅度增加。三是在宏观经济政策效应继续显现的同时,经济自主增长能力不断成长。预计全年全社会固定资产投资增长23%,增幅比上年提高6.1个百分点。

微观经济主体活力明显增强,预计全年民营投资增长速度在25%左右,实际增长速度创下亚洲金融危机以来的新高;投资自主性增长因素有所增强,成为吸纳新增劳动力的重要渠道。外贸出口总额增长33%左右,是近年来增长最快的一年。居民消费受非典冲击曾一度大幅下滑,但非典过后很快恢复,四季度社会消费品零售总额增速达到10%以上。四是国际收支状况良好,人民币汇率继续保持稳定。2003年我国国际收支继续保持经常项目及资本和金融项目双顺差的格局,年末外汇储备超过4200亿美元,比2002年末增加1336亿美元左右,增长46.5%,是历史上我国外汇储备增加最多的一年。人民币汇率继续保持稳定。

2003年的形势总体上看确实是好的,但也必须看到,经济发展中还面临不少困难和问题。在农民增收困难、就业压力很大等长期矛盾进一步凸显的同时,当前经济运行中又出现了一些新的苗头性问题,主要是:部分行业和地区盲目投资和重复建设现象比较突出,货币信贷增长偏快,电力、煤炭、运输等"瓶颈"制约现象进一步严重,重要资源的国际依赖度进一步上升,经济增长的粗放格局有所加剧。受需求拉动与供给约束双重因素的影响,短期物价指数结构性上升的压力开始加大,年底居民消费价格指数涨幅有所加快,11月涨幅达3%,其中,食品类与服务类价格涨得较多,食品类价格比去年同月上涨8.1%。水、电及燃料价格上涨4.6%。11月生产资料价格总指数上涨

11.4%，物价指数全面回升，涨幅有所加快。

尽管物价上升的加速度较快，整个物价水平涨幅依然在合理的范围之内，而且从中长期的角度来看，通货紧缩的压力依然很大。究其原因，一是全球范围的制造业生产过剩短期内很难改变，我国制造业领域总供给大于总需求的格局也将继续存在，生产资料价格总水平与消费品价格指数缺乏持续涨升的基础；二是我国此轮物价上升属于结构性通胀，农产品价格涨得较多，小麦、大豆、籽棉、油料、食用油、蔬菜和水果价格涨幅普遍较大，是推动核心通货膨胀的主要因素。随着供求关系的改善，食品类价格指数将会趋稳；三是20世纪90年代中期以来的技术进步与新一轮的产业革命，导致全球性的通货紧缩趋势至今尚未结束，中国处于产业链转移中低端的现状短期内不可能改变，市场物价受到其他发展中国家牵制，国际价格低水平将抑制国内物价上升空间。

继续坚持扩大内需的宏观政策

2004年复杂的国际国内环境，要求我们毫不动摇地坚持扩大内需的方针，继续实施积极的财政政策和稳健的货币政策。要一手抓扩大内需促发展，一手抓结构调整保健康，2004年宏观调控的重心应继续放在扩大内需、扩大就业和提高中低阶层收入上。2004年宏观调控政策要防止两种倾向，一是因为2003年形势好，就对2004年经济增长盲目乐观，夸大通货膨胀的压力，采取“急刹车”政策，处理不好有可能在2004年下半年出现二次通缩；二是看不到数量扩张的危害性，“猛踩油门”继续放松信贷，有可能使潜在的金融风险显形化。2004年要保持宏观政策的连续性和稳定性，要利用经济快速增长的有利时机，加快结构调整和体制改革的步伐。

中国经济发展和改革的历史告诉我们，通货紧缩的治理难度要远大于通货膨胀，中国经济怕冷不怕热，而2004年经济增长三大需求将出现“两慢一快”的格局。影响经济减速运行的因素主要有：

首先，2004年出口需求增幅将明显放缓，上半年可能会出现出口负增长。主要原因一是出口退税率从1月1日起平均下调3个百分点，影响出口增速15个百分点左右；二是2003年下半年外商直接投资大幅度下降30%左右，将严重影响三资企业的出口增速和加工贸易增长；三是2003年四季度部分出口商已经实现了一部分2004年的定单。出口需求占我国GDP的比重已接近30%，出口速度的减慢会抑制经济增长，将在一定程度上加剧国内制造业供大于求的矛盾，抑制国内物价的回升。

其次，国债投资与房地产投资增速下降，投资需求弱于2003年。受央行收紧房地产信贷的影响，2003年四季度开始房地产开发投资增速有所放缓，这一趋势将延续到2004年。2004年特别建设国债发行规模预计1100亿元，比2003年减少300亿元，考虑银行配套贷款，国债投资实际工作量将减少1500亿元左右。2004年全社会固定资产投资增速将比2003年减缓5个百分点以上。

第三，银行贷款难以维持前两年高速增长态势，部分中小企业融资面临考验。这将在很大程度上影响这部分企业的中间需求，2004年无论是贷款总量还是贷款增速都将低于2003年的水平。

2004年国民经济较快发展的有利条件也不少。一是扩大内需政策效应会进一步显现，经济发展的物质技术基础不断增强，有效供给能力显著提高。最近6年积极财政政策的实施，中国的交通、通信、能源、城市基础设施得到了极大的改善和提高。最近6年长期建设国债投资总规模达到8000亿元，加上地方配套资金和银行贷款，实际完成工作量近40000亿元。二是对外开放继续扩大，使我们能够更加充分地利用两个市场、两种资源，经济发展空间和回旋余地不断拓宽。我国贸易总额超过8200亿美元，居全球第四位；目前外汇储备超过4200亿美元，是全球仅次于日本的第二大外汇储备国。三是党的十六届三中全会关于完善社会主义市场经济体制若干问题决定的贯彻实施，将使一些多年阻碍发展的体制性、机制性障碍逐步消除，各种所有制企业发展的潜力将得到更好的发挥，为经济发展提供新的动力。四是居民消费需求将会延续四季度快速增长的趋势，公务员提薪、农民收入回升有利于扩大消费需求。

综合投资、消费和出口三大需求因素来看，投资需求与出口需求的增幅将有所下降，消费需求增速将略高于今年的水平，2004年经济增长速度将略低于2003年。初步预计，2004年我国GDP增速将维持在8.5%左右，增长率相对平稳。关键是我们要抓住当前经济增长较快的有利时机，按照十六届三中全会的总体部署，加快改革步伐，全面推进我国社会主义市场经济体制的建立与完善。

世界经济形势回顾及2004年展望

国家商务部

一、世界经济运行的基本情况

1.经济增长逐步加快。

从经济运行过程看，世界经济增速从二季度起开始加快，扭转了一季度低速增长的运行态势。进入二季度，美国和日本经济加速回升，其中，美国经济增长3.3%，日本增长0.9%，分别比一季度高出1.9和0.4个百分点，欧元区经济出现负增长，为下降0.1%，一季度为零增长。三季度美国经济增长7.2%，欧元区增长0.4%，日本增长0.6%。

从主要经济指标看，三季度以来，美国、欧元区和日本各主要经济指标增速总体出现加快的态势。

一是除日本工业增长相对停滞以外，美国和欧元区增速加快。7月份和8月份，美国工业生产增长速度分别为0.7%和0.1%，1至6月份分别为0.8%、0.1%、－0.6%、－0.5%、0.1%和0.0%；同期欧元区工业生产增长速度分别为0.6%和05%，1至6月份分别为0.8%、0.4%、－0.8%、0.4%、－1.0%和0.1%；同期日本工业生产增长速度分别为0.5%和－0.5%，1至6月份分别为1.7%、－1.8%、0.1%、－1.5%、2.6%和－1.3%。

二是除日本以外，美国和欧元区服务业趋于好转。7月份和8月份，美国服务业景气指数分别上升4.5%和0；同期欧元区服务业景气指数分别上升3个百分点和2个百分点；同期日本服务业增速分别为-2.5%和0.9%。

三是除欧元区以外，美国和日本零售额增速有所加快。7月份和8月份，美国零售额增长速度分别为0.8%和0.6%，1至6月份分别上升0.3%、-0.6%、-6.0%、2.8%、3.8%和6.1%；同期欧元区零售额增长速度分别为0.0%和0.5%，1至6月份均为下降，分别为4个点、4个点、7个点、4个点、2个点和1个点；同期日本零售额分别为下降2.6%和增长2.8%，1至6月份分别为1.8%、-0.8%、0.8%、0.1%、0.1%和1.2%。

四是除欧元区以外，美国和日本建筑业支出增速加快。7月份和8月份美国建筑业支出均增长0.2%，1至6月份增长速度分别为0.3%、-0.3%、-1.2%、-0.6%、-1.7%和0.3%；同期欧元区建筑业支出分别下降3.1%和2.6%，1至6月份分别下降1.7%、4.3%、2.9%、4.0%、3.8%和4.1%；同期日本建筑业支出分别增长1.8%和0.1%，1至6月份增长速度分别为2.1%、1.5%、-5.7%、-1.8%、1.7%和0.2%。

2.世界贸易缓慢回升，外国直投资将与上年基本持平。

从进出口看，美国贸易逆差继续扩大，欧元区贸易顺差缩小，日本贸易顺差略有缩小。1至8月份，美国出口6653亿美元，同比增长3.0%；进口为9897亿美元，同比增长8.6%；贸易逆差3244亿美元，同比扩大22.3%。1至7月份，欧元区出口6074亿欧元，同比下降3.0%；进口5733亿欧元，同比下降0.1%；贸易顺差341亿欧元，同比缩小36.7%。1至8月份，日本出口352946亿日元，同比增长2.5%；进口293378亿日元，同比增长3.4%；贸易顺差59568亿日元，同比缩小1.6%。

世界经济缓慢增长、股市价格不断缩水、公司利润不断下降、一些企业整顿速度放慢、一些国家和地区的私有化进程减缓等原因使得全球外国直接投资自2000年起持续下跌。2002年全球外国直接投资下跌至6510亿美元，比上年下跌了20%。2003年以来世界经济总体运行与上年大体相当，决定了2003年全球外国直接投资仍无回升的势头。世界银行预测2003年全球外国直接投资将与上年基本持平；OECD及联合国贸发组织则预测略有下降。

从全球外国直接投资流向看，美国外国直接投资流入大幅增加、流出略有减少，欧元区和日本外国直接投资流入流出均大幅减少。1至6月份，美国外国直接投资流入465亿美元，同比增长511.8%；流出624亿美元，同比减少11.2%。1至6月份，欧元区外国直接投资流入452亿欧元，同比减少41.6%；流出496亿欧元，同比减少51.6%。1至6月份，日本外国直接投资流入4706亿日元，同比减少41.0%；流出14698亿日元，同比减少37.7%。

3.国际股市、汇率、利率出现较大波动。

目前世界主要股票市场处于回升之中。10月10日，美国道·琼斯指数为9674.68点，比今年年初8607.52点上涨了12.4%；美国纳斯达克指数为1915.31点，比2003年年初1384.85点上涨了38.3%；欧元区道·琼斯指数为2518.44点，比2003年年初2522.24点下跌了0.2%；日本日经225指数为10786.4点，比2003年年初8713.33点上涨了23.8%。

近期美元汇率出现一些波动和反弹，但总体上仍保持疲软的态势。10月10日，美元兑欧元为1：0.8495，比年初1：0.9652下跌了11.9%；美元兑日元为1：108.6200，比年初1：119.8600下跌了9.3%。

主要国家和地区2003年的利率水平一降再降。美国2003年以来先后进行了两次降息，分别是2001年以来的第12次和第13次降息。目前联邦基金利率为1.00%，是自1958年以来的最低水平。欧元区2003年也进行了两次降息，分别是2001年以来第6次和第7次降息。目前欧洲央行基准利率为2.00%，是欧元区成立以来的最低水平。日本近年来一直实施零利率政策。

4.价格水平在低位运行，部分国家和地区的通货紧缩压力仍比较大。

尽管通货紧缩至今尚未在全球爆发，但各方面的信息已充分显示，全球的通货紧缩压力仍比较大。据世界银行统计，以国内生产总值平减指数计算，世界通货膨胀率在20世纪70年代为9.0%，80年代和90年代分别回落到5.8%和3.7%，而2001年和2002年进一步回落到2.3%和1.7%。美国今年1至8月份消费者价格指数环比分别上涨0.3%、0.6%、0.3%、-0.3%、0.0%、0.2%、0.2%和0.3%；欧元区1至8月份分别上涨-0.1%、0.4%、0.6%、0.1%、0.0%、0.1%、-0.2%和0.3%；日本1至8月份分别下降0.3%、0.4%、0.2%、0.1%、0.1%、0.2%、0.4%和0.4%。

5.全年世界经济增速与上年大体相当。

以上分析表明，2003年世界经济增速总体上看与上年大体相当，但略快于上年。最近各主要国际组织预测的结果得出类似的结论。国际货币基金组织预测2003年世界经济增长3.2%，比上年加快0.2个百分点。其中，美国增长2.6%，加快0.2个百分点；欧元区增长0.5%，回落0.4个百分点；日本增长2.0%，加快1.8个百分点。世界银行预测2003年世界经济增长3.1%，比上年加快0.1个百分点。其中，美国增长2.2%，回落0.2个百分点；欧元区增长0.7%，回落0.1个百分点；日本增长0.8%，加快0.7个百分点。

二、2004年世界经济发展趋势展望

2004年世界经济将继续保持今年二季度以来的回升势头，但经济增速不会太快。

1.世界经济继续回升的有利因素。

(1)前所未有的扩张性财政、货币及结构改革作用将继续显现。

为了促使经济回升，世界主要国家在2000年普遍采取了扩张性的宏观经济政策并且一直延续至今。尤其是2002—2003年，宏观政策调控力度明显加大。据测算，2003年美国减税将拉动GDP增长0.5个百分点，降息将拉动GDP增长0.5个百分点，共拉动经济增长1.0个百分点。欧元区宏观经济政策相对保守，但最近的连续降息将会拉动GDP增长0.2个百分点。日本的扩张和结构改革政策在经历了较长的时间后逐渐产生了效果，预计将拉动GDP增长0.5个百分点。

(2)主要预警指标开始上扬，先行指标均呈上升趋势。

美国8月份为134.8点，比上个月上升了1.1个点，是2000年7月份以来的最高点；欧元区为121.2点，上升了0.8个点，是2000年3月份以来的最高点；日本8月份为105.5点，上升了12个点。消费者信心指标美国大体持平，欧元区和日本呈小幅上升趋势。美国9月份为81.7点，比上个月上升了4.9个点；欧元区8、9月份均为-17，比7月份上升了1个点；日本8月份为43.7点，比上月上升了1.8个点，9月份又略微回落了0.5个点。企业家信心指数呈现好转趋势。美国8月份为54.7点，比上月上升了2.9个点，是2002年年初以来的最高水平，9月份又回落了1个点；欧元区9月份为-9点，上升了2个点；日本为48.8点，比8月份上升了2.8个点，是年初以来的最高水平。

(3)美国、欧元区和日本经济出现回升的苗头。

种种迹象表明,美国经济在经过长达3年的停滞之后开始朝着回升的方向发展,2003年二季度增长3.3%,仅次于上年一季度5.0%的增速,如果不出什么意外,从2003年第三季度开始,美国经济将会继续回升,随后加速增长。欧元区经济虽然2003年以来增长较为缓慢,2003年二季度下降0.1%,但这并不意味着衰退,只是结构调整的放慢而已。随着世界经济的好转和结构改革的推进,欧洲经济将进入相对平稳的增长期。日本经济出现回升的迹象,2003年二季度增长1%,是2000年四季度增长1.3%以来增长最快的季度。

主要国家和地区的政府对2004年经济走势普遍看好。最近,主要国家和地区的政府部门对世界经济前景普遍看好。美国商务部经济分析局8月5日宣布:"美国经济已开始走出低谷,开始复苏";9月3日,美国联邦储备委员会根据对美国12个地区经济调查结果发布调查报告认为:"美国经济状况在7、8月份已得到改善,这种状况将继续下去"。预计美国2004年经济增长3.6%,比2003年加快1.4个百分点。欧洲央行副行长帕帕季莫斯9月4日表示,"从欧元区最新的经济数据和目前的金融市场发展,以及美国经济的复苏的步伐加快来看,欧元区经济亦已开始走上复苏之路"。预计欧元区2004年经济增长2.3%,比2003年加快1.6个百分点。日本经济财政大臣竹中平藏9月3日表示:"日本经济正在步入复苏之路"。预计日本2004年经济增长1.1%,比今年加快0.3个百分点。

2. 世界经济增长的不利因素。

(1)宏观政策的调控空间已不大。

2000下半年以来,各国进一步采取财政和货币双扩张政策,同时加快结构调整的步伐以刺激经济增长。这些前所未有的宏观经济调控政策的实施有望促进经济出现复苏的局面,但我们也应该看到,在一些固有的、阻碍经济快速增长的问题尚未得到解决,新的问题又相继出现的情况下,进一步实施宏观经济调控政策的空间已不大,手段已不多。财政政策方面。估计美国明年财政赤字将高达5000亿美元,占GDP的5.9%。这还不包括最近追加的870亿美元用于伊拉克驻军和建设的费用。欧元区2004年财政赤字占GDP比重预计为2.4%。这一比例被欧洲央行看做是财政恶化的标志。需要说明的是,这个预测是尚未考虑到目前欧元区经济大国德国、法国和意大利最近财政赤字不断恶化的前提下做出的。2003年这3个国家财政赤字占GDP的比重预计分别为3.5%、3.1%和3.1%。其中,预计2004年德国和法国的财政赤字状况进一步恶化。日本2004年财政赤字占GDP比重预计将达到7.8%,这将是2000年以来的最高水平。不断恶化的财政赤字缩小了进一步实施扩张性财政政策的空间。货币政策方面。较低利率水平限制了进一步降息的空间。目前,美国的联邦基金利率为1.00%,是自1958年以来的最低水平;欧洲央行基准利率为2.00%,是欧元区自成立以来的最低水平,欧元区的利率水平虽然相对于美国和日本略高,但鉴于欧元区某些国家财政状况恶化,而同时其他国家的财政状况良好,因此,进一步降息的可能已不大;日本近年来一直实施零利率政策。

(2)主要国家投资需求仍将乏力。

投资所需的资金来源主要有三个,股市、外国直接投资和储蓄,从这三个来源的走势看,2004年世界投资需求仍将乏力。从股市看,近期世界主要股市虽然趋稳,但远远没有达到历史的最高水平。美国道·琼斯指数10月10日为9674.68点,尚未达到2000年1月14日11723.00点的历史最高水平。美国纳斯达克指数10月10日为1915.31点,远未达到2000年3月10日5048.62点的历史最高水平。欧元区道·琼斯指数10月10日为2518.44点,远低于2000年3月6日5464.43点的历史最高水平。日本日经225指数10月10日为10786.4点,远未达到1989年12月29日38915.8点的历史最高水平。从外国直接投资看,由于投资者对经济走势还持观望态度,外国直接投资仍将难有大的起色。从个人储蓄率看,主要国家和地区个人储蓄率持续走低。2000年至2002年,美国个人储蓄率分别为2.8%、2.3%和3.7%,低于1991年至2000年美国经济高速发展时期平均5.6%的水平。预计2003年和2004年分别为4.6%和4.8%。日本2000年至2002年分别为9.8%、6.9%和5.8%,低于1971年至1990年平均15.6%的水平。预计2003年和2004年分别为5.8%和5.8%。

(3)通货紧缩压力仍比较大。

20世纪90年代以来,全球性的通货紧缩趋势一直是阻碍世界经济增长的重要因素,2003年以来这一形势仍然没有好转。主要国家和地区生产者价格指数仍处于低水平,意味着2004年通货紧缩形势不会有明显改善,这对世界经济的快速增长是一个潜在的威胁。

(4)世界主要国家的失业率仍保持较高水平。

较高失业率直接影响到个人收入乃至占整个经济三分之二的消费的增长,进而制约明年经济的增长速度。今年1至8月份美国失业率保持在5.8%至6.3%,欧元区失业率在8.7%—8.9%,日本失业率在5.2%至5.5%。其中6月份失业率为美国近9年以来最高水平;欧元区6—8月份失业率是欧元区成立以来最高水平;日本则在历史上5.5%的最高水平左右徘徊。

通过以上分析可以看出,2004年世界经济增速将会加快,但受到诸多不利因素的制约,经济增速不会太快。这从最近各主要国际组织预测的结果也得到佐证。国际货币基金组织预测2004年世界经济增长4.1%(PPP汇总法),预计比今年加快0.9个百分点。其中,美国增长3.9%,加快1.3个百分点;欧元区增长1.9%,加快1.4个百分点;日本增长1.4%,回落0.6个百分点。世界银行预测2004年世界经济增长3.9%(PPP汇总法),预计比今年加快0.8个百分点。其中,美国增长3.4%,加快1.2个百分点;欧元区增长1.7%,加快1个百分点;日本增长1.3%,加快0.5个百分点。

2004年世界经济将保持良好增长势头

中国社会科学院世界经济与政治研究所所长、研究员　余永定

世界经济的增长速度,1996年到2000年,分别为4.1%、4.3%、4.6%、5%和4.7%,2001年陡然降至2.4%,2002年回升到3%。2003年是世界经济走出衰退阴影,恢复正常增长的一年。大多数经济学家认为,尽管世界经济增长前景仍

存在诸多不确定因素,2004年世界经济形势将进一步好转。也有经济学家认为,2003年世界经济增长是恢复性的,因而增长速度较高,而正因为如此,2004年世界经济的增长速度可能会有所回落。但是,不管怎么说,2004年世界经济将保持良好增长势头应该是没有什么太大疑义的。

一、世界经济增长的总体形势

根据国际货币基金组织(IMF)2003年9月出版的《世界经济展望》,预计2003年世界经济增长速度为3.2%,2004年为4.1%(见表1)。2003年世界经济增长的第一引擎是美国经济的复苏,而中国经济的强劲增长则成为世界经济增长的第二引擎。一些经济学家认为,如果用购买力平价计算,中国经济增长对世界经济增长的推动作用甚至超过了美国。

表1 世界主要国家和地区的经济增长速度

	2000	2001	2002	2003	2004
世界	4.7	2.4	3.0	3.2	4.1
发达国家	3.8	1.0	1.8	1.8	2.9
美国	3.8	0.3	2.4	2.6	3.9
日本	2.4	0.4	0.2	2.0	1.4
德国	2.9	0.8	0.2	-1.5	
发展中国家	5.7	4.1	4.6	5.0	5.6
亚洲发展中国家	6.7	5.8	6.4	6.4	6.5
转型国家	6.6	5.1	4.2	4.9	4.7
俄罗斯	9.0	5.0	4.3	6.0	5.0

资料来源:IMF《WorldEconomicOutlook》,2002年9月(2000年数据);IMF《WorldEconomicOutlook》,2003年9月(2001—2004年数据)。新报告对以前报告中的许多历史数据进行了调整。2003年和2004年数据是预测数。

IMF认为,在未来几年中,世界经济仍然面临通货紧缩的威胁,但世界各国的中央银行也需要对缓慢的通货膨胀保持警惕。IMF估计,2003年发达国家的通货膨胀率(以消费物价指数衡量)低于2%,并将在2004年进一步下降到1.5%,从而达到30年以来的最低水平;2003年发展中国家的通货膨胀率为6%,2004年将进一步创造5%以下的历史最低水平。从目前的情况来看,世界物价上涨率应该高于IMF的预测。世界贸易组织(WTO)认为,2003年石油价格将能保持在30美元一桶的水平上,2004年由于石油供给的增加,石油价格将下降到25美元一桶的水平上。

由于世界经济增长固有的不确定性,在赋予2004年世界经济增长态势良好较高概率的同时,我们也应该看到,在今后相当一段时间内,全球经济仍存在着一定的不确定性。这些不确定性包括:

股票市场泡沫破灭对美国金融体系影响的不确定性。上世纪末的股市泡沫,就其严重程度来说,是历史上从未有过的。判断如此严重的股市泡沫崩溃后的经济调整是否已经完成,没有先例可循。在20世纪90年代,经济学家曾经无数次预言日本股市泡沫和房地产泡沫崩溃后的调整已经完成,日本经济即将走出衰退,经济学家无数次因自己预言的错误而颜面尽失。美国经济在本次股票泡沫破灭后的调整速度之快,不能不让人心存疑虑。我们不应该忘记,日本的不良债权问题是在其资产泡沫崩溃的5年之后(1995年)才凸显出来的。在美国,在泡沫经济破灭之后,其金融体系似乎并未受到严重打击。这确实可能是美国金融体系,特别是其银行体系十分健全的结果(但直到最近,美国的金融机构仍频频爆出丑闻)。但这也可能是美国银行机构在20世纪90年代通过种种技术手段,分散风险的结果,如通过把债权打包出售给其他金融机构,特别是保险公司。如果泡沫破灭确实产生了大量坏帐,只不过这些坏帐由于已被转移到保险机构,而被隐藏起来(保险机构不必遵守银行机构所必须遵守的一系列透明性原则)和被分散化了,则美国股市泡沫对美国整个金融体系最终将产生什么后果,还有待进一步观察。日本的经验说明,泡沫经济破灭后的经济调整过程是漫长和曲折的。美国是一个高负债国家,金融危机一旦发生(尽管目前并无明显迹象)其后果是难以设想的,对此我们应该保持清醒估计。

全球经常项目的不平衡对世界经济复苏进程影响的不确定性。美国的经常项目逆差和亚洲国家的经常项目顺差不断扩大,在近期仍有进一步发展的趋势。由于美国2003年的贸易逆差将高达相当于国内生产总值(GDP)的5%,美国越来越难以通过外国资金的流入来维持国际收支平衡。在这种情况下,美国将听任美元贬值,以增加出口和减少进口。鉴于发展中国家对美国市场的严重依赖,美元的贬值将对发展中国家的贸易和引资格局造成冲击。不仅如此,如果市场形成美元贬值的长期预期,美元将形成暴跌之势。美元的暴跌将对美国和世界的货币金融体系造成后果难以估量的冲击。如果美国不愿放弃"强势美元"政策,美国就必须缩小国内投资和储蓄之间的缺口。而储蓄(减少消费)的增加和投资的减少将对美国经济的增长造成不利影响。美国经济增长速度的减缓也会对发展中国家的对美贸易产生不利影响。总而言之,当前世界经济的增长在很大程度上依赖于美国贸易逆差和经常项目逆差的增长。这种建立在全球经常项目不平衡基础上的增长是难于维持的,而对这种不平衡的任何形式的纠正都可能对世界经济复苏的进程造成严重冲击。

发达国家房地产市场健康状况的不确定性。美国和一些欧洲国家住房价格的不断攀升,对于抵消股票价格暴跌导致对居民消费需求的不利影响发挥了重要作用。美国住宅市场的繁荣(住房价格比上一个高峰高30%),在很大程度上是靠联邦储备委员会的低利息率政策支撑的。但是,随着全球经济的恢复,由于各种可能的原因(其中一些是难以事先预料的),利息率可能会从现在的历史最低水平回升。利息率的上升,将导致房地产价格的下跌。如果美国和其他一些国家的房地产市场确实存在严重泡沫,利息率的上升就会导致住宅市场泡沫的崩溃,并进而对经济增长造成严重打击。

发展中国家偿债能力的不确定性。债务拖欠有可能导致国际金融市场的不稳定。发展中国家债务问题在2003年有所缓和,但是,许多发展中国家,特别是某些拉丁美洲国家的债务问题并未得到根本解决。在一定条件下(如发达国家利息率的上升),巴西、阿根廷金融危机还可能重演。由债务问题触发的金融危机一旦发生,必将对世界经济的回升造成不利影响。

其他不确定性。政治事件、能源问题、各式各样的自然灾害都可能对世界经济的复苏与正常增长造成冲击。没有任何东西是一国决策者所能掉以轻心的。

二、美国、欧元区、日本和其他国家(地区)经济

1.美国经济出现强劲回升势头。

2003年前两个季度,美国GDP增长速度,按年率计算分别为1.4%和3.3%,好于人们的预期。IMF预测:2003年美国经济增长速度将由2001年的0.3%、2002年的2.4%上升到2.6%;2004年将达到3.9%。

2003年前半年美国经济增长的主要动力仍然是消费需求的增长,其次是政府开支的增长。美国固定投资和出口的增长仍然十分疲软。2003年前两个季度,美国企业固定投资的增长速度分别为－0.83％、0.14％，美国出口的增长速度分别为0.78％、－1.2％。

2003年10月30日美国商务部宣布：美国第三季度GDP增长率按年率计为7.2％，达到了自1984年以来的最高点，远高于华尔街约6％的平均预测值。其中居民消费增长率为6.6％，对GDP增长贡献了4.7个百分点。非住宅固定投资增长率为11.1％。固定资产投资的强劲增长是美国经济实现复苏的最强有力证据。2003年11月25日美国商务部公布了更加令人吃惊的消息：美国第三季度经济增长率按年率计为8.2％，创下20年来的最高水平。固定资产投资的强劲增长是美国经济复苏的最强有力的证据。一些经济学家认为，美国第三季度经济强劲增长同美国政府的减税政策有关，第四季度的增长速度可能会有所回落。美国经济今后的增长势头主要取决于居民消费支出是否能够继续维持较高的增长速度，企业的投资支出是否能够得到恢复。而这两者又取决于以下几个因素：

劳动生产率。经过IT泡沫之后的调整，即淘汰过剩生产设备和裁员，美国的劳动生产率已明显回升。2003年第三季度，美国非农劳动生产率的增长速度达到9.4％的惊人高度。2003年全年非农劳动生产率的平均增长速度则达到5％。

公司盈利。2002年以来美国公司的利润状况开始好转，在第三季度，公司利润比去年同期上升了30％，比上季度上升了11％。

股市价格。道指由2002年的8000多点上升到迄今的10000点以上。自2002年10月到2003年9月底，纳指则更是上升了43.6％。

房地产市场。美国的房地产市场并未如许多经济学家所担心的那样出现暴跌。

失业状况。目前美国经济中最引人注意的问题是失业率居高不下。6月份，美国的失业率上升到6.4％，创下9年来的最高纪录。目前美国劳动生产率的明显提高，在很大程度上是靠裁员、延长工作时间实现的。大规模裁员的做法对于企业来说是不得已而为之，但在宏观上却很可能再次引发经济衰退。6％以上的失业率将使汽车和住房市场遭到严重打击，甚至会给银行带来严重问题。事实上，出于对劳动力市场状况的忧虑，2003年9月美国的各种重要消费者信心指数都曾明显下跌，并进而导致了美国股市的大幅度下跌。失业率是经济运行中的一个滞后指标，如果这个指标也得到改善，则美国经济的复苏就可以说是肯定无疑的了。失业状况目前也有所好转，2003年11月失业率已经下降到5.9％，但仍高于2002年的平均失业率5.8％。

财政政策。为了保证经济复苏不至于中途夭折，2003年美国政府继续推行以减税为主要特征的扩张性财政政策。美国政府的减税计划有三个主要成分：(1)加速退税；(2)减少公司红利税；(3)增加企业投资税收减免。在实行大规模减税的同时，美国政府大量增加了财政开支，特别是军事开支。在减税的同时增加开支，必然导致财政状况的恶化。在2001年年底，权威机构还在预测2001年、2002年和2003年美国政府的财政赢余将分别达到1200亿美元、1760亿美元和1720亿美元。但事实上，由于财政赤字在以惊人的速度增加，克林顿政府的财政黑字在布什政府上台后迅速变成赤字，2001年、2002年和2003年的财政赤字分别达到或预计达到GDP的0.7％、3.8％和6.0％。据估计，2003年美国联邦财政赤字将达到5600亿美元。2004年美国的财政状况仍难以好转，财政赤字可能达到GDP的5.6％。从短期来看，财政赤字的增加，刺激了经济增长。但是，财政赤字的增加也将导致长期利息率的上升，从而对经济增长产生抑制作用。

货币政策。2003年，美联储一直强调通货紧缩是美国经济的主要威胁，因而继续执行了扩张性的货币政策。2003年6月25日美联储自美国经济面临衰退威胁以来第13次降息，将联邦基金利率下调0.25个百分点，降至1％，为45年来的最低水平，美国长期国债利息率也随之下降到40年来的最低水平。然而，由于降息幅度小于市场的预期，在降息一个多月之后，美国长期国债利息率突然急剧上升。10年期国库券收益率由3.3％上升到4.3％左右。长期利息率的上升导致住房抵押贷款市场利息率的上升。30年期住房抵押贷款(fixed－ratemortgages)利息率一度上升到6％左右。住房抵押贷款利息率的上升，使许多房屋所有者终止了再融资计划，从而导致住房贷款再融资的增长速度大幅度下降。长期国债利息率的上升对汽车贷款和其他长期贷款的扩张也造成了不利影响。

在联邦基金利息率下降之后长期利息率不降反升这一反常事实说明，美国货币当局利息率政策的有效性是有限度的。货币当局可以控制短期利息率，但由于影响因素错综复杂，长期利息率则难以控制。除美联储的联邦基金利息率外，各种债券的供给、经济增长预期、通货膨胀预期和金融机构的对冲活动等技术性因素，都可能影响长期利息率。长期利息率的突然上升也说明美国当前经济复苏的脆弱性。如果长期利息率(特别是长期国债收益率)由于某种难以控制的原因而上升，就可能对消费需求造成冲击，进而导致经济增长的回落。政府财政赤字的不断增加，将成为导致长期利息率上升的重要因素。目前，尽管美国经济已经出现强劲复苏势头，美联储仍然不敢掉以轻心，联邦基金利息率仍然维持在历史最低水平。面对美元的持续走软，美联储依然维持低利息率政策，说明美联储仍然把刺激经济增长作为自己的主要政策目标。

汇率政策。长期以来美国政府一直在推行所谓的“强势美元”政策。强势美元政策保证了国际资本源源不断流入美国，使美国得以在维持高消费(低储蓄)的同时维持高投资。这种政策成功地克服了一个发达国家保持经济增长高速度的储蓄瓶颈，进一步扩大了美国同其他国家的经济发展差距。强势美元对美国制造业的发展和制造业工人的就业造成了不利影响，但是有利于美国金融服务业和其它一系列相关行业的发展，有利于美国的整体利益。但是，强势美元的基础是美国的高生产率和高投资回报率。泡沫经济的破灭，使美国强势美元基础受到动摇。与此同时，债务的积累是不可能无限期维持下去的。即使没有美国泡沫经济的崩溃，外资流入的增长速度一旦低于经常项目逆差的增长速度，美元就会贬值。在目前的经济复苏阶段，为了刺激经济增长，为了抵消由于财政赤字急剧增加导致的长期利息率上涨压力，美联储必须维持低利息率政策。在经常项目逆差不断扩大(见表2)、资本流入停滞不前(或减少)的情况下，如果美联储不愿意提高利息率，美元的贬值就是不可避免的。一方面，美元的持续贬值和贬值预期将使资本流入的速度进一步下降，从而形成美元螺旋式下降的恶性循环。美国政府现在实际上并无有效手段来遏止美元的下跌，通过谈论“强势美元”来遏止美元下跌是首选政策手段。贸易保护主义也是一种比较廉价的政策手段。如果美元出现暴跌，美联储大概就不得不考虑升息等代价较高的办法了。

另一方面，在贸易逆差持续增加、美国制造业失业形势继续恶化的情况下，只要不失去控制，美国政府将愿意听任美元贬值。

可以预料，在未来的一段时间内，美元将继续处于疲软状态。与此同时，美国同贸易对象国之间的贸易磨擦必将加剧。

表 2　美国经常项目逆差及其预测

	亿美元	占 GDP 的百分比(%)
2001	4174	4.1
2002	4540	4.3
2003	5468	5.0
2004	6328	5.5
2005	7124	5.9
2006	8206	6.9

资料来源：高盛全球外汇月度分析，2002 年 5 月。

造成美国经常项目长期逆差的根本原因，是美国国内投资和储蓄的不平衡，而美国目前迅速增加的财政赤字进一步扩大了美国国内投资和储蓄的不平衡。要想消除经常项目逆差，美国就必须减小国内投资和储蓄之间的缺口。而储蓄(减少消费)的增加和投资的减少将对美国经济的增长造成不利影响。反过来，如果美国经济实现较高的增长，美国的经常项目逆差就有可能进一步恶化。不难看出，美国政府和货币当局必须在一系列矛盾中寻找平衡，而这种平衡是十分难于维持的。

2. 欧元区经济在 2003 年下半年出现好转。

2003 年前两个季度，欧元区经济形势全面恶化。经济增长年率只有 0.8%和 0.2%，低于去年同期。德国和意大利分别出现负增长。自 2002 年第四季度以来，德国不仅已经连续三个季度为负增长，而且陷入了通货紧缩。据德国经济研究所预测，2003 年德国的经济增长速度将为－0.1%。欧元区第二大经济体法国的经济形势也不乐观，2003 年第二季度出现负增长。法国政府已经把对 2003 年经济增长的预测数字由 2.5%下调到 1.3%，但官方统计局认为，实际增长率将仅为 0.8%。6 月份，法国的失业率已经超过 9.3%。由于结构僵化，经济政策受到各种掣肘，经济学家对欧元区经济的增长前景普遍持悲观态度。IMF 预测，2003 年欧元区的经济增长速度将由 2002 年的 0.9%下降到 0.5%，2004 年增长速度回升到 1.9%。欧元区的经济前景明显差于美国。在 2003 年第三季度，欧元区经济，特别是德国经济开始好转。经济学家在最近已开始对欧元区经济持较为乐观的态度。

欧元区经济极度疲软的主要原因在于投资不振。而导致投资不振的主要原因，又是 20 世纪 90 年代后期泡沫经济时期造成的公司债务负担沉重和相应的调整速度缓慢。此外，泡沫经济时期产生的大量不良债权也对经济复苏造成了不利影响。

欧元区的消费需求正在缓慢恢复。但是，由于失业率居高不下等原因，消费者信心不足，消费需求的增长受到抑制。但是，同美国相比，欧元区国家居民储蓄率较高，债务水平比较合理。

欧元对美元的大幅度升值对欧洲的出口造成不利影响，使得出口不再能够充当带动欧元区经济增长的火车头。

在经济增长速度下降的同时，欧元区国家的财政状况不断恶化。2002 年，德国的财政赤字对 GDP 之比为 3.6%，大大超过欧盟 3%的上限。法国的财政赤字在 2002 年为 3.1%，但 2003 年可能达到 3.5%。在衰退时期，欧元区政府本应该采取扩张性的财政政策，但由于马约对欧元区国家使用扩张性财政政策的制约，使这些国家进退维谷。最近，欧洲理事会拒绝了惩罚德国和法国财政赤字超标的提议。这固然是一种现实主义的态度，但是这种做法也使人们对欧洲联盟"稳定和增长协约"的可信度产生怀疑。

面对通货紧缩的威胁，欧洲中央银行采取了比以前更为大胆的扩张性货币政策。欧洲中央银行在 2003 年 6 月再次降息，其降息幅度超过了美联储最近一次降息的幅度。目前，欧洲中央银行的基准利息率(minimumbidrateinthemainrefinancingoperations)维持在 6 月降息后的 2%的历史低水平上。欧元区广义货币(M3)的增长速度则维持在 10%以上。IMF 认为，欧洲经济形势将在 2003 年下半年出现好转，欧元区的经济增长速度在 2004 年将达 1.9%。导致欧元区经济形势好转的主要原因是美国经济形势的好转和欧洲出口的增加。此外，欧洲各国政府已经开始着手解决长期困扰欧洲经济的结构性问题，如劳动力市场僵硬、人口老龄化和社会保险负担过重等问题。但是，由于欧洲经济的结构性问题积重难返，许多经济学家对欧洲经济的前景，特别是对德国经济的前景仍然十分担忧。

3. 日本经济出现好转，但结构性问题依然严重。

2003 年日本经济出现明显好转。日本经济增长速度在 2002 年第四季度出乎预料地达到 2.5%(年率)，但这主要是由于出口的增加，特别是对中国出口的增加。2003 年前两季度，日本经济增长速度同上年同期相比达到 2.8%和 2.1%。出口的增加仍然是日本经济增长的主要推动力量。此外，日本居民消费和企业投资也保持了一定的增长速度，两者对经济增长的贡献大体相当。2003 年，日本政府减少了财政开支。政府开支对经济增长的贡献由正转负。在略微收紧财政政策的同时，日本政府维持了高度扩张性的货币政策。为了维持零利息率政策，日本银行继续通过公开市场业务大量买进国债，向货币市场注入充分的流动性。同时，为了制止日元对美元升值，日本银行大量买进美元。到 10 月为止，日本银行干预外汇市场所投放的日元已高达 13 万亿日元，创造了自 1999 年以来的最高纪录。IMF 预测，2003 年和 2004 年日本经济的增长速度将分别上升到 2%和 1.4%。随着日本经济形势的好转，日经指数出现较强劲回升。特别应该指出的是，2003 年日本对中国的出口急剧增加，中国已成为日本经济增长的重要带动力量。

但是，日本经济的回升是脆弱的。尽管小泉政府在最近几年采取了一系列结构改革措施，但力度不够，成效不显著。例如，日本不良债权问题依然严重(至 2003 年 3 月末为止，民间金融机构的不良债权为 44.5 万亿日元)，企业负债状况依然没有根本好转，消费物价指数依然下跌，财政状况继续恶化(2003 年日本财政赤字对 GDP 之比高达 7.4%)，长期国债利息率随时有上涨的可能，而且日本经济中的二元结构等问题更是没有得到任何解决。所有这些都对日本经济复苏的前景造成严重威胁。在过去十余年中，日本经济增长率、股票价格指数曾多次出现强劲回升，但最终都又回落。可以预料，在今后相当长的一段时间内，如果不能在政治体制和经济体制改革方面取得进展，日本经济将继续处于困难状态。

4. 发展中国家经济表现良好。

2002 年以来，东亚经济表现良好。2003 年前两季度，由于 SARS 的冲击并受全球经济衰退所累，出口增长势头有所下降，但总的来说，东南亚经济增长强劲，经济增长速度仍高于世界平均水平。中国、印度都有良好的经济表现。中国香港特区和台湾省经济已出现转机。拉丁美洲经济目前正显现上升势头，尽管人们对巴西、阿根廷经济的初步复苏，以及墨西哥经济增长速度加快的信心已经恢复。但拉美地区经济仍存在很大的不确定性。非洲受商品价格偏低影响,虽然增长速度要快于20世纪80年代和90年代,但增长速度仍非常缓慢。

转型国家经济形势与前几年大体持平。由于石油价格的提高和石油出口的增加,俄罗斯石油收入大幅度增加,有力地推动了经济的增长。此外,俄罗斯的消费需求和投资需求的增长速度也在稳步加快。俄罗斯官方认为,2003年俄罗斯的经济增长速度将达到6.8%,明显高于2002年的4.3%。由于俄罗斯经济对石油的高度依赖性,2004年俄罗斯的经济表现将在很大程度上取决于2004年的世界石油价格。

三、世界贸易和国际金融

1.在2003年世界贸易的增长势头有一定程度的恢复。

20世纪90年代以来,世界贸易一直以6%以上的速度增长,明显超过了世界经济增长速度。2000年,世界贸易的增长速度达到双位数(见表3)。2001年,随着全球性经济衰退的发生,世界贸易的增长速度出现负增长。2002年,世界贸易恢复正增长,但增长幅度只有2%,与世界经济的增长幅度相差无几。

表3 世界贸易增长速度

	出口			进口		
	2000	2001	2002	2000	2001	2002
世界	10.8	−0.9	2.0	10.2	−1.0	1.6
发达国家	9.2	−1.4	0.1	6.4	−1.6	0.0
日本	9.0	−10.9	9.6	11.1	−1.5	1.6
美国	11.3	−1.5	5.8	13.5	−3.3	3.9
西欧	10.0	2.1	0.0	2.4	0.0	0.0
发展中国家	13.9	−1.5	5.8	19.6	−1.1	4.4
东亚和南亚	15.4	−5.4	4.8	19.4	−7.4	4.0
中国	25.8	7.6	23.6	52.6	12.3	20.1
转型经济	13.0	8.7	7.8	15.0	12.7	9.3

资料来源:UNCTAD:TradeandDevelopmentReport,2003(October).

2001年是世界贸易形势急剧恶化的一年。在这一年世界制造品贸易量出现自1982年以来的首次下跌。2002年第一季度世界贸易开始恢复增长。根据WTO2003年9月发布的《世界贸易报告》,2002年世界商品贸易的增长速度为2.5%,而服务贸易的增长速度为5%。WTO预测,2003年世界贸易的增长速度将比2002年有所提高,但不会超过3%。世界贸易的增长状况显然不如WTO在2002年年度报告中所预测的那样高(6%以上)。值得注意的是,进入21世纪以来,世界贸易的增长速度明显低于世界经济的增长速度。2003年9月WTO坎昆会议失败。所有这些或许预示全球化进程已经发生某种变化。

WTO指出:近年来,由于区域贸易自由化的发展,发展中国家之间贸易的增长速度大大高于发展中国家与发达国家之间贸易的增长速度。WTO框架下的多边贸易自由化进程受挫将导致区域贸易自由化步伐的加快,发展中国家之间贸易在世界贸易中所占比重将会进一步提高。

2.国际金融市场局部复苏,国际资本流动依然低迷。

进入21世纪以来,从全球总规模看,不论是国际负债证券、国际银团贷款、国际股权融资(见表4),还是外国直接投资,都连年减少。

其中,国际股权融资下降的幅度最大,2002年比2001年又下降了31.4%;全球负债证券净发行额2002年比2001年下降25%;国际银团贷款也连续三年萎缩。经合组织(OECD)国家的外国直接投资2002年比2001年减少了20%,其中,减少幅度最大的是美国和英国。进入2003年,国际融资并没有出现摆脱低迷的明显迹象。在第一季度,除了全球债券发行有小幅度的回升(+14%)之外,全球股权发行比上年同期进一步减少了60%。全球银团贷款也减少了0.7%。进入第二季度,在道指、纳指、日经指数等主要股票指数带动下,国际股权融资比第一季度有大幅度的增加。在2003年第二季度,全球银团贷款比第一季度有所增加。国际负债证券同2002年同期基本持平。对OECD国家外国直接投资的初步统计也显示出2003年进一步缩减的势头。2002年流入OECD国家的外国直接投资(FDI)下降了20%左右。2002年,FDI下降的趋势很可能继续到2003年上半年。2002年,非OECD国家中只有中国的FDI流入增加超过前一年。2003年FDI向中国的流入势头依然保持了强劲。根据IMF提供的数据,尽管许多国家的资本流出速度在2003年进一步下降,但净流入发展中国家的资本量增加到1100亿美元,为亚洲金融危机以来的最高水平(见表5)。

表4 国际资本市场金融资本融资规模

单位:亿美元

	2000	2001	2002	2003	
	全年	全年	全年	一季度	二季度
国际负债证券(净发行额)	12346	13469	10105	3551	3456
国际银团贷款(签约额)	14649	13888	12997	2336	3705
国际股权融资(公布额)	3176	1496	1037	120	267

资料来源:BISQuarterlyReview各期。

表5 发展中国家的资本净流入

单位:(亿美元)

	1995	1996	1997	1998	1999	2000	2001	2002	2003	2004
私人资本	1929	2265	1326	778	867	471	427	803	1131	938
FDI	1015	1162	1439	1560	1754	1657	1809	1429	1439	1452
证券投资	239	832	633	110	195	−38	−512	−529	−229	−168
其它	674	271	−746	−892	−1082	−1149	−871	−97	−80	−340
官方资本	495	−18	426	576	76	−128	211	71	101	−16
外汇储备	−1179	−1046	−711	−497	−884	−1172	−1224	−2116	−2551	−1485
经常项目	−952	−890	−711	−511	345	1267	791	1332	1289	823

资料来源:IMF:WorldEconomicOutlook,Table1.2,Sep.2003.
说明:外汇储备一项为变动值。经常项目一项为差额。

另据国际金融研究所(IIF)的私人资本流动报告,在过去10年中,私人资本流入发展中国家的年均流量是1870亿美元。2002年,发展中国家的私人资本流入量只有1230亿美元,是1992年以来的最低水平。国际金融研究所预测,2003年发展中国家的净资本流入将上升到1510亿美元。2002年发展中国家所吸收的净资本对其GDP之比为2%。1992年这一比例曾经达到4%。FDI始终是私人资本流入的最主要形式。国际金融研究所估计,2002年流入发展中国家的FDI为930亿美元,比2001年减少了200亿美元。该研究所预计,2003年亚太地区将吸收550亿美元FDI,比2002年增加30亿美元。2002年,中国吸收了85%以上的流入发展中国家的FDI。这种趋势在2003年将不会改变。

根据高盛公司的估计,到2006年,美国经常项目逆差将由2001年的4174亿美元上升到8206亿美元(见表2),经常项目逆差对GDP的比将由2001年的4.1%上升到6.9%(泰国发生金融危机的时候,其经常项目逆差对GDP之比为

7.8%)。届时,美国外债占 GDP 之比将上升到 50.2%。很难设想,在 2006 年,国际资本市场愿意且有能力为泡沫经济崩溃之后的美国提供 8206 亿美元的资金。在 2003 年美国国际收支平衡主要是靠短期资本的流入,特别是亚洲国家购买美国国库券(作为外汇储备)来维持的。一旦亚洲国家,特别是中国停止购买美国国库券,美国的利息率就会上升、美元的贬值就会加速。在世界经济历史上,中国第一次成为影响美国经济政策取向的重要因素。另外,资本项目下的一些自主变化也使得美元难于保持坚挺。2003 年,欧元区国家利息率水平明显高于美国:欧元区的基准利息率为 2%,美国的基准利息率为 1%。只要存在不利于美元的巨大利差,欧洲资金就不可能大量涌入美国。自 2002 年第二季度以来,美元已经进入了一个所谓"贬值的战略转折期"。在正常情况下,处于经济衰退的国家应该因消费支出和投资支出的减少(储蓄的增加)而使经常项目收支状况得到改善。在经济复苏阶段则会因相反的原因导致经常项目收支状况的恶化。在本次经济衰退中,美国的经常项目收支不但没得到改善反而进一步恶化。目前美国经济已经出现强劲复苏。按道理,美国经常项目因此也会进一步恶化。但是,美国 2003 年第三季度出口额增长了 9.3%,进口额则只上升了 0.1%。美国贸易状况的好转当有助于减轻美元贬值的压力。但是,除非发生结构性变化,在消费、投资增长速度大大提高的同时贸易逆差减少是反常的,因而难于持久。综合各种因素,比较有把握的结论是:在 2004 年美元应当持续走软,但还不至于急剧暴跌。

四、小结

2003 年世界经济形势较明显好转。这种好转是主要发达国家在泡沫经济破灭后进行调整取得成效的结果,同时,也是世界各国实行扩张性的宏观经济政策的结果。由于许多重要国家的结构性问题并未得到根本解决。因而,当前世界经济的复苏仍存在相当多的不确定性。2004 年世界经济可能会有进一步好转,但是很难重现 20 世纪 90 年代后期世界经济高速增长的局面。当前世界经济增长的主要动力仍然是美国经济。中国在世界经济的强劲增长过程中正在发挥越来越重要的作用。由于中国经济增长的一系列特点,可以预料,只要政策对头,无论世界经济形势如何,中国经济增长的势头都能继续保持下去。

另一方面,我们也应该看到,无论用什么指标衡量,中国的对外开放水平已经很高了。例如,2002 年出口占 GDP 的比重,中国 23%,日本 9.7%,美国 7.2%,欧元区 15.3%,巴西 0.2%,阿根廷 9.9%;外资存量占 GDP 的比重,中国 33.8%,美国 13.1%,日本 1.3%,韩国 14.1%。对外开放度越高,意味着中国对外依存度越高,越容易受到外部冲击和压力的影响。我们一再说日本是外需依赖型,而中国对外需的依赖度大大超过日本。随着贸易磨擦的加剧,过度依赖外需的负面影响正在越来越清楚地显示出来。中国应该努力提高对外开放的质量而不是一味追求数量的扩张。

由于全球国际收支不平衡的恶化,美国和其他国家要求人民币升值的呼声将不会停止。对此我们必须做好充分准备。

由于生产过剩,跨国公司为争夺市场将继续在全球范围内展开激烈的竞争。中国对源源流入的外国直接投资(特别是收购与兼并)应该保持必要的警惕,不应也没有必要对外资做出更多的让步,应该为中国企业的未来发展留些必要的市场空间。否则,在许多行业(如汽车制造业),全球性的生产过剩将集中表现为在中国市场上的生产过剩。

随着中国国力的增强,特别是外汇储备的增加,外国投资银行和其他金融机构要求中国开放资本帐户的呼声越来越高。面对人民币升值的压力,许多经济学家在坚决拒绝改变盯住美元的汇率制度的同时,却准备在其他许多方面做出让步。令人遗憾的是,在为人民币升值减压的主张中有些主张是本末倒置的。目前,坚持人民币汇率不变,但要加速资本自由化步伐的主张似乎越来越占据上风。资本管制是中国所剩下的最后一张王牌。只要我们多少能够维持有效的资本管制,假以时日,中国的经济问题都是可以解决的(例如,不良债权的处理问题)。如果中国在完成社会主义市场经济体制改革、理顺各种经济关系(如中央和地方的关系)、解决中国金融体制的脆弱性等问题之前放弃资本管制,那么中国将成为国际投机者的自动提款机,中国将不再能够控制自己的发展进程。

近期世界经济形势是令人乐观的。但是,世界经济毕竟充满了不确定性。中国的现代化进程还有漫长的道路要走,不能指望毕其功于一役。只有坚持渐进式的改革与开放方针,中国才能在变幻不定的世界经济中,最终实现四个现代化的历史目标。

推进资本市场改革开放和稳定发展

中国证监会主席　尚福林

推进资本市场改革开放和稳定发展,完善资本市场体系,健全资本市场功能,对于转变经济运行机制、实现经济结构调整和提供经济增长的财力保障,都具有十分重要的作用。党的十六大和十六届三中全会提出积极推进资本市场的改革开放和稳定发展,扩大直接融资,是根据推进我国经济体制改革和金融市场协调发展要求做出的战略部署。三中全会对推进资本市场改革开放和稳定发展提出了明确、具体的要求,涉及资本市场建设的各个主要环节。落实好这些要求,我国资本市场运行状况会发生大的改观,功能和作用能够得到更加全面、有效的发挥。

学习贯彻十六届三中全会精神,要认真总结我国资本市场发展的成就和经验,深入分析影响市场健康发展的问题和原因。按照三中全会的要求,全面加强市场建设,积极推进资本市场的改革开放和稳定发展,要重点落实好以下几个方面的工作:

要加强市场基础建设,完善资本市场结构。我国资本市场是在经济体制转轨时期诞生和发展起来的,经过十几年的不懈努力,资本市场的发展取得了举世瞩目的成就。同时,限于市场建立早期各方面的局限和市场环境,我国资本市场存在一些结构性问题,例如股权分置、上市公司治理结构不完善、中介机构运作不够规范、机构投资者在市场上所占比重仍然偏低、监管体系不完善等等。要从保护投资者合法权益出发,在发展中解决这些问题。在解决如股权分置,上市公司部分股份不流通等对市场影响重大、涉及社会公众股东利益的问题时，必须切实保护公众投资者的合法权益，有利于维护市场的稳定发展。

要建立多层次市场体系。资本市场的分层设置，根源于经济运行的内在需求。单一的资本市场层次制约了资源配置范围。建立多层次的资本市场体系，可以适应企业的多层次融资需求和投资者不同风险偏好的投资需求。当前，要重点规范和发展主板市场，并根据各方面条件的成熟情况，分步推进创业板市场建设，从建立中小企业板入手，逐步积累经验，为高成长性中小企业和创业型企业增加融资渠道。

进一步丰富市场产品，拓展债券市场，扩大公司债券发行规模。资本市场的功能扩展，必须以满足投资者的投资需求为前提，一个具有投资品种选择余地和组合空间的资本市场，能够为吸引更多的投资者创造基础性条件。目前我国的资本市场基本是股票市场，不仅固定收益类债券产品比重很低，而且没有组合投资所必需的金融衍生产品，致使市场单边运行，各类投资者行为趋同，不利于分散风险。资本市场具有广阔的创新空间，创新的动力根源于市场需求，只有不断推出适应不同投资者需求的投资品种，市场发展才能具有持久的活力。要丰富资本市场产品，建立由市场主导的创新机制，营造鼓励创新的制度环境。要积极扩大公司债券发行，尝试开展资产证券化业务，把拓展债券市场作为扩大直接融资的重要途径。

大力发展机构投资者，拓宽合规资金入市渠道。资本市场作为“市场”，必须遵循供需平衡的市场规律，扩大直接融资规模的前提是扩大市场资金供给。大力发展机构投资者是保持市场稳定、拓宽合规资金入市渠道的必然选择。近年来，我国证券投资基金获得了长足发展，但基金规模仍然偏小，持续增长能力受到制约，难以适应市场发展的要求。今后，要在进一步完善机构投资者运作条件的基础上，积极扩展保险资金、社保基金、企业年金、补充养老基金等机构投资者的入市渠道，规范发展 QFII 等境外机构投资力量，使机构投资者逐步成为我国资本市场的主导力量。

进一步完善和规范发行程序。股票发行核准是资本市场准入的第一道关口。我国证券市场建立以来，随着市场机制的逐步完善，早期基于以行政审批为主要风险控制措施的制度安排，已过渡为主承销商推荐、发行审核委员会审核的核准制。但是，这一制度安排仍然带有较强的行政色彩，缺乏发行公司质量的市场化约束。因此，完善和规范发行程序的基本目标，是逐步强化市场化的风险分担和约束机制，减少乃至消除行政权利的介入。作为实现这一目标的第一步，要改革发审委制度，强化对发审委活动的社会监督，实行保荐人制度，以市场主体约束逐步取代行政约束，这些改革将对提高发行公司质量产生积极影响。

建立统一互联的证券市场，完善交易、登记和结算体系。资本市场的资源整合，是提高市场效率、降低市场成本的重要方面。我国资本市场是由小规模、区域性试验发展而来的，不可避免地存在市场体系分割问题。要结合多层次资本市场建设和债券市场的发展，系统整合市场资源，建立统一互联的证券市场，完善交易、登记和结算体系，使广大投资者共享市场资源，逐步创造上市证券跨市场交易和结算的条件。

稳步发展期货市场。期货市场价格发现和套期保值的基本功能，与经济运行的市场化和国际化密切相关。我国期货市场在经历了早期的盲目扩张和长期的清理整顿后，初步具备了进一步发展的基础。稳步发展期货市场，要在完善法律法规、切实防范风险的基础上，从经济发展和对外贸易的实际需要出发，审慎扩大交易品种，鼓励制度创新与技术创新，使期货市场更好地发挥价格发现和套期保值功能。

深化证券中介机构的改革。十六届三中全会提出，商业银行和证券公司、保险公司、信托投资公司等要成为资本充足、内控严密、运营安全、服务和效益良好的现代金融企业。证券中介机构要加快完善治理结构，加强内控机制的建设，改革创新，提高经营水平和竞争力。要采取多种措施，鼓励经营规范的证券中介机构加快发展，促进其成为具有较强国际竞争力的现代金融企业。

我们要进一步认真学习十六届三中全会的决定，不断提高认识，统一思想，认真落实三中全会关于推进资本市场改革开放和稳定发展的任务和要求，完善资本市场体系，健全资本市场功能，更好地为全面建设小康社会的宏伟目标服务。

中国资本市场的发展

中国证监会主席　尚福林

经过 10 多年的发展，我国资本市场取得了举世瞩目的成就，资本市场初具规模，市场基础设施不断完善，法律法规日趋健全，市场监管体系逐步完善，市场规范化程度不断提高，投资者队伍不断扩大，已经成为社会主义市场经济体系的重要组成部分，资本市场为推动经济体制改革、促进国民经济发展和结构调整做出了重要的贡献。

同时，我们也看到我国资本市场是在经济体制转轨过程中发展起来的新兴市场，由于市场建立初期改革不配套和制度设计上的局限，目前还存在一些问题和结构性的矛盾。

2004 年 2 月份，国务院发布了关于推进资本市场改革开放和稳定发展的若干意见，对于我国资本市场的发展现状做出了深入的分析，明确了指导思想和任务，提出了大力发展资本市场的政策，确立了资本市场下一步发展的大政方针，落实国务院的意见，其中一项重要任务，就是要通过资本市场的制度改革，积极稳妥地解决存在的问题，优化市场结构，全面完善市场功能，充分发挥资本市场在社会主义市场经济体系当中的作用。

第一，围绕融资体制改革，不断优化上市公司结构，支持国民经济的稳定增长和结构调整。当前，我国经济正在经历着深刻的变革，一方面我们要保持经济的较快平稳发展，另一方面要调整经济结构，实现经济增长方式的转变。资本市场为我国国民经济结构调整提供了一个高效运作的平台，近几年我国上市公司的兼并活动明显增多，一大批企业通过资本市场实现了产业转移和规模扩张，资本市场在促进经济结构调整上发挥了重要的作用。

党的十六届三中全会提出要完善社会主义市场经济体制，充分发挥市场在资源配置中的基础作用，资本市场的基本功能就是促进社会储蓄有效的转化为企业投资，优化资源配置，充分发挥资本市场在结构调整中的作用，首先要从优化上市公司结构做起。从证监会的角度看，一是要进一步完善证券发行、上市各种体制，提高融资效率，使资本市场成为行业龙头企业的会聚地，提高上市公司的整体质量；二是要推动已上市的公司进行以市场为主打主导的有利于公司持续发展的并购举措，不断改善上市公司的结构；三是要进一步完善再融资体制，支持优质上市公司利用资本市场做优做强。

同时，要注意在各个环节上切实保护投资者，特别是社会公众投资者的合法权益，优化上市公司法人治理结构，建立健全保护社会公众投资股东合法权益的制度，强化外部市场约束。

第二，围绕金融制度创新，促进金融市场协调发展，不断完善金融产品结构。我国经济正处于体制转轨、结构调整和逐步融入世界经济的过程当中，宏观经济运行的复杂性比以往任何时候都高，对科学制定和有效实施金融政策提出了更高的要求。

货币市场和资本市场分别作为短期资金和长期资本的龙头市场，是密切联系、相辅相成的。由于我国金融市场体系还不够健全，资本市场规模相对较小，通过银行的间接融资比重扩大，通过资本市场直接融资的比例偏低。金融市场的不均衡发展，使金融产品单一，这种市场格局难以满足广大投资者对金融产品的多样化需求，企业融资渠道单一，使风险过度集中于银行，同时由于资金不能在不同金融产品之间方便的流动，也影响了货币政策调控的灵活性和有效性。

要通过金融制度创新，促进金融市场的协调发展，建立透明高效、互联互通、运行安全的金融市场体系，当前就资本市场而言，要结合多层次资本市场的建设和债券市场的发展，系统整合市场交易、登记和结算体系资源，逐步建立统一互联的证券市场，同时要理顺货币市场、股票市场、债券市场、保险市场以及金融衍生品之间的关系，构筑起金融市场多个子市场之间有机结合、协调发展的互动机制。目前我国资本市场的产品结构还比较单一，基本上还是以股票为主，不仅固定收益类证券产品比重很低，而且缺少组合投资所必需的金融衍生产品，各类投资者行为趋同，容易形成市场的单边运行。

随着利率逐步市场化，金融机构和客户都将更大程度的面临利率风险，在宏观经济运行和金融调控方向发生变化时，容易造成风险积累。建立以市场主导的产品创新机制，进一步完善资本市场的产品结构，有利于提高市场效率，同时有利于完善宏观政策的传道机制。现阶段我们将根据投资者的投资需求，积极促进，扩大公司债券的发行规模。

第三，围绕大力发展机构投资者，完善投资者结构。近年来，在大力发展机构投资者政策的促进下，我国证券投资基金取得了长足的发展，截止到 2004 年 4 月底，我国已经有证券投资基金 124 只，发行规模已经达到了 2487 亿份，基金净值已经达到 2595 亿元。随着我国证券市场规模的逐步扩大，还需要在进一步改善机构投资者运作条件的基础上，积极扩展保险基金、社保基金、企业年金、补充养老金等机构投资者的入市渠道，规范发展境外投资力量，使机构投资者逐步成为我国资本市场的主导地位。

在经济、金融日益全球化的今天，改善金融机构运行环境的要求非常迫切，要通过不断完善相关法规和政策，营造有利于投资资本市场的制度环境，提升证券机构的竞争水平和竞争力，提高证券市场整体的抗风险能力。为此我们将采取多种措施，促使证券中介机构完善治理结构，加强内部控制机制的建设，鼓励规范的证券中介机构加快发展。

第四，围绕提高资源配置效率，逐步建立多层次资本市场体系，提高国家竞争力。在当今竞争日趋激烈的国际环境中，要实现我国经济持续、快速、健康增长，提高国家的整体竞争力，必须要培养一大批科技创新型企业群体，不断提高资源使用效率，走集约式的发展道路，以此带动提升我国国民经济的运行效果，建立有利于这些企业发展的制度环境，特别是建立满足他们融资需求的多层次资本市场体系，是提高国家经济竞争力的重要前提条件之一。

随着经济的发展，资本市场在资源配置和产业提升方面的作用会日趋显现，我们要在规范和发展主板市场的基础上，分布推进创业板市场的建设，当前首先要建设好中小企业板块，为具有较好成长性和较高科技含量的中小企业增加融资渠道，更好地发挥产业提升功能，提高我国经济增长的活力和竞争力。党的十六大提出了全面建设小康社会的宏伟目标，我们要紧紧抓住推进资本市场持续、稳定、健康发展这条主线，积极借鉴成熟市场的经验，立足于我国资本市场的发展实践，认真贯彻落实国务院意见的精神，大力推动资本市场制度改革和结构调整，使资本市场的功能和作用得到更加全面有效的发挥。

在创新中实现证券业健康发展

中国证监会主席　尚福林

10 多年前，我国的证券业从零起步，今天证券业已经成为推动我国资本市场发展的一支重要力量。可以说，我国证券业前进的每一步无不凝聚着广大证券从业者及社会各界人士创新智慧的结晶。当前，我国证券业的发展正处在一个关键时期，实现证券业的持续健康发展，我们更加需要在改革创新上下功夫。日前，证监会发布了《关于推进证券业创新发展有关问题的通知》。今天中国证券业协会以创新发展为主题举办的这次研讨会很必要、也很及时。下面，我谈几点看法：

一、认真落实《若干意见》，在创新中推动资本市场发展

党的十六大报告指出，“创新就要不断解放思想、实事求是、与时俱进。实践没有止境，创新也没有止境”。10 多年来，创新始终贯穿于我国资本市场的整个发展进程中。上世纪 90 年代初期，党中央、国务院从全局和战略高度作出了建立资本市场的重要决策。党的十六大和十六届三中全会围绕着全面建设和完善社会主义市场经济体制，对发展资本市场做出了战略部署并提出了明确要求。

2004 年 2 月初，国务院发布的《关于推进资本市场改革开放和稳定发展的若干意见》，针对我国资本市场“新兴加转轨”的特点，对资本市场的发展做出了全面规划，提出了在发展资本市场各方面创新的要求。今年以来，按照《若干意见》

的要求，在国务院的正确领导下以及有关部门的大力支持下，证监会以发展为主线、以创新为动力，在推进我国资本市场的改革和发展方面做了大量的工作：设立中小企业板块的工作已经顺利启动，多层次股票市场体系建设迈出了实质性步伐；积极推进股票发行审核制度改革，上市保荐制度的实施工作稳步推进，再融资政策的改革也正在积极研究之中；全面实施了上市公司辖区监管责任制，在认真做好控股股东和实际控制人占用上市公司资产清欠工作的同时，会同国资委推出了以股抵债试点；已有三家证券公司率先发行了公司债券，新的期货品种和基金产品陆续上市交易，资本市场品种创新工作不断取得新进展；坚决稳妥地处置证券期货经营机构的风险，加大了推动证券业创新发展的力度；积极推进贯彻落实《若干意见》的跨部门工作。这些举措都是涉及资本市场发展的基础性建设工作，随着贯彻落实《若干意见》各项措施的逐步到位，资本市场发展的基础将不断巩固，我国证券业持续健康发展的环境也将进一步改善。证券业要以创新为突破口，抓住机遇，加快规范发展的步伐。

二、创新是实现证券业持续健康发展的源动力

伴随着我国资本市场的发展，我国证券业积极创新，通过提供证券交易、证券承销、财务顾问等金融服务，在满足企业和投资者的投融资需求、优化资源配置、推动金融创新等方面发挥了重要作用，为推动资本市场的发展做出了重要贡献，证券公司已成为推进资本市场发展必不可少的一支重要力量。与此同时，证券业在资产规模、治理结构、业务拓展和区域布局等方面也已经基本具备了相对完整的行业形态。当前，我国证券业确实存在一些问题，也面临许多困难，与资本市场改革开放和稳定发展的现实需要还不能完全相适应。其成因是多方面的，但创新不足是重要因素之一，许多问题和困难也只有通过创新、在发展中加以解决。证券公司是我国资本市场的重要中介机构，大力发展资本市场离不开一支充满创新活力的高质量证券经营机构队伍。

从国际经验看，创新是金融机构提升并保持自身竞争优势的关键。自上世纪70年代以来，一些发达国家放松对金融业的管制，市场竞争加剧。适应市场的变化，很多证券公司为谋求生存和发展，纷纷推出了适应不同企业融资需求和投资者管理风险及投资需要的金融产品，期权期货市场、资产证券化市场以及其他金融衍生品市场等迅速兴起并不断发展壮大。新的金融产品市场的形成又对现有的金融机构组织形式提出了新的挑战，出于加强风险管理和增强竞争力的需要，一些金融控股集团逐步成形，从而在不少发达国家形成了目前金融产品多样化和金融业务交叉的集团化经营模式。经营模式的变革和金融体系的变迁，促使人们对传统金融制度进行反思，由此带来了金融市场的改革。发达国家金融企业走过的产品创新、组织创新和制度创新的历程说明，作为一个服务性行业，证券业必须要有适应市场变化的能力，不断丰富金融产品，改进服务方式，优化组织结构，积极营造自身的竞争优势，惟其如此，才能历经市场的考验而长期立于不败之地。

在我们这样一个处于经济转轨时期的新兴资本市场上，创新对行业的发展更为重要。所谓转轨，就意味着改革创新任务繁重；所谓新兴，就意味着市场还不成熟，同时市场的后续发展潜力巨大。面对这样的市场环境；谁注重合规经营和风险控制，并善于创新和把握商机，就能化不利因素为机遇；反之，就会被市场淘汰。近些年来，我国证券公司作为一个群体已出现分化：一批公司管理比较规范，注重在控制风险前提下创新发展，经营比较稳健，具备了持续发展的良好基础；也有一些公司管理粗放、内控不严，创新能力不足，经营业绩较差；还有个别公司长期违规经营，存在严重风险，甚至难以为继。在同样的市场环境中，不同公司存在的巨大差异说明，任何证券公司在证券市场的立身之本、发展大计，始终都需要在合规经营基础上的持续创新作为有力支撑。

近几年来，一些证券公司的潜在风险不断暴露，这种情况对全行业再次敲响了警钟。从行业的发展看，随着我国加入WTO后证券业的进一步开放，我们还将逐步面临着来自国外证券经营机构的竞争。要切实变外在压力为内在动力，扎扎实实地立足创新，苦练内功。夯实全行业稳健发展的基础。

从各方面因素看，实现我国证券行业创新发展有很多有利条件。一是随着资本市场发展目标的进一步明确，业内业外各个方面对加快证券公司创新发展的认识更加统一，推进创新的决心更加坚定。二是十几年来很多证券公司积累了比较丰富的管理经验和研究能力，为实施创新提供了扎实的人才支持和技术支持。三是资本市场发展壮大的内在需求旺盛，各类企业和投资者对证券业的服务需求日益增加，证券公司创新发展的空间更为广阔。四是国务院的《若干意见》对证券行业创新发展给予了大力的政策支持，随着相关措施的落实，支持证券业创新发展的政策环境将会进一步改善。我们要全面认识目前已经具备的有利条件，坚定证券业创新发展的信心。

三、积极推进证券业的创新发展

推进证券业的创新发展是一项长期的、事关全局的重要工作，市场各相关方面要积极行动起来，群策群力、全力以赴、务求实效、稳步推进。

第一，证券公司要抓住推进创新发展的良好机遇。

做优做强各证券公司必须严格遵守各项监管规则，合法合规经营，完善公司治理，增强内部风险控制，确保客户资产安全、完整。当前，首先应当做好风险自查和业务规范工作，在全面核实资产和财务状况的基础上，自觉地清理违规和高风险业务，制定切实可行的改进完善措施并逐项落实。

证券公司人才汇聚、反应灵敏，是证券市场创新最重要、最具活力的主体，要充分发挥创新的积极性和主动性，根据市场需要和自身实际进行业务创新、经营方式创新和组织创新，提高服务质量，改善盈利模式，在市场竞争中做优做强。

证券公司应在能力所及的范围内开展创新活动，创新业务的规模应与风险控制能力和风险承受能力相适应，根据自身的经营状况和业务发展需要提出的具体创新方案，包含风险评估、内控措施、风险准备的预案，以及接受监管的制度安排等。

需要强调的是，推动证券公司创新不是一个权宜性的临时工作，而是一个长期的持续的工作。要通过创新试点工作的不断推进，促进证券公司在完善治理结构和内控机制，守法合规经营的基础上，拓展业务空间，以推动证券业的规范与发展。创新不仅仅是试点证券公司的事，而且也关系到行业内所有证券公司。创新试点不具有排他性，所有证券公司经过努力达到条件后，都可以按照程序在力所能及的范围内开展创新活动。试点公司要严格防范风险，大胆创新，为拓展行业业务发展空间闯出一条路子；其他公司也要发奋进取，力争迎头赶上。

第二，自律组织和市场服务机构要全力协助证券公司的创新活动。

证券业协会应认真履行自律、服务、传导职责，全力服务于证券公司和行业的创新活动。证券业协会要遵循公开、公平、公正的原则组织评审工作。对通过评审的证券公司进行年度考评或临时考评，要通过自律措施督促试点公司真正履行披露信息的承诺。证券业协会要利用组织行业创新活动的有利条件，继续推动行业自律管理工作，推动行业诚信机制的建立。此外，证券业协会要发挥智囊作用，搞好证券业创新发展的调查研究，及时反映情况和业内意见，更好地推动行业创新发展。

证券交易所和登记结算公司要对从事创新活动的证券公司进行重点监控并分析异常情况，及时跟进并通报情况。同时要继续改进管理方式，降低成本，提高效率，给予证券公司的创新活动以实实在在的支持。

第三，证监会将进一步改进完善监管措施。促进证券业的创新发展。

贯彻落实国务院的《若干意见》，2004 年年初成立了中国证券业协会、部分证券公司和证监会有关部门人员组成的“证券公司创新发展研究小组”。经过充分酝酿、讨论和多次修改之后，于日前发布实施了《关于推进证券业创新活动有关问题的通知》和《关于从事相关创新活动证券公司评审暂行办法》，其宗旨就是鼓励、支持公司治理和内部风险控制较好、资本充足水平较高、经营管理较规范的证券公司，在其风险可测、可控、可承受的前提下，充分发挥市场主体创新的积极性和主动性，根据市场需要和自身实际进行业务创新、经营方式创新和组织创新，在市场竞争中做优做强。

今后，证监会将把推进证券业创新发展的政策措施和推进证券机构监管的改革措施在试点证券公司中试行，对其有关申请事项，优先受理，简化相关程序。支持试点证券公司在业务拓展、组织管理等方面主动提出试点方案，积极开展证券业务创新，探索证券业业务创新发展的经验。把经试点证明成熟的业务做法、产品创新方案和经营管理改革措施在证券业内推广实施。

推进证券公司创新试点工作仅仅是一个起步，证监会将在实践的基础上，持续开展有利于创新发展的监管创新。下一步还将根据各证券公司的风险程度、内控水准、财务实力、合规状况等逐步实施分类监管、区别对待的办法，增强各证券公司加快规范的压力和动力。我会将在探索和尝试证券公司创新发展工作中建立科学的分类监管体系，为推进证券业的长期健康发展奠定坚实的基础。

当前中国金融形势和金融市场发展

中国人民银行行长　周小川

一、当前宏观金融形势总体运行平稳，但是依然存在一些隐忧

2004 年以来，国民经济继续快速增长，消费需求稳定增长，城乡居民收入稳步提高，对外贸易增势强劲，财政收入大幅提高。当前金融运行总体平稳。但值得注意的是，经济运行中仍然存在投资需求膨胀过快、货币信贷增长偏快、通货膨胀压力加大等问题。

据初步统计，3 月末，广义货币 M2 余额 23.18 万亿元，同比增长 19.2%；全部金融机构本外币贷款余额 17.90 万亿元，同比增长 20.66%，本外币贷款一季度新增 9122 亿元，其中人民币贷款增加 8342 亿元，同比多增 238 亿元。为了防止货币信贷过快增长，引发通货膨胀或资产价格泡沫，形成新的银行不良贷款，防范金融风险，中国人民银行开始采取了一些政策措施，包括将自 4 月 25 日开始再次提高准备金率 0.5 个百分点，实行差别准备金率制度和再贷款浮息政策等。此外，中国人民银行提高了央行再贷款利率和再贴现利率。

从宏观经济角度看，当前我国宏观经济形势需要研究的主要问题体现在以下四个方面：第一，货币供应量增幅偏快，今年以来 M1 和 M2 实际数据均高于预测；信贷增长速度偏快，比年初预期高出 10 个百分点。提高存款准备金的政策，将有助于控制货币投放和贷款增加速度，保证金融市场的平稳运行。第二，我国直接融资所占比例依然过低，间接融资比重过高。虽然发展中国家普遍存在证券市场不发达，企业直接融资困难，直接筹资不便利的问题，但是如此高的间接融资比例为全社会的资产负债管理和风险控制带来一定的难度。第三，M2 占 GDP 的比重过高，到 2003 年，我国 M2 占 GDP 的比重已经接近 200%，这种高比例除了在极其个别的国家外，在全球范围内是没有的。虽然中国经济存在一定的特殊性，但是过大的 M2 表明，中国经济发展中融资过多依靠银行体系，风险集中度偏高。第四，总储蓄率依然偏高。2003 年我国的总储蓄率进一步上升到 47%，经济增长主要依靠投资拉动，消费需求所占比重有待进一步提高。上述问题都需要进一步研究和讨论，这些问题的解决都离不开金融市场的发展。

二、改革开放以来，我国在金融市场发展方面取得了重要的进展

首先，金融市场体系已经初步建立。目前我国已经基本建立了证券期货市场、货币市场和银行间外汇市场。其次，金融市场参与主体日益多元化，不仅包括商业银行、社会保障基金、信托公司、保险公司和证券公司，自 2003 年起，还引入合格的境外机构投资者 QFII，对我国金融市场发展发挥了重要作用。第三，市场产品的逐步多样化，不仅包括金融债、国债、中央银行票据，公司股本和债务性债券，而且在证券和银行业产品方面不断推陈出新。ABS、MBS 和 CDO 等银行类创新产品、开放式基金等证券类创新产品都有强烈的需求。第四，跨市场的金融创新产品不断出现，例如货币市场基金的出现，银行信贷资产证券化的发展等。

但是和发达国家相比，我国的金融市场还是存在产品匮乏、简单化的问题，金融深化程度还不足，在不少方面还存在创新压抑的现象和问题。

三、经济不断发展和对外开放的不断深入，要求我国金融市场必须进一步发展，要求有关部门适应形势，转变观念。与此同时，金融产品必然发生相应的转变

首先，随着中国加入世贸组织过渡期的结束，随着国民待遇的实现，市场准入的逐步放松，金融业面临的国际竞争将进一步加大。加入世界贸易组织的承诺和中国自身经济发展的需要均要求我国必须加快金融市场的发展。其次，随着市场的逐步开放，经济全球化的不断进展，2003 年我国经济贸易依存度已达 60%。越来越多的企业涉足国际业务，客观上需要我国的金融机构为企业公司客户提供包括套期保值、风险控制、外汇理财等在内的一系列金融服务。市场需求的不断扩大为金融市场的发展和金融产品的发展提供了契机。第三，随着对外开放的深入，我国将进一步完善汇率形成机制，逐步取消不适宜的外汇管制措施，最终实现人民币资本项目可兑换，这些都要求金融市场进一步发展，金融产品要进一步多样化。这一点在有关文件中明确为要发展全方位、多层次的金融市场体系。

四、作为发展中国家和转轨经济国家，我国在金融产品的创新过程中，虽然曾经有过一些挫折，但是今后必须充分重视金融产品创新工作，不可因噎废食。在此过程中，要处理好实践经验的积累和健全规则制定之间的互动关系，可以采用正面清单和负面清单的方式加以规范金融创新产品

在20世纪80年代至90年代中期我国经济开放的初期阶段，由于人才不足、技术不新、管理薄弱以及在监管方面存在的不足，我国在金融产品创新方面曾经走过一些弯路，导致一些产品的废止和有问题的金融机构的关闭。金融业产品和其他行业产品一样，在创新过程中也需要经历一定的学习过程、人才培养过程、机构成长过程、市场成熟过程以及监管发展的过程。某些条件不成熟时，可能会引发一些风险。另外，对于有问题金融机构的关闭，也暴露出我国法律体系上的一些薄弱环节，例如在破产关闭上还存在相当大的难题。

当然，不同的决策部门和不同的专家学者会对金融产品创新的监管思路和发展问题上有不同的意见。其中，一种观点认为，由于存在历史弯路，因此在发展新的金融产品时，必须先建立规则，充分借鉴国际经验。这种说法有一定的道理。但是在实践中是存在一些问题。首先，国际范围内的经验和教训并不相同，不同国家之间存在显著的差异，例如英美模式和欧洲大陆模式以及韩日模式就存在比较大的差别，有需要进一步分析、判断并加以选择的过程。

另外，在缺乏实践经验的基础上建立规则，往往花费很长时间，甚至始终不得出台，建立的规则其可操作性和健全性有待进一步观察。从方法论上看，一切必先建规则才能实践，也有悖于人类通过实践提高认识的客观规律。在现阶段可以采取的方法，可能更多可以借鉴产业政策的有关做法，通过设立正面清单和负面清单的方法加以规范和解决。对于那些国际范围内较为成熟产品，对于那些具有较强风险控制能力的金融机构在开展创新业务时，采取负面清单的做法，也就是说“未经法律明确禁止的业务品种，均可以开发”。对于那些不是十分成熟，有可能带来系统性风险的金融产品，采取正面清单的方式加以规范。

在金融创新产品的过程中，要合理明确金融产品的定位。注意区分面向机构投资者和面向居民个人的产品。鉴于机构投资者一般拥有机构优势，有较强的分析判断和抗风险能力，由此面向机构投资者的产品在许可上可以更为宽松。面向居民个人的金融产品在准入方面应更为谨慎，在信息披露和监管方面应更严格要求。其中，针对高端客户的金融创新产品应和普遍服务的金融创新产品应有所差别。此外，对于一些包括衍生产品在内的定价和风险控制更为复杂的面向复杂型金融机构的金融创新产品，也需要在监管上加以区别对待。

金融创新产品的发展将为金融机构资产负债结构转化提供可能。以银行业创新产品为例，目前资产方管理就逐步出现了消费信贷、资产证券化、不良资产打包进行证券化处理以及信贷风险的转让等新的金融产品。负债方管理，可以看到储蓄替代产品的不断出现，例如基金产品、证券投资产品、保险产品等。此外，收费类业务发展方兴未艾。在国际范围之内，人们已经不再把银行仅仅视做从事存贷汇业务的机构，更多人看到了银行是拥有庞大网络分支系统的商业与服务骨架，越来越将银行看做具有应对多种产品能力的销售和服务网络，同时把金融服务看做是由电子网络联系在一起的进行信息加工业务。

五、市场需求的不断变化和业务交叉性产品的不断出现，日益要求树立功能监管观念，适应形势，加强协调

在建立了证券业监督管理委员会、银行业监督管理委员会、保险业监督管理委员会之后，我国已经基本形成了功能监管的格局，为金融业的稳健发展和金融风险的有效防范发挥了重要作用。与此同时，应该看到，市场需求的不断变化，客观上要求金融资源能够在不同的市场之间进行合理有效配置。因此，我们观察到，一些交叉业务的需求逐步产生，例如公司客户在贷款需求的基础上，有更多的投资理财、套期保值、保险业务的需求，居民个人在存款需求的基础上，有了进一步的消费信贷、住房贷款、甚至投资理财、养老保险等多种需求。交叉业务的产生和发展为改变不合理的直接融资和间接融资的比例关系带来了新的可能。

业务品种的交叉客观上要求机构具备更加全面的服务功能。从中国当前实际情况看，监管机构对金融控股公司的出现和发展事实上采取了默认的态度。应该说金融机构广泛的网络分支机构、所掌握的长期的特殊的客户信息资料都为业务交叉的发展创造了机会。因此，我们可以观察到，随着市场需求的发展，资源共享的要求，过去的一些根据“出生证”由谁来发放而画地为牢式的监管理念已受到冲击。事实上，功能监管、机构准入和业务产品发展之间不需要相互设置障碍。随着经济发展，不论机构设立该由谁来审批，都不应阻碍有市场需求的业务创新。功能监管和业务发展之间并不必然发生矛盾。监管机构已在适应形势变化的需要，转变观念，加强协调。此外，为了保持宏观经济稳定与协调发展，党的十六届三中全会报告中也进一步明确，中国人民银行和财政部与三家监管机构之间要进一步加强协调，这一趋势在有关立法中已有所体现。

六、外资银行的内在优势使得外资银行在中国的发展潜力巨大，外资银行的发展应配合宏观金融形势的需要。

改革开放以来，越来越多的外资银行开始进入中国市场，为我国金融体系的完善和金融市场的发展发挥了重要作用。在经济转轨过程中，外资金融机构在公司治理、风险控制、风险管理、信贷文化、决策程序、激励机制以及资产管理方面均具有一定的优势，外资银行发展空间巨大，特别是在促进金融市场发展和产品发展方面潜力很大。

外资银行的发展也应考虑配合中国宏观金融形势的需要。在经济转轨过程中，不同行业、不同地区在发展阶段和发展潜力存在一定的差异。外资银行可更多关注中国经济转轨中一些薄弱市场和产品、薄弱环节的发展，关注经济结构的变迁，支持东北老工业基地的发展，支持大西北的建设，与中资金融机构既有竞争，也是对中资金融机构的有益补充。我们还希望在中国的外资金融机构能够更加配合中国宏观金融形势需要，不仅在顺利周期阶段，共享中国经济快速稳定增长的收益，也能够在逆境周期阶段，甚至危机期间，坚持长期经营、追求长远利益。

（本文根据中国人民银行行长周小川2004年4月12日在全国外资银行工作会议上的讲话整理）

关于贯彻落实国务院常务会议精神进一步做好当前金融工作的讲话要点

中国人民银行行长　周小川

一、加强宏观调控已见成效，当前仍处在关键阶段

在党中央、国务院的领导下，各项宏观调控政策措施逐步落实并已见成效，我国经济正朝着宏观调控预期的方向发展。固定资产投资过快增长得到抑制，国民经济继续保持较快发展的良好势头；货币信贷总量增势减缓，增幅已回落到比较合理的水平；金融市场平稳运行。在社会主义市场经济条件下，做好金融工作，对于加强和改善宏观调控起着重要和关键的作用。在充分肯定金融调控取得成效的同时，也要认识到经济运行的高度复杂性，目前加强宏观调控仍处于关键阶段，总需求扩张及通货膨胀压力还没有明显减弱，要继续观察和研究经济运行的变化，全面、正确、积极地理解和贯彻中央确定的宏观调控政策措施，做好货币信贷工作，完善金融调控，确保实现宏观调控的预期目标。

二、坚持有保有压，做好当前货币信贷工作

加强宏观调控以来，商业银行按照总的调控要求，做了大量的工作，进行了内部业务经营政策的调整，取得了积极的成效。各行将加强内部管理与宏观调控的原则相结合，将授权授信管理与行业风险管理、区域风险管理、项目风险管理以及客户准入管理相结合，进一步完善风险控制的制度建设，有力地推动各项业务的稳健发展，贯彻了国家宏观调控的要求。

按照加强和改善宏观调控的要求，要继续合理控制货币信贷规模，着力优化信贷结构。加强信贷政策与产业规划和政策、其他经济政策的协调，坚持有保有压、区别对待，防止“一刀切”。继续控制中长期贷款过快增长，银行要根据自身资产负债的具体情况合理确定中长期贷款规模，防止信贷资金流向部分盲目投资和重复建设行业，防止固定资产过快增长势头的反弹；继续加大对符合国家产业政策和市场准入条件、有利于调整结构的项目支持，加强经济社会发展薄弱环节，促进信贷结构和产业结构调整；适当增加有市场、有效益、有利于增加就业的企业流动资金贷款；加强与粮食等部门的联系与协作，确保粮食等农产品收购资金及时发放；改进对中小企业和非公有制企业的信贷服务，继续规范和扩大发展消费信贷。各金融机构都要围绕实现宏观调控预期目标和促进经济平稳较快发展的要求，积极探索新形式下改进金融服务的机制和方法，努力满足市场多样化需求，加快金融业务和产品创新，提高金融服务水平和办事效率。

随着投资融资体制市场化改革的深化，经济环境的不断变化，对银行如何识别贷款风险提出了更高的要求，需要商业银行、政策性银行提高把握风险的能力，按照市场化原则改革贷款审批制度，完善风险管理制度。加强和提高自主审贷的能力，树立市场风险、期限匹配风险、信用风险等各类风险的意识，提高风险识别和评估能力，不断增强优化调整信贷结构的自觉性。经济的健康发展与银行的稳健经营是相辅相成、相互促进的。不断优化信贷的期限结构、行业结构，既是促进经济平稳健康发展的要求，也是银行自身可持续发展的需要。

三、进一步做好金融改革和对外开放工作

银行部门要坚持以邓小平理论和“三个代表”重要思想为指导，全面贯彻落实党的十六大和十六届三中全会精神，坚持不懈地做好各项金融工作，不失时机地推进金融改革，进一步做好金融对外开放工作。一是加快商业银行改革步伐，加强内部管理，建立健全风险管理体制。二是做好扩大农村信用社改革试点的工作，落实农村金融改革的各项措施。三是深化投资体制改革，提高银行自主审贷能力和风险定价能力。四是进一步做好金融对外开放工作，抓紧修改和完善有关政策规定，逐步形成内外资金融企业公平竞争的市场环境。五是根据国务院的统一部署，认真做好防范和打击各类金融犯罪活动的工作，保证金融平稳运行。

不断开创银行业监管工作新局面

中国银行业监督管理委员会

中国银行业监督管理委员会（简称银监会），是根据党的十六大精神，经第十届全国人民代表大会第一次会议批准设立的国务院银行业监督管理机构。2003 年 4 月 26 日，十届全国人大常委会第二次会议通过决议，授权银监会履行原由中国人民银行履行的监督管理职责。4 月 28 日，银监会对外挂牌并正式履行职责。到年底，36 个银监局和 296 个银监分局基本组建到位。银监会系统机构组织体系的初步建立，为加强对银行业金融机构的监管奠定了重要的组织基础，也标志着我国银行业监管工作进入了新阶段。

银监会组建以来，在党中央、国务院的正确领导下，认真落实银行监管体制改革的战略部署，抓住机遇，克服困难，边组建、边监管，银行业监管、改革、开放和发展都取得了新进展。

一是确立了监管工作新的理念、目标和标准。按照“管法人、管风险、管内控和提高透明度”的监管新理念以及“四个监管目标”和“六条良好监管标准”，银监会在探索建立银行有效监管新框架方面迈出了新步伐，在支持金融创新和提升银行业竞争力方面采取了一系列新举措。先后出台了《商业银行服务价格管理暂行办法》、《商业银行集团客户授信业务风险管理指引》、《金融机构衍生产品交易业务管理暂行办法》、《股份制商业银行风险评级体系》等20多件市场发展急需的业务制度和监管规章。特别是《关于将次级定期债务计入附属资本的通知》、《商业银行资本充足率管理办法》的颁布实施，在我国建立了一套既体现国际监管标准、又符合基本国情的银行资本监管制度，逐步形成了包括贷款风险分类、贷款损失准备金计提、资本金补充机制等在内的相对完整的银行审慎监管体系。目前，银行监管工作重心初步实现了向促进完善公司治理，提高内控有效性和坚持以风险为本的审慎监管转变。

二是银行监管工作得到全面加强。在紧张的机构组建中，银监会丝毫没有放松银行监管工作。加强对银行业金融机构的非现场监管，全面推行贷款五级分类制度，及时加强对经济金融运行情况的监测分析和风险预警，认真开展对商业银行新增贷款质量、非信贷资产和表外业务等三项业务现场大检查，严厉查处各种违法违规经营行为，监管工作在改革中保持了连续性和稳定性，防范和化解金融风险取得了新进展。履行职责以来，银监会共查处违规经营的各级金融机构1242家，处分或建议处分违规人员3251人。去年末，银行业主要金融机构五级分类不良贷款余额2.44万亿元，比年初减少1906亿元；不良贷款比例为17.8%，比年初下降5.32个百分点，实现了不良贷款比例和余额大幅度“双下降”。银行业金融机构自我控制和化解风险能力普遍增强，各项监管和改革措施初显成效。

三是银行业改革、开放和立法取得了新突破。银监会成立以来，抓住改革、开放和立法三大机遇，从体制、机制和制度入手，提高监管工作的有效性。以改革产权制度和管理体制为重点，积极推进农村信用社改革，目前，8个省市改革试点工作进展顺利；明确国有商业银行改善公司治理结构、加强内部改革的具体目标要求，促进对中国银行、中国建设银行的注资和财务重组，银行业改革开始进入攻坚阶段。认真履行加入世贸组织的承诺，外资银行经营人民币业务扩大到13个城市，允许符合条件的外资银行向中资企业提供人民币服务；开放汽车融资金融服务，批准筹建了3家外资汽车金融公司；调低外国银行在华分支机构的营运资金要求，进一步简化其市场准入程序；提高外资参股中资金融机构的比例，鼓励合格的境外战略投资者按照商业和自愿的原则，参与我国银行业特别是中小金融机构的重组与改造，促进我国银行业服务水平的提高。参与《银行业监督管理法》起草，并促使其在较短时期内获得审议通过，从而明确了银监会的法律地位，实现了监管立法的重大创新，为促进我国银行业依法监管和依法经营提供了有力的法律支持与制度保障。

四是银行监管建设的基础工作迈出了新步伐。推动建立了银监会与证监会、保监会的监管联席会议制度，确立了分业监管体制下的监管分工合作框架。成立了由国际著名金融监管专家组成的国际咨询委员会，并成功召开了第一次会议。主动开展了巴塞尔有效银行监管核心原则自我评估，研究制订了银行监管建设的中长期规划。制定并执行了银监会“约法三章”，建立监管工作的监督机制，银监会的自身建设呈现出新面貌。

银监会成立以来，监管工作得到加强，各项工作有了一个良好开端，这为开创我国银行业监管工作新局面奠定了良好基础。实践证明，党中央、国务院改革银行监管体制的决策是正确的。目前，银监会负责监管的银行业金融机构法人35700多家，资产达27.6万亿元，占我国全部金融机构总资产的90%以上。加强对银行业金融机构监管，防范和化解金融风险，确保银行业安全稳健运行，任重道远。作为在金融监管体制改革中诞生的新机构，银监会将以新思路、新机制、新举措，不断开创银行监管工作新局面。

一、进一步加强监管法制建设。以《银行业监督管理法》颁布实施为契机，在大力开展法律学习、宣传和培训的同时，进一步加强银行监管立法工作。重点是修订《外资金融机构管理条例实施细则》，制定《政策性银行条例》，配合起草《银行卡条例》，积极参与《破产法》的修订完善工作。适时出台市场风险管理、房地产信托产品管理、抵债资产处置、电子银行业务管理、非信贷资产分类管理等市场急需的监管规章和指引，不断完善银行业运行规则。

二、继续推进监管创新。进一步落实新的理念，不断推进监管方式实现五个转变，即由合规监管为主向以风险监管与合规监管相结合转变；由分割式监管向注重对法人机构总体风险的把握、防范和化解转变；由一次性监管向持续监管转变；由侧重监管具体业务向注重监管公司治理和风险内控的有效性转变；由定性监管向定性与定量监管相结合转变，加强风险评价和预警。在进一步发挥好银监会、证监会和保监会三方联席会议制度作用的同时，推动建立银监会与有关部门之间的银行业突发危机事件处置制度安排，建立健全金融监管协调机制。

三、积极推进金融改革和开放。加快银行业改革开放步伐，是应对加入世贸组织挑战的迫切要求，是加强有效监管、提高整体竞争力的重要途径。改革的目的是从体制和机制上解决银行业存在的问题，切实提高我国银行业市场竞争力和抵御风险能力。改革的重点是抓好国有商业银行股份制改造和农村信用社改革试点工作，并以此带动银行业其他金融机构各项改革，促进银行业金融机构完善公司治理结构和健全风险内控机制，建立现代金融企业制度。当前，一是要按照中央的统一部署，大力推进中国银行和中国建设银行的股份制改造。目标是要在加入世贸组织过渡期内，将两家试点银行改造成资本充足、内控严密、运行安全、服务和效益良好、具有国际竞争力的现代化股份制商业银行。按照“总体规划、分步实施、加强领导、落实责任”的原则，核心是要改善法人治理结构和建立高效决策机制，实现体制、机制和制度创新。在改革过程中，重点要解决管理水平和人才素质不适应、实现政企分开和控制新增不良贷款等问题。要按市场化原则，有针对性地引进战略投资者。正确处理好改革与稳定的关系，确保银行业稳定健康发展。为确保改革成功，银监会将以总资产净回报率、股本净回报率、成本收入比、不良资产比率、资本充足率、大额风险集中度、不良贷款拨备覆盖率为标准，加强对两家试点银行改革的总体和分年度考核验收，使之在公司治理、经营绩效、资产质量和审慎经营等四个方面，达到并保持国际排名前100家大银行中等以上的水平。2004年是两家试点银行股份制改革关键的一年，银监会将督促两家试点银行统筹推进各项改革工作，完成法人治理整体架构的设计、重组和登记工作，制定与银行改革目标相适应的业务发展规划和战略，做好注资后不良资产处置的后续工作，按照既定的方案稳步推进资本重组，建立现代金融企业科学的内部管理体制。二是以解决好产权制度和管理体制问题为重点，继续做好农村信用社改革试点和推广工作。银监会将针对改革后形势变化的新要求，规范对农村信用社的管理，督促落实各项扶持政策，在总结八省市改革试点的基础上，组织推动扩大试点工作。在集中精力抓好农村信用社改革试点工作的同时，加强对农村金融体系改革的深入研究，积极推进农村金融体系整体改革进程。

与此同时，深入研究和推动政策性银行、资产管理公司、股份制商业银行和邮政储蓄等改革，并进一步做好银行业对外开放工作。继续认真履行加入世贸组织的各项承诺，进一步简化外资金融机构市场准入程序，鼓励合格的境外战略投资者参与中资银行重组与改造，推动外资银行进入人民币同业拆借市场，支持外资银行发展相关业务。

四、加大对银行业监管的力度。银监会将坚持把促进银行业金融机构完善公司治理和建立健全内控制度，作为长期的监管任务，不断提高依法监管的水平和效率。一是继续狠抓降低银行不良资产。实现银行业金融机构不良贷款余额和比例"双下降"，仍然是今年一项重要的监管工作目标。银监会将继续加强对银行业金融机构不良贷款余额和比例双重考核，实行银行业金融机构不良贷款"双下降"行长负责制。配合宏观调控，进一步加强对经济金融运行情况的监测分析，及时作出风险提示和"窗口指导"，督促银行业金融机构从源头加强风险控制，提高新增贷款质量。引导各银行业金融机构加强和完善房地产贷款(包括土地抵押贷款、开发区授信)、汽车消费信贷、信用卡和票据以及债券投资业务的管理。开展对钢铁、电解铝、水泥、房地产、汽车等行业融资风险管理情况的检查，及时防范长期信用风险和市场风险。二是完善市场准入监管。新设立的机构，必须遵循新的审慎市场准入标准。今后，银监会在审批新机构时，将要求其在公司治理方面要有所创新、内控制度上要能有效控制关联交易、地方政府不向银行投资入股、拥有专业化的高级管理人才、有合格的境外战略投资者、建立有效的资本约束和风险管理约束并十分注重考虑对现有机构风险的消化程度。三是以加强资本监管为核心，不断改进非现场监管。按照审慎监管的要求，从今年起，对商业银行实行严格的资本金监管制度。资本监管是商业银行审慎监管的核心内容。1995年，我国《商业银行法》就明确规定商业银行资本充足率不得低于8%，但是法规规定不明细，也没有明确针对资本不足银行的监管措施，影响了银行监管的有效性和权威性。鉴于我国商业银行资本充足率总体偏低的状况，要求主要的商业性银行类金融机构通过三年过渡期，即到2007年1月1日普遍达到《商业银行资本充足率管理办法》规定的资本充足要求。为此，银监会将采取相应的监管措施，以加强持续性监管。主要是：对银行业主要金融机构全面实施贷款五级分类管理制度，提高五级分类的真实性和规范化；在准确评估和判断风险的基础上，督促中国银行、建设银行、股份制商业银行和大部分城市商业银行按照审慎会计原则，率先提足贷款损失准备，对其他金融机构也要按照监管标准先进行"影子"考核，逐步做到位，以切实增强银行业金融机构自我度量和抵御风险的能力；要求商业银行以求真务实的精神，加大处置不良资产和呆坏帐核销力度，同时要增强盈利能力，增加自我积累，从内部补充资本；督促商业银行制订切实可行的资本补充计划，支持商业银行通过原股东注资、招募战略投资者、发行长期次级债券和可转债以及出售资产或上市等方式，有效提升资本充足率。四是有针对性地开展现场检查。今年重点是围绕去年检查中发现问题的整改情况，结合贷款五级分类规范性和准确性、贷款迁移、关联交易、关系人贷款、风险集中度及其变化、资本充足率、拨备缺口、票据业务、信用卡业务、非信贷资产等情况，开展对银行业各类金融机构的现场检查，督促其真抓实干，落实内控制度，依法处理各种违法违规行为。五是继续做好高风险机构的监控、预警和处置工作。要对各类机构风险状况进行全面排查和评估，研究制定风险处置预案，明确处置措施、职责分工和程序。对高风险金融机构，依法实行严格的市场退出制度。对于各类金融突发事件，及时采取处置措施。继续整顿金融秩序，规范市场竞争行为，大力打击各种借企业破产和资产重组之机逃废银行债务的行为。

五、抓紧落实监管工作的支持保障措施。建立银监会系统各级机构间的监管职责分工及其责任制，进一步建立健全高效的监管工作体系。按照统一规划、统一标准、统一管理、信息共享的原则，充分利用现代科学技术，加快银行业监管信息系统和网络体系建设步伐。大力推进监管统计信息系统建设进程，加强银行业风险调查分析，为监管决策提供及时有效的统计信息服务。

总结经验　与时俱进　开创银行业监管工作的新局面

中国银行业监督管理委员会主席　刘明康

中国银行业监督管理委员会(简称中国银监会)，是根据党的十六大精神，经第十届全国人民代表大会第一次会议批准设立的国务院直属事业机构。中国银监会成立后，一定按照党中央、国务院的要求，总结经验，与时俱进，扎实工作，加强和改进银行业监管，努力开创银行业监管工作的新局面。

一、成立中国银监会的重大意义

根据第十届全国人民代表大会第一次会议通过的《关于国务院机构改革方案的决定》，国务院决定设立中国银监会。建立中国银监会，是党中央、国务院从我国金融实际出发，在反复论证、听取多方意见基础上作出的决策，是我国经济体制改革的重要内容，是完善社会主义市场经济体制的客观要求，也是深化金融改革、加强金融监管、完善金融市场体系、促进我国金融业更好地应对加入世界贸易组织挑战的一个重大举措。金融是现代经济的核心，建立独立、统一的银行业监管机构，对进一步深化金融改革，加强金融监管，保障金融安全、高效、稳定运行，防范和化解金融风险具有十分重要的意义。中国银监会的建立，标志着我国金融业对外开放步伐进一步加快，标志着我国金融监管业的体制、机制向着市场化和国际化方向又迈出了新的一步。

二、中国银监会的主要职责及其部门设置

中国银监会根据国务院授权，统一监督管理银行、金融资产管理公司、信托投资公司及其他存款类金融机构，维护银行业的合法、稳健运行。中国银监会已正式履行职责。中国银监会的主要职责是：制定有关银行业金融机构监管的规章制度和办法；审批银行业金融机构及分支机构的设立、变更、终止及其业务范围；对银行业金融机构实行现场和非现场监管，依法对违法违规行为进行查处；审查银行业金融机构高级管理人员任职资格；负责统一编制全国银行数据、报表，并按照国家有关规定予以公布；会同有关部门提出存款类金融机构紧急风险处置的意见和建议；负责银行业、国有重点金融机构监事会的日常管理工作；承办国务院交办的其他事项。

中国银监会设15个部门：办公厅、政策法规部（研究局）、银行监管一部、银行监管二部、银行监管三部、非银行金融机构监管部、合作金融机构监管部、统计部、财务会计部、国际部、监察部、人事部、宣传工作部、群众工作部和监事会工作部；另设3个事业单位：信息中心、培训中心和机关服务中心。中国银监会将在省（自治区、直辖市）设立银监局，地（州、市）设立分局，根据监管工作需要，在县（县级市）设立精干的办事机构。

三、目前，中国银监会的组建情况

中国银监会的组建工作正在按照党中央、国务院的要求稳健有序地进行。中国银监会的组建工作主要涉及中国人民银行有关职能的划转和原中央金融工委有关职能的整合。组建的基本原则有三条：一是人随业务走，有关监管机构和人员原则上整体划转；二是先定方案后定人，一级负责一级，自上而下，上下联动，统一部署，抓紧进行；三是边组建，边工作，保证组建期间监管工作的正常进行。我们目前与中国人民银行等部门在各方面配合得很好。

由于客观条件的限制，目前中国银监会在两地办公。我们将采取有效措施并充分利用信息化手段，努力克服两地办公带来的困难，保障各项工作正常运转，并不断提高工作效率。

四、监管工作的经验、目的和良好监管的标准

我国银行业的监管工作已经有了一个很好的基础并积累了许多宝贵经验。概括起来，监管工作的重要经验是：必须坚持法人监管，重视对每个金融机构总体风险的把握、防范和化解；必须坚持以风险为主的监管内容，努力提高金融监管的水平，改进监管的方法和手段；必须注意促进金融机构风险内控机制形成和内控效果的不断改善；必须按照国际准则和要求，逐步提高监管的透明度。监管工作的目的是：通过审慎有效的监管，保护广大存款人和消费者的利益；通过审慎有效的监管，增进市场信心；通过宣传教育工作和相关信息披露，增进公众对现代金融的了解；努力减少金融犯罪。

良好监管的标准有六条：良好监管要促进金融稳定和金融创新共同发展；要努力提升我国金融业在国际金融服务中的竞争力；对各类监管设限要科学、合理，有所为，有所不为，减少一切不必要的限制；鼓励公平竞争、反对无序竞争；对监管者和被监管者都要实施严格、明确的问责制；要高效、节约地使用一切监管资源。做到：权为民所用，情为民所系，利为民所谋。党的为人民服务的宗旨是我们的一切工作的出发点和归宿。

五、今后一段时间内，银行业监管的工作重点

当前，金融行业监管体系正在进一步完善，银行监管工作已经有了良好的基础。今后一段时期内，整个银行业监管工作的重点是：根据国务院的统一部署，在做好各类机构监管工作的基础上，促进银行继续降低不良贷款比例，防范和化解金融风险，大力推进国有独资商业银行的改革步伐，加快农村信用社的改革试点工作。

（一）促进银行继续降低不良贷款比例，防范和化解金融风险。近两年虽然银行不良贷款比例有所下降，但目前仍处在高位。继续降低不良贷款比例，仍然是当前的一项突出任务，需要采取措施，加大贷款回收力度。对已经形成的不良贷款，要通过法律、经济、行政手段积极催收，采取多种形式处置，最大限度回收，减少损失。要通过加强内控，完善授权授信、审贷分离制度，健全贷款评审决策机制，严格控制发生新的不良贷款。优化贷款结构，提高贷款质量。

（二）深化国有独资商业银行改革。要完善银行内控机制，加强管理，改进经营，提高服务质量和水平。在此基础上，实行彻底规范的重组和改造，建立良好的法人治理结构和运行机制。其他商业银行也要按照现代企业制度的要求，深化内部改革，转换经营机制。

（三）加快农村金融体制改革。充分发挥金融对农业和农村经济的支持作用。深化农村信用社改革要明晰产权关系，强化约束机制，增强服务功能。农村信用社要坚持为农业、农村和农民服务的宗旨，加大农业信贷投放，增加农户贷款，及时、有效地为农民生产生活和农业、农村经济结构调整提供服务。同时，要整顿农村信用秩序，引导和规范民间借贷。

积极营造良好环境
进一步扩大银行业对外开放

中国银行业监督管理委员会主席　刘明康

一、为中国银行业对外开放营造良好的环境

实践证明，稳定的经营环境对银行业的发展十分重要，银行业对外开放时期尤其如此。自1979年中国银行业对外开放以来，银行业经营环境得到了显著改善。银监会成立以来，我们顺应发展的需要，逐步调整了过去的监管理念，把对外开放作为推动中国银行业发展的非常重要的环节之一。坚持改革与开放并举，开放与监管并行，监管与服务并重的方针，在积极扩大银行业对外开放的同时，也十分注重营造有利于银行业开放的环境，我们主要在以下三大方面开展了工作。

（一）大力推进银行业金融机构的改革

国有商业银行是我国银行业的主体。截至2004年6月底，四家国有商业银行资产总额为16.1万亿元，占银行业总资产的54.1%。存贷款的市场份额分别占59%和54%，因此，国有商业银行的稳健运行与健康发展对中国经济持续增长的作用不言而喻。

银监会成立以后，我们重点推动了国有商业银行的改革，首先选择中国银行和中国建设银行两家银行作为试点。这次改革的一个鲜明特点是，在注资和进行财务重组的同时，我们对两家银行规定了明确的改革总体目标和详细的时间表。具体讲，就是从2004年到2006年这三年中，将这两家银行改造成资本充足、内控严密、运营安全、服务效益良好，具有国际竞争力的现代化股份制商业银行。

改革的核心是建立良好的公司治理结构，为此，中国银监会借鉴国际先进经验并充分结合中国实际，制定并颁布了两行公司治理的改革与监管指引，具体包括十条标准和七项考核指标。我们希望通过产权制度和公司治理结构的改革，将国有商业银行从根本上改变成为现代商业银行，以使中国银行业步入良性的发展轨道。

除中国银行和中国建设银行外，我们要求中国工商银行、中国农业银行也要参照有关要求，加快推进内部改革，完善公司治理，为下一步股份制改造积极创造条件。

另外，农村信用社的改革也在大规模地、有条不紊地向前推进。改革试点工作已经进一步扩大到全国29个省区市，在推动农村金融的改革与发展，支持"三农"方面发挥着重要作用。

在贯彻当前宏观调控政策中，银监会把握宏观调控时机，从七个方面督促所有银行业金融机构进一步建立和完善风险管理的长效机制。从强化资本约束经营理念，完善授权授信管理制度，严格执行贷款五级分类标准和损失拨备制度，注意控制集中度风险和关联交易，提升管理信息化水平等方面入手，彻底改变银行业机构的理念和文化，彻底改变银行的发展模式。

（二）提升监管水平

银监会成立伊始，就提出了"管法人、管风险、管内控和提高透明度"的监管理念。为落实这一新的监管理念，我们积极推进监管工作机制的"五个转变"，即由合规监管为主向以风险监管和合规监管相结合转变，由"分割式"监管向注重对法人机构总体风险的把握、防范和化解转变，由"一次性"监管向持续监管转变，由侧重监管具体业务向注重监管公司治理和风险内控转变，由定性监管向定性监管和定量监管相结合、加强风险评价和预警转变。

我们积极参与《中华人民共和国银行业监督管理法》的起草，修订并颁布《中华人民共和国外资金融机构管理条例实施细则》、《外资银行并表监管办法》等。这些法规在促进外资银行业务发展，加强风险监管，创造安全的金融环境等方面都有重要意义。我们还采用CAMELS、ROCA和SOSA等评级体系，强化对外资银行的风险监管及其母行支持力度的评估分析。

转变这些监管理念的主要目的，一方面是为了有效控制风险，维护整个银行体系的稳定，另一方面则是要科学设限，鼓励创新和公平竞争，提高银行业体系的效率。

（三）加强金融基础设施建设

良好的金融基础设施是银行经营发展的重要前提。目前，我们正在开展和积极推动开展的建设内容包括：完善法律体系，强化执行机制；实施审慎的会计税收制度，真实体现银行业的审慎经营要求；建立安全有效的支付清算系统；加快改进征信体系，营造良好的社会信用文化；改革国有企业及其投融资体制，形成银行与国有企业之间正常的商业债权债务关系；强化市场约束，提高信息披露，防范道德风险和减少金融犯罪等。

二、进一步推进银行业的对外开放

银监会充分认识到引进外资金融机构的重要性。近年来，外资金融机构引入了新的技术经验，为我国银行业发展带来了积极变化。外资金融机构进入中国市场同样有利于银行业改革和重组。外资金融机构，特别是外资银行，已经成为我国银行体系的重要组成部分。

截至2004年8月底，外国银行在中国设立了200家营业性机构，其中外国银行分行162家，外资法人机构14家，外资银行代表处216家。另外，还有13家外资银行获准在华开办网上银行业务，5家外国银行分行开办合格境外机构投资者境内证券投资托管业务（即QFII）。外资银行在法规规定的12项基本业务范围内经营的业务品种已达约100个。

外资银行在增加机构的同时，业务也得到较快发展。截至2004年7月底，在华外资银行的资产总额为643亿美元，其中贷款为301亿美元。值得指出的是，外资银行的资产质量一直较好，不良资产率只有1.5%，不良贷款率仅有1.59%，且都在逐年逐月下降。

我们将继续推进银行业的开放，创造中外资银行之间平等、互惠的竞争格局。我们的工作主要表现在以下几个方面：

（一）认真履行中国加入WTO的承诺，逐步扩大外资银行经营人民币业务的范围和领域

中国2001年加入WTO以来，认真履行承诺，按时兑现了各项开放措施。加入时就已全面放开外汇业务，2003年12月，我们将外资银行人民币业务的客户对象扩大到中资企业。目前，已有13个城市允许外资银行经营人民币业务。截至2004年7月底，在华外资银行的总资产市场占有率已达1.82%，外汇贷款市场占有率为17.8%，人民币资产总额为857亿元人民币，比去年同期增长48%，今年1—7月盈利3亿元。今年12月，我们将开放北京、昆明和厦门三个城市的外资银行人民币业务，使开放人民币业务的城市达到16个。明年年底还将开放西安、沈阳、宁波和汕头四个城市，2006年底将取消所有地域限制，并同时开放中国居民个人的人民币业务。届时，外资银行的人民币业务范围和领域将与中资银行完全一样。

（二）欢迎合格的境外战略投资者按照自愿与商业的原则，与中资银行开展各种股权形式的合作

2003年12月银监会发布了《境外金融机构投资入股中资金融机构管理办法》，规定单个境外金融机构向中资金融机构投资入股比例由15%提高到20%，多个境外金融机构的投资比例可接近25%。目前，外资金融机构入股中资银行出现了良好势头：花旗银行、汇丰银行、恒生银行、国际金融公司和新加坡政府投资公司等多家外资金融机构都已经入股中资银行。加拿大丰业银行已获银监会批准入股西安市商业银行，这将是第一家接受外资参股的西部地区的银行。此外，汇丰银行持有交通银行19.9%股份，成为交行的第二大股东并将参与交行的董事会和高层管理。这些中资银行在董事会运作、风险管理、市场拓展和业务经营等方面都已有较大的变化。

我们认识到，外资参与中国银行业改革，双方都是赢家。一方面，外资参与将有助于巩固银行的资本基础，促使中资银行的股权结构多样化，提升银行业的公司治理和全面管理水平。另一方面，加强与中资银行的联系将帮助外资银行尽快增加市场份额和客户资源。实际上，许多外资银行都把与中资银行的紧密合作看做是在中国市场快速提升业绩的机会。

另外，中资银行也迫切需要这种合作，中国银行和中国建设银行在改革中都在积极寻找合格的境外战略投资者和合格的国际高管人才。对于新建的银行，如筹建中的天津渤海银行，我们也要求有富有经验的境外战略投资者从源头参与。

（三）非银行金融机构领域的开放也将加快步伐

非银行金融机构的开放成为了银监会成立以后对外开放的又一个亮点。例如在汽车金融公司方面，已批准了四家外资汽车金融公司筹建，它们是上汽通用汽车金融有限责任公司、丰田汽车金融（中国）有限公司、大众汽车金融（中国）有限公司和福特汽车金融（中国）有限公司。其中上汽通用汽车金融有限责任公司已开业经营。只要符合条件，我们还将批准更多的汽车金融公司。

根据2004年9月1日实施的《企业集团财务公司管理办法》，允许外资投资性公司设立财务公司，为其在中国境内的投资企业提供内部财务管理服务。财务公司的注册资本可以由该外资投资性公司单独或者与其投资者共同出资。同时，对中资机构已设立和即将筹建的财务公司也都鼓励外国战略

投资者参股，单个机构的参股比例可达20%。

（四）简化外资银行设立以及业务审批的相关程序，提高工作效率，鼓励金融创新，丰富外资银行的业务品种

在这方面主要是减少行政审批项目，简化审批层次，提高工作效率，鼓励创新，促进竞争。2004年9月1日实施的《中华人民共和国外资金融机构管理条例实施细则》已经有了很大的进步，对外资银行准入条件和程序都作了许多修改，如降低营运资金的数量，简化营运资金的档次，减少审批层次，对外资银行开展业务的范围和品种都采取审批与备案制，且绝大多数都是采用备案制。

中国银监会深知，一个国家的银行业监管水平是衡量一个国家金融发达水准的重要标杆之一，我们将继续通过提高监管的专业水平和工作效率来推动外资银行在中国的发展。首先是建立有效的银行监管框架，创造公平竞争的市场环境，保证中外资银行间的公平竞争；同时加强与母国监管当局之间监管合作，建立全方位国际监管合作框架，保证在全面并表基础上监管外资银行；进一步改进对外资银行监管和服务的技术手段。只有实施良好的管理和有效的监管，才能保证银行体系的安全运行和经济的稳定增长。

中国经济改革的双重探索

李铁映

上个世纪70年代末80年代初，中国经济开始改革开放，这是整个20世纪中国最伟大的事件之一。当代中国的一切成就，都与此息息相关。中国人民真心拥护改革，积极参与改革，并从中普遍受益。世界各国也十分关注中国的经济改革。本文拟就中国经济改革问题，谈几点看法。

一、中国经济改革的基本历程

从1978年开始，中国经济改革迄今已走过25年的探索历程，大体经历了四个发展阶段。

第一阶段（1978年12月至1984年9月），改革的起步阶段。

1978年12月，中国共产党召开了十一届三中全会，拉开了中国经济改革的序幕。随后近6年的时间里，改革的重点在农村。家庭联产承包责任制逐步取代人民公社制，大大调动了农民发展商品生产的积极性，粮食产量大幅度增加。乡镇企业异军突起，亿万农民进城打工，出现了中国特色的“农民工”现象（家在农村，进城打工）。

在城市，主要进行了企业改革试点，扩大企业经营自主权。同时，创建经济特区，开放14个沿海港口城市，开始用引进外资的办法，加快开发中国的劳动资源。

第二阶段（1984年10月至1991年12月），改革的展开阶段。

1984年10月，中共十二届三中全会通过《中共中央关于经济体制的决定》，标志着改革的重点转向城市。国有企业是整个改革的中心环节，价格改革是关键，培育和壮大市场是突破口。进行了承包经营、租赁经营、股份制等多种形式的试点，设法使国有企业成为真正的市场主体。个体经济、私营经济和外资企业等非国有经济，在整个国民经济中的比重越来越高。改革由经济领域扩展到科技、教育等社会各个领域。对外开放进一步扩大，开放了珠江三角洲、长江三角洲和闽南三角地带。

但是，中国的经济改革毕竟是在探索中前进的。新的经济体制，从摸索到试点、调整、完善，不可能一帆风顺。上个世纪80年代末，国民经济的高速增长引发了通货膨胀和经济秩序混乱。1989年后，国内市场疲软，经济增长速度放慢；国际上一些国家对中国制裁，不少社会主义国家发生动荡，这在一定程度上增加了我们的困难。中国领导层沉着应对，一方面，对宏观经济进行治理整顿；另一方面，继续对经济改革进行大胆探索和尝试。

第三阶段（1992年初至2002年10月），初步建立社会主义市场经济体制阶段。

在这一阶段，改革向纵深发展，重点是制度创新。1992年初，邓小平同志视察南方并发表重要谈话，深刻回答了长期困扰和束缚人们思想的许多重大理论和实践问题，推动了全党和全国人民的思想解放。1992年10月，中共十四大明确提出，中国经济体制改革的目标是建立社会主义市场经济体制。1993年11月，中共十四届三中全会作出相关决定。随后短短数年间，中国按照建立社会主义市场经济体制的目标，大幅度地改革了财政体制、金融体制、外汇管理体制等宏观经济体制。1997年9月，中共十五大提出，公有制为主体、多种所有制经济共同发展，是中国社会主义初级阶段的基本经济制度。调整和完善所有制结构，成为经济改革的首要任务。

经过改革，中国的所有制结构，逐渐呈现出新的格局：以多种形式的公有制为主体，各种所有制经济成分平等竞争、共同发展。股份制、股份合作制等现代企业制度，在国有经济中广泛推行。非公有制经济迅速发展。社会保障制度逐步建立。2001年，中国正式加入WTO。

第四阶段（2002年11月至今），逐步完善社会主义市场经济体制阶段。

21世纪初，中国进入全面建设小康社会、加快推进社会主义现代化的新的发展阶段。2002年11月，中共十六大提出：21世纪头20年，对中国来说，是一个必须紧紧抓住，并且可以大有作为的重要战略机遇期。这一时期的战略目标是：全面建设惠及十几亿人口的更高水平的小康社会，使经济更加发展、民主更加健全、科教更加进步、文化更加繁荣、社会更加和谐、人民生活更加殷实。

为适应经济全球化和科技进步加快的国际环境，适应全面建设小康社会的新形势，中国共产党和中国人民确信：必须加快推进改革，建成完善的社会主义市场经济体制，建成更具活力、更加开放的经济体系，进一步解放和发展生产力，为经济发展和社会全面进步注入强大动力。

经过25年的不懈探索，中国经济改革取得重大进展。传统的计划经济体制，逐步被社会主义市场经济体制所代替；公有制为主体、多种所有制经济共同发展的基本经济制度已经确立；全方位、宽领域、多层次的对外开放格局基本形成。

改革的不断深化，极大地解放和发展了中国的社会生产力，提高了综合国力，改善了人民生活，使中国经受住了一系列

严峻考验,如国际金融动荡,国内严重自然灾害、重大疫情等。

从 1978 年到 2002 年,中国 GDP 年均增长 9.4%,比同期世界经济年均增长速度高 6.1 个百分点,人均 GDP 由 190 美元增长到接近 1000 美元。1990 年,中国 GDP 在世界上居第 10 位。从 2000 年开始,中国 GDP 已连续三年居世界第 6 位。

2002 年,中国 GDP 达到 10.4 万亿元人民币,增长 8%。进出口贸易额为 6207.7 亿美元,增长 21.2%。

人民生活水平总体上步入小康。从 1979 年到 2002 年,城镇居民家庭人均可支配收入年均增长 6.4%;农村居民家庭人均纯收入年均增长 7.3%。2002 年,城镇居民家庭人均可支配收入 7703 元;农村居民家庭人均纯收入 2476 元。

二、中国经济改革的理论成果

如同人类历史上一切重大进步一样,中国经济改革也是实践与理论的双重探索。实践探索推动理论探索,推动人们不断解放思想。理论探索总结实践探索的经验,使之升华为思想、理论、学说,进而指导实践探索的深化。两种探索相辅相成,交相辉映,共同演奏出中国经济改革的动人乐章。

中国经济改革,所以能取得重大成就,一方面得益于我们大胆试,大胆闯,不拘泥于书本,不拘泥于条条框框,不墨守成规;另一方面,也得益于我们不断解放思想,实事求是,总结经验,根据实践的要求,进行理论创新,用创新的理论指导改革实践的进一步发展。这里,粗线条地勾勒一下这些理论创新的具体成果。

——社会主义本质论。社会主义的本质,是解放生产力,发展生产力,消灭剥削,消除两极分化,最终达到共同富裕。社会主义的本质是具体的,不是抽象的。不能从书本、概念和原则出发,来判断是否是社会主义。社会主义没有一成不变的模式。现实的社会主义,总是特色的,是共同性与多样性的统一。中国特色的社会主义,是紧密结合中国实际并且能够实现国家强盛、人民富裕、中华民族全面振兴的社会主义。僵化封闭不能发展社会主义,改革开放是社会主义发展、完善的必由之路。在整个改革开放和社会主义现代化建设时期,必须始终注意处理好改革、发展、稳定三者之间的关系。改革是方法,是动力;发展是目的,是硬道理;稳定是前提,是必备条件。要把改革的力度、发展的速度和社会的承受程度协调统一起来,使改革、发展、稳定三者相辅相成、相得益彰。

——社会主义初级阶段论。总结多年的经验教训,我们认识到,搞社会主义,不能犯"急性病"。从中国的国情出发,我们确认:中国目前处于并将长期处于社会主义初级阶段,一切工作,都要从这个实际出发。社会主义初级阶段,也就是不发达的社会主义阶段,是由落后的农业国,逐步转变为工业化国家的历史阶段;是逐步实现全体人民共同富裕的历史阶段;是实现中华民族伟大复兴的历史阶段。一句话,是中国人民在社会主义基础上,实现工业化、现代化的历史阶段。这样的历史进程,至少需要一百年。

——社会主义市场经济理论。确认商品经济是人类社会不可逾越的历史阶段。计划经济不等于社会主义,资本主义也有计划;市场经济不等于资本主义,社会主义也有市场。要充分发挥市场在资源配置中的基础性作用。社会主义市场经济理论的确立,主要有两方面的创新意义:一是打破了将市场经济看做资本主义"专利"的传统观念,市场经济作为人类的文明成果,资本主义可以用,社会主义也可以用。二是强调社会主义制度与市场经济相结合,这在人类历史上是从未有过的。西方市场经济符合社会化大生产、符合市场一般规律的东西,我们要积极学习和借鉴。但西方市场经济是在资本主义制度下搞的,中国的市场经济是在社会主义制度下搞的,我们的创造性也就体现在这里。

——所有制理论。创新集中表现在两个方面:一是从单一的公有制理论,向以公有制为主体、多种所有制经济共同发展的理论转变,强调毫不动摇地巩固和发展公有制经济,毫不动摇地鼓励、支持和引导非公有制经济发展。二是把所有制与所有制的实现形式区分开来,提出公有制实现形式可以而且应当多样化。从战略上调整国有经济布局。大力发展国有资本、集体资本和非公有资本等参股的混合所有制经济,使股份制成为公有制的主要实现形式。

——分配理论。允许一部分地区、一部分人先富起来,鼓励先富帮后富,最终实现共同富裕。实行效率优先、兼顾公平的政策。坚持和完善按劳分配为主体的多种分配方式,把按劳分配和按生产要素分配结合起来,确立劳动、资本、技术和管理等生产要素按贡献参与分配的原则。建立和完善多层次、社会化的社会保障体系,创建社会统筹和个人帐户相结合的制度。注意解决不同地区、不同人群的收入差距问题。

——市场体系理论。强调建立统一开放、竞争有序的市场体系。消除地区壁垒,打破行业垄断,建立全国统一市场。实施"走出去"战略,充分利用国内和国际两种资源和两个市场。承认生产资料、生产要素都是商品,都有价格,大力发展资本市场、劳动力市场等生产要素市场,积极推进资本市场的改革开放和稳定发展。形成以道德为支撑、产权为基础、法律为保障的社会信用制度,建设企业和个人信用服务体系,增强全社会的信用意识。

——宏观管理体制改革理论。改革政府管理模式,从行政性的直接管理,转向以经济和法律手段为主的间接管理。深化行政审批制度改革,切实把政府经济管理职能,转到主要为市场主体服务和创造良好发展环境上来,不直接干预微观经济活动。深化计划、财政、税收、金融等体制改革,建立健全协调统一的宏观调控体系。辩证处理宏观调控和市场机制的关系,"看不见的手"与"看得见的手"两手并用。

——企业制度改革理论。确认国有企业改革是经济体制改革的中心环节。实行政企分开,所有权和经营权、所有者职能和经营者职能分离。改变企业是行政附属物的观念,确立企业的市场主体和法人资格。按照"产权清晰、权责明确、政企分开、管理科学"的要求,建立现代企业制度。按照"归属清晰、权责明确、保护严格、流转顺畅"的原则,建立现代产权制度,从整体上搞活国有企业。支持非公有制企业的发展,非公有制企业在投融资、税收、土地使用和对外贸易等方面,与其他企业享有同等待遇。

——农村改革理论。废除人民公社体制,形成以家庭承包经营为基础的体制。完善农村土地制度,实行最严格的耕地保护制度。健全农业社会化服务体系、农产品市场体系和国家对农业的支持保护体系。根据中国国情,大力发展乡镇企业,发展小城镇,走中国特色的农村工业化、城镇化道路,促进农村富余劳动力转移就业。推动农业产业化,逐步实现农业现代化。

——对外开放理论。改变封闭半封闭发展观念和模式,确立对外开放基本国策,建立开放型经济体制。抛弃"有色眼镜",大胆吸收人类社会,包括资本主义社会所创造的一切文明成果。创建经济特区,发展外向型经济。适应加入 WTO 的新形势,形成稳定、透明的涉外经济管理体制和相关法律法规,全面提高对外开放水平,以开放促改革、促发展。处理好对外开放和自力更生的关系。对外开放是以自力更生为基础的对外开放。中国解决所有问题的关键，是靠自己的发展。

——法制建设理论。确立依法治国、建设社会主义法治国家的基本方略。强调社会主义市场经济是法制经济。着眼于确立制度、规范权责、保障权益，加强经济立法，建立和完善社会主义市场经济法律制度。完善市场主体和中介组织法律制度，产权法律制度，市场交易法律制度；完善预算、税收、金融和投资等法律法规，劳动、就业和社会保障等方面的法律法规，社会领域和可持续发展等方面的法律法规，涉外经济法律法规。加强执法和监督，为社会主义市场经济的发展，提供完备的法制保证。

此外，还有一些其他理论成果，限于时间和篇幅，这里就不一一列举了。必须指出，所有这些理论成果，都在邓小平理论和江泽民"三个代表"重要思想中，得到了集中体现和阐发。

三、中国经济改革的展望

当前，中国经济发展势头强劲，运行良好。2003 年上半年，尽管受到伊拉克战争和 SAPS 疫情的不利影响，中国 GDP 仍增长了 8.2%。中国经济的快速稳定发展，获得了世界的广泛赞誉。

但是，我们清醒地认识到，中国是世界上最大的发展中国家，有近 13 亿人口，经济文化还不发达，地区之间发展不平衡，将长期处在社会主义初级阶段，要实现现代化，有很长的路要走，需要进行不懈的艰苦努力。中国共产党和中国人民，始终抱有强烈的忧患意识。我们认为，对一个国家和民族来说，具有忧患意识，是成熟的表现，有忧患则生，无忧患则亡。

现在，中国经济也面临一些亟待解决的突出问题，如经济体制不完善，产业结构不合理，分配关系尚未理顺，农民收入增长缓慢，就业和社会保障压力加大，生态环境保护需要加强，经济整体竞争力不强，等等。对这些问题，我们正采取一系列措施加以解决。2003 年 10 月，中共十六届三中全会通过了《中共中央关于完善社会主义市场经济体制若干问题的决定》，根据十六大提出的建成完善的社会主义市场经济体制和更具活力、更加开放的经济体系的战略部署，明确了完善社会主义市场经济体制的目标、任务、指导思想和原则，就深化经济体制改革制定了总体方案。

新世纪初期中国经济改革的基本目标是：统筹城乡发展、统筹区域发展、统筹经济社会发展、统筹人与自然和谐发展、统筹国内发展和对外开放，更大程度地发挥市场在资源配置中的基础性作用，增强企业活力和竞争力，健全国家宏观调控，完善政府社会管理和公共服务职能，为全面建设小康社会提供强有力的体制保障。

主要任务是：完善公有制为主体、多种所有制经济共同发展的基本经济制度；建立有利于改变城乡二元经济结构的体制；形成促进区域经济协调发展的机制；建设统一开放、竞争有序的现代市场体系；完善宏观调控体系、行政管理体制和经济法律制度；健全就业、收入分配和社会保障制度；建立促进经济社会可持续发展的机制。

为实现上述目标，完成经济改革的历史任务，我们强调要坚持五个原则：坚持社会主义市场经济的改革方向，注重制度建设和体制创新；坚持尊重人民群众的首创精神，充分发挥各方面的积极性；坚持正确处理改革发展稳定的关系，有重点、有步骤地推进改革；坚持统筹兼顾，协调好改革进程中的各种利益关系；坚持以人为本，树立全面、协调、可持续的发展观，促进经济社会和人的全面发展。

近来，国际社会关注人民币汇率问题。谈谈我的看法。一个国家的货币制度和政策，不能脱离这个国家的经济发展实际。根据当前中国经济的发展阶段、金融监管水平和企业承受能力，中国实行浮动汇率制度，其特点是：以市场供求关系为基础，单一和有管理。在这一制度基础上，保持人民币汇率基本稳定，有利于中国经济的正常运行，也有利于世界经济的稳步发展。

1997 年亚洲金融危机爆发时，在周边许多国家货币大幅度贬值的情况下，中国保持人民币不贬值，保持汇率稳定，为维护亚洲乃至全球金融和经济稳定做出了贡献。一些国家和人士出于种种目的，在国际上散布"中国威胁论"，威逼利诱，企图迫使中国放弃现行的货币制度和政策，让人民币升值。这是我们所不能接受的。因为它不符合中国的实际，对全球经济也没有什么好处。中国是负责任的发展中国家。我们将保持人民币汇率在合理、均衡水平上的基本稳定，同时进一步深化金融改革，探索和完善人民币率形成机制。

经过 25 年的艰苦努力，中国经济改革在实践和理论的双重探索方面，取得了重大成果，积累了一些经验。对一个国家和民族来说，什么是最宝贵的？自己的经验是最宝贵的！但我们并不自满。我们深知，探索永无止境，更大的挑战还在后头。中国人民将坚定不移地继续推进双重探索。我们对中国经济改革的前景充满信心。

牢固树立全面协调可持续的发展观
抓住机遇　加快发展　做大做强保险业

吴定富

同志们：

今天上午，国务院召开了全国银行、证券、保险工作会议，温家宝总理作了重要讲话，对去年的金融工作进行了全面总结，提出了今年和今后一个时期金融工作的指导方针和主要任务。温家宝总理的讲话总揽全局，内涵丰富，体现了求真务实的精神，对进一步促进我国金融业改革发展将起到重要作用，对做好保险工作具有很强的指导意义。我们一定要认真学习，深刻领会，全面贯彻落实。这次全国保险工作会议的主要任务是：以邓小平理论和"三个代表"重要思想为指导，深入学习贯彻十六届三中全会和全国银行、证券、保险工作会议精神，总结去年工作，分析面临的形势，进一步统一思想，提高认识，明确今年的主要任务。下面，我讲几点意见。

一、2003 年保险业基本情况

一年来，在党中央、国务院的正确领导下，保险业认真贯彻落实"三个代表"重要思想和十六大精神，以改革促发展，以开放求发展，以结构调整实现可持续发展，以加强和改善监管促进健康发展，较好地完成了去年全国保险工作会议部署的各项任务，行业上下形成了抓改革、促发展的良好氛围。全国保费收入3880.4亿元，同比增长27.1%。其中，财产险保费收入869.4亿元，同比增长11.7%；寿险保费收入2669.5亿元，同比增长28.7%；健康及意外险保费收入341.5亿元，同比增长69.7%。2003年我国保险密度达到287.44元，保险深度为3.33%，保险公司总资产达到9122.8亿元，同比增长41.5%。保险业呈现出蓬勃发展的良好局面。总结去年的工作，主要取得以下几个方面的成绩。

（一）学习实践"三个代表"重要思想和十六大精神在认识上达到新高度

按照党中央的统一部署，全行业迅速兴起学习贯彻"三个代表"重要思想的新高潮，紧密结合保险业实际，在解放思想中统一思想，认识上达到新高度。主要表现在：

思想观念发生深刻变化。一是政治意识明显增强。坚持正确的政治方向，从政治的高度认识和处理问题，坚决贯彻执行党中央、国务院关于保险工作的重大方针和工作部署。出台的政策措施，推出的产品服务，都把维护最广大人民群众的根本利益作为出发点和落脚点。二是大局意识明显增强。牢固树立想全局、干本行，干好本行、服务全局的意识，紧紧围绕党和国家的中心任务开展工作，努力发挥保险业促进改革、保障经济、稳定社会、造福人民的作用。三是责任意识明显增强。深刻认识到我国保险业基础差、底子薄，地区发展不平衡，总体发展水平低，同国家和人民的要求相比还有很大差距，增强了加快发展的紧迫感和责任感。

保险理论创新取得成果。以"三个代表"重要思想为根本指针，结合我国保险业实际，积极探索具有时代特点和中国特色的保险发展道路，对如何认识我国保险业、怎样发展我国保险业、发展一个什么样的保险业等基本问题有了更加深刻的认识。一是作出了我国保险业仍处于发展初级阶段的重要判断，基本特征是总体规模小，在国民经济中的比重低，功能和作用发挥不充分。二是提出了当前保险业的主要矛盾是发展水平与国民经济、社会发展和人民生活的需求不相适应。三是明确了保险业的首要任务是加快发展，尽快做大做强。四是发展了保险功能理论，提出现代保险不仅具有经济补偿功能和资金融通功能，还具有社会管理功能，为保险业全方位、多层次、宽领域挖掘发展潜力，拓宽发展空间提供了理论指导。

对我国保险业发展规律有了进一步的认识和把握。总结改革开放20多年来保险业发展的经验，适应新形势、新任务，对社会主义市场经济条件下保险业发展规律的认识不断深化，提出了要处理好八个方面的关系。一是处理好保险业与经济社会的关系，必须将保险业置身于经济和社会发展的全局，自觉服从经济和社会发展的需要。二是处理好经济效益与社会效益的关系，实现经济效益与社会效益的有机统一。三是处理好保险业做大与做强的关系，既要做大又要做强，不断提高保险业整体实力和竞争能力。四是处理好加强监管与加快发展的关系，寓监管于服务之中，为发展创造良好环境。五是处理好加快发展与防范风险的关系，既不能因为有风险而不敢发展，也不能为了发展而不顾风险。六是处理好发达地区和欠发达地区保险市场发展的关系，鼓励东部沿海发达地区继续保持良好的发展势头，加快中西部等欠发达地区保险业发展。七是处理好加强监管与鼓励创新的关系，保险监管部门既要支持和鼓励保险创新，又要努力防范化解创新可能带来的风险。八是处理好长远与当前的关系，克服短期行为，开发好、利用好、保护好保险资源，实现保险业可持续发展。

（二）体制改革取得重大突破

为解决保险业发展的体制性障碍，不断深化改革，增强保险业加快发展的动力。

国有保险公司改革取得重要进展。保监会把推动国有保险公司股份制改革作为监管创新的重要举措和防范风险的治本之策，列为全年工作的重中之重，有效发挥指导、监督和协调的作用。国有保险公司认真贯彻落实国务院批准的股份制改革方案，一手抓改革，一手抓发展，克服非典疫情和国际资本市场波动带来的不利影响，克服时间紧、任务重、要求高，又没有现成经验可以借鉴的实际困难，大胆探索，努力工作，积极推进股份制改革。中国人保、中国人寿和中国再保险三家公司全部完成重组改制工作。中国人民财产保险股份有限公司在香港上市，成为第一家在境外上市的国有金融企业。中国人寿保险股份有限公司在纽约和香港两地同步上市，创造了当年全球资本市场首次公开发行融资额的最高纪录。通过上市，两家公司共筹集资金折合人民币354亿元，增强了资本实力，提高了偿付能力和抵御风险的能力，优化了股权结构，为进一步转换经营机制，提高竞争能力奠定了坚实基础。

股份制保险公司通过吸收外资和民营资本参股，引进境外战略投资者，逐步优化股权结构，发挥外资和民营股东在完善公司治理结构和加强内控建设方面的积极作用，切实在转换经营机制上下功夫，企业的竞争力进一步提高。

保险资金运用管理体制改革取得突破。经国务院批准，中国人保控股公司和中国人寿保险(集团)公司设立保险资产管理公司，对保险资金实行专业化管理和集中统一运用，在探索保险资金管理体制改革方面迈出了重要步伐。

（三）推出一系列促进发展的举措

保监会坚持市场化原则，出台了一系列加快发展的政策措施，努力为市场主体服务，创造良好发展环境。

一是稳步推进条款费率管理制度改革。车险条款费率管理制度改革在全国范围内推开，经过大量深入细致的工作，市场运行基本平稳。航空意外险改革逐步推进。通过改革，保险公司更加尊重市场规律，注重产品开发和客户服务。保险产品种类逐步增加，费率趋于合理，较好地满足了社会需求。

二是放宽中资保险公司分支机构经营区域。凡在省、自治区、直辖市设有分支机构的，可以通过专业保险中介公司或者设立营销服务部的方式在该行政辖区内开展业务，改变了部分地区经营主体偏少的局面，促进了市场竞争。

三是放宽保险公司高级管理人员任职资格限制。在从业年限、工作经历以及高管人员的任职审批范围等方面做了合理调整，为保险公司吸引人才，提高保险从业人员整体素质创造了条件。

四是拓宽保险资金运用渠道。保险公司投资企业债券的范围由4个行业扩大到所有AA级以上的企业债券，投资比例由不超过总资产的10%提高到20%。

五是完善市场准入机制，增加经营主体。支持股份制保险公司发展服务网点，把保险中介机构审批纳入日常工作程序，共批设保险公司分支机构316个，保险专业中介机构922家。

六是努力拓宽保险服务领域。通过举办企业年金论坛、健康险论坛、现代保险功能论坛，联合开展地震保险、农业保险等重大理论和实践课题研究等多种方式，积极与相关部委加强沟通协调，取得他们对保险业改革发展的理解和支持，推动相关业务的发展。

七是发挥新闻宣传的作用，为保险业发展营造良好的舆论环境。加强对行业宣传工作的指导，建立了保监会新闻发言人制度。保险新闻报道坚持正确的舆论导向，服务于保险业改革发展的大局，取得明显宣传效果，扩大了保险的社会影响。据不完全统计，去年仅中央和首都的新闻单位采写的保险新闻报道就4000多篇。

八是积极争取各级政府对保险业发展的支持。保监会派出机构主动向地方政府汇报工作，得到地方政府重视。四川、湖南省政府还把保险业发展纳入当地经济社会发展总体规划，并制定了促进保险业发展的指导意见。

各保险公司改革发展迈出新步伐。一是制定科学的发展战略，积极调整业务结构，加大产品开发力度，效益观念明显增强。二是适应业务发展需要，增设分支机构，服务网络布局更加合理，服务功能不断增强。三是加强内部管理，强化业务和财务风险控制。四是大多数保险公司保持了较高的业务增长速度和良好的发展势头。如新华人寿、泰康人寿和太平人寿等公司的保费收入翻了一番。

（四）保险的作用得到较好发挥，保险业的社会地位进一步提高

保险业立足为经济社会发展全局服务，努力发挥保险的各项功能和作用，取得明显成绩。

在经济补偿方面，2003年各保险公司共支付赔款和给付841亿元，同比增长19%，特别是在一些重大灾害事故发生后，保险公司及时赔付，在灾后重建、恢复正常的生产生活秩序方面发挥了重要作用。如淮河流域水灾赔付5亿多元，上海地铁4号线透水事故预赔1.35亿元。出口信用保险公司成立两年来，为70多亿美元的出口和投资提供收汇保障，为40多项大型中长期外贸及投资项目提供保险支持，向企业支付赔款1亿多美元，较好地发挥了支持对外贸易的作用。

在资金融通方面，截至2003年年底，保险资金运用余额8739亿元，为国家经济建设提供了大量资金。其中，4550亿元存入银行，1400亿元购买国债。保险公司持有的企业债券占企业债券总量的一半，持有的证券投资基金占整个证券市场基金份额的26.3%，保险公司已成为资本市场主要的机构投资者，为资本市场的发展和稳定发挥了积极作用。

在发挥社会管理功能方面，各保险公司普遍加强了防灾防损和社会保障等方面的服务，保险承担起更多的社会责任。特别是在抗击非典斗争中，保险业反应快、介入早，共向313例非典患者赔付500多万元，向社会捐款1000多万元，向医护人员捐赠保险保额2亿多元，树立了负责任、献爱心的行业形象，表现出"服务大局、勇担责任、团结协作、为民分忧"的行业精神，增强了全社会战胜非典的信心，得到社会普遍认可。

随着保险作用的进一步发挥，社会对保险的认识逐步加深，保险业的社会影响日益扩大。一是保险业的发展得到了党中央、国务院的高度重视。2003年，温家宝总理和黄菊副总理多次对保险工作作出重要批示，提出明确要求。黄菊同志还亲自出席国有保险公司股份制改革工作座谈会并作重要讲话。国务委员唐家璇同志专门为在京的保险系统干部职工作国际形势报告。特别是就在这次会议召开的前几天，温家宝总理和黄菊副总理又在保监会的工作汇报上作了重要批示。二是十六届三中全会《关于完善社会主义市场经济体制若干问题的决定》有7处直接提到保险，从全局的高度肯定了保险业在完善社会主义市场经济体制和全面建设小康社会中的重要作用。三是中央把保监会调整为国务院直属正部级事业单位，增设派出机构，提高部分派出机构行政级别，增加内设机构和人员编制。这些都充分体现了党中央、国务院对保险业的亲切关怀和殷切期望，是对我们极大的支持和鼓舞。

（五）对外开放呈现新特点

保险业按照统筹国内发展和对外开放的要求，以开放求发展，不断为加快发展注入新的活力。认真履行加入世贸组织承诺，进一步扩大保险市场对外开放。2003年，共批准3家外国保险公司进入我国保险市场，批准10个外资保险公司营业机构开业。外资保险公司业务范围和经营区域进一步扩大，允许外国非寿险公司在华设立独资子公司，允许在华外资非寿险公司向国内客户提供除法定业务外的全部非寿险服务，对外开放城市增加到15个。与此同时，对外交流合作得到加强，成功获得国际保险监督官协会2006年年会举办权。

总的来说，2003年保险市场对外开放呈现以下几个特点：一是外国保险经纪公司第一次获准在我国设立营业机构。二是引进了在农业保险、养老保险、再保险等方面有专长的外国保险公司。三是外资保险公司首次在重庆、成都等西部地区设立营业机构，开展业务。

（六）保险监管不断加强

保监会坚持一手抓促进发展、一手抓防范风险的工作方针，把防范化解风险和保护被保险人利益作为监管工作的出发点和落脚点，以加强和改善保险监管促进保险业健康发展。

偿付能力监管迈出实质性步伐。发布了《保险公司偿付能力额度及监管指标管理规定》，建立了偿付能力预警指标体系，符合我国国情的偿付能力监管制度框架初步建立。在全面分析各保险公司偿付能力的基础上，对偿付能力不足和监管指标严重超标的10多家公司采取了要求提交解释报告、监管谈话等措施，有关公司已积极采取措施改善了偿付能力状况。偿付能力监管这一重要的监管手段开始发挥作用。市场行为监管进一步加强。一是加强制度建设。下发实施了《财产保险公司分支机构监管指标》、《财产保险公司分险种监管报表》，明确和规范监管重点和标准。出台了《人身保险新型产品精算规定》，与人民银行联合下发《关于加强银行代理人身保险业务管理的通知》，规范新型寿险产品和银行保险业务。编写了寿险现场检查手册，统一现场检查的标准和程序。二是根据保险市场存在的突出问题，有重点、有针对性地开展专项检查，认真妥善处理信访投诉，整顿和规范市场秩序，维护了保险市场的稳定和被保险人的利益。三是加大了保险违法违规行为的处罚力度。2003年，共查处市场违规案件466起，处理相关责任人37名。

国务院向国有保险公司派驻的监事会以财务监督为重点，深入开展专项检查，在确保国有资产保值增值、督促国有公司规范经营等方面发挥了积极作用。

（七）党的建设和队伍建设呈现新面貌

适应社会主义市场经济条件下保险业发展的新形势，不断加强保险系统党的建设。一是加强思想政治建设。按照中央的统一部署，在全系统迅速兴起学习贯彻"三个代表"重要思想新高潮的活动。保监会党委带头认真学习，并采取召开中心组扩大会议、举办辅导报告等多种形式，组织保险系统深入学习，努力做到用"三个代表"重要思想和十六大精神武装头脑，指导实践，推动工作。二是加强领导班子建设。保监会新的党委成立后，进一步完善了党委各项会议和工作制度，认真贯彻落实民主集中制，增强了班子的凝聚力和战斗力。结合股份制改革，调整加强国有保险公司领导班子。三是认真落实保监会新"三定"方案和派出机构新编制方案，顺利完成派出机构的更名、挂牌和干部任命等工作，监管干部队伍的工作作风和精神面貌有了明显转变。四是工会、共青团等群团组织围绕中心工作，开展丰富多彩的活动，增强了凝聚力和向心力。

同时，我们也清醒地认识到，目前保险业还存在一些突出

的矛盾和问题。一是产品结构单一，服务水平低，不能满足人民群众日益增长的保险需求。二是保险市场违法违规行为仍然存在，欺诈误导投保人的现象时有发生，诚信建设有待加强。三是保险监管的理念、方式和手段与保险业快速发展的形势还不适应。四是保险公司的内控机制仍然比较薄弱。对此，我们必须高度重视，认真对待，切实加以解决。

总之，2003年保险业改革发展的成绩显著，是我国保险业发展具有历史意义的一年。这些成绩的取得，是党中央、国务院正确领导的结果，是保险业全体干部职工辛勤努力、团结拼搏、共同奋斗的结果。借此机会，我代表中国保监会，向在座的各位同志，向保险业广大干部职工表示衷心感谢并致以崇高敬意！

二、认清形势，统一思想，进一步提高对加快发展的必要性、紧迫性和可行性的认识

深刻分析和认识当前形势，对于做好当前和今后一段时期的保险工作，具有十分重要的意义。

（一）保险业面临极为难得的发展机遇

党的十六大提出，本世纪头20年对我国来说是一个必须紧紧抓住并且可以大有作为的重要战略机遇期。保险业置身于经济和社会发展的大局，也面临着十分重要的历史机遇。

国际政治经济环境对我国保险业发展十分有利。和平与发展仍是当今时代的主题。以胡锦涛同志为总书记的党中央冷静观察，沉着应对，把握机遇，因势利导，在复杂的国际环境中正确处理各种国际关系，为我国社会主义建设事业创造了一个非常好的国际环境。当前，世界经济已经进入一个新的增长期。去年以来，全球经济和贸易出现增长趋势，美、日、欧三大经济体经济加快复苏。有关国际组织预测，今年世界经济形势将继续走好。

国内政治经济环境对保险业发展十分有利。改革开放以来，我国经济社会发展取得举世公认的伟大成就，胜利实现了现代化建设第二步战略目标，人民生活显著改善，总体达到小康水平。国家统计局数据显示，2003年我国国内生产总值达11.67万亿元，人均国内生产总值首次突破1000美元大关，支撑经济增长的物质和技术基础不断增强，标志着我国经济进入新的发展阶段。国际经验表明，在这个阶段，人们的消费需求开始升级，生活要求出现多样化，对住宅、汽车、文化教育、医疗卫生、养老保健等改善生活质量的需求将明显提高。特别是十六大提出全面建设小康社会的宏伟目标，到2020年，经济总量将比2000年翻两番，这意味着我国经济在今后的十几年中将保持年均7.2%的增长速度。十六届三中全会又提出以“五个统筹”为核心的发展观，实现经济、社会和人的全面发展。这些都与保险业息息相关，保险业迎来了大发展的最好时期。

良好的机遇和环境来之不易，一定要倍加珍惜。历史经验告诉我们，抓住了机遇，就能赢得历史性发展，错过了机遇，再发展就很难了。因此，必须从战略的高度，充分认识抓住机遇、加快发展的重要性。

（二）必须充分认识加快发展的必要性

改革开放20多年来，保险业保持了30%以上的年均增长速度，是国民经济中发展最快的行业之一。保险业之所以能保持这么快的发展速度，最根本的原因还是经济社会发展和人民生活需要保险。随着社会主义市场经济体制的逐步完善，保险需求将越来越大。

完善市场体系需要大力发展保险市场。保险市场是要素市场的有机组成部分。大力发展保险市场，是完善市场体系的客观要求。保险市场与资本市场、货币市场的有机结合、协调发展，有利于优化金融资源配置，促进金融运行和金融市场的稳定，防范系统性风险。

完善社会保障体系需要保险业加快发展。保险是社会保障体系的重要组成部分。基本的社会保险、企业的补充保险和个人购买的商业保险是组成一个国家养老与健康保障体系的三大支柱。目前我国社会保障体系还不完善，需要大力发展商业性养老、健康保险，以有效缓解政府压力，提高社会保障水平，增进人民福利。

非公有制经济发展和经济结构调整需要保险的支持。十六届三中全会强调，非公有制经济是促进我国社会生产力发展的重要力量。非公有制企业作为自主经营、自负盈亏的市场主体，更需要保险来防范风险、保障经营。西部大开发、振兴东北老工业基地等战略措施的实施，要求保险业提供相应的保险保障。

健全农业支持保护体系需要保险发挥作用。农业保险是市场经济国家扶持农业发展的通行做法。通过政策性农业保险，可以在世贸组织规则允许的范围内，替代直接补贴对我国农业实施合理有效的保护，减轻加入世贸组织带来的冲击，减少自然灾害对农业生产的影响，稳定农民收入，促进农业和农村经济的发展。2003年，温家宝总理和黄菊、回良玉副总理分别对发展农业保险作出重要批示。十六届三中全会明确提出要探索建立政策性农业保险制度。因此，发展农业保险，为农业和农村经济发展提供风险保障，是保险业面临的新任务，也是保险业义不容辞的责任。

经济社会协调发展需要保险承担更多责任。保险业作为经营与管理风险的特殊行业，与经济和社会发展的各个领域联系十分密切。随着经济社会的协调发展和政府职能的不断转变，客观上要求保险在应对公共突发事件和辅助社会管理等方面承担更多的责任。

（三）必须充分认识加快发展的紧迫性

尽管这些年保险业保持了较快的发展速度，但同经济社会发展对保险的需求相比，同保险业应当承担的责任相比，差距还很大。主要表现在两个方面。

一是保险业规模小，与经济社会的发展不相适应。从保险深度看，2002年，世界平均为8.1%，我国为3%，世界排名第48位，而我国国内生产总值排名第6位。从保险密度看，世界平均为423美元，我国是29美元，排名第71位。

二是保险的功能和作用没有得到充分发挥。综观发达国家的经验，保险业在国民经济和社会发展中的作用举足轻重。在欧洲，保险赔款占灾害损失的比例为20%。而在我国，这一比例仅为1%。去年末，重庆开县发生的井喷事故，造成了重大人员伤亡和财产损失，社会影响非常大，但保险赔付只有20多万元。保险还没有渗透到经济的各行各业、社会的各个领域、生活的各个方面，作用发挥得还不够。

如果不尽快扭转这种局面，保险业为全局服务就只能是一句空话，就不能在全面建设小康社会的伟大征程中担负起应有的责任。因此，保险业的当务之急就是加快发展。

（四）必须充分认识加快发展的可行性

当前，保险业加快发展具备四大有利条件。一是经过20多年的快速发展，保险业的自身实力明显增强，为进一步加快发展打下了坚实基础。二是通过体制改革和机制转换，保险公司的竞争意识和效益观念明显增强，经营管理水平逐步提高，应对国际竞争的能力得到加强。三是我们积累了在市场经济条件下发展保险业的宝贵经验，驾驭市场的能力不断增强。四是保险法制体系初步建立，保险监管不断加强和改善，防范化解风险的能力逐步提高。

在发展的过程中，总会遇到这样那样的困难和问题。目前，大家普遍反应的制约保险业加快发展的问题主要有三个，一是资本金不足，二是资金运用渠道不畅，三是人才缺乏。对此，我们必须全面、客观地分析。

关于资本金问题。现在保险公司可以有多种方式补充资本金。一是通过定向募集的方式增资扩股。当前，国内外投资者普遍看好我国保险业的发展前景，向保险业投资入股的积极性非常高。保监会将修订《向保险公司投资入股暂行规定》，为吸纳各方面资金进入保险业创造条件。二是采取公开发行股票的方式。中国人民财产保险股份有限公司和中国人寿保险股份有限公司通过境外上市，偿付能力分别达到监管标准的 1.9 倍和 5.6 倍，为大家开了头、探了路。保监会鼓励和支持符合条件的保险公司在境内外上市。三是其他的融资方式也可以研究探索。比如一些保险公司提出通过发行次级债券等方式来补充资本金，充实偿付能力，我们将予以支持。

关于资金运用问题。保险资金运用是保险市场联系资本市场和货币市场的重要环节，也是保险业发挥资金融通功能，支持国家经济建设的重要途径。近年来，随着保险业可运用资金大量增加，国务院开始逐步放宽保险资金运用渠道。在银行存款、买卖政府债券和金融债券等资金运用渠道的基础上，又允许保险公司进入全国银行间同业拆借市场，从事债券买卖业务；购买 AA 级以上的企业债券；参加证券交易所债券交易；购买证券投资基金等。当前，进一步拓宽保险资金运用渠道的有利条件很多。一是去年底国务院常务会议原则通过的《投资体制改革方案》，提出鼓励和促进保险资金间接投资基础设施，为更好地运用保险资金提供了良好机遇。二是国务院十分重视保险资金运用管理体制改革，原则上同意保险公司只要符合条件，就可设立保险资产管理公司。保监会将尽快出台《保险资产管理公司管理规定》，加快保险资产管理公司组建步伐。特别是最近出台的《国务院关于推进资本市场改革开放和稳定发展的若干意见》明确提出："支持保险资金以多种方式直接投资资本市场"，"使基金管理公司和保险公司为主的机构投资者成为资本市场的主导力量"，为保险资金运用体制改革和发展指明了方向，为保险资金发挥更大的作用开辟了新的道路。我们要在控制好风险的前提下，尽快制定保险资金以各种方式直接投资资本市场的实施方案，增加保险投资的机会和分散投资风险的工具。当前，保险资金运用面临的最关键的问题不是渠道问题，而是能不能有效防范资金运用风险，能不能用好保险资金的问题。

关于人才问题。人才问题是关系保险事业发展的关键问题。保险业有 150 多万从业人员，有一大批政治思想素质高、业务能力强、懂经营、会管理的人才，但大家仍然感到人才缺乏，这主要还是一个用人观念的问题。只要我们转变用人观念，拓宽选人视野，完善用人机制，人才就会脱颖而出。当然，随着保险业快速发展，保险业务创新大量涌现，保险的技术含量不断提高，确实出现了部分专业岗位人才紧缺的现象。对这个问题，解决的办法很多。比如，通过实践锻炼可以造就人才。我国搞改革开放，走中国特色的社会主义道路，当初大家都没有经验，就是靠在实践中摸索，在实践中培养人才。我国保险业从小到大，绝大部分人才也是在实践中培养的。保险业发展的过程，就是培养人才的过程。发展我国保险业，始终要靠到群众中去发现人才，在实践中培养人才，在发展中造就人才。又比如，通过专业培训可以培养人才。培训是提高人才素质、促进人才成长的必要途径。通过健全保险教育培训体系，有针对性地开展多层次、多渠道、多种方式的专业培训，可以在较短时期内培养一大批保险业急需的各类人才。再比如，通过吸收引进可以聚集人才。坚持按需引进、突出重点、讲求实效的思路，广开进贤之路，大力引进各个行业和境内外的优秀人才聚集到保险业来，让一切有利于保险业快速发展的知识、技术和管理等生产要素充分发挥作用。保监会将进一步修改完善《保险公司高级管理人员任职资格管理规定》。只要我们认真贯彻落实全国人才工作会议精神，用"三个代表"重要思想统领人才工作，坚持以人为本，关心人才、尊重人才，紧紧抓住吸引、培养、用好人才三个环节，就一定能够造就一支适应保险业改革发展需要、素质优良、结构合理、作风过硬的人才队伍，形成保险业人才辈出、群星灿烂的良好局面，为加快发展提供坚强的人才保证和广泛的智力支持。

当前，对保险业发展的形势，还存在一些疑虑和模糊认识：

一是有的同志认为我国保险业发展得已经不错了，加快发展还有没有必要？这是一种满足现状、小富即安的思想。的确，近年来保险业发展很快，取得了明显成绩。但越是形势好，越要保持清醒的头脑。胡锦涛总书记前不久在中央纪委第三次全体会议上深刻分析了当前党员干部队伍中存在的一些突出问题，首先就批评了不思进取、得过且过、停滞不前、庸碌无为的思想作风，我们必须认真对照，引以为戒，牢固树立发展这个党执政兴国的第一要务的指导思想，一步一个脚印地做好工作，扎扎实实地把保险业的改革发展推向前进。

二是有的同志认为我国保险市场已经饱和了，加快发展有没有可能性？这里，可以看两组数据。第一，从居民储蓄动机调查来看，以养老、教育、防病等为目的的储蓄比例超过 40%，而且这一比例还有逐步上升的势头。在发达国家，上述预防性储蓄资金通常用于购买保险。根据这个比例来推算，有 4 万多亿居民储蓄与保险具有较大的相关性和可替代性，相当于我国保险业现有总资产的四到五倍。第二，从医疗费用支出情况来看，2002 年我国个人负担的医疗费用超过 3000 亿元，由商业保险承担的医疗费用支出仅占医疗费用支出的 6%，由商业医疗保险提供保障的人群只占全国总人口的 3% 左右。这些数据充分表明，我国保险市场不仅没有饱和，而且还有很大潜力和发展空间。

三是有的同志认为我国保险业的发展速度已经很快了，加快发展有没有风险？这些同志的担心有一定的道理。但是，大家更要清醒地看到，不发展、发展速度慢，我们面临的风险会更大。从国际经验看，不论是一个国家还是一个行业，在发展过程中，都会经历高速发展的时期或若干高速发展的阶段。如日本、韩国、东南亚一些国家和地区，以及计算机、通讯、生物技术等新兴行业，就是如此。对保险业来说，发展速度是否适当，会不会产生大的风险，主要有三个标准。第一，是否有利于增强保险业的整体实力和竞争能力。第二，是否能够满足经济社会和人的全面发展对保险的需求。第三，是否超出了行业可承受的能力。现在，我国保险业加快发展的各种条件具备，内外环境有利，天时、地利、人和的因素都有，保持速度比较快、效益比较好、风险比较小的发展态势，是完全可能的，也是可以做得到的。我们一定要有这个雄心壮志。

当前，各行各业发展都很快，保险业如果不适应经济社会快速发展的形势，差距会越来越大，作用会越来越小。因此，我们必须着眼于服务经济社会发展的大局，着眼于保险业的长远发展，调动一切积极因素，尽最大努力，千方百计加快发展，尽快把保险业做大做强，这样才能无愧于国家和人民的厚望，无愧于这个伟大的时代。

三、2004 年保险工作

2004 年保险工作的总体要求是：以邓小平理论和“三个代表”重要思想为指导，全面贯彻十六大、十六届三中全会和全国银行、证券、保险工作会议精神，树立科学的发展观，以改革开放为动力，以结构调整为主线，以市场体系建设为基础，坚持防范化解风险，充分调动一切积极因素，抢抓机遇，发奋图强，促进保险业持续快速协调健康发展，为完善社会主义市场经济体制和全面建设小康社会做出新的贡献。

做好 2004 年的保险工作，必须坚持以下五项原则：一是坚持为经济和社会发展的全局服务。二是坚持把创新作为保险业发展的不竭动力。三是坚持从我国社会主义初级阶段的国情和保险业发展实际出发。四是坚持依法监管依法经营。五是坚持保险监管为保险业发展服务。

按照上述总体要求和基本原则，2004 年主要抓好以下几个方面的工作：

（一）深化改革，推动保险业快速发展

改革是发展的强大动力。必须加大改革力度和深度，全面推进保险业各项改革，着力解决束缚保险业发展的体制和机制性障碍。

继续深化保险企业改革，探索保险经营的有效方式。按照资本充足、内控严密、运营安全、服务和效益良好的要求，逐步建立符合社会主义市场经济发展要求的现代保险企业。一是巩固国有保险公司股份制改革成果，继续落实各项改革措施，将改革不断引向深入。抓紧推进中华联合财产保险公司的股份制改革，全面完成国有保险公司股份制改革任务。二是抓住完善公司治理结构这个关键，切实转换经营机制。保监会将研究制定《保险公司治理结构指引》，引导保险公司建立规范高效的内部运作机制，形成权力机构、决策机构、监督机构和经营管理者之间的制衡机制。优化董事会成员结构，加强董事教育，避免短期行为。三是加强内控制度建设，健全内控机制，提高风险控制能力与资产运营质量。完善《保险公司内部控制制度建设指导原则》，并抓好落实。建立责任追究制度，强化高级管理人员的领导责任，强化保险公司对分支机构和代理人的管控责任，强化关键业务岗位的管理责任，使内控制度切实发挥作用，确保运营安全。四是鼓励和支持保险公司经营方式的创新。一些符合市场经济发展方向和金融稳定原则的创新，只要条件成熟，就可进行尝试。

认真贯彻落实《行政许可法》，深化行政审批制度改革。近年来，保监会按照国务院的统一部署，积极推进行政审批制度改革，取得很大进展，两批共取消 86 项审批项目。今年 7 月 1 日，《中华人民共和国行政许可法》将正式实施。这是规范政府行为的一部重要法律，对于完善社会主义市场经济体制，适应加入世贸组织后对外开放的新形势，具有十分重要的意义。保险监管部门要深刻领会这部法律的立法宗旨、精神实质和具体规定，采取更有力的措施，加快监管创新和职能转变。一是全面清理不符合《行政许可法》规定的行政许可，该废止的要坚决废止，该修订的要抓紧修订。二是加快配套制度建设，完善审批程序，严格时限要求，提高审批效率。三是加强执法监督，强化责任意识，确保权力与责任的统一，真正做到有权必有责、用权受监督。

（二）完善保险市场体系，促进保险业持续发展

建立统一开放、竞争有序的现代保险市场体系，是优化保险资源配置，发挥市场在资源配置中基础性作用的前提和基础。

培育保险市场，促进市场竞争。一是对保险公司的发展实施分类指导。第一，培育和发展具有国际竞争力的大型保险企业集团。允许保险公司根据市场定位和业务发展需要，整合内部资源，设立各类保险专业子公司，成为主业突出、优势互补的企业集团，增强整体实力。允许保险公司依法兼并、收购，实现股权有序流转。第二，采取多种方式引导社会资源向中小保险公司倾斜，使其尽快发展壮大，鼓励中小保险公司走专业化发展道路，增强市场竞争能力。第三，完善保险市场准入机制，批设新的保险公司，为保险市场注入活力。有侧重地批设专业性养老保险公司、健康保险公司、农业保险公司。逐步建立和完善保险市场退出机制。二是积极培育再保险市场。支持保险公司和其他各类投资主体参股或设立再保险公司，增强我国再保险市场整体承保能力。加强境外分保业务的监管，鼓励优先国内分保。三是规范发展保险中介市场。鼓励和促进专业保险中介机构创新经营模式，发挥专业经营优势，形成规模。按照职业化、专业化的方向，稳步推进保险营销体制改革。在全国范围内推广中介服务发票。加强执法检查，打击保险欺诈行为，规范保险中介市场秩序。四是注重发挥保险行业协会和保险学会的作用。明确保险行业协会在市场经济条件和保险业快速发展的新形势下的职能定位，发挥其在自律、维权、协调、宣传、交流等方面的作用。加强对保险学会研究工作的管理、指导和协调，使之成为推进保险理论创新的重要阵地。

大力推进保险产品创新，提高服务水平。保险业要加快发展，尽快做大做强，必须把产品创新摆在更加突出的位置。我国的保险产品体系是在计划经济体制下形成的，随着市场经济体制的确立以及人们生活方式和价值观念的转变，保险产品越来越不适应人民群众日益增长的保险需求，成为妨碍保险业加快发展的重要因素。各保险公司推出的产品数量虽然很多，但真正贴近群众生活，符合市场需求的产品并不多。要根本改变现状，关键在于创新。必须从战略的高度，逐步形成以社会需求为导向的保险产品创新体系，围绕我国经济和社会生活的重大变化，围绕城乡居民的消费习惯和消费热点，围绕国家宏观经济政策和产业政策调整，加大产品创新力度，变“我提供什么你买什么”为“你需要什么我开发什么”，使保险产品从卖方市场向买方市场转变。一是鼓励保险公司开发个性化产品，满足社会多样化需求。二是大力调整产品结构，发掘和培育新的业务增长点，积极参与企业年金在东北三省的综合试点工作，积极发展银行保险业务。三是创新监管方式，支持产品创新。修改和完善保险产品审批备案管理制度，鼓励保险公司建立贴近市场，效率高、反应快的产品开发机制。四是积极推行保险条款的通俗化和标准化，使保险条款通俗易懂，方便购买。五是鼓励保险公司利用现代信息技术，拓展网上保险、远程理赔等新的服务方式。

加强保险诚信建设，树立良好社会形象。诚信对每个行业都很重要，对保险行业尤为重要，是保险业的生命线。目前，保险经营中存在的违规经营、理赔难和销售误导等问题，严重影响了保险业的形象。必须大力加强保险诚信建设，建立健全由法律制度、市场监督和信用评价组成的保险诚信体系。一是培育保险诚信文化。大力倡导诚信观念，加强诚信教育，提高保险从业人员的职业道德水平，使诚实守信成为保险从业人员的自觉行动。二是逐步建立保险信用评价体系，发挥信用中介机构在保险诚信建设中的积极作用。三是强化失信惩戒机制。有效发挥法律和市场对失信行为的双重惩戒作用，严肃惩处市场主体的失信行为，维护行业形象。

（三）扩大开放，提高保险业整体竞争力

对外开放是我国的基本国策。实践证明，保险市场对外开放对提高我国保险业整体水平，加快保险业发展起到了积极作用。要继续推进保险业对外开放，充分利用国际国内两个市场、两种资源，提高保险业国际化水平。

认真履行加入世贸组织的承诺。按照承诺的时间进度和开放范围，逐步取消外资保险公司经营地域限制，允许外资保险公司向居民提供健康险、团体险和养老金（年金）服务。出台《〈外资保险公司管理条例〉实施细则》，规范外资保险公司的准入和经营行为，依法保障保险业对外开放政策的贯彻落实。

更好地发挥外资保险公司的作用。重点引进在健康保险、农业保险和巨灾保险等方面有专长的外国保险机构，鼓励和支持外资保险公司到我国西部和东北老工业基地等地区开展保险业务，促进我国保险市场产品结构和区域结构的调整。

支持“走出去”战略。允许具备条件的中资保险公司到国际资本市场融资，通过资本运作等多种方式，主动参与国际竞争。支持保险公司到境外开展业务。做好对境外中资保险机构的监管与服务工作。

（四）加强和改善监管，为保险业加快发展创造良好环境

做好监管工作，必须坚持寓监管于服务之中的指导思想，切实把监管职能转到主要为市场主体服务和创造良好发展环境上来。保监会将通过行业规划、政策引导、市场监管、信息发布以及规范市场准入等手段，调控保险市场，防范化解风险，促进保险业健康发展。

加强发展规划的研究制定和保险市场宏观调控。一是启动保险业“十一五”规划和中长期发展规划的制定工作。在广泛调研的基础上，对保险业的中长期发展目标、发展战略、发展步骤和发展措施进行统筹规划，着重研究解决保险业长远发展的战略性、宏观性和政策性问题。二是研究建立保险市场宏观调控机制。建立科学的保险市场宏观调控指标体系，利用经济、法律和行政等多种手段，对保险市场进行宏观调控，防止保险市场大起大落，保持市场稳定运行，维护国家金融安全。

加强保险法制建设。出台《保险违法行为处罚办法》，为规范市场行为和有效实施保险监管提供法律保障。推动《机动车辆强制责任保险条例》的立法工作。修订《保险公司管理规定》等规章制度，提高依法行政水平。加强法制教育，提高监管干部依法行政水平。

加强保险监管的基础工作。一是加快保险业电子化建设步伐，提高保险监管信息化水平。二是建立规范统一的保险统计指标体系、报表体系和报送制度，统一业务数据统计口径，改进数据采集方式，提高统计数据的及时性、准确性和可比性。三是建立保险业信息披露制度。增加保险公司信息披露范围，规范信息披露程序，提高保险市场透明度，增强公众对保险市场的信心。四是配合国家五年规划的编制，做好首次在保险行业开展的经济普查工作。

加强偿付能力和资金运用监管。逐步建立符合我国保险业实际的偿付能力监管制度体系，提高偿付能力监管水平。一是加强偿付能力监管的制度建设。抓紧制定监管会计准则。出台《非寿险责任准备金提取办法》，统一非寿险业务准备金的计提标准和计提方式。出台《保险保障基金管理办法》，健全保险保障基金制度。二是加强保险资金运用监管。积极探索与保险资金运用渠道相适应的监管方式和手段，建立动态的保险资金运用风险监控模式。全面推行保险业资产负债管理，建立投资决策、投资交易和资金托管三分离的防火墙制度。加强与有关部委和监管部门的交流合作，加大监控力度，切实防范系统性风险。

加强和改善市场行为监管。一是统筹安排，对市场反映强烈和投诉集中的问题有针对性地实施检查。今年现场检查的重点是查处弄虚作假和欺诈误导。二是实行保险公司违规处罚信息通报制度，定期在行业内通报保险公司的受处罚情况，必要时向社会公开。在机构、产品和高级管理人员的审批备案等方面，把总公司对分支机构的管控能力作为重要的考核因素。三是加强对上市保险公司的监管，防止出现小问题引发大反应。四是规范车贷险、银行保险、住房按揭险等业务的发展，严格控制经营风险。五是重视信访投诉工作，及时发现保险市场的苗头性问题，防患于未然。

（五）加强保险系统党的建设，为加快保险业发展提供思想政治保证

坚持党要管党、从严治党的方针，切实加强保险系统党建工作。一是以提高思想政治素质和工作能力为重点，进一步加强领导班子建设。二是认真贯彻落实《中国共产党党内监督条例（试行）》，健全民主集中制，发展党内民主，推动党内监督工作有序开展。三是进一步深化保险系统干部人事制度改革。加大选拔任用优秀年轻干部的力度，增强干部队伍活力。四是建立保监会机关与派出机构、监管部门与保险公司的干部交流制度，加大干部交流力度。五是切实加强党风廉政建设，深入开展反腐败斗争。结合保险行政审批制度改革和国有保险公司体制改革，严格执行中纪委提出的四大纪律八项要求，抓好保险系统廉洁自律工作。六是进一步加强作风建设，牢记“两个务必”，保持谦虚谨慎、不骄不躁的作风，保持艰苦奋斗的作风，大力弘扬求真务实的精神，大兴求真务实之风。

同志们，保险业改革发展的任务艰巨而光荣，让我们在“三个代表”重要思想和十六届三中全会精神指引下，紧密团结在以胡锦涛同志为总书记的党中央周围，与时俱进，开拓创新，抢抓机遇，扎实工作，振奋精神，奋发有为，努力开创保险工作新局面，为完善社会主义市场经济体制和全面建设小康社会做出新贡献！

2003年中央和地方预算执行情况及2004年预算草案的报告

——2004年3月6日在第十届全国人民代表大会第二次会议上的报告

财政部部长　金人庆

各位代表：

受国务院委托，我向大会提出2003年中央和地方预算执行情况及2004年中央和地方预算草案的报告，请予审议，并请全国政协各位委员提出意见。

一、2003 年中央和地方预算执行情况

2003 年是不平凡的一年，面对复杂多变的国际形势、突如其来的非典疫情和频繁发生的自然灾害，党中央、国务院从容应对，果断决策，各地区、各部门认真贯彻落实中央确定的各项方针政策和十届全国人大一次会议对财政经济工作提出的各项要求，同心同德，艰苦奋斗，经济社会发展保持了良好势头，中央和地方预算执行情况较好。

2003 年，全国财政收入第一次突破两万亿元，达到 21691 亿元（不含债务收入，下同），比上年增加 2787 亿元，增长 14.7%，完成预算的 105.8%；全国财政支出 24607 亿元，比上年增加 2554 亿元，增长 11.6%，完成预算的 103.8%。收支相抵，支出大于收入 2916 亿元。其中：中央财政总收入 12465 亿元（已扣除新增出口退税指标 829 亿元），比上年增加 1093 亿元，增长 9.6%，完成预算的 104.4%；中央财政总支出 15663 亿元（含对地方税收返还和补助支出 8240 亿元），比上年增加 1195 亿元，增长 8.3%，完成预算的 103.5%。中央财政赤字控制在十届全国人大一次会议批准的 3198 亿元的水平。地方财政总收入 18082 亿元（含中央税收返还和补助收入），比上年增加 2215 亿元，增长 14%，完成预算的 105.7%；地方财政总支出 17800 亿元（含上解中央支出 615 亿元），比上年增加 1880 亿元，增长 11.8%，完成预算的 104.1%。地方财政收支相抵，结余和结转 282 亿元。

上述预算执行数字，在决算编制汇总后，还会有些小的变化。

2003 年中央预算执行和财政工作的主要特点是：

（一）财政收入保持较快增长

2003 年国民经济开局良好，但受非典疫情及旱涝和地震等自然灾害的影响，经济增速一度趋缓，二季度财政收入增幅出现较大下滑。面对这种形势，各级财政、税务、海关等部门积极贯彻党中央、国务院确定的一手抓防治非典不放松，一手抓经济建设不动摇的方针，及时加强收入监控，依法严格征管，随着国民经济的迅速恢复和发展，全国财政收入也保持了较快增长势头。一是内需与进口增长强劲，国内增值税、消费税、营业税及进口环节税收分别比上年增加 1054 亿元、134 亿元、392 亿元和 1111 亿元，增长 17.1%、12.8%、16%和 42.9%。二是经济增长质量提高，企业效益显著改善，企业所得税同口径比上年增加 399 亿元，增长 15.9%。三是居民收入继续增加，个人所得税和车辆购置税分别比上年增加 205 亿元和 119 亿元，增长 16.9%和 34.2%。

2003 年中央财政总收入比预算超收 524 亿元（已扣除预算执行中新增出口退税 829 亿元），其中：车购税超收 78 亿元，按规定列收列支、专款专用；按体制规定增加对地方税收返还和一般性转移支付 78 亿元；其余 368 亿元，主要用于当年抗灾救灾、教育卫生科技事业发展、支持企业改革、加强社会保障、生态环境建设等。国务院就此已向全国人大常委会报告。地方财政超收收入由地方安排使用，主要用于增加教育科技文化卫生支出和解决欠发工资等。

（二）财政宏观调控和保障作用增强

为了促进国民经济持续较快增长，继续实施了积极的财政政策。安排国债项目资金 1400 亿元，在严格资金管理的同时，积极调整和优化了国债投资的使用方向和结构，重点向农村倾斜，向结构调整倾斜，向中西部倾斜，向科技教育和生态环境建设倾斜，向公共卫生建设倾斜。为了促进地区协调发展，加大了财政转移支付力度。2003 年，中央财政用于地方的财力性转移支付 1912 亿元，比上年增长 17.9%；社会保障、农业、科技、教育、卫生、扶贫等专项转移支付 2577 亿元，比上年增长 7.3%。各地按照国务院关于完善省以下财政体制的要求，进一步提高了基层财政的财力保障程度。为了适当提高机关事业单位职工收入水平，稳妥落实了调整机关事业单位职工工资和离退休人员离退休费的政策。

非典疫情暴发后，中央非常关心人民群众的生活和企业的生产经营。一是中央财政设立了 20 亿元非典防治基金，明确了对农民和城镇困难群体中的非典患者提供免费救治的政策，为有效防止疫情蔓延特别是向农村蔓延发挥了重要作用。各级财政共安排非典防治资金 136 亿元，其中中央财政安排 28 亿元。下半年，中央财政又增加专项资金 10 亿元用于加强公共卫生体系建设。二是及时出台了一系列财税优惠政策，帮助受非典冲击较大的旅游、餐饮、民航、铁道、旅店、出租车等行业尽快克服困难，恢复生产，渡过难关。上述措施虽然增加了支出，减少了收入，但保护了人民群众的身体健康，保持了企业的正常生产，促进了经济和社会发展。

（三）支持解决“三农”问题迈出新步伐

一是全面推进了农村税费改革试点工作。试点范围由 20 个省份扩大到了全国，农民平均负担减轻 30%以上。2003 年中央财政为支持农村税费改革共安排资金 305 亿元，省级财政及有条件的市县财政也相应安排了部分资金支持这项改革。二是加快了取消农业特产税试点步伐。北京、福建、广东、江苏、浙江、安徽、四川、河南、上海、天津等十几个省（直辖市）基本取消了农业特产税。三是在安徽、吉林、湖南、湖北、河南、辽宁、内蒙古、河北、江西九个省份进行了对种粮农民直接补贴的试点，推动了粮食企业改革，调动了农民种粮积极性，受到了试点地区广大农民的衷心拥护。四是落实农业税灾歉减免和蓄滞洪区运用补偿政策，及时安排拨付资金，大力支持抗灾救灾。2003 年，中央财政共安排支持各地抗灾救灾和灾后重建资金 108 亿元，有 1.67 亿人次受灾群众得到了政府的及时救助。五是积极促进农业结构调整，支持农民增收。2003 年，中央财政安排农业科技进步、农产品质量安全体系建设、农业综合开发、扶贫开发等投入 440 亿元，比上年增长 13.9%。六是中央财政新增教育、卫生、文化支出 67 亿元，主要用在农村，促进了农村社会事业发展。

（四）支持就业和社会保障工作力度加大

一是加大了对就业和再就业工作的支持力度。扩大了再就业财税优惠政策的实施范围，延长了优惠期限，对下岗失业人员再就业免征了 17 项行政事业性收费；中央财政设立再就业专项转移支付资金 47 亿元，促进了就业和再就业目标的超额完成。二是继续加大了“两个确保”和“低保”工作的保障力度。中央财政共安排“两个确保”补助资金 608 亿元，比上年增长 13.1%，安排“低保”补助资金 92 亿元，比上年增长 100%。基本保证了国有企业下岗职工基本生活费和企业离退休人员基本养老金按时足额发放，使 2235 万城镇低收入居民得到了政府最低生活保障补助。三是加大了帮助部分特殊困难群众解决生产生活问题的工作力度。为支持地方解决部分企业军转干部等生活困难问题，从 2003 年起，中央财政每年安排专项资金 15 亿元；再次提高了优抚对象抚恤补助标准。四是解决了多年遗留的农垦企业职工养老保险属地化管理问题，中央财政为此增加了对中西部地区和中央直属垦区补助 7.3 亿元（2004 年还要增加翘尾支出 7.3 亿元）。

（五）社会事业投入明显增加

中央财政教育、卫生、科技、文化、体育事业投入 855 亿元，比上年增加 94 亿元，增长 12.4%，重点解决了一些社会事业发展中的突出矛盾。安排专项投资20亿元,继续支持农村中小学危房改造工程,力争再用三年左右的时间基本解决农村中小学现存危房问题。积极支持了城镇职工基本医疗保险制度、医疗卫生体制和药品生产流通体制改革,省、地、县三级疾病预防控制网络和突发公共卫生事件医疗救治体系建设,以及中西部新型农村合作医疗改革试点。加大了科技重点领域和重点项目的投入,安排国家自然科学基金20亿元、国家重点基础研究规划专项经费8亿元、国家"863"计划专项经费45亿元、中科院知识创新工程试点专项经费33亿元,促进了一大批重大科研成果的产生和科技事业发展。启动了送书下乡工程、全国文化信息资源共享工程、国家舞台艺术精品工程等文化项目,建立了老运动员、老教练员医疗保健等专项资金,促进了文化、体育事业发展。

(六)出口退税机制改革方案顺利出台

2003年,财政会同商务、税务等相关部门,积极研究提出了从根本上合理解决出口欠退税问题的有效措施建议。党中央、国务院果断作出了改革出口退税机制的决策,确定了"新帐不欠,老帐要还,完善机制,共同负担,推动改革,促进发展"的改革原则,明确了五项政策:一是对出口退税率进行结构性调整,有保有降,退税率平均下调三个百分点左右;二是以核定的2003年退税数为基数,2004年起超基数新增出口退税由中央和地方按75:25比例共同负担;三是中央进口增值税、消费税增量首先用于出口退税;四是2003年底前累计欠企业的出口退税由中央财政全额偿还;五是加快外贸体制改革。同时,2003年中央财政进口增值税、消费税超收的829亿元,已全部用于增加出口退税。

(七)预算管理制度改革继续深化

一是继续推进深化"收支两条线"管理改革,将涉及原外经贸部、人事部等30个部门和单位的118项行政事业性收费纳入预算管理。二是不断深化部门预算改革,进一步扩大了向全国人大报送部门预算的范围,内容也更为规范,增加了118个中央二级事业单位进行基本支出和定员定额改革试点。三是加大国库集中收付制度改革力度,国库集中支付制度改革中央试点部门由上年的42个扩大到了82个。四是政府采购范围进一步扩大,2003年全国政府采购规模已超过1500亿元,比上年增加500亿元。五是进一步严格了财政资金的监督检查,全年共查处违规违纪金额612亿元。预算管理制度改革的深化和财政监督工作的加强,提高了财政资金的安全性、规范性和有效性。

各位代表:总的看,2003年预算执行遇到的困难比预计的大,执行的结果比预计的好。但我们也清醒地认识到,预算执行中仍存在一些不容忽视的问题。一是财政收支压力较大,收支矛盾突出,还有许多需要办的事没有财力去办。二是经济发展过程中,多方面潜在的风险不断向财政集聚,防范和化解财政风险的任务非常艰巨。三是财政支出结构仍需调整,对社会事业发展的支持力度有待进一步加大,一些地区特别是部分农村还存在上学难、看病难、吃水难、行路难等问题。四是部分地区基层财政还比较困难,一些地方仍存在欠发工资等现象。五是做假帐、偷税骗税、铺张浪费等问题仍比较严重,财经秩序有待进一步规范,财政资金使用效益尚需进一步提高。对这些问题,我们将认真对待,增强紧迫感、使命感,提高为民理财的责任意识,加快公共财政体制建设,大力推动社会主义市场经济体制的进一步完善,积极逐步加以解决。

二、2004年中央和地方预算草案

2004年预算安排和财政工作的总体思路是:以邓小平理论和"三个代表"重要思想为指导,全面、深入贯彻党的十六大、十六届三中全会和中央经济工作会议精神,牢固树立全面、协调、可持续的科学发展观,正确处理改革发展稳定的关系,更好地促进落实"五个统筹";继续实施积极财政政策,更好地加强宏观调控;深化财税改革,完善公共财政体制,更好地推动体制创新;努力增收节支,着力解决经济社会发展中的突出矛盾,更好地促进人民群众物质文化生活水平和健康水平的不断提高。

2004年主要预算指标如下:中央财政总收入13819亿元,比2003年增加907亿元,增长7%(对2003年执行数已按可比口径作了调整);中央财政总支出17017亿元,增加907亿元,增长5.6%。中央财政收支相抵,赤字3198亿元,与2003年持平,但预算赤字占GDP的比重由2003年的2.9%下降为2.5%,下降0.4个百分点。2004年,中央财政拟安排国债项目资金1100亿元,比上年减少300亿元,其中950亿元纳入中央预算,150亿元代地方政府发行,同时拟增加中央预算内经常性建设投资50亿元。2004年中央财政需归还到期国内外债务本金3674亿元,加上弥补当年赤字3198亿元和中央代地方政府发行的150亿元,国债发行总规模为7022亿元。汇总中央和地方财政收支安排,2004年全国财政收入23570亿元,增加1879亿元,增长8.7%;全国财政支出26768亿元,增加2161亿元,增长8.8%。

2004年中央财政赤字规模维持上年水平,主要是考虑:目前国际经济发展具有一定的不确定性,我国经济持续增长的基础还不够稳固,在建国债项目需要后续资金投入,一些社会发展领域欠帐较多,保持积极财政政策的稳定性和连续性,丰富和完善积极财政政策,有利于保护、巩固和发展当前经济发展的良好势头,有利于增强各方面加快发展的信心,有利于稳定改革发展大局。另一方面,在投资主体多元化,社会投资规模不断扩大的情况下,适当调减国债项目资金规模,调整和优化国债使用结构,可以更好地引导和发挥社会投资的作用,腾出财力支持税制改革等体制创新。国债项目资金将重点用于:农村基础设施、公共医疗卫生、基础教育、基层政权和公检法司基础设施等建设;支持西部大开发和东北地区等老工业基地调整改造;加强生态建设和环境保护;加快淮河治理等重大水利工程建设,保证续建国债项目,特别是青藏铁路、南水北调、西电东送等重大项目建设。

2004年,全国财政收入增幅按略高于预期经济增长水平安排,主要是考虑:国民经济将持续较快增长,税收征管水平也将进一步提高,财政增收有坚实的基础。另一方面,为促进经济社会全面协调可持续发展,支持体制改革,维护社会稳定,2004年将继续执行并出台一系列财税优惠政策,如关税总水平将继续下调,增加出口退税指标,落实支持就业和再就业、西部大开发、振兴东北地区等老工业基地、鼓励高新技术产业发展和减轻农民负担税收扶持等政策,都将相应减少财政收入。同时,财政收入增长基数越来越高且已连续多年高于经济增长,加上进口可能难以保持2003年的高速增长,财政收入大幅增加的难度将进一步加大。因此,2004年的收入安排是积极稳妥和实事求是的。

2004年中央财政支出安排的重点是:

(一)增加对"三农"的投入

建立促进农民收入持续增长长效机制和财政支农资金稳定增长机制,大力支持解决"三农"问题,是财政工作的重要任务。2004年中央财政将继续较大幅度地增加用于"三农"方面的投入，支出总额增加 300 亿元左右，比上年增长 20%以上。一是深化农村税费改革，完善农业税税制。2004 年将全面取消除烟叶外的所有农业特产税，农业税税率也将整体降低一个百分点以上，并向粮食主产区和种粮农民倾斜，可减轻农民负担 118 亿元。五年内取消农业税。考虑到地方财政的实际困难，取消农业特产税和降低农业税税率后，地方特别是粮食主产区和中西部地区财政因此而造成的减收，将由中央财政通过转移支付予以适当补助。2004 年，中央财政拟安排农村税费改革专项转移支付资金 396 亿元，增加 91 亿元。同时，将进一步支持做好化解乡村债务，推进乡镇机构改革，完善农村义务教育体制等工作。二是积极推进粮食流通体制市场化改革，把通过流通环节的间接补贴改为对粮食主产区种粮农民的直接补贴，2004 年 13 个粮食主产省，从粮食风险基金中拿出 100 亿元安排对种粮农民直接补贴。三是增加农业基础设施建设、林业生态建设、农业科技进步、农民培训、农产品质量安全体系建设、粮食综合生产能力建设、农业灾害救助及扶贫等财政投入。

（二）增加就业和社会保障投入

就业和社会保障事关人民群众的切身利益，事关社会稳定，事关发展大局。2004 年中央财政将进一步加大对就业和社会保障的支持力度。一是积极支持就业和再就业。在认真落实中央关于就业和再就业各项财税优惠政策的同时，拟增加再就业补助资金 36 亿元，比上年增长 76.6%。二是大力支持做好“两个确保”和“低保”工作，2004 年中央财政拟安排资金 779 亿元。同时，进一步完善社会保障体系，多渠道筹集社会保障资金；继续做好再就业政策与三条保障线等社会保障制度的衔接，并在总结辽宁省完善城镇社会保障体系试点工作的基础上，完善试点的内容和做法，将试点范围扩大到吉林、黑龙江两省。三是为推动经济结构调整，依法对部分企业实施关闭破产，加大分离企业办社会工作力度，继续安排企业关闭破产补助 170 亿元。此外，对其他特殊困难群众，也将积极给予扶持和救助。

（三）增加教育、卫生、科技、文化、体育等事业投入

加强义务教育，特别是农村义务教育，加快推进西部地区“两基”教育攻坚，完善农村义务教育“以县为主”的管理体制，增加对贫困县义务教育的转移支付，继续实施第二期农村中小学危房改造工程、现代远程教育工程，继续扩大免费教科书的提供范围。加快建设疾病预防控制体系和突发公共卫生事件医疗救治体系，提高公共卫生服务水平和应对突发公共卫生事件的应急能力，改善农村医疗卫生条件，支持搞好新型农村合作医疗制度改革试点。支持国家科技创新体系建设和编制国家中长期科学与技术发展规划，推进科技体制改革和机制创新，促进重大科技项目的实施和成果转化。大力发展先进文化事业和文化产业。2004 年中央财政拟安排教育、卫生、科技、文化、体育支出 955 亿元，比上年增加 100 亿元，并主要向农村倾斜。

（四）增加对地方的转移支付

2004 年中央财政将进一步增加对地方特别是对中西部地区的转移支付，除税收返还和体制性补助 4277 亿元外，拟安排对地方转移支付 5133 亿元，按可比口径比上年增加 644 亿元。其中，财力性转移支付 2238 亿元，比上年增加 326 亿元。同时，将组织专门力量，深入调查研究，认真查找分析基层财政困难的原因，有针对性地提出措施建议，尽快分类分步解决基层财政困难问题，研究逐步解决基层政府负债问题的有效措施。

（五）支持推进税制和其他方面的体制改革

一是确保出口退税机制改革顺利实施。2004 年中央财政将安排出口退税指标 2108 亿元，进口产品增值税、消费税增量将首先用于增加出口退税。地方财政也要足额安排出口退税指标。各级财税部门要密切关注可能出现的新情况、新问题，及时完善相关办法，加强出口退税管理，确保不再发生新的拖欠。对以前年度的累计出口欠退税款，先由中央财政给予贴息，然后再研究根本性解决措施。二是积极稳妥地推进生产型增值税改为消费型增值税。认真搞好在东北地区部分行业进行的增值税转型试点工作，及时总结经验，积极完善方案，为改革的全面推开创造条件。三是加快研究统一内外资企业所得税及其他税制改革政策和方案。四是支持金融体制改革，防范和化解金融风险，重点支持中国银行、建设银行股份制改造和增加农村信用社保值储蓄亏损补贴等。五是积极支持投资体制改革及电力、电信、民航和铁路、邮政、城市公用事业等改革。

（六）保障各级政权的正常运转

为加强政权建设，保障机关事业单位职工工资按时足额发放，拟增加调整机关事业单位职工工资翘尾支出 118 亿元；增加移交各级政府安置的军队离退休干部生活待遇、优抚政策调整等支出 30 亿元；增加对地方公检法司专项补助 15.8 亿元。为提高我军在高技术条件下的防卫作战能力，安排调整军队人员工资及离退休费翘尾支出等，拟增加国防支出 218.3 亿元，增长 11.6%。

此外，还要积极落实和主动保障涉及改革发展稳定大局的其它支出需要。

三、扎实工作，确保 2004 年预算圆满完成

做好 2004 年的财政工作、确保预算圆满完成，对深化改革、扩大开放、促进发展具有重要意义。为此，我们将着重抓好以下工作：

（一）依法加强收入征管，保证财政收入稳定增长

一是坚决维护税法的统一性、权威性和严肃性。坚决制止擅自出台税收优惠和变相优惠政策的行为，税收优惠政策到期的要及时恢复征税。二是依法加强税收征管。严厉打击走私、偷税骗税等各种涉税违法犯罪活动，做到依法征税、应收尽收，同时也要坚决不收过头税。三是规范非税收入管理。特别是土地有偿使用收入等非税收入要纳入预算或纳入财政专户管理，继续治理各种乱收费。

（二）严格财政支出管理，努力节约各项开支

大力弘扬勤俭建国、艰苦奋斗的作风，继续实行一般性支出零增长的政策。自觉维护预算的严肃性和权威性，切实按照各级人大批准的预算执行。严格控制党政机关办公楼和培训中心等楼堂馆所项目建设，从源头上着力解决政府项目拖欠工程款和农民工工资的问题。对名目繁多、实际意义不大的办节、庆典和论坛等活动，财政一律不得安排资金。加快金财工程建设，充分利用现代化管理手段，加大管理和督查力度，减少损失浪费，规范财经秩序。积极推进机关后勤服务社会化改革，完善公务活动接待制度，科学界定事业单位经费供给范围。

（三）深化预算管理制度改革，推进依法行政

进一步扩大改革范围，不断完善改革办法，继续深化改革。抓紧研究科学的政府收支分类体系，进一步规范行政事业性收费项目。研究建立科学的绩效预算评价体系，规范定员定额核定办法，完善项目支出管理方法和手段，切实提高财政支出效益。认真贯彻落实《行政许可法》，进一步清理、规范

和减少行政审批事项，完善财税法律和法规。自觉接受社会各界的监督，不断增强财政管理的规范性和透明度。

（四）改进工作作风，服务发展大局

各级财政部门要求真务实，切实改进工作作风。一是牢固树立大局意识。想问题，办事情，安排收支始终从大局出发，自觉将思想和行动统一到中央的各项决策及部署上来。二是牢固树立主动意识。紧紧抓住发展这个执政兴国的第一要务，积极主动发挥公共财政的职能作用，想群众之所想，急发展之所急，特事特办，急事急办。三是牢固树立求实意识。说实话、办实事、算实帐、求实效，不搞花架子和形式主义。四是牢固树立服务意识。积极沟通，主动协调，真心实意地为群众服务，为基层服务，为部门服务。

各位代表：完成2004年预算和财政工作任务繁重，责任重大。让我们在以胡锦涛同志为总书记的党中央领导下，高举邓小平理论伟大旗帜，深入贯彻“三个代表”重要思想，按照党的十六大、十六届三中全会精神以及十届全国人大二次会议对经济财政工作提出的各项要求，自觉接受人民代表大会对财政工作的监督和指导，认真听取人民政协的意见和建议，振奋精神，依法理财，求真务实，为实现全面建设小康社会的宏伟目标而努力奋斗。

＊＊＊

附：主要名词解释

超收收入：是指预算执行结果超过预算安排的财政收入。

蓄滞洪区运用补偿政策：蓄滞洪区主要是指国家有关部门规定的河堤外临时贮存洪水的低洼地带，分为蓄洪区和行洪区。国务院颁发的《蓄滞洪区运用补偿暂行办法》规定，国家蓄滞洪区运用损失由中央财政和省级财政共同给予补偿，其他蓄滞洪区运用损失由地方财政给予补偿。补偿范围主要是蓄滞洪区内具有常住户口的居民遭受的计税农作物、专业养殖和经济林水毁损失，住房水毁损失，无法转移的家庭农业生产机械、役畜和家庭主要耐用消费品水毁损失。

财力性转移支付：是指为弥补财政实力薄弱地区的财力缺口，均衡地区间财力差距，实现地区间基本公共服务能力的均等化，由上级政府安排给下级政府的补助支出。资金接受者可根据实际情况自主安排资金用途。

专项转移支付：是指上级政府为实现特定的宏观政策目标，以及对委托下级政府代理的一些事务进行补偿而设立的专项补助资金。资金接受者需按规定用途使用资金。

粮食补贴方式改革：是指将通过流通环节对农民的间接补贴改为对种粮农民的直接补贴，按农业税计税面积、或农业税计税常产、或粮食种植面积等把粮食风险基金补贴直接落实到种粮农户手中，实现对种粮农民利益的直接保护，调动农民的种粮积极性。

出口退税：是指对出口货物在国内已征收的增值税和消费税进行退还的政策。

收支两条线：是指政府对行政事业性收费、罚没收入等财政非税收入的管理方式，即有关部门取得的非税收入与发生的支出脱钩，收入上缴国库或财政专户，支出由财政根据各单位履行职能的需要按标准核定的资金管理模式。

国库集中收付制度：一般也称为国库单一帐户制度。由财政部门代表政府开设国库单一帐户体系，所有的财政性资金均纳入国库单一帐户体系，进行收缴、支付和管理。收入通过国库单一帐户体系，直接缴入国库，不设立过渡性存款帐户；支出通过国库单一帐户体系，以财政直接支付或财政授权预算单位支付的方式，将资金直接支付到商品及劳务供应者或用款单位，即预算单位使用资金但见不到资金；未支用的资金余额均保留在国库单一帐户，由财政部门代表政府进行管理运作，降低政府筹资成本。

政府采购：是指各级国家机关、事业单位和团体组织，按政府采购法规和相关规定，使用财政性资金采购法定集中采购目录以内的或者采购限额标准以上的货物、工程和服务的行为。

国债项目资金：是指1998年以来，中央政府为扩大内需、拉动经济增长，国家预算扩大安排的用于基础设施建设等方面的专项资金，这些资金通过发行国债筹措。

国债：是指中央财政发行的国家公债，包括在境内外发行的内债和外债。

预算内经常性建设投资：是指国家预算安排的用于固定资产投资的资金。中央预算内经常性建设投资分两部分：一部分用于中央本级项目投资支出，另一部分用于专项补助地方项目投资支出。

两个确保：是指确保企业离退休人员基本养老金按时足额发放，确保国有企业下岗职工基本生活费按时足额发放。

低保：城市居民最低生活保障的简称。

国家西部地区“两基”攻坚计划：是指为贯彻《国务院关于进一步加强农村教育工作的决定》，进一步推进西部大开发，实现西部地区基本普及九年义务教育、基本扫除青壮年文盲攻坚目标而制定的工作计划。其主要目标是：西部地区整体上实现基本普及九年义务教育和基本扫除青壮年文盲目标，“两基”人口覆盖率达到85%以上，初中毛入学率达到90%以上，扫除600万文盲，青壮年文盲率下降至5%以下。

新型农村合作医疗制度：是指由政府组织、引导、支持，农民自愿参加，个人、集体和政府多方筹资，以大病统筹为主的农民医疗互助共济制度。筹资采取中央财政投入、地方财政投入和农民自筹相结合的办法。

生产型增值税、消费型增值税：增值税是对生产、销售商品或提供劳务过程中实现的增值额征收的一个税种。我国在增值税的实际征收过程中，纳税人先按商品销售收入乘以增值税税率计算出“销项税额”，再从中扣除“进项税额”（指纳税人用于销售而购进商品或为生产商品购进原材料等投入物时支付给销售者的增值税税款，“进项税额”通常以购进发票上注明的税额为准），然后将余额缴纳给政府。按照增值税缴纳过程中进项税金扣除内容的不同，增值税可分为“生产型增值税”和“消费型增值税”。其中，只允许扣除购进原材料等所含税金而不允许扣除购进固定资产所含税金的，称为“生产型增值税”；允许扣除包括原材料、固定资产在内的所有购入物所含税金的，称为“消费型增值税”。我国目前进行的消费型增值税改革试点，将允许企业购进的机器设备所含税款予以抵扣。

非税收入：是指政府在税收、债务收入以外取得的财政资金，是政府收入的重要组成部分。主要包括：行政事业性收费、政府性基金、彩票公益金和发行费、国有资产（资源）有偿使用收入、国有资产经营收益、罚款收入、罚没收入、以政府名义接受的捐赠收入、主管部门集中收入、利息收入等。

翘尾支出：是指在某一年度预算执行中实施的支出政策，在下一年度执行时，其预算安排应以全年计算，而相应增加的支出部分。如2003年7月1日调整工资政策，支出预算为6个月，2004年则表现为全年支出，为12个月，翘尾支出6个月。

一般性支出零增长：是指在预算安排中，除重点支出以及保证机关事业单位工资发放以外，对其他一般性的财政支出实行严格控制，参照上年预算执行数安排，支出增幅为零。

政府收支分类：是按照收入和支出的内在性质和相互联系，对政府收入的各类来源和支出的各类去向进行的类别和层次划分。

金财工程：是指利用先进的网络技术及信息处理手段，支撑财政管理的系统工程，是我国电子政务工程的重要组成部分。它以大型网络为支撑，以安全体系为保障，以细化的部门预算为基础，以财政收支全部进入国库单一帐户管理为基本模式，以出纳环节高度集中并实现国库资金的有效调度为特征，详细记录每个用款单位每一笔财政资金收支的来龙去脉。业务上覆盖财政收支管理的全过程，使用上覆盖各级财政部门及所有财政性资金收支单位。

恢复股市基本功能　全流通是解决方法
——第八届中国资本论坛2004年度1月10日发表演讲

全国人大副委员长　成思危

我想对于中国股市应该说大家都做了很多的研究，中国股市也是在邓小平同志的直接关怀和支持下，在邓小平理论的指引下建立起来的，中国股市走过了这十多年的路，我在证券法执法检查完以后发表了一个观点，叫"中国股市还处于初级阶段，宏观看来进步不小，微观看来问题不少。"去年年初我发表了一篇文章，叫做《让股市恢复本色》，这篇文章也受到领导方面的重视，证监会的同事大概也看到了这篇文章。我认为中国股市要恢复它的本色，实际上就是要成为一个有效的投资和融资的场所。简单的说，应该是两句话，一个是投资者可买卖，可持有。一个是企业应该有进有出。在股市的投资的人，有两个阶段，一个是投企业的价值，一个是投股票的差价。所以一个叫"投值"一个是叫"投机"，应该说让投资者有这样的选择，就是有的人投机，靠股市的差价赚钱，有的人关注企业的价值，到年终分红，或者看企业长远的价值。但是我们的股市确实只能投机不能投值。为什么呢？因为企业的价值在上市公司里体现不多，企业到年终基本上不分红，有的甚至把派股算是利好消息，实际上这是不正常的。

再一个上市公司应该是有进有出，既然是作为利用市场进行资源优化配置，好的上市公司需要有发展潜力，需要资金的公司应该能够进来，没有上市投资价值的公司应该退出去，但是现在看来进出的比例比较小。所以我认为我们还应该鼓励股市恢复它有效的投资和融资场所这样的本色。当然，从股市来看，不可能没有投机。因为如果股市没有投机就没有交易量，如果大家都是按理性投资的理念，把一个企业的价值，未来的收益折算到今天的价值，来确定买卖的标准，只有一个价就没有卖和买。所以它建立不同的人对企业未来的价值估计不同，就会产生投机行为，这也是正常的。所以正常的股市应该是适度投机的股市，既然有投机就有风险，就有泡沫，所以股市的风险和泡沫和投机是并存的。

为什么这些基本概念要重复讲一遍呢？是我们想问题的应该想到，股市的目标模式或者股市的本色应该是什么，从这个角度探讨才能够发现问题。从系统工程角度讲什么是问题？问题就是现有状况和应有状况或者理想状况之间的差别，这就是问题，系统工程就是这样定义。我们应该是什么样情况，现在是什么情况，这中间的差别就是问题。问题就应该从现有状况和应有状况的差别中提出来。我们今天提出来股权分裂和流动性变革问题，实际上这也是一个很重要的问题。

中国股市是一个半流通市，大家都知道，我们的国有股、法人股不能流通，流通的只能是社会公众股，社会公众股在总的股本里大概只占三分之一左右，这是当初建立股市的时候的政策设计者们的考虑来制定的，也不能说当时考虑的没有理由，当时考虑一个是中国股市才刚刚开始，需要摸着石头过河，再一个当时考虑政府要保持对国有企业股权的控制。另外也怕全流通以后，整个股市的供应量太大，等等原因。1992年的时候，上海的老八股，一下子放太多了，又怕没有足够的资金量，所以我们不能拿今天的眼光来批评当时的情况。但是股市发展到今天，如果还不与时俱进，不考虑这个问题的话，那恐怕也是不行的。所以我认为，今天大家提出的这个问题是非常值得研究的。我也仅就我个人的看法对这个问题发表几点意见：

首先，我们看看股市的半流通市，不能全流通的股市有什么弊病？我觉得它的弊病主要有这么四条，第一个方面是不能全流通的股市对经济发展的促进作用是有限的。一句俗话"股市是经济的晴雨表"，这句话没有错，但是中国的股市不是中国经济的晴雨表。为什么？就是说我们股市的规模本身就小，而且实际规模更小，我们股市对GDP的比例，按照世界银行的数据，2001年世界银行有一个整个的分析，大概是40%左右。全世界平均是90.7%，发达国家就是高收入国家的平均是130%，这是对GDP的比例。所以我们股市对GDP的比例本来就小。而这里面实际上这个数字是还有水分的，水分在哪儿呢？因为有三分之二不能流动。真正能流动的只占10%儿，也就是说真正能流通的股占GDP的百分之十几，是不能起到经济晴雨表的作用的。而且这样我们容易夸大中国股市的规模，实际上中国股市的规模认真说占GDP就是百分之十几，因为不能流通是没有用的。

大家知道股市的稳定性是跟它的规模有很大的正相关。一个股市的规模越大，就越容易流动。由于我们流通股的比例小，这样股市也就不容易稳定。美国股市怎么起伏、波动还是不容易出大问题，它总量大，我们总量小，这样就容易被恶意操作。我们5000万股以上的盘子，在我们1000多家上市公司当中占的比例也不太高，我们做过一个统计，这个比例并不高。当然现在新的数据要请证监会发布了，但是我们2000年底统计1076家上市公司流通股占5000万以下就是307家，5000—10000万股的409家，真正10000万股以上才360

家。所以从宏观上来看不能全流通是首先的第一个问题。不能全流通产生的第二个问题是不同股持有人利益不一致，国家股、法人股、公共股不同的持有人利益不一致，所以考虑问题的利益和社会公众、投资者，我不主张叫股民，股民这个词有点贬义，就是中小投资者的利益不一致，不一致在什么地方呢？比如在股市涨的时候，国有股的持有者总是希望股市尽量的涨，所以尽量制造一点利好消息，甚至一些虚假的信息来推动股市的涨幅。这样才能更多的有利于他。而当股市跌的时候，他总要想办法利用增发、配股等等方式进一步从资本市场吸取资金。这个时候增发、配股的结果是本来资金供应量不足的情况下，再这样做就使股市更容易下跌。如果利益是一致的话是不会这样做的，但是由于利益不一致造成了他这样做。

这样造成的结果，还有一点就是由于很多上市公司是国有企业，上市在我们国家还是一个稀缺资源。正因为它是稀缺资源，所以中国就出现了比较多的买壳，这样即使上市公司弄的不好，它也能够比较低成本地在政府的指导下重组。所以我们说它的利益不一致。第三个大毛病造成了同股不同值的现象。按道理国有股、法人股、公共股，同样一股价值应该相同，这是一个股市的基本原则，但是我们实际上是同股不同权。公共股由于在市场上流通，它是利用市场的定价机制。而不能流通的股不能到公共市场的机制来解决问题，所以就造成了这个问题。同股不同值，实际上也就是同股不同权，理论上说同股同权，实际上同股不能同权。这样造成的问题就等于是同样一个股拥有的财富是不一样的。这个问题在我们国有股减持里表现的特别明显，当时确实是股市一路在涨，1999 年到 2001 年上半年中国的股市是涨的很快，大概涨了 90%，在这个情况下，当时政府也是考虑减持一部分，卖出国有股，充实社保基金。我始终认为，从决定的动机来说是好的，充实社保基金，中国如果不建设一个比较完善的社会保障体系，会影响我们的发展。但是，一个最大的问题就是按什么价格来减持，当然确定按市价减持，这就把同股不同值的矛盾激化了。如果不卖一般投资者也无所谓，现在把这么多股拿去卖，而且是按照市价卖，投资者当然有意见，有人说得比较严重，这样等于是杀富济贫，实际上把不流通的股，按照流通股同样的价值收回资金。这时反映很大，很多投资者投票，离开股市。也造成了股市的下跌，当然这个问题中央很重视，通过调查研究及时停止了这个做法。但是这确实反映了问题。

不能全流通的第二个弊病，就是发挥不了股市在优化资源配置，推动经济发展方面的作用。为什么？因为，股市的基石是上市公司，上市公司它的赢利能力，价值的增长，这是决定了股市的根本。如果说上市公司都没有投资价值，这个股市再炒最后也是一大堆泡沫，所以它的基石非常重要。上市公司要打稳它的基石，就要有一个健全的法人治理制度，要按照证券法的要求，信息披露等等。但是在一股独大，或者不流通股占多数的企业里没有办法做到这一点，没有办法做到真正能够优化它的股权配置，提高它的赢利能力。实际上就产生了很多问题。我从证券法执法检查过程的来看，股东大会实际上是形同虚设，为什么？股东大会是按照股权数投票，流通股投资者是少数，他参加股东大会尽管可以发表意见，但是最后表决的时候，他起不了什么作用。我开过座谈会，我问一些小投资者，说股东大会你们参加吗？他们说跟你说实话，参加了，不外乎两条，一条有一个机会说说话，另外拿点纪念品吃个饭。我说的都是老实话，就是这么回事儿。因为他没有决定权，所以产生所有的虚假信息、恶意操纵，这些股东都没有办法发言，他也没有办法做决定。所以这样就没有办法改善上市公司的法人治理制度。现在大家习惯叫“解构”，因为制度不仅包含了“解构”还包含了机制在里面。所以最后变成了什么呢？即使是很差没有投资价值的公司还在看着，真正好的上市公司进不来，因为容量有限的，从揭发出来的问题来看，上市公司里面的虚假信息，恶意操纵什么，大家都看得很清楚，有的 ST 郑百文千方百计在那儿重组。所以我们说不全流通就有这么四大弊病，股市不能成为经济的晴雨表，不能起到应该推动经济发展的作用。不同股的持有者的利益不一致就会损害公共股投资者的利益。第三同股不同值实际上就违反了同股同权的原则。第四是一股独大，或者国有股独大，就没有办法完善上市公司的法人治理制度，也就没有办法真正按照《证券法》的要求在防止虚假信息，内部交易和恶意操纵市场等方面发挥监督作用。所以我们说这个问题是到了应该认真研究解决的时间了。这是我讲的第一层意思。

第二层意思怎么解决。我这里谈谈我个人的看法，我想首先还是要按照邓小平理论，按照小平同志提出的社会主义市场经济的构想来研究，看中国的股市问题。我认为小平同志提出的社会主义市场经济，我个人理解是两个方面，一个方面是要发挥市场的资源配置方面的基础性作用，不断的提高经济发展的效率和效果。正因为这样，所以我们要认真研究国外几百年市场经济发展过程中积累下来的好的经验，好的做法，好的组织方式，好的管理方式。并且大胆的结合我们国家的情况加以采用，我认为小平同志这个指导思想是非常明确的，中国的股市也是在这样的指导思想下成立起来。不然的话，就没有今天了。所以在这个问题上我们还是要坚持改革、开放、稳定的向前发展，这也就是十六届三中全会提出的要促进资本市场的改革开放和稳定发展，扩大直接融资。这一条我认为是非常重要的。

如果我们只讲规范，不讲发展，那中国股市的问题永远也解决不了。全流通问题不想办法解决，那永远也解决不了。我们现在确实是直接融资的比例相当低的，刚才我说了，全世界平均的股市市值占 GDP 是 90.7%，而高收入国家，发达国家平均是 130%，我们的这个比例是百分之十几，直接融资的比例是太低了。而在间接融资方面，也是世界银行的据，银行提供的国内的信用，世界平均是占 GDP 的 152%，这个中国和它差得不太远，但是我们的直接融资差得太远了。股市作为直接融资非常重要的场所，我们还是要发展，还要通过改革开放促进它的发展。在这一点上，现在有一些悲观的看法，甚至有一些人认为中国的股市，对经济起不了什么作用，这样的看法是错误的。中国股市，第一在通过它的发展以后必然能对中国经济起到作用。因为它最大的好处就是能够用市场的力量优化资源的配置，同时能够促进企业在竞争中，提高它的效率。所以我认为中国的股市没有什么太多希望或者对经济起不了太大的作用的看法是不对的。当然我们要改革开放，要推动稳定发展不是一句简单的话，要采取一系列的措施。今天由于时间关系措施就不多说了，但是这个思想要说明，这是社会主义市场经济的一个方面。

那么社会主义市场经济的另一个方面，就是我们要坚持社会主义制度，保障社会的公平和公正，特别是保障弱势群体的合法利益，这个问题也非常重要。中国的股市的投资者，我们现在是两个市场，所以这个数还不大好统计，原来说是6000万，现在是7000万，这个数是不小的，绝大部分是中小投资者。中小投资者在股市中是弱势群体，道理很简单，他吸收的信息和大的投资者没有办法比，他的资金实力没有办法比，承受风险的能力没有办法比，他也没有任何手段去操控市场。只能够跟大户或者是靠他的小聪明和大户斗法有可能赚一点钱，大多数的中小投资者是斗不过大户，所以有人说在上证指数涨到2100点以上的时候，有60%的中小投资者没有赚到钱，因为他本身切实是处在弱势。现在被套住的，应该说绝大部分也是中小投资者。所以我们一定要注意保障中小投资者的权益，股市有风险，选股要慎重，我们要保证公平的环境，不能够被虚假信息、内部交易、恶意操作而增加他的损失，所以证监会一个非常重要的功能就是要保障市场的公平和公正。在这个问题上，很高兴看到近年来证监会采取了一系列的操作，特别是信息披露的要求越来越严格了。

前一段也有一种理论，叫做弱势群体应远离股市，我是不赞成的，中小投资者都离开股市，股市不就成了大鳄、投机的场所了吗。现在不是说要让弱势群体，中小投资者远离股市，而是让中小投资者在股市中有一个公平公正的环境，而是让他有了问题可以申诉，证券法中规定中小投资者是可以告的，最高法院有一个司法解释。所以在股市的全流通问题我们应该从这两方面考虑：一个是有利于资本市场的改革开放和稳定发展。第二是有利于保护中小投资者的合法的权益。这两点是必须的，否则，如果在这个过程里，由于我们推进全流通，使部分利益被一些实力资金和大户掠取，中小投资者得不到实惠，那我们全流通的改革就是失败，这是第一个指导思想。

第二个指导思想就是一定要注意它的可行性。我对可行性做过一个定义，说有六方面的可行性。首先是技术上是可能的。第二经济上是合理的。第三法律上是允许的。如果说现在法律不允许，而确实有必要，通过法定程序修改法律。但是法律还没有允许你这么做，恐怕就不合适。第四是操作上是可以执行的。就是说这个方案是可以操作的。第五是进度上是可以实现的。我看中国股市的全流通绝不是短期的能够做到的，如果谁说一两年就可以做到，我看不可以，因为进度上需要时间。最后一点是政治上要能为各方所接受。各利益相关者都能够达到一个妥协，达到所谓系统工程的"帕雷特"效应，大家都能够接受，如果只从一方考虑那是不行的。以前在股市上考虑比较多是融资方的利益，而对投资方的利益考虑不够，这就会造成问题。比如上市公司融入了钱，又交证券公司委托理财，结果又回到股市，把股市抬高了，但是企业的价值并没有提高。所以一定要注意这六个可行性，特别是注意能够为有关各方所接受，做不到这样一点，你的任何方面最后都是不可能实施好的。我专门研究了中国的房改，我出过一本书《中国住房制度改革》，房改是五方的博弈，职工、政府、单位、银行、开发商。五方的博弈如果弄不好，就很难推行。

第三点一定要周密的策划，我常说管理学家和经济学家不同之处在哪儿。经济学家更多关注什么是理想的模式和为什么是理想的模式。就是what和why的问题，管理学家关注是怎么从今天的现状过渡到明天。现在形容金融学，形容经济学也是考虑怎么实现的，总的来说经济学和管理学还是有这么一个不同。如果经济学家描绘了河对岸是一片美丽的风光，经济学家是研究怎么过这个河，所以这一定要周密的策划。特别是改革有一个特别大的特点就是路径依存，就像走象棋一样，你走的第一步影响到你以后的每一步，如果只考虑第一步先迈了再说，那麻烦了，如果要退回来代价是非常之大，而且有的是不可能回头的，不像走象棋可以悔棋，改革不能这样。我们货币市场的发展是三起三落，每一次起落都造成很大的损失，都有一部分财产流入个人的腰包，所以我们再搞全流通这个问题一定要注意周密策划，策划好，走一步要想好以后的几步，在什么时候实现，怎么走，当然我说这些都是空话，具体怎么走，大家研究。可能通过大家的研究，证监会的研究最后可能拿出一个方案，但是我想这恐怕不那么简单。解决这个问题的指导思想一定要按照小平同志的社会主义市场经济的思想，实际上党的十四大确定了建立社会主义市场经济的目标，最近十六届三中全会又通过完善社会主义市场经济体制的42条，这42条三条是有关金融的，对金融是非常重视，深化金融企业改革，健全金融调控机制，完善金融监管体制，我数了一下是17项的具体内容，是非常重视这个事情。所以我们一定要按照十六届三中全会的决定，进一步推进我们资本市场的改革开放和稳定发展，扩大直接融资，在这个过程中解决好我们的全流通的问题。这是我讲的第二点。最后一点我想讲对学者的希望。因为我既是立法机构的成员也是学者。我想对学者提几条建议，希望你们在研讨的时候，第一条就是坚持科学的精神，实事求是，多说实话，少说空话、套话，不说大话、假话。大话、假话是误党误国，空话、套话是无济于事。但是要多说真话、实话，如果学者都不能说真话、实话，研讨会就没有任何意义了。我想这是一条最基本的要求，也是邓小平理论的核心，实事求是。怎么才能多说真话、实话，就是学者一定要研究问题，要深化研究，通过调查研究，通过你的各方面的分析，真正探讨中国股市发展的内在规律，根据这个来提出建议。在这个时候有一个问题大家要有一个认识。我的座右铭是"慷慨陈词岂能尽如人意，鞠躬尽瘁但求无愧于心"这是一个学者的基本态度，从另外一个角度的来说也有一个怎么处理好和领导的关系，我也有两句叫做尊重领导而不迎合领导，承认现实但是不迁就现实。领导确实有他的考虑，这和学者不一样，不要因为我们的建议没有被采纳，就怨天尤人，垂头丧气，不要这样想，一个学者的建议有60%被采纳就相当不错，我不敢说我的建议有60%被采纳了。因为学者研究是什么最合理最好，领导考虑很多因素，有各方面的因素，所以是不一样的。

我曾经说过，完全不听参谋意见的领导是独裁的领导，完全听参谋意见的领导是无能的领导，所以作为领导来讲，成见不可有，主见不可无，所以你的意见不可能全部被采纳，但是你只要有一条、两条被采纳就挺好，如果你认为你的意见是对的，你可以不断的提，最后还是可能被采纳，所以学者要建立这样的态度，对领导要尊重，但是千万不要迎合，不要领导今天说东好，你就说东怎么好，明天说西好，你就论证西怎么怎么好，不要迎合，迎合的结果，最后是误导领导。本来他看问题就有片面性，你要指出他看的不够的地方，你如果说他完全正确，他就更容易忽视他看不到的地方。我想这一点如果做到也不容易，但是作为学者应该这样。

第二一定要注意论点和论据的结合。做科学研究不收集大量的数据，没有大量的材料是不行的。科学研究是一项艰苦的劳动。我们要研究问题，比如说全流通的问题，既能提出你的看法，也要有数据的支持。这一点是非常重要的。这也是定性和定量相结合的问题。

第三就是要认真研究国外的经验，特别是我们研究股市问题，国外的股市在发展的过程中不知道出来了多少问题，碰到多少事儿，到现在还有问题，现在还有安然、事通这些公司的问题，我们要认真研究。现在大家对海归派有点持否定态度，我说这不对，海归派起码有一个好处就是他了解国外的信息，有很多讲股市的人，他本身并不知道国外股市真正是怎么运作。我去美国学习之前，我也不知道。我1981年到美国的时候，连什么是股票都不知道，到那儿以后现学，去看才知道。我们有一些人根本不了解，所以要了解。另一个要结合我们国家的实际情况，海派归之所以受批评，很大的一个问题是没有结合中国的实际情况，就是外国的经验尽管是好的，但是不能照搬，我们不能因为不能照搬就否定学习外国，这是不行的。我多次去过纳斯达克，纳斯达克的东西不能照搬照抄，一定要结合我们的实际情况去学习。

第四是发扬学术民主、百家争鸣。看起来这是一句很简单的话，大家都承认，但是真正要做是不容易的，每个人既然发表意见，总是认为自己的意见是对的。特别是地位高一点，总是认为自己的意见就自然正确一点，我不这样看，个人地位高了，不等于学识涨了，不能说你一当官，你的学识就涨了。所以首先要有一个尊重别人的态度，在学术争论当中要尊重别人。现在有一些文章很有意思，他批判别人，他根本没有看过别人发表的观点，他就来批判，这是学术界的浮躁之风。你要批判人家，首先要认真研究人家是怎样的观点，所以尊重别人是非常重要的，要有民主的态度。我认为创新往往是从学术民主里，从争论里产生。因为任何一个创新思想的提出，开始总是非共识，非共识不一定是创新，但是创新开始必然是产生非共识之中，有人反对，有人赞成，然后通过实践这个观点是对，不断的赞成的人越来越多，就成型了。我在国家自然基金委就定了一条规矩就是要重视非共识效应，原来我们是采取五个专家打分，结果到80分以上才能提交讨论，如果有一个项目，两个专家说好极了，三个专家说坏极了，这个项目就上不了会了，我去了以后我发现这个问题，我说不行，这类非共识项目要上会，既然有两三个说好极了，有两三个说差极了的，一个打零分，一个是5分，平均还是2.5分，这里面往往有创新，事实证明这个做法是对的。我们每天非共识项目命中率是三到四个项目中选出一个，我们整个项目是六到七个选中一个。就是创新的思想是产生在不同意见的交锋之中。我认为中国创新之所以不够，就是我们缺乏一种学术民主，缺乏一种真正大家认真，允许各种不同学术意见发表，并且在互相尊重的情况之下形成新的共识的这样一种风气。在国外是规定在这个学校读博士学位不能留在这个学校读博士后，我们的情况是老教授培养中教授，中教授培养小教授，都在一个教研组里面，那创新很难了，祖师爷发一句话谁敢反对，最后就有问题。当然我们也有很开明的老教授，比如黄达同志。但是我们不能指望在个别的开明上，要靠制度来培养学术民主，要靠制度培养创新人才。我曾经说过，现在世界各国的竞争关键是经济实力的竞争，经济实力的竞争，根本是科技实力的竞争，科技实力的竞争本质上是人才的竞争。最近中央开了人才工作会议，把人才的地位提的很高。最后还有一句话人才实力的竞争，关键是在人才创新能力的竞争。江泽民说过创新是一个民族的灵魂，是国家发展，兴旺发达的不竭动力，我们一定要大力量推进创新，发扬学术民主，让各种意见充分交换，充分探讨，从中找出一条适合中国国情股市的发展道路。我希望这次论坛能够向这个目标迈进一步。我讲到这里，谢谢大家。

中国资本市场为什么必须进行全流通变革

中国人民大学金融与证券研究所　吴晓求

过去的2003年，是中国资本市场历经艰难的一年。原因是多方面的，但最根本的一点是市场的制度基础即股权分裂问题，这种违反市场原则的制度安排，破坏了资本市场基本的功能。由中国人民大学金融与证券研究所2004年度报告课题组完成的报告——“中国资本市场：股权分裂与全流通变革”，对这一问题进行了系统深入的反思，认为这一问题不尽早解决，中国资本市场不可能健康持续发展。今日本报刊登的这篇文章是报告的总论：“股权流动性分裂的八大危害”。

最近两年多来，中国资本市场究竟出了什么问题？原因众说纷纭。如果说只是市场价格的涨涨跌跌，那没有什么大惊小怪，因为任何市场都是波动的。对最近两年多的市场变化，金融学界、经济学界和实际部门都有很多不同的看法。从2001年中期以来市场走势是不正常的，实际上2001年中期以前的市场也是不正常的。这种判断不是以股票价格指数的涨跌来衡量。多少年来，中国资本市场从结构上说都处在一个不正常的状态。这种结构上的不正常状况，主要指股权流动性分裂的现状。它严重影响了投资者的市场预期机制，是阻碍中国资本市场发展的最大障碍。

股权流动性分裂与股东利益冲突

股权流动性分裂从根本上损害了上市公司的利益机制，使上市公司非流通股股东(大股东)与流通股股东(中小股东)之间的利益关系处在完全不协调甚至对立的状态。

股权的流动性分裂客观上会使非流通股的未来流动性处在一种不透明的状态，从而使流通股股东的利益处在一种不确定的损害状态。这种不确定的损害状态在2001年6月《减持国有股筹集社会保障资金管理暂行办法》(以下简称《减持办法》)出台之后就变得更加明显了。应该说，在《减持办法》出台之前，这种流通股股东利益的不确定损害状态还只是朦胧的，因为在此之前所有的法律文件都认为包括国有股在内的所有发起人股份都是非流通的，人们预期这些股份是不能流通的。在此预期下，才会形成较高的发行价，市场平均市盈率才会达到40—50倍。2001年6月12日《减持办法》出台后，这个约定俗成的预期被彻底打破了，投资者从不流通的预期变换成可能要流通的预期，并且这种可能要流通的预期还是建立在市价或接近市价的基础上流通，预期开始变得不确定了。2002年6月23日，《减持办法》突然被停止执行，但这时的预期与2001年6月以前的预期已完全不一样，它已经包含了2/3非流通股实现流动性的某些忧虑。

实证分析的结果表明，上市公司2/3不流通1/3流通的股权分裂格局，彻底破坏了上市公司利益机制一致性的基础。如果说上市公司全体股东的利益机制是不一致的，资本市场就不可能发展起来。这种流动性割裂的股权结构使得非流通股股东的资产投资收益并不主要取决于上市公司的每股利润，而主要取决于其净资产值的增加。股权分裂的格局客观上使非流通股股东特别是控股股东的资产价值与市场走势毫无关系。由于非流通股资产价值与流通股的市场价格没有关系，所以当每股利润比如从上年的0.2元上升到当年的0.8元时，非流通股股东得到的资产收益也就是0.6元的新增利润。而同样条件下，流通股股东资产收益除了0.6元的新增利润外，还有资产价格的市场增值收益，比如股价从6元升到20元，14元的每股差价是每股业绩增加0.6元在资产市值上的表现。这种利益机制必然使控股股东亦即非流通股股东不会把主要资源放到如何提高公司的业绩上，因为在他看来，公司业绩的提高只会使流通股价格上涨。我经常碰到这样的董事长和控股股东，他很关注流通股大户是谁，这种关注反映了非流通股股东即控股股东的心态，反映了控股股东和公司实际控制人进行内幕交易的某种欲望。在不存在内幕交易的情况下，控股股东或上市公司实际控制人宁愿把公司搞垮，也不希望流通股股东（或流通股大户）赚钱，他们心理不平衡啊！所以说在股权分裂情况下上市公司股东的利益机制完全被割裂了：公司做好了，与控股股东的资产价值没有多大的相关性；只有上市再融资才是最赚钱的途径，于是才有上市融资排队的奇观。

排队上市是中国资本市场的一大特点。为什么会排队上市呢？我认为，所有上市排队现象的背后都与资本市场的制度缺陷有内在联系。我可以断言，上市排队的本身，就是一个寻租过程。市场经济本质上是排斥排队现象的。上市排队的现象除了必然有寻租行为外，还可能表现为排队者缺乏爱惜公众资本的文化心态。多少上市公司首发或配股（增发）后做的第一件事情是买高级汽车，大幅度提高实际控制人的薪水啊！排队上市现象可能还有信息虚假的可能性。2002年新上市的部分企业出现了业绩大幅下降的事实，其中有没有财务虚假成分？所以，排队上市的现象本身就不正常，它隐含了中国资本市场某种制度缺陷。

排队上市实际上能为非流通股股东特别是控股股东带来意想不到的财富。例如，招商银行新股发行上市前，每股净资产是1.2元，新股发行上市后，非流通股的资产净值就增加到每股2.9元，每股增加了1.7元。如果某位非流通股股东持有一亿股，上市即为其增加了1.7亿元的净资产，资产投资收益接近150%。这么高的资产投资收益来自于哪里？来自于流通股的高溢价认购，这就是一种典型的财富转移。股权分裂的市场为非流通股股东的财富大幅度增加提供了一种合法但不合理的通道。

由于股权分裂导致流通股股东资产增值机制和非流通股股东资产增值机制的割裂：流通股股东资产增值依靠每股业绩的提升和企业竞争力的提高，进而促使股票价格的上涨来实现；而非流通股股东资产增值则与市场走势和股票价格涨跌基本无关，只与高溢价融资有关。所以，非流通股股东和流通股股东的财富函数是完全不一样的。这就是中国上市公司业绩难以改善，缺乏长期投资价值的内在原因。如果上市公司股权不存在流动性分裂，资产都具有同质的流动性，所有股东的资产价值都与企业业绩有关，与市场走势相关，那么，全体股东利益的一致性就出现了，控股股东就会调动所有的资源增加每股收益，提高公司竞争力。在股权分裂情况下，流通股股东永远处在不公平的状态，即使采取独立董事制度也不能改变这种状态。

股权流动性分裂是市场内幕交易盛行的微观基础

内幕交易是资本市场上的三大违法行为之一。我国市场上的内幕交易比全球任何一个市场都严重，这是因为内幕交易与股权分裂有着必然的逻辑关系。可以这样认为，股权分裂是滋生内幕交易最合适的土壤。从股权分裂与股东利益机制冲突的分析中我们知道，在中国，上市公司的控股股东或实际控制人的资产收益不主要取决于公司业绩，在这种利益机制下，如果上市公司的业绩得到大幅提升而又没有得到相应的资产收益，它必然会处在心理失衡的状态，为了弥补这种失衡的心理状态，多数控股股东或实际控制人会选择与流通股庄家勾结起来操纵市场，以弥补每股利润从0.2元提高到0.8元而没有得到相应的市场差价收益的遗憾。这种内幕交易与其说是道德危机、诚信危机，不如说是制度缺陷使然。所以，我认为股权分裂必然导致内幕交易盛行，内幕交易盛行的制度基础是股权分裂，在这种条件下，任何形式的外部监管都难以有效地防范内幕交易。在资本市场发展过程中，内幕交易直接破坏了市场公平原则，严重损害了其他股东特别是中小股东的权益。

股权流动性分裂必然引发市场信息失真

例如某股股票的市场价格是10元，这个10元是什么意思？包含了什么信息？实际上是一个含糊不清的价格信息。

先分析发行价。在股权分裂条件下，新股的发行价实际上不意味投资者对发行公司全部股份的每股认同价。例如某上市公司每股发行价为8.8元，且发行成功。在这里，8.8元的发行价只能做这样的解释，或仅包含这样的信息，即新募集的可流通股是每股8.8元，且非流通股不能同时或延时流通。与非流通股相比，每股8.8元的流通股发行价包含了投资者为获得流动性而付出的流动性溢价，并不包含这家上市公司总股本基础上的每股价格为8.8元这样的信息。据此推论，上市之后的交易价格显然也就只是流通股的交易价格了，而非总股本基础上的每股市场价格。实际上，无论是在理论研究中，还是在市场分析和政策制定中，我们都混淆了股权分裂条件下市场价格所包含的真实信息。例如，在股权分裂条件下，我们有一个总市值的概念。总市值概念实际上逻辑地认为流通股的价格也就是非流通股的价格，这完全混淆了股权分裂条件下流通股价格与非流通股价格由于资产的异质性而出现的根本差异。所以，“总市值”这个概念是对市场信息失真的典型反映。从某种意义上来讲，这是2001年6月国有股市价减持的理论基础。

在论及流通股价格与非流通股价格时，不能不涉及同股同权同价理论。一般而论，或者说，在一个流动性同质的股权市场，同股同权同价是市场运行的基础，这不会有任何问题。但是，在中国，由于股权流动性的异质性，同股同权同价可能就是一个教条。在股权流动性同质的成熟市场，虽然有些大股东的股份几十年都不卖，但不卖不等于没有流动性，法律已经赋予它流动的权利，从预期机制上看，这些股份是可流通的，所以，同股同权同价的原则是完全适用的。在流动性异质的股权分裂市场，同股同权同价原则就失去了实施的基础。

除了上面分析的发行价、交易价、总市值等概念具有信息不真实外，在中国资本市场上，还存在一个包含虚假信息的概念，即总股本。例如，某上市公司总股本2亿股，其中非流通股1.5亿股，流通股5000万股，流通股价格为每股10元。从流通股股东和股权流动性角度看，1.5亿股的非流通股与5000万股的流通股存在异质性，如若要在流动性上同质，则显然要小于1.5亿股。所以，如果说中国股市有泡沫，可能不主要表现在流通股价格上（至少在目前是这样），而主要表现在非流通股的股本规模上。非流通股要想获得流动性，必须有一个价格的贴水过程，缩股是价格贴水的一种表现方式。在股权分裂的市场上，市盈率是一个完全被扭曲的概念，是市场信息失真的典型代表。这些年来，我们总是用这个被特殊市场结构完全扭曲的概念来判断市场的投资价值。实际上，中国市场的市盈率决不是市场整体的本益比，而只是流通股的市盈率，它包含了流动性溢价这样的市场信息。

股权流动性分裂导致上市公司控股股东或实际控制人扭曲的战略行为

虽然在上市公司与控股股东（母公司）之间我们实行了“五分开”政策，但从实践看，上市公司的实际控制人或经营者与控股股东有着千丝万缕的利害关系，有时甚至就是其代言人。在股权分裂条件下，上市公司的战略行为与控股股东的利益高度一致。概括地说，至少有以下三个特征：一是追求外延式规模扩张战略；二是追求多元化发展战略；三是频繁的大规模的资产关联交易。其中，外延式的规模扩张与频繁的大规模的资产关联交易有着某种逻辑联系，这种逻辑联系使上市公司不断地成为母公司即控股股东的影子，进而演发成为控股股东的提款机。猴王股份与猴王集团就是这种规模扩张战略与资产关联交易逻辑关系的典型案例，而上市公司简单地贸然地追求多元化发展的战略行为深刻地反映了其实际控制人或控股股东滥用社会公众资本的心态。

上市公司的这种战略行为有其深刻的社会、文化和制度基础，其中，股权分裂是其重要的制度原因。在股权分裂的条件下，控股股东通常都是以一个很小的资本控制了一个社会资本规模很大的上市公司，加上信用制度又很不完善，职业经理人市场又没有形成，其必然的逻辑结果就是控股股东或实际控制人如何最大限度地侵占或无效率地耗竭社会公众资本，掠取流通股股东的利益。上市公司的这种战略行为潜在地损害了流通股股东的利益。

股权流动性分裂是中国上市公司疯狂追求高溢价股权融资的制度基础

已有的研究成果表明，股权分裂导致中国上市公司独特的与成熟市场完全不同的融资行为和融资顺序选择。中国上市公司的融资行为与现代资本结构理论所描述的优序融资顺序几乎完全相逆。其基本特征是：第一，不惜一切代价进行外源式的股权融资，排队上市现象是其基本表现。我们知道，现代企业的融资结构总体上看是由外源式融资和内源式融资两部分组成，外源式的融资又分为股权融资和债务融资，以及某些衍生产品融资。按照现代资本结构理论的解释，企业融资顺序应遵循优序融资理论，即：内部股权融资优先，债务融资次之，外部股权融资最后。在成熟市场，企业之所以做这种融资顺序选择是一系列因素影响后的理性选择。这些因素包括风险与收益的匹配、资本结构及其流动性、产业成长周期、市场竞争状态等。在中国，上市公司遵循的不是这样一种“优序融资”，而是外源式股权融资绝对优先，内源融资次之，债务融资最后的融资顺序。融资行为之所以作这样的顺序选择，主要是因为：①存在一个以股权分裂为基础的流通股高溢价发行机制。这种高溢价发行，既盛行于IPO，更盛行于配股和增发。可转债的转股价格、转换比例的设计上也体现了这一特征；②非流通股股东特别是控股股东可以通过这种高溢价发行（包括首次发行和二级市场再融资）迅速获得资本投资的高收益即快速增加每股净值；③通过频繁的关联交易，实现控股股东的利益最大化。最近一个时期以来，由于二次股权融资（增发、配股）的条件趋于严格，市场投资者对二次股权融资兴趣日减，上市公司及其实际控制人则通过发行可转换公司债来实现再融资的目的。

从微观上看，在中国目前的市场结构下，可转换公司债是一个很好的投资产品。从发行人的心理目标预期和可转换公司债的各种设计条件看，投资可转债只会盈利，不可能赔钱，这一点可以确定。为什么说市场持续下跌，而投资可转换公司债则还可以盈利呢？因为这个产品在设计上就钻了市场结构缺陷的空子，即股权分裂的缺陷。由于市场结构存在缺陷，可转换公司债正在走向畸形。可转换债这样一个很好的金融产品，正在演变成控股股东（非流通股股东）掠夺、转移、稀释中小股东（流通股股东）财富的重要管道，也成了流通股股东流血的另一个伤口。所以，招商银行在发行15亿股流通股一年多之后，又决定发行100亿可转债的行为，投资者的愤怒情绪是可以理解的。

中国的可转换公司债本质上是一种随时以优惠价格转换成股票的权证。我们似乎没有一家上市公司的可转换公司债最后成为债券，因为上市公司的实际控制人，也就是大股东，根本不希望可转换公司债最后转换成债券，因为其资产与债务结构是不匹配的，发行可转换公司债100亿，形成的可能是一项长期投资，而且在转换期到期时，可能还不能全部产生收益，资产缺乏流动性，它怎么还本付息？所以在设计可转换公司债的转换条件、转换价格和转换比例时，客观上向转换成股票的方向倾斜。通常情况下，持有人会更趋向于转成股票，而这正是上市公司及其非流通股股东所企及的。然而，这种转股优惠显然是对流通股股东的沉重打击。由于转换的价格较低，从市场比价效应看，流通股的价格有向转换价格收敛的趋势。所以，股权分裂使可转换公司债的发行客观上对流通股的利益带来了潜在的损害。

在中国市场上，还有一个引人深思的现象，即上市公司配股时，包括控股股东在内的几乎所有非流通股股东都放弃配股权，这与股权的流动性分裂有着内在联系。这一现象实际上已经说明了中国上市公司的资本形成制度存在重大缺陷，说明了中国上市公司生存与发展的资本主要来自于流通股股东。说明了流通股股东承担着上市公司几乎所有风险。这是多么地不公平啊！

股权流动性分裂造成了股利分配政策的不公平，利益分配机制处在失衡状态

如果不考虑收益留存形式，现金分红和送红股是上市公司分红的两种基本形式。一般而论，现金分红是公司红利分配最常用的形式，在中国市场上，似应更提倡这种分红方式。它对于检验公司利润的虚实、真假和现金流量是否充足有重要作用。巴菲特的投资分红只分现金不送红股。送红股虽然不会引起现金的净流出，但从本质上看，是一种数字游戏。然而，在中国市场中，在股权分裂的条件下，非流通股股东和流

通股股东有着完全不同的红利分配偏好。非流通股股东偏好现金分红，而流通股股东偏好送红股。2002 年用友软件每股派发 0.6 元现金的分红方案，引起了一场轩然大波。我认为，现金分红的形式没有错，值得提倡。出现轩然大波的原因显然在于股权分裂基础上的资本形成制度。一个在全球都通行的分红方式为什么到中国就会被认为是一个不公平的股利分配政策呢？根源在于股权分裂。与非流通股股东偏好现金分红的股利分配政策不同，在实践中，中国的流通股股东偏好送红股。在 2002 年用友软件的股东大会上，流通股股东曾提议，非流通股股东分现金，流通股股东送红股。流通股股东这种貌似不合理的要求实际上与股权分裂基础上的资本形成制度是相适应的。当然从现行法律看，这种双重标准的股利分配政策缺乏法律依据。

有一个问题值得我们深思：为什么流通股股东不愿意与非流通股股东一道采取现金分红的方式，而十分愿意接受共同送红股的分红方式？最重要的原因在于流通股的资产价值是由市场来决定的，而非流通股的资产价值并不主要由市场决定，加上市场投资者似乎都有一种送红股的资产增值幻觉，或者说股本扩张增值幻觉，就如同通货膨胀基础上货币收入提高后所产生的货币幻觉一样。受这种股本扩张幻觉的引诱，流通股股东希望送红股。在市场处在上升期，由送红股引发的股本扩张幻觉，通常能演化成填权的事实，这时，流通股股东通过送红股来实现其股票市值增值的预期，也就变成了现实。所以，送红股给了流通股股东一种非流通股股东所不具有的市场升值机会。而非流通股股东则完全没有这种市场机会。例如，非流通股送红股前 5000 万股，十送十之后，增加到 1 亿股，假定送股之前每股净值 10 元人民币，十送十之后，每股净值缩减到 5 元人民币，送红股前后的资产净值没有任何增加，一分钱也没有增加。对非流通股股东来说，送红股的分红方式，纯粹是数字游戏，这种股本扩张幻觉永远不具有升值的可能。这就是股权分裂对股利分配方式的深刻影响。

股权流动性分裂使中国上市公司的并购重组带有浓厚的投机性

并购重组，是公司在财务方面最重要的战略行为。在成熟市场或股权流动性一致的市场中，对并购重组的动机，并购重组的成本分析和支付方式等都有相对规范的理论解释，但是在中国这样一个以股权分裂为特征的市场中，并购重组则表现出明显的投机性。这与成熟市场上市公司的并购重组追求协同效应的动机有根本的差异。

在中国资本市场上，由于股权分裂，收购公司通过并购重组获得对子公司控制权后，即使业绩有了较大改善，竞争力有了提高，收购公司的投资收益不可能通过股价的上涨来表现，因而很难实现市场的投资收益，加上中国上市公司现金派息率很低，总的资本收益很低。实际上，收购公司的任何一项并购重组都是利益驱动的。中国资本市场上的并购重组如果不能通过股价的上涨来实现其利益，那么，它又是通过什么途径来实现其利益的呢？研究表明，主要通过以下三种途径来实现其并购重组的利益：

一是通过注入优质资产或编造产业转型，使上市公司暂时符合再融资条件，从而进行配股或者增发融资获得对所募集资金的控制权、支配权；二是虽然获得的不流通的股份不能实现二级市场的差价收益，但通常会通过制造并购重组概念，在二级市场上进行内幕交易，通过单独或联合操纵股价，获得二级市场上的非法收益；三是对上市公司资源的滥用（例如担保）而获得低成本资金。

上述三种获利动机，与并购重组的所谓整合产业，提升产业竞争力的目标相差甚远。这种投机性并购重组行为，造成了股市价格的暴涨暴跌，严重损害了流通股股东的利益，损害了二级市场整合产业的功能，引发了市场信心危机。

股权流动性分裂客观上会形成上市公司业绩下降、股票价格不断下跌与非流通股股东资产增值的奇怪逻辑

统计分析表明，中国资本市场发展的 10 多年中，股权分裂使非流通股股东和流通股股东持股的财务成本呈现出巨大差异。前者的原始持股成本约为 0.68 元/股，后者约在 6 元/股左右，到 2003 年 11 月中旬，前者每股净值已增加到 2.8 元左右，后者每股加权平均市值已跌破 7 元。实际上，考虑到交易成本，从一个静态的角度看，流通股从一级市场到二级市场几乎没有增值。但是在流通股几乎不增值，每股收益亦无增长的条件下，非流通股股东却获得了约 300% 的资本投资收益，其中的直接原因是流通股的高溢价发行给非流通股股东带来了巨额财富。而新股发行之所以有如此高的溢价，股权流动性分裂是其中最重要的制度原因。

由此我们可以得出一个极其重要的结论，即股权分裂使流通股股东和非流通股股东在收益与风险问题上处在严重的不匹配状态：流通股股东承担的风险要大大超过其收益，而非流通股股东获得的收益则要大大超过其所承担的风险，流通股股东的净风险和非流通股股东的净收益处在一种市场风险对冲状态。由于这两类股权的流动性没有同质性，所以，市场不可能自动产生风险与收益的平衡机制，收益与风险在流通股与非流通股之间严重的不匹配状态被固化了，流通股股东几乎承担了所有不利因素所引发的所有风险，中国资本市场风险的最后买单者无疑都是流通股股东；非流通股股东面对风险只是一个旁观者。这是股权分裂的必然结果。

认识到股权流动性分裂对中国资本市场发展所带来的这八大严重危害，并不意味着要寻找原罪，更不应意味着否定历史。中国上市公司股权流动性分裂，是当时条件下的必然产物，是中国资本市场得以建立、存在和发展的必要制度前提。在上世纪 90 年代前后，人们对市场经济的认识，对股份制和股票市场的认识，还相当肤浅，还受到僵化的意识形态的约束。很多人把资产的流动几乎等同于流失，把国有资产切割成标准化的证券即股票之后流通几乎等同于瓜分国有资产，等同于私有化。于是，就产生了上市公司中流通股与非流通股并存的股权结构。可以这样认为，股权流动性分裂，是当时社会历史条件下的一种必然，是一种政策中庸的结果，它催生了中国资本市场。从某种意义上说，它在制度层面上推动了中国市场经济的改革。

我看到过一些学者的观点，认为中国资本市场的原罪在于 20 世纪 90 年代初僵化理论指导下所形成的国有股不流通，因而推定市场建立者要承担历史责任。这种认识是既不了解历史，也不尊重历史。如果要让国有股在市场建立之初就流通起来，那可能要到 20 世纪末甚至更晚才会有股票市场或者说资本市场。

当然，我们在承认股权流动性分裂存在的历史必然性的同时，更要看到其存在的确为中国资本市场的未来发展留下了极大的障碍。这种障碍是中国资本市场发展一道绕不开的坎。随着中国资本市场的市场化和国际化，股权流动性分裂越来越成为中国资本市场向深度发展最根本的制约因素。

继续调整国有经济布局和结构 推进中国国有企业更多地参与国际竞争与合作
——在并购重组国际高峰论坛上的发言

中国国务院国有资产监督管理委员会主任　李荣融

各位代表：

近年来，受世界经济不景气的影响，全球并购交易陷于低迷状态，而中国企业间的并购活动日益频繁，过去5年内中国企业并购交易额以每年70%的速度增长，中国正在成为亚太地区并购交易活跃的国家。这次联合国工业发展组织选择中国作为论坛的举办国，既是对中国并购重组活动的关注，也表明世界看好中国的并购重组和中国经济的发展。

一、加快调整国有经济布局和结构是深化中国经济体制改革的重大任务

从战略上调整国有经济布局和结构，是经济体制改革的一项重要内容，也是深化国有企业改革的一项重大措施。通过收购兼并、重组上市、关闭破产等多种形式，国有经济布局和结构调整取得了积极进展，成效已经显现。

虽然中国国有经济布局和结构的调整取得了积极进展，但从总体上看，国有经济布局和结构不合理的状况尚未根本改变，布局仍然过宽，结构不尽合理，在某些领域或行业的比重过大等。

——在行业分布上，除必须由国有控股的涉及国家安全和国民经济命脉的重要行业和关键领域外，国有经济还广泛分布在其他行业和领域，在一些市场化程度比较高、竞争比较激烈的加工工业和一般竞争性服务行业，国有经济的比重仍然偏高。

——在股权比重上，国有经济在许多有限责任公司和股份公司包括上市公司中比重过大，这既不利于法人治理结构的建立和完善，也不利于很好地实现同股同权、同股同利。

——在企业规模上，截止到2002年底，国有及国有控股大型企业9436户，净资产52637.2亿元，销售收入56868.5亿元，平均每户企业净资产5.58亿元，销售收入6.03亿元，规模偏小。《财富》杂志公布的2002年世界500强中，美国有192家，占38.4%，西欧119家，占近24%，日本88家，占17.6%，这三家合计占近80%。中国大陆只有11家，仅占2.2%。

——此外，还有一大批需要破产关闭的企业没有退出市场。据初步调查，全国符合破产关闭条件的资源枯竭矿山和国有大中型企业还有2500多户，涉及职工近510万人，涉及金融债权2400多亿元。受核销银行呆坏帐准备金额度、政府财力及社会保障体制不健全等因素的制约，这些企业一时难以退出市场。

国有经济布局和结构中存在的这些问题，不仅影响到国有经济质量和效益的提高，影响到国有经济主导作用的发挥，也影响到国有资产管理体制改革和国有企业改革的深化。国有经济在我国经济发展中发挥着主导作用。当前及今后相当一个时期，调整国有经济布局和结构，是深化和完善社会主义市场经济体制的一项重大任务。

二、中国国有经济布局和结构调整将迈出新的步伐

调整国有经济布局和结构，涉及一系列深层次矛盾和问题，需要突破一系列体制性障碍，是一项艰巨、繁杂的工程，但当前也有很多有利条件，加快推进国有经济布局和结构调整。一是中国经济体制改革将不断深化，社会主义市场经济体制将日益完善，将为中国国有经济布局和结构的调整提供强有力的体制保障；二是国有资产管理体制将不断完善，国有经济布局和结构调整的行为主体和责任主体将更加明确；三是非公有制经济将继续快速发展，实力将不断增强；四是对外开放将进一步扩大，外资企业将更多进入中国；五是法律法规将进一步健全，资本市场将不断完善。

新世纪头20年，是中国必须紧紧抓住并且可以大有作为的重要战略机遇期，也是进一步深化改革和扩大开放的关键阶段，我们要抓住机遇，抓紧时机，加快推进国有经济布局和结构调整。

三、积极稳妥地推进国有企业改组重组，推进国有经济布局和结构调整，是国资委的一项重要职责

国资委成立以来，在推进企业并购重组方面积极开展工作，配合政府有关部门制定出台了有关外资并购的法律法规，研究确定调整国有经济布局和结构的指导性意见；结合中国政府振兴东北等老工业基地的战略，制定了东北地区中央企业的调整改造意见；加大了中央企业改组重组的力度，对一些企业进行了资源整合和优化重组。我们将以国有资产管理体制改革为契机，加快推进国有企业改革和发展，加快推进国有经济布局和结构的战略性调整，加快推进国有企业的改组重组。

第一，加强对国有经济布局和结构调整的指导。坚持有进有退、有所为有所不为的方针，推动国有资本更多地布局在关系国家安全的行业、自然垄断的行业、提供重要公共产品和服务的行业、重要资源行业以及支柱产业和高新技术产业中的骨干企业。其他领域的国有企业，要通过资产重组、结构调整，在市场公平竞争中优胜劣汰。进一步明确国有经济战略性调整的方向和重点，推动企业间的兼并、联合、重组，推进企业股份制改造，鼓励国有大型企业引入国内外战略投资者，鼓励有条件的国有大型企业境内上市，实现投资主体多元化，促进国有资产合理流动。第二，充分发挥国有大企业特别是中央企业在并购重组中的作用。中央企业是参与并购重组的重要力量。我们将在中央企业中积极培育和发展一批具有国际竞争力的大公司和企业集团，支持具备条件的国有大中型企业通过重组上市、中外合资等多种途径加快发展主业，扩大影响力和带动力。第三，加快劣势企业退出市场的步伐。建立健全国有资本的退出机制和企业优胜劣汰机制，加大国有企业政策性破产力度。第四，积极支持引导国有企业"走出去"。近几年来，中央企业开始较多地进入国际市场，形式日趋多样，步伐明显加快，规模逐步扩大。我们将继续鼓励中央企业走出去，到境外投资、境外办厂和跨国并购。还要进一步健全境外投资咨询、法律保障和国际协调体系。第五，为国外大企业参与中国企业的并购重组创造条件。进一步配合有关部门制定完善外资并购相关法律法规，为外资并购提供更为完善的的法律保障。进一步推进现代产权制度和产权市场的建设。循序渐进地建立健全多层次、多形式的产权交易市场，制定统一规范的产权交易法规规章，整顿产权交易秩序，规范产权交易行为，促进产权有序流动。

董事长：贺长松

总经理：祝向军

湖北楚天高速公路股份有限公司（简称：楚天高速　代码：600035）是经湖北省人民政府授权湖北省经济贸易委员会批准，由湖北省高速公路集团有限公司、华建交通经济开发中心、湖北省交通规划设计院、湖北省交通开发公司、湖北通世达公路开发有限公司作为发起人，对汉荆段高速公路资产进行改制重组，发起设立的股份有限公司。公司于2000年11月22日在湖北省工商行政管理局登记注册成立。

公司注册资本93165.2495万元人民币，主要资产为全长278.869公里的汉宜高速公路。公司经营范围为：对公路、桥梁和其他交通基础设施的投资；管辖范围内高速公路的经营、养护、道路设施的开发。

2004年3月10日“楚天高速”在上海证券交易所隆重上市

湖北楚天高速公路股份有限公司

地址：湖北省武汉市汉阳区龙阳大道9号
电话：027-8463 6878-733
传真：027-8486 3942
网址：http://www.ctgs.cn
电子信箱：ctgs@vip.sina.com

作为湖北省第一家公路上市公司，楚天高速的行业、区位、后发、管理及人文优势非常明显，主营业务十分突出，核心竞争力较强，具有良好的成长性和广阔的发展空间。公司所经营的汉宜高速公路是湖北交通流量最大的公路之一，地处东西和南北交通的汇集地、全省经济最活跃地区--江汉平原，区域优势非常明显。该地区公路网密集，综合运输网络发达，随着107、207、318国道，京珠国道主干线、沪蓉国道主干线湖北段的建成和以沪蓉国道主干线宜昌以西路段为代表的一大批战略性高等级公路建设进程的加快，不仅使公路运输在该地区综合运输中的地位日益突出，而且使实现汉宜高速公路交通量较快增长的目标有了更可靠的保障。同时，随着国家西部大开发战略的实施和三峡工程的完工，以及作为西南地区通往华中、华东地区最便捷通道的沪蓉高速公路的全线贯通，汉宜高速公路的辐射范围将由省内延伸扩展至重庆、四川等地，其东西向公路通道的作用将得到充分显现，也必将为本公司主营收入的稳定增长创造条件。

公司以湖北省境内高等级公路、桥梁等交通基础设施项目的融资、投资建设和经营管理为主营业务，以提高经济效益和社会效益为中心，以效益最大、服务最优为宗旨，以实现股东利益最大化为目标。坚持“一业为主、多种经营、规模发展”的方向，在继续巩固高速公路运营管理之主要业务的同时，努力实现从高速公路运营管理到公路设计、施工、监理咨询、工程检测和公路沿线土地开发及广告等相关业务的“一条龙”扩张，利用资本市场和资本运营培育公司新的利润增长点，使公司逐步朝着主业突出、多种经营、管理规范、经营稳健、业绩优良的现代化企业集团发展。

经中国证监会核准，公司于2004年2月24日向社会公开发行2.8亿股A股股票。2004年3月10日，公司股票（股票代码：楚天高速600035）正式在上海证券交易所挂牌上市。

董事长：王大和

甘肃省 Gansu

Dunhuang seed

甘肃省敦煌种业股份有限公司是经甘肃省批准，于1998年12月设立，2004年1月15日在上海证券交易所挂牌上市的股份有限公司。公司总股本18596.64万元，其中流通股7500万股。主要从事农作物制种和棉花收购加工业务，包括玉米、棉花、西瓜、甜瓜、蔬菜等农作物良种的繁育、生产、加工、检测、包装和销售，以及相关下游农产品棉花的收购、加工、包装和销售业务。公司下设办公室、计划财务部、人力资源部、证券部、审计监察部、种子事业部、棉花事业部、投资项目部等“七部一室”，下属9家种子分公司、3家棉花分公司、1家种子研发中心和1家新品种试验示范中心，现有职工1265人。

公司办公大楼

敦煌种业股份有限公司
Dunhuang Seed Co., Ltd.

2004年1月15日
“敦煌种业”在上海证券交易所挂牌上市

“敦煌种业”上市仪式

公司所在地甘肃省酒泉市地理位置优越，是国内外种业公认的理想制种区域和我国重要的瓜菜、玉米种子生产基地之一。公司的生产基地主要分布在酒泉境内和张掖、临泽、高台等7县市，这里光照充足，热量丰富，气候干燥，昼夜温差大，生产的种子干物质积累多，色泽好，籽粒饱满。凭借先进的技术和丰富的生产管理经验，依托“公司+客户”、“基地+农户”的生产模式，公司所生产的“敦煌飞天”、“酒丰”、“雪丰”、“金雪”、“飞天”、“瓜州”、“宇航”等多个品牌、上千个品种的种子、棉花产品深受国内外客商的好评和欢迎。公司是全国33家棉花及棉种加工经营示范企业之一、国家农业产业化重点龙头企业、全国种业50强和银行信用“AAA”级企业。

公司建有种子加工中心一个，年加工能力6.5万吨，仓储能力1.5万吨，是国内目前规模较大，设备较先进的加工中心之一，公司首次在神舟4号飞船上搭载种子，成为国内第一家以企业从事航天育种的单位。

公司成立以来，依托自身优势，积极深化改革，开拓业务，实施资本运营战略，走适应市场经济要求的高起点、高科技、高效益的农业产业化经营之路，经营业务迅速扩张，业绩快速提升。2003年，公司实现主营业务收入4.49亿元，实现利润3210万元，总资产达8.81亿元。

地址：甘肃省酒泉市盘旋东路10号　邮编：735000
电话：0937-266 3908　传真：0937-261 3908
电子信箱：dhseed@vip.sina.com

领导视察

储备仓库

工厂车间

股票代码:600993

武汉马应龙药业集团股份有限公司

如今，马应龙药业已整体通过国家药监局GMP认证，建立了比较完善的营销体系及网络，产品远销东南亚及欧美大陆。旗下武汉马应龙大药房连锁有限公司是湖北省首家获得GSP证书的药品零售企业，已逐步成长为华中地区药品零售的著名品牌。

几年来，马应龙药业先后多次被国家和地方认定为“高新技术企业”、“质量信得过企业”、“经济效益先进企业”、“中国500家最大医药工业企业”。马应龙品牌还成为“中国肛肠协会痔疮用药唯一推荐品牌”，“马应龙”商标被评为湖北省著名商标，马应龙麝香痔疮膏多次被评为同行业最畅销产品。

2004年5月17日，公司在上海证券交易所成功上市，发行流通股1800万股，注册资本由发行前的3316.974万元增加至5516.974万元，公司规模实现历史性的飞跃。公司将以上市为契机，秉承“为顾客创造健康，为股东创造财富，为员工创造机会，为社会创造效益”的经营宗旨，强化市场观念、创新观念、服务观念和效益观念，全面实施品牌经营战略，发挥品牌优势，培育核心竞争能力，通过资本运营和联盟经营，使公司向着专业化、多功能化、国际化的大型医药集团的发展目标稳步迈进。

园区股份有限公司

北京空港科技园区股份有限公司成立于2000年3月，主要经营土地开发、标准厂房出租、建筑施工、物业管理及仓储物流业务。公司注册资本14000万元，其中4000万流通股于2004年3月18日在上海证券交易所挂牌交易。

公司位于中国最大的航空港——首都国际机场西侧1公里处，多年来依托得天独厚的区位优势，按照规划高起点、管理高水平、开发高效益的原则，致力于工业园区的开发与建设，取得了良好的业绩。

由本公司开发建设的北京天竺空港工业区是经北京市人民政府批准成立的市级开发区，根据区位优势，我们将空港工业区战略目标定位于适合空运的外向型、科技型和高品质型尖端产品加工基地，吸引了一大批具有世界前沿水平的国际跨国公司；北京天竺出口加工区是国家首批设立的15家出口加工区之一，也是北京唯一一家国家级出口加工区，实行境内关外的特殊政策，是出口加工型企业理想的投资场所。

公司在园区建设中遵循“今天事今天办”的服务宗旨，将“个性化、过程化、产业化”的服务理念融入企业文化中，形成了一支素质较高，具有丰富开发建设实践经验的人才队伍，这是公司在未来发展中的宝贵财富。随着我国宏观经济进入新一轮快速发展期，以及首都国际机场东扩、顺义区奥运场馆和现代汽车城建设、北京“东部发展带”的兴起，公司拥有巨大的发展空间和良好的市场前景。

2004年3月18日“空港股份”在上海证券交易所隆重挂牌上市

北京市和顺义区有关领导在“空港股份”上市仪式上鸣锣开市

董事长：裴华

总经理：曹玉忠

2004年5月18日，15000万股“开滦股份”在上海证券交易所挂牌上市

公司高管会议

开 滦 精

开滦精煤股份有限公司
KAI LUAN JING

KAI LUAN JING MEI CO., LTD.

地址：河北省唐山市新华东道70号东楼
电话：0315-281 2013
传真：0315-302 6757
邮编：063018
电子信箱：houshuzhong@kailuan.com.cn

开滦精煤股份有限公司成立于2001年6月，由中国近代工业的发源地和最早发行股票的股份制企业——开滦（集团）有限责任公司作为主发起人，联合信达资产管理公司、上海宝钢国际经济贸易有限公司、华融资产管理公司、煤炭科学研究总院、西南交通大学共同发起设立。公司主营煤炭开采、洗选加工和经营销售。公司地处环渤海和京津唐经济圈，具有明显的资源、煤种、区位、运输、品牌等比较优势及核心竞争力，产品精肥煤是炼焦优质基础配煤，始终享誉国际国内两个市场，主要销往鞍钢、宝钢、上焦及韩国浦项制铁等大型冶金、焦化企业。

公司成立以来，不断健全和完善法人治理结构，坚持诚信勤勉、有效制衡、规范运作；坚持以“人本管理”为核心实施组织架构、管理职能、业务流程的重组和整合；注重依靠机制激发员工推进生产经营和改革发展的积极性；根据主营业务内涵式增长和煤基产业高效性延伸的发展定位，论证并确定资本运作项目，最终实现“煤、焦、化”综合发展的战略目标，以良好的经营业绩和投资价值回报股东、凝聚员工、奉献社会！

煤

MEI CO., LTD.

董事长：杨龙江

总经理：易志文

广州东方宝龙汽车工业

宝龙汽车

BAOLONG MOTORS

地址：广东省广州增城市新塘镇太平洋工业区66号
电话：020-8260 0888/8891
传真：020-8270 9878
邮编：511340
网址：http://www.baolong.com.cn
电子信箱：yjs@baolong.com.cn

股份有限公司

新塘专用改装车基地

规划中的永和生产基地

广州东方宝龙汽车工业股份有限公司的前身广州市宝龙特种汽车有限公司成立于1998年6月，2000年8月广州市宝龙特种汽车有限公司整体变更为广州东方宝龙汽车工业股份有限公司。2004年4月公司股票在上海证券交易所成功上市交易。目前，公司注册资本为9057.98万元，总资产超过5亿元，净资产超过3亿元。公司拥有员工超过500人，其中工程技术人员58名（其中高级工程师11名），建有焊装、涂装、内饰、总装四大生产车间和汽车自动检测等各类设备。

公司现有各类车辆产品生产公告55个，已初步形成了包括防弹车、环卫车、物流车等产品系列，其中防弹车系列产品包括运钞车、警车等。环卫车系列产品包括压缩式垃圾车、多功能清扫车等。物流车系列产品包括各类厢式物流车、冷藏车等。此外，公司还具有开发高档救护车、消防车、电信车等专用车的技术和能力。

公司是我国主要国有商业银行的定点防弹运钞车采购企业，公司通过公安部检测的防弹运钞车型达32种，公司主导产品“宝龙”牌防弹运钞车近三年的市场占有率均保持在28%以上，连续五年被主要国有商业银行列入指定招标产品。公司承担的“大型防弹运钞车”项目被列为2002年国家级火炬计划项目。公司通过了ISO9001质量体系、英国BSI和中国商检双重认证。公司先后被评为“广州市高新技术企业”、“国家火炬计划重点高新技术企业”。公司还荣获“中国质量、服务、信誉AAA级企业”、“全国用户产品质量满意、售后服务满意十佳企业”等称号。

公司牢牢扎根于专用车市场，通过专业的市场调查和分析，在吸收日本等国外先进专用车开发生产技术的基础上，逐步形成了自身的核心竞争力。目前，公司已开发出具有国内外先进技术的压缩式垃圾车、多功能清扫车、厢式物流车等专用车辆。在新产品开发上公司坚持走市场化和技术化道路，通过研究和细分市场，深入了解客户需求，为客户量身定做最适合的产品。公司力求以领先的技术、具有竞争优势的成本为客户提供最适用、经济的专用车辆。

安徽雷鸣科化股份有限公司

董事长：张海龙

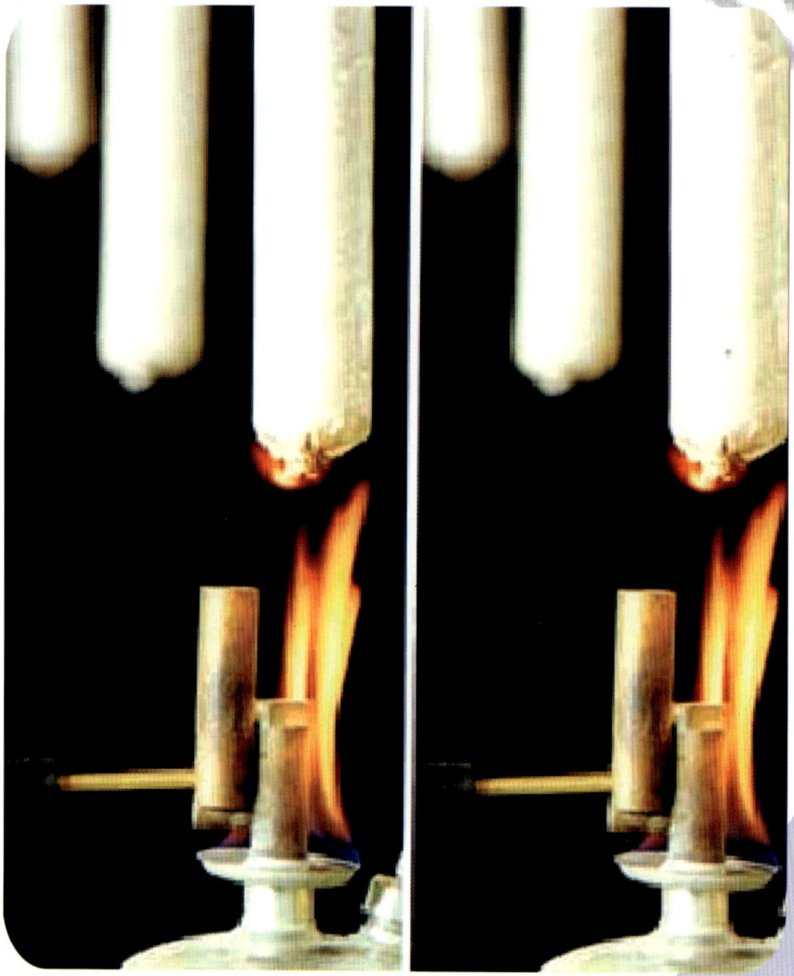

水胶炸药火烧试验

膨化硝铵炸药

水胶产品

董事长：胡联奎

总经理：王维航

2004年4月27日“华胜天成”在上海证券交易所隆重上市

公司高管

北京华胜天成科技股份有限公司
Beijing Teamsun Technology Co., Ltd.

地址：北京市朝阳区安定路39号长新大厦四层
电话：010-6444 8399
传真：010-6443 3905
网址：http://www.teamsun.com.cn
电子信箱：securities@teamsun.com.cn

北京华胜天成科技股份有限公司前身北京华胜天成科技有限公司，成立于1998年11月30日。2001年3月15日，经北京市人民政府批准，北京华胜天成科技有限公司依法整体变更为股份有限公司，注册资本为人民币7,000万元。公司是信息技术应用服务行业的信息技术应用服务提供商，主要为电信、金融等行业的用户提供系统集成及专业服务，包括计算机信息系统、网络设备、应用软件的开发和集成、计算机应用服务以及计算机软、硬件开发与销售等。

公司奉行“合作、诚信、专注、高效”的企业精神和“崇尚客户需求，提供超值服务，追求卓越境界”、“以实力为后盾，以合作求发展”的经营理念，坚持务实的经营原则和稳健的财务政策，坚持“以人为本”的管理理念，致力于在高端技术上建立系统的产品和应用服务体系，提供网络平台集成、应用系统集成和专业服务，力争成为中国信息技术应用服务业的领导级企业，通过10年左右的努力，成为国际知名的信息技术应用服务企业。

董事长：高巨谦

全钢成型机

青岛黄海橡胶股份有限公司成立于1999年6月30日，是经青岛市经济体制改革委员会和青岛市人民政府批准，由青岛黄海橡胶（集团）有限责任公司作为主发起人，联合青岛市企业发展投资公司、青岛前卫炭黑化工厂、江苏兴达钢帘线股份有限公司、宁波锦纶股份有限公司共同发起设立，公司股本总额12000万元。经中国证监会核准，2002年7月25日向社会公开发行人民币普通股股票（A股）6000万股，2002年8月9日在上海证券交易所挂牌上市交易。股本总额增至18000万股。同年12月4日，公司以18000万股为基数向全体股东按每10股派送红股1股并转增1股，共计送转3600万股，截至目前公司总股本已增至21600万股，其中流通股7200万股。

公司于20世纪90年代初引进意大利皮列里公司的先进设备和生产技术，产品的性能、质量达到国际标准，处于国内领先、国际先进水平。所生产的轮胎产品具有高速安全性、节能性、低滚动阻力和高耐力性，并有利于环保，代表了轮胎工业的发展方向，受到国家的大力扶持。公司主要经营各种规格的全钢载重子午胎的制造与销售，主要用于载重汽车、大客车、集装箱载重车的新车轮胎配套和保有汽车轮胎更换。

公司注重自身的快速发展，大力加强募集资金的使用，切实加快投资建设年产70万套全钢载重子午胎项目，2003年底该项目已经竣工进入试生产阶段。目前公司的年生产能力已由上市前的30万套扩增至110万套。

随着全国高速公路的迅猛发展，全钢载重子午胎市场也随之扩大，公司凭借自身技术、设备、管理、品牌等优势，生产经营继续呈现良好的发展势头。

2004年，公司将严格按照证券法规有关要求，进一步完善公司治理结构，健全现代企业制度，提高规范化运作及高效化运营水平，建立符合公司自身特点的科学管理体系，进行积极有效的资本运营，为实施再融资及合资合作战略创造有利条件，充分发挥外部资源对公司发展的拉动作用。公司将采取各种积极有效手段，通过快速扩张方式，实现公司超常规、跨越式腾飞。

广东冠豪高新技术股份有限公司

广东冠豪高新技术股份有限公司是国家级重点技术企业。于1999年7月由湛江冠豪纸业有限公司整体改制设立，是我国首家大规模生产热敏传真纸的专业公司，并是国内目前生产规模较大，设备及工艺最先进的无碳复写纸生产基地。

公司主要生产无碳复写纸、热敏记录纸和彩色喷墨纸等系列产品，属于国家重点发展的高新技术产品，技术含量高，多项技术填补了国内空白，特别是无碳复写纸微胶囊是中国唯一获得世界著名化工集团BASF公司的“质量证明书”的产品。公司的产品被广泛应用于制作税务、邮政、银行、海关、商检、港口、铁路、保险、证券等部门与行业的各类单据、票证。

地址：广东省湛江市经济技术开发区乐怡路

邮编：524022

电话：0759—3632888

传真：0579—3382109

网址：http：//www.guanhao.com

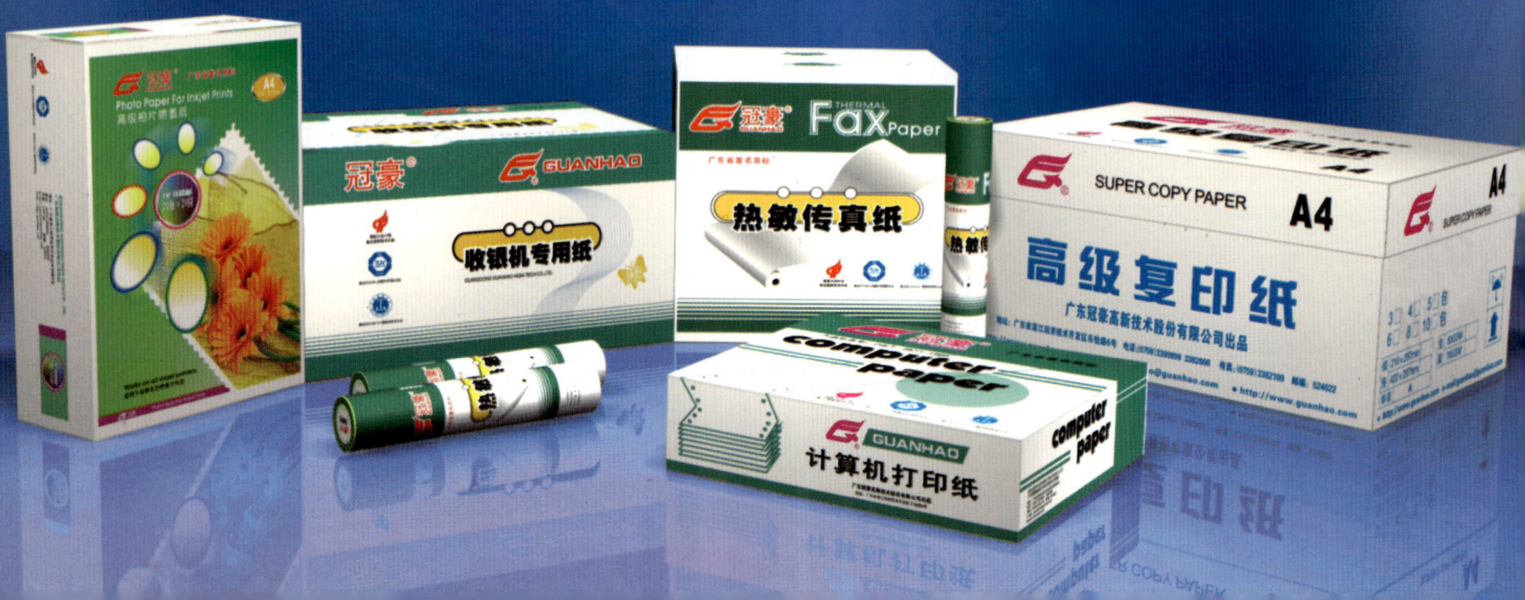

冠豪高新于1999年通过了ISO9001质量体系认证，2001年通过了ISO10012计量检测体系认证，2003年公开发行股票，在上海证券交易所挂牌上市。公司成功上市后，进入了一个崭新的高速发展时期，利用上市筹集资金，公司从奥地利GAW公司、瑞士BMB公司引进了具有当代最先进技术的第三条涂布生产线。3号涂布机采用两个涂布头同时进行双面涂布，双面涂布一次完成，涂布车速快，配备当代最先进的纸病检测系统，可精确地检测漏涂、刮痕、孔洞等缺陷，有效地提高了产品质量。

公司营销网络遍布全国，目前在全国29个省、市、自治区设立了32个销售分公司和子公司，部分产品出口到香港、台湾、东南亚、澳洲和非洲等地，产销量连年居全国同行前列。

公司不断完善现代企业制度，建立了有效合理的法人治理架构和管理制度，产权明晰、权责分明，管理科学、严谨、规范；公司建立了部门、车间、班组三级质量管理系统，并通过全面实行计算机网络管理和生产闭路电视监控调度，提高全员生产水平；公司积极推行ISO9001质量管理体系，通过标准化、规范化的生产运作，与国际惯例接轨，管理水平与效率完全与现代化生产相适应。

江苏宁沪高速公路股份有限公司["本公司"]成立于1992年8月，主要从事投资、建设、经营和管理江苏省境内部分收费公路，并发展公路沿线的客运及其他附属服务业（包括加油、餐饮、购物、住宿、汽车修理及广告）。

本公司为江苏交通基建唯一的上市公司。1997年6月27日本公司发行的12.22亿股H股在香港联合交易所有限公司（[香港联交所]）上市；2001年1月16日本公司发行的1.5亿股A股在上海证券交易所（[上交所]）上市；2002年12月23日，本公司一级美国预托证券凭证计划（ADR）生效并在美国场外市场挂牌交易，成为目前为数不多的在中国大陆、香港及美国三地证券市场同时挂牌的上市公司。

在境内、境外两个资本市场的成功上市，使公司有了进行资产扩张的能力，迅速实现滚动发展。公司利用H股、A股募集资金收购了与沪宁高速公路平行的宁沪二级公路江苏段15年收费经营权；投资建设了广靖、锡澄高速公路，并拥有广靖锡澄高速公路有限责任公司85%的权益；收购了江苏扬子大桥股份有限公司26.66%的股权，从而进一步扩展了本公司的资产基础与主业规模。同时源源不断的资金流入，有力支持了江苏交通的大发展，为江苏交通建设资金筹集的社会化、市场化运作积累了宝贵的经验。

公司始终致力于积极稳健的资本运作，充分利用公司的财务结构和强大现金流优势，不断实现公司资产的良性扩张。公司联合宁沪高速公路沿线几家汽车运输公司发起设立了江苏快鹿汽车运输股份有限公司，拥有其33.2%股权，给公司带来了一定的投资回报；收购全长30公里的宁连高速公路南京段30年100%的收费经营权，在一定程度上增强了公司股权资金的收益水平；2002年5月公司又成功收购苏州苏嘉杭高速公路有限公司33.33%的股权，为公司带来了新的利润增长点，维持了股东价值的持续增长。

江苏宁沪高速公路股份有限公司

在立足主业的同时，本集团适度探索相关行业的发展，充分利用自身资源优势，拓展投资领域。2002年5月本公司控股子公司--广靖锡澄公司投资江苏省租赁有限公司，开始了在金融领域的探索；6月公司作为发起人之一的上海中交海德科技股份有限公司正式成立，是公司首次涉足交通科技领域，利用资源优势，强强联合的尝试；9月份，宁沪公司与苏州市投资公司共同出资组建的江苏宁沪投资发展有限责任公司设立完成，其将立足于交通产业，为公司培育新的发展项目。

一系列的资本运作已将公司从一个单一的高速公路建设型企业发展为以经营路桥为主业，涉足运输服务、交通科技、金融租赁等行业适度多元化的大型股份制上市公司；从经营管理一条高速公路发展到管理约700多公里的六路一桥项目及投资经营其他五家公司；公司对外投资收购总额达56亿元，直接管理和参与管理的总资产超过210亿元；公司的注册资本由设立初期的6.53亿元发展到今天的50.3亿元；净资产也从当初的6.53亿元积累到现在的145.6亿元，总资产达到167亿元；公司核心资产沪宁高速公路自开通以来交通流量一直保持两位数的增长，公司经营业绩也保持着稳步、持续增长，基本步入了良性发展的轨道。2003年公司及联营公司实现营业总收入28.1亿元，比2002年增长17.3%，税后净利润9.5亿元，每股盈利约为人民币0.19元，比上年同期上升18.75%。

展望未来，随着长江三角洲地区和江苏省经济的高速增长，为本公司的经营发展提供极好的外部环境；国家大力发展交通基础设施建设将为公司扩张提供强大的发展后劲；已有的资金和技术优势将为公司经营管理水平的提高提供坚实的支撑。围绕公司发展战略，本公司运作理念将坚持以立足主业为主，充分发挥主业优势，走专业化发展道路，在条件成熟的情况下，稳健、谨慎地拓展相关行业的多元化，以达到优化资源配置的目的，实现可持续发展。

为了适应社会经济和交通快速发展以及公司可持续发展的需要，本公司决定对沪宁高速公路江苏段进行拓宽改造，以保持良好的经营业绩，提高服务水平与品牌形象，巩固在全国高速公路及交通上市公司中的领先地位以及苏南经济发展的“黄金通道”地位，提升公司核心竞争力。沪宁高速公路江苏段扩建将采用双线8车道，在现有路基两侧分别扩建2个车道的方案，扩建工程已在确保质量的前提下加快建设进度，争取于2006年上半年竣工。

强化管理是公司的一项固本性工作，是公司谋求长远发展的基础。2004年度，本公司将继续推进管理年活动，以实现行为规范化、服务标准化、考核制度化、决策科学化的管理目标，并建立起一套兼顾内部公平性和外部竞争性的人力资源管理体系，体现“按劳分配”的原则，实现业绩驱动，逐步实现岗位管理。

同时，结合高速公路管理中质量、安全、环境等因素，进一步推进ISO9001质量管理体系、ISO14001环境管理体系和OHSAS18001职业健康安全管理体系的建立和认证工作，落实好三项管理体系文件的贯彻实施，引入考核机制，并通过管理体系认证和审核，创全国交通行业第一家同步实现这三项认证的企业。

本公司相信，通过充分发挥区域经济优势、行业发展优势、规模经营优势、专营人才优势和品牌优势，必将成为规模持续扩张、业绩快速成长、效益不断提高、股东收益稳步增加的成功企业。

龙元建设集团股份有限公司

LONGYUAN CONSTRUCTION GROUP STOCK CO., LTD.

2004年5月24日“龙元建设”在上海证券交易所隆重上市

龙元建设集团股份有限公司，为一家具有房屋建筑工程施工总承包特级资质和市政公用工程、机电安装工程、地基与基础工程、建筑装修装饰工程、园林古建筑工程五个一级资质的大型建筑集团上市公司，资产总额超过34亿元，实力雄厚，装备精良。企业现有员工3万多人，其中高、中、初各级职称的技术人员近2000名，国家一、二级资质项目经理200名，公司以上海为基地，在杭州、宁波、温州、苏州、大连、北京、广州等地均设立了分公司或办事处。

2003年，公司承接业务达68.21亿元，完成施工产值53亿元，实现利税2.43亿元；企业坚持“服务社会”的经营理念，崇尚“奉献、务实、诚信、奋进”的企业精神，严格执行“管理上一流，质量出精品，服务创信誉”的质量方针，强化内部管理，狠抓工程质量，规范经营行为，提高服务质量，提升企业品牌，步入良性循环的发展轨道，在上海、浙江乃至全国建筑界均有较大的影响和较高的信誉。创出鲁班奖、白玉兰奖、钱江杯等各级优质工程300多项，进沪施工企业综合考评中，1999年-2003年连续五年名列榜首。企业被评为浙江省重点骨干企业、信誉AAA级企业、上海市文明单位、全国用户满意企业、全国质量效益型特别奖企业、全国优秀建筑企业。

董事长： 赖振元

总经理：赖朝晖

地址：上海市逸仙路768号
电话：021-6561 5689
传真：021-6561 5689
网址：http://www.lycg.com.cn
电子信箱：stock@lycg.com.cn

董事长：刘汉元

总经理：管亚伟

通威股份有限公司

2004年3月2日“通威股份”在上海证券交易所隆重上市

行业性质、经营范围和主要产品：

行业性质：制造业

经营范围：生产、销售饲料及饲料添加剂；饲料原料、销售：成品兽药（不含生物制剂）；鱼需物质、淡水动物养殖及技术咨询服务；农副产品（不含粮食、棉花、鲜茧、烟叶）；农业相关项目开发；生产电子元器件；销售：电子计算机、化工产品（不含危险品、监控品）；经营本企业自产产品及相关技术的出口业务；经营本企业生产科研所需的原辅材料、仪器仪表、机械设备、零配件及相关技术的进口业务（国家限定公司经营和国家禁止进出口的商品及技术除外）；经营本企业的进料加工和‘三来一补’业务。

主要产品：通威牌鱼饲料、猪饲料、禽饲料、以及淡水、海水养殖饲料及技术咨询等。

“通威股份”成功上市答谢酒会

公司高管会议

集体员工合影

北矿磁材科技股份有限公司（以下简称公司）是由北京矿冶研究总院为主发起人，以其所属的磁性材料研究所、磁器件研究所的全部经营性净资产出资，并联合钢铁研究总院等5家企业共同发起设立的股份有限公司。公司发起人股共计6500万股。公司是国内首家由中央直属大型科技企业共同发起设立的科技先导型股份有限公司，是大型科研机构转制为科技企业并进一步建立现代企业制度的一项重大举措。

公司的主营产品高性能永磁材料是属于高科技含量的新材料范畴，是适应现代新兴产业的需求与发展而研究开发并不断更新换代的功能材料，其服务的行业主要有自动控制、计算机及其外围设备和微特电机等。公司前身北京矿冶研究总院磁性材料研究所是国内最早研制、生产和推广永磁铁氧体材料、器件及设备的单位之一，拥有多项技术创新和自主的知识产权，仅在磁性材料领域就荣获国家和部级科技成果奖29项，专利15项，也是受原电子部的委托制定全国行业标准的单位，由于其在磁性材料科研开发和工程化中取得的成就以及它对行业的影响，1993年被国家科委选优组建全国唯一的“国家磁性材料工程技术研究中心”，成为推动我国磁性材料新技术的开发源、推广扩散源及科技成果大规模工程化的中间通道，其铁氧体永磁生产技术以各种方式在国内得到推广应用，推动了国内磁性材料和器件行业的技术进步和发展，使我国成为世界铁氧体永磁的生产大国，并加速了国际市场格局的变化。

公司的高性能磁性材料已经实现规模化生产，其技术优势已转化为产业优势。注册商标“北矿”牌磁材产品在国内外享有很高的声誉。公司现已建有十多条专业化生产线，开发出五大类30多种产品供应国内外市场，2003年销售额达17996万元，利润总额达2311万元，出口产品收入达2030万元，其中磁性材料产品在国内外市场已占有相当的份额，并建立了国内外的销售网络和服务网络。2002年被评为中关村科技园丰台园“十佳企业”，北京市“重合同守信用”单位。

公司的技术和产品具有广阔的市场发展前景和良好的成长性。作为专业化从事永磁新材料研究开发与生产的高科技企业，公司在带动国内同行企业产品结构调整和技术提升方面发挥着重要作用。随着信息技术和产业的迅猛发展，高性能磁性材料的市场需求将持续稳定地增长。公司力争在几年内通过技术的高附加值发展成为国内最大的永磁铁氧体技术发源地和生产基地之一，使研制开发的磁性材料与器件在产量、品种、销售额等方面均在本行业名列前茅，推动我国永磁材料向更高层次发展，使我国真正成为永磁材料的出口大国，使公司跻身于国际同行中著名的科技先导型产业公司的行列，为将来建成具有国际品牌的跨国集团公司打下坚实的基础。

公司本次发行了3,500万股，于2004年5月12日在上海证券交易所上市。公司募集资金约2.3亿元，募集资金项目有助于公司由材料生产向器件生产的纵深发展；有助于进一步提高公司产品的附加值，对于提升中国磁性材料行业技术水平和国际市场竞争力具有重要意义。

北矿磁材科技股份有限公司

BGRIMM Magnetic Materials & Technology Co., Ltd.

董事长: 王林祥

内蒙古鄂尔多斯羊绒制品股份有限公司

内蒙古鄂尔多斯羊绒制品股份有限公司(以下简称公司)是中国国家统计局评定的中国羊绒制品大王，也是目前全世界最大的羊绒制品联合加工企业。公司于1995年10月16日创立，并发行境内上市外资股(B股)11000万股。1997年5月，公司增发B股10000万股，2001年公司增发A股8000万股。2002年公司公积金转增股本，每10股转增10股。公司的性质为中外合资股份有限公司。

公司前身鄂尔多斯羊绒衫厂是1979年以补偿贸易方式成套引进国外先进设备、技术建立起来的外向型企业，经过鄂尔多斯人艰苦创业，现资产总额为51.8亿元，净资产为31.1亿元。

公司以盈利和发展为主题，始终注重产品质量，公司已开发出了无毛绒、羊绒纱、羊绒衫、精纺羊绒衬衫、羊绒围巾、羊绒大衣呢、羊绒毯等300多个品种、2000多个花色的系列产品。其中，KVSS牌无毛绒，以手感柔和、洁白度高、细度长度均优的特点，被世界羊绒界公认为品质最优的“中国一号无毛绒”。鄂尔多斯羊绒衫以其原料一流、做工精良、轻薄滑暖、色泽典雅、手感细腻等优点，12次获省优、6次获部优、两次获国优金奖，畅销海内外，享有良好的声誉。产品销往美国、英国、法国、意大利、日本等30多个国家和地区；公司在国内各大中城市设有上千家专卖店、专卖厅和专卖柜，形成了全国最大的产品直销网络。2003年实现销售收入29.17亿元，税后净利润为1.75亿元。

公司从1990年起成为全国500家大型企业之一，1993年起成为世界最大的羊绒制品联合加工企业，被评为中国经济效益百强企业，1994年被评为中国纺织系统十强企业，1995年被国家统计局评定为“中国羊绒制品大王”，1997年被中国纺织总会评定为全国纺织行业质量效益型先进企业。1999年1月，“鄂尔多斯”品牌商标被国家工商行政管理局认定为中国“驰名商标”。2003年，经北京名牌资产评估事务所评估价值为43.67亿元，是中国纺织服装行业的第一名牌。

羊绒是世界上最珍贵的天然纤维，羊绒制品轻、柔、滑、爽、暖，是对人体皮肤无刺激的绿色服装，具有其它纤维无法比拟的优越性。随着人们对羊绒制品优越性的逐步认识以及生活水平的提高，购买力会越来越大，公司充分抓住羊绒制品时装化的需求趋势，适时引进了世界上最先进的生产设备，增加公司科技含量，提高产品的附加值。

公司以产业报国，以振兴民族经济为己任，以提高科技含量为切入点，以鄂尔多斯温暖全世界为远大情怀，创造公司更加美好的未来。

鄂尔多斯 ERDOS

地址：内蒙古自治区鄂尔多斯市东胜区达拉特南路102号
电话：0477-854 3509
传真：0477-853 6699
邮编：017000
网址：http://www.chinaerdos.com
电邮：li_cj@chinaerdos.com

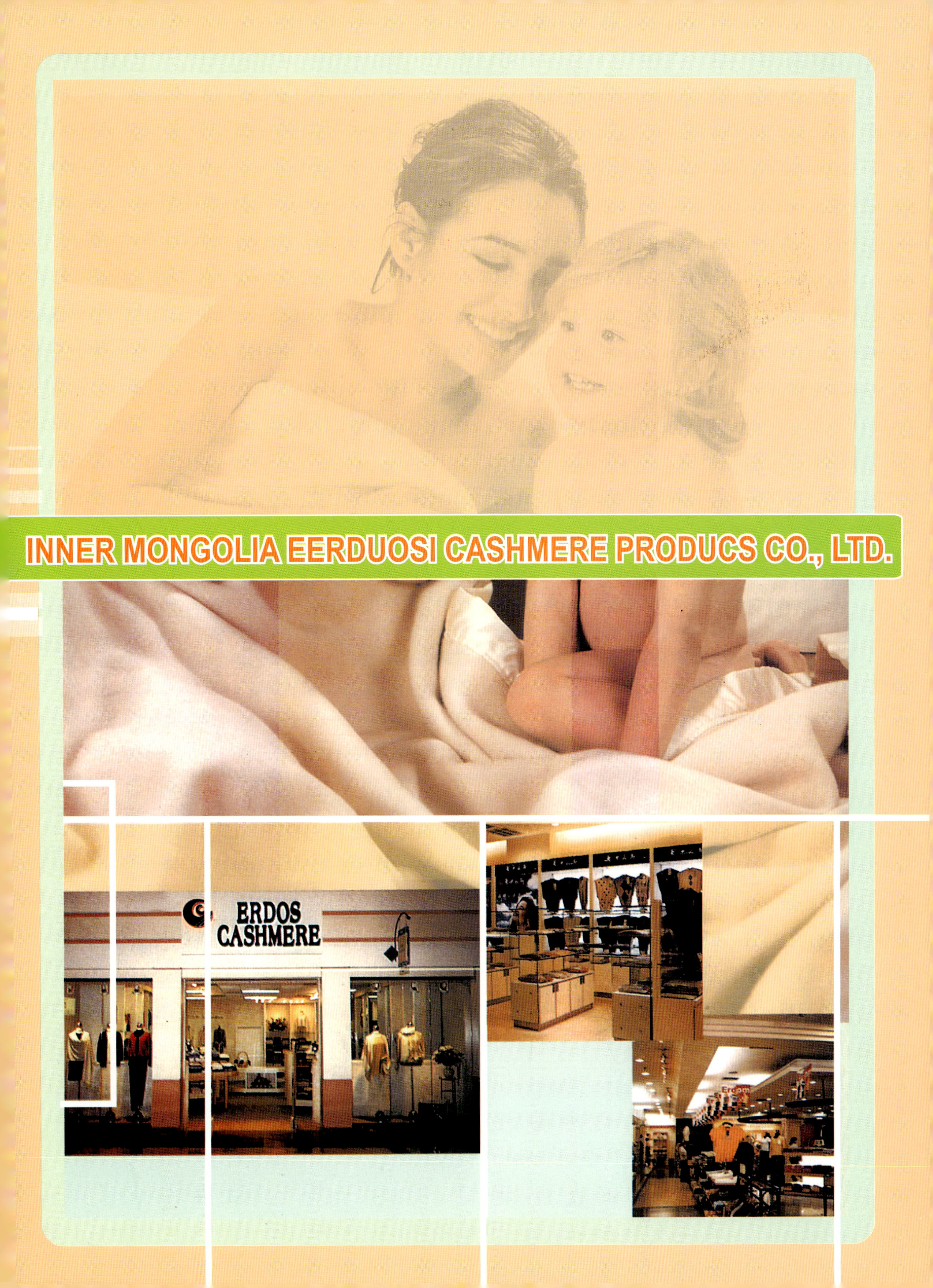
INNER MONGOLIA EERDUOSI CASHMERE PRODUCS CO., LTD.
ERDOS
CASHMERE

LONGSHENG 龍盛

LONGSHENG

董事长：阮水龙

浙江龙盛创始于1970年，1998年改制成股份公司，并于2003年8月1日在上海证券交易所上市，并且也是国内第一家从事染料行业的上市公司。现拥有上海科华染料工业有限公司、上虞新晟化工工业有限公司、上海龙盛联业投资有限公司等七家控股子公司。

公司主要生产经营“染料、助剂、化工中间体”三大类，经过三十多年的艰苦创业，至今已发展成为国内染料行业的龙头企业，年产能力达12万吨以上，其中分散染料占全国产量的40%以上，产品远销70多个国家和地区，在亚洲地区的市场占有率居绝对领先地位，系国内最大的分散染料生产出口基地；活性染料和酸性染料系列起步即定位于中高档染料的生产，目前其生产规模已跃居全国前列，国内市场占有率分别在20%和15%左右。1999-2003年公司染料产量、销售收入、实现利税、出口创汇等指标均在国内同行业中排名第一，其中分散染料的产量连续五年居世界第一，公司被评为全国民营企业500强、全国石油化工行业100强、全省民营经济50强。

公司近三年经营规模逐年扩大，经营业绩快速增长，2001年、2002年和2003年净利润增长幅度分别为55.31%、83.29%和21.04%，且呈现出利润增长超过销售增长的良好态势，保持了健康、持续、快速地增长。

公司拥有完善的研发体系，设有一个省级技术研究中心，至今已开发出700多只新产品、1000多项新技术，并在行业中率先通过ISO9001质量体系认证和ISO9002管理体系认证，为提升公司在国际、国内两个市场的竞争力奠定了较好的基础。同时公司一直加强同外部的合作，注重开放式的研究模式，通过与国内外的高校共建实验室等紧密的合作方式，合作开发具有新科技含量、高附加值的新产品、新项目。

公司一直坚持“以人为本，以诚兴企”的经营理念，围绕“效益为中心，发展为主题，科技为先驱，管理为手段”的经营思路，以“内增行业竞争力、外强国际竞争力”为重点，以“突出主业，发挥优势，纵深发展，做强做优”为目标，整合、优化精细化工产业链，从而发挥龙盛的整体优势来实现经济效益的最大化。

浙江龙盛集团股份有限公司

浙江龙盛

总经理：阮伟祥

地址：浙江省上虞市道墟镇
电话：0575-204 8616/204 2778
传真：0575-204 1589/204 2878
网址：http://www.longsheng.com
电子信箱：syrxx@longsheng.com

厂区鸟瞰图

厂区一景

2003年3月20日，河南轮胎股份有限公司更名为风神轮胎股份有限公司，同年9月29日，风神轮胎股份有限公司7500万股股票公开发行，股票简称“风神股份”。至此，企业名称、商标名称、产品品牌和股票简称和谐统一，公司的品牌战略进入了一个新的历史阶段。

风神股份是国家520户大型重点企业，轮胎出口基地，世界轮胎行业75强，中西部地区最大的轮胎制造企业，拥有国内唯一的军工火炮胎生产线。风神股份的前身可追溯至始建于1965年的河南轮胎厂。几十年来，该厂创造了中国轮胎业光荣而辉煌的业绩：

- 建成的国内第一条工程巨胎生产线，改写了国内工程巨胎全部依赖进口的历史；
- 38个规格品种的产品填补了国内空白；
- 国家轮胎标准的制定单位之一；
- 国庆50周年大阅兵受阅军车使用的是我公司轮胎；
- 被评为全国先进集体，河南省工业战线十面红旗等……

进入新世纪以来，风神股份依照“围绕名牌战略，瞄准先进技术，在新世纪实现大跨度发展”的战略思路，拉开了产品结构调整和股本结构调整的序幕，为全面实施名牌战略奠定了基础。

近年来，风神股份认真贯彻执行国家《产品质量法》等法律法规，深入开展“重质量、讲诚信、创名牌”活动，取得了显著成效。“风神”牌、“河南”牌轮胎2000年被河南省消费者协会推荐为“信得过商品”；公司2001年被河南省工商局评为“重合同、守信用”企业；产品质量在国家及地方的历次监督检查中全部合格；“风神”牌轮胎2001年、2003年度均被评为河南省名牌产品；1992年至今连续三届获省著名商标；2002年、2004年度被评为河南省免检产品；2002年9月被国家质量监督检验检疫总局授予“全国质量管理先进企业”荣誉称号，轮胎行业仅有两家。2004年9月“风神”牌全钢载重子午胎荣获全国首批轮胎类“中国名牌”产品称号。

公司拥有国家人事部批准设立的博士后科研工作站。公司技术人员中有9人获国家政府特殊津贴，15人被认定为市级专业技术拔尖人才。他们具有全面的专业理论基础和丰富的实践经验，在国内轮胎行业享有较高声誉。公司与上海交通大学、华中理工大学和北京橡胶研究院等院校和科研单位建立了项目合作关系。同时启动了人才培训工程：与江苏大学合作创办了工程硕士研究生班；与青岛科技大学签订协议连续举办由一线业务骨干参加的橡胶工程进修班。

为了保持企业长盛不衰，打造百年风神，公司制订了发展规划。总的指导思想是：认真落实“十六大”提出的“走新型工业化道路”，“推进产业结构优化升级”，“用高新技术和先进适用技术改造传统产业”的总体要求，围绕“创建当代一流企业”的宏伟目标和“年年有投产项目，年年有建设项目，年年有筹划项目”的发展思路，以“优化产品结构和产业升级为主线，以高新技术为支撑，以技术改造为动力，把全钢丝载重子午胎、轻卡子午胎、轿车子午胎及工程子午胎放在风神轮胎工业园区发展的突出地位，不断提高产品的市场占有率和竞争能力，争取在较短时间内，把公司建成结构合理、技术先进、规模效益显著，在国内乃至世界有重要影响的轮胎工业生产基地。”

乘长风兮展神韵。今天的风神股份已经是焦作市乃至河南省、全国轮胎行业一个靓丽的名片。我们相信，有各级领导和社会各界的大力支持，有企业自身一个好的领导班子，有代表先进生产力发展方向的项目支撑，再加上如日中天的产品和企业品牌，风神明天将更加美好。

AEOLUS TYRE
风神轮胎

董事长：周建雄

总经理：陈飞翔

湘潭电机股份有限公司成立于1999年12月，是由湘潭电机集团有限公司集中主业部分的优良资产，联合北京市地下铁道总公司等六家单位以发起设立方式成立的股份有限公司，注册资本19500万元。公司主体在按现代企业制度改制前属湘潭电机厂，工厂创建于1936年，是我国电工行业的大型骨干企业，数十年风雨兼程，湘潭电机以推动民族工业发展为己任，先后开发了100多项产品填补了国内空白，是我国重大装备国产化基地，国家520家重点扶植企业之一。

湘潭电机股份有限公司继承和发扬了“湘潭电机”的传统优势，积极致力于科研开发，努力推进企业技术进步，形成了电机电器成套技术、电力推进技术和电动车辆制造技术三大核心技术。公司以三大核心技术为支撑，追求技术创新，不断推进产品升级换代，形成了城轨交通车辆、大中型交直流电机、矿山采运成套设备和国防军工特种产品等四大类主导产品，广泛服务于交通运输、水利、电力、冶金、建材、矿山以及国防建设等各个领域，产品遍布全国各地，远销世界26个国家和地区。公司在大中型交、直流电机和牵引电气开发方面处于国内领先水平，城市轨道交通车辆、矿山开采运输成套设备、风力发电机、船用电力推进系统及其他国防装备等产品的开发和生产在国内起主导作用，其中108吨电动轮自卸车、舰船用设备等多项重点产品先后荣获国家质量金奖、国家科技进步特等奖、一等奖，产品全部通过ISO9001-2000版质量体系认证和ISO14001环境管理体系认证。2004年4月，公司成功收购长沙水泵厂有限公司69.96%的股权，致力于打造中国最大最好的泵业制造基地。

公司现有员工5000人，其中高级专业技术职称209人，先后有18位专家享受国家级特殊津贴，工程技术人员占职工总人数10%以上。公司地处湖南省湘潭市，濒临湘江，距省会长沙46公里，水、陆、空交通便利，占地28.61万平方米，厂房面积23.8万平方米，厂区宽敞，环境优美。

2002年7月18日，湘潭电机股份有限公司首次公开发行的7500万股A种股票在上海证券交易所成功上市，承载着全体股东重托的湘电股份，秉承“诚信、协同、严谨、创新”的企业精神，推崇解放思想，实现跨越发展的理念，正在全力打造主业平台，提升核心技术，并广泛吸纳国际、国内先进经验，不断创新，以优质的产品、优良的服务、优异的业绩回报社会和广大投资者。

中国机电业引擎

——湘潭电机股份有限公司

风力发电设备

154t电动轮自卸车

Y系列电机电厂运行

湘潭电机股份有限公司
XEMC
XIANGTAN ELECTRIC MANUFACTURING CO., LTD.

地址：湖南省湘潭市下摄司街302号
电话：0732-859 5252
传真：0732-859 5732
网址：http://www.xemw.com
电子信箱：thh@xemc.com

Y系列电机水厂运行

NWF

新五丰

NEW WELLFUL

董事长：张跃文

湖南新五丰股份有限公司是以湖南省粮油食品进出口集团有限公司为主发起人，联合香港五丰行有限公司、澳门南光粮油食品有限公司、中国农业大学、中国农科院饲料研究所组建的股份制上市公司。公司是农业产业化国家重点龙头企业，是湖南省最大的外向型农业产业化龙头企业，也是国内供港澳最大活畜出口商。

公司注册地址位于长沙市高新技术产业开发区麓谷基地麓龙路8号，总部办公地址位于湖南长沙市芙蓉区五一西路2号“第一大道”19楼，下辖浏阳永安分公司、湘乡分公司、广东惠州分公司、深圳分公司、珠海分公司、湘潭分公司、长沙生物科技分公司以及湖南韶山长丰畜牧有限公司、湖南正大畜牧有限公司两个控股子公司，并与省内60多个出口注册猪场形成了紧密的业务合作关系。

HUNAN NEW WELLFUL CO., LTD

■ 湖南省人民政府贺同新副省长与张跃文董事长共同为公司上市敲锣

■ “新五丰”上市签字仪式

公司以生猪产业经营及出口业务为主业，涵盖活猪养殖出口、种猪、饲料、兽药及生物制品、肉食加工等项目。到目前为止，基地生猪养殖规模已达到70多万头，每年供港澳市场生猪出口配额稳定在35万头左右，占有港澳市场的五分之一强的市场份额，稳居内地口岸第一位，在整个港澳市场生猪的品牌声誉、质量、卖价等方面也排在内地口岸的第一位。同时，新五丰在生猪的饲养、收购和向港澳地区出口等方面业绩稳定、效益突出的基础上，积极拓展种猪、疫苗、肉类食品加工业务，进一步扩大外向型农业，以外贸带动和促进内贸的发展。

新五丰作为中国入世前夕设立的农业领域的现代化股份公司，采用全新的管理机制，在产品质量、科技含量、队伍建设、人才培养等方面实行与国际全方位接轨，奉行脚踏实地、博采众长、不断创新的经营管理理念，奉行“以人为本”，不求其全、但求所长的用人理念，努力为员工营造优越的工作环境、员工实现自我价值与企业目标完美结合的企业文化。同时积极引进科技人才，利用分子生物技术等手段进行优良品种改良，实施优质、高产、高效规模化养殖；利用两大出口代理股东资源优势，即香港五丰行、澳门南光粮油健全的经营体系和庞大的营销网络，开拓了畅通的生猪出口营销渠道，同时也为新五丰在肉类食品加工方面的发展奠定了良好的国内外市场基础。

新五丰总体思路是实业与贸易并重，商品经营和产业经营并举，产业经营与资本经营相融，高科技与传统产业相结合，国内贸易与国际贸易一体化，立足现有资源优势，突出主业和区域特色，向生猪的品种改良、肉类食品深加工两头延伸，逐步形成有市场竞争力的产业带和产业群体，增强出口创汇能力。

新五丰将充分发挥股东各自在生产、贸易、科研、管理、市场、人才、营销网络方面的优势，充分利用两个市场、两种资源，塑造股份公司主业突出、业绩优秀的形象，通过产业经营和资本运营，为股东创造最佳的投资回报，创造一个经典的、人文的百年企业。

湖南新五丰股份有限公司

HUNAN NEW WELLFUL CO., LTD

地址：湖南长沙市芙蓉区五一西路2号“第一大道”19楼
电话：(0731)229 5889　传真：(0731)229 7159
网址：http://www.newwf.com　电子信箱：irm@newwf.com

董事长：雷锦录

公司简介

西安交大博通资讯股份有限公司（简称“交大博通”），成立于1994年8月，是集企业大型应用软件开发、自主版权软件推广应用、计算机系统集成、专业IT应用咨询于一体的高新技术企业。2004年3月，经中国证监会审核批准，交大博通2200万A股在上交所成功发行，股票简称：交大博通，股票代码：600455。

交大博通主营业务包括以ERP软件为主的管理软件产品、行业解决方案和系统集成三个方面。10年来，秉承着“技术为根，服务为本，顾客至上，共同发展”的理念，依靠领先的技术、专业的产品、强大的实施咨询队伍和优秀的本地化服务，交大博通用户覆盖了煤炭采掘业、装备制造业、电力电信、石油化工、棉纺线缆、电子政务等众多应用领域，分支机构遍布北京、新疆、江苏、浙江、广东、山东、甘肃、云南等地。

地址：西安市兴庆南路六号　　邮编：710048
电话：029-8266 6810　　传真：029-8266 6820

2004年6月22日“国投中鲁”在上海证券交易所隆重上市

拣果车间

董事长：刘学义

总经理：李中柯

化验室

压榨机

车间一角

国投中鲁果汁股份有限公司

SDIC ZHONGLU FRUIT JUICE CO., LTD.

国投中鲁果汁股份有限公司（以下简称“公司”）是国家开发投资公司控股的股份制企业，2001年3月在原山东中鲁果汁有限公司的基础上整体改制而成。2004年6月，公司首次公开发行人民币普通股6500万股，成为第一家在国内主板上市的浓缩果汁加工企业，公司股票代码为“600962”，股票简称为“国投中鲁”。

公司目前注册资本为1.65亿元，主要从事浓缩果蔬汁、饮料生产和销售，主导产品为浓缩苹果汁。公司是国内浓缩果汁业的技术先导企业，也是国内第一家浓缩果汁生产企业，拥有世界先进水平的生产设备和强劲的设备改进和技术消化能力。

公司拥有多项自主研发的核心技术，先后开发出苹果浊汁、脱色果汁、梨汁、大枣汁、山楂汁、胡萝卜汁、地瓜汁等20多种产品，攻克了耐热菌和棒曲菌两大国际苹果汁加工难题，科技持续创新能力国际领先。产量、出口、效益连续多年位居全国第一，在国内同行业中率先取得KOSHER认证、FDA认证和ISO9000质量体系认证。公司系中国浓缩果汁协会理事长单位、北京市高新技术企业和国家首批农业产业化龙头企业。

公司产品出口量占中国总出口量的20%，在国际果汁市场的占有率达10%，是亚洲最大的浓缩果汁生产厂家之一。产品远销美国、日本、澳大利亚、德国等20多个国家和地区，与世界著名的三菱公司、雀巢公司等保持着密切的贸易伙伴关系。公司在山东、山西和陕西等省份建有多家工厂，在美洲和欧洲分别设有销售子公司和办事处。

果蔬汁业是我国“十五”规划的重点发展产业，受到国家产业政策的大力扶持，拥有良好的行业发展机遇。在未来发展中，公司将进一步巩固行业主导地位，引导行业健康有序地发展，积极促进行业内的重组和整合，并最终依托中国国内的原材料和成本优势，建成国际上最大规模和最具市场影响力的浓缩果汁加工和销售企业。

超滤车间

www.sdiczl.com

地址：北京市阜成门北大街6号国际投资大厦C座
电话：010-6657 9869　传真：010-6657 9862
网址：http://www.sdiczl.com
电子信箱：pangjiaqing@sdiczl.com

宝胜科技创新

宝胜科技创新股份有限公司是由宝胜集团有限公司作为主发起人，联合中国电能成套设备有限公司等四家法人单位，以发起设立方式组建的股份有限公司。2004年8月2日，宝胜股份4500万元流通股在上交所正式发行上市，证券简称为“宝胜股份”，证券代码为“600973”，发行后公司注册资本为12000万元。

宝胜股份的主发起人宝胜集团有限公司是国家520户重点企业、国家重点高新技术企业、江苏省重点企业集团，也是中国机械行业百家巨人企业和最具核心竞争力的30佳企业，国家首批520户“重合同、守信用”企业和全国质量效益型先进企业，拥有国家级企业技术中心和博士后科研工作站。

股份有限公司

宝胜股份现有员工1200余人，其中具有大专及以上学历的人员550人，直接从事科技研发的工程技术人员150人。主要生产、检测设备引进于芬兰、瑞士、德国、日本、意大利等国家，专业生产150多个品种、16000多个规格的裸铜线、电气装备用电缆、电力电缆、通信电缆等各种系列电线电缆。目前共有19个产品被评为国家级新产品，获得国家专利30项，参与编制了国家及行业标准4项。宝胜牌电线电缆被评为“中国名牌产品”、“国家免检产品”，“宝胜”及图商标被国家工商总局认定的“中国驰名商标”。ISO9001质量体系、ISO14001环境体系、ISO10012计量体系以及“UL”、“3C”、“煤矿安全标志”等相继通过国内外权威机构认证

宝胜股份将借上市契机，深挖潜力，开拓进取，倾力打造最具核心竞争力及最佳经济效益的电线电缆制造企业。

健民®咽喉片
新一代口含片
国家中药保护品种
国家基本用药品种
JIANMIN YANHOU PIAN
8Tabs.x2
龙牡壮骨颗粒
龙牡壮骨颗粒
健民
中国驰名商标

本公司的前身武汉市健民制药厂成立于1953年6月1日，是在具有三百六十多年经营历史的中国最古老的四大中药店之一--叶开泰参药店的基础上组建的。1993年3月18日，经武汉市经济体制改革委员会武体改[1993]40号文批准，在对武汉市健民制药厂整体改制的基础上，由武汉市健民制药厂作为主发起人，联合中国药材公司〖已更名为中国药材集团公司〗和中国医药公司〖已更名为中国医药集团总公司〗共同发起，以定向募集方式设立的股份公司。2004年4月，公司首次公开发行3500万股A股并在上海证券交易所上市。

公司主营业务为中成药的研发、生产和销售，重点开发小儿用药、老年用药和重大疑难病症用药。

公司拥有包括龙牡壮骨颗粒、健民咽喉片、健脾生血颗粒等在内的名牌产品系列，其中龙牡壮骨颗粒是国家首批三个一级中药保护品种之一。至1998年，“健民”牌、“龙牡”牌商标多次被评为湖北省著名商标。1999年4月，在湖北省入选国家首次编制的《全国重点商标保护名录》的四个品牌中，“健民”牌是唯一的医药产品商标，同年，“健民”牌商标被认定为中国驰名商标。

公司是国家计委确定的全国中成药小儿用药生产基地、国家经贸委确定的全国512户重点企业之一、武汉市科委认定的高新技术企业。公司近年来相继荣获“全国质量效益型先进企业”、“全国中药行业优秀企业”、“全国工业500强”和“行业50强”等荣誉称号，1999年4月，公司被授予国家级最高企业荣誉称号——全国“五一”劳动奖状。

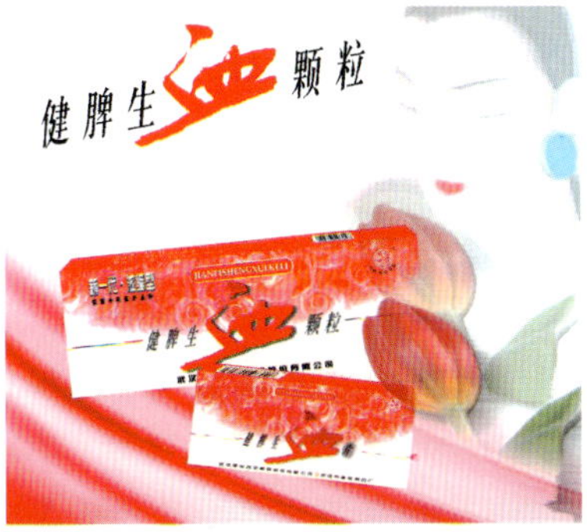

健民制药厂外景

武汉健民药业集团股份有限公司

WUHAN JIANMIN PHARMACEUTICAL GROUP CO., LTD

通化钢铁股份有限公司

通化钢铁股份有限公司（以下简称“公司”）是由通化钢铁集团有限责任公司联合四家企业共同发起并于1999年7月设立的股份有限公司。为了提高企业的竞争能力，实现规范运作，公司于2002年7月实施了增资扩股。公司的注册资本为108001.4905万元。公司的生产工艺系统包括了焦化、烧结、炼铁、炼钢、轧钢、动力、运输、机械制造等各个生产环节，真正实现了资产和业务独立完整，具备了年产钢220万吨的综合生产能力。

公司的经营范围为钢铁冶炼、金属及压延加工、冶金材料、原料、燃料（国家限制品除外）、工程机械部件、建筑材料（木材除外）、机械加工、电气制造、修理、运输（凭资质证书经营）。公司的主要产品有“长白山牌”角钢、槽钢、弹簧扁钢、热轧圆钢、钢筋混凝土用热轧带肋钢筋、热轧圆盘条、硬线圆盘条、焊接用钢盘条、热轧优质带钢、连铸坯、铸造生铁、炼钢生铁、水渣、冶金焦碳及化工产品等。“长白山牌”系列产品，被广泛用于高层建筑、高速公路、桥梁隧道、电力、水利枢纽工程及机械加工等多个行业，在国内外享有较高的知名度，并通过了GB/T19003-ISO9002标准2000版质量体系认证。截至到2003年末，公司有10种产品获得了国家冶金产品的最高奖“金杯奖”，6种产品荣获吉林省名牌产品称号。与此同时，公司的产品以其优良的性能、精确的尺寸、良好的质量，出口到韩国、新加坡、马来西亚、朝鲜、越南、泰国、古巴等十几个国家，赢得了国外用户的广泛好评。

公司高管成员

高炉夜景

近年来，公司先后获得了全国售后服务优秀企业、全国质量无投诉企业、全国质量效益型先进企业、“质量兴企、争创名牌”示范企业、质量管理先进企业、中国质量服务信誉AAA级企业、诚信经营单位等荣誉称号。

截止到2003年末，公司总资产54亿元，总负债32亿元，所有者权益22亿元。公司2003年铁、钢、材产量分别达到213万吨、223万吨和163万吨，实现利润61573万元，实现净利润47022万元。

公司于2003年1月进入上市辅导期，辅导期内公司在各中介机构的指导下进行了规范整改，减少和规范了关联交易，避免了同业竞争，通过引进独立董事并制定相应的行为规则，进一步完善了法人治理结构，已具备上市条件。

面对入世后机遇与挑战共存的新环境，公司始终以市场为导向，加强对形势的科学分析和市场的准确把握，坚持用发展的方法解决前进中的问题，通过体制和机制创新、资本运作、精细管理、技术改造，使企业的核心竞争能力以及融资能力得到了全面提升。同时，公司把“务实创新，只求最好”树立为企业精神，通过CIS战略，增强了企业的凝聚力，为企业的长远发展提供了强大的动力支持。公司作为吉林省唯一的大型钢铁联合企业，它的壮大必将为吉林乃至东北老工业基地的发展做出更大的贡献。

地址：吉林省通化市二道江区东盛路14号
邮编：134003
电话：0435 - 379 4037 / 0435 - 379 1168
传真：0435 - 379 1168
网址：http://www.jltg.com.cn

型钢连轧车间

休闲广场

第二编

中国证券市场

234/2172

本栏目由以下单位协办(排名不分先后)

★ 光大证券有限责任公司
★ 东方证券股份有限公司
★ 广发证券股份有限公司
★ 华泰证券有限责任公司
★ 长城证券有限责任公司
★ 华安证券有限责任公司
★ 国元证券有限责任公司
★ 西南证券有限责任公司
★ 兴业证券股份有限公司
★ 国信证券有限责任公司
★ 招商证券股份有限公司
★ 华西证券有限责任公司
★ 江南证券有限责任公司
★ 平安证券有限责任公司
★ 世纪证券有限责任公司
★ 中国银河证券有限责任公司
★ 申银万国证券股份有限公司
★ 华欧国际证券有限责任公司
★ 申银万国证券研究所有限公司
★ 长江巴黎百富勤证券有限责任公司

第一章　中国证券市场概况

2003年中国证券市场年度报告【回顾与展望】

【回顾篇】

主要观点：

2003年，中国证券市场发生了许多深刻且影响深远的变化：随着股价结构性调整的深化，投资者的投资理念也在调整，QFII制度的实施，合资基金管理公司、合资证券公司的建立表明证券市场开放的步伐进一步加快，市场主体、投资理念、盈利模式等发生了系列变化，市场因此出现了一些新的特征，国际化视野、价值投资成为机构投资者的共识。

低市盈率蓝筹股和中低市盈率绩优成长股对QFII和国内机构投资者都有较强的吸引力，其投资价值得到了充分展示。高市盈率绩差股的市盈率大幅下调，导致市场的平均股价水平不断下移，不排除几年后出现一批市价在面值附近的真正低价股。

在2003年股指运行中，市场一改以往“板块轮动”的局面，而表现为“强者恒强、弱者恒弱”的“局部牛市”的新格局。

在国内股票市场十几年的发展历程中，始终呈现一种“小盘股溢价”而“大盘股折价”的市场特征，但这种市况在2003年的行情中被彻底颠覆。流动性较好的大盘股更受投资主体的青睐，定价也往往更高。

2003年宏观经济回顾：经济运行进入新一轮景气周期是证券市场面临的最大基本面

1、GDP增长逐步上升

2003年，我国经济总体走势良好，排除非典对经济的负面影响，我国经济延续2002年以来的上升势头，并形成加速上升的趋势。在第一季度GDP增长达到9.9%后，受非典影响二季度各项经济活动都不同程度的大幅度减少，特别是消费行业和交通运输行业的经营严重受损，二季度GDP增长仅为6.7%；但三季度在非典疫情得到控制后，我国经济快速回复，GDP增长回复至9.1%。一、三季度的增长水平都达到了1998年以来同期的最高水平，经济强势回升的趋势已经形成，预计全年GDP增长将超过8.6%。

2、固定资产投资增长迅猛

2000年以来，我国固定资产投资同比增长速度呈跳跃式上升，并重复着年内前高后低的周期性特征。2003年固定资产投资增长迅猛，固定资产投资增幅和投资率均达到1994年以来的最高水平，投资成为拉动国民经济较快增长的主要动力。固定资产投资增长主要表现为以下几方面特点：

(1)投资总量增长加快。1—11月固定资产投资增长维持在29%以上，平均增长速度高于居民消费增长水平20%左右。

(2)工业企业技术改造意愿增强，更新改造快速增长成为2003年固定资产投资增长的新特点。1—11月，工业企业更新改造投资6833亿元，同比增长33.1%，比上年同期上升17.4个百分点，其增幅超过同期的基本建设投资和房地产开发投资的增幅。其中煤炭、钢铁等重工业企业更新改造投资增长尤其迅猛，这将为这些基础性行业的技术进步和效益提高打下一定的基础。

(3)房地产投资继续保持快速增长势头。在城镇住房制度改革、城镇化建设等一系列政策措施作用下，房地产开发投资在连续3年保持20%以上增速的基础上，2003年仍然保持了快速增长。1—11月平均增长速度高于去年同期2%—4%。由于房地产投资的快速增长成为2003年货币信贷快速增长的主要原因，所以2003年央行曾多次采取货币政策措施直接或者间接控制房地产投资增长速度。

3、居民消费有待进一步启动

2003年社会消费品零售总额继续保持平稳增长，尽管非典对消费形成了巨大的影响，导致二季度消费增长急速下滑，但三季度之后，消费出现恢复性增长，且呈现增速加快的趋势。考虑到2003年通货紧缩有所放缓，扣除物价影响，消费品零售总量的增长速度呈下降趋势，我国商品消费仍有待进一步启动。

当前制约我国消费增长的因素包括：第一，制度改革导致人们对未来预期的不确定性及储蓄意愿上升；第二，收入差距的拉大导致全社会消费支出比重下降。要消除第一方面制约因素主要依靠社会制度改革的进一步深化，就业机会的增加，各项社会保障制度的完善和健全；要消除第二方面制约因素，首先要通过政策引导，逐步缩小城乡居民收入差距、东西部收入差距以及同一地区内居民之间的收入差距，提高低收入者的消费能力，其次要通过消费品的不断升级，引导中高收入者持续消费，从而提高社会消费在国民可支配收入中的比重。

随着城市居民收入的逐步提高，2003年以汽车、住房、电子通讯、教育、旅游、保健和健康消费等为代表的新型消费热点已经或正在逐渐形成，未来将成为居民消费持续增长的主要推动力量。

4、进出口出现强劲增长

2003年以来，我国进、出口均保持快速增长，2003年1—11月进出口总额7609.3亿美元，同比增长35.8%。其中，出口3903.4亿美元，同比增长32.9%；进口3705.9亿美元，同比增长39.1%。累计实现贸易顺差197.5亿美元，比上年同期减少105.9亿美元，为近年同期最低。

2003年我国进出口波动较大，国际贸易形势比较严峻。一季度受国际石油价格上涨的影响，我国进口增速大幅提高，自2000年以来首次出现贸易逆差，石油安全战略的重要性凸现出来。二至三季度，在非典疫情的影响下，我国进出口增速都出现下滑，贸易顺差保持了持续增长的势头。2003年，受美国经济复苏缓慢，新一届总统大选在即等因素的影响，美国政府的贸易保护主义抬头，针对严重逆差的中美贸易，美国政府一方面对人民币升值施加压力；另一方面对中国出口大项一纺织品设置了进口限制，并对中国的彩电行业提起了反倾销诉讼。面对这种情况，中国政府一方面为维护宏观政策的稳定，坚持人民币币值稳定，另一方面为缓解国际压力，增大了国际采购的力度，并在11月份宣布2004年起调整出口退税产品结构，降低平均出口退税率。结果导致进口大幅度增加和大量2004年出口订单提前到2003年，因此四季度净出口变动较大。

5、物价开始回升

2003年，生产资料价格和消费品价格在成本推动和需求拉动的双重作用下，出现普遍大幅上扬的局面。截至11月份工业品生产价格上涨依然强劲，其中钢铁、石油、水泥、煤炭价格分别上涨22%、1.6%、17.8%、8.3%；消费品价格走出连续14个月的下跌局势，全年保持上涨势头。

当前物价上涨能否发展为中国经济真正走出通货紧缩阴影的契机，存在的最大的障碍是居民消费还没有真正启动，缺乏最终需求，经济难以形成健康的循环。其次，政府对局部投资过热的纠偏力度可能影响经济景气的持续。启动消费、保持政策的稳定性也是保护物价持续稳定上升的关键。

2003年市场运行特征分析：国际化、价值投资演绎新一轮机构博弈

1、价值投资理念得到市场的认同

与前两年相比，2003年沪深股市最大的贡献在于新盈利模式的诞生。在资金驱动的庄股模式破灭以后，寻找新的盈利模式，成为此前两年熊市中，投资机构最为关心的事情。伴随着大盘蓝筹股的崛起，价值投资成为了市场唯一可行的理念，“理性投资，价值投资”一这个在中国股市空喊了十余年的口号，2003年落地生根，开花结果。

作为理性投资的一种表现，以钢铁、石化、汽车、电力、金融(后被更换为港口)为代表的蓝筹股成为2003整个年度的行情主导，也占据了市场的绝大部分盈利机会。相对仍处于历史低位的沪深股市，钢铁、汽车、石化、金融、电力等行业借助坚实的基本面掀起的“局部牛市”，成为弱市中一道亮丽的风景。

数据显然更具说服力，在2003年，钢铁板块的整体涨幅达30%，汽车股整体涨幅达12%、石化板块整体涨幅为18%、电力涨幅达到10%。其中的龙头股有着更好的表现。截至2003年12月16日，宝钢股份的最大涨幅已经达到92.45%，中国联通为43.61%、上海汽车为136%、招商银行为71%。而其他行业大部分由于基本面不理想或不突出，表现不甚理想。整个市场“二八现象”或称“局部牛市”现象突出。

价值投资大行其道的背后，是2003年中国经济快速增长、企业业绩强劲回升的大背景。国家统计局预计全年国内生产总值会达到8.5%以上，国内生产总值的总量会突破11万亿。而上市公司业绩也结束了持续多年下滑的局面，出现强劲回升的势头，这成为微观层面上实施价值投资的最好理由。

2、投资者结构出现了大变化

蓝筹股板块之所以能够主宰市场，是因为投资者的结构出现了较大的变化。

首先，QFII是推动这种理念的主体之一。截至目前，9家QFII的投资额度已达17亿美元，已占目前总流通市值的1.23%。而我国台湾市场在1990年引入QFII时，QFII的引入量达到流通市值1%时，用了一年多的时间。而我们这个市场，仅仅用了3个月的时间，QFII引入的资金量就已经超过了1%。依此计算，一年的时间内，保守估计QFII引入的资金量应该超过50亿美元，即400亿元人民币以上。因此，境外机构投资者成为促使市场发生变化的重要原因之一。

其次，基金群体也是这种理念的主体之一。据统计，截至10月31日基金规模为，开放式基金977.17亿份额，封闭式基金817亿份额，合计1794.17亿份额。而2002年底的开放式基金为419.58亿份额，封闭式基金817亿份额，合计1236.58亿份额。因此，可以预计，一年的时间内可以增加557亿元左右的资金量。

场外注入市场的资金多流向了蓝筹股板块，自然会促使市场在短时期内发生较大的变化。

3、国际化和机构化导致市场股价结构的调整

2003年证券市场发展环境发生了深刻变化：QFII的实施以及以投资基金为主的机构投资者发展和壮大，新的投资理念的导入和投资主体的进入，最终导致市场运行特征的“转轨”，并在转轨中酝酿投资机会。低市盈率蓝筹股和中低市盈率绩优成长股对QFII和国内机构投资者都有较强的吸引力，其投资价值得到了充分展示。高市盈率绩差股的市盈率大幅下调，导致市场的平均股价水平不断下移，不排除几年后出现一批市价在面值附近的真正低价股。未来一两年A股市场的主要系统风险是国际化、机构化背景下市盈率平均水平的适度下降，但2003年股价(市盈率)结构的大调整则说明了转型过程中蕴含着非常好的投资机会。

4、“局部牛市”成为2003年市场的主要表现形式

在2003年股指运行中，市场一改以往“板块轮动”的局面，而表现为“强者恒强、弱者恒弱”的“局部牛市”的新格局。通过对所有股票2003年度涨跌幅的统计分析，其中上涨股票为240家，占20%，下跌股票为1034家，占80%，且上涨的股票主要分布在电力、钢铁、汽车、石化等行业景气度较高的行业，这说明二级市场股票涨跌与上市公司业绩的相关度正在加强。

5、流动性溢价成为机构投资者的共识

在国内股票市场十几年的发展历程中，始终呈现一种“小盘股溢价”而“大盘股折价”的市场特征，这几乎成了一个“公理”。这种情况是在先前以投机为主的市场氛围下投资者正确的选择。但这种市况在2003年的行情中被彻底颠覆。

这种价值回归路程，其根源在于场内投资主体的偏好不同，主流机构投资者更加注重流动性，这是大盘股溢价或者流动性溢价的根本原因。所谓的“流动性溢价”就是指股票价格因流动性较高而出现的溢价，相同基本面的上市公司由于流动性的不同，流动性越高的股票可能获得的定位就越高。

虽然股价上涨的原动力来源于公司现有业绩和价值增长的预期，但资金的偏好程度往往起着重要的作用。基本面再好的公司，在没有主流机构介入的情况下，其市场表现也会一般。所以在公司基本面相同的情况下，流动性较好的大盘股更会受到投资主体的青睐，定价也往往更高。

【展望篇】

主要观点：

我国经济已进入工业化中期一重化工和装备工业阶段，反映在证券市场上，将出现工业指数较长时期内保持上升趋势，钢铁、能源等原材料需求加大等特征。

2004年在宏观政策方面，将继续保持积极的财政政策和稳健为主、手段灵活的货币政策；预计2004年我国经济将保持加速增长的势头，GDP增长在8.5%—8.8%之间。

全流通、QDII、利率变动等问题仍将是影响2004年市场运行的重要因素，但总体研判，2004年的市场环境要优于2003年。预计2004年股价的结构性调整仍将继续，价值投资理念依然将占据主导地位，指数的研判价值趋于弱化，合规资金渠道将得到拓宽。

钢铁、石油化工和电力板块业绩有望进一步提升，这三大板块依然是2004年的强势板块；煤炭、工程机械和交通运输等也将走出新一轮的价值发现行情；随着银行业的改革力度加大，银行板块将出现更多机会；消费需求升级可能在2004年刺激新的投资题材，数字电视、有线网络板块也极有可能成为新的亮点。

对当前经济发展阶段的基本判断：我国经济已进入重化工和装备工业阶段

1、我国经济已进入工业化中期—重化工和装备工业阶段

按照钱纳里对工业化进程6个时期和3个阶段的划分来看，人均收入水平280—560美元进入工业化初期阶段；人均收入水平560—1120美元进入工业化中期阶段；人均收入水平1120—2100美元进入工业化成熟阶段。2000年我国人均国内生产总值为856美元，城镇居民家庭人均可支配收入6280元，农村居民家庭人均纯收入2253.4元。我国国内生产总值在第一、二、三产业所占比重分别为15.9%、50.9%和33.2%，基本可以确定我国已进入工业化中期一重化工业化和机械装备阶段。工业化中期，从全世界各国发展来讲，主要是发展重化工业，包括冶金、汽车、石油化工等，同时，这些工业均需要大量装备。

2、重化工和装备工业阶段：美国的借鉴

1930年—1939年是美国经济震荡的十年。1929年—1932年美国处于"大萧条"时期。罗斯福应对危机的一系列政策后来被称作"新政"，其核心是三个R：改革(Reform)、复兴(Recovery)和救济(Relief)。

罗斯福新政客观上对美国经济发挥了如下作用：

一是政府大规模兴办公共设施的措施扩大了社会总投资规模，刺激了社会总需求，钢铁、煤炭、电力、石油等基础材料的消费量逐渐上升。在罗斯福新政，特别是二次世界大战之后，美国经济驶入了发展的快车道，维持了30多年的高速增长期。

二是罗斯福政府绕过反托拉斯法推动具有垄断地位的大企业发展，虽然一定程度上压制了市场竞争，但美国大的工业集团公司，特别是美国四大支柱产业龙头公司的地位得到了巩固和发展。因此这一时期，大企业带动的并购活动增多。

3、对证券市场的影响

我国正在进行着工业化、城市化的发展和改革。我国发展重化工业和装备业既是我国城市化导致重化工业产品需求急剧增长的必然结果，同时又将对缓解我国就业压力，提高国际竞争力，增强经济的成长能力有着巨大的作用。重化工业化和装备业的发展将带来我国经济20年的较高速度的增长。这是我国作为后发展国家在经济起飞阶段的重要特征。这是因为，世界上有很多成熟的技术可以模仿和引进，而不必自己从头摸索。50—60年代日本经济的腾飞，60—70年代亚洲四小龙的高速增长，我国目前的快速发展，在相当大程度上都是后发优势效应的体现。

这一阶段体现在证券市场上，就会使我国的证券市场呈现以下几方面特征：

(1)工业指数在较长时期内保持上升趋势。如果市场制度、市场结构得到改良完善，证券市场的长期牛市将成为必然趋势。

(2)钢铁、能源等原材料需求加大。销售量扩大对生产量扩大产生推动，钢铁、能源行业生产规模扩大，兼并收购活动逐渐频繁，合并后规模经济出现，企业效益大幅度提高。

(3)工业化与城市化发展相结合。目前我国正在形成大城市群，通过以点带面，进而带动全局的发展战略推动中国经济的全面发展。大城市群的建设将使这些地区形成强大的凝聚力，从而在大城市群中先发形成最具市场竞争力的大企业集团。从而，我国证券市场优势行业与优势地域交点上的上市公司将有更大的利润上升空间。

(4)东北地区装备工业拥有巨大发展潜力。东北地区作为老工业基地的深厚根基使发展装备工业成为东北地区经济启动的引擎。给予政策的倾斜和东北地区的基础，未来较长一段时间里东北装备工业的发展将呈现上升势头。

2004年宏观经济展望：我国经济将保持加速增长的势头

1、2004年财政政策预测一继续保持积极的财政政策，但面临功能转型

2004年将是宏观调控政策转型的第一年，经济工作的重点将是质量，而不仅仅是数量；追求的目标将为结构协调，而不仅仅是速度。随着经济增长自发性的增强，通过加大公共投资刺激社会总需求上升进而推动经济复苏的宏观调控思想将有所转变。财政政策功能将从直接参与经济转向为经济的协调发展培育良好的社会和制度环境。

中央经济工作会议后，财政部进一步明确2004年我国将继续实施积极财政政策，财政政策功能将发生转型。维持积极财政政策主要用以满足以下几方面的需求：(1)产业结构升级；(2)区域经济结构协调；(3)深化国有企业改革；(4)完善宏观调控体系和维护国家经济安全；(5)保证在建工程和重点基本建设项目的资金需要。

2、2004年货币政策预测一稳健为主，手段灵活，存在升息的可能

货币政策对社会总供给的调节有突出的作用，因此在经济复苏和繁荣期有更好的政策效果。

2004年货币政策的主要任务是监控宏观经济运行，调控货币供应量和各种利率，既要维护经济增长的良好局面，又要防止经济增长局部过热的加剧，预防通货膨胀加速。根据当前我国宏观经济形势逐渐向好，货币信贷增长较快，物价有内在的上升趋势，2004年央行货币政策的主基调是适度从紧，主要通过公开市场操作和选择性货币政策工具进行调控。如果物价长期持续上涨，央行有升息的可能。

3、经济运行预测

2004年我国经济将继续维持高增长的态势。这是由内在增长力量的推动，也是一种增长的惯性：一是民间资本(包括外资)的高成长及其在全社会资本中的比重不断上升将使投资增长继续呈现"双拉动"，即国有大企业的拉动和民间企业的拉动。二是消费结构升级为消费需求的新一轮扩张提供强大动力。三是珠江三角洲、长江三角洲区域经济蓬勃发展，通过辐射作用和示范效应将会促进其他地区的经济发展。同时，2004年消费启动，效果正在缓慢显现，固定资产投资增长速度略有下降，进出口政策发生变化，贸易顺差大规模减少。

基于以上分析，我们认为2004年我国经济将持续加速增长的势头，预计GDP增长在8.5%—8.8%之间。

2004 年市场运行趋势分析：

股价结构性调整仍将继续，价值投资依然是市场主流

1、**影响 2004 年市场运行的因素分析**

(1)全流通问题可能成为新兴市场转型契机

国有股流通是中国证券市场健康发展过程中无法绕过的一个制度性障碍，只有国有股顺利流通，才能理顺市场方方面面的脉络，建立符合市场规律的价值评估标准，中国股市才有可能出现真正的牛市。我们判断，2004 年推出相关解决方案的可能性比较大，先期可能会选择一些国有股比重较高的企业进行试点。

我们认为，全流通方案的最终推出将成为中国股市由新兴走向成熟的关键性突破，以此为契机，中国股市将恢复宏观经济晴雨表的功能。

(2)QDII 不利影响有限

主要针对 H 股市场的 QDII 政策就资金方面对 A 股市场无疑有较大影响，因为 H 股市场的股价普遍低于 A 股市场，似乎更具投资价值。

然而，从 2003 年年初 H 股市场就在 QDII 等利好预期的推动下大幅飚升，股指已有 116%的涨幅，目前市盈率与 A 股差距在缩小，而且我们还不考虑 A 股市场因股权分割所造成的市盈率虚高因素。同时由于 H 股市场受到美元走弱国际游资看涨人民币而积极买入中国资产、香港经济走强激发投资欲望等等多重因素影响而非仅仅是上市公司投资价值发挥作用，所以，H 股市场也同样充满了诸多不确定因素的风险。即使 QDII 在 2004 年推出，面对纷繁复杂的国际政治经济形势和已有 100%以上涨幅的市场，QDII 的推进速度不会对 A 股市场形成威胁。

(3)利率变动影响股、债结构

实施多年的低利率政策对我国经济走出低谷起到了重要作用，但是随着全球经济转暖，一股升息潮又悄然兴起。在澳大利亚连续两次调高利率以后，英国也相应调高了利率水平。据分析美国针对强劲的经济复苏势头可能提早结束低利率时代，对其利率进行调整。

中国从 1996 年起连续下调利率，目前是历史的最低位置，如果 2004 年经济增长速度尤其是固定投资速度不能得到有效遏制，经济呈现明显的过热倾向的话，利率上调将是大势所趋。由于股票、债券是主要的两类金融产品，债券市场走向调整形成了股市转暖的有利环境。

(4)海外证券市场对沪深股市的示范效应

历史数据统计分析，A 股市场走势与美国等海外市场有较高的正相关关系，只是在时间上有一年左右的滞后，而且在市场特征、投资热点等方面都有趋同性。以上证综指和道琼斯指数 11 年的月收盘指数做比较分析，上证综指滞后道琼斯指数 14 个月的数据相关系数达到 0.893 的峰值。因此，国际证券市场的走势以及热点板块均将对我国证券市场产生明显的影响，同时，A 股、B 股、H 股市场的关联度在逐步增强。

(5)汇率、利率双高预期下的资产增值

2003 年下半年起美元持续走软，美元兑欧元下跌逾 7%，美元兑英镑则连续创下五年新低。美元贬值造成了石油、金属等以美元计价商品的全面上涨，通过价格的传导效应，国内原油、成品油、石化产品、铜、铝、钢铁、大豆、棉花、天然胶等产品价格纷纷上涨，这些情况必然对上游行业和原材料行业中的股票产生中期影响。同时，利率变动预期也将造成资本品价格的结构性调整，投资者必然会减持利率产品的投资比例，增加持有在通货膨胀下受益最多的股票资产。

2、**2004 年 A 股市场特征与趋势分析**

(1)市场环境优于 2003 年

从上述影响因素分析，2004 年的市场环境要优于 2003 年，主要是中国经济正在成为世界经济增长的引擎得到了广泛的认同，在今后几年持续稳定的增长对资本市场发展非常有利；二是国有股减持虽有分歧但在保护投资者利益方面达成了共识，市场各方不再是利益对立面而是一个利益共享的共同体，观念的改变为减持奠定了基础，使得市场冲突得以缓解，系统风险有望降低；三是资金的赚钱效应有所增加，投资信心得以恢复提升。

(2)股价的结构性调整仍将继续

去年以来，以市盈率为主要依据的定价体系正在重构之中，股价的结构性调整愈演愈烈，目前上海 A 股的平均股价为 6.93 元，比去年初 1311 点时候的平均股价低 20%左右。从目前的市盈率结构看，50 倍以上市盈率股票比重依然较高，2004 年股价的结构调整仍将继续，那些经营业绩恶化的上市公司股票将被逐步边缘化。（参见表 1：上海 A 股的市盈率结构变动情况）

(3)价值投资理念仍将占据主导地位

价值投资理念仍将在 2004 年的证券市场占据主流地位，这是因为基金和 QFII 等机构投资者对市场的主导力量已经越来越大，散户作为市场跟风者对市场影响力已大为下降，因此在 2003 年大举介入蓝筹股的机构投资者还会充分享受经济增长所带来的利润，在 2004 年这类行业还有较大发展空间的预期下，资金不会轻易出局，大盘蓝筹股依然将成为机构的核心资产。

(4)指数研判的投资价值弱化

随着中国股票市场规模的不断扩大，股票市场表现的差异越来越大，股票齐涨齐跌已经成为历史，股价的结构分化导致选股难度越来越大，选股已经从注重时机选择判断大势进一步细化到行业再精确到个股层面。

(5)合规资金渠道拓宽

2004 年的市场资金可能来源于五个方面：一是市场的存量资金，二是新成立的基金资金，三是 QFII 的新进资金，四是拓展保险资金、社保基金、企业年金等入市渠道，五是如果券商发债成功，那么券商自营资金的增加也是一个新的市场资金来源。

(6)主流热点深化并分化

2003 年占尽风头的钢铁、石油化工、电力、汽车和银行五大板块在 2004 年可能出现一定的深化，钢铁、石油化工和电力板块因原材料价格的快速上扬，业绩有望进一步提升，所以，这三大板块依然是 2004 年的强势板块。此外，煤炭、港口和交通运输等板块也将受惠而走出新一轮的价值发现行情。因消费需求升级带动的经济增长可能在 2004 年刺激新的投资题材，毕竟投资股票就是投资企业业绩的未来预期也是股市不二的法则，所以，数字电视、有线网络等板块也极有可能成为新的亮点。

表 1：上海 A 股的市盈率结构变动情况(%)

市盈率	2004 年 1 月 3 日	2003 年 12 月 31 日
25 倍以下	11.8	15.8
大于 25 倍，小于 50 倍	32.3	30.7
大于 50 倍，小于 100 倍	23.1	19.9
100 倍以上(包括亏损股)	32.8	33.6

2004 年重点看好行业

电力行业—供需缺口难以解决

去年以来,我国缺电的情况越来越明显。如果我国今后两年工业产能继续放大,还可能出现去年这样的拉闸限电现象。这虽然对宏观经济不利,但对于电力行业来说,这无疑是增加利润的机遇。

2003 年电力行业第三季度平均每股收益超过 0.35 元,位列各行业前茅,基于以上预期,我们认为 2003 年电力类上市公司的年报业绩将比较理想。如果 2004 年取消电网向发电企业非合理摊派,提高超计划发电的上网价格,预计 2004 年电力行业发电量将继续保持 15%左右的增长水平。

建议重点关注长江电力(600900)、华能国际(600011)、国电电力(600795)、通宝能源(600780)。

煤炭行业—有望保持良好业绩

尽管 2003 年煤炭行业供需紧张,但是大宗煤炭交易价格是按照 2002 年的远期价格成交,在煤炭价格继续上涨的情况下,预计 2004 年国内大宗煤炭价格要略高于 2003 年,其中焦炭价格、炼焦用煤价格上涨幅度较大,因此我们认为煤炭行业的 2004 年的增长速度可能高于 2003 年,煤炭类上市公司有望保持良好的业绩。

建议关注山西焦化(600740)和兰花科创(600123),前者产品价格上涨幅度较大,后者产能增长较快。

石化行业—处于周期性景气阶段

展望 2004 年,我们预计,今年全球原油价格不会出现明显的下跌,保守估计 2004 年全年布伦特原油均价将在 25 美元/桶以上。同时,由于国内受中石油和中石化两大集团重组会产生规模经济的原因,预计 2004 年国内炼油业毛利率仍将较去年小幅上升。

从 10 月份的数据看,我国化工产品尤其是有机化工产品市场价格全面上涨,聚乙烯、聚丙烯、聚氯乙烯等重要产品价格上涨的原因在于需求增加而供应不足,由于 2004 年对这些产品的需求不会减少,而产能又不会明显增加,因此,生产石化类中间产品的企业业绩将不会下降。综合上述因素,我们认为,石化类上市公司 2004 年业绩仍会保持稳定增长。

建议重点关注扬子石化(000866)、齐鲁石化(600002)、中国石化(600028)、上海石化(600688)。

钢铁行业—行业前景依然乐观

有利因素:

1)宏观经济依然向好,固定资产投资继续快速增长。

基于重工业化时期投资周期长、增长惯性大的特点,预计今年全社会固定资产投资将继续快速增长,达到 16%,但比去年降低 4 个百分点。鉴于全社会固定资产投资与成品钢材产量的高度相关性,预计 2004 年对钢铁产品的需求依然旺盛。

2)国际钢材市场价格

目前世界钢材和钢铁原料市场已经明显进入资源紧缺的状态,钢材用户已经开始加大钢材的订货。全球钢铁生产原燃料和钢材产品价格的进一步上涨,封杀了钢材价格巨幅下跌的空间。

不利因素:

钢产量的快速增长,使得中国钢铁工业对铁矿石、焦炭、燃料煤以及废钢等钢铁生产原燃料的需求快速增加。目前,中国国内钢铁原燃料市场供需矛盾已经突出,高价和低质的原料导致钢铁生产消耗上升。

因而,中国钢铁生产的效益已开始流失。钢铁生产的部分效益开始向铁矿山、煤炭、炼焦、耐火、废钢回收、运输和港口等产业转移。

综合上述各种因素,目前对 2004 年钢铁行业依然保持乐观。

建议重点关注宝钢股份(600019)、鞍钢新轧(000898)、韶钢股份(000717)、新兴铸管(000778)。

交通运输行业—继续维持上升通道

2004 年,交通运输业总体景气仍将继续维持在上升通道中,运输总量将有不低于 5%的同比增幅,其中港口和航空业仍将有相对其它子行业更为快速的增长:港口方面,出口退税率缩减的不利影响将逐步显现,集装箱吞吐量增幅预计将会有明显回落,但增幅仍有望维持在 25%左右;多年来以超过 10%的年增速快速成长的航空业在摆脱 SARS 束缚后将有更为快速的报复性增长,运量增幅将不会低于 20%。

建议重点关注中海发展(600026)、白云机场(600004)、南方航空(600029)。

工程机械行业—面临良好发展机遇

2004 年,预计政府仍将实施积极的财政政策,通过加大投资力度来有效拉动 GDP 增长。在此基础上,2004 年工程机械行业仍将保持高速发展:

(1)建筑房地产业的高速增长,特别是大规模的城镇化建设需要大量的工程机械产品;

(2)我国公路、铁路建设规模在 2003 年的基础上不会减少。其中公路建设投资规模估计在 3000 亿元以上,特别是我国“五纵七横”公路计划于 2008 年全面完成,近两年将进入设备采购高峰期;

(3)许多国家重大投资项目进入建设高峰期。总投资 1500 多亿元的南水北调、260 亿元的青藏铁路等重大项目进入建设高峰期,以及投资 2800 亿元的北京奥运、超过 1000 亿元的上海黄浦江两岸开发及世博场馆建设也已开始启动;

(4)由于去年出现电力短缺现象,未来几年将有大量火电、水电项目上马,也将会直接促进工程机械行业的发展。

建议重点关注中联重科(000157)、桂柳工 A(000528)、三一重工(600031)。

银行业—仍将持续快速发展

从 2003 年三季度报表分析来看,上市银行平均每股收益为 0.26 元,净资产收益率为 9.6%,毛利率为 22.82%,与前年同期相比主营业务收入增长 47.63%。

初步预测,2004 年 GDP 增长 8%以上,广义货币供应量 M2 增长 18.5%左右,全部金融机构贷款增幅有望在 20%左右。国家将银行业的改革作为重头戏来大力推进。前不久,中国人民银行、中国银监会连续推出了扩大贷款利率浮动范围、《境外金融机构投资入股中资金融机构管理办法》和《关于将次级定期债务计入附属资本的通知》等政策法规,同时金融管理当局还采取了鼓励上市银行到境外募集资金的政策措施。这些政策实施的目的是在微观上增加了商业银行的盈利空间,有利于建立风险控制机制,建立多渠道补充银行资本金的机制,为我国四大商业银行以及其他股份制商业银行上市做准备,进一步加快我国商业银行建立现代金融企业步伐,增强我国银行业的市场竞争力。

在宏观经济持续走强的情况下,初步判断 2004 年银行股的股价将会有较大涨幅。

建议重点关注招商银行(600036)、浦发银行(600000)、民生银行(600016)。

券商投行业务面临重大转型
—2003年券商投行业务回顾与2004年展望

摘要：2003年是新股发行实行核准制下的通道制的第三年，券商投行业务得到了一定的发展，2004年上市保荐制度、改革后的发审委制度将全面实施，中小企业板块和国有股全流通试点可能推出，这些将对券商投行业务产生极大的影响。为此，券商必须以积极的策略和措施应对政策的变化。

一、2003年中国证券市场融资状况分析

2003年1—11月我国证券市场融资的总体特征是：

1、融资总额变化不大。A股股票和可转换债券总融资额为769.87亿元，与2002年同期的746.81亿元相比，仅增长3%。实施融资和再融资项目的上市公司为113家，与上年同期大致相同。在市场行情持续低迷的状况下，证券市场融资额仍有所增长。长江电力、华夏银行等巨额融资项目的推出，表明市场承受能力有所增强。

2、融资结构发生变化。与2002年同期相比，首发融资额由502.32亿元下降到437.99亿元，降幅为13%。增发融资额由163.11亿元下降到105.61亿元，降幅为35%。配股融资额由39.88亿元上升到64.74亿元，升幅为62%。可转换债券融资额由41.5亿元上升到161.5亿元，升幅为289%。

今年证券市场的持续低迷，对证券发行起到了较大的抑制作用。融资格局的变化则与各种融资方式的相关规定的调整及市场状况密切相关。由于证监会2002年7月对增发新股进行了严格限制，因此今年上市公司在再融资方式的选择中，则偏向选择配股和可转换债券等融资方式。其中可转换债券则以融资成本低、条件相对宽松、容易获得批准等优点得到了不少上市公司的重视。在市场状况较为不景气的情况下，可转换债券以其设计和创新吸引了投资者的目光，因此这个品种的发行在今年取得了惊人的增长。

2003年1—11月与2002年1—11月四种融资方式比较表

融资方式	首　发		增　发		配　股		可转换债券		总 计
比较项目	融资额	家数	融资额	家数	融资额	家数	融资额	家数	融资额
2003年1—11月	437.99	61	105.61	15	64.74	23	161.5	14	769.87
2002年1—11月	502.32	65	163.11	27	39.88	17	41.5	5	746.81
同比增加	−13%	−6%	−35%	−44%	+62%	+35%	+289%	+180%	+3%

注：融资额单位为亿元

二、2003年券商投行业务发展态势分析

1、承销业务市场竞争激烈。目前，在全国券商中有近70家具有主承销资格，主承销商所拥有的通道总数约为260多条，僧多粥少的格局使竞争格外激烈。2003年1—11月共有43家(41家券商和2家金融资产管理公司)主承销商进行了首发、配股、增发和可转换债券项目的主承销，全行业通道总体周转率不足50%。前10位券商主承销金额总计511.85亿元，占全部主承销商承销金额比例的66%，2002年该比例则为79%，这表明市场集中度呈下降状态。

2003年1—11月券商A股
和可转换债券主承销金额前20名一览表

排名	券商	首发		增发		配股		可转换债券		主承销总计	
		金额	家数	金额	家数	金额	家数	金额	家数	金额	家数
1	中信证券	120.32	3							120.32	3
2	国泰君安	35.39	4					20.0	1	55.39	5
3	中银国际	30.39	1.5					20.0	1	50.39	2.5
4	银河证券	31.05	2	6.30	1	9.76	2			47.11	5
5	海通证券	3.21	1			2.31	1	40.0	1	45.52	3
6	光大证券	10.20	3	25.35	1			9.5	1	45.05	5
7	华夏证券	19.17	2	3.60	1			16.0	2	38.77	5
8	南方证券	33.74	2.5			3.47	1			37.21	3.5
9	国信证券	2.31	1	17.89	3	4.86	2	11.9	1	36.96	7
10	西南证券			26.00	2	9.13	3			35.13	5
11	兴业证券	12.94	3					16.0	1	28.94	4
12	中金公司	23.52	1							23.52	1
13	大鹏证券	6.99	2	2.50	1	2.80	1	4.1	1	16.39	5
14	平安证券	8.27	2					5.0	1	13.27	3
15	华泰证券	10.26	4					2.5	1	12.76	5
16	申银万国	4.63	2					7.6	1	12.23	3
17	天同证券	2.87	1	8.76	1					11.63	2
18	湘财证券	11.44	2							11.44	2
19	联合证券					7.42	2	4.0	1	11.42	3
20	招商证券	5.44	1	5.80	1					11.24	2

注：主承销金额的单位为亿元

2、通道制对券商承销行为产生深刻影响。一是更加注重承销项目质量。通道制实施以来，证监会制订了一些旨在提高主承销商承销质量的措施以引导券商的主承销业务行为。去年9月证监会发布的《主承销商执业质量考核暂行办法》对规范主承销商执业行为和提高执业质量起到积极作用。二是努力提高通道周转率。券商在主承销业务中所采取的一切措施都是紧紧围绕"用足通道、用好通道"这个主题。大多数券商已将主要注意力集中到发行人的质量选择、做好改制和上市辅导工作以及严格审核发行申报材料等方面，并逐步完善内核制度，以加快过会速度。同时不少券商开始注重加大培育企业的力度，为通道的持续使用储备高质量的项目资源。一些券商根据自身业务资源、业务能力和业务优势等特点采取了日益灵活的承销对策。有的券商凭借承销大项目居于行业的领先地位，如中信证券以长江电力首发主承销超过百亿元成为总承销金额和首发两个方面的第一名。有的券商则以多做中小项目提高通道周转率获得承销优势。如国信证券以承销家数最多(7家)进入总承销金额排名的前10名，并且是同时有首发、增发、配股和可转换债券主承销项目的两家券商之一。西南证券则采取以中盘股(筹资额5—20亿元)为重点、以再融资为主要业务品种、以钢铁等原材料及交通运输行业为特色的业务策略，主承销5家增发和配股项目，成为主承销总金额的第10名。

3、大力发展非通道业务，积极探索收入多元化。激烈的市场竞争和有限通道的约束迫使券商加大力度拓展以财务顾问业务为主体的非通道业务，寻求更多的收入来源。已有不少券商开始担当企业的并购顾问、管理顾问、财务融资顾问、资本运营顾问、重大交易顾问和政府的财务顾问。券商的财务顾问业务正逐步朝拓宽服务宽度和加深服务深度方向发展。一方面，券商与客户的合作由过去单一的上市融资服务向收购兼并、私募发行、地方政府财务顾问、管理顾问和上市融资服务并举的综合服务转变，客户范围也已逐步扩大到包括国有企业、民营企业、外资企业、上市公司、非上市公司以及各级政府在内的各类需要资本市场服务的客户。另一方面，券商在财务顾问业务中开始应用更复杂的金融方案和采取更灵活的针对客户需求的服务组合计划。申银万国、南方证券等在财务顾问业务方面取得了较大优势，国泰君安、光大证券等在收购兼并业务上有突出表现，华夏证券、第一创业证券等更擅长于私募发行。

4、积极开展业务创新。创新能力成为券商投行业务竞争

力的重要指标。近年与上市公司相关的金融创新层出不穷，如在今年出现的南钢股份、江淮动力、成商股份的要约收购、TCL的吸收合并、武钢股份借增发集团上市、上工定向增发B股以及探索中的百联集团携手一百与华联进行新设合并等案例。其中不少券商积极参加了其中的创新活动，如兴业证券成为南钢股份要约收购的财务顾问、南方证券主承销上工定向增发B股。今年部分券商如海通证券、国信证券、申银万国、兴业证券在可转换债券主承销工作中整合业务资源调整业务流程为建立证券营销网络进行了积极的业务尝试。券商在开展投行业务过程中大力展开创新活动，一方面激活了市场，推动了上市公司的发展，另一方面也大大增强了其自身投行业务实力。

三、2004年影响券商投行业务的重要政策因素分析

1、上市保荐制度将正式实行。证监会2003年12月29日发布了《证券发行上市保荐制度暂行办法》。该制度将公司发行及其上市后的持续诚信表现与以作为保荐机构的券商等中介机构的执业质量的考核紧密联系，是股票发行制度市场化进程中的又一次改革和飞跃，将对券商投行业务模式产生重大影响。券商投行由此将进入强弱分化、优胜劣汰的全面竞争阶段，券商承销市场格局将重新划分。随上市保荐制度的推进，券商的投行经营模式和竞争思路也将发生积极转变，重视价值发现和价值创造将是未来投行发展之路。

2、股票发行审核办法出现重大改革。证监会于2003年12月11日发布了《中国证券监督管理委员会股票发行审核委员会暂行办法》，对已实行四年多的发审委制度进行力度较大的改革。该办法进一步体现了专家审核的功能，提高了审核工作透明度，建立了发审委委员的问责机制和监督机制，强化了委员的审核责任。改革后的发审委将作为证监会构建的新上市体系的重要组成部分，与上市保荐制度一起严把上市公司质量关。发审委改革强化了市场主体的约束机制，对券商投行业务的开拓将产生深刻的影响。

3、中小企业板块可能推出。我国中小企业融资需求无法得到满足问题由来已久，开辟直接融资渠道突破瓶颈的呼声越来越高。来自媒体和管理层的消息均表明作为创业板分步实施战略的一个重要步骤的中小企业板块可能于2004年在深交所推出。中小企业改制上市业务将成为券商投行业务新的增长点，与此联系的并购重组、管理咨询等财务顾问业务也将得到应有的发展空间。

4、国有股全流通可能进行试点。目前，有关国有股全流通的问题正在市场的广泛讨论之中，市场各方人士提出了不少解决问题的观点、思路和方法，管理层的相关部门也正在积极加强调研工作。管理层可能会在确定全流通的基本原则基础上选择一些上市公司进行试点工作，这将为券商参与国有股全流通财务顾问业务提供机会。同时，券商投行在获得业务机会的同时，也面临着极大的挑战。大量上市公司国有股全流通方案需要涉及到多种投行工具和金融创新，这对券商投行业务能力也是一个极大的考验。

四、2004年券商投行业务发展展望

1、调整投行业务模式。面对承销业务新的竞争态势，券商将建立和完善投行的集权管理，并且逐步在项目的实施中强化承揽的系统化、承做的专业化、销售的市场化，从而积极地进行专业化改革和业务流程的重整；将更加重视团队的建设和团队的稳定性，包括在增强保荐代表人的核心作用的同时加强对投行人员的培养，发掘个人的潜能和价值。

2、高度关注承销质量。激烈的通道竞争仍要求主承销商以承销项目质量为自己的生命，上市保荐制度将加大券商所担负的保荐责任，发审委制度的改革将使监管层对发行项目的审核更为严格和客观公正。因此，券商将从项目储备开始就注重项目质量，将在承销和保荐的全过程中积极履行尽职调查和如实披露义务。

3、更加重视财务顾问业务。当前我国经济正处于转轨时期，近10万亿元国有资产面临结构调整与优化配置，外资进入国内市场的步伐不断加快，非公有制经济正在迅速崛起，等等这些将大大增加财务顾问的市场需求。国有股全流通的试点工作也将带来新的业务机会。2004年券商将紧紧围绕经济变革的热点，继续在拓宽服务的广度和深度两个方面展开财务顾问业务。

4、迎接中小企业板的推出。中小企业板块的推出将考验券商在项目储备、风险控制等方面的能力。2004年券商将在项目储备工作中更加重视中小企业客户资源开拓和维护，根据中小企业板块政策的推出进度调整人员配置，在政策框架内完善发行人质量评价标准，并加强对承销风险的控制力度。

5、以研究推动投行业务向纵深发展。国民经济结构调整、国有资产管理体制改革以及国有股全流通的解决为券商创造了多方面的投行业务机会，这些都需要有强大的研究作后盾。上市保荐制度也要求保荐人以行业和公司研究为基础对发行人形成专业性判断。因此，2004年券商将更加注重将自身的研究力量、外部的研究支持与投行业务的发展紧密结合，进而在政策变化和国家经济结构转换中壮大投行业务实力。

（作者单位：华泰证券研究所）

2003年中国上市公司年度财务分析报告

A股上市公司综合财务绩效分析

BBA禾银绩效评价体系—通过对上市公司各指标赋予不同的权重，采用BBA定量指标评价标准，进行综合分类汇总后计算出单方面的绩效分数和总绩效分数的一种综合评价体系。

（一）总体偿债能力分析

1、分析数据统计

2、总体偿债能力稍有下降

企业的偿债能力是指企业用其资产偿还长短期债务的能力。企业有无支付现金的能力和偿还债务能力，是企业能否健康生存和发展的关键。2003年两市A股上市公司偿债能力综合分数为38.91，较2002年下降1.81%，偿债能力稍有下降，2003年两市A股上市公司在流动资产与流动负债以及资本结构的管理方面基本维持在原来的水平。在偿债能力中，现金流入负债比和速动比率的变动，是引起偿债能力变化的主要指标。

3、A股上市公司清偿能力优秀排名

（二）总体盈利能力分析

1、分析数据统计

2、总体盈利能力有所提高

企业的经营盈利能力主要反映企业经营业务创造利润的能力。2003年两市A股上市公司盈利能力综合分数为66.98，较上年同期提高3.84%，说明2003年两市A股上市公司盈利能力处于稳定发展阶段，在优化产品结构和控制成本与费用方面取得了成绩，2003年两市A股上市公司整体盈利能力获得稳定提高，提请投资者予以关注。在盈利能力中，净资产收益率和营业利润率的变动，是引起盈利能力变化的主要指标。

3、A股上市公司盈利能力优秀排名

(三)总体经营效率分析

1、分析数据统计

2、总体经营效率基本未变

分析企业的经营管理效率，是判断企业能否创造更多利润的一种手段，如果企业生产经营管理效率不高，则高利润状态是难以持久的。2003年两市A股上市公司经营效率综合分数为42.06，较2002年提高8.99%，说明经营效率处于缓慢提高阶段，2003年两市A股上市公司在市场开拓与提高资产管理水平方面都取得了一定成绩。在经营效率中，应收帐款周转率和流动资产周转率的变动，是引起经营效率变化的主要指标。

3、A股上市公司经营效率优秀排名

(四)总体增长能力分析

1、分析数据统计

2、总体增长能力快速提高

通过对企业的增长能力分析我们可以预测企业未来的经营状况的趋势。2003年两市A股上市公司增长能力综合分数为57.79，较2002年提高17.00%，说明两市A股上市公司的增长能力处于稳定展阶段，2003年两市A股上市公司在扩大市场需求、提高经济效益以及增加资产方面都取得了较大的进步，表现出良好的成长性。在增长能力中，净利润增长率和流动资产增长率的变动，是引起增长率变化的主要指标。

3、A股上市公司增长能力优秀排名

(五)总体投资者获利能力分析

1、分析数据统计

2、总体投资者获利能力略有下降

2003年两市A股上市公司股票投资者获利能力综合分数为40.45，较2002年下降2.18%，说明股票投资者的获利能力处于萎缩阶段，上市公司在提高每股收益和优化股利分配政策等方面的作为一般，股票投资者的获利能力较上期有所降低，提请分析者予以警惕。股票投资者的获利能力的降低，对上市公司的资本市场企业形象、股东投资信心以及既定战略方针的执行等多方面会产生影响。

3、A股上市公司投资者获利能力优秀排名

A股上市公司财务风险分析

BBA风险过滤器一根据BBA风险过滤器的"病毒"模型和用户自建的"病毒"模型，利用财务指标体系的指标进行综合搭配的处理，使之找出符合病毒特征的上市公司，从而有效地对财务风险进行过滤。

BBA财务风险分类评价体系一通过对上市公司财务方面的各项指标数据进行量化后，反映上市公司所面临的风险隐患大小及紧迫程度，从而对上市公司的潜在风险进行有效揭示。

(一)整体财务风险过滤

1、财务风险过滤体系

BBA风险过滤器一根据BBA风险过滤器的"病毒"模型和用户自建的"病毒"模型，利用财务指标体系的指标进行综合搭配的处理，使之找出符合病毒特征的上市公司，从而有效地对财务风险进行过滤。

财务风险过滤器系统能够为分析者提供快速分析上市公司的财务状况，判断企业粉饰报表的可能性和资产质量恶化情况的便利途径，警示投资者进一步分析研究，从而揭示和规避风险。

2、分析数据统计

3、粉饰报表的现象有所增加

2003年两市A股上市公司整体财务风险过滤结果为：利润操纵可疑型1家与2002年持平，短期变现能力较弱型14家与2002年持平，粉饰报表可疑Ⅰ型8家比2002年减少5家，粉饰报表可疑Ⅱ型16家比2002年多出4家，粉饰报表可疑Ⅲ型12家比2002年多出3家，表明2003年上市公司粉饰报表的现象比2002年有所增加。

(二)财务风险分类评价

1、财务风险分类体系

BBA财务风险分类评价体系一通过对上市公司财务方面的各项指标数据进行量化后，分成"高风险类、次高风险类、关注类和正常类"四种类型，反映上市公司所面临的风险隐患大小及紧迫程度，从而对上市公司的潜在风险进行有效揭示。

2、分析数据统计

3、财务风险分类结果分析

总体来说，2003年主要财务风险分类结果显示，各指标的"高风险"公司数量与2002年相比，增加133家；各指标的"次高风险"公司数量与2002年相比，增加218家；各指标的"关注"公司数量与2002年相比，增加117家；各指标的"正常"公司数量与2002年相比，减少91家。说明虽然2003年上市公司财务整体情况有所好转，但是财务指标有风险警示的公司数量却有所上升。

现金流量分析

(一)分析数据统计

(二)现金流量总体评述

1、现金流量结构分析

2003年两市A股上市公司产生的现金流量净额为446亿元，其中，经营活动产生的现金流量净额为2922亿元，投资活动产生的现金流量净额为一3305亿元，筹资活动产生的现金流量净额为829亿元。这表明2003年中投资扩大再生产热情高涨，将经营现金净额全部投入了固定资产中。在现金流入方面，经营、投资和筹资活动所占比例分别是69%、3%、28%，可以看出现金增加主要依赖正常的业务经营，而投资所得现金流入微乎其微；同时，经营与筹资的对比约为2:1，一方面是资本市场融资功能的体现，另一方面表明由于扩大投资造成的资金缺口需要通过筹资来弥补。在现金流出方面，三者比例是63%、10%、27%，比较现金流入明显看出向投资活动倾斜，与扩大固定资产投资相一致。

2、现金流动性略有下降

2003年两市A股上市公司现金流入负债比为0.16，较2002年有所降低，说明两市A股上市公司现金流动性有所减弱，现金支付能力有所下降，债权人权益的现金保障程度小幅降低。2003年两市A股上市公司全部资产现金回收率为8.09%，较2002年小幅下降，说明两市A股上市公司将全部资产以现金形式收回的能力与2002年相比有所减弱。

3、获取现金能力略有下降

2003年两市A股上市公司销售现金比率为11.84，较2002年小幅降低，说明两市A股上市公司获取现金能力有所降低，收益的实现程度不如2002年。2003年两市A股上市公司每股营业现金净流量为0.47元，与2002年略有提高，说明两市A股上市公司的资产现金含量变化不大。

4、财务弹性小幅下降

2003年两市A股上市公司现金满足投资比率为0.48，

较2002年有所降低，说明两市A股上市公司财务弹性逐步缩小。2003年两市A股上市公司现金股利保障倍数为2.99，较2002年略有提高，说明股利支付能力逐渐增强，财务弹性的小幅下降使上市公司的经营风险小幅上升，现金流量对股利政策的支持力度有所提高。

5、现金营运风险略有增加

2003年两市A股上市公司现金营运指数为1，较2002年小幅降低，说明两市A股上市公司现金回收质量有所下降，停留在实物或债权形态的收益比重小幅上升，增加了两市A股上市公司的营运风险。但是，由于现金营运指数绝对值较高，两市A股上市公司的营运风险并不是很高。

审计报告结论统计

(一)分析数据统计

(二)上市公司财务报表的信息质量大幅提高

2003年上市公司财务审计报告结论统计结果显示，会计师事务所出具的"解释无保留"、"解释有保留"、"拒绝表示意见"的财务报表审计意见与2002年相比都有较大幅度的减少，说明2003年上市公司财务报表的信息质量大幅提高。

(附注：由于金融类上市公司的财务报表格式有别于其他上市公司，因此本篇的"两市A股"不包括金融类上市公司。)

(上海证券报、北部资产公司)

可转债推动股市融资回升 2003年一级市场盘点

继2001年、2002年沪深股市融资连续下降之后，今年融资总额出现了恢复性的上涨，全年通过首发、增发、配股以及发行可转债累计筹资825亿元，比2002年全年778亿元增长了6%。从我国证券市场历年筹资情况可以看出，1997年以前筹资能力处于相对较低水平。自1997年开始，证券市场筹资能力大幅提高，并在2000年达到顶峰。而此后两年，股票市场筹资额呈现逐级回落态势。今年在二级市场整体表现欠佳的情况下，融资总额回升显得尤为可贵。从融资形式看，2003年首发融资453.5亿，较2002年减少近64亿。再融资总额371.5亿元，比上年增加了110亿元，其中，可转债发行增长144亿元。可以说，转债融资急增弥补了首发与增发的下降，成为推动股市融资回升的主要动力。

首发一酝酿突破

2003年，沪市首发新股66家，融资总额约453.5亿，与上年发行69家，融资517亿相比，下降超过十个百分点，为近四年来的最低水平。

虽然今年首发筹资能力有所降低，但值得圈点的特点不少。首先，新股发行体制改革步伐加快。年终发审委工作细则出台，新一届发审委成立，保荐人制度出台，证监会《关于进一步规范股票首次发行上市有关工作的通知》自2004年1月1日起将全面执行，这一系列举措将为证券市场今后健康发展打下良好的基础。其次，新发公司结构更趋合理。年内长江电力、华夏银行、南方航空等大盘股相继发行，进一步壮大了蓝筹股队伍。与此同时，民营企业上市提速，全年共有18家民企发行。与以往不同的是，民营企业家从幕后走向前台。在这18家公司中以自然人作为发起人的公司达到了11家。此外，市场还迎来了"台资第一股"国祥股份，这充分说明A股市场承接能力和包容性大大提高。发行市盈率续降是今年首发市场的又一特点。自2001年11月开始，新股发行市盈率明显降低，基本上控制在20倍左右，在此基础上，今年又进一步走低，不仅出现了星马汽车6.78倍的低市盈率发行的"个案"，而且平均发行市盈率亦由上年的19.3倍下降到今年的18.2倍。

从发行方式看，除华夏银行采取部分上网定价发行、长江电力采取部分网下向法人投资者配售外，其余64家新发A股均采取了向二级市场投资者按市值定价配售的方式。市值配售方式自2002年5月起实施，从一年半的运行效果看，显然并未到达管理层的初衷。是否真如深交所重启新股发行传言中那样"恢复部分上网定价发行"，只有等待来年验证。

可转债一后来居上

2003年，再融资总额共计371.5亿元，其中可转债融资185.5亿元，几乎占到全年再融资市场的半壁江山。从融资规模看，可转债后来居上，已成为再融资的主要品种。

全年共有17家公司发行可转债，超过之前各年发行量的总和。可转债发行火爆并非一蹴而就，在2002年的5只可转债发行中，有2只出现了余额包销，发行形势十分严峻。针对这一情况，不少拟发债公司主动对原发行方案进行了修改，使转债条款设计更加贴近市场，满足了投资者的需求。因此，在今年的转债发行中，吸引了包括QFII、社保基金、投资基金、证券公司等一批机构投资者的热情参与。由于在再融资品种中，发行转债融资额较大，其已成为绩优上市公司再融资的首选品种，在今年发行可转债的16公司的中，属于"五朵金花"行业的公司就占到了9家。增发——创新添新意 2003年，有16家上市公司增发A股，筹资114.6亿元，与2002年29家增发，融资166亿元相比，筹资总额下降了31%。1家公司增发B股，融资4280万美元，实现了近三年来B股市场融资"零"的突破。相对可转债的表现，增发略显黯淡，不仅全年融资总额下降，而且发行情况也不甚理想。16家增发中，2家出现余额包销现象，4家发行价仅为询价下限。但部分上市公司在增发设计上的创新为市场注入了活力。11月，上工股份公司向德国FAG公司等特定境外机构定向增发1亿股B股，本次募集资金将用于收购德国FAG公司控股子公司的股权，通过定向增发实现了跨国资产并购。之后，武钢股份提出增发预案，该公司拟增发不超过20亿A股，其中向大股东武钢集团定向增发不超过12亿股，募集资金用以收购大股东的钢铁主业资产。此次增发方案兼顾了市场各方的利益，同时，也为大型国企解决体制及历史遗留问题，实现整体上市探索出一条新路。

配股一退居二线

2003年，25家上市公司实施配股，筹资67.8亿元，虽然与上年20家公司配股筹资约53.7亿相比有所回升，但配股筹资金额远低于同期增发和可转债的融资水平，在再融资所占比例越来越少。随着可转换公司债券及增发新股等融资品种在中国证券市场的不断推广，配股作为最早的再融资品种处境尴尬。一方面，配股要求相对较低，平均融资额最小，很难成为绩优大公司再融资的首选；另一方面，配股发行对象、发行方式单一，不易受到市场欢迎。只有创新才能有所发展，提高配股的使用效率，需要管理层、券商及上市公司各方的智慧与勇气。

今年以来，直接融资比重的下降已引起各方的高度关注，十六届三中全会决定中明确指出要"大力发展资本和其他要素市场"。提高直接融资比重，减轻银行金融风险，成为业内共识。2004年，股市筹资功能能否得到充分发挥，一级市场能否有所突破，我们拭目以待。政策索引2月28日中国证监会发布股票发行审核标准备忘录第16号《首次公开发行股票的公司专项复核的审核要求》。3月24日中国证监会发布通知，对拟上市公司首发、上市公司增发、配股和转债的信息披露内容与格式作出修订。8月29日中国证监会颁布实施《证券公司债券管理暂行办法》及其五个配套文件。9月19日中国证监会发布《关于进一步规范股票首次发行上市有关工作的通知》。12月11日中国证监会发布《中国证券监督管理委员会股票发行审核委员会暂行办法》及《中国证券监督管理委员会股票发行审核委员会工作细则》。12月19日中国证监会发布新修订的《股票发行审核标准备忘录第11号——关于定向募集公司申请公开发行股票有关问题的审核要求》。12月28日中国证监会发布《证券发行上市保荐制度暂行办法》。

社保基金与QFII登场

正当市场猜测社保基金何时入市时，在6月份公布的新潮实业增发结果中，社保基金现身其间，这是首次从正规渠道证实了社保基金入市的消息。之后，社保基金以机构投资者身份共参与了15家上市公司增发和长江电力的首发申购。

瑞士银行有限公司在首钢可转债发行中获配超过1.7亿元，创QFII增发申购中的新高。据统计，全年共有3家QFII参与了8家上市公司的增发，最早是在7月18日的国电转债发行中，距离7月9日瑞士银行A股第一单仅仅8个交易日。此后，又有6家公司发行转债，8家公司增发A股。QFII选择性地参与了其中5只转债和2只A股的增发申购。窥斑见豹，从中也能看出QFII的投资偏好。

发行市盈率走低

今年3月发行的安徽星马汽车股份有限公司以6.78倍的发行市盈率创下A股首发新低。事实上，2002年的首发市盈率已明显降低，基本上控制在20倍以内，今年更是进一步走低，最高发行市盈率也只有26倍，这与2000年闽东电力88倍，2001年用友软件64倍的当年最高相差悬殊。低市盈率发行新股无疑是降低股票投资风险、增加股票投资价值的有效方法。（柴景雯　全晗）

2003年国企市场回顾

特征篇：涨势显现多种看点

在刚刚过去的一年中，香港股市的国企H股再度成为令世界瞩目的焦点。H股指数1.52倍的全年累积涨幅也再度位居世界股市主要指数的涨幅榜首。关于H股上涨的动力，市场上见仁见智，说法颇多。综合市场上的各种因素，主要应在于以下三个方面：首先是环境较好。环境较好也可以解释成为一种市场人气方面的带动作用。一只股票或者是一个板块，如果逆势上涨，则会承受很大的压力，其涨幅也会因此受到限制。而在周边环境较好的情况下，市场人气会较为乐观，资金相对充裕，原本就被看好的个股或者板块，其涨势也会变得更加强劲。对H股板块来说，虽然目前尚未有一只股票入选恒生指数成分股，但恒生指数的变化对其产生的影响还是很大的。而恒生指数本身，也会受到美国股市、台湾股市以及日本股市的影响。去年H股板块涨势如虹，与世界股市普遍上扬密不可分。应该说，H股板块在2002年就已经开始了其价值回归的历程。但由于02年全年世界股市一片惨绿，H股指数虽然“逆势上涨”，但并没有出现极为抢眼的升幅。

世界股市主要指数近两年的表现

世界股市主要指数	年终收市数据（点）			全年涨幅（%）	
	2001年	2002年	2003年	2002年	2003年
道琼斯指数	10021.6	8341.6	10453.9	−16.76	25.32
纳斯达克指数	1950.4	1335.51	2003.37	−31.53	50.01
香港恒生指数	11397.21	9321.29	12575.94	−18.21	34.92
红筹股指数	1340.45	1011.13	1427.71	−24.57	41.20
H股指数	1757.75	1990.44	5020.18	13.24	152.21
台湾加权指数	5551.24	4452.45	5890.69	−19.79	32.30
日经指数	10542.62	8578.95	10676.64	−18.63	24.45

其次应是业绩支撑。既然是价值回归，业绩和盈利能力等因素当然就应该是最为主要的方面。从去年年初至今的整体状况来看，H股个股的累积涨幅与其业绩具有很强的相关性。统计显示，领涨H股市场的个股，不仅其行业概念较好，而且多是一些业绩出现大幅增长或者扭亏为盈的股份。与此相对，涨幅较小的股份，业绩则普遍欠佳，甚至盈转亏或者连续出现亏损。一些个股的业绩虽然同比出现不小增幅，但由于整体和单位数值不大，增幅本身对投资者并没有吸引力。如交大昆机，去年上半年的纯利同比增幅高达近26倍，但去年的纯利总额仅为426万港元。

去年年初以来部分H股的市场变化情况统计

序号	H股代码	H股简称	上市日期	累计涨幅（%）	2002年每股盈利（港元）	2003年上半年每股盈利（港元）	2003年上半年纯利同比增幅（%）
涨幅前10名							
1	2600	中国铝业	20011212	461.95	0.126	0.1415	175.18
2	1053	重庆钢铁	19971017	436.14	0.254	0.3546	383.35
3	358	江西铜业	19971206	420.62	0.06	0.0721	179.76
4	323	马鞍山钢铁	19931103	408.62	0.045	0.1359	560.82
5	1072	东方电机	19940606	344.44	0.073	0.012	扭亏为盈
6	921	广东科龙电器	19960723	301.68	0.08	0.1353	35.59
7	914	安徽海螺水泥	19971021	288.57	0.216	0.1784	116.20
8	1138	中海发展	19941111	280.36	0.175	0.1305	75.44
9	347	鞍钢新轧钢	19970724	279.46	0.191	0.1976	218.73
10	1128	镇海炼油化工	19941202	262.24	0.364	0.196	15.93
涨幅后10名							
1	874	广州药业	19971030	15.92	0.11	0.106	−9.58
2	719	山东新华制药	19961231	19.27	0.141	0.0907	6.11
3	300	交大昆机	19930712	21.62	0.026	0.0165	2596.20
4	1211	比亚迪股份	20020731	32.69	1.376	0.5691	—
5	747	沈阳公用发展	19991216	35.63	0.086	0.0016	−98.61
6	1202	成都普天电缆	19941213	42.35	−0.268	−0.143	连续亏损
7	2883	中海油田	20021120	44.73	0.1	0.0772	—
8	670	中国东方航空	19970205	47.91	0.017	−0.2427	盈转亏
9	357	海南美兰机场	20021118	49.65	0.548	0.1033	—
10	1065	天津创业环保	19940517	56.25	0.204	0.0826	11.25

注：(1)数据统计限于联交所主板的H股公司；(2)累计涨幅的计算区间为2002年12月31日至2003年1月7日；(3)没有计算2003年年内上市的新股及次新股。

第三则是资金推动。在2003年的H股市场上，外资基金赚钱可谓是盆钵满溢。事实上，H股行情在2003年4月下旬的启动，就是由外资基金对一些亮点H股的大规模增持引燃的。当时有两个相关事件备受市场关注：一是巴菲特旗下的基金Berkshire Hathaway增持中石油，二是摩根大通增持南方航空，在时间上与H股行情启动的起始点完全吻合，甚至在后来很长一段时间内，很多市场人士都认为H股的上涨完全是外资基金的炒作。这两个事件受到市场较多关注的原因除了巴菲特和摩根大通在投资界具有良好的声誉外，当时中石油的股价持续低迷，南方航空等航空股则备受 SARS 疫情打压，外资基金在低潮期关注 H 股也是让市场感到意外的。

H 股市场的上涨还表现出以下几个方面的特点：

一是低价股的上升幅度明显好于高价股。2002 年全年 H 股指数虽然逆势上涨 13.2%，但 H 股个股的股价整体上还是处于较低的水平。除创业板上的 H 股同仁堂科技之外，当时超过 3 港元的高价股仅有比亚迪股份、华能国际、中国民航信息、青岛啤酒、美兰机场、兖州煤业、沪杭甬高速等 7 只，在主板 H 股中所占的比例为 13%。这 7 只股票的业绩虽普遍较好，但仅有兖州煤业和青岛啤酒的累计涨幅和 H 股指数的同期涨幅相当，其余 5 只股票的涨幅则与指数涨幅存在一定差距。相反，江西铜业、重庆钢铁以及马鞍山钢铁三只当时股价不足 1 港元的低价股，至今的累计涨幅均在 4 倍以上。第一拖拉机、东方电机等业绩欠佳的低价股，其股价的累计涨幅，亦远远超过 H 股市场的平均水平。

二是主板 H 股涨幅远高于创业板股份。不计 2003 年年内上市的新股及次新股，去年年初至今，54 只主板 H 股全部上涨，出现一定跌幅甚至大幅下挫的 H 股个股全部位于创业板。在香港股市中，主板和创业板是应该区别对待的。创业板市场的风险性，一方面表现在其中股份的盈利能力方面，由于创业板市场的上市条件中并没有在盈利能力方面作出严格限制，因此相当多的公司上市后，业绩不能得到保证。另一方面表现在市场的波动性风险。创业板上市公司的股本结构普遍偏小，很容易被大资金操纵。此外，更重要的是，投资者对创业板市场持“敬而远之”的态度，这也是导致创业板市场的重要原因之一。从创业板 H 股的情况来看，其中的一些业绩优良的股票，如同仁堂科技等，在此波 H 股市场的上涨行情中，累积涨幅远远小于主板 H 股的平均水平。

三是明显具有行业特色。从累积涨幅，表现最为抢眼的是中国铝业和江西铜业两只金属股，其涨幅均在 4 倍以上。金属股的强劲表现也是去年 12 月下旬上市的紫金矿业 IPO 的过程中，认购倍率创下新高的重要原因之一。其次是重庆钢铁、马鞍山钢铁和鞍钢新轧三只钢铁类 H 股，其中涨幅最小的鞍钢新轧的股价也上涨了近 3 倍。再次是以中石油和中石化为代表的石化类 H 股，石化板块是 H 股市场的中坚力量，其平均涨幅和 H 股指数涨幅相当。跑输 H 股指数的两大板块分别是公路类 H 股和航空类 H 股。以上的行业分布特色与国内同行业的发展情况是基本一致的。去年以来，钢铁石化一直是国内的强势增长行业，而航空业则遭受 SARS 疫情的打击，虽然受到国家政策的扶持，但毕竟元气大伤，恢复尚需时日。

风格篇：价值投资占据主导地位

回过头来，再看看去年年初的 H 股市场，简直就是一个不折不扣的大金矿。一方面，尽管 2002 年全年，H 股指数出现了 13.2%的逆势增幅，但主流 H 股的股价和市盈率均处于一个相对较低的水平。在大部分时段内，一直位居 H 股公司榜首的重庆钢铁，当时的市盈率仅仅 3.27 倍。而 H 股市场的中坚力量——两只重磅油股中石油和中石化，当时的市盈率也仅在 6—8 倍之间。而且，当时的背景是，经过 2002 年的逆势上涨，H 股指数的一支独秀已经成为令世界投资者瞩目的焦点板块。在多种利好条件下，H 股市场没有理由不向香港蓝筹股靠拢，实现价值回归。另一方面，从股息率来看，2002 年香港蓝筹股流行大比例分红派息，H 股亦不甘示弱，较低的股价和较高的派息数量，形成了良好的股本回报状况，亦令香港的投资者刮目相看。统计显示，当时市盈率在 10 倍以下的 H 股，除上海石化有一次中断外，其余均连续三年，或者从上市开始，连年分红。

部分去年年初市盈率在 10 倍以下的 H 股

序号	股票代码	股票简称	上市日期	2002 年 12 月 31 日收盘价(港元)	2002 年每股盈利(港元)	市盈率(倍)	分红状况(港元/股)			积涨幅(%)
							00 年	01 年	02 年	
1	1053	重庆钢铁	19971017	0.83	0.254	3.27	0.028	0.028	0.076	427.11
2	1128	镇海炼化	19941202	1.96	0.364	5.38	0.047	0.057	0.113	262.24
3	350	经纬纺织	19960202	1.24	0.214	5.79	0.104	0.057	0.057	131.85
4	347	鞍钢新轧	19970724	1.12	0.191	5.86	0.085	0.076	0.094	263.84
5	739	浙江玻璃	20011210	0.83	0.141	5.89		0.046	0.04	216.27
6	857	中石油	20000407	1.55	0.252	6.15	0.133	0.113	0.113	175.81
7	386	中石化	20001019	1.31	0.175	7.49	0.076	0.076	0.076	151.91
8	1171	兖州煤业	19980401	3.1	0.402	7.71	0.077	0.094	0.098	159.68
9	2600	中国铝业	20011212	1.13	0.126	8.97		0.016	0.042	453.10
10	1138	中海发展	19941111	1.63	0.175	9.31	0.047	0.047	0.094	280.37
11	991	北京大唐	19970321	2.525	0.257	9.82	0.094	0.16	0.113	125.74
12	338	上海石化	19930726	1.18	0.12	9.83	0.057	0	0.047	186.02

注：市盈率＝2002 年 12 月 31 日收盘价/2002 年每股盈利；累积涨幅为 2002 年 12 月 31 日至今的累积涨幅如果说要在去年以来，H 股市场的起伏变化中总结一些经验的话，那么最大的和最好的经验只有一个，就是要毫不动摇地坚持长线价值型的投资理念。从在 H 股市场上最成功、而且获利最大的两个投资者——巴菲特和摩根大通的投资行为来看：首先，他们都是在 H 股飙升行情启动之前开始大规模介入的，而且他们介入 H 股之后，H 股市场依然经历了一段时间的低迷期。在他们发布公告，表示已经大规模增持相关 H 股之后，大量的外围游资蜂拥而至，跟风炒作，才对 H 股市场的启动起较为重要的推动作用。其次，他们都没有抓住 H 股市场的龙头股。被巴菲特重仓的中石油的涨幅仅属 H 股市场的平均水平。中国铝业的累积涨幅虽然在 H 股中屈指可数，但摩根大通曾在数月内连续大规模减持中国铝业的股权，并痛失了最佳的投资机会。但他们毕竟是 H 股市场上最大的两个赢家，他们去年的业绩毕竟是令世界上所有的基金经理都感到羡慕的。因此，最成功的投资者未必是能够前瞻性地发现市场热点的投资者，但一定是能够牢牢把握住市场价值中枢所在的投资者。

再来看看 H 股市场到底有什么样的价值。基本面看，H 股公司的业绩有以下一些看点：

其一，增长迅速。事实上，去年以来，包括 H 股在内的中国概念股在世界各大资本市场中备受追捧，其主要原因是外资看中中国经济的高速增长所带来的投资机会，希望藉此作为分享中国经济增长成果的窗口。而 H 股在这方面的优越性明显要好于其他类型的中国概念股：首先，多数 H 股公司是大型国有企业，可能受到国内相关行业政策的扶持，代表行业内部先进的生产力，是行业复苏和增长的最主要的受惠者之一；其次，与红筹股等其它一些中国概念股不同，H 股公司的注册地和主营业务所在地都是在内地，是最纯正的中国概念股；第三，内地股市蕴涵的投资机会亦让外资垂涎欲滴，在内地市场完全开放之前，H 股是外资试水的最好的选择。受惠于行业的强劲发展，H 股公司的增长性是令人瞩目的。而且，近年来 H 股公司的业绩发展变化与其所在的行业状况有很大的相关性。如上海石化，2002 年的盈利同比增长 6.9 倍，去年上半年的盈利也出现了 131.58%的同比增幅。而钢铁行业的三家H股公司马鞍山钢铁、重庆钢铁和鞍钢新轧，业绩增长亦极为强劲。第一拖拉机、吉林化工、广船国际以及东方电机等H股公司还大幅度扭亏为盈。

部分增长性较好的H股公司

股份代号	股份名称	2001年每股盈利(港元)	2002年每股盈利(港元)	2003年上半年每股盈利(港元)	2003年上半年盈利同比增幅(%)
323	马鞍山钢铁	0.022	0.045	0.1359	560.82
325	北京燕化	−0.076	0.058	0.0537	481.23
1053	重庆钢铁	0.184	0.254	0.3546	383.35
548	深圳高速	0.196	0.156	0.3284	314.28
347	鞍钢新轧	0.117	0.191	0.1976	218.73
358	江西铜业	0.121	0.06	0.0721	179.76
2600	中国铝业	0.184	0.126	0.1415	175.18
338	上海石化	0.015	0.12	0.0634	131.58
914	海螺水泥	0.198	0.216	0.1784	116.20
74	长城科技	−0.107	0.042	0.0527	110.92
857	中石油	0.244	0.252	0.2072	102.45
386	中石化	0.178	0.175	0.1165	96.96

其二，业绩稳健。H股公司业绩的稳健性主要表现在以下几个方面：首先是资产的盈利能力较好。仅去年上半年，重庆钢铁、深圳高速、比亚迪股份、中石油、吉林化工等公司的净资产收益率就达到了10%以上。其次是主营业务突出，按照香港的会计准则，上市公司的税前盈利主要由经营溢利、非经营或者特殊项目收入以及联营公司盈利等几个部分构成，其中经营溢利在税前盈利中所占的比重则可反映出其主营业务的发展状况，如果比重较大，则可说明主营业务突出，盈利能力也具有较好的可持续性。而去年上半年多数H股公司的税前几乎全部来自于其经营溢利，亦颇为壮观。第三，业绩有良好的经营性现金流状况作为保障。经营性现金流是指企业在不动用外部筹资的情况下，用自身经营活动产生的现金偿还贷款、维持生产、支付股利以及对外投资的能力。而从去年上半年的情况来看，约有半数H股公司的经营性现金流高于其盈利，甚至在其盈利水平的数倍以上。第四，分红具有持续性。99年以前上市的主板H股公司共有41家，其中18家公司从99年—2002年连续4年不间断分红。2000年和2001年上市的6家主板H股公司上市后连续分红，2002年上市的4家主板H股公司年终亦全部实施分红。

很长一段时间以来，一些市场人士都希望在29只同时含有A股的H股公司中寻找投资机会，认为H股的股价终究会赶上其同股同权的A股的股价，并将此作为H股市场存在投资价值的主要依据。而青岛啤酒、海螺水泥等H股的股价先后对其A股股价形成突破，更使其坚定了这种投资理念。其实这种观点是值得商榷的，经验表明，在市场存在分割的情况下，29只H股的股价全部赶上其对应A股股价的可能性是非常小的。H股市场真正的价值仍在于H股公司的业绩和盈利能力，相比之下，价格倒是第二位的。

资金篇：内外明暗合力而动

在连续8个多月的时间内，H股市场连续暴涨，充裕的资金面起到至关重要的作用。除了一般的H股投资者以外，此波行情中，H股市场的增量资金主要来源于两个方面：其一是内地热钱。虽然从制度上来说，内地的投资者尚不能直接投资于香港股市，但其中的融通途径却是多种多样的。内地热钱大量涌入香港股市，也早已成为公开的秘密。其二是外资基金，H股上升行情启动以后，世界范围内的外资基金机构云集H股市场，多数H股公司被其大规模增持。外资基金对H股市场的贡献不仅仅在于其介入的大量资金，更在于对其他投资者的导向和带动作用。在此过程中，一些个股虽然被外资基金增持的数量并不很多，但其产生的带动作用一样可使其股价强劲上涨。

内地热钱通过地下渠道介入香港股市的说法由来已久，但去年以来似乎尤为突出。虽然目前仍无数据清楚表明“热钱”的规模及其对内地和香港股市的影响程度，但亦不难从一些现象中看出其中的问题：首先，内地热钱进入香港股市的渠道是较为通畅的。除了一些券商私下代理港股买卖外，一些资产管理公司甚至在国内主流媒体上公然刊登广告，募集资金，表明可直接投资于香港股市。一些资金雄厚且在香港拥有分公司的机构，根本不需要在两地之间进行资金流动，就能够帮助内地投资者间接买卖港股。而且，由于对H股公司的背景情况较为了解，内地居民对H股亦有明显的偏好。其次，去年9月下旬至10月下旬，国企指数因增量资金介入而表现强劲，而当时的背景是，内地居民加快赴港“自由行”，同时国家外管局发布自10月1日起还调高了境内居民个人购汇指导性限额。两者如此巧合实属难得。第三，近期国家外汇管理局表示将严查内地券商违规代理买卖港股的行为。此消息导致H股市场的部分资金回流，同期内地蓝筹股开始强势上涨，两者之间也有可能存在一些联系。

外资基金介入H股市场的力度也是前所未有的。除了股神巴菲特之外，其他一些知名外资基金机构包括摩根大通、The Capital Group Companies、Value Partners、摩根士丹利、汇丰资产管理(香港)等。其中，摩根大通目前持有包括主板和创业板市场在内的48家H股公司的股权，市值高达238亿港元，占H股市场总市值的5%以上。

部分外资基金目前对H股的持股情况

序号	外资基金名称	持有H股公司数量(家)	市值(亿港元)
1	摩根大通	48	238.07
2	Berkshire Hathaway	1	99.78
3	The Capital Group Companies	14	72.78
4	摩根士丹利	8	32.57
5	汇丰资产管理(香港)	10	22.63
6	Value Partners	9	11.69

外资基金在H股市场上的投资主要表现出以下一些特点：

首先是崇尚业绩概念。总体来看，外资基金在H股市场上的选股思路主要还是看个股业绩方面的因素。被外资基金大规模介入的H股公司虽然超过50家，但其中去年上半年出现亏损的上市公司仅有南方航空和东方航空两家。其实，外资看重南航和东航的原因也主要是与其业绩复苏概念有关。因为其在介入这两家公司之前，内地的SARS疫情对航空业已经产生很大的影响，南航、东航出现亏损已成定局。SARS过后，南航、东航的业绩出现迅速的复苏，且获得了一些扶持和补贴政策，其股价也因此节节走高。

其次，投资组合中的行业特征明显，即倾向于增持某一个行业中的所有或者大部分公司的股票。如其在增持东航、南航的股权后，随即增持了中国民航信息、首都机场、美兰机场等航空股。三大钢铁国企股马鞍山钢铁、重庆钢铁以及鞍钢新轧；石化行业的中石化、中石油、上海石化、仪征化纤、北京燕化、吉林化工、镇海炼化；金属股中国铝业和江西铜业；保险股中国财险和中国人寿，亦是一并获得增持。外资基金对国内某一行业看好，其介入的途径并不仅仅局限于H股。如汽车行业，在长城汽车上市以前，主板市场仅有庆铃汽车一家汽车类H股，其被外资增持的同时，另外两家红筹股骏威汽车和华晨中国也受到了外资基金的关注。外资基金是否关注一个行业的公司与该行业在内地的景气程度和发展前景是基本一致的，如国内的钢铁行业、石化行业以及汽车行业，2003年都保持着良好的发展势头。

第三，倾向于长期投资。一方面，外资基金对创业板H股公司的介入显得非常谨慎，甚至在很长一段时间内，创业板H股公司的股东里面找不到外资基金的名字。主要原因是创业板H股公司的业绩难以得到有效保障。事实上，创业板市场更有利于外资基金投机获利，因为创业板H股公司的市值普遍较小，其股价很容易被大资金操纵。另一方面，在外资基金增持的H股公司中，也不乏一些高价、涨幅或者市盈率偏大的股票，如比亚迪股份、中国人寿等，这些股份短期的股价上升空间逊于低价股，外资基金对这些股份的关注亦显然是着眼于长期获利。值得注意的是，投资者对外资基金跟风操作，也需持谨慎态度。有时外资基金对这些投资者也有可能产生一些误导作用。比如摩根大通，一方面发表报告，对中国铝业的盈利前景表示看好，同时调高中国铝业未来的盈利预测，另一方面自己却在连续大规模减持中国铝业的股权；一方面认为内地电厂的煤存量锐降，以及出口合约的价格折让处于历史高位，因此相信兖州煤业上升潜力较原先估计更大。并将其目标价由原来的7.2港元，上调至11港元，另一方面却向二级市场抛售了大量的兖州煤业的股份。尽管在H股市场强劲上扬的过程中，对大部分H股个股的增仓，都能获得不菲的收益；但在大势疲弱的时候，是否还能有此收获，却是非常值得怀疑的。（西南证券　周兴政）

2003年国有股转让回顾

最新数据统计，2003年全年上市公司股权转让共计324家公司586起，其中，12家14起转让因各种原因被取消。因此，当年共有312家公司572起有效转让。其中，国有股发生转让的有224家332起，剔除国有股转让给国有性质单位，股权性质未发生变化的和无偿划转的，共有159家223起转让股权性质发生了变更，我们将就此展开统计分析。

在这159家223起国有股转让中，共转让国有股95.22亿股，占沪深两市所有上市公司国有股总数的3.48%。从受让方性质来看，民营企业及自然人收购占56家71起，集体企业占3家4起，外资和中外合资企业占13家15起，合计为72家90起，占总转让家数的45%强。

与2002年相比，在经历了管理层政策放开，转让案例爆发性释放、政策试水之后，2003年的国有股转让进入到了平稳发展、创新实践的互动阶段。而最突出的特点就在于创新。

市场催生政策，政策促进市场。2002年的国有股转让从6月23日解禁只有半年多的时间，市场却进行了多方面的探索，在当年的90家130起转让中，协议转让、法院裁定、强制拍卖等转让形式都有涉及。收购主体也日趋多样化，民企、自然人、集体企业、管理层收购甚至外资收购都有案例。但在当时的政策条件下，许多方面还属于政策试水，市场迫切呼唤政策。2003年6月，国务院国有资产监督管理委员会主任李荣融表示，审批国有股权转让事项的职能，已由财政部移交至国资委，标志着新型国有资产管理格局基本形成，国有股转让进入到新的历史阶段。6月12日，＊ST明珠（600873）成为国资委审批通过的第一家公司。一年中，《企业国有资产监督管理暂行条例》、《关于向外商转让上市公司国有股和法人股有关问题的通知》、《关于规范国有企业改制工作的意见》等一系列条例、规定的颁步实施，使国有股转让逐步纳入有法可依、有章可循的有序化发展的轨道。受政策激励，市场创新意识空前高涨。南钢股份（600282）成为因国有股转让触发要约收购第一单；＊ST桦林（600182）被佳通轮胎（中国）投资有限公司以0.648元/股的价格通过竞拍收购44.43%股权，打着外资标记的佳通投资成为公司第一大股东，标志着外资竞购上市公司国有股已成为可能；TCL集团股份有限公司拟吸收合并上市公司TCL通讯（000542），以期集团公司整体上市以及南京新百（600682）国有股在地方产权交易中心挂牌转让被叫停等等，屡屡透露出丝丝新意，“新”透露出市场的强烈需求，它催生了政策，同时，政策也促进了市场，令市场焕发出了勃勃生机。

间接收购一政策盲点众家争食收购上市公司大股东股份，继而控股上市公司，成为今年国有股转让中最突出的亮点。

继年初太原刚玉（000795）控股股东太原双塔刚玉（集团）有限公司的控制人太原市财政局向横店集团有限公司和横店集团控股有限公司转让太原双塔刚玉（集团）有限公司股权成功后，横店集团成为太原刚玉（000795）的实际控制人，间接控股上市公司11304万股股权。随后，深天地A（000023）、中科健A（000035）、深圳华强（000062）、三佳模具（600520）、中孚实业（600595）等公司相继公告涉足间接收购。其中，三佳模具（600520）的国有股转让十分吸引眼球。2003年9月27日和2003年10月22日该公司两次公告，北京华商投资有限公司以参与对三佳集团增资扩股方式进而控股三佳模具（600520），后公司于2003年11月26日再度公告，变更原三佳集团增资扩股方案，引进了安徽全柴集团有限公司为第三方，形成铜陵国资公司、华商投资、全柴集团共同增资三佳集团，三家分别占三佳集团47.62%、42.38%和10%的股权。三佳集团的企业性质由国有独资公司变更为国有控股的有限责任公司。不难看出，具有民营背景的北京华商投资有限公司通过参与增资扩股方式意欲控股上市公司的意图十分明显，但功亏一篑。MBO一曲线收购暗流涌动MBO收购因收购主体的合法性、定价的合理性、融资障碍、运作风险及企业经营风险等原因，今年3月份，被财政部一份关于暂停受理、审批MBO的便函嘎然叫停，但市场的运作并没有停止。在深天地A（000023）和深圳华强（000062）的间接收购案例中，我们都看到了管理层收购（MBO）、职工持股（ESOP）的影子，只是MBO和ESOP们在运作中将直接收购上市公司股权变为收购上市公司大股东股权，从而绕开了政策屏障。以深天地（000023）为例，在其股东股权转让中，上市公司大股东深圳市东部开发（集团）有限公司的管理层和全体员工注册成立了深圳市东部投资发展股份有限公司，东部投资通过收购东部集团74%的股权，从而控股深天地（000023）40%股份。对于管理层收购，在12月公布的《关于规范国有企业改制工作的意见》中明确规定，严禁“自卖自买”国有产权。要求收购本企业国有产权的经营管理者，不能参与转让国有产权的决策、财务审计、清产核资、底价确定等重大事项，不得向包括本企业在内国有及国有控股企业借款，不得以这些企业的国有产权或实物资产作标的物为融资提供保证、抵押、贴现等。对企业经营业绩下降负有责任的经营管理者，不得参与收购本企业国有产权。对照《意见》，那些打“擦边球”的公司要再盘算一番了。

价格一转让双方最敏感的神经统计数据表明，在2003年159家公司223起转让中，根据已明确公告转让价格和转让股数的135家公司的179起转让结果统计，共计转让国有股76.32亿股，转让金额193.4亿元，平均转让价格2.53元/股。而这些公司2003年第三季度加权平均净资产值为2.28元/股，国有股转让价格略高于平均每股净资产，溢价率为11%，与2002年下半年的国有股转让统计数据溢价率6%相比，转让价格略有提高。据有关报道1997年非流通股转让平均溢价率为33.96%，可见，当前的国有股转让价格仍偏低。管理层也明确表明了这一态度，国资委在12月15日公布的《关于规范国有企业改制工作的意见》中明确提出了国有股转让的“定价”原则，“上市公司国有股转让价格在不低于每股净资产的基础上，参考上市公司盈利能力和市场表现合理定价。”可以预见，国有股转让价格将会经历一个“恢复性”上升阶段。近期双汇发展(000895)、长丰通信(000892)等公司在国有股转让审批中，都出现了被国资委要求提高其转让价格的现象也印证了这一点。

外资收购异军突起 2002年的国有股转让中，外资的身影还属凤毛麟角。在《关于向外商转让上市公司国有股和法人股有关问题的通知》政策的引导下，外资收购异军突起，花旗银行收购浦发银行(600000)部分国有法人股权，成为浦发银行第四大股东，已获主管部门的批复。佳通轮胎竞拍获得*ST桦林(600182)控股权，及东英工业投资有限公司收购中孚实业(600595)大股东河南豫联能源集团有限责任公司股权，进而控股上市公司等案例，表明收购主体性质已不再成为收购障碍。2003年，外资和中外合资企业参与国有股转让共计12家14起；占转让总数的7.5%，与2002年的两、三家相比，已有了长足的进展。

如果说2002年是国有股转让签约年的话，2003年则是2002年转让预案的收官年，据统计，2002年提出国有股转让协议的共有90家130起，当年转让完成的，包括财政部批复的共43家57起，占转让总数的48%。而2003年，转让完成(包括财政部或国资委批准)的共有102家134起，占转让总数的64%。这一成绩的取得是在财政部与国资委业务职能交接，上半年审批放缓的基础上取得的，可以预见，2004年，国有股转让将步入正轨，市场表现将更加精彩。(朱红)

2003年年报综述

业绩“大跃进”

2003年上市公司业绩传来喜讯：实现的净利润以“大跃进”之速，飞步跃过1000亿元。这也是1990年境内证券交易所成立以来，上市公司实现的净利润首次超过1000亿元。截至4月27日已公布2003年年度报告或财务报告的1268家上市公司，合计实现净利润1335.22亿元。4月28日起，上市公司所公布的2003年业绩以亏损居多，全部上市公司实现的净利润可能会有所下降，但远超1000亿元已成定局。而去年4月30日前上市的1243家公司，2002年合计实现的净利润仅为846.28亿元。去年5月1日以来虽有70多家公司在境内首次上市但以中小公司居多。2003年上市的长江电力，实现净利润14.38亿元，也不成为因新上市公司增加而导致合计净利润增加的主要因素。

应于2004年4月30日前披露2003年年度报告或财务报告的上市公司(包括暂停上市公司，下同)，为1315家。此外，即将于5月份上市的宁波东睦、龙元建设、北方创业、北矿磁材、四创电子、贵绳股份、马应龙7家公司也已披露2003年业绩。截至4月27日，这1322家公司中，有1268家公司已披露2003年年度报告或财务报告，占1322家公司的95.92%。此外，代办股份转让系统的14家挂牌公司中，也已有6家公布2003年年度报告。这样，截至4月27日，已披露2003年年度报告或财务报告的公司合计1274家，占全部1336家公司的95.34%。总体看，这1274家公司的业绩已有较强的代表性。

1274家公司的主要财务指标显示，2003年的业绩出现了高速增长。1274家公司2003年的主要财务指标是：每股收益0.2116元，比2002年的0.1604元增长31.86%；每股净资产2.6755元，比2002年的2.4843元增长7.70%；经营活动产生的每股现金流量0.5408元，比2002年的0.5956元增长-9.21%；净资产收益率7.9070%，比2002年的6.4579%增长22.44%。由于一些亏损公司在4月27日后公布业绩，全部公司年度报告披露完毕，上市公司和挂牌公司的主要财务指标还会有所下降。

“核心资产”表现出色

上市公司2003年业绩的增长，主要依赖于2003年度公认的“核心资产”—大盘蓝筹企业股票。1268家上市公司中，主营业务收入靠前的100名，依旧起着中流砥柱的作用。

100家公司主要由“五朵金花”组成。按《上市公司行业分类指引》的二级行业的标准，100家公司的分类中，属于黑色金属冶炼及压延加工业的，即有宝钢股份、太钢不锈、马钢股份(马鞍山钢铁)、首钢股份、鞍钢新轧(鞍钢新轧钢)、唐钢股份、华菱管线、邯郸钢铁、ST板材、莱钢股份、钢联股份、安阳钢铁、新钢钒、杭钢股份、韶钢松山、南钢股份、武钢股份、广钢股份、酒钢宏兴、八一钢铁等20家。此外，100家公司中家数较多的行业则有：交通运输设备制造业，石油加工及炼焦业，电力、蒸汽、热水的生产和供应业，银行业。上述“五朵金花”公司合计有45家以上。这些行业的上市公司的业绩大幅增长，与市场的预期是一致的。

其他因素锦上添花

2003年上市公司业绩的增长，还有其他一些因素。

2003年，上市公司的三项费用的增幅，要远远小于主营业务利润的增幅。2003年，1268家上市公司主营业务利润的增幅为24.86%。而2003年营业费用、管理费用、财务费用的增幅分别是25.60%、11.62%、3.82%。其中，只有营业费用的增幅微微大于主营业务利润的增幅，这直接导致营业利润增加。2003年营业利润的增幅高达39.08%，即是费用没有同步增加的重要原因。从1268家公司的实际情况看，2002年营业费用、管理费用、财务费用分别为1135.41、1353.84、363.39亿元，2003年则变为1426.10、1511.11、377.29亿元。2002年和2003年，三项费用合计分别是2852.64和3314.50亿元。后者比前者增长18.20%。这样，三项费用的总体增长，远远小于主营业务利润的增长。

值得注意的是，管理费用增幅不大，局部表明上市公司的资产质量在提高。而财务费用基本不变，并不是资产负债率有所下降的结果。2002年，1268家公司净资产15231.72亿元，总资产44786.38亿元，资产负债率65.99%；2003年，1268家公司净资产16883.74亿元，总资产52599.06亿元，资产负债率67.98%。上市公司的负债，由2002年的29554.66亿元增加到2003年的35715.32亿元，净增6160.66亿元。但财务费用只增加13.90亿元，其原因当有两个。一是上市公司可能调整了一部分负债结构；二是2003年可转债发行市场发展速度较快，使上市公司找到低成本融资的新渠道。这成为上市公司2003年利润增长的主要原因之一。

其他一些因素也使上市公司的主要财务指标变得好看。首先，上市公司一些非经常性收益的增加，使2003年的业绩锦上添花。2003年，1268家公司其他业务利润增长7.81%，为106.54亿元；投资收益增长40.50%，为198.5亿元；补贴收入增长23.05%，为59.24亿元。其中，投资收益的绝对增幅最大，达57.22亿元。其次，上市公司总股本的增长，要远远小于利润增长的幅度。2003年末，1268家公司总股本6495.00亿元，比2002年末的6164.53亿元增长5.36%。由于股本未出现同步增长，每股收益的增长变得更加明显。

单个小盘公司指标抢眼

由于大盘蓝筹公司的主要财务指标要好于平均水平，实际上也注定了中小盘公司的主要财务指标要低于平均水平。

小盘公司的主要财务指标往往抢眼。2003年，每股收益最高的十名公司中，属于小盘公司的有航天信息、波导股份、三一重工、千金药业、马应龙5家，而属于"核心资产"公司的只有盐田港A、长安汽车(长安B)、韶钢松山3家；每股净资产最高的十名公司中，属于小盘公司的有航天信息、亿阳信通、用友软件、宇通客车、波导股份、隆平高科6家，而属于"核心资产"公司的只有中集集团(中集B)1家；经营活动产生的每股现金流量最高的十名公司中，属于小盘公司的有东方锅炉、华光股份、波导股份、华联综超、航天信息5家，而属于"核心资产"公司的只有民生银行、招商银行2家；净资产收益率最高的十名公司中，属于小盘公司的有ST同达、ST海药、东方锅炉、宁波东睦、广西红日、华胜天成、益佰制药6家，而属于"核心资产"公司的只有长安汽车(长安B)1家。这表明，一定程度上，小公司更容易"出彩"一些。

从行业属性看，小盘公司也值得关注。一些行业的崛起，已是事实。这包括：煤炭采选服务业，交通运输辅助业，通信及相关设备制造业，计算机及相关设备制造业，计算机应用服务业，电子元器件制造业，饮料制造业，医药制造业，生物制品业，房地产开发与经营业等。由于各种原因，上述公司以小盘公司居多。这也使部分小盘公司投资价值凸现。(西南证券研发中心　周到)

2004年上市公司中报大盘点

根据统计，截至8月31日，沪深两市共有1376家上市公司披露了2004年半年报或在招股说明书披露了上半年的业绩。这些上市公司2004年上半年加权平均每股收益、加权平均每股净资产、加权平均净资产收益率分别为0.14元、2.59元和5.41%，高于去年同期的0.10元、2.54元和4.11%，增长幅度分别为40%、2%和32%，取得了骄人的业绩。

上市公司主业强劲增长主业发展势头旺盛

统计结果显示，1368家上市公司今年上半年实现主营业务收入1559.09亿元，同比增长32.18%，实现净利润967.47亿元，同比增长47.85%；平均每股收益0.14元，较2003年上半的0.11元增长27.7%；平均每股经营现金流0.16元，同比增长20%。上述指标表明，与去年同期相比，上市公司整体盈利水平增长势头强劲。

主营业务为利润增长提供坚强支撑。一个企业的主营业务的盈利能力直接影响着其营业利润的高低。而营业利润的高低，又直接影响着利润总额的高低。统计结果显示，1368家上市公司营业利润对利润总额的贡献由去年同期的98.46%，上升到今年上半年的101.46%；投资收益与补贴收入对利润总额的贡献，分别由去年同期的10.61%、2.18%下降到4.57%、1.79%。这说明主营业务在上市公司各项业务中的主导地位进一步提升。

分行业来看，民航业主营业务利润增速最大，同比达123.57%。其次是酒店旅游、有色金属、建材、石化、化纤、煤炭和贸易等行业。主营业务收入与主营业务利润的增长速度均在30%以上。从净利润的增长速度看，酒店旅游业增长速度最快。其次是民航、建材、有色金属、煤炭、石化等。我们认为，民航与酒店旅游业的高增长，主要是与去年上半年该两行业受"非典"影响、收入与利润指标的基数极低有关。而有色金属、建材、石化、煤炭等行业的增长，则得益于国民经济加速增长，对基础原材料、燃料产品需求急剧增长。

严格管理直接创造效益。统计显示，1368家上市公司今年上半年主营业务成本同比增长了32.59%，略高于主营业务收入的增长速度，基本实现了利润与收入同步增长。更为难得的是，在主营业务规模大幅扩张的前提下，期间费用(营业费用、管理费用、财务费用)同比仅增长了19.89%。成本管理变"费用"为"利润"，直接产生了经济效益。统计显示，1368家上市公司营业利润增长57.97%，远远高于主营业务利润的增长速度。再加之补贴收入的增长、所得税返还等多项"利好"因素的作用，最终使得1368家上市公司净利润同比增长了47.85%

分行业看，期间费用增长速度最低的是日用化工行业，同比下降了0.14%。不过该行业主营业务收入仅增长5.01%。期间费用增幅较小与其主营业务规模增长较小有关。钢铁行业主营业务收入增长了52.37%，而期间费用仅增长了7.20%。民航业主营业务收入增长了45.22%，而期间费用仅增长了9.88%。严格控制费用支出，也是这些行业净利润得以大幅增长的重要原因之一。

增长并不决定分配

统计显示，上半推出分配方案的上市公司共有51家，其中，有10家公司上半净利润同比出现负增长，约占20%。这说明，上市公司是否分配，与净利润是否增长没有必然联系。相反，我们发现，一些上半年推出分配方案的上市公司的股价，在上半年出现了较大的涨幅。分配似乎与二级市场的表现存在着一定的关系。

从分配的形式看，仍以高送转特别是高转增为主。送红股与转增达10:10的就有12家，占23.5%。一些公司是既送又转再加派现。但派现率仍然较低。其中，纯派现且派现较高的公司有海特高新与东大阿派两家，一个10派4元(含)，一个10派6元。海特高新是一家今年7月6日发行、21日上市的新上市公司。半年报显示，其上半年经营现金流为负值。刚上市就高派现，这在今年还不多见。

应收账款上升较快

由于收入与利润指标体现的都是经营活动的成果，不能反映经营活动过程中，供求双方彼此相互控制的力量变化，因而难以提前"预示"企业竞争格局与产品销售态势的变化。为此，我们试图从不同会计期间，存货与应收账款期末余额较期初"增长速度"的变化入手，提前"侦知"上市公司市场竞争格局与产品销售态势的变化。

对1368家上市公司存货与应收账款的统计结果表明，今年上半年上市公司存货期末余额同比增长15.60%，应收账款期末余额增长了16.88%，比去年同期存货与应收账款的增长速度分别上升了4.56和7.84个百分点。这表明，从总体看，上市公司产品销售的旺盛态势已经有所下降，市场竞争有加剧之势。我们认为，这可以从一个侧面说明，宏观调控的效应已经开始在上市公司中显现。

分行业看，钢铁、机械行业应收账款增长较快，增长速度与去年同期相比，上升在20个百分点以上。化工、有色金属、汽车、家电等行业应收账款增速有所回落。特别值得一提的是钢铁行业，今年上半年该行业上市公司存货增长速度与去年同期增长速度相比上升25个百分点，且应收账款增长速度较去年同期增长速度上升30个百分点，呈现出存货与应收账款双双高速增长的“双高”特征。这表明从行业整体情况看，钢铁行业产品销售有所不畅，货款回笼不及时。我们认为，这是宏观调控效应在钢铁行业的显现。

大盘蓝筹强者恒强

大盘蓝筹在今年的价值投资浪潮中涨幅不菲，那么，他们上半的经营业绩表现如何呢？我们选取净利润绝对额排序居前的137家上市公司进行统计分析。结果表明，这137家上市公司去年上半年净利润之和为459.22亿元，今年上半年净利润之和为743.07亿元，同比增长了61.81%，远高于1368家上市公司的总体平均增长水平(47.85%)，表现出强者恒强的态势。

此外，从这137家公司净利润之和占1368家上市公司净利润总额的比重看，去年上半年为70.18%，而今年上半年为76.81%，上市公司净利润集中度进一步大幅提高。同时，这个结果还表明，一成上市公司实现的净利润，占到全部上市公司净利润总额的近八成，我们不妨称之为上市公司利润分布的“一八现象”。这与二级市场表明出来的从“二八现象”到“一九现象”的演变不谋而合。

大股东占款我行我素

大股东占款是我国证券市场的“顽疾”，也是我国上市公司治理的软肋。为此，监管部门曾相继采取多项措施企图医治这个“顽疾”。那么，是否收到了预期的效果呢？由于大股东及其他关联方占用上市公司资金(以下简称“大股东占款”)甄别与统计工作的复杂性，关于大股东占款的总额统计呈现出多种“版本”，我们宁愿相信大股东总额已大幅下降。不过，仔细阅读半年报，我们仍能找到一些上市公司大股东我行我素、“顶风作案”的例子。

ST托普(000583)是今年上半沪深A、B股上市公司中亏损最大的公司。今年以来，该公司官司不断、麻烦事好儿不少。不过，大股东占款丝毫也没有“放松”。半年报显示，今年上半年大股东占款的发生额达9.6184亿元之巨，即使扣除关联方向上市公司提供的部分资金，大股东占款净发生额亦达8.4829亿元，期末净余额达8.5478亿元。而2003年末的占款余额仅为1.0659亿元。公司独立董事早在2003年年报中就已明确指出，公司与关联方的大量资金往来，多数是在没有商业背景的前提下发生的，且没有经过独立董事审阅或批准，违反了证监会的相关规定，也有违股东利益。并督促公司管理层应彻底清查对外担保情况，采取包括诉讼等手段，向关联方追讨资金，解除担保，并向监管部门汇报，以尽量减少公司的损失。但结果是，独立董事说归说，大股东占款现象继续在2004年发生。这样的例子，远不只ST托普一家。这说明，在市场各方积极想办法、出主意争取早日解决大股东占款问题的同时，一些上市公司的大股东仍然是我行我素、无所顾及。这不能不引起市场各方的密切关注。

评点业绩的最佳和最差

通过统计，我们可以发现，净利润额最高的前20名上市公司的净利润额之和占到了上市公司净利润总额的43.26%。这20家上市公司在行业分布上也较为集中，钢铁4家，石化4家，银行业3家，电力2家，汽车2家，水泥1家，煤炭1家，信息技术1家，交通运输1家，金属制品1家。其中4家石化类上市公司的净利润之和，占上市公司净利润总额的19.35%，4家钢铁类上市公司的净利润之和占8.65%，3家银行上市公司的净利润之和占3.70%。看来，钢铁、石化、银行的行业运行周期和业绩状况将对沪深上市公司整体业绩水平会产生较大影响。

这20家公司中，2004年上半年净利润同比均呈现增长，增幅在50%以上的有14家。剔除没有可比数据的长江电力，与今年第一季度相比增幅提高的有9家，具体见表1。20家公司中八家的盈利巨头净利润增幅出现了下降，显示抑制投资过热的宏观调控发挥了一定作用。

亏损额最高的前20名上市公司的亏损额之和，占已披露年报亏损上市公司亏损总额的63.88%。这20家上市公司的行业分布情况为，化工5家，信息技术3家，食品饮料3家，纺织服装2家，造纸印刷2家，其余公司行业分布散乱。其中5家化工类上市公司的亏损额之和，占已披露2003年年报上市公司亏损总额的12.61%，3家信息技术公司占14.69%，3家食品饮料公司占15.43%。看来，这几家化工、信息技术、食品饮料类上市公司较差经营状况对沪深上市公司整体业绩水平产生较大拖累。其中*ST石化、*ST鞍成将退市，将不会对第三季度季报上市公司的整体业绩产生负面影响。另外，20家公司中天山股份、ST屯河、合金投资属于德隆系。

业绩增长的绩优股

1376家上市公司中剔除没有可比数据的公司，净利润同比实现增长的有809家，所占比例为58.80%，其中增幅在50%以上的有397家，比例为28.86%。这397家净利润同比大幅增加的公司中，每股收益大于或等于0.20元的有107家，所占比例为7.78%。

107家上市公司中属于机械行业10家，钢铁9家，交通运输9家，化工8家，煤炭8家，有色7家，医药6家，汽车及配件5家，石化5家，其余公司行业分布较为分散。107家业绩大增的绩优公司中，剔除4家没有同期可比数据的以外，100家公司在今年第一季度季报中净利润同比也实现了增长，有宇通客车、世贸股份、先锋股份3家公司第一季度净利润同比是下降的。这3家公司业绩提升速度较快。同第一季度净利润同比增幅相比，107家上市公司中增幅出现加快的有48家，所占比例为44.86%。在经营性现金流量方面，有91家公司为正值，另外16家公司为负值，需改善现金回收状况。

盈利能力最强的公司

每股收益在0.20元以上且净利润同比增幅在50%以上的107家上市公司中，净资产收益率在10%以上的有49家，占上市公司总数的3.57%。其中净资产收益率前20名的上市公司中，属于机械行业4家，钢铁行业2家，石化2家，化工2家，其余公司行业分布较为分散。机械设备制造业、钢铁、石化、化工在净资产收益率排名中显示了较强的盈利能力。

这20家上市公司中，上半年净资产收益率同比增长的有19家，只有宗申动力净资产收益率同比出现下降，其余均为增长。

盈利公司业绩概况

1376家上市公司中每股收益在0.10元以上的公司有543家，其中0.20元以上的有249家，0.30元以上的有111家，0.40元以上的有51家，0.50元以上的有30家，0.60元以上的有17家。每股收益在前十名的公司见表5。其中有两名公司注册省份都在广东，有两家注册在江苏，凸显珠三角、长三角经济圈的龙头地位。另外，这10家公司中，除了东方锅炉在半年报拟实施10转增9以外，其余9家公司都不进行分配，但从每股未分配利润、每股资本公积金看都具备高比例分配能力。

业绩增长质量高创利巨头多依靠主营业务

上市公司半年报净利润排名前十名的公司中，除招商银行外，其余9家公司净利润、主营业务利润同比均实现同步增长。除上海汽车外，9家公司主营业务利润比重均较大，说明9家公司净利润构成中主要来源于主营业务。这9家上市公司都在各自的行业领域中，占一定的市场份额，具有行业龙头地位，显示出主营业务利润的增长依托于行业的高速成长。从经营性现金流量上，招商银行出现负值，还有华能国际、中国石化、扬子石化经营活动现金流量同比并未实现增长，主要受到原材料价格上涨增加库存所致。

业绩增长持续性强

净利润同比增长的792家公司中，主营业务利润实现增长的有685家，占86.49%，有望保持增长的持续性。但在相关法规允许的范围内，净利润、主营业务利润同比都实现增长的685家上市公司中部分可能出现虚增收入、虚计存货、虚减成本等手段操纵利润，因此还必须借助其它财务指标进行甄别。

从应收帐款周转率情况看，同2003年上半年相比出现下滑的公司有213家，下滑幅度在50%以上的有31家，占685家公司的比例为4.53%，其中应收帐款周转率较低的公司中，同比下降幅度最大的存在大量赊销或虚增利润的可能。

应收帐款周转率较低、下降幅度最大的前十家公司中，宝光药业、ST中汇、锦江投资、冠农股份、广东明珠主要因为资产重组造成数据变化较大。*ST吉纸一直处于停产状态。大红鹰、*ST明珠经营性现金流量为负值。中油化建、创业环保每股经营性现金流量较低，也有虚增利润的可能。

从主营业务利润率情况看，685家公司中同2003年上半年相比出现上升的公司有389家，升幅在50%以上的有82家，占11.97%。最高为*ST仕奇增长19383.07%。一般情况下，毛利率增长过快存在虚增利润的可能。主营业务利润率增长幅度最大的前十家公司，其中*ST仕奇、*ST比特、ST中汇、天地源实施了资产重组，业务发生变更。北京巴士、黄山旅游、南方航空、东方航空去年上半年受SARS影响较大，也可排除虚增利润的可能。*ST金泰、*ST东信值得质疑。

从营业费用、管理费用、财务费用占主营业务收入的费用率看，同2003年上半年相比出现上升的公司有233家，升幅在50%以上的有21家，占685家公司的比例为3.07%，对这些公司的经营前景还需谨慎看待。费用率增长幅度最大的前十家公司中，ST黑豹、*ST吉纸、*ST信联亏损。天地源、ST中汇、中国卫星实施了资产重组，经营前景仍可看好。中远航运、广汇股份费用率仍处于较低水平。汇通水利费用率增幅小于净利润增幅，也可看好。伊力特费用率增幅远大于净利润增幅需谨慎看待。

在净利润增长的公司中，费用率下降过快，也存在调减费用增加净利润的可能，对其业绩增长的持续性还要谨慎对待。同2003年上半年相比降幅在50%以上的有66家，占685家公司的比例为9.64%。下降幅度在前十名的公司中，*ST光电、*ST四通、*ST斯达、*ST桦林、*ST比特主营业务及构成都发生了较大变更。西藏圣地进行了资产重组。ST松辽费用率下降，主要因为去年同期生产尚未恢复，当期收入较低所致。莱茵置业则是因为调整贷款利率使财务费用大比例缩减。其他公司也是根据各自的情况调减了当期费用。

从累计折旧占固定资产原价的折旧率看，同2003年上半年相比出现下降的公司有265家，部分公司可能增加了固定资产的折旧年限或改变了折旧的方法以提高利润水平。降幅在50%以上的有13家所占685家公司的比例为1.90%。降幅在前十名的公司中天地源、ST中汇、*ST滨能、舒卡股份、华盛达的折旧率下降是因为重大资产重组，可排除调整折旧的可能。

综合来看，净利润增长的公司中八成多主营业务利润同步增长，折旧率、应收帐款周转率、费用率、主营业务利润率出现较大幅度异常波动的公司所占比例小，而且多数受到资产重组的影响，因此业绩增长的公司具备持续性，所含水分很校少。

2004年上市公司中报综合分析

一、综述

截至8月31日，沪深两市累计共有1370家上市公司公布了2004年半年度期财务报告。以下我们选取这些公司的主要财务指标对其2004年上半年的经营业绩进行分析。

1370家公司上半年平均每股收益0.145元，高于去年同期的0.105元；平均每股净资产为2.685元，低于去年同期的2.72元；平均净资产收益率5.40%，高于去年同期的3.86%；每股经营活动产生的净现金流0.16元，低于去年同期的0.18元。从这些基本财务指标来看，上市公司2004年上半年业绩要好于去年同期水平。

1370家公司截至2004年中期的资产总额为41605亿元，同比增长20.48%；股东权益为12201亿元，同比增长11.97%。总资产增幅超过股东权益增幅，显示上市公司的负债较去年同期有了更大幅度的增长。资产负债率的上升也同样证明了这一点：1370家上市公司截至上半年末的资产负债率为51.17%，去年同期则为49.00%。资产负债率的上升直接导致财务费用增长：1370家上半年财务费用共支出125.66亿元，同比增长了12.11%。由于上市公司负债结构不尽合理，负债的上升更多为短期负债。指标显示，1370家公司上半年流动比率和速动比率分别为1.68和1.24，低于去年同期的1.79和1.38。由于目前利率水平没有反映资金的真实成本(实际利率为负)，导致宏观经济出现诸多问题：如固定资产投资增速过快，煤电油运紧张等等；而随着全球的利率水平步入上升周期，下半年利率存在着上调的可能，上市公司的财务支出将进一步加大，从而吞噬一部分利润，导致上市公司利润水平的下降，而中期利率水平的不断上升可能会对部分企业的正常生产经营产生不利影响，对此，投资者应予以高度重视。

受益于宏观经济的良好增长态势，2004年上半年，1370家公司共实现主营业务收入15717.74亿元，同比增长32.50%；实现主营业务利润1838亿元，同比增长27.22%。利润增幅不及收入增幅的主要原因在于原材料成本的过快上升(钢铁、有色金属等极少数上游行业获得了相当大部分的利润,这也是国家采取措施进行宏观调控的根本出发点)及上市公司管理效率问题,这直接导致了主营业务利润率的下降。1370家公司上半年实现利润总额942亿元,同比增长37.91%,超过主营业务利润的增幅,原因在于三项期间费用的较好控制:上半年,1370家上市公司三项期间费用总额为1035亿元,同比增长16.39%(其中,营业费用同比增长22.18%,管理费用同比增长12.20%,财务费用同比增长12.11%),明显低于主营业务利润增幅。上半年,1370家公司一共实现净利润993.54亿元,同比增长47.58%,净利率相应有所上升。

运营方面,应收账款同比增长15.08%,存货同比增长28.68%,分别低于主营业务收入和主营业务成本的增幅,显示上市公司产品销售形势良好;与去年同期相比,上市公司应收账款周转率和存货周转率同比均有所提高。

综上所述,2004年上半年,上市公司负债水平上升(主要是短期),导致财务费用增长,下半年需要密切关注央行利率的变动情况(这将直接对上市公司的盈利能力产生不利影响);受益于宏观经济的良好增长态势,2004年上半年上市公司收入保持较快增长;成本的过快上升导致上市公司盈利能力有所下降,但期间费用的较好控制使上市公司仍然取得了不错的利润增幅;运营方面,应收账款和存货的增长幅度相对合理。总体而言,上市公司上半年的业绩令人满意。由于宏观调控存在滞后效应,上市公司上半年的业绩并未受到太多的影响;随着宏观调控不断深入,预计下半年上市公司收入增幅将有所放缓,业绩将相应有所下降。

已公布半年报上市公司综合财务指标

项目	2004年上半年	2003年上半年	同比增长(%)
资产总计(亿元)	41605	34532	20.48
股东权益合计(亿元)	12201	10897	11.97
主营业务收入(亿元)	9303	6951	33.84
主营业务利润(亿元)	1838	1445	27.22
利润总额(亿元)	942	683	37.91
净利润(亿元)	665	481	38.02
流动比率	1.68	1.79	−6.15
速动比率	1.24	1.38	−10.14
资产负债率(%)	51.17	49.00	4.43
主营业务利润率(%)	19.76	20.79	−4.94
净利润率(%)	7.14	6.93	3.12
每股收益(元)	0.1432	0.105	36.71
每股净资产(元)	2.685	2.72	−1.29
净资产收益率(%)	5.45	3.86	41.28
每股经营性净现金流(%)	0.17	0.18	26.88

数据来源:天信证券研究所

三项基本指标前20名公司

代码	名称	每股收益(元)	代码	名称	每股净资产(元)	代码	名称	净资产收益率(%)
00039	中集集团	0.9261	600479	千金药业	10.88	600786	东方锅炉	34.7459
600971	恒源煤电	0.90	600271	航天信息	10.31	000951	*ST重汽	26.35
600519	贵州茅台	0.89	600993	马应龙	9.95	000572	ST金盘	25.44
000717	韶钢松山	0.8833	600519	贵州茅台	9.63	600971	恒源煤电	23.9
600031	三一重工	0.851	600976	武汉健民	8.66	600205	山东铝业	22.47
600786	东方锅炉	0.8385	600491	龙元建设	8.63	000866	扬子石化	20.14
002024	苏宁电器	0.8364	000998	隆平高科	7.811	000566	ST海药	19.56
600205	山东铝业	0.7996	600588	用友软件	7.74	600309	烟台万华	19.52
600866	扬子石化	0.74	600031	三一重工	7.44	002024	苏宁电器	18.25
600993	马应龙	0.66	002007	华兰生物	7.211	600792	马龙产业	17.73
600585	海螺水泥	0.63	00917	电广传媒	7.123	000616	亿城股份	17.72
600282	南钢股份	0.621	600594	益佰制药	7.01	002022	科华生物	17.6
600271	航天信息	0.62	600690	青岛海尔	7	000617	石油济柴	17.31
600886	国投电力	0.6	002005	德豪润达	6.95	000416	健特生物	17.06
000933	神火股份	0.5829	600308	华泰股份	6.76	002019	鑫富股份	16.5
600096	云天化	0.5742	600390	金瑞科技	6.64	000635	英力特	15.65
600740	山西焦化	0.568	000900	现代投资	6.56	000039	中集集团	15.58
600583	海油工程	0.55	600568	潜江制药	6.34	000618	ST吉化	15.58
000625	长安汽车	0.54	600337	美克股份	6.27	2029	七匹狼	15.58
000528	桂柳工A	0.532	600966	博汇纸业	6.24	2025	航天电器	15.52

数据来源:天信证券研究所

二、行业

上市公司的业绩与行业的景气度密切相关,反映行业的冷暖,去年因“非典”暂时业绩下滑行业的上市公司今年业绩出现迅猛增长,有些处于行业景气周期的上市公司业绩也出现快速增长,而国家宏观调控使得一些行业受到影响,其行业中的上司公司业绩的增长则受到限制等等各个行业半年报的成绩单冷暖不均,表现各异。

从已经披露的半年报统计来看(统计剔除新股),业绩增长最快的行业是采掘、化工、有色金属、建筑材料、交通运输和餐饮旅游,净利润分别同比增长64.8%、70.9%、89.5%、79.3%、127.6%和544.4%。采掘业中煤炭类上市公司业绩增长快,由于煤炭行业是瓶颈行业,随着我国经济的发展,煤炭已成稀缺资源,煤炭价格上涨,煤炭类上市公司受益,业绩增长较快。化工行业是被市场看好的五朵金花之一,全球化纤行业进入上升周期,需求增长高于产量增长,加上2003年以来聚烯烃产品与原料价差整体回升,使得化工行业利润保持持续增长。有色金属和建筑材料属于上游行业,产品价格的快速上涨推动行业的利润的高速增长,国家宏观调控和紧缩性政策对这两个行业影响比较大,估计下半年的增速会有所回落。交通运输和餐饮旅游去年受“非典”影响比较大,今年保持了强劲的复苏态势,旅游业目前状况已经恢复到2002年的水平甚至在此基础上有所增长,由于去年的基数小,主营业务收入、主营业务利润和净利润均是增长最快的,增幅分别为83.9%、76.2%和544.4%。综上所述,上市公司业绩的增长总体基本反映了行业的景气度。

业绩增长最快的行业增长有代表性的上市公司

采掘	净利润同比增长(%)	化工	净利润同比增长(%)	有色金属	净利润同比增长(%)	建筑材料	净利润同比增长(%)	餐饮旅游	净利润同比增长(%)
神州股份	158.6	丹东化纤	853.7	锡业股份	573.6	福建水泥	527.7	锦江酒店	4299.0
郑州煤电	147.2	山东海龙	370.0	吉恩镍业	243.8	巢东股份	428.3	桂林旅游	1273.7
金牛能源	125.0	锦州石化	337.6	江西铜业	207.7	海螺水泥	257.0	西安饮食	943.6
西山煤电	107.5	武汉塑料	230.3	豫光金铅	178.4	海油工程	157.1	中青旅	788.4
兖州煤业	83.5	齐鲁石化	219.4	太原刚玉	151.8	方兴科技	149.4	首旅股份	314.5

数据来源:天信证券研究所

虽然各行业的上市公司总体主营业务收入都在增长,但有些行业上市公司总体的净利润并没有同步增长,有的行业更呈现下降趋势。从统计数据看,中报净利润同比呈下降趋势的有5个行业,分别为信息服务、交运设备、信息设备、轻工制造及纺织服装,增幅分别为−75.4%、−16.0%、−9.5%、−9.1%、−2.7%。信息服务行业主要是软件类上市公司净利润下降比较快，典型如华盛达、联通国脉、恒生电子、中软股份等上市公司业绩下降比较快。交运设备主要是汽车制造利润下降比较快，汽车行业曾是“五朵金花”之一，如今已经风光不再，其中亚星客车、一汽夏利、ST 轻骑、中通客车业绩同比下滑比较大。信息设备主要是手机制造行业竞争激烈，毛利率降低导致业绩下滑，比如夏新电子、中科健 A，净利润分别同比下降 76.4%和 46.1%。轻工制造主要是造纸业业绩差的公司比较多，如石岘纸业、*ST 吉纸、ST 佳纸等，业绩都不好。而纺织服装行业需要区别对待，目前也是基金比较关注的行业，出口配额的取消将对行业有着积极的影响，将是该行业的发展机遇。从中报来看，纺织服装行业上市公司业绩分化比较严重，其中三毛派神、三房巷、红豆股份、金鹰股份、鲁泰 A 等业绩增长较快，而远东股份、中国服装、深中冠 A 等上市公司业绩则快速下滑。对于业绩下滑的相关行业和个股投资者适当注意规避风险。

展望下半年，国家宏观调控和紧缩性的政策对相关行业影响很大，如钢铁(黑色金属)、房地产等。下半年可继续看好瓶颈性行业和受宏观调控影响比较小的行业。采掘业(煤炭、石油)和餐饮旅游分别属于这两个行业，下半年有望继续保持上半年的业绩增长速度，相关上市公司值得关注。

2004 年上市公司中报业绩分行业增长情况

(截止到 8 月 25 日)

行业	2004 年中期业绩(元)			2004 年中期业绩同比增长		
	主营业务收入	主营业务利润	净利润	主营业务收入	主营业务利润	净利润
农林牧渔	20625475226	3850852482	832979766	53.7%	40.3%	10.3%
采　　掘	15764395186	6743397060	2579085248	38.5%	38.8%	64.8%
化　　工	112259711670	18162076055	6788589278	27.5%	43.1%	70.9%
黑色金属	194660675463	29756111304	15956571628	53.9%	30.4%	49.2%
有色金属	30536298300	5458361499	2504643068	57.3%	54.9%	89.5%
建筑材料	36066060756	7299111082	2479212249	36.0%	49.2%	79.3%
机械设备	54447432910	10677339013	3181305977	35.8%	25.1%	35.0%
电子元器件	15312264107	2957577962	1002562151	18.5%	14.8%	13.1%
交运设备	61289625567	9196771311	2235126780	24.6%	8.8%	−16.0%
信息设备	27197690953	3617287917	723753035	12.7%	−10.7%	−9.5%
家用电器	53209797415	9108625099	1086424914	27.7%	24.8%	11.2%
食品饮料	32005706815	9921571664	2164104936	19.9%	21.6%	27.8%
纺织服装	19329899506	3358321791	1082258401	19.8%	12.8%	−2.7%
轻工制造	15673036417	3339112379	717605153	26.7%	15.7%	−9.1%
医药生物	52169105240	14088018100	2632416950	16.4%	5.8%	4.4%
公用事业	53102693594	15631152601	8833363649	31.2%	25.2%	24.3%
交通运输	41517488882	14036713656	6995350853	37.7%	67.1%	127.6%
房地产	25031172559	5748534588	1886144314	16.2%	16.1%	31.5%
商业贸易	75125802749	8546377402	1339777815	25.3%	19.9%	38.3%
餐饮旅游	4506087020	1552770705	451921460	83.9%	76.2%	544.4%
信息服务	12598883697	3151947456	230202693	14.7%	7.4%	−75.4%
金融服务	32580420957	8848512204	4225253011	52.2%	27.4%	43.4%

数据来源：天信证券研究所

三、机构

上半年大盘的持续下跌给市场参与各方带来巨大损失。作为市场中坚力量的机构投资者纷纷采取减少持仓以及调整持股结构来收缩防御，避免更大的损失。从 2004 年中报透露的机构持仓变化和资金流向说明具有核心竞争力的公司已经成为市场投资方向。

2004 年社保基金对证券市场的投资比例将大大超过 2003 年。中报显示，社保基金持仓结构变化不大，不过持股结构上有所调整，如对风神股份、新华百货、双良股份、光明乳业分别减持了−3.62%、−1.46%、−0.9%、−0.68%，对海正药业、北京巴士、云天化、佛山照明则大幅增持，对小商品城、片仔癀、风竹纺织等潜力品种更是这样进行了比较明显的增持。

QFII 对中国证券市场的影响将越来越大。中报显示 QFII 的投资重点依然集中在可转债方面。其中花旗环球持有山鹰转债比例高达 33%，而且半年来持续增持。此外 QFII 对华西转债、西钢转债、丝绸转债都有不同程度增持，持有量均超过 10%。对于大部分重仓股票，不仅未减持，反而出现增仓。持有比例最高的股票有山东黄金、福耀玻璃、燕京啤酒、外运发展、上港集箱、国电南瑞、安泰科技、长江电力等。其中仅瑞银华宝就持有山东黄金高达 8.97%的流通股。中报显示 QFII 积极介入的股票有福耀玻璃、燕京啤酒、新钢钒，瑞银华宝对福耀玻璃增仓 1764 多万股，增持 3.47%，对燕京啤酒增仓 753 万，增持比例 4%。新钢钒则有瑞银华宝和摩根士丹利介入，介入仓位分别为 432 万股和 220 万股，占流通股比例合计 1.12%。但瑞银对宝钢的减持非常坚决，中报前 10 名已经看不到其身影了(年初为流通股第一大股东)。瑞银是 QFII 中投资最为活跃的机构，其次是摩根斯坦里和美林。

每况愈下的券商目前资金匮乏，特别是一些问题券商急于套现，其重仓股成为本轮市场调整的重灾区，大部分券商重仓股出现暴跌，如哈药集团、康美药业、双鹤药业、南方汇通、浦发银行、江淮汽车、中软股份、深天马 A 等。汉唐证券的恒大地产跌 34%(中报显示，汉唐证券减持恒大地产仓位高达 60%)。东方和海通的南方汇通跌 29%，但是券商仓位变化不大。总体来看，券商重仓股的风险仍未释放干净。

从企业年金持股前十名个股来看，太极集团被大比例增持 1.71%，上海电气也出现一定增持，青海明胶、火箭股份仓位有所调减，其余如上海航空、徐工科技、澄星股份没有增减。总体来看，社保基金的投资能力在逐渐提高，其投资品种值得投资者借鉴。(文中所示比例如无特别说明均为占个股流通部分比例)

2004 年上市公司中报业绩分行业增长情况

(截止到 8 月 25 日)

社保基金重仓股前 10 名			QFII 持股前 10 名				
名称	占流通股比例(%)	半年变动比例(%)	代码	名称	公司名称	占流通股比例(%)	半年变动比例(%)
海正药业	8	6.23	600547	山东黄金	瑞士银行	8.97	0.58
北京巴士	5.57	3.88	600660	福耀玻璃	瑞士银行	5.68	3.47
云天化	3.96	2.89	000729	燕京啤酒	瑞士银行	4.53	4
佛山照明	4.74	2.28	600270	外运发展	瑞士银行	4.12	1.54
格力电器	3.66	1.59	600018	上港集箱	瑞士银行	3.5	—
山西焦化	2.89	1.4	600406	国电南瑞	摩根士丹利国际	2.59	—
片仔癀	2.74	1.13	000969	安泰科技	摩根士丹利国际	2.08	—
华海药业	3.93	1.07	600018	上港集箱	德意志银行	1.63	—
江西铜业	3.28	1.03	600066	宇通客车	摩根士丹利国际	1.63	—
深南电 A	4.36	0.99	600900	长江电力	瑞士银行	1.35	—

券商重仓股前 10 名

代码	名称	公司名称	占流通股比例(%)	半年变动比例(%)
600664	哈药集团	南方证券	93.37	72.62
600518	康美药业	中国银河证券	18.92	0.32
600468	特精股份	渤海证券	16.6	−0.18
600377	宁沪高速	中国银河证券	16.14	−2.53
600129	太极集团	华夏证券	15.72	−0.24
600792	马龙产业	兴业证券	15.34	−0.27
600380	健康元	北京证券	14.26	1.18
600819	耀皮玻璃	上海证券	14.19	−5.13
600786	东方锅炉	金信证券	13.85	—
000528	桂柳工 A	中银国际证券	13.25	—

数据来源：天信证券研究所

四、机会

首先，我们根据如下盈利能力指标标准对已公布中报的上市公司来进行筛选：①主营业务利润率40%以上，②销售净利率15%以上，③资产净利率3%以上，④净资产收益率8%以上，扣除新股因素，我们总共筛选出17家上市公司（见下表）。

券商重仓股前10名

代码	名称	主营业务利润率(%)	销售净利率(%)	资产净利率(%)	净资产收益率(%)
000022	深赤湾A	62.6579	33.5615	7.0239	14.41
000069	华侨城A	49.407	86.1932	7.4741	15.03
000416	健特生物	68.2083	37.1412	13.7132	17.38
000602	金马集团	66.232	24.0484	5.8274	11.48
000817	辽河油田	61.752	40.8894	8.8041	9.44
000933	神火股份	47.7095	25.3263	8.0844	11.92
600009	上海机场	53.1893	56.4876	8.3614	9.34
600018	上港集箱	54.1558	28.8824	4.6409	9.0398
600123	兰花科创	50.9836	19.6357	6.4977	10.57
600188	兖州煤业	58.1354	19.845	7.3061	9.11
600205	山东铝业	41.6073	29.4627	17.2623	25
600309	烟台万华	44.949	20.424	11.7175	20.58
600519	贵州茅台	67.4285	26.5643	6.9834	9.66
600521	华海药业	51.3191	34.4158	7.8317	8.66
600585	海螺水泥	47.2578	20.7532	5.6391	16.11
600880	博瑞传播	48.1814	16.847	4.6479	8.26
600993	马应龙	55.2907	18.3165	6.5152	12.57

数据来源：天信证券研究所

我们建议关注那些成长性好的行业龙头，同时市盈率较低的上市公司如华侨城A、辽河油田、神火股份、上海机场、烟台万华、贵州茅台。

其次，上市公司的成长性，重点关注上市公司收益的增长和资产的增长状况（其中上市公司的盈利增长尤为主要）。我们建议投资者在关注上市公司业绩增长的同时还应关注上市公司的现金流，应该两者结合考虑。

我们根据如下成长性指标标准对已经公布年报的A股上市公司进行筛选：①主营业务收入增长20%以上；②净利润增长20%以上；③总资产增长10%以上；④净资产增长7.5%以上；⑤每股收益增长15%以上；⑥每股净资产增长5%以上；⑦每股现金增长20%以上；⑧每股经营性现金增长10%以上，扣除新股的因素，总共筛选出23家上市公司（见下表）。

代码	名称	主营业务收入增长率(%)	净利润增长率(%)	每股收益增长率(%)	每股净资产增长率(%)	每股现金流量增长率(%)	每股经营性现金流量增长率(%)
000012	南玻A	52.28	103.64	105.88	8.86	2320.81	19.51
000401	冀东水泥	33.67	34.37	26.00	15.55	1667.88	327.49
000498	丹东化纤	32.01	853.69	844.44	25.71	2398.89	907.14
000514	渝开发	60.83	36.76	39.67	19.39	75.43	103.32
000528	桂柳工A	62.48	61.47	61.48	52.04	697.64	266.25
000617	石油济柴	102.81	154.26	155.99	31.54	501.18	229.29
000926	福星科技	122.07	162.52	163.33	14.77	6966.44	144.97
000970	中科三环	58.17	117.14	108.57	59.83	458.32	829.11
600000	浦发银行	45.12	32.98	31.18	12.18	460.90	68.81
600020	中原高速	45.39	71.20	25.51	54.82	154.09	11.16
600069	银鸽投资	80.76	45.94	50.86	9.36	115.87	364.21
600123	兰花科创	38.27	70.29	70.21	19.28	134.63	196.83
600188	兖州煤业	20.43	83.48	85.00	13.16	2452.57	170.51
600333	长春燃气	62.29	60.90	61.11	15.45	611.28	108.38
600362	江西铜业	102.96	207.66	200.00	14.23	174.59	4203.23
600383	金地集团	126.90	173.15	189.88	9.08	172.16	127.23
600386	北京巴士	53.72	131.62	130.77	19.09	106.78	291.53
600428	中远航运	93.96	177.58	184.62	11.37	225.26	324.28
600525	长园新材	28.79	24.44	21.90	9.13	174.67	138.45
600787	中储股份	87.49	242.12	242.48	39.45	357.18	347.88
600841	上柴股份	56.70	135.12	138.10	12.77	1424.87	225.56
600863	内蒙华电	49.44	34.74	34.25	9.10	3447.82	74.73
600900	长江电力	311.05	357.88	223.64	66.74	127.25	234.27

数据来源：天信证券研究所

同样，我们建议关注行业龙头前期跌幅较大，股价和市盈率偏低的上市公司：如南玻、丹东化纤、石油济柴、中原高速、长春燃气、中远航运、上柴股份。

第二章　证券监管与经营机构

第一节　中国证券监督管理委员会

中国证券监督管理委员会

【概况】

改革开放以来，随着中国证券市场的发展，建立集中统一的市场监管体制势在必行。1992年10月，国务院证券委员会（简称国务院证券委）和中国证券监督管理委员会（简称中国证监会）宣告成立，标志着中国证券市场统一监管体制开始形成。国务院证券委是国家对证券市场进行统一宏观管理的主管机构。中国证监会是国务院证券委的监管执行机构，依照法律法规对证券市场进行监管。

国务院证券委和中国证监会成立以后，其职权范围随着市场的发展逐步扩展。1993年11月，国务院决定将期货市场的试点工作交由国务院证券委负责，中国证监会具体执行。1995年3月，国务院正式批准《中国证券监督管理委员会机构编制方案》，确定中国证监会为国务院直属副部级事业单位，是国务院证券委的监管执行机构，依照法律、法规的规定，对证券期货市场进行监管。1997年8月，国务院决定，将上海、深圳证券交易所统一划归中国证监会监管；同时，在上海和深圳两市设立中国证监会证券监管专员办公室；11月，中央召开全国金融工作会议，决定对全国证券管理体制进行改革，理顺证券监管体制，对地方证券监管部门实行垂直领导，并将原由中国人民银行监管的证券经营机构划归中国证监会统一监管。

1998年4月，根据国务院机构改革方案，决定将国务院证券委与中国证监会合并组成国务院直属正部级事业单位。经过这些改革，中国证监会职能明显加强，集中统一的全国证券监管体制基本形成。

1998年9月，国务院批准了《中国证券监督管理委员会职能配置、内设机构和人员编制规定》，进一步明确中国证监会为国务院直属事业单位，是全国证券期货市场的主管部门，进一步强化和明确了中国证监会的职能。

【基本职能】

1. 建立统一的证券期货监管体系，按规定对证券期货监管机构实行垂直管理。

2. 加强对证券期货业的监管，强化对证券期货交易所、上市公司、证券期货经营机构、证券投资基金管理公司、证券期货投资咨询机构和从事证券期货中介业务的其他机构的监管，提高信息披露质量。

3. 加强对证券期货市场金融风险的防范和化解工作。

4. 负责组织拟订有关证券市场的法律、法规草案，研究制定有关证券市场的方针、政策和规章；制定证券市场发展规划和年度计划；指导、协调、监督和检查各地区、各有关部门与证券市场有关的事项；对期货市场试点工作进行指导、规划和协调。

5. 统一监管证券业。

【主要职责】

1. 研究和拟定证券期货市场的方针政策、发展规划；起草证券期货市场的有关法律、法规；制定证券期货市场的有关规章。

2. 统一管理证券期货市场，按规定对证券期货监督机构实行垂直领导。

3. 监督股票、可转换债券、证券投资基金的发行、交易、托管和清算；批准企业债券的上市；监管上市国债和企业债券的交易活动。

4. 监管境内期货合约上市、交易和清算；按规定监督境内机构从事境外期货业务。

5. 监管上市公司及其有信息披露义务股东的证券市场行为。

6. 管理证券期货交易所；按规定管理证券期货交易所的高级管理人员；归口管理证券业协会。

7. 监管证券期货经营机构、证券投资基金管理公司、证券登记清算公司、期货清算机构、证券期货投资咨询机构；与中国人民银行共同审批基金托管机构的资格并监管其基金托管业务；制定上述机构高级管理人员任职资格的管理办法并组织实施；负责证券期货从业人员的资格管理。

8. 监管境内企业直接或间接到境外发行股票、上市；监管境内机构到境外设立证券机构；监督境外机构到境内设立证券机构、从事证券业务。

9. 监管证券期货信息传播活动，负责证券期货市场的统计与信息资源管理。

10. 会同有关部门审批律师事务所、会计师事务所、资产评估机构及其成员从事证券期货中介业务的资格并监管其相关的业务活动。

11. 依法对证券期货违法违行为进行调查、处罚。

12. 归口管理证券期货行业的对外交往和国际合作事务。

13. 国务院交办的其他事项。

中国证券登记结算有限责任公司

中国证券登记结算有限责任公司成立于2001年3月30日，是经国务院同意，中国证监会批准，依据《证券法》和《公司法》组建的沪、深两市唯一一家证券登记结算机构。公司实行董事会领导下的总经理负责制。公司总部设在北京，设有上海、深圳两个分公司。中国证监会是公司的主管部门，公司业务接受中国证监会的领导、监督和管理。

一、公司宗旨和发展目标

公司的宗旨是，建立一个符合规范化、市场化和国际化要求，具有开放性、拓展性特点，有效防范市场风险和提高市场效率，能够更好地为我国证券市场未来发展服务的集中统一的证券登记结算体系。公司的经营范围是：证券账户和结算账户的设立和管理、证券登记与过户、证券托管与转托管、证券和资金的清算与交收、受发行人委托办理证券权益分配等代理人服务、因特网信息服务以及中国证监会批准的其他业务。

按照中国证监会的要求和公司发展战略，公司研究拟定了证券登记结算业务整合和未来发展规划，主要目标是：

（一）在业务制度建设方面，形成以证券账户管理、登记、托管及结算四大规则为核心，包括业务规则、业务流程和具体操作手册三个层次的、有机衔接的完整的制度体系。

（二）在业务整合方面，实现沪深分公司按照统一、完善的业务标准运作，计算机系统相互连通，形成统一业务平台。

（三）在基础技术建设方面，一是要建立公司广域网系统，实现京、沪、深三地网络互联；二是要建立证券登记结算数据处理中心；三是要加强完善集中统一的登记结算计算机系统。

（四）在风险控制方面，建立一套切实可行的风险控制体系，对风险实行事前防范、事中监控及事后化解，确保证券登记结算系统安全平稳运行。

（五）在新系统建设方面，建立一个开放的，能为不同证券及衍生品种和不同交易系统服务的，符合规范化、国际化要求的，集中统一的证券登记结算系统，以适应证券市场未来发展需要。

（六）在组织体系建设方面，建立公司总部及上海、深圳分公司三地一体的组织架构，由公司对分公司实行授权经营，规范公司总部对分公司的行政管理和业务管理，建立一整套完善的办公、财务、人事等内部管理制度。

（七）日常业务运行管理工作目标是在保证日常业务安全平稳运行的基础上，配合并保证中国证监会有关证券市场重大改革措施的贯彻落实，满足证券市场发展对登记结算系统的功能需求。

二、2003年证券登记结算综述

（一）开户代理机构、开户代办点、期末账户数增加。

截止到2003年底，沪市A股账户开户代理机构132家，比上年增加14家；A股账户开户代办点2,714个，比上年增加252个；B股账户开户代理机构数162家，比上年增加19家。深市A股账户开户代理机构116家，比上年增加15家；A股账户开户代理网点3,237个，比上年增加378个。

2003年底沪深两市共有账户6,981.25万户，比上年增加139.42万户，增长2.04%。其中，A股账户6,803.53万户，比上年增加134.39万户，增长2.02%；B股账户157.49万户，比上年增加3.54万户，增长2.30%；封闭式基金账户20.23万户，比上年增加1.49万户，增长7.95%。

2003年沪深两市新增开户数142.27万户，较上年减少93.98万户、下降39.78%。其中，新开A股账户137.14万户，较上年减少92.04万户、下降40.16%；新开B股账户3.62万户，较上年减少2.47万户、下降40.56%；新开封闭式基金账户1.51万户，较上年增加0.53万户、增长54.08%。

（二）集中交易过户笔数、金额增加；非集中交易过户笔数虽减少，但过户金额增加。

2003年由中国结算处理的集中交易过户总笔数为69,197.23万笔，比上年增加11.02%；过户金额300,103.86亿元，比上年增加73.67%。2003年非集中交易过户1.76万笔，比上年减少89.74%；过户金额2,505.65万元，比上年增加67.35%。

（三）登记托管的证券品种日益丰富、数量不断增加。

截止到2003年末中国结算共登记托管了1,523只证券，比上年增加了93只。其中，A股1,271只，比上年增加64只；B股111只，比上年减少1只；国债40只，比上年增加8只；企业债24只，比上年增加8只；可转债23只，比上年增加14只；封闭式基金54只，与上年持平。

2003年中国结算登记存管的所有证券面值为10,953.95亿元，比上年增加17.40%。其中，A股5,843.43亿元，比上年增加9.23%；B股180.39亿元，比上年增加4.73%；国债3,543.59亿元，比上年增加30.22%；企业债364.06亿元，比上年增加76.44%；可转债205.48亿元，增加220.86%；封闭式基金817亿元，与上年持平。

2003年末登记存管证券总市值为47,311.37亿元，比上年增加11.8%。其中，A股市值41,686.95亿元，比上年增加10.32%；B股市值880.89亿元，比上年增加9.38%；国债市值3,478.83亿元，比上年增加23.95%；企业债市值367.01亿元，比上年增加63.11%；可转债222.20亿元，比上年增加241.74%；封闭式基金市值675.49亿元，比上年增加7.26%。

（四）结算总额较上年减少。

受市场因素影响，中国结算的结算总额较去年有所减少。2003年结算总额为326,533.54亿元，比上年减少23.25%。其中，人民币结算总额为324,811.6亿元，比上年减少23.33%；美元结算总额为68.63亿元，比上年减少45.48%；港元结算总额为1,082.76亿元，比上年增加58.37%。

（五）开放式基金系统和业务有一定发展。

2002年8月4日中国结算开放式基金登记结算系统正式上线运行；同年8月12日该系统开始为投资人办理基金账户注册业务；8月15日，正式开始受理投资者认购融通新蓝筹基金的业务。2003年开放式基金系统和业务有了一定发展，代理了天同180指数基金、海富通精选证券投资基金、长盛债券增强基金发行和相关基金的权益分派以及日常申购和赎回涉及的登记结算业务。截止到2004年1月2日与中国结算开放式基金系统联网的销售代理人已有22家，开放式基金账户数达125,102户。

（六）证券结算风险得到了有效化解。

2003年鞍山证券等5家证券公司的撤销和关闭，给证券结算系统带来很大风险。通过对高风险证券公司实施最低结算备付金比例调整，对债券回购风险采取债券的转移占有、回购标准券折算率调整等一系列风险管理措施，证券结算系统的风险得到了有效控制和化解。

三、2004年登记结算系统展望

2004年证券登记结算系统将继续发挥其基础性作用，保持平稳运行和良性发展。一是证券登记结算规则将进一步建立和健全，登记结算系统运行将更加规范；二是结算参与人制度将逐步建立，风险管理措施将不断完善；三是登记结算系统功能将进一步拓展，继续支持证券市场的制度创新和产品创新；四是技术系统将不断升级和优化，服务质量将进一步提高。

关于落实《客户交易结算资金管理办法》及其《通知》有关问题的问答

问：商业银行申请存管银行资格的基本程序？

答：商业银行应首先持《客户交易结算资金存管业务资格申请表》，由其人民银行监管行在“人民银行的监管意见”一栏出具该银行是否0具有“充分的抗风险能力和良好的经营业绩”的监管意见并盖章。并根据《客户交易结算资金管理办法》（证监会主席3号令）（以下简称3号令）第二十五条和《关于执行<客户交易结算资金管理办法>若干意见的通知》（证监发［2001］121号）（以下简称《通知》）中“客户交易结算资金存管银行类别”一节的要求将相应的文件报到证监会。证监会机构部统一对外收取商业银行的申请材料，并根据银行申请存管业务的不同类别，由机构部和市场部分别对申请材料进行审核。机构部和市场部无异议后，通知信息中心。由信息中心通知商业银行开始进行系统测试(除在建立系统时有技术问题，各商业银行不要主动向证监会信息中心提出系统测试)，测试合格后，该商业银行即要获得相应的存管业务资格。

问：证监会何时开始受理商业银行的存管业务资格申请？

答：从10月24日开始正式受理商业银行的申请材料。证监会力争在11月20日之前，最迟不超过12月1日通过证监会指定报刊向社会公布各类存管银行名单。

问：证监会是否受理商业银行分行的申请？

答：不受理。证监会只受理商业银行总行的申请。

问：证监会对商业银行的客户交易结算资金专户报备和统计系统有何具体要求？

答：我们的要求是存管银行应能够及时准确地从其下属各营业分支机构，将各类保证金专户向证监会报备，将证券公司及营业部的保证金余额经银行总行汇总后向证监会报送。证监会不接受存管银行各分支机构的报送材料。对于一家全国性的大银行来讲，可能需要一个计算机系统对下属所有营业分支机构的保证金专户及余额进行汇总和整理，并向证监会的保证金监控系统报送；对于一家地方性的小商业银行来讲，可能只有几家证券公司的营业部在其存放保证金，这就不需要一个计算机系统对专户和资金余额进行统计，可能只需要简单的手工统计。因此我们虽然对商业银行内部的报备和统计系统提出了原则性的要求，但我们不进行过多的实质性审查。从另一个角度讲目前只要商业银行能够及时准确地将专户及保证金数据通过我会的监控系统报送上来，也就达到了要求。

问：如何申请存管银行业务类别，是一类一类的申请，还是只申请一类，以下各类自然获得？

答：存管银行分为营业部存管银行、法人存管银行、结算银行和主办存管银行，它们的结构有些象金字塔，越向上功能越多，因此获得一类存管银行的资格后，自然就获得这类银行资格以下的各类存管银行资格。但银行在申请业务资格的时候一定要注意：要按自己的实际条件申请存管银行的业务类别。因为这次时间很紧，如果申请的类别超过其实际情况，被证监会拒绝，从而进不了第一批存管银行名单，由此造成的损失由银行自担。

问：目前依据3号令设计的报送系统，所有的保证金数据均报到证监会，派出机构如何对券商(包括异地证券公司在本辖区内的证券营业部)进行保证金挪用情况的监管？

答：由于券商是全国性的，商业银行是全国性的，所以保证金专户必须有一个集中的数据库。所以3号令中要求所有的报备数据统一上报中国证监会。关于与各地有关的监管数据，我会将根据我会与各派出机构的联网情况，发给有关派出机构。

问：由于开办银证通业务，在证券公司没有营业部的异地银行是否可以开设过渡性非报备的“客户交易结算资金专用存款账户”？

答：不可以。这个要求既不符合3号令，又不符合人民银行关于开设账户的规定。关于银证通业务开设异地账户的问题将在将来银证合作的政策中解决。

问：信托投资公司如何贯彻3号令及《通知》？

答：3号令第四十条规定“信托投资公司证券业务客户交易结算资金的管理参照本办法执行”。长期以来证监会都要求信托投资公司的证券业务要分账管理，证券业务要按证监会的要求开展，必须实行法人集中清算等。如果这些要求都能做到，信托落实3号令的证券公司落实3号令并没有实质的区别。从另一角度上讲，人民银行和证监会都要求信托的证券业务必须在今年年底前全部分业结束，如果信托严格按这个政策执行，这个问题也就不存在了。

问：证券公司原存入城市信用社的股民保证金应如何报备？

答：只能获得保证金存管业务资格的商业银行才能吸收保证金存款，或者说券商只能将保证金存入获得存管业务资格的商业银行。各证券经营机构要将原存放在各类金融机构的保证金存款，按《通知》的要求，在存管银行名单公布后，将保证金全部转移到有资格的存管银行。同时，在有资格的存管银行范围内，证券公司要尽量避免保证金存款的搬家。

问：商业银行报送的“商业银行客户交易结算资金存管业务资格申请表”上，当地人行的监管意见栏中，是当地人民银行监管行盖章，还是当地人民银行监管行的相应的监管处室盖章？

答：全国性商业银行由人民银行总行向证监会出具推荐函，其它商业银行由九大区行出具推荐函。推荐函不可以由人民银行的相关的业务处室出具。

问：证券营业部是否可以选择多家存管银行？

答：证券公司可以选择多家营业部存管银行，证券营业部应在公司总部选择的营业部存管银行的范围内存放保证金。

问：3号令第三十八条规定，证券公司应当按照3号令的要求制定客户交易结算资金操作办法和规程，报证监会备案。请问有无时间规定，是直接报中国证监会还是报证监会各地派出机构？

答：3号令的生效日是2002年1月1日，这也就是时间规定。证券公司总部和营业部应将客户交易结算资金操作办法和规程报所在地证监会各派出机构备案。

问：3号令实施后，券商的自有资金和保证金分户管理。如果券商因债务纠纷等原因，自有资金账户可能被法院冻结。对于这种情况，证监会有无指导性建议？

答：《证券法》要求券商的自有资金账户和保证金账户要分开设立，但实际工作中许多券商都没有这样做。一旦出现债务纠纷，法院冻结券商的账户时，可能同时冻结保证金账户，造成证券市场极大的风险。3号令要达到的一个政策目标就是要防止这种情况的发生。

问：是否申请取得了“证券公司主办存管银行资格”就自动获得了结算银行资格，而无必要先取得“结算银行资格”再申报“主办存管银行资格”？

答：是。

问：根据3号令第七条的规定，营业部的存管银行是否一定是证券公司法人的存管银行的分支机构？

答：不是这样。法人存管银行是指可以吸收证券公司总部的保证金的银行，而营业部存管银行只可以到证券公司的营业部吸收保证金。例如，A商业银行有法人存管行资格，B商业银行只有营业部存管行资格，甲证券公司选择了A商业银行为其法人存管行，选择了B商业银行为其营业部存管行，那么甲证券公司总部的保证金可以放在A商业银行，甲证券公司的营业部可以将保证金同时放在A商业银行和B商业银行。

问：请简要叙述一下证券公司在主办存管银行开设的自有资金专用存款账户的功能？

答：券商开在主办存管银行的自有资金专用存款账户有

两个功能，一是证券公司通过该账户完成其自营业务与登记结算公司之间的的结算资金的往来汇划，二是证券公司的各类合法收入，例如佣金等收入从保证金专户中划出后，通过清算备付金账户，划入该账户。对于综合类证券公司来说，这两个功能同时具备，对于经纪类证券公司（包括信托投资公司）来说，只有后面一个功能。

为了统一操作程序，《通知》对3号令第十七条第二款经纪类公司从一个固定的客户交易结算资金专用存款账户集中收取佣金等费用和做法进行了改进，统一规定从清算备付金中划拨，3号令第十七条第二款不再执行。通过自有资金专用存款账户，形成了证券公司客户资金和自有资金划拨的唯一通道，是监控证券公司挪用客户资金的重要环节。

问：对于有挪用保证金的证券公司，如果实行3号令后，仍无法足额将保证金专存，同时，证券公司又无其他自有资金的情况下，证券公司如何支付其日常经营费用？

答：这个问题可能是含了两个问题。首先是这个券商对3号令是什么仍不太理解。可以说3号令和券商归还已挪用的保证金不是一回事。3号令是要在证券公司、存管银行、登记公司和证监会之间建立一个大系统，通过这个系统对保证金进行监控，达到防止挪用保证金的目的。3号令实施后，券商是把现有的保证金全部存入存管银行专户。例如一个券商有1亿元保证金，挪用了2千万，那么他就将这8千万存入存管银行专户，2千万的缺口要如实报告，并制定归还计划逐步归还。至于公司的日常经营，该公司可以通过变现资产、增收节支等办法来维持。

问：商业银行上报的申请材料中关于"相应的业务部门和人员"，是将所有涉及的业务部门报上，还是只涉及管理部门？

答：设置这一条件的目的是要保证证监会在需要了解有关券商的保证金情况下，证监会可以随时找到有关存管银行的相关业务部门和主要负责人。因此商业银行应将与保证金有关的业务部门和主要负责人、主要业务人员和名单和联系方式上报。

问：地方商业银行具备哪类存管银行资格？

答：不是地方商业银行具备哪类存管银行资格，而是一家商业银行符合了哪类存管银行资格的条件。在《通知》中我们将存管银行细化成四类，之所以这样做是因为保证金与一般存款还是有一些区别。保证金的流动性很大，股民的心态与一般存款者的心态差异也很大，这就导致保证金的风险比一般存款的风险高得多，所以我们只能让资产规模较大、资产质量较好的商业银行成为法人存管银行，以保证保证金的安全，同时也保证那些资产规模小、资产质量较差的商业银行的安全。至于清算行和主办行则由于要担任清算和对券商全国性资金划拨的要求，对其规模、网点分布提出了更高的要求。

问：商业银行直接向证监会申报还是通过证监会各派出机构？

答：由于落实3号令的时间十分紧迫，所以这次统一直接上报给证监会。

问：申报存管银行资格时，所填申请表中的数据（如存款余额、资本金等）的截止时间？

答：以去年审计年报为准。

问：证券营业部在一家存管银行只能有一个保证金专户。如果目前在同一家存管银行的两个分行都有保证金，是否合并？

答：是。

问：3号令和《通知》内容是否包括美元和港币？

答：3号令及其《通知》均不包括B股资金问题。

问：3号令实施后，用于回购抵押的国债标准券是否按股东账号分为客户部分和自有部分？

答：请见《通知》第三部分第（五）条。

问：《通知》第二部分第十条要求客户转账时证券公司应向银行提供证明该转账确系按客户要求办理的文件，该文件具体指什么？

答：最好是客户划款指令的复印件，包括客户指示的划款金额、收款账户、客户签名、日期等要素，如果商业银行有更明确的要求，应适用商业银行的规定。

问：证券公司的地区业务总部没有专门的工商登记，在管理中需要对下属证券营业部进行资金管理，是否业务总部也可以设立客户交易结算资金存管专户？

答：证券公司的业务总部只履行管理职能，不可以开展经营性行为，并且根据人行账户的管理的规定，未进行工商登记，不可以开设经常性的银行账户，从公司法人管理的角度来讲，也不必由地区总部对客户资金进行中间层次的管理。因而，证券公司地区业务总部不能设立客户交易结算资金存管专户，其对下属营业部的资金管理可以通过检查会计账目等手段来完成。

问：证券营业部是否可在多家银行开立多个自有资金存款账户？

答：3号令对证券公司及其证券营业部开立非专用自用资金账户没有规定，证券公司及证券营业部可自主决定非专用自有资金账户的设立，用于自有资金的划拨及经营费用的支付等，但证券公司在开立此类账户时应遵循人民银行、财政部的有关规定。

问：《通知》给出的计算证券公司是否挪用客户交易结算资金的公式中，抵减项目包括交易保证金，是不是意味着交易保证金可以由客户结算资金全额垫付？

答：《通知》给出的计算证券公司公司是否挪用客户交易结算资金的公式，是针对实现客户资金与自有资金分开存放后的特点而给出的，抵减项目中的交易保证金在证券账户分开后，根据证券公司自营及经纪业务的交易量计算后分别从证券公司自有清算备付金及客户清算备付金中扣取。

问：《通知》给出的计算证券公司是否挪用客户交易结算资金的公式中，抵减项目为什么不包括现金？

答：主要原因有两个：①银证转账技术已相当普及，绝大多数证券营业部均已取消了现金柜台；②为了促进证券营业部管理水平，减少现金的使用。对于仍大量使用现金存取的营业部，应尽早改进管理，升级技术系统。

问：证券公司总部内设机构可开哪些报备账户？

答：根据3号令及《通知》，对于综合类证券公司开展的受托投资（原称资产管理）业务，客户委托资金的存管应遵守3号令及《通知》的规定，即证券公司内部负责受托投资的部门，其收到的客户受托资金应该存放于已报备的客户交易结算资金专户中。除经纪及受托投资业务外，证券公司目前暂无接受客户资金的业务，因而公司其他内设机构不可开报备账户。

问：如果公司日常受托投资业务视同经纪业务核算，在上报数据时是否区分？

答：必须指出，受托投资业务视同经纪业务核算是极端错误的，是不遵守《证券公司会计制度》的行为，这样做的公司必须纠正。证券公司在上报数据时，对于经纪业务收到的代买卖证券款必须与受托投资业务收到的受托资金进行区分。

问：《通知》第二部分第十九条关于银证合作，开设的过渡性账户，规定交收日必须清零，部分证券公司现在的技术模式可能做不到，是否可以不清零？

答：银行通过过渡性账户冻结储户的证券交易结算资金，资金交收日清零，是目前最有利于保护客户利益的客户交易结算资金管理模式，但由于实施范围较小，还不便于推广使用。对于已采取类似模式，但未实现资金交收日清零的证券公司，应与所合作的银行协商，改进技术方式，实现交收日资金清零。

问：经纪业务与自营业务的资金旬否要求每天统计？

答：目前要求以月为单位报送有关数据，但周期可能缩短，从做账的角度也说也需要日清月结，因而，证券公司应每天对经纪业务与自有资金做统计。

问：自营业务在3号令实施前在营业部开设资金账户及股东账户，清算数据通过营业部回到自营账户，问在3号令自营业务实施后是否需要在营业部开立资金账户？交易数据是否通过营业部完成，清算数据是否传送到营业部？

答：3号令实施后，证券公司应向证监会及结算公司报备自营证券账户，至于某个自营证券账户在哪个席位上，则不作要求，因而3号令实施后对证券公司自营证券的分散管理模式并无影响，清算数据仍按现在的模式发送。但证券公司应根据成本效益原则，适当对自营证券业务进行集中管理，如把自营证券集中在少数席位上，以简化内部核算。

问：营业部遇到头寸不足时，以在客户提款时以自有资金垫付的部分，如何划回？

答：证券公司对应对所属证券营业部的客户资金集中管理，根据经验数据确定证券营业部应上划总公司的客户资金，并建立高效的内部资金汇划渠道，对大额提款采取预约制度，防止出现头寸不足现象，避免以自有资金垫付客户资金。3号令未规定垫付资金的划回渠道。

问：客户交易结算资金专用存款账户在转账及提现上有哪些限制？

答：根据《3号令》及《通知》，证券公司及下属证券营业部可以分别开立客户交易结算资金专用存款账户，所开立账户的商业银行必须具备相应的存管业务资格。

在转账方面，按申请转入账户是否属于同一证券公司，客户交易结算资金专用存款账户的使用及限制如下：

1、申请转入账户为同一证券公司的客户交易结算资金专用存款账户、或在登记公司的清算备付金账户，存管银行的操作人员在确认转入账户性质后，即可办理转账。申请转入账户为同一证券公司已报备的“自有资金专用存款账户”或未报备的自有资金账户，商业银行均不应受理。

2、申请转入账户不是同一证券公司的账户，则只能是证券公司或营业部为客户转账，则其应提供该转账系按客户要求办理的证明文件，不论申请转入的账户是客户自已的账户，还是其他证券公司的客户交易结算资金专用存款账户、自有资金专用存款账户。如果证券公司不能提供证明文件，则商业银行不应受理。

在提现方面，主要是指证券公司或证券营业部的客户交易结算资金账户向居民储蓄存折、信用卡转账，不是单纯意义上的提取现金，证券公司在业务中应尽量采取银证转账等方式，减少现金的使用，在与客户的资金往来上要坚持“支票进、支票出，现金进、现金出，存折进、存折出”的原则。另外，客户交易结算资金专用存款账户的提现业务，还要遵守人民银行账户及现金管理的有关规定。

商业银行申请存管银行资格数据报送的测试流程

一、发送测试申请

E—mail：ling3@csrc. gov. cn

邮件内容：银行名称、测试联系人、联系电话、手机、电子邮件、3家证券公司或营业部名称、证券公司或营业部账户

二、测试内容

进入 www. csrc. gov. cn，点击“机构部”，点击“落实《客户交易结算资金管理办法》专栏”，再点击“商业银行及结算公司专户报送界面”进入系统。

1、申请新用户。其中“真实姓名”一项为填报人的真实姓名，“权限”一项为多选，各银行把自己申请的银行资格全部选上，例如申请主办存管银行，虽然业务上自动包含了营业部和法人存管银行资格，但是在申请时要把包含的资格全部选上。申请新用户后，需等待证监会的批准，各银行可以通过“申请新用户”中的“查询用户状态”来了解是否被批准；

2、填写银行信息。申请新用户被批准后，银行就可以通过用户名和口令进入报送系统。进入系统第一件事是填写本单位信息，如果银行有多名用户，单位信息只填写一次即可，单位信息中的注册资本等三项金额类数据精确到元即可；

3、报送选定的证券公司或营业部账户信息。报送格式有网页报送和文件报送两种方式，由各单位自行选择。测试时，开户公司名称前加测试两字，例如“测试大鹏证券公司”，开户行是申请银行及分支机构的完整名称，如“中国工商银行北京市分行XX支行”，开户行代码为银行总行代码，开户公司代码为证券公司代码，证券公司代码可在专栏中找到。报送账号后，必须等待证监会的审核才能进行账户金额报送，可以通过“查询本单位账号申请状态”来查询报送账号的审核情况；

4、报送账户金额。所报账号被批准后就进入资金信息报送。选择定期报送，日期一项填写“200201”，各银行根据情况选择网页报送或文件报送即可。

中国证监会发行监管部保密工作守则

根据《中华人民共和国保守国家秘密法》及其《实施办法》，为做好我部保密工作，特规定如下：

一、秘密的范围、密级和保密期限

（一）机密事项

1、未公开的党和国家领导人对证券工作的重要批示和指示，保密期限为收到指示至可公开指示；

2、未公开的对有关证券市场有较大影响的政策、措施，保密期限为拟定方案至公开实施；

3、报国务院的涉及证券工作的请示、建议，保密期限为拟定请示、建议至公开实施。

（二）秘密事项

1、会领导对发行工作及相关事项的批复中未予公开的内容，保密期限为批复下达至对外公开。

2、正在讨论，尚未公布的政策性规定，保密期限为开始讨论至正式公布。

3、发行监管部、部务会、反馈意见会、预审会及需保密的各类会议的讨论过程。会议讨论过程的保密期限为永久。

4、企业申报材料，保密期限为收到申报材料至刊登招股说明书和发行公告。

5、每次发审会议的讨论过程、会议记录及会议纪要。会议纪要的保密期限为撰写纪要至正式给企业下达文件，其余事项的保密期限为永久。

6、发行监管部办文及签报的内容及办理过程，保密期限为开始拟文至文件正式公布或签报内容经批准可以公开。

7、举报信的内容及办理情况，案件的查处情况，保密期限为受到举报信至处理结果可以公开。

8、需保密的文件，在计算机内必须加设密码。

(三)已标注密级由我部负责处理、协办、会签的文件，按相应密级规定处理。

二、正在办理中的涉密文件，应注意保密，下班前应锁入抽屉。办理完毕后，除需归档留存的原稿及有关签报交文件专管员存档外，其余稿件应予销毁。销毁文件须用碎纸机粉碎，或放于文件室内的销毁文件箱中。凡起草中的文件及签报一律不得带出办公场所。

三、借阅或因外出开会、调查而确有必要带出设密级文件的，应经部领导批准，并在文件管理员处登记，使用中应妥善保管，使用完毕后及时交还。

四、未经批准，不得擅自保留或复印设有密级的文件。

五、保密文件的传阅应严格限定在部领导批示的传阅范围之内。

六、部内工作人员(包括借调人员)应认真学习《保密法》、《实施办法》及《国家工作人员保密守则》，自觉遵守保密规定，切实做到不该问的不问，不该听的不听，不该看的不看，不该说的不说，不该记的不记。若出现泄密事件，将按有关法规和纪律对相关责任人进行严肃处理。

中国证监会发行监管部来访接待制度

一、接待来访者应热情礼貌，清茶一杯。

二、来访者在接待室填写来访登记表(附后)后，利用接待室备置的内线电话机，根据张贴在接待室的发行监管部工作人员电话表，与发行监管部工作人员联系。

三、发行监管部工作人员，应在接待室接待来访者，不得在办公室内或会外接待与发行上市有关的人员。

四、对同一来访者，原则上应有俩名或俩名以上的发行监管部工作人员同时接待，并做好接待记录，填写来访登记表。

五、接待完毕后，接待人员应将来访登记表交综合处保管，综合处根据情况报部领导或转有关处办理。

六、报送材料的来访者由综合处负责接待；有关部委、地方政府、驻各地证管办、两证券交易所领导来访，由部领导主任接待；要求见会领导的来访人员介绍其到办公厅秘书处；上访投诉人员转稽查局信访处接待；新闻媒体、咨询机构的来访者应介绍其到办公厅新闻处，未经办公厅同意，不得接待或接受采访；未预约的境外来访者转国际合作部安排；来访者的目的与本部职责无关的，应介绍其到相关的部门。

第二节　国务院国有资产监督管理委员会

国务院国有资产监督管理委员会

国务院国有资产监督管理委员会是根据第十届全国人民代表大会第一次会议关于国务院机构改革方案的决定成立，将按照政企分开以及所有权和经营权分离的原则，代表国家履行出资人职责，依法对企业的国有资产进行监管，指导推进国有企业改革和重组，对中央企业负责人进行任免、考核和奖惩，并对地方国有资产管理进行指导和监督。

国务院国有资产监督管理委员会主要职责：

(一)根据国务院授权，依照《中华人民共和国公司法》等法律和行政法规履行出资人职责，指导推进国有企业改革和重组；对所监管企业国有资产的保值增值进行监督，加强国有资产的管理工作；推进国有企业的现代企业制度建设，完善公司治理结构；推动国有经济结构和布局的战略性调整。

(二)代表国家向部分大型企业派出监事会；负责监事会的日常管理工作。

(三)通过法定程序对企业负责人进行任免、考核并根据其经营业绩进行奖惩；建立符合社会主义市场经济体制和现代企业制度要求的选人、用人机制，完善经营者激励和约束制度。

(四)通过统计、稽核对所监管国有资产的保值增值情况进行监管；建立和完善国有资产保值增值指标体系，拟订考核标准；维护国有资产出资人的权益。

(五)起草国有资产管理的法律、行政法规，制定有关规章制度；依法对地方国有资产管理进行指导和监督。

(六)承办国务院交办的其他事项。

国务院国有资产监督管理委员会机构设置：

办公厅(党委办公室)
政策法规局
业绩考核局
统计评价局
产权管理局
规划发展局
企业改革局
企业改组局(全国企业兼并破产和职工再就业工作办公室)
企业分配局
监事会工作局(国有企业监事会工作办公室)
企业领导人员管理一局
企业领导人员管理二局
党建工作局(党委组织部)
宣传工作局(党委宣传部)
群众工作局(党委群众工作部、党委统战部)
研究室
外事局
人事局
国资委纪委、监察部驻委监察局
机关服务管理局(离退休干部管理局)
机关党委

国务院国有资产监督管理委员会领导介绍：

主任、党委副书记　李荣融
党委书记副主任　李毅中
副主任　王瑞祥　副主任　吴晓华　副主任　黄淑和
副主任　王勇　副主任　邵　宁　纪委书记　黄丹华

国务院国有资产监督管理委员会主任、党委副书记

李荣融：男，1944 年出生于江苏苏州市，1968 年 7 月参加

工作，中共党员，大学学历，高级工程师。1963年后在天津大学化学工程系电化学工学专业学习，1968年后任工人、车间主任、副厂长、厂长。1986年后任江苏省无锡市经济委员会副主任、轻工业局局长、计划委员会主任，江苏省计划经济委员会副主任。1992年6月后调国务院生产办公室生产计划局工作，1992年8月后任国务院经济贸易办公室对外经济合作司副司长，国家经济贸易委员会技术改造司司长、秘书长、副主任、党组成员。1998年后任国家发展计划委员会副主任、党组成员。1999年12月后任国家经济贸易委员会副主任、党组副书记。2001年2月经九届全国人大常委会第二十次会议通过，任命为国家经济贸易委员会主任、党组书记。现任国务院国有资产监督管理委员会主任、党委副书记。中共第十六届中央委员。

分管工作：对国资委的工作负主要责任，是第一责任人。李毅中同志出差外地时，主持国资委党委工作。分管办公厅（党委办公室）、规划发展局、人事局。

国务院国有资产监督管理委员会党委书记、副主任

李毅中：男，1966年7月北京石油学院炼油工程专业毕业，教授级高级工程师。1967年7月参加工作，历任工人、技术员、车间副主任、主任、副总工程师、厂长；1984年12月至1987年7月，任原中国石油化工总公司齐鲁石化公司经理；1987年7月至1997年8月，任原中国石油化工总公司副总经理、常务副总经理、党组副书记；1997年8月至1998年4月，任中国东联石化集团有限责任公司董事长、总经理、党组书记，兼任仪征化纤股份有限公司董事长；1998年4月起任中国石油化工集团公司总经理、党组书记，2000年2月任中国石化股份有限公司董事长。现任国务院国有资产监督管理委员会党委书记、副主任。中共第十四、十五届中央候补委员，中共第十六届中央委员。

分管工作：主持国资委党委工作。分工国资委常务工作。李荣融同志出差外地时，主持国资委工作。分管业绩考核局、统计评价局、产权管理局。

国务院国有资产监督管理委员会副主任

王瑞祥：男，1948年4月出生于山东蒙阴，中共党员，研究生学历，高级政工师。1965年8月至1969年12月在黑龙江交通学校学习，1983年9月至1986年8月在中央党校党政干部班学习（脱产）。历任：黑龙江航运局团委书记，黑龙江航运局黑河航运局副局长、局长兼党委书记，黑龙江航运局党委副书记兼纪委书记，中国公路桥梁建设总公司党委副书记兼纪委书记，交通部直属机关党委副书记兼纪委书记，中央国家机关工委委员兼办公室主任、企业工作部部长，中央国家机关工委副书记，中央企业工委副书记。现任国务院国有资产监督管理委员会副主任、党委委员。

分管工作：分管宣传工作局（党委宣传部）、群众工作局（党委群众工作部、党委统战部）、机关党委。

国务院国有资产监督管理委员会副主任

吴晓华：男，江苏武进人，1945年12月出生，大学学历，高级工程师，中共党员。1963年9月至1968年12月，在中国科学技术大学技术物理系学习，大学毕业后在山西省平陆县林场、农机厂劳动锻炼、工人。1973年3月后历任广西桂林电器科学研究所技术员、工程师；机械工业部电器工业局副处长、机械电子工业部第一装备司处长、副司长；西安电力机械制造公司党委常委、副总经理；机械工业部重大装备司司长；中国机械设备进出口总公司党组书记、总经理；国家机械工业局党组书记、局长；中共中央企业工作委员会副书记。2003年3月任国务院国有资产监督管理委员会副主任、党委委员。

分管工作：分管国有重点大型企业监事会、监事会工作局（国有企业监事会工作办公室）、信息中心、监事会工作技术研究中心。

国务院国有资产监督管理委员会副主任

黄淑和：男，1954年10月出生于广东紫金，毕业于中山大学中文系文学专业，中共党员。1978年7月参加工作，工作后历任：国务院办公厅信访局干部、办公室副主任；中共中央办公厅、国务院办公厅信访局研究室副主任；国务院办公厅副处级、正处级、副司级秘书。国务院经济贸易办公室政策法规司副司长。国家经济贸易委员会经济法规司副司长、司长，办公厅主任，副秘书长兼机关服务管理局（离退休干部管理局）局长，党组成员。国家经济贸易委员会副主任、党组成员。现任国务院国有资产监督管理委员会副主任、党委委员。中共第十六届中央纪律检查委员会委员。

分管工作：分管政策法规局、研究室、外事局、机关服务管理局（离退休干部管理局）、中国经济出版社和行业协会工作。

国务院国有资产监督管理委员会副主任

王勇：男，1955年出生，1969年8月参加工作，1974年8月加入中国共产党，研究生学历，研究员。现任国务院国有资产监督管理委员会副主任、党委委员。

分管工作：协助分管企业领导人员工作。分管企业领导人员管理一局、企业领导人员管理二局、党建工作局（党委组织部）、培训中心。

国务院国有资产监督管理委员会副主任

邵宁：男，1952年7月出生，籍贯浙江杭州，中共党员，硕士研究生毕业。1969年1月在陕西省延安县插队，1978年4月考入清华大学机械工程系，取得工学学士和硕士学位。毕业后到国家经委办公厅、综合局工作。1988年机构改革后任国家计委综合司副处长、经济研究中心综合组副处长、处长，宏观经济研究院综合研究部副主任。1996年调国家经贸委任企业司副司长、司长，企业改革司司长，国家经贸委副秘书长。2003年5月任国务院国有资产监督管理委员会党委委员、副主任。

分管工作：分管企业改革局、企业改组局（全国企业兼并破产和再就业工作办公室）、企业分配局、经济研究中心。

国务院国有资产监督管理委员会纪委书记

黄丹华：女，1958年1月出生于四川成都，中共党员。1975年参加工作，四川成都温江县金马乡知青，1982年毕业于成都中医药大学医学系，1997年获得四川大学经济学硕士学位，历任：成都中医药大学医学系政治辅导员、团总支书记，成都中医药大学团委副书记，共青团成都市委副书记，共青团四川省委副书记、党组副书记兼直属机关党委书记、四川省青年联合会副主席、主席、四川省政协七届常委、四川省人大八届常委、共青团十三届中央委员；共青团四川省委书记、党组书记、共青团十三届中央常委；中共四川绵阳市委副书记；共青团中央书记处书记兼直属机关党委书记、中华全国青年联合会副主席、常务副主席。现任国务院国有资产监督管理委

员会党委委员、纪委书记。中共第十六届中央纪律检查委员会委员。

分管工作：主持国资委纪委工作。分管国资委纪委、监察局。

第三节　中国人民银行

中国人民银行

中国人民银行是1948年12月1日在华北银行、北海银行、西北农民银行的基础上合并组成的。1983年9月，国务院决定中国人民银行专门行使国家中央银行职能。1995年3月18日，第八届全国人民代表大会第三次会议通过了《中华人民共和国中国人民银行法》，至此，中国人民银行作为中央银行以法律形式被确定下来。

根据第十届全国人民代表大会审议通过的国务院机构改革方案的规定，将中国人民银行对银行、金融资产管理公司、信托投资公司及其他存款类金融机构的监管职能分离出来，并和中央金融工委的相关职能进行整合，成立中国银行业监督管理委员会。

随着社会主义市场经济体制的不断完善，中国人民银行作为中央银行在宏观调控体系中的作用将更加突出。根据2003年12月27日第十届全国人民代表大会常务委员会第六次会议修正后的《中华人民共和国中国人民银行法》规定，中国人民银行的主要职责为：

（一）起草有关法律和行政法规；完善有关金融机构运行规则；发布与履行职责有关的命令和规章。

（二）依法制定和执行货币政策。

（三）监督管理银行间同业拆借市场和银行间债券市场、外汇市场、黄金市场。

（四）防范和化解系统性金融风险，维护国家金融稳定。

（五）确定人民币汇率政策；维护合理的人民币汇率水平；实施外汇管理；持有、管理和经营国家外汇储备和黄金储备。

（六）发行人民币，管理人民币流通。

（七）经理国库。

（八）会同有关部门制定支付结算规则，维护支付、清算系统的正常运行。

（九）制定和组织实施金融业综合统计制度，负责数据汇总和宏观经济分析与预测。

（十）组织协调国家反洗钱工作，指导、部署金融业反洗钱工作，承担反洗钱的资金监测职责。

（十一）管理信贷征信业，推动建立社会信用体系。

（十二）作为国家的中央银行，从事有关国际金融活动。

（十三）按照有关规定从事金融业务活动。

（十四）承办国务院交办的其他事项。

中国人民银行历史沿革：

人民银行的历史，可以追溯到第二次国内革命战争时期。1931年11月7日，在江西瑞金召开的“全国苏维埃第一次代表大会”上，通过决议成立“中共苏维埃共和国国家银行”（简称苏维埃国家银行），并发行货币。从土地革命到抗日战争时期一直到中华人民共和国诞生前夕，人民政权被分割成彼此不能连接的区域。各根据地建立了相对独立、分散管理的根据地银行，并各自发行在本根据地内流通的货币。1948年12月1日，以华北银行为基础，合并北海银行、西北农民银行，在河北省石家庄市组建了中国人民银行，并发行人民币，成为中华人民共和国成立后的中央银行和法定本位币。

中国人民银行成立至今的五十多年，特别是改革开放以来，在体制、职能、地位、作用等方面，都发生了巨大而深刻的变革。

一、中国人民银行的创建与国家银行体系的建立（1948——1952年）

1948年12月1日，中国人民银行在河北省石家庄市宣布成立。华北人民政府当天发出布告，由中国人民银行发行的人民币在华北、华东、西北三区的统一流通，所有公私款项收付及一切交易，均以人民币为本位货币。1949年2月，中国人民银行由石家庄市迁入北平。1949年9月，中国人民政治协商会议通过《中华人民共和国中央人民政府组织法》，把中国人民银行纳入政务院的直属单位系列，接受财政经济委员会指导，与财政部保持密切联系，赋予其国家银行职能，承担发行国家货币、经理国家金库、管理国家金融、稳定金融市场、支持经济恢复和国家重建的任务。

在国民经济恢复时期，中国人民银行在中央人民政府的统一领导下，着手建立统一的国家银行体系：一是建立独立统一的货币体系，使人民币成为境内流通的本位币，与各经济部门协同治理通货膨胀；二是迅速普建分支机构，形成国家银行体系，接管官僚资本银行，整顿私营金融业；三是实行金融管理，疏导游资，打击金银外币黑市，取消在华外商银行的特权，禁止外国货币流通，统一管理外汇；四是开展存款、放款、汇兑和外汇业务，促进城乡物资交流，为迎接经济建设做准备。到1952年国民经济恢复时期终结时，中国人民银行作为人民共和国的国家银行，建立了全国垂直领导的组织机构体系；统一了人民币发行，逐步收兑了解放区发行的货币，全部清楚并限期兑换了国民党政府发行的货币，很快使人民币成为全国统一的货币；对各类金融机构实行了统一管理。中国人民银行充分运用货币发行和货币政策，实行现金管理，开展“收存款、建金库、灵活调拨”，运用折实储蓄和存放款利率等手段调控市场货币供求，扭转了新中国成立初期金融市场混乱的状况，终于制止了国民党政府遗留下来的长达二十年之久的恶性通货膨胀。同时，按照“公司兼顾、劳资两利、城乡互助、内外交流”的政策，配合工商业的调整，灵活调度资金，支持了国营经济的快速成长，适度地增加了对私营经济和个体经济的贷款；便利了城乡物资交流，为人民币币值的稳定和国民经济的恢复与发展做出了重大贡献。

二、计划经济体制时期的国家银行（1953——1978年）

在统一的计划体制中，自上而下的人民银行体制，成为国家吸收、动员、集中和分配信贷资金的基本手段。随着社会主义改造的加快，私营金融业纳入了公私合营银行轨道，形成了集中统一的金融体制，中国人民银行作为国家金融管理和货币发行的机构，既是管理金融的国家机关又是全面经营银行业务的国家银行。

与高度集中的银行体制相适应，从1953年开始建立了集中统一的综合信贷计划管理体制，即全国的信贷资金，不论是资金来源还是资金运用，都由中国人民银行总行统一掌握，实行“统存统贷”的管理办法银行信贷计划纳入国家经济计划，成为国家管理经济的重要手段。高度集中的国家银行体制，为大规模的经济建设进行全面的金融监督和服务。

中国人民银行担负着组织和调节货币流通的职能，统一经营各项信贷业务，在国家计划实施中具有综合反映和货币监督功能。银行对国有企业提供超定额流动资金贷款、季节性贷款和少量的大修理贷款，对城乡集体经济、个体经济和私营经济提供部分生产流动资金贷款，对农村中的贫困农民提供生产贷款、口粮贷款和其他生活贷款。这种长期资金归财政、短期资金归银行，无偿资金归财政、有偿资金归银行，定额资金归财政、超定额资金归银行的体制，一直延续到1978年，期间虽有几次变动，基本割据变化不大。

三、从国家银行过度到中央银行体制(1979——1992年)

1979年1月，为了加强对农村经济的扶植，恢复了中国农业银行。同年3月，适应对外开放和国际金融业务发展的新形势，改革了中国银行的体制，中国银行成为国家指定的外汇专业银行；同时设立了国家外汇管理局。以后，又恢复了国内保险业务，重新建立中国人民保险公司；各地还相继组建了信托投资公司和城市信用合作社，出现了金融机构多元化和金融业务多样化的局面。

日益发展的经济和金融机构的增加，迫切需要加强金融业的统一管理和综合协调，由中国人民银行来专门承担中央银行职责，成为完善金融体制、更好发展金融业的紧迫议题。1982年7月，国务院批转中国人民银行的报告，进一步强调“中国人民银行是我国的中央银行，是国务院领导下统一管理全国金融的国家机关”，以此为起点开始了组建专门的中央银行体制的准备工作。

1983年9月17日，国务院作出决定，由中国人民银行专门行使中央银行的职能，并具体规定了人民银行的10项职责。从1984年1月1日起，中国人民银行开始专门行使中央银行的职能，集中力量研究和实施全国金融的宏观决策，加强信贷总量的控制和金融机构的资金调节，以保持货币稳定；同时新设中国工商银行，人民银行过去承担的工商信贷和储蓄业务由中国工商银行专业经营；人民银行分支行的业务实行垂直领导；设立中国人民银行理事会，作为协调决策机构；建立存款准备金制度和中央银行对专业银行的贷款制度，初步确定了中央银行制度的基本框架。

人民银行在专门行使中央银行职能的初期，随着全国经济体制改革深化和经济高速发展，为适应多种金融机构，多种融资渠道和多种信用工具不断涌现的需要，中国人民银行不断改革机制，搞活金融，发展金融市场，促进金融制度创新。中国人民银行努力探索和改进宏观调控的手段和方式，在改进计划调控手段的基础上，逐步运用利率、存款准备金率、中央银行贷款等手段来控制信贷和货币的供给，以求达到“宏观管住、微观搞活、稳中求活”的效果，在制止“信贷膨胀”、“经济过热”、促进经济结构调整的过程中，初步培育了运用货币政策调节经济的能力。

四、逐步强化和完善现代中央银行制度(1993年至今)

1993年，按照国务院《关于金融体制改革的决定》，中国人民银行进一步强化金融调控、金融监管和金融服务职责，划转政策性业务和商业银行业务。

1995年3月18日，全国人民代表大会通过《中华人民共和国中国人民银行法》，首次以国家立法形式确立了中国人民银行作为中央银行的地位，标志着中央银行体制走向了法制化、规范化的轨道，是中央银行制度建设的重要里程碑。

1998年，按照中央金融工作会议的部署，改革人民银行管理体制，撤销省级分行，设立跨省区分行，同时，成立人民银行系统党委，对党的关系实行垂直领导，干部垂直管理。

2003年，按照党的十六届二中全会审议通过的《关于深化行政管理体制和机构改革的意见》和十届人大一次会议批准的国务院机构改革方案，将中国人民银行对银行、金融资产管理公司、信托投资公司及其他存款类金融机构的监管职能分离出来，并和中央金融工委的相关职能进行整合，成立中国银行业监督管理委员会。同年9月，中央机构编制委员会正式批准人民银行的“三定”调整意见。12月27日，十届全国人民代表大会常务委员会第六次会议审议通过了《中华人民共和国中国人民银行法(修正案)》。

有关金融监管职责调整后，人民银行新的职能正式表述为“制定和执行货币政策、维护金融稳定、提供金融服务。”同时，明确界定：“中国人民银行为国务院组成部门，是中华人民共和国的中央银行，是在国务院领导下制定和执行货币政策、维护金融稳定、提供金融服务的宏观调控部门。”这种职能的变化集中表现为“一个强化、一个转换和两个增加”。

“一个强化”，即强化与制定和执行货币政策有关的职能。人民银行要大力提高制定和执行货币政策的水平，灵活运用利率、汇率等各种货币政策工具实施宏观调控；加强对货币市场规则的研究和制定，加强对货币市场、外汇市场、黄金市场等金融市场的监督与监测，密切关注货币市场与房地产市场、证券市场、保险市场之间的关联渠道、有关政策和风险控制措施，疏通货币政策传导机制。

“一个转换”，即转换实施对金融业宏观调控和防范与化解系统性金融风险的方式。由过去主要是通过对金融机构的设立审批、业务审批、高级管理人员任职资格审查和监管指导等直接调控方式，转变为对金融业的整体风险、金融控股公司以及交叉性金融工具的风险进行监测和评估，防范和化解系统性金融风险，维护国家经济金融安全；转变为综合研究制定金融业的有关改革发展规划和对外开放战略，按照我国加入WTO的承诺，促进银行、证券、保险三大行业的协调发展和开放，提高我国金融业的国际竞争力，维护国家利益；转变为加强与外汇管理相配套的政策的研究与制订工作，防范国际资本流动的冲击。

“两个增加”，即增加反洗钱和管理信贷征信业两项职能。今后将由人民银行组织协调全国的反洗钱工作，指导、部署金融业反洗钱工作，承担反洗钱的资金监测职责，并参与有关的国际反洗钱合作。由人民银行管理信贷征信业，推动社会信用体系建设。

这些新的变化，进一步强化了人民银行作为我国的中央银行在实施金融宏观调控、保持币值稳定、促进经济可持续增长和防范化解系统性金融风险中的重要作用。随着社会主义市场经济体制的不断完善，中国人民银行作为中央银行在宏观调控体系中的作用将更加突出。面对更加艰巨的任务和更加重大的责任，中央银行在履行新的职责过程中，视野要更广，思路要更宽，立足点要更高。特别是要大力强化与制定和执行货币政策有关的职能，不仅要加强对货币市场、外汇市场、黄金市场等金融市场的规范、监督与监测，还要从金融市场体系有机关联的角度，密切关注其他各类金融市场的运行情况和风险状况，综合、灵活运用利率、汇率等各种货币政策工具实施金融宏观调控。要从维护国家经济金融安全，实现和维护国家利益的高度，研究、规划关系到我国整个金融业改革、发展、稳定方面的重大战略问题。目前，我国经济市场化程度越来越高、货币政策决策面临的环境日趋复杂，金融业长期积累的金融风险仍然较重、改革与重组任务十分艰巨。在此情况下，中央银行要更善于擅于准确把握影响经济金融发展全局的因素，注意研究新情况、开发新工具、探索新方法、解决新问题，并创造性地开展工作，努力做到识大局、讲宏观、懂技术、胆识兼备，充分发挥中央银行在宏观调控中的突出作用。

中国人民银行职能：

中国人民银行的主要职责为：

（一）起草有关法律和行政法规；完善有关金融机构运行规则；发布与履行职责有关的命令和规章。

（二）依法制定和执行货币政策。

（三）监督管理银行间同业拆借市场和银行间债券市场、外汇市场、黄金市场。

（四）防范和化解系统性金融风险，维护国家金融稳定。

（五）确定人民币汇率政策；维护合理的人民币汇率水平；实施外汇管理；持有、管理和经营国家外汇储备和黄金储备。

（六）发行人民币，管理人民币流通。

（七）经理国库。

（八）会同有关部门制定支付结算规则，维护支付、清算系统的正常运行。

（九）制定和组织实施金融业综合统计制度，负责数据汇总和宏观经济分析与预测。

（十）组织协调国家反洗钱工作，指导、部署金融业反洗钱工作，承担反洗钱的资金监测职责。

（十一）管理信贷征信业，推动建立社会信用体系。

（十二）作为国家的中央银行，从事有关国际金融活动。

（十三）按照有关规定从事金融业务活动。

（十四）承办国务院交办的其他事项。

中国人民银行机构设置：

内设机构：办公厅、条法司、货币政策司、金融市场司、金融稳定局、调查统计司、会计财务司、支付结算司、科技司、货币金银局、国库局、国际司、内审司、人事司、研究局、征信管理局、反洗钱局、党委宣传部。

分支机构：

中国人民银行根据履行职责的需要设立分支机构，并对分支机构实行统一领导和管理。目前，中国人民银行设立了天津、沈阳、上海、南京、济南、武汉、广州、成都、西安九个分行，中国人民银行营业管理部和中国人民银行重庆营业管理部，303 个中心支行，1809 个县（市）支行，这些分支机构作为中国人民银行的派出机构，根据总行的授权，依法维护本辖区的金融稳定，承办有关业务。

驻外机构

中国人民银行驻欧洲（伦敦）代表处

中国人民银行驻美洲代表处

中国人民银行驻法兰克福代表处

中国人民银行驻东京代表处

中国人民银行驻加勒比开发银行联络处

中国人民银行驻非洲代表处

直属单位

中国反洗钱监测分析中心

中国外汇交易中心（http://www.chinamoney.com.cn）

中国金融出版社（http://www.chinafph.com）

金融时报社（http://www.financialnews.com.cn）

清算总中心（http://www.cncc.cn）

中国印钞造币总公司（http://www.cbpmc.com.cn）

中国金币总公司（http://www.chinagoldcoin.net）

金融电子化公司（http://www.fcmag.com.cn）

中国人民银行研究生部（http://www.gspbc.edu.cn）

中国人民银行北京培训学院（http://pbcedu.net/pbc/）

中国人民银行郑州培训学院（http://www.pbcti.edu.cn）

中国钱币博物馆（http://www.cnm.com.cn）

第四节　上海证券交易所

上海证券交易所

上海证券交易所成立于 1990 年 11 月 26 日，同年 12 月 19 日开业，为不以营利为目的的法人，归属中国证监会直接管理。秉承“法制、监管、自律、规范”的八字方针，上海证券交易所致力于创造透明、开放、安全、高效的市场环境，切实保护投资者权益，其主要职能包括：提供证券交易的场所和设施；制定证券交易所的业务规则；接受上市申请，安排证券上市；组织、监督证券交易；对会员、上市公司进行监管；管理和公布市场信息。

上证所下设办公室、人事（组织）部、党办纪检办、交易运行部、上市公司部、市场监察部、债券基金部、会员部、法律部、技术中心、信息中心、国际发展部、研究中心、财务部、行政服务中心等十五个部门，一个临时机构——新一代信息系统项目组，以及两个子公司上海证券通信有限责任公司、上证所信息网络有限公司，通过它们的合理分工和协调运作，有效地担当起证券市场组织者的角色。

上证所市场交易采用电子竞价交易方式，所有上市交易证券的买卖均须通过电脑主机进行公开申报竞价，由主机按照价格优先、时间优先的原则自动撮合成交。目前交易主机日处理能力为委托 2900 万笔，成交 6000 万笔，每秒可完成 8000 笔交易。

经过十一年的持续发展，上海证券市场已成为中国内地首屈一指的市场，上市公司数、上市股票数、市价总值、流通市值、证券成交总额、股票成交金额和国债成交金额等各项指标均居首位。至 2002 年 12 月底，上证所拥有 3500 多万投资者和 715 家上市公司，上市证券品种 828 个。上市股票市价总值 25364 亿元；2002 年，上市公司累计筹资达 614.30 亿元；一大批国民经济支柱企业、重点企业、基础行业企业和高新科技企业通过上市，既筹集了发展资金，又转换了经营机制。

迈入新世纪后，上证所肩负着规范发展市场的艰巨任务，也面临着进一步推进市场各项建设的良好机遇。凭借一流的硬件设施和浦东优越的区位优势与强大辐射力，凭借上海经济良好发展势头和特有的龙头效应，凭借国企改革和金融中心建设对上海资本市场的积极推动，上证所将按照坚定信心、加强监管、保持稳定、规范发展的思路，在技术、监管、人才、服务等方面多管齐下，为建设一个规范透明、高效开放、充满生机活力的世界一流交易所开启新的篇章。

上海证券交易所股票上市规则

第一章　总　则

1.1　为规范股票上市行为和上市公司及其他相关义务人的信息披露行为，维护证券市场秩序，保护投资者和股票发行人的合法权益，根据《中华人民共和国公司法》（以下简称《公司法》）、《中华人民共和国证券法》（以下简称《证券法》）、《股票发行与交易管理暂行条例》（以下简称《股票条例》）、《证券交易所管理办法》等国家有关法律、法规、规章及《上海证券交易所章程》，制定本规则。

1.2　股票及其衍生品种在上海证券交易所（以下简称本所）上市，适用本规则的规定。

1.3　公司申请经中国证券监督管理委员会（以下简称中国证监会）核准公开发行的股票在本所上市，由本所审查同意后安排上市。

1.4　本所依据法律、法规和本规则及中国证监会的授权对上市公司及其董事、监事、高级管理人员、有信息披露义务的投资人及上市推荐人进行监管。

第二章　股票上市协议　董事、监事承诺和备案　上市推荐人

第一节　股票上市协议

2.1.1　发行人在股票首次上市前应当向本所申请并签订股票上市协议。

2.1.2　股票上市协议主要包括以下内容：

（一）双方的权利与义务；

（二）上市公司章程的内容及其制定与修订程序符合法律法规和中国证监会的有关规定；

（三）上市费用及其交纳方式；

（四）董事会秘书和董事会证券事务代表；

（五）定期报告、临时报告的报告程序及上市公司回复本所质询的规定；

（六）股票及其衍生品种的停牌与复牌事宜；

（七）违约责任；

（八）仲裁条款；

（九）本所认为需要规定的其他内容。

2.1.3　上市公司逾期缴纳上市费用，本所按日欠费金额的0.03%收取滞纳金。

第二节　董事、监事承诺和备案

2.2.1　上市公司的董事、监事应当在股票上市后两个月内，新任董事、监事应当在股东大会通过其任命后两个月内，签署《董事（监事）声明及承诺书》并送达本所备案。董事、监事签署该文件时必须由一名有证券从业资格的律师见证，向董事、监事解释《董事（监事）声明及承诺书》的内容，董事、监事在充分理解后签字。

2.2.2　董事应当履行以下职责并在《董事声明及承诺书》中作出承诺：

（一）遵守法律法规，履行诚信勤勉义务；

（二）遵守公司章程；

（三）遵守本规则，接受本所监管；

（四）对本所认为应当承诺的其他事项作出承诺。

监事除同样应当履行上述职责并在《监事声明及承诺书》中作出承诺外，还应当承诺促使上市公司董事遵守其承诺。

董事、监事应当在《董事（监事）声明及承诺书》中声明：

（一）本人持有所在公司股票的情况；

（二）有无违反法律法规受查处情况；

（三）参加证券业务培训的情况；

（四）其他任职情况；

（五）拥有其他国家或地区的国籍、长期居留权的情况；

（六）本所认为应当由其说明的其他情况。

2.2.3　《董事（监事）声明及承诺书》中声明的事项发生变化时，董事、监事应当在该等情况发生变化之日起两个月内向本所提交有关最新资料备案，并保证该资料的真实与完整。

第三节　上市推荐人

2.3.1　本所实行股票上市推荐人制度。公司在本所申请股票上市，必须由一至二个本所认可的机构推荐。

2.3.2　上市推荐人应当符合下列条件：

（一）具有本所会员资格；

（二）从事股票承销工作或具有本所认可的其他资格一年以上且信誉良好；

（三）最近一年内无重大违法违规行为；

（四）负责推荐工作的主要业务人员熟悉本所有关上市的业务规则。

2.3.3　符合2.3.2条的会员应当每年向本所提出资格申请，经本所审查确认后，取得上市推荐人资格。会员受到中国证监会暂停或取消股票承销业务的处分的，本所相应暂停或取消其上市推荐人资格。

2.3.4　会员向本所申请上市推荐人资格时，应当提交以下文件：

（一）申请书；

（二）会员资格证书；

（三）承销资格证书或本所认可的其他资格证书；

（四）主要业务人员简历；

（五）最近一年上市推荐业务的情况；

（六）上市推荐协议书，须附向中国证监会提交的发行人情况调查表；

（七）本所要求提供的其他文件。

2.3.5　上市推荐人应当与发行人签订股票上市推荐协议，明确双方在申请上市期间及上市后一年内的权利和义务。股票上市推荐协议应当符合本规则和股票上市协议的有关规定。

2.3.6　上市推荐人应当履行下列义务：

（一）确认发行人符合上市条件；

（二）确保发行人的董事了解法律、法规、本规则及股票上市协议规定的董事的义务与责任；

（三）协助发行人申请股票上市并办理与股票上市相关的事宜；

（四）提交股票上市推荐书；

（五）对股票上市文件所载的资料进行核实，保证股票上市文件内容真实、准确、完整，符合规定要求；

（六）协助发行人健全法人治理结构；

（七）协助发行人制定严格的信息披露制度和保密制度；

（八）本所规定的上市推荐人的其他义务。

2.3.7 上市推荐书应当包括以下内容：

（一）发行人的概况；

（二）申请上市股票的发行情况；

（三）发行人与上市推荐人是否存在关联关系及存在何种关联关系；（四）公司章程符合《公司法》等法律、法规和中国证监会的规定以及发行人符合上市条件的说明；

（五）上市推荐人认为发行人需要说明的重要事项和存在的问题；

（六）上市推荐人需要说明的其他内容。

2.3.8 上市推荐人应当保证发行人的上市申请文件、上市公告书没有虚假、严重误导性陈述或者重大遗漏，并保证对其承担连带责任。

2.3.9 上市推荐人不得利用其在股票发行上市过程中获得的内幕信息进行内幕交易，为自己或他人谋取利益。

第三章 股票上市的申请、审查与信息披露

第一节 首次公开发行的股票上市

3.1.1 经中国证监会核准后，发行人方可向本所申请其股票上市。

3.1.2 发行人申请其首次公开发行的股票上市，应当按照中国证监会《公开发行股票公司信息披露的内容与格式准则》第七号《上市公告书的内容与格式》编制上市公告书。

3.1.3 发行人提出上市申请时，应当向本所提交以下文件：

（一）上市申请书；

（二）中国证监会核准其股票发行的文件及经中国证监会核准的发行、上市申报材料；

（三）上市推荐人出具的股票上市推荐书；

（四）具有从事证券业务资格的会计师事务所出具的关于发行人全部资本的验资报告（包括实物资产所有权已转移至上市公司的证明文件）；

（五）股票发行后按规定新增的财务资料；

（六）历次股东大会决议；

（七）股票发行后公司设立或变更的营业执照复印件；

（八）上市公告书；

（九）发行人拟聘任或已聘任为公司董事会秘书人选的资料；

（十）公司董事、监事和高级管理人员持股情况的报告；

（十一）确定公司股票挂牌简称的函；

（十二）公司全部股票已托管的证明文件；

（十三）本所要求的其他文件。

3.1.4 发行人应当保证向本所提交的文件没有虚假记载、误导性陈述或者重大遗漏。

3.1.5 发行人向本所提出上市申请时，其第一大股东应当承诺：自发行人股票上市之日起12个月内，不转让其持有的发行人股份，也不由上市公司回购其持有的股份。本条所指股份不包括在此期间新增的股份。

发行人应当在上市公告书中公告上述承诺。

3.1.6 发行人在本所批准其上市申请后，应当于其股票挂牌交易日的五日之前在至少一种中国证监会指定的上市公司信息披露报纸（以下简称“指定报纸”）和中国证监会指定的互联网网站（以下简称“指定网站”）上刊登上市公告书，并在指定网站上刊登公司章程。上市公告书应当备置于指定场所，供公众查阅。

发行人在提出上市申请期间，未经本所同意，不得擅自披露有关信息。

第二节 配股或增发新股上市

3.2.1 上市公司配股或增发新股完成后，可申请配股或增发新股的可流通股份上市。

3.2.2 上市公司申请其配股或增发新股的可流通股份上市，应当向本所提交以下申请文件：

（一）上市申请书；

（二）中国证监会的核准文件；

（三）经中国证监会审核的配股或增发新股的全部申报材料；

（四）配股或增发新股完成后经具有从事证券业务资格的会计师事务所出具的验资报告；有实物资产配股或增发新股的，提供资产所有权已转移至上市公司的证明文件；

（五）董事、监事和高级管理人员持股情况变动的报告；

（六）股份变动报告或上市公告书；

（七）股份登记机构对新增股份登记托管的书面确认文件；

（八）本所要求的其他文件。

3.2.3 本所对上市公司配股或增发新股的可流通股份的上市申请文件审查后，安排其符合条件的股份上市。公司应当在配股或增发新股的可流通股份上市前三个工作日内在指定报纸刊登股份变动报告或上市公告书，并公布配股或增发新股的可流通股份上市日。

3.2.4 其他股份经核准需上市流通的，参照3.2.2条和3.2.3条的规定执行。

第三节 派发股份股利与公积金转增股本的股份上市

3.3.1 上市公司在派发股份股利、公积金转增股本前，应当向本所提供以下文件：

（一）股东大会关于派发股份股利、公积金转增股本的决议；

（二）公司实施派发股份股利、公积金转增股本公告；

（三）本所要求的其他文件。

3.3.2 经本所审查后，上市公司应当于派发股份股利、公积金转增股本股权登记日前三至五个工作日在指定报纸上刊登派发股份股利、公积金转增股本公告。

3.3.3 派发股份股利、公积金转增股本公告应当符合中国证监会的有关规定，并且包括以下内容：

（一）通过派发股份股利、公积金转增股本方案的股东大会的届次和日期；

（二）派发股份股利、公积金转增股本的比例（以每10股表述）、股本基数（按实施前实际股本计算）、是否含税以及扣税情况等；

（三）股权登记日、除权日、新增可流通股份上市日；

（四）实施办法；

（五）股本变动结构表（按变动前总股本、本次派发红股数、本次转增股本数、变动后总股本、占总股本比例等项目列示）；

（六）派发股份股利、公积金转增股本后，按新股本摊薄计算的上年度每股净收益或本年度中期每股净收益；

（七）有关咨询办法。

第四节　公司职工股或内部职工股上市

3.4.1　上市公司申请其公司职工股或内部职工股上市，应当向本所提交以下文件：

（一）上市申请书；

（二）中国证监会关于其公司职工股或内部职工股上市时间的批文；

（三）有关公司职工股或内部职工股的持股情况说明及托管证明；

（四）有关公司董事、监事、高级管理人员持股情况说明；

（五）公司职工股或内部职工股上市提示公告；

（六）本所要求的其他文件。

3.4.2　经本所审查同意后，上市公司应当在公司职工股或内部职工股上市前三个工作日内在指定报纸刊登上市提示公告。

3.4.3　上市提示公告应当包括以下内容：

（一）上市日期、上市股份数量、冻结数量；

（二）发行价格；

（三）历次送配情况；

（四）持股人数。

第五节　董事、监事、高级管理人员所持股份上市

3.5.1　上市公司董事、监事、高级管理人员在任期内应当按照规定向本所申报持股变动情况，但不得转让其所持有的本公司股份，包括因公司派发股份股利、公积金转增股本、配股、购入（受让）等新增股份。

3.5.2　上市公司的董事、监事、高级管理人员离职半年后，可以申请其所持本公司股份上市流通。

3.5.3　上市公司原董事、监事、高级管理人员申请所持本公司股份上市流通，应当向本所提交以下文件：

（一）上市申请书；

（二）关于免去相关董事、监事、高级管理人员的决议或董事、监事、高级管理人员的辞职书及董事会出具的离职证明。

3.6.1　上市公司申请其向证券投资基金、法人、战略投资者配售的股份上市，应当向本所提交以下文件：

（一）上市申请书；

（二）配售结果的公告；

（三）配售股份的托管证明；

（四）有关向基金、法人、战略投资者配售的股份说明；

（五）上市提示公告；

（六）本所要求的其他文件。

3.6.2　经本所批准后，上市公司应当在配售的股份上市前三个工作日内在指定报纸刊登上市提示公告。

3.6.3　上市提示公告应当包括以下内容：

（一）上市时间；

（二）上市股份数量；

（三）发行价格；

（四）历次送配情况。

第四章　信息披露的基本原则

4.1　上市公司应当履行以下信息披露的基本义务：

（一）及时披露所有对上市公司股票价格可能产生重大影响的信息；

（二）确保信息披露的内容真实、准确、完整而没有虚假、严重误导性陈述或重大遗漏。

上市公司对履行以上基本义务以及本规则规定的具体要求有疑问的，应当向本所咨询。上市公司不能确定有关事件是否必须及时披露的，应当报告本所，由本所审核后决定披露的时间和方式。

4.2　上市公司董事会全体成员必须保证信息披露内容真实、准确、完整，没有虚假、严重误导性陈述或重大遗漏，并就其保证承担连带赔偿责任。

公司在公告中应当作出以下重要提示：本公司及董事会全体成员保证公告内容的真实、准确和完整，对公告的虚假记载、误导性陈述或者重大遗漏负连带责任。

4.3　上市公司及其董事、监事、高级管理人员不得泄漏内幕信息，不得进行内幕交易或配合他人操纵证券交易价格。

4.4　上市公司应当公开披露的信息包括定期报告和临时报告。年度报告和中期报告为定期报告，其他报告为临时报告。

4.5　上市公司公开披露的信息必须在第一时间报送本所。

4.6　本所根据有关法律、法规、规章对上市公司公开披露的信息进行形式审核，对其内容的真实性不承担责任。

本所对定期报告实行事前登记、事后审核；对临时报告实行事前审核；对本所同意免于临时报告事前审核的上市公司的临时报告实行事前登记、事后审核。

上市公司在信息披露前，应当按照本所要求将有关公告和相关备查文件提交本所。

4.7　上市公司公告出现错误、遗漏或误导的，本所可以要求公司作出说明并公告，公司应当按照要求办理。

4.8　上市公司应当将公司承诺事项和股东承诺事项单独摘出送本所备案，并在定期报告中专项披露上述承诺事项的履行情况。

上市公司未履行承诺的，董事会应及时详细披露原因以及董事会应承担的法律责任；股东未履行承诺的，上市公司董事会应及时详细披露具体情况，并说明董事会所采取的措施。

4.9　上市公司存在或正在筹划第七章第二、三、四节所述的重大事件，应当遵循分阶段披露的原则，履行信息披露义务：

（一）在该事件尚未披露前，董事和有关当事人应当确保有关信息绝对保密；如果该信息难以保密，或者已经泄露，或者公司股票价格已明显发生异常波动时，上市公司应当立即予以披露。

（二）上市公司就上述重大事件与有关当事人一旦签署意向书或协议，无论意向书或协议是否附加条件或附加期限，上市公司应当立即予以披露。

上述协议发生重大变更、中止或者解除、终止的，上市公司应当及时予以披露，说明协议变更、中止或者解除、终止的情况和原因。

（三）上述重大事件获得有关部门批准的，或者已披露的重大事件被有关部门否决的，公司应当及时予以披露。

4.10　上市公司董事会全体成员及其他知情人员在公司的信息公开披露前，应当将信息的知情者控制在最小范围内。

4.11　上市公司公开披露的信息应当在至少一种指定报纸上公告，按照规定应当上网披露的，还应当在指定网站披露。在其他公共传媒披露的信息不得先于指定报纸和指定网站。上市公司不得以新闻发布或答记者问等形式代替公司的正式公告。

4.12 上市公司出现下列情形，认为无法按照本规则规定披露信息的，可以向本所提出申请，经本所同意，可以免予按照本规则规定披露：

(一)上市公司有充分理由认为披露某一信息会损害公司的利益，且该信息对其股票价格不会产生重大影响；

(二)上市公司认为拟披露的信息可能导致其违反法律法规的；

(三)交易所认定的其它情况。

4.13 上市公司发生得事项没有达到本规则披露要求的，可以免予公告，但必须报本所备案。本所认为有必要披露的，上市公司应当比照本规则的规定披露。

4.14 上市公司应当配备信息披露所必要的通讯设备和计算机等办公设备，保证计算机可以连接国际互联网和对外咨询电话的畅通。

第五章 董事会秘书、股权管理与信息披露事务

第一节 董事会秘书

5.1.1 上市公司应当设立一名董事会秘书。董事会秘书为上市公司的高级管理人员，对董事会负责。

5.1.2 董事会秘书的任职资格：

(一)具有大学专科以上学历，从事秘书、管理、股权事务等工作三年以上；

(二)有一定财务、税收、法律、金融、企业管理、计算机应用等方面知识，具有良好的个人品质和职业道德，严格遵守有关法律、法规和规章，能够忠诚地履行职责；

(三)上市公司董事可以兼任董事会秘书，但监事不得兼任；

(四)有《公司法》第57条规定情形之一的人士不得担任董事会秘书；

(五)上市公司聘任的会计师事务所的会计师和律师事务所的律师不得兼任董事会秘书。

5.1.3 董事会秘书应当遵守公司章程，承担高级管理人员的有关法律责任，对公司负有诚信和勤勉义务，不得利用职权为自己或他人谋取利益。

董事会秘书应当保证本所可以随时与其联系。

5.1.4 董事会秘书的职责：

(一)董事会秘书为公司与本所的指定联络人，负责准备和提交本所要求的文件，组织完成监管机构布置的任务；

(二)准备和提交董事会和股东大会的报告和文件；

(三)按照法定程序筹备董事会会议和股东大会，列席董事会会议并作记录，保证记录的准确性，并在会议记录上签字；

(四)协调和组织上市公司信息披露事项，包括建立信息披露的制度、接待来访、回答咨询、联系股东，向投资者提供公司公开披露的资料，促使上市公司及时、合法、真实和完整地进行信息披露；

(五)列席涉及信息披露的有关会议。上市公司有关部门应当向董事会秘书提供信息披露所需要的资料和信息。公司在作出重大决定之前，应当从信息披露角度征询董事会秘书的意见；

(六)负责信息的保密工作，制订保密措施。内幕信息泄露时，及时采取补救措施加以解释和澄清，并报告本所和中国证监会；

(七)负责保管上市公司股东名册资料、董事和董事会秘书名册、大股东及董事持股资料以及董事会印章，保管上市公司董事会和股东大会会议文件和记录；

(八)帮助上市公司董事、监事、高级管理人员了解法律法规、公司章程、本规则及股票上市协议对其设定的责任；

(九)协助董事会依法行使职权，在董事会作出违反法律法规、公司章程及本所有关规定的决议时，及时提醒董事会，如果董事会坚持作出上述决议的，应当把情况记录在会议纪要上，并将会议纪要立即提交上市公司全体董事和监事；

(十)为上市公司重大决策提供咨询和建议；

(十一)本所要求履行的其他职责。

5.1.5 董事会秘书须经过本所组织的专业培训和资格考核并取得合格证书，由董事会聘任，报本所备案并公告；对于没有合格证书的，经本所认可后由董事会聘任。

5.1.6 公司应当在股票上市后三个月内或原任董事会秘书离职后三个月内正式聘任董事会秘书。在此之前，公司应当临时指定人选代行董事会秘书的职责。

5.1.7 公司董事会聘任董事会秘书应当向本所提交以下文件：

(一)董事会推荐书，内容包括被推荐人的职务、工作表现及个人品德等；

(二)被推荐人的个人简历、学历证明(复印件)；

(三)被推荐人取得的董事会秘书资格考试合格证书；

(四)董事会的聘任书；

(五)董事会秘书的通讯方式，包括办公电话、住宅电话、移动电话、传真、通信地址及专用电子邮件信箱地址等；

(六)公司法定代表人的通讯方式，包括办公电话、住宅电话、移动电话、传真及通信地址等。

5.1.8 董事会秘书有以下情形之一的，本所可以建议上市公司董事会终止对其的聘任：

(一)在执行职务时出现重大错误或疏漏，给上市公司或投资者造成重大损失；

(二)违反国家法律法规、公司章程和本所有关规定，给上市公司或投资者造成重大损失；

(三)本所认为不宜继续担任董事会秘书的其他情形。

5.1.9 上市公司董事会解聘董事会秘书应当具有充分理由，解聘董事会秘书或董事会秘书辞职时，公司董事会应当向本所报告、说明原因并公告。

5.1.10 董事会秘书离任前，应当接受董事会、监事会的离任审查，将有关档案文件、正在办理及其他待办理事项，在公司监事会的监督下移交。公司在聘任董事会秘书时应当与其签订保密协议，要求其承诺一旦在离任后持续履行保密义务直至有关信息公开披露为止。

5.1.11 上市公司董事会在聘任董事会秘书的同时，应当另外委任一名董事会证券事务代表，在董事会秘书不能履行职责时，代行董事会秘书的职责。证券事务代表应当具有董事会秘书的任职资格，经过本所的专业培训和资格考核并取得合格证书。

第二节 股权管理与信息披露事务

5.2.1 本所接受董事会秘书或证券事务代表办理上市公司的股权管理与信息披露事务。

5.2.2 上市公司应当在信息披露前将公告文稿及相关材料报送本所。所报文稿及材料应为中文打印件并签字盖章，文稿上应当写明拟公告的日期及报纸。经本所同意后，上

市公司自行联系公告事项。不能按预定日期公告的，应当及时报告本所。

5.2.3 上市公司应当将信息披露文件在公告的同时备置于指定场所，供公众查阅。

5.2.4 上市公司应当至少选定一家信息披露的指定报纸；在选定或变更指定报纸后，在两个工作日内报告本所。

第六章 定期报告

6.1 上市公司应当在每个会计年度结束之日起四个月内编制完成年度报告，在指定报纸披露年度报告摘要，同时在指定网站上披露其全文。

本所在规定的期限内安排各上市公司披露的时间顺序。

6.2 上市公司应当按照中国证监会《公开发行股票公司信息披露的内容与格式准则第二号＜年度报告的内容与格式＞》的规定编制年度报告及年度报告摘要。本所在上述规定基础上对年度报告的编制和披露有进一步要求的，公司还应当按本所要求办理。

6.3 上市公司应当在年度报告经董事会批准后的两个工作日内本所报送年度报告，经本所登记后，在至少一种指定报纸上刊登年度报告摘要并在指定网站上披露年度报告全文。

6.4 上市公司向本所办理年度报告登记手续时，应向本所报送以下文件：

(一)审计报告原件；

(二)年度报告正本及其摘要；

(三)董事会决议及其公告文稿；

(四)上述文件的电子文件；

(五)停牌申请；

(六)本所要求的其他文件。

6.5 上市公司出现本规则9.2.1条所述财务状况异常的情形时，应当在收到年度审计报告后两个工作日内报送本所。

6.6 本所对上市公司年度报告的事后审核是对年度报告摘要、正本在形式上的审查。上市公司应当认真、及时地答复本所的问询，并按本所要求对年度报告有关内容作出解释说明、刊登补充公告。

6.7 上市公司应当于每个会计年度的上半年结束之日起二个月内编制完成中期报告并在指定报纸披露。

6.8 上市公司应当按照中国证监会《公开发行股票公司信息披露内容与格式准则第三号＜中期报告的内容与格式＞》以及有关通知的规定编制中期报告。

本所在上述规定基础上对中期报告的披露提出进一步要求的，公司还应按本所要求办理。

6.9 上市公司的中期财务报告可以不经会计师事务所审计，但有下列情形之一的，必须经会计师事务所审计(中国证监会另有规定的除外)：

(一)拟在下半年进行利润分配或公积金转增股本的；

(二)中国证监会或本所认为应当进行审计的其他情形。

6.10 中期报告的报送、公告和审核按照年度报告的有关规定执行。

第七章 临时报告

第一节 董事会、监事会、股东大会决议

7.1.1 上市公司召开董事会会议，应当在会议结束后两个工作日内将董事会决议和会议纪要报送本所备案。

本所要求公司提供董事会、监事会、股东大会会议记录的，公司应按照本所要求在规定时间内提供该等会议记录。

7.1.2 上市公司董事会决议涉及须经股东大会表决的事项和本章第二、三、四节有关事项的，必须公告；其他事项，本所认为有必要的，也应当公告。

7.1.3 上市公司召开监事会会议，应当在会议结束后两个工作日内将监事会决议和会议纪要报送本所备案，经本所审核后，在指定报纸上公布。

7.1.4 上市公司应当在股东大会结束后两个工作日内将股东大会决议公告文稿、会议记录和全套会议文件报送本所，经本所审查后在指定报纸上刊登决议公告。

7.1.5 股东大会因故延期或取消，应当在原定股东大会召开日的五个工作日之前发布通知，通知中应当延期或取消的具体原因。属延期的，通知中应当公布延期后的召开日期。

7.1.6 股东大会对董事会预案作出修改，或对董事会预案以外的事项作出决议，或会议期间发生突发事件导致会议不能正常召开的，上市公司应当向本所说明原因并公告。

7.1.7 股东大会决议公告应当写明出席会议的股东人数、所持股份及占上市公司有表决权总股本的比例，以及每项议案的表决方式和表决统计结果。对股东提案作出决议的，应当列明提案股东的名称或姓名、持股比例和提案内容。

发行B股的上市公司还应当在公告中说明股东会议通知情况、上市公司A股股东和B股股东出席会议及表决情况。

7.1.8 股东大会以会议文件等形式向股东通报的重要内容，如未公开披露过的，应当在股东大会决议公告中披露。

第二节 收购、出售资产

7.2.1 本节所称收购、出售资产是指上市公司收购、出售企业所有者权益、实物资产或其他财产权利的行为。

7.2.2 上市公司拟收购、出售资产达到以下标准之一时，经董事会批准后，应在两个工作日内向本所报告并公告：

(一)按照最近一期经审计的财务报告、评估报告或验资报告，收购、出售资产的资产总额占上市公司最近一期经审计的总资产值的10%以上；

(二)被收购资产相关的净利润或亏损的绝对值(按上一年度经审计的财务报告)占上市公司经审计的上一年度净利润或亏损绝对值的10%以上，且绝对金额在100万元以上；

被收购资产的净利润或亏损值无法计算的，不适用本款；收购企业所有者权益的，被收购企业的净利润或亏损值以与这部分产权相关的净利润或亏损值计算；

(三)被出售资产相关的净利润或亏损绝对值或该交易行为所产生的利润或亏损绝对额占上市公司经审计的上一年度净利润或亏损绝对值的10%以上，且绝对金额在100万元以上；被出售资产的净利润或亏损值无法计算的，不适用本款；出售企业所有者权益的，被出售企业的净利润或亏损值以与这部分产权相关的净利润或亏损值计算；

(四)收购、出售资产的交易金额(承担债务、费用等应当一并计算)占上市公司最近一期经审计的净资产总额10%以上。

7.2.3 上市公司拟收购、出售资产按7.2.2条第(一)、(四)项所述标准计算所得的相对数字占50%以上的；或按7.2.2条第(二)、(三)项所述标准计算所得的相对数字占50%以上，且收购、出售资产相关的净利润或亏损绝对金额在500

万元以上的，除须经董事会批准，报告本所并公告外，必须经上市公司股东大会批准。

上市公司还应当聘请有证券从业资格的会计师事务所或资产评估机构对拟收购、出售的资产进行审计或评估，审计或评估基准日距协议生效日不得超过6个月。若因特殊情况不能审计或评估，必须在股东大会上说明原因。

中国证监会对收购、出售资产另有规定的，上市公司还应当按照相应规定办理。

7.2.4 上市公司在12个月内连续对同一或相关资产分次进行收购、出售的，以其在此期间交易的累计额确定是否公告。

7.2.5 上市公司直接或间接持股比例超过50%的子公司收购、出售资产，视同上市公司行为，适用本节规定。上市公司的参股公司（持股50%以下）收购、出售资产，交易标的有关金额指标乘以参股比例后，适用本节规定。

7.2.6 上市公司因收购、出售其他上市公司的股份，需履行股东披露义务或要约义务的，应当同时按照法律法规、中国证监会和本所的有关规定执行。

7.2.7 上市公司应当在收购、出售资产协议生效之日起三个月内公告交易实施情况（包括所有必需的产权变更或登记过户手续完成情况），同时提供相关证明文件。

7.2.8 上市公司披露上述收购、出售资产事项，应当向本所提交以下文件：

（一）交易公告文稿；

（二）收购、出售资产的协议书；

（三）董事会决议及公告（如有）；

（四）被收购、出售资产涉及的政府批文（如有）；

（五）被收购、出售资产的财务报表；

（六）中介机构对被收购、出售资产的意见书（评估报告或审计报告）；

（七）本所要求的其他文件。

7.2.9 上市公司收购、出售资产的公告应当包括但不限于以下内容：

（一）交易概述及协议生效时间；

（二）协议有关各方的基本情况，包括企业名称、工商登记类型、注册地点、法定代表人、主营业务等；

（三）被收购、出售资产的基本情况，包括该资产的名称、中介机构名称、资产账面值及评估值、资产运营情况、资产质押、抵押以及在该资产上设立的其他财产权利的情况、涉及该财产的重大争议的情况；

被收购、出售的资产系企业所有者权益的，还应当介绍公司（或企业）的基本情况和最近一期经审计的财务报告中的财务数据，包括资产总额、负债总额、所有者权益、主营收入、净利润等，并附收购、出售基准日资产负债表和损益表（如果基准日不是年底，还需披露上一年度损益表）；

收购、出售资产达到7.2.3条所规定标准的，除披露上述内容外，还应当披露该等资产的历史情况；被收购出售的资产系企业所有者权益，且占被收购企业所有者权益的50%以上，另应当披露该企业近三年的资产负债表、损益表及现金流量表或公司成立之日起至收购、出售资产合同签署日期间的资产负债表、损益表及现金流量表。

（四）上市公司预计从该交易获得的利益及该交易对上市公司未来经营的影响；

（五）交易金额（包括定价基准）及支付方式（现金、股权、资产置换等，还包括有关分期付款安排的条款）；

（六）该交易涉及的人员安置、土地租赁、债务重组等情况；

（七）出售资产的，应当说明出售所得款项的用途；

（八）收购资产的，应当说明是否与招股说明书、配股说明书或其他募集资金说明书中列示的项目相关，并说明该项交易的资金来源；

（九）须经股东大会或有权部门批准的事项，应当明确说明需履行的合法程序和进展情况；

（十）如果收购资产后，可能产生关联交易，应披露有关情况；

（十一）如果收购资产后，可能与关联人产生同业竞争的，应披露规避的方法或其他安排（包括有关协议或承诺等）；

（十二）收购资产后，上市公司与控股股东在人员、资产、财务上分开的安排计划；

（十三）本所要求的其他内容。

第三节 关联交易

7.3.1 上市公司关联交易是指上市公司及其控股子公司与关联人发生的转移资源或义务的事项，包括但不限于下列事项：

（一）购买或销售商品；

（二）购买或销售除商品以外的其他资产；

（三）提供或接受劳务；

（四）代理；

（五）租赁；

（六）提供资金（包括以现金或实物形式）；

（七）担保；

（八）管理方面的合同；

（九）研究与开发项目的转移；

（十）许可协议；

（十一）赠与；

（十二）债务重组；

（十三）非货币性交易；

（十四）关联双方共同投资；

（十五）本所认为应当属于关联交易的其他事项。

上市公司关联人包括关联法人、关联自然人和潜在关联人。

7.3.2 具有以下情形之一的法人，为上市公司的关联法人：

（一）直接或间接地控制上市公司，以及与上市公司同受某一企业控制的法人（包括但不限于母公司、子公司、与上市公司受同一母公司控制的子公司）；

（二）7.3.3条所列的关联自然人直接或间接控制的企业。

7.3.3 上市公司的关联自然人是指：

（一）持有上市公司5%以上股份的个人股东；

（二）上市公司的董事、监事及高级管理人员；

（三）本条第（一）、（二）项所述人士的亲属，包括：

1. 父母；

2. 配偶；

3. 兄弟姐妹；

4. 年满18周岁的子女；

5. 配偶的父母、子女的配偶、配偶的兄弟姐妹、兄弟姐妹的配偶。

7.3.4 因与上市公司关联法人签署协议或作出安排，在协议生效后符合 7.3.2 条和 7.3.3 条规定的，为上市公司潜在关联人。

7.3.5　由上市公司控制或持有 50%以上股份的子公司发生的关联交易，视同上市公司行为，其披露适用 7.3.7、7.3.8、7.3.9、7.3.11、7.3.12、7.3.13、7.3.14 条规定；上市公司的参股公司发生的关联交易，以其交易标的乘以参股比例或协议分红比例后的数额，适用 7.3.7、7.3.8、7.3.9、7.3.11、7.3.12、7.3.13、7.3.14 条规定。

7.3.6　上市公司关联交易应当遵循以下基本原则：

（一）符合诚实信用的原则；

（二）关联方如享有上市公司股东大会表决权，除特殊情况外，应当回避表决；

（三）与关联方有任何利害关系的董事，在董事会就该事项进行表决时，应当回避；

（四）上市公司董事会应当根据客观标准判断该关联交易是否对上市公司有利。必要时应当聘请专业评估师或独立财务顾问。

7.3.7　上市公司关联人与上市公司签署涉及关联交易的协议，应当采取必要的回避措施：

（一）任何个人只能代表一方签署协议；

（二）关联人不得以任何方式干预上市公司的决定；

（三）上市公司董事会就关联交易表决时，有利害关系的当事人属下列情形的，不得参与表决：

(1)与董事个人利益有关的关联交易；

(2)董事个人在关联企业任职或拥有关联企业的控股权或控制权的，该等企业与上市公司的关联交易；

(3)按照法律法规和公司章程规定应当回避的。

（四）上市公司股东大会就关联交易进行表决时，关联股东不得参加表决。关联股东有特殊情况无法回避时，在上市公司征得有权部门同意后，可以参加表决。公司应当在股东大会决议中对此作出详细说明，同时对非关联方的股东投票情况进行专门统计，并在决议公告中披露。

7.3.8　上市公司与其关联人达成的关联交易总额低于 300 万元，且低于上市公司最近经审计净资产值的 0.5%的，不适用本节规定。

7.3.9　上市公司与其关联人达成的关联交易总额在 300 万元至 3000 万元之间或占上市公司最近经审计净资产值的 0.5%至 5%之间的，上市公司应当分别在董事会做出决议和协议签定后两个工作日内按照 7.3.11 条的规定进行公告，并在下次定期报告中披露有关交易的详细资料。

7.3.10　上市公司披露关联交易，应当按照 7.2.8 条的规定向本所提交文件。

7.3.11　上市公司就关联交易发布的临时报告应当包括以下内容：

（一）交易日期、交易地点；

（二）有关各方的关联关系；

（三）交易及其目的的简要说明；

（四）交易的标的、价格及定价政策；

（五）关联人在交易中所占权益的性质及比重；

（六）关联交易涉及收购或者出售某一公司权益的，应当说明该公司的实际持有人的详细情况，包括实际持有人的名称及其业务状况；

（七）董事会关于本次关联交易对上市公司是否有利得意见；

（八）若涉及对方或他方向上市公司支付款项的，必须说明付款方近三年或自成立之日起至协议签署期间的财务状况，董事会应当对该等款项收回或成为坏账的可能作出判断和说明；

（九）独立财务顾问意见；

（十）本所和中国证监会要求的其他内容。

关联交易涉及收购、出售资产的，还应参照 7.2.9 条的要求披露。

7.3.12　上市公司拟与关联人达成的关联交易总额高于 3000 万元或高于上市公司最近经审计净资产值的 5%以上的，公司董事会必须在作出决议后二个工作日内报送本所并公告。公告的内容须符合 7.3.11 条的规定。关联交易在公司股东大会批准后方可实施，任何与该关联交易有利害关系的关联人在股东大会上应当放弃对该议案的投票权。公司应当在关联交易的公告中特别载明："此项交易需经股东大会批准，与该关联交易有利害关系的关联人放弃在股东大会上对该议案的投票权"。

对于此类关联交易，上市公司董事会应当对该交易是否对公司有利发表意见，同时上市公司应当聘请独立财务顾问就该关联交易对全体股东是否公平、合理发表意见，并说明理由、主要假设及考虑因素。上市公司应当在下次定期报告中披露有关交易的详细资料。

7.3.13　上市公司与关联人就同一标的或者上市公司与同一关联人在连续 12 个月内达成的关联交易累计金额达到本规则 7.3.9 条所述标准的，上市公司应当按 7.3.9 条的规定披露。

7.3.14　上市公司与关联人就同一标的或者上市公司与同一关联人在连续 12 个月内达成的关联交易累计金额达到 7.3.12 条所述条件的，上市公司须按 7.3.12 条的规定披露。

7.3.15　上市公司与关联人之间签署的涉及关联交易的协议，包括产品供销协议、服务协议、土地租赁协议等在招股说明书、上市公告书或前一个定期报告中已经披露，协议主要内容（如价格、数量及付款方式等）在下一个定期报告之前未发生显著变化的，上市公司可豁免执行本节上述条款，但是应当在定期报告及其相应的财务报告附注中就报告期内协议的执行情况作出必要说明。

7.3.16　上市公司与关联人达成以下的交易，可免予按照关联交易的方式表决和披露：

（一）关联人按照上市公司的招股说明书、配股说明书或增发新股说明书以缴纳现金方式认购应当认购的股份；

（二）关联人依据股东大会决议领取股息或者红利；

（三）关联人购买上市公司发行的企业债券；

（四）上市公司与其控股子公司发生的关联交易；

（五）本所认定的其他情况。

7.3.17　公司必须在重大关联交易实施完毕之日起二个工作日内向本所报告并公告。

第四节　其他重大事件

7.4.1　上市公司在会计年度结束时预计出现亏损的，应当在会计年度结束后的 30 个工作日内发布首次风险提示公告。

7.4.2　上市公司发生重大诉讼、仲裁事项，按以下要求进行披露：

（一）诉讼、仲裁事项涉及的金额或 12 个月内累计金额占公司最近经审计的净资产值 10%以上的，上市公司应当在知悉该事件后及时报告并公告；

（二）上市公司根据第（一）项规定披露信息前，应当向本所报送有关法律文书的复印件；

（三）对诉讼、仲裁事件的披露，应当说明诉讼、仲裁受理日期，诉讼、仲裁各方当事人、代理人及其所在单位的姓名或名称，受理法院或仲裁机构的名称和所在地，诉讼或仲裁的原因、依据及诉讼、仲裁的请求，判决或仲裁的日期、结果以及各方当事人对结果的意见等。

7.4.3 上市公司发生重大担保事项，除应当采取有效措施向债务人追偿，将追偿情况及时披露外，还应当遵循以下要求：

（一）上市公司不得为本公司的股东、股东的控股子公司、股东的附属企业或者个人债务提供担保。上市公司为上述公司、个人以外的法人提供担保，涉及的金额或连续12个月累计额占上市公司最近经审计的净资产值的10%以上的，应当及时报告并公告；

（二）上市公司根据第（一）项规定披露信息前，应当向本所报送相关协议的复印件；

（三）对担保事项的披露，应当说明担保协议签署及生效日期，债权人名称，担保的方式、期限、金额，担保协议中的其他重要条款，被担保人基本情况等：

被担保人为法人的，应当包括企业名称、注册地点、法定代表人、经营范围、与上市公司的关联关系或其他关系；

被担保人为个人的，应当包括姓名、与上市公司的关联关系或其他关系；

（四）根据第（一）项披露的担保事项，被担保人于债务到期后十五个工作日内未履行还款义务的，上市公司应当及时报告并公告；

（五）根据第（一）项应当披露的担保事项，被担保人出现破产、清算及其他可能严重影响其还款能力的事件，上市公司知悉后应当及时报告并公告。

7.4.4 上市公司出现以下情况且所涉及的数额达到7.2.2所规定标准的，比照本章第二节的规定披露：

（一）重要合同（借贷、委托经营、受托经营、委托理财、赠与、承包、租赁等）的订立、变更和终止；

（二）大额银行退票；

（三）重大经营性或非经营性亏损；

（四）遭受重大损失；

（五）重大投资行为；

（六）可能依法承担的赔偿责任；

（七）重大行政处罚（若不涉及具体数额，应当披露被查处的具体内容）；

（八）本所认为需披露的其他事项。

7.4.5 上市公司出现以下情况，应当自事实发生之日起两个工作日内向本所报告并公告：

（一）公司章程、注册资本、注册地址、名称的变更，其中公司章程发生变更的，还应当将新的公司章程在指定网站上披露；

（二）经营方针和经营范围的重大变化；

（三）订立7.4.4条第（一）项以外的重要合同，可能对上市公司的资产、负债、权益和经营成果产生重大影响；

（四）发生重大债务或未清偿到期重大债务；

（五）变更募集资金投资项目；

（六）直接或间接持有另一上市公司发行在外的普通股5%以上；

（七）持有上市公司5%以上股份的股东，其持有股份增减变化达5%以上；

（八）上市公司第一大股东发生变更；

（九）上市公司董事长、三分之一以上董事或经理发生变动；

（十）生产经营环境发生重要变化，包括全部或主要业务停顿、生产资料采购、产品销售方式或渠道发生重大变化；

（十一）减资、合并、分立、解散或申请破产的决定；

（十二）新的法律、法规、规章、政策可能对公司的经营产生显著影响；

（十三）更换为上市公司审计的会计师事务所；

（十四）股东大会、董事会的决议被法院依法撤销；

（十五）法院裁定禁止对上市公司有控制权的股东转让其所持上市公司的股份；

（十六）持有上市公司5%以上股份的股东所持股份被质押；

（十七）上市公司进入破产、清算状态；

（十八）上市公司预计出现资不抵债；

（十九）获悉主要债务人出现资不抵债或进入破产程序，上市公司对相应债权未提取足额坏账准备的；

（二十）因涉嫌违反证券法规被中国证监会调查或正受到中国证监会处罚的（公司就违规事项公告时，应当事先报告中国证监会）；

（二十一）本所认为需要披露的其他事项。

7.4.6 上市公司出现7.4.5条第（五）项所述情形，应当向本所提交以下文件：

（一）董事会决议；

（二）监事会对变更募集资金投资项目的意见；

（三）新项目的可行性报告；

（四）新项目的有关立项批文（如有）；

（五）新项目的合作意向书或协议（如有）；

（六）新项目涉及收购资产或企业所有者权益的，应提供有关的评估报告或审计报告；

（七）原项目的终止协议及说明（如有）；

（八）董事会关于变更募集资金投资项目的公告文稿；

（九）本所要求的其他文件。

7.4.7 上市公司出现7.4.5条第（五）项所述情形，应当披露以下内容：

（一）董事会关于变更募集资金投资项目的原因说明；

（二）董事会关于新项目的发展前景、盈利能力、有关的风险和对策等情况的说明；

（三）新项目涉及收购资产或企业所有者权益的，还应当比照本章第二节的规定进行披露；

（四）新项目涉及关联交易的，还应当比照本章第三节的规定进行公告；

（五）本所要求的其他内容。

7.4.8 董事会预计上市公司业绩与其披露过的盈利预测有重大差异，而且导致该差异的因素尚未披露的，应当及时公告，说明有关因素及其对业绩的影响。

上市公司董事会在向本所提交公告文稿时，应当提交以下文件：

（一）预计的业绩变化和造成变化的原因；

（二）董事会确认预计的依据及过程是适当和审慎的函件；

上市公司聘有独立财务顾问的，应当提交独立财务顾问确认上市公司董事会作出该预计的依据及过程是适当和审慎的函件。

7.4.9 上市公司直接或间接持股比例超过50%的子公司出现本节所述情形的，视同上市公司的行为，适用本节规定。

第五节 股票交易异常波动

7.5.1 上市公司应当关注本公司股票的交易以及公共传播媒介、网站对本公司的报道。

7.5.2 出现下列情况之一的，上市公司应当及时报告并公告：

（一）股票交易发生异常波动；

（二）公共传播媒介或网站传播的消息可能对公司的股票交易产生影响。

7.5.3 股票出现以下情况之一时，本所将根据市场情形，认定其是否属股票交易异常波动：

（一）某只股票的价格连续三个交易日达到涨幅限制或跌幅限制；

（二）某只股票连续五个交易日列入"股票、基金公开信息"；

（三）某只股票价格的振幅连续三个交易日达到15%；

（四）某只股票的日均成交金额连续五个交易日逐日增加50%；

（五）本所或中国证监会认为属于异常波动的其他情况。

出现上述第（一）至（四）项情形被认定为异常波动的股票，其异常波动的计算从公告之日起重新开始。

7.5.4 上市公司针对有关传闻发布公告，应当向本所报送公告文稿及传闻在公共传播媒介中传播的证据。

7.5.5 上市公司出现7.5.2条所述的情况时，本所可以要求上市公司比照7.5.7条的规定发布公告。

7.5.6 上市公司对有关传闻的公告应当包括以下内容：

（一）传闻内容及其来源；

（二）公司的真实情况；

（三）经本所同意的其他内容。

7.5.7 上市公司认为股票交易的异常波动与上市公司或上市公司内外部环境的变化无关，应当在公告中作出说明；若与本公司有关，则应当披露可能影响其股票价格的信息。

第六节 公司的合并、分立

7.6.1 上市公司的合并、分立应当符合《公司法》等现行法律法规的规定。

7.6.2 涉及上市公司股份变动的合并、分立方案应当报中国证监会批准并抄报本所。

7.6.3 涉及上市公司股份变动的合并、分立方案未经中国证监会批准的，本所对有关的公告文稿不予审查，并报告中国证监会。

7.6.4 上市公司合并、分立方案实施过程中涉及上市公司信息披露和股份变更登记等事项，按中国证监会和本所的规定办理。

第八章 停牌、复牌

8.1 上市公司可以以本所认为合理的理由向本所申请停牌与复牌。

8.2 本所可根据实际情况或中国证监会的要求，决定公司股票及其衍生品种的停牌与复牌。

8.3 出现以下情况之一的，上市公司董事会应当向本所申请对其股票及其衍生品种例行停牌与复牌：

（一）上市公司于交易日公布中期报告或年度报告，当日上午停牌，下午开市时复牌；

（二）上市公司召开股东大会，会议期间为本所开市时间的，自股东大会召开当日起停牌，直至公告股东大会决议当日上午开市时复牌；如果股东大会决议公告的内容涉及增加、变更或否决议案的，直至公告股东大会决议当日下午开市时复牌；公告日为非交易日，则公告后第一个交易日复牌；

（三）上市公司于交易日公布董事会关于权益分派、配股、公积金转增股本等决议，当日上午停牌，下午开市时复牌。

8.4 上市公司出现以下情况之一，本所对其股票及其衍生品种予以停牌与复牌：

（一）在公共传播媒介中出现上市公司尚未披露的消息，可能对公司股票及其衍生品种的交易产生较大影响，本所对该股票及其衍生品种实施停牌，直至上市公司对该消息作出公告的当日下午开市时复牌；

（二）股票交易出现异常波动，本所可以对其停牌，直至有披露义务的当事人作出公告的当日下午开市时复牌。

8.5 上市公司于交易日公布临时报告的，应当向本所申请停牌，本所根据情况决定停牌与复牌时间。

8.6 临时报告披露不够充分、完整或可能误导公众，上市公司拒不按照本所要求作出修改的，本所可以对该公司股票及其衍生品种停牌，直至上市公司作出补充或更正公告的当日下午开市时复牌。

8.7 本所审核上市公司定期报告时，要求上市公司就有关内容进行解释说明或补充公告，公司不按本所要求办理的，本所可以视具体情况对其股票及其衍生品种实施停牌，直至公司作出解释说明或补充公告的当日下午开市时复牌。

8.8 上市公司未在《证券法》规定的法定期限内公布定期报告的，本所对其股票及其衍生品种停牌，直至其定期报告披露的当日下午开市时复牌；公告日为非交易日，则公告后第一个交易日复牌。

8.9 上市公司在公司运作和信息披露方面涉嫌违反法律、法规、规章及本所业务规则，情节严重的，在被有关部门调查期间，经中国证监会批准，本所对公司股票及其衍生品种停牌，待有关处理决定公告后另行决定复牌时间。

8.10 上市公司监事会按《公司法》第一百二十六条规定职权所作出的可能对股票的交易产生较大影响的决议于交易日公告，其股票及其衍生品种当日上午停牌，下午开市时复牌；情况特殊的，根据具体情况决定停牌与复牌时间。

8.11 上市公司严重违反本规则且在规定期限内仍不予改正的，本所对其股票停牌，直至改正后复牌。

8.12 上市公司因某种原因使本所失去有效信息来源时，本所可以对该公司的股票及其衍生品种停牌，直至本所恢复有效信息来源后复牌。

8.13 上市公司出现以下情况之一的，本所对其股票及其衍生品种停牌，直至导致停牌的原因消除后复牌：

（一）投资者发出收购该上市公司股票的公开要约；

（二）中国证监会依法作出暂停股票交易的决定；

（三）本所认为必要时。

8.14 上市公司出现异常状况，本所对其股票交易实行特别处理的，该公司股票及其衍生品种按本规则第九章的规定停牌。

8.15 上市公司出现10.1.1条规定的情况之一或发生重大事件而影响公司上市资格的，本所按第十章的规定对该公司的股票及其衍生品种停牌。

8.16 上市公司在重大收购、出售资产或股权、债务重组过程中，股价出现异常波动或董事会预计将会导致股价出现异常波动的，如果出现下列情形且无法按照4.9条规定进行分阶段披露的，董事会应当向本所提出停牌申请：

(一)重大收购、出售资产或股权、债务重组行为不能确定结果；

(二)相关信息在市场上已有传播但仍需报请政府批准；

(三)董事会预计相关信息无法保密的。

8.17 公司申请的停牌期限不超过30天的，本所根据公司的股票交易情况作出决定；超过30天(包括30天)的，由本所提出处理意见报中国证监会批准。公司应当在停牌申请获准后的次一个工作日公告停牌的信息。

8.18 在停牌期间，公司应当至少每两周披露一次重大收购、出售、债务重组事项的进展情况。

停牌期间，相关事项的不确定性已经消除的，公司应在二个工作日内向本所申请复牌并公告；停牌期满，该等事项的不确定性没有消除的，公司应在期满时提前二个工作日向本所申请延长停牌时间，经本所同意或报经证监会批准后，公司应及时予以公告。

8.19 公司就同一不确定事项累计停牌已达到90天，公司未向本所申请复牌的，自累计停牌满三个月之日起，本所对其股票强制复牌，并对其股票采取以下交易方式：

(一)投资者在本所另行规定的开市时间内申报交易委托；

(二)申报价格不得超过上一次收市价格的5%，不设下限；

(三)在本条第(一)项规定时间收市后对有效申报按集合竞价方法进行撮合成交。

在此期间，相关事项的不确定性已经消除的，公司应在二个工作日内向本所申请恢复停牌前的交易方式并公告。

第九章 特别处理

第一节 基本原则

9.1.1 上市公司出现财务状况或其他状况异常，导致投资者难于判断公司前景，权益可能受到损害的，本所将对公司股票交易实行特别处理。

9.1.2 本章所称特别处理包括以下措施：

(一)在公司股票简称前冠以“ST”字样，以区别于其他股东；

(二)股票报价的日涨跌幅限制为5%。

9.1.3 本规则所规定的特别处理不属于对上市公司的处罚，上市公司在特别处理期间的权利和义务不变。

第二节 财务状况异常的特别处理

9.2.1 上市公司出现以下情形之一的，为财务状况异常：

(一)最近两个会计年度的审计结果显示的净利润均为负值；

(二)最近一个会计年度的审计结果显示其股东权益低于注册资本，即每股净资产低于股票面值；

(三)注册会计师对最近一个会计年度的财务报告出具无法表示意见或否定意见的审计报告；

(四)最近一个会计年度经审计的股东权益扣除注册会计师、有关部门不予确认的部分，低于注册资本；

(五)最近一份经审计的财务报告对上年度利润进行调整，导致连续两个会计年度亏损；

(六)经本所或中国证监会认定为财务状况异常的。

9.2.2 上市公司出现9.2.1条所列情形之一的，应当在收到审计报告之日起两个工作日内向本所报告，并提交上市公司董事会书面意见。

9.2.3 本所收到上市公司上述报告后五个工作日内，或者在报请中国证监会认可的期限内，决定是否对该公司股票实行特别处理。

上市公司应当按照本所的要求在其股票交易实行特别处理之前一交易日作出公告，其股票在公告日停牌一天，公告后第一个交易日复牌并实行特别处理。

9.2.4 上市公司最近年度财务状况恢复正常、审计结果表明9.2.1条所列情形已消除，并且满足以下条件的，公司应当自收到最近年度审计报告之日起两个工作日内向本所报告并提交年度报告，同时可以向本所申请撤销特别处理：

(一)主营业务正常运营；

(二)扣除非经常性损益后的净利润为正值。

9.2.5 本所自接到撤销特别处理申请之日起两个工作日内，根据该公司的实际，决定是否撤销特别处理。在撤消特别处理前，上市公司应当按照本所要求于交易日作出公告。公告日其股票停牌一天，公告后第一个交易日复牌并撤销特别处理。

未撤销特别处理的，上市公司在下一会计年度结束后方可参照9.2.4的规定向本所申请撤销特别处理。

第三节 其他状况异常的特别处理

9.3.1 上市公司出现以下异常状况之一的，本所对其股票交易实行特别处理：

(一)由于自然灾害、重大事故等导致上市公司主要经营设施遭受损失，公司生产经营活动基本中止，在三个月以内不能恢复的；

(二)公司涉及负有赔偿责任的诉讼或仲裁案件，按照法院或仲裁机构的法律文书，赔偿金额累计超过上市公司最近经审计的净资产值的50%的；

(三)公司主要银行账号被冻结，影响上市公司正常经营活动的；

(四)公司出现其他异常情况，董事会认为有必要对股票交易实行特别处理的；

(五)人民法院受理公司破产案件，可能依法宣告上市公司破产的；

(六)公司董事会无法正常召开会议并形成董事会决议的；

(七)公司的主要债务人被法院宣告进入破产程序，而公司相应债权未能计提足额坏账准备，公司面临重大财务风险的；

(八)中国证监会或本所认定为状况异常的其他情形。

9.3.2 上市公司出现9.3.1条第(一)至(四)项和(六)至(七)项情形的，应当在二个工作日内向本所提交报告。本所收到上述报告后，参照9.2.3条处理。

9.3.3 上市公司认为前条所列的异常状况已经消除，可以向本所申请撤销股票交易特别处理，本所比照9.2.5的规定，决定是否撤销特别处理。

9.3.4 上市公司出现9.3.1条第(五)项所列情形即进

入破产程序而被实施特别处理的，公司股票在每个交易日上午交易。

9.3.5　自法院受理上市公司破产案件的公告发布当日起，本所对该公司股票实施停牌。

公司应当在收到法院有关法律文书的当日，立即向本所报告，经本所审核后公告。公告日后第一个交易日公司股票复牌并实施特别处理。

9.3.6　上市公司进入破产程序后，公司或其他有信息披露义务的主体应当于第一时间向本所报告债权申报情况、债权人会议情况、和解和整顿等重大情况并公告。

公司刊登上述公告当日，其股票停牌一天。

9.3.7　上市公司与债权人会议达成和解协议，并且能够按照和解协议清偿债务，经法院裁定终结破产程序的，本所自法院发布公告的当日起对公司股票实施停牌。

上市公司应当在收到有关法律文书后立即向本所报告，经本所审核后公告，公告日后的第一个交易日公司股票复牌。

9.3.8　法院依法宣告上市公司破产的，自法院发布公告日起，本所对该公司股票停牌。

上市公司应当在收到有关法律文书后立即向本所报告，经本所审核后公告。

第十章　暂停上市、恢复上市与终止上市

第一节　暂停上市

10.1.1　根据《公司法》第一百五十七条的规定，本节所称的暂停上市包括以下四种情形：

（一）上市公司股本总额、股权分布等发生变化不再具备上市条件；

（二）上市公司不按规定公开其财务状况，或者对财务会计报告作虚假记载；

（三）上市公司有重大违法行为；

（四）上市公司最近三年连续亏损。

10.1.2　上市公司出现10.1.1条第（一）、（二）、（三）项所列情形之一的，本所根据中国证监会的决定暂停其股票上市。

10.1.3　上市公司出现10.1.1条第（四）项所列情形的，本所作出暂停其股票上市的决定。

本所在作出暂停股票上市决定后的两个交易日内通知公司并公告，同时报中国证监会备案。

10.1.4　上市公司出现连续三年亏损的，公司董事会应当在收到年度审计报告后两个交易日内向本所报告并披露年度报告。同时，公司董事会应当刊登股票可能被暂停上市的风险提示公告。

因根据国家有关会计政策进行追溯调整导致上市公司出现最近三年连续亏损的，上市公司应当向本所提供由注册会计师出具的关于根据国家会计政策所作追溯调整对公司近三年净利润影响的具体数额的专项说明，并应当在年度报告中作专项披露。

10.1.5　上市公司最近两年连续亏损后，预计第三年度将继续亏损的，公司董事会应当在第三个会计年度结束后的20个交易日内作出股票可能被暂停上市的风险提示公告。公司董事会在披露年报前至少发布三次风险提示公告。

10.1.6　最近两年连续亏损后，第三年的年度财务报告显示盈利但被会计师事务所出具带解释性说明段的无保留意见、保留意见、否定意见或拒绝表示意见（以下简称非标准无保留审计意见）的审计报告的，上市公司在报送年度报告的同时应当向本所提交以下（包括但不限于）文件：

（一）公司董事会针对该审计意见涉及事项所做的专项说明和审议此专项说明的董事会决议及决议所依据的材料；

（二）公司独立董事对审计意见涉及事项的独立意见；

（三）公司监事会对董事会有关说明的意见和相关的决议；

（四）负责审计的会计师事务所及注册会计师出具的专项说明；

（五）证监会和交易所要求的其它文件。

注册会计师出具的专项说明至少应当包括以下内容：

1、出具非标准无保留审计意见的理由和原因；

2、该非标准无保留审计意见对报告期内公司财务状况和经营成果影响的具体金额，若影响的金额导致公司盈亏性质发生变化的，则应当明确说明。

如果审计意见涉及事项不属于明显违反会计准则、制度及相关信息披露规范规定的，董事会在相应定期报告中应当针对该审计意见涉及的事项做出详细说明，包括但不限于以下内容：

（一）非标准无保留审计意见涉及事项的基本情况；

（二）注册会计师对该事项的基本意见；

（三）公司董事会、监事会和管理层等对该事项的意见；

（四）该事项对上市公司的影响程度；

（五）消除该事项及其影响的可能性；

（六）消除该事项及其影响的具体措施。

10.1.7　最近两年连续亏损后，第三年的年度财务报告显示盈利但因明显违反会计准则、制度及相关信息披露规范规定被会计师事务所出具非标准无保留审计意见的审计报告的，上市公司应当对有关明显违反会计准则、制度及相关信息披露规范规定的事项进行纠正和调整，并在本所规定期限内披露经调整的年度财务报告和有关审计报告。上市公司进行纠正和调整的期间不计入本所作出有关决定的期限内。

公司未在本所规定期限内披露经纠正和调整的年度财务报告和有关审计报告的，本所将报中国证监会调查处理。

10.1.8　上市公司出现下列情况之一时，自公司披露年度报告之日或者超过法定披露期限之日起，本所对其股票实施停牌：

（一）最近三年连续亏损并非根据国家会计政策进行追溯调整所致的；

（二）最近两年连续亏损后披露的第三年年度报告显示盈利但因明显违反会计准则、制度及相关信息披露规范规定被会计师事务所出具非标准无保留审计意见的；

（三）上市公司最近两年连续亏损后未能在法定披露期限内披露第三年年度报告的。

10.1.9　上市公司出现10.1.8条第（一）项所述情形时，本所自公司年度报告披露之日起十个交易日内作出暂停其股票上市的决定。

10.1.10　上市公司出现10.1.8条第（二）项所述情形时，如果经纠正和调整的财务报告显示公司出现最近三年连续亏损的，自公司披露经纠正和调整的年度财务报告之日起十个交易日内，本所作出暂停其股票上市的决定。

10.1.11　上市公司出现10.1.8条第（三）项所述情形时，在法定披露期限结束后本所将报中国证监会调查处理，并在公司年度报告披露后按照第10.1.9条或第10.1.10条的有关规定处理。

10.1.12 上市公司应当在收到本所暂停其股票上市的决定之日起二个交易日内，在指定报纸和指定网站登载《股票暂停上市公告》。

《股票暂停上市公告》应当包括以下内容：

(一)暂停上市股票的种类、简称、证券代码以及暂停上市起始日；

(二)有关股票暂停上市决定的主要内容；

(三)公司董事会关于争取恢复股票上市的意见及具体措施；

(四)股票可能被终止上市的风险提示；

(五)暂停上市期间公司接受投资者咨询的主要方式；

(六)中国证监会和本所要求的其他内容。

10.1.13 在股票暂停上市期间，公司应当继续履行上市公司的有关义务，并至少在每月前五个交易日内披露一次为恢复上市所采取的措施及有关工作进展情况。公司如没有采取重大措施或者有关计划没有相应进展的，也应当披露并说明具体原因。

第二节 恢复上市

10.2.1 因10.1.1条第(一)、(二)、(三)项的情形股票被暂停上市的公司申请恢复上市的，本所依据中国证监会有关核准其恢复上市的决定恢复该公司股票上市。

10.2.2 因10.1.1条第(四)项情形股票被暂停上市的，在股票暂停上市期间，公司符合下列条件的，可以自第一个半年度报告披露之日起五个交易日内向本所提出恢复股票上市的书面申请：

(一)在法定披露期限内披露经审计的暂停上市后第一个半年度报告；

(二)公司半年度财务报告为盈利的。

申请恢复上市的公司半年度财务报告被会计师事务所出具非标准无保留审计意见的，本所可以聘请有证券从业资格的会计师事务所就公司盈利的真实性进行调查核实。

本所聘请会计师事务所进行调查核实期间不计入本所作出有关决定的期限内。

10.2.3 在股票暂停上市期间，公司第一个半年度财务报告被会计师事务所出具非标准无保留审计意见的，上市公司应当在披露半年度报告的同时刊登风险提示公告，还应当比照第10.1.6条、10.1.7条提交文件并进行披露、纠正和调整。

公司未在本所规定期限内披露经纠正和调整的年度财务报告和有关审计报告的，本所将报中国证监会调查处理。

上述纠正、调整财务报告期间不计入本所作出有关决定的期限内。

10.2.4 申请股票恢复上市的公司应当聘请具有主承销商资格且符合2.3.2条规定的机构担任恢复上市推荐人。

10.2.5 恢复上市推荐人应当遵循勤勉尽责、诚实信用的原则，审慎对待中介机构出具的意见，对公司恢复上市申请材料的真实性、准确性、完整性进行核查，就公司是否符合恢复上市条件出具《恢复上市推荐书》，并比照第2.3.8条、第12.3条的有关规定承担责任。

恢复上市推荐人至少应对公司以下情况予以充分关注和尽职核查，并出具核查意见：

(一)公司规范运作的情况：包括公司人员、资产、财务的独立性，公司关联交易情况，公司重大出售或购买资产的情况及其行为的合规性，公司重组后的业务方向以及公司经营状况是否发生实质性好转，与控制人之间的同业竞争关系等；

(二)公司财务风险的情况：包括公司的收入确认、非经常性损益的确认是否合规，会计师事务所出具的非标准无保留审计意见所涉及事项对公司是否存在重大影响，公司对涉及明显违反会计准则、制度及相关信息披露规范规定的事项进行纠正和调整的情况等；

(三)公司或有风险的情况：包括资产出售、抵押、置换、委托经营、公司的重大对外担保、重大诉讼、仲裁情况(小额的须累计计算)及其对公司经营所产生的不确定性等。

对公司的不规范行为，包括但不限于公司存在明显违反会计准则、制度及相关信息披露规范规定的事项的，恢复上市推荐人应当要求公司改正。对于拒绝改正的，恢复上市推荐人不得为申请恢复上市的公司出具《恢复上市推荐书》。

10.2.6 在进行充分核查的基础上，恢复上市推荐人出具的《恢复上市推荐书》应当包括但不限于以下内容：

(一)申请恢复上市的公司基本情况；

(二)对申请恢复上市的公司的核查意见；

(三)对申请恢复上市的公司前景的评价；

(四)申请恢复上市的公司存在的主要风险，并对原有风险是否已经消除进行说明；

(五)明确说明公司是否符合恢复上市条件及其依据；

(六)明确说明推荐意见及其理由；

(七)简要介绍恢复上市推荐人的内部审核程序和意见；

(八)中国证监会或本所要求的其它内容。

《恢复上市推荐书》应当由负责推荐的机构法定代表人或授权代表签名并加盖公章，注明签署日期。

10.2.7 申请股票恢复上市的公司所聘请的具有证券从业资格的律师事务所及其律师应当对恢复上市申请的合法、合规性进行充分的核查验证，对有关申请材料进行审慎审阅，并对恢复上市申请材料的真实性、准确性、完整性承担相应的法律责任。

10.2.8 律师应当在进行充分核查验证的基础上出具法律意见书，对包括但不限于下列的事项明确发表结论性意见：

(一)申请恢复上市的公司的主体资格；

(二)恢复上市的实质条件；

(三)申请恢复上市的公司的业务情况；

(四)关联交易及同业竞争的情况；

(五)申请恢复上市的公司的主要财产情况；

(六)申请恢复上市的公司的重大债权债务情况；

(七)申请恢复上市的公司的重大资产变化及收购兼并情况；

(八)申请恢复上市的公司股东大会、董事会、监事会议事规则及规范运作情况；

(九)申请恢复上市的公司的纳税情况；

(十)申请恢复上市的公司业务发展目标；

(十一)诉讼、仲裁、行政处罚情况；

(十二)律师认为需要说明的其他问题。

律师就上述事项所发表的结论性意见应包括是否合法合规、是否真实有效，是否存在纠纷或潜在风险。

10.2.9 公司提出恢复上市申请时，应当提交以下(包括但不限于)文件：

(一)经董事会审议通过的恢复上市申请书及同意申请恢复上市的决议；

(二)董事会、监事会、总经理确认并保证公司符合恢复上市条件的文件；

（三）关于公司重大资产重组方案的说明：包括重大资产重组的内部决策程序、资产交接、相关收益的确认、实施结果及相关证明文件等；

（四）关于公司上一年度和最近一期中期报告期间的重大关联交易说明：包括关联交易的内部决策程序、合同及有关记录、实施结果及相关证明文件等；

（五）关于公司上一年度和最近一期中期报告期间的纳税情况说明：包括公司的纳税申报表、完税证明以及有关税收优惠政策的证明文件等；

（六）管理层从公司主营业务、经营活动、或有事项和期后事项、财务状况及其他重大事项等角度对公司所实现盈利的情况、对公司经营能力和盈利能力的持续性、稳定性的分析文件；

（七）审计报告及半年度报告；

（八）恢复上市推荐人出具的《恢复上市推荐书》；

（九）法律意见书；

（十）本所要求的其他有关材料。

公司在提出恢复上市申请后次一交易日应当发布相关公告。

10.2.10　本所在收到公司提交的恢复上市申请全部材料后五个交易日内作出是否受理的决定。

公司未能按照10.2.9条要求提供申请材料的，本所不受理其股票恢复上市申请。

公司应当在收到本所是否受理其申请的决定后两个交易日内披露决定的有关情况，并就终止上市可能性做出风险提示。

10.2.11　在受理公司恢复上市申请后三十个交易日内，本所作出是否核准恢复上市申请的决定。

在此期间，本所要求公司提供补充材料的，公司应当在本所规定期限内提供有关材料。公司补充材料期间不计入本所作出有关决定的期限内。

公司财务报告涉及需本所报请中国证监会调查的事项的，中国证监会调查期间不计入本所作出有关决定的期限内。

10.2.12　本所专家委员会对恢复上市申请进行审议，对公司申请材料进行充分讨论并形成审核意见。依据专家委员会的意见，本所对公司的恢复上市申请作出核准或不核准的决定。

在作出核准恢复股票上市决定后，本所在两个交易日内通知公司并报中国证监会备案。

10.2.13　经中国证监会或本所核准恢复上市的，公司应当在收到有关决定后的两个交易日内，在指定报纸和指定网站登载《股票恢复上市公告》。

《股票恢复上市公告》应当包括以下内容：

（一）恢复上市股票的种类、简称、证券代码；

（二）有关股票恢复上市决定的主要内容；

（三）公司董事会关于恢复上市措施的具体说明；

（四）风险因素分析；

（五）可能终止上市的风险提示；

（六）中国证监会或本所要求的其他内容。

10.2.14　在公司刊登《股票恢复上市公告》五个交易日后，其股票恢复上市。

自恢复上市之日起至恢复上市后的第一个年度报告披露日止，本所对其股票交易实施特别处理。

第三节　终止上市

10.3.1　公司在限期内未能消除10.1.1条第（一）项所列情形而不具备上市条件的，或者因10.1.1条第（二）、（三）项所列情形，经查实后果严重的，本所根据中国证监会终止上市的有关决定，终止该公司股票上市。

10.3.2　出现下列情形之一的，本所决定终止其股票上市：（一）公司未能在法定披露期限内披露其经审计的暂停上市后第一个半年度报告或者恢复上市后的第一个年度报告的；（二）在法定披露期限内披露暂停上市后第一个半年度报告，但公司未能在披露后五个交易日内提出恢复上市申请的；（三）股票恢复上市申请未被本所受理的；

（四）股票恢复上市申请被受理后未被本所核准的；

（五）在法定披露期限内披露了恢复上市后的第一个年度报告，但公司出现亏损的；

（六）在股票暂停上市期间，公司股东大会作出终止上市决议的。

10.3.3　本所专家委员会对公司股票终止上市事宜进行审核并形成意见，本所依据专家委员会的意见作出是否终止上市的决定。

在作出终止公司股票上市的决定后，本所将在两个交易日内通知公司并公告，同时报中国证监会备案。

10.3.4　公司股票恢复上市后第一个会计年度预计出现亏损的，公司董事会应当在该会计年度结束后的二十个交易日内及时发布预亏公告，并作出可能被终止上市的风险提示。公司董事会在年度报告披露前至少发布三次风险提示公告。

10.3.5　公司股票恢复上市后第一个会计年度经审计的财务报告显示亏损的，自收到审计报告之日后两个交易日内，公司董事会应当向本所报告并公布年度报告，在披露年度报告的同时发布可能被终止上市的风险提示公告。

自公司披露年度报告之日起，其股票停牌。

10.3.6　出现第10.3.2条第（一）项所述情形的，本所自法定披露期限结束之日起十个交易日内作出终止上市的决定。

10.3.7　出现第10.3.2条第（二）、（三）项所述情形的，本所自公司半年度报告披露后十五个交易日内作出终止上市的决定。

10.3.8　出现第10.3.2条第（四）项所述情形的，本所在不予核准的同时作出终止上市决定。

10.3.9　公司出现第10.3.2条第（五）项所述情形的，自公司披露年度报告之日起其股票停牌。在其年度报告披露后三十个交易日内，本所作出终止其股票上市的决定。

10.3.10　恢复上市后披露的第一个年度财务报告显示盈利，但被会计师事务所出具非标准无保留审计意见的，上市公司应当在披露年度报告的同时刊登风险提示公告，还应当比照第10.1.6条、10.1.7条提交文件并进行披露、纠正和调整。

本所可以聘请有证券从业资格的会计师事务所就公司盈利的真实性进行调查核实。

公司未在本所规定期限内披露经纠正和调整的年度财务报告和有关审计报告的，本所将报中国证监会调查处理。

上述纠正、调整及调查期间不计入本所作出有关决定的期限内。

10.3.11 出现第10.3.2条第（六）项所述情形的，公司董事会应当在股东大会会议结束后两个交易日内通知本所并公告。

本所在收到通知后五个交易日内作出终止其股票上市的决定。

10.3.12 上市公司股东大会决议公司解散的，公司董事会应当在股东大会作出决议后两个工作日内向本所和中国证监会报告，本所依据中国证监会的决定终止其股票上市。

10.3.13 行政主管部门依法责令上市公司关闭或者法院宣告上市公司破产的，本所依据中国证监会的决定终止该公司股票上市。

10.3.14 公司应当在收到本所或中国证监会关于终止其股票上市决定后的两个交易日内，在指定报纸和指定网站登载《股票终止上市公告》。

《股票终止上市公告》应当包括以下内容：

(一)终止上市股票的种类、简称、证券代码以及终止上市的日期；

(二)终止上市决定的主要内容；

(三)终止上市后其股票登记、转让、管理事宜；

(四)中国证监会和本所要求的其他内容。

第十一章 境内外上市事务的协调

11.1 在本所上市的公司同时有证券在其他证券交易所上市的，其他证券交易所要求公开披露的信息，上市公司必须同时向本所报告，经本所审核后同时公告。

11.2 上市公司就同一事件向其他交易所提供的报告和公告应当与向本所提供的报告和公告内容一致，出现重大差异时，上市公司必须向本所说明，并按照本所要求补充公告。

11.3 本章未尽事宜，适用法律法规、本所其他有关业务规则以及本所与其他证券交易所签署的监管合作备忘录的规定。

第十二章 违反本规则的处理

12.1 上市公司违反本规则规定，本所视情节轻重给予以下处分：

(一)责令改正；

(二)内部通报批评；

(三)在指定报纸和网站上公开谴责；

(四)要求上市公司有关责任人支付3万元以上30万元以下的惩罚性违约金。

以上处分可以单处或并处。情节严重的，本所依法报中国证监会查处。

12.2 上市公司董事、监事违反本规则规定和董事、监事承诺的，本所视情节轻重给予以下处分：

(一)责令改正；

(二)内部通报批评；

(三)在指定报纸和网站上公开谴责；

(四)要求该等董事、监事支付3万元以上30万元以下的惩罚性违约金；

(五)公开认定其不适合担任上市公司董事、监事。

以上处分可以单处或并处。

情节严重的，本所依法报中国证监会查处。

12.3 上市推荐人违反本规则规定，本所视情节轻重给予以下处分：

(一)责令改正；

(二)内部通报批评；

(三)在指定报纸和网站上公开谴责；

(四)取消上市推荐人资格。

情节严重的，本所依法报中国证监会查处。

12.4 上市公司董事会秘书违反本规则规定，本所视情节轻重给予以下处分：

(一)责令改正；

(二)内部通报批评；

(三)在指定报纸和网站上公开谴责；

(四)建议上市公司更换董事会秘书。

第十三章 释 义

13.1 释义：

上市：指股票及其衍生品种经审核同意在本所挂牌交易。

股票：包括人民币普通股(简称A股)和境内上市外资股(简称B股)。

衍生品种：指B股配股权证及其他股票衍生产品。

公司职工股：指采取募集方式设立的股份有限公司内部职工按不超过社会公众股百分之十的比例认购的股票。

内部职工股：指原定向募集股份有限公司的内部职工认购的股票。

高级管理人员：指公司经理、副经理、董事会秘书、财务负责人及公司认定的其他人员。

财务顾问：指有证券从业资格的会计师事务所、证券咨询机构、综合类证券公司。

第一大股东：指合计持有上市公司股份数量处于第一位或者对上市公司有实际控制权的股东。

上市公司控股子公司：指上市公司为其第一大股东，或者按照股权比例、公司章程或经营协议，上市公司能够控制其董事会组成的公司。

公司承诺：指上市公司及其董事会在招股说明书、招股意向书、配股说明书、定期报告和临时报告及整改报告中就重要事项向公众所作的保证，包括但不限于以下重大事项：

(一)募集资金使用；

(二)分配计划；

(三)关联交易方案；

(四)对公司有较大影响的收购与出售资产或投资等重要事项向公众作出的保证；

(五)其他对公司发展或对公司股价有较大影响的重大事件。

股东承诺：是指上市公司主要股东在招股说明书、招股意向书、配股说明书、定期报告和临时报告及整改报告中就重要事项向上市公司作出的保证。

13.2 本规则未定义的用语的含义，依照国家有关法律、法规、规章及本所有关业务规则确定。

13.3 本规则所称“以上”、“以内”、“以前”都含本数，“少于”不含本数。

第十四章 附 则

14.1 本规则经本所理事会通过并报中国证监会批准后生效，修改时亦同。

14.2 本规则由本所解释。

14.3 本规则自发布之日起执行。

第十五章 董事声明及承诺书

第一部分 声 明

一、基本情况

1. 上市公司名称：
2. 公司股票简称：　　　　股票代码：
3. 本人姓名：　　　　　　职务：
4. 别名
5. 曾用名
6. 出生日期
7. 住址
8. 国籍
9. 拥有哪些国家或地区的长期居留权(如有)
10. 专业资格(如有)
11. 身份证号码
12. 护照号码(如有)
13. 配偶及近亲属的姓名、身份证号码：

配偶：

父母：

年满18岁具有民事行为能力的子女

兄弟姐妹：

二、是否有配偶、父母、年满18周岁具有民事行为能力的子女及其配偶、兄弟姐妹及其配偶担任本公司董事、监事、高级管理人员。

是□否□如是，请详细说明。

三、是否在其他公司任职？

是□否□如是，请填报各公司的名称、注册资本、经营范围、以及您在该公司任职的情况。

四、是否负有数额较大的到期未清偿债务，或者未偿还经法院裁定应当偿付的债务，或者被法院采取强制措施，或者受到仍然有效的法院判决、裁定所限制？

是□否□如是，请详细说明。

五、是否曾担任因经营不善破产清算、关停并转或曾有类似情况的公司、企业的董事、监事或者厂长、经理？

是□否□

六、是否曾担任因违法而被吊销营业执照的公司、企业的法定代表人？

是□否□

七、是否曾因违反刑法，尤其是犯有贪污贿赂罪、侵犯财产罪或者破坏社会主义经济秩序罪等而受到刑事处罚？

是□否□

八、是否曾因违反《证券法》、《禁止证券欺诈行为暂行办法》和《证券市场禁入暂行规定》受到行政处罚？

是□否□如是，请详细说明。

九、除第七、八条以外，您是否曾违反其他法律、法规被判处刑罚或受到行政处罚？

是□否□如是，请详细说明。

十、是否因涉嫌违反法律、法规的规定正受到中国证监会的调查或涉及有关诉讼、仲裁？

是□否□如是，请详细说明。

十一、本人及配偶、父母、子女及子女的配偶是否持有本人所在上市公司股票及其衍生品种？

是□否□如是，请详细说明。

十二、请说明在上市公司或附属公司业务中，过去或现在是否拥有除前条以外的任何利益？

是□否□如是，请详细说明。

十三、是否参加过中国证监会和上海证券交易所组织或认可的证券业务的培训？

是□否□如是，请详细说明。

十四、除上述问题所涉及的信息外，您是否知悉任何其他事项，而不声明该等事项可能影响您对上述问题回答的真实性、完整性或准确性？

是□否□如是，请详细说明。

本人(正楷体)郑重声明，上述回答是真实、完整和准确的，保证不存在任何虚假陈述、遗漏或误导成份，本人完全明白作出虚假声明可能导致的后果，而且上海证券交易所可依据上述回答所提供的资料，评估本人是否适宜担任上市公司的董事。

声明人(签名)：

日　　期：

此项声明于　　年　月　日在(地点)作出。

见证律师：

日　　期：

第二部分　承　诺

本人(正楷体)向上海证券交易所承诺：

一、本人在履行上市公司董事的职责时，将遵守法律、法规、规章等有关规定，履行诚实信用、勤勉尽责的义务；

二、本人在履行上市公司董事的职责时，将遵守中国证监会发布的规章、规定和通知的要求，并尽力促使上市公司遵守；

三、本人在履行上市公司董事的职责时，将遵守《上海证券交易所股票上市规则》等上海证券交易所发布的规章、规定、通知的要求，并促使上市公司及本人的授权人遵守；

四、本人在履行上市公司董事的职责时，将遵守《公司章程》；

五、本人接受上海证券交易所的监管，包括及时、坦白地答复上海证券交易所向本人提出的任何问题，及时提供《股票上市规则》规定应当报送的资料及其他要求提供的文件的正本或副本，并出席本人被要求出席的任何会议。

六、本人授权上海证券交易所将本人提供的承诺与声明的资料向中国证监会报告。

七、本人如违反上述义务，愿意承担由此引起的一切法律责任。

八、本人在执行职务过程中，如果与上海证券交易所发生争议提起诉讼时，由上海证券交易所住所地法院管辖。

承诺人：(签署)

日期：

此项承诺于　　年　月　日在(地点)的作出。

见证律师：　　　　　　日　期：

附件2：监事声明及承诺书

第一部分　声　明

一、基本情况

1. 上市公司名称
2. 公司股票简称　股票代码
3. 姓名
4. 别名
5. 曾用名
6. 出生日期
7. 住址
8. 国籍
9. 哪些国家或地区的长期居留权(如有)
10. 专业资格(如有)

11.身份证号码
12.护照号码(如有)
13.配偶及近亲属的姓名、身份证号码：
配偶：
父母：
年满18岁具有民事行为能力的子女：
兄弟姐妹：

二、是否有配偶、父母、年满18周岁具有民事行为能力的子女及其配偶、兄弟姐妹及其配偶担任本公司董事、监事、高级管理人员。

是□否□如是，请详细说明。

三、是否在其他公司任职?

是□否□如是，请填报各公司的名称、注册资本、经营范围、以及您在该公司任职的情况。

四、是否负有数额较大的到期未清偿债务，或者未偿还经法院裁定应当偿付的债务，或者被法院采取强制措施，或者受到仍然有效的法院判决、裁定所限制?

是□否□如是，请详细说明。

五、是否曾担任因经营不善破产清算、关停并转或曾有类似情况的公司、企业的董事、监事或者厂长、经理?

是□否□

六、是否曾担任因违法而被吊销营业执照的公司、企业的法定代表人?

是□否□

七、是否曾因违反刑法，尤其是犯有贪污贿赂罪、侵犯财产罪或者破坏社会主义经济秩序罪等而受到刑事处罚?

是□否□

八、是否曾因违反《证券法》、《禁止证券欺诈行为暂行办法》和《证券市场禁入暂行规定》受到行政处罚?

是□否□如是，请详细说明。

九、除第七、八条以外，您是否曾违反其他法律、法规被判处刑罚或受到行政处罚?

是□否□如是，请详细说明。

十、是否因涉嫌违反法律、法规的规定正受到中国证监会的调查或涉及有关诉讼、仲裁?

是□否□如是，请详细说明。

十一、本人及配偶、父母、子女及子女的配偶是否持有本人所在上市公司股票及其衍生品种?

是□否□如是，请详细说明。

十二、请说明在上市公司或附属公司业务中，过去或现在是否拥有除前条以外的任何利益?

是□否□如是，请详细说明。

十三、是否参加过中国证监会和上海证券交易所组织或认可的证券业务的培训?

是□否□如是，请详细说明。

十四、除上述问题所涉及的信息外，您是否知悉任何其他事项，而不声明该等事项可能影响您对上述问题回答的真实性、完整性或准确性?

是□否□如是，请详细说明。

本人(正楷体)郑重声明，上述回答是真实、完整和准确的，保证不存在任何虚假陈述、遗漏或误导成份，本人完全明白作出虚假声明可能导致的后果，而且上海证券交易所可依据上述回答所提供的资料，评估本人是否适宜担任上市公司的监事。

声明人(签名)：
日　　期：
此项声明于　　年　月　日在(地点)作出。
见证律师：
日　　期：

第二部分　承　诺

本人(正楷体)向上海证券交易所承诺：

一、本人在履行上市公司监事的职责时，将遵守国家有关法律、法规、规章等有关规定，履行诚信、勤勉义务；

二、本人在履行上市公司监事的职责时，将遵守中国证监会发布的规章、规定和通知的要求，并促使上市公司及其董事遵守；

三、本人在履行上市公司监事的职责时，将遵守《上海证券交易所股票上市规则》等上海证券交易所发布的规章、规定、通知的要求，并促使上市公司及其董事遵守；

四、本人在履行上市公司监事的职责时，将遵守《公司章程》，并促使上市公司及其董事遵守；

五、本人接受上海证券交易所的监管，包括及时、坦白地答复上海证券交易所向本人提出的任何问题，并促使上市公司董事及时提供《股票上市规则》规定应当报送的资料及其他要求提供的文件的正本或副本，并出席本人被要求出席的任何会议。

六、本人授权上海证券交易所将本人提供的承诺与声明的资料向中国证监会报告。

七、本人如违反上述义务，愿意承担由此引起的一切法律责任。

八、本人在执行职务过程中，如与上海证券交易所发生争议提起诉讼时，由上海证券交易所住所地法院管辖。

承诺人(签名)：
日　　期：
此项承诺于　　年　月　日在(地点)的作出。
见证律师：
日　　期：

说明：

1、按照《上海证券交易所股票上市规则》的规定应当向本所呈报董事、监事声明及承诺书的人士，均必须填写第一部分声明和第二部分承诺。

2、请回答所有的问题，若回答问题的空格不够填写，请另附纸填写，并装订在后。

3、若没有真实、完整、准确、及时填写声明部分，或没有填写承诺部分，或没有遵守承诺，则属违反《上海证券交易所股票上市规则》，本所根据《上海证券交易所股票上市规则》予以处理。

4、若对填写事项有疑问，请咨询律师。

关于发布《上海证券交易所股票上市规则(2001年修订本)》的通知

各上市公司：

《上海证券交易所股票上市规则(2001年修订本)》已经中国证监会批准，现予发布，自发布之日起施行，请遵照执行。2000年5月1日实施的《上海证券交易所股票上市规则》(2000年修订本)同时废止。

上海证券交易所
二00一年六月八日

关于修订股票上市规则第十章及实施中有关问题的通知

各上市公司：

根据中国证券监督管理委员会(以下简称“中国证监会”)《公开发行证券的公司信息披露编报规则第14号——非标准无保留审计意见及其涉及事项的处理》、《亏损上市公司暂停上市与终止上市实施办法(修订)》(以下简称《实施办法》)及其发布通知的有关规定，本所对《上海证券交易所股票上市规则》原第十章进行了修订。修订后的《上海证券交易所股票上市规则》第十章“暂停上市、恢复上市与终止上市”(以下简称《规则第十章》)，已经中国证监会批准同意实施，现予以发布。《规则第十章》自发布之日起施行，原第十章同时废止。请各上市公司认真阅读并遵照执行。

同时，根据中国证监会的《实施办法》及其发布通知的有关精神，就有关暂停上市公司的股票特别转让服务问题和《实施办法》发布前(即2001年12月5日前)已被暂停上市公司的股票恢复上市与终止上市问题，现具体通知如下：

一、对于根据中国证监会的《实施办法》及其发布通知和《规则第十章》的规定被暂停上市的公司，在其股票暂停上市期间，本所不再为其股票提供特别转让服务。

二、对于《实施办法》发布前已被暂停上市的公司，其股票恢复上市与终止上市的有关问题特别通知如下：

1、公司董事会预计2001年度亏损的，应当在年度报告披露前至少发布三次风险提示公告。

2、公司出现下列情形之一时，本所停止为其股票提供特别转让服务：关于修订股票上市规则第十章及实施中有关问题的通知

(1)宽限期结束；

(2)披露2001年年度报告；

(3)未能在法定期限内披露2001年年度报告；

(4)中国证监会和本所认定的其它情形。

3、2001年度财务报告被注册会计师出具非标准无保留审计意见的，公司应当在披露年度报告的同时刊登风险提示公告，并按照《规则第十章》第10.1.6条、10.1.7条的有关规定提交文件、进行披露、纠正和调整。公司未在本所规定期限内披露经纠正和调整的年度财务报告和有关审计报告的，本所将报中国证监会调查处理。

本所可以聘请有证券从业资格的会计师事务所对公司财务报告盈利的真实性进行调查核实。

上述纠正、调整和调查期间不计入《规则第十章》所述的本所作出有关决定的期限内。

4、公司在法定期限内未披露2001年度报告的，本所在法定期限结束后十个交易日内作出终止其股票上市的决定。

宽限期结束日早于年度报告法定披露期限的公司，未在宽限期结束日之前披露2001年度报告的，或者在宽限期内披露了2001年度报告，但未在宽限期结束日后五个交易日内提出恢复上市申请的公司，本所在其宽限期结束日后十个交易日内作出终止其股票上市的决定。

5、公司在法定披露期限内、宽限期结束前披露了2001年度报告，且2001年度财务报告盈利的，可以在中国证监会的《实施办法》及其发布通知规定的期限内提出恢复上市申请，并按照《规则第十章》的有关规定聘请恢复上市推荐人、提交申请材料。

本所将按照《规则第十章》规定的有关程序受理、审核股票恢复上市申请并作出有关决定。

6、股票被核准恢复上市的公司，除出现《上海证券交易所股票上市规则》第9.2.1、9.3.1条规定的异常情形之一需特别处理的外，其股票恢复正常交易。

上海证券交易所

二〇〇二年二月二十五日

上海证券交易所交易品种

A股

A股，即人民币普通股，是由我国境内公司发行，供境内机构、组织或个人(不含台、港、澳投资者)以人民币认购和交易的普通股股票。

B股

B股，即人民币特种股票，是以人民币标明流通面值，以外币认购和交易的特种股股票。

封闭式基金

封闭式基金，是相对于开放式基金而言的，是指基金总貌在发行前已确定，在发行完毕后和规定的期限内，基金总貌固定不变的投资基金。

国债

国债是中央政府为筹集财政资金而发行的一种政府债券，是中央政府向投资者出具的、承诺在一定时期支付利息和到期偿还本金的债权债务凭证。

可转换债券

可转换公司债券(简称可转换债券)是指发行人依照法定程序发行，在一定期限内依据约定的条件可以转换为股份的公司债券。

债券回购

债券回购交易是指债券买卖双方在成交的同时就约定于未来某一时间以某一价格双方再进行反向交易的行为。债券回购券种只能是国库券和经中国人民银行批准发行的金融债券。

上海证券交易所业务规则制定办法

第一章　总　则

第一条　为规范上海证券交易所(以下简称"本所")业务规则的制定，建立和完善本所业务规则体系及其制定程序，根据《中国人民共和国证券法》、《证券交易所管理办法》和本所章程的规定，制定本办法。

第二条　本所业务规则的起草、审核、审批、公布、修改、废止和解释，适用本办法。

第三条　制定业务规则，应当符合国家有关法律、法规、规章和本所章程的规定。

第四条　本所法律部负责业务规则制定的总体规划、组织协调以及业务规则草案的审核等工作。

本所业务部门负责其主管业务范围内的业务规则起草工作。

办公室负责业务规则的发布、业务规则文档管理等工作。

第五条　本所业务规则体系包括：

(一)基本业务规则，包括上市规则、交易规则、会员管理规则以及涉及本所基本业务的其他规则。

（二）业务实施细则，系对基本业务规则的细化，包括上市业务、交易业务、会员管理业务等方面的业务实施细则。

（三）涉及证券业务的其他一般规范性文件（以下简称"一般规范性文件"），包括涉及上市业务、交易业务、会员管理业务等方面的具有普遍约束力和持续性效力的公告或通知类文件。

第六条　基本业务规则由本所总经理办公会（以下简称"总办会"）审定后，报本所理事会讨论通过。

业务实施细则由总办会审定通过，本所章程或基本业务规则规定须报经理事会通过的，或总办会认为必要时，报理事会讨论通过。

一般规范性文件由总经理或其授权的副总经理审定通过。总经理或其授权的副总经理认为必要时，可报经总办会审定通过。

第七条　属于下列业务规则之一的，除按第六条规定程序通过外，还应报请中国证券监督管理委员会（以下简称"证监会"）批准，经批准后生效。

（一）基本业务规则；

（二）法律、法规、规章以及本所业务规则规定应当报经证监会批准的业务实施细则和一般规范性文件。

其他业务规则按第六条规定程序通过后生效。法律、法规、规章以及本所业务规则规定需要报经证监会备案的，应报证监会备案。

第八条　业务规则的制定不得与现行国家法律、法规、规章和本所章程相冲突；业务实施细则不得与基本业务规则相冲突，一般规范性文件不得与基本业务规则和业务实施细则相冲突。

第九条　基本业务规则的名称一般为"规则"。"规则"是对某一方面的业务关系作比较全面、系统的基础性规范。业务实施细则名称一般为"细则"、"实施细则"、"规定"、"办法"等。"细则"、"实施细则"是对法律、法规、规章以及基本业务规则的具体实施予以规范和细化明确；"规定"、"办法"是对某一项业务作比较具体的规范。

一般规范性文件是对具体业务实施中某个方面或某个具体事项作出的操作性规定，名称一般为"通知"、"实施意见"等。

第二章　起　草

第十条　业务规则起草前应立项。

本所业务部门认为需要制定或修改基本业务规则或业务实施细则的，应提出制定或修改的立项申请。立项申请经法律部会签后，报请总经理或分管副总经理批准。立项申请获得批准后，起草部门开始规则起草。

一般规范性文件的制定或修改的立项，业务部门可以参照前款执行。

立项申请应当就制定或修改规则的必要性、拟制定的规则与相关业务规则的关系、所要解决的主要问题、拟确定的主要制度等作出说明。

证监会或者本所总办会要求制定或修改有关业务规定的，有关业务部门根据所领导安排，开始有关业务规则的起草。

第十一条　业务规则起草由提出立项的业务部门负责。规则内容涉及两个以上业务部门的，应组成起草小组，由主要业务部门牵头，相关业务部门配合。

重要的或者综合性的业务规则，可以由法律部牵头成立起草小组负责起草。

第十二条　业务规则起草包括草拟业务规则草案和起草说明等工作。

业务规则草案的内容一般应包括制定的宗旨、制定依据、适用范围、具体规范、纪律处分、生效方式和施行日期等。

起草说明的内容一般应包括业务规则制定的必要性、指导思想、起草过程、主要内容、是否需要提请理事会讨论通过、是否需要报经证监会批准或备案以及其他需要说明的问题。

第十三条　业务规则草案内容应当备而不繁，意思明确，逻辑严密，语言规范、文字简炼。

规则内容应符合实际、具有可操作性。

第十四条　起草部门在规则起草过程中，可以采取各种形式征询有关机构和人士的意见。经本所总经理批准，可以将业务规则草案向社会公布，公开征询意见。

第十五条　起草业务规则应当注意与现有业务规则的衔结和协调。对同一事项，如果作出与现有业务规则不一致规定的，应当在起草说明中陈述理由。

第十六条　起草业务规则时，应当就与之内容相关的现行业务规则进行清理，起草的业务规则若将取代现行业务规则的，应当在草案中写明拟将废止的业务规则的名称、文号。若起草的业务规则仅对现行业务规则的部分内容作了修改，则应当在起草说明中写明修改的现行业务规则的名称、文号、条目或者内容。

第十七条　对起草的业务规则，起草部门应当征求所内相关业务部门的意见。对于涉及其他部门业务或者与其他部门关系密切的业务规则，起草时应当与相关部门协商一致。对争议的问题应当在起草说明中提出倾向性意见，并陈述理由。

第三章　审　核

第十八条　基本业务规则、业务实施细则草案在提交总办会审议前，由起草部门负责人签署送审报告，将规则草案、起草说明一并送法律部审核。法律部审核完毕后，出具审核意见。

一般规范性文件在报总经理或其授权的副总经理审定前，一般应由法律部会签。

第十九条　法律部审核业务规则草案时，应重点关注以下事项：

（一）是否符合现行法律、法规和规章的规定；

（二）是否与有关业务规则衔结和协调；

（三）体例、结构是否合理，法律用语是否准确、规范；

（四）内容是否明确、完整，是否具有可操作性；

（五）其他需要审核的内容。

第二十条　业务规则草案有下列情形之一的，法律部可建议缓办或提请起草部门再行修改：

（一）内容严重违背现行法律、法规和规章，且尚不具备突破现有法律、法规和规章条件的；

（二）体例和内容结构不合理的；

（三）业务部门意见分歧较大、需要作出调整的；

（四）主要内容不明确、缺乏可操作性的；

（五）简单重复现行法律、法规、规章和其他业务规则内容的。

（六）证监会或本所认为宜缓办或需作修改的。

第四章　审批或通过

第二十一条　经法律部审核后的业务规则草案(报总经理审定的一般规范性文件除外),应提交总办会审议。基本业务规则由法律部负责提交总办会审议,其他业务规则由起草部门提交审议。

总办会审议时,由起草部门作起草说明,法律部作审核说明。

总办会对提交审议的规则提出了重大修改意见和要求再次审议的,起草部门应予以修改,修改稿经法律部审核后,提请总办会再次审议。

第二十二条　业务规则提交理事会审议时,参照前条规定办理。

第二十三条　对需报经证监会批准的业务规则,本所通过后,由办公室上报证监会。证监会对报批规则提出修改意见的,其修改和再次报批参照前述规定办理。

第五章　公　布

第二十四条　业务规则审批通过后,起草部门会同法律部报请总经理或其授权的副总经理签发公布。

第二十五条　业务规则由本所办公室发布。发布通知应当包括发布机关、文号、业务规则名称、通过形式、通过日期、施行日期等项内容。

第二十六条　办公室在发布业务规则时,应将书面文件和电子文件抄送法律部和相关业务部门备案。

第二十七条　业务规则可以在中国证监会指定的证券报刊和网站上公布。

第二十八条　业务规则的外文正式译本,由业务部门、国际业务部门会同法律部审定。外文正式译本与中文本不一致的,以中文文本为准。

第六章　修改、废止、解释及其它

第二十九条　现行业务规则有下列情形之一的,应当予以修改:

(一)所依据的国家法律、法规和部门规章已作修改的;

(二)因证券市场实际情况发生变化,已不能适应现实需要的;

(三)两个以上业务规则中对同一事项作出规定,内容相互抵触的;

(四)证监会要求或本所认为需修改的。

第三十条　业务规则存在下列情形之一的,应当予以废止:

(一)因有关法律、法规和规章的废止或者修改而失去制定依据的;

(二)所规范的事项由新的业务规则进行规范的;

(三)所规范的事项已不存在或者执行完毕,业务规则无继续施行必要的。

第三十一条　法律部负责对本所业务规则的清理协调工作,不定期编辑本所拟废止的业务规则目录,报总办会或理事会通过后,对外公布。

第三十二条　对本所业务规则的解释,由业务规则起草部门提出意见,经法律部审核后,报总办会讨论通过,并以本所名义对外公布。

第三十三条　办公室是业务规则的档案管理部门。所有业务规则的书面文档、电子文档由办公室集中分类管理,办公室应确保业务规则文档的完整。

第三十四条　业务部门应在每年一月份将上一年度本部门起草并已发布的业务规则进行清理,并将清理结果送法律部。

业务部门在清理业务规则时,应对相关规则是否需要修改或者废止提出意见,并对本年度的业务规则制定提出计划或建议。

第三十五条　法律部在汇总各业务部门业务规则清理结果的基础上,对本所业务规则进行清理,定期或不定期地将业务规则汇编成册,内部出版或公开发行。

法律部根据各业务部门提出的业务规则制定计划和建议,制定本所本年度业务规则制定计划。

第七章　附　则

第三十六条　本所章程、理事会议事规则、理事会专门委员会工作细则以及本所内部行政管理制度的制定,参照本办法执行。

本所与其他市场监管机构之间联合制定具有普遍约束力和持续性效力的备忘录、通知或协议等,参照本办法执行。

不具有普遍约束力和持续性效力的临时性业务通知,其制定可以不适用本办法。

第三十七条　证监会委托本所代拟规章的起草工作,参照本办法的有关程序进行。

代拟的规章草案经总办会审议或所领导传阅审批后,由法律部或办公室上报证监会。

第三十八条　本办法由法律部负责解释。

本办法由本所理事会通过后生效,自发布之日起施行。

上海证券交易所指数管理办法

关于发布施行《上海证券交易所指数管理办法》的通知

各会员单位、各相关机构:

为规范上海证券交易所指数的运作和管理,本所制定了《上海证券交易所指数管理办法》,经理事会审议通过,现予发布施行。上海证券交易所

二〇〇四年七月八日

上海证券交易所指数管理办法

(2004年6月26日上海证券交易所理事会通过)

第一条　为规范上海证券交易所指数(以下简称"上证系列指数")的运作和管理,根据《证券交易所管理办法》、《上海、深圳证券交易所交易规则》及其他相关规定,制定本办法。

第二条　上证系列指数,指上海证券交易所(以下简称"本所")编制并发布的指数。

第三条　上证系列指数的编制和运作遵循科学、规范、透明、公正的原则。

第四条　本所设立指数专家委员会,指数专家委员会委员由本所从在国内外指数领域具有较高声誉和影响的专家和学者中聘任,对本所负责。指数专家委员会负责对本所指数编制方法和运作规范等相关事项进行咨询、评议,本所参考专家委员会的意见做出决定。

第五条　本所设立指数工作小组,负责指数的研究设计、日常运行、宣传服务及其他相关工作,并负责指数专家委员会的日常工作。

第六条　上证系列指数设置成份指数、综合指数、分类指数、基金指数、债券指数和其他指数等指数类别。本所可以根

据市场发展的需要，决定上证系列指数的增设、变更和废止。

第七条 本所根据指数特点制定具体编制方法，并可根据需要对指数编制方法进行调整，对外公告。

第八条 本所及时对外公布指数基本信息及其变更情况，并定期对外发布指数运行情况报告。

第九条 本所力求指数及其相关信息的准确和完整。对任何因使用指数及其相关信息造成的损失，本所不承担责任。

第十条 上证系列指数的相关权益归本所所有。未经本所许可，任何机构和个人不得擅自使用、传播或利用上证系列指数开发相关衍生产品。

第十一条 本办法由本所负责解释。

第十二条 本办法自发布之日起生效，修改时亦同。

上海证券交易所会员业务规范指引

第一章 总 则

第一条 为强化上海证券交易所（以下简称"本所"）会员自律意识，明确会员与证券交易密切相关的行为规范，维护投资者利益，促进证券市场发展，依据《上海证券交易所会员自律准则》及本所有关业务规则，制定本指引。

第二条 本指引由本所会员、特别会员自觉遵守。

第二章 交易业务指引

第三条 在中国证券监督管理委员会（以下简称"证监会"）许可的业务范围内，经营证券业务。

第四条 在证券交易活动中，会员与客户签订证券委托买卖协议。协议内容包含本所规定的必备条款。

提供自助委托的，应与客户明确双方的权利和义务。委托系统应详细记录自助委托过程和内容。

第五条 向客户揭示证券买卖风险，包括但不限于委托方式风险、交易市场发生不可抗力风险、偶发事故风险。

第六条 严格执行本所全面指定交易制度，与客户明确在指定交易中双方的权利和义务。

除客户有未履行交易交收义务等情况，不以任何理由拖延或拒绝办理投资者撤销指定交易申请。

第七条 按照接受客户委托的先后顺序，向交易主机申报。

第八条 接受客户限价委托的，按限价或低于限价买入证券，按限价或高于限价卖出证券；接受客户市价委托的，按市场价格买卖证券。

第九条 允许客户撤销委托中未成交部分，在确认撤销后，及时向客户返还相应资金或证券。

第十条 在营业场所及时、完整地公布证券交易即时行情、股价指数、市场公告等信息。未经本所许可，不将上述信息提供给机构和个人从事经营活动。

第十一条 采取开设电话查询、网络查询和张贴公告等形式，向客户及时公布新股配号结果、中签结果和缴款时限。

为客户代理新股缴款，应与客户明确双方的权利和义务。

变更新股缴款时限，应履行通知义务。

在新股业务中，不进行虚假配号或其他欺诈行为。

第十二条 遵守国债买卖的有关规定，不为客户开立证券二级账户。

第十三条 建立交易数据库，并向客户提供证券、资金对账服务。

在营业时间应受理客户查询。

第十四条 在营业场所，安排人员接受客户咨询。

第十五条 采取有效措施，妥善保存证券交易委托资料、证券账户数据、交易记录等文件，保存期限不少于15年。

第十六条 建立客户投诉制度，妥善处理交易纠纷。

接受客户投诉和处理交易纠纷，应制作书面记录。

如交易纠纷影响正常交易的，应及时向本所报告。

第十七条 对客户的收费项目、收费标准应符合有关规定。

第十八条 在依法设立的营业场所接受客户证券买卖委托，未经允许不为非本所会员从事经纪业务提供便利。

第十九条 遵守法律、法规，不在证券经营中进行不正当竞争。

第二十条 在证券交易活动中，不采取内幕交易、操纵市场或其他违法手段获取利益或者转嫁风险。

第二十一条 不私自或者假借客户名义买卖客户账户上的证券，不为牟取佣金收入诱使客户进行不必要的证券买卖。

第二十二条 遵守与本所业务相应的证券登记结算机构的业务规则，履行登记、结算等义务。

第三章 交易系统和通信系统技术指引

第二十三条 严格遵守证监会和本所的技术规范和要求，建立交易系统和通信系统。

第二十四条 交易系统、通信系统的硬件配置、软件安装和数据接口应符合本所技术规范。

第二十五条 按照本所要求，及时对交易系统、通信系统相关软件和硬件进行升级、测试。

第二十六条 交易系统、通信系统关键设备应具有容错性，制定故障、病毒定期检测的操作制度。

交易系统、通信系统关键设备有备品备件。

第二十七条 交易系统和通信系统的机房环境及供电系统符合相关要求。

第二十八条 遵守本所要求，安装、使用交易系统、通信系统专用设备，不擅自接入其他网络和设备。

第二十九条 柜面系统应达到下列要求：

（一）进行证券账户的指定及撤销；

（二）区别指定交易与一般买卖委托指令；

（三）对每一笔委托申报，实施证券和资金的前端明细核查；

（四）准确、及时反映所有出错信息，并立即作出相应处理；

（五）本所规定的其他要求。

第三十条 每个席位至少具备一种通信备份手段，并定期进行测试和演练，实现通信系统的天、地备份。

第三十一条 遵守双向卫星小站安装和使用要求，按规定及时办理无线电台执照。

第三十二条 建立交易数据、系统数据备份制度，重要数据应当异地备份。

第三十三条 参加本所组织的交易系统和通信系统测试，并及时反馈测试结果。

测试前做好系统备份，测试后做好系统恢复，确保交易正常进行。

第三十四条 定期检查交易系统、通信系统，建立处理系统故障和异常情况的应急制度。

第四章　与证券交易相关的内部控制指引

第三十五条　加强内部管理，建立严格的内部控制制度，设立专门机构，负责内部稽核、营业部管理、资金清算及信息系统管理等工作。

第三十六条　建立交易监测、交易预警和交易反馈机制，完善相关的安全设施。

第三十七条　建立规范的自营业务、经纪业务和受托投资管理业务的分类管理管理体系和制度。

第三十八条　自营业务应符合下列要求：

（一）对自营业务进行集中管理，建立严格的授权管理制度；

（二）设置专门管理人员和专用交易终端从事自营业务；

（三）制定具体的风险控制措施，审核自营指令，并建立自营交易记录；

（四）本所规定的其他要求。

第三十九条　交易系统、通信系统的运行和维护应达到以下要求：

（一）制定严格的安全管理制度；

（二）明确业务操作、技术维护等方面的职责；

（三）技术与业务分离、前台与后台分离、网络与数据分离；

（四）及时进行业务技术检查；

（五）本所规定的其他要求。

第四十条　严格管理与证券交易相关的数据，保证数据的安全、真实和完整，严格执行计算机交易数据的授权修改程序，并坚持数据的定期查验制度。

第四十一条　加强单向卫星数据接收的加密和席位操作员密码管理，由不同人员保管数据库和操作系统的密码口令，并定期更新。

第四十二条　设立专人负责接收本所以报刊、网站、卫星、书面函件等形式发布的各类技术和业务通知，对于新的交易品种和业务变化，应及时作好技术和业务准备。

第五章　会员会籍业务和报告指引

第四十三条　遵守本所的席位管理规定，转让、出租席位必须按照有关管理规定报本所审批。

未经本所许可，不将席位以出租或承包等形式交由他人使用。

第四十四条　会员交易席位的任何变更，涉及指定交易的，应按下列规定之一处理：

（一）及时通知有关投资者办理撤销指定交易的手续；

（二）向本所申请将被变更席位的指定交易证券账户的指定交易予以全部撤销，但必须及时通知投资者；

（三）向本所申请将被变更席位指定交易证券账户全部转移于另一席位予以指定。

第四十五条　及时向本所报送席位共用情况，在日常交易中按《共用席位情况登记表》中约定进行交易申报。

第四十六条　加强对交易员行为的规范与管理，努力提高交易员的业务素质和职业道德。

第四十七条　指派高级管理人员担任会员代表，负责会员与本所的联络。

第四十八条　指定专门部门归口管理会籍业务、履行报告义务。

会员信息资料报送应及时、准确、完整。

第四十九条　按有关要求履行下列定期报告义务：

（一）每月前 10 个工作日内向本所报送上月统计报表数据；

（二）每年 1 月 15 日前报送上年未经审计年报；

（三）每年 4 月 30 日前报送上年经审计年报和本所要求的年度检查材料；

（四）本所规定的其他定期报告义务。

第五十条　有下列情况之一的，在 5 个工作日内向本所报告：

（一）修改章程；

（二）合并或分立；

（三）改制、增资扩股；

（四）变更业务范围；

（五）法定代表人或高级管理人员发生变更；

（六）公司前十名或持股 5%以上股东变动；

（七）收购或转让营业网点；

（八）资金、财务、人事等管理制度及各类业务风险控制制度发生重大变化；

（九）发生重大担保事项；

（十）发生重大亏损、重大债权债务发生收回或支付困难；

（十一）发生证券资金交收透支；

（十二）财务指标已达证监会规定的风险预警线；

（十三）发生重大诉讼、仲裁事项；

（十四）发生重大违法、违规事件；

（十五）变更名称、住所、办公场所、营业地址、联系电话及传真；

（十六）证监会和本所规定的其他事项。

第五十一条　特别会员依据本所相关业务规则履行报告义务。

第五十二条　按规定向本所交纳席位费、交易手续费及其他费用。

第六章　附　则

第五十三条　依据本指引内容开展业务自查，并配合本所检查。

第五十四条　本指引未尽事宜，由本所修订补充。

第五十五条　本指引经本所理事会通过后生效。修改时亦同。

第五十六条　本指引由本所负责解释。

上海证券交易所大宗交易实施细则

关于修订《上海证券交易所大宗交易实施细则》及大宗交易系统正式运行事项的通知

各会员单位、各相关机构：

本所将于 2003 年 8 月 20 日起，正式使用大宗交易系统办理大宗交易业务，同时，修订了《上海证券交易所大宗交易实施细则》。现将有关事项通知如下：

一、本所会员和拥有本所专用席位的机构，如要参与大宗交易，应通过本所网站提出申请，审核通过，并取得上证所信息网络有限公司颁发的有效数字证书，方能成为本所大宗交易用户。

二、本所会员和拥有本所专用席位的机构参与大宗交易，应遵守相关的法律法规、本所业务规则和上证所信息网络有限公司有关规定，规范内部大宗交易用户的管理、使用，保证大宗交易的正常进行。

三、本所大宗交易电子系统的 Internet 接入网址为＜http://61.152.172.80＞；备用 Internet 接入网址为＜http://61.129.103.80＞。

四、大宗交易的交易时间为本所交易日的 15:00—15:30，本所在上述时间内受理大宗交易申报；大宗交易用户可在交易日 14:30—15:00 登录本所大宗交易系统，进行开始前的准备工作，在 15:30—16:00 通过本所大宗交易系统操作界面获取当日成交的交易记录。

五、大宗交易当日成交的交易记录将通过本所宽带广播系统发送。

六、正式使用大宗交易系统办理大宗交易业务后，原人工办理方式停止。

七、本所会员和拥有本所专用席位的机构如在交易日前一天 16:45 之前办理完成注销大宗交易用户相关流程，则该交易日大宗交易系统将取消其大宗交易交易资格。

八、大宗交易有关业务要求、技术资料详见本所网站（www.sse.com.cn＜http://www.sse.com.cn＞）“会员专区—＞业务支持—＞大宗交易—＞”。

九、新修订的《上海证券交易所大宗交易实施细则》自 2003 年 8 月 20 日起施行。

上海证券交易所

二〇〇三年八月十七日

上海证券交易所大宗交易实施细则

第一条 为规范大宗交易行为，维护正常的交易秩序，根据《上海、深圳证券交易所交易规则》（以下简称“交易规则”）的有关规定，制定本细则。

第二条 在上海证券交易所（以下简称“本所”）市场进行的证券单笔买卖达到如下最低限额，可以采用大宗交易方式：

（一）A 股交易数量在 50 万股（含）以上，或交易金额在 300 万元（含）人民币以上；B 股交易数量在 50 万股（含）以上，或交易金额在 30 万美元（含）以上；

（二）基金交易数量在 300 万份（含）以上，或交易金额在 300 万元（含）人民币以上；

（三）债券交易数量在 2 万手（含）以上，或交易金额在 2000 万元（含）人民币以上。

（四）债券回购交易数量在 5 万手（含）以上，或交易金额在 5000 万元（含）人民币以上。

第三条 投资者进行大宗交易，应委托其办理指定交易的本所会员办理。

拥有本所专用席位的机构可通过该席位进行大宗交易。

第四条 大宗交易的交易时间为本所交易日的 15:00—15:30，本所在上述时间内受理大宗交易申报。

本所交易日的 15:00 前仍处于停牌状态的证券，本所不受理其大宗交易的申报。

第五条 大宗交易的申报包括意向申报和成交申报。

第六条 大宗交易的意向申报应包括以下内容：

（一）证券代码；

（二）股东账号；

（三）买卖方向；

（四）本所规定的其他内容。

意向申报中是否明确交易价格和交易数量，由申报方决定。

第七条 意向申报应当真实有效。申报方价格不明确的，视为至少愿以规定的最低价格买入或最高价格卖出；数量不明确的，视为至少愿以最低限额成交。

第八条 买方和卖方根据大宗交易的意向申报信息，就大宗交易的价格和数量等要素进行议价协商。

第九条 当意向申报被其他参与者接受（包括其他参与者报出比意向申报更优的价格）时，申报方应当至少与一个接受意向申报的参与者进行成交申报。

第十条 大宗交易的成交价格，由买方和卖方在当日最高和最低成交价格之间确定。该证券当日无成交的，以前收盘价为成交价。

第十一条 买方和卖方就大宗交易达成一致后，代表买方和卖方的会员分别通过各自席位（拥有本所专用席位的机构通过该席位）进行成交申报，成交申报应包括以下内容：

（一）证券代码；

（二）股东账号；

（三）成交价格；

（四）成交数量；

（五）买卖方向；

（六）买卖对手方席位号；

（七）本所规定的其他内容。

买方和卖方的上述成交申报中，证券代码、成交价格和成交数量必须一致。

第十二条 大宗交易的成交申报须经本所确认。本所确认后，买方和卖方不得撤销或变更成交申报，并必须承认交易结果、履行相关的清算交收义务。

第十三条 会员应保证大宗交易投资者账户（包括会员自营账户）实际拥有与意向申报和成交申报相对应的证券或资金。

第十四条 大宗交易的交易经手费按集中竞价交易方式下同品种证券的交易经手费率标准下浮。其中，股票、基金下浮 30%，债券、债券回购下浮 10%。

第十五条 大宗交易收盘后，本所在指定媒体上公布每笔大宗交易的成交量、成交价以及买卖双方所在会员营业部的名称（通过本所专用席位达成大宗交易时，为该专用席位所属机构的名称）。

第十六条 大宗交易不纳入指数计算，其成交价不作为该证券当日的收盘价，成交量在收盘后计入该证券的成交总量。

第十七条 大宗交易成交后涉及法定信息披露要求的，买卖双方应依照有关法律法规履行信息披露义务。

第十八条 根据市场需要，本所可依有关规定调整大宗交易的证券品种、最低限额、交易时间、价格限制、申报方式、申报内容、费率标准等。

第十九条 对于在大宗交易中进行虚假申报、扰乱市场秩序等违反交易规则或本细则有关规定的行为，本所将依照规定进行处罚。

第二十条 本细则未作规定的其他事项，依交易规则和本所其他有关业务规则办理。

第二十一条 本细则由本所负责解释。

第二十二条 本细则经本所理事会通过后生效，修改时亦同。

第二十三条 本细则自发布之日起执行。

二〇〇三年七月二十八日

A股新股发行、上市操作流程（券商、上市公司用）

第一部分　新股发行流程

一、常用法规

1、《中华人民共和国证券法》（1999年7月1日）

2、《股票发行与交易管理暂行条例》（1993年4月22日）

3、《关于股票发行与认购方式的暂行规定》（1996年12月26日）

4、《关于股票发行工作若干问题的补充通知》（证监[1998]8号）

5、《关于进一步完善股票发行方式的通知》（1999年7月28日）

6、《关于法人配售股票有关问题的通知》（1999年9月8日）

7、《关于向二级市场投资者配售新股有关问题的通知》（2000年2月14）

8、《关于修改〈关于进一步完善股票发行方式的通知〉有关规定的通知》（2000年4月4日）

9、《关于调整证券投资基金认购新股事项的通知》（2000年5月18日）

10、《关于证券投资基金参与股票发行申购有关问题的通知》（2002年3月12日）

11、《关于向二级市场投资者配售新股有关问题的补充通知》（2002年5月21日）

二、常用的发行方式

1. 上网定价发行；

2. 上网询价发行

3. 网下法人配售和上网定价结合发行；

4. 向二级市场投资者配售和上网定价结合发行。

三、各相关机构及联系方式

机构名称	单位名称	联系人	电话及传真	手机及传呼
证监会发行监管部	发行监管处	童艳 庄奇	010—88061149 010—88061770	
证券登记算	交收部 存管部	朱伟 孟利	68870293 68870182	
上海证券交易所	上市公司部	周卫 唐军青	68804229 68802689	
申购资金验资会计师事务所（本所指定）	安永大华	徐艳	62191219—392 63070766—124	13501769582
	上海上会	尹雄	52920000＊135	13611937846
	上海立信长江	孟荣芳 赵希琼	64319214	13701977952 65371688—175738 13501814925
	上海众华沪银	李文祥 周敏	58797568 58799970	13901893512 13601780487
摇号队（本所指定）	上海证券信息有限公司	张蓓	58394056 58396501(fax)	13501786578
	上海申尼邦德咨询公司	楼峥	62158888＊811	13918023906
股票上市仪式服务	金苹果财经	张静	50320678转	13331872936
	上海申幕公关礼仪公司	张文青	56703846 66285328	13901997491
	上海奇智财经传播有限公司	冯红宇	68819195	13917999805

四、发行人和主承销商在发行前需提供的材料

（1）证监会“证监发字”核准批文；（2）《招股说明书》全文及必备附件（电子文件）；

（3）《路演公告》（电子文件）；（4）《股票发行公告》（电子文件和书面文件）；

（5）以上三个文件的电子文件及电子文件与书面文件一致的证明文件；

（6）股票发行表格（附件1—2）；（7）股票发行申请（附件1—3）。

五、股票向二级市场投资者配售发行操作流程

FT—4日☆在取得证监会批文同意后，将前文“第四部分”要求发行人和主承销商提供的书面材料传真至上证所上市公司部审核。

☆主承销商联系报社刊登招股说明书（招股说明书本所不做审核）；

☆至上证所上市公司部进行招股说明书及必备附件、路演公告、上网操作，或将上述电子文件发至list@sse.com.cn信箱。

FT—3日☆主承销商联系报社刊发行公告（发行公告需本所我部审核通过后方可联系报社刊登）；

☆招股说明书摘要见报

☆主承销商联系摇号队和公证处。

FT—2日☆发行公告见报

FT日☆下午4点后主承销商从上市部得到配售中签率（附件1—6）并准备明日刊登配售中签率公告。

FT＋1日☆向投资者公布配售配号结果

☆配售中签率公告见报，主承销商举行配售摇号仪式。

☆准备配售摇号结果公告，联系报社于次日刊登。

FT＋2日☆配售中签结果公告见报

☆中签股民缴款

FT＋3日☆下午收缴配售股款

FT＋4日☆登记公司解冻资金并将募集资金划至主承销商指定的席位对应清算账户。

FT＋4日以后☆登记公司可向主承销商提供中签股东盘片。

☆督促发行公司尽快做好上市前准备工作。

六、股票上网定价发行操作流程

FT—4日☆在取得证监会批文同意后，将前文“第四部分”要求发行人和主承销商提供的书面材料传真至上证所上市公司部审核。

FT—3日☆主承销商联系报社刊登招股说明书和发行公告；

注：招股说明书上证所不做审核，发行公告需上证所上市公司部审核通过后方可联系报社进行刊登。

至上证所上市公司部进行招股说明书及必备附件、路演公告、发行公告的上网操作，或将上述电子文件发至list@sse.com.cn信箱。

FT—2日☆招股说明书摘要见报；

☆发行公告见报；

☆各类文件见本所网站。FT日☆上网定价发行当日主承销商可向交易所询问冻结资金情况。

FT＋1日☆中国证券登记结算有限公司冻结申购资金；

☆主承销商联系会计师事务所；

☆主承销商联系摇号队和公证处。

FT＋2日☆与会计师事物所在中国证券登记结算有限公司进行验资；

☆把验资报告送交易所获得中签率表格（附件1—4）；

☆准备中签率公告并联系报社准备次日刊登。

FT＋3日☆中签率公告见报；

☆主承销商举行摇号仪式；

☆上午11:30时前将摇号中签号码表（附件1—5）交上

市公司部；

☆主承销商准备摇号结果公告，联系报社于次日刊登。

FT＋4 日☆登记公司解冻资金并将募集资金划至主承销商指定的席位对应清算账户。

☆登记公司向上市公司提供股东软盘。

☆中签摇号结果公告见报。

FT＋4 日以后☆将股款缴付公司，公司请会计师事务所检验资金到位情况，签署验资报告。

☆公司取得验资报告后前往工商登记管理部门办理工商登记手续。

☆督促发行公司尽快做好上市前准备工作。

七、股票上网询价发行操作流程

股票上网询价发行与股票上网定价发行的操作流程基本相同，主要区别在于：

1、T 日下午 16:00 主承销商可向上市公司部经办人以软盘形式取得未经验资的申购数据。

2、T＋2 日上午 11:30 时以前，主承销商须根据申购结果向上市公司部提交发行价格通知。并准备发行价格公告，联系报社于次日刊登。

八、股票网下法人配售和上网定价结合发行操作流程

(1)、发行公司刊登招股意向数和招股说明书由中国证监会和发审会通过，我部不作审核；

(2)、网下法人配售由发行公司和主承销商负责，我部不作审核；

(3)、我部审核从上网定价发行公告开始操作；

(4)、上网定价发行流程见第五部分。

九、常见问题解答

1、向二级市场投资者配售新股上市公司部增加哪些操作内容及其两种发行方式的流程？

答：(1)、上市公司部向深交所上市部和交易运行部提供申购上限和发行单价计算各投资者可申购新股数量。

(2)、审核发行公告中应增加按《关于向二级市场投资者配售新股有关问题的通知》增加有关发行内容。

(3)、在实际操作中增加了一次配号、一次中签率、一次摇号、一次中签号、一次中签扣款的操作内容(如上网定价和向二级市场投资者配售同时进行)。

(4)、如在向二级市场投资者配售新股时发生中签扣款不足时，该剩余股数由主承销商包销。

附件：新股同时向二级市场配售和上网公开发行的流程

日期	向二级市场投资者配售	上网公开发行
T－3	登招股说明书概要交易所计算市值	
T－2	刊登发行公告	
T	投资者自主申购'无需缴款 交易所确认有效申购、配号	投资者自主申购、预先缴款
T＋1	公布配号结果摇号抽签	冻结资金
T＋2	公布中签结果	验资、确认有效申购
T＋3	收缴股款	公布配号结果、摇号抽签
T＋4	清算、登记、划款	公布中签结果、清算、登记、划款
T＋5	主承销商将募集资金划入发行公司账户	

2、上网定价(询价)申购资金利息何时可以划给发行公司？

答：由于银行利息按季结算，每 3、6、9、12 月的 21 日为结息日，故登记公司将在收到银行划付的利息后，将利息款项划给发行公司。

具体手续为：公司在结息日的前两日向登记公司提交书面申请，提供公司银行账号、账户名、开户行(须由公司盖章)，由登记公司划到公司的银行账户(联系人：刘国梁，电话：58732499，传呼：95815－24571；刘永卫，95815－26779)。

3、公司发行结束后多久可以上市？

答：分两种情况：(1)已设立的股份公司发行股票，发行工作于 FT＋4 日结束后至上市前，还须完成下列工作：经会计师事务所对募集资金验资；完成工商变更登记；向交易所申报上市材料；经交易所审核同意并经中国证监会批准上市；刊登上市公告书。上市公告书刊登至上市日的间隔为五日。(2)募集设立的新公司，在刊登招股说明书的同时刊登召开创立大会的公告，而公司法对创立大会召开公告有提前十五天的时间限制。与前种情况不同的是，公司完成发行工作后，须召开创立大会(最早在 FT＋13 日召开)后，方可办理工商注册登记。该公司向交易所申报上市材料，经交易所审核同意并经中国证监会批准后，可以刊登上市公告书。

4、募股资金是如何清算划付和验资的？

答：募股资金在 FT＋4 日上午 8:30 分前已由登记公司划付至承销商指定席位的清算账户，募股资金量为(基金配售数量＋发行数量)×发行价－(基金配售数量＋发行数量)×发行价×0.35%，承销商可在当天将此笔募股资金划给发行公司。此外募股资金的划付分为两级清算，登记公司把清算数据和清算单给承销商，再由承销商出具划付凭证给发行公司以便会计事务所对募股资金验资。

十、附件　附件 1－2　　发行表格

公司简称		股票代码	
公司全称			
公司所在地(省、市)			
公司地址及邮编			
公司英文全称			
董秘姓名		董秘联系电话	
主承销商联系人		主承销商联系电话	
申购(配售)简称		申购(配售)代码	
发行数量		发行价格	
申购上限		发行日	
摇号日		配号日	
券商席位号		券商自营股票账号	

■招股说明书和发行公告拟刊登的报刊：

■所属行业：(请选择)　1、工业　2、综合　3、公用事业　4、商业　5、地产

■行业分类：(请填写)

例如：医药制造业、印刷业、通信业等，具体分类方法见证监会《上市公司行业分类指引》(2001 年 4 月 4 日)

＊＊证券公司(盖章)年、月、日

附件 1－3　关于通过上海证券交易所证券交易系统上网定价发行(或二级市场配售)股票的申请

上海证券交易所；中国证券登记结算有限公司：

××股份有限公司(以下简称“××××”)向社会公开发行××万人民币普通股股票的申请已获中国证监会证监发行字〔××〕××号文批准。为了确保本次股票发行工作顺利进行，主承销商和发行人特此申请于×年×月×日刊登招股说明书，并于×年×月×日通过贵所的证券交易系统采用上网定价(或二级市场配售)方式发行本次“××××”股票。

在本次“××××”股票上网定价(或二级市场配售)发行过程中，主承销商将通过贵所的交易主机接受投资者的申购委托。请贵所于申购结束后按实际到账资金确认有效申购及进行申购配号，并将申购配号传输至各证券营业网点。摇号抽签完成后，请贵所于当日(×年×月×日)将中签号码通过贵所卫星网络传送给各证券营业网点。在此基础上，由中国证券登记结算有限公司与各证券营业网点进行申购资金的清

算交割以及股东登记，并将中签的认购股款扣除发行手续费后划至主承销商指定的银行账户。扣除发行手续费后的认购股款划入主承销商的指定银行账户后，主承销商将按照承销协议的规定与发行人进行募股资金的清算与划转并向发行人提供相应的凭证。

特此申请。

××证券公司(盖章)

××股份有限公司(盖章)

年　　月　　日

附件 1—4

第二部分　新股上市流程

一、常用法规

《证券法》、《公开发行证券的公司信息披露内容与格式准则第 7 号》

《上海证券交易所股票上市规则》第二章及第三章第一节

二、发行人及主承销商刊登上市公告书前应提交的材料

1、公司公告披露申请表(附件 1—1)；

2、上市申请书(附件 2—1)；

3、中国证监会批准其股票发行的文件；

4、上市推荐书(附件 2—2)；

5、经具有从事证券业务资格的注册会计师签字的验资报告；

6、营业执照复印件；

7、上市公告书

8、上市公司董监事高管人员持股加锁申请表(参见附件 2—3)；

9、确定公司股票挂牌简称的函；

10、公司全部股票已托管的证明文件(有登记存管部签章)；

11、第一大股东承诺一年内不转让和股份公司承诺不回购其发起人股份的承诺函；

12、报送中国证监会审核的全套文件；

三、股票上市操作流程

T 日为上市日

T—X 日☆初步确定公司的上市时间

T—8 日☆主承销商将上市公告书提交我部审核

T—6 日☆主承销商向本所上市公司部提交前文第二部分所规定的全部材料；

☆主承销商联系报社刊登上市公告书(上市公告书需经我部审核通过)

☆主承销商进行上市公告书和公司章程的上网操作或将电子文件发至 list@sse.com.cn 信箱；

☆主承销商从本部取得上市费用缴纳通知，并交发行人去本所财务部交费。

T—5 日☆上市公告书见报☆上市仪式准备工作(见上市仪式流程)。

☆公司可自行与上市仪式服务单位联系，由服务单位承揽其上市仪式的各项准备工作。

T 日☆公司股票正式上市

四、常见问题解答

1、审核新股上市公告书应注意哪些事项?

答：审核人员应严格按照中国证监会《公开发行证券的公司信息披露的内容与格式准则第 7 号股票上市公告书》进行上市公告书的审核。审核时注意：

(1)上市公告书的“重要声明与提示”中必须严格按照格式样本。

(2)上市公告书的内容共分十一节，缺一不可。a、重要声明与提示；b、概览；c、绪言；d、发行人概况；e、股票发行与股本结构；f、董事、监事、高级管理人员及核心技术人员；g、同业竞争与关联交易；h、财务会计资料；I、其他重要事项；j、董事会上市承诺；k、上市推荐人及其意见。

(3)“绪言”中，上市公告书编写所依据的法规中不要遗漏《上海证券交易所股票上市规则》；本所出具的《上市通知书》文号应正确无误。

(4)“股票发行及承销”关于股票公开发行情况的介绍中，“配售比例”、“有效申购户数”和“持 1000 股以上的户数”应考虑公司发行时的各种发行方式；验资报告正文后应附募集资金的入账时间、入账金额、入账账号和开户银行(若所筹资金未能及时入账则应说明其金额及原因)；包销比例。

(5)“同业竞争与关联交易”应主要从法律形式上揭示关联交易，与会计报表附注中从财务(货币)角度披露的关联交易相辅相成；注意载明为保护股份公司股东的利益，关联企业放弃竞争的承诺。

(6)“财务会计资料”中，若招股说明书所列报表的基准日距上市之日未满六个月，则上市公告书中本部分揭示可以从简，例如，资产负债表和利润及利润分配表中只需列示去年和本年至基准日为止的财务状况和经营成果，主要会计报表项目附注只需择要介绍如下主要会计报表项目的构成情况：往来款项(应收、应付、预收、预付、其他应收、其他应付、长期应付和应付股利等)、长期投资、投资收益、资本公积、盈余公积和未分配利润等等；若报表基准日发生了变化，则应详实地披露经注册会计师重新审计的本期和前三年的会计报表及其附注；另外，公司若披露主要财务指标，则一般应揭示“流动比率”、“速动比率”、“资产负债率”、“存货周转率”、“应收账款周转率”、“净资产收益率”、“每股收益”七个指标，特别应强调各年“每股收益”计算所依据的股本总额；

(7)“其他重要事项”主要包括股票发行后、上市前发生的或将会发生的对公司资产、负债和股东权益有较大影响的重要事项，除准则里列举的十一个事项外，一般还有：(1)对招股说明书披露过的或有事项在上市之前已变为确定事项的说明；(2)新老股东对滚存利润的分享情况；(4)发行、上市前后税负的变化；(5)公开承诺第一次利润分配的时间；(6)根据《上海证券交易所股票上市规则》公司第一大股东已向上海证券交易所承诺，自发行人股票上市之日起 12 个月内，第一大股东不转让其持有的发行人股份，也不由上市公司回购其持有的股份；(7)股东大会情况的进一步介绍等等。

五、附件

附件 2—1　××股份有限公司股票上市申请书

(上市申请书至少包括但不限于以下内容)

上海证券交易所：

经中国证监会“证监发行字〔××〕××号”文审核批准，××股份有限公司(以下简称本公司)××万股社会公众股已于××年×月×日在贵所上网定价发行成功，发行价×元，冻结资金××万元，中签率××%。本公司已于××年×月×日在××变更了注册登记，发起人股份和社会公众股股份的股权登记、托管等工作也已完成。

一、本公司概况

二、股本结构及股东持股情况

三、根据有关法律法规，本公司股票已具备的上市条件

四、董事会上市承诺

本公司保证向贵所提交的文件没有虚假陈述或者重大遗漏，并在提出上市申请期间，未经贵所同意，不擅自披露有关信息。特申请本公司股票于××年×月×日在贵所上市交易，请审核批准。

××股份有限公司(盖章)

××年×月×日

附件 2—2

××股份有限公司 A 股上市推荐书

(推荐书至少包括但不限于以下内容)

上海证券交易所：

经中国证监会"证监发行字〔××〕××号"文批准，××股份有限公司××万股社会公众股已于××年×月×日在贵所上网定价发行成功。××股份有限公司于××年×月×日办理了验资手续，并于××年×月×日在××变更了注册登记，目前××股份有限公司发起人股和社会公众股的股权登记、托管等工作也已完成。××证券公司认为××股份有限公司的上市完全符合《中华人民共和国公司法》、《中华人民共和国证券法》及《上海证券交易所股票上市规则》的有关规定。本公司作为××股份有限公司的上市推荐人，特推荐其股票在贵所上市交易。现将上市的有关情况报告如下：

(一)发行人的概况；

(二)申请上市股票的发行情况；

(三)发行人与上市推荐人是否存在关联关系及存在何种关联关系；

(四)公司章程符合《公司法》等有关法律、法规和中国证监会的规定以及发行人符合上市条件的说明；

(五)上市推荐人认为发行人需要说明的重要事项和存在的问题；

(六)上市推荐人需要说明的其他内容。

本公司保证发行人的董事了解法律、法规、上海证券交易所上市规则及股票上市协议规定的董事的义务与责任，并协助发行人健全了法人治理结构、协助发行人制定了严格的信息披露制度与保密制度。本公司已对上市文件所载的资料进行了核实，确保上市文件真实、准确、完整，符合规定要求。本公司保证发行人的上市申请材料、上市公告书没有虚假、严重误导性陈述或者重大遗漏，并保证对其承担连带责任，并保证不利用在上市过程中获得的内幕信息进行内幕交易，为自己或他人谋取利益。

鉴于上述内容，本公司推荐××股份公司的股票在贵所上市交易，请予批准！

附：1. 简述本公司近一年来承销股票的情况，有无违规现象，是否受过有关部门的处罚

2. 本公司与××股份有限公司签订的股票上市推荐协议

××证券公司(盖章)

××年×月×日

附件 2—3 上市公司董监事高管人员持股加锁申请表

A 股代码：　A 股简称：　B 股代码：　B 股简称：

姓名	身份	身份证号码			股票账号	持有本公司		
		董事	监事	高管		流通股数		

注意事项：

1、请公司及时、认真填报，尤其应保证身份证号、股票账号及证券代码准确；2、若同一个人开有多个股票账户，应列出所有账户。

董事会秘书签字：　电　话：　传真：

(盖章)　日　期

第三部分　股票上市仪式指引

上市公司股票首次在本所挂牌上市，上市当日可在本所举行上市仪式。由本所负责仪式的安排和协调(目前委托给三家上市仪式服务单位)，上市公司配合并按本指引的要求共同做好上市仪式工作。

一、股票上市安排基本原则

原则上一天只安排一家公司上市，一家公司参加上市仪式的来宾原则上不超过 100 人；特殊情况下同日可安排两家公司同时举行上市仪式。当有二家公司同时举行上市仪式时，每家公司来宾人数不得多于 60 人，开市仪式的各项活动，包括介绍参加仪式的主要来宾、安排上市公司来宾发言和敲开市锣等按照股票代码顺序进行。

二、上市公司需提供的有关资料

在公司股票上市前一日中午 11:00 以前，公司需提供在仪式上使用的资料：

(1)公司文字背景资料，包括股票简称、股票代码、上市公司全称、总股本、本次上市、流通股本、发行价、市盈率等；

(2)公司简介录像带，制式为 PAL，时间总长度不超过 30 分钟，可循环录一遍(即相同内容有两段)；

(3)公司简介文字资料：应为 TXT 文件，字数约为 200—300 字，存在软盘上供本所交易大厅大屏显示；

(4)需介绍的主要来宾名单(一般不超过 10 人)。名单中需准确说明主要来宾的姓名、单位、职务及讲话人员的讲话次序，并注明敲锣人员，来宾中的女性亦需注明(后附例表)。

三、本所接待人员及安排

(1)本所上市公司部负责人、上市公司部相关工作人员及本所其他相关部门的有关人员于上市当日 8:45 分在本所底楼迎接参加仪式的上市公司来宾，并全程陪同参加整个仪式；

(2)上市公司人员进入上海证券大厦底楼大厅后，根据底楼大厅的指示牌，进行人员分流，主要来宾及随行人员去南塔七楼贵宾室，人数一般不超过 25 人，其他人员至北塔五楼交易大厅。

(3)本所领导将在南塔七楼贵宾室接待贵宾并参加交易大厅的上市仪式。

(4)如果时间允许，将引导来宾参观南塔的宣传陈列室。

(5)上市当日本所将提供祝贺花篮、贵宾鲜花，电子指示牌将显示贺词并向上市公司赠送上市纪念品。

(6)交易大厅的大屏幕将特别显示上市公司情况，播放简介录象带。

四、上市仪式具体时间安排

8:50—9:00(1)参加上市仪式人员到达交易所底楼大厅，接待人员将引导主要来宾至南塔 7 楼贵宾室(一般不超过 25 人)；

(2)其他来宾由接待人员引导至北塔五楼交易大厅；

9:00—9:15(1)交易所领导与主要来宾交流，礼仪为来宾人员佩带饰花；

(2)由接待人员引导来宾参观南塔的宣传陈列室；(3)交易大厅播放公司录像带及文字材料；

9:15—9:18 参加仪式的来宾进入交易大厅;

9:18—9:25(1)主持人(一般由本所上市公司部总监担任)宣布上市仪式开始,并介绍主席台上主要来宾;

(2)公司董事长、政府主管部门领导及主承销商或上市推荐人代表致词;

(3)举行《上市协议书》签字仪式,本所领导和上市公司法人代表分别在《上市协议书》上签字;

(4)本所向上市公司赠送上市纪念品;

9:26 公司董事长敲响开市锣;

9:26—9:40 来宾在大厅内观看新股上市走势并拍照留念;

9:45—10:00 香槟酒会

10:00 上市仪式结束。

五、上市仪式结束后的其他安排

9:45 到 10:30 分,上市公司可自行安排活动。上市公司也可以举行新闻发布会,本所将提供北塔 5 楼多功能厅供其使用;本所也可在南塔 2 楼会议室安排地方证管办和本所专业人员,为上市公司有关人员介绍上市规则等。以上安排,均需上市公司提前与本所上市公司部联系,以便本所做好相应的安排和准备。

上海证券交易所

二 OO 二年八月十二日

上市公司与上市公司部联络时常见问题及解答

一、关于上市公司专区

什么是上市公司专区?

上市公司专区是本所互联网站(http://www.sse.com.cn)的一个栏目。它是一个专门针对上市公司的封闭的交流平台,专门用于上市公司与上市公司部之间的信息交流。

通过上市公司专区,上市公司部可以向上市公司传送最新的业务规则和业务通知、发放调查表等;上市公司则通过它了解最新的业务信息、下载信息披露所需的表格、提交董监事声明与承诺书的电子信息、独立董事的履历表信息、高级管理人员基本信息、调查表的反馈信息等。所以,上市公司应经常访问上市公司专区以便了解最新业务信息。

上市公司如何登录到上市公司专区?

1、进入本所互联网站(http://www.sse.com.cn);

2、点击屏幕右上角的“上市公司专区”按钮;

3、在登录窗口输入用户名和密码。用户名为公司的股票代码(有 A 股代码时用 A 股代码,否则用 B 股代码);

4、初次登录时,应立即修改初始登录密码。

我忘记了登录到上市公司联络的密码,该怎么办?

应联系上市公司部分管人员。经分管人员通过“上市公司专区”进行初始化操作后,登录密码被置为“68808449”。

二、关于董监事声明与承诺书等信息在线维护

如何通过上市公司专区进行上市公司基本情况的在线维护?V 通过“上市公司专区”的“在线填报”“上市公司概况修改”进行。成功提交后,系统会同时更新日常监管系统中相应的上市公司基本信息。

如何通过上市公司专区提交董监事声明与承诺书、独立董事履历表及高级管理人员基本情况的电子信息?

除书面文件报备交易所外,上市公司部现在还要求上市公司在线提供董监事声明与承诺书的电子信息、独立董事的履历表的电子信息。

1、董监事声明与承诺书电子信息的提交

1)成功登录“上市公司专区”后,点击“在线填报”菜单下的“董监事声明”菜单项;

2)屏幕随后显示“在任董监事声明列表”和“卸任董监事声明列表”两个标签;

3)提交的范围至少包括在任和将来新任的董监事;

4)点击“新增”按钮,在随后出现的页面填写信息完毕后,点击“提交”按钮;

5)为保留历史记录,董监事换届后,是通过新增记录的方式提交新任董监事的声明与承诺书的电子信息,而不是修改卸任董监事的信息;

6)已提交的董监事声明信息发生变更时,上市公司应及时通过上市公司联络提交变化后的信息,特别是在任/卸任、本人新开设股东账户、本人或亲属持有公司股票发生变化等重要信息。注意要保留原先的初始信息,而是在董监事声明信息网页第十四后提交变化后的信息。

2、独立董事履历表电子信息的提交

1)成功登录“上市公司专区”后,点击“在线填报”菜单下的“独立董事履历表”菜单项;

2)其它要求同上。

3、高级管理人员基本情况的提交

1)成功登录“上市公司专区”后,点击“在线填报”菜单下的“高管人员情况表”菜单项;其它要求同上。

4、调查表反馈信息的提交

上市公司部会不定期在“上市公司专区”的“在线填报”“上市公司在线调查”栏下发放调查表。伴随着调查表会有业务通知出现在“业务通知”栏。

已填写完毕,却提交不了董监事声明与承诺书、独立董事履历表、高管人员或调查表的电子信息,咋办?拨打技术支持电话 021—68807041 请求支持。

三、关于董监事、高管人员持股的加解锁

从哪儿可获得新版加解锁申请表?

可通过“上市公司专区”下载。具体位置在“工作指引”菜单“业务指南”项下“信息披露业务支持”

应在何时提出加锁申请?

应在公司首发上市、上市公司新任董监事、高管人员上任伊始、或在任董监事、高管人员开设新的股票账号时就应提出。

如何提出解锁申请?

应在董监事、高管人员离任期满 6 个月时提出。除解锁申请表外,公司还应提供足以说明满足解锁条件的附件,如股东大会决议、董监事会决议、辞职申请等。

为什么有时会出现上市部解锁成功后,仍不能交易的情况?

出现此类情形时请按下列步骤处理:

1、在所在营业部先撤销原指定交易,再重新指定。此操作隔天才生效;

2、若仍不能正常交易,请托管券商与本所交易运行部联系。

四、关于电脑传真系统

公司如何才能利用上市部电脑传真系统发送传真?

1、拨号(021)68808449;

2、根据语音提示时输入本公司股票代码。有 A 股代码时用 A 股代码,否则用 B 股代码;

3、按#键；

4、按发送键；

为什么有时上市公司说发送传真成功，而分管人员却收不到？

发现此情况时，一般是上市公司在发送传真时，未能按上述约定正确操作。但分管人员仍然可以到总值班专用PC机检索到该迷路传真，再转发给自己。

为什么分管人员会说传真系统收到的传真会有多页内容并在一页上？

发现此情况，在发送时不要一页一页地发，而应该一起放到传真机上，让传真机自动分页。

为什么总有少数公司不能及时收到上市部的传真通知？

上市部每次发送通知时，总是尽量选择在比较空闲的晚上进行。尽管如此，还是有少数公司反映不能及时收到上市部的业务通知。原因就在于他们的传真机没有被设定于"自动接收"状态。

因此，为了保持上市公司与上市部之间交流渠道的畅通，公司一定要准备一台能自动接受的传真机。即使做不到，也应在晚间将手动传真机设为"自动接收"。

为什么公司严格按照约定进行操作，而分管人员却仍然收不到？

极少数情况下会有此类情形发生，原因是少数上市公司所用传真机与我部传真系统进行联络时，所用信号不匹配。请和系统管理员联系。若有可能，可换一台传真机重试。

第五节　深圳证券交易所

深圳证券交易所

深圳证券交易所地处中国深圳市，成立于1990年12月1日，是不以营利为目的，实行自律性管理的法人。深交所致力于创造公开、公平、公正的市场环境，保证证券市场的正常运行。主要职能包括：提供证券交易的场所和设施；制定本所业务规则；接受上市申请、安排证券上市；组织监督证券交易；对会员和上市公司进行监管；管理和公布市场信息；中国证监会许可的其他职能。

作为中国大陆两大证券交易所之一，深交所与中国证券市场共同成长。13年来，深交所成功地突破了地域的限制和观念的束缚，探索出一条在现代技术条件下建设证券市场的新路，在一个新兴城市建成了辐射全国的证券交易中心，并牢固地确立了全国性证券交易中心的地位。13年间，深交所累计为国民经济筹资3390多亿元，对建立现代企业制度、推动经济结构调整、优化资源配置、传播市场经济知识，起到了十分重要的促进作用。

经国务院同意，中国证监会批准，今年5月起深交所在主板市场内设立中小企业板块。设立中小企业板块，是分步推进创业板市场建设迈出的一个重要步骤，是党中央、国务院从促进经济的可持续发展和促进经济结构调整的大局出发做出的重要决策，也是贯彻落实十六届三中全会以及《国务院关于推进资本市场改革开放和稳定发展的若干意见》精神的一项具体部署。深交所将在中国证监会的正确领导下，在各级领导的关怀下，在社会各界的大力支持和帮助下，始终以如临深渊、如履薄冰的姿态，以高度的责任感和使命感，努力拼搏，不断创新，把中小企业板块建设好，为开辟中国多层次资本市场谱写新篇章！

技术系统

深交所在中国证券市场率先采用了无纸化证券托管和无形化市场交易模式，并开发出了动态、实时的交易监察系统和高效快捷的信息传播系统。先进的技术系统大大地降低了市场运作成本，提高了市场运行效率。

深交所的技术系统效率高，安全可靠。日处理能力达2000万笔，可以同时支持2000只证券和3500个结算会员的股份、资金结算，曾经受住了日成交450万笔、交易金额426亿峰值的考验。技术系统实行双机备份，当一套系统出现故障或灾难性事件时，另一套系统能保持数据的完整，并在规定的时间内成功切换，确保证券交易、结算、通讯的正常运行。

1、交易结算系统

深交所采用无形化市场模式，不设交易大堂，成交和行情回报通过覆盖全国的卫星通讯网络和地面光纤数据网络实时传向全国各个证券营业部。无纸化证券和无形化交易代表了世界证券市场的发展方向，适应了九十年代中国证券市场投资大众化高潮的出现，突破了证券市场发展的地理环境限制和空间限制，为深圳证券市场迅速发展成为全国性证券交易中心提供了技术支撑。

整个交易结算系统由四大部分组成：一是会员营业部的柜台系统，由全国各地券商根据深交所颁布的接口规范开发形成；二是连接柜台系统与中央撮合主机的通讯网络，由卫星网络和各通讯体系组成；三是中央撮合主机，由多台容错计算机并联组成；四是中央登记结算系统，由实时开户网络系统、股票无纸化托管结算系统、证券资金电子化结算系统、业务凭证电子化管理系统组成。2000年6月30日正式启用了第二交易结算系统，实现双机运行，第一、第二系统互为备份，能确保交易、结算、通讯的正常运行。2001年11月，新版交易系统正式上线运行，它采用了当前世界上最先进和代表未来发展趋势的设备和技术，在交易、结算、监察等各方面的性能都有显著提升，可以适应深圳证券市场5至8年的发展需求。

2、市场监察系统

市场监察系统由异动监视报警、委托成交查询、违规行为分析及前端风险控制等多个子系统组成。该系统集合行情信息、交易数据、结算数据、投资者开户资料、券商资料及公告信息于一体，通过数十种实时监察报警和市后监察报警指标，持续和动态地侦查异常交易行为，监控对象包括上市证券、券商席位及投资者账户，并通过上百种数据统计和分析工具，如获利分析、交易重演等，对涉嫌违规案例进行深入调查。与此同时，监察系统能够通过前端控制、限制交易、临时停牌等多种方式，实现防范交易及结算风险的目的。

3、信息传播系统

深交所已经形成了以中国证监会指定报刊和互联网站、深交所交易网络信息发布系统为主体，以其他传播方式为辅助的多层次全方位信息披露系统，使深交所成为透明度很高的市场。深交所信息传播系统由行情信息系统、互联网站、语音查询系统三部分组成。通过行情信息系统向证券营业部发布实时行情、信息公告和通知；通过互联网站向市场各方参与者提供各类市场信息；通过语音信箱为投资者提供股份余额、新股认购及成交等资料查询。

市场监管

为创造"公开、公正、公平"的市场环境，切实保障投资者利益，深交所遵循"及时发现、及时制止、及时报告、及时协查"的原则，建立了一套全方位、全过程、高度电子化的监管体系。

上市公司监管方面，由公司管理部依据有关法律、法规对上市公司定期报告、临时报告进行审查，关注媒体及市场有关上市公司地报道传闻及公司股价地异常波动，通过电子监管信息系统对上市公司信息披露进行持续跟踪监管，督促上市公司及有关市场主体及时、准确、完整地履行信息披露义务。

市场监管方面，由市场监察部通过高度自动化的交易监察系统，对证券交易活动进行实时动态监控和事后统计分析，借助系统对价量异常波动和交易异常行为的预警和报警，及时发现和处理操纵市场、内幕交易等涉嫌违规行为及潜在交易风险，有效维护市场的交易秩序。

会员监管方面，由会员管理部通过定期报告制度、重大事项报告制度、约见走访制度、风险监控制度和检查制度以及监管信息服务，对会员业务、财务情况进行严格监管。

深交所不断完善各职能部门之间的协调配合，建立了监管例会制度。市场监察部、公司管理部、会员管理部、法律部等以监管例会为纽带，形成了监管信息共享、调查处理联动的高效联合监管机制。

市场要素

・交易品种

截至 2004 年 6 月底，深交所共有上市证券 630 只，分为股票（A 股、B 股）、基金、国债（现货、回购）和公司债券四大类。其中 A 股 492 只，B 股 56 只，基金 29 只，国债现货 24 只，国债回购 11 只，公司债现券 5 只，公司债回购 4 只，可转换债券 9 只。

・投资者

截至 2004 年 6 月底，投资者开户数达 3442 万户，个人投资者 3427 万户，占比 99.5%，机构投资者 15 万户，占 0.5%。B 股市场个人投资者 61 万户，B 股机构投资者 1 万户，来自全球 160 个国家和地区。

・会员单位

截至 2004 年 6 月底，深交所共有会员 205 家，其中深圳本地会员 18 家；席位总数 3414 个，其中 B 股境外特别席位和特许经纪共 52 家。

・上市公司

截至 2004 年 6 月底，深交所上市公司达 506 家，来自全国 31 个省、市、自治区。

市场服务

深交所一直将服务作为立所之本。近年来，深交所坚持"市场至上，服务为本"的服务理念，完善"优质、方便、快捷、效率"的服务标准，不断探索新的服务形式，深化服务内容，提升服务水平，形成了面向广大投资者、会员单位、基金管理公司、上市公司、拟上市企业的全方位市场服务体系。

在投资者服务方面，深交所进一步强化投资者服务中心职能，加强对"市场服务热线"和投资者服务信箱的业务支持，完善"投资者教育"二级网站，在三大报不定期进行"新产品新业务答疑"，不定期开展以"保护中小投资者权益"为主题的普法宣传教育活动等。深交所还开展了多项专项调研活动，及时跟踪和关注投资者关心的问题。

为了加强对会员单位、基金管理公司、上市公司的研究、技术、业务支持服务，深交所实行监管信息服务制度和实地走访制度，并构建了安全、透明、开放的互联网服务平台，为市场参与各方提供权威的全方位综合信息服务。

深交所创立了创业企业培训中心，以"诚信、守法、创新"为主线，运用互动、分享的培训技术，对创业企业和上市企业高管人员进行多层次、长期性、系统化培训，推动企业完善治理结构，提高基础管理能力，同时也为创业企业提供了交流和学习的平台。

深交所在北京、上海等城市设立了服务中心，使深交所的服务工作延伸到各地，从而构筑起了一个高效的立体化服务网络。

市场统计

・上市公司数与上市证券数

截止 2003 年底，深圳证券交易所上市公司 505 家，上市股票 548 只。

・总市值与流通市值

截止 2003 年底，深圳证券市场股票总市值为 12653 亿元人民币，流通市值 4977 亿元人民币

・投资者开户数

截止 2003 年底，深圳证券市场投资者开户数达 3381 万户。

筹资金额

截止 2003 年底，深圳证券市场为国民经济建设累计筹集 3390 亿元的资金。

股票基金成交金额

2003 年 1—12 月，深圳证券市场股票基金成交金额 11612 多亿，比 1991 年全年成交金额增长 330 多倍。

深圳证券交易所股票上市规则

（2002年修订本）

第一章　总　则

1.1　为规范股票上市行为和上市公司及其相关义务人的信息披露行为，维护证券市场秩序，保护投资者和股票发行人的合法权益，根据《中华人民共和国公司法》(以下简称"《公司法》")、《中华人民共和国证券法》(以下简称"《证券法》")、《股票发行与交易管理暂行条例》(以下简称"《股票条例》")、《证券交易所管理办法》等法律、法规、规章及《深圳证券交易所章程》，制定本规则。

1.2　股票及其衍生品种在深圳证券交易所(以下简称"本所")上市，适用本规则的规定。

1.3　公司申请经中国证券监督管理委员会(以下简称"中国证监会")核准发行的股票在本所上市，由本所审查同意后安排上市。

1.4　本所依据法律、法规和本规则及中国证监会的授权对上市公司及其董事、监事、高级管理人员、有信息披露义务的投资人及上市推荐人进行监管。

第二章　股票上市协议、董事、监事承诺和董事、监事备案、上市推荐人

第一节　股票上市协议

2.1.1　公司在股票首次上市之前应当向本所申请并签署股票上市协议。

2.1.2　股票上市协议应当包括以下内容：

(一)双方的权利与义务；

(二)上市费用以及交纳方式；

(三)董事会秘书和董事会证券事务代表；

(四)定期报告、临时报告的报告程序及上市公司回复本所质询的规定；

(五)股票及衍生品种的停、复牌事项；

(六)违约责任；

(七)仲裁条款；

(八)本所认为需要规定的其他内容。

第二节　董事、监事承诺和董事、监事备案

2.2.1　上市公司的全体董事、监事应当在股票上市后两个月内，新任董事、监事应当在股东大会通过其任命后两个月内，签署《董事(监事)声明及承诺书》并送达本所备案。董事、监事签署该文件时必须由一名有证券从业资格的律师向董事、监事解释《董事(监事)声明及承诺书》的内容，董事、监事在充分理解后签字。

2.2.2　董事应当履行以下职责并在《董事声明及承诺书》中做出承诺：

(一)遵守国家有关法律法规，履行诚信勤勉义务；

(二)遵守公司章程；

(三)遵守本规则，接受本所监管；

(四)本所认为应当承诺的其他事项。

监事除同样应当履行上述职责并在《监事声明及承诺书》中做出承诺外还应当承诺促使上市公司董事遵守其承诺。

董事、监事应当在《董事(监事)声明及承诺书》中声明：

(一)本人持有所在公司股票的情况；

(二)有无违反法律法规受查处情况；

(三)参加证券业务培训的情况；

(四)其他任职情况；

(五)拥有其他国家或地区的国籍、长期居留权的情况；

(六)本所认为应当说明的其他情况。

2.2.3　《董事(监事)声明及承诺书》中声明的事项发生变化时，董事、监事应当在该情况发生之日起两个月内向本所提交有关最新资料备案，并保证该资料的准确与完整。

第三节　上市推荐人

2.3.1　本所实行股票上市推荐人制度。公司在本所申请股票上市，必须由一至二个本所认可的机构推荐。

2.3.2　上市推荐人应当符合以下条件：

(一)具有本所会员资格；

(二)从事股票承销工作或具有本所认可的其他资格一年以上且信誉良好；

(三)最近一年内无重大违法违规行为；

(四)负责推荐工作的主要业务人员熟悉本所有关上市的业务规则。

2.3.3　符合2.3.2条的会员应当每年向本所提出资格申请，经本所审查确认后，取得上市推荐人资格。会员受到中国证监会暂停或取消其发行上市业务资格的处分的，本所相应暂停或取消其上市推荐人资格。

2.3.4　会员申请上市推荐人资格应当提交以下文件：

(一)申请书；

(二)会员证书；

(三)承销资格证书或本所认可的其他资格证书；

(四)主要业务人员简历；

(五)最近一年上市推荐业务的情况；

(六)上市推荐协议书，须附有向中国证监会提交的发行人情况调查表；

(七)本所要求提供的其他文件。

2.3.5　上市推荐人应当与发行人签订股票上市推荐协议，对双方在发行人申请上市期间及上市后一年内的权利义务进行规定，股票上市推荐协议应当符合本规则和股票上市协议的有关规定。

2.3.6　上市推荐人应当履行以下义务：

(一)确认发行人符合上市条件；

(二)确保发行人的董事了解法律、法规、本规则及股票上市协议规定的责任；

(三)协助发行人申请股票上市；

(四)提交股票上市推荐书；

(五)对股票上市文件所载的资料进行核实，保证文件真实、准确、完整，符合规定要求；

（六）协助发行人健全法人治理结构；

（七）协助发行人制定严格的信息披露和保密制度；

（八）本所规定上市推荐人的其他义务。

2.3.7　上市推荐书应当包括以下内容：

（一）发行人的概况；

（二）申请上市股票的发行情况；

（三）发行人与上市推荐人是否存在关联关系及存在何种关联关系；

（四）公司章程符合《公司法》等法律法规和中国证监会规定以及发行人符合上市条件的说明；

（五）上市推荐人认为发行人需要说明的重要事项和存在的问题；

（六）上市推荐人需要说明的其他事项。

2.3.8　上市推荐人应当保证发行人的上市申请文件、上市公告书没有虚假、严重误导性陈述或者重大遗漏，并保证对其承担连带责任。

2.3.9　上市推荐人不得利用其在股票发行上市过程中获得的内幕信息为自己或他人谋取利益。

第三章　股票上市的申请、审查与信息披露

第一节　首次公开发行的股票上市

3.1.1　发行人必须经中国证监会核准后，方可向本所申请其股票上市。

3.1.2　发行人申请其首次公开发行的股票上市，应当按照中国证监会《公开发行证券的公司信息披露内容与格式准则第7号股票上市公告书》编制上市公告书。

3.1.3　发行人提出上市申请时应当向本所提交以下文件：

（一）上市申请书；

（二）中国证监会核准其股票发行的文件及经中国证监会核准的发行、上市申报文件；

（三）上市推荐人出具的上市推荐书；

（四）具有从事证券业务资格的会计师事务所出具的关于发行人全部资本的验资报告（包括实物资产所有权已转移至上市公司的证明文件）；

（五）股票发行后按照规定新增的财务资料；

（六）历次股东大会决议；

（七）股票发行后公司设立或变更的营业执照复印件；

（八）上市公告书；

（九）发行人拟聘任或已聘任的公司董事会秘书人选的资料；

（十）公司董事、监事和高级管理人员持股情况的报告；

（十一）确定公司股票挂牌简称的函；

（十二）公司全部股票已托管的证明文件；

（十三）本所要求的其他文件。

3.1.4　发行人应当保证向本所提交的文件没有虚假性陈述或重大遗漏。

3.1.5　发行人向本所提出上市申请时，其第一大股东应当承诺：自发行人股票上市之日起12个月内，不转让其持有的发行人股份，也不由上市公司回购其持有的股份。发行人应当在《上市公告书》中予以公告。本条所指股份不包括在此期间新增的股份。

3.1.6　发行人应当自本所批准其股票上市交易申请后、距其股票正式挂牌交易日的五日之前在至少一种中国证监会指定的上市公司信息披露报纸（以下简称"指定报纸"）和中国证监会指定的互联网网站（以下简称"指定网站"）上刊登上市公告书，并在指定网站上刊登《公司章程》。上市公告书应当备置于指定场所，供公众查阅。发行人在提出上市申请期间，未经本所同意，不得擅自披露有关信息。

第二节　配股或增发新股上市

3.2.1　上市公司配股或增发新股完成后，可以申请配股或增发新股的可流通股份上市。

3.2.2　上市公司申请其配股或增发新股的可流通股份上市，应当向本所提交以下文件：

（一）上市申请书；

（二）中国证监会的核准文件；

（三）经中国证监会审核的全部配股或增发新股的申请文件；

（四）配股或增发新股完成后经具有从事证券业务资格的会计师事务所出具的验资报告；有实物资产配股或增发新股的，提供资产所有权已转移至上市公司的证明文件；

（五）董事、监事和高级管理人员持股情况变动的报告；

（六）股份变动公告或上市公告书；

（七）股份登记机构对新增股份登记托管的书面证明；

（八）本所要求的其他文件。

3.2.3　本所对上市公司配股或增发新股的可流通股份的上市申请审查后，安排符合条件的股份上市流通。公司应当在配股或增发新股的可流通股份上市前三个工作日内在指定报纸刊登股份变动公告或上市公告书，并公布配股或增发新股的可流通股份上市日。

3.2.4　其他股份经核准上市流通，比照3.2.2条和3.2.3条的规定执行。

第三节　派发股份股利与公积金转增股本

3.3.1　上市公司在派发股份股利、公积金转增股本前，应当向本所提供以下文件：

（一）股东大会关于派发股份股利、公积金转增股本的决议；

（二）公司实施派发股份股利、公积金转增股本公告书；

（三）本所要求的其他文件。

3.3.2　经本所审查后，上市公司应当于派发股份股利、公积金转增股本的股权登记日前三至五个工作日在指定报纸刊登派发股份股利、公积金转增股本公告书。

3.3.3　派发股份股利、公积金转增股本公告书应当符合中国证监会的有关规定，并且包括以下内容：

（一）通过派发股份股利、公积金转增股本方案的股东大会的届次和日期；

（二）派发股份股利、公积金转增股本的比例（以每10股表述）、股本基数（按实施前实际股本计算）、是否含税以及扣税情况等；

（三）股权登记日、除权日、新增可流通股份上市日；

（四）实施办法；

（五）股本变动结构表（按变动前总股本、本次送红股数、本次转增股本数、变动后总股本、占总股本比例等项目列示）；

（六）派发股份股利、公积金转增股本后，按新股本摊薄计算的上年度每股净收益或本年度中期每股净收益；

（七）有关咨询办法。

第四节 公司职工股或内部职工股上市

3.4.1 上市公司申请其公司职工股或内部职工股上市，应当向本所提交以下文件：

（一）上市申请书；

（二）中国证监会关于其公司职工股或内部职工股上市时间的批文；

（三）有关公司职工股或内部职工股的持股情况说明及托管证明；

（四）有关公司董事、监事、高级管理人员持股情况说明；

（五）公司职工股或内部职工股上市提示公告；

（六）本所要求的其他文件。

3.4.2 经本所审查同意后，上市公司应当在公司职工股或内部职工股上市前三个工作日内在指定报纸刊登上市提示公告。

3.4.3 上市提示公告应当包括以下内容：

（一）上市日期、上市股份数量、冻结数量；

（二）发行价格；

（三）历次送配情况；

（四）持股人数。

第五节 董事、监事、高级管理人员所持股份上市

3.5.1 上市公司董事、监事、高级管理人员在任期内应当按照规定向本所申报持股变动情况，不得转让其所持有的本公司股份，包括因公司派发股份股利、公积金转增股本、配股、购入（受让）新增的股份。

3.5.2 上市公司的董事、监事、高级管理人员离职半年后，可以申请其所持股份上市流通。

3.5.3 上市公司原董事、监事、高级管理人员申请所持股份上市流通，应当向本所提交以下文件：

（一）上市申请书；

（二）关于免去董事、监事、高级管理人员的决议或董事、监事、高级管理人员的辞职书以及董事会出具的离职证明。

第六节 向证券投资基金、法人、战略投资者配售的股份上市

3.6.1 上市公司申请其向证券投资基金、法人、战略投资者配售的股份上市，应当向本所提交以下文件：

（一）上市申请书；

（二）配售结果的公告；

（三）配售股份的托管证明；

（四）有关向基金、法人、战略投资者配售的股份说明；

（五）上市提示公告；

（六）本所要求的其他文件。

3.6.2 经本所批准后，上市公司应当在配售的股份上市前三个工作日内在指定报纸上刊登上市提示公告。

3.6.3 上市提示公告应当包括以下内容：

（一）上市时间；

（二）上市股份数量；

（三）发行价格；

（四）历次送配情况。

第四章 信息披露的基本原则

4.1 上市公司应当履行以下信息披露的基本义务：

（一）及时披露所有对上市公司股票价格可能产生重大影响的信息。

（二）确保信息披露内容真实、准确、完整而没有虚假、严重误导性陈述或重大遗漏。

上市公司对履行以上基本义务以及本规则规定的具体要求有任何疑问的，应当向本所咨询。

4.2 上市公司董事会全体成员必须保证信息披露内容真实、准确、完整，没有虚假、严重误导性陈述或重大遗漏，并就其保证承担连带赔偿责任。上市公司应当将以上内容作为重要提示在公告中陈述。

4.3 上市公司及其董事、监事、高级管理人员不得泄露内幕消息，不得进行内幕交易或配合他人操纵证券交易价格。

4.4 上市公司应当公开披露的信息包括定期报告和临时报告。年度报告和中期报告为定期报告，其他报告为临时报告。

4.5 上市公司公开披露的信息必须在第一时间报送本所。

4.6 本所根据有关法律、法规、规章对上市公司公开披露的信息进行形式审核，对其内容的真实性不承担责任。

本所对定期报告实行事前登记、事后审核；对临时报告实行事前审核；对本所同意免于临时报告事前审核上市公司的临时报告实行事前登记、事后审核。

上市公司进行信息披露前，公司应当按本所的要求将有关公告文稿和相关备查文件报送本所。

4.7 上市公司公告出现任何错误、遗漏或误导，本所可以要求上市公司做出说明并补充公告。

4.8 上市公司应当将公司承诺事项和股东承诺事项单独摘出送本所备案，并在定期报告中专项披露上述承诺事项的履行情况。

上市公司未履行承诺的，董事会应当及时详细披露原因以及董事会应承担的法律责任；股东未履行承诺的，上市公司董事会应当及时详细披露具体情况，并说明董事会所采取的措施。

4.9 上市公司存在或正在筹划第七章第二、三、四节所述的重大事件，应当遵循分阶段披露的原则，履行以下信息披露义务：

（一）在该事件尚未披露前，董事和有关当事人应当确保有关信息绝对保密；如果该信息难以保密，或者已经泄露，或者公司股票价格已明显发生异常波动时，上市公司应当立即予以披露。

（二）上市公司就上述重大事件与有关当事人一旦签署意向书或协议，无论意向书或协议是否有附加条件或附加期限，上市公司应当立即予以披露。

上述协议发生重大变更、中止或者解除、终止，上市公司应当及时予以披露，说明协议变更、中止或者解除、终止的情况和原因。

（三）上述重大事件获得有关部门批准的，或者已披露的重大事件被有关部门否决的，公司应当及时予以披露。

4.10 上市公司董事会及董事在公司的信息公开披露前应当将该信息的知情者控制在最小范围内。

4.11 上市公司公开披露的信息应当在至少一种指定报

纸(定期报告还应当指定网站)上公告,在其他公共传媒披露信息不得先于指定报纸和指定网站。上市公司不得以新闻发布或答记者问等形式代替公司的正式公告。

4.12　上市公司出现下列情形,认为无法按照本规则规定披露信息的,可以向本所提出申请,经本所同意,可以免予按照本规则规定披露:

(一)上市公司有充分理由认为披露某一信息会损害公司的利益,且该信息对其股票价格不会产生重大影响;

(二)上市公司认为拟披露的信息可能导致其违反国家有关法律法规的;

(三)本所认可的其它情况。

4.13　上市公司发生的事项达不到本规则披露要求的,可以免予披露。本所认为必要的,上市公司应当比照本规则的规定披露。

4.14　上市公司应当配备信息披露所必要的通讯设备和计算机等办公设备,保证计算机可以连接国际互联网、对外咨询电话畅通。

第五章　董事会秘书、股权管理与信息披露事务

第一节　董事会秘书

5.1.1　上市公司必须设立一名董事会秘书。董事会秘书为上市公司的高级管理人员,对董事会负责。

5.1.2　董事会秘书的任职资格:

(一)具有大学专科以上学历,从事秘书、管理、股权事务等工作三年以上;

(二)有一定财务、税收、法律、金融、企业管理、计算机应用等方面知识,具有良好的个人品质和职业道德,严格遵守有关法律、法规和规章,能够忠诚地履行职责;

(三)上市公司董事可以兼任董事会秘书,但是监事不得兼任;

(四)有《公司法》第五十七条规定情形之一的人士不得担任董事会秘书;

(五)上市公司聘任的会计师事务所的会计师和律师事务所的律师不得兼任董事会秘书。

5.1.3　董事会秘书应当遵守公司章程,承担公司高级管理人员的有关法律责任,对公司负有诚信和勤勉义务,不得利用职权为自己或他人谋取利益。

5.1.4　董事会秘书的职责:

(一)董事会秘书为公司与本所的指定联络人,负责准备和提交本所要求的文件,组织完成监管机构布置的任务;

(二)准备和提交董事会和股东大会的报告和文件;

(三)按照法定程序筹备董事会会议和股东大会,列席董事会会议并作记录,并应当在会议纪要上签字,保证其准确性;

(四)协调和组织上市公司信息披露事项,包括建立信息披露的制度、接待来访、回答咨询、联系股东,向投资者提供公司公开披露的资料,促使上市公司及时、合法、真实和完整地进行信息披露;

(五)列席涉及信息披露的有关会议,上市公司有关部门应当向董事会秘书提供信息披露所需要的资料和信息。公司做出重大决定之前,应当从信息披露角度征询董事会秘书的意见;

(六)负责信息的保密工作,制订保密措施。内幕信息泄露时,及时采取补救措施加以解释和澄清,并报告本所和中国证监会;

(七)负责保管上市公司股东名册资料、董事名册、大股东及董事持股资料和董事会印章,保管上市公司董事会和股东大会的会议文件和记录;

(八)帮助公司董事、监事、高级管理人员了解法律法规、公司章程、本规则及股票上市协议对其设定的责任;

(九)协助董事会依法行使职权,在董事会违反法律法规、公司章程及本所有关规定做出决议时,及时提出异议,如董事会坚持做出上述决议,应当把情况记载在会议纪要上,并将该会议纪要马上提交上市公司全体董事和监事;

(十)为上市公司重大决策提供咨询和建议;

(十一)本所要求履行的其他职责。

5.1.5　董事会秘书必须经过本所的专业培训和资格考核并取得合格证书,由董事会聘任,报本所备案并公告;对于没有合格证书的,经本所认可后由董事会聘任。

5.1.6　公司应当在股票上市后三个月内或原任董事会秘书离职后三个月内正式聘任董事会秘书。在此之前,公司应当临时指定人选以代行董事会秘书的职责。

5.1.7　公司董事会聘任董事会秘书应当向本所提交以下文件:

(一)董事会推荐书,包括被推荐人的职务、工作表现及个人品德等内容

(二)被推荐人的个人简历、学历证明(复印件);

(三)被推荐人的董事会秘书资格考试合格证书;

(四)董事会的聘任书;

(五)董事会秘书的通讯方式,包括办公电话、住宅电话、移动电话、传真、通信地址及专用电子邮件信箱地址等。

董事会秘书应当保证本所可以随时与其联系。

(六)公司法定代表人的通讯方式,包括办公电话、住宅电话、移动电话、传真及通信地址等。

5.1.8　董事会秘书出现以下情形之一的,本所可以建议上市公司董事会终止对其的聘任:

(一)在执行职务时出现重大错误或疏漏,给上市公司或投资者造成重大损失;

(二)有违反国家法律法规、公司章程、本所有关规定的行为,给上市公司或投资者造成重大损失;

(三)本所认为不应当继续担任董事会秘书的其他情形。

5.1.9　上市公司董事会解聘董事会秘书应当具有充足理由,解聘董事会秘书或董事会秘书辞职时,公司董事会应当向本所报告,说明原因并公告。

5.1.10　董事会秘书离任前,应当接受董事会、监事会的离任审查,将有关档案文件、正在办理或待办理事项,在公司监事会的监督下移交。公司应当在聘任董事会秘书时与其签订保密协议,要求其承诺一旦在离任后持续履行保密义务直至有关信息公开披露为止。

5.1.11　上市公司董事会在聘任董事会秘书的同时,应当另外委任一名董事会证券事务代表,在董事会秘书不能履行职责时,代行董事会秘书的职责。证券事务代表应当具有董事会秘书的任职资格,经过本所的专业培训和资格考核并

取得合格证书。

第二节 股权管理与信息披露事务

5.2.1 本所接受董事会秘书或证券事务代表办理上市公司的股权管理与信息披露事务；

5.2.2 上市公司应当在信息披露前将公告文稿及相关材料报送本所。文稿为中文打印件并签字盖章，文稿上应当写明拟公告的日期及报纸。经本所同意后，上市公司自行联系公告事项。不能按预定日期公告的，应当及时报告本所。

5.2.3 上市公司应当将信息披露文件在公告的同时备置于指定场所，供公众查阅。

5.2.4 上市公司应当在选定或变更指定报纸后，在两个工作日内报告本所。

第六章 定期报告

6.1 上市公司应当在每个会计年度结束之日起四个月内编制完成年度报告并在指定报纸披露年度报告摘要，同时，应当在指定网站上披露其年度报告全文。

本所在规定的期限内安排各上市公司披露年度报告的时间顺序。

6.2 上市公司应当按照中国证监会《公开发行股票公司信息披露的内容与格式准则第二号〈年度报告的内容与格式〉》的规定编制年度报告及年度报告摘要。

本所可以在上述规定的基础上对年度报告的编制和披露做出进一步的要求。

6.3 上市公司应当在年度报告经董事会批准后两个工作日内向本所报送年度报告，经本所登记后，在至少一种指定报纸刊登年度报告摘要，同时，在指定网站上披露年度报告。

6.4 上市公司向本所报送年度报告的同时，还应当报送以下文件：

(一)审计报告原件；

(二)年度报告摘要；

(三)董事会决议及其公告文稿；

(四)载有年度报告及财务数据的电子文件；

(五)停牌申请；

(六)本所要求的其他文件。

6.5 上市公司出现9.2.1所述情形时，应当在收到年度审计报告后两个工作日内报送本所。

6.6 本所进行事后审核时可以要求上市公司对年度报告有关内容进行解释说明。

上市公司应当认真、及时答复本所的问询，并按照本所的要求刊登补充公告。

6.7 上市公司应当于每个会计年度的上半年结束之日起两个月内编制完成中期报告并公告。

6.8 上市公司应当按照中国证监会《公开发行股票公司信息披露内容与格式准则第三号〈中期报告的内容与格式〉》以及有关通知的规定编制中期报告。

本所可以在上述规定的基础上对中期报告的编制和披露做出进一步的要求。

6.9 上市公司的中期财务报告可以不经会计师事务所审计，但有下列情形之一的，必须经会计师事务所审计(中国证监会另有规定的除外)：

(一)拟在下半年进行利润分配或公积金转增的；

(二)中国证监会或本所认为应当进行审计的其他情形。

6.10 年度报告的有关报送、公告和审核的规定适用于中期报告。

第七章 临时报告

第一节 董事会、监事会、股东大会决议

7.1.1 上市公司召开董事会会议，应当在会议结束后两个工作日内将董事会决议和会议纪要报送本所备案。

本所要求上市公司提供董事会、监事会、股东大会决议记录的，上市公司应当按本所的要求在规定时间内提供该等会议记录。

7.1.2 上市公司董事会决议涉及需要经股东大会表决的事项和本章第二、三、四节的事项的，必须公告；其他事项，本所认为有必要的，也应当公告。

7.1.3 上市公司召开监事会会议，应当在会议结束后两个工作日内将监事会决议和会议纪要报送本所备案，经本所审核后，在指定报纸上公布。

7.1.4 上市公司应当在股东大会结束后当日将股东大会决议公告文稿、会议记录和全套会议文件报送本所，经本所审核后在指定报纸刊登决议公告。

7.1.5 股东大会因故延期或取消，应当在原定股东大会召开日的五个工作日之前发布通知，通知中应当说明延期或取消的具体原因。如属延期，应当公布延期后的召开日期。

7.1.6 股东大会对董事会预案做出修改，或对董事会预案以外的事项做出决议，或会议期间因突发事件致使会议不能正常召开的，上市公司应当向本所说明原因并公告。

7.1.7 股东大会决议公告应当写明出席会议的股东人数、所持股份及占上市公司有表决权总股本的比例，以及每项议案的表决方式及表决统计结果。对股东提案做出决议的，应当列明提案股东的名称或姓名、持股比例和提案内容。发行B股的上市公司还应当在公告中说明股东会议通知情况、上市公司A股股东和B股股东出席会议及表决情况。

7.1.8 股东大会以会议文件等形式向股东通报的重要内容，如未公开披露的，应当在股东大会决议公告中披露。

第二节 收购、出售资产

7.2.1 本节所称收购、出售资产是指上市公司收购、出售企业所有者权益、实物资产或其他财产权利的行为。

7.2.2 上市公司拟收购、出售资产达到以下标准之一时，经董事会批准后两个工作日内，向本所报告并公告：

(一)按照最近一期经审计的财务报告、评估报告或验资报告，收购、出售资产的资产总额占上市公司最近一期经审计的总资产值的10%以上；

(二)被收购资产相关的净利润或亏损的绝对值(按上一年度经审计的财务报告)占上市公司经审计的上一年度净利润或亏损绝对值的10%以上，且绝对金额在100万元以上；

被收购资产的净利润或亏损值无法计算的，不适用本款；收购企业所有者权益的，被收购企业的净利润或亏损值以与这部分产权相关的净利润或亏损值计算；

(三)被出售资产相关的净利润或亏损绝对值或该交易行

为所产生的净利润或亏损绝对值占上市公司经审计的上一年度净利润或亏损绝对值的10%以上，且绝对金额在100万元以上；被出售资产的净利润或亏损值无法计算的，不适用本款；出售企业所有者权益的，被出售企业的净利润或亏损值以与这部分产权相关的净利润或亏损值计算；

(四)收购、出售资产的交易金额(承担债务、费用等，应当一并加总计算)占上市公司最近一期经审计的净资产总额10%以上。

7.2.3　上市公司收购、出售资产按照7.2.2条第(一)款、第(四)款所述标准计算所得的任一相对数值达50%以上的，或按照7.2.2条第(二)款、第(三)款所述标准计算所得的相对数值达到50%以上，且收购、出售资产的相关净利润或亏损绝对金额在500万元以上的，除须经董事会批准，并报告本所及公告外，应当经上市公司股东大会批准。

上市公司还应当聘请有证券从业资格的会计师事务所或资产评估机构对拟收购、出售的资产进行审计或评估，审计或评估基准日距协议生效日不得超过6个月。如因特殊原因无法实施审计或评估的，必须在股东大会上说明原因。

7.2.4　上市公司在十二个月内连续对同一或相关资产分次进行收购、出售的，以其在此期间交易的累计金额确定是否公告。

7.2.5　上市公司直接或间接持股比例超过50%的子公司收购、出售资产，视同上市公司行为，适用本节规定。上市公司的参股公司(持股50%以下)收购、出售资产，交易标的有关金额指标乘以参股比例后，适用本节规定。

7.2.6　上市公司因收购、出售其他上市公司的股份，需要履行股东披露义务或要约义务的，应当同时按照法律、法规、中国证监会和本所的有关规定执行。

7.2.7　上市公司必须在收购、出售资产协议生效之日起三个月内公告交易实施情况(包括所有必需的产权变更或登记过户手续完成情况)，同时提供相关证明文件。

7.2.8　上市公司披露上述收购、出售资产事项，应当向本所提交以下文件：

(一)交易公告文稿；

(二)收购、出售资产的协议书；

(三)董事会决议及公告(如有)；

(四)被收购、出售资产涉及的政府批文(如有)；

(五)被收购、出售资产的财务报告；

(六)中介机构关于被收购、出售资产的意见书(评估报告或审计报告)；

(七)本所要求的其他文件。

7.2.9　上市公司收购、出售资产的公告应当包括以下内容：

(一)交易概述及协议生效时间；

(二)协议有关各方的基本情况，包括企业名称、工商登记类型、注册地点、法定代表人、主营业务等；

(三)被收购、出售资产的基本情况，包括该资产名称、中介机构名称、资产的账面值及评估值、资产运营情况、资产质押、抵押以及在该资产上设立的其他财产权利的情况、涉及该财产的重大争议的情况。

被收购、出售的资产系企业所有者权益，还应当介绍公司(或企业)的基本情况和最近一期经审计的财务报告中的财务数据，包括资产总额、负债总额、所有者权益、主营收入、净利润等，并附收购、出售基准日资产负债表和损益表(如果基准日不是年底，还需披露上一年度损益表)；

收购、出售资产达到7.2.3条所规定标准的，除披露上述内容外，还应当披露该等资产的历史情况；被收购出售的资产系企业所有者权益，且占被收购企业所有者权益的50%以上，还应当披露该企业近三年的资产负债表、损益表及现金流量表或公司成立之日起至收购、出售资产合同签署日期间的资产负债表和损益表及现金流量表；

(四)上市公司预计从该项交易中获得的利益及该交易对上市公司未来经营的影响；

(五)交易金额(包括定价基准)及支付方式(现金、股权、资产置换等，还包括有关分期付款安排的条款)；

(六)该交易所涉及的人员安置、土地租赁、债务重组等情况；

(七)出售资产的，应当说明出售所得款项的用途；

(八)收购资产的，应当说明是否与招股说明书、配股说明书或其他募集资金说明书中列示的项目相关，并说明该项交易的资金来源；

(九)需要经股东大会或有权部门批准的事项，应当说明需履行的合法程序和进展情况；

(十)如果收购资产后，可能产生关联交易，应当披露有关情况；

(十一)如果收购资产后，可能产生关联人同业竞争，应当披露规避的方法或其他安排(包括有关协议或承诺等)；

(十二)收购资产后，上市公司与控股股东在人员、资产、财务上分开的安排计划；

(十三)本所要求的其他内容。

第三节　关联交易

7.3.1　上市公司关联交易是指上市公司及其控股子公司与关联人之间发生的转移资源或义务的事项。包括但不限于下列事项：

(一)购买或销售商品；

(二)购买或销售除商品以外的其他资产；

(三)提供或接受劳务；

(四)代理；

(五)租赁；

(六)提供资金(包括以现金或实物形式)；

(七)担保；

(八)管理方面的合同；

(九)研究与开发项目的转移；

(十)许可协议；

(十一)赠与；

(十二)债务重组；

(十三)非货币性交易；

(十四)关联双方共同投资；

(十五)本所认为应当属于关联交易的其他事项。

上市公司关联人包括关联法人、关联自然人和潜在关联人。

7.3.2　具有以下情形之一的法人，为上市公司的关联法人：

(一)直接或间接地控制上市公司，以及与上市公司同受某一企业控制的法人(包括但不限于母公司、子公司、与上市公司受同一母公司控制的子公司）；

（二）7.3.3条所列的关联自然人直接或间接控制的企业。

7.3.3 上市公司的关联自然人是指：

（一）持有上市公司5%以上股份的个人股东；

（二）上市公司的董事、监事及高级管理人员；

（三）本条第（一）、（二）项所述人士的亲属，包括：

1.父母；

2.配偶；

3.兄弟姐妹；

4.年满18周岁的子女；

5.配偶的父母、子女的配偶、配偶的兄弟姐妹、兄弟姐妹的配偶。

7.3.4 因与上市公司关联法人签署协议或做出安排，在协议生效后符合7.3.2条和7.3.3条规定的，为上市公司潜在关联人。

7.3.5 由上市公司控制或持有50%以上股份的子公司发生的关联交易，视同上市公司行为，其披露标准适用7.3.8、7.3.9、7.3.12、7.3.13、7.3.14条规定；

上市公司的参股公司发生的关联交易，以其交易标的乘以参股比例或协议分红比例后的数额，适用7.3.8、7.3.9、7.3.12、7.3.13、7.3.14条规定。

7.3.6 上市公司关联交易应当遵循以下基本原则：

（一）符合诚实信用的原则；

（二）关联方如享有上市公司股东大会表决权，除特殊情况外，应当回避行使表决；

（三）与关联方有任何利害关系的董事，在董事会对该事项进行表决时，应当予以回避；

（四）上市公司董事会应当根据客观标准判断该关联交易是否对上市公司有利，必要时应当聘请独立财务顾问或专业评估师。

7.3.7 上市公司关联人与上市公司签署涉及关联交易的协议，应当采取必要的回避措施：

（一）任何个人只能代表一方签署协议；

（二）关联人不得以任何方式干预上市公司的决定；

（三）上市公司董事会就关联交易表决时，有利害关系的当事人属以下情形的，不得参与表决：

1)董事个人与上市公司的关联交易；

2)董事个人在关联企业任职或拥有关联企业的控股权，该关联企业与上市公司的关联交易；

3)按法律、法规和公司章程规定应当回避的。

（四）上市公司股东大会就关联交易进行表决时，关联股东不得参加表决。关联股东因特殊情况无法回避时，在上市公司征得有权部门同意后，可以参加表决。公司应当在股东大会决议中做出详细说明，同时对非关联方的股东投票情况进行专门统计，并在决议公告中予以披露。

7.3.8 上市公司与其关联人达成的关联交易总额低于300万元且低于上市公司最近经审计净资产值的0.5%的，不适用本节规定。

7.3.9 上市公司与其关联人达成的关联交易总额在300万元至3000万元之间或占上市公司最近经审计净资产值的0.5%至5%之间的，上市公司应当在签定协议后两个工作日内按照7.3.11条的规定进行公告，并在下次定期报告中披露有关交易的详细资料。

7.3.10 上市公司披露关联交易，应当比照7.2.8条规定向本所提交文件。

7.3.11 上市公司就关联交易发布的临时报告应当包括以下内容：

（一）交易日期、交易地点；

（二）有关各方的关联关系；

（三）交易及其目的的简要说明；

（四）交易的标的、价格及定价政策；

（五）关联人在交易中所占权益的性质及比重；

（六）关联交易涉及收购或出售某一公司权益的，应当说明该公司的实际持有人的详细情况，包括实际持有人的名称及其业务状况；

（七）董事会关于本次关联交易对上市公司影响的意见；

（八）若涉及对方或他方向上市公司支付款项的，必须说明付款方近三年或自成立之日起至协议签署期间的财务状况，董事会应当对该等款项收回或成为坏账的可能做出判断和说明；关联交易涉及收购、出售资产的，还应当参照7.2.9条的要求披露；

（九）独立财务顾问意见；

（十）本所和中国证监会要求的其他内容。

7.3.12 上市公司拟与其关联人达成的关联交易总额高于3000万元或高于上市公司最近经审计净资产值的5%的，公司董事会必须在做出决议后两个工作日内报送本所并公告。公告的内容应当符合7.3.11条的规定。关联交易在获得公司股东大会批准后实施，任何与该关联交易有利害关系的关联人应当在股东大会上放弃对该议案的投票权。公司应当在有关关联交易的公告中特别载明："此项交易需经股东大会批准，与该关联交易有利害关系的关联人放弃在股东大会上对该议案的投票权"。

对于此类关联交易，上市公司董事会应当对该交易是否对上市公司有利发表意见，同时上市公司应当聘请独立的财务顾问就该关联交易对全体股东是否公平、合理发表意见，并说明理由、主要假设及考虑因素。上市公司应当在下次定期报告中披露有关交易的详细资料。

7.3.13 上市公司与关联人就同一标的或者上市公司与同一关联人在连续12个月内达成的关联交易累计金额达到7.3.9条所述标准的，上市公司应当按7.3.9条的规定予以披露。

7.3.14 上市公司与关联人就同一标的或者上市公司与同一关联人在连续12个月内达成的关联交易累计金额达到7.3.12条所述标准的，上市公司应当按7.3.12条的规定予以披露。

7.3.15 上市公司与关联人之间签署的涉及关联交易的协议，包括产品供销协议、服务协议、土地租赁协议等已经在招股说明书、上市公告书或上一次定期报告中披露，协议主要内容（如价格、数量及付款方式等）在下一次定期报告之前未发生显著变化的，上市公司可以豁免执行本节上述条款的规定，但是应当在定期报告及其相应的财务报告附注中就年度内协议的执行情况做出必要说明。

7.3.16 上市公司与关联人达成的以下关联交易，可以免予按照关联交易的方式表决和披露：

（一）关联人按照上市公司的招股说明书、配股说明书或增发新股说明书以现金方式缴纳应当认购的股份；

（二）关联人依据股东大会决议领取股息或者红利；

（三）关联人购买上市公司发行的企业债券；

（四）上市公司与其控股子公司之间发生的关联交易；

（五）本所认定的其他情况。

7.3.17　上市公司必须在重大关联交易实施完毕之日起两个工作日内向本所报告并公告。

第四节　其他重大事件

7.4.1　上市公司会计年度结束时，预计出现亏损的，应当在会计年度结束后的30个工作日内发布首次风险提示公告。

7.4.2　上市公司发生重大诉讼、仲裁事项，按照以下要求予以披露：

（一）诉讼或仲裁事项涉及的金额或12个月内累计金额占公司最近经审计的净资产值10%以上的，上市公司应当在知悉该事件后及时报告和公告；

（二）上市公司根据第（一）项规定披露信息前，应当向本所报送有关法律文书的复印件；

（三）对诉讼或仲裁事件的披露，应当说明诉讼或仲裁受理日期，诉讼或仲裁各方当事人、代理人及其所在单位的姓名或名称，受理法院或仲裁机构的名称及所在地，诉讼或仲裁的原因、依据和诉讼、仲裁的请求，判决、裁决的日期，判决、裁决的结果以及各方当事人对结果的意见等。

7.4.3　上市公司发生重大担保事项，应当按照以下要求予以披露：

（一）上市公司不得为本公司的股东、股东的控股子公司、股东的附属企业或者个人债务提供担保。上市公司为上述公司、个人以外的法人提供担保，涉及的金额或12个月内累计金额占上市公司最近经审计的净资产值的10%以上的，应当及时报告和公告；

（二）上市公司根据第（一）项规定披露信息前，应当向本所报送相关协议的复印件；

（三）对担保事项的披露，应当说明担保协议签署及生效日期，债权人名称，担保的方式、期限、金额，担保协议中的其他重要条款，被担保人的基本情况等；

被担保人为法人的，应当包括企业名称、注册地点、法定代表人、经营范围、与上市公司的关联关系或其他关系；

被担保人为个人的，应当包括姓名、与上市公司的关联关系或其他关系；

（四）根据第（一）项披露的担保事项，被担保人于债务到期后十五个工作日内未履行还款义务的，上市公司应当及时报告和公告；

（五）根据第（一）项披露的担保事项，被担保人出现破产、清算及其他严重影响还款能力的事件，上市公司知悉后应当及时报告和公告。

7.4.4　上市公司出现以下情况所涉及的数额达到7.2.2条所述标准的，比照本章第二节的规定予以披露：

（一）重要合同（借贷、委托经营、受托经营、委托理财、赠与、承包、租赁等）的订立、变更、解除和终止；

（二）大额银行退票；

（三）重大经营性或非经营性亏损；

（四）遭受重大损失；

（五）重大投资行为；

（六）可能依法承担的赔偿责任；

（七）重大行政处罚；

（八）本所认为需要披露的其他事项。

7.4.5　上市公司出现以下情况，应当自事实发生之日起两个工作日内向本所报告并公告：

（一）上市公司章程、注册资本、注册地址、名称的变更，其中公司章程发生变更的，还应当将新的公司章程在指定网站上刊登；

（二）经营方针和经营范围的重大变化；

（三）订立7.4.4条第（一）项之外的重要合同，可能对上市公司的资产、负债、权益和经营成果产生重大影响；

（四）发生重大债务或未清偿到期重大债务；

（五）变更募集资金投资项目；

（六）直接或间接持有另一上市公司发行在外的普通股百分之五以上；

（七）持有上市公司百分之五以上股份的股东，其持有股份增减变化为百分之五以上；

（八）上市公司的第一大股东发生变更；

（九）上市公司的董事长、三分之一以上董事或经理发生变动；

（十）生产经营环境发生重大变化，包括全部或主要业务停顿、生产资料采购、产品销售发生重大变化；

（十一）减资、合并、分立、解散或申请破产的决定；

（十二）新的法律法规、规章、政策可能对公司的经营产生显著影响；

（十三）更换为上市公司审计的会计师事务所；

（十四）股东大会、董事会的决议被法院依法撤销；

（十五）法院裁定禁止上市公司有控制权的大股东转让其所持上市公司股份；

（十六）持有上市公司百分之五以上股份的股东所持股份被质押；

（十七）进入破产、清算状态；

（十八）预计出现资不抵债的情形；

（十九）获悉主要债务人进入破产程序，而上市公司对相应债权未能提取足额坏账准备的；

（二十）因涉嫌违反证券法规被中国证监会调查或正受到中国证监会处罚的（公司就违规事项公告时，应当事先报告中国证监会）；

（二十一）本所认为需要披露的其他事项。

7.4.6　上市公司出现7.4.5条第（五）项所述情形，应当向本所提交以下文件：

（一）董事会决议；

（二）监事会对变更募集资金投资项目的意见；

（三）新项目的可行性报告；

（四）新项目的有关立项批文（如有）；

（五）新项目的合作意向书或协议（如有）；

（六）新项目涉及收购资产或企业所有者权益的，应当提供有关的评估报告或审计报告；

（七）原项目的终止协议及说明（如有）；

（八）董事会关于变更募集资金投资项目的公告文稿；

（九）本所要求的其他文件；

7.4.7　上市公司出现7.4.5条第（五）项所述情形，应当披露以下内容：

（一）董事会关于变更募集资金投资项目的原因说明；

（二）董事会关于新项目的发展前景、盈利能力、有关的风险与对策等情况的说明；

（三）新项目涉及收购资产或企业所有者权益的，还应当比照本章第二节的规定予以披露；

（四）新项目涉及关联交易的，还应当比照本章第三节的规定予以披露；

（五）本所要求的其他内容。

7.4.8　董事会预计上市公司业绩与已经披露的盈利预测有重大差异，而且导致该差异的因素尚未向市场披露的，应当及时予以公告，说明有关因素及其对业绩的影响。

上市公司董事会在向本所提交公告文稿时应当提交以下文件：

（一）预计的业绩变化及造成变化的原因说明；

（二）董事会确认预计的依据及过程是适当和审慎的函件；

上市公司聘有财务顾问的，应当提交财务顾问确认上市公司董事会做出该预计的依据及过程是适当和审慎的函件。

7.4.9　上市公司直接或间接持股比例超过50%比例的子公司出现本节所述情形的，视同上市公司行为，适用本节规定。

第五节　股票交易异常波动

7.5.1　上市公司应当关注本公司股票的交易以及新闻媒介、网站关于本公司的报道。

7.5.2　出现以下情况之一的，上市公司应当及时报告并公告：

（一）股票交易发生异常波动；

（二）新闻媒介或网站传播的消息可能对公司的股票交易产生影响。

7.5.3　股票交易出现以下情况之一时，本所根据市场情况，认定是否属于股票交易异常波动：

（一）某只股票的价格连续三个交易日达到涨幅或跌幅限制；

（二）某只股票连续五个交易日列入“股票、基金公开信息”；

（三）某只股票价格的振幅连续三个交易日达到15%；

（四）某只股票的日均成交金额连续五个交易日逐日增加50%；

（五）本所或中国证监会认为属于异常波动的其他情况。

出现（一）至（四）项的情形被认定为异常波动的股票，其异常波动的计算从公告之日起重新开始。

7.5.4　上市公司针对有关传闻发布公告，应当向本所报送公告文稿以及传闻在新闻媒介传播的证明。

7.5.5　上市公司出现7.5.2条所述的情况时，本所可以要求上市公司比照7.5.6条的规定发布公告。

7.5.6　上市公司针对有关传闻的公告应当包括以下内容：

（一）传闻内容及其来源；

（二）公司的真实情况；

（三）经本所同意的其他内容。

7.5.7　上市公司认为股票交易的异常波动与上市公司或上市公司内、外部环境的变化无关，应当在公告中做出说明；认为与本公司有关，应当披露可能影响其股票价格的信息。

第六节　公司的合并、分立

7.6.1　上市公司的合并、分立必须符合《中华人民共和国公司法》等相关法律法规的规定。

7.6.2　涉及上市公司股份变动的合并、分立方案应当报中国证监会批准并抄报本所。

7.6.3　涉及上市公司股份变动的合并、分立方案未经中国证监会批准的，本所不受理有关的公告文稿，并报告中国证监会。

7.6.4　上市公司合并、分立方案实施过程中涉及的信息披露和股份变更登记等事项，按照中国证监会和本所的规定办理。

第八章　停牌、复牌

8.1　上市公司可以以本所认为合理的理由向本所申请停牌与复牌。

8.2　本所可以根据实际情况或中国证监会的要求，决定股票及其衍生品种的停牌与复牌。

8.3　出现以下情况之一的，上市公司董事会应当向本所申请对其股票及其衍生品种例行停牌与复牌：

（一）上市公司于交易日公布中期报告或年度报告，当日上午开市时起停牌一小时，上午十点三十分复牌；

（二）上市公司召开股东大会，会议期间为本所交易时间的，自股东大会召开当日起停牌，直至公告股东大会决议当日上午开市时复牌；如果股东大会决议公告的内容涉及增加、变更或否决议案的，直至股东大会决议公告当日上午十点三十分复牌；公告日为非交易日，则公告后第一个交易日复牌；

（三）上市公司于交易日公布董事会关于权益分派、配股、公积金转增股本等决议，当日上午开市时起停牌一小时，上午十点三十分复牌；

8.4　上市公司出现以下情况之一的，本所对其股票及其衍生品种停牌与复牌：

（一）在新闻媒介中出现上市公司尚未披露的信息，可能对公司股票及其衍生品种的交易产生较大影响，本所对该股票及其衍生品种停牌，直至上市公司对该消息作出公告的当日上午十点三十分复牌；

（二）股票交易出现异常波动，本所可以对其停牌，直至有披露义务的当事人作出公告的当日上午十点三十分复牌。

8.5　上市公司于交易日公布临时报告的，应当向本所申请停牌，本所根据情况决定停牌与复牌时间。

8.6　临时报告披露不充分、不完整或可能误导公众，上市公司拒不按照本所要求作出修改的，本所可以对该公司股票及其衍生品种停牌，直至上市公司作出补充或更正公告的当日上午十点三十分复牌。

8.7　本所审核上市公司定期报告时，可以要求上市公司就有关内容解释说明或补充公告，公司不按照本所要求办理的，本所可以根据情况对其股票及其衍生品种停牌，直至公司作出解释说明或补充公告的当日上午十点三十分复牌。

8.8　上市公司未在《证券法》规定的法定期限内公布定

期报告的，本所对其股票及其衍生品种停牌，直至定期报告公告的当日上午十点三十分复牌；公告日为非交易日，则公告后第一个交易日复牌。

8.9　上市公司在公司运作和信息披露方面涉嫌违反法律法规、规章及本所业务规则，情节严重的，在被有关部门调查期间，经中国证监会批准，本所对公司的股票及其衍生品种停牌，待有关处理决定公告后另行决定复牌时间。

8.10　上市公司监事会按照《公司法》第一百二十六条规定作出的可能对股票交易产生较大影响的决议于交易日公布的，其股票及其衍生品种当日上午开市时起停牌一小时，当日上午十点三十分复牌；情节严重的，根据情况决定停牌与复牌时间。

8.11　上市公司因某种原因使本所失去有效信息来源时，本所可以对该公司的股票及其衍生品种停牌，直至本所恢复有效信息来源后复牌。

8.12　上市公司严重违反本规则且在规定期限内仍不予改正的，本所对其股票停牌，直至改正后复牌。

8.13　上市公司出现以下情况之一的，本所对其股票及其衍生品种停牌，直至导致停牌的因素消除后复牌：

（一）投资者发出收购该上市公司股票的公开要约；

（二）中国证监会依法作出暂停股票交易的决定；

（三）本所认为必要的。

8.14　上市公司出现异常状况，本所对其股票交易实行特别处理的，该公司股票及其衍生品种按本规则第九章的规定停牌。

8.15　上市公司出现 10.1.1 条所列的情况之一或者发生重大事件而影响公司上市条件的，本所按照本规则第十章的规定对该公司的股票及其衍生品种停牌。

8.16　上市公司在重大收购、出售资产或股权、债务重组过程中，股价出现异常波动或董事会预计将会导致股价出现异常波动的，如果出现下列情形且无法按照 4.8 条规定进行多阶段披露的，董事会应当向本所提出停牌申请：

（一）重大收购、出售资产或股权、债务重组行为不能确定结果；

（二）相关信息在市场上已有传播但仍需报请政府批准；

（三）董事会预计相关信息无法保密的。

8.17　公司申请的停牌期限不超过 30 天的，本所根据公司的股票交易情况作出决定；超过 30 天（包括 30 天）的，由本所提出处理意见报中国证监会批准。公司应当在停牌申请获准后的次一个工作日公告停牌的信息。

8.18　在停牌期间，公司应当至少每两周披露一次重大收购、出售、债务重组事项的进展情况。停牌期间，相关事项的不确定性已经消除的，公司应当在二个工作日内向本所申请复牌并公告；停牌期满，该等事项的不确定性没有消除的，公司应当提前二个工作日向本所申请延长停牌时间，经本所同意或报经证监会批准后，公司应当及时予以公告。

8.19　上市公司就同一不确定事项累计停牌已达到 90 天，公司未向本所申请复牌的，自累计停牌满三个月之日起，本所对其股票强制复牌，并对其股票采取以下交易方式：

（一）投资者在本所另行规定的开市时间内申报交易委托；

（二）申报价格不得超过上一次收市价格的 5%，不设下限；

（三）在（一）款规定时间收市后对有效申报按集合竞价方法进行撮合成交。在此期间，相关事项的不确定性已经消除的，公司应当在二个工作日内向本所申请恢复停牌前的交易方式并公告。

第九章　特别处理

第一节　基本原则

9.1.1　上市公司出现财务状况或其他状况异常，投资者难以判定公司前景，权益可能受到损害，本所对该公司股票交易实行特别处理。

9.1.2　本章所称特别处理包括以下措施：

（一）在公司股票简称前冠以“ST”字样，以区别于其他股票；

（二）股票报价的日涨跌幅限制为 5%。

9.1.3　本规则所规定的特别处理不属于对上市公司的处罚，上市公司在特别处理期间的权利和义务不变。

第二节　财务状况异常的特别处理

9.2.1　上市公司出现以下情况之一的，为财务状况异常：

（一）最近两个会计年度审计结果显示的净利润均为负值；

（二）最近一个会计年度审计结果显示其股东权益低于注册资本，即每股净资产低于股票面值；

（三）注册会计师对最近一个会计年度的财务报告出具无法表示意见或否定意见的审计报告；

（四）最近一个会计年度经审计的股东权益扣除注册会计师、有关部门不予确认的部分，低于注册资本；

（五）最近一份经审计的财务报告对上年度利润进行调整，导致连续两个会计年度亏损；

（六）经本所或中国证监会认定为财务状况异常的。

9.2.2　上市公司出现 9.2.1 条所列情形之一的，应当在收到审计报告之日起两个工作日内向本所报告，并提交上市公司董事会书面意见。

9.2.3　本所收到上市公司上述报告后五个工作日内，或者在报请中国证监会认可的期限内，决定是否对该公司股票交易实行特别处理。

上市公司应当按照本所的要求在股票交易实行特别处理之前一交易日做出公告，公告日其股票及衍生品种停牌一天，自复牌之日起公司股票实行特别处理。

9.2.4　上市公司最近年度财务状况恢复正常、审计结果表明 9.2.1 条所列情形已消除，并且满足以下条件的，公司应当自收到最近年度审计报告之日起两个工作日内向本所报告并提交年度报告，同时可以向本所申请撤销特别处理：

（一）主营业务正常运营；

（二）扣除非经常性损益后的净利润为正值。

9.2.5　本所根据公司的实际情况，决定是否撤销特别处理。上市公司应当按照本所要求在撤销特别处理前一交易日做出公告，公告日其股票及衍生品种停牌一天，自复牌之日起撤销特别处理。未撤销特别处理的，上市公司在下一会计年度结束后方可参照 9.2.4 条的规定向本所申请撤销特别处理。

第三节 其他状况异常的特别处理

9.3.1 上市公司出现以下异常状况之一的，本所对其股票交易实行特别处理：

（一）因自然灾害、重大事故等原因导致公司主要经营设施遭受损失，公司生产经营活动基本中止，在三个月以内不能恢复的；

（二）公司涉及负有赔偿责任的诉讼或仲裁案件，依照法院或仲裁机构的判决或裁决的赔偿金额累计超过公司最近经审计的净资产的50%的；

（三）公司主要银行账号被冻结，影响公司正常经营活动的；

（四）人民法院受理公司破产案件，可能依法宣告公司破产的；

（五）公司董事会无法正常召开董事会会议并形成董事会决议的；

（六）公司的主要债务人被法院宣告进入破产程序，而公司相应债权未能计提足额坏账准备致使公司将面临重大财务风险的；

（七）公司出现其他异常情况，董事会认为需要对其股票交易实行特别处理的；

（八）中国证监会或本所认定为状况异常的其他情形。

9.3.2 上市公司出现9.3.1条第（一）至（三）项、第（五）至（七）项情形的，应当在两个工作日内向本所报告，本所比照9.2.3条规定处理。

9.3.3 上市公司认为前条所列的异常状况已经消除，可以向本所申请撤销股票交易特别处理。本所比照9.2.5条的规定，决定是否撤销特别处理。

9.3.4 上市公司出现9.3.1条第（四）项所述情形即上市公司因破产案件实行特别处理的，公司股票于每个交易日上午交易。

9.3.5 自法院发布受理上市公司破产案件的公告当日起，本所对进入破产程序公司的股票停牌。公司应当在收到法院有关法律文书的当日，立即向本所报告，经本所审核后公告。公告次日该公司股票复牌，并实行特别处理。

9.3.6 上市公司进入破产程序后，公司或其他有信息披露义务的主体应当于第一时间向本所报告债权申报情况、债权人会议情况、和解和整顿等重大情况并公告。公司刊登上述公告当日，其股票停牌一天。

9.3.7 上市公司与债权人会议达成和解协议，并且能够按照和解协议清偿债务，经法院裁定终结破产程序的，本所自法院发布公告的当日起对公司股票停牌。公司应当在收到有关法律文书后立即向本所报告，经本所审核后公告。公告次日公司股票复牌。

9.3.8 法院依法宣告上市公司破产，自法院发布公告之日起，本所对公司股票停牌。公司应当在收到有关法律文书后立即向本所报告，经本所审核后公告。

第十章 暂停上市、恢复上市和终止上市

第一节 暂停上市

10.1.1 根据《公司法》第一百五十七条的规定，本节所称的暂停上市包括以下四种情形：

（一）上市公司股本总额、股权分布等发生变化不再具备上市条件；

（二）上市公司不按规定公开其财务状况，或者对财务会计报告作虚假记载；

（三）上市公司有重大违法行为；

（四）上市公司最近三年连续亏损。

10.1.2 上市公司出现10.1.1条第（一）、（二）、（三）项所列情形之一的，本所根据中国证监会的决定暂停其股票上市。

10.1.3 上市公司出现10.1.1条第（四）项所列情形，由本所决定暂停其股票上市。10.1.4 上市公司最近两年连续亏损，预计第三年度将继续亏损的，公司董事会应当在第三个会计年度结束后的二十个工作日内作出公司股票可能暂停上市的风险提示公告，并在披露年报前至少再发布两次风险提示公告。

10.1.5 上市公司董事会应当在收到其连续三年亏损的年度审计报告后两个工作日内向本所报告并披露年度报告。上市公司在披露年度报告的同时应当再次刊登可能暂停上市的风险提示公告。因国家会计政策追溯调整导致上市公司出现最近三年连续亏损的，负责审计的会计师事务所应当作出专项说明，明确表述国家会计政策的调整对公司近三年净利润影响的具体数额。上市公司应当在年度报告中作专项披露。

10.1.6 除因国家会计政策追溯调整导致公司出现三年亏损的情形外，上市公司出现最近三年连续亏损的，本所自上市公司公布年度报告之日起，对其股票实施停牌，并在停牌后十个工作日内作出暂停其股票上市的决定。

10.1.7 上市公司最近两年连续亏损，第三年的年度财务报告虽然盈利但被注册会计师出具带解释性说明段的无保留意见、保留意见、否定意见或拒绝表示意见（以下简称非标准无保留审计意见）的审计报告，上市公司应当在报送年度报告的同时向本所报送下列文件：

（一）公司董事会针对该审计意见涉及事项所做的专项说明和审议此专项说明的董事会决议；

（二）公司独立董事对审计意见涉及事项的独立意见；

（三）公司监事会对董事会有关说明的意见和相关的决议；

（四）负责审计的会计师事务所及注册会计师出具的专项说明；

（五）中国证监会和本所要求的其它文件。

由负责审计的会计师事务所和注册会计师出具的专项说明应当包括出具该审计意见的理由、审计意见涉及事项对公司净利润影响的具体数据以及是否影响公司盈亏性质的变化。

10.1.8 前条所述年度财务报告属于明显违反会计准则、制度及相关信息披露规定的，自上市公司公布年度报告之日起，本所对其股票实施停牌，上市公司应当在本所规定的期限内予以纠正。纠正后经审计的财务报告显示上市公司最近三年连续亏损的，本所自纠正的审计报告披露后十个工作日内作出暂停其股票上市的决定。上市公司未在本所规定的期限内纠正的，本所报中国证监会调查处理。

10.1.9 10.1.7条所述年度财务报告不属于明显违反会计准则、制度及相关信息披露规定的，董事会在相应定期报

告中应当针对该审计意见涉及的事项做出详细说明，包括但不限于以下内容：

(一)非标准无保留审计意见涉及事项的基本情况；

(二)注册会计师对该事项的基本意见；

(三)公司董事会、监事会和管理层等对该事项的意见；

(四)该事项对上市公司的影响程度；

(五)消除该事项及其影响的可能性；

(六)消除该事项及其影响的具体措施。

10.1.10　上市公司最近两年连续亏损，且未能在法定期限内公布第三年年度报告的，本所除对其股票实施停牌外，并报中国证监会调查处理。

10.1.11　本所在作出暂停上市决定后两个工作日内通知上市公司，并报中国证监会备案。

10.1.12　上市公司应当在接到本所暂停其股票上市的决定之日起两个工作日内，在指定报纸和网站刊登《股票暂停上市公告》。

《股票暂停上市公告》应当包括以下内容：

(一)暂停上市股票的种类、简称、证券代码以及暂停上市起始日；

(二)有关股票暂停上市决定的主要内容；

(三)公司董事会关于能否争取恢复股票上市的意见及具体措施，并说明董事会的出席和表决情况；

(四)股票可能被终止上市的风险提示；

(五)暂停上市期间公司接受投资者咨询的主要方式；

(六)中国证监会和本所要求的其他内容。

10.1.13　上市公司在其股票暂停上市期间，应当依法履行上市公司的有关义务，并在每月前五个工作日内至少披露一次为恢复上市所采取的具体措施及有关工作进展情况，公司未采取任何重大措施的，也应当予以披露。

第二节　恢复上市

10.2.1　因10.1.1条第(一)、(二)、(三)项的情形股票被暂停上市的公司申请恢复上市的，本所依据中国证监会有关核准其恢复上市的决定恢复该公司股票上市。

10.2.2　因10.1.1条第(四)项情形股票被暂停上市的，在股票暂停上市期间，符合下列条件的，上市公司可以在暂停上市后第一个半年度报告披露后五个工作日内向本所提出恢复上市申请：

(一)在法定期限内披露暂停上市后的第一个半年度报告；

(二)经审计的半年度财务报告显示公司已经盈利。

10.2.3　上市公司暂停上市后的第一个半年度财务报告被注册会计师出具非标准无保留审计意见的审计报告的，比照本规则10.1.7条的规定执行。

上市公司在披露上述半年度报告的同时应当刊登可能终止上市的风险提示公告。

10.2.4　前条所述审计意见涉及事项属于明显违反会计准则、制度及相关信息披露规定的，上市公司应当在本所限定的期限内予以纠正。上市公司未在本所规定的期限内纠正的，本所报中国证监会调查处理。上市公司纠正期间不计入本所作出有关决定的期限之内。前条所述审计意见涉及事项不属于明显违反会计准则、制度及相关信息披露规定的，比照本规则10.1.9条的规定执行。

10.2.5　上市公司申请恢复上市，应当聘请具有主承销商资格和符合本规则2.3.2条规定的机构担任恢复上市推荐人。

恢复上市推荐人应当对公司恢复上市申请材料的真实性、准确性、完整性进行核查，就公司是否具备恢复上市条件出具《恢复上市推荐书》，并保证承担连带责任。

10.2.6　在核查过程中，恢复上市推荐人至少应当对下列情况予以充分关注和尽职核查，并出具核查报告：

(一)公司规范运作的情况：包括公司人员、资产、财务的独立性，公司关联交易情况，公司重大出售或购买资产行为的规范性，公司重组后的业务方向以及公司经营状况是否发生实质性好转，与控制人之间的同业竞争关系等；

(二)公司财务风险的情况：包括公司的收入确认、非经常性损益的确认是否合规，会计师事务所出具的非标准无保留审计意见所涉及事项对公司是否存在重大影响，公司对涉及明显违反会计准则、制度及相关信息披露规定的事项进行纠正和调整的情况等；

(三)公司或有风险的情况：包括资产出售、抵押、置换、委托经营、公司的重大对外担保、重大诉讼、仲裁情况(小额的须累计计算)及其对公司经营所产生的不确定性等；

对公司的不规范行为，包括但不限于公司存在明显违反会计准则、制度及相关信息披露规范性的规定的事项的，恢复上市推荐人应当要求公司改正。对于拒绝改正的，恢复上市推荐人不得为申请恢复上市的公司出具恢复上市推荐书。

10.2.7　恢复上市推荐人出具的《恢复上市推荐书》至少应当包括以下内容：

(一)申请恢复上市公司基本情况；

(二)申请恢复上市公司存在的主要风险，并对原有风险是否已经消除进行说明；

(三)对申请恢复上市公司前景的评价；

(四)对申请恢复上市公司的核查报告具体内容；

(五)明确说明公司是否符合恢复上市条件及其依据；

(六)明确说明推荐意见及其理由；

(七)简要介绍恢复上市推荐人的内部审核程序；

(八)中国证监会或本所要求的其它内容。

《恢复上市推荐书》应当由恢复上市推荐人法定代表人或授权代表签名并加盖公章，注明签署日期。

10.2.8　申请股票恢复上市的公司应当聘请具有证券从业资格的律师事务所对其恢复上市申请的合法、合规性进行充分的核查验证，对有关申请材料进行审慎审阅，并对恢复上市申请材料的真实性、准确性、完整性承担相应的法律责任。

10.29　律师应在进行充分核查验证的基础上出具法律意见书，至少对下列事项明确发表结论性意见：

(一)申请恢复上市的公司的主体资格；

(二)恢复上市的实质条件；

(三)申请恢复上市的公司的业务；

(四)关联交易及同业竞争的情况；

(五)申请恢复上市的公司的主要财产；

(六)申请恢复上市的公司的重大债权债务情况；

(七)申请恢复上市的公司的重大资产变化及收购兼并情况；

(八)申请恢复上市的公司股东大会、董事会、监事会议事规则及规范运作情况；

（九）申请恢复上市的公司的纳税情况；

（十）申请恢复上市的公司业务发展目标

（十一）诉讼、仲裁或行政处罚情况；

（十二）律师认为需要说明的其他问题。

律师就上述事项所发表的结论性意见应当包括是否合法合规、是否真实有效，是否存在纠纷或潜在风险。

10.2.10　上市公司提出恢复上市申请时，应当向本所提交下列文件：

（一）恢复上市申请书；

（二）公司董事会关于符合恢复上市条件，同意申请恢复上市的决议；

（三）公司董事会关于暂停上市期间公司扭亏所做主要工作的报告；

（四）关于公司重大资产重组方案的说明：包括重大资产重组的内部决策程序、资产交接、相关收益的确认、实施结果及相关证明文件等；

（五）关于公司最近一期的重大关联交易说明：包括关联交易的内部决策程序、合同及有关记录、实施结果及相关证明文件等；

（六）关于公司最近一期的纳税情况说明：包括公司的纳税申报表、完税证明以及有关税收优惠政策的证明文件等；

（七）审计报告及半年度报告的原件；

（八）恢复上市推荐人出具的《恢复上市推荐书》；

（九）法律意见书；

（十）董事会对非标准无保留审计意见的说明（如适用）；

（十一）会计师事务所和注册会计师对非标准无保留审计意见的说明（如适用）；

（十二）本所要求的其他有关材料。

公司应当在向本所提出恢复上市申请后次一工作日发布相关公告。

10.2.11　本所在收到上市公司提交的恢复上市申请全部材料后五个工作日内作出是否受理的决定并通知公司。

上市公司未能按照10.2.10条的要求提供申请文件的，本所不受理其股票恢复上市申请。

公司应当在收到本所是否受理其申请的决定后两个工作日内披露决定的有关情况，并刊登可能终止上市的风险提示公告。

10.2.12　本所受理上市公司恢复上市申请后三十个工作日内作出是否核准其恢复上市申请的决定。

本所设立上市委员会对上市公司恢复上市申请文件进行审议并形成意见，本所根据上市委员会的意见作出是否核准其恢复上市申请的决定。

10.2.13　本所受理上市公司恢复上市申请后，可以聘请具有证券从业资格的会计师事务所就公司财务报告盈利的真实性进行调查核实。

本所聘请会计师事务所进行调查核实期间不计入10.2.12条所述核准期限之内。

10.2.14　上市公司暂停上市后半年度财务报告显示其盈利，并被会计师事务所出具标准无保留意见，但有关材料显示上市公司财务报告涉嫌虚假的，本所报中国证监会进行调查，调查期间不计入10.2.12条所述核准期限之内。

10.2.15　本所在作出恢复上市决定后两个工作日内通知上市公司，同时报中国证监会备案。

10.2.16　中国证监会或本所核准恢复上市的，上市公司应当在收到有关决定后的两个工作日内，刊登《股票恢复上市公告》。

《股票恢复上市公告》应当包括以下内容：

（一）恢复上市股票的种类、简称、证券代码；

（二）有关股票恢复上市决定的主要内容；

（三）公司董事会关于恢复上市措施的具体说明；

（四）可能终止上市的风险提示；

（五）中国证监会和本所要求的其他内容。

10.2.17　上市公司刊登《股票恢复上市公告》五个交易日后，其股票恢复上市。

自恢复上市之日起至恢复上市后的第一个年度报告披露日止，本所对其股票交易实施特别处理。

第三节　终止上市

10.3.1　本章所称的终止上市是指上市公司出现《公司法》第一百五十八条所列情况，被中国证监会或本所决定终止其股票上市。

10.3.2　上市公司在限期内未能消除10.1.1条第（一）项所列情形而不具备上市条件的，本所根据中国证监会终止其上市的决定，终止公司股票上市。

10.3.3　上市公司因10.1.1条第（二）、（三）项所列情形，经查实后果严重的，本所根据中国证监会终止其上市的决定，终止公司股票上市。

10.3.4　上市公司出现下列情形之一的，本所终止其股票上市：

（一）未能在法定期限内披露其暂停上市后第一个半年度报告的；

（二）在法定期限内披露了暂停上市后第一个半年度报告，但未在披露后五个工作日内提出恢复上市申请的；

（三）恢复上市申请未被受理的；

（四）恢复上市申请未被核准的；

（五）未能在法定期限内披露恢复上市后的第一个年度报告的；

（六）在法定期限内披露了恢复上市后的第一个年度报告，但公司出现亏损的。

10.3.5　本所上市委员会对终止上市事宜进行审议并形成意见，本所根据上市委员会的意见作出是否终止上市决定。

10.3.6　上市公司出现10.3.4条第（一）项、第（五）项情形之一，本所在法定披露期限结束后的十个工作日内作出终止上市的决定。

10.3.7　上市公司出现10.3.4条第（二）项、第（三）项情形之一，本所自公司半年度报告披露后十五个工作日内作出终止上市的决定。

10.3.8　上市公司出现10.3.4条第（四）项的情形，本所在受理其恢复上市申请后三十个工作日内作出终止上市决定。

10.3.9　上市公司恢复上市后第一个会计年度预计出现亏损，可能出现10.3.4条第（六）项情形的，应当在会计年度结束后的二十个工作日内发布可能被终止上市的风险提示公告，并在年度报告披露前至少再发布两次风险提示公告。

10.3.10　恢复上市后第一个会计年度的审计报告显示亏损，出现10.3.4条第（六）项情形的，上市公司董事会应当在收到审计报告后两个工作日内向本所报告并披露年度报告。

上市公司在披露年报的同时应当刊登可能被终止上市的风险提示公告。

自公司披露年度报告之日起，本所对其股票停牌，并于三十个工作日内作出终止上市的决定。

10.3.11 恢复上市后第一个会计年度审计报告显示盈利，但被注册会计师出具非标准无保留审计意见的审计报告的，比照10.1.7条的规定执行。

上市公司应当在披露年度报告的同时刊登风险提示公告。

10.3.12 前条所述审计意见涉及事项属于明显违反会计准则、制度及相关信息披露规定的，上市公司应当在本所规定的期限内对财务报告予以纠正。

上市公司未在本所规定的期限内纠正的，本所报中国证监会调查处理。

上市公司纠正期间不计入本所审核终止上市的期限之内。

前条所述审计意见涉及事项不属于明显违反会计准则、制度及相关信息披露规范规定的，比照本规则10.1.9条的规定执行。

10.3.13 本所在作出是否终止上市决定前，可以聘请具有证券从业资格的会计师事务所就公司财务报告盈利的真实性进行调查核实，并将核查结果提交上市委员会审议。

本所聘请会计师事务所进行调查核实期间不计入本所审核终止上市的期限之内。

10.3.14 股票暂停上市后，公司股东大会作出终止上市决议的，上市公司应当在会议结束后两个工作日内通知本所并公告。

本所在收到通知后五个工作日内作出终止其股票上市的决定。

10.3.15 上市公司决议解散的，公司董事会应当在股东大会做出决议后立即向本所和中国证监会报告。

本所在收到报告后三个工作日内提出意见，报中国证监会批准后终止该公司股票上市。

10.3.16 行政主管部门依法责令上市公司关闭或者法院宣告上市公司破产的，本所在收到公司的报告之日起三个工作日内提出意见，报中国证监会批准后终止该公司股票上市。

10.3.17 本所在作出终止上市决定后两个工作日内通知上市公司，同时报中国证监会备案。

10.3.18 上市公司应当在接到中国证监会或本所终止上市的决定后两个工作日内，在指定报纸和网站发布《股票终止上市公告》。

《股票终止上市公告》应当包括以下内容：

（一）终止上市股票的种类、简称、证券代码以及终止上市的日期；

（二）中国证监会终止上市决定的主要内容；

（三）终止上市后其股票登记、转让、管理事宜；

（四）中国证监会和本所要求的其他内容。

10.3.19 本所协助终止上市的公司（或清算组）处理有关股份事务。

第十一章 境内外上市事务的协调

11.1 在本所上市的公司同时有证券在其他证券交易所上市的，其他证券交易所要求公开披露的信息，上市公司必须同时向本所报告，经本所审核后同时公告。

11.2 上市公司就同一事件向其他交易所提供的报告和公告应当与向本所提供的报告和公告内容一致，出现重大差异时，上市公司必须向本所说明并按照本所要求补充公告。

11.3 本章未尽事项，适用国家法律法规、本所其他有关业务规则以及本所与其他证券交易所签署的监管合作备忘录的规定。

第十二章 罚则

12.1 上市公司违反本规则规定，本所视情节轻重给予以下处分：

（一）责令改正；

（二）内部通报批评；

（三）在指定报纸和网站上公开谴责；

（四）要求上市公司有关责任人支付3万元以上30万元以下的惩罚性违约金；

（五）报中国证监会查处；

（六）上市公司逾期交纳上市费用，本所除给予以上处分外，还可以每日按欠费金额的0.03%收取滞纳金。

以上处分可以单处或并处。

12.2 上市公司董事、监事违反本规则规定和董事、监事承诺的，本所视情节轻重给予以下处分：

（一）责令改正；

（二）内部通报批评；

（三）在指定报纸和网站上公开谴责；

（四）要求上市公司董事、监事支付3万元以上30万元以下的惩罚性违约金；

（五）公开认定其不适合担任上市公司董事、监事；

（六）报中国证监会查处。

以上处分可以单处或并处。

12.3 上市推荐人违反本规则规定，本所视情节给予以下处分：

（一）责令改正；

（二）内部通报批评；

（三）在指定报纸上公开谴责；

（四）取消上市推荐人资格；

（五）报中国证监会查处。

12.4 上市公司董事会秘书违反本规则规定，本所视情节给予以下处分：

（一）责令改正；

（二）内部通报批评；

（三）在指定报纸和网站上公开谴责；

（四）建议上市公司更换董事会秘书。

第十三章 释 义

13.1 释义：

上市：指股票及其衍生品种经审核同意在本所挂牌交易。

股票：包括人民币普通股（本规则中简称A股）和境内上市外资股（本规则中简称B股）。

衍生品种：指B股配股权证或其他股票衍生产品。

公司职工股：指采取募集方式设立的股份有限公司内部职工以不超过社会公众股10%的比例认购的股票。

内部职工股：指原定向募集股份有限公司的内部职工认购的股票。

高级管理人员：指公司经理、副经理、董事会秘书、财务负责人及公司认定的其他人员。

财务顾问：指有证券从业资格的会计师事务所、证券咨询机构、综合类证券公司。

上市公司控股子公司：指上市公司为其第一大股东，或者按照股权比例、公司章程或经营协议，上市公司能够控制其董事会组成的公司。

公司承诺：是指上市公司及其董事会在招股说明书、招股意向书、配股说明书、定期报告和临时报告及整改报告中就重要事项向公众所作的保证，包括但不限于以下重大事项：

（一）募集资金使用；

（二）分配计划；

（三）关联交易方案；

（四）对公司有较大影响的收购与出售资产或投资等重要事项向公众做出的保证；

（五）其他对公司发展或对公司股价有较大影响的重大事件。

股东承诺：是指上市公司主要股东在招股说明书、招股意向书、配股说明书、定期报告和临时报告及整改报告中就重要事项向上市公司做出的保证。

13.2 本规则未定义的用语的含义，依照法律、法规、规章及本所有关业务规则确定。

13.3 本规则所称"以上"、"以内"、"以前"都含本数，"少于"不含本数。

第十四章　附　则

14.1 本规则经本所理事会通过并报中国证监会批准后生效，修改时亦同。

14.2 本规则由本所解释。

14.3 本规则自发布之日起执行。

附件：1、董事声明及承诺书；

　　2、监事声明及承诺书。

附件1：

董事声明及承诺书

第一部分　声明

一、基本情况

1. 上市公司全称：

2. 上市公司股票简称：股票代码：

3. 本人姓名：

4. 别名：

5. 曾用名：

6. 出生日期：

7. 住址：

8. 国籍：

9. 拥有哪些国家或地区的长期居留权（如有）：

10. 专业资格（如有）：

11. 身份证号码：

12. 护照号码（如有）：

13. 近亲属的姓名、身份证号码：

配偶：

父母：

年满18岁具有民事行为能力的子女：

兄弟姐妹：

二、是否有配偶、父母、年满18岁具有民事行为能力的子女及配偶、兄弟姐妹及配偶同时任此上市公司董事？

是□否□如是，请详细说明。

三、是否在其他公司任职？

是□否□如是，请填报各公司的名称、注册资本、经营范围、以及您在该公司任职的情况。

四、是否负有数额较大的到期未清偿债务，或者未偿还经法院裁定应当偿付的债务，或者被法院采取强制执行措施？

是□否□如是，请详细说明。

五、是否曾担任因经营不善破产清算、关停并转或曾有类似情况的公司、企业的董事、监事或者厂长、经理？

是□否□

六、是否曾担任因违法而被吊销营业执照的公司、企业的法定代表人？

是□否□

七、是否曾因违反刑法，尤其是犯有贪污贿赂罪、侵犯财产罪或者破坏社会主义经济秩序罪等而受到刑事处罚？

是□否□

八、是否曾因违反《证券法》、《禁止证券欺诈行为暂行办法》和《证券市场禁入暂行规定》受到行政处罚？

是□否□如是，请详细说明。

九、除第六、七条以外，您是否曾违反其他法律、法规而受到行政处罚？

是□否□如是，请详细说明。

十、是否因涉嫌违反法律、法规的规定正受到中国证监会的调查或者涉及诉讼、仲裁事项？

是□否□如是，请详细说明。

十一、本人及配偶、父母、子女是否持有本人所在上市公司股票及其衍生品种？

是□否□如是，请详细说明。

十二、请说明在上市公司或附属公司业务中，过去或现在是否拥有除前条以外的任何利益？

是□否□如是，请详细说明。

十三、是否参加过中国证监会和深圳证券交易所组织或者认可的证券业务的培训？

是□否□如是，请详细说明。

十四、除上述披露的信息外，是否知悉其他不披露可能影响上述信息的真实性、完整性或准确性的事项？

是□否□如是，请详细说明。

本人（正楷体）郑重声明，上述回答是真实、完整和准确的，保证不存在任何遗漏、虚假陈述或误导成份。本人完全明白做出虚假声明可能导致的后果。深圳证券交易所可依据上述回答所提供的资料，评估本人是否适宜担任上市公司的董事。

声明人：　　　　（签署）

日　期：

此项声明于　　年　月　日在(地点)做出。

见证律师：

日　期：

第二部分　承诺

本人(正楷体)向深圳证券交易所承诺：

一、本人在履行董事的职责时，将遵守国家有关法律、法规、规章等有关规定，履行诚实信用、勤勉尽责的义务。

二、本人在履行上市公司董事的职责时，将遵守中国证监会发布的规章、规定、通知的要求，并尽力促使上市公司遵守。

三、本人在履行上市公司董事的职责时，将遵守《深圳证券交易所股票上市规则》等深圳证券交易所发布的规章、规定、通知的要求，并促使上市公司及本人的授权人遵守。

四、本人在履行上市公司董事的职责时，将遵守《公司章程》。

五、本人接受深圳证券交易所的监管，包括及时、坦白地回答深圳证券交易所向本人提出的任何问题，及时提供《上市规则》规定应当报送的资料和其他要求提供的文件的正本或副本，并出席本人被要求出席的任何会议。

六、本人授权深圳证券交易所将本人提供的承诺与声明等资料向中国证监会报告。

七、本人如果违反上述义务，愿意承担由此引起的一切法律责任。

八、本人在执行职务过程中，如果与深圳证券交易所发生争议提起诉讼时，由深圳证券交易所住所地人民法院管辖。

承诺人：　　　　(签署)

日　期：

此项承诺于　　年　月　日在(地点)做出。

见证律师：

日　期：

附件 2：

监事声明及承诺书

第一部分　声明

一、基本情况

1. 上市公司名称：

2. 上市公司股票简称：　　　股票代码：

3. 姓名：

4. 别名：

5. 曾用名：

6. 出生日期：

7. 住址：

8. 国籍：

9. 拥有哪些国家或地区的长期居留权(如有)：

10. 专业资格(如有)：

11. 身份证号码：

12. 护照号码(如有)：

13. 近亲属的姓名、身份证号码：

配偶：

父母：

年满 18 岁具有民事行为能力的子女：

兄弟姐妹：

二、是否有配偶、父母、年满 18 岁具有民事行为能力的子女及配偶、兄弟姐妹及配偶同时任此上市公司董事?

是□否□如是，请详细说明。

三、是否在其他公司任职?

是□否□如是，请填报各公司的名称、注册资本、经营范围、以及您在该公司任职的情况。

四、是否负有数额较大的到期未清偿债务，或者未偿还经法院裁定应当偿付的债务，或者被法院采取强制执行措施?

是□否□如是，请详细说明。

五、是否曾担任因经营不善破产清算、关停并转或曾有类似情况的公司、企业的董事、监事或者厂长、经理?

是□否□

六、是否曾担任因违法而被吊销营业执照的公司、企业的法定代表人?

是□否□

七、是否曾因违反刑法，尤其是犯有贪污贿赂罪、侵犯财产罪或者破坏社会主义经济秩序罪等而受到刑事处罚?

是□否□

八、是否曾因违反《证券法》、《禁止证券欺诈行为暂行办法》和《证券市场禁入暂行规定》受到行政处罚?

是□否□如是，请详细说明。

九、除第六、七条以外，您是否曾违反其他法律、法规而受到行政处罚?

是□否□如是，请详细说明。

十、是否因涉嫌违反法律、法规的规定正受到中国证监会的调查或者涉及诉讼、仲裁事项?

是□否□如是，请详细说明。

十一、本人及配偶、父母、子女是否持有本人所在上市公司股票及其衍生品种?

是□否□如是，请详细说明。

十二、请说明在上市公司或附属公司业务中，过去或现在是否拥有除前条以外的任何利益?

是□否□如是，请详细说明。

十三、是否参加过中国证监会和深圳证券交易所组织或者认可的证券业务的培训?

是□否□如是，请详细说明。

十四、除上述披露的信息外，是否知悉其他不披露可能影响上述信息的真实性、完整性或准确性的事项?

是□否□如是，请详细说明。

本人(正楷体)郑重声明，上述回答是真实、完整和准确的，保证不存在任何遗漏、虚假陈述或误导成份。本人完全明白做出虚假声明可能导致的后果。深圳证券交易所可依据上述回答所提供的资料，评估本人是否适宜担任上市公司的监事。

声明人：　　　　(签署)

日　期：

此项声明于　　年　月　日在(地点)做出。

见证律师：

日　期：

第二部分　承诺

本人(正楷体)向深圳证券交易所承诺：

一、本人在履行监事的职责时，将遵守国家有关法律、法规、规章等有关规定，履行诚实信用、勤勉尽责的义务。

二、本人在履行上市公司监事的职责时，将遵守中国证监会发布的规章、规定、通知的要求，并尽力促使上市公司及其董事遵守。

三、本人在履行上市公司监事的职责时，将遵守《深圳证券交易所股票上市规则》等深圳证券交易所发布的规章、规定、通知的要求，并促使上市公司及其董事遵守。

四、本人在履行上市公司监事的职责时，将遵守《公司章程》，并促使上市公司及其董事遵守。

五、本人接受深圳证券交易所的监管，包括及时、坦白地回答深圳证券交易所向本人提出的任何问题，并促使上市公司董事及时提供《上市规则》规定应当报送的资料和其他要求提供的文件的正本或副本，并出席本人被要求出席的任何会议。

六、本人授权深圳证券交易所将本人提供的承诺与声明等资料向中国证监会报告。

七、本人如果违反上述义务，愿意承担由此引起的一切法律责任。

八、本人在执行职务过程中，如果与深圳证券交易所发生争议提起诉讼时，由深圳证券交易所住所地人民法院管辖。

承诺人：　　　　（签署）

日　期：

此项承诺于　　年　月　日在（地点）做出。

见证律师：

日　　期：

说明：

1. 按《深圳证券交易所股票上市规则》的规定必须向本所呈报董事（监事）声明与承诺的人士，均必须填写第一和第二部分。

2. 请回答所有的问题，若回答问题的空格不够填写，请另附纸填写，并装订在后。

3. 若没有真实、完整、准确、及时填写声明部分，或没有填写承诺部分，或没有遵守承诺，则属违反《深圳证券交易所股票上市规则》，本所有权根据《深圳证券交易所股票上市规则》予以处理。

4. 若对填写事项有疑问，请咨询律师。

深圳证券交易所股票上市协议

甲方：深圳证券交易所

法定代表人：

法定地址：

联系电话：

乙方：

法定代表人：

法定地址：

联系电话：

第一条　为规范股票上市行为，根据《公司法》、《股票发行与交易暂行条例》、《证券交易所管理暂行办法》及《深圳证券交易所股票上市规则》，签订本协议。

第二条　甲方依据有关规定，对乙方提交的全部上市申请文件进行审查，认为乙方符合上市条件，批准其股票上市。

第三条　乙方股票在深圳证券交易所上市，乙方董事、监事、高级管理人员应当了解并遵守《深圳证券交易所股票上市规则》中的有关规定，并履行相关义务。

第四条　甲方依据有关法律、法规、规章及《深圳证券交易所股票上市规则》的规定，对乙方实施日常监管。

第五条　乙方应当设立董事会秘书，负责其股权管理与信息披露事务。乙方在聘任董事会秘书的同时，应当另外委任一名授权代表，授权代表在董事会秘书不能履行其职责时，代行董事会秘书的职责。

第六条　乙方董事会秘书和授权代表应当将其通讯联络方式报告甲方，包括办公电话、住宅电话、移动电话、传真、通信地址及其它通讯联络方式。

第七条　乙方解除对董事会秘书的聘任或董事会秘书辞去职务时，乙方董事会应当向甲方报告并说明理由。同时，乙方董事会应当按《深圳证券交易所股票上市规则》的规定，聘任新的董事会秘书。

第八条　乙方的董事会全体成员必须保证信息披露内容真实。准确、完整，没有虚假、严重误导性陈述或重大遗漏，并就其保证承担个别和连带的责任。

第九条　乙方应当披露的信息包括定期报告和临时报告。定期报告包括年度报告和中期报告，其它报告为临时报告。乙方应当依照《深圳证券交易所股票上市规则》第六章及第七章的规定及时、准确地披露定期报告和临时报告。

第十条　当乙方上市股票成交量或交易价格出现异常波动，或者甲方认为有需要，需向乙方查询有关问题时，乙方应如实答复甲方的查询，并按甲方要求办理公告事宜。

第十一条　甲方根据有关法律、法规、规章对乙方披露的信息进行形式审查，对其内容不承担责任。

第十二条　乙方向其他证券市场公开的信息，应同时向甲方市场公开。若乙方向境内外其他证券市场公开的信息与其向甲方市场公开的信息有差异，应向甲方说明并公告。

第十三条　乙方股票及其衍生品种的停牌与复牌原则上由乙方向甲方申请，并说明理由、计划停牌时间和复牌时间；对于不能决定是否申请停牌的情况，应当及时报告甲方。甲方根据褓圳证券交易所股票上市规则》的有关规定，亦可根据中国证监会的决定或自行决定乙方股票及其衍生品种的停复牌事宜。

第十四条　甲方依照《深圳证券交易所股票上市规则》第八章的规定处理乙方的股票及其衍生品种停复牌事宜。

第十五条　乙方应当向甲方交纳上市费。上市费分为上市初费和上市月费，上市初费为30,000元人民币，上市月费的标准为：以500元人民币为基数（按5000万股股本计），每增加1000万股股本，月费增加100元人民币，最高不超过2500元人民币。

第十六条　上市初费应当在上市日前三个工作日交纳。上市月费自上市日起第二个月至除牌的当月止，在每月5日前交纳，也可以按季度或年度预交。逾期交纳上市费用，甲方按应交金额的0.03%收取滞纳金。

第十七条　乙方的上市股票暂停上市后复牌交易，乙方不再交纳上市初费；乙方的上市股票被甲方除牌，已经交纳的上市费不予返还。

第十八条　乙方如有违反本协议的行为，甲方将依据《深圳证券交易所股票上市规则》第十二章的有关规定，给予乙方相应的处分。

第十九条　若双方当事人对本协议的内容有争议，应当协商解决。协商不成的，提请中国证监会指定的仲裁机构仲裁。

第二十条　本协议未尽事宜，依照国家有关法律、法规、规章及《深圳证券交易所股票上市规则》执行。

第二十一条　本协议自签字之日起生效。若本协议中规定的事项发生重大变化，协议双方应当重新签订协议或签订补充协议。补充协议是本协议的组成部分，与本协议具有同等法律效力。

第二十二条 本协议一式四份，双方各执二份。

甲方： 乙方：

法定代表人： 法定代表人：

年 月 日 年 月 日

附件：

乙方董事、监事和高级管理人员的《承诺书》。乙方应确保其董事、监事和高级管理人员签署本《承诺书》。一旦董事、监事、高级管理人员发生变化，乙方应及时通知甲方，同时应告知并督促新任董事、监事、高级管理人员签署《承诺书》。

承诺书

本人向深圳证券交易所承诺如下：

在本人担任股份有限公司(职务)期间及有关法定的期限内，保证遵守国家现有的和将来公布的有关法律、深圳证券交易所现有的和将来作出的有关规定和本公司章程，督促本公司遵守《深圳证券交易所股票上市规则》，严格履行有关法律和深从！证券交易所有关规定所明确规定的与本人有关职责和义务，并对本公司尚未公布的信息严格保密，不利用内幕信息为自己或为他人(包括自然人和法人)提供内幕信息进行内幕交易，不越权擅自向新闻媒体披露尚未经深圳证券交易所审核并同意发布的本公司任何信息，对于深圳证券交易所向本人提出的任何询问，及时如实答复并提供相关资料或文件。

本人签名：

日期： 年 月 日

附：

姓名： 曾用名：

住址：

身份证号码：

联系电话： 手机：

传真号码： BP 机：

深圳证券交易所企业债券上市协议

甲方：深圳证券交易所

地址：广东省深圳市深南东路 5045 号

乙方：

地址：

鉴于乙方申请其债券在甲方上市，根据国家有关法律、法规、规章的有关规定和《深圳证券交易所企业债券上市规则》等业务规则，甲乙双方协商一致，签订本协议。

第一条 本协议中上市企业债券的基本情况如下：

债券名称：

简称： 代码：

信用评级：

担保人：

债券面额：

期限：

利率：

发行价格：

实际发行总量：

已募集资金数额：

主管机关批准文号：

第二条 本协议签订后，甲方向乙方发出上市通知书，确定上市日期。

第三条 甲方有权根据法律、法规、规章、中国证监会授权及业务规则对上市债券实施日常监管。

第四条 乙方应遵守国家有关法律、法规、规章及甲方的各项规则、规定，行使权利、履行义务。

第五条 乙方在接到甲方签发的《上市通知书》后，须于上市日前五日在中国证监会指定的信息披露报刊上登载上市公告书，并将上市申请文件置备于指定场所供公众查阅。

上市公告书必须在明显位置注明下列文字：

“本债券发行人对以下刊出资料的真实性、准确性、完整性负责。以下资料如有不实之处，本债券发行人当负由此而产生的相应责任。

深圳证券交易所对本债券上市申请及有关事项的审查，并不构成对本债券信用的保证。”

第六条 乙方应当披露的信息包括定期报告和临时报告。定期报告包括年度报告和中期报告，其它报告为临时报告。乙方应当依照《深圳证券交易所企业债券上市规则》第五章的规定及时、准确地披露定期报告和临时报告。

第七条 乙方对于债券评估机构对公司债券信用等级的评定情况，以及企业债券信用跟踪评级的变动情况应及时地报告甲方。

第八条 乙方必须保证信息披露内容真实、准确、完整，没有虚假、严重误导性陈述或重大遗漏，并就其保证承担个别或连带责任。

第九条 甲方根据有关法律、法规、规章对乙方披露的信息进行形式审查，对其内容不承担责任。

第十条 乙方应聘请董事会秘书或相应专职人员一名，负责与甲方联系，并负责信息披露工作。董事会秘书或专职人员发生变更时，乙方应及时通知甲方。

第十一条 乙方向甲方缴纳债券上市费，上市费分为上市初费和上市月费，上市初费按上市总额的 0.01%缴纳，最高不超过 30,000 元，上市月费的标准为：以债券上市总额 1 亿元为基数，每月交纳 500 元，每增加 2,000 万元，月费增加 100 元，最高不超过 2,000 元。乙方最迟须于上市日前三日向甲方缴纳上市初费，并自上市日的第二个月起至终止上市当月止，按年预交上市月费，每年在收到交款通知后，划交甲方指定账号。

第十二条 甲方在债券本息兑付日前一周终止债券交易。乙方如通过甲方兑付该债券，应在派息兑付前 4 日将兑付款项划交甲方指定账号，同时须向甲方支付兑付费用，具体金额另行商定。

第十三条 乙方的上市债券暂停上市后复牌交易的，无须再交纳上市初费；上市债券被除牌的，已经交纳的上市费不予返还。

第十四条 甲方无须对债券上市交易所产生的任何直接或间接损失承担责任。

第十五条 乙方违反本协议的约定，甲方可视其情节轻重采取下列一项或多项措施：

1、警告

2、征收五万元以下惩罚性违约金

3、责令限期改正

4、停牌或除牌

5、法律、法规、规章、业务规则授权甲方采取的其他措施。

第十六条 国家法律、法规、规章、政策发生重大变化，致使本协议无法履行或完全履行时，甲乙双方应当重新签订协议或补充协议。

第十七条 本协议未尽事宜，依照有关法律、法规、规章及甲方业务规则处理。法律、法规、规章及业务规则没有规定的，当事人双方可协商补充本协议。补充协议属本协议的组成部分，与本协议具同等法律效力。

第十八条 本协议履行过程中，如有争议，双方应协商解决，协商不成时，提交中国国际经济贸易仲裁委员会深圳分会仲裁。

第十九条 本协议自签字盖章之日起生效。

本协议文本一式四份，当事人各执二份，每份文本具有同等法律效力。

甲方：深圳证券交易所

法定代表人：(或授权人)

乙方：

法定代表人：(或授权人)

年 月 日

深圳证券交易所可转换公司债券上市规则

关于印发《深圳证券交易所可转换公司债券上市规则》的通知

各上市公司：

《深圳证券交易所可转换公司债券上市规则》已经中国证监会批准，现印发给你们，请认真学习并遵照执行。

特此通知

附：《深圳证券交易所可转换公司债券上市规则》

深圳证券交易所

二OO二年十一月一日

深圳证券交易所可转换公司债券上市规则

第一章 总 则

1.1 为规范可转换公司债券上市行为、发行人及相关义务人的信息披露行为，维护证券市场秩序，保护投资者和可转换公司债券发行人的合法权益，根据《中华人民共和国公司法》(以下简称《公司法》)、《中华人民共和国证券法》(以下简称《证券法》)、《可转换公司债券管理暂行办法》、《上市公司发行可转换公司债券实施办法》和《关于做好上市公司可转换公司债券发行工作的通知》等有关法律、法规、规章，制定本规则。

1.2 本规则所称可转换公司债券，是指发行人依据法定程序发行、在一定期间内依据约定的条件可以转换成股份的公司债券。

1.3 本规则所称可转换公司债券上市，是指可转换公司债券获准在深圳证券交易所(以下简称本所)交易市场挂牌买卖。

1.4 本规则所涉专门用语，适用《可转换公司债券管理暂行办法》、《上市公司发行可转换公司债券实施办法》和《深圳证券交易所股票上市规则》中的相关规定。

1.5 可转换公司债券在本所上市，应当遵守本规则。本所依据法律、法规和本规则对可转换公司债券发行人及其董事、监事、高级管理人员、有信息披露义务的投资人及上市推荐人进行监管。

第二章 可转换公司债券的上市申请

2.1 发行人在可转换公司债券发行结束后，可以向本所申请上市。

2.2 发行人申请可转换公司债券上市，应当向本所提交以下文件：

(一)上市申请书及董事会关于申请可转换公司债券上市的决议；

(二)中国证监会核准其发行可转换公司债券的文件；

(三)上报中国证监会的全套发行申报材料；

(四)上市推荐人出具的上市推荐书；

(五)上市推荐协议；

(六)上市公告书；

(七)发行人拟聘任或已聘任的信息披露负责人的资料；

(八)具有从事证券业务资格的会计师事务所出具的发行资金到位的验资报告；

(九)具有从事证券业务资格的律师事务所出具的关于可转换公司债券本次上市的法律意见书；

(十)可转换公司债券发行后按规定新增的财务资料；

(十一)登记公司出具的可转换公司债券托管情况证明；

(十二)法律、法规及本所业务规则要求的其他文件。

2.3 发行人向本所申请可转换公司债券上市，应当保证其提交的文件内容真实、准确、完整，不存在虚假记载、误导性陈述或者重大遗漏。

2.4 发行人在提出上市申请至获准上市前，未经本所同意，不得擅自披露有关信息。

2.5 发行人的上市申请获本所批准后，发行人应当及时与本所签定上市协议。

2.6 发行人应当在可转换公司债券上市交易前五个工作日内，在至少一家中国证监会指定的报刊上公布上市公告书。上市公告书的内容和格式遵照中国证监会规定的披露要求。

2.7 申请可转换公司债券在本所上市，应当由一至二个具有证券从业资格的机构推荐并出具上市推荐书。

上市推荐书应当包括以下内容：

(一)发行人概况；

(二)申请上市债券的发行情况；

(三)发行人与上市推荐人是否存在关联关系及存在何种关联关系；

(四)公司章程符合《公司法》等法律、法规和中国证监会的规定以及发行人符合上市条件的说明；

(五)上市推荐人认为发行人需要说明的重要事项和存在的问题；

(六)上市推荐人需要说明的其他内容。

2.8 上市推荐人应当符合下列条件：

(一)具有本所会员资格；

(二)从事证券承销工作或具有本所认可的其他资格一年以上，且信誉良好；

(三)最近一年内无重大违法违规行为；

(四)负责推荐工作的主要业务人员熟悉本所有关可转换公司债券上市的业务规则。

(五)本所认为应当具备的其他条件。

2.9 发行人应当与上市推荐人签订可转换公司债券上市推荐协议，规定双方在申请上市期间及上市后的权利和义务。可转换公司债券上市推荐协议应当符合本规则和可转换公司债券上市协议的有关规定。

2.10 上市推荐人应当履行下列义务：

（一）确认可转换公司债券符合上市条件；

（二）确保发行人的董事了解法律、法规、本规则及可转换公司债券上市协议规定的义务与责任；

（三）协助可转换公司债券发行人申请可转换公司债券上市，并办理与可转换公司债券上市相关的事宜；

（四）提交可转换公司债券上市推荐书；

（五）对可转换公司债券上市文件所载的资料进行核实，确保可转换公司债券上市文件真实、准确、完整，符合规定要求；

（六）协助发行人制定严格的信息披露制度与保密制度；

（七）本所规定的上市推荐人的其他义务。

2.11 上市推荐人不得泄漏发行人内幕信息，不得利用其在上市推荐过程中获得的内幕信息进行内幕交易，为自己或他人牟取利益。

2.12 上市推荐人应当保证发行人的上市申请材料、上市公告书没有虚假记载、误导性陈述或者重大遗漏，并保证对其承担连带责任。

第三章　信息披露

3.1 可转换公司债券发行人应当遵守以下信息披露的基本原则：

（一）及时披露可能对可转换公司债券价格产生重大影响的信息，并保证信息披露内容真实、准确、完整，没有虚假记载、误导性陈述或重大遗漏。

（二）发行人董事会全体成员必须保证信息披露内容真实、准确、完整，没有虚假记载、误导性陈述或重大遗漏，并就其保证承担连带责任。

3.2 发行人进行信息公开披露之前，应当按照法律、法规、规章及本所的要求将有关公告文稿和相关备查文件报送本所。

3.3 在信息公开披露之前，发行人、董事会全体成员及其他知情人，有责任确保将该信息的知悉者控制在最小范围内，并保证在公告前不泄露其内容。

3.4 发行人公开披露的信息至少应当在一家中国证监会指定的报纸和指定网站上公告，在其他公共传媒披露的信息不得先于指定报纸和指定网站。发行人不能以新闻发布或答记者问等形式代替信息披露义务。

3.5 在指定网站披露信息时，发行人应当按照本所的要求提供相应的电子文件和相关材料。

3.6 发行人有其他证券品种上市的，如果其他证券品种的信息披露要求与本规则不一致的，其信息披露应遵循披露内容从多不从少，披露时限从短不从长，披露要求从严不从宽的原则。

3.7 发行人应当指定一名专职人员为信息披露负责人，同时指定一名授权代表，并向本所备案。发行人未向本所备案的联系人，本所不予认可。

信息披露负责人专门负责发行人的信息披露及其他相关事务。在信息披露负责人不能履行职责时，授权代表负责与本所联系。信息披露负责人应当及时接受本所的培训、考核和管理。

发行人应当将其信息披露负责人的办公电话、住宅电话、移动电话、传真、通讯地址及其他联系方式报告本所。

3.8 本所根据法律、法规、规章和本所业务规则对发行人公开披露的信息进行形式审核，对其内容的真实性不承担责任。

3.9 发行人出现下列情形，认为无法按照本规则规定披露信息的，可以向本所提出申请，经本所同意，可以免予按照本规则规定披露：

（一）发行人有充分理由认为披露某一信息会损害发行人的利益，且该信息对可转换公司债券价格不会产生重大影响；

（二）发行人认为拟披露的信息可能导致其违反国家有关法律法规的；

（三）本所认可的其他情况。

3.10 发行人应当公开披露的信息包括定期报告和临时报告。定期报告包括年度报告、中期报告，中期报告包括半年度报告和季度报告。其他报告为临时报告。

3.11 发行人应当在每一会计年度的第一和第三季度结束后的三十日内向本所提交公司季度报告并公布。

发行人应当在每一会计年度上半年结束之日起二个月内，向本所提交公司半年度报告并公布。

发行人应当在每一会计年度结束之日起四个月内，向本所提交公司年度报告并公布。

3.12 发行人定期报告经董事会审议通过后，发行人应当按法定程序和本所要求于第一时间将定期报告正本、摘要及正本磁盘、上网电子文件、审计报告或财务报表、董事会决议等相关资料报送本所。

3.13 定期报告除应当遵守中国证监会有关年度报告、半年度报告和季度报告内容与格式的一般规定外，还应当包括以下内容：

（一）转股价格历次调整的情况，经调整后的最新转股价格；

（二）可转换公司债券发行后累计转股的情况；

（三）前十名可转换公司债券持有人的名单和持有量；

（四）担保人盈利能力、资产状况和信用状况发生重大变化的情况；

（五）发行人的负债情况、资信变化情况以及在未来年度还债的现金安排；

（六）中国证监会和本所规定的其他内容。

3.14 临时报告除应当遵守中国证监会和《深圳证券交易所股票上市规则》有关上市公司临时报告的一般规定外，出现以下情况时，发行人应当及时向本所报告并公告：

（一）因发行新股、送股及其他原因引起股份变动，需要调整转股价格或依据募集说明书的转股价格向下修正条款修正转股价格的；

（二）可转换公司债券转换为股票的数额累计达到发行人已发行股份的10%的；

（三）发行人信用状况发生重大变化，可能影响如期偿还债券本息的；

（四）可转换公司债券担保人发生重大资产变动、重大诉讼、或者涉及合并、分立等情况的；

（五）未转换的可转换公司债券数量少于3000万元的；

（六）有资格的信用评级机构对可转换公司债券的信用或发行人的信用进行评级，并已出具信用评级结果的；

（七）可能对可转换公司债券交易价格产生较大影响的其他重大事件；

（八）中国证监会及本所规定的其他情形。

3.15 发行人应当在可转换公司债券约定的付息日前五个工作日内刊登付息公告，在可转换公司债券期满前十个工作内刊登本息兑付公告。

3.16 发行人应当在可转换公司债券开始转股前三个工作日内刊登实施转股的公告。

3.17 发行人行使赎回权时，应当在每年首次满足赎回条件后的五个工作日内至少发布三次赎回公告，赎回公告应当载明赎回的程序、价格、付款方法、时间等内容。赎回期结束，发行人应当公告赎回结果以及对发行人的影响。

3.18 在可以行使回售权的年份内，发行人应当在每年首次满足回售条件后的五个工作日内至少发布三次回售公告。回售公告应当载明回售的程序、价格、付款方法、时间等内容。回售期结束，发行人应当公告回售结果及对发行人的影响。

3.19 经股东大会批准改变募集资金用途的，发行人必须在股东大会召开后二十个工作日内赋予可转换公司债券持有人一次回售的权利，有关提示公告至少发布三次。可转换公司债券持有人可以在确定的回售申报期间内全部或部分回售未转换为股份的可转换公司债券，也可以不行使回售权。

3.20 通过本所的证券交易，投资者持有发行人已发行的可转换公司债券达到20%时，应当在该事实发生之日起三个工作日内，向中国证监会和本所书面报告，通知发行人并予以公告。在报告期限内及作出报告、公告后二个工作日内，该投资者不得再行买卖该发行人的可转换公司债券，也不得买卖该发行人的股票。

3.21 投资者持有发行人已发行可转换公司债券达到20%后，其所持该发行人已发行的可转换公司债券比例每增加或者减少10%时，应当依照前条规定进行书面报告和公告。在报告期限内及作出报告、公告后二个工作日内，不得再行买卖该发行人的可转换公司债券，也不得买卖该发行人的股票。

3.22 依照前两条规定所作书面报告和公告至少应当包括下列内容：

（一）持有人的名称、住所、主营业务、经营状况；

（二）所持有的可转换公司债券的名称、数量；

（三）持有的可转换公司债券达到规定比例或者持有的可转换公司债券增减变化达到规定比例的日期；

（四）关联企业共同持有该等债券的情况以及持有数量、持有的起始日期；

（五）中国证监会及本所认为需要披露的其他事项。

自然人或者法人在提交书面报告和公告时还应当向本所提交持有人的身份证复印件或经法人盖章的法人营业执照复印件。

3.23 发行人应当在每一季度结束后的二个工作日内披露因可转换公司债券转换为股份所引起的股份变动情况。

3.24 发行人实施强制性转股的，发行人应当于强制性转股条件满足后的十个工作日内在中国证监会指定报刊上刊登公告至少三次，本所依据发行人公告和委托将持有人可转换公司债券自动转换成发行人股票。

3.25 持有可转换公司债券的投资者，若其持有的可转换公司债券全部转为股份与其已持有的该发行人股份的合计数，占公司已发行的股份与全部可转换公司债券转为股本的合计数达5%以上，以后每增加或减少1%，或上述比例达到30%以上，该投资者应当按中国证监会的有关规定履行信息披露义务。

3.26 在新闻媒介中出现发行人尚未披露的信息，可能对可转换公司债券的交易价格产生较大影响时，发行人应当及时对该消息作出公开澄清或说明。

3.27 发行人应当如实答复本所就其可转换公司债券成交量和交易价格的异常波动或其他问题的询问，向本所提供书面报告和相关资料，并按本所的要求履行信息披露义务。

3.28 发行人的定期报告、临时报告存在披露不充分、不完整、不准确事项的，应当按中国证监会或本所的要求，及时作出补充公告和解释。

3.29 发行人出现法律、法规或本所业务规则没有规定应予披露、但确实可能对其可转换公司债券交易价格产生较大影响的事件，发行人应当于第一时间报告本所。

3.30 发行人向其他市场公开的信息，应当同时向本所市场公开。若发行人向其他证券市场公开的信息与其向本所市场公开的信息有差异，应当向本所说明并公告。

第四章　停牌、复牌、停止交易

4.1 发行人可以以本所认为合理的理由向本所申请停牌与复牌。

4.2 本所可以根据实际情况或中国证监会的要求，决定可转换公司债券的停牌与复牌。

4.3 出现以下情况之一的，发行人应当向本所申请对其可转换公司债券停牌与复牌：

（一）发行人于交易日公布定期报告的，自当日上午开市时起停牌一个交易小时，上午十点三十分复牌；

（二）发行人召开股东大会，会议期间为本所开市时间，自股东大会召开当日起实施停牌，直至股东大会决议公告的当日上午开市时复牌；如果股东大会决议公告的内容涉及增加、变更或否决议案的，直至公告股东大会决议当日上午十点三十分复牌；公告日为非交易日，则公告后第一个交易日复牌；

（三）发行人于交易日公布董事会关于权益分派、新股发行、公积金转增股本等决议，自当日上午开市时起停牌一个交易小时，上午十点三十分复牌；

（四）发行人于交易日刊登获得中国证监会核准新股发行的提示公告，自当日上午开市时起停牌一个交易小时，上午十点三十分复牌。

4.4 发行人出现下列情况之一，本所对其可转换公司债券予以停牌与复牌：

（一）在公共传播媒介中出现发行人尚未披露的消息，可能对发行人可转换公司债券的交易价格产生较大影响，本所对该可转换公司债券实施临时停牌，直至发行人对该消息作出公告的当日下午开市时复牌；

（二）临时报告披露不够充分、完整或可能误导公众，发行人拒不按本所要求作出修改的，本所可以对发行人的可转换公司债券进行临时停牌，直至发行人作出补充或更正公告的当日上午十点三十分复牌；

（三）本所审查发行人定期报告时，要求发行人就有关内容进行解释说明或补充公告，发行人不按本所要求办理的，本所可以视具体情况对其可转换公司债券实施临时停牌，直至发行人作出解释说明或补充公告后复牌；

（四）发行人未能在法定期限内公布定期报告的，本所对其可转换公司债券停牌，直至其定期报告披露的当日上午十点三十分复牌；公告日为非交易日，则公告后第一个交易日上午复牌；

（五）发行人在规范运作和信息披露方面涉嫌违反法律、法规、规章及本所业务规则，情节严重，在被有关部门调查期间，经中国证监会批准，本所对其可转换公司债券停牌，待有关处理决定公告后另行决定复牌时间。

（六）发行人因某种原因使本所失去有效信息来源时，本所可以对其可转换公司债券停牌，直至本所恢复有效信息来源后复牌。

（七）本所认为必要的其他情况。

4.5 发行人公布涉及调整转股价格信息的股份变动公告时，本所对其可转换公司债券停牌一天。

4.6 发行人因发行新股、配股、分红派息、分立及其他原因需要调整转股价格的，发行人可以向本所申请暂停转股并公告。

4.7 可转换公司债券上市交易期间出现下列情况之一时，本所停止可转换公司债券的交易：

（一）未转换的可转换公司债券数量少于3000万元时，本所通知发行人立即公告并在三个交易日后停止其交易；

（二）可转换公司债券转换期结束前的十个工作日停止其交易；

（三）中国证监会和本所认为必须停止交易的情况。

第五章　暂停上市、终止上市

5.1 可转换公司债券上市后，发行人有下列情形之一的，本所依据中国证监会有关暂停上市的决定暂停其可转换公司债券上市交易。

（一）发行人有重大违法行为；

（二）中国证监会及本所认为须暂停其上市的其他原因。

5.2 上述情形消除后，发行人可向中国证监会提出恢复上市的申请，经中国证监会核准后，本所恢复该可转换公司债券上市。

5.3 发行人出现下列情况之一时，其可转换公司债券终止上市：

（一）发行人有5.1条第（一）项的情形经查实后果严重的，由中国证监会决定终止该可转换公司债券上市。

（二）发行人解散、依法被责令关闭或者被宣告破产的，由中国证监会决定终止该可转换公司债券上市。

第六章　罚　则

6.1 发行人及其董事、监事、高级管理人员、信息披露负责人违反本规则及上市协议的有关规定的，本所将视情节轻重，给予以下处分：

（一）责令改正；

（二）内部批评；

（三）在指定报纸和网站上公开遣责。

以上处分可以单处或并处。情节严重的，本所报中国证监会查处。

6.2 上市推荐人违反本规则有关规定的，本所将视情节轻重，给予以下处分：

（一）责令改正；

（二）内部批评；

（三）在指定报纸和网站上公开遣责；

（四）取消上市推荐人资格。

以上处分可以单处或并处。情节严重的，本所报中国证监会查处。

第七章　附　则

7.1 本规则经本所理事会通过并报经中国证监会批准后生效，修改时亦同。

7.2 本规则解释权属于本所。

7.3 本规则自发布之日起执行，《深圳证券交易所可转换公司债券上市、交易、清算、转股和兑付实施规则》第三章与本规则不一致的，以本规则为准。

深圳证券交易所上市开放式基金业务规则

第一章　总　则

第一条　为了促进证券投资基金业的发展，规范开放式证券投资基金在深圳证券交易所（以下简称本所）的发售、上市及交易，根据《证券投资基金法》及其他有关法律、行政法规、规章的规定，制定本规则。

第二条　本规则所称上市开放式基金（英文名称为：ListedOpen－endedFunds，简称：LOFs），是指在本所上市及交易的开放式证券投资基金。

第三条　上市开放式基金在本所发售、上市及交易，适用本规则；本规则未做规定的，适用本所其他规定。

第二章　基金份额的发售

第四条　上市开放式基金通过本所发售的，基金管理人须向本所提交发售申请，并获本所确认。

第五条　上市开放式基金的基金管理人应当委托中国证券登记结算有限责任公司（以下简称中国结算）办理基金份额的登记结算业务。

基金募集期内，投资者可以在交易日的交易时间内，以其在中国结算深圳分公司开立的人民币普通股票账户或者证券投资基金账户通过本所交易系统认购基金份额，也可以深圳类别开放式基金账户通过基金管理人或者代销机构认购基金份额。

第六条　投资者通过本所交易系统认购的基金份额，登记在中国结算的证券登记结算系统（以下简称证券登记结算系统）；通过基金管理人或者代销机构认购的基金份额，登记在中国结算的开放式基金注册登记系统（以下简称注册登记系统）。

第三章　基金份额的上市

第七条　开放式基金申请在本所上市，应当符合《证券投资基金法》第四十八条的规定。

第八条　基金管理人申请开放式基金上市，应当向本所提供下列文件：

（一）基金管理人签署的上市申请书；

（二）中国证券监督管理委员会（以下简称中国证监会）核准基金募集的文件；

（三）基金合同；

（四）基金招募说明书；

（五）基金托管协议；

（六）经具有从事证券相关业务资格的会计师事务所出具的基金最近三年的财务报告（新募集基金除外）；

（七）中国证监会对基金备案的确认文件；

（八）上市交易公告书；

（九）基金管理人、基金托管人信息披露负责人的基本资料；

（十）中国结算有关基金份额登记情况的说明；

（十一）本所要求的其它文件。

第九条　申请上市的开放式基金符合上市条件的，本所与基金管理人签订《上市开放式基金上市协议》，并向基金管理人出具《上市通知书》。

第十条 《上市交易公告书》披露的有关事宜按照中国证监会发布的《证券投资基金信息披露内容与格式准则第 1 号——〈上市交易公告书的内容与格式〉》办理。

第十一条 上市开放式基金在本所上市，基金管理人应当按下列标准向本所缴纳上市费用：

（一）上市初费：3 万元人民币；

（二）上市月费：5000 元人民币；自上市当月开始计算，按年预缴。

第四章 基金份额的交易与申购、赎回

第十二条 买入上市开放式基金申报数量应当为 100 份或其整数倍，申报价格最小变动单位为 0.001 元人民币。

第十三条 本所对上市开放式基金交易实行价格涨跌幅限制，涨跌幅比例为 10%，自上市首日起实行。

第十四条 登记在证券登记结算系统中的基金份额只能在本所交易，不能直接申请赎回；登记在注册登记系统中的基金份额只能申请赎回，不能直接在本所交易。

第十五条 投资者如需将登记在证券登记结算系统中的基金份额申请赎回，或将登记在注册登记系统中的基金份额通过本所交易，应当先办理跨系统转登记手续，即将登记在证券登记结算系统中的基金份额转登记到注册登记系统，或将登记在注册登记系统中的基金份额转登记到证券登记结算系统。

第十六条 上市开放式基金在本所交易的交易费用收取标准比照封闭式基金的有关规定办理。

第五章 信息披露

第十七条 上市开放式基金信息披露应当遵守中国证监会发布的《证券投资基金信息披露管理办法》、《证券投资基金信息披露内容与格式准则》、《证券投资基金信息披露编报规则》及本规则的相关规定。

第十八条 本所对上市开放式基金公开披露的信息进行形式审查，对其内容不承担责任。

第十九条 本所于交易日通过行情发布系统揭示基金管理人提供的基金前一交易日基金份额净值，本所对其提供的基金份额净值的合法性、准确性不承担责任。

第六章 停、复牌与暂停、终止上市

第二十条 上市开放式基金出现下列情形之一时，基金管理人应当向本所申请对其例行停牌及复牌：

（一）于交易日公布年度或者半年度报告，当日上午开市起停牌一小时，上午十点三十分复牌；

（二）于交易日公布收益分配公告或者预告，当日上午开市起停牌一小时，上午十点三十分复牌。

第二十一条 上市开放式基金于交易日公布临时公告的，基金管理人应当向本所申请停牌，本所根据情况决定是否停牌和停、复牌时间。

在证券交易时间内，基金管理人如停止上市开放式基金的赎回业务，必须预先向本所申请其同时停牌。

第二十二条 上市开放式基金出现下列情形之一时，本所可对其予以停牌：

（一）在任何公共媒体出现的或者在市场上流传的消息，可能对上市开放式基金的交易价格产生误导性影响或者引起较大波动的，本所可对其实施停牌，直至信息披露义务人对该消息作出公告的当日上午十点三十分复牌；

（二）信息披露不充分、不完整或者可能误导公众，信息披露义务人不按照本所要求作出修改的，本所可对其停牌，直至信息披露义务人作出补充或者更正公告的当日上午十点三十分复牌；

（三）延迟公布年度报告或者半年度报告的，本所可对其实施停牌，直至该年度报告或者半年度报告公告后，当日上午十时三十分（如果公告日为非交易日，则于公告后第一个交易日开市时）复牌；

（四）基金管理人在基金运作和信息披露方面违反国家有关法律、行政法规、规章及本所业务规则的规定，情节严重，被有关部门调查，可能对上市开放式基金的交易价格引起较大波动的，本所可对其管理的上市开放式基金实施停牌，待有关处理决定公告后另行决定复牌时间；

（五）本所认定的其它情形。

第二十三条 上市开放式基金上市期间出现下列情形之一的，本所决定其暂停上市：

（一）基金份额持有人数连续 20 个工作日低于 1000 人；

（二）基金总份额连续 20 个工作日低于 2 亿份；

（三）违反国家法律、行政法规，中国证监会决定暂停其上市；

（四）本所认为须暂停上市的其他情形。

第二十四条 前条所述情形消除后，基金管理人可向本所提出恢复上市申请；经本所核准后，可恢复该基金上市。

第二十五条 上市开放式基金出现下列情形之一的，本所决定其终止上市：

（一）自暂停上市之日起半年内未能消除暂停上市原因的；

（二）基金合同终止；

（三）基金份额持有人大会决定终止上市；

（四）本所认为须终止上市的其它情形。

第七章 罚 则

第二十六条 基金管理人、基金托管人违反本规则规定的，本所视情节轻重给予以下处理：

（一）责令改正；

（二）内部批评；

（三）公开谴责；

（四）报中国证监会查处。

第八章 附 则

第二十七条 本规则由本所负责解释。

第二十八条 本规则经中国证监会批准后生效，修改时亦同。

第二十九条 本规则自发布之日起施行。

深圳证券交易所上市公司投资者关系管理指引

关于发布《深圳证券交易所上市公司投资者关系管理指引》的通知

各上市公司：

为推动上市公司完善治理结构，规范上市公司投资者关

系管理工作，促进证券市场健康发展，我所制定了《深圳证券交易所上市公司投资者关系管理指引》，请各上市公司参照执行。

二〇〇三年十月二十三日

深圳证券交易所上市公司投资者关系管理指引

第一章 总 则

第一条 为推动上市公司完善治理结构，规范上市公司投资者关系管理工作，促进证券市场健康发展，制定本指引。

第二条 投资者关系管理是指上市公司通过各种方式的投资者关系活动，加强与投资者和潜在投资者之间的沟通，增进投资者对上市公司了解的管理行为。

第三条 上市公司投资者关系管理工作应严格遵守《公司法》、《证券法》等有关法律、法规、规章及深圳证券交易所（以下简称本所）有关业务规则的规定。

第四条 上市公司投资者关系管理工作应体现公平、公正、公开原则，平等对待全体投资者，保障所有投资者享有知情权及其他合法权益。

第五条 上市公司的投资者关系管理工作应客观、真实、准确、完整地介绍和反映公司的实际状况，避免过度宣传可能给投资者造成的误导。

第六条 上市公司开展投资者关系活动时应注意尚未公布信息及内部信息的保密，避免和防止由此引发泄密及导致相关的内幕交易。

第七条 除非得到明确授权并经过培训，公司董事、监事、高级管理人员和员工应避免在投资者关系活动中代表公司发言。

第二章 投资者关系管理负责人

第八条 上市公司可指定一名高级管理人员担任投资者关系管理负责人，并设具体部门承办投资者关系的日常管理工作。

第九条 投资者关系管理负责人全面负责公司投资者关系管理工作。投资者关系管理负责人在全面深入地了解公司运作和管理、经营状况、发展战略等情况下，负责策划、安排和组织各类投资者关系管理活动。

第十条 投资者关系管理负责人负责制定公司投资者关系管理的工作管理办法和实施细则，并负责具体落实和实施。

第十一条 投资者关系管理负责人负责对公司高级管理人员及相关人员就投资者关系管理进行全面和系统的培训。

第十二条 在进行投资者关系活动之前，投资者关系管理负责人应对公司高级管理人员及相关人员进行有针对性的培训和指导。

第十三条 投资者关系管理负责人应持续关注新闻媒体及互联网上有关公司的各类信息并及时反馈给公司董事会及管理层。

第三章 自愿性信息披露

第十四条 上市公司可以通过投资者关系管理的各种活动和方式，自愿地披露现行法律法规和规则规定应披露信息以外的信息。

上市公司对自愿性披露信息有任何疑问，可向本所咨询。

第十五条 上市公司进行自愿性信息披露应遵循公平原则，面向公司的所有股东及潜在投资者，使机构、专业和个人投资者能在同等条件下进行投资活动，避免进行选择性信息披露。

第十六条 上市公司应遵循诚实信用原则，在投资者关系活动中就公司经营状况、经营计划、经营环境、战略规划及发展前景等持续进行自愿性信息披露，帮助投资者作出理性的投资判断和决策。

第十七条 上市公司在自愿披露具有一定预测性质的信息时，应以明确的警示性文字，具体列明相关的风险因素，提示投资者可能出现的不确定性和风险。

第十八条 在自愿性信息披露过程中，当情况发生重大变化导致已披露信息不真实、不准确或不完整，或者已披露的预测难以实现的，上市公司应对已披露的信息及时进行更新。对于已披露的尚未完结的事项，上市公司有持续和完整披露义务，直至该事项最后结束。

第十九条 上市公司在投资者关系活动中一旦以任何方式发布了法规和规则规定应披露的重大信息，应及时向交易所报告，并在下一交易日开市前进行正式披露。

第四章 投资者关系活动

第一节 股东大会

第二十条 上市公司应根据法律法规的要求，认真做好股东大会的安排组织工作。

第二十一条 上市公司应努力为中小股东参加股东大会创造条件，在召开时间和地点等方面充分考虑便于股东参加。在条件许可的情况下，可利用互联网络对股东大会进行直播。

第二十二条 为了提高股东大会的透明性，上市公司可广泛邀请新闻媒体参加并对会议情况进行详细报道。

第二十三条 股东大会过程中如对到会的股东进行自愿性信息披露，公司应尽快在公司网站或以及其他可行的方式公布。

第二节 网 站

第二十四条 上市公司可以通过建立公司网站并开设投资者关系专栏的方式开展投资者关系活动。

第二十五条 上市公司应根据规定在定期报告中公布网站地址。当网址发生变更后，上市公司应及时公告变更后的网址。

第二十六条 上市公司应避免在公司网站上刊登传媒对公司的有关报告以及分析师对公司的分析报告。公司刊登有关报告和分析报告，有可能被视为赞同有关观点而对投资者的投资决策产生影响，并有可能承担或被追究相关责任。

第二十七条 上市公司应对公司网站进行及时更新，并将历史信息与当前信息以显著标识加以区分，对错误信息应及时更正，避免对投资者产生误导。

第二十八条 上市公司可在网站上开设论坛，投资者可以通过论坛向公司提出问题和建议，公司也可通过论坛直接回答有关问题。

第二十九条 上市公司可设立公开电子信箱与投资者进行交流。投资者可以通过信箱向公司提出问题和了解情况，公司也可通过信箱回复或解答有关问题。

第三十条 对于论坛及电子信箱中涉及的比较重要的或带普遍性的问题及答复，公司应加以整理后在网站的投资者专栏中以显著方式刊载。

第三节 分析师会议、业绩说明会和路演

第三十一条 上市公司可在定期报告结束后、实施融资

计划或其他公司认为必要的时候举行分析师会议、业绩说明会或路演活动。

第三十二条 分析师会议、业绩说明会和路演活动应采取尽量公开的方式进行，在有条件的情况下，可采取网上直播的方式。

第三十三条 分析师会议、业绩说明会或路演活动如采取网上直播方式，可事先以公开方式就会议举办时间，登陆网址以及登陆方式等向投资者发出通知。

第三十四条 上市公司可事先通过电子信箱、网上论坛、电话和信函等方式收集中小投资者的有关问题，并在分析师会议、业绩说明会及路演活动上通过网络予以答复。

第三十五条 分析师会议、业绩说明会或路演活动可采取网上互动方式，投资者可以通过网络直接提问，上市公司也可在网上直接回答有关问题。

第三十六条 分析师会议、业绩说明会或路演活动如不能采取网上公开直播方式，公司可以邀请新闻媒体的记者参加，并作出客观报道。

第三十七条 上市公司可将分析师会议、业绩说明会和路演活动的影象资料放置于公司网站上，供投资者随时点播。在条件尚不具备的情况下，上市公司可将有关分析师会议或业绩说明会的文字资料放置于公司网站供投资者查看。

第四节 一对一沟通

第三十八条 上市公司可在认为必要的时候，就公司的经营情况、财务状况及其他事项与投资者、基金经理、分析师等进行一对一的沟通，介绍公司情况、回答有关问题并听取相关建议。

第三十九条 上市公司一对一沟通中，应平等对待投资者，为中小投资者参与一对一沟通活动创造机会。

第四十条 为避免一对一沟通中可能出现选择性信息披露，上市公司可将一对一沟通的相关音像和文字记录资料在公司网站上公布，还可邀请新闻机构参加一对一沟通活动并作出报道。

第五节 现场参观

第四十一条 上市公司可尽量安排投资者、分析师及基金经理等到公司或募集资金项目所在地进行现场参观。

第四十二条 上市公司应合理、妥善地安排参观过程，使参观人员了解公司业务和经营情况，同时应注意避免在参观过程中使参观者有机会得到未公开的重要信息。

第四十三条 上市公司应在事前对相关的接待人员给予有关投资者关系及信息披露方面必要的培训和指导。

第六节 电话咨询

第四十四条 上市公司应设立专门的投资者咨询电话，投资者可利用咨询电话向公司询问、了解其关心的问题。

第四十五条 咨询电话应有专人负责，并保证在工作时间电话有专人接听和线路畅通。如遇重大事件或其他必要时候，公司应开通多部电话回答投资者咨询。

第四十六条 上市公司应在定期报告中对外公布咨询电话号码。如有变更要尽快在公司网站公布，并及时在正式公告中进行披露。

第五章 相关机构与个人

第一节 投资者关系顾问

第四十七条 上市公司在认为必要和有条件的情况下，可以聘请专业的投资者关系顾问咨询、策划和处理投资者关系，包括媒体关系、发展战略、投资者关系管理培训、危机处理、分析师会议和业绩说明会安排等事务。

第四十八条 上市公司在聘用投资者关系顾问应注意其是否同时为对同行业存在竞争关系的其他服务。如公司聘用的投资者关系顾问同时为存在竞争关系的其他公司提供服务，公司应避免因投资者关系顾问利用一家公司的内幕信息为另一家公司服务而损害其中一家公司的利益。

第四十九条 上市公司应避免由投资者关系顾问代表公司就公司经营及未来发展等事项作出发言。

第五十条 上市公司应尽量以现金方式支付投资者关系顾问的报酬，避免以公司股票及相关证券、期权或认股权等方式进行支付和补偿。

第二节 证券分析师和基金经理

第五十一条 上市公司不得向分析师或基金经理提供尚未正式披露的公司重大信息。

第五十二条 对于上市公司向分析师或投资经理所提供的相关资料和信息，如其他投资者也提出相同的要求时，上市公司应平等予以提供。

第五十三条 上市公司应避免出资委托证券分析师发表表面上独立的分析报告。如果由上市公司出资委托分析师或其他独立机构发表投资价值分析报告，应在刊登时在显著位置注明“本报告受公司委托完成”的字样。

第五十四条 上市公司应避免向投资者引用或分发分析师的分析报告。

第五十五条 上市公司可以为分析师和基金经理的考察和调研提供接待等便利，但要避免为其工作提供资助。分析人员和基金经理考察上市公司原则上应自理有关费用，上市公司不应向分析师赠送高额礼品。

第三节 新闻媒体

第五十六条 上市公司可根据需要，在适当的时候选择适当的新闻媒体发布信息。

第五十七条 对于重大的尚未公开信息，上市公司应避免以媒体采访及其它新闻报道的形式披露相关信息。在未进行正式披露之前，应避免向某家新闻媒体提供相关信息或细节。

第五十八条 上市公司应把对上市公司宣传或广告性质的资料与媒体对上市公司正式和客观独立的报道进行明确区分。如属于上市公司本身提供的(包括公司本身或委托他人完成)并付出费用的宣传资料和文字，应在刊登时予以明确说明和标识。

深圳证券交易所证券投资基金上市协议

甲方：深圳证券交易所

法定代表人：

法定地址：

联系电话：

乙方(管理人)：

法定代表人：

法定地址：

联系电话：

丙方(托管人)：
法定代表人：
法定地址：
联系电话：

第一条 鉴于乙方作为基金管理人管理和运用基金资产，丙方作为基金托管人托管基金资产，且乙方就______证券投资基金上市向甲方提出申请，为规范证券投资基金(以下简称“基金”)的上市行为，根据《证券投资基金管理暂行办法》、《证券投资基金信息披露指引》以及《深圳证券交易所证券投资基金上市规则》的有关规定，甲、乙、丙三方当事人共同签订本协议。

第二条 甲方依据有关规定，对乙方提交的全部上市申请文件进行审查，认为乙方管理的基金符合上市条件的，批准其管理的基金上市。

第三条 乙方应从基金持有人的利益出发，严格按照有关法规和基金契约经营管理基金财产，丙方也应按有关规定和基金契约履行相应托管职责。

第四条 甲方依据有关法律、法规、规章和本所业务规则对上市基金实施日常监管。

乙方和丙方承诺遵守甲方发布的相关业务规则和其它规定。

乙方和丙方董事、监事等高级管理人员了解并接受相关法律法规规章和业务规则，并履行相关义务。

第五条 乙方应当指定两名授权代表负责基金的信息披露事务，并将其通讯联络方式包括办公电话、住宅电话、移动电话、传真、通信地址等报告甲方。

第六条 乙方解聘授权代表或授权代表辞去职务时，应当及时通知甲方并说明理由。同时指定新的授权代表，并及时告知甲方。

第七条 乙方必须严格按照有关法律、法规和本所业务规则的规定履行信息披露义务。丙方向新闻媒体披露与基金有关的信息，需事先报告中国证监会。

乙方和丙方应当保证披露信息的内容真实、准确、完整，没有虚假、严重误导性陈述或重大遗漏，并就其保证承担连带责任。

乙方和丙方承诺向甲方提供的信息不侵犯任何第三方的权利。

第八条 当乙方管理的基金成交量或交易价格出现异常波动，或者甲方认为有需要向乙方查询有关问题时，乙方应当如实答复甲方，并按照甲方要求办理公告事宜。

第九条 甲方根据有关法律、法规、规章和各项业务规则的规定对乙方和丙方披露的信息进行形式审查，对内容的真实性、准确性、完整性不承担责任。

第十条 乙方和丙方向其它证券市场或交易所或交易所报告有关涉及乙方或丙方的信息，应当同时向甲方报告。若乙方和丙方向其它证券市场或交易所或交易所报告和对外公开的信息与其向甲方报告和公开的信息有差异，应当向甲方说明并公告。

第十一条 乙方管理的基金如出现《深圳证券交易所证券投资基金上市规则》第四章规定的停牌和复牌情况，乙方应向甲方提交停牌和复牌申请，申请中要说明理由、计划停牌时间和复牌时间，对于不能决定是否申请停牌的情况，应当及时报告甲方。

甲方有权依照《深圳证券交易所证券投资基金上市规则》第四章的有关规定，亦可以根据中国证监会的决定或自行决定乙方管理的证券投资基金的停、复牌事宜。

第十二条 乙方应当按期向甲方缴纳上市费。上市费分为上市初费和上市月费，上市初费为 30，000 元，上市月费为每月 5，000 元。

第十三条 上市初费应当在上市日前三个工作日交纳。上市月费从基金上市后第一个月起计算，可按月在每月 5 日前缴纳或按年在每年 7 月 5 日前一次性缴纳。逾期缴纳上市费用，甲方按应缴金额的 0.03%按日收取滞纳金。

第十四条 乙方管理的基金暂停上市后恢复上市的，乙方不再缴纳上市初费；乙方管理的基金被甲方除牌，已经缴纳的上市费用不予返还。

第十五条 乙方或丙方如有违反法律、法规、规章和本协议的行为，甲方有权采取下列一项或多项措施：

1、责令改正；
2、内部批评；
3、在指定报刊上通报批评；
4、报中国证监会查处。

甲方无须对基金上市交易产生的任何直接或间接损失承担责任。

第十六条 若三方当事人对本协议的内容有争议，应当协商解决。协商不成的，提请深圳市仲裁委员会仲裁。

第十七条 本协议未尽事宜，依照国家有关法律、法规、规章及《深圳证券交易所证券投资基金上市规则》执行。

第十八条 本协议自三方签字盖章之日起生效。若本协议中规定的事项发生重大变化，协议三方应当重新签订协议或签订补充协议。补充协议是本协议的组成部份，与本协议具有同等法律效力。

第十九条 协议一式六份，三方各执二份。每份均具有同等法律效力。

甲方：
法定代表人：
年　月　日

乙方：　　　　丙方：
法定代表人：　　　　法定代表人：
年　月　日　　　　年　月　日

深圳证券交易所新股发行市值配售实施细则

(本规则适用于上海证券交易所的新股发行)

根据中国证监会“关于向二级市场投资者配售新股有关问题的补充通知”，现就本次配售方式的实施作如下说明：

一、配售发行

1、配售比例

配售比例根据市值配售部分投资者的需求确定。当比例为 100%时，市值配售申购放弃部分由主承销商包销；当比例不足 100%时，采取向二级市投资者配售和上网公开发行相结合的方式。

2、市值计算

投资者持有上市流通股票的市值，指按发行公告确定的交易日登记在投资者股票账户内的各已上市流通人民币普通股(即 A 股)的数量乘以该日各股票收盘价的总和，包括可流通但暂时锁定的股份的市值。

每持有 1 万元上市流通股票市值可申购 1 千股新股，不足1万元的部分不计入可申购市值。

深市投资者同一证券账户在不同营业部托管的上市流通股票市值合并计算。

交易所、结算公司计算两市投资者持有的上市流通股票的可申购数量，并于T－2日收市后向会员营业部发送。

3、投资者申购

股票价格按现行定价方式确定后，两市投资者都可参加在上海证券交易所发行的新股的配售。配售时，分别使用其所持的沪、深两市的股票市值。投资者可依据其所持沪市的股票市值，用上海账户向上海证券交易所申购；并可同时依据其所持深市的股票市值，用深圳账户向深圳证券交易所申购。

同一只新股的配售申购，两个交易所分别使用各自的申购代码。上海证券交易所配售代码为“737＊＊＊”；深圳证券交易所的配售代码为“003＊＊＊”，后三位代码相同。

申购新股的数量最低为1000股，超过1000股的，应为1000股的整数倍。

除基金持有的股票账户外，每个股票账户只能申购一次。超额申购和重复申购部分，两所新股发行系统将自动剔除，只保留有效申购部分。

证券投资基金（包括开放式基金）可以其持有的上市流通股票市值参与配售，基金持有的沪市股票账户由于技术原因可按申购上限重复申购，深市的股票账户只需按其所持市值上限一次性申购，但累计申购总额不得超过基金按规定可申购的总额。

投资者申购新股时，无需预先缴纳申购款。申购一经确认，不得撤销。

4、配号

有效申购总量，即两所有效申购量之和经确认后，按以下办法配售新股：

1）当有效申购总量等于拟向二级市场投资者配售的总量时，按投资者的实际申购量配售；

2）有效申购总量小于拟向二级市场投资者配售的总量时，按投资者实际申购量配售后，余额按照招股说明所或招股意向书所确定的方式处理；

3）有效申购总量大于拟向二级市场投资者配售的总量时，沪、深证券交易所按每1000股有效申购量配一个号的规则，对有效申购进行统一连续配号。

5、摇号抽签

主承销商于T＋1日，根据总配号量组织统一摇号抽签。投资者每中签一个号配售新股1,000股。会员营业部应于T＋2日在显著位置公布摇号中签结果。

6、中签缴款

配售新股中签后，投资者应确保资金账户中有足够的新股认购资金。若中签投资者因资金不足无法足额认购中签股票时，会员营业部应于T＋3日14:00时前，将其放弃认购部分向交易所、结算公司申报。因资金不足而放弃认购的新股，由主承销商包销。

深圳证券交易所原要求投资者在中签后就缴款认购部分进行二次申报，现改为就中签后放弃认购部分进行申报，申报的证券代码仍为“003＊＊＊”，委托价格为0。

放弃认购的数量为实际放弃的数量（可以不是1000的整数倍）。不作放弃认购申报，视同全部缴款认购。

7、登记过户

结算公司于T＋3日进行清算交割和股东登记。两市投资者缴纳的新股认购资金，由证券公司分别与中国结算沪、深分公司办理结算交收。新股认购款集中由中国结算上海分公司划付给主承销商。

8、其他事项

配售发行一般在正常交易时间内进行。

自2002年8月1日起，账户资料中缺少持有人姓名（名称）或者身份证号码（营业执照注册号码）的证券账户，将不允许参加配售。

二、上市交易

1、持有深市账户的投资者获得配售的新股只能委托深圳证券交易所卖出。需要卖出时，与卖出深市其他证券一样，可委托会员营业部向深圳证券交易所进行卖出申报，深圳证券交易所接到卖出指令后向上海证券交易所进行转报，成交回报由上海证券交易所反馈给深圳证券交易所，再发送给会员营业部。

2、配售新股在上海证券交易所挂牌交易时，股票代码为“600＊＊＊”。为便于深市投资者卖出配售中签的股票，新股上市交易后，在深圳证券交易所也挂出对应的代理股票代码，深市的股票代码为“003＊＊＊”，两市股票代码的后三位一致。

3、配售发行的新股，不办理跨市场转托管。

4、市值配售的股票在实施配股时，上海证券交易所配股代码为“700＊＊＊”；以深圳账户持有该股票的投资者，按深圳证券交易所的有关规定，以“083＊＊＊”代码进行配股认购。

5、股票停牌期间，上海证券交易所系统按规则不接受该股票的申报，包括深圳证券交易所系统的转报。

6、持深市股票账户的投资者对市值配售股票的卖出委托，经深圳证券交易所系统转报，以上海证券交易所主机收到后方为有效。

7、深市将实时转发市值配售股票的交易行情，但以上海证券交易所发布的行情为准。

8、对按市值配售的股票，两市投资者在交易时，分别按照各自市场的收费标准缴纳相关交易、结算等费用。

三、登记结算

1、中国结算沪、深分公司分别负责两市投资者在市值配售股票时获配新股的股份登记，并按照两市规则办理结算交收业务。

2、两市同一市值配售股票的权益分派和配股的股权登记日和配股上市日应保持一致，现金红利的到账日按沪市规则统一确定。其他具体运作分别按两市规则执行。

3、市值配售新股的持有人名册由中国结算上海分公司统一提供。

附件1：以定价发行方式向二级市场投资者配售新股操作程序

附件2：新股同时向二级市场投资者配售和上网公开发行的流程

附件3：向二级市场投资者配售新股操作实例

上海证券交易所、深圳证券交易所

中国证券登记结算有限责任公司

二〇〇二年五月二十二日

附件1：

以定价发行方式向二级市场投资者配售新股操作程序

（一）T－2日或之前刊登招股说明（意向）书

发行公司披露新股发行价格或价格区间、发行方式和拟上市证券交易所。

交易所、中国证券登记结算公司根据发行公告确定的交易日的收盘价，统计并发送各投资者分别持有的两市上市流通股票的市值。

(二)T—1 日或之前刊登发行公告

发行人及其主承销商根据市场情况确定发行价格并公告。

(三)T 日投资者申购

投资者按照其可申购新股的数量,自愿委托申购新股。

证券交易所确认有效申购,剔除无效申购,并按有效申购量连续配号后,将配号结果传输给各证券营业部。

(四)T+1 日摇号抽签

证券营业部在交易场所的显著位置向投资者公布配号结果。

主承销商在中国证券监督管理委员会(以下简称中国证监会)指定报纸上公布中签率,并在公证机关的监督下组织摇号抽签。

证券交易所将中签号码分别传送给登记公司和证券营业部。

(五)T+2 日公布中签结果

证券营业部在交易场所的显著位置张贴中签结果公告。

主承销商在中国证监会指定报纸上公布抽签结果。

(六)T+3 日收缴股款、清算、登记

证券营业部向中签投资者收取新股认购款,将股款集中划入登记结算公司的指定账户。

(七)T+4 日交割

证券登记公司将募集资金划入主承销商指定的账户。

(八)T+5 日划款

主承销商将募集资金划入发行公司指定账户。

附件 2:

新股同时向二级市场投资者配售和上网公开发行的流程

日期向二级市场投资者配售上网公开发行

T—2 或之前刊登招股说明(意向)书

刊登招股说明(意向)书

网下询价

T—1 刊登发行公告、发行价格

T 投资者申购,无需缴款

交易所确认有效申购、配号投资者申购,预先缴款

T+1 公布配号结果

摇号抽签冻结资金

T+2 公布中签结果验资

确认有效申购、配号

T+3 收缴股款、清算、登记公布配号结果

摇号抽签、清算、登记

T+4 交割、划款公布中签结果

交割、划款

T+5 主承销商将募集资金

划入发行人账户主承销商将募集资金

划入发行人账户

附件 3:

向二级市场投资者按市值配售新股操作实例

假设江西 XX 股份有限公司定于 2002 年 4 月 25 日,在上交所按市值配售方式上网发行 A 股,发行量为 8000 万股,发行价格为 6.55 元/股,该股上市后的交易代码为 600999,简称为"XX 股份"。投资者张三所持上海股票账户号码为 A123456789,所持深圳股票账户号码为 0087654321。

一、市值计算

2002 年 4 月 22 日收市后,沪、深交易所分别计算投资者拥有 A 股的可申购市值。经统计,投资者张三持沪市可申购市值为 8 万 6 千元,持深市可申购市值为 6 万 8 千元。根据市值计算办法,张三最多可向上交所申购 8 千股新股,向深交所申购 6 千股新股。

二、发行申购

2002 年 4 月 25 日(T 日),张三在正常交易时间内以上海证券账户 A123456789 向上交所申购 8 千股新股,申购代码为 737999,申购价格为 6.55 元/股;同日的正常交易时间内,张三又以深圳证券账户 0087654321 向深交所申购 8 千股新股(注意:已超过了 6 千股),申购代码为 003999,申购价格同为 6.55 元/股。

三、配号

2002 年 4 月 25 日(T 日)收市后,沪、深交易所根据 2002 年 4 月 22 日收市后计算的投资者拥有的股票市值,按每 1 万元上市流通证券市值可申购 1 千股 XX 股份,不足 1 万元的部分不计入可申购市值的原则,对有效申购进行统一连续配号。

张三因同时向两个交易所申购,可获得上交所 8 个配号,深交所 6 个配号(注意:并非是 8 个号,剔除了 2 个)。

四、中签认购

配售新股中签后,投资者应确保资金账户中有足够的新股认购资金。若中签投资者因资金不足无法足额认购中签股票时,会员营业部应于 2002 年 4 月 30 日(T+3 日)日 14:00 收市前,将其放弃认购部分向交易所申报。因资金不足而放弃认购的新股,由主承销商包销。

在 2000 年 3 月初次试行按市值配售新股时,深交所要求投资者在中签后就中签股份进行缴款认购申报,为同上海一致,现改为就中签后放弃认购部分进行申报,申报的证券代码仍为"003999",委托价格为 0,放弃认购的数量为实际放弃的数量(可以不是 1000 的整数倍)。如不申报视同全部缴款认购。

假定张三在沪、深两市各中了 1000 股,且在会员营业部有足够的资金,因而共获配售 2000 股"XX 股份"新股,分别登记托管在结算公司的沪、深分公司。

五、上市交易

2002 年 5 月 31 日,江西 XX 股份公司在上交所挂牌上市,其在上交所和深交所的挂牌代码分别为"600999"、"003999",开盘参考价均为 6.55 元/股,证券简称统一为"XX 股份";

张三可以通过自己的深市证券账户 0087654321 向深交所报单,卖出"003999",也能对自己的卖出委托进行撤单,但不能买入"003999"。

深交所交易系统发布的行情数据中,"003999""XX 股份"的行情数据将实时转发上交所的"600999"的行情数据,为准确起见,深市投资者应根据"600999"的实时行情数据确定"003999"的卖出委托价格。

沪市的交易不变。

六、配股

2003 年 6 月 2 日至 6 月 13 日,"XX 股份"股票进行配股,配股比例为 10 配 3,配股价格为 3.8 元/股。持有上海证券账户的投资者按上交所的有关规定,以"700999"代码进行配股认购,配股价格为 3.8 元/股。

假定张三届时仍以深圳证券账户 0087654321 持有"XX 股份"500 股,按深交所的有关规定,其可以"083999"代码向深交所认购 150 股配股,配股价格为 3.8 元/股。

认购确认后，其获配股份连同原有股份共650股，同样可通过深交所卖出。

深圳证券交易所向二级市场投资者定价配售新股实施办法

根据证监发行字〔2000〕5号《关于向二级市场投资者配售新股有关问题的通知》、证监发行字〔2002〕54号《关于向二级市场投资者配售新股有关问题的补充通知》及相关规定，制定本办法。本办法适用于深圳证券交易所（以下简称“深交所”）采用市值配售方式向二级市场投资者定价发行新股，现说明如下：

一、配售发行

1.市值计算

投资者持有上市流通股票的市值，是指按发行公告确定的交易日登记在投资者证券账户内的各已上市流通人民币普通股（即A股）的数量乘以该日各股票收盘价的总和，包括可流通但暂时锁定的股份的市值。如该日无收盘价，则依上一交易日的收盘价计算。

每持有1万元上市流通股票市值可申购1000股新股，不足1万元的部分不计入可申购市值。

深市投资者同一证券账户在不同营业部托管的上市流通股票市值合并计算。

中国证券登记结算有限责任公司（以下简称“中国结算”）深圳分公司计算投资者持有的深圳市场（以下简称“深市”）上市流通股票的可申购市值，并于T－2日（T日为发行申购日）收市后向会员营业部发送。中国结算上海分公司、上海证券交易所（以下简称“上证所”）计算投资者持有的上海市场（以下简称“沪市”）上市流通股票的可申购数量，并于T－2日收市后向会员营业部发送。

2.申购

两市投资者都可参加在深交所发行的新股的配售。配售时，分别使用其所持的深、沪两市的股票市值。投资者可依据其所持深市的股票市值，用深圳证券账户向深交所申购；并可同时依据其所持沪市的股票市值，用上海证券账户向上证所申购。

同一只新股的配售申购，两个交易所分别使用各自的申购代码。深交所配售代码为“002nnn”；上证所的配售代码为“739nnn”，后三位代码相同。

申购新股的数量最低为1000股，超过1000股的，应为1000股的整数倍。

除证券投资基金（包括开放式基金）持有的证券账户外，每个证券账户只能申购一次。超额申购和重复申购部分将被发行系统自动剔除。基金可以以其持有的上市流通股票市值参与配售，基金持有的证券账户在深市按其所持市值上限一次性申购，在沪市可重复申购，但累计申购总额不得超过基金按规定可申购的总额。

投资者申购新股时，无需预先缴纳申购款。申购一经确认，不得撤消。

3.配号

有效申购总量，即两所有效申购量之和经确认后，按以下办法配售新股：

（1）当有效申购总量等于拟向二级市场投资者配售的总量时，按投资者的实际申购量配售；

（2）当有效申购总量小于拟向二级市场投资者配售的总量时，按投资者实际申购量配售后，余额按照招股说明（意向）书所确定的方式处理；

（3）当有效申购总量大于拟向二级市场投资者配售的总量时，中国结算深圳分公司、上证所按每1000股有效申购量配一个号的规则，对有效申购进行统一连续配号。

4.摇号抽签

保荐机构（主承销商）于T＋1日，根据总配号量组织统一摇号抽签。投资者每中签一个号配售新股1000股。会员营业部应于T＋2日在营业场所的显著位置公布摇号中签结果。

5.中签缴款

配售新股中签后，投资者应确保资金账户中有足够的新股认购资金。若中签投资者因资金不足无法足额认购中签股票时，深市会员营业部应于T＋3日15：00前，将其放弃认购部分向深交所申报；沪市会员应于T＋3日15：00前通过PROP向中国结算上海分公司申报。因资金不足而放弃认购的新股，由保荐机构（主承销商）包销。

投资者在中签后若想部分或全部放弃所中签的股票，必须就中签后放弃认购部分进行申报（深市投资者申报的证券代码为“002nnn”，委托价格为0，沪市投资者由沪市会员通过PROP向中国结算上海分公司申报，证券代码为“739nnn”），放弃认购的数量为实际放弃的数量（可以不是1000股的整数倍）。不作放弃认购申报，视同全部缴款认购。

6.资金交收

中国结算于T＋4日进行资金交收。两市投资者缴纳的新股认购资金，由中国结算深圳、上海分公司收取。新股认购资金扣除相关费用后集中由中国结算深圳分公司划付给保荐机构（主承销商）。

7.其他事项

配售发行一般在正常交易时间内进行。

开户资料中缺少持有人姓名（名称）或者身份证号码（营业执照注册号码）的证券账户，不允许参加配售。

二、上市交易

1.投资者以上海证券账户获得配售的新股只能委托上证所卖出，不能在上证所买入。需要卖出时，与卖出沪市其他证券一样，可委托会员营业部向上证所进行卖出申报，上证所接到卖出指令后向深交所进行转报，成交回报由深交所反馈给上证所，再发送至会员营业部。

2.配售新股在深交所挂牌交易时，股票代码仍为“002nnn”。为便于沪市投资者卖出配售中签的股票，新股上市交易后，在上证所也挂出对应的代理股票代码，沪市的股票代码为“609nnn”，两市股票代码的后三位一致。

3.配售发行的股票，不办理跨市场转托管。

4.配售发行的股票，停牌遵照深交所相关规定。

5.持上海证券账户的投资者对市值配售股票的卖出委托，经上证所系统转报，在深交所主机收到后方为有效。

6.对按市值配售的股票，两市投资者在交易时，分别按照各自市场的收费标准缴纳相关交易、结算等费用。

三、登记结算

1.中国结算深圳、上海分公司分别负责两市投资者在市值配售股票时获配新股的股份登记，并按照两市规则办理登记结算业务。

2.两市同一市值配售股票的权益分派的股权登记日应保持一致。其他具体运作分别按两市规则执行。

3.市值配售新股的持有人名册由中国结算深圳分公司统

一提供。

附件：1. 深圳证券交易所向二级市场投资者定价配售新股操作程序

2. 深圳证券交易所向二级市场投资者定价配售新股操作实例

附件1：深圳证券交易所向二级市场投资者定价配售新股操作程序

一、T－2日或之前刊登招股说明(意向)书

发行人披露新股发行价格、发行方式和拟上市证券交易所。

中国结算、证券交易所根据发行公告确定的交易日的收盘价，统计并发送各投资者分别持有的两市上市流通股票的市值。

二、T－1日或之前刊登发行公告

发行人及其保荐机构(主承销商)根据市场情况确定发行价格并公告。

三、T日投资者申购、配号

投资者按照其可申购新股的数量，自愿委托申购新股。

中国结算、证券交易所确认有效申购，剔除无效申购，并按有效申购量连续配号后，将配号结果传输给各证券营业部。

四、T＋1日摇号抽签

证券营业部在营业场所的显著位置向投资者公布配号结果。

保荐机构(主承销商)在中国证券监督管理委员会(以下简称"中国证监会")指定报纸上公布中签率，并在公证机关的监督下组织摇号抽签。

证券交易所将中签号码分别传送中国结算深圳分公司和证券营业部。

五、T＋2日公布中签结果

证券营业部在营业场所的显著位置公布抽签结果。

保荐机构(主承销商)在中国证监会指定报纸上公布抽签结果。

六、T＋3日投资者缴款、放弃认购

证券营业部向中签投资者收取新股认购款，将股款集中划入中国结算的指定账户。中签投资者如放弃认购，需就放弃认购部分进行申报，不作放弃认购申报则视同全部缴款认购。若中签投资者认购资金不足，各证券营业部将只对其资金能够认购的部分进行配售，余者视同放弃认购并进行申报。

七、T＋4日资金交收

中国结算根据中签结果及放弃认购情况扣收认购资金，新股认购资金扣除相关费用后集中由中国结算深圳分公司划至保荐机构(主承销商)指定的账户。

八、T＋5日划款

保荐机构(主承销商)将募集资金划入发行人指定账户。

附件2：深圳证券交易所向二级市场投资者定价配售新股操作实例

假设XX股份有限公司定于2004年某月15日(本例中的日期不考虑节假日)，在深交所按市值配售方式上网定价发行A股，发行量为5000万股，申购上限5万股，发行价格为6.55元/股，该股上市后的交易代码为002999，简称为"XX股份"。投资者张三所持深圳证券账户号码为0087654321，所持上海证券账户号码为A123456789。

一、市值计算

2004年某月12日(T－3日)收市后，中国结算深圳、上海分公司分别计算投资者拥有A股的市值。经统计，投资者张三持深市可申购市值为68000元，持沪市可申购市值为86000元。根据市值计算办法，张三最多可向深交所申购6000股新股，向上证所申购8000股新股。

二、申购

2004年某月15日(T日)，张三在正常交易时间内以深圳证券账户0087654321向深交所申购8000股新股(注意：已超过了6000股)，申购代码为002999，申购价格为6.55元/股；同日的正常交易时间内，张三又以上海证券账户A123456789向上证所申购8000股新股，申购代码为739999，申购价格同为6.55元/股。

三、配号

2004年某月15日(T日)收市后，中国结算深圳分公司、上证所根据2004年某月12日收市后计算的投资者拥有的股票市值，按每1万元上市流通证券市值可申购1000股XX股份，不足1万元的部分不计入可申购市值的原则，对有效申购进行统一连续配号。

张三因同时向两个交易所申购，可获得深交所6个配号(注意：并非是8个号，剔除了2个)，上证所8个配号。

四、中签缴款

配售新股中签后，投资者应确保资金账户中有足够的新股认购资金。若中签投资者因资金不足无法足额认购中签股票时，深市会员营业部应于T＋3日15:00前，将其放弃认购部分向深交所申报；沪市会员应于T＋3日15:00前通过PROP向中国结算上海分公司申报。因资金不足而放弃认购的新股，由保荐机构(主承销商)包销。

深交所要求投资者在中签后就放弃认购部分进行申报，申报的证券代码仍为"002999"，委托价格为0，放弃认购的数量为实际放弃的数量(可以不是1000的整数倍)。如不申报视同全部缴款认购。

假定张三在深、沪两市各中了1000股，且在会员营业部有足够的资金，因而共获配售2000股"XX股份"新股，分别登记托管在中国结算深圳、上海分公司。

五、上市交易

2004年某月30日，XX股份公司在深交所挂牌上市，其在深交所和上证所的挂牌代码分别为"002999"、"609999"，开盘参考价均为6.55元/股，上市首日简称统一以"N"开头，证券简称统一为"XX股份"。

张三可以通过自己的上海证券账户A123456789向上证所报单，卖出"609999"，也能对自己的卖出委托进行撤单，但不能买入"609999"。

上证所交易系统发布的行情数据中，"609999""XX股份"的行情数据将实时转发深交所的"002999"的行情数据，为准确起见，沪市投资者应根据"002999"的实时行情数据确定"609999"的卖出委托价格。

张三在深交所中签股份的交易办法与深交所挂牌的其他股票一致。

深圳证券交易所设立中小企业板块实施方案

为了贯彻党的十六届三中全会和《国务院关于推进资本市场改革开放和稳定发展的若干意见》中关于分步推进创业板市场建设的要求，深圳证券交易所制定了设立中小企业板块实施方案并已经中国证监会批复实施，现予颁布：

一、基本原则

1、审慎推进原则。设立中小企业板块是落实分步推进创

业板市场建设要求的具体安排，是基于现有市场条件的改革措施，重在摸索和积累经验。要把推进发展进程和市场可承受能力结合起来，及时化解风险隐患，保持市场稳定运行。

2、统分结合原则。中小企业板块在主板市场的制度框架下运行，同时又是主板市场中相对独立的板块，要根据相关条件的成熟情况和中小企业板块的运行要求，积极推进制度和技术创新。

3、从严监管原则。中小企业板块将针对中小企业的风险特点，在发行核准机制、信息披露机制、市场监察机制和交易机制等方面作出适当调整，采取有针对性的监管措施，维护正常的市场秩序。

4、统筹兼顾原则。中小企业板块的建立要与主板市场的改革开放和稳定发展统筹考虑，积极落实《国务院关于推进资本市场改革开放和稳定发展的若干意见》，促进主板市场和中小企业板块的协调、稳定发展。

二、实施框架

中小企业板块的总体设计，可以概括为“两个不变”和“四个独立”。即在现行法律法规不变、发行上市标准不变的前提下，在深圳证券交易所主板市场中设立的一个运行独立、监察独立、代码独立、指数独立的板块。

1、两个不变。中小企业板块运行所遵循的法律、法规和部门规章，与主板市场相同；中小企业板块的上市公司符合主板市场的发行上市条件和信息披露要求。

2、四个独立。中小企业板块是主板市场的组成部分，同时实行运行独立、监察独立、代码独立、指数独立。运行独立是指中小企业板块的交易由独立于主板市场交易系统的第二交易系统承担。监察独立是指深圳交易所将建立独立的监察系统实施对中小企业板块的实时监控，该系统将针对中小企业板块的交易特点和风险特征设置独立的监控指标和报警阀值。代码独立是指将中小企业板块股票作为一个整体，使用与主板市场不同的股票编码。指数独立是指中小企业板块将在上市股票达到一定数量后，发布该板块独立的指数。

三、制度安排

针对中小企业板块的特点，设立初期先在以下方面作出相应制度安排：

1、发行制度

中小企业板块主要安排主板市场拟发行上市企业中流通股本规模相对较小的公司在该板块上市，并根据市场需求，确定适当的发行规模和发行方式。

2、交易及监察制度

针对中小企业板块的风险特征，在交易和监察制度上作出有别于主板市场的特别安排：一是改进开盘集合竞价制度和收盘价的确定方式，进一步提高市场透明度，遏制市场操纵行为；二是完善交易信息公开制度，引入涨跌幅、振幅及换手率的偏离值等监控指标，并将异常波动股票纳入信息披露范围，按主要成交席位分别披露买卖情况，提高信息披露的有效性；三是完善交易异常波动停牌制度，优化股票价量异常判定指标，及时揭示市场风险，减少信息披露滞后或提前泄漏的影响。同时，根据市场发展需要，持续推进交易和监察制度的改革创新。

3、公司监管制度

针对中小企业板块上市公司股本较小的共性特征，实行比主板市场更为严格的信息披露制度：一是建立募集资金使用定期审计制度；二是建立涉及公司发展战略、生产经营、新产品开发、经营业绩和财务状况等内容的年度报告说明会制度；三是建立定期报告披露上市公司股东持股分布制度；四是建立上市公司及中介机构诚信管理系统；五是建立退市公司股票有序快捷地转移至股份代办转让系统交易的机制。

深圳证券交易所中小企业板块上市公司诚信建设指引

各中小企业板块上市公司：

为了加强中小企业板块上市公司诚信建设，我所制定了《深圳证券交易所中小企业板块上市公司诚信建设指引》，自印发之日起执行。特此通知

深圳证券交易所

二〇〇四年六月二十四日

第一章　总　则

第一条　为了加强中小企业板块上市公司（以下简称“上市公司”）诚信建设，完善证券市场诚信体系，促进中小企业板块规范发展，制定本指引。

第二条　本指引适用于深圳证券交易所（以下简称“本所”）对中小企业板块上市公司及其控股股东、董事、监事、高级管理人员诚信行为的指导、评价和管理。

第三条　上市公司及其控股股东、董事、监事、高级管理人员应当诚实信用，勤勉尽责，积极主动地采取措施保护投资者特别是中小投资者的合法权益。

第二章　上市公司诚信行为

第四条　上市公司及其控股股东、董事、监事、高级管理人员应当严格遵守《公司法》、《证券法》等法律法规以及中国证监会、本所关于上市公司及其控股股东、董事、监事、高级管理人员的各项规定。

第五条　上市公司应当健全公司治理结构，保证股东大会、董事会和监事会规范运作。上市公司聘任的独立董事应不少于董事会成员的三分之一，其中会计专业人士应不少于一名。

第六条　上市公司应当建立有效的内部控制机制，完善财务、会计和内部审计制度，提高风险控制能力。

第七条　上市公司应当做到与其控股股东在人员、资产、财务、机构、业务方面的严格分开。上市公司董事长、副董事长和高级管理人员不应在控股股东兼任除董事以外的其他行政职务。

第八条　上市公司应当建立完备的信息披露制度，在人员和组织上将信息披露责任落实到位，保证信息披露真实、及时、准确、完整，没有虚假记载、误导性陈述或重大遗漏。上市公司不得利用信息披露操纵股票价格，不得将须在临时报告中披露的信息推迟至在定期报告中披露，不得以新闻发布或答记者问等形式代替公司的正式公告。

第九条　上市公司应当审慎使用募集资金，保证募集资金的使用与招股说明书或募集说明书的承诺相一致，不应随意改变募集资金的投向。

上市公司应真实、完整地披露募集资金的实际使用情况，并在年度审计的同时聘请会计师事务所对募集资金使用情况进行专项审核。

第十条　上市公司进行关联交易，应当遵循公正、公平的原则，按照有关规定履行关联交易决策程序并予以披露，不应

以不正当的方式掩盖关联交易的实质，不得利用关联交易向关联方输送利益，也不得利用关联交易制造虚假利润。

第十一条 控股股东应当严格依法行使出资人权利，履行法定的信息披露义务和告知义务，不应通过利润分配、关联交易、资产重组、内幕交易等形式谋取不当利益，不应利用控股地位通过借款、担保等形式损害公司及中小股东利益。

第十二条 董事、监事和高级管理人员在上市公司收购中，应当维护公司利益，恪尽职守，确保公司经营管理和信息披露的正常进行。

董事、监事和高级管理人员针对收购行为所做出的决策及采取的措施，不应损害公司及其股东的合法权益。

第十三条 上市公司及其控股股东、董事、监事、高级管理人员应当严格遵守对投资者和监管部门作出的承诺。

第十四条 上市公司应在每年年度报告披露后举行年度报告说明会，向投资者真实、准确地介绍公司的发展战略、生产经营、新产品和新技术开发、财务状况和经营业绩、投资项目等各方面情况，并将说明会的文字资料放置于公司网站供投资者查阅。

第十五条 上市公司除按照强制性规定披露信息外，可以自愿披露所有可能对投资者决策产生影响的信息，并保证所有投资者有平等的机会获得信息。

第十六条 上市公司可以采取以下措施加强投资者关系管理：

（一）指定一名高级管理人员担任投资者关系管理负责人，全面负责公司投资者关系管理工作，并由具体部门承办投资者关系管理的日常工作；

（二）设立专门咨询电话接待投资者的咨询；

（三）在公司网站设立投资者关系管理专栏，并开设论坛；

（四）设立投资者关系管理专用信箱；

（五）进行各种形式的公开路演、分析师会议、投资者说明会等。

第十七条 上市公司可以在章程中规定，在董事会成员中由单一股东或者具有关联关系的股东提名的董事人数不超过半数。

第十八条 上市公司股东大会选举董事可采取累积投票制度，可选举一定比例的由中小股东提名的董事进入董事会，并可规定独立董事中至少有一名由中小股东提名的候选人担任。

第十九条 上市公司应当为股东参加股东大会提供便利，可以采取现场表决、通讯表决及法律法规允许的其他表决形式，广泛地征求中小股东的意见。

第三章 上市公司诚信管理

第一节 签订协议与承诺书

第二十条 上市公司应当按照《深圳证券交易所股票上市规则》的规定，与本所签订《深圳证券交易所中小企业板块证券上市协议》。

第二十一条 上市公司董事、监事和高级管理人员应当按照《深圳证券交易所股票上市规则》的规定，如实填写并签署《董事（监事、高级管理人员）声明及承诺书》，送本所备案。

第二十二条 上市公司及其董事、监事、高级管理人员应当严格按照《深圳证券交易所中小企业板块证券上市协议》和《董事（监事、高级管理人员）声明及承诺书》要求，忠实、诚信、勤勉地履行职责。

第二节 开展诚信教育

第二十三条 本所诚信教育的对象为上市公司的控股股东、董事、监事和高级管理人员。

第二十四条 诚信教育通过董事及独立董事培训、董事会秘书资格培训以及不定期举办专题培训、座谈会、经验交流会等方式进行。本所还通过印发有关学习资料、经验介绍、诚信案例等方式进行诚信教育活动。

第二十五条 本所对诚信教育活动作专项考核和计分，并将有关成绩记入诚信档案。

第三节 建立诚信档案

第二十六条 本所根据中国证监会的统一规划和安排，建立上市公司诚信档案管理系统。诚信档案主要记录上市公司及其控股股东、董事、监事和高级管理人员的诚信信息：

（一）上市公司及其控股股东、董事、监事和高级管理人员违背诚信原则的信息；

（二）中国证监会及其派出机构、本所对上市公司及其控股股东、董事、监事和高级管理人员的监管信息；

（三）从工商税务部门、银行及其他机构获得的有关上市公司及其控股股东、董事、监事和高级管理人员的诚信信息。

第二十七条 本所可以通过本所网站或采取其他适当方式向社会公开上市公司诚信档案的有关信息。

第四节 建立诚信评价体系

第二十八条 本所根据诚信档案建立上市公司诚信评价体系，对上市公司及其控股股东、董事、监事和高级管理人员的诚信状况进行评估。

第二十九条 本所定期将诚信评估结果反馈给上市公司及其控股股东、董事、监事和高级管理人员，对其在诚信方面存在的问题进行警示。

第三十条 本所根据上市公司诚信评估结果对上市公司实施分类监管。

第三十一条 本所在为上市公司再融资出具持续监管意见时，将上市公司诚信评估结果作为重要依据。

第三十二条 本所建立上市公司诚信信息交换制度，及时与中国证监会及其派出机构交换上市公司诚信信息和评估结果。

第三十三条 本所视上市公司诚信情况向司法机关、行业自律组织、工商税务部门、银行等通报上市公司诚信信息和评估结果。

第四章 附 则

第三十四条 本指引由本所负责解释。

第三十五条 本指引自发布之日起施行。

中小企业改制上市业务流程

从改制上市的基本业务流程来看，一般要经历股份有限公司设立、上市辅导、发行申报与审核、股票发行与挂牌上市等阶段。

一、改制与设立

企业申请发行股票，必须先发起设立股份公司。股份公司的设立是否规范，直接影响到发行上市的合规性。

（一）改制与设立方式

1、新设设立。即5个以上发起人出资新设立一家股份公司。

2、改制设立。即企业将原有的全部或部分资产经评估或确认后作为原投资者出资而设立股份公司。

3、有限责任公司整体变更。即先改制设立有限责任公司或新设一家有限责任公司，然后再将有限责任公司整体变更为股份公司。

（二）改制与设立程序

1、新设设立基本程序

（1）发起人制定股份公司设立方案；

（2）签署发起人协议并拟定公司章程草案；

（3）取得国务院授权的部门或省级人民政府对设立公司的批准；

（4）发起人认购股份和缴纳股款；

（5）聘请具有证券从业资格的会计师事务所验资；

（6）召开创立大会并建立公司组织机构；

（7）向公司登记机关申请设立登记。

2、改制设立基本程序

（1）拟定改制设立方案；

（2）聘请具有证券业务资格的有关中介机构进行审计和国有资产评估；

（3）签署发起人协议并拟定公司章程草案；

（4）拟定国有土地处置方案并取得土地管理部门的批复；

（5）拟定国有股权管理方案并取得财政部门的批复；

（6）取得国务院授权的部门或省级人民政府对设立公司的批准；

（7）发起人认购股份和缴纳股款、办理财产转移手续；

（8）聘请具有证券业务资格的会计师事务所验资；

（9）召开公司创立大会并建立公司组织机构；

（10）向公司登记机关申请设立登记。

3、有限责任公司整体变更基本程序

向国务院授权部门或省级人民政府提出变更申请并获得批准；

聘请具有证券业务资格的会计师事务所审计；

原有限责任公司的股东作为拟设立的股份公司的发起人，将经审计的净资产按1:1的比例投入到拟设立的股份公司；

聘请具有证券业务资格的会计师事务所验资；

拟定公司章程草案；

召开创立大会并建立公司组织机构；

向公司登记机关申请变更登记。

二、上市辅导

股份公司在提出首次公开发行股票申请前，应聘请辅导机构进行辅导。辅导期至少为一年。

（一）上市辅导的程序

1、聘请辅导机构。辅导机构应是具有保荐资格的证券经营机构以及其他经有关部门认定的机构。

2、与辅导机构签署辅导协议，并到股份公司所在地的证监局办理辅导备案登记手续。

3、正式开始辅导。辅导机构每3个月向当地证监局报送1次辅导工作备案报告。

4、辅导机构针对股份公司存在的问题提出整改建议，督促股份公司完成整改。

5、辅导机构对接受辅导的人员进行至少1次的书面考试。

6、向当地证监局提交辅导评估申请。

7、证监局验收，出具辅导监管报告。

8、股份公司向社会公告准备发行股票的事宜。股份公司应在辅导期满6个月之后10天内，就接受辅导、准备发行股票的事宜在当地至少2种主要报纸连续公告2次以上

（二）上市辅导的主要内容

1、督促股份公司董事、监事、高级管理人员、持有5%以上（含5%）股份的股东（或其法定代表人）进行全面的法规知识学习或培训。

2、督促股份公司按照有关规定初步建立符合现代企业制度要求的公司治理基础。

3、核查股份公司在设立、改制重组、股权设置和转让、增资扩股、资产评估、资本验证等方面是否合法、有效，产权关系是否明晰，股权结构是否符合有关规定。

4、督促股份公司实现独立运营，做到业务、资产、人员、财务、机构独立完整，主营业务突出，形成核心竞争力。

5、督促股份公司规范与控股股东及其他关联方的关系。

6、督促股份公司建立和完善规范的内部决策和控制制度，形成有效的财务、投资以及内部约束和激励制度。

7、督促股份公司建立健全公司财务会计管理体系，杜绝会计造假。

8、督促股份公司形成明确的业务发展目标和未来发展计划，制定可行的募股资金投向及其他投资项目的规划。

9、对股份公司是否达到发行上市条件进行综合评估，协助开展首次公开发行股票的准备工作。

三、发行申报与审核

（一）检验公司是否达到申请公开发行股票的基本条件

发行股票需要具备以下基本条件：

1、前一次发行的新股已募足，并间隔1年以上。

2、设立股份公司已满3年。国有企业整体改制设立的股份公司、有限责任公司依法整体变更设立的股份公司或经国务院批准豁免的，可不受该期限的限制。

3、最近三年内连续盈利，并可向股东支付股利。

4、公司近3年内无重大违法行为，财务会计文件无虚假记载。

5、公司预期利润率达到同期银行存款利率。

6、公司发行前股本不少于拟发行股本的35%，且发行后公司股本总额不少于人民币5000万元；向社会公开发行的股份达公司股份总数的25%以上；公司股本总额超过人民币4亿元的，其向社会公开发行股份的比例为15%以上。

7、公司的生产经营符合国家产业政策。

8、发行前1年末，无形资产（不含土地使用权）占净资产的比例不得超过20%；发行后净资产占总资产中的比例不低于30%（但银行、保险、证券、航空运输等特殊行业的公司不受此限）。

9、与控股股东（或实际控制人）及其全资或控股企业不存在同业竞争。

10、具有直接面向市场独立经营的能力，最近一年和最近一期，公司与控股股东（或实际控制人）及其全资或控股企业，在产品（或服务）销售或原材料（或服务）采购方面的交易额，占公司主营业务收入或外购原材料（或服务）金额的比例，均不超过30%。

11、具有完整的业务体系，最近一年和最近一期，公司委托控股股东（或实际控制人）及其全资或控股企业，进行产品（或服务）销售或原材料（或服务）采购的金额，占公司主营业

务收入或外购原材料(或服务)金额的比例,均不超过30%。

12、具有开展生产经营所必备的资产,最近一年和最近一期,以承包、委托经营、租赁或其他类似方式,依赖控股股东(或实际控制人)及其全资或控股企业的资产进行生产经营所产生的收入,均不超过其主营业务收入的30%。

13、董事长、副董事长、总经理、副总经理、财务负责人、董事会秘书,没有在控股股东(或实际控制人)中担任除董事以外的其他行政职务,也没有在控股股东(或实际控制人)处领薪。

14、除国务院规定的投资公司和控股公司外,公司所累计投资额不得超过本公司净资产的百分之五十(其中累计对外投资额和净资产按最近一期期末经审计的合并会计报表数据计算)。

15、董事会成员中应当至少包括三分之一独立董事,且独立董事中至少包括一名会计专业人士(会计专业人士是指具有高级职称或注册会计师资格的人士)。

16、所募集的资金有明确用途,投资项目经过慎重论证,酬资额不得超过公司上年度末经审计净资产值的两倍。

(二)为股票发行申请文件的制作做好准备工作

1、聘请律师和具有证券业务资格的注册会计师分别着手开展核查验证和审计工作。

2、和保荐机构共同制定初步发行方案,明确股票发行规模、发行价格、发行方式、募集资金投资项目及滚存利润的分配方式,并形成相关文件以供股东大会审议。

3、对募集资金投资项目的可行性进行评估,并出具募集资金可行性研究报告;需要相关部门批准的募集资金投资项目,取得有关部门的批文。

4、对于需要环保部门出具环保证明的设备、生产线等,应组织专门人员向环保部门申请环保测试,并获得环保部门出具的相关证明文件。

5、整理公司最近3年的所得税纳税申报表,并向税务部门申请出具公司最近3年是否存在税收违规的证明。

(三)制作股票发行申请文件

股票发行申请文件主要包括以下内容:

1、招股说明书及招股说明书摘要;

2、最近3年审计报告及财务报告全文;

3、股票发行方案与发行公告;

4、保荐机构向证监会推荐公司发行股票的函;

5、保荐机构关于公司申请文件的核查意见;

6、辅导机构报证监局备案的《股票发行上市辅导汇总报告》;

7、律师出具的法律意见书和律师工作报告;

8、企业申请发行股票的报告;

9、企业发行股票授权董事会处理有关事宜的股东大会决议;

10、本次募集资金运用方案及股东大会的决议;

11、有权部门对固定资产投资项目建议书的批准文件(如需要立项批文);

12、募集资金运用项目的可行性研究报告;

13、股份公司设立的相关文件;

14、其他相关文件,主要包括关于改制和重组方案的说明、关于近三年及最近的主要决策有效性的相关文件、关于同业竞争情况的说明、重大关联交易的说明、业务及募股投向符合环境保护要求的说明、原始财务报告及与申报财务报告的差异比较表及注册会计对差异情况出具的意见、历次资产评估报告、历次验资报告、关于纳税情况的说明及注册会计师出具的鉴证意见等、大股东或控股股东最近一年又一期的原始财务报告。

(四)股票发行审核

1、受理申请文件。申报文件要求齐全和形式合规;审计资料最后审计日在三个月内。

2、初审。具体包括发行部静默审核申报材料、发行部提出反馈意见、发行人及中介机构落实反馈意见、发行部审核反馈意见落实情况、发行部形成初审报告。在此过程中,证监会还就公司募股投向是否符合国家产业政策征求国家发展和改革委员会以及商务部的意见。

3、发行审核委员会审核。证监会初审完毕后,将初审报告和申请文件提交发行审核委员工作会议(以下简称"发审会")审核。7名委员进行充分讨论后,以记名投票方式对股票发行申请进行表决,同意票数达到5票为通过。

4、核准发行。依据发审会的审核意见,证监会对发行人的发行申请作出核准或不予核准的决定。予以核准的,出具核准公开发行的文件。不予核准的,出具书面意见,说明不予核准的理由。证监会应当自受理申请文件之日起3个月内作出决定。

在审核过程中收到的举报信必须处理完毕,方能提请发审会讨论发行申请;在发审会后收到的举报信,必须处理完毕后,方可核准发行。

四、股票发行与挂牌上市

(一)股票发行

不同发行方式下的工作有所不同。一般来说主要包括:

1、刊登招股说明书摘要及发行公告。

2、发行人通过互联网采用网上直播方式进行发行路演(也可辅以现场推介)。

3、投资者通过各证券营业部申购新股。

4、深圳证券交易所向投资者的有效申购进行配号,将配号结果传输给各证券营业部。

5、证券营业部向投资者公布配号结果。

6、主承销商在公证机关监督下组织摇号抽签。

7、主承销商在中国证监会指定报纸上公布中签结果,证券营业部张贴中签结果公告。

8、各证券营业部向中签投资者收取新股认购款。

9、中国证券登记结算公司深圳分公司进行清算交割和股东登记,并将募集资金划入主承销商指定账户。

10、承销商将募集资金划入发行人指定账户。

11、发行人聘请会计师事务所进行验资。

(二)股票上市

1、拟定股票代码与股票简称。股票发行申请文件通过发审会后,发行人即可提出股票代码与股票简称的申请,报深交所核定。

2、上市申请。发行人股票发行完毕后,应及时向深交所上市委员会提出上市申请。

3、审查批准。证券交易所上市委员会在受到上市申请文件并审查完毕后,发出上市通知书。

4、签订上市协议书。发行人在收到上市通知后,应当与深交所签订上市协议书,以明确相互间的权利和义务。

5、披露上市公告书。发行人在股票挂牌前3个工作日内,将上市公告书刊登在中国证监会指定报纸上。

6、股票挂牌交易。申请上市的股票将根据深交所安排和上市公告书披露的上市日期挂牌交易。一般要求,股票发行后7个交易日内挂牌上市。

为了方便发行人办理股票发行上市相关业务，使发行人在深交所同一地点完成发行、上市全部业务办理过程，深圳证券交易所对发行人实行一站式服务方案。

中小企业股票发行上市服务指引

一、发行和上市宣传

发行和上市宣传是企业在中国证监会批准其股票发行后必须进行的一项重要工作，也是企业向广大投资者包括潜在投资者展示自身价值和推广企业形象的最佳时机。作为资本市场的新生力量，中小企业板块上市得到资本市场参与者的普遍关注。做好企业股票发行与上市的宣传工作，切实提升企业的在资本市场中的形象，不仅有利于企业募集资金的最大化，有利于企业股票价格正确反映其自身价值，而且还对提高企业产品品牌形象、促进产品经营有很大的广告作用。

中小企业板块发行与上市宣传工作包括：

a)制作招股说明书

b)制作 IPO 宣传片

c)网上路演

d)与机构投资者见面会(实地路演)

e)在专业报刊、杂志刊登公司宣传广告

f)制作投资价值分析报告

二、法定信息披露

企业经中国证监会批准发行及上市，必须按照有关法规要求履行信息披露义务。目前中国证监会指定的上市公司信息披露媒体主要有：

1、指定报刊，主要是四大证券报；

2、指定网站，深圳证券交易所上市公司信息披露的指定网站是巨潮资讯网 www.cninfo.com.cn。

公司发行与上市的法定披露文件必须在指定媒体及时进行披露，这些文件包括：招股说明书、发行公告、中签率和摇号结果公告、上市公告书、公司章程等。

三、网上路演

为进一步强化新股发行公司的信息披露，中国证券监督管理委员会规定："新股发行公司在新股发行前，必须通过互联网采用网上直播(至少包括图象直播和文字直播)方式向投资者进行公司推介，也可辅以现场推介。"

网上路演是一个新生事物，它是借助互联网的力量，将传统的路演搬到互联网上进行，使更多的投资者能够与发行人进行直接的交流。网上路演充分发挥了网络作为新兴媒体即时性与交互性的特点，满足了投资者、上市公司与券商之间互动交流的潜在要求，使得投资者与企业之间的信息交流速度更快、成本更低、互动性更强。对于中国证券市场广大的个人投资者来说，网上路演无疑有着其重要的作用。

网上路演和电视路演结合，是股票发行与上市路演形式的又一创新。网络和电视路演可以把路演现场传播到更加广泛的范围。通过网络和电视路演，将更有效地实现把上市企业的信息传达给广大投资者的目的。网络和电视路演实现了双向沟通，消除了上市公司和普通投资者之间的距离，是上市公司和投资者之间的桥梁和纽带。

四、实地路演

机构投资者的迅速崛起改变了中国资本市场投资者结构和投资行为。对于上市企业来说，取得国内外机构投资者的认同，与机构投资者进行沟通，已经成为上市公司投资者关系管理和实现成功发行、上市的重要工作。机构投资者代表了专业的投资理念，对提升上市公司的公司治理，增强上市公司的透明度，提高上市公司业绩和资本市场形象起举足轻重的作用。安排机构投资者见面会，是对上市公司有巨大收益的工作，上市公司在上市前可采用实地路演来增进与机构投资者的沟通。

五、摇号抽签仪式

首次公开发行 A 股向二级市场投资者定价配售发行摇号抽签仪式，必须在公开、公平、公正的原则下，由主承销商组织，与上市公司代表一起参加，摇号过程及摇号结果须经公证处公证。摇号抽签仪式可采用电视直播，并指定信息披露媒体披露。

摇号抽签仪式可委托深交所行政服务公司承办，上市公司需提交以下资料：

1、上市公司向公证处提交的资料：(未注明的均为复印件，在摇号抽签当日提交给公证处)

*中签率公告(于抽签日早晨提交指定报刊公告)

*证监会准许上市批复

*证券承销商与上市公司承销协议书

*承销商与上市公司双方营业执照，双方法定代表人证明书(原件)、法人授权委托书(原件)、双方被授权人身份证复印件

2、上市公司向本所项目负责人提交的资料：

*仪式举行具体时间

*参加抽签仪式的领导姓名、性别、职务、人数

*如需要发言，仪式上发言人姓名、性别、职务及其发言稿内容、发言时长

六、上市仪式

上市公司股票首次挂牌上市，上市当日在深圳证券交易所三楼仪式大厅举行上市仪式。上市企业可根据自己的要求委托深交所行政服务公司提供上市仪式的服务。上市仪式的时间为：上午 9：00—9：30。上市公司、主承销商、深交所领导及其它特邀嘉宾出席上市仪式。参加上市仪式的来宾原则上不超过 60 人；特殊情况下有两家或以上公司同时举行上市仪式时，每家公司来宾人数不多于 20 人。

上市公司需提供的材料：

在公司股票上市前一日中午 11：00 以前，公司需提供在仪式上使用的资料：

a、本所交易大厅大屏幕显示文字(如欢迎 * * 公司董事长一行，热烈祝贺 * * 公司股票隆重上市)；

b、需介绍的主要来宾名单(一般不超过 10 人)。名单中需准确说明主要来宾的姓名、单位、职务及讲话人员的讲话次序，并注明敲钟人员，来宾中的女性亦需注明(后附例表)。

仪式议程：

1.8：40 来宾签到

2.8：55 安排人员排列，先请嘉宾入场，再请贵宾入场

3.9：00 仪式开始，由主持人介绍出席本次上市仪式的贵宾和嘉宾

4.9：05 领导讲话(每人不超过 5 分钟)；

(1)公司董事长或总经理讲话；

(2)公司所在省、市政府主管领导讲话；

(3)主承销商领导讲话

(4)深交所领导讲话

5.9：20 深交所领导向公司董事长赠送敲钟锤。

6.9：25 董事长和公司所在省市领导敲开市钟；

7.嘉宾合影留念并香槟庆贺

七、投资者关系管理

根据深圳证券交易所上市公司投资者关系管理指引，上市公司需要规范投资者关系管理工作。投资者关系管理是指上市公司通过各种方式的投资者关系活动，加强与投资者和潜在投资者之间的沟通，增进投资者对上市公司了解的管理行为。

上市公司可指定投资者关系管理负责人，可以进行自愿地披露现行法律法规和规则规定应披露信息以外的信息。上市公司可以通过建立公司网站和投资者关系管理软件等智能化手段开展投资者关系活动。

在认为必要和有条件的情况下，可以聘请专业的投资者关系顾问咨询、策划和处理投资者关系，包括媒体关系、发展战略、投资者关系管理培训、危机处理、分析师会议和业绩说明会安排等事务。

八、联系方式：

咨询电话：82083282、82083284

EMAIL：chenjing@szse.cn；jmhuang@szse.cn

中小企业板块证券上市协议

甲方：深圳证券交易所

法定代表人：

法定地址：

联系电话：

乙方：

法定代表人：

法定地址：

联系电话：

第一条 为规范中小企业板块公司证券上市行为，根据《公司法》、《证券法》和《证券交易所管理暂行办法》，签订本协议。

第二条 甲方依据有关规定，对乙方提交的全部上市申请文件进行审查，认为符合上市条件的，接受其证券上市。

本协议所称证券包括股票、可转换公司债券及其他衍生品种。

第三条 乙方及其董事、监事、高级管理人员理解并同意遵守甲方不时修订的任何上市规则，包括但不限于《深圳证券交易所股票上市规则》、《深圳证券交易所可转换公司债券上市规则》、《深圳证券交易所中小企业板块上市公司特别规定》，并交纳任何到期的上市费用。

第四条 乙方同意以下有关涉及终止上市的安排，承诺将其载入公司章程并遵守：

（一）乙方股票被终止上市后，将进入代办股份转让系统继续交易。

（二）乙方股东大会如对上述内容作出修改，应当得到乙方所有流通股股东所持表决权三分之二以上同意。

第五条 乙方承诺在其股票上市后六个月内，与具有从事代办股份转让主办券商业务资格的证券公司签订《委托代办股份转让协议》，约定一旦乙方股票终止上市，该证券公司立即成为其代办股份转让的主办券商。上述协议于乙方终止上市之日起生效。

第六条 乙方承诺在其股票上市后六个月内建立内部审计制度，监督、核查公司财务制度的执行情况和财务状况。

第七条 乙方应当遵守对其适用的任何法律、法规、规章和甲方有关规则、办法和通知等规定，包括但不限于上述第三条中的规则。乙方及其董事、监事和高级管理人员在上市时和上市后作出的各种承诺，作为本协议不可分割的一部分，应当遵守。

第八条 甲方依据有关法律、法规、规章及《深圳证券交易所股票上市规则》、《深圳证券交易所可转换公司债券上市规则》、《深圳证券交易所中小企业板块上市公司特别规定》的规定，对乙方实施日常监管。

第九条 乙方应当向甲方交纳上市费。上市费分为上市初费和上市月费。

股票上市初费为30,000元。上市月费的收取以总股本为收费依据，总股本不超过5,000万的，每月交纳500元；超过5,000万的，每增加1,000万，月费增加100元，最高不超过2,500元。

可转换债券上市初费按可转换债券总额的0.01%缴纳，最高不超过30,000元。上市月费的收取以可转换债券总额为收费依据，可转换债券总额不超过1亿元的，每月交纳500元；超过1亿元的，每增加2,000万元，月费增加100元，最高不超过2,000元。

其他衍生品种的收费标准由甲方经有关主管机关批准后予以实施。

经有关主管机关批准，甲方可以对上述收费标准进行调整。

第十条 上市初费应当在上市日前三个工作日交纳。上市月费自上市后第二个月至终止上市的当月止，在每月五日前交纳，也可以按季度和年度预交。逾期交纳上市费用，甲方每日按应交纳金额的0.03%收取滞纳金。

第十一条 乙方证券暂停上市后恢复上市，不再交纳上市初费；乙方证券被终止上市后，已经交纳的上市费不予返还。

第十二条 乙方同意以书面形式及时通知甲方任何导致乙方不再符合上市要求的公司行为或其他事件。

第十三条 本协议的执行与解释适用中华人民共和国法律。

第十四条 与本协议有关或因执行本协议所发生的一切争议及纠纷，甲乙双方应首先通过友好协商解决。若自争议或者纠纷发生日之后的三十天内未能通过协商解决，任何一方均可将该项争议提交中国国际经济贸易仲裁委员会（深圳分会）按照当时适用的仲裁规则进行仲裁。仲裁裁决为最终裁决，对双方均具有法律约束力。

第十五条 本协议自双方签字盖章之日起生效。双方可以以书面方式对本协议作出修改和补充，经双方签字盖章的有关本协议的修改协议和补充协议是本协议的组成部分，与本协议具有同等法律效力。

第十六条 本协议一式四份，双方各执二份。

甲方：　　　　　　　　乙方：

法定代表人：　　　　　法定代表人：

年　月　日　　　　　　年　月　日

中小企业板块交易特别规定

第一条 为规范中小企业板块交易行为，强化对中小企业板块股票交易的监管，制定本特别规定。

第二条 深圳证券交易所（以下简称“本所”）中小企业板块股票（以下简称“中小企业股票”）的交易，适用本特别规定。

本特别规定未作规定的，适用《深圳、上海证券交易所交易规则》、《深圳证券交易所大宗交易实施细则》以及其他有关规定。

第三条 每个交易日 9∶15 至 9∶25 为中小企业板块开盘集合竞价时间，9∶30 至 11∶30、13∶00 至 14∶57 为连续竞价时间，14∶57 至 15∶00 为收盘集合竞价时间，15∶00 至 15∶30 为大宗交易时间。

第四条 开盘集合竞价期间，本所主机即时揭示中小企业股票的开盘参考价格、匹配量和未匹配量。

开盘参考价格是指截至揭示时所有有效申报按照集合竞价规则形成的虚拟开盘价格；匹配量是指截至揭示时所有有效申报按照集合竞价规则形成的虚拟成交数量；未匹配量是指截至揭示时在开盘参考价位上的不能按照开盘参考价虚拟成交的买方或卖方委托剩余量。

第五条 每个交易日 9∶20 至 9∶25，本所主机不接受中小企业股票的撤销申报。

第六条 中小企业股票的收盘价通过收盘前最后三分钟集合竞价的方式产生。收盘集合竞价不能产生收盘价的，以最后一笔成交价为当日收盘价。

第七条 本所编制中小企业板块指数，以反映中小企业板块总体价格变动和走势。中小企业板块指数编制方法本所另行规定。

第八条 中小企业股票交易出现下列情况之一的，本所公布成交金额最大五家会员营业部或席位的名称及其买入、卖出金额：

(一)日收盘价格涨跌幅偏离值达到±7%的各前三只股票；

收盘价格涨跌幅偏离值的计算公式为：

收盘价格涨跌幅偏离值＝单只股票涨跌幅－中小企业板块指数涨跌幅

(二)日价格振幅达到 15%的前三只股票；

价格振幅的计算公式为：

价格振幅＝(当日最高价－当日最低价)/当日最低价×100%

(三)日换手率达到 20%的前三只股票；

换手率的计算公式为：

换手率＝当日成交股数/流通股数×100%

收盘价格涨跌幅偏离值、价格振幅或换手率相同的，依次按成交金额和成交量选取。

第九条 中小企业股票交易属于异常波动的，应当停牌，直至有披露义务的当事人作出公告的当日十点三十分复牌。本所公布该股票交易异常波动期间累计成交金额最大五家会员营业部或席位的名称及其买入、卖出金额。

第十条 中小企业股票交易出现下列情况之一的，属于异常波动：

(一)连续三个交易日内日收盘价格涨跌幅偏离值累计达到±20%的；

(二)ST 和 * ST 股票连续三个交易日内日收盘价格涨跌幅偏离值累计达到±15%的；

(三)连续三个交易日内日均换手率与前五个交易日的日均换手率的比值达到 30 倍，并且该股连续三个交易日内的累计换手率达到 20%的。

(四)本所或中国证监会认为属于异常波动的其他情况。

异常波动指标的计算，自复牌之日起重新计算。

上市首日股票(包括新股、增发、配股、恢复上市股票)不纳入异常波动指标的计算。

第十一条 本所按第八条、第九条规定公布的中小企业股票交易公开信息包含机构专用席位的，只公布该席位所属会员名称及其买入、卖出金额。

第十二条 会员应当在营业场所及时公布第八条、第九条规定的公开信息。

第十三条 违反本特别规定的，本所按《交易规则》相关条款予以处分。

第十四条 中小企业板块指数公布前，本特别规定第八条、第十条的收盘价格涨跌幅偏离值的计算公式为：

收盘价格涨跌幅偏离值＝单只股票涨跌幅－深证 A 股指数涨跌幅

第十五条 本特别规定由本所负责解释。

第十六条 本特别规定自发布之日起施行。

中小企业板块上市公司特别规定

第一条 为规范中小企业板块上市公司信息披露，强化对中小企业板块上市公司信息披露的监管，制定本特别规定。

第二条 在深圳证券交易所(以下简称本所)中小企业板块上市的公司(以下简称“中小企业板块上市公司”)的信息披露适用本特别规定。

本特别规定未作规定的，适用《深圳证券交易所股票上市规则》及本所其他有关规定。

第三条 中小企业板块上市公司向本所申请上市时，其公司章程除应当包含《上市公司章程指引》的内容外，还应当包含以下内容，并在《上市公告书》中予以披露：

(一)股票被终止上市后，公司股票进入代办股份转让系统继续交易。

(二)公司不得修改公司章程中的前款规定。

第四条 中小企业板块上市公司应当在股票上市后六个月内建立内部审计制度，监督、核查公司财务制度的执行情况和财务状况。

第五条 中小企业板块上市公司股票根据《中小企业板块交易特别规定》被认定为异常波动的，该公司股票及其衍生品种应当停牌，直至中小企业板块上市公司作出相关公告的当日上午十点三十分复牌。

第六条 中小企业板块上市公司应当在定期报告中新增披露以下内容：

(一)截至报告期末前十名流通股股东的持股情况；

(二)公司开展投资者关系管理的具体情况。

第七条 中小企业板块上市公司应当在每年年度报告披露后举行年度报告说明会，向投资者介绍公司的发展战略、生产经营、新产品和新技术开发、财务状况和经营业绩、投资项目等各方面的情况，并将说明会的文字资料放置于公司网站供投资者查看。

在条件许可的情况下，说明会可以采取网上直播和网上互动的方式进行。

第八条 中小企业板块上市公司当年存在募集资金运用的，公司应当在进行年度审计的同时，聘请会计师事务所对募集资金使用情况，包括对实际投资项目、实际投资金额、实际投入时间和完工程度进行专项审核，并在年度报告中披露专项审核的情况。

第九条 中小企业板块上市公司违反本特别规定的，本所按《上市规则》相关条款予以处分。

第十条 本特别规定由本所负责解释。

第十一条 本特别规定自发布之日起施行。

第六节 证券经营机构

第一目 金融证券公司

中国银河证券有限责任公司

中国银河证券有限责任公司(以下简称中国银河证券)是目前国内最大的综合类证券公司之一,公司经中国证监会批准,在国家工商行政管理局注册登记,注册资本金为45亿元人民币。中国银河证券是经国务院同意,由中国工商银行、中国农业银行、中国银行、中国建设银行、中国人寿保险公司全资的中国华融信托投资公司、中国长城信托投资公司、中国东方信托投资公司、中国信达信托投资公司、中国人保信托投资公司等5家公司所属的证券业务部门及证券营业部合并基础上组建的。公司于2002年6月21日正式接收原中国经济开发信托投资公司的证券业务机构和人员。中国银河证券与各大金融机构有着长期的历史联系和密切交流。

中国银河证券总部设在北京,在全国29个省、直辖市和自治区的58个城市设有2个管理总部、29个城市管理部、167家证券营业部,2000年—2003年连续三年代理股票基金交易量全国排名第一。

目标理念 规范经营、以客户和利润为中心;合力图强,建设中国一流投资银行。

业务范围 证券代理买卖;代理还本付息、分红派息;证券代保管、鉴证、代理登记开户;证券的自营买卖;证券的承销和上市推荐;企业重组、收购与兼并;投资咨询、财务顾问;资产管理;发起设立证券投资基金和基金管理公司。

一流团队 中国银河证券拥有一只高素质的员工团队,现有员工5000余人,其中总部员工中60%具有6年以上的证券从业经历,本科学历占42%,硕士博士占40%。

客户群体 公司现有290多万客户,包括机构客户和个人投资客户。此外,在北京注册的国家各大公司,在华投资的大型跨国公司以及在中国具有影响的民营企业、大的上市公司等500多家企业,是中国银河证券最有活力的客户群体。

合作伙伴 广泛和开放性的合作,是中国银河证券吸取各方优势文化和管理经验的途径。目前除与国内同行及其它金融机构、大学、研究团体进行合作外,还与境外的机构,如施罗德集团、美林证券、富邦证券等签署了一系列交流、合作协议。

证券经纪 证券经纪业务是中国银河最基础、最重要的业务之一。

中国银河目前在全国29个省、自治区、直辖市的58个城市拥有167家证券营业部和46个远程服务部,直接为超过290万以上的投资者提供服务,2000年—2003年公司连续三年代理A股基金交易量排名第一。

资产管理业务 资产管理业务是银河证券重点拓展的业务之一。银河证券以客户资产的稳定增长为己任。自资产管理总部成立以来,已为近百家大型客户提供了高质量的管理服务。高素质的资产管理研究队伍、丰富的市场经验、先进的市场理念和产品设计、灵活的操作策略、科学的运作机制和风险管理机制、团结进取的员工队伍,为银河证券客户资产的保值增值奠定了坚实的基础。

基金管理 经中国证监会批准,公司与中国天然气集团公司、北京首都机场集团公司、上海城市建设投资开发总公司、湖南广播电视产业中心共同投资组建了银河基金管理公司;根据财政部文件,公司协议受让原中国经济开发信托投资公司所持有的大成基金管理公司25%的股权。

上海证券有限责任公司

上海证券有限责任公司是根据国务院有关规定,经上海市人民政府同意和中国证监会批准,在对原上海财政证券公司和上海国际信托投资公司证券部整合重组的基础上,按规范化要求组建成立的证券公司。公司注册资本金十五亿元人民币,其中上海国际集团有限公司出资十亿元,上海国际信托投资公司出资五亿元。公司总资产近一百亿元,拥有各类专业人员八百多人,营业网点三十四家,正在形成以上海为中心,北京、深圳、南京等发达城市为主体的经营网络。

经营范围:证券的代理买卖;代理证券的还本付息和分红派息;证券的代保管、鉴证;代理证券登记开户;证券的自营买卖;证券的承销和上市推荐;证券投资咨询;资产管理;发起设立证券投资基金和基金管理公司;中国证监会批准的其他业务。

上海证券有限责任公司自成立以后,经纪业务本着"立足上海,服务全国"的战略定位,营业网点从上海向全国快速拓展,逐步形成以上海、北京、深圳为核心,以长三角、珠三角主要发达城市为两翼的全国性经营网络。同时,公司积极推行安全化、多元化、网络化、个性化的服务方式。

安全化:维护投资者资产的合法权益,保障投资者交易的安全实施是公司经纪业务自始自终追求的目标。为此,公司强化了经纪业务的规范操作,建立了一整套行之有效的风险防范监控体系,加强了经纪业务重要环节事前、事中和事后监控,同时进一步加大了信息系统安全性建设的投入,努力为投资者营造一个良好、安全的投资环境。

多元化:公司取得多项经纪业务资格,可接受国内证券市场全部交易品种的代理买卖,并能为投资者提供柜台委托、热键委托、划卡委托、电话委托、远程可视委托、网上委托等多种现场和非现场的交易方式。

网络化:公司营业网点已经实现通买通卖、集中清算,并同工、农、中、建等八家银行联合开通了银证转帐服务。

个性化:公司已经形成了集在线咨询、视频广播、每日传真、现场股评四位一体的咨询服务网络,能随时为投资者提供全方位、个性化的咨询服务。

上海证券投资银行业务范围涵盖股票、国债、企业债的发行承销、兼并收购、资产重组、政府财务顾问、发起产业投资基金等服务领域,具备较强的业务协同效应。投资银行总部从1989年成立至今已参与几十家企业股票发行,积累了丰富的项目经验。公司主承销、副主承销、分销公司股票、公司债券累计四十三家,累计承销总额超过两百多亿元,并数次担当国债承销的副主承销商。多年来国债发行的承销量和国债流通的交易量均名列国内券商前茅。企业债券承销在市场上成绩卓然,近年来陆续承销了申能金华企业债券、97浦东建设债券、97市政债券等十几家企业债券。

东方证券股份有限公司

东方证券股份有限公司(以下简称公司)是一家经中国证券监督管理委员会批准的综合类证券公司,其前身是成立于1998年3月的东方证券有限责任公司,公司注册资本金为21.39亿元人民币(含1500万美元),员工800余人。

公司以上海为总部所在地，在上海、北京、深圳、成都、广州、杭州、长沙、抚顺等地共设有37个分支机构和营业网点，形成了依托上海、立足中心城市、辐射全国的大型证券公司的业务网络。公司业务范围齐全，涵盖了证券承销、自营买卖、交易代理、投资咨询、财务顾问、企业并购、基金和资产管理等全部资质领域。

公司以"开拓创新，规范经营，持续发展"为经营理念，以卓越的专业水准和诚信的行业精神为根本，锐意进取，经营能力逐年提高，行业地位大幅上升，各项主要业务指标位居全国同行业前列。公司将致力于发展成为一家由资产管理公司、基金管理公司、投资银行公司、经纪公司、期货公司、研究所等子公司组成的金融控股集团。

经营业绩：东方证券资产质量优良，业务品种齐全、经过六年的稳健发展，公司已建立了完善的风险控制体系和高效的营销团队，凝聚了一批优秀的专业人才和一流的客户群体，为公司创新业务的开展和跨越式发展奠定了坚实的基础。

2004年，东方证券获得了创新业务试点资格；主发起设立的汇添富基金管理公司正式成立；与美国雷曼兄弟公司正式签署了有关QFII投资代理协议；公司上海地区27家营业部实现集中交易，为公司业务的开拓创新提供了必要的技术保障。

经纪业务：公司经纪业务努力构建"有形网点与无形网络相结合"的全国性证券交易网络，大力优化营业网点经营质量，积极发展电子商务业务，充分利用营业部联网的资讯系统和全国性客户服务中心，为客户提供便捷的交易手段、及时的市场信息和优质的增值服务。

公司经纪业务致力于形成差异化竞争优势，在营业部层面搭建三个平台：各种金融产品的营销平台、各类金融业务的代理平台、东方证券品牌的宣传平台，实现向通道＋理财盈利模式的转型。

2004年，经纪业务在开放式基金代销业务上取得突破，打造出一支进取、高效的营销队伍；推出"东方红"投资咨询产品，满足不同层次投资者的需求；与美国雷曼兄弟公司正式签署了有关QFII投资代理协议，把握QFII带来的市场机遇，推动经纪业务的快速发展。2004年，共完成A股基金交易量936.09亿元，市场占有率1.13%。

投资银行业务：公司投行业务以"诚信、规范、创新"为宗旨，大力拓展IPO、股权再融资、债权融资等承销业务，积极涉足重组并购、财务顾问、管理咨询等领域，为客户提供全方位的投行业务服务。

投资银行业务总部1/3的员工具有保荐人资格，1/2为硕士以上学历，100%获得证券从业资格，平均证券从业经历7年，平均年龄33岁。公司成功地帮助包括复星实业、交大昂立、光明乳业、通宝能源等多家国内知名的高科技企业、民营企业上市融资及再融资，在高科技企业、民营企业重组上市方面积累了丰富的专业经验，并在通讯、电力、生物医药、食品等领域形成了自己的品牌，凝聚了一批在行业内处于领先地位、成长性突出的一流客户群体。

2004年，公司主承销两家(浙江传化和黄山永新)，上市推荐两家(北京空港和安徽国通)。

资产管理业务：公司资产管理业务以客户需求为导向，以客户利益为己任，提供专业的投资理财服务。公司大力开发与设计多种理财产品，积极培养多种风格的投资经理，认真探索资产管理业务的创新与拓展。

公司资产管理业务1999年—2004年6月平均年投资收益率为8.58%，上证综合指数同期平均年收益率为4%。公司以诚信的客户服务和较高的投资回报，树立了良好的品牌，建立了涵盖众多知名企业和机构的稳定客户网络。

公司从2002年开始成为上海市企业年金发展中心的管理人，已经成功管理两期委托资产，投资业绩名列前茅。2004年6月第二期结束时，年投资收益率达15.83%。

证券投资业务：公司自营业务秉承"研究导向，团队协作"的专业投资理念，以数量模型的高效运用、结合稳健的投资策略进行相机抉择，强化对经济政策的分析应对能力，运用现代投资组合理论，对公司资金进行科学化的投资管理。

公司自营业务在投资运作过程中善于把握宏观趋势，动态优化投资组合，顺应市场波段操作，逐步形成了"东方特色"的投资风格。自营业务密切跟踪行业景气的变化和公司储备收益的潜在积累，顺应中国经济高速增长中产业结构优化的大趋势，在行业精选配置下集中投资于具有核心竞争能力的领先公司，不断创造出高于市场平均水平的超额收益。公司成立以来，自营业务的投资收益在国内券商中一直名列前茅。

固定收益业务：公司积极开展国债和企业债等固定收益产品的承销和分销工作，已形成一定规模的销售网络，市场占有率逐步提高。公司固定收益业务积极参与交易所市场和银行间债券市场的投资与交易，开拓和探索买断式回购、跨市场套利和可转债投资等新的业务模式，把握新的投资机会。

2004年，作为多年的交易所国债承销团成员，公司国债承销量再创新高，截止10月底已达18.3亿元，全年国债承销规模可望接近30亿元。公司已加入申能企业债承销团。公司固定收益业务在银行间市场表现活跃，市场形象良好，在业界已具有一定的影响力和知名度。

研究咨询业务：公司证券研究所是中国证监会首批核准的具有证券投资咨询资格的研究机构之一。研究所坚持走基本面研究的道路，从上而下建立了完整的研究体系，积极借鉴国际化的研究模式和估值手段，为公司各业务部门提供强有力的咨询服务，并为政府部门、机构投资者和广大中小投资者提供多层次的专业服务。作为探索研究产业化道路的突破口，研究所通过开拓基金分仓业务和财务顾问服务，为公司创造了良好的经济效益。

海通证券股份有限公司

海通证券股份有限公司(简称海通证券公司，下同)成立于1988年，是我国改革开放后最早成立的证券公司之一。1994年改制为有限责任公司，并发展成全国性的证券公司——海通证券有限公司，注册资本为人民币10亿元(含1500万美元)。2000年，经中国证监会批准，公司资本金增至37.46亿元。2001年底，经中国证监会批准，公司整体改制为股份有限公司。同时，中国证监会核准公司注册资本为人民币40.06亿元。2002年11月4日，经中国证监会批准，公司资本金增加至87.34亿元。

海通证券公司遵循"务实、开拓、稳健、卓越"的经营理念和"规范管理、积极开拓、稳健经营、提高效益"的经营方针，坚持"稳健乃至保守"的经营品牌，追求"管理一流、人才一流、服务一流、效益一流"的经营管理目标，近六年来连续取得了显著的经济效益和社会效益。2000年到2001年，公司连续两年在净利润、净资产总额两项重要指标上名列全国券商之首。截止2003年12月底，累计创利48.7亿元。目前，公司拥有一批博士、硕士以及具有丰富实践经验的经营管理和研究人才，在全国46个城市设有90多家经营网点。业务经营涉及证券承销、代理、自营、投资咨询、投资基金、资产委托管理等诸多领域，已经发展成为中国国内资本规模最大、整体竞争实力最强的综合性证券公司之一。

海通证券公司在长期的证券市场运作中形成了一套科学、规范、严密的经营管理体系和风险监控体系，形成了稳健开拓的经营风格，在中国证券市场上创立了独特的公司品牌，坚持较高的服务水准，始终保持着良好的公司信誉和社会形象。目前，海通证券公司正在积极争取上市，并致力于走国际化的金融控股集团的发展道路。

中信证券股份有限公司

中信证券股份有限公司的前身系中信证券有限责任公司，于1995年10月25日在北京成立。1999年10月27日经中国证券监督管理委员会批准，同年12月29日经国家工商行政管理局变更注册，增资改制为中信证券股份有限公司，注册资本为24.815亿元人民币，注册地为深圳市。

1999年10月27日经中国证券监督管理委员会批准，同年12月29日经国家工商行政管理局变更注册，增资改制为中信证券股份有限公司，注册地为深圳市。

2002年12月13日，经中国证券监督管理委员会核准，向社会公开发行4亿股普通A股股票，并于2003年1月6日在上海证券交易所挂牌上市交易，股票代码为600030。现公司股份总数达到24.815亿股。

中信证券股份有限公司2002年末净资产超过50亿元。在北京、上海、深圳、天津、宁波、南京、青岛、重庆、大连、武汉、杭州、沈阳、烟台、西安、徐州、如皋、苏州、福州、淄博、成都、合肥、昆明、广州、常州、南通等地，拥有四十家分支机构，并设立了上海、山东管理总部。

经中国证券监督管理委员会批准，中信证券股份有限公司开展的业务包括：证券的代理买卖；代理还本付息和分红派息；证券的代保管、鉴证；代理登记开户；证券的自营买卖；证券的承销和上市推荐；证券投资咨询和财务顾问业务；资产管理；发起设立证券投资基金和基金管理公司。

光大证券有限责任公司

光大证券有限责任公司创建于1996年，是由中国光大(集团)总公司投资控股的全国综合类证券公司。1998年，光大证券进行股份制改造，实现在香港市场间接上市，其中光大(集团)总公司控股51%，中国光大控股有限公司(0165.HK)持股49%。2001年，经中国证监会和国家工商总局批准，公司正式注册成为第一家中外合资证券公司。目前，公司注册资本26亿元，增资扩股及股份制改造工作正在进行。公司现有证券营业部46家，遍布全国大中城市，构成覆盖广泛、布局合理的营业网络。

公司成立八年来，秉承"提升客户价值 造就员工未来"的核心价值观和"诚信 创新 卓越 共享"的经营理念，积极投身于国内外资本市场，各项业务迅速发展，形成了涵盖证券承销、证券经纪、资产管理、证券投资、基金管理、财务顾问、投资咨询和国际业务等多层次、多领域的综合业务体系，现代投资银行雏形基本形成。公司各项业务均在业内保持着优势地位，营业指标、业务规模、盈利水平稳居国内十大券商之列。

2003年，在社会各界的大力支持和全体员工的共同努力下，公司克服经营环境持续不利的困难局面，保持了公司各项业务的持续平稳发展。公司全年共实现收入4.6亿元，实现利润5,066万元。截止到2003年底，公司资产总额98.7亿元，行业排名第12位；净资产28.5亿元，行业排名第9位。

光大证券全年共实现股票、基金交易量1,213亿元，市场占有率为1.91%，行业排名第10位；完成6个主承销项目，主承销家数行业排名第3位；帮助企业筹集资金53.2亿元，行业排名第5位，其中，浦发银行增发募集资金超过25亿元；公司全年共承销国债15.3亿元、金融债券1.5亿元，完成了"苏州工业园"等四家企业债副主承销。

面对近两年持续低迷的市场环境，光大证券在做细、做精传统业务巩固优势的同时，加大创新业务的研究及拓展力度，寻求新的业务品种和盈利增长点。2003年，公司成功获得了"三板业务资格、社保基金综合服务商资格"，签定了首个三板上市推荐项目。网上经纪在全国开通了近1000个银证通网点。公司成立了国际业务部和并购部，全年共完成"浙大海纳"等11个并购重组及财务顾问项目；黑龙江省聘请我司作为政府财务顾问，为该省国企改制、产权转让、招商引资等提供全面金融服务；公司帮助福建"紫金矿业"在香港主办市场成功上市，实现了国际配售13倍和公开发行750倍的超额认购，融资额达13亿港元，上市首日涨幅73%，实现了香港市场主承销业务"零的突破"，在海内外产生了巨大反响。光大证券控股的光大保德信合资基金管理公司也已正式开业运营，即将发行第一只基金产品。

2004年，光大证券将认真贯彻十六届三中全会精神，团结一致，锐意进取，开拓创新，为广大客户提供更优质的服务，与客户携手共创财富，一起增长，一起分享。

大鹏证券有限责任公司

1993年6月，大鹏证券有限责任公司经中国人民银行深圳经济特区分行批准筹建，1993年7月登记成立深圳大鹏证券有限公司证券业务部，注册资本2亿元人民币，是国内最早成立的证券公司之一；1995年12月，经中国人民银行批准，大鹏证券有限责任公司(以下简称"大鹏证券")正式成立，注册资本5亿元，由地方性的证券营业部发展成为全国性证券公司；1999年9月，经中国证监会批准，大鹏证券增资扩股到15亿元，成为首批综合类证券公司。截止2003年底，大鹏证券在北京、上海、深圳设立三个金融销售中心，在全国大中城市有30个证券营业部，员工人数近千人，平均年龄32岁，本科以上人员有493人，占57%，其中博士13人，硕士146人。

[业务范围]大鹏证券经营范围包括：证券的代理买卖；代理还本付息和分红派息；证券代保管、鉴证；代理登记开户；证券的自营买卖；证券的承销和上市推荐；证券投资咨询和财务顾问业务；资产管理；发起设立证券投资基金和基金管理公司。

大鹏证券具备以下业务资格：

(一)网上证券委托业务资格；

(二)经营外资股业务资格；

(三)证券承销业务资格；

(四)证券投资咨询业务资格；

(五)受托投资管理业务资格；

(六)代办股份转让业务资格；

(七)开放式证券投资基金代销业务资格；

(八)全国银行间同业市场业务资格；

(九)外汇业务资格。

[经营业绩]作为综合类的证券经营机构,大鹏证券投资银行业务具备股票、企业债券主承销资格,是银行间国债市场、交易所国债市场的甲类承销商和国家开发银行、国家进出口银行的金融债承销商,业务门类十分齐全,实施保荐人制度后,是中国证监会批准的第一批保荐机构。十年来,公司先后担任了64家上市公司的融资业务主承销商,募集资金达到174亿元。2003年,公司完成5家主承销项目,主承销家数行业排名并列第4名。2003年,公司共承销国债近80亿元,金融债近70亿元,现券交易量近400亿元,在全国银行间债券2003年国债承销团成员综合排名中位居十四,在券商中排名位居第三;在证交所市场2003年国债承销团成员综合排名中位居第六位。

大鹏证券将客户资产增值作为金融销售业务服务的方向。十年来,公司完成各类交易量超过1万亿元。2002年以来,顺应佣金市场化改革和日益激烈的竞争环境,公司开始经纪业务转型,通过建设FC队伍,打造销售平台,完善渠道管理等方式提升销售能力。截止2003年12月,公司客户资产达到220亿人民币,2003年,公司完成综合交易额3717亿元,同比上升43%,市场份额1.96%。

大鹏证券率先在业内进行了资产管理业务从保本保底的变相融资到客户风险自提的纯管理服务的转型。面向追求长期、合理投资回报的投资者,大鹏确立了长期稳健偏保守的投资风格,引入了有银行托管的资产管理模式,并通过投资管理团队的摸索和实践,逐步在资产配置技术和几个目标领域的投资技术方面建立了自己的竞争优势。同时,大鹏对资产管理业务实行流程化管理,严格的风险监控贯穿整个业务的始终。大鹏资产管理业务良好的业绩和规范透明的管理方式得到了客户广泛的认同,成为国内最大的养老金投资管理人之一。

大鹏证券秉承"知识报国、实现自我、善待客户、回报股东和信誉、协作、勤勉、高效"的经营理念,不断完善治理结构和风险管理的内控制度,打造市场化和创新求变的经营机制,建立了富有生机和活力的企业文化。未来大鹏证券将通过投资能力与销售能力的提升帮助客户资产增值,实现与客户的共同成长,成为金融服务的百年老店。

广发证券股份有限公司

广发证券股份有限公司是国内首批综合类券商之一,是一家与中国资本市场一同成长起来的新型投资银行,公司致力于为客户提供创造性的服务,现注册资本为20亿元人民币,有员工1690人,在全国各地拥有78家证券营业部、21家证券服务部。

2001年7月,由广发证券控股的锦州证券增资扩股为1亿元,并更名为广发北方证券经纪有限公司。这标志着我司向金融集团化迈出了关键的一步。2003年4月,由广发证券控股的福建省华福证券增资扩股为5.5亿元,并更名为广发华福证券有限责任公司。2003年8月由广发证券股份有限公司作为主发起人设立的广发基金管理公司正式开业,注册资本为人民币1亿元。

在十一年的发展过程中,广发证券形成了自己鲜明的特色:

经营稳健,管理规范

公司坚持"稳健经营,规范管理"的经营原则,高度重视健全内部管理体制和完善风险防范机制,初步形成了一套具有自身特色的、合乎证券业规范运作要求的制度化管理体系。

公司通过企业资源管理系统(ERP工程),提高了公司各部门和各分支机构的管理效率,为公司成本管理、资金管理、预算管理、采购管理、资产管理、人力资源管理提供规范、有效的决策信息,规范和提高了公司的管理水平。

有效的管理措施保证了公司的规范运作,使公司不仅获得了国家主管部门和评估机构的肯定,还获得国际金融组织的认可。近年来,公司先后被推选为中国证券业协会副会长单位、上海证券交易所会员理事单位、中国企业家协会常务理事单位,并成为世界时代金融研究所亚洲首家会员单位。

市场地位稳固

根据中国证券业协会的排名,自1994年开始,广发证券已连续十年进入全国十大券商行列。

风险控制得当,资产状况良好

广发证券成立十多年来,由于管理规范,公司具有完善的风险控制机制以及对发展战略有正确的把握,广发证券没有涉足国债回购、国债期货、违规代客理财等业内重大风波及房地产实业投资热潮。

以人为本,人才优势明显

广发证券现有员工总数1690人,平均年龄32岁,其中博士、博士后及在读博士54人,硕士研究生297人,公司以集中的人才优势享有中国证券行业"博士军团"的美誉,是中国金融行业首批获得国家人事部批准设立博士后流动站的企业。

服务客户,不断创新

广发证券公司在全国首创了"全额预缴、比例配售、余额即退"、"免费预约、限量申购、抽签分配"等被广泛使用的发行方法和"A股推介路演"这一全新方式,2000年又在闽东电力的发行过程中首次在国内采用"荷兰式招标法"。在二级市场上,公司在部分地区推出的"薪加薪"和"储蓄增值加速器"业务,在2003年取得较好业绩,目前新增的代理客户资产超过10亿元,而且均实现了较高的年收益率,真正实现了客户、券商与银行的多赢局面,在一些地区甚至出现了客户排队参加的局面。2003年,经纪业务系统广泛、深入地开展了与基金管理公司的合作工作,使我司基金席位达到20个。特别是在广发聚富基金的发行中,我司共代销12.7亿元,刷新了券商代销基金的新记录,在销售模式上打破了我国开放式基金销售完全倚重银行的局面,开创了券商与银行平分秋色的基金销售新模式。

目前,广发证券正力争通过三、五年的努力,使广发证券成为一家资产优良、管理规范、经营稳健、特色鲜明、竞争力强、可持续发展,具有相当影响力和知名度的大型投资银行,争取为中国资本市场的发展做出更大贡献。

国元证券有限责任公司

国元证券有限责任公司(以下简称"公司")是根据国务院关于信证分业、信托业清理整顿的要求,以安徽省国际信托投资公司、安徽省信托投资公司所属证券营业部和证券类经营性资产为基础,联合其他有资格的法人单位按照现代企业制度共同发起设立,并经中国证监会批准、工商行政管理部门注册登记的综合类证券公司,注册资本20.3亿元人民币。

经营范围:证券(含境内上市外资股)的代理买卖;代理证券的还本付息、分红派息;证券代保管、鉴证;代理登记开户;证券的自营买卖;证券(含境内上市外资股)的承销(含主承销);证券投资咨询(含财务顾问);受托投资管理;中国证监会批准的其他业务。

2003年底,公司总资产为57.43亿元,净资产21.23亿元,净资本17.05亿元,2003年度实现利润总额1.02亿元,在全国130家证券公司中排名第7位。

公司董事会下设"业务发展与决策"、"人力资源与薪酬"和"财务与风险控制"三个专门委员会。公司内设投资银行部、投资管理部、集合理财业务开发部、资产管理部、固定收益部、收购兼并部、国际业务部等业务经营部门;信息技术部、资金清算部、法律事务部、网上经纪业务部、战略规划部、投资研究中心、咨询服务中心等业务支持部门;人力资源部、计划财务部、综合行政部、经纪业务管理部、风险监管部等综合管理部门;36家证券营业部覆盖北京、上海、深圳、广州等金融中心城市及全省,是一个资产质量高、综合实力强、经营范围广的综合类证券公司。公司建立了有效的人才激励和考核机制,拥有一支经验丰富、技术精湛、富于创新的高素质专业队伍。

投资银行业务

早在1993年,作为国元证券主发起人的安徽国投和安徽信托就担任了社会公开发行股票的主承销商,从1993年起,连续几年,其新股主承销、上市推荐的家数以及承销数量均居全国信托行业前十位。国元证券还在投行业务中大胆创新,将股票承销与企业重组、财务顾问等业务融汇起来,担任了"海螺型材"受让"红星宣纸"51%股权的财务顾问,开企业"借壳上市"之先河,被证券市场公认为资产重组的经典之作。迄今为止,国元证券先后参与了57家企业股票的发行工作,其中担任主承销商15家,上市推荐人17家,累计筹资总额近百亿元,同时还承销企业债券30次、国债14期。国元证券将巩固与发扬过去在投行领域的传统优势,为客户提供从战略咨询到融资策划、发行承销及并购重组等全方位、持续性的深层次服务。

证券经纪业务国元证券是上海证券交易所的发起人会员和深圳交易所会员,是全国最早在上海、深圳设立证券交易营业部的证券公司之一。在激烈的市场竞争中,公司强化管理、大胆创新,努力以高质量的服务赢得市场,证券交易量不断增长,市场份额逐年提高。2001年、2002年股票和基金的交易额占市场总量均为2%以上,并涌现出全国优秀证券营业部。目前公司拥有36家证券营业网点。并将通过置换和新设的方式,在全国一些大中城市增设一批证券营业部,使网点布局更加合理,经营覆盖面更为宽广。

随着我国证券市场的日益规范,国际化进程的不断加快,国内资本市场与国际资本市场的逐渐接轨,证券业的竞争将愈加激烈,国元证券将严格遵照"法制、监管、自律、规范"八字方针,弘扬"团结、敬业、求实、创新"的企业精神,坚持"诚信为本、规范运作、客户至上、优质高效"的经营理念,着力提高核心竞争力和持续发展能力,开拓创新追求卓越,积极参与国内外市场的竞争和合作,力争在五至十年内逐步把公司建设成为资产规模大、市场占有率高、金融品种丰富、市场竞争力强、风险防范机制好具有国内一流水平的综合类证券公司。

华安证券有限责任公司

华安证券有限责任公司是经中国证监会核准于2001年1月8日注册成立的综合类证券公司。公司前身是1991年1月经中国人民银行总行批准并于1991年5月成立的安徽省证券公司。公司注册资本金17.05亿元,总部设在安徽省合肥市阜南路166号润安大厦。汪永平任公司董事长、法定代表人,高钟任公司总裁。

经营范围:证券(含境内上市外资股)的代理买卖;代理证券的还本付息、分红派息;证券代保管、鉴证;代理登记开户;证券的自营买卖;证券(含境内上市外资股)的承销(含主承销);证券投资咨询(含财务顾问);受托投资管理;中国证监会批准的其他业务。

公司股东:主要是国有或国有控股的上市公司和大型企业,分别为安徽省国有资产运营有限公司、中国烟草总公司安徽省公司、安徽古井贡酒股份有限公司、安徽海螺集团有限责任公司、黄山旅游发展股份有限公司、皖能股份有限公司、东方国际创业股份有限公司、江苏舜天国际集团有限公司、江苏舜天股份有限公司、浙江东方集团股份有限公司、安徽省投资集团有限责任公司等。

公司坚持以业务为主线,按照现有证券业务类型设置业务部门,并使之成为相对独立的利润中心,管理部门的设置则主要体现精干高效的原则。公司现有业务部门包括投资银行总部(合肥、北京、上海)、经纪业务总部、证券投资总部、资产管理总部、债券业务总部等;现有的管理部门包括办公室(含法律事务)、人力资源总部、计划财务总部、信息技术总部、稽核总部等。

经中国证监会批准,公司现在北京、上海、广州、深圳和安徽省内各市设有26家证券营业部,在安徽省内还设有43家证券服务部。

公司另有控股子公司2家,即华富基金管理有限公司和安徽新兴证券投资咨询有限责任公司。

截至2003年末,公司共有职工803人。从学历上划分,博士占0.25%,硕士占9.84%,大学本科学历占25.28%,大专以下占64.6%;从专业上划分,财经类占56.91%,会计类占14.32%,计算机、工程类占10.34%,法律类占1%,其他占17.43%。经过培养和锻炼,公司已经建成一支年轻化、专业化,并具有凝聚力、战斗力和发展潜力的员工队伍。2004年,在备受业内关注的全国首次证券发行保荐代表人考试中,公司的通过人数和通过率均居同业前列,较好地体现出公司员工的素质水平。

【经营业绩】经过长期多年艰辛拼搏和深厚积淀,公司已经发展为一家资产状况良好、业务品种齐全、市场地位稳固、管理规范稳健,并具有较强竞争能力和较大发展潜力的证券经营机构。

十多年来,公司与我国证券市场一起成长。总资产增长130多倍,由1991年的0.38亿元增长到2003年的50亿元;净资产增长90多倍,由1991年的0.22亿元增长到2003年的18亿元。

根据中国证券业协会公布资料,我公司多项经营指标近年来一直位居同业前列。2001年,参加排名的证券公司106家,我公司净资产、净资本、利润总额和人均利润四项指标分别排名第14位、第10位、第15位、第14位。2002年,参加排名的证券公司112家,我公司净资产、净资本、利润总额和人均利润四项指标分别排名第17位、第14位、第33位、第40位。2003年,参加排名的证券公司122家,我公司净资产、净资本、利润总额和人均利润四项指标分别排名第20位、第14位、第8位、第7位。

由于坚持规范经营的原则，也没有涉足其他风险投资领域，公司经受我国证券市场历次风波的考验，资产流动性较强，资产质量优良，一直保持着持续稳定发展的良好势头。

【业务发展情况】公司一贯坚持以效益为中心、业务为主线的经营方针，不断开拓业务，市场地位稳固。

公司的经纪业务网点遍及安徽全省并已向全国大中城市延伸，以其安全快捷的交易设施和不断丰富的个性化服务，赢得了新老客户的充分信赖，在安徽省内市场中占有稳定的市场份额。公司建立了以营业部为销售平台、以新兴咨询公司为资讯平台和以公司集中交易系统为技术和管理平台的经纪业务营销新模式。公司十分重视经纪业务创新和转型，努力探索把证券营业部建成面向终端客户的综合理财平台，积极推行内部和外部经纪人制度，不断扩大非现场交易方式，努力提高了市场占有率。

公司在合肥、北京、上海等地设有投资银行业务部门，拥有60多名高层次的专业人才，可以实现客户多元化的金融需求。公司先后承销证券50多只，其中担任A股和B股主承销的23次，主承销金额近40亿。公司担任企业财务顾问30多次，其中担任H股财务顾问1次。公司以支持安徽经济发展为己任，累计推荐18家省内企业发行、上市，融资额达40多亿元，帮助40多家省内企业改制，担任40多家省内大中企业财务顾问。

公司还大力开展资产管理业务，并通过实施集团化战略向基金管理、期货经纪等业务领域拓展，以增加新的利润增长点，提高公司的盈利能力和竞争能力。

公司坚持与时俱进，致力于业务创新、技术创新和管理创新，积极应对市场竞争。公司在全国证券公司中，率先实现了法人集中清算模式，提高了客户资金的管理水平和风险控制能力；较早地获得了证券监管机关及有关机关批准的综合类证券公司资格、股票主承销商资格、网上证券委托业务资格、银行间同业拆借市场资格、外汇业务资格等；积极与银行、电信等机构建立广泛的业务联盟，抢占市场先机，合作的范围和深度方面有了进一步发展，对公司革新服务手段、提高服务效率、拓展新的业务起到了积极的推动作用；努力探索对外合作的途径，学习、引进先进的经营管理经验。目前，公司正在适应证券业务发展的需要，积极推进证券业务"大集中"的建设，即以信息技术为支撑，对证券业务资源进行重新整合，构建一个现代化的业务及管理体系，以技术创新带动制度创新，以机构重组和业务再造为中心，形成信息化时代的业务平台和管理平台，进而奠定未来核心竞争力的基础。

【内部建设情况】公司贯彻"法制、监管、自律、规范"的方法，注意建立法人治理结构，努力加强内部控制，在长期经营管理中形成了具有特色的管理机制。

公司已经按照《公司法》的规定和现代企业规范，初步形成了比较规范的法人治理结构。按照"三会分立、权责明确、有效制约、协调发展"的原则设立股东会、董事会、监事会，经理层在董事会领导下工作。在董事会中，内部董事不到五分之一，并引入了独立董事制度，设立了专门委员会，以完善法人治理，提高决策独立性、科学性。制定了明确合理的发展战略，确立了以股东、公司和员工价值协调发展的战略目标。实行各项业务的内部市场化管理，在经营管理中体现出责权利的高度统一。努力探索建立以利润为中心，兼顾成本、安全及其他因素的多元指标考核评价体系。

公司已按照《证券公司内部控制指引》的原则以及公司《章程》规定，形成了以公司《章程》为核心，以公司基本制度为基础、各项管理规章为主干、操作规程为补充的四级规章制度体系，内容包括环境控制、业务控制、资金控制、会计系统控制、电子信息系统控制、内部稽核控制等，涵盖公司经营管理的各个环节，尤其是主要风险点的管理与控制。公司已初步形成以公司股东会、董事会、监事会为中心，以风险控制委员会和内部稽核为两翼，以专门风险控制小组为补充的内部控制组织体系，对公司经营从战略层到操作层进行多层次的监督和控制。内控制度体系和内控组织体系的建立和完善，为公司健全内部控制运行机制，促进公司规范发展，有效防范和化解风险，起到了重要的保障作用。

【发展展望】华安证券与我国证券业共同成长和壮大，走过了十多年不平凡的岁月。十多年来，华安证券的资本规模不断扩大，业务开拓势头良好，内部管理日渐成熟，整体竞争力日益增强，走出了一条具有特色的发展道路。

当前，我国资本市场已经步入规范化、市场化、国际化的发展道路，证券公司既面临着前所未有的挑战，也具有极其广阔的发展前景。自信，自律，自我完善，勇敢地迎接挑战，是每一个华安员工义不容辞的责任。华安证券将坚持"法制，监管，自律，规范"的方针，以改革创新为动力，以集约经营为途径，以强化管理为基础，以防范风险为保障，以"诚信、稳健、专业、和谐"为理念，以"发展市场、回报股东、奉献社会"为使命，努力实施"规范化、集团化、国际化"的发展战略，不断增强公司的核心竞争能力，以期实现持续稳定的发展，从而为我国证券市场的繁荣做出更大贡献。

办公地址：安徽省合肥市阜南路166号

邮政编码：230061

联系电话：0551－5161666

传真：0551－5161600

网址：http://www.huaans.com.cn

电子信箱：bgs@mail.huaans.com.cn

华泰证券有限责任公司

华泰证券有限责任公司于1990年12月30日经中国人民银行批准设立，1991年5月26日在南京正式开业，是中国证监会首批批准的综合类券商之一。

自成立以来，华泰证券一贯秉承"高效、诚信、稳健、创新"的核心价值观，总资产、净资产规模同步增长，2002年4月，经中国证监会核准，公司注册资本增至22亿元，公司总资产达135.47亿元，净资产增加到32.38亿元。与此同时，公司资产质量一直保持良好的状态，为2001年中国证监会机构监管部首次披露的没有挪用客户交易结算资金和净资本符合要求的证券公司之一，2002年3月，公司成为全国银行间债券市场成员。

公司管理严格、经营审慎、运作规范，各项业务取得长足发展，沪市证券交易量、净资产收益率等项业务指标连续多年居全国券商前列，网上证券交易量连续三年居全国券商之首。"华泰证券网"在业界和广大投资者中一直享有较高的声誉和知名度。目前华泰证券在北京、上海、深圳设有三个地区总部，在全国大中城市设有34家营业部和15家证券服务部，在南京、上海设有投资银行业务总部，在北京、深圳、沈阳、成都设有投资银行业务机构。

历经我国证券市场的动荡与发展，华泰证券在开拓创新和规范自律方面均积累了丰富的经验，造就了一支高素质的员工队伍，形成了完善的内部控制和风险防范体制。公司证券从业人员逾千人,大学本科以上的员工占总人数的51%,目前公司已有80%以上的员工通过了证券从业资格考试,居全国券商领先水平。

步入新世纪,中国证券市场进入了新的时期,华泰证券也迈开了新的步伐。面对国内外变化的新形势,华泰证券有着强烈的创新意识,公司及时提出了"二次创业",激励广大员工继续开拓进取,不断提升公司的核心竞争能力和持续发展能力,为中国证券市场的繁荣和国民经济的持续、健康发展作出更大贡献。

2003年11月1日至12月4日,以往在代销基金方面未曾有太多表现的华泰证券销售易方达策略成长基金共3.5亿元,创下了非基金公司股权关联券商基金销售量之最,被市场誉为"华泰奇迹"。令市场各方更加惊讶的是,华泰证券在销售基金方面随之表现出了"一发不可收拾"的强劲势头:从2004年2月11日至3月18日,华泰证券代销银华保本增值、海富通收益增长、南方现金增利与易方达50指数四只开放式基金总量达到了近19亿元,又创下了非基金公司股权关联券商基金销售量新纪录。

招商证券股份有限公司

招商证券股份有限公司前身是1991年7月创立的招商银行证券业务部,经过十三年的创业发展,各项业务和综合实力均进入国内十强。公司注册资本24亿元,拥有证券经纪(A、B股)、股票承销、证券自营、投资咨询、受托投资管理、发起设立证券投资基金和基金管理公司、代办股份转让等业务资格,为投资者提供证券代理买卖、证券发行与承销、收购兼并、资产重组、财务顾问、资产管理、投资咨询等证券投、融资全方位服务,是我国证券交易所第一批会员、第一批经核准的综合类券商、第一批主承销商、全国银行间同业拆借市场第一批成员以及第一批具有自营、网上交易和资产管理业务资格的券商。

公司秉承"稳健经营、规范发展"的理念,未出现任何重大违规行为,树立起了"规范经营、创新发展、高速成长"的市场形象。截至2003年末,公司总资产77.56亿元,流动资产66.70亿元,资产质量良好。

公司坚持技术创新和服务创新,十三年来先后推出了牛网、牛卡、E号通、招商受托理财计划等创新产品,担任了深圳市场第一家B股的主承销商和国内第一家海外可转债的财务顾问,推动了中国证券市场的发展。其中,"招商受托理财计划"率先开辟了券商个人综合理财业务领域,在证券市场上产生了重大而积极的影响。十三年来,公司先后担任上市公司IPO项目主承销商43次,公募增发项目主承销5次,配股项目主承销24次,债券发行6次,为企业募集资金180多亿元;公司经纪业务完成交易量12000多亿元,累计实现利润20多亿元,取得了骄人的业绩。十三年来,公司依法履行纳税义务,积极参与社会经济建设,已累计上缴各种税款近35亿元,其中在深圳地区缴纳各种税款20多亿元,多次获得"深圳市模范企业"、"守法纳税大户"等光荣称号。

2003年,是中国证券市场具有转折意义的一年。这一年,随着中国对外开放力度的加大和宏观经济的高速增长,证券市场发生了深刻变化:QFII制度的实施,合资基金管理公司、合资证券公司的建立表明中国证券市场开放的步伐进一步加快,市场主体、投资理念、盈利模式等均发生了较大变化,价值投资正成为机构投资者的共识。这一年,一级市场发行节奏缓慢,市场筹资额继续维持2002年的低位水平;二级市场继续呈现结构性调整格局。受市场行情影响,证券行业整体上尚未走出低谷。2003年,在市场形势较为严峻的情况下,公司全体员工勤勉敬业,奋发图强,在逆境中求发展,公司经营管理取得了较为明显的成绩:经纪业务市场占有率稳步增长,全年完成股票基金交易量1413.41亿元,市场占有率达2.19%,同比增长10.5%,市场排名第9位,非现场交易取得了可喜成绩,交易占比达到70.12%;投资银行业务项目结构进一步优化,在一级市场发行总量大幅回落的情况下,全年完成主承销项目3个,大型分销项目11个,筹集资金14.58亿元,项目平均收入较上年提高逾40%;证券投资业务量化投资决策能力不断提高,在较好控制风险的前提下取得了良好的投资收益;资产管理业务努力进行产品创新,成功推出招商受托理财计划,得到了广大投资者的认同和监管部门的肯定;研发业务成果迭出,基金分盘交易量排名第三,在业内的地位得到进一步巩固;信息技术的业务支持功能不断增强,CRM系统开发完毕并已顺利上线运行,营业部集中交易和报盘系统上线步伐加快,灾难备份系统建设正式启动,公司整体IT框架得到了进一步完善。

成绩属于过去,未来充满挑战。2004年,随着国民经济持续稳定增长、国企改制步伐加快,中国证券行业面临着市场体系健全、规模扩大、金融创新提速等带来的大好发展机遇。同时,外资券商的加入,将使行业竞争更加激烈,如何在竞争中求生存、求发展是国内券商面临的最大挑战。在这种形势下,我们必须清楚地认识到面临的竞争压力和肩负的使命,但我们有信心迎接挑战、再创辉煌!

2004年,我们将一如既往地坚持稳健规范的经营理念,在"加强风控、整合资源、强化营销、激发活力、提升实力、增收节支"的方针指导下,大力拓展业务,锐意改革创新,努力提高经营效益和社会效益,更好地履行招商证券对社会、对客户、对股东、对员工的责任。让我们携起手来,在公司董事会的领导下,坚定信念,同心协力,扎实工作,以昂扬的斗志,迎接新的挑战,开创更美好的明天!

地 址:深圳市福田区益田路江苏大厦38—45层
总机电话:0755—82943666
传 真:0755—82943100
邮 编:518026

天同证券有限责任公司

天同证券的前身是于1991年5月成立的"山东证券公司"。1997年6月,增资改制为有限责任公司,注册资本增至5.08亿元。2001年7月11日,中国证监会正式核准了山东证券的更名及增资扩股工作,注册资本金增至20.36亿元,名称变更为"天同证券有限责任公司",并核准为综合类证券公司。8月18日,天同证券正式挂牌。

近年来,天同证券本着"立足山东、面向全国"的经营思路,坚持"依法稳健经营、改革创新发展"的经营理念,倡导"允公允能、同心同德"的企业精神,抢抓机遇,深化改革,加强管理,业务领域迅速扩大,以优异的成绩引起社会的瞩目。

天同证券是上海证券交易所会员理事单位和深圳证券交易所会员单位,拥有营业网点72家,覆盖山东,遍布北京、上海、深圳等全国大中城市;2001年,公司A股、基金交易总额达2002.93亿元,在全国排名第九位。在A股发行、配股、上市推荐、财务顾问等方面成绩突出,投行业务领域已拓展到全国二十多个省、市、自治区，股票主承销家数连续两年进入全国前十位。公司拥有一支作风稳健、经验丰富的投资理财专家，证券投资和受托资产管理业务取得较好收益。

2001年，天同证券整合了投资咨询力量，成立了天同星投资顾问有限公司，这是全国第一家由券商设立的专业投顾公司；公司的网上交易平台在全国处于领先水平，目前已向中国证监会申请设天同网上证券经纪公司"；2002年1月，以天同证券为主要发起人的天同基金管理有限公司获准筹建，这是中国证监会实行"好人举手"制度以来，获准筹建的第三家基金管理公司。天同证券集团化发展模式正在逐步构建。截止到2001年底，公司资产总额达148亿元，综合实力显著增强，天同证券已跨入全国性大券商行列。

展望证券市场的未来，天同证券确立了第三次创业的发展构想，制定了"集团化、国际化、多元化、科学化"发展战略，力争抢占市场竞争的制高点，努力拼搏，追求卓越，为促进国民经济发展，繁荣中国证券市场做出更大的贡献。

天同概况

法定中文名称：天同证券有限责任公司

法定中文名称缩写：天同证券

法定英文名称：TIANTONG SECURITIES CO.，LTD.

法定代表人：段虎

经营范围：证券的代理买卖；证券的自营买卖；证券的承销和上市推荐；证券投资咨询；资产管理；发起设立证券投资基金和基金管理公司；中国证监会批准的其他业务。

注册资本：203626万元

地址：山东省济南市泉城路180号齐鲁国际大厦五层

邮政编码：250011

电话：0531－5689888、5689777

传真：0531－6029668

西南证券有限责任公司

西南证券有限责任公司成立于1999年12月28日，是在重庆市原四家证券经营机构基础上经资产重组和增资扩股组建而成的全国性大型证券公司。公司注册所在地为重庆市，注册资本11.28亿元，股东21家。2002年11月经中国证监会批准，公司进行了第二轮增资扩股，注册资本金增加至16.3亿元，股东增加至25家。

治理结构：西南证券具有较为健全的公司治理结构，由股东会、董事会、监事会组成，董事会下设战略发展委员会、风险管理委员会、投资决策委员会等决策参谋机构。公司实行董事会领导下的总裁负责制。

组织构架：公司设有投资银行总部、经纪业务管理部、证券投资部、投资理财一、二部等五个业务部门；设有证券研究发展中心、电脑中心等两个业务及技术支持部门；设有行政办公室、人力资源部、计划财务部、北京办事处等9个职能部门。在全国主要经济中心城市设有27家证券营业部及8家证券服务部；在北京、上海、深圳设有投资银行业务部，在重庆、长沙、兰州设有投资银行办事处(代表处)。

企业文化：西南证券自成立以来，秉承"诚信、稳健、创新、求精"的经营理念，将为社会、为投资者、为员工创造最大价值作为企业使命，把"用心创造价值"和"认认真真做人、踏踏实实做事"作为企业文化的精髓，积极构建具有时代气息和自身特点的企业文化体系，努力营造融洽和谐、积极向上的文化氛围。

队伍状况：西南证券努力打造一支主体精干、结构合理、素质精良的职业化员工队伍。截止2002年底，公司员工总数为771人，平均年龄31岁。其中：经纪业务人员339人，占员工总数的44%；投资银行业务人员72人，占员工总数的9%；证券投资业务人员16人，占员工总数的2%；研发人员37人，占员工总数的5%；电脑技术人员85人，占员工总数的11%；财务人员86人，占员工总数的11%；行政管理人员136人，占员工总数的18%。从学历结构上看，本科学历以上员工526人，占员工总数的68%，博士、硕士166人，占员工总人数的22%。

经营业绩：西南证券成立以来，各项业务发展良好，经营业绩迅速提升，树立了企业在市场上高成长性的良好形象。2000年至2002年，公司投行承销业务成绩喜人，连续三年进入全国十强，证监会发行项目实行通道制后，公司是少数几家拥有最多发行通道的券商。2002年经纪业务市场份额为1.05%，交易量市场份额排名23位，运作效率排名全国第13位。以公司战略控股的飞虎证券网为核心的网上交易发展势头尤为迅猛，截止2002年底，公司网上注册交易客户14000多户，资产达到10亿元。2002年实现A股、基金交易量43亿元。飞虎网站还连续两年荣获了"全国十佳优秀证券网站"称号。

地址：重庆市渝中区临江支路2号合景国际大厦A幢22—25层

电话：(023)63786633　63786699

传真：(023)63786001

平安证券有限责任公司

平安证券有限责任公司是国内最早的券商之一。早在1991年8月22日，我们的前身，平安保险公司证券业务部就在中国深圳成立。1995年10月23日，中国人民银行批准平安证券有限责任公司成立，公司注册地为北京，总部设在深圳。同时，公司也成为业内唯一一家具有保险背景的证券公司，平安证券以良好的经营业绩跻身于全国性综合类券商行列。

平安证券有限责任公司现有员工700多名，在总部，硕士以上学历员工占员工总人数50%以上。

2001年5月28日，平安证券有限责任公司经中国证监会核准，资本金由1.5亿增加至10亿元人民币，资本金的扩张，为公司整体发展实现质的飞跃、经营迈上更高的层次打下了稳固的基础。截至2001年5月末，公司总资产达79亿元，净资产12.5亿元，净资产收益率位居行业前列。

公司一贯奉行"保客户资金安全"的核心经营理念，处处以客户为中心，在服务领域不断追求完美的境界，我们能为客户提供证券发行承销、资产管理、经纪代理和研究咨询等全方位的服务。公司以稳健务实的作风在业内受到赞誉，规范的运作为客户的资产增值做出不懈的努力。

在一级市场，我们已成功为南油物业、大连友谊、深万科、招商局A、巢东股份等数十家公司担任A、B股新发、增发、配股及企业债券发行的主承销商、副主承销商、分销商、上市推荐及财务顾问，我们在承销过程中的业务创新和专业服务赢得客户的信任，为客户的发展提供全新的视野和思路。与此同时，我们的工作丰富了中国资本市场。

在二级市场，公司在全国13个重点城市设立了20家营业部，在深沪交易所近60个交易席位，能为客户提供畅通无阻的交易通道。

我们在注重维护传统交易手段的同时，也将关注的目光投向新领域。平安证券是国内首批经中国证监会核准具备开展网上证券委托业务资格的券商，我们拥有 PA18 网站开展网上证券交易，以全新的"一站式"个人理财综合服务将证券交易的时代感演绎的尽善尽美。

此外，我们具有前瞻性的研究咨询使我们的服务体系更加完善，专门的机构和一流专家队伍不仅使客户受益，而且还为中国证券市场的理性发展助力。

中国民族证券有限责任公司

中国民族证券有限责任公司是经国务院批准，由中国民族国际信托投资公司作为主发起人，联合东方集团股份有限公司、北京首都机场集团公司、新产业投资股份有限公司和北方财务有限责任公司共同出资发起设立的全国性、股份制证券经营机构，2002 年 4 月 29 日经国家工商行政管理局注册成立，注册资本为 104845.64 万元人民币，注册地为北京，直属中国证监会领导。

经中国证监会核定的公司业务经营范围：证券经纪、证券自营、证券承销和上市推荐、证券投资咨询、资产管理、发起设立证券投资基金和基金管理公司，以及中国证监会批准的其他业务。

公司总部设有董事会办公室、总裁办公室、党委办公室、人力资源部、财务部、资金管理部、信息管理部、经纪业务管理部、证券投资部、机构客户部、证券内审办公室、投资银行总部、研究发展中心、电脑管理部、稽核部、网上交易部等业务和职能部门。目前，公司在北京、上海、天津、深圳等大中城市设有证券经营机构 33 家，在建营业部 5 家，已形成规范化、专业化、规模化经营格局

中国民族证券有限责任公司有着良好的股东背景，股东之间在行业、地域和企业文化等方面有着很强的互补优势，具有丰富的经营管理和投资金融企业的经验。在国际知名专业咨询公司的支持帮助下，公司按照《公司法》、《证券法》及中国证监会的有关规定，建立了科学的法人治理结构和内部控制体系，培养并引进了一批业务精湛、勇于拼搏、锐意进取、勤勉尽职的专业人才队伍，为中国民族证券公司健康快速的发展奠定了坚实的基础。

公司的发展将坚持客户至上、开拓创新、诚实守信、稳健规范、团结协作的经营理念，理解客户的机会与需求，发挥员工的创造性，向广大客户提供各种金融工具和个性化服务，创造出最大的经济效益和社会效益，努力把公司建设成为客户满意的一流券商。

中国科技证券有限责任公司

中国科技证券有限责任公司是由中国科技国际信托投资有限责任公司作为主发起人，联合多家公司出资发起设立的综合类证券公司，是我国首批获得保荐机构资格的证券公司之一。公司注册资本为 10.56 亿元，截止 2003 年底，公司总资产为 46.7 亿元。公司总部设在北京，下设十四个部门，辖有 23 家证券营业部和 8 家证券服务部，主要分布在北京、上海、深圳等省会城市及其它具有地域影响力的大中城市。

公司以"具有科技特色的一流投资银行"为战略发展目标，秉承"人才为本、团队创新、诚信第一、客户至上"的经营理念，坚持科技与金融相结合，以图强民族科技和经济为己任，全力服务客户、回报社会。

得益于原信托公司证券业务近十年的发展与积累，目前公司各项业务保持稳步发展。

经纪业务：面对 2003 年依然严峻的市场挑战，公司成立了客户服务委员会，注重由"坐商"向"行商"的转变，整合各部门资源，进行业务创新，大力推广 FC 制度和标准化服务，取得了显著效果。公司网上交易亦借助新的电子商务平台取得了长足发展。

固定收益业务：公司是交易所国债市场承销团成员，2003 年承销国债总量达 32.3 亿元，名列同业前茅。企业债亦是公司的优势业务，自 1998 年以来，公司已先后主承销了 13 家企业债券，并保持着所有到期债券全部成功兑付的优良记录。

投行业务：秉承原信托公司的业务积累，依托强大的科技背景和丰富的资本运作经验，科技证券为数十家高科技及成长型企业提供了全方位的优质金融服务，业务范围遍及股权融资、债务融资、兼并收购、债务重组、科技财务顾问等。公司曾辅导 20 多家公司通过高科技企业"双高"评审，在高科技行业有着良好的口碑。

研究咨询：以客户服务为中心，本着创"科技"品牌的原则，除了一般的研究外，公司研究所重点对高科技行业进行了深入的研究，并在行业享有较好声誉。

电子商务：电子商务是公司科技特色的重要体现之一。公司的集中交易核心系统、HTS 系统、经纪人系统、短信项目等在业内处于领先地位。中心机房建设项目、虚拟中心项目、短信项目及广域网项目工程已投入使用，集中交易系统已完成试点，后续如 IP 电话、网络视频会议以及 CRM 与决策支持系统都在有条不紊的进行中，所有这些都为公司的快速发展及创科技品牌奠定了坚实的技术基础。

国泰君安证券股份有限公司

国泰君安证券股份有限公司由原国泰证券有限公司和原君安证券有限责任公司于 1999 年 8 月 18 日通过新设合并、增资扩股组建成立。公司注册资本为 37.27 亿元，员工 3650 名，1 家子公司，5 家分公司及 113 家营业部分布于 28 个省、直辖市、自治区、特别行政区。国泰君安证券股份有限公司是目前国内规模最大，营业范围最宽，机构分布最广的证券公司之一。公司以客户为中心，为客户提供综合性证券业务服务，全方位满足客户的需求。公司的经营范围包括：证券的代理买卖；代理证券的还本付息和分红派息；证券的代保管、签证；代理证券登记开户；证券的自营买卖；证券的承销和上市推荐；证券投资咨询；资产委托管理；发起设立证券投资基金和基金管理公司；中国证监会批准的其他业务。

● 实力雄厚，券商综合实力排名第一

公司总资产在业内名列第一。五年来，共计实现收入 138 亿元，税前利润 23 亿元，累计向国家上缴近 20 亿元税收。2002 年、2004 年分别被权威机构评为券商中"综合实力第一名"。

● 合理的网点布局开拓高效的销售渠道

公司拥有香港控股和国联安基金两家子公司以及 100 多家分支机构，网点机构覆盖面广，布局均衡合理，使公司的产品销售能力居于业内领先水平。

● 领先的信息技术对业务提供全方位技术支持

公司拥有完善的网络平台、交易平台、营销平台、风控平台、管理平台和运行平台，在行业内唯一拥有天地两张双向全网，在证券 IT 方面创多项第一，领先的信息技术为业务、服务、管理和风控提供全方位的技术支持。

● 上乘的服务品质满足各类客户需求

公司网站连续两年荣获"最佳投资顾问网站奖"、"最佳网上交易服务奖"。公司呼叫中心连续获得 "最佳呼叫中心奖" 的桂冠。超一流的服务平台提供了超一流的非现场交易和非现场服务，以有限的营业空间服务于无限的客户需求。

● 理性的市场研究指导科学的投资方向

公司的研究水平始终保持行业领先地位，多次被权威媒体评估报告列为业内研究综合实力排名第一。2003、2004 年连续获得《新财富》"本土最佳研究团队"称号，在 29 个行业最佳研究员评选中，公司获得 16 席。

● 不懈的产品创新提供多种投资选择

公司是国内最具创新能力的券商之一，研究成果多次在证监会、证券业协会、交易所获奖，先后设计开发的组合宝、转债宝、基金宝等技术性产品，在实际应用中取得了良好的经济效益。

● 完善的风控体系杜绝客户的资金风险

公司是国内最早成立风险监管部门的券商之一，在制度上、流程上建立了全面的现场、非现场预警机制，逐渐形成了较为完善的风控体系，最大程度地保护客户利益。

● 稳定的经纪业务取得优良的经营业绩

五年来，公司股票基金交易额保持排名第二，网上交易总额排名第一。公司首批获得了开展 QFII 业务的资格，QFII 业务市场份额排名第二。公司还是首批获得代办股份转让业务的六家券商之一，主办了多家挂牌转让公司，转让交易占市场份额的四分之一。

● 专业的投行队伍提供多层次融资渠道

五年来，公司共主承销 84 只股票，筹资总额逾 500 亿元，两项指标均列全国各家券商之首。2004 年，公司获得首批中国证监会批准的保荐人资格 24 席，2003 年被《新财富》杂志评为"最受尊敬的投行"和"最佳投行团队"。

● 精湛的购并技巧优化客户的产业结构

五年来，在资本运作方面积累了大量经验和广泛的合作伙伴，完成多个大型购并项目，被多个政府机构、大型集团公司聘为财务顾问。2001 年和 2003 年，在《新财富》评选的中国收购兼并业务排名中，国泰君安均列第一。2004 年 7 月出版的《欧洲货币》杂志指出，国泰君安是各首席财务官最青睐的从事兼并收购业务的投行。

● 卓越的固定收益业务确保稳定投资回报

公司是全国银行间市场和交易所市场记帐式国债承销团甲类承销商、中央登记结算公司成员、全国银行间同业拆借市场成员、国家开发银行及中国进出口银行金融债承销团成员，最近经中国人民银行批准又取得了银行间债券市场做市商资格，在各类市场的国债承销中均名列券商第一。

● 丰富的代销产品成就一流的基金超市

公司是业内代销开放式基金产品数量最多、品种最齐全的代销机构，代销了目前所有的开放式基金产品。开放式基金代销金额连续在券商中排名第一，累计代销开放式基金达 90 只，累计代销金额已超过 70 亿元。

地址：上海市延平路 135 号

邮政编码：200042

咨询电话：4008－888－666

注册地址：上海市浦东新区商城路

电子邮件：webmaster@gtja.com

申银万国证券股份有限公司

申银万国证券股份有限公司（简称："申银万国"），由原上海申银证券公司和原上海万国证券公司于 1996 年 7 月 16 日合并组建而成。申银万国注册资本为 42.1576 亿元，股东大都是国内著名的大中型企业。第一大股东是中国光大（集团）总公司。申银万国董事长由中国光大（集团）总公司党委书记、董事长、总经理王明权同志担任，冯国荣同志任党委书记、副董事长、总经理。

作为一家大型综合类证券公司，申银万国业务网络遍及全国 44 个主要大中型城市，拥有 109 家证券营业部和 32 家证券服务部，并在香港特别行政区设有申银万国（香港）集团公司及其控股的上市公司——申银万国（香港）有限公司（0218），是内地唯一拥有香港上市公司的券商。申银万国在各业务领域均有良好的业绩，曾三次被国际权威杂志《欧洲货币》评为"中国最佳证券公司"。2003 年，申银万国成为国内首家被 QFII 选定的境内证券投资代理商，并被国际权威金融期刊《亚洲货币》评为 2003 年度"中国内地最佳经纪商"。2003 年，申银万国坚持"依法、合规、规范"的经营方针，积极探索"低成本运营，跨越式发展"的道路，推进各项业务发展，取得了良好的经营业绩。截至 2003 年末，实现业务总量 7044 亿元，营业收入 10.61 亿元，利润总额 2.02 亿元。总资产达 307.82 亿元，净资本达 14.96 亿元。

一、积极推进体制改革，加快各项业务发展

2003 年，申银万国深入开展了管理体制和经营机制改革，形成了市场业务、技术支持和综合管理职责明确、相互协调的三条线。在投资银行业务方面，现代投资银行组织框架初步形成，证券承销业务获得明显进展。主承销了星马汽车 A 股、铜都铜业可转债、江南高纤 A 股三个项目，担任上工 B 股增发的副主承销商，共实现股票、可转债主承销总额 12.23 亿元。收购兼并业务实现良好起步，共签署各类业务协议 13 项，合同收入金额 1100 万元。固定收益业务快速增长，共承销国债 92.8 亿元，金融债 24.6 亿元，企业债 13.4 亿元，总承销量达 130.8 亿元。经纪业务主动适应客户需求和市场的变化，加强增值服务，推进非现场交易，取得了积极成效。全年沪深两市 A 股交易金额市场占有率 4.25%，排名全国第四位；B 股市场占有率 6.80%，全国排名第三。代办股份转让业务继续保持市场领先地位，二级市场占比达到 30%，并积极储备项目，研究和推动代办股份市场功能拓展。初步建立起了开放式基金代销体系，为 32 只基金累计完成 5.6 亿元销售金额，并成为全国社保基金选定的首批 12 家证券交易代理商之一。香港市场业务稳步向前发展。申银万国（香港）集团有限公司经纪业务市场占有率达 1.18%，参与承销项目 10 家，融资总额 1.9 亿港元，并完成 15 个财务顾问项目。在金融创新业务方面，申银万国也取得了突破性的进展。2003 年 6 月，成为国内首家 QFII 境内证券投资代理商，至 2003 年底，已与瑞士银行、德意志银行两家 QFII 客户签定了境内证券投资代理协议，代理的 QFII 交易量已达 27 亿元人民币。此外，初步形成了产品创新设计和开发的工作体系，加大了产品创新工作力度，创新产品储备达 20 只。申银万国与 BNP 共同出资设立的申万巴黎合资基金管理公司于 2003 年 12 月获中国证监会开业批复，目前已正式开业并发行基金产品，初步形成了集团化框架下的基金业务新格局。

二、切实加强风险防范,提升综合管理水准

2003 年,申银万国成立了风险管理办公室,初步建立起了风险控制联席会议制度,以及包括稽核、风控、内核、纪检、监察在内的五位一体的风险控制组织体系。同时,严格执行中国证监会有关规定,加强内部管理,健全各项制度,切实防范各类风险。2003 年,面对非典疫情的严峻考验,申银万国一手抓非典防范,一手抓内部管理和业务发展,确保了投资者和员工的健康安全,综合管理水平也得到稳步提高。申银万国继续完善全面预算管理,压缩运营成本;确保资金动态平衡,提高资金管理水平;确保电脑安全运行,加大技术创新支持力度;组织开展营业部基础管理达标活动,实现对全部 109 家营业部的 100%现场审计,提升营业部基础管理水平;积极实施人才规划,继续推进干部人事制度改革,队伍结构不断得到优化。

三、深入开展党建工作,推进精神文明建设

2003 年,申银万国深入开展"三个代表"重要思想和党的十六大精神的学习贯彻活动,以加强凝聚力工程建设为重要抓手,进一步加强思想、组织和作风建设,加大党组织的有效覆盖面,狠抓党风廉政建设,持续开展党风、党性、党纪的系列教育活动,有力地保障公司各项改革发展工作取得成功。

申银万国不断完善职代会制度,加强公司民主管理、民主监督。顺利完成了工会、团委班子的换届选举。成功举办了劳动竞赛活动和征文竞赛活动。积极开展"文明窗口"、"文明部室"的创建活动,抓深化、抓实效。2003 年,申银万国还涌现出一批优秀集体和个人,其中庄东辰同志荣获"全国五一劳动奖章"称号,应蓓玉同志被评为上海市"三八"红旗手。

南方证券股份有限公司

一、历史沿革

南方证券股份有限公司前身为南方证券有限公司,是经中国人民银行批准,在中华人民共和国财政部的大力支持下,由中国工商银行、中国农业银行、中国银行、中国建设银行、交通银行和中国人民保险公司联合发起,并由国内 43 家著名企业出资组建的全国性证券公司。公司于 1992 年 12 月 21 日在深圳经济特区正式成立,注册资本 10 亿元人民币。

1995 年,公司完成了由总公司、分支机构之间形成的"二级法人管理"体制向"一级法人、三级管理"体制的转变。

1999 年 4 月 9 日,根据中央党政机关金融类企业脱钩工作小组《关于将中国平安保险公司等 2 家金融类企业移交深圳市政府管理的函》(金融脱钩[1999]7 号)批准,公司由中央金融工委移交给深圳市政府管理。

2002 年 1 月 19 日,公司获得中国证监会批准进行增资扩股并改制成为股份有限公司,注册资本金达到 34.58 亿元人民币,共有股东 56 家,并列前三名股东为深圳投资管理公司、首创股份、上海汽车。

二、机构及人员

公司本部有各总部(室、所)20 个;在全国设有 7 个分公司和 74 家证券营业部。现有员工 2100 余人。在员工的学历结构中,大专及以下占 39.9%,本科占 39.8%,硕士占 18.9%,博士占 1.4%。

三、经营理念

发展战略:立足南方,面向全国,走向世界;

经营方针:安全性、创造性、效益性;

企业精神:竭诚服务,客户至上,团结友爱,开拓进取。

四、主要业务数据

截至到 2003 年底,累计实现各种有价证券交易额 43601.25 亿元,累计完成主承销 191 家。

五、获得的主要社会荣誉

1994 年,在由国务院发展研究中心、国务院研究室、中国人民银行等十一家单位联合举办的"中国 500 家最大服务业及行业评选"中,公司名列金融业第 36 名和证券业第二名。

1995 年,在由中国证券业协会评选的全国证券商经营业绩排行榜中,公司摘取了利润总额和净资产总额两项桂冠;在当年美国权威杂志《机构投资者》评选的中国最有前途的十家机构投资者中,南方证券有限公司与国内几大专业银行同登榜上,居证券业第二位。

1996 年,公司再次被《机构投资者》列为中国最有前途的十家机构投资者之一;同年,在深圳证券业协会对深圳证券商经营实力和经营业绩排行榜中,南方证券有限公司获资产总额、净资产总额和交易总额三项第一。

1997 年,在国内券商承销排名榜上,公司在所列的十一项指标中,夺得包括主承销总家数、配股发行等六项第一,1998 年又在该排名中夺得五项第一。1999 年,公司实现的 A 股+基金交易总额位列全国同行第二名,主承销募集资金总额列第三名。

2000 年,公司一举夺得投行主要业务指标五项第一名,A 股加基金交易总额列同行业第三名。2003 年,公司投行业务取得了主承销家数和上市推荐家数两项市场排名第一。

国信证券有限责任公司

国信证券有限责任公司为全国性大型综合类证券公司,注册地在深圳市,注册资本 20 亿元人民币。截止 2002 年底,公司总资产 87 亿元,净资产 31 亿元。公司股东由极具实力的大型企业深圳国际信托投资有限责任公司、深圳市投资管理公司、深圳市机场股份有限公司、云南红塔投资有限责任公司、中国第一汽车集团公司和北京城建投资发展股份有限公司共 6 家公司组成。

国信证券有限责任公司是中国证券市场拓荒者之一。公司前身为 1989 年 9 月成立的深圳国际信托投资公司证券业务部。1994 年 10 月,为适应证券经营机构分业管理和自身业务发展的要求,正式成立深圳国投证券有限公司,注册资本为 1 亿元;1997 年 7 月,公司完成第一次增资扩股工作,注册资本增至 8 亿元,并于同年 12 月正式更名为"国信证券有限公司";1999 年 11 月,公司完成第二次增资扩股工作,注册资本增至 20 亿元,公司全称为"国信证券有限责任公司"。在十多年的发展过程中,国信证券形成了自己独特的优势。

规范科学的经营管理:

国信证券高度重视健全内部管理体制和完善风险防范机制,制定并实施、完善了涵盖投资银行业务、交易经纪业务、证券投资业务、资产管理业务和资金、财务、人事、行政、审计、信息技术及日常运作等各个方面的一整套规章制度,建立了集中统一与独立经营相结合、责权利分明、运转高效的事业部制业务管理体系和适应证券业竞争的流程管理、绩效管理、薪酬分配体系,以及科学的业务经营风险监控体系,形成了一套具有自身特色的、合乎证券业规范运作要求的制度化管理体系,为公司的持续稳定发展提供了制度保证。

持续增长的经营业绩：

国信证券的投资银行业务 1998、1999、2000、2001、2002年连续 5 年名列全国主承销总家数排名前 4 名。在 2000 年全国主承销商信誉积分排序中名列第 1 名。

国信证券坚持走"精品营业部"发展道路，公司单个营业部的平均交易额和平均盈利能力自 1998 年起连续 5 年全国排名第一。自 1996 年以来的 7 年时间，公司实现利润总计 33 亿元，税后利润总计 28 亿元。

国信证券是全国第一批综合类证券公司，是全国第一批进入同业拆借市场的证券公司，是全国第一批允许开展网上经纪业务的证券公司，并当选为中国证券业协会副会长单位和上海证券交易所理事单位。

人才荟萃的专业团队：

公司现有员工 800 多人，本科以上学历人员占 71%，硕士以上学历人员占 23%，其中公司本部员工 300 多人，本科以上学历人员占 85%，硕士、博士学历人员占 41%。公司在经营、管理和业务方面都有一批优秀的人才，建立起了一支高素质的人才队伍，成为公司进一步发展壮大的基石。

独具特色的国信文化：

国信证券在发展中逐步形成了具有自身特色的"国信文化"：以"信"为核心，注重"信念、诚信、自信、信誉"的价值观；以提高经济效益为中心，在经营中坚持"规范、稳健、开拓、创新"，依法经营，在规范前提下不断寻求市场开拓，在稳健基础上不断寻求业务创新的经营观；坚持"唯贤是用，唯才是举"，能者上庸者下，能者进庸者出，看学历看资历更重绩效的人才观；以人为本，管理工作、管理政策、管理程序坚持公正、公平、公开的"三公"原则；坚持用是否有利于提高经济效益和工作效率，是否有利于提高员工的积极性、创造性，是否有利于促进公司持续健康发展的"三个有利于"作为衡量和判断是非好坏标准的管理准则。国信文化为公司的改革发展奠定了良好的思想基础和文化氛围。

进入新时期，面对中国证券业的国际化、市场化和规范化，国信证券将再次增资扩股，并在适当的时机上市；同时在各项主营业务成立事业部的基础上适时组建子公司，形成集团化经营管理架构；并实施以综合价值测评和流程优化为主要手段的管理战略，由里到外地全方位改造管理体系，向着中国证券行业"具有影响力、处于领先地位的大型证券公司"的目标奋进。

西部证券股份有限公司

西部证券股份有限公司是经中国证券监督管理委员会批准设立，于 2001 年 1 月正式注册开业的证券经营机构。公司注册地陕西省西安市，注册资本金壹拾亿元人民币。

西部证券股份有限公司的经营范围是：证券代理买卖；代理还本付息、分红派息；证券代保管、鉴证；代理登记开户 券的自营买卖；证券的承销和上市推荐；证券投资咨询和财务顾问；资产管理；发起设立证券投资基金和基金管理公司。

西部证券股份有限公司是在四家证券经营机构重组后经增资扩股而设立的。重组各方原有的业务网络、技术装备、专业人员是公司起步的基础，而综合实力雄厚的公司股东则为西部证券的业务发展和资本迅速扩张奠定了坚实根基。我们将在此基础上，根据未来市场变化的要求，引进先进的管理方式，构建科学规范的组织结构，营造优秀人才发展的平台，使西部证券在中国资本市场超速发展的时期快速成长，在世界经济一体化的潮流中不断走向成熟。

西部证券所属二十二家证券营业部分布于陕西、北京、上海、深圳、山东等地。其中，西安有九家营业部。为投资者提供沪、深 A 股、B 股及其它上市证券的代理买卖服务。我们将以先进的交易技术设备；高水准的咨询服务；方便快捷的网上交易给您提供最快捷、最方便、最周到的服务。

证券经纪业务：为客户提供切实有效的服务，是我们基本的工作目标。

投资银行业务：为客户提供包括证券发行、企业资产重组、收购等投资银行相关服务。

证券自营业务：以合法、规范运作为前提，以适应市场发展状况的投资理念为指导为公司创造丰厚的回报。

委托资产管理业务：公司拥有一支具有专业素质的证券投资理财队伍，为客户取得较高收益是我们的工作目标。

研究发展业务：研究发展业务是公司各项业务展开的决策支持系统。

网上交易业务：拥有最快捷、最方便的网上交易，为客户提供最完善的服务。

西部证券自成立以来，以她奋发进取的精神、踏实稳健的步伐已取得了不俗的成绩，我们相信在西部证券同仁的共同努力下，必将使西部精神发扬广大，使我们的事业蓬勃发展，拥有更加美好的明天。

财富证券有限责任公司

财富证券有限责任公司是由湖南省信托投资公司和湖南省国有资产投资经营总公司共同发起设立，经湖南省人民政府同意并报中国证监会批准设立的综合类证券公司，公司总部设于长沙，注册资本金为人民币 5.36 亿元。

公司业务架构完备，目前设有总裁办公室、人力资源部、计划财务部、法律稽核部、经纪业务总部、投资银行总部、资产管理总部、证券投资总部、研究发展中心、信息技术总部、增资扩股办、基金筹备办、投资控股公司、北京总部、党群办等十五个部室。业务触角延伸全国，在北京、上海、天津、深圳、长沙、湘潭、郴洲、邵阳、温州等地设有 15 家营业网点。现有的业务范围包括：证券承销，证券自营，证券交易代理，证券投资咨询，资产管理，企业重组，收购与兼并，公司财务顾问，网上交易以及经国家证券监管部门批准的其它证券业务。

公司拥有一支高素质、勤勉敬业的证券专业人才队伍。公司现有员工 377 人，平均年龄 31 岁，其中大专以上学历者占总人数的 89%，取得证券从业资格者占总人数的 75%。

面对新经济的挑战，在证券经纪业务上，公司积极顺应市场需求，努力推进业务转型，建立强大的 IT 技术平台，实现公司证券经纪业务集中化和专业化管理。公司将建立总部交易监控系统，并逐步向集中交易过渡。同时，公司推行客户关系管理，通过有效管理客户信息资源，提供客户满意的产品和服务，和客户建立长期、稳定、相互信任的密切关系。

公司投资银行业务将在规范和高效的思想指导下，通过证券承销和财务顾问等多种具有特色的服务方式，拓宽公司在资本市场的服务渠道，深化公司在资本市场的服务层次，为中国资本市场的发展作出我们的努力。

公司自营和其他业务也将本着规范、创新的原则，积极倡导新的投资理念，引入科学有效的投资手段，将公司投资与理财水平推向一个新的高度。

公司将致力于构建适应市场竞争环境的科学、规范的管理架构和符合现代企业制度运作要求的法人治理结构,逐步建立起与国际接轨的投资决策、绩效评估及风险监控体系和财务管理体系。公司将坚持"规范经营、持续发展"的经营和管理特色,致力于树立起健康向上的良好的社会形象,并朝着这目标而努力奋斗。

长城证券有限责任公司

长城证券有限责任公司(以下简称长城证券)是一家业务资质全面的全国性综合类证券公司,从事证券经纪、证券承销和上市推荐、证券投资与咨询、资产管理和财务顾问等业务,注册资本 8.25 亿元,注册地为广东省深圳经济特区。

长城证券以其稳健经营和优质服务赢得了广大客户的长期信赖。十年来,公司各项业务取得了长足的发展。自 1996 年至 2003 年,公司累计代理 A 股与基金交易量 5596 亿元,累计承销股票 161.28 亿元、国债 81.9 亿元、企业债券 60 亿元,公司总资产规模为 50.16 亿元,净资产规模为 9.47 亿元。近年来,长城证券始终占有证券一、二级市场 1%以上的市场份额。

2004 年 4 月份,作为中国证监会批准首批发债的证券公司,顺利完成了公司债发行工作。

股东背景:

长城证券的发展离不开股东的大力支持。随着公司发展壮大,以及数度增资扩股,公司股权结构逐步优化。目前,公司主要股东有中国华能集团公司、深圳新江南投资有限公司、中国核工业集团公司等。

华能集团是一个以电力产业为主其他产业协调发展总资产 1500 亿元的国家级特大型企业集团。在华能集团的发展规划中,一个重要举措就是实施金融控股战略。华能集团的金融控股战略,以及新江南投资和核工业集团等股东良好的行业背景和产业优势,将为长城证券的发展提供更加有力的支持。

主要资质:

作为国内最早的 8 家综合类证券公司之一,长城证券具有全面的业务资质:

最早的八家综合类证券公司;

沪、深证券交易所会员单位;

A 股主承销商;外资股主承销商;

交易所国债承销团甲类成员;

证券投资;

受托资产管理;

网上交易;

银行间同业拆借市场成员;

发起设立证券投资基金和基金管理公司

目前,长城证券有员工 780 多人,其中博士学历员工占 3.7%,硕士学历员工占 31.8 %,大学本科学历员工占 50.3%。

企业文化

在多年的发展中,公司坚持以人为本,以"诚信正直、团结奉献"为价值观,逐渐形成了具有自身特色的企业文化。人力资源是最至关重要的资源,是企业管理和企业文化的核心。公司充分尊重人的因素,最大限度地发挥人的主观能动作用,将公司发展和实现个人价值有机结合起来。在此基础上形成了长城证券稳健持重、团结奉献、温和亲善的企业文化内涵。

宏源证券股份有限公司

2003 年 6 月,公司依法换届产生了第四届董事会,聘任了新一届经营领导班子。在严峻的证券市场形势下,公司根据可持续发展的需要,进一步深化改革,确立了"做大做强做出特色"的发展战略,提出了"一个中心,两个加强,三条标准"的基本原则。即:"一个中心"是紧紧扭住利润这个中心不动摇;"两个加强"是大力加强业务开拓创新和风险防范;"三条标准"是按照是否有利于提高经营效益和工作效率,是否有利于提高全体员工的积极性和创造性,是否有利于促进公司持续健康发展这三条标准来衡量各项工作和制度。

2003 年,公司总资产达到 52.38 亿元,股东权益 12.69 亿元,每股净资产 2.0852 元,净资本增至 8.75 亿元。在全行业亏损的情况下,公司全年实现税后净利润 2009.53 万元,实现每股收益(加权平均)0.0349 元,加权平均净资产收益率为 2.51%,净利润和净资产收益率指标在行业内排名保持在 20 名上下。这来之不易的经营业绩,对公司生存发展起到了关键性的作用。

公司在未来发展中,继续发扬"以人为本"的精神,努力打造宏源证券的企业文化品牌,真正把宏源证券办成学习型、创造型的现代金融企业。

一、公司名称:宏源证券股份有限公司

二、公司法定代表人:田国立

三、公司董事会秘书:王重昆

授权代表:高俪娟

联系地址:新疆乌鲁木齐市建设路 2 号宏源大厦八楼

联系电话:0991—2301870

联系传真:0991—2301779

四、公司注册地址:新疆乌鲁木齐市建设路 2 号

办公地址:新疆乌鲁木齐市建设路 2 号宏源大厦八楼

邮政编码:830002

公司网址:http://www.ehongyuan.com

公司电子信箱:hyxtdshj@mail.xj.cninfo.net

五、公司选定的信息披露报刊:《证券时报》、《中国证券报》、《上海证券报》

登载公司年度报告的国际互联网网址:http://www.cninfo.com.cn

公司年度报告备置地点:公司董事会秘书处

六、公司股票上市交易所:深圳证券交易所

股票简称:宏源证券

股票代码:000562

华欧国际证券有限责任公司

作为一家中外合资证券公司,我们的一个特殊优势在于理解境内外两个市场,能够为企业在境内外两个市场上的融资行为做通盘考虑,以最佳的方式、最低的成本、最小的风险、最快的速度满足客户的融资需求,在全球资本市场范围内为企业的发展提供资本市场的支持。

我们不仅仅是企业融资的一个安排者,更是企业发展的战略总顾问。我们认为企业的任何融资行为都只是一种手段,而不是目的。作为一个有长远眼光的投资银行,我们从企业的长远发展战略出发,结合企业当前发展的特定阶段和当前资本市场的状况,与所服务的企业进行全方位的合作,为企业提供量

身定做的解决方案，制定既有助于实现阶段性效益目标，又有利于推进长远发展的一揽子的战略性资本运作方案。

我们承继双方股东与政府和投资基金长期形成的良好的工作关系，借助于中外双方股东的资源，向全球的投资者推介国内优秀的企业。我们为国内优质企业引入高品质的战略投资者，为境外的基金和其他投资者在境内寻找高回报的投资目标，实现国际资本的跨境流动，为企业提供实施战略方案所需的融资支持。

作为一家与国际接轨的投资银行，我们拥有一整套严格的交易审核程序、项目操作规程和风险控制机制。合资伊始我们进行了脱胎换骨的业务流程再造，编制了投资银行业务操作手册，从项目立项起就引入全程项目管理，各个环节都有明确的操作守则和业务规范，任务明确，责任落实，将每一个项目都做成精品工程。

我们拥有一支优秀的专家型、国际化的双语业务团队。我们的员工来自海内外知名的金融机构，不同背景的员工在华欧相互学习，优势互补，作为一个团队以集体的智慧为客户提高一流的投资银行服务。

华欧定位于一家"技术型"的投行。我们在"发现价值、创造价值、实现价值"的理念指引下，致力于为企业客户的成长提供高技术含量的专业意见和增值的技术服务。我们建立健全了具有国际标准的投资银行业务工具库，引进应用西方投资银行界通行的技术工具，并将其创造性的引入中国的市场"语境"之中，以实现中国投资银行界的技术升级，达到更好地挖掘企业价值的终极目标，实现资本市场上的多赢。

华欧一直注意吸纳双方股东的文化精华，形成自身的文化主张。我们将"承诺是金、人本立正"的企业文化作为每一位员工为客户服务的出发点。在"正"、"信"的原则下，我们将企业文化精神中对"道"的理解落实到责任心、职业素养、敬业精神和客户服务意识上去，将对"术"的追求落实到技术水准、审慎作风和创新意识上去，并将此二者有机地结合起来，形成充满务实精神和包容性的独特的华欧企业文化。

我们致力于建立中国自己的"高盛一福特"式企业与投行间的长期战略关系，与我们的客户一起成长，为中国企业实现从优秀到卓越的跨越，为中国本土企业的作大作强提供投资银行家的专业帮助。客户第一、与客户共同成长，是我们对客户永久不变的承诺。

华欧国际证券有限责任公司
地址：上海浦东银城东路139号华能联合大厦1楼
电话：(021) 3878 4818
传真：(021) 68865411/68866697　邮编：200120
E一mail：info@cesl. com. cn

长江巴黎百富勤证券有限责任公司

长江巴黎百富勤证券有限责任公司(以下简称[长江巴黎百富勤])，是由中国政府批准，首批具有主承销商资格的中外合资投资银行，由长江证券有限责任公司及法国巴黎银行集团合资组建，总部设于上海。

法国巴黎银行为全球性金融机构；以市值及净收入计算于欧元区及法国均居领导地位。法国巴黎银行的业务遍逾八十五个国家，聘用的员工超过八万七千名。其全球证券业务已奠下稳固的国际平台，在全球各主要证券市场聘用超过一千四百名专业人员，并为全球四十家证券交易所的会员。

法国巴黎百富勤为法国巴黎银行集团的全资子公司及亚洲地区(日本除外)证券投资银行旗舰，悉力以赴，投入精力及资源于长江巴黎百富勤。

长江证券是中国证券市场的先行者，经过十余年发展，拥有完善的业务网络，在全国二十多个城市布有营业网点或分支机构，已形成长江三角洲、珠江三角洲、环渤海湾、华中以及西部五大重要业务区域。同时，公司与一批优秀的企业建立稳固的战略伙伴关系，精湛的服务和良好的经营纪录更赢得客户口碑和同业尊重，亦奠定了在业内的品牌地位。

长江巴黎百富勤是一家既专注中国市场，亦复纵横于国际平台的全面性投资银行。中国经济的崛兴，需要与经验丰富、值得依赖的投资银行，共同成长。成为中国最杰出的投资银行，臻于至善，既是长江巴黎百富勤的使命，亦是我们的承诺。

长江巴黎百富勤是提供全面性业务的投资银行，由来自长江证券和法国巴黎百富勤证券的企业融资部、债券固定收益部、资本市场部、研究分析部等专家所组成。长江巴黎百富勤引进法国巴黎银行集团具有国际水平的风险管理程序和制度，同时结合中国的有关法律和法规，建立起一套完善的风险管理体系。目前从事的具体业务范围是：

1. 股票发行

a. A、B股首次公开招股

b. A、B股上市公司增发

c. A、B股上市公司配股

2. 固定收益品种发行

a. 国债

b. 金融债

c. 企业债

d. 可换股债

3. 财务顾问

a. 上市公司并购、重组财务顾问

b. 未上市公司投资和收购财务顾问

4. 与法国巴黎银行及法国巴黎百富勤之合作关系

a. H股发行

b. 外国直接投资/策略投资

c. 合格境外投资者

d. 兼并及收购

e. 其它

泰阳证券有限责任公司

一、基本情况

泰阳证券有限责任公司创建于1988年，前身为湖南省证券公司，是经中国人民银行批准成立的全国首批证券公司之一。2001年，经中国证券监督管理委员会批准为综合类证券公司，增资扩股至12.05亿元人民币，具有的证券经纪、投资银行、债券承销、证券投资、受托理财等齐全的业务资格。同年，公司正式更名为泰阳证券。

截止2003年底，公司总资产达60亿元，所有者权益为12.72亿元。拥有证券营业部28家，形成立足湖南，辐射全国的网点布局，实现了由区域性券商向全国性券商的转变。公司拥有一支高素质的员工队伍，在900多名员工当中，大学学历以上的占60%以上，研究生学历以上的占总数的20%以上，而且90%的员工通过考试获得了证券从业资格。

二、主要业绩

1993年起公司开始担任"湘中意"、"湘火炬"社会公开发行股票的主承销商，实现了湖南上市公司零的突破；2000年，泰阳证券成为中国证监会核定的全国 26 家具有主承销资格的券商之一；2002 年，投行四条发行通道完成过会项目 7 家、发行项目 5 家，"通道过会周转率"为 175%，"通道发行使用率"达到 125%，创造了两项全国同行业第一；2003 年，公司投行业务保持了"黄金通道"的美誉，担任了长电科技、力元新材、欣网视讯等 3 家新股上市主承销。2004 年 5 月，公司获得国内首批保荐机构资格，并有 10 位员工取得保荐人代表资格，在湘籍券商中名列第一。

泰阳网站连续几年被评为全国最受股(网)民喜爱的优秀证券网站，2003 年又荣获"中国优秀证券网站"第一名和"最佳个性化服务网站"的称号，公司网交易相对份额达到 47.1%，超出全国平均水平近四倍，在全国同行中名列第一。

三、主要工作经验

1、始终秉承"诚信务实、规范发展"的经营理念，坚持"成本最小化，利润最大化"的经营原则。

2、拥有一支忠诚团结、经验丰富、勇于创新的团队，为客户提供全方位、差异化、高品质服务，使客户资产保值、增值。

3、实行事业部制，加强事业部之间资源共享，提高管理和决策的科学化水平。

4、成立发展战略委员会、薪酬与考核委员会、风险管理委员会、审计委员会等多个专门委员会，由独立董事担任召集人。

5、坚持"以人为本"管理理念，建立公平、公开、公正的晋升机制，公司启动了"双百"人才培养选拔系统工程，各选拔 100 名管理和技术后备人才，建立人才储备和竞争淘汰制度。

四、发展战略与目标

公司致力于建设一个"法人治理完善、内部控制严密、风险管理有效、经营行为规范、市场信誉良好"的现代金融企业，不断增强公司核心竞争力。泰阳，如鲲鹏展翅，开始了新的腾飞！

业务咨询电话：2240128　2277999

席位号(沪)X51　席位号(深)230300　230200

公司地址：湖南长沙新建西路 1 号　邮编：410007

网址：www. sunsc. com. cn

分支机构	电话	通讯地址	邮政编码
北京阜外大街证券营业部	010－68571798	北京市阜城门外大街甲 34 号	100037
深圳怡景路证券营业部	0755－25415626	深圳市怡景路 11 号峰景台大厦 2 层	518003
上海延安西路证券营业部	021－62103436	上海市延安西路 719 号佳都大厦 1－3 号	200050
重庆邹容路证券营业部	023－63782618	重庆渝中区邹容路 120 号都市广场 6 楼	400010
广州小北路证券营业部	020－83547669	广州市小北路鹏源发展大厦 2－3 楼	510000
昆明三市街证券营业部	0871－3601018	昆明市三市街六号柏联广场六楼	650001
昆明环城南路证券营业部	0871－3306348	昆明市环城南路 39 号	650000
南昌青山南路证券营业部	0791－8616271	南昌市青山南路 186 号	330000
贵阳合群路证券营业部	0851－6901644	贵阳市合群路 1 号	550001
保定向阳南路证券营业部	0312－3091009	保定市向阳南路 89 号	071000
太原桃园南路证券营业部	0351－4602058	太原市桃园南路 27 号	030000
南京王府大街证券营业部	025－84218208	南京市王府大街 121 号	210000
杭州凤起路证券营业部	0571－87797068	浙江省杭州市凤起路 361 号	310013
长沙留芳岭证券营业部	0731－4311225	湖南省长沙市留芳岭 2 号	410008
长沙劳动路证券营业部	0731－ 5546818	湖南省长沙市劳动路 323 号	410003
长沙五一东路证券营业部	0731－2299908	湖南省长沙市五一东路 86 号外贸大厦二楼	410001
长沙黄兴中路证券营业部	0731－2240118	湖南省长沙市黄兴中路 196 号新大新大厦	410005
岳阳东茅岭证券营业部	0730－8249236	湖南省岳阳市东茅岭一百大厦	414000
湘潭解放路证券营业部	0732－8237144	湖南省湘潭市解放路 55 号	411000
株洲车站路证券营业部	0733－8230451	湖南省株洲市车站路 26 号	412000
衡阳衡西大市场证券营业部	0734－8273842	湖南省衡阳市城北区衡西大市场	421001
郴州国庆南路证券营业部	0735－ 2258999	湖南省郴州市国庆南路 11 号商业大厦三楼	423000
常德青年路证券营业部	0736－7265571	湖南省常德市青年路 21 号	415000
益阳长益路证券营业部	0737－4234034	湖南省益阳市长益路 79 号	413000
娄底娄星南路证券营业部	0738－8515733	湖南省娄底市娄星南路 12 号	417000
邵阳邵水西路证券营业部	0739－5363268	湖南省邵阳市邵水西路 155 号	422000
怀化鹤州北路证券营业部	0745－2230138	湖南省怀化市鹤州北路 3 号	418000
永州潇湘路证券营业部	0746－8324388	湖南省永州市潇湘路新华书店综合楼 2－4 层	425000

世纪证券有限责任公司

一、基本情况

世纪证券有限责任公司是一家全国性综合类证券公司，其前身是 1990 年成立的江西省证券公司。1999 年，北京首都旅游集团等对公司实施了股权重组，中国人民银行以银复[2000]283 号文《关于江西省证券公司重组方案的批复》予以确认。

2001 年 7 月，中国证监会下发证监机构字[2001]126 号文《关于同意江西省证券公司增资、更名并迁址的批复》，公司更名为"世纪证券有限责任公司"；注册地址迁至广东省深圳市。2002 年 9 月，中国证监会下发证监机构字[2002]268 号文《关于同意江西省证券公司增资扩股的批复》，同意了公司的增资扩股方案，并核准公司注册资本增至 10.05 亿元人民币。目前公司在北京、上海、成都、南昌等地设有管理总部。重组增资以来，世纪证券树立"金融报国"的远大理想，励精图治，求实创新，充分发挥新兴券商历史包袱小、资产质量优、公司治理结构好的后发优势，提出"诚信服务客户，专业实现价值，创新塑造品牌"的经营理念，倡导"团结、进取、求实、创新"的文化风范，聚集国内外优秀精英团队，构筑"超常规发展"的创新成长策略，建立健全了科学的管理体系和行之有效的投资决策程序。

公司的经营范围包括：证券的代理买卖；代理证券的还本付息和分红派息；证券的代保管、鉴证；代理证券登记开户；证券的自营买卖；证券的承销和上市推荐；证券投资咨询；资产委托管理；发起设立证券投资基金和基金管理公司；中国证监会批准的其他业务。

截止 2003 年底，公司共有员工 572 人，其中 20－30 岁 212 人，占 37.06%；31－40 岁 292 人，占 51.05%；员工中拥有本科以上学历者 298 人，占 52%，博士 9 人，硕士研究生 106 人。

世纪证券致力于与中国优秀企业建立战略伙伴关系，为客户提供从发行承销、项目融资、资产管理到收购兼并、财务顾问、企业重组、管理咨询等全方位深层次服务。

二、高级管理人员基本情况

董事长：段强　历任北京市密云县团委副书记、书记；县委常委、镇党委书记；县委常委、县对外经贸委主任，县委副书记、代县长；县委副书记、县长；北京市副市长等职务。现任北京首都旅游集团有限责任公司董事长、党委书记。段强先生在金融理论、证券理论、企业管理与实务方面有深入的研究，具有先进的管理理念和丰富的实践经验。

执行董事兼总裁、党委书记：吴敏文　曾就职于中国人民银行总行金融管理司、非银行金融机构司、中国证监会基金监管部。在中央银行长期从事整顿金融秩序、加强金融监管、清理金融机构、防范金融风险等工作；在中国证监会工作期间，参与基金市场、基金管理公司、托管银行的架构设计和制度安排，参与制定《证券投资基金管理办法》。吴敏文先生对中国金融行业和资本市场的发展历程以及商业银行、证券、基金的相关政策和法律有深入的认识，积累了丰富的监管经验和证券机构经营管理经验。吴敏文先生策划并运作了江西省证券公司债务重组、股权重组工作，是世纪证券的主要创始人和主要决策者。

三、主要业绩

2003 年，世纪证券在证券市场持续低迷、证券行业几乎全面亏损的情况下，仍取得了骄人的业绩，盈利 5068 万元。2004 年 6 月，中国证券业协会公布的 2003 年度证券公司经营业绩排名揭示，在 2003 年参加排名的 122 家证券公司中，世纪证券名列利润总额第 16 名，人均利润第 9 名。

投资银行方面，2003 年公司根据市场总体环境的变化，适时调整业务架构，取得了股票主承销资格和两条通道；公司还担任了 10 家企业的副主承销以及 20 多家企业收购兼并或上市改制辅导业务的财务顾问；公司发挥债券业务优势，全面开拓债券业务，其中作为首旅集团企业债券融资项目的财务顾问和副主承销商，协助发行人顺利筹资 10 亿元人民币，有力地支持了这些企业的发展和国家重点建设项目的开展。公司的证券投资、资产管理工作有了长足进步，发现并把握市场、把握主流板块的能力强，目前公司已获得资产管理资格。2003 年以来比较准确地把握了市场的投资机会，为公司创造了较好的收益，并使公司具备了充足的再投资能力。

经纪业务稳健发展，各项指标在同行中的排名大幅提升。截止 2003 年 12 月 31 日，公司在上交所会员交易排名 28 名，客户托管市值 90 亿元，市场占有率达到了 4.871‰。目前已获得网上交易资格。

国际业务发展良好，已获得外汇业务资格。

2004 年 5 月，在由《世界经理人周刊》、《财经时报》、《证券日报》联合主办，世界金融实验室承办的"中国最受尊敬的 20 大证券公司"评选活动中，公司入选"中国最受尊敬的 20 大证券公司"之列。

四、公司的特色和优势

1、良好的资产质量和财务基础。世纪证券 2002 年 9 月完成第一次 10 亿元现金的股本募集，资本含金量高，支付能力强。历史包袱轻，资产质量状况良好，加上增资扩股后注入的现金流，形成了公司良好的后发优势。

2、规范有效的法人治理结构。公司的法人治理结构在国内券商中具有明显优势，主要反映在：(1)股东会、董事会、经营层三者的关系相对稳定；(2)股权结构上国企背景和市场机制的有效结合；(3)建立了定位合理的独立董事制度和设立了相对完善的风险控制委员会、证券投资决策委员会和薪酬委员会等制度安排；

3、健全的风险控制体系。公司成立之初就形成了清晰合理的组织结构，强调法人统一授权管理，建立了具体、明确、合理的授权检查和逐级问责制度。此外，公司还建立了覆盖全部业务范围的风险预警机制，设立风控稽查部对内开展定期普查与不定期的稽核；统一交易软件，建立实时监控系统；对财务、电脑人员实行委派轮岗制。

4、健康开放、奋发向上的企业文化。公司"以理想去召唤人、以事业去感染人、以机制去激励人、以制度去约束人"。为了营造良好的工作氛围，充分调动员工投身"金融报国"事业的激情，公司倡导"以人为本"的理念，尊重员工、培养员工、提高员工，将健康开放、奋发向上的企业文化渗透到日常工作和生活的每一个环节。

5、灵活高效的市场化运作模式和决策机制。"适应市场"是公司一直坚持的信念和机制。完全市场化的运作模式，使得决策机制灵活、高效。同时，公司也形成了适应市场变化的、反应灵敏的民主、公开、透明的决策机制。

6、专业化的管理团队和高学历的人才优势。公司拥有专业进取、具有良好职业操守和运作大公司的经验与能力的管理团队，构成了公司强有力的领导核心。公司以市场为导向，引进了大批有丰富从业经验和业务资源的资深人士加盟公司，奠定了公司走向成功的基石。

五、发展战略与目标

公司的长期目标是发展成为具有国际知名品牌的一流金融集团。公司自创立之初就制订了"一三五 "发展战略规划，即"一年全面整合、三年快速发展、五年跻身一流"。计划到 2005 年，世纪证券发展成为金融控股集团，下设证券经纪、投资银行、资产管理、证券研究咨询、网上交易与电子商务、风险投资等专业公司，形成一个以证券业务为主体的综合性金融服务集团，并力争在适当时候上市。

金元证券有限责任公司

一、概况

(一)中文名称：金元证券有限责任公司

(二)英文名称：Goldstate Securities

金元证券有限责任公司成立于 2002 年 8 月，是经中国证监会批准，由首都机场集团公司作为核心股东出资设立的一家综合类证券公司，注册资本 5 亿元人民币。公司总部设在深圳，在北京、上海、成都等全国各中心城市均设有分支机构。公司具备主承销商业务资格、保荐机构资格，受托投资管理业务资格、证券自营业务资格、网上证券委托业务资格、经营外汇业务资格、证券投资咨询资格等各项证券业务资格。公司拥有一支从业经验丰富、业务素质优良的保荐代表人队伍。

金元证券自成立之初，便运用完全市场化的管理模式来规范内部管理体制和运作机制，建立了完善的法人治理结构，有效的风险控制体系，科学的投资决策机制，形成了业务驱动型的绩效评估和薪酬激励机制。在持续低迷的证券市场环境中经受住了考验，连续两年盈利，公司经营实现良性运转，各项业务不断发展，管理水平不断提高。公司拟于年内完成增资扩股，实现股本金 8 亿元，进一步扩大业务规模，提高抗风险能力。

金元证券一直致力于用现代化科技手段提升公司经营管理水平。目前，已完成了以中心机房、备份机房为中心的广域网的基础平台搭建；在此基础上，构建了完善的公司级集中交易系统、集中财务系统、公司网站、办公自动化系统等基础应用平台；确保了网上交易、股东帐户集中开户、法人清算、资产管理等应用系统安全可靠地实施。

金元团队

人力资本，是金融企业赖以生存和发展的源泉。金元证券拥有一支业务精湛、团结合作、开拓进取、锐意创新的金融团队，汇萃了一批来自海内外的金融、财会、法律以及相关领域的专业人才，在金融证券行业有着丰富的从业经验和良好的运作业绩；公司高级管理人员均具备金融企业投融资管理运作的成功经验，熟悉国际国内金融市场规则及市场发展趋势，对证券投资风险控制有着深刻的认识和科学的管理手段。

金元将以一流的专业能力和一流的团队精神，为实现财富的持续稳定增长，提供人力资本的重要支持。

金元证券坚持"稳健经营、规范管理、风险控制"的经营理念和"诚信、亲和、创新、志成"的企业精神，并始终贯穿于公司投资、理财、管理和客户服务的每个环节中。公司全体同仁将以使命感、事业心和专业追求致力于为客户提供优质、全方位的服务，为繁荣和发展证券市场，推动金融建设作出积极的贡献。

股东介绍

核心股东一首都机场集团公司

首都机场集团公司是以机场为主业、跨行业、跨地域的大型企业集团，总资产达500多亿元，所属的首都机场为国内最大的国际航空港。控股12家机场，占国内空港客流的30%、物流的15%。首都机场集团公司多年来一直保持良好的经济效益，在抓好机场主业经营的同时，积极探索资本市场的开拓与发展之路，致力于建立产业资本与金融资本良性互动的集团运作模式。

在初步构建的集团复合型的金融业务经营体系中，有集团所属的香港联交所上市公司，集团控股或参股的多家证券公司与基金管理公司。凭借雄厚的产业资本，首都机场集团公司将逐步实现金融板块的专业化经营。

运用证券业务平台，探索集团发展乃至民航系统发展的资本运作战略将成为首都机场集团赋予金元证券的历史殊荣。这一战略的实施也为金元证券的发展和壮大提供了更多的机遇和更广阔的空间。

二、高管人员基本情况

公司董事长、法定代表人：郑辉 1957年7月出生，吉林大学法律系本科毕业，湖南大学国际商学院管理硕士、北京大学光华管理学院EMBA。曾先后任中央纪委监察部副局长、中国民航总局监察局副局长、中国国际航空公司党委副书记兼副总经理、首都机场集团公司党组副书记兼副总经理。

执行董事、总裁：彭振明 1959年6月出生，华南热带农业大学经济学院经济管理专业本科、吉林大学经济学院世界经济专业硕士、吉林大学经济学院世界经济专业在读博士。曾先后任海南省富南国际信托投资公司常务副总经理、海南省国际信托投资公司党委书记兼总经理、海南金元投资控股有限公司总经理。

副总裁：陆涛 1971年1月出生，中国人民大学财政金融学院货币银行学研究生。曾就职于海南省国际信托投资公司，历任投资银行部总经理、证券业务部总经理。

副总裁：雷杰 1970年4月出生，中国社科院财贸所货币银行学研究生。曾先后担任中国诚信证券评估有限公司企业改制上市财务顾问、国际部董事，日兴证券北京代表处副代表，华夏证券有限公司投资银行部高级经理，光大证券有限公司投行二部及国际部总经理。

财务总监：冯辞 1970年1月出生，中山大学管理学院审计专业本科毕业，澳门科技大学MBA毕业。注册会计师。曾任海南省富南国际信托投资公司上海证券业务部总经理，海南发展银行稽核部副经理，海南省国投公司证券管理总部总经理。

三、主要业务及业绩

金元证券自成立之初，便运用完全市场化的管理模式来规范内部管理体制和运作机制，建立了完善的法人治理结构，有效的风险控制体系，科学的投资决策机制，形成了业务驱动型的绩效评估和薪酬激励机制，在持续低迷的证券市场环境中经受住了考验，连续两年盈利，资产规模增长近1.7倍，累计实现利润1137.19万元，累计上缴各种税款逾千万元。

经纪业务：金元证券以"规模适度、业务多样、服务优质、安全便捷"为发展目标开展经纪业务，现拥有11家证券营业部，并于2004年获得中国证监会批准新建12家证券营业部和1家服务部。现营业网点遍布北京、上海、深圳等全国各大城市，并初步建立了以珠江三角洲、长江三角洲和环渤海经济带为重点、各地区中心城市为辅助、面向全国的业务营销网络。单个营业部年交易量超过市场平均水平。在扩大营业网点的同时，公司不断完善和丰富交易品种和交易手段，在业内率先全面实施了先进的集中交易系统；能为客户提供包括A股、B股、债券、封闭式基金、开放式基金等多元化的交易品种，即将引入的期货、保险、信托等金融超市产品，将在最大程度上满足客户一站式金融服务的需求。

www.jyzq.com.cn——金元门户网站，全面集合了网上交易平台、股民社区、金元视点、金元研究所、在线咨询交流等特色栏目，使客户无论身在何处都能得到便捷快速的服务。

投资银行业务：金元证券具备机构保荐人资格，拥有一支经验丰富、专业精湛的保荐人代表队伍，具备四个证券发行主承销通道。投行业务既有良好的以往业绩，又有颇具规模的业务发展基础。

业务服务范围涵盖：开展股票发行承销、上市公司配股和增发承销、可转换债券承销、国债承销、金融债券承销、企业债券的承销和兑付、股份公司上市辅导、上市推荐、海外融资及海外上市服务，以及股份制改组咨询与策划、企业的资产重组、收购与兼并策划、项目融资、地区经济发展战略、行业产业结构调整、产权交易等方面的财务顾问服务等各项投资银行业务。

投资银行业绩一览表：

A股首发业务

大连金牛	主承销商及上市推荐人	承销股票6000万股
管道燃气	主承销商及上市推荐人	承销股票3000万股
宝华实业	主承销商	承销股票800万股
兴业聚酯	副主承销商及上市推荐人	承销股票2000万股
海南恒泰	副主承销商及上市推荐人	承销股票785万股
罗牛山	副主承销商及上市推荐人	承销股票675万股
华光科技	副主承销商	承销股票804万股
长安汽车	副主承销商	承销股票1100万股
新疆汇通	副主承销商	承销股票750万股
兰花科创	副主承销商	承销股票800万股
南方航空	副主承销商	承销股票2500万股
福建凤竹	副主承销商	承销股票720万股
千金药业	副主承销商	承销股票250万股
莫高实业	副主承销商	承销股票560万股
片仔癀	副主承销商	承销股票120万股
海盛船务	承销商	承销股票600万股
博汇纸业	承销商	承销股票350万股
金证科技	副主承销商	
海南高速	上市推荐人	
新天国际	上市推荐人	
海南椰岛	上市推荐人	
配股业务		
长春高新	主承销商	承销股票1200万股
琼民源	主承销商	承销股票1500万股
鄂武商	主承销商	承销股票2000万股
新大洲	承销商	承销股票1000万股
可转债发行承销业务		
国电电力	承销商	承销数量9900万元
企业债券发行承销业务		
琼民源	主承销商	承销数量3000万元
海南鞍钢	主承销商	承销数量5000万元
海南钢铁	主承销商	承销数量2000万元
南海天然气	主承销商	承销数量3000万元
海南邮电	主承销商	承销数量3500万元
海南财信	副主承销商	承销数量3000万元
国际资本市场融资业务		
南海天然气债券（新加坡）	担保商	发行数量2500万美元
管道燃气融资（新加坡）	担保商	发行数量3500万美元
财务顾问业务		

大连金牛	主承销商及上市推荐人	承销股票 6000 万股
兴源股份	财务顾问	
海南农垦	财务顾问	
亚龙湾股份	财务顾问	
山西电力	财务顾问	
青海黎明化工	财务顾问	
珠江控股	资产出售财务顾问	
长春高新	资产资产财务顾问	
世纪光华	资产出售财务顾问	
天创置业	资产重组财务顾问	
远大资产管理公司	财务顾问	
钢铁研究总院	财务顾问	
北京天创房地产公司	财务顾问	
受托资产管理业务		
资产管理理念－安全流动收益		

金元证券资产管理总部全面负责公司受托资产管理业务，这是一支拥有丰富的证券投资管理经验的团队，70％以上的人员拥有博士、硕士学位，其中，有深入把握行业及宏观经济脉搏的经济学专家、精通定量分析的数理分析专家、擅长财务及统计业务的财务专家，以及对客户开发和服务有丰富经验和勤勉尽职的工作热情的理财专业人士，团队的经验和智慧是您财富增长的重要保证。

投资策略

把握市场利率的变化趋势，发现债券价格和价值的偏差

定量的股票筛选和定性的基本面分析相结合

采用积极的组合投资策略，实现资产保值、增值。

证券研究机构

金元证券研究所作为公司的专职研究支持机构，集中了一批素质优良、经验丰富、具备行业和金融专业的优秀研究人员，其中，90％以上的研究人员具有硕士和博士学位，并聘请了全国著名专家学者担任顾问和特邀研究员。在航空运输、电力能源、机械电子、石化、金融、建材等行业以及宏观经济和债券市场方面具备较强的研究实力，与境内外金融机构、研究实体多次合作举办了全国性的金融业热点问题的研讨与交流活动，金元证券研究所作为一支新兴的研究力量已在业内引起了广泛关注。

四、发展目标

金元证券将凭借锐意创新的专业精神和高瞻远瞩的战略视角，通过超常规跨越式发展，成为一家涉足国内外资本市场各领域的有特色的新型券商。

五、联系方式：

E－mail：zbxzbgs@jyzq.cn

深圳市深南大道 4001 号时代金融中心大厦 17 层

电话：0755－83025666

传真：0755－83025511

邮编：518034

北京市海淀区新街口外大街 19 号

北京师范大学国际学术交流中心 6 层

电话：010－62204230

传真：010－62200502

邮编：100875

海口市南宝路 36 号证券大厦四楼

电话：0898－66538682

传真：0898－66538681

邮编：570206

（本次稿件联系人：云琳，0755－83025683，13510839337，E－mail：yunlin@jyzq.cn；

冯兵，0755－83025602，13352930773，

E－mail：fengbing@jyzq.cn）

上海远东证券有限公司

一、公司基本情况：

上海远东证券有限公司（下简称"上海远东证券"）于 2001 年 9 月开始筹建，2003 年 8 月 25 日获中国证券监督管理委员会批准开业，2003 年 9 月 1 日在上海工商局通过登记注册。公司注册资本为 60359.38 亿元，其中货币出资占总资产百分之八十以上，是全国性综合类证券公司。12 家实力雄厚的股东分布于上海、北京、山东等省市。以分散化、均衡化的股权安排形成了现代化的公司治理结构，以市场化的原则形成了公司职业经营管理团队，为公司的长期稳定发展打下了坚实的基础。公司目前在上海、深圳、广州、天津、武汉、长沙、成都、郑州、石家庄等全国大中城市开设有 18 家证券营业部。

上海远东证券有限公司董事会下设五个专门委员会，公司内设经纪业务总部、投资银行部、研究发展中心、国际业务部、固定收益部、并购部、市场管理总部、北京管理总部、南方管理总部以及总裁办公室、行政管理部、稽核部、人力资源部、资金财务部、信息技术部等 15 个部门。截止 2003 年底，公司员工总数 352 人，平均年龄 33.5 岁。拥有硕士、博士以上学历 30 人，占员工总数 8.5％；大专以上学历 307 人，占 87.2％；其中，具有高级职称的 8 人，中级职称的 87 人。

二、业务范围和经营业绩：

公司主要经营证券的代理买卖，代理证券的还本付息、分红派息，证券代保管、鉴证，代理登记开户，证券的自营买卖，证券发行、配股及增发的策划与承销，购并财务顾问，私募融资，证券投资咨询，受托投资管理，债券发行、承销及分销，债券投资以及经中国证监会批准的其它业务。

上海远东证券作为我国证券行业最新的券商，具有新券商资产质量优、包袱轻、理念新、机制活的特点，又具有老券商丰富的金融市场经验。

上海远东证券最突出的业绩是完成了对分布在全国 18 个地区的信托机构下属营业部、全国最大的 2 家交易中心、全国最大的 2 家证券登记公司、6 家中型登记公司的整合工作。这些机构是金融服务行业中最老的机构，从 1988 年就开始运作，上海远东证券经营管理团队以其海纳百川的心态、契而不舍的敬业精神，顺利完成了对 18 家机构的业务、人力资源、资产的整合工作，将运营中分散状态下的经纪业务集中规范，统一管理；将证券登记结算业务转型为证券经纪业务，化解了原机构可能产生的金融风险，为我国金融行业的清理整顿工作做出了较大的贡献。

上海远东证券在致力于整合原有业务的基础上不断开拓新业务。固定收益部成功地完成了北京首都旅游集团公司 2000 万企业债的发行工作，为公司创造了经济效益及社会效益；投资银行部作为副主承销商，成功地完成了北京空港科技园区股份有限公司和江西洪城水业股份公司的发行上市工作，成功地完成了山东博汇纸业股份公司的股票发行工作，成功地完成了深圳成霖洁具股份公司和山东太阳纸业股份公司的股票发行审核批准工作；国际业务部与国际金融机构合作，积极开展企业海外上市工作，已与美国、加拿大、新加坡、香港

等金融机构合作，帮助企业海外上市。

上海远东证券以研究为先导，在短短的半年里，与国家有关部门合作，在中国证券报发表了关于我国宏观经济与资本市场的研究课题6篇，发表了证券研究咨询的文章10篇。上海远东证券研发中心以为客户提供高质量的投资咨询为己任，建立了证券投资咨询管理体系，该体系克服了研究与业务实践脱节的弊端，是我国证券行业研究为业务服务的创新模式。

公司建立健全了各项管理制度和风险控制制度，将内控机制覆盖于各项业务及所有关键环节，秉承守法经营、规范动作的理念，建立科学有效的激励机制，确保公司能长久处于低风险、高效率的运行状态。

上海远东证券将客户资产增值作为业务的目标和方向，努力构建以营业部为基础的销售平台、以研究发展为中心的产品平台和以信息技术为支撑的技术平台，通过资产管理、投资银行、证券经纪等业务为广大客户提供全面、综合、优质、高效的金融服务。

上海远东证券的经营宗旨是以人为本，建设富有凝聚力、创造力和开放精神的企业团队，在现代企业制度下，建立科学的决策机制，以稳健、专业及高品质服务的经营理念，勤勉尽责，为资本市场和股东创造最大价值。公司面向国内和国际市场，树立专业化品牌，构建综合金融集团，最终将公司发展成为具有较强国际竞争力的一流证券公司。

面对证券行业的激烈竞争，上海远东证券以为客户提供优质的产品与服务、为员工提供良好的开展业务的平台、为社会承担责任为目标，不断提升公司的价值，从而为股东创造最大价值为己任，实现社会、股东、经营管理者、员工、客户共赢的愿景。

我们相信，上海远东证券会在创新中发展、竞争中壮大，在公司领导的正确领导和全体员工的不懈努力下，远东证券的明天一定更加美好。

上海远东证券下属营业部一览表

名称	地址	电话
上海金桥路证券营业部	上海市浦东新区金桥路1389号	021－58993898
深圳胡贝路证券营业部	深圳市罗湖区湖贝路1047号	0755－82284560
成都一环路证券营业部	成都市一环路南三段78号	028－85185937
成都人民中路证券营业部	成都市人民中路16号	028－86639424
成都西安中路证券营业部	成都市西安中路1号	028－87778772
成都红星路证券营业部	成都市红星路三段83号	028－86715370
郑州经八路证券营业部	郑州市经八路26号	0371－3818925
信阳人民路证券营业部	信阳市人民路38号	0376－6231749
信阳东方红大道证券营业部	信阳市东方红大道246号	0376－6228128
信阳跃进东路证券营业部	信阳市潢川县跃进东路华中商厦	0376－3955708
武汉证券营业部(筹建中)	武汉市江岸区球场路44号	027－82419186
宜昌证券营业部(筹建中)	湖北省宜昌市东山大道95号	0717－6227113
广州证券营业部(筹建中)	广东省广州市天河南二路6－8号	020－87595193
长沙证券营业部(筹建中)	湖南省长沙市湘春路97号	0731－2800800
石家庄证券营业部(筹建中)	河北省石家庄市联盟西路707号	0311－7789988－1268
天津证券营业部(筹建中)	天津市河西区苏州路2号	022－23394685
汕头证券营业部(筹建中)	汕头市龙湖区练江路9号龙湖工业区F3幢	
武汉证券营业部(筹建中)	待定	

上海远东证券有限公司
电话：021－58788888　邮编：200120
地址：上海市浦东新区浦东南路256号华厦银行大厦5层

广东证券股份有限公司

广东证券股份有限公司前身为广东证券公司，经中国人民银行批准于1989年6月正式成立，组建时注册资本金为3000万元人民币，是广东省成立最早的专业证券公司之一。1998年11月，经中国证监会批准，公司改制为"广东证券股份有限公司"，注册资本金增至8亿元人民币。2001年12月，经中国证监会证监机构字[2001]307号文"关于核准广东证券股份有限公司为综合类证券公司的批复"同意，正式成为综合类证券公司；2002年12月，经中国外汇交易中心与全国银行间同业拆借中心批准，我公司可参与全国银行间同业拆借中心组织的信用拆借和债券交易；2003年1月，经财政部和中国证监会批准，2003年我公司仍为全国具有证券交易所市场国债承销团成员资格的券商之一。

经过十多年的发展，公司发展成为集证券发行与承销、证券经纪、证券投资咨询、财务顾问、证券财经网站、计算机软件开发与委托投资管理业务于一体的大型综合类证券公司；公司拥有一大批博士、硕士以及有着丰富实践经验的管理人才，并于2001年获得国家人事部的正式批准，成立了博士后工作站；公司设有以华南为中心、辐射全国的61个证券营业部和13个证券服务部。公司自成立以来，经济效益逐年提高，截止2002年12月31日，我公司总资产已达894,196万元，净资产达134,944万元，公司各项业务排名均列全国券商排行榜前二十名以内。公司1995年至2001年连续8年位居全国券商深沪股票交易量排行榜前十名；先后承销了"生益股份"、"九发股份"、"广州友谊"等102家企业股票，并将37家公司股票推荐到深沪证券交易所上市，1996年公司主承销和推荐企业上市家数位居深市十强；1997年进入全国十强；1998年新股发行主承销企业家数并列全国券商排名第九位，推荐上市企业家数位于全国券商排名第十二位；2000年新股发行主承销企业家数并列全国券商排名第十位；2001年首发和增发主承销家数全国券商排名并列第六位。2002年推荐企业上市家数位居全国券商排名第八名，首发主承销家数位居全国券商第六名。公司还曾发起设立并管理了"广证基金"和"广证受益"两家基金，参与了大成基金管理公司和易方达基金管理公司的设立和管理。同时，国债、理财、证券自营等业务也得以迅速发展。

兴业证券股份有限公司

兴业证券股份有限公司是一家全国性综合类证券公司，是《证券法》颁布后全国首批获准增资扩股的10家证券公司之一，也是首批第九家被中国证券监督委员会核准为综合类的证券公司。公司经营范围涵盖证券自营和代理买卖、证券承销和上市推荐、证券投资咨询、委托资产管理、网上证券委托业务、发起设立证券投资基金等。兴业证券注册资本金9.08亿元，截止到2002年底，总资产达43.2亿元。公司总部在福建省福州市。

自1990年创业以来，兴业证券严格遵照"法制、监管、自律、规范"监管方针，孜孜不倦致力于建设专业化的服务体系、营销体系和管理体系，证券承销和交易业务稳步增长，市场份额不断上升，各项主营业务指标进入行业20强，从地方性券商迅速成长为在业界具有相当影响力的全国性证券公司。成立以来，公司在一级、二级市场上的份额不断增长，共主承销股票发行39家，累计筹资113亿元，为40多家地方政府机构和企事业单位提供财务顾问服务，2002年股票主承销金额业内排名第七，是唯一一家IPO、增发、配股和可转债主承销金额均进入10强的公司，同时是国内少数具备特大型发行项目承销能力的公司之一。兴业证券在全国各主要经济中心城市设立24个营业部网点,截至2002年底累计办理各类证券交易额达14264亿元,证券交易量曾连续四年进入上海证券交易所排行榜前10名,2002年营业部平均股票基金交易量位居全国第四。同时,公司积极拓展证券研究、证券投资基金、资产管理、国际业务、企业顾问等服务。

在长期的证券市场运作中,兴业证券始终如一坚持"市场化、规范化、专业化"的经营方针,逐步形成特色鲜明的稳健的经营管理风格。公司把合规经营、加强自律、防范风险放在十分突出地位置上,自觉遵守各项法律、法规和行业公约,从未受到监管部门的处罚。公司坚持证券主业经营,依靠完善的管理体制和风险控制机制在国债期货风波、东南亚金融危机和国有股减持引发的市场动荡中成功地规避了经营风险,经营效益连续多年位居全国前十名,公司资产质量良好。

兴业证券倡导"提升员工价值,创造客户价值"和"以人为本、专业立司"的经营管理核心理念,致力于建设一支稳健、理性、团结、敬业、拚搏的高素质专业化队伍,全司现有职员723人,平均年龄30岁,其中博士15人,硕士109人,硕士以上职员占17%。目前公司91%的职员通过证券从业资格考试并获得证券从业资格。面对入世带来机遇和挑战并存的新形势,兴业证券与全球著名的人力资源咨询机构华信惠悦(Watson Wyatt)合作,全面建设一整套科学的、与国际接轨的专业化人力资源管理体系,提高团队的专业化能力和综合素质。在中国证券市场新的发展时期,公司提出"适应变化要求,推动公司转型,致力于将兴业证券打造成优质的专业金融服务公司"的发展目标,在未来的发展中,兴业证券将继续为投资者提供更多更好的专业服务,与广大客户相互依托,携手共进,继续为促进我国证券市场的发展做出应有的贡献。

山西证券有限责任公司

山西证券有限责任公司最早成立于1988年。2001年12月,公司与省内五家信托公司证券类资产合并重组,实施增资扩募,经中国证监会批准,组建了新的证券公司,注册资本金增至10.25亿元人民币,是中国证监会批准设立的综合性专业证券公司。新公司股东构成集中体现了山西省内多家优势企业的强强联合,重组后的公司业务结构更趋合理,市场份额不断扩大,管理水平日益提高,创新能力持续提升,经营实力稳步壮大。公司是中国证券业协会理事单位、中国债券业协会理事单位和山西省人民政府表彰的"优秀中介机构",也是山西省内资金实力最强、网点最多、证券业务品种最齐全的券商。

公司目前经营范围为:发行和代理发行各种有价证券;自营和代理买卖各种有价证券;有价证券的代保管、鉴证和过户;代理还本付息、分红派息等权益分派;基金和资产管理;企业重组、收购与兼并;投资咨询、财务顾问;外币证券业务;网上经纪业务。

公司始终把谋求股东权益最大化,员工利益最大化和客户利益最优化作为企业发展的基本目标,以向客户提供优质高效的金融多元化服务为己任,以自觉维护广大投资者的正当权益作为己责,将制度、技术、管理创新作为企业发展的源动力,不断优化和提升公司核心竞争能力,实现了公司业务的持续快速健康发展,形成了公司自身的经营特色。

公司总部设有21个部门,在外设有28家证券营业部,25家证券服务部。在北京、上海、深圳、西安及山西省内各地市均设有对外营业窗口,基本形成了以国内主要城市为前沿,覆盖全省的经纪业务战略框架。营业部管理科学,服务周到,技术设施先进。公司还利用高科技手段积极拓展无形市场,在省内首家开通了网上证券交易等服务方式,山西证券金典证券网(http://www.i618.com.cn)凭借稳定的网络支持和便捷的服务受到广大投资者的欢迎,同时公司不断扩展银证合作领域,积极探索智能型服务,全面提升服务层次。

在经营理念上,公司在发掘和继承"晋商文化"精髓和总结从业经验的基础上,按照董事会提出的"稳健经营、规范管理、控制风险"要求,形成了"诚信、稳健、规范、创新、高效"的经营理念,创立了人员流动淘汰、资金集中调节、经营统一控制、管理同步监督等一系列适应市场要求的基本原则,形成了奋发昂扬、积极进取、不断创新的团队精神。

在运行机制上,企业作为独立法人主体,自主参与市场运作,严格按照权责分明、管理科学、激励和约束相结合的现代企业制度规范运作,董事会、监事会和经营班子之间相互制衡、协调运作。同时为了进一步规范公司经营决策,提高决策效率,有效防范和化解经营风险,公司还构架了由董事会、监事会、总裁、经营决策委员会、风险控制委员会及各部门组成的经营决策与风险控制体系,在有效监控风险的基础上,整体把握公司的发展方向。

在业务框架上,公司基本形成了以投资银行、资产经营、经纪业务三者为中坚,以国债承销、资产管理业务为增长点,以研究咨询业务为智力支撑的独具特色的业务格局。2002年公司获得中国证券业协会批准的两条股票发行通道,2003年公司再获国家财政部核发的国债承销团甲类成员资格。同时,公司研发工作坚持"以市场为导向、以业务发展为中心"的原则,与客服市场和业务部门直接链接,提高信息传递效率,实现了资源的有效整合,为公司业务的持续稳定发展提供了有力保障。

在人力资源管理上,公司以按需引进人才、合理调配人力、客观评价人才、科学培养人才、有效激励人才为目标,形成了一支有广泛凝聚力、有深入创造力、有持续竞争力的员工队伍;在工作业绩考评上,以客观事实为依据,设计推行"重贡献、重业绩"的薪酬考核体系,对员工思想品质、责任态度、基本技能和工作绩效进行有组织的观察、分析、公正合理考核和评价;在人才吸引上,严格执行公开招聘、岗前培训、职业设计等规范流程,真正体现"能者上、庸者让"的科学用人机制;在劳动保障上,为员工统一办理了养老、医疗等保险,保障制度的完善解除了职工的后顾之忧,充分的竞争和激励制度也为人才潜能的发挥提供了广阔的舞台。

在技术运用方面,公司把"借助高科技手段,实现低成本市场拓展"作为基本理念,充分重视和利用技术对企业发展的推动力。为降低经纪业务风险,实现经纪业务交易、数据、客户信息的集中管理和资源共享,公司集中交易系统建设的前期工作已基本就绪,该平台的搭建将对提升和构筑公司核心竞争力,确立公司在未来竞争中的优势地位发挥重要的作用。

在信息管理方面,公司充分认识到消除"信息的不对称性"是中介机构的基本职能,并成立了客户服务中心,实现对信息资源的整合和共享,借助专业服务,不断为投资者寻找有投资价值的公司,为上市公司寻找成熟的投资者,规范、专业、时效的投资咨询服务正在不断推动公司业务的迅猛发展。

在资金管理上,公司实现了对资金的集中调度,对自有资金和客户保证金实现了严格的分帐集中管理,公司总部成为资金调度中心,与此相适应,公司还建立了一整套资金管理风险控制体系,实现了风险管理可测、可控、可承受,使资金运作处于大容量、低风险、低收益的状态，确保了公司业务稳健持续的发展，使公司成为投资者值得依赖，可以依托的专业公司。

公司现有员工700余人，拥有一大批具有注册会计师、经济师、律师资格及证券从业人员资格（包括投行、交易和投资咨询类）的专业人才，其中85%具有大专以上学历，50%具有大学本科以上学历，并拥有多名计算机、金融和工商管理专业的博士、硕士，对宏观经济、产业发展、企业经营和基金业发展等领域均有广泛而深入的研究。在员工基础素质平台较好的情况下，公司通过学习型组织的建设，培养员工养成持续跟踪学习的习惯，自觉掌握、运用和创新服务手段，在员工中树立了对公司未来发展的共同愿景，形成了团队的整体学习氛围和体系，增强了组织的生存发展能力和企业的超前意识。

未来的山西证券将继续以充当政府的财务顾问、企业的战略合作伙伴、投资者的助手与益友为基本定位，倡导投资新理念，借助中国新兴资本市场提供的发展良机，与新老客户携手并肩，共谋发展，共创辉煌。

巨田证券有限责任公司

巨田证券有限责任公司创建于1987年9月，其前身为深圳经济特区证券公司，是新中国第一家专业性综合类证券公司。2001年，经中国证券监督管理委员会批准增资扩股，由中国华能集团公司等实力雄厚的国内知名企业入股增资，增强了公司的经营实力。

公司主要从事证券承销、证券自营买卖、证券交易代理、证券投资咨询、公司财务顾问、企业重组、收购和兼并、基金和资产管理、网上证券委托等多项业务。

公司成立十六年来，始终坚持"客户至上"及"公开、公平、公正、公信"的原则，以优质服务赢得客户的信任，树立了良好的市场形象。2001年增资扩股以来，公司各项业务稳步发展，综合实力显著提高。目前，公司在深圳、北京、上海、武汉、成都、沈阳、珠海、杭州、无锡等全国主要中心城市设有16个证券营业部，且均已开通网上交易业务。2002年底，公司以主发起人资格发起设立了巨田基金管理有限公司，以积极的姿态拓展新的业务领域。截止2002年底，公司总资产规模为32亿元人民币，净资产规模为8.7亿元人民币。

公司的经营战略是：以股东利益最大化和客户利益最大化为宗旨，稳健经营、规范管理、开拓创新，充分发挥公司的人才、资金、技术优势，锐意进取，以市场为导向，以不断满足客户需求为目标，为广大客户提供高质量、全方位的服务。

投资银行业务：

投资银行总部拥有高素质的专业人才和一流的运行机制，凭借优良的信誉和高质量的服务建立稳定的客户群体，为客户提供多层次、全方位的服务。截至2002年底，公司投资银行部先后参与了上百家企业的股份制改造，为60多家公司办理了股票发行和推荐上市工作，为近百家上市和非上市公司及有关政府机构担任投资顾问或财务顾问。

资产管理业务：

巨田证券是最早开展资产管理业务的券商之一，拥有丰富的业务经验和优秀的理财专家，先后为五十余家大中型客户提供了优质服务，在市场上赢得了广泛的声誉。公司资产管理部根据客户的特点和需求为客户提供专业的理财方案，与客户共同分享资产增值的喜悦。

经纪业务：

巨田证券秉承"客户至上"以及"公开、公平、公正、公信"的原则，始终坚持以优质服务赢得客户的信任。公司各部门鼎力配合，建立了高效灵活的管理运转体制，确保为客户提供有价值的服务。先进的电脑配置和完善的交易系统，高质量的研究资讯服务，快速有力的行政体系保证，大大增强了客户抵御风险的能力，使客户在瞬息万变的证券市场上运作自如。

公司现有营业网点十六家，辐射全国各大区主要中心城市。为拓展业务，公司还将在部分大中城市增设网点，进一步实现营业网点的合理布局。

长江证券有限责任公司

长江证券有限责任公司是一家致力于为客户提供全面理财服务的全国性金融机构。公司创建于1991年，总部设在武汉。

公司现有资本金20亿元人民币，股东36家，包括青岛海尔投资发展有限公司、上海海欣集团股份有限公司、上海锦江国际酒店发展股份有限公司、湖北清江水电投资公司、天津津滨发展股份有限公司、湖北省经济开发总公司、中国土畜产进出口总公司、湖北省电力公司、武汉钢铁集团公司、中国葛洲坝集团公司以及中国长江电力股份有限公司等众多大型企业和上市公司。

公司是国内业务资格最齐备的证券公司之一：在全国同业首批获得A、B股股票主承销、外汇经营、证券投资咨询、受托资产管理以及保险兼业代理业务资格，是首批沪深证券交易所会员，取得网上证券委托业务资格、代办股份转让主办券商业务资格和开放式证券投资基金代销业务资格，并被财政部确定为银行间和交易所跨市场国债承销团成员。

公司坚持稳健、诚信、规范地开展经营活动，业务触角遍布全国，已在全国20多个城市设立了营业网点，逐步形成长江三角洲、珠江三角洲、环渤海湾、华中以及西部五大重点业务区域。

公司正在向证券控股集团公司发展，旗下包括长江巴黎百富勤证券有限责任公司（中法合资）、长信基金管理有限责任公司和长江期货经纪有限责任公司。同时，公司还正在发起设立一家中外合资的基金管理公司，并积极探索与银行、保险、信托等行业开展业务合作的途径。

地址：武汉市新华下路特8号

邮编：430015

电话：027－65799980（总机）

客户服务热线：027－65799999

传真：027－85481900

东北证券有限责任公司

东北证券有限责任公司是2000年6月28日经中国证券监督管理委员会批准，通过增资扩股和变更名称而设立的证券公司，注册资本为101,022.25万元人民币。主要经营证券的承销，证券的自营买卖，证券交易的代理，证券抵押融资，证券投资咨询，公司财务顾问，企业重组、收购和兼并，基金与受托投资管理等业务。

公司下设15个业务和管理部门、45家证券营业部和1个研究所。现有员工973人。

公司成立以来，按照"稳健经营，规范运作，加快发展"的工作思路，采用内涵与外延式并重的发展模式，建立和完善了现代公司管理体制，加强科学管理，切实防范风险；积极开拓市场，不断扩大业务范围，全面开展包括A股、B股、基金、债券在内的证券经纪业务和包括收购、兼并、投资管理、财务顾问和发行承销在内的多种投资银行业务，积极稳健地扩大证券自营和受托投资管理业务规模；发起设立了证券投资基金管理公司，积极开展证券投资基金等业务，并大力增强公司发展研究与证券研究的力量。公司在培育资本市场、促进社会经济发展方面发挥了重要作用，同时也取得了较好的经营业绩和经济效益。

为更好地整合公司各项资源，调动各方面的积极性，提高管理效率，增强创利能力，提升各项业务的专业化管理水平，公司本着"以人为本，效率优先，关爱资本，富足社会"的经营理念，按照"统一调控，强化责任，增强活力，提高效益"的指导思想，对公司运营体制进行改革，逐步形成了以创利部门为主体，管理职能部门和研究所为辅助支撑的管理科学、运营高效、规范灵活、责权利相统一的公司运营体制。经过几年的发展，公司经营规模和市场占有率明显提高，盈利能力和核心竞争力显著增强，已成为国内一家管理规范、业务全面、服务上乘、业绩优良的证券公司。

汉唐证券有限责任公司

汉唐证券有限责任公司是经中国证监会证监机构字[2001]113号文核准，由贵州证券公司和湛江证券有限责任公司合并重组并增资扩股而成，是经中国证监会批准成立的综合类券商。目前已拥有三十三家分支机构，遍及北京、上海、深圳、贵阳、广州、湛江、常州及成都等全国主要城市，总公司地址为深圳市南山区华侨城办公楼北侧2000大厦，注册资本金9.0121亿元，业务范围包括证券代理买卖、代理还本付息、分红派息、证券代保管、签证、代理登记开户、证券的自营买卖、证券的承销和上市推荐、证券投资咨询、资产管理、发起设立证券投资基金和基金管理公司以及中国证监会批准的其它业务。

汉唐证券以完善的法人治理结构为基础，以务实和勇于开拓的精神，在市场上不断打造汉唐的特色业务和优质服务。

汉唐证券作为中国证券界极具活力的中等券商，我们将秉承"盈利、求实、服务、创新"的企业精神，以富有激情的激励机制，凝聚一流的证券精英，按照国际化的管理标准，科学运用证券创新工具，构筑以深圳为基地，以长江、珠江三角洲为两翼，以北京为战略制高点，以上海为龙头的机构平台，为海内外客户提供专业化、优质化的资产管理、证券承销、财务顾问、信息咨询等金融增值服务，追求与客户共成长，给广大客户和股东予最丰厚的回报。

河北证券有限责任公司

河北证券有限责任公司成立于1988年6月。2000年6月由中国证监会核准公司注册资本金增至5.3亿，实收资本金53925万元，总资产47.81亿元。全国各地现有证券交易营业部32家，2000年底，在深圳设立了深圳总部，形成了覆盖河北、辐射全国主要金融中心城市的网络体系。

公司本着稳健经营、踏实做事的原则，竭诚为投资者提供全方位的优质服务，在证券经纪业务、投资银行业务以及资产管理业务等方面取得了骄人成绩。公司交易总额从1994年的22.4亿元迅速增加到2000年的1075亿元，连续数年占河北省交易总量的70%以上，在全国省级券商排名中始终保持第5名左右的水平。1999年在全国证券公司A股交易总额中列第19位，在新股发行、配股、增发主承销家数排名中列第18位。

经纪业务：

公司一贯坚持"以人为本"的经营理念，始终把客户的利益放在第一位，并不断推出新的服务措施，提高服务质量，完善服务功能，多方位、多层次的为投资者提供优质服务。自公司成立以来，经纪业务量每年都呈跨式增长。

公司拥有先进的证券实时交易系统，千兆的局域网和深、沪交易所双向卫星通讯系统，保证了交易数据的安全准确的实时传输。另外，公司还积极开发和建设网上交易业务。同时，公司在努力提高经纪业务服务质量和服务手段方面也取得了不错的成绩。从2000年5月开始公司和招商银行合作推出了"一卡通"证券买卖服务，通过网上交易、电话委托、手机炒股等全新方式进行委托交易，受到了广大投资者的欢迎。到2001年7月底，陆续开通了深圳、广州、西安、重庆、成都、南昌、杭州、大连、沈阳、丹东、青岛、福州、天津、济南、兰州、长沙、宁波、温州、上海等全国19个城市。

投资银行：

公司的投资银行拥有一批年轻、高效、创新的业务骨干，其中博士6名，硕士30名，同时还拥有一批注册会计师、律师等专业人士。1996年，公司首批获得中国证监会"十券商主承销资格证书"，投资银行业务以同年主承销和上市推荐河北华玉股票为标志获得较快发展，此后相继担任华联商城、东方热电、许继电器、天威宝变、保定天鹅、唐钢股份、新兴铸管、葛洲坝等近40家公司的股票发行和上市推荐工作。2000年成为中国证监会重新审核确定的首批26家具有主承销资格的证券公司，并获综合类券商待遇。

资产管理：

公司资产管理人员凭藉对证券市场的深刻领悟，几年来傲立市场潮头，取得了一系列优异的成绩。在1999年和2000年的行情中，资产管理人员在资产重组、高科技、网络等概念股预热阶段准确把握住先机，并理性地适时退出，取得了丰厚的回报。投资理财能力也在客户中有口皆啤，深得委托人信赖。

研发实力：

河北证券是1998年首批通过中国证监会"证券投资咨询资格"认证的证券机构之一。公司具有雄厚的研发力量，所有的骨干研究员都具有中国证监会认定的"证券投资咨询资格"，近年来，在宏观经济、行业分析、市场研究以及投资咨询等方面取得了丰硕成果。公司研发部还与国内及地方的主要新闻媒体广泛合作，并多次为中央电视台《证券之夜》栏目提供资讯服务。2000年3月公司研发部承担中国证券业协会2000年重点科研课题，其研究成果《我国证券公司管理模式研究》荣获二等奖。

航空证券有限责任公司

航空证券有限责任公司隶属于中国航空工业第二集团公司，是根据《中华人民共和国公司法》和《中华人民共和国证券法》由航空信托投资有限责任公司发起并联合航空工业系统内多家大型企业集团设立的一家综合类证券公司。本公司于2003年12月29日正式注册成立，公司注册地为北京市，注册资金5.2亿元.

航空证券自成立以来，秉承"稳健经营、规范发展"的理念，孜孜不倦地致力于建设专业化的服务体系、营销体系和管理体系。作为一家综合类证券公司，航空证券业务涵盖A股、B股的代理买卖、证券自营、证券承销和上市推荐、证券投资咨询、网上证券委托业务等多个领域。

同时，公司在发展过程中逐渐形成稳健的经营管理风格，把合规经营、加强自律、防范风险放在十分突出的位置，自觉遵守各项法律、法规和行业公约，建立了完善的内部控制制度和管理制度，以规范的管理、完善的技术手段、优良的服务团队服务于各投资者。

航空证券本着"以人为本"的思想，认真对待"价值创造一价值评价一价值分配"这条价值链的每个环节，汇集了金融、证券、财务、经济管理以及相关专业的大批高素质人才，组成了一支精干、高效的队伍，80%以上通过从业资格考试并获得相关执业资格证书。

面对加入WTO带来的机遇和挑战，在中国证券市场发展的新时期，公司提出"建设成具有特色的国内一流的投资银行"的发展目标，将依托于强大的行业背景，继续为广大投资者提供更多的专业服务，为促进我国证券市场的发展做出应有的贡献。

华龙证券有限责任公司

华龙证券有限责任公司是由甘肃省人民政府组织筹建，经中国证券监督管理委员会批准，通过合并重组省内四家信托投资公司的证券业务和证券资产并增资扩股而组建的具有综合类业务经营资格的证券经营机构。

华龙证券有限责任公司注册资本金50589.48万元，其控股股东为甘肃省财政厅，其他股东分别为甘肃省电力建设开发公司，酒泉钢铁(集团)有限责任公司，甘肃长城电工集团有限责任公司，酒钢集团宏昌机械制造有限责任公司，永登水泥厂，洋浦浦龙物业发展有限公司。

华龙证券是一家具有开展综合类业务资格的证券公司。经中国证监会核定的主要业务范围是：证券的代理买卖；证券的自营；证券的承销和推荐上市；证券投资咨询；资产管理；发起设立证券投资基金和基金管理公司；以及中国证监会批准的其他业务。

华龙证券有限责任公司致力于建立真正意义的现代企业制度及科学完善的法人治理结构。公司实行股东大会、董事会、监事会、总裁四位一体、三权分立的公司治理结构。公司下设总裁办公室，人力资源总部、计划财务总部、资产管理总部、投资银行总部、证券交易总部、国际业务部、研发中心、电脑中心等职能部门，在北京、上海、深圳分别设有管理总部，并在兰州、上海、深圳等地设有22家证券营业部和证券服务部，初步构成了辐射全国的业务经营机构网络。公司还设由董事会、监事会、总裁、副总裁、稽核部共同组成的风险控制委员会，以控制和防范风险。

华龙证券牢固树立"以人为本、诚信务实、规范经营、服务第一、利润第二"的经营理念，吸引和汇集了大批高素质人才，确保了公司高起点、稳步快速发展。公司积极拓展证券研究业务、证券投资基金业务、资产管理业务等，并致力于新的金融工具开发与创新，满足客户的需求。公司在作好狭义投资银行业务的同时，不断向"大投行"业务方向拓展，为企业提供收购兼并、财务顾问、发展战略策划等各项服务。

华龙证券始终以促进证券市场发展、繁荣中国产权市场和技术市场、完善西部要素市场、服务于国企改革为己任，坚持走可持续发展之路，致力于为市场筹资者和投资者提供更多更好的服务。服务第一是我们的宗旨，构筑一个客户、股东与其他利益相关者多赢的格局是我们不懈努力的方向。

联系方法
地　址：兰州市城关区静宁路138号东四楼
邮　编：730000
电　话：0931－8888088
传　真：0931－4890515

江南证券有限责任公司

江南证券有限责任公司是经中国证券监督管理委员会批准设立的全国性综合类证券公司，系以江西江南信托投资股份有限公司、郑州信托投资公司原有证券业务为基础，联合中国航空技术进出口深圳公司、中国航空技术进出口总公司等单位，共同发起组建。公司注册地江西省南昌市，注册资本金54,142万元人民币，法定代表人：吴光权，注册地为南昌市象山北路208号。公司在北京、上海、深圳、天津、武汉、郑州、重庆、昆明、杭州及江西省内各主要地市设有17家证券营业部。

公司以客户需求为中心，为客户提供综合性证券业务服务，全方位满足客户的需求，经营范围包括：证券的承销和上市推荐；证券自营；代理证券买卖业务；代理证券还本付息和红利的支付；证券投资咨询；资产管理；发起设立证券投资基金和基金管理公司；中国证监会批准的其他业务。

证券代理业务：

面对激烈的市场竞争，公司积极加强各证券部的软、硬件设施建设，加大改革力度，及时在各证券部全面推行客户经理制，力求为客户提供多元化、深层次的个性化服务，提倡以优质的服务赢得客户的信赖和支持。投资组建江南天慧网络公司，拓展网上证券代理业务。随着各项政策措施的实施到位，公司证券代理业务发展迅速，在全国证券市场的地位大大提高，市场形象得到较大改善，所占市场份额也在不断地上升，在全国证券市场上的地位由原来的100名以外，跃升到前50名以内。

2000年代理A股交易额610亿元，在全国证券市场上排名第40位左右，是目前江西省内唯一一家代理A股进入全国50强的营业机构。

投资银行业务：

公司积极推进由传统商业银行向现代投资银行全面转型，先后在南昌、深圳等地设立四个投资银行业务部门，拥有一支素质高、敬业精神强、创新意识浓的投行业务专职人员，其中80%具有硕士研究生以上学历。投资银行业务以"企业财务顾问"项目为突破，广泛地在江西省内、航空工业系统内及沪、深上市公司中联系和洽谈客户，积极开拓和培植客户群体。通过几年来的实践，投资银行业务不仅有了良好的开端，拥有了一大批客户群体，而且锻炼了队伍，积累了经验。1997以来，先后参与复星实业、无锡威孚、武汉电缆等35个新股或配股的发行承销，承销总金额达11.8亿元；与江西金牛企业集团、深圳飞亚达(集团)股份有限公司等46家公司签订财务顾问协议。

传统信托业务：

适应信息产业和其他新兴产业的发展，迎接新经济时代到来的挑战，公司投入资金在南昌注册设立"江西育科投资公司"，从事高新技术领域的策略投资和咨询业务。以培育项目，优化投资收入结构，服务投资银行业务开拓为基本出发点，广泛地在生物工程、网上教育及其它高新技术产业领域洽谈投资项目，使公司业务向现代科学前沿领域延伸，获取新的投资收益增长，并在新型资本运作方面发挥重要作用。

研究发展工作：

公司坚持以研究为先导的经营思路，将研发工作明确定位为核心竞争要素，加大对研究工作的投入，培育和塑造研究工作的特色。分别与中国社会科学院宏观经济研究所、北京天则经济研究所等国内多家著名的研究机构建立长期合作关系，广泛邀请知名专家、学者定期在北京举办"宏观中国论坛"和在南昌举办"宏观经济研讨会"；与北京天则经济研究所合作，共同开展宏观经济、政策动向、产业动态和证券市场发展研究；在北京注册设立江南天慧经济研究有限责任公司。以完善组织建设和人员建设为前提，大力开展研发工作，提高研究成果，服务于公司资产管理、投资银行、证券代理等业务的开拓和经营管理决策的需要，同时也对客户提供必要的咨询服务。

在抓好业务发展的同时，公司抓住"管理"这一现代企业经营的核心，大力加强管理，向管理要效益。制订完善了一系列规章制度，整理编印《规章制度汇编》，分发至各个部门、每个岗位对照执行，使业务发展及经营管理工作做到有章可循、按章办事。全面推行目标管理责任制，年初与各部签定了目标责任书，按目标责任考核兑现。积极创建一流的经营管理机制，在人力资源管理上，进行定岗定编，实施年度考核，做到职务能上能下，人员能进能出，收入能多能少，全方位调动员工工作的主动性和创造性，保持员工队伍的勃勃生机。此外，借更名契机，导入 CI。以 CI 设计为准则，规范公司对外形象，结合业务特点、人员特点及公司发展的需要，围绕"人和发展"这一核心，提炼出公司理念，提倡"我们关心客户、员工、社会"，"顾客的需要就是我们的承诺"，以此作为检验服务和实现发展的总体要求，作为提高员工凝聚力与向心力的重要举措，倡导独特的企业文化。

多年来，公司贯彻"信誉为本，稳健经营，规范发展"的经营思路，建立完善的公司法人治理结构，遵照国家法律法规，按监管部门的要求，规范经营各项业务，加经管理，防范经营风险，经营业绩逐年稳步提高。在未来的发展中，公司将充分发挥业已形成的业务优势、机制优势和人才优势，进一步优化经营机制，抓住机遇，迎接挑战，适应市场变化，开拓进取，实现新一轮创新发展。

中银国际证券有限责任公司

一、基本情况

中银国际证券有限责任公司（以下简称"中银国际证券"或"公司"）于 2002 年 2 月 28 日成立，注册资本 15 亿元人民币，是中外合资证券公司。

公司最大的股东——中银国际控股有限公司（以下简称"控股公司"）是中国银行在香港设立的全资附属公司，也是中国成立最早的投资银行，现已成为中国在海外拥有最强专业队伍、最大独立国际配售网络、管理资产最多、最为国际化的全功能投资银行。中银国际证券与控股公司之间实行"一体化"运作模式，共享品牌、技术、管理、人力资源及客户资源。

目前公司已开展的业务有：人民币普通股票（A 股）、人民币特种股票（B 股）、境内国债、金融债和企业债的承销业务及经纪业务；债券自营业务；客户资产管理业务；开放式证券投资基金代销；投资顾问、财务顾问，企业重组购并顾问、项目融资顾问等顾问业务以及投资咨询等业务。在中银国际全球业务一体化的基础上，还可开展境外发行股票、债券等跨境业务。

二、高管人员

董事长、法定代表人：平岳，大学本科，高级经济师。曾任中国银行甘肃省分行代行长、党组副书记、行长、党组书记；中国银行董事会常务董事、纪委书记。2002 年 11 月起任现职。

执行总裁：钱卫，硕士，高级经济师。曾任东方信托咨询公司助理总经理；中国银行投资管理部副总经理；中银国际控股有限公司董事总经理，中银国际证券副执行总裁（主持工作），2004 年 4 月起任现职。

副执行总裁：熊文龙，硕士，高级经济师。曾任中国银行江西信托咨询公司助理总经理、副总经理；南昌市分行副行长；江西景德镇分行党委书记、行长；撤销海南港澳国际信托投资公司托管组组长等职。2002 年 11 月起任现职。

稽核合规总监：盛湘 工商管理硕士。曾在中国石油天然气集团公司信托公司、财务公司和投资管理公司从事金融工作，任资本运营部股权管理处副处长。2002 年 10 月起任现职。

三、主要业绩

中银国际证券成立两年多来，在各业务领域取得了突出成绩。

（一）投资银行业务

股票承销业绩突出。公司共主承销 5 个项目，其中航天动力 IPO 项目、国电电力可转债项目、国投中鲁 A 股 IPO 项目、桂柳工配股项目为主承销商，华夏银行 IPO 项目为联合主承销商。公司还利用中国银行跨境优势，协助控股公司完成中外运 H 股 IPO、中航科工 H 股 IPO、华润电力 H 股 IPO、中国平安 H 股 IPO 等项目。

积极开发财务顾问项目。先后完成了中国联通 A 股上市财务顾问、中国联通 9 省市区收购独立财务顾问、南京燃气私募、深圳燃气私募、深圳水务私募等项目。并与陕西省政府、河南省政府、重庆市政府、西安市政府、苏州市政府及盐城市政府签署了财务顾问协议。

（二）定息收益业务

公司在企业债券承销领域共担任了 1 家牵头主承销商、1 家联合主承销商、11 家副主承销商和 3 家分销商，另外还协助控股公司完成了香港特区政府首次全球债券发行项目。作为交易所国债承销团成员以及银行间交易会员，公司在国债、金融债和企业债的销售与交易方面为投资者提供了广泛的优质服务；在市场分析、产品研究的基础上，结合定量分析的优势，为投资者提供了极有价值的参考。

（三）股票销售与经纪业务

零售经纪业务进一步发展。公司在收购原港澳信托证券相关资产的基础上，在国内 17 个城市设立了 19 家证券营业部，形成了广泛的零售经纪和客户服务网络。凭借与中国银行之间的天然纽带，大力发展银证通业务，将公司的多元服务延伸到每一位投资者。经纪业务市场份额持续提高，单个证券营业部的平均代理交易量高于行业平均水平。

机构销售业务初步成型。公司已初步建立了上海、北京、深圳三个中心城市的机构客户销售网络，拥有 1 家专属证券营业部，与多家机构客户保持密切的业务往来，并参与了国电电力可转债、长江电力网下法人配售等几个项目。

研究业务具有特色。公司研究部充分发挥中银国际的资源整合优势，中港联动，及时掌握全球市场与投资者需求，研究涵括宏观分析、产业研究、企业研究、风险预测、资金流动、计量与技术分析等多种领域。

（四）资产管理业务

公司以"规范运作、科学管理、开拓创新"为基本准则，通过构建科学投资管理系统，提供完整的理财系列产品，满足不同投资者的风险收益偏好，使客户获得稳定、卓越的投资回报，享受国际标准的理财服务。

四、主要经营优势

中银国际证券以高起点、国际化定位起步，借鉴国际投资银行的管理及运作模式，发挥多元客户资源与跨境市场资源的特有优势，为客户提供全方位、高标准、一站式的全球资本市场服务。

1、公司以中国银行庞大的机构网络和客户资源为发展后盾，将投资银行服务与商业银行服务相结合，同时与控股公司实现业务联动，利用跨境优势为客户提供全方位金融服务。

2、公司拥有一支高素质、经验丰富的员工队伍，专业人员大多具有硕士以上学历，并具备丰富的国内外证券行业经验。

3、公司自成立起一直坚持规范经营，与监管机构保持密切联系，并与政府机构保持良好关系。

4、公司将境外投资银行运作经验和境外资本市场经验运用到境内资本市场，通过业务创新和跨境服务，向客户提供优质服务并取得自身发展。

下属机构：

海南港澳资讯产业股份有限公司

法人代表：赵向雷

联系电话：0898－68513922

地址：海口市国贸大道港澳大厦2楼

邮编：570125

稿件联系人：吴敏

电话：021－68604866

Email：china@bocigroup.com

地址：上海市银城中路200号中银大厦39楼

邮编：200121

联合证券有限责任公司

联合证券有限责任公司设立于一九九七年十月，由上海宝钢集团公司、中国广东核电集团有限公司、中国国际航空公司等38家实力雄厚的大型企业集团共同出资组建，注册资本10亿元，实收资本11.18亿元。公司总部位于深圳，在北京、上海设有办公区。在全国范围内设有38家营业部，营业网点遍及全国十四个省、市，共二十五个地区，员工总数近千人，属全国大型综合类券商。

联合证券成立七年来，一贯坚持"稳健经营、规范管理、创新服务"的经营方针，在证券市场上取得了良好的业绩，树立了良好的信誉和品牌。在中国加入WTO，全球经济一体化的新时期里，面对新的历史机遇和挑战，联合证券将凭借雄厚的股东实力、高素质的人才队伍和精诚团结的创业精神，继续向着规范化、市场化、国际化的方向发展。

注：2004年5月，中国华闻投资控股有限公司、中泰信托投资有限责任公司、广西新长江高速公路有限责任公司成功受让了上海宝钢集团及其下属公司的全部股权。

业务范围

◆ 证券的承销

◆ 证券交易的代理

◆ 证券的自营买卖

◆ 证券抵押融资

◆ 基金与资产管理

◆ 企业重组、收购和兼并

◆ 证券投资咨询

◆ 公司财务顾问

◆ 中国证监会批准的其他业务

中国国际金融有限公司

中金公司成立于1995年，是由国内外著名金融机构和公司基于战略合作关系共同投资组建的中国第一家中外合资投资银行，注册资本为1.25亿美元。

中金公司的股东包括：

中国建银投资有限责任公司

摩根士丹利国际公司

中国经济技术投资担保公司

新加坡政府投资公司

名力集团

中金公司总部设在北京，在香港设有子公司，在上海设有分公司，在北京、上海和深圳分别设有证券营业部。中金公司现有五个主要业务部门：投资银行部、资本市场部、销售交易部、研究部和资产管理部。另外，中金公司还设有完整的后台支持部门以及信息技术和风险控制系统。

业务范围包括：

1）人民币普通股票、人民币特种股票、境外发行股票、境内外 政府债券、公司债券和企业债券的经纪业务；

2）人民币特种股票、境外发行股票、境内外政府债券、公司债券和企业债券的自营业务；

3）人民币普通股票、人民币特种股票、境外发行股票、境内外政府债券、公司债券和企业债券的承销业务；

4）客户资产管理业务；

5）基金的发起和管理；

6）企业重组、收购与合并顾问；

7）项目融资顾问；

8）投资顾问及其他顾问业务；

9）外汇买卖；

10）境外企业、境内外商投资企业的外汇资产管理；

11）同业拆借；

12）网上交易；

13）经中国证券监督管理委员会批准的其他业务。

独特的优势：

作为中国第一家中外合资投资银行，中金公司深深植根于中国本土市场，吸收了一大批国内以及国外归来的专业人士，并在中国资本市场的发展过程中培养出了一批中国自己的专业人才。在众多资本项目的执行过程中，中金公司通过与国家政策和行业监管部门的密切沟通与广泛交流，得以深入理解和把握国家宏观经济和国民经济主导行业的发展趋势，使其所提供的金融服务能够符合国家经济政策和市场经济规律、顺应国民经济发展的整体需要。经过多年的实践，中金公司在中国的电信、电力、石油天然气、石化、有色金属和金融等重要领域积累了大量的行业知识，并在此基础上有针对性地开发了一系列创新性的金融产品，对国企改革、行业重组乃至中国资本市场的发展起到了重要的推动作用。

中金公司拥有丰富的国际资本市场经验和广泛的国际支持网络。本着将国际先进的投资银行技术与中国市场相结合的原则，中金公司根据国内外客户的不同需求，在深入分析行业和市场的基础上，为客户设计各种高质量的金融产品和有效的实施方案，协助客户借助中金公司这一连接国内和国际资本市场的桥梁，实现战略发展目标。

自成立以来，中金公司成功地完成了数十项大型国内和国际融资项目，为客户进入国内、国际资本市场提供了强有力的支持。在项目的执行过程中，中金公司按照国际投资银行的运作标准，与投资者及各类大型中介机构开展了广泛的合作，提高了中金公司协调和管理大型项目、特别是大型跨境项目的能力，使中金公司得以成功完成众多复杂的大型资本项目。

中金公司拥有一支由国内和国际金融专业人员组成的团队。这支团队具有高水准的职业操守、卓越的创新精神、出众的业务能力以及成熟的项目执行经验，并重视建立与客户的相互信任和发展长期合作关系，致力于提供全面的金融服务和技术支持，协助客户实现投资与发展的战略目标。

中金公司具有独特的股东结构。中金公司的股东均为各自国家和地区（中国、美国、新加坡及香港特别行政区）以及各自行业的顶级公司，具有雄厚的实力。它们丰富的资本市场运作经验、企业管理知识及全球网络，为中金公司的战略发展、公司治理和企业运营提供了有力的支持。

发展与成就：

自成立以来，中金公司的业务持续高速发展，业务范围更加全面，产品与服务不断完善与创新，以其杰出的业绩在中国投资银行行业确立了领先地位，在全球资本市场树立了良好的声誉。

截至 2004 年 6 月底，中金公司完成了累计约 400 亿美元的股本融资、约 80 亿美元的债务融资以及 550 多亿美元的兼并收购项目。这些项目不仅跨越国内和国际资本市场，而且其中很多项目在中国投资银行行业的发展中具有里程碑意义，并为中金公司赢得了众多国际奖项。

财通证券经纪有限责任公司

财通证券经纪有限责任公司是经中国证监会批准，以浙江财政证券公司为主体，联合部分市县国债服务中介结构，经过增资扩股而转制设立的经纪类证券公司。截止 2002 年 12 月，公司注册资金为 5.008 亿元，资产总额 11 亿元。公司的主要经营范围为：证券的代理买卖，代理还本付息、分红派息，证券的代保管、鉴证，代理登记开户，经中国证监会批准的其他业务。

财通证券现有十五家营业网点遍布全省各地。公司拥有一支业务素质较高、职业道德素养良好的员工队伍。现有从业人员 196 人，91%的员工具有一种或多种证券从业资格，80%以上具有大专以上学历，其中，博士、硕士和中级以上职称人员占 40%以上。多年来，公司坚持"规范经营、稳健发展"的经营原则，以服务浙江经济建设为宗旨，坚持不挪用客户保证金，不给客户透支，在省内券商和投资者中享有良好的信誉，取得了良好的社会效益和经济效益。同时公司已建立起一套适合证券业发展的管理制度和内部风险控制制度。

公司的主要经营业务有证券经纪业务、证券研究咨询业务、国债业务、投资银行业务和资产管理业务等五类。

证券经纪业务：公司始终坚持"以人为本、规范发展、稳健经营、以优取胜"的经营理念，奉行"信誉第一、质量第一、安全第一"的经营宗旨，以优质的服务，先进的服务设施，一流的服务手段为投资者创造良好的投资环境。公司具有深交所、上交所会员资格，开通了沪、深 A 股、B 股、基金、国债等有价证券的经纪业务。公司目前拥有近 20 家证券营业（服务）网点，分布在浙江省内各大中城市。公司采用先进的卫星接收与发射装置；高性能和高安全性的计算机及通讯网络系统等硬件设备保证了公司网络与数据分离、交易与数据分离和交易数据的安全；实行行情与交易服务器分开；双机热备份；数据传输卫星通讯与 DDN 网双通道，保证行情数据的传输和客户的交易委托数据传输的快捷安全。同时公司除了向客户提供了柜台委托、磁卡委托、电话委托等传统的委托交易方式外，还为客户提供更为快捷的网上委托交易方式。2001 年 3 月公司的网站正式开通，为公司与客户更好地双向交流构建了一个新的平台。公司网站提供了公司研发部以及其他券商专业的证券咨询服务，全面而及时的国内外财经新闻，公司专家的在线个股解答，网上交易功能以及股民学院（包括入市知识、投资技巧、投资理论和证券市场相关政策法规的介绍）等多种服务内容。

证券研究咨询业务：公司以证券及证券市场研究为公司业务发展的重要基础之一，投入大量的人力、物力加强公司的研究力量。公司有专门的研发部，拥有一批高素质、经验丰富的证券研究咨询人员，在为投资者提供优质服务的同时，逐渐形成了宏观经济政策背景分析与证券业务创新研究、行业与上市公司研究、投资咨询服务（包括网上在线解答）等多种研究资讯服务。同时定期和不定期举办大型、小型的股评讲座、报告会，指导股民理性投资，为投资者提供全方位、多层次的个性化服务。

国债业务：公司作为中国国债一级自营商，公司累计代理发行国债 100 多亿元，兑付 25 亿元。多年来公司国债的代理发行规模在同行中位居前列。国债业务在业内具有较高声誉，"做国债，找浙财"已经成为国债投资者的口碑。

投资银行业务：公司曾以分销商和财务顾问的身份分别参加了四川长虹和杭州百大集团的配股承销工作，并在业内取得了良好的评价。目前公司正在积极地利用公司的人才和地域优势，拓展企业并购和财务顾问业务，为企业在股份制改造和上市过程中，于方案策划、咨询辅导、材料制作、材料申报、后续服务等各个环节提供全面、精致、高效的服务。

资产管理业务：我公司拥有一批高素质的资产管理及证券投资业务人才，依据科学决策、理性投资的原则，严格遵守客户委托意愿，在确保客户委托资产安全性的前提下，公司有为客户创造较高的收益的能力。我公司奉行"客户至上"的宗旨，愿在互相信任的基础上与委托人建立长久、良好的合作关系。

在中国资本市场发展的新纪元中，财通人将优化服务质量、改善投资环境、增加交易方式，致力于客户服务、市场开拓和业务创新，力求实现客户利益最大化。

甘肃证券有限责任公司

甘肃证券有限责任公司是由原甘肃证券公司改制成立的股份制专业化证券公司。

目前，甘肃证券有限责任公司注册资本金为 1 亿元人民币，资产总额近 10 亿元。公司成立 10 年来，各项业务稳步增长，是西北地区最早的专业化证券公司之一。公司业务面向全国，主要集中在西北五省及北京、上海、深圳等内陆地区和沿海发达地区。

公司现有员工 396 人，其中大学本科以上的占 52%，大专、中专的占40%，平均年龄26岁。总部下设办公室、财务部、稽核部、清算部、经纪业务管理部、电脑工程部、国债部、北京办事处等职能部门和业务部门，并在全国各地开设有兰州西津西路营业部、兰州武都路营业部、兰州和政路营业部、兰州东岗东路营业部、兰州天水路营业部、上海天山西路营业部、上海鲁班路营业部、深圳营业部、金昌长春路营业部、6家证券服务部等分支机构。

面对西部大开发带来的机遇和挑战，公司董事会将携全体员工一如既往地在规范管理、稳健经营中不断求创新、求发展，努力在日趋规范的证券市场上扩大市场占有份额，提高公司知名度，促进公司各项业务稳步发展。同时我们将积极吸纳、培养一批具有敬业精神和开拓创新能力的优秀人才，为公司在两年内完成增资扩股创造良好的条件，打下坚实的基础，把公司发展成为一个大型的综合类券商。

我们信奉"贡献、服务、稳健、创新"的经营宗旨，坚持"立足西北、面向全国"的战略方针；我们追求卓越的管理，一流的服务，并将为之进行不懈的努力；我们愿与所有证券行业同仁们一道，为推动证券市场跨世纪的发展，作出更大的贡献。

业务范围：

1、代理各类有价证券发行业务；

2、自营、代理证券买卖及投资业务；

3、代理证券还本付息和红利的支付业务；

4、证券的代保管业务；

5、接受客户委托代收证券本息、红利和代办过户业务；

6、经中国证监会批准的其他业务。

标准中文名称：甘肃证券有限责任公司

标准中文简称：甘肃证券

标准英文名称：GANSU SECURITIES CO. LTD.

注 册 号：6200001051118

注 册 地 址：甘肃兰州市庆阳路285号民安大厦B塔楼25层

法定代表人：谢铁牛

法人代码证号：22437066—8

经营证券业务许可证号：Z28762000

承销资格证号：承字96—125

联 系 电 话：0931—8440228

传 真：0931—8440269

邮 政 编 码：730030

E—mail：gsscl@public. lz. gs. cn

西北证券有限责任公司

西北证券有限责任公司地处素有"塞上江南"之称的宁夏回族自治区首府银川市，是宁夏回族自治区唯一一家证券业务专营机构。

公司前身是创立于1991年10月的宁夏回族自治区证券公司，1997年6月，增资改制并更名为宁夏证券有限责任公司。2000年12月，经中国证监会批准，增资扩股并更名为西北证券有限责任公司，注册资本增至人民币7.26亿元。2003年12月，完成股权重组，引入以天津市政投资有限公司等国有大型企业集团为主的富有实力的股东单位，优化了公司股权结构。目前，公司资产总规模20多亿元，资产质量优良，具备中国证监会核准的综合类证券公司业务资格。

经营范围：证券（含境内上市外资股）的代理买卖；代理证券的还本付息、分红派息；证券的代保管、鉴证；代理证券登记开户；证券的自营买卖；证券（含境内上市外资股）的承销（含主承销）；证券投资咨询（含财务顾问）；受托投资管理；中国证监会批准的其他业务。

首创证券有限责任公司

首创证券有限责任公司于2000年初成立，以实力雄厚的北京首创集团为发起人，联合其他六家股东共同出资设立的，注册资金为6.5亿，是一家具备证券经纪、承销、自营、资产管理、投资咨询业务资格的综合类证券公司。

首创证券经纪有限责任公司成立以来，在董事会和社会各方的大力支持下，通过全体员工的努力奋斗，各项工作都取得了可喜的成绩，成功地实现了第一阶段的创业目标，经营业绩迅速提升，在中国证券市场崭露头角，展示了一个新兴证券公司的后发优势，也充分证明了公司经营团队的敬业精神和出色的专业素质与能力。

短短两年多的时间里公司由一家营业部迅速扩展到八家营业部和一家证券服务部，先后在北京、深圳、上海、成都和石家庄等几大区域经济中心城市设立了营业网点，业务品种和客户数量都有了很大扩展。2001年2月5日公司获证监会批准，成为首批取得开展网上证券委托业务资格的证券公司之一。公司依据《证券法》建立了规范的法人治理结构，建全了各项规章制度和内部监管体系，保证规范化经营的同时有效地防范各种经营风险。

首创证券将立足北京，依托首创，面向国内外，秉承诚实信用原则，遵循专业化、规模化的经营方针，积极引进先进的投资理念，不断地推行业务创新和机制创新，以优质、高效的专业化服务协助广大投资者获取更大的投资回报。首创证券的发展目标是在五年之内，将公司成功上市，使净资产规模和利润总额进入全国证券公司前十名的行列，在国内证券市场具有较大竞争优势和较高知名度。在十年之内，通过与国内外券商的竞争与合作，全面提升净资产规模、盈利能力及综合实力，并成为在全球资本市场具备一定市场竞争能力的国际化证券公司。

地址：北京市东城区东中街29号东环广场B座4层H—M号

邮编：100027

电话：010—64181155

传真：010—64182425

网址：www. firstbroker. com. cn

红塔证券股份有限公司

红塔证券股份有限公司是在云南省三家信托投资公司信、证分业，证券机构整顿重组基础上，联合国内知名企业及优势企业共13家股东共同发起、经中国证监会批准设立的比照综合类证券公司。公司注册资本138,651.04万元人民币。总部位于云南省昆明市北京路155号附1号红塔大厦。

公司于2002年1月19日获中国证监会同意开业的批复（证监机构字[2002]27号）。2002年1月28日获中国证监会颁发的《经营证券业务许可证》。2002年1月31日公司在云南省工商行政管理局领取了《企业法人营业执照》。2002年3月23日公司在昆明市举行了开业庆典。

公司现有员工347人，平均年龄32岁，其中：博士2人；

硕士20人;研究生学历22人;本科学历100人。公司坚持以人为本,通过吸引国内外高素质人才,利用集中的人才优势,建立具有自身特色的业务体系。

公司严格按照现代企业制度的要求,建立和完善符合《公司法》要求的股东大会、董事会、监事会和经理层相互制衡的公司法人治理结构。公司内部设立10个部门:总裁办公室、经纪业务总部、投资银行总部、投资管理总部、资产管理总部、研究发展中心、资产经营部、信息技术中心、资金财务总部、稽核和风险管理部。

公司以证券经纪业务、投资银行业务、证券自营业务三大传统业务为基础,以为客户提供收购、兼并、代客理财、基金管理、国际业务等服务为拓展方向,并通过服务创新、金融产品创新和管理机制创新,发展完善业务经营体系。

公司依托分布于云南省内外的证券营业部,大力开拓经纪业务,以客户为中心,以提供投资咨询、采用先进交易系统、开展网上交易、深化投资顾问个性化服务为手段,努力拓展服务体系的深度和广度。

公司坚持"诚信一创造价值"的经营理念,稳健经营,规范管理,开拓创新。秉承以人为本,以服务资本市场为已任,竭诚为企业和投资者提供一流服务。立足云南,面向全国,树立品牌战略,通过不断拓展服务内涵,增强创新能力,提高公司核心竞争力。

公司将以与时俱进、奋发有为的精神风貌,扎实工作,努力进取,力争在较短的时间内跻身全国一流券商行列,积极参与国际资本市场竞争,为西部大开发战略的实施,进一步繁荣我国资本市场作出贡献。

德邦证券有限责任公司

一、基本情况

德邦证券有限责任公司成立于2003年5月15日,是经中国证券监督管理委员会证监机构字(2002)393号"关于德邦证券有限责任公司筹建方案的批复"以及中国证券监督管理委员会证监机构字(2003)106号"关于德邦证券有限责任公司开业的批复"批准,由原沈阳市信托投资公司证券部、原沈阳国际信托投资公司证券部、原丹东国际信托投资公司证券部和原抚顺市信托投资公司证券部合并,并由上海豫园旅游商城股份有限公司、上海复星产业投资有限公司、上海申新(集团)有限公司和天津金耀集团有限公司共同出资组建的综合类证券公司。

公司总部位于上海,注册资本10.08亿元人民币。2003年底,公司资产总计1,618,709,137.03元,负债总计604,492,348.46元,净资产1,014,216,788.57元,净资本按照中国证监会新颁布的计算方法计算为923,070,876.74元(调整后的净资本金额为912,300,840.95元)。2003年,在证券行业全行业亏损的背景下,德邦证券开业运营7个月即实现公司盈利。

德邦证券以向客户提供优质完善的金融服务,向股东提供良好的投资回报为公司宗旨;以打造一流券商、营造百年老店为公司战略目标;以稳健经营、诚信服务、创新进取为公司经营理念。

"有德者助人、厚德者多助"。德邦证券一方面凭借健全规范的公司治理结构,实现股东与公司管理层的良性互动,确保股东价值的良性增值。另一方面以竭诚为客户提供全方位优质的证券服务,满足客户多样化、个性化的金融服务需求为核心,依托人才优势、体制优势实现公司的企业价值和社会价值。

为实现公司的战略目标,公司将凭借良好的资产状况和卓越的经营管理团队,以业务模式创新、综合竞争力提高为主题;以规范经营、加强风险控制和增强研究创新功能、提高快速应变盈利能力为主线;力争在日益激烈的市场竞争中,以早日发展为资本雄厚、管理规范、业务全面、核心能力突出、经济效益良好、业务网络健全的一流券商!

公司现有员工总计274人,其中总部员工73人,营业部员工201人。公司总部人员中,本科以上学历人员占84%,具有博士学位的有9人,硕士学位的25人。

二、主要业绩

2003年,德邦证券的业绩取得了开门红。公司全年实现营业收入56,324,118.19元,营业支出42,806,684.13元,利润总额13,778,708.93元,扣除资产损失后利润总额12,188,307.37元。经营状况处于同行业较好水平。公司的资产负债率为37.23%,资产质量优良;流动资产占总资产的92.76%,流动比率2.49,固定资产和其它长期资产仅占总资产的7.24%,资产的流动性良好,处于行业前列。

1、投行业务

2003年,投行部以传统业务为基础,大力开展创新业务和国际业务,取得了不俗的业绩。公司目前已承担了12家企业新股发行的副主承销商工作,其中2家已发行,4家已通过发审会,6家在审;担任了2家企业的新股发行分销商。在其他传统业务上,投行部完成的项目主要有复星集团入股山东一集团项目、青岛海尔关联交易独立财务顾问项目、复星实业可转债发行推介财务顾问项目、复地集团收购江苏一地产公司项目。已签订协议,正在执行的传统业务有:江西公司资产重组项目;广西一家公司出让股权项目、上海一集团出售下属公司股权财务顾问项目等。

国际业务方面:致力于发挥中国的制造业优势,开展跨境并购,整合全球重要原材料、品牌和营销网络等资源。2003年已完成和正在执行的项目有:协助完成对美国某公司中国RTS业务的评估、美国一公司收购国内上市公司项目、协助复星集团评估某知名跨国公司全球手机业务、协助山东某企业海外上市等。

在创新业务上,公司策划、执行了在国内证券市场上具有创新意义的南京钢铁联合有限责任公司对南京钢铁股份有限公司(600282)要约收购项目,在市场上引起较大的反响,并与北京一家公司签订了在IPO环节解决全流通问题的合作意向,合同金额500万元。此外,投资银行部还在收购兼并、私募融资、企业债券承销、定向增发流通股等方面进行了全方位的业务开拓,一批项目正在承做过程之中。

在争取客户方面,投行部在2003年也业绩显著。目前,已经和上港集箱、四川长虹、宝钢集团等200多家有实力和潜力的大客户形成了密切和良好的关系,这些关系为投行部今后业务的飞速发展做了很好的铺垫。

2003年投行部除了抓好业务之外,还非常重视对员工素质的培养和提高,多次举办有关要约收购和跨国并购等案例讲座、外资并购的法律及税务问题讲座、行业研究、公司资产价值评估理论和方法等方面的培训课程,并实行员工法律法规的内部考试,极大地提高了员工的业务水准。部门员工全年在《中国证券报》、《上海证券报》等多家全国公开媒体上发表研究报告8篇,内部交流研究报告90多篇。

2、**经纪业务**

公司首先注重建设经纪业务风险控制体系，规范业务开展上，公司开业之初便制定下发了二十项经纪业务制度，通过规章制度控制业务常规风险及监控业务开展中的特别风险。目前公司在经纪业务方面制定的各项制度基本已涵盖业务开展过程中的各个方面，营业部在业务开展过程中有章可循，有制可依。制度正式下发后，公司通过培训与考试进行规章制度的落实，并开展了全面开户确认，堵住了风险隐患。在规范营业部的组织人员结构、建立新的奖励机制和薪酬体系的基础上，改革用人机制，于 2003 年 6—9 月间，通过公开、公正、透明的营业部岗位竞聘，使公司 12 家营业部 141 名员工真正实现了"能者上、平者让、庸者下"。从根本上促使了营业部员工观念的转变，促进员工提高综合素质，提高工作效率。

在完善和拓展业务品种方面，2003 年公司被获准代理实时开户业务、经营外汇业务资格和经营外资股业务资格，并参与了直销基金和代办股份转让业务、国债承销业务等业务。营业部于今年 8 月底全部开通网上交易。并与 7 家银行签订了银证转帐协议。目前已完成上海地区与沈阳地区营业部区域集中交易系统建设，为控制营业部经营风险、减少营业部运营成本创造了条件。

在营业部的布局方面，将常年亏损的天津营业部搬迁至上海，上海长宁区营业部也于 10 月 28 日获准正式开业，这是全国第一家完全根据非现场交易投资者需求设计的证券营业部。公司还对长春和北京等市场进行了充分的调研将沈阳 2 家营业部分别搬迁至北京和长春。

目前公司经纪业务工作重点放在推行营业部标准化工作规范服务标准，提升服务质量上，以及从现有业务模式向全面营销转型工作上，通过半年来的努力，公司在营销方面也已取得了一定的进展。

三、发展战略与目标

在未来三年内，公司的综合竞争力和主要资产质量和业务经营指标进入全国同业前列；在未来五年内，公司的个别业务指标及核心管理能力达到全国先进水平。这些目标，对于德邦而言任重而道远。但德邦人有信心凭借智慧、激情和汗水加以一一实现，成为一个稳定成长持续经营的名牌券商。

联系人：柏昕　电话：021－63325096

EMAIL：baixin@tebon.com.cn

地址：上海市复兴东路 2 号 5 楼　邮编：200010

民生证券有限责任公司

民生证券有限责任公司是全国综合类券商，其前身可以追溯到 1986 年 11 月成立的郑州市证券公司，是全国最早成立的专业性证券公司之一。公司注册资本金 12.82 亿元，净资本 11.40 亿元，主要从事证券自营买卖、证券承销、受托投资管理、证券代理买卖等各项业务。公司股东实力雄厚，分布于北京、山东、河南等地，既有国内外知名的大中型国有企业，又有享誉全国的民营企业，合理的股权结构成为公司持续稳定发展的坚强后盾。民生证券有限责任公司注册地由郑州市迁至北京市，北京为公司总部所在地。深圳、郑州为公司管理总部所在地。公司下设 15 家证券交易营业部、9 家证券交易服务部，主要分布于上海、深圳、郑州等地。北京、广州、杭州、成都、西安等地营业部正在筹建之中，设立之后，营业部的地区分布将更为合理，从而形成覆盖全国的交易网络。公司已引入 ISO9001 国际质量认证的服务体系，致力于为客户提供全面、系统、专业、个性化的服务。民生证券网具有强大的网上交易、信息技术支持功能。高素质的研究团队、先进的软硬件设施和广泛的信息来源，为向客户提供全面的证券金融服务业务和高质量的信息、投资咨询产品创造了条件。

经纪业务：

民生证券自其成立之日，就在广泛拓展业务的同时立足经纪主业。到目前为止，民生证券先后在河南省及上海、深圳等地设立了 15 家证券营业部和 9 家证券服务部；累计完成交易量（A 股、基金、债券和 B 股）2400 亿元。

作为唯一拥有 B 股经营资格的河南省内券商，民生证券于 2001 年 2 月在河南最早开通深、沪 B 股交易业务，在民生证券的任何一家营业部，客户都可以选择自助委托、电话委托、网上交易等多种交易方式，通过双向卫星报盘系统可以高速接收 B 股行情；同时还为客户代理开办 B 股股东帐户、提供上门服务及按要求免费邮寄对帐单等。尽管 B 股业务开通时间较短，但统计表明，B 股交易量分别占到该业务开通以来公司各期总交易量的 10%以上。另外，公司的上海、深圳营业部 B 股交易量在全国各券商营业部 B 股交易中名列前茅。

网上交易是继传统的柜台交易之后交易方式上的一大创举，民生证券自 2000 年 4 月份开通网上交易以来，已累计完成网上交易量 40 多亿元，尤其是在 2001 年度，每月的网上交易量约占总交易量的 15%以上，而且呈稳定的上升势头。

民生证券分别于 1986 年和 1988 年相继开展了国库券柜台业务和股票柜台交易业务，十几年，经纪业务在技术和服务方面都取得了长足的进步，尤其是近年来的业务创新工作更是令人耳目一新：

一、通过与广发行、建行合作开通了银证在线交易系统；

二、建设公司网站"民生富鱼网"，为广大客户提供了高速准确的证券行情、快捷的交易跑道、及时权威的证券资讯，同时还在网上推出了能让投资者广泛参与的投资大赛等活动；

三、与中国移动通信有限责任公司河南省分公司、北京量子无线应用公司联合开通了手机炒股业务；

四、CALL CENTER 客户服务中心的成立，使客户只须拨通电话就可以享受到贴身、全面、专业性、超时性、个性化的体系性服务；

五、客户经理制度、承诺制服务的推出，更使客户领略投资顾问、专家理财式一体化服务的优越性和民生人的风采。

在新形势下，伴随着公司重大改革的先后启动，民生证券经纪业务的一系列开创性举措将会相继出台。我们有理由相信，在不久的将来，民生证券的经纪业务将会以全新的面貌面对广大客户和各界友人！

蔚深证券有限责任公司

一、公司成立

蔚深证券有限责任公司于 1995 年 10 月 23 日经中国人民银行银复[1995]374 号文件批准，1996 年 4 月 15 日在深圳市工商行政管理局登记成立，注册资本 1 亿元人民币，其中深圳蔚深投资财务公司投资 7000 万元，占有股权 70%，深圳鸿波通信投资控股公司、深圳宝安金饰品服务公司和深圳安阜投资公司分别投资 1000 万元，各占股权 10%。蔚深证券有限责任公司是全国首批 23 家获得网上证券委托业务资格的证券公司之一(证监信息字[2001]3 号；

1999 年，按照中国证券监督管理委员会的指示精神，蔚深证券公司进行了股权规范化改造。通过股权协议转让，公司新的股东由五家组成，其中济南英大国际信托投资有限责任公司持股40%，广州市鹏达集团有限公司持股20%，宏利实业有限责任公司持股20%，深圳市鸿波通信投资控股有限公司持股10%，深圳市国通电信发展股份有限公司持股10%。

2002年1月23日，中国证监会就公司股权变更事宜正式批复，同意我司的股权变更方案。变更后的公司股东及出资额为：

1. 济南英大国际信托投资有限责任公司 4000万元
2. 湘财证券有限责任公司 2000万元
3. 华侨城集团公司 2000万元
4. 深圳市深业投资开发有限公司 2000万元

目前，在中国证监会和深圳证管办的积极支持下，公司正在进行有关增资扩股的准备工作，公司注册资本将扩增至8—10亿元，将于2003年内完成。

二、公司主要经营和投资情况

公司自成立以来，一直全面开展各项证券业务，包括证券经纪、证券承销和证券自营业务等。公司下设投资银行部、证券投资部、资产管理部和债券经营部等四个业务部门，公司还在深圳、上海、天津、武汉、沈阳、南昌、长沙、兰州等全国大中城市设立了16个证券经纪业务网点。在股票一级市场上，公司担任多家上市公司的新股发行主承销商和上市推荐人。

三、公司组织结构和管理体制

公司总部位于深圳经济特区，公司一直实行两级垂直管理体制，管理链条短，运转效率高。公司已成立股东会、董事会和监事会，董事会下设秘书处。公司日常经营管理由公司总裁负责，公司基本上按照公司法的规范运作，公司下设4大业务部门、16家营业网点和9个职能管理和服务部门。

四、公司发展战略

公司制定了"分三步走"的发展战略目标：第一步，公司要在一年左右的时间内完成增资扩股，并建立完善的公司法人治理结构，形成科学、高效的决策机制和企业运行机制，使公司的资本规模和竞争实力跃上一个新的台阶；第二步，用两到三年的时间，全面夯实公司管理基础，建立现代化企业管理模式，形成严密的金融风险防范与控制体系，以人为本，大力推进各项业务经营的发展和创新，全面提升公司的研究开发、业务经营和管理服务水平，实现公司利润稳定、高速的增长，使公司正式步入可持续的健康发展轨道，进入全国大型综合类券商行列，并成为其中最具竞争活力和发展前景的优秀证券公司之一；第三步，在三到五年内，争取公司改制上市，再次实现资本飞跃，为公司迎接国内证券市场对外开放并逐步走向国际资本市场作好充分准备。

天元证券经纪有限公司

天元证券经纪有限公司是中国证券监督管理委员会首批核准设立的全国性证券公司，是中国证券市场最早的开拓者之一。由原黑龙江省国际信托投资公司证券部、黑龙江省财政证券公司、伊春市证券公司及齐齐哈尔市信托投资公司证券部重组而成，是伴随中国证券市场共同成长的全国首批证券经营机构之一。

公司总部坐落于冰雪之乡哈尔滨市高新技术开发区，现有10个职能管理部门、20多个证券经营网点，营业场所遍布在北京、上海、深圳、厦门、沈阳、大连、哈尔滨、大庆、齐齐哈尔、伊春等地，是我国由南到北跨度最大的证券公司。80%的员工具有大专以上学历，高级管理人员均具有研究生以上学历。

天元证券经纪有限公司主要经营证券代理买卖，代理还本付息、分红派息，证券代保管、鉴证，代理登记开户及中国证监会批准的其他业务。交易品种涵盖了目前我国证券市场沪、深两市A股、B股、基金、债券等各种有价证券，交易手段突破了原有的空间制约，形成了自助委托、网上交易、电话委托、远程可视委托及智能小区自助委托等方便、快捷、安全的现代化交易方式。每天为客户提供全面、及时、准确的专业咨询服务，定期举办股票知识讲座及全国著名股评家报告会。

公司成立以来，建立了以提升绩效为核心的现代企业制度，完善了法人治理结构。公司资产质量、经营规模、创利能力等方面，均在全国经纪类证券公司中名列前茅。在中国证监会证券公司净资产质量达标考评中名列65家达标券商之一。公司本着"强化管理、规范经营、优质服务、稳健发展"的经营理念，坚持"诚信、高效、创新、卓越"的企业精神，以"一流的环境、一流的设备、一流的服务、一流的管理"赢得了广大投资者的信赖。

公司将继续发挥多年积累的丰富经验，广泛吸收高素质人才，充分发挥自身优势，不断提升管理水平，并通过增资扩股进一步增强公司资本实力，拓展新业务领域，为广大投资者提供更加完善的证券产品与服务，为中国证券市场的繁荣和发展做出更大贡献。

方正证券有限责任公司

方正证券有限责任公司成立于1988年，原名浙江证券有限责任公司，注册资本5.13亿元，公司注册地杭州，在上海设有综合管理部。目前公司以浙江为中心、以上海、深圳、北京、天津、武汉、郑州等国内中心城市为重点，在全国设有16家证券营业部和7家证券服务部。

方正证券有限责任公司是新中国证券市场的开拓者和探索者之一，很长一段时间以来，都充当着国内证券市场引领者的角色，创造了多项浙江乃至全国证券业务方面的"第一"，积累了丰富的一、二级市场经验和专业人才。公司是上海、深圳证交所最早的会员之一，并获得了上海证交所极具象征意义的001号红马甲；公司还是全国首批具有证券主承销资格和国债一级自营商资格的公司之一、全国最早开展B股业务的公司之一、全国首批获得证券投资咨询资格的券商之一。

2002年8月，经中国证监会批准，北大方正集团公司通过分别受让原浙江证券18家股东各51%股权的方式入主浙江证券，经过彻底的重组与整合，公司拥有了全新的经营理念和一流的经营机制，吸引了众多业内英才的加盟，为公司再创辉煌奠定了的坚实基础。

十几年风风雨雨中，公司有过辉煌，有过挫折，在新中国的证券发展史上写下了自己独特的一笔，也拥有了独特的历史地位。今天，经过改造重组后的方正证券有限责任公司，秉承"人本方正，与时俱进"的核心理念，将以并购重组业务作主体的大投行业务为核心、以经纪业务、受托理财业务为支撑，依托先进的业务模式和充满活力的经营机制，为国内外机构和个人提供多元化、个性化的卓越金融服务。以一流的专家创造一流的客户价值，打造出一流的券商品牌，为中国证券市场的发展作出更大的贡献！

东吴证券有限责任公司

苏州，史称东吴，自古以来就是人文荟萃，丰饶富庶的繁华之地，古语云"东南形胜，吴中福地"，说的就是这座千年古城。岁月悠悠，物换星移，今天，在历史古韵和现代文明的碰撞下，苏州已一跃成为长江三角洲的璀璨明珠，东吴证券就坐落于这一方山水之间。

东吴证券有限责任公司前身为苏州证券公司，组建于1992年，目前公司注册资本金已达10亿元，下属证券营业部17家，市场范围覆盖了北京、上海、浙江、广东、福建、江苏和苏州及下属各个县市，拥有广泛的客户资源和良好的品牌效应，业务涉及经纪、承销、自营、投资咨询、资产管理、企业重组、收购与兼并等，同时，基金、期货等金融新业务品种也正在筹备之中。目前公司业务总部已迁至上海，公司将依托浦东金融中心，以苏州为根据地，立足上海，面向全国。

多年来，秉承"诚信为本，服务之上"的经营理念，东吴证券积极进取，不断拓展，综合实力得到长足发展。公司拥有多通道、立体式的委托交易服务体系，并通过技术手段整合公司各项资源，依托网络交易，客服中心(特服号88066)等工作平台，在交易时间、交易空间、交易速度和交易方式等多方面为客户提供着全天候优质服务。

2002年，公司利润总额行业全国排名第8位，净资产收益率全国排名第9位。

回首往昔，我们沉醉于先祖的辉煌，放眼未来，我们涌动着创新的激情。东吴证券将继往开来，敢于争先，与全体客户一道，谱写新时代中国券商与证券市场崭新篇章！勇猛精进，锐意拼搏，描绘明天更加壮美的蓝图！

公司总部：中国苏州十梓街298号

业务总部：上海浦东东南路855号世界广场26楼

东莞证券有限责任公司

东莞证券有限责任公司于1988年6月批准成立，1993年6月30日正式开业代理沪深上市股票买卖业务，成为东莞地区成立最早的证券公司，也是目前东莞地区唯一具有独立法人资格的券商。东莞证券成立十年以来，开拓进取，与时俱进，公司业务规模一直稳居东莞证券市场榜首。2001年12月，经中国证监会批准，注册资本由原来的5000万元增资扩股至5.5亿元。2002年9月，经中国证监会批准，成为综合类证券公司。

目前，公司拥有10家证券营业部、10家证券服务部，证券投资者累计开户数已经超过了20万户，托管市值近百亿元，经营网点覆盖东莞市各经济发达镇区以及上海、深圳等城市。股票交易量约占全国交易总量的1%，占东莞地区市场份额的70%，东莞证券经纪业务在全国同行业中占重要的地位。

随着公司实力的不断增强，以及综合类券商资格的确立，公司经营范围由以前单一的证券经纪业务扩展到证券承销、资产管理、自营等证券综合业务，交易品种涉及沪市A股、B股，深市A股、B股，基金、国债、企业债券等。交易手段由原来的柜台交易过渡到电话交易、网上交易、远程点对点交易；服务手段由公众辅导过渡到贴身式的专家理财服务。东莞证券发起成立了证券研究会，并创办了《东莞证券》报、东莞证券网站和呼叫服务中心，还在《东莞日报》、东莞电台、东莞电视台等各大媒体开辟了证券专门栏目或节目，全日制为广大投资者提供证券投资信息、指导服务。

●业务范围

代理证券发行业务；自营、代理证券买卖业务；代理证券还本付息和红利的支付业务；证券的承销和上市推荐；证券投资咨询和财务顾问；资产管理；发起设立证券投资基金和基金管理公司；以及中国证监会批准的其他业务

●交易品种

沪市A股、沪市B股、深市A股、深市B股、基金、国债、企业债券、企业债回购、国债回购等

●交易方式

柜台委托、场内自助委托、电话委托、远程大户室、网上交易等等。

公司地址：广东省东莞市可园南路1号金源中心

网址：www.dgzq.com.cn Tel：2100888

传真：2116999

E—mail：dgzqzbbgs@163.com

呼叫中心：961130

大同证券经纪有限责任公司

大同证券经纪有限责任公司是1988年5月经中国人民银行总行批准成立的股份制非银行金融机构，是中国证券史上最早成立的34家证券公司之一。十六年来，公司秉承"诚信立业、稳健经营、规范发展、求实创新"的经营宗旨，在充满风险和激烈竞争的证券市场中，科学管理、正确决策，逐步成为一家颇具实力的中型券商。

公司现为上海证券交易所、深圳证券交易所、中国证券业协会、中国国债协会的会员，目前拥有上海证券交易所15个席位、深圳证券交易所4个席位，下辖17个外设机构。公司已取得了B股经纪业务资格，各营业部均开通深沪两地A、B股行情，并配备有目前最先进的电脑网络系统。内设机构11个：总裁办公室、人力资源部、行政管理部、财务管理中心、信息系统保障部、经纪业务管理部、服务推进部、质量监控部、战略推进中心、稽核监察部、资产管理部。证券从业人员368人，266人通过中国证监会2000年证券从业人员资格考试，取得329个证券从业人员资格证书。

公司在"法制、监管、自律、规范"的方针指导下，健全内部制度、加强风险控制、规范稳健经营，各项业务顺利发展，经营效益大幅提高。公司先后为大同市第一热电厂、同风肉制品厂、新荣区水泥厂等企业代理发行了8000余万元企业债券，筹措了大量资金。93年就开始参与了山西汾酒、山西焦化、大同水泥、南风化工、太原刚玉等十几家公司股票的发行工作，取得了不俗的业绩。在二级市场上，公司采用最先进的交易方式，努力为客户提供完善的证券经纪及投资咨询服务，各项业务的迅猛发展，使公司取得了良好的经营业绩，为证券市场建设和地方经济发展做出了贡献。

2000年初，公司的增资扩股得到了中国证监会批复，注册资本金达1亿元，名称变更为"大同证券经纪有限责任公司"，为公司的加速发展奠定了基础。同时，公司还不失时机地积极开拓场外交易，取得了证监会核准的网上经纪业务资格，大力发展网上证券委托及证券咨询业务。与中国建设银行、中国银行、中国农业银行及中国工商银行等多家商业银行签署了银证通和银证转帐协议。为广投资者提供了更方便、更快捷的证券投资服务。

长风破浪会有时，直挂云帆济沧海。依靠自己科学的管理、周到的服务、永往直前的创业精神，大同证券必将成为证券行业中一颗璀璨的明珠。

安信信托投资股份有限公司

公司于1987年2月由中国人民银行鞍山市分行等四个单位共同发起出资组建而成，1992年改组成鞍山市信托投资股份有限公司，当时公司有国家股2800万股，法人股1955万股. 1992年5月4日至6月30日公司公开发行公众股4939.8万股，职工股60.2万股. 1993年始进行股份制改组，增发法人股500万股，以国有土地折股20万股国有股. 调整后总股份变化为10275万股，其中国家股2820万股，法人股2455万股，公众股4939.万股，职工股60.2万股. 1994年1月28日，"鞍山信托"(A股)在上海证券交易所上市. 公司2003年第一次临时股东大会审议通过拟将公司名称由"鞍山市信托投资股份有限公司"变更为"鞍山信托投资股份有限公司"，公司在上海证券交易挂牌交易的证券简称不变。2004年8月6日，公司名称变更为"安信信托投资股份有限公司"，股票简称由8月18日起变更为"安信信托"。

公司主营业务范围:受托经营资金信托业务；受托经营动产、不动产及其他财产的信托业务；受托经营法律、行政法规允许从事的投资基金业务，作为投资基金或者基金管理公司的发起人从事投资基金业务；受托经营公益信托；经营企业资产的重组、购并及项目融资、公司理财、财务顾问等中介业务；受托经营国务院有关部门批准的国债、政策性银行债券、企业债券等债券的承销业务；代理财产的管理、运用与处分；代保管业务；信用见证、资信调查及经济咨询业务；以银行存放、同业拆放、融资租赁或投资方式运用自有资金；以固有财产为他人提供担保；办理金融同业拆借；中国人民银行批准的其他业务。

2003年度，公司的重新登记工作获得中国人民银行批准。为适应新信托业务发展的需要，公司一方面积极开拓信托业务，加快信托品种的开发和金融工具的创新，坚持择优投放，培育新的利润增长点。另一方面加紧进行不良资产的清理和盘活工作，努力提高公司资产质量，理顺产权关系，降低和防范金融风险。同时，针对区域经济发展水平对信托业务的影响，公司已决定将注册地址迁往经济较为发达的上海市。本报告期内，公司经营业绩出现亏损的主要原因有：计提处理抵帐资产的各项税费1,265万元、冲减费用转入资本公积金1,550万元、计提各项减值准备1,963万，此外公司按审慎性原则将当期收到的财务顾问费2,780万元分五年计入收入，当期少计收入2,138万元。本年度公司实现主营业务收入140,472,284.84元，净利润－29,962,021.09元，经营活动产生的现金流量净额2.13亿元。

渤海证券有限责任公司

渤海证券有限责任公司(简称渤海证券)是经中国证监会批准设立的具有股票主承销资格的全国性大型证券公司。公司注册资本金为23.17亿元人民币。公司总部(http://www.ewww.com.cn)设在天津，下设北京、上海两个管理总部，以及遍布全国的31家证券营业部。公司业务范围包括：证券的承销和上市推荐；证券的代理和自营买卖；证券的代保管、鉴证和过户；代理还本付息、分红派息等权利分派业务；基金业务；资产委托管理业务；证券抵押融资业务；企业重组、收购兼并业务；投资咨询、财务顾问业务以及外币证券业务。

渤海证券是在天津市国际信托投资公司、天津信托投资公司、天津北方国际信托投资公司、天津滨海信托投资公司等四家信托机构的证券业务部门和天津证券有限责任公司合并重组的基础上，吸收国内30余家有影响、有实力的企业共同参股组建的大型证券公司。

投资银行业务:

投资银行业务为渤海证券的核心业务之一，对公司的发展至关重要。近年来，公司曾先后以主承销商、上市推荐人、副主承销商、财务顾问等身份完成了津国商、天津磁卡、天水股份、圣雪绒、特精股份、中新药业、天药股份、先锋股份、天大天财、津滨发展、清华同方、首创股份等50余家公司的股票承销、上市推荐工作以及9家企业债券的发行工作。

渤海证券将投资银行业务作为公司业务发展的重点，吸收了一大批具有硕士以上学位，并具备证券代理发行从业资格，注册会计师、注册律师、注册资产评估师以及其他国际认证的执业资格的，具有国内和海外从业经历的投资银行专业人才，完成了知识多元化、人才多样化、员工年轻化、操守职业化的队伍建设。

渤海证券投资银行总部的主要业务包括：担任股份有限公司首次公开发行、上市公司发行新股的主承销商及上市推荐工作；为上市公司策划并承销可转换公司债券；为企业改制重组、规范运作、海外融资跨境资本运作、收购兼并等提供专业化的辅导及财务顾问工作；承销基金；承销企业债。渤海证券投资银行总部下设天津分部、北京分部、上海分部、质量控制部、综合管理部。

受托投资管理业务:

受托投资管理即受人之托，代人理财，系根据委托人的意愿，代理委托人从事股票、债券等金融工具的组合投资，以专业化手段加强资金运作效率，实现资产收益最大化的业务行为。

渤海证券受托投资管理业务依托严谨的投资决策、严格的风险控制体系，借助雄厚的研究力量、专业化的资产管理人才，仰仗成熟、理性的投资理念，以谨慎和勤勉为原则，以最大限度的实现客户资金的保值增值为己任，与客户谋求共同发展。

渤海证券拥有一批经验丰富、素质全面，既通晓国际惯例及运作模式，又深谙中国国情的资深研究分析人员及基金经理人员。现有员工16人，其中博士4人，硕士8人，大本4人。渤海证券受托投资管理队伍自成立伊始即坚持走规范发展之路，并逐步形成了自己独特的高效、安全适应市场发展的投资理念及投资决策程序，为客户带来了较好的回报，赢得了广泛的信赖与赞誉。

为让客户充分分享我国证券市场发展的成果，在控制风险的前提下获取尽可能高的投资回报，公司还针对客户的不同偏好，设计了各具特色的服务品种，为客户提供个性化服务。

证券经纪业务:

渤海证券经纪业务起步较早，基础雄厚，共有28家证券营业部分布于天津、上海、北京、广州、深圳、郑州、西安、广州等地，近期还将在其它经济发达地区增开或置换多家证券营业部。各营业部均已开通沪、深证券交易所A股、B股、基金、债券以及其他有价证券的代理买卖业务，为客户提供交易卡自助、热键自助、电话自助、远程自助、网上自助等多种委托方式。

渤海证券已全面开通网上交易，和多家商业银行开展了广泛的银证合作。

客户服务中心和电子商务总部的设立，使渤海证券构建成了证券交易、市场咨询、理财服务等具有品牌价值的综合性业务平台，为广大投资者提供迅捷简便、多层次的个性化服务。

证券研究所：

渤海证券研究所下设宏观策略研究部、行业公司部、市场研究部、金融工程部、信息管理部等部门。

研究所现有研究人员50余人，所有人员均具有国内外知名高等院校的教育背景和丰富的从业经验，硕士、博士比例高达97%，专业背景涵盖财经金融、数理统计、企业管理、法律、计算机以及电子、汽车、医药、化工等多个学科，组成了实力雄厚、知识齐全的研究队伍。

渤海证券研究所以前瞻性的眼光、勤奋的敬业精神和不断创新、追求卓越的工作理念，全方位地为机构客户和广大投资者提供优质的专业化的服务。

研究所以其对证券市场深入研究和客观独立的立场，对公司各业务部门创造利润的项目给予直接的介入和专家意见支持；以产品和人才配合公司内部其他部门的业务创新。渤海证券研究所已经形成了从每日、每周到每月、年度，涵盖一级市场、二级市场的主要方面，从即时性分析到深入剖析，从理论到商业应用等多角度的三十多个研究报告体系。同时，研究所为大客户量身定做资产管理方案，为上市公司和非上市公司提供财务顾问，为公司重大业务提供直接业务支持。

渤海证券研究所将秉承"市场导向、客户导向"理念，着重塑造发现价值、整合价值、创造价值、推广价值的核心能力，为公司和客户推出更具战略眼光、高深度、高价值的产品。

伴随着中国加入世界贸易组织，一个以科技进步和资本市场的高速发展为核心动力的全球经济一体化的新时代已经来临。中国证券市场的进一步市场化与国际化给渤海证券带来了全新的机遇和挑战。"客户至上，服务领先"，渤海证券秉承稳健与进取有机结合的经营理念，为股东和员工创造更多价值；同时公司也坚持社会导向，不为一己之利损害社会公众的利益，积极回馈社会。通过规范经营，公司增强自身的经营实力、抗风险能力和业务拓展能力。渤海证券立足天津，面向全国，积极培育国际视野，力争在资产规模、业务开拓、管理水平、技术手段、市场占有率等方面实现跨越式发展，成为具备较强的核心竞争力与综合竞争力的国际一流证券公司。

大通证券股份有限公司

大通证券股份有限公司是经中国证券监督管理委员会批准，于2001年7月28日注册设立的股份制证券公司，注册资本为11.188亿元。

公司经营范围：证券（含境内上市外资股）的代理买卖；代理证券的还本付息、分红派息；证券代保管、鉴证；代理登记开户；证券的自营买卖；证券（含境内上市外资股）的承销（含主承销）；证券投资咨询（含财务顾问）；受托投资管理；中国证监会批准的其他业务。

公司立足大连，服务全国，在北京、上海、深圳等主要城市设立多家分支机构。

投资银行业务

公司致力于推动和促进中国资本市场的发展，为客户提供上市辅导、发行承销、资产重组、收购兼并、融资、管理咨询、风险管理、高科技风险投资等全方位、深层次的服务。

公司的投资银行业务以"长、专、精"为特色，"长"，即谋求与客户共同发展，形成长期战略伙伴关系；"专"，指建立由行业专家、财务专家、法律专家、保荐代表人组成的投资银行队伍，为客户提供专业化服务；"精"，则是通过精心制作，打造精品项目。

投资银行总部地址：北京市西城区阜成门外大街8号国润大厦15层

总机：010—68022288

邮编：100037

资产管理业务

以实现客户资产的保值增值为最大目标，以雄厚的研发力量、稳健的投资策略和高超的投资技巧为坚实的后盾，坚持"稳健、高效、组合投资"的原则，在最大限度防范和化解风险的前提下，实现安全性、收益性、流动性的有机统一。

资产管理总部地址：上海市浦东张杨路1589号1号楼506室

总机：021—58528822

邮编：200135

证券经纪业务

作为上海证券交易所和深圳证券交易所的会员，公司秉承"随时、随地提供服务，尽心、尽力提供方便"的经营原则，不断创新，满足客户需求；投身投资者教育事业，倡导理性投资行为。

公司经纪业务以先进的交易平台做保障，可以提供柜台、电话、磁卡、热键、WAP手机、internet等多种委托方式，安全、高效地为每一位客户服务。

经纪业务总部地址：大连市人民路24号平安大厦25层

电话：0411—82595188

邮编：116001

作为新兴的证券公司，大通证券将充分发挥资产质量优良的优势，努力提升资本规模、盈利能力、市场占有率等综合实力，成为一流的证券经营机构。

众成证券经纪有限公司

众成证券经纪有限公司系由山东、河南、湖南、西安、沈阳五大证券交易中心改组筹建的全国性证券公司，2001年12月经中国证券监督管理委员会批准开业。注册资本6250万元人民币，实收资本12050万人民币；注册地为深圳，注册号4403011060064，法定代表人李兵；是上海证交所、深圳证交所和深圳证券业协会的会员单位，有各类交易席位19个；高层领导班子从事金融、证券工作多年，具有强烈的敬业精神和高度的责任感，有较高的管理水平和业务开拓能力，均获证监会高管人员任职资格。

企业使命：集五强之力，众志成城，铸就中国证券市场的辉煌。

企业精神：诚信、如一。

企业风格：团队、细腻。

企业口号：客户繁荣成就我的繁荣，一切为客户为中心。

价值观念：依赖客户，做好联结客户的纽带；集众人之力，成就共同繁荣。

经营宗旨:高效精准,以"实"对"虚"。

管理理念:以人为本,内外兼修。

证券经纪业务:

众成证券现拥有10家证券交易营业部,分布在上海、深圳、济南、郑州、长沙、西安、沈阳、平顶山等全国大都市,具有深交所、上交所会员资格,拥有交易席位19个,开通了沪、深A股、B股、基金、国债等有价证券的经纪业务。开通了卫星双向、电话委托、无形席位、网上交易,银证联网等,委托手段有柜台委托、电话委托、磁卡委托、可视委托、热键委托、网上交易,其中网上交易资格已获中国证监会核准。

服务优良:

公司建有众成证券网站,页面信息丰富,股民随时可得各类资讯;营业部开通银证联网,提供每日解盘、邮寄对帐单、配(新)股电话提醒、上门开户、随时查询等服务,专业人员驻守大堂提供投资理财咨询,令客户得到超值服务。

设施先进:

采用先进的卫星接收与发射装置、高性能的计算机及通讯网络系统等硬件,行情与交易服务器分开,双机热备份,数据传输,卫星通讯与DDN网双通道,确保行情传输及交易委托畅通无阻、数据传输快捷准确,除向客户提供柜台委托、磁卡委托、热自助委托、电话委托、可视电话委托等交易手段外,还开通了网上交易业务。

交易安全:

实行各营业部资金统一清算制度,各营业部制定有完善的业务操作规程与内控管理制度,涵盖每个部门和岗位7,每项工作都有章可循,使客户委托得到忠实履行,交易安全得以切实保证。

公司现有营业部九个,均已开通电话委托、自助交易、银证联网、网上交易等业务,交易速度快捷,安全可靠,服务周到。

万联证券有限责任公司

万联证券有限责任公司是在中国证监会、广州市政府的领导和支持下,由实力雄厚的国有资产经营公司出资,经中国证监会证监机构字[2001]148号文件批准,于2001年8月23日设立(设立时公司名称为"万联证券经纪有限责任公司",属经纪类公司)。公司注册资本5亿元人民币,注册地为广州市。2002年11月29日,经中国证监会证监机构字[2002]353号文批复,同意公司业务范围比照综合类证券公司执行,公司名称变更为"万联证券有限责任公司"。

经营范围:证券的承销和上市推荐;证券自营;代理证券买卖业务;代理证券还本付息和红利的支付;证券投资咨询;资产管理;发起设立证券投资基金和基金管理公司及中国证监会批准的其他业务。

经中国证监会批准,公司目前已取得经营外资股业务资格、网上证券委托业务资格、开放式基金代销业务资格、股票主承销商资格,各项业务正在积极、稳步的开展。

公司总部设在广州市,公司在广州、北京、上海、湖南、湖北、四川、浙江等省市设立了21家证券营业部,下设证券服务部5家。成立后几年中,公司稳健经营,规范管理,各项业务取得稳步发展,资产质量良好,形成了一支高素质的员工队伍,建立了完善的内部控制和风险防范机制,公司竞争力不断提高。

在未来的发展中,万联将坚持"诚信、务实、创新、高效"的经营理念,在规范的轨道上,齐心协力、努力拼搏,为把万联建设成一个业务上有特色、行业中有影响、经营管理规范、对股东有较好回报、力争符合上市条件的中型券商而奋斗。

信泰证券有限责任公司

信泰证券有限责任公司(以下称"信泰证券"),成立于2002年8月,由江苏省国信资产管理集团有限公司、江苏省国际信托投资公司、江苏省国有资产经营(控股)有限公司等七家股东共同发起设立,是在原江苏省国投证券部和省市财政系统证券公司合并重组并收购一家信托证券营业部的基础上组建的综合类证券公司。公司注册资本92070万元,拥有营业部14家,证券从业人员400余人。

信泰证券奉行以客户利益最大化、股东利益最大化为经营宗旨,真诚对待客户,真诚对待员工,力求规范经营,守法经营。努力树立"以人为本、诚实守信、高效稳健、务实创新"的企业文化,建造"客户至上"的服务理念以及先进的信息技术系统,打造优良的企业形象,竭诚为广大投资者提供一流的服务。

经营范围:

证券(含境内上市外资股)的代理买卖;代理证券的还本付息、分红派息;证券代保管、鉴证;代理登记开户;证券的自营买卖;证券(含境内上市外资股)的承销;证券投资咨询(含财务顾问);资产管理;网上证券委托业务;中国证监会批准的其他业务。

信泰证券将立足江苏,逐步辐射长江三角洲,依托和发挥江苏省国信集团以及其它股东的品牌和综合功能优势,争取与国内外券商和基金公司合资合作,加快对外合作步伐,力争实现跨越式发展。在未来3—5年内,将信泰证券建设成为具有区域竞争优势、拥有良好品牌和经营特色、富有创造活力的综合类券商。

公司组织机构	联系电话	传真电话
办公室	025—84784765	025—84784830
财务管理部	025—84784767	025—84784607
稽核部	025—84784652	
经纪业务部	025—84784782	025—84784741
信息技术部	025—84784751	025—84784761
证券投资部	025—84784631	
投资银行部	025—84784703	025—84784691
研究发展部	025—84784681	025—84784704
公司证券营业部	联系电话	
南京中山东路证券营业部	025—84506924　84502707	
南京中华路证券营业部	025—52333729　52333363	
南京玄武门证券营业部	025—83221522　83111632	
南京丹凤街证券营业部	025—83609094	
南京瑞金路证券营业部	025—84586968	
无锡解放西路证券营业部	0510—2768155　2750999	
上海长宁路证券营业部	021—52550996　62111502	
常州东横街证券营业部	0519—6673798	
苏州新市路证券营业部	0512—65200881	
常熟枫林路证券营业部	0512—52895122	
徐州青年路证券营业部	0516—3718448　3718099	
徐州建国东路证券营业部	0516—3757726	
连云港通灌南路证券营业部	0518—5519069　5413061	

公司办公地址:江苏省南京市长江路88号国信大厦18、19楼

邮政编码:210005

电子邮箱：xtzqbgs@thope. com
电话：025—84784765
传　真：025—84784830

国联证券有限责任公司

国联证券有限责任公司前身是无锡证券有限责任公司，成立于1992年9月。2002年增资扩股完成后，注册资本10亿人民币，公司在管理体制、经营手段、业务拓展等领域进行了全方位的改革和创新。2003年度完成证券交易量441亿元，市场占有率达到1.17%，实现利润总额10546万元。根据上海证券交易所的行业统计信息显示，公司2003年营业利润率排名第一位、净利润排名第七位、净资产收益率排名第七位。

2004年上半年度国联证券有限责任公司各项工作继续稳步推进并取得良好业绩。公司充分发挥经纪业务区域性经营优势，在强化内部管理与丰富业务内涵上下功夫，牢牢锁定核心客户群体，上半年完成证券（含股票、基金）交易总额328亿元，同比大幅增长。投资银行业务捷报频传。通道业务方面，公司自2002年10月取得主承销业务资格后所担任的两家主承销项目全部完成上市，在同类型券商中处于领先地位，在业内树立了良好的形象。非通道业务方面，加强与业内券商的合作，做好分销、副主承销项目；深入参与国企改革，为企业转制提供重组、财务顾问、MBO收购方案等配套服务。此外，公司四位同事通过了国内首次保荐人代表胜任能力资格考试，取得了保荐人资格，考试通过率名列行业前列。公司同时不断完善内部制度建设，加强资源整合，扩大对外交流与合作。建立、健全证券投资决策体系，完善投资理念。成立投资决策小组，明确决策小组的工作职责，定期召开例会，发挥集体智慧，充分讨论可能存在的各种市场风险，尽最大可能的避免投资决策失误；规范投资业务操作流程，使投资决策指令能够不折不扣的得到落到；倡导树立正确的价值投资理念，杜绝投机思想的存在。探索建立科学严密的风险控制机制。公司成立风险控制小组，认真开展风险自查；发挥稽核审计的监督作用，对各项业务特别是创新业务进行事前、事中审计。扩大对外交流与合作。今年公司与上交所、证券时报联合开展"走进上证180"活动，通过与上市公司和同行间的互动，增进了市场的认识程度。同时公司还从抢占媒体宣传阵地的高度出发，加强与无锡地区媒体、证券专业媒体的合作，扩大公司的知名度，塑造公司良好形象。

国联证券自成立以来取得了出色的成绩，利润指标和获利能力名列全国券商前茅，为推动地方经济发展写下了浓重的一笔。公司将发挥自身优势，秉承"诚信、稳健、卓越、奉献"的企业宗旨，走"专业化、集团化、国际化"的发展之路。实施"立足无锡、辐射华东、走向全国"的大投行战略，在大力拓展投行业务的同时，促进资产管理、基金管理等业务长足发展，增强证券经纪、证券投资、投资资讯等业务的市场竞争力，把国联证券建设成一个国内一流的有影响力的综合性券商。

面对加入WTO的机遇和挑战，国联证券将积极参与全球化的进程，积极开展对外合资、合作，增强抵御风险能力，不断提升企业的核心竞争力，用国联人的智慧和努力，为国联证券续写辉煌！

国海证券有限责任公司

国海证券有限责任公司是在2001年经中国证监会批准，由原广西证券有限责任公司通过增资扩股脱胎而成，是广西区内成立的第一家可从事综合类业务的全国性证券公司。

公司的注册资本金8亿元人民币，业务范围涵盖经纪业务、证券承销发行，受托资产管理、证券投资、网上交易、投资咨询、财务顾问及国际业务，并获得了承销商、受托资产管理、证券网上交易、证券投资咨询等一系列业务资格。

公司现有证券营业部24家，证券服务部25家，分布在北京、上海、深圳和广西区内各大中城市。2002年12月份国海证券有限责任公司与美国富兰克林坦伯顿基金管理集团旗下的坦伯顿国际股份有限公司正式签署发起设立国海富兰克林基金管理有限公司的协议，并于2003年8月7日获中国证监会批准筹建。

增资扩股后的国海证券先后建立起了较为完善的法人治理结构。股东会董事会、监事会、公司的经营班子严格按照公司法和公司章程的要求，各司其责，规范运作。

目前，公司聘用独立董事1名，外部董事在董事会全体成员中的占比高达85%。董事会下设战略与投资、薪酬与考核、财务风险控制三个非常设委员会，为董事会的正确决策提供了强有力的支持。

2002年公司在人事制度、劳动分配制度等各方面都进行了大刀阔斧的改革，打破了原来的旧机制，建立起与市场经济相适应的经营机制。在用人制度上，从高级管理人员到普通员工一律面向社会公开招聘，打破地域限制，不论资排辈，并通过定期考评，实现优胜劣汰，做到"能者上、平者让、庸者下"；在分配制度上，采取职务薪酬制度、技能薪酬制度岗位薪酬制度相结合的方法，运用激励型管理模式实行职级工资+浮动工资制度，使个人收入与个人的绩效及公司的效益挂钩。

公司秉承"忠诚、勤俭、专业、创新"的企业精神，坚持"法制、监管、自律、规范"方针，为实现一流的国际化、集团化券商的长远目标而不懈努力。

国都证券有限责任公司

国都证券有限责任公司是一家专业化、全国性的综合类证券公司。公司注册地为广东省深圳市，注册资本金为人民币106965.9万元。

国都证券由资产质量优良、资金实力雄厚的股东出资而成。公司员工专业知识功底深厚、专业技能精湛、证券从业经验丰富；拥有广泛的客户资源和卓越的地域优势；经营管理方法先进、方式灵活。

国都证券力求使主营业务、人才与研发实力、业务创新成为公司的核心竞争力，努力打造行业优势品牌形象，实现持续、稳定、协调发展。并以丰富的从业经验、多元化的专业背景 + 以人为本的用人理念、精诚团结的企业氛围，构造出一支极具活力和竞争力的高素质团队。

国都证券的前身——中煤信托投资有限责任公司证券总部和北京国际信托投资有限公司证券总部，是国内最早从事证券业务的金融机构之一，业务开展已有十余年的历史……

1990年　北京国际信托投资公司开始从事证券业务

1992年　创立北京地区首家证券营业部——北国投工体证券营业部

1996年　中煤信托投资有限责任公司成立,同时设立证券总部

2001年　12月28日,在国家信托与证券实施分业经营的部署下,对中煤信托和北京国投原有证券资产和证券业务进行充分整合,正式成立了国都证券有限责任公司。

国盛证券有限责任公司

国盛证券有限责任公司是经中国证券监督管理委员会批准,于2002年12月26日设立的全国性综合类证券公司,系以江西省国际信托投资公司、江西省发展信托投资股份有限公司、赣州地区信托投资公司证券业务为基础,吸收其他单位现金出资,共同发起组建。公司注册地江西南昌市,注册资本金50,228万元人民币,法定代表人:管荣升。公司设有13个职能和业务部门,在北京、上海、深圳及江西省内各主要地市设有45家营业网点。

公司以客户需求为中心,为客户提供综合性证券业务服务,全方位满足客户的需求。公司经营范围包括:证券(含境内上市外资股)的代理买卖;代理证券的还本付息和分红派息;证券的代保管、鉴证;代理证券登记开户;证券的自营买卖;证券(含境内上市外资股)的承销(含主承销);证券投资咨询(含财务顾问);中国证监会批准的其他业务。

公司已经具备A股主承销商资格。公司的投资银行业务,坚持"热忱、精进、诚信、笃行"的精神,以具有高速成长潜力的机构客户为中心,通过以战略购并为核心的专业对口化服务,向客户提供全方位的投资银行服务。

证券经纪业务奉行"以客户为中心,以市场为导向"的现代经营法则,凸显国盛证券经纪业务服务的特色,全面深化服务内涵、提升服务层次和水平,向着更加富有专业化、个性化、人性化的服务境界迈进。

先进的交易手段:提供A股、B股、证券投资基金、国债、企债、可转债的代理买卖服务,形成多品种的交易平台,拥有刷卡交易、钱龙自助、电话委托、网上交易、银证通等多种交易委托方式,开展新股合作配售、自动配售、集合国债回购、短信服务、监管理财服务,实时代办深、沪交易所各类股东代码卡,为广大投资者提供了便捷的交易手段,交易系统安全、快捷、先进。

优秀的服务理念:营业部具备一支专业化、知识化、年轻化的员工队伍,竭诚为广大客户提供最优质的服务。通过各种业务创新手段,为客户提供各种优质服务和优惠价格,最大限度地满足客户不同的投资需求。

通畅的银证合作:各营业部均开通了包括工行、农行、建行、交行、招行的银证转帐业务;并与工行、农行、建行建立了银证通合作关系。

广布的营业网点:现场经纪业务与非现场经纪业务优势互补,在北京、上海、深圳以及江西省各主要城市设立了21家证券营业部、24家证券服务部,截止2003年底,拥有客户数逾25万户。全频道、多样化、个性化的优质服务使国盛证券营业网点不仅是交易通道提供者,更是服务全面的客户终端。

丰富的资讯内容:通过国盛证券网站及交易网络,每日发布券商适时信息,编制《国盛证券投资参考》和《晨会报告》,及时向客户提供各种资讯,把握投资机遇。

主要从事客户资产受托管理业务。以"规范运作、合理回报、优质服务、开拓创新"作为受托投资业务发展的基本准则。目前,公司的资产管理已逐步形成了鲜明的投资风格、科学的投资管理模式、完备的风险控制体系以及高效的客户服务方式,在业内取得了良好的声誉。

科学的投资方式:以公司基本面分析为依托,结合数量化分析以中、长期为投资取向团队式运作(从公司调研到投资决策的制订)以核心股票为基础,根据不同客户的不同投资偏好与风险承受能力搭配其他投资品种,在风险一定的情况下,以科学的投资组合方法,取得最佳收益。缜密的风险控制体系:建立了一套完备的风险管理体系,包括严格的风险测量体系,高效科学的危机处理机制,以风险值为基础的风险管理策略,全面的风险信息报告系统。高素质的员工队伍:吸纳了一批在国内、外资产管理方面丰富实践经验的高素质人才,员工队伍具有业内较高的道德水准。产品的创新:在确保投资人权益的前提下,随时提供多样化的投资产品,为投资人把握最佳获利契机。

河北财达证券经纪有限责任公司

河北财达证券经纪有限责任公司,是根据国务院、中国证监会、财政部关于财政国债中介机构转制的有关文件精神,经中国证监会审核批准(证监机构字[2002]81号),以原河北财达证券公司为主体、吸收保定和秦皇岛信托投资公司所属证券营业部于2002年4月重组设立的一家证券专营机构。

公司的前身——河北财达证券公司,创建于1995年,几年来恪守证券监管"八字方针",规范经营,稳健发展,从最初的艰苦创业发展到转制前的初具规模,累计实现利税3亿元,网上交易比例位居全国前列,综合竞争实力不断增强,以优质的客户服务和良好的经营业绩,创立了为广大投资者认可和信赖的"财达证券"品牌,为公司今后的飞跃发展奠定了坚实的基础。

公司按照中国证监会要求,以原财达证券公司的优良资产与其他股东共同组建了河北财达证券经纪有限责任公司,注册资本2.3亿元,下设总经理办公室、人力资源部、计划财务部、交易管理部、稽核监察部、电脑工程部、网络业务部、安全保卫部等职能部门,在石家庄、北京、保定、沧州、唐山、秦皇岛、涿州等地设有13个证券营业部,交易设施齐备、安全,交易系统通畅、迅捷,咨询服务完善,环境舒适,是广大投资者开启财富之门的首选之地。同时,公司设立了目前省内唯一一家专业证券咨询公司——河北源达证券投资咨询有限公司,拥有一批执业证券分析师。

面对二十一世纪中国证券市场的机遇与挑战,公司将秉承"开拓、求实、诚信、卓越"的企业精神,充分发挥多年积累的服务优势、人才优势、信息优势、品牌优势和管理经验优势,吸取业内先进的经营理念和管理模式,努力形成自身的竞争策略和个性化服务特色,为推动证券市场的繁荣和健康发展做出新的贡献。

恒泰证券有限责任公司

一、公司概况

恒泰证券有限责任公司前身是内蒙古证券有限责任公司。2002年经中国证监会批准,内蒙古证券有限责任公司增资扩股,注册资本由0.94亿元增至6.6亿元,注册地为呼和浩特市,并更名为恒泰证券有限责任公司,跨入全国综合类券商行列。截止2002年底公司资产总额达17.4亿元,净资产总额7.4亿元。公司在内蒙古及北京、上海、深圳、广州等大

中城市设有33家证券营业网点，现有员工400余人，98%以上获得证券从业资格。公司内设投资银行部、经纪业务管理部、证券投资部、资产管理部、研究发展中心、信息技术中心等13个部门，在北京设立业务管理总部并筹组基金管理公司和网上证券经纪公司。

二、经营业绩

公司成立以来，秉承"稳健、诚信、务实、创新"的经营理念和"全心全意为客户服务"的经营宗旨，以繁荣和服务证券市场、促进地方经济发展为己任，依法经营、规范运作、科学管理、锐意进取，各项事业都取得了长足发展，成为在内蒙古实力最强、影响力最大，在国内具有一定业务规模和竞争优势的专业证券公司。

多年来，公司代理证券交易量占内蒙古地区的市场份额始终保持在60%以上，并先后承担了内蒙华电、伊利股份等区内外40多家公司股票的发行、上市、配股的承销、上市推荐和财务顾问工作，还先后代理内蒙古电力总公司、包头钢铁集团等近20家大中型企业发行企业债券10.6亿元，为培育和发展内蒙古资本市场，拓宽企业融资渠道，壮大企业实力，促进地方经济发展做出了突出贡献。

面对快速发展、日益开放且充满机遇与挑战的中国证券市场，恒泰证券将满怀与时俱进、追求卓越、创造辉煌的信念和勇气，抓住机遇，迎接挑战，采取人才为本、研发立足、全面拓展、分步实施、重点突破、科学管理、创新创优的发展战略，形成经纪、自营、承销、资产管理、基金管理、研发与咨询等各项业务及其他创新业务全面、持续、健康发展的局面，在全国证券行业具有较强竞争优势和品牌优势，力争跨入中国一流的集团化、股份化、国际化综合类券商行列，实现与中国证券市场同发展、共繁荣的奋斗目标，以优良的业绩和丰厚的收益回报社会、回报股东。

公司依法可经营如下业务：证券的承销和上市推荐；证券的自营买卖；代理证券买卖（含外资股、大宗交易）；网上证券委托；代理证券还本付息和红利的支付；证券投资咨询和财务顾问；资产管理（相关资质证明）；发起设立证券投资基金和基金管理公司；代理登记开户；经中国证监会批准的其他业务。经中国人民银行批准的进入全国银行间同业拆借市场及全国银行间债券交易市场等业务。

和兴证券经纪有限责任公司

和兴证券经纪有限责任公司是经中国证监会批准，由四川省信托投资公司、四川省国际信托投资公司、四川省建设信托投资公司、阿坝州信托投资公司、凉山州信托投资公司、四川省南充市信托投资公司等六家公司所属22家证券营业部合并组建而成的专业证券公司。

公司注册资本为36,877.99万元人民币。

发起组建和兴证券的六家信托投资公司是中国证券市场最早的参与者。四川省国际信托投资公司是1984年开始从事证券业务的金融机构，为四川省第一家；四川省信托投资公司于1992年10月在成都开通上海证券交易所联网交易，为四川、西南乃至中国西部第一家，其1993、1994年的证券交易量在上交所名列前茅；位于成都红庙子街的四川省建设信托投资公司国债服务部，则与名声远播的红庙子股票自发交易市场有较深的渊源。辉煌的历史将激励和兴人再攀高峰。

和兴证券目前拥有22家证券营业部，分布在北京（1家）、上海（3家）和四川省内（18家），服务客户达20余万户。作为长期竭诚服务大众的证券商，和兴人深刻了解证券投资者的各种需求，积累了服务证券投资者的丰富经验。和兴证券将充分运用这些宝贵的资源，尽心尽力地为广大证券投资者提供规范化、智能化、个性化和人性化的优质服务。

山东省齐鲁证券经纪有限公司

山东省齐鲁证券经纪有限公司（简称齐鲁证券）是根据国务院关于信托、证券分业经营管理的要求，经山东省政府确定由山东省齐鲁信托投资有限公司、山东省国际信托投资公司等省内8家信托投资公司所属证券营业部联合组建并经中国证监会批准成立的专业经纪类证券公司。注册资本金5.12亿元。公司经营范围：证券的代理买卖；代理还本付息、分红派息；证券代保管、签证；代理登记开户；经中国证监会批准的其他业务。齐鲁证券于2001年5月18日正式挂牌营业。

齐鲁证券实行董事会领导下的总裁负责制，下设10个职能部门，分别在北京、上海、济南、淄博、威海、泰安、济宁、德州、烟台等大中城市设有30个证券营业部。齐鲁证券拥有一支高素质的员工队伍，其中大专以上学历占83%，具有中高级职称的占39%。

齐鲁证券公司自成立以来，认真贯彻国家的各种金融方针政策，本着"诚信、规范、敬业、实效"的企业精神和"以人为本、科学管理、稳健经营、开拓进取"的经营理念，立足山东，服务山东，发展山东，以支持和促进山东资本市场的健康发展为己任，按照稳中求进的原则，在激烈的证券市场竞争中抓住机遇，进一步拓宽业务领域，以优质的服务和良好的效益回报社会，争取优良的业绩，使公司早日迈进综合类券商行列。公司将积极加强与国内外证券业同仁和社会各界的合作，共谋发展，为我国证券市场的美好明天而努力奋斗。

中原证券股份有限公司

中原证券股份有限公司成立于2002年11月8日，注册资本10.33亿元人民币，属全国性综合类证券公司。公司总部位于河南省郑州市经三路15号广汇国际贸易大厦，业务总部位于上海市浦东新区世纪大道1600号浦项商务广场。公司业务范围包括：证券的代理买卖；代理证券的还本付息、分红派息；证券代保管、鉴证；代理登记开户；证券自营买卖；证券的承销；证券投资咨询（含财务顾问）；中国证监会批准的其他业务。2003年11月，中国证监会批准公司具有股票主承销商资格和受托投资管理业务资格。

公司内设投资银行、经纪业务、证券投资、资产管理、证券研究所、信息技术、计划财务、人力资源、稽核审计、资产保全和办公室等11个部门，其中投资银行总部、证券投资总部、资产管理总部和研究所设在上海市。公司拥有证券业务部27家、证券服务部12家，分布在河南省内和上海、北京、深圳、青岛等地，证券投资者开户数达50余万户。

公司成立以来，在经营理念方面，坚持规范发展、稳健经营的指导思想，严格执行国家有关法律法规和中国证监会的各项规定；在组织建设方面，全面搭建起了综合类券商的基本框架；在队伍建设方面，大规模引进了一批有真才实学的人才，较好地调整了人才结构；在制度建设方面，融合了国内一流券商先进的管理经验，出台实施了90多项规章制度，严格企业管理、严密控制风险；在业务发展方面，基本建立了以研究为支撑、各项主体业务全面协同发展的盈利模式。

中原证券是证券市场上的新生力量，我们将以市场化的体制优势和高素质的人才队伍优势，竭诚为广大客户提供优质服务，热诚期望与社会各界开展合作。

亚洲证券有限责任公司

亚洲证券有限责任公司是一家全国性的综合类证券经营机构，总部位于上海，目前在全国范围内拥有 48 家证券营业部、11 家证券服务部，营业网点数量在全国 100 多家专业券商中位居前 10 名。

公司注册资本金 10.329 亿元，资产规模近百亿元。公司现有股东为邯郸钢铁股份有限公司、中国银河证券有限责任公司、安徽丰原集团有限公司等国内知名大企业。

亚洲证券自诞生以来，以服务社会、建设中国资本市场为己任，在中国证监会和社会各界的支持下，各项业务蓬勃发展，业务品种也日益齐全成熟。公司不仅在证券承销、证券经纪、证券自营领域取得了卓越的成绩，而且在资产管理、资产重组、投资咨询、并购策划、财务顾问等领域也积累了丰富的实战经验，已参与承销股票逾百家，累计帮助 40 多家企业进行股份制改造并担任财务顾问。

在亚洲证券这支拥有 1200 多名员工的团队中，具有各类从业资格的人员比例接近 90%，为公司进一步发展提供了深厚的人力资源基础。面对新的形势和新的挑战，公司秉承"亚洲证券，诚信永远"的理念，根据所确立的市场定位和奋斗目标，着力形成自己的经营特色，塑造崭新的企业形象。

联系方式

地址：上海市九江路 399 号

邮编：200001

电话：021－63518989

传真：021－63525833

网址：www.asiastock.com.cn

武汉证券有限责任公司

武汉证券有限责任公司创立于 1988 年 3 月，是全国最早成立的股份制证券从业机构之一。2001 年 4 月，武汉证券在整合重组原武汉国际信托投资公司、武汉市信托投资公司、武汉科技信托投资公司、武汉国际租赁公司证券资产的基础上，增资扩股获得中国证监会批准。公司现注册资本为 10.15 亿元人民币，员工 905 人，公司实行董事会领导下的总裁负责制，业务范围包括：代理证券发行业务、自营、代理证券买卖业务、代理证券还本付息和红利的支付业务。在全国各地建有证券交易营业部 29 家，公司总部设在中国湖北武汉市。

武汉证券有限责任公司在成立之初就确立了"开拓进取，求实创新"的经营理念。十四年来，公司立足中国资本市场的前沿，坚持探索中国证券业发展的基本规律，致力于与中国产业界结成战略伙伴关系，积极促进中国经济的结构调整和产业界现代企业制度的建立，立足武汉，辐射全国，为中国证券市场的建立、规范和发展作出了不懈的努力。

武汉证券一贯注重人力资源，现代科技及科学管理这三大要素的结合。在公司现有的 905 名员工中，硕士以上学历 64 人，占员工总人数的 7%；本科学历 357 人，占员工总人数的 39.4%；且 24.5%的员工拥有中高级职称，人才的汇集使得公司"以人为本"企业文化的形成有了深厚的人才储备之基础。公司紧密追踪当今微电子技术，信息处理技术及网络通讯技术的潮流，在软、硬件设施上投入巨资，有计划有步骤地开展了营业网点的装修改造及设备的不断升级换代，并建立了具备点对点专业化服务功能的代表当今主流水平的"盈证网"电子商务平台，确保了证券交易的 "优质、高效、准确、安全"，从而赢得了广大投资者及合作伙伴的充分信任。面对市场，公司还建立了适应市场发展规律，科学的管理体系，以充分发挥公司在人才、资本、技术、信息等方面的整体优势，公司现设有经纪业务、投资银行、资产管理、财务管理、政务管理等五大中心及一个公司级研究所，以 29 家营业部网点为支撑点，为社会各阶层投资者及企业提供了专业化、个性化、特色化和系统化的服务，在争取市场份额不断扩大的同时，树立起了武汉证券良好的企业形象，并极大地提高了公司在业内的美誉度。

十四年的千锤百炼，铸就了武证人"敢为天下先"的精神图腾，在证券理论创新、制度创新和业务品种创新等方面，武证人创下了中国证券市场的多项第一：1988 年代理发行了全国第一家异地企业债券；1990 年在全国率先推出国库券寄存单业务，并发行累进利率债券；1991 年首家开办了共同投资基金；1992 年成功推荐"鄂武商"上市，使之成为深交所首家异地上市公司，并开创了全国大型商场上市的先河；1993 年在"长印股份"、"武凤凰"的公开发行中率先采用逐日公布申请表认购，并获成功；在全国券商中第一家开办金融资讯台，并首倡成立了武汉证券业协会。"十五"规划的确立，必将激活中国经济的新一轮飞跃，在此大背景之下，公司以整合重组、增资扩股为新武证新的起点，立足现实在对现有的营业网点进行了重大的结构调整的同时，将战略重心进一步向电子商务及投行业务转移，确立了发奋图强五年跻身于全国券商综合实力排名前二十名的工作思路，绘就了"新武证、新发展"的宏伟蓝图，公司的战略目标不仅仅再局限于"争做第一"，而是更多地转向于"争取更好"。

随着中国加入世贸组织脚步的加快，武汉证券有限责任公司由此迎来了新的发展机遇。为了在中西部开发的历史进程中争取大的作为，实现大的发展，公司制定了"超前思维，开拓进取，超常规发展"的战略思路，力争在新的知识经济的时代，创立更优异的业绩以回报社会，为中国资本市场的国际化作出更大的贡献。

广发北方证券经纪有限责任公司

广发北方证券经纪有限责任公司的前身为中国人民银行所属的锦州证券，2001 是中国第一家由券商控股的证券子公司，广发北方证券在全国有 14 个证券营业部和 4 家证券服务部，员工 250 名，管理客户资产近 50 亿元。

广发北方证券的大股东，广发证券股份有限公司连续 11 年名列全国 10 大证券商之列，有员工 2000 名，其中博士和硕士约 400 人，被誉为中国的"博士军团"。广发证券旗下拥有或控股着广发华福证券公司，广发期货公司，广发聚富基金公司和易方达基金公司。

爱建证券有限责任公司

爱建证券有限责任公司（简称"爱建证券"）是根据国务院有关规定，经中国证券监督管理委员会批准组建的准综合类证券公司。上海爱建信托投资有限责任公司、宁波市金港信托投资有限责任公司、上海爱建股份有限公司、上海方达投资发展有限公司、厦门联合信托投资有限责任公司、嘉兴市信托投资公司和中工信托投资公司共同参资入股。公司注册资本6.5亿元，现有证券营业机构16家，员工300余人。

经营范围：证券的承销和上市推荐；证券自营；代理证券买卖业务；代理证券还本付息和分红的支付；证券投资咨询；资产管理；发起设立证券投资基金和基金管理公司；中国证监会批准的其他业务。

新的世纪，爱建证券有限责任公司在我国证券市场不断走向规范化、市场化和国际化的过程中应运而生。中国加入WTO更是进一步加快了我国证券市场对外开放的步伐。置身于国际化竞争和发展的大环境中，我们深感机遇难得，任重道远。面对证券市场的风卷云舒，我们将秉承"爱国建设"的创业宗旨，按照"诚信、稳健、开拓"的运作原则，以市场为导向，整合公司资源，拓展业务领域，不断提升公司的市场竞争能力和持续发展能力，创造更好的经济效益和社会效益，回馈股东，造福社会。

北方证券有限责任公司

2002年春季，北方证券有限责任公司迁址上海浦东陆家嘴，从而植根于中国证券业阳光最充足的沃土。伴随着我国证券市场的蓬勃发展，成立于1987年的北方证券也在不断发展壮大。2002年，经中国证监会核准增资扩股至10亿元人民币，正式跻身于全国性综合类券商行列。今天的北方证券，锐意进取，开拓创新，正在努力成为拥有一流人才、一流管理、一流服务的一流券商，已经逐步形成"以上海为中心，北京、深圳为两翼，以区域中心城市为骨干，辐射全国"的经营战略布局。

公司的经营范围包括：证券的代理买卖；代理证券的还本付息和分红派息；证券的代保管、鉴证；代理证券登记开户；证券的自营买卖；证券的承销和上市推荐；证券投资咨询；资产委托管理；发起设立证券投资基金和基金管理公司；中国证监会批准的其他业务。

二十一世纪的北方证券，必将以全新的理念和执着的追求，在波澜壮阔的中国资本市场中抒写灿烂的华章。

北京证券有限责任公司

北京证券有限责任公司(以下简称北京证券)是经中国证监会批准成立的全国性综合类证券公司，于1997年底由北京证券有限公司和北京财政证券公司合并而成。北京证券有限公司的前身是1988年4月27日成立的北京市证券公司；北京财政证券公司是1993年由北京市财政局出资设立的国债中介机构。2000年，北京证券经过增资扩股，注册资本金增至15.15亿元，股东单位有北京市国有资产经营有限责任公司、首都钢铁工业集团总公司等21家。

公司自1997年重组以来，经主管部门批准先后取得股票主承销商资格、股票质押贷款融资资格、进入全国银行间同业拆借市场融资资格、网上证券委托业务资格、综合类证券公司资格、经营外汇业务资格、经营外资股业务资格、受托投资管理业务资格以及开放式证券投资基金代销业务资格，是全国少数几家同时具有以上几项业务资格的证券公司之一，并被推选为中国证券业协会副会长单位。

公司的主要业务有：证券的代理买卖；代理证券的还本付息和分红派息；证券的代保管、鉴证；代理证券登记开户；证券的自营买卖；证券的承销和上市推荐；证券投资咨询；资产管理；发起设立证券投资基金和基金管理公司；中国证监会批准的其他业务。

公司经营部门由总经理办公室、人力资源部、计划财务部、证券结算部、研究发展中心、信息技术部、综合行政部、企划部、资产保全部、投资银行总部(下设综合部、质量控制部、业务部)、证券投资部、资产委托管理部、经纪业务总部(下设综合部、电子商务部、客户服务部、运行保障部)组成，并在北京、天津、上海、深圳、武汉、成都、福州、南宁、桂林、柳州、玉林、杭州、苏州、西安、昆明等地设有27家证券营业部。

公司本着规范运作、稳健经营、优质高效、开拓创新的经营理念，形成了以投资银行、证券经纪、证券自营、基金业务、资产管理等协调发展的主营业务体系；以业务创新、客户服务和电子信息系统为主要内容的业务支持体系；以资金计划和清算相结合的资金运用体系；以稽核审计和财务监督为核心的风险监控体系；以行政、人事、业务管理分工协作的管理服务体系。

公司自1997年重组以来，经过近五年的基础建设和业务开发，已逐步进入快速发展时期。截止2002年12月31日，公司共主承销及参与承销股票80余只，并承担了大量的企业债券发行工作。公司经纪业务、证券投资、受托投资管理业务齐头并进，发展势头良好。同时，公司还参与设立了华夏、嘉实两家基金管理公司，并发起设立了基金兴华等四只证券投资基金。

北京证券将以"为客户创造价值，为股东增加财富，为人才提供空间"为永恒宗旨，始终秉承"诚信、高效、服务、进取"的企业精神，继续完善管理体制和运行机制，广泛吸收专业人才，不断提高管理水平，进一步提高公司投资银行业务和证券经纪业务的市场份额，提升证券投资业务和受托投资管理业务的经营效益；同时，加强与外资经营机构的合资、合作，力争在未来几年内改制发行股票上市，进一步做大、做强、做出特色，从而发展成为有实力、有特色、有品牌的全国一流大型综合类证券公司。

中信万通证券有限责任公司

中信万通证券有限责任公司的前身为成立于1988年6月的万通证券有限责任公司。2004年4月，经国家有关部门核准，公司注册资本由5.5198亿元增至8亿元人民币，其中中信证券公司持有67%的股份。公司同时更名为"中信万通证券有限责任公司"。

公司控股股东中信证券公司是国内第一家公募上市的综合类公司，素以稳健经营、效益显著响誉业内。近年屡次被国际权威媒体评为"全球最经常面世发行体之一"、"中国内地最佳券商"。注册资本24.81亿元。

中信万通公司在北京、上海、深圳、天津、济南、青岛、烟台、淄博、滨州、临沂等地拥有22家证券营业部及7家证券服务部，在山东及周边地区具有较集中的客户资源和营销网络。是该地区影响力较强、综合业务量较大的投资银行。

经中国证监会批准，公司的经营范围是：证券(含境内上市外资股)的代理买卖；代理证券的还本付息、分红派息；证券的代保管、鉴证；代理登记开户；证券的自营买卖；证券(含境内上市外资股)的承销(含主承销)；受托投资管理；证券投资咨询(含财务顾问)；中国证监会批准的其他业务。

增资重组后的新公司，将充分发挥中信证券的品牌优势和公司的地缘优势，遵循"融资业务多元发展，经纪业务稳健转型，产品销售形成网络，资金业务安全运筹，创新业务稳健开拓"的思路，全面推进业务空间的拓展和业务素质的提高。经过两到三年的扎实工作，营造经纪业务、企业融资业务和产品销售在山东及周边地区的强势地位，努力把公司建成在业内具有较强影响力的证券公司。

广东民安证券经纪有限责任公司

广东民安证券经纪有限责任公司（以下简称"公司"）成立于2000年12月28日，注册地为广东省广州市，注册资本金人民币3亿元。公司前身为广东粤财信托投资公司证券部，公司第一家证券营业部成立于1993年，是广东地区最早成立的证券营业部之一。2004年7月30日，中国证监会批准，公司将注册资本增扩至7.1亿元，并在增资扩股完成后更名为民安证券有限责任公司。

经营范围：A股、B股、国债等证券代理买卖；投资咨询；代理还本付息、分红派息；证券代保管、鉴证；代理登记开户；国家证券监督管理部门批准 的其他业务。增资扩股完成后，公司将在上级监管部门的指导下，比照综合类券商开展各项业务。

规范的管理：公司实行董事会领导下的总裁负责制，业务部门、后台部门互为支持、互为促进。公司现有证券营业部17家，营业网点覆盖北京、上海、深圳、武汉、广州、佛山等中心城市及主要经济发达地区。公司正致力于完善网点布局，为广大证券投资者提供高质量、多渠道的服务。

稳健的经营：公司开业以来，注重控制经营风险，以"维护客户利益"为宗旨，在规范经营、稳健发展的前提下，锐意改革和创新，资产规模稳中有增，主要经营指标位居经纪类券商前列。

发展的明天：公司将继续发挥灵活的经营体制，严格遵照"法制、监管、自律、规范" 的八字方针，弘扬"创新求变"的企业精神，坚持"至诚不渝、至善不止"的服务理念，着力提高核心竞争力和可持续 发展能力；在立足证券业务的同时，公司亦可不断开拓创新，加强与期货、担保、基金公司和大中型国有企业的合作，搭建相互支持、良性互动的金融系统平台，实现资源共享和规模效益，力争在五至十年内把公司建设成为市场竞争力 强、业务品种丰富、风险防范机制优越的国内知名中型精品券商。

公司地址：中国广州市天河区体育东路118号财富广场东塔17、18楼

网站地址：www.mazq.com.cn

联系电话：020－38866688

传 真：020－38812533

华林证券有限责任公司

华林证券系日前经中国证监会批准，由江门证券增资扩股并更名的综合类证券公司，注册资本为8.07亿元，经营范围为证券承销、证券经纪、证券自营、资产重组、专家理财、财务顾问等综合类证券业务。公司资产质量优良，2002年公司净资产收益率在全国百余券商中排名前10位。

华林证券着力打造"中国的美林"，秉承诚信、稳健、创新的经营理念，坚持"智为上、信为本、勤为力"的企业精神，实施专业化、特色化、国际化的发展战略，致力于以稳健创新的金融运作、战略性的资源整合与职业经理人的专业知识和智慧为客户开启财富之门，在证券市场上不断创造华林的特色品牌和核心竞争力。

华林证券海纳百川，吸引了一批证券业精英的加盟，拥有一支素质高、懂管理、从业经验丰富，对中国证券市场有深刻认识和前瞻视野的专业化管理团队。华林证券人才济济，管理层以各学科的博士为领头人。华林证券具有现代企业的经营机制，激励机制独具特色，为各界精英构筑实现自我价值、施展平生抱负的广阔舞台，为天下贤才创造提高自我素质、完成自我超越的良好环境，从而实现企业和个人的共同发展。

西安华弘证券经纪有限责任公司

西安华弘证券经纪有限责任公司是经中国证监会核准、西安市工商局注册设立的经纪类证券公司。

华弘证券的前身是久负盛名的西安财政证券，根据国务院办公厅、财政部及中国证监会有关文件精神，按照陕西省、西安市人民政府的部署，西安财政证券转制为经纪类证券公司。中国证监会已于2002年8月22日向公司颁发了《经营证券业务许可证》。公司的经营范围：代理证券发行，代理证券买卖，代理证券还本付息及支付红利，代理证券保管、鉴证、登记、开户。

华弘证券总部位于西安市太白北路3号，是西安市属唯一具有法人资格的证券专营机构，公司下设西安南大街、西安太白路、西安电子二路、阎良人民路等4个营业部，营业面积3800平方米，设有特、大户室，条件优越，有专门的交易席位，营业大厅内设大屏幕行情显示，卫星行情接收，即时成交回收和先进的计算机网络系统等传输通讯设备，公司拥有网上交易、远程委托、营业部间通买通卖、通存通兑、多家银证转帐等多种先进的交易委托方式和转帐系统，是实力雄厚的专业证券公司。

华弘证券按照《公司法》等有关法律、法规和现代企业制度规范运作，形成了比较规范的法人治理结构。公司将根据未来市场变化的要求，继续改进完善管理模式，构建科学、规范的组织结构，引进优秀的人才提供发挥聪明才智的平台，使华弘证券在中国资本市场超速发展的时期，快速成长，不断走向成熟。

公司按照精干高效的原则，设有总经理办公室、计划财务部、电脑中心、清算（稽核）部、技术信息部、人力资源部及集中交易部等7个管理部室。

公司现有员工93人，大学本科及其以上学历占63.5%；65%的员工具有证券从业资格。经过多年发展，公司已形成了一支专业化、年轻化、富有凝聚力、战斗力和发展潜力的员工队伍。

西安华弘证券经纪有限责任公司依照"服务、信誉、创新、效益"的宗旨，不断开拓创新，规范化、现代化、专业化、持续健康的经营和发展。与此同时，我们将一如既往，不断开发新的服务项目，尽善尽美地向投资者提供最优质的服务。

公司地址：西安市太白北路3号华弘大厦

董事长：耿乐民

电话：029－88497232

传真：029－88497466

邮政编码：710068

网 址：www.hhzq.com

电子信箱：hhzq@hhzq.com

天风证券有限责任公司

法定名称：四川省天风证券有限责任公司
地址：中国四川省成都市走马街55号友谊广场19楼
董事长：周汉生
总　裁：张　军
邮政编码：610021
联系电话：(028)86712451
传真：(028)86712441

经营范围：证券的代理买卖；代理还本付息和分红派息；证券代保管、鉴证；代理登记开户；证券的自营买卖；证券的承销和上市推荐；证券投资咨询和财务顾问业务；资产管理；发起设立证券投资基金和基金管理公司；中国证监会批准的其他业务。

公司发展沿革

四川省天风证券有限责任公司（以下简称天风证券）于2000年3月经中国证监会批准设立的证券公司，2003年6月经中国证券监督委员会批准增资扩股，注册资本为54876万元，比照综合类证券公司经营，是上海证券交易所、深圳证券交易所和中国证券业协会的会员单位。

天风证券的前身是以原成都联合期货交易所为基础改组而成的四川省天风证券经纪有限责任公司，原成都联合期货交易所是国务院正式批准设立的全国十五家试点期货交易所之一，其主要交易品种高粱的交易在全国产生了一定影响，较好的发挥了价格发现和套期保值功能，为我国期货事业的发展和促进地区经济建设做出了积极贡献，得到中国证监会和四川省委省人民政府的肯定。根据国务院关于合并缩减国内期货交易所的指示精神，经中国证监会批准，原成都联合期货交易所改组为四川省天风证券经纪有限责任公司。天风证券公司成立以来，在经营中严格遵守有关法律和法规的规定，规范经营，恪守信用，从未发生过挪用客户资金或资产的事例，没有因违规经营而产生的法律责任或者纠纷，在客户中享有良好的声誉。

2003年6月中国证监会批准了天风证券的增资扩股方案，公司现有股东15家，注册资本54876万元，更名为四川省天风证券有限责任公司，由经纪类证券公司向综合类证券公司过度，经营范围比照综合类证券公司进行。

天风证券的现状与特点

天风证券公司的现状是"小"和"新"，意味着对传统业务市场占有率低，体现为弱势；然而，也是一种优势，它意味着没有包袱，可以将精力更多地集中于新型业务和证券品种的创新及拓展上。

公司除了11家营业部和服务部以及支撑其运营的资产外，几乎所有资产都体现为最具流动性的现金，具有后发优势，能以最新的信息技术和经济技术构造适合未来发展要求的营销网络和业务流程，面对当前证券市场的整体性调整，能够从容应对，主动把握市场机会和开拓新业务新品种。

1、构筑集中式和综合化的交易平台

天风证券在建立公司级广域网系统的基础上，集中法人清算系统、交易系统和数据备份系统，建立能够运营多业务品种的综合业务平台，将面向营业部的分布式交易转化为面向客户的集中式交易，缩小管理半径，减少风险点，降低管理风险、技术风险和维护成本，既适应监管层从"风险防范型"逐步向"鼓励创新提高效率型"转变，又使营业部摆脱日常繁杂的事务，集中力量进行客户服务和业务开拓。

2、着力建设研究发展中心，搭建综合性服务的技术平台

天风证券的研发中心既是公司的智囊，又是产品研发中心，以创新精神和创新能力放为中心，既为公司业务部门提供强有力的后台支持，又是高端客户服务支持中心。

牢固树立创新意识和创新思维，积极适时推出新产品。天风证券的创新能力基于深入研究上市公司及其所在的行业，跟踪研究国家的产业政策，敏于经济、市场和政策以及国际政治经济形势的变化，把握产业政策变化的趋势及其行业经济的结构，准确分析上市公司所处的行业周期及其在行业中的竞争态势，深入了解和分析客户需求，运用金融工程原理和现代投资理论推出产品，并通过我们建立的快捷服务平台满足客户需求。

另一方面，中国证券市场作为一个新兴市场，制度创新与变迁是左右市场整体走势和券商经营环境的主要因素，因此，我们将宏观政策研究作为一个主要研究方向，强化对国内证券市场制度创新方面的研究，探询可以依据的制度变迁路径，把握政策走向，便于在未来变化过程中，为自身经营和客户投资时抢占"制高点"和谋求制度创新所带来的利益。

3、构筑人才高地 实施个性化的专业服务和特色服务

天风证券培养和锻炼了一批素质高、业务能力强、具有敬业精神和创新意识的专业人才队伍。在证券市场的战略调整和结构性变化过程中，天风证券进一步引进行业内一流专业人才，组建高水平的研究队伍和经营团队，开拓进取，力争创建国内经营模式领先、经营效率高的业务平台和营销体系。

天风证券目前不是最大的券商，却是最在意客户、最关心客户的券商，秉承客户第一的宗旨为客户提升资产价值。在经纪业务中，在提供代理交易的通道的基础上，为客户投供安全、快捷的专业服务以及相关服务；特别是公司已有客户或者潜在的高端客户，由骨干研发人员为其充当"高级秘书"和参谋，通过网络为投资者提供"个性"服务和"定向"服务，直接倾听投资者的心声、作好客户理财顾问，更好的服务于投资者。

我们除了提供公共性服务内容外，投资银行部门或资产管理部门还将开展征对一些机构投资者和中间机构的服务，对客户的个性化需求，提供个性化的产品或个性化的服务方式。比如，提供机构或个人的财务顾问业务、投资咨询服务、管理咨询服务，以及重组并购、集合投资业务等

深圳市金牛证券经纪有限责任公司

深圳市金牛证券经纪有限责任公司(以下简称金牛证券)是中国证监会批准成立的证券经纪公司。金牛证券是在原深圳有色金属期货联合交易所基础上改制而成，主要从事证券的代理买卖、代保管、鉴证和过户；代理还本付息和分红派息；代理登记开户和与证券交易相关的咨询及相关业务。

金牛证券拥有最先进的高科技设备和交易系统；为适应证券行业飞速发展的要求，保证客户资金及交易的安全可靠和高效，金牛证券采用了业界一流水平的具有容错性能的网络系统，而先进的千兆网的应用则为客户提供了更加高效的交易通道，从而构筑了国内领先的、最安全可靠的真三层结构的交易系统。此外，从宏汇、钱龙到电话委托等一系列的委托方式及多种行情分析咨询系统，将使客户可以更加方便、快捷地参与交易。

金牛证券拥有最丰富最全面的信息咨询：国内外证券市

场的动态速递；及时的香港恒生指数、美国道琼斯指数及那斯达克指数收盘情况；国内主要期货品种实时行情；国内外最新财经要闻。

金牛证券拥有宽敞舒适的交易环境：金牛证券华富路证券营业部面积近4000平方米，三层的营业区域共拥有25间大户室及机构室；一层散户厅及四层中户厅共拥有600多间电脑工作台，宽松的环境可满足任何一位股民的操作要求。

金牛证券拥有能为客户提供全防方位、系统的服务机制："全心全意为客户服务"是我们的经营理念，尽一切可能为客户提供准确的信息服务，为客户创造财富增值的合法环境和条件。

新的金牛证券将以新的交易手段、新的交易环境、新的服务理念、新的管理机制为客户创造优质的经营环境，以活力、朝气辉煌于深圳乃至中国的证券市场。

地址：深圳市华富路海外装饰大厦A座十一楼

邮编：518031

电话：(0755)3217439

传真：(0755)3217469

内蒙古日信证券经纪有限责任公司

内蒙古日信证券经纪有限责任公司(以下简称日信证券经纪公司)是经中国证监会(证监机构字[2002]100号)批准设立的经纪类证券公司，在深、沪两个证券交易所拥有独立的交易席位，是证券交易所的会员单位。日信证券经纪公司是《中华人民共和国证券法》颁布后内蒙古自治区成立的第一家证券公司，它的设立填补了内蒙古地区经纪类证券公司的空白，对内蒙古自治区资本市场的发展具有重大的意义。

日信证券经纪公司注册资本6000万元人民币，股东为内蒙古日信投资(集团)有限责任公司和兴安盟国有资产管理部门。公司经营业务包括：证券的代理买卖、代理还本付息、分红派息、证券代保管、鉴证、代理登记开户。

日信证券经纪有限责任公司秉承"服务地方资本市场"的优良传统，以"客户需求为导向"，为投资者提供安全先进的交易手段和满意周到的各项服务；公司本着"诚信、稳健、务实、创新"的经营理念，着力培育企业的核心竞争力，继续为地方经济乃至中国证券市场的繁荣与发展继续作出应有的贡献。

经营业绩：

日信证券经纪公司的前身一内蒙古财政证券公司，在过去的几年，立足于内蒙古地区，在股票交易代理、证券承销及企业上市推荐和改制重组等方面开展了大量工作。先后与具有承销资格的证券机构合作承销了"内蒙兴发"A股、"宁城老窖"A股以及"内蒙伊利"配股等；上市推荐了"稀土高科"等项目；为包头铝厂的可转换金融债券融资提供了总体方案设计；为内蒙古仕奇股份有限公司的改制和上市提供了辅导和策划；此外，还为自治区若干家上市公司和拟上市公司在企业改制、资产重组、收购兼并及转增配股等方面提供咨询、辅导及财务顾问，对自治区资本市场的发展和国企改革的深化起到了重要的推动作用，1997年被推选为内蒙古证券业协会副会长单位。

东海证券有限责任公司

东海证券有限责任公司是经中国证监会证监机构字[2003]65号文批准的比照综合类券商的全国性证券公司，注册资本为10.1亿元，注册地为江苏省常州市，业务总部办公地为上海市浦东新区东方路989号。

作为专业金融服务机构，公司秉承"用微笑传递智慧，让事实缔造杰出"的理念。致力于建立一套科学、规范、严密的经营管理体系和风险监控体系，形成稳健开拓的经营风格，创立独特的公司品牌，与社会各界谋求共同发展。

●与中国证券市场一起成长壮大

公司建于1993年元月，前身为常州市证券公司和常州证券有限责任公司，迄今已经走过了十年的发展之路。2003年，公司经历了历史性飞跃：增资与重组，遍布全国多个省市的16家企业集团以现金出资入股，公司以崭新的面貌扬帆前进。

●具有明显的后发优势

公司资本规模的扩大为公司的发展赢得了先机。凭借优良的资产、充裕的现金使公司资产管理、投资银行业务跃上新台阶。依靠高素质人才的汇聚、研究和创新的提升为公司资产管理、投资银行业务、经纪业务的开拓构建强有力的平台。实现"立足常州、服务全国、走向世界"的发展战略。

●展翅腾飞会有时

公司正实现从经纪类券商向综合类券商、从区域性券商向全国性券商、从国有企业到现代企业制度创新的转型。新公司、新机制、新形象，东海证券正以饱满的热情迎接证券市场美好的明天。数风流人物，还看今朝。

长财证券经纪有限责任公司

成立于2001年12月，在原长春市财政证券公司和长春信托投资公司证券部合并重组的基础上，经过增资扩股和更名而设立的。公司的前身长春市财政证券公司和长春信托投资公司证券部分别成立于1988年和1992年。

公司成立以来伴随着中国证券市场风云际会、跌宕起伏、迅速发展。在长春市政府、各级证券监管部门、业内同仁的大力支持下，公司秉承"诚信、稳健、求实、创新"的经营理念，在充满风险和激烈竞争的证券市场中，抓住机遇、稳健经营、积极开拓进取、不断发展壮大，逐步发展成为颇具实力的中型券商。

公司现为上海证券交易所、深圳证券交易所、中国证券业协会、吉林省证券业协会、中国国债协会会员，在沪、深证券交易所共拥有21个独立的交易席位。

公司内设8个职能部门，下辖12家证券营业部，营业总面积达37000平方米，开立交易帐户的客户数近12万户。

在二级市场上，公司采用最先进的交易方式，努力为客户提供完善的证券经纪及投资咨询服务，各项业务的迅猛发展，使公司取得了良好的经营业绩，为证券市场建设和地方经济发展做出了贡献。长财证券上海凉城路证券营业部凭借专家团的指导，在国债和国债回购交易业务上取得了显赫成绩。2002年交易额在全国2500家营业部中排名第12位，2003年1—10月份排名第15位，成为公司的品牌与特色。

公司成立十几年来，规范经营、稳步发展、资产状况良好。公司将凭借扎实的基础，不断发展壮大，逐步增强自身的竞争实力，发展成为全国性综合类券商。

长风破浪会有时，直挂云帆济沧海。回顾过去我们倍感自豪，展望未来我们深知责任重大，今后公司将不断超越自我，追求卓越，再创辉煌。

川财证券经纪有限公司

川财证券经纪有限公司是经中国证监会批准成立的、全国首家由财政国债中介机构整体转制而成的专业证券公司。公司前身四川省川财证券公司是1988年经四川省人民政府批准，由四川省财政出资兴办的全省最大的国债中介机构，主要从事国债代理发行、兑付及国债转让等业务。2001年，经中国证监会批准，以原四川省川财证券公司的国有资产代表单位四川省国有资产经营投资管理有限责任公司为主体，联合射洪县、乐山市五通桥区、南充市顺庆区、犍为县的国有资产授权管理单位共同发起设立了川财证券经纪有限公司。新公司是以原四川省川财证券公司为主，在整合省内多家财政国债中介机构的基础上设立而成，注册资本为人民币9291万元，拥有沪、深交易席位5个，是中国证券业协会和中国国债协会会员，在省内不同区域拥有6家证券营业部，分布在成都、射洪、南充、乐山和犍为五地，初步构建了辐射全川、面向全国的业务经营机构网络。

作为省内首家由原财政国债中介机构转制而成的证券经纪公司，川财证券经纪有限公司在证券经纪代理业务方面有得天独厚的优势：

1. 经营业绩卓著

公司自开展代理买卖业务以来，严格依法经营、规范运作，以服务于客户为本，不断提高服务质量。1998年被《四川日报》、《华西都市报》联合评选为四川地区"投资者最满意券商"。公司成立十多年来，年年赢利，创造了良好的经济效益和社会效益，为四川省国债、股票市场的繁荣与发展作出了应有的贡献。

2. 专业优势明显，经营证券业务经验丰富

公司由从业多年的财政证券中介机构重组整合而成，多年的发展积累了许多的经营证券业务的经验，公司研发部还配备有专业的国债天地咨询人员，能为客户提供良好的服务及投资建议。同时，多年的发展还使公司积累了大量的有形和无形资产，公司作为财政证券服务机构，方便群众做了大量的工作，在广大投资者心目中有良好的形象，各营业部经营各类证券业绩良好，在证券市场中有重要的影响。经过多年的发展，公司已拥有一批高素质的人才队伍。截止2002年2月，公司在册职工180人，绝大多数具有五年以上证券从业经历，其中博士、硕士研究生20余人，占员工总数的11%左右。所有业务人员均参加了各类培训和从业资格考试，拥有中高级职称的员工10人，占员工总数的5.6%，获得各类证券从业资格的人数已达135人，占总人数的75%。其余大多具有大学本科以上学历。全体员工敬业精神极强，具有较高的职业道德水准和较强的竞争意识、管理意识和服务意识。这样高素质的人才队伍为公司发展壮大和确立竞争优势提供了强有力的保证。

3. 布点合理，方便客户

公司现有六个营业部，都分布在四川省经济发达，机构投资者众多的地区，各营业部都在当地繁华闹市地段，交通方便，信息通畅。能保证客户方便、及时、快速的进行各种交易相关活动。今年内我公司还拟在重庆、宜宾等地新设数家证券服务部，以实现公司营业网点的科学合理布局，奠定"立足四川、面向全国"的业务发展模式。

4. 舒适的营业场所及先进的交易设施

公司六个营业部总营业面积有12400平方米，营业环境清洁舒适。

各营业部营业场所均有完善的防火、防盗系统和健全的安全保障制度。各营业部均有500平方米以上的散户交易大厅，并安装有大型显示屏、小键盘自助委托机。大中户室设施齐全，环境优雅，为投资者提供了安全、舒适的交易场所。电话委托数字中继线路和可视电话委托中继线路均完全能满足其业务发展需要，除犍为外，都拥有深、沪高速单向卫星接受系统；成都的两个营业部还拥有深、沪双向卫星系统。机房按有关部门的要求配备了先进的硬件设备和健全的安全保障系统。

5. 先进的计算机信息系统和业务资料报送系统

公司制定了完善的电脑管理制度；在个营业部建立了运行高效、控制严密的计算机信息系统与科学合理、切实有效的业务资料报送系统。系统软件和应用软件均达到C2级安全标准。各营业部根据中国证监会"三分离"的要求，采用金证科技公司金证柜台1.0系统，对前台行情数据与后台交易数据进行了分离，保证了交易数据的安全性。公司总部还与各营业部通过广域网联网，建立了基于Lotus Domino平台的办公自动化系统、金证中央监控系统2.0和法人清算系统，对营业部进行实时的电子化监控和清算，严格监控各营业部的营业状态。先进、高效的计算机信息系统和业务资料报送系统能充分保障公司及各营业部的正常运行。公司多年经营证券业务的经验和大量的专业人才，加之先进安全的计算机信息系统、舒适的营业场所，这些优势从各个方面保障了公司业务活动的开展，也保证了我们能为客户提供优质高效的国债代理及投资咨询服务。

第一创业证券有限责任公司

第一创业证券有限责任公司是经中国证监会批准，由国有大型企业北京首都创业集团等多家实力雄厚的股东投资设立的综合类证券公司。注册地为深圳市，注册资本金为人民币7.47亿元。业务范围涵盖证券承销和上市推荐、证券自营、代理证券买卖业务、代理证券还本付息和红利的支付、证券投资咨询、资产管理、发起设立证券投资基金和基金管理公司以及中国证监会批准的其他业务。

第一创业证券有限责任公司实行董事会领导下的总裁负责制，构造了扁平化的组织架构，建立了良好的经营机制。设有投资银行总部、收购兼并总部、经纪业务部、资产管理总部、证券投资部、固定收益部、研发中心等十五个职能部门以及北京办事处等分支机构，现有7家营业部。现有172名总部员工、111名证券营业部员工；总部本科以上学历占员工总数的78%。截止2003年12月31日，公司总资产达到21.49亿元，净资产为7.81亿元，净资本6.22亿元，资产质量优良。

第一创业证券有限责任公司在实践过程中探索出了独特的发展思路，确立了"以经纪业务为基础、以收购兼并和财务顾问为业务核心、致力于金融创新"的发展战略，全力以赴打造特色鲜明的专业品牌形象。

2004年是公司执行年。在公司发展战略的指导下，第一创业以投资银行业务特别是并购和财务顾问为重点，全面推进各项业务开拓，锐意创新，向成为独具经营特色、业绩优良、富有国际竞争力的一流投资银行的目标迈进！

闽发证券有限责任公司

1988 年 5 月，福建省闽发证券公司成立，注册资本 1000 万元。1991 年 5 月，公司改制为有限责任公司，注册资本增至 1530 万元。1996 年 1 月，公司正式定名为"闽发证券有限责任公司"，注册资本为 10919 万元。2000 年 11 月，公司增资扩股至 8 亿元，跻身综合券商行列。

业务范围

证券的代理买卖、自营买卖业务；代理证券的还本付息、分红派息；

证券的代保管、鉴证业务；代理证券的登记开户业务；

证券的承销和上市推荐业务；证券投资咨询、财务顾问业务；

基金和资产管理业务；企业重组、收购与兼并业务；发起设立证券投资基金和基金管理公司。

业务资格

经纪业务资格（A、B 股）、主承销商业务资格、受托投资管理业务资格、网上交易业务资格、代办转让业务资格、证券投资咨询业务资格、全国银行间债券交易业务资格、全国银行间同业拆借业务资格、开放式证券投资基金代销业务资格。

发展现状

十五年来，公司始终坚持"稳健经营、规范发展、开拓创新"的经营方针，笃守"顾客至尊，服务为本"的经营理念，经过不断开拓、创新，公司从地处福建东南一隅的省级证券公司发展成为业务品种齐全、市场范围遍及全国的大型综合类券商。目前公司已拥有北京、上海、福州、三明、泉州五个区域性管理总部和成都代表处，在福建省以及北京、上海、成都、武汉、天津、深圳、南昌、南宁、南京等大中城市已先后设立近 30 家证券营业部及 19 个证券服务部，并形成了以上海为中心覆盖全国的投资银行业务网络。公司业务品种从原来单一的经纪业务逐渐发展成为涉及投行、经纪、自营、投资咨询、债券基金、资产委托管理、代办转让等众多领域的多元化业务，成为国内为数不多的业务品种较为齐全的券商之一。

业务简介

证券经纪业务、投资银行业务、投资咨询业务、资产管理业务。

经纪业务是闽发证券最主要的业务之一。公司现有营业网点 29 个，市场占有率在福建省连续多年名列首位。2002 年，闽发证券完成证券交易额 2，285.13 亿元，列全国券商综合排名第 10 位，其中，沪市总交易量排名第 9 位。作为福建省第一家证券专营机构，闽发证券创下了福建省经纪业务的许多个第一。但是成绩只是历史，闽发人将以服务与创新塑造品牌，致力于为证券投资者提供亲情、高效、专业、安全和多元化的服务。

作为综合类券商，公司一直重视发展投资银行业务。继福建省内首家承销、推荐福耀、福联两家公司上市以来，迄今公司已先后主持或参与承销近 140 次，并与众多优秀企业建立战略伙伴关系。目前，公司的投行业务已形成了以上海为中心辐射全国的战略格局。

闽发证券是全国首批获得证券投资咨询业务资格的证券经营机构。适应公司以京、沪、闽为依托，面向全国发展的战略格局，我司分别在福州、上海、北京三地设有专职研究咨询机构，三地研发机构拥有一支近 40 人的实战经验丰富、学历层次较高的专业团队，他们与各业务部门和营业部配备的总数达近 200 人的专兼职研究咨询人员紧密配合，依托强大的研发平台和 CRM 网络系统，为广大客户尤其是核心客户提供及时、多样、个性化的优质咨询服务和咨询产品，在投资大众中享有很高的声誉。

受托投资管理业务是指证券公司作为受托投资管理人，依据有关法律、法规和投资委托人的投资意愿，与委托人签订受托投资管理合同，将委托人所委托的资产在证券市场上从事股票、债券等金融工具的组合投资，以实现委托资产收益最优化的行为。它是一项证券公司借助自身在人才、技术和信息等方面的专业优势，为客户理财的行为。

富成证券经纪有限公司

富成证券经纪有限公司是经中国证监会批准，在对华宝信托投资有限责任公司所属证券营业部、福建证券交易中心、汕头证券报价中心联合重组的基础上，按规范化要求组建成立的证券公司。

公司于 2002 年 3 月 8 日开业，注册地在上海，注册资本为人民币 1.6294 亿。

公司经营范围包括：证券的代理买卖，代理还本付息，分红派息，证券代保管，签证，代理登记开户以及经中国证监会批准的其他业务。

新世纪诞生的富成证券，面临着新世纪的新机遇和新挑战。公司成立以来，始终坚持"诚信、效率、规范、进取"的经营理念，倡导"富字当头、合在其中、向上有为、服务到家"的企业精神，以专业、优质的服务回报社会，以良好的经营业绩回报股东，公司将立足上海，服务全国，力争在三，五年发展成为一家综合类券商，为中国资本市场的繁荣稳定作出应有的贡献。

公司地址：上海市东方路 800 号宝安大厦 30 层

联系电话：021－58311199

传真号码：021－58315533

邮政编码：200122

公司网站：http：//www.fczq.com

恒信证券有限责任公司

恒信证券有限责任公司是在原长沙证券公司的基础上，经中国证券监督管理委员会批准，通过增资扩股并更名设立的一家专业证券经营机构。公司注册资本 58000 万元，法定代表人为董事长周兆达先生。

一、经营范围

证券经纪；证券自营；证券承销；证券投资咨询；资产管理；发起设立证券投资基金和基金管理公司；中国证监会批准的其他业务。

二、组织机构

本公司严格按照《公司法》运作，设股东大会、董事会和监事会。董事会下设风险控制委员会和投资决策委员会。总裁为公司日常经营管理负责人，公司下设总裁办公室、人力资源部、稽核法务部、资金财务部、经纪业务部、网上证券部、研究发展部、国际业务部、资产管理部、投资自营部、投资银行部和信息中心。

三、分支机构

目前，公司共有 10 家证券营业网点，即上海崂山东路证券营业部、常德武陵大道证券营业部、长沙五一西路证券营业部、长沙劳动西路证券营业部、长沙芙蓉中路证券营业部、长沙留山北路证券营业部、株洲证券服务部、益阳证券服务部、娄底证券服务部和衡阳证券服务部。公司拟在京津地区、长江三角洲和珠江三角洲新设数家证券营业部，以实现公司营业网点的科学性合理布局，奠定业务发展基础。

四、员工结构

公司现有员工 156 人，平均年龄 27 岁，其中硕士研究生以上学历占 25%，其余员工均具有大专以上学历。公司具有证券从业资格的员工占公司全部员工的 85%。公司还将招募一批高素质人才，建立一支精干、专业化的员工队伍。

五、企业理念

恒信证券郑重承诺"让股东放心、让客户放心、让管理部门放心"，以"三个放心"为公司经营理念，把"敬业"精神作为对公司全体员工核心的要求，突出"贵在诚信、利在恒远"的企业形象，不断拼搏，锐意进取，将恒信证券建设成为一家优质、专业的证券公司，为股东谋求最大的投资回报。

六、前景展望

在新世纪的晨曦中，中国成功取得了 2008 年奥运会的申办权，顺利加入了 WTO，中国的经济持续稳定增长，在这样有利的经济环境下，证券公司既面临着前所未有的发展机遇，也有不容忽视的挑战。恒信证券将在未来 3—4 年内，努力争取使公司成为一家上市证券公司，并积极借鉴国际经验，和境外证券机构合作组建投资银行公司。

广发华福证券有限责任公司

广发华福证券有限责任公司前身是福建省华福证券公司，成立于 1988 年 5 月，是我国首批成立的证券公司之一。2003 年 4 月，福建省华福证券公司经中国证监会批准，增资改制并更名为广发华福证券有限责任公司。公司注册资本 5.5 亿元人民币，员工 660 人，在福建省内及上海、深圳等地拥有 21 家证券营业部，14 家证券服务部，全面开展证券发行承销、经纪、自营、投资理财、基金管理、投资咨询等证券业务。

投资银行业务介绍：

投资银行业务是广发华福有限责任公司拓展的业务之一，公司将致力将此业务培育成未来利润增长的源泉。广发华福证券有限责任公司将坚持"以人为本"的方针大力开拓投资银行业务，用广阔的业务空间、科学合理的激励机制，吸引国内优秀的投资银行人才加盟公司；充分借助大股东的资源和技术优势，在短时间内缩短与国内大型投资银行在各方面的差距，加快公司核心竞争力的形成；充分发挥公司在地域上的优势，立足于福建，辐射华东，在近期内大力开展华东地区的投资银行业务，为在不远的将来成为国内知名投资银行奠定坚实的基础。公司目前开展及未来的投资银行业务主要包括：

一、股票承销业务

●业务范围：

1、企业改制与上市辅导

2、A 股承销与上市推荐

3、上市公司配股承销

4、上市公司增发新股承销与上市推荐

广发华福证券有限责任公司是在"信证分业"的背景下，重组省内信托公司的证券资产基础上经增资扩股设立的。原有的信托投资公司和证券公司在省内 IPO 业务上具有一定的竞争力，先后主承销 IPO 项目 4 家，副主承销项目 6 家。未来广发华福证券有限责任公司将在原有的基础上，通过引进与培育人力、发挥大股东资源优势等手段，以股票承销业务为投资银行业务的突破口，打破制约公司发展的瓶颈，为公司的可持继发展奠定基础。

二、债券承销业务

●业务范围：

1、企业债券融资信息咨询、策划

2、企业债券发行方案设计

3、企业债券承销和推荐上市

4、企业债券代保管

5、企业债券兑付

6、可转换债券、资产担保债券等债券新品种的设计和承销

企业债券市场一直是广发华福证券有限责任公司的前身福建省华福证券公司投资银行业务的优势业务，在福建省债券市场占据了主导地位。广发华福证券公司将在原有债券承销的基础上，充分利用已有的资源，通过大力开拓市场客户，进一步做大、做强此项业务，为公司投资银行业务创造长期、稳定的利润源泉。

三、并购重组业务

●业务范围：

1、出具独立财务顾问报告

2、寻找目标企业

3、制订并购重组方案

4、协助目标企业进行资产评估，帮助制订合理价格

5、帮助设计融资渠道和方式

6、充当遭到敌意收购时目标公司的财务顾问，帮助其拟定反收购计划和策略

《上市公司收购管理办法》的颁布为证券市场的并购行为订立了规范，投资银行可在此业务中发挥重要的财务顾问作用。广发华福证券公司将充分利用大股东的强大优势及与有关中介机构的长期合作关系，将并购重组业务作为公司未来业务创新的重点领域。

四、财务顾问业务

●业务范围：

1、协助协助客户进行股份制改造，债转股、资产证券化、资产重组等工作

2、担任客户战略咨询顾问，为客户设计战略目标、战略步骤和战略方针，拟定中、长期发展规划

3、为客户寻找战略性合作伙伴与投资渠道，向客户提供有价值的投资咨询建议

4、参与地方经济发展计划的实施，提供区域经济发展建议的相关资本市场服务

经纪业务介绍：

证券经纪业务作为公司的主要业务之一，多年来增长迅速，市场份额稳步提高，已成为公司高速发展壮大的强大助力。展望未来，在公司董事会和领导层高屋建瓴的战略决策下，经纪业务将进行全方位的转型，更加凸显服务特色，全面深化服务内涵，快速提升服务层次，向着更加富有专业化、个性化、人性化的服务境界迈进。

◆业务范围

●代理国内上市流通股票、基金、可转债、国债、企业债券等买卖业务；

●代理国债、企业债的还本付息业务；

●代理上市公司的分红派息业务；

●未上市证券的代保管、鉴证业务；

●代理上海、深圳证券登记公司办理登记开户业务。

◆营业网点

截止2003年5月，公司已在福州、上海、深圳等地拥有21个证券营业部及14家证券服务部，营业网点数量在福建省位列第一，并延伸到全国部分主要城市及经济发达地区。公司经纪业务的主要发展方向，就是把各营业网点建成集营销、服务于一体的精品店。

◆技术水平

●顺畅的交易通道：公司各营业部拥有先进的交易系统和技术分析系统，能保证客户即便在交易高峰时指令也能通畅、及时和准确。

●安全的数据传输：公司各营业部采用双向通讯系统，部分营业部还开通了双向卫星系统，保证数据传输安全、稳定、快捷。

●方便的资金划转：公司各营业部与多家商业银行实现电话自动银证转帐，大大方便了广大客户。

●多样的交易方式：公司为客户提供网上交易、电话委托、远程可视电话委托、热键自助委托、银证通等多样化的委托方式。

◆客户服务中心

公司是在国内最早推出callcentre服务证券商之一。这一创新服务通过电话、传真、电子邮件、WEB、多媒体等通信手段，采用交互式语音应答、人工座席等方式，向客户提供热线咨询、信息定制、声讯点播、电话委托、投诉受理、预约服务等体贴周到的特色服务，增加客户的信任和满意度。

此外，客户服务中心向客户提供优质的信息咨询服务，包括：广发华福每日投资快讯、广发华福每日内参、台港澳每日快递、广发速递、广发研究报告、安邦信息、博览财经信息、港澳资讯、红筹国企专递等信息研究和乾隆、大智慧、港澳灵通等行情分析服务。

◆网上交易业务

公司首批获得中国证监会网上交易业务资格，目前网上交易量占总交易量的比例位居福建省证券业前列，网上交易P业务已经成为领先于国内同业的优势业务。

●研究产品全面、及时、准确、实用：目前金鼎网(金鼎在线)开办有"实时股评"、"千股千评"、"经纪人在线"、"专家在线"、"在线股评"、"板块热股"、"股民学校"、"点金论坛"、"新股研究"、"名家评股"、"疑难帮助"等服务栏目，覆盖宏观分析、行业研究、公司研究、市场分析、投资策略与组合、国债研究、基金研究、专题研究等方面，使广大客户体验全新投资生活。

●功能强大、速度快捷：金鼎网把股市行情、委托下单等功能融于一体，并采用客户熟悉的软件操作界面，按键和鼠标均可完成操作，使用简便，功能齐全。

●安全性高：使用当今先进的信息安全技术，确保交易信息的安全性和保密性。公司金鼎网2001年2月首批获得中国证监会网上交易业务安全认证。

◆其它主要特色服务

●通买通卖业务：公司推出了在中国证券业领先的多功能"金鼎卡"，实现了证券交易在不同营业部的通买通卖、多家银证转帐。

●银证通业务：公司与建设银行、农业银行、中国银行、工商银行、兴业银行、招商银行等众多商业银行进行合作，利用银行广泛的营业网点，为广大银行储蓄客户提供使用银行帐户资金，通过证券商的交易席位，直接进行证券交易的一种新型业务。

●品种齐全的代理服务：除了代理客户证券买卖外，同时代理开办股东帐户卡、代理申购新股、代理配股缴款、代理国债回购等代理业务。

研发咨询介绍：

广发华福证券发展研究中心目前拥有一支由高层次、高素质研究人员组成的专业研究队伍。60%以上的研究人员具有博士、硕士以上学历，绝大多数研究员具有金融、统计、数学、管理学等学科背景，在各自的领域都有着独到而深入的研究，具有丰富的一、二级市场从业经验。研发中心在2000至2002年连续三年在深交所会员研究成果评选中获奖，并在众多国内专业刊物上发表了大量研究成果。研发部目前的研究重点集中在以下四个方面：

●行业和上市公司研究：以汽车和医药行业为重点，通过深入、细致的实地调研，为公司的机构和个人投资者提供上市公司及所处行业的专业分析报告，为提升公司投资银行业务、经纪业务、资产管理业务等业务品质提供研究支持。

●公司发展战略研究：密切关注与公司发展相关的国家经济政策与热点经济问题等，协助管理层制订公司发展战略规划。

●金融创新研究：紧跟国际国内金融创新趋势，研究内容覆盖了基金、股票、固定收益证券等金融品种，主要为公司机构投资者以及资产管理业务提供新兴金融产品设计和理财方案策划服务。

●数据分析和信息管理：收集、整理和分析数据信息资料，构建和维护研究数据库，对市场数据进行统计分析和数量研究。

证券自营介绍：

证券自营业务是广发华福证券的主营业务之一，主要从事股票、基金、国债的自营交易业务。公司坚持控制风险、谨慎投资的原则，以市场基本面研究为基础，以上市公司业绩和成长性为决策依据，建立了科学的分析、决策、操盘制度。自开展该项业务以来，取得了良好的业绩，资产质量一直保持在较高水平。

广发华福证券有限责任公司一贯坚持稳健经营、规范管理的经营理念，提倡以人为本、持续发展。公司立足福建，积极向长三角地区扩展；充分发挥地处东南沿海的区位优势，紧密加强海峡两岸证券业的交流与合作。在巩固和发展经纪业务的同时，积极开拓投资银行及其他业务。务实进取，不懈奋斗，使公司发展成为管理科学、运作规范、资产优质、抗风险能力强、独具经营特色的区域内优秀的证券公司，为中国证券市场的发展做出应有的贡献。

金谷证券有限责任公司

金谷证券隶属于中国金谷国际信托投资有限责任公司，其股东有中华全国妇女联合会、中国华融信托投资公司、中国信达信托投资公司、中国长城信托投资公司、中国东方信托投资公司、交通银行、中国人民保险(集团)公司、中国海外工程总公司等。目前，随着我国金融体制改革的逐步深入，我公司已被批准组建证券公司，转制工作已进入到实质阶段，并制定了长远的发展目标。在今后的的若干年内，公司将本着"诚信、开拓、效益、服务"的企业宗旨，逐步建立起一个实力雄厚、管理完善、经营稳健、业务全面的综合类证券经营机构。

我公司现有四个证券营业部，分布在北京、上海和深圳三地，并且都刚刚进行了大规模的改造，无论在规模和设备，还是在管理和服务上都达到了同业的一流水平。

一、金谷北京翠微路证券营业部

翠微路营业部位于繁华的翠微路商业区，毗邻长安街、阜石路两大交通要道，周边有多家金融机构，具有良好的投资环境，3200平米的营业厅装潢考究、舒适典雅，并设有充足的车位。

1200平米的散户厅宽敞明亮、舒适幽雅，超大显示屏提供及时行情，充裕的刷卡机免去客户堵单的烦恼，配有专门的咨询人员解答投资者有关问题。中户大厅采用专业化设计，布局合理、方便，配有全新的电脑终端以及现代化的办公平台，另有休息娱乐室，中午享受午餐。贵宾室装潢精致、豪华大气，集办公、炒股于一体，休闲区、娱乐区、商务区一应俱全，并配有VIP豪华贵宾间，为客户提供五星级服务。

新近改造过的营业部交易设备一流，采用最新型的服务器及网络设备，千兆位光纤主干网高速、稳定、可靠；交易方式齐备：自助委托、电话委托、远程可视委托、网上交易委托、手机炒股、便携式股灵通，其中电话委托中继线200条，并设有先进的声讯服务系统；资金划转非常方便，开通与建行、工行和招行的银证转帐业务。在本营业部可进行沪深A股、B股、基金、国债等交易，且免收客户的开户费、委托费、查询费、撤单费。最近营业部正在开展多种优惠活动，详情请拨打营业部电话。

营业部地址：北京海淀区翠微路甲10号（翠微大厦北、物美商场对面）

营业部电话：010－68252131

二、金谷北京古城路证券营业部

古城营业部位于北京石景山游乐场附近，是京城西部唯一的一家大型证券营业部，毗邻地铁及长安街延长线，周边有数家宾馆、饭店，交通便利、车位充足，是京西股民的首选投资场所。

营业部有三层营业大厅，一层是一千余平米的散户大厅，配有先进的行情揭示屏，大屏幕显示器和广告屏等，并有充足的刷卡机和动态行情分析终端，有专人负责现场回答股民一切有关证券的问题，大厅里人气旺盛，常年显现出一片热烈的交易气氛。二层、三层是大中户厅及贵宾室，共2000余平米，中户厅舒适方便并设有网吧，大户室和贵宾室宽敞明亮、设备齐全，有优越的交易和办公环境，为客户所配的电脑可一机多用，既可看行情下单，也可以上互联网浏览新闻或消遣，使股民的炒股生活更加丰富多彩。

营业部的计算机网络采用了最新的集成技术，主干采用千兆位交换设备，服务器采用双机热备份方式确保系统安全、高速稳定运行，并为股民提供多种交易方式：刷卡、远程交易、热资助委托、112条电话线委托、网上交易委托，钱龙、宏汇两种动态行情分析软件任意选择使用，开通与建行、工行、招行的银证转帐，方便、可靠，多种咨询服务，不定期举行股评及个股咨询专场，周五举办股民培训活动，为投资者提供学习交流场所。

营业部地址：北京石景山八角西街68号（太阳岛宾馆北侧）

营业部电话：010－68843741

三、金谷上海浦东南路证券营业部

上海营业部位于上海浦东金融区世纪大道旁的世界广场，毗邻上海证券交易所，地理位置十分优越。新近改造的近五千平米交易大厅宽阔明亮，大、中户厅，贵宾厅一应俱全，共有七百多个独立的热自助终端，为客户提供了非常舒适的投资场所。上海营业部的服务很有特色，针对不同的客户要求实行专门服务，服务质量上乘；交易手段多样，开通热自助、远程委托、电话委托、网上交易委托、预约委托、银证转帐等，使投资者在此充分感受到方便、快捷；实行现场的证券咨询服务，聘请专门的咨询公司的研究人员做实时解盘，并解答投资者的有关问题；资讯来源广泛，不定期举办股评和股民学校；为感谢广大投资者对上海营业部的厚爱，营业部经常推出各种优惠方案，真诚欢迎大家光顾上海营业部，共同为证券市场的繁荣而努力。

营业部地址：上海市浦东南路855号世界广场35楼

营业部电话：021－58369112

四、金谷深圳营业部

深圳营业部位于深圳市金融黄金地段，金丰城大厦A座5、6层，位临深圳市书城和帝王大厦，环境优雅、位置优越。

营业部具有优良的投资环境：1200平方米全新装修，配有中央空调的50间雅致大户室，资讯系统一流；150位带电话独立电脑交易的中户厅；宽敞舒适的散户厅，委托方便快捷；营业大厅有各种渠道剪辑组成的公告信息，让您一览眼底；工商银行、建设银行、招商银行等提供柜台服务。50门专业级自动电话委托系统，为无暇光顾营业部的人士特设"电话委托、咨询、提醒服务"。无形席位钱龙宏汇自助委托、人工委托、电话委托、网上交易等交易手段任意选择，而且提供多渠道信息服务，设有宏汇、钱龙、万国等全面的行情信息软件。

营业部服务方式多样化：

1. 服务到家：为您提供上门服务业务，办理帐户卡及开户，并及时根据您的要求邮寄交割单及对帐单，做到方便快捷。

2. 技术咨询：请分析师现场为您分析解盘，专业研究人员随时提供咨询服务。

3. 定期培训：定期举办培训班，帮助投资者学习掌握股市知识、技术分析。

4. 股市沙龙：不定期邀请专家举办大型股市沙龙，使您能得到精准的行情信息。

营业部地点：深圳深南东路5015号金丰城大厦A座5楼

营业部电话：0755－2072320

金谷证券具有良好的服务意识，诚心欢迎广大投资者参与证券投资，他们会为来营业部投资的股民提供最优的服务。

辽宁证券有限责任公司

辽宁证券有限责任公司（LIAONING SECUEITES CO.，LTD）（以下简称公司）前身为辽宁省证券公司，成立于1988年，是中国大陆最早设立的证券公司之一。1997年经中国人民银行总行批准，吸收合并本溪、丹东、营口、辽阳、阜新等九家市级证券公司，重组改制为有限责任公司。公司法定注册地址：辽宁省沈阳市沈河区市府大路262号甲。公司宗旨是遵照国家经济金融政策，运用现代化的服务手段，为投资者和筹资者提供优质、高效、准确的服务，立足辽宁，幅射全国，开拓证券市场，搞活证券流通，融通国内外资金，支持国家经济建设。

经过十多年的发展，公司目前基本形成了立足辽宁、覆盖东北、幅射全国的格局。公司拥有两家总部、三个分公司、二十一个营业网点、遍布辽宁各地及上海、天津、深圳、大连等大城市。

公司始终坚持"以人为本"的经营思想,注重人才储备、培养和使用,不断提高公司员工的综合素质。目前,拥有员工838人(平均年龄28岁),拥有博士、硕士、中国注册会计师和中国注册评估师60多人,80%以上的员工获得了大专以上学历。

公司股票承销业务始于1993年,先后共为22家上市公司承销了A、B股股票,为企业筹资10亿元人民币。1996年,公司成功地承销了辽宁成大公众股,成为东北各家证券公司中最早独立担任主承销商的券商,同时创下了截止当时所有上市公司中发行股票中签率最低的记录。到目前为至,公司已承销企业债券25亿元,国债15亿元,定向募集股票3.4亿元,为繁荣地方经济和地方证券市场做出了较大贡献。

公司很早就认识到,协助企业筹集资金只是投资银行的浅层业务,更深层的应是协助企业进行资本运营,实施低成本扩张。因此,自1994年以来,公司先后对辽宁地区60多家企业进行了调查和咨询,为其中40户企业提供了100万字的咨询材料,他们中已有15户企业成为上市公司。公司对辽宁产业结构、产品结构、行业状况和企业微观情况有详细的了解。公司1998年为锦州港发行B股担任了中国财务顾问,目前正在为7户国有大中型企业担任着财务顾问工作,帮助这些企业进行资本运营工作。

由公司出版的《资产重组与资本运作》一书是服务国有大中型企业的又一举动。该书探讨了企业和各级政府工作人员在资本运营工作中遇到的新情况、新问题、新办法,对辽宁开拓经营思想、加速资产重组步伐方面发挥了积极而有效的作用,刘克田副省长欣然为该书作序。

进入98年以来,公司投行业务向更深层次拓展。为更好地服务于地方经济建设,公司先后与锦州、锦西、阜新市政府签订了协议,担任市政府的财务顾问,公司选调业务骨干深入各市调研,为市政府提供产业结构调整、资本运营方面的对策和建议。

公司设有研究发展中心,拥有一批高素质的研究人员,具有较强的研究能力,主要负责新项目开发、公司战略规划、二级市场研究、行业板块分析、产业分析,信息搜集整理等工作。先后完成了化纤、钢铁、造纸、海港、高速公路等行业分析,并向省政府各部门提供高质量的研究成果,受到了政府的高度重视。公司与各类专业报刊和其它传播媒介有着良好的合作关系,是《证券市场研究》、《中国证券期货杂志》、《辽宁日报》、《中华第三产业报》、《辽宁经济日报》等二十余种刊物的固定作者,发表市场分析、行情研判方面的文章,对国内宏观背景、证券市场动态、新股上市发行、行业展望等多方面内容进行分析,为各级领导、各部门了解证券市场提供专业、全面、权威、高质量的信息参考。

几年来,公司下大力气,不断率先采用先进的技术和设备,改革交易手段,提高服务质量。居国内首批采用深圳双向通讯卫星,在全国第一家使用钱龙信息软件,省内首批采用上海无形席位。公司拥有先进的股票自动委托交易系统和硬件设备,在省内开办了电话委托和磁卡委托业务。尤其值得一提的是,公司重组后开始实施"证券信息化管理工程",正式推出了公司内部网络骞广域网,该网络利用计算机技术和网络通讯技术,完成了公司总部与下属各营业部的网络互联,不仅通过多媒体远程通讯、资讯信息共享、钱龙同步操作系统等功能,为投资者创造了更加方便、舒适的投资环境,而且实现了对下属营业部的统一管理、统一清算,强有力地维护了公司的单一法人制度,有效地防范了内部经营风险。公司还借助广域网于1998年在沈阳市内五家营业部推出了网上股票交易业务,实现了交易手段的创新。随着证券信息化管理工程功能的不断升级,公司于2000年5月网上交易业务推出两周年之际,隆重推出了"中国龙投资网(Lsss.cn.com)"网站,利用该网站,公司在省内15家营业部全面推出了网上交易业务。这一重要举措标志着公司网上交易的全新改版和电子商务的全面升级,公司的证券信息化水平在全国券商中处于领先地位。

辽宁证券已经确定了短期发展目标,那就是:抓住机遇,完成证券网络建设,全面提升企业素质和经营管理水平,加快与国际接轨,力争用三至五年的时间,将公司建设成为资本雄厚、管理规范、业务全面、智力资本充足、经济效益良好、业务网络遍及辽宁辐射全国重要城市的一流券商。

目前,辽证人正以饱满的热情,昂扬的斗志,向这一目标迈进。

华夏证券股份有限公司

华夏证券股份有限公司成立于1992年10月,是我国较早成立的全国性证券公司。公司业务主要包括:发行和代理发行各种有价证券;自营和代理买卖各种有价证券;有价证券的代保管、鉴证和过户;代理还本付息、分红、派息等权益分派;基金和资产管理;企业重组、收购与兼并;投资咨询、财务顾问;外币证券业务等。

南京证券有限责任公司

南京证券有限责任公司由南京市国有资产投资管理控股(集团)有限责任公司和部分国有大中型企业共同投资组建。1990年10月经中国人民银行银复(1990)356号批准设立,同年12月正式营业,是江苏省第一家专业证券公司。截止2003年底,资产规模为23.3亿元,净资产7.24亿元,注册资本6.58亿元,营业部17家,服务部4家,员工总数430人。2002年11月经中国证监会核准比照综合类证券公司开展业务。2003年相继获得了主承销商资格和一次可推荐2家企业上市的发行通道,获得了客户资产管理业务资格、上交所股票上市推荐人资格、深交所登记存管业务资格、银行间同业拆借市场成员资格等,构筑起比较完整的发展平台。

公司自成立以来,先后参与了南京新百、栖霞建设、高淳陶瓷等49只股票、基金、可转换债券的承销工作,其中担任副主承销商19次,合计承销金额21.3亿元;参与56家企业债券的发行,合计承销金额19.26亿元,并担当多家企业重组、改制、并购的财务顾问。截止2003年底,投资者开户总数达20多万户,实现利税5.67亿元。1998年以前,连续八年给股东单位的投资回报都在税后18—20%。1998年底用公积金转增30%股本后,1999年税后分红仍高达12%。2000年税后分红为16%。2001年在券商经营业绩普遍不佳的情况下,公司对股东单位的分红仍高达15%。据中国证券业协会对会员单位的排名统计,公司股票交易量和利润两项指标1999在全国券商中分别排名第50位和第25位。2000年分别排名第49位和第33位。2001年,公司净资产收益率在全国券商中排名第13位,营业利润排名第17位。2002年公司的利润总额在全国券商中排名第14位,人均利润排名第10位。2003年在全行业继续不景气的情况下，实现利润2010.6万元。

洛阳市证券公司

洛阳市证券公司是1987年2月由中国人民银行河南省分行和洛阳市人民政府批准设立的，1994年4月经中国证券监督管理委员会重新审核批准的从事证券业务的专营机构，是我国成立较早的证券公司之一。2002年12月经中国证监会批准，进行增资扩股重组(进行中)。现有总资产5.86亿元，截止2002年底，已累计实现各类证券交易总量1300多亿元。

公司经营范围有：自营及代理证券买卖业务；代理证券发行业务；代理证券还本付息和红利的支付业务；代理证券的登记开户业务；经中国证监会批准的其他业务。

洛阳市证券公司紧跟中国证券市场前进的步伐，不断发展壮大自身规模，在省内外共有7家证券营业部和4家证券服务部；公司拥有一大批金融、证券、财务、法律、管理以及相关专业的高素质员工队伍，现有从业人员200多人，其中90%以上员工的拥有大专以上学历，85%的员工持有一种或多种从业资格证书。

多年来，洛阳市证券公司始终秉承"诚信经营、稳健发展、以人为本、客户至上"原则，遵循专业化、规范化的经营方针，并严格按照《公司法》、《证券法》的要求，建立了一套适合证券业发展的管理制度和内部风险控制制度。增资扩股后，资本金的扩大将为企业快速发展注入新的活力，洛阳市证券公司将从"立足省内、面向全国"的战略目标出发，通过寻求机制创新和业务创新来不断提升公司的核心竞争力和持续发展能力，为洛阳市证券公司发展的二次腾飞续写辉煌。

总部地址：河南省洛阳市南昌路98号

邮编：471003

联系电话：0379－4326964

传真：0379－4321542

网址：http://www.lyzq.net

中关村证券股份有限公司

中关村证券股份有限公司(Centergate Securities Co., Ltd.)是经中国证监会批准(证监机构字【2001】281号)，通过对原汕头证券股份有限公司增资扩股、更名迁址而设立的一家全国性综合类证券公司。公司拥有经营股票承销及主承销业务资格、证交所市场国债承销团成员资格等综合类券商全部业务资格，注册资本15.4亿元，股东包括"中关村科技"、"清华紫光"等数十家国内知名企业。公司注册地址在北京市海淀区中关村科技发展大厦B座二层[企业法人营业执照注册号：1100001346845.(5－1)]。

中关村证券创立伊始，就把以科技和创新为显著特征的"中关村"概念作为基点，将自身定位于高科技产业的投资银行。公司以迅猛发展的高科技和成长型企业为主要服务对象，以证券业务为核心，为客户提供全程全方位的资本市场服务，努力构筑国内独有的科技型投资银行服务体系，积极探索专业化、国际化、多元化的金融创新发展模式。目前，公司的投资银行业务团队汇聚了来自国内外知名券商的资深投行专家，在证券承销、上市推荐、兼并收购、财务顾问等方面创造了众多的成功案例，并积累了广泛的客户资源，能够为客户提供高效的专业化中介服务；客户资产委托管理业务，以诚信的态度、专业的服务、创新的精神作为投资准则，坚持"安全性原则"、"收益最大化原则"及"个性化服务原则"，最大程度地实现客户资产的保值增值，新的集合资产管理业务正相继推出；证券自营业务以基础研究为导向，坚持价值投资理念，重视流动性管理和风险管理，形成了积极稳健的投资风格，业绩记录在业内居领先水平；证券经纪业务以诚信可靠的经营品质、专业创新的交易手段和专业化、人性化、个性化的服务模式，实现"以客户为中心"的宗旨，为客户提供沪深两市全部交易委托代理服务；固定收益业务涵盖了国债、企业债券和市政债券、可转换债券等其他债券的广泛业务范围，已形成了一个遍布全国和各行各业的客户群体，一些在国民经济中举足轻重的大企业、大集团与公司已结成了紧密牢固的客户合作关系。截至2003年12月31日，公司总资产36.6亿元，总负债20.8亿元，股东权益15.8亿元。全年营业收入达到2.02亿元，实现税前利润2218万元。

中关村证券未来发展的目标定位是以证券业务为核心，以银行、信托、保险等业务为依托，以部分业务单元与资产实现上市或合资为辅助的分阶段实现的金融控股公司。面对着日益激烈的行业竞争，中关村证券锐意进取，大胆创新，充分发挥企业的品牌、人才和资源的综合优势，积极与国外知名的投资银行进行战略合作与业务渗透，引入国际标准作为各项业务流程和管理手段的指南，拓宽视野，整合资源，稳健经营，全面提高综合竞争力，力争成为中国科技投资银行的典范。公司将不断实践 "中关村证券与您一同成长"的品牌承诺，最终实现企业的价值观，即股东、员工及社会价值的最大化。

中山证券公司

一、公司概况：

中山证券公司是经中国证券监总行批准设立，面向全国经营的股份制专业性证券经营机构。注册地在广东省中山市。公司经营范围为证券业务及相关的投资业务，主要包括：代理证券买卖，开展投资基金业务，代理有价证券还本付息、分红和保管业务，接受委托办理证券的登记和过户，提供有价证券的金融咨询服务。

公司奉行"天下为公"的企业精神，以"求实、创新、稳健、卓越"为经营理念，以争创国内一流证券商为奋斗目标，积极贯彻国家经济、金融方针及政策，运用市场机制，导入现代管理理念，力争做到规范经营和争创效益的有机结合，从而为广大的资本市场参与者提供完善优质的服务。

经过多年的辛苦努力，公司已经形成了立足广东、辐射全国、网点布局合理、经营规模适度的战略格局，建立完善了内部经营管理体制，并锻炼塑造了一支高素质的专业人才队伍。公司现有从业人员200余人，其中博士、硕士15人、本科78人。高、中级以上职称的35人，平均年龄29岁，大都来自国内知名高等学府或实际工作部门，是一支有潜力、充满活力的队伍。

二、经营状况：

中山证券公司自成立以来，运用灵活的经营机制和有效的管理模式，积极拓展业务，勇于探索，努力创新。在极短的时间里得到了迅速的发展。目前已将业务拓展到全国各地，并取得了一定的业绩。公司依托良好的服务、先进的设备和优质的服务手段，经纪业务方面的成交量已达到相当的规模。

三、发展前景：

公司现拟增资扩股，在资本扩大后，公司将进一步拓展业务，努力扩大代理成交量，积极拓展国内外市场，大力拓展新的业务领域，力争以优异的成绩跻身全国优秀证券商的行列。

三、公司的总体战略目标：

以科技为依托，合理配置资源，突出比较竞争优势，不断推出特色服务，将公司建成规模适中、效益显著的综合类证券公司。

新时代证券有限责任公司

新时代证券有限责任公司是一家全国性综合类证券公司，是在新时代信托投资股份有限公司、中原信托投资有限公司所属证券营业部重组的基础上，由国内有影响力和极具规模的投资机构出资成立的。公司注册资本5.22亿元人民币，总部设在北京。

公司经营范围包括：代理、自营证券买卖；证券的承销和上市保荐人；发行和代理发行债券；证券的代保管、过户、鉴证；证券的代销、抵押，证券投资咨询；财务顾问；与证券业务有关的投资；企业重组、收购与兼并及融资安排；代理还本付息和分红派息；资金管理；拓展基金业务；境外证券业务；担任证券投资基金的发起人和基金管理公司的发起人；中国证监会批准的其他业务。

作为一家新型的金融服务机构，新时代证券将秉承"融合创新、个性理财"的核心理念，致力于成为"提供个性化理财解决方案的营销专家"。公司将充分利用包袱小、资产优良、净资本充足、营运机制灵活和股东金融业务体系完善的优势，实施"数据大集中、大研发、大财务、大营销、大品牌"的发展战略，建设以"个性·互动·亲和"为核心价值体系的企业文化，打造为客户提供全能化服务、个性化服务的"金融超市"。

"财富中国 才富时代"。新时代，是一种代表向上的新锐力量。

上海久联证券经纪有限责任公司

久联证券公司是由上海久联集团有限公司、申能集团等控股的全国性专业证券经纪公司组成，公司成立于2000年9月27日，注册资本2亿元。久联集团在久联证券的持股比例为60%。久联集团是由原上海商品交易所、上海金属交易所、上海粮油交易所等三家期货交易所整合中组建的以网络交易服务为主的大型国有集团公司。

久联证券拥有具备多年国家级期货交易所现代电子交易运作、管理经验的优秀人才队伍，借助期货、证券同属资本市场的相通性，开业伊始即立足高起点、规范化。

久联证券首批推向市场运营的营业部有曹杨路营业部、商城路营业部和两个办事处，以后还将陆续在全国开设数十家营业部。

久联证券的目标是经过数年的稳健经营，开拓进取，成为中国第一流的综合类证券公司。

久联证券下属的每个营业部具备如下特点：

1. 交易环境舒适：散户大厅、中户室、大户室设施完备，环境一流。

2. 交易方式齐全：柜台委托、刷卡自助委托、钱龙键盘热自助委托、电话委托、远程可视终端委托，并将开通网上交易委托。

3. 系统配置先进：千兆以太网，CISICO智能交换机，卫星系统、身份证认证系统，金仕达柜面交易系统。

4. 通讯手段可靠：卫星，DDN，ISDN互为备份。

5. 委托通道快捷：自助委托机70台左右，委托电话200门。

6. 银证转帐方便：上海银行、工商银行、浦发银行、招商银行、建设银行、农业银行并将开通其他银行。

7. 行情系统完备：钱龙、邦民，并将开通其他系统。

8. 交易系统安全：具有容错备份功能。

营业范围

1. 证券的代理买卖；

2. 代理还本付息、分红派息；

3. 证券代保管、鉴证；

4. 代理登记开户。

委托方式

1. 柜台当面委托；

2. 自助刷卡委托；

3. 键盘钱龙热自助委托；

4. 远程可视终端委托；

5. 电话委托。

银证转帐

"银证转帐服务"是指客户通过指定的商业银行的电话银行方式，完成其在证券公司保证金与该商业银行活期储蓄存款之间的互相划转。

银证合作对象：上海银行、招商银行、工商银行、浦发银行、建设银行、农业银行

报盘通讯方式：双向卫星

客户委托方式：柜台委托、电话委托、自助终端

数据备份方式：硬盘备份、光盘异地备份

全国证券公司名单一览

（截至 2004 年 3 月 31 日）

序号	公司名称	注册资本（亿元）	注册地点
1	中国银河证券有限责任公司	45	北京
2	北京证券有限责任公司	15.1	北京
3	中关村证券股份有限公司	15.4	北京
4	中国民族证券有限责任公司	10.48	北京
5	中国科技证券有限责任公司	10.56	北京
6	民生证券有限责任公司	12.82	北京
7	新时代证券有限责任公司	5.22	北京
8	航空证券有限责任公司	5.2	北京
9	中国国际金融有限公司	US$100m	北京
10	华夏证券股份有限公司	27	北京
11	首创证券经纪有限责任公司	2.3	北京
12	海通证券股份有限公司	87.34	上海
13	申银万国证券股份有限公司	42	上海
14	光大证券有限责任公司	26	上海
15	东方证券股份有限公司	21.3979	上海
16	国泰君安证券股份有限公司	37.27	上海
17	上海证券有限责任公司	15	上海
18	中银国际证券有限责任公司	15	上海
19	亚洲证券有限责任公司	10.329	上海
20	爱建证券有限责任公司	6.5	上海
21	北方证券有限责任公司	10	上海
22	中富证券有限责任公司	5.1	上海
23	上海远东证券有限公司	6.0359	上海
24	上海久联证券经纪有限责任公司	2	上海
25	富成证券经纪有限公司	1.63	上海
26	华欧国际证券有限责任公司	5	上海
27	长江巴黎百富勤证券有限责任公司	6	上海
28	大鹏证券有限责任公司	15	深圳
29	国信证券有限责任公司	20	深圳
30	中信证券股份有限公司	24.815	深圳
31	招商证券股份有限公司	24	深圳
32	长城证券有限责任公司	8	深圳
33	第一创业证券有限责任公司	7.5	深圳
34	平安证券有限责任公司	10	深圳
35	南方证券股份有限公司	34.5	深圳
36	国都证券有限责任公司	10.6	深圳
37	华鑫证券有限责任公司	10	深圳
38	汉唐证券有限责任公司	9.01	深圳
39	世纪证券有限责任公司	10.05	深圳
40	深圳金牛证券经纪有限责任公司	0.6	深圳
41	众成证券经纪有限公司	0.575	深圳
42	蔚深证券有限责任公司	1	深圳
43	联合证券有限责任公司	10	深圳
44	巨田证券有限责任公司	6	深圳
45	中山证券有限责任公司	5.1	深圳
46	广发证券有限责任公司	20	广州
47	广东证券股份有限公司	8	广州
48	广州证券有限责任公司	8.17	广州
49	万联证券有限责任公司	5	广州
50	广东民安证券经纪有限责任公司	3	广州
51	成都证券经纪有限公司	1.73	成都
52	四川省天风证券有限责任公司	5.49	成都
53	和兴证券经纪有限责任公司	3.69	成都
54	川财证券经纪有限责任公司	0.92	成都
55	华西证券有限责任公司	10.13	成都
56	金通证券股份有限公司	8.85	杭州
57	金信证券有限责任公司	5.2	杭州
58	方正证券有限责任公司	5.13	杭州
59	天和证券经纪有限公司	2.1	杭州
60	财通证券经纪有限责任公司	5.008	杭州
61	泰阳证券有限责任公司	12.04	长沙
62	恒信证券有限责任公司	5.8	长沙
63	财富证券有限责任公司	5.36	长沙
64	湘财证券有限责任公司	25.15	长沙
65	金元证券有限责任公司	5	海口
66	万和证券经纪有限责任公司	1.25	海口
67	华泰证券有限责任公司	22	南京
68	信泰证券有限责任公司	9.21	南京
69	南京证券有限责任公司	6.5859	南京
70	西部证券有限责任公司	10	西安
71	健桥证券股份有限公司	10.5	西安
72	陕西开源证券经纪有限责任公司	0.5	西安
73	西安华弘证券经纪有限责任公司	0.53	西安
74	兴安证券有限责任公司	7.15	哈尔滨
75	天元证券经纪有限责任公司	1.3	哈尔滨
76	江海证券经纪有限责任公司	1.09	哈尔滨
77	闽发证券有限责任公司	8	福州
78	兴业证券股份有限公司	9.08	福州
79	广发华福证券有限责任公司	5.5	福州
80	天同证券有限责任公司	20.36	济南
81	山东齐鲁证券经纪有限公司	5.12	济南
82	沈阳诚浩证券经纪有限责任公司	0.87	沈阳
83	辽宁证券有限责任公司	2.54	沈阳
84	德邦证券有限责任公司	10.08	沈阳
85	国元证券有限责任公司	20.3	合肥
86	华安证券有限责任公司	17.05	合肥
87	长江证券有限责任公司	20	武汉
88	武汉证券有限责任公司	10.14	武汉
89	江南证券有限责任公司	5.4	南昌
90	国盛证券有限责任公司	5.02	南昌
91	西南证券有限责任公司	16.3	重庆
92	德恒证券有限责任公司	7.6	重庆
93	宏源证券股份有限公司	6.08	乌鲁木齐
94	新疆证券有限责任公司	5.7	乌鲁木齐
95	河北证券有限责任公司	5.3	石家庄
96	河北财达证券经纪有限责任公司	2.3	石家庄
97	恒泰证券有限责任公司	6.5	呼和浩特
98	内蒙古日信证券经纪有限责任公司	0.6	呼和浩特
99	渤海证券有限责任公司	23.17	天津
100	天津一德证券经纪有限责任公司	0.8	天津
101	东吴证券有限责任公司	10	苏州
102	恒远证券经纪有限责任公司	1	苏州
103	华龙证券有限责任公司	5.06	兰州
104	甘肃证券有限责任公司	1	兰州
105	昆仑证券有限责任公司	5.2	西宁
106	三江源证券经纪有限公司	1.8392	西宁
107	红塔证券股份有限公司	13.87	昆明
108	东北证券有限责任公司	10.1	长春
109	长财证券经纪有限责任公司	0.56	长春
110	山西证券有限责任公司	10	太原
111	第一证券有限公司	6	珠海
12	太平洋证券有限责任公司	6.65	云南
113	大通证券股份有限公司	11.19	大连
114	万通证券有限责任公司	5.5	青岛
115	国联证券有限责任公司	10	无锡
116	天一证券有限责任公司	10	宁波
117	东莞证券有限责任公司	5.5	东莞
118	国海证券有限责任公司	8	南宁
119	西北证券有限责任公司	7.26	银川
120	中原证券股份有限公司	10.34	郑州
121	华林证券有限责任公司	8.07	江门
122	东海证券有限责任公司	10.1	常州
123	大同证券经纪有限责任公司	1	大同
124	广发北方证券经纪有限责任公司	1	锦州
125	华创证券经纪有限责任公司	2	贵阳
126	西藏证券经纪有限责任公司	0.6	拉萨
127	联讯证券经纪有限责任公司	1.158	惠州
128	厦门证券有限责任公司	0.5	厦门
129	洛阳证券公司	0.1	洛阳

注：富友证券经纪有限责任公司已暂停证券业务，海南省证券有限责任公司所属证券营业部已由金元证券有限责任公司托管，云南证券有限责任公司所属证券营业部已由太平洋证券有限责任公司托管。以上三家证券公司未列入名单中。

第二目　投资银行重点推介

广发证券投资银行

广发证券股份有限公司是国内首批综合类券商之一，是一家与中国资本市场一同成长起来的新型投资银行，致力于为客户提供创造性增值服务。公司现有注册资本20亿元人民币，员工1690人，在全国各地拥有78家证券营业部、21家证券服务部。此外，公司还控股广发北方证券经纪有限公司，广发华福证券有限责任公司及广发基金管理公司，初步形成了集证券承销、经纪服务、投资管理等多种产品的金融集团架构。

广发证券旗下投资银行业务包括股票、债券、并购三大业务品种。

股票承销：主要包括企业改制辅导、股票、转债发行承销及上市推荐，以及股票衍生品种的研究开发及销售等一级市场业务。自1991年以来，先后为白云山、星湖股份(现更名为星湖科技)、广钢股份、宝丽华、盐湖钾肥、粤高速、云大科技、西山煤电、酒钢宏兴、烟台万华、深天马、五粮液、申能股份、中信证券、中创信测等公司提供服务，累计主承销102家次，主承销金额达354.19亿元。2004年5月，广发投行以33名保荐代表人之数位居全国首批注册保荐机构之首。

债券承销：主要从事国债、企业债等固定收益证券的融资策划、承销、代理兑付、上市推荐及投资研究，以及固定收益证券衍生品种的设计开发与发行承销等。自1991年以来，先后为广东蓝带集团、广东发展银行、广州发电厂、广东省高速公路集团、中国电力投资集团等大中型企业提供服务，累计承销企业债券近20亿元。2003年，在交易所债券市场和银行间债券市场上共承销国债18.6亿元，企业债4.93亿元。

并购顾问：涵盖上市公司控制权收购、资产置换、行业整合、战略投资引进、跨国并购、管理层收购及员工持股计划、资产证券化、政府财务顾问等一系列业务，根据客户的需要提供全面的顾问、策划及实施服务。先后协助宜春工程(现名三九生化)、佛山兴华(现名公用科技)等多家上市公司实施了资产重组及控股权转让；担任广东省电力集团公司电力资产重组财务顾问，首开我国电力体制改革厂网分开，竞价上网的先河；2003年，担任福地科技财务顾问，协助公司完成了彩管资产整体置换，涉及资产总额50余亿元，成为截至2003年末我国证券市场最大金额的资产置换案例。此外，在96—99年间，还先后担任了太仓市政府、锦州市政府及湖南省轻工业厅等的财务顾问，为政府在当地资本市场战略、发展方向及产业整合等方面提供咨询服务，并得到好评。

多年来广发证券投资银行业务一直坚持“智慧为源，诚信致远”，在业界取得了不俗的成绩并享有较高的声誉。广发投行人也被媒体称为“特别的队伍特别的人”。

人才优势

目前广发证券从事投行业务的员工共有107名，其中80%拥有硕士以上学位，约40%有注册会计师、注册律师、注册评估师、注册税务师等专业资格，30%具有在境外留学、工作、考察或专业培训的经历。在2004年3月举行的首批保荐代表人考试中，广发证券有33人通过并获保荐代表人资格，成为目前全国拥有保荐代表人最多的证券公司。

创新意识

自公司成立以来，广发证券一直坚持以客户为先的服务理念，努力发掘客户价值并帮助客户实现价值。继在国内首创“全额预缴、比例配售、余额即退”、“免费预约、限量申购、抽签分配”等被广泛使用的发行方式和率先在国内A股市场引入“路演推介”之后，2000年，公司在闽东电力A股发行中首次采用“荷兰式竞标”发行方式，创下国内IPO最高市盈率88倍的纪录。

诚信服务

“智慧为源，诚信致远”是广发证券投行业务发展的核心理念，也是公司投行业务发展历程的提炼与概括。继1997在业内首次年成功举办了“广发证券上市公司恳谈会”后，广发证券又先后组织了三次的客户恳谈会，为投行与客户间、客户与客户间沟通交流提供了新的渠道与方式，并成为国内券商售后服务的典范。

规范管理

广发证券投资银行业务在积极参与中国证券市场发展实践中参照国际惯例逐步探索建立了一整套规范的业务流程管理办法和严密的风险控制机制，按照项目流程的各个环节对人、财、物等各类资源进行合理有效地配置，保证了业务的顺利运转。

品牌特色

广发证券历年主承销的项目涉及包括金融、地产、建筑、材料、煤炭、化工、冶炼、电力、电子、信息、医药、旅游、造纸、农业、机械制造、交通运输、医疗设备、有色金属等在内的多个行业。其中，经过多年的摸索及经验积累，广发证券投行业务在地产、电力、能源、交通、医药、高科技等行业的改制、发行、并购、投资及其他相关业务的发展中逐步形成了自己的品牌。

广发证券正力争通过三、五年的努力，使公司发展成为一家诚实守信、资产优良、管理规范、经营稳健、特色鲜明、竞争力强、可持续发展，具有相当影响力和创新能力的大型投资银行，为中国资本市场的发展做出更大贡献。

长城证券投资银行

●2004年上半年主承销家数排名第一、IPO筹资金额排名第二、总筹资金额排名第五

●2003年企业债承销全国排名第六，在证券公司中排名第四

●在电力、煤炭、有色金属、港口等重点行业具备丰富的资本运作经验

●在电力收购兼并领域保持国内领先的竞争优势，能熟练运用华尔街通用的估值技术

●管理模式及风险控制机制与国际接轨，项目过会率达97%

●以人为本的企业文化打造高水平的专业团队

长城证券有限责任公司成立于1995年，是中国最早的八家综合类证券公司之一，拥有24家营业部，下设长城基金及景顺长城(合资)两家基金管理公司。公司秉承“规范发展、做精做强”的经营理念，以其规范稳健的经营作风及优质服务赢得了客户的长期信任。长城证券资产优良、经营规范，成为首批发行公司债的3家证券公司之一。

长城证券投行主承销业务始于1995年，2001年实施通道制后拥有6条通道，2004年5月注册登记为首批保荐机构，14名员工通过首次保荐代表人胜任能力考试并注册登记为首批保荐代表人。长城证券投行经过多年发展，积极探索

出一条"以重点行业形成特色经营、做优质项目打造公司品牌"的经营思路，长期致力于中国基础行业的价值再发现，擅长为企业提供包括改制重组、股票融资、债券融资、行业整合、收购兼并等一揽子金融服务。同时长城证券投行在管理上不断创新，经过多次的改革与创新，管理模式逐步与国际接轨，并形成完善有效的风险控制机制。

通过多年不懈的努力，长城证券投行实现了股票承销、债券承销、收购兼并三大业务的协同发展。

●股票承销业务创佳绩，行业优势凸显

2004 年上半年，成功主承销了开滦股份、贵绳股份、天奇股份、营港转债等 4 家企业发行上市，筹资金额达 24.4 亿元，全行业承销家数并列排名第一、IPO 承销金额排名第二、总承销金额排名第五(证券时报统计)。

长城证券投行近年来立足于基础行业，在电力、煤炭、有色金属、港口、公路、建材等行业积累了丰富的运作经验。如煤炭行业，由长城证券主承销的开滦股份成功发行上市，筹资额为 10.5 亿元，同时长城证券还为多家大型的煤矿企业提供企业改制、融资服务。2003 年长城证券成功举办了大型煤炭企业改制上市研讨会，并根据多年积累的改制经验编写了《煤炭企业改制上市指南》，受到行业内人士的一致好评。在有色金属领域，长城证券曾为铜都铜业、关铝股份、贵研铂业、贵绳股份等多家有色金属及金属制品企业提供融资服务。

●企业债承销业务跻身六强

2003 年长城证券在严峻的市场环境下，制定了适宜的发行方案，成功发行了 40 亿元 03 华能债，同时还担任了国家电网、中电投、江苏交通、苏州高新园区、高新技术开发区等 5 家企业债券的副主承销商以及中石化企业债的分销商。2003 年长城证券企业债承销业务全国排名第六位(彭博资讯)，在证券公司中排名第四位。

●财务顾问业务具有与国际投行合作经验，在电力行业收购兼并领域具备竞争优势

长城证券在电力行业收购兼并领域积累了丰富的实战经验，在 2004 年华能集团出售 45.13 亿元电力资产及权益，2003 年华能集团出售 5.5 亿元电力资产及权益中担任卖方财务顾问，运用华尔街通用的估值技术与方法对出售资产及权益进行估值。参与上述收购兼并活动的还包括美林集团、摩根大通、巴黎百富勤、洛希尔父子(香港)等国际投行。同时长城证券还注重在与客户长期合作的基础之上，为客户提供深层次的顾问服务，为狮头股份、关铝股份、江西长运等长期客户提供行业整合、收购兼并等财务顾问服务。

●管理体制不断创新，逐步与国际接轨

长城证券根据市场形势变化，在管理体制上不断改革与创新，包括推行事业部体制、组织架构调整、引入委员会运作模式、制定系列业务操作规程与指引、完善风险控制及考核评价体系，进行员工职业生涯规划等等。使长城投行在管理模式上逐步与国际接轨，成为一个管理先进、运作规范、工作高效、富于创新的工作团队。

●"以人为本"的企业文化打造高水平的专业团队

人力资本是投行业务发展中最重要的因素，长城证券多年来形成了以人为本的企业文化，注重员工培训，不断提升员工价值，关心员工长远发展，不断完善员工考核与奖惩机制，从而精心培育了一只团结协作、经验丰富的投行团队，拥有财务、法律、行业、产品、区域等多方面专业人士，硕士学历以上的人员为 80%，70%员工从业年限在 4 年以上，具备丰富的投行业务经验。

长城证券有限责任公司

地址：深圳市福田区深南大道 6008 号特区报业大厦 14/16/17 层

电话：0755－83516222

传真：0755－83516200

邮编：518034

网址：www.cc168.com.cn

长江巴黎百富勤证券有限责任公司

长江巴黎百富勤证券有限责任公司(以下简称[长江巴黎百富勤])，是由中国政府批准，首批具有主承销商资格的中外合资投资银行，由长江证券有限责任公司及法国巴黎银行集团合资组建，总部设于上海。

法国巴黎银行为全球性金融机构；以市值及净收入计算于欧元区及法国均居领导地位。法国巴黎银行的业务遍逾八十五个国家，聘用的员工超过八万七千名。其全球证券业务已奠下稳固的国际平台，在全球各主要证券市场聘用超过一千四百名专业人员，并为全球四十家证券交易所的会员。

法国巴黎百富勤为法国巴黎银行集团的全资子公司及亚洲地区(日本除外)证券投资银行旗舰，悉力以赴，投入精力及资源于长江巴黎百富勤。

长江证券是中国证券市场的先行者，经过十余年发展，拥有完善的业务网络，在全国二十多个城市布有营业网点或分支机构，已形成长江三角洲、珠江三角洲、环渤海湾、华中以及西部五大重要业务区域。同时，公司与一批优秀的企业建立稳固的战略伙伴关系，精湛的服务和良好的经营纪录更赢得客户口碑和同业尊重，亦奠定了在业内的品牌地位。

臻于至善　长久承诺

长江巴黎百富勤是一家既专注中国市场，亦复纵横于国际平台的全面性投资银行。中国经济的崛兴，需要与经验丰富、值得依赖的投资银行，共同成长。成为中国最杰出的投资银行，臻于至善，既是长江巴黎百富勤的使命，亦是我们的承诺。

长江巴黎百富勤是提供全面性业务的投资银行，由来自长江证券和法国巴黎百富勤证券的企业融资部、债券固定收益部、资本市场部、研究分析部等专家所组成。长江巴黎百富勤引进法国巴黎银行集团具有国际水平的风险管理程序和制度，同时结合中国的有关法律和法规，建立起一套完善的风险管理体系。目前从事的具体业务范围是：

1. 股票发行

a. A、B 股首次公开招股

b. A、B 股上市公司增发

c. A、B 股上市公司配股

2. 固定收益品种发行

a. 国债

b. 金融债

c. 企业债

d. 可换股债

3. 财务顾问

a. 上市公司并购、重组财务顾问

b. 未上市公司投资和收购财务顾问

4. 与法国巴黎银行及法国巴黎百富勤之合作关系

a. H 股发行

b. 外国直接投资/策略投资

c. 合格境外投资者

d. 兼并及收购

e. 其它

华泰证券投资银行

一、概况

华泰证券投资银行业务主要包括：发行和代理发行各种有价证券、企业重组、收购与兼并、财务顾问等。华泰证券投资银行事业部内设北京投行业务部、上海投行业务部、深圳投行业务部、南京投行业务部、项目运作部、业务管理部及综合管理部，形成了遍布国内主要市场的业务网络体系和完整的管理体系。

经过多年的发展，华泰证券现拥有一支由80余人组成的经验丰富、规范严谨、业务水平高的投资银行业务队伍，其中保荐代表人22名。所有投资银行业务人员均具有大学本科以上学历，其中拥有博士、硕士学位人员占90%以上。业务人员专业范围涵盖了金融、投资、经济、贸易、财务、会计、法律和管理等多学科和领域，并大都具有注册会计师、会计师、经济师、律师等专业技术职称，其中三分之二以上人员具有5年以上的投资银行业务实践经验，在以往的业务中，以严谨的态度、良好的工作质量和优质的服务赢得了企业、管理部门和投资者的赞誉，树立了良好的公司形象。

华泰证券具有很强的资金信用实力，在多年的股票发行承销业务中，均圆满地完成各项承销业务，在证券市场上拥有良好的声誉和雄厚的资金实力，已与国内外几十家证券经营机构建立起了密切、稳定的业务合作关系，在全国范围内建立了稳固、庞大的股票承销网络，为华泰证券承担的企业股票的成功发行与上市提供了强有力的保障。经权威的中国诚信证券评估有限公司按国际评级标准测评，华泰证券被评为全国券商信用级别AA+级。

二、业务介绍

1、股票发行和承销业务

华泰证券早在1993年就曾担任了江苏省首家公开发行上市的“无锡太极”A股发行的主承销商。近十年来，公司作为主承销商成功地完成近40多公司股票发行工作，并完成了近百家公司股票上市的推荐、副主承销工作。2002年，完成发行主承销项目6家，主承销金额达20亿元，发行家数并列全国第三，首发项目完成家数并列全国第二，通道周转率达100%，与少数几家公司并列全国第一；2003年华泰证券投资银行业务再创佳绩，完成高淳陶瓷、山鹰纸业（可转债）、华光锅炉、置信电气、新疆城建合计5家公司的主承销工作，发行家数再居全国第三，同时非通道业务完成8家公司财务顾问项目。2004年3月在全国首次保荐人资格考试中，华泰证券有22人通过考试，并列全国第6，通过率在国内主要券商中并列第一。

主承销业绩：太极实业、苏三山、苏物贸、江苏悦达、苏常柴、苏州高新、江苏索普、如意集团、小天鹅、林海股份、鼎球实业、宏图高科、福日股份、华西村、南京钢铁、宁沪高速、江苏舜天、凯诺科技、江山股份、特精股份、澄星股份（配股）、江苏索普（配股）、威孚高科（配股）、福建双菱（配股）、扬农化工、黑牡丹、神火股份（配股）、康缘药业、高淳陶瓷、华光股份、置信电器、山鹰纸业（可转债）、新疆城建、江苏纺织等等。

上市推荐及副主承销业绩（部分）：江苏春兰、南通机床、徐工股份、环保股份、江淮动力、华东科技、大亚股份、福建三木、威孚高科、太极实业（增发）、丝绸股份（可换债）、运盛（福建）实业、北京城建、中国化建、南京中商、浪潮信息、红豆股份、龙净环保、中发展、国电南自、江苏阳光、恒瑞医药、宏图高科（配股）、联创光电、昌河股份等等。

2、购并、重组及财务顾问业务

随着我国证券市场的深入发展，购并、重组及财务顾问业务迅速发展。华泰证券长期从事资本市场的运作，在收购兼并、资产重组及财务顾问业务方面积累了较丰富的经验，与诸多企业形成了良好的合作关系，并被多家企业聘为财务顾问，已形成较为成熟的业务模式，受到了客户的普遍好评。

2002年8月公司完成了“湖北兴化”重大资产重组独立财务顾问项目，该项目创造了国内证券市场两个第一，即证监会105号文颁布后，第一家受理并通过证监会发审委重大资产重组审核委员会审核的项目，同时也是国内证券市场第一家“净壳”交易实质性重组的购并项目。2004年还完成了格林柯尔创业投资有限公司要约收购“亚星客车”的财务顾问工作。

公司完成的财务顾问项目如下：南京高科、华东科技、九发股份、恒泰芒果、三峡新材、东风药业、中发展、长春客车、南京电子网板、江苏AB集团、长江电器、辽宁高速、福建水口、福建圣农、福建杨振华851、沈阳双福机械、沈阳辉山乳业、新疆柏青、南京老山制药、浙江传化、桂林南药、湖北玉阳、湖南山河智能机械、江西晶安高科、无锡华光锅炉、江苏正大天晴、南阳神龙等。

3、债券承销业务

华泰证券具有债券承销的传统优势，在国债承销领域更有着骄人业绩，曾在1995年力挫群雄，一举中标担任国家财政部95三年期无记名国库券承销团主干事（即主承销商），承销份额达10亿元；又在596券的承销竞标中，取得副主干事地位。在历次由券商担纲的国债发行中，华泰证券均扮演重要角色。

在2002年第九期财政部银行间债券市场记帐式国债的承销竞标中，公司中标金额达10.3亿元，承销金额在银行间债券市场所有成员中标排名中列第三位，在银行间国债承销团所有券商中名列第一位。

2003年，公司债券承销工作也取得较大进展，参与了财政部全部12期新发国债和1期增发国债的承销工作，承销总金额达30.8亿元，历年累计承销国债近200亿元；参与承销了中国电力投资集团等5家企业债券共5亿元，历年累计承销企业家数100余批次。

国信证券投资银行

●首批注册登记保荐机构

●2003年，被《新财富》评为“最佳投行团队”，“市场化投行”“挖掘中小项目第一名”

●2003年承销家数全国第一名

●2001年获全国“信誉主承销商”评比第一名

国信证券有限责任公司（以下简称“国信证券”或“公司”）是在深圳市注册的大型综合类证券公司，注册资本为20亿元人民币。据中国证券业协会公布的数据，公司是2003年度6家利润总额过亿元的券商之一，利润总额排全行业第2位。国信证券在长期经营发展中，形成了具有自身特色的“国信文化”，即以诚信为核心，注重“信念、诚信、自信、信誉”，在经营中坚持“规范、稳健、开拓、创新”的经营观念。

公司是我国最早开展投资银行业务的券商及首批保荐机构的券商之一。公司自1989年起开始从事股票承销业务，1991年成为首批有资格从事B股承销和代理买卖的券商；2004年5月，公司注册登记为首批保荐机构，20名通过首次保荐代表人胜任能力考试的员工注册登记为首批保荐代表人。

●主承销业务连创佳绩

1998年至2000年，公司连续三年名列全国主承销总家数排名前3名；

2001年名列全国承销总家数排名前4名；

2002年名列全国承销总家数排名前3名；

2003年承销家数排名第1名。

1998年至2000年连续三年名列主承销金额全国排名前5名；

2001年名列主承销金额全国排名前3名；

2002年名列主承销金额全国排名前5名；

2003年承销金额全国排名前8名。

1997年至2004年上半年，国信证券共完成股票和可转换公司债券发行主承销项目110余家，筹集资金近400亿元。其中A股股票首次发行主承销38家，上市公司配股主承销62家，上市公司增发主承销9家，可转换公司债券发行主承销2家。

2001年，公司获得全国"信誉主承销商"积分第一名；2003年，在《新财富》杂志组织的2003年度投行业评比中，公司被评为"市场化投行"和"挖掘中小项目第一名"，公司投行团队被评为"最佳投行团队"。

●管理体制不断创新

国信证券在业内率先推行投资银行业务事业部制管理，投资银行事业部成为负责公司投资银行业务开展的责任单位，内部以业务管理为核心，实行部门总经理负责制；在制度建设方面，国信证券根据保荐制度要求，制订了系列内控体系和内控制度，较好地适应了保荐制度对于投行业务新的要求。

●专业团队人才济济

公司投资银行事业部目前拥有一支90多人的高素质投资银行业务队伍，其中保荐代表人近20名；业务人员全部具有本科以上学历，具有硕士以上学历的人员占业务人员总数的70%以上，并有10%员工具有海外学习经历。经过多年业务的磨练，大部分业务人员具有丰富的投资银行业务经验，能熟练运用投资银行业务法律、法规，95%以上的业务人员具有从事证券代理发行业务的资格。

●创新业务蓬勃发展

2002年以来，国信证券大力发展非股票承销业务，初步建立了上市公司资产重组及购并类财务顾问业务、企业债券承销业务、国际业务三项业务发展平台，三大业务是公司下一步投行业务发展的重点。

财务顾问业务：2003年，公司已启动近十个上市公司资产重组及购并类财务顾问项目，成功完成赣南果业、一致药业、西南化机等公司重大资产重组及并购业务；2004年，被深圳市政府聘为"国有控股公司重大资产重组特别财务顾问"。

企业债券承销：投资银行事业部设有专门的债券业务部门。在国务院批准的2002年首批中央级企业债券中，国信证券参加了包括中国移动、中石油在内的6只企业债券的承销，成为当年度介入企业债券承销工作的主要券商之一，目前，公司正在承做一些大型企业集团的企业债主承销工作。

国际业务：投资银行事业部正在拓展以香港为中心的境外市场，加强与境外机构的联系，为境内企业赴境外上市创造机会。

●典型案例

2000年，公司完成风华高科增发项目，率先采用了"网上、网下累计投标询价"以及"老股东享有优先认购权"市场化发行定价方式，为上市公司增发新股的市场化定价作出了有益探索，被有关部门作为典型案例推广。

2001年，公司完成中兴通讯增发项目，该项目采用了完全市场化的发行方式，中小投资机构与大型投资机构投资机会平等，市场认同程度较高。

2001年，公司完成江西铜业H股增发A股项目，该项目是H股上市公司第一次在A股市场完成增发。

2002年，公司以18倍的超额认购倍率完成江苏阳光可转换公司债券主承销工作，该项目是上市公司可转换债券发行规范后，上市公司发行可转换债券第一家。

2003年，公司率先修改雅戈尔可转债发行条款，在市场引起较强反响，并以199倍的超额认购倍数完成雅戈尔可转债主承销业务，创下上市公司再融资市场认购倍数的最高纪录之一。

●国信证券投资银行事业部地址：

地址：深圳市红岭中路国信证券大厦20楼

电话：0755—82130631

传真：0755—82130620

邮编：518001

兴业证券投资银行

投行业务概况

兴业证券投资银行业务始于1991年。经过10余年的稳步发展，兴业投行已经成为国内知名的投资银行，业务遍布全国各地，各项业务指标名列前茅（全国前十名），树立了稳固的市场地位。

2000年投行业务重心实施战略转移，业务范围向全国拓展，在江浙地区树立了品牌优势。近3年投行业务迅猛发展，承销业务市场占有率持续上升。2003年8月兴业证券投资银行部通过了ISO9001认证。

兴业投资银行部聚集了一批具备丰富投行工作经验、能够独立高效完成各种投资银行项目的高素质人才，其中具有法律、财务、MBA以及数理背景的人员占据相当比重。80%以上的投行从业人员具有硕士及以上学历，接近60%的投行人员拥有5年以上的从业经验。

兴业投行致力于与客户建立战略伙伴关系，为客户提供从项目融资、改制辅导、发行承销到收购兼并、资产重组等多方位深层次的服务。

股票承销与上市推荐

企业债券承销

可转换债券承销与上市推荐

资产重组顾问

收购兼并财务顾问

企业私募财务顾问

金融创新服务等

投行业绩及经验总结

十多年来，兴业投资银行担任一百多家股票发行的承销商，累计完成主承销与上市推荐项目超过74家，为企业筹集资金逾190亿元。2002年主承销家数和金额分别为第3名和第10名，是唯一一家首发、增发、配股全部进入前10名的券商。2003年主承销家数和金额分别为第7名和第11名。其中IPO主承销金额排名第7。

兴业证券着眼长期发展，着力打造兴业并购品牌。

担任上海复星产业集团收购南钢股份的财务顾问，策划了国内第一个要约收购案例。

担任上海国有资产经营有限公司重组金泰股份的财务顾问，其重大资产重组方案是目前唯一一家获得证监会无条件通过的重组方案。

成功策划了上海地铁借壳凌桥股份上市。

担任山东大学收购山东声乐股份的财务顾问，实现山东大学高科技产业的整合。

推荐PT琼华侨恢复上市等。

◆我们的经验

竞争优势三个来源：

优秀的投行团队以及不断提升素质中的人才；

强烈的创新意识；

锲而不舍的区域市场开发策略。

竞争优势 一优秀的团队

▽ 高水准的专业服务能力；

▽ 稳定的核心专业团队；

▽ 细致及创新的持续服务；

▽ 良好及科学的内部整合。

竞争优势 —— 创新

▽创新是兴业投资业务的优良传统，也是今后业务发展的重要推动力。

⊙ 业务创新在新兴市场有着广阔的应用空间，是解决新兴市场很多问题的有力工具。

⊙ 兴业证券投资银行部设有专门的创新与技术支持部，从组织和投入 上保证了创新研究和业务推进的力度。

▽ 兴业投行不断追求卓越，创下中国证券市场多个第一。

⊙ 成功策划中国首例吸收合并案例，协助巴士股份完成向法人股定向 增发5000万股A股吸收合并上海第一公交公司工作。

⊙ 协助大众交通完成向大众科创定向增发法人股的工作，开创了我国 证券市场上公司之间业务与股权整合的首例。

⊙ 钢钒转债条款创新设计，实现多赢，成为转债市场的历史性转折点。

⊙ 担任中国证券市场首例要约收购——复星集团收购南钢股份的财务 顾问。

一、经营管理概念

◆“专业化、规范化、市场化”的经营思想

兴业投行视“专业化”为生存发展的关键、“规范化”为持续经营的前提、“市场化”为推动组织进步的动力。

◆“稳健经营、长远发展”的经营原则

兴业投行业务开展始终坚持“稳健经营”原则，以力求公司“长远发展”，做金融服务业的百年老店。

◆“提升员工价值、创造客户价值”的核心价值观

客户价值是由服务于客户的员工创造的，尊重和信任员工个人，比公司利润更重要。我们创造客户价值的努力，最终落实到与所有业务流程紧密联系着的客户满意度，表现为为融资客户提供合理的融资计划、项目建议与财务顾问服务，实现其融资目标，使其资产配置更有效率。

上海浦东陆家嘴东路166号中保大厦18楼

邮编：200120

电话：021－68419393（总机）

传真：021－68419764

网址：www.xyzq.com.cn

招商证券投资银行部

招商证券股份有限公司是国内成立最早的一批证券公司之一。十多年来，公司以诚信、稳健、服务、创新为宗旨，取得了令人瞩目的辉煌业绩。

招商证投资银行部主要向各类企业提供一流的证券承销和金融顾问服务。十多年来，公司承销有价证券230余支。其中完成的股权融资、基金发行、债券融资项目的主承销商、上市推荐人或发行协调人约120余家，特别是近三年来，公司投行业务快速发展，市场排名进入业内前十强。

招商证券投资银行部推行战略客户制度，注重为客户提供全方位、深层次、高增值的专业服务，协助客户建立现代企业制度及规范的公司治理结构，使其从容应对市场竞争，实现长足发展。公司在港口、能源、医药、汽车等国民经济重要行业形成了颇具实力的专业优势，积累了丰富的经验，在基础设施行业及高成长性的中小型企业的改制、重组、上市方面获得了较好的市场声誉。

招商证券投资银行业务借鉴国际经验，进行内部业务流程的规范化管理，建立起一套完善的业务管理制度体系，有效控制和降低业务实施中的法律风险、承销风险和道德风险。

经过多年努力，招商证券投资银行业务已经逐步在业内树立了稳健、专业、优质服务的良好市场形象，获得了较高的客户满意度，“招商证券投资银行＝专业＋优异＋高成长”的观点深入人心，得到了市场的普遍认同。

荣誉与优势：

2002－2003年，主承销筹资总额为39.56亿元，主承销总家数为9家，排名第9名。

2002－2003年，主承销商的股权融资项目全部通过监管部门的审核并成功发行。

2002－2003年，IPO项目的平均发行价格位居全国第一。

2003年主承销的福耀玻璃增发被《新财富》评为“最佳增发案例”。

2001年主承销的广州药业，是第一家H股在国内资本市场的筹资。

人才优势：

国内最具实力和专业能力的投资银行队伍之一；

建立了完善的“行业专家”体系，拥有了一批高素质的专业人才队伍；

90％以上人员是金融、证券、法律、财务、企业管理方面的专业人才；

超过70％以上人员具有硕士学历；

20％的人员拥有保荐代表人资格。

投资银行业务内容具体包括：

股本融资——IPO、配股、增发业务；

债券融资——企业债、公司债、可转债业务；

财务顾问——企业改制、重组、兼并收购业务；上市辅导业务。

拥有的投资银行业务资格：

全国首批保荐业务资格
首批B股特许承销商
债券主承销资格
公司的经营理念:诚信、稳健、服务、创新
地址:深圳市福田区益田路江苏大厦A座40—45层
邮编:518026
电话:(86)755—82943666

东方证券投资银行

东方证券是一家于1998年3月9正式成立的全国性综合类证券公司,并于2003年9月改制为股份有限公司,注册资本为21.4亿元人民币。公司总部设在上海,现有员工近八百人。公司下辖三十七家证券交易营业部,在北京、广州、成都、杭州、深圳、抚顺、长沙等地设有分支机构,形成了依托上海、立足中心城市、辐射全国的大型证券公司的业务网络。

投资银行业务

股票承销:通过对融资成本、融资效率、融资成本的综合把握,大力拓展IPO、股权再融资、债权融资、公募等承销业务,并将非上市公司的私募作为公司投行业务的发展重点。

企业股份制改造及辅导——为企业量身定做资产重组和股份制改造方案,指导企业建立完善的公司治理结构。根据上市前后的需要,东方投行将为企业股份制的建立、运作规范、公司治理结构提供完善的专业辅导服务。

企业A股首发及后续融资——协助企业选择优势项目,设计个性化、系统化、科学化、国际化的融资方案,制作申报材料报送中国证监会。制定完善的上市推荐方案,发挥与证券交易所的良好关系,为企业进行高质量的宣传、推广。

财务顾问—— 以多种形式参与企业的购并和资产重组活动,制定购并和资产重组整体方案及策略性的谈判方案。涵盖的业务包括国资重组、定向增发、国有股减持、外资购并、MBO收购、政府企业财务顾问、管理咨询等领域。

承销业绩

公司成立五年来,先后担任了复星实业、新大陆、南京中商、交大昂立、烽火通信、卧龙科技、光明乳业、浙江传化、黄山永新9家新股,通宝能源、九芝堂2家增发,以及新希望配股、吴江丝绸可转债和大众交通定向增发的主承销商,募集资金77.88亿元。在业务承做过程中,亦在市场中确立了以为民营经济和高科技企业的服务意识及品牌。

在企业债券方面,公司担任了98上海市城市建设债券等8家企业债券的主承销商,2家企业债券的副主承销商,筹资总额达22.1亿元。此外,还担任上海中达斯米克电器电子有限公司等10家企业短期融资券的主承销商,筹资总额为1.87亿元。

在金融创新业务方面,公司担任了大众交通向大众科创定向增发及大众科创吸收合并无锡大众的主承销商及财务顾问,开创了两家上市公司资产重组并壳让壳的先河。承担了白猫集团入主PT双鹿重大资产重组的财务顾问工作并成功推荐其恢复上市。公司还担任了浦东不锈重大资产重组的财务顾问,其在重组中所涉及的股权的作价金额及资产置换金额至今均为此类业务之最。公司还被多家企业聘为常年财务顾问。

东方的承诺

公司投资银行业务始终恪守"诚信、规范、创新"的理念,实施人才发展战略,以卓越的专业水准和诚信的服务精神,提升客户价值,赢得了社会认同,实现自身发展。

诚信是本:投资银行业务市场化的准入条件就是诚信。我们为企业提供高质量服务的同时,自始至终把诚信摆在首位。

规范的业务运作体制:东方证券已经建立起完备的投资银行业务流程及规范,层层监督实施,确保为客户提供规范、全面、高效、持续的专业服务。

创新能力:在发展传统投资银行业务外,将以金融创新为业务突破口,以投资银行业务的国际化发展趋势为研究方向,根据企业的实际情况,探索为市场接受的切入点,以经验和智慧设计开创性的方案。

良好的人才机制——"东方投行"以灵活高效的机制和良好的价值实现和提升空间吸引了大批海内外一流投资银行专业人士加盟。现有32名员工中,四分之一的员工具有注册会计师、律师资质,三分之一即11人为保荐代表人,二分之一以上拥有硕士学位,100%具有证券从业资格,他们共同组成了一支高素质、高效率的项目团队。这使得具体的业务承做中,能根据企业的实际情况,配备最适合企业需要的行业、财务、法律等专家人员,精心制作各项申报材料。

专业技能——在项目操作方面具有丰富的经验和特殊优势,特别是深谙民营企业的独有特点、产权关系和运营机制,曾成功推出上海证券市场第一家民营上市公司"复星实业"。通过与优秀企业建立的长期而稳定的战略联盟关系,为企业提供最契合的服务,推动企业稳步扩张,同时实现自我不断发展。服务的内容不局限于传统资本市场上的融资,更重要的是为企业提供长期财务顾问、战略投资咨询,通过客户服务小组对企业持续跟踪、反馈、维护、协调,提供全方位、持续性的长期服务。并以多种形式扩大客户的影响和知名度,提高市场地位,增强在证券市场上的持续融资能力 。

2004年沪深股市一直在低位徘徊,跌幅超过20%。在如此艰难的经营环境中,东方证券却逆势而行,取得了优良的经营业绩,各项业务指标名列同行业前茅,行业地位大幅上升。今后公司将继续规范经营、强化风险控制、加大创新力度、积极拓展各项业务。随着由公司主发起设立的汇添富基金管理公司获得证监会核准成立在即的契机,东方证券将致力发展成为一家由投资银行公司、资产管理公司、基金管理公司、经纪公司、期货公司、研究所等子公司组成的金融控股集团,寻求进一步的飞跃。

世纪证券投资银行

作为国内新生代券商的典型代表,世纪证券在2001年增资重组后,制订了"一三五发展战略",即"一年全面整合、三年快速发展,五年跻身一流";目前已全面完成了内外部整合,建立了科学、规范的决策和管理体系,打造了一支具有强大资源整合能力、专业特色突出的团队,创造了领先市场的盈利模式和综合业务平台;据中国证券业协会的统计,按2003年利润总额排名,世纪证券在全国122家券商中列第16位,人均利润第9位,在证券行业内引起了巨大反响。

世纪证券的投资银行业务,秉承"诚信服务客户、专业实现价值、创新塑造品牌"的理念,致力于为行业主导型企业提供个性化融资及增值服务。依靠行之有效的运作机制和团结拼搏的投行团队,世纪投行在业界迅速崛起,成为中国投资银行界的新锐力量。

世纪投行针对企业个性化的融资和金融服务需求,确立了以股权融资、并购咨询和债券发行等三项业务为核心的“大投行”体系，为客户提供综合性的专业化融资服务；并通过系统的投行业务，使客户享受到包括价值评估、战略重塑和行业咨询在内的延伸增值服务，促使其价值链升级。

为高效推进投行各项业务，世纪投行分设投资银行总部、收购兼并总部和债券业务总部、综合管理部等核心业务单元。投资银行总部负责股票发行承销、企业上市辅导、推荐及保荐，上市公司配股和增发承销，风险资本筹资顾问以及海外上市等业务；收购兼并总部负责政府与国有企业改制顾问，企业资产重组、收购兼并财务顾问，以及企业战略策划、管理咨询等业务；债券业务总部负责企业债券和可转换公司债券项目的开发承揽承做及长期客户资源的维护，同时负责国债理财等相关业务；综合管理部负责投行业务中承销风险的控制，并通过建立投行客户网络开展产品的销售工作。

通过项目的历练和战略性的人才储备，世纪投行建立了一支高素质的专业人才队伍，其中核心业务骨干超过 20 人。投行从业人员中 90%以上具有硕士以上学历，在金融、证券、法律、财务、企业管理等方面富有经验，所有业务人员均具有证券发行从业资格。面对国内投资银行业实行保荐制度的新形势，世纪投行制定了“以事业召唤人、以文化感染人、以业绩激励人”的人才战略，打造了一一支包括多名保荐代表人在内的核心业务团队，为投资银行业务的跨越式发展提供了有力的人才保障。

通过投行团队的不懈努力，世纪证券投行业务取得了令人瞩目的业绩。在传统股票承销业务获得实质进展的同时，世纪投行充分发挥新兴券商的后发优势和专业化服务精神，通过实施“核心客户战略”，在并购咨询和债券承销业务方面取得了突破，在业内树立起世纪证券投资银行业务的良好品牌。

世纪投行股票承销业务发展迅速。由世纪投行担任副主承销商的南方航空、三一重工、浙江龙盛、双良股份、华光股份、新疆城建、中集集团和北人股份股权融资项目均获得顺利发行，总承销金额突破 10 亿元。两家由世纪投行担任主承销商和保荐机构的企业 IPO 申请正处于中国证监会发行审核当中。目前，投资银行部储备的优质主承销项目超过 10 家，均为行业内具有领先优势的高端客户，这将极大地促进世纪投行股票承销业务的超常规发展。

债券业务是世纪投行取得全面突破的业务单元，并在重点业务领域实现了创新。在企业债券承销方面，世纪投行已经进跻身国内券商“第一梯队”。作为首批获得企业债券主承销商资格的券商，世纪投行于 2004 年上半年成功完成首旅集团 10 亿元企业债券的发行工作，开创了国内旅游企业发行企业债券的先河，首旅债券获得超额认购，市场反响强烈。世纪投行已经完成的企业债券承销客户包括华源集团、江苏悦达、江苏高速、中国网通、中国石化、神华集团、申能集团、中国节能投资、通用技术和长航油运等，建立了充分的企业债券客户群体，培养了数家优质目标客户。在国债承销方面，公司是“交易所国债承销团成员”，并积累了一批稳定的大客户。

世纪投行将并购业务作为投资银行业务的主要方向，注重为行业内优势企业提供优质并购重组顾问服务，目前并购业务已取得了明显突破。近年来，世纪投行担任财务顾问的并购业务客户达到 8 家，并购所涉及金额超过 10 亿元。通过并购顾问业务的开展，世纪证券投资银行与包括中集集团、首旅集团、上海百联集团、香港嘉鑫控股集团以及深圳赛格集团在内的一批国内知名企业建立了战略合作关系。在并购业务实践中，世纪投行以不断创新的工作风格及认真、求实、负责的服务精神，赢得了客户的信赖和赞誉，突显了精耕细作、敬业务实、勤勉尽责、开拓创新、持续服务的专业特色，树立了世纪证券投行并购业务的良好品牌。

2004 年 2 月 1 日，《国务院关于推进资本市场改革开放和稳定发展的若干意见》出台，从战略确定了资本市场的定位，较系统地提出了我国资本市场长远发展的基本框架。虽然目前为历史遗留问题所羁绊，但中国证券市场蕴涵良好的发展前景是不争的事实。

世纪证券投资银行愿与各界同仁建立良好的合作关系，为您提供高效、系统、专业化的金融服务，拓展资本运作空间，与您共同成长、共创辉煌！

申银万国证券投资银行

申银万国证券股份有限公司（以下简称申银万国）是大型综合类证券公司，也是国内最早的证券公司之一，注册资本为 42.1576 亿元，总资产 306.02 亿。申银万国在全国各地共设有 10 个地区总部，近 3000 名员工，109 家营业部，分布于 15 个省、4 个直辖市、2 个自治区的 44 个城市内。1993 年设立申银万国（香港）有限公司，是境内唯一拥有境外上市公司的证券商。

从 1984 年至今，申银万国创造出一系列新中国证券史上的“第一”，对新中国证券市场的成长、发展作出了应有的贡献，受到国际和国内同行的高度评价，连续三年被国际金融权威杂志《欧洲货币》评为中国国内最佳证券机构，并获卓越奖。

申银万国投资银行业务和经纪业务始终名列各大证券公司前列：2003 年实现业务总量 7044 亿元；A 股市场占有率 4.25%，全国排名第四，B 股市场占有率达到 6.08%，全国排名第三；是证监会首批认可的具有代办股份转让业务资格的六家券商之一；作为国内最大的商业化证券研究咨询机构——申银万国证券研究所有限公司，连续 3 年夺得基金服务佣金第一。

2003 年，公司取得了优异的业绩，在国际业务、投资银行业务、证券投资业务、经纪业务、研究等诸多领域取得了重大突破：

2003 年 5 月，获得瑞士银行及德意志银行国内证券投资代理权，成为我国首家 QFII 合作券商；

2003 年 4 月，首家获得“银行同业拆借” 资格；

2003 年 11 月，被国际权威金融期刊《亚洲货币》评为“中国最佳经纪商”；

2003 年 12 月，与法国巴黎资产管理有限公司共同发起组建了中外合资申万巴黎基金管理有限公司。

辉煌的承销业绩 先进的投行理念

申银万国多年始终将投资银行业务视为目前及未来重点发展的核心业务。在申银万国投资银行 20 年的发展历程中，创造了新中国证券史上多项第一：

代理发行了新中国首次公开发行的 A 种股票一上海飞乐音响股份有限公司 A 股；

担任首次发行人民币特种股票项目的主承销商一上海真空电子股份有限公司 B 股；

承销了中国企业首次在境外发行的 B 股可转换债券一中国纺织机械股份有限公司美国托管凭证（ADR）；……

诚信的服务理念、优秀的工作团队、专业的发行能力、强大的营销网络、出色的财经公关、雄厚的资本实力、坚实的研究后盾是申银万国投资银行的优势所在，也是一直以来我们近 1000 家客户在这么多年的合作中予以充分信任和保持良好沟通的基础所在。

截至 2003 年末，申银万国共计担任了 178 家公司 A 股 IPO 发行的主承销商，38 家公司 B 股股票发行的主承销商，承销了 68 家企业的债券，代理发行了 222 家企业的短期融资券，为 500 多家企业提供了再融资和财务顾问服务。通过 A 股、B 股、H 股、ADR、可转换债券、国债、企业债券、融资债券等形式，共为政府和企业筹集 8100 亿元，相当于 8 个三峡工程的静态投资。

2003 年以来，申银万国投资银行总部先后担任了铜都铜业可转换公司债券以及星马汽车、江南高纤、精工科技、航天电器、科华生物的 A 股 IPO 主承销商(保荐机构)，同时获得了“江西铜业”、“浦发银行”、“莱芜钢铁”等大型项目的再融资主承销商资格，并在钢铁、汽车、有色金属、精细化工等行业形成了优势。

申银万国投资银行正以“专业、诚信、勤勉”执业精神，积极引进国际投资银行的先进经验，全力打造以客户为中心，为客户提供长期和全方位服务的大投资银行体系。不久的未来，申银万国投资银行总部将呈现给客户更新、更好、更专业、更人性的服务内容。

广东证券投资银行

广东证券股份有限公司是广东省内成立最早的专业证券公司和国内首批注册登记的保荐机构之一，现为国内具有较强实力和影响力的综合类证券公司，尤以优质高效的精品服务在投资银行业务领域树立了良好的品牌形象。

目前，广东证券投资银行总部拥有一支以 40 多名博士、硕士为主体的专业人才队伍，并成为中国证券市场里最富活力、最具创新意识的投资银行业务团队之一。同时，根据业务发展的需要，广东证券投资银行总部已建立了科学的组织架构、严谨的业务管理体系和完善的风险控制体系，并形成以广州投资银行总部为核心，北京、上海、深圳等投资银行分部为区域中心，覆盖全国政治、经济重镇的业务网络。广东证券投资银行总部时刻以前瞻性的目光，注视国内外金融环境的变化和国家金融政策的演变趋势，为客户提供高水准、专业化的服务，业务范围广泛，包括：证券发行与承销、上市公司再融资、企业改制重组、公司并购、财务顾问、风险投资服务、企业激励机制设计、证券人才培训、发行方式创新设计和其它策略性服务。

在多年的投资银行业务实践中，广东证券投资银行业务形成了自身鲜明的特色，并赢得客户的广泛认可：

(一)注重与客户保持长期全方位合作，致力于建立战略伙伴关系

我们坚持与客户保持长期广泛的合作，着眼于建立稳固的战略伙伴关系。如在企业发行股票上市的基础业务方面，我们着力于拓展业务合作的深度和广度，不论是前期的改制重组和融资方案设计，还是上市后的跟踪服务等，都深入企业进行调查研究，与企业共同磋商，为企业规范运作、健康发展提供全方位的服务。在协助客户不断实现发展战略目标的过程中，我们既作为中介机构提供专业化服务，同时也作为可信赖的伙伴“急客户所急、想客户所想”，在长期的合作伙伴关系中实现多方共赢。

(二)注重团队协作、工作效率高、业务能力强

我们十分强调团队协作精神，在业务开展过程中“团队作战，分工协作”，以确保项目顺利完成。在投资银行总部的统筹调度下，依托强大的人才优势，我们每一个项目都可得到相关技术支持部门的全力支持，确保项目小组拥有最佳的知识结构、最高效率的团队协作，用最合理的时间为客户提供最到位的专业化服务。

我们积累了丰富的经验，善于有针对性地制定可操作的解决方案，处理股票发行上市等专业服务开展过程中的复杂问题。在与有关管理部门和服务机构的协调方面，亦有着足够的经验和把握。

(三)坚持精品策略，培育和推荐优质企业上市

我们秉承一贯的精品策略，注重每一个项目的执业质量，坚持以客户为中心，面对不同客户，有针对性地制定各具特色的解决方案，处理服务中的复杂问题，做到一户一方案，户户皆特色。在项目的筛选中，我们坚持质量第一，长期致力于培育和推荐各行业、各地区潜力大、前景好的优秀企业走向资本市场，在帮助企业实现跨越式发展的同时为中国证券市场的健康成长作出了不斐贡献。

(四)善于发掘客户闪光点，保证良好的材料质量

我们善于从客户的实际情况出发，充分发掘客户的亮点和优势，客观展现企业真实而良好的发展前景，并在遵照国家规定格式的基础上，精心制作高质量的各种材料。项目小组、保荐代表人、质量总监室、首席会计师室、内核委员层层把关的相应风险控制体系为材料质量提供了可靠保证，最大限度地控制每项投行业务的风险。

(五)善于把握热点，锐意金融创新

我们时刻敏锐地关注着资本市场的发展趋势，及时推出各项金融创新服务，包括设计员工持股计划(ESOP)、策划管理层收购(MBO)等企业激励机制、为企业引进海内外战略投资者等私募业务、发行方式创新等。

凭借广东证券投资银行总部全体员工高效务实的团队合作和精益求精的工作精神，广东证券投资银行业务取得了丰硕的成果。截至 2004 年 5 月，先后担任了近 30 家公司的主承销商、80 多家公司的副主承销商和分销商；成功推荐了近 40 家公司在证券交易所上市；并担任了 100 多家企业的财务顾问。在此过程中，我们在国有大中型企业、民营企业、中外合资企业的改制上市、历史遗留问题企业转市交易、上市公司再融资、财务顾问等各方面积累了大量成功经验，包括：

(一)国有大中型企业改制上市

1997 年 5 月，担任韶钢松山(000717)发行主承销商。该公司是我国 500 家最大工业企业之一，上市后，一直业绩优异，是市场公认的蓝筹股之一，2003 年在钢铁类上市公司中每股收益排名第一。

1997 年 9 月，担任超声电子(000823)发行主承销商。该公司是我国最大的印制线路板厂家之一。

2000 年 4 月，担任佛塑股份(000973)发行主承销商。该公司是全国 66 家实施国家火炬计划重点高新技术企业集团中唯一的塑料企业，其生产的 BOPA 薄膜的国内市场占有率约 50%。

2004 年 4 月，担任驰宏锌锗(600497)发行主承销商。该公司是我国铅锌行业中唯一集探矿、采矿、选矿、冶炼、化工为一体的大型铅锌生产企业。

(二)民营企业改制上市

1998 年，担任九发股份(600180)发行主承销商。该公司是目前亚洲地区最大的食用菌科研、生产、加工、出口基地。

2001年5月，担任广东榕泰(600589)发行主承销商。该公司为民营高科技企业，是我国首批按核准制要求发行的企业之一。

2004年3月，担任东方宝龙(600988)发行主承销商。该公司是广州市首家成功直接上市的民营企业。

(三)中外合资企业改制上市

1997年6月，担任广东福地(000828，现名东莞控股)发行主承销商。该公司当时是从事彩色显像管生产和销售的中外合资企业，为中外合资企业成功发行上市提供了有益的尝试。

1998年10月，担任生益科技(600183)发行主承销商。该公司是中外合资的高科技企业，在我国敷铜板行业中占有重要地位。

(四)历史遗留问题企业上市

1996年11月，担任茂化实华(000637)上市推荐人。该公司于1988年10月经人行茂名分行批准公开向社会募集股份。1993年，该公司被国家体改委确认为继续进行股份制试点的社会募集股份公司。

2000年12月，担任南海发展(600323)发行主承销商。该公司原在NET市场上市，我们为其精心策划资产重组和主业转型，增强盈利能力并实现了全国第一家NET企业成功转市交易。

(五)上市公司再融资

2003年8月，担任西钢转债(100117)发行主承销商。我们根据该公司实际状况和比较各种再融资方式的优劣，有针对性地设计了发行可转债的方案和条款，为其实现了低成本的再融资。

2004年3月，担任佛塑股份(000973)配股主承销商。从该公司改制开始，我们便与其保持良好的合作关系，设计和实施了首发、配股等方案，更有利于该公司的持续发展。

(六)企业改制财务顾问

2003年6月，担任冠豪高新(600433)发行主承销商。针对国家“国退民进”的经济结构调整，结合该公司的特点，我们设计了国有与民营共同持股的改制方案，避免了一股独大，实现了国有与民营的双赢。

面对历史，没有骄傲；面对未来，充满信心。“诚信为本、追求卓越”，广东证券投资银行部邀您携手，励志进取，积极开拓，共创美好未来！

地址：广州市解放南路123号2701室
邮编：510120
联系人：魏素华、傅雯虹
电话：020－83270485、83270523
传真：020－83270485
Email：weisuh@263.net、fwhong@21cn.com

西南证券投资银行

西南证券有限责任公司成立于1999年12月28日，是在重庆市原四家证券经营机构基础上，经资产重组和增资扩股而组建成的全国性大型综合类证券公司。西南证券是国内首家通过ISO9000国际质量管理体系认证的券商，目前注册资本金为16.3亿元，投资银行业务是西南证券的核心业务之一，核准制下始终保持着国内最多的8条通道。在2004年3月举行的首次保荐代表人能力考试中，西南投行又把握住历史的发展机遇，争取到22名保荐代表人的领先优势。

一、先进的经营理念创造领先的投行地位

自2000年西南证券投资银行总部正式成立以来，西南投行始终坚持走集约经营、专业化投行的发展之路。西南投行依托强大的公司实力，秉承“大投行”运作理念，恪守“诚信、稳健、创新、求精”原则，坚持“以客户为中心、质量为核心”，不断开拓创新，以优质的专业服务和旺盛的创新能力为广大客户提供诚实、客观、周全、卓有成效的融资服务。

历经股市的跌宕起伏和风风雨雨，西南投行已经取得主承销三十余家、募集资金超过200亿元的佳绩，自成立以来连续四年保持综合排名全国前十，实力和业绩一直稳居业界前列，根据中国证券业协会完成的2003年度证券公司会员经营业绩排名，西南投行主承销家数全国第三，承销金额39.39亿元，排名全国第七。在投行业树立了规范经营、稳健发展的企业形象，并在不断向更高的目标前进。

二、完备的业务体系铸就强大的市场竞争优势

西南投行在国内同行中较早地进行了专业化改革和业务流程重整，借助国际专业化咨询公司的成果和自身的积累，率先建立承揽承做分离的业务运作体系、质检和定价销售为核心的风险防范体系、垂直运做全面管控的综合体系。在业务发展的同时，真正建立起以投行总部为中心集权管理，以产品线、职能线、地域线三线协调部署的大投行运作模式。

西南证券投资银行总部下设北京、上海、深圳、重庆四大投资银行业务中心，收购兼并部和兰州代表处，以及质量总监室、资本市场部、综合管理部三个职能部门，建立了比较完善的国内市场布局和业务架构体系。公司强大的业务支持系统也是重大项目得以顺利完成的坚强后盾和投行发展的必要保障和助推器：研发中心为投行业务提供行业研究、理论创新等方面的技术支持；资产管理部为投行业务提供资金运作管理；遍布全国各主要城市的30家营业网点和飞虎网为证券发行提供销售渠道。

三、高素质的业务团队是成功的根本保障

西南投行目前已经拥有一支由七十余人组成的经验丰富、规范严谨、业务水平高的投资银行业务团队。所有从业人员均具有大学本科以上学历，其中拥有博士、硕士学位人员占80%以上，人员专业范围涵盖了金融、投资、贸易、财务、会计、法律和管理等多学科和领域，半数以上员工具有多学科的复合行业背景或者律师、注册会计师、注册评估师等专业技术职称，90%以上投行业务人员具有3年以上的投资银行业务实践经验。在以往的业务中，西南证券投行员工一直以严谨的态度、良好的工作质量和优质的服务赢得了企业、管理部门和投资者的赞誉，树立了良好的品牌形象。

当前，西南投行已经拥有22人的保荐代表人队伍，国内排名第六，与前三名的差距也是微乎其微，并且依靠强大的品牌优势和丰富的资源储备，正在积极通过“内部培养与外部引进”两手抓的方式进一步提高保荐代表人的数量与整体质量，以人才优势和资源优势提升综合竞争实力，保障投行的可持续发展。

四、客户至上的服务意识是立足的根本

西南投行成立伊始就制定了核心客户战略，放弃了投行一锤子买卖的短期思维方式，设定了争取、服务、维护、再服务不断循环良性发展的蓝图，从单纯的承销服务逐步向综合服务延伸，从原始的单兵作战向团队集成服务过渡。在业务进行中，投行员工树立一切以客户为中心、全心为客户服务的观念，通过客户行业的独到分析、企业竞争力的透彻认识，根据企业发展的长期目标和现实需求、综合成本的高低等设身处地为客户提供个性化的全方位贴身服务，逐步建立起双方默契的信任和长期战略合作关系。

五、健全的质量内控体系是稳健成长的基石

西南投行清醒认识到投行肩负的责任与使命，始终树立以质量为核心、力求精品项目的观念，并以此成为与市场共赢的法宝，在一次次的市场变革中取得先机。在实际运作中，依托公司整体通过ISO9000质量体系认证的良好契机，进行从承揽、改制、辅导、承做、内核、申报到路演、定价、销售的业务全流程再造，通过全面、动态的考核和监管，建立健全了一整套内部控制制度、体系和机制。由公司分管副总裁亲自出任内核小组负责人，质量总监室则从独立第三方的角度，通过强化立项质检、关键时点现场质检实现风险控制点的前移，通过严格执行四级复核、全程尽职调查等手段实现对项目风险的正确评价与可控性，从公司素质、核心竞争力、发展前景、治理结构及承销风险等方面综合判断项目质量，已经在客户、投资者、监管层心目中逐步塑造"诚信、质量"的公众形象和"敬业、精通"的专业形象，市场信誉度不断提升。

六、不断进取的企业文化是高速发展的动力所在

在整体实力不断增强的同时，西南投行始终把自己定位于"赶超型投行"，积极寻求在承销业务和创新业务上的拓展和突破，在国内首家推出B股上市公司转增A股——晨鸣纸业的发行，以及ST湖山、四川美丰等一系列在证券市场上具有影响力的并购重组案例。为保持强劲的增长势头，西南投行还在最大限度地发掘个人的潜能和价值，打造学习型组织，定期组织员工在管理、法律、财务等方面进行培训和学习，不断提高投行人员的知识、技能和经验积累，确保每名员工的专业化素质和能力能够满足多变的市场竞争需求。在内部管理推行先进的员工KPI业绩考核和目标管理，通过对个人的培养、要求和考核，以适度的压力提高员工的能力和韧性，充分发挥员工的持续学习和创新精神，使每名员工都拥有足够的发展空间和成长机会。在为股市提供大量优秀上市公司的同时，西南投行的一批业务骨干也得到各方的认可和肯定，成为具备行业特色的投行明星。

沧海横流，方显英雄本色。面对全新的保荐人制度，西南投行还要未雨绸缪，不断探索和打造特色化和专业化投行，成就百年投行之大计。

平安证券有限责任公司资本市场事业部

平安证券有限责任公司资本市场事业部以行业研究、财务分析、法律调查等为技术手段，以分支机构为市场前沿，采取专业分工、团队协作的运作模式，最大程度集合公司整体资源满足市场及客户的各种需求。

作为中国证监会1999年批准的首批9家具有主承销资格的券商和首批创业板企业保荐人之一，我们一直秉承"诚信第一、效率第一、客户至上、服务至上"的服务宗旨，近年来取得了不俗的经营业绩，并跻身于国内同行前列。先后承担了深圳万科、湘计算机、深招港、丰原生化、巢东股份、山鹰纸业、明天科技、三佳模具、山东药玻、华阳科技、方兴科技、华芳纺织、亨通光电、好当家、合肥三洋、华兰生物、华星化工、福州大通、浙江广厦等数十家公司的新股发行、再融资主承销及上市推荐工作，并为中通客车、江苏悦达、洞庭水殖、八一钢铁、四川路桥等近百家企业担任了A、B股上市推荐人及财务顾问等。

我们的服务内容主要包括但不限于：

A股和B股发行：

以拟发行上市企业为服务对象，利用公司的人才和专业优势，从企业的股份制改组，到上市辅导和制作新股发行申报材料，直至股票发行上市等各个环节，为该等企业提供缜密和细致的融资方案策划。

A股和B股再融资

在详细分析企业的资本结构、未来发展以及市场状况等方面情况的基础上，为各类上市公司设计个性化的再融资方案，并协助和指导企业完成材料申报、方案实施等工作，实现上市公司融资方式的多样化。

国债承销

以理性的市场判断力赢得了同业及客户的认同，建立了债券业务的市场品牌形象，并且有效地防范了市场风险。自2002年以来已连续两年获得证交所债券市场国债承销团员资格。

企业债券发行

充分挖掘我国债券市场的潜力和发挥债券融资工具所具有的收益稳定、风险较低和要素设计灵活的特点，结合企业财务结构的实际情况，为企业策划并实施一般企业债券和特殊企业债券（如可转换债券、国际债券）的发行，进一步扩大企业融资渠道及融资组合的选择范围。

境外发行上市

境外发行上市是国内企业吸引外资、进入国际资本市场的重要途径。根据国际业务开展的经验，公司为国内企业提供海外上市诸如H股、N股、S股等市场融资的整套方案，包括为企业选择合适的海外融资市场和组建强大的国际承销团，并以境内协调人的身份确保企业发行成功和在海外证券市场上树立起良好的企业形象。

投资财务顾问

利用广泛的客户和信息网络基础，协助企业或投资者进行整个项目融资或投资的方案策划和可行性研究。

收购兼并顾问

作为购并企业或目标企业的代理人，充分发挥公司的专业策划能力，为各方提供但不限于以下的服务内容：接受委托代理购并企业产权，担任委托人的财务顾问，为其物色合适的购并对象或转让对象，并为其策划、制订购并总体方案和财务安排；接受委托参与购并交易的谈判或谈判代理，并为委托人制定完整和具有策略性的谈判方案；接受委托代理起草购并或转让交易中的法律文件，提供委托人所需的法律服务等。

管理咨询顾问

提供各类企业诊断服务，并在企业股权、对外投资、财务、人事、组织结构等企业内部管理方面，提供专业、合理和有效的咨询意见与建议。

证券业务培训和资本市场信息服务

通过讲座、专题研讨、培训等多种形式，对企业及有关机构的负责人和高管人员进行证券业务培训，促进企业在发展过程中的现代企业制度建立和进一步完善；此外，为客户提供全面、准确、及时的关于资本市场政策变化、市场动态、资金需求与供给等方面的综合信息服务。

平安证券投行领先的市场地位

2003年　新股主承销家数3家　全国排名第3位（已有新数据，参阅证券时报6月4日排名情况）

可转债主承销家数1家　全国排名第2位

2002年　新股主承销家数5家　全国排名第3位

上市推荐家数 7 家　全国排名第 4 位
证券承销金额　　　全国排名第 12 位
2001 年　新股主承销家数 2 家　全国排名第 8 位
配股主承销家数 2 家　全国排名第 8 位
证券承销金额　全国排名第 12 位

注明：1、公司 2004 年已发行一家，已过会将发行的 4 家；
2、新股包括增发；
3、数据来源《证券时报》；

中小企业板发行与上市

平安近几年来一直非常关注中小企业板的动向，在项目储备及人才培养等方面都做了充分的准备，在以往的业务中积累了丰富的经验，近三年来由平安主承销已发行的中小企业 IPO 项目有三佳模具、山东药玻、亨通光电；另外，去年及今年已过会的 IPO 项目华兰生物、华星化工即将在深交所发行上市，其中华兰生物将作为中小企业代表第一批发行。平安证券秉承一个大投行的概念，力求建立起一个集发行承销、并购、行业研究、固定收益为一体的稳固结构，更有效的推进投行业务，抵御风险，以适应市场的变化。

联合证券投资银行

联合证券投资银行成立于 1997 年 10 月，经过数年的发展和砺炼，联证投行人以其特有的团结拼搏，只争朝夕的创业精神，在中国证券市场上掀起了一阵阵联证风潮，谱写了一曲曲辉煌乐章。

联证投行是国内最具创新意识和风险意识的投资银行之一，建立了以客户为中心的投资银行业务体系，下设股票公募融资总部、购并私募融资总部、债券融资部、企业融资管理总部，拥有一支专业化程度高、富有进取精神的人才队伍，注重与客户的长期合作，为客户提供全面、优质的融、投资服务。

联证投行按国际惯例推行“专业分工，团队协作”的新型投行运作模式：

（1）按照投行的运作程序，进行专业分工，精细操作，统一协调，充分协作。

（2）按照投行深化服务的要求，推行客户中心制，长期服务，综合配套，项目从属于客户的原则。

（3）按照投行增值服务的要求，提倡行业研究，专题研究，培养投行人员成为行业专家、客户专家，产品专家、公司治理专家、定价销售专家等。

投行优势

证监会颁发大型综合类证券公司牌照；
证监会公布首批保荐机构之一，拥有 18 名代表保荐人；
证券业协会纳入信誉主承销商之列；
超前提倡投行合伙人理念，率先推出“准合伙人制”；
最具创新意识的投资银行之一；
最具风险意识的投资银行之一。

成长的业绩

面对日趋激烈的市场竞争，联证投行积极实施战略调整和转型，强化为客户价值最大化并提供长期的增值服务和专业服务的经营理念，在煤炭、汽车、精细化工、纺织、冶炼等行业具有独特优势，并拥有一批优质客户群。据中国证券业协会统计，联证投行累计主承销新投上市公司 18 家，承担配股主承销 22 家，增发主承销 5 家，可转换公司债主承销 2 家，担任上市推荐人 30 家，从事资产重组或财务顾问 12 家，募集资金总量 200 多亿元，总体承销家数排名位居前十名，募集资金量排名位居前十五名。特别是公司主承销的“国祥股份”，不但开启了外商投资控股企业国内上市的先河，成为推动两岸关系良性发展的一个重要事件，而且在国内证券市场产生了巨大的影响，树立了联合证券投资银行的独特品牌。

2000 年，据证券业协会统计，联合证券主承销企业家数排名第七位；融资金额排名第十一位。

2001 年，据证券业协会统计，联合证券主承销企业家数排名第四位；融资金融排名第六位。

2003 年，联合证券主承销家数排名第十一位；融资金额排名第十五位。

2004 年 1—5 月，联合证券主承销家数排名第五位；融资金额排名第六位。

业务范围

联结发行人，合纵投资者。

投资者客户

资产重组，收购兼并财务顾问
国债与企业债券的承销和兑付
代理销售和推荐证券投资基金单位
中国证监会规定的其它投资银行业务

发行人客户

公司股票首次发行承销，上市推荐及保荐
上市公司配股承销
上市公司新股增发承销
可转债承销发行

主要客户

风险控制永远是投行的主旋律。

新股主承销

贵糖股份	津滨发展	南宁糖业	上海家化
南纺股份	长江水运	江苏阳光	上风高科
天龙集团	新力药业	中联重科	四川宏达
香梨股份	科达股份	江淮汽车	北方创业
国祥股份	大族激光		

配股主承销

青岛东方	丰乐种业	太原刚玉	赣能股份
宏图高科	内蒙宏峰	雅 戈 尔	精密股份
深圳华强	珠海中富	华信股份	惠天热电
甬能隆庙	轻 纺 城	新太科技	南京新百
益 鑫 泰	深 深 宝	燃气股份	数码测绘
华茂股份	澄星股份		

没有企业家的成长，不会有投行家的存在。

主要客户

增发股主承销

兖州煤业	银基发展	丰原生化	华东科技
云铝股份	四环生物		

可 转 债

华 西 村	江淮汽车

上市推荐人

贵糖股份	兰花科创	津滨发展	南宁糖业
江苏阳光	天香集团	上风高科	天龙集团
大庆华科	新 大 陆	中成股份	新力药业
中联重科	三峡新材	宝钢股份	长江水运
中农资源	上海家化	天威保变	南纺股份
基金通宝	基金鸿飞	四川宏达	基金鸿阳
三一重工	香梨股份	科达股份	北方创业
国祥股份	大族激光		

客户中心制必将取代项目中心制。

主要客户

苏三山并购重组案
鼎天科技并购重组案　国投原宜收购案
新疆友好重组案
惠天热电换股收购案　张家界收购案
四通高科收购案
苏物贸资产重组案　宁波华通收购案
纵横国际收购案

债券承销

神龙汽车债券　98 三峡债券
97 吉化债券　五凌水电债券
神马实业债券　97 电力债券
98 江苏高速公路债券　99 宝钢债券
99 三峡债券　97 铁路债券
98 沈阳城建债券　98 中油债券
98 黑龙江电力债券　98 光大债券
98 云南(二期)公路债券　2002 广东核电债券
98 南京电子网板债券　2001 中国移动债券
2002 重庆城投债券

深圳联系方式
地址:深圳市深南东路 5047 号发展银行大厦 10 层
电话:86 755 82492000(总机)
传真:86 755 82493959　86 755 82493496
邮编:518001

北京联系方式
地址:北京市西城区月坛北街道 2 号月坛大厦 17 楼
电话:86 10 68085588(总机)
传真:86 10 68085688
邮编:100045

上海联系方式
地址:上海市浦东陆家嘴东路 161 号招商局大厦 34 楼
电话:86 21 58769078(总机)
邮编:200120

南方证券投资银行

南方证券股份有限公司投资银行业务总部(以下简称“CSSCIB”)成立于 1992 年,为南方证券股份有限公司(CSSC)下设业务部门。CSSCIB 下设深圳、北京、上海三个分部、资本市场部、兼并收购部、综合部,目前在职员工 95 人。业务范围包括:证券发行承销、企业重组、兼并收购、财务顾问及其他策略性服务等资本市场中介业务。自成立以来,CSSCIB 业务不断扩展,形成了覆盖全国 31 个省、自治区、直辖市的投资银行业务服务网络和完善的服务体系,拥有一大批重点核心客户。

一、我们的理念

我们靠真诚赢得客户,靠规范规避风险,靠专业和勤勉获得成功。通过每一位同仁卓越的工作,CSSCIB 创立了一个在市场上信誉卓著的品牌,建立了一支充满活力、开拓创新的队伍,形成了一套行之有效的科学运作机制。

●完善合理的投资银行业务体系;

●为客户提供 360°全方位服务;

●与行业龙头企业紧密合作,崇尚与客户的长期合作,崇尚创新的投资银行;

●业务支撑体系:研究所、经纪业务、国际业务、资产管理业务

CSSCIB 始终关注销售网络和客户资源建设,在金融工具定价、机构投资者维护、新产品设计等方面积累了丰富的经验。

以客户至上为核心的南方证券投资银行文化,建立在团队精神之上。

二、我们的业绩

南方证券投资银行在一级市场业绩排名中曾多次名列前茅,始终保持了领先的行业地位,表现了在投资银行领域独特的洞察力。

1、历年业绩

●截止 2004 年上半年,完成主承销 219 家。其中 A 股首发 66 家,B 股首发 17 家,增发 15 家,配股 109 家,可转换债券 3 家,企业债券 9 家。完成上市推荐 145 家,财务顾问 42 家。历年承销总金额共计 970.70 亿元人民币;历年承销总股数共计 123.864 亿股。

2、市场排名

●1997 年市场排名:主承销:47 家,主承销家数排名第一;主承销总金额 125.81 亿,主承销总金额排名第一。

●1998 年市场排名:主承销:25 家,主承销家数排名第一;主承销总金额 64.06 亿,主承销总金额排名第三。

●1999 年市场排名:主承销:16 家,主承销家数排名第四;主承销总金额 69.32 亿,主承销总金额排名第三。

●2000 年市场排名:主承销:35 家,主承销家数排名第一;主承销总金额 201 亿,主承销总金额排名第一。

●2001 年市场排名:主承销:13 家,主承销家数排名第四;主承销总金额 104.15 亿,主承销总金额排名第三。

●2002 年市场排名:主承销:5 家,主承销家数排名第四;主承销总金额 36.35 亿,主承销总金额排名第三。

●2003 年市场排名:主承销:7 家,主承销家数排名第一;主承销总金额 104.15 亿,主承销总金额排名第三。

●2004 年上半年市场排名:主承销:4 家,主承销家数排名第一;主承销总金额 49.18 亿,主承销总金额排名第二。

3、创新业务

创新是南方证券投资银行永恒的主题。在新品种、新业务的开发方面,南方证券创造了中国证券市场的多个第一。

1995 年

●首例可流通的非流通股配股权证一江苏悦达

●主承销国内第一只上网定价发行的股票一粤宏远 A

●国家股有偿转让一一汽金杯

1997 年

●国内首例借壳上市一兰陵陈香

1998 年

●主承销国内第一批非上市公司发行的可转换债券一丝绸转债

●国内第一次由主承销商与发行人共同商定发行价格一湖南高速

●担任中国第一家封闭式共同基金的发行协调人一基金开元

1999 年

●国内首例上市公司回购并注销国有法人股一申能股份

●策划并操作中关村 A 股换股增发项目的重组方案,妥善解决了长期困扰市场的“琼民源”问题,并得到各方的认同一中关村

●主承销第一批A股增发项目之一，并被主管部门评为最为市场化和国际化的增发

项目一东软股份

●策划并操作深市首例上市公司吸收合并案一正虹饲料吸收合并湘城实业

2000年

●设计并主承销中国第一只上市公司可转换债券一机场转债

●主承销沪市首家采用法人配售方式发行、并首创“建业股息”概念的股票一桂冠电力

2002年

●H股企业采用网上累计投标询价方式增发A股一海螺水泥

4、备受赞誉的代表项目

●四川长虹

在成功地将四川长虹塑造为绩优蓝筹股后，1997年和1999年两次策划了四川长虹配股，为四川长虹在资本市场上筹集了巨额的资金，满足了四川长虹扩大生产规模的资金需求。

●中关村

1999年，创造性地提出了“发起设立、定向增发、等量换股、增发新股”的思路，嫁接了“中关村”和中国股市的遗留问题股——“琼民源”，赢得了政府主管部门、“中关村”、“琼民源”、二级市场投资者四赢的局面，获得了证券市场参与各方的一致好评。

●东软股份(东大阿派)

1999年，在中国证监会确定的第一批上市公司增发试点——东大阿派增发项目中，研究设计了最具市场化的发行方案，发行对象全部是证券投资基金，采用竞价方式确定发行价格，充分保护了新老股东的利益。

●申能股份

1999年，作为财务顾问，成功地协助申能股份以现金定向回购国有法人股并注销，提高了公司的净资产收益率，开创了国内上市公司回购股份的先河。

●北大荒

2002年，国内第一家大型种植业企业公开发行股票，根据行业特点，创造了土地处置中以“承包”方式取得土地使用权的先例。

●海螺水泥

2002年，作为一家H股上市公司，通过在A股市场增发股票，成功地完成了对国内部分水泥制造厂商的收购，提高了公司的市场占有率，使之成为行业龙头企业。

5、国际业务

南方证券积极开展国际业务，近十年来，共完成B股主承销18家并首次成功地发行了美国存托凭证(ADR)。此外，公司深市B股交易量也一直名列全国第一。

●代表项目：深南玻　鄂尔多斯　京东方

三、我们的团队

南方证券拥有员工2200人，其中投资银行业务人员95人。

南方证券投资银行拥有一个强大而稳定的团队，平均从业时间在5年以上，97%拥有证券代理发行从业资格，具有硕士以上学位者占53%，具有博士学位者占5%。

四、我们的客户

南方证券的客户遍及全国31个省、自治区、直辖市。南方证券投行业务始终关注重点地区(长江三角洲、珠江三角洲以及以北京为中心的环渤海经济带)、重点行业(电力、石化、钢铁、基础设施、有色金属、金融、电子信息、家用电器等)的企业，为其提供独到的融资、合并收购以及其他策略性服务。同时，南方证券拥有庞大的零售网络。

所获荣誉

●2001年5月，在中国证券业协会主办的中国证券市场2002年度信誉主承销商评选中，南方证券投资银行荣获“信誉主承销商”称号；

●业内首家通过ISO9001国际质量管理体系认证的投资银行

2002年6月，南方证券投资银行业务获颁ISO9001:2000版CNACR认证和美国注册认可委员会认可证书(RAB)，在业内首家通过ISO9001国际质量管理体系认证。

●2003年荣获南方证券2000—2002年度先进集体称号

●2001年荣获南方证券2000—2001年度先进党支部称号

单位名称：南方证券股份有限公司投资银行业务总部
地址：深圳市嘉宾路4028号太平洋商贸大厦22层
邮编：518001　电话：0755—82138888
传真：0755—82138274　82138227
电子信箱：csscib@email. sostock. com. cn

巨田证券投资银行

巨田证券创建于1987年9月，前身为深圳经济特区证券公司，是新中国第一家专业性综合类证券公司，也是我国最早从事证券承销和B股特许承销的机构之一，改制发行第一只股票一深发展(000001)、第一只可转债一宝安转债，创下中国证券市场多项第一，也是保荐制下首批保荐机构。

巨田投资银行事业部实行业内一流的大投行运行机制和运作模式，实行业内独树一帜的业务董事制管理模式，建立了开放的投资银行事业平台，业务范围覆盖全部投资银行传统承销业务和创新业务，在人才、专业技能、经验、业绩和综合协调能力等方面具有突出优势，在中国投资银行业务激烈的竞争中不断超越。截至目前，公司投资银行部先后参与了上百家企业的股份制改造，主承销25家上市公司的股票首次发行和33家上市推荐工作，为近百家上市和非上市公司及有关政府机构担任投资顾问或财务顾问，在市场上赢得了广泛的声誉。

近两年来，公司投资银行业务开展业绩突出。在股票承销业务领域，已成功发行上市的欧亚集团配股、中信海直配股、北矿磁材IPO、思源电气IPO等受到证券市场的高度关注和追捧。债券业务及财务顾问业务取得了突破性进展，同时还储备了一批质地优良的辅导项目。公司投资银行事业部蒸蒸日上的突出业绩，使公司在中国证券市场投资银行业务领域获得了良好的信誉和广泛的认同。

地址：深圳市彩田南路证券大厦
电话：0755—83379333(总机)
传真：0755—82990006
北京市朝阳区东三环北路1号恒安大厦13层
010—65952781　010—65952751
上海市淮海中路398号世纪巴士大厦20楼
021—63851907
网址：http://www. jtchina. com

华林证券投资银行

华林证券系经中国证监会批准，由江门证券增资扩股并更名的综合类证券公司，目前注册资本为8.07亿元，公司资产质量优良，2002年净资产收益率在全国百余券商中排名前10位，2003年人均利润总额在全国122家券商中排名第30位。

华林证券有限责任公司是中国首批保荐机构。公司按照国际化、科学化的模式整合了投资银行业务，业务部门由投资银行部、融资并购部组成，并下设审核研究部、资本市场部、综合部等职能部门，体现了专业化分工和全方位服务的优势。

投资银行部、融资并购部作为公司投资银行业务的业务管理部门，致力于与中国优秀企业建立战略伙伴关系，为客户提供从IPO发行、再融资等主承销业务，到项目融资、股权私募、收购兼并、财务顾问、企业重组、国企改制、管理咨询等全方位深层次服务。

投资银行特色

(1)追求卓越的精英团队：

华林证券以富有激情的激励机制和高度市场化的运作模式吸引了一批高水平、高素质的资深投资银行专业人士，分别来自于国内一流券商，主持和承做了包括发行承销、收购兼并、资产置换、私募融资等在内的各种类型业务，积累了丰富的市场经验。在“快乐投行，打造精品”的原则下，这支队伍将不断为客户打造成功的资本运作案例。

(2)“一条龙”作业

投资银行部、融资并购部承揽了公司所有的一级市场业务，可以根据企业的具体情况和要求提供如上所述全方位的一级市场服务。我们一般由投资银行部、融资并购部、综合研究所为企业上市提供一条龙服务。

投资银行理念

投资银行不仅是产业和资本的中介，更是社会财富的创造者。发现、优化和提升客户资产的价值，并通过资本市场运作得以增值变现；

创造金融产品，设计科学的交易模式，将多种金融平台有机结合，通过价值发现和价值创造，以客户资产成本价值的合理倍数从资本市场直接融资。

投资银行业务的主要优势

(1)卓越、高效的投行精英团队一是您成功的保证

华林证券以灵活高效的投资银行业务运作机制和打造“中国美林”的激情，从各大券商中吸引了一批高水平的资深投行专业人士，博取各家之长，形成了有自己独特风格的投行精英团队。团队中的大部分成员都是证券市场的早期开拓者和行业中坚力量，经历了证券市场的发展与起伏，不仅业务精通，更具备丰富的市场经验与良好的心理素质，其平均五年以上的投行工作经验、丰富的专业知识，将成为贵公司股份制改造、股票发行、收购兼并等业务成功的有力保证。

(2)出色的协调沟通能力——是您顺利推进的润滑剂

华林证券投资银行业务从获得“承销通道”到成功推荐企业首发上市挂牌，仅用了短短9个月时间，创造了证券市场的“华林速度”。与各相关部门及中介机构协调，出色的公共沟通能力可谓是其成功的重要因素，这也将成为顺利推进今后企业股份制改造及上市过程中减少中间环节，高效率、高质量地完成发行上市工作的润滑剂。

2003年4月21日，公司正式取得增资扩股后的新营业执照；

2003年5月20日，公司取得经营证券业务许可证；

2003年11月24日，公司取得主承销资格；

2004年1月19日，公司取得承销“通道”；

2004年1月20日，公司向证监会正式申报企业首发申请材料；

2004年5月，公司成为中国首批保荐机构。

2004年9月9日，公司主承销双鹭药业挂牌上市。

2005年1月14日，公司成为首批合格询价机构。

强大的立体研究能力——是您把握政策与市场脉络的指南针

研究部门对华林证券每一单投资银行业务进行的全力配合，对项目相关的经济、市场、政策、行业和企业长远发展进行细致深入的研究，为企业的长远发展提供有益的帮助。

华林证券在成立之初就把研究所定位为公司的重要支柱部门，目前研究所拥有各类研究人员大多为硕士以上学历，相当多的研究人员具有各种专业高级职称。

研究所是一个开放的体系，除不断加强自身研究能力外，特别重视利用外界各种智力资源，与国内外许多著名专家院校、科研机构和政策决策部门建立了长期稳定的合作关系。

研究所为客户提供全方位、立体的研究内容，包括各类信息的收集与处理；国民经济运行趋势研究、产业政策咨询；金融品种的创新与开发；企业策划与财务顾问等等。

已经完成和部分正在进行的项目

项目名称	类别	公司角色
北京双鹭药业股份有限公司	首次公开发行	主承销商
浙江城市发展股份有限公司	首次公开发行	主承销商
亨通光电股份有限公司	首次公开发行	副主承销商
华纺纺织股份有限公司	首次公开发行	副主承销商
涪陵电力股份有限公司	首次公开发行	副主承销商
中油化建股份有限公司	首次公开发行	副主承销商
中金黄金股份有限公司	首次公开发行	副主承销商
三元食品股份有限公司	首次公开发行	副主承销商
凤帆股份股份有限公司	首次公开发行	副主承销商
宁波热电股份有限公司	首次公开发行	副主承销商
武钢股份股份有限公司	再融资	分销商
常山纺织股份有限公司	财务顾问	
广西黑五类食品集团有限公司	财务顾问	
广东广建股份有限公司	财务顾问	
韶能股份有限公司	财务顾问	
广州冷机股份有限公司	财务顾问	
广州长江食品有限责任公司	财务顾问	

地　址：深圳市振华路21号航天立业大厦三楼
邮政编码：518028
联系电话：0755—83749715
传　真：0755—83749653
公司网址：www.chinalions.com

华欧国际证券有限责任公司

华欧国际证券有限责任公司("华欧国际")是中国入世后获准设立的首家中外合资证券公司,注册地在上海。股东为中国市场综合实力位居前十位的湘财证券有限责任公司及亚太区领先的里昂证券亚太区市场。

华欧国际于2003年4月25日在人民大会堂举行了双方股东之间就合资公司运营协议的签字仪式,中国总理温家宝和法国总理拉法兰出席,标志公司正式成立运营。公司董事长为陈学荣先生,总经理为朱德贞女士。

华欧国际是一家专门从事投资银行业务的证券经营机构,主要从事股票(包括人民币普通股、外资股)和债券(包括国债和企业债券)的承销以及以企业并购为核心的财务顾问业务。

华欧国际在2004年共完成了7单主承销和保荐业务,其中包括5单首发和2单再融资,总募集资金额近30亿元。按发行家数计,在业界排名第一。其中在2004年12月进行的上海振华港口机械(集团)股份有限公司A股增发项目,更是以具有定向配售和选择配售权新概念的创新性发行方式吸引了来自机构投资者逾200亿的申购资金和近100倍的超额认购,成为2004年证券发行市场的一道亮点。

华欧国际在2004年还为多家知名企业担任财务顾问,为其在国内外资本市场上提供并购、私募、业务整合、资产重组等方面高品质的投资银行服务。

作为一家中外合资证券公司,我们的一个特殊优势在于理解境内外两个市场,能够为企业在境内外两个市场上的融资行为做通盘考虑,以最佳的方式、最低的成本、最小的风险、最快的速度满足客户的融资需求,在全球资本市场范围内为企业的发展提供资本市场的支持。我们不仅仅是企业融资的一个安排者,更是企业发展的战略总顾问。我们认为企业的任何融资行为都只是一种手段,而不是目的。作为一个有长远眼光的投资银行,我们从企业的长远发展战略出发,结合企业当前发展的特定阶段和当前资本市场的状况,与所服务的企业进行全方位的合作,为企业提供量身定做的解决方案,制定既有助于实现阶段性效益目标,又有利于推进长远发展的一揽子的战略性资本运作方案。

我们承继双方股东与政府和投资基金长期形成的良好的工作关系,借助于中外双方股东的资源,向全球的投资者推介国内优秀的企业。我们为国内优质企业引入高品质的战略投资者,为境外的基金和其他投资者在境内寻找高回报的投资目标,实现国际资本的跨境流动,为企业提供实施战略方案所需的融资支持。

作为一家与国际接轨的投资银行,我们拥有一整套严格的交易审核程序、项目操作规程和风险控制机制。合资伊始我们进行了脱胎换骨的业务流程再造,编制了投资银行业务操作手册,从项目立项起就引入全程项目管理,各个环节都有明确的操作守则和业务规范,任务明确,责任落实,将每一个项目都做成精品工程。

我们拥有一支优秀的专家型、国际化的双语业务团队。我们的员工来自海内外知名的金融机构,不同背景的员工在华欧相互学习,优势互补,作为一个团队以集体的智慧为客户提高一流的投资银行服务。

华欧定位于一家"技术型"的投行。我们在"发现价值、创造价值、实现价值"的理念指引下,致力于为企业客户的成长提供高技术含量的专业意见和增值的技术服务。我们建立健全了具有国际标准的投资银行业务工具库,引进应用西方投资银行界通行的技术工具,并将其创造性的引入中国的市场"语境"之中,以实现中国投资银行界的技术升级,达到更好地挖掘企业价值的终极目标,实现资本市场上的多赢。

华欧一直注意吸纳双方股东的文化精华,形成自身的文化主张。我们将"承诺是金、人本立正"的企业文化作为每一位员工为客户服务的出发点。在"正"、"信"的原则下,我们将企业文化精神中对"道"的理解落实到责任心、职业素养、敬业精神和客户服务意识上去,将对"术"的追求落实到技术水准、审慎作风和创新意识上去,并将此二者有机地结合起来,形成充满务实精神和包容性的独特的华欧企业文化。

我们致力于建立中国自己的"高盛一福特"式企业与投行间的长期战略关系,与我们的客户一起成长,为中国企业实现从优秀到卓越的跨越,为中国本土企业的作大作强提供投资银行家的专业帮助。客户第一、与客户共同成长,是我们对客户永久不变的承诺。

华欧国际证券有限责任公司
地址:上海浦东银城东路139号华能联合大厦1楼
电话:(021) 3878 4818
传真:(021) 68865411/68866697
邮编:200120
E—mail:info@cesl. com. cn

华西证券投资银行

华西证券投资银行业务秉承"助你成功、共享成果"的公司理念,建立了为客户提供一流投资银行服务的先进的、高效率、高品质的业务管理制度,华西证券投资银行业务正致力于迈向一个新的更高层次的台阶。

优秀的投资银行业务团队

华西证券的新投资银行团队作为中国证券市场的早期实践者近数年来取得了业界共同称赞的经营业绩和荣誉,团队成员在资本运营方面有着最为确切、真实的经验和专业技能。

华西证券拥有发行保荐机构和主承销商资格,拥有17名已经注册和正在注册的经验丰富的保荐代表人和一支由金融、管理、会计、法律、工程技术方面的硕士、博士等六十多名专业人员组成的诚信、高效的精英团队。团队成员富有创新精神和工作热情,严谨而不刻板,创新而不随意,精通证券市场各种专业技能,可为客户量身定制高水平的解决方案,追求完美的执行效果。

与客户共同发展的独特的投资银行核心价值观

华西证券投资银行希望利用其专业能力为优秀的企业提供超预期服务,同时期望我们的合作能够实现企业最合理、最有效的资本运营模式,成为中国资本市场证企合作的典范。

华西证券投资银行业务的核心价值观念建立在"助你成功,共享成果"的公司理念基础上,投资银行业务的开展还将体现我们的以下核心价值观念:

1、坚持公正、公平、公开的管理原则;

2、追求卓越,同客户形成长期稳定的战略伙伴关系;

3、为公司创造利润,为公司其他部门创造业务机会;

4、鼓励团队合作,共享团队利益;

5、重视个人职业发展的规划及个人能力的提高;

6、崇尚高度的敬业精神,追求国际一流的专业水准;

7、对社会、公司、团队及家庭具有责任感;

8、以机制创新吸引优秀人才，靠优秀人才打造核心竞争力；

9、培养员工具备训练有素的思想、训练有素的行为，成为训练有素的人。

先进的投资银行管理体制

华西证券投资银行业务改变目前市场通行的项目小组“大包大揽”的做法，而是采用项目协调人和综合项目小组的形式开展，具体形式表现为：

一是根据客户的不同要求（即客户需要的特定形式的投资银行业务服务），确定项目协调人；

二是项目协调人根据项目的需要，协调内部的业务合作关系，根据具体内容的不同分别协调投资银行内部工作人员、研究中心工作人员、内核工作人员的任务和交流。具体包括方案研究、项目现场工作、内部审核等内容；

三是投资银行总部对投资银行业务中涉及的专案问题建立标准化、模块化的知识库，每个有经验的投资银行业务员工参与一或两个知识模块的建设，方便员工使用和借鉴投资银行专业经验。

为客户提供全方位服务

2004年度，华西证券投资银行为国内首家中小企业板上市公司——浙江新和成股份有限公司提供主承销商服务；同年，为国内近年来唯一再融资的旅游概念股——峨眉山旅游股份有限公司A股配股提供主承销商和保荐服务。

华西证券投资银行先后承担了中川国际、川盐化、广华化机等项目IPO或再融资的主承销工作以及20余家上市公司再融资的承销工作。成功为攀钢集团、川投集团、华能电力、黔江交通、聚脂股份等企业发行短期融资券、重点建设债券，并承担了多次国债、企业债、可转换公司债的承销工作。

华西证券投资银行结合公司整体资源，创建提供多品种、多样化、全方位的投资银行服务的业务体系：

立足于全新的管理理念，先进的管理体制以及强大的专业人才团队，华西证券投资银行将致力于成为客户的高级金融顾问，提供量身定做的金融服务，发展长期的战略合作关系。

河北证券投资银行

一、公司简介

河北证券有限责任公司是我国首批十家获得股票主承销商资格的券商之一，成立于1988年6月。经过十余年发展，公司的经营业务领域已从成立之初单一的代理国债、企业债券的发行与兑付，逐步发展成为以证券经纪、投资银行、资产管理、债券发行、基金管理等为主业的综合类业务的证券公司。

二、投资银行部简介

公司投资银行总部下设投资银行总部北京分部、上海分部、购并重组业务部、政策研究部，并由公司市场研究部和法律部提供二级市场研究、法律法规研究支持，使公司能够为企业提供从财务顾问、上市辅导，到发行承销、二级市场维护的全方位投行业务服务。

1、为全力开拓投资银行业务，适应投行业务发展趋势，我公司通过广纳贤才、内部培训等方式，不断提高投行队伍的整体素质，经过多年的发展壮大，我公司投资银行部培养和凝聚了一大批年富力强、勤奋敬业、工作扎实、勇于创新的高学历人才。目前投资银行部员工全部毕业于北京大学、复旦大学、西安交大等全国、省重点大学，70%以上成员为硕士、博士，全部取得证券从业资格。2004年5月，公司成功申请保荐机构资格。

三、投资银行业绩

自1999年至2003年，我公司完成主承销项目五项：东方热电（000958）1999年首发、许继电气（000400）1999年配股、裕丰股份（600559）2002年首发、青松建化（600425）2003年首发、风神股份（600469）2003年首发；副主承销项目七项：河北宣工1999年首发、天威保变2001年首发、南京晨光2001年首发、安阳钢铁2001首发、江西铜业2001年公募增发A股、新兴铸管2001年配股、新农开发2001年配股等；此外，公司还以分销商或上市推荐人的身份参与了新农开发、保定天鹅、葛州坝、唐钢股份、瑞贝卡等30多家公司的股票发行工作。

公司的投资银行业务经历了从稚嫩到成熟的发展过程，特别是实施核准制后发展较为迅速，2002年、2003年我公司先后辅导、推荐并主承销了三家股份公司的股票发行上市，其中：

“裕丰股份”项目是我公司从改制、辅导验收、材料制作到申报推荐全过程参与的首家核准制下的主承销项目，其成功发行，标志着我公司已完全具备在核准制下独立承担主承销业务的素质和能力，成为公司投资银行业务发展过程中一个重要的里程碑；同时，作为河北省资本市场上首家农业产业化的上市公司，裕丰股份的成功发行上市为其他农业企业及农村经济发展树立了一个创新典范，即以资本为纽带，把分散的农户组成庞大的产业链，从而有效地改变传统农业的经营模式。

“青松建化”项目则创造了我公司从申报推荐到通过证监会审核仅用三个月的骄人成绩，充分展示了我公司投行人员业务水平的精湛和工作的高效；“风神轮胎”项目更为公司投行事业的发展增添了光彩。三个项目各具特色，且分别由三个项目组从改制辅导到推荐发行的全程参与和成功完成，也证实了我公司投行业务人员整体实力处于均衡的业内较高水平。

我公司投资银行业务的迅速发展正体现了公司所秉承之“宁静致远、蓄势待发”的经营理念。在保荐制度下，公司投行业务的开展将继续坚持“立足证券市场的内在需求，着眼于潜在项目的培养和挖掘，通过全程顾问服务来吸引客户，通过优质高效工作来争取客户，通过优良业绩和真诚服务来留住客户”的理性竞争、创新和诚信敬业精神。

投资银行总部联系方式：

通讯地址：河北省石家庄市裕华东路81号冶金大厦16层

邮　　编：050019

联系电话及传真：0311－6983358

网　　址：http://www.hbzq.com.cn

E—mail:gsthb@mail.hbzq.com.cn

国联证券投资银行

国联证券有限责任公司地处中国最富经济活力和最具发展潜力的地区——长江三角洲经济区，其前身是无锡证券有限责任公司，成立于1992年9月，2002年增资扩股完成后注册资本10亿元人民币。经过10年的发展壮大，国联证券的业务范围从单一的经纪业务拓展到证券自营、投资银行、资产管理等证券类核心业务。自成立以来，国联证券一贯遵守各项法律法规，在各项业务活动中坚持贯彻守法经营的原则，从未受到中国证监会等相关部门处罚。增资扩股后，为了适应业务发展的新需要，公司修订完善了内部控制制度，对公司的各类职能部门进行了进一步规范，使公司各项经营管理活动得以更加有序、健康、稳定的运行。公司连续六年利润稳步增长，2003 年度完成证券交易总额 441 亿元人民币，实现利润总额 10546 万元人民币。根据上海证券交易所的行业统计信息显示，公司 2003 年营业利润率排名第一、净利润排名第七位、净资产收益率排名第七位。

国联证券的发展史

1992 年无锡市证券公司成立，注册资本 3200 万

1993 年成为无锡地区最早的也是唯一的上海证券交易所和深圳证券交易所会员

1993 年 4 月，作为副主承销商成功发行太极实业股票

1994 年，获得投资咨询牌照

1998 年公司名称由“无锡市证券公司”更名为“无锡证券有限责任公司”，注册资本 5000 万

2001 年 9 月公司获得了经营外资股业务资格

2001 年 12 月公司由“无锡证券有限责任公司”更名为“国联证券有限责任公司”，注册资本 10 亿，业务范围比照综合类券商执行

2002 年 7 月公司获得受托投资管理业务资格

2002 年 10 月公司获得 A 股主承销商资格

2002 年 10 月公司获得全国银行间同业拆借资格

2003 年 9 月国联基金管理有限公司获准筹建并于 2004.3.18 日正式成立

控股股东

无锡市国联发展(集团)有限公司(简称国联集团)成立于 1999 年 5 月 8 日，是一家由无锡市政府出资设立并授予国有资产投资主体资格的、集金融证券、电力投资、电气设备生产于一体的全方位、多功能、立体化、国际性的国有独资企业集团。注册资本金 12.8 亿元人民币。到 2003 年末，国联集团总资产近 100 亿元人民币，净资产 25 亿元人民币。主营业务收入 8.44 亿元人民币，当年实现利润 2.93 亿元人民币。

投资银行部的业务范围及提供的服务

1、大投行的概念

(1)证券 IPO 业务

证券 IPO 是投资银行的核心业务，也是整个投资银行业务的基础。国联证券拥有一支优秀的项目团队，本着“真情回报社会、智慧创造财富”的理念，为客户量身设计证券发行方案，帮助客户在国内主板、创业板以及境外资本市场以最小的成本筹集最大的资金。

(2)上市公司再融资业务

国联证券以满足客户需求为己任，以保持客户合理财务结构为前提，根据资本市场实际状况，为客户设计最佳再融资方案，选择增发、配股、可转债等多种再融资工具，满足客户的持续融资需求。

(3)收购兼并业务

收购兼并是企业最重要的扩张方式之一，也是现代投资银行业务的重要组成部分。国联证券投资银行总部下设收购兼并部，按照客户的要求，为客户提供如下服务：

▲寻找兼并与收购的对象

▲制定并购方案

▲反恶意并购

▲并购融资

(4)改制重组业务

针对非股份制企业客户的不同特点和实际情况，国联证券为其设计、实施富有个性、全面系统改制方案，并为客户选择 IPO、买壳等适宜的上市途径。遵照客户要求，国联证券还为客户制订资源整合、组织再造、产业调整等全套资产重组方案。

(5)项目中介业务

凭借丰富的信息资源和强大的行业分析能力，国联证券为客户精心挑选市场前景好的投资项目，为客户提供新项目评估、论证、实施等全方位的顾问服务。

(6)项目融资业务

国联证券与律师事务所、会计师事务所和行业专家等中介机构紧密合作，为客户进行项目可行性研究，设计项目融资方案，帮助客户以最佳的方式融通项目所需资金。国联证券为客户提供项目评估、融资方案设计、法律文件起草等多方面的项目融资顾问服务。

私募是一种面向特定投资人的权益融资行为。国联证券为客户提供融资企业尽职调查、撰写商业计划书、融资方案的整体策划、设计与协助实施、协助企业进行融资推介和谈判、协调审计、评估和法律等中介机构，完成相关文件的制作、协助处理与股权变动相关的交割、验资、工商变更注册等服务。

2、团队介绍

国联证券投资银行业务团队奋发、进取、充满活力，其中有：

■从事股票发行十余年，将众多知名企业引入证券市场的资深专家

■留学、海外进修，融汇中外专业知识的新锐

■专业人才覆盖财会、经济、金融、投资、法律、中外管理等诸多方面

■各学科专业人才优势互补、协调配合，用敏锐的眼光和快速反应能力为客户提供全方位服务

人才结构：

◆共有员工 20 人，均具有证券从业资格

◆平均年龄：28 岁左右

◆博士占 11%

◆硕士以上学历者占 64%

◆具有注册会计师资格的员工占 11%

◆具有律师资格的员工占 21%

江南证券投资银行

江南证券有限责任公司是经中国证券监督管理委员会批准设立的综合类证券公司，控股股东为深圳中航集团(中国航空技术进出口深圳公司)。目前，公司在全国设有 17 家证券营业部、9 个证券服务部。

江南证券一直高度重视发展投资银行业务。2003 年 6 月，为建立更有效的运作机制，促进投行业务快速发展，江南证券公司决定，投资银行部门在运作机制上，实行独立核算、独立考核，保持运作的相对独立性。在人员集中并引进优秀人才加盟的基础上，江南证券投行确立了总部集中的大投行模式。

2004 年 5 月，江南证券登记注册为首批保荐机构，在 2004 年的两次保荐代表人胜任能力考试中，江南证券投资银行事业部共有 8 人通过考试。目前，江南证券投资银行事业部拥有 6 名保荐代表人。

2004 年 9 月，经江南证券公司运营委员会研究决定，江

南证券设立投资银行事业部，下设综合管理部、深圳业务部、北京业务部、上海业务部、并购业务部和资本市场部六个部门，员工共计32人，其中10%拥有博士学位，65%拥有硕士学位。

江南证券投资银行事业部注重业务学习和培训，打造一支优秀的投行专业队伍。它曾多次邀请上海证券交易所、深圳证券交易所等机构的资深人士为业务人员授课，提高业务水平；多次派人参加国内外知名机构组织的业务培训；多次组织投行人员就业务中的一些具体问题进行案例分析。

江南证券投行事业部注重项目开发，积极利用各种优势，大力开拓华东和华南市场。2004年12月，江南证券保荐的安徽山鹰纸业股份有限公司增发项目顺利发行。地处上海、深圳、中山、南京、杭州等地一些上市辅导项目、首次公开发行项目及上市公司再融资项目在积极推进。地处浙江、山东等地的并购项目和财务顾问项目取得阶段性突破。

江南证券投资银行事业部全体员工精诚团结，积极进取，争创一流。在中国经济、中国资本市场快速发展的历程中，江南证券投资银行事业部正在与中国经济、中国资本市场共成长，铸辉煌。

江南证券投行事业部地址及联系方式：

深圳业务部、资本市场部、综合管理部、并购业务部：深圳市深南中路3024号航空大厦29、30层

邮编：518031

电话：0755－83688421、83688206

传真：0755－83688517

上海业务部：上海市漕溪北路18号上海实业大厦10层G座

邮编：200030

电话：021－64274833

传真：021－64274833

北京业务部：北京市朝阳区安立路甲56号南楼

邮编：100012

电话：010－84802075

传真：010－84802023

渤海证券投资银行

渤海证券有限责任公司（简称渤海证券）是经中国证监会批准设立的具有股票主承销资格的全国性大型证券公司。公司注册资本金为23.17亿元人民币。

公司总部设在天津，下设北京、上海两个管理总部，以及遍布全国的31家证券营业部。公司业务范围包括：证券的承销和上市推荐；证券的代理和自营买卖；证券的代保管、鉴证和过户；代理还本付息、分红派息等权利分派业务；基金业务；资产委托管理业务；证券抵押融资业务；企业重组、收购兼并业务；投资咨询、财务顾问业务以及外币证券业务。

投资银行业务为渤海证券的核心业务之一，对公司的发展至关重要。近年来，公司曾先后以主承销商、上市推荐人、副主承销商、财务顾问等身份完成了津国商、天津磁卡、天水股份、圣雪绒、特精股份、中新药业、天药股份、先锋股份、天大天财、津滨发展、清华同方、首创股份等50余家公司的股票承销、上市推荐工作以及9家企业债券的发行工作。

渤海证券将投资银行业务作为公司业务发展的重点，吸收了一大批具有硕士以上学位，并具备证券代理发行从业资格，注册会计师、注册律师、注册资产评估师以及其他国际认证的执业资格的，具有国内和海外从业经历的投资银行专业人才，完成了知识多元化、人才多样化、员工年轻化、操守职业化的队伍建设。

渤海证券投资银行总部的主要业务包括：担任股份有限公司首次公开发行、上市公司发行新股的主承销商及上市推荐工作；为上市公司策划并承销可转换公司债券；为企业改制重组、规范运作、海外融资跨境资本运作、收购兼并等提供专业化的辅导及财务顾问工作；承销基金；承销企业债。渤海证券投资银行总部下设天津分部、北京分部、上海分部、质量控制部、综合管理部。

大鹏证券融资服务公司

融资服务公司作为大鹏证券模拟公司化运作的子公司，为机构客户提供证券发行上市保荐承销、债权和项目融资、财务顾问和咨询以及固定收益产品等专业化融资与投资服务。

业务资格

证券发行主承销商、保荐机构；记帐式国债银行间市场甲类承销商；记帐式国债交易所市场甲类承销商；

国家开发银行金融债承销商；国家进出口银行金融债承销商。

业务功能

投资银行业务：为首次公开发行融资客户提供企业改制、辅导及发行上市的保荐和承销服务；为上市公司融资客户提供增发、配股、可转债等融资产品方案设计及发行上市和承销服务；为企业提供收购兼并、境外上市以及结构性融资等方面综合性的顾问服务；为融资客户提供证券市场的信息以及其他相关服务；维护券商间的良好关系并积极参加承销团。

固定收益业务：为 融资客户提供企业债券融资服务；为机构投资客户 提供固定收益产品并提供债券销售后的柜台交易和其它服务；为客户提供固定收益产品新品种的开发设计、研究与投资建议以及自有资金的投资与交易服务。

风险控制

实行业务管理委员会工作制度，对项目进行评估和确立，确保业务运作的合规性和专业性，有效地控制项目风险。

业务管理委员会下设风险控制部，负责及时控制业务流程，揭示业务风险；

业务团队

融资服务公司业务团队由50多人组成，90 %以上人员具有三年以上的从业经验，大部分具有硕士以上学历，在法律、会计、金融、管理等方面具有业务专长。其中11人获首批保荐代表人资格。

经营业绩

股权融资业务：

公司先后担任了61次企业股权融资的主承销商，总融资额达到172亿元 。

主要客户有：

东阿阿胶 风华高科 鲁银集团 正虹饲料 浙江震元 山东电缆 四川美丰 太原刚玉 龙涤股份 云内动力

双马水泥 邢台轧辊 浪潮信息 波导股份 龙电股份 中发展 盘江股份 中铁二局 中新药业 京能热电

柳州化工 杭萧钢构 江苏悦达 盐湖钾肥 民丰特纸 厦工股份 西藏明珠 浙江中大 穗恒运 中福实业

湖北宜化 青海明胶 通程东百 祁连山 寰岛实业 牡石化 湖北中天 康赛集团 五矿发展 粤宏远

西单商场 永安林业 湖北车桥 北海新力 青山纸业 西藏矿业 胜利股份 皖维高新 韶钢松山 厦门建发

中国武夷 沱牌曲酒 华神集团 天歌科技 华银电力 农产品 云天化 小天鹅

此外，公司 先后担任了 35 次企业股权融资副主承销商，总融资额达到 52 亿元；153 次股权融资分销商，总融资额达到 57 亿元。

1999—2002 年间累计主承销金额行业排名第十；2003 年共完成 5 家主承销项目，主承销家数行业排名第六，主承销金额行业排名第十一。

固定收益业务：

公司先后担任了 1998 年深圳市振业集团股份有限公司债券、1998 年四川攀枝花市路桥建设开发有限责任公司债券、1998 年四川省投资公司债券等企业债券的主承销，并先后作为市场的活跃机构，参与了 17 次企业债券的副主承销和 16 次分销工作。

公司近几年共承销国债近 300 亿元，金融债近 100 亿元。最近 3 年，公司在全国银行间市场国债承销团成员综合排名中始终位居前 15 名，在券商中位列前三名；在交易所市场国债承销团成员综合排名中列前十名。

东吴证券投资银行

东吴证券投资银行部正式成立于二 00 一年，成立以来，业务飞速发展，目前，已获得股票主承销资格，业务范围涉及证券主承销、上市推荐、企业改制、上市前辅导、企业资产重组、收购兼并等多方面。

迄今，东吴投资银行共担任主承销商 1 家，副主承销商 9 家，参与承销股票 18 家，为众多的企业提供了优质的改制和融资财务顾问服务。

东吴投资银行有一支杰出的员工队伍，这支队伍是东吴投资银行的核心竞争力所在，他们都毕业与中国人民大学、中央财经大学等国内知名学府，其中有硕士学历的占 60%，大多数人员独立或参与完成过 2 个以上的投行项目，且大都具有注册会计师、注册评估师、会计师、经济师、律师等专业技术职称，专业基础扎实、工作能力突出，深受众多享受过东吴投资银行服务的公司的好评。

在投资银行担任企业财务顾问、为企业进行股份制改制及担任拟上市公司首次发行股票、上市公司新股增发和配股承销商的过程中，在审慎的基础上，东吴证券为客户提供了一系列的特色服务：

个性化的金融服务

投资银行秉承以客户为尊的理念，想您所想，为客户进行全方位的考虑，量身定做最适合的个性化产品。

诚信为本的工作态度

东吴证券有一条公司格言：待人忠，办事诚，以德兴业。投资银行把信誉看做是最宝贵的财富，将公司诚信经营的作风发扬光大，在业界树立起了良好的形象。

富有亲和力的激情团队

东吴证券投资银行员工多为 20 多岁的年轻人，他们风华正茂，立志于投资银行事业；他们待人谦和，极具亲和力；他们精力充沛，极富工作激情。

精干高效的工作作风

投资银行员工多来自于国内其他券商或证券监管部门，熟悉投资银行运作流程、市场竞争意识强烈，作为新锐券商新锐部门的成员，投资银行将精干高效的作风发挥到了极至，同时牢牢将控制质量，给客户绝对的信心保证。

东吴证券投资银行，与您共同走向辉煌！

国盛证券投资银行

●2002 年国盛证券成立

●2003 年年底获得证券主承销资格

●2004 年 8 月注册成为保荐机构

●2004 年 9 月仅有的两个通道项目宜科科技股份有限公司和被誉为“小平故里第一股”的四川广安爱众股份有限公司成功登陆中国证券市场。

注册地在江西南昌，投行总部设在北京，并在上海等地拥有分支机构

团队建设——打造投行核心竞争力

“人才成就国盛，国盛造就人才” 是国盛的人才观。投行创立伊始，国盛便将队伍的建设放在首位，在短时期内迅速聚集了一批投行精英，形成了一支品质良好、技术精湛、经验丰富的短小精锐的投行队伍。目前，公司投行总人数不到 30 人，50%以上具有硕士学位，90%以上来自于国内其他的老牌券商，并拥有至少 5 年以上的投行业务经验。资力深厚的业务人员，懂得如何尊重所服务的对象，有思想、有方法地帮助企业规范运作，及时控制和把握证券发行中企业、券商及投资者的各种风险，并为企业与监管部门之间的沟通提供良好的嫁接，以及相互之间默契的配合和协调的合作。

此外，为强化队伍建设，吸引和留住人才，国盛证券一方面创造性地设计出符合市场规律及公司长远发展的激励制度，另一方面科学地构架了团队的组织结构，使人才的组合和管理尽量达到最佳，进而形成一个管理先进、责权利明晰、精诚团结、运转高效的团队。

服务至上——朔造投行营销品牌

产品是企业的生命线，营销则是企业的精髓。如何朔造投行营销品牌一直是国盛管理层努力研究并付诸实践的课题。目前，投行内部已经成立了专门的营销部门，并建立起较为完善的营销制度，设计了投行专门的营销网络平台（www.gsstock.com/th），一方面将专业信息通过无限的网络无偿地传送到无限的空间、无限的客户；另一方面，对业务人员自始至终的服务进行全面的跟踪与监督，努力督促提高服务中的水平与质量。

“热忱、精进、诚信、笃行”是我们的营销宗旨。

热忱——对工作的勤奋，对客户的忠实

精进——精湛的技术，充分体现细微和智慧

诚信——对客户诚信、对社会诚信

笃行——认准道路，勇往直前

短短的半年时间内，我们成功运作两个保荐项目，实现通道资源的利用百分百，正是我们营销宗旨的无声写照。

此外，在国盛投行营销的文化理念里，我们还提出了对客户“扶上马，送全程”的概念，上市不是合作的结束，而是双方实现更深层次的资本运营合作的开始。我们深知，现代企业的发展依靠的是两条腿：产品经营与资本经营。产品经营是企业生存的根本，资本经营是企业扩张的加速器。我们认为，股票发行不应该仅仅看作是为企业的发展融得了一定的资金，更重要的，是为企业实现资本经营搭建了广阔的平台。企业的发展是持续的，“购并是永恒的主题”。在资本的平台上，在规范化运作的前提下，通过采取有效资本运作的手段和方

式，实现企业资本元素的不断优化组合，并以此实现企业价值的持续增值，是企业上市真正应该达到的目的。因此，企业上市不是目的，是持续资本运营的手段。

秉承诚信——提高项目运作成功率

诚信，是投行成功运行的基石。秉承诚信，才能提高项目运作成功率。在项目的运作过程中，投行人员首先必须善于发掘公司的价值，并把这种发掘出来的价值以诚信的态度向市场中的投资者推销；其次，必须遵循诚信原则，把各种潜在的风险如实地向投资者披露，一方面采取措施帮助企业降低风险，另一方面，提出建议指导投资者采取正确的策略规避风险，实现企业、券商、投资者多赢的局面。我们会诚恳地向客户表达：相对于融资，建立规范的企业运作对企业长远健康更为重要，改制是资源的优化组合，规范运作，才能实现优化组合后的效率释放。

正是秉着诚信的原则，在过往的项目合作上，我们得到了监管部门、合作方和投资者三方的共同理解和支持，促进了项目运作的加速成功。

诚信是我们的承诺，风险控制是诚信的保障。为确保公司投行工作的规范运作，我们建立了一整套诚信风险的控制体系，包括岗位自控、相关部门和岗位之间相互监督制衡、稽核监察部监督的、权责统一、严密有效的三道内控防线，并将投行业务流程严格制度化。风险控制做好了，项目制作明显的顺利，时间周期相应缩短，执行总成本得以有效降低，这是国盛投行首次做主承销业务并取得圆满成功的深切体会。

风险控制的源头是项目的本质。国盛投行在组建伊始，在通道项目的选择上，就确定了"质量优先、效益优先"的项目选择原则，并建立了一套科学完整的《拟上市公司质量评价体系》。实践中，我们严格按照了既定的原则和标准执行。例如，在首次通道项目的选择方面，我们对多家潜在的客户情况进行了充分的对比和评价，最终选择了广安爱众和宁波宜科。我们深刻地认识到，水能载舟，也能覆舟。"通道"是资源，能促进投行的发展；滥用"通道"，同样能将投行淹没在风险的海洋。

地　址：北京市海淀区知春路113号银网中心B座19层
邮政编码：100086
联系电话：010—62553905
公司网址：www.gsstock.com
投行网址：www.gsstock.com/th

德邦证券投资银行

德邦证券有限责任公司成立于2003年5月15日，公司总部位于上海，注册资本10.08亿元人民币。

2003年，投行部以传统业务为基础，大力开展创新业务和国际业务，取得了不俗的业绩。公司目前已承担了12家企业新股发行的副主承销商工作，其中2家已发行，4家已通过发审会，6家在审；担任了2家企业的新股发行分销商。在其他传统业务上，投行部完成的项目主要有复星集团入股山东一集团项目、青岛海尔关联交易独立财务顾问项目、复星实业可转债发行推介财务顾问项目、复地集团收购江苏一地产公司项目。已签订协议，正在执行的传统业务有：江西公司资产重组项目；广西一家公司出让股权项目、上海一集团出售下属公司股权财务顾问项目等。

国际业务方面：致力于发挥中国的制造业优势，开展跨境并购，整合全球重要原材料、品牌和营销网络等资源。2003年已完成和正在执行的项目有：协助完成对美国某公司中国RTS业务的评估、美国一公司收购国内上市公司项目、协助复星集团评估某知名跨国公司全球手机业务、协助山东某企业海外上市等。

在创新业务上，公司策划、执行了在国内证券市场上具有创新意义的南京钢铁联合有限责任公司对南京钢铁股份有限公司(600282)要约收购项目，在市场上引起较大的反响，并与北京一家公司签订了在IPO环节解决全流通问题的合作意向，合同金额500万元。

此外，投资银行部还在收购兼并、私募融资、企业债券承销、定向增发流通股等方面进行了全方位的业务开拓，一批项目正在承做过程之中。

在争取客户方面，投行部在2003年也业绩显著。目前，已经和上港集箱、四川长虹、宝钢集团等200多家有实力和潜力的大客户形成了密切和良好的关系，这些关系为投行部今后业务的飞速发展做了很好的铺垫。

2003年投行部除了抓好业务之外，还非常重视对员工素质的培养和提高，多次举办有关要约收购和跨国并购等案例讲座、外资并购的法律及税务问题讲座、行业研究、公司资产价值评估理论和方法等方面的培训课程，并实行员工法律法规的内部考试，极大地提高了员工的业务水准。部门员工全年在《中国证券报》、《上海证券报》等多家全国公开媒体上发表研究报告8篇，内部交流研究报告90多篇。

海通证券投资银行

海通证券公司的投资银行业务一直致力于通过各种发行方式为市场不断提供具有巨大投资价值的投资对象。在近10年投资银行业务的不断探索过程中，公司逐渐打造出具有海通特色的知名行业品牌。自1999年监管机构重新放开对金融企业发行上市的限制之后，海通证券承揽了绝大部分金融企业的融资项目：1999年，主承销了中国证券市场对金融企业重新开放后第一只商业银行股——浦东发展银行，并以40亿元创下了当时所有上市企业单次发行募集资金数额之最；2000年，公司承销我国第一家以民营企业为主投资入股的商业银行股——民生银行，发行获得圆满成功，以4004亿元创出国内认购资金数额的最高记录；同年，深圳发展银行配股项目的顺利完成，为我国银行类上市公司的发展奠定了坚实的资金基础，享有我国证券市场金融类投行专家的美誉；2003年，由海通证券公司作为主承销商的第一只商业银行可转换公司债券——民生转债横空出世，募集了40亿元的资金总额，成为迄今为止规模最大的可转换公司债券。民生转债的成功发行，使长期陷入包销、跌破发行价两大陷阱的中国可转债市场重新焕发了生机，展示了广阔的前景。

海通证券公司在帮助高科技企业发行上市方面也颇有建树。2000年，亿阳信通4000万股成功发行，首次实现新股发行市盈率突破20倍；2001年，核准制下第一股用友软件登上中国证券市场的舞台，发行价36.68元，是有史以来发行的第一高价股，上市首日交易价格一举登上百元大关；此外，获得"双高"认证的北生药业，以集成电路芯片生产闻名业内的上海贝岭等项目的发行，也为海通证券公司在高科技领域的承销业绩写下了浓重的一笔。

随着国有体制改革的不断深化，海通证券公司一方面保持在国有大盘股承销业绩上的优势，如1997年A股最大盘一汽轿车、1997年B股最大盘轻骑B股、1999年A股最大盘浦发银行、以及上菱电器增发、神州煤电新发等项目；另一方面，也为东方集团、用友软件、民生银行、太太药业、青岛澳柯玛等非公有制经济企业发行和上市提供了良好的服务，为其下一步的发展创造了良好契机。

良好的服务质量、精湛的技术水平、孜孜以求的创新精神，使海通证券公司的投资银行业务得到了客户的广泛认可。

航空证券投资银行

航空证券有限责任公司的主要股东为国有大型企业集团，主要是航空信托投资有限责任公司、中国航空工业第二集团公司、中国航空工业第一集团公司。经中国证监会批准，航空证券于2003年底成立，并注册为综合类券商。

航空证券本着“以人为本”的思想，认真对待“价值创造一价值评价一价值分配”这条价值链的每个环节，汇集了金融、证券、财务、经济管理以及相关专业的一大批高素质人才，组成了一支精干、高效的队伍。随着我国证券市场的发展以及加入WTO后证券业务的不断深入，航空证券将面向国内外证券市场，大力进行业务创新，加强核心竞争力，努力把航空证券建设成为国内一流的全国综合类证券公司。

航空证券成立后，公司在保持原有业务稳健经营的前提下，着重发展投资银行业务和创新业务。公司从人才培养做起，积极培育和引进投行业务的人才，同时建立规范、合理的激励制度和风险控制制度，保证投资银行业务的有效开展。

一、航空证券投资银行业务的历史

航空证券的投资银行业务起始于1996年航空信托的证券部，1997年9月正式组建投资银行部，并于同年11月4日取得股票发行主承销商资格。在中央对信托公司进行清理整顿和证监会停止信托公司承销资格之前，我公司的投资银行业务一直保持着稳健的发展态势。

在股票发行业务上，先后担任大元股份的上市推荐人，东安动力、南方摩托的副主承销商，担任盐田港、深圳机场、邯郸钢铁、齐鲁石化等13家公司首次发行新股的分销商，康佳集团、方正科技等7家公司的配股分销商。

在债券承销业务上，先后担任海南珠江建设(集团)公司企业债券的主承销商，担任虹桥机场、茂名实华可转换公司债券、1997年中国铁路建设债券、1998年一期、二期中国铁路建设债券，以及济南市自来水公司供水建设债券的分销商。

二、继往开来的新投行

2003年底，航空证券整体改制为综合类证券公司之后，重新组建了投资银行部，并于2004年11月10日，经中国证监会批准，注册登记为保荐机构。在开业不到一年的时间里，航空证券努力加强投资银行业务的基础建设，重组了投行业务团队和业务模式，为未来的发展打下了坚实的基础。

以人为本，重视人才的开发和培养。新投资银行部成立以来，公司明确了提出了“以人为本，制度先行”的人才发展战略，以良好的激励和约束机制，公平的业绩评估体系，吸引和培养优秀的投资银行专业人才，打造一个诚实守信、勤勉敬业、经验丰富的精英团队，以一流的员工，为客户提供一流的服务。

秉承“为客户创造价值”的经营理念，为客户提供系统的资本运营服务。航空证券根据客户长期发展战略的需要，构建了以融资、并购重组和财务咨询为核心的全新的投资银行业务模式，为客户的资本运营提供全面支持，服务涵盖了股份制改造、新股发行承销及推荐上市、上市公司配股、上市公司增发新股、可转换公司债券发行及推荐上市、企业债券发行及推荐上市、企业并购策划、资产重组、财务顾问等业务领域。

与专业的投资机构建立长期战略合作关系，顺应投资银行发展的历史潮流。借鉴国内外知名投资银行的发展经验，航空证券已经与多家国内外知名投资机构建立了战略合作关系。通过投资人网络的建设，集合公司的研究优势，航空证券将为客户的融资选择最恰当的时机，做出合理的定价，进一步适应中国证券市场市场化改革的趋势。

建立有效的风险控制体系，减少项目运作的风险。航空证券投资银行业务秉承了公司稳健经营的核心经营理念，立足长远发展，严格控制风险。公司设立以投资银行审核委员会为核心的业务风险控制管理体制，并在投行部内设置质量控制室，负责对项目立项审核与项目实施检查和分析。制定了《风险控制委员会工作规则》、《证券发行内核小组工作规则》、《质量控制室工作规则》等一系列风险控制制度，使质量控制工作贯穿了项目立项、实施、内核、报审全过程。严密的内控制度保证了企业申报材料的真实、准确和完整，避免了发行人因材料问题延误上市进度，有效控制了投资银行业务的业务风险。

通过投行团队的努力，航空证券投行业务取得了优异的业绩。在开业不到一年的时间里，航空证券先后担任了武汉健民药业集团股份有限公司、云南驰宏锌锗股份有限公司、安徽四创电子股份有限公司、湖南株冶火炬金属股份有限公司首次发行的副主承销商，累计承销金额超过1.4亿元。与此同时，航空证券还充分发挥原有的航天军工系统优势，积极发展和培养系统内外的客户，在公司投资银行的各个业务领域中全面突破。目前，公司正在运行的改制辅导、兼并收购和融资项目已有多家，2005年将是航空证券投行业务承前启后、突破发展的一年。

新的开端、新的起点，在整个证券行业的结构性调整中，航空证券将继续保持稳健经营的作风，开拓进取、不断创新、加强综合实力，顺应历史潮流，把握发展机遇。航空证券投资银行愿与各界同仁建立紧密的合作关系，为客户的发展提供系统、专业、优质的资本运营服务，与客户共同成长，共享辉煌。

航空证券投资银行部联系方式：

电话：(010)85285202－3027，(010)85285237

传真：(010)85285229

Email：mayuntao@126.com

地址：北京市朝阳区安华里外馆斜街甲1号泰利明苑A座二区4层

邮编：100011

金信证券投资银行

投资银行总部是从事有价证券发行承销业务、收购兼并业务、战略管理咨询的专业机构，其业务范围包括上市公司辅导、推荐及保荐，承销上市公司新发行股票、配股、增发新股，承销可转换债券，企业改制、资产重组及收购兼并财务顾问，承销与兑付国债与企业债券，代理销售证券投资基金基金单位，以及中国证监会规定的其他投资银行业务。

从1997年至1999年，金信证券(前身为金华市信托投资股份有限公司证券管理总部)作为主承销商共为8家上市公司发行4.4亿股股票，筹资金额21亿多元，并成为“升华拜克”、“浙江广厦”的上市推荐人，同时参与了12家上市公司配股的分销业务。在 1997 年度全国券商 A、B 股配股发行主承销商排名中，金信证券名列发行股数第四名和募集资金第五名。在取得显著成绩的同时，金信证券积累了丰富的投资银行业务经验。

上海证券投资银行

上海证券投资银行业务范围涵盖股票、国债、企业债的发行承销、兼并收购、资产重组、政府财务顾问、发起产业投资基金等服务领域，具备较强的业务协同效应。

投资银行总部从 1989 年成立至今已参与几十家企业股票发行，积累了丰富的项目经验。公司主承销、副主承销、分销公司股票、公司债券累计四十三家，累计承销总额超过两百多亿元，并数次担当国债承销的副主承销商。多年来国债发行的承销量和国债流通的交易量均名列国内券商前茅。企业债券承销在市场上成绩卓然，近年来陆续承销了申能金华企业债券、97 浦东建设债券、97 市政债券等十几家企业债券。

投资银行总部依托上海市计委和上海国际集团有限公司等控股股东的大力支持，同时充分利用集团内部银行（上海浦东发展银行等）、证券、信托（上海国际信托投资公司）等金融机构协同配合的作用，以及本公司作为国内金融中心一上海的本地券商的先发优势，在稳健中求发展，在发展中求创新。

投资银行总部的创新业务凭借控股股东的大力支持和自身的业务素质，近年来获得长足发展，成绩斐然。其服务方式包括但不限于：

企业兼并收购（含上市和非上市公司）的财务顾问业务，如股权转让、MBO/LBO、股份回购等；

企业资产重组的财务顾问业务，如资产并购、资产债务重组、BPR（公司业务流程重构）等专业咨询；

以政府为目标客户的国有资产处置的战略合作顾问业务；

合作发起设立产业投资基金及基金管理公司；

配合境外战略投资者的兼并收购业务；

研究策划创新业务方案，如反购并策划、ESOP（内部职工持股设计）方案以及资产证券化方案等。

上海证券投资银行总部与上海市国有资产管理机构、云南省人民政府和江西省人民政府等政府机构建立了良好的互信机制和战略合作关系，日前已与云南省政府签署了战略合作协议，为沪滇两地经济领域的合作，尤其是资本运作方面提供专业化的中介服务。

投资银行总部现有三十余名业务人员和研究人员，全部具备了证券从业人员资格，熟知金融证券、财务、法律等知识。上海证券投资银行总部将以稳健为原则，创新为重点；以市场为导向，效益为中心；以行业公认的职业准则和道德规范与广大客户真诚合作；立足上海，服务全国。

新疆证券投资银行

新疆证券公司投资银行部成立于 1997 年，2001 年 10 月获得主承销业务资格，目前拥有经验丰富的投行人员 30 余位，研究生及研究生学历以上者占投行人员的 50%左右，专业涵盖多学科、多领域，75%的人员具有 3 年以上从业经验，95%的人员拥有证券承销业务资格。投行人员在“以人为本、服务为先、创新求实、追求卓越”的企业精神倡导下，诚信服务、勤勉尽责、规范执业，以客户的需求为已任，及时地、高质量地为客户提供多样化、专业化、个性化的服务。

执业经验

在 6 年的发展中，投行部通过优质服务与区内外众多企业建立了良好的合作关系。自 1997 年以来，公司作为主承销商、上市推荐人，完成了冠农果茸、惠泉啤酒、青松建化的股票承销工作，以副主承销商、分销商的身份参与了天山纺织、天山股份、新农开发、新疆屯河、天利高新、新疆天宏、新疆天业、天富热电、浏阳花炮、东方热电、东风车桥 60 余家公司的股票承销工作。

除此之外，公司还参与了 20 余家企业的股份制改造，10 余家企业的上市辅导工作，行业涉及种业、林果、化肥、棉纺、矿业、能源等。其中：2002 年公司主持的主要改制项目有：“塔河种业”、“西域种业”、“金牛股份”、“葡萄股份”“锦棉股份”、“锦业股份”等；辅导项目包括：“四方糖业”、“绿洲果业”、“昆托米业”、“托峰棉业”等。

投资银行部服务理念：

诚信服务、勤勉尽责、规范执业、缜密高效。

服务内容

上市主承销商、改制财务顾问、上市前辅导工作、上市推荐人、理财服务、财务顾问及投资咨询服务、重组、收购、兼并、财务管理咨询等其它服务。

中国科技证券投资银行

中国科技证券投资银行业务起步于 1996 年的中国科技国际信托投资有限责任公司（中国科技证券的前身）的发行部。中科信公司是中国证监会首批核准的具有股票承销业务资格证书的十家券商之一。

1994 年，成功完成了方庄购物中心及前门实业有限公司法人股的主承销工作（前门实业法人股的主承销是全国首次采用上网定价方式发行）。

1996 年，先后成为焦作万方的副主承销商、九江化纤和大同水泥等的分销商，成功挺进 A 股市场。

1997 年，取得了历史性的突破，圆满完成了长春热缩 A 股发行上市的主承销和上市推荐以及通化东宝配股的主承销工作，同时担任了武汉六渡桥（现已更名为“华信股份”）A 股发行的上市推荐人，该年担任主承销商、副主承销商和分销商的上市项目达 20 余家，为中科信公司以投资银行为龙头的证券业务的快速发展奠定了坚实的基础。

1998 年，担任了汉商集团配股的主承销商，同时承担了黑化股份 A 股发行上市的副主承销及乐凯胶片、本钢板材、鲁西化工、吴忠仪表等多家公司 A 股发行的上市推荐工作。

1999 年，由中科信公司担任主承销商和上市推荐人的汉川钢绳（现已更名为“福星科技”）成功发行上市，内江峨柴（现已更名为“方向光电”）的配股主承销工作也顺利完成，同时还担任了牡丹江水泥及西藏药业 A 股发行上市的副主承销商、升华拜克的上市推荐人和分销商、上海一百配股的副主承销商等。

2000 年，顺利完成“中科三环”和“新疆中基”的发行上市，成功地担任了华东医药、湖北迈亚、广汇股份等 5 家企业的第一上市推荐人，共实现收入 3017.259 万元。

在中央对信托公司进行清理整顿及中国证监会停止信托公司的承销资格之前，中科信公司的投资银行业务一直保持着非常良好的发展态势。

中国科技证券投资银行部立足于以科技与金融高效结合

的企业宗旨，以“投资银行＋管理咨询”的双重专业能力，为企业提供基于其经营战略需要的资本运作、结构重组和管理改进方案，推动国内企业的管理升级和能力提升，立足于培育中国的高端客户，为民族高科技产业的发展、壮大和国际化作出贡献。

东海证券投资银行

● 概况

东海证券是中国证监会核准的股票主承销商和中国首批保荐机构。公司建立了符合现代投资银行要求的组织体系和业务体系，从海内外汇聚了一支综合素质优秀、从业经验丰富、充满进取精神的专业队伍。

东海投行将紧扣国民经济发展的重点，在立足于周密考查及行业分析的基础上，积极发掘和开发经营稳健、潜力巨大的目标企业，并从企业的实际需要出发，为其设计切实可行的发行上市方案和提供从财务安排、融资策划、风险投资到并购重组的一系列服务，帮助客户实现多样化的金融需求。

东海证券投行队伍崇尚团队合作的精神，不仅重于部门内部的合作，还致力于部门之间、与企业人员之间以及与其他专业中介机构之间的通力合作，目的只有一个——为客户提供最优质的服务。

● 业务范围

首次公开发行公司股票的发行承销、上市推荐和保荐

上市公司配股、增发、可转换债券承销

企业改制和重组

企业资产重组和收购兼并

企业私募

企业管理咨询和财务顾问

金融创新业务

● 业务优势

o 雄厚的资金实力

本次增资扩股，新增资本几乎全部以现金投入，目前公司净资本 9 亿多，现金保有量极其充裕，为公司投行的承销业务提供雄厚的资金支持

o 有力的股东支持

公司新增股东均为各地区、各行业的龙头企业，大部分股东旗下拥有上市公司资源，为公司投行业务的开拓，建立广泛、深厚的客户基础

o 良好的政府关系

公司股东均为各地方和行业的龙头企业，与地方政府关系极佳，因此公司与各地方政府均建立起良好的合作关系

o 超强的主管部门沟通能力

公司管理层具有长期的证券主管部门工作经历，为投行业务发展过程中的有效沟通提供了保障

o 专业化的业务管理

公司对专业化要求极高的投资银行业务实行专业化管理，设立了独立于投资银行总部的风险控制委员会，以公司总裁直接挂帅的主要投行管理人员均具有多年的业务管理主持经验，确保投行业务在有效的管理下进行

o 强大的业务支持系统

公司致力于建立强大的投行业务支持平台，从前期的研究、到项目的执行、直至股票的销售，均会集全公司的力量，目的是为投行客户提供最高效的投、融资服务

o 优秀的人才队伍

公司“以人为本”的人才理念和科学严谨的考核激励机制，使投行部门汇聚了一批素质优良、勤奋敬业的证券专业人才和精英，优秀而富有朝气的人才队伍是公司投行事业发展的根本

● 投行业务资格

o 2004 年 3 月 5 日，获得主承销业务资格证书

o 2004 年 4 月 1 日，获准一次可推荐企业家数 2 家

o 2004 年 5 月 11 日，获准注册成为中国首批保荐机构

● 投行业绩

企业融资

o 金狮股份(现炎黄物流)遗留问题股第一上市推荐人

o 远东股份 A 股首发上市推荐人

o 名流置业 A 股增发保荐机构(主承销商)

o 江南高纤、两面针、郴电国际、好当家、宁波东睦、浙江新和成、岳阳纸业等 A 股首发副主承销

o 轻纺城、五粮液、民生银行、扬子石化等 A 股首发分销；常林、长虹、原水、爱建等配股分销；太极实业、新钢钒等增发分销；吴江丝绸、邯钢等可转债分销

企业改制和重组

o 常通内燃机改制和辅导

o 连云港德邦化工改制和辅导

企业重组并购等财务顾问

o 结合国有资本“国退民进”趋势，担任兰州地区两上市公司财务顾问

o 上市公司亿阳信通财务顾问

o 担任外资收购广州某上市公司财务顾问

o 台湾裕隆汽车集团财务顾问

● 联系我们

投资银行总部(上海)

地址：上海市浦东新区东方路 989 号中达广场 17 层

电话：021—50586660— 815、832

传真：021—50585607

邮编：200122

投资银行部(北京)

地址：北京市朝阳区慧忠路 5 号远大中心 B 座 11 层

电话：010—68096235

传真：010—68096234

邮编：100101

首批保荐机构和保荐代表人名单

2004 年 4 月 30 日

首批保荐机构名单

广发证券股份有限公司	光大证券有限责任公司
国泰君安证券股份有限公司	华夏证券股份有限公司
海通证券股份有限公司	西南证券有限责任公司
华泰证券有限责任公司	国信证券有限责任公司
中国银河证券有限责任公司	东北证券有限责任公司
联合证券有限责任公司	
申银万国证券股份有限公司	
中信证券股份有限公司	南方证券股份有限公司
天同证券有限责任公司	长城证券有限责任公司
招商证券股份有限公司	兴业证券股份有限公司
东方证券有限责任公司	大鹏证券有限责任公司
华安证券有限责任公司	泰阳证券有限责任公司

广东证券股份有限公司　渤海证券有限责任公司
华欧国际证券有限责任公司　中关村证券股份有限公司
长江巴黎百富勤证券有限责任公司
北京证券有限责任公司　红塔证券股份有限公司
大通证券股份有限公司　闽发证券有限责任公司
平安证券有限责任公司　金元证券有限责任公司
华龙证券有限责任公司　宏源证券股份有限公司
东吴证券有限责任公司　天一证券有限责任公司
河北证券有限责任公司　山西证券有限责任公司
方正证券有限责任公司　华融资产管理公司
国联证券有限责任公司　江南证券有限责任公司
汉唐证券有限责任公司　新疆证券有限责任公司
德邦证券有限责任公司　中国国际金融有限公司
恒泰证券有限责任公司
中银国际证券有限责任公司
国元证券有限责任公司　东海证券有限责任公司
第一证券有限公司　巨田证券有限责任公司
金通证券股份有限公司　国海证券有限责任公司
金信证券有限责任公司　万通证券有限责任公司
中国民族证券有限责任公司
中国科技证券有限责任公司
东莞证券有限责任公司　广州证券有限责任公司
华鑫证券有限责任公司　华林证券有限责任公司
爱建证券有限责任公司　南京证券有限责任公司
上海证券有限责任公司
第一创业证券有限责任公司
华西证券有限责任公司　国盛证券有限责任公司
中原证券股份有限公司　航空证券有限责任公司
中国信达资产管理公司　世纪证券有限责任公司
民生证券有限责任公司

首批保荐代表人名单

广发证券股份有限公司

何宽华　管汝平　谭　旭　徐荔军　朱项平　崔海峰
陈新军　刘旭阳　陈　青　吴广斌　蔡铁征　刘　哲
杨德彬　陈天喜　赵瑞梅　刘　芳　罗斌华　黄　山
安用兵　陈宇杰　赵　源　陈家茂　张建军　张立军
裴运华　姜秀华　周志林　佟玉华　于　明　周庭硕
康翰震　贺小社

光大证券有限责任公司

孙报春　任俊杰　徐荣健　朱文正　周　皓　张奇英
王成林　任东升　唐　宏　黄文强　潘杨阳　魏贵云
林　昌　赵冬冬　王苏华　刘　灏　王学春　税昊峰
张　胜　程　刚　侯良智　罗　浩　邱小兵　刘延辉
杨小虎　何忠伟　朱永平　熊　莹　王如鲲

国泰君安证券股份有限公司

岳远斌　倪毓明　顾晓东　陈代千　魏　惇　叶　可
马　涛　周　展　任松涛　张　斌　金利成　王文毅
李　鹏　刘　欣　牛国锋　张　江　隋英鹏　武　飞
饶慧民　曾大成　樊　倩　水耀东

华夏证券股份有限公司

胡腾鹤　乔　晖　胡庆颖　黄　钦　姜　勇　王广学
赵　诚　徐光兵　王东梅　张　望　徐炯炜　周家祺
林　煊　钟鸿鸣　李　伟　詹朝军　陈友新　宋永祎
王立武　张鸣溪

海通证券股份有限公司

孙剑峰　章熙康　刘华艳　金　铭　周　昕　顾　峥
胡　宇　蒋　欣　熊旭敏　方向生　宋立民　王海滨
周　威　王建辉　姜诚君　张　立　徐雅珍　陈鸿杰
周晓雷　李保国　林　涌　张均宇　汪　烽　罗晓雷
项　骏

西南证券有限责任公司

宋剑峰　郭　磊　张　昱　谢　玮　王　晖　粟建国
史金鹏　孔繁军　李　旭　王　涛　张同波　李旭巍
舒兆云　叶　泉　王海涛　袁盛奇　袁　宗　李　阳
鲁　宾　许　冰

华泰证券有限责任公司

刘晓山　黄　飞　谭铁铭　吴智俊　窦　智　都晨辉
刘惠萍　卞建光　唐　涛　杨　晓　周文昊　黄庆兵
曹　群　宁　敖　吕　文　姜　健　安雪梅　胡　旭
王　陆　陈　刚　周学群

国信证券有限责任公司

陈立波　张剑军　龙　涌　胡华勇　廖家东　吴卫钢
郭晓光　石　芳　谢风华　赵云峰　刘兴华　林郁松
赵德友　徐　海

中国银河证券有限责任公司

司宏鹏　王　俊　李宏贵　张　涛　刘文成　李晓岱
王大勇　何斌辉　郑榕萍　卢　于　王红兵　陈　宏
高铁文　张卫东　徐存新　张　瑾　傅　涛　郑　炜
罗　民　张庆升　赵　驹

东北证券有限责任公司

李永柱　张洪刚　文富胜　刘　红　胡浩成　梁化军
田树春　刘景泉　高毅辉　王静波　罗　捷　汪六七
黄　峥　郭明新　刘　永　沈晶玮

联合证券有限责任公司

俞军柯　崔洪军　陈　岗　谢崇远　李梦江　范信龙
沈　伟　赵远军　李俊旭　黎海祥　汤迎旭　胡刘斌
龚文荣　张　邈　孙晓青　李迅冬　钮蓟京　李华忠
张春旭

申银万国证券股份有限公司

黄学圣　张宏斌　李学军　吴　斌　黄　健　刘祥生
苏　罡　冯震宇　孔海燕　金碧霞　李杰峰　周永发
顾振宇　杨　璀　于　竑　袁　樯　吴　薇

中信证券股份有限公司

渠　亮　张　剑　孙　毅　温　健　马小龙　李　虎
方　浩　刘轲滨　陈淑棉　葛小波　姜　颖　洪毅恺
陈　恺　朱　洁　邵向辉　梅挽强

南方证券股份有限公司

徐　康　王　珏　朱　峰　陈亿律　徐　疆　俞　露
何向东　周凌云　殷岩峰　柴育文　李光增　马益平
邹维刚　刘生瑶　陈正旭　金　涛

天同证券有限责任公司

岳远斌　何黎辉　贾广华　刘玉星　逄　伟　张蕾蕾
黄　俊　郑　伟

长城证券有限责任公司

刘春玲　张国连　范文伟　奈学雷　杨　林　周　炜
邹　丽　王　玮　游　进　康米和

招商证券股份有限公司

康剑雄　王苏望　吴喻慧　杨梧林　李丽芳　谢继军
郑华峰　帅　晖　沈卫华　江荣华　朱权炼

兴业证券股份有限公司
王廷富　李艳西　卢学线　宋　涛　姚文良　宋乐真　姜文国　白树峰　石　军
东方证券有限责任公司
吴　浩　王国文　于晓丹　于　力　刘　勇　陈　波　车达飞　王延翔　陈肖汉　杜卫民　孙茂峰
大鹏证券有限责任公司
曾　信　胡玉杰　徐　伟　王刑天　郭永青　徐　浪　张俊杰
华安证券有限责任公司
江成祺　贾　梅　王　钢　陈　焱　李文涛　沈志龙　徐圣能　方书品　汪刚友
泰阳证券有限责任公司
彭娟娟　富　博　张　敏　万　明　廖卫江　郑齐华　廖建华　俞建杰
广东证券股份有限公司
凌文昌　梁江东　徐　沛　潘祖祖　眭衍照　李东茂　胡汉杰
渤海证券有限责任公司
袁鸿飞　张群生　常　青　方向东　崔　勇　高　强　王振刚　张嘉棋
华欧国际证券有限责任公司
黄崇春　李　锋　江　岚　谭　军　成　曦　郁　浩　李　丹　范翔辉
中关村证券股份有限公司
任　强　钱伟琛　曹　巍　宇尔斌　郭长艾　杨　帆　胡　强　李　毅　王　颖　姜　杰　孙　莉
长江巴黎百富勤证券有限责任公司
严俊涛　孙玉龙　刘　钢　陈亚辉　彭朝晖　吴代林　王建雄　施　伟　袁建中　彭良松　王　镇
北京证券有限责任公司
杨艳萍　吕晓峰　申克非　朱家凤
红塔证券股份有限公司
沈春晖　陈曙光　王革文　于　睿　陈福民　刘向前　郑守林
大通证券股份有限公司
孙建华　刘胜民　刘润松
闽发证券有限责任公司
张　睿　周春发　吴雪明　刘力军　马　飞　梁　辰　袁　宁
平安证券有限责任公司
崔　岭　曾年生　林　辉　周　强　王　雯　罗腾子　秦洪波　韩长风　梁　磊
金元证券有限责任公司
雷　杰　孙利军　陈绵飞　王　健　冯洪全
华龙证券有限责任公司
全　泽　郭喜明　范道远　李　军　潘　银　王历勇　朱　彤　王保平　刘　凡　马倬峻
宏源证券股份有限公司
庞雪梅　李　强　王　旭　李金海　刘　宏　吴　晶
东吴证券有限责任公司
杨　伟　申　隆　广宏毅　王振亚　伍建筑　余　焕　陈晓荃
天一证券有限责任公司
杜坤勇　薛　江　杨海生　潘剑云　竺　勇　范国祖　陈宇涛　李　奔
河北证券有限责任公司
崔胜朝　刘　铮
山西证券有限责任公司
李　凡　樊海东　史吉军　崔学良　巴永军　毛传武　樊丽莉
方正证券有限责任公司
周旭东　葛文兵　许　刚　凌江红　宋大龙　尹利才
华融资产管理公司
付　巍　司　颖　王小波
国联证券有限责任公司
王　燚　江红安　申燕斌　赵　勇
江南证券有限责任公司
姚小平　王承军　谢　涛　陈　强
汉唐证券有限责任公司
徐克非　李　辉　徐海啸　雷　茂
新疆证券有限责任公司
赵文远　安　锐　周洪刚　钱　峰　陈若愚
德邦证券有限责任公司
黎友强　吴凌东　李泽业　潘云松
中国国际金融有限公司
李　星　段晓东　陆　静　杨旋旋　王建阳
恒泰证券有限责任公司
赵轶青　谢　民　沈　奕　赵　庆　韩　刚
中银国际证券有限责任公司
徐　晨　郝智明　姚旭东　陈国潮　李庆文
国元证券有限责任公司
王　晨　万士清　杜振宇　武保卫　董　宇
东海证券有限责任公司
冯文敏　王　晖　张　静
第一证券有限公司
倪　霆　计静波　郑茂林
巨田证券有限责任公司
徐　涛　胡晓和　滕建华　陈作为
金通证券股份有限公司
季诚永　郑益甫　王东晖
国海证券有限责任公司
胡文晟　吴环宇　巫海彤　周宏章
金信证券有限责任公司
汪　洋　沈　坚　尤凌燕
万通证券有限责任公司
叶　欣　丛龙辉
中国民族证券有限责任公司
张杏超　温俊峰
中国科技证券有限责任公司
韦　建　罗洪峰
东莞证券有限责任公司
李殿坤　王　平　李瑞瑜　张春辉
广州证券有限责任公司
徐佑军　张晓斌　刘　茜
华鑫证券有限责任公司
姜济卿　杨卫东
华林证券有限责任公司
杨　健　章　文
爱建证券有限责任公司

林好常　许乃弟
南京证券有限责任公司
孔玉飞　高金余
上海证券有限责任公司
杨虎进　陈永阳
第一创业证券有限责任公司
王　岚　孙迎辰　王时中　毕　杰　王永兴
华西证券有限责任公司
傅　承　宗　俊　王炳全　孙　雷　张邦明　张　见
覃正宇　程正茂　鲁元金
国盛证券有限责任公司
孙盛良　任　滨　高立金　林新正
中原证券股份有限公司
赖步连　刘　政　赵丽峰
航空证券有限责任公司
孙　振　张荣石
亚洲证券有限责任公司
颜永军
国都证券有限责任公司
白　岚
兴安证券有限责任公司
张　川
西部证券股份有限公司
张　武
新时代证券有限责任公司
王锡谷
信达资产管理公司
李卓彦　梁森林
北方证券有限责任公司
徐　峰
财富证券有限责任公司
唐劲松
世纪证券有限责任公司
周忠军　江曾华　马如华
民生证券有限责任公司
杨卫东　匙　芳

第三目　证券研究机构重点推介

上海申银万国证券研究所有限公司

[**公司概况**]:上海申银万国证券研究所有限公司(简称“研究所”)创建于1992年,是国内证券经营机构较早成立、具有独立法人资格和获得中国证监会批准的具有证券咨询从业资格的综合性证券研究咨询机构之一,是中国证券业协会副会长单位,是中国证券业协会专业分析师委员会副主任单位。研究所控股母公司申银万国证券股份有限公司曾连续四年被国际权威金融杂志《欧洲货币》评为“中国最佳证券公司”,是国内唯一获此殊荣的证券经营机构。研究所致力于为投资者提供独立、全面、前瞻和务实的证券研究与投资咨询服务,为企业和各类机构提供市场化、专业化和规范化的特色财务顾问服务。董事长庄东辰是2003年“全国五一劳动奖章”获得者。

[**经营业绩**]:上海申银万国证券研究所有限公司的前身是1992年10月上海申银证券公司注册成立的上海申银证券研究所,及1993年5月上海万国证券公司成立的研究发展部。1996年7月16日,上海申银证券公司和上海万国证券公司合并为申银万国证券公司。同时,上海申银证券研究所也与上海万国证券公司研究发展中心合并,更名为“申银万国证券研究所”,并完成第一次增资,从原来的5万元资本金增资到100万元。2000年4月28日,研究所完成第二次增资扩股至2000万元,引进了在IT行业具有较高知名度的上海万达信息股份有限公司作为战略投资者。2000年7月,研究所更名为上海申银万国证券研究所有限公司,从此走向了市场化运作的道路,成为中国最大、最具影响力的商业化证券研究咨询机构之一。

经历创立、增资、改制、创新的发展后,研究所在中国证券市场上产生了广泛影响。目前拥有一支一百三十多位高素质专业人才组成的研究队伍,一个独立的网上咨询服务平台www.sw108.com,以及多项知名证券咨询服务品牌《财经大师》、《大赢家》与《经纪通》。研究所坚持“以市场为导向,以客户为中心”的经营理念,把追求优质的研究咨询产品和优良超值的服务作为首要目标,提出了“您所需要的,我们为您倾力打造;您不需要的,我们为您精心剪裁”的个性化、特色化的全新“绿色咨询”理念。研究所秉承“以人为本,务实创新”的企业精神,通过企业文化建设加强员工凝聚力、提高企业竞争力,以一些赋有时代特征和年轻朝气的活动为载体,逐步带动和营造浓厚的企业文化氛围,特别是由研究所党工团联手在公司内网创办的电子刊物《南山牧场》,为工作繁忙的员工们提供一个宽松、自由、开放的思想交流与娱乐休闲的空间。

1992年以来,研究所从无到有,由小到大,创造了一个又一个辉煌。成立时,只有几个人的研发中心,起点并不高。但是,经过不懈地努力,在业内成功地开展了证券投资咨询领域一系列具有开创性意义的工作,取得了一系列在证券研究咨询方面始终处于领先水平的经验和成果:1997年组织了一系列有关行业分析的大型研讨会,揭开了中国证券研究机构大规模从事行业经济研究的序幕;1998年将资产重组理论运用到实务中,在国有企业重组方面发挥了积极的推动作用;1999年,提出“网络经济必将与资本市场相结合”的理念,成功预测了当年的5·19行情,在中国证券市场再次引起轰动;2000年,研究所正式独立运作,灵活的机制为研究所的加速发展起到了巨大的推动作用,开始全面规划和实施证券研究工作信息平台;2001年,研究所又提出做“差异性服务”的理念,并按照机构投资者的需求推出《财经大师》服务品牌,根据大企业的需求推出财务顾问业务,为满足营业部中小投资者的需求推出《大赢家》,使研究所的产品和服务体系日臻完善;2002年,根据经纪业务管理变革需要推出《经纪通》客户关系管理系统,根据机构投资者的需要推出债券投资分析系统,并对证券研究产品进行了创新性整合;2003年,继续推出基金绩效评价系统和申银万国指数等;2004年,按国际惯例改革晨会制度。至今,研究所的特色服务已包括国内一流的会议研讨活动、追求实效的顾问式交流、具有人性化的客户关怀等精心策划、丰富多样的个性化咨询服务项目。研究所已形成体系完整、质量一流的研究产品体系,除传统的宏观、行业、市场等领域外,还包含投资策略、金融工程等内容的研究咨询产品。研究所的期刊有《综合研究月报》、《申银万国证券研究》,以及针对机构投资者、营业部个人投资者的电子期刊等。研究所的专业证券咨询网站www.sw108.com也别具特色,是国内唯一集中发布研究所原创研究咨询报告的专业咨询网站,近百个咨询服务栏目可以满足不同投资咨询和信息获取的需要。研究所开发的系列证券投资系列工具软件包括《经纪通》客户关系管理系统、申银万国投资组合管理系统、申银万国股价系列指数、申银万国债券分析系统、申银万国基金绩效评价系统、数据仓库系统等。研究所的《证券研究与分析方法》的培训课程包括各领域的研究方法培训，每年接受培训的投资机构研究人员超过100人，深受欢迎。研究所每年平均发布研究报告3500多篇，组织有特色的服务活动50多场。

研究所连续多年位居基金佣金收入国内前列；第三次夺得深圳证券交易所会员单位研究成果评选佳绩；2004年获得《新财富》评选的中国资本市场"最具影响力研究机构"称号；曾经出版了《机构导航丛书》、《全国统一指数及指数期货—方案设计、市场影响及投资策略》等系列专著；专业证券咨询网站www.sw108.com曾经获得《电脑报》2001年度的编辑选择奖和2002上海"移动梦网杯"优秀网站评比大赛"电子商务网站类最佳内容编辑奖"。

平安证券综合研究所

平安证券综合研究所成立于2000年1月。作为平安证券经营与服务的智囊，平安证券综合研究所汇聚了一批素质优良、经验丰富的专业人士，形成了在业内较具影响力的证券研究专家团队。研究所现拥有各类专业人员约20人，85%的研究人员具有硕士以上学历。研究人员中，高级分析师比例达到35%，分析师占45%。

平安研究所现下设行业公司研究部、投资策略研究部、政策研究部和研究产品推广部等4个部门。研究领域涉及宏观经济及政策研究、重点行业（包括医药、石化、钢铁、机械、汽车、金融、商业、食品、农业、房地产、有色金属、电子信息、交通运输、煤炭电力、纺织服装等）及上市公司研究、债券研究、基金研究、金融工程和金融产品创新研究等。其中，医药、电子、化工、金融、食品、钢铁等行业研究，政策研究及债券研究等均为平安研究所的特色研究领域，行业分析师所研究的公司覆盖率达到70%。

平安研究所构建了功能较为完善的金融信息资料库和上市公司数据库，为各项研究工作提供强有力的支持。

平安研究所提供的产品强调实用价值，其中公司调研报告全部由行业研究员实地调研完成，并对重点公司作持续跟踪研究。所有研究报告全部采用统一的产品设计，并实施严格的品质管理。

2003年起，平安研究所开始与境外的研究顾问公司开展深入合作，并在借鉴海外成熟证券市场研究模式的基础上，对研究报告形式和内容进行了全面改版：公司调研报告须包括连续3年的利润表、资产负债表及现金流量表的预测；行业报告必须附有对重点上市公司的点评、连续3年的业绩预测及投资建议，等。目前在国内券商研究机构中，能够完全做到这一点的还不多。

平安研究所现已形成了针对不同客户需求的多层次、较高水平的研究产品体系，并通过有纸化或无纸化（如通过研究所OA系统、NOTES系统或邮件发布、电话会议等）方式提供给基金等机构客户及其他各类客户。贴近市场、及时高效、全面服务成为平安研究所工作的主旨。

2002年度，在国内近70家券商研究机构争夺基金分盘服务市场的竞争中，平安证券综合研究所排名位列第8，市场占有率达到4.36%，充分反映出平安研究所在国内研究领域的综合竞争实力。2003年，在基金服务市场竞争更趋激烈的情况下，平安研究所的排名继续上升至第7位。

2004年5月《上海证券报》发表"对国内主要证券研究机构2003年上市公司业绩预测准确率统计评价"，在入围参评的9家研究机构中，平安研究所重点公司预测准确率评分排名列第1位。

平安证券综合研究所推崇"专业、信誉、责任、职业精神"的研究理念，重视研究规范化管理，确立"以研究为基础、以服务为导向，向一流证券研究所迈进"的发展战略，力争在未来的几年内逐步发展成为国内外具有相当影响力和知名度的国内一流证券研究机构。

平安证券综合研究所主要研究产品

目前，平安证券综合研究所主要可为客户提供以下7大类共10多种实用性较强、信息量丰富的专业研究资讯产品：

1. 公司研究类

包括上市公司调研快报、上市公司调研报告、上市公司跟踪调研报告、上市公司跟踪调研快报、上市公司点评（年、中报及重大公告评述）、新股定价分析报告等。

2. 行业研究类

包括重点行业研究报告及行业动态跟踪报告。

3. 投资策略类

包括平安投资策略报告（月度、半年度及年度）及长、短线投资组合。

4. 债券研究类

主要有债券市场周评、国债招投标定价分析报告等。

5. 基金研究类

包括基金周评、基金市场专题研究报告、重点基金客户之专项委托研究课题等。

6. 专题报告类

平安战略投资报告及其他各类受托或自拟的重大专题类研究报告。

7. 其他

期刊类有平安每日快讯、平安研究精粹（每周一、三、五出版），此外还有会议简报、平安快评等。

平安证券综合研究所将一如既往地以严谨、公正、准确、高效的证券研究产品，竭诚为各类客户提供针对性强的专业资讯服务。

重要研究成果获奖情况

★《上市公司关联交易的产生、影响与规范》获2001年深交所优秀论文二等奖

★《社保基金与资本市场关系课题研究 》获2002年广东省金融学会优秀论文第一名

★《中国民营上市公司实证研究》获2003年深圳市金融学会二等奖

重要研究专著

★《中国蓝筹股》，2001年海天出版社

★《最有价值的30家B股公司》，2002年海天出版社

★《股票操作大全》，2002年上海财经出版社

《加入WTO对行业及上市公司的影响》，2002年上海财经出版社。

上海金信证券研究所有限责任公司

基本情况

上海金信证券研究所有限责任公司是经中国证监会批准

的证券投资咨询专业研究机构，由1996年10月15日成立的金华信托证券管理总部研究发展部发展而来，1998年1月18日定名为金信证券研究所，1999年8月2日，经上海市工商行政管理局批准，改制为“上海金信证券研究所有限责任公司”，成为国内三大独立证券研究机构之一。2002年7月，公司当选为中国证券业协会监事单位。2002年12月，研究所所长连任中国证券业协会证券分析师委员会副主任委员。

目前研究所下设主要业务部门有：财务顾问部、专题研究部、综合信息部、行业与公司研究部、市场咨询部，汇集了许多学历高、实践经验丰富的研究人员，硕士以上学历者达90%，分别来自国内外各著名高等院校，并拥有包括著名经济学家石小敏、邱晓华、樊纲、戴园晨、吴晓求、魏杰、顾功耘、曹凤岐等在内的强大的学术顾问委员会。

业务范围和经营业绩

作为一家专业的证券投资咨询公司，研究所的研究人员为社会各界提供了大量高质量的研究成果，内容涉及宏观经济、国民经济产业与行业、上市公司研究、金融前沿理论研究、国际国内资本市场、企业经营与管理、资产重组和收购兼并、投资策略与投资方案、产业投资基金理论与实务以及企业诊断与管理咨询等，其研究水平已达到国内同行业领先地位。

经过多年的发展，金信证券研究所在部门结构和业务专攻领域发生了转变，由过去的宏观分析、行业分析为主，市场分析为辅，转为各类专题研究与财务顾问项目相结合的国内新型研究模式。事实证明，这一转型是成功的。从2001年首次参加深圳证券交易所第四届会员单位研究成果评选并获一等奖，至入选“上证联合研究计划”，在不到两年的时间里，金信证券研究所已囊括了国内证券专题研究领域的所有荣誉，提前实现了原定的证券研究五年“3＋1”（即中国证券业协会一等奖、深圳证券交易所一等奖、上海市政府重大决策咨询研究课题A级成果＋入选上海证券交易所联合研究计划）“大满贯”计划，充分体现了金信证券研究所“人无我有，人有我优，人优我特”的研究风格，进一步奠定了金信证券研究所在中国证券研究业专题研究方面的领先地位。

至今为止，研究所已出版专著多部，充分体现了研究所研究水平的深度与广度。其中《中国产业及行业上市公司分析》专题研究报告开创了我国上市公司产业与行业中观分析之先河；《中国资本市场实务运作指引》以中国资本市场为背景、实务运作为核心，系统地介绍了国内资产重组的操作程序和方法，是专门涉及体内重组之首本。除此之外，《中国产业投资基金理论与实务》、《中国股市波动规律及其分析方法》、《创业板市场的做市商制度》等多本论著，涵盖了证券研究的方方面面，颇具参考、借鉴价值。

定期出版的《金信证券研究》已在证券界乃至经济界产生广泛影响。“没有夕阳产业，只有夕阳企业”、“证券研究是券商跨世纪腾飞的翅膀”、“长看基本，中看政策，短看技术”等论断已成为证券市场中的名言，并作为一种投资理念深入人心。

1997年以研究所人员为核心的金华信托证券管理总部作为中国证券市场上首家“独立财务顾问”，创造了资产重组经典案例和模式，即“钢运模式”。此外，研究所还曾先后为多家上市公司提供财务顾问服务，主要项目包括：青岛海尔、泰山旅游等公司中长期资本运作规划、联合实业产业构架与资本运作设想、浙江富润管理咨询报告、宁波联合投资战略规划、上海大唐电信职工持股会试点等，并担任过包括申通地铁、福州大通、农垦商社、泰山旅游等在内的多家上市公司、集团公司的财务顾问，并策划了多起资产重组与买壳上市案例。

上海金信证券研究所将一如既往地秉承“发展力求稳健，服务必尽忠良”的经营理念，努力为广大投资者与市场主体提供更好的服务。

地址：上海市江宁路167号新城大厦23层
邮编：200041
电话：021－62554521/4522
传真：021－62554528
网址：www.goldentrust.com.cn
E－mail：research@kinghing.com

北京大学金融与证券研究中心

北京大学金融与证券研究中心于1996年1月成立，主要从事金融、证券和保险的理论、实务、政策及法律的研究。该中心是以北京大学光华管理学院在金融与证券方面的科研力量为主，联合北京大学其他院系在金融、保险、法律等领域的专家、教授，并借助于国家各部委、科研机构以及国内外商业银行、保险公司、证券公司、投资基金等方面的研究力量而组建的科研机构。

中心实行主任负责制，设主任一人，副主任五人。主任由北大光华管理学院前副院长曹凤岐教授一直担任至今，副主任由北大副校长吴志攀教授、北大经济学院副院长孙祁祥教授、北大光华管理学院财务与金融系副主任姚长辉教授、北大光华管理学院院长助理于鸿君教授、北大光华管理学院刘力教授兼任（同时作为中心的研究员）。中心同时还聘请了数十名在国内外享有名望的学者、专家作为顾问教授和特约研究员。

中心采取项目负责制，主要由顾问教授、特约研究员负责研究项目。北大内部的经常性研究人员可以独立负责研究项目，也可以参与由顾问教授、特约研究员负责的研究项目。

中心的研究领域主要集中在银行、保险、证券、信托、宏观经济政策、货币政策、金融市场发展与国际化、证券投资、企业重组与兼并、金融衍生产品、投资基金以及相关金融法律、法规的领域。

东北证券金融与产业研究所

在中国证券市场大发展的背景下，东北证券有限责任公司在短短两年时间里励精图治、锐意进取，已从一个地方性的券商成长为全国性大券商。为顺应证券业的“大研究、大业务”的发展趋势，公司于2001年6月在原研究所发展中心基础上，在上海组建“金融与产业研究所”。目前研究所已初具规模，拥有一支高学历、高素质、专业化的研究队伍。在20名研究人员中有博士后两人，博士6人、硕士11人，其中大部分具有中国证监会批准的证券投资咨询资格。

金融与产业研究所以“诚信、勤勉、务实、创新”为工作理念，以金融与产业的融合研究为优势，以为客户提供多样化和个性化服务为宗旨。根据公司业务发展需要，主要从事宏观经济与资本市场、行业与上市公司、金融创新、证券投资信息咨询等方面的研究，并积极培育产业经济、区域经济、金融创新的特色研究。已与政府主管部门、国内著名院校与研究机构、证券业同行及相关媒体建立了多元化的信息网络，并定期向公司内部提供多种研究产品，创办了《新投资》月刊，主持了多项中国证券业协会、上海证券交易所和深圳证券交易所的研究课题，并多次获奖。在《中国证券报》、《上海证券报》等专业报刊发表了一系列有影响的研究报告和论文，为中央电视台、上海电视台、东方电视台、东方广播电台等媒体定期提供深度市场咨询，受到政府、媒体和客户的广泛关注与认可。

金融与产业研究所已初步形成了一套科学、规范、严密的市场分析、行业研究和资本市场及金融创新理论的研究体系，形成了“严谨、务实、专业、超前”的研究风格，在证券研究领域创立了独特的研究特色，并力争使研究所综合实力进入国内证券研究业的前列，形成一支具有一定规模、研究特色和影响力的券商研究队伍，努力向市场化、专业化、社会化、特色化、国际化方向发展。

复旦大学金融研究院

复旦大学金融研究院是一个新构建的学术研究教育平台，它整合了复旦大学经济学院，管理学院，数学系和计算机系等院系的金融研究队伍，科研与教学力量居国内前列，研究范围涵盖了国际金融，数学金融，金融市场，货币银行，金融工程，保险等领域。

复旦大学金融研究院名誉院长为(原)中国人民银行行长戴相龙，院长为复旦大学副校长郑祖康教授，常务副院长为复旦大学应用经济学博士后流动站站长姜波克教授。

悠久的学科发展历史

——复旦大学是全国最早建立国际金融专业的高校之一，早在1983年就开始招收国际金融专业本科生，并先后于1993年和1994年增设了投资经济和保险学两个本科专业。

—— 复旦大学在国内较早开展研究生层次的金融人才教育，1992年设置国际金融硕士点，1994年获准设立国际金融博士点。

—— 复旦大学在国内最早进行金融学博士后的招生培养，1992年开始招收金融学博士后研究人员。

崭新的研究机构

——高校内部管理体制的突破：全新的研究平台。

金融研究院将原来分散在复旦大学经济学院、管理学院、数学系、计算机系等各院系中的金融研究力量，在一个新的平台上进行整合，由学校直接领导，人员编制、财务单列，实行统分结合、专职研究人员与兼职研究人员并存的新型管理体制，从而获得在金融学科这一跨学科性质的学科群研究中的独特优势。

——高校与政府部门联合的突破：全新的合作机制。

复旦大学金融研究院是在政府有关部门的直接支持下成立的，中国人民银行总行戴相龙行长还应邀担任了研究院名誉院长。在合作机制上，既不同于计划经济下部委学校的直接隶属关系，也不同于目前通常的松散联系方式，而是力争在人材培养、政策咨询、课题攻关、国际交流等方面有实质意义的全面合作，为我国金融事业的发展做出贡献。

——高校服务社会的突破：全新的运作模式。

复旦大学金融研究院将利用上海金融中心的独有条件，以市场化的思路，在推动复旦大学与金融机构合作、服务上海金融中心建设方面探索新的模式，在市场之中成长壮大，实现自身长期的可持续发展。

组织机构

金融研究院设立名誉院长，由院长领导，常务副院长负责具体管理工作，秘书长负责日常行政管理，设有专职教学研究人员与行政管理人员。

金融研究院设有院学术委员会，负责人才引进、学术成果鉴定、岗位津贴及职称评定等工作。

金融研究院下设学科建设办公室，负责组织学科建设工作；学术研究办公室，负责组织科学研究工作；研究生办公室，负责研究生招生培养工作；发展办公室，负责金融研究院研究成果的产业化工作以及与社会机构之间的合作；行政办公室，负责日常行政与后勤工作。

金融研究院根据国际金融、数学金融、货币银行、金融市场、金融工程、保险等学科的发展要求，设置相应的研究部和实验室。

基本职能

—— 组织协调：协调复旦大学内跨院系的金融学学科建设。

—— 科学研究：负责纵向科研经费的使用与分配，开展横向科研合作，坚实学术阵地。

—— 人才培养：招收培养博士研究生，为社会输送高级人才；在教育部和学校领导下，负责中外合作办学和社会办学的试点，探索新的的人才培养机制。

—— 学术交流：举办各种高层次研讨班，学术论坛及报告会，推进国内外金融领域的学术交流。

—— 服务社会：举办中短期培训班，提供政府及企业咨询，服务中国改革开放，服务上海国际金融中心的建设。

本院发展重点

—— 建立既能反映最新国际学科动态又有复旦特色的金融学科研究体系。

—— 形成培养能在中外两个平台上自如转换的高层次人才基地。

—— 建立高水平的开放型国内国际学术交流平台。

—— 为中国金融改革和发展，上海金融中心的建设提供切实的智力支持。

华泰证券研究所

华泰证券一贯坚持以市场研究作为公司业务发展的重要基础，不断投入大量人力、物力强化研究力量。公司综合研究所以促进证券市场和区域经济的发展，支持公司投资银行、资产管理和经纪等各项业务的开拓，以及为客户提供一流的服务为根本宗旨，形成了宏观经济政策背景分析与证券业务创新研究、行业与上市公司研究、投资咨询服务以及投资策略研究四大支柱，其大量研究成果受到政府、业界、客户和金融证券媒体的广泛关注与好评，一批研究报告成果被证券主管部门和政府等所采纳。是首批经中国证监会核准的具有证券投资咨询资格的研究机构。

1、机构设置

综合研究所目前为公司业务总部设置，下辖行业部、投资策略部、市场咨询部、综合部四个业务研究部门。

2、研究载体

综合研究所目前所拥有的研究载体主要有《财经证券分析》月刊及年刊、《研究分析报告》、《行业、板块与上市公司研究》、《每日内参快讯》、《证券资讯一体化网络》、《网上紫金证券资讯》及《华泰证券网站》等。

3、研究人员

华泰证券综合研究所拥有数十名研究人员，各研究人员均有博士或硕士学位，半数以上研究人员拥有高级职称。专业背景涵盖金融、管理和理工农医等多个学科。

4、研究领域

宏观经济政策背景分析;资本市场与地方经济发展;证券市场建设与发展;行业研究与上市公司调研;证券投资咨询;证券市场计量分析;投资策略研究与投资组合设计;公司发展战略与业务创新研究等。

内部机构简介

1.市场咨询部

市场咨询部拥有十多名获得中国证监会批准的证券投资咨询资格的证券分析师,他们均具有较长时间的从业经验,对证券市场的运行规律有独到的见解,其中不乏理论与实践俱佳、业内知名的资深人士。除为本公司相关部门提供业务支持外,市场咨询部还为投资者提供投资咨询、财务顾问等多方位服务。

该部门主要职责是:对证券市场的基本面进行全面分析,对股票二级市场整体运行状态、走势及潜力个股进行及时跟踪分析,并提供投资咨询建议;保证华泰证券网专家门诊、华泰市场专线栏目以及沪深两市所有个股当日及时评述(个股点评栏目)的正常运行;负责与新闻媒体保持密切联系,扩大公司影响。

目前该部门为中央电视台、中央人民广播电台、江苏卫视等定期提供市场评述咨讯,并在《中国证券报》、《上海证券报》、《证券时报》、《证券市场周刊》等专业媒体开辟专栏发表各类市场研究分析报告,在证券市场投资咨询界拥有较高的知名度。

此外,该部门借助华泰证券网站,有效地实现了证券研究分析人员与广大投资者的互动交流,通过华泰证券网站各种特色的服务,如专家门诊、专家组合、华泰市场专线、华泰研究、专题论坛等栏目,为投资者提供更先进、有效的服务手段,使投资者了解最新的研究成果和动态,并得到市场研究人员的及时指导。目前华泰证券网已成为深受投资者欢迎的证券专业网站之一,已经连续三年获得券商类中国优秀证券网站第一名,并以其独特的咨询方式获得2001年度中国优秀证券网站"最佳投资顾问网站"第一名。

2.行业部

行业部拥有数十名专职和特聘的行业高级人员,他们的专业覆盖化工、电子通讯、医药、外贸、经济、农业、电力、财务等多个领域。旨在通过对行业的跟踪和深度分析及对上市公司的经营业绩、财务状况等因素的分析和研究,为公司投资银行业务部门、资产管理部门及投资者提供相关的行业研究支持、背景资料和有潜在投资价值的上市公司分析。

该部门的主要职责是:加强行业、上市公司的长期跟踪、调研和研究,为投资银行、资产管理及投资者提供行业现状、发展动态、产业政策分析报告及相关上市公司调研分析报告和资料;参与投资银行项目的前期策划、投标工作,提供相关行业专业服务;在投行项目开展过程中,提供新股、配股或增发新股定价分析报告;参与投行项目内核工作;参与投行相关项目的路演推介等。行业部成立以来,研究人员完成了大批的研究成果,研究内容涵盖行业独立判断报告、行业专题研究、行业预测报告、主要行业财务指标手册、行业投资价值报告、行业动态分析、年报点评、WTO对相关行业的影响、上市公司调研报告和年报业绩预测报告等,为公司相关部门和投资者的决策提供了大量有价值的参考资料。

3.投资策略部

该部门拥有10多位长期从事二级市场投资运作的研究人员,具有深厚的理论功底和良好的市场感觉,多年来为公司资产管理部门及投资者提供了丰富的研究成果。

该部门的主要职责是:开展宏观经济形势和金融财政政策的分析和预测工作。并在此基础上,结合证券市场的相关政策分析、资金面分析、市场心理分析,提供二级市场走势分析报告;根据上市公司基础资料、盘面表现和市场信息,精选个股,积极开展上市公司实地调研,为资产管理部门及投资者提供个股投资价值分析报告;结合行业和板块研究,深化行业或板块热点前瞻性分析研究,提供相应分析报告;根据公司及有关客户的投资目标和投资规模,构筑定量分析模型,提供投资策略和投资组合建议;跟踪证券市场所有新股发行计划,进行新股二级市场定价分析,提供定价、上市后走势及投资价值分析报告;开展金融市场新型业务(如二板市场、国有股减持、股指期货等)超前性研究。

5.综合部

综合部为综合研究所内部事务及对外联络部门,其主要职责是:负责定期或不定期编辑和印发《研究分析报告》、《财经证券分析》及《行业、板块与上市公司研究》等期刊、分析报告;负责研究资料的收集、整理、归档和管理;负责研究所内部事务;负责综合研究所的对外联络;负责华泰证券网栏目管理工作。

此外,综合部信息中心还承担着公司信息的保障任务,目前已拥有电子图书资料量达10G以上,每日处理数量达8M以上,为公司经纪业务、资产管理业务、投资银行业务等提供了强有力的信息支持。

上海证券综合研究有限公司

上海证券综合研究有限公司是由上海证券报社控股投资建立的证券投资咨询公司,注册资本600万元。公司成立于1997年10月,主要业务是证券市场投资咨询、企业财务顾问服务和资本市场的运作及发展研究。

1998年4月,公司成为中国证监会首批认证、具备专业执业资格的专业证券研究咨询机构。公司自成立之日起就致力于建立现代化的公司管理制度和科学高效的经营决策机制。培养以"团结、务实、创新、高效"为公司精神的企业文化,将"创一流效益,做公司立足之本;以优质服务,树公司良好形象"做为自己的要求和对社会的承诺,经营中一贯注重公司信誉和成效。

在投资银行业务领域,公司依托一流的业务水准和广泛资源积累,构架有效的沟通渠道,先后成为20多家上市公司的并购及重组财务顾问,并开展战略发展咨询和市场形象策划,公司重要客户和合作伙伴有:真空电子、虹桥机场、清华同方、民生银行、北京巴士等。

在证券投资咨询领域,通过对证券市场各相关因素的系统分析和研究,引导树立理性正确的投资理念,给券商机构、上市公司、投资者提供投资、资本运作最佳方案。自1997年成立的投资顾问俱乐部目前已拥有高级会员及普通会员近30家,为公司与券商机构之间的合作提供了桥梁及纽带作用,同时我们还与中央电视台、东方电视台等媒体建立协作关系,这些长期、稳定的业务往来关系使公司赢得了券商、上市公司和投资者的信赖,并积累了丰富的资源储备。

公司始终贯彻"以人为本"的经营理念,把人才作为最宝贵的财富。目前公司员工中70%以上具有高级技术职称或硕士、博士学位,涉及经济、管理、投资、金融、证券、财务会计等专业,为公司的长远发展奠定了坚实的人才基础。

面对加入WTO后的中国证券市场,充满机遇与挑战,公司将充分发挥行业、信息、人才优势。在保持稳定增长的同时,公司还将不断创新,锐意进取,力争发展成为人才聚集,业务广泛,服务一流,管理先进的专业证券咨询公司。

国泰君安证券研究所

国泰君安证券研究所成立于1999年8月18日,隶属于中国最大的券商国泰君安证券股份有限公司。目前在国内同类机构中规模最大、研究力量最强、配套设施最完善。其研究范围广泛,工作作风深入细致,从国际到国内,从宏观到微观,从货币市场到资本市场,从上市公司到非上市公司,我们都采取动态跟踪的方式予以有点有面的研究,分析深刻、见解独到、预测准确,研究成果在国内外有广泛影响。

国泰君安研究所办公地址设在深圳,上海和北京三个中心城市。下设行业公司部、宏观研究部、市场研究部、金融工程部、发展研究部和信息支持部。

行业公司部:主要从事行业、公司(包括上市公司与非上市公司)的分析研究,为客户担任财务顾问,提供购并重组、企业管理咨询等多方面服务。

宏观研究部:主要针对与证券市场密切相关的宏观经济、政策、经济发展战略规划及国际经济情势进行时效性很强的分析。同时也向政府有关部门不定期提出宏观政策建议。

市场研究部:主要从事证券市场趋势研究、政策效应分析及其预测,对深沪两地二级市场运行机理进行有点有面的分析。把握板块互动、解析投资者关心的热点问题等。同时为机构投资者提供专题研究服务。市场研究部主理的《财经快讯》在市场上久负盛名。

金融工程部:主要从事金融创新研究,包括衍生工具与金融新产品的开发、投资组合的研究与运作策略,国际股市、汇市、债市的各种套利机制和风险对冲工具的研究;交易制度的研究等。以数理分析为工具,以量化资本市场各参数为目标,以严谨的逻辑思维追寻买卖行为中的规律。目前该部们推出的"国泰君安指数"等一系列产品对于在我国资本市场开展金融创新业务具有极高的参考价值。

发展研究部:主要对公司发展战略、国内外资本市场、政策法规等方面进行专题性研究,为政府部门担任经济顾问。

信息支持部:主要工作是信息的收集、整理、汇编;图书馆管理;对外资料交流等。统筹全所研究产品的编辑、发行,包括系列研究产品的编辑、研究专著的出版,以及其它产品的包装、对外发行及其推广应用。

目前国泰君安研究所拥有员工80多人,90%具有硕士以上学历,25%具有博士学历,研究人员中90%以上来自国内外名牌院校,研究所员工的平均年龄在30岁以下。

高素质的人员需要高水平的管理,经过几年的探索,我们已经总结出一套行之有效的全景目标管理模式,在员工的职位级别、工资待遇与工作业绩挂钩的前提下,运用这套模式综合评判研究员的工作业绩,多角度、全方位地考核每一个员工,真正做到人尽其才。

国泰君安证券研究所一向以对行业、公司研究见长,研究水平居国内同行业领先地位,对上市公司的跟踪研究成效卓著,在宏观经济与金融市场分析等方面功力深厚。我们有别于一般研究机构的特色是:尽可能保持研究工作的客观性,以最专业的手法去分析问题并提出解决问题的方案。我们的研究工作在许多决策机构正发挥越来越大的作用,我们所提出的很多方案、建议已被许多机构部门采纳;在新闻舆论界我们更有广泛影响,大量研究成果经常见诸于报刊杂志和网络媒体。我们还将进一步在视、听、网络等媒体上向投资者提供专业化、个性化的服务。

服务特点:

根据客户不同的需要,我们以研究小组或项目小组的方式进行综合服务,针对既定的任务进行最佳的人员组合,同时与客户保持紧密的业务联系,并对最终成果的质量负责。强调一点的是,无论我们的研究工作多么深入细致,百密总有一疏,我们深信,客户对我们的批评和建议是我们追求尽善尽美的永恒动力。

我们所开展的每一项工作都本着理论与实践相结合的原则,研究工作的"实效性"是我们一切工作的灵魂,我们愿尽最大努力,为客户提出有价值的研究成果,以确保客户的利益,创"金牌"服务的品牌。

国泰君安证券研究所将秉承公司"诚信、亲和、专业、创新"的经营理念,按照"贴近市场、贴近客户、贴近业务"的要求,努力钻研、勤奋实践,以更专业、更客观、更及时的研究成果,为各类客户提供多样化、个性化、高效率的服务,为推动证券市场的市场化进程贡献自己的力量。

东方证券研究所

东方证券证券研究所成立于1998年,原名东方证券研究发展总部,2002年正式更名为证券研究所,是中国证监会首批核准的具有证券投资咨询资格的研究机构之一。

研究所是东方证券总部级业务部门和专业性的研究机构,下设行业公司部、金融工程部、投资咨询部和综合服务部四个子部门,它以支持公司投资银行、资产管理和市场经纪等各项业务的开拓以及为客户提供一流的服务为根本宗旨,目前已形成了宏观经济政策与证券业务创新研究、行业与上市公司研究、投资咨询服务、信息资讯等四大支柱业务。

研究所自成立以来,不仅为公司的发展出谋划策,同时为政府部门、机构投资者和广大中小投资者提供经济发展顾问、专项研究报告和市场咨询等各个层次的专业服务,并与银川市政府、华安基金、国泰基金、长城基金等建立了长期的良好合作关系。2003年研究所与上海电气正式签定财务顾问协议,长期为上海电气提供各类咨询服务,向研究的产业化进程迈出了重要一步。

研究所拥有一支朝气蓬勃、学有卓识的研究队伍,现有员工29人中85%以上具有硕士以上学历,其中25%具有博士学历,他们平均年龄在30岁以下,80%以上来自国内外名牌院校,专业背景涵盖金融、管理和理工农医等多个学科,同时具有较为丰富的证券市场研究经验。

西南证券研发中心

西南证券研发中心目前拥有遍布全国的上市公司信息调研网络、大型行业数据处理系统和一流的专业研究队伍,通过研究报告、信息库、项目运作等形式,为投资者的投资决策提供必要的决策咨询。我们还以大型路演、座谈会、电子邮件、会员传真、工作室、网站咨询等形式,将最新研究成果及时与客户交流。

我们坚持"以市场为导向,以专业化为基础"的指导方针,以服务客户为己任,不断在特色研究方面创出自己的品牌,已经发展成为中国证券研究行列中的一只富有自身特色的新生力量，在业内取得了优异的成果：2000 年、2001 年，先后获得中国证券业协会科研课题评奖活动二等奖、三等奖及优秀奖；2002 年，获得深交所第四届会员研究成果评奖活动二等奖。此外，还先后在《中国证券报》等业内主要媒体上公开发表研究报告千余篇，数百万字。所主编、撰写或部分撰写的 8 本图书，均已公开出版。目前，西南证券研发中心的研究成果正在为包括中国社会保障基金理事会、证券投资基金、信托投资公司、地方政府、上市公司和海外知名证券投资机构在内的庞大客户群进行投资决策发挥作用。

研发中心下设行业公司部、市场研究部、策略研究部、市场营销部、综合管理部，拥有涉及十几个行业的专职研究人员 40 多人，其中博士后、博士、硕士学历的研究员比例高达 90% 以上，60% 的研究员曾在企业基层锻炼，具有丰富的专业经验和较长的从业经历。目前，研究成果已经涵盖了证券市场的工具创新和制度建设、行业发展和公司财务、资产定价和市场研究等方面，并形成了行业公司研究、市场专题研究、政策研究、大型数据库分析等系列电子化研究成果。

行业公司研究：

行业公司研究是研发中心的特色业务之一。目前已经在医药生物制品、房地产、信息技术、能源、新材料等行业研究方面居同行领先水平，有一定的市场影响。在传统行业研究业务的基础上，行业研究更着重立足于与实务操作相结合的综合性研究，在公司财务、证券定价、金融创新等方面研究形成了特色系列。目前已经开发出上市公司财务数量分析系统，初步建立了上市公司评级体系，并在财务数量分析方面取得重大突破。针对投行业务的战略咨询报告模块制作也是行业公司研究的特色成果之一，并已在实际项目运作中获得了良好的反馈。

策略研究：

策略研究着重于填补公司业务空白，培养专门领域中专项研究的水平和实力。目前，策略部的业务包括五项内容：接受有关主管部门（如证监会和证券业协会）的委托，承做有关市场热点难点问题的课题；根据市场变化，研究新兴金融工具和投融资渠道；根据市场变化，研究公司估值和投资价值评价方法；为公司内部其它业务单元提供专业技术支持；完成公司 CEO 制定的研究课题。

市场研究：

市场研究以市场现象和特征、证券法规和政策、证券走势、非行业角度的上市公司分析、代办股份转让系统等为研究对象，同时承担中国证监会、中国证券业协会安排的相关课题。市场研究特色体现在以下几个方面：在保证较高准确度的前提下，证券法规和政策研究的反应速度在业内居于领先地位；市场现象和特征的研究报告视角独特，见解深刻；对外资股的研究涵盖 H 股和 S 股，在业内尚属少见。

兴业证券研发中心

伴随着中国证券市场的蓬勃发展，兴业证券股份有限公司经过几年的艰苦创业，锐意进取，已由一个地方性券商成长为全国性大券商。公司研发中心也在公司领导的关怀和领导下，以创新为道、研究为本，逐渐形成规模，目前已拥有一支高素质的研究队伍，其中博士、博士后、硕士占 90% 以上，多数研究人员具有中国证监会批准的证券投资咨询资格。研究能力和研究水平正在不断提高，研发中心在生物医药研究领域基本上确立了业内领先地位，在新材料领域的研究特色正在形成，近两年来已有十余项研究课题在中国证监会、中国证券业协会和交易所组织的科研课题评选中获得大奖。兴业证券研发中心（总部设在上海）职能定位于：立足于研究、服务于创利、支持于决策、增值于品牌。研发中心下设 5 个部门：券商发展研究部，主要进行券商发展规划与业务创新等方面的研究；公司研究部，主要进行上市公司的调研与投资价值分析，以及相关行业研究；生物医药部，主要进行生物医药行业及上市公司的跟踪研究；基金与机构服务部，主要负责向证券投资基金及其他机构投资者提供组合分析及委托项目调研；机构客户服务中心，主要为公司核心客户提供综合性前台服务等。

研发中心的研究成果已经形成一定的系列和规模，包括：《兴业证券研究》、《机构投资家》、《行情前瞻》、《公司调研报告》、《专题研究》等。研发中心将继续以“服务于自身、服务于客户、服务于社会”为宗旨，倡导“务实进取、锐意创新、培育特色、争创一流”的研究风格，不断追求卓越，提高服务质量，努力在 3－5 年内成为国内具有特色和影响力的证券研究机构。

世纪证券综合研究所

世纪证券综合研究所是世纪证券的研究支持部门，目前拥有各类专职研究人员 20 余名。研究所率先在国内实行首席研究员制，在重点行业和重点领域设立首席研究员。研究所利用深圳、上海、北京各自的优势，将研究所的职能部门分设在三地，形成了把握宏观经济和证券市场所必须的强大信息网络。

研究所重点以并购研究和行业研究为突破口，将基础的行业研究与资本运作相结合，为业务部门提供全方位的研究支持。作为一支新兴的研究力量，世纪证券综合研究所撰写的有关报告已在业内引起了广泛关注，得到了多家基金经理的好评。研究所已经形成了在媒体、生物医药、金融、旅游、建材等行业以及宏观经济方面较强的研究实力，在业内具备一定的研究优势。2003 年初，研究所在长沙分别举办的中国 2003 年投资策略圆桌会议与中国媒体投资研讨会，比较准确地把握了 4 月份的市场行情，就是一次对世纪证券研究实力的综合展现，获得了圆满的成功。

研究所对于市场上的突发敏感事件，进行及时的深入研究，形成了相关的研究报告，指导大家进行正确的投资。

中央财经大学金融证券研究所

中央财经大学金融证券研究所是由中央财经大学创办的金融类科研、咨询及培训机构，以中央财经大学的教学和科研队伍为基础和依托，并聘请国内外经济界著名专家学者兼任顾问及研究人员。

我所以金融证券理论研究、政策咨询、人员培训、方案策划等为主要业务范围，现设有债券研究中心、基金研究中心、期货研究中心、保险研究中心、产权变现研究中心、南方研究中心、公司财务研究中心等多个部门，并设有一个学术委员会和专家顾问咨询系统。从 1999 年 9 月设立至今，已经同国家有关宏观经济管理部门、经济政策研究机构、各类金融企业以及海内外相关机构建立了广泛的学术咨询及培训方面的合作和交流，逐步形成了较强的科研和培训能力。

自成立以来，我所充分发挥自身优势，适应市场需求，主动开展面向社会的各项培训活动。从 2002 年开始，我所引进美国 AIMR 组织的 CFA（注册金融分析师）课程培训，为国内参考人员提供考前辅导。2002 年，我所承办了由中央财经大学金融学院与美国南哥伦比亚大学合作举办的“国际金融 MBA 班”。还陆续举办了纳税筹划培训、财务管理电算化培训、企业集团财务管理培训、国有资产管理体制改革培训、债券市场发展前沿问题研讨、企业股份制改造及发行上市等短期培训。此外，还积极进行金融领域相关问题研究，同时承担了一些大型课题，2003 年 8 月完成了上海证券交易所上证联合研究计划第八期课题报告——中国债券流通市场运行的实证分析。

我所以“理论与实践相结合、科研与金融实务相结合”为宗旨，融理论研究于金融、证券的实务之中，以公司债券、资产证券化、政府债券市场的研究与咨询为重点，注重研究公司资本结构、融资结构，并致力于金融市场衍生产品的设计，为企业提供专业人才培训和多方位的咨询服务。

大鹏证券综合研究所

大鹏证券综合研究所成立于 1995 年 ，是业内成立时间较早、规模较大的券商综合性研究所之一。

综合研究所拥有一支实力雄厚的研究队伍，现有研究员 36 名，90 %以上都具有博士或硕士学位，大部分研究员具有 5 年以上的证券从业经验。

综合研究所致力于为客户提供全方位的研究支持，在理财顾问、资产管理、投资银行、创业投资和金融创新等方面研究业绩卓著，在业内享有盛誉。

综合研究所注重与国际知名金融研究机构合作，先导性引入国际标准的金融分析工具与证券价值评估体系，结合国内资本市场的发展阶段与特色，形成了一套自成体系的金融品种分析方法，同时加强金融创新研究。研究团队的专业水平受到市场充分肯定。

市场需求引导研究流程

大鹏证券综合研究所的金融产品设计和生产主要通过客户需求调查和趋势策略分析两个端口来牵引，通过系统、深入的市场调研与分析，提炼市场需求，同时加强市场研究，形成以市场需求为导向的研究工作流程。同时，通过综合研究所内部投资决策和产品评审小组的审查确定相关产品的生产，为客户提供包括投资组合、投资策略、趋势研究、行业研究和公司研究等 11 大类产品 28 种金融产品。

丰富多样的服务方式

1 研究预制服务

通过调研、分析，结合宏观、中观和微观层面的动态运行情况，选择不同的资产定价模型，对股票、债券、基金和期货等市场进行动态跟踪分析，提供系统的研究支持服务。

2 研究定制服务

对投资者的风险承受、投资风格进行评估，结合其资金规模，投资范围和收益预期等因素提供理财方案。同时提供投资者在金融投资领域的专题研究支持。

3 联合调研服务

根据客户要求，进行联合调研，并在此基础上提供深度分析报告。

4 实时顾问服务

指定研究人员进行一对一 VIP 服务，凭借强大的研究团队提供实时顾问服务。

多方位业务支持

综合研究所是公司决策支持系统的重要组成部分。为客户提供服务的同时，综合研究所利用行业研究和公司研究的优势，多方位为公司的金融销售业务、融资服务业务、资产管理业务和证券投资业务等提供业务支持和研究服务。

光大证券研究所

光大证券研究所成立于 1997 年，拥有一支专业资深的研究队伍。

打造最佳研究咨询机构

光大证券研究所以“提升客户价值”为宗旨，以“客观分析、独立判断”为原则，以“面向业务、面向市场、面向客户、面向国际”为方略，树立最先进的理念、思维和方法，为公司的高价值客户提供高质量的研究报告。

造就最佳职业分析师团队

光大研究所目前拥有理论扎实、经验丰富的资深研究员 40 人，其中 85%以上具硕士以上学位或中高级专业技术职称，30%的人员具有博士学位。强化技术系列激励体制，以结果为导向，以业务为主线，实施以 KPI 为核心的绩效管理体制和以考评为基准的价值分配体制。

提升目标客户价值

光大研究所已经建立了旨在打造自身优势的产品系列，其中包括投资咨询报告和管理咨询报告，并根据客户需求进行组合。在产品设计上建立了标准化的程序和架构，坚持运用国际化的分析工具和作业方式进行产品生成。在产品服务方面坚持研究必须“贴近市场、贴近业务、贴近客户”，客户需要是产品的生命之本。

服务高价值客户

目前光大研究所已拥有包括中国内地数十家基金管理公司、全国社保基金理事会、劳动部社保局等高端客户群，为他们提供有价值的研究报告，同时为上海交通投资集团、航天晨光等机构客户提供管理咨询服务。随着研究所产能的提升，我们将不断扩展高价值客户，为公司的业务发展服务。

部门设置

宏观经济部

分析宏观经济走势，把握证券市场的总体变动趋势，判断整个证券市场的投资价值，掌握宏观经济政策对证券市场的影响力度与方向；提供宏观经济数据；提供宏观经济月报。

行业与公司部

跟踪各行业及上市公司动态，及时向公司业务部门提供有价值的行业与公司研究报告；根据宏观经济、产业政策等影响因素，分析各行业的未来发展趋势，选择最具投资价值的上市公司；为研究所内投资策略、金融工程等研究提供支持；建立行业信息库。

金融工程部

对证券市场的热点及时组织力量进行专题研究，并提交专题研究报告，为公司内部各业务部门及外部客户服务研究投资组合的构建方法，并构建投资组合；逐渐推出多种投资组合产品，为公司各业务部门及客户提供服务；研究公司估值定价的方法，为公司业务部门提供服务；研究各类金融衍生品种，如股指期货、CDR 等，为公司各业务部门及客户提供服务；构建宏观经济信息与金融工程信息库。

投资策略部

为公司内部各业务部门及外部客户提供投资策略，并形成投资建议；为公司经纪业务客户提供投资资讯服务；整合研究力量，向机构投资者推介研究产品；组织收集影响市场基本面情况的市场信息;组织编写《光大资讯》、《光大信息简报》。

管理咨询部

跟踪证券行业动态,组织研究光大证券发展战略,并提出可行性论证和具体实施方案;协助各业务部门进行综合项目的开发;依托研究所资源,向客户提供专业咨询服务,拓展公司非通道业务及公司客户资源,提升客户满意度。

综合资讯部

信息的收集、整理、汇编;图书馆管理;对外资料交流等。统筹全所研究产品的编辑、发行,行政管理、人事等。

研究团队

高善文、张剑文、郭恩来、施中华、洪晓斌、王云、邓红梅、庞正武、赵雪桂、周海鸥、罗斌、康平、韦明亮、鲁艳飞、张伟杰、赵强、阎冀、赵静、李婕、吴美萍、滕印、衡昆、曾小龙、季映、黄强、刘晓康、杨鹏、王华、刘军、诸葛晨

华夏证券研究所

华夏证券研究所是华夏证券有限公司的子公司。目前各类专职研究人员已达60余名,绝大多数具有硕士以上学历,其中行业与上市公司分析师均具有相关行业的工程技术背景和相应的学历。

华夏证券研究所利用设在北京的优势,建立起了与证券主管部门、各行业主管部门、综合经济管理部门、各类专业研究机构、同业之间及证券新闻媒体之间的信息交流渠道和合作关系,形成了把握宏观经济和证券市场所必须的强大信息网络。同时利用华夏证券遍布全国的分支机构,与当地政府部门及上市公司建立了良好的合作关系,并形成了以北京和上海为中心覆盖全国的调研网络。

华夏证券研究所组织与撰写的中国当前宏观经济分析预测、证券投资基金研究、可转换债券定价分析等系列专题报告,以及各行业与上市公司的研究报告,在业内已经引起了广泛关注。同时,研究所还与一些国际知名的证券公司建立起了长期友好的交流合作关系,紧握国际证券市场脉搏;1998年,研究所开创中国证券界之先河,与一些海内外证券经营机构多次共同举办了上市公司分析师系列培训活动,使得研究所研究人员的业务能力得以较大的提高。

目前华夏证券研究所的研究工作主要涉及以下几个方面:宏观经济及政策研究,包括宏观经济及证券市场的运行状况研判及走势预测;专题研究,包括证券市场建设、各类金融产品及创新研究、证券市场热点分析等;行业及上市公司研究,包括行业与上市公司动态跟踪分析、股票投资分析等;二级市场研究等。同时研究所还设立了功能完善的信息资料中心,开发了上市公司数据库,为各项研究工作提供了强有力的支持。

华夏证券研究所目前拥有的主要信息和研究载体包括每日编发的《华夏证券快讯》、《华夏资讯信息系统》、《华夏证券研究周刊》和不定期编发的《宏观经济与证券市场》、《行业与上市公司研究》、《产业研究专题报告》以及《华夏证券研究所丛书》等。

华夏证券研究所始终以提供迅捷、实用和丰富的研究成果为宗旨,并愿与各位同仁共同为推动中国资本市场发展、服务经济建设而努力。

海通证券研究所

作为国内最具竞争力的证券研究机构之一,海通研究所在2003年继续强化客户服务意识和专业化服务,并建立外部客户评价体系,优化员工考核体系,通过客户倒逼机制,推动研究理念、研究方法和业务流程的国际化,各项业务取得新进展。

研究品牌继续得到强化,影响力进一步提高。连续五年获得深交所135家券商和45家基金管理公司会员研究成果排名第一名,同时获得中国证券业协会研究成果一等奖和上海证券交易所的优秀成果奖。以证券估值为核心,开发了证券投资分析平台,包括证券投资基金评价系统、海通指数体系、定价选股系统、投资组合系统、数据查询系统等。同时进一步对研究产品进行梳理整合,更好地满足了客户需求。出版了《中国证券市场前沿问题研究一海通证券获奖论文选第二卷》和《2003年海通证券研究年报》;同时还完成了中国证监会、交易所和金融工委等部门委托的课题;研究报告不仅为决策层作参考,还被美国、加拿大、日本、新加坡等国的研究机构转载。并与德国阿登纳基金会、中国证券业协会联合举办“公司治理及其在中国的实践与创新研讨会”和“2004年中国证券市场投资策略研讨会”。

研究与公司业务的关联度显著增强,研究所为公司各业务部门提供研究服务的数量和质量显著上升,尤其是配合经纪业务、自营与资产管理业务和国际部的QFII业务取得了成效。

2003年研究所在全国基金服务市场取得了显著成绩,在基金交易总量、A股交易量、佣金收入三项主要指标上均名列全国前茅,其中基金交易总量同比增长56.39%,A股交易量同比增长65.10%,佣金收入同比增长63.85%。

东海证券研发中心

东海证券研发中心以促进证券市场和区域经济的发展,支持公司投资银行、证券投资和资产管理等各项业务的开拓,以及为客户提供一流的服务为根本宗旨,形成了金融工程部、行业与公司研究部、市场咨询部三大支柱。

一、部门设置:

行业与公司研究部:主要从事行业、公司(包括上市公司与非上市公司)的分析研究,为客户担任财务顾问,提供购并重组、企业管理咨询等多方面服务;

金融工程部:主要从事金融创新研究,包括衍生工具与金融新产品的开发、投资组合的研究与运作策略等等;

市场咨询部:主要从事证券市场趋势研究、政策效应分析及其预测,对深沪两地二级市场运行机理进行客观细致的分析。

二、人员结构:

研发中心现有研究员20多位,研究员全都具有研究生以上学历,其中数人具有博士学历,专业背景涵盖金融、管理和理工等多个学科,很多具有海外工作和学习背景。

三、工作成果及业绩:

研发中心的研发人员均具有深厚的理论功底和良好的市场感觉及分析能力,目前研究业绩已较为显著。研发中心现已出版了多本经济类专著和译著,并获得一系列论文评比奖项,如深圳证券交易所第二届会员研究成果一等奖和中国证

券业协会科研课题评选一等奖(2001 年度)等;发表学术论文近 200 余篇。

四、服务内容:

1) 研究领域广,为公司投资银行部、资产管理部及证券投资部等内部部门提供相关的行业研究支持、背景资料和有潜在投资价值的上市公司分析;

2) 公司网络——“龙网”为基金等客户提供个性化咨询与资讯服务;

3) 配合公司投行,为上市公司及拟上市公司提供管理咨询服务,正在推出“东海证券——上市公司管理质量评价体系”;

4) 为大客户提供多种服务,服务内容包括投行、资产管理等方面;

5) 研究载体种类丰富,公司拥有自己的专业月刊和网站,信息发布渠道通畅,定期及不定期发表行业研究报告、上市公司研究报告、专题研究报告等,并经常在《中国证券报》、《上海证券报》、《证券时报》等专业媒体上刊登专题论文及各类研究报告。

东吴证券研究所

东吴证券研究所是东吴证券公司的内设职能部门,承担着对公司其他业务部门的研究支持服务职能,并协助营业部对经纪业务客户提供咨询,也是公司投资咨询业务的归口管理部门。

研究所现有专职研究人员 15 人,其中博士 3 人、硕士 9 人、本科 3 人,内设部门四个,即市场研究部、行业与公司研究部、宏观研究部三个研究部门和一个综合服务部。

研究所目前的研究范围涵盖了市场研究、行业与上市公司研究、宏观研究、公司发展战略研究,待研究所规模和研究实力进一步增强后,将逐步开展金融工程研究和投资策略研究。

东吴证券研究所现有研究产品体系品种示意如下:

市场研究:每日投资速递、每周投资综述、月度投资报告

行业与上市公司研究:

行业研究一行业分析报告、行业点评、其他

公司研究一公司价值分析报告、调研简报、公司点评、新股分析

宏观研究:宏观经济政策和形势分析、财政政策与货币政策、利率、债券与基金研究

公司发展战略研究一专题报告

上海证券研发中心

上海证券研究发展中心,是一支以从业多年的博士、硕士为主体专业研究开发机构,已形成了以行业公司和金融工程为主的研究、开发、营销、服务体系和系列化的研究报告,具有证券投资咨询资格,提供全面的证券投资咨询服务。

◆ 研究及咨询产品:

《上海证券信息网》一每天提供证券市场动态分析,内容短小精悍、注重时效、贴近市场。

《上海证券信息内参》一每天提供金融证券内部信息和点评,帮助投资者了解国内外经济、金融信息。

《上海证券投资周刊》一提供证券市场每周分析报告,内容全面系统、重点突出、注重实战。

《上海证券投资策略分析报告》一为机构投资者提供证券市场中期趋势分析,投资策略研究功力深厚,各领域资深专家构建战略投资组合,帮助机构客户跑赢大盘。

《上海证券行业公司研究》一为机构投资者提供月度行业运行动态和相关上市公司投资价值分析报告,成为机构投资者决战证券市场的投资智囊。

《上海证券研究》一全面体现上海证券理论研究水平,主要发表探讨金融理论和证券市场实践问题的研究文章,在学术界和证券实务领域已产生了一定的影响。

《上海证券年报》一汇聚全年研究发展中心在宏观经济研究、行业公司研究、市场研究等领域的研究成果,集资料性、可读性和收藏性于一身。

◆ 行业内研究奖项:

2001 年 4 月 参与深圳证券交易所第三届会员单位研究成果评选:

《上市公司股利分配研究》获行业、地区、上市公司类二等奖;《中国股票市场与经济增长关系的实证研究》获综合类二等奖。

2001 年 12 月 参与 2001 年中国证券业协会科研课题研究:

《证券公司法人治理结构研究》获二等奖。

2002 年 5 月 参与深圳证券交易所第四届会员单位研究成果评选:

《中国股票市场财富效应的实证分析》获综合类三等奖;《上市公司资本结构的决定因素与优化分析》和《上市公司对外担保的风险研究》获行业、地区、上市公司类三等奖。

2002 年 7 月 参与 2002 年度上海上市公司资产重组领导小组办公室课题研究报告评选:

《上海上市公司资产重组绩效实证与产业联动发展研究及创新途径探索》获一等奖;《资本市场在建设上海金融中心中的地位和作用》获二等奖。

国盛证券研发中心

国盛证券研发中心秉承公司“追求人与资本的最佳结合”的经营理念,按照“贴近市场、贴近客户、贴近业务”的要求,努力钻研、勤奋实践,以更专业、更客观、更及时的研究成果,为各类客户提供多样化、个性化、高效率的服务。

研发中心拥有一支由高层次、高素质研究人员组成的专业研究队伍。70%的研究人员具有博士、硕士以上学历,绝大多数研究员具有金融、统计、数学、管理学等学科背景,在各自的领域都有着独到而深入的研究,具有丰富的一、二级市场从业经验。

主要产品:

市场研究类:对瞬息万变的股票市场作出独特的判断,为投资者提供投资参考。目前主要包括每日晨会报告、每周分析、月度投资策略报告、季度投资策略报告以及年度投资策略报告等,并定期针对机构、大中小散户等设计不同的投资组合产品。

公司研究类:围绕上市公司投资价值进行分析,为投资者投资提供参考。目前主要包括公司实地调研分析报告、公司研究分析报告、新股上市定价分析报告、公司中报、年报点评、公司业绩预测等。

行业研究类:对重点行业的发展状况、发展趋势进行定期和不定期的分析,对行业动态和相关上市公司投资价值进行

综合研究分析。分析行业周期变化特征，把握投资机会，为投资者投资提供参考。

宏观研究类：对宏观经济、金融及货币政策、国内外经济形势等进行研究分析和预测，并深入探讨宏观经济金融形势及政策的变化对证券市场可能产生的影响，为公司制定发展战略和投资者投资决策提供参考。

债券基金类：分别对债券和基金进行投资价值分析，债券类产品包括债市行情、债市评述、国债热点点评、国债定价、国债专题研究和企业债券、可转换债券等内容，基金类产品包括基金投资组合分析、重点基金投资价值分析等。

专题研究类：对证券市场中的热点及前瞻性问题、证券市场中金融创新和体制变革等方面进行全方位的专题研究，为投资者能跟踪证券市场的理论前沿服务。

巨田证券研究所

巨田证券研究所拥有一支由30人组成的高素质的专家团队，其中博士占15%，硕士占75%，大部分研究员具有多年的相关行业从业经历，并与各级政府经济管理部门、证券投资基金、证券公司、保险公司、上市公司以及众多证券研究机构建立了广泛的合作关系。

（一）综合研究部研究范围

1、宏观经济研究：根据宏观经济运行指标，对宏观经济形势做出客观的分析和预测，并对重点地区的经济进行研究；

2、政策动态研究：对经济领域和证券市场中新出台或将出台的政策法规、财经制度进行研究，预测其对证券市场的影响；

3、机构投资者研究：跟踪研究证券市场基金、证券公司、民间主要投资公司等机构投资者的持股情况，揭示机构投资者投资理念和市场观点的变化；

4、金融工程及金融创新研究：对股市、基金、债市、汇市的各种套利机制和风险控制工具进行研究；

5、专题研究：对公司发展战略和证券市场热点专题（包括发行方式、交易制度、市场监管、国有股减持、兼并与重组等）进行深入的前瞻性研究，并提供阶段性研究成果。

（二）行业与上市公司研究部研究范围

1、行业研究：对证券市场上25个主要行业以及其中的子行业进行跟踪，提供行业专题研究报告、行业月度、季度动态分析报告，提示中长期投资机会和投资风险；

2、上市公司研究：对上市公司进行实地调研，结合公开的市场信息，选择合理的研究体系和评价体系，从定性和定量的角度判断公司的发展前景，揭示公司中长期的价值和风险；

3、行业比较与投资策略研究：通过行业横向比较和公司价值评估，提供中长期行业资产配置报告和投资策略报告，实现基础型研究报告向应用型投资报告的转化；

4、受托业务研究：按照客户的要求，对特定上市公司进行调研和深入分析，提供度身定制的专题性内部报告，以及对首发、增发、配股及转债进行定位研究并提供投资建议。

（三）市场研究部研究范围

1、证券市场指数波动规律研究：各类指数包括综合指数、成分股指数（上海交易所180指数和深圳交易所100指数）、A股指数、B股指数和基金指数；

2、影响证券市场波动因素的研究：研究包括证券市场政策、资金流向、机构投资者、上市公司业绩水平、市场投资环境等在内的主要因素对证券市场波动的影响方式和程度；

3、二级市场的热点研究：对二级市场的市场热点进行跟踪研究和前瞻性研究，并判别投资组合方向；

4、投资策略研究：结合对二级市场指数波动和市场热点的研究，针对机构投资者和个人投资者进行相应投资策略的研究。

（四）产品小组的研发业务

从市场角度出发，充分考虑目标客户的实际需求，依据科学的产品开发流程，在上市公司投资价值评级体系的基础上加强实证研究，开发各种类型的个性化投资组合产品，相应地建立投资组合动态管理系统并提出同时，积极开展指数产品、市场统计产品、投融资工具的设计工作。

巨田证券研究所具有较高知名度的研究品牌

巨田证券研究所在业内逐步树立起了较高知名度的研究品牌，与《中国证券报》、《证券时报》、《上海证券报》、《股市动态分析》等多家报刊杂志和《中国证券报道》、《巨潮财讯》等有关电视媒体密切合作，每年发表专题研究文章100余篇，其中，2003年"深圳本地股专题研究报告"在业内产生较大反响，并引起中央电视台及各省市电视台的广泛关注。此外，研究所还积极参与中国证券业协会的有关研究活动，并屡次承担专项课题的研究任务。

巨田证券研究所时刻期待您的关注和参与，让我们携手共创一个证券投资的新天地！运作策略。

长江证券研究所

长江证券有限责任公司一直坚持把研究能力作为形成公司核心竞争力的关键因素，认为高水平的研究是公司对客户、对市场有责任感的表现。公司一直高度重视研究工作，在国内券商中率先设立研究所，十多年来，公司始终认为研究的精髓在于长期积累沉淀、厚积薄发。研究所发挥团队智慧，坚持独立发表自己的观点和见解，在业内树立了良好形象和品牌，是国内首批获得证券投资咨询资格的机构之一。博士后科研工作站是由国家人事部审批的业内首批工作站之一。

著名专家、学者刘鸿儒、陈耀先、李扬、张维迎、邹恒甫、姜波克、戴根有、聂庆平先生为公司发展战略咨询委员会委员。

研究所实行研究员制，研究员系列分为核心研究员、高级研究员、研究员和助理研究员。研究所推行岗位责任制，并对研究人员进行履历考核。研究所积极贯彻公司"服务经济、服务股东、服务客户"的核心理念，高举研究创造价值的旗帜，服务决策、服务业务、走进客户；加强产品研发、产品推广、产品营销，扩大咨询产品的市场影响力；以市场为导向，增强研究所吸引力，培养明星研究员。

研究所拥有一批高学历、高素质的专业人才，并取得一批具有相当价值和专业水准的研究成果。公司研究员足迹遍布全国各地，是行业公司研究先行者、价值投资倡导者和实践者。研究所还每年根据资本市场发展的状况，对中国资本市场中的热点和重点问题进行研究，尤其是在证券公司发展战略研究、高科技产业的金融支持、并购资产重组、风险投资、股票期权、中西部资本市场以及湖北上市公司等领域的研究有突出成就，树立了自己的品牌。研究成果先后获中国发展研究奖、湖北省政策研究奖，多次获中国证监会、中国证券业协会、深圳证券交易所奖项，并坚持在各主流媒体发表自己的独立见解。

研究所运用科学分析方法对市场运行规律进行定量和定性分析。研究所推出系列化的行业公司及市场投资策略研究成果，包括：《投资策略日刊》、《每日投资参考》、《长江证券研究月刊》及系列报告、《宏观研究》、《行业研究》、《公司研究》、《市场研究》、《专题研究》、《金融业动态》、《股东动态》、《专题参考》、《研究年报》。近几年来，研究所坚持在全国各地举办月度、季度、半年度、年度投资报告会，为投资者提供指导和服务，研究所对市场的判断都得到市场印证，尤其是近两年指导公司客户逆势而上，取得了优异的投资成绩，在同行和客户中具有巨大影响力。我们还成立了"金长江理财俱乐部"，融合机构的团队智慧和投资者操作灵活性，为客户提供高水平的咨询服务。发展战略研究则致力于为公司领导决策提供基础性支持和为公司业务发展提供战略性服务。研究所还利用自身在高科技产业、风险投资、股票期权、并购重组等方面的品牌和组合优势，为北汽福田、长源电力、华工科技、烽火通讯、ST猴王、ST幸福等一批企业担当财务顾问。

研究所代表公司多次与国内部分省、市人民政府和国务院有关部委联合举办研讨会。公司协办并参与策划的由国家科技部、湖北省人民政府等主办的"中国高新技术产业与资本市场国际论坛"已成为一年一度的高新技术企业的盛会。研究所从2000年开始组织长江证券有限责任公司发展战略咨询委员会年会，已成功举办"2004年中国金融市场焦点问题高级论坛"等四次高规格研讨会，这些活动已成为资本市场有影响力的研讨活动。

2004年，长江证券有限责任公司进入全国证券行业8家创新试点券商行列，研究所正在实施研究咨询管理体制和业务流程的再造工作，目前研究所已经搭建武汉和上海两大平台，拥有研究人员50名，根据公司提出的"客户导向、研究驱动、技术领先、内控先行"的经营策略，围绕"服务决策、服务业务、走进客户"的要求，进一步推动研究工作和服务模式的转型，引进国外先进券商研发部门的管理模式，扩大咨询产品的市场影响力，实现研究咨询业务的发展和扩张。

第四目　证券业网上交易重点推介

中国银河证券网

1. 中国银河证券网上交易业务综述

中国银河证券有限责任公司(以下简称中国银河证券)是国内规模最大的综合类证券公司之一，连续5年经纪业务总量名列全国第一。中国银河证券一直非常重视电子商务应用，积极努力发展网上交易业务。

2001年投资建成了集中式的网上交易系统和公司信息门户网站(www.chinastock.com.cn)。中国银河证券网结构庞大，资讯丰富，个性化突出，推出了一批富有特色的精品栏目，如"银河研究"、"在线经纪人"等。中国银河证券还推出了具有不同特点的三套网上交易系统：海王星、双子星和天王星。中国银河证券网上交易系统在软、硬件设计上遵循了多层次结构(Multi－Tiers)设计原则，采用了国际流行且成熟的技术，交易系统不但达到了B1级的安全标准，而且首家通过了国家安全评测中心的安全认证。

安全、快速、方便、功能强大的网上交易系统极大地推动了公司网上交易的发展。经过四年不断的建设，公司网上交易系统逐步稳定成熟，网上交易业务稳步、快速发展。截止到2004年底，公司网上交易累计开户人数达到73万户，当年网上交易量达到了1255.15亿元，占公司经纪业务的比例达到了26.74%。

2. 规模化系统

目前，中国银河证券在国内20个城市建成了24个网上交易镜像站点。至此，中国银河证券拥有了一个可以容纳20万并发行情用户、10万并发交易用户的国内规模最大的网上交易系统。

3. 层次化产品

2004年，中国银河证券对"海王星"、"双子星"、"天王星"三套网上交易系统进行了安全及咨询服务等方面的升级改造，保持了网上交易整体技术水平在国内同行业中的领先水平。"海王星"系统小巧、安全、快速、方便，具有"小、快、灵"的特点，并且全面兼容"钱龙"系统的使用风格；"双子星"系统稳定、可靠、功能强大；"天王星"系统在原有银河特色的技术指标和财务分析、资产管理等功能的基础上，又增加了基本面挖掘及基本面选股等功能，使"天王星"系统成为国内第一个通过对上市公司财务报表进行计算分析，提供智能基本面价值评估的证券分析系统。"双子星"和"天王星"系统还为客户提供了统一的网上资讯服务，其内容包括新闻综述、发行与上市、上市公司新闻、银河看市、板块与热点、市场传闻等栏目，使得网上交易客户不仅可以享受到营业部现场可以了解的信息服务，而且获得了比现场更多、更快、质量更好的资讯信息。

4. 集成化服务

2004年，中国银河证券网进行了全面改版，推出面貌一新的网站。其中"理财中心"栏目从客户的实际风险承受能力出发，提供科学的资产配置比例，并对投资计划中涉及到的股票、债券、基金等金融衍生产品提供研究报告、投资建议。将来还可以与公司旗下的基金公司、保险经纪公司、期货公司等合作，代理各种金融产品，真正成为网上的金融产品营销平台。

针对目前国内证券网上交易系统与网站分离的现象，银河证券制定了"统和"的方针，即首先通过对客户进行的资料管理，整合分布在不同系统上的信息资源、服务资源，逐步实现对客户的统一管理和"多入口、多形式、同服务"的目标。即客户无论通过"海王星"、"双子星"、"天王星"、网站甚至手机等途径登录到公司网上系统中，都可以享受到相同的服务内容，包括自选股服务、客户资产变化监控、定制的研究报告、咨询服务以及其他服务产品，使得客户更加方便地使用各种网上服务。

2004年，中国银河证券与中国联通、中国移动合作建设了移动电子商务平台，推出了短信、WAP等方式的新闻资讯系统和基于KJava和BREW技术平台的移动证券行情交易客户端软件——"移动一天王星"系统，为客户提供了随时随地的证券服务。

5. 网上交易业务

截止到2004年12月底，全公司累计网上交易开户人数突破73万人，当年累计网上交易量达到1255.15亿元，占公司股票基金交易总量的26.74%，网上交易占比与2003年同比增长65.57%。目前，中国银河证券的网上交易量在国内处于领先地位，交易量占比也远远超过了全国平均水平。

6. 电子商务发展

网上交易在我国经历了多年的探索和发展，目前已经进入了稳定发展时期，网上交易正在成为券商的主要竞争手段。业务发展时期的一个重要特点是系统的低成本、实用性和稳定性。在做好实用、稳定、安全、可靠的网上交易系统的基础上，不断丰富服务内容和产品，实现内容和产品的多样化、差异化。今后中国银河证券在保持现有系统和业务优势的基础上，将继续整合中国银河证券公司整体服务优势，为不同客户提供多层次、多通道的高效、优质、个性化的服务。

海通证券网

海通证券股份有限公司（简称海通证券公司，下同）成立于1988年，是我国改革开放后最早成立的证券公司之一。1994年改制 为有限责任公司，并发展成全国性的证券公司——海通证券有限公司，注册资本为人民币10亿元（含1500万美元）。2000年，经中国证监会批准，公司资本金增至37.46亿元。2001年底，经中国证监会批准，公司整体改制为股份有限公司。同时，中国证监会核准公司注册资本为人民币40.06亿元。2002年11月4日，经中国证监会批准，公司资本金增加至87.34亿元。

海通证券公司遵循“务实、开拓、稳健、卓越”的经营理念和“规范管理、积极开拓、稳健经营、提高效益”的经营方针，坚持“稳健乃至保守”的经营品牌，追求“管理一流、人才一流、服务一流、效益一流”的经营管理目标，近六年来连续取得了显著的经济效益和社会效益。2000年到2001年，公司连续两年在净利润、净资产总额两项重要指标上名列全国券商之首。截止2003年12月底，累计创利48.7亿元。目前，公司拥有一批博士、硕士以及具有丰富实践经验的经营管理和研究人才，在全国46个城市设有90多家经营网点。业务经营涉及证券承销、代理、自营、投资咨询、投资基金、资产委托管理等诸多领域，已经发展成为中国国内资本规模最大、整体竞争实力最强的综合性证券公司之一。2002年，面对非常严峻的市场形势，公司坚持稳健规范经营的方针，采取一系列有力措施，使公司“增资扩股和改制上市、集团化、国际化”的三步走战略取得实质性进展，并取得了较好的经营业绩。全年创利1.17亿元，位居全国同业前茅。2002年，公司净资产和净资本均位居全国第一。公司的利润总额、股票基金交易总金额等二项排名均在国内前10名券商之列。

海通证券公司在长期的证券市场运作中形成了一套科学、规范、严密的经营管理体系和风险监控体系，形成了稳健开拓的经营风格，在中国证券市场上创立了独特的公司品牌，坚持较高的服务水准，始终保持着良好的公司信誉和社会形象。目前，海通证券公司正在积极争取上市，并致力于走国际化的金融控股集团的发展道路。

公司荣誉

1、海通证券网光荣入选“最具商业价值的中国网站100强”！为了全面展现当今中国互联网经济的发展趋势，2003年《互联网周刊》在8月5日正式推出了“最具商业价值的中国网站100强”调查活动。海通证券网以其卓越的“网上交易、金融信息、短信服务”功能荣列于21家企业类网站之中。

2、2003年6月24日，《亚洲金融》杂志公布了本年度亚太地区最佳金融机构排行榜，其中海通证券股份有限公司获中国“最佳经纪行”称号。

3、深圳证券交易所第四届会员研究成果评选结果日前揭晓，海通证券公司获得“行业、地区、上市公司类”研究成果一等奖和“综合类”、“证券市场类”二等奖，综合排名再次名列第一。研究所此次获奖的三篇论文，被评审专家认为在理论创新、研究方式等方面都达到了与国际接轨的水平。

4、海通证券网在2002年度由和讯网、海融网、证券市场周刊和财经时报联合举办的“中国优秀券商网站评选”活动中荣获“最佳券商网站”的称号，几乎囊括了所有的单设奖项，包括“最佳页面”奖、“最佳投资资讯”奖、“最佳投资理财顾问”奖和“最佳行情系统”奖。

招商证券牛网

2000年2月25日，我国第一家由券商创办的专业证券网站——国通证券牛网（www.newone.com.cn）诞生。2002年7月11日，国通证券正式更名为招商证券，招商证券牛网亦更为现名。

招商证券牛网诞生于中国网络热潮萌动之初，一问世便以newone响亮的域名震动中国网络界。它早期所开设专家在线、模拟炒股、网上路演、个性化页面定制等多项具有网络特色的咨询服务栏目，无不成为我国证券网站内容建设的标准化栏目。

两年多来，招商证券牛网紧盯国内外证券网站发展的最新趋势，始终走在行业发展的最前沿，保持了行业领先地位。两年中，牛网先后经历了五次重大改版，在栏目建设、功能开发和系统稳定上逐步完善提高，并先后推出了智能选股、创业版等创新栏目。2000年7月，招商证券牛网通过国家信息安全测评认证中心的评审，2001年2月，招商证券牛网获得中国证监会核准，成为首批拥有网上交易资格的券商网站之一。

牛网建设之初，即开通了基于JAVA行情、CGI委托的网上交易。2001年9月，牛网在吸收国际证券网站先进经验的基础上，大胆创新，在我国证券网站中率先推出Web版网上交易系统，实现了网上交易与咨讯服务的的高度整合，开创了网上交易的新途径。

几年来，招商证券牛网网上交易量呈现连年大幅度上升的势头：2000年建站当年实现网上交易98.5亿元，网上交易占比例接近7%，2001年完成交易量210亿元，网上交易占比提高到12.35%，2002年1——10月，招商证券网上交易占比再度大幅度提高20.23%，其中5——10月网上交易占比达到26.84%，证券网上交易进入一个蓬勃发展的新时期。

招商证券牛网的创新受到了广大网民的热烈欢迎，也得到了社会各界的广泛认同。2000年，招商证券牛网受中国证监会的委托，在中国证券业协会举行的“经纪业务发展与创新研讨会”上，向全国400多家营业部独家演示网上交易；2000年10月，在深圳举行的“第一届中国国际互联网展览会”上，招商证券牛网荣获“最佳网站奖”和“最佳现场活动奖”两项荣誉。2000年至2002年，在已经举办的三届“最受股(网)民喜爱的‘中国优秀证券网站’评选”中，招商证券牛网连续三届获得“最佳券商网站”称号，并先后获得“最佳论坛网站”、“最佳个性化服务网站”、“最佳投资顾问网站”称号，特别是在今年举行的第三届评选中，招商证券牛网更是以丰富全面的资讯、量身定做的贴身服务、方便快捷的咨询而一举夺得“最佳券商网站”及“最佳证券论坛”、“最佳个性化服务”、“最佳投资顾问”四项大奖，成为今年获得这项评比获奖最多的券商，展示了招商证券牛网绚丽的风采。2002年9月，招商证券再次获得由《证券市场周刊》、《财经时报》等单位组织的“中国优秀券商网站评选”最佳优秀网站奖、最佳财经资讯网站奖两项大奖。

2003年，招商证券牛网举行了两届“招商杯”模拟炒股大赛，总计有近万人参与了比赛。通过模拟炒股大赛，牛网拉近了和招商证券客户、牛网用户之间的距离。同时，为进一步加强牛网的服务功能，2004年新一轮的牛网改版工作也在紧锣密鼓的进行之中。

以客户为中心，坚持技术领和服务创新并举，坚持专业化的发展方向，努力为网络用户提供高水平的服务，创建一个高效率的平台，是招商证券牛网发展的出发点和成功的秘诀。

证券交易服务只有起点没有终点，网络时代的证券交易服务更是只有第一，没有唯一。招商证券牛网将秉承优良传统，在网站内容建设上求新、求快，在咨询服务上求准、求真，在系统功能上求稳、求全，使之成为国内一流的、最具影响力的专业证券交易网站！

湘财证券圆网

湘财圆网，秉承湘财证券"人本立正、承诺是金"的企业文化精髓，依托高速、稳定、安全的网络运行环境和数据库系统，凭借自身权威快捷的资讯资源及雄厚的技术服务力量，为客户打造全新的证券网上服务平台，提供专业、全面和个性化的投资理财服务，致力于在证券业电子商务领域方面有新的开拓和创新。

湘财圆网现有博士 1 人，硕士 7 人，占员工总人数的 20%；本科学历 29 人，占员工总人数的 70%。高素质的人才队伍成为公司成长壮大的有力保证。

顺应证券经纪业务个性化、网络化、远程化的大势所趋，圆网遵循"证券＋客户＋服务＋IT"的战略思想，融合计算机及网络技术的迅捷，本着"站着做人，跪着服务"的理念，对客户"实心、实意、实话、实干、实惠、实力"，把湘财"新客户主义"落到实处，使客户能够真正享受到先进技术所带来的投资便利与实惠。

泰阳证券网

泰阳证券有限责任公司的前身，是创建于 1988 年的湖南省证券公司。创立之初，公司注册资本金仅 1650 万元；1992 年 12 月，改组为湖南证券股份有限公司，资本金增至 3500 万元；2000 年 2 月，改制为湖南证券有限责任公司，资本金增至 2.35 亿元；2000 年 11 月，湖南证券有限责任公司获准增资扩股至 12 亿元；2001 年 1 月，12 亿资本金足额到位。2001 年 4 月，湖南证券有限责任公司更名为泰阳证券有限责任公司。

作为一家在改革大潮中孕育而生的证券公司，泰阳证券也写下了她辉煌的一页。公司由创立之初的不到 10 个人发展到今天的千余人，20%以上的员工具有研究生以上学历；经营业务由创立之初的单一经营国库券代理买卖，发展到今天集证券经纪、证券投资、投资银行、资产管理、投资咨询和国债经营于一体的完整业务体系；证券交易营业部由 1 家增至 19 家；1994 年成立的泰阳证券投资咨询公司成为首批获得证券咨询资格的企业之一，在国家级报刊杂志上发表了数百篇大型研究报告，受到了有关部门的高度评价和关注；1996 年建成的集中交易与清算系统在全国券商中独树一帜，不仅为公司证券经纪业务发展提供了良好的技术平台，而且不断促进了公司信息系统的建设，培育了一批高素质技术人才队伍……

然而，这一切都只是昨日的辉煌！1996 年至 1999 年底，泰阳证券经纪业务占全国证券经纪业务的份额出现了持续下降的趋势。如何扭转这种被动的局面，尽快使公司走向全国，再创泰阳证券辉煌，成为公司新一届领导班子上任后反复研究考虑的头等大事。董事长谭载阳先生分析说，泰阳证券要想有较大的发展，必须突破作为一家地域性券商的局限，要走向全国，要与国内大券商竞争。而要与国内大券商竞争，首先一条就是必须在短时间内迅速创立自己的品牌优势，建立自己的"王牌"业务。

在传统经纪业务领域里，泰阳证券有形营业网点相对较少，布局也不合理，市场份额呈逐年下降趋势，竞争力较低。但在电脑信息系统、集中交易模式、咨询服务三个方面，与国内同行相比又具有较强的优势。公司的电脑系统和集中交易模式，在全国券商中处于领先地位，是交易所向全国券商大力推广的主流模式；公司在计算机安全管理方面的经验和创新的理念，在全国券商中也是佼佼者；在咨询服务方面，所属泰阳证券投资咨询公司是首批获取证券咨询资格的企业之一，在中国证券报、金融时报等全国性报刊杂志上发表了数百篇大型研究报告，具有良好的品牌效应。良好的计算机网络、先进的交易模式、高水平的资询服务，正是发展网上经纪业务所必须具备的先决条件。可以说，发展网上经纪业务可以最大限度地发挥泰阳证券的优势。在西方发达国家，也不乏发展网上经纪业务的成功范例。从证券市场发展的趋势看，网上经纪业务代表了经纪业务的发展方向。泰阳证券如果在网上经纪业务发展上落后一步，就可能会面临步步落后的被动局面。

正是基于以上分析，2000 年初，公司董事会和经营班子决定，把网上经纪业务当做公司"创品牌、求发展"的一个突破口，当做公司的"王牌"业务来发展，并交由经营班子具体组织实施。2000 年 4 月 14 日，中国证监会颁布了《网上证券委托管理暂行办法》，有如一股春风吹遍了三湘大地。公司董事会和经营班子发展网上经纪业务的信心更足了，决心更大了。董事长谭载阳和总裁李选明当即指示：要人给人、要钱给钱、要物给物，全力以赴，加速发展网上经纪业务。而且一定要高起点，力争做到全国最好。并责成技术开发小组，以最快的速度推出泰阳证券网上经纪业务网站——"泰阳证券网"。短短半个月后，"泰阳证券网 www. sunsc. com. cn"及网上证券委托系统，于 2000 年 5 月 8 日在泰阳证券所属 17 家营业部全面开通。拉开了网上经纪业务大发展的序幕。

然而，事情的发展也并非是一帆风顺的。尽管董事会和经理班子经过反复研究论证形成了决策，但由于部分员工认识上的局限性，在贯彻落实过程中，也曾一度遇到过很大的阻力。诸如一些员工把电信环境和电脑操作方面遇到的问题归结网上经纪业务本身的问题；认为在有形营业部推广网上经纪业务意义不大，会分流有形营业部的客户；认为网上经纪业务仅仅是经纪业务的一种补充等等。针对这些认识上的误区，公司董事会和经营班子一方面采取强硬的行政手段，要求各有关部门不折不扣地服从公司决策，大力推动网上经纪业务；一方面通过印刷《网上交易工作简报》、《泰阳证券通讯》内刊，传播网上经纪业务相关知识，交流工作经验。并组织营业部所有员工进行网上经纪业务知识培训、考试，考试不及格要补考，补考不及格作待岗处理。一时间，公司上下形成了一股强大的学习电脑、互联网、网上经纪业务知识的热潮。通过学习、考试与考核，公司上下全体员工充分认识到网上经纪业务是未来经纪业务的发展方向"大抉择"深入到了每一名员工的心中，落实到了每一名员工的实际行动上。

华泰证券网

几年来，华泰证券在中国证监会的指导下，在社会各界和广大投资者的支持下,网上交易取得了突出的成绩。早在1998年12月,华泰证券就率先开通了网上交易并取得了持续的发展。1999年网上交易量约38亿元,占公司交易总量的5%;2000年网上交易量212.37亿元,占公司交易总量的12.5%,约占全国网上交易量的20%(2000年全国网上交易量约占总交易量的2.97%),网上交易开户数达15万户。2001年,华泰证券网上交易量达326.18亿元,较2000年增长53.86%,网上交易量占公司总交易量的23.08%,约占全国网上交易总量的9.11%(2001年全国网上交易量约占总交易量的4.38%),网上交易开户数达24.18万户,较2000年增长61.20%。网上交易量连续三年位居全国第一。2002年,华泰证券网上交易开户数28万户,网上交易量达314.22亿元,占公司总交易量的30.76%。

为配合公司网上交易业务的发展,为广大投资者提供一流的资讯服务,公司于1999年12月推出了华泰证券网。经过几年的努力,华泰证券网得到了广大投资者的认同,知名度日益提升。2000年10月,华泰证券网第一次大规模改版,形成了一批深受投资者喜爱的品牌栏目。2002年7月,华泰证券网再次全面改版,同时推出网上交易系统专业版和Web网上委托系统。目前,华泰证券网注册网民达30万,首页总点击数每天12万次左右,网站总点击数每天600—800万次,"专家门诊"客户每天提问量在800个以上。"个股点评"、"实时速递"、"专家门诊"、"投资者学院"、"华泰e友"等已经成为华泰证券网的品牌栏目和特色服务,深受投资者的喜爱。华泰证券网在2000年、2001年和2002年连续三届获得由《证券时报》主办的最受股(网)民喜爱的"中国优秀证券网站"评选第一名。另外,2001年还获得了"最佳投资顾问网站"第一名,2002年还获得了"最佳证券网站CEO奖"和"最佳营销成就网站奖"等两个单项奖。

华泰证券十分关注中国证券电子商务的发展,非常重视证券电子商务的研究。2001年7月,华泰证券策划并协办了由中国证券业协会信息技术应用委员会主办的"中国证券业电子商务国际研讨会",周小川主席在会上对华泰证券在网上交易方面取得的成绩予以了肯定。同时,华泰证券承担了中国证监会2001年重点课题之一——"网上证券公司的设立与监管研究",该项研究成果获得了"中国证券业协会2001年度科研课题评选"一等奖。

西南证券飞虎网

西南证券有限责任公司是于1999年12月经中国证监会批准开业的全国性大型综合类证券公司,公司注册资本16.3亿元人民币。目前在全国设有35家证券营业部及证券服务部,并在北京、上海、重庆、深圳、兰州、长沙等地设有投资银行办事处(代表处)。西南证券秉承"诚信、稳健、创新、求精"的经营理念,积极进取,目前西南证券的证券承销、证券经纪、证券自营、资产管理、研究咨询、基金管理等各项业务指标已居全国各大证券公司前列。西南证券是国内首家重组改制设立的证券公司,公司产权清晰,资产质量优良,法人治理结构完善。西南证券投资1.5亿元人民币创立西南证券飞虎网(http://www.fayhoo.com),在国内率先推出了安全、可靠、服务领先的全国性的集中证券交易服务,技术和服务水平在国内处于先进行列。在2001年3月,中国证监会首批核准西南证券飞虎网开展网上证券交易业务。经过多年的实践,西南证券飞虎网以其成熟可靠的系统、客户至上的服务、丰富完善的产品赢得了广大投资者的信赖,在业界赢得良好的口碑。目前西南证券飞虎网的网上交易业务范围已覆盖北京、上海、深圳、广东、江苏、山东、四川、湖南、云南等省市,客户已遍布全国各地。

西南证券飞虎网的全国集中交易体系,可以为近百万客户提供证券交易服务,同时,配备了两套大容量、支持全国的电话委托系统,提供了安全、快捷、稳定的网上及电话委托系统,该系统可以提供24小时下单和帐户查询等特色服务。根据客户的不同需求,通过多套稳定、功能强大、界面友好的分析软件提供行情服务,网上行情用户数居于国内前列。利用全国范围内多家银行的银证转帐和银证通系统提供方便的资金划转服务,并将于2004年与中国工商银行总行合作,率先推出全国范围的银证通服务。

西南证券飞虎网秉承客户至上的理念,通过互联网、电话、客服中心、短信、客户经理等立体手段,为客户提供标准化、规范化、个性化的服务,内容涉及上门服务、新股中签通知、专家咨询、投诉处理等方面。利用回访制度和服务承诺制度,保障客户服务质量不断提高,客户服务得到了投资者认同和肯定。

针对不同投资风格的客户,利用西南证券的资源优势,西南证券飞虎网为客户提供高质量的投资咨询服务。利用银行、基金、信托、期货等金融行业的资源,为客户提供新股合作申购、集合国债回购、期证通、信证通、网上开放式基金认购等多种金融产品,满足客户不同的投资需求。

西南证券飞虎网本着诚信、踏实、进取的理念,追求投资者满意、员工满意、股东满意的目标,努力打造受人尊敬的金融服务品牌。了关注中国经济的发展,诠释经济界的热点话题,促进中国经济健康、持续、均衡的发展,由诺贝尔经济奖获得者、"欧元之父"、美国哥伦比亚大学经济学教授罗伯特?蒙代尔(Rober A. Mundell)博士倡议、世界经理人周刊/网站(www.icxo.com)主办、世界经济论坛(WEF)、《经济参考报》、《财经时报》、《证券时报》等50家中国主流财经/产业/管理媒体联合协办的2004年(首届)世界经理人高峰会暨"2004年中国金融风云榜"颁奖大会于5月28日下午在北京国际大饭店隆重举行。

西南证券有限责任公司在此次评选中获得优异成绩,受到专家和社会各界的高度评价。公司以综合指数527.59的得分名列2004年度中国最受尊敬的20大证券公司第13位,国泰君安证券公司、中国银河证券公司、海通证券公司位列前三位。公司证券研究发展中心的周到、张刚、田磊、张仕元、周兴政等5位研究员被评为2004年最具声望的100位证券分析师;公司胜利路营业部总经理张宏伟、杭州庆春东路营业部总经理陈敏等两位同志被评为2004年最具影响力的100位证券营业部经理。罗伯特?蒙代尔教授亲自为获奖公司及获奖者代表颁奖并发表了主题演讲。公司副总裁王珠林,研发中心副总经理、获奖代表周到应邀出席了颁奖大会。

经过近半年的紧张筹备,西南证券飞虎网2004年"服务质量月"悄然拉开帷幕。和往年一样,西南证券飞虎网本着诚信、踏实、进取的经营理念和以客户为中心的指导思想,不断加强内部管理,优化服务流程,创新服务品种,提高服务价值。在过去的四年里,经过公司上下的共同努力和广大客户的积极参与,已使西南证券飞虎网以其成熟可靠的交易系统、客户至上的服务、丰富完善的产品赢得了广大投资者的信赖,建立起了勇于不断创新的的良好公司形象,赢得了广大投资者和业界良好的口碑,西南证券飞虎网今年推出的"服务质量月"

主要有两个主题。一是加强内部管理,强化服务意识和服务质量;二是优化、创新服务,推出一系列新产品和服务,使客户真正感受到服务价值的提升。

在内部管理方面,西南证券飞虎网建立起了"服务承诺制"的管理模式,并引入了标准化与质量管理机制,使"以客户为中心"从一个口号和理念转变成为一种成熟的经营方式。"服务质量月"期间,公司将通过一系列管理优化、服务考评等活动,进一步提高公司员工的服务意识和综合服务能力。

在优化、创新服务方面,西南证券飞虎网凭借自身的技术优势和创新能力,不断挖掘客户需求,创新服务品种,使客户价值最大化。"服务质量月"期间,西南证券飞虎网将陆续推出交易客户免费专业邮箱、顾问型工总行银证通、免下载页面版交易系统等十多项新增服务项目与优惠服务项目等,使客户在感受创新的同时感受到服务价值的提升。

江南证券网

深圳市江南天慧网络有限公司于2000年8月创立,注册资金为1000万元人民币。公司目前现有员工20余人,全部为大专以上学历。公司于2000年8月18日推出江南证券网(http://www.SCStock.com),并于同年11月底在江南证券所有营业部全面开通网上交易。

江南天慧致力于向投资者提供安全快捷的网上证券交易和专业投资理财服务。公司自创立以来,秉承江南信托证券全面深入服务客户的专业服务思想,结合江南证券多年证券服务经验,依托江南证券遍及国内的营业部与合作伙伴,在深刻研究不同类型投资者深层投资需求的基础上,对投资者的真正需要和网上交易的发展趋势进行了专门的研究,明确了"一切为了更好的交易"的服务宗旨和"技术支持系统+网站咨询系统+客户服务系统+战略联盟合作"的公司架构与营运体系。

经过不到半年的经营,公司建立起了技术开发、市场开拓、网络交易、网络管理、信息咨询、客户服务等完整的生产经营体系,能为客户提供高质量的服务。目前公司的业务呈现加速度发展趋势,网上交易比例已迅速突破行业平均水平。公司拥有并经营的江南证券网已经形成了一定的品牌知名度,并具有以下明显优势:

一、配备专用卫星行情接收系统,采用了硬件负载均衡系统,多台行情服务器并发服务、

专用宽带高速接入,配备备用行情源。

二、租用了目前国内最安全的金融数据网线路,该线路是全国所有大银行共同投资建设的金融数据传输网络,其安全性高于其他网络线路,为客户交易提供了更高的安全保证。

三、采用由国内一流的网上交易系统开发商提供的网上证券委托系统,并由公司资深专家改进,其安全性大大提高,全方位安全管理,股民可以在江南证券网上查询江南信托证券及其众多合作伙伴提供的各类投资信息,如新闻快报、市场评析、专家投资咨询及研究成果等多方面的综合信息,投资理财更添保证。

四、专家在线、E客户经理、客户服务热线、服务中心体系。

银证合作:通过优势互补,建立与各大商业银行的战略合作,提供银证转帐、存折炒股等一系列服务,方便客户交易。

资讯合作:与国内外著名财经研究机构、资讯机构、工作室等建立长期友好的合作伙伴关系,实现资讯共享,客户提供更多更权威的投资理财服务。

网站合作:建立与国内其他知名网站的互惠合作,通过互联网共同推进证券业电子商务。

技术研发合作:与国内外著名的ASP应用服务商深度合作,共同开发新的网上证券交易技术平台,积极发展移动终端等多种网上证券电子商务,为客户提供多样化的网上交易手段。

在知识经济时代,公司充分重视创造性人才的重要作用,着力营造一个"以人为本、尊重个性、崇尚创新、平等竞争"的内部环境,为员工的发展提供广阔的空间。"客户增值、员工成长、公司发展、回馈社会"是公司的长远经营目标。公司将坚持"我们关心客户、员工、社会"的服务宗旨,为客户提供优质服务,进而在全国范围的竞争中获得优势地位。

成都证券网

1999年底,成都证券有限责任公司确定了在传统业务的基础上,向基于现代化信息网络的证券电子商务方向发展的思路,并设立了网络业务部。2000年7月正式推出成都证券China598证券网站、并开通了网上证券交易系统。公司将凭借向用户提供更为安全迅速、便捷优质的服务而获得高速的发展。

对网上交易的客户,成都证券主要有两个部门在为您服务,一个是您开户的营业部,另一个是网络业务部。网络业务部通过成都证券China598证券网站和客户服务热线电话为您服务,您需要做的就是登录:http//www.china598.com

成证China598网是成都证券有限责任公司以先进的网络技术为基础、依托成证投研中心、各营业部强大的资讯力量,充分发挥互联网优势的证券服务方式。目前成都证券china598网站为网上交易客户提供的在线服务主要包括:在线交易、投资咨询、社区服务三大部分。

在线交易:提供WEB版的行情交易系统使用和客户端行情交易系统的下载,同时提供"网上预约开户""网上交易开户指导""网上交易系统介绍"、"交易常见问题"、"网上交易系统详细操作说明"等一切与网上交易有关的帮助内容。

投资咨询:为您提供丰富、及时的财经资讯、以及成证专家的市场分析和个股推荐、网上投资培训课程等,为您把握万变股海提供尽力的帮助。除此外,我们还为交易客户开通"专家在线"的特别通道和在线分析师栏目,您可与投资咨询分析师进行网上的互动式交流。如果您想更轻松一些,还可以选择我们的专家理财邮件服务,我们的分析师队伍将针对您的情况,设计合身的、有效的投资组合计划。

社区服务:由于您不常到营业部,缺少了和股友谈天说地的乐趣。因此我们特别在网站社区中为您提供丰富多彩的社区活动来弥补网上炒股的枯燥。您可以在论坛里发帖子与其他股民朋友交流炒股心得,也可通过"模拟炒股"提高自己的操作能力,还可通过"个人定制"、"我的分析师"、"我的邮件订阅"等获得更多个性化服务。

山西证券金典网

山西证券·金典网www.i618.com.cn是由山西证券有限责任公司发起成立,是国内规模较大的网上证券交易和投资资讯专业服务网站之一。它以"雄厚的技术实力、客户至上

的服务理念”赢得中国证监会和广大投资者的认可，是国内第一个证券类交易安全示范网站。

2001年2月被中国证监会批准成为全国首批23家具有网上委托资格的专业证券交易网站之一。

山西证券·金典网技术上①采用总部集中交易模式，网站构建基于SUN服务器、UNIX平台和大型ORANCLE数据库(国内大多数网站采用NT平台、SQL数据库)，软件开发采用三层应用模式；②采用多层防火墙、并口隔离技术来保证系统安全；③采用服务器群集、数据库磁盘阵列和数据流磁带机备份来保证系统不间断运行和迅速恢复；④采用了流量均衡和负载均衡技术来保证系统的可扩充性。金典网技术上目前仍处于国内领先水平，是国内许多证券网站进行技术转型的模式和方向。

为了确保客户网上交易的安全性，金典网于2000年12月率先采用中国最具权威的金融安全认证体系，由中国人民银行下属的安全认证机构CFCA认证，并采用国际通用的PKI及双向加密(SSL)技术，为客户在因特网上传输的数据和口令提供加密保护，使客户的网上交易数据具有与银行数据同等的加密强度，为“网上证券交易”提供了充分的安全保障。

目前，在上海建立了网上镜像站点，晋、沪两地互为备份，保证了客户网上交易的安全、畅通。

证券之星

由上海美宁计算机软件有限公司运营的证券之星于1996年在上海开通，是国内第一家金融证券网站，同时也是我国规模最大的金融证券类网站和金融证券互联网基础设施提供商。证券之星一向以“理性、务实、创新、远见”的理念和“更快、更高、更强”的作风著称于业界。

2000年7月，证券之星成为亚洲首家通过ISO9001认证的互联网企业。2000年12月，网站注册用户突破180万大关，在国内同类网站中遥遥领先。2000年10月，斥资数千万元，创建了国内首个面向金融证券业的专业化双千兆带宽数据中心。2000年12月，通过上海市高新技术企业认证。

在网站内容建设方面，证券之星提供包括即时行情、新闻资讯、智能选股、个性化理财、股民交流、在线交易等一条龙财经证券服务，涵盖范围以国内股票市场为主、兼及全球其它市场和金融产品。目前，证券之星的行情数据已为国内多家门户网站使用，包括搜狐、网易、东方网等大型网站，约占全国70%的市场份额。

在金融证券业电子商务方面，证券之星作为我国最大的金融互联网基础设施提供商，四年多来积累的在线证券信息服务能力，为券商结合中国国情在高起点整合利用网络资源提供了坚实基础。时至今日，证券之星已成功建设了华夏证券、上海财政证券、东方证券、广发证券等多家券商的网站，掌握了券商网站中甚为关键的行情、网上交易和个性化服务等系统的电信级解决方案。众多的成功案例，使证券之星在该领域声誉鹊起。

除了承建券商网站外，证券之星还与上海电信合作，斥巨资兴建了全国首家面向金融证券业的双千兆带宽数据中心(IDC)。由于该数据中心具有独立的卫星行情源和电信级的网络资源，落成不久，即吸引了华夏证券、申银万国、上海财政证券、大鹏证券公司等众多重量级券商入驻。以这一专业化的数据中心为基础，证券之星将为拓展网上交易的券商提供包括网站规划建设、服务器托管、发展交易用户、市场拓展在内的“交钥匙”工程和全程营销服务，在更大程度上帮助券商突破大规模发展网上交易的技术与电信资源瓶颈。

证券之星还致力于“做整个行业交易成本降低的推动者和参与者”。今年10月，证券之星与上海电信共同推出的包月制81000点金卡热销申城。这款上网卡将每月电话费和上网费降低到48元，使中小投资者上网炒股的成本节约了将近80%。同时，证券之星网站还开通“81000特区”，提供庄股揭密、内部报告、股评大全等特色增值服务，为上网炒股提供更多选择。

证券之星与国际知名的IT厂商如INTEL公司、COMPAQ公司和IBM公司有着广泛、深入、长期的合作。其它的主要合作伙伴还包括：电讯领域的中国电信、中国移动、中国联通，金融证券领域的中国银行、国泰君安、广发证券、华夏证券等。同时，中国科学院、上海市政府、信息产业部、中国证监会等政府部门对公司的发展都给予了大力支持。

随着企业规模的不断扩大、客户数量的增加，公司对自身的服务品质和内部管理提出了更高的要求。证券之星参照国际标准，提出了明确的质量方针和目标，公司在2000年7月通过了ISO9001国际质量体系认证，成为国内第一家通过该认证的互联网站企业。ISO9001认证的顺利完成，标志着证券之星全体员工自下而上在质量观念上已形成共识，为公司的未来发展确立了新起点，同时也为整个互联网行业带来一种全新的经营理念。

作为中国互联网行业的新一代企业，证券之星独具特色的商务服务和脚踏实地的经营作风受到政府、业界、股民和网民的一致肯定，并在国内外的多项权威评比中屡获殊荣。其中包括在CNNIC的中国互联网络发展状况调查中，多次蝉联金融证券类网站第一名。在《数位时代》举办的“中文互联网公司100强”评比中，成为“大陆、香港、台湾、新加坡”四地中文金融证券类网站中的冠。

和讯网

和讯网是目前国内规模最大、最有影响力的财经网站，由和讯信息科技有限公司1996年创办并运营。

和讯网奉行用户至上的原则，凭借强大的新闻采编队伍和众多的财经专家，24小时源源不断地滚动播出国内外重要财经新闻、财经专题报道以及投资咨询分析，投资资讯内容涵盖证券、期货、基金、外汇、保险等金融领域。

经过不断的努力与创新，《财经新闻》、《股票频道》、《和讯大家谈》等栏目内容现已成为广大证券投资者和专业财经人士心目中权威财经资讯的主要来源。不断提升的影响力与权威性，使和讯网在多次专业机构组织的“优秀财经网站”评选中，名列前茅，从而确立了中国最大财经电子媒体的地位。

财经报道

《财经报道》覆盖面广，栏目丰富多达18个：国内财经、国际财经、产业经济、市场背景、证券市场、相关市场、上市公司、数据精华等；专题报道则从背景分析到最新进展，全面报道热点问题台前幕后的新闻故事；还有方便易用的新闻检索功能，可以随心所欲地选择自己想要了解的财经信息。新闻信息获得国内多家新闻媒体机构鼎力支持，报道内容及时、准确。打开新闻频道，就打开了整个经济世界。

股票频道

主要包括股市直播、市场焦点、个股风云、信息点睛、后市预测、与庄共舞、研究报告、新股快讯、专家机构、投资专题、宏观视野、B股专栏、证券要闻等15个子栏目。《股票频道》股评信息资源及相关媒体合作资源几乎囊括业内所有精英，已和全国近百家证券研究机构以及60多位股评人士携手合作，独家类专稿文章占所有资讯文章的近70%，是业内同行里独家股评资讯最广泛、最全面的财经专栏。

和讯论坛

和讯网的《股市大家谈》创办于1996年，是最早的栏目之一。和讯论坛凭借自身独特的风格、平易近人的界面、实用的功能、良好的服务吸引了众多参与者，其中不乏国内财经界精英，民间投资高手，专业研究人员等；论坛中精炼的信息为业内各大券商、机构所关注，通俗易懂的投资心得助初学者快速提高，各类人士皆能各取所需，大量精品文章被各大财经报刊及专业网站收录；在国内财经领域享有“中国第一投资论坛”的美誉，被业界称为“网络股评家”的摇篮。

截止2003年5月初，论坛注册人数已超过10万人，日访问量20多万次，每天新发文章3000多篇，讨论气氛热烈而有序，其中可读性极佳的精华文章达百篇之多。

此外，基金专栏、保险频道、债券专栏、期货频道、外汇频道等栏目，在及时报道业内新闻动态的同时，同样汇萃了各自行业内知名机构及专家的声音和视点，使之迅速赢得相关业内人士和投资者的青睐与关注，成为和讯网在内容上不可或缺的重要组成部分。

中证网

1996年1月，中国证券报社在全国率先推出专业证券报纸电子版，经过多年的积累与发展，现已成为我国最有影响力的金融证券网站之一。

网站每天(除周六外)及时发布大量的财经资讯，内容涵盖国内宏观经济金融形势、产业动态、港澳台消息、国际财经等，新闻报道涉及证券、期货、基金、银行、货币、保险、外汇、黄金、房地产、邮币卡等广泛财经领域。同时，网站提供全面准确的上市公司新闻、信息、公告及证券市场的最新动态和评述。此外，网站还设有投资者的自由论坛——股市众议院。

依托新华通讯社的整体新闻采集能力与中国证券报社在金融证券领域的权威媒体地位，本网已成为国内首选的财经新闻源泉之一，被众多财经/投资类网站、证券公司/基金公司网站及一些大型新闻网站列为重点链接对象。

在为上市公司、拟上市公司及基金管理公司提供网上推介、路演及直播等服务方面，本网也已成为国内财经网站中的一支重要力量，正吸引越来越多的客户。

我们的目标是：建成国内影响力领先的金融证券站点，树立网上金融证券信息发布的权威地位，开展实用的网上金融社区服务，并集合证券市场的各个组成部分，为金融证券界人士提供一个全面即时的政策观象、市场评析、资料检索、理论研讨和发表观点的平台。在做好信息服务的基础上，网站还将开展网上信息订阅、网上广告、网上证券投资类产品与服务的销售等活动，并积极参与证券电子商务等有商业前途的新领域。

申银万国证券神网

神网(www.sw2000.com.cn)是申银万国证券股份有限公司精心打造和集中运作的专业证券交易网站。神网以先进的技术和一流的专家为支持，全方位提供“行情、委托、资讯、咨询、理财”等专业服务，以优良的网上操作环境导入更多的市场机遇和选择，为网上客户的投资成功创造最大便利和可能。

神网行情委托系统包括了集中与分布式2种架构6个版本的“神网E通”产品，充分满足客户个性化需求。其交易品种涵盖沪深A股、B股、代办股份转让、基金、债券等，支持全国109家营业部通买通卖和7×24小时服务。同时客户服务中心021—962505与神网行情委托系统、信息服务系统的完整结合和有效联动，共同组成了申银万国证券功能完善的综合性网上经纪业务服务系统。

神网将坚持“诚信、专业、周到”的服务宗旨，以先进技术为支撑，以通道服务为基础，以增值服务为核心，以个案服务为特色，全面提升网上交易的质量和内涵，不断完善服务体系，持续开发服务产品，精心打造神网的优秀服务品牌，为客户提供全方位、多层次、立体式的网上经纪服务。

2004年“第五届中国优秀财经证券网站”活动评选，“神网”以高票获得“最佳投资顾问网站”奖，这是神网连续三年获得这一殊荣，不仅创造了基于强大的金融数据库与专业的咨询信息成功整合的范例，同时也表明神网已经成为享誉业界的专业理财顾问，巩固了公司投资咨询服务的品牌优势。

天下财经网

随着INTERNET的发展，网络时代的到来已经是不争的事实，互联网络正以前所未有的速度渗透到人们的生活、工作和学习之中，尤其是面临现在这样一个开放的21世纪，面临着互联网经济所带来的巨大商机，随着中国互联网的普及和网络平台的构建，我们认为借助网络平台将证券交易、大盘分析、专家咨询等相关活动引入国际互联网已经成为必然的发展趋势。

通过在证券市场多年的努力奋斗，天下财富投资管理顾问有限公司已经形成了相当的规模并在行业中形成了相当的影响力。此时，我们为了顺应E时代的发展趋势而建立了天下财经网，其主要服务对象为个人及机构投资者，其建设方向则为引领证券咨询行业潮流、打造网上咨询平台。

天下财经网区别于其它同类证券咨询网站的主要特点就是以市场为导向，并能够做到从投资者的心理诉求出发。在数年的发展过程中，我国的证券投资咨询业一直致力于证券分析专业技术的研究，对市场则缺乏科学的认识和分析，多数的证券咨询公司的营销活动也处于一种无组织和相对混乱的状态，而市场的发展和未来国际化大型专业咨询公司的进入迫使我们建立、健全企业的组织机构，也迫使我们从技术导向迈向市场导向。

天下财经网是一家专业性很强的证券咨询网站。网站建设伊始即本着“把握证券市场发展脉搏，抓住投资者心理诉求，打造核心咨询竞争力”的三原则，紧随潮流、贴近市场。从网站的架构设计到股票的咨询服务，我们都把“市场是否认可”和“市场能否接受”作为了重要的参照标准和工作的前提和基石，真正做到了哪里有市场，哪里就有我们创意的火花。我们倾心打造的不仅仅是一个普通的证券咨询网站，我们的目标是做一个真正的证券咨询平台，一个真正属于投资者的主题社区，一个真正源于市场又引导市场的投资者贴身参谋和专家。

现今，证券市场上的咨询机构的数量可以用数以百计来形容，那么如何使我们的网上咨询平台和核心咨询能力能够独树一帜，如何使我们的咨询产品和推出的互动服务对广大的目标受众有着巨大的吸引力就是我们首要解决的问题。在网站建立之初，我们进行了相对周密的市场调查和分析，依据投资者的投资偏好、心理倾向、知识结构等因素进行了新的投资分析，并在此基础上进行了新的市场细分和切入的市场定位，全新的理念、宽广的视角、独到的见解、加之与市场的紧密结合终于使我们开始致力于打造一条属于我们自己的路。

东海龙网

一、回眸与展望

早在1998年，东海证券(原常州证券)就尝试开通了网上交易业务，是开展证券电子商务比较早的券商之一，以后公司逐年加大对网上交易业务的投入，使得该业务取得了持续的发展。2000年网上交易量占公司交易总量的6.7%；2001年网上交易量占公司总交易量的18.34%，2002年网上交易量占公司总交易量达23.70%。2002年东海证券网络化程度名列全国各大券商第七名。2003年公司增资扩股后，更注重其良好的后发优势，十分重视网上交易的发展，并专门成立了电子商务部加强该业务的开展。截止到2003年6月底，1－6月份网上交易成交量占公司总交易量的33.54%，继续保持了良好的发展势头。展望东海证券电子商务的未来，东海人充满信息和力量，相信它一定能和东海的日出一样光彩耀人，朝气蓬勃。

二、品牌的建设

东海证券正致力于建设以网站为核心的电子商务品牌战略，争取在较短的时间内建成国内一流的证券电子商务网——“东海龙网”(www.longone.com.cn)，东海龙网是东海龙王的谐音，它寓意着东海之滨的巨龙正翘首遨游，走向世界，必将成为世界的证券巨龙；同时英文longone也象征东海证券将长久不衰，欣欣向荣。东海证券电子商务以贴近客户、服务客户为宗旨，是客户与东海证券之间的桥梁和纽带。东海证券电子商务以经纪业务为先导，积极拓展网上交易、银券通等创新业务，在此基础上，它还将为东海证券的投资银行、受托理财、债券业务、基金业务等方面提供应用平台。目前，东海龙网除了提供一般证券网站的基本栏目，如：行情交易、财经纵横、数据资料外，还提供了一批深受投资者喜爱的特色品牌栏目，如：咨询交流、金融超市、客服中心等。东海龙网是东海证券适应未来证券发展的趋势，建立起来的核心战略品牌，它必将成为东海证券的综合性业务平台和客户个性化服务的有效载体。

三、平台的依托

东海证券的电子商务提供多元化的电子网络交易平台，为投资者提供全方位的交易平台。这是一种大规模、全方位、体系化、新型的证券经营模式。证券投资者可以在任何地方通过电话、互联网等信息终端参与证券投资相关业务。东海证券拥有网上交易系统专业版和Web网上委托系统，还将逐步推出移动证券等多种形式的电子化交易方式。投资者可以方便地通过选择多种接入方式，得到行情、交易、资讯方面的服务。东海证券始终把投资者的利益放在首位，为投资者提供安全、可靠的交易手段，东海证券的网上交易系统已通过国家信息安全测评认证。东海证券高起点的硬件投入、稳定且富有经验的技术支持、阵容强大的研发力量，都为东海证券的电子商务提供了有力的保障。同时，东海证券也十分注重并积极探索为投资者提供优质的客户服务模式，通过向客户提供大量及时、周到的投资讯息，快速响应客户的需求，建立客户服务中心等举措，使客户通过网络所得到的个性化服务价值最大化。

四、“银券通”业务

“银券通”业务作为券商和银行共同开发的一项业务，自它诞生之日起就受到高度重视，其先进的交易手段、灵活便利的交易方式备受青睐。目前，东海证券已与中国建设银行和中国农业银行分别开通了“银券通”业务，业务范围也将随着公司业务的不断壮大，由区域性逐步向全国进一步拓展。可以预见，“银券通”业务将不仅成为投资者的新选择，也将成为东海证券服务的新亮点。

东海证券通过建设以网站为核心内容的战略品牌，为投资者提供优质、高效、安全、便捷的证券电子商务服务和应用，将进一步加快东海证券的前进步伐，也必将推动整个证券电子商务的发展！

金融界

金融界网站(www.jrj.com.cn)创建于1999年8月。由美国IDG、新加坡VERTEX、CAST集团等共同斥巨资兴建，是目前中国最权威的、专为普通股民提供证券投资综合服务的专业证券网站，以及中国最具影响力的在线证券软件供应商和服务商。

金融界网站将Internet先进技术和金融产品完美融合，旨在给访问者提供一系列符合中国国情的、功能独特的定制化、智能化投资工具。金融界网站的市场目标是建立中国最权威的投资资讯实时在线数据库，成为中国最大、最专业、最具影响力的个人及机构投资软件和服务提供商。

基于强大技术实力和强大战略伙伴的鼎立支持，中国最具影响力的机构和专家群汇聚金融界，为用户提供全面、专业、权威的证券投资资讯、证券投资咨询及证券投资工具，这种一站到位式的服务把“人、股、网”合而为一，极大地满足了股民的需求。

在中国著名的互联网研究咨询公司——互联网实验室(www.Chinalabs.com)的“证券资讯网站CISI人气榜”中，金融界网站自2003年以来，连续6个月在该排行中名列榜首。在世界著名的第三方测评机构——美国ALEXA(www.alexa.com)的最新评测中，金融界网站名列全球中文网站排行第27名。这一成绩，是中国金融财经网站有史以来的最佳排名。与此同时，根据ALEXA公司的最新评测，金融界网站在全球财经网站的排名，已经超过美国知名的QUICKEN、E－TRADE等NASDAQ上市公司，成为世界上最受关注的财经网站之一。

上海申银万国证券研究所有限公司

业务范围：上海申银万国证券研究所有限公司(简称“研究所”)一直非常重视利用现代科学技术手段服务于证券咨询业。在2000年增资扩股时就引进了IT行业具有较高知名度的上海万达信息股份有限公司作为战略投资者。2000年以来，研究所建立了独立的咨询服务网站www.sw108.com和证券研究工作平台。并结合金融工程研究成果，大力拓展软件产品和服务。到目前为止，已成功自主设计并开发了《经纪通》客户关系管理系统、投资组合管理系统、申银万国股价系列指数、债券分析系统、基金绩效评价系统、申银万国数据仓库系统、数据统一发布平台、终端报告浏览器与 SW108 信息发布平台等多个信息系统。

《经纪通》客户关系管理系统。将数量化的分析手段与先进的计算机技术相结合，通过分析证券公司的经营性基础数据让证券公司及时全面地了解客户，了解证券公司各营业部经营状况的目的。通过使用系统分析和数据挖掘功能，对客户进行合理分类，找到证券公司的核心客户；利用系统跟踪和分析客户资产以及交易行为的变化，不断提高服务质量而留住客户。

申银万国投资组合管理系统。该系统的目标是为投资者投资决策和组合管理提供辅助工具，提高投资组合管理的绩效。系统主要包括如下功能：指数管理：主要提供有申万指数、自定义指数、复合指数及相关指标。其中申万指数由申银万国证券研究所编制并发布，自定义指数和复合指数由用户自己定义，可以根据用户自已设定的算法规则进行计算。投资组合模拟：提供模拟投资分析工具，模拟各种交易策略的实际效果。投资组合分析：分析已有投资组合的绩效，并与选定的比较基准进行比较。主要包括一般分析、收益分析、风险分析、归因分析、跟踪误差归因分析、跟踪绩效分析。系统管理：包括用户权限管理、公用资源设置、各类算法扩展等。

申银万国股价系列指数。申银万国股价系列指数以服务于投资者的证券投资为主要目的，为投资者的投资分析提供辅助分析工具，具有代表性、可维护性、实用性、严肃性等特征。申万指数包含了股票类、基金类、债券类指数。现通过乾隆、天相、万德、分析家、sw108 网站等系统实时发布的有申万 50 指数、申万 300 指数、申万全市场 A 股指数、申万中小企业板块、申万一级行业指数和申万风格指数。

申银万国债券分析系统。适用于金融投资行业的债券投资分析工具，用于管理债券投资。作为基本的债券分析平台，该分析系统主要涵盖了基本数据统计、单个债券和组合债券投资分析、债券指数和期限结构分析、客户资金管理等基本模块，可以适应目前债券市场基本投资需求。该系统提供完备的基础数据查询；通过自主输入条件可以模拟投资结果，进行指标分析，为客户债券投资决策提供参考；通过该系统化的决策平台，投资者可以完成大量的数据处理、余额管理，并模拟债券投资的决策，来提高原先大量手工处理的决策分析效率。

申银万国基金绩效评价系统。是集信息平台、分析平台和研究平台三大功能为一体的综合性基金绩效评价系统。通过本系统，可以方面及时地获取所有基金相关信息，可以进行全面深入的基金分析工作，同时可以更好地共享申银万国证券研究所的强大研究平台。系统特色：强大的信息收集和处理能力，动态及时的基金跟踪和分析功能，全面深入的基金绩效评价功能，系统支持与研究资源的有机融合，灵活的参数设置体现用户的个性化。

申银万国数据仓库系统。该系统采用领先的数据仓库理论并结合证券业实际而建立的收集、发布、分析数据的平台。它采用了高性能的数据抽取、转换和加载、预处理等新技术，形成了全方位的证券市场的分析处理平台，并基于证券行业知识、经验的数据模型和分析的应用，为研究人员深度研究证券市场提供了强有力支持。系统特色：高性能的数据抽取、转换和加载引擎；具有数据完整性和可靠性；统一的元数据管理，实现元数据驱动的数据仓库开发与管理，具有很强的拓展性；证券行业数据模型应用，可进行深度数据挖掘分析；灵活的数据展现形式。

数据统一发布平台。是研究所咨询产品的一个综合发布平台，它将研究所的咨询产品发布到客户端的各个应用系统中，例如将研究报告发布到营业部及在各营业部主流行情系统中显示、在独立的系统中显示；同时负责研究所开发的各类金融软件的后台数据同步。主要特点：采用最新的 WebService 多层架构，使得系统扩展能力强；数据传输采用加密、压缩、断点续传等手段，加强了传输的安全性、高速性、完整性；支持数据的完全同步，如增加、删除和修改；支持多线程并发运行；完善的日志记录和监控机制；支持代理服务器；对外提供扩展的接口，新的应用可以根据自己的需要开发相应的收集和转档程序。

终端报告浏览器。终端报告浏览器是研究所继邮件方式、网站方式、notes 方式后的一种新的为客户提供研究报告浏览的方式。主要特点：操作便捷、界面美观、组织合理；具备完善的报告查询功能；报告文件结构采用 pdf 的格式，后台数据传输平台强大而稳定，其数据同步建立在研究所数据发布平台上。

SW108 信息发布平台。是研究所的电子商务平台，主要向注册客户提供软件租用与及时、有效的研究数据，同时还负责一部分研究所的对外宣传功能。为注册客户提供了各种自动分析软件与大量的研究数据，为其重大的决策提供了很大的帮助，获得了一致的好评。主要特点：成熟的网站架构，使得维护和浏览分离，维护通过 DDN，浏览通过公网；在网页生成的技术上使用了高速缓冲技术，极大地加快了浏览速度；在网络安全上采用了内外网分离，同时在出入的端口使用了防火墙，在操作系统的安全上采用了完整的安全策略；采用特殊的技术来保存收费研究数据，极大地保护了授权客户的利益和我方的知识产权；完善的日志记录和监控机制；对客户端的浏览要求低，通过 modem 就可以流畅地使用本平台的任何功能；分工合理、组织有效的后台维护流程和先进的技术手段，使得各种资讯在第一时间发布到网站；增加了 Bloomberg 平台发布渠道，及时地将研究报告发布到 Bloomberg 咨询平台，进一步提高了研究报告的国际知名度。采用先进的技术手段使得灾难恢复的时间控制在最短的时间之内。

上海万申信息产业股份有限公司

上海万申信息产业股份有限公司成立于 1993 年，是国内最早从事证券业系统集成和应用软件服务的实体之一，被评为国家火炬计划上海软件园骨干企业和软件认定企业，拥有国家系统集成二级资质和国际 ISO9001 质量体系认证证书。

公司立足于证券、基金、信投等金融领域，致力于以专业服务推动客户业务发展，推进中国金融信息化进程，在上述领域已形成涵盖机房、布线、网络、主机、存储等全方位的成熟的系统集成解决方案，包括：证券营业部整体网络建设的解决方案、基金公司网络机房整体解决方案、证券网络安全问题的专业解决方案、证券网络全 NT 平台解决方案等等，开创了中国证券行业系统集成领域的多个第一，如：组建了国内第一个千兆快速以太网；完成了国内唯一一个全 NT 平台证券网络的建设等，并承接了多家基金管理公司（如国泰基金、华安基金、国安基金、华宝兴业基金等）的系统集成项目，在基金行业系统集成市场占据了大半江山。

公司的应用软件服务业务包括证券投资领域的应用解决方案和金融领域的集团财务解决方案。前者包括面向机构投资者的客户资产管理系统和面向证券行业公共领域的证券综合通讯系统(如 TRANS2000 高速行情传输系统、PART2000 证券防火墙、UBConnection 证券综合通讯系统等)、以及 FIX 网关等。同时通过联合国际知名 ERP 厂商 JDEdwards，万申向证券总部、金融总部提供具有国际先进财务管理理念的财务集中解决方案，已有多家成功案例。

作为中国 IT 业的先行者，万申与 Intel、Cisco、MICROSOFT、IBM、NAI、NOVELL、COMPAQ、RIT、ORACLE、JDEdwards 及中国联想集团、台湾乾隆等国际著名 IT 企业开展了广泛的合作。凭借先进的网络解决方案和优秀的客户服务支持能力，先后成为 IBM 解决方案提供商、CISCO 首选高级认证代理商、INTEL 授权解决方案提供商、微软认证合作伙伴、PANDUIT 结构化布线系统集成商、RIT 电子化布线系统集成商、钱龙证券投资分析系统经销商、ORACLE 产品解决方案提供商、3COM 授权银牌代理商，公司在系统集成上获得 INTEL 华东地区唯一的 IASP 认证、网络产品 INCP 认证。

万申立足上海，面向全国，客户遍及全国 30 个省市的 160 多个城市，涵盖证券商、基金公司、投资机构等，先后在北京、广州、重庆、福州、深圳设立了分公司和办事处，由一批技术精湛、素质优秀、勤奋敬业的专业人才提供优质服务。

2002 年 10 月 万申荣获首届“上海科技企业创新奖”

2003 年 10 月 万申获得中国软件评测中心的证券行业 TOP5 集成服务专家荣誉

2003 年 12 月一 我司研发的证券行情高级分析构件在 2003 年度的评选中，脱颖而出，被评为上海市 55 个优秀构件之一。

2003 年 12 月一 我司荣获乾隆“2003 年度最佳代理商”称号。

2003 年 12 月一 总经理张峻担任上海市科技企业联合会第三届理事会副会长。

2004 年 1 月一 公司搬新址闵行路 1 号 3—5 楼。新的办公室与国际会展中心和东方明珠隔江相望，与黄浦江更为亲密的接触。

2004 年 1 月一 上海市信息服务行业协会授予我司“2003 年度诚信在线企业”称号。

2004 年 4 月一 2002 年市科委重点项目:《万申 FIConnection》通过鉴定。《万申 FIConnection》已进行了软件产品登记及申请了著作权保护。

2004 年 4 月一 万申 2003 年度最佳员工吕敏获得“2004 年度杨浦区先进工作者”和“优秀党员”荣誉称号。

中国证券网

中国证券网(www.cnstock.com)由上海上证网络有限公司负责运营，是上海证券报社和上海证券信息有限公司全面介入互联网产业的重大战略举措。中国证券网发展方向是:建立在线服务平台、信息服务平台和个性化服务平台，为投资者提供全面、快捷、准确、权威的财经资讯，为上市公司和各类证券经营机构、中介机构提供宣传阵地，架起资本市场相关各方之间沟通信息的桥梁。

网站于 2000 年 7 月 7 日正式开通。依托上海证券报、上海证券信息有限公司、上海信息产业有限公司等证券业和信息业优势资源的支持，中国证券网以其全面高效的特色服务广受用户好评，连续多年在“最受股(网)民喜爱的综合类财经网站”评比中名列前茅。

1、证券信息及时准确:中国证券网全天 24 小时不间断滚动播发中国和世界各地的财经新闻和证券市场各种统计数据，在第一时间内为用户提供准确、权威的资本市场消息和证券市场分析。

2、交易行情同步发送:中国证券网开发了“中国证券网行情分析软件”，为用户提供与市场交易同步的行情数据和准确的行情分析工具，比较同类系统，中国证券网的即时行情速度更快，性能更稳，接收更便捷。

3、路演服务全面高效:中国证券网下设的“中国证券路演中心”以中国证券网为平台，为上市公司网上宣传提供全面的支持和高效的服务。中国证券网为深圳证券交易所推荐的中小企业板上市公司路演网站。

4、技术设备水平一流:中国证券网带宽为 155M，并拥有一流的专用机房和网络硬件设施。

中国证券网的目标是充分利用上海证券报和上海证券信息有限公司在证券业和信息产业已有的坚实基础和丰富资源，发展成为技术先进、传播及时、资讯权威、服务多样、用户广泛的财经专业网站，为投资者和上市公司提供全新的网上信息高速通道。

巨田证券每日证券网

巨田证券有限责任公司创建于 1987 年 9 月，其前身为深圳经济特区证券公司，是新中国第一家专业性综合类证券公司。2001 年，经中国证券监督管理委员会批准增资扩股，由中国华能集团公司等实力雄厚的国内知名企业入股增资，增强了公司的经营实力。

公司在传统证券业务蓬勃发展的同时，瞄准信息时代互联网加速扩张带来的巨大潜力，开创了安全、快速的网上证券交易新业务。

客户可以通过公司的“每日证券网”(http://www.24stocknet.com)，第一时间获取巨田证券研究所、咨询部的研究成果和最新资讯信息，通过网站进行高效安全的证券交易。网站集证券交易业务、理财业务、投行业务、研究咨询成果于一体，为客户提供全方位的服务。同时，还开通了国内首创的总部级客户服务中心(Call Center)，客户可以通过电话、互联网等多种接入方式，随时随地享受到个性化的互动交流和服务。

公司以领先的技术走在网上交易的最前列，曾最早在国内首家推出 WAP 手机证券业务，向移动互联网用户提供新闻、无线交易、股票实时行情、股票专家点评、娱乐等综合服务，实现了 WAP 手机上网交易的突破。

网络时代的到来为证券交易创造了无限的扩展空间，我们将以最先进的技术为客户提供最全面的电子化服务。

武汉钢铁股份有限公司

武汉钢铁股份有限公司2003年年度报告

重要提示

本公司董事会及其董事保证本报告所载资料不存在任何虚假记载、误导性陈述或者重大遗漏,并对其内容的真实性、准确性和完整性负个别及连带责任。

公司副董事长王炯先生因工作原因未能出席董事会,授权董事刘文仲先生代为出席及表决。

公司董事邓崎琳先生因工作原因未能出席董事会,授权董事刘须柱先生代为出席及表决。

公司独立董事王越先生因工作原因未能出席董事会,授权董事长刘本仁先生代为出席及表决。

公司独立董事李世俊先生因工作原因未能出席董事会,授权独立董事罗飞先生代为出席及表决。

公司年度财务报告已经安永华明会计师事务所审计并出具标准无保留意见的审计报告。

公司负责人董事长刘本仁先生、主管会计工作负责人财务总监兼财务部部长汪文敏先生声明:保证年度报告中财务报告的真实、完整。

一、公司简介

1、公司法定中、英文名称及缩写

公司法定中文名称:武汉钢铁股份有限公司

公司法定英文名称:Wuhan Steel Processing Co., Ltd.

公司英文名称缩写:WSPC

2、公司法定代表人:刘本仁先生

3、公司董事会秘书:施军先生

公司证券事务代表:刘国富先生

联系地址:武汉市青山区沿港路3号

武汉钢铁股份有限公司董事会秘书室

电话:027-86306023 027-86807873

传真:027-86807873

4、公司注册地址:武汉市青山区沿港路3号

公司办公地址:武汉市青山区沿港路3号

邮政编码:430080

公司互联网网址:http://www.wisco.com.cn

公司电子信箱:stock@wspc.com.cn

5、公司信息披露报纸名称:《中国证券报》、《上海证券报》、《证券时报》

登载公司年度报告的国际互联网网址:http://www.sse.com.cn

公司年度报告备置地点:公司董事会秘书室

6、公司股票上市交易所:上海证券交易所

股票简称:武钢股份

股票代码:600005

7、公司首次注册登记日期、地点:1997年11月7日,武汉市工商行政管理局

公司变更注册登记日期、地点:1999年7月30日,武汉市工商行政管理局

企业法人营业执照注册号:4201001101698

税务登记号码:420107300247654

公司聘请的会计师事务所名称:安永华明会计师事务所

会计师事务所办公地点:北京市东城区东长安街1号

二、会计数据和业务数据摘要

1、公司本年度利润总额及其构成　单位:元

利润总额	868,093,159.81
净利润	569,259,575.05
扣除非经常性损益后的净利润	583,846,790.92
主营业务利润	1,009,005,342.73
其他业务利润	21,521.57
营业利润	902,811,483.72
投资收益	11,755,014.40
补贴收入	--
营业外收支净额	-46,473,338.31
经营活动产生的现金流量净额	972,418,273.89
现金及现金等价物净增加额	352,926,732.99

注:扣除的非经常性损益项目和涉及金额:

1 扣除公司日常根据企业会计制度规定计提资产减值准备后的其他各项营业外收入、支出	-33,714,303.79
2 短期投资损益	6,921,278.74
3 以前年度已经计提各项减值准备的转回	5,557,133.35
4 流动资产盘亏	-536,027.28
5 所得税影响数	7,184,748.11
6 非经常性损益合计	-14,587,215.87

2、截至报告年度末公司前三年的主要会计数据和财务指标

三年的主要会计数据和财务指标

项目	单位	2003年	2002年	2001年
主营业务收入	(元)	6,806,859,856.27	6,758,140,782.54	6,326,621,633.74
利润总额	(元)	868,093,159.81	890,041,874.36	822,319,165.28
净利润	(元)	569,259,575.05	595,902,012.29	703,141,313.67
扣除非经常性损益的净利润	(元)	583,846,790.92	601,145,762.61	716,774,903.96
项目	单位	2003年末	2002年末	2001年末
总资产	(元)	7,708,109,425.23	6,982,052,652.99	6,676,003,650.47
股东权益	(元)	5,870,506,870.16	5,266,571,295.11	5,256,003,682.82
经营活动产生的现金流量净额	(元)	972,418,273.89	1,283,308,237.09	1,041,162,040.25
项目	单位	2003年	2002年	2001年
每股收益	(元/股)	0.227	0.285	0.336
净资产收益率	(%)	9.70	11.31	13.38
扣除非经常性损益后的净资产收益率(加权)	(%)	10.63	11.64	13.92
每股经营活动产生的现金流量净额	(元/股)	0.388	0.614	0.498
每股净资产	(元/股)	2.340	2.519	2.514
调整后的每股净资产	(元/股)	2.340	2.519	2.514

注:2003年的总股本数为2,508,576,000股,2002年的总股本数为2,090,480,000股。

3、报告期内股东权益变动情况　单位:元

项目	股本	资本公积	盈余公积	法定公益金
期初数	2,090,480,000	1,981,224,200	573,853,948	177,676,398
本期增加	418,096,000	139,200,000	85,388,936	28,462,979
本期减少	-	-	-	-
期末数	2,508,576,000	2,120,424,200	659,242,884	206,139,377

项目	未分配利润	拟派发之现金股利	股东权益合计
期初数	516,489,147	104,524,000	5,266,571,295
本期增加	569,259,575	576,972,480	1,788,916,991
本期减少	1,080,457,416	104,524,000	1,184,981,416
期末数	5,291,306	576,972,480	5,870,506,870

变动原因:

(1).股本本期增加418,096,000元系因公司于本年度实施了每10股送2股的分配方案。

(2).资本公积金增加139,200,000元系因冷轧薄板厂技术改造工程于本年度完工并转至固定资产时,本公司将经国家经济贸易委员会、国家发展计划委员会、财政部国经贸投资[2000]1056号文件批准所拨付的项目补助金139,200,000元从专项应付款转入资本公积科目所致。

(3).盈余公积金本期增加85,388,936元系按本年度实现净利润的10%提取法定公积金和5%提取法定公益金所致。

(4).法定公益金本期增加28,462,979元系按本年度实现净利润的5%提取法定公益金所致。

(5).未分配利润本期增加569,259,575元系本年度的净利润,本期减少1,080,457,416元系因2002年度和2003年度利润分配所致。

(6).拟派发之现金股利本期增加576,972,480元系按本公司2003年度利润分配预案转入所致,本期减少104,524,000元系因本公司2002年度利润分配所致。

三、股本变动及股东情况

1、股本变动情况

(1) 股份变动情况表　数量单位:股

	本次变动前	本次变动增减(+,-) 配股	送股	公积金转股	增发
一、未上市流通股份					
1、发起人股份	1,770,480,000		354,096,000		
其中:					
国家持有股份	1,770,480,000		354,096,000		
境内法人持有股份					
境外法人持有股份					
其他					
2、募集法人股份					
3、内部职工股					
4、优先股或其他					
其中:转配股					
未上市流通股份合计	1,770,480,000		354,096,000		
二、已上市流通股份					
1、人民币普通股	320,000,000		64,000,000		
2、境内上市的外资股					
3、境外上市的外资股					
4、其他					
已上市流通股份合计	320,000,000		64,000,000		
三、股份总数	2,090,480,000		418,096,000		

	其他	小计	本次变动后
一、未上市流通股份			
1、发起人股份		354,096,000	2,124,576,000
其中:			
国家持有股份		354,096,000	2,124,576,000
境内法人持有股份			
境外法人持有股份			
其他			
2、募集法人股份			
3、内部职工股			
4、优先股或其他			
其中:转配股			
未上市流通股份合计		354,096,000	2,124,576,000

二、已上市流通股份		
1、人民币普通股	64,000,000	384,000,000
2、境内上市的外资股		
3、境外上市的外资股		
4、其他		
已上市流通股份合计	64,000,000	384,000,000
三、股份总数	418,096,000	2,508,576,000

(2) 股票发行与上市情况

公司于1999年7月2日发行社会公众股32,000万股，其中上网定价发行27,099万股，另向12家证券投资基金不等额配售，共计4,901万股，发行价每股4.30元，发行市盈率为14.10倍。发行前公司总股本177,048万股，每股净资产1.71元，发行后公司总股本209,048万股，净资产总额438,379万元，每股净资产2.10元。

1999年7月29日公布上市公告书，公司社会公众股27,099万股于1999年8月3日上市流通，另向证券投资基金配售的4,901万股于1999年10月11日起上市流通。

根据股东大会通过的2002年度利润分配方案，公司以2002年末股份总数2,090,480,000股为基数，向全体股东每10股送2股。公司本次向全体股东送股为每股面值人民币1元的普通股，送股数量为418,096,000股，共计人民币418,096,000元。公司已于2003年6月实施完毕。

2、股东情况介绍

(1) 报告期末股东总数为91688户。

(2) 报告期末公司前十名股东持股情况：

股东名称(全称)	年度内增减	年末持股数量	比例(%)
武汉钢铁(集团)公司	+354096000	2124576000	84.69
天华证券投资基金	+17520021	17520021	0.70
银华优势企业(平衡型)证券投资基金	+14338654	14338654	0.57
普惠证券投资基金	+9519842	9519842	0.40
南方避险增值基金	+8473349	8473349	0.34
久嘉证券投资基金	+6857867	6857867	0.27
通乾证券投资基金	+6092650	6092650	0.24
景阳证券投资基金	+5249900	5249900	0.21
南方宝元债券型基金	+5031275	5031275	0.20
德盛稳健证券投资基金	+4594463	4594463	0.18

股东名称(全称)	股份类别	质押或冻结的股份数量	股东性质
武汉钢铁(集团)公司	未流通	无	国有股东
天华证券投资基金	已流通	未知	流通股股东
银华优势企业(平衡型)证券投资基金	已流通	未知	流通股股东
普惠证券投资基金	已流通	未知	流通股股东
南方避险增值基金	已流通	未知	流通股股东
久嘉证券投资基金	已流通	未知	流通股股东
通乾证券投资基金	已流通	未知	流通股股东
景阳证券投资基金	已流通	未知	流通股股东
南方宝元债券型基金	已流通	未知	流通股股东
德盛稳健证券投资基金	已流通	未知	流通股股东

注：①武汉钢铁(集团)公司为公司国有法人股股东。其持有的本公司股权无质押及冻结情况。

②前10名股东之中，天华证券投资基金与银华优势企业(平衡型)证券投资基金同属银华基金管理有限公司，南方避险增值基金与南方宝元债券型基金同属南方基金管理有限公司，公司未知其他股东有何关联关系或一致行动关系。

(3) 报告期末公司前十名流通股东持股情况

股东名称(全称)	年末持有流通股的数量	种类(A、B、H 股或其它)
天华证券投资基金	17520021	A股
银华优势企业(平衡型)证券投资基金	14338654	A股
普惠证券投资基金	9519842	A股
南方避险增值基金	8473349	A股
久嘉证券投资基金	6857867	A股
通乾证券投资基金	6092650	A股
景阳证券投资基金	5249900	A股
南方宝元债券型基金	5031275	A股
德盛稳健证券投资基金	4594463	A股
海富通精选证券投资基金	3989223	A股

注：前10名股东之中，天华证券投资基金与银华优势企业(平衡型)证券投资基金同属银华基金管理有限公司，南方避险增值基金与南方宝元债券型基金同属南方基金管理有限公司，公司未知其他股东有何关联关系或一致行动关系。

(4) 公司控股股东武汉钢铁(集团)公司是国资委管理的国有企业，始建于1952年12月，注册资本473,961万元，法定代表人为刘本仁先生，经营范围为：冶金产品及副产品、冶金矿产品和钢铁延伸产品、化工产品、建筑材料、冶金辅助材料、成套冶金设备、机电设备设计及制造、工业技术开发、咨询服务。截止2003年末，武汉钢铁(集团)公司总资产519亿元，净资产238亿元。

(5) 报告期内无控股股东变更情况。

四、董事、监事、高级管理人员和员工情况

1、董事、监事和高级管理人员情况

(1)基本情况

姓名	职务	性别	年龄	任期起止日期	年初持股数	年末持股数	变动原因
刘本仁	董事长	男	60	2000.12-2004.4	0	0	
王　炯	副董事长	男	39	2002.11-2004.4	0	0	
邓崎琳	董事	男	51	2000.12-2004.4	0	0	
彭　辰	董事	男	49	2002.11-2004.4	0	0	
陈明杰	董事	男	47	2002.11-2004.4	0	0	
刘文仲	董事兼总经理	男	52	2000.12-2004.4	0	0	
刘须柱	董事、党委书记兼副总经理	男	57	2000.12-2004.4	0	0	
赵华荣	董事兼副总经理	男	52	2000.12-2004.4	0	0	
应　宏	董事兼副总经理	男	39	2000.12-2004.4	0	0	
尹晓青	董事兼副总经理	男	48	2000.12-2004.4	0	0	
王　越	独立董事	男	70	2000.12-2004.4	0	0	
张勇传	独立董事	男	69	2000.12-2004.4	0	0	
罗　飞	独立董事	男	52	2000.12-2004.4	0	0	
周祖德	独立董事	男	59	2003.12-2004.4	0	0	
李世俊	独立董事	男	57	2003.12-2004.4	0	0	
毕传淑	监事会主席	女	53	2000.12-2004.4	0	0	
刘　强	监事	男	43	2002.11-2004.4	0	0	
谭丽丽	监事	女	49	2002.11-2004.4	0	0	
李　明	监事兼工会主席	男	48	2000.12-2004.4	0	0	
范庆国	监事	男	41	2000.12-2004.4	0	0	
汪文敏	财务总监	男	53	2000.12-2004.4	0	0	
施　军	董事会秘书	男	41	2000.12-2004.4	0	0	
徐景山	副总经理	男	50	2000.12-2004.4	0	0	
涂　翔	副总经理	男	42	2000.12-2004.4	0	0	

在股东单位任职的董事、监事情况如下：

姓名	任职的股东名称	在股东单位担任的职务	任职期间	是否在公司领取薪金
刘本仁	武汉钢铁(集团)公司	总经理	1993.8-至今	否
王　炯	武汉钢铁(集团)公司	党委书记兼副总经理	2002.9-至今	否
邓崎琳	武汉钢铁(集团)公司	副总经理	1995.3-至今	否
彭　辰	武汉钢铁(集团)公司	副总经理兼总会计师	2002.8-至今	否
陈明杰	武汉钢铁(集团)公司	总经理助理兼技改部部长	2000.8-至今	否
毕传淑	武汉钢铁(集团)公司	纪委书记	1997.1-至今	否
刘　强	武汉钢铁(集团)公司	组织人事部部长	2001.9-至今	否
谭丽丽	武汉钢铁(集团)公司	审计部部长	2001.9-至今	否

说明：

根据证监会的有关规定，公司发行社会公众股时未发行公司职工股，以上董事、监事及高级管理人员均未持有本公司股票。

(2) 年度报酬情况

本公司根据公司制定的工资分配制度和经济责任制考核办法，确定高级管理人员的报酬。公司在2003年度实行的工资分配制度是以岗薪工资为主的分配制度。月度奖金是按照经济责任制考核办法，以其分管的各项经济技术指标月度完成情况确定。年度奖金是按其分管的各项经济技术指标和主要工作年度完成情况确定。

董事、监事及高级管理人员在公司领取的年度报酬总额为152万元。

金额最高前三名董事的报酬总额为57万元。

金额最高前三名高级管理人员的报酬总额为57万元。

独立董事津贴总额4万元。

其中，年度报酬在10万元以下的2人，10万元至15万元的7人，年度报酬在15万元以上的2人。刘本仁、王炯、邓崎琳、彭辰、陈明杰、毕传淑、刘强，谭丽丽未在公司领取报酬，均在武汉钢铁(集团)公司领取报酬。

(3) 报告期内未有离任的董事、监事和高级管理人员。

2、员工情况

截止2003年12月31日，公司在岗职工4893人，其中操作人员3559人，销售人员66人，技术人员398人，财务人员42人，行政(管理)人员281人，辅助人员547人。公司职工中具有大专以上文化程度的达30%。

五、公司治理结构

1、公司治理情况

公司按照《公司法》、《证券法》等有关法律、法规的要求，不断完善公司法人治理结构、建立现代企业制度、规范公司运作。目前，公司已制定了《公司章程》、《股东大会议事规则》、《董事会议事规则》和《监事会议事规则》。公司治理结构日渐合理、完善，主要情况如下：

(1)关于股东与股东大会：公司力求确保所有股东，特别是中小股东享有平等地位，确保所有股东能够充分行使自己的权利；公司制定了《股东大会议事规则》，并严格按照《股东大会规范意见》的要求召集、召开股东大会；公司关联交易公平合理，并对定价依据予以充分披露。

(2)关于控股股东与上市公司关系：公司与控股股东在人员、资产、财务、机构和业务方面做到了"五独立"，公司董事会、监事会和内部机构能够独立运作。

(3)关于董事与董事会：公司严格按照《公司章程》规定的选聘程序选举董事；从2003年起，公司实施累积投票制度；公司董事会人数和人员构成符合法律、法规的要求；公司董事会制定了《董事会议事规则》，公司各位董事能够履行董事的权利、义务和责任，按要求出席董事会和股东大会，未出席董事均委托其他董事代为表决。公司现有独立董事5名，占董事人数的三分之一，独立董事没有在公司担任除独立董事之外的其他任何职务。公司董事会设立有审计委员会，审计委员会主任由为独立董事的会计专业人士担任。

(4)关于监事和监事会：公司监事会的人数和人员构成符合法律、法规的要求；公司监事会制定了《监事会议事规则》；公司监事能够认真履行自己的职责，能够本着对股东负责的精神，对公司财务以及董事、总经理和其他高级管理人员履行职责的合法合规性进行监督。

(5)关于绩效评价与激励约束机制：公司正积极着手建立公正、透明的董事、监事的绩效评价标准与激励约束机制，并逐步完善对高级管理人员的绩效评价与激励约束机制；经理人员的聘任公开、透明，符合法律法规的规定。

(6)关于相关利益者：公司能够充分尊重和维护银行及其他债权人、职工等其他利益相关者的合法权益，共同推动公司持续、健康的发展。

(7)关于信息披露与透明度：公司能够按照法律、法规和《公司章程》的规定，真实、准确、完整、及时地披露有关信息。保持公司与股东的沟通渠道畅通，认真接待股东来访和电话咨询，确保所有股东有平等的机会获得公司信息。

(8)关于治理结构的完善

根据《上市公司治理准则》和《关于在上市公司建立独立董事制度的指导意见》的有关规定，公司已于2003年修改公司章程，建立了关于董事选举的累积投票制度，并将独立董事增至公司董事总数的三分之一。

2、独立董事履行职责情况

公司现有独立董事5名。独立董事任职以来，能够按照有关法律法规的要求以认真负责的态度积极履行自己的职责，对公司重大事项发表独立意见，维护公司及中小股东的利益。在公司建立的审计委员会任职的三名委员中有两位独立董事，审计委员会主任由为独立董事的会计专业人士担任。

3、公司与控股股东在业务、人员、资产、机构、财务等方面分开情况

(1) 业务分开

本公司主要从事冷轧薄板和冷轧硅钢片的生产和销售，控股股东武汉钢铁(集团)公司(以下简称"武钢")不存在与本公司相同或相近的业务。公司已建立独立的采购、生产和销售系统，独立制定、执行和完成相应的业务计划。

(2) 人员分开

本公司的人事管理独立于控股股东。公司独立聘用公司员工,公司员工的工资、劳保及福利由公司独立发放本公司的总经理、副总经理、财务总监、董事会秘书等高级管理人员均专职在公司工作,在公司领取薪酬,未在控制人处兼任任何管理职务。

(3) 资产分开

本公司是经国家经济体制改革委员会体改生〔1997〕164 号文批准,由武钢作为发起人,采用发起设立方式成立的股份公司。根据《重组协议》,武钢将其下属的冷轧薄板厂(涂层带钢车间)和冷轧硅钢片厂及相关行政管理、销售系统、质量控制、配套生产实施部门的全部经营性资产投入本公司,相关的资产转让手续全部完成,产权关系明晰。

(4) 机构分开

本公司根据生产、管理实际需要设立生产部、市场营销部、技术质量部、物资采购部财务部、人力资源部、设备动力部、技改工程部、企划部、总经理办公室、证券办公室九部二室。以上机构与武钢的管理机构从人员、职能、办公场所等方面完全分开,本公司不存在与武钢"两块牌子、一套人马"的情况。

(5) 财务分开

本公司已设立了独立的财务部门,本公司在银行独立开户,对银行帐户公司享有独立的使用权,不与控制人共用银行帐户,公司资金完全存入公司帐户。本公司作为独立纳税的法人实体,进行独立的税务登记,并依据国家税法独立的交纳税金。

4、高级管理人员的考评及激励机制

公司对高级管理人员按照岗位职责明确分工,并建立了以岗位职责为基础的考核办法。对高级管理人员的考评分为月度考评与年度考评,月度考评是按照经济责任制考核办法,以其分管的各项经济技术指标月度完成情况为依据。年度考评是以其分管的各项经济技术指标和主要工作年度完成情况为依据,并根据考评情况给予一次性奖励。

六、董事会报告

1、公司经营情况

(1) 本公司是专门生产和销售冷轧薄板和冷轧硅钢片的特大型企业,主要装备和技术从德国、英国和日本引进,公司于 2003 年底完成了对冷轧薄板厂的技术改造,改造后本公司冷轧及涂镀板生产能力达到163 万吨,冷轧硅钢生产能力达到 62 万吨,整体技术水平达到国际先进水平。目前本公司是国内主要的冷轧薄板生产厂家之一,同时也是国内冷轧硅钢产品品种最齐全、规模最大的生产企业,并是我国冷轧取向硅钢片和高牌号冷轧无取向硅钢片的唯一生产企业。

(2) 公司主营业务的范围及经营状况

公司主营业务范围为:冶金产品及副产品、钢铁延伸产品的制造;冶金产品的技术开发。

主要从事冷轧薄板(包括镀锌板、镀锡板、彩涂板)和冷轧硅钢片的生产和销售业务。

2003 年公司主营业务按行业分布情况:(主营业务收入已扣除主营业务税金及附加)

单位:元

行业	主营业务收入	主营业务利润
冶金	6,777,359,218.30	1,009,005,342.73

公司所有产品属于冶金行业。

2003 年公司主营业务按地区分布情况:(主营业务收入已扣除主营业务税金及附加)

单位:元

地区	主营业务收入	占主营业务收入比例%	主营业务利润	占主营业务利润比例%
东北	104,064,812.89	1.5	24,172,962.44	2.4
华北	533,529,471.81	7.9	70,858,798.96	7.0
华东	2,473,973,101.49	36.5	429,450,372.61	42.6
中南	2,419,409,943.88	35.7	299,401,782.61	29.7
华南	695,492,137.72	10.3	89,953,477.10	8.9
西南	307,245,343.31	4.5	62,393,614.71	6.2
西北	243,644,407.20	3.6	32,774,334.30	3.2
总计	6,777,359,218.30	100	1,009,005,342.73	100

2003 年公司主营业务按产品分布情况:

产品	主营业务收入	占主营业务收入比例%	主营业务利润	占主营业务利润比例%
冷轧薄板	4,090,384,640.84	60.09	474,497,760.38	47.03
冷轧硅钢片	2,716,475,215.43	39.91	534,507,582.35	52.97

主要产品基本情况:

产品	市场占有率%	销售收入	销售成本	毛利润率%
冷轧薄板	3.42	4,090,384,640.84	3,598,698,861.19	12.02
冷轧硅钢片	11.80	2,716,475,215.43	2,169,655,014.38	20.13

(3)公司控股子公司及参股公司的经营情况

公司无控股子公司且来自参股公司的投资收益未超过公司净利润的 10%。

(4)主要供应商、客户情况

前五名供应商合计的采购金额占年度采购总额的 91.92%,其中向武汉钢铁(集团)公司采购的金额占 83.45%。

前五名客户销售额占公司销售总额的 22.57%。

(5)在经营中出现的问题与困难及解决方案

2003 年公司面临着生产经营、继续争创全国质量管理奖、一冷轧停机改造、二冷轧和二硅钢建设全面铺开等多战线交叉作战的复杂局面,以及原材料涨价和"非典"疫情等不利因素的影响,公司按照"灵敏、灵活、精确、经济"的经营方针,审时度势、随机制宜地安排生产经营各项工作,充分发挥了冷轧厂停机改造期间的可利用产能,增加硅钢厂产量,还不失时机的把各个局部的富余产能整合利用起来。为了做好冷轧技术改造期间冷轧产品销售工作,公司还大胆创新,尝试在现货产品的销售中采用竞标竞价方式和对重点直供企业预储备料服务方式,为公司赢得了更大的经济效益和良好的客户赞誉。强化质量管理和重点品种的开发工作,主要质量技术指标完成情况较好,全年共完成新产品产量 13.92 万吨,完成年计划的 119.2%。为降低生产成本和生产难度而研制的低温取向硅钢,取得了良好进展,开发了高牌号半工艺无取向硅钢 WBG3。强化星级设备管理,实施"万点受控"管理工程,坚持以点检定修为核心,切实抓好设备缺陷的整改,保证了公司生产的顺利进行,产能得到充分发挥。

2、公司投资情况

(1) 报告期内募集资金使用情况

募集资金实际使用情况见下表: 单位:万元

资金总额	134790	本年度已使用募集募集资金总额 已累计使用募集资金总额	
承诺项目	拟投入金额	是否变更项目	实际投入金额
冷轧薄板厂技术改造工程	101574	否	101574
冷轧硅钢片厂改扩建二期工程	11766	是注	2340
铺底流动资金	15000	否	15000
兼并汉阳带钢厂	6450	是	−
合计	134790	−	118914

未达到计划进度和收益的说明(分具体项目):冷轧薄板厂技术改造工程因国内主要合作制造设备厂家不能按合同期限交货而延期。

变更原因及变更程序说明(分具体项目)　经第二届董事会第三次会议及 2001 年第一次临时股东大会审议批准,公司将冷轧硅钢片厂改扩建二期工程未使用的人民币 9,426 万元和兼并汉阳带钢厂项目未使用的募集资金 6,450 万元,共计人民币 15,876 万元变更为投资增加取向硅钢生产能力技术改造项目先行实施项目。详见公司刊登在《中国证券报》、《上海证券报》和《证券时报》上的《武汉钢铁股份有限公司第二届董事会第三次会议决议公告》(2001 年 6 月 16 日)、《武汉钢铁股份有限公司变更前次募集资金投资项目的公告》(2001 年 6 月 16 日)和《武汉钢铁股份有限公司 2001 年第一次临时股东大会决议公告》(2001 年 7 月 23 日)

资金总额	134845 134790	
承诺项目	产生收益金额	是否符合计划进度和预计收益
冷轧薄板厂技术改造工程	项目于 2003 年底完工,尚无收益	否
冷轧硅钢片厂改扩建二期工程	项目的收益体现在公司的整体收益中	是
铺底流动资金	项目的收益体现在公司的整体收益中	是
兼并汉阳带钢厂	−	已变更项目
合计		−
未达到计划进度和收益的说明(分具体项目)		
变更原因及变更程序说明(分具体项目)		

注:部分变更

变更项目情况

变更投资项目的资金总额	15876		
变更后的项目	对应的原承诺项目	变更项目拟投入金额	实际投入金额
增加取向硅钢生产能力技术改造项目先行实施项目	冷轧硅钢片厂改扩建二期工程		
	兼并汉阳带钢厂	15876	2031
第二硅钢厂项目	增加取向硅钢生产能力技术改造项目先行实施项目	13845	13845
合计	−	15876	15876
未达到计划进度和收益的说明(分具体项目)			
资金总额			

变更后的项目	产生收益金额	是否符合计划进度和预计收益
增加取向硅钢生产能力技术改造项目先行实施项		是
第二硅钢厂项目		是
合计		−
未达到计划进度和收益的说明(分具体项目)		

(2)非募集资金项目情况

项目名称	项目金额	项目进度	项目收益情况
第二硅钢厂项目	16143.31 注	CA9、CA10 等作业线已进入设备制造及其基础施工阶段,该项目的一期工程预计于 2004 年 7 月底之前建成	
第二冷轧薄板厂	5879.75	酸轧联合机组合同已于 2003 年 10 月 26 日生效	

注:含募集资金 13845 万元。

3、公司财务状况　单位:元

项目	2003 年	2002 年	增减(%)
总资产	7,708,109,425.23	6,982,052,652.99	10.40

长期负债	362,000,000.00	139,200,000.00	160.06
股东权益	5,870,506,870.16	5,266,571,295.11	11.47
主营业务利润	1,009,005,342.73	1,009,596,676.97	-0.06
净利润	569,259,575.05	595,902,012.29	-4.47
现金及现金等价物净增加额	352,926,732.99	338,817,002.72	4.16

长期负债比去年同期增加的主要原因：

1、本年度冷轧薄板厂技术改造工程专项贷款增加 1.1 亿元。

2、因第二冷轧薄板厂项目正在建设过程中，本年度国家拨付的该项目专项补助金 2.52 亿元暂记入专项应付款，故增加了长期负债；另外，因冷轧薄板厂技术改造工程已于本年度完工并结转至固定资产，故本公司 2001 年收到的国家拨付的该项目专项补助金 1.392 亿元在本年度由专项应付款科目转入资本公积科目，减少相应负债。

4、公司所处生产经营环境以及宏观政策、法规变化对公司的影响

(1) 中华人民共和国商务部发布 2003 年第 75 号公告，决定进口经营者自 2004 年 1 月 14 日起，进口原产于俄罗斯、韩国、乌克兰、哈萨克斯坦等四国和台湾地区冷轧板卷的，应向中华人民共和国海关缴纳相应的反倾销税；对原产于俄罗斯、韩国、乌克兰、哈萨克斯坦等四国和台湾地区的进口冷轧板卷征收反倾销税，实施期限从 2003 年 9 月 23 日起计算，有效期 5 年；对 2004 年 1 月 14 日之前原产于俄罗斯、韩国、乌克兰、哈萨克斯坦等四国和台湾地区的进口冷轧板卷不再追溯征收反倾销税。国家商务部对本案的肯定性终裁及采取的反倾销措施，将在消除俄罗斯、韩国、乌克兰、哈萨克斯坦等四国和台湾地区冷轧板卷倾销的影响，维护正常的市场秩序方面起到积极作用，也将对本公司相关业务的经营产生积极的影响。详细情况可参见公司于 2004 年 1 月 14 日刊登在《上海证券报》(16 版)、《中国证券报》(17 版)、《证券时报》(5 版)及上交所网站(www.sse.com.cn)的公司公告(临 2004-001)。

(2) 2003 年 12 月 26 日，中国商务部发布 2003 年第 76 号公告，决定终止自 2002 年 11 月 20 日起对部分钢铁产品所采取的钢铁产品最终保障措施。中国钢铁保障措施的取消并不会当然带来钢材产品的大量进口--虽然在短期内由于贸易商投机心态的存在而可能出现一定的进口增加，但从长期来看，这种能够支撑大量进口的基础并不具备。同时，中国市场强劲的内需也将消化这些资源。当前的市场价格上涨已经由以前的需求拉动型转变成成本推进型和需求拉动型综合的形态，而成本推进从一定意义上说还占据了较大的份量。因此，终止保障措施预计不会对公司生产经营造成较大影响。

5、新年度业务发展计划

积极迎接新挑战，加快发展步伐，突出三项工作：即以一冷轧达产为重点，全面完成公司生产经营目标；以二冷轧、二硅钢建设为突破口，加快建设两个基地步伐；以增发新股和收购钢铁主业为契机，实现公司跨越式发展。团结一致，艰苦奋斗，扎实工作，迎接公司新一轮发展高潮的到来。

6、董事会日常工作情况

(1)报告期内董事会的会议情况及决议内容

①公司第二届董事会第十二次会议于 2003 年 3 月 29 日召开。会议审议通过了《总经理工作报告》、《董事会工作报告》、《关于固定资产报废核销的报告》、《2002 年度利润分配及资本公积金转增股本预案》、《关于投资建设硅钢扩建增产工程的议案》、《关于变更募集资金使用的议案》、《关于 2003 年固定资产投资计划的议案》、《关于修改公司章程的议案》、《关于提请股东大会增加独立董事的议案》、《关于续聘会计师事务所的议案》及《关于召开二零零二年度股东大会的议案》。

②公司第二届董事会第十三次会议于 2003 年 4 月 22 日召开。会议审议通过了《第一季度主要经营情况汇报》、《第一季度财务预算执行情况报告》、《关于固定资产报废核销的报告》及《第一季度季度报告》。

③公司第二届董事会第十四次会议于 2003 年 8 月 8 日召开。审议通过《总经理工作报告》、《上半年财务预算执行情况报告》、《半年度报告》及其摘要、《关于设立二冷轧筹备处的议案》及《关于设立二硅钢筹备处的议案》。

④武汉钢铁股份有限公司第二届董事会第十五次会议于 2003 年 10 月 22 日召开，审议通过《总经理工作报告》、《第三季度财务预算执行情况报告》及《第三季度季度报告》。

⑤武汉钢铁股份有限公司第二届董事会第十六次会议于 2003 年 11 月 16 日召开，审议通过《关于武汉钢铁股份有限公司符合增发 A 股条件的议案》、《关于武汉钢铁股份有限公司申请增发 A 股的议案》、《关于提请股东大会授权董事会全权办理本次增发 A 股具体事宜的议案》、《武汉钢铁股份有限公司增发 A 股募集资金计划投资项目可行性分析报告》、《武汉钢铁股份有限公司董事会关于前次募集资金使用情况说明》、《钢铁主业收购协议》、《主要原、燃、辅料供应协议》、《〈综合服务协议〉之补充协议》、《商标无偿转让协议》、《〈专利及专有技术实施许可协议〉之补充协议》、《主业资产座落地之土地使用权租赁协议》、《二硅钢厂、二冷轧厂建设用地之土地使用权租赁协议》、《武汉钢铁股份有限公司资产收购及关联交易公告》、《关于提请股东大会审议新老股东共享发行前滚存未分配利润的议案》、《关于增补独立董事的议案》及《关于召开 2003 年度第一次临时股东大会的决定》。

(2) 董事会对股东大会决议的执行情况

①报告期内董事会按照股东大会决议及授权，组织实施了相关决议。

②公司组织实施了 2002 年度利润分配方案。公司于 2003 年 6 月 2 日分别在《中国证券报》、《上海证券报》、《证券时报》上刊登了《武汉钢铁股份有限公司 2002 年度分红派息实施公告》。该方案于 6 月 10 日实施完毕。

7、本次利润分配预案

经安永华明会计师事务所审计，公司 2003 年度实现净利润 5.69 亿元，提取 10%的法定公积金 0.57 亿元和 5%的法定公益金 0.28 亿元，当年可供股东分配的利润为 4.84 亿元。加上上年未分配利润(扣除已于 2003 年度转作股本的普通股股利 4.18 亿元)0.98 亿元，可供股东分配的利润为 5.82 亿元。

董事会决定以 2003 年末股本总数 2,508,576,000 股为基数，向全体股东每 10 股派现金红利 2.30 元(含税)，合计分配现金 5.77 亿元，未分配利润余额为 0.05 亿元，不进行资本公积金转增股本。若公司今年上半年完成新股增发和钢铁主业收购，拟进行中期分配，分配方案另行制定。

8、其他事项

(1)公司关于关联方资金往来和对外担保情况的自查报告

根据中国证监会《关于规范上市公司与关联方资金往来及上市公司对外担保若干问题的通知》(证监发【2003】56 号)(以下简称"《通知》")的要求，公司进行了认真自查，并向中国证监会武汉特派办递交了自查报告，公司不存在《通知》中所述的关于关联方违规占用资金的情况和对控股股东及控股股东所属企业提供担保的情况。

(2)注册会计师对公司控股股东及其他关联方占用资金情况的专项说明安永华明会计师事务所根据《通知》要求，出具了《关于武汉钢铁股份有限公司被控股股东和其他关联方占用资金及向控股股东及控股股东所属企业提供担保问题的专项说明》。会计师认为：根据公司提供的资料，截止 2003 年 12 月 31 日，除公司与控股股东及其他关联方发生的日常运营资金往来，未发现武汉钢铁股份有限公司之控股股东和其他关联方存在《通知》中所述违规占用资金的情况，公司未向控股股东及控股股东所属企业提供担保。

(3)独立董事对公司累计和当期对外担保情况的专项说明及独立意见独立董事认为：武钢股份与控股股东及其他关联方发生的资金往来属正常的经营性资金往来，控股股东及其他关联方未占用股份公司资金。控股股东及其他关联方未强制股份公司为他人提供担保。武钢股份风险意识强，经营稳健，截至 2003 年 12 月 31 日，武钢股份未向任何企业提供担保。

七、重要事项

1、本年度公司的重大诉讼、仲裁事项。

中华人民共和国商务部于 2003 年 9 月 23 日发布 2003 年第 50 号公告，最终裁定原产于俄罗斯、韩国、乌克兰、哈萨克斯坦、台湾地区的进口冷轧板卷存在倾销和实质损害，且倾销与实质损害之间存在因果关系。并于 2004 年 1 月 13 日发布 2003 年第 75 号公告，决定进口经营者自 2004 年 1 月 14 日起，进口原产于俄罗斯、韩国、乌克兰、哈萨克斯坦、台湾地区的进口冷轧板卷的，应向中华人民共和国海关缴纳相应的反倾销税。详细情况可参见公司于 2004 年 1 月 14 日刊登在《上海证券报》(16 版)、《中国证券报》(17 版)、《证券时报》(5 版)及上交所网站(www.sse.com.cn)的公司公告(临 2004-001)。

2、本年度公司无收购及出售资产、吸收合并事项。

3、重大关联交易事项

(1)购买商品、提供劳务发生的关联交易

关联交易方	交易内容	2003 年度交易金额(元)	占同类交易的金额比例(%)
	产成品销售(注 1)	203,793,713.88	2.99
	废金属回收(注 2)	61,703,992.20	100.00
	购买原料(注 3)	4,074,536,052.84	89.03
	收取存款利息(注 4)	65,415.89	0.64
	支付土地租金(注 5)	5,159,136.12	100.00
	支付综合服务费(注 6)	257,948,106.53	56.19
武汉钢铁(集团)公司	购买备件、工具、辅助材料和低值易耗品(注 7)	577,211,373.64	87.58

注 1: 本公司对武钢的产成品销售价格是按照市场价格拟定。

注 2: 本公司与武钢签订了《综合服务协议》，根据协议，若

注 1: 本公司对武钢的产成品销售价格是按照市场价格拟定。

注 2: 本公司与武钢签订了《综合服务协议》，根据协议，若武钢提出要求，本公司有权但没有义务向武钢售卖可供武钢使用之废铁或其它金属，废铁或其它金属价格按市场价格确定。此服务协议无固定的期限，武钢无权终止协议，但本公司可在向武钢发出事先通知后终止协议。

注 3: 本公司与武钢签订了《热轧卷原材料供应协议》，根据协议，武钢将按其规定继续向本公司供应热轧卷，并且有义务在满足其自身或任何第三方的需求之前优先满足本公司的需求，热轧卷价格是按不高于武钢向独立第三方用户收取的价格确定。本公司有权随时向任何第三方购买热轧卷。此协议没有固定的期限，武钢无权终止协议，但本公司可在向武钢发出通知后终止该协议。以上所说购买原料的业务主要由本公司通过向武钢预付款的形式进行的；本公司于 2003 年 12 月 31 日预付予武钢的材料款为 185,429,391.01 元(2002 年：548,652,592.95 元)。

注 4: 本公司为满足日常购销业务结算，于 2003 年 12 月 31 日存放于武钢集团财务公司的人民币为 3,255,779.58 元(2002 年：8,803,774.01 元)，其年利率为 0.72%。

注 5: 本公司与武钢签订了《土地使用权租赁协议》，武钢向本公司出租本公司生产及行政设施所使用的土地的土地使用权，该土地使用权期限为 50 年。本公司每年向武钢支付租金，租金依据武汉市土地估价事务所对该土地使用权的资产评估数值而制订，初始租金定为每年 5,159,000 元。租金每 5 年根据武钢和本公司达成的协议调整一次，每次调整幅度不得超过 10%，武钢无权提前终止协议。上述《土地使用权租赁协议》从签署日至本年度已超过 5 年，但武钢未有要求于本年度调整上述土地租金。

注 6: 本公司向武钢签订了《综合服务协议》，根据协议，武钢向本公司提供生产辅助、行政管理支持、社会公益服务、公用服务设施及双方共同认可的额外服务(包括于本年度进行的无偿代办储存及运输服务)，本公司按照国家定价或市场价格或实际成本向武钢支付服务费。此服务协议无固定的期限，武钢无权终止向本公司提供的任何服务或设施或服务协议，但本公司可在向武钢发出事先通知后终止该服务或设施的使用。

注 7: 本公司于 2003 年度所购买的备件、工具、辅助材料和低值易耗品中包含 526,155,510.20 元(2002 年度：501,229,872.45 元)为本公司委托武钢代为向外采购。

(2) 公司与关联方债权、债务事项

关联方武汉钢铁(集团)公司应收应付款项余额

	2003 年 12 月 31 日
预付账款	185,429,391.01
预收账款	41,115,331.24
拟派发之现金股利	488,652,480.00

应收及应付关联方款项均不计利息、无抵押、且无固定还款期。

存放于关联方的货币资金

	2003 年 12 月 31 日
武钢集团财务公司	3,255,779.58

注:存放于武钢集团财务公司的存款均为活期存款，年利率为 0.72%。

4、公司重大合同及其履行情况

(1)报告期内公司无托管、承包、租赁其他公司资产或其他公司托管、承包、租赁本公司资产的事项。

(2)报告期内无担保合同。

(3)报告期内无其它重大合同

5、本报告期内无重大承诺事项

6、本年度公司未改聘、解聘会计师事务所。

本年度支付给安永华明会计师事务所的年度财务报告审计报酬为 60 万元。

安永华明会计师事务所在审计等业务中所发生的食宿费、差旅费、通讯及复印等费用由其自行承担。该所已为公司连续提供审计服务 7 年。

2002 年签字注册会计师为葛明和秦同洲，2003 年签字注册会计师为金馨和朱春健。

7、报告期内公司、公司董事及高级管理人员无受监管部门处罚情况。

8、公司报告期内没有更改名称及股票简称。

9、因冷轧薄板厂技术改造工程于 2003 年 12 月完工并结转至固定资产，本公司将国家拨付的项目补助金 13920 万元由专项应付款转入资本公积科目。本公司于 2003 年度收到的第二冷轧薄板厂项目补助金 25200 万元暂计入专项应付款科目。

10、公司报告期内无其它重大事件。

八、备查文件

1、载有法定代表人、主管会计工作负责人、会计机构负责人签名并盖章的会计报表；

2、载有安永华明会计师事务所盖章、注册会计师亲笔签名并盖章的审计报告原件；

3、本年度公司在中国证监会指定报纸上公开披露过的所有公司文件的正本及公告的原稿。

董事长：刘本仁

武汉钢铁股份有限公司董事会

二零零四年二月二十五日

华能国际电力股份有限公司

华能国际电力股份有限公司2003年年度报告

重要提示

本公司董事会及其董事保证本报告所载资料不存在任何虚假记载、误导性陈述或者重大遗漏,并对其内容的真实性、准确性和完整性承担个别及连带责任。

公司董事黄金凯先生及刘金龙先生因故未能出席公司第四届董事会第五次会议,委托董事长李小鹏先生代为行使表决权。

公司董事长李小鹏先生、总经理叶大戟先生、总会计师黄坚先生及财务部负责人周晖女士声明:保证年度报告中财务报告的真实、完整。

一、公司基本情况简介

(一)公司法定中文名称:华能国际电力股份有限公司
公司中文名称缩写:华能国际
公司法定英文名称:HUANENG POWER INTERNATIONAL, INC.
公司英文名称缩写:HPI
(二)公司法定代表人:李小鹏
(三)公司董事会秘书:黄龙
联系地址:北京市西城区复兴门南大街丙2号(天银大厦C段西区)
电话:010-66491999
传真:010-66491888
电子信箱:huangl@hpi.com.cn
证券事务代表:谷碧泉
联系地址:北京市西城区复兴门南大街丙2号(天银大厦C段西区)
电话:010-66491851
传真:010-66491860
电子信箱:gbq@hpi.com.cn
(四)公司注册地址:北京市西城区复兴门南大街丙2号(天银大厦C段西区)
公司办公地址:北京市西城区复兴门南大街丙2号(天银大厦C段西区)
邮政编码:100031
公司国际互联网网址:http://www.hpi.com.cn
公司电子信箱: ir@hpi.com.cn
zqb@hpi.com.cn
(五)公司选定的信息披露报纸名称:国内:《中国证券报》、《上海证券报》
香港:《香港文汇报》、《南华早报》
登载年度报告的中国证监会指定网站的网址:http://www.sse.com.cn
公司年度报告备置地点:北京市西城区复兴门南大街丙2号(天银大厦C段西区)
(六)公司股票上市地:
1、上海证券交易所:
股票简称:华能国际
股票代码:600011
2、香港联合交易所有限公司:
股票代码:902
3、纽约证券交易所:
股票代码:HNP
(七)其他有关资料:
公司首次注册登记日期:1994年6月30日
注册地点:北京市海淀区学院南路40号
最近一次变更注册登记日期:2003年7月7日
注册地点:北京市西城区复兴门南大街丙2号(天银大厦C段西区)
企业法人营业执照注册号:企股国字第000496号
税务登记号码:110102625905205
公司聘请的会计师事务所:普华永道中天会计师事务所有限公司
会计师事务所的办公地址:
上海市淮海中路333号瑞安广场12楼(200021)
2003年年度报告第6页
HUANENG POWER INTERNATIONAL, INC.
华能国际电力股份有限公司

二、会计数据和业务数据摘要

华能国际电力股份有限公司及其子公司会计数据和业务数据摘要

(一)本年度实现利润情况 (单位:人民币元)

	2003年度
利润总额	6,774,080,587
净利润	5,457,142,551
扣除非经常性损益后的净利润	5,563,916,542
主营业务利润	7,744,112,918
其他业务利润	30,574,635
营业利润	6,773,502,107
投资收益	133,885,686
营业外收支净额	(133,307,206)
经营活动产生的现金流量净额	10,156,974,707
现金及现金等价物净增加额	1,126,046,544

扣除的经常性损益项目及涉及金额:
(单位:人民币元)

非经常性损益项目	金额
处置固定资产的损失	(137,631,682)
委托投资收益	9,171,085
营业外收入	19,083,635
营业外支出	(14,759,159)
非经常性损益的所得税影响数	17,362,130
合计	(106,773,991)

按三种会计准则计算的净利润及其差异:

	净利润 2003年度	净利润 2002年度
按中国会计准则编制的合并净利润	5,457,142,551	4,082,350,589
国际财务报告准则调整的影响:		
记录递延收入的影响	(47,936,528)	(212,755,386)
记录有关本公司发生的房改差价的会计处理差异	(26,258,956)	6,457,886
记录可转换债券的会计处理差异	(3,228,425)	(35,957,003)
记录借款费用资本化的差异	12,681,881	88,411,906
记录有关上述会计准则调整所引起的递延税项	18,362,679	(10,457,892)
其他	19,644,405	2,953,201
国际财务报告准则下的净利润	5,430,407,607	3,921,003,301
美国公认会计准则调整的影响:		
记录共同控制下电厂收购的影响	125,745,812	183,416,539
记录因后续收购上海石洞口一厂30%权益、太仓电厂5%权益及收购淮阴电厂44.16%权益产生的影响	19,346,432	10,556,724
计入华能开发公司为本公司职工发生的房改差价	(26,152,570)	(26,152,570)
记录收购山东华能的不同会计处理的差异	(87,090,760)	(87,090,760)
记录可转换债券的会计处理差异	25,434,219	5,115,622
借款费用资本化的差异	(5,478,423)	(88,411,906)
冲回商誉的摊销	72,009,711	–
记录有关上述会计准则调整所引起的递延税项	(84,181,028)	33,673,694
美国公认会计准则下的净利润	5,470,041,000	3,952,110,644

(二)近三年的主要会计数据和财务指标

财务指标	单位	2003年度	2002年度	2001年度
主营业务收入	人民币元	23,479,646,958	18,725,340,857	15,816,656,338
净利润	人民币元	5,457,142,551	4,082,350,589	3,636,064,244
总资产	人民币元	53,276,965,016	48,098,755,152	47,229,708,718
股东权益	人民币元	34,787,100,203	31,209,570,014	28,925,564,005
每股收益	人民币元/股	0.91	0.68	0.61
每股净资产	人民币元/股	5.77	5.20	4.82
调整后每股净资产	人民币元/股	5.76	5.19	4.82
每股经营活动产生的现金流量净额	人民币元/股	1.69	1.30	1.19
净资产收益率	%	15.69	13.08	12.57
扣除非经常性损益项目后的加权平均净资产收益率	%	16.93	13.74	14.62

注:以上会计数据及财务指标中2002年、2001年的股东权益、每股净资产、调整后每股净资产、净资产收益率、扣除非经常性损益项目后的加权平均净资产收益率已根据财政部[2003]12号文件作追溯调整。追溯调整详见本公司2003年度合并会计报表附注六20。

(三)报告期内股东权益变动情况 (单位:人民币元)

股东权益	年初余额	本年增加	本年减少
股本	6,000;273,960	27,397,240	–
资本公积	10,260,830,755	142,398,606	–
盈余公积	3,419,668,242	957,104,444	(2,104,498)
其中:法定公益金	1,053,519,606	409,285,691	(2,104,498)
未分配利润	11,528,797,057	5,457,142,551	(3,004,408,154)
股东权益合计	31,209,570,014	6,584,042,841	(3,006,512,652)

股东权益	年末余额	变动原因
股本	6,027,671,200	可转换债券转股
资本公积	10,403,229,361	可转换债券转股及联营公司接受捐赠
盈余公积	4,374,668,188	利润分配
其中:法定公益金	1,460,700,799	利润分配
未分配利润	13,981,531,454	净利润转入及利润分配
股东权益合计	34,787,100,203	

三、股本变动及股东情况

(一)股份变动情况表 数量单位:万股

	本次变动前	期内变动增减(+,-) 配股	送股	公积金转股	增发	其他★	小计	本次变动后
一、未上市流通股份								
1、发起人股份	350,940.0							350,940.0
其中:								
国家持有股份	350,940.0							350,940.0
境内法人持有股份								
境外法人持有股份								
2、募集法人股份								
3、内部职工股								
4、其他	74,060.0							74,060.0
其中:战略投资者持股								
基金配售持股								
未上市流通股份合计	425,000.0							425,000.0
二、已上市流通股份								
1、人民币普通股	25,000.0							25,000.0
2、境内上市的外资股								
3、境外上市的外资股★	150,027.396					2,739.724	2,739.724	152,767.12
4、其他								
已上市流通股份合计	175,027.396					2,739.724	2,739.724	177,767.12
三、股份总数	600,027.396					2,739.724	2,739.724	602,767.12

注★:根据本公司发行在外的可转换债券的发债说明书的约定,应债券持有人的要求,公司于2003年4月24日将20,000,000美元的可转换债券转换为本公司境外上市股份27,397,240股,发予债券持有人。

(二)股票发行与上市情况

1、最近三年股票发行情况:

2001年11月15日及16日,公司在中国境内发行3.5亿股A股,其中向社会公众发行2.5亿股可流通A股,向华能国际电力开发公司("华能开发公司")定向配售国有法人股1亿股。在2.5亿股可流通A股中,山东省国际信托投资公司、山东电力集团公司和南京市投资公司作为三家战略投资者分别获配售5000万股、4000万股和1000万股,这些股份于2002年6月6日起在上海证券交易所上市流通;47家证券投资基金共计获配售339.5万股,这些股份于2002年3月6日起已上市流通;向其他社会公众共发行1.46605亿股,这些股份自2002年12月6日起已在上海证券交易所上市。该次发行的价格为7.95元/股。

2、2001年11月15日至16日,公司在中国境内发行3.5亿股A股,使公司股份总数从6.5亿股增加到60亿股。2002年8月21日,公司发行273,960股H股予可转换债券持有人,公司股份总数增加到60.0027396亿股。2003年4月24日,公司发行27,397,240股H股予可转换债券持有人,公司股份总数增加到60.276712亿股。

3、公司无内部职工股。

(三)股东情况

1、截至2003年12月31日止,公司股东总数为17191户。其中,A股股东16996户,境外实名制注册股东195户。

2、主要股东持股情况

截至2003年12月31日,在册的拥有公司股份前十名股东情况:

股东名称(全称)	年度内增减	年末持股数量	比例(%)	股份类别(已流通或未流通)	质押或冻结的股份数量	股东性质(国有股东或外资股东)
华能国际电力开发公司	0	2,554,840,000	42.39	未流通	0	国有法人股东
河北省建设投资公司	0	452,250,000	7.50	未流通	0	国有法人股东
福建国际信托投资公司	0	334,850,000	5.56	未流通	0	国有法人股东
江苏省国际信托投资公司	0	312,375,000	5.18	未流通	0	国有法人股东
辽宁能源投资(集团)有限责任公司★	0	229,685,000	3.81	未流通	0	国有法人股东
大连市建设投资公司	0	226,125,000	3.75	未流通	0	国有法人股东
南通市投资管理中心	0	67,875,000	1.13	未流通	0	国有法人股东
汕头市电力开发公司	0	46,500,000	0.77	未流通	0	国有法人股东
Newton Investment Management,Ltd.	−9,701,280	35,112,280	0.59	已流通	不详	外资股东
汕头电力发展股份有限公司	0	19,000,000	0.32	未流通	0	法人股东

前十名股东关联关系或一致行动的说明:根据1994年5月31日华能开发公司与排名为第2至第8家公司的各地方政府投资公司或其前身签署的《华能国际电力股份有限公司发起人股东协议》,这些地方政府投资公司将其在本公司的股票投票权授予华能开发公司。因此,这些股东成为与华能开发公司存在关联关系的股东。

注★:原辽宁能源总公司于2003年9月17日更名为辽宁能源投资(集团)有限责任公司,中国证券登记结算有限责任公司于2004年2月15日对该公司进行了相应的更名。

3、公司控股股东情况

公司的控股股东为华能开发公司,持有公司42.39%的股份,法定代表人:李小鹏,主要业务为在全国范围内开发、建设和经营电厂,注册资本为4.5亿美元,其成立于1985年6月,是经国务院批准的中外合资有限责任公司。其目前的股权结构如下:

股东单位	中国华能集团公司	国华能源公司	中群发展有限公司	华润电力投资有限公司	信达投资有限公司	中国水利水电对外公司
股权比例	51.98%	15.77%	15.0%	10%	5.8%	1.45%

华能开发公司的控股股东为中国华能集团公司("华能集团公司"),持有华能开发公司51.98%的股份,法定代表人:李小鹏。华能集团公司于1988年批准设立。2003年1月,经国务院批准,华能集团公司在原华能集团公司及原国家电力公司部分企事业单位基础上进行了改组,成为国家授权投资的机构和国家控股公司的试点,由中央管理。

改组后华能集团公司的注册资本为人民币200亿元,主要从事电源的开发、投资、建设、经营和管理,组织电力(热力)的生产和销售等。作为中国五大发电集团公司之一,华能集团公司将根据国家产业政策和行业规划逐步发展。华能集团公司在发展中,将坚持"以电为主,综合发展"的方针,以电力产业为核心,以金融和能源产业为支撑,确保稳定、健康、统筹、协调发展,把公司办成实力雄厚、管理一流、服务国家、走向世界,具有国际竞争力的大企业集团。

4、公司前10名A股流通股股东情况

名次	股东名称	本期末持股数(股)	股份种类
1	兴华证券投资基金	10,409,188	A股
2	普惠证券投资基金	9,795,167	A股
3	天华证券投资基金	9,200,232	A股
4	南京市投资公司	8,250,000	A股
5	兴和证券投资基金	8,239,360	A股
6	同益证券投资基金	7,878,400	A股
7	天元证券投资基金	6,917,553	A股
8	开元证券投资基金	6,800,000	A股
9	华夏回报证券投资基金	5,344,095	A股
10	汉兴证券投资基金	5,277,364	A股

注:上表中第1、5和9名的基金管理人均为华夏基金管理有限公司,第7、8名的基金管理人均为南方基金管理有限公司。

四、董事、监事、高级管理人员和员工情况

(一)公司董事、监事、高级管理人员情况

1、基本情况

姓名	性别	年龄	职务数(股)	任期减(股)	年初持股数(股)	本年度增	年末持股
李小鹏	男	44	董事长	2002.12−2005.12	0	0	0
王晓松	男	57	副董事长	2002.12−2005.12	0	0	0
叶大戟	男	58	董事,总经理	2002.12−2005.12	0	0	0
黄金凯	男	61	董事	2002.12−2005.12	0	0	0
刘金龙	男	62	董事	2002.12−2005.12	0	0	0
单群英	男	50	董事	2002.12−2005.12	0	0	0
杨盛明	男	60	董事	2002.12−2005.12	0	0	0
徐祖坚	男	49	董事	2002.12−2005.12	0	0	0
高宗泽	男	64	独立董事	2002.12−2005.12	0	0	0
郑健超	男	64	独立董事	2002.12−2005.12	0	0	0
钱忠伟	男	65	独立董事	2002.12−2005.12	0	0	0
夏冬林	男	42	独立董事	2002.12−2005.12	0	0	0
魏云鹏	男	61	监事会主席	2002.12−2005.12	0	0	0
刘树元	男	53	监事会副主席	2002.12−2005.12	0	0	0
潘建民	男	48	监事	2002.12−2005.12	0	0	0
李永林	男	58	监事	2002.12−2005.12	0	0	0
沈卫兵	男	36	监事	2002.12−2005.12	0	0	0
沈宗敏	男	49	监事	2002.12−2005.12	0	0	0
赵喜生	男	60	监事	2002.12−2005.12	0	0	0
那希志	男	50	副总经理	2002.12★−	0	0	0
张 红	男	57	副总经理	2003.8★−	0	0	0
陈宝良	男	49	副总经理	2000.6★−	0	0	0
黄 龙	男	50	副总经理,董事会秘书	2002.6★−	0	0	0
胡建民	男	49	副总经理	2001.5★−	0	0	0
吴大卫	男	50	副总经理	2001.9★−	0	0	0
刘国跃	男	40	副总经理	2001.9★−	0	0	0
李世棋	男	47	总经济师	2002.12★−	0	0	0
黄 坚	男	41	总会计师	2002.12★−	0	0	0

注:★所标示高级管理人员的任期由公司董事会决定。

2、在股东单位任职的董事、监事情况

姓名	任职的股东名称	在股东单位担任的职务	任职期间	是否在本公司领取报酬、津贴
李小鹏	华能国际电力开发公司	董事长兼总经理	1999年3月至今	是
王晓松	华能国际电力开发公司	副总经理	1995年11月至今	是
单群英	河北省建设投资公司	副总经理	1998年至今	否
杨盛明	福建国际信托投资公司	副总裁	1994年至今	否
徐祖坚	江苏省投资管理有限责任公司	董事长	2002年至今	否
魏云鹏	华能国际电力开发公司	总会计师	1995年11月至今	是
刘树元	辽宁能源投资(集团)有限责任公司	总经理	2001年8月至今	否
李永林	大连市建设投资公司	处长	1999年至今	否
沈卫兵	南通市投资管理中心	主任	2001年11月至今	否
沈宗敏	汕头市电力开发公司	总经理	2000年至今	否

3、年度报酬情况

(1)公司目前尚未实行高级管理人员年薪制。

(2)报酬确定原则是依据本公司经营状况与董事会核算(工资总额与经济效益挂钩),结合本公司的工资标准、奖金管理办法确定。

(3)董事、监事和高级管理人员报酬的决策程序是按照董事会批准的薪酬制度,根据有关薪酬标准确定。现任董事、监事和高级管理人员的年度报酬总额(包括基本工资、各项奖金、福利、补贴、住房津贴及其他津贴等)约为604万元。年内支付予各董事及监事(包括前三位高级雇员)的年酬金均在人民币100万元以内。

(4)金额最高的前三名董事的报酬总额122万元。

(5)金额最高的前三名高级管理人员的报酬总额142万元。

(6)独立董事的津贴及其它待遇

经公司股东大会批准:

①、在独立董事任职期内,公司支付每位独立董事年度津贴4万元(不含税),分两次支付;

②、独立董事出席董事会,股东大会以及按《公司法》、《公司章程》相关规定行使职权所需的合理费用(包括差旅费、办公费),由公司据实报销;

③、除上述待遇外,公司不再给予独立董事任何其他利益。

(7)公司现任董事、监事、高级管理人员共28人,在公司领取报酬的15人,在每个报酬区间的人数如下:单位:人民币

	30万元以下	30至40万元	40至50万元
董事		2	2
监事		2	0
高级管理人员	1	1	7

(8)不在本公司领取报酬、津贴的董事有刘金龙、单群英、杨盛明、徐祖坚;不在本公司领取报酬、津贴的监事有潘建民、刘树元、李永林、沈卫兵、沈宗敏。其中,刘金龙、潘建民在关联单位领取报酬。单群英、杨盛明、徐祖坚、刘树元、李永林、沈卫兵、沈宗敏在股东单位领取报酬。

4、在报告期内没有董事、监事、高级管理人员离任。

5、聘任或解聘公司经理、副经理、财务负责人、董事会秘书等高级管理人员的情况:

2003年8月6日公司第四届董事会第三次会议决定聘任张红先生为公司副总经理。

(二)员工情况:

2003年年底,公司共有员工17886人。其中,行政人员2458人,技术人员1159人,销售人员55人,财务人员252人,生产人员8461人。

大专以上学历6253人,占员工总数的35%。其中,研究生及以上学历129人,大学本科学历2217人,大学专科学历3907人。

五、公司治理结构

(一)公司治理结构现状

公司严格按照《公司法》、《证券法》、《上市公司治理准则》、《关于在上市公司建立独立董事的指导意见》和纽约证券交易所、香港证券交易所、上海证券交易所的相关要求,不断推进公司体制和管理的创新,完善公司法人治理结构,加强公司制度建,提升公司的整体形象。

公司2003年制订并通过了公司《股东大会议事规则》、《董事会议事规则》、《监事会议事规则》、《总经理工作细则》、《董事会战略委员会工作细则》《董事会审计委员会工作细则》、《董事会薪酬委员会工作细则》、《董事会提名委员会工作细则》和《投资者关系管理办法》等规章制度,审议通过了公司章程修改方案。公司董事会审计委员会就公司经营中遇到的财务管理问题先后召开多次研讨会,寻求适当合规处理办法。同时公司董事会加强了同北京证管办等监管机构的工作联系,顺利完成了"上市公司内幕人员持股调查"、"独立董事任职调查"等众多报告。

(二)独立董事履行职责情况

我公司独立董事出席或委托出席了2003年全部董事会会议,并就聘任高级管理人员,以及关联交易等重大事项发表了独立意见。本公司的独立董事依照有关法律法规和公司章程赋予的权力,独立、诚信、勤勉地履行职责,切实起到了维护股东、特别是中小股东利益的作用。

(三)公司与控股股东关系

公司控股股东通过股东大会依法行使出资人权利,公司与控股股东在业务、人员、资产、机构、财务等方面已经做到相互独立。

1、具有独立完整的经营能力

境内外上市以来,本公司严格遵守《公司法》、公司章程和上市地的监管规定,规范运作,建立健全了公司治理结构,股东大会、董事会、监事会和管理层之间责权分明、相互制约、运作良好,通过必要的合约、承诺函等强化和明晰了股东大会、董事、监事、董事会秘书各自的权利、义务和法律责任。

2、在资产和业务方面完全分开

本公司是以华能开发公司为主发起人设立的。华能开发公司及其他发起人投入本公司的资

产为其共同投资建设的华能大连电厂、华能上安电厂、华能南通电厂、华能福州电厂和华能汕头燃机电厂以及其他扩建项目和在建项目。本公司设立后又陆续购并了华能丹东电厂、华能汕头燃煤电厂、华能上海石洞口第二电厂("石洞口二厂")、华能南京电厂、原山东华能发电股份有限公司("山东华能")、原上海石洞口发电有限责任公司(石洞口一厂)、苏州工业园区华能发电有限责任公司("太仓电厂")的75%的权益、江苏华能淮阴发电有限公司("淮阴电厂")63.64%的权益、中国华能集团公司浙江长兴电厂、河南华能沁北发电有限责任公司("沁北电厂")55%的权益、山西华能榆社电力有限责任公司("榆社电厂")60%的权益以及中国华能集团公司辛店电厂("辛店电厂")等。本公司现拥有的各电厂均具有独立完整的燃料采购系统、生产系统和辅助生产系统、配套设施及销售系统。

3、人员和机构独立

鉴于公司成立时所确定的发展策略之一是将母公司华能开发公司的优质资产逐步注入本公司,以及从人员、机构精炼的角度和充分发挥华能开发公司在项目开发、基本建设、生产经营、人才培养等方面的经验和优势出发,采取了"两块牌子、一套人马"的行政管理模式,但财务核算和帐务上是完全独立的。这种安排在上市时均向美国证管会、香港联交所和国内证券主管部门做了充分说明,得到了上述机构的同意或豁免。为贯彻中国证监会和国家经济贸易委员会《进一步促进境外上市公司规范运作和深化改革的意见》,以及根据公司自身发展的客观需要,本公司于1999年底进行了机构调整,本公司与华能开发公司的机构已分开,从而实现了机构独立。

在人员方面,公司在劳动、人事及工资管理等方面实行独立。总经理、副总经理、董事会秘书、总会计师等高级管理人员均在本公司领取报酬,未在控股股东单位领取报酬。

4、财务独立

公司设有独立的财务会计部门,建立了独立的会计核算体系和财务管理制度(包括子公司、分公司的财务管理制度),财务人员未发生在华能开发公司等股东单位兼职的情况。此前,本公司执行《外商投资企业会计制度》,在国内上市后根据有关要求执行《企业会计制度》。同时,公司将继续根据《美国公认会计准则》和《国际财务报告准则》编制每年的20-F表和年报,向美国证管会和香港联交所提交。

本公司设有独立的财务帐户,不存在与控股股东华能开发公司共用银行帐户的情况。公司成立后没有以其资产或权益为各股东的债务提供过担保,公司对其所有的资产有完全的支配权,不存在资产、资金被其控股股东占用而损害公司利益的情况。公司执行的税率均按照国家有关税收的法律、法规的规定及国家批准的有关优惠政策确定,公司自成立以来依法纳税。

(四)报告期内,根据公司的有关管理规定,结合高级管理人员绩效考核和评价标准,实施了金额不等的相应奖励。

六、董事会报告

(一)、报告期内的经营情况

1、主营业务范围及经营情况

公司的经营范围是:投资、建设、经营管理电厂;开发、投资、经营以出口为主的其他相关企业。本公司的主营业务是利用现代化设备和技术及国内外资金,在全国范围内从事大型火力发电厂的开发、建设和运营,通过电厂所在地电力公司向用户提供可靠与可以接受的电力供应。

2003年,国民经济实现快速增长,电力需求强劲,电力的生产与消费增长速度超过了GDP增长速度。在电力需求异常强劲的季节,包括居民用电需求强劲、天气炎热的夏季和气候干旱少雨、水力发电减少的冬季,全国部分地区尤其是经济相对发达的东部沿海地区电力严重短缺,使得电力市场呈现供不应求的局面。部分电力用户不得不停止用电或者限制用电量,地方政府号召全社会节约用电,并采取措施保障和促进发电企业发电,限制部分高耗能企业在电力需求高峰时段用电,以保障普通居民、医院等重点用户用电。国民经济快速增长、高耗能行业用电量显著增加、部分地区干旱少雨等原因导致的强劲电力需求使得全国大部分火力发电厂出力和运行时间显著增加,为公司多发电创造了外部条件。

面对良好的外部经营环境,公司全体员工抓住市场机遇,克服"非典"疫情影响、煤炭运力紧张、夏季罕见高温等诸多困难,精心维护保养设备,在电力需求相对缓和的时期检修设备,千方百计保障燃煤供应,发挥公司设备技术先进的优势,全年发、售电量实现并显著超过了年初目标。截至2003年12月31止,公司各运行电厂累计完成发电量909.1亿千瓦时,与去年同期的714.30亿千瓦时相比增长了27.3%。

公司今年发电量增长主要受以下几个因素的影响:1.2003年的国民经济的快速增长,导致全国用电需求增长迅猛,使公司所属电厂发电量普遍同比增长;2.福建省水力发电大幅减少,为公司于该省所属电厂机组提供了多发电的条件;3.2003年山东济宁电厂两台机组的投产,以及2002年投产的德州电厂三期两台机组形成全年的生产能力,使公司发电能力显著增强;4.2003年收购的山西榆社电厂和山东辛店电厂两个月发电量的贡献。另外,基于燃油价格上涨和减少发电成本的考虑,公司于2003年底关停了山东辛店电厂一期工程安装的服役近30年,现期亏损的2台100兆瓦燃油机组。辛店电厂的权益装机容量从650兆瓦降至450兆瓦。

2003年度公司实现主营业务收入234.80亿元,比去年同期的187.25亿元增长了25.39%;主营业务利润77.44亿元,比去年同期的61.59亿元增长了25.73%;净利润比去年同期的40.82亿元增长了33.68%,达到54.57亿元。报告期内主营业务收入、主营业务利润和净利润与上年同期相比大幅度增长,主要是因为售电量较去年同期的673.32亿千瓦时增加了28.08%,达到862.42亿千瓦时。

2003年度,公司进行了一系列成功的股权收购。2003年4月22日,公司购买了深圳能源集团有限公司("深能集团")增资后的25%股权,公司进入了电力需求强劲的深圳电力市场。2003年10月27日,公司获得了辛店电厂的全部资产和负债、榆社电厂60%的股权和沁北电厂55%的股权。上述三家电厂分别位于沿海的山东省、中部的河南省和山西省。本次收购与华能国际"巩固沿海、拓展中部"的市场发展战略吻合,是公司实行开发与收购并重的发展策略的延续,也是在电力体制改革方案确定之后公司的又一次战略举措。上述股权收购扩大了公司规模,增加了市场份额,强化了业务的地域分布优势,巩固了竞争地位。

报告期内公司主营业务分行业、产品及地区情况如下:主营业务分行业、产品情况

分行业或分产品

	主营业务收入	主营业务成本和税金及附加	主营业务毛利率(%)	收入比上年增减(%)	主营业务成本和税金及附加比上年增减(%)	毛利率增减(%)
电力生产	23,479,646,958	15,735,534,040	32.98%	25.39%	25.22%	0.27%

主营业务分地区情况

地区	主营业务收入	主营业务收入比上年增减(%)
辽宁	2,856,206,858	18.57
江苏	4,952,203,007	41.67
福建	2,400,603,176	24.64
河北	1,997,033,092	2.77
广东	1,704,206,409	5.41
上海	3,892,692,201	31.12
山东	5,165,305,876	25.01
浙江	454,048,203	94.12
山西	57,348,136	上年度无
合计	23,479,646,958	25.39

2、主要控股及参股公司的经营情况及业绩

(1)华能威海发电有限责任公司("威海电厂")

威海电厂注册资本761,832,800元,主营发电业务。截止2003年12月31日,威海电厂总资产2,530,401,695元,净资产1,090,731,876元,2003年度实现主营业务收入1,356,793,895元,净利润244,613,690元。

(2)太仓电厂

太仓电厂注册资本682,840,000元,主营发电业务。截止2003年12月31日,太仓电厂总资产2,818,025,115元,净资产981,535,514元,2003年度实现主营业务收入1,117,310,891元,净利润242,666,322元。

(3)淮阴电厂

淮阴电厂注册资本265,000,000元,主营发电业务。截止2003年12月31日,淮阴电厂总资产1,436,269,577元,净资产592,593,782元,2003年度实现主营业务收入660,206,656元,净利润110,756,271元。

(4)榆社电厂

榆社电厂注册资本80,000,000元,主营发电业务。截止2003年12月31日,榆社电厂总资产1,213,711,332元,净资产229,802,704元,2003年11-12月实现主营业务收入57,348,136元,净利润6,326,211元。

(5)沁北电厂

沁北电厂注册资本10,000,000元,主营发电业务。截止2003年12月31日,沁北电厂总资产1,864,572,708元,净资产140,463,873元。处于在建期,2003年11-12月净损失为1,057,740元。

(6)山西华能榆社元亨电力实业有限责任公司

注册资本3,000,000元,主营服务、劳务。截止2003年12月31日,总资产18,276,165元,净资产2,186,689元,2003年11-12月实现主营业务收入9,309,650元,净利润815,270元。

3、主要供应商和客户情况

公司的主要供应商是燃料供应商,前五名燃料供应商的采购金额合计为26.46亿元,占采购总金额87.31亿元的30.31%。

公司的购电客户是各省电网公司,其中前五名购电商购电总金额181.15亿元,占公司销售总额234.78亿元的77.15%。

4、经营中出现的问题和困难

(1) 2003年部分电厂上网电价下调

根据国家发展和改革委员会的文件,2003年1月江苏省对省内集资电厂的上网电价进行了调整,下调了公司所属的南京电厂、南通电厂、淮阴电厂、太仓电厂的上网电价。2003年6月,本公司所属的位于辽宁省的大连电厂、丹东电厂的上网电价分别降低7厘/千瓦时(含税),同时将大连电厂二期机组和丹东电厂机组按批准上网电价结算的年利用小时数由原来各自的3000小时提高到4000小时。具体电价调整情况见下表(以下电价均含税):

	调整前上网电价	调整后上网电价	新电价执行时间
南京	336.1	334	2003.1.15
南通	334.6	334	2003.1.15
淮阴	345.6	343	2003.1.15
太仓	374	365	2003.1.15
大连	321	314	2003.6.10
丹东	330	323	2003.6.10

公司通过加强管理,加大成本控制力度,同时争取到更多的发电市场份额,从而部分抵消了电价下调对公司经营的不利影响。

(2) 2003年燃料价格上涨对公司的影响

2003年前三季度煤炭供需基本平衡。公司利用沿海电厂计划外市场价格较低进行采购,抵消了部分煤种价格上涨因素。四季度开始,电力需求旺盛,煤炭供应紧张,受多种因素影响,沿海电厂计划外煤炭价格较高,公司重点抓计划内煤炭合同的兑现,全年在确保供应的前提下,煤炭价格有所上升。但全年公司单位燃料成本的涨幅仍然控制在年初预测的3%范围内。

(3)关于征收排污费对公司的影响

2003年1月2日,国务院以第369号令颁布了《排污费征收使用管理条例》,该条例规定了由环保部门核定企业单位污染物的种类和数量,企业应按照排放烟气污染物、污水、固体废物和超标噪声缴纳排污费,收缴的排污费纳入财政预算,用于重点污染源防治和区域性污染防治。该条例取消原来二控区内收费的概念,建立了排污即收费的概念(零起点),不分两控区内外全部缴费的概念。

4月份国家计委、财政部、环保总局和国家经贸委联合公布(第31号令)《排污费征收标准管理办法》,即排污费管理条例的实施细则,该办法规定从2003年7月1日起按照新标准收费,火电厂二氧化硫收费起点为0.21元/公斤,烟尘排放收费标准为0.28元/公斤。

2003年度公司向地方政府支付总的排污费约为7267.5万元人民币。

《排污费征收使用管理条例》的实施对国家、对社会是有利的,但对公司的生产经营会带来压力。公司拥护国家加大治理环境的力度,对于所属电厂的环保管理也提出了更为严格的要求,通过采取控制燃煤含硫量、提高电除尘效率和投运率、大力推广干灰直接利用和减少灰水排放等有力措施,提高各电厂的环保水平。

(二)报告期内的投资情况

1、募集资金使用情况

报告期内,公司无募集资金或前期募集资金使用到本期的情况。

2、非募集资金使用情况

报告期内,公司股权收购共支付对价29.4亿元。其中,本年度进行的股权收购及电厂建设投入情况如下:

(1)股权收购投资情况

项目	本年收购比例	累计股权比例	主要经营活动
辛店电厂	100%	100%	电力生产
榆社电厂	60%	60%	电力生产
沁北电厂	55%	55%	电力生产
深能集团	25%	25%	电力生产

辛店电厂和榆社电厂2003年11、12两月累计售电7.71亿千瓦时,实现销售收入2.07 亿元。

(2)电厂建设投资

报告期内公司玉环电厂项目(2 1000兆瓦燃煤机组)基建工程资本性支出共计4.39亿元,目前按计划在建;

济宁电厂扩建工程(2 135兆瓦燃煤机组)资本性支出共计3.55亿元,两台单机容量135兆瓦的采用循环流化床技术的环保型燃煤机组(5号、6号机组)分别于2003年7月11日和8月5日完成168小时满负荷试运行,现均已投入商业运行;

汕头燃煤电厂二期扩建项目(1 600兆瓦燃煤机组)资本性支出共计2.15亿元,目前按计划在建;

淮阴电厂二期扩建项目(2 330兆瓦燃煤机组)资本性支出共计4.97亿元,目前按计划在建;

太仓电厂二期扩建项目(2 600兆瓦燃煤机组)资本性支出共计4.59亿元,目前按计划在建。

(三)公司财务状况和经营成果

1、公司财务状况和经营成果

单位:元

项目	2003年	2002年	增减金额	增减比例
总资产	53,276,965,016	48,098,755,152	5,178,209,864	10.77%
负债总额	18,489,864,813	16,889,185,138	1,600,679,675	9.48%
股东权益	34,787,100,203	31,209,570,014	3,577,530,189	11.46%
主营业务利润	7,744,112,918	6,158,601,932	1,585,510,986	25.74%
净利润	5,457,142,551	4,082,350,589	1,374,791,962	33.68%
现金及现金等价物净增加额	1,126,046,544	829,465,225	296,581,319	35.76%

总资产增加主要是因为当年盈利和在建项目融资投入，扣除2002年度现金分红，总资产仍然净增加51.78亿元。

负债总额增加主要是承担本年度收购的辛店电厂、榆社电厂和沁北电厂的债务，以及在建项目基建借款。

股东权益、主营业务利润和净利润的大幅度增加，主要受益于电量的增长、2002年度收购的长兴电厂、石洞口一厂、太仓电厂及淮阴电厂全年纳入合并范围、德州三期全年的贡献、济宁扩建项目投产、深能集团的投资收益等。

2、重大会计政策变更

公司自2003年7月1日起采用修订的《企业会计准则-资产负债日后事项》。采用该修订准则之前，现金股利于董事会制定利润分配方案的所属期间从股东权益转出并确认为负债；2003年7月1日以后，现金股利于股东大会批准利润分配方案的期间确认为负债。因采用该修订的准则而产生的会计政策变更已予以追溯调整，分别调增了2003年1月1日及2002年1月1日的净资产2,040,093,146元及1,800,000,000元。

(四)生产经营环境、宏观政策及法规的变化对公司经营的影响。

1、上网电价提高每千瓦时0.7分(含税)对公司的影响

2003年12月，国家发改委下达《关于调整电价的通知》，从2004年1月1日起适当提高燃煤机组上网电价，将全国省级及以上电网调度的燃煤机组上网电价一律提高每千瓦时0.7分(含税)用以解决2003年、2004年煤炭价格上涨对发电成本增支的影响。另外，对上网电价管理也进行了规范，文件规定尚未核定上网电价的新投产机组，上网电价按省级电网上年度平均购电价格执行；已核定上网电价的机组2004年度及以后发电量超过2003年实际发电量部分，上网电价执行省级电网上年度平均购电价格。

上网电价上调，将有助于公司部分抵消煤炭价格上涨对公司的不利影响。

2、电力市场试点工作对公司的影响

2003年6月6日国家电力监管委员会下发了《关于建立东北区域电力市场的意见》，提出在东北电网建立统一电力市场，该市场包括黑龙江、吉林、辽宁，实现区域内资源的优化调度。初期组建东北区域电网公司；开放部分发电市场；逐步对配电企业实行内部财务独立核算；允许发电权转让；有步骤开展发电公司与大用户双边交易试点；建立区域电力市场监管体制和市场运营规则，初步形成以区域电力调度交易中心为交易平台的、省为结算中心的、统一的东北区域电力市场。同年12月31日又印发了《东北区域电力市场实施方案(暂行)》。2004年1月，东北区域电力市场进入模拟试运行，竞价电量占东北区域电力市场实际交易电量的20%。

公司处于东北区域电力市场的电厂有辽宁省的大连电厂和丹东电厂。由于两厂地处负荷中心，机组先进，在竞争中将有一定优势。

2003年6月6日国家电力监管委员会下发了《关于开展华东电力市场试点工作的通知》，决定在华东地区进行电力市场建设试点，该市场包括上海、江苏、浙江、安徽和福建。

2003年11月16日电监会又印发了《华东电力市场试点方案》。方案确定了华东电力市场的市场结构、模式、交易方式、推进步骤等关键问题，同时明确了华东电力市场建设分三期实施的思路，该方案的印发，标志着华东电力市场试点工作进入一个新的阶段。华东电力市场运作初期，采用合约交易为主、现货交易为辅的方式，交易类型主要包括年度合同、月度合约竞价、日前现货竞价和实时平衡。建立华东电力调度交易中心和省(市)电力调度交易结算中心，月度与日前现货竞争在大区平台进行，年度合同与实时平衡在省(市)进行。华东电力市场运作初期实行单一制电价加有限竞争模式，具备条件时及时转入两部制电价。

华东区域电力市场模拟试运行预计将在2004年内启动，竞价电量占华东区域电力市场实际交易电量的15%。

公司处于华东区域电力市场的电厂有石洞口二厂、石洞口一厂、南京电厂、南通电厂、淮阴电厂、太仓电厂、长兴电厂、福州电厂。由于华东地区用电增长很快，根据有关预测，未来几年该地区仍将处于电力供应紧张状态，因此，竞价上网总体上对该地区的发电企业是有利的。

建立区域电力市场是大趋势，有利于建立"公开、公平、公正"的竞争环境，从长远看，对公司是有利的。公司将针对不同的电网以及电厂具体情况，研究制定不同的竞价策略，充分发挥规模优势，争取竞价上网的效益最大化。我们相信，公司拥有的大型高效的机组将在竞争中处于有利地位。

3、关于燃料价格上涨对公司的影响

2004年受多种因素影响，煤炭供应总体趋紧，公司重点抓计划内煤的兑现，在做好市场预测的同时，提前做好各电厂燃料供应预算。由于市场供应紧张，煤炭采购价格、特别是计划外煤炭价格有较大幅度上升。公司将通过加强燃料管理，降低煤耗，最大限度地降低煤炭价格上涨对公司的不利影响。

4、关于征收排污费对公司的影响

根据2003年4月国家计委、财政部、环保总局和国家经贸委联合公布(第31号令)的《排污费征收标准管理办法》，2004年二氧化硫收费标准为0.42元/公斤，到2005年达到0.6元/公斤。该办法规定了氮氧化物和烟尘排放缴费，具体为氮氧化物从2004年7月1日开始征收氮氧化物排污费费用，收费标准为0.63元/公斤；烟尘排放从2003年7月1日起缴费，收费标准为0.28元/公斤。

2004年公司将根据自身的发展计划和国家的环保要求进行统一规划：二氧化硫减排工作计划逐步在重点区域建设脱硫设施，全部电厂进一步加大低硫煤燃烧比例；氮氧化物控制要求电厂严格运行管理，部分减少氮氧化物排放，同时有计划的安排低氮燃烧器改造工作。目前公司已经安排汕头电厂两台300MW、太仓电厂两台300MW机组的脱硫设建设工作，正在研究位于上海、山东和浙江的电厂脱硫设施建设工作。

(五)、2004年度公司的工作重点：

1、确保安全、稳定发电和全年发电量计划的完成，在此基础上加强对电力市场和竞价上网的预测和策略研究，扩大电力销售份额；

2、继续加强内部管理和各项成本的控制，特别是燃料成本和基建成本的控制；

3、在推进在建工程建设的基础上，积极开发规划中的新项目，为公司长期发展奠定基础；

4、积极寻求新的收购机会，以保证公司盈利和股东权益的持续增长。

公司在2004年的经营中，将认真贯彻"合理布局、调整结构；技术领先、注重环保；拓宽渠道、广泛合作"的发展方针，把握机遇、创新发展，把公司做强、做大，继续保持公司的竞争优势，以良好的业绩回报股东、贡献社会。

(六)董事会日常工作情况，包括：

1、报告期内董事会的会议情况及决议内容

2003年，公司董事会共召开六次会议，会议情况及决议内容如下：

(1)、公司第四届董事会第二次会议于2003年3月12日在京召开，应出席董事12人，亲自和委托出席的董事12人，会议的召开符合《公司法》和公司章程的有关规定。会议审议通过以下决议：

①《公司2002年度董事会工作报告》

②《公司2002年度总经理工作报告》

③《公司2002年度财务决算报告》

④《公司2002年度利润分配预案》

经普华永道中天会计师事务所有限公司和罗兵咸永道会计师事务所年度审计，2002年度公司的税后利润按照中国会计制度计算为4,082,350,589元人民币，按国际财务报告准则计算为3,921,003,301元人民币，按照美国会计制度计算为3,895,191,644元人民币。2002年度按照中国会计制度计算的税后利润4,082,350,589元人民币提取10%法定盈余公积金，提取7.5%法定公益金，合计714,411,353元人民币，不计提任意盈余公积金。根据公司章程规定，股利按三个会计制度下最小的净利润数为基础进行分配，可供股东分配利润为3,180,780,291元人民币。公司2002年利润分配以2002年末总股本6,000,273,960股为基数，向全体股东每10股派发现金红利3.4元人民币(含税)，预计支付现金红利2,040,093,146.40元人民币，其余1,140,687,145元人民币转入以后年度分配，公司本次不进行公积金转增股本。

⑤《公司2002年年度报告及摘要》

⑥《续聘公司审计师的议案》

同意聘任普华永道中天会计师事务所有限公司为公司2003年度境内审计师，聘任罗兵咸永道会计师事务所为公司2003年度境外审计师，酬金合计为125万美元。

⑦《公司章程修改方案》

⑧《华能国际电力股份有限公司股东大会议事规则》

⑨《华能国际电力股份有限公司董事会议事规则》、《华能国际电力股份有限公司总经理工作细则》、《华能国际电力股份有限公司董事会战略委员会工作细则》、《华能国际电力股份有限公司董事会审计委员会工作细则》、《华能国际电力股份有限公司董事会提名委员会工作细则》和《华能国际电力股份有限公司董事会薪酬与考核委员会工作细则》

⑩《公司2003年工资总额的议案》

(11)《公司2003年综合计划》

(12)《独立董事津贴的议案》

i 在独立董事任职期内，公司每年支付每位独立董事津贴4万元(不含税)，分两次支付；

ii 独立董事出席董事会，股东大会以及按适用法律和公司章程的相关规定行使职权所需的合理费用(包括差旅费、办公费)，由公司据实报销；

iii 除上述待遇外，公司不再给予独立董事任何其他利益。

(13)授权香港联合交易所有限公司代表公司按《证券及期货(在证券市场交易)规则》要求向香港证监会提呈前述规则所要求的文件。同意授权公司任何一名董事签署授权书。

(14)《召开公司2002年度股东大会的议案》。

上述决议中第○1、○3、○4、○6、○7、○8和○12项决议提交公司股东大会审议。

(2)、2003年4月28日，根据适用法律和公司章程的有关规定，公司董事会全体董事以书面形式审议并一致通过《公司2003年第一季度报告》。

(3)、2003年6月5日，根据适用法律和公司章程的有关规定，公司董事会以书面形式审议并通过以下决议：

○1 审议通过《关于公司收购中国华能集团公司拥有的河南华能沁北发电有限责任公司55%的权益、山西华能榆社电力有限责任公司60%的权益以及中国华能集团公司辛店电厂的全部资产并承担中国华能集团公司辛店电厂全部债务(简称"收购交易")和《中国华能集团公司与华能国际电力股份有限公司关于转让中国华能集团公司在河南华能沁北发电有限责任公司、山西华能榆社电力有限责任公司的权益及中国华能集团公司辛店电厂的转让协议》(简称"转让协议")的议案》：

(1.1)批准收购交易及转让协议，并授权叶大戟代表公司签署转让协议。

(1.2)批准《华能国际电力股份有限公司关联交易公告》。

(1.3)批准将收购交易及转让协议提交公司股东大会审议并在获股东大会批准后实施。

○2 审议通过《关于因收购交易产生的关联交易的议案》：

(2.1)批准河南华能沁北发电有限责任公司、山西华能榆社电力有限责任公司、中国华能集团公司辛店电厂与中国华能集团公司之间的担保安排及相关协议。

(2.2)批准山西华能榆社电力有限责任公司与中国华能集团公司的借款安排及相关协议。

(2.3)批准河南华能沁北发电有限责任公司、山西华能榆社电力有限责任公司、中国华能集团公司辛店电厂与中国华能财务公司之间的存款和借款安排及相关协议。

(2.4)批准将上述第(2.1)项和第(2.3)项关联交易安排及相关协议提交公司股东大会审议并在获股东大会批准后实施。

○3 审议通过《关于召开公司2003年第一次临时股东大会的议案》。

鉴于决议○1中的收购交易和转让协议以及决议○2中的第(2.1)项和第(2.3)项关联交易安排及相关协议需提交公司股东大会审议，公司董事会决定召开公司2003年第一次临时股东大会，关于会议的时间、地点、议程等具体事宜将另行公告。

(4)、公司第四届董事会第三次会议于2003年8月6日在京召开。应出席董事12人，亲自和委托出席的董事12人。会议的召开符合《公司法》和公司章程的有关规定。会议审议通过以下决议：

○1 审议通过《公司2003年半年度报告及摘要》；

○2 同意聘任张红先生为公司副总经理。

(5)、2003年9月30日，根据适用法律和公司章程的有关规定，公司董事会全体董事以书面形式审议通过了《华能国际电力股份有限公司投资者关系管理办法》。

(6)、公司第四届董事会第四次会议于2003年10月21日在京召开。应出席董事12人，亲自和委托出席的董事12人。会议的召开符合《公司法》和公司章程的有关规定。会议审议通过了《公司2003年第三季度报告》。

2、董事会对股东大会决议的执行情况(包括董事会对股东大会授权事项的执行情况，报告期内公司利润分配方案、公积金转增股本方案执行情况，报告期内配股、增发新股等方案的实施情况)。

2003年，公司董事会积极、认真地对股东大会决议授权事项进行了落实：

(1)、在规定的时间里以总股本6,000,273,960股为基数，向全体股东每10股派发现金红利3.40元人民币(含税)，共计支付现金2,040,093,146.40元，完成了《公司2002年度利润分配方案》；

(2)、2003年10月27日，支付5.5亿元现金收购华能集团公司拥有的沁北电厂55%的权益、榆社电厂60%的权益以及辛店电厂的全部资产及债务，完成了《中国华能集团公司与华能国际电力股份有限公司关于转让中国华能集团公司在河南华能沁北发电有限责任公司、山西华能榆社电力有限责任公司的权益及中国华能集团公司辛店电厂的转让协议》。

(七)本次利润分配预案和公积金转增股本预案

1、利润分配预案

经普华永道中天会计师事务所有限公司和罗兵咸永道会计师事务所年度审计，截止2003年12月31日会计年度，公司税后利润按中国会计制度计算为5,457,142,551元人民币，按国际财务报告准则计算为5,430,407,607元人民币，按美国会计制度计算为5,470,041,000元人民币。从2003年度按中国会计制度计算的税后利润5,457,142,551元人民币中提取10%法定盈余公积金，提取7.5%法定公益金，合计954,999,946元人民币，不计提任意盈余公积金。根据公司章程规定，股利按三个会计制度下最小的净利润数为基础进行分配。本年度可供股东分配利润为4,475,407,661元人民币；于2003年12月31日，累计可供股东分配利润为10,967,358,000元人民币。

为回报股东，同时着眼公司的进一步发展，2003年度利润分配预案为以2003年末总股本6,027,671,200股为基数，向全体股东每10股派发现金红利5.0元人民币(含税)、派送红股5股，预计需占用2003年底可供分配利润中的6,027,671,200元人民币，其余4,939,686,800元人民币转入以后年度分配。

2、公积金转增股本预案

于2003年12月31日，在中国会计制度下资本公积金余额为10,403,229,361元人民币，盈余公积金余额为4,374,668,188元人民币。公司本次公积金转增股本预案为以2003年末总股本为基数，向全体股东每10股转增5股(其中资本公积金转增3股，盈余公积金转增2股)。

以上利润分配预案和公积金转增股本预案需经公司股东大会批准后实施。

(八)其他披露事项

1、注册会计师对控股股东及关联方占用资金情况的专项说明

根据中国证监会证监发字[2003]56号《关于规范上市公司与关联方资金往来及上市公司对外担保若干问题的通知》的要求，普华永道中天会计师事务所有限公司出具了《关于华能国际电力股份有限公司控股股东及其他关联方占用资金情况专项审计说明》。说明如下：

华能国际电力股份有限公司董事会：

我们接受委托，依据中国注册会计师独立审计准则审计了华能国际电力股份有限公司("贵公司")及其子公司2003年12月31日的资产负债表及2003年度的利润表、利润分配表和现金流量表，并于2004年3月16日出具了普华永道中天审字(2004)1096号无保留意见的审计报告。

根据中国证监监督管理委员会及国务院国有资产监督管理委员会《关于规范上市公司与关联方资金往来及上市公司对外担保若干问题的通知》(证监发[2003]56号文)的要求，贵公司编制了列示于本函附件所附的截至2003年12月31日止年度贵公司控股股东及其他关联方占用资金情况表(以下简称"情况表")。

如实编制和对外披露情况表并确保其真实、合法及完整是贵公司的责任。我们对情况表所载资料与我所审计贵公司2003年度财务报告时所复核的会计资料和经审计的财务报告的相关内容进行了核对,在所有重大方面没有发现不一致之处。除了对贵公司实施2003年度会计报表审计中所执行的对关联方交易有关的审计程序外,我们并未对情况表所载资料执行额外的审计程序,为了更好地理解贵公司的控股股东及其他关联方占用资金情况,后附情况表应当与已审计的合并会计报表一并阅读。

本函仅作为贵公司披露控股股东及其他关联方占用资金情况之用,不得用作任何其他目的。

华能国际电力股份有限公司控股股东及其他关联方占用资金情况表　金额单位:万元

资金占用情况	关联方名称	关联关系	年度发生金额	会计科目	年末余额	备注
托管服务费收入及	华能国际电力开发公司("华能开发司")	本公司之母公司公	1,730.52			由于代管华能开发公司的电厂收取的托管服务费收入
代垫款项	华能开发公司的子公司	本公司之母公司之子公司	127.35	其他应收款	57.51	为代管华能开发公司的电厂发生的代垫款项
	中国华能集团("华能集团")	本公司之最终母公司	3,329.48			由于代管华能集团的电厂收取的托管服务费收入
	华能集团的子公司	本公司之最终母公司之子公司	683.90	其他应收款	528.67	为代管华能集团的电厂发生的代垫款项

注一:如本公司2003年度合并会计报表附注八6所述,本公司及其子公司于2003年12月31日有存放于中国华能财务公司的活期存款货币资金人民币279,177万元。

2、独立董事对公司累计和当期对外担保的专项说明及独立意见

华能国际电力股份有限公司("公司")董事会独立董事在审阅有关文件并听取了公司有关人员的相关说明后,现就公司对外担保事宜说明并发表意见如下:

1.公司2003年度为其控股的河南华能沁北发电有限责任公司和山西华能榆社电力有限责任公司的借款提供了担保。

2.截至2003年12月31日,公司为其控股的华能威海发电有限责任公司金额为3.3.3亿元人民币的借款、苏州工业园区华能发电有限责任公司金额为11.1亿元人民币的借款、江苏华能淮阴发电有限公司金额为1000万元人民币的借款、河南华能沁北发电有限责任公司金额为9亿元人民币的借款、山西华能榆社电力有限责任公司金额为1亿元人民币的借款提供了担保。

4.根据合资各方安排,由中方股东为日照发电有限责任公司("日照公司")的部分借款提供保证。因此,公司与其他中方股东共同为日照公司的部分借款提供了担保。截至2003年12月31日,公司为其参股的日照公司金额为3.4亿元人民币的借款提供了担保。公司为日照公司提供担保的金额低于公司按在中方股权中的比例而应提供的担保金额。目前,公司正在准备办理日照公司提供反担保之事宜。

5.由于电力建设在融资方面的特殊性,河南华能沁北发电有限责任公司、山西华能榆社电力有限责任公司和日照公司的资产负债率超过70%。

6.截至2003年12月31日,公司的对外担保金额合计为28亿元人民币,占公司最近一期合并会计报表净资产的8.05%,没有超过公司最近一期合并会计报表净资产的50%。

7.公司提供的上述担保均为有关并购交易完成后从中国华能集团公司或原山东华能股份有限公司承继而来,并且在《关于规范上市公司与关联方资金往来及上市公司对外担保若干问题的通知》("通知")颁布前已存在。上述担保均已取得了公司董事会和股东大会的适当批准并依法进行了信息披露。

8.公司准备根据通知的要求在2003年度股东大会上对公司章程进行相应的修改。

华能国际电力股份有限公司

第四届董事会独立董事

高宗泽　郑健超　钱忠伟夏冬林

(一)监事会的工作情况:

2003年,公司监事会共召开两次会议,会议内容如下:

1、公司第四届监事会第二次会议于2003年3月11日在京召开。应出席监事7人,亲自和委托出席的监事7人。会议的召开符合公司法和公司章程的有关规定。会议审议并通过以下决议:

(1)公司2002年度监事会工作报告。

(2)公司2002年度财务决算报告。

(3)公司2002年度利润分配预案。

(4)公司2002年年度报告及摘要。

(5)《华能国际电力股份有限公司监事会议事规则》监事会认为:

(1)2002年,公司严格按照《公司法》、公司章程及其他法律法规进行规范运作,公司董事及高级管理人员在执行职责时没有违反国家法律法规和公司章程或损害公司利益的行为。

(2)公司的关联交易公平、合理,不存在损害公司及股东利益的情况。

2、公司第四届监事会第三次会议于2003年8月5日在京召开。应出席监事7人,亲自出席的7人。会议的召开符合《公司法》和公司章程的有关规定。会议审议通过了《公司2003年半年度报告及摘要》。

(二)监事会对公司2003年度有关事项的独立意见

1、公司依法运作情况

监事会根据国家有关的法律和法规,对于公司股东大会和董事会会议召开程序、决议事项、董事会对股东大会决议的执行情况、公司高级管理人员履行职责的情况、公司内部管理制度等情况进行了认真的监督。

监事会认为:董事会能够严格按照公司法、证券法、公司章程及有关法规和制度进行规范化运作。工作认真负责,决策科学合理。公司的各项管理制度行之有效,并同时根据发展需要正积极完善内部控制制度。公司的各项经营活动符合法律、法规规定。监事会在检查公司财务情况、监督公司董事及高级管理人员履行职责情况时,未发现任何违纪违规行为,也未发现任何损害股东权益的问题。

2、检查公司财务状况

监事会认真审核了公司2003年度财务决算报告,公司2003年度利润分配预案、2003年年度报告和公司境内外审计师审计后出具的无保留意见的2003年度财务审计报告等有关材料。

监事会认为:公司2003年度的财务决算报告真实可靠,客观地反映了公司的财务状况和经营业绩。监事会同意审计师出具的公司财务审计报告,同意公司2003年度利润分配方案。

3、关于公司募集资金的使用情况

公司最近一次募集资金是2001年11月发行A股股票,其募集资金的实际用途与公司在招股书中的承诺是一致的。

4、关于公司收购或出售资产的交易情况

在报告期内公司没有发生出售资产的交易,亦无发现任何内幕交易。没有发现损害股东权益,或造成公司资产流失的情况。

5、关于关联交易的公平情况

在报告期内公司以5.5亿元人民币收购华能集团公司拥有的在沁北电厂55%的权益,榆社电厂60%的权益以及辛店电厂的全部资产并承担辛店电厂全部债务。监事会认为:公司的收购项目所支付的价格是合理的,关联交易是公平的,收购交易符合公司和全体股东的利益。

七、重要事项

(一)本年度公司无重大诉讼、仲裁事项。

(二)报告期内公司收购资产情况

1、收购深能集团权益

本公司与深圳市投资管理公司及深能集团于2003年1月28日在深圳市签署了《关于深圳市能源集团有限公司股权买卖及股本认购协议》(《投资协议》)。根据《投资协议》,本公司以人民币9.56亿元认购深能集团的新增注册资本,即占深能集团增资后注册资本的10%的权益,同时以人民币14.34亿元受让深圳市投资管理公司持有的深能集团增资后的15%的权益。公司已于2003年4月22日支付了23.9亿元代价款,占本年度公司利润总额的43.80%,获得了增资后的深能集团25%的权益。该收购保持了本公司的业务连续性,并且不影响管理层的稳定性。收购完成后本公司仍拥有充足的资源以保证未来持续表现良好的财务状况和经营成果。

2、收购华能集团公司三家电厂权益

该项收购资产的情况详见"(三)报告期内发生的重大关联交易事项"中1的内容。

此外,报告期内公司无出售资产、吸收合并事项。

(三)报告期内发生的重大关联交易事项

1、收购华能集团公司三家电厂权益。

本公司与华能集团公司于2003年6月5日签署了《中国华能集团公司与华能国际电力股份有限公司关于转让中国华能集团公司在河南华能沁北发电有限责任公司、山西华能榆社电力有限责任公司的权益及中国华能集团公司辛店电厂的转让协议》。本公司以人民币5.5亿元作为收购对价,收购华能集团公司拥有的沁北电厂注册资本中55%的权益、榆社电厂注册资本中60%的权益以及列入资产评估文件中的辛店电厂的全部资产和负债。该收购及因收购交易产生的关联交易得到了于2003年7月22日召开的临时股东大会的批准。本次收购在取得有关政府部门的批准及支付收购款后,于2003年10月27日生效。

本次交易价格是交易双方依据公平原则进行磋商,以正常商业条款确定,并考虑了目标电厂的市场经营环境、技术和经营状况、盈利能力和产生现金流的能力,同时参考了中华财务会计咨询有限公司为本次收购出具的评估报告。

中华财务会计咨询有限公司对被收购权益的价值以2002年12月31日为基准日评估为人民币54,135万元人民币。根据经毕马威华振会计师事务所审计,被收购权益于2002年12月31日的账面净值约为人民币16,541万元。本次收购的价格为5.5亿元,相对于目标电厂的评估价值上浮了1.60%,差异较小。但交易价格与账面值差异较大,差异主要是由于评估值与审计后账面值的差异造成的:

(1)三家电厂评估增值的主要原因之一是土地使用权评估存在增值。

(2)另外榆社及辛店两家电厂原机组启用时间较久,机组帐面净值较低,而榆社电

厂历年所进行的设备改造工作提高了电厂设备的成新率;辛店电厂对原2台200兆瓦燃油发电机组进行了"油改煤"改造工程,大幅度提高了机组的成新率,导致两家电厂评估增值。

关于该收购以及因收购交易产生的关联交易的内容请参见本公司于2003年6月6日刊登在《中国证券报》、《上海证券报》、上海证券交易所网站 www.sse.com.cn 上的《华能国际电力股份有限公司关联交易公告》。

2、于2002年11月6日,本公司与华能集团公司及华能开发公司签署了委托管理协议。

据此,本公司向华能集团公司及华能开发公司拥有的发电厂提供为期五年的管理服务。2003年度,本公司向华能集团公司收取了托管服务费33,294,800元,并为华能集团公司下属电厂代垫了6,839,017元的款项;向华能开发公司收取了托管服务费17,305,200元,并为华能开发公司下属电厂代垫了1,273,524元的款项。2003年度,本公司发生的与委托管理服务相关的成本约为3,800万元。扣除相关成本后,增加其他业务利润12,070,000元。于2003年12月31日,本公司为华能集团公司之子公司及华能开发公司之子公司代垫的款项余额为5,861,825元无抵押、不计息并应于一年内收回,对本公司的经营无重大财务影响。

(四)重大合同及其履行情况:

1、报告期内未发生重大托管、承包、租赁其他公司资产或其他公司托管、承包租赁公司资产的事项。

2、重大担保

于2001年度,本公司与山东华能合并,并承继对日照电厂及威海电厂长期银行借款的连带责任保证担保;于2002年度,本公司向华能集团公司收购了其拥有的太仓电厂75%的权益和淮阴电厂63.64%的权益,并承担华能集团公司对太仓电厂和淮阴电厂连带责任保证担保;于2003年度,本公司向华能集团公司收购了其拥有的沁北电厂55%的权益和榆社电厂60%的权益,并承担华能集团公司对沁北电厂和榆社电厂连带责任保证担保。

本公司对子公司及联营公司的担保金额如下:

单位:元

项目	2003年12月31日 本公司及其子公司	本公司
对日照电厂的长期银行借款提供担保	339,250,000	339,250,000
对威海电厂的长期银行借款提供担保	–	330,000,000
对太仓电厂的长期银行借款提供担保	–	1,114,183,384
对淮阴电厂的长期银行借款提供担保	–	10,000,000
对沁北电厂的长期银行借款提供担保	–	905,000,000
对榆社电厂的长期银行借款提供担保	–	101,430,000
	339,250,000	2,799,863,384

2003年上市公司对控股子公司担保发生额合计1,006,430,000元。目前,上述电厂未有迹象表明本公司有可能承担连带清偿责任。

截止2003年12月31日,公司对外提供担保总额为28亿元人民币,占公司净资产的8.05%。对照证监发[2003]56号文《关于规范上市公司与关联方资金往来及上市公司对外担保若干问题的通知》,公司不符合规定的担保总额共为13.46亿元人民币(含对日照电厂、沁北电厂及榆社电厂的长期银行借款提供的担保),占公司净资产的3.87%。

3、报告期内公司未发生委托他人进行现金资产管理事项。

4、其他重大合同:无。

(五)公司或持股5%以上股东对公开披露承诺事项的履行情况

报告期内公司或持股5%以上股东没有在指定报纸和网站上披露承诺事项。

(六)聘任会计师事务所情况:

2003年度,公司续聘普华永道中天会计师事务所有限公司为本公司在中国境内的审计师。2003年度支付给普华永道中天会计师事务所有限公司的报酬为331万元,事务所在审计业务中发生的食宿费、差旅费等其他费用由其自行承担。目前该会计师事务所已为公司提供审计服务的连续年限为两年。

(七)报告期内公司、公司董事会及董事未发生受中国证监会、上海证券交易所等监管部门处罚的情况。

(八)本期无其他重大事项。

八、备查文件目录

(一)载有法定代表人、主管会计工作负责人、会计机构负责人签名并盖章的会计报表。

(二)载有会计师事务所盖章、注册会计师签名并盖章的审计报告原件。

(三)报告期内在中国证监会指定报纸上公开披露过的所有公司文件的正本及公告的原稿。

(四)在香港联交所公布的年度报告,在纽约证券交易所公布的年度报告。

华能国际电力股份有限公司

董事长:李小鹏

2004年3月16日

河南中原高速公路股份有限公司

河南中原高速公路股份有限公司2003年年度报告

重要提示

本公司董事会及其董事保证本报告所载资料不存在任何虚假记载、误导性陈述或者重大遗漏,并对其内容的真实性、准确性和完整性承担个别及连带责任。

公司董事长宋春雷先生、总经理周观紫女士、财务负责人兼财务会计部经理张华女士声明:保证年度报告中财务报告的真实、完整。

第一章 公司基本情况简介

一、公司法定中英文名称
公司中文名称:河南中原高速公路股份有限公司
公司英文名称:HENAN ZHONGYUAN EXPRESSWAY COMPANY LIMITED
二、公司法定代表人:宋春雷
三、公司董事会秘书:赵中锋
联系地址:郑州市中原路93号
电话:0371-7717696
传真:0371-7436333
电子信箱:zhaozhongfeng@zygs.com
证券事务代表:高涛
联系地址:郑州市中原路93号
电话:0371-7717695
传真:0371-7436333 7717669
电子信箱:gt@zygs.com
四、公司注册地址:郑州市中原中路220号
公司办公地址:郑州市中原路93号(邮政编码:450052)
公司互联网网址:http://www.zygs.com
公司电子信箱:600020@zygs.com
五、公司选定的信息披露报纸:《中国证券报》、《上海证券报》
登载公司年度报告的中国证监会指定网站:http://www.sse.com.cn
公司年度报告备置地点:公司董事会秘书处
六、公司股票上市交易所:上海证券交易所
股票简称:中原高速 股票代码:600020
七、其他资料
首次注册登记日期:2000年12月28日
最近一次变更注册登记日期:2003年9月6日
最近一次变更注册登记地点:河南省工商行政管理局
企业法人营业执照注册号:豫工商企4100001005398
税务登记号码:豫地税直字410103725823522号豫国税二七国字410103725823522号
公司聘请的会计师事务所名称:厦门天健华天有限责任会计师事务所
公司聘请的会计师事务所地址:厦门市开元区湖滨南路57号金源大厦17层

第二章 会计数据和业务数据摘要

一、2003年度主要利润指标 单位:人民币元

项目	金额
利润总额	420,880,406.56
净利润	271,263,432.41
扣除非经常性损益后的净利润	268,586,985.42
主营业务利润	484,578,269.96
其他业务利润	−592,545.47
营业利润	416,147,475.06
投资收益	738,234.50
补贴收入	-
营业外收支净额	3,994,697.00
经营活动产生的现金流量净额	471,441,067.61
现金及现金等价物净增加额	1,372,156,554.35

公司按照中国证监会《公开发行证券的公司信息披露规范问答第1号-非经常性损益》(2004年修订)的规定计算本年度非经常性损益金额。

报告期内公司扣除非经常性损益构成如下:单位:人民币元

扣除非经常性损益项目	金额
营业外收入	5,828,204.00
营业外支出	−1,833,507.00
非经常性损益的所得税影响数	−1,318,250.01
合计	2,676,446.99

二、截至报告期末公司前三年的主要会计数据和财务指标

项目		2003年度	2002年度	本年比上年增减率	2001年度 (%)
主营业务收入(元)		802,697,269.00	681,659,139.00	17.76	492,975,870.00
净利润(元)		271,263,432.41	306,919,409.42	−11.62	255,951,981.16
总资产(元)		4,740,182,619.90	3,252,953,148.38	45.72	2,717,300,651.31
股东权益(不含少数股东权益)(元)		3,746,222,526.69	1,747,420,960.08	114.39	1,440,501,550.66
每股收益(元/股)	全面摊薄	0.2583	0.3986	−35.19	0.3324
	加权平均	0.3059	0.3986	−23.25	0.3324
扣除非经常性损益后的每股收益(元/股)	全面摊薄	0.2558	0.3980	−35.73	0.3331
	加权平均	0.3029	0.3980	−23.89	0.3331
每股净资产(元/股) 全面摊薄		3.5678	2.2694	57.21	1.8708
调整后的每股净资产(元/股)	全面摊薄	3.4051	2.0063	69.72	1.5752
每股经营活动产生的现金流量净额(元/股)	全面摊薄	0.4490	0.6381	−29.64	0.4408
	加权平均	0.5317	0.6381	−16.67	0.4408
净资产收益率(%)	全面摊薄	7.24	17.56	−58.76	17.77
	加权平均	10.42	19.26	−45.89	19.50
扣除非经常性损益后的净资产收益率(%)	全面摊薄	7.17	17.54	−59.12	17.81
	加权平均	10.32	19.23	−46.34	19.54

三、报告期内股东权益变动情况 单位:人民币元

项目	期初数	本期增加	本期减少	期末数	变动原因
股本	770,000,000.00	280,000,000.00		1,050,000,000.00	发行新股
资本公积	414,549,569.50	1,447,538,134.20		1,862,087,703.70	股本溢价
盈余公积	112,574,278.12	54,252,686.48		166,826,964.60	净利润提取
其中:法定公益金	56,287,139.06	27,126,343.24		83,413,482.30	同上
未分配利润	450,297,112.46	271,263,432.41	54,252,686.48	667,307,858.39	净利润增加
股东权益合计	1,747,420,960.08	2,053,054,253.09	54,252,686.48	3,746,222,526.69	

第三章 股本变动及股东情况

一、股本变动情况

(一)股份变动情况表

股份类型	本次变动前	配股	送股	公积金转股	增发	首发	小计	本次变动后
一、未上市流通股份	770,000,000							770,000,000
1、发起人股份								
其中:								
国家持有股份	770,000,000							770,000,000
境内法人持有股份								
境外法人持有股份								
其他								
2、募集法人股份								
3、内部职工股								
4、优先股或其他								
未上市流通股份合计	770,000,000							770,000,000
二、已上市流通股份								
1、人民币普通股						280,000,000	280,000,000	280,000,000
2、境内上市的外资股								
3、境外上市的外资股								
4、其他								
已上市流通股份合计						280,000,000	280,000,000	280,000,000
三、股份总数	770,000,000					280,000,000	280,000,000	1,050,000,000

(二)股票发行与上市情况

1、截至报告期末的前三年,公司股票发行情况

经中国证监会证监发行字[2003]78号文核准,公司于2003年7月24日以网上向二级市场投资者定价配售方式,首次公开发行了28,000万股、每股面值1.00元的人民币普通股(A股)股票,发行价为每股人民币6.36元。发行后公司总股本为105,000万股。

经上海证券交易所上证上字[2003]93号文批准,公司公开发行的28,000万股A股股票于2003年8月8日起在上海证券交易所上市交易。

2、报告期内,除因公开发行28,000万股社会公众股使公司股份总数及结构发生变动外,没有因其他原因引起公司股份总数及结构发生变动。

3、公司无内部职工股。

二、股东情况

(一)报告期末,公司股东总数为78,220户。

(二)报告期末,公司前十名股东及持股情况如下:

名次	股东名称	年度内增减(股)	年末持股数量(股)	比例(%)	股份类别	质押或冻结的股份数量(股)	股东性质
1	河南高速公路发展有限责任公司	0	535,127,527	50.96	未流通	0	国有股东

2	华建交通经济开发中心	0	233,897,419	22.28	未流通	0	国有股东
3	南方稳健成长证券投资基金		10,500,000	1.00	已流通	不详	社会公众股东
4	天华证券投资基金		7,418,213	0.71	已流通	不详	社会公众股东
5	德盛稳健证券投资基金		7,116,975	0.68	已流通	不详	社会公众股东
6	中信证券股份有限公司		5,909,739	0.56	已流通	不详	社会公众股东
7	金鹰成份股优选证券投资基金		4,396,367	0.42	已流通	不详	社会公众股东
8	国海证券有限责任公司		4,330,000	0.41	已流通	不详	社会公众股东
9	海富通精选证券投资基金		3,982,890	0.38	已流通	不详	社会公众股东
10	红塔证券股份有限公司		3,760,438	0.36	已流通	不详	社会公众股东

前十名股东关联关系或一致行动人关系的说明：1、截至 2003 年 12 月 31 日，持有公司股份超过 5%以上的股东有 2 家，分别为河南高速公路发展有限责任公司和华建交通经济开发中心，二者之间不存在关联关系，且不属于《上市公司股东持股变动信息披露管理办法》规定的一致行动人。2、其余 8 位股东为流通股股东，公司未知悉他们之间是否存在关联关系或属于《上市公司股东持股变动信息披露管理办法》规定的一致行动人。

(三)公司控股股东情况

公司控股股东为河南高速公路发展有限责任公司（以下简称" 发展公司")。发展公司成立于 2000 年 8 月 4 日，为国有独资公司，单位负责人为李占朝先生，注册资本 661,154.93 万元。主营业务为高速公路等交通基础设施的开发、经营、养护和管理。

发展公司的实际控制人河南省交通厅为河南省人民政府交通主管部门，负责人为安惠元先生。

(四)其他持股在 10%以上(含 10%)的法人股东

公司其他持股在 10%以上(含 10%)的法人股东为华建交通经济开发中心(以下简称"华建中心")，华建中心成立于 1993 年 12 月 18 日，法定代表人为傅育宁先生，注册资本 50,000 万元。主营业务为公路、码头、港口、航道的投资管理；交通基础设施新技术、新产品、新材料的开发、研制和产品的销售。

(五)公司前十名流通股股东及持股情况如下：

名次	股东名称	年末持有流通股的数量(股)	种类(A、B、H 股或其它)
1	南方稳健成长证券投资基金	10,500,000	A 股
2	天华证券投资基金	7,418,213	A 股
3	德盛稳健证券投资基金	7,116,975	A 股
4	中信证券股份有限公司	5,909,739	A 股
5	金鹰成份股优选证券投资基金	4,396,367	A 股
6	国海证券有限责任公司	4,330,000	A 股
7	海富通精选证券投资基金	3,982,890	A 股
8	红塔证券股份有限公司	3,760,438	A 股
9	兴华证券投资基金	3,449,808	A 股
10	西部证券股份有限公司	3,341,002	A 股

前十名流通股股东关联关系的说明：公司未知悉前十名流通股股东之间是否存在关联关系或属于《上市公司股东持股变动信息披露管理办法》规定的一致行动人。

第四章　董事、监事、高级管理人员和员工情况

一、董事、监事和高级管理人员的情况

(一)基本情况

姓 名	职务	性别	年龄	公司任期起止日期	在股东单位所任职务	任职期间
宋春雷	董事长	男	44	2000 年 12 月至今	发展公司副董事长	2000 年 8 月至今
周观紫	董事、总经理	女	46	2000 年 12 月至今		–
郭本锋	董事	男	40	2000 年 12 月至今	华建中心国家资本金托管部经理	1999 年 11 月至今
李玉亭	董事	男	50	2000 年 12 月至今	发展公司董事	2000 年 8 月至今
张克亚	董事、大桥分公司总经理	男	46	2001 年 6 月任董事 2001 年 4 月任分公司总经理至今	发展公司董事	2000 年 8 月至今
吕全德	董事、郑漯分公司总经理	男	50	2001 年 6 月任董事 2001 年 4 月任分公司总经理至今	–	–
赵中锋	董事、董事会秘书	男	40	2002 年 1 月任董事 2000 年 12 月任董事会秘书至今	–	–
李国治	独立董事	男	63	2002 年 6 月至今	–	–
计启猛	独立董事	男	71	2002 年 6 月至今	–	–
薛志敏	监事	男	48	2000 年 12 月至今	发展公司路政总队副政委	–
何筠监	事	女	47	2000 年 12 月至今	华建中心项目管理部副经理	–
闫玉华	监事	女	49	2000 年 12 月至今	–	–
吕少	峰副总经理	男	44	2002 年 10 月至今	–	2000 年 8 月至今
刘渤	副总经理	男	40	2001 年 4 月至今	–	1998 年 9 月至今
关健	副总经理	男	38	2001 年 12 月至今	–	–
高建立	总经理助理	男	34	2003 年 1 月至今	–	–
张华	财务负责人	女	30	2001 年 4 月至今	–	–

(二)报告期内，公司董事、监事、高级管理人员未持有公司股份。

(三)董事、监事和高级管理人员年度报酬情况

报酬决策程序和确定依据

1、公司董事、监事报酬由股东大会确定，高级管理人员报酬由董事会确定；

2、2001 年 6 月 12 日公司 2000 年度股东大会审议通过了《关于公司董事、监事报酬事项的提案》；

3、2002 年 6 月 20 日公司 2002 年第一次临时股东大会审议通过了《关于独立董事津贴标准的议案》；

4、高级管理人员的薪酬由 2003 年 1 月 25 日公司第一届董事会第十八次会议审议通过的公司《薪酬管理办法(暂行)》确定。

董事、监事、高级管理人员年度报酬总额　人民币 794,490.00 元

金额最高的前三名董事的报酬总额　人民币 240,420.00 元

金额最高的前三名高级管理人员的报酬总额　人民币 164,910.00 元

独立董事津贴　2500 元/月

独立董事其他待遇　出席公司股东大会、董事会以及按《公司法》、《公司章程》规定行使职权所需的工作条件及合理费用，由公司承担。

不在公司领取报酬的董事、监事姓名以及其在股东单位或其他关联单位领取报酬、津贴情况　董事郭本锋、李玉亭、李国治、计启猛，监事薛志敏、何筠在公司仅领取津贴，其中郭本锋、薛志敏、何筠在公司股东单位领取工资，李玉亭在河南省新乡至郑州高速公路建设有限公司领取工资。

年度报酬数额区间	人数
人民币 7 万元--10 万元	3 人
人民币 3 万元--7 万元	10 人
人民币 1 万元--3 万元	4 人

(四)报告期内，董事、监事、高级管理人员变动情况报告期内公司董事、监事未发生变动。根据 2003 年 1 月 25 日第一届董事会第十八次会议决议，公司董事会同意赵中锋辞去总经理助理职务，聘任高建立为总经理助理。

二、员工情况

截至报告期末，公司无离退休人员，在职员工共 915 人(此数字不包含控股子公司员工数)，构成如下：

1、员工专业构成	人数(人)	占员工总人数比例(%)
管理与技术人员	211	23.06
财务人员	40	4.37
收费人员	411	44.92
路产管理人员	136	14.86
监控人员	69	7.54
工勤人员	48	5.25
2、员工受教育程度		
大学及以上学历	129	14.10
大专	241	26.34
中专及中专以下	545	59.56

第五章　公司治理结构

一、公司治理情况

报告期内，公司按照《公司法》、《上市公司治理准则》、《上海证券交易所股票上市规则》等法律、法规和《公司章程》的规定，规范公司运作，不断完善法人治理结构，维护公司及股东的合法权益。

(一)股东与股东大会

根据《上市公司股东大会规范意见》和公司《股东大会议事规则》规定，公司严格按照要求规范公司股东大会的召集、召开和议事、表决程序，平等对待所有股东，重大事项通过股东大会充分讨论后决策，确保股东能够充分行使法律、法规和《公司章程》赋予的权利。股东大会在审议关联交易时，关联股东按规定回避了表决。

(二)董事与董事会

公司严格按照法律、法规和《公司章程》规定选举产生董事，董事会成员具备履行职务所需要的知识、技能和素质。公司董事均能够遵守法律、法规和《公司章程》规定，忠实履行职责和诚信、勤勉义务。公司独立董事能够独立履行职责，维护公司和全体股东利益。

报告期内董事会认真执行了股东大会决议，严格按照相关法律、法规及《公司章程》和《董事会议事规则》等规定程序召集和召开董事会会议，正确行使职权。董事会在审议关联交易时，关联董事按规定回避了表决。公司董事会下设战略、审计、薪酬与考核三个专门委员会。报告期内，专门委员会的工作提高了董事会决策的科学性和工作效率。

(三)监事与监事会

公司监事严格按照法律、法规和《公司章程》规定选举产生，具备履行职务所需要的知识、技能和素质。公司监事均能够按照法律、法规和《公司章程》及《监事会议事规则》等规定认真履行职责。公司监事会本着对股东负责的态度，对公司财务以及董事、总经理和其他高级管理人员履行职责的合法合规性进行监督，并列席了历次董事会会议。

(四)关联交易

公司在《公司章程》和《关联交易决策规则》中制定了严格的关联交易决策程序，有效规范了公司关联交易行为。公司关联交易均按照公平合理的原则定价并履行了规定的关联交易决策程序，没有损害公司及股东利益的情况。

(五)信息披露与透明度

公司制定了《信息披露制度》，严格按照有关规定披露公司重大信息，履行信息披露义务，确保所有股东有平等的机会获得公司信息。公司能够认真听取股东意见和建议，接待和回答股东咨询，公平对待股东。

二、独立董事履行职责情况

报告期内公司独立董事严格按照法律、法规和《公司章程》以及《独立董事工作细则》规定，认真履行职责，无缺席董事会和股东大会情况。对公司关联交易等重大事项客观公正地发表了独立意见，在规范公司运作、维护公司及全体股东利益等方面起到了积极作用，履行了应尽的义务。

三、公司与控股股东在业务、人员、资产、机构和财务等方面的分开情况

公司做到了与控股股东发展公司在业务、人员、资产、财务、机构等方面分开，独立运作，自主经营。具体情况如下：

(一)业务方面

公司主营业务突出，业务独立于控股股东，具有独立完整的生产经营系统和自主经营能力。不存在发展公司干预公司业务的情况。公司与发展公司之间现存的关联交易仅为土地租赁，不存在损害公司和股东利益的情况。

(二)人员方面

公司人员以及劳动、人事和工资管理独立于控股股东，做到了人员与控股股东的分开，公司制定了独立的劳动、人事及工资管理制度，设立了独立的劳动人事管理部门。

公司董事、监事及高级管理人员均依照法律、法规和《公司章程》规定的程序，通过选举或聘任产生，不存在控股股东干预公司人事任免的情况。

公司总经理及其他高级管理人员均专职在公司工作并领取薪酬，不存在法律、法规禁止的在控股股东双重任职的情况。

(三)资产方面

公司资产完整、产权清晰并独立于控股股东。公司与控股股东之间不存在其违规占用或支配公司资产的情况。

(四)机构方面

公司具有完整健全的决策管理机构和生产经营单位，公司组织机构独立于控股股东。不存在股东干预公司组织机构设立与独立运作的情况。

(五)财务方面

公司拥有独立的财务会计部门和财务人员，以及独立完整的会计核算体系和财务管理制度。公司实行独立核算，独立开立银行帐户，依法独立纳税。不存在控股股东干预公司财务管理和资金使用，以及违规占用公司资金的情况。

四、高级管理人员的考评与激励机制的建立和实施情况

根据《公司章程》和《董事会薪酬与考核委员会工作细则》，公司董事会决定高级管理人员的考评与激励机制，董事会薪酬与考核委员会负责研究和审核高级管理人员的考核标准、薪酬制度并进行考核。报告期内，公司修订了原劳动人事、工资管理办法，制定了《薪酬管理办法(暂行)》，建立了高级管理人员的考评与激励机制，每年度对高级管理人员进行考评，将其薪酬与公司和个人业绩及履行职责情况相联系。

五、公司治理与《上市公司治理准则》等规定的主要差异及改进计划和措施

(一)主要差异：

1、报告期公司董事会成员中共有2名独立董事，其中1名会计专业人士，但尚不足全部董事人数的三分之一，未达到中国证监会《关于在上市公司建立独立董事制度的指导意见》的独立董事人数比例规定；

2、截至报告期末，公司设立和运作时间仅3年，与《上市公司治理准则》要求的标准和国内外优秀公司相比，公司治理和经营管理水平有待进一步提高，有关管理和议事规则尚需完善；

3、公司董事、监事、高级管理人员绩效考评机制和激励机制尚需进一步完善。

(二)改进计划与措施：

1、2004年3月29日公司召开第一届董事会第二十三次会议和第一届监事会第八次会议，董事会通过了公司第二届董事会董事候选人的提名，其中已按规定的独立董事人数比例要求，提名了独立董事候选人，监事会通过了第二届监事会股东代表监事候选人的提名；

2、公司将根据有关法律、法规要求，逐步完善有关管理和议事规则，加强董事、监事、高级管理人员的培训，2004年公司将通过强化内部管理，进一步落实规范运作要求，实施标准化管理和服务，不断提高公司经营管理水平，完善法人治理结构；

3、进一步完善董事、监事、高级管理人员的绩效考评机制及激励机制，完善考评体系和薪酬政策。

第六章　董事会报告

2003年公司以提高经济效益为目标，加强管理和规范运作，制定了科学务实的经营方针，强化通行费收入管理及成本费用控制，超额完成了全年的各项工作计划，业务保持了较快的增长。

一、报告期内公司经营状况

(一)主营业务范围及经营状况公司属于交通基础设施建设和经营管理行业，主营业务范围为：高等级公路、大型和特大型独立桥梁等交通基础设施项目投资、经营管理。目前公司主要业务为经营管理郑州至漯河高速公路(以下简称"郑漯高速公路")和郑州黄河公路大桥(包括大桥南接线，以下简称"郑州黄河大桥")，主营业务收入为郑漯高速公路和郑州黄河大桥车辆通行费收入。

2003年度公司实现主营业务收入802,697,269.00元，比上年同期增长17.76%；实现利润总额420,880,406.56元，比上年同期增长12.27%；由于报告期不再享受企业所得税税收优惠政策，2003年净利润为271,263,432.41元，比上年同期下降11.62%。

1、主营业务构成情况表：单位：人民币元

项目	主营业务收入	主营业务成本
郑漯高速公路	533,015,308.00	182,549,229.79
郑州黄河大桥	269,681,961.00	91,421,419.43
项目	主营业务利润	毛利率(%)
郑漯高速公路	321,150,236.23	65.75
郑州黄河大桥	163,428,033.73	66.10

2、主营业务项目情况简介

项目	里程	车道数目
郑漯高速公路	142公里	双向4车道
郑州黄河大桥	31公里	双向4车道
项目	收费站数目	剩余经营期限
郑漯高速公路	10个	27年
郑州黄河大桥	1个	17年

注1：郑漯高速公路北起郑州市境内的国道107线陇海铁路立交桥，南止于漯河市郾城李村，全长142公里，为国家规划的"两纵两横"国道主干线中北京至珠海国道主干线河南省境内的重要路段。

注2：郑州黄河大桥北起新乡市原阳县马庄，南至107国道与航海路交叉口，全长31公里，目前为107国道及北京至珠海国道主干线横跨黄河的必经要道。

3、主营业务项目收费标准

根据河南省发展计划委员会、河南省财政厅、省交通厅豫计收费[2001]290号文，郑漯高速公路、郑州黄河大桥目前收费标准如下：

(1)郑漯高速公路：

项目车型	车型分类	收费标准基价(元/车公里)
A	2吨以下(不含2吨)货车，10座以下(不含10吨)客车	0.45
B	2--5吨(不含5吨)货车，10--30座(不含30座)客车	0.70
C	5--8吨(不含8吨)货车，30座以上客车	1.30
D	8--20吨(不含20吨)货车	1.80
E	20--40吨(不含40吨)货车	2.70
F	40吨以上货车	0.10 元/吨公里

(2)郑州黄河大桥：

车型项目	车型分类	收费标准(元/车)
A	1.5吨以下(不含1.5吨)货车，10座以下(不含10吨)客车	10
B	1.5--4吨(不含4吨)货车，10--25座(不含25座)客车	20
C	4--9吨(不含9吨)货车，25座以上客车	45
D	9--15吨(不含15吨)货车	65
E	15--20吨(不含20吨)货车	80
F	20吨以上货车	100

4、近三年交通量情况

项目	交通量(辆/日)			
	2003年	2002年增减率	本年比上年(%)	2001年
一、交通量绝对数				
郑漯高速公路	14,350	11,849	21.11	10,324
郑州黄河大桥	35,103	31,692	10.76	28,565
二、交通量折算中型车数				
郑漯高速公路	11,396	9,470	20.34	8,360
郑州黄河大桥	29,469	26,987	9.20	24,931

注：折算中型车为按交通量调查手册中的折算系数折算为中型车的交通量，其折算系数为：小客车为0.5，小货车、中客车、中货车、大客车、大货车为1，重型车为1.5。

(二)主要控股公司及参股公司的经营情况及业绩

1、河南中原高速路泰公路工程有限责任公司

河南中原高速路泰公路工程有限责任公司(以下简称"路泰公司")为公司控股子公司，成立于2003年9月27日，注册资本4,000万元，公司持有其80%股权。路泰公司主营业务为高等级公路与桥梁养护施工、公路工程施工；路桥养护新技术、新工艺、新材料、新设备的开发与应用。截至报告期末，该公司总资产规模为48,395,557.52元，主营业务收入12,612,265.53元，2003年度实现净利润922,793.12元。

2、河南中宇交通科技发展有限责任公司

河南中宇交通科技发展有限责任公司(以下简称"中宇公司")为公司控股子公司，成立于2003年11月26日，注册资本200万元，公司持有其60%股权。中宇公司主营业务为桥梁和道路工程技术研究开发，新材料、新工艺的开发应用，公路、大中桥梁工程的勘察设计，道路、桥梁、交通工程的监理服务。截至报告期末，该公司尚未正式开业经营。

3、报告期内，公司无其他控股或参股公司。

(三)主要供应商、客户情况

公司为郑漯高速公路、郑州黄河大桥的通行车辆提供交通服务，所服务客户分布于河南省内及其他省份。由于行业经营特点，公司目前无主要供应商。

(四)在经营中出现的问题与困难及解决方案

报告期内，公路超载运输现象仍比较严重，造成对公司路桥不同程度的破坏，加大了养护成本。公司已根据河南省有关部门规定，实行了对载货汽车超载运输计重收费，一定程度上遏制了超载运输现象。

二、报告期内公司投资情况

(一)报告期内募集资金使用情况

根据公司《招股说明书》，公司公开发行股票募集资金用于向河南省交通厅收购漯河至驻马店高速公路(以下简称"漯驻高速公路")收费权，剩余资金用于偿还公司贷款。鉴于漯驻高速公路收费权的转让于2004年3月获得交通部批准，因此报告期内未实施收购工作。为降低财务费用，公司于2003年9月以募集资金偿还银行贷款10,000万元，其余募集资金未使用，为公司银行存款。报告期内募集资金用途未发生改变。

(二)报告期内非募集资金重大投资情况

报告期内，公司无非募集资金重大投资项目。

三、报告期公司财务状况、经营成果分析

(一)报告期内公司经营成果变动如下表：单位：人民币元

项目	2003年	2002年
主营业务收入	802,697,269.00	681,659,139.00
主营业务利润	484,578,269.96	453,632,293.20
利润总额	420,880,406.56	374,885,578.61
净利润	271,263,432.41	306,919,409.42
项目	2003年比2002年	
	增减额	增减率(%)
主营业务收入	121,038,130.00	17.76
主营业务利润	30,945,976.76	6.82
利润总额	45,994,827.95	12.27
净利润	−35,655,977.01	−11.62

其中：利润表数据变动幅度达30%(含30%)以上，或占报告期利润总额10%(含10%)以上的项目变动原因如下：单位：人民币元

项目	2003年	2002年	
主营业务收入	802,697,269.00	681,659,139.00	
主营业务成本	273,970,649.22	190,535,592.89	
其他业务利润	−592,545.47	−62,924.45	
营业费用	3,798,712.00	5,760,000.00	
投资收益	738,234.50	738,234.50	
营业外收入	5,828,204.00	601,585.00	
营业外支出	1,833,507.00	40,000.00	
所得税	149,616,974.15	67,966,169.19	
项目	2003年比2002年		注释
	增减额	增减率	(%)
主营业务收入	121,038,130.00	17.76	1
主营业务成本	83,435,056.33	43.79	2
其他业务利润	−529,621.02	−841.68	3
营业费用	−1,961,288.00	−34.05	4

投资收益			5
营业外收入	5,226,619.00	868.81	6
营业外支出	1,793,507.00	4483.77	7
所得税	81,650,804.96	120.13	8

1、主营业务收入增长17.76%,主要原因为车流量增长。

2、主营业务成本增长43.79%,主要原因是报告期车流量增长,增加路产折旧954万元;由于购建郑漯高速公路交通工程(收费、通讯及监控系统)等设施,增加折旧及维护费,增加征收成本2,313万元;公司加强了日常维修保养及预防性养护等工作,增加养护成本4,700万元。

3、其他业务利润降低841.68%,主要原因是报告期增加超限业务净支出110万元;增加广告租赁业务净收入50万元;增加路政服务业务净收入7万元。

4、营业费用降低34.05%,主要是报告期减少了广告开支。

5、投资收益增加74万元,为公司控股子公司路泰公司2003年度投资收益。

6、营业外收入增加868.81%,主要是公司报告期收取的路产损失赔偿费较上年同期增长366万元;保通费增加145万元。

7、营业外支出增加4483.77%,主要是公司报告期进行损坏路产修复较上年同期增长168万元,交纳营业外收入税金及附加9万元。

8、所得税增加120.13%,主要是与上年相比,报告期公司不再享受企业所得税减半征收的优惠政策,使所得税报告期增加7,481万元。

(二)报告期内公司资产、负债及权益变动情况如下表:单位:人民币元

项目	2003年	2002年
总资产	4,740,182,619.90	3,252,953,148.38
总负债	993,960,093.21	1,505,532,188.30
股东权益	3,746,222,526.69	1,747,420,960.08
其中:总股本	1,050,000,000.00	770,000,000.00

项目	2003年比2002年	
	增减额	增减率(%)
总资产	1,487,229,471.52	45.72
总负债	−511,572,095.09	−33.98
股东权益	1,998,801,566.61	114.39
其中:总股本	280,000,000.00	36.36

其中:资产负债表数据变动幅度达30%(含30%)以上,或占报表日资产总额5%(含5%)以上的项目变动原因如下:单位:人民币元

项目	2003年	2002年
货币资金	2,129,288,577.37	757,132,023.02
应收利息	299,250.00	299,250.00
应收账款	3,335,828.10	12,015,061.00
其他应收款	2,418,953.87	3,482,531.35
预付账款	411,000.00	130,069.57
长期股权投资	33,938,234.50	33,938,234.50
固定资产原值	2,627,033,508.80	2,402,570,612.80
累计折旧	232,290,722.32	135,838,850.61
在建工程	5,332,411.83	11,323,464.22
短期借款	100,000,000.00	50,000,000.00

项目	2003年比2002年		注释
	增减额	增减率(%)	
货币资金	1,372,156,554.35	181.23	1
应收利息			2
应收账款	−8,679,232.90	−72.24	3
其他应收款	−1,063,577.48	−30.54	4
预付账款	280,930.43	215.98	5
长期股权投资			6
固定资产原值	224,462,896.00	9.34	7
累计折旧	96,451,871.71	71.00	8
在建工程	−5,991,052.39	−52.91	9
短期借款	50,000,000.00	100.00	10

项目	2003年	2002年
应付账款	129,355,035.38	287,502,932.83
应付工资	8,721,561.39	5,915,460.82
应付福利费	5,302,236.87	2,981,744.45
应交税金	4,193,233.32	16,100,077.95
其他应付款	12,424,604.85	8,538,026.58
一年内到期的长期负债	200,000,000.00	−200,000,000.00
股本	1,050,000,000.00	770,000,000.00
资本公积	1,862,087,703.70	414,549,569.50
盈余公积	166,826,964.60	112,574,278.12
其中:公益金	83,413,482.30	56,287,139.06
未分配利润	667,307,858.39	450,297,112.46

项目	2003年比2002年		注释
	增减额	增减率	(%)
应付账款	−158,147,897.45	−55.01	11
应付工资	2,806,100.57	47.44	12
应付福利费	2,320,492.42	77.82	12
应交税金	−11,906,844.63	−73.96	13
其他应付款	3,886,578.27	45.52	14
一年内到期的长期负债	−100.00	10	
股本	280,000,000.00	36.36	15
资本公积	1,447,538,134.20	349.18	15
盈余公积	54,252,686.48	48.19	16
其中:公益金	27,126,343.24	48.19	16
未分配利润	217,010,745.93	48.19	16

1、货币资金增长181.23%,主要原因系报告期公司发行新股募集资金所致。

2、应收利息30万元,系报告期部分募集资金协定存款应计利息。

3、应收账款减少72.24%,主要原因系驻马店至信阳高速公路通车后车辆通行费收入清算分配差额减少所致。

4、其他应收款减少30.54%,主要原因为上市募集资金到位后冲减原支付的上市费用177万元。

5、预付账款增加215.98%,主要原因为报告期内公司预付的宣传费。

6、长期股权投资增加3,394万元,主要原因系报告期公司投资设立路泰公司、中宇公司所支付的资本金3,320万元,以及路泰公司2003年度投资收益74万元。

7、固定资产原值增加9.34%,主要为增加郑漯高速公路许漯段西半幅及郑州黄河大桥改造工程、郑漯高速公路交通工程及路桥计重收费工程等共计20,258万元。

8、累计折旧增加71.00%,主要为本年度计提折旧数。本年计提折旧数较上年同期增长2,002万元,增长26.19%,主要原因是由于报告期车流量增加使本年路桥折旧较上期多计提954万元;由于报告期实施郑漯高速公路许漯段西半幅及郑州黄河大桥等路段改造工程,使路桥折旧较上期增加148万元。

9、在建工程减少52.91%,主要为年初在建的郑漯高速公路交通工程,报告期完工交付使用结转固定资产所致。

10、报告期,短期借款新增净额5000万元,较上年末增加100%;偿还一年内到期的长期借款2亿元,较上年末减少100%;偿还长期借款2亿元,较上年末减少21.51%。其中:以募集资金偿还银行借款1亿元。11、应付账款减少55.01%,主要原因系报告期支付以前年度应付发展公司工程款2.74亿元。

12、应付工资增加47.44%,应付福利费增加77.82%,主要为报告期末应付未付的工资及福利费增加所致。

13、应交税金减少73.96%,主要为2003年12月预交企业所得税较上年增加了1,316万元。

14、其他应付款增加45.52%,主要为报告期郑漯高速公路郑州段职工交纳集资房款898万元。

15、报告期发行股票募集资金17.28亿元,股本增加2.8亿元,增加幅度36.36%,资本公积增加14.48亿元,增加幅度349.18%。

16、报告期实现净利润2.71亿元,分别计提10%的法定公积金及10%的法定公益金2,713万元后,使盈余公积金、公益金及未分配利润分别增加48.19%。

(三)报告期内公司财务状况变动分析:

公司对投资、融资均建立严格的风险控制体系,并一贯保持稳健的资本结构。根据外部政策环境和内部资源能力变化,公司亦相应调整投资、融资和资本结构等财务政策,以实现公司长远持续发展和股东价值最大化。

1、资产流动性和资本结构分析

项目	2003年12月31日	2002年12月31日	增减率(%)
流动比率	8.0912	1.3427	502.61
速动比率	8.0912	1.3427	502.61
资产负债率(%)	20.97	46.28	−54.69
利息保障倍数	9.95	8.56	16.24

按流动性划分的资本结构:单位:人民币元

项目	2003年12月31日	
	金额	占比
流动负债	263,960,093.21	5.57%
长期负债	730,000,000.00	15.40%
股东权益	3,746,222,526.69	79.03%
合计	4,740,182,619.90	100.00%

项目	2002年12月31日	
	金额	占比
流动负债	575,532,188.30	17.69%
长期负债	930,000,000.00	28.59%
股东权益	1,747,420,960.08	53.72%
合计	3,252,953,148.38	100.00%

由于报告期内未取得交通部关于募集资金收购项目的批复,公司募集资金17.28亿元除还贷1亿元外其余均为银行存款,使公司报告期内资本结构较上年有较大变化。公司资产流动性强,整体负债水平较低,具有较强的长、短期偿债能力及较大的债务融资空间。

2、财务资源情况分析　单位:人民币元

项目	2003年12月31日	2002年12月31日	增减率(%)
现金	2,129,288,577.37	757,132,023.02	502.61
其中:库存现金	13,191.25	83,920.09	502.61
银行存款	2,127,231,417.12	756,890,987.34	181.05
--协定存款	1,643,816,004.01		
---一般存款	483,415,413.11	756,890,987.34	−36.13
其他货币资金	2,043,969.00	157,115.59	1200.93
银行借款(含国债借款)	830,000,000.00	1,180,000,000.00	29.66
其中:短期借款	100,000,000.00	50,000,000.00	100.00
长期借款	730,000,000.00	1,130,000,000.00	35.40

公司现金包括募集资金和其他经营周转资金。公司对募集资金实行专项管理、专款专用,同时为提高资金使用效率,对募集资金专户办理了协定存款,协定存款年利率为1.44%-1.62%,为一般活期存款的2-2.25倍。

公司根据收费公路现金流量特点和收支计划,考虑国内银行贷款政策,合理安排借款额度、期限及利率,在控制现金流动性风险的同时,适度采用财务杠杆以提高股东权益。由于公司信誉良好,目前银行借款均获得按人民银行贷款基准利率下浮10%的利率优惠政策。

截至报告期末,公司拥有银行综合授信额度16.8亿元,尚可使用额度10.2亿元。

3、资金主要来源和运用情况分析　单位:人民币元

项目	2003年12月31日	2002年12月31日	增减率(%)
经营活动现金净流量	471,441,067.61	491,304,439.52	−4.04
投资活动现金净流量	−431,130,222.46	−99,004,385.73	−335.47
筹资活动现金净流量	1,331,845,709.20	181,632,162.50	633.27
现金及现金等价物净增额	1,372,156,554.35	573,932,216.29	139.08

报告期内经营活动现金流量主要来源于公司路桥资产车辆通行费收入。每股经营现金净流量为0.4490元。

报告期内投资活动现金流量主要为支付前期未付工程款27,584.80万元及路泰公司和中宇公司设立资本金3,320万元。

报告期内筹资活动现金流量主要为收到募集资金净额17.28亿元,偿还银行贷款净额3.5亿元,支付银行借款利息0.47亿元。

4、报告期内公司资产未发生抵押及担保情况。

四、报告期内会计政策、会计估计变更和重大会计差错更正的专项说明

（一）会计政策变更

根据财政部财会[2003]12 号文《关于印发〈企业会计准则--资产负债表日后事项〉的通知》和相关补充规定，公司自 2003 年 7 月 1 日起执行《企业会计准则--资产负债表日后事项》。采用该修订的准则以前，现金股利于董事会制定利润分配方案的所属期间从股东权益转出并确认为负债；从 2003 年 7 月 1 日之后，现金股利于股东大会批准利润分配方案的当期确认为负债。因公司成立后未分配现金股利，上述会计政策变更未对公司产生影响，无须进行追溯调整。

（二）会计估计变更

公司坏账准备按账龄分析法对应收款项（包括应收账款和其他应收款）年末余额按设定比例进行计提，2002 年度及之前的计提比例如下：

账龄	1 年以内	1-2 年	2-3 年	3-4 年	4-5 年	5 年以上
计提比例	0%	1%	5%	20%	50%	100%

为降低坏帐损失对公司的影响，2002 年 10 月公司第一届董事会第十五次会议通过了调整应收款项计提坏账准备比例的决议，决定自 2003 年 1 月 1 日起，公司坏账准备计提比例变更如下：

账龄	1 年以内	1-2 年	2-3 年	3-4 年	4-5 年	5 年以上
计提比例	5%	10%	20%	50%	80%	100%

因该项估计变更，公司 2003 年度增加计提坏账准备 525,896.30 元，相应地减少 2003 年度净利润 525,896.30 元，未对公司经营产生较大影响。

除上述事项外，报告期内公司无其他会计估计变更事项。

（三）公司报告期内未发生重大会计差错事项。

厦门天健华天有限责任会计师事务所已针对上述事项出具了"厦门天健华天所审（2004）专字第 0070 号"《关于河南中原高速公路股份有限公司会计政策、会计估计变更及重大会计差错的专项审核报告》，主要内容如本节所述。

五、对公司报告期内或未来具有重要影响的事项

（一）报告期内，公司首次公开发行 28,000 万股 A 股股票，并于 2003 年 8 月 8 日起在上海证券交易所上市交易。发行股票和上市对公司规范运作，改善资本结构，增强业务扩张能力，以及未来发展具有积极的促进作用。

（二）2003 年 12 月，北京至珠海国道主干线驻马店至信阳（省界）高速公路建成通车，河南省与华中、华南高速公路网络实现了连接，使北京至珠海国道主干线沿线相应区域的物资和人员往来更加便捷，将对公司车辆通行费收入增长产生积极的作用。

（三）根据河南省发展计划委员会、河南省财政厅、河南省交通厅豫计收费[2003]1216 号文《关于对载货汽车超载运输实施计重收费的通知》，河南省路桥通行费收费站自 2003 年 9 月 1 日起，实行对载货汽车超载运输计重收费，计重收费的标准为：对超载 30%以内（含 30%）的车辆，按规定的通行费标准收费；对超载 30%-50%（含 50%）的车辆，按规定的通行费标准 50%加收；对超载 50%-100%（含 100%）的车辆，按规定的通行费标准 1 倍加收；对超载 100%以上的车辆按规定的通行费标准 3 倍加收。

公司在报告期完成了路桥计重收费系统改造，并从 2003 年 9 月 1 日起，按照上述标准实行对载货汽车超载运输计重收费。计重收费措施的实施将减少超载运输现象，降低对公司路桥设施的损害和相应的养护成本支出。

（四）公司公开发行股票募集资金收购项目-漯驻高速公路收费权转让获得交通部批准。根据 2004 年 3 月 11 日交通部交财发[2004]111 号文件，交通部同意河南省交通厅将漯驻高速公路收费权有偿转让给公司，自河南省交通厅收到公司转让金的当日起算，转让收费权的经营期限为 28 年；转让价格应不低于资产评估值；公司应于交通部上述批复文件下达之日起三个月内缴清全部转让金。

根据中通诚资产评估有限公司出具的资产评估报告，漯驻高速公路收费权资产评估值为 136,039.6739 万元（基准日 2003 年 9 月 30 日）。该资产评估报告已经河南省财政厅备案。

公司正在组织进行收购准备工作。收购后，公司业务将得到进一步扩展，相应增加公司的主营业务收入和经济效益。

根据河南省发展计划委员会和河南省交通厅豫计收费[2003]1210 号文，漯驻高速公路车辆通行费收费标准自 2003 年 8 月 1 日起进行了调整。调整前后收费标准如下：

1、调整前：

项目车型	车型分类	收费标准基价
	元/车公里	
A	2 吨以下(不含 2 吨)货车	
	10 座以下(不含 10 座)客车	0.35
B	2--5 吨(不含 5 吨)货车	
	10--30 座(不含 30 座)客车	0.65
C	5--8 吨(不含 8 吨)货车	
	30 座以上客车	1.00
D	8--20 吨(不含 20 吨)货车	1.80
E	20--40 吨(不含 40 吨)货车	2.50
F	40 吨(含 40 吨)以上货车	0.10 元/吨公里

2、调整后：

项目车型	货车车型分类	收费标准基价
		(元/车公里)
1 型	2 吨以下(不含 2 吨)	0.45
2 型	2--5 吨(不含 5 吨)	0.70
	3 型 5--8 吨(不含 8 吨)	1.30
	30 座以上客车	
	23 卧以上卧铺客车	
4 型	8--20 吨(不含 20 吨)	1.80
5 型	20--40 吨(不含 40 吨)	2.70
6 型	40 吨以上	0.10 元/吨公里
项目	客车车型分类	收费标准基价
车型	(元/车公里)	
1 型	10 座以下(不含 10 座)	0.45
2 型	10-30 座(不含 30 座)客车	0.65
	23 卧以下(含 23 卧)卧铺客车	1.00
4 型		
5 型		
6 型		

鉴于收购事项已经交通部批准，因此，实施收购后，漯驻高速公路收费标准的调整有助于提高公司主营业务收入和经济效益。

（五）新乡至郑州高速公路预计 2004 年 10 月建成通车，通车后，北京至珠海国道主干线将全线贯通，将促进郑漯高速公路整体车流量的未来增长，但同时也会对郑州黄河大桥及郑漯高速公路郑州至机场段形成分流影响。根据河南省交通厅 2002 年 2 月出具的《关于关联交易及避免同业竞争的承诺函》，公司可以对新乡至郑州高速公路享有优先受让或投资控股的权利。

（六）公司享受的"一免一减"企业所得税税收优惠政策至 2002 年末已结束，2003 年起公司企业所得税按 33%缴纳，如仍执行" 减半征收" 税收优惠政策，影响报告期净利润 7,481 万元，影响 21.62%。

六、2004 年度工作重点

2004 年公司将重点加强以下方面的工作：

1、按照《公司法》等法律、法规规定和中国证监会要求，进一步完善公司法人治理结构。认真总结公司成立以来的运作经验，健全各项规章制度，继续保持规范运作。

2、加强内部管理，建立起精简高效、职能明确、责权一致、运转协调的内部组织机构和运行机制，狠抓制度的执行和落实工作，实行规范化、标准化管理。

3、深化公司内部管理体制改革，进一步落实经济责任管理体制，实行分公司模拟法人管理、内部独立核算、自计盈亏，促进经济效益的提高。

4、完善董事、监事、高级管理人员的绩效考评及激励机制，完善考评体系和薪酬政策。

5、尽快完成募集资金收购实施工作。积极稳健扩张公司业务。

6、完善公司发展战略，为公司持续、健康发展建立良好基础。

七、董事会日常工作情况

（一）报告期内董事会的会议情况及决议内容

报告期内公司第一届董事会共召开 4 次会议，监事会成员列席了会议，会议的召集和召开符合法律、法规和《公司章程》规定。

1、2003 年 1 月 25 日召开第一届董事会第十八次会议，通过了以下议案：

(1)《2002 年度财务决算报告》；

(2)《2003 年度财务预算方案》；

(3)关于公司 2001 年度股东大会审议通过的《2001 年度利润分配方案》继续有效的议案；

(4)《2002 年度利润分配方案》；

(5)《2003 年上市前利润分配方案》；

(6)《董事会工作报告》；

(7)关于公司 2001 年度股东大会审议通过的《关于公开发行普通股 A 股并上市的议案》经调整相应内容后继续有效的议案；

(8)关于公司 2001 年度股东大会审议通过的《募集资金运用方案》经调整相应内容后继续有效的议案；

(9)关于《河南省漯河至驻马店高速公路收费权转让协议书》的补充协议；

(10)《关于向董事会授权的议案》；

(11)《薪酬管理办法(暂行)》；

(12)《关于续聘会计师事务所的议案》；

(13)《总经理工作报告》；

(14)《内部审计工作报告》；

(15)《关于对公司内部控制制度评价意见的议案》；

(16)《公司管理方案》；

(17)《关于公司部分会计政策补充说明的议案》；

(18)《关于授权董事长决定授信额度的议案》；

(19)《关于授权董事长决定向银行申请一定金额以内的银行贷款的议案》；

(20)《关于赵中锋先生辞去公司总经理助理职务的议案》；

(21)《关于提名高建立先生为公司总经理助理的议案》；

(22)《关于召开 2002 年度股东大会的议案》。

2、2003 年 8 月 22 日召开第一届董事会第十九次会议，通过了以下议案：

(1)《关于投资设立公路养护工程公司的议案》；

(2)《关于许漯高速公路部分路段改造工程的议案》；

(3)《关于郑州黄河公路大桥及南接线部分路段改造工程的报告》。

3、2003 年 9 月 26 日召开第一届董事会第二十次会议，通过了以下议案：

(1)《关于投资设立交通科技开发公司的议案》；

(2)《关于投资购买经营用房的议案》。

4、2003 年 10 月 23 日召开第一届董事会第二十一次会议，通过了以下议案：《公司 2003 年第三季度报告》。

公司 2003 年第三季度报告全文及正文分别刊登于 2003 年 10 月 27 日上海证券交易所网站 http://www.sse.com.cn 和《中国证券报》。

（二）董事会对股东大会决议的执行情况

报告期内，公司董事会认真执行和落实了股东大会各项决议。根据股东大会授权，积极组织完成了公司股票发行上市工作，在股票发行募集资金到位后，积极开展了募集资金收购项目准备工作。

八、2003 年度利润分配预案

经厦门天健华天有限责任会计师事务所审计，本公司 2003 年度实现净利润 271,263,432.41 元，按《公司章程》的规定，提取 10%法定公积金 27,126,343.24 元，提取 10%法定公益金 27,126,343.24 元后，公司所余利润为 217,010,745.93 元。加上以前年度的未分配利润 450,297,112.46 元，截止报告期末可供股东分配利润为 667,307,858.39 元。

以 2003 年末总股本 1,050,000,000 股为基数，向全体股东每 10 股派发现金红利 5 元（含税），本次共派发现金红利 525,000,000.00 元；剩余未分配利润 142,307,858.39 元结转下一年度。

2003 年度公司不进行资本公积金转增股本。

九、其他事项

（一）报告期内，不存在发展公司及其他关联方占用公司资金，以及与公司

之间其他的违规资金往来情况。累计和报告期内，公司及控股子公司无对外担保事项。

报告期内，公司根据中国证监会有关规定，拟订了《公司章程》中对对外担保的审批程序、被担保对象资信标准的规定条款，并在 2004 年 3 月 29 日召开的第一届董事会第二十三次会议上决议通过，尚待股东大会审议通过。

（二）厦门天健华天有限责任会计师事务所对公司与关联方之间资金往来和对外担保情况的专项说明

关于河南中原高速公路股份有限公司

与关联方资金往来和对外担保情况的专项说明

厦门天健华天所审（2004）专字第 0071 号

河南中原高速公路股份有限公司全体股东：

我们接受委托，对河南中原高速公路股份有限公司（以下简称"中原高速公司"）2003 年 12 月 31 日的资产负债表、2003 年度的利润表及利润分配表和现金流量表进行了审计，并出具了无保留意

见的审计报告[厦门天健华天所审(2004)GF 字第 0093 号]。

在为中原高速公司 2003 年度财务会计报表进行审计工作中，我们对截至 2003 年 12 月 31 日止中原高速公司与关联方资金往来和对外担保情况进行了审核。提供真实、完整的与关联方资金往来和对外担保情况是中原高速公司管理当局的责任，我们的责任是在实施审核工作的基础上对中原高速公司提供的与关联方资金往来和对外担保情况出具专项审核报告。

我们的审核是根据中国证券监督管理委员会、国务院国有资产监督管理委员会证监发[2003]56号《关于规范上市公司与关联方资金往来及上市公司对外担保若干问题的通知》，并参照中国注册会计师独立审计准则进行的。在审核过程中，我们结合中原高速公司的实际情况，实施了包括抽查会计记录等我们认为必要的审核程序。

根据我们在年度会计报表审计过程中所了解的情况，现将中原高速公司与关联方资金往来及对外担保情况报告如下：

1、截至 2003 年 12 月 31 日止，中原高速公司与关联方资金往来如下：

科目	关联方	年初余额	本年增加
应付账款	盈科公司	0.00	760,000.00
		12,015,061.00	84,250,102.00
应付账款	发展公司	273,676,031.17	0.00
应付账款	路泰公司	0.00 7,119,868.80	1,507,603.27
其他应付款	发展公司黄河大桥管理处	925,941.81	67,245.40

科目	本年减少	年末余额	备注
应付账款	0.00	760,000.00	应付工程款
			应收账款
			发展公司驻马店管理处
	93,067,171.00	3,197,992.00	收入结算分配
应付账款	273,676,031.17	0.00	工程款已付清
应付账款	5,612,265.53		养护工程款
其他应付款	993,187.21	0.00	往来款已结清

注：发展公司为河南高速公路发展有限责任公司的简称，是中原高速公司控股母公司；路泰公司为河南中原高速路泰公路工程有限责任公司的简称，是中原高速公司控股子公司。

2、关联方往来情况说明

(1)中原高速公司及其控股子公司不存在拆借公司的资金给控股股东及其他关联方使用的情况。

(2)中原高速公司及其控股子公司不存在为控股股东和其他关联方垫支工资、福利、保险和广告等期间费用及相互代为承担成本和其他支出情况。

(3)中原高速公司及其控股子公司不存在通过银行或非银行金融机构向关联方提供委托贷款的情况。

(4)中原高速公司及其控股子公司不存在委托控股股东及其他关联方进行投资活动情况。

(5)中原高速公司及其控股子公司不存在为控股股东及其他关联方开具商业承兑汇票情况。

(6)中原高速公司及其控股子公司不存在代控股股东及其他关联方偿还债务情况。

3、截止 2003 年 12 月 31 日，中原高速公司及其控股子公司不存在对外担保情况。

厦门天健华天有限责任会计师事务所中国注册会计师：徐珊

中国注册会计师：黄印强

中国厦门 2004 年 4 月 21 日

(三)独立董事对公司对外担保情况和执行相关规定情况的专项说明及独立意见

根据中国证监会、国家国资委证监发[2003]56 号《关于规范上市公司与关联方资金往来及上市公司对外担保若干问题的通知》(以下简称"《通知》")的规定，作为河南中原高速公路股份有限公司(以下简称"公司")的独立董事，我们本着认真负责的态度，对公司累计和 2003 年当期对外担保情况，以及公司执行《通知》规定的情况进行了调查核实，现说明并发表独立意见如下：

公司严格执行了《通知》有关规定，严格规范对外担保行为，控制对外担保风险。截至 2003 年 12 月 31 日，公司及公司的子公司没有对外提供担保，公司不存在为股东、股东的控股子公司、股东的附属企业、公司持股 50%以下的其它关联方、任何非法人单位或个人提供担保的情形。

公司按照《通知》规定，在《公司章程》中对对外担保的审批程序、被担保对象的资信标准已拟订了规定条款，并在 2004 年 3 月 29 日召开的第一届董事会第二十三次会议上决议通过，尚待股东大会审议通过。

独立董事：李国治计启猛

2004 年 4 月 21 日

(四)公司信息披露选定的报纸为《中国证券报》、《上海证券报》。

第七章　重要事项

一、报告期内，公司无重大诉讼、仲裁事项。

二、报告期内，公司无重大资产收购、出售资产以及吸收合并事项。

三、报告期内发生的重大关联交易事项

(一)报告期内公司未发生购销商品、提供劳务的重大关联交易。

(二)资产、股权转让发生的关联交易。鉴于 2002 年 2 月公司与河南省交通厅签署的《河南省漯河至驻马店高速公路收费权转让协议书》中转让价格所依据的资产评估报告有效期已满，2003 年 2 月公司与河南省交通厅签署了《关于<河南省漯河至驻马店高速公路收费权转让协议书>的补充协议》，该项关联交易、转让协议及补充协议情况已在《招股说明书》中披露，报告期内尚未履行。

(三)报告期公司与关联方资金往来情况如下：

科目	关联方	年初余额
应收账款	发展公司驻马店管理处	12,015,061.00
应付账款	发展公司	273,676,031.17
应付账款	路泰公司	0.00
应付账款	盈科公司	0.00
其他应付款	发展公司黄河大桥管理处	925,941.81

科目	本年增加	本年减少
应收账款	84,250,102.00	93,067,171.00
应付账款	0.00	273,676,031.17
应付账款	7,119,868.80	1,507,603.27
应付账款	760,000.00	0.00
其他应付款	67,245.40	993,187.21

科目	年末余额	备注
应收账款	3,197,992.00	收入结算分配
应付账款	0.00	工程款已付清
应付账款	5,612,265.53	养护工程款
应付账款	760,000.00	应付工程款
其他应付款	0.00	往来款已结清

注：盈科公司为公司控股股东发展公司控股子公司河南盈科交通工程有限公司的简称。

除上述资金往来事项外，公司与关联方(包括未纳入合并范围的子公司)之间不存在其他债权、债务往来和担保事项。

(四)其他重大关联交易。除上述关联交易外，报告期内公司存在的其他重大关联交易为与发展公司之间的土地租赁关联交易。2001 年 6 月公司与发展公司签署了《河南高速公路发展有限责任公司与河南中原高速公路股份有限公司土地租赁合同书》，2002 年 9 月双方签署了《关于<土地租赁合同书>的修改协议》，该关联交易及协议情况已在《招股说明书》中披露，报告期内履行正常。报告期内公司无其他重大关联交易。

(五)公司与关联方之间的关联交易和资金往来严格按照法律、法规和《公司章程》的规定执行，体现了公允、合理的原则，不对公司的财务状况和经营成果构成较大影响。

四、报告期内重大合同及履行情况

(一)报告期内，公司无重大托管、承包、租赁其他公司资产或其他公司托管、承包、租赁公司资产的事项。

(二)报告期内，公司未对控股子公司提供担保，公司及控股子公司均无对外担保事项。

(三)公司无报告期内或报告期继续发生委托他人进行现金资产管理事项的情况。

(四)其他重大合同。见本章"三、报告期内发生的重大关联交易事项"中相关事项说明。

五、公司或持股 5%以上股东在报告期或持续到报告期内的承诺事项履行情况

(一)公司不存在报告期内或持续到报告期内的承诺事项。

(二)公司持股 5%以上的股东为发展公司以及华建中心。发展公司及华建中心在报告期内或持续到报告期内的承诺事项如下：

1、发展公司于 2003 年 7 月 31 日承诺自公司股票上市之日起 12 个月内，不转让已持有的公司股份，也不由公司对发展公司已持有的公司股份实施回购。

2、发展公司和华建中心于 2000 年 12 月在《河南高速公路发展有限责任公司、华建交通经济开发中心与河南中原高速公路股份有限公司之重组协议》中承诺不从事与公司的生产经营相竞争的业务。

3、发展公司和华建中心于 2001 年 12 月分别出具了《关于避免同业竞争的承诺函》。发展公司承诺不从事与公司经营管理的公路、桥梁构成竞争的业务。如因政府划拨或其他原因发展公司拥有与公司构成竞争的公路或桥梁时，公司享有优先受让或投资控股该等公路或桥梁的权利；华建中心承诺若其业务发展可能与公司构成竞争，华建中心应提前与公司协商，消除同业竞争。发展公司和华建中心承诺如因违反上述承诺给公司或其它股东造成损失的，将赔偿公司及其他股东的一切损失。

4、发展公司于 2002 年 9 月出具了《关于河南中原高速公路股份有限公司独立性的承诺函》，就公司的独立性承诺：发展公司将严格遵守中国证监会关于公司与控股股东之间避免双重任职的规定；发展公司不占用、支配公司的资产或干预公司对其资产的经营管理；发展公司不干预公司的财务、会计活动；发展公司不以任何方式向公司下达经营性计划或指令，也不以任何方式侵犯公司经营管理的独立性；发展公司将严格遵守对公司及其他股东的诚信义务，不以任何方式侵犯公司和其他股东利益；发展公司对公司董事、监事候选人的提名，将严格遵循法律、法规和公司《章程》规定的条件和程序，并且不以任何方式干预公司的人事选举和人事聘任。

5、发展公司于 2002 年 9 月出具了《关于与河南中原高速公路股份有限公司土地使用权租赁有关事项的承诺函》，承诺公司租用发展公司土地使用权期满，如需要继续租用部分土地使用权，发展公司保证同意公司在租赁期满前提出的书面续租要求，双方续签租赁合同。发展公司保证续租期间的土地使用权租金仍按照每年 1,708.32 万元执行。在上述租赁及续租期间，发展公司不向公司提出任何调整、提高土地使用权租赁价格的要求。

(三)发展公司实际控制人在报告期或持续到报告期内的承诺事项

发展公司实际控制人河南省交通厅在报告期内无承诺事项，其持续到报告期内的承诺事项为：2002 年 2 月，河南省交通厅出具了《关于关联交易及避免同业竞争的承诺》，承诺不以行政手段干预发展公司或河南省高速公路实业开发公司、河南省交通规划勘察设计院、河南公路港务局与公司之间的关联交易。河南省交通厅如在公司经营管理的高等级公路、大型、特大型桥梁两侧各 50 公里范围内新建、改建或扩建任何与之平行或方向相同的公路和桥梁，并可能与公司经营管理的上述路桥构成竞争的，公司对相关公路、桥梁享有优先受让或投资控股的权利。河南省交通厅如因违反上述承诺给公司或公司股东造成损失的，将赔偿公司及公司股东的一切损失。

(四)承诺事项履行情况

以上承诺事项已在《招股说明书》和《上市公告书》(见 2003 年 8 月 2 日《中国证券报》、《上海证券报》、《证券时报》、《证券日报》，以及上海证券交易所网站 http://www.sse.com.cn)中披露。报告期内，河南省交通厅、发展公司、华建中心未发生不履行承诺事项的情况。

六、聘任会计师事务所情况

公司 2002 年度股东大会审议通过了《关于续聘会计师事务所的议案》，同意继续聘任厦门天健华天有限责任会计师事务所为公司 2003 年度财务审计机构，费用为人民币 50 万元（含途中差旅费）。报告期内，该事务所未向公司提供财务审计以外的其他服务，未收取其他费用。

截至报告期末，厦门天健华天有限责任会计师事务所为公司提供审计服务的连续年限为 2 年零 3 个月。

公司控股子公司路泰公司聘请北京中天华正会计师事务所有限公司河南分所为 2003 年度财务审计机构，费用为人民币 2 万元，报告期内，该所未向路泰公司提供财务审计以外的其他服务，未收取其他费用。

七、报告期内，公司、公司董事会及董事没有受到中国证监会稽查、中国证监会行政处罚、通报批评、证券交易所公开谴责的情形。

八、其他重大事项

报告期内，公司首次公开发行 280,000,000 股 A 股股票，注册资本由人民币 770,000,000 元变更为人民币 1,050,000,000 元，已于 2003 年 9 月 6 日在河南省工商行政管理局进行了工商变更登记。

第八章　备查文件目录

一、载有法定代表人、主管会计工作负责人、会计机构负责人签名并盖章的会计报表。

二、载有会计师事务所盖章、注册会计师签名并盖章的审计报告原件。

三、报告期内在中国证监会指定报纸上公开披露过的所有公司文件的正本及公告原稿。

以上备查文件备置于公司董事会秘书处。

河南中原高速公路股份有限公司

董事长：宋春雷

二〇〇四年四月二十一日

济南钢铁股份有限公司

济南钢铁股份有限公司首次公开发行股票上市公告书

第一节 重要声明与提示

济南钢铁股份有限公司(以下简称"本公司"、"公司"或"发行人")董事会保证上市公告书的真实性、准确性、完整性,全体董事承诺上市公告书不存在虚假记载、误导性陈述或重大遗漏,并承担个别和连带的法律责任。

根据《公司法》、《证券法》等有关法律、法规的规定,本公司董事、高级管理人员已依法履行诚信和勤勉尽责的义务和责任。

证券交易所、中国证监会、其他政府机关对本公司股票上市及有关事项的意见,均不表明对本公司的任何保证。

本公司提醒广大投资者注意,凡本上市公告书未涉及的有关内容,请投资者查阅 2004 年 6 月 9 日刊载于《中国证券报》、《上海证券报》、《证券时报》和《证券日报》的本公司招股说明书摘要,及刊载于上海证券交易所网站(http://www.sse.com.cn)的本公司招股说明书全文。

第二节 概览

1、股票简称:济南钢铁

2、沪市股票代码:600022

3、深市代理股票代码:003022

4、总股本:940,000,000 股

5、可流通股本:220,000,000 股

6、本次上市流通股本:220,000,000 股

7、发行价格:6.36 元/股

8、上市地点:上海证券交易所

9、上市时间:2004 年 6 月 29 日

10、股票登记机构:中国证券登记结算有限责任公司上海分公司

11、保荐机构(上市推荐人):南方证券股份有限公司

12、本公司首次公开发行股票前股东所持股份的流通限制及期限:根据国家有关法律、法规规定和中国证监会证监发行字[2004]80 号《关于核准济南钢铁股份有限公司公开发行股票的通知》,本公司的国有法人股和法人股暂不上市流通。

13、根据《上海证券交易所股票上市规则》,本公司第一大股东济南钢铁集团总公司承诺:自本公司股票上市之日起 12 个月内,不转让其持有的本公司的股份;同时也不由本公司回购其所持有的股份。

第三节 绪 言

本上市公告书是根据《中华人民共和国公司法》、《中华人民共和国证券法》、《股票发行与交易管理暂行条例》、《公开发行股票公司信息披露实施细则》、《证券发行上市保荐制度暂行办法》和《上海证券交易所股票上市规则》等国家有关法律、法规的规定,并按照中国证监会《公开发行证券的公司信息披露内容与格式准则第 7 号??股票上市公告书》而编制,旨在向投资者提供本公司的基本情况和本次股票上市的有关资料。

经中国证监会证监发行字[2004]80 号文核准,本公司于 2004 年 6 月 14 日以向沪市、深市二级市场投资者定价配售的方式成功发行 22,000 万股人民币普通股,每股面值 1.00 元,发行价为每股人民币 6.36 元。

经上海证券交易所上证上字[2004]96 号文批准,本公司公开发行 22,000 万股社会公众股将于 2004 年 6 月 29 日起在上海证券交易所挂牌交易。股票简称"济南钢铁",沪市股票代码为"600022",深市代理股票代码为"003022"。

本公司已于 2004 年 6 月 9 日在《中国证券报》、《上海证券报》、《证券时报》和《证券日报》上刊登了《招股说明书摘要》,招股说明书正文及其附录刊载于上海证券交易所网站(http://www.sse.com.cn),距今不足三个月,故与其重复的内容不再重述,敬请投资者查阅上述内容。

第四节 发行人概况

一、本公司基本情况

1、公司名称:济南钢铁股份有限公司

英文名称:JINAN IRON AND STEEL CO.,Ltd.

2、注册资本:本次股票发行前为 72,000 万元,发行后为 94,000 万元

3、法定代表人:陈启祥

4、公司住所:济南市工业北路 21 号

5、经营范围:钢铁冶炼、加工,钢材、水渣生产、销售;批准证书范围内自营进出口业务

6、主营业务:生产、销售钢材、钢坯等钢铁产品

7、所属行业:黑色金属冶炼及压延加工业

8、联系电话:0531-8865480

9、传真号码:0531-8865265

10、互联网网址:www.jigang.com.cn

11、电子信箱:jggf@jigang.com.cn

12、董事会秘书:迟才功

二、公司历史沿革

济南钢铁股份有限公司是 2000 年经山东省人民政府鲁政股字[2000]55 号证书批准,由济南钢铁集团总公司(以下简称"济钢集团"或"集团公司")作为主发起人,联合莱芜钢铁集团有限公司、山东黄金集团有限公司、山东金岭铁矿和山东省耐火原材料公司,共同发起设立的股份有限公司。

集团公司以其下属的原料厂、第一烧结厂、第二烧结厂、球团厂、第一炼铁厂、第一炼钢厂、中板厂、第一小型轧钢厂、中厚板厂共 9 个生产厂的生产经营性资产以及销售公司、原料处、材料处的部分资产投入股份公司。所投资产经评估后,资产净值为 1,086,811,156.95 元,按照 65.41%的折股比例,折为国有法人股 71,084.31 万股,由集团公司持有。莱芜钢铁集团有限公司、山东黄金集团有限公司、山东金岭铁矿和山东省耐火原材料公司四家发起人以现金出资共 1,400 万元,按 65.41%的折股比例共折为 915.69 万股。

山东省国有资产管理办公室鲁资股[2000]15 号《关于济南钢铁股份有限公司(筹)国有股权管理有关问题的批复》认定各发起人共投入净资产 110,081.12 万元,按 65.41%比例折为股本 72,000 万股,股权性质均为国有法人股。

本公司成立后没有进行过重大的资产重组或股权转让。

三、发行人的主要经营情况

1、发行人的业务范围及主营业务

公司注册经营范围包括钢铁冶炼、加工,钢材、水渣生产、销售;批准证书范围内自营进出口业务。公司主要业务以生产、销售钢材、钢坯等钢铁产品为主,上述产品是本公司营业收入及利润的主要来源。

2、行业背景及发行人竞争地位

公司所属的钢铁行业是我国国民经济的基础产业,对国民经济各部门的发展至关重要。自 1996 年以来,我国钢产量已经连续八年超过一亿吨,成为世界第一大钢铁生产国,但我国人均钢材消费量与发达国家相比仍有较大的差距,尚处于发展阶段,基础设施的建设,西部大开发战略的实施对各种钢材需求量可观,机械加工业、汽车工业和房地产业的迅速发展也急需大量优质的钢材。公司主导的钢材品种为中厚板,其产销量连续多年名列行业榜首,市场占有率 10%以上,是我国重要的中厚板板材基地之一。

3、发行人主营业务的情况

(1)主要业务

本公司原材料主要包括铁矿石、焦炭等,铁矿石是钢铁冶炼的主要原材料,2003 年,本公司所用铁矿石的 70%来自巴西、澳大利亚、印度、智利等国家,其余来自山东省与周边省份。焦炭以及生产所需的水、电、气等能源主要由集团公司供应。其余辅料多数通过比价、招标等措施对社会公开采购。

公司所产钢材包括中厚板、螺纹钢、圆钢等品种,中厚板主要应用于建材、机械加工、造船等行业,螺纹钢与圆钢等小型材品种主要用于建材业。

(2)本公司的竞争优势

A、产品优势

中厚板材是国民经济发展的重要钢铁材料,近几年来,我国工程建筑、造船、管线、桥梁、汽车、锅炉、容器等行业的快速发展,对中厚板材市场需求日益扩大,国内中厚板年消费量已达到 3619 万吨之多,并呈上升势态。在第十个五年计划里,随着我国大规模基础建设的持续投入,中厚板需求继续上涨,这将拉动公司的主导产品中厚板销售量继续增长,促进公司良好发展。

B、销售优势

公司的销售体系以直销形式为主,代理模式为辅。销售区域以山东省为中心向周边市场辐射。公司相继设立了南京、西安、天津、无锡、临沂等销售分公司,对销售渠道和服务网络不断进行规范、扩充和完善,积极拓展北京、上海、江苏、浙江、陕西等地市场。

C、管理优势

公司建立了严密、高效的质量管理保证体系,能够持续有效地运行并不断完善。公司于 2003 年 9 月 1 日通过中国冶金工业质量体系认证中心认证的 ISO9001:2000 标准的质量管理体系认证、ISO14001:1996 标准的环境管理体系以及 GB/T28001? 2001 标准的职业健康安全管理体系认证,形成了三为一体的管理系统,公司在 2003 年还获得了中国质量协会颁发的全国质量管理大奖。

D、质量优势

本公司坚持"精品强国,满意世界"的企业理念,把产品质量作为市场竞争中立于不败之地的根本。公司一直坚持贯彻国家有关质量的法律法规,不断增强全体员工的质量意识和公司质量管理水平,并且制定了《质量监督管理制度》。经过多年的实践,公司形成了一套行之有效的产品质量管理体系。

E、技术优势

本公司管理层有丰富的技术改造和项目投资经验,拟投资项目均经过专家严密的可行性论证,属于《当前国家重点鼓励发展的产业、产品和技术目录》。公司将以本次股票发行上市为契机,不断提高现有产品的附加值,调整产品结构,提高产品的市场竞争力。

(3)本公司的竞争劣势

由于我国钢铁工业发展迅猛,钢材生产能力逐年增长,使得国内钢铁行业内部竞争日趋激烈。公司主要业务是中板、宽厚板、螺纹钢等钢铁产品的生产和销售,公司的产品结构相对集中,并且大多数的产品在省内销售,行业内各企业在市场和资源上的激烈竞争以及产品价格的波动将给公司带来一定的经营压力。

4、与生产经营有关的资产权属情况

(1)商标与专利技术

集团公司将"济钢牌"商标无偿转让给本公司,商标转让完成后,集团公司可无偿使用。根据本公司与集团公司签订之《专利转让协议》及《专利使用许可协议》,公司成立时使用的 13 项专利技术,已由集团公司无偿转让给本公司,转让后本公司允许集团公司无偿使用。

(2)土地使用权

本公司目前占用六宗土地,土地位置位于王舍人镇和郭店镇,占地总面积为 3,269,491.9 平方米,本公司与集团公司签订了《土地使用权租赁协议(一)(二)》、《土地使用权租赁协议之补充协议》,租赁使用上述六宗土地。每年租金合计 2,187.29 万元,土地租赁期间为 20 年。

(3)房产

本公司目前所使用的房产由自有房产和租赁集团公司的房产两部分组成。自有房产的房屋所有权人已经济南市房地产管理局依法审核，由济南钢铁集团总公司变更为济南钢铁股份有限公司，总面积为392,952.32平方米。股份公司租赁集团公司的房产已与集团公司签订了《房屋租赁合同》，租赁的房屋建筑物面积共30,594.33平方米，租赁价格参照当地房屋租赁价格及附属设施的折旧金额确定,每天为1.61元/平方米,每年合计1,800万元。

5、主要财务指标

请参阅本上市公告书"财务会计资料"部分的相关内容

6、本公司享有的财政税收优惠政策

本公司及控股子公司--国贸有限责任公司所得税适用税率为33%;根据宁波大榭开发区国家税务局《关于同意宁波大榭济钢经贸有限公司等5户企业减免所得税的批复》(榭国税函[2003]10号),本公司的控股子公司--宁波大榭济钢经贸有限公司本年度免征企业所得税。

第五节　股票发行与股本结构

一、本次发行的基本情况

1、股票种类:境内上市人民币普通股(A股)

2、每股面值:1.00元

3、发行股数:22,000万股

4、每股发行价:6.36元

5、发行市盈率:7.66倍

6、发行方式:全部向二级市场投资者定价配售

7、发行对象:于2004年6月9日,持有上证所或深交所已上市流通人民币普通股(A股)股票的收盘市值总和(包括可流通但暂时锁定的股份市值)不少于10,000元的投资者。投资者同时持有的沪市、深市二级市场的股票市值不合并计算。

8、本次发行实收募股资金及发行费用

本次股票发行共募资金139,920万元,扣除发行费用(包括承销费、审计费用、评估费用、律师费用、发行手续费用、审核费)4,989.73万元,实募资金134,930.27万元。

二、本次股票上市前首次公开发行股票的承销情况

本次公开发行的22,000万股社会公众股的配号总数为91398928,起始号码为100000001,中签率为0.24070304%。其中二级市场投资者认购213,285,460股,其余6,714,540股由主承销商包销。

三、本次上市前首次公开发行股票所募股资金的验资报告

验 资 报 告

XYZH/A804078

济南钢铁股份有限公司:

我们接受委托,审验了济南钢铁股份有限公司(以下简称"贵公司")于2004年6月公开发行22,000万股人民币普通股("A股")所增加注册资本的实收情况。按照国家相关法律、法规的规定和协议、章程的要求出资,提供真实、合法、完整的验资资料,保护资产的安全、完整是全体股东及贵公司的责任。我们的责任是对贵公司新增注册资本的实收情况发表审验意见。我们的审验是依据《独立审计实务公告第1号-验资》进行的。在审验过程中,我们结合贵公司的实际情况,实施了检查等必要的审验程序。

根据贵公司于2004年3月15日召开的2003年度股东大会通过的发行人民币普通股股票及上市决议,以及2004年6月3日中国证券监督管理委员会证监发行字[2004]80号文的核准,贵公司获准发行22,000万股人民币普通股股票。贵公司原注册资本为人民币72,000万元,业经山东烟台乾聚会计师事务所审验;根据修改后的章程,贵公司拟申请增加注册资本人民币22,000万元,变更后的注册资本为人民币94,000万元。

根据贵公司本次发行的招股说明书,贵公司此次向社会公开发售的人民币普通股股票每股面值为人民币1元,发行数量22,000万股,发行价格为每股人民币6.36元,募集资金总额为人民币1,399,200,000.00元,扣除本次发行费用人民币49,897,334.22元,募集资金净额为人民币1,349,302,665.78元。

经审验,截止2004年6月22日,贵公司已收到上述募集资金净额人民币1,349,302,665.78元,其中注册资本为人民币220,000,000.00元,资本公积为人民币1,129,302,665.78元。贵公司变更后的注册资本为人民币940,000,000.00元。

四、本次募股资金入帐情况

1、入帐时间:2004年6月22日

2、入帐金额:1,355,274,665.78元

3、入帐帐号:1602003419201025788

4、开户银行:中国工商银行济南市分行东郊支行

五、本公司上市前股权结构及各类股东的持股情况

1、本次上市前股权结构

股份类别	股数(万股)	比例(%)
1、尚未流通股份:	72000	76.60
国有法人股	72000	76.60
2、可流通股份:	22000	23.40
社会公众股	22000	23.40
合计	94000	100

2、本次上市前十大股东情况

股东	股份类别	股数(万股)	比例(%)
济南钢铁集团总公司	国有法人股	71,084.31	75.62
南方证券股份有限公司	流通股	671.45	0.71
莱芜钢铁集团有限公司	国有法人股	327.03	0.35
山东黄金集团有限公司	国有法人股	196.22	0.21
山东金岭铁矿	国有法人股	196.22	0.21
山东省耐火原材料公司	国有法人股	196.22	0.21
科瑞基金	流通股	53.10	0.06
丰和价值	流通股	53.10	0.06
裕隆基金	流通股	53.00	0.06
嘉实服务	流通股	53.00	0.06

第六节　董事、监事、高级管理人员及核心技术人员

一、董事、监事、高级管理人员及核心技术人员的基本情况

1、董事

陈启祥,男,1957年出生,大学,高级工程师。现任济南钢铁集团总公司党委委员、副总经理,济南钢铁股份有限公司董事长。

李长顺,男,1946年出生,硕士,高级经济师。现任济南钢铁集团总公司总经理兼党委书记,济南钢铁股份有限公司董事。曾获山东省富民兴鲁劳动奖章、全国劳动模范、全国五一劳动奖章等荣誉称号。

王军,男,1951年出生,大学,高级经济师。现任济南钢铁集团总公司副总经理,济南钢铁股份有限公司董事。

马旺伟,男,1957年出生,大学,高级工程师。现任济南钢铁股份有限公司董事、总经理。

迟才功,男,1953年出生,大学,高级经济师。现任济南钢铁股份有限公司董事、董事会秘书。

马赞群,男,1949年出生,大学,高级经济师。现任莱钢集团有限公司资本运营部部长、济南钢铁股份有限公司董事。

独立董事

翁宇庆,男,1940年出生,博士,俄罗斯工程院院士、高级工程师、国家科技部重大基础项目首席科学家。现任本公司独立董事、中国金属学会理事长、中国钢铁协会党委常委,曾荣获国家发明奖、全国科学技术大会奖、冶金部科学技术进步奖、中组部及国家机关优秀共产党员等荣誉称号。

殷瑞钰,男,1935年出生,大学,中共党员,高级工程师。现任本公司独立董事、钢铁研究总院名誉院长、中国工程院工程管理学部主任、中国金属学会副理事长、日本钢铁学会(ISIJ)名誉会员。

任辉,男,1945年出生,大学,教授。现任本公司的独立董事、山东经济学院院长,曾发表多部会计学方面的专著。

2、监事

孟繁东,男,1947年出生,政工师。现任济南钢铁股份有限公司监事会主席。

齐兴贵,男,1945年出生,大学,高级会计师。现任济南钢铁集团总公司财务处副处长,济南钢铁股份有限公司监事。

张雪晋,女,1958年出生,大学,高级政工师。现任济南钢铁集团总公司工会副主席,济南钢铁股份有限公司监事。

刘秀元,男,1963年出生,大学,高级政工师。现任济南钢铁股份有限公司中板厂党委书记、监事。

高贤成,男,1962年生,大学,高级工程师。现任济南钢铁股份有限公司第一炼铁厂厂长,监事。

3、高级管理人员

马旺伟,同上。

殷汝军,男,1956年生,大学,高级工程师。现任济南钢铁股份有限公司副总经理兼第一炼钢厂厂长、党委书记,

4、董事会秘书

迟才功,同上。

5、财务负责人

郭燕春,女,1955年生,大学,高级会计师。现任本公司财务处处长。

6、核心技术人员

曹同乐,男,1946年生,大学,高级工程师(教授),山东省专业技术拔尖人才,享受国务院政府特殊津贴。现任集团公司副总工兼自动化部部长、高级工程师、工程技术应用研究员;济南钢铁股份有限公司技术委员会主任。

殷汝军,同上。

孙卫华,男,1966年生,博士研究生,高级工程师。现任济南钢铁股份公司技术委员会副主任。

刘江,男,1955年生,大学,高级工程师。现任济南钢铁股份有限公司中厚板厂厂长。

二、持股情况说明

本次发行前,本公司董事、监事、高级管理人员和核心技术人员及其家属均未持有本公司股份。

第七节　同业竞争与关联交易

一、关于同业竞争

1.本公司与集团公司同业竞争的情况

本公司目前主要从事钢铁冶炼、加工,钢材、水渣的生产和销售。公司设立时,集团公司已将主体生产厂区与钢铁生产经营有关的资产投入到本公司,但集团公司仍具备生产少量型材的能力,保留的体系是完全独立于本公司的钢铁生产厂区。根据本公司与集团公司签署的《避免同业竞争协议》,集团公司及集团公司的下属企业不生产与股份公司相同品种、相同规格的小型材产品。

2.本公司与集团公司同业竞争情况的说明

集团公司与本公司相比,虽然存在一定程度的同业竞争,但由于产品规格上有差别,针对的客户市场不同,产品品种质量,工艺技术装备结构,产品价格,未来发展前景上都不具备竞争优势,因此集团公司与本公司之间的同业竞争不会对本公司产生不利影响,并将在未来逐步消除。

3.保荐机构、发行人律师对是否存在同业竞争发表意见

经保荐机构南方证券股份有限公司核查后认为:"集团公司已与股份公司签订《避免同业竞争协议》,在该协议中作出了避免同业竞争的承诺;济钢集团为避免同业竞争而采取的相关措施是有效的;并且由于集团公司的钢铁生产设备落后,没有发展前景,生产与公司不同规格、不同型号的产品,针对不同的消费市场,故与公司之间存在的同业竞争不会导致公司的利益受到损害。"

发行人律师认为:"济钢集团与发行人虽存在一定程度的同业竞争,但由于济钢集团的钢铁生产设备落后,没有发展前景,其产品在规格、型号、用途及市场等方面与发行人有巨大差异,且济钢集团已与发行人签订《避免同业竞争协议》,在该协议中作出了避免同业竞争的承诺。济钢集团为减少避免同业竞争而采取的相关措施是有效的,其与发行人之间的同业竞争不会导致发行人的利益受到损害。"

二、关于关联交易

1.关联交易情况

因为公司由济钢集团为主发起人改制设立,并且受冶金行业特点、历史渊源、地理位置等客观因素的影响,本公司与集团公司及其下属公司在生活服务、生产辅助方面存在不可避免的若干关联交易,与集团公司及其它关联企业签订了《综合服务协议》、《产品互供协议》、《关于提供动能的服务协议(一)(二)》、《土地使用权租赁协议》、《房屋租赁协议》、《运输服务协议》、《进口矿理货服务协议》等关联交易协议。公司自成立以来,严格按照《公司章程》、《关联交易管理办法》等文件中的有关规

定履行对关联交易的审核、决策程序,确保了其经营决策的独立性,关联交易的公平、公允性,切实保护了发行人及中小股东的利益。关联交易的对经营情况影响如下:

单位:万元

项目	2003 年	2002 年	2001 年
向关联方销售产品收入	84,231.69	114,355.11	155,297.49
占主营业务收入比例	8.32%	18.62%	30.70%
向关联方采购或接受劳务支出	486,457.35	323,464.00	319,497.85
占主营业务成本比例	58.06%	64.12%	74.31%

由上表可见,公司的关联交易占主营业务收支的比例呈逐步下降趋势。向关联方销售产品的关联交易量维持在占主营业务收入的 10%以下;随着公司对集团公司焦化厂的收购完成以及其他措施推行,向关联方采购产品或接受劳务的关联交易将减少到占主营业务成本的 30%左右。

本公司的控股股东---集团公司以其拥有的 2000 万元债券为股份公司在开发银行的 60,000 万元贷款提供质押担保,股份公司的股东?莱钢集团为股份公司上述借款提供连带责任保证;集团公司为股份公司的 51,465.51 万元短期借款和 75,447 万元长期借款提供保证形式的担保。

2.本公司拟在公开发行股票后,运用部分募集资金收购集团公司焦化厂,双方就此事项于 2002 年 10 月 16 日修订了《资产收购协议意向书》,公司在本次发行股票后实施收购,收购价格以中企华资产评估有限公司出具的中企华评报字 [2004] 第 041 号《资产评估报告书》为准,评估价值为 37,805.37 万元。

3.独立董事及各中介结构意见

(1)独立董事意见

公司独立董事认为:"该等关联交易是生产经营必须的,各项关联交易协议对协议双方是公平的,各项关联交易定价原则都做出了明确的规定,所有定价均是合理、公允的,充分保护了公司中小股东的利益。"

(2)本公司律师意见

发行人律师认为:"关联交易是出于经营的需要,依照市场公平原则进行的等价有偿的交易行为,对交易双方是公允的;公司拟收购集团公司部分资产,是为了保证公司资产的完整性、减少与集团公司的关联交易及对"完善、配套改造城市煤气气源设施工程项目"的实施;公司为保护其他股东的利益所采取的措施,为避免不正当交易提供了适当的法律保障,不存在损害其他股东利益的情况;公司目前正在履行的关联交易协议,均属于与集团公司及其下属公司进行的关联交易,该等关联交易均已在关联董事、关联股东回避的情况下,依照法定程序获得公司股东大会的批准。"

(3)注册会计师意见

注册会计师对公司关联交易会计处理的合规性发表意见:"……我们认为,贵公司关联交易的会计处理符合《关联方之间出售资产等会计处理问题暂行规定》(财会[2001]64 号)的有关规定。"

(4)保荐机构的意见

保荐机构南方证券股份有限公司认为:"济南钢铁股份有限公司的生产经营是独立的,生产所需资产是完整的,所披露的关联方、关联关系、关联交易已全面披露,不存在损害发行人及中小股东利益的情形,决策程序合法有效,交易价格公允。"

第八节　财务会计资料

本公司 2001 年、2002 年和 2003 年的财务会计资料已于 2004 年 6 月 9 日在《中国证券报》、《上海证券报》、《证券时报》和《证券日报》刊登的《招股说明书摘要》中进行了披露,投资者欲了解详细内容,请查阅上述报纸或刊载于上海证券交易所网站(http://www.sse.com.cn)的本公司招股说明书全文。

一、注册会计师意见

本公司聘请信永中和会计师事务所对其 2001 年 12 月 31 日的资产负债表、2002 年 12 月 31 日、2003 年 12 月 30 日母公司及合并的资产负债表,2001 年度的利润及利润分配表、2002 年度、2003 年母公司及合并的利润及利润分配表,2002 年度、2003 年度母公司及合并的现金流量表进行了审计,并出具标准无保留意见的审计报告。

二、发行人简要财务报表

简要合并资产负债表

单位(万元)

项目	2003 年 12 月 31 日	2002 年 12 月 31 日	2001 年 12 月 31 日
流动资产	406,133.32	244,950.81	145,945.50
固定资产	292,655.83	260,564.97	164,006.36
总资产	698,789.14	505,515.78	309,951.86
流动负债	348,392.56	174,409.58	880,90.25
长期负债	169,577.90	180,097.90	108,627.00
负债总额	517,970.46	354,507.48	196,717.25
股东权益	179,218.95	150,485.49	113,234.61

简要合并利润表

单位(万元)

项目	2003 年度	2002 年度	2001 年度
主营业务收入	1,012,033.60	614,279.79	505,865.46
主营业务利润	169,813.58	107,156.86	73,447.83
营业利润	89,381.08	56,670.68	40,491.24
利润总额	83,874.76	55,096.80	38,045.43
净利润	59,693.46	37,250.88	24,753.49

简要合并现金流量表

单位:(万元)

项目	2003 年度	2002 年度
经营活动产生现金流量净额	138,462.02	59,326.03
投资活动产生现金流量净额	−47,733.76	−40,880.30
筹资活动产生现金流量净额	−36,942.28	75,093.08
汇率变动对现金的影响额	−19.72	0.18
现金及现金等价物净增加额	53,766.26	93,539.00

三、会计报表附注

本公司会计报表附注等有关内容,请查阅 2004 年 6 月 9 日在《中国证券报》、《上海证券报》、《证券时报》和《证券日报》刊登的《招股说明书摘要》以及刊载于上海证券交易所网站(http://www.sse.com.cn)的本公司招股说明书全文与附录。

四、主要财务指标

指标名称	2003.1−12	2002.1−12	2001.1−12
流动比率	1.17	1.40	1.65
速动比率	0.65	0.95	1.13
应收帐款周转率(次)	90.59	76.15	53.68
存货周转率(次)	6.58	8.37	10.46
无形资产(土地使用权除外)占总资产的比例	0	0	0
资产负债率(母公司)	73.66%	68.42%	63.47%
资产负债率	74.12%	70.13%	63.47%
每股净资产(元)	2.49	2.09	1.57
每股收益(元)	0.83	0.52	0.34
研究与开发费用占主营业务收入比例	2.45%	1.62%	0.54%
每股经营活动产生的现金流量(元/股)	1.92	0.82	0.47

第九节　其他重要事项

一、自本公司股票首次公开发行之日至本上市公告书公告之日,本公司严格依照现行有关法律、法规的规定规范运行,生产经营情况正常,本公司所处行业和市场无重大变化,主要业务发展目标的进展状况正常,主要投入、产出物供求及价格无重大变化。

二、自本公司股票首次公开发行之日至本上市公告书公告之日,本公司没有进行重大对外投资,无重大资产(股权)收购、出售行为。

三、自本公司股票首次公开发行之日至本上市公告书公告之日,本公司住所未发生变更。

四、自本公司股票首次公开发行之日至本上市公告书公告之日,本公司董事、监事和高级管理人员没有尚未了结或可能发生的刑事诉讼事项;本公司未涉及任何重大诉讼事项或仲裁,亦无任何尚未了结或可能面临的重大诉讼或索赔要求。

五、自本公司股票首次公开发行之日至本上市公告书公告之日,本公司重大会计政策和会计师事务所未发生变动。

六、自本公司股票首次公开发行之日至本上市公告书公告之日,本公司未发生新的重大负债,并且重大债项未发生变化。

七、本公司股票首次公开发行和股票上市前后税负无变化。

八、根据《上海证券交易所股票上市规则》,本公司第一大股东济南钢铁集团总公司已承诺:自本公司股票上市之日起 12 个月内,不转让其持有的本公司股份,也不由上市公司回购本公司股份。

九、自本公司股票首次公开发行之日至本上市公告书公告之日,本公司没有其他应披露而未披露之重大事项。

第十节　董事会上市承诺

本公司董事会将严格遵守《公司法》、《证券法》、《股票发行与交易管理暂行条例》、《公开发行股票公司信息披露实施细则》和《上海证券交易所股票上市规则》等国家有关法律、法规的规定,承诺自本公司股票上市之日起作到:

一、承诺真实、准确、完整、公允和及时地公布定期报告,披露所有对投资者有重大影响的信息,并接受中国证监会、上海证券交易所的监督管理;

二、承诺本公司在知悉可能对股票价格产生误导性影响的任何公共传播媒介中出现的消息后,将及时予以公开澄清;

三、本公司董事、监事、高级管理人员及核心技术人员将认真听取社会公众的意见和批评,不利用已获得的内幕消息和其他不正当手段直接或间接从事本公司股票的买卖活动;

四、本公司没有无记录的负债。

第十一节　保荐机构(上市推荐人)及其意见

一、保荐机构(上市推荐人)情况

保荐机构(上市推荐人): 南方证券股份有限公司

法定代表人: 牛冠兴

法定地址: 深圳市嘉宾路 4028 号太平洋商贸大厦 20−28 层

电话: 021−52340420

传真: 021−52340280

联系人: 贾佑龙、由安然、刘生瑶、徐镳

二、保荐机构(上市推荐人)意见

本公司保荐机构(上市推荐人)南方证券股份有限公司认为:发行人具备了《中华人民共和国公司法》、《中华人民共和国证券法》、《股票发行与交易管理暂行条例》、《公开发行股票公司信息披露实施细则》、《证券发行上市保荐制度暂行办法》和《上海证券交易所股票上市规则》等国家有关法律、法规规定的上市条件。

保荐机构(上市推荐人)保证发行人的董事了解法律、法规、上海证券交易所上市规则及股票上市协议规定的董事的业务与责任;保荐机构(上市推荐人)协助发行人健全了法人治理结构、制定了严格的信息披露制度与保密制度。

保荐机构(上市推荐人)已对发行人上市文件所载的资料进行了核实,确保上市文件真实、准确、完整,符合规定要求,保证发行人的上市申请材料、上市公告书没有虚假记载、误导性陈述或者重大遗漏,并保证对其承担相应的法律责任。

保荐机构(上市推荐人)与发行人不存在关联关系,并保证不利用在上市过程中获得的内幕信息进行内幕交易,为自己或他人谋取利益。

保荐机构(上市推荐人)愿意推荐发行人股票在上海证券交易所上市交易。

济南钢铁股份有限公司

2004 年 6 月 24 日

湖北楚天高速公路股份有限公司

湖北楚天高速公路股份有限公司首次公开发行股票上市公告书

释义

在本上市公告书中,除非文义另有所指,下列词语具有如下含义:

本公司、发行人、公司、楚天高速	指	湖北楚天高速公路股份有限公司
集团公司	指	湖北省高速公路集团有限公司,系由湖北金路高速公路建设开发有限公司于2002年11月更名而成
华建中心	指	华建交通经济开发中心
宜黄公司	指	湖北宜黄高速公路经营有限公司
楚天交开	指	湖北楚天交通开发有限公司
高路实业	指	湖北省高速公路实业开发公司
汉荆段	指	汉宜高速公路中连接武汉市东岳庙至荆州市江陵全长179.9555公里的高速公路
江宜段	指	汉宜高速公路中连接荆州市江陵至宜昌市全长98.9135公里的高速公路

第一节 重要声明与提示

本公司董事会保证上市公告书的真实性、准确性、完整性,全体董事承诺上市公告书不存在虚假记载、误导性陈述或重大遗漏,并承担个别和连带的法律责任。

根据《公司法》、《证券法》等有关法律、法规的规定,本公司董事、高级管理人员已依法履行诚信和勤勉尽责的义务和责任。

上海证券交易所、中国证监会、其他政府机关对本公司股票上市及有关事项的意见,均不表明对本公司的任何保证。

本公司提醒广大投资者注意,凡本上市公告书未涉及的有关内容,请投资者查阅2004年2月19日刊载于《中国证券报》、《上海证券报》、《证券时报》的本公司招股说明书摘要,及刊载于上海证券交易所网站(www.sse.com.cn)的本公司招股说明书全文。

第二节 概 览

1.股票简称:楚天高速

2.沪市股票代码:600035,深市代理股票代码:003035

3.总股本:93,165.2495万股

4.可流通股本:28,000万股

5.本次上市流通股本:28,000万股

6.发行价格:3.00元/股

7.对首次公开发行股票前股东所持股份的流通限制及期限:根据国家现行法律、法规规定,本公司的发起人股暂不上市流通

8.本公司控股股东集团公司已作出如下承诺:"自楚天高速股票上市之日12个月内,我公司不转让现已持有的楚天高速股份;自楚天高速股票上市之日12个月内,也不由楚天高速对我公司现已持有的楚天高速股份实施回购"。

9.上市地点:上海证券交易所

10.上市时间:2004年3月10日

11.股票登记机构:中国证券登记结算有限责任公司上海分公司

12.上市推荐人:长江证券有限责任公司

第三节 绪 言

本上市公告书是根据《公司法》、《证券法》、《股票发行与交易管理暂行条例》、《公开发行股票公司信息披露实施细则》和《上海证券交易所股票上市规则》等有关法律、法规的规定,并按照中国证监会制定的《公开发行证券的公司信息披露内容与格式准则第7号〈股票上市公告书〉》要求而编制,旨在向投资者提供有关本公司的基本情况和本次股票上市的有关资料。

经中国证监会证监发行字[2003]147号文核准,本公司已于2004年2月24日采用全部向二级市场投资者配售定价发行方式成功发行了每股面值1.00元的人民币普通股(A股)28,000万股,每股发行价格为3.00元。

经上海证券交易所上证上字[2004]18号文批准,本公司28,000万股人民币普通股股票将于2004年3月10日起在上海证券交易所挂牌交易。股票简称"楚天高速",沪市股票代码为600035,深市代理股票代码为003035。

本公司已于2004年2月19日分别在《中国证券报》、《上海证券报》、《证券时报》上刊登了招股说明书摘要,招股说明书全文及其附录刊载于上海证券交易所网站(www.sse.com.cn),距今不超过三个月,故与其重复的内容在此不再重述,敬请投资者查阅上述文件。

第四节 发行人概况

一、发行人的基本情况

发行人名称:湖北楚天高速公路股份有限公司

HUBEICHUTIANEXPRESSWAYCO.,LTD.

法定代表人:贺长松

设立日期:2000年11月22日

注册资本:65,165.2495万元

公司住所:武汉市汉阳区龙阳大道9号

电话:027-83468733

传真:027-83468733

电子信箱:ctgs@vip.sina.com

董事会秘书:逯英劲

根据中国证监会《上市公司行业分类指引》,本公司属于交通运输辅助业。经营范围为:对公路、桥梁和其他交通基础设施的投资;管辖范围内高速公路的经营、养护、道路设施的开发。主营业务为高等级公路、桥梁等交通基础设施项目投资、经营管理。

二、发行人的历史沿革

(一)设立情况

本公司是经湖北省人民政府授权湖北省经济贸易委员会以《关于同意设立湖北楚天高速公路股份有限公司的批复》鄂经贸企[2000]809号文批准,由湖北省高速公路集团有限公司、华建交通经济开发中心、湖北省交通规划设计院、湖北省交通开发公司、湖北通世达公路开发有限公司作为发起人,对汉荆段高速公路资产进行改制重组,发起设立的股份有限公司。公司设立时,集团公司与华建中心以经评估确认的汉荆段高速公路经营性资产出资,其他三家发起人以现金出资。公司于2000年11月22日在湖北省工商行政管理局登记注册成立,注册资本为人民币65,165.2495万元。

(二)历次股权变动情况

经中国证监会证监发行字[2003]147号文核准,本公司于2004年2月24日利用上海证券交易所和深圳证券交易所交易系统,采用全部向二级市场投资者定价配售的方式发行了社会公众股 人民币普通股 28,000万股。本次股票发行后,本公司总股本为93,165.2495万股,注册资本为93,165.2495万元。

本次发行前后公司的股本结构如下:

股份类别	股东名称	发行前 股数(万股)	发行前 比例(%)	发行后 股数(万股)	发行后 比例(%)
国家股	集团公司	41,434.4271	63.5836	41,434.4271	44.4741
	华建中心	23,633.3224	36.2668	23,633.3224	25.3671
国有法人股	湖北省交通规划设计院	32.5	0.0499	32.5	0.0349
	湖北省交通开发公司	32.5	0.0499	32.5	0.0349
	湖北通世达公路开发公司	32.5	0.0499	32.5	0.0349
	社会公众股	0	0	28,000	30.0541
	总股本	65,165.2495	100	93,165.2495	100

三、发行人的主要经营情况

(一)主要业务概况

本公司自成立以来,主要从事汉荆段高速公路的收费业务,主营业务收入均为汉荆段高速公路车辆通行费收入。2001年、2002年、2003年公司的主营业务收入分别为223,593,664.89元、253,875,968.81元、295,902,932.66元,公司2002年度主营业务收入比上年增长13.54%,2003年度主营业务收入比上年增长16.55%,公司主营业务收入呈现增长趋势。

(二)公司的竞争优势与劣势

1.本公司的优势

(1)地理位置优越

本公司经营的汉荆段高速公路沿线是湖北省经济发展水平最高的江汉平原中心地区,是湖北省交通运输最繁忙的公路通道之一,作为国家"两纵两横"国道主干线沪蓉高速公路的重要路段,在沪蓉高速公路全线贯通后,汉荆段高速公路在该地区的竞争优势将得到进一步体现。

(2)产权关系明晰

本公司严格按照《公司法》、《证券法》和相关法律法规设立,公司产权明晰,法人治理结构完善,关联交易规范,同业竞争得到了有效控制,为本公司的高效规范运作打下了良好的制度基础。同时,产权明晰促进了公司管理水平的提升,有力地提高了公司的核心竞争力与经济效益。

(3)优惠政策扶持

公路基础设施建设是我国产业政策扶持的重点,得到了国家和地方政府的大力支持。为支持本公司的发展,2002年3月19日,经湖北省人民政府授权,湖北省交通厅与本公司签订了《特许权协议》,授予本公司多项特许权,使本公司在湖北省境内公路行业具有了较强的竞争优势。

2.本公司的劣势

(1)对政策的依赖性较强

本公司的发展得到国家产业政策和地方政府的大力支持。公司的收入主要来自于收取的车辆通行费,但收费标准、收费方式及征收与否等均由政府有关主管部门决定。此外,公司获取的特许权等优惠政策的续展都取决于政府相关政策的延续性。因此,相关政策法规的变更都将对公司的经营产生重大影响。

(2)业务结构单一

本公司主营业务为收取公路的车辆通行费,业务集中,结构单一,各业务间的互补性较差,使公司的经营业绩严重受制于宏观经济景气度。此外,由于公路行业所具有的投资回收期长的特点,决定了本公司业绩很难在短时期内有大幅度增长。

(三)主要财务指标

请参阅本上市公告书"第八节财务会计资料"的相关内容。

(四)公司资产权属及特许经营情况

公司拥有的资产权属已全部变更到本公司名下。经交通部批准,汉荆段高速公路收费权经营期限为30年;此外,本公司向集团公司有偿租赁汉荆段高速公路占用的总面积为8,658,220平方米的土地。本公司目前没有注册商标、专利与非专利技术。

(五)财政税收优惠政策

本公司成立后按33%的税率缴纳企业所得税,未享受所得税优惠政策。

第五节 股票发行与股本结构

一、本次股票上市前首次公开发行股票的情况

(一)发行日期:2004年2月24日

(二)发行数量:28,000.00万股

(三)发行价格:3.00元/股

(四)发行市盈率:16.67倍 按2003年经审计的净利润计算

(五)募股资金总额:84,000.00万元

(六)发行方式:向二级市场投资者配售定价发行

(七)配售对象:本公司招股说明书摘要刊登当日,即2004年2月19日收市时持有沪市或深市已上市流通人民币普通股(A股)股票市值达到10,000元或以上的沪、深两市二级市场投资者。投资者同时持有的沪、深两市上市流通A股股票市值不合并计算。

(八)发行费用总额及项目:本次发行费用共计3,502.00万元,包括承销费用、审计费用、评估费用、律师费用、发行手续费用、审核费、路演费、宣传及公告费等。

(九)每股发行费用:0.1251元

二、本次股票上市前首次公开发行股票的承销情况

本次公开发行的28,000万股人民币普通股(A股)股票配号总数为112,062,710个,中签率为0.24986010%,其中二级市场投资者认购277,992,209股,余股2,007,791股由主承销商长江证券有限责任公司包销。

三、本次上市前首次公开发行股票所募股资金的验资报告

验资报告

武众会2004 142号湖北楚天高速公路股份有限公司全体股东:

我们接受委托,审验了贵公司截至2004年3月2日新增注册资本实收情况。按照国家相关法律、法规的规定和协议、章程的要求出资,提供真实、合法、完整的验资资料,保护资产的安全、完整是全体股东及贵公司的责任。我们的责任是对贵公司新增注册资本的实收情况发表审验意见。我们的审验是依据《独立审计实务公告第1号--验资》进行的。在审验过程中,我们结合贵公司的实际情况,实施了检查等必要的审验程序。

贵公司原注册资本为人民币陆亿伍仟壹佰陆拾伍万贰仟肆佰玖拾伍元整(¥651,652,495.00),根据2002年4月15日贵公司2002年第一次临时股东大会决议和修改后章程的规定,申请通过向社会公开发行人民币普通股(A股)增加注册资本贰亿捌仟万元整(¥280,000,000.00),变更后的注册资本为人民币玖亿叁仟壹佰陆拾伍万贰仟肆佰玖拾伍元整(¥931,652,495.00)。经中国证券监督管理委员会"证监发行字[2003]147号"文核准,同意贵公司向社会公众发行人民币普通股28,000万股。贵公司已于2004年2月24日以每股发行价格人民币3.00元,发行了每股面值1.00元的社会公众股28,000万股。经我们审验,截至2004年3月2日,贵公司已收到证券承销机构划转的社会公众股东认缴股款捌亿壹仟壹佰捌拾陆万元整(¥811,860,000.00元,已直接扣除承销费¥25,200,000.00元,发行手续费¥2,940,000.00元),其中股本贰亿捌仟万元整(¥280,000,000.00),资本公积伍亿贰仟肆佰玖拾捌万元整(¥524,980,000.00),其他发行费用陆佰捌拾捌万元整(¥6,880,000.00)。

同时我们注意到,贵公司本次增资前的注册资本为人民币陆亿伍仟壹佰陆拾伍万贰仟肆佰玖拾伍元整(¥651,652,495.00),已经武汉众环会计师事务所有限责任公司审验,并于2000年11月出具了"武众会(2000)363号"验资报告验证。截至2004年3月2日,变更后的累计注册资本实收金额为人民币玖亿叁仟壹佰陆拾伍万贰仟肆佰玖拾伍元整(¥931,652,495.00)。

本验资报告供贵公司申请变更登记及据以向股东签发出资证明时使用,不应将其视为是对贵公司验资报告日后资本保全、偿债能力和持续经营能力等的保证,因使用不当造成的后果,与执行本验资业务的注册会计师及会计师事务所无关。

附件:1、新增注册资本实收情况明细表

2、注册资本变更前后对照表

3、验资事项说明

武汉众环会计师事务所有限责任公司中国注册会计师石文先

中国注册会计师刘文豪

中国武汉国际大厦B座16楼2004年3月2日

四、募股资金入账情况

(一)入帐时间:2004年3月2日

(二)入帐金额:811,860,000.00元(募股资金扣除承销费和发行手续费后的余额)

(三)入帐帐号:850398010000006167

(四)开户银行:中国建设银行武汉市汉口支行

五、本次上市前股权结构及各类股东的持股情况

(一)本次上市前股本结构

股份类别	持股数(万股)	持股比例(%)
发起人股	65,165.2495	69.9459
其中:国家股	65,067.7495	69.8412
国有法人股	97.5	0.1047
社会公众股	28,000	30.0541
股本总额	93,165.2495	100

(二)本次上市前公司前10名股东及持股情况

序号	股东名称	持股数(万股)	持股比例(%)
1	湖北省高速公路集团有限公司	41,434.4271	44.4741
2	华建交通经济开发中心	23,633.3224	25.3671
3	长江证券	227.2791	0.2440
4	南方证券	226.9000	0.2435
5	金鑫基金	70.5000	0.0757
6	丰和价值	69.4000	0.0745
7	天元基金	69.3000	0.0744
8	兴和基金	69.1000	0.0742
9	科瑞基金	68.9000	0.0740
10	安顺基金	67.4000	0.0723

第六节 董事、监事与高级管理人员

一、董事、监事与高级管理人员的简要情况

姓名	职务	国籍	性别	年龄	学历、职称
贺长松	董事长、党委书记	中国	男	55	大专学历,高级经济师
江海	副董事长	中国	男	58	大专学历,高级经济师
边军	副董事长	中国	男	40	双学士,高级经济师
祝向军	董事、总经理	中国	男	39	硕士,高级经济师
郭本锋	董事	中国	男	40	本科学历,会计师
安宏	董事、副总经理	中国	男	52	党校研究生学历高级政工师
姜友生	董事	中国	男	39	本科学历教授级高级工程师
李士显	董事	中国	男	57	本科学历,副教授
李汉生	董事	中国	男	49	大专学历,高级经济师
刘思跃	独立董事	中国	男	42	经济学博士副教授
唐建新	独立董事	中国	男	39	经济学博士副教授
旷旭光	监事会主席	中国	男	45	大专学历,高级经济师
刘先福	监事	中国	男	40	本科学历,高级会计师
彭建堂	职工代表,监事	中国	男	48	本科学历,高级政工师
王南军	副总经理	中国	男	37	党校研究生,学历经济师
刘道斌	总工程师	中国	男	40	硕士
许文红	财务负责人	中国	男	38	本科学历,工程师
逯英劲	董事会秘书	中国	男	28	本科学历,助理经济师

姓名	简要经历	兼职情况
贺长松	曾任湖北省高管局副局长、党委书记,湖北省黄黄高速公路管理处处长、党委书记	
江海	曾任交通部财务司处长	华建交通经济开发中心副总经理、东北高速公路股份有限公司监事会主席、福建发展高速公路股份有限公司副董事长、山东基建股份有限公司副董事长
边军	曾任湖北省政府办公厅秘书	集团公司副总经理、湖北京珠高速公路经营有限公司董事、湖北孝襄高速公路经营有限公司董事、湖北襄十高速公路经营有限公司董事、湖北宜长高速公路经营有限公司副董事长、中国公路学会高速公路运营学会理事、湖北省交通会计学会常务理事
祝向军	曾任湖北省高管局副局长、湖北金路高速公路建设开发有限公司计划经营部副部长	华建中心国家资本金托管部经理、河南中原高速公路股份有限公司董事、山东基建股份有限公司监事、北京首发实业股份有限公司监事、浙江上三股份有限公司董事
郭本锋	曾任华建中心资金部经理	
安宏	曾任湖北省黄黄高速公路管理处党委副书记	
姜友生	曾任湖北省交通规划设计院副院长	湖北省交通规划设计院院长
李士显	曾任湖北省汽车学校校长	湖北省交通开发公司总经理、北京振基咨询公司董事、上海亨昌公司董事、中美合资鄂州科氏沥青材料有限公司董事
李汉生	曾任湖北通世达公路开发有限公司副总经理	湖北通世达公路开发有限公司总经理、华联公路工程材料有限责任公司副董事长、中美合资鄂州科氏沥青材料有限公司董事长、湖北联通公路基础建设有限责任公司副董事长、湖北襄十高速公路经营有限公司董事
刘思跃	武汉大学任教	武汉大学金融系副主任、副教授
唐建新	武汉大学任教	武汉大学会计系副教授
旷旭光	曾任湖北省交通厅人事处副处长	集团公司副总经理、湖北京珠高速公路经营有限公司董事、湖北孝襄高速公路经营有限公司董事、湖北襄十高速公路经营有限公司监事
刘先福	曾任交通部审计局地方交通审计处处长	华建中心计划财务部经理、广西五洲交通股份有限公司董事、东北高速公路股份有限公司监事
彭建堂	曾任本公司综合管理部副经理、人力资源部经理	本公司综合管理部经理、工会副主席
王南军	曾任湖北省高管局小北门管理所书记兼所长	
刘道斌	曾在湖北省交通厅计划处工作	
许文红	曾任湖北省高等级公路管理局计财科副科长	本公司计划财务部经理
逯英劲	曾在湖北省黄黄高速公路建设指挥部工作	

二、董事、监事与高级管理人员持股情况

截止本上市公告书签署之日,本公司董事、监事、高级管理人员以及上述人员的父母、配偶或子女未持有公司股份,上述人员亦不存在通过其近亲属能够直接或间接控制的法人持有本公司股份的情形。

第七节 同业竞争与关联交易

一、同业竞争

本公司与集团公司、华建中心之间均不存在同业竞争。本公司全体发起人股东承诺不从事与本公司发生竞争的业务,并已采取措施避免同业竞争。

发行人律师及主承销商核查后均认为本公司与关联方之间不存在同业竞争。

二、关联方与关联关系

本公司关联方及关联关系主要包括:(1)集团公司为本公司控股股东,是与本公司存在控制关系的关联方;(2)华建中心、湖北省交通规划设计院、湖北省交通开发公司、湖北通世达公路开发有限公司为与本公司不存在控制关系的关联方;(3)集团公司下属子公司为与本公司不存在控制关系的关联方。

三、重大关联交易

(一)发行人目前存在的关联交易

本公司与集团公司目前存在国有土地使用权租赁、管理用房租赁关联交易,在公路养护工程招标中也出现了集团公司下属子公司中标而产生关联交易的情况。此外本公司拟用本次募股资金向集团公司收购汉宜段高速公路收费权。具体关联交易情况请参见刊载于上海证券交易所网站(www.sse.com.cn)的本公司招股说明书全文。

(二)中介机构和独立董事对关联交易的意见

发行人律师认为:公司与关联方之间发生的重大关联交易是公允的,不存在损害公司及其他股

东利益的情形。

主承销商认为:发行人的关联交易均遵循了公平、公开、公正的原则,关联交易协议的内容均明确具体,对关联交易的决策程序合法有效,未出现控股股东利用关联交易行为损害公司及其他股东利益的情况。

公司审计机构认为:发行人存在的关联交易及其对财务状况的影响均已在招股说明书中进行了如实披露,发行人不存在通过关联交易增加收入、减少成本费用,调增业绩的行为。

本公司独立董事认为:公司与关联方之间发生的重大关联交易是公允的,履行了法律、法规及公司章程规定的批准程序,未损害公司及中小股东利益。

第八节 财务会计资料

本公司2001年度、2002年度、2003年度的财务会计资料已于2004年2月19日在《中国证券报》、《上海证券报》、《证券时报》刊登的本公司招股说明书摘要中进行了披露。投资者欲了解详细内容,请查阅上述报纸或刊载于上海证券交易所网站(www.sse.com.cn)的本公司招股说明书全文及附录。

一、注册会计师意见

武汉众环会计师事务所有限责任公司受本公司委托,对本公司本次发行前三年的财务状况进行了审计,并出具了武众会2004 010号标准无保留意见审计报告。

二、简要财务报表

以下财务数据均摘自武汉众环会计师事务所有限责任公司武众会2004 010号《审计报告》。

(一) 简要资产负债表(单位:元)

资产	2003年12月31日	2002年12月31日	2001年12月31日
货币资金	224,703,659.84	190,927,116.56	84,762,903.25
应收账款	2,679,596.56	1,376,378.46	601,775.92
其他应收款	295,991.30	149,022.85	873,750.12
预付账款		108,000.00	
存货		109,290.97	137,883.32
待摊费用	195,315.52	238,439.56	123,279.33
流动资产合计	227,874,563.22	192,908,248.40	86,499,591.94
长期股权投资			897,486.06
长期投资合计			897,486.06
固定资产原价	1,775,146,759.20	1,739,459,411.23	1,737,007,396.23
减:累计折旧	590,320,094.44	558,575,332.67	531,111,113.04
固定资产净值	1,184,826,664.76	1,180,884,078.56	1,205,896,283.19
固定资产净额	1,184,826,664.76	1,180,884,078.56	1,205,896,283.19
在建工程	6,357,168.60	14,516,653.06	
固定资产合计	1,191,183,833.36	1,195,400,731.62	1,205,896,283.19
长期待摊费用	113,542.78	172,782.58	231,736.54
无形及其他资产合计	113,542.78	172,782.58	231,736.54
资产总计	1,419,171,939.36	1,388,481,762.60	1,293,525,097.73
短期借款	89,310,000.00	80,000,000.00	
应付账款	6,900,586.04	902,252.07	
应付股利		92,691,906.80	31,231,319.64
应交税金	36,083,838.26	26,219,932.56	8,733,079.99
其他应交款	443,503.68	421,332.05	832,373.85
其他应付款	1,849,291.58	2,572,527.85	5,021,418.87
预提费用	4,487,790.55	8,519,481.37	2,958,046.00
一年内到期的长期负债			124,120,000.00
流动负债合计	139,075,010.11	211,327,432.70	172,896,238.35
长期借款		59,310,000.00	59,310,000.00
专项应付款	96,000,000.00	51,000,000.00	
长期负债合计	96,000,000.00	110,310,000.00	59,310,000.00
负债合计	235,075,010.11	321,637,432.70	232,206,238.35
股本	651,652,495.00	651,652,495.00	651,652,495.00
股本净额	651,652,495.00	651,652,495.00	651,652,495.00
资本公积	354,806,842.16	354,806,842.16	353,169,071.55
盈余公积	75,155,007.68	45,841,857.85	21,696,956.19
其中:法定公益金	15,145,606.18	9,282,976.21	4,453,995.87
未分配利润	102,482,584.41	14,543,134.89	34,800,336.64
股东权益合计	1,184,096,929.25	1,066,844,329.90	1,061,318,859.38
负债与股东权益总计	1,419,171,939.36	1,388,481,762.60	1,293,525,097.73

(二) 简要利润表(单位:元)

项目	2003年度	2002年度	2001年度
一、主营业务收入	295,902,932.66	253,875,968.81	223,593,664.89
减:主营业务成本	88,734,597.22	73,767,729.25	67,351,930.14
主营业务税金及附加	16,570,592.51	14,217,054.25	12,521,245.22
二、主营业务利润	190,597,742.93	165,891,185.31	143,720,489.53
加:其他业务利润	188,600.00		
减:营业费用			
管理费用	11,128,787.59	9,087,696.87	7,921,360.39
财务费用	2,387,265.24	8,147,409.55	11,453,294.25
三、营业利润	177,270,290.10	148,656,078.89	124,345,834.89
加:投资收益		1,333.37	407,486.06
补贴收入			
营业外收入	32,299.69	538.39	
减:营业外支出	1,352,801.71	405,242.53	551,507.32
四、利润总额	175,949,788.08	148,252,708.12	124,201,813.63
减:所得税	58,697,188.73	51,673,101.39	40,852,128.09
五、净利润	117,252,599.35	96,579,606.73	83,349,685.54

(三) 简要现金流量表(单位:元)

项目	2003年度	2002年度
经营活动产生的现金流量净额	211,987,785.63	207,175,726.41
投资活动产生的现金流量净额	−27,941,163.15	−15,982,647.63
筹资活动产生的现金流量净额	−150,270,079.20	−85,028,865.47
现金及现金等价物净增加额	33,776,543.28	106,164,213.31

三、会计报表附注

本公司会计报表附注等有关内容,请查阅刊载于上海证券交易所网站(www.sse.com.cn)的本公司招股说明书全文及附录。

四、主要财务指标

项目指标	2003年度	2002年度	2001年度
1.流动比率	1.64	0.74	0.50
2.速动比率	1.64	0.73	0.50
3.资产负债率	16.56%	23.16%	17.95%
4.应收账款周转率	145.91	256.68	743.11
5.存货周转率	405.96	596.89	976.94
6.净资产收益率--全面摊薄	9.90%	9.05%	7.85%
7.净资产收益率--加权平均	10.42%	9.14%	7.94%
8.扣除非经常性损益后净资产收益率--全面摊薄	9.95%	9.06%	7.85%
9.扣除非经常性损益后净资产收益率—加权平均	10.47%	9.14%	7.94%
10.每股收益--全面摊薄	0.18	0.15	0.13
11.每股收益—加权平均	0.18	0.15	0.13

第九节 其他重要事项

1.自本公司股票首次公开发行之日至本公司上市公告书公告之日,本公司严格依照《公司法》、《证券法》等法律法规的要求,规范运行,经营情况正常,所处行业、市场无重大变化,主要业务发展目标进展状况正常,主要投入、产出物供求与价格无重大变化。

2.自本公司股票首次公开发行之日至本公司上市公告书公告之日,本公司没有进行重大对外投资,无重大资产(股权)收购、出售行为。

3.自本公司股票首次公开发行之日至本公司上市公告书公告之日,本公司住所没有发生变更。

4. 自本公司股票首次公开发行之日至本公司上市公告书公告之日,本公司未涉及任何重大诉讼、仲裁或行政处罚案件,亦没有尚未了结或可能面临的重大诉讼和索赔要求。

5.自本公司股票首次公开发行之日至本公司上市公告书公告之日,本公司董事、监事和高级管理人员未受到任何刑事起诉,亦没有尚未了结或可能发生的刑事诉讼事项。

6.自本公司股票首次公开发行之日至本公司上市公告书公告之日,本公司的重大会计政策和会计师事务所没有发生变化。

7.自本公司股票首次公开发行之日至本公司上市公告书公告之日,本公司的税收政策未发生变化。

8.根据公司2002年第一次临时股东大会及2002年度股东大会决议,公司2002年9月30日前所实现的利润已全部分配给老股东,2002年9月30日以后实现的利润由上市后新老股东共享。因此,公司上市前未分配的利润将由上市后新老股东共同享有。

9. 自本公司股票首次公开发行之日至本公司上市公告书公告之日,本公司未发生新的重大负债,并且重大债项未发生变化。

10.根据《上海证券交易所股票上市规则》,公司第一大股东集团公司已向上海证券交易所承诺:自本公司股票上市之日12个月内,集团公司不转让现已持有的本公司股份;自本公司股票上市之日12个月内,也不由本公司对集团公司现已持有的本公司股份实施回购。

11.自本公司股票首次公开发行之日至本公司上市公告书公告之日,没有其他应披露而未披露之重大事项。

第十节 董事会上市承诺

本公司董事会将严格遵守《公司法》、《证券法》、《股票发行与交易管理暂行条例》、《公开发行股票公司信息披露实施细则》和《上海证券交易所股票上市规则》等国家有关法律、法规的规定,承诺自本公司股票上市之日起做到:

1.本公司将真实、准确、完整、公允和及时地公布定期报告,披露所有对投资者有重大影响的信息,并接受中国证监会、上海证券交易所的监督管理;

2.本公司在知悉可能对股票价格产生误导性影响的任何公共传播媒介中出现的消息后,将及时予以公开澄清;

3.本公司董事、监事和高级管理人员将认真听取社会公众的意见和批评,不利用已获得的内幕消息和其他不正当手段直接或间接从事发行人股票的买卖活动;

4.本公司没有无记录的负债。

依据《上海证券交易所股票上市规则》,本公司全体董事、监事将按照有关规定,在本公司股票上市后两个月内签署《董事(监事)声明及承诺书》并送达上海证券交易所备案。

第十一节 上市推荐人意见

一、上市推荐人情况

上市推荐人:长江证券有限责任公司

注册地址:武汉市江汉区新华下路特8号

法定代表人:明云成

联系地址:上海市浦东新区世纪大道88号金茂大厦49楼

电话:027-65799569021-38784899

传真:027-65799892021-50495603

联系人:郑拳筠彭朝晖胡小娥

二、上市推荐人意见

本公司上市推荐人长江证券有限责任公司认为:发行人章程符合《公司法》、《证券法》等有关法律、法规和中国证监会的规定;发行人本次股票发行完全符合《公司法》、《证券法》及《上海证券交易所股票上市规则》等国家有关法律、法规的规定,已具备上市条件;发行人董事了解国家有关法律、法规、上海证券交易所上市规则及股票上市协议规定的董事义务与责任;发行人健全了法人治理结构、制定了严格的信息披露制度与保密制度。

上市推荐人已对上市文件所载的资料进行了核实,确保上市文件真实、准确、完整,符合规定要求;保证发行人的上市申请材料、上市公告书没有虚假、严重误导性陈述或者重大遗漏,并保证对其承担连带责任。上市推荐人愿意推荐发行人的股票在上海证券交易所上市交易,并保证不利用在上市过程中获得的内幕信息进行内幕交易,为自己或他人谋取利益。

湖北楚天高速公路股份有限公司

二〇〇四年三月五日

四川路桥建设股份有限公司

四川路桥建设股份有限公司2003年年度报告

第一节　重要提示

一、本公司董事会及其董事保证本报告所载资料不存在任何虚假记载、误导性陈述或者重大遗漏，并对其内容的真实性、准确性和完整性承担个别及连带责任。董事李文琪先生因在外地出差无法参加本次董事会，委托董事甘洪先生代为表决。

二、公司董事长孙云先生、总经理唐勇先生、财务总监李继东先生及会计机构负责人王猛先生声明：保证年度报告中财务报告的真实、完整。

第二节　公司基本情况简介

一、公司基本情况简介

(一)公司法定中文名称：四川路桥建设股份有限公司　中文简称：四川路桥

公司法定英文名称：Sichuan Road & Bridge Co.,LTD　英文缩写：SRBC

(二)公司股票上市地点：上海证券交易所

股票简称：四川路桥　股票代码：600039

(三)公司注册地址：四川省成都市高朋大道11号科技工业园F-59号

公司办公地址：四川省成都市一环路南四段17号　邮政编码：610041

公司国际互联网网址：www.srbc.com.cn

电子信箱：srbg@mail.sc.cninfo.net

(四)公司法定代表人：孙云

(五)公司董事会秘书：曹川

联系地址：四川省成都市一环路南四段17号

电话：028-85068045　传真：028-85085853

电子信箱：srbcdsh@sina.com

公司证券事务代表：冉铮海

联系地址：四川省成都市一环路南四段17号

电话：028-85085853　传真：028-85085853

电子信箱：micran@vip.sina.com

(六)公司选定的中国证监会指定报纸：《中国证券报》、《上海证券报》、《证券日报》

(七)登载公司年度报告的中国证监会指定网站网址：

上海证券交易所网站 www.sse.com.cn

年度报告备置地点：公司证券部

(八)其它有关资料：

公司首次注册登记日期：1999年12月28日

公司变更注册登记日期：2003年5月30日

公司注册登记地点：四川省工商行政管理局直属分局

公司法人营业执照注册号：5100001811904(10-1)

税务登记证号码：川国税直字510107711890695号

川地税直字510107711890695号

公司聘请的会计师事务所名称：岳华会计师事务所有限责任公司

办公地址：北京市朝阳区霄云路26号鹏润大厦1201-1203

第三节　会计数据和业务数据摘要

一、2003年度主要经营数据　单位：元

项目	金额
利润总额	55,278,323.47
净利润	46,162,053.64
扣除非经常性损益后的净利润	46,756,418.68
主营业务利润	183,677,370.87
其它业务利润	4,147,364.09
营业利润	56,370,290.54
投资收益	-102,714.08
补贴收入	-
营业外收支净额	-989,252.99
经营活动产生的现金流量净额	-109,433,080.48
现金及现金等价物净增减额	263,285,088.89

注：扣除的非经常性损益项目和涉及金额：

项目	涉及金额 (收益+，损失-)
营业外收入	739,739.89
营业外支出(资产减值准备除外)	-1,728,992.88
短期投资损益	290,000.00
流动资产盘盈、盘亏	
以前年度计提各项减值准备的转回	
小计	-699,252.99
所得税	-104,887.95
扣除所得税影响后的非经常性损益(正数为增加，负数为减少)	-594,365.04

二、最近三年主要会计数据和财务指标　单位：元

项目	2003年度	2002年度	2001年度
主营业务收入	2,155,664,521.47	2,765,032,760.78	1,901,996,928.07
净利润	46,162,053.64	68,429,792.71	69,830,937.04
总资产	2,659,933,093.66	1,662,946,625.17	1,265,661,619.10
股东权益(不含少数股东权益)	1,001,934,427.51	451,885,830.77	383,456,038.06
每股收益(全面摊薄)(元/股)	0.18	0.46	0.47
每股收益(加权平均)(元/股)	0.21	0.46	0.47
扣除非经常性损益后的每股收益(摊薄)	0.19	0.43	0.46
扣除非经常性损益后的每股收益(加权)	0.21	0.43	0.46
每股净资产	4.01	3.01	2.56
调整后的每股净资产	4.00	3.00	2.54
每股经营活动产生的现金流量净额(元/股)	-0.44	0.61	-0.14
净资产收益率(全面摊薄)%	4.61%	15.14%	18.21%
净资产收益率(加权平均)%	4.77%	16.38%	20.04%
扣除非经常性损益后的净资产收益率(摊薄)%	4.67%	14.30%	16.46%
扣除非经常性损益后的净资产收益率(加权)%	4.83%	15.47%	18.11%
扣除非经常性损益后的净利润	46,756,418.68	64,630,088.01	63,114,637.04

三、报告期内股东权益变动情况　单位：元

项目	股本	资本公积	盈余公积
期初数	150,000,000.00	75,653,915.15	64,656,429.88
本期增加	100,000,000.00	565,462,028.84	13,464,975.36
本期减少			
期末数	250,000,000.00	641,115,943.99	78,121,405.24
变动原因			发行股票及利润分配

项目	法定公益金	未分配利润	股东权益
期初数	32,328,214.94	161,575,485.74	451,885,830.77
本期增加	6,732,487.68	46,162,053.64	725,089,057.84
本期减少		175,040,461.10	175,040,461.10
期末数	39,060,702.62	32,697,078.28	1,001,934,427.51
变动原因			发行股票及利润分配

第四节　股本变动和股东情况

一、公司股份变动情况

(一)公司股份变动情况表　单位：股

	本次变动前	本次变动增减(+、-) 配股送股转股增发其它(IPO)	小计	本次变动后
一、未上市流通股份				
1、发起人股份				
其中：				
国家持有股份	147,341,200			147,341,200
境内法人持有股份	2,658,800			2,658,800
境外法人持有股份				
其他				
2、募集法人股份				
3、内部职工股				
4、优先股或其他				
未上市流通股份合计	150,000,000			150,000,000
二、已上市流通股份				
1、人民币普通股		+100,000,000	+100,000,000	100,000,000
2、境内上市的外资股	.			
3、境外上市的外资股				
4、其他				
已上市流通股份合计		+100,000,000	+100,000,000	100,000,000
三、股份总数	150,000,000	+100,000,000	+100,000,000	250,000,000

(二)股票发行与上市情况

1、经中国证券监督管理委员会证监发行字[2003]16号文核准，公司于2003年3月10日首次公开向社会发行人民币普通股(A股)10,000万股，每股面值1.00元，每股发行价6.87元，并于2003年3月25日在上海证券交易所挂牌流通。

2、除上述情况外，公司股份总数及结构未发生变化。

3、本公司无内部职工股。

二、股东持股情况

(一)截至2003年12月31日，本公司股东总户数为47713户。

(二)报告期末，主要股东的持股情况

持有本公司5%以上股份的股东只有四川公路桥梁建设集团有限公司一家，报告期内，所持本公司股份无质押、冻结等情况。前十名股东中，四川公路桥梁建设集团有限公司持有四川九寨黄龙机场建设开发有限责任公司7.5%股份，其余法人股东之间不存在关联关系，也不属于《上市公司持股变动信息披露管理办法》中规定的一致行动人；除此之外，未知其他股东之间是否存在关联关系，也未知其他股东是否属于《上市公司持股变动信息披露管理办法》中规定的一致行动人。

截至2003年12月31日，在册持有本公司股份前十名股东情况：

序号	股东名称	期末持股数量(股)	报告期增减	比例(%)	股东性质
1	四川公路桥梁建设集团有限公司	147,341,200	0	58.936	国有法人股
2	四川九寨黄龙机场建设开发有限责任公司	664,700	0	0.266	社会法人股
3	四川嘉陵资产经营管理有限责任公司	664,700	0	0.266	社会法人股
4	北京科卓通信科技有限公司	664,700	0	0.266	社会法人股
5	四川贵通建设集团有限公司	664,700	0	0.266	社会法人股
6	刘静	392,749	+392,749	0.157	流通股
7	陈敬喜	379,200	+379,200	0.152	流通股
8	邢慧	285,000	+285,000	0.114	流通股
9	程志强	218,035	+218,035	0.087	流通股
10	罗俊华	211,783	+211,783	0.085	流通股

(三)公司控股股东情况

控股股东名称：四川公路桥梁建设集团有限公司；法人代表：何元钊。

四川公路桥梁建设集团有限公司前身是四川公路桥梁工程总公司，始建于50年代初。1998年4月，以四川公路桥梁工程总公司为主体，联合四川省交通厅下属企业--四川华夏工程总公司、四川交通工程开发公司和四川路桥实业有限公司，按现代企业制度组建了国有独资的四川公路桥梁建设集团有限公司。

该公司经营范围为：公路建设投资及开发；机场建设投资与开发；可承担工业与民用建筑、航务、航道、公路、铁路综合工程、设备、建材工业安装、地基与基础、建筑防水及装饰、土石方、爆破及预应力专项、钢结构、网架、隧道、机械施工的工程总承包。承包本行业国外工程和境内外资工程；上述工程所需的设备、材料出口；对外提供本行业工程、生产及服务的劳务人员；按国家有关规定在国

(境)外兴办企业。公司拥有公路工程施工总承包特级资质。报告期内,本公司控股股东未发生变更。

(四) 公司前十名流通股股东持股情况

序号	流通股股东名称	期末持股数量(股)	股份种类
1	刘静	392,749	A股
2	陈敬喜	379,200	A股
3	邢慧	285,000	A股
4	程志强	218,035	A股
5	罗俊华	211,783	A股
6	梁华	200,000	A股
7	苏州南方金鹏通信技术有限公司	189,500	A股
8	钟传华	176,400	A股
9	曹江虹	170,000	A股
10	郎布捷	166,700	A股

前十名流通股股东关联关系的说明:未知是否存在关联关系

第五节 董事、监事、高级管理人员和员工情况

一、董事、监事和高级管理人员的基本情况

(一) 基本情况

姓名	职务	性别	年龄	任职起止日期	持股数(股) 期初数	期末数	增减+/−
孙云	董事长	男	42	2003.3−−2006.3	0	0	−
唐勇	董事、总经理	男	40	2003.3−−2006.3	0	0	−
甘宗棠	董事	男	56	2003.3−−2006.3	0	0	−
李文琪	董事、总工程师	男	62	2003.3−−2006.3	0	0	−
甘洪	董事	男	43	2003.3−−2006.3	0	0	−
曹川	董事、副总、董秘	男	41	2003.3−−2006.3	0	0	−
杨盛福	独立董事	男	64	2003.3−−2006.3	0	0	−
林万祥	独立董事	男	63	2003.3−−2006.3	0	0	−
范文理	独立董事	男	58	2003.3−−2006.3	0	0	−
刘刚	监事会召集人	男	50	2003.3−−2006.3	0	0	−
彭志强	监事	男	47	2003.3−−2006.3	0	0	−
曾继刚	监事	男	57	2003.3−−2006.3	0	0	−
何永杰	监事	男	60	2003.3−−2006.3	0	0	−
钱明文	监事	男	59	2003.3−−2006.3	0	0	−
白茂	副总经理	男	38	2003.4−−2006.4	0	0	−
刘志刚	副总经理	男	39	2003.4−−2006.4	0	0	−
冯强林	副总经理	男	39	2003.4−−2006.4	0	0	−
李继东	财务总监	男	41	2003.4−−2006.4	0	0	−

(二) 董、监事在股东单位兼职情况

姓名	任职股东单位	任职职务	任职时间
孙云	四川公路桥梁建设集团有限公司	董事、总裁、党委书记	1998年4月
唐勇	四川公路桥梁建设集团有限公司	董事	2001年5月
甘宗棠	四川公路桥梁建设集团有限公司	董事	1998年4月
甘洪	四川公路桥梁建设集团有限公司	董事、副总裁	2001年3月/2004年2月
曹川	四川公路桥梁建设集团有限公司	董事	2004年2月
刘刚	四川公路桥梁建设集团有限公司	工会主席、纪委书记	1998年4月/2004年2月
彭志强	四川公路桥梁建设集团有限公司	副总裁	2004年2月
曾继刚	四川公路桥梁建设集团有限公司	办公室主任	1997年12月
白茂	四川公路桥梁建设集团有限公司	董事	2004年2月

(三) 年度报酬情况

董事、监事和高级管理人员报酬的决策程序:在公司任职的董事、监事和高管人员按其行政职务根据公司现行的工资制度领取薪酬,公司经营业绩与其薪酬挂钩,年底严格按照考核评定程序进行考评后,确定其年度报酬。未在公司任职的董事、监事不在公司领取报酬。

2003年度在公司领取报酬的15名董事、监事和高级管理人员年度报酬总额为1,313,920元,其中年度报酬数额15万元以上的有2人,10-15万元的有3人,5-10万元的有5人,5万元以下的有5人;金额最高的前三名董事的年度报酬总额为511,804元,金额最高的前三名高级管理人员的年度报酬总额为378,712元。

董事甘洪、监事刘刚、彭志强在控股股东四川公路桥梁建设集团有限公司领取报酬。

2003年度独立董事杨盛福、林万祥、范文理领取的报酬分别为4万元(不含为参加公司会议发生的差旅费、办公费)。

(四) 董事、监事及高级管理人员变动情况

报告期内,邱俊德先生因退休辞去董事职务,聘任杨盛福先生为独立董事;李昌玖先生因工作变动辞去董事职务,聘任曹川先生为董事。

报告期内,公司第二届董事会第一次会议续聘唐勇为总经理,白茂、刘志刚、曹川、冯强林为副总经理,李文琪为总工程师,李继东为财务总监,曹川为董事会秘书;原副总经理熊国彬因工作调动不再任职。

二、公司员工情况

截至2003年12月31日,公司员工总数为6700人,其中:生产、经营人员4533人,工程技术人员1498人,财务人员364人,行政人员305人;公司承担费用的离退休职工406人。

公司员工中,本科以上学历的567人,大、中专学历的1648人;具有高级职称的89人,中级职称的341人。

第六节 公司治理结构

一、公司治理情况

报告期内,公司严格按照《公司法》、《证券法》、《上市公司治理准则》以及公司《章程》等的规定,从公司的实际情况出发、从全体股东的利益出发,加强了公司的规范化运作,建立并不断完善了法人治理结构。公司治理的实际状况与中国证监会发布的有关上市公司治理的规范性文件的要求基本相符。

报告期内,公司董事会成立了战略决策委员会、审计委员会、提名委员会和薪酬与考核委员会,并制定了相应的议事规则,同时修改完善了公司《章程》中的相关内容,进一步规范了公司运作。

报告期内,公司按照中国证监会《关于在上市公司建立独立董事制度的指导意见》的要求,选举杨盛福、林万祥、范文理三人为第二届董事会独立董事。目前公司董事会成员中有三名独立董事,达到了总数的三分之一。

二、独立董事履行职责情况

公司三名独立董事均能自觉履行职责,积极了解公司运作情况,对公司重大决策、关联交易等情况独立发表意见,勤勉尽责,对董事会的科学决策起到了积极作用。

三、公司与控股股东五分开情况

公司已在业务、人员、资产、机构、财务等方面与控股股东相互独立,公司具有独立完整的业务及自主经营能力。具体情况如下:

1、业务方面:公司拥有独立的生产、经营系统,具有独立完整的业务及自主经营能力。

2、人员方面:公司建立了独立的人员录用、调配、考核、任免制度,独立决定公司人员的聘用和解聘。

3、资产方面:公司拥有独立完整的生产、供应系统及配套设施,拥有自己的施工资质和专利技术。同时,根据需要租赁集团公司的部分办公房屋和零星施工设备,同时,购买集团公司提供的单身宿舍、食堂等后勤综合服务。公司的资产具有完整性。

4、机构方面:公司建立了较为规范的法人治理结构,与控股股东在人员、职责等方面独立分开。

5、财务方面:公司建立有独立的会计核算体系和规范的财务管理制度,公司在银行独立开立账户,作为独立纳税人依法照章纳税。

四、报告期内公司对高级管理人员考评及激励机制的建立、实施情况

公司高级管理人员目前主要根据业务实绩和工作表现,由公司人事部门对其业绩和履职情况进行考评,以绩效考核为主,兼顾综合素质考核,使高级管理人员的薪酬与管理水平、经营业绩紧密挂钩。

第七节 董事会报告

一、董事会讨论与分析

(一)、外部环境分析

本报告期内,由于国家工程施工企业资质重新就位后,工程施工一级资质以上企业由过去的300多家猛增至600多家,公司面临着更加激烈的市场竞争与不完全规范的市场环境。上半年"非典"疫情、全年钢材、水泥等主要建筑材料持续、大幅涨价,以及"最低标中标"和"缴纳现金保证金"等投标方式的推行,都给公司的生产经营带来一定不利影响。

(二)、经营成果分析

面对严峻的市场形势,在董事会的正确领导和全体职工不懈努力下,公司排除种种困难,抓住公司成功上市的有利时机,坚持"省内不让、省外不放"的经营策略方针,采取了一系列有力的经营措施,并加强与各级交通主管部门、省内外公路建设业主单位联络,建立了广泛、有效的经营网络,及时收集有关经营信息,同时通过与其它施工企业建立竞争、合作的伙伴关系,共同开拓市场。本报告期内公司共投标309个工程,中标44个,中标率为14.24%,中标合同总金额32.85亿元。全年承建5000万元以上的工程共44个,其中续建工程14个,新建工程30个。完成产值21.56亿元,实现利润4616.21万元。

公司在巩固路桥施工主业优势的同时,在较短期间内以较低成本成功介入了路桥收费经营领域,继宜宾岷江一桥今年完成2100万元收费任务之后,金沙江中坝大桥也在年底顺利通车并实现试运行收费。同时,为了培育新的经济增长点,公司将目光投向具有稳定、较高经济效益的水电能源开发项目。在多次实地考察、严密论证的基础上,公司经股东大会批准以募集资金投入8000万元,与平昌县巴河公司合资组建了四川巴河水电开发有限公司,投资兴建巴河双滩、改建风滩水电站,最终实现装机容量6.1万千瓦。2003年12月双滩电站已开始动工兴建。以路桥收费经营和水电能源开发项目为突破口,公司多元化发展的战略布局正在打开,这必将成为公司发展的新天地。

二、报告期内主要经营情况

(一)、主营业务的范围及经营情况

公司的经营范围是:公路工程施工(壹级)及相关技术咨询服务;交通及附属设施、高新技术及产品的投资、开发、经营(不含国家限制经营内容);能源环保等基础设施项目开发、建设、投资和经营;工程机械的租赁、销售、维修;建筑材料的生产、销售;销售金属材料(不含贵稀金属),汽车配件,五金,交电,机械电子设备。

1、报告期内公司实现主营业务收入、主营业务利润10%以上的行业情况如下:

行业	主营业务收入	主营业务成本	毛利率(%)	主营业务收入比上年同期增减(%)	主营业务成本比上年同期增减(%)	毛利率比上年同期增减(%)
桥梁	657,026,574.96	569,266,161.73	13.36%	5.07%	6.61%	−1.25%
道路	1,477,463,397.51	1,323,982,035.09	10.39%	−30.40%	−30.72%	0.42%
道路通行费	21,174,549.00	9,969,201.28	52.92%	25.67%	−17.36%	24.52%
小计	2,155,664,521.47	1,903,217,398.10	11.71%	−22.04%	−22.55%	0.58%

2、报告期内公司主营业务收入按地区构成如下: 单位:元

地区	主营业务收入	主营业务成本	主营业务毛利
省内	1,527,151,072.17	1,323,873,923.04	203,277,149.13
省外	628,513,449.30	579,343,475.06	49,169,974.24
合计	2,155,664,521.47	1,903,217,398.10	252,447,123.37

(二)、主要控股公司的经营情况及业绩

1、四川川交路桥有限责任公司。主要经营:公路桥梁、交通设施、市政工程、机场、港口、码头、隧道等交通基础设施的投资开发和施工建设,注册资本17000万元,本公司持有股份98.29%。截止2003年12月31日,该公司的总资产56639万元,净资产24532万元,2003年实现主营业务收入60861万元,实现净利润1160万元。

2、四川通程路桥建设有限责任公司。主要经营:公路桥梁工程施工及交通基础设施,注册资本8200万元,本公司持有股份83.23%。截止2003年12月31日,该公司的总资产26531万元,净资产10411万元,2003年实现主营业务收入33368万元,实现净利润1251万元。

3、四川蜀南路桥开发有限责任公司。目前主要经营宜宾岷江一桥收费项目,公司注册资本14900万元,本公司持有股份85.23%。截止2003年12月31日,该公司的总资产21587万元,净资产13416万元,2003年实现主营业务收入2117万元,实现净利润257万元。

4、宜宾金沙江中坝大桥开发有限公司,主要经营宜宾金沙江中坝大桥收费项目,注册资本5700万元。本公司持股60%。截止2003年12月31日,该公司的总资产19840万元,净资产5613万元;由于中坝大桥2004年3月2日才开始试行收费,所以2003年没有收入,净利润-87万元。

5、四川巴河水电开发有限公司,主要经营巴河流域水电开发,目前投资兴建双滩改建风滩两个电站项目,注册资本10000万元,本公司持股80%,公司于2003年12月18日注册成立。截止2003年12月31日,该公司的总资产11654万元,未实现利润。

(三)、2003年公司前5名供应商情况

序号	供应厂商	物资名称	单位	供应数量	单价(万元)	供应金额(万元)
1	四川天业汽车有限公司	振动压路机	台	8	92.35	738.80
2	成都市鑫建工程设备有限公司	自卸车	辆	4	59.05	695.40
		砼输送泵	台	7	65.60	
3	四川三立工程机械有限公司	挖掘机	台	5	115.50	603.80
		空压机	台	1	26.30	
4	陕西昌信机械有限责任公司	沥青砼摊铺机	台	1	335.00	335.00
5	长沙中联重工科技发展股份有限公司	塔吊	台	2	139.05	333.60
		砼输送泵		1	55.50	

上述采购金额占公司及附属子公司物资采购总金额的3.72%。

本公司及附属子公司前五名客户的主营业务收入总额1,101,925,216.86元,占公司及附属子公司主营业务收入的51.11%。

(四)、经营中出现的问题、困难及解决方案

1、报告期内工程施工的主要原材料,特别是建筑用钢材、水泥价格持续、大幅上涨,其中就钢材一项采购价比公司投标报价平均高了1300元/吨,涨幅超过60%,致使生产成本提高。

2、国内路桥建设市场已属于全面开放自由竞争性领域,竞争日趋激烈;同时,市场环境不完全规范,加之部分地区实行的投标方式由"复合标底"转为"最低标中标"和"交纳现金保证金"等方式(截至目前公司已缴纳现金保证金1.05亿元),公司经济效益受到影响。

3、在经营开发过程中,虽然公司中标的施工项目不断增加,但低价中标的项目较多,特别在省内项目上,整体利润率有所下降。

4、部分工程项目拖欠工程款严重,导致公司的应收帐款数额较大,公司资金使用效率下降,增

加公司的资金使用成本。

5、公司曾经先进的工程项目管理模式与运行机制在一定程度上已不适应建筑市场变化和公司发展的需要。

针对上述问题和困难，公司主要采取以下应对措施：

1、改革项目管理模式，通过建立工程项目管理控制中心，强化项目集中管理、过程控制；同时继续全面实行项目负责人和项目参与人员的风险抵押承包责任制，将个人收入和项目业绩挂钩。

2、继续加大市场开发力度，特别重视对重点大项目工程的跟踪开发，努力提高高技术含量、高附加值、有影响力的大项目的中标比重。

3、进一步加强财务管理，通过计量收入的直接划拨、大宗材料的集中采购、零星支出的总额控制以及财务负责人委派制和项目开支"双签字"制度的落实，对所有施工项目实施全面财务监控管理。

4、加强成本控制，实施目标管理，将成本控制落实到中标分析、概预算编制、项目管理、施工生产、物资采购、设备使用各个环节。

5、坚持大型设备、大宗主材和地材的公开招标采购，低值易耗品实行限价限量采购，通过降低材料采购成本，提高公司经济效益。

6、加大应收款的催收力度，保证生产经营过程资金的使用效率。

7、继续贯彻公司"一业为主，两翼并举"的发展战略，积极拓展路桥收费经营、基础设施、能源等领域投资，以培养新的利润增长点。

三、公司投资情况

(一)、募集资金投资情况

1、募集资金使用情况

公司于 2003 年 3 月公开发行人民币普通股 10000 万股，募集资金 6.87 亿元，扣除承销费及发行手续费 28,973,934 元后，余额 658,026,066 元转入公司帐户，比原计划多募集资金 26,066 元，多募集资金用于补充流动资金。补充流动资金由原来的 162,000,000 元增加到 162,026,066 元。报告期内，募集资金项目实际支出 531,203,976.26 元，占全部募集资金总额的 80.73%。

具体实际投入情况如下： 单位：元

募集资金总额 658,026,066

承诺项目	拟投资金额	是否变更	实际投入金额 项目	产生收益	是否符合计计收益
购置施工机械设备注 1	243,000,000	否	137,098,410.26		否
组建宜宾金沙江中坝大桥开发有限责任公司注 2	120,000,000	是	34,200,000.00		否
增资控股四川蜀南路桥开发有限责任公司	109,000,000	否	109,000,000.00	2,570,000	是
组建实验研究中心注 3	24,000,000	否	3,079,500.00		否
补充流动资金	162,026,066	否	162,026,066.00		是
组建四川巴河水电开发责任有限公司注 4		是	80,000,000.00		变更后项目
补充流动资金注 5		是	5,800,000.00		变更后项目
合计	658,026,066		531,203,976.26		

未达到投资计划进度及收益的说明：注 1、由于部分新上项目的施工高潮尚未到来，以及旧设备可使用年限延长，购置机械施工设备项目未达到计划进度，完成计划的 82.74%。其中支付 2003 年签定购置合同的设备款 88,354,704.70 元，偿付公司 2001 年第一次临时股东大会通过募集资金投资方案后，2002 年购置的施工设备款 48,743,705.56 元。上述购置的施工设备已用于公司施工生产中，提高了公司技术装备水平和生产能力。

注 2、组建宜宾金沙江中坝大桥开发有限责任公司项目，经 2003 年 9 月 29 日第二次临时股东大会审议通过，由 12000 万元变更为 3420 万元，截至报告期末已全部投入。由于中坝大桥 2004 年 3 月 2 日才开始收费，因此报告期内没有产生收益。

注 3、组建实验研究中心项目由于项目招标进程迟于原定计划，造成项目未达到计划进度，完成计划的 23.68%。

尚未使用的募集资金用途	截至 2003 年 12 月 31 日，尚未使用的募集资金存放在银行募集资金专用账户。
报告期使用募集资金额	531,203,976.26
已累计使用募集资金额	531,203,976.26

2、报告期内募集资金投资项目变更情况

注 4、注 5：由于合资对方资金不能按协议到位，公司 2003 年 9 月 29 日第二次临时股东大会通过调整对金沙江中坝大桥开发有限责任公司投资金额及方式变更的议案，决定对中坝大桥公司的出资减少至 3420 万元，剩余 8580 万元募集资金暂缓投入。后由于项目前景发生变化，2003 年 12 月 1 日公司第三次临时股东大会通过改变公司部分募集资金投向的议案，决定不再对金沙江中坝大桥开发有限责任公司继续增资；剩余 8580 万元募集资金，其中 580 万元补充公司流动资金，8000 万元用于与平昌巴河水电开发有限责任公司共同设立"四川巴河水电开发有限责任公司"，本公司持股 80%。

报告期内，上述变更后的募集资金项目已全部投资完毕。四川巴河水电开发有限责任公司于 2003 年 12 月 18 日正式成立，报告期内尚未产生收益。

(二)、重大非募集资金投资情况

1、2003 年 7 月 3 日公司 2003 年第一次临时股东大会经审议同意控股子公司四川川交路桥有限责任公司增资扩股议案，川交公司注册资本由 10000 万元增加到 17000 万元，全部新增资本 7000 万元由本公司投入。

2、2003 年 8 月 26 日公司二届四次董事会经审议同意公司出资 267.06 万元参与发起设立四川川大华西药业股份有限公司，公司持股 164 万股，占总股本的 2.06%。该公司已于 2003 年 12 月正式设立。

3、2001 年 11 月 20 日公司与控股股东四川路桥集团达成股权转让协议，路桥集团将其持有的四川通程路桥建设有限责任公司 30%的股权转让给本公司，转让价格按通程公司设立时所对应的净资产为依据，计 2468.57 万元。经上述股权转让后，本公司持有通程公司的股权为 6824.86 万元，占注册资本的比例为 83.23%；路桥集团持有 1375.14 万元，占注册资本比为为 16.77%。本公司于 2003 年 6 月 30 日向路桥集团支付了通程公司的股权转让款 2468.57 万元。

四、报告期内财务状况及经营成果分析 单位：元

项目	2003 年 12 月 31 日	2002 年 12 月 31 日	增减(%)
总资产	2,659,933,093.66	1,662,946,625.17	59.95%
负债	1,574,073,497.51	1,150,804,547.68	36.78%
股东权益	1,001,934,427.51	451,885,830.77	121.72%
项目			
主营业务收入	2,155,664,521.47	2,765,032,760.78	−22.04%
主营业务利润	183,677,370.87	216,657,175.24	−15.22%
净利润	46,162,053.64	68,429,792.71	−32.54%
现金及现金等价物净增加额	263,285,088.89	32,204,388.22	717.54%

主要变动原因：

1、总资产增加的主要原因是本期发行股票、负债增加及实现净利润所致；

2、负债增加是本期新增银行借款所致；

3、股东权益增加主要是本期发行股票及实现净利润所致；

4、主营业务收入减少主要是由于行业竞争日趋激烈、中标工程单价降低，同时 2003 年初成都至南充高速公路、广安至南充高速公路等大型项目已完工，而由于"非典"等原因，大量新中标项目(四川西攀高速公路、浙江义乌阳光大道、四川泸州龙西桥、江安长江大桥等)于 2003 年下半年才陆续开工；原材料涨价也使项目建设速度放慢，造成本年度收入下降；

5、主营业务利润减少主要是主营业务收入减少所致；

6、净利润减少主要是主营业务利润减少、而管理费用呈现一定刚性所致；

7、现金及现金等价物净增加额与上年同期变化较大的主要原因为本期发行股票所致。

五、对公司会计政策及会计估计变更的讨论与分析

(一)、会计政策变更

根据财政部财会(2003)12 文《关于印发<企业会计准则-资产负债表日后事项>的通知》之规定，公司对比较会计报表所属期间涉及的现金股利分配事项进行了追溯调整，调整了 2003 年 12 月 31 日会计报表相关项目的年初数和上年数。

会计政策变更的影响：

内容	调整前	调整后	调整数
合并资产负债表			
a.应付股利	161,575,485.74		−161,575,485.74
b.未分配利润		161,575,485.74	161,575,485.74
合并利润分配表			
a.应付普通股股利	161,575,485.74		−161,575,485.74
b.对年末未分配利润的影响		161,575,485.74	161,575,485.74

(二)、会计估计变更

本公司控股子公司四川蜀南路桥开发有限责任公司（本公司控股 85.23%）截至 2002 年 12 月 31 日以前固定资产折旧会计处理方法沿用的是平均年限法，后在向四川省交通厅、物价局申请宜宾岷江一桥正式收费批文报送收费年限测算方案时，为更合理地反映公司财务状况，保证路产价值在经营期限内全部收回，蜀南公司决定将固定资产折旧的会计处理方法在车辆通行费剩余收费年限内(2003 年 1 月 1 日--2018 年 12 月 31 日)由平均年限法改为工作量法。此项会计估计变更增加蜀南公司 2003 年度净利润 3,458,653.82 元，本公司合并报表反映增加净利润 2,947,810.65 元。

六、生产经营环境、宏观政策、法规的变化对公司的影响

公司所处行业为基础设施产业中的公路桥梁施工建设行业，针对钢材、水泥、沥青等大宗原材料价格持续大幅上涨的形势，以及全国施工建筑业环境的变化和行业竞争日益激烈的态势，公司一方面通过强化管理，以保持企业在工程施工领域的竞争力；另一方面，在巩固原有市场份额的基础上，逐渐向路桥收费和水电能源开发项目领域拓展，寻找新的利润增长点，以提高公司赢利水平。

七、2004 年经营计划

(一)、公路市场展望

按照十六大提出的全面建设小康社会的宏伟目标，国家将在继续完善"五纵七横"公路骨架的基础上，进一步加大交通建设资金投入力度。国家将建设总规模 8.2 万公里、覆盖 10 亿人口的高速公路网，在全国形成综合运输大通道和较为完善的集疏运系统，其中今年将新增高速公路 3500 公里。在四川省内，省委、省政府明确提出了确保交通投资规模稳步增长、确保提前建设一批重点项目，将全省涉及进出川通道的重点项目全部纳入今年完工、开工和加快前期工作项目安排。这对公司说将又是一轮新的高速发展时期。

(二)、2004 年主要工作

1、加大市场开拓力度，扩大主营业务收入。在主营业务上，今年要进一步拓展公路市场占有份额，依法开展劳务合作和加强横向联合，共同开拓市场；在国家法律法规允许的前提下，实施经营创新，通过中介咨询、公司联盟、项目合作等多种方式加大经营力度；建立各分子公司竞争上项目的内部项目招投标机制，严禁违法转包、分包的现象发生。今年公司计划新增市场份额 30 亿元，其中省内省外各 15 亿元，以确保全年施工任务保有量 60 亿元以上，全年计划完成施工主营业务收入 22 亿元，利润率达到 3%，实现净利润 6000 万元。

2、抓好路桥收费项目，扩展路桥经营规模。在收费路桥投资方面，继续做好宜宾岷江一桥、金沙江中坝大桥经营收费工作，提高通行费收入，并积极考察新的路桥收费项目，争取通过 BOT、BT 方式投资 1-2 条效益较好的高速公路和独立大桥，或收购其经营权。今年路桥经营收费达到 3000 万元以上。

3、抓紧能源开发工作，尽快确立新的经济增长点。在抓紧巴河双滩电站建设和风滩电站改建工作的同时，做好巴河流域水电梯级深度开发工作。同时，加快甘孜州丹巴县小金川 22 万千瓦水电投资开发进度，并积极运作收购宜宾、达州、乐山等地水电站，力争 3-5 年内使公司水电装机总容量达到 50 万千瓦、售电收入达到 5 个亿以上，以保证股份公司的持续稳定发展。今年水电项目营业收入 1000 万元。

4、加强成本控制，完善项目管理。在经营管理上，要建立健全工程项目管理控制中心，加强项目集中管理，优化公司资源配置。在财务管理体系上，要尽快成立会计核算中心、资金管理中心和成本控制中心，加快财务结算中心的建设，进一步强化财务集中管理。

5、抓好科研开发，不断提高企业核心竞争力。今年将增加资金投入，进一步加大科技开发力度，巩固和扩大已有的核心技术优势。特别是要加快培养青年技术带头人和技术骨干，加强重点科研项目的研究，提高公司的科技攻关能力。要不断运用新技术、新材料、新工艺，在桥梁工程的超高墩塔、超大跨径、超深基础施工领域，以及公路、隧道工程施工领域加强技术攻关，多出科研成果，提高经济效益。今年争取申报国家级科技进步奖一个、省部级科技进步奖两个，其中，大桥项目 2 个、公路项目 1 个。

八、董事会日常工作情况

(一)、本报告期内公司董事会共召开了五次会议。

1、2003 年 2 月 9 日，公司召开了一届董事会九次会议，审议通过如下决议：

(1)通过了《董事会 2002 年度报告》；

(2)通过了《总经理 2002 年度报告》；

(3)通过了《2002 年度财务决算方案》；

(4)通过了 2002 年度利润分配预案；

(5)通过了 2003 年度预计利润分配政策；

(6)同意续聘岳华会计师事务所为公司 2003 年度审计机构的议案；

(7)通过了公司第二届董事会董事候选人人选的议案；

(8)同意继续租赁集团公司机械设备的议案；

(9)批准关于召开 2002 年度股东大会的议案。

2、2003 年 4 月 8 日，公司召开了二届董事会一次会议，审议通过如下决议，并于 2003 年 4 月 10 日在《中国证券报》和《上海证券报》上公告：

(1)选举公司第二届董事会董事长；

(2)聘任公司新一任总经理；

(3)聘任公司新一任副总经理，新一任总工程师，新一任财务总监；

(4)聘任公司新一任董事会秘书和证券事务代表；

(5)通过了募集金使用计划的议案。

3、2003 年 4 月 26 日，公司召开了二届董事会二次会议，审议通过了公司《2003 年第一季度报告》，并于 2003 年 4 月 29 日在《中国证券报》和《上海证券报》上公告。

4、2003 年 5 月 30 日，公司召开了二届董事会三次会议，审议通过如下决议，并于 6 月 3 日在《中国证券报》和《上海证券报》上公告：

(1)通过了四川路桥川交有限公司增资扩股的议案；

(2)通过了授权经理层办理银行贷款事宜的议案；

(3)通过了使用闲置资金进行短期投资的议案；

(4)通过了公司变更部分董事的议案；

(5)提名公司独立董事候选人；

(6)通过了提高独立董事津贴议案；

(7)通过了修改公司《章程》部分条款的议案；

(8)通过了修改公司《董事会、经理层工作细则》部分条款的议案；

(9)批准关于召开公司 2003 年第一次临时股东大会。

5、2003 年 8 月 26 日,公司召开了二届董事会四次会议,审议通过如下决议,并于 2003 年 8 月 29 日在《中国证券报》和《上海证券报》上公告:

(1)通过公司《2003 年半年度报告》全文及摘要;

(2)通过了公司调整对宜宾金沙江中坝大桥开发有限责任公司投资金额及方式的议案;

(3)通过了公司与控股股东四川公路桥梁建设集团有限公司签订的《2002 年度股利支付协议》;

(4)提名公司董事候选人;

(5)通过了公司组建专业投资子公司的议案;

(6)通过了参与发起设立四川川大华西药业股份有限公司的议案;

(7)通过了董事会设立提名、审计、薪酬、战略发展四个专门委员会并制定了相应实施细则的议案;

(8)通过了关于公司召开 2003 年第二次临时股东大会的议案。

6、2003 年 10 月 27 日,公司召开了二次董事会第五次会议,审议通过如下议案,并于 2003 年 10 月 29 日在《中国证券报》和《上海证券报》上公告:

(1)通过了公司《2003 年第三季度报告》;

(2)通过了修改公司《章程》部分条款的议案;

(3)通过了公司变更部分募集资金投向的议案;

(4)通过关于召开 2003 年度第三次临时股东大会的议案。

(二)、董事会对股东大会决议的执行情况

公司董事会认真贯彻落实股东大会通过的各项决议

1、组织实施了 2002 年度利润分配方案:该年度利润由公司上市前的股东享有。股利分配方案已于 2003 年 9 月 30 实施完毕。

2、对四川路桥川交有限公司增资扩股工作已办理完毕。

3、募集金使用情况基本按照招股说明书所述使用,其中原拟使用募集资金 12000 万元对金沙江中坝大桥的投资,根据实际情况的变化,该部分募集资金投向有所变动,具体内容详见公司 2003 年 8 月 29 日刊载于《中国证券报》和《上海证券报》上的《变更部分募集资金用途的公告》。

4、提名、审计、薪酬与考核、战略发展四个专门委员会已经成立,各委员会相应实施细则已经制定。

5、选举公司董事、监事,经营层,修改公司《章程》工作已经完成。

九、公司 2003 年利润分配及公积金转增股本预案

经岳华会计师事务所审计,母公司 2003 年度共实现净利润 47,460,666.70 元,提取 10%法定盈余公积金 4,746,066.67 元,提取 10%法定公益金 4,746,066.67 元,本年度可供股东分配利润 37,968,533.36 元;上年度结转未分配利润 19,410,046.76 元,截至报告期末可供股东分配的利润为 57,378,580.12 元。

董事会战略委员会经认真讨论后提议,以公司 2003 年末总股本 250,000,000 股为基数,向全体股东每 10 股派现 0.5 元(含税),总计分配利润支出总额为 12,500,000 元,剩余未分配利润 44,878,580.12 元结转下一年度。

本公司 2003 年度公积金转增股本预案为:截至 2003 年 12 月 31 日,母公司资本公积金余额为 641,115,943.99 元,公司拟以 2003 年末总股本 25000 万股为基数,用资本公积金向全体股东每 10 股转增 2 股。本次转增后,资本公积金尚余 591,115,943.99 元。

上述预案经股东大会通过后实施。

十、其他披露事项

1、公司指定《中国证券报》、《上海证券报》及《证券日报》为信息披露报纸。

2、注册会计师对公司控股股东及其他关联方占用资金情况的专项说明

专项说明

岳总专字[2004]第 A018 号

四川路桥建设股份有限公司董事会:

我们接受委托,依据中国注册会计师独立审计准则审计了四川路桥建设股份有限公司(以下简称四川路桥)2003 年 12 月 31 日的资产负债表和合并资产负债表、2003 年度的利润及利润分配表和合并利润及利润分配表、2003 年度现金流量表和合并现金流量表,并于 2004 年 4 月 7 日出具了岳总审字[2004]第 A362 号无保留意见的审计报告。

根据中国证券监督管理委员会、国务院国有资产监督管理委员会证监发[2003]56 号《关于规范上市公司与关联方资金往来及上市公司对外担保若干问题的通知》的要求,四川路桥编制了列示于本专项说明附件所附的截止 2003 年 12 月 31 日四川路桥控股股东及其他关联方占用资金情况表(以下简称"情况表")。

如实编制和对外披露情况表并确保其真实、合法及完整是四川路桥的责任。我们对情况表所载资料与我所审计四川路桥 2003 年度财务报告时所复核的会计资料和经审计的财务报告的相关内容进行了核对,在所有重大方面没有发现不一致之处。除了对四川路桥实施 2003 年度会计报表审计中所执行的对关联方交易有关的审计程序外,我们并未对情况表所载资料执行额外的审计程序,为了更好地理解四川路桥的控股股东及其他关联方占用资金情况,后附情况表应当与已审计的会计报表一并阅读。

本专项说明仅作为四川路桥披露控股股东及其他关联方占用资金情况之用,不得用作任何其他目的。

附件:四川路桥建设股份有限公司控股股东及其他关联方占用资金情况表

岳华会计师事务所有限责任公司

中国·北京

二〇〇四年四月七日

3、独立董事关于对外担保的专项说明及独立意见

公司独立董事杨盛福先生、林万祥先生、范文理先生对公司对外担保情况发表了《关于公司对外担保情况的专项说明及独立董事意见》。相关说明如下:"根据中国证监会《关于规范上市公司与关联方资金往来及上市公司对外担保若干问题的通知》[证监发(2003)56 号]文件要求,我们对公司对外担保情况进行了充分了解和查验,公司能严格遵守《公司章程》的有关规定,严格控制和规范对外担保行为。截至 2003 年 12 月 31 日,公司没有为控股股东、控股股东的子公司以及其他关联方提供担保;也没有为任何法人及个人、资产负债率超过 70%以上的公司提供担保。"

附:四川路桥与关联方的资金往来以及对外担保情况列示:

★截止 2003 年 12 月 31 日,公司及其纳入合并报表范围的子公司均不存在为控股股东及其他关联方提供担保的情况。

★四川路桥建设股份有限公司控股股东及其他关联方资金占用情况表

资金占用方	资金占用方与上市公司的关系	资金占用期末余额截止时点	资金占用期初余额截止时点	相对应的会计报表科目	资金占用期末时点金额(万元)	资金占用期初时点金额(万元)
四川交通水泥制品有限公司	同一母公司	2003.12.31	2002.12.31	其他应收款	15.00	
四川路桥绿化环保发展有限公司	同一母公司	2003.12.31	2002.12.31	预付账款		14780
四川公路桥梁建设集团有限公司	控股股东	2003.12.31	2002.12.31	预付账款	366.89	
宜宾长江大桥开发有限责任公司	同一母公司	2003.12.31	2002.12.31			
江安长江公路大桥开发有限责任公司	同一母公司	2003.12.31	2002.12.31			
宜宾戎州大桥开发有限责任公司	同一母公司	2003.12.31	2002.12.31			
四川达渝高速公路建设开发有限公司	关键管理人员	2003.12.31	2002.12.31			
四川交通物资公司	同一母公司	2003.12.31	2002.12.31			

资金占用方	占用方式	占用原因	备注
四川交通水泥制品有限公司	往来款	正常经营	应付账款为 547.51 万元,其他应付款为 29.95 万元
四川路桥绿化环保发展有限公司	劳务协作	正常经营	其他应付款为 6609.25 万元
四川公路桥梁建设集团有限公司			预收账款为 2777.1 万元
宜宾长江大桥开发有限责任公司			预收账款为 843 万元
江安长江公路大桥开发有限责任公司			预收账款为 1547.27 万元
宜宾戎州大桥开发有限责任公司			预收账款为 5955.35 万元
四川达渝高速公路建设开发有限公司			应付账款为 169.42 万元
四川交通物资公司			

第八节 重要事项

一、报告期内公司无重大诉讼、仲裁事项。

二、报告期内公司未发生重大资产收购、出售及资产重组事项。

三、报告期内公司关联交易情况

1、2002 年 3 月 6 日,公司 2001 年度股东大会审议通过了公司与控股股东四川公路桥梁建设集团有限公司之间签定的《房屋租赁协议》和《综合服务协议》,合同期限至 2005 年 12 月 31 日结束。协议约定定价严格按照国家或地方指导价格确定,并不高于市场独立第三方的价格;同时,每年度执行价格可根据政府指导价或市场价变化以及租赁、服务内容范围变化调整。报告期内,公司向路桥集团支付房屋租赁费 1,792,393.76 元、综合服务费 100,518.12 元。

2、2003 年 3 月 11 日,公司 2002 年度股东大会审议通过了公司与路桥集团之间签定的《施工机械设备租赁合同》,合同期限从 2003 年 1 月 1 日至 2003 年 12 月 31 日。

协议约定定价严格按照市场价格确定,并不高于市场独立第三方的价格。报告期内,公司向路桥集团支付设备租金 5,839,319.43 元。

上述两项关联交易金额分别占公司报告期管理费 1.52%和主营业务成本的 0.31 %。

3、2001 年 11 月 20 日公司与路桥集团达成股权转让协议,路桥集团将其持有的四川通程路桥建设有限责任公司 30%的股权转让给本公司,转让价格按通程公司设立时所对应的净资产为依据,计 2468.57 万元。经上述股权转让后,本公司持有通程公司的股权为 6824.86 万元,占注册资本的比例为 83.23%;路桥集团持有 1375.14 万元,占注册资本比为为 16.77%。本公司于 2003 年 6 月 30 日向路桥集团支付通程公司的股权转让款 2468.57 万元。

4、根据公司 2002 年度股东大会决议,公司于 2003 年 9 月 30 日前分两次支付了路桥集团 2002 年度股利 158,712,368.14 元。其中,现金方式支付 78,021,532.29 元,以对其他单位债权 80,690,830.85 元抵偿股利 80,690,830.85 元。

5、报告期内,公司承建其他关联方工程项目金额及占公司主营业务收入的比例情况如下表所示:单位:元

业主名称	施工金额	2003 年比例(%)
四川达渝高速公路建设开发有限公司	351,314,002.20	16.30
江安长江公路大桥开发有限责任公司	8,436,144.15	0.39
宜宾戎州大桥开发有限责任公司	33,557,799.44	1.55
宜宾长江大桥开发有限责任公司	34,395,921.38	1.59
合计	427,703,867.17	19.84

6、报告期内,公司向关联方四川交通物资公司采购水泥、钢材等施工材料 1,694,163.16 元,占报告期公司主营业务成本的 0.09%。

7、报告期内,公司接受关联方四川路桥绿化环保发展有限公司提供的劳务施工作业 5,475,117.95 元,占报告期公司主营业务成本的 0.29%。

8、截至 2003 年 12 月 31 日,集团公司为本公司承建的工程项目提供担保金额 1,043,693,555.00 元;为本公司所承建的工程提供第三方反担保,反担保金额为 4,435,376.80 元。

9、本公司所承建的部分工程项目是以集团公司名义承揽的,并根据集团公司与本公司签署的重组分离协议,由集团公司无条件转移给本公司。2003 年度这部分工程合同金额共计人民币 109,209 万元。

四、重大合同及其履行情况

1、报告期内没有发生或以前期间发生但延续到报告期的重大托管、承包、租赁其他公司资产或其他公司托管、承包、租赁公司资产事项。

2、报告期内没有发生及以前期间发生但延续到报告期的重大担保合同。

3、报告期内没有发生及以前期间发生但延续到报告期的委托他人进行现金资产管理行为。

五、报告期内公司或持有公司股份 5%以上(含 5%)的股东未在指定报刊及网站上刊登任何对公司经营成果、财务状况可能产生重要影响的承诺事项。

六、聘任、解聘会计师事务所及报酬情况

报告期内,公司继续聘任岳华会计师事务所有限责任公司为公司财务报告审计机构,该所已连续四年为公司提供审计服务。公司 2003 年度支付给会计师事务所的审计费用 70 万元,包括审计发生的差旅费用,食宿费用由公司承担。

根据中国证监会《关于证券期货审计业务签字会计师定期轮换的规定》(证监会计字[2003]13 号)要求,公司 2003 年度审计工作签字注册会计师变更为姚焕然、刘贵斌。

七、报告期内,公司、公司董事会及董事没有受到中国证监会稽查、中国证监会行政处罚、通报批评、上海证券交易所公开谴责的情形;公司董事、管理层有关人员没有被采取司法强制措施的情况。

八、其它重要事项信息索引

1、2003 年 3 月 10 日,公司首次公开发行人民币普通股票 10000 万股;招股说明书、招股说明书附录 3 月 5 日刊登在上海证券交易所网站 www.sse.com.cn,招股说明书摘要及路演公告刊登在 3 月 5 日的《中国证券报》、《上海证券报》、《证券时报》和《证券日报》上。

2、2003 年 3 月 25 日,公司首次公开发行的股票上市交易;上市公告书刊登在上海证券交易所网站 www.sse.com.cn、3 月 20 日的《中国证券报》和《上海证券报》。

第九节 备查文件目录

一、载有董事长、总经理、财务总监、会计机构负责人签名并加盖印章的会计报表;

二、载有会计师事务所盖章、注册会计师签名并盖章的审计报告原件;

三、报告期内在中国证监会指定报刊上公开披露过的所有文件的正本及公告的原稿;

公司备查文件完整,存放在公司证券部。

董事长签名:孙云

四川路桥建设股份有限公司

二〇〇四年四月十日

莱芜钢铁股份有限公司

莱芜钢铁股份有限公司2003年年度报告

重要提示

本公司董事会及其董事保证本报告所载资料不存在任何虚假记载、误导性陈述或者重大遗漏，并对其内容的真实性、准确性和完整性承担个别及连带责任。

公司董事长李名岷先生、财务主管及会计机构负责人于德政先生声明：保证年度报告中财务报告的真实、完整。

一、公司基本情况简介

(一)中文名称：莱芜钢铁股份有限公司
中文简称：莱钢股份
英文名称：LAIWU STEEL CORPORATION
英文缩写：LS Co.
(二)法定代表人：李名岷
(三)董事会秘书：丁志刚
证券事务代表：闵宪金
联系地址：山东省莱芜市钢城区
电　　话：(0634)6820601、6820011
传　　真：(0634)6821094、6822102
电子信箱：lisc1997 或 lsco1997@yahoo.com.cn
(四)注册及办公地址：山东省莱芜市钢城区
邮政编码：271104
互联网址：http://www.laigang.com
公司电子信箱：600102@secure.sse.com.cn
(五)选定信息披露报纸名称：《中国证券报》、《上海证券报》《证券时报》
指定信息披露互联网址：http://www.sse.com.cn
年度报告备置地点：公司证券部
(六)股票上市交易所：上海证券交易所
股票简称：莱钢股份　股票代码：600102
(七)首次注册登记日期、地点：1997年8月22日山东省济南市
企业法人营业执照注册号：3700001801241；
税务登记号码：371203267179433；
所聘会计师事务所名称、地址：山东乾聚有限责任会计师事务所山东省烟台市

二、会计数据和业务数据摘要

(一)本年度主要利润指标　单位：元

利润总额：	834,421,797.74
净利润：	572,818,478.64
扣除非经常性损益后的净利润：	601,127,679.35
主营业务利润：	1,533,651,595.55
其他业务利润：	24,839,861.03
营业利润：	876,674,336.11
投资收益：	558,223.90
补贴收入：	0.00
营业外收支净额：	−42,810,762.27
经营活动产生的现金流量净额：	725,101,501.02
现金及现金等价物净增减额：	−149,665,922.02
注：非经常性损益总额(税后损益)为：	−28,309,200.71
1、资产处置净损失：	22,655,609.82
2、固定资产盘盈：	295,563.80
3、捐款支出：	21,038.00
4、股权转让收益	374,010.01
5、其他营业外净支出：	6,302,126.70

(二)截至报告期末公司前三年主要会计数据和财务指标　单位：元

项　　目	2003年度	2002年度	
		追溯调整后	追溯调整前
主营业务收入	10896854337.93	6014643593.67	6014643593.67
利润总额	834421797.74	579375313.61	579375313.61
净利润	572818478.64	385037378.08	385037378.08
扣除非经常性损益后的净利润	601127679.35	404870260.32	404870260.32
总资产	8265308190.89	7056369899.21	7056369899.21
股东权益(不含少数股东权益)	4380596193.77	4032877817.75	3802309544.75
每股收益	0.621	0.417	0.417
每股收益(加权平均)	0.621	0.431	0.431
每股收益(扣除非经常性损益)	0.652	0.439	0.439
每股净资产	4.75	4.37	4.12
调整后的每股净资产	4.74	4.37	4.12
经营活动产生的现金流量净额	725101501.02	721384103.63	721384103.63
每股经营活动产生的现金流量净额	0.79	0.78	0.78
净资产收益率(%)	13.08	9.55	10.13
净资产收益率(加权平均,%)	13.26	10.59	10.75

项　　目	2001年度	
	追溯调整后	追溯调整前
主营业务收入	4988201238.39	4988201238.39
利润总额	539338832.21	539338832.21
净利润	455789435.76	455789435.76
扣除非经常性损益后的净利润	453063548.28	453063548.28
总资产	5592984827.21	5592984827.21
股东权益(不含少数股东权益)	3284087593.98	3231816673.98
每股收益	0.523	0.523
每股收益(加权平均)	0.523	0.523
每股收益(扣除非经常性损益)	0.520	0.520
每股净资产	3.77	3.71
调整后的每股净资产	3.75	3.69
经营活动产生的现金流量净额	490953616.68	490953616.68
每股经营活动产生的现金流量净额	0.56	0.56
净资产收益率(%)	13.88	14.10
净资产收益率(加权平均,%)	13.89	14.92

报告期利润表附表

	净资产收益率(%)		每股收益(元/股)	
报告期利润	全面摊薄	加权平均	全面摊薄	加权平均
主营业务利润	35.01	35.51	1.663	1.663
营业利润	20.01	20.30	0.951	0.951
净利润	13.08	13.26	0.621	0.621
扣除非经常性损益后的净利润	13.72	13.92	0.652	0.652

注：根据修订后的《企业会计准则－资产负债表日后事项》的有关规定，各年度由董事会通过的利润分配预案中确定的拟分配现金股利改在资产负债表所有者权益中单独列示，从而影响了2001年、2002年的净资产及相关指标。

(三)报告期内股东权益变动情况

项　目	股本	资本公积	盈余公积
期初数	922,273,092.00	1,340,092,155.57	481,374,742.52
本期增加	5,468,170.38	127,615,088.84	－
本期减少	－	－	－
期末数	922,273,092.00	1,345,560,325.95	608,989,831.36
项　目	法定公积金	未分配利润	股东权益合计
期初数	240,687,371.26	1,289,137,827.66	4,032,877,817.75
本期增加	63,807,544.42	572,818,478.64	705,901,737.86
本期减少	－	358,183,361.84	358,183,361.84
期末数	304,494,915.68	1,503,772,944.46	4,380,596,193.77

各项权益变动原因说明如下：

1、资本公积增加系本期实现的债务重组收益所致；

2、盈余公积增加系公司分别按实现净利润的10%提取法定盈余公积、法定公益金所致；

3、未分配利润增加数系本年实现净利润，未分配利润减少数系本年度提取盈余公积和拟分配现金股利所致。

三、股本变动及股东情况

(一)股本变动情况

1、股份变动情况表　单位：股

	本次变动前	本次变动增减(+,−)						本次变动后
		配股	送股	公积金转股	增发	其他	小计	
一、未上市流通股份								
1、发起人股份								
其中：								
国家持有股份	719473092							719473092
境内法人持有股份								
境外法人持有股份								
其他								
2、募集法人股份								
3、内部职工股								
4、优先股或其他								
未上市流通股份合计	719473092							719473092
二、已上市流通股份								
1、人民币普通股	202800000							202800000
2、境内上市的外资股								

1、境外上市的外资股		
2、其他		
已上市流通股份合计	202800000	202800000
三、股份总数	922273092	922273092

注:公司不存在基金配售股份、柜台交易公司内部职工股份、战略投资者配售股份和一般法人配售股份。

2、股票发行与上市情况

(1)前三年历次股票发行情况

2002 年 6 月 25 日,公司获准实施配股。配股类型:A 种股票;配售比例:每 10 股配 3 股;配售价格:7.70 元/股;配售发行量:51,091,092 股(其中大股东以现金认购应配股份的 2%);配股缴款期:2002 年 7 月 8 日至 19 日;新增 46,800,000 股流通股上市日:2002 年 7 月 30 日。本次配股完成后,公司总股本增至为 922,273,092 股,其中国有法人股占 78.01%,社会公众股占 21.99%。

(2)报告期内公司股份总数及结构未发生变动。

(3)公司目前不存在内部职工股。

(二)股东情况

1、报告期末公司股东总数为 83,191 人。

2、报告期末公司前十名股东持股情况如下: 单位:股

股东名称	年末持股数量	股份类别	比例(%)
莱芜钢铁集团有限公司	719,473,092	未流通	78.01
海通证券股份有限公司	13,648,567	已流通	1.48
裕隆证券投资基金	2,109,198	已流通	0.23
东莞证券有限责任公司	2,000,745	已流通	0.22
博时裕富证券投资基金	988,739	已流通	0.107
华安上证 180 指数增强型证券投资基金	588,221	已流通	0.0638
李明舒	587,600	已流通	0.0637
天同 180 指数证券投资基金	510,666	已流通	0.0554
李卫伟	427,068	已流通	0.0463
兴和证券投资基金	424,948	已流通	0.0461

股东名称	年度内增减	质押或冻结的股份数量	股东性质
莱芜钢铁集团有限公司	无	无	国有股东
海通证券股份有限公司	+2,717,000	无	法人股东
裕隆证券投资基金	无	无	法人股东
东莞证券有限责任公司	无	无	法人股东
博时裕富证券投资基金	无	无	法人股东
华安上证 180 指数增强型证券投资基金	−248,693	无	法人股东
李明舒	无	无	个人股东
天同 180 指数证券投资基金	无	无	法人股东
李卫伟	+51,050	无	个人股东
兴和证券投资基金	−106,000	无	法人股东

公司前 10 名股东之间,裕隆证券投资基金与博时裕富证券投资基金同属博时基金管理公司;除此之外,其他未发现存在关联关系或属于一致行动人的情况。

公司不存在战略投资者或一般法人因配售新股成为前 10 名股东的情况。

3、公司控股股东情况

公司控股股东为莱芜钢铁集团有限公司,法定代表人为姜开文先生;该公司前身为莱芜钢铁总厂,始建于 1970 年 1 月,于 1999 年 5 月改制为有限责任公司,为国家特大型企业,是国家重点扶持的 512 家企业之一;注册资本为 312,269.33 万元;主要经营项目:投资,新产品开发及技术服务,建筑材料的生产、销售,批准范围的商品进出口及对外派遣劳务人员,承包本行业境外工程及境内国际招标工程,物业管理,服装加工,液化气销售,住宿、餐饮、文化娱乐服务等。报告期内公司控股股东未发生变更。

山东省人民政府于 2001 年底授权山东省财政厅在省级资产经营公司成立以前暂作为莱芜钢铁集团有限公司国有资本出资人。

4、公司不存在其他持股在 10%以上(含 10%)的法人股东。

5、报告期末前十名流通股股东持股情况如下:单位:股

股东名称	年末持有流通股数量	股票种类
海通证券股份有限公司	13,648,567	A 股
裕隆证券投资基金	2,109,198	A 股
东莞证券有限责任公司	2,000,745	A 股
博时裕富证券投资基金	988,739	A 股
华安上证 180 指数增强型证券投资基金	588,221	A 股
李明舒	587,600	A 股
天同 180 指数证券投资基金	510,666	A 股
李卫伟	427,068	A 股
兴和证券投资基金	424,948	A 股
徐永娟	363,000	A 股

公司前 10 名流通股股东之间裕隆证券投资基金与博时裕富证券投资基金同属博时基金管理公司;除此之外,其他未发现存在关联关系或属于一致行动人的情况。

四、董事、监事、高级管理人员和员工情况

(一)董事、监事和高级管理人员情况

1、基本情况

姓名	职务	性别	年龄	任期起止日期	年初持股数	年末持股数	变动原因
李名岷	董事长	男	57	2000.12.30 至今	4563	4563	
宋兰祥	副董事长	男	53	2000.12.30 至今	1521	1521	
田克宁	董事	男	47	2000.12.30 至今	1120	1120	
赵雁彬	董事	男	50	2000.12.30 至今	1716	1716	
刘 琦	独立董事	男	69	2002.6.21 至今	0	0	
任 辉	独立董事	男	58	2002.6.21 至今	0	0	
郑 东	独立董事	男	44	2003.4.29 至今	0	0	
张胜生	董事、总经理	男	45	2003.11.10 至今	650	650	
陶登奎	董事、副总经理	男	40	2002.5.31 至今	0	0	
赵茂祥	监事会主席	男	54	2000.12.30 至今	2535	2535	
荆延芳	监事	男	48	2000.12.30 至今	58	58	
李丽芳	监事	女	49	2000.12.30 至今	2260	2260	
赵京玲	监事	女	42	2003.4.29 至今	3575	3375	
张立明	监事	男	42	2003.4.29 至今	0	0	
罗登武	副总经理	男	41	2002.5.31 至今	0	0	
丁志刚	董事会秘书	男	52	2000.12.30 至今	390	390	
于德政	财务主管	男	41	2002.5.31 至今	390	390	

在股东单位任职的董事情况:

李名岷先生在莱芜钢铁集团有限公司自 1999 年 4 月起任副董事长、总经理;

宋兰祥先生在莱芜钢铁集团有限公司自 1999 年 4 月起任董事;

田克宁先生在莱芜钢铁集团有限公司自 2000 年 9 月起任董事;

赵雁彬先生在莱芜钢铁集团有限公司自 2000 年 9 月起任董事,自 2003 年 11 月 10 日起任副总经理。

在股东单位任职的监事情况:

赵茂祥先生在莱芜钢铁集团有限公司自 2002 年 1 月起任监事会主席;

荆延芳先生在莱芜钢铁集团有限公司自 1998 年 6 月起任监察处处长;

赵京玲女士在莱芜钢铁集团有限公司自 2002 年 6 月起任审计处处长。

2、年度报酬情况

公司董事和监事的报酬由董事会薪酬与考核委员会提出提案,经董事会审议通过后由股东大会批准;高级管理人员的报酬由董事会薪酬与考核委员会提出提案,经董事会审议通过。董事、监事及高级管理人员的薪酬依据绩效评价办法,参照公司内部分配制度,由月工资和年度奖励组成。上述人员报酬总额为 148.115 万元,金额最高的前三名董事的报酬总额为 37.28 万元,金额最高的前三名高级管理人员的报酬总额为 25.85 万元。

公司独立董事年度津贴为 3.6 万元/人(不含税),独立董事因履行职务而发生的食宿交通等必要的费用由公司据实报销。

公司董事、监事和高级管理人员报酬数额的分布区间(万元)为:

区间:	3.5−4.5	7.5−8.5	8.5−10.5	10.5−12.5	12.5 以上
人数:	3	4	4	5	1

公司董事、监事和高级管理人员均在公司领取薪酬。

3、董事、监事、高级管理人员离任等变动情况

2003 年 11 月 10 日,公司二届二十次董事会聘任张胜生先生为公司总经理,赵雁彬先生因工作变动不再担任公司总经理职务。

2003 年 3 月 20 日,公司二届十四次监事会提名赵京玲女士为公司股东代表监事候选人,宋振训先生因工作变动辞去公司股东代表监事职务,并经 200 3 年 4 月 29 日召开的公司 2002 年度股东大会审议通过。

2003 年 3 月 20 日,公司第二届职工代表大会第五次代表团(组)长联席会选举张立明先生担任公司职工代表监事职务,同意于忠念先生因工作变动辞去公司职工代表监事职务。

2003 年 4 月 29 日,公司 2002 年度股东大会选举郑东先生为独立董事。

(二)员工情况

截止报告期末,公司在职员工总数为 14417 人,其中生产人员 12059 人;销售人员 161 人;技术人员 496 人;财务人员 93 人;行政人员 1555 人;其他人员 53 人。公司员工教育程度:本科及本科学历以上 1200 人,专科及专科学历以下 13217 人。公司需承担费用的离退休职工人数为 3925 人。

五、公司治理结构

(一)公司治理情况

报告期内,按照中国证监会的要求建立与完善独立董事制度,聘请了社会上一位知名的专家学者担任公司独立董事,使独立董事人数达到董事会全体成员三分之一,在此基础上,董事会建立了战略、提名、审计、薪酬与考核四个董事会专门委员会,公司治理结构进一步健全,机构完备,职责清晰,管理科学。

持续加强制度建设,制订或修改完善了《关联交易管理办法》、《募集资金管理办法》;完成了《董事会专门委员会会议制度》,建立了《董事会会议制度》、《专门委员会办公室工作细则》等多项规章制度。公司规章制度的逐步健全,使运行机制日趋完善,促进了规范运作水平不断提高。

(二)独立董事履行职责情况

报告期内,公司独立董事勤勉尽责,参加了公司董事会和股东大会,对资产出售和资产置换等关联交易事项发表了独立意见。

(三)与控股股东在业务、人员、资产、机构、财务等方面的分开情况

公司与控股股东莱芜钢铁集团有限公司在业务、人员、资产、机构、财务等方面实行分开,具体情况如下:

1、业务方面:公司拥有独立的生产、采购和销售系统,具有独立完整的业务和自主经营能力。

2、人员方面:公司在劳动、人事及工资管理等方面独立,相应的规章制度健全,经理、副经理等高级管理人员均在公司领取薪酬。

3、资产方面:公司产、供、销系统资产独立完整,拥有商标、非专利技术等无形资产。部分辅助生产系统和配套设施方面的服务由莱芜钢铁集团有限公司提供,双方依据已经签定的有关合同按市场化原则进行关联交易。

4、机构方面:公司按照精简、高效、规范运作的原则设置职能管理部门,组织管理系统健全,机构、业务及办公场所独立。

5、财务方面:公司设有独立的财务部门,建立了独立的会计核算体系和财务管理制度,在银行独立开户,并独立纳税。

(四)对高级管理人员的考评及激励机制、相关奖励制度的建立、实施情况

报告期内,公司制订了《董事、监事和高级管理人员绩效评价办法》。对董事的评价标准主要为制定年度生产经营计划,实现公司资产保值增值,为股东提供回报,诚信勤勉,依法行使职权;对监事的评价标准主要为有效监督董事和高级管理人员履行职责,保证公司经营活动的高效、规范与合法,检查公司财务、诚信勤勉,依法行使职权;对高级管理人员的评价标准主要为完成年度生产经营目标,组织实施董事会决议,主持公司日常生产经营及完成年度业务计划目标,诚信勤勉,依法行使职权。每月按《经济责任制考核办法》实行百分制考核,兑现月度报酬;年度依据综合评价及《年度经营目标风险奖励制度》进行考核和分配。

六、董事会报告

(一)报告期内整体经营情况的讨论与分析

公司主营业务为钢铁产品的生产和销售。公司拥有普通钢和特殊钢两套生产系统,其中普钢系

统主要生产以H型钢为主的型钢和螺纹钢,特钢系统主要生产轴承钢和齿轮钢。报告期内,公司坚持系统思考,注重生产全流程优化,创建起动态平衡、信息畅通、指挥准确的生产组织指挥体系。挖掘科技潜能,追求技术进步,提升炼钢、连铸、轧钢工艺操作水平,各项技术经济指标大幅度提升。实施深度挖潜方略,推进全流程优化,改变了因设备作业率低造成的产能浪费状态,生产高效、连续、紧凑、低耗运行。制定实施营销战略,改革营销体制和机制,销售渠道更加畅通,资源配置成效显著。制定实施原燃料采购战略,建立起中、长期战略合作伙伴关系,为公司快速、跨越、高效、持续发展提供了强有力的原料支撑;实施全面预算管理,细化成本控制体系,优化整合内部资源,提高了资源整体优势,拓宽了盈利空间;实施生产、安全、运输等预案管理,专业管理力度加大,管理效率明显提高,生产组织更加科学、规范、紧凑、合理。2003年,公司共生产生铁302.30万吨、钢404.29万吨、商品坯材415.11万吨,钢材实物产销率100.01%;实现主营业务收入108.97亿元,主营业务利润15.34亿元,净利润5.73亿元,每股收益0.621元,净资产收益率13.08%。

(二)报告期内的经营情况

1、主营业务的范围及其经营状况

公司经营范围:生铁、钢锭、钢坯、钢材、大锻件、焦炭、水渣、炼焦化产品及炼钢副产品的生产、销售;高炉煤气发供电、供热;进出口业务。

(1)主营业务分行业、产品、地区情况　单位:万元

分行业或分产品	营业务收入	主营业务成本	毛利率(%)	主营业务收入比上年增减(%)	主营业务成本比上年增减(%)	毛利率比上年增减(%)
钢铁业	1089685.43	929205.39	14.73	81.38	86.02	-13.10
其中:关联交易	221846.64	188192.05	15.17	548.42	562.32	-10.50
合计	1089685.43	929205.39	14.73	81.38	86.02	-13.10
普　大	236956.10	202663.70	14.47	355.93	395.75	33.00
普　中	209022.01	175220.63	16.17	115.87	118.56	1.95
普　小	413214.09	335311.52	18.85	136.67	131.95	-34.09
优　钢	196256.44	182805.65	6.85	94.31	63.49	16.71
其他产品	34236.79	33203.89	3.02	36.38	48.31	16.60
其中:关联交易	221846.64	188192.05	15.17	548.42	562.32	-10.50

关联交易的定价原则关联交易必要性、持续性的说明:国家有定价的按国家定价执行,国家没有定价的按市场价格执行;没有市场价格参照,按照成本加成定价;既没有市场价格,也不适合成本加成定价的,按照协议价定价。公司与集团公司的关联交易主要包括采购货物及接受劳务、销售货物等,由于公司部分辅助生产系统和配套设施方面的服务由集团公司提供,双方存在必要的关联交易,上述交易避免了不必要的重复建设和人财物的浪费,促进了公司生产经营的顺利进行。在可预见的将来,该等关联交易仍会持续发生。报告期内,鉴于莱钢集团公司在建立和完善现代企业制度过程中,陆续将其下属分厂改制成多家控股子公司,并且这些子公司经过试点运营已成为独立的市场主体和法律主体,经2002年度股东大会批准,公司与莱钢集团公司修订关联交易协议,与泰东实业公司、莱芜矿业公司、鲁南矿业公司、汽车运输公司、新泰铜业公司、万和建材公司、莱钢建设公司、矿山建设公司、机械制造公司、淄博锚链公司和天元气体公司等11家关联方签署关联交易协议。有关公告见2003年4月30《中国证券报》、《上海证券报》和《证券时报》。上述协议的签署已在报告期内完成。

地区	主营业务收入	主营业务收入比上年增减(%)
华东地区	852753.97	92.12
华北地区	90468.05	43.04
其他	146463.41	55.24

注:钢铁业-黑色金属冶炼及压延加工业;普大-普通大型钢材;普中-普通中型钢材;普小-普通小型钢材;优钢-优质钢型材。

(2)公司生产经营的主要产品是钢材,市场占有率为1.85%。占公司主营业务收入或主营业务利润10%以上的主要钢材产品如上所述。

(3)报告期内公司主营业务或其结构、主营业务盈利能力未发生重大变化。

2、主要控股公司及参股公司情况

公司不存在来源于单个控股或参股公司的投资收益对公司净利润影响达到10%以上的情况,公司控股或参股公司情况如下:

公司控股子公司山东瑞达再生资源有限公司,主要从事废旧物资收购、加工;报废设备回收等业务,注册资本为10000万元,公司出资比例为90%。截止报告期末,该公司总资产为20644.99万元,净利润为7247.21万元。

公司参股公司天同证券有限责任公司,主要从事自营或代理证券买卖、证券承销和上市推荐、证券投资咨询和资产管理,注册资本为203626.12万元,公司出资比例为3.51%。

公司参股公司山东莱钢国际贸易有限公司,主要从事自营或代理进出口贸易、对外工程承包及劳务输出,注册资本为6000万元,公司出资比例为16.67%。

公司参股公司山东莱钢铁源炉料有限公司,主要从事球团的生产与销售,注册资本2000万元,公司出资比例为20%。

3、公司向前五名供应商的采购金额合计6.02亿元,占年度采购总额的比例为6.18%;公司向前五名客户的销售金额合计27.46亿元,占年度销售总额的比例为25.20%。

4、在经营中出现的问题与困难及解决方案

报告期内,大宗原燃料等上游产品资源紧张且采购价格上涨幅度大;公司生产经营与工程建设同步交叉进行,生产及建设组织管理的难度加大;运力等紧张加剧了原燃料的供应紧张,既给公司生产经营带来了一定的困难,又导致经营成本的大幅度提高。

针对这些不利因素,公司主要采取以下应对措施:

(1)积极与国内外有实力的厂商建立中、长期战略合作关系,培植原料供应基地,实现长期合作,稳定供应;

(2)深入推进生产组织的信息化、扁平化与一体化,实现由单元工序优化向系统全流程优化的转变,大幅度提升生产效率。实施运输组合方案,实行集中统一管理,有效改善运输条件;

(3)大力推进技术进步,优化调整工艺、技术与产品结构,持续提高各项技术经济指标水平与企业的核心竞争力,系统实施深度挖潜方略,促进改造工程项目的顺利达产达效;

(4)深入开展成本系统优化,实施全面预算管理,细化成本控制体系,原料采购、存货、外委劳务及工程承包、招待费、资金支付、财务信息实行"六集中"管理,并通过优化整合内部资源,提高了资源整体优势。

(三)报告期内的投资情况

1、募集资金使用情况表　单位:万元

募集资金总额　38084.50　本年度已使用募集资金总额　已累计使用募集资金总额

承诺项目	拟投入金额	是否变更项目	实际投入金额
1、干熄焦工艺与装备及化学产品净化回收系统改造项目	28400	否	20447.93
2、4# 焦炉技术改造项目	5073	否	5073
3、备煤及输焦系统技术改造项目	4935	否	4935
合计	38408	–	30455.93

未达到计划进度和收益的说明(分具体项目):本公司配股募集资金建设项目之一的4#焦炉于2003年9月6日顺利出焦,年设计能力为34万吨的4#焦炉建成投产进一步缓解了公司焦炭供应紧张的现状,截至本报告期末,4#焦炉实现净利润1700.52万元。备煤及输焦系统技术改造项目已于年底完工。公司在实施干熄焦工艺装备及化学产品净化回收系统改造过程中,根据国外干熄焦技术的最新发展需对工艺设计进行必要的优化和完善,并 决定提高设备国产化率,由于公司消化和吸收国外先进技术及国产专用设备的设计、定货需要一定时间,同时公司根据市场形势的发展对"十五"发展规划进行了调整,决定再建焦炉,干熄焦项目要与之在工艺上相匹配,进一步优化和完善工艺需一定时间,故该项目的完工时间要比预期迟。

变更原因及变更程序说明(分具体项目)

募集资金总额	本年度已使用募集资金总额	29317.69
	已累计使用募集资金总额	30455.93

承诺项目	产生收益金额	是否符合计划进度和预计收益
1、干熄焦工艺与装备及化学产品净化回收系统改造项目	0	否
2、4# 焦炉技术改造项目	1700.52	符合
3、备煤及输焦系统技术改造项目	0	符合
合计	1700.52	–

2、非募集资金主要投资项目情况:

报告期,公司累计投入54840.98万元用于优化工艺提高装备水平的技改,其主要项目如下:

单位:万元

项目名称	项目金额	项目进度	项目收益情况
1#750高炉易地大修	6564.00	95%	技术改进、提高产能
5#风机及75吨锅炉技术改造	4032.50	95%	完善工艺
喷煤三期工程	2617.59	完工	技术改进、提高产能
特钢开坯工艺技术改造	2361.45	完工	完善工艺、提高产能
特钢精整车间改造	2107.28	90%	技术改进、提高产能
特钢小型改造	1408.56	完工	技术改进、提高产能
特钢一炼、二炼变压器更新改造	842.87	完工	技术改进、提高产能
炼钢连铸机技术改造	810.19	完工	技术改进、提高产能
焦化厂焦油车间扩容改造	716.39	完工	技术改进、提高产能
特钢50吨电炉电极调节改造	345.74	完工	技术改进、提高产能

(四)报告期内的财务状况、经营成果

报告期内,公司财务状况良好,财务结构合理,各项财务指标保持较好水平。总资产达到8,265,308,190.89元,负债总额为3,867,464,789.56元,长期负债为1,246,377,122.10元,股东权益为4,380,596,193.77元,分别比上年增长1,208,938,291.68元、854,318,765.07元、52,287,160.50元、347,718,376.02元,增长幅度分别为17.13%、28.35%、4.38%、8.62%;公司总资产和股东权益增加的主要原因是本年度实现净利润572,818,478.64元,公司少数股东权益为17,247,207.56元,系与控股子公司合并会计报表所致。现金及现金等价物净增加额-149,665,922.02元,比上年减少791,203,654.62元,下降5.28倍,主要系公司去年募股资金投入工程项目形成。主营业务利润为1,533,651,595.55元,净利润为572,818,478.64元,分别比上年增长551,005,921.94元、187,781,100.56元,增长幅度分别为56.07%、48.77%;公司主营业务利润及净利润增加主要因为报告期产品销量及价格增加所致。报告期内公司利润构成未发生变动。

(五)生产经营环境等变化对公司的影响

1、我国经济处于高速增长期,投资规模持续扩张,国内工业化进程加快,对钢铁等原材料产生巨大需求,发展空间广阔;国家产业政策趋向于扶大扶强,支持发展重点大中型企业,环境相对比较宽松;山东半岛城市群和半岛制造业基地建设已经启动,这些都为公司带来难得的发展机遇。

2、矿石等资源不足,电力等动力能源紧张,对钢铁工业发展的影响已经显现。

3、国内钢铁行业规模快速扩张,区域布局不尽合理,结构性矛盾突出;民间资本的大举进入,加剧了钢铁企业的竞争。

4、2003年12月23日,国家发改委出台了《国务院办公厅转发发展改革委等部门关于制止钢铁电解铝水泥行业盲目投资若干意见的通知》,此政策对我国钢铁工业的健康发展将产生积极的作用。钢材出口退税税率下调两个百分点,对钢材出口将产生一定的抑制作用。

(六)本公司2003年度财务报告经山东乾聚有限责任会计师事务所审计,注册会计师李延昌、江平签字,出具了乾聚审字[2004]9号标准无保留意见的审计报告。

(七)新年度的经营计划和目标、拟采取的策略和行动

2004年总的工作指导思想是:实践"九大理念";落实"四大要求";创建学习型企业;创造辉煌业绩,攀登行业高峰。

2004年公司主要经营计划和目标:生产铁373万吨、钢520万吨、商品坯材523万吨;实现销售收入135.79亿元。

为适应经营环境的变化,提高企业的核心竞争能力,保证全年度经营计划和目标的实现,公司将采取以下措施:

1、研究实施竞争战略,培植企业竞争优势。按照"比较优势、抢占资源、快速推进、做数一数二的企业、不断整合内部资源、创造双赢、抢占前沿技术、经营资产、资本运营"九大理念,制定竞争战略,最大限度地培育和发展独特的战略资源以及优化配置战略资源的独特能力。

2、实现全流程优化,攀登行业高峰。一是生产工艺流程优化。全面实现"烧-焦-铁-钢-轧"五大工序的物流质量、数量、速度的协调匹配,在此基础上,持续推进科技进步,瞄准国内外前沿冶金生产技术,研究掌握熔融还原炼铁工艺、铸轧一体化工艺和连续炼钢工艺,形成一大批具有自主知识产权的核心技术。二是生产组织流程优化。实施系统控制,生产组织全过程追踪验证,抓好日作业计

划的动态管理,发挥生产调度系统的信息中心、指挥中心的作用,增强动态控制能力,提高调度指令的执行效率和质量,实现追求快节奏、高效率生产。三是设备点检定修模型优化。推行区域责任工程师制度,实行区域管理、专业管理与全员管理相结合的模式,实现设备管理的扁平化。

3、推行阳光管理,实现利益最大化。一是建立"阳光"理财机制。二是完善并严格执行投资项目管理制度,立项要充分论证,实施要认真监控,竣工要严格验收,决算要审计,奖惩要到人,以提高投资决策的科学性。三是坚持发展中规范,以规范促发展,推动公司持续、稳定、健康发展,实现股东利益最大化和公司价值最大化,塑造起良好的上市公司形象。

4、创建学习型组织,缔造持久的学习创新力。全力推进学习型组织创建活动,提升员工的学习力、创新力和超越力,不断突破成长上限,创造真心向往的目标,实现公司共同的抱负。

5、推进"中层革命",开发人力资源,将中层的学习力、创新力、控制力有效发挥出来。

(八)董事会日常工作情况

1、报告期内董事会的会议情况及重要决议

(1)200 3 年 3 月 25 日,公司召开了二届十五次董事会,审议通过了以下议案和事项:总经理工作报告;关于 2002 年度财务决算和 2003 年度财务预算的议案;关于 2002 年度利润分配的预案;关于 2003 年度生产经营综合计划的议案;2002 年年度报告及其摘要;关于制订募集资金管理办法的议案;关于董事、监事和高级管理人员年度报酬的议案;关于与关联方修订和签署关联交易协议的议案;关于设立山东瑞达再生资源有限公司的议案;关于修改公司章程的议案;关于提名独立董事候选人及调整董事会成员的议案;关于召开 2002 年度股东大会的议案。有关公告见 200 3 年 3 月 28 日《中国证券报》、《上海证券报》和《证券时报》。

(2)200 3 年 4 月 28 日,公司召开了二届十六次董事会,审议通过了公司 2003 年第一季度报告。

(3)200 3 年 6 月 26 日,公司召开了二届十七次董事会,审议通过了以下议案和事项:关于转让山东天泰新材料股份有限公司股权的议案;关于调整董事会专门委员会成员的议案。有关公告见 200 3 年 6 月 27 日《中国证券报》、《上海证券报》和《证券时报》。

(4)200 3 年 8 月 25 日,公司召开了二届十八次董事会,审议通过了公司 2003 年半年度报告。

(5)2003 年 10 月 22 日,公司召开了二届十九次董事会,审议通过了以下议案和事项:公司 2003 年第三季度报告;关于购买莱钢集团公司部分资产的议案。有关公告见 2003 年 10 月 24 日《中国证券报》、《上海证券报》和《证券时报》。

(6)2003 年 11 月 10 日,公司召开了二届二十次董事会,审议通过了公司总经理人事变动的议案。有关公告见 2003 年 11 月 12 日《中国证券报》、《上海证券报》和《证券时报》。

2、报告期内董事会对股东大会决议的执行情况

(1)实施完成了 2002 年度利润分配方案;

(2)选聘独立董事及调整董事会成员;

(3)修改了公司章程,增加独立董事 1 名,共设独立董事 3 人,董事会成员为 9 人;

(4)成立山东瑞达再生资源有限公司;

(5)与 12 家关联方修订或签署关联交易协议。

(九)本年度利润分配预案或资本公积转增股本预案

本公司经山东乾聚有限责任会计师事务所审计后,2003 年度实现净利润 572818478.64 元,依据本公司章程规定,提取 10%法定盈余公积和 10%公益金,共计 127615088.84 元,加年初未分配利润 1058569554.66 元, 年末可供投资者分配的利润累计 1503772944.46 元。公司拟以 2003 年末总股本 922,273,092 股为基数,向全体股东每 10 股派发现金 5.00 元(含税),共派发现金 461136546.00 元,剩余利润 1042636398.46 元转入下年度。

本次派送现金红利预案在公司 2003 年度股东大会通过后适当时间实施。

(十)其他报告事项

1、公司选定《中国证券报》、《上海证券报》及《证券时报》为信息披露报刊。

2、注册会计师对公司控股股东及其他关联方占用资金情况的专项说明

按照"关于做好上市公司 2003 年度报告工作的通知"(济证监公司字[2004]3 号)文件的要求,在对莱芜钢铁股份有限公司 2003 年度会计报表审计过程中,根据《关于规范上市公司与关联方资金往来及上市公司对外担保若干问题的通知》(证监发[2003]56 号)的要求,对控股股东及其他关联方占用资金的情况进行了重点关注。莱芜钢铁股份有限公司对关联交易采用现汇结算方式,未发现控股股东及其他关联方占用上市公司资金情况,特此说明。

3、独立董事对公司累计和当期对外担保情况、执行《关于规范上市公司与关联方资金往来及上市公司对外担保若干问题的通知》(证监发[2003]56 号)规定情况的专项说明及独立意见作为莱芜钢铁股份有限公司独立董事,我们根据《关于规范上市公司与关联方资金往来及上市公司对外担保若干问题的通知》(证监发 [2003]56 号) 和《公开发行证券的公司信息披露内容与格式准则第 2 号----年度报告的内容与格式》(证监公司字[2003]56 号)的有关规定,对有关情况进行调查了解,莱芜钢铁股份有限公司不存在任何对外担保的情况。

七、重要事项

(一)重大诉讼、仲裁事项:

报告期内公司无重大诉讼、仲裁事项。

(二)收购或出售资产、吸收合并事项:

报告期内公司无重大资产收购、出售或处置以及企业收购兼并事项。

(三)重大关联交易事项:

1、购销商品、提供劳务发生的关联交易:

(1)报告期内,采购货物及接受劳务 260450.83 万元,占同类交易金额的比例为 26.46%。

单位:万元

关联方	交易内容	定价原则
莱芜钢铁集团有限公司	动力产品、后勤服务、土地租赁等	市场价、协议价
莱芜钢铁集团机械制造有限公司	钢锭、备件、劳务	市场价
山东莱钢建设有限公司	矿石、辅助材料等	市场价
莱芜钢铁集团泰东实业有限公司	备件、合金等	市场价
山东莱钢汽车运输有限公司	运输劳务	市场价、协议价
莱钢集团万和冶金建材有限公司	石灰石	市场价
莱钢集团矿山建设有限公司	铁矿石	市场价
莱芜天元气体有限公司	气体	市场价、协议价
莱芜钢铁集团莱芜矿业有限公司	铁矿石、运输劳务	市场价
莱芜钢铁集团鲁南矿业有限公司	铁矿石	市场价
莱芜钢铁集团新泰铜业有限公司	铁矿石、辅助材料等	市场价
合　　计		--

关联方	交易金额
莱芜钢铁集团有限公司	106367.19
莱芜钢铁集团机械制造有限公司	31103.48
山东莱钢建设有限公司	2400.15
莱芜钢铁集团泰东实业有限公司	4924.47
山东莱钢汽车运输有限公司	26005.39
莱钢集团万和冶金建材有限公司	5570.21
莱钢集团矿山建设有限公司	14185.99
莱芜天元气体有限公司	37037.07
莱芜钢铁集团莱芜矿业有限公司	20981.23
莱芜钢铁集团鲁南矿业有限公司	9222.66
莱芜钢铁集团新泰铜业有限公司	2652.99
合　　计	260450.83

(2)报告期内,销售货物 271500.05 万元,占同类交易金额的比例为 23.58%。

单位:万元

关联方	交易内容	定价原则
莱芜钢铁集团公司	钢材、辅助材料、动力等	市场价、协议价
鲁银投资集团股份有限公司	钢坯	市场价
莱芜钢铁集团机械制造有限公司	生铁	市场价
山东莱钢建设有限公司	钢材、辅助材料	市场价
莱芜钢铁集团泰东实业有限公司	钢材、水渣等	市场价
莱芜钢铁集团淄博锚链有限公司	钢材	市场价
山东莱钢汽车运输有限公司	备品备件	市场价
莱钢集团万和冶金建材有限公司	辅助材料	市场价
莱钢集团矿山建设有限公司	辅助材料	市场价
莱芜天元气体有限公司	辅助材料	市场价、协议价
莱芜钢铁集团莱芜矿业有限公司	水渣、辅助材料等	市场价
莱芜钢铁集团鲁南矿业有限公司	辅助材料	市场价
合　　计		--

关联方	交易金额
莱芜钢铁集团公司	206875.37
鲁银投资集团股份有限公司	19658.43
莱芜钢铁集团机械制造有限公司	16212.10
山东莱钢建设有限公司	6821.73
莱芜钢铁集团泰东实业有限公司	4300.82
莱芜钢铁集团淄博锚链有限公司	2299.57
山东莱钢汽车运输有限公	2125.25
莱钢集团万和冶金建材有限公司	2797.79
莱钢集团矿山建设有限公司	4994.47
莱芜天元气体有限公司	3897.19
莱芜钢铁集团莱芜矿业有限公司	862.89
莱芜钢铁集团鲁南矿业有限公司	654.44
合　　计	271500.05

(3)定价原则:执行市场价格;没有市场价格参照,按照成本加成定价;既没有市场价格,也不适合成本加成定价的,按照协议价定价。

(4)结算方式:上述交易通过现汇或票据结算。

(5)公司及股东的利益没有因上述关联交易而受损害。

公司部分辅助生产系统和配套设施方面的服务由莱芜钢铁集团有限公司提供,双方存在必要的关联交易,上述交易避免了不必要的重复建设和人财物的浪费,促进了公司生产经营的顺利进行。

2、报告期内公司 2003 年 4 月 29 日股东大会通过,投入 9000 万元与莱芜钢铁集团泰东实业有限公司共同投资设立山东瑞达再生资源有限公司,公司注册资本为 100000000 元。

2003 年 6 月 26 日董事会通过,将拥有的山东天泰新材料股份有限公司 51.33%的股权转让给莱芜钢铁集团有限公司,交易价格为 10911508.21 元。

2003 年 10 月 22 日董事会通过,购买莱钢集团公司原超硬材料厂部分闲置资产,交易价格为 4110700 元。

3、公司与关联方不存在不正常的债权、债务往来占用资金现象。

4、公司不存在其他重大关联交易。

公司及股东的利益没有因上述关联交易而受损害。详细情况见会计报表附注。

(四)重大合同及其履行情况:

1、报告期内公司未发生托管、承包、租赁其他公司资产或其他公司托管、承包、租赁公司资产事项。

2、报告期内公司未发生担保事项。

3、报告期内公司不存在委托理财事项。

4、报告期内公司无其他重大合同。

(五)报告期内公司或持股 5%以上股东未在指定报纸和网站上披露承诺事项。

(六)报告期内公司续聘山东乾聚有限责任会计师事务所,该事务所已连续 6 年为公司提供审计服务。公司向其支付的年度报酬情况如下:

单位:元

项目	2003 年度	2002 年度
财务审计费用	460,000.00	460,000.00
其他费用	-	-
合计	460,000.00	460,000.00

公司年末无其他应付未付会计师事务所的费用。

(七)报告期内公司、公司董事及高级管理人员未受监管部门处罚。

(八)公司无其他重大事项。

八、备查文件目录

一、载有法定代表人、主管会计工作负责人、会计主管人员签名并盖章的会计报表。

二、载有会计师事务所盖章、注册会计师亲笔签名并盖章的审计报告原件。

三、2003 年在《中国证券报》、《上海证券报》、《证券时报》上公开披露过的所有公司文件正本及公告原稿。

董事长:李名岷

莱芜钢铁股份有限公司

二〇〇四年二月十一日

上海汽车股份有限公司

上海汽车股份有限公司2003年年度报告

重要提示

本公司董事会及其董事保证本报告所载资料不存在任何虚假记载、误导性陈述或者重大遗漏,并对其内容的真实性、准确性和完整性承担个别及连带责任。

本公司董事长陈祥麟先生、总经理赵凤高先生及财务总监李丹女士声明:保证本年度报告中财务报告的真实、完整。

第一章　公司基本情况简介

(一)公司名称
公司法定中文名称:上海汽车股份有限公司
公司法定英文名称:Shanghai Automotive Co.,Ltd.
公司英文名称缩写:SA
(二)法定代表人姓名:陈祥麟
(三)公司董事会秘书:张锦根
证券事务代表:张　韬
联系地址:中国上海市浦东张江高科技园区松涛路563号A幢5层
联系电话:(021)50803808
传　　真:(021)50803780
电子信箱:stoc@china-sa.com
(四)公司注册地址:中国上海市浦东张江高科技园区碧波路25号
公司办公地址:中国上海市浦东张江高科技园区松涛路563号A幢5层
邮政编码:201203
国际互联网网址:http://www.china-sa.com
公司电子信箱:stoc@china-sa.com
(五)公司选定的信息披露报纸:《上海证券报》、《中国证券报》、《证券时报》
刊登公司年度报告的国际互联网网站:http://www.sse.com.cn
公司年度报告备置地点:公司办公室
(六)公司股票上市交易所:上海证券交易所
股票名称:上海汽车
股票代码:600104
(七)公司首次注册登记日期:1997年11月24日
注册登记地点:上海市工商行政管理局
企业法人营业执照注册号:3100001000386
公司税务登记号码:沪字310041132260250
公司聘请的会计师事务所名称:安永大华会计师事务所有限责任公司
会计师事务所的办公地点:上海市昆山路146号

第二章　会计数据和业务数据摘要

第一节　本年度利润指标及构成(单位:人民币元)

项　目	金额
利润总额	1,659,661,859.67
净利润	1,516,808,257.39
扣除非经营性损益后的净利润	1,425,853,867.44
主营业务利润	1,632,081,699.32
其他业务利润	68,599,782.31
营业利润	312,938,242.72
投资收益	1,317,369,791.51
补贴收入	2,134,500.00
营业外收支净额	27,219,325.44
经营活动产生的现金流量净额	391,618,269.38
现金及现金等价物净增加额	−179,307,212.18

注:扣除的非经常性损益项目和涉及金额
(单位:人民币元):

项　目	金额
(1)扣除资产减值准备的营业外收支净额	19,770,151.89
(2)处置长期投资、固定资产、在建工程无形资产、其他长期资产的损益	356,983.90
(3)股票投资收益	63,850,338.64
(4)以前年度减值准备的转回	5,405,923.52
(5)各种形式的政府补贴	1,570,992.00
合计	90,954,389.95

注:以上各项均已考虑所得税影响。

第二节　近三年主要会计数据和财务指标(单位:人民币元)

序号	项目	单位	2003年度	2002年度 调整后	2002年度 调整前
1	主营业务收入	(元)	6,891,518,318.54	4,769,239,663.70	4,769,239,663.70
2	净利润	(元)	1,516,808,257.39	1,070,440,385.82	1,070,440,385.82
3	总资产	(元)	12,092,059,919.39	10,700,458,519.68	10,700,458,519.68
4	股东权益	(元)	9,797,283,218.17	9,182,491,144.17	8,275,291,396.17
5	每股收益(摊薄)	(元/股)	0.602	0.425	0.425
6	每股收益(扣除非经常性损益)	(元/股)	0.566	0.465	0.465
7	每股收益(加权)	(元/股)	0.602	0.425	0.425
8	每股净资产	(元/股)	3.888	3.644	3.284
9	调整后的每股净资产	(元/股)	3.875	3.625	3.265
10	每股经营活动产生的现金流量净额	(元/股)	0.155	0.309	0.309
11	净资产收益率(摊薄)	(%)	15.48	11.66	12.94
12	净资产收益率(扣除非经常性损益)	(%)	14.55	12.77	14.17
13	净资产收益率(加权)	(%)	16.25	12.18	12.63
14	扣除非经常性损益的加权平均净资产收益率	(%)	15.27	13.16	13.55

序号	项　目	2001年度 调整后	2001年度 调整前
1	主营业务收入	3,705,234,168.12	3,705,234,168.12
2	净利润	784,188,994.29	787,222,437.47
3	总资产	10,054,325,600.56	10,054,325,600.56
4	股东权益	8,504,914,045.58	8,126,914,150.58
5	每股收益(摊薄)	0.311	0.311
6	每股收益(扣除非经常性损益)	0.332	0.332
7	每股收益(加权)	0.359	0.325
8	每股净资产	3.375	3.225
9	调整后的每股净资产	3.373	3.206
10	每股经营活动产生的现金流量净额	0.288	0.288
11	净资产收益率(摊薄)	9.22	9.65
12	净资产收益率(扣除非经常性损益)	9.823	10.28
13	净资产收益率(加权)	10.64	10.67
14	扣除非经常性损益的加权平均净资产收益率	10.64	10.67

第三节　报告期内股东权益变动情况　单位:人民币元

项　目	股本	资本公积	盈余公积
期初数	2,519,999,300	4,924,836,826.44	806,353,172.51
本期增加		34,074,196.86	330,832,072.74
本期减少			
期末数	2,519,999,300	4,958,911,023.30	1,137,185,245.25

项　目	其中:法定公益金	未分配利润	股东权益合计
期初数	319,031,609.33	931,301,845.22	9,182,491,144.17
本期增加	148,889,061.90	1,516,808,257.39	1,881,714,526.99
本期减少	1,266,922,452.99	1,266,922,452.99	
期末数	467,920,671.23	1,181,187,649.62	9,797,283,218.17

变动原因:

1、盈余公积及法定公益金的增加系从公司本年度实现净利润中提取法定公积金和公益金所致。

2、未分配利润的变化系本公司当年实现净利润扣除提取公积金、公益金及现金分红所致。

第三章　股本变动及股东情况

第一节　股本变动情况
单位数量:股

项　目	本次变动前	本次变动增减(+,-) 配股	送股	公积金转股	增发	其他	小计	本次变动后
一、未上市流通股份								
1、发起人股份	1,763,999,510							1,763,999,510
其中:								
国家持有股份	1,763,999,510							1,763,999,510
境内法人持有股份								
境外法人持有股份								
2、募集法人股份								
3、内部职工股								
4、优先股或其他								
未上市流通股份合计	1,763,999,510							1,763,999,510
二、已上市流通股份								
1、人民币普通股	755,999,790							755,999,790
2、境内上市的外资股								
1、境外上市的外资股								
2、其他								
已上市流通股份合计	755,999,790							755,999,790
三、股份总数	2,519,999,300							2,519,999,300

第二节　股票发行与上市情况

1、历次股票发行的情况:

本公司首次股票发行日期为1997年11月7日,经上海市人民政府(1997)41号文和上海市证券管理办公室沪证司(1997)104号批准,公司通过上海证券交易所发行人民币普通股,发行数量300,000,000股,发行价格为7.02元,上市日期为1997年11月25日,获准上市交易数量270,000,000股,另30,000,000公司职工股于1998年5月25日获准上市交易,原托管机构为上海证券中央登记结算中心。2001年3月6日公司实施按1,400,000,000股本每10股配3股的配股方案,配股价8元/股,2001年3月21日流通部分上市。

2、报告期内公司股份总数及结构未发生变化。

第三节　股东情况介绍

(1)报告期末股东总数:截止2003年12月31日,公司共有股东55,232户。

(2)公司前十名股东持股情况：

股东名称	本期末持股数(股)	占总股本(%)	类别
上海汽车工业(集团)总公司	1,763,999,510	70.00	国有法人股
同盛证券投资基金	18,124,588	0.72	流通股
博时价值增长证券投资基金	16,141,275	0.64	流通股
天元证券投资基金	15,735,367	0.62	流通股
裕隆证券投资基金	15,624,445	0.62	流通股
同益证券投资基金	14,908,463	0.59	流通股
华安创新证券投资基金	13,527,229	0.54	流通股
南方稳健成长证券投资基金	13,202,413	0.52	流通股
天津中集北洋集装箱有限公司工会委员会	12,446,599	0.49	流通股
金鑫证券投资基金	10,825,321	0.43	流通股

注：持有本公司股份5%以上的股东为上海汽车工业(集团)总公司，其持有的股份为未上市流通的国有法人股，本年度内其所持有的股份未发生变更、质押、冻结等情况。"博时增长"、"裕隆基金"同属于博时基金管理公司所管理的基金，"同盛基金"、"同益基金"同属于长盛基金管理公司所管理的基金，"天元基金"、"南方稳健"同属于南方基金管理公司所管理的基金，其余股东之间未知是否存在关联或一致行动人关系。

(3)公司控股股东情况简介：上海汽车工业(集团)总公司持有国有法人股股份，为本公司控股股东，其法人代表是陈祥麟。公司成立于1995年8月14日，注册资本为人民币531,398万元，生产经营范围是生产、销售轿车、摩托车、载重车、拖拉机、大客车等整车及其配套零部件等。

(4)报告期内，公司不存在其他持股在10%以上(含10%)的法人股东。

(5)前10名流通股股东情况

股东名称(全称)	年末持有流通股的数量	种类(A、B、H或其它)
1、同盛证券投资基金	18,124,588	A股
2、博时价值增长证券投资基金	16,141,275	A股
3、天元证券投资基金	15,735,367	A股
4、裕隆证券投资基金	15,624,445	A股
5、同益证券投资基金	14,908,463	A股
6、华安创新证券投资基金	13,527,229	A股
7、南方稳健成长证券投资基金	13,202,413	A股
8、天津中集北洋集装箱有限公司工会委员会	12,446,599	A股
9、金鑫证券投资基金	10,825,321	A股
10、鸿阳证券投资基金	10,735,618	A股

前10名流通股股东关系的说明："博时增长"、"裕隆基金"同属于博时基金管理公司所管理的基金，"同盛基金"、"同益基金"同属于长盛基金管理公司所管理的基金，"天元基金"、"南方稳健"同属于南方基金管理公司所管理的基金，其余股东之间未知是否存在关联或一致行动人关系。

第四章　公司董事、监事、高级管理人员和员工情况

第一节　董事、监事、高级管理人员基本情况：

(1)董事、监事高级管理人员情况

姓　名	职务	性别	年龄	任期起止日期	持股数(股) 年初	持股数(股) 年末	变动原因
陈祥麟	董事长	男	59	2001.03~2004.03	18,144	18,144	---
胡茂元	副董事长	男	53	2001.03~2004.03	18,000	18,000	---
陈因达	董事	男	57	2001.03~2004.03	37,800	37,800	---
赵凤高	董事	男	54	2002.04~2004.03	10,000	10,000	---
胡安生	董事	男	59	2001.03~2004.03	25,200	25,200	---
齐鸿浩	董事	男	55	2001.03~2004.03	25,200	25,200	---
薛　建	董事	男	51	2002.04~2004.03	15,000	15,000	---
张仲礼	独立董事	男	84	2001.03~2004.03	0	0	---
郭孔辉	独立董事	男	69	2001.03~2004.03	0	0	---
谢　荣	独立董事	男	52	2003.04~2004.03	0	0	---
陈忠德	监事会主席	男	60	2001.03~2004.03	18,900	18,900	---
朱根林	监事	男	49	2001.03~2004.03	0	0	---
石金祥	监事	男	55	2003.10~2004.03	0	0	---
邹定伟	副总经理	男	46	2001.03~2004.03	18,144	18,144	---
杨春保	副总经理	男	53	2001.03~2004.03	7,200	7,200	---
李小彬	副总经理	男	36	2002.10~2004.03	0	0	---
张立春	副总经理	男	52	2003.04~2004.03	0	0	---
李　丹	财务总监	女	57	2001.03~2004.03	10,836	10,836	---
张锦根	董事会秘书	男	56	2001.03~2004.03	11,907	11,907	---

(2)公司董事、监事在控股股东单位任职情况

在股东单位担任的

姓名	任职的股东名称	职务	任职期间	是否领取报酬、津贴(是或否)
陈祥麟	上海汽车工业(集团)总公司	董事长、党委书记	1999年7月至今	否
胡茂元	上海汽车工业(集团)总公司	总裁、党委副书记	1999年7月至今	否
陈因达	上海汽车工业(集团)总公司	副总裁	1999年11月至今	否
胡安生	上海汽车工业(集团)总公司	战略发展委员会专务	2001年1月至今	否
齐鸿浩	上海汽车工业(集团)总公司	战略发展委员会专务	2001年1月至今	否
陈忠德	上海汽车工业(集团)总公司	董事、党委副书记	1999年10月至今	否
朱根林	上海汽车工业(集团)总公司	财务总监	2002年2月至今	否

第二节　年度报酬情况

现任公司董事、监事和高级管理人员的年度报酬的确定依据是公司的经营业绩以及《公司干部管理规定》和《岗位工资管理规定》。现任董事(2人)、职工监事(1人)和高级管理人员(6人)在公司领取的年度报酬总额为188.6万元，金额最高的三名高级管理人员的报酬总额为62.1万元。

报告期内公司独立董事张仲礼先生、郭孔辉先生、谢荣先生在公司领取的独立董事津贴为5万元/年/人。独立董事郭孔辉先生来沪参加公司董事会，住宿、交通费由公司承担。

公司现任董事、监事、高级管理人员共19人，在公司领取报酬为9人，其中年度报酬在23万以上2人，年度报酬在20.7——23万元之间6人；18.4——20.7万元之间1人。

陈祥麟董事长、胡茂元副董事长、陈因达董事、胡安生董事、齐鸿浩董事、陈忠德监事会主席、朱根林监事均在股东单位上海汽车工业(集团)总公司领取报酬。

第三节　报告期内聘任及解聘高级管理人员情况

报告期内，公司于2003年4月25日召开二届十二次董事会会议，聘任张立春先生担任公司副总经理职务。

第四节　公司员工情况

截止2003年12月31日，公司在职员工共有4,520人。

(1)公司员工的专业构成情况：生产人员2,476人，占54.78%；销售人员43人，占0.95%；技术人员570人，占12.61%；财务人员53人，占1.17%；行政管理人员269人，占5.95%；其他人员1,109人，占24.54%。

(2)公司员工按教育程度划分：研究生学历以上29人，大学本科学历368人，大专学历521人，中专及以下3602人。

(3)公司离退休职工人数为1,700人，公司承担费用126.4万元/年。

第五章　公司治理结构

第一节　公司治理情况

公司严格按照《公司法》、《证券法》以及中国证监会、上海证券交易所颁布的有关上市公司治理文件的要求，不断完善公司的法人治理结构，建立现代企业制度，规范公司自身运作行为，营造可持续发展的公司环境，按规范进行信息披露工作。

根据2003年8月中国证监会和国务院国有资产监督管理委员会联合发布了《关于规范上市公司与关联方资金往来及上市公司对外担保若干问题的通知》，2003年10月中国证监会上海证管办《关于推动上海上市公司投资者关系管理工作的通知》的要求，公司进行了认真自查，填写了自查报告，及时上报有关监管部门。公司目前的治理情况如下：

一、关于股东和股东大会

公司能充分保障所有股东能够切实行使各自的权利；按照《股东大会规范意见》和《公司章程》的要求召集、召开股东大会，公司2002年度股东大会召开日正值非典时期，从各方对股东大会进行周密布置，从而保证每个股东均安全顺利地参加会议并行使咨询权和表决权；公司关联交易遵循平等、自愿、互利、有偿的原则。

二、关于控股股东与上市公司

公司和控股股东在人员、资产、财务、机构和业务等方面严格实行"五分开"，各自独立核算，独立承担责任和风险。公司的董事会、监事会和内部管理机构均独立运作。公司在业务方面具有独立完整的业务及自主经营的能力，在劳动、人事及工资管理等方面有独立的人力资源部门，同时资产完整、产权清晰，在财务方面有独立的会计核算体系、财务管理制度和银行帐户，并有独立的机构职能部门。

三、关于董事与董事会

公司按照《公司章程》的规定程序选举董事；公司董事能够遵守有关法律和公司章程的规定，履行了重视、诚信和勤勉的职责，维护了公司利益；在公司董事会讨论关联交易时，独立董事发表了独立意见，关联董事也发表了公正、诚信的声明。

四、关于监事和监事会

公司监事会能定期召开监事会会议。监事以认真负责的态度列席董事会会议，履行对董事、高级管理人员及公司财务的监督与检查责任。

五、关于绩效评价和激励约束机制

公司已逐步建立高级管理人员的绩效考核标准。

六、关于相关利益者

公司能够充分尊重和维护银行及其他债权人、职工、消费者、供应商等其他相关利益者的合法权益，在经济交往中，互惠互利，努力实现公司与社会共同发展。

七、关于信息披露和透明度

公司董事会秘书负责公司的信息披露工作；公司确保信息披露的真实、准确、完整、及时，并已制订了《投资者关系管理制度》，切实保护投资者利益。

第二节　独立董事履行职责的情况

公司董事会根据中国证监会发布的《关于在上市公司建立独立董事制度的指导意见》的规定要求，公司已聘任了3名独立董事，独立董事自任职以来，积极参加公司董事会会议和股东大会，审议董事会各项议案和公司定期报告，充分发挥了独立董事的作用，勤勉尽责，参与公司重大决策，维护了公司和广大中小股东的合法利益。

第三节　报告期内公司对高级管理人员的考评及激励机制的建立和实施情况

公司对高级管理人员主要依据年初董事会下达的年度经济经营指标、工作管理目标进行检查与考核，主要考核他们的科学决策、管理能力、工作业绩、创新能力等方面，同时还接受党组织的监督、职工民主监督等。公司主要的考核方式是干部述职，然后进行民主评议，最后归纳出综合意见。

第六章　董事会报告

第一节　公司经营情况

1、主营业务的范围及其经营情况

公司属汽车行业，主营汽车、摩托车、拖拉机等各种机动车整车、总成及零部件的生产、销售、物业管理、国内贸易(除专项规定)、咨询服务业，经营自产产品及技术的出口业务和本企业所需的机械设备、零配件、原辅材料及技术的进口业务(国家限定公司经营或禁止进出口的商品及技术除外)，包括公司控股的企业。

2003年，公司积极把握国内汽车市场高速发展的历史机遇，扎实推进"满足用户需求、提高创新能力、集成全球资源、崇尚人本管理"的"四大工程"建设，一手抓由点到面大力推行"人人成为经营者"的管理模式，从实际出发建立了多元投资企业、经营者持股经营、虚拟经营、绩效挂钩、项目经营公司等五种不同模式的经营体，在企业内部初步确立了市场化运作的观念、资源优化配置的观念、保持成本优势的观念和职工群众民主参与的观念，2003年9月16日，中国机械工业联合会授予公司参股40%股权的上海易初通用机器有限公司全国首家"机械工业现代化管理企业"称号，授予股份公司总经理赵凤高先生"机械工业企业经营管理大师"称号。一手抓以增强公司核心竞争力为战略目标，积极推进战略成本管理，初步形成了分析成本、比较成本、净化成本、真实成本、目标成本的五步法框架，从而使公司战略成本控制为"创核心竞争力的多维控制"。公司在加大新产品开发和市场拓展力度的同时，加强了资本运作和资产整合，先后收购了上汽仪征99%股权以及上海天合汽车安全系统公司50%股权，上海菲特尔莫古轴瓦公司40%股权，在加强整车自主品牌工作的同时，加快零部件系统模块供货，在股权重组的基础上初步形成空调热交换系统和汽车制动系统。全面完成了董事会年初制定的各项经济目标。2003年共实现主营业务收入689,152万元，比2002年度增长44.50%；净利润151,681万元，比2002年增长41.70%；每股收益0.602元，同比增长41.65%。

(2)报告期内公司主营业务及其结构较前一期报告期有一定变化，系公司于2003年5月收购了上汽仪征汽车有限公司99%股权所致。

(A)业务分部报表

行业种类	营业收入 2003年度	营业成本 2003年度	营业毛利 2003年度
汽车制造业	7,446,517,035.86	5,797,277,028.77	1,649,240,007.09
公司内行业间相互抵减	-554,998,717.32	-554,998,717.32	
合计	6,891,518,318.54	5,242,278,311.45	1,649,240,007.09

(B)地区分部报表

地区	营业收入 2003年度	营业成本 2003年度	营业毛利 2003年度
上　海	6,755,076,574.65	5,074,713,658.49	1,680,362,916.16
江　苏	94,939,774.62	126,912,728.46	-31,972,953.84
辽　宁	41,501,969.27	40,651,924.50	850,044.77
合　计	6,891,518,318.54	5,242,278,311.45	1,649,240,007.09

2、主要控股公司及参股公司的经营情况及业绩：

公司主要控股公司均为汽车及零部件制造企业，2003年产销量大幅度提高，利润增幅也较大。

3、主要供应商、客户情况

本年度公司的前五名供应商采购金额合计 202,523 万元，占公司年度采购总额的 34.9%；公司前五名客户的销售收入金额合计 590,530 万元，占公司全部销售收入的 85.7%。

4、在经营中出现的问题与困难及解决方案

2003 年我国的汽车行业延续了 2002 年的快速发展和激烈竞争的局面，同时公司也遇到了"非典"疫情、产能瓶颈、持续高温、能源紧张等困难，针对这些情况公司积极采取对策和措施，大力推进"人人成为经营者"管理模式，推进技术进步，挖掘产能潜力，优化调整生产工艺、技术与产品结构，实行战略成本管理，大幅提升生产效率，克服了以上困难，提高了公司整体优势。

第二节 报告期内公司的投资情况

1、报告期内募集资金的运用和结果

公司于 2001 年 2 月至 3 月实施了 2000 年度配股方案，计划募集的股份 4.2 亿股已全部募集到位，扣除相关发行费用，实际募集资金 33.07 亿元，其中实物资产 17.62 亿元。

募集资金方式	承诺投资项目	项目总投资(万元)	本公司应投入金额(万元)	实际投资项目	实际投资金额(万元)
A 股配股	别克轿车自动变速器四个分总成项目	18,262.00	18,262.00	别克轿车自动变速器四个分总成项目	14,849.76
A 股配股	通用经济型轿车变速器零部件及总成技改项目	15,671.00	15,671.00	通用经济型轿车变速器零部件及总成技改项目	18,981.90 万元(超出部分为公司自有资金投入)
A 股配股	参股上汽集团财务公司项目	52,000.00	52,000.00	参股上汽集团财务公司项目	52,000.00
A 股配股	参建上海汽车信息产业投资有限公司项目	4,000.00	4,000.00	参建上海汽车信息产业投资有限公司项目	4,000.00
A 股配股	上海小糸车灯中高级轿车车灯配套项目	19,800.00	9,900.00		资金暂未投出
A 股配股	上海采埃孚转向机有限公司 15 万两端输出动力转向机项目	16,635.00	8,151.00		资金暂未投出
A 股配股	上海汽车制动系统有限公司中高级轿车前轮制动钳配套系统项目	19,847.00	9,924.00		资金暂未投出
A 股配股	上海纳铁福传动轴有限公司等速万向节精密锻造生产线建设项目	8,000.00	2,800.00		资金暂未投出
A 股配股	上海汇众萨克斯减振器有限公司项目	16,019.00	4,005.00		资金暂未投出
A 股配股	上海汇众汽车制造有限公司转向管柱项目	9,030.00	1,806.00		资金暂未投出
A 股配股	补充流动资金	28,072.00	28,072.00	补充流动资金	28,072.00

募集资金投资项目的进度及收益情况

(1)别克轿车自动变速器四个分总成项目，该项目总投资 18,262 万元，截止 2002 年末该项目已竣工，实际投资 14,849.76 万元。2003 年产生收益 6,581 万元。

(2) 通用经济型轿车变速器零部件及总成技改项目，该项目总投资 15,671 万元，实际投资 18,981.90 万元(超出部分为公司自有资金投入)。2003 年产生收益 1,246 万元。

(3)上海汽车集团财务有限责任公司项目，该项目的投资额已全部完成，至 2003 年累计产生收益 21,986 万元。

(4)上海汽车信息产业投资有限公司项目，该项目的投资额已全部完成，至 2003 年累计产生收益 183 万元。。

(5)由于公司 2000 年度配股资金于 2001 年 3 月才到位，配股资金涉及的其他项目没有投入，已由各企业自行出资，在公司 2002 年度报告中已有叙述，共计人民币 36,586 万元。该部分资金业经 2001 年度股东大会授权公司可进行国债投资，2003 年实现收益近 400 万元。

2004 年公司将继续本着对股东负责的态度，切实寻找能为股东获得最大收益的项目，公司将及时披露有关信息。

2、报告期内非募集资金投资情况

项目名称	项目金额(元)	项目进度	项目收益情况
上海天合汽车安全系统有限公司 50%股权	67,905,000.00	完成	871 万元
上汽仪征汽车有限公司 99%股权	212,840,059.45	完成	-9,606 万元
上海菲特尔莫古轴瓦有限公司 40%股权	29,800,000.00	完成	79 万元
合　计	310,545,059.45	-	-8656 万元

以上收购资产的董事会决议和实施关联公告详见 2004 年 3 月 26 日、5 月 31 日、6 月 6 日的《上海证券报》、《中国证券报》和《证券时报》。

第三节 财务状况分析

1、报告期内的财务状况，经营成果 单位：人民币元

项　　目	2003 年 12 月 31 日	2002 年 12 月 31 日	增减(%)
总资产	12,092,059,919.39	10,700,458,519.68	13.01
应收帐款	374,893,068.71	268,845,366.29	39.45
存货	1,264,119,393.53	703,750,602.68	79.63
长期投资	4,615,989,094.44	3,966,677,000.75	16.37
固定资产	2,847,258,679.77	2,343,414,655.36	21.50
长期负债	166,298,161.67	143,088,161.67	16.22
股东权益	9,797,283,218.17	9,182,491,144.00	6.70
项　　目	2003 年 1-12 月	2002 年 1-12 月	增减(%)
主营业务利润	1,632,081,699.32	1,141,310,584.21	43.00
净利润	1,516,808,257.39	1,070,440,385.82	41.70
经营活动产生的现金流量净额	391,618,269.38	777,880,675.38	-49.66

2、项目变动原因

●报告期会计报表合并范围增大；

●公司积极拓展市场，产销量提高，产品品种增加；

●在建工程竣工转入固定资产，增加固定资产总额。

第四节 宏观环境及宏观政策、法规发生变化对公司财务状况和经营成果产生的影响

2003 年我国的宏观经济持续向好，虽然整车、零部件的关税进一步下调，但我国的汽车行业延续了 2002 年的快速发展和激烈竞争的局面。公司抓住这一发展时机，扩大产品生产，调整产品结构，提高技术含量，实行战略成本管理，提高生产管理和运作效率，大力推行"人人成为经营者"管理模式，有效降低产品成本，加大了出口业务，整体上提高了公司的综合竞争力，公司的业绩也有了稳步的增长。

第五节 2004 年度的经营计划

2004 年，是公司推进自主品牌整车建设的关键年，公司将抓住这一战略发展机遇，在做好充分市场调研分析的基础上从战略高度做好整车产品包括开发、成本、生产、经销的规划，做到人才集聚培训和组织机构设置的两个超前，零部件生产能力、采购体系、产品销售网络、产品成本规划的四个同步；全面、系统、深入地推行"人人成为经营者"管理模式，加快非核心业务企业的经营改制，探索所有者、经营者、劳动者三者合一的有效方法，使"人人成为经营者"成为公司不断提高核心竞争力的有效工作载体；做大做强零部件企业，并逐步形成出口产品基地；加强公司机制建设，探索和实施有利于加速整车开发的激励机制和组织系统；走信息化带动工业化道路，在继续推行战略成本管理工作，加强产业链成本的研究和控制，实行五步法的同时，加大公司信息化建设的力度，完善公司网络系统，不断提高公司综合竞争力，促进公司可持续发展。

第六节 董事会的日常工作情况

1、董事会会议情况及决议内容

第二届董事会在 2003 年共召开了 4 次董事会会议。

(1)二届十二次董事会会议于 2003 年 3 月 24 日召开，审议通过了 2002 年度《董事会工作报告》、《总经理工作报告》、《利润分配预案》、《财务决算报告》、《2002 年年度报告及摘要》、《关于收购上汽集团仪征汽车有限公司 99%股权的议案》、《关于收购菲特尔莫古轴瓦有限公司 40%股权的议案》、《关于收购上海天合汽车安全系统有限公司 50%股权的议案》、《关于提名独立董事候选人的议案》、《关于独立董事津贴的议案》、《关于续聘安永大华会计师事务所有限责任公司的议案》、《召开 2002 年度股东大会的议案》等。

(2)二届十三次董事会会议于 2003 年 4 月 25 日召开，审议通过了《2003 年第一季度报告及摘要》、《关于合资组建沈阳上汽金杯汽车变速器有限公司的议案》、《聘任张立春先生为公司副总经理》等。

(3)二届十四次董事会会议于 2003 年 7 月 31 日召开，审议通过了《2003 年半年度报告及摘要》、《关于合资组建中炼钢丝有限公司的议案》、《关于上海天合汽车安全系统有限公司增资的议案》、《关于大众汽车变速器(上海)有限公司增资的议案》等。

(4)二届十五次董事会会议于 2003 年 10 月 28 日召开，审议通过了《2002 年第三季度报告及摘要》、《关于合资组建上海贝洱热系统有限公司的议案》、《关于上海万众汽车零部件有限公司增资的议案》、《关于收购上海安吉汽车销售有限公司 40%股权的议案》等。

2、董事会对股东大会决议的执行情况

董事会于 2003 年 4 月 25 日主持召开了公司 2002 年度股东大会，并对股东大会通过的各项决议都进行了认真地落实。根据股东大会通过的"2002 年度分配方案"，按 2002 年末总股本 2,519,999,300 股为基数的现金分红，每 10 股派发现金红利 3.60 元(含税)，公司以 2003 年 6 月 16 日为股权登记日，6 月 17 日为除息日，在规定期间内实施完毕。

第七节 本次利润分配预案

经安永大华会计师事务所有限责任公司审计，公司 2003 年 12 月 31 日末可供股东分配的利润余额为 1,181,187,649.62 元。本次利润分配预案为：以公司 2003 年年末总股本 2,519,999,300 股为基准，每 10 股送 3 股红股、每 10 股派送现金红利 1.50 元(含税)，计 1,133,999,685.00 元，分配后公司未分配利润结余 47,187,964.62 元。该分配预案尚需提交股东大会审议。

第八节 其他披露事项

1、安永大华会计师事务所对公司与控股股东及其他关联方资金往来情况进行专项核查，认为公司与控股股东及其他关联方不存在互相承担费用或债务的情形。

2、公司独立董事关于对外担保的专项说明及独立意见：

根据《上市公司治理准则》、《关于在上市公司建立独立董事制度的指导意见》、《关于规范上市公司与关联方资金往来及上市公司对外担保若干问题的通知》和《公司章程》及其他有关规定，我们对公司 2003 年度的担保事项进行了认真审核，经核对 2003 年度审计报告和我们的调查，该公司自成立始，十分重视对外担保的控制，制订并不断修改与完善了《公司对外担保管理规定》。公司从未对无资产关系的任何单位、任何非法人单位或个人提供担保，2003 年始也未对本公司持股 50%以下的其他关联方提供担保。公司对符合规定的担保有专门的审批流程，并有专人对担保事项进行实时跟踪。

2003 年 9 月根据证监会 56 号文《关于规范上市公司与关联方资金往来及其上市公司对外担保若干问题的通知》的有关精神，公司对对外担保进行了自查，并进一步强化了对外担保的控制。

截止 2003 年 12 月 31 日公司对外担保业务均处于受控状态，我们认为，公司对外担保的决策程序合法、合理、公允；公司及时履行了相关的信息披露义务；对外担保没有损害公司及公司股东、特别是中小股东的利益。

第七章　重要事项

1、本报告期内公司无重大诉讼、仲裁事项。

2、报告期内公司，公司以自有资金收购了上汽仪征汽车有限公司 99%股权，上海天合汽车安全系统有限公司 50%股权，上海菲特尔莫古轴瓦有限公司 40%股权等，无吸收兼并事项。

3、重大关联交易事项详见财务报告附注。

4、报告期内公司无托管、承包、租赁其他公司资产及其他公司托管、承包、租赁上市公司资产的事项。

截止 2003 年 12 月 31 日本公司为以下公司提供担保：

借款单位	种类	币种	担保借款金额	期限
上海汽车齿轮四厂	贷款	人民币	3,570,000.00	2003.02.21~2004.02.08
上海小糸车灯有限公司	贷款	人民币	50,000,000.00	2002.8.29~2005.05.31
上海制动系统有限公司	贷款	人民币	49,000,000.00	2000.11.30.~2004.11.29

公司本年通过上海汽车创业投资有限公司进行委托理财，其中 2003 年 8 月 12 日至 2003 年 12 月 30 日委托金额 100,000,000.00 元,2003 年 8 月 26 日至 2003 年 10 月 22 日委托金额 45,000,000.00 元，截至 2003 年 12 月 31 日该委托金额已全部收回，收到相应收益 811,426.00 元,收益率为 2.178%。

5、公司或持股 5%以上股东在报告期或持续到报告期内无承诺事项。

6、报告期内公司续聘"安永大华会计师事务所有限责任公司"为公司的财务审计机构。截止 2003 年 12 月 31 日，安永大华会计师事务所有限责任公司已为公司提供审计服务 7 年，近 2 年支付给其的审计报酬如下：

年度	审计业务费用	非审计业务费用
2002 年	100 万元	0
2003 年	100 万元	0

差旅费由本公司承担。2003 年支付 3.7 万元。

7、报告期内本公司、公司董事会及其董事没有受到中国证监会稽查、中国证监会行政处罚、通报批评、证券交易所公开谴责的情况。

第八章　备查文件

1、载有公司法定代表人、会计工作负责人、会计主管人员签名并盖章的会计报表。

2、载有会计师事务所盖章、注册会计师签名并盖章的审计报告原件。

3、报告期内在中国证监会指定报纸上公开披露过的所有公司文件的正本及公告的原稿。

以上备查文件均完整置于公司所在地。

上海汽车股份有限公司

二 OO 四年三月三日

贵州长征电器股份有限公司

贵州长征电器股份有限公司2003年年度报告

重要提示

本公司董事会及其董事保证本报告所载资料不存在任何虚假记载、误导性陈述或者重大遗漏,并对其内容的真实性、准确性和完整性承担个别及连带责任。

公司董事长唐勇先生、主管会计工作负责人何可仁先生和会计机构负责人黄巨芳先生声明:保证年度报告中财务报告的真实、完整。

公司年度财务报告已经中和正信会计师事务所有限公司审计并出具标准无保留意见的审计报告。

一、公司基本情况简介

1、公司法定中文名称:贵州长征电器股份有限公司

公司法定英文名称: GUIZHOU CHANGZHENG ELECTRICAL APPARATUS CO.,LTD.

英文缩写:C·Z·E

2、公司法定代表人:唐勇

3、公司董事会秘书:江毅

联系地址:贵州省遵义市上海路100号

电话:0852-8622952

传真:0852-8626701

电子信箱:gz600112@sohu.com

4、公司注册地址:贵州省遵义市上海路100号

公司办公地址:贵州省遵义市上海路100号

邮政编码:563002

国际互联网网址:http://www.czdq.cn

电子信箱:g z c z d q @ p u b l i c . g z . c n

5、公司选定信息披露报纸:上海证券报

刊登年报选定国际互联网网址:http//www.sse.com.cn

公司年度报告备置地点:本公司办公室

6、公司股票上市交易所:上海证券交易所

股票简称:长征电器

股票代码:600112

7、其他有关资料

公司于1997年11月13日首次在贵州省工商行政管理局注册登记,2000年5月22日在该工商局作注册登记变更

企业法人营业执照注册号:5220000120l823

税务登记号码:国税黔字520300214796622

地税黔字522101214796622

公司聘请的会计师事务所名称:中和正信会计师事务所有限公司

办公地:北京市朝阳区东三环中路25号住总大厦E层E06室

二、会计数据和业务数据摘要

(一)本年度利润总额及其构成

单位:人民币元

项目	金额
利润总额	3,706,698.16
净利润	3,706,698.16
扣除非经常性损益后的净利润	−5,488,553.89
主营业务利润	50,281,038.16
其他业务利润	1,749,420.65
营业利润	−4,654,080.66
投资收益	8,604,672.37
补贴收入	0
营业外收支净额	−243,893.55
经营活动产生的现金流量净额	13,545,145.32
现金及现金等价物净增加额	8,686,122.17

★注: 扣除的非经常性损益项目和金额

单位:人民币元

项目	金额
营业外收入	128,862.01
营业外支出	372,755.56
扣除计提的减值准备	269,052.43
以前年度已经计提的各项减值准备的转回	9,170,093.17

(二)截止报告期末公司前三年主要会计数据和财务指标

单位:人民币元

项目	2003年度	2002年度 调整后
主营业务收入	150,206,871.91	136,606,430.83
净利润	3,706,698.16	−196,683,683.64
总资产	469,166,085.72	476,212,530.34
股东权益(不含少数股东权益)	283,608,895.64	279,902,197.48
每股收益	0.0216	−1.1435
每股净资产	1.6489	1.6273
调整后的每股净资产	1.4760	1.4814
每股经营活动产生的现金流量净额	0.079	−0.0826
净资产收益率(%)	1.3070	−70.2687

项目	2002年度	2001年度 调整前
主营业务收入	136,606,430.83	165,247,251.43
净利润	−196,683,683.64	4,268,352.85
总资产	476,212,530.34	686,537,584.69
股东权益(不含少数股东权益)	279,902,197.48	474,608,516.94
每股收益	−1.1435	0.0248
每股净资产	1.6273	2.76
调整后的每股净资产	1.4814	2.68
每股经营活动产生的现金流量净额	−0.0826	−0.0049
净资产收益率(%)	−70.2687	0.8993

(三)公司信息披露编报规则第九号

单位:人民币元

2003年报告期利润	净资产收益率(%)		每股收益	
	全面摊薄	加权平均	全面摊薄	加权平均
主营业务利润	17.7290	17.8456	0.2923	0.2923
营业利润	−1.6410	−1.6518	−0.0271	−0.0271
净利润	1.3070	1.3156	0.0216	0.0216
扣除非经常性损益	−1.9353	−1.9480	−0.0319	−0.0319

2002年报告期利润	净资产收益率(%)		每股收益 (人民币元)	
	全面摊薄	加权平均	全面摊薄	加权平均
主营业务利润	14.8169	11.0009	0.2411	0.2411
营业利润	−43.1460	−32.0338	−0.7021	−0.7021
净利润	−70.2687	−52.1711	−1.1435	−1.1435
扣除非经常性损益	−64.1049	−47.5948	−1.0432	−1.0432

(四)报告期内股东权益变动情况及变化原因

单位:人民币元

项目	期初数	本期增加	本期减少	期末数	变动原因
股本	172,000,000			172,000,000	
资本公积	249,159,743.90			249,159,743.90	
盈余公积	14,889,046.93			14,889,046.93	
法定公益金	4,963,015.66			4,963,015.66	
未分配利润	−156,146,593.35	3,706,698.16		−152,439,895.19	本期利润
股东权益合计	279,902,197.48	4,262,702.89		283,608,895.64	

三、股本变动及股东情况

(一)股本变动情况

1、公司股份变动情况表

数量单位:股

项目	本次变动前	本次变动增减(+、−)						本次变动后
		配股	送股	公积金转	增发	其他	小计	
一、未上市流通股份	120,000,000							120,000,000
1、发起人股份	120,000,000							120,000,000
其中:								
国家持有股份	120,000,000					−35,397,040		84,602,960
境内法人持有股份						35,397,040		35,397,040
境外法人持有股份								
其他								
2、募集法人股								
3、内部职工股								
4、优先股或其他								
其中:转配股								
未上市流通股份合计	120,000,000							120,000,000
二、已上市流通股份								
1、人民币普通股	52,000,000							52,000,000

2、境内上市的外资股		
3、境外上市的外资股		
4、其他		
已上市流通股份合计	52,000,000	52,000,000
三、股份总数	172,000,000	172,000,000

2、股票发行与上市情况

1)经中国证券监督管理委员会证监发行字[1997]494 号文和证监发行字[1997]495 号文批准,贵州长征电器股份有限公司于 1997 年 10 月 31 日上网定价发行了人民币普通股 A 股 4,000 万股(其中内部职工股 400 万股),发行价格 4.31 元/股,主承销商为贵州证券公司。经上海证券交易所批准,内部职工股 400 万股于 1998 年 5 月 28 日上市流通。

2)贵州长征电器股份有限公司于 1999 年 7 月实施配股,配股方案以 1998 年末股本 16,000 万股为基数,每 10 股配 3 股,其中 12,000 万为国有股权放弃配股资格,配股价格 6 元/股,本次配股共计配售新股 1200 万股,已于 1999 年 9 月在上海证券交易所上市流通,配股后,公司总股本为 17,200 万股。其中:国家股为 12,000 万股,上市流通股为 5,200 万股。

3)报告期内公司股份总数未发生变动。报告期内,因公司第二大股东贵州长征电器集团有限责任公司持有的 35397040 股长征电器国家股全部被依法拍卖,成都财盛投资有限公司依法竞买,并以持有本公司 35397040 股股票,占总股本的 20.58%,成为本公司第二大股东。(信息披露于 2003 年 6 月 21 日、7 月 3 日、7 月 5 日的《上海证券报》)

(二)股东情况介绍

1、截止 2002 年 12 月 31 日止,公司股东总数为 20938 户。

2、截止 2002 年 12 月 31 日止,公司前 10 名股东持股情况如下:

单位:股

股东名称	年度内增减	年末持股数量	比例(%)	股份类别	质押或冻结的股份数量	股东性质
遵义市国有资产投资经营有限公司	0	84,602,960	49.19	非流通	无	国家股
成都财盛投资有限公司	35,397,040	35,397,040	20.58	非流通	无	社会法人股
张潇潇	257,700	257,700	0.150	流通股	未知	
吕木才	238,251	238,251	0.139	流通股	未知	
董君	202,000	202,000	0.117	流通股	未知	
李强	166,975	166,975	0.097	流通股	未知	
许爱华	150,000	150,000	0.087	流通股	未知	
李玉贤	149,798	149,798	0.087	流通股	未知	
张剑洲	3,800	137,940	0.080	流通股	未知	
杜建伟	124,000	124,000	0.072	流通股	未知	

注:1)持有公司 5%以上股份的股东为遵义市国有资产投资经营有限公司和成都财盛投资有限公司,其中成都财盛投资有限公司持有的 20.58%的股份已被质押给中国农业银行北海市分行(信息披露见 2004 年 2 月 4 日《上海证券报》)。

2)前十名股东中非流通股股东间无关联关系,流通股股东之间未知其有无关联关系和质押、冻结情况,也未知是否属于《上市公司持股变动信息管理办法》中规定的一致行动人。

3、报告期内控股股东情况介绍:

控股股东情况

法定名称:遵义市国有资产投资经营有限公司

成立日期:2000 年 3 月 14 日

性质:国有独资企业

公司地址:遵义市官井路 47 号

法定代表人:李晓林

注册资本:壹亿元

经营范围:授权范围内国有资产经营管理并行使出资者职能等

4、其他持股在 10%以上的法人股东

法定名称:成都财盛投资有限公司

成立日期:2002 年 7 月 18 日

性质:有限责任公司

公司地址:成都高新区创业路国际展览贸易中心 7 楼 B 厅

法定代表人:杭森`

注册资本:捌仟万元

经营范围:项目投资;资产兼并、企业重组的信息咨询。

5、报告期末,公司前 10 名流通股股东的持股情况:

名次	股东名称	年末持有流通股数量(股)	流通股种类
1	张潇潇	257,700	A 股
2	吕木才	238,251	A 股
3	董　君	202,000	A 股
4	李　强	166,975	A 股
5	许爱华	150,000	A 股
6	李玉贤	149,798	A 股
7	张剑洲	137,940	A 股
8	杜建伟	124,000	A 股
9	王　冬	115,400	A 股
10	林兴文	112,200	A 股

说明:公司未知前 10 名流通股股东之间是否存在关联关系或一致行动人情况。

四、董事、监事、高级管理人员和员工情况

(一)基本情况

姓名	职务	性别	年龄	任期起止日期	年初持股数	年末持股数	变动原因
唐勇	董事长	男	57	2001.4~2004.4	0	0	/
王进军	董事 总经理	男	48	2001.4~2004.4	2600	2600	/
何可仁	董事 副总经理	男	42	2001.4~2004.4	0	0	/
李勇	副总经理	男	39	2003.4~2004.4	0	0	/
周富阳	董事	男	57	2001.4~2004.4	3900	3900	/
冯道谦	董事	男	57	2001.4~2004.4	3900	4300	/
丁贤德	董事	男	54	2001.4~2004.4	1000	1000	/
黄钧儒	独立董事	男	59	2002.4~2004.4	0	0	/
莫菊英	独立董事	女	42	2002.4~2004.4	0	0	/
陈锦如	监事会主席	男	59	2001.4~2004.4	3900	3900	/
李正林	监事	男	56	2001.4~2004.4	0	0	/
林平	监事	男	51	2001.4~2004.4	0	0	/
黄巨芳	财务总监	男	42	2001.4~2004.4	0	0	/
江毅	董事会秘书	男	33	2002.6~2004.4	0	0	/

(二)年度报酬情况

1、公司董事、监事津贴由公司董事会讨论审议通过,报股东大会批准执行。

2、高管人员薪酬及奖励由公司提出,经董事会批准执行。

3、现任董事、监事和高级管理人员的年度报酬总额为 517,211.50 元;其中:金额最高的前三名董事的报酬总额为 158,900 元,金额最高的前三名高级管理人员的报酬总额为 92,488 元,报酬在 2 万元以下的人数为 2 人;在 2-4 万元报酬区间的人数有 5 人;在 4-5 万元报酬区间的人数有 5 人,5 万元以上有 1 人,公司副总经理李勇先生不在公司领取报酬。

4、独立董事年度津贴为 3 万元/人.年

(三)报告期内聘任及离任的董事、监事、高级管理人员情况

2003 年 4 月 22 日,公司召开第二届第十五次董事会,审议并通过公司《关于公司高管人员辞聘的议案》。孙建国先生因工作调动辞去公司副总经理职务;严智洪先生因工作变动辞去公司副总经理职务。聘请李勇先生和何可仁先生为公司副总经理。(上述公告刊登在 2003 年 4 月 24 日的《上海证券报》)

(四)公司员工情况

2003 年底,本公司在职职工 2273 人。公司员工中有各种专业职称的人数为 480 人,占员工总数的 21.12%,其中高级职称 25 人、中级职称 113 人、初级职称 342 人。

专业构成	
生产人员	963 人
销售人员	115 人
技术人员	206 人
财务人员	30 人
管理人员	227 人
其他人员	731 人
下岗人员	1 人
教育程度	
本科以上	92 人
大、中专	467 人
其他	1714 人

五、公司治理结构

(一)公司治理情况

公司严格按照《公司法》、《证券法》、《上海证券交易所股票上市规则》和中国证监会有关法律法规的要求,不断完善公司法人治理结构,加强信息披露工作,规范公司运作。

公司相继制定和修改完善了《公司章程》、《股东大会议事规则》、《董事会议事规则》、《监事会工作条例》、《关联交易管理制度》、《信息披露管理制度》等规章制度,加强和细化了公司管理。

公司制定的上述规章制度均符合中国证监会发布的《上市公司治理准则》等规范性文件的要求,公司治理情况主要体现在以下几个层面:

1、股东与股东大会:公司能够确保全体股东享有法律、行政法规和公司章程规定的合法权利,特别是中小股东享有平等地位,保证所有股东能够充分行使自己的权利;公司严格按照《上市公司股东大会规范意见书》和《股东大会议事规则》的要求召集、召开股东大会。公司聘请具有证券从业资格的律师对股东大会作大会现场见证,并出具法律意见书。

2、控股股东与上市公司的关系:控股股东行为规范,没有超越股东大会直接或间接干预公司的决策和经营活动;没有占用公司资金或要求为其担保或要求替他人担保;公司与控股股东在人员、资产、财务、机构和业务方面做到"五独立",公司董事会、监事会和内部机构能够独立运作。

3、董事与董事会:现公司董事会由 8 名董事组成,其中独立董事 2 人,董事会的人员构成中,独立董事不足董事会成员三分之一,尚缺一名会计专业独立董事,对此,公司将尽快采取措施予以解决。董事会严格按照《公司章程》和《董事会议事规则》开展工作,各位董事熟悉相关法律法规,了解责任、权利、义务,以勤勉、认真负责的态度出席董事会和股东大会,对所议事项充分表达明确的意见,能根据全体股东的利益忠实、诚信地履行职责。

4、监事与监事会:公司监事会组成人员的产生和人员构成符合法律、法规的要求;公司监事会制定了《监事会工作条例》;公司监事能够认真履行职责,本着对股东和公司利益负责的态度,对公司财务以及公司董事、公司经理和其他高级管理人员履行职责的情况进行监督。

5、绩效评价与激励约束机制:公司正在积极建立和完善绩效评价标准与激励约束机制,调整并健全公司的薪酬体系。

6、利益相关者:公司能够充分尊重和维护银行及其他债权人、员工、客户、供应商等利益相关者的合法权利;与利益相关者积极合作,互惠互利、诚实守信,共同推动公司持续、健康地发展。

7、信息披露:报告期内,公司根据《信息披露管理制度》和有关法律、法规的要求,真实、准确、及时、完整地披露了公司的有关信息。

公司将一如既往地按照《公司法》、《证券法》、《上市公司治理准则》及《公司章程》等有关法律法规的要求规范运作,增强企业竞争力,提高公司的盈利水平,努力寻求股东利益最大化,切实维护广大投资者利益。

(二)独立董事履行职责情况

报告期内,公司独立董事本着对全体股东负责的态度,认真履行法律、法规和《公司章程》赋予的职责,积极参加报告期内的董事会和股东大会,从经济、法律、市场等多角度对公司的一系列重大事项发表专业性意见,对聘任公司高管人员等事项独立发表意见,提高了董事会决策的客观性、科学性,对公司的良性发展起到了积极的作用,切实维护了公司及广大中小投资者的利益。

(三)公司与控股股东"五分开"情况

1、在业务方面:公司具有独立完整的业务及自主经营能力;

2、在人员方面:公司的人员独立。公司经理层、高管层、财务负责人,营销负责人均未在控股股东处任职;

3、在资产方面:公司资产独立完整,权属清晰;

4、在机构方面:公司拥有独立的决策管理机构和完整的生产单位,与控股股东及其职能部门完全分开,各自独立运作;

5、在财务方面:公司拥有独立的财务部门和财务人员,按有关法律、法规的要求建立了财务、会计管理制度,独立核算,独立开立银行帐户。

(四)高级管理人员的考评及激励机制

公司初步建立了绩效评价标准与激励约束机制,高级管理人员按照《公司章程》规定的任职条件和选聘程序执行,公司高级管理人员的聘任符合有关法律法规的规定。公司董事会根据公司经营情况及有关指标的完成情况,对公司高级管理人员进行考核与奖惩,同时,公司将进一步探求有效的激励机制,充分调动所有董事、监事和高级管理人员工作的积极性。

六、董事会报告

(一)公司经营情况的讨论与分析

本公司属机械电工行业,是西南地区生产工业电器的大型企业,也是全国主要的电器生产企业。

2003 年,是公司体制改革之年,也是公司管理创新之年。

随着长征电器国有股权转让相继获得省、市人民政府、国务院国有资产监督管理委员会的批准,在当地政府部门及战略投资者广西银河集团有限公司的支持下,公司已全面推进了企业改制工作,以解决公司上市改制不彻底的遗留问题,减轻历史包袱,实现公司"企业转换机制、职工转变身份"的目标。公司发展已脱离了原国有体制的束缚,按照现代企业制度进一步加强公司科学化管理,以适应市场环境的变化。

面对激烈的市场竞争以及上半年非典疫情的影响,公司经营班子毫不松懈,充分转变思想,积极引入银河集团的管理模式,以高压电器、低压电器、成套设备为主导产品,推行事业部管理机制,实现财务、销售、采购、生产集中管理,加大对技术中心的投入,加强市场营销网络的建设,加大市场开发力度,强化公司科学化、规范化管理,为公司摆脱经营困境、促进公司健康发展打下坚实的基础。公司 2003 年实现主营业务收入 1.50 亿元,净利润 370.67 万元。具体措施有:

1、对公司组织结构进行了调整,引入事业部管理机制。以高压、低压、成套设备为龙头,成立了高压、低压及成套设备事业部,将原长征电器一厂低压塑壳断路器生产业务全部移交低压事业部管理。通过调整强化了公司在生产经营上的集中管理,提高了资产的使用效率,实现生产要素的优化配置、盘活存量资产、恢复长征电器的获利能力;进一步优化了机构部门,按需设岗,实行全员竞聘上岗,对人员进行精简,避免人浮于事,有效降低了管理成本,年末公司员工总人数为 2273 人,比上年减少 568 人,减少比例为 19.99%;增设了审计室,对公司经济活动、财务收支进行审计监督;设立法律事务室,增强法律意识,规避法律风险;成立了战略发展部,加强对公司的发展战略和产业发展方向的研究。

2、在财务管理方面,改变过去各分厂管理分散的局面,通过完善公司《财务管理制度》,实行对公司财务集中统一管理,有效控制了企业内部资金流向,提高资金运用效率;加强了对应收帐款的管理,成立专门工作小组进行清收工作,有效遏制了应收帐款的恶性增长;加强了对存货的管理,进一步规范了产、供、销业务流程,明确各业务环节的经济责任人;进一步完善了费用管理制度,强化内部控制,费用控制做到层层把关,有效降低管理成本。

3、在市场营销方面,一是加大了市场管理力度,加大了对市场网点的清理和整顿,重新进行规划和布局,避免市场资源的重复建设和内部竞争,对市场网络进行统一管理;加强了市场营销人才的引进和培养,加强了市场营销队伍的建设工作,重视市场服务意识,提高市场营销人员的业务素质;制作了 CI 形象视觉识别系统,统一长征市场品牌;通过公路广告牌、产品推介会及赞助全国甲 A 男篮联赛等形式,做好宣传工作,树立长征市场新形象。二是建立了以市场为导向的经营理念,高压电器事业部以重点市场为中心,突破各区域市场,企业产品市场占有率逐步回升;低压事业部调整销售策略,以 MA40 产品为主,突出高端产品,使 MA40 产品销售量有了较大的增长;成套事业部根据市场情况,直接面对客户承接第一手合同,减少中间环节,降低了企业经营风险。

4、在采购方面,进一步完善了采购管理制度,实现采购统一集中管理,报告期内,部分原材料价格有所上升,公司积极采取应对措施,对大宗原材料采购实行统一招标管理,对零星原材料采购要做到优质、优价,严格控制采购成本。

5、加快了技术中心的建设工作,加大新产品的开发力度。公司对原长征电器一厂 CIMS 计算中心进行了技术改造,加大对技术中心的投入,实现研制手段的更新换代;对公司技术研发人员通过竞聘上岗实行集中管理,为公司新产品研发及技术人员的培养、储备提供了有力的保障,极大提升了公司新产品研发能力;公司对原有优势产品变压器有载/无载调压分接开关、框架式智能断路器、塑壳断路器进行了有重点的技术改造和升级,提高产品技术先进性,并利用现有的技术资源,依托银河集团的技术支持,大力开发新产品,培育具有市场核心竞争力的产品,主要有 WK3 无励磁分接开关,WSLC 无励磁分接开关和 MB30L 系列塑壳式断路器。

6、加快公司信息化建设,构建公司内部信息网络。通过内部局域网实现公司所属的各事业部及各管理部室办公自动化及信息共享,以提高公司本部的管理水平和工作效率。

7、认真清理了长征电器集团公司与长征电器股份公司之间的债权债务,针对长征电器集团公司占用长征电器股份公司资金的情况,为了维护公司和全体股东的利益,作为战略投资者,银河集团与长征集团经多次协商,长征集团在经营情况极其艰难的情况下,同意以有效资源偿还对长征电器的债务,并已取得实效,减少了上市公司的部分损失。报告期内,长征集团归还长征电器长期债权投资 19,167,448.50 元,其他应收款 15,390,922.92 元。

8、进一步完善了绩效考核和薪酬制度,将个人利益与公司利益充分结合起来,对管理骨干、技术骨干和销售骨干推行年薪加业绩奖励的薪酬制度,考核与奖励实行公开化、公平化、透明化,以增强员工的市场竞争意识,进一步发挥和调动全体员工的积极性和创造性。在年底考核和奖励中,公司设置了优秀员工奖、优秀管理者奖、优秀管理团队奖和市场开拓奖等多种奖项,极大地鼓舞了全体员工的士气。

9、加强了企业文化建设。企业文化是企业的灵魂,是实现基业长青的精神支柱和保证。2003 年公司已开始了新长征企业文化的初步建设工作,将银河集团的企业核心价值观、用人观等优秀的企业文化理念与长征电器艰苦创业、追求品质等优良的传统相结合,努力打造充分发挥团队精神、崇尚爱岗敬业、注重企业执行力的新长征企业文化,营造富有活力、充满激情、敢于创新的企业氛围,为长征电器的持续稳定发展注入了精神动力。

经中和正信会计师事务所有限公司审计,公司 2003 年度主营业务收入 15020.68 万元,其中,高中压电器元件、低压电器元件、高低压成套装置分别占主营业务收入的 25.20%、60.12%、14.68%;以产品销售区域划分,西南地区、中南地区、华东地区、其他地区分别占主营业务收入的 28.83%、39.63%、15.29%和 16.25%。主营业务利润为 50,281,038.16 元,主营业务收入与上年同期相比增长了 9.96%,实现净利润 370.67 万元,实现扭亏目标。

(二)主要供应商、客户情况

报告期内,公司向前五名供应商采购的合计金额为 1,885.62 万元,占年度采购总额的 15.40%;公司向前五名客户销售产品的合计金额为 4,575.66 万元,占年度销售总额的 26.04%。

(三)经营中出现的问题与困难及解决方案

公司主要产品为低压断路器、分接开关、中压电器元件、继电保护及成套开关设备和控制设备,市场竞争激烈,2003 年,公司产品主要原材料铜、铝价格上涨幅度较大,同时由于企业管理体制僵化,经营机制不活,地域缺乏相对优势,导致人才流失,技术创新能力下降,新产品开发缓慢。

针对以上问题,公司主要采取了以下措施:

1)公司对现有营销体系进行重大调整,构建以营销大区为中心的新型营销网络,在重点区域采取多种营销模式,完善客户服务体系,通过为新、老客户提供优质的售后服务、技术支持,确保已有的市场份额,同时采取积极的营销策略主动参与竞争。

2)公司通过机构调整、资源整合等多种形式,不断优化产品结构,高电压等级、高附加值产品比重不断上升。

3)公司加大了技术资源和研发力量的整合力度,不断提高技术创新能力,报告期内公司共完成新技术、新产品开发 7 项。

4)公司加大了应收帐款清欠力度,由专门机构负责对应收帐款进行全面的清理。

同时,公司通过加强内部管理,减少了存货资金占用,使得公司经营性现金流量净额发生了实质性变化。

5)公司继续推进内部体制改革与机制创新,进一步完善事业部制。对人力资源及薪酬体制进行了总体规划与设计,通过薪酬体制改革,优化组织结构、明晰岗位职责、落实业绩指标,进一步完善了公司的绩效考核体系。

6)为进一步强化管理、监督、协调公司经济工作职能,公司财务部加强全面预算管理,对生产和管理部门成本费用进行过程控制,并取得了显著成效。

(四)公司投资情况

公司 1999 年配股募集资金 68,690,398.09 元,按《配股说明书》承诺的七个项目中有五个项目在 2000 年已完成。根据市场需求有二个承诺项目变更,经 2000 年 8 月 30 日的临时股东大会审议通过,余下的募集资金 3,924 万元改投至"国家 863/CIMS 应用示范工程"、"贵州省第二批火炬计划 MB30 系列塑壳式断路器"等项目。延续至报告期内的募集资金投资项目有一项,具体情况如下:

本公司省级技术中心二期工程,报告期内投入募集资金 354.4 万元,累计投入 1364.4 万元,该项目正继续投入。

单位:万元

序号	项目名称	承诺投资额	计划投资额	累计投资	进度
1	省技术中心 二期工程	2,400	2,317	1364.4	陆续投入

(五)报告期内的财务状况、经营成果

单位:元

项目	2003 年	2002 年	增减变动(%)
总资产	469,166,085.72	476,212,530.34	-1.48
股东权益	283,608,895.64	279,902,197.48	1.32
主营业务利润	50,281,038.16	41,472,922.93	21.24
净利润	3,706,698.16	-196,683,683.64	-
现金及现金等价物增加额	8,686,122.17	-19,894,692.34	-

财务指标变动的主要原因:

1、总资产减少主要是负债的减少;

2、股东权益增加是净利润增加;

3、主营业务利润增加是由于主营业务收入的增加和销售成本率的下降;

4、净利润增加主要是由于主营业务收入的增加和销售成本率的下降;

5、现金及现金等价物增加的主要原因是经营活动的现金流量增加。

(六)会计师出具意见说明

在报告期内公司财务会计报告经中和正信会计师事务所有限公司审计,出具了标准无保留意见的审计报告(中和正信审字(2004)第 4-65 号)。

(七)新年度的业务发展计划

为进一步提升公司产品核心竞争能力,确保公司持续、健康、稳定发展,公司将采取以下措施:

1)公司将积极调整内部组织结构与生产体系,建立与市场竞争相适应的组织构架和运作机制,保持和提高市场份额,以优质的产品和服务占领市场,为企业创造更多效益,为股东创造更多财富。

2)建立与公司发展战略相应的管理体系与组织结构,统一观念、整合资源、推进改革,为实现公司的发展战略服务,努力将公司打造成国内一流的大型企业。

3)强化基础管理,创新经营管理思路,全面提高经营管理水平,公司将调整传统的产业经营思路,采用战略并购重组与自我发展相结合的发展思路,迅速提升企业的核心竞争力。

4)建立与公司发展相适应的人力资源管理体系,完善培训体系建设,通过培训提高员工队伍整体素质,建立有效的考核机制,健全完善考评体系,进一步完善公开竞聘上岗机制,构建整体提升人才素质的平台。

5)加强企业品牌规划和整体实施工作,加强企业文化建设,增强企业的凝聚力、向心力,以企业文化促融合、促发展。

(八)董事会日常工作情况

1)2003 年 1 月 23 日,公司召开二届董事会十三次会议,审议并通过如下决议:

(1)《关于执行资产减值准备制度计提减值情况的报告》

(2)《关于上海市二中院 94 号民事判决担保损失处置的议案》

(3)《关于公司委托理财减值准备计提的议案》

2)2003 年 2 月 26 日,公司召开二届董事会十四次会议,审议并通过如下决议:

(1)《2002 年度董事会工作报告》

(2)《2003 年度业务发展报告》

(3)《2002 年度财务决算报告》

(4)《2002 年度利润分配预案》

(5)《关于增加公积金的议案》

(6)《2002 年度报告和年度报告摘要》

(7)《公司续聘会计师事务所的议案》

(8)定于 2003 年 4 月 9 日在公司会议室召开 2002 年度股东大会。

本次会议决议公告见 2003 年 2 月 28 日的《上海证券报》。

3)2003 年 3 月 19 日,公司召开二届董事会临时会议,审议并通过如下决议:

(1)《股份转让合同》

(2)《贵州长征电器股份有限公司董事会关于广西银河集团有限公司及北海银河科技电气有限责任公司收购事宜致全体股东的报告书》

本次会议决议公告见 2003 年 3 月 21 日的《上海证券报》。

4)2003 年 4 月 22 日,公司召开二届董事会十五次会议,审议并通过如下决议:

(1)《2003 年第一季度报告》

(2)《关于公司高管人员辞聘的议案》

(3)《关于公司机构设置的议案》

(4)《关于向中行遵义分行借款抵押资产的议案》

本次会议决议公告见 2003 年 4 月 24 日的《上海证券报》。

5)2003 年 8 月 6 日,公司召开二届董事会十六次会议,审议并通过如下决议:

审议并通过《2003 年半年度报告及摘要》

2003 年半年度报告及摘要公告见 2003 年 8 月 8 日的《上海证券报》。

6)2003 年 8 月 29 日,公司召开二届董事会临时董事会会议,审议并通过如下决议:

(1)《关于增设独立董事的议案》

(2)《为上海华盛建设发展有限公司"借新还旧"贷款提供担保的议案》

本次会议决议公告见 2003 年 9 月 2 日的《上海证券报》。

7)2003 年 10 月 28 日,公司召开二届董事会十七次会议,审议并通过如下决议:

审议并通过《2003 年三季度报告》

2003 年三季度报告公告见 2003 年 10 月 29 日的《上海证券报》。

8)2003 年 12 月 26 日,公司召开二届董事会十八次会议,审议并通过如下决议:

审议并通过《贵州长征电器股份有限公司重组方案》

本次会议决议公告见 2003 年 12 月 31 日的《上海证券报》。

2、董事会对股东大会决议的执行情况

报告期内公司董事会根据《公司法》、《证券法》和公司章程等有关法律、法规的要求,严格按照股东大会的决议和授权,认真执行股东大会通过的各项决议内容,2003 年度对股东大会的决议,公司董事会执行情况如下:

1)报告期内公司利润分配方案、公积金转增股本方案执行情况根据公司 2002 年度股东大会关于本年度不进行利润分配,也不进行资本公积金转增股本的决议,董事会在 2003 年度未进行任何形式的利润分配和公积金转增股本方案。

2)对于公司股东大会通过的其他事项,公司董事会已经按照股东大会的决议执行。

(九)本次利润分配预案或资本公积金转增股本预案

本公司 2003 年度共实现净利润 3,706,698.16 元,加上 2002 年年末未分配利润-156,146,593.35 元,2003 年年底累计可供股东分配利润-152,439,895.19 元。2003 年不分配,也不进行资本公积金转增股本。

此预案尚需提交股东大会审议。

(十)注册会计师对公司控股股东及其它关联方占用资金情况的专项说明

关于对贵州长征电器股份有限公司控股股东及其他关联方占用资金情况专项审核说明:(中和正信审字(2004)第 4-77 号)

贵州长征电器股份有限公司全体股东:

我们接受委托,对贵州长征电器股份有限公司(以下简称长征电器)控股股东及其它关联方截止 2003 年 12 月 31 日占用长征电器资金情况进行专项核查。我们的核查是依据中国证监监督管理委员会、国务院国有资产监督管理委员会证监发(2003)56 号《关于规范上市公司与关联方资金往来及上市公司对外担保若干问题的通知》的规定进行的。长征电器管理当局的责任是提供真实、合法、完整的有关资金占用及对外担保情况的全部资料,包括原始合同和协议等资料或副本资料、会计凭证、帐薄记录、会计报表、有关实物证据及我们认为的其他资料。我们的责任是根据上述《关于规范上市公司与关联方资金往来及上市公司对外担保若干问题的通知》的规定,对长征电器与控股股东及其他关联方资金往来情况是否符合规定进行核实并出具专项说明。在核实过程中,我们实施了查阅有关资料、会计凭证、核对会计帐薄记录等我们认为必要的审计程序。现将审计情况说明如下:

经审计:长征电器所提供的关联方资金占用情况与我们的审计结果一致。

1、截至 2003 年 12 月 31 日止,长征电器公司提供的相关资料显示,不存在控股股东占用资金的情况。

2、截至 2003 年 12 月 31 日止,关联方贵州长征电器集团有限责任公司占用资金 6874 万元。

(十一)、独立董事对公司累计和当期对外担保情况的专项说明及独立意见

根据中国证监发 2003(56)号《关于规范上市公司与关联方资金往来及上市公司对外担保若干问题的通知》精神,我们认真核查了贵州长征电器股份有限公司(以下简称:长征电器)对外担保,现将有关情况说明如下:

1、长征电器 2003 年对外担保情况

2003 年长征电器未对控股股东及控股股东所属企业、任何非法人单位或个人提供担保。

截止 2003 年 12 月 31 日,长征电器对外提供了总额为 2430 万元的连带担保,担保总额未超过最近一个会计年度合并会计报表净资产的 50%。

长征电器对外提供的担保均要求被担保方提供了反担保,所担保的贷款无逾期、涉诉情况。

2、长征电器对外担保的决策程序

公司第二届董事会临时会议审议通过了《为上海华盛建设发展有限公司"借新还旧"贷款提供担保的议案》,董事会全体成员一致同意为上海华盛建设发展有限公司提供 2430 万元的担保。

3、对外担保的信息披露

公司严格按照《上市规则》、《公司章程》的有关规定,认真履行对外担保情况的信息披露义务,按规定向注册会计师如实提供了公司全部对外担保事项。以上担保的相关信息已于 2003 年 9 月 2 日披露在《上海证券报》。

独立董事的独立意见:

截止 2003 年 12 月 31 日,长征电器对外提供的担保总额为 2430 万元,占其净资产的 8.57%,同时,长征电器没有为控股股东及控股股东所属企业、任何非法人单位或个人提供担保,对此,我们认为:长征电器严格遵守了《公司章程》的有关规定,规范了公司的对外担保行为,并能严格控制对外担保风险。

(十二)、报告期内,公司选定的信息披露报纸为《上海证券报》,没有变更信息披露报纸。

七、重要事项

(一)重大诉讼、仲裁事项

本年度公司无重大诉讼、仲裁事项。

(二)报告期内收购、出售资产、吸收、合并等事项

本年度公司无收购、出售资产、吸收、合并等事项。

(三)重大关联交易事项

公司第二大股东贵州长征电器集团有限责任公司及其所属企业,截止 2003 年 12 月 31 日占用本公司资金 68,735,835.85 元。

(四)重大合同及其履行情况

1、为上海华盛建设发展有限公司向福建兴业银行上海分行外高桥支行申请的 2700 万元"借新还旧"贷款提供担保(连带担保),担保期限由 2003 年 1 月 22 日至 2003 年 9 月 21 日(该担保贷款已如期归还)。公司董事会于 2003 年 8 月 29 日作出为上海华盛建设发展有限公司"借新还旧"贷款 2430 万元提供担保的决议,该担保为连带担保,决议担保期限为壹年,实际担保期限 7 个月。

2、公司用遵开国用(2001)字第 80 号和第 81 号土地使用证以及土地附属物,与中国建设银行遵义市分行签订了《最高额抵押合同》,抵押物的评估价值分别为 2,913 万元和 3,193 万元,抵押值 4200 万元(期限:2001 年 9 月 29 日至 2004 年 9 月 28 日)。

3、公司用机器设备等固定资产与中国银行遵义分行办理流动资金贷款抵押登记,分别签定了《最高额抵押合同》,抵押值分别为 1600 万元(期限:2002 年 7 月 1 日至 2005 年 6 月 30 日)和 500 万元(期限:2002 年 10 月 30 日至 2005 年 10 月 30 日)。

4、委托理财事项:

报告期内本公司无新增委托理财事项。

5、其他重大合同　无。

(五)报告期内或持续到报告期内,公司或持股 5%以上股东未在指定报刊及网站上刊登任何承诺事项。

(六)公司聘任中和正信会计师事务所有限公司担任审计工作。

原天一会计师事务所有限责任公司分立情况说明,经中国注册会计师协会同意,北京市财政局京财协(2002)1955 号文《关于同意天一会计师事务所分立重组的批复》批准,天一会计师事务所已分立成中和正信会计师事务所和大正会计师事务所。鉴于天一会计师事务所的分立重组的具体情况,分立后的中和正信会计师事务所,其所承继的原天一会计师事务所云南、贵州、山东分所承办的上市公司及拟上市公司客户,不属于变更会计师事务所事项。此事项已经中国证监会会计部同意并通知交易所。

报告期内公司支付给会计师事务所的报酬为 37.5 万元人民币。

	2003 年	2002 年	备注
年度财务审计费	25 万	25 万	包括差旅费等费用
其他费用	12.5 万		出具半年度审计报告)

该会计师事务所已为本公司提供审计服务的连续年限为 7 年。

(七)报告期内,公司、公司董事会及董事没有受到中国证监会稽查、中国证监会行政处罚、通报批评及被上交所公开谴责。

(八)其他重大事项

2003 年 12 月 12 日,公司接遵义市国有资产投资经营有限公司通知,获悉公司国家股转让已于 2003 年 12 月 10 日获国务院国有资产监督管理委员会(下称:国资委)有关文批准,同意遵义市国有资产投资经营有限公司将持有的公司 8460.296 万股国家股中的 4644 万股转让给广西银河集团有限公司、3816.296 万股转让给北海银河科技电气有限责任公司。本次股份转让完成后,公司的总股本仍为 17200 万股,其中,广西银河集团有限公司持有 4644 万股,占总股本的 27%,北海银河科技电气有限责任公司持有 3816.296 万股,占总股本的 22.19%。此次股权转让报中国证监会申请豁免要约收购的事宜尚在办理之中,股权转让的有关法律手续公司将按法定程序办理。

公司董事会于 2003 年 12 月 26 日审议通过公司重组方案:广西银河集团有限公司将用约 6000 万元现金购买公司的部分不良资产、应收帐款及负债。其中,约 4000 万元资金用于购买公司的不良应收帐款,余下的约 2000 万元用于购买三分厂和八分厂的资产和负债。本次资产置换具体的资金数额将以实际重组时签定的相关协议为准。

八、备查文件

一、公司董事长签署的年度报告正本;

二、载有董事长、主管会计工作负责人和会计机构负责人签名并盖章的会计报表;

三、载有会计师事务所盖章、注册会计师签名并盖章的审计报告原件;

四、报告期内在中国证监会指定报纸上公开披露过的所有文本文件;

五、公司章程文本和其他有关资料。

上述备查文件的备置地点为公司办公室。

贵州长征电器股份有限公司

董事长:唐勇

2004 年 2 月 26 日

宁波东睦新材料股份有限公司

宁波东睦新材料股份有限公司首次公开发行股票上市公告书

重要提示

本公司董事会保证上市公告书的真实性、准确性、完整性，全体董事承诺上市公告书不存在虚假记载、误导性陈述或重大遗漏，并承担个别和连带的法律责任。

根据《公司法》、《证券法》等有关法律、法规的规定，本公司董事、高级管理人员已依法履行诚信和勤勉尽责的义务和责任。

证券交易所、中国证监会、其他政府机关对本公司股票上市及有关事项的意见，均不表明对本公司的任何保证。

本公司首次公开发行股票由国联证券有限公司承担保荐义务。如果保荐机构和保荐代表人资格公布后国联证券未取得保荐机构资格，本公司将在证监会正式公告保荐机构和保荐代表人名单后一个月内，按《证券发行上市保荐制度暂行办法》的有关要求，另行聘请具有资格的保荐机构履行保荐义务。如果违反以上承诺未聘请新的保荐机构，本公司愿意接受《证券发行上市保荐制度暂行办法》第七十一条的有关处罚措施。

本公司提醒广大投资者注意，凡本上市公告书未涉及的有关内容，请投资者查阅 2004 年 4 月 14 日刊载于《上海证券报》、《中国证券报》、《证券时报》、《证券日报》的本公司招股说明书摘要，及刊载于 HTTP://WWW.SSE.COM.CN 网站的本公司招股说明书全文。

第一节　概　览

1、股票简称：宁波东睦　　2、沪市股票代码：600114
3、深市代理股票代码：003114　　4、总股本：115,000,000 股
5、可流通股本：45,000,000 股　　6、本次上市流通股本：45,000,000 股
7、本次发行价格：10.00 元/股　　8、上市地点：上海证券交易所
9、上市时间：2004 年 5 月 11 日
10、股票登记机构：中国证券登记结算有限责任公司上海分公司
11、上市推荐人：国联证券有限责任公司
12、对首次公开发行股票前股东所持股份的流通限制及期限

根据国家现有法律、法规规定和中国证监会证监发行字[2004]24 号《关于核准宁波东睦新材料股份有限公司公开发行股票的通知》，本公司的国有法人股、法人股暂不上市流通。

13、股东持股自愿锁定承诺　首次公开发行股票前的第一大股东日本睦特殊金属工业株式会社(以下简称：睦金属)自本公司股票上市之日起 12 个月内，不转让其所有本公司的股份，也不由本公司回购其所持有的本公司股份。

第二节　绪　言

本上市公告书系根据《中华人民共和国公司法》、《中华人民共和国证券法》、《股票发行与交易管理暂行条例》、《公开发行股票公司信息披露实施细则》和《深圳证券交易所股票上市规则》等国家有关法律、法规的规定，并按照中国证券监督管理委员会制定的《公开发行证券的公司信息披露内容与格式准则第 7 号---股票上市公告书》要求而编制，旨在向投资者提供宁波东睦新材料股份有限公司基本情况和本次股票上市的有关资料。

经中国证券监督管理委员会证监发行字[2004]24 号文核准，本公司已于 2004 年 4 月 19 日以向二级市场投资者定价配售的方式成功公开发行了 4,500 万股人民币普通股(A 股)，每股面值 1.00 元，每股发行价格 10.00 元。

经上海证券交易所上证上字[2004]46 号《关于宁波东睦新材料股份有限公司人民币普通股股票上市交易的通知》批准，本公司 4,500 万股社会公众股将于 2004 年 5 月 11 日在上海证券交易所上市交易。股票简称"宁波东睦"，沪市股票代码为"600114"，深市代理股票代码为"003114"。

本公司已于 2004 年 4 月 14 日分别在《上海证券报》、《中国证券报》、《证券时报》和《证券日报》上刊登了《宁波东睦新材料股份有限公司首次公开发行股票招股说明书摘要》。《宁波东睦新材料股份有限公司首次公开发行股票招股说明书》全文及其附录材料可在上海证券交易所指定网站(HTTP://WWW.SSE.COM.CN)查阅。因招股说明书及其摘要的披露距今不足 3 个月，故与其重复的内容在此不再重述，敬请投资者查阅上述文件。

第三节　发行人概况

一、发行人基本情况

发行人名称：宁波东睦新材料股份有限公司
NINGBOTONGMUONEWMATERIALSCO.,LTD.
注册资本：11,500 万元　　设立日期：2001 年 8 月 21 日　法定代表人：小山星儿
经营范围：铁基、铜基机械设备零部件制造，合金粉末技术咨询服务。
主营业务：粉末冶金制品的生产、销售。
住所：宁波市江东南路 147 号　　电话：0574-87841061　　传真：0574-87837692
互联网网址：http://www.pm-china.com　　电子信箱：nbtm@pm-china.com
董事会秘书：曹阳

二、发行人历史沿革

公司前身为成立于 1994 年 7 月 11 日的宁波东睦粉末冶金有限公司。2001 年 7 月 26 日，经外经贸部外经贸资二函[2001]700 号文批准，宁波东睦粉末冶金有限公司依法整体变更为宁波东睦新材料股份有限公司。公司于 2001 年 8 月 21 日在宁波市工商行政管理局注册登记。公司成立至本次发行前，总股本为 7,000 万股股权结构未发生变化。此次成功发行后，本公司的总股本为 11,500 万股，注册资本为 11,500 万元。

三、主要经营情况

1、公司主要竞争优势

(1)公司产品技术在国内同行中处于领先地位

公司陆续引进了具有 90 年代国际先进水平的工艺装备及检测设备 200 多台(套)，占全厂主要工艺装备总数的 85%以上，大大提高了制品制造水平和模具加工精度，保证了高难度、高精度异形粉末冶金结构件的开发和生产；公司的新产品开发全部采用 CAD 设计。

公司现有一支技术力量雄厚、经验丰富、新技术消化吸收和创新能力较强的技术队伍，已自主开发和拥有多项核心技术和专利技术，开发的新产品多次获行业大奖。公司的技术水平不仅在国内同行业中领先，而且在传统粉末冶金技术领域也接近了国际先进水平，如一次压烧的铁基粉末冶金机械零件的最高密度已达到 7.2G/CM3，抗拉强度大于 1000MPA，齿轮精度达 IT6~7 级。

(2)公司建立了完善的质量保证体系

公司在技术不断创新和先进工艺装备引进的同时，强化内部的质量管理和质量控制体系的建设，现已获得了 ISO9002 质量体系认证、针对汽车及零部件制造行业的北美 QS9000 质量体系和德国的 VDA6.1 质量体系的认证。

(3)生产高效，管理优化，制造成本低

公司坚持集约型生产经营，重视目标成本管理，从各个制造环节降低成本：对主要原材料的铁粉，采取比价采购、保质优价、定点订货；生产加工采用引进的先进高效的工艺设备，提高设备利用率；科学安排大批量、专业化生产作业，大大提高了劳动生产率。与国内外同行相比较，公司具有明显的低成本优势，而且经济效益良好，公司的利税总额几年来一直名列全国行业第一。

(4)市场竞争能力强，市场占有率高

公司在充分发挥技术领先、产品质量和制造低成本优势的基础上，通过强化市场营销和市场拓展，极大地提高了市场竞争能力，取得了较好的市场优势。目前为冰箱压缩机、摩托车离合器等配套的铁基粉末冶金制品在国内市场具有较高市场份额，为汽车配套的发动机、变速箱、减震器、转向助力泵配套的粉末冶金制品市场也增长迅速，"ABS"制动系统粉末冶金激励环还率先出口美国。

2、公司存在的竞争劣势和差距

(1)目前受厂区制约，影响企业进一步发展

公司现在位于宁波市内，厂区四周为交通要道，且已列入市区城建改造规划，因此虽有较高市场需求，却无法发挥最大的生产能力。为进一步扩大生产规模和产业升级，急需在新厂区进行扩建改造。

(2)新技术、新工艺及新材料的开发与应用进展不快

公司对于世界最新发展的粉末冶金高新技术，由于受到现有产品任务饱满、资金不足和市场开发的人力、物力等方面的限制，开发进展不快。

(3)工艺装备自动化程度不高

国外大型粉末冶金企业均采用了多条无人操作的高效自动化生产线及在线自动检测工序，而公司目前仍以人工操作为主，劳动强度大，工效相对较低。

3、主要财务指标

见本上市公告书"财务会计资料"章节

4、主要知识产权、政府特许经营权和非专利技术

公司以下 11 项实用新型专利已经国家知识产权局专利局授予专利权：

专利名称	专利号	授予专利权公告日
汽车刹车自动调整臂齿条	ZL 02 2 16216.X	2002.12.18
摩托车从动齿轮	ZL 02 2 16265.8	2002.12.18
凸轮轴正时齿带轮	ZL 02 2 16215.1	2002.12.18
行星齿轮座	ZL 02 2 16212.7	2002.12.18
压缩机下缸盖	ZL 02 2 16213.5	2002.12.18
理发工具刀片	ZL 02 2 16214.3	2002.12.18
ABS 刹车系统用的 ABS 刹车环	ZL 02 2 16109.0	2002.12.18
一种电动自行车齿轮	ZL 02 2 16110.4	2002.12.18
冰箱压缩机的凹凸阀板	ZL 02 2 16107.4	2002.12.18
液压柱塞泵缸体	ZL 02 2 16106.6	2002.12.18
粉末冶金成型机模架	ZL 02 2 60215.1	2003.8.27

5、主要财政税收优惠政策

公司属于沿海经济开放区所在城市的老市区的生产性外商投资企业，根据《中华人民共和国外商投资企业和外国企业所得税法》第七条、第八条，公司所得税国税税率减按 24%征收，地方所得税税率减按 2.4%征收，合计执行所得税税率为 26.4%，并从获利年度起享受"两免三减半"的税收优惠政策，即公司 1995 年度、1996 年度处于免税期，1997 年度、1998 年度、1999 年度处于所得税减半期，适用税率为 13.2%。

经宁波市对外贸易经济合作委员会[1999]甬外经贸外资函字第 416 号文批复，公司被认定为"先进技术企业"，根据《中华人民共和国外商投资企业和外国企业所得税法实施细则》第七十五条，经宁波市国家税务局涉外税收管理局甬国税外管[2000]079 号文、甬国税外管[2001]241 号文、甬国税外管[2002]144 号文核准，公司 2000~2002 年度继续享受减半按 13.2%的税率缴纳所得税的政策优惠。公司企业所得税 2001 年按 13.2%税率计缴，2002 年按 12%税率计缴，2002 年经宁波甬国税管[2003]178 号文件批准，免征地方所得税，2003 年按 26.4%的税率计缴。

第四节　股票发行与股本结构

一、本次股票上市前首次公开发行情况

1、发行总量：4,500 万股，占发行后总股本 39.13%。

2、募集资金总额：本次发行募集资金 45,000 万元，扣除发行费用 1,800.31 万元，公司实际募集资金 43,199.69 万元。

3、发行价格：10.00 元/股

4、发行市盈率：13.89 倍(按 2003 年度全面摊薄每股净利润计算)

5、每股净资产：本次发行前为 2.29 元/股(截至 2003 年 12 月 31 日)，本次发行后为 5.15 元/股(扣除发行费用，不包括审计基准日至发行日增加的净资产)

6、发行方式：全部向二级市场投资者定价配售。

7、发行对象：于本公司《招股说明书摘要》刊登当日即 2004 年 4 月 14 日持有上海证券交易所或深圳证券交易所已上市流通人民币普通股(A 股)股票的收盘市值总和不少于 10,000 元的投资者。

8、发行费用：1,800.31 万元，其中承销费用 1,350 万元，审计及验资费用 165 万元，律师费用 101.36 万元，评估费用 25 万元，审核费 3 万元，上网发行费用 155.94 万元。每股发行费用 0.40 元。

二、本次股票上市前首次公开发行股票的承销情况

本次公开发行 4,500 万股流通股股票，沪市、深市二级市场投资者的配号总数为 86,338,265 个，中签率为 0.05212057%。二级市场投资者认购 44,555,153 股，其余 444,847 股由主承销商包销。

三、本次上市前首次公开发行股票所募股资金的验资报告

宁波东睦新材料股份有限公司全体股东：

我们接受委托，审验了贵公司截至 2004 年 4 月 24 日止新增注册资本实收情况。按照国家相关法律、法规的规定和协议、章程的要求出资，提供真实、合法、完整的验资资料，保护资产的安全、完整是全体股东及贵公司的责任。我们的责任是对贵公司新增注册资本的实收情况发表审验意见。我们的审验是依据《独立审计实务公告第 1 号--验资》进行的。在审验过程中，我们结合贵公司的实际情况，实施了检查等必要的审验程序。

贵公司本次变更前注册资本和实收资本为人民币 70,000,000.00 元，根据贵公司有关股东大会决议和修改后章程(草案)的规定，贵公司申请通过向社会公开发行人民币普通股(A 股)增加注册资本人民币 45,000,000.00 元，变更后的注册资本为人民币 115,000,000.00 元。根据贵公司 2002 年第二次临时股东大会和 2003 年股东大会决议，并报经中国证券监督管理委员会证监发行字[2004]24 号文核准，同意贵公司向社会公开发行人民币普通股(A 股)45,000,000 股，每股面值人民币 1 元，每股发行价人民币 10.00 元，可募集资金总额为 450,000,000.00 元。根据我们的审验，截至 2004 年 4 月 24 日止，贵公司实际已发行人民币普通股(A 股)45,000,000 股，应募集资金总额 450,000,000.00 元，减除发行费用 18,003,080.58 元后，募集资金净额为 431,996,919.42 元。其中，计入股本肆仟伍佰万元(¥45,000,000.00)，计入资本公积 386,996,919.42 元。

同时，我们注意到，贵公司本次变更前的注册资本为人民币 70,000,000.00 元，已经浙江天健会

计师事务所有限公司审验，并于 2001 年 8 月 1 日出具浙天会验[2001]第 100 号《验资报告》。截至 2004 年 4 月 24 日止，变更后的累计注册资本实收金额为人民币 115,000,000.00 元。

本验资报告供贵公司申请变更登记及据以向股东签发出资证明时使用，不应将其视为是对贵公司验资报告日后资本保全、偿债能力和持续经营能力等的保证。因使用不当造成的后果，与执行本验资业务的注册会计师及会计师事务所无关。

附件：(一) 注册资本、投入股本变更前后对照表；

(二) 验资事项说明；

浙江天健会计师事务所有限公司　　中国注册会计师

中国·杭州　　中国注册会计师

报告日期：2004 年 4 月 24 日

四、本次发行募股资金入账情况　　入账时间：2004 年 4 月 23 日

入账金额：431,996,919.42 元(扣除上网发行手续费和承销费)

入账账号：39011200090000037945

开户银行：中国工商银行宁波市分行江东支行

五、发行人上市前股权结构及各类股东的持股情况

(一)本公司上市前股权结构　单位：万股

股份类别	本次发行后股本结构	
	持有股数	持股比例
1、非上市流通股份(发起人股)	7,000	60.87%
(1)境外法人股	4,200	36.52%
(2)境内法人股	2,800	24.34%
2、社会公众股	4,500	39.13%
3、合计	11,500	100%

(二)本次上市前公司前十大股东持股情况

股东名称	持股数量(股)	持股比例(%)
睦金属	42,000,000	36.52
金广投资	21,000,000	18.26
友利投资	6,300,000	5.48
国联证券	444,847	0.39
南方证券	384,000	0.33
水表股份	350,000	0.30
东方机械	350,000	0.30
银丰基金	153,000	0.13
德盛稳健	86,000	0.07
招商股票	77,000	0.07

第五节　董事、监事、高级管理人员及核心技术人员

一、董事会成员

公司董事会由 9 人组成，董事长小山星儿、董事池田修二、多田昌弘、稻叶义幸为日本公民，拥有在日本的永久居留权，其中前 3 人在公司股东睦金属任职；副董事长芦德宝、董事顾瑾、独立董事陈越、韩凤麟、刘昌伦等 5 人为中国公民，不拥有境外永久居留权。

1、小山星儿，男，日本国籍，1905 年 7 月生，日本东京电机大学毕业，1924 年进入日本邮电省，1934~1976 年曾先后在日本发起创立出租车公司、睦合成工业株式会社及睦特殊金属工业株式会社，1992 年在中国香港发起创立睦香港有限公司，1994 年在中国宁波市由睦金属与宁波粉末冶金厂合资成立宁波东睦粉末冶金有限公司，1995 年 4 月在深圳由睦香港独资创立睦星塑胶（深圳）有限公司。1999 年 5 月小山星儿被宁波市政府授予"荣誉市民"称号，现任睦金属代表取缔役社长，公司董事长。

2、芦德宝，男，中国籍，1945 年 2 月生，大专，1968 年进入宁波粉末冶金厂，历任工人、车间主任、副厂长、厂长，1994 年任东睦有限公司董事长、1995~1997 年任副董事长、副总经理，1997~2001 年任副董事长、总经理，2000 年任明州东睦副董事长、总经理，同年获宁波市劳动模范称号，现任公司副董事长、总经理、明州东睦董事长、连云港东睦董事长。

3、池田修二，男，日本国籍，1953 年 3 月生，日本湘南工科大学毕业，1995 年 7 月~1997 年 9 月期间被派至中国任东睦有限公司董事、总经理，1997 年 9 月~2002 年 6 月任公司董事、副总经理，现任日本睦金属代表取缔役专务，公司董事。

4、顾瑾，女，中国籍，1958 年 9 月生，大专学历，高级工程师，曾任宁波水表厂常务副厂长兼党委副书记、宁波中元股份有限公司党委书记、董事长、总经理，现任宁波市工贸资产经营有限公司董事、总经理，公司董事。

5、多田昌弘，男，日本国籍，1963 年 7 月生，日本东京工艺大学毕业，1986 年 4 月进入日本睦金属，1997 年 7 月被派往东睦有限公司，1999 年 2 月~2001 年 8 月任东睦有限公司董事、副总经理，2001 年 8 月至今任公司董事、副总经理。

6、稻叶义幸，男，日本国籍，1961 年 9 月生，日本武藏大学毕业，1989 年至今任职于日本原会计事务所，1996 年 10 月至今兼任睦金属财务顾问，2001 年 8 月至今任公司董事。

7、陈越，女，中国籍，1942 年 10 月生，哈尔滨大学毕业，高级工程师，曾就职于榆次液压件厂、机械工业部基础件厂、中国机械基础件成都技术公司，现任中国机协粉末冶金专业协会秘书长，公司独立董事。

8、韩凤麟，男，中国籍，1928 年 10 月生，唐山铁道学院毕业，教授级高级工程师，曾任华北第一工业学校教师，国营 718 厂技术员，北京天桥粉末冶金厂副厂长、工程师，北京天桥粉末冶金机床配件厂副厂长、工程师，北京粉末冶金工业公司副经理，总工程师、北京科技大学兼职教授，现任中国机协粉末冶金专业协会及中国钢协粉末冶金分会顾问，公司独立董事。

9、刘昌伦，男，中国籍，1939 年 11 月生，高级会计师，曾任职于宁波轴承厂、宁波市重工业局、崔家岙铜矿、宁波水表厂、宁波市机械工业局，现任宁波机械会计学会副会长，公司独立董事。

二、监事会成员

公司监事会由 5 人组成，其中户屋守义由公司股东睦金属推选当任，黄永平由公司股东金广投资推选当任，张晓玲由公司股东友利投资推选当任，陈伊珍、何娟娟 2 人由公司职工代表大会推选当任。

1、户屋守义，男，日本国籍，1944 年 4 月生，日本东京都立第二商业高等学校毕业，曾就职于日本航空电子工业株式会社、日本住友水泥株式会社，1996 年至今任职于睦金属，2001 年 8 月至今任公司监事。

2、黄永平，男，中国籍，1957 年 9 月生，大专学历，曾任宁波电器总厂财务科长、宁波开发区工业公司财务处长、宁波粉末冶金厂副厂长兼财务科长，金鸡集团副总经理，东睦有限公司总务部部长，公司财务总监，现任公司监事、审计部部长。

3、张晓玲，女，中国籍，1969 年 7 生，大专学历，会计师，曾任宁波宇峰玻璃马赛克有限公司会计、宁波励达毛纺有限公司财务部主管、宁波经济技术开发区工业公司财务部副经理、综合部经理，现任宁波市工贸资产经营有限公司企管财务监察部经理，公司监事。

4、陈伊珍，女，中国籍，1953 年 7 月生，医师。曾任职湖州三天门丝厂厂医、宁波机床厂厂医、金鸡集团厂医，东睦有限公司工会主席、医师，现任公司综合部职员、工会主席、监事会召集人。

5、何娟娟，女，中国籍，1952 年 12 月生，会计员，曾任宁波粉末冶金厂团总书记、人事劳资科副科长，东睦有限公司综合部人事劳资科副科长，现任公司综合部人事劳资科科长、监事。

三、其他高级管理人员

除副总经理多田昌弘为日本公民外，其他高级管理人员全部为中国公民。

1、舒正平，男，中国籍，1945 年 12 月生，大学学历，高级工程师。1968 年进入宁波粉末冶金厂，历任技术员、技术科科长及技术副厂长，东睦有限公司副总经理，现任公司常务副总经理、工程技术中心主任。其主持的冰箱压缩机粉末冶金汽缸盖先后获中国粉末冶金行业优秀新产品奖、浙江省科技进步奖。

2、邵国成，男，中国籍，1944 年 11 月生，经济师，曾宁波粉末冶金厂副厂长，东睦有限公司副总经理，现任公司副总经理、生产管理部部长。

3、周海扬，男，中国籍，1948 年 7 月生，大专学历，经济师。1971 年~1995 年在宁波粉末冶金厂工作，曾任金鸡集团副总经理、东睦有限公司总经理助理，现任公司副总经理、业务部部长。

4、曹阳，男，中国籍，1963 年 7 月生，工商管理硕士，高级工程师。1984 年进入宁波粉末冶金厂，曾任进出口贸易科科长、东睦有限公司业务部部长，金广投资执行董事，公司监事，现任公司总经理助理、董事会秘书、证券部部长、信息管理中心主任。

5、朱志荣，男，中国籍，1965 年 4 月生，大专学历，会计师。1986 年 8 月进入宁波粉末冶金厂，曾任宁波粉末冶金厂财务科副科长、东睦有限公司财务部部长，公司董事会秘书，现任公司总经理助理，财务总监、财务部部长。

四、核心技术人员

公司核心技术人员共 6 人，全部为中国公民并专职在公司领取薪酬。

1、舒正平，如前述。

2、沈周强，粉末冶金工程技术中心副主任，男，中国籍，1946 年出生，大学学历，高级工程师，1972 年进入宁波粉末冶金厂后一直从事粉末冶金技术工作，1984 年参与引进铁基粉末冶金机械零件制造技术和关键设备工作，掌握了铁基粉末冶金及产品设计技术。其主持的夏利汽车发动机零件、摩托车从动齿轮获宁波市科技进步三等奖，主持的氮基气氛烧结工艺获机械工业部二等奖。

3、林跃春，工程技术中心主任助理、技术开发二科科长，男，中国籍，1960 年出生，大学学历，工程师，1985 年起一直从事粉末冶金制品的开发设计、粉末冶金模架模具设计及制造等工作，其设计开发的天津大发分离拨叉获行业优质产品奖、夏利轿车发动机铁基粉末冶金制品获宁波市科技三等奖、摩托车从动齿轮获市科技二等奖、三菱汽车发动机正时带轮及油泵获中国机协 2001 年优秀新产品特等奖。

4、于伟达，模具制造中心模具制作科科长，男，中国籍，1960 年出生，大学学历，助理工程师，1977 年进入宁波粉末冶金厂后一直从事粉末冶金技术工作，掌握模具加工的各类数控加工技术、应用及维修，主持开发了一批国内领先的模具、模架。

5、胡吉祥，制品制造部第一制作科科长，男，中国籍，1958 年出生，大学学历，助理工程师，掌握进口压机安装调试修理及模架的设计技术、对国产整形液压机的自动化改造等核心技术，其主持开发制造的耐 600℃粉末冶金耐磨材料、柴油机气门座等新材料、新产品获机械工业部科学技术成果奖。

6、邱惠中，制品制造部第二制作科科长，男，中国籍，1954 年出生，大学学历，助理工程师，掌握进口推杆炉改造、烧结气氛装置、液氨充灌站、真空高温烧结防氧化工艺设计及自制纯净水在粉末冶金工艺的应用。

五、有关事项说明

公司董事、监事、高级管理人员与核心技术人员相互之间不存在配偶关系、三代以内直系和旁系亲属关系。

睦金属在发行前持有公司 60%的股份，为公司的控股股东。池田修二、小山星儿直接或间接持有睦金属 27.66%、4.42%的股权，从而间接持有公司 16.6%、2.65%的股权。

金广投资发行前持有公司 30%的股份。除董事陈越、韩凤麟、刘昌伦、顾瑾及监事何娟娟、张晓玲 6 人外，公司其他中国籍董事、监事、高级管理人员及核心技术人员合计持有金广投资 73.89%的股权，合计间接持有公司 22.17%的股权。

本公司的董事、监事、高级管理人员、核心技术人员与公司没有借款、担保方面的安排。

第六节　同业竞争与关联交易

一、同业竞争

本公司与控股股东睦金属由于主导产品种类、生产经营场所、销售市场均不同，故不存在同业竞争。本公司与睦金属控制的企业，以及与其他法人股东的经营范围均不同，相互之间不存在同业竞争。持有发行人 5%以上股份的股东已出具《非竞争承诺书》，以避免同业竞争。中介机构对公司不存在同业竞争情况和避免同业竞争措施有效性发表了肯定性意见。

二、关联交易

1、关联交易的具体内容及对公司财务状况和经营成果的影响

企业名称	关联交易内容	2003 年		2002 年		2001 年	
		金额	比例(%)	金额	比例(%)	金额	比例(%)
	销售货物	–	–	2.47	0.01	101.25	0.58
睦金属	预收账款	–	–	–	–	0.13	0.13
	其他应付款	–	–	94.97	26.90	40.77	3.96
	股权收购	–	–	–	–	1,066.23	51.47
金广投资	其他应付款	–	–	–	–	672	65.34
友利投资	股权收购			139.86	50	–	–
	采购货物	–	–	–	–	589.18	4.72
明州东睦	销售货物	–	–	–	–	626.85	3.85
	提供担保	5,800	100	7,050	100	4,900	80.33
	接受担保	2,000	100	8,500	100	8,350	100
	销售货物	–	–	–	–	–	–
金鸡集团	股权收购			139.86	50	91.39	4.41
	提供担保	–	–			1,200	19.67
金鸡投资	股权收购	–	–	–	–	913.91	44.12

以上关联交易事项未对本公司财务状况及经营成果产生不利影响。

2、公司减少关联交易已经或拟采取的措施：持有发行人 5%以上股份的股东已出具《关联交易承诺书》，以减少关联交易。《公司章程》和《关联交易公允决策制度》对关联交易事项均有限制性规定。

3、独立董事、发行人律师和主承销商均对关联交易发表了意见，认为公司已充分披露关联方、关联关系及关联交易，关联交易事项的决策程序合法有效，不存在损害发行人及中小股东利益的情形。

第七节　财务会计资料

本公司截至 2003 年 12 月 31 日的财务会计资料，已于 2004 年 4 月 14 日在《上海证券报》、《中国证券报》、《证券时报》刊登的《招股说明书摘要》中进行了披露。投资者欲了解详细内容，请查阅上述报纸或刊登在上海证券交易所网站(HTTP://WWW.SSE.COM.CN)的本公司招股说明书全文及附录。

一、注册会计师意见

本公司聘请浙江天健会计师事务所有限公司审计了公司 2001 年 12 月 31 日、2002 年 12 月 31 日、2003 年 12 月 31 日的资产负债表和合并资产负债表，2001 年度、2002 年度、2003 年度的利润及利润分配表和合并利润及利润分配表，2003 年度的现金流量表和合并现金流量表。注册会计师出具了浙天会审[2004]第 81 号标准无保留意见的审计报告。

二、简要会计报表

(一)简要合并利润表及利润分配表　单位：元

项目	2003 年度	2002 年度	2001 年度
一、主营业务收入	255,149,888.68	223,305,911.75	173,908,959.25
减：主营业务成本	174,034,185.29	145,581,204.05	124,824,104.29
主营业务税金及附加	358,012.50	381,643.35	211,793.74
二、主营业务利润	80,757,690.89	77,343,064.35	48,873,061.22
加：其他业务利润	1,905,823.30	1,512,151.35	1,335,571.11
减：营业费用	6,131,992.99	4,807,582.07	3,572,456.95
管理费用	24,026,287.79	18,276,541.62	12,305,242.35
财务费用	11,022,170.32	8,566,243.37	10,764,164.25
三、营业利润	41,483,063.09	47,204,848.64	23,566,768.78

加:投资收益	−120,977.72	−137,160.36	−62,898.99
补贴收入	4,459,110.33	1,199,186.49	4,006,430.00
营业外收入	25,542,642.95	237,736.38	154,827.89
减:营业外支出	490,144.81	470,190.26	1,515,293.94
四、利润总额	70,873,693.84	48,034,420.89	26,149,833.74
减:所得税	14,476,314.76	6,752,065.24	3,282,518.57
少数股东损益	6,219,993.13	1,275,279.33	1,004,648.29
五、净利润	50,177,385.95	40,007,076.32	21,862,666.88
加:年初未分配利润	27,962,359.76	4,456,368.75	858,196.04
六、可供分配利润	78,139,745.71	44,463,445.07	22,720,862.92
减:提取法定盈余公积	5,017,738.60	4,000,723.54	1,347,789.38
提取法定公益金	2,508,869.30	2,000,361.77	673,894.69
提取职工奖励及福利基金	−	−	419,230.70
提取储备基金	−	−	419,230.70
提取企业发展基金	−	−	419,230.70
七、可供投资者分配的利润	70,613,137.81	38,462,359.76	19,441,486.75
减:应付普通股股利		10,500,000.00	10,070,428.39
转作股本的普通股股利	−	−	4,914,689.61
八、未分配利润	70,613,137.81	27,962,359.76	4,456,368.75

(二)简要合并资产负债表　单位:元

项目	2003.12.31	2002.12.31	2001.12.31
流动资产:			
货币资金	27,520,308.50	17,200,198.28	11,694,137.90
短期投资	300,000.00	−	−
应收票据	13,789,590.37	8,681,037.00	7,232,000.00
应收账款	62,859,914.67	54,594,928.59	45,079,792.33
其他应收款	10,907,085.93	4,251,316.01	2,735,421.83
预付账款	984,393.77	1,579,417.90	6,208,256.04
存货	64,150,135.71	59,520,623.75	51,201,771.20
待摊费用	395,356.36	320,858.94	727,673.95
流动资产合计	180,906,785.31	146,148,380.47	124,879,053.25
长期投资:			
长期股权投资	1,085,215.75	1,226,963.47	1,015,368.92
长期投资合计	1,085,215.75	1,226,963.47	1,015,368.92
其中:股权投资差额	−	−	−
合并价差	1,085,215.75	1,226,963.47	1,015,368.92
固定资产:			
固定资产原值	367,447,097.37	295,405,614.86	250,059,839.14
减:累计折旧	113,790,598.97	92,463,965.41	75,716,378.40
固定资产净值	253,656,498.40	202,941,649.45	174,343,460.74
减:固定资产减值准备	7,878,462.95	9,710,402.69	9,714,520.99
固定资产净额	245,778,035.45	193,231,246.76	164,628,939.75
工程物资	2,433,128.77	1,522,228.19	1,358,000.00
在建工程	61,992,237.98	49,952,152.99	5,946,808.99
固定资产合计	310,203,402.20	244,705,627.94	171,933,748.74
无形资产及其他资产:			
无形资产	1,926,304.34	462,885.48	9,444,000.00
长期待摊费用	416,485.06	601,767.09	39,316.25
无形资产及其他资产合计	2,342,789.40	1,064,652.57	10,183,316.25
资产总计	494,538,192.66	393,145,624.45	308,011,487.16
流动负债:			
短期借款	158,000,000.00	97,500,000.00	118,000,000.00
应付票据	40,480,000.00	7,700,000.00	9,500,000.00
应付账款	8,372,890.77	13,520,996.90	5,562,906.14
预收账款	844,665.48	1,377,050.83	1,052,328.73
应付工资	−	−	3,418,505.72
应付福利费	16,704.78	548,545.37	1,165,025.07
应付股利	−	10,500,000.00	7,000,000.00
应交税金	5,015,495.78	3,113,725.57	2,210,128.52
其他应交款	104,763.72	91,481.59	62,202.99
其他应付款	2,458,430.32	3,530,759.47	10,284,537.88
预提费用	416,072.50	409,705.47	351,687.88
一年内到期的长期负债	20,000,000.00	12,000,000.00	20,500,000.00
流动负债合计	235,709,023.35	150,292,265.20	179,107,322.93
长期负债:			
长期借款	74,000,000.00	117,000,000.00	39,000,000.00
专项应付款	200,000.00	3,700,000.00	−
长期负债合计	74,200,000.00	120,700,000.00	39,000,000.00
负债合计	309,909,023.35	270,992,265.20	218,107,322.93
少数股东权益	24,025,171.51	12,836,699.41	10,709,012.85
股东权益:			
股本	70,000,000.00	70,000,000.00	70,000,000.00
股本净额	70,000,000.00	70,000,000.00	70,000,000.00
资本公积	4,441,482.71	3,331,530.70	2,717,098.56
盈余公积	15,549,377.28	8,022,769.38	2,021,684.07
其中:法定公益金	5,183,125.76	2,674,256.46	673,894.49
未分配利润	70,613,137.81	27,962,359.76	4,456,368.75
股东权益合计	160,603,997.80	109,316,659.84	79,195,151.38
负债和股东权益总计	494,538,192.66	393,145,624.45	308,011,487.16

(三)简要合并现金流量表

项目	2003 年度
一、经营活动产生的现金流量:	
销售商品、提供劳务收到的现金	298,123,958.46
收到的其他与经营活动有关的现金	11,438,413.95
现金流入小计	309,562,372.41
购买商品、接受劳务支付的现金	145,917,466.06
支付给职工以及为职工支付的现金	39,168,306.86
支付的各项税费	29,722,113.69
支付的其他与经营活动有关的现金	14,519,123.83
现金流出小计	229,327,010.44
经营活动产生的现金流量净额	80,235,361.97
二、投资活动产生的现金流量:	
收回投资所收到的现金	500,000.00
取得投资收益所收到的现金	20,770.00
处置固定资产、无形资产和其他长期资产所收回的现金净额	39,549,600.89
收到的其他与投资活动有关的现金	516,063.07
现金流入小计	40,586,433.96
购建固定资产、无形资产和其他长期资产所支付的现金	110,826,504.64
投资所支付的现金	800,000.00
现金流出小计	111,626,504.64
投资活动产生的现金流量净额	−71,040,070.68
三、筹资活动产生的现金流量:	
吸收投资所收到的现金	620,797.50
其中:子公司吸收少数股东权益性投资所收到的现金	620,797.50
借款收到的现金	275,000,000.00
现金流入小计	275,620,797.50
偿还债务所支付的现金	249,500,000.00
分配股利、利润或偿付利息所支付的现金	24,779,173.62
其中:子公司支付少数股东的股利	811,175.40
支付的其他与筹资活动有关的现金	450,000.00
现金流出小计	274,729,173.62
筹资活动产生的现金流量净额	891,623.88
四、汇率变动对现金的影响	233,195.05
五、现金及现金等价物净增加额	10,320,110.22

(四)会计报表附注

本公司会计报表附注等内容,请投资者查阅刊登于上海证券交易所网站(HTTP://WWW.SSE.COM.CN)的本公司招股说明书附录部分。

三、主要财务指标

财务指标	2003.12.31	2002.12.31	2001.12.31
流动比率	0.77	0.97	0.70
速动比率	0.50	0.57	0.41
应收账款周转率(次)	4.34	4.48	4.55
存货周转率(次)	2.81	2.63	2.70
资产负债率(母公司,%)	59.38	64.25	66.69
每股净资产(元)	2.29	1.56	1.13
财务指标	2003 年度	2002 年度	2001 年度
净资产收益率(全面摊薄,%)	31.24	36.60	27.61
扣除非经常性损益后的净资产收益率(全面摊薄,%)	18.90	36.11	24.87
每股收益(全面摊薄,元)	0.72	0.57	0.31
扣除非经常性损益后的每股收益(全面摊薄,元)	0.43	0.56	0.28
每股经营活动现金净流量(元)	1.15	0.73	0.62
每股净现金流量(元)	0.15	0.08	0.08

第八节　其他重要事项

1、自本公司股票首次公开发行之日至本上市公告书公告之日,本公司严格依照现行有关法律、法规的规定规范运作,生产经营情况正常,本公司所处行业和市场无重大变化,主要业务发展目标的进展状况正常,主要投入、产出物供求及价格无重大变化;

2、自本公司股票首次公开发行之日至本上市公告书公告之日,本公司没有进行重大对外投资、无重大资产(股权)收购、出售行为;

3、自本公司股票首次公开发行之日至本上市公告书公告之日,本公司重大会计政策和会计师事务所没有发生变化;

4、本公司未涉及任何重大诉讼、仲裁或行政处罚案件,并且董事会认为本公司未面临任何重大影响的诉讼和索赔要求;

5、自本公司股票首次公开发行之日至本上市公告书公告之日,本公司董事、监事和高级管理人员未受到任何刑事起诉,亦没有尚未了结或可能发生的刑事诉讼事项;

6、自本公司股票首次公开发行之日至本上市公告书公告之日,本公司住所未变更;本公司未发生新的重大负债;并且重大债项未发生变化。

7、本公司股票首次公开发行至本上市公告书公告之日,没有其他应披露而未披露之重大事项。

第九节　董事会上市承诺

本公司董事会承诺将严格遵守《中华人民共和国证券法》、《中华人民共和国公司法》、《股票发行与交易管理暂行条例》、《公开发行股票公司信息披露实施细则》和《上海证券交易所股票上市规则》等国家法律、法规和中国证监会的有关规定,并自股票上市之日起做到:

1、真实、准确、完整、公允和及时地公布定期公告,披露所有对投资者有重大影响的信息,并接受中国证监会、证券交易所的监督管理;

2、本公司在知悉可能对股票价格产生误导性影响的任何公共传播媒介中出现的消息后,将及时给予公开澄清;

3、本公司董事、监事、高级管理人员和核心技术人员将认真听取社会公众的意见和批评,不利用已获得的内幕消息和其他不正当手段直接或间接从事本公司股票的买卖活动;

4、本公司没有无记录的负债。

第十节　上市推荐人及其意见

一、上市推荐人情况

上市推荐人:国联证券有限责任公司　　法定代表人:范炎

住所:江苏省无锡市县前东街 8 号

联系电话:0510−2833321　　传真:0510−2833321

联系人:申燕斌、赵勇、侯红兵、顾俊

二、上市推荐人意见

本公司上市推荐人认为,发行人章程符合《中华人民共和国公司法》等有关法律、法规和中国证监会关于公司章程的相关规定;发行人本次股票发行完全符合《中华人民共和国公司法》、《中国人民共和国证券法》、《股票发行与交易管理暂行条例》、《上海证券交易所股票上市规则》等国家有关法律、法规的规定,已具备了上市条件;发行人董事了解法律、法规、上海证券交易所上市规则及股票上市协议规定的董事的义务与责任;发行人建立健全了法人治理结构,制定了严格的信息披露制度与保密制度。

上市推荐人已对上市文件所载的资料进行了核实,确保上市文件真实、准确、完整,符合规定要求;保证发行人的上市申请材料、上市公告书没有虚假、严重误导性陈述或者重大遗漏,并保证对其承担连带责任。上市推荐人与发行人不存在关联关系。

上市推荐人愿意推荐发行人股票在上海证券交易所上市交易,并保证不利用在上市过程中获得的内幕信息进行内幕交易,为自己或他人谋取利益。

宁波东睦新材料股份有限公司

二〇〇四年四月三十日

西宁特殊钢股份有限公司

西宁特殊钢股份有限公司2003年年度报告

重要提示

本公司董事会及其董事保证本报告所载资料不存在任何虚假记载、误导性陈述或者重大遗漏,并对其内容的真实性、准确性和完整性承担个别及连带责任。

没有董事声明对年度报告内容的真实性、准确性和完整性无法保证或存在异议。

公司董事王克、何伟、独立董事杜鹏环未出席审议本年度报告的董事会议,其中王克董事授权刘克林董事长代为行使表决权,独立董事杜鹏环授权独立董事陈岩代为行使表决权,何伟董事未办理授权委托事宜。

深圳鹏城会计师事务所为本公司出具了标准无保留意见的审计报告。

本公司董事长刘克林先生、财务总监王大军先生、财务部副部长于鑫女士郑重声明:保证年度报告中财务会计报告的真实、完整。

一、公司基本情况简介

1、公司法定中文名称:西宁特殊钢股份有限公司

中文名称缩写:西宁特钢

公司英文名称:XINING SPECIAL STEEL CO.,LTD

英文名称缩写:XSS

2、公司法定代表人:刘克林

3、公司董事会秘书:杨凯证券事务代表:余辉邦

联系电话:0971-5299089 联系电话:0971-5299673

传真:0971-5218389

电子信箱:XNTG@PUBLIC.XN.QH.CN

联系地址:青海省西宁市柴达木西路52号西宁特钢股份有限公司

4、公司注册地址:青海省西宁市

公司办公地址:青海省西宁市

邮政编码:810005

公司电子信箱:XNTG@PUBLIC.XN.QH.CN

5、定期报告刊登报刊:《中国证券报》、《证券时报》

信息披露媒体网站:HTTP://WWW.SSE.COM.CN

公司年报备置地点:公司董事会秘书办公室

6、公司股票上市交易所:上海证券交易所

股票简称:西宁特钢

股票代码:600117

7、公司首次注册登记日期:1997年10月15日

公司注册登记地点:青海省西宁市

营业执照注册号码:6300001200807

税务登记号码:630105226593945

会计师事务所名称:深圳鹏城会计师事务所

会计师事务所办公地址:深圳市东门南路2006号

二、会计数据和业务数据摘要

一、公司本年度主要会计数据 单位:元

项目	2003年12月31日
利润总额	106,980,987.86
净利润	90,605,256.60
扣除非经常性损益后的净利润★	84,737,047.76
主营业务利润	275,083,520.86
其他业务利润	2,910,733.32
营业利润	103,225,328.76
营业外收支净额	3,621,775.10
投资收益	133,884.00
经营活动产生的现金流量净额	164,902,419.88
现金及现金等价物净增减额	100,345,095.04

★注:按照中国证监会"信息披露规范问答1号"的有关要求,列示扣除的非经常性损益项目和金额如下:

单位:元

项目	金额	所得税率
投资收益	133,884.00	15%
营业外收入	4,192,977.02	15%
营业外支出	(571,201.92)	15%
转回存货跌价准备	2,275,020.26	--
转回应收款项坏帐准备	400,878.35	--
合计	6,431,557.71	--
项目	纳税影响	税后净额
投资收益	20,082.60	113,801.40
营业外收入	628,946.56	3,564,030.46
营业外支出	(85,680.29)	(485,521.63)
转回存货跌价准备	--	2,275,020.26
转回应收款项坏帐准备	--	400,878.35
合计	563,348.87	5,868,208.84

二、公司最近三年主要会计数据和财务指标

项目	2003年度	2002年度 调整后	2002年度 调整前
主营业务收入	1,606,696,406.15	1,354,044,114.76	1,354,044,114.76
净利润	90,605,256.60	113,690,382.76	113,690,382.76
总资产	3,354,457,319.78	2,952,283,129.79	2,952,283,129.79
股东权益(不含少数股东权益)	1,301,427,530.42	1,513,576,717.53	1,210,822,317.53
全面摊薄每股收益	0.1556	0.1953	0.1953
加权平均每股收益	0.1556	0.1953	0.1953
扣除非经常性损益的每股收益	0.1455	0.1881	0.1881
按最新股本计算的每股收益★	0.1441		
每股净资产	2.2353	2.5997	2.0797
调整后每股净资产	2.0334	2.5132	1.9816
每股经营活动产生的现金流量净额	0.2832	0.2089	0.2089
全面摊薄净资产收益率	6.96	7.51	9.39
加权平均净资产收益率	6.80	7.80	7.80
扣除非经常性损益的加权平均净资产收益率	6.36	7.52	7.52

项目	2001年度 调整后	2001年度 调整前
主营业务收入	1,238,874,914.32	1,238,874,914.32
净利润	89,332,106.54	90,042,691.99
总资产	2,724,555,950.97	2,725,266,536.42
股东权益(不含少数股东权益)	1,399,886,334.77	1,400,596,920.22
全面摊薄每股收益	0.1534	0.1547
加权平均每股收益	0.1534	0.1547
扣除非经常性损益的每股收益	0.1368	0.1370
按最新股本计算的每股收益		
每股净资产	2.4044	2.4057
调整后每股净资产	2.3183	2.3195
每股经营活动产生的现金流量净额	0.2999	0.2999
全面摊薄净资产收益率	6.38	6.43
加权平均净资产收益率	6.59	6.64
扣除非经常性损益的加权平均净资产收益率	5.88	5.88

★截止本"年度报告"披露之日,本公司最近一次股份变动公告是2004年4月3日公布的公司2004年一季度末(3月31日)因西钢转债实施转股所引起的股份变动情况。依据该公告,报告期末至2004年一季度末,本公司股本总数由582,220,000股增加到628,592,587股。由此,按照2004年3月31日最新股本计算的每股收益为0.14元。

三、股东权益变动情况说明

项目	股本	资本公积	盈余公积
期初数	582,220,000	550,974,523.04	47,931,539.45
本期增加	-		9,060,525.66
本期减少	-		
期末数	582,220,000	550,974,523.04	56,992,065.11
变动原因	-		本期计提
项目	法定公益金	未分配利润	股东权益合计
期初数	23,965,769.73	308,484,885.31	1,513,576,717.53
本期增加	4,530,262.83	77,014,468.11	90,605,256.60
本期减少		302,754,443.71	302,754,443.71
期末数	28,496,032.56	82,744,909.71	1,301,427,530.42
变动原因	本期计提	本期实现及分配	本期实现及分配

三、股本变动及股东情况

一、公司股本变动情况 单位:万股

项目	本次变动前	本次变动增减(+,-) 配股	送股	公积金转股	增发	其他	小计	本次变动后
一、未上市流通股份								
1、发起人股份	42222							42222

其中:国家持有股份	40832							40832
境内法人持有股份	1390							1390
境外法人持有股份	0							0
其他	0	0	0	0	0	0	0	0
2、募集法人股份	0							0
3、内部职工股	0							0
4、优先股或其他	0							0
未上市流通股份合计	42222							42222
二、已上市流通股份								
1、人民币普通股	16000							16000
2、境内上市的外资股	0							0
①境外上市的外资股	0							0
②其他	0							0
已上市流通股份合计	16000							16000
三、股份总数	58222							58222

二、股票发行与上市情况

1、截止报告期末公司前三年历次发行证券情况：

经中国证监会"证监公司字[2003]88 号文件"批准，本公司于 2003 年 8 月 11 日发行了 4.9 亿元可转换公司债券，并于 2003 年 8 月 26 日在上海证券交易所上市。

证券简称：西钢转债，证券代码：100117。西钢转债每张面值 100 元，共 490 万张，期限为 5 年，即 2003 年 8 月 11 日至 2008 年 8 月 10 日，其中 2004 年 2 月 11 日至 2008 年 8 月 10 日为转股期。

2、报告期内公司股份总数及结构变动情况：报告期内公司无送股、转增股本或内部职工股上市的情形，股本总数及结构均未发生变化。

3、报告期内公司存余职工股情况：报告期内公司无存余职工股。

三、主要股东及可转换公司债券持有人情况介绍

(一)公司股东情况介绍

1、截止 2003 年 12 月 31 日，公司股东总数为 90580 户。

2、截止 2003 年 12 月 31 日，公司前十名股东情况：

股东名称(全称)	年末持股数量(股)	年度内增减	比例(%)
西宁特殊钢集团有限责任公司	408,320,000	0	70.13
青海创业集团公司	5,100,000	0	0.88
吉林铁合金公司	2,000,000	0	0.34
包头钢铁设计研究院	1,700,000	0	0.29
吉林炭素股份公司	1,700,000	0	0.29
兰州炭素有限公司	1,700,000	0	0.29
青海铝业集团有限责任公司	1,700,000	0	0.29
兴和证券投资基金	281,548	0	0.048
浙江粮油物资公司	260,000	不详	0.045
浙江华粮贸易有限公司	253,607	不详	0.044

股东名称(全称)	股份类别	质押或冻结数	股东性质
西宁特殊钢集团有限责任公司	未流通	0	国有股东
青海创业集团公司	未流通	0	国有股东
吉林铁合金公司	未流通	0	国有股东
包头钢铁设计研究院	未流通	0	国有股东
吉林炭素股份公司	未流通	0	国有股东
兰州炭素有限公司	未流通	0	国有股东
青海铝业集团有限责任公司	未流通	0	国有股东
兴和证券投资基金	流通	0	流通股东
浙江粮油物资公司	流通	0	流通股东
浙江华粮贸易有限公司	流通	0	流通股东

(1)公司未知前 10 名股东之间是否存在关联关系，也未知其它股东是否属于《上市公司持股变动信息披露管理办法》所规定的"一致行动人"。

(2)报告期内，无战略投资者因配售新股而成为公司前十名股东。

(3)西钢集团所持股份系代表国家持有。

3、截止 2003 年 12 月 31 日公司前十名流通股股东持股情况

股东名称	期末持有数量(股)	占总股份的比例
1 兴和证券投资基金	281,548	0.048%
2 浙江粮油物资公司	260,000	0.045%
3 浙江华粮贸易有限公司	253,607	0.044%
4 潘丽华	250,000	0.051%
5 陈国弟	246,989	0.050%
6 张文静	231,006	0.047%
7 敖文雅	170,000	0.035%
8 田家槟	168,000	0.034%
9 王冬	159,600	0.033%
10 翁明合	154,600	0.032%

前十名流通股股东关联关系说明：公司未知前 10 名股东之间是否存在关联关系，也未知其他股东是否属于《上市公司持股变动信息披露管理办法》所规定的"一致行动人"。

(二)公司可转换债券持有人情况介绍

1、截止 2003 年 12 月 31 日，公司可转换债券持有人总数为 2537 户。

2、截止 2003 年 12 月 31 日，公司前十名可转换债券持有人情况：

	前十名可转换债券持有人名称	期末持有数量(元)	占总债券比例
1	中国光大银行股份有限责任公司一中融融华债券型证券投资基金	48,000,000	9.8%
2	北京国通投资咨询有限公司	22,586,000	4.61%
3	申银万国一花旗--UBS LIMITED	20,063,000	4.09%
4	上海绿地投资经营有限公司	16,527,000	3.37%
5	辽宁东方证券公司	12,500,000	2.55%
6	江苏鑫苏财务顾问有限公司	11,319,000	2.31%
7	交通银行--华夏债券投资基金	10,000,000	2.04%
8	江苏省创业投资有限公司	9,030,000	1.84%
9	金融租赁	8,663,000	1.77%
10	交通银行--海富通证券投资基金	8,435,000	1.72%

(三)公司控股股东情况介绍

1、报告期内，本公司控股股东未发生变化，仍为西钢集团公司。其主要情况如下：

控股股东名称：西宁特殊钢集团有限责任公司；

法定代表人：陈显刚；

公司成立日期：1996 年 1 月 31 日；

注册资本：101,532 万元；

公司类别：国有独资公司；

主要业务和产品：机械设备维修、租赁、配件批零；金属材料、化工产品批零；原材料采购供应；建筑工程及维修；机电产品、设备及备件批零等。

2、公司控股股东的控股股东情况介绍：本公司控股股东西宁特殊钢集团有限责任公司是隶属于青海省经济贸易委员会管辖的国有独资公司，经青海省国有资产管理委员会授权，经营和管理所持有的全部国有资产。

3、公司无其他持股在 10%以上(含 10%)的法人股东。

四、董事、监事、高管人员和员工情况

一、董事、监事、高级管理人员基本情况

1、报告期内董事情况介绍

姓名	性别	职务	年龄	任职期限	年初持股数	年末持股数	增减变化
刘克林	男	董事长	47	2000.12--2003.12	2550 股	2550 股	0
姚洪仲	男	副董事长	49	2002.03--2003.12	2550 股	2550 股	0
林仁熙	男	董事、总经理	47	2003.04--2003.12	0	0	
姬振法	男	董事、副总	48	2002.03--2003.12	0	0	
王克	男	董事	46	2000.12--2003.12	0	0	
何伟	男	董事	42	2003.05--2003.12	0	0	
陈岩	男	独立董事	38	2002.03--2003.12	0	0	
范增裕	男	独立董事	38	2002.03--2003.12	0	0	
杜鹏环	男	独立董事	32	2003.05--2003.12	0	0	

说明：① 报告期内，董事王克在青海铝业有限公司任总经理助理兼财务中心主任、改制部主任，任期 2000 年 6 月至今；

② 报告期内，董事何伟在青海创业集团公司任董事长，任期 2003 月 6 月至今；

③ 本公司章程规定公司董事会成员共 9 名，目前独立董事共 3 名，占董事会总人数的三分之一。

2、报告期内监事情况介绍

姓名	性别	职务	年龄	任职期限	年初持股数	年末持股数
李全	男	监事会主席	38	2003.05--2003.12	0	0
唐伟明	男	监事	41	2003.05--2003.12	0	0
杨德仁	男	监事	49	2002.09--2003.12	0	0

说明：① 监事会主席李全在西钢集团公司任总经理助理，任期 2003 年 10 月至今。

② 监事唐伟明在西钢集团公司任财务处处长，任期 2003 年 3 月至今。

3、报告期内高级管理人员情况介绍

姓名	性别	职务	年龄	任职期限	年初持股数	年末持股数
黄树斌	男	党委书记	55	2001.09--2003.12	0	0
李海滨	男	副总经理	46	2000.12--2003.12	0	0
汤巨祥	男	副总经理	41	2003.07--2003.12	0	0
党福飞	男	总工程师	42	2000.12--2003.12	0	0
王大军	男	财务总监	40	2000.12--2003.12	0	0
杨凯	男	董事会秘书	32	2000.12--2003.12	0	0
黄斌	男	总经理助理	31	2002.01--2003.12	0	0
杨忠	男	总经理助理	35	2002.09--2003.12	0	0

二、董事、监事、高级管理人员年度报酬情况

1、2003 年度在本公司领取薪酬的董事(不含独立董事)、监事、高级管理人员的年度报酬均依据本公司《全浮动劳动岗技系数工资制》按月发放。独立董事的津贴系经公司二届六次董事会提案、并经公司 2001 年度股东大会审议通过，确定每名独立董事的津贴为每月 1000 元。

2、报告期内任职的董事、监事、高级管理人员在本公司领取年度报酬总额(包括基本工资、各项奖金、福利、补贴、住房津贴及其它津贴)情况如下：

年度报酬总额	403,155.36 元
金额最高的前三名董事的报酬总额	92,550.27 元
金额最高的前三名高级管理人员的报酬总额	89,061.67 元
独立董事津贴	32,000 元
报酬区间(不含独立董事)	人数
31000 元以上3 人	
28000——31000 元	2 人
25000——28000 元	7 人
25000 元以下1 人	
不在公司领取报酬、津贴的董事、监事姓名	董事：王克、何伟 监事：李全、唐伟明

注：不在公司领取报酬、津贴的董事、监事分别在其任职的股东单位领取报酬和津贴

三、报告期内董事、监事、高级管理人员离任情况

1、董事离任情况

报告期内，公司董事卢文杰先生、陈燕鸣先生离任。(详见本报告"第七节.四"选举和更换公司董事、监事情况)

2、监事离任情况

报告期内，公司监事任峻山先生、汤巨祥先生离任。(详见本报告"第七节.四"选举和更换公司董事、监事情况)

3、高级管理人员离任情况

报告期内，无高级管理人员离任。

4、高级管理人员聘任情况

报告期内，聘任林仁熙先生为公司总经理，汤巨祥先生为公司副总经理。

四、公司员工情况

截止 2003 年 12 月 31 日，公司共有职工 4500 名，其中男职工 3663 名，占职工总数 81%；女职工 837 名，占职工总数的 19%。职工中生产人员 2900 名，占职工总数的 64.4%；销售人员 96 名，占职工总数的 2.1%；工程技术人员 342 名，占职工总数的 7.6%；财务人员 30 名，占职工总数的 0.7%；行政人员 278 名，占职工总数的 6.2%。具有高级职称的 32 名，中级职称的 192 名；具有大专以上学历的 558 名，中专学历的 119 名。离退休人员 1050 名(含企业内部退养)。

五、公司治理结构

一、公司治理的实际状况与上市公司治理的规范性文件对比情况

本公司能够严格按照《公司法》、《上市公司治理准则》等法律法规以及《公司章程》的要求，不断完善公司法人治理结构，对《公司章程》、《董事会议事规则》、《监事会议事规则》、《投资者关系管理制度》等治理结构规范性文件及时进行修订，规范运作行为，逐步朝着规范的现代企业制度迈进。

公司能够严格按照规范要求召集、召开股东大会，确保所有股东，特别是中小股东享有平等地位，能够充分行使自己的权利。控股股东能够按照《公司章程》相关规定行使其应享有的权利，没有超越股东大会直接或间接干预公司经营活动的情形。公司在人财物等方面与控股股东单位完全独立，双方间的关联交易均按照市场公允原则进行，并对定价依据以及定价政策和具体的价格予以充分披露。

公司能够严格按照《公司章程》的规定程序聘任和变更董事，按要求聘任足够人数的独立董事；能够按照规定召集、召开董事会，按照法定程序对公司重大决策事项进行表决，并严格执行股东大会决议；能够按照法定程序召集、召开监事会，监事能够认真履行职责，对公司经营运作和公司财务以及董事、经理人员履行职责的合法、合规性进行有效监督。

公司已建立投资者关系管理的规范性制度以及操作、执行的保证体系，以此为基础加强与投资者及潜在投资者的信息交流，加深投资者对公司的了解和认同，使公司与投资者之间建立长期、稳定的良性互动关系。

二、独立董事履行职责情况

根据中国证监会《关于在上市公司建立独立董事制度的指导意见》的要求，经公司二届六次董事会提名、公司 2001 年度股东大会表决通过，公司选聘陈岩先生和范增裕先生为公司二届董事会独立董事；经公司二届十六次董事会提名、公司 2003 年第二次临时股东大会表决通过，公司选聘杜鹏环先生为公司二届董事会独立董事，使独立董事人数达到三人，占公司董事会总人数的三分之一。三名独立董事自任职以来，能够按照"独立董事指导意见"的要求认真履行职责，积极主动地了解公司经营运作等各方面的情况，在公司重大经营决策、完善治理结构、规范关联交易、特别是发行可转债等方面提出了许多建设性意见，充分发挥出了独立董事的独立性作用。

三、本公司与控股股东在业务、人员、资产、机构、财务上的"五分开"情况本公司与控股股东--西宁特殊钢集团有限责任公司之间已实现业务独立、人员分开、资产完整、机构独立、财务独立，公司具有独立完整的业务及自主经营能力。公司拥有独立的生产系统、辅助生产系统和配套设施，以及冶炼--铸坯--加工--修磨--包装等全部工序装备，并拥有独立、完整的物资采购和产品销售部门，业务完全独立自主。关联交易严格按照市场化原则签订协议，做到公开、公平、公允(详见"第十节.三"重大关联交易事项)。

公司完全按照《公司法》、《上市公司治理准则》等法律法规设立股东大会、董事会、监事会和经理部门，以及符合管理职能的业务管理部门，法人治理结构完整。拥有经营运行所需的生产、工程、技术、营销、管理等各类人员，设立有独立、健全的劳动人事管理部门及相应的规章制度。公司高级管理人员均在本公司领取薪酬，不存在与控股股东人员交叉任职的情形。

公司设有独立的财务部门，并建立了独立的会计核算系统和财务管理制度，在银行独立开户。

四、对高级管理人员的考评及激励机制、相关奖励制度的建立、实施情况

公司不断健全和完善对高级管理人员的考评及激励机制和相关奖励制度，由公司董事会对总经理、副总经理等公司高级管理人员按年度进行考核，考核的主要内容是代表公司经营成果的数项经济技术指标；由监事会对其生产经营的工作情况进行监督，由公司党委组织部门参与考察。对考核达到优秀或超额完成工作任务的高级管理人员，公司按照《公司章程》的相关规定以及《全浮动劳动岗技系数工资制》的标准进行奖励；对于工作出现失误或未能按要求履行职责的管理人员，则进行相应的处罚。

六、董事会报告

一、对公司经营状况的分析

报告期内，公司共生产优质钢 47.58 万吨，比上年度增长 14.32%；生产优质钢材 40.3 万吨，比上年度增长 13.36%；完成工业总产值 98764 万元，比上年度增长 13.18%；实现主营业务收入 160,669.64 万元，比上年度增长 18.66%。从这四项经济指标的对比情况看，2003 年公司的产销形势有了较大改观，可称是产销两旺。

但从经营成果方面看，2003 年公司实现利润总额 10698.09 万元，较上年度下降了了 16.51%；实现净利润 9060.53 万元，较上年度下降了 20.31%。也就是说，产销的增长并没有带来经济效益的增长。造成这种情况的主要原因，是 2003 年度内公司生产所需原燃材料价格不断上涨，且幅度较大。特别是 2003 年第四季度表现更为突出，原材料价格的涨幅超过了公司产品价格的涨幅。2003 年公司主营业务成本达到 132,164.06 万元，较上年度升高了 21.06%，这种情况直接导致了公司经济效益的下滑。

二、报告期内公司经营情况

(一)主营业务的范围及其经营状况

公司主营业务范围包括特殊钢冶炼及压延加工，机械设备制造、来料加工、副产品出售；科技咨询服务、技术协作。

1、主营业务收入、主营业务利润构成情况

Δ主营业务收入、主营业务利润按不同产品品种划分如下：

分产品	主营业务收入(元)	占比(%)	主营业务利润(元)	占比(%)
合结钢	676,189,261.75	42.09	105,034,135.17	38.18
合工钢	84,264,361.69	5.24	12,927,489.15	4.71
碳结钢	482,480,579.95	30.03	47,096,556.28	17.12
滚珠钢	173,198,458.26	10.78	65,952,093.55	23.98
弹簧钢	24,110,588.73	1.50	4,520,757.75	1.64
碳工钢	28,320,715.08	1.76	4,823,551.68	1.75
不锈钢	138,132,440.69	8.60	34,728,937.28	12.62

Δ主营业务收入、主营业务利润按产品销售区域划分如下：

地区	主营业务收入(元)	占比(%)	主营业务利润(元)	占比(%)
华北地区	231,283,989.43	14.40	38,789,294.96	14.10
华东地区	356,194,020.06	22.17	66,451,629.46	24.16
西南地区	253,858,350.59	15.80	43,959,670.53	15.98
中南地区	360,372,326.71	22.43	58,232,506.42	21.17
西北地区	404,987,719.36	25.20	67,650,419.49	24.59

2、公司主要产品或提供服务及其市场占有率情况

本公司主营业务单一，90%以上的收入及业务利润均来自特殊钢冶炼及压延加工。

占主营业务收入或主营业务利润总额 10%以上主要产品的销售收入、产品销售成本、毛利率情况如下表所示：

主要产品	销售收入(元)	销售成本(元)	毛利率(%)
合结钢	676,189,261.75	567,347,451.44	16.10
碳结钢	482,480,579.95	433,676,689.32	10.12
滚珠钢	173,198,458.26	104,855,483.43	39.46

3、公司主营业务及其结构、盈利能力重大变化情况说明

报告期内公司主营业务及其结构均未发生变化。

公司 2002 年度产品综合毛利率为 19.37%，2003 年度为 17.74%，反映出公司盈利能力未发生变化。

(二)主要控股公司及参股公司经营情况及业绩

报告期内本公司无控股子公司或参股公司。

(三)主要供应商、客户情况

本年度公司向前五名供应商合计的采购金额为 130,337.66 万元，占年度采购总额的 27.16%；前五名客户销售额合计为 27,059.44 万元，占公司销售总额的 16.84%。

(四)在经营中出现的问题与困难及解决方案

报告期内特别是 2003 年第四季度以来，公司生产所用原燃材料价格大幅上涨，超过了公司产品价格的上涨幅度，给公司的生产经营带来了极大的压力。为此，公司多方面采取措施，以消化这些不利因素的影响。一是通过百分之百现金采购、招标采购等措施，把住原材料采购价格关、质量关，努力降低采购成本；同时适当增加低价位原材料的库存。二是进一步调整产品结构，不断开拓市场，努力增产高附加值产品。三是更加注重对市场的分析和预测，灵活运用价格策略，及时上调产品价格。四是加大内部管理的力度，努力降低产品制造成本。

三、报告期内公司投资情况

1、募集资金运用及结果

报告期内本公司于 2003 年 8 月 11 日发行了 4.9 亿元可转换公司债券，扣除发行费用后，实际募集资金 47512.32 万元。根据本次发行《募集说明书》的承诺，该项募集资金将全部用于连续式轧机工程的建设。

承诺投资项目名称	连续式轧机工程
总投资预算	6.43 亿元
资金来源	募集资金及公司自筹
项目预计收益率	15.32%

报告期内连续式轧机工程建设情况

实际投资项目名称	连续式轧机工程
已投入金额	28705.66 万元，占全部募集资金总额的 60.42%
项目进度	完成设备订购制造预付金，建设厂房基础、建筑物，部分设备已开始安装、调试
项目进度与承诺进度异同	《募集说明书》工程进度计划中，2003 年末募集资金应投入 21000 万元，实际进度超过计划
尚未使用的募集资金用途及去向	尚未使用的募集资金为 18807 万元，存在银行专用帐户

2、非募集资金投资的重大项目、项目进度、及收益情况

报告期内公司未发生非募集资金投资项目。

四、报告期内公司财务状况及经营成果分析

名称	2003 年度(元)	2002 年度(元)
总资产	3,354,457,319.78	2,952,283,129.79
长期负债	657,286,666.67	30,000,000.00
股东权益	1,301,427,530.42	1,513,576,717.53
主营业务利润	275,083,520.86	252,382,332.80
净利润	90,605,256.60	113,690,382.76
现金及其等价物净增加额	100,345,095.04	35,795,920.97

说明：

1、总资产较上期末增长 13.62%，主要原因是：①本期发行可转换债券相应增加的货币资金及在建工程，②本期实现的净利润相应增加的资产；

2、长期负债增加的主要原因是：①报告期内归还一年内到期长期负债后按长期贷款重新贷回；②发行 4.9 亿元可转换公司债券；

3、股东权益较上期末增加，系本报告期内实现净利润所致；

4、本期主营业务利润较上期增加主要原因是公司有效改善品种结构，扩大了盈利品种产量；

5、本期净利润较上期减少的主要原因是：①钢材销售量增加使营业费用相应增加；②发行可转换债券及贷款增加相应增加的财务费用；

6、现金净流量较上期增加的主要原因是：①加大应收账款清欠力度，增加了当期回款；②盘活存量资产，压缩生产过程及产成品库存，减少资金支出。

五、会计政策变更及其影响

根据财政部财会[2003]12 号文"关于印发《企业会计准则--资产负债表日后事项》的通知"的规定，对资产负债表日后至财务报告批准日之间董事会制定的利润分配预案中的现金股利原作为期后调整事项计入应付股利，现改为仅在报告年度资产负债表中"未分配利润"项目下单独列示。此项会计政策变更已采用追溯调整法，调增了 2002 年年末未分配利润 302,754,400.00 元，调减了应付股利 302,754,400.00 元。

六、宏观政策、法规的变化对公司财务状况及经营成果的影响

报告期内，国家宏观政策、法规的变化对本公司财务状况及经营成果未产生大的影响。

七、董事会日常工作情况

1、董事会的会议情况及决议内容

2003 年度董事会共召开六次会议，分别为二届十四次董事会议至二届十九次董事会议，会议

的主要情况如下：

二届十四次董事会议于2003年2月15日召开，出席会议以及办理授权委托的董事共计7名。会议审议通过了《2002年董事会工作报告》、2002年度财务决算和2003年财务预算报告、2002年《年报报告》及其摘要、2002年度利润分配预案；决定于2003年5月8日召开公司2002年度股东大会。此次会议的决议公告刊登于2003年2月18日的《中国证券报》和《证券时报》。

二届十五次董事会议于2003年3月7日召开，出席会议的董事以及办理授权委托的董事共计6名。会议审议通过并确认公司2002年重大关联交易事项及重大合同事项，决定授权公司董事会代表公司分别与关联方就2003年度经常性关联交易签署协议，并具体组织实施和管理；通过并确认按照本公司与西钢集团于2002年6月签定的"工程委托协议"，将连续式轧机工程委托给西钢集团管理与实施；决定授权董事会办理公司在银行的借贷事项；同意卢文杰先生辞去公司董事职务，同时提名林仁熙为公司董事会董事候选人；决定于2003年4月8日召开公司2003年第一次临时股东大会。此次会议的决议公告刊登于2003年3月8日的《中国证券报》和《证券时报》。

二届十六次董事会议于2003年4月24日召开，参加会议以及办理授权委托的董事共计7名。会议审议通过了公司2003年第一季度《季度报告》；同意陈燕鸣先生辞去董事职务，同时提名何伟先生为公司董事候选人，提名杜鹏环先生为公司独立董事候选人；同意将公司申请发行可转换公司债券议案及发行条款的有效期延长一年；决定于2003年5月27日召开公司2003年第二次临时股东大会。此次会议的决议公告刊登于2003年4月26日的《中国证券报》和《证券时报》。

二届十七次董事会议于2003年7月23日召开，出席会议以及办理授权委托的董事共计9名。会议审议通过了公司2002年《半年度报告》，决定聘任汤巨祥先生为公司副总经理。此次会议的决议公告刊登于2003年7月26日的《中国证券报》和《证券时报》。

二届十八次董事会议于2003年8月14日以通讯表决方式召开，参加会议以及办理授权委托的董事共计9名。通过公司所发行的4.9亿元可转换公司债券上市的相关事宜。此次会议的决议内容以公司可转债《上市公告书》形式披露。

二届十九次董事会议于2003年10月24日召开，出席会议以及办理授权委托的董事共计7名。会议审议了公司第三季度《季度报告》及《投资者关系管理制度》。此次会议的决议公告刊登于2003年10月28日的《中国证券报》和《证券时报》。

2、董事会对股东大会决议的执行情况

2003年公司共召开了三次股东大会，其中一次年度股东大会(2002年度)，两次临时股东大会。2002年度股东大会于2003年5月8日召开，主要议题是审议并通过了公司2002年度财务预算报告、利润分配方案、2003年度财务预算方案、关联交易总体协议、授权办理借贷事项等。两次临时股东大会分别于2003年4月8日和5月27日召开，内容都是发行可转债相关事宜，主要涉及可转债发行议案的有效期、发行条款、授权事宜等。

对于这三次股东大会所决议的事项，公司董事会都进行了认真的研究和贯彻落实。重点有以下几项：一是组织人员对2003年度的经常性关联交易事项、借贷额度事项进行清理、汇总，分别同三家关联公司签定了2003年度经常性关联交易的总体协议，对这项交易的范围、披露方式等给予了明确；同时，按照股东大会对董事会的授权额度，在年度内按规定审批借贷事项，保证了公司经营的资金需求。二是对2002年度利润分配方案具体的组织实施，经与登记公司、上海证券交易所等部门联系，于6月11日顺利实施。三是根据公司发行可转债的进度及政策环境变化，适时、合理地对可转债的利率条款、初始转股价条款进行修改，同时增设利息补偿条款、特别回售条款等，使申请发行的方案更加可行，保证系数的提高。于2003年8月4日获中国证监会"证监公司字[2003]8号文件"批准，于8月11日成功发行，8月26日在上海证券交易所上市。

八、利润分配事项预案

经审计，本公司2003年度共实现净利润9,060.53万元，按10%提取法定公积金906.05万元，按5%提取法定公益金453.03万元，未分配利润为7,701.45万元，加上以前年度未分配利润30,848.49万元，减已分配普通股股利30,275.44万元后，总计可供分配的利润为8,274.5万元。因公司开展对外投资及项目建设，公司董事会决定本期不进行利润分配，亦不进行送股或转增股本，未分配利润结转2004年度。

九、选定信息披露报纸的变更情况

报告期内，公司信息披露报刊未发生变更，仍为《中国证券报》和《证券时报》。

十、注册会计师对公司控股股东及其它关联方占用资金情况的专项说明

1、控股股东占用资金情况

截止2003年12月31日，公司控股股东--西钢集团公司占用本公司资金308万元，年度内增减变动情况如下：(单位：万元)

账项	年初余额	本年增减变动 本年累计增加数	本年累计减少数	年末余额
其他应收款	259.90	20,539.98	20,491.88	308.00

说明：(1) 本年累计增加数中，拆借给西钢集团公司货币资金11,511.51万元，本公司以债权抵偿西钢集团公司债务4,132.39万元，以产品及燃料抵偿西钢集团公司债务4,497.22万元；西钢集团公司采购原材料及产品398.86万元。

(2) 本年累计减少数中，西钢集团公司以货币资金偿还本公司20,486.88万元，以提供劳务抵付本公司5.00万元。

应予以说明的是，上述拆借资金金额系以月度金额累计计算，西钢集团公司占用资金的时间最长不超过三个月。

2、其他关联方占用资金情况

截止2003年12月31日，其它关联方未占用本公司资金。

十一、独立董事关于公司对外担保事项的独立意见

根据中国证监会《关于规范上市公司与关联方资金往来及上市公司对外担保若干问题的通知(证监发[2003]56号)》的规定，公司独立董事陈岩、范增裕、杜鹏环就报告期内公司对外担保情况发表了专项说明。其结论性意见如下：

公司不存在为控股股东及公司持股50%以下的其它关联方、其它非法人单位或个人提供担保的情况。

七、重要事项

一、报告期内公司重大诉讼、仲裁事项

报告期内公司没有发生重大诉讼、仲裁事项。

二、报告期内公司收购及出售资产、吸收合并事项

报告期内，公司没有发生出售资产和吸收合并事项。

三、报告期内公司重大关联交易事项

(一)经常性关联交易事项

1、本公司与西钢集团发生的关联交易

2003年度内，本公司与西钢集团公司的关联交易主要是相互提供商品及劳务。其中本公司向西钢集团提供产品、劳务等金额为3,712,568.67元，西钢集团向本公司提供劳务等金额为59,515.60元。往来合计，2003年度内本公司与西钢集团之间的关联交易总额为3,772,084.27元。

2、公司与西钢机械动力公司发生的关联交易

2003年度内，本公司与西钢机械动力公司的关联交易主要是相互提供商品及劳务。其中西钢机械动力公司向本公司提供材料、备件等金额为21,896,879.63元，本公司向西钢机械动力公司提供动力、热力、劳务等金额为25,173,226.86元。往来合计，2003年度内本公司与西钢机械动力公司之间的关联交易总额为47,070,106.49元。

3、公司与西钢工贸公司发生的关联交易

2003年度内，本公司与西钢工贸公司的关联交易主要是相互提供商品及劳务。其中西钢工贸公司向本公司提供材料、劳务等金额为34,764,625.01元，本公司向西钢工贸公司提供材料、备件等金额为9,010,286.07元。往来合计，2003年度内本公司与西钢工贸公司之间的关联交易总额为43,774,911.08元。

4、上述关联交易事项定价政策

原材料销售价格包括实际采购成本和相关管理费用；半成品销售价格包括直接材料成本和实际生产费用；劳务、热力、动力交易价格是根据双方协定价格结算，一般是实际成本加5%毛利润；产成品销售价格与市场价格一致，不高于或不低于向其他第三方提供同类产品的销售价格；国家政策性调价、垄断性行业调价的，按其调整价格执行。

5、上述经常性关联交易事项系经公司2003年第一次临时股东大会审议通过、授权董事会实施，其具体情况详见"会计报表附注_五、关联方关系及其交易"。

(二)资产、股权转让发生的关联交易

报告期内本公司与关联公司之间未发生此类关联交易事项。

(三)关联交易各方债权债务往来及担保事项

1、截止2003年12月31日，本公司与各关联方之间债权债务往来情况如下：

账项	关联方名称	金额 2003-12-31	2002-12-31
其他应收款	西钢集团公司	3,080,031.61	2,599,009.89
	机械动力公司	--	4,027,042.27
预付账款	工贸公司	8,005,444.46	6,721,667.58
应付票据	工贸公司	42,000,000.00	25,000,000.00
	机械动力公司	--	20,000,000.00

账项	关联方名称	占全部应收(付)款项余额的比重(%) 2003-12-31	2002-12-31
其他应收款	西钢集团公司	7.92%	4.79%
	机械动力公司	--	29.90%
预付账款	工贸公司	3.27%	6.87%
应付票据	工贸公司	12.20%	7.51%
	机械动力公司	--	6.01%

2、截至2003年12月31日，西钢集团公司为本公司53,180万元短期借款、27,000万元应付票据、3,000万元一年内到期的长期借款以及12,000万元长期借款提供保证。

(四)其它关联交易事项

关联方名称	交易事项	金额(元)
西钢集团公司	委托关联公司代建工程	24,828,138.95
	向关联公司提供资金	115,115,061.44
	以产品抵偿关联公司债务	33,829,475.50
	以原材料抵偿关联公司债务	11,142,736.94

注：1、根据本公司与西钢集团公司于2002年6月26日签订的《委托建设工程协议》的约定，公司将连续式轧机工程委托给西钢集团公司进行管理和实施，2003年度内向西钢集团公司支付工程款项2,482.81万元。

2、其它关联交易的具体情况详见"第八节_十、注册会计师对公司控股股东及其它关联方占用资金情况的专项说明"

四、重大合同及其履行情况

1、托管、承包、租赁其他公司资产或其他公司托管、承包、租赁上市公司资产的事项：无此事项。

2、重大担保事项：无此事项。

3、在报告期内或报告期继续发生委托他人进行现金资产管理事项：无此事项。

4、其他重大合同：无此事项。

五、公司或持股5%以上股东对公开披露承诺事项的履行情况

报告期内公司及持股5%以上股东均没有在指定报纸和网站上披露承诺事项。

六、聘任、解聘会计师事务所情况及向其支付报酬情况

报告期内，本公司继续聘任深圳鹏城会计师事务所为本公司提供财务审计服务。截止报告期末，该所已连续三年为本公司提供财务审计服务，在公司2003年度审计报告上签字的注册会计师已连续三年为本公司签署审计报告。

经对本公司2003年财务进行审计，向本公司出具了"深鹏所股审字[2004]38号"审计报告。就此项业务，本公司向该所支付审计费用42万元。

七、公司、公司董事会及董事受中国证监会稽查、中国证监会行政处罚、通报批评、证券交易所公开谴责的情况：

无此事项。

八、备查文件目录

包括下列文件：

1、载有法定代表人、主管会计工作负责人、会计机构负责人签名并盖章的会计报表；

2、载有会计师事务所盖章、注册会计师签名并盖章的审计报告原件；

3、报告期内在中国证监会指定报刊上公开披露过的所有公司文件的正本及公告的原稿；

4、公司章程；

文件存放地：公司董事会秘书办公室

董事长 刘克林

西宁特殊钢股份有限公司董事会

宁波波导股份有限公司

宁波波导股份有限公司2003年年度报告

重要提示

本公司董事会及其董事保证本报告所载资料不存在任何虚假记载、误导性陈述或者重大遗漏,并对其内容的真实性、准确性和完整性承担个别及连带责任。

李凌董事因工作原因出差在外特委托陆军董事代为出席并行使表决权,董捷董事由于因公出国,未出席本次会议。

浙江天健会计师事务所为本公司出具了标准无保留意见的审计报告。

公司董事长兼总经理徐立华先生、副总经理兼财务负责人马思甜先生、财务部经理孙景艳女士声明:保证年度报告中财务会计报告的真实、完整。

第一章　公司基本情况简介

一、公司法定中文名称:宁波波导股份有限公司
公司法定英文名称:NINGBO BIRD Co.,Ltd.
二、公司法定代表人:徐立华
三、公司董事会秘书:马思甜
公司董事会证券事务代表:赵勤攻
联系地址:浙江省奉化市城山路99号
电话:0574-88918855　传真:0574-88929054
Email:birdzq@mail.nbptt.zj.cn
四、公司注册地址:浙江省奉化市城山路99号
公司办公地址:浙江省奉化市金钟路588号　邮政编码:315500
公司国际互联网网址:http://www.chinabird.com
公司Email:cbird@public.cnptt.zj.cn
五、公司选定的信息披露报纸:《中国证券报》、《上海证券报》
登载年度报告的中国证监会指定网站的网址:http://www.sse.com.cn
公司年期报告备置地点:公司证券部
六、公司股票上市交易所:上海证券交易所
股票简称:波导股份　股票代码:600130
七、公司的其他有关资料
公司注册登记日期:1995年7月27日
公司注册登记地点:宁波市工商行政管理局
企业法人登记执照注册号码:3302001001488
税务登记号码:330283713326377
公司聘请的会计师事务所名称:浙江天健会计师事务所
会计师事务所办公地址:杭州文三路388号钱江科技大厦15-20层

第二章　会计数据和业务数据摘要

一、本年度主要利润指标情况(单位:人民币元)

项目	2003年
利润总额	349,744,549.57
净利润	245,023,581.50
扣除非经常性损益后的净利润	233,362,110.92
主营业务利润	1,829,092,475.52
其他业务利润	57,859,257.67
营业利润	330,840,228.62
投资收益	6,806,826.36
补贴收入	20,332,350.48
营业外收支净额	-8,234,855.89
经营活动产生的现金流量净额	855,935,710.84
现金及现金等价物净增加额	570,158,170.10

注:扣除的非经营性损益项目和涉及金额:

项目	金额
处理长期股权投资、固定资产、在建工程、无形资产、其他长期资产	-1,597,019.54
产生的损益	20,332,350.48
各种形式的政府补贴	1,724,010.73
短期投资收益	
扣除公司日常根据企业会计制度规定计提的资产减值准备后的其他各项营业外收入、支出	-2,725,645.42
所得税影响数	-6,072,225.67
合计	1,1661,470.58

二、公司近三年财务指标:　单位:人民币元

指标项目	2003年	2002年	2001年
主营业务收入	10,841,476,586.31	6,367,615,959.00	2,622,293,289.85
净利润	245,023,581.50	215,922,223.92	68,134,627.02
每股收益	1.53	1.35	0.426
每股经营活动产生的现金流量净额	5.35	3.71	2.23
净资产收益率(%)	19.25	20.59	7.88

指标项目	2003年12月31日	2002年12月31日	2001年12月31日
总资产	3,947,427,220.41	3,807,414,781.24	1,743,431,603.24
股东权益(不含少数股东权益)	1,272,683,583.27	1,048,467,069.28	864,544,845.36
每股净资产	7.95	6.553	5.403
调整后的每股净资产	7.92	6.51	5.355

三、利润表附表

	净资产收益率(%)		每股收益(元/股)	
报告期利润	全面摊薄	加权平均	全面摊薄	加权平均
主营业务利润	143.72%	160.03%	11.4318	11.4318
营业利润	26.00%	28.95%	2.0678	2.0678
净利润	19.25%	21.44%	1.5314	1.5314
扣除非经常性损益后的净利润	18.34%	20.42%	1.4585	1.4585

注:按中国证监会《公开发行证券公司信息披露编报规则(第9号)--净资产收益率及每股收益的计算及披露》的有关规定要求计算。

四、报告期内内股东权益变动情况及其原因

项目	股本	资本公积	盈余公积金
期初数	160,000,000	592,930,298.72	37,988,311.08
本期增加	----	35,192,932.49	20,006,979.36
本期减少	----	----	----
期末数	160,000,000	628,123,231.21	57,995,290.44
变动原因	----	技改项目拨款及股权投资准备转入等所致	提取法定公积金、公益金所致

项目	公益金	未分配利润
期初数	18,617,817.77	238,930,641.71
本期增加	10,003,489.68	245,023,581.50
本期减少	----	86,010,469.04
期末数	28,621,307.45	397,943,754.17
变动原因	提取法定公益金所致	增加数为实现利润、减少数为利润分配所致

项目	股东权益合计
期初数	1,048,467,069.28
本期增加	310,226,983.03
本期减少	86,010,469.04
期末数	1,272,683,583.27
变动原因	实现利润、增加资本公积及利润分配所致

第三章　股本变动及股东情况介绍

一、股本变动情况(截止到2003年12月31日)

报告期内,公司总股本没有发生变化。

股份类别	本次变动前	本次变动增减(+,-) 配股	送股	公积金转股	增发	其他	小计	本次变动后
(一)未上市流通股份								
1、发起人股份								
其中:国家持有股份								
境内法人持有股份	120,000,000							120,000,000
境外法人持有股份								
其他								
2、募集法人股份								
3、内部职工股								
4、优先股及其他								
未上市流通股份合计	120,000,000							120,000,000
(二)已流通股份								
1、人民币普通股	40,000,000							40,000,000
2、境内上市的外资股								
3、境外上市的外资股								
4、其他								
已流通股份合计	40,000,000							40,000,000
(三)股份合计	160,000,000							160,000,000

二、股票发行与上市情况

1、股票发行

经中国证监会证监发行字[2000]68号文批准,公司于2000年6月9日至2000年6月23日采用向法人配售和对一般投资者上网定价发行相结合的方式,向社会公众公开发行了4000万人民币普通股(A股),其中一般法人投资者(含证券投资基金)获配1750万股,战略投资者获配650万股,上网发行1600万股,每股发行价16.00元。公司股本总额增加到16000万股。

2、股票上市情况

2000年7月6日,公司社会公众股A股在上海证券交易所挂牌交易,可流通股总量1600万股。

2000年10月9日,公司向一般法人配售股份获准上市,新增可流通股1750万股,流通总量3350万股。

2001年1月8日,公司向战略投资者配售股份获准上市,新增可流通股650万股,流通总量4000万股。

三、股东情况

(一)截止到2003年12月31日,公司股东总数为29,166户。

(二)截止到2003年12月31日,公司前10名股东持股情况:

名次	股东名称	持股数量(股)	占总股本比例(%)	年度内股份增减变动情况(+、-)	股份性质	股份质押情况
1	宁波电子信息集团有限公司	54,000,000	33.75	0	法人股	无质押
2	波导科技集团股份有限公司	52,800,000	33.00	0	法人股	无质押
3	奉化市大桥镇资产经营总公司	6,072,000	3.795	0	法人股	无质押
4	宁波市工业投资有限责任公司	6,036,000	3.7725	0	法人股	无质押
5	中国电子进出口宁波公司	1,092,000	0.6825	0	法人股	无质押
6	全国社保基金一零七组合	350,000	0.22	350,000	流通股	公司未知是否质押
7	浙江银河股份有限公司	173,900	0.11	0	流通股	公司未知是否质押
8	潘昭文	160,500	0.10	未知	流通股	公司未知是否质押
9	上海先格电子公司	138,000	0.086	-5,800	流通股	公司未知是否质押
10	姚先治	134,000	0.084	未知	流通股	公司未知是否质押

(三)截止到2003年12月31日,公司前10名流通股股东持股情况:

名次	股东名称	持股数量	股份性质
1	全国社保基金一零七组合	350,000	流通股
2	浙江银河股份有限公司	173,900	流通股

3	潘昭文	160,500	流通股
4	上海先格电子公司	138,000	流通股
5	姚先治	134,000	流通股
6	银河--汇丰--GOLDMAN,SACHS&CO.	102,140	流通股
7	苏虹蕾	100,000	流通股
8	中国建设银行--宝康灵活配置证券投资基金	90,000	流通股
9	何曙光	86,400	流通股
10	平湖市财建物业租赁有限责任公司	81,400	流通股

注:1、前十名股东中,公司法人股股东报告期内其所持股份没有发生变化;流通股股东所持股份的增减变化系二级市场买卖所致。其中:公司第一大股东宁波电子信息集团有限公司与第五大股东中国电子进出口宁波公司之间存在关联关系,宁波电子信息集团有限公司为

中国电子进出口宁波公司的第二大股东(占30%),其余股东之间未发现存在关联关系。

2、股东质押情况

报告期内公司第一大股东宁波电子信息集团有限公司原质押给交通银行宁波分行药行街支行的3000万股法人股股权(详见2001年3月24日的《中国证券报》、《上海证券报》)已于2003年3月22日提前解除质押登记。该公告刊登在2003年3月25日的《中国证券报》、《上海证券报》上。

其余发起人法人股股东所持股份均未有质押、冻结或托管情况，流通股股东公司未知是否质押。

(四)公司控股股东情况简介

根据公司章程的有关规定，本公司持股30%以上的控股股东为宁波电子信息集团有限公司和波导科技集团股份有限公司两家。本报告期内公司控股股东无变更情况发生。

1、宁波电子信息集团有限公司

宁波电子信息集团有限公司成立于1998年8月,注册资本15500万元人民币,法定代表人:周明海。主要从事资本经营,实业项目投资,电子产品制造、销售、技术开发等,是一家多元产业结构和产权结构的企业集团。目前主要产品有30多种门类,500多个品种,其中多种产品,无论是生产销售规模,还是质量水平和技术含量都处于国内领先地位。目前该公司的主要股东及持股比例为:中国普天信息产业集团公司,56.7%;宁波市国有资产管理委员会,26.12%;宁波市电子工业集体资产经营公司,17.18%。

中国普天信息产业集团公司(CHINA PUTIAN)的前身为中国邮电工业总公司成立于1980年,原隶属于邮电部和信息产业部,,1998年底成为中央直属大型企业,注册资本:3,082,856,816.38元,国有独资，法定代表人：欧阳忠谋。主要生产经营范围：开发、生产大型数字程控交换机、GSM和CDMA移动通信系统设备和手持机、IP系列产品、微波通信设备、光通信设备、通信光缆和电缆、各类通信电源、配线分线设备、IC卡电话机、网管系统、多媒体计算机终端、传真机、邮政机械等众多门类的通信设备,并承担国际国内通信工程总承包和开展合资合作、技术引进、产品进出口等技术经济业务。

2、波导科技集团股份有限公司

波导科技集团股份有限公司的前身为奉化波导科技发展有限公司,成立于1998年1月,注册资本为人民币5000万元,法定代表人:徐立华。2002年4月17日,奉化波导科技发展有限公司注册资本由原来的5000万元人民币变更为1亿元人民币。2002年5月22日,经宁波市人民政府甬政发[2001]55号文批准,奉化波导科技发展有限公司整体变更为宁波波导科技集团股份有限公司。2003年6月23日,宁波波导科技集团股份有限公司更名为波导科技集团股份有限公司。

该公司目前主要从事资产经营、项目投资,信息咨询,互联网软件、寻呼软件、股票信息发送和接收软件的开发、研制和销售,经销各类电子通讯产品等。该公司的主要股东及持股比例为:徐立华,36%;隋波,18%;蒲杰,18%;徐锡广,18%;王建平,10%。

徐立华先生:男,中国籍,无其他国家或地区居留权,为本公司主要创始人。最近五年一直在本公司管理层担任要职,现为公司董事长、总经理。

第四章　董事、监事、高级管理人员和员工情况

一、现任董事、监事、高级管理人员的基本情况

姓名	性别	年龄	职务	任期起止日期	在股东单位任职情况
徐立华	男	40	董事长、总经理	2002.05-2005.05	波导科技董事长
李凌	男	38	副董事长	2003.08-2005.05	电子信息副董事长总经理
隋波	男	39	董事、副总经理	2002.05-2005.05	波导科技董事
陆军	男	58	董事	2002.05-2005.05	电子信息董事、副总经理
胡左浩	男	39	独立董事	2002.05-2005.05	
顾伟康	男	64	独立董事	2002.05-2005.05	
吴思达	男	72	独立董事	2002.05-2005.05	
王倍龙	男	39	董事	2003.08-2005.05	大桥资产总经理
董捷	男	45	董事	2003.08-2005.05	宁波工投总经理
黄建华	男	47	监事会召集人	2002.05-2005.05	电子信息副总经理、党委副书记
方平浪	男	60	监事	2002.05-2005.05	未在股东处任职
赵建东	男	40	监事	2002.05-2005.05	未在股东处任职
徐锡广	男	39	副总经理	2002.05-2005.05	波导科技董事
蒲杰	男	39	副总经理	2002.05-2005.05	波导科技董事
戴茂余	男	39	副总经理	2002.08-2005.08	未在股东处任职
马思甜	男	39	副总经理、董秘、财务负责人	2002.05-2005.05	未在股东处任职
潘光明	男	51	副总经理	2002.05-2005.05	未在股东处任职
马晓健	男	38	副总经理	2002.08-2005.08	未在股东处任职
金光涛	男	40	副总经理	2001.01-2004.01	未在股东处任职

注：电子信息为宁波电子信息集团有限公司简称，波导科技为波导科技集团股份有限公司简称,大桥资产为奉化市大桥镇资产经营总公司简称,宁波工投为宁波工业投资有限责任公司简称。

报告期内,公司董事、监事、高级管理人员均未持有公司任何形式的股份。

二、现任董事、监事和高级管理人员年度报酬情况

1、董事、监事和高级管理人员报酬的决策程序、确定依据:

董事会对在公司任职的董事、监事和高级管理人员实行基本年薪与完成指标奖励相结合的年度目标考核制。其中基本年薪由董事会根据不同岗位制订标准,按月发放;完成指标奖励额按董事会决议依据经审计的财务报表测算,如完成年度考核指标,方可提取并计入管理费用。

2、报告期内,上述在公司任职的董事、监事、高级管理人员中共有11人在公司领取报酬,其年度薪资总额为190.49万元。金额最高的前二名董事的年薪总额39.83万元,金额最高的前三名高级管理人员的年薪总额为59.79万元。在公司受薪的董事、监事和高级管理人员,年薪总额在人民币20-25万元的有1人;年薪总额在人民币10万元-20万元的有9人;年薪总额在人民币10万元以下的1人。

3、董事李凌先生、陆军先生、王倍龙先生、董捷先生及监事黄建华先生均不在本公司领薪,分别在各自任职的股东单位领取报酬。

4、独立董事年度津贴总额为4.8万元/人(含税)。

三、报告期内离任的董事、监事、高级管理人员姓名及离任情况

1、公司第二届董事会第九次会议审议批准余红艺女士、朱光耀先生、方茂坤先生三位董事分别因工作变动原因辞去公司董事职务的请求。

2、公司2003年第一次临时股东大会审议通过了《关于增补公司董事的议案》。补选李凌先生、王倍龙先生、董捷先生为公司第二届董事会董事。

此外,公司在报告期内没有其他董事、监事、高级管理人员聘任及离任情况。

四、公司员工情况

截止报告期末,公司本部及随州分公司在册员工总数为3572人,其中生产人员2284人,技术人员541人,财务人员98人,行政人员649人;大学本科及本科以上学历964人,专科学历287人。

第五章　公司治理结构

一、公司治理情况

1、建章立制,从制度上规范公司的运作

公司严格按照《公司法》、《证券法》等法律、法规以及中国证监会、上海证券交易所颁布的有关文件的要求,进一步完善法人治理结构,规范自身行为。

报告期内,公司制定并通过了《宁波波导股份有限公司对外担保制度》、《宁波波导股份有限公司关联交易管理制度》、《宁波波导股份有限公司对外投资管理制度》、《宁波波导股份有限公司投资者关系管理制度》,加强制度建设,进一步规范公司运作。

2、规范关联交易行为,保护投资者利益

报告期内,公司与法国萨基姆股份有限公司共同投资设立的宁波波导萨基姆电子有限公司(以下简称"合资公司")正式运作(本公司持有合资公司50%股份),由于合资公司的主要业务为接受本公司委托为本公司加工制造移动电话并且租赁本公司厂房开展业务,因而产生持续性的关联交易,该关联交易相关协议已经公司董事会和股东大会批准。由于该关联交易并非发生于公司与关联股东之间,公司在日常经营中只是严格按协议执行,并注意发挥独立董事的决策作用和监事会的监督作用,所以不存在损害中小投资者利益的行为。

二、公司报告期内独立董事履行职责情况

公司现有三名独立董事，并分别在公司董事会除战略发展委员会外的其他三个委员会中担任主任委员,且占大多数。报告期内,公司独立董事能按照相关法律、法规、《公司章程》的要求,对公司及全体股东履行诚信与勤勉的义务。自任职以来,认真参加了报告期内的历次董事会和股东大会,积极了解公司的运作情况,在董事会决策过程中,三位独立董事分别从宏观形势、财务、专业等角度对公司的议案发表专业性意见,为董事会的科学决策和公司的发展起到了积极的作用。作为独立董事,对公司的关联交易、定期报告、增发申请材料等事项发表了专业性意见,切实地维护了公司及广大中小投资者的利益。

三、报告期内,本公司已基本做到了与控股股东在业务、人员、资产、机构、财务上的"五分开",具体表现在:

(一)业务:公司独立从事业务经营,对控股股东及其关联企业不存在依赖关系。公司拥有独立的原材料采购和产品的生产、销售系统,主要原材料的采购和产品的生产、销售不依赖于控股股东及其关联企业。

(二)人员:公司高级管理人员均专职在本公司工作并领取报酬,不在控股股东及其关联企业兼任除董事之外的其他职务;公司的劳动、人事及工资管理完全独立。

(三)资产:除"波导"商标所有权外,公司拥有独立于控股股东的生产系统、配套设施、房屋所有权、土地使用权、工业产权和非专利技术等的有形和无形资产。

"波导"商标所有权属于公司第二大股东波导科技集团股份有限公司,本公司与其签订有商标使用许可协议,在本公司存续期内,可永久无偿使用"波导"商标。

(四)机构:公司与控股股东及其关联企业的办公机构和生产经营场所分开,不存在混合经营、合署办公的情况;公司相应部门与控股股东及其关联企业的内设机构之间没有上下级关系。

(五)财务:公司设置了独立的财务会计部门,并建立了独立的会计核算体系和财务管理制度;公司独立作出财务决策,不存在控股股东干预本公司资金使用的情况;公司在银行独立开户,依法独立纳税。

四、公司报告期内对高级管理人员的考评及激励机制。

(一)公司已初步建立了目标责任制考核体系,加强对高级管理人员的管理和激励。在每个经营年度末,由董事会、监事会会同相关职能部门,根据高级管理人员的年度总结及实际目标完成情况,进行考评。

(二)根据公司一届董事会第二十次会议审议通过的《经营者年薪制考核办法》及公司二届董事会第六次会议审议通过的《2003年度公司经营班子生产经营综合考核指标》,公司建立了高级管理人员年终效益奖与公司当年绩效和个人业绩相联系的激励机制。

第六章　董事会报告

一、公司报告期内的经营情况

(一)公司主营业务的范围及其经营情况

本公司属于电子通讯行业,是国产手机首批定点生产厂家之一,主要从事电子通讯产品、通讯系统、计算机及配件、现代办公设备的研究开发、制造、维修;信息服务和进出口业务。公司是国家火炬中心认定的国家级高新技术企业之一,以移动电话等移动通信终端产品的开发、生产、销售及相应的维修服务为主业。

2003年面对不断加剧的市场竞争,以及全球IT产业增长缓慢、非典等自然灾害带来的不利影响,公司始终坚持以市场为导向的原则,积极调整产品结构,加大对研究开发的投入力度,努力提高产品质量、降低生产成本;同时进一步规范公司治理结构,强化内部管理,积极开拓国外市场。经过全体员工一年的努力,公司继续保持主营业务收入和产品销售量的持续快速增长,取得了显著的成效，公司的整体素质得到了进一步的提高。根据信息产业部经济体制改革与经济运行司发布的《2003年电子信息产业经济运行统计公报》显示,"2003年波导企业的手机国内销售量已超过全部外资企业,跃居全行业第一"。

报告期内，公司实现主营业务收入1,084,147.66万元，比上年增长70.26%；主营业务利润182,909.25万元,比上年增长22.20%;本年实现净利润为24,502.36万元,较上年增长13.48%。

1、分行业、产品类别、地区的主营业务收入和主营业务利润构成:

(1)分产品类别的主营业务收入和主营业务利润构成:(单位:元)

产品	主营业务收入	主营业务利润
手机及配件	10,806,205,120.60	1,820,879,846.64
其他	35,271,465.71	8,212,628.88
合计	10,841,476,586.31	1,829,092,475.52

(2)按地区分类的主营业务收入和主营业务利润构成:

地区	主营业务收入	主营业务利润
华北大区	1,349,257,333.24	230,141,757.17
华东大区	2,081,743,807.53	358,021,646.90
东南大区	1,535,203,377.88	241,591,585.10
东北大区	868,789,874.64	156,731,141.24
华中大区	1,448,911,536.82	241,092,727.44
西南大区	1,185,534,053.19	204,304,808.06
华南大区	1,304,538,321.80	255,882,570.85
西北大区	749,850,771.49	137,031,785.85
其他	317,647,509.72	4,294,452.91
合计	10,841,476,586.31	1,829,092,475.52

注:华北大区:北京市、天津市、山西省、河北省和内蒙古自治区;

华东大区:上海市、安徽省、江苏省和山东省;

东南大区:浙江省、江西省和福建省;

东北大区:黑龙江省、吉林省和辽宁省;

华中大区:湖南省、湖北省和河南省;

西南大区:重庆市、贵州省、四川省、云南省和西藏;

华南大区:广东省、广西壮族自治区和海南省;

西北大区:新疆维吾尔族自治区、宁夏回族自治区、陕西省、青海省和甘肃省;

其他:主要是指国外地区。

2、占主营业务收入 10%以上的产品销售情况

单位:元

产品	销售收入	销售成本	毛利率
手机及配件	10,806,205,120.60	8,952,550,864.88	17.17%

2003 年,公司生产的"波导"手机产量率先突破 1000 万台,全年共销售各种型号的"波导"牌移动电话达 1175.59 万台,不仅连续四年居国产品牌销量第一,而且根据信息产业部经济体制改革与经济运行司发布的《2003 年电子信息产业经济运行统计公报》显示:2003 年波导企业的手机国内销售量已超过全部外资企业,跃居全行业第一。公司生产的"波导"GSM 手机在人民日报社市场信息中心举办的"中国市场产品质量用户满意度调查"大型公益活动中被评为中国手机市场"消费者首选第一品牌",中国信息产业发展研究院(CCID)举办的"2003 年第四届 CCID 中国手机服务用户满意度调查"活动中被评为公众喜爱的"十佳企业"、"用户满意度奖"、"承诺兑现奖"、"服务创新奖"等称号,并被国家质检总局授予"中国名牌产品"称号。

3、报告期内公司主营业务及其结构较前一报告期没有发生重大变化。

(二)公司控股公司及参股公司的经营情况及业绩

控股子公司名称	拥有权益	行业	主要产品服务
宁波波导销售有限公司	90%	商业	电子、通讯产品批发、零售、通讯系统研究开发、制造、维修
南京波导通信有限公司	85%	电子通信	电子产品、通讯系统及相关设备等
重庆波导科技有限公司	70%	电子通信	通讯、电子、网络、计算机及配件等
杭州波导软件有限公司	70%	软件	技术开发、服务、咨询成果转让、组织生产安装、维修、批发、零售等
杭州波导永友通信有限公司	51%	电子通信	通信设备的研发、维护、技术服务、蜂窝移动通信码分多址系统设备的生产等
宁波波导萨基姆电子有限公司	50%	制造	开发、生产、组装移动电话和有关电子设备及零件并提供相关的服务

控股子公司名称	注册资本	总资产	净利润
宁波波导销售有限公司	500 万元	1,284,088,405.63	24,273,661.62
南京波导通信有限公司	500 万元	1,283,791.86	−543,761.42
重庆波导科技有限公司	200 万元	10,107,088.74	−1,081,140.77
杭州波导软件有限公司	1000 万元	26,088,915.31	−1,117,709.16
杭州波导永友通信有限公司	200 万美元	32,861,996.39	184,410.19
宁波波导萨基姆电子有限公司	2540 万美元	278,944,124.95	20,868,420.35

(三)主要供应商、客户情况

报告期内,公司向前五名供应商采购的金额合计占年度采购总额的 43.37%;公司向前五名销售客户销售的合计金额占年度销售总额的 3.27%。

(四)经营中遇到的问题与困难及解决方案

2003 年公司经营中遇到的问题与困难主要表现在以下三个方面:第一,全球通信行业增长缓慢,国内移动电话市场竞争更加激烈,导致手机更新换代加快、销售价格下降、毛利率降低,给公司经营带来较大压力;第二,由于近年来公司规模扩张迅速,分支机构数量增长较快,给公司管理增加了一定的难度;第三,由于公司手机销量逐年递增,市场占有率不断提升,"波导牌"手机市场保有量巨大,公司售后服务的压力明显加大。针对经营中遇到的问题与困难,公司主要采取了以下措施:

1、报告期内,合资公司(宁波波导萨基姆电子有限公司)正式投入运行,不仅扩大了公司的生产能力,而且还提高了公司的生产效率和质量控制水平,规模优势还在一定程度上缓解了因价格下降带来的经营压力;

2、继续完善营销服务网络,提高营销队伍的战斗力。报告期内,公司在沿海发达地区如宁波、大连、苏州等地新设销售子公司 13 家,使重点地区的市场营销力量得到加强,整体营销网络分布更趋合理;同时,公司根据市场变化及时调整产品结构,提高产品的赢利能力,努力扩大市场份额;

3、积极开拓国际市场。报告期内,公司海外市场开拓取得了可喜的进展,手机出口销量有显著增长,且增长态势良好,目前公司产品已销往 28 个国家和地区;

4、研发能力进一步增强,研发团队初具规模。

通过与国内外同行的技术交流和技术合作,公司研发水平有了明显的进步。公司研发部门已熟练掌握基于芯片组的 GSM/GPRS、CDMA 手机开发,不仅有能力在手机外观、造型等方面设计创新,而且能够开发智能手机的操作系统与应用软件。2003 年,公司成功地开发出"女人星"系列、"多易随(DOEASY)"系列等十多款手机。

公司目前已构建了研究开发部、宁波波导萨基姆电子有限公司研究所、杭州波导软件有限公司、重庆波导科技有限责任公司为主体、波导博士后科研工作站为前沿的研发体系,拥有近 400 人(其中硕士博士占 30%以上)的研发团队,为公司在激烈的市场竞争环境中赢得优势及今后的发展打下了坚实的基础;

5、完善客户服务网络,强化客户服务的战略地位。

公司始终将消费者利益放在首位,提倡售前、售中、售后全程服务,树立全员服务意识,强化客户服务的战略地位。通过新建、扩建客户服务中心及发展特约维修点,建立客户服务信息化平台,完善客户服务网络,使公司售后维修服务能力明显加强,客户满意度得到较大提升;

6、调整公司内部机构设置,优化业务流程。充分利用公司"E-MIS"系统等管理工具,提高整体运作效率,提升公司竞争能力;

7、加强预算管理,强化各部门成本意识,严格控制各项费用支出,同时充分利用公司商业信誉,提高资金使用效率,降低财务费用,提升财务管理水平。

二、公司报告期内的投资情况

(一)募集资金使用情况

本报告期内,公司无募集资金投资或以前年度募集资金的使用延续到报告期内的情况。

(二)其他投资情况

1、公司于 2002 年 8 月 17 日召开的二届董事会第三次会议审议通过了《关于公司与法国萨基姆股份有限公司合资成立宁波波导萨基姆电子有限公司的议案》。合资公司注册资本为 2,540 万美元,公司出资 1,270 万美元,占 50%,法国萨基姆股份有限公司出资 1,270 万元,占 50%,主要从事移动电话和其他相关电子设备及部件的开发、制造。

合资公司于 2002 年 11 月 11 日经宁波市人民政府外经贸资[甬]字[2002]0324 号批准证书批准成立,并于 2002 年 11 月 19 日取得宁波市工商行政管理局颁发的企合浙甬总字第 006581 号《企业法人营业执照》。经德勤华永会计师事务所验证:截至 2003 年 7 月 31 日,合资公司累计实收资本 2,540 万美元,其中本公司累计出资 1,270 万美元,占注册资本的 50%;萨基姆公司累计出资 1,270 万美元,占注册资本的 50%。

2、公司于 2003 年 6 月 20 日以通讯表决的方式召开的第二届董事会第八次会议审议通过了波导工业园二期投资可行性研究报告

波导工业园二期项目建筑面积约 3.3 万平方米,是对原一期工程项目的合理补充,解决一期工程的配套、附属及后勤设施,项目估算总投资 7,760 万元,预计建设期 0.5 年,公司以自有资金投入。截止到报告期末,本项目已基本建成并交付试运行。

3、公司于 2003 年 7 月 16 日召开的二届董事会第九次会议审议并通过了《关于公司参与上海晨兴电子科技有限公司增资项目的投资议案》

上海晨兴电子科技有限公司主要从事生产和销售大、中容量程控交换机用户接口电路、数字光盘影碟机(DVD),以及开发、生产和销售相近工艺的通讯电子产品。注册资本 500 万美元,2003 年 4 月 30 日经审计的净资产为 5,437.82 万元人民币,本次增资完成后该公司的注册资本为 700 万美元,本公司以自有资金出资 385 万元人民币,占该公司增资后注册资本的 5%。

该项目经上海市青浦区人民政府青府经 [2003]436 号批复,并于 2003 年 12 月 1 日完成相关工商变更登记手续,取得上海市工商行政管理局颁发的企合沪总字第 006624 号(青浦)《企业法人营业执照》。

三、报告期公司财务状况及经营成果分析

(一)财务状况及经营成果分析

金额单位:人民币元

主要财务数据指标与去年同期的增减变化情况

项目	2003 年 12 月 31 日	2002 年 12 月 31 日	变动幅度
总资产	3,947,427,220.41	3,807,414,781.24	3.68%
货币资金	1,391,306,474.60	821,148,304.50	69.43%
应收票据	452,342,125.62	824,779,945.76	−45.16%
应收帐款	203,764,500.86	81,139,543.74	151.13%
其他应收款	11,828,360.12	97,792,959.54	−87.90%
预付帐款	14,054,506.62	74,638,099.85	−81.17%
应收补贴款	4,047,829.21	1,560,307.20	159.43%
长期股权投资	125,584,627.33	1,130,675.63	11007.04%
在建工程	18,629,245.42	34,513,664.79	−46.02%
短期借款	0	15,000,000.00	−100.00%
应付票据	74,486,015.97	154,363,443.70	−51.75%
其他应付款	85,206,504.93	48,048,792.25	77.33%
长期借款	35,000,000.00	60,129,625.00	−41.79%
未分配利润	427,954,223.21	23,893,641.71	79.11%
股东权益	1,272,683,583.27	992,467,069.28	21.39%

主营业务收入、主营业务利润、净利润比去年同期增减变化情况

项目	2003 年度	2002 年度	变动幅度
主营业务收入	10,841,476,586.31	6,367,615,959.00	70.26%
主营业务成本	8,979,462,216.87	4,849,371,175.79	85.17%
其他业务利润	57,859,257.67	27,417,156.94	111.03%
营业费用	1,218,768,942.61	903,763,098.70	34.85%
投资收益	6,806,826.36	−7,732,040.90	---
补贴收入	20,332,350.48	3,407,863.30	496.63%
营业外收入	4,600,929.64	2,030,404.67	126.60%
营业外支出	12,835,785.53	8,090,220.96	58.66%
净利润	245,023,581.50	215,922,223.92	13.48%

现金流量增减变化情况

项目	2003 年度	2002 年度	变动幅度
经营活动产生的现金流量净额	855,935,710.84	594,231,345.98	44.04%
投资活动产生的现金流量净额	−201,967,253.03	−175,650,490.75	−14.98%
筹资活动产生的现金流量净额	−84,146,592.99	−141,251,277.22	40.43%
现金及现金等价物净增加额	567,158,170.10	274,894,666.18	106.32%

变动主要原因:

1、总资产增加主要是主导产品手机生产销售规模扩大,货币资金、应收帐款、固定资产等相应增加所致。

2、货币资金增加主要原因是报告期经营性活动现金盈余及充分利用商业信用所致。

3、应收票据减少主要原因是公司商品销售采用银行承兑汇票结算方式的比例下降所致。

4、应收帐款增加主要是出口收入增加而信用证未到期所致。

5、其他应收款减少主要是往来单位还款所致。

6、预付帐款减少主要是预付材料款减少所致。

7、应收补贴款增加主要是出口增加导致应收出口退税增加所致。

8、长期股权投资增加主要是本期投资波导萨基姆公司和上海晨兴电子所致。

9、在建工程减少主要是在建工程完工转入固定资产所致。

10、短期借款减少系销售货款回笼状况良好,归还银行贷款所致。

11、应付票据减少主要是公司资金状况较好,支付材料款时直接采用银行存款支付比例增加所致。

12、其他应付款增加主要是代理商增加,收取经销商保证金增加所致。

13、长期借款减少主要是公司货款回笼状况良好,归还银行借款所致

14、未分配利润、股东权益增加主要是本年盈余所致。

15、主营业务收入、主营业务成本、主营业务利润增长主要是主导产品手机销量大幅增长所致。

16、其他业务利润的增长主要是材料销售增长所致。

17、营业费用的增长主要由于手机业务的经营规模扩大所致。

18、投资收益增长主要是投资设立的合资公司盈利所致。

19、补贴收入增长主要是收到财政贴息和收到增值税返还增加所致。

20、营业外收入增长主要是保险赔款增加所致。

21、营业外支出增长主要是计提固定资产减值准备所致。

22、净利润增长主要是销售收入大幅增长所致。

23、经营活动产生的现金流量净额增加主要是由于手机业务利润增长且销售货款回笼速度较快。

24、投资活动产生的现金流量净额减少主要是由于为扩大经营规模而购建了固定资产及兴建波导工业园区的建设。

25、筹资活动产生的现金净流出减少主要是借款所收到的现金增加,同时偿还债务所支付的现金较上年有所减少所致。

26、现金及现金等价物净增加额增加主要是经营活动产生的现金流量净额增加所致。

(二)关于公司会计政策和会计估计变更情况的说明

根据财政部财会[2003]12 号《企业会计准则-资产负债表日后事项》的通知,本公司对报告年度资产负债表日后至财务报告批准日之间董事会制定的利润分配预案中的现金股利,原作为期后事项的调整事项,记入"应付股利"项目,现按照现行会计制度的规定,不作会计处理,只在报告年度的会计报表附注中单独披露。上述会计政策变更已采用追溯调整法,相应调整了期初留存收益及相关项目的期初数;利润及利润分配表的上年同期数栏,已按调整后的数字填列。上述会计政策变更的累积影响数为 56,000,000.00 元,由于会计政策变更,调减了 2002 年末的应付股利 56,000,000.00 元;调增了 2003 年年初留存收益 56,000,000.00 元,其中,未分配利润调增了 56,000,000.00 元;利润及利润分配表上年同期数栏的年初未分配利润调增了 56,000,000.00 元。

四、宏观经济环境及政策法规重大变化的影响分析

报告期内,生产经营环境变化及宏观政策、法规发生变化未对公司的生产经营产生实质性影响。

五、公司 2004 年业务发展计划

2004 年中国移动通讯市场将继续保持平稳增长态势,但随着市场格局的变化,行业内的竞争将更加激烈。在新的一年中,公司将继续坚持观念创新、科技创新、体制创新;加快公司国际化战略的

推进；进一步优化业务流程、努力提高运营效率；巩固和提高公司产品的市场占有率，进一步提升企业的核心竞争力。

1、进一步完善营销服务网络，积极主动调整产品结构，扩大市场份额，提高客户满意度，提升品牌的美誉度；同时努力降低销售成本，提高营销服务网络的效益；

2、加大研发投入，进一步提高研发管理水平，强化研究开发中的质量意识、成本意识、速度意识和创新意识，增强公司在研发领域的竞争力；

3、采取积极有效的措施，进一步加大对国际市场的开拓力度，同时加快推进公司国际化战略；

4、进一步优化公司内部业务流程，通过完善公司"e-MIS系统、推进SAP项目，加快信息流转速度，提高公司物流管理水平，全面提升公司整体运作效率；

5、紧跟国民经济发展的步伐，积极探索进入市场快速增长并有发展前途的领域，为公司的未来发展培育新的增长点；

6、继续奉行稳健的财务政策，进一步提高财务管理水平；

7、提高资本运作水平，努力完成再融资，进一步壮大公司实力；

8、加强企业文化建设，增强员工的认同感和凝聚力；改进人事管理与绩效考核制度，优化绩效考核和奖惩体系。

六、公司董事会日常工作情况

(一)报告期内董事会的会议情况及决议内容

本报告期内共召开了董事会8次，主要会议内容和决议内容如下：

1、公司二届董事会第五次会议于2003年3月22日召开，会议审议并通过了如下决议：

(1)审议通过了《公司2002年度业务工作报告》；

(2)审议通过了《公司2002年度董事会工作报告》；

(3)审议通过了《公司2002年度报告及其摘要》；

(4)审议通过了《公司2002年度利润分配预案》；

(5)审议《关于2002年度审计报酬事项的议案》；

(6)审议通过了对经营班子2002年度经营业绩的考核结果。

本次会议决议刊登在2003年3月25日的《上海证券报》、《中国证券报》上。

2、公司第二届董事会第六次会议于2003年4月24日召开，会议审议并通过了如下决议：

(1)审议通过了《公司2003年第一季度报告》；

(2)审议通过了《关于续聘浙江天健会计师事务所的议案》；

(3)审议通过了《2003年度公司经营班子生产经营综合考核指标》；

(4)审议通过了《关于终止实施2002年〈公司增资配股预案〉的议案》；

(5)审议通过了《关于公司符合增发普通股(A股)股份条件的议案》

(6)逐项审议通过了《关于宁波波导股份有限公司2003年度增发普通股(A股)股份预案的议案》

(7)审议通过了《关于提请股东大会审议新老股东共享发行前滚存的未分配利润的议案》

(8)逐项审议通过了《宁波波导股份有限公司2003年度增发普通股(A股)募集资金投向及额度的预案》

(9)审议通过了《关于2003年度增发募集资金使用可行性的议案》

(10)审议通过了《公司董事会关于前次募集资金使用情况的说明》

(11)审议通过了《关于召开公司2002年度股东大会的议案》

本次会议决议刊登在2003年4月28日的《上海证券报》、《中国证券报》上。

3、公司第二届董事会第七次会议于2003年5月30日召开，会议审议并通过了同意余红艺女士因工作原因辞去公司董事长的请求并选举徐立华先生为公司新的董事长。

本次会议决议刊登在2003年5月31日的《上海证券报》、《中国证券报》上。

4、公司二届董事会第八次会议以通讯表决的方式于2003年6月20日召开，会议审议并通过了如下决议：

(1)审议通过了《宁波波导股份有限公司对外担保管理制度》；

(2)审议通过了《宁波波导股份有限公司重大投资管理制度》；

(3)审议通过了《宁波波导股份有限公司关联交易管理制度》；

(4)审议通过了波导工业园二期投资可行性研究报告

本次会议决议刊登在2003年6月21日的《上海证券报》、《中国证券报》上。

5、公司二届董事会第九次会议于2003年7月16日召开，会议审议并通过了如下决议：

(1)审议通过了公司与宁波波导萨基姆电子有限公司签订的《厂房租赁协议》和《制造与供应协议》；

(2)会议经审议，同意余红艺女士、朱光耀先生、方茂坤先生三位董事分别因工作变动原因辞去公司董事职务的请求。

(3)审议通过了《关于增补公司董事的议案》；

(4)审议通过了《关于公司参与上海晨兴电子科技有限公司增资项目的投资议案》

(5)审议通过了《关于召开2003年第一次临时股东大会的议案》。

本次会议决议刊登在2003年7月17日的《上海证券报》、《中国证券报》上。

6、公司二届董事会第十次会议于2003年7月30日召开，会议审议并通过了如下决议：

(1)审议通过了《公司2003年半年度报告及其摘要》；

(2)审议通过了《公司董事会关于前次募集资金使用情况的说明》；

(3)审议通过了《公司董事会关于非标准无保留意见审计报告涉及事项处理情况的说明》；

(4)审议通过了《公司关于内部会计控制制度有关事项的说明》。

本次会议决议刊登在2003年8月2日的《上海证券报》、《中国证券报》上。

7、公司二届董事会第十一次会议于2003年8月17日在公司会议室召开。会议审议并通过了如下决议：

(1)审议通过了《宁波波导股份有限公司投资者关系管理制度》；

(2)经选举，一致同意李凌先生为公司第二届董事会副董事长。

本次会议决议刊登在2003年8月19日的《上海证券报》、《中国证券报》上。

8、公司二届董事会第十二次会议于2003年10月23日在公司会议室召开。会议审议并通过了公司2003年第3季度报告。

(二)董事会对股东大会决议的执行情况

1、公司董事会根据公司2002年年度股东大会的有关决议，认真实施了公司2002年度利润分配方案：以2002年12月31日总股本160,000,000股为基数，每10股派发现金红利3.50元(含税)，股权登记日为2003年6月17日，除息日为2003年6月18日，红利发放日为2003年6月24日，分红派息实施公告刊登在2003年6月12日发布的《中国证券报》、《上海证券报》上。

2、根据公司2002年度股东大会的有关决议，董事会在报告期内积极推进增发新股发行工作。目前，增发新股的申请文件已报送中国证监会有关部门待审。

七、利润分配、资本公积转增股本预案

根据公司财务决算情况及浙江天健会计师事务所的审计结果，2003年度股份公司实现净利润200,069,793.55元，根据公司章程规定及公司业务发展的需要，提取10%法定盈余公积金，计20,006,979.36元，提取5%法定公益金，计10,003,489.68元，加上年初留存的未分配利润206,645,858.09元，累计可供股东分配的利润为376,705,182.60元。经公司二届董事会第十三次会议讨论决定，2003年度利润分配预案：按2003年末总股本160,000,000股为基数，每10股派发现金红利4.00元(含税)，共计分配64,000,000.00元。尚未分配利润312,705,182.60元结转至下一年度。本年度不进行资本公积金转增股本。

八、其他报告事项

2003年公司选定的信息披露报刊为《上海证券报》、《中国证券报》；2004年选定的信息披露报刊仍为《上海证券报》、《中国证券报》。

九、浙江天健会计师事务所浙天会[2004]第51号《关于宁波波导股份有限公司2003年度关联方占用资金情况的专项审计说明》

我们接受委托，对宁波波导股份有限公司(以下简称"波导股份")2003年度控股股东及其他关联方占用资金情况进行专项审计。真实、完整地提供所有相关资料是波导股份的责任，我们的责任是对波导股份上述关联方占用资金情况发表专项意见。我们的审计是根据《中国注册会计师独立审计准则》进行的。在审计过程中，我们结合波导股份的实际情况，实施了包括抽查会计记录等我们认为必要的审计程序。

根据中国证券监督管理委员会和国务院国有资产监督管理委员会印发的《关于规范上市公司与关联方资金往来及上市公司对外担保若干问题的通知》(证监发[2003]56号)的要求，现将我们在审计过程中注意到的2003年度波导股份控股股东及其他关联方占用波导股份资金情况说明如下：

1.波导股份第二大股东波导科技集团股份有限公司期初资金占用余额为3,781万元，本期末有新增资金占用，期初余额已在本期全部归还，期末资金占用余额为0。

2.波导股份第一大股东宁波电子信息集团有限公司之控股子公司宁波太阳能电源有限公司期初资金占用余额为189万元，本期末有新增资金占用，期初余额已在本期全部归还，期末资金占用余额为0。

3.波导股份之控股子公司及控股子公司之控股子公司期初资金占用余额为31,979万元，本期新增资金占用73,730万元，本期减少资金占用84,823万元，期末资金占用余额为20,886万元。

第七章　重要事项

一、本年度公司无重大诉讼、仲裁事项。

二、本年度公司无收购及出售资产、吸收合并事项

三、重大关联交易事项

1、重大购销商品、提供劳务发生的关联交易。

(1)采购货物

关联方名称	本期数		上年同期数	
	金额	定价政策	金额	定价政策
波导萨基姆	797,324,716.36	协议价[注]		
小计	797,324,716.36			

[注]：协议定价的原则和方法详见本会计报表附注八(二)4(4)之说明。

(2)销售货物

关联方名称	本期数	上年同期数		
	金额	定价政策	金额	定价政策
波导萨基姆	646,081,442.50	协议价[注]		
小计	646,081,442.50			

[注]：协议定价的原则和方法详见本会计报表附注八(二)4(4)之说明。

(3) 本期公司应支付波导萨基姆移动电话加工费150,675,748.28元。

2、本年度公司无资产、股权转让发生的关联交易

3、公司与关联方存在债权、债务往来、担保等事项

(1) 截止到2003年12月31日，本公司关联方之间的应收应付款项余额

项目及企业名称	金　额 期末数	期初数	占全部应收(付)款余额的比重 期末数	期初数
(1)应收账款				
波导科技	18,017,073.27			19.92%
小　计	18,017,073.27			19.92%
(2)其他应收款				
波导科技	19,791,186.02			18.09%
太阳能公司	1,893,409.94			1.73%
小　计		21,684,595.96		19.82%
(3)应付账款				
波导萨基姆	167,645.79		0.01%	
小　计	167,645.79		0.01%	
(4)其他应付款				
宁波通信工程技术研究开发中心	182,405.00	182,405.00	0.21%	0.34%
小　计	182,405.00	182,405.00	0.21%	0.34%

(2)其他重大关联交易

截至2003年12月31日，波导科技集团股份有限公司为本公司银行借款60,000,000.00元提供担保。

四、重大合同及其履行情况

1、重大托管、承包、租赁事项发生。

根据本公司第二届董事会第九次会议审议通过的与波导萨基姆签订的《厂房租赁协议》，波导萨基姆向本公司租赁二号厂房、技术厂房及附属设施共计建筑面积24,134平方米，截至2003年12月31日，厂房和附属设施账面原值为35,316,261.56元，净值为33,889,676.42元，租赁期15年，租金根据市场行情经双方协商：第一个三年期间内的年租金为600万元人民币，今后每三年调整一次，调整时的租金金额应根据市场情况并考虑承租方当时的财务运转情况予以决定。本期公司向波导萨基姆收取厂房租赁费6,000,000.00元。

2、本年度公司无对外担保事项。

3、本年度公司无委托理财事项。

4、本年度公司无其他重大合同

五、公司或持股5%以上股东的承诺事项

公司第二大股东波导科技集团股份有限公司于2001年3月10日与本公司签订协议，承诺由其承担波导品牌2000年度广告宣传费的70%(波导商标所有权属于波导科技集团股份有限公司，本公司在存续期内可无偿使用)，计人民币72,993,951.67元，并承诺自2001年起三年内付清，其中2001年支付50%，余下的两年每年支付25%。

截止到报告期末，波导科技集团股份有限公司已全额向本公司支付了上述款项。

六、聘任会计师事务所情况

1、2003年5月30日，公司2002年度股东大会审议通过了《关于续聘浙江天健会计师事务所为本公司2003年度审计机构的议案》，继续聘请浙江天健会计师事务所为本公司2003年度财务审计机构。该审计机构已连续为本公司提供了三年的审计服务。

2、公司最近两年支付给浙江天健会计师事务所的报酬情况如下：　单位：元

年度	审计费	其他费用
2002	800,000.00	81,919.60
2003	1,000,000.00	112,664.80

注：(1)其他费用指差旅费等；

(2)2003年度审计费用包括中期审计及年度审计。

七、报告期内，公司、公司董事会及董事不存在受中国证监会稽查、中国证监会行政处罚、通报批评、证券交易所公开谴责的情况。

第八章　备查文件

一、载有法定代表人、主管会计工作负责人和会计机构负责人签名并盖章的会计报表；

二、载有会计师事务所盖章、注册会计师签字并盖章的审计报告原件；

三、报告期内在中国证监会指定报纸上公开披露过的所有公司文件的正本及公告的原稿。

宁波波导股份有限公司

董事长：徐立华

2004年2月19日

广州金发科技股份有限公司

广州金发科技股份有限公司首次公开发行股票上市公告书

第一节 重要声明与提示

广州金发科技股份有限公司(以下简称"本公司"、"公司")董事会保证上市公告书的真实性、准确性、完整性,全体董事承诺上市公告书不存在虚假记载、误导性陈述或重大遗漏,并承担个别和连带的法律责任。

根据《中华人民共和国公司法》、《中华人民共和国证券法》等有关法律、法规的规定,本公司董事、高级管理人员已依法履行诚信和勤勉尽责的义务和责任。

证券交易所、中国证券监督管理委员会、其他政府机关对本公司股票上市及有关事项的意见,均不表明对本公司的任何保证。

本公司提醒广大投资者注意,凡本上市公告书未涉及的有关内容,请投资者查阅 2004 年 6 月 3 日刊载于《中国证券报》、《上海证券报》、《证券时报》、《证券日报》的《广州金发科技股份有限公司首次公开发行股票招股说明书摘要》(下称"招股说明书摘要"),及刊载于上海证券交易所网站(http://www.sse.com.cn)的本公司招股说明书全文。

第二节 概 览

1、股票简称:金发科技
2、沪市股票代码:600143
3、深市代理股票代码:003143
4、总股本:175,000,000 股
5、可流通股本:45,000,000 股
6、本次股票发行价格:10.93 元/股
7、本次上市流通股本:45,000,000 股
8、上市地点:上海证券交易所
9、上市日期:2004 年 6 月 23 日
10、股票登记机构:中国证券登记结算有限责任公司上海分公司
11、保荐机构(上市推荐人):广发证券股份有限公司
12、公司首次公开发行股票前股东所持股份的流通限制及期限:

根据国家有关法律、法规规定和中国证券监督管理委员会证监发行字[2004]73 号《关于核准广州金发科技股份有限公司公开发行股票的通知》,本公司自然人持有的未流通股份暂不上市流通。

本公司第一大股东袁志敏承诺:自本公司股票上市之日起 12 个月内,不转让其所持有的本公司股份,也不由本公司回购其所持有的本公司股份。

第三节 绪 言

本上市公告书是根据《中华人民共和国公司法》、《中华人民共和国证券法》、《股票发行与交易管理暂行条例》、《公开发行股票公司信息披露实施细则》和《上海证券交易所股票上市规则》等有关法律、法规的规定,并按照中国证券监督管理委员会《公开发行证券的公司信息披露内容与格式准则第 7 号?股票上市公告书》编制,旨在向投资者提供本公司的基本情况和本次股票上市的有关资料。

经中国证券监督管理委员会证监发行字 [2004]73 号文核准, 本公司于 2004 年 6 月 8 日以向沪、深二级市场投资者定价配售的方式发行 4,500 万股人民币普通股(A 股),每股面值 1.00 元,发行价格为每股 10.93 元。

经上海证券交易所上证上字 [2004]92 号文批准, 本公司公开发行 4,500 万股社会公众股将于 2004 年 6 月 23 日在上海证券交易所挂牌交易,股票简称"金发科技",沪市股票代码为"600143",深市代理股票代码为"003143"。

本公司已于 2004 年 6 月 3 日在《中国证券报》、《上海证券报》、《证券时报》、《证券日报》刊登了招股说明书摘要。本公司招股说明书全文及其附录已于同日刊载于上海证券交易所网站(http://www.sse.com.cn),且自招股说明书核准日至今不超过三个月,故与其重复的内容不再重述,敬请投资者查阅上述内容。

第四节 公司概况

一、公司基本情况

1、中文名称:广州金发科技股份有限公司
英文名称:GUANGZHOU KINGFA SCI.& TECH. CO.,LTD.
2、法定代表人:袁志敏
3、注册资本:17,500 万元
4、设立日期:1993 年 5 月 26 日;2001 年 10 月 8 日整体变更为股份有限公司
5、住 所:广州市天河区天河北路 890 号广州国际贸易中心 12 楼
邮政编码:510520
电 话:020-87037333
传 真:020-87037827
互联网网址:www.kingfa.com.cn
电子信箱:wucheng@kingfa.com.cn
6、经营范围:塑料、化工产品、日用机械、金属制品新材料、新产品的开发、研究、加工、制造、技术服务、技术转让。批发和零售贸易(国家专营专控商品除外)。自营进出口业务(按穗外经贸[1999]227 号批复的范围经营)
7、主营业务:改性塑料的研发、生产和销售。
8、所属行业:塑料制造业
9、董事会秘书:吴诚

二、历史沿革

2001 年 8 月,经广州市人民政府办公厅以穗府办函[2001]89 号文、广州市经济委员会以穗经[2001]194 号文共同批准,本公司前身广州金发科技发展有限公司整体变更为广州金发科技股份有限公司,并于同年 10 月 8 日在广州市工商局领取了股份有限公司的营业执照,注册资本 13000 万元,注册号为 4401012003599。2002 年 12 月 5 日,广东省人民政府以粤府函[2002]431 号《关于确认广州金发科技股份有限公司设立的批复》对公司经广州市人民政府批准设立予以确认。

经中国证券监督管理委员会证监发行字[2004]73 号文核准,本公司于 2004 年 6 月 8 日以向沪、深二级市场投资者定价配售的方式成功发行 4,500 万股人民币普通股(A 股),每股面值 1.00 元,发行价格为每股 10.93 元,此次发行完成后公司总股本变更为 17,500 万股。

三、主要经营情况

1、经营概况

本公司专业从事改性塑料的研发、生产和销售,隶属于塑料加工行业中的改性塑料行业,该行业属于国家科技部颁布的《当前优先发展的高技术产业化重点领域指南》(2001 年)第三大类第 43 条:"工程塑料生产技术及装备和通用塑料高性能化"所列示的范围,是国家重点鼓励发展的朝阳行业。公司是国内改性塑料行业的龙头企业,具备年产 12 万吨各种改性塑料的生产能力,主要产品包括阻燃树脂、增强增韧树脂、塑料合金和功能母粒 4 大系列 50 多个产品 1000 多种牌号,广泛应用于汽车、家电、农业、建筑、电子电气、轻工及军工等行业。公司自产自销的主导产品中,阻燃高抗冲聚苯乙烯树脂、阻燃聚丙烯树脂和耐候增韧 PP 专用料三类产品的销售量连续两年(2002 年和 2003 年)居全国同行业第一位,玻纤增强热塑性塑料的销售量连续两年(2002 年和 2003 年)居国内同行业第二位。(资料来源:中国塑料加工工业协会改性塑料专业委员会、中国阻燃学会)。

公司于 1995 年即被认定为广州市高新技术企业,1999 年被认定为国家火炬计划重点高新技术企业并于 2003 年获复审认定,公司还于 2000 年成为广东省省级重点工程技术研究开发中心。1998 年 12 月,公司通过了 ISO9001 质量体系认证,2001 年 7 月又通过了德国莱茵公司 TüVISO9001:2000 版的换版认证,公司主要产品均通过美国 UL 认证,部分产品通过了日本 JET 认证。2003 年,公司完成 ISO14001 环境管理体系和 OHSAS18001 的职业安全健康管理体系认证工作。

2、竞争优势与劣势

公司自成立以来立足开发改性塑料高端产品,直接参与国外大型石化、塑料企业对国内改性塑料市场的竞争。公司以技术创新推动企业发展,研制、开发了多种国内首创的改性塑料产品,多个产品技术达到国际先进水平,产品性能达到或超过国外同类产品,已经替代了部分国外进口产品,提高了改性塑料的国产化水平,促进了我国新材料行业的发展。其中,"户外专用耐光热气候老化聚丙烯树脂"和"阻燃高抗冲聚苯乙烯树脂"被评为国家重点新产品、广东省级重点新产品并荣获国家级火炬计划项目证书,"高光泽快速成型阻燃增强 PBT"和"耐候阻燃聚丙烯"

荣获国家级火炬计划项目证书,"阻燃高抗冲聚苯烯母料" "高光泽快速成型阻燃增强 PBT"、"反应型环保阻燃耐热高光聚苯醚"等多个产品荣获省、市科技成果奖等奖项。

本公司的主要竞争优势包括:原材料成本控制较好、技术力量雄厚、核心产品技术水平领先、具有市场服务优势、业务结构发展平衡、产品质量均通过权威认证等。

但是,本公司也存在资本实力不足、产品品种及所所依赖的市场相对单一等竞争劣势。

3、主要财务指标

请参见本上市公告书"第八节 财务会计资料"中的相关内容。

4、主要知识产权

本公司目前拥有的知识产权包括 6 项发明专利权及商标权。

5、财政税收优惠政策

经公司主管税务机关广州市地方税务局天河征收管理分局核准,公司作为国家火炬计划重点高新技术企业和广州市高新技术企业,享受减按 15%的税率缴纳企业所得税的税收优惠。

此外,根据国家有关财政税收政策,公司还享受了技术改造国产设备投资抵免企业所得税、出口产品增值税"免、抵、退"优惠政策、堤围防护费减免、房产税减免及部分财政贴息,详情请见本公司招股说明书"第十章财务会计信息"的有关内容。

第五节 股票发行与股本结构

一、本次公开发行情况

1、股票种类:境内上市人民币普通股(A 股)
2、每股面值:人民币 1.00 元
3、发行股数:4,500 万股
4、每股发行价格:10.93 元
5、发行市盈率:15.36 倍(按 2003 年底净利润计算)
6、每股净资产:
(1)发行前每股净资产:2.41 元(以截止 2003 年 12 月 31 日净资产计算)
(2)发行后每股净资产:4.49 元(以截止 2003 年 12 月 31 日的净资产加上募集资金,按发行后的股本全面摊薄计算,已扣除发行费用)
7、发行方式:全部向二级市场投资者定价配售
8、发行对象:于招股说明书摘要刊登日,即 2004 年 6 月 3 日收盘时持有沪市或深市已上市流通 A 股股票市值(包括可流通但暂时锁定的股份市值)不少于 10,000 元的投资者(国家法律法规禁止购买者除外)。
9、发行费用总额及项目:本次股票发行费用总额为 1873.60 万元,包括保荐承销费、上网发行费、发行审核费、会计师费、律师费及上市推荐费。
10、每股发行费用:0.42 元。

二、本次股票上市前首次公开发行股票的承销情况

本次公开发行的 4,500 万股社会公众股的配号总数为 78329813 个,中签率为 0.05744939%。其中二级市场投资者认购 44,236,396 股,其余 763,604 股由主承销商广发证券股份有限公司包销。

三、本次上市前首次公开发行股票所募集资金的验资报告

验资报告

粤康元验字(2004)第80196号

广州金发科技股份有限公司全体股东：

我们接受委托,审验了贵公司截至2004年6月14日止新增注册资本实收情况。按照国家相关法律、法规的规定和协议、章程的要求出资,提供真实、合法、完整的验资资料,保护资产的安全、完整是全体股东及贵公司的责任。我们的责任是对贵公司新增注册资本的实收情况发表审验意见。我们的审验是依据《独立审计实务公告第1号---验资》进行的。在审验过程中,我们结合贵公司的实际情况,实施了检查等必要的审验程序。贵公司原注册资本为人民币壹亿叁仟万元整(RMB130,000,000.00),根据贵公司2003年第三次临时股东大会决议和修改后章程的规定,贵公司申请向社会公开发行人民币普通股股票增加注册资本人民币肆仟伍佰万元整(RMB45,000,000.00)。经中国证券监督管理委员会证监发行字[2004]73号文核准,贵公司于2004年6月8日以每股发行价格人民币10.93元首发每股面值人民币1.00元的社会公众股4,500万股。

经我们审验,截至2004年6月14日止,贵公司已收到扣除保荐承销费、上网发行费及上市推荐费人民币壹仟柒佰肆拾万陆仟零肆拾肆元陆角柒分(RMB17,406,044.67)后的社会公众股股东认缴的股款人民币肆亿柒仟肆佰肆拾肆万叁仟玖佰伍拾伍元叁角叁分(RMB474,443,955.33),扣除其他发行费用人民币壹佰叁拾叁万元整(RMB1,330,000.00)后实际募集资金人民币肆亿柒仟叁佰壹拾壹万叁仟玖佰伍拾伍元叁角叁分(RMB473,113,955.33),其中:新增股本为人民币肆仟伍佰万元整(RMB45,000,000.00)、资本公积为人民币肆亿贰仟捌佰壹拾壹万叁仟玖佰伍拾伍元叁角叁分(RMB428,113,955.33),社会公众股股东均以货币资金出资。

同时我们注意到,本次增资前贵公司的注册资本为人民币壹亿叁仟万元整(RMB130,000,000.00),业经广东康元会计师事务所有限公司审验并于2001年8月23日出具了"粤康元验字(2001)第80616号"验资报告。截至2004年6月14日止,变更后的累计注册资本实收金额为人民币壹亿柒仟伍佰万元整(RMB175,000,000.00)。

本验资报告仅供贵公司申请变更登记及据以办理本次首发A股上市交易有关手续时使用,不应将其视为是对贵公司验资报告日后资本保全、偿债能力和持续经营能力等的保证。因使用不当造成的后果,与执行本验资业务的注册会计师及会计师事务所无关。

附件:1、新增注册资本实收情况明细表

2、注册资本变更前后对照表

3、验资事项说明

广东康元会计师事务所有限公司　　中国注册会计师:张锦坤

中国注册会计师:吴少彤

中国　　广州　　二00四年六月十四日

四、本次募股资金入帐情况

1、入帐时间:2004年6月14日

2、入帐金额:474,443,955.33元

3、入帐帐号:3602028929200132514

4、开户银行:中国工商银行广州市第三支行

五、本公司上市前股权结构及股东的持股情况

1、本次上市前公司的股权结构

股份类别	持有股数(股)	占总股本比例
1、尚未流通股份		
发起自然人股	130,000,000	74.29%
2、可流通股份		
社会公众股	45,000,000	25.71%
合计	175,000,000	100%

2、本次上市前公司前十名股东的持股情况

股东名称	股份类别	持有股数(股)	持股比例(%)
袁志敏	发起自然人股	42,134,443	24.08
宋子明	发起自然人股	39,187,824	22.39
熊海涛	发起自然人股	14,617,772	8.35
夏世勇	发起自然人股	8,753,329	5.00
李南京	发起自然人股	8,233,329	4.70
张振广	发起自然人股	2,874,443	1.64
梁荣朗	发起自然人股	1,805,557	1.03
谭头文	发起自然人股	1,184,443	0.68
熊玲瑶	发起自然人股	1,184,443	0.68
李建军	发起自然人股	967,772	0.55
蔡彤旻	发起自然人股	967,772	0.55
合计		121,911,127	69.66

第六节　董事、监事、高级管理人员及核心技术人员

一、公司董事、监事、高级管理人员及核心技术人员简介

(一)董事

1、袁志敏,男,43岁,中国籍,硕士,工程师,现任本公司董事长。袁志敏先生1999年被授予第六届广州十杰青年称号,2000年获"首届南方人才贡献精英奖",2002年当选为广东省第十届人民代表大会代表,2003年被评为广州市和广东省劳动模范。

2、宋子明,男,36岁,中国籍,硕士,工程师,现任本公司副董事长兼总经理。宋子明先生2000年被授予"第四届天河十大杰出青年"荣誉称号,2000年荣获广州市"科学技术突出贡献金鼎奖",2003年荣获"中国青年科技创新奖"。

3、夏世勇,男,39岁,中国籍,硕士,工程师,现任本公司董事兼副总经理。

4、熊海涛,女,40岁,中国籍,大专学历,助理工程师,现任本公司董事兼副总经理。

5、李南京,男,42岁,中国籍,本科,董事兼副总经理,现任本公司董事兼副总经理。

6、张振广,男,38岁,中国籍,博士,高分子化学工程师,现任本公司董事兼技术部研发工程师。

7、谭头文,男,38岁,中国籍,硕士,高分子材料工程师,现任本公司董事兼市场部销售委员会常委。

8、梁荣朗,男,33岁,中国籍,本科,现任本公司董事、上海金发总经理。

9、汪旭光,男,65岁,中国籍,中国工程院院士,教授,博士生导师。现任中国工程院化工、冶金与材料工程学部常务副主任,中国工程院出版委员会副主任兼《中国工程科学》杂志社社长,北京矿冶研究总院副院长,为本公司独立董事。

10、梁彤缨,男,43岁,中国籍,中国注册会计师,教授,硕士研究生导师。现任华南理工大学工商管理学院金融与财务系主任,华南理工大学经济研究所副所长,为本公司独立董事。

11、李非,男,48岁,中国籍,教授,博士生导师。现任中山大学管理学院教授,为本公司独立董事。

12、麦堪成,男,49岁,中国籍,教授,博士生导师。现任中山大学化学与化学工程学院教授、博士生导师、副院长,为本公司独立董事。

(二)监事

1、于少波,男,36岁,中国籍,本科,工程师,现任本公司监事长兼市场部销售委员会常委。

2、李建军,男,41岁,中国籍,博士,现任本公司监事兼西南区域经理。

3、聂德林,男,31岁,中国籍,硕士,化工工程师,现任本公司监事兼技术二部经理。

4、宁红涛,男,31岁,中国籍,硕士,现任本公司监事兼人力资源部部长。

5、张俊,男,30岁,中国籍,本科,助理会计师,现任本公司监事兼财务部助理部长。

(三)高级管理人员

1、黄险波,男,39岁,中国籍,博士,现任本公司副总经理。

2、吉继亮,男,39岁,中国籍,博士,现任本公司副总经理。

3、吴诚,36岁,中国籍,硕士,会计师,经济师,现任本公司财务总监兼董事会秘书。

(四)技术负责人与核心技术人员

本公司技术负责人为黄险波,核心技术人员为黄险波、张振广、吉继亮、陈广强、李建军、宋子明、蔡彤?、聂德林。其中黄险波、张振广、吉继亮、李建军、宋子明、聂德林的简介见上述董事、监事及高级管理人员的简介。

蔡彤?,男,31岁,中国籍,硕士,化工工程师,现任本公司技术一部经理。

陈广强,男,32岁,中国籍,博士,现任本公司技术部工程师。

二、持股情况说明

上述人员中,公司四名独立董事及吴诚、宁红涛、张俊、陈广强不持有公司股份。其余人员的持股情况如下:

姓　名	持股数(万股)	占发行前总股本比例
袁志敏	4213.4443	32.41111%
宋子明	3918.7824	30.14448%
夏世勇	875.3329	6.73333%
熊海涛	1461.7772	11.24444%
李南京	823.3329	6.33333%
张振广	287.4443	2.21111%
谭头文	118.4443	0.91111%
梁荣朗	180.5557	1.38889%
于少波	88.1114	0.67778%
李建军	96.7772	0.74444%
聂德林	43.3329	0.33333%
黄险波	26.00	0.20000%
吉继亮	70.7772	0.54444%
蔡彤旻	96.7772	0.74444%
合计	12300.8899	94.62%

目前本公司的关联企业为上海金发科技发展有限公司,上述人员持有该企业的股份的情况如下:吴诚持有上海金发科技发展有限公司10%的股权。

第七节　同业竞争与关联交易

一、同业竞争

本公司实际控制人袁志敏除本公司外没有持有其他企业的股权,目前本公司与实际控制人不存在同业竞争。

本公司控股股东及持有本公司5%以上股份的其他股东确认:本公司控股股东及持有本公司股份5%以上的其他股东无控制或参股的企业。同时,上述持有公司5%以上股权的股东均已向本公司作出了避免同业竞争的承诺:确保本人直接或间接控制的企业不直接或间接地从事对公司主要业务构成竞争的业务。

发行人律师认为:经审查,发行人与其关联方之间不存在同业竞争的情形。发行人的股东将受其为关于避免同业竞争而出具的承诺函的约束。

保荐机构认为:发行人与控股股东及其控制的法人之间目前不存在同业竞争。根据公司前五大股东的承诺,公司与控股股东之间已采取有效措施避免将来出现同业竞争的情况。

二、关联交易情况

本公司的关联方主要包括公司控股股东、持有公司5%以上股份的其他股东、上述股东控股或参股的单位及本公司控股子公司。

本公司近三年内发生的关联交易为:2001年向关联企业发生采购额1543.76万元,占当期采购额的2.73%;2001年向关联企业发生销售额2971.06万元,占当期销售额的4.75%。

本公司与关联方的交易价格均是参照其他非关联方价格或市场价格按公平合理的原则确定的。

发行人律师认为,发行人对关联方及关联交易已作了充分的披露,发行人与关联方发生的重大关联交易是正常的生产经营活动所需的,决策程序合法有效,关联交易价格公允,不存在损害发行人及其他股东利益的情形。

保荐机构认为,发行人对关联方及关联关系的披露充分,发行人与关联方发生的重大关联交易是正常的生产经营活动所需,决策程序合法有效,符合金发科技当时的公司章程和其他有关规定,关联交易价格公允,不存在损害发行人及其他股东利益的情况。

第八节　财务会计资料

本公司2001年-2003年的财务会计资料已刊载于2004年6月3日的《中国证券报》、《上海证券报》、《证券时报》和《证券日报》本公司招股说明书摘要中。投资者欲了解详细内容,请查阅上述报刊或刊载于上海证券交易所网站(http://www.sse.com.cn)的本公司招股说明书全文及附录。

一、注册会计师意见

广东康元会计师事务所有限公司作为公司的财务审计机构,对本公司2001年、2002年及2003年的会计报表进行了审计并出具了标准无保留意见的审计报告。

二、简要会计报表

1、简要合并资产负债表　单位:元

项目	2003年12月31日	2002年12月31日	2001年12月31日
货币资金	51,395,128.19	34,615,499.64	46,221,548.65

应收票据	47,309,576.38	27,694,701.98	9,871,026.19
应收账款	232,791,331.47	153,251,531.84	149,225,671.23
其他应收款	5,991,984.24	6,156,729.80	7,803,572.29
预付账款	7,670,043.42	26,586,637.97	14,085,017.20
存货	249,545,753.17	172,089,117.85	91,052,264.35
待摊费用	58,220.00	60,248.00	–
流动资产合计	594,762,036.87	420,454,467.08	318,259,099.91
固定资产原价	177,817,172.80	118,800,049.70	85,850,803.28
减:累计折旧	28,038,121.92	17,897,635.07	10,179,340.83
固定资产净值	149,779,050.88	100,902,414.63	75,671,462.45
在建工程	11,363,263.61	38,506,144.70	2,539,124.46
固定资产合计	161,142,314.49	139,408,559.33	78,210,586.91
无形资产	9,066,187.46	9,290,139.71	9,827,161.49
资产总计	764,970,538.82	569,153,166.12	406,296,848.31
短期借款	70,000,000.00	20,000,000.00	20,000,000.00
应付票据	131,574,263.16	57,331,535.57	34,266,021.58
应付账款	138,726,540.72	130,928,590.97	43,874,852.60
预收账款	7,429,198.67	7,195,634.62	8,243,496.25
应付工资	1,631,951.26	520,129.48	417,567.79
应付福利费	1,945,058.47	234,327.61	69,145.35
应付股利	–	202,969.58	202,969.58
应交税金	13,755,700.15	11,183,191.87	1,655,449.04
其他应交款	669,077.56	1,039,239.73	488,609.95
其他应付款	16,357,251.17	16,446,176.42	16,880,391.05
预提费用	1,428,903.20	1,111,236.24	332,537.47
一年内到期的长期负债	–	60,000,000.00	60,000,000.00
流动负债合计:	383,517,944.36	306,193,032.09	186,431,040.66
长期借款	65,000,000.00	27,000,000.00	60,000,000.00
专项应付款	1,000,000.00	–	5,765,000.00
长期负债合计	66,000,000.00	27,000,000.00	65,765,000.00
负债合计	449,517,944.36	333,193,032.09	252,196,040.66
少数股东权益	2,617,410.40	2,931,314.81	2,979,844.84
股本	130,000,000.00	130,000,000.00	130,000,000.00
资本公积	11,843,367.02	8,043,367.02	485,000.00
盈余公积	29,153,641.82	15,275,799.01	4,123,375.60
其中:公益金	9,374,265.97	4,748,318.37	1,030,843.90
未分配利润	141,838,175.22	79,709,653.19	16,512,587.21
其中:拟分配现金股利	63,197,065.98	–	–
股东权益合计	312,835,184.06	233,028,819.22	151,120,962.81
负债和股东权益总计	764,970,538.82	569,153,166.12	406,296,848.31

2、简要合并利润及利润分配表

单位:元

项目	2003 年度	2002 年度	2001 年度
一、主营业务收入	1,560,507,039.08	1,137,221,174.04	624,919,754.69
减:主营业务成本	1,367,649,850.20	988,324,636.98	557,395,623.59
主营业务税金及附加	2,307,514.22	1,672,975.34	476,223.86
二、主营业务利润	190,549,674.66	147,223,561.72	67,047,907.24
加:其他业务利润	529,024.82	942,149.58	–
减:营业费用	43,804,288.87	32,371,411.11	11,441,555.11
管理费用	33,729,172.44	24,465,620.54	10,690,306.61
财务费用	9,640,448.70	5,931,564.79	10,378,777.29
三、营业利润	103,904,789.47	85,397,114.86	34,537,268.23
加:补贴收入	12,600.00	–	–
加:营业外收入	611,957.17	110,801.01	34,423.45
减:营业外支出	73,455.32	58,056.12	428,877.12
四、利润总额	104,455,891.32	85,449,859.75	34,142,814.56
减:所得税	12,250,843.68	11,148,900.39	5,269,154.13
少数股东收益	−313,904.41	−48,530.03	−20,155.16
五、净利润	92,518,952.05	74,349,489.39	28,893,815.59
加:年初未分配利润	79,709,653.19	16,512,587.21	27,153,349.28
六、可供分配的利润	172,228,605.24	90,862,076.60	56,047,164.87
减:提取法定盈余公积	9,251,895.21	7,434,948.94	2,061,687.80
提取法定公益金	4,625,947.60	3,717,474.47	1,030,843.90
七、可供股东分配的利润	158,350,762.43	79,709,653.19	52,954,633.17
减:提取任意盈余公积金	–	–	1,030,843.90
应付股利	16,512,587.21	–	202,969.58
未分配利润改制折股	–	–	35,208,232.48
八、年末未分配利润	141,838,175.22	79,709,653.19	16,512,587.21

3、简要合并现金流量表

单位:元

项目	2003 年度	2002 年度
一、经营活动产生的现金流量:		
现金流入小计	1,448,487,468.56	1,090,165,273.66
现金流出小计	1,429,834,453.37	994,795,115.33
经营活动产生的现金流量净额	18,653,015.19	95,370,158.33
二、投资活动产生的现金流量:		
现金流入小计	112,500.00	1,754,000.00
现金流出小计	9,375,603.11	75,373,575.10
投资活动产生的现金流量净额	−9,263,103.11	−73,619,575.10
三、筹资活动产生的现金流量		
现金流入小计	221,470,000.00	68,290,000.00
现金流出小计	214,080,283.53	101,646,632.24
筹资活动产生的现金流量净额	7,389,716.47	−33,356,632.24
四、汇率变动对现金的影响额	–	–
五、现金及现金等价物净增加额	16,779,628.55	−11,606,049.01

三、主要财务指标

财务指标	2003.12.31	2002.12.31	2001.12.31
流动比率	1.55	1.37	1.71
速动比率	0.90	0.81	1.22
应收帐款周转率	8.08	7.52	3.98
存货周转率	6.49	7.51	7.22
无形资产(不含土地使用权)占净资产比例	0.14%	0.18%	0
资产负债率(母公司)	58.95%	58.83%	64.45%
每股净资产	2.41	1.79	1.16
研发费用占主营业务收入比例	0.98%	1.39%	1.48%
每股经营活动的现金流量	0.14	0.73	0.16

第九节　其他重要事项

一、自本公司股票首次公开发行之日至本上市公告书公告之日，本公司严格依照现行有关法律、法规的规定规范运行，生产经营情况正常，本公司所处行业和市场无重大变化，主要业务发展目标的进展状况正常，主要投入、产出物的供求和价格无重大变化。

二、自本公司股票首次公开发行之日至本上市公告书公告之日，本公司没有进行重大对外投资，无重大资产(股权)收购、出售行为。

三、自本公司股票首次公开发行之日至本上市公告书公告之日，本公司住所没有发生变更。

四、自本公司股票首次公开发行之日至本上市公告书公告之日，本公司未涉及任何重大诉讼、仲裁或行政处罚案件，亦无任何尚未了结或可能面临的重大诉讼或索赔要求。

五、自本公司股票首次公开发行之日至本上市公告书公告之日，本公司的重大会计政策没有发生变动。

六、自本公司股票首次公开发行之日至本上市公告书公告之日，本公司的会计师事务所没有发生变化。

七、自本公司股票首次公开发行之日至本上市公告书公告之日，本公司董事、监事和高级管理人员未受到任何刑事起诉，亦没有尚未了结或可能发生的刑事诉讼事项。

八、自本公司股票首次公开发行之日至本上市公告书公告之日，本公司未发生新的重大负债，并且已有重大债项没有发生变化。

九、根据《上海证券交易所股票上市规则》，本公司第一大股东袁志敏承诺，自本公司股票上市之日起 12 个月内，不转让其所持有的本公司股份，也不由本公司回购其持有的本公司股份。

十、自本公司股票首次公开发行之日至本上市公告书公告之日，本公司没有其他应披露而未披露的重大事项。

第十节　董事会上市承诺

本公司董事会承诺将严格遵守《中华人民共和国公司法》、《中华人民共和国证券法》、《股票发行与交易管理暂行条例》、《公开发行股票公司信息披露实施细则》和《上海证券交易所股票上市规则》等国家法律、法规和有关规定，自股票上市之日起做到：

一、承诺真实、准确、完整、公允和及时地公布定期报告，披露所有对投资者有重大影响的信息，并接受中国证券监督管理委员会、证券交易所的监督管理。

二、承诺本公司在知悉可能对股票价格产生误导性影响的任何公共传播媒介中出现的消息后，将及时予以公开澄清。

三、本公司董事、监事、高级管理人员和核心技术人员将认真听取社会公众的意见和批评，不利用已获得的内幕消息和其他不正当手段直接或间接从事本公司股票的买卖活动。

四、本公司没有无记录的负债。

第十一节　保荐机构(上市推荐人)及其意见

一、保荐机构(上市推荐人)情况

上市推荐人：广发证券股份有限公司

法定代表人：王志伟

注册地址：广东省珠海市吉大海滨南路光大国际贸易中心 26 楼 2611 室

联系人：罗斌华　谭旭　邵丰

电话：020-87555888 转 518

传真：020-87553583

二、保荐机构(上市推荐人)意见

本公司保荐机构(上市推荐人)认为本公司章程符合《中华人民共和国公司法》等有关法律、法规和中国证监会关于公司章程的相关规定。根据《中华人民共和国公司法》、《中华人民共和国证券法》、《股票发行与交易管理暂行条例》、《上海证券交易所股票上市规则》等国家有关法律、法规的规定，发行人此次发行的社会公众股已具备公开上市的条件。

本公司保荐机构(上市推荐人)保证本公司的董事了解法律、法规、上海证券交易所上市规则及股票上市协议规定的董事的义务与责任，并协助本公司健全了法人治理结构、协助发行人制定了严格的信息披露制度与保密制度。

本公司保荐机构(上市推荐人)已对本公司上市文件所载的资料进行了核实，确保上市文件真实、准确、完整，符合规定要求；保证上市申请材料、上市公告书没有虚假记载、误导性陈述或者重大遗漏，并保证对其承担相应的责任。

本公司保荐机构(上市推荐人)同意推荐本公司本次公开发行股票在上海证券交易所上市交易，并保证不利用在上市过程中获得的内幕信息进行内幕交易，为自己或他人谋取利益。

广州金发科技股份有限公司

2004 年 6 月 18 日

上海建工股份有限公司

上海建工股份有限公司2003年年度报告

重要提示

本公司董事会及其董事保证本报告所载资料不存在任何虚假记载、误导性陈述或者重大遗漏,并对其内容的真实性、准确性和完整性承担个别及连带责任。

本公司董事长徐征、总经理林锦胜、主管会计工作的副董事长兼副总经理刘国林、财务会计机构负责人丁钢保证本年度报告中财务会计报告的真实、完整。

一、公司基本情况简介

(一)公司法定中文名称:上海建工股份有限公司　中文简称:上海建工
公司法定英文名称:SHANGHAI CONSTRUCTION CO. ,LTD　英文简称:SC
(二)公司法定代表人:徐征
(三)公司董事会秘书:尤卫平
联系地址:上海市浦东新区福山路33号
联系电话:021-68872178　传真:021-58795500
电子信箱:sc@china-scg.com
证券事务代表:吴正明
联系电话:021-68870170　传真:021-58795500
电子信箱:sc@china-scg.com
(四)公司注册地址:上海市浦东新区福山路33号　邮政编码:200120
公司办公地址:上海市浦东新区福山路33号　邮政编码:200120
(五)公司选定的信息披露报纸:《上海证券报》、《中国证券报》
登载公司年度报告的中国证监会指定国际互联网网址:http://www.sse.com.cn
公司年度报告备置地点:上海市浦东新区福山路33号本公司证券部
(六)股票上市地:上海证券交易所　股票简称:上海建工　股票代码:600170
(七)其它有关资料:
1.公司首次注册登记日期:1998年6月15日
公司首次注册地点:上海市浦东新区浦东大道710号
公司于2001年4月19日变更注册地点为:上海市浦东新区福山路33号
2. 企业法人营业执照注册号:3100001005378
3.税务登记号码:310044631189305
4.公司聘请的会计师事务所名称:普华永道中天会计师事务所有限公司
聘请的会计师事务所办公地址:上海市淮海中路333号瑞安广场19楼

二、会计数据和业务数据摘要(合并报表)

(一) 本年度利润总额及其构成(单位:人民币元)

利润总额:	211,890,284
净利润:	183,806,501
扣除非经常性损益后的净利润	186,720,672
主营业务利润:	463,697,875
其它业务利润:	8,468,565
营业利润	160,296,385
投资收益:	55,022,335
补贴收入:	
营业外收支净额	−3,428,436
经营活动产生的现金流量净额	828,630,459
现金及现金等价物净增减额:	−120,544,156

注:扣除非经常性损益项目和涉及金额:
1.营业外收入:1,031,772元,营业外支出:4,460,208元;
2.所得税调整影响514,265元;

(二)公司近三年主要会计数据及财务指标(单位:人民币元)

序号	项目	2003年	2002年	2001年
1	主营业务收入	10,922,592,732	9,043,131,304	8,003,747,821
2.	利润总额	211,890,284	228,685,116	221,327,469
3.	净利润	183,806,501	192,957,450	185,201,977
4.	扣除非经常性损益后的净利润	186,720,672	191,162,055	183,224,837
5.	总资产	9,340,600,441	9,130,919,954	6,562,274,534
6	股东权益(不含少数股东权益)	3,002,164,195	2,908,269,944	2,715,312,494
7	每股收益(摊薄)	0.26	0.27	0.31
8	每股净资产	4.17	3.92	4.53
9	调整后每股净资产	4.16	3.91	4.51
10	净资产收益率%(摊薄)	6.12	6.63	6.82
11	净资产收益率%(加权)	6.13	6.72	8.08
12	扣除非经营损益后的平均净资产收益率%(摊薄)	6.22	6.57	6.75
13	扣除非经营损益后的平均净资产收益率%(加权)	6.22	6.66	7.99
14	经营活动产生的现金流量净额	828,630,459	526,441,394	905,240,031
15	每股经营活动产生的现金流量净额	1.15	0.73	1.51

(三)报告期内股东权益变动情况

项目	期初	本期增加	本期减少	期末数	变动原因
股本	719,298,000			719,298,000	
资本公积	1,496,298,653			1,496,298,653	
盈余公积金取	104,702,279	18,380,650		123,082,929	当年提取
法定公益金	104,702,279	18,380,650		123,082,929	当年提取
未分配利润	483,268,733	147,045,201	89,912,250	540,401,684	当年利润
股东权益合计	2,908,269,944	183,806,501	89,912,250	3,002,164,195	及预分红利

三、股本变动及股东情况

(一) 股本变动情况　数量单位:股

股份类别	本次变动前	本次变动增减(+,-) 配股	送股	公积金转股	增发	其他	小计	本次变动后
一、未上市流通股份								
1、发起人股份								
其中:	485,298,000							485,298,000
国家持有股份	485,298,000							485,298,000
境内法人持有股份								
境外法人持有股份								
其他								
2、募集法人股份								
3、内部职工股								
4、优先股或其他未上市								
未上市流通股份合计	485,298,000							485,298,000
二、已上市流通股份	234,000,000							234,000,000
1、人民币普通股								
2、境内上市的外资股								
1.境外上市的外资股								
2、其他								
已上市流通股份合计	234,000,000							234,000,000
三、股份总数	719,298,000							719,298,000

(二)股票发行与上市情况

经中国证券监督管理委员会证监发行字[2001]73号文核准通过,公司2000年配股方案于2001年10月15日实施,每10股配3股,配股价格为每股8.50元。国家股股东以现金认配17,415,000股;向社会公众股股东配售45,000,000股,本次配股共配售62,415,000股,其中向社会公众股股东配售45,000,000股于2001年11月21日在上海证券交易所上市流通。公司的总股本增为599,415,000股,其中国有股404,415,000股,占67.47%,社会公众股195,000,000股,占32.53%。

经2001年度股东大会审议通过,公司已于2002年实施完毕2001年度利润分配方案:每10股送2股派1.00元,其中送股中的流通股已在2002年8月1日上市流通,目前总股本为719,298,000股,其中国有股485,298,000股,占67.47%,社会公众股234,000,000股,占32.53%。

(三)股东情况介绍

1.报告期末股东总数为97,890户,其中未流通股国有股股东1户,流通股股东97,889户。

2.主要股东持股情况

截止2003年12月31日,本公司前十名股东持股情况如下:

股东名称(全称)	年度内增减	年末持股数量	比例(%)	股份类别注4(已流通或未流通)	质押或冻结的股份数量	股东性质(国有股东或外资股东)
上海建工(集团)总公司	0	485,298,000	67.47	未流通股	0	国有股东
德盛稳健证券投资基金	2,378,183	2,378,183	0.33	流通股	未知	法人股东
上海安联投资发展公司	2,337,740	2,337,740	0.33	流通股	未知	法人股东
博时裕富证券投资基金	1,155,125	1,155,125	0.16	流通股	未知	法人股东
民生证券有限责任公司	865,038	865,038	0.12	流通股	未知	法人股东
廖建玲	800,000	800,000	0.11	流通股	未知	法人股东
上海明天物业管理有限公司	778,692	778,692	0.11	流通股	未知	法人股东
上海明天广场建设有限公司	771,993	771,993	0.11	流通股	未知	法人股东
华安上证180指数证券投资基金	733,873	733,873	0.10	流通股	未知	法人股东
上海衫遍电气安装有限公司	590,000	590,000	0.08	流通股	未知	法人股东

前十名股东关联关系或一致行动的说明注5:上海建工(集团)总公司与其他9名股东无关联关系或一致 行动。本公司未知其他9名股东之间的关联关系或一致行动

截止2003年12月31日,本公司前十名流通股股东情况:

股东名称(全称)	年末持股数量	股份类别注4(已流通或未流通)
德盛稳健证券投资基金	2,378,183	A股
上海安联投资发展公司	2,337,740	A股
博时裕富证券投资基金	1,155,125	A股
民生证券有限责任公司	865,038	A股
廖建玲	800,000	A股
上海明天物业管理有限公司	778,692	A股
上海明天广场建设有限公司	771,993	A股
华安上证180指数证券投资基金	733,873	A股
上海衫遍电气安装有限公司	590,000	A股
天同180指数证券投资基金	531,165	A股

前十名流通股股东关联关系说明注5:本公司未知10名股东之间的关联关系。

3. 持有本公司5%以上股份的股东情况

报告期内公司的控股股东仍是上海建工(集团)总公司,期初持有本公司485,298,000股,占67.47%的股份,现持有485,298,000股,占67.47%。上海建工(集团)总公司是经上海市人民政府批准,由原上海市建筑工程管理局所属企事业单位整体改制,于1994年1月11日设立的国有大型企业,为国有独资的集团公司,隶属于上海市建设和管理委员会,经上海市国有资产管理委员会授权,对集团公司所属企业的国有资产进行授权管理。集团公司注册资本为10.3亿元人民币,法定代表人为蒋志权先生。

主要经营范围:国家外经贸部核准的对外经营和进出口业务,各类建设工程总承包、施工、咨询及配套设备材料、构配件,房地产开发经营及咨询,建筑技术开发转让,机械设备租赁,商贸实业投资经销(除专项规定外)。

四、董事、监事、高级管理人员和员工情况

(一)现任董事、监事和高级管理人员情况

姓名	职务注7	性别	年龄	任期起止日期	年初持股数	年末持股数	变动原因
徐征	董事长	男	43	2002.6-2004.6	9360	9360	
刘国林	副董事长、副总经理	男	53	2001.6-2004.6	9360	9360	
林锦胜	董事、总经理	男	44	2003.8-2004.6	0	0	
范忠伟	董事、副总经理	男	51	2001.6-2004.6	9360	9360	
夏　钧	董事、副总经理	男	51	2001.6-2004.6	9360	9360	
肖长松	董事	男	52	2001.6-2004.6	17500	17500	
李春涛	独立董事	男	64	2001.6-2004.6	0	0	
郑韶	独立董事	男	55	2001.6-2004.6	0	0	
侯勤	独立董事	男	46	2003.8-2004.6	0	0	
蒋志权	监事长	男	53	2002.6-2004.6	9360	9360	
郭雪林	监事	男	49	2001.6-2004.6	9360	9360	
苏向明	监事	男	41	2003.8-2004.6	0	0	
张香田	监事	男	49	2003.8-2004.6	0	0	
蒋一元	监事	男	51	2003.8-2004.6	0	0	
朱海根	监事	男	53	2003.8-2004.6	9360	9360	
舒定康	监事	男	58	2003.8-2004.6	9360	9360	
陆绍机	监事	男	54	2003.8-2004.6	9360	9360	
尤卫平	董事会秘书	男	49	2001.6-2004.6	9360	9360	
丁钢	财务负责人	男	45	2003.7-2004.6	0	0	

(二)董事、监事、高级管理人员在股东单位任职情况

董事长徐征现在本公司控股股东上海建工(集团)总公司任董事、总经理、党委副书记,任期2002年6月至今;

董事肖长松现在本公司控股股东上海建工(集团)总公司任董事、党委委员、工会主席,任期1994年1月至今;

监事长蒋志权现在本公司控股股东上海建工(集团)总公司任董事长、党委书记,任期2001年9月至今;

监事郭雪林现在本公司控股股东上海建工(集团)总公司任监事、党委委员、纪委书记,任期1999年6月至今;

(三)董事、监事、高级管理人员年度报酬情况

公司现任董事、监事、高级管理人员共19人,在公司领取报酬的9人,其中40万元以上的1人;15-40万元的3人;15万元以下的5人。

公司现任董事、监事、高级管理人员本年度报酬总额为128.53万元(包括工资、奖金、津贴),其中金额最高的前三名董事的报酬总额为81.74万元;金额最高的前三名高级管理人员的报酬总额为81.74万元。

根据中国证监会发布的《关于在上市公司建立独立董事制度的指导意见》的精神,为了保证本公司独立董事有效行使职权,公司实行独立董事津贴制度。独立董事津贴由定期津贴和会议津贴两部分组成,定期津贴为每人每月3,000元人民币;会议津贴为每人每参加一次股东会、董事会1,000元人民币。津贴从2002年1月起实行。在本报告期内,公司独立董事李春涛、郑韶每人在公司领取独立董事津贴为46,000元,独立董事侯勤在公司领取独立董事津贴为20,000元。

上述在本公司领取报酬的董事(不含独立董事)、监事、高级管理人员的报酬标准依据公司制定的《员工薪酬标准和考核办法》实行。

不在本公司领取报酬的董事为徐征、肖长松,均在股东单位领取报酬。

不在本公司领取报酬的监事为蒋志权、郭雪林、张香田、蒋一元、朱海根、舒定康、陆绍机,其中前2名在股东单位领取报酬,后5名在关联企业领取报酬。

(四)报告期内董事、监事、高级管理人员离任情况及原因

1.董事丁浩、张香田、蒋一元、徐伯昌、朱海根、舒定康、陆绍机、李爱寒因工作调动辞去董事;

2.总经理丁浩先生因工作调动辞去总经理;

3..公司于2003年8月13日召开的2002年度股东大会补选林锦胜、侯勤为公司第二届董事会董事;补选张香田、蒋一元、朱海根先生为公司第二届监事会监事;苏向明、舒定康、陆绍机由公司职工民主选举为公司第二届监事会监事。

4.公司于2003年7月9日召开的第二届董事会第15次会议上聘任林锦胜先生为总经理、丁钢为财务负责人;

(五)本公司员工情况

公司职工人数为9,037名,其中,管理岗位人数7,576人;具有各专业技术职务人数5,367人;具有大学专科以上学历人数2601人。年内本公司承担费用的离退休人员660人。

五、公司治理结构

(一)公司治理结构完善情况

公司严格按照《公司法》、《证券法》、中国证监会有关规定以及《上海证券交易所股票上市规则》的要求,规范运作,建立了较完善的法人治理制度。

公司能确保所有股东充分行使自己的合法权利,设立了和股东沟通的渠道;公司严格按照股东大会规范意见的要求召集、召开股东大会,并已实行了累积投票制。

公司以严格有效的内外部审计监督、及时准确的持续信息披露、良好互动的投资者关系,诚信经营,透明管理。

公司是国内最早建立独立董事制度的公司之一,董事会中独立董事的比例已达到1/3。

公司将继续完善董事会专门委员会的建设,完善董事、监事和经理人员的绩效评价和激励约束机制。

(二)独立董事履行职责情况

独立董事尽职尽责,积极出席报告期内董事会会议,履行章程赋予的特别职权,审查并批准了公司的重大关联交易,为公司重大决策提供专业及建设性建议,并认真监督管理层的工作,维护了公司和全体股东的合法权益。

(三)公司与控股股东的分开情况

在业务方面,公司在组建上市时为避免同业竞争,在业务上已经独立于控股股东,业务结构完整,自主经营。

在人员方面,公司在劳动、人事及工资管理等方面独立,公司总经理、副总经理、财务负责人和董事会秘书等高级管理人员没有在控股股东单位任职的情况,并且均在本公司领取报酬。

在资产方面,公司拥有独立的生产系统及配套设施,公司的采购和施工管理系统由公司独立拥有。

在机构方面,公司设立了健全的组织机构体系,董事会、监事会等内部机构独立运作,不存在与控股股东职能部门从属关系。

在财务方面,公司拥有独立的财会部门,并建立了独立的会计核算体系和财务管理制度,独立在银行开户并独立依法纳税。

(四)高级管理人员的考评及激励机制、相关奖励制度的建立、实施情况

公司高级管理人员向董事会负责,由董事会实施考核评价。董事会制定的各项年度生产经营指标经股东大会批准后作为考核目标,董事会对公司高级管理人员进行年度考评和激励。

六、董事会报告

(一)公司经营情况

1.公司主营业务范围及其经营状况

(1)公司主营业务范围是各类建设工程总承包、设计、施工、咨询、设备、材料、构配件生产、经营、销售,建筑技术开发与转让,机械设备租赁,实业投资,国内贸易(除专项规定外)。

(2)公司主营业务情况

2003年,在公司董事会的领导下,面对激烈的市场竞争,公司经营层和全体员工锐意进取,开拓创新,公司生产经营任务全面超计划完成,取得了良好的业绩。在报告期内,公司实现主营业务收入10,922,592,732元人民币,比上年同期增长20.78%;公司承建的77项上海重大工程均如期完成或提前达到节点考核目标;公司全年新接工程项目611项,面积为654.68万平方米,新签主营业务合同2,122,693万元人民币,新签合同额比上年同期增加57.48%;新接市政工程数42项合同额286,883万元人民币,新签合同额比上年同期增加113.9%;新接外地工程数41项合同额51,773万元人民币,新签合同额比上年同期增加80.3%;全年工程质量检验一次合格率100%,,获建设工程鲁班奖2个,国家银质奖1个,市白玉兰奖29个。

主营收入构成如下:

建筑类别	主营业务收入	施工成本	毛利	毛利率%
一般民用建筑	3,043,722,012	2,777,169,614	266,552,398	8.76
30-50层民用建筑	1,249,460,651	1,147,948,757	101,511,894	8.12
50层以上民用建筑	307,948,559	296,140,540	11,808,019	3.83
工业建筑	1,016,094,476	935,680,680	80,413,796	7.91
市政工程	814,057,670	750,956,549	63,101,121	7.75
公共设施建筑	2,631,897,506	2,425,709,899	206,187,607	7.83
建筑装饰工程	272,435,508	231,572,774	40,862,734	15.00
总承包工程及其他	1,399,442,899	1,373,563,428	25,879,471	1.85
公路运营收入	69,918,179	81,623,850	-11,705,671	-16.74
石料销售收入	117,615,272	77,096,197	40,519,075	34.45
总计	10,922,592,732	10,097,462,288	825,130,444	7.55

报告期内本公司主营业务及结构、产品及服务较前一报告期未发生变化。

地区分布情况:本公司(除新开元和同三高速外)的业务范围主要从事建筑工程总承包、施工、设计装饰。因新开元和同三高速的主营业务收入对本公司的合并报表而言并不重大,且由于本公司的收入主要来自于上海,其资产亦位于上海,故不编制分部报告。

(二)主要控股公司及参股公司的经营情况及业绩

公司控股企业的经营情况和业绩:

单位名称	控股比例%	注册资本(万元)	资产规模(万元)
上海市第一建筑有限公司	100	30,000	25,076.53
上海市第二建筑有限公司	100	5,026	56,583.33
上海市第四建筑有限公司	100	30,000	133,147.23
上海市第五建筑有限公司	100	5,000	42,767.17
上海市第七建筑有限公司	100	30,000	108,058.60
上海市建筑装饰工程有限公司	100	1,200	15,574.03
上海市建工设计研究院有限公司	100	600	4,266.67
上海同三高速公路有限公司	57.75	86,400	263,603.59
湖州新开元碎石有限公司	65	15,000	21,082.89
上海地铁南站站建设有限公司("上海南站")	72	21,500	37,510.43

单位名称	主营业务内容	净利润(万元)	本公司在合并报表的净利润(万元)
上海市第一建筑有限公司	建筑承包施工	3,399.71	3,399.71
上海市第二建筑有限公司	建筑承包施工	1,737.66	1,737.66
上海市第四建筑有限公司	建筑承包施工	2,041.94	2,041.94
上海市第五建筑有限公司	建筑承包施工	1,781.69	1,781.69
上海市第七建筑有限公司	建筑承包施工	1,634.82	1,634.82
上海市建筑装饰工程有限公司	建筑装饰设计、施工	1,583.85	1,583.85
上海市建工设计研究院有限公司	建筑设计、监理	429.55	429.55
上海同三高速公路有限公司	同三高速公路投资、建设、经营	-3,207.19	-1,852.15
湖州新开元碎石有限公司	建筑石料的生产销售	393.80	255.97
上海地铁南站站建设有限公司("上海南站")	地铁一号线南站站改建的投资、建设管理	仍处建设期	

注:公司第二届董事会第13次会议决议:上海市第一建筑有限公司吸收合并上海市第三建筑有限公司,注册资金增至30,000万元;上海市第四建筑有限公司吸收合并上海市第八建筑有限公司,注册资金增至30,000万元;公司第二届董事会第19次会议决议:上海市第七建筑有限公司注册资金增至30,000万元。

公司参股企业的经营情况和业绩:

单位名称	参股比例	注册资本(万元)	资产规模(万元)
上海延安路高架道路发展有限公司	18.36	299,500	268,800
上海麦斯特建工高科技建筑化工有限公司	25.00	5,600	8,794.54
上海沪青平高速公路建设发展有限公司	8.00	59,000	364,304.09
东方证券股份有限公司	3.00	200,000	

单位名称	主营业务	净利润(万元)	本公司在合并报表的净利润(万元)
上海延安路高架道路发展有限公司	延安路高架路经营		5,250.16
上海麦斯特建工高科技建筑化工有限公司	混凝土外加剂生产销售	131.55	5.84
上海沪青平高速公路建设发展有限公司	沪青平高速公路投资、建设、经营		
东方证券股份有限公司	证券		150

公司来源于参股的延安路高架道路发展有限公司的投资收益本报告期为5,250.16万元,占公司净利润的28.56%。本公司的投资收益由延安路高架道路发展有限公司按11.5%的内部收益率向本公司按季支付投资回报。延安路高架道路发展有限公司的主营业务是上海市的延安路高架路的经营。

公司来源于参股的上海麦斯特建工高科技建筑化工有限公司的投资收益本报告期为5.84万元,占公司净利润的0.03%。

公司来源于参股的东方证券股份有限公司的投资收益本报告期为150万元,占公司净利润的0.82%。

(三)公司主要供应商、客户情况

本公司及其附属子公司向前五名供应商合计的采购额为902,076,751元人民币,占本公司及其附属子公司年度采购总额的9.40%。

本公司及其附属子公司前五名客户主营业务收入的总额为702,679,644元人民币,占本公司及其附属子公司主营业务收入的6.00%。

(四)在经营中出现的问题与困难及解决方案

随着我国建筑市场的日益开放和投资结构的变化,公司在经营中也出现了一些困难,主要反映在:

(1)公司近年来新接任务量大幅度增长,且许多工程是重点工程。任务量大幅度增长,对公司的资源安排带来了较为严峻的考验。

(2)随着建筑市场竞争的加剧,公司所承接订单的价格仍呈下降趋势,这对公司主营业务利润和净利润率的稳定增长将带来一定的影响。

(3)去年下半年以来,部分建筑材料价格出现较大幅度的上涨,这对公司的成本压缩带来较大压力,在一定程度上将影响公司主营业务的利润。

(4)募集资金投资项目虽已建成投产,但这些项目的收入增长需要有一个过程,因此短时期内对公司的利润贡献不会很大。

针对上述经营中出现的问题和困难,公司将努力采取下列解决方案和对策:

(1)进一步增强拓展市场意识,培育和巩固自身的核心竞争力,提高经济运行质量,力求公司经济效益的稳步增长。

(2)针对部分建筑材料价格上涨的经营风险,一方面从内部加强管理上尽力消化价格上涨因素,另一方面要积极与业主洽商,共同合理分担价格上涨的风险。

(3)强化企业的生产调度和资源管理,确保资源落实,加强节点控制,确保工程保质按期完成。

(4)加强已运行投资项目的运营管理,力求使这些项目尽快达到收益目标,使投资项目成为公司新的经济增长点。

(五)公司报告期内投资情况

1. 募集资金使用情况

公司首次募集资金97,950万元。由于经本公司2000年第一次临时股东大会审议通过的关于首次募集资金投向变更决议中涉及的投资参股上海地铁建设有限公司的投资项目发生变故以及投资沪青平公司的投资额发生调整,公司首次募集资金已完成投资的四个项目和沪青平项目经调整后承诺的投资额总计为84,649.4万元,尚余首次募集资金13,300.6万元。为提高公司可持续发展的能力,发挥募集资金的使用效率,实现股东利益最大化,公司经2001年度股东大会审议通过,将上述首次募集资金余额变更为受让增持同三公司的10%股权,使公司在同三公司中的股权由47.75%增至57.75%。本次受让增持股权需使用投资额13,800万元人民币。该投资项目投资额超出首次募集资金余额的部分,由公司以自有资金投入。

公司于2000年10月23日召开的2000年第一次临时股东大会审议通过的配股方案,获中国证券监督管理委员会证监发行字[2001]73号文核准,以1999年12月31日的总股本537,000,000股为基数,每10股配3股,配股价格为每股8.50元。本次配股共配售62,415,000股,其中:国家股股东以现金认配17,415,000股;向社会公众股股东配售45,000,000股。扣除发行费用10,188,667.67元,实际募集资金520,338,832.33元。

此次配股募集资金全部投资于建设同三高速公路上海段项目。该项目总投资为28.8亿元人民币,其中15亿元为项目公司向金融机构的借款,其余为股东出资。在该项目公司中,本公司占57.75%的股份,应出资79,695万元人民币(其中13,300.6万元用首次募集资金余额投资)。募集资金不足部分由公司自筹解决。该项目预测内部收益率8.55%。该项目已于2002年底完工,2003年1月起投入收费运营。

上述募集资金投资项目,累计至本报告年度末共计完成投资1,345,854,000元,占募集资金总额的89.73 %。如下表:

募集资金总额	1,499,838,832元	
承诺项目	拟投入金额	是否变更项目
延安高架路中段工程	550,000,000元	否
购置施工机械设备	154,000,000元	否
湖州新开元石矿扩建	98,250,000元	否
商品混凝土外加剂项目	18,260,000元	否
建筑钢结构生产项目	250,00,0000元	是
塑钢门窗生产项目	83,000,000元	是
兼并上海万安企业总公司	70,000,000元	是
上海同三高速公路有限公司	658,950,000元	否
合计	1,882,460,000元	--

未达到计划进度和收益的说明(分具体项目):商品混凝土外加剂项目在报告期投入生产。该企业属外商投资企业,2003年盈利1,315,461元。本公司持股比例25%,计收益58,365元(其中调整上年亏损270,500元)。

募集资金总额	本年度已使用募集资金总额 已累计使用募集资金总额		
承诺项目	实际投入金额	产生收益金额	是否符合计划进度和预计收益
延安高架路中段工程	550,000,000元	210,006,400元	是
购置施工机械设备	139,594,000元		是
湖州新开元石矿扩建	96,100,000元	14,989,393元	是
商品混凝土外加剂项目	14,000,000元	−2,153,044元	否
建筑钢结构生产项目			
塑钢门窗生产项目			
兼并上海万安企业总公司			
上海同三高速公路有限公司	412,560,000元	−18,521,500元	是
合计	1,212,254,000元		−
未达到计划进度和收益的说明(分具体项目)			
募集资金总额		198,660,000元	
		1,345,854,000元	

变更原因及变更程序说明(分具体项目):建筑钢结构生产项目,按《招股说明书》计划投资250,000,000元。由于市场需求变化的原因,根据公司2000年第一次临时股东大会审议通过的关于前次募集资金投向变更的决议,该项目已停止实施。塑钢门窗生产项目,按《招股说明书》计划投资83,000,000元。由于市场需求变化的原因,根据公司2000年第一次临时股东大会审议通过的关于前次募集资金投向变更的决议,该项目已停止实施。兼并上海万安企业总公司,按《招股说明书》计划投资70,000,000元。由于实施的条件仍未具备,根据公司2000年第一次临时股东大会审议通过的关于前次募集资金投向变更的决议,该项目已停止实施。

变更投资项目的资金总额	165,400,000元	
变更后的项目	对应的原承诺项目	变更项目拟投入金额
上海沪青平高速公路建设发展有限公司	建筑钢结构生产项目、塑钢门窗生产项目、兼并上海万安企业总公司	46,800,000元
增资上海同三高速公路有限公司	同上	138,000,000元
合计	--	

未达到计划进度和收益的说明(分具体项变更投资项目目):根据公司股东大会批准的投资计划,公司以首次募集资金受让上海同三高速公路有限公司10%股权的投资额为13,800万元。目前投入该项目的累计投资额为49,896万元,占投资计划的62.61%。此项目的结帐工作尚未全部完成,余额将随工程用款计划逐步投入。

变更投资项目的资金总额	实际投入金额	产生收益金额	是否符合计划进度和预计收益
变更后的项目对上海沪青平高速公路建设发展有限公司	47,200,000元		是
增资上海同三高速公路有限公司	86,400,000元	见上同栏	是
合计	133,600,000元	--	

未达到计划进度和收益的说明(分具体项目)

由于我公司参与投资的延安高架公司是一家由外方控股的、由上海市城市建设投资开发总公司(以下简称城投公司)给予固定回报的项目公司,因此根据国务院办公厅以国办发(2002)第43号文件下发了《关于妥善处理现有保证外方投资固定回报项目有关问题的通知》精神,上海市政府有关部门责成城投公司对该公司进行清理处置。公司第二届董事会第十七次会议于2003年9月27日审议通过了《关于上海延安路高架道路投资项目转移变更的议案》。

(1)从2004年1月1日起,将我公司投资在延安高架公司的5.5亿元本金中的47,613.11万元人民币(根据原有的年内部报酬率11.5%和投资预期收益折算取定),通过与城投公司设立松散型联合体的形式,与城投公司合作经营和管理延安路高架道路的收费(即虹桥机场收费站)。通过这样的投资方式,从2004年1月1日起,该收费站的收费扣除营业税后,全部作为投资回报按季支付给我公司。同时,该收费站的营运成本由城投公司负责,该收费归我公司后的所得税由我公司解缴。该合作经营期限至2017年底止。在合作经营期限内,如该收费站因政府有关部门的规定被取消,则由城投公司以该收费站2000年、2001年、2002年营业收入扣除应交营业税及附加后的算术平均值6,717.42万元人民币作为今后的等额分期偿还款基数,按剩余支付期(自该收费权被取消之日至2017年12月31日止)折现清偿,年折现率为11.5%。

(2)从2004年1月1日起,将我公司投资在延安高架公司的5.5亿元本金中的7,386.89万元人民币,采用BT(投资、建设、移交)方式投资建设上海市中环线项目,投资期限至2017年底止,投资内部报酬率(IRR)为11.5%,由城投公司按季支付给我公司。同时双方约定,城投公司将在2007年12月31日向我公司提前回购该投资项目,并按剩余支付期(自2008年1月1日至2017年12月31日止)折现至2008年1月1日作一次性清偿支付,年折现率为11.5%,届时的回购价为6,264.31万元人民币。

以上投资的董事会决议公告见2003年9月30日的《上海证券报》和《中国证券报》。

2. 在报告期内,公司非募集资金投资项目

项目名称	投资金额(万元)	项目进度	项目收益情况(万元)
认购东方证券有限责任公司新增股本	3,000	完成	70
中环线(浦西段)工程A2.7标万荣路−铜川路高架工程项目公司	42,000	本报告期还未实际投入	

以上投资的董事会决议公告见2003年1月7日和2003年12月25日的《上海证券报》和《中国证券报》。

(六)公司财务情况

	2003年度	2002年度	增减%	变动原因
总资产(元)	9,340,600,441	9,130,919,954	2.30	业务规模扩大。
应收款项	1,296,878,151	1,002,031,290	29.42	年末部分工程款尚未收到。
存货	193,401,652	172,205,799	12.31	业务规模扩大,增加存货。
长期投资	849,224,586	734,394,954	15.64	地铁上海南站站、东方证券公司新增投资及延安路高架回收投资等所致。
固定资产	2,838,342,485	2,545,130,352	11.52	同三高速固定资产验收及正常增加设备,提取折旧。
长期负债	1,346,477,985	1,441,020,387	−6.56	长期借款12,000万元结转流动负债。
股东权益	3,002,164,195	2,908,269,944	3.23	当年新增留存利润。
主营业务利润	463,697,875	434,948,433	6.61	业务规模扩大,增加盈利额。
净利润	183,806,501	192,957,450	−4.74	合并同三高速投资亏损1,852.15万元
现金及现金等价物净增加额	−120,544,156	408,832,338	−129.48	本年度归还借款34,580万元及投资活动现金净流出为61,886.44万元
资产负债率(%)	63.45	65.13	−1.68	当年新增净利
流动比率	1.20	1.27	−0.07	流动比率和速动比率下降主要
速动比率	1.16	1.24	−0.08	是流动资产减少较多,本年工程点交工程施工减少43,149.16元。
应收帐款周转率	9.89	9.99	−0.10	应收帐款同比增长了29,222.56万元。
存货周转率	5.03	3.68	1.35	当年结转销售,工程施工减少43,149.16
全面摊薄净资产收益率(%)	6.12	6.63	−0.51	新增利润使股东权益基数增大。
全面摊薄每股收益(元)	0.26	0.27	−0.01	

从上述几项财务指标看,报告期内公司的财务状况仍保持着健康平稳的发展势头。

(七)生产经营环境、宏观政策、法规的变化对公司产生的影响

随着中国经济的发展,我国建筑业的外部需求是旺盛的,而且国家宏观经济政策和产业政策对建筑业也采取扶持政策。预计在较长时期内,我国建筑业的经营环境和国家产业政策仍将保持不变,对本公司的持续发展不会有很大的负面影响。本公司将加强对有关政策的研究,尽可能降低政策性变化对本公司造成的损失。

公司目前尚未预测到其他生产经营环境、宏观政策、法规的变化会对公司的财务状况和经营成果产生重要影响。

(八)董事会日常工作

1. 董事会会议及决议内容

(1)二届董事会第十二次会议于2003年3月6日召开,审议通过了:

公司2002年年度报告及摘要;

公司有关会计事务所报酬的议案;

公司2002年年度利润分配预案;

决定召开公司2002年度股东大会的有关事项。

以上董事会决议公告刊登于2003年3月7日的《上海证券报》和《中国证券报》上。

(2)第二届董事会第十三次会议于2003年4月7日召开,审议通过了:关于对部分全资子公司实施重组合并和增资的决议。

以上董事会决议公告刊登于2003年4月8日的《上海证券报》和《中国证券报》上。

(3)第二届董事会第十四次会议于2003年4月29日召开,审议通过了:公司2003年第一季度报告。

以上董事会决议公告刊登于2003年4月30日的《上海证券报》和《中国证券报》上。

(4)第二届董事会第十五次会议于2003年7月9日召开,审议通过了:

公司2002年年度董事会工作报告;

公司2002年年度总经理工作报告;

公司2002年年度财务决算报告和2003年度财务预算报告;

公司续聘会计事务所的议案;

公司董事会人数及构成调整的议案;

修改公司章程的议案;

公司部分董事辞职和推选部分董事候选人的议案;

聘任林锦胜任公司总经理的的议案;

聘任丁钢为公司财务负责人的议案;

关于调整公司对上海市第一建筑有限公司、上海市第四建筑有限公司增资方式的议案；
关于召开公司 2002 年度股东大会的的议案。
以上董事会决议公告刊登于 2003 年 7 月 10 日的《上海证券报》和《中国证券报》上。
(5)第二届董事会第十六次会议于 2003 年 8 月 19 日召开，审议通过了：公司 2003 年度半年度报告及摘要。
以上董事会决议公告刊登于 2003 年 8 月 20 日的《上海证券报》和《中国证券报》上。
(6)第二届董事会第十七次会议于 2003 年 9 月 27 日召开，审议通过：
关于上海延安路高架道路投资项目转移变更的议案。
以上董事会决议公告刊登于 2003 年 9 月 28 日的《上海证券报》和《中国证券报》上。
(7)第二届董事会第十八次会议于 2003 年 10 月 30 日召开，审议通过了：
公司 2003 年第三季度报告；
公司投资者关系管理制度。
以上董事会决议公告刊登于 2003 年 10 月 31 日的《上海证券报》和《中国证券报》上。
(9)第二届董事会第十八次会议于 2003 年 12 月 16 日召开，审议通过了关于对本公司全资子公司上海市第七建筑有限公司增资的议案。
以上董事会决议公告刊登于 2003 年 12 月 17 日的《上海证券报》和《中国证券报》上。
(10)第二届董事会第十八次会议于 2003 年 12 月 24 日召开，审议通过了关于投资建设中环线(浦西段)工程 A2.7 标万荣路－铜川路高架 BT 项目的议案。
以上董事会决议公告刊登于 2003 年 12 月 25 日的《上海证券报》和《中国证券报》上。
2. 董事会对股东大会决议的执行情况
报告期内，公司董事会根据《公司法》、《证券法》和《公司章程》。等有关法律、法规的要求，严格按照股东大会的决议和授权，认真执行股东大会通过的各项决议内容。
(1)公司 2002 年度利润分配执行情况
公司 2002 年度股东大会审议通过的公司 2002 年度利润分配方案为：以公司 2002 年末总股本 719,298,000 股为基数，向全体股东每 10 股派发现金红利 1.25 元(含税)。该项利润分配工作，已于 2003 年 9 月 5 日执行完毕。
(九) 本次利润分配或资本公积金转增股本预案
经普华永道中天会计师事务所有限公司审计，公司 2003 年实现税后利润为 183,806,501 元。根据公司章程规定，提取 10% 法定公积金 18,380,650 元和提取 10%法定公益金 18,380,650 元后，可供股东分配的利润为 147,045,201 元。加上历年积余未分配利润 483,268,733 元以及扣除当年分配 2002 年度股利 89,912,250 元，累计共有未分配利润 540,401,684 元。
经公司董事会讨论通过，提出 2003 年利润分配预案为：以公司年末总股本 719,298,000 股为基数，向全体股东每 10 股派发现金红利 1.25 元(含税)，预计分配利润 89,912,250 元，尚余 450,489,434 元，结转下一次分配。公司结存的公积金不在本次转增股本本次利润分配和资本公积金转增股本预案需提交 2003 年度股东大会审议。
(十一)其他报告事项
报告期内，本公司信息披露的报刊为《上海证券报》和《中国证券报》，没有变更信息披露报刊。

七、重要事项

(一) 重大诉讼、仲裁事项
1. 本公司 2003 年第三季度报告披露后未发生重大诉讼和仲裁事项。
2. 本公司 2003 年第三季度报告及以前披露未结案的其他重大诉讼和仲裁事项在本报告期进展情况：
(1)2002 年 1 月 9 日，上海市仲裁委员会受理了申请人上海市第五建筑有限公司要求被申请人上海裕昌房产发展有限公司，支付工程款 3202 万元及相应利息的仲裁请求。2002 年 5 月 9 日，上海仲裁委员会裁决：上海裕昌房产发展有限公司支付工程款 3,202 万元，利息 140 万元，并承担 3.3 万元仲裁费用。2003 年第四季度中，原告与被告达成协议，裕昌公司拟分两期支付欠款 3,300 万元。目前已支付了 1,300 万元。
(2)上海市第七建筑有限公司诉被告上海绅士汽车商城有限公司支付 1404.29 万元工程款、违约金 55.60 万元一案，已于 2000 年 7 月 20 日由上海市第二中级人民法院以(2000)沪二中民初字第 146 号《民事判决书》判决：被告全额支付拖欠工程款和相应违约金。2001 年 2 月 5 日，原告已向上海市第二中级人民法院申请强制执行。截止到本报告期共收款 865 万元，余款仍在催讨与执行中。
3. 本公司 2003 年第三季度报告及以前披露未结案的其他重大诉讼和仲裁事项在本报告期未发生变化。
(二) 报告期内，公司收购及出售资产、吸收合并事项
公司第二届董事会第 13 次会议决议：上海市第一建筑有限公司吸收合并上海市第三建筑有限公司，注册资金增至 30,000 万元；上海市第四建筑有限公司吸收合并上海市第八建筑有限公司，注册资金增至 30,000 万元；经公司第二届董事会第 19 次会议决议：上海市第七建筑有限公司注册资金增至 30,000 万元。
此事项已以公告刊登于 2003 年 4 月 8 日和 2003 年 12 月 12 日的《上海证券报》和《中国证券报》上。
(三)重大关联交易事项
1. 交易情况
本报告期内，公司与本公司控股股东下属的企业进行了一部分关联交易，其主要关联交易有：

关联交易方	交易内容	交易金额(万元)	占同类交易金额的比例%	结算方式
上海市安装工程有限公司	安装工程分包	28,654,.53	5.35	开票结算
上海市机械施工公司	机械施工	9,145.06	1.71	票结算
上海市基础工程公司	机械施工	17,772.01	3.32	开票结算
上海建工材料工程有限公司	材料	19,283.16	2.73	开票结算
上海市建筑构件制品公司	材料	15,352.92	2.17	开票结算
上海建一实业有限公司	房租	244.94	80.75	开票结算
合计		90,452.62		

2.关联交易协议及定价原则
(1)对于上述分包工程关联交易一般是参照《建筑工程综合预算定额(九三)》、《市政工程综合预算定额(九二)》等国家规定的定额，以及当时人、机、物的市场价进行计算后确定。
1998 年 4 月 22 日，本公司分别与上海市安装工程有限公司(原上海市工业设备安装公司)、上海市机械施工公司、上海市基础工程公司签订《工程分包协议书》。根据协议书规定：上述三家公司并不当然成为工程分包商，本公司可根据其他工程承建单位的报价确定分包商，但在同等报价条件下选择上述三家公司作为分包商，并需逐笔签订具体《工程分包合同》。
该协议在股份公司存续期内一直有效。分包工程安装费用结算根据双方逐笔签订的《分包合同》约定的方式进行。
(2)由于建筑材料及预制件的数量及规格繁多，而且其市场价格随供求关系上下浮动，本公司无法详细披露交易价格与市场价格的比较。1998 年 4 月 22 日，本公司分别与上海建工材料工程有限公司、上海市建筑构配件制品公司签订《预拌商品混凝土供应协议》和《建筑构件制品供应协议》。根据协议规定，上述 2 家公司向本公司提供的辅助生产产品价格不得高于 2 家公司向其他企业供应价格或市场价格，否则本公司可选择向其他供应商采购。各方需对具体采购事项逐笔签订有关《供应合同》。
上述协议自股份公司成立之日起生效，至 2008 年 12 月 31 日止。合同价款结算根据双方逐笔签订的《供应合同》约定的方式进行。
3.对财务状况及经营成果的影响
根据普华永道中天会计师事务所有限公司出具的审计报告，公司与控股股东下属企业的关联交易，对公司财务状况及经营成果影响如下：

	关联交易总额	主营业务成本	关联交易总额占主营成本比例%
2003 年	904,526,200	10,097,462,288	8.96
2002 年	715,078,800	8,335,179,440	8.58

由于本公司与控股企业及其附属企业发生的关联交易均为本公司向关联方发包工程或购买辅助生产材料，都属于本公司主营业务成本的构成部分，因此本公司选择关联交易总额占主营业务成本比例进行比较。从比例情况看，对公司的财务状况及经营成果的影响并不大。
4.关联交易的必要性及持续性说明
形成上述关联交易事项的原因在于，改制进入股份公司的 9 家子公司与集团内的其他公司之间，形成了长期的业务协作配套关系，这种关系将在今后一定时期内继续存续。但由于工程分包、施工劳务和建材供应的市场化程度较高，集团公司并不居于垄断地位，因此上述业务关系的替代性很强，本公司可方便地通过第三方取得相同的商品和劳务。而且上述业务占本公司主营业务收入、主营业务成本的比重较低，因此对本公司财务状况和经营成果的影响较小。
5.与关联方债权、债务情况

联方	应收款(元)	应付款(元)
上海建工材料工程有限公司		8,950,963
上海市建筑构件制品公司		45,116,523
上海市机械施工工程公司		709,846
总计		54,777,332

截止 2003 年 12 月 31 日，本公司应付关联公司款余额为 54,777,332 元，上述往来余额均为本公司与控股股东附属企业因施工劳务、工程分包和购买建材而发生的关联交易尚未结算所致。对本公司而言，上述余额为应付款项，不存在负面影响。
6.控股股东及其附属企业向股份公司提供的担保
截止 2003 年 12 月 31 日，控股股东及其附属子公司为本公司及其子公司的 800 万元短期借款提供信用担保。
以上担保均为控股股东及其附属公司向本公司提供，对本公司不存在负面影响。
(四)重大合同及其履行情况
1. 重大工程承包合同
本公司在 2003 年第三季度报告披露后签订的重大合同如下：
1) 2003 年 10 月 12 日，本公司下属的上海市第二建筑有限公司与上海新浩中房地产开发有限公司签订了淮海晶华苑工程施工总承包合同，合同金额为 24306 万元。
2) 2003 年 10 月 15 日，本公司下属的上海市第一建筑有限公司与上海多福房地产发展有限公司签订了黄浦区 104# 地块总部大楼上部工程施工总承包合同，合同金额为 20290 万元。
3) 2003 年 10 月 20 日，本公司下属的上海市第一建筑有限公司与上海第二医科大学附属瑞金医院与瑞金医院门诊楼急诊医技楼改扩建筹建办签订了上海第二医科大学附属瑞金医院门急诊医技楼改扩建工程施工总承包合同，合同金额为 23547 万元。
4) 2003 年 10 月 21 日，本公司下属的上海市第一建筑有限公司与兆安房地产发展(上海)有限公司签订了上海新港大厦施工总承包合同，合同金额为 10627 万元。
5) 2003 年 10 月 28 日，本公司下属的上海市第一建筑有限公司与上海鹏利置业发展有限公司签订了上海鹏利海景公寓(上部)工程施工总承包合同，合同金额为 14175 万元。
6) 2003 年 11 月，本公司下属的上海市第一建筑有限公司与上海嘉汇达房地产开发经营有限公司签订了上海嘉华中心(原太平洋广场二、三期)商、办综合发展项目工程施工总承包合同，合同金额为 62410 万元。(此项作为重大合同已于 2003 年 11 月 7 日在《上海证券报》和《中国证券报》上公告)
7) 2003 年 11 月 10 日，本公司下属的上海市第二建筑有限公司与上海久创建设管理有限公司签订了轨道交通 3 号线北延伸工程车辆基地建安工程(含江杨北路站)工程施工总承包合同，合同金额为 22950 万元。
8) 2003 年 11 月，本公司下属的上海市第四建筑有限公司与上海市长宁区人民政府办公室(建设单位)、上海市建设工程管理有限公司(代建单位)签订了长宁区机关办公楼(含"一门式"证件楼)工程施工总承包合同，合同金额为 20029 万元。
9) 2003 年 11 月 28 日，本公司下属的上海市第四建筑有限公司与上海轨道交通申松线发展有限公司签订了上海轨道交通 9 号线一期工程(R403 标段－泗泾站，SS1 牵引所、SS2 牵引所，高架和地面)施工总承包合同，合同金额为 24996 万元。
10) 2003 年 12 月 3 日，本公司下属的上海市第四建筑有限公司与上海新世界股份有限公司签订了远东娱乐广场改建工程施工总承包合同，合同金额为 10646 万元。
11) 2003 年 12 月 25 日，本公司下属的上海市第一建筑有限公司与上海市第一人民医院、上海市第一人民医院松江新院筹建办签订了上海市第一人民医院松江新院建设工程施工总承包合同，合同金额为 38190 万元。(此项作为重大合同已于 2003 年 12 月 27 日在《上海证券报》和《中国证券报》上公告)
12) 2003 年 12 月 30 日，本公司下属的上海市第一建筑有限公司与上海轨道交通申松线发展有限公司签订了上海轨道交通 9 号线一期工程 R401B 标段(松江新城站、区间隧道及敞开段)施工总承包合同，合同金额为 14927 万元。
2.报告期内，公司无托管、承包、租赁其他公司资产，也无其他公司托管、承包、租赁本公司资产。
3. 报告期内，公司及持股 5%以上股东无重大担保事项。
4.报告期内本公司无委托理财事项
5.报告期内公司聘请普华永道中天会计师事务所有限公司为本公司的财务会计审计机构。普华永道中天会计师事务所有限公司作为安达信·华强会计师事务所的延续变更已连续 5 年为本公司提供审计服务。公司支付给会计师事务所的报酬如下：

	2003 年	2002 年
财务审计费(元)	1,080,000	1,000,000

本公司不承担审计机构在审计期间的差旅费等费用。
会计师事务所的确定由股东大会决定。其报酬由董事会决定。
6.报告期内，本公司董事及高级管理人员没有受到中国证监会稽查以及中国证监会的行政处罚、通报批评，没有受到证券交易所的公开谴责。
(五)其他重大事项
1.报告期内公司未对公司名称及股票简称进行更改。
2.报告期内，公司及持股 5%以上股东在报告期或持续到报告期内的重大承诺事项及其履行情况本公司唯一持股 5%以上的股东－上海建工(集团)总公司在本公司成立时已作出以下两项承诺：
(1) 在与本公司发生关联交易时，将按照国家有关法律、法规和有关主管部门的规章以及本公司在设立初与各关联方签署的关联交易协议进行，不会损害公司及公司非控股股东的合法利益。
(2) 将不从事，也促使控股股东所持有及控制的子公司、分公司、合营或联营公司及其他任何类型的企业不从事任何在商业上对公司及其子公司、分公司、合营或联营公司有可能构成直接竞争的业务或活动。在报告期内，控股股东没有违反以上任何一条承诺。
上述承诺见刊登于 1998 年 5 月 28 日的《上海证券报》、《中国证券报》和《证券时报》上的本公司招股说明书和 2001 年 9 月 22 日的《上海证券报》、《中国证券报》上的本公司配股说明书。

八、备查文件目录

(一)载有法定代表人、主管会计工作负责人、会计机构负责人签名并盖章的会计报表。
(二)载有会计师事务所盖章、注册会计师签名并盖章的审计报告原文。
(二)报告期内在中国证监会指定报纸《上海证券报》、《中国证券报》上公开披露过的所有公司文件的正本及公告的原稿。

上海建工股份有限公司
董事长：徐征
二〇〇四年三月二十五日

哈尔滨东安汽车动力股份有限公司

哈尔滨东安汽车动力股份有限公司2003年年度报告

重要提示

本公司董事会及其董事保证本报告所载资料不存在任何虚假记载、误导性陈述或者重大遗漏,并对其内容的真实性、准确性和完整性承担个别及连带责任。

连刚董事因公未能出席,委托袁刚明董事代行表决权;独立董事王忠庆先生、李桂荣女士因事未能出席,均委托独立董事张宝山先生代行表决权。

本公司董事长须桐兴先生、总经理袁刚明先生、副总会计师权森虎先生声明:保证本年度报告中财务报告的真实、完整。

一、公司基本情况简介

1、公司中文名称:哈尔滨东安汽车动力股份有限公司
公司英文名称:HARBIN DONGAN AUTO ENGINE CO., LTD
公司英文名称缩写:DAAE
2、法定代表人:须桐兴
3、董事会秘书:姜俊奇
证券事务代表:耿方宝
联系地址:哈尔滨市平房区保国街51号
电话:(0451)86528172　　86528173
传真:(0451)86505502 电子信箱:dadl600178@263.net.cn
4、公司注册地址:哈尔滨市南岗区高新技术开发区13栋　　邮编:150036
公司办公地址:哈尔滨市平房区保国街51号　　邮编:150066
电子信箱:dadl600178@263.net.cn
5、公司选定的信息披露报纸为《上海证券报》、《中国证券报》,登载公司年度报告的中国证监会指定的国际互联网网址为
http://www.sse.com.cn
公司年度报告备置地点:公司证券部
6、公司股票上市地:上海证券交易所
股票简称:东安动力
股票代码:600178
7、其他有关资料:
(1)公司首次注册或变更注册登记的日期及地址
公司变更注册登记的日期为2001年10月15日
地点:哈尔滨市南岗区高新技术开发区13栋。
(2)公司法人营业执照注册号:2301001004465
(3)公司税务登记号:23010971201745X
(4)公司聘请的会计师事务所
名称:岳华会计师事务所有限责任公司
办公地址:北京市朝阳区霄云路26号鹏润大厦12层

二、会计数据和业务数据摘要

1、本年度主要会计数据(单位:人民币元)

项目	金额
利润总额	106,438,119.46
净利润	91,083,402.00
扣除非经常性损益后的净利润	93,030,604.38
主营业务利润	457,069,883.81
其他业务利润	2,328,489.73
营业利润	95,397,755.05
投资收益	15,331,190.74
补贴收入	-
营业外收支净额	-4,290,826.33
经营活动产生的现金流量净额	275,579,513.77
现金及现金等价物净增加额	81,560,126.46
注:扣除的非经常性损益项目和涉及金额	-2,290,826.33
处置长期股权投资、固定资产、在建工程、无形资产、其他长期资产产生的损益;	-996,497.72
扣除公司日常根据企业会计制度规定计提的资产减值准备后的其他各项营业外收入、支出;	-3,294,328.61
收取的贷款担保费	2,000,000.00

2、截至报告期末公司前三年的主要会计数据和财务指标(单位:人民币元)

项目	2003年度	2002年度 调整前	2002年度 调整后
主营业务收入	2,888,113,709.59	2,190,992,767.04	2,190,992,767.04
净利润	91,083,402.00	116,807,743.91	116,807,743.91
总资产	2,528,625,839.51	2,268,301,128.41	2,268,301,128.41
股东权益	1,544,604,800.00	1,453,521,398.00	1,545,937,398.00
每股收益	0.1971	0.2528	0.2528
--加权平均	0.1971	0.2528	0.2528
--扣除非经常性收益后	0.2022	0.2547	0.2547
--按新股本每股收益	0.1971	0.2528	0.2528
每股净资产	3.3427	3.1456	3.3456
调整后的每股净资产	3.2760	3.1152	3.3152
每股经营活动产生的现金净流量	0.5964	0.321	0.3210
净资产收益率	5.90%	8.04%	7.56%
--加权平均净资产收益率	5.95%	7.85%	7.73%
--扣除非经常性收益后加权平均	6.08%	7.91%	7.79%

项目	2001年度 调整前	2001年度 调整后
主营业务收入	1,851,434,461.02	1,851,434,461.02
净利润	90,980,561.67	90,980,561.67
总资产	2,118,218,985.40	2,118,218,985.40
股东权益	1,429,129,654.09	1,521,545,654.09
每股收益	0.1969	0.1969
--加权平均	0.2104	0.2104
--扣除非经常性收益后	0.1936	0.1936
--按新股本每股收益	0.1969	0.1969
每股净资产	3.0928	3.2928
调整后的每股净资产	3.0874	3.2874
每股经营活动产生的现金净流量	0.2585	0.2585
净资产收益率	6.37%	5.98%
--加权平均净资产收益率	8.12%	7.39%
--扣除非经常性收益后加权平均	7.99%	7.23%

3、报告期内股东权益变动情况表(单位:人民币元)

	股本	资本公积金	盈余公积金
期初数	462,080,000.00	853,792,358.06	113,409,092.78
本期增加			18,216,680.40
本期减少			
期末数	462,080,000.00	853,792,358.06	131,625,773.18

	其中:法定公益金	未分配利润	现金股利
期初数	56,704,546.39	24,239,947.16	92,416,000.00
本期增加	9,108,340.20	91,083,402.00	69,312,000.00
本期减少		87,528,680.40	92,416,000.00
期末数	65,812,886.59	27,794,668.76	69,312,000.00

	股东权益合计
期初数	1,453,521,398.00
本期增加	178,612,082.40
本期减少	179,944,680.40
期末数	1,544,604,800.00

变动原因:

(1)未分配利润增加是由于本年实现的净利润所致;未分配利润减少是由于本年实现的净利润计提的盈余公积金所致;

(2)盈余公积金、法定公益金的增加是由于本年利润分配提取所致。

三、股本变动及股东情况

1、股本变动情况

(1)股份变动情况表(数量单位:股)

	本次变动前	本次变动增减(+,-) 配股	送股	公积金转股	增发	其他	小计	本次变动后
一、未上市流通股份								
1、发起人股份	323,500,000							323,500,000
其中:								
国家持有股份	323,500,000							323,500,000
境内法人持有股份								
境外法人持有股份								
其他								
2、募集法人股								
3、内部职工股								
4、优先股或其他								
未上市流通股份合计	323,500,000							323,500,000
二、已上市流通股份								
1、人民币普通股	138,580,000							138,580,000
2、境内上市的外资股								
3、境外上市的外资股								
4、其他								
已上市流通股份合计	138,580,000							138,580,000
三、股份总数	462,080,000							462,080,000

注:报告期内,公司股份总数及股本结构未发生变动。

(2)股票发行与上市情况

公司于2001年8月6日至2001年8月17日通过上海证券交易所交易系统实施了2001年度配股方案,即以公司2000年末总股本42,250万股为基数,向全体股东每10股配售3股,其中:原国有法人股股东哈尔滨东安发动机(集团)有限公司经财政部财企[2001]103号文批准,按配股价以现金认购了760万股,占其可认购配股的8.02%,其剩余配股权放弃,法人股配售由承销团代销;社会公众股股东可配3,198万股,由承销团余额包销。配股完成后,公司总股本增至46,208万股。

该次配股新增流通股份3198万股已于2001年9月25日在上海证券交易所上市交易。

2、股东情况介绍

(1)根据中国证券登记结算有限责任公司上海分公司提供的数据,截止2003年12月31日,本公司股东总数为69200户。

(2)持本公司5%以上(含5%)股份的股东只有一家,股东名称是中国航空科技工业股份有限公司,是公司国有法人股股东,所持股份无质押和冻结情况。

截止2003年12月31日,公司前10名股东持股情况表:

股东名称(全称)	年度内增减	年末持股数量	比例(%)	股份类别	质押或冻结的股份数量	股东性质
中国航空科技工业股份有限公司	323,500,000	323,500,000	70.01	未流通	0	国有法人股
汉兴证券投资基金	不详	6,264,292	1.36	已流通	未知	社会公众股
天同证券有限责任公司	-9,774,093	1,171,710	0.25	已流通	未知	社会公众股
刘维四	0	396,325	0.09	已流通	未知	社会公众股
上海东创实业投资有限公司	不详	373,400	0.08	已流通	未知	社会公众股
昆山市工业化工公司	不详	268,000	0.06	已流通	未知	社会公众股
王春蕾	不详	210,600	0.05	已流通	未知	社会公众股
兴和证券投资基金	-170,000	206,980	0.04	已流通	未知	社会公众股
林金恋	不详	132,500	0.03	已流通	未知	社会公众股
肖智文	不详	131,100	0.03	已流通	未知	社会公众股

注:中国航空科技工业股份有限公司与其他前9名股东之间不存在关联关系,也不属于《上市公司股东持股变动信息披露管理办法》规定的一致行动人。

截止2003年12月31日,公司前10名流通股股东持股情况表:

序号	股东名称(全称)	年末持有流通股的数量	种类(A、B、H股或其它)
1	汉兴证券投资基金	6,264,292	A股
2	天同证券有限责任公司	1,171,710	A股
3	刘维四	396,325	A股
4	上海东创实业投资有限公司	373,400	A股
5	昆山市工业化工公司	268,000	A股
6	王春蕾	210,600	A股
7	兴和证券投资基金	206,980	A股
8	林金恋	132,500	A股
9	肖智文	131,100	A股
10	孙佳宾	130,017	A股

前10名流通股股东关联关系的说明

前10名流通股股东关联关系的说明:本公司未知其之间的关联关系,也未知其他流通股东之间是否属于《上市公司股东持股变动信息披露管理办法》规定的一致行动人。

(3)控股股东情况的介绍

①控股股东情况

中国航空科技工业股份有限公司是本公司第一大股东,法定代表人:张彦仲先生;成立日期:2003年4月30日;注册资本:464,360.85万元;经营范围:直升机、支线飞机、教练机、通用飞机、飞机零部件、航空电子产品、其它航空产品的设计、研究、开发、生产与销售;汽车、汽车发动机、变速器、汽车零部件的设计、研究、开发、生产与销售;汽车、飞机、机械电子设备的租赁;医药包装机械、纺织机械、食品加工机械、其它机械及机电产品的设计、研究、开发、生产、销售;上述产品的安装、调试、维修及其它销售服务;实业项目的投资及经营管理;自营和代理各类商品和技术的进出口(国家限定公司经营或禁止进出口的商品和技术除外)业务。

②控股股东的控股股东情况:

中国航空工业第二集团公司是中国航空科技工业股份有限公司的控股股东,是经国务院批准,在原中国航空工业总公司所属部分企事业单位基础上组建的特大型企业,是国家授权投资的机构。法定代表人:张彦仲先生;成立日期:1999年6月29日;注册资本:1,261,355万元;经营范围:所投资企业的相关国有资产(含土地使用权)和国有股权;国内外投融资和其他金融业务;直升机、运输机、教练机、强击机、通用飞机、无人驾驶飞行器等民用航空器和相关发动机、机载设备等航空产品;飞机租赁、通用航空服务、工程勘察设计、工程承包建设、房地产开发、中介服务等第三产业项目;航空产品、其他产品和技术进出口业务;航空产品和项目的国际合作、联合研制生产;航空产品转包生产、对外工程承包、招标投标、劳务输出、境外带料加工等业务。

③报告期内公司控股股东或实际控制人发生变化的情况

根据中国航空工业第二集团公司重组的需要,经国家财政部批准,哈尔滨东安发动机(集团)有限公司持有本公司的32350万股国有法人股已无偿划转给中国航空工业第二集团公司,并再由其投入到中国航空科技工业股份有限公司。上述股权过户手续已分别在2003年6月30日、2003年7月4日完成。

公司2003年5月15日在《上海证券报》、《中国证券报》刊登了《董事会关于本公司国有股权变动的公告》;2003年6月13日在《上海证券报》、《中国证券报》刊登了《关于股权划转豁免要约收购义务的公告》;2003年7月8日在《上海证券报》、《中国证券报》刊登了《关于国有股权划转过户事宜完成公告》。

报告期内,公司实际控制人未发生变化。

(4)公司无其他持股10%以上的法人股股东。

四、董事、监事、高级管理人员和员工情况

1、董事、监事、高级管理人员的基本情况

姓名	职务	性别	年龄	任职起止日期	年初持股数	年末持股数	股东单位任职
须桐兴	董事长	男	58	2002.3-2005.3	5070	5070	中航科工董事
谭瑞松	副董事长	男	41	2002.3-2005.3	5070	5070	
刘洪德	副董事长	男	43	2002.3-2005.3	5070	5070	
刘■	董事	男	60	2002.3-2005.3	0	0	中航科工副总裁
白萍	董事	女	48	2002.3-2005.3	0	0	中航科工监事
袁刚明	董事、总经理	男	57	2002.3-2005.3	5070	5070	
秦诚教	董事	男	57	2002.3-2005.3	5070	5070	
刘富吉	董事	男	55	2002.3-2005.3	5070	5070	
王军	董事	男	49	2003.4-2005.3	0	0	
连刚	董事	男	43	2003.9-2005.3	3900	3900	
张有华	独立董事	男	63	2002.3-2005.3	0	0	
熊网章	独立董事	男	58	2002.3-2005.3	0	0	
王忠庆	独立董事	男	67	2003.9-2005.3	0	0	
李桂荣	独立董事	女	61	2003.9-2005.3	5700	5700	
张宝山	独立董事	男	71	2003.9-2005.3	0	0	
姜俊奇	董事会秘书	男	46	2002.3-2005.3	0	0	
孙开运	监事会召集人	男	50	2002.3-2005.3	0	0	
王海平	监事	男	49	2002.3-2005.3	0	0	二集团资产部副部长
刘连生	监事	男	56	2002.3-2005.3	3900	3900	
崔耀辉	监事	男	58	2002.3-2005.3	0	0	
秦余春	监事	男	38	2003.4-2005.3	3900	3900	
马川利	副总经理	男	40	2003.3-2005.3	0	0	
张哈滨	副总经理	男	55	2003.3-2005.3	0	0	
权森虎	副总会计师	男	33	2003.3-2005.3	0	0	
孙德山	副总经理	男	40	2003.8-2005.3	0	0	

说明:表中所述二集团指中国航空工业第二集团公司;中航科工指中国航空科技工业股份有限公司。

2、董事、监事、高级管理人员的年度报酬情况

(1)本年度在公司领取薪酬的董事、监事及高级管理人员的年度报酬均依据本公司下发的《关于下发哈尔滨东安汽车动力股份有限公司岗位结构工资制方案的通知》(经营字[2000]65号)的规定按月发放;

独立董事津贴拟按2003年度股东大会审议通过的标准进行发放。

(2)本年度在公司领取报酬的董事、监事及高级管理人员共8人,人均年度报酬(包括基本工资、各项奖金、福利、补贴、住房津贴及其他津贴等)在4.16至5.77万元之间,合计年度报酬总额为38.34万元,其中,只有1名董事在公司领取报酬,报酬总额为4.62万元;金额最高的前三名高级管理人员的报酬总额为15.62万元。

须桐兴、谭瑞松、刘洪德、刘■、白萍、秦诚教、刘富吉、王军、连刚等九名董事和孙开运、王海平、秦余春等三名监事只在股东单位或关联单位领取报酬,不在本公司领取任何报酬。

3、报告期内,离任董事、监事姓名及离任原因

报告期内,原公司董事窦传尧先生、郭颂铎先生、徐兴春先生、王英杰先生、周永华先生因为工作需要,先后辞去公司董事职务。

原公司监事曹秋芝女士因工作变动辞去公司监事职务。

4、报告期内,聘任或解聘公司经理、董事会秘书的情况

报告期内,公司总会计师秦余春先生因工作变动辞去公司总会计师职务。

报告期内,公司第二届经营班子任期已满,公司董事会对其进行了换届聘任,经董事长须桐兴先生提名,董事会审议,续聘袁刚明先生为公司总经理;经袁刚明先生提名,董事会审议,续聘连刚先生、马川利先生、张哈滨先生为公司副总经理,聘任权森虎先生为公司副总会计师兼财务会计部部长。

其后,连刚先生因工作需要,辞去了公司副总经理职务。经总经理袁刚明先生提名,董事会审议,聘任孙德山先生为公司副总经理。

5、公司员工情况

公司在职员工总数:5521人,生产人员:4232人,销售人员:202人,技术人员:440人,财务人员:49人,行政管理人员:86人;其他:512人;具有大专以上学历1025人,其中:硕士学历3人,本科学历464人,大专学历558人,公司需承担费用的离退休职工人数0人。

五、公司治理结构

1、公司治理情况

报告期内,公司严格按照《上市公司治理准则》、《公司章程》和中国证监会有关法律法规的要求,进一步完善了公司法人治理结构,强化了公司规范运作。

(1)公司根据中国证监会下发的《关于发布〈关于在上市公司建立独立董事制度的指导意见〉的通知》(证监发【2001】102号)的有关要求,修改了公司章程,新增了3名独立董事,达到了独立董事占董事会成员1/3的要求。

(2)公司对照《关于规范上市公司与关联方资金往来及上市公司对外担保若干问题的通知》(证监发【2003】56号)的要求,针对存在的对外担保情况进行了认真自查,并落实了相应整改措施,公司现已无对外担保事项。

(3)公司按照中国证监会哈尔滨特派办巡回检查提出的整改意见,及时制定整改措施,本年度内完成了各项整改工作。

总之,通过一年来的努力,公司法人治理结构得到了进一步的完善,达到了中国证监会有关文件的要求。

2、独立董事履行职责情况

2003年9月10日,根据中国证监会发布的《关于在上市公司建立独立董事制度的指导意见》的要求,公司2003年第一次临时股东大会选举了王忠庆先生、李桂荣女士、张宝山先生担任本公司独立董事,使本公司独立董事人数达到董事总人数的三分之一。

公司所有独立董事均能按照各项法律法规的要求,本着诚信与勤勉的工作态度,认真履行《公司章程》规定的各项权利与义务,以维护公司及中小股东的权益。在本报告期内,针对配股募集资金投向变更、董事及经理人员的变动等事宜发表了独立意见。

3、与控股股东在人员、资产、财务、机构、业务方面的分开情况

(1)人员分开方面:公司的生产经营和行政管理(包括劳动、人事及工资管理等)完全独立于控股股东;公司总经理、副总经理、财务负责人、董事会秘书等高级管理人员专职在本公司工作,领取本公司薪酬,未在控股股东兼任任何职务和领取薪酬;控股股东推荐董事、监事和经理人选均通过合法程序进行,不存在干涉公司董事会和股东大会人事任免决定的情况。

(2)资产独立方面:本公司和控股股东之间产权关系明确,相关的产权变更手续已完成;本公司拥有独立于控股股东的生产系统、工业产权、商标权、非专利技术等资产;本公司拥有独立的采购和销售系统,除原材料委托哈尔滨东安发动机(集团)有限公司供应部门代理采购外,其余材料及产品配套件均由自己采购,产品及零配件的销售全部由公司销售部承担;不存在控股股东违规占用本公司的资金、资产及其他资源的情况。

(3)财务独立方面:本公司具有独立的财务会计部门,已建立独立的会计核算体系和财务管理制度(包括对子公司、分公司的财务管理制度);独立在银行开户;依法独立纳税;能够独立作出财务决策,不存在控股股东干涉公司资金使用的情况。

(4)机构独立方面:本公司设立了完全独立于控股股东的组织机构,不存在与控股股东合署办公的情况。

(5)业务独立方面:本公司是我国微型汽车发动机的定点生产厂家和目前国内规模最大的微型汽车发动机开发、生产企业。公司业务的经营和发展无需依赖控股股东及其关联企业,完全可以独立运行。

4、报告期内,对高级管理人员的考评及激励机制、相关奖励制度的建立和实施情况:

公司董事会根据年初确定的公司经营指标检查年度内各项指标的完成情况,对高级管理人员的业绩和绩效进行考评;公司准备在适当的时机建立相关的奖励制度,在董事、监事和高级管理人员当中推行激励机制。

六、董事会报告

1、经营情况的讨论与分析

2003年,国内汽车市场继续保持了强劲的增长势头,全年国产汽车产、销量双双突破四百万辆,同比分别增长了35.2%和34.21%,其中轿车(含微型轿车)销量同比增长了75.28%,微型汽车(微型客、货车)销量同比增长了7%左右;在保持高速增长的同时,国内汽车市场的价格竞争也更加激烈,2003年汽车产品平均降价幅度接近10%。

2003年本公司根据市场变化,抓住机遇,加大产品结构调整和市场营销力度,扩大DA2系列发动机等新产品的批生产能力,增加经济型轿车发动机(含变速箱、离合器)的产销量,努力开拓新的市场,向规模要效益;同时,公司进一步加强内部管理,降低产品成本,有效的减少了产品价格竞争因素对经济效益的不利影响。2003年,公司全年生产微型汽车发动机(含变速箱)371,168台,同比增长了15.21%,销售365,757台,同比增长9.46%;实现销售收入2,888,113,709.59元,同比增长31.82%;综合成本同比下降了3%,全面完成了公司年初计划的全年生产经营目标。

2、报告期内公司经营情况

(1)主营业务的范围及其经营情况

本公司是国内主要的微型汽车发动机生产企业,2003年微型汽车发动机产、销量在国内处于领先地位。

公司主营业务:微型汽车发动机、变速箱及其零部件的生产和销售。

公司主营产品--微型汽车发动机属汽车行业。占公司主营业务收入及主营业务利润总额10%以上的产品为DA462系列及DA465系列微型汽车发动机。

占报告期主营业务收入、主营业务利润10%以上的产品情况介绍:

1)主营业务分行业、产品列示

分行业或分产品	主营业务收入	主营业务成本	毛利率(%)
汽车零部件行业	2,888,113,709.59	2,419,510,185.98	16.23%
其中:关联交易	2,202,259,583.23	1,847,061,333.30	16.13%
462系列(含变速箱)	1,332,210,068.57	1,182,536,756.28	11.23%
465系列(含变速箱)	1,489,857,926.74	1,170,592,840.30	21.43%

分行业或分产品	主营业务收入比上年增减(%)	主营业务成本比上年增减(%)	毛利率比上年增减(%)
汽车零部件行业	31.82%	35.58%	-12.53%
其中:关联交易	-	-	-
462系列(含变速箱)	3.65%	11.38%	-35.43%
465系列(含变速箱)	73.29%	73.94%	-1.35%

注:462系列主营业务盈利能力(毛利率)与上年相比发生重大变化的是由于产品价格降低所致。

2)主营业务分地区列示

地区	主营业务收入(万元)	主营业务收入比上年增减
东北	165,804.36	28.71%

华东	110,934.45	33.34%
西北	5,243.08	158.72%

(2)主要控股子公司及参股公司的经营情况及业绩

报告期内对公司净利润影响达到10%以上(含10%)的参股公司只有哈尔滨东安汽车发动机制造有限责任公司一家。截止报告期末,本公司拥有该公司36%的股权,是该公司的第一大股东。该公司注册资本50000万元;法定代表人:须桐兴先生;经营范围:制造、销售4G1系列汽油发动机及其零部件;2003年底该公司总资产1,697,612,854.61元,净利润50,962,976.08元。

(3)主要供应商、客户情况

前五名销售客户销售金额合计(万元)	276,738.81	占销售总额比重	95.82%
前五名供应商采购金额合计(万元)	80,669.07	占采购总额比重	35.37%

单位:万元

销售客户名称	金额
哈尔滨哈飞汽车制造有限公司	138,867.97
昌河铃木汽车有限责任公司	46,212.74
昌河汽车股份有限公司合肥分公司	35,145.25
上汽集团奇瑞汽车有限公司	29,576.46
中国一汽集团公司吉林轻型车厂	26,936.39

(4)在经营中出现的问题与困难及解决方案

2003年,国内汽车产业在高速发展的同时,汽车市场的价格竞争也更加激烈,各厂商竞相降价促销,即使在下半年以来钢铁等原材料价格不断上涨的情况下,整个行业的降价趋势依然未能扭转,这对汽车生产企业,尤其是零部件生产企业产生了巨大压力,本公司产品的销售价格因此受到了很大制约;为了适应国家汽车安全法规的实施,车厂新、老产品换型对销量的增长带来一定影响,连带影响本公司发动机销售量。

面对上述影响,公司在不断加大市场开发和新产品生产线技术改造力度,提高公司的适应能力和综合竞争能力,稳步推进ERP项目的实施,全面提升了管理水平,进一步降低了产品成本,努力消化市场变化带来的不利因素,确保了2003年全年经营目标的实现。

3、公司投资情况

(1)截止2003年12月31日,公司长期股权投资余额为206,677,819.98元,较上一年增加8,551,758.11元。

长期股权投资增减变化如下:

项目	2003年1月1日金额	本期增加	本期减少	2003年12月31日金额
长期股权投资	199,404,943.87	18,346,671.39	11,073,795.28	206,677,819.98
减:减值准备	1,278,882.00	–	1,278,882.00	–
长期股权投资净额	198,126,061.87	18,346,671.39	9,794,913.28	206,677,819.98

被投资公司概况:

被投资的公司名称	主要经营活动	权益比例
哈尔滨东安汽车发动机有限公司	4G1汽油发动机生产与销售	36%
哈尔滨东安力源活塞有限公司	研制、生产、销售发动机活塞产品	35%
北京方正东安稀土新材料有限公司	稀土矿产资源的采、选、冶炼及其应用	27%
江西昌河汽车股份有限公司	微型汽车生产与销售	0.96%

(2)报告期内,配股募集资金使用情况

公司2001年度配股实际募集资金35084.2万元,其使用情况如下:

①配股募集资金承诺投资项目与实际投资项目的异同: 单位:人民币千元

序	承诺投资项目	承诺投资额	实际投资项目
1	新建微型汽车发动机装配试验线和变速器壳体加工线项目	199,800.00	新建微型汽车发动机装配试验线和变速器壳体加工线项目
2	扩展DA462-1A2/D超短型前置前驱动四缸发动机技术改造项目	23,200.00	扩展DA462-1A2/D超短型前置前驱动四缸发动机技术改造项目
3	整车排放及发动机动态试验技术改造项目	29,990.00	整车排放及发动机动态试验技术改造项目
4	4G1型发动机缸体毛坯铸造造型生产线技术改造项目	49,800.00	4G1型发动机缸体毛坯铸造造型生产线技术改造项目
5	DA465Q-16M/D型系列发动机缸盖机加工生产线技术改造项目	49,980.00	DA465Q-16M/D型系列发动机缸盖机加工生产线技术改造项目
6			DA465Q-16M/D多气门电喷发动机缸体粗加工线技术改造
7			DA465Q-16M/D多气门电喷发动机缸体半精、精加工线技术改造
8			DA465Q-16M/D多气门电喷发动机缸体超精加工线技术改造
9			DA465Q-16M/D多气门电喷发动机装配线技术改造
10			DA465Q-16M/D多气门电喷发动机辅助装配线技术改造
11			DA465Q-16M/D系列发动机铸铝生产线及曲轴机加生产线技术改造
12			补充流动资金

序	承诺投资项目	计划投资额	已投资额	备注
1	新建微型汽车发动机装配试验线和变速器壳体加工线项目	199,800.00	–	取消
2	扩展DA462-1A2/D超短型前置前驱动四缸发动机技术改造项目	23,200.00	23,200.00	竣工
3	整车排放及发动机动态试验技术改造项目	29,990.00	25,120.00	竣工
4	4G1型发动机缸体毛坯铸造造型生产线技术改造项目	49,800.00	47,120.00	
5	DA465Q-16M/D型系列发动机缸盖机加工生产线技术改造项目	58,050.00	58,050.00	竣工
6		29,490.00	29,490.00	竣工
7		29,990.00	25,310.00	竣工
8		41,120.00	37,710.00	竣工
9		39,880.00	19,460.00	竣工
10		17,850.00	8,620.00	竣工
11		28,330.00	21,550.00	尚未竣工
12		8,012.00	8,012.00	

②配股募集资金报告期内使用情况说明:

1)扩展DA462-1A2/D超短型前置前驱四缸发动机技术改造项目

该项目已于2002年四季度竣工投产,该项目按原计划完成投资2320万元,其中,固定资产实际投资1813万元,投入流动资金507万元。

2)整车排放及发动机动态试验技术改造项目

该项目原计划投资2999万元,已全部完成,并投入使用。因加强项目管理,实施招标采购等措施,实际投资2512万元,比原计划节省资金487万元。

3)4G1型发动机缸体毛坯铸造造型生产线技术改造项目

该项目计划总投资4980万元,与其主体工程项目(汽车发动机缸体黑色铸造技术改造项目)同步进行,预计2004年完工。截止到2003年底,已完成投资4712万元。

4)DA465Q-16M/D型系列发动机缸盖机加生产线技术改造项目

该项目已于2002年底竣工,已进入批量生产。该项目实际固定资产投资5805万元,超出原投资计划807万元。2003年实现税前利润179万元。

5)DA465Q-16M/D多气门电喷发动机装配线技术改造项目

该项目计划新增固定资产投资3988万元(含外汇403.8万美元);已于2003年6月底竣工,现已进入批量生产。该项目已完成固定资产投资1946万元。

6)DA465Q-16M/D多气门电喷发动机辅助装配线技术改造项目

该项目计划新增固定资产投资1785万元(含外汇137万美元),已于2003年6月底竣工,现已进入批量生产。该项目已完成固定资产投资862万元。

由5、6两个项目共同构成的DA465Q-16M/D多气门电喷发动机总装配生产线技改项目,2003年实现税前利润832万元。

7)DA465Q-16M/D多气门电喷发动机缸体粗加工线技术改造项目

该项目计划新增固定资产投资2949万元(含外汇187万美元);已于2003年6月底竣工,现已进入批量生产。该项目已完成固定资产投资2949万元。

8)DA465Q-16M/D多气门电喷发动机缸体超精加工线技术改造项目

该项目计划新增固定资产投资4112万元(含外汇422万美元);已于2003年6月底竣工,现已进入批量生产。该项目已完成固定资产投资3771万元。

9)DA465Q-16M/D多气门电喷发动机缸体半精、精加工线技术改造项目

该项目计划新增固定资产投资2999万元(含外汇310万美元);已于2003年6月底竣工,现已进入批量生产。该项目已完成固定资产投资2531万元。

由7、8、9三个项目共同构成的DA465Q-16M/D多气门电喷发动机发动机缸体技术改造项目,2003年实现税前利润437.1万元。

10)DA465Q-16M/D多气门电喷发动机铸铝生产线和曲轴机加生产线技术改造项目

该项目计划新增固定资产投资2833万元(含外汇212万美元)。截止到2003年底,已完成投资2155万元。该项目已完工,铸铝生产线已投入批量生产。曲轴机加生产线正在进行小批量试生产。

11)补充流动资金

(4)报告期内,非募集资金使用情况如下:

1)DA2多气门电喷发动机技术改造项目

该项目新增固定资产投资19933万元。可行性研究报告已获批复,正在准备设备采购招标。截止到2003年底,已完成投资241万元。

2)前驱变速器壳体线生产线技术改造项目

该项目新增固定资产投资3576万元。已完成设备采购招标和签订订货合同,截止到2003年底,已完成投资265万元。

3)新增七万五千台套变速器齿轮技术改造项目

该项目计划总投资3402万元。已完成设备采购招标和签订订货合同,截止到2003年底,已完成投资500万元。

4、公司财务状况及经营成果(单位:人民币元)

(1)公司财务状况及经营成果

项目	2003年12月31日	2002年12月31日	增减
总资产	2,528,625,839.51	2,268,301,128.41	11.48%
股东权益	1,544,604,800.00	1,545,937,398.00	-0.09%
货币资金	338,030,171.83	256,470,045.37	31.80%
应收票据	416,374,597.40	259,825,744.34	60.25%
在建工程	77,152,590.31	31,222,995.89	147.10%
应付账款	551,465,379.71	347,037,166.53	58.91%
其他应交款	–	176,957.01	-100.00%
其他长期负债	–	2,649,809.92	-100.00%
	2003年	2002年	
主营业务利润	457,069,883.81	397,284,677.02	15.05%
净利润	91,083,402.00	116,807,743.91	-22.02%
现金及现金等价物净增加额	81,560,126.46	-318,911,131.10	125.57%
其他业务利润	2,328,489.73	4,489,131.03	-48.13%
营业费用	90,812,654.13	50,239,623.12	80.76%
财务费用	737,524.16	4,138,435.88	-82.18%
投资收益	15,331,190.74	-953,612.00	1707.70
营业外收入	2,944,906.84	7,827,790.04	-62.38%

项目	变动原因
总资产	本年度实现的净利润及应收票据余额增加。
股东权益	会计政策变更调增了2002年12月31日的股东权益。
货币资金	主要系销售额增加及应收票据变现所致。
应收票据	主要采用银行承兑汇票方式结算所致。
在建工程	本期加大技改工程投入。
应付账款	原材料采购量增加,部分款项尚未结算
其他应交款	已经缴纳。
其他长期负	冻结利息收入已经全部摊销。
主营业务利润	发动机销量增加。
净利润	销售价格下降及技术开发费增加
现金及现金等价物净增加额	上年度公司对固定资产的投入较大,资金支出大。
其他业务利润	材料销售量减少所致。
营业费用	预提的产品保修期内的售后服务费增加。
财务费用	收取贷款担保费。
投资收益	被投资单位盈利。
营业外收入	2002年度产品结构调整出售了部分生产线及设备所致。

(2)会计政策、会计估计变更及重大会计差错更正的原因及影响:

①会计估计变更

为了提高公司的可持续发展能力,增强发展后劲,按照《企业所得税税前扣除办法》(国税发[2000]84号)规定,并经公司二届九次董事会审议通过,从2003年下半年开始,公司变更原会计估计中的固定资产使用年限和净残值率,使之逐步接近实际情况。上述两项会计估计变更,影响公司报告期净利润减少53,454,759.11元。

会计估计变更的详细内容请参见会计报表附注。

②会计政策变更

本年度公司根据财政部关于印发《企业会计准则-资产负债表日后事项》的通知，对于资产负债日后至财务报告批准报出日之间董事会通过的利润分配预案中确定的拟分配的现金股利由原作为调整事项确认为应付股利改为在股东权益中列示。此项会计政策变更采用追溯调整法，对公司2003年、2002年和2001年度的净利润无影响。

5、生产经营环境、宏观政策及法规发生重大变化将对公司未来经营产生的影响：

(1)2004年是汽车进口配额许可证发放的最后一年，随着2005年进口配额的取消，进口车将会对国内车市产生较大冲击，尤其是中高档轿车，围绕品牌、性能和价格的汽车市场竞争将更加激烈。经济型轿车和微型汽车市场也将受到连带的挤压和影响。

(2)2004年，国家《汽车产业发展政策》、汽车燃油税等一系列相关政策、法规有望出台，这将推进汽车产业结构调整和产业重组，提高国产汽车产品的竞争力，促进汽车产业的健康发展。

(3)2003年，在国民经济高速增长的基础上，国家又提出了振兴东北老工业基地的战略决策，这使地处哈尔滨市的本公司获得了历史性的发展机遇。作为全国最大的微型汽车发动机生产企业，本公司将充分利用国家在税收等多方面给予的优惠政策，抓紧时机，加大技术改造力度，加速企业发展，全面提高公司的市场竞争实力。

6、新年度经营计划

2004年公司的经营目标是：全年销售微型汽车发动机38万台，实现销售收入297,283万元，综合成本同比降低3%。

7、董事会日常工作情况

(1)报告期内董事会的会议情况及决议内容

①公司第二届董事会第六次会议于2003年3月18日召开，会议审议并通过了：公司2002年度董事会工作报告、2002年度总经理业务工作报告、2002年度财务决算报告、2002年利润分配预案、2002年度报告及摘要、2003年经营计划、2003年度财务预算报告、关于变更部分配股募集资金投向的议案、关于DA2多气门电喷发动机技术改造项目的报告、关于更换董事的议案、关于经营班子换届的议案、关于聘任会计师事务所及报酬的议案、关于召开2002年度股东大会的议案等十三项议案。决议公告刊登在2003年3月20日的《上海证券报》和《中国证券报》上。

②公司第二届董事会第七次会议于2003年4月22日召开，审议并通过了公司2003年第一季度报告，并刊登在2003年4月23日的《上海证券报》和《中国证券报》上。

③公司第二届董事会第八次会议于2003年8月6日召开，会议审议并通过了：公司2003年半年度报告及摘要、关于中国证监会哈尔滨特派办巡回检查整改方案的议案、关于更换部分董事的议案、关于公司章程修改的议案、关于高管人员变动的议案、关于召开2003年度第一次临时股东大会的议案等六项议案。决议公告刊登在2003年8月8日的《上海证券报》和《中国证券报》上。

④公司第二届董事会第九次会议于2003年10月28日召开，会议审议并通过了：公司2003年第三季度报告、关于调整固定资产折旧率和残值率的报告等两项议案。决议公告刊登在2003年10月30日的《上海证券报》和《中国证券报》上。

(2)董事会对股东大会决议的执行情况

报告期内，公司董事会严格按照股东大会的决议及授权，认真组织了各项决议实施。

1)公司2002年度股东大会决议执行情况

①公司2002年度利润分配方案通过后，公司于2003年5月15日在《上海证券报》、《中国证券报》上刊登了分红派息实施公告，以2002年末总股本46208万股为基数，向全体股东每10股派发现金人民币2.00元(含税)，共计派发现金股利92,416,000.00元，剩余24,239,947.16元未分配利润结转到2003年度。股权登记日为2003年5月20日，除息日为2003年5月21日，红利发放日为2003年5月23日。

②公司2002年度股东大会审议通过关于《配股募集资金投向变更议案》后，公司董事会积极组织实施，截止本报告期末，配股募集资金使用比例已由年初的31%上升到85%以上；股东大会审议批准的DA2多气门电喷发动机技术改造项目也已全面启动；公司按照股东大会审议通过的2003年度预算，全面完成了各项经营指标。

2)公司2003年第一次临时股东大会决议执行情况

在独立董事人数达到法定要求后，公司董事会高度重视发挥每位独立董事的作用，积极营造便利的工作环境，使独立董事更好地发挥了应有的作用。

8、本次利润分配预案或资本公积金转增股本预案

经岳华会计师事务所有限责任公司审计，本公司2003年度共实现净利润91,083,402.00元，提取法定盈余公积金9,108,340.20元，提取法定公益金9,108,340.20元，本年度可供分配的利润为72,866,721.60元。加年初未分配利润24,239,947.16元，本次可供股东分配利润共计为97,106,668.76元。

董事会决定：以2003年末总股本46208万股为基数，按每10股派发现金人民币1.50元(含税)，共计派发现金股利69,312,000.00元，剩余27,794,668.76元未分配利润结转到2004年度。

本年度不进行资本公积金转增股本。

以上利润分配预案需提交公司2003年度股东大会审议。

9、其他事项

(1)岳华会计师事务所有限责任公司对公司与控股股东及其他关联方资金往来情况进行了专项核查，公司与控股股东及其他关联方之间存在的资金往来均属于正常经营往来。

(2)公司独立董事关于对外担保情况的专项说明及独立意见：

根据中国证监会证监发[2003]56号《关于规范上市公司与关联方资金往来及上市公司对外担保若干问题的通知》精神，我们本着实事求是的态度，对哈尔滨东安汽车动力股份有限公司对外担保情况进行了认真负责的核查和落实，现就有关问题说明如下：

①公司已于2003年12月26日解除了对相对控股子公司--哈尔滨东安汽车发动机制造有限公司(持有其36%股权，为其第一大股东)的三笔技术改造贷款(累计金额20000万元)的担保责任。上述贷款担保的对象、审批程序、信息披露等均符合中国证监会、上海证券交易所的原有规定。

②截至2003年12月31日，公司已无任何对外担保事项。

(3)报告期内，公司选定的信息批露报纸为《上海证券报》、《中国证券报》。

七、重要事项

1、本年度公司无重大诉讼、仲裁事项。

2、报告期内，公司无收购及出售资产、吸收合并的情况。

3、报告期内，公司重大关联交易事项(单位：人民币元)：

(1)采购

项目	2003年度	2002年度
原材料		
哈尔滨东安发动机(集团)有限公司	244,936,110.07	167,988,021.42
哈尔滨东安机电制造有限责任公司	104,066,339.74	57,900,857.92
哈尔滨东安力源活塞有限公司	11,257,724.60	211,328.10
低值易耗品		
哈尔滨东安发动机(集团)有限公司	8,356,990.43	
哈尔滨东安工具有限公司	68,373,266.61	
商品及劳务		
哈尔滨东安发动机(集团)有限公司	110,532,665.59	138,445,101.75
设备及工程		
哈尔滨东安发动机(集团)有限公司	8,233,520.44	55,916,457.80
其他		
哈尔滨东安发动机(集团)有限公司	150,183,491.40	129,980,587.45
其中:水、电、风、汽	125,451,855.54	99,017,924.98
取暖费	13,786,679.46	13,801,656.60
其他	10,944,956.40	17,161,005.87

(2)销售

项目	2003年度	2002年度
产成品		
哈飞汽车股份有限公司	1,388,679,683.90	
江西昌河铃木汽车有限责任公司	462,127,413.77	
江西昌河汽车股份有限公司合肥分公司	351,452,485.56	
哈尔滨东安汽车发动机制造有限公司	858,308.15	
自制半成品		
哈尔滨东安发动机(集团)有限公司	2,032,392.51	17,455,511.26
哈尔滨东安机电制造有限责任公司	736,911.50	
原材料		
哈尔滨东安发动机(集团)有限公司	23,228,104.11	1,856,474.53
哈尔滨东安工具有限公司	1,084.46	
哈尔滨东安机电制造有限责任公司	1,644,596.06	1,735,345.07
哈尔滨东安力源活塞有限公司	12,238.94	
固定资产		
哈尔滨东安发动机(集团)有限公司	2,772,643.02	6,241,987.41
哈尔滨东安力源活塞有限公司		1,325,693.00
哈尔滨东安机电制造有限责任公司	349,460.00	
劳务		
哈尔滨东安发动机(集团)有限公司	5,516,936.21	4,807,796.37
哈尔滨东安工具有限公司	499,489.90	
哈尔滨东安机电制造有限责任公司	134,169.66	
其他		
哈尔滨东安发动机(集团)有限公司	620,630.23	6,376,062.12
哈尔滨东安工具有限公司	2,557,389.73	

(3)租赁

企业名称	交易内容	2003年度	2002年度
哈尔滨东安	资产	8,304,809.48	10,425,269.75
发动机(集团)有限公司	土地	2,439,600.00	3,305,572.92

(4)代理

公司委托哈尔滨东安发动机(集团)有限公司代理进口设备及原材料，按代理额的1%支付代理费，2003年发生代理费952,263.35元，2002年发生代理费3,586,232.27元。

(5)产品开发

①公司委托哈尔滨东安发动机(集团)有限公司进行新产品开发，2003年发生产品开发费1590.76万元，2002年发生产品开发费1,709.71万元。

②公司2003年度支付其他关联方单位新产品试验费6,796,700.85元。

(6)担保

截止2003年12月31日、2002年12月31日，中国航空工业第二集团公司为公司长期借款8000万元提供担保，截止2003年12月31日，哈尔滨东安发动机(集团)有限公司为公司长期借款2000万元提供担保。

(7)关联往来期末余额

项目	2003年12月31日金额	2002年12月31日金额
应收账款		
哈飞汽车有限公司	197,324,138.75	
昌铃汽车有限公司	32,261,216.00	
合肥昌河汽车公司	30,123,856.79	
哈尔滨东安汽车发动机制造有限公司	340,508.80	
其他应收款		
哈尔滨东安机电制造有限责任公司		1,557,246.52
应付账款		
哈尔滨东安发动机(集团)有限公司	78,428,104.76	24,355,743.18
哈尔滨东安机电制造有限责任公司	15,233,452.98	12,651,914.63
哈尔滨东安力源活塞有限公司	2,001,857.40	
哈尔滨东安工具有限公司	9,649,155.11	
其他应付款		
哈尔滨东安发动机(集团)有限公司	153,914,883.76	136,373,505.77

4、重大合同及其履行情况：

报告期内，公司各项业务合同履行正常，无重大合同纠纷发生。

(1)报告期内，公司没有重大托管、承包、租赁其他公司资产或其他公司托管、承包、租赁本公司资产的事项。

(2)报告期内，公司与非关联方之间未发生担保事项。

(3)报告期内，公司不存在委托理财事项。

5、公司或持股5%以上股东在报告期内的承诺事项

(1)为了实现完善研发机构，进一步增强公司新产品开发能力的承诺，公司汽车发动机研发中心已于2003年4月17日设立并开始运作。

(2)公司与哈尔滨东安发动机(集团)有限公司、哈尔滨东安机电制造有限公司签订了"关于向哈尔滨东安工具有限公司增资扩股的协议"，拟向哈尔滨东安工具有限公司投入货币资金2000万元，占其注册资本的50%，上述事项已经2001年年度股东大会审议通过。由于投资环境变化，截至2003年12月31日上述事项尚未实施，本次公司二届十次董事会拟取消该项投资，并报2003年度股东大会审议。

6、报告期内公司续聘岳华会计师事务所担任本公司审计工作，截止目前岳华会计师事务所已连续6年为本公司提供审计服务。

公司2003年度支付给会计师事务所的报酬情况如下：

	2003年	2002年	备注
财务审计费(元)	250,000.00	250,000.00	公司不承担差旅费等其他费用。

公司无应付未付会计师事务所费用。

7、公司、公司董事会及董事没有受证券监管部门处罚的情况。

8、其他重大事项。

中国证券监督管理委员会哈尔滨证券监管特派员办事处按照中国证监会《上市公司检查办法》的有关要求，于2003年6月30日至7月3日对公司进行了例行巡回检查，并根据检查情况于2003年7月21日下发了《限期整改通知书》(哈证监函[2003]16号)，对公司提出了五项整改要求。公司接到通知书后，针对通知书中提出的五方面问题，进行了认真的复查，并制定了相应的整改方案，在经公司二届八次董事会审议通过后，《关于中国证监会哈尔滨特派办巡回检查的整改方案》已于2003年8月8日刊登在《上海证券报》和《中国证券报》上。

八、备查文件目录

1、载有董事长、主管会计工作负责人、会计机构负责人签字并盖章的会计报表；

2.载有会计师事务所盖章、注册会计师邵立新、陆海霞签名并盖章的审计报告原件；

3.报告期内公司在《上海证券报》、《中国证券报》公告的所有文件的正本及公告的原稿。

哈尔滨东安汽车动力股份有限公司

董事长:须桐兴

2004年4月2日

山东九发食用菌股份有限公司

山东九发食用菌股份有限公司2003年年度报告

重要提示

本公司董事会及其董事保证本报告所载资料不存在任何虚假记载、误导性陈述或者重大遗漏，并对其内容的真实性、准确性和完整性承担个别及连带责任。

本公司董事长蒋绍庆先生、财务中心负责人王龙先生、会计主管人员袁静女士声明：保证年度报告中财务报告的真实、完整。

一.公司基本情况简介

1.公司的法定中文名称：山东九发食用菌股份有限公司
公司的法定英文名称：SHANDONG JIUFA EDIBLE FUNGUS CO.,LTD.
缩写：SDJF
2.公司法定代表人：蒋绍庆
3.公司董事会秘书：许爱民
证券事务代表：高增欣
联系地址：山东省烟台市南大街9号金都大厦28层
联系电话：0535-6623880
传真：0535-6623798
E-mail：jiufa@public.ytptt.sd.cn
4.公司注册地址：山东省烟台市胜利路201-209号10楼
公司办公地址：山东省烟台市南大街9号金都大厦28楼
邮政编码：264001
网址：www.china- jiufa.com
E-mail：jiufa@public.ytptt.sd.cn
5.公司选定的信息披露报纸：上海证券报、中国证券报
登载公司年报的指定网址：http://www.sse.com.cn
公司年度报告备置地点：本公司证券部
6.公司股票上市交易所：上海证券交易所
股票简称：九发股份
股票代码：600180
7.其它有关资料：
公司首次注册登记日期：1998年6月25日
公司首次注册登记地址：山东省烟台市南大街248号
公司变更注册登记日期：2001年1月20日
公司变更注册登记地址：山东省烟台市胜利路201-209号10楼
企业法人营业执照注册号：3700001801150
税务登记号码：国税鲁字37061270620948x
公司未流通股票的托管机构名称：中国证券登记结算有限责任公司上海分公司
公司聘请的会计师事务所名称：上海上会会计师事务所
会计师事务所办公地址：上海市威海路755号文新报业大厦20楼

二.会计数据和业务数据摘要

1、本年度主要利润指标情况：
(单位：人民币元)

项目	金额
利润总额	78,101,836.73
净利润	75,673,930.51
扣除非经常性损益后的净利润	75,176,025.63
主营业务利润	134,382,109.85
其他业务利润	3,981,000.34
营业利润	80,871,527.06
投资收益	−2,616,050.60
补贴收入	0.00
营业外收支净额	−153,639.73
经营活动产生的现金流量净额	38,874,159.21
现金及现金等价物净增加额	134,696,887.07

注：扣除非经常性损益项目和涉及金额
(单位：人民币元)

项目	金额
流动资产盘亏	275,172.73
营业外支出	−349,210.89
财政贴息	926,335.00
流动资产盘盈	382.34
营业外收入	195,571.16
合计	497,904.88

2、截止2003年末，公司前三年主要会计数据和财务指标
(单位：人民币元)

项目	2003年	2002年
主营业务收入	833,316,025.71	695,545,094.43
净利润	75,673,930.51	83,841,892.97
总资产	1,699,202,713.36	1,362,728,739.89
股东权益	902,182,519.75	876,996,470.10
每股收益(摊薄)	0.3015	0.33
每股收益(加权)	0.3015	0.33
每股净资产	3.59	3.49
调整后的每股净资产	3.525	3.43
净资产收益率(%)(摊薄)	8.39	9.56
净资产收益率(%)(加权)	8.51	10.04
每股经营活动产生的现金流量净额	0.1549	0.06

项目	2001年调整前	2001年调整后
主营业务收入	538,244,390.33	538,244,390.33
净利润	75,604,190.48	72,505,192.11
总资产	1,017,713,822.80	1,008,894,494.61
股东权益	801,973,905.25	793,154,577.13
每股收益(摊薄)	0.3012	0.29
每股收益(加权)	0.349	0.29
每股净资产	3.195	3.16
调整后的每股净资产	3.15	3.11
净资产收益率(%)(摊薄)	9.43	9.14
净资产收益率(%)(加权)	9.90	9.51
每股经营活动产生的现金流量净额	0.3071	0.31

3、利润表附表
(单位：人民币元)

项目	报告期利润	净资产收益率(%) 全面摊薄	净资产收益率(%) 加权平均
主营业务利润	134,382,109.85	14.90	15.10
营业利润	80,871,527.06	8.96	9.09
净利润	75,673,930.51	8.39	8.51
扣除非经常性损益后的净利润	75,176,025.63	8.33	8.45

项目	每股收益 全面摊薄	每股收益 加权平均
主营业务利润	0.5354	0.5354
营业利润	0.3222	0.3222
净利润	0.3015	0.3015
扣除非经常性损益后的净利润	0.2995	0.2995

注：净资产收益率和每股收益的计算公式按中国证监会《公开发行证券公司信息披露编报规则第9号》规定的方法进行计算。

4、报告期内股东权益变动情况
单位：人民币元

项目	股本	资本公积	盈余公积
期初数	250,990,080.00	367,214,770.00	30,710,184.81
本期增加	0		8,202,556.65
本期减少	0		
期末减少数	250,990,080.00	367,214,770.00	38,912,741.46

项目	法定公益金	未分配利润	股东权益合计
期初数	15,355,092.40	212,726,342.89	876,996,470.10
本期增加	4,101,278.33	75,673,930.51	87,977,765.49
本期减少		62501850.98	62,791,715.84
期末减少数	19,456,370.73	225,898,422.42	902,182,519.75

变动原因：
(1)盈余公积：从净利润中提取增加。
法定公益金：从净利润中提取增加。
(2)未分配利润：本期增加数系本年度净利润增加所致，本期减少数系按本年度净利润提取盈余公积及法定公益金所致。

三.股本变动及股东情况

1.股本变动情况
(1)股本变动情况表
数量单位：万股

股份类型	本次变动前	配股	送股	公积金转股	增发	其他	小计	本次变动后
1.发起人股份								
其中：								
国家持有股份								
境内法人持有股份	17,111.808							17,111.808
外资法人持有股份								
其他								
2.募集法人股								
3.内部职工股								
4.优先股或其他								
尚未流通股份合计	17,111.808							17,111.808
二.已上市流通股份								
1.人民币普通股	7,987.20							7,987.20
2.境内上市的外资股								
3.境外上市的外资股								
4.其他								
已流通股份合计	7,987.20							7,987.20
三.股份总数	25,099.008							25,099.008

(2)股票发行与上市情况

山东九发食用菌股份有限公司经中国证券监督管理委员会证监发字 [1998]147 号和[1998]148 号文批准,于 1998 年 6 月 8 日通过上海证券交易所采取"上网定价"公开发行社会公众股 3200 万股(含内部职工股 320 万股),每股发行价 5.20 元。发行完成后于 1998 年 7 月 3 日在上海证券交易所挂牌交易。内部职工股 320 万股于 1999 年 1 月 4 日上市流通。其中高管人员持有的股票按有关规定在任职其间暂时冻结。

2000 年 10 月公司实施了 99 年度股东大会通过的配股方案, 其中法人股股东认购配股 339.84 万股,配售给流通股股东 1536 万股。流通股获配股份于 2000 年 12 月 1 日上市流通。

报告期内,公司股本未发生变动。

2.股东情况介绍

(1)至报告期末股东总数 12061 名。

(2)至报告期末,本公司前十名股东持股情况如下:

股东名称	年度内增减	年末持股数量	比例(%)	股份类别	股份状态(质押或冻结)
山东九发集团公司	0	140014080	55.78	非流通	无
中泰信托投资有限责任公司	31104000	31104000	12.39	非流通	无
江苏聚信投资管理有限公司	−1527622	1264388	0.50	已流通	无
苏长荣	0	768190	0.31	已流通	无
李前松	0	752520	0.30	已流通	无
胡八昌	0	531564	0.21	已流通	无
贺伏先	0	469554	0.19	已流通	无
李君珍	0	392022	0.16	已流通	无
周秀华	0	380700	0.15	已流通	无
杨思慈	293387	293387	0.12	已流通	无

报告期内,公司控股股东山东九发集团公司所持股份没有变动,亦无质押或冻结的情况。公司第二大股东发生变更, 中国乡镇企业总公司持有的公司 3110.4 万股国有法人股转让给中泰信托投资有限责任公司,并已过户完毕,公司于 2003 年 4 月 10 日在中国证券报及上海证券报上披露了关于国有法人股转让过户的提示性公告。至此,中国乡镇企业总公司不再持有公司股份,中泰信托投资有限责任公司成为公司第二大股东,其所持股份无质押或冻结的情况。其余股东持有的股份为流通股。第 1、2 股东之间不存在关联关系且不属于一致行动人,其余 8 位股东未知有否关联关系或是否属于一致行动人。

(3)公司控股股东情况介绍

控股股东名称:山东九发集团公司

法人代表:蒋绍庆

成立日期:1994 年 8 月 16 日

注册资本:12,102 万元人民币

经营范围:理石水磨石加工;动植物养殖;蘑菇、水果蔬菜、农副产品、罐头养殖加工销售,钢材木材批发零售;自营和代理各类商品及技术的进出口业务,但国家限定公司经营或禁止进出口的商品及技术除外。

报告期内公司控股股东没有发生变化。

(4)其他持股 10%(含 10%)以上的法人股东情况

法人股东:中泰信托投资有限责任公司

法定代表人:谷嘉旺

注册资本:人民币伍亿壹仟陆佰陆拾万元

经营范围:受托经营资金信托业务;受托经营动产、不动产及其他财产的信托业务;受托经营国家有关法规允许从事的投资基金业务,作为基金管理公司发起人从事投资基金业务;受托经营公益信托;经营企业资产重组、购并及项目融资、公司理财、财务顾问等中介业务;受托经营国务院有关部门批准的国债、企业债券承销业务;代理财产的管理、运用与处分;代保管业务;信用见证、资信调查及经济咨询业务;以银行存放、同业拆借、融资租赁或投资方式运用自有资金;以自有财产为他人提供担保;办理金融同业拆借;中国人民银行批准的其他业务。

(5)公司前十名流通股股东情况

股东名称(全称)	年末持有流通股的数量	种类(A、B、H 股或其它)
江苏聚信投资管理有限公司	1264388	A 股
苏长荣	768190	A 股
李前松	752520	A 股
胡八昌	531564	A 股
贺伏先	469554	A 股
李君珍	392022	A 股
周秀华	380700	A 股
杨思慈	293387	A 股
安徽天成投资有限责任公司	245000	A 股
杜三大	240000	A 股
前十名流通股股东关联关系的说明	未知流通股股东之间是否存在关联关系或是否属于一致行人。	

四、董事、监事、高级管理人员和员工情况

(一)基本情况

姓　名	职务	性别	年龄	任期起止日期	年初持股数	年末持股数
蒋绍庆	董事长	男	51 岁	2001.4–2004.47	4880	74880
王洪清	董事、总经理	男	52 岁	2001.4–2004.44	9920	49920
李廷芳	副董事长	男	38 岁	2003.8–2004.40		0
姜海林	董事、副总经理	男	41 岁	2001.4–2004.43	7440	37440
宫云科	董事、副总经理	男	47 岁	2001.4–2004.40		0
徐复生	董事、财务总监	男	62 岁	2001.4–2004.40		0
王　龙	董事、财务经理	男	34 岁	2001.4–2004.40		0
黄玉荣	独立董事	女	60 岁	2003.8–2004.40		0
李金林	独立董事	男	49 岁	2002.3–2004.40		0
梁仲康	独立董事	男	60 岁	2002.5–2004.40		0
吴育华	独立董事	男	60 岁	2002.3–2004.40		0
许爱民	董事、董秘	男	36 岁	2001.4–2004.40		0
梁　姜	监事会主席	男	40 岁	2001.4–2004.40		0
姜佩歧	监事	男	29 岁	2001.4–2004.41	2230.40	12230.40
王立峰	监事	男	50 岁	2001.4–2004.41	2230.40	12230.40

说明:董事、监事、高级管理人员在股东单位任职情况:

① 董事长蒋绍庆先生在控股股东单位担任党委书记,副董事长李廷芳先生在中泰信托投资有限责任公司担任副总经理。

② 其他人员未在股东单位兼任任何职务。

(二)年度报酬情况

2003 年度在本公司领取薪酬的董事、监事、高级管理人员的年度报酬均参照烟台市人事局和劳动局有关工资管理和等级标准的规定,结合企业自身的情况按月发放。

本公司领取薪酬的董事、监事、高级管理人员的年度报酬总额为 68 万元,金额最高的前三名董事的报酬总额为 24 万元,金额最高的前三名高级管理人员的报酬总额为 24 万元,独立董事每人每年津贴 2 万元。

公司现任董事、监事、高级管理人员 16 人,在公司领取报酬的 15 人,其中,年度报酬在 6–12 万元 4 人,3–6 万元 5 人,2–3 万元 6 人。不在公司领取报酬的董事为李廷芳,在股东单位领取薪酬。

(三)报告期内董事、监事、高级管理人员离任情况及原因

报告期内吴培龙、巩继鹏因股东单位变更辞去董事职务,赵平因工作原因辞去独立董事职务。增补李廷芳先生为公司董事,增补黄玉荣女士为公司独立董事。

(四)公司员工情况

公司现有职工 3555 人,其中:生产人员 2970 人,销售人员 145 人,技术人员 112 人,财务人员 66 人,行政人员 262 人,无离退休人员。

大专及大专以上学历占 10.52%,中专及高中人员占 26.98%,高中以下占 62.5%。

五.公司治理结构

(一)公司治理情况

报告期内,公司根据《公司法》、《证券法》和中国证监会有关法律法规的要求,不断完善公司法人治理结构、建立现代企业制度、规范公司运作,并不断完善《公司章程》、《股东大会议事规则》、《董事会议事规则》、《监事会议事规则》和《总经理工作细则》。公司治理的主要内容如下:

(1)关于股东与股东大会:公司能够确保所有股东,特别是中小股东享有平等地位,确保所有股东能够充分行使自己的权利;公司建立了股东大会的议事规则,能够严格按照股东大会规范意见的要求召集、召开股东大会,在会场的选择上尽可能地让更多的股东能够参加股东大会,行使股东的表决权;公司关联交易公平合理,并对定价依据予以充分披露。

(2)关于控股股东与上市公司的关系:控股股东行为规范,没有超越股东大会直接或间接干预公司的决策和经营活动;公司与控股股东在人员、资产、财务、机构和业务方面做到五独立,公司董事会、监事会和内部机构能够独立运作。

(3)关于董事与董事会:公司严格按照《公司章程》规定的董事选聘程序选举董事,并将进一步完善董事的选聘程序、积极推行累积投票制度;公司董事会的人数和人员构成符合法律、法规的要求;公司董事会建立了董事会议事规则,公司各位董事、独立董事能够以认真负责的态度出席董事会和股东大会,能够积极参加有关培训,熟悉有关法律法规,了解作为董事、独立董事的权利、义务和责任。

(4)关于监事和监事会:公司监事会的人数和人员构成符合法律、法规的要求;公司监事会建立了监事会的议事规则;公司监事能够认真履行自己的职责,能够本着对股东负责的精神,对公司财务以及公司董事、公司经理和其他高级管理人员履行职责的合法合规性进行监督。

(5)关于绩效评价与激励约束机制:公司正不断完善董事、监事和经理人员的绩效评价标准与激励约束机制,充分调动员工的积极性;经理人员的聘任公开、透明,符合法律法规的规定。

(6)关于相关利益者:公司能够充分尊重和维护银行及其他债权人、职工、消费者等其他利益相关者的合法权益,共同推动公司持续、健康地发展。

(7)关于信息披露与透明度:公司指定董事会秘书及证券事务代表负责信息披露工作、接待股东来访和咨询;公司能够严格按照法律、法规和公司章程的规定,真实、准确、完整、及时地披露有关信息,并确保所有股东有平等的机会获得信息;公司能够按照有关规定,及时披露大股东或公司实际控制人的详细资料和股份的变化情况。

公司自成立以来,一贯严格按照《公司法》等有关法律法规的要求规范运作,并将一如既往地按照有关议事规则和 2002 年元月七日发布的《上市公司治理准则》等要求规范运作,努力寻求利润最大化,切实维护中小股东的利益。

(二)独立董事履行职责情况

公司独立董事能够按照有关法律、法规的要求认真履行职责,按时出席董事会,对公司提交的议案认真审议,发表自己的看法,起到了一定的监督作用,切实维护中小股东的利益。

(三)公司与控股股东在业务、人员、资产、机构、财务等方面的分开情况公司与控股股东山东九发集团公司之间已实现了业务分开、人员独立、资产完整、机构独立、财务独立,具体情况如下:

1、在业务方面,公司独立于控股股东,具有独立完整的业务体系并且具有自主经营能力。

2、在人员方面,公司与控股股东在劳动、人事及工资管理等方面是相互独立的,公司设有独立的人力资源部。公司经理、副经理及其他高级管理人员均在本公司领取报酬,未在控股股东单位领取报酬,且均未在股东单位担任职务。

3、在资产方面,本公司拥有独立的生产体系,辅助生产系统和配套设施、工业产权、商标、非专利技术等无形资产均由本公司拥有,本公司独立拥有采购和销售系统。

4、在机构设置方面,本公司设立了完全独立于控股股东的组织机构,不存在与控股股东合署办公的情况。

5、在财务方面,本公司设有独立的财务部门,并建立了独立的会计核算系统和财务管理制度,并在银行独立开户。

六.董事会报告

一、告期内公司整体经营情况讨论与分析

报告期内,公司坚持贯彻"团结奋进、质量优良、成本低廉、反应灵敏"的总方针,扎实开展质量品牌年活动,积极拓展出口市场,丰富出口产品的品种,积极应对生产经营和企业发展中遇到的各种困难,较好地完成了公司年初制定的经营计划。公司本期实现主营业务收入 83,331.60 万元,利润总额 7,810.18 万元。

二、主营业务的范围及其经营状况

1、公司主营业务的范围:食用菌、罐头、水产品、蔬菜、生物有机复合肥及包装物料的生产及销售和国家允许范围内的自营进出口业务。

2、公司经营状况:

①按照行业分析:

行业	主营业务收入	占主营业务(%)	主营业务利润
食用菌及相关业务	497,047,047.71	59.65	85,748,310.14
贸易	248,470,764.13	29.82	21,233,237.76
复合肥	79,752,494.07	9.57	22,259,274.14
生物制药	8,045,719.80	0.96	5,612,835.20
合计	833,316,025.71	100.00	134,853,657.24
行业		占主营业务(%)	毛利润率(%)
食用菌及相关业务		63.59	17.25
贸易		15.75	8.55
复合肥		16.51	27.91
生物制药		4.15	46.29
合计		100.00	100.00

② 2003 年,公司在建立管理平台与配套产业班子的基础上,制定了严格细致的成本和质量管理实施计划,加大调控和监管的管理力度;通过制定费用计划并及时跟踪审计,有效的控制了费用

开支;通过制定产品的生产成本定额,加强成本核算并进行成本分析,有效的控制了产品成本。在加强内部管理的同时加大市场开发与原料基地建设,扩大了产品的出口份额,提高了企业在国际市场的竞争力。

③报告期内,公司主营业务及其结构较2002年未发生较大变化

3、主要控股公司及参股公司的经营情况及业绩

本公司主要控股公司及参股公司共有4家,其经营情况及业绩如下:

公司名称	业务性质	主要产品	注册资本(万元)
山东格兰百克生物制药有限责任公司	生物药品生产销售	G-CSF	20,938.278
山东九发进出口有限责任公司	贸易	大麦等	1,000.00
山东九发宁都有限责任公司	食品	橘子罐头等	196.00
北京九发生物降解制品有限公司	降解制品生产及销售	快餐制品	3,000.00
山东九发食品饮料销售有限公司	软饮料、食用菌、蔬菜、水果、罐头、水产品、包装物料批发、零售	软饮料	500.00

公司名称	资产规模(元)	净利润(元)
山东格兰百克生物制药有限责任公司	196,964,858.60	-4,277,896.30
山东九发进出口有限责任公司	92,280,428.24	7,057,373.30
山东九发宁都有限责任公司	10,589,116.30	-379,266.41
北京九发生物降解制品有限公司	53,577,691.82	0
山东九发食品饮料销售有限公司	7,830,467.55	-220,662.96

4、主要供应商、客户情况

报告期内,本公司向前五名供应商合计的采购金额占年度采购金额的28.35%,公司向前五名客户销售额合计占公司销售总额的30.72% 。

5、主营业务分地区情况

地区	主营业务收入	主营业务收入比上年增减(%)
东南亚	10007885.01	3.26
日本	23943159.89	4.13
欧盟	348156004.81	12.57
北美	32096678.23	2.81
南美	428378.82	-1.45
非洲	1377346.35	2.49
国外其他地区	227425.00	4.38

6、在经营中出现的问题与困难及解决方案

(1)经营中出现的问题与困难:

1)原料基地建设与原料供应仍然是制约股份公司产能的"瓶颈"。具体表现为公司的加工能力与市场对原料产量与质量的需求相比,仍存在较大的差距。

2)劳动率低与原料的利用率低仍然是制约产品成本高低的关键因素。

3)考核制度的建立使公司走向了制度化管理的轨道,但考核滞后。

4)公司主导产业产品主要以出口为主,将会面对未来人民币升值的潜在压力。

(2)解决方案:

1)通过发挥公司在食用菌养殖产品的养殖加工优势,带动周边的原料基地建设。

2)通过实施考核,建立了定期考核制度。

三、报告期内的投资情况

(一)报告期内募集资金的投资

报告期内,公司无募集资金延续到本期使用的情况。

(二)报告期内非募集资金的投资

报告期内,公司主要投入东郊房地产项目27,825,384.78元,投入武城食用菌基地工程15,806,467.10元,投入食用菌示范基地30,341,357.67元。以上项目尚处于建设期,未产生效益。

四、公司报告期内的财务状况

(一)报告期内的指标项目

指标项目	2003年12月31日	2002年12月31日
总资产	1,699,202,713.36	1,362,728,739.89
长期负债	84,000,000.00	84,000,000.00
股东权益	902,182,519.75	876,996,470.1
主营业务利润	134,382,109.85	125,020,176.59
其它业务利润	3,981,000.34	867,678.25
净利润	75,673,930.51	83,841,892.97
现金及现金等价物净增加额	134,696,887.07	96,177,770.65

指标项目	增减幅度(%)
总资产	24.69
长期负债	0.00
股东权益	2.87
主营业务利润	7.49
其它业务利润	3.59
净利润	-9.74
现金及现金等价物净增加额	40.05

(二)报告期内指标变动的原因

1.总资产:合并报表范围增加所致。

2.长期负债:在建工程项目专项贷款增加所致。

3.股东权益:本年净利润增加。

4.主营业务利润:销售收入增加。

5.净利润:销售收入增加。

五、生产经营环境、宏观政策、法规的变化对本公司产生的影响

在税收方面,根据农业部、国家发展计划委员会、国家经济贸易委员会、财政部、对外贸易经济合作部中国人民银行、国家税务总局、中国证券监督管理委员会印发《关于扶持农业产业化经营重点龙头企业的意见》的通知(农经[2000]008号)之第三条第四款之规定,对重点龙头企业从事种植业、养殖业和农林产品初加工业取得的所得,比照财政部、国家税务总局《关于国有农口企事业单位征收企业所得税问题的通知》(财税字[1997]49号)规定,暂免征收企业所得税。公司享受此优惠政策,对本期净利润有一定影响。

六、新年度的经营计划

1)发挥国家重点农业产业化龙头企业的优势,充分把握农业产业结构调整的新机遇,建立标准化的原料基地,在巩固和扩大主导产业的优势的同时,坚定不移的走农业产业化之路。

2)通过实施质量品牌活动,签订经营目标责任书等方式完善对分公司的考核机制。并通过有效的激励机制的建立调动企业管理层的积极性,提高整体的经,营管理水平和企业竞争力,实现企业的可持续经营。

3)通过积极稳健的营销政策,扩大出口市场份额,进一步确立和巩固在行业中的龙头地位。

4)通过改变经营模式降低产品的加工成本,通过收购兼并等资本运营手段提高企业产能,降低经营成本。

5)通过实施谨慎的会计政策,进一步提高企业资产质量。

7.董事会日常工作情况

(1)报告期内共召开六次董事会

1)本公司第二届十一次董事会于2003年3月4日召开,会议审议并通过如下决议:

一、2002年度董事会工作报告;

二、2002年度总裁业务报告;

三、2002年度财务决算报告;

四、关于2002年度会计政策、会计估计变更的报告;

五、2002年度报告和报告摘要;

六、关于2002年度利润分配及资本公积金转增股本的预案;

七、关于召开2002年度股东年会议案。

此次会议决议公告刊登于2003年3月6日的《上海证券报》和《中国证券报》

2)本公司第二届十二次董事会于2003年4月24日召开,会议审议并通过如下决议:

公司2003年第一季度报告。

3)本公司第二届十三次董事会于2003年7月25日召开,会议审议并通过如下决议:

一、公司章程修正草案;

二、关于吴培龙先生辞去公司董事的议案;

三、关于巩继鹏先生辞去公司董事的议案;

四、关于赵平先生辞去公司独立董事的议案;

五、关于提名李廷芳先生为公司董事候选人的议案;

六、关于提名黄玉荣女士为公司独立董事候选人的议案;

七、关于更换会计师事务所的议案;

八、关于召开2003年第一次临时股东大会的议案。

此次会议决议公告刊登于2003年7月26日的《上海证券报》和《中国证券报》

4)本公司第二届十四次董事会于2003年8月27日召开,会议审议并通过如下决议:

一、《公司2003年中期报告》及摘要;

二、选举李廷芳为公司副董事长;

三、关于设立山东九发食品饮料销售有限公司的议案。

此次会议决议公告刊登于2003年8月29日的《上海证券报》和《中国证券报》

5)本公司第二届十五次董事会于2003年10月28日召开,会议审议并通过如下决议:

一、公司2003年第三季度报告;

二、关于公司内控制度完整性、合理性、有效性说明的议案。

此次会议决议公告刊登于2003年10月29日的《上海证券报》和《中国证券报》

6)本公司第二届十六次董事会于2003年11月26日召开,会议审议并通过如下决议:

一、关于符合发行可转换公司债券条件的议案;

二、关于申请发行可转换公司债券的议案;

三、关于本次发行可转换公司债券募集资金运用可行性的议案;

四、《公司董事会关于前次配股募集资金使用情况的专项说明》的议案;

五、关于召开2003年第二次临时股东大会的议案。

此次会议决议公告刊登于2003年11月27日的《上海证券报》和《中国证券报》

(2)董事会对股东大会决议的执行情况

公司2002年度股东大会通过利润分配及资本公积金转增股本的议案,以2002年期末总股本25,099.008万股为基数,每10股派发现金股利2元(含税)。该分配方案于2003年6月5日实施完毕。

8.本次利润分配预案和资本公积金转增股本预案

本公司2003年度共实现净利润75,673,930.51元,根据《公司法》和《公司章程》规定,提取10%的盈余公积金计8,202,556.65元,提取5%的法定公益金4,101,278.33元,可供分配利润总额63,370,095.53元,加上年初未分配利润162,528,326.89元,合计可供股东分配利润225,898,422.42元。期末本公司利润分配案:不分配。资本公积金转增股本预案:不转增。此预案须经股东大会通过。

9.公司选定的信息披露报纸为《上海证券报》和《中国证券报》。

七.重要事项

1、本年度公司无重大诉讼、仲裁事项。

2、报告期内公司、公司董事、监事及高级管理人员没有受监管部门处罚的情况。

3、报告期内公司控股股东未变更,董事吴培龙先生、巩继鹏先生辞去董事职务,增补李廷芳先生为公司董事。同意赵平先生辞去公司独立董事,新聘黄玉荣女士为公司独立董事。

4、报告期内公司无重大关联交易事项发生。

5、报告期内公司无承包、托管,也没有委托理财情况。

6、报告期内公司为控股子公司山东九发进出口有限公司提供1,000万美元银行信用额度担保。

7、报告期公司解聘山东乾聚有限责任会计师事务所,聘任上海上会会计师事务所担任审计工作,本年度支付给会计师事务所报酬为50万元人民币,该事务所第一年为公司提供审计服务。

8、公司报告期内没有更改。

八.备查文件目录

1.载有董事长亲笔签署的年度报告正本。

2.载有公司负责人、主管会计工作负责人、会计机构负责人签名并盖章的财务报表。

3.载有会计师事务所盖章、注册会计师签名并盖章的审计报告原件。

4.报告期内在中国证监会指定报纸上公开披露过的所有公司文件的正本及公告的原稿。

5.公司章程。

董事长:蒋绍庆

山东九发食用菌股份有限公司

2004年2月16日

江苏吴中实业股份有限公司

江苏吴中实业股份有限公司2003年年度报告

第一节、重要提示

本公司董事会及其董事保证本报告所载资料不存在任何虚假记载、误导性陈述或者重大遗漏,并对其内容的真实性、准确性和完整性承担个别及连带责任。

本公司董事长赵唯一先生、总经理姚建林先生、主管会计工作负责人杨伍官先生及会计机构负责人陆冬生先生声明:保证年度报告中财务报告的真实、完整。

第二节、公司基本情况简介

1、公司法定中文名称:江苏吴中实业股份有限公司

简称:江苏吴中

法定英文名称:Jiangsu wuzhong industrial CO.,LTD

缩写:Jiangsu wuzhong

2、公司法定代表人:赵唯一

3、公司董事会秘书:金建平

证券事务代表:朱菊芳

联系地址:江苏省苏州市吴中区宝带东路388号

电话:0512-65272131、65626898

传真:0512-65270086

董秘电子信箱:jswz@wuzhong.com

4、公司注册及办公地址:江苏省苏州市吴中区宝带东路388号

邮政编码:215128

公司国际互联网网址:http://www.600200.com

公司电子信箱:info@wuzhong.com

5、公司信息披露报纸名称:中国证券报、上海证券报

登载年度报告的中国证监会指定网站网址:http://www.sse.com.cn

公司年度报告备置地点:公司董事会秘书室

6、公司股票上市交易所:上海证券交易所

股票简称:江苏吴中

股票代码:600200

7、其他有关资料

公司首次注册时间为1994年6月28日,注册登记机关为江苏省苏州市吴县工商行政管理局,1996年12月31日按国家法规对股份制企业的要求进行规范,并在江苏省工商行政管理局重新办理注册登记。

公司法人营业执照注册号:3200001103424

公司税务登记号码:320586134792998

公司聘请的会计师事务所:上海立信长江会计师事务所有限公司

办公地址:上海市南京东路61号4楼

第三节、会计数据和业务数据摘要(合并报表)

1、公司2003年度主要会计数据

项目	金额(人民币元)
(1)利润总额	77374529.96
(2)净利润	52033460.33
(3)扣除非经常性损益后的净利润	49946653.13
(4)主营业务利润	223007362.54
(5)其它业务利润	6163338.02
(6)营业利润	69745612.87
(7)投资收益	6720070.96
(8)补贴收入	1688338.21
(9)营业外收支净额	-779492.08
(10)经营活动产生的现金流量净额	-3859078.00
(11)现金及现金等价物净增加额	249624623.19

注:本公司扣除的非经常性损益项目如下表:

明细项目	金额(元)
1、处置长期股权投资、固定资产、在建工程、无形资产、其他长期资产产生的损益	-126236.68
2、越权审批或无正式批准文件的税收返还、减免	
3、各种形式的政府补贴	1688338.21
4、计入当期损益的对非金融企业收取的资金占用费	117464.00
5、短期投资损益	841100.74
6、委托投资收益	
7、扣除公司日常根据企业会计制度规定计提的资产减值准备后的其他各项营业外收支净额	-433859.07
8、因不可抗力因素,而计提的各项资产减值准备	
9、以前年度已经计提各项减值准备的转回	
10、债务重组损益	
11、资产置换损益	
12、交易价格显失公允的交易产生的超过公允价值部分的损益	
13、比较财务报表中会计政策变更对以前期间净利润的追溯调整数	
14、其他:	
合计	2086807.20

2、公司前三年主要会计数据和财务指标:

(金额:人民币元))

项目	2003年(或2003年12月31日)	2002年(或2002年12月31日)调整前	调整后
(1)主营业务收入	1127007707.52	666234476.68	666234476.68
(2)净利润	52033460.33	60177053.15	60177053.15
(3)总资产	1765655453.20	1228515760.03	1265340836.72
(4)股东权益(不含少数股东权益)	843967123.97	791632954.24	811036954.24
(5)每股收益(摊薄计算)	0.125	0.217	0.217
(6)每股净资产	2.030	2.856	2.926
(7)调整后的每股净资产	2.010	2.811	2.881
(8)每股经营活动产生的现金流量净额	-0.009	0.083	0.083
(9)净资产收益率(%)(摊薄计算)	6.17	7.60	7.42
(10)扣除非经常性损益后	5.97	6.99	6.99

项目	2001年(或2001年12月31日)调整前	调整后
(1)主营业务收入	668554095.40	668554095.40
(2)净利润	83195604.04	83195604.04
(3)总资产	1105587920.22	1105587920.22
(4)股东权益(不含少数股东权益)	750190729.68	766822729.68
(5)每股收益(摊薄计算)	0.3001	0.3001
(6)每股净资产	2.706	2.766
(7)调整后的每股净资产	2.670	2.730
(8)每股经营活动产生的现金流量净额	-0.125	-0.125
(9)净资产收益率(%)(摊薄计算)	11.09	10.85
(10)扣除非经常性损益后加权平均净资产收益率(%)	15.91	15.91

注:(1)、本年度每股收益(摊薄计算)系按半年度转增股本后的股本总数41580万元计算的。

(2)、调整后数额系按2003年修订后的《企业会计准则-资产负债表日后事项》将现金股利分配的会计处理作追溯调整,在股东权益中单独列示;2003年因合并报表范围变更,同步调整合并报表年初数(2002年末数)。

3、利润表附表

报告期利润	净资产收益率(%)全面摊薄	加权平均	每股收益全面摊薄	加权平均
主营业务利润	26.42	26.64	0.536	0.536
营业利润	8.26	8.33	0.168	0.168
净利润	6.17	6.22	0.125	0.125
扣除非经常性损益后的净利润	5.92	5.97	0.120	0.120

4、报告期内股东权益变动情况(单位:人民币元)

项目	股本	资本公积	盈余公积
期初数	277200000	349522351.94	100827540.39
本期增加	138600000	300709.40	11380583.90
本期减少	-	138600000.00	-
期末数	415800000	211223061.34	112208124.29

项目	其中:法定公益金	未分配利润
期初数	15634611.04	83487061.91
本期增加	3391514.43	52033460.33
本期减少	-	30784583.90.
期末数	19026125.47	104735938.34

项目	减:未确定的投资损失	股东权益合计
期初数	-	811036954.24
本期增加	-	202314753.63
本期减少	-	169384583.90
期末数	-	843967123.97

变动原因说明:

(1)股本增加原因系半年度公司实施了每10股转增5股的资本公积转增方案引起;

(2)资本公积变动主要原因系半年度公司实施转增股本;

(3)盈余公积增加原因系公司利润分配提取增加;

(4)法定公益金增加原因系公司利润分配提取增加;

(5)未分配利润变动原因系本年实现净利润增加及利润分配减少引起。

第四节、股本变动及股东情况

一、股份变动情况

1、股份变动情况表(单位:股)

	本次变动前	本次变动增减(+、-)配股	送股	公积金转股	增发	其它
(一)未上市流通股份						
1、发起人股份	80340000			40170000		

其中:国家持有股份		
境内法人持有股份	80340000	40170000
境外法人持有股份		
其它		
2、募集法人股份	71760000	35880000
3、内部职工股		
4、优先股或其它		
未上市流通股份合计	152100000	76050000
(二)已上市流通股份		
1、人民币普通股	125100000	62550000
2、境内上市的外资股		
3、境外上市的外资股		
4、其它		
已上市流通股份合计	125100000	62550000
股份总数	277200000	138600000

	本次变动增减(+、-)小计	本次变动后
(一)未上市流通股份		
1、发起人股份	40170000	120510000
其中:国家持有股份		
境内法人持有股份	40170000	120510000
境外法人持有股份		
其它		
2、募集法人股份	35880000	107640000
3、内部职工股		
4、优先股或其它		
未上市流通股份合计	76050000	228150000
(二)已上市流通股份		
1、人民币普通股	62550000	187650000
2、境内上市的外资股		
3、境外上市的外资股		
4、其它		
已上市流通股份合计	62550000	187650000
股份总数	138600000	415800000

注:报告期公司股本发生变化,是公司2003年半年度按每10股转增5股进行资本公积金转增股本引起。

2、股票发行及上市情况

(1)2001年9月,经中国证监会证监公司字(2001)81号文核准,公司实施配股方案,以2000年12月31日股本为基数的配股比例为10:3,实际配售以配股前公司总股本26052万股为基数,配股比例为10:1.53846向全体股东配股,共可配售4008万股,配股价为16元,其中公司法人股股东均致函声明放弃本次配股,故实际向社会公众股股东和内部职工股股东配股1668万股,发行日期为2001年9月7日至2001年9月20日,配股后公司股本为27720万股。

(2)2002年3月,公司内部职工股450万股经上海证券交易所批准上市,上市后公司流通股增至12510万股。

(3)2003年10月,公司实施了半年度资本公积金转增股本方案,以2003年6月30日公司总股本27720万股为基数,按每10股以资本公积金转增5股进行转增,转增后公司总股本为41580万股。

二、股东情况介绍

1、报告期末股东总数为6258人;

2、主要股东持股情况

截止2003年12月31日,公司前十名股东持股情况如下:

股东名称	期末持股数量(股)	占总股本比例(%)	股份类别	本期增减(股)
(1)江苏吴中集团公司	150368400	36.16%	法人股	+50122800
(2)苏州市吴中区协力商社	32760000	7.88%	法人股	+10920000
(3)海南颐科科技开发有限公司	32151600	7.73%	法人股	+10717200
(4)苏州大有物贸公司	8190000	1.97%	法人股	+2730000
(5)江苏吴中集团万利发展公司	4680000	1.13%	法人股	+1560000
(6)常熟市制冷设备二厂	579170	0.1393%	流通股	
(7)邹延菊	373815	0.0899%	流通股	
(8)曹海	366975	0.0883%	流通股	
(9)方旭东	365625	0.0879%	流通股	
(10)吴春平	351450	0.0845%	流通股	

注:(1)公司前10名股东中的法人股,除江苏吴中集团万利发展公司系江苏吴中集团公司全资企业外,其余法人股之间不存在关联关系或属于《上市公司持股变动信息披露管理办法》中规定的一致行动人。

公司前10名股东中的流通股,公司未知其是否存在关联关系或属于《上市公司持股变动信息披露管理办法》中规定的一致行动人。

(2)上述持有本公司5%以上(含5%)股份的单位所持本公司股份报告期增加的数量是由于报告期公司实施2003年度中期资本公积金转增股本引起的。

(3)上述持有本公司5%以上(含5%)股份的单位所持本公司股份报告期内无质押、冻结情况。

3、公司控股股东为江苏吴中集团公司。

江苏吴中集团公司成立于1993年5月,法定代表人:朱天晓,注册资本5000万元,主要业务包括服装及辅料、纺织品、建材、金属材料及制品、电子电器、项目投资及三产开发、房地产等。江苏吴中集团公司的主管机关为苏州市吴中区教育局。

江苏吴中集团公司自2003年9月开始实施改制重组,拟由校办集体企业改制设立为有限责任公司。本公司已于9月17日在上海证券报、中国证券报上刊登了《江苏吴中实业股份有限公司关于公司第一大股东江苏吴中集团公司改制的提示性公告》,并于12月17日和18日在上海证券报、中国证券报上刊登了《江苏吴中实业股份有限公司说明公告》和《江苏吴中实业股份有限公司董事会关于陈雁男等十五位自然人收购事宜致全体股东的报告书》。目前江苏吴中集团公司改制重组方案已申报中国证监会,尚未得到证监会的批复。

4.截止2003年12月31日,公司前十名流通股股东持股情况如下:

股东名称	期末持股数量(股)
(1)常熟市制冷设备二厂	579170
(2)邹延菊	373815
(3)曹海	366975
(4)方旭东	365625
(5)吴春平	351450
(6)马志云	350550
(7)凌抗美	333057
(3)谢丽娟	331020
(4)吴凤明	327600
(5)朱茜	323115

注:公司未知上述前10名流通股股东之间是否存在关联关系或属于《上市公司持股变动信息披露管理办法》中规定的一致行动人。

第五节、公司董事、监事、高级管理人员和员工情况

一、公司现任董事、监事、高级管理人员基本情况

姓名	职务	性别	年龄	任期(年.月.日)	持股数(股)期初数	增/减(+/-)	期末数
赵唯一	董事长	男	49	2003.3.20-2006.3.19	68400	+34200	102600
姚建林	副董事长、总经理	男	47	2003.3.20-2006.3.19	68400	+34200	102600
夏建平	副董事长	男	48	2003.3.20-2006.3.19	68400	+34200	102600
阎　政	董事、副总经理	男	51	2002.4.10-2003.4.20	0		0
罗　勤	董事、副总经理	男	48	2003.3.20-2006.3.19	23400	+11700	35100
钟慎政	董事、副总经理	男	55	2003.3.20-2006.3.19	50400	+25200	75600
沈　贤	董事、副总经理	男	46	2003.3.20-2006.3.19	50400	+25200	75600
金建平	董事、董秘	男	41	2003.3.20-2006.3.19	50400	+25200	75600
刘兆年	独立董事	男	44	2003.3.20-2006.3.19	0		0
汤谷良	独立董事	男	42	2003.3.20-2006.3.19	0		0
王锦霞	独立董事	女	50	2003.3.20-2006.3.19	0		0
姜　宁	独立董事	男	46	2003.5.16-2006.3.19	0		0
魏兴发	监事、监事会主席	男	54	2003.3.20-2006.3.19	68400	+34200	102600
吴玉琴	监事	女	33	2003.5.16-2006.3.19	0		0
夏　霖	监事	男	40	2003.3.20-2006.3.19	0		0
徐连男	监事(职工代表)	男	52	2003.3.20-2006.3.19	14400	+7200	21600
钟素芳	监事(职工代表)	女	36	2003.3.20-2006.3.19	7200	+3600	10800
杨伍官	财务总监	男	54	2003.3.20-2006.3.19	50400	+25200	75600
金　力	副总经理	男	40	2003.3.20-2006.3.19	0		0

注:上述董、监事、高管人员持股数变动是由于报告期公司实施2003年度中期资本公积金转增股本引起的。

董事、监事在股东单位任职情况说明:董事会成员中赵唯一为江苏吴中集团公司副董事长、总经理;姚建林、夏建平为江苏吴中集团公司副董事长,钟慎政为江苏吴中集团公司董事。监事会成员中魏兴发先生任江苏吴中集团公司副董事长,吴玉琴为江苏吴中集团公司党委办主任,任职期均至2005年3月;其他董、监事及高管人员未在股东单位任职。

二、公司董事、监事、高级管理人员年度报酬情况

1、公司董事、监事的年薪由董事会下属的薪酬与考核委员会负责拟订,由董事会审议通过并提交股东大会批准,平时按年薪的一定比例发放,年底由薪酬与考核委员会对其进行工作绩效考评,根据考评结果确定补发的年薪数额。

公司经理等高管人员的年薪由董事会下属的薪酬与考核委员会负责拟订,由董事会审议批准,平时按年薪的一定比例发放,年底由薪酬与考核委员会对其进行工作绩效进行考评,根据考评结果确定补发的年薪数额。其中负责行政、后勤、企业管理性工作的高管人员年薪主要与其岗位、职责及其工作表现挂钩,负责生产经营的高管人员年薪主要与其完成业绩任务情况挂钩。

报告期内现任公司董事(不含独立董事)、监事、高级管理人员在本公司领取报酬的有13人,年度报酬总额188.50万元,其中金额最高的前三名董事报酬总额为67万元,金额最高的前三名高级管理人员报酬总额为60万元。

本公司独立董事的年津贴为5万元,无其他报酬和待遇。

2、报酬区间为(不含独立董事):5-10万元,董事0人,监事3人,其他高管人员0人;10-15万元,董事3人,监事0人,其他高管人员2人;15-20万元,董事3人,监事0人,其他高管人员0人;20-25万元,董事2人,监事0人,其他高管人员0人

3、报告期内公司董事均在本公司领取报酬;监事会成员中魏兴发先生、吴玉琴女士不在本公司领取报酬,他们在控股股东江苏吴中集团公司领取报酬。

三、本报告期内公司董事、监事、高级管理人员变动情况及原因

1、2003年4月21日,为优化公司董事会的构成,达到《关于在上市公司建立独立董事制度》的法规要求,公司四届二次董事会审议通过许益锋先生辞去公司第四届董事会董事职务,董事会提名姜宁先生任公司第四届董事会独立董事。

2、2003年5月27日,公司2003年度第一次临时股东大会表决通过姜宁先生任公司第四届董事会独立董事。会议还表决通过公司监事会成员变更的议案,同意张祥荣先生因工作原因辞去公司监事职务,选举吴玉琴女士为公司监事。

3、2003年3月20日,公司第四届董事会第一次会议审议通过续聘姚建林先生为公司总经理,任期3年;续聘金建平先生为公司董事会秘书。

四、公司员工情况

公司年末在职职工人数为1254人,按教育程度分布为:大专以下855人,占68.2%,大专177人,占14.1%,大学本科194人,占15.5%,硕士研究生及以上28人,占2.2%;按专业构成分布为:生产人员747人,占59.6%,销售人员104人,占8.3%,生产技术人员141人,占11.2%,财务人员38人,占3.0%,行政人员119人,占9.5%,其他105人,占8.4%。

第六节、公司治理结构

一、公司治理情况

报告期内,公司严格按照《公司法》、《证券法》和中国证监会有关法律法规的要求,不断健全和完善公司法人治理结构,规范公司"三会"运作,公司按中国证监会《关于在上市公司中建立独立董事制度的指导意见》完善董事会的构成,增选了一名独立董事,目前公司独立董事已占董事会成员的三分之一。对照证监会发布的有关上市公司治理规范性文件,目前本公司法人治理情况具体说明如下:

1、关于股东与股东大会:公司充分考虑股东利益,确保所有股东(特别是中小股东)享有平等地位并充分行使自己的权利,公司在《章程》及《股东大会议事规则》中对股东权益作了明确规定并认真执行,对关联交易的决策及程序也作了明确规定,以做到关联交易的公平合理。2003年度公司共召开四次股东大会,会议符合《公司法》及《公司章程》的有关规定,北京市天银律师事务所均安排律师出席会议并为会议出具了法律意见书。报告期内公司未发生为控股股东及其关联方提供担保的

情形。

2、关于公司与控股股东关系：

(1)、公司业务独立、资产完整。公司拥有独立的生产系统、辅助生产系统和配套设施;公司拥有独立的采购和销售系统,公司具有独立完整的业务及自主经营能力;公司资产完整,各项固定资产、流动资产及其他资产均为本公司合法拥有,除"吴中"商标外公司目前使用的工业产权、商标、非专利技术亦为公司拥有,"吴中"商标由吴中集团承诺无偿提供本公司使用,用于本公司内销休闲类服装服饰;

(2)、公司人员独立。本公司设立了独立的机构负责劳动、人事及工资管理。公司总经理、副总经理、财务负责人、营销负责人等高级管理人员均在公司领取薪酬,公司高级管理人员未在股东单位兼任除董事以外的重要职务,本公司员工与控股股东员工完全分开;

(3)、公司财务独立。公司设立独立的财务部门,并建立了独立的会计核算体系和财务管理制度,公司银行账户独立。

(4)公司机构独立。公司设有董秘室、财务部、人力资源部、企管发展部、医学市场部等职能部门,公司日常运营独立于控股股东。

3、关于董事与董事会:公司董事的选聘严格按照公司章程规定的程序进行,公司董事的人数和人员构成也符合国家有关法律法规的要求。董事会已建立了《董事会议事规则》,报告期内公司董事会议事按规则执行。

报告期内,公司通过股东大会增选举了1位独立董事,独立董事人数占董事总人数三分之一。公司已建立了《独立董事制度》,并成立了董事会所属四个专门委员会,即战略委员会、提名委员会、审计委员会、薪酬与考核委员会。

4、关于监事与监事会:公司建立了《监事会议事规则》,公司监事会成员全部或部分列席了历次公司董事会和股东大会,监事会能本着股东利益出发,认真负责审议各事项,对公司董事会、经理及其他高管人员履行职责的合法合规性进行监督,对公司财务状况进行检查监督,对相关重大事项发表了监事会意见。

5、关于绩效评价与激励约束机制:对于公司董事、高管人员,公司通过建立董事会下属的薪酬与考核委员会进行工作绩效考评,并负责制订、审查公司董事及经理人员的薪酬政策与方案。

对于公司其他经营管理人员,公司目前采用岗位职责表现、经营业绩与酬薪挂钩考核的办法,由公司人事部门、财务部门及其他职能部门参与评价考核。

6、关于利益相关者:公司充分尊重银行及其他债权人、职工、消费者、供应商、所在地方等利益相关者的合法权利,并提供其必要的信息,共同推进公司持续、健康发展。

7、关于信息披露:公司制订了《信息披露制度》,指定董事会秘书负责信息披露事项、接待来访、回答咨询、联系股东及向投资者提供公司公开披露的资料,严格按照法律法规和公司章程的规定主动、真实、准确、完整、及时地披露相关信息,以确保公司所有股东有平等机会得到信息。

二、独立董事履行职责情况

报告期内,公司独立董事认真履行职责,积极参加公司召开的股东大会和董事会,参与会议各项议案的审议,并提出有利于公司经营运作、维护公司股东权益的意见和建议,参与了历次董事会议案的表决。独立董事在本人因工作或其他原因不能参加董事会会议的情况下,都在会前审阅会议文件和会议拟审议的各项议案,并书面委托其他独立董事出席会议并代为行使表决权。

报告期内,独立董事还就公司董事会成员变更、公司资产减值准备、公司与关联方资金往来及对外担保、公司第一大股东江苏吴中集团公司改制等事宜发表了书面的独立董事意见。

第七节、董事会报告

一、公司经营情况

1、公司经营状况简要分析

2003年,在国内总体经济环境持续向好、部分产业和行业快速增长的宏观背景下,本公司所在的医药、服装行业作为市场成熟度较高的行业依然面临着更加激烈的市场竞争。上半年度国内遭遇了一场突如其来的SARS,对公司的医药和服装产品销售都产生了一定的影响,在医药产品上表现为年度内销售起伏较大,在服装上造成内外销的市场滞后效应。面对上述局面,公司经营管理层冷静分析、积极应对,抓住下半年服装、羽绒销售快速增长的市场机遇,公司销售相比上一年度取得了大幅增长。年度内,公司所属医药板块继续推进和巩固"吴中医药"的品牌营销,吴中医药销售公司通过加强新药"洛凯"的市场推广和开设普药销售部,销售业务增长较快,服装板块中"芭芭拉"品牌逐步形成规模经营能力,服装外销增长较快,学生装业务稳中有升,集团购买业务市场拓展初见成效。年度内,由于公司医药研发以及产品销售的显著成绩,公司被国家科技部评为"火炬计划优秀高新技术企业"。

在投资方面,公司前次配股募集资金的项目相继建成投产,"苏州第六制药厂年产1000万支奥美拉唑钠技术改造项目"、"增资江苏吴中进出口有限公司"项目等取得了较好的经济效益。此外,公司已年度内还根据市场需求,提前启动"中药港"建设项目,工程建设进展顺利,江苏吴中服装生产基地建设项目的先期工作也准备就绪,项目建设即将全面展开。

通过公司管理层和员工的共同努力,2003年公司经营业绩保持稳定,虽然公司一些普药和新药近年来遭遇持续的价格大幅下跌,且药厂的GMP改造也造成药业板块的投资和费用增加,但公司通过积极的市场开拓,调整优化产品结构,通过挖潜改造降本增效,基本消化了药品大幅降价给公司带来的巨大市场压力,公司主营业务收入大幅上涨,主营业务利润比上年同期增长30.90%。新药洛凯取得了较好收益,芙琦星、莱沃幸等产销也取得持续增长,服装板块外销和内销品牌运作取得显着成效。

2.公司主营业务范围及其经营状况

公司主营业务范围:服装、工艺美术品(金银制品除外)、不锈钢制品、照相器材、皮革及制品的制造和销售,国内贸易(国家有专项规定的办理许可证后经营),房地产开发、经营。原料药、输液剂、注射剂、冻干针剂、片剂、硬胶囊剂、栓剂制造、销售(限指定的分支机构领取许可证后经营)。本公司自产的服装、绣什品、床上用品、工艺美术品、不锈钢制品、药品、原料药、箱包、皮革及制品出口业务,本公司生产、科研所需的原辅材料、机械设备、仪器仪表、零配件进出口业务。

由于2002年底,公司投资设立了绍兴茂龙吴中羽绒制品有限公司,该公司主要从事"茂龙"牌羽绒和羽绒制品的收购、加工和销售,因此,本报告期公司主要业务有服装、羽绒、医药三块。

(1)公司报告期实现主营业务收入1127007707.52元,其中:服装574150525.53元,占50.94%,羽绒241646737.74元,占21.44%,药业304878539.25元,占27.05%,其他6331905.00元,占0.56%。具体分行业产品实现的主营业务收入及其成本、毛利率情况如下:

分行业资料:

类别	主营业务收入		主营业务成本	
	2003年	2002年	2003年	2002年
服装	574150525.53	383651357.08	490371839.75	316394986.45
药品	304878539.25	282583119.60	188401044.15	176567650.46
羽绒	241646737.74		215663322.83	
其他	6331905.00		6140655.00	
合计	1127007707.52	666234476.68	900576861.73	492962636.91

类别	主营业务毛利		主营业务毛利率	
	2003年	2002年	2003年	2002年
服装	83778685.78	67256370.63	14.59%	17.53%
药品	16477495.10	106015469.14	38.20%	37.52%
羽绒	25983414.91		10.75%	
其他	191250.00		3.02%	
合计	226430845.79	173271839.77	20.09%	26.01%

分经营地区资料:

	主营业务收入		主营业务成本	
	2003年	2002年	2003年	2002年
苏州地区	894972680.31	686292343.53	709061670.79	516642497.63
南京地区	23184756.80	6041072.70	8129713.92	2770029.57
绍兴地区	243744633.64	3997206.32	217761218.73	3646255.58
公司分地区	34894363.23	30096145.87	3375741.71	30096145.87
分部间抵销				

	主营业务毛利		主营业务毛利率	
	2003年	20002年	2003年	2002年
苏州地区	185911009.52	169649845.9	20.77%	24.72%
南京地区	15055042.88	3271043.13	64.94%	54.15%
绍兴地区	25983414.91	350950.74	10.66%	8.78%
公司分地区	518621.52	–		
分部间抵销				

(2)占主营业务收入或主营业务利润10%以上的业务经营活动,其所属行业及主要产品介绍:服装类产品中主要是"365"学生装、羽绒服、休闲装,"芭芭拉"、"铁飞龙"等品牌服装以及各种针织、梭织外销服装;公司控股子公司绍兴茂龙吴中羽绒制品有限公司的羽绒及其制品;医药类产品中主要是六药厂的普药洁霉素、丁胺针剂(硫酸阿米卡星)、奥美拉唑钠、丁胺原料药、卡络磺钠,长征-欣凯制药公司的氧氟沙星、芙璐星(氟罗沙星)注射液及来氟米特新药和中凯公司生物药品G-CSF。

(3)主营业务及其结构、主营业务盈利能力变化情况说明

A、主营业务及其结构变化情况分析

①本期主营业务收入比上年同期增长69.16%,其主要原因是本期公司服装出口业务增长较大及本期公司新增羽绒业务收入。

②服装收入占主营业务收入比例本期为50.94%,上一年度为57.59%;药业收入占主营业务收入比例本期为27.05%,上一年度为42.41%,服装收入比例变动较小,而药业收入比例较大下降的主要原因是:本期新增羽绒销售业务及公司所属进出口公司的服装出口业务增长较大,而药业销售额增长较小,从而导致主营业务结构本期有较大变化。

③由于去年年底前公司投资设立了绍兴市茂龙吴中羽绒制品有限公司,该公司主要从事羽绒及羽绒制品的生产、加工,因此,本期公司主要业务增加了羽绒业务,本期羽绒业务占收入比例为21.44%。

B、主营业务盈利能力(毛利率)与去年相比发生重大变化的情况及其原因分析

公司主营业务毛利率本期为20.09%,上年度为26.01%,本期毛利率比上年度下降主要原因是:本期主营业务毛利率较低的服装出口业务和羽绒业务占总收入的比重较大,从而引起公司整体主营业务毛利率下降。

3、主要控股公司及参股公司的经营情况及业绩

苏州长征-欣凯制药有限公司:该公司系中外合作企业,注册资本金102万美元,本公司投资72万美元。该公司主要业务为:一类新药"爱若华"、四类新药"芙璐星"以及各类注射液、片剂、口服液、及其他药品开发、研制、生产和销售。截至2003年12月31日,该公司总资产6322.17万元,净资产3817.29万元,2003年实现主营业务收入5017.32万元,净利润1206.04万元。

江苏吴中进出口有限公司:该公司注册资本为2800万元(本公司占97.14%股权),目前该公司主要从事进出口贸易。截至2003年12月31日,该公司总资产 16410.00万元,净资产5326.26万元,2003年实现主营业务收入41430.42万元,净利润1153.46万元。

江苏兴业投资有限公司:该公司注册资本10000万元(本公司占95%股权),该公司目前主要从事对具有成长潜力和市场价值的高科技公司进行权益投资的业务。截至2003年12月31日,该公司总资产17381.17万元,净资产11348.21万元,2003年实现净利润179.42万元。

江苏吴中苏药医药开发有限公司:该公司注册资本600万元(本公司占51%股权),目前该公司主要从事化学药品的研发工作。截至2003年12月31日,该公司总资产2411.27万元,净资产802.06万元,2003年实现主营业务收入722.67万元,净利润-70.78万元。

江苏吴中医药销售有限公司:该公司注册资本4865万元(本公司占84.58%股权),目前该公司主要负责销售江苏吴中各下属药品生产单位的新药品种。截至2003年12月31日,该公司总资产8587.95万元,净资产4982.32万元,2003年实现主营业务收入7534.14万元,净利润99.78万元。

江苏吴中生物医药研究所有限公司:该公司注册资本金4550万元(本公司占96.70%股权),目前该公司主要从事生物医药的研发工作。截至2003年12月31日,该公司总资产4483.78万元,净资产4439.26万元,2003年尚未实现收益。

江苏吴中中药研发有限公司:该公司注册资本2000万元(本公司占95%股权),目前该公司主要从事现代中药的研发工作。截至2003年12月31日,该公司总资产2469.69万元,净资产1999.69万元,2003年尚未实现收益。

绍兴茂龙吴中羽绒制品有限公司:该公司注册资本4000万元(本公司占51%股权),目前该公司主要负责羽绒收购加工,羽绒和羽绒制品的销售。截至2003年12月31日,该公司总资产19834.75万元,净资产4601.69万元,2003年实现主营业务收入24374.46万元,净利润635.98万元。

江苏吴中大自然生物工程有限公司:该公司注册资本2250万元(本公司占60%股权),目前该公司主要从事生物保健品"初乳素胶囊"的生产和销售。截至2003年12月31日,该公司总资产1736.13万元,净资产1601.30万元,该公司产品属于开拓阶段,前期广告宣传投入较大,效益尚未体现,2003年实现主营业务收入1595.81万元,净利润为-564.53万元。

4、公司主要供应商、客户情况

报告期内公司向前五名供应商合计的采购金额13488.46万元,占年度采购总额的11.94%;报告期内公司向前五名客户合计的销售额31905.13万元,占全年销售总额的28.31%。

5、报告期内公司经营中出现的问题与困难及解决方案

2003年,面对本公司主要从事的医药和服装行业的日趋激烈的市场竞争以及药品的大幅降价,公司积极开展品牌运营,加大新品的开发和营销力度积极应对,经营保持了稳定。随着医疗制度改革和药品流通体制的改革,公司的主营业务之一药品的销售价格还将会进一步下降,同时随着公司新投项目的完成,药品生产能力扩大,但药品新品种跟进步伐相对较慢,原有产品销量增长较小,造成公司产品固定成本的负担相应增大。此外国家在报告期内对出口产品的出口退税率调低并自2004年1月1日开始执行,对公司服装类产品出口的效益将产生一定的影响。

为此,公司将从调整主营业务的产品结构、扩大销售、加强品牌营销、提高新品开发能力、加强人力资源引进和培养等方面入手,消除上述因素对公司经营业绩的消极影响,努力打造公司业务的

核心竞争力。(1)把"产品结构的调整与优化"作为公司的重点工作来抓，对于部份赢利能力低的普药品种逐步减少产销量，加大医药新品的开发和销售力度；服装外销上进一步抓好第一手定单和关键大客户，同时积极开发集团购买市场。(2)强化品牌建设和市场推广，以"吴中医药"为品牌的医药品牌营销继续拓展，以"芭芭拉"、"铁飞龙"、"365"为主导的服装品牌行销全面推进。(3)狠抓研发，充分利用公司医药研究所和基因药物工程技术中心的研发实力，有重点的开发符合公司产品线要求并贴近市场的医药新品。(4)抓管理促效益，确立以全面预算管理为核心的财务管理、以监督制度执行为重点的企业管理思路，充分整合利用公司现有资源。(5)推进"人才战略"，重点凝聚一批公司发展急需的市场营销人才和管理人才，以适应公司的发展需要。

5、公司未曾公开披露过2003年度盈利预测。

2003年度经营计划完成情况如下：

(1)2003年度，公司计划实现主营业务收入8.85亿元，主营业务成本占收入的比例与2002年度基本持平。报告期实际完成情况为实现主营业务收入11.27亿元，比计划增长27.34%，主要原因为本期公司控股企业绍兴茂龙吴中羽绒制品有限公司销售较大以及外销服装业务比计划增长较大引起，主营业务成本占收入的比例为79.91%，比计划上升，其主要原因是本期毛利率较低的主营业务收入增长比例较大引起。

(2)公司计划报告期全面启动中药生产基地的建设。年度内公司已完成实体工程项目。

(3)公司计划报告期力争3个以上的医药新产品投入生产，一批新品进入临床研究和申报。报告期公司有4个医药新品取得新药证书和生产批件投入生产，8个医药新品已完成临床向SFDA申请新药证书和生产批件。

(4)报告期公司计划完成可转换公司债券的申报和发行工作。由于再融资发行节奏放慢以及发审委制度改革等原因，报告期内公司可转债发行计划仅完成会内初审，尚未完成发行工作。

二、报告期内公司投资情况

截至2003年12月31日，母公司对外长期投资总额37064.55万元，比上年末增加11433.33万元，增加比例44.61%。公司报告期内投资情况具体说明如下：

1、报告期内前次募集资金的使用情况说明

经2000年度股东大会审议通过，并报经中国证监会南京特派办证监公司字(2001)142号文同意，由中国证监会以证监公司字(2001)81号文复审核准，公司2001年实施配股计划，实配1668万股，配股价16元/股，募集资金总额26688万元，净额25659.67万元，公司募集资金到位(2001年10月10日)后，资金投向未变更，公司根据各个项目特点不同，逐步启动项目建设，截止2003年12月31日，募集资金具体使用情况说明如下：

(1)、公司配股承诺的募集资金用途(单位：万元，截止2003年12月31日)

项目	计划投资额
1.苏州第六制药厂年产4亿支针剂车间GMP改造项目	2300
2.苏州第六制药厂年产1000万支注射用奥美拉唑钠技术改造项目	2700
3.苏州第六制药厂国家一类新药来氟米特原料药技术改造项目	2900
4.苏州第六制药厂匹多莫德原料药及制剂生产线实施GMP技术改造项目	2786
5.苏州中凯生物药业有限公司年产8万套瑞替普酶项目	4956.2
6.整合江苏吴中医药营销网络项目	4115
7.组建江苏吴中生物医药研究所项目	4400
8.增资江苏吴中进出口有限公司	2000
合计	26157.20

项目	计划完成投资时间
1.苏州第六制药厂年产4亿支针剂车间GMP改造项目	2002年7月
2.苏州第六制药厂年产1000万支注射用奥美拉唑钠技术改造项目	2002年7月
3.苏州第六制药厂国家一类新药来氟米特原料药技术改造项目	2002年12月
4.苏州第六制药厂匹多莫德原料药及制剂生产线实施GMP技术改造项目	2003年6月
5.苏州中凯生物药业有限公司年产8万套瑞替普酶项目	2002年12月
6.整合江苏吴中医药营销网络项目	2002年12月
7.组建江苏吴中生物医药研究所项目	2002年
8.增资江苏吴中进出口有限公司	2002年
合计	

项目	实际已投资额
1.苏州第六制药厂年产4亿支针剂车间GMP改造项目	2114.44
2.苏州第六制药厂年产1000万支注射用奥美拉唑钠技术改造项目	2458.34
3.苏州第六制药厂国家一类新药来氟米特原料药技术改造项目	2675.92
4.苏州第六制药厂匹多莫德原料药及制剂生产线实施GMP技术改造项目	2225.84
5.苏州中凯生物药业有限公司年产8万套瑞替普酶项目	5488.48
6.整合江苏吴中医药营销网络项目	4115
7.组建江苏吴中生物医药研究所项目	4400
8.增资江苏吴中进出口有限公司	2000
合计	25478.02

注：从上表看，截止2003年12月31日项目实际已投资额为25478.02万元，其中公司年产8万套瑞替普酶项目实际投入资金比计划投资额超出532.28万元，按公司配股说明书承诺，项目资金不足部分由公司自筹或贷款解决，该超支额由公司自筹解决，因此，扣除该项目超支额后，实际募集资金已使用额为24945.74万元。

(2)、项目说明

①公司苏州第六制药厂年产4亿支针剂车间GMP改造项目，该项目已于2002年12月通过国家级验收，并于2003年1月正式启用投产，公司对该项目累计已投资额为2114.44万元，其中本期增加投入52.33万元为另星附属工程支出，尚未投入部分为项目以后扩大生产所需增加的流动资金。该项目的完工投产使公司针剂药品的生产能力成倍增加，但由于新针剂产品仍在研发中尚未投产，以及本期受SARS影响，原有产品的销量受到一定影响，因此本期该项目扩大生产能力的效益尚未得到体现。

②公司苏州第六制药厂年产1000万支注射用奥美拉挫钠技术改造项目，该项目已于2002年12月通过国家级验收，并于2003年1月正式启用投产，公司对该项目累计已投资额为2458.34万元，其中本期增加投入389.79万元为另星辅助工程支出及投产启动所需的部分流动资金，尚未投入部分为该项目以后生产需增加的流动资金。该项目本期实现销售收入3199.57万元，净利润1040.30万元。

③公司苏州第六制药厂国家一类新药来氟米特原料药技术改造项目，公司对该项目累计已投资额为2675.92万元，其中本期增加投入101.97万元为另星附属工程支出，尚未投入部分为项目投产所需增加的流动资金。该项目实体工程已完工，虽然公司在募集资金到位前提前启动，但由于天气及其他项目同时实施等原因的影响，以及本期项目验收受SARS影响的原因，使该项目的投产时间晚于计划时间，预计2004年1季度可以投产。

④公司苏州第六制药厂匹多莫德原料药及制剂生产线实施GMP技术改造项目，公司已累计对该项目投入2225.84万元，其中本期增加投入1393.39万元。目前该项目的主体车间已完成，主要设备也已到位。尚未投入部分为一些辅助设施及项目投产所需流动资金。该项目原计划2003年6月正式完工生产，但因该项目前期论证时间较长，启动较晚，期间又由于天气及SARS的原因影响了项目施工进度。目前公司正在抓紧进行GMP认证前调试工作，预计该项目2004年1季度可以完工投产。

⑤公司所属子公司苏州中凯生物药业有限公司(现已变更为分公司)年产8万套瑞替普酶项目，截至本期末公司已累计投入5488.48万元(包括归还配股资金到位前部分启动项目的贷款资金)，其中本期投入434.44万元，项目投资超支主要原因是公司对该项目增加了部分附属设施。目前，该项目生产所需的车间、附房均已建设完成，设备也已到位安装完成，GMP的软件工作也已编制，待临床结束进行试生产；目前新药研究处于二期临床阶段，但由于新药临床试验时间较长，且该新药在临床研究的入选病例的标准和条件要求较高，本年又因SARS影响临床进度的原因，使该新药临床研究进展较为缓慢，与原计划有所脱幅。目前我们正在努力抓紧工作，力争2004年上半年完成临床试验，下半年获新药证书。

⑥公司整合江苏吴中医药营销网络项目，截止本期末，公司已对该项目的实施载体江苏吴中医药销售有限公司(注册资本4865万元，本公司占84.58%股权)，投入4115万元，完成该项目所需资金的全部投资额，该公司也于2002年12月通过了GSP验收。目前公司医药营销网络的整合医药市场和品牌的推广工作正积极进行中。由于该项目属于起步阶段，效益不太明显，本期实现主营业务收入7534.14万元，净利润99.78万元。

⑦公司组建江苏吴中生物医药研究所项目，截止本期末，本公司对该公司投资4400万元，已全部完成该项目所需的计划投资额，目前该研究所注册资本4550万元，本公司占96.70%股权。该项目的实施，有利促进公司生物药业技术创新体系的建立和完善，为公司开发高科技、高附加值的新产品。目前在研的重大生物基因药项目有五项，并且2003年度申请了一项国家发明专利，已受理并初审合格通过，本期尚未产生收益。

⑧公司增资江苏吴中进出口有限公司项目，该公司主要从事自营和代理各类商品及技术的进出口业务(国家限制除外)，经营进料加工和"三来一补"业务。2002年度公司已完成对该公司的增资2000万元，目前该公司注册资本为2800万元，本公司占该公司97.14%的股权。本期该公司实现主营业务收入41430.42万元，净利润1153.46万元。

⑨公司尚未使用的募集资金余额713.93万元存于公司银行户内。

2、报告期内非募集资金投资情况

(1)2003年2月17日，本公司三届十一次董事会会议审议通过对原控股子公司江苏兴业高新技术风险投资管理有限公司(现已在此次增资的同时将名称变更为"江苏兴业投资有限公司")增资4750万元，由于该公司合资双方按所持比例同时增资，因此增资后本公司持有该公司的股权比例不变，仍为95%。报告期内，该项增资已经完成，该公司本年度实现净利润179.42万元。

该事项已公告于2003年2月18日《中国证券报》和《上海证券报》。

(2)、报告期内本公司控股子公司江苏兴业投资有限公司出资891.03万元与江苏省农药研究所内部职工、江苏吴中东吴产业开发公司、江苏省石化资产管理有限公司共同参与江苏农药研究所改制，改制后该研究所名称变更为江苏省农药研究所有限公司，注册资本4000万元，主要从事农药研究、开发，江苏兴业投资有限公司占该所24%股权。报告期内，江苏农药研究所改制工作已经完成，该公司本年度实现净利润17.55万元。

该事项已公告于2003年4月22日《中国证券报》和《上海证券报》。

(3)、报告期内本公司控股子公司江苏兴业投资有限公司出资510万元与钦瑞良、苏州万宝银楼合资成立苏州兴瑞贵金属材料有限公司，该公司注册资本为1000万元，江苏兴业投资有限公司占该公司51%股权。该公司主要从事稀贵金属材料、器件及镀层工艺品的生产销售。报告期，该公司已完成注册登记等筹办工作。该公司本年度实现净利润0.99万元。

该事项已公告于2003年4月22日《中国证券报》和《上海证券报》。

(4)报告期内本公司控股子公司江苏兴业投资有限公司出资6000万元参与苏州中元建设开发有限公司承担的吴中区政府项目--东方大道的建设，项目收益按出资方的投资额占项目完成实际投资额的比例分配。目前该项目处于建设阶段，尚未产生收益。

该事项公司已于7月22日进行了披露。

(5)报告期内，公司根据市场需求和项目的具体情况，启动公司拟以发行可转债募集资金进行投资的"中药港"生产基地建设项目，目前先期工作已顺利展开，已经投入基建建设资金4150万元，项目建设工作进展顺利，预计2004年可建成投产，该项目本年度未产生收益。

(6)报告期内，公司作为苏州市商业银行股份有限公司的股东，参与了该公司的增资扩股，本公司本次共向该公司增资850万元，累计出资3350万元，占该公司总股本40000万元的8.375%。报告期内公司收到该公司2002年度法人股红利304166.67元。

三、报告期内公司财务状况及经营成果

1、公司利润及利润构成分析

(1)、报告期公司主营业务利润、净利润分析(单位：人民币元)

项目	2003年度	2002年度	增减(+、-%)
主营业务利润	223007362.54	170368957.13	30.90
净利润	52033460.33	60177053.15	-13.53

原因分析：(1)主营业务利润增长主要原因是：本期主营业务收入增长引起，增幅为69.16%；

(2)净利润下降主要原因是：本年度因业务扩大导致销售费用、管理费用以及借款利息等期间费用相应增大，从而消化了主营业务利润的增长；本年度其他业务利润及收到的补贴收入比上年度减少。

(2)、报告期利润构成与上年同期相比的重大变动及原因的分析说明(金额单位：万元)

项目	2003年度		2002年度	
	金额	占利润总额%	金额	占利润总额%
主营业务利润	22300.74	288.22	17036.90	200.58
其他业务利润	616.33	7.97	917.36	10.80
期间费用	15942.51	206.05	10607.56	124.88
投资收益	672.01	8.69	571.25	6.73
补贴收入	168.83	2.18	609.92	7.18
营业外收支净额	-77.95	-1.01	-33.96	-0.40
利润总额	7737.45	100.00	8493.90	100.00

(1)、本期主营业务利润占利润总额比例比上年同期上升的主要原因是：本期期间费用与上年

同期相比有较大增加，对利润总额影响较大，从而导致该比例相应上升。

(2)、期间费用占利润总额比例本期比上年同期增加主要原因是：去年年底前公司投资设立的控股子公司(大自然公司、绍兴茂龙吴中羽绒公司)市场广告宣传等开拓费用及管理费用增加而相应的效益尚未体现；本期公司拓展服装内销市场和新药市场的营销费用、新药开发费用增加；以及本期因公司主营业务增长和羽绒收购业务占用较多资金引起的银行借款利息增加。

2、公司现金流量分析(金额单位:万元)

项目	2003年度	2002年度	增减(+、-)
现金及现金等价物净流量	24962.46	-10240.04	-
其中:经营性现金净流量	-385.91	2290.96	-
投资性现金净流量	-9618.34	-15704.11	-
筹资性现金净流量	34987.15	3171.00	1003.35%

本期现金及现金等价物比上年增加的主要原因是本期主营业务增长引起的筹资增加；本期经营性现金流量为负，主要原因是公司控股子公司绍兴茂龙羽绒制品有限公司为新设公司，本年度其收购支出相对较大引起。

3、资产、负债及权益类指标分析(单位:人民币元)

项目	期末数	期初数	增减(+、-%)
总资产	1765655453.20	1265340836.72	39.54
应收补贴款	77413226.98	59929983.50	29.17
待摊费用	1490881.33	3026954.36	-50.75
长期投资	120467839.27	49719352.88	142.29
固定资产	327943353.86	267715536.07	22.50
应付票据	21615164.41	46940731.96	-53.95
预收账款	12572094.23	31506616.21	-60.10
长期负债	43096613.00	64245058.85	-32.92
股东权益	843967123.97	811036954.24	4.06

(不包括少数股东权益)

变动原因分析：

1、公司总资产增加的主要原因是报告期内公司主营业务增长引起的流动资金增加较大。

2、应收补贴款增加原因为公司服装出口应收出口环节增值税退税增加。

3、待摊费用减少原因主要为本期公司广告宣传费摊销。

4、长期投资增加原因主要是报告期内公司增资苏州市商业银行股份有限公司850万元和控股子公司江苏兴业投资有限公司投资东方大道项目6000万元引起的。

5、固定资产增加的主要原因为报告期内公司前次募集资金投入及启动中药港工程投入。

6、应付票据减少原因为票据到期支付。

7、预收账款减少主要原因为公司预收销售款减少引起。

8、长期负债减少主要原因为公司报告期内归还到期银行长期借款。

9、股东权益增加的主要原因为报告期内公司实现净利润引起。

四、生产经营环境及宏观政策影响

随着医疗制度改革和药品流通体制的改革，公司的主营业务之一药品的销售价格还将会进一步下降，此外国家在报告期内对出口产品的出口退税率调低并自2004年1月1日开始执行，将对公司服装类产品出口的效益将产生一定的影响。针对上述情况，公司将从调整主营业务的产品结构、加强品牌营销、提高新品开发能力、加强人力资源引进和培养等方面入手，消除上述因素对公司经营业绩的消极影响，努力打造公司业务的核心竞争力。

五、本公司2002年度财务报告经上海立信长江会计师事务所有限公司审计，注册会计师钱志昂、高瑾签字，出具了无解释性说明的标准无保留意见的审计报告。

六、2004年公司经营计划

1、计划与目标：

(1)、公司2004年度计划实现主营业务收入14.8亿元，主营业务成本占收入的比例与2002年度基本持平。

(2)、完成中药生产基地的建设和整体GMP认证，形成公司的中药生产和研发能力；完成公司服装生产基地项目，年内具备生产能力。

(3)、药品研发要围绕公司既定的产品线和贴近市场的新产品持续推进，年度内力争3个以上的医药新产品上市，继续储备一批新品进入临床研究和申报。

(4)、完成公司可转换公司债券的发行，争取资金到位，可转债资金投向项目全面实施。

2、公司拟采取的策略和行动：

(1)遵循市场化原则，推进以全面预算管理为核心的财务管理，贯彻以制度执行为关键的企业管理。

(2)继续深化品牌运营，"吴中医药"和"芭芭拉、铁飞龙、365"等品牌营销要巩固和扩展市场份额，形成实效。

(3)规范投资企业和投资项目管理，强化股东意识和业主意识，对所投资企业要督促其完成效益指标，进行分红；对投资项目要监督其投资预算执行、工程质量和建设进度，尽快尽早地达到设计生产能力。

(4)结合市场和公司业务发展方向，充分发挥公司各研究所和研发中心的新品开发能力，有重点地做好新品开发工作。

(5)继续做好人才引进和培训工作，重点建立营销团队和公司管理团队。

七、董事会日常工作情况

(一)、报告期内董事会的会议情况及决议内容

报告期内公司董事会共召开八次董事会会议，情况如下：

公司第三届董事会第十一次会议于2003年2月17日在公司会议室举行，应到董事12人，实到董事10人，独立董事汤谷良、董事罗勤未出席本次董事会会议，其分别书面委托独立董事刘兆年、董事沈赟出席会议并代为行使表决权。公司监事会成员和高级管理人员列席了会议。会议由董事长赵唯一先生主持。会议的召开符合《公司法》及《公司章程》规定，会议经过讨论审议，以举手表决的方式通过了以下决议：

1、通过公司2002年度工作报告；

2、通过公司2002年年度报告及年报摘要；

3、通过公司2002年度财务报告；

4、通过公司2002年度利润分配议案；

公司以2002年12月31日的总股本277,200,000股为基数，向全体股东按每10股派发现金红利0.70元(含税)进行2002年度利润分配，扣税后为每10股派发现金红利0.56元，本年度共分配股利19404000.00元。

5、通过了《关于对公司2002年可转债发行议案部分条款进行修改的议案》；

6、通过公司董事、监事、高级管理人员2003年年度薪酬议案；

7、通过了2003年度续聘上海立信长江会计师事务所有限公司为本公司审计机构以及支付其2002年度审计报酬议案；

8、通过了《董事会关于前次募集资金使用情况的说明》；

9、通过了公司董事会成员换届选举的议案；

10、通过向控股子公司江苏兴业高新技术风险投资管理有限公司增资4750万元的议案；

11、决定召开2002年公司年度股东大会。

公司第四届董事会第一次会议于2003年3月20日在苏州市吴中区宝带东路388号本公司总部会议室召开。公司董事应到12人，实际出席10人，独立董事刘兆年、独立董事王锦霞因工作原因未出席本次董事会，其书面委托了独立董事汤谷良出席会议并行使表决权。本次会议的召开符合《公司法》及《公司章程》的有关规定。经会议审议，表决通过了以下决议：

1、选举赵唯一先生为公司第四届董事会董事长；

2、选举姚建林先生、夏建平先生为公司副董事长；

3、聘任姚建林先生为公司总经理，任期3年；

4、聘任金建平先生为公司董事会秘书。

公司第四届董事会第二次会议于2003年4月21日在公司会议室举行，应到董事12人，实到董事11人，董事罗勤先生未出席本次董事会会议，其书面委托董事沈赟先生出席会议并代为行使表决权。公司监事会成员和高级管理人员列席了会议。会议由董事长赵唯一先生主持。会议的召开符合《公司法》及《公司章程》规定，会议经过讨论审议，以举手表决的方式通过了以下决议：

2、审议通过公司2003年第一季度报告；

3、审议通过许益锋先生辞去公司第四届董事会董事职务，董事会提名姜宁先生任公司第四届董事会独立董事；

3、决定召开公司2003年第一次临时股东大会。

公司第四届董事会第三次会议于2003年7月20日在公司五楼会议室举行，应到董事12人，实到董事11人，独立董事姜宁先生因事未出席本次董事会会议，其书面委托独立董事刘兆年先生出席会议并代为行使表决权。公司监事会成员和高级管理人员列席了会议。会议由董事长赵唯一先生主持。会议的召开符合《公司法》及《公司章程》规定，会议经过讨论审议，以举手表决的方式通过了以下决议：

1、审议通过公司2003年上半年工作报告；

2、审议通过公司2003年半年度报告和半年报摘要；

3、审议通过公司2003年上半年度利润分配和资本公积转增股本议案；

4、审议通过《江苏吴中实业股份有限公司董事会关于前次募集资金使用情况的说明》；

5、决定召开公司2003年第二次临时股东大会。

公司2003年度第一次临时董事会于2003年9月8日举行，公司董事12人参加了会议，会议以通讯表决(传真)方式进行。会议的召开符合《公司法》及《公司章程》规定，会议经审议，以书面表决的方式通过了以下决议：

鉴于利润分配派送红股，公司有代扣代缴普通股个人股东应交纳的个人所得税的义务。因本公司2003年8月26日股东大会审议通过的半年度利润分配方案未同时推出派送现金红利供扣缴普通股个人股东的个人所得税，导致本公司无法实施该方案。经公司本次临时董事会审议，通过了将2003年半年度利润分配和资本公积金转增股本方案变更为全部由资本公积金转增股本的方案，相关内容如下：

1、方案变更前，公司2003年上半年度利润分配和资本公积金转增股本方案为：以截止2003年6月30日的总股本277200000股为基数，向全体股东每10股送2股红股，同时以资本公积金每10股转增3股。

2、现将上述方案变更为：

(1)2003年上半年度，公司以截止2003年6月30日的总股本277200000股为基数，按每10股转增5股向全体股东转增股本，合计转增138600000元，转增后公司资本公积金余额为211185351.94元。

(2)2003年上半年度，公司不再进行利润分配，原按每10股送2股红股的半年度利润分配方案予以取消。

3、会议决定于2003年10月14日召开公司2003年度第三次临时股东大会对上述方案进行审议。

公司2003年度第二次临时董事会于2003年10月27日举行，公司董事12人参加了会议，本次会议以通讯表决(传真)方式进行。会议的召开符合《公司法》及《公司章程》规定，会议根据公司2002年第一次临时股东大会就发行可转换公司债券对公司董事会的授权，经与会董事认真审议，以书面表决的方式通过了对公司2002年可转换公司债券发行方案第11条"回售条款"的内容进行修改。具体修改如下：

发行方案第11条"回售条款"本次修改前为：

在公司可转债存续期内，自本次可转债发行之日起第49个月至第60个月期间内，可转债持有人有权将持有的全部或部分可转债以面值104%(含当期利息)的价格回售予公司。

如果在可转债发行后，公司经股东大会审议通过变更募集资金项目，则可转债持有人有权按面值的103%(第五年按面值的104%)(含当期利息)的价格向公司一次回售其持有的部分或全部尚未转股的可转债。持有人在约定的回售申报期内未进行回售申报的，不应再行使该项权利。

现修改为：

(1)一般回售条款：在公司可转债存续期内，自本次可转债发行之日起第49个月至第60个月期间内，可转债持有人有权将持有的全部或部分可转债以面值104%(含当期利息)的价格回售予公司。

(2)附加回售条款：本次发行可转债募集资金投资项目的实施情况与公司在本募集说明书中的承诺相比如出现变化，根据中国证监会的相关规定可被视作改变募集资金用途或被中国证监会认定为改变募集资金用途的，持有人有权以面值103%(第五年按面值的104%)(含当期利息)的价格向本公司附加回售江苏吴中可转债。持有人在约定的回售申报期内未进行附加回售申报的，不应再行使本次附加回售权。

公司第四届董事会第四次会议于2003年10月14日在公司五楼会议室举行，公司应到董事12人，实到董事10人，独立董事汤谷良先生、董事阎政先生因事未出席本次董事会会议，其书面委托独立董事刘兆年先生、董事姚建林先生出席会议并代为行使表决权。公司部分监事会成员和高级管理人员列席了会议。会议由董事长赵唯一先生主持。会议的召开符合《公司法》及《公司章程》规定，会议经过讨论审议，以举手表决的方式通过了以下决议：

1、审议通过公司2003年第三季度季报；

2、审议通过《关于江苏吴中与关联方资金往来及对外担保的自查报告》。

江苏吴中实业股份有限公司2003年第三次临时董事会于2003年12月17日在公司五楼会议室举行，公司应到董事12人，实到董事10人，独立董事汤谷良先生、董事罗勤先生因事未出席本次董事会会议，其书面委托独立董事刘兆年先生、董事姚建林先生出席会议并代为行使表决权。公司部分监事会成员和高级管理人员列席了会议。会议由董事长赵唯一先生主持。会议的召开符合《公司法》及《公司章程》规定。

本次会议审议的议案为《江苏吴中实业股份有限公司董事会关于陈雁男等十五位自然人收购事宜致全体股东的报告书》，由于陈雁男等十五个自然人中包括赵唯一、姚建林、夏建平、阎政、罗勤、钟慎政、沈赟、金建平等本公司的八名董事。按照相关规定，该八名董事应回避表决，但如果该八

名董事回避表决则导致参与表决的董事人数少于本公司全体董事会成员12人的半数，本次董事会决议也达不到本公司全体董事的过半数通过，不符合《公司法》和本公司《章程》中"董事会作出决议，必须经全体董事的过半数通过"的规定。因此，上述八名董事在承诺不损害本公司和本公司股东利益的情况下，参与了会议的表决。

会议经过讨论审议，以举手表决的方式通过了《江苏吴中实业股份有限公司董事会关于陈雁男等十五位自然人收购事宜致全体股东的报告书》。

（二）、董事会执行股东大会决议情况：

1、执行公司利润分配方案和公积金转增股本方案

公司2002年股东大会年会审议通过了公司2002年度进行年度股利分配的方案：以2002年12月31日公司总股本27720万股为基础每10股派现0.70元（含税）。公司董事会于2003年4月8日在公司指定披露报纸上刊登了《2002年度分红派息实施公告》，股权登记日为4月11日，除息日为4月14日，现金红利发放日为4月18日，并如期实施完成。

公司2003年度第三次临时股东大会审议通过了公司2003年中期资本公积金转增股本方案：以2003年6月30日公司总股本27720万股为基础每10股以资本公积金转增5股。公司董事会于2003年10月22日在公司指定披露报纸上刊登了《2003年上半年度资本公积金转增股本实施公告》，股权登记日为10月27日，除权日为10月28日，新增可流通股份上市流通日为10月29日，并如期实施完成。

2、公司2002年度第一次临时股东大会通过了发行4.5亿元可转换公司债券的议案，并授权公司董事会具体办理，公司2002年度股东大会根据具体情况对公司可转债发行方案的相关条款进行了修改。报告期内公司完成可转债融资发行申报工作，并对中国证监会关于本公司发行可转债的两次反馈意见进行了回复，报告期内公司可转债发行工作尚未完成，公司2004年度将继续积极予以推进。

八、公司董事会拟定的2003年度利润分配预案

公司董事会决议以2003年年末股本41580万股为基数向全体股东按每10股派发现金红利0.6元，计分配普通股股利24948000元，余下未分配利润结转下年度。
该预案需经公司股东大会审议批准。

九、其它

1、公司信息披露指定报纸为《上海证券报》、《中国证券报》，报告期内未变更。

2、根据《关于规范上市公司和关联方资金往来及上市公司对外担保若干问题的通知》的文件精神，上海立信长江会计师事务所有限公司对本公司控股股东及其他关联方占用资金情况出具专项说明如下：

一、贵公司已经按照规定要求，进行了自查并将自查报告于2003年10月14日报送公司所在地证监会派出机构备案。

二、截至2003年12月31日止，贵公司账面记载的应收控股股东及其他关联方占用资金余额为124,421,688.89元，其中：

（一）控股股东无资金占用情况；

（二）其他关联方占用的经营性资金余额52,740,597.21元

占用单位名称	资金余额	占用方式	占用原因
江苏吴中实业股份有限公司	986,556.15	销售货款	经营
江苏吴中进出口有限公司	4,644,831.35	销售货款	经营
江苏吴中医药销售有限公司	12,246,207.70	销售货款	经营
美国爱洛斯公司	34,863,002.01	销售货款	经营
合　计	52,740,597.21		

（三）其他关联方占用的其他资金余额为 71,681,091.68元，全部系应收的拆借

占用单位名称	资金余额	资金占用方式	占用原因
江苏吴中实业股份有限公司	43,884,683.82	暂借款	经营
江苏吴中苏药医药开发有限公司	15,035,838.40	暂借款	经营
江苏吴中中药研发有限公司	3,600,000.00	暂借款	经营
江苏吴中进出口有限公司	264,315.88	暂借款	经营
苏州长征-欣凯制药有限公司	440,371.95	暂借款	经营
江苏吴中医药销售有限公司	8,455,881.63	暂借款	经营
合　计	71,681,091.68		

三、自2003年8月28日至2003年12月31日止，控股股东及其他关联方共清偿占用资金111,728,097.51元，全部为现金清偿。

截至2003年12月31日止，控股股东及其他关联方资金占用余额比上年度上升42%。

四、我们注意到。截止2003年12月31日，贵公司应收账款中应收其他关联方余额合计为52,495,397.21元，其中，账龄在一年以上的余额为3,150,177.50元。

本公司独立董事对公司累计对外担保和本报告期对外担保情况及公司执行上述规定情况进行专项说明和发表独立意见如下：

（1）、公司对外担保严格遵守有关法律、法规以及公司《章程》和相关内控制度对担保的规定。

（2）、截止2003年12月31日，公司累计及当期发生的担保中不存在公司为控股股东及本公司持股50%以下的其他关联方、任何非法人单位或个人提供担保。

（3）、截止2003年12月31日，公司对外担保总额为26522.34万元，低于公司合并报表2003年末净资产的50%，未超过通知的规定。

（4）、本次董事会会议已根据"通知"精神对《章程》中有关对外担保事项的条款作进一步完善。

第八节、重要事项

（一）、本年度公司无重大诉讼、仲裁事项。

（二）、2003年7月24日，公司与昆山捷美信息技术有限公司签订《教育资源网站项目权益转让协议》，公司将拥有的与江苏共创软件有限公司合作开发的教育资源网站的80%的权益（该项目公司初始投资额为1600万元）转让给昆山捷美信息技术有限公司。转让价为公司帐面价值人民币1500万元，目前公司已收到转让款800万元，剩余700万元昆山捷美信息技术有限公司在2004年分两次支付完毕。

除此之外，报告期公司未发生其他重大收购及出售资产事项，亦未发生重大吸收合并事项。

（三）、本报告期公司重大关联交易事项：

公司与关联方之间存在销售货物、债权债务及租赁、担保等关联交易有关各方的关联关系如下表：

企业名称	与本公司的关系
江苏吴中集团公司	本公司控股公司
江苏吴中集团销售公司	同一母公司控制
江苏吴中东吴产业开发公司	同一母公司控制
苏州市大有物贸公司	本公司股东
绍兴茂龙羽绒制品有限公司	与子公司同一管理层
美国爱洛斯公司(AEOLUS DOWN INC)	与子公司同一管理层

关联交易内容

1、销售货物

（1）绍兴茂龙吴中羽绒制品有限公司向绍兴茂龙羽绒制品有限公司销售羽绒金额为人民币5,107,476.46元，交易价格为市场价。

（2）绍兴茂龙吴中羽绒制品有限公司向美国爱洛斯公司(AEOLUSDOWNInc.)销售羽绒，金额折合人民币为71,832,922.21元；

2、关联方债权债务

关联方应收应付款项余额：

项　　目	金额 年末数	 年初数
应收账款：		
江苏吴中集团销售公司	-	2,850,786.77
美国 AEOLUS DOWN INC	34,863,002.01	-
其他应收款：		
江苏吴中集团公司	-	44,300.00
苏州市大有物贸公司	-	76,680.34
预收账款		
绍兴茂龙羽绒制品有限公司	-	23,533.31

项　　目	占全部应收(付)款项余额的比重 年末数	 年初数
应收账款：		
江苏吴中集团销售公司	-	1.47%
美国 AEOLUS DOWN INC	11.17%	-
其他应收款：		
江苏吴中集团公司	-	0.07%
苏州市大有物贸公司	-	0.11%
预收账款		
绍兴茂龙羽绒制品有限公司	-	0.07%

3、其他关联交易

（1）江苏吴中集团公司为本公司向银行取得短期贷款人民币85,000,000.00元，长期贷款人民币40,000,000.00元提供担保；

（2）江苏吴中集团公司向本公司租赁办公用房（租赁价格为60元/平方米·月），本公司本期取得租赁收入1,042,798.00元；

（3）公司与东吴产业有限公司合作开发房地项目的投资，在收回投资款本金的同时，根据双方协议取得补偿收益为531,000.00元；

（四）重大合同（担保、抵押）事项

1、报告期内，关于公司所属全资企业苏州第六制药厂与江苏省吴县市石灰氮厂共同为吴县化肥厂借款1700万元提供担保事项，根据最高人民法院2002年8月1日发布的《最高人民法院关于处理担保法生效前发生保证行为的保证期间问题的通知》精神，本公司承继苏州第六制药厂对吴县化肥厂的上述担保系担保法生效前的保证行为，且担保书没有明确约定保证期限，依据《通知》精神，上述1700贷款的债权人国家开发银行及其委托代理人中国人民建设银行吴县支行均未在法定期限（通知发布之日起6个月，自2002年8月1日至2003年1月31日）内因本公司提供担保而向本公司主张过权利，因此自2003年2月1日起，本公司依据《通知》精神，可免除承担上述1700万元贷款的担保责任。

2、截止2003年12月31日，公司为子公司江苏吴中进出口有限公司银行借款5103.5万元提供担保，为子公司苏州长征-欣凯制药有限公司银行借款300万元提供担保，为子公司江苏兴业投资有限公司银行借款6000万元提供担保，为子公司绍兴茂龙吴中羽绒制品有限公司银行借款12418.84万元提供担保，为江苏兴业投资有限公司控股子公司苏州兴瑞贵金属材料有限公司银行借款1000万元提供担保。上述担保均不属于《关于规范上市公司与关联方资金往来及上市公司对外担保若干问题的通知》中界定的违规担保。

3、报告期内本公司未发生重大托管、承包、租赁其它公司资产及其它公司托管、承包、租赁本公司资产事项；亦未发生委托他人进行现金资产管理事项。

（五）公司或持股5%以上股东在指定报纸和网站上披露的承诺事项履行情况

1、公司关于配股募集资金投向承诺：报告期内资金实际投入项目与配股说明书承诺项目一致，未发生变更募集资金投向的情况；

2、公司第一大股东江苏吴中集团公司在本公司IPO和配股时均承诺不与本公司发生同业竞争，截止本报告期末，江苏吴中集团公司严格履行了上述承诺。

（六）报告期内公司聘任的会计师事务所未变更，仍为上海立信长江会计师事务所有限公司；报告期内本公司支付给该公司的财务审计验资费为120万元（含中报、年报审计、专项审计费、内控评估费等，另外公司负责食宿费和苏州市差旅费），上海立信长江会计师事务所有限公司目前已为本公司提供了四年审计服务。

（七）其它重要事项

1、2002年8月29日公司临时股东大会审议通过了公司拟发行4.5亿元人民币可转换债券的议案，2003年3月20日，公司2002年股东年会又审议通过了《关于对公司2002年可转债发行议案部分条款进行修改的议案》。报告期内，公司可转债发行工作尚在进行之中。

2、公司控股股东江苏吴中集团公司自2003年9月开始实施改制重组，拟由校办集体企业改制设立为有限责任公司。具体有关说明见本报告第四节第二、三项。

3、报告期内，公司董事、监事变更情况见本报告第五节第三项。

4、报告期内，公司股本变动情况见本报告第四节第一项。

5、报告期内，公司重大投资情况见本报告第八节第四项。

6、报告期内，公司被国家科技部评为"火炬计划优秀高新技术企业"。

第九节、备查文件目录

1、载有公司法定代表人赵唯一、主管会计工作负责人杨伍官及会计机构负责人陆冬生签名并盖章的会计报表；

2、载有上海立信长江会计师事务所有限公司盖章、注册会计师钱志昂、高瑾签名并盖章的审计报告原件；

3、报告期内在中国证监会指定报纸上公开披露过的所有公司文件的正本及公告的原稿；

公司备查文件完整，存放于公司董秘室。

江苏吴中实业股份有限公司董事会

董事长：赵唯一

2004年2月8日

山东铝业股份有限公司

山东铝业股份有限公司2003年年度报告

一、重要提示

本公司董事会及其董事保证本报告所载资料不存在任何虚假记载、误导性陈述或者重大遗漏,并对其内容的真实性、准确性和完整性承担个别及连带责任。

公司2003年度财务报告已经北京中兴宇会计师事务所有限责任公司审计,并出具标准无保留意见的审计报告。

公司负责人董事长刘兴亮、主管会计工作负责人副总经理金永静、会计机构负责人财务部经理张培强声明:保证年度报告中财务报告的真实、完整。

二、公司基本情况简介

1、公司名称:山东铝业股份有限公司
公司法定英文名称:SHANDONG ALUMINIUM INDUSTRY CO.,LTD
2、公司法定代表人:刘兴亮
3、公司董事会秘书:王国忠
联系电话:0533-2930136,2943467
电子信箱:dm600205@sina.com
公司董事会证券事务代表:韩杰华
联系电话:0533-2943291,2943467
电子信箱:hjh298@sohu.com
联系地址:山东省淄博市山东铝业股份有限公司董事会办公室
联系传真:0533-2985999
4、公司注册地址:山东省淄博市高新技术产业开发区柳泉路北首
公司办公地址:山东省淄博市高新技术产业开发区柳泉路北首
邮政编码:255086
公司国际互联网网址:http://www.sd-al.com/
电子信箱:sdal@sina.com
联系地址:山东省淄博市山东铝业股份有限公司董事会办公室
5、公司选定的信息披露报纸:中国证券报、上海证券报
登载公司年度报告的国际互联网网址:http://www.sse.com.cn/
公司年度报告备置地点:山东省淄博市张店区五公里路1号
山东铝业股份有限公司董事会办公室
6、公司股票上市地:上海证券交易所
股票简称:山东铝业
股票代码:600205
7、公司首次注册登记日期:1999年6月18日
公司首次注册登记地点:山东省淄博市高新技术产业开发区柳泉路北首
公司法人营业执照注册号:3700001802806
公司税务登记号码:37030326716723X
公司报告期内聘请的会计师事务所:北京中兴宇会计师事务所有限责任公司
办公地址:北京西长安街88号首都时代广场818

三、会计数据和业务数据摘要

(一)本年度主要利润指标情况

单位:人民币元

指标项目	金额
利润总额	578,702,182.68
净利润	522,709,656.05
扣除非经常性损益后的净利润	543,118,194.31
主营业务利润	854,294,432.82
其他业务利润	61,789,451.17
营业利润	605,672,887.29
投资收益	−2,979,189.01
补贴收入	
营业外收支净额	−23,991,515.60
经营活动产生的现金流量净额	601,674,741.08
现金及现金等价物净增减额	132,003,917.69

注:扣除非经常性损益项目和涉及金额

非经常性损益项目	2003年度
营业外收入	2,150,629.18
处置固定资产净收益	1,376,510.87
废旧物资收入	30,738.00
违约金收入	122,290.00
其他	24,000.00
保险赔款	597,090.31
营业外支出	26,142,144.78
处理固定资产净损失	15,183,501.05
捐款支出	305,000.00
停工损失	3,008,803.73
非典费用	954,340.00
子弟学校支出	6,690,500.00
非经常性损益所得税对净利润的影响数	−3,582,977.34
合计	−20,408,538.26

(二)截至报告期末公司前三年主要会计数据和财务指标

单位:人民币元

项目	2003年度	2002年度 调整前	2002年度 调整后
1、主营业务收入	2,656,649,393.92	2,048,226,361.03	2,048,226,361.03
2、净利润	522,709,656.05	145,265,376.73	156,900,566.08
3、总资产	2,938,567,581.24	2,592,163,223.72	2,592,163,223.72
4、股东权益(不含少数股东权益)	1,908,984,699.51	1,360,349,118.73	1,385,931,752.70
5、每股收益(元/股)	0.9334	0.2594	0.2802
6、每股净资产(元/股)	3.41	2.43	2.47
7、调整后每股净资产(元/股)	3.41	2.41	2.45
8、每股经营活动产生的现金流量净额(元/股)	1.07	0.45	0.45
9、净资产收益率%(全面摊薄)	27.38	10.68	11.32
10、净资产收益率%(加权平均)	调整前 32.23 调整后 31.73	10.62	11.28

项目	2001年度 调整前	2001年度 调整后
1、主营业务收入	2,253,429,067.11	2,253,429,067.11
2、净利润	224,801,342.83	208,751,171.63
3、总资产	2,502,715,724.09	2,502,715,724.09
4、股东权益(不含少数股东权益)	1,295,109,000.91	1,312,933,826.62
5、每股收益(元/股)	0.4014	0.3728
6、每股净资产(元/股)	2.31	2.34
7、调整后每股净资产(元/股)	2.30	2.31
8、每股经营活动产生的现金流量净额(元/股)	−0.07	−0.07
9、净资产收益率%(全面摊薄)	17.35	15.90
10、净资产收益率%(加权平均)	17.99	15.55

(三)按照中国证监会《公开发行证券公司信息披露编报规则(第九号)》要求计算本年度利润的净资产收益率和每股收益

项目	净资产收益率(%) 全面摊薄	净资产收益率(%) 加权平均	每股收益(元/股) 全面摊薄	每股收益(元/股) 加权平均
主营业务利润	44.75	47.12	1.5255	1.5255
营业利润	31.73	35.86	1.0816	1.0816
净利润	27.38	31.73	0.9334	0.9334
扣除非经常性损益后的净利润	28.45	32.77	0.9699	0.9699

(四)报告期内股东权益变动情况及原因 单位:人民币元

项目	股本(股)	资本公积	盈余公积
期初数	560,000,000	484,401,335.88	92,785,041.68
本期增加		3,581,088.75	52,114,330.86
本期减少		3,237,797.99	
期末数	560,000,000	484,744,626.64	144,899,372.54

项目	法定公益金	未分配利润	股东权益合计
期初数	46,392,520.84	202,352,854.30	1,385,931,752.70
本期增加	26,057,165.43	522,709,656.05	604,462,241.09
本期减少		78,171,496.29	81,409,294.28
期末数	72,449,686.27	646,891,014.06	1,908,984,699.51

变动原因:资本公积变动是因为本期无法支付的款项转入资本公积(扣除所得税);其他各项目的变动,是因为本期生产经营实现利润、按照公司章程规定提取两金及利润分配所致。

四、股本变动及股东情况

(一)股本变动情况

1、公司股份变动情况表

数量单位:股

股份类别	本次变动前	本次变动增减(+,−) 配股	送股	公积金转股	增发	其他	小计	本次变动后
一、未上市流通股份								
1、发起人股份								
其中:								
国家持有股份	400000000							400000000
境内法人持有股份								
境外法人持有股份								
其他								
2、募集法人股份								
3、内部职工股								
4、优先股或其他								
未上市流通股份合计	400000000							400000000
二、已上市流通股份								
1、人民币普通股	160000000							160000000

2、境内上市的外资股
1、境外上市的外资股
2、其他

已上市流通股份合计	160000000	160000000
三、股份总数	560000000	560000000

2、股票发行与上市情况

1)报告期内公司没有发生送股、配股、转增股本等引起股份总数及结构变动的情况。

2)公司无内部职工股和公司职工股。

(二)股东情况介绍

1、报告期末股东总数33031户。

2、至报告期末公司前10名股东持股情况

股东名称	年度内增减	年末持股数量	比例(%)	股份类别	质押或冻结的股份数量	股东性质
中国铝业股份有限公司	0	400,000,000	71.43	未流通	无	国有股东
交通银行-国泰金鹰增长证券投资基金	+7,561,660	7,561,660	1.35	已流通	未知	流通股股东
国泰君安证券股份有限公司	+5,136,000	5,136,000	0.92	已流通	未知	流通股股东
云南国际信托投资有限公司	+3,785,800	3,785,800	0.68	已流通	未知	流通股股东
交通银行-海富通精选证券投资基金	+3,513,297	3,513,297	0.63	已流通	未知	流通股股东
中国银行-易方达策略成长证券投资基金	+3,406,206	3,406,206	0.61	已流通	未知	流通股股东
景宏证券投资基金	+3,000,000	3,000,000	0.54	已流通	未知	流通股股东
中国工商银行-广发聚富开放式证券投资基金	+2,870,257	2,870,257	0.51	已流通	未知	流通股股东
交通银行-安顺证券投资基金	+2,550,158	2,550,158	0.46	已流通	未知	流通股股东
金鑫证券投资基金	+2,467,527	2,467,527	0.44	已流通	未知	流通股股东

至报告期末公司前10名流通股股东持股情况

名次	股东名称(全称)	年末持股数量	股份种类
1	交通银行-国泰金鹰增长证券投资基金	7,561,660	A股
2	国泰君安证券股份有限公司	5,136,000	A股
3	云南国际信托投资有限公司	3,785,800	A股
4	交通银行-海富通精选证券投资基金	3,513,297	A股
5	中国银行-易方达策略成长证券投资基金	3,406,206	A股
6	景宏证券投资基金	3,000,000	A股
7	中国工商银行-广发聚富开放式证券投资基金	2,870,257	A股
8	交通银行-安顺证券投资基金	2,550,158	A股
9	金鑫证券投资基金	2,467,527	A股
10	景福证券投资基金	2,387,300	A股

持有本公司5%以上股份的股东为中国铝业股份有限公司,股权性质为国有法人股,报告期内所持股份无增减变动情况,无质押或冻结情况。

3、经了解景宏基金和景福基金的基金管理人同为大成基金,存在关联关系。其他股东之间未发现有关联关系及一致行动人情况。

4、中国铝业股份有限公司为本公司控股股东,简介如下:

法定代表人:郭声琨

成立日期:2001年9月10日

注册资本:10,499,900,153元(人民币)

经营范围:氧化铝、氢氧化铝、氧化铝化工产品、金属镓的生产和销售,原铝产品、碳素制品的生产和销售

中国铝业股份有限公司的控股股东为中国铝业公司,成立于2001年2月21日,注册资本为1,138,000万元,法定代表人为郭声琨。中国铝业公司是国家授权投资机构和国家控股公司试点,是中央管理的44家国有重点骨干企业之一。

五、董事、监事、高级管理人员和员工情况

(一)基本情况

1、董事、监事和高级管理人员持股变动

姓 名	职务	性别	年龄	任期起止日期	持股数量
刘兴亮	董事长	男	43	2002.6.21-2005.6.21	0
刘庆科	副董事长	男	58	2002.6.21-2005.6.21	0
刘云鹏	董事	男	56	2002.6.21-2005.6.21	0
彭春英	董事	男	58	2002.6.21-2005.6.21	0
王再云	董事兼总经理	男	41	2002.6.21-2005.6.21	0
冯长森	董事兼副总经理	男	58	2002.6.21-2005.6.21	0
金永静	董事兼副总经理	男	44	2002.6.21-2005.6.21	0
侯 健	董事兼副总经理	男	41	2002.6.21-2005.6.21	0
马晓玲	董事	女	42	2002.6.21-2005.6.21	0
高贵超	董事	男	38	2002.6.21-2005.6.21	0
张瑞凤	独立董事	男	67	2002.6.21-2005.6.21	0
高德柱	独立董事	男	63	2002.6.21-2005.6.21	0
董 娟	独立董事	女	51	2002.6.21-2005.6.21	0
赵树元	独立董事	男	57	2003.7.29-2005.6.21	0
张德广	独立董事	男	60	2003.7.29-2005.6.21	0
高祀胜	监事会主席	男	57	2002.6.21-2005.6.21	0
宋文清	监事	男	53	2002.6.21-2005.6.21	0
徐玉柱	监事	男	55	2002.6.21-2005.6.21	0
张占魁	监事	男	45	2002.6.21-2005.6.21	0
郑都然	监事	男	48	2002.6.21-2005.6.21	0
曹永旗	监事	男	46	2002.6.21-2005.6.21	0
徐 勇	监事	男	37	2002.6.21-2005.6.21	0
王国忠	董事会秘书	男	43	2002.6.21-2005.6.21	0

2、在股东单位任职的董事监事情况

姓 名	任职的股东名称	在股东单位担任的职务	任职期间	是否领取报酬、津贴
刘兴亮	中国铝业股份有限公司山东分公司	总经理	2002.1至今	否
刘庆科	中国铝业股份有限公司山东分公司	副总经理	2002.1至今	否
马晓玲	中国铝业股份有限公司	董事会秘书局法律事务处经理	2001.9至今	是
张占魁	中国铝业股份有限公司	财务部综合管理处经理	2001.9至今	是

(二)年度报酬情况

本公司董事、监事和高级管理人员的报酬是依据公司《2003年领导干部关键绩效指标考核办法》的规定,根据公司的经济效益情况和下达的考核指标完成情况兑现工资和绩效奖励。

年度报酬总额	961005.40元
金额最高的前三名董事的报酬总额	355200.00元
金额最高的前三名高级管理人员的报酬总额	355200.00元
独立董事津贴	6万元/人(含税)

使独立董事其他待遇:出席公司董事会和股东大会的差旅费及按《公司章程》行职权所需费用,在公司据实报销。

不在公司领取报酬、津贴的董事、监事姓名　董事:刘云鹏、彭春英、马晓玲　监事:高祀胜、宋文清、徐玉柱、张占魁、郑都然

报酬区间	人 数
10万-13万	6
7万-10万	2
4万-7万	2

(三)报告期内公司董事、监事、高级管理人员变更情况

1、2003年6月27日第二届董事会第六次会议通过了《关于提名独立董事候选人的议案》,提名赵树元、张德广为公司第二届董事会独立董事候选人。上述决议公告刊登在2003年6月28日的《中国证券报》和《上海证券报》上。

2、2003年7月29日公司2003年第一次临时股东大会通过了《关于增选公司独立董事的议案》,会议采取累计投票方式选举赵树元、张德广为公司第二届董事会独立董事。

上述决议公告刊登在2003年7月30日的《中国证券报》和《上海证券报》上。

(四)公司员工情况

期末在职职工人数		5884人
专业构成	生产人员	4538人
	销售人员	66人
	技术人员	636人
	财务人员	65人
	行政人员	579人
	其他人员	人
教育程度(按学历划分)		
本科以上		625人
大专		1263人
高中、中专、中技		2933人
初中及以下		1063人
期末离退休人员总数		50人
公司需承担费用的离退休职工人数		0人

六、公司治理结构

(一)公司治理情况

1、增选独立董事,完善了董事会人员构成

按照中国证监会证监发[2001]102号《关于在上市公司建立独立董事制度的指导意见》之规定,2003年7月29日公司2003年第一次临时股东大会通过了《关于增选公司独立董事的议案》,增选赵树元、张德广为公司第二届董事会独立董事。目前,董事会共有15名成员,其中独立董事5名,占董事会组成的1/3。

2、建章立制,从制度上规范公司的运作

公司依据《公司法》、《上市公司治理准则》等法律法规的具体规定,在2003年7月29日的第二次临时股东大会上,审议通过了《山东铝业股份有限公司关联交易管理办法》、《山东铝业股份有限公司募集资金使用管理办法》。

3、规范关联交易行为,保护中小投资者的利益

报告期内公司进一步采取了一系列措施,在规范和降低关联交易方面取得了一定的成效。改变了水、蒸汽和电的结算办法,使关联交易数额大幅下降,并充分发挥独立董事决策作用和监事会的监督作用,严格按照协议执行,保护中小投资者的利益。

(二)独立董事履行职责情况

公司现有五名独立董事,自任职以来,他们认真参加了报告期内的董事会,并分别担任了董事会专门委员会的主任委员或成员,对公司的关联交易、定期报告、配股申请材料等发表了专业性意见,并结合国家的经济形势对公司的发展提出了中肯建议,对董事会科学决策和公司的健康发展起到了积极作用。

(三)公司与控股股东中国铝业股份有限公司"五分开"情况

公司与控股股东中国铝业股份有限公司在业务、人员、资产、机构、财务五方面严格分开,公司具有独立完整的业务及自主经营能力。

1、在业务方面:公司具有独立完整的业务及自主经营能力,与控股股东存在形式上的同业竞争;

2、在人员方面:公司的人员独立,公司经理、财务负责人、营销负责人和董事会秘书均未在控股股东任职;

3、在资产方面:公司的资产独立完整、权属清晰;

4、在机构方面:公司拥有独立的决策管理机构和完整的生产单位,与控股股东及其职能部门完全分开,各自独立运作;

5、在财务方面：公司拥有独立的财务部门和财务人员，并按有关法律、法规的要求建立了财务、会计管理制度，独立核算，独立开立银行帐户。

(四)公司报告期内对高级管理人员的考评及激励机制的建立及实施情况

依据公司《2003年领导干部关键绩效指标考核办法》的规定，对公司董事、监事和高级管理人员进行绩效考核，根据公司的经济效益情况和下达的考核指标完成情况兑现工资和绩效奖励。

七、董事会报告

(一)报告期内整体经营情况的讨论与分析

2003年是公司自99年上市以来，生产、销售、效益、发展均取得较好成绩的一年。本年度，公司克服了"非典"疫情和重油、煤炭等原燃材料涨价的不利因素影响，抓住主导产品氧化铝市场需求旺盛，价格上涨的机遇，加大措施，增产降耗，依靠科技带动生产，以管理促进发展，精心组织各项生产任务，使劳动生产率逐步提高，主导产品氧化铝产量创历史新高，化学品氧化铝产量大幅度增长。同时，公司继续保持积极、稳健的工作作风，加大资金统一管理力度，营销工作有序进行，产销率和货款回笼率实现了双百目标。公司的市场综合竞争能力显著增强，主要财务指标进一步优化。由于公司各项管理工作到位、措施得当，从而较好地完成了公司年度预算目标。2003年生产全部氧化铝93.04万吨，同比增长9.51%，电解铝产品4.54万吨，同比下降19.50%，实现净利润52271万元，同比增长233.15%；应收账款余额由2003年初的19877万元下降到2003年末的11608万元，下降了41.60%。

报告期内，原燃材料大幅度涨价，使公司降低成本计划受到了一定的影响；国内运输能力紧张，对原燃料供应和产品销售产生一定制约。

(二)报告期内经营情况

1、主营业务范围及经营情况

公司主营业务范围：氧化铝、氢氧化铝、化学品氧化铝、金属镓、电解铝、铝合金、铝制品、碳素制品的生产、销售；建筑幕墙设计、施工。

1)公司主营业务收入、主营业务利润构成情况

① 按行业划分构成情况(单位：人民币元)

行业	主营业务收入	主营业务成本
冶金行业	2,642,568,496.02	1,765,522,780.99
电子行业	14,080,897.90	15,127,902.94

② 按产品划分构成情况(单位：人民币元)

分产品	主营业务收入	主营业务成本
冶金级氧化铝	1,534,952,378.29	898,289,429.67
化学品氧化铝	410,897,653.58	276,783,202.34
电解铝产品	493,717,428.52	398,745,118.24
其它产品	217,081,933.53	206,832,933.68

③ 按地区划分构成情况

(单位：人民币元)

地区	主营业务收入	主营业务成本
省内	1,334,169,325.63	894,242,773.47
省外	1,322,480,068.29	886,407,910.46

2)主要产品及市场占有率情况：

(1)冶金级氧化铝：国内市场占有率12.22%

(2)化学品氧化铝：国内市场占有率35.79%

(3)电解铝产品：国内市场占有率0.91%

(4)主营业务收入占10%以上产品利润情况

(单位：人民币元)

产品	主营业务收入	主营业务成本	毛利率(%)
冶金级氧化铝	1,534,952,378.29	898,289,429.67	41.48
化学品氧化铝	410,897,653.58	276,783,202.34	32.64
电解铝产品	493,717,428.52	398,745,118.24	19.24

3)报告期内本公司主营业务或其结构较前一报告期未发生变化。由于主导产品销售价格上涨和销量增加，使主营业务盈利能力较前一报告期有大幅度增长。报告期内产品或服务未发生变化。

2、主要控股公司的经营情况及业绩

公司控股子公司山东山铝电子技术有限公司，注册资本人民币2000万元，其中，山东铝业股份有限公司投资1,500万元，占75%，主要从事集成电路卡(IC)制作，及其系列读写设备研发、生产、销售、应用系统软硬件的安装与调试。公司通过PHILIPS、ISSI公司定点芯片封装厂的认证和中国信息产业部身份证定点封装企业认证。2003年销售各种模块400多万块，同比增加300多万块，增长300%；实现主营业务收入1408.09万元，净亏损463.18万元。亏损的主要原因是处于市场开发初期，尚未形成规模效益。

3、采购和销售客户情况

前五名供应商采购金额合计	1,115,105,667.89元	占采购总额比重	42.44%
前五名销售客户销售金额合计	850,689,626.21元	占销售总额比重	32.02%

4、经营中出现的问题与困难及解决方案

由于原燃材料大幅度涨价，使公司降低成本计划受到了一定的影响，加上铁路运输紧张，对原燃料供应和产品销售产生一定制约。公司通过对原燃材料实行比价采购，强化内部管理，合理有效地确定原料库存，加大对成本预算分析与考核力度，使降低成本工作取得了较大成效；大量采用汽车运输方式，有效地缓解了铁路运输能力紧张的局面。

5、年度计划完成情况存在差异的说明

年度预算中利润预算为2.2亿元，本报告期实际实现5.79亿元，比预算增长163.18%，主要原因是主导产品销售价格上涨和销量增加。

(三)报告期内投资情况

1、报告期内无募集资金项目实施情况

2、重大非募集资金投资项目实施情况

报告期内公司以自有资金投资45508.63万元，比上年增加5180.69万元，增加幅度12.85%。

主要项目投资及完成情况：

1)选精矿烧结法氧化铝技术改造、赤泥分离洗涤沉降槽系统改造、阳极糊生产线技术改造、氧化铝厂新建51平方米平盘过滤机四个项目均已全部完成。

2)氧化铝厂蒸发工序技术改造：计划投资10981万元，累计完成投资6860万元，项目进度60%。

3)脱硅工艺优化改造工程：计划投资5917万元，完成投资3041万元，项目进度50%。

4)电解铝改造(含电解烟气净化及附属设施改造)：完成投资19178万元，项目进度80%。

(四)财务状况及经营成果

项目	2003年(元)	2002年(元)	增减(%)
总资产	2,938,567,581.24	2,592,163,223.72	+13.36
长期负债	116,895,192.24	162,812,480.94	-28.20
股东权益	1,908,984,699.51	1,385,931,752.70	+37.74
主营业务利润	854,294,432.82	341,071,593.53	+150.47
净利润	522,709,656.05	156,900,566.08	+233.15
现金及现金等价物净增加额	132,003,917.69	-16,285,116.71	-

总资产增加34640.44万元的主要原因是：本期主营产品市场销售良好，货款回收及时，货币资金增加13200.39万元，同时本期公司生产经营规模扩大，存货增加12043.43万元，固定资产合计增加26741.03万元。长期负债减少的主要原因是：本期偿还长期借款5000万元。股东权益增加为本期盈利所致。利润增加的主要原因是主导产品的销售价格和销售量上升。

2003年现金及现金等价物净增加额比2002年增加14828.9万元，主要原因是公司加大清欠力度，使应收账款余额比年初下降41.6%，同时，本期回收货款中现金比例比上年有大幅度提高，从而使经营活动产生的现金净流量增加。

(五)生产经营环境及宏观政策、法规变化对公司的影响

1、氧化铝、氢铝系列产品、铝及铝合金等产品出口退税率下调，将影响公司利润减少约1000万元。

2、煤炭焦炭等燃料、水、电等价格上涨，将导致公司成本升高、利润减少。

3、燃料供应紧张和国内运输能力不足，也会对公司生产经营产生一定影响。

4、氧化铝进口关税下调，将对国产氧化铝市场价格产生影响。

(六)报告期内董事会的会议情况及决议内容

报告期内董事会共召开了五次会议，具体如下：

1、第二届董事会第四次会议于2003年1月23日在山铝宾馆后楼会议室召开，会议审议并通过了以下议案：

1)公司2002年董事会报告；

2) 公司2002年年度报告及摘要；

3) 2002年总经理工作报告及2003年工作计划；

4) 公司2002年度财务决算报告及2003年度财务预算报告；

5) 公司2002年度利润分配预案；

6)关于聘请会计师事务所的议案；

7)关于延长配股决议有效期的议案；

8)关于召开2002年年度股东大会的通知。

本次会议决议公告详见2003年1月25日的《中国证券报》和《上海证券报》。

2、第二届董事会第五次会议于2003年4月14日在山铝宾馆后楼会议室召开，会议审议并通过了以下议案：

1)关于变更技术开发费核算办法的议案；

2)关于改变水、蒸汽结算方式的议案；

3)公司2003年第一季度报告。

本次会议决议公告详见2003年4月15日的《中国证券报》和《上海证券报》。

3、第二届董事会第六次会议于2003年6月27日在山铝宾馆后楼会议室召开，会议审议并通过了以下议案：

1)关于修改山东铝业股份有限公司章程的议案；

2)关于提名独立董事候选人的议案；

3)关于成立投资者关系管理办公室的议案；

4)关于召开2003年第一次临时股东大会的议案。

本次会议决议公告详见2003年6月29日的《中国证券报》和《上海证券报》。

4、第二届董事会第七次会议于2003年7月29日在山铝宾馆后楼会议室召开，会议审议并通过了以下议案：

1)关于调整董事会专门委员会人员组成的议案；

2)关于核销部分坏帐的议案；

3)关于调整土地租赁费的议案；

4)公司2003年半年度报告及其摘要。

本次会议决议公告详见2003年7月30日的《中国证券报》和《上海证券报》。

5、第二届董事会第八次会议于2003年10月27日在山铝宾馆后楼会议室召开，会议审议并通过了以下议案：

1)公司2003年第三季度报告及其摘要；

2)山东铝业股份有限公司关联交易管理办法；

3)山东铝业股份有限公司募集资金使用管理办法；

4)山东铝业股份有限公司投资者关系管理办法；

5)关于改变电力结算办法的议案；

6)关于收购山东铝业公司φ4.5×100米、φ5×125米回转窑的议案；

7)关于召开2003年第二次临时股东大会的议案。

本次会议决议公告详见2003年10月28日的《中国证券报》和《上海证券报》。

(七)董事会对股东大会的执行情况

1、根据2002年年度股东大会决议，公司2002年度利润分配方案为每10股派发现金红利1.5元(含税)。公司确定的股权登记日2003年4月17日，除息日2003年4月18日，红利到帐日2003年4月23日。派息公告分别刊登在2003年4月12日的《中国证券报》和《上海证券报》上。公司将应派发给社会公众股东的现金红利及代理发放的红利手续费足额划入中国证券登记结算公司上海分公司的指定帐户。公司未流通的国有法人股股东的现金红利由公司直接划拨。

2、自2001年决定实施配股以来，公司全力以赴，做了大量的基础性工作。2003年7月7日，公司接中国证监会证监函[2003]142号"关于对山东铝业股份有限公司配股申请不予核准的决定"，对公司配股申请做出不予核准的决定。

(八)利润分配方案预案

经北京中兴宇会计师事务所审计，2003年度公司实现净利润522,709,656.05元，依据《公司法》和《公司章程》的有关规定，提取10%的法定公积金52,114,330.86元，提取5%的公益金26,057,165.43元，加上2002年度公司未分配利润202,352,854.30元，2003年度可供股东分配的利润为646,891,014.06元。根据公司实际经营情况，拟按照公司2003年末总股本56000万股为基数，每10股送2股并派发现金红利1元(含税)，共计分配现金5600万元。

此方案尚需提交股东大会审议。

(九)其他事项

1、公司关于关联方资金往来和对外担保情况的自查报告

根据中国证监会《关于规范上市公司与关联方资金往来及上市公司对外担保若干问题的通知》(证监发字[2003]56号)(以下简称《通知》)要求,公司进行了自查,并以董字[2003]9号向济南证管办递交了自查报告,公司不存在《通知》中所述的关于关联方违规占用资金情况和对控股股东及其控股股东所属企业提供担保情况。

2、注册会计师对控股股东及关联方占用资金情况的专项说明

北京中兴宇会计师事务所根据《通知》的要求,出具了中兴宇专字[2004]2002号《关于山东铝业股份有限公司之控股股东及其他关联方占用资金的专项说明》。会计师认为:截止2003年12月31日,除公司与控股股东及其他关联方发生的正常资金往来外,未发现山东铝业之控股股东及其他关联方存在《通知》中所述的违规占用山东铝业资金的情况。

3、独立董事对公司累计和当期对外担保情况的专项说明及独立意见

独立董事认为:截至2003年12月31日,公司未曾发生对外提供担保情况。

八、重要事项

(一)本年度公司无重大诉讼、仲裁事项

(二)公司报告期内收购及出售资产、吸收合并事项

公司2003年10月27日的二届八次董事会审议通过了《关于收购山东铝业公司φ4.5×100米、φ5×125米回转窑的议案》,并经2003年12月4日的第二次临时股东大会审议通过。详细情况披露于2003年10月28日的《中国证券报》和《上海证券报》。

(三)报告期内重大关联交易事项

1、主要关联方交易的定价原则:

(1)土地租赁:2003年根据《山东省人民政府关于调整淄博等市镇土地使用税额及工矿征税范围有关问题的通知》、《淄博市人民政府关于张店区等五区和高新区调整土地使用税土地等级的批复》及《淄博市人民政府关于进一步加强土地使用权管理的决定》的相关规定,调整土地等级和土地使用税税额,本公司对与山东铝业公司就原土地租赁协议的有关条款签订的《土地租赁补充协议》进行修改,自2003年1月1日起每年租赁费566万元,租赁土地面积共计945,737.93平方米,租赁期限50年。

(2)采购原材料、半成品

由山东铝业公司、中国铝业股份公司山东分公司及其他关联方提供的原材料及半成品按以下原则结算:

A.国家法律、法规及地方政府相应的法规、政策规定的价格及标准;

B.市场一般通行的价格;

C. 若无可比的当地市场价格,则为推定价格(依据生产成本加上合理平均利润而构成的价格)。

(3)销售原材料、半成品、产成品:本公司向中国铝业股份公司山东分公司、山东铝业公司及其他关联方提供的原材料、半成品及产成品,按以下原则结算:

A.国家法律、法规及地方政府相应的法规、政策规定的价格及标准;山东铝业股份有限公司2003年年度报告

B.市场一般通行的价格;

C. 若无可比的当地市场价格,则为推定价格(依据生产成本加上合理平均利润而构成的价格)。

(4)水、电、蒸汽:中国铝业股份有限公司山东分公司向本公司提供水、电、汽的服务,按照市场外购价格加相应运行维护费。

(5)接受劳务

A.工程及检修:工程预算、决算均按《淄博市工程造价指南》编制,由公司组织招标或议标,计划经营部组织施工、设计、监理单位三方定案,工程完工后对工程、检修项目抽查,由中介机构进行决算审计。

B.综合服务:按关联方所提供服务的成本和本公司的受益量支付费用。

2、结算方式:公司与各关联方之间由于购销产品、半成品、原材料、水电汽等发生的交易,根据每月实际发生数额,按月结算;接受劳务发生的关联交易,根据工程、检修预算、决算后的实际数额进行结算。

3、关联交易的必要性及持续性:本公司设立时,发起人山东铝业公司将与氧化铝、电解铝生产、经营和科研相关的主要资产投入本公司,为本公司主营业务提供配套服务的相关资产则保留在山东铝业公司,由于长期形成的业务关系及生产工艺的特殊性,本公司与山东铝业公司及重组后的中铝股份山东分公司等关联方在原料采购、水电汽供应、设备检修、产品供应等方面存在持续性的关联交易;为维护公司及非关联股东利益,本公司与关联方签订了关联交易协议,关联交易定价公允、合理。随着本公司治理结构的不断完善,上述关联交易还将维持,并得到进一步的保障。

4、本公司向主要关联方采购货物、接受劳务

单位	类型	单价	金额	占同类交易同期同类市	交易价格
中国铝业股份有限公司	水		25,894,837.53	59.16%	
	电	0.46	145,466,871.56	43.67%	0.46
山东分公司	蒸汽	60.00	5,703,000.00	12.79%	60.00
	设备		2,436,416.35	1.71%	
	备件		37,800,864.76	99.58%	
	材料		5,964,881.06	0.73%	
	加工费		147,201.71	0.97%	
	铝矿石	161.24	233,671,400.88	63.06%	
	石灰石	37.67	36,947,812.35	100.00%	
	运杂费		28,818,395.90	44.63%	
	玛瑙填料	1,623.93	32,478.63	100.00%	1,623.93
	牙膏氢铝	1,678.04	6,067,732.07	100.00%	1,678.04
	计控费		388,960.91	6.63%	
	维护费		11,421,295.86	75.13%	
	通讯		1,173,549.00	75.04%	
	代理费		2,519,635.42	100.00%	
合计			544,455,333.99		
	检修		53,776,165.15	54.94%	
	工程		15,035,047.35	3.30%	
淄博万成工贸有限公司	设备		4,439,553.00	3.12%	
	研发费		260,760.21	0.36%	
合计			73,511,525.71		
	富矿熟料	899.82	5,548,300.40	100.00%	
	料浆加工费	182.44	1,221,618.24	100.00%	
	国产铝矿石	201.00	1,336,248.00	0.36%	
	加工费		12,967,854.96	85.89%	
	材料		2,033,277.15	0.25%	
	备件		161,271.96	0.42%	
山东铝业公司	水		6,374,815.41	14.56%	
	电	0.46	6,216,702.08	1.86%	0.46
	检修		14,320,935.49	14.63%	
	公用设施费		32,158,282.53	100.00%	
	绿化费		18,028,137.43	100.00%	
	子弟学校支出		6,690,500.00	100.00%	
合计			107,057,943.65		
山东铝业工程有限公司	材料		187,123.76	0.02%	
	检修		3,221,971.34	3.29%	
	设备		14,731,916.00	10.34%	
	工程		83,087,572.83	18.26%	
	研发费		7,004,300.66	9.85%	
合计			108,232,884.59		
	工程		144,813,700.00	31.82%	
淄博施美工贸有限公司	检修费		19,027.33	0.02%	
	研发费		5,511,595.66	7.75%	
合计			150,344,322.99		

5、本公司向主要关联方销售货物、提供劳务

单 位	类型	单价	交易金额	占同类交易金额的比例	同期同类市场交易价格
中国铝业股份有限公司山东	产品		127,139,504.04	4.28%	
	材料		100,943,137.17	70.39%	
分公司	电	0.44	113,944,104.38	38.42%	0.44
	生水	2.85	47,274.85	3.61%	
	软水	5.00	612,186.90	46.77%	
	分析费		505,005.88	85.56%	
	高压风	56.00	7,492,960.00	100.00%	
	二氧化碳	247.12	5,993,532.00	100.00%	
	技术研发		5,950,000.00	100.00%	
合计			362,627,705.22		
上海中铝凯林铝业有限公司	产品		36,766,179.85	1.24%	
	材料		129,591.15	0.09%	
淄博万众实业公司	产品		106,981,144.84	3.61%	
合计			107,110,735.99		

由于以上关联交易,严格按照关联交易定价原则执行,不会对本公司利润造成影响。

6、公司与关联方间的债权、债务及担保事项

1)担保:山东恒成机械制造厂向本公司提供借款担保1000万元,中国铝业公司向本公司提供借款担保11000万元。

2)与关联方债权、债务往来余额(单位:元):

应收账款	5,555,985.89
应收票据	0.00
其他应收款	2,971,737.02
预付账款	13,297,087.57
合 计	21,824,810.48
应付账款	43,903,956.35
其他应付款	1,159,245.42
预收账款	3,556,478.55
合 计	48,619,680.32

形成原因:均为正常的购销业务往来。由于长期形成的业务关系及生产工艺的特殊性,本公司与关联方在原料采购、水电汽供应、设备检修、产品供应等方面存在持续性的关联交易。

(四)公司重大合同及其履行情况

1、公司与山东铝业公司对土地租赁合同进行修改,自报告期开始,合同金额566万元/年,公司已于报告期末支付。

2、公司与山东铝业公司签订收购山东铝业公司φ4.5×100米、φ5×125米回转窑的合同,合同金额11,509.82万元,截止审计报告日尚未支付收购资金。

3、公司无重大担保事项。

4、公司无委托他人进行资金资产管理事项。

5、无其他重大合同

(五)公司或持股5%以上股东在报告期内或持续到报告期内无承诺事项

(六)公司连续四年聘请北京中兴宇会计师事务所进行审计,报告期内支付的报酬为60万元人民币。注册会计师芦玲连续四年为公司审计报告签字,注册会计师胡亚民连续三年为公司审计报告签字。

九、备查文件目录

1、载有法定代表人、主管会计工作负责人、会计机构负责人签名并盖章的会计报表。

2、载有会计师事务所盖章、注册会计师签名并盖章的审计报告原件。

3、报告期内在中国证监会指定报纸(中国证券报、上海证券报)公开披露过的所有公司文件的正本及公告的原稿。

山东铝业股份有限公司

二〇〇四年一月二十九日

柳州两面针股份有限公司

柳州两面针股份有限公司2003年年度报告

重要提示

本公司董事会及其董事保证本报告所载资料不存在任何虚假记载、误导性陈述或者重大遗漏,并对其内容的真实性、准确性和完整性承担个别及连带责任。

无董事声明对年度报告内容的真实性、准确性、完整性无法保证或存在异议。董事蒋昌顺因工作原因未能亲自出席本次董事会,也未委托其他董事行使表决权。董事张华意因公出差未能参加本次董事会,委托董事梁英奇对本次会议所有审议事项进行表决。

公司年度财务报告经深圳大华天诚会计师事务所审计并出具了标准无保留意见的审计报告。

公司董事长梁英奇先生、总裁袁东升先生、财务负责人陈丽霞女士声明:保证年度报告中的财务报告真实、完整。

一、公司基本情况简介

1、公司法定中文名称:柳州两面针股份有限公司

中文缩写:两面针

英文名称:LIUZHOU LIANGMIANZHEN Co., Ltd.

2、公司法定代表人:梁英奇

3、董事会秘书:王为民

证券事务代表:

联系地址:广西柳州市长风路2号

邮政编码:545001

联系电话:0772-2506159

传真:0772-2506158

电子信箱:lmzstock@lmz.com.cn

4、公司注册地址及办公地址:广西柳州市长风路2号

公司国际互联网网址:http://www.tooth-paste.com

电子信箱:lzlmz@public.lzptt.gx.cn

5、公司信息披露报刊:《上海证券报》

登载公司年度报告的中国证监会指定国际互联网网址:http://www.sse.com.cn

公司年报备置地点:公司证券部

6、公司股票上市地:上海证券交易所

公司股票简称:两面针

公司股票代码:600249

7、其他有关资料:

公司首次注册登记日期:1994年6月30日

公司首次注册登记地点:柳州市长风路2号

公司最新注册登记日期:2002年3月7日

公司最新注册登记地点:广西柳州市长风路2号

企业法人营业执照注册号:(企)4500001000933

税务登记号码:桂国税柳字450201198230337

地税柳字450201198230337

公司聘请的会计师事务所名称:深圳大华天诚会计师事务所

公司聘请的会计师事务所办公地址:深圳市福田区滨河路联合广场B座11楼

二、会计数据和业务数据摘要

(一)本年度主要利润指标

单位:(人民币)元

利润总额	67,968,560,42
净利润	40,967,862.76
扣除非经常性损益后的净利润	27,944,536.22
主营业务利润	163,186,257.67
其他业务利润	4,031,826.90
营业利润	54,945,233.88
投资收益	5,376,257.28
补贴收入	7,727,959.00
营业外收支净额	−80,889.74
经营活动产生的现金流量净额	39,078,413.85
现金及现金等价物净增加额	10,529,131.98

注:扣除非经常性损益项目和涉及金额

单位:(人民币)元

项目	金额
投资收益	5,376,257.28
营业外收入	251,212.51
营业外支出	332,102.25
补贴收入	7,727,959.00

(二)公司近三年主要会计数据及财务指标

单位:(人民币)元

财务指标	2003年(本年)	2002年(上年)	本年比上年增减(%)	2001年
主营业务收入	585,906,094.10	574,185,883.08	2.04	521,460,999.41
利润总额	67,968,560.42	68,457,280.69	−0.71	83,910,487.31
净利润	40,967,862.76	51,517,597.82	−20.48	64,067,311.48
扣除非经常性损益后的净利润	27,944,536.22	32,251,449.13	−13.35	25,009,255.87
总资产	802,761,988.72	748,713,543.80	7.22	764,512,854.92
股东权益(不含少数股东权益)	420,220,862.06	393,364,678.20	6.83	341,847,080.38
全面摊薄每股收益	0.46	0.57	−19.3	0.71
加权平均每股收益	0.46	0.57	−19.3	0.71
扣除非经常性损益的每股收益	0.31	0.36	−13.89	0.28
每股净资产	4.67	4.37	6.86	3.80
调整后的每股净资产	4.56	4.27	6.79	3.76
每股经营活动产生的现金流量净额	0.43	−0.08	0.44	
全面摊薄净资产收益率	9.75	13.09	−25.56	18.74
加权平均净资产收益率	9.94	14.01	−29.05	20.52
扣除非经常性损益的加权平均净资产收益率	6.78	8.78	−22.72	8.0

(三)利润表附表

		净资产收益率(%)		每股收益(元)	
项目	2003年度利润	全面摊薄	加权平均	全面摊薄	加权平均
主营业务利润	163,186,257.67	38.83	39.61	1.81	1.81
营业利润	54,945,233.88	13.08	13.34	0.61	0.61
净利润	40,967,862.76	9.75	9.94	0.46	0.46
扣除非经常性损益后的净利润	27,944,536.22	6.64	6.78	0.31	0.31

注:利润表附表的利润数据是按照中国证监会《公开发行证券公司信息披露编报规则(第9号)》要求计算的。

(四)报告期内股东权益变动情况

单位:(人民币)元

项目	期初数	本期增加	本期减少	期末数	变动原因
股本	90,000,000.00			90,000,000.00	按公司章程
资本公积	80,850,127.49			80,850,127.49	从税后利润
盈余公积	125,988,304.29	9,170,190.68	26,574.30	135,131,920.67	中计提报告
其中:法定公益金	29,218,378.29	3,056,730.22	26,574.30	32,248,534.21	期利润分配
未分配利润	96,526,246.42	31,797,672.08	14,085,104.60	114,238,813.90	
股东权益合计	393,364,678.20	40,967,862.76	14,111,678.90	420,220,862.06	

三、股本变动及股东情况

(一)股本变动情况

1、股份变动情况表 单位:股

股份类别	本次变动前	本次变动增减(+,-) 配股	送股	公积金转股	增发	其他	小计	本次变动后
一、未上市流通股份								
1、发起人股份	36,280,000							36,280,000
其中:国家持有股份	36,280,000							36,280,000
境内法人持有股份								
境外法人持有股份								
其他								
2、募集法人股	51,470,536							51,470,536
3、内部职工股	2,249,464							2,249,464
4、优先股或其他								
未上市流通股份合计	90,000,000							90,000,000
二、已上市流通股份								
1、人民币普通股								
2、境内上市的外资股								
3、境外上市的外资股								
4、其他								
已上市流通股份合计								
三、股份总数	90,000,000							90,000,000

2、股票发行与上市情况

(1)公司是经广西壮族自治区体改委桂体改股字[1993]156号文批准,由柳州市牙膏厂独家发起,采取定向募集方式设立的股份有限公司,设立时公司总股本为7,500万股,其中国家股3,628万股,法人股2,372万股,内部职工股1,500万股。

(2)1997年7月,根据股东大会的决议,公司向全体股东每10股送红股2股,共送红股1500万股。方案实施后,公司总股本为9,000万股,其中:国家股4,353.6万股,占48.37%;法人股2,846.4万股,占31.63%;内部职工股1,800万股,占20%。

(3)1997年8月,经广西区政府桂政函(1997)166号文、广西区国资局桂国资企字(1997)81号文批复及广西体改委桂体改股字(1997)17号文确认,同意柳州市国有资产管理局将持有的本公司4353.6万股国家股中的725.6万股以每股2.15元转让给柳州市两面针旅游用品厂,转让后,公司总股本为9,000万股,其中:国家股3,628万股,法人股3,572万股,内部职工股1,800万股。

(4)2001年3月,为规范公司的股权结构,根据国家现行法律、法规的规定,发行人将每位内部职工股股东个人持有的股份数额中的87.50%(按该比例计算不足1股的部分一律按1股计算)均转让给广西柳州钢铁(集团)公司。此次转让总股数为15,750,536股,每股转让价格为4.68元人民币,共计将占公司总股本17.5%的内部职工股股份转让给广西柳州钢铁(集团)公司。2001年3月5日,广西区人民政府以桂政函(2001)31号文批准了此次内部职工股的转让。本次股权转让完成后,公司总股本为9,000万股,其中,国家股3,628万股,法人股5,147.0536万股,内部职工股224.9464万股。

(5)2003年11月13日经中国证监会批准,公司首次向社会公开发行60,000,000股A股,发行价11.38元人民币,并于2004年1月30日在上交所挂牌上市。

(二)股东情况介绍

1、截止2003年12月31日,本公司股东总数为2,271户。

2、公司主要股东持股情况

截止2003年12月31日,拥有公司股份前十名股东情况。

报告期末股东总数

前十名股东持股情况

股东名称	年度内增减	年末持股数量	比例(%)
柳州市国有资产管理局	0	36,280,000	40.31
广西柳州钢铁(集团)公司	0	15,750,536	17.5
柳州市经济发展总公司	0	14,344,400	15.94
汇馨实业(深圳)有限公司	0	8,652,000	9.61
柳州市两面针旅游用品厂	0	7,373,600	8.19
广西柳州市建设投资开发有限责任公司	0	4,960,000	5.51
柳州市环达实业投资有限公司	0	336,000	0.37
李映元	0	110,250	0.1225
李彬生	0	105,000	0.1167
杜南进	0	54,750	0.0608

前十名流通股股东关联关系的说明:公司前十名股东之间不存在关联关系。

报告期末股东总数:2271

前十名股东持股情况

股东名称	股份类别	质押冻结情况	股东性质
柳州市国有资产管理局	未流通	0	国家股
广西柳州钢铁(集团)公司	未流通	未知	社会法人股
柳州市经济发展总公司	未流通	未知	社会法人股
汇馨实业(深圳)有限公司	未流通	未知	社会法人股
柳州市两面针旅游用品厂	未流通	未知	社会法人股
广西柳州市建设投资开发有限责任公司	未流通	未知	社会法人股
柳州市环达实业投资有限公司	未流通	未知	社会法人股
李映元	未流通	未知	内部职工股
李彬生	未流通	未知	内部职工股
杜南进	未流通	未知	内部职工股

前十名流通股股东关联关系的说明

3、持公司股份达5%以上(含5%)的股东有六家,基本情况简介如下:

(1)公司控股股东为柳州市国有资产管理局。

公司国家股股东柳州市国有资产管理局为国有资产授权管理部门,为本公司的控股股东。

(2)广西柳州钢铁(集团)公司

广西柳州钢铁(集团)公司成立于1981年,注册资本105,927万元人民币,法定代表人吴集成,总经理梁景理,主营炼钢、炼铁、炼焦及其副产品、钢材轧制、机械加工修理、水泥制造、矿山开采、煤气和氧气生产、汽车货物运输等。该公司是经广西区政府批准改制的国有独资有限责任公司,其实际控制人为国有资产授权部门,下属有若干全资或控股子公司。

(3)柳州市经济发展总公司

柳州市经济发展总公司成立于1992年,注册资本1,500万元人民币,法定代表人罗华忠,总经理罗华忠,是以实物租赁、国内实业投资及纸张(不含新闻纸和凸版纸)销售为主要经营范围的全民所有制企业,公司现有职员50人。公司是柳州市属国有企业,其实际控制人为柳州市国资局。柳州市丰华房地产开发公司为其子公司。

(4)汇馨实业(深圳)有限公司

汇馨实业(深圳)有限公司是外商独资企业,成立于1996年,注册资本金1,200万港币,法定代表人李映元,总经理李映元,主要生产香精、香料(不含国家许可证管理产品);销售自产产品,产品80%外销;从事宝安地区A834-047、A834-049、A813-064地块的房地产开发经营业务,现有员工62人。该公司的实际控制人为香港汇馨企业公司,目前对外无控股、参股企业。

(5)柳州市两面针旅游用品厂

柳州市两面针旅游用品厂成立于1992年,注册资本303万元人民币,法定代表人莫健华。该厂是集体所有制企业,原主营旅游牙膏、两面针牙膏、去污粉、牙具等产品,自2000年6月起停止生产,改为经销发行人牙膏、香皂等产品。该厂目前对外无控股、参股企业。

(6)广西柳州市建设投资开发有限责任公司

广西柳州市建设投资开发有限责任公司成立于1995年,注册资本12,500万元人民币,法定代表人李祖南,总经理李祖南,主要经营范围是为本市经济建设重点项目引进筹集资金、受市政府委托负责盘活市有财产及各项建设基金的管理和经营、开展经营性及开发性投资业务;经销直接投资及联营项目生产的产品,现有员工36人。该公司是柳州市民政府批准成立的国有独资有限责任公司,其实际控制人为柳州市国资局,目前对外无控股、参股企业。

四、董事、监事、高级管理人员和员工情况

(一)董事、监事、高级管理人员

1、基本情况

姓名	职务	性别	年龄	任期	持股数(股)年初	持股数(股)年末	年内股份增减及变动原因
梁英奇	董事长	男	54	2001.6.30-2004.6.30	2185	2185	无变动
袁东升	董事、总裁	男	37	2001.6.30-2004.6.30	993	993	无变动
黄忠耀	董事	男	53	2001.6.30-2004.6.30	4446	4446	无变动
王为民	董事、董事会秘书	男	38	2001.6.30-2004.6.30	0	0	无变动
张华意	董事	男	45	2001.6.30-2004.6.30	4925	4925	无变动
罗华忠	董事	男	55	2001.6.30-2004.6.30	0	0	无变动
蒋昌顺	董事	男	31	2001.6.30-2004.6.30	0	0	无变动
李祖南	董事	男	46	2001.6.30-2004.6.30	0	0	无变动
施建勇	董事	男	45	2001.6.30-2004.6.30	0	0	无变动
董世忠	独立董事	男	70	2002.10.27-2004.6.30	0	0	无变动
李骅	独立董事	男	33	2002.10.27-2004.6.30	0	0	无变动
胡铭红	监事会召集人	女	49	2001.6.30-2004.6.30	0	0	无变动
古世亶	监事	男	41	2002.10.27-2004.6.30	4905	4905	无变动
黄薇	监事	女	37	2002.10.27-2004.6.30	1323	1323	无变动
陈丽霞	财务负责人、副总裁	女	42	2002.9.30-2004.6.30	0	0	无变动

2、在股东单位任职的董事监事情况

姓名	任职的股东名称	在股东单位担任的职务
罗华忠	柳州市经济发展总公司	总经理
蒋昌顺	汇馨实业(深圳)有限公司产业部	经理
李祖南	广西柳州市建设投资开发有限责任公司	总经理

姓名	任职期间	是否领取报酬、津贴(是或否)
罗华忠	1999年至今	是
蒋昌顺	1996年9月至今	是
李祖南	1999年3月至今	是

(二)年度报酬情况

1、董事、监事和高级管理人员报酬的决策程序、报酬确定依据。

公司建立了完善的薪资体系和奖励办法,对董事、监事、高级管理人员实行年薪制。根据《公司章程》的有关规定,董事、监事的报酬由股东大会决定,高级管理人员的报酬由董事会决定。公司董事会对高级管理人员进行年度考核、监事会对其执行职责的情况进行监督。

2、现任董事、监事和高级管理人员的年度报酬总额共计366万元,其中年度报酬在10万元以上的有6人,年度报酬在7万元-10万元有1人,年度报酬在4万元-7万元有1人。

3、金额最高的前三名董事的报酬总额共计237万元,金额最高的前三名高级管理人员的报酬总额共计237万元。

4、董世忠、李骅两位独立董事均在公司领取每年2.4万元的独立董事津贴(含税)。

(三)员工情况

截止2003年底,公司共有在职员工753人,其中生产人员284人,销售人员128人,技术人员245人,财务人员36人,行政人员60人。员工教育程度:博士1人,硕士4人,大专以上学历363人,高中及中专学历300人,其他85人。

五、公司治理结构

(一)公司治理状况

公司严格按照《公司法》、《证券法》和中国证监会有关法律法规的要求,不断完善公司法人治理结构、建立现代企业制度、规范公司运作,公司制订了较为完善的《公司章程》、《股东大会议事规则》、《董事会议事规则》、《监事会议事规则》。这些规则符合中国证监会和国家经贸委于2002年1月7日发布的《上市公司治理准则》规范性文件的要求,主要内容如下:

1、关于股东与股东大会:控股股东柳州市国有资产管理局持有公司40.31%的股份,其他股东持有分别不超过20%,公司股权结构存在国有股"一股独大"的状况,公司希望能够通过国有股的减持来实现公司治理的合理制衡,以确保所有股东,特别是中小股东享有平等地位,并能充分行使自己的权利;公司建立了股东大会议事规则,能够严格照股东大会规范意见的要求召集、召开股东大会,在会场的选择上尽可能地让更多的股东能够参加股东大会,行使股东的表决权;公司关联交易公平合理,定价依据能予以充分披露。

2、关于控股股东与上市公司的关系:控股股东柳州市国有资产管理局无超越股东大会直接或间接干预公司的决策和经营活动的情况;控股股东不存在占用公司资金的情况;公司与控股股东柳州市国有资产管理局在人员、资产、财务、机构和业务方面基本做到"五独立",公司董事会、监事会和内部机构均独立运作。

3、关于董事与董事会:公司严格按照《公司章程》规定的董事选聘程序选举董事,董事选举尚未实行累积投票制,公司将进一步完善董事的选聘程序,并在今年董事会换届选举时积极推行累积投票制度;报告期内董事会着手建立战略委员会、审计委员会、提名委员会、薪酬与考核委员会,并已

制定各专门委员会实施细则；公司董事会的人员构成符合法律、法规的要求；公司董事会建立了董事会议事规则，公司各位董事能够以认真负责的态度出席董事会和股东大会，能够积极参加有关培训，熟悉有关法律法规，了解作为董事的权利、义务和责任；公司已按照中国证监会颁发的《关于在上市公司建立独立董事制度的指导意见》建立了独立董事制度，公司独立董事人数目前为两人。

4、关于监事和监事会：公司监事会的人数和人员构成符合法律、法规的要求；公司监事会建立了监事会的议事规则；公司监事对公司财务以及公司董事、公司总裁和其他高级管理人员履行职责的合法合规性进行了监督，仍需加强监督力度。

5、关于绩效评价与激励约束机制：公司正积极着手建立公正、透明的董事、监事和经理人员的绩效评价标准与激励约束机制；经理人员的聘任公开、透明，符合法律法规的规定。

6、关于相关利益者：公司能够充分尊重和维护银行及其他债权人、职工、消费者等其他利益相关者的合法权益，共同推动公司持续、健康地发展。

7、关于信息披露与透明度：公司指定董事会秘书负责信息披露工作、接待股东来访和咨询；公司依照法律、法规和公司章程的规定制订了《信息披露管理办法》，使得公司信息披露更加程序化、规范化，保证公司的信息披露真实、准确、完整、及时，并确保所有股东有平等的机会获得信息；公司能够按照有关规定，及时披露大股东或公司实际控制人的详细资料和股份的变化情况。

公司将按照有关议事规则以及《上市公司治理准则》等要求规范运作，努力寻求利润最大化，切实维护中小股东的利益。

(二)独立董事履行职责情况

公司独立董事董世忠先生、李骅先生在履行职责中，履行了诚信、勤勉的义务：认真参加了报告期内公司的董事会和股东大会；审议了公司2002年度报告以及2003年度报告；对公司的关联交易等事项发表了专业性意见，并出具了独立董事意见书；充分发挥了独立董事的作用，维护了公司的整体利益和中小股东的合法利益。

(三)公司与控股股东在业务、人员、资产、机构和财务方面基本做到"五分开"，具体情况如下：

1、业务分开方面

公司业务独立。公司以生产销售口腔卫生用品、洗涤用品及妇女卫生用品为主，不存在与控股股东同业竞争的情况。

2、人员分开方面

公司人员相对独立。公司的劳动、人事及工资管理独立，经理层人员专职在公司工作，在上市公司领取报酬，没有在控股股东单位担任除董事以外的职务。

3、资产完整方面

公司资产完整。公司产权明晰，拥有独立完整的生产、采购和销售设施，拥有相关的知识产权、商标等无形资产，全套生产系统、辅助生产系统和配套设备、工业产权、非专利技术等资产已全部进入上市公司，不存在控股股东占用上市公司资产和其他资源的情况。

4、机构独立方面

公司机构独立。公司董事会、监事会和内部机构能够独立运作。公司拥有独立的产、供、销系统。公司的劳动、人事、工资以及财务管理完全独立于控股股东。

5、财务分开方面

公司财务独立。设立独立的财务部门，已建立独立的财务核算体系，具有规范、独立的财务会计制度和对分公司、子公司的财务管理制度；独立在银行开户，无与控股股东共用同一银行帐户的情况。独立依法纳税。

(四)报告期内对公司高管人员的考评及激励情况

本公司总裁和董事会秘书人选由公司董事长提名，副总裁和财务部部长人选由总裁提名，经公司监事会对候选人进行考核后，由公司董事会审议研究作出聘任决议。

公司对高级管理人员的考评一年一次，特殊情况下根据需要进行考评。考评是公司高级管理人员完成述职报告后，由公司监事会先对其进行考核，然后公司员工代表大会对高级管理人员进行民主评议。经民主评议后，组织员工代表采用无记名方式对被评人员进行民主书面测评，同时员工代表对被评人员提出奖惩建议。员工代表大会的评议结果将作为对公司高级管理人员考核、任免和奖惩的重要依据。

公司制订了一系列政策和规章制度，建立了公司的激励和约束机制。主要包括：公司给予高级管理人员较高的薪酬，根据岗位和责任不同，确定不同的薪酬数额。公司制订《激励机制实施办法》，以调动公司员工的积极性。公司高级管理人员受公司监事会、董事会和全体员工的监督约束。公司按国家的法律、法规约束公司高级管理人员，同时公司的高级管理人员必须遵守公司章程。此外本公司还制订了相关的规定、纪律和奖惩条例，对公司高级管理人员进行约束，其中对高级管理人员的考评，是对其进行激励与约束的重要措施之一。

六、董事会报告

(一)公司整体经营情况的讨论分析

2003年，公司面对新的机遇与挑战，再一次取得了稳健的进步。在过去的一年里，公司的各种经营情况发生了深刻而积极的变化，由于日用化工行业准入门坎相对较低，市场化程度较高，尤其是近年来外资企业的大量涌入，造成行业内部市场竞争加剧。激烈的市场竞争导致了行业内产品毛利率下降，同时也造成本公司产品销售收入，利润总额出现较大幅度的波动.并且假冒伪劣产品的冲击、产品的更新换代等因素也在一定程度上影响了公司的生产销售，此外，2003年上半年由于"非典"影响了公司产品的运输和销售，使当期的销售收入有所减少。面对困难与挑战，公司全体员工不屈不挠，上下同心，通过实行契约化管理，与国际知名管理咨询公司进行合作，建立了人力资源开发管理新体系，贯彻"两重带一般"销售方针，实施区域差异化销售，市场销售持续提升。以"有效性经营"为目标，坚持比质比价和竞价采购原则，依据市场信息，采取灵活多变的措施，在市场价格纷纷上涨的情况下，采购成本得到有效控制，达到了节约成本400万元的预期指标。还充分利用博士后工作站的效应，进一步加强"产学研"合作，提高企业研发力量。根据中国牙膏工业协会科学技术委员会安排，起草《中草药牙膏行业标准实施方案》，两面针牙膏也成为我国牙病防治指导组唯一认证的中药牙膏，进一步提升了我们的品牌价值。通过以上措施全力开拓市场，各项业务均取得了良好的业绩，更为重要的是，11月13日，中国证监会下发证监发行字(2003)136号文件，核准公司公开发行股票，至此，公司股票的上市工作终于完满地划上了句号，它标志着公司的发展进入了一个全新的时期。12月30日，公司成功的举行了网上路演。

2003年，公司实现主营业务收入58,590万元，比去年同期上升2.04%，实现营业利润5,494万元，比去年同期上升11.69%。年末公司总资产80,276万元，比去年同期上升7.22%，每股净资产4.67元，比去年同期上升6.86%。

(二)公司主营业务的范围及其经营情况

1、公司主营业务的范围

公司的经营范围包括：牙膏、发用化妆品、香皂、膏霜、香水类、牙刷、旅游用品、家用卫生用品、包装用品生产、销售，纸品加工，牙膏原材料生产、销售；进出口业务(按外经贸部核定为准)；日用化学品、日用百货、五金交电、服装鞋帽、化工产品及原料(不含易燃易爆危险品)、纸及纸制品(不含新闻纸)、塑料及其制品、金属材料的购销。

2、经营情况

(1)主营业务产品构成情况：

单位：(人民币)元

产品	主营业务收入	主营业务成本	毛利率(%)
牙膏	442,742,012.84	274,993,085.15	37.89
其中：关联交易	32,177,538.20	28,193,958.97	12.38
牙刷	14,121,944.28	14,524,775.40	-2.85
香皂	36,161,482.01	34,881,980.01	3.54
洗衣粉、洗发露及其他	50,553,830.75	58,981,134.08	-16.67
卫生巾	42,326,824.42	36,105,398.53	14.70
关联交易定价原则		市场价格	
关联交易必要性、持续性说明		正常业务往来，不损害股东利益	

产品	主营业务收入比上年增减(%)	主营业务成本比上年增减(%)	毛利率比上年增减(%)
牙膏	14.72	14.07	0.35
其中：关联交易	66.94	72.78	-2.96
牙刷	350.85	450.86	-18.67
香皂	-43.90	-33.57	-14.99
洗衣粉、洗发露及其他	-8.87	1.13	-11.54
卫生巾	-35.06	-33.67	-1.79

关联交易定价原则关联交易必要性、持续性说明

(2)主营业务地区构成情况：

单位：(人民币)元

地区	主营业务收入	毛利率(%)	主营业务收入比上年增减(%)
华南地区	100,416,729.05	24.14	242.40
华中地区	72,952,534.33	23.30	-5.12
华东地区	125,405,549.94	24.11	1.84
华北地区	76,013,034.21	23.95	-20.72
西北地区	31,926,338.30	22.70	-29.61
西南地区	160,194,945.61	40.54	-7.64
东北地区	18,996,962.66	23.93	-36.99

(3)占公司主营业务收入10%以上的主要产品的销售收入、销售成本、毛利率分项列示如下：

产品名称	产品销售收入	产品销售成本	毛利率(%)
牙膏	442,742,012.84	274,993,085.15	37.89

(4)主营业务及其盈利能力变化及原因

与去年同期相比，主营业务收入有所增加，主营业务利润、净利润有所减少，主要原因如下：

激烈的市场竞争导致了行业内产品毛利率下降，同时根据"有效经营"的思想，放弃和淘汰了一些毛利率较低的产品。

3、公司主要控股子公司的经营情况及业绩

(1)柳州桂康日用化学品有限公司

柳州桂康日用化学品有限公司成立于1993年3月，由发行人前身柳州市牙膏厂和香港桂龙发展公司合资建立。公司现注册资本893万美元，发行人拥有其75%股权，法定代表人梁英奇，总经理袁东升，经营范围是生产销售牙膏、牙膏原料、牙具、洗涤用品、化妆品、卫生巾及纸制家庭卫生用品。经深圳大华天诚会计师事务所审计，截至2003年12月31日，该公司总资产252,596,057.08万元，净资产218,615,867.68万元，净利润25,761,021.42万元。公司目前对外无参股和控股情况。

(2)柳州惠好卫生用品有限公司

柳州惠好卫生用品有限公司成立于1995年12月，由发行人、香港智务国际有限公司和香港桂龙发展有限公司合资建立。公司注册资本210万美元，发行人拥有其75%的股权，法定代表人梁英奇，总经理袁东升经营范围是卫生巾、尿巾及其它家庭卫生用品的生产与销售。经深圳大华天诚会计师事务所审计，截至2003年12月31日，该公司总资产50,028,218.98万元，净资产3,718,893.62万元，净利润-3,762,260.30万元。公司目前对外无参股和控股情况。

4、采购和销售客户情况

前五名供应商采购金额合计	215,212,606.42元	占采购总额比重	68.48%
前五名销售客户销售金额合计	137,166,341.61元	占销售总额比重	23.41%

(三)在经营中出现的问题与困难及解决方案

市场开发的广度和深度还不够，终端促销的经验还需继续提高。对此，公司相关人员要深入一线市场，了解同行竞品的情况，制订相关的《终端工作制度》，确保公司产品价格稳定，同时要加大对市场的投入，创新营销模式，提高公司产品市场占有率。

(四)公司财务状况和经营成果分析

1、公司主要财务指标如下：

财务指标	2003年(本年)	2002年(上年)	本年比上年增减(%)	原因分析
总资产	802,761,988.72	748,713,543.80	7.22	本年实现利润和销售量增

股东权益				加所致
(不含少数股东权益)	420,220,862.06	393,364,678.20	6.83	本年实现利润所致
主营业务收入	585,906,094.10	574,185,883.08	2.04	销量增加
主营业务利润	163,186,257.67	163,216,090.08	−0.02	毛利率下降所致
利润总额	67,968,560.42	68,457,280.69	−0.71	投资收益减少所致
净利润	40,967,862.76	51,517597.82	−20.48	投资收益减少和少数股东权益增加
每股收益	0.46	0.57	−19.3	净利润减少所致
每股净资产	4.67	4.37	6.83	净资产增加
现金及现金等价物净增加额	10,529,131.98	12,261,356.16	−14.13	

2、报告期内,公司聘请的深圳大华天诚会计师事务所出具无保留意见的审计报告。

(五)2004 年公司经营计划

围绕公司的发展战略,准备以此次公司股票发行并上市为契机,力争实现整体经营业绩的全面提升,2004 年,公司争取实现主营业务收入和主营业务利润年增长幅度 10%以上的目标,同时,继续保持公司在口腔卫生用品领域的竞争优势,争取市场占有率在现有基础上提高 3 个百分点。用两年左右的时间,力争使公司在资产规模、利润总额等方面迈入国内日用化工行业的前列。

2004 年,公司将重点抓好以下几方面工作:

1、抓好内部管理,以质量控制为中心,抓好制度化、标准化、规范化建设。要从源头上保证质量和效益,提高公司核心竞争力,力求以优良的业绩回报广大投资者。建立合理的组织结构,使部门之间形成相互协调、相互支持的关系,根据企业特点及发展规划制定与之相符合的管理理念。

2、加强主业建设,各部门不仅要保持协调,最关键还要解决各自执行到位的问题。口腔用品的销售要在"有效经营、规范管理"的思想指导下,追求速度与效益的平衡。洗涤用品要逐步建立肤朗品牌地位,追求高品质,靠创新、品牌和速度取胜。纸品要以保本为前提,完善产品结构,寻求惠好产品差异化。旅游用品要抓好重点,规范代理,快速形成行业龙头。牙刷的销售要把市场扩张放在第一位,构筑全国销售网络。

3、加大市场营销力度。通过创品牌、拓市场,提高市场占有率,狠抓品牌差异概念诉求,提升品牌价值。要吸收国际 4A 公司的管理经验,科学管理、发展品牌,树立年轻活力的新形象,确立市场强势品牌地位。2004 年公司将继续保持与各营销策划公司、各宣传媒体的良好合作关系,做好产品品牌的管理工作。同时,继续加强产品广告宣传力度,不断深化"两面针"品牌在投资者心目中的形象,提高品牌知名度和美誉度。公司产品的市场推广将严格按成功的推广模式执行,并不断创新营销模式以适应瞬息万变的市场。同时要充分利用今年南宁举办东盟博览会的机会,宣传公司,宣传公司产品,拓展公司出口业务。

4、加强产品研发力度。产品研发要以博士后工作站为依托,迅速提升科研水平和实力,解决自身无法攻克的技术难关,成为行业技术中心;科研开发要坚持以市场需求为指导,努力开发功效突出、质量稳定、性价比高的产品。

5、有效使用募集资金,实现外延式发展。严格按招股说明书使用募集资金,募集资金的使用要规范、高效,对选准的发展项目要落实责任人,通过各项目的建设、实施,实现公司外延式发展。

(六)董事会日常工作情况

1、报告期内董事会的会议情况及决议内容

报告期内共召开董事会二次:

第一次会议于 2003 年 1 月 8 日在公司会议室召开,董事应到十一人,实到九人,会议由梁英奇董事长主持,会议审议并通过了如下决议:

(1)审议了本公司已签订的目前有效的下列关联交易合同:

1)本公司与柳州桂康日用化学品有限公司之间签订的《国有土地使用权租赁合同》、《资产租赁合同》、《原材料供销合同》、《产品购买合同》;

2)本公司与柳州两面针洗涤用品厂之间签订的《资产租赁合同》、《产品购买合同》;

董事会认为,上述合同是依据市场价格和公平原则确定的,符合本公司的利益,对本公司股东的利益没有损害。

(2)审议通过了 2002 年度计提盈余公积金的议案。

经深圳大华天诚会计师事务所审计,本公司 2002 年度净利润为 46,653,293.61 元。决定按 10%计提法定盈余公积金 4,665,329.36 元,按 5%计提法定公益金 2,332,664.68 元。

(3)审议通过了 2002 年末坏帐准备计提方法的变更。

根据《企业会计制度》及相关会计准则的规定,公司 2002 年末坏账准备改按账龄分析法提取坏账准备,计提比例分别为:半年以内不计提;半年至一年为 5%;1 至 2 年为 10%;2 至 3 年为 20%;3 至 5 年为 40%;5 年以上为 100%。作为会计估计变更,该坏账计提方法的变更采用未来适用法。

第二次会议于 2003 年 5 月 25 日在公司会议室召开,董事应到十一人,实到九人,会议由梁英奇董事长主持,会议审议并通过了如下决议:

(1)审议通过了《2002 年度董事会工作报告》;

(2)审议通过了《2002 年度财务决算报告》;

(3)审议通过了《2003 年度财务预算报告》;

(4)审议通过了《2002 年度利润分配方案》;

(5)审议通过了《关于续聘深圳大华天诚会计师事务所的议案》;

(6)审议通过了《股东大会授权董事会全权处理申请公开发行股票并上市有关事宜的议案》;

(7)审议通过了《关于召开公司 2002 年度股东大会的议案》。

(七)2003 年度利润分配预案

公司 2003 年共实现净利润 40,967,862.76 元,提取法定盈余公积金 6,113,460.46 元和公益金 3,056,730.22 元后,加上年初未分配利润 60,526,246.42 元,公司可供股东分配的利润为 92,323,918.50 元。

实际分配提出以下方案:公司拟按总股本 15000 万股,向全体股东每 10 股派发现金红利 3.5 元(含税),共计派发 52,500,000.00 元。以上 2003 年利润分配方案须经股东大会审议通过。

(八)其它报告事项

报告期内,公司在《上海证券报》、《中国证券报》和上海证券交易所网站(www.sse.com.cn)刊登公司公告和其他需要披露信息选定的信息披露。

2004 年度公司选定《上海证券报》为刊登公司公告和其他需要披露信息的报刊。

关于柳州两面针股份有限公司

控股股东及其关联方占用资金的情况专项说明

深华(2004)专审字 076 号

中国证监会南宁证监局:

我所作为柳州两面针股份有限公司(以下简称"两面针公司")2003 年度会计报表审计的注册会计师,根据中国证监会《关于规范上市公司与关联方资金往来及上市公司对外担保若干问题的通知》(证监发[2003]56 号),就两面针公司的控股股东及其关联方占用资金等的相关事项出具本专项说明。

一、我所注意到,两面针公司的控股股东及其关联方占用资金的情况如下:

截止 2003 年 12 月 31 日,我们没有发现下列股东占用上市公司资金的情况:两面针公司的持股 40.31%的控股股东柳州市国有资产管理局、持股 17.50%的股东广西柳州钢铁(集团)公司、持股 15.94%的股东柳州市经济发展总公司、持股 9.61%的股东汇馨实业(深圳)有限公司、持股 5.51%的股东广西柳州市建设投资开发有限责任公司。

二、年报审计过程中,我所注意到其他关联方资金占用情况如下:

1. 截止 2003 年 12 月 31 日,两面针公司的持股 8.19%的股东柳州市两面针旅游用品厂占用上市公司资金 29,408,881.67 元,主要包括:为柳州市两面针旅游用品厂垫付资金 538,122.20 元、柳州市两面针旅游用品厂采购材料尚未支付的资金 29,326,010.67 元。上年同期代垫资金为 82,871.00 元,本年度代垫资金发生额为零;采购材料占用资金借方累计发生额 37,647,719.69 元,借方累计发生额合计 38,102,970.89 元;本年度贷方累计发生额 8,321,709.02 元,系柳州市两面针旅游用品厂用货币资金偿还材料款。该资金属于经营性占用,已分别反映在"其他应收款"和"应收帐款"上。

2.截止 2003 年 12 月 31 日,柳州两面针股份公司的合营企业柳州市玉洁口腔卫生用品有限公司期初由于垫付款项占用上市公司资金 2,171,470.79,本年度贷方累计发生额 2,171,470.79 元,期末余额为零。

3.截止 2003 年 12 月 31 日,柳州达美实业有限责任公司(该公司系由柳州惠好卫生用品有限公司职工持股会与柳州达美实业有限责任公司职工持股会投资组建的有限责任公司)占用两面针公司资金为 33,374,652.89 元,该资金系由于柳州达美实业有限责任公司预收两面针公司的货款而形成,上年同期数为 (11,582,346.40) 元(两面针公司欠该公司货款),本年度借方发生额累计 45,481,335.42 元,本年度贷方发生额累计为 524,336.13 元,该款项属于经营性占用,已反映在"应付帐款"上;另上年同期占用两面针公司资金 245,319.11 元,该资金系由于两面针公司代达美公司垫付款而形成的。本年度借方发生额累计 538,661.40 元,贷方发生额累计为 783,980.51 元,期末余额为零。

4. 截止 2003 年 12 月 31 日,两面针洗涤用品厂(系两面针公司实际控制的中外合作企业)占用两面针公司资金 11,007,173.16 元,该资金系由于两面针洗涤用品厂预收两面针公司的货款而形成。上年同期数为 27,153,959.12 元,本年度借方发生额累计 90,972,553.04 元,贷方发生额累计 107,119,339.00 元,该款项属于经营性占用,已反映在"预付帐款"上;另上年同期占用两面针公司资金 404,749.31 元,该资金系由为两面针洗涤用品厂垫付资金所形成,本年度借方发生额累计 413,200 元,贷方发生额累计 817,949.31 元,期末余额为零。

在年度审计过程中,我们未发现公司在《关于规范上市公司与关联方资金往来及上市公司对外担保若干问题的通知》(证监发[2003]56 号)颁布实施以后,存在违反其第一条的规定的情况。

本专项意见是本所根据中国证监会及其派出机构的要求出具的,不得用作其他用途。由于使用不当所造成的后果,与执行本业务的注册会计师和会计师事务所无关。

深圳大华天诚会计师事务所　　　　中国注册会计师:胡春元

中国　深圳　　　　中国注册会计师:范荣

七、重要事项

(一)重大诉讼、仲裁事项

报告期内公司无重大诉讼、仲裁事项。

(二)重大收购及出售资产、吸收合并事项

报告期内公司无重大收购及出售资产、吸收合并事项。

(三)重大关联交易事项

1、购销商品、提供劳务发生的关联交易。

公司与柳州两面针洗涤用品厂签订《产品购买合同》,2003 年支付采购货物金额为 107,119,339 元。

2、报告期内公司无其它重大关联交易。

(四)重大合同及其履行情况

1、报告期内无托管、承包、租赁其它公司资产或其它公司托管、承包、租赁上市公司资产的事项。

2、报告期内公司无重大对外担保事项。

3、报告期内公司无委托他人进行现金资产管理事项。

(五)聘任、解聘会计师事务所情况

报告期内公司继续聘用深圳大华天诚会计师事务有限公司为公司的审计机构,公司在报告期内支付给会计师事务所的报酬如下:

	2003 年	备注
财务审计费	40 万元	公司不担差旅费等其他费用

公司支付给会计师事务所财务审计以外没有其他费用,公司年末无应付未付会计师事务所费用。

八、备查文件

(一)载有法定代表人、主管会计工作负责人、会计主管人员签名并盖章的会计报表;

(二)载有会计师事务所盖章,中国注册会计师签名并盖章的审计报告原件;

(三)报告期内在《上海证券报》、《中国证券报》上披露过的所有公司文件的正本及公告的原稿;

(四)载有董事长亲笔签署的年度报告正文。

董事长:梁英奇

北京城建投资发展股份有限公司

北京城建投资发展股份有限公司2003年年度报告

重要提示

本公司董事会及其董事保证本报告所载资料不存在任何虚假记载、误导性陈述或者重大遗漏,并对其内容的真实性、准确性和完整性承担个别及连带责任。

公司董事长刘龙华先生、总经理赵广义先生、计划财务部经理李莉女士声明:保证年度报告中财务报告的真实、完整。

名词释义

以下公司简称在本报告中含义如下:

公司:北京城建投资发展股份有限公司

集团公司:北京城建集团有限责任公司(公司控股股东)

兴华公司:北京城建兴华地产有限公司(公司控股子公司)

开发公司:北京城建房地产开发有限公司(公司控股子公司)

城和公司:北京城和房地产开发有限责任公司(公司控股子公司)

东华公司:北京城建东华房地产开发有限责任公司(公司控股子公司)

东湖公司:北京市东湖房地产公司(公司托管公司)

燕城公司:重庆燕城房地产开发有限责任公司(公司托管公司)

龙鼎华源公司:北京市龙鼎华源房地产开发有限公司(开发公司控股子公司)

富源通公司:北京城建富源通房地产开发有限公司(开发公司控股子公司)

世纪城市公司:北京世纪城市房地产开发有限公司(开发公司参股公司)

首都国际公司:北京首都国际投资管理有限责任公司(公司参股公司)

康实公司:香港康实投资有限公司(东华广场项目合作方)

德胜公司:北京德胜投资有限责任公司(兴华公司参股公司)

第一节 公司基本情况简介

一、公司名称

中文名称:北京城建投资发展股份有限公司

英文名称:BEIJING URBAN CONSTRUCTION INVESTMENT&DEVELOPMENTCO.,LTD

英文缩写:BUCID

二、公司法定代表人:刘龙华

三、公司董事会秘书:杨运成

联系地址:北京市朝阳区北土城西路11号城建开发大厦

联系电话:(010)82275566转608 (010)82275516

传 真:(010)82275533

电子信箱:yyc@bucid.com

公司证券事务代表:李威

联系地址:北京市朝阳区北土城西路11号城建开发大厦

联系电话:(010)82275566转628 (010)82275598

传 真:(010)82275533

电子信箱:liwei@bucid.com

四、公司注册地址:北京市海淀区学院南路62号

公司办公地址:北京市朝阳区北土城西路11号城建开发大厦

邮政编码:100029

公司国际互联网网址:www.bucid.com

电子信箱:tz@bucid.com

五、信息披露报纸名称:《中国证券报》、《上海证券报》

登载公司年度报告的中国证监会指定国际互连网网址:

http://www.sse.com.cn

公司年度报告备置地点:北京市朝阳区北土城西路11号城建开发大厦

北京城建投资发展股份有限公司董事会秘书部

六、公司股票上市交易所:上海证券交易所

股票简称:北京城建

股票代码:600266

七、其他有关资料:

公司首次注册登记日期:1998年12月30日

公司首次注册登记地点:北京市工商行政管理局

公司变更注册登记日期:2001年6月15日

公司变更注册登记地点:北京市工商行政管理局

公司的企业法人营业执照注册号:1100001520059

公司的税务登记号码:地税京字110108633715698000号

公司聘请的会计师事务所名称:北京京都会计师事务所有限责任公司

办公地址:北京市朝阳区建国门外大街22号赛特广场五层

第二节 会计数据和业务数据摘要

一、公司本年度实现

单位:人民币元

利润总额	205,692,686.49
净利润	80,523,163.79
扣除非经常性损益后的净利润	56,181,324.61
主营业务利润	440,907,237.91
其他业务利润	29,201,280.79
营业利润	171,770,634.31
投资收益	4,459,568.71
营业外收支净额	29,462,483.47
经营活动产生的现金流量净额	239,136,838.99
现金及现金等价物净增加额	−111,745,515.52

注:"扣除非经常性损益"涉及项目:	金额
处置长期资产产生的损益	10,719,912.64
计入当期损益的资金占用费	4,916,337.92
扣除减值准备、处置长期资产后的营业外收入	20,090,861.02
扣除减值准备、处置长期资产后的营业外支出	−1,229,027.86
短期投资损益	1,833,019.54
所得税影响数	−11,989,264.08
合计	24,341,839.18

二、截至报告期末公司前三年主要会计数据和财务指标

单位:人民币元

项 目	2003年		调整后	2002年 调整前	2001年
主营业务收入	2,243,942,616.68		1,681,000,759.22	1,681,000,759.22	1,064,117,392.99
净利润	80,523,163.79		159,850,449.09	159,850,449.09	142,976,587.19
总资产	8,556,918,265.03		8,415,877,503.36	8,415,877,503.36	4,744,098,498.99
股东权益(不含少数股东权益)	1,671,624,615.10	项目	1,682,006,601.22	1,592,006,601.22	1,515,838,754.63
每股收益(摊薄)	0.134		0.2664	0.2664	0.2383
每股净资产	2.786	期初数	2.8033	2.6533	2.5264
调整后的每股净资产	2.582		2.6403	2.6034	2.5186
每股经营活动产生的现		本期增加	−0.2837	−0.2837	
金流量净额	0.399	本期减少	9.50%	10.04%	0.3822
净资产收益率	4.82%				9.43%
净资产收益率(以扣除非经常性损益后的净利润计算)	3.36%	期末数	8.39%	8.86%	9.04%

三、报告期内股东权益变动情况

单位:人民币元

项目	股本	资本公积	盈余公积
期初数	600,000,000.00	683,666,093.60	126,701,330.70
本期增加	–	3,980,320.09	32,039,685.21
本期减少	–	4,885,470.00	
期末数	600,000,000.00	682,760,943.69	158,741,015.91
变动原因	–	增加为收取关联方资金占用费形成的关联交易价差、减少为兴华公司净资产调整	增加为本期计提

项目	其中:法定公益金	未分配利润	股东权益合计
期初数	42,233,779.92	271,639,176.92	1,682,006,601.22
本期增加	10,679,895.07	80,523,163.79	116,543,169.09
本期减少		122,039,685.21	126,925,155.21
期末数	52,913,674.99	230,122,655.50	1,671,624,615.10
变动原因	增加为本期计提	增加为本期合并净利润转入、减少为计提盈余公积和分配2002年现金股利	

第三节 股本变动及股东情况

一、截至2003年12月31日股份变动情况表

数量单位:股

	本次变动前	本次变动增减(+,-) 配股	送股	公积金转股	增发	其他	小计	本次变动后
一、未上市流通股份								
1、发起人股份	450000000							450000000
其中:								
国家持有股份	450000000							450000000
境内法人持有股份								
境外法人持有股份								
其他								
2、募集法人股份								
3、内部职工股								
4、优先股或其他								
未上市流通股份合计	450000000							450000000

二、已上市流通股份		
1、人民币普通股	150000000	150000000
2、境内上市的外资股		
3、境外上市的外资股		
4、其他		
已上市流通股份合计	150000000	150000000
三、股份总数	600000000	600000000

报告期内公司股份总数及结构未发生变动。

二、报告期内股东情况介绍

(一)截至2003年12月31日,公司股东总数91757户。

(二)截至2003年12月31日,公司前十一名股东(其中十名为流通股股东)持股情况

股东名称	持股数量(万股)	占总股本(%)	持股类别
北京城建集团有限责任公司	45,000.00	75.00	国有法人股
安联投资	271.34	0.452	流通A股
普丰基金	267.62	0.446	流通A股
博时裕富	97.11	0.162	流通A股
中财担保	55.90	0.093	流通A股
华安上指	42.91	0.072	流通A股
国信证券	36.36	0.061	流通A股
天同180	33.06	0.055	流通A股
永银房产	31.65	0.052	流通A股
华宝信托	28.26	0.047	流通A股
莫永弛	28.16	0.047	流通A股

说明:前十一名股东中,第一大股东北京城建集团有限责任公司(以下简称"集团公司")与其他流通股东不存在关联关系,也不属于《上市公司股东持股变动信息披露管理办法》中规定的一致行动人;其他十名为流通股股东,股东关系未知。

(三)公司控股股东情况

集团公司是公司控股股东。报告期内其所持股份未发生变动,也未发生质押、冻结等情况。

集团公司是国有独资公司,成立于1993年11月8日,注册资本30,210万元人民币,法定代表人刘龙华。主要经营范围:授权进行国有资产经营管理,承担各类型工业、能源、交通、民用、市政工程建设项目总承包,房地产开发、商品房销售,机械施工,设备安装;商品混凝土、钢木制品、建筑机械、设备制造及销售,建筑机械设备及车辆租赁,仓储、运输服务,购销金属材料、建筑材料、化工轻工材料、机械电器设备、木材,零售汽车(不含小轿车),饮食服务;物业管理。

第四节 董事、监事、高级管理人员和员工情况

一、董事、监事及高级管理人员情况

(一)基本情况

1、董事基本情况

姓名	性别	年龄	职务	任期起止日期	年初持股数量	年末持股数量	在股东单位任职
刘龙华	男	52	董事长	2002.6-2005.6	0	0	集团公司董事长、党委书记
郁志桐	男	60	副董事长	2002.6-2005.6	0	0	集团公司总经理
王亚忠	男	52	董事	2002.6-2005.6	0	0	集团公司副总经理
林庆乐	男	44	董事	2002.6-2005.6	0	0	集团公司副总经理
王丽萍	女	45	董事	2002.6-2005.6	0	0	集团公司总经济师
卢桂菊	女	38	董事	2002.6-2005.6	0	0	集团公司总会计师
赵广义	男	50	董事 总经理	2002.6-2005.6	0	0	无
严复民	男	59	董事 副总经理	2002.6-2005.6	0	0	无
柴强	男	42	独立董事	2002.6-2005.6	0	0	无
徐经长	男	38	独立董事	2002.6-2005.6	0	0	无
陈行	男	36	独立董事	2002.12-2005.6	0	0	无

2、监事基本情况

姓名	性别	年龄	职务	任职起止日期	年初持股数量	年末持股数量	在股东单位任职
崔正涛	男	60	监事长监事	2002.6-2005.6	0	0	无
付士明	男	60	工会主席	2002.6-2005.6	0	0	无
张修尧	男	51	监事	2002.6-2005.6	0	0	集团公司财务部部长
汤舒畅	男	43	监事	2002.6-2005.6	0	0	集团公司资本运营部部长
肖红卫	男	38	监事	2002.6-2005.6	0	0	无

公司董事、监事在集团公司所任职务的任期均为长期。

3、高级管理人员基本情况

姓名	性别	年龄	职务	任职起止日期	年初持股数量	年末持股数量	在股东单位任职
李文	男	49	副总经理 董事会秘书	2002.6-2005.6	0	0	无
杨运成	男	48	副总经理	2002.6-2005.6	0	0	无
高登广	男	57	副总经理	2002.6-2005.6	0	0	无
史喜亭	男	43	副总经理	2003.10-2005.6	0	0	无
周维顺	男	49	总会计师	2002.6-2005.6	0	0	无

(二)年度报酬情况

公司董事、监事及高级管理人员中有9名在公司领取报酬,其中2名执行董事、3名监事按照在公司担任的职务领取报酬。报酬由基本岗薪及效益岗薪和年终奖励组成,基本岗薪及效益岗薪(月薪)根据所担任的职务按月支付,年终奖励由公司董事会按年度经营责任目标考核后确定。

报告期内,9名在公司领取报酬的董事、监事及高级管理人员的报酬总额为165.78万元,其中:二名执行董事的报酬总额为53.16万元,金额最高的前三名高级管理人员的报酬总额为76.99万元。

独立董事津贴标准为每人每月4,000元,每年4.80万元,报告期内共支付独立董事津贴14.4万元。

报告期内公司董事、监事及高级管理人员年度报酬数额区间为:10万元-20万元的有6人,20万元以上的有3人。

不在公司领取报酬的董事、监事有:刘龙华、郁志桐、王亚忠、林庆乐、王丽萍、卢桂菊、张修尧、汤舒畅,均在控股股东集团公司领取报酬。不在公司领取报酬的高级管理人员有:高登广,在公司控股子公司兴华公司领取。

(三)报告期内董事、监事及高级管理人员离任、聘任情况

根据公司二届十六次董事会决议,聘任史喜亭为公司副总经理。

二、公司员工情况

截至2003年12月31日,公司在职员工567人,退休职工54人。

(一)按教育程度分类

	硕士以上	大学本科	大学专科	中专	高中以下
人数	37	260	193	56	21
比重%	6.53	45.86	34.04	9.87	3.7

(二)按专业构成分类

	工程技术人员	经营管理人员	财务金融人员	政工人员	其他专业技术人员
人数	229	186	79	28	42
比重%	40.60	32.98	14.01	4.96	7.45

第五节 公司治理结构

一、公司治理状况

报告期内,公司股东大会、董事会、监事会和经理层严格依照法律法规和公司章程行使各自职权。从公司运作情况看,公司法人治理结构权责明确,运行有效。公司的决策事项严格履行了相关审批程序。公司召开股东大会时主动邀请中小股东参加,广泛听取意见,切实保护了中小股东的发言权、决策权和知情权。公司董事会制订了战略发展与投资决策、提名、薪酬与考核、审计四个专门委员会实施细则。10月28日,公司董事会提名聘请刘延平为独立董事,并经2004年2月12日2004年第一次临时股东大会审议通过。目前,公司聘请了四名独立董事,独立董事人数占董事总数的三分之一。四名独立董事分别为投资、会计、房地产、管理专业人士,在参与董事会决策中发挥了积极的作用。

报告期内,公司修订了《公司章程》,公司董事会组成由11名董事增加到12名董事;根据中国证监会《关于规范上市公司与关联方资金往来及上市公司对外担保若干问题的通知》要求,修订了对外担保审批程序、被担保对象的资信标准,包括规定董事会审议批准由总经理办公会议提出的对控股子公司的担保(被担保对象的资产负债率应低于70%)、对涉及公司对外担保事项作出的决议需经全体董事的2/3通过。

报告期内,根据中国证监会《关于推动上市公司加强投资者关系管理工作的通知》要求,制订了《投资者关系管理办法》。明确董事会秘书部为公司投资者关系管理部门,通过设专用电话回答投资者咨询、接待投资者实地调研、向机构投资者集中介绍公司情况、在公司网站开设投资者关系论坛等渠道,广泛与投资者进行沟通。

4月16日至21日,中国证监会北京监管局对公司进行了巡检,认为公司的资产置换、公司治理及财务会计核算等方面运作基本规范。

对照《上市公司治理准则》,公司将进一步完善公司治理,组建董事会四个专门委员会,充分发挥专门委员会的作用;在现有制度的基础上,健全和完善募集资金管理、对外担保管理、加强对控股子公司与分支机构管理、各项资产减值准备计提和损失处理等内控制度;完善公司激励和约束机制,建立董事、监事的绩效评价和薪酬制度,使责权利相一致,完善经理层的绩效评价制度,建立管理层奖励基金。

二、独立董事履行职责情况

2003年,公司3名独立董事柴强先生、徐经长先生、陈行先生按照相关法律法规和《公司章程》规定,认真履行独立董事职责,作为房地产、会计、投资方面的专家,在董事会审议议案的过程中多次发表建设性意见,并针对公司修订与集团公司关联交易协议、投资北京2008年奥运项目、聘任高管人员等事项发表了独立董事意见。

三、公司与控股股东集团公司在业务、人员、资产、机构、财务等方面的分开情况

1、在业务方面:公司与集团公司在业务方面分开,公司具有独立完整的业务及自主经营能力。

2、在人员方面:公司高级管理人员未在集团公司担任任何职务,公司拥有独立的员工队伍,与集团公司完全分离,自成体系。

3、在资产方面:公司与集团公司产权关系明确,拥有独立的生产系统、销售系统和配套设施。

4、在机构方面:公司建立了股东大会、董事会、监事会、经理层等组织机构,并独立运作。制定了股东大会议事规则、董事会议事规则、监事会议事规则和总经理工作细则等基本管理制度,公司拥有独立完整的组织机构,与集团公司完全分开。

5、在财务方面:公司设立独立的财务会计部门,建立独立的会计核算体系和财务管理制度,独立进行财务决策,公司拥有独立的银行帐户,依法独立纳税,与集团公司的财务完全分开。

四、报告期内对高级管理人员的考评及激励机制、相关奖励制度的建立、实施情况

公司对高级管理人员实行年度经营责任目标考核制度。考核目标设置分为三类。一是基本责任目标,包括经营收入、实现利润、房屋销售面积、资本保值增值率、资产负债率等;二是廉政建设和精神文明建设目标;三是企业管理目标,包括劳动管理、安全管理等。年度经营责任目标以年度经营计划形式确定,报董事会批准。年终根据经营计划实际完成情况对高管人员业绩进行考核、评价,考评结果由董事会确定并依考核评价结果,确定高管人员的年终奖励。为确保经营业绩的真实性,公司董事会对高管人员年终奖励实施延期支付制度,公司董事会对高管人员年终奖励的一部分,在下一年度考评结束后支付。

第六节 董事会报告

一、管理层讨论与分析

2003年是公司进行战略性调整的一年。公司董事会在认真分析市场形势和公司自身项目状况的基础上,确立了"慎做大、重做强"的原则和商品房开发与地产经营并举的经营策略,积极调整经营结构和产品结构,盘整和提升开发项目,积极参与2008年奥运场馆项目法人投标,加大商品房销售力度,推动公司由规模型向效益型转变。

为调整公司战略定位，优化项目结构，走专业化开发道路，董事会确定东华广场、世纪城市、北苑明珠大厦、五棵松大厦、花市枣苑南区等公建项目为开展地产经营的项目。东华广场项目取得了实质性进展。东华公司和康实公司于2003年9月23日正式签署了《关于<东直门综合交通枢纽暨东华广场商务区项目合作合同>和<北京东华广场置业有限公司合同>的补充与修改协议》(以下简称"补充协议")，东华公司收到项目补偿费首期6.8亿元和违约金2,000万元。该协议的履行对公司2003年、2004年业绩产生较大影响。其他公建项目整合正在洽谈中。为促进地产经营，2003年11月中下旬，公司参加了"2003北京房地产香港展览会"，成功地进行了企业宣传和项目推介。

在2008年奥运项目法人投标工作中，公司广泛利用社会资源，强强联合，精心策划，周密组织。2003年9月26日，公司参与的以北京中关村开发建设股份有限公司为代表的投标联合体中标北京五棵松文化体育中心项目。2003年10月15日，以公司为联合体代表的北京城建投标联合体中标北京市奥林匹克公园(B区)国家体育馆及奥运村项目。公司参加奥运项目的投资、建设、经营(运营)，有利于提升北京城建地产品牌，有利于提高公司盈利能力，促进公司长远发展。

在项目盘整和提升过程中，公司加大了一些项目结算的力度，解决遗留问题；同时，加快了在手项目的开发进度。小营项目、北苑南区项目、定福家园项目取得了规划意见书，北方交大学生公寓项目取得了审定设计方案通知书，世纪城市项目、汇和综合楼项目、完成了规划方案审定。2003年公司房地产主业开复工面积194.6万平方米，其中：新开61.1万平方米，竣工48.2万平方米。针对北苑家园、富海中心、金码大厦、花市枣苑、迈豪时代居等在售楼盘，公司加大销售力度，2003年共销售房屋42.4万平方米(不含东华广场面积79.08万平方米、花市枣苑13#综合楼面积1.4万平方米)。实现主营业务收入和主营业务利润分别比上年增长33.49%和69.18%。因取消所得税返还政策、计提存货跌价准备和长期投资减值准备等因素，公司净利润比上年降低49.63%。

在新的一年里，根据北京市当前土地政策的变化，公司将充分发挥在手土地资源优势，在加强自身项目运作的同时，采取多种开发模式，针对具体项目引进有实力的战略合作伙伴，走强强联合、共谋共赢的道路，转变管理体制和经营体制，通过市场化、专业化运作，创造品牌项目，提高盈利水平，推动公司实现规模和效益的协调发展。

二、公司报告期内的经营情况

(一)主营业务的范围及其经营状况

公司主营房地产开发，主营业务收入均来自北京地区房地产项目的销售收入，2003年实现主营业务收入22.44亿元，比上年增长33.49%。其中商品房销售收入14.82亿元，项目转让收入7.62亿元；主营业务成本16.80亿元，比上年增长26.49%；主营业务利润4.41亿元，较上年增长69.18%；毛利率19.65%，比上年增长4.15个百分点，主要原因是东华广场项目合作实现的毛利率较高。

(二)主要控股公司及参股公司的经营情况及业绩

单位名称	业务性质	注册资本(万元)	总资产(万元)	净利润(万元)
兴华公司	房地产开发、商品房销售	20,000	222,529.14	7,036.77
东华公司	房地产开发、商品房销售	5,000	44,206.41	14,271.70
开发公司	房地产开发、商品房销售	15,000	325,909.90	−10,351.86
城和公司	房地产开发、商品房销售	3,000	76,658.60	−29.47
北京科技园建设股份有限公司	基础设施开发建设，房地产开发	55,100	777,025.71	6,414.50

(三)主要供应商、客户情况

公司在房地产开发经营活动中，以公开招标方式选择施工单位，2003年前五名承担公司开发项目施工任务的是北京城建亚泰公司、城建七公司、城建新隆公司、城建六公司、城建三公司，合同金额共计4.86亿元，占全年签定施工合同总金额的65.56%。

公司销售商品房主要客户为个人购房，前五名客户的销售额为0.25亿元，占全年总成交额的0.8%。

(四)在经营中出现的问题及解决方案

鉴于"非典"对房地产业和公司的负面影响，公司采取了更新营销理念、调整产品规划方案、提高产品品质、开发健康住宅等一系列应对策略，取得了实效。针对公司公建项目在产品结构中比例较大、存量资产在资产总额中比重大的状况，公司调整战略定位，发挥资源优势，开展地产经营，盘活了资产，缓解了资金压力。

三、报告期内的投资情况

(一)报告期公司没有募集资金，公司1998年12月9日发行上市募集资金中有383.36万元购置设备合同尾款，于2003年9月16日支付完毕，并完成帐务处理。

(二)报告期非募集资金投资的重大项目进度及收益情况

2003年11月10日，公司与北京中关村开发建设股份有限公司、北京市海淀区国有资产投资经营公司、北京城建集团有限责任公司及北京天鸿集团公司共同投资成立北京五棵松文化体育中心有限公司。该公司注册资本金30,000万元，其中公司出资7,500万元，占注册资本金的25%。北京五棵松文化体育中心有限公司主要投资建设经营五棵松文化体育中心项目。该项目建筑规模约35万平方米，其中包括2008年奥运会篮球馆11.7万平方米(其中商业设施6.49万平方米)和配套商业开发设施23.3万平方米，将于2006年建成，成为北京西部地区最大的集运动、健身、休闲、娱乐、商贸于一体的多功能中心。五棵松文化体育中心配套商业设施全部出售，奥运会后篮球馆经营或改造后出售，将产生良好的经济效益。

四、报告期内的财务状况、经营成果发生的重大变化及其原因

2003年公司商品房开发与地产经营取得了显著成果，房地产开发主业稳步发展，主营业务收入、主营业务利润比上年大幅增长。但是，净利润比上年大幅降低，主要原因有：1、2002年公司实现净利润中包含1.18亿元所得税返还，目前所得税返还政策已取消。2、由于开发公司个别长期待结算项目出现亏损，公司计提了7,065.87万元存货跌价准备。3、鉴于公司投资的首都国际公司尚未出具2003年度会计报表，根据公司在日常投资监管中了解到的该公司的一些财务状况和经营状况，本着谨慎性原则，计提了1,537.43万元的长期投资减值准备。

2003年公司投资收益445.96万元，与上年投资收益在利润总额中所占比重相比大幅下降，主要原因是报告期利润总额大幅增长，投资收益减少并计提了长期投资减值准备。

报告期内公司经营活动产生的现金流量净额为23,913.68万元，比去年大幅度增加，但由于报告期投资五棵松体育文化中心有限公司、加大偿还银行借款力度等原因，公司现金及现金等价物净增加额为负数。

根据财政部《企业会计准则-资产负债表日后事项》，公司对资产负债表日后至财务报告批准报出日之间由董事会制定的利润分配方案中的现金股利进行了追溯调整。此项会计政策变更累计影响数为9,000万元。调增了2003年年初未分配利润9,000万元，调减了2003年年初应付股利9,000万元。调增了2002年年初未分配利润7,800万元。

五、宏观政策发生重大变化对公司的影响

报告期内，国务院颁布了《关于促进房地产市场持续健康发展的通知》，首次确立了房地产业在国民经济中的支柱产业地位。中国人民银行下发了《关于进一步加强房地产信贷业务管理的通知》，加强房地产开发贷款管理、引导规范贷款投放。国土资源部、北京市政府出台了一系列政策，开发经营性用地今后只能通过招标、拍卖、挂牌的方式获取，提高了土地出让的透明度。从2003年12月1日起实施的《北京市城市房地产转让管理办法》规定，预售商品房以套内建筑面积计价。上述政策的出台，对规范房地产开发和交易行为、提高行业的集中度、促进房地产业持续健康发展发挥重要作用，对开发商规范开发行为、拓宽融资渠道、降低资产负债率等提出了更高的要求和挑战。公司将加强市场研究力度，提高专业化运作水平，增强自身实力。

六、董事会日常工作情况

(一)报告期内董事会的会议情况及决议内容

报告期内公司董事会共召开了十一次会议，会议情况及决议内容如下：

1、2003年1月25日，公司召开了第二届董事会第六次会议。会议审议通过了以下议案：关于向北京城建兴华地产有限公司职工转让股权的议案、公司机关及子公司2001年度考核兑现的议案、关于制订《信息披露管理办法》的议案、关于制订《董事会战略发展与投资决策委员会实施细则》的议案、关于制订《董事会提名委员会实施细则》的议案、关于制订《董事会薪酬与考核委员会实施细则》的议案、关于制订《董事会审计委员会实施细则》的议案、关于制订《独立董事制度》的议案、关于制订《独立董事津贴标准》的议案。有关决议公告刊登于2003年1月28日《中国证券报》、《上海证券报》。

2、2003年3月24日，公司召开了第二届董事会第七次会议。会议审议通过了以下议案：2002年年报及年报摘要、2002年财务决算报告、2002年利润分配预案、2003年利润分配政策、关于2002年审计费用的议案、2003年财务预算报告、2002年董事会工作报告、2002年总经理工作报告、2003年生产经营计划、关于公司2003年配股资格审查的议案、关于公司2003年配股的预案、关于前次募集资金使用情况的说明、公司2003年配股募集资金使用的可行性报告、关于修订公司与北京城建集团有限责任公司关联交易协议的议案、关于公司向招商银行北京东三环支行申请贰亿元信用授信的议案、关于推荐刘龙华、杨远成为北京科技园建设股份有限公司董事的议案、关于召开2002年年度股东大会的议案。有关决议公告刊登于2003年3月26日《中国证券报》、《上海证券报》。

3、2003年4月22日，公司以通讯方式召开了第二届董事会第八次会议，通过了以下议案：关于公司为控股子公司北京城建东华房地产开发有限责任公司1亿元银行借款提供担保的议案、关于公司为控股子公司北京城和房地产开发有限责任公司1.2亿元银行借款提供担保的议案。有关决议公告刊登于2003年4月24日《中国证券报》、《上海证券报》。

4、2003年4月28日，公司召开了第二届董事会第九次会议。会议审议通过了以下议案：2003年第一季度报告、关于公司为控股子公司北京城建房地产开发有限公司向华夏银行平安支行续借1,900万元提供担保的议案、关于公司为开发公司向建设银行城建支行续借6,000万元提供担保的议案、关于公司与中信实业银行北京广安门支行合作开办富海中心按揭业务的议案。有关决议公告刊登于2003年4月29日《中国证券报》、《上海证券报》。

5、2003年5月26日，公司以通讯方式召开了第二届董事会第十次会议，通过了关于召开公司2002年年度股东大会的议案。有关决议公告刊登于2003年5月28日《中国证券报》、《上海证券报》。

6、2003年6月4日，公司以通讯方式召开了第二届董事会第十一次会议，通过了以下议案：关于公司为控股子公司北京城建兴华地产有限公司向农行亚运村支行续借肆仟万元(人民币)整提供担保的议案、关于公司与浦东发展银行北京翠微路支行合作办理富海中心按揭业务的议案。有关决议公告刊登于2003年6月6日《中国证券报》、《上海证券报》。

7、2003年6月26日，公司召开了第二届董事会第十二次会议。会议审议通过了以下议案：关于参加奥运村和国家体育馆正式投标的议案、关于公司向中国银行朝阳支行申请新增5亿元授信额度并变更原5亿元授信中2亿元资金用途的议案、关于公司向北京市商业银行地内支行申请5亿元授信额度的议案、关于控股子公司兴华公司向中国农业银行亚运村支行申请5亿元授信额度并由公司为其提供担保的议案、关于公司为控股子公司城和公司向建设银行北京城建支行续借4,000万元提供担保的议案、关于公司为城和公司向北京市商业银行西四支行申请4,000万元银行借款提供担保的议案、关于建立岗位绩效工资制度的议案。有关决议公告刊登于2003年6月28日《中国证券报》、《上海证券报》。

8、2003年7月16日，公司以通讯方式召开了第二届董事会第十三次会议，通过了关于控股子公司兴华公司为德胜公司展期贷款提供担保的议案。有关决议公告刊登于2003年7月18日《中国证券报》、《上海证券报》。

9、2003年8月12日，公司召开了第二届董事会第十四次会议。会议审议通过了公司2003年半年度报告及摘要。根据上海证券交易所有关规定，公司董事会仅审议通过半年度报告的，可免于披露，故本次会议决议未予以披露。

10、2003年9月12日，公司以通讯方式召开了第二届董事会第十五次会议，通过了关于公司控股子公司--北京城建东华房地产开发有限责任公司与康实投资有限公司签署《关于<东直门综合交通枢纽暨东华广场商务区项目合作合同>和<北京东华广场置业有限公司合同>的补充与修改协议》的议案。有关决议公告刊登于2003年9月16日《中国证券报》、《上海证券报》。

11、2003年10月28日，公司召开了第二届董事会第十六次会议。会议审议通过了以下议案：公司第三季度报告、关于修改公司章程的议案、《公司投资者关系管理办法》、关于投资北京五棵松文化体育中心有限公司的议案、关于公司向中信实业银行申请2亿元授信额度的议案、关于推荐赵广义先生为国家体育馆及奥运村项目公司董事的议案、关于推荐赵广义先生为北京五棵松文化体育中心有限公司董事的议案、关于聘请刘延平先生为公司独立董事的议案、关于聘请史喜亭先生为公司副总经理的议案。有关决议公告刊登于2003年10月30日《中国证券报》、《上海证券报》。

(二)董事会对股东大会决议的执行情况

1、实施利润分配，派发现金红利

2003年6月28日，公司2002年年度股东大会审议通过了公司2002年利润分配方案。分配方案为：以2002年末总股本6亿股为基数，向全体股东每10股派发现金红利1.50元(含税)。2003年8月16日，公司发布2002年年度分红派息实施公告；2003年8月26日为股利发放日。按照分配方案，共计派发红利9,000万元。

2、配股

2003年6月28日，公司2002年年度股东大会审议通过了关于公司2003年配股的预案，以公司2002年末总股本6亿股为基数，按每10股配3股的比例向全体股东配售。鉴于2003年证券市场融资情况和公司配股项目进展情况，公司尚未实施2003年配股预案。

七、公司2003年利润分配预案

公司2003年不进行利润分配，也不进行资本公积金转增股本。该预案尚需公司股东大会批准。

八、注册会计师对公司控股股东及其他关联方资金占用情况的专项说明

北京京都会计师事务所有限责任公司北京京都专字(2004)第076号注册会计师童登书、杨悦对公司控股股东及其他关联方资金占用情况说明如下：

(一)北京城建与占用资金的控股股东、关联方的关系

关联方名称	与北京城建关系
北京城建集团有限责任公司	控股股东
北京市龙鼎华源房地产开发有限责任公司("龙鼎华源公司")	间接控股子公司
北京城建富源通房地产开发有限公司("富源通公司")	间接控股子公司
重庆燕城房地产开发有限责任公司("燕城公司")	同一控股股东
北京市东湖房地产公司("东湖公司")	同一控股股东
北京世纪城市房地产开发有限公司("世纪城市公司")	控股子公司联营企业

(二)北京城建的控股股东是北京城建集团有限责任公司。截至2003年12月31日止,北京城建提供的相关资料显示,不存在控股股东占用资金的情况。

(三)截至2003年12月31日,北京城建的其他关联方占用资金情况如下:

		2003年末	2003年累计
关联方名称	占用方式	占用金额	占用金额
龙鼎华源公司	其他应收款	78,533,343.94	37,062,318.26
富源通公司	其他应收款	37,590,749.47	17,567,733.80
燕城公司	其他应收款	25,157,072.00	1,535,059.50
东湖公司	其他应收款	17,513,439.15	11,258,775.93
世纪城市公司	其他应收款	227,084,747.03	18,171,502.92
		2003年度偿还情况	2003年年初
	偿还方式	偿还金额	占用金额
关联方名称	货币资金	6,349,922.28	47,820,947.96
龙鼎华源公司	货币资金	15,141,113.90	35,164,129.57
富源通公司	货币资金	700,000.00	24,322,012.50
燕城公司		-	6,254,663.22
东湖公司		-	208,913,244.11
世纪城市公司			

九、独立董事对公司累计和当期对外担保情况、执行前述规定情况的专项说明及独立意见

公司独立董事陈行、徐经长、柴强、刘延平对公司当期和累计对外担保情况、执行有关规定情况的专项说明及独立意见如下:

(一)公司当期和累计对外担保情况

截至2003年12月31日,公司累计为控股子公司提供担保87,300万元,占2003年经审计的净资产的52.22%,其中为开发公司(持股49.5%)银行借款15,500万元提供担保。2003年公司新发生为控股子公司兴华公司、东华公司、开发公司、城和公司提供担保77,300万元。公司及控股子公司为购房人136,124.29万元按揭贷款提供开发商保证。兴华公司为其参股公司德胜公司15,000万元银行借款提供担保。

(二)独立董事意见

1、公司2001年实施资产置换,主业转为房地产开发,形成了母子公司运作的管理体制。控股子公司均从事房地产开发业务,其收入和利润是目前公司主业收入和利润的主要来源。鉴于控股子公司房地产开发项目对资金的需求,公司为控股子公司的银行借款提供担保。

2、尽管公司对开发公司持股未超过50%,但是,公司是开发公司的第一大股东并具有实际控制权,2002年公司已将开发公司纳入会计报表合并范围。并且,集团公司作为开发公司的第二大股东(持股40.5%),为开发公司47,000万元银行借款提供担保。

3、公司及控股子公司为购房人按揭贷款提供开发商保证,是开发业通行的运营方式,符合国家有关政策和法律、法规要求,具有小额量大的特点,与公司开发主业相伴而生,逐年滚动,与纯粹的为个人提供担保有本质的区别。公司及控股子公司的开发规模较大,开发商保证金额也较大,该保证责任在购房人取得房屋所有权证并办妥抵押登记后解除,不构成实质性风险。

4、兴华公司为其参股公司德胜公司银行借款提供担保,属于股东按持股比例提供担保。该笔担保将在2004年5月到期,到期后兴华公司不再为其提供担保。

总体上看,公司所有对外担保都与公司突出发展房地产主业,扩大主业规模息息相关。公司通过整合内部资源,加快项目运作,加强内部控制,有效防范风险。

第七节　重要事项

一、重大诉讼、仲裁事项

报告期内,公司无重大诉讼、仲裁事项。

二、公司收购、出售资产情况

1、报告期内,公司向兴华公司职工持股会及7名自然人股东转让了公司持有兴华公司的10%的股权,按照兴华公司截至2002年12月31日经审计的净资产计算,此次股权转让总价为2,683.44万元,每股转让价格1.3417元,公司获得683.44万元的股权增值。转让后公司持有兴华公司80%的股权。

2、报告期内,东华公司与康实公司签订了《补充协议》。按照《补充协议》规定,康实公司应向东华公司支付项目补偿费用13.3亿元、一次性支付违约金2,000万元以及支付东华公司代合作公司垫付的初步设计费用等5,438万元,总计14.0438亿元人民币。康实公司已向东华公司支付合作项目补偿费首期6.8亿元以及违约金2,000万元,合计7亿元人民币,余款按《补充协议》将于2004年5月25日前全部付清。

3、城和公司与北京世纪铭城房地产开发有限公司于2003年11月18日签订《花市枣苑13#综合楼项目转让合同》,该项目规划建筑面积14,205平方米,项目转让标的金额4,857.60万元。报告期内已收到项目转让款1,500万元。

4、兴华公司与海淀区花园路街道办事处于2003年12月29日签订了《牡丹园西里18号楼房屋转让合同》,建筑面积3,568.9平方米,转让标的金额3,161.83万元,将于2004年3月31日前付清。

5、根据公司与北京强佑房地产开发公司、北京国顺房地产开发有限责任公司签订的《股权转让协议》(转让价格1.46亿元),报告期内公司收到转让北京盛弘基房地产开发有限责任公司股权款项3,070万元。截至报告期末,公司累计收到北京强佑房地产开发公司支付的股权转让款7,750万元。公司仍持有北京盛弘基房地产开发有限责任公司48.6%的股权。

6、根据公司与北京新奥广厦房地产开发有限公司签订的北京海淀区西三旗西二里住宅小区房地产项目转让合同(转让价格10,420万元),报告期内公司收到4,720万元项目转让款。截至报告期末公司累计收到项目转让款9,220万元。

三、重大关联交易事项

(一)提供劳务发生的关联交易

报告期内,公司及控股子公司与集团公司的子公司签订了建筑施工合同金额5.75亿元。公司及控股子公司是根据国家及北京市工程招标的有关规定,通过招标方式确定所开发项目的施工单位的,交易价格公允合理。

(二)公司与关联方的债权、债务往来

单位:万元

	向关联方提供资金		关联方向公司提供资金	
关联方	发生额	余额	发生额	余额
集团公司及其子公司			11,117.65	113,883.27
燕城公司	83.51	2,515.71		
东湖公司	1,751.34	1,751.34		
龙鼎华源公司	3,071.24	7,853.33		
富源通公司	3,759.07	3,759.07		
世纪城市公司	1,817.15	22,708.47		
合　计	10,482.33	38,587.92	11,117.65	113,883.27

"关联方向公司提供资金"包括公司房地产开发项目应付集团公司所属施工企业的工程款。

(三)提供担保

截至2003年12月31日,集团公司为公司10,000万元银行借款提供担保,为开发公司47,000万元银行借款提供担保。公司累计为东华公司、城和公司、兴华公司和开发公司87,300万元银行借款提供担保。兴华公司为德胜公司15,000万元银行借款提供担保。

(四)其他重大关联交易

公司与集团公司共同投资参股了北京五棵松文化体育中心有限公司,构成关联交易。参见第七节董事会报告中"报告期非募集资金投资的重大项目进度及收益情况"。

四、重大合同及其履行情况

(一)重大担保合同

担保对象	担保金额(万元)	担保期限	担保类型	担保决策程序
	5,000.00	03.03.21--04.03.20	连带责任	董事会审议通过
	4,000.00	03.06.17--04.06.16	连带责任	董事会审议通过
	15,000.00	03.07.15--04.07.14	连带责任	董事会审议通过
兴华公司	3,000.00	03.11.14--04.11.14	连带责任	董事会审议通过
	2,000.00	03.11.17--04.11.17	连带责任	董事会审议通过
	3,000.00	03.06.03--04.06.03	连带责任	董事会审议通过
东华公司	5,000.00	03.03.28--04.03.27	连带责任	董事会审议通过
	2,500.00	03.08.25--04.08.25	连带责任	董事会审议通过
	2,500.00	03.10.20--04.10.20	连带责任	董事会审议通过
开发公司	2,500.00	03.08.15--04.08.15	连带责任	董事会审议通过
	2,000.00	02.12.27--04.11.26	连带责任	董事会审议通过
	6,000.00	03.05.30--04.05.29	连带责任	董事会审议通过
	8,000.00	02.12.23--04.12.23	连带责任	董事会审议通过
	8,000.00	03.03.28--04.11.28	连带责任	董事会审议通过
城和公司	2,800.00	03.03.29--04.03.28	连带责任	董事会审议通过
	4,000.00	03.07.30--04.07.29	连带责任	董事会审议通过
	12,000.00	03.04.30--04.04.29	连带责任	董事会审议通过
合计	87,300.00		连带责任	董事会审议通过

兴华公司为其参股公司15,000万元银行借款提供担保。

(二)委托资产管理、委托贷款事项

报告期内公司未发生委托他人进行现金资产管理事项,也未发生委托贷款事项。

(三)其他重大合同

兴华公司与北京市国土房管局于2003年11月16日签订了《北苑家园综合服务楼土地使用权出让合同》,规划建筑面积5万平方米,标的金额2,554.03万元,已缴付383.11万元,合同正在履行。

兴华公司与北京市国土房管局于2003年12月签订了《北苑家园609#、610#、611#楼土地使用权出让合同》,规划建筑面积6.71万平方米,标的金额2,357.68万元,已缴付295.74万元,合同正在履行。

五、公司与关联方资金往来及对外担保情况自查报告

报告期内,公司根据中国证监会《关于规范上市公司与关联方资金往来及上市公司对外担保若干问题的通知》,认真开展自查,截至2003年12月31日,公司与关联方资金往来及对外担保情况如第七节第八、九款所述。

燕城公司、东湖公司是公司的托管公司。2001年,集团公司与公司签订股权托管协议,委托公司全权管理其持有的燕城公司、东湖公司全部股权,公司收取托管费用。为促进两公司持续经营,公司在其经营活动急需资金时提供借款,并收取资金占用费。龙鼎华源公司、富源通公司、世纪城市公司是开发公司的控股、参股公司,分别独立开发房地产项目,开发公司为支持其项目开发,向其提供资金并收取资金占用费。公司将逐步清理与关联方资金债权债务往来,减少资金占用。

公司对外担保金额主要是为控股子公司银行借款提供担保。公司提出商品房开发与地产经营并举的经营策略。目前东华广场项目合作取得实质性进展。随着后续收款以及其他一些公建项目转让的进展,公司及控股子公司的资金状况将大大改善。兴华公司为德胜公司担保,将在2004年5月到期,到期后兴华公司不再为其提供担保。

六、公司及集团公司在报告期内无承诺事项也无以前期间的承诺事项持续到报告期的情况

七、聘任会计师事务所及支付报酬情况

报告期内,公司聘任北京京都会计师事务所有限责任公司负责公司2003年的审计工作,本次年度报告审计费用80万元。北京京都会计师事务所有限责任公司自公司1998年成立以来已连续6年为公司提供审计服务。

八、公司、公司董事及高级管理人员受监管部门检查的情况

报告期内,公司、公司董事会、董事及其他高级管理人员无受中国证监会稽查、中国证监会行政处罚、通报批评、证券交易所公开谴责的情形。

第八节　备查文件目录

1、载有法定代表人、总经理、计划财务部经理亲笔签名并盖章的会计报表;

2、载有会计师事务所盖章、注册会计师签名并盖章的审计报告原件;

3、报告期内在《中国证券报》、《上海证券报》刊登的公司有关公告正本;

北京城建投资发展股份有限公司董事会

2004年3月24日

南京钢铁股份有限公司

南京钢铁股份有限公司2003年年度报告

重要提示

本公司董事会及其董事保证本报告所载资料不存在任何虚假记载、误导性陈述或者重大遗漏,并对其内容的真实性、准确性和完整性承担个别及连带责任。

公司董事长肖同友先生、总经理赵永和先生、总会计师兼财务部经理王瑞祥先生申明:保证本年度报告中财务报告的真实、完整。

第一章 公司基本情况简介

一、公司法定中文名称:南京钢铁股份有限公司
公司法定英文名称:Nanjing Iron & Steel Co., Ltd.
二、公司法定代表人:肖同友
三、公司董事会秘书:徐林
联系地址:江苏省南京市六合区卸甲甸
电话:025-57056780
传真:025-57052184
电子信箱:xulin@600282.net
四、公司注册地址:江苏省南京市六合区卸甲甸
公司办公地址:江苏省南京市六合区卸甲甸
邮政编码:210035
公司互联网网址:http://www.600282.net
电子信箱:webmaster@600282.net
五、公司选定的信息披露报纸:《中国证券报》、《上海证券报》
登载年度报告的中国证监会指定网站的网址:http://www.sse.com.cn
公司年度报告备置地点:公司证券部
六、公司股票上市交易所:上海证券交易所
股票简称:南钢股份
股票代码:600282
七、其他有关资料:
公司最近一次变更注册登记日期:2003年7月3日
注册登记地点:江苏省工商行政管理局
企业法人营业执照注册号:3200001104431
公司税务登记号:320112714085405
公司聘请的会计师事务所:江苏天衡会计师事务所有限公司
办公地址:江苏省南京市正洪街18号东宇大厦8楼

第二章 会计数据和业务数据摘要

一、公司本年度主要会计数据 单位:元

项目	金额
利润总额	736,566,129.36
净利润	464,394,587.59
扣除非经常性损益后的净利润	460,276,402.18
主营业务利润	952,857,468.93
其他业务利润	3,495,162.39
营业利润	782,339,850.71
投资收益	--
补贴收入	--
营业外收支净额	-45,773,721.35
经营活动产生的现金流量净额	487,074,275.60
现金及现金等价物净增加(减少)额	105,860,702.51

扣除的非经常性损益项目和涉及金额: 单位:元

项目	所得税前影响数	所得税	所得税后影响数
资金占用费	-12,047,589.48	-3,975,704.53	-8,071,884.95
固定资产清理损失	4,273,743.73	1,410,335.43	2,863,408.30
固定资产盘盈	-5,634,800.00	-1,859,484.00	-3,775,316.00
固定资产盘亏	668,166.36	220,494.90	447,671.46
存货盘盈	-10,600,244.80	-3,498,080.78	-7,102,164.02
捐赠支出	1,000,000.00	330,000.00	670,000.00
其他支出	21,211.68	--	21,211.68
固定资产清理收益	-1,071,941.60	-353,740.73	-718,200.87
核销坏账	11,547,088.99	--	11,547,088.99
合计	-11,844,365.12	-7,726,179.71	-4,118,185.41

二、截止报告期末公司前三年主要会计数据和财务指标 单位:元

指标项目	2003年	2002年(调整后)	2002年(调整前)
主营业务收入	6,827,372,488.91	4,665,263,092.55	4,665,263,092.55
净利润	464,394,587.59	243,154,991.57	243,154,991.57
总资产	4,883,219,422.55	3,209,713,580.58	3,209,713,580.58
股东权益	2,171,775,338.28	1,843,327,221.80	1,742,527,221.80
每股摊薄收益	0.92	0.48	0.48
加权平均每股收益	0.92	0.48	0.48
扣除非经常性损益后的每股收益	0.91	0.47	0.47
每股净资产	4.31	3.66	3.46
调整后的每股净资产	4.28	3.61	3.41
每股经营活动产生的现金流量净额	0.97	0.48	0.48
全面摊薄净资产收益率	21.38%	13.19%	13.95%
加权平均净资产收益率	23.10%	13.79%	14.12%
扣除非经常性损益后的加权平均净资产收益率	22.90%	13.44%	13.69%
扣除非经常性损益后的全面摊薄净资产收益率	21.19%	12.86%	13.52%

指标项目	2001年(调整后)	2001年(调整前)
主营业务收入	4,001,026,137.19	4,001,026,137.19
净利润	206,185,874.20	206,185,874.20
总资产	2,582,196,411.05	2,582,196,411.05
股东权益	1,700,972,230.23	1,600,172,230.23
每股摊薄收益	0.41	0.41
加权平均每股收益	0.41	0.41
扣除非经常性损益后的每股收益	0.40	0.40
每股净资产	3.37	3.17
调整后的每股净资产	3.33	3.13
每股经营活动产生的现金流量净额	0.46	0.46
全面摊薄净资产收益率	12.12%	12.89%
加权平均净资产收益率	12.76%	12.90%
扣除非经常性损益后的加权平均净资产收益率	12.43%	12.56%
扣除非经常性损益后的全面摊薄净资产收益率	11.80%	12.54%

注:根据修订后的《企业会计准则-资产负债表日后事项》的有关规定,各年度由董事会通过的利润分配预案中确定的拟分配现金股利改在资产负债表所有者权益中单独列示,从而影响了公司2001年、2002年的加权平均净资产及相关指标。

报告期利润表附表

报告期利润	净资产收益率 全面摊薄	净资产收益率 加权平均	每股收益(元/股) 全面摊薄	每股收益(元/股) 加权平均
主营业务利润	43.87%	47.40%	1.89	1.89
营业利润	36.02%	38.92%	1.55	1.55
净利润	21.38%	23.10%	0.92	0.92
扣除非经常性损益后的净利润	21.19%	22.90%	0.91	0.91

三、报告期内股东权益变动情况 单位:元

项目	股本	资本公积	盈余公积
期初数	504,000,000.00	797,780,259.57	184,037,152.22
本期增加	--	1,670,816.89	116,098,646.90
本期减少	--		
期末数	504,000,000.00	799,451,076.46	300,135,799.12

项目	其中:法定公益金	未分配利润	股东权益合计
期初数	39,651,521.00	357,509,810.01	1,843,327,221.80
本期增加	23,219,729.38	464,394,587.59	328,448,116.48
本期减少		253,715,934.90	
期末数	62,871,250.38	568,188,462.70	2,171,775,338.28

变动原因:

1、未分配利润增加系公司本年度实现净利润所致;

2、未分配利润减少系公司本年度提取盈余公积、分配上年度股利和本期为1998年12月31日以前参加工作的无房和住房未达标的职工发放一次性住房补贴(补差)所致;

3、资本公积增加系公司不需支付的三年以上购货款转入所致;

4、盈余公积、法定公益金增加系公司本年度利润分配所致。

第三章 股本变动及股东情况

一、股本变动情况表 单位:股

	本次变动前	本次增减数(+/-)	本次变动后
一、未上市流通股份			
1、发起人股份	360,000,000	0	360,000,000
其中:国家持有股份	357,600,000	- 357,600,000	0
境内法人持有股份	2,400,000	357,600,000	360,000,000
境外法人持有股份			
其他			
2、募集法人股份			
3、内部职工股			
4、优先股或其他			
未上市流通股份合计	360,000,000	0	360,000,000
二、已上市流通股份			
1.人民币普通股	144,000,000	0	144,000,000
2.境内上市的外资股			
3.境外上市的外资股			
4.其他			
已上市流通股份合计	144,000,000	0	144,000,000
三、股份总数	504,000,000	0	504,000,000

二、股票发行与上市情况

(一)本公司前三年股票发行与上市情况

经中国证券监督管理委员会证监发行字[2000]112号文核准,2000年9月1日至2000年9月2日,公司首次公开发行12,000万股人民币普通股,发行价格为每股6.46元,并于2000年9月19日在上海证券交易所挂牌交易。公司股本总数由30,000万股增加到42,000万股。

2001年4月10日公司2000年年度股东大会通过决议,以2000年末总股本42,000万股为基数,实施每10股送2股派发现金1.00元(含税)的分配方案,向全体股东送红股共计8,400万股。公司股本总数由年初的42,000万股增加到50,400万股,新增可流通股份于2001年5月21日上市交易。详情披露于2001年5月14日《中国证券报》和《上海证券报》。

(二)报告期公司股本结构变动情况

2003年3月14日,江苏省人民政府下发苏政复[2003]26号《省政府关于同意南京钢铁集团有限公司将所持有的南京钢铁股份有限公司国有股股权投资组建南京钢铁联合有限公司的批复》,批准公司原控股股东南京钢铁集团有限公司(以下简称"南钢集团公司")以其所持本公司35,760万股国家股股权作为出资投入南京钢铁联合有限公司(以下简称"南钢联合公司"或"南钢联")。2003年3月

27日,国家财政部以财企[2003]118号《财政部关于南京钢铁股份有限公司股份性质界定问题的批复》同意南钢集团公司以其所持本公司35,760万股国有股作为出资投入南京钢铁联合有限公司后,该等股份由南钢联合公司持有,股份性质变更为社会法人股。

根据中国证券监督管理委员会证监函[2003]122号《关于南京钢铁联合有限公司要约收购"南钢股份"股票有关问题的函》的精神,南钢联合公司于2003年6月12日公告了《南京钢铁股份有限公司要约收购报告书》,向本公司除南钢集团公司以外的所有股东发出全面收购要约,在2003年6月13日至2003年7月12日的有效期间内,收购其所持有的南钢股份股票。2003年7月12日要约收购期满,根据预受要约结果,公司股东无人接受南钢联合公司发出的收购要约。

2003年7月25日,南钢集团公司通过中国证券登记结算有限责任公司上海分公司将上述股票过户给南钢联合公司。至此,南钢联合公司持有本公司35,760万股股份,占公司总股本的70.95%,股份性质为社会法人股;南钢集团公司不再持有本公司股份。详见2003年7月30日刊载于《中国证券报》和《上海证券报》的《南京钢铁股份有限公司董事会关于国有股股权转让过户的公告》。

二、股东情况介绍

一、报告期末股东总数:43,312户

二、前十名股东、前十名流通股股东持股情况

(一)前十名股东持股情况 单位:股

股东名称	年度内增减	年末持股数量	比例(%)	股份类别	质押或冻结股份数量	股东性质
1、南京钢铁联合有限公司	357,600,000	357,600,000	70.95	未流通	0	社会法人
2、景博证券投资基金	未知	4,070,597	0.81	已流通	未知	社会公众
3、景阳证券投资基金	未知	4,035,260	0.80	已流通	未知	社会公众
4、中国银行嘉实增长开放式证券投资基金	未知	2,080,111	0.41	已流通	未知	社会公众
5、练军	未知	663,880	0.13	已流通	未知	社会公众
6、张家先	未知	650,500	0.13	已流通	未知	社会公众
7、陈小燕	未知	613,800	0.12	已流通	未知	社会公众
8、中国第二十冶金建设公司	0	600,000	0.12	未流通	0	国有法人
8、江苏冶金物资供销有限公司	0	600,000	0.12	未流通	0	国有法人
8、中冶集团北京钢铁设计研究总院	0	600,000	0.12	未流通	0	国有法人
8、中国冶金进出口江苏公司	0	600,000	0.12	未流通	0	国有法人

说明:

(1)报告期末,持有本公司股份5%以上的股东为南钢联合公司。截止报告期末,南钢联合公司所持本公司股份未发生质押、冻结或托管的情况。

(2)前十大股东中,控股股东南钢联合公司与其他股东之间不存在关联方关系,也不属于《上市公司持股变动信息披露管理办法》中规定的一致行动人;第二大股东景博证券投资基金和第三大股东景阳证券投资基金同为大成基金管理有限公司管理;并列第八大股东中,江苏冶金物资供销有限公司、中国冶金进出口江苏公司因同属江苏省冶金资产管理有限公司之全资子公司而具有关联方关系;除此之外,本公司未知其余股东相互间是否存在关联关系,也未知其相互间是否属于《上市公司持股变动信息披露管理办法》中规定的一致行动人。

(二)前十名流通股股东持股情况 单位:股

股东名称	年末持有流通股的数量	种类
1、景博证券投资基金	4,070,597	A股
2、景阳证券投资基金	4,035,260	A股
3、中国银行嘉实增长开放式证券投资基金	2,080,111	A股
4、练军	663,880	A股
5、张家先	650,500	A股
6、陈小燕	613,800	A股
7、孙海军	584,100	A股
8、濮文	523,188	A股
9、王永青	468,000	A股
10、林星兰	467,000	A股

说明:流通股第一大股东景博证券投资基金和第二大股东景阳证券投资基金同为大成基金管理有限公司管理。除此之外,本公司未知其余流通股股东相互间是否存在关联关系,也未知其相互间是否属于《上市公司持股变动信息披露管理办法》中规定的一致行动人。

三、公司控股股东情况

(一)公司控股股东

名称:南京钢铁联合有限公司

法定代表人:肖同友

成立时间:2003年3月24日

注册资本:275,000万元

企业类型:有限责任公司

经营范围:钢铁冶炼;钢材轧制、销售;焦炭及副产品、耐火材料、建筑材料销售;气瓶检测、充装;搬运、装卸;开展技术合作;来料加工。

(二)公司控股股东的股东

公司控股股东南钢联合公司由南钢集团公司、上海复星高科技(集团)有限公司(以下简称"复星集团公司")、上海复星产业投资有限公司(以下简称"复星产业投资")和上海广信科技发展有限公司(以下简称"广信科技")共同出资设立。其中:南钢集团公司占有40%股权,复星集团公司、复星产业投资和广信科技分别占有股权30%、20%和10%。各股东的情况如下:

1、南钢集团公司

住所:江苏省南京市大厂区卸甲甸

法定代表人:肖同友

注册资本:11.9204亿元

企业类型:有限责任公司

经营范围:矿石采选;黑色、有色金属冶炼;钢材轧制;焦炭及副产品、耐火材料、建筑材料、普通机械制造;气瓶检测、充装;瓶氧、瓶氮、瓶氩、液氧、液氩、液氮、焦油、硫铵、轻苯、重苯生产、销售;技术咨询服务;工程设计;机电产品修理;普通货运;危险货物运输;普通货物装卸、中转;住宿。(国家专项管理项目由领取许可证的经营单位经营)。

2、复星集团公司

住所:上海市曹杨路500号206室

法定代表人:郭广昌

注册资本:3,500万元

企业类型:有限责任公司(国内合资)

经营范围:实业开发,机电,化工,生物制品,计算机,保健品等领域的高新技术开发和服务,相关业务的咨询服务及有关商品的经营。(国家有专项规定的除外)。

3、复星产业投资

住所:上海市复兴东路2号

法定代表人:郭广昌

注册资本:6亿元

企业类型:有限责任公司(国内合资)

经营范围:实业投资、资产管理。(涉及许可经营的凭许可证经营)。

4、广信科技

住所:上海市控江路1555号A座306室-3

法定代表人:梁信军

注册资本:5,000万元

企业类型:有限责任公司(国内合资)

经营范围:机电、化学、生物、计算机管理、纺织领域四技服务,资料翻译,提供房地产咨询,电器修理,机电产品,电子元器件,计算机及配件,建材,化工产品及原料(不含危险品)。(以上经营范围涉及许可经营的凭许可证经营)。

报告期,公司控股股东发生变更的披露情况详见2003年7月30日刊载于《中国证券报》和《上海证券报》的《南京钢铁股份有限公司董事会关于国有股股权转让过户的公告》。

截止报告期末,本公司不存在其他持股在10%以上的法人股东。

第四章 董事、监事、高级管理人员和员工情况

一、基本情况

姓名	性别	年龄	职务	任期	在控股股东单位任职情况
肖同友	男	57	董事长	2002.4.23-2005.4.22	南钢联董事长、党委书记
杨思明	男	51	副董事长	2002.4.23-2005.4.22	南钢联董事、总经理党委副书记
赵永和	男	57	董事、总经理	2002.4.23-2005.4.22	
杨振和	男	55	董事	2002.4.23-2005.4.22	南钢联副总经理
陶 魄	男	46	董事、副总经理注1	2002.4.23-2005.4.22	南钢联副总经理
郎秋燕	男	55	董事	2002.4.23-2005.4.22	
杨国祥	男	52	独立董事	2002.4.23-2005.4.22	
何次琴	女	57	独立董事	2002.4.23-2005.4.22	
宋颂兴	男	57	独立董事注2	2003.6.30-2005.4.22	
吕庆明	男	50	监事会主席	2002.4.23-2005.4.22	南钢联合党委副书记、纪委书记
王永玉	男	50	职工代表监事	2002.4.23-2005.4.22	
王开春	男	41	职工代表监事	2002.4.23-2005.4.22	
潘长根	男	55	监事	2002.4.23-2005.4.22	南钢联监事、审计部副部长
刘中豪	男	43	监事	2002.4.23-2005.4.22	南钢联工程部部长
王经民	男	55	副总经理	2002.6.26-2005.4.22	
朱金宝	男	39	副总经理	2002.4.23-2005.4.22	
徐 林	男	40	董事会秘书	2002.4.23-2005.4.22	
王瑞祥	男	39	总会计师	2002.4.23-2005.4.22	

说明:至报告期末,以上董事、监事及高级管理人员均未持有本公司股票。上述在控股股东单位任职的董事、监事在控股股东南钢联合公司的任职时间从2003年8月至今(其中,陶魄先生的任职时间从2003年10月至今)。

注1:2003年10月13日召开的公司第二届董事会第十四次会议同意陶魄先生辞去公司副总经理的职务。其后陶魄先生出任南钢联合公司副总经理。

注2:2003年6月30日召开的公司二〇〇二年年度股东大会通过决议,宋颂兴先生出任公司独立董事。同时,同意原董事董广龙先生辞去董事一职。

二、年度报酬情况

报告期,在公司领取薪酬的董事、监事和高级管理人员的年度报酬均依据公司薪酬管理规定发放。

在本公司领取薪酬的董事(不含独立董事)、监事和高级管理人员有9人,年度薪酬总额154万元(包括基本工资、奖金、福利、补贴、住房津贴及其他津贴)。薪酬金额前三名董事的薪酬总额为74万元,薪酬金额前三名高级管理人员的薪酬总额为90万元。

独立董事的津贴为人民币3.2万元/人.年(含税)。

在本公司领取薪酬的董事、监事及高级管理人员的薪酬分布区间及人数如下所示:

薪酬分布区间(万元)	35	30	25	14	9
人数	1	1	1	2	4

公司董事长肖同友先生、副董事长杨思明先生、董事杨振和先生、监事会主席吕庆明先生、监事潘长根先生和刘中豪先生等6人不在本公司领取薪酬。上述人员均在控股股东南钢联合公司领取薪酬。陶魄先生因工作变动原因辞去公司副总经理职务后,亦在控股股东南钢联合公司领取薪酬。

三、报告期内董事、监事及高级管理人员任职变动情况

2003年6月30日,公司二〇〇二年年度股东大会接受董广龙先生因工作变动辞去董事职务的请求;根据董事会的提名,选举宋颂兴先生为公司第二届董事会独立董事。

2003年10月13日,公司第二届董事会第十四次会议接受陶魄先生因工作变动辞去副总经理职务的请求。

第二节 公司员工情况

截止报告期末,本公司共有在册员工5,543名,按职能分类为:

生产人员4,825人,占87.05%;

销售人员97人,占1.75%;

技术人员231人,占4.17%;

财务人员34人,占0.61%.

行政管理及其他人员356人,占6.42%;

其中,具有本科以上学历人员415人,占7.49%;大专学历672人,占12.12%;高中(中专)学历人员2,888人,占52.10%;初中及以下学历1,568人,占28.29%。公司需承担费用的退休人员1,320人。

第五章 公司治理结构

公司治理状况

按照中国证监会发布的有关上市公司治理文件的规定,公司已经建立了较完善的法人治理结构,在资产、业务、机构、人员、财务等方面独立于控股股东南钢联合公司,公司治理的实际状况与中国证监会发布的有关上市公司治理的规范性文件基本不存在差异。

一、董事会情况

公司按照《公司章程》规定的选聘程序选聘董事,董事会的人数和人员构成符合法律、法规和《公司章程》的规定。公司董事会由9人组成。2003年6月30日,公司2002年年度股东大会增选独立董事1人,使独立董事人数达到了3人,占公司董事总人数的三分之一。

公司董事会依据《公司章程》所赋予的职责,严格依据《公司章程》、《董事会议事规则》所规定的程序谨慎决策。

二、监事会情况

公司按照《公司章程》规定的选聘程序选聘监事;监事会的人数和人员构成符合法律、法规和《公司章程》的规定。监事会由5人组成。其中,职工代表监事2人。

公司监事会依据《公司章程》和《监事会议事规则》依法对公司财务及公司董事、总经理及其他高级管理人员履行职责的合法、合规性进行监督。

三、董事会各专门委员会

公司董事会下设战略、审计、提名、薪酬与考核和定价等五个专门委员会,各专门委员会的组成符合法律、法规及《公司章程》的有关规定。2003年10月13日召开的公司第二届董事会第十四次会议根据《公司章程》和董事会各专门委员会实施细则的要求,对董事会各专门委员会的委员进行了调整。

各专门委员会委员依据《公司章程》和各专门委员会的实施细则认真履行自己的职责,对公司的人事任免、战略规划、关联交易定价及审查等事项以及董事会的科学决策提出了建设性意见。

独立董事履行职责情况

报告期，公司三名独立董事认真履行《公司章程》和《独立董事制度》所赋予的职责，按时出席股东大会、董事会及相关的董事会专门委员会会议，对公司与关联方资金往来、对外担保情况、关联交易、南钢联合公司要约收购等事项发表独立意见，并为公司重大决策提供专业及决策性意见，提高了董事会决策的科学性和客观性，切实维护了公司及中小投资者的合法权益。

公司与控股股东在业务、人员、资产、机构、财务等方面的分开情况

一、公司业务独立情况

公司业务方面独立于控股股东，自行签定合同采购原燃材料、生产和销售产品，拥有独立完整的业务及自主经营能力。

由于公司设立时部分辅助生产系统和配套设施归控股股东所有，控股股东向本公司提供部分原料、能源、产品销售、劳务及综合服务，双方依据有关关联交易协议/合同进行交易，并不影响公司业务的独立性。

二、人员独立情况

公司建立了独立的劳动人事及工资管理体系，公司人员独立于控股股东。全体员工与公司签订了劳动合同。本公司总经理、副总经理、董事会秘书和总会计师等高级管理人员均专职在本公司工作并领取薪酬。公司的董事、监事及高级管理人员均通过合法的程序选聘，不存在控股股东干预公司的人事任免决定的情形。

三、公司资产独立情况

公司拥有独立于控股股东的生产系统、工业产权、非专利技术等，资产完整独立。同时，控股股东及相关关联方均不存在违规占用上市公司的资金、资产及其他资源的情形。

四、机构独立情况

公司管理机构和生产经营场所与控股股东完全分开，不存在混合经营、合署办公的情况。公司建立了完善的组织机构，依法设立了股东大会、董事会、监事会，并设立了五个董事会专门委员会。公司按照《上市公司治理准则》等法律法规的要求，修订和完善了《公司章程》、《股东大会议事规则》、《董事会议事规则》、《监事会议事规则》、《总经理工作细则》、《独立董事制度》及其他内控制度。

五、财务独立情况

公司设立财务部，独立行使职能，并根据财政部的有关规定制定了《内部财务管理制度》，建立了独立的会计核算体系和财务管理制度。本公司能够独立作出财务决策，不存在控股股东直接干预公司资金使用的情况。公司独立在银行开户并独立依法纳税。

高级管理人员的考评、激励和约束机制

报告期，本公司对由董事兼任的总经理、副总经理等部分高级管理人员实行与企业经营成果挂钩考核的年薪收入分配政策，由基础年薪、效益年薪和奖励年薪组成高级管理人员的年薪收入。基础年薪按月支付；效益年薪则根据主要经济考核指标和辅助经济考核指标确定（其中主要经济考核指标为企业实现利润，公司净资产增长水平及职工平均工资增长水平，辅助经济考核指标为销售资金回笼率、工亡率和交纳各项社会保险费用情况）；若当年企业在同类型企业中主要经济效益指标较前的，再给予一定的奖励年薪。对其他高级管理人员年终根据经济责任制考核进行奖励。公司高级管理人员报酬与其他成员工资收入相分离，在年底确认实现的指标后再兑付其收入。

公司对高级管理人员实行风险抵押的约束机制，高级管理人员要缴纳风险抵押金。年底指标未达到考核要求，根据下降的水平，扣减年薪或年终兑现奖，若不足则从风险抵押金中扣除，直至扣完为止。

第六章 董事会报告

报告期公司经营情况

2003 年，随着国内市场需求的高增长以及以汽车、房地产、机械制造业为龙头的一批高成长产业群的出现，钢铁工业出现了近年来少有的持续产销两旺的局面，为公司发展创造了良好的外部环境。公司克服主要原燃料涨价等不利因素的影响，坚持深挖内部潜力，在产量增长的同时，不断调整品种结构，增加高附加值新品材的生产，取得了良好的经济效益。

报告期，公司产钢 183.49 万吨、产生铁 192.42 万吨、产钢材 204.44 万吨，分别比上年增长 5.87%、2.14%和 22.12%；主营业务收入达到 68.27 亿元，实现净利润 4.64 亿元，分别比上年增长 46.34%和 90.99%。

一、公司业务范围及其经营状况

公司主要从事黑色金属冶炼及压延加工，钢材、钢坯及其他金属的销售；焦炭及副产品生产（危险化学品除外）。

报告期，公司产品中的优质碳素结构钢热轧钢带、钢筋混凝土用热轧带肋钢筋 HRB335、碳素结构钢和低合金结构钢热轧厚钢板和钢带保持"冶金产品质量认证证书"认证；45# 圆钢、优质碳素结构钢热轧钢带、钢筋混凝土用热轧带肋钢筋、碳素结构钢热轧钢板、船体结构用钢板保持国家冶金产品实物质量"金杯奖"称号；A、B 级船用钢板保持中、美、英、法、德、挪、日、韩等八个国家船级社工厂认可；AH32、AH36 高强度船用钢板保持中、美、英、法、德、挪、日等七个国家船级社工厂认可；钢筋混凝土用热轧带肋钢筋产品保持国家质量监督检验检疫总局评定的"国家免检产品"称号；中厚板和钢筋混凝土用热轧带肋钢筋保持江苏省"质量信得过产品"称号。

报告期，公司错链圆钢通过产品质量认证，获冶金产品实物质量"金杯奖"；A、B 级船用钢板和 AH32、AH36 高强度船用钢板获意大利船级社(RINA)认可；中厚板产品荣获"江苏名牌产品"证书。公司全部钢材产品设计、开发和生产的质量管理体系均通过 ISO9001:2000 标准认证；公司"双锤牌"商标跻身江苏省著名商标行列。

（一）主营业务收入、主营业务利润构成情况

报告期公司主营业务收入按品种分为钢材、钢坯和生铁、焦化副产品及煤气等的销售收入，收入和利润的构成情况如下：

单位：元

品种	主营业务收入	主营业务利润
	5,624,691,978.36	881,569,796.04
钢材	1,082,154,851.21	40,796,891.79
钢坯、生铁	46,623,681.32	8,516,695.90
焦化副产品	73,901,978.02	21,974,085.19
其他	6,827,372,488.91	952,857,468.93
合计		

说明：1、按行业划分，本公司主营业务收入全部来自于黑色金属冶炼及压延加工业；

2、公司产品销售主要集中在华东地区，其中苏、浙、沪是重点销售区域。2003 年，南京地区产品的销售量占总销量的 41%；江苏其他地区约占 27%；上海、浙江及其他地区占 32%。

（二）公司主要产品及市场占有率情况

报告期内，占公司主营业务收入 10%以上产品的具体情况如下：单位：元

产品名称	主营业务收入	主营业务成本	毛利率
棒材	1,763,056,604.44	1,615,519,884.73	8.37%
钢带	1,020,370,640.28	974,068,777.80	4.54%
中板	2,841,264,733.64	2,126,936,002.28	25.14%
其中：船板	705,136,778.76	540,216,724.54	23.39%
钢坯、生铁	1,082,154,851.21	1,036,240,766.74	4.24%

公司棒材产品在南京地区的市场占有率为 41%，比去年提高 4 个百分点，在南京市重点工程项目中使用量达 62%。

（三）报告期公司主营业务及其结构、主营业务盈利能力较前一报告期变化情况

报告期公司主营业务及其结构未发生变化。

由于产量增长以及主要技术经济指标的改善，公司主营业务盈利能力有所提高；报告期钢材产品价格不断上扬，拓展了公司的赢利空间。报告期公司毛利率水平同比增长 2.98 个百分点，利润总额同比增长 88.57%。

二、主要控股公司及参股公司的经营情况及业绩

公司无控股公司，也不存在对公司净利润影响达到 10%以上的参股公司。

三、主要供应商、客户情况

报告期，公司向前五位供应商的采购金额合计 162,043.78 万元，占年度采购总额的 29.19%；公司向前五位客户的销售金额合计 146,956.88 万元，占年度销售收入的 21.52%。

四、生产经营中出现的问题及解决方案

报告期，随着国内需求的激增，钢铁产品价格持续上涨。国内钢铁生产企业开足马力，钢铁产能迅速膨胀，导致铁矿石、煤、焦等主要原燃料货紧价扬；运输瓶颈的凸现加剧了主要原燃料的供应紧张，给公司生产经营带来了一定的困难。

针对上述困难，公司采取以下措施积极应对：

（一）深挖内部潜力，在确保质量的前提下尽可能地提高生产水平

报告期，公司充分发挥现有设备潜力，不断强化生产组织，生产水平大幅度提升。炼铁高炉利用系数达 3.3，创历史最好水平；炼钢厂多次刷新月度生产记录，月产水平跃上 17 万吨台阶；中板、棒材、带钢也分别创出 92.64 万吨、71.42 万吨和 40.38 万吨的年产新记录。

（二）实施品种战略，努力使比较效益最大化

进一步完善"产销研"一体化机制，加快技术创新步伐，缩短新品研发过程。全年共生产新品材 83.20 万吨，比上年增长 22.10%；高附加值 A 类材的比例达到 28.84%，比上年提高了 4.78 个百分点；中板和棒材两个拳头产品暨两大品种效益支撑点已基本形成，产品结构进一步优化。报告期共开发新品种 11 个，包括档次高、要求严的轴承钢 GCr15、45# 模具钢中板等。

（三）加强原材料采购管理，努力降低采购成本

在铁矿石日益依赖国际市场的情况下，公司密切关注国际市场原材料价格走势和汇率变化，制定科学合理的进口原料储备，尽可能降低原材料的采购成本。同时加强国内市场调研和比质比价，即时掌握市场变化情况调整采购价格，与市场保持同步。

（四）强化内部管理，努力提高各项技术经济指标

报告期，公司积极开展技术经济指标的"超三赶一"活动，列入"超三赶一"23 项可比技术经济指标中，进入全国同类型企业前五名的有 10 项，前三名的有 8 项。公司多次组织人员到先进企业进行工序成本对标，找出问题和差距，有效控制工序成本。

五、完成经营计划情况

公司在 2002 年年报中披露，2003 年度生产经营目标为：钢产量 175 万吨、生铁产量 193 万吨、钢材产量 169 万吨；实现销售收入 46 亿元、利税总额 5 亿元。实际完成情况为：钢、铁、材分别实现计划的 104.85%、99.70%和 120.96%；销售收入和利税分别实现计划的 148.41%和 215.42%。

报告期内公司投资情况

一、募集资金使用情况

（一）募集资金时承诺投资项目实施情况

经中国证监会证监发行字(2000)112 号文批准，本公司采用向二级市场投资者配售和上网定价发行相结合方式公开发行社会公众股 12,000 万股，扣除发行费用后实际募集资金 75,778.57 万元。截止 2003 年 12 月 31 日，已全部使用完毕。其中，报告期内投入 3,268.32 万元。

募集资金投资项目实施情况：　单位：万元

项目大类	项目内容	投资计划	募集资金实际投入情况 2000 年
收购项目	收购集团公司带钢厂	9,867	10,616.93
	1、新建铁水预处理工程	4,932	--
	2、炼钢方(矩)坯连铸机改造	4,900	--
炼钢系统	3、高效无缺陷连铸机改造	4,995	--
改造	4、扩建 6000M/h 制氧机组	4,999	--
	5、活性石灰技改	2,720	--
	1、粗轧机更新改造	4,956	--
	2、冷床改造	4,919	--
中板系统	3、剪切线技改	4,958	--
改造	4、公辅设施配套改造	4,884	--
	5、热处理生产线改造		
棒材改造	棒材厂"一火成材"节能技改	4,900	3,945.21
	1、补充生产经营流动资金	5,002	5,260.57
其他	2、偿还银行贷款	8,500	8,500.00
合计		75,520	28,322.71

项目大类	项目内容	募集资金实际投入情况		
		2001 年	2002 年	2003 年
收购项目	收购集团公司带钢厂	--	--	--
	1、新建铁水预处理工程	已变更投向	--	--
	2、炼钢方(矩)坯连铸机改造	已变更投向	--	--
炼钢系统	3、高效无缺陷连铸机改造	已变更投向	--	--
改造	4、扩建 6000M/h 制氧机组	已变更投向	--	--
	5、活性石灰技改	已变更投向	--	--
	1、粗轧机更新改造	已变更投向	--	--
	2、冷床改造	74.58	4,217.73	626.69
中板系统	3、剪切线技改	644.22	4,313.78	--
改造	4、公辅设施配套改造	已变更投向	--	--
	5、热处理生产线改造	已变更投向	--	--
棒材改造	棒材厂"一火成材"节能技改	954.79	--	--
	1、补充生产经营流动资金	--	--	--
其他	2、偿还银行贷款	--	--	--
合计		1,673.59	8,531.51	--

注：上述已变更投向的资金共计 36,624.07 万元已全部投入建设宽中厚板(卷)工程项目，其中报告期投入 2,641.63 万元。

（二）募集资金未变更投资项目实施情况

1、2000 年末，公司以募集资金 10,616.93 万元收购南京钢铁集团有限公司带钢厂，预计实施后新增销售收入 18,700 万元，利润 2,800 万元。2003 年，带钢厂实现销售收入 102,037.06 万元，销售毛利 4,630.19 万元。

2、棒材厂"一火成材"节能技改项目预计达产后新增销售收入 15,651 万元，利润 889 万元。该项目于 2001 年 6 月投入生产。2003 年，棒材厂实现销售收入 176,305.66 万元，销售毛利 14,753.67 万元。

3、中板厂冷床改造项目。承诺投资 4,919 万元。截止报告期末共投入 5,253 万元，承诺投入的募集资金 4,919 万元已全部投入。该项目已于 2003 年年末完成，尚未产生效益。

4、中板厂剪切线技改项目。承诺投资额 4,958 万元已于 2002 年末全部投入。公司自筹资金投入 661 万元。该项目已于 2003 年年末完成，尚未产生效益。

前述中板厂冷床改造、剪切线技改项目未达到计划进度。其原因系设备生产厂商未能按期交付设备。详见 2003 年 10 月 29 日于《中国证券报》和《上海证券报》刊登的本公司 2003 年第三季度报告。

（三）募集资金投资变更情况

1、募集资金投资项目变更的原因

由于与新形势下企业高起点、新技术、大型化的发展需要不相适应，公司决定变更募集资金原投资项目－炼钢系统改造和中板系统改造中的粗轧机更新改造、热处理生产线和公辅设施配套改造项目。

2、募集资金投资项目的变更程序及披露情况

变更上述募集资金投向的议案，已经公司第一届董事会第十三次会议、公司 2002 年第一次临

时股东大会审议通过。董事会的决议刊登在2001年12月29日的《中国证券报》、《上海证券报》上,股东大会决议刊登于2002年2月5日《中国证券报》、《上海证券报》。

3、变更募集资金的使用计划

在研究了国内外冶金行业发展方向和公司周边地区钢铁企业发展趋势的基础上，结合公司的实际,公司选择宽中厚高强度专用板材作为未来的战略主导产品,集中力量建设宽中厚板(卷)工程项目。实际变更募集资金总额为36,624.07万元,全部用于该项目。

4、变更募集资金投资项目进度情况

截止报告期末,公司投入宽中厚板(卷)工程项目资金156,535.54万元,其中变更募集资金用途的36,624.07万元已全部投入。宽中厚板(卷)工程项目建设达到了预期的进度。该项目炼钢主厂房及设备基础已基本完成,全面进入设备安装阶段;轧钢土建工作量已完成80%,精整设备已开始安装,轧线设备安装方案已基本确定。该项目预计2004年6月底出钢,9月底出材。预计建成达产后,将使公司每年新增销售收入206,100万元(不含税),年均税后利润24,676万元。

二、非募集资金投资情况

报告期,公司围绕提高产能、增加效益、利于环保的目的,以自有资金7,588.08万元先后实施了焦化水循环系统、炼铁厂高炉鼓风机站改造、炼铁厂轴流风机改造、炼钢厂方坯连铸机加流改造、棒材厂轧制150方坯技术改造等项目。

公司财务状况及经营成果

一、报告期公司财务状况及经营成果分析

(一)资产与负债情况

单位:元

项目	2003年	2002年	增/减变动
资产总额	4,883,219,422.55	3,209,713,580.58	52.14%
股东权益	2,171,775,338.28	1,843,327,221.80	17.82%
货币资金	1,016,377,017.54	910,516,315.03	11.63%
应收票据	448,475,090.41	288,437,281.67	55.48%
预付账款	368,077,222.68	149,542,157.77	146.14%
固定资产	2,331,638,058.93	1,167,158,917.29	99.77%
负债总额	2,711,444,084.27	1,366,386,358.78	98.44%
短期借款	575,000,000.00	323,000,000.00	78.02%
应付帐款	562,651,852.84	337,408,839.92	66.76%
预收账款	185,643,423.42	104,530,969.42	77.60%
长期借款	1,129,367,433.16	395,140,161.00	185.81%

增减变动原因分析:

1、资产总额增加主要系货币资金、应收票据、预付账款及固定资产增加所致;

2、股东权益增加系公司本年度实现的净利润扣除上年度股利分配后有结余所致;

3、货币资金、应收票据增加主要系公司本期采取预收货款的销售政策所致;

4、预付账款增加主要系受钢铁行业迅猛增长影响,上游原料货俏价扬,部份原料供应商采取预收货款的销售政策所致;

5、固定资产增加主要系公司宽中厚板(卷)工程项目本期投入12.26亿元所致;

6、负债总额增加主要系短期借款、应付帐款、预收账款和长期借款增加所致;

7、短期借款增加主要系公司借入一年期宽中厚板(卷)工程项目贷款所致;

8、应付帐款增加主要系公司生产规模扩大,应付货款相应增加及固定资产投资增幅巨大,宽中厚板(卷)等工程项目应付工程款金额较大所致;

9、预收账款增加主要系公司本期采取预收货款的销售政策所致;

10、长期借款增加主要系公司本期按计划借入宽中厚板(卷)工程项目所需资金所致。

(二)经营成果和现金流量　单位:元

项目	2003年	2002年	本年比上年增/减
主营业务收入	6,827,372,488.91	4,665,263,092.55	46.34%
主营业务利润	952,857,468.93	511,862,402.48	86.16%
期间费用	174,012,780.61	111,840,585.43	55.59%
利润总额	736,566,129.36	390,608,687.00	88.57%
净利润	464,394,587.59	243,154,991.57	90.99%
所得税	272,171,541.77	147,453,695.43	84.58%
现金及现金等价物净增加额	105,860,702.51	111,515,481.61	-5.07%
经营活动产生的现金流量净额	487,074,275.60	242,507,134.16	100.85%
投资活动产生的现金流量净额	-1,191,814,765.94	-476,533,713.95	150.10%
筹资活动产生的现金流量净额	810,601,192.85	345,542,061.40	134.59%

增减变动原因分析:

1、利润总额的大幅度增长主要系主营业务利润增长所致。

2、主营业务收入和主营业务利润增长主要系受需求拉动影响,钢材市场持续走强,售价上涨;同时,公司紧抓市场机遇,精心组织生产,钢材产品产量增长22.12%所致。

3、期间费用增加主要系生产经营规模扩大,营业费用、排污费、试验检验费相应增加;公司对逾期三年以上且债务人财务状况极差、无力清偿的账款转作坏帐处理;经营业绩优良,公司管理人员工资及工资性支出增幅较大;为增强核心竞争力,公司投入大量资金进行技术开发;本期公司为宽中厚板(卷)工程项目按计划借入资金,未能资本化的利息支出计入财务费用等所致。

4、经营活动产生的现金流量净额比上年度增长主要系主营业务收入和主营业务利润同比大幅增长所致。

5、投资活动产生的现金净流出比上年度大幅度增长主要系公司按计划投资12.26亿元建设宽中厚板(卷)项目所致。

6、筹资活动产生的现金流量净额比上年度大幅度增长主要系公司宽中厚板(卷)项目建设增加大量银行借款所致。

二、生产经营环境及宏观政策、法规的变化对本公司的影响

(一)随着国民经济新一轮景气周期的形成以及国内需求的拉动,钢材需求总量上升,价格持续上扬,为公司带来了难得的发展机遇。

(二)钢铁产能放大,铁矿石、焦、煤等主要原燃料资源紧张、价格上涨,运输瓶颈及电力紧缺,将可能制约公司2004年效益增长。

(三)国内冶金企业做大做强的进程明显加快,民间资本的大举进入,加剧了钢铁行业的竞争。

第四节 2004年生产经营计划

我国经济正处在发展周期的上升阶段,预计2004年GDP增长仍将维持较高的水平。总体宏观经济向好,钢材需求可望继续保持强劲的势头。公司将抓住难得的市场机遇,努力克服生产经营中出现的困难,围绕主业做强做大,加快新品开发力度,提升产品档次,积极培育新的利润增长点,进一步提升企业核心竞争能力。

公司2004年度生产经营目标:钢产量235万吨、生铁产量205万吨、钢材产量230万吨,实现主营业务收入88亿元、利税总额10.40亿元。

为实现上述目标,公司将重点做好以下几方面工作:

一、确保原燃料供应,精心组织生产,有效发挥产能

做好原燃料资源计划的落实和运输协调,确保供应。同时,加强物流管理,进一步降低物流费用。

炼铁系统继续坚持精料方针,努力提高高炉利用系数;炼钢厂努力增加产量,积极开发高附加值品种;轧材系统围绕市场需求,按照效益最大化的原则组织生产。

二、加大新品开发力度

进一步完善品种ABC分类管理,优先安排效益好、附加值高的A类品种的生产。以宽中厚板(卷)项目年内投产为契机,大力开发有市场需求的高附加值产品。

三、完善营销管理,实现销售增益

积极开展调研,掌握市场信息,合理定价,强化营销考核;进一步开拓市场,优化资源配置,增加直接用户的销售量;做好宽中厚板卷产品销售的市场拓展工作。

四、抓好重点项目建设

抓住宽中厚板(卷)工程项目建设中的关键节点,严把工程质量,确保安全施工,控制项目投资,保证按计划建成投产。

五、进一步做好再融资工作

加快推进增发A股工作。

第五节　董事会日常工作情况

一、报告期内董事会的会议情况及决议内容

报告期内,公司董事会共召开七次会议。

(一)公司第二届董事会第九次会议于2003年2月17日上午在南钢宾馆召开,审议并通过了以下事项:

1、关于《二〇〇三年度生产经营综合计划》的议案
2、总经理工作报告
3、董事会工作报告
4、2002年年度报告及年度报告摘要
5、2002年度财务决算报告及2003年度财务预算报告
6、关于公司二〇〇二年年度利润分配的预案
7、关于修改《公司章程》的议案
8、关于董广龙先生辞去董事职务的议案
9、关于提名独立董事候选人的议案
10、关于调整独立董事津贴标准的议案
11、关于新增关联交易协议的议案
12、关于前次募集资金使用情况的议案
13、关于核销坏帐的议案
14、关于修订《股东大会议事规则》的议案
15、关于修订《董事会议事规则》的议案
16、关于修订《总经理工作细则》的议案
17、关于修订《独立董事制度》的议案
18、关于修订《关联交易管理办法》的议案
19、关于修订《董事会战略委员会实施细则》的议案
20、关于修订《董事会审计委员会实施细则》的议案
21、关于修订《董事会提名委员会实施细则》的议案
22、关于修订《董事会薪酬与考核委员会实施细则》的议案
23、关于修订《董事会定价委员会实施细则》的议案
24、关于续聘会计师事务所及其报酬的议案

本次董事会决议公告刊登于2003年2月20日《中国证券报》和《上海证券报》。

(二)公司第二届董事会第十次会议于2003年4月21日上午在南钢宾馆召开,审议并通过了《南京钢铁股份有限公司二〇〇三年第一季度季度报告》。

《二〇〇三年第一季度季度报告》刊登于2003年4月22日《中国证券报》和《上海证券报》。

(三)公司第二届董事会第十一次会议于2003年5月27日以书面决议方式表决通过《关于召开二〇〇二年年度股东大会的议案》,决定于2003年6月30日(星期一)在南京黄埔大酒店召开公司二〇〇二年年度股东大会。

本次董事会决议公告刊登于2003年5月30日《中国证券报》和《上海证券报》。

(四)公司第二届董事会第十二次会议于2003年6月17日在南钢宾馆召开,审议并通过了以下事项:

1、南京钢铁股份有限公司董事会关于南京钢铁联合有限公司收购事宜致全体股东的报告书
2、关于变更相关关联交易合同主体及水的定价原则的议案
3、关于提取职工住房补贴的议案
4、关于审核控股股东提交的《关于变更相关关联交易合同主体及水的定价原则的临时提案》的议案

本次董事会决议公告刊登于2003年6月20日《中国证券报》和《上海证券报》。

(五)公司第二届董事会第十三次会议于2003年7月22日在南钢宾馆召开,审议并通过了以下事项:

1、南京钢铁股份有限公司二〇〇三年半年度报告及南京钢铁股份有限公司二〇〇三年半年度报告摘要
2、关于新增关联交易协议的议案
3、关于核销坏帐的议案
4、关于计提固定资产减值准备的议案
5、关于前次募集资金使用情况的议案

本次董事会决议公告刊登于2003年7月24日《中国证券报》和《上海证券报》。

(六)公司第二届董事会第十四次会议于2003年10月13日上午在公司715会议室召开,审议并一致通过了以下事项:

1、关于公司符合申请公募增发A股条件的议案
2、关于公募增发A股发行方案的议案
3、关于募集资金投资项目及其可行性的议案
4、关于提请股东大会授权董事会在本次增发决议有效期内全权处理本次增发的具体事宜的议案
5、关于本次公募增发A股前形成的滚存利润分配的议案
6、关于提请股东大会审议《关于前次募集资金使用情况的议案》的议案
7、关于公司公募增发A股决议有效期的议案
8、关于修改《公司章程》的议案
9、关于调整董事会专门委员会委员的议案
10、关于陶魄先生请求辞去副总经理职务的议案
11、关于召开二〇〇三年第一次临时股东大会的议案

本次董事会决议公告刊登于2003年10月14日《中国证券报》和《上海证券报》。

(七)公司第二届董事会第十五次会议于2003年10月27日在公司715会议室召开,审议并通过了以下事项:

1、南京钢铁股份有限公司二〇〇三年第三季度季度报告
2、关于公司与关联方资金往来、对外担保情况的自查报告

《二〇〇三年第三季度报告》刊登于2003年10月29日《中国证券报》和《上海证券报》。

二、董事会对股东大会决议的执行情况

报告期内,公司董事会按照股东大会的决议和授权,认真履行职责,董事会对股东大会决议的执行情况如下:

(一)2002年度利润分配方案的执行情况

2003年6月30日召开的公司2002年年度股东大会审议通过了2002年度利润分配方案:以公司2002年12月31日的总股本50,400万股为基数,向全体股东按每10股派发现金2元(含税)的分配方案进行分配。公司董事会于2003年7月17日分别在《中国证券报》和《上海证券报》上刊登了《南京钢铁股份有限公司2002年度分红派息实施公告》。本次派息股权登记日为2002年7月22日,除息日为2002年7月23日。股利派发工作于2003年7月28日完成。

(二)变更募集资金用途的执行情况

截止报告期末,公司已将变更的募集资金36,624.07万元全部投入宽中厚板(卷)工程项目,占

变更募集资金总额的 100%。其中，报告期投入 2,641.63 万元。

(三)公募增发 A 股方案的执行情况

报告期，公司董事会按照 2002 年 11 月 15 日召开的 2002 年第三次临时股东大会以及 2003 年 11 月 13 日召开的 2003 年第一次临时股东大会的授权，积极推进申请增发 A 股工作。

(四)修改《公司章程》的执行情况

公司董事会根据 2003 年 6 月 30 日召开的 2002 年年度股东大会决议和 2003 年 11 月 13 日召开的 2003 年第一次临时股东大会决议修改了《公司章程》，并在江苏省工商行政管理局办理了相关登记手续。

利润分配预案

经江苏天衡会计师事务所有限公司审计，公司 2003 年度实现净利润 464,394,587.59 元。拟按以下方案进行分配：

一、提取 10%法定盈余公积金 46,439,458.76 元，提取 5%公益金 23,219,729.38 元，提取 10%任意盈余公积金 46,439,458.76 元；

二、提取上述公积金和公益金后，本次可供全体股东分配的利润为 348,295,940.69 元，扣除本期为 1998 年 12 月 31 日以前参加工作的无房和住房未达标的职工发放一次性住房补贴（补差）36,817,288.00 元，加上年初转入的未分配利润 256,709,810.01 元，本次累计可供全体股东分配的利润为 568,188,462.70 元。公司拟以 2003 年 12 月 31 日的总股本 50,400 万股为基数，向全体股东按每 10 股派发现金 3 元（含税）的分配方案进行分配，共计分配 151,200,000.00 元，剩余未分配利润 416,988,462.70 元全部转入下一年度。

上述分配预案尚需公司二〇〇三年年度股东大会批准。2003 年度，公司无资本公积金转增股本预案。

其他报告事项

一、报告期内公司仍选定《中国证券报》和《上海证券报》为信息披露报刊，未作变更

二、注册会计师对公司控股股东及其他关联方占用资金情况的专项说明

江苏天衡会计师事务所有限公司对公司与关联方资金往来情况出具专项说明："我们认为，公司 2003 年度与控股股东及其他关联方发生的资金往来主要是由于公司与关联方购销货物等关联交易产生的，我们未发现公司存在《关于规范上市公司与关联方资金往来及上市公司对外担保若干问题的通知》(证监会证监发[2003]56 号）提及的情况，包括：

1、控股股东及其他关联方要求上市公司为其垫支工资、福利、保险、广告等期间费用或互相代为承担成本和其他支出；

2、有偿或无偿地拆借公司的资金给控股股东及其他关联方使用；

3、通过银行或非银行金融机构向关联方提供委托贷款；

4、委托控股股东及其他关联方进行投资活动；

5、为控股股东及其他关联方开具没有真实交易背景的商业承兑汇票；

6、代控股股东及其他关联方偿还债务。"

三、独立董事对公司累计和当期对外担保情况、执行《关于规范上市公司与关联方资金往来及上市公司对外担保若干问题的通知》(证监发[2003]56 号）规定情况的专项说明及独立意见

"作为南京钢铁股份有限公司(以下简称"公司")独立董事，我们根据《关于规范上市公司与关联方资金往来及上市公司对外担保若干问题的通知》(证监发[2003]56 号）和《公开发行证券的公司信息披露内容与格式准则第 2 号—年度报告的内容与格式》(证监公司字[2003]56 号）的有关规定，在对有关情况进行调查了解，并听取公司董事会、监事会和经理层有关人员的相关意见的基础上，就公司累计和当期对外担保情况、执行证监发[2003]56 号文规定情况作如下专项说明和独立意见：

(一)专项说明

1、公司能够严格遵守相关法律法规的规定，没有为控股股东及本公司持股 50%以下的其他关联方、任何非法人单位或个人提供担保；

2、公司已组织全体董事、监事及高级管理人员认真学习了证监发[2003]56 号文等相关文件，公司第二届董事会第十五次会议审议通过了《南京钢铁股份有限公司关于公司与关联方资金往来、对外担保情况的自查报告》，并于 2003 年 10 月 27 日向中国证券监督管理委员会南京证券监管特派员办事处提交了该自查报告；

3、到目前为止，公司在对外担保事项上，未受到过监管部门的任何处罚、批评与遣责；

4、公司第二届董事会第十六次会议已提出了修改《公司章程》的议案，拟在《公司章程》中增加对外担保的审批程序、规定被担保对象的资信标准等内容，待公司股东大会批准后即可施行。

(二)独立意见

1、公司与关联方之间发生的资金往来均为公司在日常销售、购买商品和接受劳务活动中的正常经营性资金往来，不存在公司为关联方垫支工资、福利、保险、广告等期间费用的情形，也不存在代关联方承担成本和其他支出的情形。

2、公司不存在下列将资金直接或间接地提供给关联方使用的情形：

(1)将公司的资金有偿或无偿地拆借给关联方使用；

(2)通过银行或非银行金融机构向关联方提供委托贷款；

(3)委托关联方进行投资活动；

(4)为关联方开具没有真实交易背景的商业承兑汇票；

(5)代关联方偿还债务。

3、公司不存在以超过正常结算期应收款等方式被关联方变相占用资金的情况。

4、公司不存在任何对外担保的情况。"

第七章　重要事项

一、报告期公司无重大诉讼、仲裁事项

二、报告期公司无收购及出售资产、吸收合并事项

三、重大关联交易事项

(一)关联方交易

报告期，公司与有关关联方发生的重大关联交易事项如下：

关联方名称	交易内容	定价原则	交易金额(元)	交易额占销售收入或生产成本的比例
一、向关联方销售商品				
南钢集团公司	煤气	成本加成	5,796,589.48	0.08%
南钢联合公司	煤气	成本加成	22,144,459.12	0.32%
宁波南钢钢材销售有限公司	钢材	市场价	77,796,934.40	1.14%
泰州南钢钢材销售有限公司	钢材	市场价	33,869,313.43	0.50%
南京南钢新润钢材销售有限公司	钢材	市场价	19,762,752.42	0.29%
张家港保税区汇达公司	钢材	市场价	6,190,679.12	0.09%
	钢坯	市场价	420,767,473.95	6.16%
南京钢铁有限公司	进口矿粉等	市场价	50,919,402.82	0.75%
南钢集团经销公司	钢材	市场价	185,649,148.63	2.72%
南京金腾钢铁有限公司	铁水	市场价	244,832,698.96	3.59%
江苏南钢宝兴钢铁有限公司	钢坯	市场价	330,342,038.62	4.84%
合计	–	–	1,398,071,490.95	20.48%
二、向关联方采购商品	水电注 1	市场价	55,412,324.10	0.95%
		成本加成	64,592,575.66	1.11%
南钢集团公司	蒸汽	成本加成	7,336,479.54	0.13%
	氧气	成本加成	36,394,260.90	0.62%
	水	市场价	212,547,600.10	3.64%
	电注 2	成本加成	188,771,685.61	3.23%
南钢联合公司	蒸汽	成本加成	18,363,503.29	0.31%
	氧气	成本加成	123,774,875.56	2.12%
南京钢铁有限公司	球团矿	市场价	495,127,969.90	8.47%
	石灰	市场价	17,250,386.87	0.30%
	白云石	市场价	13,269,089.68	0.23%
南钢集团冶山矿业有限公司	精矿粉	市场价	6,393,619.43	0.11%
	原矿粉	市场价	11,742,258.88	0.20%
南京钢铁集团废金属采购有限公司	废钢	市场价	29,896,815.72	0.51%
南京南钢新润钢材销售有限公司	钢坯	市场价	16,958,485.32	0.29%
南京金腾钢铁有限公司	钢坯	市场价	602,109,902.81	10.31%
合计	–	–	1,899,941,833.38	32.52%
三、接受关联方提供的劳务及租赁资产				
	铁路运输劳务	成本加成	11,992,109.51	0.21%
	公路运输劳务	成本加成	15,886,175.68	0.27%
南钢集团公司	煤气加工	成本加成	10,189,110.14	0.17%
	接受综合服务劳务注 3	协议价	22,477,900.07	0.38%
	铁路运输劳务	成本加成	45,549,455.32	0.78%
南钢联合公司	煤气加工	成本加成	27,539,261.23	0.47%
南京钢铁有限公司	混匀料加工	成本加成	92,065,985.05	1.58%
南钢集团机械制造有限公司	接受机修劳务	市场价	15,369,735.63	0.26%
南钢集团国际经济贸易有限公司	委托代理进出口	协议价	1,469,541.04	0.03%
南钢集团建设有限公司	工程维修	市场价	9,869,975.85	0.17%
合计	–	–	252,409,249.52	4.32%

注：

1、供电之关联交易总额中，4,964.84 万元系由南钢集团公司统一向供电部门缴纳的电费，1,494.42 万元系公司向南钢集团公司支付的转供电费用；

2、供电之关联交易总额中，15,604.03 万元系由南钢联合公司统一向供电部门缴纳的电费，3,273.14 万元系公司向南钢联合公司支付的转供电费用；

3、上表中接受综合服务劳务含公司与南钢集团公司之间的资产租赁；

4、上表中各项交易的结算方式均为银行转帐或承兑汇票背书。

(二)与关联方往来余额　单位：万元

关联方	2003 年 12 月 31 日	2002 年 12 月 31 日
应收票据：		
南京钢铁集团经销公司	1,400.00	--
应收账款：		
南京钢铁集团经销公司	985.58	--
预付账款：		
张家港保税区汇达实业公司	2,178.00	--
南京金腾钢铁有限公司	615.52	--
小计	2,793.52	
应付账款：		
南京钢铁集团有限公司	99.11	1,859.07
南京钢铁联合有限公司	649.06	--
南京钢铁有限公司	322.27	341.20
南京钢铁集团国际经济贸易有限公司	10,659.26	--
小计	11,729.70	2,200.27

关联交易事项对公司利润的影响：

报告期公司发生的关联交易严格按关联交易定价原则协议/合同执行，未损害公司利益。

(三)关联交易必要性和持续性的说明：

公司系由控股股东部分改制设立的上市公司。公司设立时，控股股东将钢铁生产的部分主要资产投入本公司，为本公司主营业务提供配套服务的相关资产则保留在控股股东及其他关联方。由于长期形成的业务关系及钢铁行业生产的连续性和与辅助配套设施联系的紧密性，公司与控股股东及其他关联方在原料供应，水、电、风、汽(气)供应，产品销售，机修维修，运输，劳务，代理进出口和综合服务等方面的持续性关联交易是不可避免的。上述关联交易也有利于公司精干高效运作。为维护公司股东特别是中小股东的合法权益，公司与关联方签订了关联交易协议/合同，并制定了《关联交易管理办法》，确保关联交易符合"公平、公正、公允"及"有偿服务"的原则。

(四)接受担保

截止 2003 年 12 月 31 日，南京钢铁集团有限公司为公司银行借款提供担保计 152,831.92 万元。

(五)租赁

2003 年 2 月 10 日，公司与南京钢铁集团有限公司签订《国有土地使用权租赁合同》，租赁 43,137.1 平方米的国有土地使用权，年租金为 32.78 万元人民币。

报告期内，公司不存在其他资产、股权转让而发生的关联交易。

公司与关联方的资金往来均为本公司在日常销售、购买商品和接受劳务活动中与其发生的正常经营性资金往来，不存在本公司为关联方代垫支工资、福利、保险、广告等期间费用的情形，也不存在代关联方承担成本和其他支出的情形。

四、公司重大合同及其履行情况

(一)报告期内，公司无托管、承包、租赁其他公司资产或其他公司托管、承包、租赁公司资产的事项。

(二)报告期内，公司不存在任何对外担保事项。

(三)报告期内，公司无委托他人进行现金管理事项。

(四)报告期内，公司与相关银行签订金额为 5.3 亿元人民币和 5,175 万美元的长期借款合同。

(五)报告期内，公司正常履行各项业务合同，未产生纠纷。

五、承诺事项的办理情况

公司控股股东南钢联合公司在要约收购报告书中承诺：

"收购完成后，保持南京钢铁股份有限公司人员独立、资产完整、财务独立。不会改变南京钢铁股份有限公司现有的经营业务，亦不会直接参与南京钢铁股份有限公司的经营管理活动，南京钢铁股份有限公司完全保持独立的经营能力，在采购、生产、销售、知识产权等方面保持独立。"

报告期，公司控股股东南钢联合公司履行了上述承诺。

六、公司聘任会计师事务所情况

报告期内，公司继续聘任江苏天衡会计师事务所有限公司为公司提供审计服务。报告年度支付其年度报告及中期报告审计费用合计 70 万元。公司不承担江苏天衡会计师事务所有限公司派员到公司审计而发生的差旅费用。

江苏天衡会计师事务所有限公司已连续五年为本公司提供审计服务。

七、报告期内公司、公司董事会及董事均未发生受监管部门处罚的情况

第八章　备查文件

一、载有公司法定代表人、总会计师兼财务部经理、会计机构负责人签名并盖章的会计报表；

二、载有江苏天衡会计师事务所有限公司盖章、注册会计师签名并盖章的审计报告原件；

三、报告期内在中国证监会指定报纸公开披露过的所有公司文件的正本及公告的原稿。

(此页无正文，为公司二〇〇三年年度报告签字盖章页)

南京钢铁股份有限公司董事会

董事长肖同友

二〇〇四年一月二十八日

内蒙古鄂尔多斯羊绒制品股份有限公司

内蒙古鄂尔多斯羊绒制品股份有限公司2003年年度报告

重要提示

本公司董事会及其董事保证本报告所载资料不存在任何虚假记载、误导性陈述或者重大遗漏，并对其内容的真实性、准确性和完整性承担个别及连带责任。

董事长王林祥先生主持了会议，副董事长杨志远先生、董事张银荣先生、胡三兴先生、张全祥先生、李成君先生和独立董事文宗瑜先生、张晓宇先生、周文玲女士出席了会议，董事张海先生因故未能出席委托董事长王林祥先生参加本次会议并代为表决。

公司董事长王林祥先生、主管会计工作负责人王贵生先生声明：保证年度报告中财务报告的真实、完整。

一、公司简介

1、公司名称：内蒙古鄂尔多斯羊绒制品股份有限公司
中文名称缩写：鄂尔多斯
英文名称：INNER MONGOLIA EERDUOSI CASHMERE PRODUCTS CO.,LTD.
英文名称缩写：ERDOS
2、法定代表人：王林祥
3、董事会秘书：李成君
联系地址：内蒙古鄂尔多斯市东胜区达拉特南路102号
电话：0477-8543509
传真：0477-8536699
电子信箱：li_cj@chinaerdos.com
4、注册地址、办公地址：内蒙古东胜市达拉特南路102号
邮政编码：017000
http://www.chinaerdos.com
5、公司信息披露报纸名称：《上海证券报》、《香港商报》、香港《大公报》
登载公司年度报告的中国证监会指定的国际互联网网址：http://www.sse.com.cn
公司年度报告备置地点：公司本部证券部
6、股票上市交易所：上海证券交易所
股票简称：鄂绒B股鄂尔多斯
股票代码：900936 600295
7、其他有关资料：
公司首次注册日期：1995年10月14号
地点：内蒙古东胜市达拉特南路102号
公司变更注册登记日期：2003年12月17日
地点：内蒙古东胜市达拉特南路102号
8、公司法人营业执照号码：企股蒙总字第000415号
9、公司税务登记号码：152702626402255
10、公司聘请的会计师事务所名称：普华永道中天会计师事务所有限公司
办公地址：中国上海市淮海中路333号瑞安广场12楼

二、会计数据和业务数据摘要

1、公司本年度会计数据摘要(按中国会计准则)

利润总额：	250,039,789元
净利润：	175,232,381元
扣除非经常性损益后的净利润：	180,614,690元
主营业务利润：	748,383,680元
其他业务利润：	20,024,510元
营业利润：	237,038,596元
投资收益：	16,506,320元
补贴收入：	317,057元
营业外收支净额：	−3822,184元
经营活动产生的现金流量净额：	250,056,003元
现金及现金等价物净增加额：	66,193,710元
扣除非经常性损益后的净利润为基础的加权平均净资产收益率：	5.83%

注：扣除的非经常性损益项目和涉及金额：

处置长期股权投资、固定资产产生的损失	5,967,598元
营业外收入	−4,480,849元
营业外支出	5,716,133元
补贴收入	−317,057元
以前年度已经计提应收账款、存货、固定资产减值准备的转回	−225,376元
非经常性损益的所得税影响数	−1,278,140元
会计报表差异	
按企业会计制度编制的本集团净利润：	175,232,381元
按国际会计准则所计算的本集团净利润：	175,824,739元
差异：开办费的损益调整：	592,358元

2、截止报告期末公司前三年的主要会计数据和财务指标

3 主要财务指标　单位：元

	2003年	2002年	2001年
主营业务收入	2,917,197,868	2,215,020,454	2,427,947,819
净利润	175,232,381	162,418,220	230,683,893
总资产	5,184,099,551	4,750,413,573	3,822,641,577
股东权益(不含少数股东权益)	3,112,871,073	3,087,278,692	3,113,700,472
每股收益	0.17	0.31	0.45
每股净资产	3.02	5.98	6.03
调整后的每股净资产	3.00	5.96	6.01
每股经营活动产生的现金流量净额	0.24	−0.09	0.09
净资产收益率	5.63	5.26	7.41

4 股东权益变动情况　单位：元

项目	股本	资本公积	盈余公积
合计	1,032,000,000	2,194,952,832	129,475,826
期初数	516,000,000	2,194,952,832	111,952,588
本期增加	516,000,000	17,523,238	.
本期减少	516,000,000		
期末数	1,032,000,000	1,678,952,832	129,475,826
变动原因	根据2003年5月28日股东大会批准，于2003年6月本公司根据截至2002年12月31日止之股份总额，通过从资本公积转增方式，按持有每10股原股份派发10股红利予本公司股东，共计516,000,000股。	根据2003年5月28日股东大会批准，于2003年6月本公司根据截至2002年12月31日止之股份总额，通过从资本公积转增方式，按持有每10股原股份派发10股红利予本公司股东，共计516,000,000股。	根据《中华人民共和国公司法》、本公司章程及董事会的决议，本公司按年度净利润的10%提取法定盈余公积金。

项目	法定公益金	未分配利润	股东权益合计
合计	85,149,890	187,292,525	3,628,871,073
期初数	76,388,271	187,985,001	3,087,278,692
本期增加	8,761,619	175,232,381	717,517,238
本期减少		175,924,857	691,924,857
期末数	85,149,890	187,292,525	3,112,871,073
变动原因	另外按年度净利润的5%提取法定公益金，用于员工的集体福利而不用于股东分配。	本期减少为：提取盈余公积26,284,857元，分配2002年股利149,640,000元	

5、合并报表异常变动指标的说明

(1)、短期借款期末为117200万元，比年初75992万元增加41208万元，增幅54%，主要用于企业正常营运及对外投资所需资金。

(2)、长期股权投资期末为21991万元，比年初10553万元增加11438万元，增幅108%，主要是增加投资所致。

(3)、本期财务费用发生6590万元，比上年3471万元增加3119万元，增加原因是贷款增加。

三、股本变动及股东情况

1、股本变动情况　数量单位：股

	本次变动前	本次变动增减(+,−) 配股	送股	公积金转股
一、未上市流通股份				
1、发起人股份	226,000,000			226,000,000
其中：				
国家持有股份	226,000,000			226,000,000
境内法人持有股份				
境外法人持有股份				
其他				
2、募集法人股份				
3、内部职工股				
4、优先股或其他				
未上市流通股份合计	226,000,000			226,000,000
二、已上市流通股份				
1、人民币普通股	80,000,000			80,000,000
2、境内上市的外资股	210,000,000			210,000,000
3、境外上市的外资股				
4、其他				
已上市流通股份合计	290,000,000			290,000,000
三、股份总数	516,000,000		516,000,000	

	本次变动增减(+,−) 增发	其他	小计	本次变动后
一、未上市流通股份				
1、发起人股份			226,000,000	452,000,000
其中：				
国家持有股份			226,000,000	452,000,000
境内法人持有股份				
境外法人持有股份				
其他				
2、募集法人股份				

3、内部职工股		
4、优先股或其他		
未上市流通股份		
合计	226,000,000	452,000,000
二、已上市流通股份		
1、人民币普通股	80,000,000	160,000,000
2、境内上市的外资股	210,000,000	420,000,000
3、境外上市的外资股		
4、其他		
已上市流通股份合计	290,000,000	580,000,000
三、股份总数	516,000,000	1,032,000,000

(2)股票发行与上市情况

〈1〉前三年股票发行情况

2003 年 5 月 28 日,公司通过了股东大会,会议审议通过了《公司公积金转增股本的方案》,即公司以 2002 年 12 月 31 日总股本 51600 万股为基数,按 10:10 的比例进行资本公积金转增股本。

<2>报告期末本公司无内部职工股。

2 、股东情况简介

(1)报告期末股东总数 93515 户,其中 A 股股东 55457 户,B 股股东 38058 户。

(2)前十名股东持股情况:

序号	股东名称	本年变动(股)
1	内蒙古鄂尔多斯羊绒集团公司(代表国家持有)	226000000
2	TOYO SECURITIES ASIA LTD. A/C CLIENT(外资股东)	9398220
3	中国银河证券有限责任公司	-331266
4	SCBHK A/C CA-IS BK LUX S/A CARLSON FUND MANAGEMENT COMPANY(外资股东)	7108372
5	DEUTSCHE BANK LONDON(外资股东)	5916471
6	NAITO SECURITIES CO., LTD.(外资股东)	2908655
7	SCBHK A/C NOMURA TB/NOMURA ITM(外资股东)	600000
8	瑞宏国际有限公司(外资股东)	716000
9	ABU DHABI INVESTMENT AUTHORITY(外资股东)	1126200
10	战毓春(外资股东)	82056

序号	股东名称	持股数(股)
1	内蒙古鄂尔多斯羊绒集团公司(代表国家持有)	452000000
2	TOYO SECURITIES ASIA LTD. A/C CLIENT(外资股东)	9398220
3	中国银河证券有限责任公司	7586989
4	SCBHK A/C CA-IS BK LUX S/A CARLSON FUND MANAGEMENT COMPANY(外资股东)	7258372
5	DEUTSCHE BANK LONDON(外资股东)	6786437
6	NAITO SECURITIES CO., LTD.(外资股东)	3975510
7	SCBHK A/C NOMURA TB/NOMURA ITM(外资股东)	3300000
8	瑞宏国际有限公司(外资股东)	1226000
9	ABU DHABI INVESTMENT AUTHORITY(外资股东)	1126200
10	战毓春(外资股东)	1095332

序号	股东名称	占总股本比例(%)
1	内蒙古鄂尔多斯羊绒集团公司(代表国家持有)	43.8(未流通)
2	TOYO SECURITIES ASIA LTD. A/C CLIENT(外资股东)	0.91(流通)
3	中国银河证券有限责任公司	0.74(流通)
4	SCBHK A/C CA-IS BK LUX S/A CARLSON FUND MANAGEMENT COMPANY(外资股东)	0.71(流通)
5	DEUTSCHE BANK LONDON(外资股东)	0.66(流通)
6	NAITO SECURITIES CO., LTD.(外资股东)	0.39(流通)
7	SCBHK A/C NOMURA TB/NOMURA ITM(外资股东)	0.32(流通)
8	瑞宏国际有限公司(外资股东)	0.12(流通)
9	ABU DHABI INVESTMENT AUTHORITY(外资股东)	0.11(流通)
10	战毓春(外资股东)	0.11(流通)

以上股东中除内蒙古鄂尔多斯羊绒集团有限责任公司(以下简称"集团公司")外,其余为 A 股股东和 B 股股东。持有公司 5%以上股份的股东为集团公司一家,持股 45200 万股,占本公司股本总额的 43.8%。集团公司法定代表人为王林祥先生,集团公司于 1991 年 4 月 29 日首次注册登记成立,报告期末注册资本为 76,038 万元,经营范围:主营羊绒、羊毛、驼绒、驼毛、及其制品、呢绒精纺面料、服装、建筑材料、电子元件、矿泉水、供热、供水、加工、销售、酒店、饮食;兼营娱乐旅游服务、传呼通讯服务。其所持股份无质押或冻结情况。

内蒙古鄂尔多斯羊绒制品股份有限公司(以下简称本公司)自 2002 年 10 月 16 日进行《内蒙古鄂尔多斯羊绒制品股份有限公司关于第一大股东改制的公告》(详见该日《上海证券报》、《香港商报》和香港《大公报》)以来,本公司之大股东--内蒙古鄂尔多斯羊绒集团有限责任公司(以下简称集团公司)按照国家政策和伊克昭盟有关文件积极实施改制。2002 年 11 月 27 日,根据内蒙古自治区鄂尔多斯人民政府[2001]68 号文、自治区中国共产党伊克昭盟委员会伊党字(2001)52 号文及其相关协议,伊克昭盟国资局与东民公司完成了资金划拨和股权转让工作。另接大股东通知,2002 年 10 月 22 日,集团公司的股东之一东胜东民羊绒实业发展有限责任公司(以下简称东民公司)与鄂尔多斯羊绒实业投资有限责任公司(以下简称实业公司)签订了《股权转让协议》,实业公司以 1242.38 万元的价格购买了东民公司持有集团公司股权中 1%的股权。目前集团公司的股权结构相应变为东民公司 99%,实业公司 1%。2002 年 11 月 27 日,东民公司更名为鄂尔多斯市东民投资有限责任公司。

四、董事、监事、高级管理人员和员工情况

1、报告期内公司董事、监事、高级管理人员情况:

姓名	职务	性别	年龄	任期起止日期	年初持股数	年末持股数	是否在公司领取报酬
王林祥	董事长	男	52	2002.5.10-2005.5.9	0	0	是
杨志远	副董事长	男	50	2002.5.10-2005.5.9	0	0	是
张银荣	董事	男	49	2002.5.10-2005.5.9	0	0	是
胡三兴	董事、总经理	男	51	2002.5.10-2005.5.9	1700	3400	是
张　海	董事	男	50	2002.5.10-2005.5.9	0	0	是
张全祥	董事	男	50	2002.5.10-2005.5.9	0	0	是
李成君	董事	男	36	2002.5.10-2005.5.9	0	0	是
赵建光	独立董事	男	38	2002.5.10-2005.5.9	0	0	是
张晓宇	独立董事	男	28	2003.4.24-2006.4.23	0	0	是
文宗瑜	独立董事	男	40	2002.5.10-2005.5.9	0	0	是
周文玲	独立董事	女	35	2002.5.10-2005.5.9	0	0	是
刘继生	监事会主席	男	51	2003.4.24-2006.4.23	0	0	是
王文斌	监事	男	39	2002.5.10-2005.5.9	0	0	是
沈校生	监事	男	40	2002.5.10-2005.5.9	0	0	是

2、公司董事、监事在股东单位任职情况:

王林祥先生任内蒙古鄂尔多斯羊绒集团有限责任公司董事长、总裁,任职期间为 1991 年 4 月至今;杨志远先生任内蒙古鄂尔多斯羊绒集团有限责任公司副董事长、常务副总裁,任职期间为 1991 年 7 月至今。

3、年度报酬情况

根据本公司 2002 年第一次股东大会决议通过的《关于选举新一届董事会成员和监事会成员并决定其薪酬的议案》,公司董事(独立董事除外)实行年薪制。其中:王林祥先生,年薪 36 万元;杨志远先生,年薪 30 万元;张银荣先生,年薪 18 万元;胡三兴先生,年薪 24 万元;张海先生,年薪 18 万元;张全祥先生,年薪 18 万元;李成君先生,年薪 12 万元。

独立董事赵建光先生、文宗瑜先生、张晓宇先生及周文玲女士,参加股东大会补贴 10000 元/次,参加董事会补贴 5000 元/次。

除四名独立董事外,其余董事、监事及高管人员年度报酬总额为 169 万元,其中年度报酬为 20-40 万元 3 人,10-20 万元 4 人,10 万元以下 5 人;年度报酬金额最高的前三名董事报酬总额为 90 万元,金额最高的前三名高级管理人员报酬总额为 39 万元。

报告期内,因工作调动关系,李长青先生不再担任公司副总经理职务,邓华女士不再担任公司总经理助理;因独立董事李振伟先生任期满六年,报告期内经 2002 年年度股东大会批准不再担任公司独立董事,张晓宇先生被公司 2002 年度股东大会选举为公司独立董事;因工作变动原因,原监事会主席贾沛先生不再担任本公司监事,股东大会聘任刘继生先生为公司监事,已被选举成为监事会主席。

3、公司现有员工 17595 人,其中技术人员 753 人,生产人员 12659 人,销售人员 2273 人,财务人员 168 人,车间主任以上管理人员 589 人;已经退休的人员 285 人,其中内退 25 人,其余人员均纳入社会保障系统,不对本公司造成负担。本公司员工中:大专以上学历的有 2582 人,占全部人员的 14.67%;初中以上学历的有 10273 人,占全部人员的 58.39%。

五、公司治理结构

1、公司治理情况

公司自上市以来,一直坚持按照《公司法》、《证券法》、中国证监会发《上市公司治理准则》和《上海证券交易所股票上市规则》等法律和规则,不断完善公司法人治理结构。本年度新修订了《公司章程》、起草了《投资者关系管理制度》等规范性文件

报告期内,公司根据《公司法》、《公司章程》和中国证监会有关法规规章的要求,进一步完善了公司法人治理结构。

(1) 股东和股东大会:报告期内,公司根据《股东接待制度》及《投资者关系管理制度》,对于股东的来电、来访进行了规范性的规定,保证专人负责、专人管理,使股东能无障碍地了解公司的经营情况。公司的治理结构确保股东,特别是中小股东享有平等的地位并充分行使权利;公司严格依据《公司法》、《上市公司治理准则》、《上市公司股东大会指引》等法律法规要求召开股东大会,凡需股东大会通过的重大事项均交股东会审议。

(2) 董事和董事会:报告期内,公司董事严格按照《公司法》和《公司章程》的规定参加董事会,公司内部董事七名,独立董事四名,董事会的人数和人员构成符合法律法规的要求。全体董事均能以认真负责的态度参加董事会,出席股东大会,积极接受相关培训,熟悉法律法规,使董事会为公司的规范运作进行高屋建瓴的战略指导。

(3) 监事和监事会:报告期内,公司重新选举了监事会主席,监事会的人数和人员构成符合法律法规的要求,监事会能独立负责的开展工作。公司监事能够认真履行自己的职责,对全体股东负责,对公司董事和其他高管人员工作的合法、合规进行监督,对公司股东大会和董事会召开的程序、议案的审议、事项的执行进行监督,对信息披露进行监督等。

(4) 独立董事:报告期内,公司独立董事出席了本年度召开的股东大会和董事会,并对公司的规范治理提出意见。公司与上海博利置业、北京鄂尔多斯投资股份有限公司等公司合资开发上海菊园四期房地产项目,与内蒙古鄂尔多斯集团有限责任公司合资建设内蒙古鄂尔多斯电力冶金有限责任公司项目,与内蒙古鄂尔多斯集团有限责任公司等公司合资建设鄂尔多斯市商业银行股份有限公司项目,收购内蒙古鄂尔多斯羊绒实业投资有限责任公司持有的 11 家企业的部分股权,因均与公司之第一大股东鄂尔多斯羊绒集团有限责任公司发生联系,属于关联交易,独立董事纷纷提出独立意见,监督相关董事回避表决。

(5) 报告期内,公司为规范公司信息披露及保密工作,根据《证券法》、《公开发行股票公司信息披露实施细则(试行)》、《上海证券交易所股票上市规则》及公司《章程》,修订了《信息归集与披露制度》,确保所有股东有平等机会获得信息,保证信息披露的真实、准确、完整、及时。

(6) 公司与控股股东的业务往来执行"三分开""两独立"原则。各有关部门严格的执行内部管理制度,公司的生产、营销、财务、投资及人事等方面得到有效的控制。

本公司的治理状况符合中国证监会有关文件的要求。

六、董事会报告

1、2003 年,公司巩固发展羊绒主业,扩大生产能力,研究开发了纳米高科技产品,取得了羊绒制品行业最好的经营业绩,同时大力开发经济效益好、发展前景优的电力冶金项目,预测该项目有广阔的发展前景。

2、报告期内公司经营情况

(1)主营业务范围及其经营状况

本公司是目前全世界最大的羊绒制品联合加工企业,公司经营范围:生产、销售无毛绒、羊绒纱、羊绒衫等羊绒制品。

分别按行业、产品、地区划分,公司主营业务收入、主营业务利润构成如下:　单位:元

产品类别		主营业务利润
无毛绒	259,889,450	-17,842,374
羊绒纱	208,997,164	20,221,253
羊绒衫	1,682,663,438	577,044,272
其他	765,647,816	177,369,438
合计	2,917,197,868	756,792,589

产品类别	主营业务收入	主营业务利润
国内销售	1,340,690,883	629,667,764
国外销售	1,576,506,985	127,124,825
合计	2,917,197,868	756,792,589

(2)公司主营业务情况

本公司主要产品有无毛绒、羊绒纱、羊绒衫、羊绒大衣呢系列;丝绒混纺系列;羊绒时装系列等 50 多个品类,形成完整的产品系列。公司的主导产品 KVSS 牌无毛绒,以其手感柔和、洁白度高、细度、长度均优的特点,被世界羊绒界公认为品质最优的"中国一号无毛绒";鄂尔多斯牌羊绒衫以其原料一流、做工精良、轻薄滑暖、色泽典雅、手感细腻等优点,深受国内外市场的欢迎。产品销往日本、美国、意大利、法国、德国、瑞士、荷兰、澳大利亚等 30 多个国家和地区,并在伦敦、洛杉矶、香港、科隆、巴黎、东京设有经销公司,在国内,本公司已建成以商场专卖厅和自营专卖店加盟店为主,其

他零散客户为辅的综合性营销网络群体。截止到2003年12月31日，公司营销网点已达1374个，其中商场专卖厅581个，自营专卖店100个，特许加盟店316个，其他客户377个，辐射全国365个大中城市及20个县，鄂尔多斯羊绒衫的销售面覆盖全国。2003年12月5日在北京召开"2003年中国最有价值品牌发布会"，"鄂尔多斯"品牌位居参加评价的32个品牌的第17位，评价价值为43.67亿元，仍为我国服装行业最有价值的品牌。

本公司的主营业务收入及主营业务利润的78%以上来源于主要产品羊绒纱、羊绒衫。2003年，由于公司加大外销市场的建设力度，采取灵活多样的销售模式，形成公司产品的外销比例增大，外销毛利较上年有所提高，本年利润较上年有所增长的良好形势，且公司的利润水平仍然明显优于国内同行业，在同行业中名列前茅。从经济运行规律来看，公司将要进入良好发展的经济周期。

本公司以盈利和发展为主题，以股东利益最大化为宗旨。股票发行上市以来，每年都有良好的、稳定的经营业绩，每年都给投资者以较大额度的现金分红，具体情况见下表：

股票上市以来分红情况统计表　单位：人民币元

年度	1995年	1996年	1997年	1998年	1999年	2000年
每股分红	0.07	0.32	0.22	0.18	0.21	0.36

年度	2001年	2002年	2003年预案
每股分红	0.37(加权平均)	0.29	0.1 十转增十

3、主要控股公司及参股公司均按年度计划完成了其生产经营任务。

4、主要供应商、客户情况：

公司的主要供应商及客户主要来自内蒙古、河北省、甘肃省等地；公司主要客户大部分来自美国、日本、欧洲及中国各大中城市。

单位：万元

前五名供应商采购金额合计	4,082	占采购总额比重	3%
前五名销售客户销售金额合计	46,509	占销售总额比重	16%

5、经营中出现的问题与困难及解决方案：本年由于"非典"疫情，公司内、外销受到一定程度影响，为此公司采取了积极有效措施：

(1)加大科技投入，加强新产品的开发能力，缩短新产品的研发周期，通过公司产品档次、质量的提高和新产品的不断推出，来提高公司的竞争能力和市场占有率；

(2)积极进行信息化建设，将信息化建设作为企业长远发展战略；

(3)公司加大对外投资力度，积极开发新的利润增长点。

5、公司投资情况：

(1) 募集资金的运用和结果(单位:万元)

募集资金总额	130051.84	本年度已使用募集资金总额	18757.76
		已累计使用募集资金总额	111294.08

承诺项目	拟投入金额	是否变更项目	实际投入金额
引进德国斯托尔电脑横机80台技改项目	4962		4962
高支羊绒制品织造及后整理设备技术改造项目	13906		6590.02
精纺高支纱及机织、针织可机洗高档系列产品工业性实验项目	6000		
国内外市场营销网络建设项目	10000		10000
科研开发基地建设项目	4996		3562
年产200吨精纺羊绒高支纱生产线改造项目	4955		3166.3
年产320吨粗纺羊绒高支纱生产线改造项目	4990		3102
绒山羊改良及草牧场建设试点项目	2900		2900
收购生产高科技\精纺类\时装化产品的养绒制品企业	26214.12		26214.12
增加马达加斯加投资	331.08		
与伊利合资600吨奶项目	4000		4000
收购深圳中科	6000		6000
用于收购羊绒原料及其他正常营运周转	40797.64		40797.64
合计	130051.84	-	111294.08

未达到计划进度和收益的说明(分具体项目)：

一、技改项目：包括，第二项、第三项、第五项、第六项、第七项。以上项目之所以未按招股说明书计划金额全部投资，是因为公司在技改过程中科学管理，从严要求，厉行节约、努力降低技术改造成本而实现的，在尚有节约资金的情况下，已顺利全面地完成了以上各项技术改造项目，并以取得了良好的技改效果。二、马达加斯加项目：公司原计划投资331.08万元在马达加斯加建设羊绒制品加工企业，在公司即将投资马达加斯加项目时，马达加斯加国内发生政变，为回避投资风险，确保公司利益和股东利益，公司决定放弃投资该项目。

变更原因及变更程序说明(分具体项目)：

通过2004年第一次董事会审议，并提请公司股东大会审议通过后，公司将2001年增发A股募集资金剩余部分全部投入到正常营运资金中，用以收购羊绒原料。这与当时招股说明书中表述的"其余资金用于作为正常营运资金，主要用于收购羊绒原料"是一致的。

承诺项目	产生收益金额	是否符合计划进度和预计收益
引进德国斯托尔电脑横机80台技改项目	2003年度实现收益770万元	
高支羊绒制品织造及后整理设备技术改造项目	该项目边建设、边生产，2003年度实现收益203万元	
精纺高支纱及机织、针织可机洗高档系列产品工业性实验项目		
国内外市场营销网络建设项目	2003年度实现收益1101万元	
科研开发基地建设项目	2003年度实现收益1275万元	
年产200吨精纺羊绒高支纱生产线改造项目	2003年度实现收益529万元	
年产320吨粗纺羊绒高支纱生产线改造项目	2003年度实现收益450万元	
绒山羊改良及草牧场建设试点项目	2003年度实现收益172万元	
收购生产高科技\精纺类\时装化产品的养绒制品企业	2003年度实现收益1977万元	
增加马达加斯加投资		
与伊利合资600吨奶项目	2003年度实现收益1522万元	
收购深圳中科	2003年度实现收益505万元	
用于收购羊绒原料及其他正常营运周转		
合计		

尚未使用的募集资金在闲置期间主要用于作为公司正常营运资金，主要是收购羊绒原料。

(2)非募集资金的使用：

<1>投资1.2亿元，开发建设上海菊园四期房地产项目，目前该项目正在建设中；

<2>投资4000万元，建设内蒙古鄂尔多斯市股份制商业银行，目前该项目正在申请中；

<3>投资6亿元，建设棋盘井硅电项目，目前该项目正在建设中，预计2005年投产；

<4>投资3000万元，建设职工倒班公寓项目，已经建成并投入使用；

<5>公司为进一步做大做强羊绒主业，减少同业竞争，收购了以下公司的部分股权：

A 鄂尔多斯集团东茂羊绒制品有限责任公司

B 北京鄂尔多斯羊绒有限公司

C 内蒙古东昊羊绒制品有限公司

D 内蒙古鄂尔多斯东蝶针织有限公司

E 内蒙古鄂尔多斯东益时装有限公司

F 鄂尔多斯集团东恒羊绒制品有限责任公司

G 鄂尔多斯集团东建羊绒制品有限责任公司

H 鄂尔多斯集团东冠羊绒制品有限责任公司

I 鄂尔多斯集团东升包装印刷有限责任公司

J 鄂尔多斯集团东阜羊绒制品有限责任公司

K 鄂尔多斯集团东昱羊绒制品有限责任公司

公司于2003年5月28日与11家企业分别签定《股权转让协议》，完成相关手续。

<6>为进一步拓宽国际贸易渠道，扩大产品的市场占有率，使"鄂尔多斯"品牌在国际市场占有更大的市场份额，公司对内蒙古鄂尔多斯纺织品进出口有限责任公司增资人民币3000万元；

<7>增资北京鄂尔多斯科技发展有限公司10669万元。

6、董事会日常工作情况

(1)报告期内，本公司董事会共召开了三次董事会，会议情况及决议如下：

<1>2003年4月24日，公司董事会在公司本部会议室召开了2003年第一次会议，会议审议并形成如下决议：

1>一致同意《2002年年度报告》正文及摘要；

2>一致同意《2003年第一季度报告》正文；

3>一致同意《关于项目投资的议案》；

4>一致同意《2002年度利润分配预案》；

5>一致同意《公司公积金转增股本的议案》；

6>一致同意《关于在内蒙古鄂尔多斯市等地收购几家有关羊绒制品生产企业的部分股权的议案》；

7>一致同意《确定2003年度为公司进行审计的会计师事务所并确定其薪酬的议案》；

8>一致同意《关于高管人员调整的议案》；

9>一致同意《关于独立董事更换的议案》；

10>一致同意于2003年5月28日召开2002年年度股东大会。

<2>2003年8月22日，公司董事会在公司本部会议室召开了2003年第二次会议，会议情况及决议如下：

1>审议通过了《关于计划对内蒙古鄂尔多斯纺织品进出口有限责任公司进行增资的议案》；

2>审议通过了《关于对北京鄂尔多斯科技发展有限责任公司所属分公司经营模式调整的议案》；

3>审议通过了公司2003年半年度报告及摘要。

<3>2003年10月24日公司董事会在公司本部会议室召开了2003年第三次会议，会议情况及决议如下：

1>审议通过了公司《2003年第三季度报告》；

2>审议通过了《内蒙古鄂尔多斯羊绒制品股份有限公司投资者关系管理工作制度》。

(2)董事会对股东大会决议的执行情况：

公司2002年度股东大会通过的《2002年度利润分配方案》和《公司公积金转增股本的方案》，以2002年年末总股本51600万股为基数用派送现金红利的形式进行分红，每10股派送现金红利2.90元(含税)，实分股利总额149,640,000元，本次分配的现金股利占可供投资者分配利润的80%，其余未分配利润结转下一年度；公司以2002年12月31日总股本51600万股为基数，按10:10的比例进行资本公积金转增股本。实施工作已于2003年6月份完成。本次分配及转增股本实施公告已于2003年6月9日在《上海证券报》、《香港商报》、香港《大公报》上公开披露。

7、公司2003年度利润分配预案：

2003年度公司以中国会计准则审计的净利润为175,232,381元，国际会计准则审计的净利润为175,824,739元。按照中国会计准则审计后净利润计提10%的法定公积金17,523,238元、计提5%的法定公益金8,761,619元。加年初未分配利润：中国会计准则38,345,001元，国际会计准则38,152,643元后，本年度可供分配利润为：按照中国会计准则计算的可供分配利润187,292,525元，按照国际会计准则计算的可供分配利润187,692,525元。按照孰低原则计算，本次股利分配拟按以2003年年末总股本103200万股为基数，每10股按人民币1元（含税）分红，实分股利总额103,200,000元，其余未分配利润结转下一年度。

以上利润分配预案需提交股东大会审议。

8、其他需披露事项

报告期内，公司的信息披露报纸为：《上海证券报》、境外：《香港商报》、香港《大公报》，没有变动。

公司按照《关于规范上市公司与关联方资金往来及上市公司对外担保若干问题的通知》(证监发[2003]56号)规定，对公司控股股东及其他关联方占用资金情况进行检查，公司控股股东及其他关联方没有占用资金情况。

七、重要事项

1、报告年度公司无重大诉讼、仲裁事项。

2、报告年度公司董事、监事及高级管理人员个人均未受到刑事起诉、市场禁入或被司法机关处以刑事处罚情况。

3、公司收购及出售资产行为：根据2002年年度股东大会决议，公司投资23000万元收购实业公司持有11家企业的部分股权，详见2003年5月31日《上海证券报》、《香港商报》、香港《大公报》。

4、报告期关联交易情况参见财务报告附注(八)。

5、会计师事务所：本年度公司支付给聘任普华永道中天会计师事务所的报酬为185万元，该会计师事务所从1997年开始为公司进行年度财务报告的境内外审计，至本年度已延续7年。

6、本公司与其他公司没有重大托管、承包、租赁行为。

7、本公司在报告期内无委托他人进行投资管理事项。

8、本年度公司无重大担保或抵押情况。

八、备查文件目录

1、载有法定代表人、主管会计工作负责人、会计主管人员签名并盖章的会计报表。

2、载有会计师事务所盖章、注册会计师签名并盖章的审计报告原件。

3、报告期内在中国证监会指定报纸上公开披露过的所有公司文件的正本及公告的原稿。

4、在其它证券市场公布的年度报告。

二〇〇四年四月二十日

徐州维维食品饮料股份有限公司

徐州维维食品饮料股份有限公司2003年年度报告

重要提示

本公司董事会及其董事保证本报告所载资料不存在任何虚假记载、误导性陈述或者重大遗漏,并对其内容的真实性、准确性和完整性负个别及连带责任。

陈树林副董事长因公未能出席董事会,委托吴嘉杰董事代为出席并行使表决权。

公司负责人董事长崔桂亮、主管会计工作负责人、财务总监张明扬、会计机构负责人杨恋恋保证本报告中财务报告的真实、完整。

一、公司基本情况简介

1、公司的法定中、英文名称及缩写

法定中文名称:徐州维维食品饮料股份有限公司

法定英文名称:XuZhou V V Food & Beverage Co.,Ltd.

公司中文名称缩写:维维股份

公司英文名称缩写:VVFB

2、公司法定代表人:崔桂亮

3、公司董事会秘书:丁金礼

授权代表:孟召永

联系地址:江苏省徐州市城南开发区

联系电话:0516-3290169

传真:0516-3394888

电子信箱地址:dingjl@vvgroup.com

4、公司注册地址:江苏省徐州市建国东路205号

公司办公地址:江苏省徐州市城南开发区

邮编:221111

公司电子信箱:vvzqb@vvgroup.com

5、公司选定的信息披露报纸名称:《中国证券报》、《上海证券报》

登载年度报告的国际互联网网址:http://www.sse.com.cn

公司年度报告备置地点:公司证券部

6、公司股票上市交易所:上海证券交易所

股票简称:维维股份　　股票代码:600300

7、其他有关资料

公司注册登记日期:2000年9月27日

公司登记地点:中华人民共和国国家工商行政管理局

注册号:企股管总副字第000226号

公司税务登记证号码:320323608077903

公司聘请的会计师事务所:上海立信长江会计师事务所有限公司

办公地址:上海市南京东路61号

二、会计数据和业务数据摘要

1、2003年主要会计数据 (单位:元)

项目	金额
利润总额	167,951,443.31
净利润	100,275,524.90
扣除非经常性损益后的净利润	55,306,492.86
主营业务利润	405,004,846.42
其它业务利润	67,605,962.83
营业利润	105,935,485.07
投资收益	52,417,921.48
补贴收入	7,006,897.00
营业外收支净额	2,591,139.76
经营活动产生的现金流量净额	132,656,564.98
现金及现金等价物净增加额	54,689,271.10

本年度非经常性损益列示如下:

项目	金额(元)(收益+/损失-)
(一)处置长期股权投资、固定资产、在建工程、无形资产、其他长期资产产生的损益	-4,467,221.18
(二)计入当期损益的对非金融企业收取的资金占用费	1,043,185.00
(三)各种形式的政府补贴	7,006,897.00
(四)以前年度已经计提各项减值准备的转回	43,950,754.94
(五)扣除公司日常根据企业会计制度规定计提的资产减值准备后的其他各项营业外收入、支出	1,681,163.53
(六)短期投资损益,但经国家有关部门批准设立的有经营资格的金融机构获得的短期投资损益除外(含期货实物交割损益)	-1,535,270.73
(七)所得税影响	-2,710,476.52
合计	44,969,032.04

2、前三年主要会计数据和财务指标

(1)主要会计数据(单位:元)

项目	2003年	2002年	2001年
主营业务收入	1,660,651,115.87	1,370,257,154.60	1,082,538,633.84
利润总额	167,951,443.31	149,286,079.00	143,061,088.28
净利润	100,275,524.90	94,028,952.53	113,178,450.90
扣除非经营性损益的净利润	55,306,492.86	114,140,088.03	94,682,558.03
项目	2003年末	2002年	2001年
总资产	2,457,656,150.50	2,008,344,732.29	1,725,859,655.59
股东权益(不含少数股东权益)	1,397,752,560.72	1,368,313,737.78	1,274,990,520.25
经营活动产生的现金流量净额	132,656,564.98	349,525,742.33	99,522,203.21

(2)主要财务指标

项目	2003年	2002年(调整后)	2002年(调整前)	2001年
每股收益(元/股)(摊薄)	0.30	0.28	0.28	0.34
每股收益(元/股)(加权)	0.30	0.28	0.28	0.34
净资产收益率(%)(摊薄)	7.17	6.87	7.28	8.88
净资产收益率(%)(加权)	7.25	7.11	7.11	8.68
扣除非经营性损益后的净资产收益率(%)(摊薄)	3.96	8.34	8.83	7.43
扣除非经营性损益后的净资产收益率(%)(加权)	4.00	8.63	8.63	7.26
每股经营活动产生的现金流量净额(元/股)	0.4	1.06	1.06	0.30
每股净资产(元/股)	4.24	4.15	3.92	3.86
调整后的每股净资产(元/股)	4.23	4.12	3.89	3.83

(3)股东权益变动情况(单位:元)

项目	股本	资本公积	盈余公积	法定公益金
期初数	330000000	897,014,721.00	44,387,392.09	22,193,696.10
本期增加		4,648,558.30	13,779,401.14	6,889,700.57
本期减少			373,397.06	186,698.57
期末数	330000000	901,663,279.30	57,793,396.17	28,896,698.10
变动原因		股权投资准备	按净利润10%提取法定盈余	按净利润5%提公益金

项目	未分配利润	未确认投资损失	股东权益合计
期初数	75,923,949.50	1,206,020.91	1,368,313,737.78
本期增加	80,166,518.82	105,484,178.83	
本期减少	75,900,000.00	414,739.74	76,045,355.89
期末数	80,190,468.32	791,281.17	1,397,752,560.72
变动原因	本年实现利润	分配上年股利	

三、股本变动和股东情况

1、股本变动情况

(1)股份变动情况表　数量单位:万股

项目	本次变动前	本次变动增减(+,-) 发行新股	送股	公积金转股	增发	其他	小计	本次变动后
一、未上市流通股份								
1.发起人股份								
其中:国家持有股份								
境内法人持有股份	14,720							14,720
境外法人持有股份	8,280							8,280
其他								
2.战略投资者配售股份								
3.内部职工股								
4.优先股或其他								
其中:转配股								
未上市流通股份合计	23,000							23,000
二、已上市流通股份								
1.人民币普通股	10,000							10,000
2.境内上市的外资股								
3.境外上市的外资股								
4.其他								
已上市流通股份合计	10,000							10,000
三、股份总额	33,000							33,000

(2)股票发行与上市情况

公司募股日期2000年5月29日~6月14日,总股本33,000万股。其中发起人境内法人股14,720万股,发起人境外法人股8,280万股。发起人股是以1998年12月31日徐州维维食品饮料有限公司的净资产23,000万元,按照1:1比例折股,折股后股份总数23,000万股,每股面值人民币1元。发行社会公众股10,000万股(其中:战略投资者配售5000万股,上网发行5000万股),社会公众股(A股)是溢价每股10.28元发行的,共计募集资金102,800万元。上网发行的社会公众股于2000年6月30日在上海证券交易所上市挂牌交易,上市交易数量为5000万股。

根据有关规定,本公司向战略投资者配售的股份持股期限为6个月的4,200万股,于2001年1月4日起上市流通,向战略投资者配售的股份期限为9个月的800万股,于2001年3月3日起上市流通。至此,本公司发行的社会公众股10,000万股全部上市流通。

2、股东情况介绍

(1)2003年末本公司的股东总数:32549户。

(2)前10名大股东持股情况

股东单位	本期末持股数(股)	本期持股变动增减情况(+-)	持股占总股本比例(%)	持有股份的性质或冻结情况	股份性质
1.维维集团股份有限公司	146,648,000		44.44	无	法人股
2.五丰食品(中国)有限公司	82,800,000		25.09	无	外资股
3.徐州鑫宇经贸有限公司	3,000,000		0.91		流通股
4.丰和价值	1,646,956	+1,0101,591	0.50		流通股

5.宋证海	649,799	+649,799	0.20	流通股
6.泰和基金	621,618	-2,069,479	0.19	流通股
7.何伟	615,450	+615,450	0.19	流通股
8.中牧集团	480,000		0.15	流通股
9.松林工贸	366,000	-49,669	0.11	流通股
10.宏源证券	340,702		0.10	流通股

持股5%以上的法人股东情况

持股5%以上的股东分别是：维维集团股份有限公司、五丰食品(中国)有限公司。

持股5%以上的法人股股东股份未发生质押、冻结等情况。报告期内持有股份没有发生增减变化。

A、维维集团股份有限公司

法定代表人：杨启典

经营范围：豆奶系列产品、非酒精饮料、其他食品（领取许可证后经营）的生产、加工、销售；建筑材料装潢；金属材料、大豆、白糖、防腐材料的销售；食用油的生产、加工、销售；汽车货运服务。粮食收购(限自用粮)。

该公司成立于1992年11月17日，注册资本为16108.02万元。股权结构为铜山县国有资产管理局持有国家股32,216,040股，占20%；徐州维维投资有限公司持有社会法人股104,864,160股，占65.1%；职工股24,000,000股，占14.9%。

B、五丰食品(中国)有限公司

法定代表人：陈树林，经营范围：国际贸易

该公司成立于1998年10月13日，注册资本为USD1.00，股权结构为100%由五丰行有限公司持有。

(3)前十名流通股股东持股情况

前十名流通股股东持股情况

股东名称(全称)	年末持有流通股的数量	种类(A、B、H或其它)
1.徐州鑫宇经贸有限公司	3,000,000	流通A股
2.丰和价值	1,646,956	流通A股
3.宋证海	649,799	流通A股
4.泰和基金	621,618	流通A股
5.何伟	615,450	流通A股
6.中牧集团	480,000	流通A股
7.松林工贸	366,000	流通A股
8.宏源证券	340,702	流通A股
9.杨顺强	266,246	流通A股
10.陈爱中	217,900	流通A股

前十名流通股股东关联关系的说明　未知前十名流通股股东之间是否存在关联关系.

(4)报告期内控股股东没有发生变更

四、董事、监事、高级管理人员和员工情况

1.董事、监事及其他高级管理人员基本情况

姓名	性别	年龄	职务	任期起止日期	年初持股数(股)	年末持股数(股)
崔桂亮	男	42	董事长	2002.8.2-2005.8.2	0	0
陈树林	男	50	副董事长	2002.8.2-2005.8.2	0	0
魏伯玲	男	53	董事	2002.8.2-2005.8.2	0	0
吴嘉杰	男	34	董事	2003.9.19-2005.8.2	0	0
曹荣开	男	41	董事副总经理	2002.8.2-2005.8.2	0	0
朱震宇	男	42	独立董事	2002.8.2-2005.8.2	0	0
徐寿春	男	34	独立董事	2002.8.2-2005.8.2	0	0
聂锐	男	46	独立董事	2003.6.20-2005.8.2	0	0
杨启典	男	45	监事、监事会召集人	2002.8.2-2005.8.2	0	0
郭晋清	女	39	监事	2002.8.2-2005.8.2	0	0
刘莉	女	40	监事	2002.8.2-2005.8.2	0	0
胡云峰	男	42	董事、总经理	2002.8.2-2005.8.2	0	0
熊铁虹	男	46	常务副总经理	2002.8.2-2005.8.2	0	0
李军	男	43	副总经理 总经济师	2002.8.2-2005.8.2	0	0
丁金礼	男	42	董事会秘书 总会计师	2002.8.2-2005.8.2	0	0
张明扬	男	43	财务总监	2002.8.2-2005.8.2	0	0
孙欣	女	40	总工程师	2002.8.2-2005.8.2	0	0

说明：监事杨启典先生、董事魏伯玲先生在控股股东维维集团股份有限公司分别担任董事长、副总经理职务。任职期间皆为2000年5月至今。

副董事长陈树林先生、董事吴嘉杰先生及监事郭晋清女士在股东单位五丰食品(中国)有限公司之控股股东五丰行有限公司，分别担任董事长、财务总监、总经理职务。任职期间：陈树林先生为1996年12月至今，吴嘉杰先生2003年3月至今，郭晋清女士2001年7月至今。

2、公司现有董事、监事、高级管理人员年度薪酬情况

2003年度，在公司领取薪酬的董事、监事及高级管理人员的年度薪酬依据本公司制订的"岗位技能工资制"的标准，按月发放。

现任董事、监事、高级管理人员2003年在公司领取薪酬（包括工资、奖金、福利及补贴等收入）情况如下：

现任董事、监事及高级管理人员2003年度在公司领取的薪酬总额为303.11万元，共有三名董事在公司领取薪酬，薪酬总额为166.61万元，金额最高的前三名高级管理人员在公司领取薪酬总额为195.40万元。

公司现有董事、监事及高级管理人员共17人，在公司领取薪酬的有9人，其中：年度薪酬总额50万元以上的有3人，年度薪酬总额20-30万元的有3人，年度薪酬总额10-20万元的有3人。

(1)陈树林、吴嘉杰两位董事不在本公司领取薪酬，在股东单位的控股股东领取薪酬。魏伯玲董事不在本公司领取薪酬，在股东单位领取薪酬。

(2)郭晋清女士、杨启典先生两位监事不在本公司领取薪酬，在股东单位领取薪酬。

(3)独立董事徐寿春先生、朱震宇先生、聂锐先生从2003年起公司每年每人支付给5万元津贴(含税)，其参加公司董事会、股东大会所发生的交通费及住宿费由公司承担。

3、报告期内，董事、监事及高级管理人员离任情况及原因

(1)吴爱民先生因工作变动辞去公司财务总监职务。

(2)刘友辉先生因工作变动辞去公司董事职务。

(3)吴春明先生因工作变动辞去公司财务总监、首席会计师职务。

(4)董一兵先生因工作变动辞去公司副总经理、首席律师职务。

4、公司人员情况

本公司现有在编员工总数为1793人，其中：生产人员750人、行政人员120人、工程技术人员373人、财务人员210人、营销人员340人。按学历分，大专以上有702人，占员工总数的39%。公司有离退休职工15人。

五、公司治理结构

1、公司治理情况

公司严格按照《公司法》、《证券法》和中国证监会有关法律法规的要求，不断完善公司法人治理结构，适应现代企业制度，规范公司运作，公司及时修订了《公司章程》，按照中国证监会和国家经贸委发布的《上市公司治理准则》不断完善公司治理结构。

(1)关于股东和股东大会：公司能够确保所有股东，特别是中小股东享有平等地位，确保股东按其持有的股份享有平等的权利。按照股东大会规范意见的要求召集、召开股东大会，大会的召开程序符合公司章程的规定，参加会议的股东或股东授权代表能够充分行使股东的表决权，公司关联交易遵循平等、自愿、等价、有偿的原则，做到关联交易公平合理。公司没有给股东及其关联方提供担保。公司制订了《股东大会议事规则》。

(2)关于控股股东与上市公司的关系：公司与控股股东在人员、资产、财务、机构和业务方面做到"五独立"，确保上市公司依法独立运作。公司董事会、监事会和内部机构能够独立运行。

(3)关于董事和董事会：公司严格按照《公司章程》规定的董事选聘程序选举董事。公司董事会的人数和人员构成符合法律法规的要求，公司各位董事能够认真负责的出席董事会和股东大会，积极参加有关业务培训，熟悉有关法律法规，明确董事的权利、义务及承担的责任。根据中国证监会及有关法规的要求，按期完成了独立董事的聘任工作。公司制订了《董事会议事规则》。

(4)关于监事和监事会：公司监事会的人数和人员构成符合法律、法规的要求，各位监事能够认真履行自己的职责，本着对股东负责的精神，对公司董事、经理及其他高级管理人员履行职责的合法合规性进行监督。制订了《监事会议事规则》。

(5)关于绩效评价与激励约束机制：公司逐步完善绩效评价标准及激励约束机制，经理人员的聘任符合法律法规的要求。

(6)关于相关利益者：公司能够尊重和维护银行及其他债权人、职工、消费者、供应商等其他利益相关者的合法权益，向银行及其他债权人提供必要的信息，公司与利益相关者积极合作，共同推动公司持续、健康地发展。公司在保持持续发展、实现股东利益最大化的同时，十分关注社区的福利、环境保护、公益事业，重视公司的社会责任。

(7)关于信息披露和透明度：公司董事会秘书负责公司的信息披露事项，包括建立信息披露制度、接待来电、来访、咨询，联系股东，向投资者提供公司公开披露的资料等。按照法律、法则和公司章程的规定，及时地披露有关信息。保证所有股东有平等的机会获得信息。公司制订了《信息披露制度》。

公司按照《公司法》等有关法律法规的要求规范运作，按照《上市公司治理准则》等的要求，不断完善公司的治理结构，努力寻求公司利润的最大化，维护全体股东的利益。公司将逐步完善高级管理人员的绩效及激励约束机制。

2、公司聘请的独立董事能够尽职尽责，积极出席报告期内董事会及股东大会。能够履行章程上赋予的特别职权，为公司重大决策提供专业及建设性建议，并认真监督管理层的工作，维护公司及全体股东的合法权益。

3、公司与控股股东的分开情况

上市公司与集团公司做到了"五分开"。

(1)在人员独立方面，公司的劳动、人事及工资管理与集团公司完全分开。公司经理、副经理、财务总监、董事会秘书等高级管理人员没有在控股股东兼任职务。

(2)公司资产与集团公司完全分开。上市公司与集团公司签订了商标使用协议。

(3)公司的管理机构与集团公司完全分开，独立运行。

(4)公司拥有独立的产供销系统，具有独立完整的业务及自主运营能力。

(5)公司设立了独立的财务部门，建立了独立的会计核算体系和财务管理制度，在银行单独设立帐户，并依法独立纳税。

4、高级管理人员的考评及激励机制，相关奖励制度的建立、实施情况

公司高级管理人员向董事会负责，公司初步建立了高级管理人员的考评及激励机制及相关的奖励制度，实行年度考评和奖励。

六、董事会报告

(一)公司主营业务的范围及其经营状况

(1)公司经营范围：研究、开发、生产食品、饮料系列产品及相关产品，销售自产产品。

(2)按行业、产品、地区划分报告期内公司主营业务收入及主营业务利润的构成情况

主营业务按行业、产品划分情况　单位：万元

按行业划分	主营业务收入	占主营业务收入总额比重(%)	主营业务收入比上年增减(%)	主营业务利润	占主营业务利润总额的比重(%)	主营业务利润比上年增减(%)
食品饮料业	165,755.77	99.81	21.11	40,695.74	99.80	16.29
按产品划分						
豆奶粉系列产品	103,192.79	62.14	-2.30	27,589.88	68.12	17.05
乳品系列产品	52,512.76	31.62	66.54	12,371.13	30.55	49.97

主营业务按地区划分情况　单位：元

地区	主营业务收入	占主营业务收入的比重(%)
华北地区	308,416,688.00	18.57
华东地区	605,492,175.68	36.46
西北地区	296,781,190.24	17.87
西南地区	192,670,963.12	11.60
中南地区	257,290,098.83	15.50

(3)公司生产经营的主要产品及其市场占有情况

本公司的主要产品为豆奶粉系列产品及乳品系列产品，所属的行业为食品制造业。2003年度公司豆奶粉主产品保持稳定发展，牛奶、面粉产业有了较快增长。全年完成主营业务收入166,065.11万元，比上年同期增长21.19%，形成主营业务利润40,500.48万元，比去年同期增长16.46%。实现净利润10027.55万元，比去年同期增长6.64%。其中：主要产品豆奶粉主营业务收入103,192.78万元，占主营业务收入总额的62.14%，销售成本75,602.90万元，毛利率26.74%。乳品主营业务收入52,512.76万元，占主营业务收入总额的31.62%，销售成本40,141.63万元，毛利率23.56%。

根据中国商业联合会、中华全国商业信息中心最新统计监测结果显示：本公司主产品"维维"牌豆奶粉名列固体饮料(豆奶)类商品2003年中国市场销售第一名。

(4)报告期内公司主营业务收入、主营业务利润的构成及较前一报告期变化情况

报告期内公司主要产品豆奶粉主营业务收入占主营业务收入总额的比重为62.14%，比去年下降14.94个百分点。毛利率26.74%，比去年上升4.42个百分点。乳品主营业务收入占主营业务收入总额的比重为31.62%，比去年上升8.61个百分点。毛利率23.56%，比去年下降2.60个百分点。

(二)主要控股公司及参股公司的经营情况及业绩

(1)控股子公司徐州维维乳业有限公司报告期内实现主营业务收入77,275.36万元，实现主营业务利润23,143.14万元，净利润为9,816.87万元。该公司注册资金2999万美元，报告期末总资产为64740.78万元。主要经营食品、饮料生产、销售；奶牛养殖和鲜奶销售。主要产品为乳品系列饮料及豆奶产品。

(2)控股子公司徐州维维麦片有限公司报告期主营业务收入22,897.56万元，实现主营业务利润1,934.97万元，净利润为-689.96万元。该公司注册资金为21000万元，报告期末总资产为14457.47万元。主要经营麦片、面粉及副产品的加工销售。主要产品为麦片。

(3)控股子公司西安维维乳业有限公司报告期内主营业务收入 17,184.31 万元,主营业务利润 3,470.85 万元,净利润-1,406.18 万元.该公司注册资金为 23980 万元,报告期末总资产为 28,564.84 万元。主要经营奶牛的养殖及奶制品加工销售。主要产品为奶牛养殖及鲜奶。

(4)全资子公司维维泸州豆奶粉厂报告期主营业务收入 10,453.57 万元,主营业务利润 2,884.59 万元,净利润 1,957.17 万元。该公司注册资金为 100 万元,报告期末总资产为 869.99 万元。主要经营食品饮料。主要产品为豆奶粉。

(三)公司主要供应商、客户情况

公司在报告期内向前五名供应商合计的采购总额占公司在报告期内年度采购总额的 14.08%,报告期内前五名客户的销售额占公司报告期内销售总额的 4.43%。

(四)经营中出现的问题与困难及解决方案

公司把发展乳业作为第二大支柱产业,奶源不足影响了公司乳业的发展速度。为此,公司在徐州本部及其它各乳品加工基地加快奶源基地建设。并积极组织从国外进口优质奶牛。

(五)公司投资情况

(1)募集资金所承诺的投资项目

公司于 2000 年 6 月 30 日完成股票发行及上市工作。实际募集资金 9.95 亿元。募集资金拟投资的项目分别为:豆奶粉生产线技术改造、精品豆奶粉生产线建设、合资兴办徐州维维乳业有限公司、合资兴办徐州维维农牧业有限公司、合资兴办徐州维维麦片有限公司、苗猪及瘦肉猪养殖基地、华北配送中心、华东配送中心、西南配送中心及配套流动资金。

(2)报告期末募集资金的使用情况

公司 2000 年 6 月 7 日发行股票后实际募集资金 9.95 亿元,到 2003 年 12 月 31 日止募集资金使用情况:

项目名称	计划投资额(万元)	报告期末实际累计完成投资额(万元)	投资进度(%)
豆奶粉生产线技术改造	2950	3697.61	125
精品豆奶粉生产线	2920	2586.01	89
生猪养殖基地	2980	已变更	
合资兴办徐州维维乳业有限公司	18646.5	27057.84	145
合资兴办徐州维维农牧业有限公司	18646.5	19648.55	105
合资兴办徐州维维麦片有限公司	18646.5	15153.14	81
华北配送中心	2950		
华东配送中心	2857		
西南配送中心	2440		
配套流动资金	8000	6000	75
补充流动资金	18463.5	18463.5	100

投资项目建设情况的说明:

①豆奶粉生产线技术改造项目:计划投资 2950 万元,其中:固定资产投资 1450 万元,流动资金 1500 万元,到 2003 年 12 月 31 日累计完成投资 3697.61 万元,完成投资计划的 125%。报告期内完成投资 565.96 万元。超出计划部分自行解决。本年度实现利润 760 万元。

②计划投资 2920 万元的精品豆奶粉生产线项目到报告期末完成投资 2586.01 万元,其中:固定资产投资 1679.36 万元,配套流动资金 600 万元,占投资计划的 78%。报告期内完成投资 260.74 万元。本项目报告期内实现净利润 1957 万元。

③合资兴办徐州维维乳业有限公司,计划投资 18646.5 万元,2000 年以增资扩股的形式向徐州维维乳业有限公司投资 17102 万元,使徐州维维乳业有限公司注册资本由 2000 万元人民币增至 2999 万美元,其中:本公司占注册资本的 75%,折合人民币 18602 万元,外方香港晓荣企业有限公司占注册资本的 25%,以现汇 750 万美元出资。至 2003 年 12 月 31 日,本项目已实际使用资金 27057.84 万元。超出计划部分自行解决。主要从事食品饮料的生产、销售;奶牛养殖和鲜奶销售。公司注册地设在铜山县伊庄镇工业区。本项目报告期内实现净利润 9816.87 万元。

④合资兴办徐州维维农牧业有限公司,计划投资 18646.5 万元。2001 年 11 月 1 日本公司与徐州维维乳业有限公司共同投资 21000 万元人民币,注册维维农牧科技有限公司,其中:本公司投资 18900 万元,占注册资本的 90%,徐州维维乳业有限公司投资 2100 万元,占注册资本的 10%。公司注册地为西安经济技术开发区凤城二路 9 号,经营范围为:奶牛养殖;乳业及乳制品的生产、销售;豆奶的生产、销售。至 2003 年 12 月 31 日,本项目已实际使用资金 19648.55 万元。超出计划部分自行解决。本项目报告期内实现净利润-1,406.18 万元。公司根据市场情况逐步投入。2002 年上半年经公司股东大会批准,由变更生猪养殖基地项目资金 2980 万元,用于对维维农牧科技有限公司的增资扩股。使维维农牧科技有限公司的注册资金增加到 23980 万元。2003 年 5 月维维农牧科技有限公司更名为西安维维乳业有限公司。

⑤合资兴办徐州维维麦片有限公司,计划投资 18646.5 万元。2001 年 6 月 8 日本公司与徐州维维乳业有限公司共同投资 21000 万元人民币,注册徐州维维麦片有限公司,其中:本公司投资 18900 万元,占注册资本的 90%,徐州维维乳业有限公司投资 2100 万元,占注册资本的 10%。注册地为铜山新区,经营范围:麦片、面粉及副产品、淀粉、谷朊粉、淀粉糖、挂面、方便面生产、加工、销售。至 2003 年 12 月 31 日,本项目已实际使用资金 15153.14 万元。本年度实现主营业务利润-689.96 万元。

⑥销售网络建设计划投资 8247 万元建设华北配送中心、华东配送中心及西南配送中心。

A、徐州维维食品饮料股份有限公司与徐州维维乳业有限公司于 2003 年 1 月 9 日签订出资协议,双方共同以现金出资 3000 万元成立成都维维物流配售有限公司。其中:徐州维维食品饮料股份有限公司出资 2700 万元,其中使用募集资金 2440 万元,自有资金 260 万元。占注册资本的 90%;徐州维维乳业有限公司出资 300 万元,占注册资本的 10%。于 2003 年 1 月 16 日在成都市工商行政管理局办理了企业法人营业执照。经营范围为:维维系列乳制品等食品饮料销售及物流配售。

B、徐州维维食品饮料股份有限公司与徐州维维乳业有限公司于 2003 年 1 月 20 日签订出资协议,双方共同以现金出资 2999 万元成立北京维维物流配售有限公司。其中:徐州维维食品饮料股份有限公司使用募集资金出资 2399 万元,占注册资本的 80%;徐州维维乳业有限公司出资 600 万元,占注册资本的 20%。于 2003 年 1 月 30 日在北京市工商行政管理局办理了企业法人营业执照。经营范围为:仓储保管、分批包装、配送服务。

C、徐州维维食品饮料股份有限公司与徐州维维乳业有限公司于 2003 年 4 月 6 日签订出资协议,共同以现金出资在上海成立维维物流总配售有限公司。注册资本为 10000 万元,其中:徐州维维食品饮料股份有限公司出资 9000 万元(使用募集资金出资 2857 万元、自有资金出资 6143 万元),占注册资本的 90%;徐州维维乳业有限公司以现金出资 1000 万元,占注册资本的 10%。于 2003 年 4 月 28 日在上海市工商行政管理局浦东新区分局办理了企业法人营业执照。经营范围为:销售本公司投资方的自产产品(涉及许可经营的凭许可证经营)。

上述三个配售中心在报告期内完成了注册。由于公司对市场的整合,目前尚未运行。

⑦计划投资 2980 万元的生猪养殖基地项目,由于生猪市场发展不稳定,公司本着审慎稳健的原则。经公司 2001 年度股东大会批准变更投向。《《关于变更生猪养殖基地项目的说明》》详见 2002 年 3 月 9 日的《《中国证券报》》和《《上海证券报》》。

截止到报告期末上述项目累计实际投资 92606.65 万元,其中:使用募集资金 85425.65 万元,占募集资金总额的 85.9%。尚未使用的募集资金体现为银行存款及短期投资。

说明:募集资金使用由于计算统计口径原因,公司在 2003 年半年度报告中对募集资金使用披露的进度与实际进度产生误差,在本次报告中予以更正。

(七)公司财务状况　单位:元

指标项目	2003 年	2002 年	增减比率	增减原因
总资产	2,457,656,150.50	2,008,344,732.29	22.37%	本期利润形成及存货增加
长期负债	27,279,706.83	15,634,764.14	74.48%	新增控股公司长期负债
股东权益	1,397,752,560.72	1,368,313,737.78	2.15%	经营利润
主营业务利润	405,004,846.42	347,761,823.89	16.46%	乳业销售额增大
净利润	100,275,524.90	94,028,952.53	6.64%	短期投资收益

(八)生产经营环境以及宏观政策、法规变化,对企业的影响简析

本公司为国家第二批农业产业化国家重点龙头企业。主要从事大豆深加工及乳品加工,是国家鼓励和支持发展的产业。政策环境对公司的发展较为有利。

行业的竞争特别是乳品行业的竞争以及主要原材料价格的上涨,会导致成本增加,利润下降。因而会给公司的经营收益带来一定的影响。

(九)2004 年度的经营计划

公司将进一步完善企业的内部管理,抓好新产品开发、市场开拓和投资项目建设等重点工作,在确保主产品豆奶粉生产的同时,着重抓好乳业的发展,力争取得更好的业绩。2004 年将重点做好以下工作:

(1)抓好新产品的开发。2004 年继续抓好豆奶粉产品的更新换代、液体乳品系列产品的开发。

(2)巩固提高主产品豆奶粉系列产品的国内市场占有率,确保行业龙头地位。重点抓好液体乳品系列饮料的市场开发。提高维维"天山雪"乳品的市场占有率。扩大乳品的宣传,进一步提升维维"天山雪"品牌的知名度。

(3)加强生产现场管理,严格执行 ISO9002 质量体系 2000 版标准,严格考核。确保产品质量稳定提高。

(4)抓好企业的资金管理、成本管理,挖掘企业的内部潜力,搞好企业的技术改造和革新,抓好节能降耗,最大限度的降低产品成本及费用。

(5)深化企业内部改革,进一步完善内部管理、内部分配制度及内部承包责任制,鼓励创新和改革。

(6)加快珠海、新疆、武汉、济南等乳品基地的二期扩建及无锡家庭奶基地的建设速度,按期完成投入生产。

(7)加快各乳品加工基地的奶源基地建设,扩大奶源规模,做好本年度进口奶牛的组织工作。

(十)董事会日常工作

1、报告期内董事会的会议情况及决议内容

本年度共召开董事会五次。

(1)2003 年 3 月 20 日,公司第二届董事会第四次会议,审议并通过了以下事项:

①2002 年度董事会工作报告　②2002 年年度报告及摘要

③2002 年度财务决算报告　④2002 年度利润分配预案

a、2002 年利润分配预案

经审计,公司 2002 年度实现净利润 94,028,952.53 元,按 10%提取法定公积金 9,402,895.25 元,按 5%提取公益金 4,701,447.62 元后,可供股东分配的利润为 79,924,609.66 元,加上 2001 年结余未分配利润 2,570,031.74 元,扣除会计政策变动追溯调整的上年末未分配利润 3,058,043.12 元,累计可供股东分配的利润为 79,436,598.28 元。公司拟按 2002 年末总股本 33000 万股为基数,每 10 股派发现金红利 2.3 元(社会公众股含个人所得税),计派发现金红利 75,900,000.00 元。尚余未分配利润 3,536,598.28 元,结转下年度。

b、2002 年度不送红股及转增股本。

⑤聘请上海立信长江会计师事务所有限公司为本公司 2003 年度的审计机构,不再聘请安永大华会计师事务所有限责任公司。

⑥关于召开公司 2002 年年度股东大会的有关事项;

(2)2003 年 4 月 24 日公司召开了第二届董事会第五次会议,审议并通过了以下事项:

①2003 年第一季度报告;

②修改《公司章程》部分条款

③推荐胡云峰先生为公司第二届董事会董事候选人

④推荐聂锐先生为公司第二届董事会独立董事候选人

⑤公司财务总监吴爱民先生因工作变动申请辞去公司财务总监职务

⑥聘任吴春明先生为公司财务总监

⑦关于召开公司 2003 年度第一次临时股东大会的有关事项。

(3)2003 年 7 月 24 日,公司召开第二届董事会第六次会议,审议并通过了以下事项:

①2003 年半年度报告及 2003 年半年度报告摘要

②刘友辉先生因工作变动申请辞去公司董事职务

③增补吴嘉杰先生为公司第二届董事会董事

④本公司与北京陶正生物工程技术有限公司共同发起成立上海维正生物技术有限公司

本公司与北京陶正生物工程技术有限公司共同发起成立上海维正生物技术有限公司,公司注册资本为人民币贰仟万元(¥20,000,000)。其中:徐州维维食品饮料股份有限公司,以人民币壹仟伍佰万元(¥15,000,000)现金出资,占公司注册资本的百分之七十五(75%);北京陶正生物工程技术有限公司以其拥有所有权之专有技术(评估价)人民币伍佰万元(¥5,000,000)出资,占公司注册资本的百分之二十五(25%)。公司的经营范围:大豆蛋白、大豆多肽、大豆低聚糖、大豆异黄酮的研究、开发、生产、销售,下游产品的技术开发、技术转让,保健食品的开发、生产、销售。(以工商局核定为准)。公司注册地设在上海张江高科技开发区。

⑤关于召开公司 2003 年度第二次临时股东大会的有关事项。

(4)2003 年 10 月 28 日,公司召开第二届董事会第七次会议,审议并通过了以下事项:

①2003 年第三季度报告

②财务总监、首席会计师吴春明先生因工作变动申请辞去公司财务总监及首席会计师职务

③聘任张明扬先生为公司财务总监

④副总经理、首席律师董一兵先生因工作变动申请辞去公司副总经理、首席律师职务

⑤聘任孟召永先生为公司证券事务代表

⑥购买维维集团股份有限公司部分资产

原江苏维维康泰尔食品有限公司与维维集团股份有限公司于 2002 年 7 月份合资期满清算后,原公司固定资产包括房屋建筑物、机器设备等由维维集团股份有限公司收购。该资产在徐州维维食品饮料股份有限公司生产二基地内,用于豆奶粉的生产,原生产豆奶粉按协议全部由徐州维维食品饮料股份有限公司收购。为避免同业竞争,按维维集团股份有限公司的承诺,维维集团股份有限公司不得从事豆奶粉生产经营。经维维集团股份有限公司与徐州维维食品饮料股份有限公司充分协商,确定将该资产拟按协议价 298.00 万元出让给徐州维维食品饮料股份有限公司,用于豆奶粉生产。投入生产后,预计可实现年销售收入 2800 万元,实现净利润 260 万元。

该资产经江苏仁合资产评估有限公司评估后出具了苏仁评报字(2003)第 130 号评估报告书。该资产账面值为 265.21 万元,评估后价值 307.84 万元,增值额 42.63 万元。双方协议价 298.00 万元。评估基准日为 2003 年 9 月 30 日。双方协议签订后,办理资产过户手续。

⑦徐州维维食品饮料股份有限公司与徐州维维乳业有限公司共同用现金出资成立无锡维维乳业有限公司

徐州维维食品饮料股份有限公司与徐州维维乳业有限公司计划共同用现金出资合作成立无锡维维乳业有限公司。注册资本为 8000 万元人民币,其中:徐州维维食品饮料股份有限公司出资 7200 万元,占注册资本的 90%;徐州维维乳业有限公司出资 800 万元,占注册资本的 10%。公司注册地在:无锡市锡山经济开发区。经营范围为:乳及乳制品的生产、加工、销售,奶牛养殖,自用农产品收购。该项目总投资 8000 万元,建设期一年,建设完成达产后预计可年产鲜奶 6 万吨。

徐州维维食品饮料股份有限公司注册地:徐州市建国东路 205 号,注册资本为 33000 万元人民币,经营范围为:食品、饮料的制造,销售自产产品。徐州维维乳业有限公司注册地:铜山县伊庄镇工业区,注册资本为 2999 万美元,经营范围为:食品、饮料的生产销售;奶牛养殖鲜奶销售。收购自用大豆、鲜奶。

⑧徐州维维食品饮料股份有限公司与徐州维维乳业有限公司共同用现金出资成立徐州维维农牧科技有限公司

徐州维维食品饮料股份有限公司与徐州维维乳业有限公司计划共同用现金出资合作成立徐州维维农牧科技有限公司。注册资本为10000万元人民币,其中:徐州维维食品饮料股份有限公司出资9000万元,占注册资本的90%;徐州维维乳业有限公司出资1000万元,占注册资本的10%。公司注册地在:徐州市铜山县张集镇工业区。经营范围为:奶牛养殖、牧草种植销售、鲜奶收购、奶牛技术服务。该项目总投资8000万元,建设期一年半,建设完成达产后预计可年产鲜奶3.744万吨。年推广出售良种犊母牛660头,良种犊公牛2340头。其中核心牧场可年产鲜奶1.46万吨。

徐州维维食品饮料股份有限公司注册地:徐州市建国东路205号,注册资本为33000万元人民币,经营范围为:食品、饮料的制造,销售自产产品。徐州维维乳业有限公司注册地:铜山县伊庄镇工业区,注册资本为2999万美元,经营范围为:食品、饮料的生产销售;奶牛养殖鲜奶销售。收购自用大豆、鲜奶。

⑨《徐州维维食品饮料股份有限公司关于上市公司关联方资金往来及上市公司对外担保事项的自查报告》。

(5)2003年11月18日,公司召开第二届董事会第八次会议审议并通过了以下事项:

①《徐州维维食品饮料股份有限公司关于中国证监会南京特派办巡检的整改报告》

②《徐州维维食品饮料股份有限公司投资者关系管理制度》及《徐州维维食品饮料股份有限公司投资者关系管理工作实施细则》。

2、董事会对股东大会决议的执行情况

经公司2003年年度股东大会批准,2002年度公司利润分配预案为每10股派发现金红利2.3元(社会公众股含个人所得税)。公司于2003年5月,完成了利润分配工作。

(十一)公司2003年度利润分配及资本公积金转增股本预案

1、公司2003年度利润分配预案

经审计,公司2003年度实现净利润103,719,299.56元,加年初未分配利润79,436,598.28元,可供分配的利润为183,155,897.84元,按10%提取法定公积金10,371,929.96元,按5%提取公益金5,185,964.98元后,可供股东分配的利润为167,598,002.90元。公司2003年的5月份分配现金股利75,900,000元,公司本年度未分配利润91,698,002.90元。

公司拟按2003年末总股本33000万股为基数,每10股派发现金红利2.00元(社会公众股含个人所得税),计派发现金红利66,000,000.00元。尚余未分配利润25,698,002.90元,结转下年度。

2、资本公积金转增股本预案

不进行资本公积金转增股本及送红股。

(十二)公司选定的信息披露的报纸为《中国证券报》及《上海证券报》,公司选定的信息披露网站为:Http://www.sse.com.cn.

(十三)其他事项

1、上海立信长江会计师事务所有限公司关于公司与关联方资金往来及公司对外担保情况的专项说明

(1)关联方占用资金情况:

截至2003年12月31日止,贵公司账面记载的关联方占用资金余额为:14,392,821.19元,其中:

①大股东占用资金情况:

控股股东维维集团股份有限公司占用资金余额2,980,000.00元。均为采购资产预付款。

②其他关联方占用资金情况:

与本企业关键管理人员关系密切的家庭成员控制的徐州联维食品总厂占用资金余额11,146,532.06元。法人股东徐州正禾食品饮料有限公司占用资金余额266,289.13元。

③控股子公司占用资金已作合并抵销。

截至2003年12月31日止,大股东和其他关联方资金占用余额比上年度下降42.30%。

(2)股份公司为其他公司提供担保的情况:

贵公司及其控股子公司所提供的担保均采用保证担保方式,且无对控股子公司以外提供担保的情况。被担保单位由此取得的款项均用于经营活动,均未引起诉讼。未发现贵公司有违规担保情况。

2、独立董事对公司对外担保等情况的专项说明及独立意见

A、对外担保等事项的专项说明

(1)对外担保事项的说明　①到本年度末本公司没有为控股股东提供担保,也没有为其他关联方提供担保。②本公司所属控股子公司西安维维乳业有限公司下属的银川维维北塔乳业股份有限公司对外担保80万元贷款,同时被担保方以财产作抵押提供反担保。此项担保属历史遗留问题。公司在《自查报告》中作了详细说明。③到本年度末公司未发生新的担保事项。

(2)关于56号文件执行情况的说明

本公司认真执行了证监发(2003)56号文件的有关规定。

B、独立意见　公司如实披露了对外担保事项,到本年度末没有发生新的担保事项,与关联方资金往来正常。无异议。

七、重要事项

(一)本年度公司无重大诉讼、仲裁事项。

(二)本年度公司收购及出售资产、吸收合并事项:

1、本公司与维维集团股份有限公司于2003年11月20日签订了资产购买协议。维维集团股份有限公司所拥有的豆奶粉生产设备及其所附属资产作价298万元转让予本公司。本事项的详细情况见2003年10月30日的《中国证券报》、《上海证券报》。

2、公司控股子公司西安维维乳业有限公司于2003年6月6日与西安东方乳品厂及杨林伟先生签订股权转让协议,西安维维乳业有限公司将持有的西安维维东方乳业有限公司6000万股,占总股本的57.14%,以每股1.013元的价格分别转让给西安东方乳品厂及杨林伟先生各3000万股。转让价格人民币60,784,430.00元,款项已全部收回。股权转让手续已办理完毕。西安维维乳业有限公司及其相关联企业不再持有西安维维东方乳业有限公司的股权。同时西安维维东方乳业有限公司将变更名称,不再使用"维维"商标。此次转让不会对上市公司的经营产生重大影响。该股权转让使公司发生损失人民币2,949,540.87元。

本年度公司无其他重大收购及出售资产、吸收合并事项。

(三)本年度公司重大关联交易事项:

1、本年度公司产品、提供劳务发生的关联交易,详见会计报表附注;

2、本年度公司资产关联交易事项:见十、(二)。

3、本年度公司无股权转让的关联交易;

4、本年度公司与关联方(包括未纳入合并范围的子公司)存在债权、债务往来事项,详见会计报表附注。公司与关联方(包括未纳入合并范围的子公司)无担保事项。

5、本年度公司无其他重大关联交易发生。

(四)重大合同及其履行情况:

1、托管、承包、租赁其他公司资产或其他公司托管、承包、租赁上市公司资产的事项:

本年度公司无重大托管、承包、租赁其他公司资产或其他公司托管、承包、租赁上市公司资产的事项。

2、本年度公司无重大担保事项发生。

3、本年度公司无委托他人进行现金、资产委托管理。

4、本年度公司无其他重大合同。

(五)本年度公司或持股5%以上股东在报告期内或持续到报告期内无承诺事项。

(六)经公司2002年年度股东大会批准,聘请上海立信长江会计师事务所有限公司为本公司2003年度的审计机构,不再聘请安永大华会计师事务所有限责任公司。

支付的年度审计费用为80万元。不包括为审计事项发生的食宿、交通费用。该事务所为公司服务第1年。

(七)公司、公司董事会及董事没有受到中国证券监督管理委员会稽查、行政处罚、通报批评的情况,也没有受到上海证券交易所公开谴责的情况。

《关于中国证监会南京特派办巡检的整改报告》的落实情况。

在财务方面"关于2001年度收取资金占用利息共计812.74万元,未计缴营业税的问题"。公司已在2003年度予以补提。其它事项的落实情况,详见公司在2003年11月19日《中国证券报》、《上海证券报》上披露的《徐州维维食品饮料股份有限公司关于中国证监会南京特派办巡检的整改报告》。

(八)其他重要事项。

1、本公司与北京陶正生物工程技术有限公司共同出资成立的上海维正生物科技有限公司已于2003年12月10日在上海市工商行政管理局浦东新区分局办理了企业法人营业执照。注册地:上海市张江高科技园区郭守敬路351号2号楼650-12室,法人代表:胡云峰,注册资本:2500万元,经营范围:生物制品的研究、开发,提供相关技术咨询、技术服务,食品销售(涉及许可经营的凭许可证经营)。本项目的详细情况见2003年7月26日的《中国证券报》、《上海证券报》。

2、由本公司及控股子公司徐州维维乳业有限公司共同出资成立的无锡维维乳业有限公司已于2003年8月29日在无锡市工商行政管理局办理了企业法人营业执照。注册地:无锡市锡山经济开发区友谊北路,法人代表:胡云峰,注册资本:8000万元,经营范围:乳及乳制品的生产、加工、销售和奶牛养殖。自用农副产品的收购。本项目的详细情况见2003年10月30日的《中国证券报》、《上海证券报》。

3、由本公司及控股子公司徐州维维乳业有限公司共同出资成立的徐州维维农牧科技有限公司已于2003年9月25日在徐州市铜山工商行政管理局办理了企业法人营业执照。注册地:铜山县张集工业区,法人代表:崔桂华,注册资本:10000万元,经营范围:奶牛养殖、豆奶、乳及乳制品生产销售;鲜奶收购、奶牛技术服务。本项目的详细情况见2003年10月30日的《中国证券报》、《上海证券报》。

4、公司豆奶粉特殊经营方式的提成厂和分成厂,从2002年起安永大华会计师事务所有限责任公司认定为不属于本公司的关联方,从2002年对豆奶粉特殊经营方式的提成厂和分成厂不作关联交易披露。

5、公司所属控股子公司西安维维乳业有限公司下属的银川维维北塔乳业股份有限公司于1999年12月份为宁夏大田农业开发有限公司担保80万元贷款,同时宁夏农田开发有限公司以财产作抵押提供反担保。该事项已在2003年第三季度报告中详细披露。

6、与最近一期年度报告相比,会计政策、会计估计和核算方法发生的变化及本年度合并报表范围的变更情况。

(1)会计政策发生的变更

根据财政部财会(2003)12号《关于印发《企业会计准则--资产负债表日后事项》的通知》的规定,对于资产负债表日后至财务报告批准报出日之间由董事会或类似机构所制定利润分配方案中分配的现金股利不再作为调整事项,而改为在资产负债表所有者权益中单独列示。并且必须对比较期会计报表作追溯调整。

上述事项对报表的影响如下:

项目	未分配利润
对2003年初留存收益的影响	75,900,000.00
其中:对2003年初未分配利润的影响	75,900,000.00
对本年净利润的影响	无

(2)会计估计和核算方法发生的变更:

为了更客观地反映公司经营状况,并符合《企业会计准则》、《企业会计制度》及其有关的补充规定,公司对坏账准备计提范围和方法做了变更:

	变更前	变更后
坏帐准备的计提范围	除内部往来以外的应收账款和其他应收款	应收账款和其他应收款
坏帐准备的计提方法	账龄分析法结合个别分析计提	个别认定结合账龄分析法

此项会计估计变更中的计提方法是指计算过程的改变,对本公司的利润无影响。

(3)本年度合并报表范围的变更情况:

与上年相比本年新增合并单位12家,原因为:

由维维股份公司投资的成都维维物流配售有限公司(90%)、北京维维物流配售有限公司(80%)、维维物流总配售有限公司(90%)、上海维正生物技术有限公司(80%)、无锡维维乳业有限公司(90%)、徐州维维农牧科技有限公司(90%);

由子公司维维农牧投资的宁夏东方八里桥奶牛养殖有限公司(间接持股99.91%);

由子公司徐州维维麦片有限公司投资的徐州维维金澜食品有限公司(75%)、济宁维维乳业有限公司(间接持股51%)、无锡维维超级咖啡有限公司(51%);徐州维维粮油食品贸易有限公司;由子公司徐州维维乳业有限公司通过购买股权取得武汉维维香满楼乳业有限公司(51%)。本年减少合并单位1家,原因为:因股权处置后不拥有西安东方维维乳业有限公司的股份,而将其退出合并范围。

7、根据中国证券监督管理委员会证监发(2003)56号文《关于规范上市公司关联方资金往来及上市公司对外担保若干问题的通知》及南京特派办宁证监公司字[2003]253号《关于规范上市公司关联方资金往来及上市公司对外担保若干问题的补充通知》文件,我公司按文件要求对上市公司关联方资金往来及上市公司对外担保相关事项进行了自查。形成了《徐州维维食品饮料股份有限公司关于上市公司关联方资金往来及上市公司对外担保事项的自查报告》,经公司第二届董事会第七次会议审议通过。并将《自查报告》及时上报南京特派办。

8、资产负债表日后事项:

1)、子公司西安维维乳业有限公司(下称:甲方)与珠海经济特区牛奶公司(下称:乙方)于2004年1月18日共同签订拟对其下属子公司珠海维维大亨乳业有限公司(下称:丙方)增资扩股的协议,拟增资1,891.74万元,甲方以现金人民币13,242,142.20元增资,乙方以土地使用权人民币5,675,203.80元(174,621.64平方米)增资。丙方完成增资后注册资本为人民币7,891.74万元,双方股东持股比例不变,甲方70%,乙方30%。乙方用于增资的土地使用权已过户至丙方,权证面积分别为92,973.97平方米(珠海市前山东坑)和81,647.67平方米(珠海市前山东坑)。

2)、拟对子公司济南维维乳业有限公司增资。

3)、拟对子公司新疆维维天山雪乳业有限公司增资。

4)、公司子公司维维六朝松面粉产业有限公司拟购买破产企业江苏六朝松集团有限公司的资产及土地,预计购买总价款不超过2500万元人民币。

八、备查文件目录

1、载有法定代表人崔桂亮、财务总监张明扬、会计机构负责人杨恋恋签名并盖章的会计报表。

2、载有上海立信长江会计师事务所有限公司盖章,注册会计师顾文贤、陆国豪签名并盖章的审计报告原件。

3、2003年度内在《上海证券报》、《中国证券报》上公开披露过的所有公司文件的正本及公告的原稿。

4、载有董事长崔桂亮亲笔签名的年度报告正本。

董事长:崔桂亮

徐州维维食品饮料股份有限公司　董事会

二00四年三月二十五日

天津市房地产发展(集团)股份有限公司

天津市房地产发展(集团)股份有限公司2003年年度报告

一、重要提示

本公司董事会及其董事保证本报告所载资料不存在任何虚假记载、误导性陈述或者重大遗漏,并对其内容的真实性、准确性和完整性承担个别及连带责任。

本公司董事长张连选先生、总经理张建台先生、总会计师王大铮先生及财务部部长张兵女士声明:保证本年度报告中财务报告的真实、完整。

二、公司基本情况简介

1、公司法定中文名称:天津市房地产发展(集团)股份有限公司
公司英文名称:Tianjin Reality Development (Group) Co., Ltd.
公司英文名称缩写:TJRP
2、公司法定代表人:张连选
3、公司董事会秘书:陈长来
联系地址:天津市和平区常德道80号
联系电话:(022)23317185
传真:(022)23317185
电子信箱:tffz@sina.com.cn
4、公司注册、办公地址:天津市和平区常德道80号
邮政编码:300050
国际互联网网址:http://www.tfgroup.com.cn
电子信箱:tffz@sina.com.cn
5、公司指定的信息披露报纸名称:《中国证券报》、《上海证券报》
登载年度报告的指定网站网址:http://www.sse.com.cn
公司年度报告备置地点:公司董事会办公室
6、公司股票上市交易所:上海证券交易所
股票简称:天房发展　股票代码:600322
7、其他有关资料:
公司首次注册登记日期:1993年2月25日
变更注册登记日期:2001年8月27日
公司首次注册登记地点:天津市和平区常德道80号
公司营业执照注册号:1200001010222
税务登记号码:120101103064779
公司聘请的会计师事务所名称:天津五洲联合合伙会计师事务所
会计师事务所办公地点:天津市和平区西康路33号康岳大厦6-10层

三、会计数据和业务数据摘要

(一)本年度主要利润指标情况(合并报表)　单位:人民币元

利润总额	34,544,492.50
净利润	20,880,374.79
扣除非经常性损益后的净利润	25,122,386.16
主营业务利润	191,497,868.81
其他业务利润	537,772.03
营业利润	45,961,512.36
投资收益	1,370,259.72
补贴收入	0.00
营业外收支净额	−12,787,279.58
经营活动产生的现金流量净额	93,847,062.38
现金及现金等价物净增加额	130,246,333.18

注:扣除非经常性损益项目和涉及金额:

补贴收入	0.00元
营业外收入	1,214,588.30元
营业外支出	−14,001,867.88元
公司清算收益	2,039,039.26元
转回各项减值准备	4,416,880.06元
所得税影响金额	2,089,348.89元
以上项目涉及金额合计	−4,242,011.37元

(二)近三年主要会计数据和财务指标　单位:(人民币)元

项目	2003年	2002年
主营业务收入	720,520,894.68	515,541,703.05
净利润	20,880,374.79	34,294,261.83
总资产	3,178,469,898.98	2,959,599,776.34
股东权益(不含少数股东权益)	1,659,958,781.86	1,656,038,843.49
每股收益(摊薄)	0.0493	0.0809
每股收益(加权)	0.0493	0.0809
扣除非经常性损益后每股收益	0.0593	0.0650
每股净资产	3.9177	3.9084
调整后的每股净资产	3.8521	3.7440
每股经营活动产生的现金流量净额	0.2215	−0.3730
净资产收益率(摊薄%)	1.2579	2.0709
净资产收益率(加权平均%)	1.2530	2.0728

项目	2001年
主营业务收入	608,679,018.01
净利润	66,301,936.10
总资产	3,059,129,286.02
股东权益(不含少数股东权益)	1,637,303,329.51
每股收益(摊薄)	0.1565
每股收益(加权)	0.1892
扣除非经常性损益后每股收益	0.1612
每股净资产	3.8642
调整后的每股净资产	3.8210
每股经营活动产生的现金流量净额	−0.4984
净资产收益率(摊薄%)	4.0495
净资产收益率(加权平均%)	5.2724

(三)根据中国证监会《公开发行证券公司信息披露编报规则(第9号)》要求计算的利润数据:
单位:人民币元

	净资产收益率%		每股收益	
报告期利润	全面摊薄	加权平均	全面摊薄	加权平均
主营业务利润	11.5363	11.4912	0.4520	0.4520
营业利润	2.7688	2.7580	0.1085	0.1085
净利润	1.2579	1.2530	0.0493	0.0493
扣除非经常性损益后的净利润	1.5134	1.5075	0.0593	0.0593

(四)报告期内股东权益变动情况　单位:(人民币)元

项目	股本	资本公积	盈余公积
期初数	423,707,417.00	981,658,563.19	178,726,276.02
本期增加	0	364,611.25	6,264,112.44
本期减少	0		376,750.99
期末数	423,707,417.00	982,023,174.44	184,613,637.47
变动原因			

项目	法定公益金	未分配利润	关联方交易差价未确认投资损失	本年利润分配合计
期初数	47,096,516.61	71,946,587.28		1,656,038,843.49
本期增加	2,088,037.48	20,880,374.79		
本期减少	10,078.91	23,212,409.12		
期末数	49,174,475.18	69,614,552.95		1,659,958,781.86
变动原因	本年利润分配	本年利润分配		

四、股本变动及股东情况

(一)股本变动情况(截止2002年12月31日)

1、公司股份变动情况　单位:股

股份类别	本次变动前	本次变动增减(+,−) 配股	送股	公积金转股	增发	其他	小计	本次变动后
一、未上市流通股份								
1、发起人股份	178,457,417							178,457,417
其中:国家持有股份	178,457,417							178,457,417
境内法人持有股份								
境外法人持有股份								
其他								
2、募集法人股份	50,468,500							50,468,500
3、内部职工股	73,781,500							73,781,500
4、优先股或其他								
未上市流通股份合计	302,707,417							302,707,417
二、已上市流通股份								
1、人民币普通股	121,000,000							121,000,000
2、境内上市的外资股								
3、境外上市的外资股								
4、其他								
已上市流通股份合计	121,000,000							121,000,000
三、股份总数	423,707,417							423,707,417

注:本报告内公司股份无变动情况。

2、股票发行与上市情况

(1)前三年历次股票发行情况

经中国证券监督管理委员会核准并财政部函复,公司于2001年8月6日利用上海证券交易所交易系统,采取上网定价方式发行12,100万股A股,其中,首次公开发行新股11,000万股,国有股存量发行1100万股,发行价格为每股人民币5元。该部分股份的上市日期为2001年9月10日,获准交易数量12,100万股。

(2)报告期内,公司无送股、转增股本、配股等情况。

(3)内部职工股发行日期为1992年7月20日,发行价格每股人民币1.6元,发行数量为147,563,000万股,1999年10月30日按照50%的比例缩股后,数量为73,781,500股。该部分股份将在社会公众股发行之日起三年后上市流通。

(二)股东情况

1、报告期期末股东总数95,613户。

2、前十名股东持股情况(截至2003年12月31日)

序号	股东名称	股份性质	持股数额(股)	本期增减
1	天津市房地产开发经营集团有限公司	国家股	178,457,417	0
2	深圳市建鹏达房地产开发有限公司	法人股	1,000,000	0
3	中国黑色金属材料华北公司	法人股	1,000,000	0
4	中国农业生产资料集团公司	法人股	1,000,000	0
5	海南农业租赁股份有限公司	法人股	1,000,000	0
6	华泰证券股份有限责任公司	法人股	1,000,000	0
7	广东控股集团有限公司	法人股	1,000,000	0
8	山西宏丰蜂产品有限公司	法人股	1,000,000	0
9	刘建华内部	职工股	1,000,000	0
10	天津经济技术开发区总公司	法人股	1,000,000	0

序号	股东名称	持股比例
1	天津市房地产开发经营集团有限公司	42.12%
2	深圳市建鹏达房地产开发有限公司	0.236%
3	中国黑色金属材料华北公司	0.236%
4	中国农业生产资料集团公司	0.236%
5	海南农业租赁股份有限公司	0.236%
6	华泰证券股份有限责任公司	0.236%
7	广东控股集团有限公司	0.177%
8	山西宏丰蜂产品有限公司	0.165%
9	刘建华内部	0.154%
10	天津经济技术开发区总公司	0.153%

说明:(1)中国黑色金属材料华北公司持有的100万法人股因诉讼已被司法冻结。

(2)本公司控股股东为天津市房地产开发经营集团有限公司,持股比例为42.12%。

(3)前十名股东之间不存在关联关系。

(4)代表国家持有股份的单位为天津市房地产开发经营集团有限公司。

3、前十名流通股股东持股情况(截至2003年12月31日)

股东名称(全称)	年末持有流通股数量(股)	种类(A、B、H股或其它)
潘元庆	390,000	A股
宁波杉杉置地有限公司	259,401	A股
凌锡华	251,900	A股
华宝信托投资有限责任公司	248,900	A股
天同180指数证券投资基金	244,200	A股
长春市天佑工业公司	227,820	A股
范淑仪	215,809	A股
綦国平	214,600	A股
华安180指数增强型证券投资基金	212,958	A股
北京燕山石油化工有限公司	210,000	A股

前十名流通股股东关联关系的说明:未知前十名流通股股东是否存在关联关系,未知前十名股东之间是否属于《上市公司股东持股变动信息披露管理办法》中规定的一致行动人。

4、公司控股股东情况介绍

控股公司:天津市房地产开发经营集团有限公司

法定代表人:马鹤亭

成立日期:1999年7月6日

主营业务范围:国家授权资产投资、控股;房地产、销售等。

注册资本:54,008万元

公司性质:国有独资公司

天津市房地产开发经营集团有限公司是国有股东授权代表单位,代表天津市国有资产管理局持有国家股,并对股份公司的国有股权进行管理,行使出资者权利。

5、除控股股东外,本公司无其他持股在10%以上的法人股股东。

五、董事、监事、高级管理人员和员工情况

(一)公司董事、监事、高级管理人员

1、公司董事、监事、高级管理人员基本情况

姓名	任职情况	性别	年龄	任职起止日期	持股数量 年初数	持股数量 年末数
张连选	董事长	男	50	2002.5--2005.5	1000	1000
张建台	董事、总经理	男	48	2002.5--2005.5	0	0
王宏彬	董事、副总经理	男	55	2002.5--2005.5	3000	3000
王大铮	董事、总会计师	男	50	2002.5--2005.5	3000	3000
陈长来	董事、董事会秘书	男	50	2002.5--2005.5	0	0
白雅文	董事	女	48	2002.5--2005.5	0	0
周宏光	董事	女	48	2002.5--2005.5	0	0
郭乃勤	董事	男	52	2002.5--2005.5	0	0
白小龙	董事	男	50	2002.5--2005.5	0	0
罗永泰	独立董事	男	57	2002.5--2005.5	0	0
朱玉栓	独立董事	男	37	2002.5--2005.5	0	0
徐春立	独立董事	男	43	2003.5--2005.5	0	0
王建廷	独立董事	男	43	2003.5--2005.5	500	500
兰国茗	监事会主席	男	47	2002.5--2005.5	0	0
陈作石	监事	男	59	2002.5--2005.5	5500	5500
田聪敏	监事	女	51	2002.5--2005.5	0	0
徐建中	监事	男	56	2002.5--2005.5	8000	8000
乔小明	副总经理	男	50	2001.10--2004.10	8500	8500
马秀兰	副总经理	女	54	2001.10--2004.10	3000	3000
杨　宾	总工程师	男	38	2001.10--2004.10	3000	3000

说明:

(1)本报告期内,董事、监事、高级管理人员持股数无变动。

(2)公司,董事、监事在股东单位任职情况

姓名	任职的股东名称	在股东单位担任的职务
张连选	天津市房地产开发经营集团有限公司	总经理
兰国茗	天津市房地产开发经营集团有限公司	党委副书记
陈作石	天津市房地产开发经营集团有限公司	纪委副书记
田聪敏	天津市房地产开发经营集团有限公司	副总经理
白雅文	深圳市建鹏达房地产有限公司	总经理
周宏光	华泰证券天诚物业有限公司	总经理
郭乃勤	天津市中新药业股份有限公司	党委书记
白小龙	中国农业生产资料集团公司	部门经理

姓名	任职时间
张连选	2002.7至今
兰国茗	2001.7至今
陈作石	1999.11至今
田聪敏	1999.11至今
白雅文	2000.7至今
周宏光	2000.3至今
郭乃勤	2002.8至今
白小龙	2002.1至今

2、年度报酬情况

根据《公司章程》的有关决定,公司董事、监事及高级管理人员的薪酬由董事会按照薪酬与考核制度,由董事会薪酬与考核委员会负责实施,公司董事会根据公司年初核定的经营目标,年底按照考核评定程序对其进行绩效考核后确定公司高级管理人员的薪酬标准。

公司现任董事、监事、高级管理人员共20人,在公司领取年度薪酬的8人,年度薪酬的总额为1,070,472元,金额最高的前三名董事的报酬金额为430,116元,金额最高的前三名高级管理人员的薪酬金额为430,116元,上述8人中年度薪酬数额在5-10万元之间的1人,10-15万元之间的有6人,15万元以上的1人。独立董事的津贴及待遇情况是:每位独立董事年度津贴为3万元人民币(含税),根据公司章程独立董事行使其他职权时发生的费用由公司另行支付。

未在本公司领取报酬的董、监事人员共有8人,分别是:董事张连选、白雅文、周宏光、郭乃勤、白小龙和监事兰国茗、陈作石、田聪敏,均在股东单位领取报酬。

3、在报告期内董事、监事、高级管理人员变动情况

报告期内公司第四届七次董事会通过公司董事、独立董事变更的议案,因工作原因吴延龙先生、欧阳勇先生不再担任本公司董事,增选徐春立先生、王建廷先生为本公司独立董事。此议案经2003年6月30日召开的公司2002年度股东大会审议通过。

(二)公司员工情况

截止报告期末,公司共有在职员工221人,其中,管理人员107人,财务人员30人,销售人员24人,行政人员29人,其他人员31人。

在公司现有全部员工中,具有研究生及以上学历8人,本科学历80人,大专学历69人,中专及其他人员64人。

公司目前无离退休员工。

六、公司治理结构

(一)公司治理情况

为完善公司的法人治理结构、规范运作,公司依照《上市公司治理准则》等相关法律法规的要求,在本报告期内,治理情况如下:

1、关于股东与股东大会:公司严格按照《股东大会规范意见》和《公司股东大会议事规则》的规定执行,为了保证最大限度的股东能行使股东权力,参加股东大会,在股东大会召开前,本公司先后两次分别在《中国证券报》和《上海证券报》上刊登会议通知和提示性公告。

2、关于控股股东与上市公司的关系:本公司与控股股东除了在资产关系上是投资和被投资的关系外,是各自独立的法人实体。在报告期内,中国证监会和国家经贸委对本公司进行建立现代企业制度的检查,认为公司按照现代企业制度要求运作是规范的。

3、关于董事与董事会:报告期内,公司严格按照《公司章程》规定的董事选聘程序选举董事,做到了董事选聘公开、公平、公正、独立,董事会的人数和人员构成符合法律、法规的要求,当选的董事能够认真履行董事的职责并能切实的维护公司和股东的权益。公司在2003年补充了两名独立董事。

4、关于监事与监事会:报告期内,公司严格按照《公司章程》规定的监事选聘程序选举监事,监事会的人数和人员构成符合法律、法规的要求,当选的监事能够认真的履行监事的职责。监事会已制定了《监事会议事规则》,监事会本着对全体股东负责的精神,对公司财务以及公司董事、经理和其他高级管理人员履行职责的合法合规性进行监督。

5、关于绩效评价与激励约束机制:报告期内,公司严格按照公司董事、监事和高级管理人员的绩效评价标准和程序,对公司董事、监事、高级管理人员进行考评及激励机制。

6、利益相关者:报告期内,公司能够尊重和维护利益相关者的合法权益,报告期内制定了《投资者关系管理办法》,经常并及时的向银行及债权人提供公司的信息,员工通过职代会等方式建立与董事会、监事会和高级管理人员的沟通渠道,公司非常重视所负的社会责任。

7、关于信息披露与透明度:公司能真实、准确、完整、及时的披露持续信息、公司治理信息、股东权益信息等,保证所有股东有平等的机会获得公司的各种信息。

(二)独立董事履行职责情况

公司董事会按照《关于在上市公司建立独立董事制度的指导意见》的要求,制定了《公司独立董事制度》,在报告期内,各位独立董事能够认真履行职责并发表独立意见,对公司的规范运作和维护中小股东的合法权益起到非常重要的作用。

(三)公司与控股股东"五分开"情况

1、人员分开情况:本公司与控股股东在劳动、人事及工资管理等方面是独立的,公司设立了独立的人力资源管理部门,高级管理人员均不在控股股东单位任职。

2、资产方面:资产与控股股东间是分开的、完整的。报告期内,控股股东为帮助解决本公司进行机构重组分流的员工安置,暂借本公司的资金已如数归还。

3、财务独立方面:本公司设有独立的财务部门,建立了独立的会计核算体系和财务管理制度,在银行独立开户。

4、机构独立方面:本公司设立独立的组织机构,在独立场所办公。

5、业务分开方面:本公司业务独立,具有完整的业务及自主经营能力,不存在同业竞争的情况。

(四)高级管理人员的考评及激励机制

根据《公司章程》的有关规定,为进一步调动董事、监事和高级管理人员的主动性、积极性和创造性,公司聘请专家教授结合本公司的实际情况,制定了一整套科学的考评和激励制度,使董事、监事和高级管理人员的收益与公司的经济效益挂钩。公司董事、监事及高级管理人员的薪酬由董事会薪酬与考核委员会决定,公司董事会根据公司年初核定的经营目标,年底按照考核评定程序对其进行绩效考核后确定公司高级管理人员的薪酬标准。

七、董事会报告

(一)报告期内整体经营情况的讨论与分析

2003年,面对政策环境和市场的变化,对公司来讲,机遇与挑战并存。一方面,国家为进一步规范房地产市场的发展,颁布了多个政策性文件,对房地产行业在房地产企业项目融资、土地使用权的取得等方面做了新的规定,对房地产企业短期内有一定的冲击,另一方面,随着天津海河综合开发以及地铁、道路等基础设施建设的全面展开,天津房地产市场迅速升温,房屋拆迁量有所增加,同时房屋需求量也同步增加,存在一定的机遇。面对如此形势,2003年公司一方面继续保持与金融机构的良好合作关系,对部分项目积极招商引资、合作开发,开辟融资渠道,使公司资金得到保证。同时,2003年公司加强了项目开发和前期运做的力度,积极策划运做新项目如海河杨庄子项目、南门西项目、王兰庄项目,并积极采取多种开发形式,保证公司的后续发展。另一方面,公司紧紧抓住房地产市场升温的良好局面,做好项目的营销策划,使公司的主营业务房地产的开发销售有较大增长,2003年公司实现各类商品房销售收入6.77亿元,比去年同期增长44%。公司各类房地产项目销售状况良好,公司募集资金项目销售势头强劲,各项销售指标增长较快,同时带动了公司存量房屋的销售,使公司的产品结构逐步得到改善。全年公司完成土地、前期、建安、配套等各类投资5.87亿元,公司各项工程施工面积35.84万平方米。在工程建设方面,公司努力克服"非典"因素的不利影响,科学组织、加紧施工,各项工程基本达到计划进度部位。

报告期内,公司完成主营业务收入7.2亿元,实现主营业务利润19149.79万元,实现净利润2088.04万元。报告期末,公司预收账款余额9618.28万元。报告期内,受缴纳房屋维修基金政策影响,以及公司为了加大销售力度,盘活存量资产,相应增加广告费用和销售代理费用的影响,公司营业费用支出有所增加;2003年公司继续清理对外投资,调整经营策略,突出主营业务,使投资收益同比减少;另外,由于公司营业外支出增幅较大、补贴收入减少等非经常性损益影响也是公司净利润降低的重要原因,上述因素综合影响使公司利润总额减少。

(二)报告期内的经营情况

1、主营业务范围及其经营状况

公司主营业务集中在房地产的开发经营、销售与出租等方面，是一家以房地产开发经营为主，物业管理为辅，集建筑设计、商品房销售、房屋出租和咨询服务为一体的房地产综合性大型企业。目前，公司的房地产开发项目均在天津市，没有异地开发的项目及业务。

公司主营业务行业构成情况：

单位：人民币元

项目	主营业务收入	所占比例%	营业务利润	所占比例%
房地产开发经营	676,589,905.33	93.9	157,138,611.69	82.06
出租	39,680,818.53	5.51	32,204,200.07	16.82
其他	4,250,170.82	0.59	2,155,057.05	1.12
合计	720,520,894.68	100	191,497,868.81	100

报告期内，公司主营业务仍然是以房地产开发及销售为主，其占公司主营业务收入的93.9%，占公司主营业务利润的82.06%。2003年公司实现商品房销售收入6.77亿元，约占天津市当年市场份额的2.37%。

占公司主营业务收入或主营业务利润总额10%以上的业务主要有商品房销售和房屋出租。其中：(1)报告期内，公司实现商品房销售收入67658.99万元，商品房销售成本48759.62万元，毛利率27.93%；(2)报告期内，公司出租业务实现出租收入3968.08万元，出租成本540.35万元，毛利率86.38%。

2、公司主要控股公司及参股公司的经营情况

报告期内，本公司拥有控股子公司4家，资产总额合计34173.2万元，当年实现净利润合计-182.28万元。具体情况如下表所示：

单位：人民币万元

序号	公司名称	业务性质
1	天津吉利大厦有限公司	房地产开发、建设、销售、物业管理，餐饮娱乐等
2	天津华升房地产发展有限公司	房地产开发、建设、销售及材料销售
3	天津市凯发汽车技术维护有限公司	汽车修理，零售兼批发
4	天津市华驰租赁有限公司	场地租赁、餐饮、娱乐、室内装修等

序号	公司名称	注册资本	资产总额	净利润
1	天津吉利大厦有限公司	1200万美元	14117.38	-98.73
2	天津华升房地产发展有限公司	5000	17920.57	-44.08
3	天津市凯发汽车技术维护有限公司	60	32.71	-39.51
4	天津市华驰租赁有限公司	300	2102.54	0.04

注：报告期内，公司原控股子公司天津市工建房地产联合发展有限公司、天津瑞巨贸易发展有限公司已完成清算，并撤销。公司控股子公司天津市凯银房地产开发有限公司和参股子公司天津市泽达房地产有限公司正处于清算中。

报告期内，来源于单个参股公司的投资收益对公司净利润影响达到10%以上的公司只有"天津凯源房地产发展有限公司"。主营房地产开发、管理及销售等，公司参股比例为25%。报告期内，由于该公司清算，我公司获得清算收益330万元。

公司无对报告期利润产生重大影响的其他经营业务活动。

3、主要供应商、客户情况

(1)报告期内，公司前五名客户收入总额占公司主营业务总收入17.06%。

(2)本公司的房地产项目的施工建设采取招投标方式选择建设施工单位，建筑材料的选择与购买由施工单位总承包组织供应，本单位根据施工进度拨付投资款。对于建筑材料的费用在施工单位招标的标底中按当时的市场价格列入预算中。施工单位一旦中标，项目的主要及次要建筑材料由施工单位自行组织供应，材料的涨价风险由施工单位负责，材料的降价收益也由施工单位享受。

(3)本公司董事、监事、高级管理人员和核心技术人员及关联方和控股股东在上述供应商或客户中不占有权益。

4、在经营中出现的问题与困难及解决方案

2003年的经营管理运行中，公司积极克服诸多困难，在项目的开发节奏、扩大融资渠道、盘活存量资产、人力资源管理等方面采取了以下诸多措施，应对市场变化：

(1)积极储备土地资源、拓展开发项目如海河杨庄子项目、王兰庄项目、南门西项目，计划安排好工程进度，与项目销售紧密结合，保证公司项目开发和资金回笼的连续性。

(2)2003年公司面对央行出台的121号文件，一方面积极协调与金融机构的业务关系，保证资金支持，另一方面，在一些项目上采取招商引资、合作开发等多种模式，开辟新的融资渠道，取得了一定的成果，保证了公司资金的充足。

(3)公司针对市场变化，紧紧抓住天津房地产市场目前的有利局面，积极消化存量房屋，期末公司存货比期初下降6.7%，其中已结算项目的存货余额减少1.6亿元，下降25.54%，使公司的存货质量得到一定改善。

(4)根据公司人力资源状况，积极对外引进专业技术和管理人才，逐步改善人员配置结构，使其适应公司战略发展的需要。

(三)报告期内的投资情况

1、募集资金的使用情况

公司2001年8月发行股票实际募集资金5.3355亿元，公司承诺的投资项目为瑞江花园项目，实际投资项目没有变更。截止2003年12月31日募集资金已累计投入5.3355亿元，其中上半年募集资金投入1890万元，募集资金已全部投入使用。

截止报告期末，瑞江花园累计施工面积40.5万平方米，累计竣工面积35.71万平方米，累计销售面积30.54万平方米。其中年内施工面积21.77万平方米，年内竣工面积16.98万平方米。报告期内，项目工程完成投资1.83亿元，销售商品房16.78万平方米，实现销售收入4.99亿元，实现主营业务利润12892.24万元。

2、非募集资金投资项目情况：

报告期内，公司非募集资金投资的重大项目为吉利花园项目、海景公寓项目、杨庄子项目、南门西项目、王兰庄项目。

(1)吉利花园项目：A区主要为公建和住宅，规划总建筑面积44702平方米，报告期内工程完成投资850.55万元；B区已在2002年竣工。报告期内，实现合同销售面积5344.25平方米，合同金额2018.79万元；C区主要为高档住宅，总建筑面积9333平方米，报告期内工程完成投资1628.76万元，年内已竣工，实现合同销售面积8472.54平方米，合同金额4265.16万元。截至报告期末该项目累计实现主营业务利润2672万元。

(2)海景公寓项目：原"欣海苑"项目，该项目位于海河综合开发"六大节点"之一的"水上运动世界"范围内。报告期内，项目各楼栋已达到主体封顶，2003年工程完成投资2875.96万元。

(3)杨庄子项目：该项目是天津市政府统一规划海河沿岸开发改造项目的节点内容之一，为新开发建设项目。该项目地处天津市河西区中环线边，沿海河堤岸，四至为北至小围堤道，东至海河，南至春阳大街，西至南北大街。项目总占地11.71公顷，拟规划建筑面积21.94万平方米，其中高级公寓约20.64万平方米，公建约1.3万平方米，计划总投资为8.87亿元。目前正处于前期拆迁和项目前期策划阶段。

(4)南门西项目：该项目位于天津市中心区域，地理位置优越，紧邻知名的"服装街"、"旅馆街"、"食品街"，具有较好的开发潜力。该项目可用地面积12.66万平方米，由A、B、C三地块组成，公司针对不同地块的特点和市场变化，计划有针对性的采取多种开发模式，南门西A地块项目用地面积45494.9平方米，主要是住宅项目，拟规划总建筑面积12.76万平方米，计划总投资为4.34亿元。目前对A地块的市场定位和设计方案已经确定，计划于2004年5月份开工。对B、C地块拟采用合作开发的模式开发建设。

(5)王兰庄项目：该项目坐落在津淄公路以西、王兰庄村珠江道规划线北侧，具有良好的地理优势，为天津市常年主导风向的上风口，周围已经建成住宅约200万平方米，周边环境优雅，是别墅区、消闲区的理想选择。项目占地约400余亩，规划总建筑面积29.08万平方米，计划投资总额为8.5亿元。公司在1998年11月12日与天津市西青区李七庄街王兰庄村民委员会签订征用土地的《协议书》，公司已先期投入2000万元。公司在报告期内与天津市西青区李七庄街王兰庄村民委员会签订了400亩土地开发的补充协议，截止报告期末公司已累计投入土地费15000万元，该项目尚处于前期策划和规划设计阶段。

(四)公司主要财务指标分析

1、主营业务利润、净利润、现金及现金等价物净增加额同比增减变化：

单位：人民币元

项目	2003年1-12月	2002年1-12月	增减比例(%)
主营业务利润	191,497,868.81	147,760,779.68	29.60
净利润	20,880,374.79	34,294,261.83	-39.11
现金及现金等价物净增加额	130,246,333.18	-184,563,333.04	170.57

其中：

(1)报告期内，公司主营业务利润同比增长29.60%，主要原因是2003年天津市房地产市场整体需求拉动强劲。

(2)报告期内，公司净利润同比减少39.11%，其原因主要有：

①报告期内，公司期间费用同比增加27.82%，增加3179.72万元。其中，受缴纳房屋维修基金政策，以及公司加大销售力度，盘活存量资产，相应增加广告费用和销售代理费用的影响，导致营业费用同比大幅增加；受核销不良资产及呆坏账影响导致管理费用增加。

②报告期内，公司投资收益受公司调整对外投资，公司撤销等影响，导致同比减少86.21%，减少856.57万元。

③报告期内，公司没有获得补贴收入，与去年相比减少860.98万元。

④报告期内，公司营业外支出比去年增加730.55万元，主要是本年固定资产损失及违约金增加。

(3)报告期内，公司现金及现金等价物净增加额同比增加170.57%，主要由公司销售收入增加等原因所致。

2、总资产、股东权益与期初相比的变化：

单位：人民币元

项目	2003年12月31日	2002年12月31日	增减比例(%)
总资产	3,178,469,898.98	2,959,599,776.34	7.40
长期负债	404,574,638.00	132,774,638.00	204.71
股东权益	1,659,958,781.86	1,656,038,843.49	0.24

其中：

(1)总资产与期初相比增加7.40%，主要是由于报告期内公司销售回款增加，使货币资金增加13024.63万元、以及公司用于项目储备，支付前期资金，导致预付账款增加28915.4万元所致。

(2)长期负债与期初相比增加204.71%，主要是公司为长期发展储备项目用地，导致长期借款增加。

(五)经营环境的变化及其对公司的影响

天津市正根据"三步走"战略目标积极瞄准现代化国际港口大都市的奋斗目标，进一步改善投资环境，全方位开放城市基础设施建设领域，不断加大城建固定资产投入，加快以地铁、快速路和高速公路为代表的重大基础设施的建设进度，改善对内对外交通，增强辐射力，把天津尽快建设成为我国北方的经济中心之一和环渤海地区的中心城市。

2004年是天津市大规模城市建设的第二年，承接2003年450万平方米拆迁之势，2004年天津市将根据城市建设及居民住房改善需求，确定300万平方米的拆迁规模。随着天津发展步伐加快、海河综合改造工程的启动和"三步走"战略的实施，随着房改的深化和房地产市场的进一步规范，住房刚性需求大大增加，广大群众的住房消费信心和消费能力将会进一步增强，为公司商品房销售提供了良好的外部市场环境。公司地处天津市，房地产项目均在天津，公司部分储备项目还隶属海河项目，成为海河开发的直接受益者，预计这些有利因素将对公司今后几年内的经营起到积极的推动作用。

(六)董事会日常工作情况

报告期内董事会的会议情况和决议内容：

本报告期内，董事会共召开六次会议，第四届七次至第四届十二次会议。

1、公司四届七次董事会于2003年3月26日在天津市华富宫大饭店召开。应出席会议的董事13名，实到13名，其中吴延龙董事委托张连选董事、欧阳勇董事委托陈长来董事出席会议并行使表决权。会议由董事长张连选先生主持，会议符合《公司法》和公司章程的规定，表决有效。本次会议经过与会董事充分讨论形成如下决议：

(1)通过公司2002年度总经理工作报告；

(2)通过公司2002年度财务决算报告的议案；

(3)通过公司2002年度利润分配及分红派息预案，以2002年12月31日423707417股为基数，每10股分配红利0.40元(含税)；

(4)通过公司2002年年度报告及摘要的议案；

(5)通过公司总经理工作细则的议案；

(6)通过公司财务、会计及内控制度的议案；

(7)、通过公司董事、独立董事变更的议案，因工作原因吴延龙先生、欧阳勇先生不再担任本公司董事，增选徐春立先生、王建廷先生为本公司独立董事；

(8)通过公司决定召开2002年度股东大会的议案，具体内容另行公告。

上述董事会决议公告刊登在2003年3月28日的《中国证券报》和《上海证券报》。

2、公司四届八次董事会于2003年4月28日以通讯方式召开。应出席会议的董事13名，实际出席会议的董事13名，其中朱玉栓独立董事委托罗永泰独立董事、白小龙董事委托张连选董事、白雅文董事委托王大铮董事、欧阳勇董事委托陈长来董事、周宏光董事委托张连选董事出席会议并行使表决权，会议符合《公司法》和《公司章程》的规定，表决有效。会议通过了公司二OO三年一季度报告。

公司第一季度报告刊登在2003年4月30日《中国证券报》和《上海证券报》。

3、公司四届九次董事会于2003年5月28日在天津市华富宫大饭店南楼多功能厅召开。应出席会议的董事13名，实际出席会议的董事13名，其中朱玉栓独立董事委托罗永泰独立董事、吴延龙、白小龙和周宏光董事委托张连选董事、白雅文董事委托王大铮董事、欧阳勇董事委托陈长来董事出席会议并行使表决权，会议由董事长张连选先生主持，会议符合《公司法》和《公司章程》的规定，表决有效。本次会议经过与会董事充分讨论形成如下决议：

(1)通过公司对海河水上运动世界杨庄子地块投资的议案；

(2)通过公司对南门西A地块住宅项目投资的议案；

(3)通过公司对王兰庄地块项目投资的议案；

(4)通过修改公司章程的议案。公司章程中的经营范围修改为：房地产开发和销售；房地产信息

咨询服务、中介服务;商品房代理销售;自有房屋租赁;房屋置换;以下限分支机构经营:物业管理;建筑设计、咨询;金属材料、建筑材料(以上范围内国家有专营专项规定的按规定办理)。

上述董事会决议公告刊登在2003年5月30日的《中国证券报》和《上海证券报》。

4、公司四届十次董事会于2003年8月27日在天津市华富宫大饭店南楼多功能厅召开。应出席会议的董事13名,实际出席会议的董事13名,其中白小龙、郭乃勤董事委托张连选董事长出席会议并行使表决权,会议由董事长张连选先生主持,会议符合《公司法》和《公司章程》的规定,表决有效。本次会议经过与会董事充分讨论通过了公司二OO三年半年度报告及报告摘要。

半年度报告摘要刊登在2003年8月29日《中国证券报》和《上海证券报》。

5、公司四届十一次董事会于2003年9月5日在天津市华富宫大饭店南楼多功能厅召开。应出席会议的董事13名,实际出席会议的董事13名,其中白小龙、郭乃勤董事委托张连选董事长出席会议并行使表决权,会议由董事长张连选先生主持,公司全体监事和高管人员列席了会议,会议符合《公司法》和《公司章程》的规定,表决有效。本次会议经过与会董事充分讨论通过了天津市房地产发展(集团)股份有限公司关于对中国证监会巡回检查工作中提出的有关问题进行认真整改的报告。

巡检整改报告刊登在2003年9月5日《中国证券报》和《上海证券报》上。

6、公司四届十二次董事会于2003年10月28日在天津市华富宫大饭店南楼多功能厅召开。应出席会议的董事13名,实际出席会议的董事13名,其中独立董事朱玉栓、王建廷委托独立董事罗永泰,董事白小龙、郭乃勤委托董事张连选,董事白雅文委托董事王大铮出席会议并行使表决权,会议由董事长张连选先生主持,公司全体监事和高管人员列席了会议,会议符合《公司法》和《公司章程》的规定,表决有效。本次会议经过与会董事充分讨论形成如下决议:

(1)通过了公司总经理工作报告;

(2)通过了公司第三季度报告;

(3)通过了公司与投资者关系管理办法;

(4)通过了公司授权经营事项。公司为了加快盘活存量,回笼资金,拟将部分库存的商品房委托给天津市天房房地产销售有限公司销售,此次委托代理销售的商品房为:欣苑大厦,代理销售面积17052.23平方米;万德花园住宅,代理销售面积15136.34平方米。委托代理销售面积共计32188.57平方米。天津市天房房地产销售有限公司按本公司指定价格进行代理销售并按1.4%至1.5%计提销售代理费。公司为了进一步规避公司物业管理经营风险,规范物业管理行为,将天娇园公寓内的租赁用房830.25平方米委托天房物业管理有限公司经营,上述资产发生相关费用及经营收入均由天房物业管理有限公司承担。

上述董事会决议公告刊登在2003年10月30日《中国证券报》和《上海证券报》。

(七)本次利润分配预案

根据公司章程及2003年度利润实现情况制定本利润分配预案。

经天津五洲联合合伙会计师事务所审计,2003年公司实现利润总额34,544,492.50元,减除所得税14,114,625.52元,少数股东损益-450,507.81元,公司净利润为20,880,374.79元,加年初未分配利润71,946,587.28元,本年度可供分配利润为92,826,962.07元,2003年度利润按如下顺序进行分配:

1、提取法定公积金10%2,088,037.48元;

2、提取法定公益金10%2,088,037.48元;

3、本年度可供股东分配利润为88,650,887.11元;

4、提取任意盈余公积金10%2,088,037.48元;

5、2003年度每股分配红利按0.04元(含税)计算,需用分红资金16,948,296.68元。

6、期末未分配利润为69,614,552.95元。

本利润分配预案须经公司2003年度股东大会审议通过后实施。

(八)其他事项

根据中国证券监督管理委员会和国务院国有资产监督管理委员会发布的《关于规范上市公司与关联方资金往来及上市公司对外担保若干问题的通知》的规定,天津五洲联合合伙会计师事务所出具了与关联方资金往来的专项说明。

关于天津市房地产发展(集团)股份有限公司与控股股东及其他关联方资金往来情况的专项说明

五洲会字(2004)1-0258号

天津市房地产发展(集团)股份有限公司全体股东:

我们接受委托,审计了天津市房地产发展(集团)股份有限公司(以下简称"公司")2003年12月31日及合并资产负债表、2003年度利润表及合并利润表、2003年度现金流量表及合并现金流量表,出具了审计报告(五洲会字(2004)1-0257号)。

根据中国证券监督管理委员会和国务院国有资产监督管理委员会发布的《关于规范上市公司与关联方资金往来及上市公司对外担保若干问题的通知》(证监发[2003]56号)文的规定,现将我们在审计过程中注意到的2003年度公司控股股东及其他关联方与公司资金往来情况报告如下:

单位:万元

关联方名称	关联关系	占用原因	会计科目
			其他应收款
林克森·华澳(天津)房地产开发有限公司	参股公司	往来款	其他应付款
			应收账款
		委托贷款	短期投资
			其他应付款
华伟装饰工程(天津)有限公司	参股公司	往来款	应付账款
			其他应收款
			其他应付款
天津市天房物业管理有限公司	参股公司	往来款	应收账款
天津大树房地产经营销售有限公司	参股公司	往来款	其他应收款
			其他应付款
天津凯华房地产开发有限公司	参股公司	往来款	应收账款
天津市天房房地产销售有限公司	参股公司	往来款	其他应收款

关联方名称	期末余额	期初余额
	2,150.35	2,150.35
林克森·华澳(天津)房地产开发有限公司	51.67	0.17
	1,243.92	1,243.92
	500.00	500.00
	150.00	150.00
华伟装饰工程(天津)有限公司	1.69	1.69
	449.43	110.27
	0.71	
天津市天房物业管理有限公司	36.49	
天津大树房地产经营销售有限公司	50.00	232.00
	500.00	
天津凯华房地产开发有限公司	47.30	
天津市天房房地产销售有限公司	25.75	

天津五洲联合会计师事务所
2004年3月31日

八、重要事项

(一)重大诉讼、仲裁事项:

报告期内或持续到报告期内,公司无重大诉讼、仲裁事项。

(二)重大资产收购、出售或处置以及企业兼并收购事项:

1、报告期内,公司无重大资产收购、出售以及企业兼并收购事项。

2、报告期内,公司有处置资产事项。公司参股公司"天津凯源房地产发展有限公司"清算。该公司主营房地产开发、管理及销售等,公司参股比例25%,获得清算收益330万元。

(三)重大关联交易情况:

1、公司参股公司-天津市大树房地产经营销售有限公司于2001年11月6日签订了《和平区长寿公寓商品房销售代理协议书》,双方约定,公司开发的和平区长寿公寓剩余房源16325.45平方米全部由天津市大树房地产经营销售有限公司代理销售,并按均价3300元/平方米计提2%的代理费。双方又于2002年2月7日和2002年11月28日,分别签订了《瑞江花园商品房销售代理协议书》及《补充协议》,双方约定,公司开发的河西区瑞江花园40余万平方米的商品房全部由天津市大树房地产经营销售有限公司代理销售,并按售价总额计提1%的代理费。

2、公司2002年6月30日与天房物业签订《协议书》,委托天房物业经营管理资产:

(1)公司对控股子公司-天津市华驰租赁有限公司的经营资产,于2002年1月1日至2003年12月31日委托天房物业经营管理;

(2)公司对本市河西区台儿庄路51号花园酒店,于2002年8月1日至2004年7月31日,委托天房物业经营管理,年租赁费80万元。由于"非典"及变更承包人等原因,此委托经营事项从2003年1月1日起暂缓执行。

(3)公司的固定资产瑞巨山庄酒店于2001年1月1日至2003年12月31日委托天房物业经营管理,年租赁费100万元。

(4)公司目前委托天房物业经营的商业用房,截止到2004年底以前经营管理权和收益归天房物业,以上经营租赁房屋在委托期间原则上不再出售、经租,收入的取得和摊销费的缴纳从2002年1月1日起计算。发生的折旧、摊销等费用,应由天房物业负担。

(5)将河西区平山道16号增6号一、六、七层1139.57平方米办公用房在2004年12月31日以前归天房物业使用。发生的折旧、摊销等费用,应由天房物业负担。

3、公司将天娇园公寓内的租赁用房830.25平方米委托天房物业管理有限公司经营。

4、公司于2003年10月26日与天津市天房房地产销售有限公司签订委托代理销售合同合同,拟将部分库存的商品房委托给天津市天房房地产销售有限公司销售,此次委托代理销售的商品房为:欣苑大厦,代理销售面积17052.23平方米;万德花园住宅,代理销售面积15136.34平方米。委托代理销售面积共计32188.57平方米。天津市天房房地产销售有限公司按公司指定价格进行代理销售并按1.4%至1.5%计提销售代理费。

5、公司于2002年12月31日通过天津信托投资公司委托贷款给天津市房地产开发经营集团有限公司500万元,于2003年底前收回。

(四)重大合同及其履行情况:

1、海河杨庄子项目。为积极参与海河综合开发、加大公司项目储备力度,公司于2003年6月30日与天津市滨河投资发展有限公司就"海河水上运动世界项目中杨庄子高级公寓开发事宜"签订了《土地整理及前期规划、配套工作委托协议》。公司委托天津市滨河投资发展有限公司完成海河水上运动世界杨庄子片11.71公顷的土地整理、规划招标、前期配套等工作。公司负责按期支付相关费用及拆迁用房。

2、目前,天津市正在进行大规模的海河综合改造,培育"海河经济"。公司开发的"海景公寓"项目(原"欣海苑"项目)地处海河规划带,海河的综合开发建设对提升该项目品质、促进该项目的销售起到一定积极作用。

鉴于此,公司于2003年1月8日与天津天鼎纺织集团有限公司签订《协议书》,该协议书是在双方于1999年1月5日签订的《合作开发协议书》基础上签订的。该协议书规定:公司以成本价格,现金购买方式出资3600万元回购原协议书中天津天鼎纺织集团有限公司以土地使用权出资合作开发建设"海景公寓"项目应分得的40%商品房。该项回购资金已于年内全部支付完毕。该协议的签订有利于公司整体运做"海景公寓"项目。

公司与林克森·华澳(天津)房地产开发有限公司签订的《协议书》规定的林克森·华澳(天津)房地产开发有限公司参与"海景公寓"项目的内容不变。

3、公司在1998年11月12日与天津市西青区李七庄街王兰庄村民委员会签订征用土地协议书的基础上,2003年6月30日公司与天津市西青区李七庄街王兰庄村民委员会签订了补充协议书,征用天津市西青区李七庄街王兰庄村民委员会土地400亩用于建设开发,协议付给天津市西青区李七庄街王兰庄村民委员会补偿费约人民币24400万元(按天津市西青区李七庄街王兰庄村民委员会现有土地面积以61万元/亩计算,并据此对补偿费总额进行调整)。年内已累计支付土地费15000万元。

4、公司于2002年4月11日为天津环球磁卡股份有限公司提供5000万元人民币的银行贷款担保,期限1年,在报告期内,该项担保已履行完毕。

5、报告期内或持续到报告期内,公司无重大委托他人进行现金资产管理的事项。

(五)报告期内或持续到报告期内,公司或持股5%以上(含5%)的股东未在指定报刊或网站上刊登承诺事项。

(六)报告期内,公司续聘天津五洲联合合伙会计师事务所担任本公司的财务审计工作,该所已连续9年为公司提供审计服务。公司2003年度支付给该会计师事务所报酬为55万元,其中,年报审计费40万元。

(七)报告期内,公司、公司董事会及董事、高级管理人员没有受中国证监会稽查、中国证监会行政处罚、通报批评和证券交易所公开谴责的情形。

(八)其他重要事项

2003年4月10日公司与中国农业银行天津市分行签署银企合作协议。中国农业银行天津市分行为公司授信20亿元贷款额度。

九、备查文件

包括下列文件:

(一)载有董事长亲笔签名的年度报告文本;

(二)载有法定代表人、主管会计工作负责人、会计机构负责人签名并盖章的资产负债表、利润表和现金流量表;

(三)报告期内在中国证监会指定报刊上公开披露过的所有公司文件的文 本;

(四)公司章程文本。

天津市房地产发展(集团)股份有限公司
董事长:张连选
二OO四年四月二日

珠海华发实业股份有限公司

珠海华发实业股份有限公司首次公开发行股票上市公告书

第一节　重要声明与提示

珠海华发实业股份有限公司(以下简称"本公司"、"华发股份"或"发行人")董事会保证上市公告书的真实性、准确性、完整性,全体董事承诺上市公告书不存在虚假记载、误导性陈述或重大遗漏,并承担个别和连带的法律责任。

根据《公司法》、《证券法》等有关法律、法规规定,本公司董事、高管人员已依法履行诚信和勤勉尽责的义务和责任。

上海证券交易所、中国证监会、其他政府机关对本公司股票上市及有关事项的意见,均不表明对本公司的任何保证。

本公司提醒广大投资者注意,凡本上市公告书未涉及的有关内容,请投资者查阅 2004 年 2 月 5 日刊载于《中国证券报》、《上海证券报》和《证券时报》的本公司招股说明书摘要及刊载于上海证券交易所网站(http://www.sse.com.cn)的本公司招股说明书全文。

第二节　概　览

1、股票简称:华发股份

2、沪市股票代码:600325

3、深市代理股票代码:003325

4、股本总额:200,000,000 股

5、可流通股本:60,000,000 股

6、本次上市流通股本:60,000,000 股

7、每股发行价格:7.03 元

8、上市地点:上海证券交易所

9、上市时间:2004 年 2 月 25 日

10、股票登记机构:中国证券登记结算有限责任公司上海分公司

11、上市推荐人:兴业证券股份有限公司

12、对首次公开发行股票前股东所持股份的流通限制及期限:根据国家现有法律、法规规定和中国证监会证监发行字【2004】7 号《关于核准珠海华发实业股份有限公司公开发行股票的通知》,本公司的法人股、内部职工股股暂不上市流通。

13、本公司第一大股东华发集团承诺:自本公司股票上市之日起 12 个月内,不转让其所持有的本公司的股份,同时,本公司也承诺:自公司股票上市之日起 12 个月内不回购公司发起人持有本公司股份。

第三节　绪　言

本上市公告书是根据《中华人民共和国公司法》、《中华人民共和国证券法》、《股票发行与交易管理暂行条例》、《公开发行股票公司信息披露实施细则》和《上海证券交易所股票上市规则》等国家有关法律、法规的规定,并按照中国证监会《公开发行证券的公司信息披露内容与格式准则第 7 号-股票上市公告书》而编制,旨在向投资者提供有关本公司的基本情况和本次股票上市的有关情况。

经中国证监会证监发行字【2004】7 号文核准,本公司于 2004 年 2 月 10 日采用全部向二级市场投资者定价配售的方式发行了每股面值 1.00 元的人民币普通股 6,000 万股,每股发行价为人民币 7.03 元。

经上海证券交易所上证上字【2004】12 号文批准,本公司公开发行的 6,000 万股社会公众股将于 2004 年 2 月 25 日起在上海证券交易所挂牌交易。股票简称"华发股份",沪市股票代码"600325"、深市代理股票代码"003325"。

本公司已于 2004 年 2 月 5 日在《中国证券报》、《上海证券报》和《证券时报》上刊登了《招股说明书摘要》,招股说明书正文及其附录刊载于上海证券交易所网站(http://www.sse.com.cn),距今不足三个月,故与其重复的内容在此不再重述,敬请投资者查阅上述内容。

第四节　发行人概况

一、发行人的基本情况

1、公司名称:珠海华发实业股份有限公司

英文名称:HuafaIndustrialShareCo.,LTD.

2、成立日期:1992 年 8 月 18 日

3、法定代表人:刘亚非

4、住所及邮政编码:珠海市拱北丽景花园华发楼 519020

5、设立方式:定向募集

6、经营范围:房地产经营、物业管理;批发零售、代购代销;建筑材料、金属材料(不含金银)、建筑五金、五金工具、电子产品及通信设备(不含移动通信终端设备)、化工原料(不含化学危险品)、五金交电、化工。

公司的主要业务是房地产开发和销售。

7、电话及传真:电话 0756-8282938 传真 0756-8883298

8、互联网网址:www.cnhuafas.com

9、电子邮箱:lgn@cnhuafas.com

二、发行人的历史沿革及改制重组情况

1992 年 4 月,经珠海市经济体制改革委员会以珠体改委【1992】50 号文和珠体改委【1992】73 号文批准,华发集团联合珠海市投资管理公司、珠海经济特区房地产开发总公司和深圳投资基金管理公司,并经中国人民银行珠海分行以(92)珠人银金管字第 110 号文批准发行内部股票,以定向募集的方式设立了珠海经济特区华发房地产股份有限公司。其中,华发集团以其属下全资子公司珠海经济特区华发房地产公司经评估后的净资产 25,170 万元出资;珠海市投资管理公司、珠海经济特区房地产开发总公司和深圳投资基金管理公司分别向华发集团受让珠海经济特区华发房地产公司的净资产 720 万元、720 万元和 90 万元,并分别以所受让的净资产出资;内部股股东以现金 9,300 万元出资。1992 年 8 月 18 日,公司在珠海市工商行政管理局注册成立,总股本 24,000 万股。1992 年 10 月,经珠海市体改委以珠体改委【1992】93 号文批准,公司由"珠海经济特区华发房地产股份有限公司"更名为"珠海华发实业股份有限公司",沿用至今。

目前公司股权结构为:国有法人股 81,919,500 股,占总股本的 58.52%;内部职工股 58,080,500 股,占总股本的 41.48%。

经中国证监会证监发行字【2004】7 号文核准,本公司于 2004 年 2 月 10 日利用上海证券交易所和深圳证券交易所交易系统,采用全部向二级市场投资者定价配售的发行方式发行了 6000 万股每股面值 1.00 元的人民币普通股,发行价为每股 7.03 元。此次发行完成后,公司的总股本为 20,000 万股,注册资本为 20,000 万元。

三、公司的主要经营情况

1、公司的资质及专业技术人员情况

目前本公司拥有国家建设部颁发的房地产开发企业一级资质证书,可以在全国范围内从事房地产开发项目,证书编号为建开企【2001】047 号。

公司拥有房地产专业和与建筑工程专业的员工 36 人,占公司总人数 88 人的 40.9%。

2、主要从事房地产项目的类型

公司开发的房地产项目以出售为主,有极少量商铺出租。根据华证会计师事务所华证发审字【2004】第 2 号《审计报告》,2003 年公司主营业务收入为 39,276.27 万元,其他业务收入为 615.71 万元,其中物业出租收入为 558.27 万元。

公司所开发项目的经营模式全部为自主开发。公司主要从事住宅开发,另有少量与住宅配套的商铺及写字楼的开发,近三年所开发的项目基本上都是住宅小区。

3、公司在开发建设中采用新工艺和新技术情况

公司是珠海市最早取得具有国家建设部颁发的一级资质证书的房地产开发企业。公司在项目开发过程中在采用新工艺及新技术方面也一直走在珠海市房地产企业的前列。

公司开发的鸿景花园住宅小区是珠海市规模最大、配套最齐全的住宅小区之一。在小区的设计施工中,开发单位、设计单位和施工单位在市建委领导下,制定了科技进步和推广"四新"成果方案,重点放在改善功能,提高质量,消除通病,节能降耗,空间利用等方面。鸿景花园住宅小区在"四新"推广应用与研究开发方面取得了显著的效果,覆盖面广,科技含量高。使小区建设,尤其是高层部分当时处于国内领先地位,为此该项工程相继列位中建总公司建设部科技推广示范工程。1995 年荣获建设部科技推广应用三等奖,1999 年荣获建设部城市住宅小区建设试点科技进步二等奖。

4、本公司的定价模式及销售理念

本公司房地产项目的定价模式为:以项目的市场定位为基础,主要参考周边房地产价格,结合项目本身条件,综合考虑社会及经济发展的因素,制订不低于市场平均价格的价格。

本公司的销售理念是:根据市场定位,为每个房地产项目树立一个鲜明的市场形象,提出一个响亮的口号,结合现场宣传及广告媒体,在短期内进行密集宣传,力争用最短的销售期,取得最好的销售效果。

5、公司主要财务指标

参见本上市公告书"第八节主要财务会计资料四、主要财务指标"部分。

6、公司的行业竞争地位

本公司主要在珠海市进行房地产开发。在珠海市 100 家正常经营的房地产企业中,本公司是两家拥有一级房地产开发资质证书的企业之一,另外有 8 家二级房地产开发企业,其余均为三级以下房地产企业。

由于本公司从事房地产业务较早,多年来专注在珠海市进行开发,注重产品质量,曾经开发过多个优质样板住宅小区,因此树立了良好的品牌形象,在竞争中始终保持着一定优势。

四、土地使用权、商标及房地产开发企业资质证书

1、土地使用权

土地使用权是本公司开展业务及生产经营的基础。本公司拥有的土地使用权全部是用于房地产开发的土地储备,总面积为 324,710.88 平方米。上述土地全部办理了用地手续,取得了相关用地文件,可以满足公司近三年业务发展的需要。

2、商标

本公司与华发集团于 2001 年 5 月 17 日签署了《商标转让合同书》,并于 2001 年 7 月 28 日得到了国家商标局出具的《核准转让注册商标证明》,确认华发集团将注册号为 747207 的"华发"商标无偿转让给本公司。2001 年 7 月,公司又委托珠海市商标事务所向国家商标局申请注册新的公司商标,申请书编号为 11000653 及 11000654。

3、房地产开发资质证书

目前本公司拥有国家建设部颁发的房地产开发企业一级资质证书,可以在全国范围内从事房地产开发项目,证书编号:建开企【2001】047 号。

第五节　股票发行与股本结构

一、本次股票上市前首次公开发行股票的情况

1、发行股票种类:人民币普通股

2、每股面值:1.00 元

3、发行数量:6,000 万股

4、每股发行价格:7.03 元

5、募集资金净额:40,598.97 万元

6、发行时间:2004 年 2 月 10 日

7、发行方式:全部向二级市场投资者定价配售

8、发行对象:于《珠海华发实业股份有限公司首次公开发行股票招股说明书(摘要)》刊登日即 2004 年 2 月 5 日(T-3 日)收盘时持有沪市或深市已上市流通人民币普通股(A 股)股票的市值总和(包括可流通但暂时锁定的股份市值)达到 10,000 元及以上的投资者

9、发行市盈率:17.49 倍

10、发行费用总额及项目:本次股票发行费用共 1581.03 万元,主要包括承销费用、审计费用、律师费用、发行手续费用、登记费用、审核费用等费用。

11、每股发行费用:0.264 元

二、本次股票上市前首次公开发行股票的承销情况

本次公开发行的 6,000 万股社会公众股的配号总数为 85,902,530 个,中签率为 0.06984660%。其中,二级市场投资者认购 59,469,720 股,余股 530,280 股由主承销商兴业证券股份有限公司包销。

三、本次上市前首次公开发行股票所募股资金的验资报告

验资报告

华证验字【2004】第 2 号珠海华发实业股份有限公司全体股东:

我们接受委托,审验了珠海华发实业股份有限公司(以下简称"贵公司")截至 2004 年 2 月 17 日

止新增注册资本的实收情况。按照国家相关法律、法规的规定和协议、合同、章程的要求,出资是贵公司出资者的责任,提供真实、合法、完整的验资资料,保护资产的安全、完整是贵公司及其出资者的责任。我们的责任是对贵公司新增注册资本的实收情况发表审核意见。我们的审验是依据《独立审计实务公告第 1 号-验资》的要求进行的,在审验过程中,我们结合贵公司的实际情况,实施了检查等必要的审验程序。

贵公司变更前的注册资本为 140,000,000.00 元,主要为国有法人股股东及内部职工股股东,业经深圳华鹏会计师事务所深华资验字(2000)第 373 验号验资报告验证在案,实收股本为 140,000,000.00 元。贵公司根据 2003 年 2 月 10 日股东大会决议,申请增加注册资本 60,000,000.00 元,均为社会公众股,业经中国证券监督管理委员会证监发行字【2004】7 号文批准,同意贵公司于 2004 年 2 月 10 日采用全部向二级市场投资者定价配售的方式向社会公开发行人民币普通股 60,000,000.00 股,每股面值 1.00 元,实际发行价格每股 7.03 元。

根据我们的审验,截至 2004 年 2 月 17 日止,贵公司已收到社会公众股东投入的新增股本金 421,800,000.00 元,扣除承销费,发行手续费等发行费用 15,810,300.00 元后余额为 405,989,700.00 元,其中转入股本人民币 60,000,000.00 元,余额人民币 345,989,700.00 元转入资本公积金。

变更后贵公司实收股本为人民币 200,000,000.00 元。股本结构为珠海经济特区华发集团公司持股 72,319,500.00 股,占总股本的 36.16%;珠海经济特区华发汽车展销中心持股 4,800,000.00 股,占总股本的 2.4%;珠海经济特区华发物业管理公司持股 4,800,000.00 股,占总股本的 2.4%;内部职工股股东持股 58,080,500.00 股,占总股本的 29.04%;社会公众股东持股 60,000,000.00 股,占总股本的 30%。

由于上述审验程序并不构成根据公认审计准则所进行的审计,因此,我们不对贵公司的会计报表及任何其他财务资料发表意见。

本验资报告仅供贵公司申请变更登记及据以向出资者签发出资证明时使用,不应将其视为是对贵公司验资报告日后资本保全、偿债能力和持续经营能力等的保证,因使用不当所造成的后果,与注册会计师及本会计师事务所无关。

附件 1:变更前后注册资本、实收股本对照表

附件 2:验资事项说明

华证会计师事务所有限公司中国注册会计师:金任宏

中国北京中国注册会计师:李东昕

报告日期二零零四年二月十七日

四、本次募股资金入帐情况

入帐时间:2004 年 2 月 17 日

入帐金额:407,669,700.00 元(募集资金扣除承销费和上网发行费后的余额)

开户银行:中国工商银行珠海分行莲花支行

入帐帐号:2002025119100004521

五、本次股票上市前发行人的股权结构和股东的持股情况

1、本公司上市前股权结构情况:

股份类别	股份数额(股)	占总股本比例
国有法人股	81,919,500	40.96%
其中:		
华发集团	72,319,500	36.16%
珠海经济特区华发汽车展销中心	4,800,000	2.40%
珠海经济特区华发物业管理公司	4,800,000	2.40%
内部职工股	58,080,500	29.04%
其中:		
本次发行三年后可流通部分	54,758,333	27.38%
本次发行三年后暂不流通部分	3,322,167	1.66%
社会公众股	60,000,000	30.00%
合计	200,000,000	100%

2、持股量最大 10 名股东及持有本公司股份情况

序号	姓名	持股数(股)	占总股本比例
1	华发集团	72,319,500	36.16%
2	珠海经济特区华发汽车展销中心	4,800,000	2.40%
3	珠海经济特区华发物业管理公司	4,800,000	2.40%
4	杨叠清	1,193,300	0.597%
5	罗启德	714,900	0.357%
6	兴业证券	552,280	0.276%
7	刘玉凤	380,400	0.19%
8	肖晖	300,000	0.15%
9	梁峰	230,000	0.115%
10	李焕如	219,500	0.110%

第六节　董事、监事、高级管理人员及核心技术人员

一、董事、监事、高级管理人员与技术负责人的有关情况

1、董事

刘亚非,男,中国籍,现年 46 岁,大学本科学历,曾任内蒙古自治区驻珠海办事处主任、珠海市政府驻北京办事处主任,现任本公司董事长,兼任珠海经济特区华发集团副总经理。

梁光锐,男,中国籍,现年 57 岁,高中学历,历任珠海经济特区发展公司房产部副经理、珠海经济特区华发集团保税物资公司经理,现任本公司副董事长,兼任华发集团副总经理。

袁小波,男,中国籍,现年 50 岁,研究生结业,曾任珠海市劳动局局长,珠海市政府副秘书长,现任本公司董事,兼任华发集团总经理兼党委书记。

刘克,男,中国籍,现年 45 岁,大学本科学历,经济师,曾任深圳发展银行总行办公室主任、董事会首席秘书、深圳发展银行珠海支行行长、招商银行广州分行流花支行及人民中路支行行长,现任本公司董事兼总经理。

王沛,女,中国籍,现年 40 岁,大专学历,经济师及注册造价师,曾任珠海德联造价事务所有限公司副董事长兼副总经理,现任本公司董事兼副总经理。

魏茂忠,男,中国籍,现年 41 岁,大专学历,助理工程师,曾任华发集团助理总经理,现任本公司董事兼副总经理。

李光宁,男,中国籍,现年 32 岁,研究生学历,经济师,曾任华发集团助理总经理,现任本公司董事兼董事会秘书。

吴东生,男,中国籍,现年 43 岁,大学本科学历,高级工程师,曾任安徽省淮南市规划设计院市政室主任、珠海规划设计研究院高级工程师,现任本公司董事兼总工程师,为本公司核心技术人员。吴东生先生曾主持了安徽省淮南市东部地区排水防洪规划、路网规划及珠海市横琴岛路网规划的编制,并主持设计了珠海市情侣南路海堤及道路、珠海拱北口岸平面及道路市政设计及珠海九洲大道改造工程设计。

何仲云,男,中国籍,现年 75 岁,高中学历,曾任珠海市斗门县委书记、珠海市委副书记、常务副市长(已退休),现任本公司独立董事。

谭劲松,男,中国籍,现年 39 岁,在读博士,中国注册会计师,曾任中山大学管理学院会计学系主任,现任中山大学管理学院副院长、兼任中国注册内部审计师协会理事、广东省注册会计师协会理事、《广东财会》编委会副主任委员等职务。为本公司独立董事。

周道志,男,中国籍,现年 53 岁,硕士研究生,曾任贵州财经学院经济研究所副所长、中国人民银行深圳分行金融研究所副所长、金管处副处长、证管处副处长、中国光大银行总行副行长、光大证券公司常务副总裁、光大集团(香港)董事,现任博时基金管理公司董事长。为本公司独立董事。

2、监事

林计源,男,中国籍,现年 59 岁,中专学历,曾任珠海度假村副经理、珠海经济特区发展公司房产部副经理,现任本公司监事长兼华发集团副总经理。

冯永平,男,中国籍,现年 42 岁,大专学历,经济师,曾任广东省梅州市统计局科员、珠海市金海电子联合公司职员,现任本公司监事兼行政部副经理。

阮宏洲,男,中国籍,现年 31 岁,大专学历,初级程序员,现任本公司监事兼证券部副经理。

3、其他高级管理人员

俞卫国,男,中国籍,现年 37 岁,大学本科学历,中国注册造价工程师、资产评估师、审计师、经济师,曾任珠海市华强超硬材料厂厂长、珠海市审计局基本建设审计科副科长,现任本公司财务总监。

4、核心技术人员

目前公司技术负责人为吴东生,核心技术人员为商林、许明烛。其中吴东生的情况如上所述。

许明烛,男,中国籍,现年 41 岁,大学本科学历,建筑专业高级工程师,曾任职于安徽省建筑设计研究院、安徽省建设厅,现任本公司规划报建部高级工程师,为本公司核心技术人员。许明烛先生一直从事建筑设计和管理工作,曾主持设计了安徽省社会科学院学术报告厅、合肥美菱大厦综合办公楼等多个项目,并主持了珠海安徽大厦的投资兴建工作。

商林,男,中国籍,现年 40 岁,大学本科学历,执业监理工程师及执业造价工程师,曾任珠海经济特区银湾开发有限公司工程部副经理,现任本公司预结算部经理,为本公司核心技术人员。商林先生自 1993 年至今负责本公司属下多个项目的工程造价管理工作,所负责项目的建筑面积逾 50 万平方米,其中鸿景花园于 1999 年 2 月获建设部颁发" 建设部城市住宅小区建设试点部级奖综合银牌奖",并于 2000 年 4 月获珠海市建筑工程招标评标专家库评标专家资格。

目前本公司除聘用合同外,未与上述人员签订任何借款或担保协议。

二、上述人员在发行前持有发行人股份的情况

截止本招股说明书制作之日,本公司董事、监事、高级管理人员、技术负责人、核心技术人员及其家属持有本公司股份的情况如下表:

人员姓名	现任职务	持股数额	占总股本比例 发行前	发行后	家属姓名	持股数额	占总股本比例 发行前	发行后
梁光锐	副董事长	23500	0.017%	0.013%				
魏茂忠	董事、副总经理	2000	0.001%	0.001%				
李光宁	董事、董事会秘书	200	--	--				
吴东生	董事、总工程师	3000	0.002%	0.002%	张敏	1000	--	--
林计源	监事长	24000	0.017%	0.013%				
阮宏洲	监事、证券部副经理	600	--	--				
商林	预结算部经理	23000	0.016%	0.012%				

除此之外,上述人员没有通过本人或其近亲属能够直接或间接控制的法人而持有本公司股份。

上述持股情况在 2001、2002、2003 三年内未发生股份增减变动,上述人员所持股份也未发生任何质押或冻结。

上述人员在发行前也未持有本公司关联企业的股份。

第七节　同业竞争和关联交易

一、同业竞争

本公司的主要业务为房地产开发,持有本公司 5%以上股份的股东(华发集团)及其所控制的法人均未从事与本公司相同、相似的业务。为了避免将来可能出现的同业竞争,华发集团已向本公司出具了不从事同业竞争业务的《承诺函》。

二、关联交易

1、关联方

本公司目前存在的关联方及关联关系请查阅刊登于上海证券交易所网站(www.sse.com.cn)的本公司招股说明书相关披露内容。

2、关联交易内容

本公司与本公司关联方之间最近三年发生的关联交易详细内容请查阅刊登于上海证券交易所网站(www.sse.com.cn)本公司招股说明书全文。

3、有关中介机构就关联交易发表的意见

(1)发行人律师意见

本公司本次发行的律师认为:本公司与关联企业的关联交易是出于生产经营的需要,依照市场公平原则进行的等价有偿的交易行为,有关的关联交易并不违背法律、法规的禁止性规定,不妨碍公司的正常业务活动,其决策程序合法有效;本公司已经采取了必要的措施对小股东的利益进行保护,本公司与关联企业的关联交易并不存在损害公司及其股东,特别是中小股东利益的情况。

(2)主承销商意见

本公司本次发行主承销商认为:本招股说明书所披露关联方、关联关系、关联交易全面充分,关联交易决策程序合法有效,交易价格公允,不存在损害发行人及中小股东利益的情况。

(3)申报会计师意见

本公司申报会计师认为:招股说明书所披露关联交易符合《企业会计准则》、《企业会计制度》和《关联方之间出售资产等有关会计处理问题暂行规定》等有关规定。

第八节　主要财务会计资料

本公司截止 2003 年 12 月 31 日的财务会计资料已于 2004 年 2 月 5 日刊登在《中国证券报》、《上海证券报》和《证券时报》本公司《招股说明书摘要》中。投资者欲了解详细内容,请投资者查阅上述报纸或刊登于上海证券交易所网站(www.sse.com.cn)的本公司招股说明书全文及附录。

一、注册会计师意见

本公司聘请华证会计师事务所对公司 2001 年 12 月 31 日、2002 年 12 月 31 日及 2003 年 12 月 31 日的资产负债表,2001 年度、2002 年度、2003 年度的利润及利润分配表,2003 年度的现金流量表进行了审计,会计师出具了编号为华证发审字【2004】第 2 号的标准无保留意见审计报告。本节数据如无特别说明,均引自经华证会计师事务所审计的财务报表。因本公司目前无符合合并报表的对外股权投资,不存在合并报表问题,所有数据均依据母公司报表。

二、经审计的简要财务报表

1、简要资产负债表(单位:元)

资产	2003-12-31	2002-12-31	2001-12-31
流动资产:			
货币资金	131,794,928.02	50,960,401.40	60,263,028.38
其他应收款	15,764,431.90	16,360,963.50	5,154,979.48

预付账款	18,600.00	16,226,578.60	23,000.00
存货	765,839,295.60	646,353,052.44	321,606,066.08
流动资产合计	913,417,255.52	729,900,995.94	387,047,073.94
长期投资：			
长期股权投资	3,150,000.00	3,150,000.00	3,150,000.00
长期投资合计	3,150,000.00	3,150,000.00	3,150,000.00
固定资产:			
固定资产原价	11,897,716.30	9,970,874.30	10,479,303.69
减：累计折旧	1,898,700.20	1,406,232.89	1,086,309.05
固定资产净值	9,999,016.10	8,564,641.41	9,392,994.64
固定资产净额	9,999,016.10	8,564,641.41	9,392,994.64
固定资产合计	9,999,016.10	8,564,641.41	9,392,994.64
无形资产及其他资产：			
无形资产	14,772,260.32	22,251,981.01	324,921,769.74
无形资产及其他资产合计	14,772,260.32	22,251,981.01	324,921,769.74
资产总计	941,338,531.94	763,867,618.36	724,511,838.32
负债及股东权益			
流动负债：			
短期借款	40,000,000.00	80,000,000.00	49,000,000.00
应付账款	104,986,867.89		
预收账款	136,271,315.30	46,125,174.01	120,537,505.25
应付福利费	326,030.49	160,571.58	119,985.16
应付股利	–	–	9,800,000.00
应交税金	26,861,026.34	25,244,520.02	14,503,485.75
其他应交款	4,030,210.59	2,193,436.15	321,093.14
其他应付款	26,705,789.38	19,578,870.30	41,950,953.11
预提费用	45,179,716.52	–	
流动负债合计	339,181,239.99	218,482,288.58	236,233,022.41
长期负债：			
长期应付款	154,895,680.00	154,517,680.00	154,517,680.00
长期负债合计	154,895,680.00	154,517,680.00	154,517,680.00
负债合计	494,076,919.99	372,999,968.58	390,750,702.41
股东权益：			
股本	140,000,000.00	140,000,000.00	140,000,000.00
资本公积	30,095,790.71	29,952,885.66	29,234,500.41
盈余公积	93,540,079.90	85,102,421.33	76,644,202.13
其中:公益金	28,943,324.02	26,130,771.16	23,311,364.76
未分配利润	183,625,741.34	135,812,342.79	87,882,433.37
股东权益合计	447,261,611.95	390,867,649.78	333,761,135.91
负债及股东权益总计	941,338,531.94	763,867,618.36	724,511,838.32

2、简要利润表(单位：元)

	2003 年度	2002 年度	2001 年度
一、主营业务收入	392,762,690.00	289,849,167.84	199,489,108.00
减：主营业务成本	273,703,674.93	185,077,089.49	117,041,556.14
主营业务税金及附加	24,912,344.79	17,230,092.73	11,800,635.39
二、主营业务利润	94,146,670.28	87,541,985.62	70,646,916.47
加：其他业务利润	3,806,040.83	6,665,928.42	2,893,980.33
减：营业费用	16,311,009.59	9,043,183.12	4,184,944.32
管理费用	12,507,042.70	15,510,548.62	17,054,295.90
财务费用	2,749,735.55	2,891,707.72	−5,724,731.16
三、营业利润	66,384,923.27	66,762,474.58	58,026,387.74
加：投资收益	32,004.00	52,006.50	72,223.20
营业外收入	35,400.00	–	20,000.00
减：营业外支出	151,005.00	3,960.00	
四、利润总额	66,452,327.27	66,663,476.08	58,114,650.94
减：所得税	10,201,270.15	10,275,347.46	8,509,568.01
五、净利润	56,251,057.12	56,388,128.62	49,605,082.93
加：年初未分配利润	135,812,342.79	87,882,433.37	55,518,112.88
六、可供分配的利润	192,063,399.91	144,270,561.99	105,123,195.81
减：提取法定盈余公积	5,625,105.71	5,638,812.80	4,960,508.29
提取法定公益金	2,812,552.86	2,819,406.40	2,480,254.15
七、可供股东分配的利润	183,625,741.34	135,812,342.79	97,682,433.37
减：应付普通股股利	–	–	9,800,000.00
八、未分配利润	183,625,741.34	135,812,342.79	87,882,433.37

3、2003 年简要现金流量表(单位：元)

	2003 年度
一、经营活动产生的现金流量：	
销售商品、提供劳务收到的现金	446,122,578.08
收到的其他与经营活动有关的现金	261,237.52
现金流入小计	446,383,815.60
购买商品、接受劳务支付的现金	259,651,097.04
支付给职工以及为职工支付的现金	3,351,434.50
支付的各项税费	34,426,589.76
支付的其他与经营活动有关的现金	23,592,356.61
现金流出小计	321,021,477.91
经营活动产生的现金流量净额	125,362,337.69
二、投资活动产生的现金流量：	
收到的其他与投资活动有关的现金	32,004.00
现金流入小计	32,004.00
购建固定资产、无形资产和其他长期资产所支付的现金	1,926,842.00
现金流出小计	1,926,842.00
投资活动产生的现金流量净额	−1,894,838.00
三、筹资活动产生的先进流量	
借款所收到的现金	170,000,000.00
现金流入小计	170,000,000.00
偿还债务所支付的现金	210,000,000.00
分配股利、利润或偿付利息所支付的现金	2,728,246.25
现金流出小计	212,728,246.25
筹资活动产生的现金流量净额	−42,728,246.25
四、汇率变动对现金的影响额	95,273.18
五、现金及现金等价物净增加额	80,834,526.62

三、会计报表附注

本公司会计报表附注等有关内容，请查阅 2004 年 2 月 5 日刊登于《中国证券报》、《上海证券报》和《证券时报》上的《招股说明书摘要》以及刊登于上海证券交易所网站(http://www.sse.com.cn)上的本公司《招股说明书》全文及其附录。

四、主要财务指标

指标	2003 年度	2002 年度	2001 年度
流动比率	2.69	3.34	1.64
速动比率	0.44	0.38	0.28
应收帐款周转率	–	–	126.26
存货周转率	0.39	0.38	0.35
无形资产占总资产的比例	0	0	0
资产负债率(%)	52.49	48.83	53.93
每股净资产(元)	3.19	2.79	2.38
研究开发费用占主营业务收入的比例(%)	0	0	0
每股经营活动的现金流量(元)	0.90		
每股净现金流量(元)	0.58		
净资产收益率(%)			
全面摊薄	12.58	14.43	14.86
加权平均	13.43	15.79	14.64
扣除非经常性损益的			
净资产收益率(%)			
全面摊薄	12.57	14.43	13.67
加权平均	13.46	14.41	14.19
每股收益(元)			
全面摊薄	0.40	0.40	0.35
加权平均	0.40	0.40	0.35

第九节 其他重要事项

1、本公司本次股票发行后至本公司上市公告书公告之日，本公司严格依照《公司法》、《证券法》等法律法规的要求，规范运行，生产经营情况正常；所处行业、市场无重大变化，主要业务发展目标进展状况正常，主要投入产出物供求及价格无重大变化。

2、本公司本次股票发行后至本公司上市公告书公告之日，本公司无重大对外投资活动、无重大资产(股权)收购或出售行为。

3、本公司本次股票发行后至本公司上市公告书公告之日，本公司重大会计政策和会计师事务所没有发生变化。

4、本公司本次股票发行后至本公司上市公告书公告之日，本公司未涉及任何重大诉讼事项或仲裁，亦无尚未了结或可能面临的重大诉讼或索赔要求。

5、本公司本次股票发行后至本公司上市公告书公告之日，本公司董事、监事和高级管理人员未受到任何刑事起诉，亦没有尚未了结或可能发生的刑事诉讼事项。

6、自本公司股票首次公开发行之日至本上市公告书公告之日，本公司住所未变更；本公司未发生新的重大负债；并且重大债项未发生变化。

7、根据《上海证券交易所股票上市规则》，本公司第一大股东华发集团承诺，自本公司股票上市之日起 12 个月内，不转让其持有的本公司股份，也不由本公司回购其持有的本公司股份。

8、本公司本次股票发行后至本公司上市公告书公告之日，没有其他应披露而未披露之重大事项。

第十节 董事会上市承诺

本公司董事会承诺将严格遵守《中华人民共和国公司法》、《中华人民共和国证券法》、《股票发行与交易管理暂行条例》、《公开发行股票公司信息披露实施细则》和《上海证券交易所股票上市规则》等国家法律、法规和有关规定，承诺自本公司股票上市之日起做到：

1、按照法律、法规规定的程序和要求披露所有对投资者有重大影响的信息，并接受中国证监会、上海证券交易所的监督管理；

2、真实、准确、完整、公允和及时地公布定期报告，并置备于规定场所供投资者查阅；

3、本公司董事、监事、高级管理人员如发生人事变动或持本公司股票发生变化时，在报告中国证监会、上海证券交易所的同时向投资者公布；

4、本公司在知悉可能对股票价格产生误导性影响的任何公共传播媒介中出现的消息后，将及时予以公开澄清；

5、本公司董事、监事、高级管理人员和核心技术人员将认真听取社会公众的意见和批评，不利用已获得的内幕消息和其他不正当手段直接或间接从事发行人股票的买卖活动；

6、本公司没有无记录的负债。

依据《上海证券交易所股票上市规则》，本公司全体董事、监事将按照有关规定，在本公司股票上市后两个月内签署《董事(监事)声明及承诺书》并送达上海证券交易所备案。

第十一节 上市推荐人及其意见

一、上市推荐人情况

上市推荐人：兴业证券股份有限公司　　法定代表人：兰荣

注册地址：福建省福州市湖东路 99 号　　电话：021－68419393　　传真：021－68419547

联系人：宋乐真、甄新中、刘新军、廖卫平

二、上市推荐人意见

本公司上市推荐人认为：本公司章程符合《中华人民共和国公司法》、《中华人民共和国证券法》及《上海证券交易所股票上市规则》等法律、法规和中国证监会的有关规定；本公司本次股票发行完全符合《中华人民共和国公司法》、《中华人民共和国证券法》及《上海证券交易所股票上市规则》法律、法规和中国证监会的有关规定，已具备了上市条件；本公司董事了解法律、法规、上海证券交易所上市规则及股票上市协议规定的董事义务与责任；本公司建立健全了法人治理结构，制定了严格的信息披露制度与保密制度。

上市推荐人已对上市文件所载的资料进行了核实，认为上市文件真实、准确、完整，符合规定要求，没有虚假记载、误导性陈述或重大遗漏，并对其承担连带责任。上市推荐人与本公司不存在关联关系。上市推荐人愿意推荐本公司的股票在上海证券交易所上市交易，并且在上市推荐过程中，保证不利用获得的内幕信息进行内幕交易，为自己或他人谋取利益。

珠海华发实业股份有限公司

二〇〇四年二月二十日

西藏天路交通股份有限公司

西藏天路交通股份有限公司2003年年度报告

重要提示

1、本公司董事会及其董事保证本报告所载资料不存在任何虚假记载、误导性陈述或者重大遗漏,并对其内容的真实性、准确性和完整性承担个别及连带责任。

2、公司董事饶邦骥女士因有事在外未能出席董事会,委托公司董事扎西江措先生作为授权代表出席与表决,同意本年度报告所涉及的内容;公司董事张德川先生因有事在外未能出席董事会,委托公司董事扎西江措先生作为授权代表出席与表决,同意本年度报告所涉及的内容。

3、四川君和会计师事务所为本公司出具了标准无保留意见的审计报告。

4、公司负责人扎西江措先生,主管会计工作的负责人李忠先生,会计机构负责人洪强先生声明:保证年度报告中财务报告的真实、完整。

§1 公司基本情况简介

1.1 公司法定中、英文名称及缩写

公司法定中文名称:西藏天路交通股份有限公司

公司法定中文名称缩写:西藏天路

公司法定英文名称:TIBET TIANLU COMMUNICATIONS CO.,LTD.

公司法定英文名称缩写:TTC

1.2 公司法定代表人:扎西江措先生

1.3 公司董事会秘书的姓名、联系地址、电话、传真

公司董事会秘书:多吉罗布先生

联系地址:西藏拉萨市夺底路14号

公司英文联系地址:ADDRESS:NO.14DUODI ROAD,LHASA,TIBET

电话:0891-6389878　　传真:0891-6383071

1.4 公司注册地址、办公地址、邮政编码、公司电子邮箱、公司网址

公司注册地址:西藏拉萨市夺底路14号

公司办公地址:西藏拉萨市夺底路14号

邮政编码:850000

电子邮箱:xztlgf@163.net

公司网址:www.xztianlu.com

1.5 公司选定的信息披露报纸名称《上海证券报》、《中国证券报》

登载公司年度报告的中国证监会指定国际互联网址:http://www.sse.com.cn

公司年度报告备置地点:公司董事会办公室

1.6 公司股票上市交易所、股票简称和股票代码

公司股票上市交易所:上海证券交易所

股票简称:西藏天路

股票代码:600326

1.7 其他有关资料

1.7.1 公司首次注册登记日期、地点:

注册登记日:1999年3月29日

地点:西藏自治区工商管理局

1.7.2 变更注册登记日期、地点:

1、首次变更注册登记日:2000年3月31日

地点:西藏自治区工商管理局

2、最近一次变更注册登记日期、地点

注册登记日:2001年1月5日

地点:西藏自治区工商管理局

1.7.3 企业法人营业执照注册号:5400001000128

1.7.4 税务登记号码:540100710905111

1.7.5 公司聘请的会计师事务所名称:四川君和会计师事务所有限责任公司

公司聘请的会计师事务所办公地址:四川省成都市走马街68号锦城大厦10楼

§2 会计数据和业务数据摘要

2.1 本年度会计数据和业务数据:(单位:人民币元)

项目	本期数
利润总额	40,638,714.29
净利润	30,301,257.65
扣除非经常性损益后的净利润	26,167,050.41
主营业务利润	51,141,987.44
其他业务利润	199,567.38
营业利润	28,232,248.03
投资收益	7,932,297.94
补贴收入	4,442,798.98
营业外收支净额	31,369.34
经营活动产生的现金流量净额	−55,732,004.19
现金及现金等价物净增加额	−142,544,339.49

注:* 扣除的非经常性损益项目和涉及金额(单位:人民币元)

2.2 截至报告期末公司前三年的主要会计数据和财务指标:(单位:人民币元)

项目	2003年	2002年		2001年	
		调整后	调整前	调整后	调整前
主营业务收入	346,902,250.18	509,022,200.76	509,022,200.76	342,566,125.77	342,566,125.77
净利润	30,301,257.65	30,092,391.89	30,092,391.89	23,740,493.88	23,740,493.88
总资产	627,818,221.36	703,155,099.35	703,155,099.35	564,299,409.57	564,299,409.57
股东权益(不含少数股东权益)	407,881,628.10	404,580,370.45	377,580,370.45	384,487,978.56	374,487,978.56
每股收益:					
(摊薄)	0.1683	0.1672	0.1672	0.2374	0.2374
(加权)	0.1683	0.1672	0.1672	0.2456	0.2456
每股净资产	2.2660	2.2477	2.0977	3.8449	3.7449
调整后的每股净资产	2.2565	2.2364	2.0864	3.8358	3.7358
每股经营活动产生的现金流量净额	−0.3096	0.2886	0.2886	0.3817	0.3817
净资产收益率(%):					
(摊薄)	7.43%	7.44%	7.97%	6.17%	6.34%
(加权)	7.46%	7.68%	7.73%	6.76%	6.82%
扣除非经常性损益后的净资产收益率(%):					
(摊薄)	6.42%	8.04%	8.62%	8.16%	8.38%
(加权)	6.47%	8.28%	8.35%	8.83%	9.01%

2.3 报告期利润表附表

报告期利润	净资产收益率		每股收益	
	全面摊薄净资产收益率%	加权平均净资产收益率%	全面摊薄每股收益(元/股)	加权平均每股收益(元/股)
主营业务利润	12.54	12.59	0.2841	0.2841
营业利润	6.92	6.95	0.1568	0.1568
净利润	7.43	7.46	0.1683	0.1683
扣除非经常性损益后的净利润	6.42	6.47	0.1454	0.1454

注:利润表附表的利润数据系按照中国证监会《公开发行证券公司信息披露编报规则(第9号)》的要求计算。

2.4 报告期内股东权益变动情况

项目	期初数	本期增加	本期减少	期末数
股本	180,000,000.00			180,000,000.00
资本公积	172,393,627.85			172,393,627.85
盈余公积	16,532,462.18	6,060,251.54		22,592,173.72
法定公益金	6,502,786.46	3,030,125.77		9,532,912.23
未分配利润	8,654,280.42	5,895,286.53		14,549,566.95
待分配现金股利	27,000,000.00	27,000,000.00	27,000,000.00	27,000,000.00
股东权益合计	404,580,370.45	41,985,663.84	27,000,000.00	407,881,628.10

股东权益变动原因说明:

1、根据公司2004年第二届第十次董事会通过的2003年度利润分配预案:公司按净利润的10%提取法定盈余公积金3,030,125.77元,按净利润的10%提取法定公益金3,030,125.77元。

2、根据公司2004年第二届第十次董事会通过的2003年度利润分配预案:公司拟向全体股东每10股派1.50元现金红利(含税),共计应付普通股股利2,700.00万元。

§3 股本变动情况表

数量单位:股

项 目	本次变动前	本次变动增减(+,-)					本次变动后
		配股	送股	公积金转股	增发	其它	
一、未上市流通股份							
1、发起人股份	108,000,000						108,000,000
其中:国家拥有股份							
境内法人持有股份	108,000,000						108,000,000
境外法人持有股份							
其他							
2、募集法人股份							
3、高管持股							
4、优先股或其他							
其中:转配股	108,000,000						108,000,000
未上市流通股份合计							
二、已流通股份							
1.人民币普通股	72,000,000						72,000,000
2.境内上市的外资股							
3.境外上市的外资股							
4.其他							
已上市流通股份合计	72,000,000						72,000,000
三、股份总数	180,000,000						180,000,000

注:1、报告期内公司控股股东西藏公路工程总公司及未流通股股东无变化,所持股份未发生增减变动情况,也未质押或冻结情况。其余流通股东是否存在关联及质押,公司不清楚。

2、公司2003年8月22日召开董事会同意以不低于2003年6月30日西藏天路交通股份有限公司汽车贸易分公司帐面所反映的净资产人民币13,727,713.03元,由西藏自治区汽车工业贸易总公司回购西藏天路交通股份有限公司汽车贸易分公司全部资产,此交易不会损害公司和股东利益。

3.2 股票发行与上市情况

股票种类:人民币A股

发行日期:2000年12月25日

发行价格:6.88元/股

发行数量:4000万股

上市日期:2001年1月16日

获准上市交易数量:4000万股

交易地点:上海证券交易所

公司总股本:10000万股

公司经中国证券监督管理委员会证监发行字[2000]179号文核准于2000年12月25日增发人民币普通股4000万股,发行价格为6.88元。

公司经上海证券交易所上证上字[2001]7号文批准,公司股票2001年1月16日在上海证券交易所挂牌交易,公司可流通股本4000万股,总股本为10000万股。

公司于2002年3月28日用资本公积金向全体股东持有的股本每10股转增8股。此次资本公积转增股本后,公司股本增至人民币18,000万元。

3.3 股东情况介绍

3.3.1 报告期末公司股东总数23922户

3.3.2 主要股东持股情况:

1、报告期期末持有公司股份达5%以上(含5%)股东情况:

2、2003年12月31日前在册,拥有公司股份前十名股东情况。

名	股东名称	本期末持股数(股)	增减情况(+/-)	本比例(%)	持股占总股的质押或冻结情况	股份性质
1	西藏公路工程总公司	66021840	–	36.68	无	国有法人股
2	西藏自治区交通工业总公司	15747840	–	8.75	无	国有法人股
3	西藏拉萨汽车运输总公司	12875220	–	7.15	无	国有法人股
4	西藏自治区汽车工业贸易总公司	12580380	–	6.99	无	国有法人股
5	西藏自治区交通厅格尔木运输总公司	774720	–	0.43	无	国有法人股
6	乔楚	382060	不详	0.21	不详	流通股
7	袁宏	202800	不详	0.11	不详	流通股
8	杨先本	202590	不详	0.11	不详	流通股
9	胡海蓉	186600	不详	0.10	不详	流通股
10	黄水生	186600	不详	0.10	不详	流通股

注:1、西藏公路工程总公司为公司控股股东,其持有本公司股份6602.184万股为未上市流通的国有法人股,持有股份占公司总股本的36.68%。

2、公司第一至第五大股东均为国有法人股,隶属西藏自治区交通厅,其主营业务均无关联关系。持有公司总股份5%以上的法人股东所持股份未发生质押、冻结情况。

3、公司控股股东或实际控制人报告期内未发生变化。

4、后5名流通股股东之间是否存在关联关系或属于《上市公司股东持股变动信息披露管理办法》规定的一致行动人的,公司不详。

3.3.3 公司控股股东及公司控股股东实际控制人情况

1、公司控股股东名称:西藏公路工程总公司

注册地址:拉萨市夺底路16号

法定代表人:罗丹　　成立日期:1959年

注册资本:人民币5924万元

主要业务和产品:建筑设备安装

股权结构:国有企业

2、公司控股股东实际控制人情况

公司控股股东实际控制人:西藏自治区交通厅　　法定代表人:加措

单位性质:政府行政部门

主要职能:主管全区交通公路建设、运输行业

西藏交通厅注册地址:拉萨市罗布林卡路10号

3.3.4 2003年12月31日前在册,拥有公司股份前10名流通股股东情况

名次	股东名称	本期末持股数(股)	持股种类	是否存在关联关系
1	乔楚明	382060	A	不祥
2	袁宏	202800	A	不祥
3	杨先本	202590	A	不祥
4	胡海蓉	186600	A	不祥
5	黄水生	186600	A	不祥
6	王焕根	177400	A	不祥
7	陈来	136000	A	不祥
8	盛美英	135000	A	不祥
9	张国都	135000	A	不祥
10	谭波平	123000	A	不祥

§4 董事、监事、高级管理人员和员工情况

4.1 董事、监事及高级管理人员的基本情况

4.1.1 持股变动情况

姓名	性别	年龄	职务	任期起止日期	年初持股数(股)	年末持股数(股)
扎西江措	男	37岁	董事长兼总经理	2002.3--2005.3	0	0
李铧	男	38岁	董事	2002.3--2005.3	0	0
边巴次仁	女	41岁	董事	2002.3--2005.3	0	0
张德川	男	48岁	董事	2002.3--2005.3	0	0
饶邦骥	女	49岁	董事	2002.3--2005.3	0	0
范文理	男	58岁	独立董事	2002.6--2005.3	0	0
唐光兴	男	37岁	独立董事	2002.6--2005.3	0	0
边巴次仁	男	36岁	独立董事	2003.12--2005.3	0	0
洛桑曲加	男	54岁	监事会主席	2002.3--2005.3	0	0
普布	男	51岁	监事	2002.3--2005.3	0	0
达瓦次仁	男	46岁	监事	2003.11--2005.3	0	0
田根	男	45岁	常务副总经理	2002.3--2005.3	0	0
王锦河	男	36岁	副总经理兼总工程师	2002.3--2005.3	0	0
李忠	男	35岁	副总经理	2002.3--2005.3	0	0
王继昌	男	50岁	副总经理	2002.3--2005.3	0	0
边连仲	男	50岁	副总经理	2002.3--2005.3	0	0
多吉罗布	男	30岁	董事会秘书	2002.3--2005.3	0	0
洪强	男	29岁	财务负责人	2002.3--2005.3	0	0

4.1.2 董事、监事在股东单位任职情况

姓名	任职单位	现任职务
李铧	西藏公路工程总公司	总经理
边巴次仁	西藏自治区交通工业总公司	副总经理
张德川	西藏拉萨汽车运输总公司	总经理
饶邦骥	西藏自治区汽车工业贸易总公司	总经理
洛桑曲加	西藏公路工程总公司	党委书记、副总经理
普布	西藏拉萨汽车运输总公司党委	书记

4.2 董事、监事及高级管理人员的年度报酬情况

1、公司董事、监事和高管人员的报酬,是根据2002年10月23日召开的公司2002年股东大会第一次临时会议审议通过的《关于公司董事、监事(独立董事除外)报酬津贴的预案》及《高层管理人员业绩激励方案》执行。独立董事津贴是根据2002年5月29日股东大会第一次会议审议通过的《独立董事津贴及费用事项的议案》执行。

2、公司董事、监事和高管人员共计20人,2003年在公司领取的年度报酬总额:(包括基本工资、各项奖金、福利、补贴、住房津贴及其他津贴等)2,497,881.00元(含税)。情况如下:

姓名	性别	职务	年度报酬总额(元)	备注
扎西江措	男	董事长兼总经理	360,000.00	含税
李铧	男	董事	40,000.00	含税
边巴次仁	女	董事	40,000.00	含税
张德川	男	董事	40,000.00	含税
饶邦骥	女	董事	40,000.00	含税
何黎峰	男	(副董事长) 2003年10月28日离任董事	25,200.00	含税
范文理	男	独立董事	50,000.00	含税
唐光兴	男	独立董事	50,000.00	含税
边巴次仁	男	2003年12月1日任独立董事	4,166.00	含税
洛桑曲加	男	监事会主席	40,000.00	含税
普布	男	监事	20,000.00	含税
达瓦次仁	男	2003年11月3日任监事	58,182.00	含税
肖慈祥	男	(职工 代表) 2003年11月3日离任监事	30,333.00	含税
田根	男	副总经理	280,000.00	含税
王锦河	男	副总经理	260,000.00	含税
李忠	男	副总经理	260,000.00	含税
王继昌	男	副总经理	260,000.00	含税
边连仲	男	副总经理	180,000.00	含税
多吉罗布	男	董事会秘书	260,000.00	含税
洪强	男	财务负责人	200,000.00	含税

3、金额最高的前三名董事的报酬总额:440,000.00元(含税);

4、金额最高的前三名高级管理人员的报酬总额:900,000.00元(含税);

5、年度报酬在30万以上有1人,25~30万元之间有5人,15~20万元之间有2人,10万元以下有12人;

6、公司独立董事:范文理先生、唐光兴先生在本公司领取津贴、年度津贴为50,000.00元(含税),边巴次仁先生任职后在本公司领取津贴、津贴为4,166.00元(含税);

7、公司董事李铧先生在西藏公路工程总公司现任总经理;公司董事边巴次仁女士在西藏自治区交通工业总公司现任副总经理;公司董事张德川先生在西藏拉萨运输总公司现任总经理;公司董事饶邦骥女士在西藏自治区汽车工业贸易总公司现任总经理。以上董事只在本公司领取津贴,年度津贴为40,000.00元(含税);

8、公司董事何黎峰先生由于工作变动,根据《公司法》、《公司章程》及《国家公务员暂行条例》有关规定,不能继续担任公司副董事长、董事一职,故于2003年10月20日向公司董事会提交了辞职报告。并于2003年12月1日提交公司2003年第一次临时股东大会审议通过。公司董事何黎峰先生(副董事长)离任前在本公司领取津贴,年度津贴为25,200.00元(含税);

9、公司监事洛桑曲加先生在西藏公路工程总公司现任公司党委书记、副总经理,年度津贴为40,000.00元(含税);公司监事普布先生在西藏拉萨汽车运输总公司现任党委书记,年度津贴为20,000.00元(含税);

10、公司监事(职工代表)肖慈祥先生因工作调动,本人于2003年10月16日提出辞职,经2003年11月3日公司职工代表大会讨论,同意辞去公司监事(职工代表)职务,同时选举达瓦次仁先生为公司第二届监事会监事(职工代表)。公司监事肖慈祥先生,离任前在本公司年度报酬总额为30,300.00元(含税)。公司监事达瓦次仁先生,任职后在本公司报酬总额为58,100.00元(含税)。

4.3 在报告期内公司董事、监事及高级管理人员的离任、解聘、聘任情况

1、公司董事何黎峰先生由于工作变动,根据《公司法》、《公司章程》及《国家公务员暂行条例》有关规定,不能继续担任公司副董事长、董事一职,故于2003年10月20日向公司董事会提出了辞职报告。2003年12月1日公司2003年第一次临时股东大会审议通过了《关于审议公司董事辞职的议案》。

2、为进一步完善公司治理结构,促进上市公司规范运作。2003年12月1日公司2003年第一次临时股东大会聘任边巴次仁先生为公司独立董事。

3、公司监事(职工代表)肖慈祥先生因工作调动,本人于2003年10月16日提出辞职,经2003年11月3日公司职工代表大会讨论同意辞去公司监事(职工代表)职务,同时选举达瓦次仁先生为公司第二届监事会监事(职工代表)。除此之外公司董事、监事、董事会秘书及其他高级管理人员无离任、聘任或解聘情况。

4.4 公司员工情况

目前本公司共有职工1026人,其中各类人员及其构成如下:

4.4.1 职工的专业构成

生产人员630人,占职工人数61.41%

销售人员10人,占职工人数0.97%

技术人员129人,占职工人数12.57%

财务人员53人,占职工人数5.16%

行政人员120人,占职工人数11.7%

其他人员84人,占职工人数8.19%

4.4.2 专业技术人员构成如下

高级职称技术人员5人,占职工人数5‰

中级职称技术人员44人,占职工人数4.3%

初级职称技术人员104人,占职工人数10.14%

4.4.3 职工文化程度情况

大专以上122人,占职工人数11.89%

高中及中专213人,占职工人数20.76%

高中以下691人,占职工人数67.35%

§5 公司治理结构

5.1 董事会、监事会的人员及构成

公司董事会、监事会的人数及人员构成符合法律法规的要求。

董事会由8人组成,其中:独立董事3人;大专以上文化8人;藏族3人、汉族5人;男6人、女2人;50岁以上1人、40-50岁4人、30-40岁3人。

公司监事会由3人组成,其中:大专以上文化1人;藏族3人;男3人;50岁以上2人、40-50岁1人;职工代表1人。

5.2 公司治理的实际状况

5.2.1 公司法人制理情况

公司严格按照《公司法》、《证券法》和中国证监会有关法律法规的要求，以建立健全完备的法人治理结构，实现规范化、制度化为宗旨。不断完善公司法人治理结构，建立现代企业制度，规范公司运作，从制度上加强细化了公司管理。报告期内，公司治理结构的实际情况与中国证监会发布的有关上市公司治理的规范性文件不存在差异。

1、公司能够确保所有股东，特别是中小股东享有平等的地位，充分行使自己的职权。《公司章程》明确了对董事会的授权，制定了《股东大会议事规则》，并能够严格按照《股东大会规范意见》的要求召集、召开股东大会。使股东充分行使自己的表决权，并由律师出席见证。

2、公司董事的选聘严格按照公司章程规定的程序进行，董事的人数和人员构成也符合国家有关法律法规的要求。并按照《董事会议事规则》开展工作，各位董事以认真负责的态度出席公司董事会和股东大会，正确行使权力。报告期内，公司通过股东大会增选了一名独立董事，使独立董事专业涵盖了公司主营业、会计、法律等。董事会成员专业结构更加合理，达到独立董事人数占董事会构成1/3 的要求。

3、公司设立了董事会所属四个专门委员会，即战略委员会、提名委员会、审计委员会、薪酬与考核委员会。并相继制订了《股东大会议事规则》、《董事会议事规则》、《监事会议事规则》、《战略委员会实施细则》、《审计委员会实施细则》、《提名委员会实施细则》、《薪酬与考核委员会实施细则》、《独立董事制度》和《法定代表人授权管理规定》、《关联交易管理办法》等工作条例，并已有效开展了工作，为公司董事会提供了有效的决策依据。

4、报告期内，公司按要求修订了《公司章程》。为了进一步保护所有股东，特别是中小股东享有平等地位，确保所有股东能够充分行使自己的权利，根据中国证监会及中国证监会派出机构西藏拉萨证管办(现更名中国证监会西藏监管局)的要求，公司已拟定《投资者关系管理制度》；同时与关联人进行交易时，遵循平等、自愿、等价、有偿、互利的原则，从未出现损害公司和其他股东利益的情况，公司的运作和管理符合中国证监会和国家经贸委发布的《上市公司治理准则》的有关要求。

5、报告期内中国证监会西藏监管局为深入贯彻落实全国证券期货监管工作会议精神，于 2003 年 4 月赴公司开展工作，对公司法人治理结构，建立现代企业制度，规范运作进行了全面检查；12 月针对公司落实 2002 年巡回检查中提出的整改问题进行了回访，并为公司持续、健康、规范发展提出了指导意见。

6、公司 2003 年 1 月被国家工商行政管理总局评为"守合同重信用"企业，7 月经中国建设银行西藏自治区分行评定为"AAA 级信用单位"，9 月被西藏自治区国家税务局评定为"A 级最佳信用度纳税人"，11 月被西藏自治区银行业公会评为 2003 年度"诚信企业"，同时被西藏自治区人民政府评定为 2003 年度"纳税先进企业"。2003 年 11 月 6 日-11 月 7 日，公司作为西藏企业代表应邀参加了在广东省珠海市举行的世界经济发展宣言大会。

5.2.2 公司董事、独立董事履行职责情况

1、公司各位董事能够以认真负责的态度出席董事会和股东大会，能够积极参加有关培训，熟悉有关法律法规，行使董事的权利、义务和责任。

2、公司根据《关于在上市公司建立独立董事制度的指导意见》于 2002 年 6 月 28 日公司第二届股东大会第一次会议上审议通过了聘任范文理先生、唐光兴先生，并于 2003 年 12 月 1 日召开的 2003 年第一次临时股东大会审议通过了聘任边巴次仁先生为公司第二届董事会独立董事。达到独立董事人数占董事会构成 1/3 的要求。公司独立董事自任职以来，均认真参加了公司报告期内召开的董事会及股东大会，参与会议各项议案的审议，从法律、财务、行业等不同角度对董事会的议案发表了专业意见，并对公司经营活动中的重大决策事项发表了客观公正的意见，同时出具了独立意见。认真履行了作为独立董事应承担的职责，切实发挥了维护公司及广大中小股东利益的作用。

5.2.3 公司 2003 年公司忠实履行持续信息披露义务情况

公司指定董事会秘书负责信息披露、接待股东来访与咨询及电话咨询，加强了与股东之间的交流。充分履行持续信息披露义务，严格按照法律、法规和《公司章程》的信息披露要求做到公开、公正、公平、真实、准确、完整、及时地披露信息。建立了能够确保股东对法律、行政法规所规定的公司重大事项享有知情权和参与表决权的信息披露制度。维护股东，尤其是中小股东的合法权益。

5.2.4 公司与控股股东在业务、人员、资产、机构、财务等方面的分开情况

公司与控股股东严格按照有关法律法规做到了"五分开"。公司具有独立完整的业务体系、业务部门和业务流程；拥有独立于股东单位和其他关联方的经营体系、生产设备、设施等；在劳动、人事及工资管理等方面完全独立，拥有单独的办公机构和生产经营场所；在财务上做到了"三分开"。

5.2.5 对高级管理人员的考评及激励机制

公司已建立了公正、透明的董事、监事和高级管理人员的绩效评价标准和激励约束机制，中级以上管理人员全部实行竞聘上岗。公司高级管理人员向董事会负责，董事会对高级管理人员的工作按年度进行考核，同时董事会、监事会还对公司高级管理人员的经营管理工作情况进行监督。对高级管理人员以年度为单位，根据企业经营规模、经营管理业绩和承担的责任、风险确定年薪制和年终奖金制。

5.2.6 公司监事会履行职责情况

公司监事会人数和人员构成符合法律和法规要求，公司监事会列席了历次公司股东大会和董事会，并严格按照公司建立的《监事会议事规则》要求认真审议各项议案。本着从股东利益出发，对公司董事会、经理及其他高级管理人员履行的合法、合规性行为进行监督，对公司财务状况进行检查监督，降低公司的财务和经营风险。公司严格按照《公司法》、《证券法》和中国证监会有关法律、法规的要求，不断完善公司法人治理结构，建立现代企业制度，规范公司运作。公司制订了《公司章程》、《股东大会议事规则》、《董事会议事规则》、《监事会议事规则》和《法定代表人授权管理规定》等。这些规则符合中国证监会和国家经贸委发布的《上市公司治理准则》的有关要求。

5.3 改进公司治理的具体计划和措施

公司将继续完善法人治理结构和运行机制，不断规范相应的管理体制，并继续奉行"诚信为本，依法经营"的诚信理念，不遗余力地做好"诚信·维权"的各项工作，加强对员工的诚信教育工作，在全公司强化诚信意识，努力争做规范经营的表率，切实履行"发展企业，服务社会，造福西藏"的企业发展宗旨。

§6 董事会报告

6.1 管理层分析

报告期内公司所处行业及经营范围没有发生变化，公司持续稳定发展；报告期内公司以《上市公司治理准则》为规范依据，对《公司章程》进行了修改、补充，进一步完善公司法人治理结构，建立健全现代企业制度，规范公司运作；公司根据中国证监会在《在上市公司建立独立董事的通知》要求，于 2003 年 12 月经过股东大会审议增补了一名法律专业人士的独立董事，达到独立董事人数占董事会构成 1/3 的要求。公司始终坚持以质量管理为核心，以财务管理为中心的管理体系。不断强化资金管理，应用现代化手段对资金、债务、会计核算进行高度集中管理，活化闲置资金，严格大额资金的审批，强化资金运作的监督控制。不断压缩管理层次，推行扁平化管理，同时对已经建立的规章制度进行了全面地整合，进一步明确了各职能部门的职责和业务流程，规范了岗位职责及任职要求，避免了责权不明、互相推诿的现象，提高了办事效率，降低了管理费用，资源配置更加有效合理，提高了公司的总体管理水平和盈利能力。

6.2 报告期内公司经营情况

6.2.1 公司业务范围及其经营情况

1、公司主营业务范围

公司主营业务为公路工程施工的基础设施建设，主要承担西藏自治区内的公路、桥梁的建设任务。其公路及桥梁施工能力、工程施工质量、公路建设市场占有率、高等级公路施工市场占有率、工程机械设备的先进程度及拥有量在西藏自治区内一直处于领先地位。所交验工程合格率达 100%，优质工程达 85%以上。

(1)公路、桥梁的建设(壹级)；

(2)工业与民用建筑施工二级、装饰二级；

(3)承担大二型及以下水利水电建筑工程施工、基础处理施工，中型及以下水利水电工程机电设备安装、金属结构制作安装；电压等级为 110KV 及以下输变电工程施工与安装水利水电工程施工(二级资质)；

(4)与公路建设相关的建筑材料(含水泥制品)生产、销售；

(5)汽车贸易(含小轿车)及汽车筑路机械零配件的经营；汽车维修；

(6)塑料制品；制氧业务；

(7)货物运输、长短途客运；

(8)对外经济技术合作业务，其对外经营范围为：承包境外公路工程和境内国际招标工程；上述境外工程所需的设备、材料出口；对外派遣实施上述境外工程所需的劳务人员。

2、公司主营业务收入

公司于 2003 年度实现主营业务收入 346,902,250.18 元，主营业务成本 286,315,275.85 元，主营业务利润 51,141,987.44 元；分别较上年度减少 162,119,950.58 元、135,911,369.81 元、22,524,308.75 元；减幅 31.85%，32.19%，30.58%；其中：公路工程施工实现主营业务收入 332,880,853.96 元，主营业务成本 278,010,272.30 元，主营业务利润 45,681,389.10 元。2003 年度实现净利润 30,301,257.65 元，较上年度增长 208,865.76 元；增幅 0.69%。

2003 年度公司主营业务利润较上年度下降 30.58%，主要是受原材料涨价及上半年"非典"疫情影响，公路工程施工收入较上年度下降 21.63%；根据公司第二届董事会第八次会议决定，公司将下属汽车贸易分公司的整体资产出售给西藏自治区汽车工业贸易总公司，全年汽车贸易收入较上年度下降 96.35%；公司主营业务收入较上年度下降 31.85%。

2003 年度净利润较上年度增加了 0.69%，主要是本年度公司加大内部挖潜力度；大力推行"成本领先战略"；大幅压缩各项费用开支。

(1)报告期内公司主营业务收入构成情况如下：

①、按行业分类

主营业务项目	主营业务收入(元) 金额(%)	比例	主营业务成本 金额(%)	比例	毛利率 (%)	主营业务收入比上年增减(%)	主营业务成本比上年增减(%)	毛利率比上年增减(%)
公路工程	332,880,853.96	95.96	278,010,272.30	97.10	16.48	−21.63	−18.98	−14.26
汽车贸易	2,925,482.05	0.84	2,468,400.14	0.86	15.62	−96.35	−96.74	189.80
货物运输	1,293,500.00	0.37	1,081,435.11	0.38	16.39	−59.26	−43.11	−59.16
建筑材料	698,423.60	0.21	1,110,409.74	0.39	−58.99	−27.09	−20.31	−29.76
自来水	9,103,990.57	2.62	3,644,758.56	1.27	59.97	--	--	--
合计	346,902,250.18	100.00	286,315,275.85	100.00	17.47	−31.85	−32.19	2.46

②、按地区分类

主营业务项目	主营业务收入(元) 金额	比例(%)	主营业务收入比上年增减(%)
西藏自治区	337,798,259.61	97.38	−29.71
四川省	9,103,990.57	2.62	−
合计	346,902,250.18	100.00	−31.85

(2)、报告期内公司主营业务利润构成情况如下：

①、按行业分类

主营业务项目	主营业务利润(元)	比例(%)
公路工程	45,681,389.10	89.32
汽车贸易	421,869.09	0.82
货物运输	140,922.39	0.28
建筑材料	−416,961.11	−0.81
自来水	5,314,767.97	10.39
合计	51,141,987.44	100.00

②、按地区分类

主营业务项目	主营业务利润(元)	比例(%)
西藏自治区	45,827,219.47	89.61
四川省	5,314,767.97	10.39
合计	51,141,987.44	100.00

(3)、报告期内占主营业务利润 10%以上的行业情况：

主营业务项目	主营业务收入	主营业务成本	毛利率
公路工程	332,880,853.96	278,010,272.30	16.48
自来水	9,103,990.57	3,644,758.56	59.97

司在主营业公路建设方面，对所有的工程项目均按照项目法进行组织施工，采用项目经理责任制。根据 ISO9001:2000 国际质量管理体系标准，认真落实《工程安全管理办法》、《工程成本管理办法》、《项目管理办法》，强化质量意识，各项目部按照精干高效、统一务实的原则设置了职能现场管理部门，使得工程、进度、效益全面提高。

公司 2003 年承建的工程建设项目有 11 个，其中续建工程 8 个、新建工程 3 个：

续建工程

1、国道 109 线青藏公路格尔木至拉萨段整治改建工程第三合同段；

2、国道 317 线妥坝至昌都公路改建工程 A 合同段；

3、西藏山南地区泽当至错那公路改建工程第 01 标段；

4、国道 318 线川藏公路八宿西至牛踏沟改建工程一标段；

5、国道 219 线狮泉河至昆沙公路改建工程 C 合同段；

6、国道 318 线田妥乡至怒江隧道西口段整治改建工程第四合同段；

7、拉萨市纳金乡至林周县城公路第 H 合同段)。

8、国道 318 线川藏公路八宿西至牛踏沟改建工程六标段。

新建工程

1、拉萨至贡嘎机场公路新改建工程 E 合同段；

2、日喀则至谢通门通县油路改建工程；

3、西藏阿里地区狮泉河镇城镇道路工程。

6.2.2 主要控股公司及参股公司的经营情况及业绩

1、控股公司

控股公司西藏日喀则地区宗山水泥厂有限责任公司注册资本 503.00 万元，主营水泥生产销售。本公司持有 51%的股权，实际投资额为 256.53 万元。该公司自 2001 年 6 月就已停产，2001 年 12 月 31 日本公司已将此项投资成本超过帐面价值的差额计入 2001

年度投资损失，将此项长期股权投资减记为零，在编制 2001 年度会计报表时就未纳入合并报表。本

报告期也未将其纳入合并报表。

控股公司西藏天路邛崃水业有限责任公司，注册资本800.00万元，主营自来水生产销售。本公司持有60%的股权，实际投资额为3,438.00万元。该公司经营良好，本报告期内实现投资收益4,004,579.97元。

2、参股公司

参股公司西藏山南水泥厂，注册资本550.00万元，主营水泥生产销售。本公司持有49%的股权，实际投资额为172.00万元，根据2003年10月28日签定的《股权置换协议》，该公司本年度已置换出公司，本报告期内(2003年1-9月)实现投资收益1,482,711.10元。

参股公司西藏雅江经贸培训中心管理有限公司，该公司2003年10月16日成立，注册资本2,500.00万元，主营餐饮、住宿。根据2003年10月28日签定的《股权置换协议》，本公司持有45%的股权，实际投资额为1,222.75万元，本报告期内(2003年11-12月)实现投资收益-155,272.50元。

参股公司西藏云天工程建筑有限责任公司，注册资本3,000.00万元，主营公路工程施工，本公司持有40%的股权，实际投资额为1,200.00万元，该公司经营良好，本报告期内实现投资收益669,872.88元。

参股公司西藏高争建材股份有限公司，注册资本6,500.00万元，主营建材、釉面墙地砖的生产、销售。本公司实际投资额为2,040.00万元，持有1,500.00万股，持股比例为23.07%，该公司经营良好，本报告期内实现投资收益7,331,389.02元。

6.2.3 主要供应商、客户情况

公司本年度前五名供应商合计采购金额为3,797.14万元，占公司本年度采购总额的27.58%。公司本年度前五名客户分别是：西藏自治区交通厅重点公路建设项目管理中心、拉萨市交通局、西藏自治区交通厅公路管理局、阿里地区发展计划委员会。销售金额合计为33,288.09万元，占公司本年度销售总额的95.96%。

6.2.4 在经营中出现的问题与困难及解决方案

1、存在的问题与困难

西部大开发战略的实施，基础设施建设投资力度的加大，给公司带来了机遇，同时市场的开放吸引了众多企业加入到有限的市场份额的竞争中来，行业竞争激烈，公司员工技能偏低，人才匮乏，隐性失业危机加大。同时由于受特殊地理条件及气候环境影响，公司每年正常的施工期只有6-7个月。市场有待进一步拓展；人才结构有待进一步完善；资源有待进一步整合。

2、解决的方案

公司第二届董事会结合西藏自治区经济发展形势，针对公司自身实际，提出了"一个突破，两个转变，三个提升"的二次创业目标，即通过股权单一化的突破；实现由粗放型的经验管理向规范化的制度管理转变、由劳动密集型的施工企业向技术密集型的管理公司转变；实现市场占有率的提升、管理机制的提升、企业文化的提升。

(1)继续推行可持续发展战略强化主业，集中力量将公司主导产业及主营业务相关联的上下游产业做强、做大，为公司的发展方向。在主营业工程建设项目管理中引竞争机制，强化成本管理意识，加强规章制度、业务流程的执行力度，强化资金运作的监督控制，确保经营利润，达到降本增效，进而提高公司的市场竞争能力和盈利能力。

(2)整合公司现有资源，努力开辟第二主业，寻找新的利润增长点。

(3)以人为本，积极构建人才脱颖而出的机制，建立良好的用人机制和聚集企业发展所需各类人才的制度平台。下大力气努力挖掘人力资源，建立人才储备库，为公司持续健康发展和不断创新储备战略能源。以达到公司发展的需要。

(4)强化外部市场和内部管理工作的竞争意识，紧紧围绕"树诚信意识，做精品工程，创天路品牌"的质量方针，大力加强制度建设，严格执行流程，推进公司现代化建设进程。

6.3 公司投资情况

6.3.1 公司《招股说明书》承诺的募集资金投向使用计划如下：(单位：万元)

募集资金承诺投资项目	投资金额 2001年	2002年	2003年	合计
1、1000t/d级带改进型分解炉的五级预热预分解窑水泥生产线改扩建项目	4,881.00	7,321.00	1,901.00	14,103.00
2、工程施工机械设备技改项目	3,900.00	1,000.00	-	4,900.00
3、汽车修理厂改扩建项目	3,400.00	1,313.00	-	4,713.00
4、更新大吨位载货车辆项目	2,500.00	-	-	2,500.00
合计	14,681.00	9,634.00	1,901.00	26,216.00

募集资金承诺投资项目

6.3.2 募集资金项目实施进度情况

募集资金投资项目变更前、后实施情况对比一览表(表一)(单位：万元)

一、募集资金承诺投资项目	计划投资金额	募集资金变更、追加投资	合计计划投资
1、1000t/d级带改进型分解炉的五级预热预分解窑水泥生产线改扩建项目	14,103.31	-7,192.69	6,910.62
2、工程施工机械设备技改项目	4,900.00	2,252.69	7,152.69
3、汽车修理厂改扩建项目	4,713.00	-3,438.00	1,275.00
4、更新大吨位载货车辆项目	2,500.00	0.00	2,500.00
合　计	26,216.31	-8,378.00	17,838.31

二、募集资金变更投资项目	计划投资金额
1、西藏高天水泥有限责任公司	6,910.62
2、西藏高争建材股份有限公司	2,040.00
3、西藏云天工程建筑有限责任公司	1,200.00
4、汽车展场改扩建项目	400.00
5、西藏天路邛崃水业有限责任公司	3,438.00
合　计	13,988.62
三、尚未确定投资项目的余留资金	1,300.00

一、募集资金承诺投资项目	截止2003年12月31日已投资金额	尚未投资金额	已投资部分占投资金额的比例
1、1000t/d级带改进型分解炉的五级预热预分解窑水泥生产线改扩建项目	4,808.84	2,101.78	69.59%
2、工程施工机械设备技改项目	6,335.22	817.47	88.57%
3、汽车修理厂改扩建项目	0.00	1,275.00	0.00
4、更新大吨位载货车辆项目	687.50	1,812.50	27.50%
合　计	11,831.56	6,006.75	66.33%

二、募集资金变更投资项目	截止2003年12月31日已投资金额	尚未投资金额	已投资部分占投资金额的比例
1、西藏高天水泥有限责任公司	4,808.84	2,101.78	69.59%
2、西藏高争建材股份有限公司	2,040.00	0.00	100.00%
3、西藏云天工程建筑有限责任公司	1,200.00 -14.70	0.00	100.00%
4、汽车展场改扩建项目	414.70 (超计划)	103.67%	
5、西藏天路邛崃水业有限责任公司	3,438.00	0.00	100.00%
合　计	11,901.54	2,101.78	85.08%
三、尚未确定投资项目的余留资金	0.00	1,300.00	0.00

募集资金变更后投资项目实施情况一览表(表二)

(单位：万元)

募集资金投资项目	计划投资金额	截止2003年12月31日已投资金额	尚未投资金额	已投资部分占投资金额的比例
1、西藏高天水泥有限责任公司	6,910.62	4,808.84	2,101.78	69.59%
2、西藏高争建材股份有限公司	2,040.00	2,040.00	0.00	100.00%
3、汽车展场改扩建项目(超计划)	400.00	414.70	-14.70	103.67%
4、西藏云天工程建筑有限责任公司	1,200.00	1,200.00	0.00	100.00%
5、工程施工机械设备技改项目	7,152.69	6,335.22	817.47	88.57%
6、更新大吨位载货车辆项目	2,500.00	687.50	1,812.50	27.50%
7、西藏天路邛崃水业有限责任公司	3,438.00	3,438.00	0.00	100.00%
7、尚未确定投资项目的剩余资金其中：	2,575.00	0.00	2,575.00	0.00
<1>、汽车修理厂改扩建项目	1,275.00	0.00	1,275.00	0.00
<2>、尚未确定投资项目的余留资金	1,300.00	0.00	1,300.00	0.00
合　计	26,216.31	18,924.26	7,306.75	72.19%

6.3.3 募集资金项目变更及披露情况

1、报告期内本公司无募集资金项目投向的变更

2、报告期内本公司无暂缓实施、中止和暂停的项目

6.3.4 尚未使用的募集资金去向

本公司在募集资金承诺投资项目实际投向中，除工程施工机械设备技改项目实施了88.57%；更新大吨位载货车辆项目实施了27.50%以外；其他项目都与《招股说明书》承诺的投资项目相比做了一些调整。截止2003年12月31日公司已经投入项目使用的募集资金18,924.26万元，投入的流动资金21.07万元，合计18,945.33万元，占公开发行实际募集资金26,252.08万元的72.17%。投入项目使用的募集资金18,924.26万元，占《招股说明书》承诺的募集资金投资项目计划用款26,216.00万元的72.19%。《招股说明书》承诺的募集资金投资项目投资计划已经完成11,831.56万元，占《招股说明书》承诺的募集资金投资项目计划用款26,216.00万元的45.13%。尚未使用的募集资金7,306.75万元，占公开发行实际募集资金26,252.08万元的27.83%，占募集资金投资项目计划用款26,216.31万元的27.87%。尚未使用的募集资金7,306.75万元仍足额存放在本公司指定的银行帐户中。

6.3.5 投资西藏高天水泥有限责任公司的投资构成说明公司与西藏高争建材股份有限公司(以下简称"西藏高争")共同出资组建西藏高天水泥有限责任公司(以下简称"西藏高天"，正在筹建阶段)。该公司注册资金14,103.31万元(暂定)，西藏高争出资7,192.68万元，持有西藏高天51%的股权，公司出资6,910.62万元，持有西藏高天49%的股权。截止本报告期末公司对西藏高天投资4,808.84万元。公司2003年5月支付投资款1,200.00万元，6月支付投资款600.00万元，7月支付投资款600.00万元，三期共计投资募集资金变更投资项目--西藏高天水泥有限责任公司投资款2,400.00万元。

6.3.6 募集资金投资项目收益情况本报告期内投资西藏云天工程建筑有限责任公司实现投资收益669,872.88元；投资西藏高争建材股份有限公司实现投资收益7,331,389.02元；投资西藏天路邛崃水业有限责任公司实现投资收益4,004,579.97元。

6.4 公司报告期内财务状况、经营成果和现金流量分析

6.4.1 报告期内财务状况、经营成果和现金流量状况

项目	2003年(元)	2002年(元)	增减(%)
总资产	627,818,221.36	703,155,099.35	-10.71
长期负债	0.00	85,000,000.00	-100.00
股东权益	407,881,628.10	404,580,370.45	0.82
主营业务利润	51,141,987.44	73,666,296.19	-30.58
净利润	30,301,257.65	30,092,391.89	0.69
经营活动产生的现金流量净额	-55,732,004.19	51,946,618.07	-207.29
现金及现金等价物净增加额	-142,544,339.49	-58,890,000.41	-142.05

6.4.2 本报告期内，公司的财务状况、经营成果和现金流量较上一年度有了较大的变化，其具体分析如下：

1、2003年12月31日，公司的总资产较上年度下降了10.71%，主要是本年度公司支付上年度民工工资。

2、2003年12月31日，公司长期负债较上年度下降了100.00%，主要是本年度公司偿还了长期借款6,500.00万元；经本次审计，将邛崃水业有限责任公司托管的原政府管网改造业务资产及负债2,000.00万元予以剥离。

3、2003年度主营业务利润较上一年度下降了30.58%，主要是受源材料涨价及上半年"非典"疫情影响，公路工程施工收入较上年度下降21.63%；根据公司第二届董事会第八次会议决定，公司将下属汽车贸易分公司的整体资产出售给西藏自治区汽车工业贸易总公司，全年汽车贸易收入较上年度下降96.35%。

4、2003年度经营活动产生的现金流量净额较上一年度下降了207.29%。其原因：一是由于公司业务经营的特点，收入确认及实际结算具有一定的周期性和季节性特征，受其影响现金流量不均衡，使现金流量出现负数，2003年度公司完成的工程量及收入确认集中在下半年，受现金回款周期性特点的影响，致使公司经营活动产生的现金流量净额出现了负数；二是2003年公司购建固定资

产、投资项目的现金支出较多。公司管理层认为,公司现金流量状况虽有较强的行业季节性特点,但凭借良好的信用状况,公司与当地金融机构建立的筹资渠道成为调剂经营活动现金季节性余缺的重要途径,保证了公司业务持续稳定发展。

6.5 生产经营环境及政策法规变化对公司的影响行业市场竞争形势严峻。随着公路建设市场的招投标制度的全面实施和区内建筑市场的开放,西藏限制性产业政策的取消和区外业界大量的不断涌入,竞争对手不断增多,使行业竞争日益激烈。但随着国家西部大开发战略的全面实施,我区基础设施建设的投资也随之逐年增加,根据《西藏自治区公路交通发展规划纲要》,十五期间西藏年均投资额将达到 26.7 亿元,十一五期间将达到 49.1 亿元,近十年西藏公路工程行业的发展呈扩大趋势,市场容量将继续增大,这给公司带来前所未有的发展机遇。

6.6 公司本年度审计报告无保留无解释性说明公司本年度会计报表经四川君和会计师事务所有限责任公司签字注册会计师庄瑞兰、阳林审计并出具标准无保留意见审计报告

6.7 董事会日常工作情况

6.7.1 报告期内董事会的会议情况及决议内容报告期内公司董事会共召开四次会议:

1、第二届董事会第六次会议于 2003 年 03 月 14 日在公司办公楼三楼会议室召开,会议审议通过了如下决议:

(1)公司 2002 年年度报告及 2002 年年度报告摘要;

(2)公司 2002 年度董事会报告;

(3)公司 2002 年财务决算方案,公司 2002 年度利润分配预案;

(4)公司 2003 年高层管理人员年薪及业绩激励计划方案;

(5)关于提请修改《公司章程》的请示;

(6)公司董事会决定 2003 年 4 月 18 日(星期五)召开 2002 年度股东大会;

2、第二届董事会第七次会议于 2003 年 04 月 28 日以通讯方式召开,经全体董事以传真形式进行表决,通过了公司 2003 年第一季度报告。(根据上海证券交易所要求未公告)

3、第二届董事会第八次会议于 2003 年 08 月 22 日在公司办公楼二楼会议室召开,会议审议通过了如下决议:

(1)公司 2003 年半年度报告及 2003 年半年度报告摘要;

(2)公司关于注销分公司营业执照的预案;

(3)关于出售西藏天路交通股份有限公司汽车贸易分公司的预案;

(4)关于调整公司固定资产折旧计提范围的预案;

其中涉及关联交易的议案,关联董事回避了表决。

4、第二届董事会第九次会议于 2003 年 10 月 28 日以通讯方式召开,会议审议通过了如下决议:

(1)公司 2003 年第三季度报告;

(2)公司董事会提名委员会提名边巴次仁为独立董事候选人的预案;

(3)公司董事辞职的预案;

(4)公司董事会决定 2003 年 12 月 1 日(星期一)召开 2003 年第一次临时股东大会。

6.7.2 董事会决议公告刊登的信息披露报纸及披露日期

董事会决议公告	披露日期
第二届董事会第六次会议决议公告	
暨召开 2002 年度股东大会通知	2003 年 03 月 18 日
公司 2003 年第一季度报告	2003 年 04 月 30 日
第二届董事会第八次会议决议	
暨西藏天路交通股份有限公司关联交易公告	2003 年 08 月 26 日
第二届董事会第九次会议决议公告	
暨召开 2003 年第一次临时股东大会的通知	2003 年 10 月 30 日

董事会决议公告	刊登报纸
第二届董事会第六次会议决议公告	
暨召开 2002 年度股东大会通知	《中国证券报》、《上海证券报》
公司 2003 年第一季度报告	《中国证券报》、《上海证券报》
第二届董事会第八次会议决议	
暨西藏天路交通股份有限公司关联交易公告	《中国证券报》、《上海证券报》
第二届董事会第九次会议决议公告	
暨召开 2003 年第一次临时股东大会的通知	《中国证券报》、《上海证券报》

6.7.3 董事会对股东大会决议的执行情况

本年度公司董事会认真履行《公司章程》规定的职责,严格执行了股东大会的各项决议。公司根据 2003 年 4 月 19 日召开的 2002 年股东大会决议,认真组织实施了 2002 年度利润分配方案。

以 2002 年度末总股本 180,000,000 股为基数,公司向所有股权登记日登记在册的公司股东每 10 股派发现金红利 1.50 元(含税),其中:持流通股的个人股东公司按照 20%的税率代扣个人所得税,实际派送现金红利为每股 0.12 元;法人股东和持流通股的机构投资者公司不代扣所得税,实际派送现金红利为每股 0.15 元(详见 2003 年 06 月 05 日《中国证券报》、《上海证券报》)公司 2002 年度分红派息实施公告。)

6.8 本次利润分配预案和资本公积金转赠股本预案

经公司第二届董事会第十次会议决议,公司 2003 年度财务会计报表经四川君和会计师事务所审计,公司 2003 年度实现净利润 30,301,257.65 元,按《公司章程》的有关规定计提 10%的法定盈余公积金 3,030,125.77 元;计提 10%的法定公益金 3,030,125.77 元。加上 2002 年度未分配利润 8,654,280.42 元,2003 年度可供投资者分配的利润为 32,895,286.53 元。公司拟向全体股东每 10 股派 1.50 元现金红利(含税),剩余 5,895,286.53 元未分配利润结转以后年度分配。

公司本次利润分配拟不送红股,不用资本公积金转增股本。

以上分配预案尚需提交 2003 年度股东大会审议批准后方可实施。

6.9 报告期内公司聘请四川智力律师事务所担任法律顾问

6.10 报告期内公司选定的信息披露报纸无变更,仍以《上海证券报》、《中国证券报》为公司信息披露指定报纸。

6.11 报告期内公司独立董事为公司关联交易发表了独立董事意见

2003 年 8 月 22 日公司第二届董事会第八次会议于审议通过了关于出售西藏天路交通股份有限公司汽车贸易分公司的议案。公司独立董事唐光兴、范文理为此发表了独立董事意见并在 2003 年 08 月 26 日《中国证券报》和《上海证券报》与公司并联交易公告同时公告。独立董事意见如下:

我们作为西藏天路交通股份有限公司第二届董事会独立董事,依据中国证监会《关于在上市公司建立独立董事制度的指导意见》的有关规定,我们二人在经过对西藏自治区汽车工业贸易总公司、西藏天路交通股份有限公司汽车贸易分公司及西藏自治区汽车市场进行调查和分析后独立作出判断,对本次公司出售西藏天路交通股份有限公司汽车贸易分公司的议案发表如下意见:

1、此项关联交易的决策程序符合有关法律和《上市规则》、《公司章程》的规定,该关联交易事项已经西藏天路交通股份有限公司董事会及管理层的充分论证和谨慎决策,本次关联交易议案表决时,关联董事按规定予以回避;

2、本次出售西藏天路交通股份有限公司汽车贸易分公司的表决程序、协议签署符合《公司法》、《证券法》和《公司章程》等有关规定;

3、公司董事会同意以不低于 2003 年 6 月 30 日西藏天路交通股份有限公司汽车贸易分公司帐面所反映的净资产人民币 13,727,713.03 元,由西藏自治区汽车工业贸易总公司回购西藏天路交通股份有限公司汽车贸易分公司全部资产,此交易不会损害公司和股东利益;

4、本次关联交易完成后有利于公司集中力量发展主业,提升公司的综合竞争能力,降低公司经营风险,实现公司的资源整合。公司拟出售西藏天路交通股份有限公司汽车贸易分公司的议案是可行的。在实施过程中,公司应根据中国证监会的相关规定运作。

§7 重要事项

7.1 报告期内公司无重大诉讼、仲裁事项

7.2 收购及出售资产、吸收合并事项

根据第二届董事会第五次会议决议,公司于 2002 年 12 月 9 日收购了邛崃水厂,变更后的公司注册资本为 800 万元(公司占 480 万元(60%)),公司总投资 3,438 万元,占总股本 60%,并于 12 月 17 日更名为西藏天路邛崃水业有限责任公司,分别变更了地税与国税登记、变更了产权登记。控股公司西藏天路邛崃水业有限责任公司注册资本 800.00 万元,主营自来水生产销售,本公司持有 60%的股权,实际投资额为 3,438.00 万元。本公司已于 2003 年 2 月支付完全部受让股权转让款 3,438.00 万元,持有其股权已达 60%且对其具有实质上的控制。

7.3 重大关联交易事项

一、购销商品、提供劳务发生的关联交易公司的购货、产品(商品)销售均执行市场价。本报告期内公司根据公司同西藏高争建材股份有限公司签定的水泥购销合同,公司以市场交易价格 713.39 元/吨(含运费均价),全年累计从西藏高争建材股份有限公司购进水泥 10,283.66 吨,共计支付货款 7,366,222.20 元。

二、1999 年 5 月 18 日,公司与母公司及发起企业签订《综合服务协议》、《土地租赁协议》、《房屋租赁协议》,公司每年向其支付 243.93 万元以获得日常生产经营和生活必须的服务。2003 年度公司已退租部分服务项目,退租后 2003 年度公司应计提各项服务费 173.87 万元,报告期内公司实际计提服务费 173.87 万元,实际支付服务费 72.66 万元。

三、根据公司第二届董事会第八次会议决定,2003 年 8 月 23 日公司与西藏自治区汽车工业贸易总公司签署了《西藏自治区汽车工业贸易总公司回购西藏天路交通股份有限公司汽车贸易分公司协议》,将下属汽车贸易分公司的整体资产出售给西藏自治区汽车工业贸易总公司,其交易定价为 2003 年 6 月 30 日汽车贸易分公司帐面净资产 13,727,713.03 元。(详见 2003 年 08 月 26 日《中国证券报》和《上海证券报》上的公司关联交易公告)

7.4 重大合同

报告期内公司各项业务合同履行正常,无重大合同纠纷。

7.4.1 贷款合同

报告期内新增贷款合同

1、2003 年 5 月 29 日公司(借款人)与中国建设银行西藏自治区分行(贷款人)签署借款合同,贷款人向公司提供贷款 5,000.00 万元用于流动资金周转。借款期限为 1 年,从 2003 年 5 月 28 日至 2004 年 5 月 28 日,年利率 3.33%,利息由借款人负担。

2、2003 年 9 月 15 日公司(借款人)与中国建设银行西藏自治区分行(贷款人)签署借款合同,贷款人向公司提供贷款 3,000.00 万元用于流动资金周转。借款期限为 1 年,从 2003 年 9 月 16 日至 2004 年 9 月 16 日,年利率 3.33%,利息由借款人负担。

7.4.2 公路工程施工承包合同

2003 年 3 月 15 日,本公司(承包单位)与拉萨至贡嘎机场公路新改建工程项目管理办公室(建设单位)签署施工承包合同,由承包单位承包拉萨至贡嘎机场公路新改建工程;2003 年 10 月 7 日,本公司(承包单位)与西藏交通厅重点公路建设项目管理中心(建设单位)签署施工承包合同,由承包单位承包日喀则市至谢通门县通县油路改建工程;2003 年 11 月 21 日,本公司(承包单位)与西藏阿里地区发展计划委员会(建设单位)签署施工承包合同,由承包单位承包西藏阿里地区狮泉河镇市政道路工程。

7.4.3 担保合同

报告期内公司无担保事项

7.4.4 委托管理合同

报告期内公司无委托管理事项

7.5 承诺事项

报告期内公司控股股东无承诺事项

7.6 公司聘任会计师事务所及支付给会计师事务所的报酬情况

本报告期内公司继续聘任四川君和会计师事务所有限责任公司负责公司财务会计报表审计工作。2003 年度公司支付给四川君和会计师事务所的审计费 230,000.00 元,差旅住宿费 27,126.00 元,合计 257,126.00 元。

截止 2003 年 12 月 31 日四川君和会计师事务所有限责任公司已连续为公司提供审计服务 5 年。

7.7 公司、公司董事会及董事在报告期内未受中国证监会稽查、中国证监会行政处罚、通报批评、证券交易所公开谴责的情况

报告期内公司、公司董事会及董事在报告期内未受公开谴责。

7.8 所得税优惠政策

根据《中华人民共和国企业所得税暂行条例》第八条的规定,以及西藏自治区人民政府藏政发(1993)121 号文藏政函(1998)48 号文,西藏自治区国税局藏国税函(1999)114 号文,本公司从批准成立之日起,按 15%税率缴纳企业所得税。2000 年 9 月 20 日自治区国家税务局根据自治区人民政府(藏政发[2000]39 号)《关于区内企业参照招待招商引资政策规定有关问题的通知》精神,下发了(藏国税函[2000]106 号《关于统一区内企业所得税税率的通知》从 2001 年 1 月 1 日起区内企业统一执行 15%的企业所得税政策。

根据西藏自治区人民政府办公厅藏政办发[1997]24 号《关于转发我区扶持企业发展培植骨干财源的若干暂行规定的通知》和西藏自治区财政厅藏财预字[2001]246 号文《关于下达专项补助支出预算指标的通知》。2003 年本公司收到所得税超基数扶持返还 158.20 万元,增加了本公司 2003 年度的净利润。

本公司的控股子公司西藏天路邛崃水业有限责任公司所得税率为 33%,现执行邛府发[2002]22 号《邛崃市人民政府关于印发邛崃市鼓励投资若干优惠政策的通知》第十四条:投资兴办的生产性企业,属能源、交通、通讯等开发性投资的,以及兴办市政公用设施、经济实用房、社会公益事业的,从投产之日起,在 5 年内按所得税实际征收额全额奖励企业。2003 年控股子公司西藏天路邛崃水业有限责任公司收到所得税奖励补贴收入 2,202,518.98 元。

§8 备查文件目录

包括下列文件:

8.1 载有法定代表人、主管会计工作负责人(如设置总会计师,须为总会计师)、会计机构负责人(会计主管人员)签名并盖章的会计报表。

8.2 载有会计师事务所盖章、注册会计师签名并盖章的审计报告原件。

8.3 报告期内在中国证监会指定报纸上公开披露过的所有公司文件的正本及公告的原稿。

文件存放地:公司董事会办公室

西藏天路交通股份有限公司 董事会

2004 年 4 月 22 日

天津中新药业集团股份有限公司

天津中新药业集团股份有限公司 2003 年年度报告

重要提示

本公司董事会及其董事保证本报告所载资料不存在任何虚假记载、误导性陈述或者重大遗漏,并对其内容的真实性、准确性和完整性承担个别及连带责任。

李美毓董事因病缺席本次董事会会议。

公司董事长詹原竞先生、总经理姚培春先生、总会计师、财务部部长梁秀芹女士声明:保证本年度报告中财务报告的真实、完整。

第一章、公司基本情况简介

(一)公司法定中文名称:天津中新药业集团股份有限公司　　中文名称缩写:中新药业

公司法定英文名称:

TIANJIN ZHONGXIN PHARMACEUTICAL GROUP CORPORATION LIMITED

英文名称缩写:TZXP

(二)公司法定代表人:詹原竞

(三)公司董事会秘书:封浩　联系电话:022-27020892

传真:022-27020892　电子信箱:zxyy600329@163.com

联系地址:天津市南开区白堤路云居里 5 号中新大厦

"S"股证券事务代表:侯薇　"A"股证券事务代表:焦艳

联系电话:022-27020892　传真:022-27020599

电子信箱:zxyy600329@163.com

(四)公司注册地址:天津市南开区白堤路云居里 5 号中新大厦

公司办公地址:天津市南开区白堤路云居里 5 号中新大厦　邮政编码:300193

公司网址:http://www.zhongxinp.com

电子信箱:zxyy600329@163.com

(五)信息披露媒体:网站:http://www.sse.com.cn　http://www.sgx.com

定期报告刊登报刊:《中国证券报》《上海证券报》

公司年报备置地点:天津市南开区白堤路云居里 5 号中新大厦七楼

天津中新药业集团股份有限公司办公地

(六)公司股票上市地:

新加坡股票交易所(Singapore Exchange Securities Trading)上海证券交易所

A 股简称:中新药业 A 股代码:600329

(七)其他有关资料:

1、公司首次注册登记日期、地点:1992 年 12 月 20 日天津市和平区郑州道 36 号

变更登记、日期地点:1997 年 8 月天津市南开区白堤路 119 号

变更原因:由于公司重组后为高新技术企业,注册地址移至天津市新技术产业园区。发行"S"股增加注册资本 100,000 千元,注册资本变为 329,654,360 元。

2001 年 5 月 25 日天津市南开区白堤路 119 号

变更原因:由于发行 A 股,增加注册资本 40,000 千元,注册资本变为 369,654,360 元。

2003 年 8 月天津市南开区白堤路云居里 5 号楼

变更原因:注册地址与办公地址达成一致,仍然属于天津市新技术产业园区。

2、法人营业执照注册号:1200001001306

3、税务登记号:120105103100784

4、公司聘请的会计师事务所名称、办公地址:

2003 年度国际审计师:新加坡普华古柏会计师事务所

办公地址:新加坡 048424 邮区 PWC 大厦,克罗士街 8 号 #17-00

2003 年度国内审计师:普华永道中天会计师事务所有限公司

办公地址:中国上海淮海中路 333 号瑞安广场十二楼

第二章、会计数据和业务数据摘要

(一)本年度主要会计指标　单位:元

1.利润总额	122,343,000
2.净利润	86,459,000
3.扣除非经常性损益后的净利润	78,575,000
4.主营业务利润	86,1931,000
5.其他业务利润	6,542,000
6.营业利润	56,798,000
7.投资收益	36,751,000
8.补贴收入	403,000
9.营业外收支净额	28,794,000
10.经营活动产生的现金流量净额	76,567,000
11.现金及现金等价物净增减额	-72,548,000

注:扣除非经常性损益后的净利润

2003 年度	
净利润	86,459,000
加(减):非经常性损益项目	
-处置长期股权投资、固定资产、在建工程、无形资产、其他长期资产产生的损失(减:收益)	(40,884,000)
-委托投资损失(减:收益)	(4,528,000)
-营业外收入	(102,000)
-营业外支出	645,000
-以前年度已经计提各项减值准备的转回	300,000
	(44,569,000)
非经常性损益的所得税影响数	6,685,000
扣除非经常性损益后的净利润	48,575,000

(二)公司近三年的主要会计数据和指标

项目	单位	2003 年	2002 年		2001 年	
			调整后	调整前	调整后	调整前
主营业务收入	千元	2,064,247	1,839,259	1,839,259	1,521,939	1,521,939
净利润	千元	86,459	85,111	85,111	63,288	64,441
每股收益(摊薄)	元/股	0.23	0.23	0.23	0.17	0.17
每股收益(加权)	元/股	0.23	0.23	0.23	0.18	0.18
净资产收益率(摊薄)	%	5.42	5.45	5.65	4.21	4.45
净资产收益率(加权)	%	5.53	5.68	5.74	5.72	3.76
每股经营活动产生的现金流量净额	元/股	0.21	0.51	0.51	0.43	0.43
		2003 年末	2002 年末		2001 年末	
总资产	千元	3,797,116	3,008,126	3,008,126	2,703,143	2,719,735
股东权益	千元	1,595,020	1,562,119	1,506,671	1,503,703	1,449,568
每股净资产	元/股	4.31	4.23	4.08	4.07	3.92
调整后的每股净资产	元/股	4.31	4.19	4.03	4.01	3.85

注:公司 2001、2002 年部分财务指标出现调整的原因是采用修订的《企业会计准则-资产负债表日后事项》。该修订的准则以前,现金股利于董事会制定利润分配方案的所属期间从股东权益转出并确认为负债,2003 年 7 月 1 日以后,现金股利于股东大会批准利润分配方案的期间确认为负债。所以产生的会计政策变更予以追溯调整所致。

(三)财务指标计算方法及境内外报表差异说明:

财务报表差异调节表

按中国会计准则及新加坡会计准则编制 2003 年税后利润及 2003 年 12 月 31 日净资产的差异列示如下:

	本集团		本公司	
	税后利润 人民币千元	净资产 人民币千元	税后利润 人民币千元	净资产 人民币千元
按新加坡会计准则编制调整:	83,434	1,513,004	69,540	1,552,546
按中国会计准则权益法计入的子公司及联营公司税后利润	-	-	47,348	511,401
按新加坡准则对子公司及联营公司股利确认为收入	-	-	(26,744)	(525,994)
按中国会计准则摊销股权投资差额	(4,444)	65,949	(3,685)	55,642
会计准则差异带来应占联营公司损益之差异	8,219	8,219	-	-
其他	(750)	7,848	-	1,425
按中国会计准则编制	86,459	1,595,020	86,459	1,595,020

境外审计机构为普华古柏会计师事务所。

(四)报告期内合并股东权益变动情况　单位:千元

项目	股本	资本公积	盈余公积
期初数	369,654	925,970	93,070
本期增加	0	1,890	9,838
本期减少	0	70,503	70,503
期末数	369,654	927,860	102,908
变动原因		子公司接受捐赠及股权投资差额摊销。	本年提取

项目	法定公益金	未分配利润	股东权益
期初数	57,050	116,375	1,562,119
本期增加	5,217	86,459	103,404
本期减少			
期末数	62,267	132,331	1,595,020
变动原因	本年提取	本年净利润增加及提取盈余公积金、法定公益金、分配股利	

第三章、股本变动及主要股东持股情况

(一)、股本变动情况:

1、公司股份变动情况表　单位:股

股份类别	本次变动前	本次变动增减(+,-) 配股	送股	公积金转股	增发	其他发行A股	小计	本次变动后
一.未上市流通股份								
1.发起人股份								
其中:	194,654,360							194,654,360
国家持有股份	194,654,360							194,654,360
境内法人持有股份								
境外法人持有股份								
其他								
2.募集法人股份	12,050,000							12,050,000
3.内部职工股	22,950,000							22,950,000
4.优先股或其他								
未上市流通股合计	229,654,360							229,654,360
二.已上市流通股份								
1.人民币普通股	40,000,000							40,000,000
2.境内上市外资股								
3.境外上市外资股	100,000,000							100,000,000
4.其他								
已上市流通股份合计	140,000,000							140,000,000
三.股份总数	369,654,360							369,654,360

2、股票发行与上市情况：

(1)公司于 2001 年 5 月 9 日上网定价以每股 10 元人民币的价格发行 4,000 万股 A 种股票，并于 2001 年 6 月 6 日上市流通。公司与上海证券交易所签署了《证券上市协议》，协议规定只有在上交所认定公司证券不再符合上市条件时才可以暂停或终止公司证券上市。本次发行 A 股引起公司总股本增加 4,000 万股，截止 2003 年末，公司总股本为 369,654,360 股。

(2)公司在报告期内无因送股、转增股本、配股、增发新股、吸收合并、可转换公司债券转股、减资、内部职工股或公司职工股上市或其他原因引起公司股份总数及结构的变动。

(3)公司现存内部职工股 2,295 万股，是公司经天津市体改委津体改委字(1992)27 号文及中国人民银行天津市分行津银金(1992)399 号文批准，以天津市药材集团为主体，整体改制定向募集设立天津中药集团股份有限公司，于 1992 年 7 月 20 日至 9 月 20 日以每股 3 元人民币的价格向内部职工发行，该部分股票自公司 A 股发行之日(2001 年 5 月 9 日)起期满三年后，方可上市流通。

(二)、股东情况：

1、根据中国证券登记结算有限责任公司上海分公司以及新加坡林登记公司提供的股东名册数据，截止本报告期末公司股东总数为 48,564 户，其中公司"S"股股东为 6,714 户。

2、公司主要股东情况：

2003 年 12 月 31 日前在册，拥有公司股份前十名股东情况。

名次	股东名称	本期末持股数(股)	年度内增减	持股占总股本比例(%)	股份性质
1	天津市医药集团有限公司	194,654,360	0	52.66	国家股
2	OCBC Securities Private Ltd	4,096,000	1,539,000	1.11	外资股
3	UOB Kay Hian Pte Ltd	2,866,000	554,000	0.78	外资股
4	Tan Swee Teck Michael or Tan Toh Heah	2,680,000	10,000	0.73	外资股
5	Kim Eng Securities Pte Ltd	2,203,000	未知	0.60	外资股
6	Phillip Securities Pte Ltd	1,851,000	200,000	0.50	外资股
7	G K Goh Stockbrokers Pte Ltd	1,461,000	未知	0.40	外资股
8	Chan Wai Man	1,250,000	0	0.34	外资股
9	United Overseas Bank Nminees	1,155,000	−246,000	0.31	外资股工
10	苏(立美	1,126,300	0	0.30	内部职股

十大股东持股相关情况说明：

持股 5%以上的股东为天津市医药集团有限公司，持股比例达到 52.66%，为本公司控股股东，公司未知其所持股份在报告期中是否存在质押、冻结情况。

公司未知外资股东之间是否存在关联关系或是否属于一致行动人。其余各股东之间均不存在关联关系，也不属于一致行动人。

3、公司控股股东情况：

公司第一大股东也是公司唯一的绝对控股股东是天津市医药集团有限公司，持有公司 52.66%的股份，成立于 1997 年 3 月，是由天津市政府出资设立的国有独资公司，其前身为天津市医药局，1996 年 7 月天津市政府将其改组为天津市医药总公司，后又改组为天津市医药集团有限公司，法人代表刘振武，注册资本人民币 51,247 万元。其主要经营范围是：经营管理国有资产、投资、控股、参股；生化药品、中成药、饮片、化学原料药及制剂；水针剂、冻干剂、医疗器械、制药机械；卫生材料；营养保健品的生产制造及批发、零售各类商品、物资的批发、零售；房地产开发；仓储运输；与上述业务相关的咨询服务业务(以上范围内国家有专营专向规定的按规定办理)。

公司报告期内控股股东未发生变更。

除天津市医药集团有限公司外，公司没有其他持股在 10%以上的股东。

4、公司前十名流通股股东情况：

前十名流通股股东持股情况

股东名称(全称)	年末持有流通股的数量	种类(A、B、H 股或其它)
OCBC Securities Private Ltd	4,096,000	S 股
UOB Kay Hian Pte Ltd	2,866,000	S 股
Tan Swee Teck Michael or Tan Toh Heah	2,680,000	S 股
Kim Eng Securities Pte Ltd	2,203,000	S 股
Phillip Securities Pte Ltd	1,851,000	S 股
G K Goh Stockbrokers Pte Ltd	1,461,000	S 股
Chan Wai Man	1,250,000	S 股
United Overseas Bank Nminees	1,155,000	S 股
Dbs Vickers Secs (S) Pte Ltd	1,125,000	S 股
Singapore Nominees Pte Ltd	1,029,000	S 股

前十名流通股股东关联关系的说明：公司前十名流通股股东均为 S 股股东，公司未知上述股东之间是否存在关联关系。

第四章、董事、监事、高级管理人员和员工情况

(一)基本情况

姓 名	职务	性别	年龄	任期起止日期	报告期内持股情况
詹原竞	董事长	男	59	2002 年至 2005 年	无
刘振武	董事	男	58	2002 年至 2005 年	无
吴树民	董事	男	60	2002 年至 2005 年	无
秦祖辉	董事	男	58	2003 年至 2006 年	无
李美巘	执行董事、副总经理	女	48	2002 年至 2005 年	无
徐士辉	执行董事	男	44	2003 年至 2006 年	无
邓昌桂	独立董事	男	50	2001 年至 2004 年	无
张洪魁	独立董事	男	71	2003 年至 2006 年	无
徐其德	独立董事	男	66	2002 年至 2005 年	无
郭乃勤	监事会主席	男	52	2002 年至 2005 年	无
马贵中	监事	男	48	2002 年至 2005 年	无
李家胜	监事	男	59	2003 年至 2006 年	500
姚培春	总经理	男	40	2003 年起	无
王志强	常务副总经理	男	44	2000 年起	500
邹颖	副总经理	男	50	2000 年起	无
张宝桐	副总经理	男	45	2000 年起	1000
莫浩	副总经理、董事会秘书	男	52	1996 年起	无
潘力佳	总工程师	女	41	2002 年起	无
梁秀芹	总会计师	女	47	2002 年起	1500
沈鸣岐	董事会财务秘书	男	65	1997 年起	无

*注：1、邓昌桂先生为公司独立董事，董事会审计委员会主席，提名委员会委员；徐其德先生为公司独立董事，董事会薪酬与考核委员会主席，审计委员会委员；张洪魁先生为公司独立董事，董事会提名委员会主席，薪酬与考核委员会委员。

2、除王志强、李家胜持有公司内部职工股 500 股，张宝桐持有内部职工股 1000 股，梁秀芹持有内部职工股 1500 股，均尚未上市流通外，其他人员未持有公司股票。

(二)董事、监事、高级管理人员在股东单位任职情况：

董事刘振武先生为公司控股股东天津市医药集团有限公司董事长、总经理。

董事吴树民先生为公司控股股东天津市医药集团有限公司副董事长、党委书记。

董事秦祖辉先生为公司法人股股东单位中国药材公司副总经理。

监事马贵中先生为公司控股股东天津市医药集团有限公司总会计师。

(三)董事、监事、高级管理人员年度报酬情况：

(除独立董事外)公司在报告期末董事、监事、高级管理人员共 17 人，在公司领取报酬的 13 人，其中 100,000 元以上 11 人，80,000 至 100,000 元 0 人，50,000 至 80,000 元 2 人 (因姚培春总经理和徐士辉董事的薪酬是自 2003 年 7 月从公司领取的)。上述人员于报告期内在公司共领取 2003 年报酬 1,900,000 元。

公司现任董事 9 名，在公司领取报酬的 3 人，报酬总额为 570,000 元，领取报酬最高的前三名高级管理人员报酬总额为 380,000 元。

独立董事邓昌桂先生在公司领取报酬，全年薪酬为 50,000 新加坡元，徐其德先生和张洪魁先生均为 40,800 元人民币。

刘振武、吴树民、秦祖辉董事、马贵中监事不在公司领取报酬，均在股东单位领取报酬。

在公司领取报酬的董事、监事、高级管理人员系依据董事会批准的公司高级管理人员年薪标准确定个人年薪总额分月发放。

(四)报告期内董事、监事、高级管理人员离任及原因以及聘任情况：

1、董事情况：

刘晋儒、王本立、李家胜三位董事因退休或任期已满等原因均不再担任公司董事，经 2003 年 4 月 25 日公司 2003 年第三次董事会及 6 月 6 日公司第五次董事会提名，推荐秦祖辉、张洪魁、徐士辉为公司新任董事候选人。本提案已经公司 2002 年度股东大会审议通过。相关信息已于 2003 年 4 月 28 日、6 月 7 日和 6 月 27 日的《中国证券报》和《上海证券报》上进行了公告，同时在新加坡 MASNET 网进行了披露。

经公司 2003 年 6 月 26 日第七次董事会通过，对董事会下设四个委员会成员名单进行了调整。相关信息已于 2003 年 6 月 28 日的《中国证券报》和《上海证券报》上进行了公告，同时在新加坡 MASNET 网进行了披露。

2、监事情况：

宋宏意女士因退休不再担任公司监事(监事会主席)，经公司 2003 年 6 月 6 日召开的第三次监事会通过的控股股东医药集团在公司年度股东大会召开前提出的临时提案中的提名，推荐李家胜先生为新任监事候选人。本提案已经公司 2002 年度股东大会审议通过。相关信息已于 2003 年 6 月 7 日和 6 月 27 日《中国证券报》和《上海证券报》上进行了公告，同时在新加坡 MASNET 网进行了披露。

经公司 2003 年 6 月 26 日第五次监事会通过，选举郭乃勤先生为公司监事会主席。相关信息已于 2003 年 6 月 28 日的《中国证券报》和《上海证券报》上进行了公告，同时在新加坡 MASNET 网进行了披露。

3、高管人员情况：

鉴于詹原竞总经理任期届满，公司于 2003 年 6 月 26 日召开第七次董事会聘任姚培春先生担任公司总经理。相关信息已于 2003 年 6 月 28 日《中国证券报》和《上海证券报》上进行了公告，同时在新加坡 MASNET 网进行了披露。

(五)公司员工的基本情况：

截止 2003 年 12 月 31 日公司及直属企业(包括控股子公司)员工总数为 9,915 人。其专业构成为：生产人员 3,309 人，营销人员 1,854 人，管理人员 1,097 人，技术人员 1,851 人，财务人员 346 人，其他人员 1,458 人。

其中研究生以上学历人员 63 人，大学本科以上学历人员 865 人，大学专科以上学历人员 1,975 人，高中及中专以上学历 5,070 人，其他 1,942 人。截止报告期末，公司离退休人员 4,110 人，均为社会保险机构统筹安排。

第五章、公司治理结构

(一)公司治理情况

公司于 1997 年在新加坡股票交易所上市，并于 2001 年在上海证券交易所上市，因此公司需同时接受新加坡和上海两地交易所和中国、新加坡两国法律、法规的规范治理。公司在遵从《境外上市公司章程必备条款》的基础上，根据境内外有关法规制定《公司章程》，并依中国、新加坡有关法律、法规制定有关规章制度，规范公司治理结构。

本年度，公司在建立了《股东大会议事规则》，完善修订了《董事会议事规则》和《监事会议事规则》的基础上，继续按照《上市公司治理准则》等有关要求制定了《信息披露管理办法(董事会秘书工作细则)》及《募集资金管理办法》，并经过 2003 年第二次董事会批准实施。

目前公司董事会已经有三分之一董事为独立董事，符合《上市公司治理准则》的要求。董事会已经设立了审计、薪酬与考核、提名、战略等专门委员会，完善了公司的独立董事制度和治理结构。

在信息披露方面公司一直本着从多不从少，从严不从宽的原则，严格遵守中国、新加坡两地监管部门的要求做好信息披露工作。公司建立和完善了自己的网站，在网站中增加了投资者关系的内容。并且公司正在着手拟定《投资者关系管理办法》，将尽快提出报董事会审议。

公司已经根据《上市公司治理准则》、《关于在上市公司建立独立董事制度的指导意见》的相关内容及时全面修改了公司章程。章程修改内容已经公司 2002 年度股东大会审议通过。

(二)独立董事履行职责情况：

公司已经聘任了三名独立董事，符合了《关于上市公司建立独立董事制度的指导意见》中规定的"上市公司应于 2003 年董事会中应有三分之一董事为独立董事"的要求，董事会也已经设立了审计、薪酬与考核、提名、战略等专门委员会，公司的独立董事分别在各专门委员会中担任主席或委员。按照中国、新加坡有关法律、法规和《公司章程》的要求，公司的重大关联交易、重要商业合同和重大投资行为都首先交由审计委员会审议同意后再提请董事会、股东大会审议通过。公司的重大收购行为、重大关联交易均要由独立董事聘请独立财务顾问审核，由独立财务顾问出具《股东大会通函》，再提请股东大会审议。公司的三位独立董事都能够按时参加董事会会议和公司股东大会并能够独立履行职责。在被认为会对公司生产经营或持续发展有重大影响的事项上，三位独立董事都会本着维护中小股东利益的原则，在公司提供完备的资料后及时提出具体的意见或建议，表明自己的态度，为公司对该事项做出正确决策提供了宝贵的信息。

(三)公司与控股股东在业务、人员、资产、机构、财务等方面完全做到分开，公司具有完整的业务及自主经营能力。

(四)公司报告期内由人力资源部等有关部门组成考核小组对高级管理人员进行的考评，尚未建立完善的激励和奖励制度

第六章、董事会报告

(一)对财务报告情况的讨论分析 单位：元

项目	2003 年 12 月 31 日	2002 年 12 月 31 日	增减比率%
1.总资产	3,797,116,000	3,008,126,000	26.23
2.股东权益	1,595,020,000	1,562,119,000	2.11
	2003 年 1--12 月	2002 年 1--12 月	
3.主营业务收入	2,064,247,000	1,839,259,000	12.23
4.主营业务利润	861,931,000	677,435,000	27.23

5.净利润	86,459,000	85,111,000	1.58
6.现金及现金等价物净增加额	−72,548,000	50,140,000	−244.69

1、总资产比去年增加788,990千元的原因：一是新增控股的天津宏仁堂药业有限公司、天津达仁堂达二药业有限公司两家子公司。二是公司对联营公司、及未合并的子公司投资成本和损益调整的增加使长期股权投资增加。三是公司在报告期内加大了项目的投入，尤其是加快了A股募集资金使用项目进度，使固定资产和在建工程增加。

2、主营业务收入比去年增加224,988千元，主要是由于集团公司的大品种销售收入增加。

3、主营业务利润同比去年增加184,496千元，是由于公司工业企业主营业务收入增加。

4、现金及现金等价物净增加额同比减少122,688千元。由于公司为降低资金成本，报告期内将货币资金控制在合理的持有量范围内，使现金及现金等价物增加额同比减少。

(二)公司经营情况

1、主营业务的范围及其经营情况

(1)公司的主营业务为中药、化学药、生物工程药品的生产和销售。2003年公司按照"七二五"发展战略确定的目标，排除突如其来的"非典"的不利影响，在全国医药行业竞争极为激烈的情况下，通过加强公司内部管理，加大了重点产品的市场开发力度，实施腾飞计划，使公司的经济工作取得了较好成绩，经济运行质量进一步提高。2003年公司全年实现销售收入2,064,247千元比去年增加224,988千元，营业利润比去年同期增加10,319千元，净利润86,459千元比去年增加1,348千元。

按产品划分，报告期内公司主营业务收入、主营业务成本情况： 单位：千元

产品类别	主营业务收入	主营业务成本
出口中成药	28,112	(23,231)
西药	26,473	(21,623)
	54,585	(44,854)
内销中成药	1,187,922	(570,984)
西药	804,916	(561,915)
其他	16,824	(10,471)
合计	2,009,662	(1,143,370)

(2)公司生产经营的主要产品有速效救心丸、牛黄降压丸、藿香正气软胶囊、紫龙金片、更年安、血府逐瘀胶囊、癖祺胶囊、安福隆干扰素、格列齐特、法洛西、特子社复等。

2003年占公司主营业务收入10%以上的品种为速效救心丸，全年销售收入328,760千元，占公司主营收入2,064,247千元的15.93%。销售成本101,916千元，毛利率为69%，公司的主营业务仍是以中成药的生产经营为主，同时也在不断向化学药和生物工程制药领域扩展，2003年公司完成了现有工业企业多剂型的GMP改造，建立了厚朴、川芎等8个GAP药材基地，全部商业批发企业通过了GSP认证。在研发新品方面公司也取得了一定的成绩，获得了包括干扰素喷雾剂等五个品种的生产批文，另外包括芎归滴丸等六个品种已上报国家药监局待批。2003年公司通过"一降、双增、三压"政策和大品种战略的落实和实施，使得主营业务销售稳步增长。

2、主要控股公司及参股公司经营情况及业绩。单位：元人民币

名称	控参股比例	业务性质	注册资本
天津宏仁堂药业有限公司	52%	中成药生产	16,500,000
天津达仁堂达二药业有限公司	52%	中成药生产	17,510,000
中央药业有限公司	51%	医药生产	82,353,000
华立达生物工程有限公司	55%	医药生产	19,940千美元
新丰制药有限公司	55%	医药生产	9,000千美元
中美史克制药有限公司	25%	医药生产	17,940千美元

名称	总资产	净资产	净利润	公司投资收益
天津宏仁堂药业有限公司	48,639,853	10,248,000	3,230,167	1,515,331
天津达仁堂达二药业有限公司	61,202,749	16,780,846	1,642,499	812,833
中央药业有限公司	354,354,016	214,514,592	18,435,063	9,401,882
华立达生物工程有限公司	177,696,391	165,400,227	7,143,499	3,568,793
新丰制药有限公司	96,302,542	61,331,627	8,001,689	4,400,929
中美史克制药有限公司	838,359,615	540,279,179	123,236,499	27,810,309

以上各公司主要产品：

天津宏仁堂药业有限公司	养血生发胶囊、血府逐瘀胶囊
天津达仁堂达二药业有限公司	癖祺胶囊、京万红
天津华立达生物工程有限公司	公司安福隆(α-2b干扰素)
天津新丰制药有限公司	特子社复、法洛西
天津中央药业有限公司	VE胶囊、环丙沙星片、尼达尔片
中美(天津)史克制药有限公司	芬必得、新康泰克、泰胃美针剂、肠虫清、百多邦、赛乐特

注：公司其他控股子公司如成都中新药业有限公司、陕西中新药业有限公司等是公司在外埠从事医药商业批发、零售的控股公司，对公司利润贡献较小，所以未列入上表。

3、主要供应商、客户情况：

公司2003年度前五家主要供应商为：

五家供应商合计采购金额128,493千元，占公司采购总额的14.96%。

(1)天津同仁堂股份有限公司	32,315千元
(2)天津市达仁堂二厂	27,858千元
(3)天津市第五中药厂	25,570千元
(4)天津市宜药印务有限公司	21,552千元
(5)天津太平集团有限公司	21,198千元

公司2003年度前五名主要客户为：

五家客户合计销售金额108,605元，占公司销售总额的5.26%。

(1)北京丰科城医药有限公司	29,934千元
(2)北京市京新龙医药销售有限公司	25,506千元
(3)黑龙江省哈尔滨市保康药业有限公司	19,482千元
(4)安徽华源医药股份有限公司	17,976千元
(5)济南药业集团有限公司(采购中心)	15,707千元

(三)报告期内投资情况：

1、关于募集资金使用情况：

2001年公司在上海证券交易所发行"A"股净募集资金384,100千元，该部分募集资金计划投资项目情况刊登于公司A股招股说明书并由《中国证券报》、《上海证券报》、《证券时报》和上证所、新交所网站披露。

(1)、根据招股说明书披露的募集资金投资项目情况如下表： 单位：千元人民币

项目名称	总投资	年度投资安排 2001年	2002年	2003年	项目审批单位
1.芎归滴丸萃取车间生产项目(含所需流动资金)	45,480	15,000	30,480	0	天津市经济委员会津经技改[1999]108号
2.合资建立溴莫普林产业化生产项目	101,100	15,000	62,775	23,325	天津经济技术开发区管理委员会津开批(1999)496号
3.乐仁堂"白龙片"产业化生产及GMP改造二期项目(含所需流动资金)	40,680	15,000	25,680	0	天津市经济委员会津经技改[1999]109号
4.芎归滴丸制剂及车间生产项目(含所需流动资金)	44,850	15,000	29,850	0	天津市经济委员会津经技改[1999]105号
5.合资建立天津中药产业现代化工程项目	60,710	80	33,750	26,880	天津经济技术开发区管理委员会津开批(1999)495号
6.补充流动资金	92,080	31,000	31,000	30,080	
合计	384,900	91,080	213,535	80,285	

(2)、截止于2003年12月底募集资金实际使用情况的说明： 单位：千元人民币

项目名称	总投资	2003年投入金额	投资安排已投入金额	完成比例%	项目进度
1.芎归滴丸萃取车间生产项目(含所需流动资金)	45,480	0	2,890	6.35	未达到
2.投资新新制药厂格列齐特原料车间搬迁及新建GMP制剂车间项目	58,680	19,077.8	48,937.8	83.4	基本达到
3.现代中药产业园(一)--新建中药研究院工程项目	42,420	37,490	42,420	100	完成
4.现代中药产业园(二)--中药制药厂"紫龙金片"产业化生产及GMP改造项目	40,680	29,334	40,680	100	完成
5.芎归滴丸制剂及车间生产项目(含所需流动资金)	44,850	24,270	24,270	54	未达到
6.现代中药产业园(三)--达仁堂制药厂中药产业现代化工程项目	60,710	33,206	60,710	100	完成
7.补充流动资金	91,280	30,080	91,280	100	完成
合计	384,100	173,457.8	311,187.8	81.02	

关于上表的说明：

a、2001年12月28日，公司临时股东大会批准将"合资建立溴莫普林产业化生产项目"变更为"投资新新制药厂格列齐特原料车间搬迁及新建GMP制剂车间"项目和投资建立"中新药业中药研究院"项目，有关本次股东大会募集资金运用项目变更已于2001年12月29日发布公告，该公告刊登于同日的《中国证券报》、《上海证券报》，并在上海证券交易所网站和新加坡Masnet网予以披露。

2003年6月26日，公司2002年度股东大会通过了有关A股募集资金项目中中药现代化范畴的三个项目变更名称或迁址的议案，项目内容未发生变化，上述股东大会决议公告刊登于2003年6月27日《中国证券报》、《上海证券报》及在新加坡MASNET网站披露。

b、项目1和项目5都是由新药"芎归滴丸"带动的，目前申请新药证书和生产批文的有关材料已经上报国家药监局待批。芎归滴丸制剂车间在报告期内已经基本完成土建工程。

c、项目2新新制药厂的原料车间在搬迁改造后，其重点产品格列齐特原料药的销售比2002年增长了45%，新建的制剂车间使得格列齐特片销售增长了20.7%，有效地带动了企业效益的增长。另外，目前该企业已经先后通过了GMP、FDA和COS的认证，为今后格列齐特品种在国内国际的销售打下了坚实的基础。

d、项目3、4、6报告期内已经完成投入。公司所属隆顺榕制药厂(原中药制药厂)和达仁堂制药厂在2004年内完成搬迁进入现代中药产业园。项目4中药制药厂的"紫龙金片"2003年在原厂址生产，完成销售收入9,290千元，比2002年增长了167.7%。

2、重大非募集资金投资情况：

(1)工业GMP、商业GSP改造项目投入共计31,620千元。

(2)对外投资建立有限公司：

天津津康制药有限公司，注册资本49,900千元，其中公司出资29,940千元，占60%，医药集团出资19,960千元，占40%。项目建成后该公司生产头孢类原料药、中间体、制剂三类产品。

天津中新科炬生物制药有限公司，注册资本19,980千元，其中公司出资14,980千元，占注册资本的75%，成立后该公司主营产品为体外诊断试剂盒。

天津生物芯片有限公司，注册资本75,000千元，公司出资26,400千元，占注册资本35.2%，天津创业投资有限公司出资23,600千元，占31.47%，天津经济技术开发区国有资产经营公司出资25,000千元，占33.33%。该公司成立后从事生物技术及产品的开发经营和技术转让。

上述项目正在建设中。

(3)为了增加公司主要品种在外埠的宣传与销售，有利于开发外埠市场，公司在外埠设立的医药商业公司共计投资18,456千元。

(四)生产经营环境及宏观政策法规在报告期内未发生重大变化，对公司财务状况和经营成果未产生的重大影响。

(五)董事会日常工作情况

1、报告期内董事会会议情况及决议内容

报告期内董事会共召开17次会议，其中15次为通讯方式召开。

(1)公司于2003年1月27日以通讯方式召开董事会会议，会议通过了继续委托大通证券管理1亿元人民币进行委托理财，委托期限自2003年1月27日至2003年6月27日。

(2)公司于2003年3月26日在中新大厦703会议室召开2003年第二次董事会会议，会议形成决议如下：

·审议通过了公司2002年中国准则、新加坡准则年度报告及年报摘要；

·审议通过了新加坡普华古柏会计师事务所和普华永道中天会计师事务所有限公司审计和经审计委员会审核确定的公司2002年度财务报告；

·审议通过了公司2002年度利润分配预案；

公司2002年度按中国会计准则核算的可分配税后利润85,111千元，根据《公司章程》规定，拟按下述比例进行分配并拟报股东大会批准后执行：

a.提取法定盈余公积金10%，计8,511千元人民币；

b.提取法定盈余公益金5%，计4,255千元人民币；

2002年可分配税后利润提取两金后尚余72,345千元人民币与公司前一年度未分配利润86,356千元人民币共计158,701千元人民币合并使用。

·审议通过了公司2002年度股利分配预案；

公司2002年度按中国会计准则核算提取两金后的可分配税后利润72,345千元人民币与前一年度未分配利润86,356千元人民币合并使用，本年累计可供全体股东分配的利润为158,701千元人民币。拟以2002年年末总股本369,654,360股为基数，向全体股东每10股派发现金红利1.5元(含税)，派发现金红利总额55,448千元人民币，剩余103,253千元人民币结转以后年度分配。

上述利润和股利分配预案须提交2002年年度股东大会审议。

·审议通过了董事长2002年度工作报告；

·审议通过了董事会2002年度报告；

·审议通过了续聘国际及国内审计师的议案；

公司续聘新加坡普华古柏会计师事务所为公司2003年度国际审计师；续聘普华永道中天会计师事务所有限公司为公司2003年度国内审计师。

·审议通过了独立董事邓昌桂先生2002年度酬劳为5万元新币；

·审议通过了独立董事王本立先生 2002 年度酬劳为 4 万元新币；
·审议通过了独立董事徐其德先生 2002 年度酬劳为 4.08 万元人民币；
·审议通过了詹原竟董事 2002 年度酬劳为 30 万元人民币；
·审议通过了李美毓董事 2002 年度酬劳为 19.25 万元人民币；
·审议通过了李家胜董事 2002 年度酬劳为 20.8 万元人民币；
·审议通过了修改公司章程的议案；
·审议通过了需经年度股东大会确认的与公司正常生产经营相关的关联交易合同，包括《药品购销合同》、《原材料供应合同》、《药品包装印刷合同》，与会董事一致认为上述关联交易合同的执行公平、公正，没有损害公司的利益。
·审议通过了关于公司 2001 年 10 月 19 日董事会决议授权管理层投资权限的补充议案；
·审议通过了公司为控股子公司成都中新药业担保的议案；
·审议通过了关于公司《信息披露管理条例》的议案；
·审议通过了关于公司制订《募集资金管理规定》的议案；

上述第三、四、五、六、七、十四、十五、十九项议案需提交年度股东大会审议。

刘振武、吴树民董事作为关联董事回避了第十五项议案审议关联交易合同的表决。

第八至十三项关于各位董事 2002 年度酬劳的议案，邓昌桂、王本立、徐其德、詹原竟、李美毓、李家胜董事分别回避了关于本人酬劳议案的表决。

(3)公司于 2003 年 4 月 25 日以通讯方式召开 2003 年第三次董事会会议，会议会议形成决议如下：

·审议通过了公司 2003 年第一季度报告。
·批准公司董事刘晋儒先生的辞呈，并提交公司 2002 年度股东大会审议。
·推荐秦祖辉先生为公司董事候选人，并提交公司 2002 年度股东大会审议。
·提名张洪魁先生为公司独立董事候选人，并提交公司 2002 年度股东大会审议。
·鉴于公司将与关联企业签署新的"关联交易合同"，公司董事会同意撤消 2003 年第二次董事会提议的将与公司正常生产经营相关的关联交易合同，包括《药品购销合同》、《原材料供应合同》、《药品包装印刷合同》，提交公司 2002 年度股东大会确认的议案。
·根据国内外有关法律、法规的要求，公司董事会同意撤消 2003 年第二次董事会提议的，将《募集资金管理规定》拟提交公司 2002 年度股东大会审议的议案。
·同意对《募集资金管理规定》中有关条款进行修订。

刘晋儒董事回避了第二项议案"关于其辞呈事项"的表决。

刘振武、吴树民董事作为关联董事回避了第五项议案的表决。

(4)公司于 2003 年 6 月 2 日以通讯方式召开 2003 年第四次董事会会议，会议同意聘任姚培春先生任公司代总经理。

(5)公司于 2003 年 6 月 6 日以通讯方式召开 2003 年第五次董事会会议，通过了天津市医药集团有限公司向公司 2002 年股东大会提出的下述提案：

·修改《公司章程》的有关条款，并提呈本次股东大会审议批准，修改内容如下：

原条款：

第一百二十四条　公司设总经理一名，由董事会在董事当中聘任，并由董事会解聘，每次任期不得超过五年。

现修改为：

第一百二十四条　公司设总经理一名，由董事会聘任，并由董事会解聘，每次任期不得超过五年。

·提名徐士辉先生为董事候选人，并提呈本次股东大会选举。
·接受李家胜先生辞去公司董事的辞呈，并提名李家胜先生为监事候选人，报呈本次股东大会选举。

(6)公司于 2003 年 6 月 24 日以通讯方式召开 2003 年第六次董事会会议，会议通过了关于公司与天津市医药集团有限公司(简称"医药集团")进行部分资产置换的方案：公司以拥有的中药科贸大厦 13%权益与医药集团拥有的天津市达仁堂制药二厂的 52%权益、天津市第五中药厂的 52%权益、天津药品包装印刷厂的 35%权益，及其拥有的两宗土地使用权经评估后作价进行置换。

置换后天津市达仁堂制药二厂、天津市第五中药厂、天津药品包装印刷厂分别变更为中新药业和医药集团共同投资的有限责任公司，公司分别持有改制后的达仁堂二厂、中药五厂、药品包装厂三家有限责任公司 52%、52%、35%股权，医药集团分别持有上述三家有限责任公司 48%、48%、65%股权。

鉴于此次资产置换属于关联交易行为，按照有关规定公司关联方董事刘振武、吴树民对此议案回避表决，公司三名独立董事发表了独立意见。

董事会授权管理层与医药集团签署资产置换协议，上述议案将提交公司 2003 年第一次临时股东大会审议。

(7)公司于 2003 年 6 月 26 日以通讯方式召开 2003 年第七次董事会会议，会议形成决议如下：

·聘任姚培春先生为公司总经理。
·经公司 2002 年度股东大会批准，聘任张洪魁先生为公司独立董事，任期三年。本次会议制订了给予张洪魁先生薪金的预案，即年薪 40800 元人民币(含税)，分月发放，从当选月计算。本预案将提交公司下次年度股东大会批准。
·鉴于公司 2002 年度股东大会通过了有关董事的变更，公司董事会对下设四个专业委员会人员进行相应调整：

a.战略委员会组成名单，刘振武董事任主席，吴树民董事、徐士辉董事、詹原竟董事、李美毓董事任委员。

b.审计委员会组成名单，邓昌桂董事任主席，徐其德董事、詹原竟董事任委员。

c.提名委员会组成名单，张洪魁董事任主席，邓昌桂董事、吴树民董事任委员。

d.薪酬与考核委员会组成名单，徐其德董事任主席，张洪魁董事、刘振武董事任委员。

·继续委托大通证券管理 5000 万元人民币进行委托理财，委托期限自 2003 年 7 月 1 日至 2003 年 12 月 31 日。

(8)公司于 2003 年 7 月 4 日以通讯方式召开 2003 年第八次董事会会议，会议通过了公司与医药集团共同投资设立天津津康制药有限公司，注册资本 1980 万元人民币，总投资 3000 万元人民币，其中：公司以现金形式出资 1800 万元人民币，占总投资的 60%；医药集团以现金形式出资 1200 万元人民币，占总投资的 40%。

(9)公司于 2003 年 7 月 9 日以通讯方式召开董事会临时会议，会议通过为公司控股子公司成都中新药业有限公司向上海浦东发展银行成都分行申请 1000 万元银行承兑汇票提供担保，期限为一年。

(10)公司于 2003 年 8 月 26 日在新加坡旭龄及穆律师楼召开公司 2003 年第九次董事会会议，会议通过公司 2003 年中国准则、新加坡准则半年度报告及半年报摘要。

(11)公司于 2003 年 10 月 20 日以通讯方式召开 2003 年第十次董事会会议，会议通过拟于近期召开临时股东大会，届时将审议公司股东对公司与关联方开展普通贸易往来关联交易的授权。公司将在本次临时股东大会召开日期具体确定后，及时公告股东大会通知。

(12)公司于 2003 年 10 月 28 日以通讯方式召开 2003 年第十一次董事会会议，会议通过了公司 2003 年第三季度报告。

(13)公司于 2003 年 10 月 29 日以通讯方式召开 2003 年第十二次董事会会议，会议通过了公司与有关关联方进行经常性普通贸易往来的议案，包括购销商品，原材料采购，药品包装印刷等经济活动。各项关联交易涉及的关联方均为天津市医药集团有限公司(持有本公司 52.66%股权)直接或间接控股的子公司。关联交易的定价按照国家计委有关规定执行，如无相关规定，按照市场价格进行交易。鉴于此次会议审议事项为关联交易事项，关联董事刘振武先生、吴树民先生回避了表决。公司董事会将上述经常性关联交易的议案提交公司 2003 年第二次临时股东大会审议，由股东大会最终授权公司与各关联方签定关联交易合同，在今后的交易活动中按照合同要求执行。

(14)公司于 2003 年 10 月 30 日以通讯方式召开 2003 年第十三次董事会会议，会议通过了公司按照《关于规范上市公司与关联方资金往来及上市公司对外担保若干问题的通知》的规定，完成的自查报告，提出的整改计划。

(15)公司于 2003 年 12 月 15 日以通讯方式召开第十四次董事会会议，会议同意天津市医药集团有限公司向天津同仁堂股份有限公司转让其拥有的天津宏仁堂药业有限公司 48%股权，并同意放弃对该部分股权的优先购买权。上述转让完成后，天津宏仁堂药业有限公司股东及股权比例为：天津中新药业集团股份有限公司持有 52%股权，天津同仁堂股份有限公司持有 48%股权。

(16)公司于 2003 年 12 月 17 日以通讯方式召开 2003 年第十五次董事会会议，会议通过了对天津津康制药有限公司的增资方案：股东双方按照各自的出资比例(中新药业 60%，医药集团 40%)共增资 1900 万元人民币。其中公司以现金形式向津康公司增资 1194 万元人民币；医药集团以现金形式向津康公司增资 706 万元人民币。增资后津康公司注册资本将达到 4990 万元人民币。由于本次对津康公司的增资构成关联交易，在表决程序中，关联董事刘振武、吴树民回避了表决。

(17)公司于 2003 年 12 月 28 日以通讯方式召开 2003 年第十六次董事会会议，会议通过了与大通证券股份有限公司续约继续进行委托理财的决议。董事会同意在原协议中双方义务履行完毕后，授权公司管理层与大通证券续签有关委托理财协议，继续委托大通证券管理 5000 万元人民币进行委托理财，委托期限自 2003 年 12 月 28 日至 2004 年 6 月 27 日。

2、董事会对股东大会决议的执行情况

(1)经公司 2002 年度股东大会的批准，选举了三位新的董事会成员，公司的董事会及时召开了会议，确定了董事会下设各专门委员会的成员名单的调整。

(2) 董事会认真实施了经公司 2002 年度股东大会通过的股利分配方案，以 2002 年年末总股本 369,654,360 股为基数，向全体股东每 10 股派发现金红利 1.5 元（含税），派发现金红利总额 55,448 千元人民币，剩余 103,253 千元人民币结转以后年度分配。

(3)董事会依照公司 2003 年第一次临时股东大会的授权，监督实施了公司与医药集团资产置换的事宜。截止报告期末，天津宏仁堂药业有限公司和天津达仁堂达二药业有限公司工商变更手续已经办理完毕，天津宜药印务有限公司因涉及出版局和文化局等相关部门的批准，尚未进入工商变更程序。

(六)利润分配预案

经普华永道中天会计师事务所有限公司审计，本公司 2003 年度实现净利润按中国会计准则核算为 86,459 千元，按《公司章程》规定，提取法定盈余公积金 8,646 千元和法定公益金 4,323 千元，加上年初未分配利润 158,701 千元，本年累计可供全体股东分配的利润为 232,191 千元。董事会决定本次利润分配预案为：拟以 2003 年年末总股本 369,654,360 股为基数，向全体股东每 10 股派发现金红利 1.5 元(含税)，派发现金红利总额 55,448 千元，剩余 176,743 千元结转以后年度分配。以上利润分配和股利分配预案须提交 2003 年年度股东大会审议。

(七)公司报告期内信息披露报纸为《中国证券报》和《上海证券报》。

(八)注册会计师对公司控股股东及其他关联方占用资金情况的专项说明

关于天津中新药业集团股份有限公司控股股东及其他关联方占用资金情况专项审计说明

天津中新药业集团股份有限公司董事会：

我们接受委托，依据中国注册会计师独立审计准则审计了天津中新药业集团股份有限公司(以下简称"贵公司")及其子公司 2003 年 12 月 31 日的合并及母公司资产负债表、2003 年度合并及母公司利润表、合并及母公司利润分配表和合并及母公司现金流量表，并于 2004 年 3 月 24 日签发了普华永道中天(2004)1301 号的无保留意见审计报告。

根据中国证券监督管理委员会及国务院国有资产监督管理委员会《关于规范上市公司与关联方资金往来及上市公司对外担保若干问题的通知》(证监发[2003]56 号文)的要求，贵公司编制了列示于本函附件所附的截至 2003 年 12 月 31 日止年度贵公司控股股东及其他关联方占用资金情况表(以下简称"情况表")。

如实编制和对外披露情况表并确保其真实、合法及完整是贵公司的责任。我们对情况表所载资料与我所审计贵公司 2003 年度财务报告时所复核的会计资料和经审计的财务报告的相关内容进行了核对，在所有重大方面没有发现不一致之处。除了对贵公司实施 2003 年度会计报表审计中所执行的对关联方交易有关的审计程序外，我们并未对情况表所载资料执行额外的审计程序，为了更好地理解贵公司的控股股东及其他关联方占用资金情况，后附情况表应当与已审计的合并会计报表一并阅读。

本函仅作为贵公司披露控股股东及其他关联方占用资金情况之用，不得用作任何其他目的。

附件：天津中新药业集团股份有限公司控股股东及其他关联方占用资金情况表。单位：万元

关联方名称	关联关系	年度发生金额	会计科目	年末余额	备注
天津和泰医药有限公司	控股公司之子公司	2,597	应收帐款	2,597	货款
天津市药材集团公司	控股公司之子公司	264	应收帐款	1,399	货款
天津中药饮片厂	控股公司之子公司	291	应收帐款	1,334	货款
天津市中新药业集团国卫医药有限公司★	子公司	377	应收帐款	674	货款
天津医药集团	控股公司	(59)	应收帐款	152	货款
天津医药集团销售公司	控股公司之子公司	81	应收帐款	248	货款
天津百特医疗用品有限公司	联营公司	-	其他长期资产	1,348	投资款
天津医药集团技术发展有限公司联营公司		-	其他长期资产	414	投资款
华隆医药保健品有限公司	联营公司	699	其他长期资产	947	投资款
加拿大格斯宝西洋参农场有限公司	联营公司	80	其他长期资产	80	投资款
吉林中新药业有限公司★	子公司	-	其他长期资产	587	投资款
陕西中新药业有限公司★	子公司	200	其他长期资产	200	投资款
北京中新药谷医药有限公司★	子公司	120			
成都中新药业连锁有限公司德仁堂中心店★	子公司	41			

★为天津中新药业股份有限公司及其子公司之未合并子公司

(九)独立董事对公司对外担保情况的专项说明及独立意见

根据中国证监会(证监发[2003] 56 号)《关于规范上市公司与关联方资金往来及上市公司对外担保若干问题的通知》(以下简称通知)的规定，作为天津中新药业集团股份有限公司(以下简称公司)的独立董事，我们本着实事求是的态度对公司对外担保情况进行了认真调查了解，现做出说明如下：

1、截止 2003 年末，公司对外担保总额为 35,000 千元，占公司净资产的 2.19%。具体担保情况如下表：单位：千元

担保对象名称	发生日期(协议签署日)	担保金额	担保类型	担保期	是否履完毕	是否为关联方担保(是或否)
天津新丰制药有限公司	2003 年 4 月 18 日	5,000	贷款	11 个月	否	是
成都中新药业有限公司	2003 年 1 月 2 日	10,000	贷款	2 年	否	是
		10,000	银行承兑	2 年	否	是
	2003 年 7 月 28 日	10,000	银行承兑			
担保发生额合计			35,000			
担保余额合计			35,000			

2、公司的对外担保对象全部是为控股子公司,没有为控股股东及本公司持股 50%以下的其他关联方、任何非法人单位或个人提供担保。公司为控股子公司担保的贷款全部用于生产经营活动资金,未做其他不当用途。

3、公司的对外担保均严格经过董事会的审议并在定期报告中披露。公司的控股股东及其他关联方没有强制公司为他人提供担保。

4、公司为成都中新药业公司的担保,是由该公司的另一股东成都市弘祥药业有限公司以其持有股权进行质押提供反担保。公司为天津新丰制药有限公司提供的贷款担保是在《通知》发布前发生的,未按《通知》的要求提供反担保,在公司 2003 年度报告披露前,新丰制药公司已经按期归还了贷款,本担保已经履行完毕。今后我们将监督公司严格对外担保程序,切实维护公司及所有股东的利益。

5、公司已经按照《通知》中的规定,对公司章程中对外担保的条款进行了修改,将尽快提交董事会,并提交公司 2003 年度股东大会。

第七章、重要事项

(一)本年度公司重大诉讼、仲裁事项。

我公司于 2003 年 11 月 14 日收到天津市高级人民法院的传票及诉状等法律文书。原告方天津金耀氨基酸有限公司诉讼请求法院判令我公司支付股份转让金 3.15323802 亿元人民币。我公司认为在 1997 年为境外上市依照《重组协议》所完成的全部资产置换和重组行为包括本诉讼案涉及的股权转让行为均履行了完备的法律程序,未有任何不当。有关诉讼具体事宜公司已于 2003 年 12 月 3 日和 12 月 23 日在《中国证券报》和《上海证券报》进行披露。截止目前,天津高法尚未确定开庭日期,公司将在接到开庭通知后及时对外公告。公司认为该诉讼不会对公司产生影响,如若因诉讼造成损失,天津医药集团也承诺对本公司予以补偿。

(二)本报告期内公司收购出售资产行为。

公司于本报告期完成了与天津市医药集团有限公司的资产置换项目。公司于 2003 年 6 月 24 日以通讯方式召开 2003 年第六次董事会会议,会议通过了关于公司与医药集团进行部分资产置换的方案:公司以拥有的中药科贸大厦 13%权益与医药集团拥有的天津市达仁堂制药二厂的 52%权益、天津市第五中药厂的 52%权益、天津药品包装印刷厂的 35%权益,及其拥有的两宗土地使用权经评估后作价进行置换。此项交易属于关联交易,公司三位独立董事发表了独立意见。

置换后天津市达仁堂制药二厂、天津市第五中药厂、天津药品包装印刷厂分别变更为中新药业和医药集团共同投资的有限责任公司,公司分别持有改制后的达仁堂二厂、中药五厂、药品包装厂三家有限责任公司 52%、52%、35%股权,医药集团分别持有上述三家有限责任公司 48%、48%、65%股权。

公司已于 2003 年 8 月 15 日召开的第一次临时股东大会通过了本次置换项目。

有关资产置换信息披露详见 2003 年 6 月 26 日、7 月 1 日、7 月 31 日和 8 月 16 日《中国证券报》、《上海证券报》。

另外,天津市医药集团有限公司向天津同仁堂股份有限公司转让其拥有的天津宏仁堂药业有限公司 48%股权,公司于 2003 年 12 月 15 日召开的第十四次董事会会议同意放弃对该部分股权的优先购买权。报告期末该项转让已经完成。

截止目前,除天津宜药印务有限公司(原药品包装厂)经出版局和文化局等相关部门的审批后已进入工商变更手续外,天津宏仁堂药业有限公司(原中药五厂)和天津达仁堂达二药业有限公司(原达仁堂二厂)工商变更手续已经办理完毕。

(三)关联交易

1、公司(或公司分支机构)与关联方签有《原材料供应合同》、《药品购销合同》、《药品包装印刷合同》、《土地使用权租赁合同》、《商标使用许可合同》。公司
与关联方发生的关联交易均遵循公平、公正的原则,按照上述关联交易合同执行。

其中公司发生的购销商品关联交易情况:

(1)采购货物 金额单位:千元	2003 年度
天津同仁堂股份有限公司	32,315
天津市达仁堂制药二厂	27,858
天津市第五中药厂	25,570
天津市宜药印务有限公司	21,552
天津太平集团有限公司	21,198
天津市中药饮片厂	19,360
天津力生制药股份有限公司	6,731
	154,584
(2)出售货物	
天津太平集团有限公司	14,554
天津市中药饮片厂	13,479
国卫医药有限公司	11,243
天津市第五中药厂	6,394
天津市药材集团公司	5,380
天津市达仁堂二厂	2,378
	53,428

公司发生的上述关联交易均以天津市物价局所定价格或以接近市场价格作为定价基础。公司购销商品发生的关联交易未对公司的经营成果和财务状况造成影响,未对公司业务的连续性、管理层稳定性造成影响,有关关联方在报告期履行关联交易协议情况正常,其交易方、交易内容、交易价格、交易金额和结算方式在报告期内未发生变化。

(3)支付关联方土地租赁费

公司在本报告期内向天津市医药集团有限公司及天津市中药饮片厂支付土地租赁费共计 1,326 千元。

2、公司 2003 年第一次临时股东大会通过的与医药集团的资产置换项目属于关联交易,该项目的情况见本章第(二)款。

3、公司与关联方存在的债权、债务往来。 单位:万元

关联方	向关联方提供资金 发生额	余额	关联方向上市公司提供资金 发生额	余额
天津和泰医药有限公司	2,597	2,597	–	–
天津市药材集团公司	264	1,399	4,192	4,197
天津中药饮片厂	291	1,334	–	–
国卫医药有限公司	377	674	–	–
天津医药集团工业销售公司	(59)	152	–	–
天津医药集团	81	248	(419)	395
天津百特医疗用品有限公司	–	1,348	–	–
天津医药集团技术发展有限公司	–	414	–	–
吉林中新药业有限公司	–	587	–	–
华隆医药保健品有限公司	699	947	–	–
陕西中新药业有限公司	200	200	–	–
北京中新药谷医药有限公司	120	120	–	–
加拿大格斯宝西洋参农场有限公司	80	80	–	–
成都中新药业连锁有限公司德仁堂中心店	41	41	–	–
天津太平集团有限公司	–	–	988	988
天津宜药印务有限公司	–	–	(255)	1
合计	4,691	10,141	4,506	5,581

注:上表应与与已审计的合并会计报表一并阅读。

4、公司与控股股东医药集团共同设立天津津康制药有限公司并增资的关联交易。

公司董事会于 2003 年 7 月 4 日召开 2003 年第八次会议,会议通过了公司与医药集团共同投资设立天津津康制药有限公司,总投资 3000 万元,其中:公司以现金形式出资 1800 万元,占总投资的 60%;医药集团以现金形式出资 1200 万元,占总投资的 40%。

2003 年 12 月 17 日公司董事会召开第十五次会议,通过了对津康公司的增资方案:股东双方按照各自的出资比例共增资 1900 万元,增资后津康公司注册资本达到 4900 万元。

相关信息公司已于 2003 年 7 月 8 日和 12 月 20 日中国证券报》、《上海证券报》上披露。本次关联交易未对公司持续经营能力、损益及资产状况产生重大影响。

截止报告期末,津康制药有限公司正在建设当中。

(四)重大合同及履行情况

1、本报告期内公司无托管、承包、租赁其他公司资产或其他公司托管、承包、租赁上市公司资产的事项。

2、报告期内重大担保情况。 单位:千元

担保对象名称	发生日期(协议签署日)	担保金额	担保类型	担保期	是否履行完毕	是否为关联方担保(是或否)
天津新丰制药有限公司	2003 年 4 月 18 日	5,000	贷款	11 个月	否	是
成都中新药业有	2003 年 1 月 2 日	10,000	贷款	2 年	否	是
限公司		10,000	银行承兑	2 年	否	是
	2003 年 7 月 28 日	10,000	银行承兑			
担保发生额合计			35,000			
担保余额合计			35,000			
其中:关联担保余额合计			35,000			
上市公司对控股子公司担保发生额合计			35,000			
违规担保总额			5,000			
担保总额占公司净资产的比例			2.19%			

注:上表所称"违规担保"系指违反《关于规范上市公司与关联方资金往来及上市公司对外担保若干问题的通知》(证监发[2003] 56 号)规定的对外担保。

公司为控股子公司天津新丰制药有限公司的贷款担保 5,000 千元没有反担保,按照中国证监会《关于规范上市公司与关联方资金往来及上市公司对外担保若干问题的通知》(证监发[2003] 56 号)的规定属于违规担保,但在本报告披露前,新丰制药公司已经按期归还了贷款,本担保已经履行完毕。

3、报告期内公司委托理财事项。

公司于 2003 年 1 月 27 日以通讯方式召开董事会会议,会议通过了继续委托大通证券管理 1 亿元人民币进行委托理财,委托期限自 2003 年 1 月 27 日至 2003 年 6 月 27 日。有关信息公司已于 2003 年 1 月 29 日在《中国证券报》、《上海证券报》及新加坡 MASNET 网披露。

在一季度,公司提前收回部分委托资金共计 5000 万元,大通证券已于 2003 年 3 月 25 日将该笔款项以及截止收回日的利息 65.25 万元划转到公司帐户。公司已于 2003 年 3 月 28 日在上述媒体对该事项进行了披露。

半年度末,公司已经如期收回其余的 5000 万元本金和 187.5 万元利息。相关信息公司于 2003 年 7 月 2 日在上述媒体对该事项进行了披露。

公司董事会又于 2003 年 6 月 26 日召开第七次会议继续委托大通证券管理 5000 万元人民币进行委托理财,委托期限自 2003 年 7 月 2 日至 2003 年 12 月 28 日。相关信息公司已在 2003 年 6 月 28 日和 7 月 2 日《中国证券报》、《上海证券报》及新加坡 MASNET 网披露。

2003 年 12 月 28 日公司董事会召开第十六次会议,授权公司管理层与大通证券续签有关委托理财协议,继续委托大通证券管理 5000 万元人民币进行委托理财,委托期限自 2003 年 12 月 28 日至 2004 年 6 月 27 日。同时,公司已收到原委托理财的利息 200 万元人民币。有关信息公司于 2004 年 1 月 2 日上述媒体进行了披露。

除上述委托理财事项外,报告期内公司无其他委托理财事项。

(五)公司或股东对公开披露承诺事项在报告期的履行情况:

1、本报告期内,公司及持股 5%以上股东无承诺事项。

2、公司第一大股东天津市医药集团有限公司延续到本报告期内的承诺如下:

(1)医药集团承诺其与本公司的关联交易将继续严格按照关联交易合同执行,其中涉及尚需具体协商条款将根据双方提供产品、服务的质量及市场情况按公平的市场原则协商确定,医药集团不得以控股股东的身份进行干预。

(2)医药集团将不会并且将要求或督促其子公司不会在中国境内外任何地方和以任何形式(包括但不限于独资经营、合资经营和拥有在其他公司或企业的股票或权益)从事与本公司及其全资企业、控股公司以及参股 20%以上、50%以下股权的公司的业务有竞争或能构成竞争的业务或活动。

公司控股股东医药集团在报告期内严格按延续到本报告期内的承诺要求履行职责,未发生有损本公司利益的情况。

(六)聘任会计师事务所情况

公司在 2003 年 6 月 26 日股东大会审议通过续聘新加坡普华古柏会计师事务所为公司 2003 年度国际审计师,续聘普华永道中天会计师事务所有限公司为公司 2003 年度国内审计师。

公司确定会计师事务所报酬的决策程序,是经过公司审计委员会、董事会并提交股东大会通过。

单位:千元

年度	报酬总额	审计费用	其他费用
2003	3,000	3,000	0
2002	3,500	3,500	0

公司 2003 支付给审计师的报酬中不含差旅费,由公司另行承担。目前,该审计机构已经为公司提供 7 年的审计服务。

(七)公司、公司董事会及董事在报告期内没有受中国证监会稽查、中国证监会行政处罚、通报批评、证券交易所公开谴责的情形。

第八章、备查文件目录

(一)载有法定代表人、总会计师、会计机构负责人签名并盖章的会计报表。

(二)载有会计师事务所盖章、注册会计师签名并盖章的审计报告原件。

(三)报告期内在中国证监会指定报纸上公开披露过的所有公司文件的正本及公告的原稿。

(四)在新加坡股票交易所公布的年度报告。

文件存放地:以上文件均完整备置于公司办公地点

董事长:詹原竞

天津中新药业集团股份有限公司

2004-03-26

浙江国祥制冷工业股份有限公司

浙江国祥制冷工业股份有限公司2003年年度报告

重要提示

本公司董事会及其董事保证本报告所载资料不存在任何虚假记载、误导性陈述或者重大遗漏,并对其内容的真实性、准确性和完整性承担个别及连带责任。

公司一届第十七次董事会审议通过了2003年年度报告及摘要,公司董事陈和贵先生因工作原因未能出席本次会议,已经委托董事长陈天麟先生代为出席、表决。独立董事任金禄先生、史习民先生因工作原因未能出席本次会议,已经委托独立董事赵伟先生代为出席、表决。

公司本年度财务会计报告已经浙江天健会计师事务所审计并出具了无保留意见的审计报告。本公司董事长陈天麟先生、总经理陈俊健先生、财务负责人金兰芳女士、会计机构负责人王钟琦先生声明:保证年度报告中财务会计报告的真实、完整。

第一节 公司基本情况简介

一、公司法定中、英文名称及缩写:
中文名称:浙江国祥制冷工业股份有限公司
英文名称:Zhejiang King Refrigeration Industry Co.,Ltd.
二、公司法定代表人:陈天麟
三、公司董事会秘书:丁亚平
电话:0575-2158818 传真:0575-2151888
联系地址:浙江省上虞市百官镇中塘
电子信箱:dyp@ekingair.com
四、公司注册地址:浙江省上虞市百官镇中塘
公司办公地址:浙江省上虞市百官镇中塘
邮政编码:312300
国际互联网网址:http://www.ekingair.com
电子信箱:syplant@ekingair.com
五、公司选定的信息披露报纸:《上海证券报》、《证券日报》
登载公司年度报告的中国证监会指定网站的网址:http://www.sse.com.cn
公司年度报告备置地点:公司证券部 电话:0575-2158818 联系人:丁亚平
六、公司股票上市交易所:上海证券交易所
股票简称:国祥股份 股票代码:600340
七、其他有关资料:
公司注册登记日期:1993年5月28日
公司注册登记地点:浙江省工商行政管理局
企业法人营业执照注册号:企股浙总字第002210号
公司税务登记号码:330622609670952
公司聘请的会计师事务所名称:浙江天健会计师事务所有限公司
会计师事务所办公地址:浙江省杭州市文三路388号钱江科技大厦15-20层

第二节 会计数据和业务数据摘要

一、公司本年度利润指标情况 单位:人民币元

项目	金额
利润总额	24,902,718.08
净利润	21,619,158.64
扣除非经常性损益后的净利润	21,622,145.14
主营业务利润	58,779,534.11
其他业务利润	1,133,704.06
营业利润	25,079,244.10
营业外收支净额	-176,526.02
经营活动产生的现金流量净额	34,529,571.35
现金及现金等价物净增减额	291,469,434.21

注:扣除的非经常性损益项目和涉及金额:单位:人民币元

项目	本期数
政府补贴-技改贴息	160,000.00
-出口贴息	14,876.00
营业外收入-处置固定资产净收益	21,200.00
-其他	6,000.00
减:营业外支出	203,726.02
非经常性损益所得税影响数	1,336.48
合 计	-2,986.50

二、前三年主要会计数据和财务指标。

1、主要会计数据 单位:人民币元

项目	2003年	2002年	本年比上年增减(%)	2001年末
主营业务收入	174,835,891.81	162,461,860.34	7.62	131,806,089.60
利润总额	24,902,718.08	25,859,369.49	-3.70	25,105,685.50
净利润	21,619,158.64	21,912,704.45	-1.30	21,575,966.14
项目	2003年末	2002年末	本年比上年增减(%)	2001年末
总资产	497,758,568.23	198,484,936.23	150.78	163,103,759.98
股东权益	399,397,649.15	103,488,670.59	285.93	81,575,966.14
经营活动产生的现金流量净额	34,529,571.35	14,167,590.58	143.72	8,555,430.31

2、主要财务指标

项目	2003年	2002年	本年比上年增减(%)	2001年末
每股收益(全面摊薄)(元/股)	0.22	0.37	-40.54	0.36
每股收益(加权平均)(元/股)	0.35	0.37	-8.11	0.36
净资产收益率(全面摊薄)(%)	5.41	21.17	-74.44	26.45
净资产收益率(加权平均)(%)	17.74	23.68	-25.08	30.48
扣除非经常性损益后的净资产收益率(全面摊薄)(%)	5.41	21.07	74.32	26.77
扣除非经常性损益后的平均净资产收益率(加权平均)(%)	17.75	23.56	24.66	30.85
每股经营活动产生的现金流量净额(元/股)	0.35	0.24	45.83	0.14
项目	2003年末	2002年末	本年比上年增减(%)	2001年末
每股净资产(元/股)	3.99	1.72	131.98	1.36
调整后的每股净资产(元/股)	3.98	1.68	136.90	1.20

变动原因:发行4,000万股A股股票,募集资金到位,相关项目与上年同期相比变动幅度较大。

根据证监会《公开发行证券公司信息披露编报规则》第9号的通知,2003年度有关财务指标如下:

报告期利润	净资产收益率 全面摊薄	净资产收益率 加权平均	每股收益 全面摊薄	每股收益 加权平均
主营业务利润	15.00	48.00	0.59	0.96
营业利润	6.00	21.00	0.25	0.41
净利润	5.41	17.74	0.22	0.35
扣除非经常性损益后的净利润	5.41	17.75	0.22	0.35

三、本年度股东权益变动情况及变动原因。单位:人民币元

项目	股本	资本公积	盈余公积
期初数	60,000,000	0	6,523,300.59
本期增加数	40,000,000	234,289,819.92	3,242,873.79
本期减少数	0	0	0
期末数	100,000,000.00	234,289,819.92	9,766,174.38
变动原因	发行新股	股本溢价	本期计提
项目	其中:法定公益金	未分配利润	股东权益合计
期初数	2,174,433.53	36,965,370.00	103,488,670.59
本期增加数	1,080,957.93	18,376,284.85	295,908,978.56
本期减少数	0	0	0
期末数	3,255,391.46	55,341,654.85	399,397,649.15
变动原因	本期计提	本期盈利及分配	发行新股

第三节 股本变动及股东情况

一、股本变动情况。

(一)股本变动情况表 单位:万股

股份类型	本次变动前	本次变动增减(+,-) 配股	送股	公积金转股	增发	其他(首次公开发行)	小计	本次变动后
一、未上市流通股份								
1、发起人股份	6,000							6,000
其中:								
国家持有股份								
境内法人持有股份	3,300							3,300
境外个人持有股份	2,700							2,700
其他								
2、募集法人股份								
3、内部职工股								
4、优先股或其他								
未上市流通股份合计	6,000							6,000
二、已上市流通股份								
1、人民币普通股	0					4,000		4,000
2、境内上市的外资股								
3、境外上市的外资股								
4、其他								
已上市流通股份合计	0							
三、股份总数	6,000					4,000		10,000

注:本公司不存在配售股份、柜台交易公司内部职工股份、战略投资者配售股份和一般法人股配售股份。

(二)股票发行与上市情况。

1、经中国证券监督管理委员会证监发行字[2003]144号文核准,公司于2003年12月15日采用全部向二级市场投资者定价配售的方式成功地向社会公开发行了人民币普通股4,000万股,每股面值1.00元,每股发行价7.30元,扣除相关发行费用后,本公司实际募集资金27,428.98万元人民币。经上海证券交易所同意,公司4,000万社会公众股于2003年12月30日上市交易。

2、报告期内因公司首次公开发行股票引起股份总数及结构发生变动,具体情况如上所述。

3、公司不存在内部职工股。

二、公司股东情况。

(一)报告期末股东总数为:27,375户。

(二)主要股东持股情况:

截至2003年12月31日,公司前十名股东持股情况:单位:股

序号	股东名称(全称)	年末持股数数量	年末持股数比例(%)	质押或冻结股份数量	股份类别
1	陈和贵	27,000,000	27.00	0	境外发起人个人股
2	浙江上风实业股份有限公司	15,000,000	15.00	0	境内法人股
3	浙江春晖集团有限公司	12,000,000	12.00	0	境内法人股
4	上虞市上浦金属加工厂	3,000,000	3.00	0	境内法人股
5	上虞上峰压力容器厂	3,000,000	3.00	0	境内法人股
6	吴惠霞	447,095	0.46	0	流通A股
7	丛广	128,400	0.13	0	流通A股
8	林文远	126,779	0.13	0	流通A股
9	佛山市助民担保服务有限公司	106,400	0.01	0	流通A股
10	王月英	103,367	0.01	0	流通A股

陈和贵、浙江上风实业股份有限公司(以下简称"上风高科")、浙江春晖集团有限公司,上述三名股东不存在关联关系和一致行动人关系,上虞上峰压力容器厂持有上风高科12.91%的股份,持有上风高科2.83%股份的上虞风机厂同时持有上虞市上浦金属加工厂100%的股权,上述五名股东无股权质押、担保情形,其余五名社会公众股股东未知是否存在关联关系。

公司不存在战略投资者或一般法人因配售新股成为前十名股东情形。

(三)公司控股股东情况：

公司控股股东陈和贵先生，中国台湾籍，1925 年出生，大学毕业，本公司创始人。四十多年来主要致力于中央空调行业的发展，先后任台湾地区冷冻空调工业同业公会理事长、台湾中华冷冻空调学会理事长，现任台湾国祥冷冻机械股份有限公司董事长及本公司董事。

报告期内，公司控股股东没有发生变更。

(四)其他持股 10%以上(含 10%)的法人股东情况。

公司不存在其他持股 10%以上(含 10%)的法人股东。

(五)前十名流通股股东持股情况

截至 2003 年 12 月 31 日，公司前十名流通股股东持股情况：单位：股

序号	股东名称(全称)	年末持有流通股数量	股份种类(A、B、H股或其他)
1	吴惠霞	447,095	A 股
2	从　广	128,400	A 股
3	林文远	126,779	A 股
4	佛山市助民担保服务有限公司	106,400	A 股
5	王月英	103,367	A 股
6	杨少华	86,000	A 股
7	王可让	81,100	A 股
8	赵　强	78,600	A 股
9	刘小莺	69,000	A 股
10	何世杰	68,000	A 股

注：公司未知前十名流通股股东之间是否存在关联关系。

第四节　董事、监事、高级管理人员和员工情况

一、公司董事、监事、高级管理人员情况。

(一)基本情况：

姓　名	职务	性别	年龄	任期起止日期	年初持股数(万股)	年末持股数(万股)
陈天麟	董事长	男	40	2001.7.-2004.6.	0	0
徐灿根	副董事长	男	61	2001.7.-2004.6.	0	0
陈和贵	董事	男	79	2001.7.-2004.6.	2,700	2,700
杨言荣	董事	男	56	2001.7.-2004.6.	0	0
竺铭浩	董事	男	38	2001.7.-2004.6.	0	0
陈天龙	董事	男	38	2001.7.-2004.6.	0	0
任金禄	独立董事	男	63	2002.9.-2004.6.	0	0
赵　伟	独立董事	男	49	2002.9.-2004.6.	0	0
史习民	独立董事	男	42	2002.9.-2004.6.	0	0
章立标	监事会召集人	男	34	2001.7.-2004.6.	0	0
章嘉瑞	监事	男	58	2001.7.-2004.6.	0	0
徐祥根	监事	男	50	2001.7.-2004.6.	0	0
陈俊健	总经理	男	33	2001.7.-2004.6.	0	0
王维山	副总经理	男	53	2002.8.-2004.6.	0	0
关　旭	副总经理	男	46	2002.8.-2004.6.	0	0
局荆燕	副总经理	女	36	2002.8.-2004.6.	0	0
金兰芳	财务负责人	女	38	2001.7.-2004.6.	0	0
丁亚平	董事会秘书	男	27	2002.8.-2004.6.	0	0

在股东单位任职的董事、监事情况：

姓　名	任职股东名称	在股东单位担任的职务	任职期间是否领取报酬、津贴	
徐灿根	浙江上风实业股份有限公司	董事长	1998 年起	是
杨言荣	浙江春晖集团有限公司	董事长	2000 年起	是
竺铭浩	浙江上风实业股份有限公司	董事、董事会秘书、副总经理	2000 年起	是
章嘉瑞	浙江春晖集团有限公司	董事	2000 年起	否
徐祥根	浙江上风实业股份有限公司	监事	2000 年起	是

(二)年度报酬情况：

报告期内，公司实施以业绩为导向的年薪制分配激励机制，对在公司领取报酬的董事、监事和高级管理人员实行"基本年薪+奖励年薪"的分配方式。

本年度公司董事、监事及高级管理人员(独立董事除外)共有 8 人在公司领取报酬，其年度报酬总额为 158.56 万元。在公司领取薪酬的高级管理人员中，报酬金额最高的三位高级管理人员的报酬总额为 89.33 万元人民币。独立董事津贴为每人每年 20,000 元人民币。

其报酬区间如下(独立董事除外)：

报酬档次	5-10 万元	10-20 万元	20-30 万元	30 万元以上
人数	2 人	1 人	2 人	3 人

(三)报告期内离任的董事、监事、高级管理人员离任情况：

报告期内，本公司董事、监事及高级管理人员未发生变动。

二、公司员工情况。

报告期末，公司在职员工 522 人。在职员工专业构成：生产人员 206 人，销售人员 106 人，技术人员 102 人，管理人员 57 人，其他人员 51 人；在职员工教育程度：研究生学历以上 17 人，大学本科学历 112 人，大专学历 127 人，高中专 108 人，其他 158 人。

截至报告期末，公司无承担费用的离退休职工。

第五节　公司治理结构

一、公司治理情况。

报告期内，公司严格按照《公司法》、《证券法》、《上市公司治理准则》、《公司章程》以及中国证监会颁发的有关法规文件的要求，进一步完善了公司法人治理结构，强化了公司规范运作。

1、报告期内，公司已聘请三名独立董事，完善独立董事制度，符合证监会相关文件要求；

2、报告期内，公司修订了《公司章程》，进一步规范公司运作，完善法人治理结构；

3、公司治理结构较为完善，达到了中国证监会有关文件的要求。

二、独立董事履行职责情况。

公司董事会根据中国证券监督管理委员会发布的《关于在上市公司建立独立董事制度的指导意见》的规定要求，于 2002 年 9 月 30 日召开的 2002 年第二次临时股东大会通过了选举任金禄、赵伟、史习民先生为公司独立董事，使公司独立董事达到了 3 人，建立了独立董事制度，符合中国证监会的相关规定。三位独立董事在任职期间，严格遵守国家法律、法规、规章和《上海证券交易所上市规则》及《公司章程》等相关规定，亲自或委托其他独立董事参加了报告期内召开的股东大会和董事会，分别从管理和财务等角度在公司融资合理性、投资项目的选择、评估及关联交易的公平合理等方面发挥了重要作用；同时对公司董事、总经理及其他高管人员履行职责的合法、合规性进行了监督，以认真负责的态度参与董事会的工作，对董事会科学决策和公司的健康发展起到了积极作用。

三、与控股股东在人员、资产、业务、机构、财务方面的分开情况。

公司与控股股东之间在业务、人员、资产、机构、财务方面，已经做到了"五分开"。其中：

1、业务方面：公司的生产、经营、销售以及产品研究开发完全独立于控股股东，并且不存在同业竞争；

2、人员方面：公司在劳动、人事、工资管理等方面独立运作，公司总经理、副总经理等高级管理人员均在本公司领取报酬，未在控股股东单位任职和领取薪酬；

3、资产方面：公司拥有完整的生产系统、辅助生产系统，工业产权、非专利技术等无形资产均为公司完全拥有，公司建立了完整、独立的采购和销售系统；

4、机构方面：公司的行政、管理机构完全独立运行，不受控股股东及其他股东单位职能部门的制约；

5、财务方面：公司设有独立的财务部门和财务人员，并建有独立核算体系和财务管理制度，公司在银行开设独立账户。

四、公司对高级管理人员的激励机制。

报告期内，公司人力资源部、财务部实施以业绩为导向的年薪制分配激励机制，针对高级管理人员工作的特殊性，对其实行"基本年薪+奖励年薪"的分配方式，还专项奖励对公司效益增长或发展有特殊贡献的部门(个人)和高级管理人员。同时把知识更新、教育深造作为激励机制的重要组成部分。

第六节　董事会报告

一、管理层讨论与分析。

2003 年中央空调行业继续沿续 2002 年快速发展的态势，但行业内的竞争明显加剧。面对激烈的市场竞争，公司积极应对，通过调整产品结构、进行品牌建设、加强产品开发、推进精益生产等措施的实施，增强产品的竞争力，取得了良好的经营业绩，进一步提高了公司的综合实力。报告期内，在董事会的正确领导和经营管理人员、全体员工的努力下，公司的经营成果和财务状况良好。公司实现了主营业务收入 17,483.59 万元，主营业务利润 5,877.95 万元，净利润为 2,161.92 万元，取得了较好的经营业绩。经营性活动产生的现金流量净额 3,452.95 万元，现金流量情况良好。公司的知名度和美誉度也逐年上升。公司产品严格按国家标准要求，相关产品通过了"3C"认证；国家压缩机制冷设备质检中心对螺杆式冷水(热泵)机组进行了抽样检验，被中国制冷空调工业协会评为空调行业螺杆式冷水(热泵)机组 10 大优质产品。市场从原先的主要地区(华东地区)逐步扩张到华南、华中、华北、西南、东北等地，进一步扩大了市场。

二、公司报告期内的经营情况。

(一)主营业务的范围及其经营情况

1、公司主营业务范围：螺杆式冷水机组、风冷式冷热水机组、组合式空调箱、风机盘管机组、、户式中央空调、单元柜式空调机等产品的生产和销售。报告期内，销售主机 301 台，较去年同期上升 153%；热泵 677 台，较去年同期增长 55%；空调箱 2,724 台，较去年同期增长 20%；风机盘管 33,059 台，较去年同期增长 5%；实现销售收入 1.74 亿元，较去年同期增长 7.60%，实现净利润 2,161.92 万元，较去年同期微降 1.30%。因原材料涨价、售价降低，净利润略有下降。具体情况如下：

(1)按行业分析：

本公司只从事中央空调行业，无其他行业的业务。

(2)按产品分析表：

单位：人民币元

产品	主营业务收入	主营业务利润
主机	48,256,402.37	15,206,084.28
热泵	46,217,799.38	17,510,684.23
空调箱	38,446,545.60	9,928,710.49
风机盘管	21,595,799.37	7,557,404.77

(3)按地区分析表：　单位：人民币元

地区	主营业务收入	主营业务利润
华东地区	93,167,295.02	31,908,553.28
华南地区	21,961,720.78	6,649,281.82
华北地区	8,630,227.30	3,275,370.46
西南地区	3,960,560.22	1,490,140.06
港台地区	9,610,628.66	1,889,309.65
其他	37,505,459.83	13,566,878.84
合计	174,835,891.81	58,779,534.11

2、由于市场及环境等因素的影响，报告期内占主营业务收入总额 10%以上的主要产品：

产品	主营业务收入(人民币元)	主营业务成本(人民币元)	毛利率(%)	占主营业务收入的比例(%)
主机	48,256,402.37	33,050,318.09	31.51	27.60
热泵	46,217,799.38	28,707,115.15	37.89	26.43
空调箱	38,446,545.60	28,517,835.11	25.82	21.99
风机盘管	21,595,799.37	14,038,394.60	35.00	12.35

3、2003 年产品开发、技术改进及售后服务情况：

(1)2003 年完成新产品开发 3 项，投入批量生产的有 1 项。

(2)营销服务建设方面：全面覆盖全国各大中城市，通过建立规范化服务培训制度，实施标准化服务培训工作，服务品牌效应与服务营销能力得到有效提升。

(二)公司控股子公司的经营情况及业绩情况：

报告期内无控股子公司，对外投资亦为期后事项。

(三)供应商、客户情况：

公司前 5 名供应商合计采购金额为 4,034.30 万元，占本年度采购总额的 38.19%。销售前 5 名客户销售金额合计为 5,553.01 万元，占本年度销售总额的 31.76%。

(四)经营中出现的问题与困难及解决方案

在宏观经济持续向好的背景下，中央空调行业继续维持着高速发展的态势，公司董事会抓住这一有利的宏观环境，针对经营中出现的问题与困难，积极寻找对策，制定有效的解决方案，使公司经营业绩得到突飞猛进的增长。

1、经营中的主要问题：

(1)产品的市场份额有待提高，盈利能力有待提升；

(2)公司现有产品不够丰富，产品结构有待优化；

(3)生产管理有待加强，需加强和完善物流管理系统及相关工作的培训机制。

2、针对上述问题公司制定的解决方案：

(1)全面提高技术创新能力水平，营造企业核心竞争力。在现有产品结构体系的基础上，加大延升产品的开发力度，完善工艺水平和售后服务人员的专业水平；

(2)在有效运行 ERP 工程的基础上，提高信息流、物资流以至现金流的顺畅，保障企业组织体系高效运行，通过加强计划管理、质量管理、预算管理、成本管理、营销管理和人力资源管理，实现各项投入的价值最大化；

(3)深化组织体系改革和薪酬制度改革，以利于调动员工积极性、创造性，提高企业执行力，从面全面增强公司发展后劲；

(4)加强对外交流工作，熟悉并运用国际法经营法则，使公司经营管理与国际先进的管理方式接轨，努力开拓国外市场。

三、公司报告期内的投资情况。

(一)前次募集资金使用情况

经中国证券监督管理委员会证监发行字[2003]144 号文核准，浙江国祥制冷工业股份份有限公司(以下简称"本公司"或"公司")于 2003 年 12 月 15 日采用全部向二级市场定价配售的发行方式向社会公开发行了人民币普通股 40,000,000.00 股，每股发行价 7.30 元，应募集资金总额人民币 292,000,000.00 元，减除实际发生的发行费用 17,710,180.08 元后，实际募集资金净额为人民币 274,289,819.92 元。上述资金已于 2003 年 12 月 22 日全部到位，业经浙江天健会计师事务所浙天会验字(2003)第 121 号验资报告验证。

截至 2003 年 12 月 31 日，公司到位募集资金扣除发行后支付的相关发行费用，根据公司经营策略，经公司董事会与股东大会批准，本公司计划将所募集资金用于投资项目情况如下：

募集资金总额	27,428.98	本年度已使用募集资金总额	0
承诺项目			投资项目表拟投入金额
节能低污染冷(热)水机组建设项目			6,465.80
节能环保型空气净化机组建设项目			6,340.00
智能型住宅变频中央空调技改项目			3,471.50
机房专用空调机组技改项目			3,337.70
单元柜式空气调节机建设项目			2,980.00
储冰系统技术改造项目			3,396.00
冷藏集装箱建设项目			2,994.00
合计			28,985.00

单位:万元

募集资金总额	27,428.98	本年度已使用募集资金总额	已累计使用募集资金总额	0	剩余募集资金用途	存入银行
承诺项目			是否变更项目	实际投入金额	产生收益金额	是否符合计划和预期收益
节能低污染冷(热)水机组建设项目				0		
节能环保型空气净化机组建设项目				0		
智能型住宅变频中央空调技改项目				0		
机房专用空调机组技改项目				0		
						符合
单元柜式空气调节机建设项目				0		
储冰系统技术改造项目				0		
冷藏集装箱建设项目				0		
合计				0		

四、报告期内公司财务状况、经营成果。单位:人民币元

项目	2003年末	2002年末	增减额	增减比例(%)	变动说明
资产总额	497,758,568.23	198,484,936.23	299,273,632.00	151.00	募集资金到位
长期负债	20,033,550.00	30,048,800.00	−10,015,250.00	−34.00	归还贷款
股东权益	399,397,649.15	103,488,670.59	295,908,978.56	286.00	募集资金到位
销售收入	174,835,891.81	162,461,860.34	12,374,031.47	8.00	扩充营销网络
主营业务利润	58,898,463.23	61,597,991.04	−2,699,527.81	−5.00	原材料涨价,售价降低
净利润	21,619,158.64	21,912,704.45	−293,545.81	−1.30	同上
现金及现金等价物量增加	291,469,434.21	−1,868,846.32	293,338,280.53	156.96	募集资金到位

五、2003年度无会计政策、会计估计及合并报表范围的变更情况。

六、生产经营环境及宏观政策、法规发生变化对公司财务状况和经营成果的影响。2003年公司执行13.2%的所得税税率,2004年公司"两免三减半"期满,将执26.4%的所得税率,如公司能在2004年被继续评为浙江省外商投资先进技术企业,则仍可执行13.2%的所得税率。

七、公司新年度的经营计划:

1、2004年经营目标:

抓住机遇,继续扩大现有产品市场,提高其市场占有率,加强成本控制,全面提高公司盈利水平。

2、实现经营目标的主要措施:

(1)争取利用所募集资金投入拟投资项目,优化产品结构,培育新的利润增长点,提高公司整体盈利能力;

(2)积极寻求与国外先进技术的合作,适时引进战略合作伙伴;

(3)创新销售网点建设模式,提高系统运行效率和服务质量,让营销服务工作真正落到实处,以培养顾客的忠诚度。

(4)抓住效率提升、质量保证、降低成本三个方面,以信息化建设的推进为手段,扎实全面推进精益生产。

(5)强化品牌建设,按照公司品牌规划,系统策划,配合品牌管理制度的实施与监管,做好企业品牌与产品品牌的推进。

3、投资计划:

公司一方面利用募集资金加大对项目的投入力度,重点发展节能、环保型中央空调产品如节能低污染冷(热)水机组、节能环保型空气净化机组等;另一方面,加大研发力度,开发适合市场需求或替代进口的中央空调新产品如住宅变频中央空调、多联式商用空调机,机房专用空调、单元柜式空气调节机、储冰系统等,进一步延伸、拓展公司主营业务,扩大公司利润来源。

八、公司董事会日常工作情况。

(一)报告期内公司董事会的会议情况及决议内容:

报告年度内公司共召开七次董事会会议。

公司于2003年2月16日,在公司三楼会议室召开第一届董事会第八次会议,应到董事9人,实到8人,董事长陈天麟先生主持,公司监事及高级管理人员列席会议。会议审议通过了如下决议:总经理工作报告、董事会工作报告、2002年财务决算报告和2003年度财务预算方案、2002年度利润分配方案的议案、续聘审计事务所的议案。

公司于2003年3月5日,在公司办公楼三楼会议室召开第一届董事会第九次会议,应到董事9人,实到9人,董事长陈天麟先生主持。监事和公司高级管理人员列席会议。会议审议通过了如下决议:审议并通过关于市场规划的议案。

公司于2003年4月14日,在公司办公楼三楼会议室召开第一届董事会第十次会议,应到董事9人,实到9人,董事长陈天麟先生主持。监事和公司高级管理人员列席会议。会议审议通过了如下决议:审议并通过《浙江国祥制冷工业股份有限公司章程(修正案)》的议案。

公司于2003年6月30日,在公司办公楼三楼会议室召开第一届董事会第十一次会议,应到董事9人,实到9人,董事长陈天麟先生主持。监事和公司高级管理人员列席会议。会议审议通过了如下决议:审议并通过《关于公司上海办事处迁址的议案》。

公司于2003年8月8日,在公司办公楼三楼会议室召开第一届董事会第十二次会议,应到董事9人,实到9人,董事长陈天麟先生主持。监事和公司高级管理人员列席会议。会议审议通过了如下决议:审议并通过《关于设立上海分公司的议案》、《关于向深圳发展银行武林支行贰仟万元综合授信额度贷款的议案》。

公司于2003年9月2日在公司办公楼三楼会议室召开第一届董事会第十三次会议,应到董事9人,实到7人,董事长陈天麟先生主持。监事和公司高级管理人员列席会议。本次会议如下议动:《关于在上海设立研发中心的议案》。本次会议未形成决议。

公司于2003年9月19日在公司办公楼三楼会议室召开第一届董事会第十四次会议,应到董事9人,实到7人,董事长陈天麟先生主持。监事和公司高级管理人员列席会议。会议审议通过了如下决议:审议并通过《关于在上海设立研发中心的议案》。

(二)董事会对股东大会决议的执行情况

公司董事会严格按照《公司法》、《证券法》、公司《章程》以及其他法律法规的要求严格执行股东大会的各项决议,要着诚信和勤勉的原则,为公司及所有股东的最大利益服务。

九、公司本次利润分配或资本公积金转增股本预案。

经浙江天健会计师事务所审计,2003年度公司实现净利润21,619,158.64元,根据公司《章程》有关规定和公司2003年度盈利水平,经董事会研究,就本年度利润分配事宜提出如下议案:

公司本年度实现净利润21,619,158.64元,按净利润提取10%法定公积金和5%法定公益金共计3,242,873.79元,加上年初转入未分配利润36,965,370.00元,本年度实际可供股东分配利润为55,341,654.85元。

本年度拟作如下利润分配:拟以2003年度末总股本100,000,000股为基数,向全体股东每10股派发现金红利2.00元(含税),共计应向股东支付股利20,000,000.00元。剩余未分配利润35,341,654.85元结转下年度分配。本年度不送股,也不进行资本公积金转增股本。

十、其他报告事项。

(一)公司选定《上海证券报》、《证券日报》为公司信息披露报纸。

(二)注册会计师对公司控股股东及其他关联方占用资金情况的专项说明。

浙江天健会计师事务所根据中国证监会证监发(2003)56号《关于上市公司与关联方资金往来及上市公司对外担保若干问题的通知》的要求,出具了浙天会[2004]第103号《关于浙江国祥制冷工业股份有限公司与关联方资金往来及对外担保有关的专项说明》。说明如下:

关于浙江国祥制冷工业股份有限公司2003年度

关联方占用资金情况的专项审计说明

浙天会[2004]第103号

中国证券监督管理委员会:

我们接受委托,对浙江国祥制冷工业股份有限公司(以下简称"国祥股份")2003年度控股股东及其他关联方占用资金情况进行专项审计。真实、完整地提供所有相关资料是国祥股份的责任,我们的责任是对国祥股份上述关联方占用资金情况发表专项意见。我们的审计是依据《中国注册会计师独立审计准则》进行的。在审计过程中,我们结合国祥股份的实际情况,实施了包括抽查会计记录等我们认为必要的审计程序。

根据中国证券监督管理委员会和国务院国有资产监督管理委员会印发的《关于规范上市公司与关联方资金往来及上市公司对外担保若干问题的通知》(证监发[2003]56号)的要求,现将我们在审计过程中注意到的2003年度国祥股份控股股东及其他关联方占用国祥股份资金情况以附表的形式作出说明。

附表:2003年度国祥股份控股股东及其他关联方资金占用情况表

附表:2003年度国祥股份控股股东及其他关联方资金占用情况表

股票代码	公司简称	资金占用方	资金占用方与上市公司的关系	相对应的会计报表科目
A	B	C	D	E1 F1 E2
600340	国祥股份	浙江上风实业股份有限公司	非控股股东	应收账款
合计				

股票代码	公司简称	资金占用期初时点金额		借方累计发生额		资金占用贷方累计发生额		占用方式	占用原因	备注
A	B	E3	F3	E4	F4	E5	F5	G	H	I
600340	国祥股份		88,488.00				88,488.00	采购	生产	
合计			88,488.00				88,488.00			

(三)独立董事对公司对外担保情况的专项说明及独立意见。

根据《公司法》、《证券法》、公司《章程》、《独立董事议事规则》以及其他法律法规的要求,本公司独立董事任金禄、赵伟、史习民在认真审核本公司外担保情况后,发表如下意见:

经核查,本独立董事认为:浙江国祥制冷工业股份有限公司严格按照有关法律法规及公司《章程》的规定,规范公司对外担保行为。在报告期内,公司不存在外提供担保情况。

第七节　重要事项

一、重大诉讼、仲裁事项。

报告期内公司无重大诉讼、仲裁事项。

二、收购及出售资产、吸收合并事项。

报告期内,公司无收购及出售资产、吸收合并事项。

三、报告期内公司重大关联交易情况。

公司报告期内不存在重大关联交易。

四、重大合同及其履行情况。

(一)公司在报告期内无托管、承包、租赁其他公司资产或其他公司托管、承包、租赁本公司资产的事项。

(二)公司在报告期内无重大担保事项。

(三)公司报告期内无委托理金资产管理事项。

五、公司或持股5%以上股东在报告期内或持续到报告期内未在指定报纸或网站上披露承诺事项。

六、公司聘任会计师事务所及所支付的报酬情况。

本年度,公司续聘浙江天健会计师事务所有限公司的审计机构;截止报告期末,浙江天健会计师事务所有限公司已连续四年为公司提供审计服务。2003年报酬为30万元人民币。

七、公司、公司董事会和董事及高级管理人员在报告期内未受到中国证监会稽查、中国证监会行政处罚、通报批评、证券交易所公开谴责的情形。

八、其他重大事项。

(一)公司章程修订。

1、根据中国证券监督管理委员会证监发行字[2003]144号文核准,公司于2003年12月15日采用全部向二级市场定价配售的发行方式向社会公开发行了人民币普通股4,000万股,报请商务部商资二批[2003]1272号文批准,公司注册资本增至10,000万元,经浙江省工商行政管理局批准办理了变更登记手续,在章程第五条和第十八条已作了变更:原第五条"公司注册资本为人民币6,000万元。"变更后第五条为"公司注册资本为人民币10,000万元。"原第十八条"公司的股本结构为:普通股6,000万股,其中发起人持有6,000万股(其中内资法人股为3,300万股,外资股为2,700万股)。公司股本结构变更如下:国内法人股3,300万股,占公司股本总额的55%;外资个人股2,700万股,占公司股本总额的45%。"修改为"公司的股本结构为:普通股10,000万股,其中发起人持有6,000万股(其中内资法人股为3,300万股,外资股为2,700万股),其他内资股股东持有4,000万股。公司股本结构变更如下:国内法人股3,300万股,占公司股本总额的33%;外资个人股2,700万股,占公司股本总额的27%;社会公众股4,000万股,占公司股本总额的40%。"

(二)所得税事项。

本公司系在沿海经济开放区设立的外商投资企业,根据《外商投资企业和外国企业所得税法》及其《实施细则》,适用所得税率为26.4%。同时根据"两免三减半的规定",本公司2003年减半征收企业所得税,实际税负为13.2%。

(三)对外投资事项。

1、公司于2004年1月28日签署了合资合同,成立杭州德默医药科技有限公司,该公司注册资本为500万元人民币,其中本公司出资170万元,占34%的股权。该公司经营范围是生物医药技术及相关产品的研究、开发并提供相关的技术咨询服务。

2、根据公司第一届董事会第十六次会议决议,已在上海组建上海贵麟瑞通信设备有限公司,该公司注册资本为2,000万元人民币,本公司占90%的股权。经营范围为电子产品、通信设备等。该公司已于2004年3月11日在上海工商行政管理局批准登记注册。

第八节　备查文件目录

一、载有法定代表人、主管会计工作负责人、会计机构负责人签名并盖章的会计报表;

二、载有会计师事务所盖章、注册会计师签名并盖章的审计报告原件;

三、报告期内在中国证监会指定报纸上公开披露过的所有公司文件的正本及公告的原稿。

董事长:陈天麟

浙江国祥制冷工业股份有限公司董事会

二00四年三月二十三日

山西国阳新能股份有限公司

山西国阳新能股份有限公司2003年年度报告

重要提示

本公司董事会及其董事保证本报告所载资料不存在任何虚假记载、误导性陈述或者重大遗漏，并对其内容的真实性、准确性和完整性承担个别及连带责任。

山西天元会计师事务所为本公司出具了标准无保留意见的审计报告。

公司董事长石盛奎、主管会计机构负责人及会计机构负责人张思维声明：保证年度报告中财务报告的真实、完整。

一、公司基本情况简介

1、中文名称：山西国阳新能股份有限公司

英文名称：SHANXI GUOYANG NEW ENERGY CO.,LTD.

2、法定代表人：石盛奎

3、董事会秘书：李国基

联系地址：山西省阳泉市北大街5号

电话：0353-7078728

传真：0353-7080589

电子信箱：ligj@vip.sina.com

4、注册地址：山西省阳泉市北大街5号

办公地址：山西省阳泉市北大街5号

邮政编码：045000

互联网网址：www.gyne.com.cn

电子信箱：ligj@vip.sina.com

5、选定的中国证监会指定的信息披露报纸：

《中国证券报》、《证券时报》、《上海证券报》

登载年度报告的中国证监会指定互联网网址：

http://www.sse.com.cn

年度报告备置地点：公司证券部

6、股票上市交易所：上海证券交易所

股票简称：国阳新能

股票代码：600348

7、其他有关资料：

公司首次注册登记日期：1999年12月30日

公司首次注册登记地址：山西省阳泉市北大街5号

公司最近一次变更注册登记日期：2003年11月10日

公司最近一次变更注册登记地址：山西省阳泉市北大街5号

企业法人营业执照注册号：400001008172

税务登记号码：14032371599263X

公司聘请的会计师事务所：

名称：山西天元会计师事务所(有限公司)

办公地址：山西省太原市水西门街67号省国税大楼21层

二、会计数据和业务数据摘要

1、本年度主要利润指标(金额单位：元)

利润总额	267,683,013.83
净利润	205,555,048.72
扣除非经常性损益后的净利润	209,059,798.87
主营业务利润	667,843,651.15
其他业务利润	-8,349,718.66
营业利润	272,913,984.21
投资收益	
补贴收入	
营业外收支净额	-5,230,970.38
经营活动产生的现金流量净额	435,276,764.83
现金及现金等价物净增加额	307,447,392.44

注：扣除的非经常性损益项目和涉及金额：

1、营业外收入	286,725.77
2、扣除减值准备后的营业外支出	5,517,696.15
3、股票投资收益	
4、短期投资跌价准备转回	
5、坏帐准备转回	
6、以上影响所得税	1,726,220.23
以上涉及金额合计	3,504,750.15

2、截止报告期末公司前三年主要会计数据和财务指标(单位：元)

指标项目	2003年	2002年	
		追溯调整后	追溯调整前
主营业务收入	2,242,182,475.84	1,363,983,663.12	1,363,983,663.12
净利润	205,555,048.75	172,058,444.31	172,058,444.31
总资产	3,256,814,540.83	1,503,252,804.49	1,497,148,701.46
股东权益(不含少数股东权益)	1,928,526,597.81	685,331,549.09	601,801,800.06
每股收益	0.43	0.52	0.52
每股净资产	4.01	2.07	1.82
调整后的每股净资产	3.93	2.06	1.81
每股经营活动产生的现金流量净额	0.90	1.49	1.49
净资产收益率(%)	10.66	25.11	28.59
扣除非经常性损益后的净资产收益率(摊薄)(%)	10.84	25.70	29.27
扣除非经常性损益后的净资产收益率(加权)(%)	17.68	23.44	28.34

指标项目	2001年	
	追溯调整后	追溯调整前
主营业务收入	969,386,751.73	969,386,751.73
净利润	113,687,518.44	113,687,518.44
总资产	1,403,915,979.35	1,397,811,876.32
股东权益(不含少数股东权益)	665,533,104.78	562,143,355.75
每股收益	0.34	0.34
每股净资产	2.01	1.70
调整后的每股净资产	2.01	1.70
每股经营活动产生的现金流量净额	0.86	0.86
净资产收益率(%)	17.08	20.22
扣除非经常性损益后的净资产收益率(摊薄)(%)	7.28	20.58
扣除非经常性损益后的净资产收益率(加权)(%)	17.35	19.38

3、利润表附表

	2003年度 净资产收益率(%)		2003年度 每股收益(元)	
报告期利润	全面摊薄	加权平均	全面摊薄	加权平均
主营业务利润	34.63	56.48	1.39	1.75
营业利润	14.15	23.08	0.57	0.72
净利润	10.66	17.38	0.43	0.54
扣除非经常性损益后的净利润	10.84	17.68	0.44	0.55

	2002年度 净资产收益率(%)		2002年度 每股收益(元)	
报告期利润	全面摊薄	加权平均	全面摊薄	加权平均
主营业务利润	76.44	69.71	1.58	1.58
营业利润	35.06	31.97	0.73	0.73
净利润	25.11	23.89	0.52	0.52
扣除非经常性损益后的净利润	25.70	23.44	0.53	0.53

4、股东权益变动情况

项目	期初数	本期增加
股本	331,000,000.00	150,000,000.00
资本公积	178,156,690.2	1,033,280,000.00
盈余公积	39,463,485.88	20,555,504.87
法定公益金	39,463,485.88	20,555,504.87
未分配利润	97,247,887.12	164,444,038.98
其中：拟分配现金股利	79,440,000.00	114,300,000.00
股东权益合计	685,331,549.09	1,388,835,048.72

项目	本期减少	期末数	变动原因
股本		481,000,000.00	发行普通股
资本公积		1,211,436,690.21	股本溢价
盈余公积		60,018,990.75	本年提取数
法定公益金		60,018,990.75	本年提取数
未分配利润	145,640,000.00	116,051,926.10	本年实现数
其中：拟分配现金股利	145,640,000.00	48,100,000.00	本年分配股利
股东权益合计	145,640,000.00	1,928,526,597.81	本年实现数

变动原因详细说明：

(1)股本：2003年8月6日经证监会核准公开发行人民币A股15000万股。股本增加15000万元。

(2)资本公积：增加额为发行股票溢价金额。

(3)盈余公积和法定公益金增加：为当年利润分配时分别按净利润的10%提取。

(4)未分配利润变化情况：

	2003.12.31	2002.12.31
年初未分配利润	17,807,887.12	12,561,131.67

加:本年净利润	205,555,048.72	172,058,444.31
减:提取法定盈余公积	20,555,504.87	17,205,844.43
提取法定公益金	20,555,504.87	17,205,844.43
应付普通股股利	114,300,000.00	132,400,000.00
转作股本的普通股股利		
年末未分配利润	67,951,926.10	17,807,887.12

★期初未分配利润发生变化,系对以前年度损益调整进行追溯调整所致。以前年度损益调整系本公司2001申报办理出口退税时,部分出口收入对应的出口单证未齐,公司将该等出口收入对应的应收出口退税额6,104,103.03元计入了2001年度的销售成本,本年在单证齐全后该项应收出口退税已收回,扣除应交所得税后扣除应交所得税后影响以前年度损益4,089,749.03元。该项调整本公司作为重大会计差错进行了追溯调整,调整了2002年度的年初留存收益及其他会计报表相关科目的年初数。

(5)现金股利:截止2003年12月31日余额为48,100,000.00元,系根据本公司第二届第三次董事会通过的利润分配预案,即以2003年12月31日末股本48100万股为基数,每10股派发现金1元(含税)提取的现金股利。

三、股本变动及股东情况

(一)股本变动情况

1、股份变动情况表(截止2003年12月31日)(单位:股)

股份类别	本次变动前	本次变动增减(+,-) 配股	送股	公积金转股	增发	其他	小计	本次变动后
一.未上市流通股份								
1、发起人股份	331000000							331000000
其中:								
国家持有股份								
境内法人持有股份	331000000							331000000
境外法人持有股份								
其他								
2、募集法人股份								
3、内部职工股								
4、优先股或其他								
未上市流通股份合计	331000000							331000000
二、已上市流通股份								
1、人民币普通股	150000000							150000000
2、境内上市的外资股								
3、境外上市的外资股								
其他								
已上市流通股份合计	150000000							150000000
三、股份总数	481000000							481000000

2、股票发行与上市情况

(1)报告期末前三年历次股票发行情况截止2003年12月31日,公司共向社会公开发行一次境内上市的人民币普通股。经中国证监会证监发行字〔2003〕84号文核准,公司于2003年8月6日向社会公开发行A股股票15000万股,发行价8.2元/股,2003年8月21日在上海证券交易所上市。

(2)报告期内公司股份及结构未发生变动。

(二)股东情况

1、报告期末股东总数为41301户。

2、前10名股东持股情况(截止2003年12月31日)

序号	股东名称	持股数(股)	持股比例(%)	股份种类
1、	阳泉煤业(集团)有限责任公司	324759200	67.52%	法人股
2	华夏回报证券投资基金	8894349	1.85%	流通股
3	兴华证券投资基金	5726360	1.19%	流通股
4	华夏成长证券投资基金	5000000	1.04%	流通股
5	兴和证券投资基金	4361386	0.91%	流通股
6	东方证券股份有限公司	3453840	0.72%	流通股
7	久嘉证券投资基金	3077095	0.64%	流通股
8	全国社保基金103组合	2980031	0.62%	流通股
9	景博证券投资基金	1705340	0.35%	流通股
10	银华优势企业证券投资基金	1693008	0.35%	流通股

[注]:(1)持有本公司5%以上股份的股东为阳泉煤业(集团)有限责任公司,报告期内股份无变动,年末持股数量为324759200万股,无质押或冻结的情况;

(2)阳泉煤业(集团)有限责任公司与其他9名股东之间无关联关系及一致行动人关系,其他9名股东其中4名即华夏回报、兴华基金、华夏成长、兴和基金之间具有关联关系。

3、控股股东情况

名称:阳泉煤业(集团)有限责任公司

法人代表:王亦农

成立日期:1950年1月3日

注册资本:130195万元

经营范围:煤炭生产,煤层气开发,建筑安装,勘察设计,物资供应,铁路、公路运输,煤气,仓储服务,房地产经营,矿石开采、加工,饮食、住宿、文化娱乐服务,机械修造,加工木材、建材、铝材、磁材、化工产品、金属制品、服装、劳保用品、矿灯、广告制作,印刷,消防器材、医疗器材修理、销售,汽车修理,种植、养殖,园林营造,本企业自产的磁材、铝材、玛钢件、服装的出口,进口本企业生产、科研所需的原辅材料、机械设备、仪器仪表及零配件等。

4、除本公司控股股东(阳煤集团)外无持股在10%以上(含10%)的其他法人股东。

5、前10名流通股股东情况(截止2003年12月31日)

序号	股东名称	持股数(股)	持股比例(%)	股份种类
1	华夏回报证券投资基金	8894349	1.85%	流通股
2	兴华证券投资基金	5726360	1.19%	流通股
3	华夏成长证券投资基金	5000000	1.04%	流通股
4	兴和证券投资基金	4361386	0.91%	流通股
5	东方证券股份有限公司	3453840	0.72%	流通股
6	久嘉证券投资基金	3077095	0.64%	流通股
7	全国社保基金103组合	2980031	0.62%	流通股
8	景博证券投资基金	1705340	0.35%	流通股
9	银华优势企业证券投资基金	1693008	0.35%	流通股
10	兴科证券投资基金	1504875	0.31%	流通股

[注]:该前10名流通股股东其中5名即华夏回报、兴华基金、华夏成长、兴和基金、兴科基金之间具有关联关系。其余5名之间是否存在关联关系未知。

四、董事、监事、高级管理人员和员工情况

(一)董事、监事和高级管理人员的情况

1、基本情况

姓名	性别	年龄	职务	任期期间	年初持股数(股)	本年度增减额(股)	年初持股数(股)
石盛奎	男	55	董事长	2003.07.12--2006.07.11	0	0	0
白　英	男	47	董事、总经理	2003.07.12--2006.07.11	0	0	0
李宝玉	男	58	董事	2003.07.12--2006.07.11	0	0	0
李国基	男	55	董事、董事会秘书、总经济师	2003.07.12--2006.07.11	0	0	0
张仁	男	48	董事	2003.07.12--2006.07.11	0	0	0
孙康	男	40	董事	2003.07.12--2006.07.11	0	0	0
李维安	男	47	独立董事	2003.07.12--2006.07.11	0	0	0
夏冬林	男	43	独立董事	2003.07.12--2006.07.11	0	0	0
黄聪明	男	63	独立董事	2003.07.12--2006.07.11	0	0	0
李彦璧	男	51	监事会主席	2003.07.12--2006.07.11	0	0	0
贾冬至	男	59	监事	2003.07.12--2006.07.11	0	0	0
廉　贤	男	47	监事	2003.07.12--2006.07.11	0	0	0
张润为	女	54	监事	2003.07.12--2006.07.11	0	0	0
吴景厚	男	51	监事	2003.07.12--2006.07.11	0	0	0
胡志宏	男	58	监事	2003.07.12--2006.07.11	0	0	0
段千寿	男	52	监事	2003.07.12--2006.07.11	0	0	0
石焕小	男	54	副总经理	2003.07.12--2006.07.11	0	0	0
郭福生	男	53	副总经理	2003.07.12--2006.07.11	0	0	0
张思维	男	48	财务负责人	2003.07.12--2006.07.11	0	0	0
赵岩峰	男	41	总工程师	2003.07.12--2006.07.11	0	0	0
王平浩	女	32	证券事务代表	2003.07.12--2006.07.11	0	0	0

2、董事、监事在股东单位任职情况

姓名	职务	任职时间
石盛奎	阳煤集团党委副书记	2000.7至今
李宝玉	阳煤集团总工程师	1997.12至今
张仁	山西宏厦建筑工程有限公司董事长	2001.2至今
孙康	安庆大酒店有限责任公司总经理	1995.4至今
李彦璧	阳煤集团党委副书记、	2002.12.2至今
	纪委书记	2000.7至今
贾冬至	阳煤集团巡视员	2003.12.18至今
廉贤	阳煤集团副总会计师、	2001.4至今
	财务部部长	1994.6至今
吴景厚	阳煤集团审计部部长	2003.3至今

3、年度报酬情况

2003年度,在本公司领取薪酬的董事、监事、高级管理人员的年度报酬均依据公司制定的有关工资管理和等级标准的规定按月发放,年末根据公司效益情况及考核结果发放年终效益工资。

现任董事、监事、高级管理人员在公司领取的年度报酬总额(包括基本工资、各项奖金、福利、补贴、住房津贴及其他津贴等)约为107万元(除三名独立董事)。其中,在本公司领取报酬的董事3名(不含独立董事),金额为27万元,金额最高的前三名高级管理人员的报酬总额约为27万元。

独立董事的津贴为:每人每年5万元。

公司现任董事、监事、高级管理人员共21人(含独立董事),在公司领取报酬的11人(不含独立董事),其中年度报酬数额在1至5万元的3人;5至10万元的2人;10至15万元的4人;15至20万元的2人。

董事李宝玉、张仁、孙康,监事会主席李彦璧,监事贾冬至、廉贤、吴景厚不在本公司领取报酬,董事张仁、孙康分别在山西宏厦建筑工程有限公司和安庆大酒店有限责任公司领取报酬,其他董事、监事在控股股东阳泉煤业(集团)有限责任公司领取报酬。

4、报告期内,公司董事、监事、高级管理人员变动情况。

报告期内,公司2003年7月12日召开的2003年第1次临时股东大会进行了董事会、监事会的换届选举。选举了石盛奎、白英、李宝玉、李国基、张仁、孙康、夏冬林(独立董事)、李维安(独立董事)、黄聪明(独立董事)为公司第二届董事会董事。选举了李彦璧、贾冬至、廉贤、吴景厚为公司第二届监事会监事,与公司职工民主推选的职工代表监事胡志宏、段千寿、张润为,共同组成公司第二届监事会。公司第一届监事会监事李玄如、职工代表监事刘眉生由于年龄原因,辞去公司监事会监事,公司提名并改选吴景厚为第二届监事会监事,公司职工民主推选段千寿为公司第二届监事会职工代表监事。

2003年7月12日召开的公司第二届董事会第一次会议选举了石盛奎先生为公司董事长,聘任白英先生为公司总经理,石焕小先生、郭福生先生为公司副总经理、李国基先生为公司董事会秘书、总经济师,委任王平浩女士为董事会证券事务代表,张思维先生为公司财务负责人,赵岩峰先生为公司总工程师。

2003年7月12日召开的公司第二届监事会第一次会议选举了李彦璧先生为公司监事会主席。

(二)员工情况

截止2003年12月31日,公司共有员工22051人。其中生产人员14239人,销售人员62人,技术人员356人,财务人员140人,行政人员1363人,其他人员5891人。在22051人中,具有大专及以上文化1718人,中专文化1273人,高中、技校文化4637人,初中文化14423人。公司有领取退休金的退休职工661人。

五、公司治理结构

(一)公司治理情况

公司自成立以来,严格按照《公司法》、《证券法》、《上市公司治理准则》、《关于在上市公司建立

独立董事制度的指导意见》等法律、法规要求,不断完善法人治理结构,建立现代企业制度,依法规范运作。报告期内,公司进一步修订和完善了公司章程,独立董事达到3名,超过了董事会成员的三分之一;为进一步增强与投资者的联系与双向沟通,公司配备专人,强化责任,并在第二届董事会第三次会议审议通过了投资者关系管理制度。按证监发(2003)56号文件,公司在二届三次董事会上通过了修改公司章程的议案,增加了章程中对外担保等条款,并拟提交2003年度股东大会审议。公司治理的实际情况符合中国证监会发布的有关上市公司治理的规范性文件的要求。

(二)独立董事履行职责情况

独立董事在任期内勤勉、尽责,按照有关法律法规及《公司章程》、《董事会议事规则》、《独立董事工作细则》的要求,出席董事会和股东大会,在重大决策和日常工作中,在维护公司及全体股东的合法权益方面发挥了重要作用。对公司与阳煤集团签订的《原煤收购协议》、《土地使用权租赁合同》进行了审核,出具了独立董事意见。对董事会的科学、客观决策和公司的良性发展起到了积极作用,切实维护了公司整体利益及广大中小投资者的利益。

(三)公司与控股股东在业务、人员、资产、机构、财务等方面的分开情况

本公司在业务、资产、人员、机构、财务等方面已经完全独立于控股股东,具有独立完整的业务及面向市场自主运营的能力。阳煤集团作为本公司控股股东,行为规范,未曾直接或间接干预本公司的决策和经营活动。

(1)业务独立。公司主营业务突出,拥有独立完整的产、供、销体系,主要材料和产品的采购及销售不依赖于集团公司;生产经营活动均由公司自主决策,独立开展业务并承担相应的责任和风险。公司对现有的不可避免的关联交易进行了规范,与集团公司和其他关联方签署了公平合理的关联交易协议。

(2)资产独立完整。公司拥有独立的采购、生产、销售系统,资产完整,权属清晰。与集团公司实现了资产完全分开,进入本公司的房屋所有权、土地使用权、采矿权、商标等资产办理了权属变更手续,均为其合法所有或使用。本公司的资金、资产及其他资源不存在被集团公司违规占用的情况。

(3)人员独立。公司的董事、监事及高管人员均通过合法程序选聘,总经理、副总经理、总会计师、董事会秘书等高管人员均在本公司领取报酬,不在股东单位任职。本公司除董事长石盛奎先生兼任集团公司党委副书记,董事李宝玉兼任集团公司总工程师外,其他董事和高级管理人员(指总经理、副总经理、财务负责人、总经济师、总工程师、董事会秘书等)均未在集团公司及其下属企业担任职务,也未在与公司业务相同或相似、或存在其他利益冲突的企业任职。公司在劳动、人事及工资管理方面完全独立,建立了独立的劳动人事及工资管理体系,公司人员独立于控股股东。独立决定公司员工和各层次管理人员的聘用或解聘,独立决定职工工资和奖金的分配办法。在有关员工社会保障、工薪报酬等方面独立管理,单独向社会保险账户缴纳保险金。

(4)机构独立。公司组织机构健全且完全独立于集团公司,董事会、监事会、总经理独立运作,不存在与集团公司职能部门之间的从属关系。公司建立健全了决策制度和内部控制制度,实现了有效运作。公司具有独立的生产经营和办公机构,所有职能部门均独立行使职权,独立开展生产经营活动。

(5)财务独立。本公司独立核算,自负盈亏,设有独立的财务部门和专职财务人员,财务负责人、财务人员均与集团公司分设,建立健全了独立的会计核算体系、财务会计制度和财务管理制度。公司拥有自己独立的银行账号,独立办理纳税登记,照章纳税;独立作出财务决策,独立对外签订合同,不存在集团公司干预公司资金使用的现象。公司没有以其资产、权益或信誉为各股东的债务提供担保,公司对其所有的资产具有完全的控制支配权,不存在资产被集团公司侵占而损害公司利益的情形。

(四)对高级管理人员的考评及激励机制

报告期内,公司对经理人员和董事会秘书继续实行年薪制考评机制。根据考核分配办法,经理人员和董事会秘书的收入与公司经营业绩挂钩,结合管理工作业绩综合考核,以不断改善管理,提高经营水平。按照考核分配办法,经董事会审议考核,兑现了高级管理人员年度薪酬。

六、董事会报告

(一)报告期内经营情况讨论与分析

2003年是公司股票上市的第一年,也是公司发展速度最快的一年。主要用煤行业产品价升量增,为煤炭市场持续发展提供了良好的环境。国内煤炭市场需求旺盛,煤炭产运销增长,价格总体水平上扬。公司抓住上市这一契机,全面提升管理水平,煤炭产品提价增量,产品结构和市场布局明显改善,销售收入大幅攀升。继上年生产经营指标创出新高后,今年又全面刷新历史记录。一矿、二矿产量、利润等主要经济指标均创建矿50多年来历史最好水平,进入高速成长期。

全年实现主营业务收入224218.25万元,其中煤炭销售实现223487.05万元。

主营业务成本155329.33万元,其中煤炭销售成本154617.17万元;

主营业务利润66784.37万元。

净利润20555.50万元。

二OO三年,公司原煤产量完成1067.28万吨。其中一矿完成527万吨,二矿完成540万吨。发电量完成33500.83万千瓦时,供热完成136.59万百万千焦。

二〇〇三年,公司进一步优化产品结构和市场布局,收购洗选煤分公司后,煤炭销量大幅提高,全年销售煤炭1250万吨,为公司规模经营打下良好基础。

(二)报告期内公司经营情况

1、主营业务的范围及经营情况

本公司经营范围为:煤炭生产、洗选加工、销售,电力生产与销售,属采掘业。

报告期内公司主营业务收入为销售煤炭产品和发供电及其他的销售收入,收入构成如下:

主营业务分行业(产品)情况表(金额单位:元)

分产品	主营业务收入	主营业务成本	毛利率(%)
煤炭	2,234,870,455.84	1,546,171,669.68	30.82
热力	7,312,020.00	7,121,584.30	2.60
合计	2,242,182,475.84	1,553,293,253.98	30.72

分产品	主营业务收入比上年增减(%)	主营业务成本比上年增减(%)	毛利率比上年增减(%)
煤炭	63.85	88.15	-9.18
热力			
合计			

公司主要产品有洗块煤、洗粉煤、选末煤、副产品4大系列。

2、报告期内,公司无控股公司及参股公司。

3、主要供应商、客户情况

公司前五名供应商合计采购金额8417万元,占公司年度采购总额的比例为19.12%;公司前五名客户销售额合计106088.00万元,占公司销售总额的47.47%。

4、经营中出现的问题和解决方案

去年,随着国民经济的强劲增长,煤炭市场空间进一步扩大,对公司产能提出了更高要求,同时销量增长加大了运输压力。

针对上述问题,公司采取了以下措施,一是近一、二年内,加大技改投入,大力挖掘现有矿井生产能力。二是实施精细管理,提高装备水平,坚持技术进步和高产高效,在不增加生产队组的情况下,生产能力得到快速提升。三是千方百计争取运力,努力提升运量,加强车辆的合理调度,优先保证品种煤,实现供车的均衡性,最大限度减少了顶仓影响生产时间。同时以公路运输作为有效补充,坚持"大用户、大吨位、长距离"方针,做到铁路缺多少、公路补多少。

(三)公司投资情况

经中国证监会证监发行字〔2003〕84号文批准,公司于2003年8月6日在上海证券交易所向社会公众全额配售发行15000万股A股,发行价格为8.2元/股,扣除发行费用后,实际募集资金1183280000.00元。公司募集资金使用情况和进展情况详见下表。

金额单位:元

募集资金总额	1,183,280,000.00	本年度已使用募集资金总额		654,650,545.42	
		已累计使用募集资金总额		654,650,545.42	
承诺项目	拟投入金额	是否变更项目	实际投入金额	产生收益金额	是否符合计划进度和预计收益
收购阳煤集团洗选煤分公司项目	285,207,100.00		285,207,100.00	18,065,062.66	是
收购阳煤集团发供电分公司项目	363,903,200.00		363,903,200.00	8,460,132.71	是
新建5万吨年甲醇项目	257,340,000.00	/	4,942,321.74		是
新建4万吨年煤基活性炭项目	244,000,000.00	/	597,923.68		是
国债投资	200,000,000.00				
银行存款	328,629,454.58				
合计	1,150,450,300.00		1,183,280,000.00	26,525,195.37	

说明:上述投资项目在招股说明书中的计划总投资115045.03万元,截止2003年12月31日,本报告期内投入65465.05万元,尚未使用的募集资金共52862.95万元,其中20000万元用于投资2年期凭证式国债,剩余32862.95万元按规定存于银行。

截止2003年12月31日,本次募集资金中收购阳煤集团洗选煤分公司和发供电分公司已于2003年8月31日完成,产生效益2653万元,新建甲醇项目实现了"三通一平",活性炭项目前期准备工作已经完成。

(四)公司财务状况分析　金额单位:元

项目	2003年12月31日	2002年12月31日	增减(%)
总资产	3,256,814,540.83	1,503,252,804.49	116.65
股东权益	1,928,526,597.81	685,331,549.09	181.40
	2003年	2002年	增减(%)
主营业务利润	667,843,651.15	523,889,852.67	27.48
净利润	205,555,048.72	172,058,444.31	19.47
现金及现金等价物净增加额	307,447,392.44	94,208,093.00	226.35

财务状况变动原因:

(1)总资产和股东权益增加较大,主要是公司上市发行15000万股普通股,募集资金11.83亿元所致。

(2)主营业务利润和净利润的变动,是由主营业务收入和主营业务成本、主营业务税金及附加同时变动的结果。

A、主营业务收入的变动是由于销售数量和销售价格共同作用的结果,除一、二矿销量增加外,收购洗选煤分公司使销量大幅增加,销量变动使利润增加71868万元,同时售价增加使利润增加15221万元,热力增加收入731万元。三项共使利润增加87820万元。

B、主营业务成本增加使利润减少73152万元,主要是由于收购洗选煤分公司后主营业务成本的范围发生了变化,除了公司所属一矿、二矿煤炭生产成本之外,还包括收购原料煤,而原料煤是完全成本口径(包括期间费用)。

C、主营业务收入的增加,使销售税金及附加相应增加,使利润减少273万元。三项共同作用是使得主营业务利润净增加14395万元,比上年增加27.48%,净利润增加19.47%。

(3)现金及现金等价物净增加额增加21324万元,比上年增加226.35%,由于筹资活动增加现金流量120713万元,投资活动使现金流量减少93708万元,经营活动产生的现金净流量较上年减少5681万元。

(五)生产经营环境、宏观政策、法规的变化对公司产生的影响

2004年,公司面临着较好的发展机遇,也会遇到新的困难和挑战。从煤炭市场环境来看,中国经济正在进入新一轮的上升时期,城市化、消费结构和产业结构的升级,世界制造业的转移以及中国经济体制改革的有序进行都将在未来5到10年甚至更长的时间内推动中国经济快速增长,引发能源消费高潮。今年各主要耗煤行业,如电力、冶金、建材和化工等行业将继续保持对煤炭的旺盛需求。据有关方面测算,2004年发电用煤将增加6000至7000万吨,冶金用煤将增加3000万吨左右,国内煤炭消费需求总量将达到19亿吨。随着国民经济继续保持快速发展,国际国内市场对我国煤炭需求也将保持较快的增长。

基于上述环境变化,预期2004年煤炭市场将继续呈现出供求基本平衡,略微偏紧,购销两旺的态势。局部地区、个别时期、部分煤种供应较为紧张,贫瘦煤、化肥用无烟煤、电煤仍将供不应求。

(六)二〇〇四年经营目标及主要工作

1、二〇〇四工作及经营目标

(1)实现由产品经营向资本运营的转变;

(2)全面完成各项生产经营指标。

(3)进一步提升企业素质和管理水平。

2、二〇〇四年要做好以下几个方面的主要工作

(1)实施资本运营,加快规模扩张,实现跨越式发展。

抓住上市和煤炭需求旺盛的有利时机,适时调高企业发展目标,加快煤电一体化建设,以资本运营促进企业高速成长。积极争取优质资源,获得后续发展空间。利用企业技术、市场、管理等方面的优势,在煤炭或相关下游行业中寻求壮大发展机会,通过合资、合作、兼并、控股、参股等多种方式,收购有潜力的优质煤矿或开发建设新煤矿,提升核心竞争力,做强做大煤炭主业,加快电力发展。

(2)加大矿井挖潜和洗选能力技改力度,提高煤炭产量,优化品种结构,实现利润最大化。

加快矿井和洗选煤分公司技改步伐，加强精细管理，发挥重点队在提升产能上的骨干带动作用，使现有生产能力保持在1000万吨以上，洗选煤能力保持在2000万吨以上的水平。全力组织好品种煤的增产增收，突出抓好品种煤质量，提高喷粉煤、块炭等品种销售比重，进一步占领市场，拓宽发展空间。继续实施大用户战略，建立合作伙伴关系。科学研究，及时把握国内外煤炭市场走势，搞好用户储备，为煤炭生产规模扩张开辟通道。

(3)加强项目投资和募集资金管理。

项目投资在确保质量的前提下，厉行节约，若产生结余，经董事会决议报股东大会批准后，可补充流动资金或其他投资。要制定募集资金年度使用计划，严格组织募集资金的使用，财务部门要对募集资金使用进行日常监督，定期检查资金的使用情况和效果，及时向董事会、监事会报告，确保募集资金的安全完整，切实维护广大股东的利益，保证公司可持续发展。

(七)董事会日常工作情况

1、报告期内董事会的会议情况及决议内容

报告期内公司董事会共召开了四次会议，具体情况如下：

(1)2003年1月22日召开了第一届董事会第十次会议。会议审议通过了二〇〇二年度董事会工作报告、二〇〇二年度总经理工作报告、二〇〇二年度财务决算报告、二〇〇三年财务预算方案、二〇〇二年度利润分配预案、董事会专门委员会组成人选的议案、委任公司证券事务代表的议案、审议关于召开二〇〇二年度股东大会的议案。

(2)2003年6月8日召开了第一届董事会第十一次会议，会议审议通过了关于公司董事会换届选举的议案、关于召开公司二〇〇三年第一次临时股东大会的议案。

(3)2003年7月12日召开了第二届董事会第一次会议，会议选举了董事长、聘任了公司总经理、董事会秘书及其他高管人员，审议通过了第二届董事会专门委员会组成人员的议案、公司2003年半年度财务决算报告、公司2003年中期利润分配预案。

(4)2003年10月20日召开了第二届董事会第二次会议，审议通过了公司二〇〇三年第三季度季报、公司与阳煤集团签订的《原煤收购协议》的议案、公司与阳煤集团签订的《土地使用权租赁合同》的议案、公司增设机构的议案、关于召开公司2003年第3次临时股东大会议案。

上市后本次会议决议公告刊登在2003年10月22日的《中国证券报》、《上海证券报》、《证券时报》上。

2、董事会对股东大会决议的执行情况

报告期内董事会严格执行股东大会通过的决议和授权，认真履行职责，董事会对股东大会决议执行情况如下：

(1)申请发行人民币普通股(A股)并上市方案的执行情况

公司于2001年7月11日召开的2001年第二次临时股东大会审议通过发行15000万股A股方案并授权董事会办理本次发行的有关事宜。根据股东大会的决议和授权，公司董事会积极申请发行新股工作，及时制作修改了有关申请材料上报中国证监会，并于2003年7月经中国证监会证监发行字[2003]84号文核准，于当年8月6日在上海证券交易所公开发行，并于8月21日挂牌交易。公司董事会于2003年11月10日办理了工商变更登记，将注册资本由33100万元变更为48100万元。

(2)公司2002年度和2003年中期利润分配方案的执行情况

公司2002年度利润分配方案经公司2003年2月22日召开的2002年度股东大会决议通过，以2002年12月31日的总股本33100万股为基数，每10股派4元人民币(税后)，于2003年3月完成了2002年度股利分配工作。公司2003年中期利润分配方案经公司2003年8月12日召开的2003年第2次临时股东大会决议通过，以2003年6月30日的总股本33100万股为基数，每10股派2元人民币(税后)，于2003年8月完成了2002年度股利分配工作。

(八)报告期内利润分配预案和公积金转增股本预案

经山西天元会计师事务所审计，公司期初未分配利润17,807,887.12元，中期已分配股利2.00元(税后)，公司2003年度实现净利润205,555,048.72元，提取10%的法定盈余公积金20,555,504.87元，提取10%的法定公益金20,555,504.87元，董事会拟以2003年12月31日的总股本48100万股为基数，拟向全体股东每10股派现金股利人民币1元(含税)，下半年拟分配股利共计48,100,000.00元，期末留存可供分配的利润为67,951,926.10元。2003年无资本公积金转增股本预案。

以上预案需提请公司2003年年度股东大会审议通过后实施。

(九)其它报告事项

1、报告期内，公司聘请的财务审计机构是山西天元会计师事务所，未变更。

2、报告期内，公司选定的信息披露报纸为《证券时报》、《上海证券报》、《中国证券报》三家报纸，未变更。

3、注册会计师对公司控股股东及其他关联方占用资金情况的专项说明：

"一、截至2003年12月31日止，山西国阳新能股份有限公司与关联方资金往来如下：

单位：元

科目	关联方	2002.12.31	本年增加	本年减少	2003.12.31	备注
应收账款	阳泉煤业(集团)有限责任公司		48,352,435.40	42,384,510.60	5,967,924.80	
应收账款	山西兆丰铝冶有限公司		30,164,866.61	11,700,000.00	18,464,866.61	
应收账款	阳泉华越机械有限责任公司		4,404608.44	3,666,922.58	737,685.86	
预付账款	阳泉威虎化工有限责任公司	---	638,911.91	595,683.55	43,228.36	
其他应收款	阳泉煤业(集团)有限责任公司	12,920.82	1,406,992.69	1,152,526.53	267,386.98	
预收账款	阳泉煤业(集团)有限责任公司		6,638,446.91	6,513,105.41	125,341.50	
应付账款	阳泉煤业(集团)有限责任公司		40,050,699.11	38,194,960.54	1,855,738.57	
其他应付款	阳泉煤业(集团)有限责任公司	6,142,856.03	465,655,280.50	471,533,011.31	265,125.22	
其他应付款	阳泉华越机械有限责任公司	---	1,072,892.00	918,800.00	154,092.00	
长期应付款	阳泉煤业(集团)有限责任公司	65,125,600.00		20,000,000.00	45,125,600.00	

其中：

1. 山西国阳新能股份有限公司不存在为控股股东和其他关联方垫支工资、福利、保险和广告等期间费用及相互代为承担成本和其他支出的情况。

2. 山西国阳新能股份有限公司不存在有偿或无偿地拆借公司资金给控股股东及其他关联方使用的情况。

3. 山西国阳新能股份有限公司不存在通过银行或非银行金融机构向关联方提供委托贷款，以及委托控股股东及其他关联方进行投资活动的情况。

4. 山西国阳新能股份有限公司不存在为控股股东及其他关联方开具没有真实交易背景的商业承兑汇票的情况。

5. 山西国阳新能股份有限公司不存在代控股股东及其他关联方偿还债务的情况。

6. 无中国证券监督管理委员会认定的其他形式。

二、截至2003年12月31日止，山西国阳新能股份有限公司不存在对外担保情况。"

4、公司独立董事对公司累计对外担保和本报告期对外担保情况及公司执行上述规定情况进行专项说明并发表独立意见如下：

" 对公司累计对外担保和本报告期内对外担保的事宜以及公司执行中国证监会证监发(2003)56号《关于规范上市公司与关联方资金往来及上市公司对外担保若干问题的通知》(下称"通知")规定情况，公司独立董事进行了专项核查和验证，现就此发表独立意见如下：

一、截止二〇〇三年十二月三十一日，公司担保总额为〇。

二、截止二〇〇三年十二月三十一日，公司累计和当期发生的担保中不存在公司为控股股东及持股50%以下的其他关联方、任何非法人单位或个人提供担保的情形。

三、公司对外担保严格遵守有关法律法规以及公司《章程》和相关内控制度中对外担保的规定。

四、本次董事会会议已根据"通知"精神对《公司章程》中有关对外担保事项的相关要求和程序予以修改、补充和完善。

独立董事：夏冬林　李维安　黄聪明"

七、重要事项

(一)报告期内，公司无重大诉讼、仲裁事项。

(二)报告期内，公司收购及出售资产、吸收合并事项。

经公司2001年7月11日召开的二OO一年第二次临时股东大会批准，公司上市后，于2003年9月1利用募集资金收购阳泉煤业(集团)有限责任公司洗选煤分公司和发供电分公司。收购资产事项详见会计报表附注之关联方关系及其交易。

(三)报告期内重大关联交易情况。

1、2003年度发生的重大关联交易

公司发生的关联交易皆属日常购销交易累计而成，并订有协议及合同，有关协议及合同已经董事会及股东大会表决通过。

(1)与存在控制关系关联方的关联交易

A、销售商品或提供劳务

购买方	交易类型	金额	比例
阳泉煤业集团	自用煤	1,099,835.72	0.05%
阳泉煤业集团	供电	43,425,384.08	51.33%
阳泉煤业集团	供热	7,312,020.00	44.60%

说明：定价原则为交易价格按在双方相互提供服务时的国家政策及市场行情确定。有国家定价或执行国家规定的，依国家定价或执行国家规定；无国家价格，则用市场价格定价；如无市场价格，则根据不侵害双方及其他股东权益且不高于第三方价格的原则确定价格。

B、购买商品或提供劳务

销售方	交易类型	金额	比例
阳泉煤业集团	原料煤	418,313,068.00	100.00%
阳泉煤业集团	材料	4,857,890.00	3.21%
阳泉煤业集团	配件	1,123,654.21	2.83%
阳泉煤业集团	综采设备等租赁费	31,234,902.37	100%
阳泉煤业集团	供电	26.847.060.63	31.73%
阳泉煤业集团	土地租赁费	435,909.47	100%
阳泉煤业集团	房屋租赁费	118,800.00	100%
阳泉煤业集团	其他服务	19,590,759.94	100%
阳泉煤业集团	资产托管	1,530,164.13	100%

注：a、综合服务项目包括：标化服务286,860.00元；厂区卫生1,112,147.04元；供水17,928,039.90元；食堂就餐263,713.00元。

2、资产、股权转让发生的关联交易

(1) 经公司2001年7月11日召开的二OO一年第二次临时股东大会批准，公司上市后于2003年8月31日用募集资金收购阳泉煤业(集团)有限责任公司洗选煤分公司经剥离后的全部经营性资产。洗选煤分公司的账面价值38137.84万元，评估价值28520.71万元，收购价格28520.71万元。

(2) 经公司2001年7月11日召开的二OO一年第二次临时股东大会批准，公司于2003年8月31日用募集资金收购阳泉煤业(集团)有限责任公司发供电分公司经剥离后的全部经营性资产。发供电分公司的账面价值34667.86万元，评估价值36390.32万元，收购价格36390.32万元。

(四)重大合同及其履行情况

1、报告期内，公司无托管、承包、租赁其他公司资产或其他公司托管、承包、租赁本公司资产的事项。

2、报告期内，公司无重大担保事项。

3、公司无在报告期内或报告期继续发生委托他人进行现金资产管理的事项。

4、报告期内，公司无其他重大合同。

(五)聘任、解聘会计师事务所情况

报告期内，公司聘任山西天元会计师事务所为公司审计的会计师事务所。本年度是该事务所为本公司提供审计服务的第4年。支付报酬情况为：2002年公司支付给山西天元会计师事务所审计费用100万元；2003年度支付审计费用100万元。

(六) 报告期内，公司、公司董事会及董事没有受中国证监会稽查、中国证监会行政处罚、通报批评、上海证券交易所公开谴责的情况。

(七) 报告期内，公司无其他该披露而未披露的重要事项。

八、备查文件目录

1、载有公司法定代表人、总会计师、会计主管人员签名并盖章的会计报表。

2、载有会计师事务所盖章，注册会计师签名并盖章的审计报告原件。

3、报告期内在中国证监会指定报纸上公开披露的公司文件正文及公告原稿。

山西国阳新能股份有限公司董事会

二〇〇四年三月二十八日

山东基建股份有限公司

山东基建股份有限公司2003年年度报告

重要提示

本公司董事会及其董事保证本报告书所载资料不存在任何虚假记载、误导性陈述或者重大遗漏,并对其内容的真实性、准确性和完整性承担个别及连带责任。

本年度报告业经本公司第二届董事会第七次会议审议通过。万建忠董事授权孙亮董事在本次会议上代为行使表决权并签署相关文件。没有董事声明对本年度报告内容的真实性、准确性和完整性无法保证或存在异议。

本公司2003年度财务报告经普华永道中天会计师事务所有限公司审计,并出具了标准无保留意见的审计报告。

公司负责人董事长孙亮先生、总经理于少明先生、总会计师闫忠建先生、计划财务部负责人张伟先生声明:保证年度报告中财务会计报告的真实、完整。

第一章 公司基本情况简介

1、公司中文名称:山东基建股份有限公司

公司英文名称:SHANDONG INFRASTRUCTURE COMPANY LIMITED

公司英文名称缩写:SDICL

2、公司法定代表人:孙亮

3、公司董事会秘书:王大为

联系电话:0531-2662952

传真号码:0531-2662950

联系地址:济南市经十路71号山东大学科技园创业中心

电子邮箱:wdw@sdicl.com

公司董事会证券事务代表:赵晓玲、马宁

联系电话:0531-2662952

传真号码:0531-2662950

联系地址:济南市经十路71号山东大学科技园创业中心

电子邮箱:myning0612@sohu.com

4、公司注册地址:济南市经十路71号山东大学科技园创业中心

公司办公地址:济南市经十路71号山东大学科技园创业中心

邮政编码:250061

公司国际互联网网址:www.sdicl.com

电子邮箱:600350@secure.sse.com.cn

5、公司选定的信息披露报纸:《中国证券报》、《上海证券报》、《证券时报》、《证券日报》

登载年度报告的中国证监会指定网站网址:www.sse.com.cn

公司年度报告备置地点:公司董事会秘书处、上海证券交易所

6、公司股票上市交易所:上海证券交易所

股票简称:山东基建

股票代码:600350

7、其他有关资料:

公司首次注册登记日期:1999年11月16日

公司首次注册登记地址:济南市泺源大街22号中银大厦15楼

公司最新变更注册登记日期:2003年6月5日

公司最新变更注册登记地址:济南市经十路71号山东大学科技园创业中心

企业法人营业执照注册号:3700001804559

税务登记号码:370102863134717

公司聘请的会计师事务所名称:普华永道中天会计师事务所有限公司

会计师事务所办公地址:上海市淮海中路333号12楼

公司聘请的律师事务所名称:北京市海问律师事务所

律师事务所办公地址:北京市朝阳区东三环北路2号北京南银大厦17楼

第二章 会计数据和业务数据摘要

一、本年度主要会计数据和业务数据

(一)本年度主要会计数据 单位:元

项　目	2003年度
利润总额	668,744,623
净利润	466,638,374
扣除非经常性损益后的净利润	469,513,749
主营业务利润	787,149,262
其他业务利润	11,358,080
营业利润	672,931,567
投资收益	104,660
补贴收入	434,600
营业外收支净额	-4,726,204
经营活动产生的现金流量净额	787,096,183
现金及现金等价物净增加额	403,565,210
注:扣除的非经常性损益总额为	-2,875,375
其中:营业外收入	9,583,002
营业外支出	14,309,206
税收返还、减免	434,600
所得税影响	1,416,229

(二)本年度主要业务数据

1、收费管理

除国家规定的军车免征通行费外,其他车辆均按省政府制定的征收标准收取路桥通行费。其中,济南至青岛高速公路(以下简称济青高速)按车公里收费,泰安至曲阜一级公路(以下简称泰曲公路)、济南黄河大桥、滨州黄河大桥、平阴黄河大桥(上述4路桥简称"一路三桥")及济南黄河二桥按车次收费。

收费标准:

济青高速收费标准表 单位:元/车公里

车型	车辆种类	收费标准
一类客货车	1吨位以下(含1吨位)货车,11座(含11座)以下客车	0.4
二类客货车	1吨位以上至3吨位(含3吨位)以下货车,11座以上至30座(含30座)以下客车	0.6
三类客货车	3吨位以上至7吨位(含7吨位)以下货车,30座位以上客车	0.75
四类客货车	7吨位以上至14吨位(含14吨位)以下货车	1
五类客货车	14吨位以上至25吨位(含25吨位)以下货车	1.3
六类客货车	25吨位以上至50吨位(含50吨位)以下货车	1.6

"一路三桥"收费标准表 单位:元/车

车型	车辆种类	收费标准
一类车	1吨位以下(含1吨位)的机动车辆	10
二类车	1吨位以上至5吨位(含5吨位)的机动车辆[汽车挂车不另收费(下同)]	15
三类车	5吨位以上至10吨(含10吨)的机动车辆	20
四类车	10吨位以上至20吨位(含14吨位)的机动车辆	25
五类车	20吨位以上的机动车辆	30

济南黄河二桥收费标准表

截止至2003年10月31日 单位:元/车

车型	车辆种类	收费标准
一类客货车	1吨位以下(含1吨位)货车,11座(含11座)以下客车	10
二类客货车	1吨位以上至3吨位(含3吨位)以下货车,11座以上至30座(含30座)以下客车	15
三类客货车	3吨位以上至7吨位(含7吨位)以下货车,30座位以上客车	15
四类客货车	7吨位以上至14吨位(含14吨位)以下货车	20
五类客货车	14吨位以上至25吨位(含25吨位)以下货车	25
六类客货车	25吨位以上至50吨位(含50吨位)以下货车	30

2003年10月22日,公司第二届董事会第五次会议(临时)审议批准了有关提高济南黄河二桥收费标准的议案,决定根据山东省物价局、山东省交通厅《关于调整济南黄河公路二桥车辆通行费收费标准的批复》(鲁价费发[2003]199号),从2003年11月1日起提高济南黄河二桥收费标准,每类车型每车次的收费标准各增加5元,具体调整如下:

自2003年11月1日 单位:元/车

车型	车辆种类	收费标准
一类客货车	1吨位以下(含1吨位)货车,11座(含11座)以下客车	15
二类客货车	1吨位以上至3吨位(含3吨位)以下货车,11座以上至30座(含30座)以下客车	20
三类客货车	3吨位以上至7吨位(含7吨位)以下货车,30座位以上客车	20
四类客货车	7吨位以上至14吨位(含14吨位)以下货车	25
五类客货车	14吨位以上至25吨位(含25吨位)以下货车	30
六类客货车	25吨位以上至50吨位(含50吨位)以下货车	35

收费速度超过质量目标要求。

济青高速:封闭式半自动化收费

入口发卡=5.46秒/车道.辆<8秒/车道.辆

出口收费=9.32秒/车道.辆<12秒/车道.辆

一路三桥:开放式半自动化收费

收费速度=7.14秒/车道.辆<8秒/车道.辆

开放式人工收费

收费速度=3.96秒/车道.辆<6秒/车道.辆

有理投诉率为0车次,远低于1/1000000车次的质量目标要求。

公司资产车流量统计数据:

2003年济青高速出口车流量

车型	2003年	
	数量	比例(%)
一类	8768202	61.54
二类	1550258	10.88
三类	1381794	9.70
四类	2267120	15.91
五类	213130	1.50
六类	67422	0.47
合计	14247926	100

2003年济青高速车型比例图

2003年"一路三桥"车流量

车型	数量	比例(%)
一类	6054227	47.90
二类	4034080	31.92
三类	2239216	17.72
四类	282772	2.24
五类	29227	0.23
合计	12639522	100

2003年济南黄河二桥车流量

车型	2003年

	数量	比例(%)
一类	2272169	41.55
二类	441633	8.08
三类	1141333	20.87
四类	1520543	27.80
五类	71641	1.31
六类	21727	0.40
合计	5469046	100

2003年济南黄河二桥车型比例图

2、养护基建管理

济青高速公路好路率98.16%;"一路三桥"好路率99.51%。

养护基建工程合格率100%。

绿化覆盖率96.93%。

养护基建设备完好率99.39%。

3、路政管理

实行24小时值班制度,维护路桥运营秩序和安全畅通,维护路产路权。

路产赔偿率达到98%以上。

清障到达时间均在60分钟以内。

无违法、违纪现象,无公路"三乱"现象发生。

安全生产无重大责任事故。

二、公司前三年的主要会计数据和财务指标　单位:元

项　　目	2003年合并	2002年合并	2001年母公司
主营业务收入	1,546,361,807	1,401,352,235	792,574,490
净利润	466,638,374	475,309,804	391,369,977
扣除非经常性损益后的净利润	469,513,749	470,988,261	370,103,947
总资产	7,552,948,581	7,282,971,189	6,272,817,073
股东权益(不含少数股东权益)	6,376,708,824	6,280,088,450	4,854,991,878
每股收益	0.139	0.141	0.14
每股净资产	1.90	1.87	1.70
调整后的每股净资产	1.90	1.87	1.70
每股经营活动产生的现金流量净额	0.23	0.21	0.20
净资产收益率(%)	7.32%	8.04%	8.06%
扣除非经常性损益的净利润为基础计算的加权净资产收益率(%)	7.36%	7.97%	7.62%

三、报告期内股东权益变动情况及变化原因　单位:元

项目	股本(万股)	资本公积	盈余公积
期初数	336,380	2,320,740,160	192,315,762
本期增加			70,824,405
本期减少			
期末数	336,380	2,320,740,160	263,140,167
变动原因			法定提取

项目	法定公益金	未分配利润	股东权益合计
期初数	64,105,254	403,232,528	6,280,088,450
本期增加	23,608,135	466,638,374	537,462,779
本期减少	440,842,405	440,842,405	
期末数	87,713,389	429,028,497	6,376,708,824
变动原因	法定提取	利润分配	

第三章　股本变动及股东情况

一、股本变动情况

(一)股份变动情况表　数量单位:万股

	本次变动前	配股	送股	公积金转股	增发	其他	小计	本次变动后
一、未上市流通股份								
1、发起人股份	285,880							285,880
其中:								
国家持有股份	285,880							285,880
境内法人持有股份								
境外法人持有股份								
其他								
2、募集法人股份								
3、内部职工股								
4、优先股或其他								
未上市流通股份合计	285,880							285,880
二、已上市流通股份								
1、人民币普通股	50,500							50,500
2、境内上市的外资股								
1、境外上市的外资股								
2、其他								
已上市流通股份合计	50,500							50,500
三、股份总数	336,380							336,380

(二)股票发行与上市情况

1、到报告期末为止的前三年,公司股票发行情况如下:

经中国证监会证监发行字[2002]6号文核准,公司于2002年2月28日利用上海证券交易所交易系统,以网上累计投标询价方式首次公开发行了50,500万股、每股面值1.00元的人民币普通股,发行价为每股人民币2.60元。公司《招股说明书摘要》及《股票发行公告书》刊登于2002年2月26日的《中国证券报》、《上海证券报》。

经上海证券交易所上证上字[2002]29号文批准,公司公开发行的50,500万股社会公众股于2002年3月18日起在上海证券交易所挂牌交易。公司《股票上市公告书》刊登于2002年3月13日的《中国证券报》、《上海证券报》。

公司成功发行50,500万股社会公众股后,总股本为336,380万股,并于2002年3月7日在山东省工商行政管理局变更登记,领取注册号为3700001804559的《企业法人营业执照》,注册资本为3,363,800,000元。

2、报告期内公司没有因送股、转增股本、配股、增发新股、吸收合并、可转换公司债券转股、减资、内部职工股或公司职工股上市或其他原因引起公司股份总数及结构发生变动。

3、公司无内部职工股。

二、股东情况

(一)截止2003年12月31日,本公司股东总数为133918户,前10名最大股东持股情况如下:

序号	股东名称	年度内增减(万股)	年末持股数量(万股)	占总股本比例(%)	股份类别	质押或冻结的股份数量	股东性质
1	山东省高速公路有限责任公司	0	209,705	62.34	未流通	-	国家股
2	华建交通经济开发中心	0	76,175	22.65	未流通	-	国家股
3	华夏回报证券投资基金	+1,324.31	1,324.31	0.39	已流通	-	社会公众股
4	银丰证券投资基金	+505.84	791.34	0.24	已流通	-	社会公众股
5	兴华证券投资基金	+750.00	750.00	0.22	已流通	-	社会公众股
6	兴和证券投资基金	+707.01	707.01	0.21	已流通	-	社会公众股
7	国元证券有限责任公司	+695.28	695.28	0.20	已流通	-	社会公众股
8	博时裕富证券投资基金	+511.38	511.38	0.15	已流通	-	社会公众股
9	全国社保基金一零三组合	+339.07	339.07	0.10	已流通	-	社会公众股
10	天华证券	+284.99	284.99	0.09	已流通	-	社会公众股

(二)报告期末,代表国家持有股份的单位为山东省高速公路有限责任公司(以下简称"山东高速公司")和华建交通经济开发中心(以下简称"华建"),其持有的股份均为国家股,且所持股份不存在质押或冻结的情况。公司未知后八名社会公众股股东所持股份是否存在被质押、冻结或托管的情况。

(三)公司前两名国家股股东之间无任何关联关系,且不存在《上市公司股东持股变动信息披露管理办法》中规定的一致行动人关系,后八名社会公众股股东中,华夏回报证券投资基金、兴华证券投资基金与兴和证券投资基金同属于华夏基金管理有限公司,其他五名社会公众股股东公司未知其关联关系。

(四)没有因作为战略投资者或一般法人参与配售新股而成为公司前10名股东的情况。

(五)公司的控股股东为山东高速公司,简介如下:

山东高速公司成立于1997年7月2日,为国有独资的有限责任公司。该公司的法定代表人为周秋田先生,注册资本为5亿元人民币。主营业务为:高等级公路、桥梁的管理、经营、开发、维护;高等级公路、桥梁沿线的综合开发、经营。山东高速公司的实际控制人为山东省人民政府。

(六)其他持股10%以上(含10%)的国家股东有一名,为公司第二大股东华建,简介如下:

华建成立于1993年12月18日,法定代表人为傅育宁先生,注册资本为5亿元人民币,企业性质为全民所有制企业。其主营业务为:公路、码头、港口、航道的综合开发、承包建设;交通基础设施新技术、新产品、新材料的开发、研制和产品的销售。

(七)报告期末本公司前十名流通股股东情况(截止2003年12月31日)

股东名称(全称)	年末持有流通股的数量(万股)	种类(A、B、H股或其他)
华夏回报证券投资基金	1,324.31	A股
银丰证券投资基金	791.34	A股
兴华证券投资基金	750.00	A股
兴和证券投资基金	707.01	A股
国元证券有限责任公司	695.28	A股
博时裕富证券投资基金	511.38	A股
全国社保基金一零三组合	339.07	A股
天华证券投资基金	284.99	A股
南方稳健成长证券投资基金	252.80	A股
兴业证券投资基金	199.99	A股

前十名股东关联关系的说明:公司前十名流通股东中的华夏回报证券投资基金、兴华证券投资基金、兴和证券投资基金与兴业证券投资基金同属于华夏基金管理有限公司,其他六名流通股东公司未知其关联关系。

第四章　董事、监事、高级管理人员和员工情况

一、董事、监事和高级管理人员情况

(一)基本情况

姓名	性别	年龄	职务	任期起止日期	年初持股数量	年末持股数量	变动原因
孙　亮	男	45	董事长	2002.12-2005.12	0	0	
万建忠	男	41	副董事长	2002.12-2005.12	0	0	
江　海	男	56	副董事长	2002.12-2005.12	0	0	
于少明	男	45	董事、总经理	2002.12-2005.12	0	0	
罗楚良	男	41	董事、副总经理	2002.12-2005.12	0	0	
王大为	男	35	董事、董事会秘书副总经理	2002.12-2005.12	0	0	
方世杰	男	50	副总经理	2003.5-2005.12	0	0	
闫忠建	男	46	副总经理总会计师	2003.5-2005.12	0	0	
黄　磊	男	46	独立董事	2002.12-2005.12	0	0	
徐向艺	男	47	独立董事	2002.12-2005.12	0	0	
李　毅	男	59	独立董事	2002.12-2005.12	0	0	
何继军	男	49	监事会主席	2002.12-2005.12	0	0	
郭本锋	男	40	监事	2002.12-2005.12	0	0	
李　延	女	32	监事	2002.12-2005.12	0	0	

林乐清	男	42	监事	2002.12-2005.12	0	0
张宜人	男	45	职工代表监事	2002.12-2005.12	0	0
王卫国	男	53	职工代表监事	2002.12-2005.12	0	0

说明：

1、董事长孙亮先生同时担任公司股东单位--山东高速公司董事、副总经理、总会计师，任职期间为2001年5月至2003年7月；2003年7月至今任山东高速公司董事、总经理、总会计师。

2、副董事长江海先生同时担任公司股东单位--华建副总经理，任职期间为1997年10月至今；

3、监事会主席何继军先生同时担任公司股东单位--山东高速公司政治部主任，任职期间为2001年7月至今；

4、监事郭本锋先生同时担任公司股东单位--华建国家资本托管部经理，任职期间为1999年11月至今；

5、监事李延女士同时担任公司股东单位--华建国家资本托管部项目经理，任职期间为1999年8月至今。

(二)年度报酬情况

1、年度报酬支付原则：

本公司董事、监事和高级管理人员实行年薪制。经公司股东大会批准，第二届届董事会董事和第二届监事会监事分别与本公司签订了《董事服务合同》、《监事服务合同》。根据公司2001年度股东大会决议，自2002年1月1日起，公司执行董事、高级管理人员的年薪分别为：总经理8.9万元、副总经理及董事会秘书8万元；不在公司领取薪酬的外部董事、外部监事领取津贴；由公司职工代表出任监事的薪酬按照公司工资管理办法发放。

2、年度报酬总额：

2003年度公司董事、监事及高级管理人员的报酬总额为86.4万元，金额最高的三位董事的报酬总额为24.9万元，金额最高的三位高级管理人员的报酬总额为24.9万元。

公司按年度向独立董事发放津贴。2003年公司三位独立董事黄磊、徐向艺、李毅的津贴分别为5万元。独立董事在本公司不享有其他待遇。

报酬金额区间(元)	领取人数
7万-9万	6
5万-7万	2

报告期内共有九位董事、监事不在本公司领取报酬，其中有七位董事、监事领取津贴。具体情况为，董事长孙亮先生、监事会主席何继军先生在公司股东单位山东高速公司领取薪酬；副董事长江海先生、监事郭本锋先生、监事李延女士均在公司股东单位--华建领取薪酬；三位独立董事徐向艺先生、黄磊先生、李毅先生及监事林乐清先生均未在本公司及关联方领取薪酬。

(三)报告期内董事、监事、高级管理人员的变动情况及原因：

2003年4月28日，经公司第二届董事会第三次会议(临时)审议通过了关于聘任公司部分高级管理人员的议案，决定聘任王大为先生为公司副总经理(兼)，方世杰先生为公司副总经理，闫忠建先生为公司副总经理兼总会计师，任期自聘任之日起至本届董事会届满之日止。该决议公告及相关人员简历已刊登于2003年4月30日的中国证券报、上海证券报及证券时报。

报告期内无董事、监事的变动情况。

二、公司员工情况

截至2003年12月31日，本公司拥有全职职工1,552名，短期合同制收费员490人，共计2042人。员工具体情况如图所示。

本公司法定统筹退休金系交由政府有关部门统筹安排，退休职工的退休金由该部门统筹支付。截止报告期末，本公司离退休人员总数为82人。

第五章 公司治理结构

一、公司治理情况

报告期内，本公司严格遵循《公司法》、《证券法》、《上海证券交易所股票上市规则》、《上市公司治理准则》及中国证监会其他有关规章的要求进行规范运作，并根据《上市公司治理准则》、《上市公司股东大会规范意见》及《关于在上市公司建立独立董事制度的指导意见》对《公司章程》进行了修订，进一步完善了公司治理结构。

(一)关于股东与股东大会

公司平等对待所有股东，保护股东合法权益，确保股东对法律、行政法规规定的公司重大事项享有知情权与决策权。

公司所有重大决策均由股东大会通过公正、公开的方式依法作出决议。股东大会的通知、召集、召开均按照《上市公司股东大会规范意见》、《上市公司治理准则》、《公司章程》及公司制定的《股东大会议事规则》规范进行。

(二)董事与董事会

公司严格按照《公司章程》、《上市公司治理准则》及有关规定选举产生董事，公司董事会人员及构成符合相关法律法规要求。报告期内，公司董事会及所有董事严格履行诚信及勤勉义务，严格遵守《董事服务合同》的有关承诺。

报告期内董事会向股东大会负责，严格按照相关法律法规、《公司章程》及公司制定的《董事会议事规则》等规定行使职权，确保公司规范运营；董事会定期召开，公司所有董事均以认真负责的态度出席董事会及股东大会，并积极参加有关培训，熟悉有关法律法规，掌握作为董事的权利、义务与责任；同时，公司建立并逐步完善独立董事制度，已符合中国证监会《关于在上市公司建立独立董事制度的指导意见》的有关规定。

报告期内董事会成立了战略、薪酬与考核、审计三个专门委员会及其下设机构，提高了董事会决策的科学化与正确性，加强了董事会的领导与监督智能，进一步规范运营，完善公司法人治理结构。

(三)监事与监事会

公司监事会的人数及人员构成符合法律法规的要求，所有监事能够根据相关法律法规及公司制定的《监事会议事规则》行使职权，本着对股东负责的态度，对公司财务以及公司董事及其他高级管理人员履行职责的合法合规性进行监督。

(四)关于公司与控股股东之间的关系

公司控股股东没有超越股东大会或间接干预公司正常的决策与经营活动；公司与控股股东严格做到人员、资产、财务、机构和业务的五分开；公司董事会、监事会与内部机构能够独立运作。

(五)关于关联交易

公司严格规范公司与股东之间的关联交易，按照公平、公正、合理的原则准确定价。

(六)信息披露与透明度

公司指定董事会秘书负责信息披露，接待股东来访与咨询；公司制定了《信息披露制度》、《信息保密制度》，进一步确保信息披露的公开、公平、公正。

(七)关于相关利益者

公司能够充分尊重和维护银行、员工、社会公众等相关利益者的合法权益；关注环境保护与公益事业，推动公司健康持续发展。

(八)关于绩效评价及激励约束机制

经理层人员的聘任公开、透明，符合相关法律法规及公司章程的规定。为加强公司基础管理，建立和完善公司监管和激励约束机制，科学解析和真实反映各下属单位运营管理效果和财务效益状况，公司制定了《综合效绩考核规则》和《综合效绩考核操作细则》，对被考核单位经营成果进行科学评判，正确引导其经营行为，同时为公司及各部门进行运营管理、制定经营决策和考核经营者业绩提供了参考依据。

为建立公司内部长期有效的激励机制和约束机制，更好的调动经营者的积极性，确保公司业绩稳步提高，根据有关法律、法规制定本方案，公司制定了《虚拟股票期权方案》，并经公司第二届董事会第五次会议(临时)审议批准。相关决议公告刊登于2003年10月24日的中国证券报、上海证券报、证券时报。

二、与《上市公司治理准则》的主要差异及改进的计划与措施

(一)主要差异：

1、公司有关工作制度和议事规则尚须完善；

2、公司董事、监事及高级管理人员的绩效评价机制需通过实践进一步完善。

(二)改进的计划与措施：

1、本公司将通过对董事、监事、高级管理人员的培训，进一步强化对公司规范运作的认识，建立起完善的公司治理结构；

2、进一步完善董事、监事、高级管理人员的绩效评价标准及激励约束制度；

3、建立董事会战略、薪酬与考核、审计三个专门委员会及其下设机构的工作程序与规则，进一步加强与完善董事会的领导与监督职能。

三、独立董事履行职责情况

本公司自设立起便引入了独立董事制度。2002年12月31日，在公司2002年第二次临时股东大会换届选举中，黄磊先生、徐向艺先生、李毅先生当选公司第二届董事会独立董事。报告期内，本公司独立董事严格按照中国证监会《关于在上市公司建立独立董事制度的指导意见》的有关规定，认真独立履行职责，努力维护公司整体利益，保护全体股东的合法权益，对公司决策的科学化、规范化起到了积极的作用，促进了本公司治理结构的逐步完善。

四、公司与控股股东的情况说明

本公司与控股股东在人员、资产、业务、财务和机构等方面均做到了完全分开，具有独立完整的业务及面向市场自主独立经营的能力。主要表现在：

(一)人员独立

1、本公司的生产经营和行政管理(包括劳动、人事及工资管理等)完全独立于控制人，办公机构和生产经营场所与控制人分开，不存在"两块牌子，一套人马"，混合经营、合署办公的情况；

2、本公司的总经理、副总经理、董事会秘书、总会计师等高级管理人员专职在本公司工作，并在本公司领取薪酬，不在控制人处兼任任何职务；

3、控制人推荐董事和经理人选通过合法程序进行，不存在干预本公司董事会和股东大会已经作出的人事任免决定的情况。

(二)资产完整

1、本公司与控制人产权关系明确，控制人注入本公司的资产和业务独立完整，且发起人出资全部足额到位，相关的产权变更手续完备；

2、本公司拥有独立于控制人的路桥资产和配套设施、土地使用权等；

3、本公司不存在控制人违规占用本公司的资金、资产及其他资源的情况。

(三)财务独立

1、本公司设立独立的财务会计部门，并建立起独立的会计核算体系和财务管理制度(包括对子公司、分公司的财务管理制度)；

2、本公司独立在银行开户，不存在与控制人共用银行帐户的情况；

3、本公司依法独立纳税；

4、本公司独立做出财务决策，不存在控制人干预本公司资金使用的情况。

(四)业务独立

1、本公司路桥的建设、经营、收费、养护均独立于控制人；

2、本公司所需材料设备的采购及公司的客户群与市场均不依赖于控制人。

(五)机构独立

1、本公司与控制人的办公机构和生产经营场所各自独立设立，不存在混合经营、合署办公的情况；

2、本公司组织机构独立完整，不存在控制人干预组织机构设立与运作的情况。

五、公司对高级管理人员考评、激励及其他机制情况

(一)选择机制：由公司董事会根据本公司业务发展需要，在对候选高级管理人员的能力、资历、品德以及身体素质全面考察的基础上，决定公司高级管理人员的聘任(副总经理由总经理提名)。

(二)考评机制：由董事会按年度对高级管理人员的业绩和履职情况进行考评和奖惩。

(三)激励机制：公司对高级管理人员实行年薪制。此外，公司将在国家有关法律、法规许可并经有关部门批准的情况下，适时在本公司高中级管理人员中推行虚拟股权计划。

(四)约束机制：公司通过《公司章程》、签订《劳动合同》以及制定、完善内部管理制度，对高中级管理人员的履职行为、权限、职责等作了相应的约束。

第六章 董事会报告

一、报告期内公司的经营情况

2003年，我国国民经济继续保持了快速发展的良好势头，区域内外经济社会交往日益频繁，高等级公路建设步伐不断加快，公路运输体系日趋完善，在宏观经济向好、政策调整和汽车性价比不断提高的作用下，社会汽车保有量持续快速增长，带动高速公路车流量的快速增长。在此背景下，公司在董事会的领导下，紧紧围绕2003年度经营目标，制定科学务实的经营方针，通过深化管理和预算约束，强化成本控制，通过狠抓各项制度落实，加强通行费的征管和道路桥梁的养护工作，圆满完成了各项任务，公司主营业务收入保持了较快增长。

(一)主营业务的范围及经营状况

1、本公司经营范围主要是从事对高等级公路、桥梁、隧道基础设施的投资、管理、养护、咨询服务及批准的收费等，目前本公司主要业务为经营和管理山东省境内的济青高速、泰曲公路、济南黄河大桥、滨州黄河大桥、平阴黄河大桥、济南黄河二桥。本公司属于交通基础设施建设和经营管理行业。

2003年，我国国民经济继续保持了快速发展的好势头，尽管上半年受到"非典"疫情影响，但宏观经济面向好；公司所属资产附近地区经济建设快速增长，所需原材料增加，一些大型货车行驶高速公路的频次增加；全省高速公路联网，实行一卡通，高速公路服务体系相对更加快捷方便，越来越多的车辆开始使用高速路；公司在2003年进一步加强通行费的征管工作，严格按照预算控制支出，2003年公司主营业务收入继续保持良好增长势头。

截止2003年12月31日，公司主营业务收入共计1,546,361,807元，比去年增加10.35%。公司主营业务收入包括车辆通行费收入和石油制品销售收入，其中公司车辆通行费收入1,200,778,924元，占主营业务收入的77.7%，此项业务的成本为380,729,820元，毛利率为68.29%，(车辆通行费中济青路收入927,219,032元，占车辆通行费的77.22%，泰曲路收入24,201,380元，占车辆通行费的2.02%，

济南黄河大桥收入 16,076,537 元，占车辆通行费的 1.34%，滨州黄河大桥收入 66,026,962 元，占车辆通行费的 5.5%，平阴黄河大桥收入 30,338,270 元，占车辆通行费的 2.53%，济南黄河二桥收入 136,916,743 元，占车辆通行费的 11.39%。）石油制品销售收入 345,582,883 元，占主营业务收入的 22.3%，此项业务的成本为 311,911,279 元，毛利率为 9.74%。

2003 年度，公司利润总额 668,744,623 元，比 2002 年同期减少 7,145,666 元，减少 1.06%，主要是公司为保证公司所属路桥资产状况优良，为通行车辆提供舒适的通行条件，以吸引更多车辆上路，加大了对路桥的专项维护、增加了养护费用所致；净利润随利润总额微减，2003 年净利润 466,638,374 元，比 2002 年同期减少 8,671,430 元，减幅 1.82%。

2003 年度，公司现金及现金等价物净增加额为 403,565,210 元，其中经营活动产生的现金净流量为 787,096,183 元，投资活动产生的现金净流量为-85,592,460 元，主要是公司购建固定资产（泰曲路办公楼、黄河大桥维修）支出 83,612,281 元。筹资活动产生的现金净流量为-297,938,513 元，主要是公司分配股利所支付的现金 286,225,500 元。

截止 2003 年 12 月 31 日，公司总资产 7,552,948,581 元，比 2002 年年度末增加 269,977,329 元，增幅 3.7%；公司股东权益 6,376,708,824 元，比 2002 年年度末增加 96,620,374 元，增幅 1.54%，均属正常经营增加。

2、主营业务分行业、产品情况表　单位：元

分行业或产品	主营业务收入（元）	主营业务成本（元）	毛利率（%）
交通基础设施服务	1,200,778,924	380,729,820	68.29
石油制品销售	345,582,883	311,911,279	9.74

分行业或产品	主营业务收入比去年增减（%）	主营业务成本比去年增减（%）	毛利率比去年增减（%）
交通基础设施服务	10.21	41.53	−7.02
石油制品销售	10.04	9.32	0.30

3、主营业务收入地区分布情况

地区	主营业务收入	主营业务收入比去年增减（%）
山东	1,546,361,807	10.35%

（二）主要控股公司及参股公司的经营情况及业绩

1、山东润元

该公司成立于 2001 年 1 月 8 日，由本公司与山东省石油集团总公司共同出资成立，公司注册资本为 1,000 万元，本公司持有其 60%的股权。该公司主要从事于石油制品的零售，消防器材、黑色金属材料、建筑材料、木材、汽车（不含小轿车）及配件、五金交电、普通机械、百货、针纺织品的销售以及油品计量咨询等业务。截止报告期末，该公司总资产规模为 78,042,897 元，2003 年度实现净利润 9,207,208 元。

2、山东省环保产业股份有限公司

该公司成立于 2000 年 12 月 11 日，注册资本为 5,000 万元。其中，本公司出资 1,500 万元，占该公司总股本的 30%。该公司主要从事于环保机械、仪器仪表设备的制造、销售、安装调试，城市综合污水处理、固体废弃物处理，"三废"综合利用和环保技术的开发、咨询服务。截止报告期末，该公司总资产规模为 8,286 万元，2003 年度实现净利润 34.89 万元。

3、万通证券有限责任公司

该公司成立于 1988 年 6 月 2 日，注册资本为 5,000 万元。2000 年 12 月，根据中国证监会《关于核准青岛万通证券有限责任公司增资扩股的批复》（证监机构字[2000]276 号），该公司注册资本增至 55,198 万元。其中，本公司出资 3,000 万元，占该公司总股本的 5.4%。该公司主要从事于证券的代理买卖，代理还本付息、分红派息，证券代保管、鉴证，代理登记开户，证券的自营买卖，以及中国证监会批准的其他业务。截止报告期末，根据未经审计的财务报告，该公司总资产规模为 159,925 万元。

4、天同证券有限责任公司

该公司前身为山东证券有限责任公司，成立于 1991 年，注册资本 5.08 亿元。2001 年，经中国证监会批准，该公司注册资本增至 23.36 亿元，并更名为天同证券有限责任公司。截止报告期末，该公司总资产规模为 1,183,623 万元。本公司对该公司出资 3000 万元，占其注册资本比例为 1.47%。

5、在报告期内本公司单个控股或参股公司对本公司净利润的影响均低于 10%。

（三）主要供应商、客户情况

本公司为提供交通基础设施服务的公司，主要为通行本公司路桥的各类车辆提供服务，每天上路的车流量很大。由于路桥行业所具有的特殊性，因此本公司不存在特定的客户群体。本公司不存在经常性原材料采购行为，因此也不存在主要供应商。

（四）在经营中出现的问题与困难及解决方案

报告期内，公司经营的路桥资产中存在着车辆超限现象，对路桥造成不同程度的破坏，加大了养护成本。由于该问题对全地区乃至全国具有普遍性，已经引起国家高度重视，并出台相应政策。针对这一情况，公司加大反超限工作的力度，严禁各种超限车辆进入公司所辖路段，保证了道路畅通，提高了行车人员的人身安全。除此之外，本公司在经营中未出现其他重大问题及困难。

二、报告期内公司的投资情况

（一）报告期内公司募集资金使用情况。

原公司招股说明书披露的募集资金使用计划中关于收购 309 国道（济潍段）15 年 51%收费权项目，因 309 国道（济潍段）部分路段实施改造，目前尚未完成，使本公司无法按原计划实施收购工作。

截止报告期末，公司尚未使用的募集资金 7,332 万元（含偿还世界银行贷款发生的汇兑损益 1,659 万元）为银行存款。

（二）报告期内重大非募股资金投资项目。

报告期内公司无重大非募股资金投资项目。

三、报告期内公司的财务状况、经营成果

（一）报告期内公司财务状况如下：

单位：元

项　目	2003 年度合并	2002 年度合并	增减比例（%）
总资产	7,552,948,581.00	7,282,971,189.00	3.71%
股东权益	6,376,708,824.00	6,280,088,450.00	1.54%
长期投资	62,792,455	33,287,794	88.64%
主营业务收入	1,546,361,807	1,401,352,235	10.35%
主营业务利润	787,149,262	788,757,120	−0.20%
利润总额	668,744,623	675,890,289	−1.06%
净利润	466,638,374	475,309,804	−1.82%
现金及现金等价物增加额	403,565,210	255,274,901	58.09%

（二）各项目变动原因分析：

会计报表数据变动幅度达 30%（含 30%）以上，或占公司报表日资产总额 5%（含 5%或报告期利润总额 10%（含 10%）以上的项目分析如下：

项目	2003 年	2002 年	差异变动金金额	额及幅度%	注释
货币资金	1,105,964,966	710,649,666	395,315,300	55.63%	(1)
其他应收款	1,168,009	20,421,151	−19,253,142	−94.28%	(2)
预付账款	6,911,979	31,221,752	−24,309,773	−77.86%	(3)
长期股权投资	62,792,455	33,287,794	29,504,661	88.64%	(3)
应付账款	86,584,978	53,400,973	33,184,005	62.14%	(4)
应付股利	86,693,933	−	86,693,933		(5)
应交税金	105,354,433	35,382,962	69,971,471	197.75%	(6)
其他应付款	11,358,677	6,245,627	5,113,050	81.87%	(7)
盈余公积	263,140,167	192,315,762	70,824,405	36.83%	(8)
其中：法定盈余公积	87,713,389	64,105,254	23,608,135	36.83%	(8)
营业外支出	14,309,206	889,960	13,419,246	1,507.85%	(9)

(1)货币资金的增加 55.63%，主要是由于经营现金净流入的增加，而 2002 年购置黄河二桥支出了 6.8 亿元。

(2)其他应收款减少 94.28%，主要是由于本公司于年初收回了山东省高速公司有限责任公司代收的通行费收入净额 1,559 万元。

(3)预付账款减少 77.86%，是由于将 3000 万元预付投资款于本年度转为对天同证券有限责任公司的长期股权投资。

(4)应付账款的增加 62.14%，主要是由于本年度公路维修专项工程增多所致。

(5)应付股利的增加主要是由于分配给华建交通经济开发中心的 2002 年股利尚未支付。

(6)应交税金增加 197.75%，主要是由于本年度企业所得税是按季缴纳，而 2002 年度则是按月缴纳。

(7)其他应付款增加 81.87%，主要是由于在本年度计提了约 440 万元中高级管理人员完成经营指标的奖励费用。

(8)盈余公积增加 36.83%是由于计提 2003 年度盈余公积所致。

(9)营业外支出的增加 1,507.85%，是由于本年度对净值 1,398 万元的固定资产进行清理报废所致。

四、董事会日常工作情况

（一）报告期内董事会的会议情况及决议内容

报告期内董事会共召开五次会议，其中，两次例行会议，三次临时会议，每次参加会议人数均符合《公司法》、《公司章程》的有关规定。

1、山东基建股份有限公司第二届董事会第二次会议于 2003 年 3 月 25 日在济南召开，9 名董事均出席了会议。会议审议通过了公司《2002 年度董事会工作报告》、《2002 年度总经理业务报告》《2002 年度财务决算报告》、《2003 年度财务预算草案》、《2002 年度利润分配预案》、《2002 年度报告极其摘要》、《关于续聘普华永道中天会计师事务所为公司 2002 年度国内审计机构的预案》，并决定将上述部分议案提交公司 2002 年度股东大会审议批准。

该决议公告刊登于 2003 年 3 月 27 日的中国证券报、上海证券报、证券时报。

2、山东基建股份有限公司第二届董事会第三次会议（临时）于 2003 年 4 月 28 日在济南召开，9 名董事均亲自或委托其他董事出席了会议。会议审议通过了公司《2003 年第一季度季度报告》、《关于设立公司董事会专门委员会的预案》、《关于〈董事服务合同〉与〈独立董事服务合同〉的预案》、《关于公司章程变更的预案》、《关于聘任公司部分高级管理人员的议案》、《募集资金管理制度》、《信息披露管理制度》以及《关于召开公司 2002 年度股东大会的议案》，并决定将上述部分议案提交公司 2002 年度股东大会审议批准。

该决议公告刊登于 2003 年 4 月 30 日的中国证券报、上海证券报、证券时报。

3、山东基建股份有限公司第二届董事会第四次会议于 2003 年 8 月 14 日在青岛召开，9 名董事均出席了会议。会议审议通过了公司《2003 年半年度报告及摘要》、《信息保密制度》，会议还审议通过了关于签署国道主干线北京~上海公路济南至莱芜段暨国家重点公路青岛~红其拉甫线青岛至莱芜段投资建设意向书的议案，同意公司与山东省交通厅进行商讨、签署投资建设初步意向书事宜，并对投资建设该项目作进一步的可行性分析和论证。若该项目可行，投资建设该项目的正式议案提交董事会审议通过后，报经股东大会批准实施。

该决议公告刊登于 2003 年 8 月 16 日的中国证券报、上海证券报、证券时报。

4、山东基建股份有限公司第二届董事会第五次会议（临时）于 2003 年 10 月 22 日在济南召开，9 名董事均亲自或委托其他董事出席了会议。会议审议通过了公司《2003 年半年度报告及摘要》、《关于签署济南黄河二桥车辆通行费委托代收及结算协议书并提高该桥通行费收费标准的议案》、《关于调整公司高管人员薪酬的预案》、《虚拟股票期权方案》、《财务管理制度》（修订稿）及《财务预算管理办法》。

该决议公告刊登于 2003 年 10 月 24 日的中国证券报、上海证券报、证券时报。

5、山东基建股份有限公司第二届董事会第六次会议（临时）于 2003 年 11 月 21 日在济南以通讯表决方式召开。会议审议通过了关于确定董事会专门委员会人选及相关办事机构的议案，并确定了公司董事会专门委员会的人选及相关办事机构设置。

该决议公告刊登于 2003 年 11 月 22 日的中国证券报、上海证券报、证券时报。

（二）董事会对股东大会决议的执行情况

报告期内，公司董事会认真执行股东大会各项决议事项，主要做了以下工作：

1、把实现股东大会批准的年度经营目标作为工作的重点，全力支持总经理班子的各项工作，为圆满完成年度经营计划奠定了基础；

2、依法规范运作，认真履行董事会各项职责，逐步完善公司法人治理结构，保证了各项工作的顺利进行；

3、根据公司 2002 年度股东大会决议，组织实施了 2002 年度利润分配方案，以 2002 年 12 月 31 日总股本 336,380 万股为基数，向全体股东每 10 股派发现金红利 1.1 元（含税），共计分配 370,018,000 元，剩余未分配利润 33,995,334 元结转以后年度分配。2002 年度不进行资本公积金转增股本。

五、2003 年度利润分配预案

山东基建股份有限公司二〇〇三年度净利润为人民币 466,638,374 元，按 10%的比例提取法定公积金 46,663,837 元，按 5%的比例提取法定公益金 23,331,919 元，剩余未分配利润为 396,642,618 元。累积可供分配利润为 430,637,952 元。

本公司二〇〇三年度的利润分配预案为：

公司拟以 2003 年末总股本 336380 万股为基数，向全体股东每 10 股派发现金红利 0.4 元（含税），共计分配 134,552,000 元，剩余未分配利润 296,085,952 元结转以后年度分配。2003 年度不进行公积金转增股本。

该预案须经股东大会审议批准后实施。

六、其他事项

（一）公司信息披露报纸由原来的三家增加为四家，分别是中国证券报、上海证券报、证券时报、证券日报。

（二）普华永道中天会计师事务所有限公司就公司与关联方资金往来及对外担保情况的专项说明：

山东基建股份有限公司董事会：

我们接受委托，依据中国注册会计师独立审计准则审计了山东基建股份有限公司(以下简称"贵公司")及其子公司2003年12月31日的合并及母公司资产负债表、2003年度合并及母公司利润表、合并及母公司利润分配表和合并及母公司现金流量表，并于2004年3月16日签发了普华永道中天审字(2004)第853号的无保留意见审计报告。

根据中国证券监督管理委员会(以下简称"中国证监会")上市公司监管部《关于上报上市公司大股东及关联方资金占用和违规担保情况的通知》(上市部函[2003]13号)、中国证监会济南证券监管办公室《关于上报上市公司大股东及关联方资金占用和违规担保情况的通知》，以及中国证监会及国务院国有资产监督管理委员会《关于规范上市公司与关联方资金往来及上市公司对外担保若干问题的通知》(证监发[2003]56号文)的要求，贵公司编制了列示于本函附件所附的截至2003年12月31日止年度贵公司控股股东及关联方资金占用情况表以及特殊担保情况表（以下简称"情况表"）。

如实编制情况表并确保其真实、合法及完整是贵公司的责任。我们对情况表所载资料与我所审计贵公司2003年度财务报告时所复核的会计资料和经审计的财务报告的相关内容进行了核对，在所有重大方面没有发现不一致之处。

附件(一) 山东基建股份有限公司控股股东及关联方资金占用情况表

附件(二) 山东基建股份有限公司特殊担保情况表

公司独立董事对公司累计和当期对外担保情况、执行前述规定情况的专项说明及独立意见：

根据中国证监会《关于规范上市公司与关联方资金往来及上市公司对外担保若干问题的通知》(证监发字[2003]56号)要求，公司就成立并上市以来的对外担保事项进行了认真的自查与落实，现将有关情况说明如下：

自1999年公司成立以来，严格按照有关规定控制对外担保，截止2003年12月31日，公司不存在《通知》中所述关于关联方违规占用资金和为控股股东及本公司持股50%以下的其他关联方、任何非法人单位或个人提供担保的情况。

作为公司的独立董事我们认为公司严格控制对外担保风险，在与关联方资金往来及对外担保方面不存在违规现象。

附件一：

控股股东及关联方资金占用情况表

截至2003年12月31日止年度

公司代码	公司简称	资金占用方	资金占用方与上市公司的关系	资金占用期末余额截止时点	期初余额截止时点
A	B	C	D	E1	E2
600350	山东基建	山东高速	母公司	2003年12月31日	2002年12月31日
	小计				

公司代码	公司简称	相对应的会计报表科目		资金占用期末时点金额(元)		资金占用期初时点金额(元)	
A	B	F1	G1	F2	G2	F3	G3
600350	山东基建		其它应收款		30,000	15,591,668	
	小计		30,000		15,591,668		

公司代码	公司简称	资金占用借方累计发生金额(元)		资金占用贷方累计发生金额(元)		占用方式
A	B	F4	G4	F5	G5	H
600350	山东基建	30,000	15,591,668	非经营性		
	小计	30,000	15,591,668			

公司代码	公司简称	占用原因	备注
A	B	I	J

附件二：特殊担保情况表

截至2003年12月31日止年度

公司代码	公司简称	担保人(上市公司/上市公司子公司)	被担保对象名称	被担保对象与上市公司的关系
A	B	C	D	E
600350	山东基建	不适用	不适用	不适用

公司代码	担保金额(万元)	担保开始日	担保结束日	目前是否仍存在担保责任
A	F	G	H	I
600350	不适用	不适用	不适用	不适用

公司代码	担保方式	备注
A	J	K
600350	不适用	不适用

第七章　重要事项

一、重大诉讼、仲裁事项

报告期内本公司无重大诉讼、仲裁事项。

二、重大收购及出售资产、吸收合并事项

报告期内，本公司无重大资产出售、吸收合并事项。

三、重大关联交易事项

报告期内，本公司发生如下重大关联交易事项，下列(一)、(二)项关联交易事项均已经本公司2001年第一次临时股东大会审议批准，有关该等关联交易的情况已在2002年2月26日的《上海证券报》、《中国证券报》、《证券时报》上刊登的本公司《招股说明书摘要》中披露。

(一)购销商品、提供劳务发生的关联交易

1、本公司向山东高速公司租用办公楼

1999年11月23日，本公司与山东高速公司就租用位于济青高速的六个管理处办公楼而签订《房屋租赁合同》，租用面积总计22,233.48平米，年租金957,316元，上述物业产权属于山东高速公司。根据该合同，报告期内本公司应向山东高速公司支付租金957,316元。

2、山东高速公司向本公司提供的服务及设施

1999年11月23日和2001年6月8日，本公司分别与山东高速公司订立了《综合服务供应协议》及其修订协议，该项关联交易数额为每年4,434,035元。根据该协议，报告期内本公司应向山东高速公司支付费用4,434,035元。

3、山东高速公司与本公司之间的收费及结算安排

因山东省高速公路信息管理系统上半年实现联网，本公司济青高速公路、济南黄河二桥与其他相连高速公路，包括潍坊-莱阳高速公路、京福高速公路山东段等均实现入口发卡，出口验卡的"一卡通"自动收费。本公司与山东高速公司分别签定的《济南黄河二桥收费转让协议》中的代收通行费和结算安排以及《潍坊-莱阳高速公路代收通行费结算协议》均已自动终止。目前本公司须每月通过山东省高速公路信息管理系统确认本公司所属济青高速公路、济南黄河二桥的通行费收入。

(二)资产、股权转让发生的关联交易

本公司于2001年6月8日与山东省交通厅公路局签订了《309国道济南至潍坊段收费权转让协议》及补充协议。报告期内，该协议尚未实施。

(三)公司与关联方存在的债权、债务往来、担保等事项

截至2002年12月31日，本公司与关联方存在的债权、债务往来、担保等事项如下：

1、长期应付款590,000,000元，是在公司设立时，从山东高速公司转入于济青高速建设期间向济青高速项目提供之人民币贷款(根据山东省交通厅鲁交财[1999]167号文，山东省交通厅于济青高速建设期间向项目提供的，后由山东高速公司转入本公司的5.9亿元人民币贷款，作为本公司向山东高速公司的无抵押、免息股东借款处理。)。

2、应付华建国家股红利83,792,500元。

3、其它应收款30,000元，该款项为山东高速公司报告期末收取本公司的安全风险抵押金。

(四)其他重大关联交易

报告期内，本公司无其他重大关联交易。

四、重大合同及其履行情况

(一)托管、承包、租赁其他公司资产或其他公司托管、承包、租赁上市公司资产的事项

报告期内，本公司无重大托管、承包、租赁其他公司资产或其他公司托管、承包、租赁本公司资产的事项。

(二)重大担保

报告期内，本公司无重大担保事项。

(三)委托他人进行现金资产管理事项

报告期内，本公司没有委托他人进行现金资产管理事项。

(四)其他重大合同

1、本公司与山东省资产管理有限公司及山东证券有限责任公司于2000年5月31日签订了《山东证券有限责任公司股东出资额转让协议》。该协议详细内容已于2002年2月26日的《上海证券报》、《中国证券报》、《证券时报》上刊登的公司《招股说明书摘要》中进行披露。根据协议有关规定，经天同证券有限责任公司(原山东证券有限责任公司)股东大会审议通过，本公司完成委托山东省资产管理有限公司在天同证券有限责任公司3000万元出资转让事宜，并于2003年3月6日取得出资证明，正式成为其出资方之一。

2、公司所属资产济南黄河大桥因通车时间长，车流量较大，存在安全隐患，为保证桥梁的安全畅通，根据公司2003年财务预算方案，公司于5月26日开始对该桥进行改造，并封闭交通，10月底完工通车。报告期内，公司分别与山东省交通工程总公司及中铁一局签署了金额为1259万元与906万元的施工合同。目前，上述合同已履行完毕。

3、济青路面维修工程合同

根据公司2002年度股东大会审议通过的2003年财务预算，公司对济青高速路面进行了维修，期间分别与山东省路桥集团总公司、山东省公路工程总公司、山东洪昌路桥集团签定了共计8533.26万元的施工合同，截止报告期末上述合同均已经履行完毕。

五、公司或持股5%以上股东对承诺事项的履行情况

本公司或持股5%以上股东没有发生对承诺事项不履行的情况。

六、聘任、解聘会计师事务所情况

本公司2002年度股东大会审议通过了《续聘普华永道中天会计师事务所有限公司为公司2003年度国内审计机构》的议案。同意续聘普华永道中天会计师事务所有限公司为公司2003年度国内审计机构，任期自2002年度股东大会召开之日起至2003年度股东大会召开之日为止。根据上述决议，2003年度本公司支付普华永道中天会计师事务报酬为人民币65万元，且没有另外向其支付差旅费等其他费用。

截止报告期末，普华永道中天会计师事务所有限公司为本公司提供服务的连续年限为2年。

七、公司、公司董事会及董事在报告期内没有受到中国证监会稽查、行政处罚、通报批评、证券交易所公开谴责

八、其他重大事项

1、本公司2002年度股东大会以特别决议审议通过了关于公司章程变更的议案，同意对公司章程第十三条中经营范围进行修改，删除"房地产开发"项目。

该决议公告刊登于2003年6月4日的中国证券报、上海证券报、证券时报。

2、本公司第二届董事会第四次会议于2003年8月14日审议通过了关于签署济南-莱芜-青岛高速公路投资建设意向书的议案，同意公司与山东省交通厅进行商讨、签署投资建设初步意向书事宜，并对投资建设该项目作进一步的可行性分析和论证。若该项目可行，投资建设该项目的正式议案提交董事会审议通过后，报经股东大会批准实施。该决议公告已刊登于2003年8月16日的中国证券报、上海证券报及证券时报。

2003年9月24日，公司与山东省交通厅公路局签署了济南-莱芜-青岛高速公路投资意向书，该意向书并不构成关联交易。关于签署该意向书的公告已刊登于2003年9月25日的中国证券报、上海证券报及证券时报。

由于前期工作尚未完成，经双方协商，公司与山东省交通厅公路局于2003年12月26日在济南签署了《补充意向书》，将《投资意向书》原第四条第三款修改为："甲方、乙方因任何原因未能在2004年6月30日前签署正式协议，则本意向书作废，任何一方无权以任何理由向对方索赔"。其他条款不变。该公告刊登于2003年12月27日的中国证券报、上海证券报及证券时报。

截止报告期末，公司尚未与山东省交通厅公路局签定正式协议，该项目的相关工作仍在进行当中。

第八章　备查文件目录

本公司备查文件包括下列文件：

1、载有本公司法定代表人、主管会计工作的负责人、会计机构负责人签名并盖章的会计报表；

2、载有会计师事务所盖章、注册会计师签名并盖章的审计报告原件；

3、报告期内在中国证监会指定报纸上公开披露过的所有公司文件的正本及公告原稿；

4、载有本公司法定代表人签名、公司盖章的年度报告文本；

5、本公司章程。

备查文件存放地：本公司董事会秘书处

山东基建股份有限公司

浙江龙盛集团股份有限公司

浙江龙盛集团股份有限公司2003年年度报告

重要提示

本公司董事会及其全体董事保证本报告所载资料不存在任何虚假记载、误导性陈述或者重大遗漏,并对其内容的真实性、准确性、完整性承担个别及连带的法律责任。

浙江天健会计师事务所为本公司出具了标准无保留意见的审计报告。

公司独立董事杨玉良先生、孙笑侠先生未参加公司第二届董事会第十二次会议,分别授权公司独立董事吕秋萍女士、方荣岳先生代为行使表决权。

公司董事长阮水龙先生、财务总监兼财务负责人王忠先生特别声明:保证年度报告中财务报告的真实、完整。

一、公司基本情况

(一)公司法定名称:浙江龙盛集团股份有限公司
公司英文名称:Zhejiang Longsheng Group Co.,Ltd
(二)公司法定代表人:阮水龙
(三)公司董事会秘书:阮兴祥
公司证券事务代表:陈国江
联系电话:(0575)2040698;2048616 传真:(0575)2041589
电子信箱:syrxx@longsheng.com chengj@longsheng.com
联系地址:浙江省上虞市道墟镇
(四)公司注册地址:浙江省上虞市道墟镇 公司办公地址:浙江省上虞市道墟镇
邮政编码:312368 公司国际互联网网址:http://www.longsheng.com
公司电子信箱:mail@longsheng.com
(五)公司选定的信息披露报纸名称:上海证券报、证券时报、中国证券报
登载公司年度报告的指定国际互联网网址:http://www.sse.com.cn
公司年度报告备置地点:公司董事会秘书处
(六)公司股票上市交易所:上海证券交易所 股票简称:浙江龙盛 股票代码:600352
(七)其他有关资料:
1、公司首次注册登记日期:1998年3月23日
2、公司首次注册登记地点:浙江省上虞市道墟镇
3、企业法人营业执照注册号:3300001001472
4、税务登记号码:330682704202137
5、公司聘请的会计师事务所名称:浙江天健会计师事务所
办公地址:浙江省杭州市文三路388号钱江科技大厦20层

二、会计数据和业务数据摘要

(一)本年度主要财务数据及利润指标: 单位:人民币元

1	利润总额	180,055,762.70
2	净利润	124,694,381.97
3	扣除非经常性损益后的净利润(注)	110,526,745.96
4	主营业务利润	264,681,821.53
5	其他业务利润	1,351,198.87
6	营业利润	173,550,742.14
7	投资收益	119,786.28
8	补贴收入	8,200,000.00
9	营业外收支净额、	−1,814,765.72
10	经营活动产生的现金流量净额	−34,647,723.56
11	现金及现金等价物净增减额	585,216,306.65

注:"扣除非经常性损益后的净利润"指标的扣除项目和涉及金额

项目	金额(人民币元)
营业外收入	140,405.01
减:营业外支出	1,955,170.73
短期投资收益	137,170.20
处置长期股权投资产生的收益	−17,383.92
地方税费减免	1,559,142.76
政府补贴-----补贴收入	8,200,000.00
-----技术改造贴息	5,360,000.00
-----出口贴息	703,129.20
非经常性损益	14,127,292.52
扣除所得税影响后的非经常性损益	14,167,636.01

(二)最近三年主要会计数据和财务指标 单位:人民币元

序号	项目	单位	2003年度	2002年度	2001年度
1	主营业务收入	元	1,129,438,509.29	910,633,597.12	772,357,895.02
2	净利润	元	124,694,381.97	103,020,688.77	56,207,733.66
3	总资产	元	1,941,249,758.77	743,177,385.58	58,133,813.07
4	股东权益(不含少数股东权益)	元	817,062,249.72	302,471,500.85	252,150,812.08
5	每股收益	元	0.55	0.61	0.33
6	每股净资产	元	3.5994	1.7792	1.4832
7	调整后的每股净资产	元	3.5544	1.7747	1.4813
8	每股经营活动产生的现金流量净额	元	−0.1526	1.3328	0.1880
9	净资产收益率	%	15.26%	34.06%	22.29%
10	净资产收益率(扣除非经常性损益后)	%	13.53%	28.34%	24.06%

(三)利润表附表

项目	净资产收益率		每股收益	
	全面摊薄	加权平均	全面摊薄	加权平均
主营业务利润	32.39%	53.26%	1.1660	1.3661
营业利润	21.24%	34.92%	0.7645	0.8957
净利润	15.26%	25.09%	0.5493	0.6436
扣除非经常性损益后的	13.53%	22.24%	0.4869	0.5705

(四)报告期内股东权益变动情况 单位:人民币元

项目	股本	资本公积	盈余公积
期初数	170000,000.00	32263070.00	41139631.11
本期增加	57000000.00	411110039.65	18830534.45
本期减少	0.00	0.00	0.00
期末数	227000000.00	443373109.65	59970165.56
变动原因	报告期内公司股票发行上市,增发人民币普通股5700万股。	详见合并会计报表。	

项目	法定公益金	未分配利润	股东权益合计
期初数	11549303.88	59068799.74	302471500.85
本期增加	6276844.82	124694381.97	611634956.07
本期减少	0.00	97044207.20	97044207.20
期末数	17826148.70	86718974.51	817062249.72
变动原因	详见合并会计报表。	详见合并会计报表。	详见合并会计报表。

三、股本变动及股东情况

(一)股东变动情况

1、股份变动情况表 数量单位:股

	本次变动前	本期变动增减(+,--)						本次变动后
		本期首次发行股票	送股	公积金转股	增发	其他	小计	
一、未上市流通股份								
1、发起人股份	170,000,000							170,000,000
其中:								
国家持有股份								
境内法人持有股份	18,944,476							18,944,476
境外法人持有股份								
其他	151,055,524							151,055,524
2、募集法人股份								
3、内部职工股								
4、优先股或其他								
未上市流通股份合计	170,000,000							170,000,000
二、已上市流通股份								
1、人民币普通股		57,000,000					57,000,000	57,000,000
2、境内上市的外资股								
境外上市的外资股								
其他								
已上市流通股份合计								57,000,000
三、股份总数	170,000,000							227,000,000

2、股票发行与上市情况

(1)经中国证券监督管理委员会证监发字[2003]76号《关于核准浙江龙盛集团股份有限公司公开发行股票的通知》,2003年7月17日公司采用向二级市场投资者定价配售的方式发行人民币普通股5700万股,每股发行价8.51元。2003年8月1日,根据上海证券交易所上证上字[2003]87号《关于浙江龙盛集团股份有限公司人民币普通股股票上市交易的通知》,公司5700万股社会公众股股票在上海证券交易所上市。

(2)报告期内无因送股、转增股本、配股、增发新股、吸收合并、可转换公司债券转股、减资、内部职工股或公司职工股上市或其他原因引起公司股份总数及结构的变动。

(3)公司无内部职工股的发行。

(二)股东情况

1、报告期末,公司股东总数为12,252户

2、报告期末,公司前十名股东持股情况:

名次	股东名称	年末持股数(股)	年度内持股变动增减情况(股)	持股占总股本比例(%)	质押或冻结的股份数量	所持股份类别
1	阮水龙	40700000	--	17.930	无	未流通
2	阮伟祥	23390000	--	10.304	无	未流通
3	阮伟兴	22150630	--	9.758	无	未流通
4	苏紫薇	20500000	--	9.031	无	未流通
5	章荣夫	10886090	--	4.796	无	未流通
6	项志峰	10574500	--	4.658	无	未流通
7	上虞市道墟镇集体资产经营公司	10280000	--	4.529	无	未流通
8	上虞市龙盛投资发展有限公司	8664476	--	3.817	无	未流通
9	潘小成	6433990	--	2.834	无	未流通
10	景福证券投资基金	4195070		1.848	不详	已流通

注:前10名股东持股关联情况说明

(1)、公司第一大股东阮水龙为中国国籍,未取得其他国家或地区居留权、最近五年内一直任公司董事长职务。

(2)、公司第一大股东与第二、三、六大股东存在关联关系,分别为父子、父子、及岳父与女婿关系。

(3)、公司第一、二、三、六大股东合计持有公司42.65%的股份。

(4)、其他股东之间无关联关系。

3、前十名流通股东持股情况

股东名称	年末持有流通股的数量(股)	种类(A、B、H股或其他)
景福证券投资基金	4,195,070	A
同德证券投资基金	2,524,419	A
科瑞证券投资基金	2,136,288	A
裕阳证券投资基金	1,686,497	A
嘉实增长开放式证券投资基金	1,645,169	A
安顺证券投资基金	1,500,000	A
兴业证券股份有限公司	1,372,618	A
招商股票投资基金	1,186,864	A

博时价值增长证券投资基金	1,043,000	A
融通新蓝筹证券投资基金	928,563	A

注:未知前 10 名流通股东是否存在关联情况。

四、董事、监事、高级管理人员和员工情况

(一)董事、监事和高级管理人员情况

1、现任董事、监事、高级管理人员的基本情况

姓名	职务	性别	任期起止日期	年初持股数(股)	年末持股数(股)	年度内股份增减变动量	股份增减变动原因
阮水龙	董事、董事长	男	2001.11--2004.11	40,700,000	40,700,000	–	–
阮伟兴	董事、总经理	男	2001.11--2004.11	22,150,630	22,150,630	–	–
阮伟祥	董事、总工程师	男	2001.11--2004.11	23,390,000	23,390,000	–	–
章荣夫	董事	男	2001.11--2004.11	10,886,090	10,886,090	–	–
阮兴祥	董事、董事会秘书	男	2001.11--2004.11	967,190	967,190	–	–
方荣岳	独立董事	男	2001.11--2004.11	–	–	–	–
吕秋萍	独立董事	女	2003.02--2004.11	–	–	–	–
孙笑侠	独立董事	男	2001.11--2004.11	–	–	–	–
杨玉良	独立董事	男	2001.11--2004.11	–	–	–	–
陈建华	监事	男	2001.11--2004.11	1,886,000	1,886,000	–	–
顾晓晓	监事	男	2001.11--2004.11	–	–	–	–
倪越刚	监事	男	2001.11--2004.11	–	–	–	–
项志峰	副总经理	男	2001.11--2004.11	10,574,500	10,574,500	–	–
潘小成	副总经理	男	2001.11--2004.11	6,433,990	6,433,990	–	–
王忠	财务总监	男	2002.09--2004.11	–	–	–	–

2、年度报酬情况

董事、监事和高级管理人员报酬确定的依据:

(1)董事、监事报酬根据第二届董事会第二次会议审议通过的《关于董事会经费及董事(监事)报酬事项》确定。

董事的的津贴为每人每年 1 万元;独立董事的的津贴为每人每年 6 万元;监事的的津贴为每人每年 0.5 万元。独立董事出席董事会和股东大会的差旅费及按《公司章程》行使职权所需的合理费用据实报销。

(2)高级管理人员报酬根据第二届董事会第五次会议审议通过的《2003 年度高级管理人员目标考核》确定。

现任董事、监事和高级管理人员的年度报酬总额为 188.7 万元。金额最高的前三名董事的报酬总额为 75 万元,金额最高的前三名高级管理人员的报酬总额为 74 万元。公司董事、监事、高级管理人员,年报酬 10 万元以下的 6 人,10-20 万元 4 人,20 万元以上 4 人。

3、在报告期内离任的董事、监事、高级管理人员姓名及离任原因。

2003 年 2 月 16 日公司 2002 年度股东大会同意孙琪华女士辞去公司董事职务,同时补选吕秋萍女士为公司二届董事会独立董事,进一步完善公司法人治理结构。

(二)员工情况

截止 2003 年 12 月 31 日,公司在职员工总数 3130 人。

1、员工专业结构如下:

专业结构	人数	比例
技术人员	305	9.74%
财务人员	83	2.65%
销售人员	94	3.00%
行政人员	145	4.63%
生产人员	2503	79.97%
合计	3130	100.00%

2、员工受教育程度:

文化程度	人数	比例
大专以上	336	10.73%
中专、中技、高中	829	26.49%
高中以下	1965	62.78%
合计	3130	100.00%

公司需承担费用的离退休职工 20 人。

五、公司治理结构

(一)公司治理情况

公司严格按照《公司法》、《证券法》、《上市公司治理准则》以及国家有关法律法规、行政规章的要求,制订了一系列治理细则和管理制度,形成了以《公司章程》为核心,包括《股东大会议事规则》、《董事会议事规则》、《监事会议事规则》、《独立董事制度》、《董事长工作细则》、《总经理工作细则》、《财务总监职责及工作细则》、《董事会提名委员会实施细则》、《董事会审计委员会实施细则》、《董事会战略委员会实施细则》、《董事会薪酬与考核委员会实施细则》、《关联交易决策规则》、《信息披露管理制度》及《投资者关系管理制度》等比较完善的治理制度体系,为公司规范运作提供了制度保证,使股东大会、董事会、监事会、总经理、财务总监的职责权限界定清晰,议事规则公开明了,具有可操作性,促进了公司法人治理结构运作的有序、协调和规范。

(1)报告期内,根据中国证监会《关于在上市公司建立独立董事制度的指导意见》要求,为更好地发挥独立董事的作用,提高公司治理水平,更好地保护中小股东的合法利益,公司在 2003 年 2 月 16 日召开的年度股东大会上审议通过了减少一名非独立董事,增加一名独立董事。目前公司董事会成员为 9 人,其中独立董事 4 名,独立董事的比例达到三分之一以上。并同时通过了修改《公司章程》的相关内容。

(2)报告期内,公司制订了《董事会提名委员会实施细则》、《董事会审计委员会实施细则》、《董事会战略委员会实施细则》、《董事会薪酬与考核委员会实施细则》、《信息披露管理制度》、《独立董事制度》,并选举产生了各专门委员会成员,从而优化了公司董事会的组成,提高了董事会的工作效率。

(3)报告期内,为规范公司关联交易,在《关联交易决策规则》的基础上,充分保障与关联方经常性经济往来的公允、合理,维护公司及股东的利益,公司及其下属企业与关联方绍兴红黄蓝化工有限公司、上海益盛染料化工有限公司签订《产品购销框架性协议》。

(4)报告期内,公司制订了《财务总监职责及工作细则》、《董事长工作细则》,从而充分发挥财务总监在加强经济管理、提高经济效益中的作用,确保公司董事长依法履行职责。

(5)报告期内,公司制订了《信息披露制度》、《投资关系管理制度》,把加强同投资者的沟通作为一项完善公司治理的重要工作之一。

(二)独立董事履行职责情况

(1)独立董事股东大会出席情况

时间	会议名称	参加的独立董事	未参加的独立董事
2003-2-16	2002 年度股东大会	方荣岳、吕秋萍、孙笑侠	杨玉良
2003-5-21	2003 年第一次临时股东大会	孙笑侠	方荣岳 吕秋萍 杨玉良
2003-10-16	2003 年第二次临时股东大会		方荣岳 吕秋萍 孙笑侠 杨玉良
2003-12-20	2003 年第三次临时股东大会		方荣岳 吕秋萍 孙笑侠 杨玉良

(2)独立董事董事会出席参加情况

时间	会议名称	参加的独立董事	未参加的独立董事
2003-1-15	第二届董事会第五次会议	方荣岳、孙笑侠	杨玉良委托孙笑侠
2003-4-11	第二届董事会第六次会议	方荣岳 吕秋萍 孙笑侠 杨玉良	
2003-4-20	第二届董事会第七次会议	方荣岳 吕秋萍 孙笑侠 杨玉良	
2003-8-27	第二届董事会第八次会议	方荣岳 吕秋萍 杨玉良	孙笑侠委托方荣岳
2003-9-14	第二届董事会第九次会议	方荣岳 吕秋萍 杨玉良	孙笑侠委托方荣岳
2003-10-22	第二届董事会第十次会议	方荣岳 吕秋萍 孙笑侠 杨玉良	
2003-11-17	第二届董事会第十一次会议	方荣岳 吕秋萍 杨玉良	孙笑侠委托方荣岳

(3)2003 年 11 月 17 日召开公司第二届董事会第十一次会议,审议通过了由控股子公司上海科华实施"年产 4,900 吨红色谱活性染料项目,年产 5,000 吨黄橙黑色谱活性染料项目,年产 5,100 吨蓝色谱活性染料项目"三个募集资金投资项目;变更"年产 10 吨维生素 D2 项目"募集资金投向为实施"10,000 吨/年低压液相加氢制间苯二胺扩产项目";变更"年产 5,000 吨酸性染料项目"募集资金投向为实施"精馏法制 3,000 吨/年聚合级间苯二胺技改项目",独立董事就变更上述项目发表了独立意见。

(三)公司与控股股东在业务、人员、资产、机构、财务等方面的情况

本公司与控股股东在业务、人员、资产、机构和财务上已做到完全分开,具有独立完整的业务及自主经营能力。

1、业务独立

公司面向市场独立从事化工染料业务,拥有完备的原辅材料采购网络和独立完整的生产体系。产品生产根据国内外市场的需求由公司独立组织,所需原材料、能源由公司统一采购,产品销售也由公司根据市场形势和营销计划、策略自主统筹安排。

2、人员独立

公司董事长、总经理、总工程师、副总经理、财务负责人和董事会秘书均在公司领取薪酬,不存在双重任职现象。公司高级管理人员的推荐符合公司章程的规定,不存在大股东超越董事会和股东大会而作出人事任免决定的现象。公司员工独立于其他关联方,建立并执行独立的劳动、人事及工资管理制度。

3、资产独立

公司股东与公司的资产产权界定明确。1997 年发起设立时,各股东将拥有浙江龙盛集团公司全部经营性资产投入股份公司,该资产主要为染料生产所必需的全套生产设备,使公司拥有独立的生产系统、辅助生产系统和配套设施,公司具备独立完整性。

4、机构独立

公司已建立了适应公司发展需要及市场竞争需要的职能机构,各职能部门在人员、办公场所和管理制度等各方面均完全独立。

5、财务独立

公司设立了独立的财务部门,配备了专职的财务会计人员,独立进行会计核算和财务决策,负责公司的投融资安排、运营资金及实物资产的管理和日常费用核算、销售、供应、税务、报表制作等事务,独立对外签订合同。建立了独立、有效的会计核算体系和财务管理制度;公司开立了独立的银行帐户,进行了独立的税务登记,依法独立地进行纳税申报并缴纳各项税金。

(四)对高级管理人员的考评及激励机制、相关奖励制度的建立、实施情况。

公司董事会每年年初对公司高级管理人员提出目标考核,考核内容包括确定高级管理人员的月薪,并在经过充分的分析,确定考核目标。目标考核由董事会年终考核后总额下达,总经理提出分配方案报董事会备案后兑现。

六、董事会报告

(一)本公司报告期内的经营情况

1、主营业务范围及其经营状况:

(1)主营业务范围:

染料及助剂、化工产品的技术开发、技术转让、技术咨询服务、生产、销售(化学危险品凭许可证经营);上述产品的原辅材料、机械设备、仪器仪表及零配件、包装制品的销售。本企业自产的各类染料、助剂、化工中间体的出口;本企业生产、科研所需的原辅材料、机械设备、仪器仪表、零配件的进口。

(2)主营业务经营状况:

公司主要从事染料、化工中间体等产品的生产和经营。2003 年在"非典"、"电荒"、"伊拉克战争"等多种不利因素的影响下,公司经营层发扬不屈不挠、忘我拼搏的精神,仍取得了良好业绩,各项经营技术指标稳步增长,且增幅较大。全年实现主营业务收入 112,943.85 万元,比 2002 年度的 91,063.36 万元增长 24.03%,实现利润 18,005.58 万元,比 2002 年度的 14,698.27 万元增长 22.50%。

2003 年度主营业务收入及主营业务利润的构成情况(单位:万元)

①按主要产品分:

分产品	主营业务收入	主营业务成本	毛利率(%)	主营业务收入比上年增减(%)	主营业务成本比上年增减(%)	毛利率比上年增减(%)
分散染料	87,236.46	65,998.58	24.35	16.26	19.20	7.96
活性染料	15,389.27	11,820.44	23.19	48.72	30.44	177.53
酸性染料	6,002.75	5,290.44	11.87	22.18	23.20	15.08
中间体	3,825.63	2,627.87	31.31	740.89	695.79	860.28
助剂	3,24.87	234.40	27.85	4.94	9.94	-6.13
其他	164.87	144.40	12.42	–	–	–
其中:关联交易	1,163.52	895.01	23.08	–	–	–

关联交易的定价原则 按《产品购销框架性协议》双方协议定价

关联交易必要性、持续性的说明

②按地区分:近几年,公司在继续抓好国内市场的同时,加大对国外市场的开拓力度,外销比例逐年提升。其中主营业务收入和主营业务利润的构成情况如下:

项目	主营业务收入	比例	主营业务利润	比例
国内市场	87,998.55	77.91%	22,210.87	83.92%
国外市场	24,945.30	22.89%	4,257.31	16.08%
合计	112,943.85	100.00%	26,468.18	100.00%

2、主要控股公司及参股公司经营情况及业绩(单位:万元)

内容名称	主要产品或服务	注册资本	总资产	净资产	主营业务收入	净利润
上海科华染料工业有限公司	活性染料	7500	30,115.48	17,047.50	15,389.27	1,526.23
上海安诺芳胺化学品有限公司	化学中间体	200	1,870.75	485.01	4,268.57	330.21
上海龙盛联业投资有限公司	实业投资资产管理	15000	29,491.97	14,460.01	--	-539.99
上虞新晟化工工业有限公司	酸性染料	200 万美元	4,003.40	2,525.02	6,002.75	412.97

上虞金冠化工有限公司	中间体	1000	13,950.46	2,610.98	37,456.23	1,050.81
江西乐盛化工工业有限公司	芳香胺	1500	2,927.85	1,520.64	3,501.51	47.26
杭州龙盛信息技术有限公司	计算机软件及硬件	65	165.31	3.46	164.87	−23.76

3、主要供应商、客户情况：

公司向前五名供应商合计采购总额占年度采购总额的比例为15.81%。公司向前五名客户销售额占年度销售总额的比例为8.69%。

4、在经营中出现的问题与困难及解决方案：

(1)随着中国加入WTO，染料行业的竞争更加激烈，企业面临更大的产品、技术升级换代的压力；

(2)2003年春季的"非典"疫情，对公司的正常生产经营造成了一定的影响，"非典"期间，部份市场出现萎缩，特别是疫情重点地区；

(3)随着我国电荒问题的出现，本地区的限电措施从2003年的下半年开始，已直接影响到公司的正常生产，预计这种情况在短期内还将延续；

(4)欧盟对进口纺织品的环保要求提高，对染料生产企业的环保要求也相应提高。

因此，2004年公司将采取相应的解决方案，以减少上述问题给公司带来的负面影响。

(1)紧紧围绕"高科技、高附加值、高效益"的目标，坚持改造与淘汰落后相结合，加大技改投入，开发适销产品，生产出具有较高科技含量和附加值的产品，同时不断开发环保型新产品、新工艺、新技术，以环保型新产品代替原来污染大的老产品；

(2)加强营销体制改革，完善营销机制，扩大营销网络，在确保主要目标市场的同时，积极拓展其他市场，以适应新的市场需求；

(3)强化生产过程管理，目前已专门成立节能小组，开源节流，通过进一步降低电量消耗，确保生产的顺利进行，同时也降低生产成本，使生产成本在最大限度内得以控制；

(4)公司已成立专门课题攻关小组，着手对有关染料产品进行系统的改造和升级，使之符合欧盟对环保日益提高的要求。公司将继续加大对环境治理的技改和投入，要从维护社会稳定，企业存亡的高度来认识环境治理及安全生产的重要性，使之环境达到清洁化、无害化要求，将环保压力转化为公司产品竞争的优势。

(二)本公司报告期内的投资情况

1、募集资金使用情况： 单位：万元

募集资金总额	46,647.50	本年度已使用募集资金总额		11,928.01	
		已累计使用募集资金总额		11,928.01	
承诺项目	拟投入金额	是否变更项目	实际投入金额	产生收益金额	是否符合计划进度和预计收益
年产5000吨低压液相加氢法间苯二胺	13,619	否	8,890.72	0	是
年产5000吨对位酯项目	4,890	否	0	0	否
年产4900吨红色谱活性染料项目	4,987	调整投资主体	0	0	否
年产5000吨黄橙黑色谱活性染料项目	4,967	调整投资主体	751.86	0	是
年产5100吨蓝色谱活性染料项目	4,996	调整投资主体	0	0	否
年产5000吨酸性染料项目	4,996	是	–	–	–
年产10吨维生素D2项目	4,987	是	–	–	–
合计	43,442	–	9,642.58	0	–

收益的说明(分具体项目)：公司2003第三次临时股东大会大会审议通过变更由控股子公司上海科华染料工业有限公司实施，由于变更至今时间较短，因此在报告期上海科华除对"年产5000吨黄橙黑色谱活性染料项目"已投资751.86万元外，其余两个项目刚移交至上海科华，尚未投入。"精馏法制3,000吨/年聚合级间苯二胺技改项目"也因刚变更设立，尚未投入。"年产5000吨对位酯项目"因目前其产品市场竞争无序，其产品价格与成本相当接近，公司进入没有绝对的成本优势，因此暂未投入。

变更原因及变更程明(分具体项目)：1、调整三个活性染料项目募集资金投资方式，由公司直接投资建设序说方式变更为公司通过向控股子公司上海科华染料工业有限公司，调整的主要原因是：一方面公司下属控股子公司上海科华从事活性染料的生产和销售的时间已达三年多，积累了不少运作经验，且年成长速度较快，公司考虑其在国内活性染料市场已处于领先地位，其"科华素"品牌在市场也具有较大的知名度和影响力，为此想借助其主体来运作实施上述三个项目；另一方面，公司目前已调整产业布局，为使得募集资金项目能够更快、更好地产生经济效益。

2、变更"年产10吨维生素D2项目"为实施"10,000吨/年低压液相加氢制间苯二胺扩产项目"，变更的主要原因是：维生素D2项目与公司目前的主营业务、生产技术相关性不是很大，实施该项目将在生产、经营、技术等方面给公司带来很大的风险，同时本次募集资金中其中一个国家"双高一优"项目"年产5,000吨低压液相加氢制间苯二胺项目"，产品市场供求缺口大，投资回报率高，效益好。

3、变更"年产5,000吨酸性染料项目" 为实施"精馏法制3,000吨/年聚合级间苯二胺技改项目"，变更的主要原因是：公司下属子公司上虞新晟化工工业有限公司已投资生产酸性染料，公司实施该项目将对其产生负面影响。同时目前化工中间体市场对高纯度的间苯二胺需求越来越大，为更好在打开间苯二胺国际市场，同时更有效地发挥"10,000吨/年低压液相加氢制间苯二胺扩产项目"效益，因此变更该项目。以上募集资金项目变更经过2003年第三次临时股东大会审议通过。

募集资金项目变更情况：

变更投资项目的资金总额	24,933				
变更后的项目	对应的原承诺项目	变更项目拟投入金额	实际投入金额	产生收益金额	是否符合计划进度和预计收益
年产4900吨红色谱活性染料项目	年产4900吨红色谱活性染料项目	4,987	0	0	否
年产5000吨黄橙黑色谱活性染料项目	年产5000吨黄橙黑色谱活性染料项目	6,268	751.86	0	是
年产5100吨蓝色谱活性染料项目	年产5100吨蓝色谱活性染料项目	6,369	0	0	否
10,000吨/年低压液相加氢制间苯二胺扩产项目	年产10吨维生素D2项目	4,988	2,285.43	0	是
精馏法制3,000吨/年聚合级间苯二胺技改项目	年产5000吨酸性染料项目	4,998	0	0	否
合计	--	24,933	3,037.29	0	–

2、非募集资金使用情况：

(1)2003年3月5日，公司控股子公司上海科华染料工业有限公司出资60万美元，占注册资本的60%，投资设立中外合资企业中山科华染料工业有限公司，该公司主要从事活性染料的生产与销售。

(2)2003年4月20日，公司与控股子公司上虞市金冠化工有限公司分别出资9000万元、1000万元，分别占注册资本的90%、10%，共同投资设立上海龙盛联业投资有限公司，并于2003年9月14日，双方股东按同比例增资至1.5亿元，该公司主要从事实业投资，系统内资产管理，企业购并；

(3)2003年9月1日，公司控股子公司上海龙盛联业投资有限公司出资1400万元，占注册资本的70%，投资设立了嘉兴市龙盛天城置业有限公司，该公司主要从事房地产的开发经营；

(4)2003年1月9日，公司支付在上虞精细化工园区所征871亩土地的定金500万元；另在2003年期间共投资5,029,908元，征用道墟镇及上虞精细化工园区土地共计163.53亩；2004年1月15日，公司投资2000万元(不包括前期1月9日支付的定金500万元)在上虞精细化工园区征地871亩。

(三)本公司报告期内的财务状况

项目	2003年	2002年	增减幅度	变动原因
总资产	194,124.98	74,317.74	161.21%	募集资金到位
长期负债	6,113.86	2,398.00	154.96%	长期借款增加
股东权益	81,706.22	30,247.15	170.13%	募集资金到位
主营业务利润	26,468.18	21,462.07	23.33%	正常增长
净利润	12,469.44	10,302.07	21.04%	正常增长
现金及现金等价物净增加额	58,521,63	5,594.60	946.04%	募集资金到位，借款增加

(四)本公司报告期内的生产经营环境及宏观政策变化对公司产生的影响

从2004年起本公司享受的出口退税率由15%下调到13%，这会增加主营业务成本、并对利润水平和现金流量产生不利影响。针对出口退税率下调的政策变化，结合目前的经营现状，公司将进一步调整营销模式、营销体系和产品地区结构，在稳定国外市场的基础上，加大对国内市场的开拓力度。

(五)本公司报告期内的董事会日常工作情况

1、报告期内共召开七次董事会会议，会议情况及决议内容如下：

(1)公司第二届董事会第五次会议于2003年1月15日在上虞宾馆三号会议室召开，会议审议通过如下决议：

①审议通过公司总经理阮伟兴先生所作的2002年度工作报告；

②审议通过公司2002年度财务决算报告；

③审议通过公司2002年度利润分配预案；

④审议通过公司2003年度财务预算方案；

⑤审议通过公司2002年度及2003年度高级管理人员和员工工奖考核的议案；

⑥审议通过关于续聘浙江天健会计师事务所为公司2003年度财务审计机构的议案；

⑦审议通过同意孙琪华辞去董事职务，补选吕秋萍女士为公司二届董事会独立董事候选人的议案；

⑧审议通过关于修改公司章程的议案；

⑨审议通过《公司董事会提名委员会实施细则》；

⑩审议通过《公司董事会审计委员会实施细则》；

审议通过《公司董事会战略委员会实施细则》；

审议通过《公司董事会薪酬与考核委员会实施细则》；

审议通过公司董事会各专门委员会成员人选的议案；

审议通过《公司信息披露管理制度》；

审议通过《公司独立董事制度》；

审议通过《公司财务总监职责及工作细则》；

审议通过修正《公司公开向社会发行股票决议》的议案；

审议通过提请股东大会延长授权公司董事会具体办理本次发行上市的有关事宜，同时修正授权事项的第一项；

审议通过公司召开2002年度股东大会的议案。

(2)公司第二届董事会第六次会议于2003年4月11日上午9时在上虞宾馆三号会议室召开，会议审议通过如下决议：

审议通过浙江天健会计师事务所浙天会审[2003]第684号审计的公司2003年1-3月份财务成果报告。

(3)公司第二届董事会第七次会议于2003年4月20日上午9时在上虞宾馆三号会议室召开，会议审议通过如下决议：

①审议通过关于公司发行前未分配利润分配政策的议案；

②审议通过关于在上海设立投资公司的议案；

③审议通过公司及其下属企业与关联方绍兴红黄蓝化工有限公司、上海益盛染料化工有限公司签订《产品购销框架性协议》的议案；

④审议通过关于召开公司2003年第一次临时股东大会的议案。

(4)公司第二届董事会第八次会议于2003年8月27日上午9:30时在上虞宾馆三号会议室召开，会议审议通过如下决议：

① 审议通过《公司2003年半年度报告及摘要》的议案；

② 审议通过《公司董事长工作细则》的议案。

此决议公告已于2003年8月29日在《中国证券报》、《上海证券报》、《证券时报》上刊登公告。

(5)公司第二届董事会第九次会议于2003年9月14日下午在上海浦东世纪大道1600号浦项商务广场二十二楼会议室召开，会议审议通过如下决议：

① 审议通过《关于上海龙盛联业投资有限公司增加注册资本》的议案；

② 审议通过《公司为控股子公司上海龙盛联业投资有限公司贷款提供担保》的议案；

③ 审议通过关于修改《公司章程》的议案；

④ 审议通过《公司投资者关系管理工作制度》的议案；

⑤ 审议通过关于召开2003年第二次临时股东大会的议案。

此决议公告已于2003年9月16日在《中国证券报》、《上海证券报》、《证券时报》上刊登公告。

(6)公司于2003年10月22日以通讯方式召开公司第二届董事会第十次会议，会议审议通过如下决议：

① 审议通过《公司2003年第三季度报告》的议案。

(7)公司第二届董事会第十一次会议于2003年11月17日上午在上海浦东世纪大道1600号浦项商务广场二十二楼会议室召开，会议审议通过如下决议：

① 审议通过《关于变更部分募集资金投资方式的议案》；

② 审议通过《关于变更"年产10吨维生素D2项目"为"10,000吨/年间苯二胺扩产项目"的议案》；

③ 审议通过《关于变更"年产5,000吨酸性染料项目"为"精馏法制3,000吨/年聚合级间苯二胺技改项目"的议案》；

④ 审议通过《关于向控股子公司上海科华染料工业有限公司增资的议案》;

⑤ 审议通过《关于召开 2003 年第三次临时股东大会的议案》。

此决议公告已于 2003 年 11 月 20 日在《中国证券报》、《上海证券报》、《证券时报》上刊登公告。

2、董事会对股东大会决议的执行情况

董事会按照 2003 年度第一次临时股东大会决议,实施利润分配方案,截止 2003 年 3 月 31 日经审计可供股东分配的利润计 78,213,672.75 元归老股东(17000 万股总股本)享有,并以现金股利形式全部分配给公司老股东,该方案已实施完毕。

(六)2004 年度经营计划及董事会工作重点

2004 年公司将继续紧紧围绕"效益为中心,发展为主题,科技为先驱,管理为手段"的经营思路,在完善治理结构的基础上,利用资本运作,再创佳绩,力争:

1、实现销售收入:12.5 亿元,其中龙盛母公司 11.9 亿元,增长幅度均达到 10%以上;

2、实现利润:2 亿元,其中龙盛母公司实现营业利润 1.45 亿元,增长幅度均达到 10%以上。

为确保公司 2004 年公司顺利实现上述目标,确定 2004 年董事会工作重点为:

1、进一步完善公司法人治理结构,切实加强董事会职能和董事会各职能委员会的功能作用,使其发挥作用。同时要加强公司内部控制,以降低各类风险。

2、继续加大对外投资力度。贯彻"突出主业,纵深发展,横向延伸,多元化运作"的发展思路,采取投资、收购、兼并等资本运作手段,做到科学决策、规范运作。

3、加强对子公司一体化管理。在子公司的管理上,要体现"资源整合,优势互补"的效应,同时要按照上市公司规范要求,做好管理上的衔接和过渡。通过外派董事、监事和建立相关职能部门,以及建立预算机制,来加强对外投资的监控和风险预警。

4、抓好募集资金的使用和管理。严格按照有关法律、法规和中国证监会有关规范性文件的规定,抓好募集资金项目实施及管理,合理布局母、子公司的项目建设,重点抓好间苯二胺及上海科华三个活性染料的募集资金项目建设,使其成为 2004 年新的利润增长点。

5、增强信息披露的透明度。随着证券监管部门对市场监管的力度加大,投资者依法维权意识增强,上市公司信息披露的透明度必须提高。因此,董事会将从投资者利益出发,按照公司《投资者关系管理工作制度》的要求,进一步增强持续信息披露的理念,加强内部信息平台的建设,规范地做好信息披露工作。

(七)会计师事务所审计意见

浙江天健会计师事务所有限责任公司对本公司 2003 年度财务报告出具了标准无保留意见的审计报告[浙天会审字(2004)第 192 号],签字注册会计师为陈曙和杜烈康。

(八)本次利润分配或资本公积金转增股本方案

2003 年度实现利润 180,055,762.70 元,实现税后净利润 124,694,381.97 元,其中:母公司 125,536,896.34 元。以母公司 2003 年度实现净利润 125,536,896.34 元为基数,按《公司章程》规定提取 10%法定盈余公积 12,553,689.63 元,提取 5%法定公益金 6,276,844.82 元。2003 年度可供股东分配的利润为 106,706,361.89 元,加上年初未分配利润 59,816,580.75 元,减去 2003 年 3 月份已分配股利 78,213,672.75 元,尚可供股东分配的利润为 88,309,269.89 元,以公司总股本 22,700 万股为基数,拟每 10 股派发现金 2 元(含税),剩余未分配利润结转下年。

同时,为壮大公司规模,进一步增强公司竞争实力和抗风险能力,2003 年度拟进行资本公积金转增股本。具体方案为:以公司总股本 22,700 万股为基数,以资本公积向股东每 10 股转增 10 股。

(九)注册会计师对公司控股股东及其他关联方占用资金情况的专项说明

浙江天健会计师事务所出具了浙天会[2004]第 71 号专项审计说明,对公司与控股股东及其他关联方资金往来情况的专项说明如下:

中国证券监督管理委员会:

我们接受委托,对浙江龙盛集团股份有限公司(以下简称"浙江龙盛")2003 年度控股股东及其他关联方占用资金情况进行专项审计。真实、完整地提供所有相关资料是浙江龙盛的责任,我们的责任是对浙江龙盛上述关联方占用资金情况发表专项意见。我们的审计是根据《中国注册会计师独立审计准则》进行的。在审计过程中,我们结合浙江龙盛的实际情况,实施了包括抽查会计记录等我们认为必要的审计程序。

根据中国证券监督管理委员会和国务院国有资产监督管理委员会印发的《关于规范上市公司与关联方资金往来及上市公司对外担保若干问题的通知》(证监发[2003]56 号)的要求,现将我们在审计过程中注意到的 2003 年度浙江龙盛控股股东及其他关联方占用浙江龙盛资金情况以附表的形式作出说明。

附表:2003 年度浙江龙盛控股股东及其他关联方资金占用情况表

附注:

2003 年度浙江龙盛控股股东及其他关联方资金占用情况表

公司代码	公司简称	资金占用方	资金占用方与上市公司的关系
A	B	C	D
		宁波大榭开发区正裕贸易有限公司	受关键管理人员亲属控制
		上海益盛染料化工有限公司	受公司股东控制
		上海科华染料工业有限公司	控股子公司
6	浙		
0		上虞新晟化工工业有限公司	控股子公司
0	江	浙江正裕贸易有限公司	受公司股东控制
3		浙江正裕化学工业有限公司	受公司股东控制
	龙		
5			控股子公司
		上虞市金冠化工有限公司	
2	盛		控股子公司
		绍兴红黄蓝化工有限公司	受关键管理人员亲属控制
			控股子公司
		上海安诺芳胺化学品有限公司	控股子公司
		嘉兴市龙盛天城置业有限公司	子公司之子公司
合计			

公司代码	公司简称	资金占用期末	相对应的会计报表科目		时点金额
A	B	E1	F1	E2	F2
		其他应收款		0.00	0.00
			应收账款	0.00	1,821,542.94
			应收票据	0.00	3,550,000.00
6			应收账款	0.00	84,170.41
0	浙		预付账款	0.00	88,302.58
0	江		应收帐款	0.00	367,458.88
3			应收帐款	0.00	21,349.98
	龙		应收帐款	0.00	1,397,449.04
5			应收帐款	0.00	−1,335,361.64
2	盛				
			预付账款	0.00	5,510,796.26
			应收帐款	0.00	0.00
			应收帐款	0.00	4,142,099.09
			预付账款	0.00	8,603,450.78
合计		其他应收款		187,106,711.00	0.00
				187,106,711.00	24,251,258.32

公司代码	公司简称		资金占用期初时点金额		资金占用借方累计发生额
A	B	E3	F3	E4	F4
		744,000.00			
			2,361,298.44		3,488,942.50
					3,550,000.00
6			−813,498.87		12,248,903.48
0	浙				108,764.08
0	江		943,388.94		3,876,097.32
3					88,849.99
	龙				9,980,423.45
5			3,696,112.66		203,694,525.70
2	盛		−6,777,188.95		484,787,147.22
					71,650.00
					11,962,099.09
					29,641,111.84
合计				187,106,711.00	
		744,000.00	−589,887.78	187,106,711.00	763,498,514.67

公司代码	公司简称		资金占用贷方累计发生额	占用方式	占用原因	备注
A	B	E5	F5	G	H	I
		744,000.00				[注 1]
			4,028,698.00	采购	生产	
				采购	生产	
6			11,351,234.20	采购	生产	[注 2]
	浙		20,461.50	预收	经营	
0						
0	江		4,452,027.38	采购	生产	
3			67,500.01	采购	生产	
	龙		8,582,974.41	采购	生产	
5			208,726,000.00	采购	生产	[注 3]
2	盛		472,499,162.01	预收	经营	[注 4]
			71,650.00	采购	生产	
			7,820,000.00	采购	生产	
			21,037,661.06	预收	经营	
合计				拆借	资金周转困难	[注 5]
		744,000.00	738,657,368.57			

[注 1]:期初数系浙江龙盛为该公司代垫的设备款,本期已全部归还。

[注 2]:期初余额为负数,会计报表中在"预收账款"中反映。

[注 3]:期末余额为负数,会计报表中在"预收账款"中反映。

[注 4]:期初余额为负数,会计报表中在"应付账款"中反映。

[注 5]:子公司浙江龙盛联业投资有限公司向其子公司嘉兴市龙盛天城置业有限公司提供借款,以支付该公司购买嘉兴市 2003-62 号地块土地使用权所需的款项。

(十)、独立董事意见

独立董事根据中国证监会(证监发[2003]56 号)《关于规范上市公司与关联方资金往来及上市公司对外担保若干问题的通知》的精神,就公司对外担保等相关事项进行了认真核查和落实,并发表如下独立意见:

公司在本年度严格执行上述《通知》中关于对外担保的规定,不存在为控股股东及本公司持股 50%以下的其他关联方、任何非法人单位或个人提供担保。

2003 年 9 月 14 日,公司 2003 年第二次临时股东大会审议通过了为控股子公司上海龙盛联业投资有限公司 1.5 亿元人民币的银行贷款提供担保,截止 2003 年 12 月 31 日,公司尚未对其发生担保。公司对上海龙盛联业投资有限公司的担保程序按规定履行,且该公司符合《通知》中关于被担保对象的要求。

2003 年公司无累计和当期对外担保情况。

(十二)本年度,公司指定的信息披露报纸为《中国证券报》、《上海证券报》、《证券时报》。

七、重要事项

(一)报告期内重大诉讼、仲裁事项

本年度公司无重大诉讼、仲裁事项。

(二)报告期内购售资产、吸收合并事项。

报告期内公司无出售资产、吸收合并等事项。

(三)重大关联交易事项。

报告期内本公司未发生重大关联交易.

(四)重大合同及履行情况。

报告期内本公司无托管、承包、租赁其他公司资产或其他公司托管、承包、租赁本公司资产、重大担保、委托他人进行现金资产管理事项。

(五)公司或持有公司股份 5%以上(含 5%)的股东在报告期内发生或以前期间发生但持续到报告期的对公司经营成果、财务状况可能产生重要影响的承诺事项。

1、公司自然人股东阮水龙、阮伟祥、阮伟兴、苏紫薇承诺:

本人将不直接或通过其他任何方式间接从事构成与股份公司业务有同业竞争的经营活动,并愿意对违反上述承诺而给股份公司造成的经济损失承担赔偿责任。

2、公司自然人股东阮水龙、阮伟祥、阮伟兴承诺:

本人在任职期间及离职后的六个月内不转让所持有浙江龙盛集团股份有限公司的股票。

(六)本公司聘任的会计事师务所及向其支付报酬情况。

本公司在报告期内继续聘请浙江天健会计师事务所为本公司常年审计机构。该事务所自 2000 年起为本公司提供审计服务。根据业务约定书,本年度共计支付审计费用 42 万元。

(七)公司、董事会及董事在本年度未有受中国证监会稽查、中国证监会处罚、通报批评、证券交易所公开谴责的情形。

八、备查文件目录

包括下列文件:

(一)载有董事长亲笔签名的年度报告文本;

(二)载有法定代表人、主管会计工作负责人、会计机构负责人签名并盖章的会计报表;

(三)报告期内在中国证监会指定报刊上公开披露过的所有公司文件的正本及公告原稿;

(四)公司章程。

文件存放地:浙江龙盛集团股份有限公司董事会秘书处。

中国证监会、证券交易所要求提供上述文件时,或股东依据法规或公司章程要求查阅时,公司将及时提供。

浙江龙盛集团股份有限公司

董事长:阮水龙

二零零四年二月二十九日

甘肃省敦煌种业股份有限公司

甘肃省敦煌种业股份有限公司2003年年度报告

重要提示

本公司董事会及其董事保证本报告所载资料不存在任何虚假记载、误导性陈述或者重大遗漏,并对其内容的真实性、准确性和完整性承担个别及连带责任。

独立董事赵昌文先生、独立董事孙其信先生因其它公务未参加本次董事会议,分别书面委托独立董事曹致中先生、刘存有先生代为行使议案表决权。

公司负责人王大和先生、主管会计工作负责人李道建先生、会计机构负责人李铭元先生声明:保证年度报告中财务报告的真实、完整。

第一节　公司基本情况简介

1、公司法定中文名称:甘肃省敦煌种业股份有限公司
中文名称缩写:敦煌种业
公司英文名称:Gansu Dunhuang Seed Co.,Ltd.
2、公司法定代表人:王大和
3、董事会秘书姓名:赵明
联系地址:甘肃省酒泉市盘旋东路10号
电话:0937-2663938
传真:0937-2663908
电子信箱: dhseed@vip.sina.com
4、注册地址:甘肃省酒泉市盘旋东路10号
办公地址:甘肃省酒泉市盘旋东路10号　邮政编码:735000
电子信箱:dhseed@vip.sina.com
5、公司选定的信息披露报纸:上海证券报、证券日报
登载年度报告的国际互联网网址:http://www.sse.com.cn
公司年度报告备置地点:本公司董事会秘书处
6、公司股票上市交易所:上海证券交易所
股票简称:敦煌种业　股票代码:600354
7、其他有关资料:公司首次注册日期:1998年12月28日
最近一次变更注册登记日期:2004年01月9日
地点:甘肃省工商行政管理局
营业执照注册号:6200001050961
税务登记号码:622102710248748
会计师事务所:五联联合会计师事务所有限公司
地址:兰州市民主东路249号五楼

第二节　会计数据和业务数据摘要

一、2003年度主要利润指标　单位:元

项目	金额
利润总额	32,099,798.91
净利润	32,099,798.91
扣除非经常性损益后的净利润	25,019,816.87
主营业务利润	110,610,167.23
其他业务利润	788,144.18
营业利润	25,091,922.91
投资收益	591,742.79
补贴收入	9,060,000.00
营业外收支净额	−2,643,866.79
经营活动产生的现金流量净额	−214,838,407.27
现金及现金等价物净增加额	−19,688,493.99

二、近三年主要会计数据及财务指标　单位:元

项目	2003年	2002年	2001年
主营业务收入	448,998,967.82	555,508,800.18	320,791,002.56
净利润	32,099,798.91	34,115,187.93	23,320,148.21
总资产	880,833,713.65	624,545,375.37	624,995,356.58
股东权益(不含少数股东权益)	273,194,409.67	237,849,841.18	203,376,590.16
每股收益(全面摊薄)(元/股)	0.29	0.31	0.22
每股收益(加权平均)(元/股)	0.29	0.31	0.16
扣除非经常性损益后的每股收益(元/股)	0.23	0.22	0.24
每股净资产(元/股)	2.46	2.14	1.83
调整后每股净资产(元/股)	2.34	1.81	1.79
每股经营活动产生的现金流量净额(元/股)	−1.96	1.72	−1.23
净资产收益率%(全面摊薄)	11.75	14.34	11.71
净资产收益率%(加权平均)	12.53	15.48	11.95

三、按照中国证监会《公开发行证券公司信息披露编报规则(第9号)》要求计算本年度利润的净资产收益率和每股收益

	净资产收益率(%)		净资产收益率(%) 每股收益	
项目	全面摊薄	加权平均	全面摊薄	加权平均
主营业务利润	40.49	43.19	1.00	1.00
营业利润	9.18	9.80	0.23	0.23
净利润	11.75	12.53	0.29	0.29
扣除非经常性损益后的净利润	9.16	9.77	0.23	0.23

四、报告期内股东权益变动情况　单位:元

项目	股本(股)	资本公积	盈余公积	法定公益金
期初数	110,966,400.00	35,792,310.49	9,109,113.06	9,109,113.06
本期增加	0.00	3,244,769.58	3,209,979.89	3,209,979.89
本期减少	0.00			
期末数	110,966,400.00	39,037,080.07	12,319,092.95	12,319,092.95
变动原因		关联交易差价	提取盈余公积	提取法定公益金

项目	未分配利润	股东权益合计
期初数	72,872,904.57	237,849,841.18
本期增加	32,099,798.91	41,764,528.27
本期减少	6,419,959.78	6,419,959.78
期末数	98,552,743.70	273,194,409.67
变动原因	利润增加,`提取盈余公积	

第三节　股本变动及股东情况

一、公司股份变动情况表

数量单位:股

	本次变动前	本次变动增减(+、−) 配股	送股	公积金转股	增发	其他	小计	本次变动后
一、未上市流通股份								
1、发起人股份	110,966,400							110,966,400
其中:								
国家拥有股份	54,816,250							
境内法人持有股份	56,150,150							
境外法人持有股份								
其他								
2、募集法人股								
3、内部职工股								
4、优先股或其他								
未流通股份合计	110,966,400							110,966,400
二、已流通股份								
1、人民币普通股	75,000,000							75,000,000
2、境内上市的外资股								
3、境外上市的外资股								
4、其他								
已上市流通股份合计	75,000,000							75,000,000
三、股份总数	185,966,400							185,966,400

二、股票发行与上市情况

截止到报告期末公司共发行一次股票,基本情况如下:

发行种类:人民币普通股发行日期:2003年12月29日

发行价格:5.68元/股发行数量:75,000,000股

上市日期:2004年1月15日获准上市交易数量:75,000,000股

公司报告期内无送股、转增股本、配股、增发新股、吸收合并、可转换公司债券转股、减资、内部职工股或公司职工股上市或其他原因引起公司股份总数及结构变动的情况。

三、股东情况

(一)截止报告期末,公司股东共5名,其中2名为国有法人股股东,3名法人股股东。

(二)公司股本结构表

发起人单位	股份种类	股本(股)	所占比例
酒泉地区现代农业(控股集团)有限责任公司	国有法人股	49993452	45.05%
敦煌市供销合作联合社	法人股	28695175	25.86%
金塔县供销合作联社	法人股	22407192	20.19%
安西县供销联合社	法人股	5047783	4.55%
酒泉地区农业科学研究所	国有法人股	4822798	4.35%
合计		110966400	100.00%

注:由于我公司上市日期为2004年1月15日,已过报告期时间,故报告期末股东是发起人股东,第一大股东与其它四位发起人股东无关联关系。根据中国证券监督管理委员会对信息披露的有关要求,本报告增加了截止上市日股东人数及持股情况。

(三)截止2004年1月15日公司股东共35818名,其中2名为国有法人股股东,3名为法人股股东,其余为社会公众股股东。

公司前十名股东持有公司股票情况如下:

名次	股东名称/姓名	持有数量(股)	所占比例(%)
1	酒泉地区现代农业(控股集团)有限责任公司	49,993,452	26.88%
2	敦煌市供销社	28,695,175	15.43%
3	金塔县供销社	22,407,192	12.05%
4	深市配售	11,957,971	6.43%
5	安西县供销社	5,047,783	2.71%
6	酒泉市农业科学研究所	4,822,798	2.59%
7	黄华	395,760	0.21%
8	杨国银	230,000	0.12%
9	扬培元	226,406	0.12%
10	王华琴	224,600	0.12%

名次	股东名称/姓名	股份类别	股东性质
1	酒泉地区现代农业(控股集团)有限责任公司	未流通	国有法人股
2	敦煌市供销社	未流通	法人股
3	金塔县供销社	未流通	法人股
4	深市配售	流通	社会流通股
5	安西县供销社	未流通	法人股
6	酒泉市农业科学研究所	未流通	国有法人股

7	黄华	流通	社会流通股
8	杨国银	流通	社会流通股
9	扬培元	流通	社会流通股
10	王华琴	流通	社会流通股

公司前十名流通股股东持有公司股份情况

名次	股东名称/姓名	持有数量(股)	股份类别
1	深市配售	11,957,971	A股
2	黄华	395,760	A股
3	杨国银	230,000	A股
4	扬培元	226,406	A股
5	王华琴	224,600	A股
6	许志敏	220,700	A股
7	章建平	210,000	A股
8	姚利群	200,000	A股
9	刘国龙	200,000	A股
10	任红梅	200,000	A股

注:1、持股26.88%的股东酒泉地区现代农业(控股集团)有限责任公司为我公司第一大股东,所持股份为国有法人股,截止上市日持股数量未发生变化,所持股份未发生质押、冻结、托管等情况。

2、前10名股东中,第一大股东酒泉地区现代农业(控股集团)有限责任公司与其他4家发起人股东、社会公众股东之间不存在关联关系;社会公众股股东之间未知是否存在关联关系。

3、未知前10名流通股股东之间是否存在关联关系。

(四)公司控股股东情况

1、名称:酒泉地区现代农业(控股集团)有限责任公司

2、法定代表人:王大和

3、成立日期:1998年11月18日

4、注册资本:人民币14481.58万元

5、经营范围:农业生产服务;农业科学研究;土地资源的开发、利用;农林业种植;农副产品的收购、加工、销售。

第四节 董事、监事、高级管理人员和员工情况

一、董事、监事、高级管理人员情况

1、基本情况

姓名	性别	职务	年龄	任期起止日期	薪酬(元)
王大和	男	董事长	52	2002.03-2005.03	39,528
姜泉庆	男	董事、总经理	45	2002.03-2005.03	35,412
赵明	男	董事、董事会秘书	38	2002.03-2005.03	31,620
段学义	男	董事	50	2002.03-2005.03	不在本公司领薪
陈海明	男	董事	46	2002.03-2005.03	不在本公司领薪
赵开新	男	董事	50	2002.03-2005.03	不在本公司领薪
关雪峰	男	董事	51	2002.03-2005.03	不在本公司领薪
王建现	男	董事	40	2002.03-2005.03	28,488
孙其信	男	独立董事	41	2002.03-2005.03	不在本公司领薪
曹致中	男	独立董事	58	2002.03-2005.03	不在本公司领薪
赵昌文	男	独立董事	40	2002.03-2005.03	不在本公司领薪
刘存有	男	独立董事	46	2002.03-2005.03	不在本公司领薪
孟宪中	男	监事会主席	65	2002.03-2005.03	36,516
杜强基	男	监事	39	2002.03-2005.03	36,780
李中	男	监事	48	2002.03-2005.03	13,188
李森	男	监事	56	2002.03-2005.03	不在本公司领薪
李清泽	男	监事	50	2002.03-2005.03	不在本公司领薪
于生刚	男	监事	43	2002.03-2005.03	30,966
王乾	男	监事	40	2002.03-2005.03	25,836
李文	男	监事	43	2002.03-2005.03	14,076
张振堂	男	监事	46	2002.03-2005.03	36,900
武太忠	男	副总经理	45	2002.01-2005.01	34,176
孙志祥	男	副总经理	41	2002.01-2005.01	32,940
马宗海	男	副总经理	40	2002.04-2005.01	33,036
李道	男	财务负责人	36	2002.01-2005.01	24,036

说明:本公司董事、监事、高级管理人员在报告期内未持有本公司股票。

2、本公司董事、监事、高级管理人员在股东单位任职情况

董事长王大和从1998年11月起任酒泉地区现代农业(控股集团)有限责任公司法定代表人兼党委书记;

董事段学义从1995年5月起任酒泉地区农业科学研究所所长;

董事陈海明从1998年9月起任敦煌市供销合作联社主任;

董事赵开新从2001年2月起任金塔县供销合作联社主任;

董事关雪峰从1987年10月起任安西县供销社主任;

监事李森从2000年7月起任敦煌市供销合作联社党委书记;

监事李清泽从1995年5月起任酒泉地区农业科学研究所党委书记。

二、年度报酬情况

1、董事、监事和高级管理人员报酬的决策程序、报酬确定依据公司第一届董事会第二次会议通过了关于公司管理人员报酬的决议,决定了公司高级管理人员报酬的确定原则。在本公司任职的本公司董事、监事及其它高级管理人员的薪酬实行"基础岗位工资+效益工资"的模式。基础岗位工资按照岗位工资制,逐月按标准发放;效益工资根据公司每月实现的效益情况和个人的工作业绩考核结果最终确定。经2002年度股东大会通过,独立董事的津贴标准每人年10,000元,不在本公司任职的董事津贴标准每人年5000元,不在本公司任职的监事津贴标准每人年3000元。

2、公司现任董事、监事和高级管理人员的年度报酬总额为518,850元。

3、在本公司薪酬金额最高的前三名董事的报酬金额为106,560元,公司薪酬金额最高的前三名高级管理人员报酬总额为100,152元。

4、在本公司领薪的董事、监事和高级管理人员报酬在30,000元以上的10人,30,000元以下的8人。

5、董事段学义、陈海明、赵开新、关雪峰;监事李清泽、李森不在本公司领薪,在任职股东单位领薪,但在本公司领取董事津贴、监事津贴

三、在报告期内离任的董事、监事、高级管理人员姓名及离任原因

2003年10月28日,根据中国证券监督管理委员会"独立董事必须占到董事人数三分之一"的要求,经公司二OO三年第二次临时股东大会决议,同意张绍平先生辞去第二届董事会董事职务。至此,本公司董事会人数由13人减为12人,其中独立董事4人,占董事会人数的三分之一。

四、公司员工情况

截至2003年12月31日,在职员工共1265人(不含劳务用工),主要构成如下:

1、员工专业构成:

管理人员:115	人占职工总人数 9.09%
专业技术人员:487	人占职工总人数 38.50%
普通人员:663	人占职工总人数 52.41%

2、员工受教育程度:

本科及以上141	人占职工总人数 11.12%
大专271	人占职工总人数 21.42%
中专199	人占职工总人数 15.73%
高中及以下654	人占职工总人数 51.70%

3、离退休职工共197人,已全部进入社会保障体系,无需本公司承担费用。

第五节 公司治理结构

一、公司治理情况

报告期内,公司严格按照《公司法》、《证券法》和中国证监会有关法律法规的要求,不断完善公司法人治理结构,规范公司的运作。

根据《关于在上市公司建立独立董事制度的指导意见》,公司股东大会决议同意一名董事辞职,使独立董事人数达到公司董事会人数的1/3;

根据《上市公司治理准则》,本公司设立了薪酬考核委员会和战略发展委员,由独立董事担任委员会主任;并制定了《董事会薪酬考核委员会工作细则》、《董事会战略发展委员会工作细则》。

二、独立董事履行职责情况

公司独立董事制度建立后,独立董事履行法律法规和公司章程赋予的职责和义务,参加公司股东大会和董事会,从法律、专业、会计的角度对公司关联交易及其他重大事项发表独立意见,促进了关联交易决策的公平、公正,保障了董事会决策的科学性,维护了公司整体利益和全体投资者的合法权益。

三、公司与控股股东情况

本公司与控股股东酒泉地区现代农业(控股集团)有限责任公司在业务、人员、资产、机构、财务等方面相互独立,本公司具有独立完整的业务及自主经营能力。

1、业务方面:本公司业务独立于控股股东,自主经营。本公司主营业务是农作物制种和棉花收购加工业务,控股股东经营范围主要是农业生产服务,土地资源的开发、利用。

2、人员方面:公司与控股股东在人员的使用和管理上完全分开,并制订了人事、劳动、工资等管理体系和规章制度。公司的董事、监事及高管人员均按照《公司法》和《公司章程》规定的程序进行选举、任免,不存在控股股东干预公司人事任免的情况。公司董事长王大和兼任酒泉地区现代农业(控股集团)有限责任公司法人代表,但专职在本公司工作并领薪;公司总经理、副总经理、财务负责人、董事会秘书等高管人员均专职在本公司工作并领薪,未在控股股东及业务相似或存在利益冲突的其他企业任职。

3、资产方面:本公司拥有独立的生产、加工、销售系统,资产独立完整,不存在控股股东违规占用本公司资产的情况。

4、机构方面:公司设有股东大会、董事会、监事会和经理层等机构,实行"事业部+分公司"的二级管理模式,"三会"运作良好,各机构均独立于控股股东,在职能上与控股股东不存在上下级关系。

5、财务方面:公司财务部门独立,独立开设银行帐户,作为独立纳税人,依法独立纳税,并制订了独立的财务管理制度。

四、对高级管理人员的考评及激励机制,相关奖励制度

公司根据年初董事会确定的任务目标,以及高管人员的业务分工,采取百分制考核办法来考评高级管理人员,根据年度利润和各项任务完成情况奖励高级管理人员。

第六节 董事会报告

报告期内,公司两大主营业务的经营环境发生了较大变化。种子产业随着国家对新品种知识产权保护力度的加大和国内玉米杂交种积压,客户对代繁种子的价格压得过低,种子利润空间减少。同时,本年度末种子遭受了多年不见的冻害,给经营造成了不利影响。棉花则在收购季节形成全国性原料争夺大战,经营风险加大。公司应对激烈竞争的市场环境,在种子方面,依托质量和品牌优势,以客户为中心,购建新的营销组织体系,同时加大科研投入力度,提高自有知识产权品种的营销比重;在棉花方面,适时增加投入扩大收购网点,改造加工设备和工艺,提高产品档次,开展电子撮合业务进行期货交易,在克服种种不利因素的基础上,仍然保持了公司两大主营业务稳定发展。

一、报告期内的经营情况

(一)主营业务的范围及经营情况

1、主营业务范围

公司主营业务为农作物制种和棉花收购加工业务,包括玉米、棉花、西瓜、甜瓜、蔬菜等农作物良种的繁育、生产、加工、检测、包装和销售,以及相关下游农产品棉花的收购、加工、包装和销售业务。制种业务主要为代繁和预约两种形式。

2、经营情况

报告期内,本公司在克服种子遭受冻害、市场启动缓慢,棉花收购大战、市场波动较大等不利因素的基础上,仍然保持了经营指标的稳定和发展。种子方面,共落实各类农作物繁种18万亩,共生产各类农作物种子5300万公斤,实现销售收入1.53亿元。棉花方面,共收购加工皮棉62万担,比上年增加19万担,增长44%,实现销售收入2.81亿元。其它0.15亿元。

2003年公司实现主营业务收入4.49亿元,比上年下降19.17%,全年实现净利润3210万元,仅比去年下降5.9%。

1、主营业务收入、主营业务利润构成情况 单位:人民币元

产品名称	主营业务收入	主营业务成本	主营业务利润	毛利率
种子	152,822,844.55	103,660,210.54	49,162,634.01	32.17%
棉花	280,779,728.78	226,623,339.54	54,156,389.24	19.29%
其他	15,396,394.49	7,935,784.81	7,460,609.68	48.46%
合计	448,998,967.82	338,219,334.89	110,779,632.93	24.67%

2、分地区主营业务收入情况 单位:人民币元

项目	主营业务收入	比上年增减(%)
酒泉地区	430,937,113.51	-18.60
张掖地区	18,061,854.31	-30.84
合计	448,998,967.82	-19.17

(二)报告期内主营业务变化情况

1、报告期内主营业务及其结构未发生变化。

2、报告期内主营业务收入较上年下降19.17%,主要原因:种子方面,由于2003年全国玉米杂交种出现积压,价格低迷,市场起动慢,同时种子遭受了多年未有的冻害,从而造成全年种子销售收入下降2%的情况。棉花方面,本年度自10月开始棉花收购价格大幅上升,导致本公司棉花收购价格随之上浮,但收购量增加44%。据预测2004年上半年棉花市场销价可能上扬,公司根据对国内外棉花市场的分析,故采取了待价而估的销售政策,2003年新棉销量只占全年收购量的30%左右(上年为80%),从而出现当年收购量增加,收入下降的情况。

(三)公司主要供应商、客户情况本公司采购的对象主要是千家万户的农民,因此,公司无法确

定前五名供应商。报告期内,公司向前五名客户提供合计金额为11230.01万元的产品,占年度主营业务收入的25%。

(四)经营中出现的问题与困难及解决方案

(1)、2003年经营中遇到的主要问题是:制种业务中公司自有知识产权的品种尚不能支撑业务的持续增长,延续下来的为客户代繁生产的经营方式未能根本改变,种子业务受制于人的状况尚未得到根本转变。

(2)、本年度玉米制种由于前期低温和后期遭受多年未遇的冻害,造成了一定损失,反映出公司抵御自然灾害的能力还有待于进一步提高。

(3)、国内外同行竞争日益激烈。公司与同行的竞争,主要表现在生产基地、自主知识产权品种、骨干人才、产销价格、产品质量、服务质量等方面。随着国内种子生产基地梯度西移和西部棉花产区在国内市场份额的不断增加,今后的竞争将更加激烈。针对以上问题,公司坚持依托主业,围绕市场加大自有知识产权品种的调整和内部品种结构调整的力度;以销售区客户为中心,依靠品牌,细化市场,构建新的营销组织体系,实行客户资源共享和有针对性的技术服务,以及与价格调节相结合的销售服务策略;组建资金中心和核算中心,实行以资金管理为中心的财务管理体制,统一核算体系和费用预算管理,加大公司内部稽核制度建设的力度,保障资金安全;增加对新产品研发的投入,加快新产品研发速度,不断扩大自主知识产权品种的规模;主动开拓国际市场,扩大国外贸易。通过以上措施,保持了公司种子、棉花在国内同行业的地位和优势,实现了公司的可持续发展。

二、公司报告期内投资情况

1、报告期内募集资金承诺投资项目进度与实际投资项目进度无差异

2、项目资金投入情况、项目进度及收益情况

(1)、玉米种子基地及加工中心项目预计固定资产投资3077万元,截至2003年12月31日,实际完成投资2869.98万元。2003年预计实现利润248.23万元,实际实现利润365.5万元,实际投资利润率12.75%。

(2)、优质棉种繁育及加工项目预计固定资产投资3207万元。截至2003年12月31日,实际完成投资2777.29万元。2003年预计实现利润24.01万元,实际实现利润251.23万元,实际投资利润率9.04%。

(3)、西部种子配送交易中心完成投资1036.12万元。工程正在建设之中,尚未产生效益。

(4)、5500吨脱水菜和工厂化种苗繁育项目分别投入前期费54.00万元和14.00万元,进行前期准备工作。

3、尚未使用的募集资金去向。本次募集资金净额为40723万元,已完成投资6751.39万元,尚余33971.61万元存于银行募集资金专户中。

4、报告期内无非募集资金投资项目

三、公司财务状况及经营成果　单位:人民币元

项目	2003年度	2002年度	增减(%)	主要变化原因
总资产	880,833,713.65	624,545,375.37	41.04	存货增加
总负债	607,639,303.98	386,695,534.19	57.14	短期借款增加
股东权益	273,194,409.67	237,849,841.18	14.86	股得分配方案尚未实施
主营业务利润	110,610,167.23	120,576,642.81	−8.26	棉花收入减少
净利润	32,099,798.91	34,115,187.93	−5.91	

变动原因:

(1)、报告期内总资产的增加主要是存货增加及部分项目建设使固定资产增加所致。

(2)、总负债的增加主要是主营产品收购量增大,短期借款增加所致。

(3)、股东权益增加主要是报告期内净利的分配进入及股利分配方案尚未实施。

(4)主营业务利润下降主要是公司对棉花待价而估使余留下年的棉产品较大,使棉业收入与上年相比下降1.03亿元,使成本相应下降8198万元,主营业务利润相应下降2139万元,营业费用相应减少659万元,利润总额相应减少1480万元。主营业务利润、利润总额增减比例达20%以上。

四、会计政策、会计估计变更

1、根据财政部财会(2003)10号文件《关于印发〈关于执行<企业会计制度>和相关会计准则有关问题解答(二)>的通知》的规定,本公司自2003年3月17日起,对新发生的长期股权投资初始投资成本小于应享有的被投资单位所有者权益份额而形成的投资差额的会计处理方法,由原来按一定期限摊销变更为直接计入资本公积。此项会计政策的变更采用未来适用法。

2、根据财政部财会(2003)12号文件《关于印发〈企业会计准则--资产负债表日后事项>的通知)的规定,本公司自2003年7月1日起,对于资产负债表日后至财务会计报告批准报出日之间由本公司董事会拟订的利润分配预案中涉及的现金股利不再作为调整事项,改为在资产负债表的所有者权益项目中单独列示。

会计政策、会计估计变更后,对公司报告期净利润无影响,本年度利润分配已按规定编报。

五、董事会日常工作情况

(一)报告期内董事会会议情况及决议内容

报告期内共召开六次董事会,其中两次董事会,四次临时董事会,主要会议情况及决议如下:

1、公司二届董事会第五次会议于2003年2月12日召开,经会议审议表决,一致通过以下决议:

(1)通过关于2003年首次公开发行股票并上市的议案,提交股东大会审议。

(2)决定向招商银行兰州分行申请授信人民币3000万元,用于补充农资预付资金。

(3)在关联董事陈海明先生回避情况下通过敦煌市供销合作联社现金受让甘肃省敦煌种业股份有限公司应收帐款的议案并提交股东大会审议通过。

(4)决定2003年3月12日召开2003年第一次临时股东大会。

2、公司二届董事会第六次会议于2003年4月28日召开,经会议审议表决一致通过以下决议经会议审议表决:

(1)通过董事会2002年度工作报告,提交股东大会审议;

(2)通过总经理2002年度工作报告及2003年度工作计划;

(3)通过2002年度财务决算报告,提交股东大会审议;

(4)通过2003年度财务预算报告,提交股东大会审议;

(5)通过2002年度利润分配预案及2003年度利润分配政策的议案,提交股东大会审议;

(6)通过2003年盈利预测报告,提交股东大会审议;

(7)决定总公司计划财务部设立财务核算中心和资金结算中心;

(8)决定从2002年1月1日起公司会计政策作如下变更:固定资产计提范围扩大。将原不计提折旧的"房屋、建筑物以外的未使用、不需用固定资产"改为计提折旧的固定资产,此项变更采用追溯调整法。对存货中的用于生产而持有的材料的期末计价,由"按成本与可变现净值孰低计量计价"改为"按其成本与生产的产品可变现净值孰低计价。"此项变更采用未来适用法。在"资本公积"科目下单独设置"关联交易差价"科目,用于核算关联交易价格与公允价值之间的差额。本公司出售资产交易的会计处理、关联方之间承担债务的会计处理、由关联方承担费用的会计处理、委托及受托经营的会计处理、公司与关联方之间占用资金的会计处理将按照财政部财会(2002)64号文件有关规定执行。决定由财务部负责依据上述政策修订《甘肃省敦煌种业股份有限公司财务管理制度》、《甘肃省敦煌种业股份有限公司会计制度》相关条款。

(9)通过关于董事会设立薪酬考核委员会和战略发展委员会的议案,提交股东大会审议。

(10)通过关于修改《董事会议事规则》的议案;

(11)通过关于续聘五联联合会计师事务所为2003年度财务审计机构的议案,提交股东大会审议;

(12)通过关于聘用一家具有证券从业资格的律师事务所作为常年法律顾问的议案;

(13)通过关于公司三会成员薪酬方案的议案,提交股东大会审议;

(14)决定设立公司驻兰州办事处;

(15)通过关于敦煌市供销合作联社受让甘肃省敦煌种业股份有限公司应收账款实施情况的报告;

(16)定于2003年5月底召开2002年度股东大会。

3、公司二届董事会2003年第一次临时会议于2003年9月13日召开,经会议审议表决,一致通过以下决议:

根据二○○三年第一次临时股东大会关于2003年申请首次公开发行股票并上市交易的特别决议中授权董事会决定本次公开发行A股相关事宜的决议,决定根据目前市场发行情况,在上述决议授权范围内对本次股票发行的具体方案作如下调整:

(1)发行数量:7500万股

(2)发行价格:5.68元/股

(3)拟募集资金总额42600万元。

发行方案其它内容不变。

4、公司二届董事会2003年第二次临时会议于2003年9月28日以通讯方式召开,通过以下决议:

(1)通过《关于修改〈公司章程〉的议案》,同意对公司章程第九十三条内容进行修改:原文为"董事会由13名董事组成,设董事长一人,独立董事四人。"修改为"董事会由12名董事组成,设董事长一人,独立董事四人",提交临时股东大会审议。

(2)通过张绍平先生关于辞去董事职务的报告。表决过程中关联董事张绍平回避表决,孙其信、曹致中、刘存有三位独立董事分别发表了独立意见,并形成议案,提交临时股东大会审议。

(3)决定于2003年10月28日召开2003年第二次临时股东大会,会议审议事项如下:

关于修改《公司章程》的议案;

关于张绍平先生辞去董事职务的议案。

5、公司二届董事会2003年第三次临时会议于2003年11月19日召开,经表决,形成以下决议:

(1)为补充种子收购流动资金,决定向中国建设银行酒泉市分行申请短期借款3000万元。

(2)为设立公司驻兰州办事处,拟在兰州市南关什字购买乾昌大厦写字楼二层,决定向交通银行兰州分行申请中长期贷款伍佰万元,期限叁年。

6、公司二届董事会2003年第四次临时会议于2003年12月7日召开,经表决,形成以下决议:

(1)决定依据证监会相关要求将公司2003年11月财务报表报送五联会计师事务所;

(2)鉴于中国证监会《关于核准甘肃省敦煌种业股份有限公司公开发行股票的通知》(证监发行字[2003]126号文)已核准公司发行人民币普通股7500万股,决定根据《甘肃省敦煌种业股份有限公司首次公开发行股票招股说明书》、以及二○○三年第一次临时股东大会特别决议中授权董事会在公开发行股票完成后,对涉及资本变更等《公司章程》相关条款进行修改,并办理工商变更等相关事宜的决议精神,向甘肃省政府申请在公司股票发行完成后将公司股本总额由11096.64万股增加至18596.64万股,公司注册资本由11096.64万元增加至18596.64万元。

(二)董事会对股东大会决议的执行情况

1、根据2003年3月12日召开的2003年第一次临时股东大会决议,调整发行股票数量及其发行价格;与敦煌市供销合作联社签订了《现金受让协议》,并履行相关内容。

2、根据2003年3月12日召开的2003年第一次临时股东大会决议,本公司股票于2003年12月29日在上海证券交易所发行,共募集资金总额42600万元,扣除发行费用,于2004年1月6日到帐募集资金净额40723万元。

3、根据2003年5月29日召开的2002年度股东大会决议,设立了薪酬考核委员会和战略发展委员会,制订了工作细则,确定了委员会名单。

4、根据2003年10月28日召开的2003年第二次临时股东大会决议,修改了《公司章程》部分条款及内容,减少了一名董事。

5、根据2003年3月12日召开的2003年第一次临时股东大会决议,修改了公司章程部分条款,完成了公司股本变更,在省工商局办理了变更注册资本的手续。

六、本次分配预案

经五联联合会计师事务有限公司审计,2003年度本公司税后净利润32,099,798.91元。根据公司《章程》规定,提取10%法定公积金,即3,209,979.89元,提取10%法定公益金,即3,209,979.89元,加上年初未分配利润72,872,904.57元,期末未分配利润为98,552,743.70元。

截止2003年度报告期末,因本公司股票发行配售还未结束,公司在册股东仍为五个发起人股东,根据公司2001年第二次临时股东大会特别决议:"本次公开发行A股前形成的累计未分配利润由本次公开发行A股后新老股东共享,本次公开发行A股后第一个盈利年度支付股利。"因此,公司拟定的2003年度利润分配预案为:

本次分红派息以2004年1月15日发行上市后总股本185,966,400股为基数,向全体股东每10股派发现金红利1.00元(含税),共计派发股利18,596,640.00元。

本年度无资本公积金转增股本的预案。

上述分配预案尚需2003年度股东大会批准。

第七节　重要事项

一、报告期内公司无重大诉讼、仲裁事项。

二、报告期内无重大资产收购、吸收合并事项。

三、报告期内重大关联交易

1、关联交易事项

本年度公司发生的关联交易主要是与控股股东及其他关联方的经营性资金往来和非经营性资金往来。2003年度发生的关联交易事项如下:

截止2003年12月31日,本公司与关联方购进及销售情况如下:

项目	销售额 2003年度	2002年度	占本期销售的比重 2003年度	2002年度
商品销售	127,752.84	3,647,738.70	0.03%	0.65%
敦煌市供销合作联合社		240,476.89		
敦煌市永兴纺织有限责任公司	65,880.84	1,832,846.64		
敦煌市宏兴综合有限责任公司	61,872.00	1,574,415.17		

与控股股东及其他关联方发生的其他经营性资金往来

项目	关联方名称	2003年发生额	款项内容
其他应付款	敦煌市供销合作联合社	3,160,935.10	受托收款(收支净额)
其他应收款	敦煌市供销合作联合社	−1,091,666.40	还款(收支净额)
其他应收款	敦煌市永兴纺织有限公司	−1,370,452.78	还款(收支净额)
	敦煌市宏兴综合有限责任公司	−3,269,552.06	还款
	安西县供销联合社	−1,405,089.04	还款
	甘肃省丰源种业有限公司	203,210.50	借款
	酒泉地区现代农业(控股集团)有限责任公司	−14,300.00	还款
其他应付款	金塔县桑蚕业开发技术指导站	−40,000.00	还款

经营性资金往来的结算情况

应收账款：

关联方名称	2003年年初余额	2003年现金结算额	2003年抵顶额	2003年其他方式结算额	2003年年末余额
敦煌市永兴纺织有限公司	2,071,116.70	2,071,116.70			0.00
敦煌市宏兴综合有限责任公司	495,929.16	495,929.16			0.00

与控股股东及其他关联方形成的其他资金往来及清偿情况

关联方名称	2003年年初余额	2003年发生额	2003年偿还额	2003年年末余额	清偿方式
敦煌市供销合作联合社(应收应付相抵)	1,030,513.72	−3,460,237.40	792,364.10	−3,222,087.78	现金
敦煌市永兴纺织有限公司	2,831,944.15	357,034.00	1,727,486.78	1,461,491.37	现金实物
敦煌市宏兴综合有限责任公司	3,273,737.46	7,766.00	3,277,318.06	4,185.40	现金
安西县供销联合社	1,405,089.04		1,405,089.04	0.00	现金
金塔县桑蚕业开发技术指导站	76,047.85		40,000.00	36,047.85	现金
甘肃省丰源种业有限公司	354,669.60	203,210.50		557,880.10	
酒泉地区现代农业(控股集团)有	14,300.00		14,300.00	0.00	现金

控股股东及其他关联方代公司部分债务人偿还债务形成的资金往来及清偿情况

关联方名称	债务人	2003年年初余额	2003年发生额	2003年偿还额	2003年年末余额	清偿方式
敦煌市供销合作联合社	河南省郑州市裕丰纺织原料有限公司	220,406.23	220,406.23		0.00	债务重组/现金
	江西省南昌市安义贸易公司	1,226,016.34	1,226,016.34		0.00	债务重组/现金
	浙江永康市棉纺厂	3,274,824.90	3,274,824.90		0.00	债务重组/现金
	浙江省奉化敦煌物业经营公司	5,671,076.81	5,671,076.81		0.00	债务重组/现金
	西安惠安化学工业有限公司	200,000.00	200,000.00		0.00	债务重组/现金
	上海五金二厂	150,000.00	150,000.00		0.00	债务重组/现金
	沈丘机械厂	2,900.80	2,900.80		0.00	债务重组/现金
合计		10,610,225.08	10,610,225.08		0.00	债务重组/现金

2、关联交易必要性、持续性的说明

本公司与关联企业之间的业务往来按一般市场经营规则进行，与其他企业业务往来同等对待。本公司与关联企业之间不可避免的关联交易，遵照公平、公正的市场原则进行。

2003年3月12日，在本公司2003年临时股东大会上，在关联股东敦煌市供销合作联合社回避表决的情况下通过了敦煌市供销合作联合社使用现金受让其在本公司设立时投入的应收账款共计1,061.00万元，2003年4月18日敦煌市供销合作联合社将此款划入本公司分公司敦煌市棉花公司的帐户。由于本公司分公司敦煌市棉花公司对此项应收款项涉及业务较为清楚，经双方协商，以上债权继续由本公司分公司敦煌市棉花公司协助追索，所追回的应收款项、抵顶的货物，暂由本公司分公司敦煌市棉花公司使用或保管。其收回抵顶的货物变现时产生的收益或损失全额由敦煌市供销联合社承担和享有。敦煌市供销联合社收取以上代收款项的具体时间和方式由双方协商确定。2002年12月31日形成的关联方往来余额为694,348.84元。本年度代敦煌市供销联合社收回欠款3,818,637.40元，其中抵顶物资为2,797,737.40元，货币资金为1,020,900.00元，2003年1-12月本公司偿还657,702.30元，2003年12月31日的余额为3,855,283.94。

1999年以前敦煌市宏兴综合有限责任公司因经营棉籽深加工业务，委托本公司代为收购棉花，形成本公司垫付款2001年12月31日余额3,727,901.73元。2002年度收回454,164.27元，2002年12月31日余额为3,273,737.46元，2003年1-12月新增7,766.00元，2003年1-12月偿还3,277,318.06元，2003年12月31日余额4,185.40元。

1999年以前由于本公司大量使用外地生产的塑料包装袋成本较高，所以本公司通过安西县供销联合社从外地购进编织袋原材料，让其代为生产编织袋，但在加工过程中由于安西县供销联合社所属的该厂加工技术问题，其生产的包装物，未达到本公司的质量要求，本公司退货形成代垫款项，1999年以后本公司未再进行上述业务。2001年12月31日余额为1,809,257.91元，2002年度本公司收回404,168.87元。2002年12月31日余额1,405,089.04元，2003年1-12月偿还1,405,089.04元，2003年12月31日余额0.00元。

本公司下属分公司敦煌市棉花公司因入组前的担保行为，被甘肃省酒泉地区中级人民法院于2002年8月22日经(2002)酒中执字第12-4号民事裁定书裁定：敦煌市宏兴综合有限责任公司应向中国农业银行敦煌市支行偿还的借款本金、利息及诉讼、执行费等共计1,450,066.40元，由敦煌市棉花公司承担担保责任，承担上述所有费用。敦煌市供销合作联合社已承诺，上述费用由其承担或弥补。2002年12月31日由于上述事项所引起的关联方往来余额为1,724,862.56元，本年发生垫付款358,400.00，2003年1-12月偿还1,450,066.40元，2003年12月31日余额633,196.16元。

1999年以前敦煌市永兴纺织有限责任公司经营棉籽深加工业务，委托本公司代为收购棉花，形成本公司垫付款2001年12月31日余额1,904,442.69元。2002年10月本公司以汽车一部代替该公司偿还对外欠款1,015,863.66元，经该公司部分偿还后2002年12月31日余额为2,831,944.15元，2003年1-12月新增357,034.00元，2003年1-12月偿还1,727,486.78元，2003年12月31日余额为1,461,491.37元。

金塔县桑蚕业开发技术指导站为本公司垫付技术指导费，本公司2001年度向其支付280,629.45元，2001年12月31日该项目余额为275,778.19元；2002年度本公司向其偿还199,730.34元，2002年12月31日该项目余额为76,047.85元，2003年1-12月本公司向其偿还40,000.00元，2003年12月31日余额36,047.85元。

2003年5月18日，本公司下属分公司敦煌市棉花公司与敦煌市永兴纺织有限责任公司签定偿债协议，敦煌市永兴纺织有限责任公司用价值为205,860.00元"桑塔纳"轿车抵顶本公司的垫付款。

3、关联方往来事项

期末余额占应收(付)款项余额的比重

项目	2003年12月31日	2002年12月31日	2003年12月31日	2002年12月3日
应收帐款；	127,752.84	2,653,019.46	0.09%	1.59%
甘肃省酒泉地区农业科学研究所		85,973.60		
敦煌市永兴纺织有限责任公司	65,880.84	2,071,116.70		
敦煌市宏兴综合有限责任公司	61,872.00	495,929.16		
应付账款		3,000.00		0.01%
		3,000.00		
甘肃省酒泉地区农业科学研究所				
其他应收款；	2,656,753.03	9,604,602.81	12.10%	32.74%
敦煌市供销合作联合社	633,196.16	1,724,862.56		
安西县供销联合社	0.00	1,405,089.04		
敦煌市永兴纺织有限责任公司	1,461,491.37	2,831,944.15		
敦煌市宏兴综合有限责任公司	4,185.40	3,273,737.46		
酒泉地区现代农业(控股集团)有限责任公司	0.00	14,300		
甘肃省丰源种业有限公司	557,880.10	354,669.60		
其他应付款；	3,891,331.79	779,396.69	14.44%	2.92%
敦煌市供销合作联合社	3,855,283.94	694,348.84		
甘肃省酒泉地区农业科学研究所		9,000.00		
金塔县桑蚕业开发技术指导站	36,047.85	76,047.85		
应付股利	2,107,479.66	2,107,479.66	100%	100%

应收、应付关联方款项均不计息，也无抵押，且无固定还款期。

本公司上述关联方的款项均为尚未结清的往来款及应支付的股利

四、公司重大合同及其履行情况

(一)托管、承包、租赁其他公司资产或其他公司托管、承包、租赁上市公司资产的事项：

2002年4月26日，本公司第二届董事会第二次会议决定将本公司所持安西县银河保鲜储运有限责任公司股权，委托他人管理。按照双方签定的协议：本公司作为委托方，在股权委托管理期间不参与安西县银河保鲜储运有限责任公司的经营管理。

(二)重大担保事项

报告期内，本公司没有为其他法人或自然人提供担保或者抵押的情况。

为本公司提供担保的关联方名称及明细如下：

单位	2003年度	2002年度
酒泉地区现代农业(控股集团)有限责任公司	7,500,000.00	6,000,000.00
敦煌市供销合作联合社	117,348,000.00	42,568,000.00

(三)在报告期内或报告期本公司未发生委托他人进行现金资产管理事项。

(四)其它重大合同

1、2002年9月27日，本公司与中国建设银行酒泉市分行签订《借款合同》，借款金额2000万元，借款期限三年，自2002年9月27日起至2005年9月26日止，月利率5.0325‰；

2、2003年3月31日，本公司与中国建设银行酒泉市分行签订《借款合同》，借款金额3000万元，借款期限一年，自2003年3月31日起至2004年3月30日止，月利率4.64625‰；

3、2003年5月30日，本公司于中国交通银行兰州分行签订《借款合同》，借款金额人民币3000万元，借款期限一年，自2003年5月30日起至2004年5月30日止，月利率4.425‰；

4、公司于2003年9月15日，9月23日，9月29日，10月8日，10月10日，10月9日，10月18日，与中国农业发展银行敦煌市支行签订了总金额为101,000,000元的七笔借款合同。

5、公司于2003年9月16日，9月19日，9月22日，9月23日，9月25日，9月26日，10月8日与中国农业发展银行金塔县支行签订了总金额为50,260,000元的七笔借款合同。

6、公司于2003年9月17日，10月1日，10月29日，11月13日，与中国农业发展银行安西县支行签订了总金额为161,140,000元的四笔借款合同。

7、公司于2003年9月19日，9月23日，9月26日，9月29日，10月8日，10月23日，与中国农业发展银行金塔县支行签订了总金额为39,010,000元的六笔借款合同。

8、2003年11月6日，本公司与中国建设银行酒泉市分行签订《借款合同》，借款金额3500万元，借款期限一年，自2003年11月6日起至2004年11月5日止，月利率4.425‰；

9、2003年12月18日，本公司与中国建设银行酒泉市分行签订《借款合同》，借款金额3000万元，借款期限一年，自2003年12月18日起至2004年12月17日止，月利率4.425‰；

10、2003年12月24日，本公司于中国交通银行兰州分行签订《借款合同》，借款金额人民币3000万元，借款期限九个月，自2003年12月24日起至2004年9月24日止，月利率4.425‰；

五、公司承诺事项及履行情况

1、本公司2002年度收购金陵良种棉繁育加工厂、安西神州农产品加工厂的棉花加工资产，根据双方签定的资产买卖合同及债务延期协议，本公司承诺在2003年底支付完毕收购款，截止报告期末，有52.74万元收购款尚未支付。

2、本公司与河南农业大学签定合作开发协议，承诺如果协议主要条款未发生变化，则于2003年-2012年10年间，每年3月底前向河南农大提供15万元的科研经费。2003年款项在报告期内已支付完毕

3、本公司与河南新乡农科所签定合作开发协议，承诺如果协议主要条款未发生变化则于2003年-2012年10年间，每年3月底前向河南新乡农科所提供10万元的科研经费。2003年款项在报告期内已支付完毕

4、2003年3月12日经本公司2003年第一次临时股东大会确认，2003年12月29日本公司刊登招股说明书承诺募集资金到位后，确定以下项目作为本次募集资金投入项目：

玉米种子生产基地及加工中心建设项目，募集资金投资总额为4,693万元。

优质棉种繁育及加工建设项目，募集资金投资总额为4,839万元。

工厂化蔬菜种苗繁育基地建设项目，募集资金投资总额为1,851万元，公司自筹210万元，合计拟投资2,061万元。

西部种子配送批发交易中心建设项目，募集资金投资总额为7,433万元，公司自筹2,117万元，合计拟投资9,550万元。

种子检疫检测中心建设项目，项目计划总投资2,507万元。

5500吨脱水蔬菜生产建设项目，项目计划总投资15,000万元。

4000平方米蔬菜恒温建设项目，项目计划总投资2,100万元。

棉蛋白油脂厂建设项目，项目计划总投资2,730万元。

此承诺事项中募集资金项目没有发生变化，部分募集资金项目已开始建设并产生效益。

六、本年度聘任五联联合会计师事务所有限公司担任审计业务，目前为我公司提供审计服务的年限为6年。

七、其它重要事项

报告期内公司被评为中国种业50强企业、中国建设银行AAA级信用企业、甘肃省银行业诚信企业、甘肃省守合同、重信用企业。公司正式通过了中国方圆标志认证委员会的ISO9001质量管理体系认证。

第八节 备查文件目录

一、载有法定代表人、主管会计工作负责人、会计机构负责人签名并盖章的会计报表；

二、载有会计师事务所盖章、注册会计师签名并盖章的审计报告原件；

三、报告期内在中国证监会指定报纸上公开披露过的所有公司文件的正本及公告的原稿；

四、上述文件的备置地点：本公司董事会秘书处。

江西鑫新实业股份有限公司

江西鑫新实业股份有限公司2003年年度报告

重要提示

本公司董事会及其董事保证本报告所载资料不存在任何虚假记载、误导性陈述或者重大遗漏,并对其内容的真实性、准确性和完整性承担个别及连带责任。

公司董事长温显来先生、财务总监陈华清先生、财务中心主任熊秋辉先生声明:保证本年度报告中财务报告的真实、完整。

第一章　公司基本情况简介

1、公司法定名称:
公司中文全称:江西鑫新实业股份有限公司
公司英文名称:JIANGXI XINXIN INDUSTRIAL C0.,LTD
2、公司法定代表人:温显来
3、公司董事会秘书:彭震
电话:0793-8238282-6813
电子信箱:penz@xxgf.com.cn
公司证券事务代表:卢国清
电话:0793-8222958-6178
电子信箱:lugq@xxgf.com.cn
传真:0793-8222255
联系地址:江西省上饶市南环路2号
4、公司注册地址:上饶市南环路2号
公司办公地址:上饶市南环路2号　邮政编码:334000
公司国际互联网网址:http://www.xxgf.com.cn
公司电子信箱:600373@xxgf.com.cn
5、公司选定的信息披露报纸:上海证券报
登载公司年度报告的国际互联网网址:http://www.sse.com.cn
公司年度报告备置地点:董事会办公室
6、公司股票上市地点:上海证券交易所
股票简称:鑫新股份　股票代码:600373
7、其他有关资料:
公司首次注册日期:一九九八年十一月三十日
公司首次注册地点:江西省工商行政管理局
企业法人营业执照注册号:3600001131728
公司税务登记号码:362306575737X
公司聘请的会计师事务所名称:广东恒信德律会计师事务所有限公司
办公地址:广东省珠海市康宁路16、18号
南昌市叠山路119号8楼

第二章　会计数据和业务数据摘要

一、本年度利润总额及其构成(单位:人民币元)

利润总额	8,596,250.49
净利润	5,097,053.18
扣除非经常性损益后的净利润	2,448,999.12
主营业务利润	55,737,854.79
其它业务利润	896,507.01
营业利润	5,959,408.05
投资收益	−323,265.23
补贴收入	5,000,000.00
营业外收支净额	−2,039,892.33
经营活动产生的现金流量净额	19,203,394.06
现金及现金等价物净增减额	−1,070,646.01

说明:非经常性损益项目及金额
(单位:人民币元)

补贴收入	5,000,000.00
无形资产、其他长期资产产生的损益	−1,444,630.63
短期投资损益	8,177.65
其他营业外收入、支出	−1,967,370.31
以前年度已经计提各项减值准备的转回	1,645,308.88
其他非经常性损益项目	−99,542.11
所得税影响	−493,889.42
合计	2,648,054.06

二、截止报告期末公司前三年主要会计数据和财务指标

指标项目		单位	2003年	2002年 调整后
主营业务收入		元	390,654,776.60	323,943,709.32
净利润		元	5,097,053.18	6,619,490.21
总资产		元	706,050,488.27	565,925,423.27
股东权益(不含少数股东权益)		元	259,335,751.10	256,905,245.19
每股净资产		元/股	2.07	2.06
调整后每股净资产		元/股	2.01	2.00
每股收益	摊薄		0.041	0.053
	加权	元/股	0.041	0.056
净资产收益率	摊薄		1.97	2.58
	加权	%	1.97	2.82
每股经营活动产生的现金流量净额		元/股	0.15	−0.13

指标项目			2002年	2001年 调整前
主营业务收入			323,943,709.32	337,834,833.25
净利润			7,554,017.15	10,683,552.22
总资产			566,859,950.21	412,970,948.89
股东权益(不含少数股东权益)			255,089,772.13	127,632,244.72
每股净资产			2.04	1.60
调整后每股净资产			1.99	1.50
每股收益	摊薄		0.06	0.13
	加权		0.06	0.13
净资产收益率	摊薄		2.96	8.37
	加权		3.23	8.56
每股经营活动产生的现金流量净额		元/股	−0.13	0.20

三、按照中国证监会《公开发行证券公司信息披露编报规则第9号》要求计算的利润分配附表如下:

报告期利润	净资产收益率(%)		每股收益(元/股)	
	全面摊薄	加权平均	全面摊薄	加权平均
主营业务利润	21.49	21.56	0.446	0.446
营业利润	2.30	2.30	0.048	0.048
净利润	1.97	1.97	0.041	0.041
扣除非经常损益后的净利润	0.94	0.95	0.020	0.020

四、报告期内股东权益变动情况(单位:人民币元)

项目	股本	资本公积	盈余公积
期初数	125,000,000.00	104,734,918.08	5,941,293.03
本期增加		83,452.73	745,487.94
本期减少	–		
期末数	125,000,000.00	104,818,370.81	6,686,780.97
变动原因	--	其他资本公积	当期计提
项目	法定公益金	未分配利润	股东权益合计
期初数	1,637,359.25	21,229,034.08	256,905,245.19
本期增加	248,495.98	1,601,565.24	2,430,505.91
本期减少			
期末数	1,885,855.23	22,830,599.32	259,335,751.10
变动原因	当期计提	当期净利润增加	--

第三章　股本变动及股东情况

一、股本变动情况

1、股份变动情况表

股份类别	本次变动前	本次变动增减(+,-)		
		配股	送股	公积金转股
一、未上市流通股份				
1、发起人股份	80,000,000			
其中:国家持有股份	79,626,197			
境内法人持有股份	373,803			
境外法人持有股份				
其他				
2、募集法人股份				
3、内部职工股				
4、优先股或其他				
其中:转配股				
未上市流通股份				
二、已上市流动股份				
1、人民币普通股	45,000,000			
2、境内上市的外资股				
3、境外上市的外资股				
4、其他				
已流通股份合计	45,000,000			
三、股份总数	125,000,000			

股份类别	本次变动增减(+,-)		本次变动后
	其他	小计	
一、未上市流通股份			
1、发起人股份			80,000,000
其中:国家持有股份		−78,130,985	1,495,212
境内法人持有股份		+78,130,985	78,504,788
境外法人持有股份			
其他			
2、募集法人股份			
3、内部职工股			
4、优先股或其他			
其中:转配股			
未上市流通股份			
二、已上市流动股份			
1、人民币普通股			45,000,000
2、境内上市的外资股			
3、境外上市的外资股			
4、其他			
已流通股份合计			45,000,000
三、股份总数			125,000,000

2、股票发行与上市情况

①股票发行情况:经中国证券监督管理委员会证监发行字[2002]9 号文核准,公司于 2002 年 2 月 4 日首次向社会公开发行了普通股(A)4500 万股,每股发行价格 2.68 元,所发行股票于 2002 年 3 月 4 日在上海证券交易所挂牌交易。发行后,公司总股本为 12500 万股,其中已流通股占 36%。

②报告期内本公司控股股东江西上饶信江实业集团公司(以下简称集团公司)的资产重组的有关情况按照《上海证券交易所股票上市规则》等有关规定已在《上海证券报》上进行了阶段性披露,并根据财政部财企〔2003〕110 号文关于集团公司所持江西鑫新实业股份有限公司的股份性质界定问题批复的要求与规定,集团公司经履行相关法定审批手续等均已全部完成(详见 2002 年 9 月 19 日、2002 年 12 月 4 日、2003 年 4 月 2 日和 2003 年 7 月 30 日《上海证券报》本公司公告),股份结构发生变动,变动情况如下: 单位:股

项目	变化前股本结构		变化后股本结构	
总股本	125,000,000	100%	125,000,000	100%
国有股	79,626,197	63.7%	1,495,212	1.2%
法人股	373,803	0.3%	78,504,788	62.8%
其中				
社会公众股	45,000,000	36%	45,000,000	36%

③公司无内部职工股。

二、股东情况介绍

①报告期末股东数量:23557 户

②公司前十名股东持股情况

股东名称(全称)	年度内增减	年末持股数量	比例(%)	质押或冻结的股份数量	股东性质(国有股东或外资股东)
江西上饶信江实业集团有限公司		78,130,985	62.5	无	社会法人股
江西长运集团有限公司		373,803	0.3	无	国有股东
江西铜业集团公司		373,803	0.3	无	国有股东
江西省投资公司		373,803	0.3	无	国有股东
常州绝缘材料总厂有限公司		373,803	0.3	无	国有股东
常州市智通树脂厂		373,803	0.3	无	法人股
俞正乐	+144,975	212,175	0.17	未知	流通 A 股
阳泉泉信实业公司	−35,330	150,000	0.12	未知	流通 A 股
许巧姗	+43,000	141,800	0.11	未知	流通 A 股
毕兰蓉		123,500	0.09	未知	流通 A 股

说明:前十名股东中,法人股东不存在关联关系,其他社会流通股股东也未知其有关联关系。

③控股股东(持有 10%以上股份股东)情况:

股东名称	持股数(股)	占总股本比例(%)
江西上饶信江实业集团有限公司	78,130,985	62.5
股东名称		法定代表人
江西上饶信江实业集团有限公司		温显来

江西上饶信江实业集团公司(以下简称集团公司)系本公司控股股东,成立于 1994 年 4 月 30 日,注册资本 2800 万元人民币。2002 年 9 月 16 日上饶市经贸委与江西华能集团有限公司、江西理想投资有限公司等二家企业签订了"收购协议书"和"委托管理协议书"。集团公司资产重组的有关情况按照《上海证券交易所股票上市规则》等有关规定已分别于 2002 年 9 月 19 日、2002 年 12 月 4 日、2003 年 4 月 2 日、2003 年 7 月 30 日在《上海证券报》上进行了阶段性披露。集团公司经履行相关法定审批手续和程序,已完成了股份性质变更和工商登记变更等相关事宜,更名为江西上饶信江实业集团有限公司(企业类型为有限责任公司),所持鑫新股份 78130985 股的股份性质已由国有法人股变更为社会法人股。法人代表温显来,公司主要经营客车制造,发动机、电器等各类铜线材、管材及其它型材制造;专用汽车改装、铜制品及其它有色金属材料制造、加工,经销有色金属材料及其制品,汽车零部件制造,汽车运输住宿、饮食、旅游(限上饶宾馆经营)(以上项目国家有专项规定凭许可证或资质证经营)。

江西上饶信江实业集团有限公司实际控制人江西博能集团有限公司(原名江西华能集团有限公司,2003 年 7 月 31 日更名为江西博能实业集团有限公司。)江西博能集团有限公司(前身为江西华能实业有限公司,成立于 1992 年 12 月)于 1996 年 1 月成立,注册资本 5000 万元。法人代表温显来,经营范围主要包括:煤炭制品、建筑材料、房地产开发、管道煤气、煤炭生产与经营等业务。

④公司前十名流通股股东

序号	股东名称	年末持有数(股)	种类
1	俞正乐	212175	流通 A 股
2	阳泉泉信实业公司	150000	流通 A 股
3	许巧姗	141800	流通 A 股
4	毕兰蓉	123500	流通 A 股
5	张广坤	119100	流通 A 股
6	赵俊茂	116500	流通 A 股
7	吴逸中	102201	流通 A 股
8	石晨杰	101700	流通 A 股
9	阳泉市金农商贸有限公司	96300	流通 A 股
10	山西融资租赁有限责任公司	91100	流通 A 股

注:前十名流通股东中,本公司未知其是否存在关联关系。

第四章　董事、监事、高级管理人员和员工情况

一、基本情况

1、董事、监事和高级管理人员情况

姓名	职务	性别	年龄	任期	年初、年末持股数(股)
温显来	董事长	男	41	2002.11.17-2005.4.29	0
邹美才	董事、常务副总经理	男	53	2002.11.17-2005.4.29	0
黄韶辉	董事、副总经理	男	33	2002.11.17-2005.4.29	0
闫　强	董事、副总经理	男	34	2002.11.17-2005.4.29	0
彭　震	董事、董事会秘书	男	41	2002.4.30-2005.4.29	0
徐启诚	董事	男	40	2002.11.17-2005.4.29	0
吴　革	独立董事	男	36	2002.4.30-2005.4.29	0
高　峰	独立董事	男	40	2002.4.30-2005.4.29	0
李国平	独立董事	男	37	2003.6.28-2005.4.29	0
徐春江	监事会召集人	男	40	2002.4.30-2005.4.29	0
邹晓琴	监事	女	39	2002.4.30-2005.4.29	0
黄金谷	监事	男	46	2002.4.30-2005.4.29	0
钟建明	监事	男	38	2002.11.17-2005.4.29	0
彭保强	监事	男	51	2002.4.30-2005.4.29	0
姜朝阳	总经理助理	男	46	2002.10.12-2005.4.29	0
陈华清	财务总监	男	41	2002.11.17-2005.4.29	0

说明:公司董事长温显来先生任江西上饶信江实业集团有限公司董事长,任职期为 2002 年 9 月-2005 年 9 月。

2、年度报酬情况

①董事、监事和高级管理人员年度报酬情况酬的决策程序、报酬确定依据。公司独立董事、董事、监事的报酬是根据公司 2002 年度股东大会审议通过的《公司独立董事、董事、监事年度津贴标准的预案》确定,公司其他高级管理人员的报酬是由公司董事会按照公司资产规模、经营业绩和承担工作的职责等考评指标对高级管理人员的绩效进行考核。公司下发经济责任制考核办法,实行按月付基薪,年终考核兑现。

②董事、监事和高级管理人员年度报酬情况

年度报酬总额	58 万
金额最高的前三名董事的报酬总额	23 万
金额最高的前三名高级管理人员的报酬总额	23 万
独立董事津贴	2 万
独立董事其他待遇	因工作需要参加公司股东大会、董事会会议等有关费用由公司具实报销
报酬区间(不含独立董事)	
5-10 万元	7 人
3-5 万元	4 人
不在公司领取报酬、津贴的董事、监事姓名	董事:徐启诚 监事:钟建明

注:不在公司领取报酬、津贴的董事、监事分别在其任职的单位领取报酬和津贴。

3、报告期内董事、监事、高级管理人员变动情况

① 公司董事、监事变动情况

2003 年 6 月 28 日,公司 2002 年度股东大会审议通过了聘请李国平先生为公司第二届董事会独立董事。

报告期内,公司监事无变动情况。

②公司高级管理人员变动情况

2003 年 5 月 25 日,公司第二届董事会第八次会议同意因工作变动揭廷进先生辞去副总经理职务。

二、公司员工情况:

1、截止报告期末,公司在职员工共有 1191 人。

①员工专业构成

专业构成	生产人员	销售人员	技术人员	财务人员	行政人员
人数	824	39	98	38	192
所占比例%	69.19	3.27	8.23	3.19	16.12

②员工教育程度

教育程度	大专及以上	中专	高中及以下
人数	222	85	884
所占比例%	18.64	7.14	74.22

2、公司需承担费用的退休抚恤人员 84 名。

第五章　公司治理结构

一、公司治理情况

公司严格按照《公司法》、《证券法》和中国证监会发布的《上市公司治理准则》等有关法律法规的要求,不断完善公司法人治理结构,建立现代企业制度,报告期内又补充修订一系列公司制度,以规范公司运作,进一步完善了公司的治理结构。

1、股东与股东大会:公司能够确保所有股东,特别是中小股东享有平等地位,确保所有股东能够充分行使自己的权利;公司严格按照中国证监会公布的《股东大会规范意见》的要求规范股东大会,并由律师出席见证;平时认真接待股东来访、来电,使股东了解公司运作情况。

2、控股股东与上市公司的关系:控股股东按规范要求通过股东大会依法行使出资人的权利,未干涉公司的决策和日常经营活动;公司与控股股东人员、资产、财务上分开,机构和业务相互独立,公司董事会、监事会和内部机构能够独立运作;控股股东不干涉公司的财务、会计活动,未从事与公司相同或相近的业务,未损害公司及其他股东的利益。

3、董事和董事会:公司严格按照《公司章程》规定的选聘程序选聘董事,董事会独立董事已达 3 人;报告期内公司完善并设立战略发展委员会、审计监察委员会、提名委员会、薪酬与考核委员会四个董事会专门委员,制定了相关制度;公司董事都能够以认真负责的态度出席董事会,对所议事项表达明确的意见。

4、监事和监事会:监事按《监事会议事规则》开展工作,人数和人员构成符合法律、法规和《公司章程》的规定;公司监事能够认真履行监督职责,维护公司及股东利益。

5、绩效评价与激励约束机制:本公司中层管理人员全部实行了竟聘上岗,高层管理人员按《公司章程》规定的任职条件和选聘程序由董事会决定作用。公司董事会按年度对公司高级管理人员的业绩和履职情况进行考评,并根据工作业绩决定年度奖金;通过《公司章程》和公司基本管理制度,对高级管理人员的履职行为、权限、职责等作了相应的约束。

6、利益相关者:公司能尊重银行及其他债权人、员工、消费者、供应商等利益相关者的合法权利,向其提供必要的信息,听取各方意见,推动了公司持续健康地发展。

7、信息披露与透明度:公司制订了《信息披露工作规则》,规范了公司信息披露行为,做到了真实、准确、完整、及时地披露信息,履行了上市公司信息披露义务,以维护公司和投资者的合法权益。

二、独立董事履行职责情况

根据中国证监会《关于在上市公司建立独立董事制度的指导意见》的要求,公司聘任吴革先生、高峰先生、李国平先生为公司第二届独立董事,已形成独立董事占董事会成员三分之一以上的董事会成员结构,公司制订的《独立董事制度》,也从制度上保障了独立董事独立履行职责的运作规范,完善了公司的治理结构。三名独立董事自任职以来,本着对全体股东负责的态度,按照法律法规的要求,诚信、勤勉地履行职责,在工作中保持充分的独立,积极并认真参加公司董事会和股东大会,为公司的长远发展和管理出谋划策,对公司的重大决策事项提出合理化建议,发挥了自身在工作经验和专业知识方面的优势,对董事会的科学决策、规范运作以及公司发展都起到了积极作用,切实维护了广大中小股东的利益,充分发挥了独立董事的作用。

三、公司与控股股东关系

本公司与控股股东江西上饶信江实业集团有限公司在业务、人员、资产、机构、财务等方面相互独立,做到"五分开"

1、业务独立情况

公司在业务方面具有独立完整的业务及自主经营的能力,并建立了独立、完整的业务流程和业务体系,各项业务决策均系独立做出,与控股股东完全分开。

2、人员、机构独立情况

公司与控股公司在劳动、人事及工资管理等方面是独立的,并设立了独立的劳动人事职能部门。公司拥有单独的办公机构和生产经营场所,不存在与控股股东混合经营、合署办公的情况。公司副总经理、财务负责人、董事会秘书等高级管理人员均专职在本公司工作并领取薪酬,且均未在股东单位担任除董事外的其他职务。

3、资产独立情况

公司资产完整，拥有独立的采购和销售系统、生产及辅助生产系统，与控股股东在土地使用权、工业产权、专利、非专利技术等界定清晰；公司商品采购、原材料供应、商品销售及其价格确定均根据市场情况自行决定。

4、财务独立情况

公司财务完全独立，设有独立的财务部门，建立了独立的财务核算和管理制度，独立在银行开户，独立上缴税赋。公司的资金使用由管理层按照规定做出决策，不存在控股股东干预公司资金使用的情况。

四、对高级管理人员的考评及激励机制、相关奖励制度

公司基于现有业务和发展战略的需要，制订了高管人员的选择、考评、激励和约束机制。

选择机制：根据公司业务发展的需要，由董事会决定公司高管人员的聘任，任期为3年，可连续聘任。

考评机制：由董事会对高管人员的业绩和履行职责情况进行年度考评，并根据考评结果决定本年度的奖金等级、岗位安排直至聘用与否。

激励机制：公司目前实行基本薪金与奖金相结合的激励机制。

约束机构：公司通过公司章程、财务、人事管理等内部管理制度对高管人员的履行职责行为、权限、职责等作了相应的约束。

第六章　董事会报告

一、公司经营情况

1、公司主营业务范围

公司主营生产、经营客车制造，发动机及电器使用的各类铜线材料，管材的制造；汽车配件，铜制品及其它有色金属材料的生产，加工；有色金属材料及制品的批发，零售；专用汽车改装，汽车运输。经营本企业和本企业成员企业自产产品及相关技术的出口业务（国家组织统一联合经营的出口商品除外）；经营本企业和本企业成员企业生产、科研所需的原辅材料、机械设备、仪器仪表、零配件及相关技术的进口业务（国家实行核定公司经营的进口商品除外）；经营本企业的进料加工和"三来一补"业务。

公司2003年2月19日经江西省工商行政管理局核准，公司经营范围增加了开发经营房地产；市政、路桥工程施工。

2、公司经营情况

（1）2003年度，公司实现主营业务收入39,065.48万元，比去年同期上升20.59%；主营业务利润5,573.78万元，比上年同期上升19.89%。

按行业构成　单位：元

	营业收入	营业成本	毛利率(%)
漆包线	274,526,570.43	237,849,369.66	13.36
客车	97,227,853.10	79,976,517.48	17.74
其他线	18,900,353.07	16,637,456.76	11.97
合计	390,654,776.60	334,463,343.90	14.38

	主营业务收入比上年增减%	主营业务成本比上年增减%	毛利率比上年增减%
漆包线	17.58	17.48	0.53
客车	23.10	24.21	−3.99
其他线	64.60	70.76	−20.97
合计	20.59	20.93	−1.62

按地区分布　单位：元

地区名称	主营业务收入	主营业务收入比上年增减%
华北地区	3,007,619.34	−51.09
华东地区	126,244,851.86	46.96
华南地区	198,669,356.18	41.81
西南地区	26,997,110.38	−25.82
其他地区	35,735,838.84	−35.50
合计	390,654,776.76	20.59

报告期内公司业务结构没有大的变化。

公司2003年2月19日经江西省工商行政管理局核准，公司经营范围增加：开发经营房地产；市政、路桥工程施工。

（2）公司主营业务及其结构、盈利能力重大变化情况说明

报告期内公司主营业务及其结构、盈利能力均未发生重大变化。

3、主要控股子公司的经营情况及业绩

企业名称	注册地址	主营业务	与本公司关系	经济性质及类型
上饶鸿裕客车有限公司	上饶市信州区水南街369号	中档客车制造	子公司	有限公司
江西博能鑫新房地产开发有限公司	上饶市信州区南环路2号	房地产开发	子公司	有限公司

企业名称	法定代表人	总资产万元	净资产万元
上饶鸿裕客车有限公司	徐春江	3482.80	1076.10
江西博能鑫新房地产开发有限公司	温显来	4940.63	1960.77

4、主要供应商、客户情况

公司向前五名客户采购总额306,563,213.10元，占公司全部采购总额的比例为81.95%。

公司向前五名客户销售总额115,960,950.00元，占公司全部销售收入的比例29.68%。

序号	单位	简介	原因
1	江西铜业股份有限公司	属国家大型企业，是目前国内设备最先进、生产量最大的电解铜生产企业，其所辖的德兴铜矿是亚洲最大的铜矿。电解铜生产量占全国生产总量的20%左右，年生产能力为30万吨。	1、是距公司最近的电解铜生产企业，运输成本低；2、产品质量有保证。
2	东风客车底盘有限公司	是东风公司的子公司，湖北省高新科技企业，获得ISO9001质量管理体系认证和IS014000环境管理体系认证。	1、国内最大的底盘生产企业，是公司长年的合作伙伴；2、技术领先，质量有保障。
3	常州智通树脂厂	属常州市集体企业，江苏省科技先进企业，国家科委等级高新技术企业，曾在98年得到国家级新产品奖，国务院五个部委国家级重点新产品，年生产能力8000吨，国内行业排第三位，产品通过GBT19002-1994IDTISO9002：1994标准要求的质量。	1、是公司长年的合作伙伴且产品质量有保证；2、有价格优势。
4	余姚应用化工厂	原是宁波市集体企业，改制后现属私营企业，并获得宁波市先进企业称号，产品符合Q/YY302-95标准，现在实施通过IS09002：1994认证过程中。现有生产能力4500吨/年。	1、是公司长年的合作伙伴；2、产品质量有保证；3、与其他供应商相比有明显价格优势。
5	安徽铜陵西瓦绝缘材料厂	属德国独资企业，曾获得安徽省高新技术奖，排行为行业国内特种漆第一，产品通过GB/T19002-1994-ISO9002：1994标准。	特种漆质量高，目前在国内排名第一。

5、2003年度在经营过程中出现的问题与困难及解决方案

报告期内公司针对产品结构不合理、销售模式单一、人力资源结构不合理等问题，确定了"大投入、快成长，精管理、高品质，低成本、高效益"的发展思路，加大了对新产品的研发投入，进行了一系列的技术改造。客车事业部一次性通过中国质量认证中心ISO9001复审，一次性通过了"3c"认证；线材事业部实现了ISO9001：2000转版，聚酯亚胺和聚氨酯漆包铜线通过了美国UL质量体系安全认证。同时，客车和线材两大主产业的产品结构均得到合理的调整，客车全年开发并公告了SR6981、SR6850HA、SR6760H、SR6102HB1、SR6103T等18个新产品，其排放均达到欧Ⅱ标准，与二汽客车底盘公司合作开发了EQ6901KR、EQ6100KRTD二款客车专用底盘；线材事业部在原厂区基本完成了3000吨特种漆包线技改项目，使漆包线产品结构日趋合理。同时，公司针对客车和线材市场不同的特点，调整了公司营销模式，制订了积极灵活的销售政策，集中优势力量开拓重点市场，一方面通过建机立制，完善销售模式和销售渠道建设，另一方面通过各事业部的力量，建立了一支素质较为过硬、业务能力较强的客车和线材销售队伍。针对人才储备不足的现象，公司在报告期内共引进四十多名高级管理人员、技术人员和应届大学生，人力资源得到了进一步的优化。

2004年是公司实施近期发展战略目标，承前启后、继往开来的至关重要的一年，也是公司发展全面提速，取得突破的关键一年。今年公司的经营管理思路是：以市场为导向，紧扣"利润与现金流量"两条命脉，加快产品与市场的结构调整，理清内部作业流程，优化资源配置，紧紧围绕"一个中心，两个重点，三项关键，四项推进"来开展工作。一个中心，即以年度经营目标为中心。全面实现年度利润目标，保证经营活动中现金流的平衡。两个重点，即突出技术提升和结构调整两个重点。以市场的需求为导向，以行业领头羊为楷模，全面提升企业的整体技术水平，调整公司现有的产品结构和市场结构，提升产品的赢利能力，实现资源效用最大化，在顺利实现公司年度目标的同时，提升企业的竞争力。三项关键，即紧抓质量、成本和服务三项关键。关注产品质量改善的同时，进一步提高工作质量；树立竞争危机中的成本意识，确保经营过程中的采购成本、设计成本、销售成本、决策成本等均得到有效控制；倡导全面服务理念，不仅要重视对外部客户的服务，还要注重企业内部部门与部门之间的服务与配合。四项推进，即在企业内部日常的运作管理中全面推进"全面预算、目标管理、成本倒逼、质量否决"四种管理方式。

二、公司投资情况

1、募集资金使用情况　单位：万元

承诺项目	拟投入金额	是否变更项目	实际投入金额	产生收益金额	是否符合计划进度和预计收益
漆包线技改项目	5667	否	3485.36	225	
年产500辆中高档大客车	5593.2	否	2637.29	−	
合计	11260.2	−	6122.65	225	−

未达到计划进度和收益的说明（分具体项目）：1、漆包线技改项目：2003年公司已基本完成在原厂区的三千吨特种漆包线技改。2、500辆中高档大客车技改项目：公司根据新的市场变化情况，正逐步实施该项目。

变更原因及变更程序说明（分具体项目）：无

尚未使用的募股资金存于银行帐户中。

2、其他投资情况：公司第二届董事会第七次会议同意出资1955万元投资设立江西博能鑫新房地产开发有限公司，公司拥有其97.75%的股权。

三、财务状况及经营成果　单位：人民币元

指标名称	2003年度	2002年度	增长比率%
总资产	706,050,488.27	565,925,423.27	24.76
净资产	259,335,751.10	256,905,245.19	0.95
主营业务利润	55,737,854.79	46,490,306.69	19.89
净利润	5,097,053.18	6,619,490.21	−23.00
现金及现金等价物净增加额	−1,070,646.01	101,756,330.03	−101.05

注：公司财务变动主要原因：

1、报告期末，公司总资产较上年度增长24.76%，主要原因是筹集发展资金所致。

2、报告期末，公司净资产较上年增长0.95%，主要原因是公司在报告期内利润增加所致。

3、报告期末，公司主营业务收入较上年增长20.59%，主要原因是产品结构调整、营销模式改善所致。

4、报告期末，净利润较上年度下降23%，主要原因是报告期内公司加大了对渠道建设、广告、信息化建设和技术研发的投入，致使报告期净利润较上年有所下降。

5、报告期末，现金及现金等价物净增加额较去年下降101.05%，主要原因是2002年成功上市，取得募股资金所致。

四、生产经营环境以及宏观政策、法规变化对公司的影响

1、原材料供应的影响

2003年生产主要原材料-铜、钢材、油漆的价格大幅度上涨，同时，突发的非典疫情、电力供应紧张，对公司的正常经营造成一定影响，但公司通过拓宽采购渠道，保证主要原材料的采购；大力推行信息化建设，提倡网上办公减少非典的影响；充分利用公司作为地区企业龙头的优势争取供电优惠政策，将损失控制在最小程度，保证了公司的正常生产经营。

2、税收政策变化的影响

报告期税收政策无变化。

3、会计政策变化的影响

根据财政部财会[2003]12号《企业会计准则--资产负债表日后事项》的规定，本公司聘请的广东恒信德律会计事务所对于资产负债表日后至财务报告批准报出日之间由董事会制定利润分配方案中分配的现金股利，不再在报告期末资产负债表的"应付股利"项目中，而是仍然保留在资产负债表的股东权益项目中反映，公司已根据上述会计政策对2002年度分配的现金股利进行了追溯调整，相应调增2003年度年初未分配利润2,750,000.00元，该会计政策变更对2003年度年末未分配利润无影响。

五、董事会日常工作情况

1、报告期内董事会的会议情况及决议内容

报告期内董事会共召开9次会议：

①2003年3月4日召开第二届董事会第三次临时会议，会议审议通过了同意为推进公司适度适时的多元化经营战略，把握好公司房地产经营业务的良好时机，积极参与争取江西省宜春市国土资源局为宜春市大力发展而出让的宜土储（出）2003-06号土地出让的竞标；同意以公司自筹资金和银行贷款等现金共计5787.6万元出资竞标购买宜土储（出）2003-06号土地的228.1亩土地（该地

用途为商住用地、综合用地)，并与江西省宜春市国土资源局签定国有土地使用权出让合同及补充协议；同意该宗土地竞标购买后，根据公司发展需要，适时有效开发房地产等相关经营业务，以获取公司新的利润增长点，从而保证实现公司持续、健康的较快发展。以上议案将报公司最近一次股东大会审议。

上述会议决议公告刊登于2003年3月7日的《上海证券报》上。

②2003年3月26日召开第二届董事会第六次会议，会议审议通过了审议通过了《江西鑫新实业股份有限公司2002年度董事会工作报告》；《江西鑫新实业股份有限公司2002年度利润分配预案》；《江西鑫新实业股份有限公司2002年年度报告及摘要》。

上述会议决议公告刊登于2002年3月28日的《上海证券报》上。

③2002年4月23日召开第二届董事会第七次会议，会议审议通过了公司2003年第一季度报；同意成立江西博能鑫新房地产开发有限公司。即公司性质：有限责任公司；注册资本：2000万元；出资额：1955万元；占注册资本比例：97.75%；经营范围：开发经营房地产、景观设计制作等。

上述会议决议公告刊登于2003年4月25日的《上海证券报》上。

④2003年5月25日召开第二届董事会第八次会议，会议审议通过《公司2002年年度总经理工作报告》；通过了《公司2002年年度财务决算报告》，并提交2002年年度股东大会审议批准；通过了《关于续聘广东恒信德律师会计师事务所有限公司为公司2003年审计机构的预案》，并提交公司2002年年度股东大会审议批准；通过了《关于聘请李国平先生为公司独立董事的预案》，并提交公司2002年年度股东大会审议批准；同意因工作变动揭廷先生辞去公司副总经理职务；通过了《公司独立董事、董事、监事年度津贴的预案》，并提交公司2002年年度股东大会审议批准；同意授权温显来董事长全权审批办理公司5000万元(含5000万元)以内的银行贷款等负债性融资事宜；同意成立公司海外事业部；通过了《关于召开2002年年度股东大会的议案》。

上述会议决议公告刊登于2003年5月27日的《上海证券报》上。

⑤2003年7月14日召开第二届董事会第四次临时会议，会议审议通过了《关于在募集资金实施中对有关具体投资地点进行部分调整的议案》；通过了《江西鑫新实业股份有限公司关于巡检有关问题的整改报告》。

上述会议决议公告刊登于2003年7月15日的《上海证券报》上。

⑥2003年8月14日召开第二届董事会第五次临时会议，审议通过了公司2003年半年度报告。2003年半年度报告摘要公告刊登于2003年8月16日的《上海证券报》上。

⑦2003年9月28日召开第二届董事会第六次临时会议，审议通过了《董事会设立战略、审计、提名、薪酬与考核四个专门委员会人员组成并制定相应工作制度》的议案，并报公司最近一次股东大会审议；通过了《江西鑫新实业股份有限公司独立董事制度》。

上述会议决议公告刊登于2003年9月28日的《上海证券报》上。

⑧2003年10月24日召开第二届董事会第七次临时会议，审议通过了公司2003年第三季度报告。

第三季度报告公告刊登于2003年10月27日的《上海证券报》上。

⑨2003年12月29日召开第二届董事会第八次临时会议，审议通过了《江西鑫新实业股份有限公司董事会议事规则》修改议案；通过了关于进一步要求做好房地产业务开发运作的议案。

上述会议决议公告刊登于2003年12月30日的《上海证券报》上。

2、董事会对股东大会决议执行情况

公司董事会认真履行职责，全面贯彻落实公司2002年年度股东大会所通过的各项决议。

2003年8月15日公告并按期实施了经2002年年度股东大会审议通过的2002年度利润分配方案，即以本公司发行后的总股本12500万股为基数，向全体股东每10股派现0.22元(含税)计2,750,000.00元。年末未分配利润19,273,381.98元，结转下年度。公司资本公积金不转增股本。(详见2003年8月16日的《上海证券报》)。

六、本次利润分配预案或资本公积金转增股本预案：

经广东恒信德律会计师事务所有限公司审计，公司2003年年度实现净利润5,097,053.18元，根据《公司章程》规定，将提取10%的法定盈余公积496,991.96元和5%的法定公益金248,495.98元，加上2002年度未分配利润21,229,034.08元，2003年度可供股东分配利润25,580,599.32元。

考虑到2004年是公司大投入、快发展的年度，为扩大公司生产规模，加速企业发展的需要以及保证投资者的长远利益，决定公司2003年度暂不进行利润分配，也不进行资本公积金转增股本，该预案需提交2003年度股东大会审议。

七、其他报告事项：

1、报告期内，本公司选定《上海证券报》为信息披露指定报刊。

2、公司控股股东及其他关联方占用资金情况、公司对外担保情况。

(1)广东恒信德律会计师事务所有限公司对公司控股股东及其他关联方占用资金情况的专项说明：

我们接受委托对江西鑫新实业股份有限公司(以下简称鑫新公司)2003年度的会计报表进行审计，根据中华人民共和国证券监督管理委员会(2003)56号文《关于规范上市公司与关联方资金往来及上市公司对外担保若干问题的通知》的规定，我们对鑫新公司2003年度控股股东及关联方资金往来和违规担保情况进行了专项审计。鑫新公司控股股东及关联方资金往来和违规担保是鑫新公司和鑫新公司控股股东及关联方的责任，我们的责任是对鑫新公司是否存在上述事项发表审计意见。我们的审计是依据《中国注册会计师独立审计准则》进行的。在审计过程中，我们结合公司的实际情况，实施了包括抽查会计记录等我们认为必要的审计程序。

①控股股东及关联方资金往来情况见附件--控股股东及关联方资金往来表。

②根据企业担供的资料，我们未发现鑫新公司2003年度对其控股股东及关联方提供违规担保的情况。

控股股东及关联方资金往来情况表

编制单位：江西鑫新实业股份有限公司

资金占用单位：江西上饶信江实业集团有限公司

与上市公司的关系：控股股东　单位：人民币元

内容摘要	2003年金额	备注
一、期初余额	-102,389.41	2002年12月31日鑫新应付信江集团102,389.41元
二、本期借方合计	174,643,176.92	
其中：1、让售材料	3,259,185.88	
2、应收租赁费	15,000.00	关联合同与协议
3、代付工资福利	1,825,845.57	
4、代付电费	1,898,611.65	
5、代付利息	480,576.60	
6、代付往来款	12,153,257.30	
7、代付水费	12,258.70	
8、代付费用	419,076.71	
9、借款	154,579,364.51	
三、本期贷方合计	174,435,245.29	
其中：1、采购材料	4,167,819.05	
2、加工费	2,358,720.00	关联合同与协议
3、综合服务费	500,000.00	关联合同与协议
4、土地租赁费	600,000.00	关联合同与协议
5、应付水电费	626,865.61	关联合同与协议
6、其他	429,158.96	
7、还款	165,752,681.67	
四、资金占用期末余额	105,542.22	2003年12月31日鑫新应收信江集团105,542.22元

控股股东及关联方资金往来情况表

编制单位：江西鑫新实业股份有限公司

资金占用单位：江西博能集团实业有限公司

与上市公司的关系：公司实际控制人　单位：人民币元

内容摘要	2003年金额	备注
一、期初余额	-	
二、本期借方合计	50,331,358.37	博能集团收购信江集团所属座椅厂、配件厂、玻璃钢厂和振通电线电缆有限公司等单位，被收购单位的资产和负债由博能集团承接。公司将与上述四个单位往来款转入博能集团名下
其中：1、代付费用	20,000.00	
2、信江集团所属座椅厂等转入	15,281,358.37	
3、借款	35,030,000.00	
三、本期贷方合计	35,050,000.00	
其中：1、代付土地款	8,000,000.00	
2、还款	27,050,000.00	
四、资金占用期末余额	15,281,358.37	2003年12月31日鑫新应收博能集团15,281,358.37元

控股股东及关联方资金往来情况表

编制单位：江西鑫新实业股份有限公司

资金占用单位：江西博远实业有限公司

与上市公司的关系：同一母公司控股　单位：人民币元

内容摘要	2003年金额	备注
一、期初余额		
二、本期借方合计	4,346,099.94	
其中：1、让售材料	31,099.94	
2、付材料款	4,315,000.00	
三、本期贷方合计	4,686,833.17	
其中：1、采购材料	4,606,558.71	
2、其他	80,274.46	
四、资金占用期末余额	340,733.23	

(2)独立董事对公司累计和当期对外担保情况的专项说明及独立意见：

根据中国证券监督管理委员会《关于规范上市公司与关联方资金往来及上市公司对外担保若干问题的通知》(证监发〔2003〕56号)要求，我们本着对全体股东，尤其是中小股东认真负责的态度，实事求是地对江西鑫新实业股份有限公司2003年度的对外担保情况进行了认真的核查和落实，现说明如下：

截止2003年12月31日，公司目前不存在以前年度延续至今，需承担连带担保责任的情况；公司没有为控股股东及本公司持股50%以下的其他关联方、任何非法人单位或个人提供担保。

公司第二届董事会第九会议通过《公司章程》修订案，对公司对外担保的审批程序、被担保对象的资信标准均做出规定，该项修订案将在公司股东大会审议通过后生效。

综上所述，我们认为：公司严格按照法定要求，严谨对待和严格控制对外担保产生的债务风险，担保决策程序合法，切实维护广大股东的利益。

第七章　重大事项

一、报告期内，公司2003年5月19日，本公司已支付东风公司汽车底盘货款及利息和法院案件受理费等全部款项，解决了与东风汽车公司的诉讼(上述公告刊登于2003年5月31日的《上海证券报》上)。

二、报告期内，公司无重大资产收购、出售或处置以及企业收购兼并事项。

三、报告期内，公司重大关联交易。(单位：元)

名称	2003年度
从信江集团购入自制材料	4,167,819.05
向信江集团让售材料	3,259,185.88
从博远公司购入自制材料	4,606,558.71

其他关联交易详见财务报表附注八。

四、重大合同及履行情况

1、报告期内公司没有发生或以前期间发生但延续到报告期的重大托管、承包、租赁其他公司资产或其他公司托管、承包、租赁本公司资产的事项；

2、报告期内公司没有发生或以前期间发生但延续到报告期的重大担保事项；

3、报告期内公司没有发生或以前期间发生但延续到报告期的委托理财事项；

4、报告期内无其他重大合同。

五、公司无在报告期内或以前期间发生但延续到报告期的委托理财事项。

六、报告期内，公司或持有公司股份5%以上(含5%)的股东没有发生或以前期间发生但延续到报告期内的对公司经营成果、财务状况可能发生重要影响的承诺事项。

七、公司本期财务报告已经广东恒信德律会计师事务所有限公司审计，审计的注册会计师为管丁才、周益平先生。年审计费用为33万元。该审计机构自公司1998年11月成立以来就连续为公司提供审计服务。

八、报告期内公司、公司董事会及董事没有受到中国证监会稽查、中国证监会行政处罚、通报批评、证券交易所公开谴责的情形。

九、其他重要事项

报告期内，公司控股股东江西上饶信江实业集团有限公司完成了资产重组及所持股份性质变更和工商登记变更手续。(详细内容见2003年4月2日、2003年7月30日的《上海证券报》或上交所网站www.sse.com.cn)。

第八章　备查文件目录

1、载有董事长亲笔签署的年度报告正文；

2、载有法定代表人、会计主管人员亲笔签字并盖章的财务报表；

3、载有会计师事务所盖章，注册会计师亲笔签字并盖章的审计报告正文；

4、报告期内在上海证券报上披露过的所有公司文件的正本及公告原件。

董事长：温显来

江西鑫新实业股份有限公司

2004年4月14日

江苏宁沪高速公路股份有限公司

江苏宁沪高速公路股份有限公司2003年年度报告

一、重要提示

江苏宁沪高速公路股份有限公司([本公司])于一九九二年八月一日在中华人民共和国江苏省注册成立。

本公司主要从事投资、建设、经营和管理沪宁高速公路江苏段([沪宁高速公路])及有关江苏省境内的收费公路,并发展该等公路沿线的客运及其它辅助服务业(包括加油、餐饮、购物、汽车维修、广告及住宿等)。

本公司为江苏交通基建唯一的上市公司。一九九七年六月二十七日本公司发行的12.22亿股H股在香港联合交易所有限公司([香港联交所])上市。

二零零一年一月十六日本公司发行的1.5亿股A股在上海证券交易所([上交所])上市。

本公司建立一级美国预托证券凭证计划(ADR)于二零零二年十二月二十三日生效,在美国场外市场进行买卖。

本公司的核心业务是收费路桥的投资、建设、营运和管理,除沪宁高速公路外,公司还拥有宁沪二级公路江苏段、锡澄高速公路、广靖高速公路、宁连高速公路南京段、江阴长江公路大桥以及苏嘉杭高速公路等位于江苏省内的收费路桥全部或部分权益,是国内管理资产规模最大的收费公路投资发展商之一。

本公司、江苏广靖锡澄高速公路有限责任公司([广靖锡澄公司])、江苏宁沪投资发展有限责任公司([投资公司])、江苏现代路桥有限责任公司([现代路桥])及南京双狮楼酒店有限责任公司([双狮楼])合称为本集团。

重要提示:本公司董事会及其董事保证本报告所载资料不存在任何虚假记载、误导性陈述或者重大遗漏,并对其内容的真实性、准确性和完整性负个别及连带责任。

本公司董事长沈长全先生、总经理谢家全先生、财务部经理刘伟女士声明:保证年度报告中财务报告的真实、完整。

本集团的公司及业务架构如图所示:

■■图像■■

本集团所拥有的主要路桥项目详情

项目名称	里程(km)	车道数目	收费站数目	服务区数目	开始运营年份	剩余运营年限
沪宁高速公路	258.46	4	18	6	1997.6	29
宁沪二级公路经营权收购	271.1	2–4	6	0	1997.6	21
宁连公路南京段经营权收购	29.8	4	1	0	1999.12	26
广靖高速公路	17.2	6	1	0	1999.9	26
锡澄高速公路	35	6	4	1	1999.9	26
江阴长江公路大桥	3.07	6	1	0	1999.9	26
苏嘉杭高速公路	100.1	4	10	2	2002.12	30

二、财务和经营资料摘要

本公司按中国会计准则及按香港会计准则编制的二零零三年度财务报告,已经德勤华永会计师事务所有限公司和德勤·关黄陈方会计师行审计,并出具了无保留意见的审计报告。

(一)截至二零零三年十二月三十一日,按中国会计准则,本集团主要财务状况如下:

项目	人民币千元
利润总额	1,447,833
净利润	950,531
扣除非经常性损益后的净利润	944,738
主营业务利润	1,489,189
其它业务利润	30,802
营业利润	1,357,057
投资收益	69,948
补贴收入	19,648
营业外收支净额	1,180
经营活动产生的现金流量净额	1,453,795
现金及现金等价物净增减额	717,417

(二)截至二零零三年十二月三十一日,按香港会计准则,本集团主要财务状况如下:

项目	人民币千元
收入、净额	2,675,814
利润总额	1,533,974
净利润	1,005,773
营业利润	1,457,567
经营活动产生的现金流量净额	1,446,643
现金及现金等价物净增减额	708,351

(三)境内外不同会计准则差异说明:

本集团依香港会计准则编制之财务报表和按中国会计准则及有关法规编制的法定财务报表的差异汇总如下:

	净利润 2003年度 人民币千元	净资产 2002年度 人民币千元
按中国企业会计制度编制的本集团报表余额	950,531	816,833
按香港会计准则所作调整:		
-土地使用权摊销	23,122	30,462
-固定资产评估增值及其折旧和摊销	46,874	35,320
-老职工一次性住房补贴		(16,838)
-出售员工宿舍损失		–
-递延税项	(4,279)	(10,877)
-持有至到期日之投资利息		(7,077)
-按市价重估为交易所持有的投资	(9,067)	9,067
-其它	(1,408)	(2,445)
按香港会计准则调整后的余额	1,005,773	854,445

	2003年12月31日 人民币千元	2002年12月31日 人民币千元
按中国企业会计制度编制的本集团报表余额	14,562,325	14,268,109
按香港会计准则所作调整:		
-土地使用权摊销	90,504	67,382
-固定资产评估增值及其折旧和摊销	(1,535,958)	(1,582,832)
-老职工一次性住房补贴		–
-出售员工宿舍损失	(8,237)	(8,237)
-递延税项	(29,507)	(25,228)
-持有至到期日之投资利息		–
-按市价重估为交易所持有的投资		9,067
-其它		–
按香港会计准则调整后的余额	13,079,127	12,728,261

注:2002年度净资产由13,613,202千元修改为14,268,109千元,原因是根据中国《企业会计准则-资产负债表日后事项》对原作为调整事项确认的资产负债表日后分配的股利,改为在资产负债表所有者权益中单独列示。此项会计政策变更对上年数进行追溯调整。

(四)扣除的非经常性损益项目和金额: 单位:人民币千元

项目	二零零三年度 本集团	二零零三年度 本公司
营业外收入	9,969	11,828
营业外支出	(8,789)	(12,046)
补贴收入	19,648	–
长期股权投资差额摊销	(12,088)	(11,997)
短期投资收益	10,049	9,000,000
所得税影响	(12,995)	(5,462)
合计	5,793	(8,677)

项目	二零零二年度 本集团	二零零二年度 本公司
营业外收入	20,059	13,131
营业外支出	(13,126)	(11,683)
补贴收入	–	–
长期股权投资差额摊销	(11,249)	(11,249)
短期投资收益	–	–
所得税影响	1,424	1,424
合计	(2,892)	(8,377)

(五)按中国会计准则,本集团前五年主要会计资料和财务指针: 单位:人民币千元

项目	2003年	2002年	2001年
主营业务收入	2,353,129	2,026,238	1,625,992
净利润	950,531	816,833	780,864
总资产	16,732,357	15,081,793	14,914,400
负债合计	1,769,782	417,181	836,704
股东权益(不含少数股东权益)	14,562,325	14,268,109	13,929,513
每股收益	0.19	0.162元	0.16元
每股净资产	2.89	2.83元	2.76元
调整后的每股净资产	2.89	2.83元	2.76元
每股经营活动产生的现金流量净额	0.29	0.26元	0.22元
净资产收益率	6.53%	5.72%	5.8%
加权平均净资产收益率	6.75%	5.9%	5.7%

项目	2000年	1999年
主营业务收入	1,381,696	1,138,385
净利润	691,486	604,868
总资产	15,057,227	14,519,176
负债合计	1,132,571	1,508,250
股东权益(不含少数股东权益)	13,795,205	12,881,473
每股收益	0.14元	0.12元
每股净资产	2.74元	2.64元
调整后的每股净资产	2.74元	2.64元
每股经营活动产生的现金流量净额	0.20元	0.18元
净资产收益率	5.2%	4.8%
加权平均净资产收益率	5.4%	5.1%

注:2002年应派发股利654,907,175元,根据中国《企业会计准则-资产负债表日后事项》将原来的"应付股利"科目调整为股东权益中资产负债表日后决议分配。

(六)按香港会计准则,本集团前五年主要会计资料和财务指针:

单位:人民币千元

项目	2003 年	2002 年	2001 年
收入,净额	2,675,814	2,272,515	1,829,552
净利润	1,005,773	854,445	841,240
总资产	15,278,665	13,566,108	13,334,684
负债合计	1,799,288	441,344	452,305
股东权益(不含少数股东权益)	13,079,127	12,728,261	12,728,261
每股收益	0.20	0.1696 元	0.167 元
每股净资产	2.60	2.53 元	2.48 元
调整后的每股净资产	2.60	2.53 元	2.48 元
经营活动产生的现金流量净额	1,446,643	1,298,842	1,092,958
净资产收益率	7.70%	6.78%	6.76%

项目	2000 年	1999 年
收入,净额	1,542,952	1,233,924
净利润	688,306	630,683
总资产	13,400,108	12,844,327
负债合计	940,466	1,296,469
股东权益(不含少数股东权益)	12,115,691	11,203,905
每股收益	0.1407 元	0.129 元
每股净资产	2.41 元	2.29 元
调整后的每股净资产	2.41 元	2.29 元
经营活动产生的现金流量净额	916,085	855,419
净资产收益率	5.68%	5.63%

(七)按中国会计准则,报告期内股东权益变动情况

单位:人民币元

项目	期初数	本期增加	本期减少
股本	5,037,747,500	/	/
资本公积	7,484,538,998	195,747	/
盈余公积	602,448,076	163,933,934	/
其中:			
法定公益金	200,816,024	54,644,645	/
未确认的投资损失	(2,445,239)	(1,603,677)	
未分配利润	1,145,819,878	131,689,618	/
其中:资产负债表日后决议分配	654,907,175		
股东权益	14,268,109,213	294,215,622	/

项目	期末数	变动原因
股本	5,037,747,500	/
资本公积	7,484,734,745	联营公司接受捐赠
盈余公积	766,382,010	法定提取
其中:		
法定公益金	255,460,669	法定提取
未确认的投资损失	(4,048,916)	附属公司亏损
未分配利润	1,277,509,496	经营成果
其中:资产负债表日后决议分配		
股东权益	14,562,324,835	

(八)利润表附表(按中国会计准则)

报告期利润	净资产全面摊薄	收益率加权平均	每股全面摊薄	收益加权平均
主营业务利润	10.23%	10.57%	0.296	0.296
营业利润	9.32%	9.63%	0.269	0.269
净利润	6.53%	6.57%	0.19	0.19
扣除非经常性损益后的净利润	6.49%	6.55%	0.188	0.188

三、股本变动及股东情况

(一)股份变动情况表　单位:股

	本次变动前	本次变动增减(+,-)						本次变动后
		配股	送股	公积金转股	增发	其他	小计	
一、未上市流通股份								
1、发起人股份	3,381,214,600							3,381,214,600
其中								
国家持有股份	2,781,743,600							2,781,743,600
境内法人持有股份	599,471,000							599,471,000
境外法人持有股份								
其它								
2、募集法人股	284,532,900							284,532,900
3、内部职工股								
4、优先股或其它								
未上市流通股份合计	3,665,747,500							3,665,747,500
二、已上市流通股份								
1、人民币普通股	150,000,000							150,000,000
2、境内上市外资股								
境外上市外资股	1,222,000,000							1,222,000,000
其它								
已上市流通股份合计	1,372,000,000							1,372,000,000
三、股份总数	5,037,747,500							5,037,747,500

注:报告期内,本公司未发生股份总数及结构变动的情况。

(二)股票发行与上市情况

1、本公司于二零零零年十二月二十二日至十二月二十三日以上网定价发行和向二级市场投资者配售相结合的方式向境内投资者成功发行社会公众股 (A 股)1.5 亿股,发行价格为每股人民币 4.20 元,于二零零一年一月十六日在上海证券交易所挂牌上市。

2、本公司第一级美国预托证券凭证计划(ADR)于二零零二年十二月二十三日生效,并在美国场外市场挂牌交易。

(三)主要股东持股情况介绍

1、报告期末股东数

截止二零零三年十二月三十一日止,列于本公司股东名册上的境内外股东共计 15,524 户。其中境内股东 14,433 户,外资股股东 1,091 户。

2、公司主要股东持股情况

(1)截止二零零三年十二月三十一日,拥有本公司股份前十名股东情况:

名次	股东名称	本期末持股数(股)	变动增减情况(+-)	占总股本比例(%)	股份性质
1	江苏交通控股有限公司	2,781,743,600		55.22	国家股
2	华建交通经济开发中心	597,471,000		11.86	国有法人股
3	The Capital Group Companies,Inc	93,820,000	−60,876,000	1.86	H 股
4	China Ocean Shipping (Group) Limited	83,181,500		1.65	H 股
5	Sumitomo Mitsui Asset Management Limited	76,636,000	76,636,000	1.52	H 股
6	银河证券有限责任公司	27,999,523	9,016,018	0.56	A 股
7	华夏证券有限责任公司	16,660,000		0.33	社会法人股
8	申银万国证券股份有限公司	14,450,000		0.29	社会法人股
9	Winner Glory Development Ltd	12,000,000		0.24	H 股
10	江苏鑫苏投资管理公司	8,484,000		0.17	社会法人股

注:十大股东持股相关情况说明:

(a)本公司未知前十名股东之间存在关联关系或一致行动人关系;

(b)报告期内,本公司没有收到持股 5%以上的法人股东所持股份发生质押、冻结等情况的通知;

(c)报告期内,没有发生本公司关联方、战略投资者和一般法人因配售新股而成为本公司前十名股东的情况。

(2)截止二零零三年十二月三十一日,按本公司根据披露权益条例第 16 条设立之登记名册,下列人士直接或间接拥有 10%或以上股份权益:

(a)控股股东---江苏交通控股有限公司

本公司控股股东江苏交通控股有限公司([交通控股公司])于二零零零年九月十五日成立。该公司持有本公司 2,781,743,600 股股份,占本公司总股本的 55.22%。

交通控股公司由省政府出资设立,授权其为具有投资性质的国有资产经营单位和投资主体,法人代表:沈长全,注册资本人民币 46 亿元,其经营范围为:在省政府授权范围内,从事国有资产经营、管理;有关交通基础设施、交通运输及相关产业的投资、建设、经营和管理;实业投资,国内贸易。

除本公司之外,交通控股公司未持有其它上市公司 5%以上股份。

(b)持股 10%以上股东---华建交通经济开发中心([华建中心])

华建中心于一九九三年十二月十八日设立,为全民所有制企业,法定代表人:傅育宁,注册资本人民币 5 亿元,其经营范围为:主营公路、码头、港口、航道的综合开发、承包建设;交通基础设施新技术、新产品、新材料的开发、研制和产品的销售以及经济信息咨询;人才培训等。

(3)截止二零零三年十二月三十一日,本公司前十名流通股股东情况:

股东名称	期末持股数(股)	股份种类
The Capital Group Companies,Inc	93,820,000	H 股
China Ocean Shipping (Group) Limited	83,181,500	H 股
Sumitomo Mitsui Asset Management Limited	76,636,000	H 股
银河证券有限责任公司	27,999,523	A 股
Winner Glory Development Ltd	12,000,000	H 股
上海市企业年金发展中心银河平衡	4,921,554	A 股
中国农业银行江苏省分行劳动服务公司	4,010,099	A 股
王建国	3,340,598	A 股
上海天好电子商务有限公司	3,266,370	A 股
宋证海	3,113,739	A 股

注:本公司未知前十名流通股股东之间存在关联关系。

(4)购买、出售及购回本公司股份

截止二零零三年十二月三十一日,本公司概无购买、出售或购回本公司股份之行为。

(5)优先购股权

根据中华人民共和国法律及本公司章程,本公司并无优先购股权规定公司需按持股比例向现有股东呈请发售新股之建议。

四、董事、监事和高级管理人员情况

(一)基本情况

姓名	性别	年龄	职务	任期(注 1)	年初持股数	增减变动	年末持股数(注 2)
沈长全	男	56	董事长	2003 年 5 月至 2006 年	0	0	0
孙宏宁	男	43	非执行董事	2003 年 5 月至 2006 年	0	0	0
陈祥辉	男	41	非执行董事	2003 年 5 月至 2006 年	0	0	0
张文盛	男	57	非执行董事	2003 年 5 月至 2006 年	0	0	0
范玉曙	女	52	非执行董事	2003 年 5 月至 2006 年	0	0	0
崔小龙	男	43	非执行董事	2003 年 5 月至 2006 年	0	0	0
王正义	男	46	非执行董事	2003 年 5 月至 2006 年	0	0	0
张永珍	女	72	独立非执行董事	2003 年 5 月至 2006 年	0	0	0
方　铿	男	65	独立非执行董事	2003 年 5 月至 2006 年	0	0	0
洪银兴	男	54	独立非执行董事	2003 年 5 月至 2006 年	0	0	0
杨雄胜	男	44	独立非执行董事	2003 年 5 月至 2006 年	0	0	0
周建强	男	51	监事会主席	2003 年 5 月至 2006 年	0	0	0
张承育	男	53	监事	2003 年 5 月至 2006 年	0	0	0
马　宁	女	47	监事	2003 年 5 月至 2006 年	0	0	0
伍育钧	男	41	职工代表监事	2003 年 5 月至 2006 年	0	0	0
谢家全	男	53	总经理	2004 年 1 月至 2007 年	0	0	0

李大鹏	男	51	副总经理	2003 年 12 月至 2006 年	0	0	0
吴赞平	男	40	副总经理	2003 年 12 月至 2006 年	0	0	0
钱永祥	男	40	副总经理	2004 年 1 月至 2007 年	0	0	0
姚永嘉	男	40	董事会秘书	2003 年 12 月至 2006 年	0	0	0
刘　伟	女	48	财务部经理	2003 年 12 月至 2006 年	0	0	0
林志华	男	40	香港公司秘书	2003 年 6 月起一年	0	0	0

注:(1)本公司或有关董事、监事可以不少于三个月事先书面通知终止合同。

(2)包括其配偶或子女、亲属及其通过控制 30%或以上股份的公司、信托。

(3)本公司董事及高级管理人员之间无关联关系。

(4)公司并没有董事因有关服务合约尚未届满并拟在下次股东周年大会上重选连任而需赔偿的情况。

(5)公司并没有董事直接或间接拥有重大权益的重要合约等详细资料。

(6)董事、监事在股东单位任职情况

姓　名	任职单位	职务	任职期间
沈长全	江苏交通控股有限公司	董事长	2001 年 1 月起
孙宏宁	江苏交通控股有限公司	董事、副总经理	2003 年 5 月起
陈祥辉	江苏交通控股有限公司	副总经理	2003 年 5 月起
张文盛	华建交通经济开发中心	副总经理	1998 年 11 月起
范玉曙	江苏交通控股有限公司	财务审计部部长	2002 年 12 月起
崔小龙	江苏交通控股有限公司	投资发展部部长	2002 年 2 月起
王正义	江苏交通建设集团有限公司	董事长	2002 年 4 月起
周建强	江苏交通控股有限公司	副董事长、总经理	2000 年 11 月起
张承育	江苏交通控股有限公司	组织、人事部部长	2002 年 1 月起
马　宁	华建交通经济开发中心	行政人事部副经理	1998 年 9 月起

(二)年度报酬情况

(1)董事、监事和其它高级管理人员的报酬由董事会提名、薪酬与考核委员会审议通过,由本公司与其所签订的薪酬协议为确定依据。

(2)本公司支付给两位境外独立董事的津贴为每人每年港币 100 千元,支付给两位境内独立董事的津贴为每人每年人民币 40 千元。独立董事除津贴外未在公司领取报酬。

(3)本年度,除陈祥辉董事钱永祥监事和伍育钧监事在公司领取报酬外,其它董、监事均在股东单位领取报酬和津贴。其中陈祥辉董事于 2003 年度在本公司领取薪酬共计人民币 250 千元。

(4)董事、监事和其它高级管理人员的年度报酬总额为 1,384 千元,金额最高的前三名董事的报酬总额为 450 千元。

(5)金额最高的前五名高级管理人员的报酬总额为 870 千元,其中基本薪金为 231 千元,无房屋及其它津贴。

(6)董事、监事和其它高级管理人员年度报酬区间在 4-10 万元 2 人,10-20 万元 9 人,20-30 万元 1 人。

(三)董事、监事和高级管理人员变动情况

报告期内,本公司董事会、监事会成员进行了换届选举,第三届十六次董事会提议沈长全先生、孙宏宁先生、张文盛先生、陈祥辉先生、范玉曙女士、崔小龙先生、王正义先生、张永珍女士、方铿先生、洪银兴先生、杨雄胜先生为第四届董事会成员,第三届八次监事会提议周建强先生、张承育先生、马宁女士为第四届监事会成员,并经二零零二年度股东周年大会审议通过,钱永祥先生、伍育钧先生为职工代表当选本公司第四届监事会成员。

周建强先生、王国刚先生辞去本公司董事职务,钟章万先生、贾大康先生、徐扬先生辞去本公司监事职务。

2004 年 1 月,本公司总经理陈祥辉先生、副总经理刘步存先生因工作变动辞去公司职务,第四届四次董事会选举谢家全先生担任公司总经理,钱永祥先生辞去公司监事职务,担任副总经理,任期均为三年。

(四)董事、监事及高级管理人员简历

1、董事

沈长全先生:董事长,一九四八年出生,经济师。沈先生自一九八一年起曾任吴县县长、县委书记;自一九九二年起担任苏州市副市长,长期主管苏州市的城市与交通建设,并在一九九二至一九九七年期间主持苏州高新技术开发区开发建设,具有丰富的工程与管理经验;二零零一年一月任江苏交通控股有限公司董事长。

孙宏宁先生:董事,一九六一年出生,大专,上海中欧 EMBA 在读。孙先生自一九九四年任江苏省国家保密局副处长;一九九五年任江苏省委办公厅秘书;二零零一年任江苏省政府办公厅秘书;二零零三年任江苏交通控股有限公司董事、副总经理,并担任苏嘉杭高速公路有限公司副董事长,华泰证券有限公司董事,金陵饭店股份有限公司董事等职,具有丰富的经营和管理经验。

张文盛先生:董事,一九四七年出生,高级经济师。张先生自一九六八年起在天津港工作;一九七四年起在交通部任职,历任办公厅秘书、生产调度局副处长、企业管理局副处长、体制改革司处长、体改法规司处长、助理巡视员等职务,长期从事交通管理工作;一九九八年至今在华建交通经济开发中心担任副总经理;现任东北高速公路股份有限公司、四川成渝高速公路股份有限公司副董事长和安徽皖通高速公路股份有限公司董事;具有丰富的企业法规研究及企业管理经验。

陈祥辉先生:董事,一九六三年出生,大学,高级工程师。陈先生长期从事交通建设与管理工作,曾任江苏省交通厅工程质量监督站副站长,江苏省宁连宁通公路管理处处长,江苏宁沪高速公路股份有限公司总经理,江苏广靖锡澄高速公路有限责任公司董事长,具有十多年的交通建设以及经营管理经验。陈先生现任江苏交通控股有限公司副总经理,江苏扬子大桥股份有限公司副董事长等职务

范玉曙女士:董事,一九五二年出生,大专、会计师,现任江苏交通控股有限公司财务审计部部长,范女士曾担任江苏省租赁公司交通业务部经理、江苏省交通投资公司副经理等职,有二十年从事金融、财务管理经验。

崔小龙先生:董事,一九六一年出生,大学,高级经济师。崔先生自一九八四年起在江苏省交通厅工作,曾任财务处科长、现任江苏交通控股有限公司投资发展部部长;并在江苏扬子大桥股份有限公司、江苏省租赁有限公司任董事,在江苏省交通企业协会任副秘书长等职务。具有近二十年的企业管理和财务管理经验。

王正义先生:董事,一九五八年出生,大学,高级工程师,现任江苏交通建设集团董事长。王先生先后任江苏省交通规划设计院副院长、江苏省交通厅驻马达加斯加合营公司副总经理、总工程师等职。有近二十年从事工程设计、建设、管理等经验。

郑张永珍女士:独立董事,一九三二年出生。郑女士曾任香港特别行政区筹备委员会委员、中国全国政治协商委员会常务委员、中国国务院港澳办及新华社香港分社香港事务顾问及香港管理专业协会企业发展中心主席。郑女士也是大庆石油有限公司董事经理、瑞典爱立信电话有限公司中国高级顾问、富豪汽车国际有限公司高级顾问及戴姆勒-奔驰交通公司中国有限公司高级顾问,具有几十年商业投资和创业经验,更荣获瑞典国王卡尔十六世古斯塔夫颁发瑞典皇家北极星勇士勋章。

方铿先生:独立董事,一九三九年出生,祖籍上海。六十年代毕业于美国麻省理工学院并取得化学工程硕士学位,现任香港肇丰针织有限公司主席、香港汇丰银行非执行董事、全国政协委员,同时担任重要工商贸易团体及公共服务机构职位,如香港生产力促进局主席、香港菲脑牙科医院管理局主席、香港纺织业联合会名誉会长、香港羊毛化纤针织业厂商会名誉会长及纺织业咨询委员会委员等职。

洪银兴先生:独立董事,一九五零年出生,博士生导师,全国著名的经济学家。洪先生自一九七六年起在南京师范大学任助教,一九八二年起在南京大学任教师,一九八七年起在南京大学任教授,现任南京大学副校长。洪先生长期从事经济学术研究工作,具有丰富的经济学学术理论,并多次获得国家授予的有突出贡献的专家荣誉。

杨雄胜先生:独立董事,一九六零年出生,博士生导师。杨先生自一九八一年任职江苏省连云港财经学校教研室主任;一九八七年在江苏省连云港审计局任职;一九九四年调入南京大学会计系,一九九九年至今在南京大学会计系担任系主任,具有丰富的会计经验。

2、监事

周建强先生:监事会主席,一九五三年出生,高级经济师,高级工程师。一九八五年硕士研究生毕业。周先生自一九八五年起曾任江苏省计划经济委员会处长;一九九七年任江苏省国际信托投资公司副总经理;于一九九九年任江苏省计划经济委员会副主任;二零零一年一月任江苏交通控股有限公司副董事长、总经理。长期从事投资管理和金融、证券工作,具有丰富的经营和管理经营经验。

张承育先生:监事,一九五一年出生,大专,高级经济师。张先生自一九八五年起先后任扬州汽车运输总公司副总经理、党委副书记、总经理兼党委书记;一九九六年起任扬州市交通局副局长;二零零一年一月起担任江苏扬子大桥股份有限公司副总经理;二零零一年七月起担任江苏宁靖盐高速公路有限公司总经理;二零零二年一月起任江苏交通控股有限公司人事部部长。张先生具有丰富的经济管理及交通管理经验。

马宁女士:监事,一九五六年出生,大专学历,会计师。现任华建交通经济开发中心行政人事部副经理。马女士自一九七五年起在交通部工作,任机关财务处会计职务;一九九零年一月起在中国航海学会工作,任会计职务;自一九九四年六月至今在华建交通经济开发中心工作,现任部门副经理。

伍育钧先生:监事,一九六三年出生,大学,双学士,高级工程师。伍先生自一九九一年起在苏州市交通工程管理处工作,一九九二年在苏州市高速公路建设指挥部工作,一九九三年任苏州市高速公路建设指挥部工程科科长;一九九七年起任公司下属苏州管理处副处长;二零零二年起任公司人力资源部经理。伍先生长期从事交通行业管理工作,具有丰富的公路建设及企业经营管理经验。

3、高级管理人员

谢家全先生:总经理,1951 年出生,大学,高级工程师。谢先生自 1978 年起在江苏省交通规划设计院担任技术员、助工;1985 年起任江苏省交通厅规划计划处副处长;1992 年起任江苏省高速公路建设指挥部工程处副处长、计划处处长、副总工程师、现场指挥;2003 年 8 月起任江苏宁沪高速公路股份有限公司扩建工程指挥部副总指挥,2004 年 1 月起担任本公司总经理。谢先生是具有丰富的高速公路建设、管理经验的高级专家。

李大鹏先生:副总经理,1953 年出生,大学、高级经济师,一九九六年一月加入本公司。李先生曾先后担任江苏省交通规划设计院副院长、江苏快鹿汽车运输股份有限公司董事长、总经理,锡澄公司总经理等职,具有二十多年经济管理及运输管理经验。

吴赞平先生:副总经理,1964 年出生,大学、高级工程师,一九九二年八月加入本公司。吴先生曾先后担任江苏省高速公路建设指挥部副科长及科长、本公司工程技术处副处长及经理、总经理助理等职。吴先生从事交通项目管理工作十多年。

钱永祥先生:副总经理,一九六四年出生,工学硕士、工商管理硕士,现任本公司副总经理。一九八七年至一九九二年于东南大学任教,一九九二年起加入本公司,曾任计划科科长、投资证券部副经理等职。钱先生长期从事交通领域的战略研究、公司投资分析与管理、项目建设与运营管理等工作。

姚永嘉先生:董事会秘书,1964 年出生,硕士、高级工程师,一九九二年八月加入本公司。姚先生曾先后任职江苏省交通规划设计院、江苏省高速公路建设指挥部科长及本公司证券科科长、董事会秘书室主任,姚先生自参加工作起,一直从事工程管理、投资分析、融资及证券等工作,积累了丰富的工作经验。

刘伟女士:财务会计部经理,1956 年出生,大学、高级会计师,一九九二年八月加入本公司,曾担任江苏省交通厅规划计划处副科级科员、江苏省路桥公司财务部负责人及江苏省高速公路建设指挥部财务处科长、本公司财务处副处长及经理。刘女士从事经济管理及财务管理工作已二十年,积累了丰富的经验。

林志华先生:香港董事会秘书,1964 年出生,英国特许秘书及行政人员公会会员及香港公司秘书公会会员,负责遵守香港有关规定的本公司秘书。林先生亦是本公司的香港公司秘书及传票接受人,为本公司香港法律顾问-齐伯礼律师行的雇员。

五、董事会报告

(一)利润分配预案

董事会建议本公司二零零三年度利润分配预案如下:

按中国会计准则

项目	人民币元
利润总额	1,447,833,325
减:所得税	(475,924,102)
少数股东权益	(22,982,173)
未确认的投资损失	(1,603,677)
净利润	950,530,727
加:年初未分配利润	1,145,819,878
可供分配利润	2,096,350,605
减:提取法定盈余公积	(109,289,289)
提取盈余公积	(54,644,645)
可供股东分配利润	1,932,416,671
减:已分配股利	(654,907,175)
未分配利润	1,277,509,496
每股盈利	0.19

按香港会计准则

项目	人民币元
除税及少数股东权益前溢利	1,533,974
税项	(505,219)
少数股东权益	(22,982)
股东应占溢利	1,005,773
转入	
法定公积金	(109,289)
法定公益金	(54,645)
任意公积金	–
本年度可供股东分配利润	841,839
承前保留溢利	1,357,612

二零零二年度股息	(654,907)
保留溢利结转	1,544,544
二零零三年度建议股息	0.145 元/股
每股盈利	0.20 元/股

根据财政部有关规定和本公司章程，当按中华人民共和国会计准则和按香港会计准则审计，利润有差异时，以低者为准。经德勤会计师事务所审计：按中国会计准则，本公司二零零三年度实现净利润 950,530,727 元，提取 10%的法定公积金、5%的法定公益金，加上年初未分配利润 490,912,703 元，本次可供分配利润合计 1,277,509,496 元。本公司董事会以总股本 5,037,747,500 股为基数，建议向全体股东派发末期股息每十股人民币 1.45 元(含税)。

以上董事会建议之利润分配方案，提呈二零零三年度股东周年大会审议批准，派发末期股息的具体日期和程序另行公告。

(二)董事会日常工作情况

1、二零零三年三月二十日召开的第三届十六次董事会

会议审议通过以下事项：批准二零零二年度董事会报告、经审计帐目和核数师报告；批准二零零二年末期股利分配方案为每十股份现金红利 1.30 元(含税)；同意采用香港会计准则进行 2002 年度审计；批准成立现代路桥有限责任公司；批准向江苏宁沪投资发展有限责任公司转让沪宁高速公路江苏段沿路设立的户外广告牌经营权；批准沪宁高速公路无锡以东路段集中维修以及宁沪二级公路移站方案；批准住房分配货币化实施方案二零零三年度员工工资总额。

本次董事会提议公司第四届董事会候选成员名单及薪酬，并提交股东周年大会审议。

2、二零零三年四月二十四日召开的第三届十七次董事会

会议审议通过以下事项：公司二零零三年第一季度业绩报告。

3、二零零三年五月十五日召开的第四届一次董事会

会议审议通过以下事项：选举沈长全先生担任公司董事长；选举董事会战略委员会、审计委员会以及提名、薪酬与考核委员会成员及召集人。

4、二零零三年八月十四日召开的第四届二次董事会

会议审议通过以下事项：二零零三年上半年业绩报告和摘要；聘任德勤华永会计师事务所有限公司和德勤·关黄陈方会计师行分别为本公司的境内会计师和境外核数师，确定其酬金为人民币 118 万元/年；审议公司章程有关条款的修改。

5、二零零三年十月二十四日召开的第四届三次董事会

会议审议通过以下事项：二零零三年第三季度业绩报告；批准续委任陈祥辉先生担任公司总经理；审议公司章程有关条款的修改；批准将公司营业执照上经营范围中汽车客货运输经营项目取消。

(三)董事会专门委员会日常工作情况

1、二零零三年三月十九日召开的第三届提名、薪酬与考核委员会第一次会议会议提议公司第四届董事会候选成员名单及薪酬，提交董事会审议。

2、二零零三年三月十七日召开的第三届审计委员第一次会议会议审议了公司 2002 年度业绩报告，及外部和内部审计机构提供的工作报告。

3、二零零三年四月二十四日召开的第三届审计委员第二次会议

会议审议了公司 2003 年第一季度业绩报告。

4、二零零三年八月十一日召开的第三届审计委员第三次会议

会议审议了公司 2003 年上半年业绩报告。

5、二零零三年十月二十三日召开的第三届审计委员第四次会议

会议审议了公司 2003 年第三季度业绩报告。

6、二零零三年八月十三日召开的第三届战略委员第一次会议

会议审议了以下事项：沪宁高速公路江苏段扩建事宜、收购宁沪二级公路江苏段收费经营权以及两个项目的融资分析报告。

(四)董事会对股东大会决议的执行情况

报告期内，董事会严格执行股东大会决议内容，忠实履行勤勉义务，完成了二零零二年度的利润分配，具体实施情况如下：

本公司董事会根据股东大会授权，已于二零零三年五月二十八日刊登"分红派息"公告，确定内资股股东股权登记日为二零零三年六月三日，除息日为二零零三年六月四日。H 股股东股利派发按人民币计价，以港币支付，每十股应派发现金红利 1.225 港币，股权登记日为二零零三年四月十六日，股利宣布日为二零零三年五月十五日。

本次红利发放日为二零零三年六月十日。A 股流通股股东的红利由中国证券登记结算有限责任公司上海分公司统一发放；H 股股东的红利由香港中国银行代理发放；国家股股东、法人股股东的红利由华泰证券有限责任公司代理发放。

(五)其它事项

1、税收政策

本公司按 33%法定税率全额缴纳企业所得税，2003 年度共计所得税金人民币 475,924 千元。

2、职工住房补贴

本公司职工住房货币化分配机制采用一次性补贴和逐月发放补贴两种形式，一次性住房补贴资金直接进入当期成本，逐月发放住房补贴资金列入职工工资预算，按公积金管理原则进行管理。

二零零三年年度，本公司实际发放职工住房补贴资金 6,423 千元。

3、基本职工医疗保险

本公司职工医疗保险办法参照江苏省颁布的《职工医疗保险制度改革的实施意见》，已于 2003 年 12 月全部实施，其缴费率不超过职工工资总额的 9%，年合计费用不超过 600 万元人民币。该项费用从成本中开支。

4、基本职工养老金计划

本公司参与由政府筹办的基本养老金计划，公司须支付相等于员工薪金的 21%，职工个人缴纳比例调整为 8%。此项养老金本公司已足额支付，二零零三年度共计人民币 11,480 千元，并在本公司成本费用中列支。政府筹办的养老金将承担对本公司退休员工支付养老金的责任。

5、委托存款

截至二零零三年十二月三十一日止，本公司未有存放于中国境内金融机构的委托存款，亦未出现定期存款到期而不能收回的情况。

承董事会命　　沈长全　　董事长

中国·南京

二零零四年四月一日

六、重要事项

(一)重大诉讼、仲裁事项

本年度公司无重大诉讼、仲裁事项。

(二)重大关联交易事项

1、本公司主要关联方(按上海证券交易所股票上市规则)

名称	与本公司关系
江苏交通控股有限公司	本公司的最终控股股东
江苏广靖锡澄高速公路有限责任公司	本公司之附属公司
江苏宁沪投资发展有限责任公司	本公司之附属公司
江苏现代路桥有限责任公司	本公司之附属公司
南京双狮楼酒店有限责任公司	本公司之附属公司
江苏扬子大桥股份有限公司	本公司之联营公司
江苏快鹿汽车运输股份有限公司	本公司之联营公司
苏州苏嘉杭高速公路有限公司	本公司之联营公司
上海中交海德交通科技股份有限公司	本公司之联营公司
江苏省租赁有限公司	本公司之关联公司

2、关联公司交易

报告期内，本公司与关联公司之重大交易如下：

(1)本公司与江苏广靖锡澄高速公路股份有限发起设立江苏现代路桥有限责任公司，本公司直接拥有其 70%的股权。

详细内容已刊载于二零零三年三月二十一日的指定报刊。

(2)本公司向江苏宁沪投资发展有限公司转让沪宁高速公路沿线广告牌及其相关权利。

详细内容已刊载于二零零三年三月二十一日的指定报刊。

(3)本公司与江苏现代路桥有限责任公司就宁沪高速公路江苏段的维修与养护服务订立养护合同。

详细内容已刊载于二零零三年七月一日的指定报刊。

(4)本公司拥有 85%权益的子公司广靖锡澄公司与江苏租赁及江苏宁靖盐高速公路有限公司(承租人)签定交通工程机电设备租赁项目协议，资金共计人民币 19,000 千元。

3、独立董事意见

本公司董事会对以上所列的关联交易进行了合法有效的表决，独立董事就有关事项进行了认真检讨并确认：

a、该等交易是于日常业务中进行；

b、该等交易是按照有关合同及(1)按正常商务条款(即国内类似企业所进行的类似性质的交易条款)或(2)如无上述条款供比较，则按不差于本公司向第三方提供或由第三方提供本公司的条款进行；

c、该等交易对于本公司股东而言属公平合理。

(三)重大合同及其履行情况

1、重大托管、承包、租赁事项

报告期内，本公司没有发生重大托管、承包、租赁事项。

2、重大担保

报告期内，本公司没有为任何股东及关联人事及其它公司进行担保。

3、委托存款

报告期内，本公司未有存放于中国境内金融机构的委托存款，并未出现定期存款到期而不能偿付的情况。

4、回购、出售及赎回本公司股份

报告期内，本公司及其附属公司概无回购、出售及赎回本公司股份事项。

5、优先购股权

根据本公司章程及中华人民共和国法律，本公司并无优先购股权规定公司需按持股比例向现有股东呈请发售新股之建议。

4、委托理财情况

本公司于二零零二年度与苏州市投资公司签订的人民币 100,000 千元资产委托管理协议已于本报告期期满并已收回全部投资本金，委托期间取得投资收益人民币 9,000 千元。目前暂无其它委托理财计划。

5、其它重大合同

报告期内，本公司订立并正在履行的重大合同包括：

(1)本公司于二零零三年六月三十日与现代路桥就沪宁高速公路江苏段维修及养护服务订立养护合同，合同期限自二零零三年七月一日至二零零三年十二月三十一日止，合同预估总价不超过人民币 100,000 千元，有关养护费用根据实际进行的工作并参照议定收费表计算。

(2)本公司于一九九九年四月八日与江苏省宁连宁通公路管理处签定的《南京至连云港公路南京段公路委托营运养护管理合同》(正在履行)，该合同的主要内容是：本公司以每年收取宁连公路南京段公路车辆通行费总收入的 17%的总价格，委托江苏省宁连宁通公路管理处对宁连公路南京段进行经营及养护的管理。

(四)承诺事项

1、本公司董事会承诺二零零三年度利润分配方案：二零零三年分配现金红利一次，分配比例不低于该年度净利润的 50%。

本公司董事会已忠实履行该承诺，执行情况请参见董事会报告中的"本年度利润分配预案"。

2、报告期内，本公司或持有本公司股份 5%以上的股东没有在指定报纸和网站上披露对本公司经营成果、财务状况可能产生重要影响的承诺事项。

(五)聘任会计师事务所情况

报告期内，本公司与罗兵咸永道会计师事务所及普华永道中天会计师事务所有限公司的合约已经到期并终止。

经过比选，本公司聘任德勤华永会计师事务所有限公司和德勤·关黄陈方会计师行分别为本公司二零零三年度的境内会计师和境外核数师，确定其酬金为人民币 118 万元/年，此外本公司并未支付任何其它费用，差旅费等费用均由其自己承担，没有任何影响其独立性的费用。该议案已经 2004 年 3 月 23 日本公司二零零四年度第一次临时股东大会审议批准。

(六)监管机构处罚情况

报告期内，本公司及本公司董事会、董事均没有受到监管部门处罚批评及其它公开谴责的情况。

七、备查文件

包括下列檔：

(一)载有董事长亲笔签名的年度报告文本；

(二)载有法定代表人、主管会计工作负责人、会计机构负责人签名并盖章的会计报表；

(三)载有会计师事务所盖章、注册会计师亲笔签字并盖章的审计报告正本；

(四)报告期内在中国证监会指定报刊上公开披露过的所有公司档的正本及公告原稿；

(五)公司章程；

(六)在其它证券市场公布的年度报告文本。

中国南京石鼓路 69 号江苏交通大厦二十七楼本公司董事会秘书室

董事长　沈长全

江苏宁沪高速公路股份有限公司

二零零四年四月一日

四 川 天 一 科 技 股 份 有 限 公 司

四川天一科技股份有限公司 2003 年年度报告

重要提示

本公司董事会及其董事保证本报告所载资料不存在任何虚假记载、误导性陈述或者重大遗漏,并对其内容的真实性、准确性和完整性承担个别及连带责任。

本公司董事敬宏先生因工作原因,未出席本次董事会,书面委托曹永红董事行使表决权。

本公司年度财务会计报告已经四川君和会计师事务所有限责任公司审计,并出具标准无保留、无解释的审计报告。

本公司董事长冯孝庭先生、财务总监郑竺先生及会计负责人杨磊先生声明:保证年度报告中财务会计报告的真实、完整。

第一章　公司基本情况简介

一、公司法定中文名称: 四川天一科技股份有限公司

公司法定英文名称:SICHUAN TIANYI SCIENCE&TECHNOLOGY CO.,LTD.

二、法定代表人姓名:冯孝庭

三、公司董事会秘书:杨重谊

联系地址:四川省成都市机场路 445 信箱

邮政编码:610225

联系电话:028-85963659、85963417

传真:028-85963659、85881997

电子信箱:yzy@tianke.com

四、公司注册地址:成都市高新区高朋大道 5 号

公司办公地址:四川省成都市机场路 445 信箱

邮政编码:610225

公司网址:http://www.tianke.com.

公司电子信箱:ctyc@tianke.com

五、公司选定的信息披露报纸名称:《上海证券报》、《中国证券报》

登载公司年度报告的中国证监会指定网站:http://www.sse.com.cn

公司年度报告备置地点:四川省成都市机场路 445 信箱公司证券部

公司董事会秘书办公室:四川省成都市机场路 445 信箱

六、公司股票上市交易所:上海证券交易所

股票简称: 天科股份

股票代码: 600378

七、其他有关资料:

公司首次注册登记日期:1999 年 8 月 5 日

最近一次变更日期:2002 年 6 月 5 日

注册地点:成都市高新区高朋大道 5 号成都高新区技术创新服务中心

企业法人营业执照注册号:5101091000223

税务登记号码:71606787-6

公司聘请的会计师事务所:四川君和会计师事务所有限责任公司

办公地址:四川省成都市走马街 68 号锦城大厦 10 楼

第二章　会计数据和业务数据摘要

一、本年度主要会计数据(单位:万元)

项目	2003 年
利润总额	3305.09
净利润	3366.23
扣除非经常性损益后的净利润	3058.27
主营业务利润	6052.51
其他业务利润	−0.03
营业利润	3046.49
投资收益	547.91
补贴收入	−
营业外收支净额	−289.30
经营活动产生的现金流量净额	2390.08
现金及现金等价物净增加额	5195.31

注:扣除非经常性损益的项目和涉及金额明细(单位:万元)

项目	金额
投资收益	597.91
营业外收入	5.46
营业外支出	294.76
合计	307.96

二、公司近三年主要会计数据及财务指标

项目	2003 年	2002 年	2001 年
主营业务收入(万元)	19324.25	15217.73	14280.81
净利润(万元)	3366.23	1321.53	2359.26
总资产(万元)	56001.96	52211.23	52418.56
股东权益(不含少数股东权益,万元)	45118.23	42534.29	41209.84
全面摊薄每股收益(元)	0.17	0.07	0.16
加权平均每股收益(元)	0.17	0.07	0.16
扣除非经常性损益后的每股收益(元)	0.16	0.07	0.15
每股净资产(元)	2.31	2.17	2.74
每股经营活动产生的现金流量净额(元)	0.12	0.01	0.09
调整后每股净资产(元)	2.31	2.17	2.73
全面摊薄净资产收益率%	7.46	3.11	5.72
加权平均净资产收益率%	7.67	3.16	5.81
扣除非经常性损益后的加权平均净资产收益率%	6.97	3.15	5.44

三、股东权益变动情况　单位:万元

项目	股 本	资本公积	盈余公积	公益金	未分配利润	股东权益
期初数	19557.34	20452.75	1145.19	381.73	1379.01	42534.29
本期增加	−	−	504.94	168.31	3366.23	3871.17
本期减少	−	−	−	−	1287.23	1287.23
期末数	19557.34	20452.75	1650.13	550.04	3458.01	45118.23
增减原因			利润提取	利润提取	★利润分配★★ 利润增加	利润增加

第三章　股本变动及股东情况

一、股本变动情况　数量单位:股

项目	年初数	本次变动增减(+、−) 配股	送股	公积金转股	其他	小计	报告期末数
一、未上市流通股份							
1、发起人股份	119,523,39	−−					119,523,391
其中:国家持有股份	108,648,24	−−			−51,826,948	−51,826,948	56,821,293
境内法人持有股份	10,875,150	−−		−−	+51,826,948	+51,826,948	62,702,098
境外法人持有股份	−−	−−	−−	−−			
其他	−−	−−	−−	−−			
2、募集社会公众股	−−	−−	−−	−−			
3、募集法人股	−−	−−	−−	−−			
4、内部职工股	−−	−−	−−	−−			
5、优先股或其他	−−	−−	−−	−−			
其中:转配股	−−	−−	−−	−−			
未上市流通股份合计	119,523,391						119,523,391
二、已上市流通股份							
1、人民币普通股	76,050,000						76,050,000
2、境内上市的外资股	−−	−−	−−	−−	−−	−−	
3、境外上市的外资股	−−	−−	−−	−−	−−	−−	
4、其他	−−	−−	−−	−−	−−	−−	
已上市流通股份合计	76,050,000						76,050,000
三、股份总数	195,573,391						195,573,391

本期股份总数及结构变动情况说明:

报告期内公司股份总数未发生变动,股本结构因本公司控股股东西南化工研究设计院将其所持国有股权部分转让而发生了变化。2003 年 5 月 12 日公司控股股东西南化工研究设计院将所持天科股份 10864.8241 万股国家股中的 5182.6948 万股分别转让给深圳华润丰实业发展有限公司 4107.0412 万股(占总股本的 21%)、成都美辰科技有限责任公司 1075.6536 万股(占总股本的 5.5%)。转让后,西南化工研究设计院持有 5682.1293 万股,占总股本的 29.05%。

二、股票发行与上市情况

股票发行情况:本公司经中国证券监督管理委员会证监发行字[2000]180 号文核准,通过上海证券交易所,于 2000 年 12 月 25 日以上网定价发行方式向社会公众公开发行人民币普通股 4500 万股,发行价格为 6.58 元/股。公司 4500 万股人民币普通股于 2001 年 1 月 11 日起在上海证券交易所挂牌上市交易。本公司无内部职工股。

三、股东情况介绍

(一)本报告期末,本公司股东总数为 26612 户

(二)截止 2003 年 12 月 31 日,公司前 10 名股东持股情况:　数量单位:股

股东名称(全称)	年度内增减	年末持股数量	比例(%)
西南化工研究设计院	−51826948	56821293	29.05
深圳市华润丰实业发展有限公司	+41070412	41070412	21.00
成都美辰科技有限责任公司	+10756536	10756536	5.50
浙江芳华日化集团公司	0	8365500	4.28
浙江金融租赁股份有限公司	+1557618	1557618	0.80
中化化工科学技术研究总院	0	836550	0.43
中橡集团碳黑工业研究设计院	0	836550	0.43
中蓝晨光化工研究院	0	836550	0.43
南方证券有限公司	−1622618	685486	0.35
刘月	+455820	455820	0.23

股东名称(全称)	股份类别	质押冻结	股东性质
西南化工研究设计院	未流通	无	国家股
深圳市华润丰实业发展有限公司	未流通	41070412	法人股
成都美辰科技有限责任公司	未流通	10756536	法人股
浙江芳华日化集团公司	未流通	无	法人股
浙江金融租赁股份有限公司	已流通	不详	流通股
中化化工科学技术研究总院	未流通	无	国有法人股
中橡集团碳黑工业研究设计院	未流通	无	国有法人股
中蓝晨光化工研究院	未流通	无	国有法人股

南方证券有限公司	被暂扣	不详	流通股
刘月	已流通	不详	流通股

前十名股东关联关系或一致行动的说明：前十名股东中法人股股东之间不存在关联关系和一致行动人关系。未知流通股股东之间是否存在关联关系和一致行动人关系的情况。

说明：

1、2003 年 5 月公司法人股股东深圳市华润丰实业发展有限公司以其持有的本公司股份 41070412 股质押给上海浦东发展银行成都分行，质押期限一年；公司法人股股东成都美辰科技有限责任公司以其持有的本公司股份 10756536 股质押给上海浦东发展银行成都分行，质押期限一年。(详情请见 2003 年 5 月 21 日刊登在《中国证券报》、《上海证券报》上的公告)

2、2004 年 1 月 7 日，中国证券登记结算有限责任公司上海分公司(以下称"登记公司")向本公司发出《关于年末股东名册有关事项的通知》，南方证券股份有限公司(以下称"南方证券")所持有的本公司 685486 股流通股因证券资金交收透支，被登记公司作为抵押品暂扣，并登记在"中国证券登记结算有限责任公司上海分公司交收违约待处置专用帐户"下，南方证券被暂扣的股份占本公司股本总额的 0.35%。

(三)公司前十名流通股股东情况

序号	股东名称	年末持股数量(股)	持股种类	股东之间关联关系
1	浙江金融租赁股份有限公司	1557618	A 股	
2	南方证券公司	685486	A 股	
3	刘月	455820	A 股	未知前十名流
4	许桂林	80288	A 股	通股股东之间
5	陈镇华	249091	A 股	是否存在关联
6	四川泸天化股份有限公司	195000	A 股	关系和一致行
7	郭道国	192900	A 股	动人关系的情
8	朱晓雯	185900	A 股	况。
9	蒋爱民	170000	A 股	
10	张海明	142850	A 股	

(四)公司控股股东情况简介

控股股东名称：西南化工研究设计院，法定代表人：古共伟，成立日期：1958 年，注册资本：950 万元，企业性质：国有独资企业，经营范围：化工技术转让、咨询、设计

公司控股股东的实际控制人情况：公司控股股东西南院是隶属中国昊华化工(集团)总公司的国有独资科技企业，其实际控制人为中国昊华化工(集团)总公司(该公司资产属于国务院)。

(五)其他持有本公司 10%以上(含 10%)的股东情况简介

深圳市华润丰实业发展有限公司，法定代表人：曹永红，成立日期：2001 年 6 月 1 日，注册资本：6000 万元，企业性质：有限责任，经营范围：国际、国内经济信息咨询服务、交易代理、投资兴办各类实体及国内贸易。

第四章 董事、监事、高级管理人员和员工情况

一、董事、监事和高级管理人员基本情况

姓名	职务	性别	出生年月	任期起止日期	持股数
冯孝庭	董事长	男	1940.07	2002.09–2005.09	0
古共伟	副董事长	男	1957.01	2002.09–2005.09	0
敬 宏	副董事长	男	1963.02	2003.06–2005.09	0
王 健	独立董事	男	1950.05	2003.11–2005.09	0
叶明星	董事	男	1950.08	2002.09–2005.09	0
曹永红	董事	男	1966.08	2003.06–2005.09	0
黄 友	独立董事	男	1962.08	2002.09–2005.09	0
唐 磊	独立董事	男	1959.05	2002.09–2005.09	0
崔基道	董事	男	1951.07	2002.09–2005.09	0
薛正儒	监事	男	1942.11	2002.09–2005.09	0
王 平	监事	男	1966.05	2003.06–2005.09	0
张 进	监事	女	1955.04	2002.09–2005.09	0
范汝新	监事	男	1947.08	2003.11–2005.09	0
傅 旭	监事	男	1961.10	2003.11–2005.09	0
聂 勇	监事	男	1963.04	2002.09–2005.09	0
黄维柱	监事	男	1957.08	2002.09–2005.09	0
陈 健	总经理	男	1964.01	2002.09–2005.09	0
申小南	副总经理	男	1956.04	2002.09–2005.09	0
申亚平	副总经理	男	1960.09	2002.09–2005.09	0
王学再	副总经理	男	1958.04	2003.04–2005.09	0
谭宜成	副总经理	男	1956.09	2003.06–2005.09	0
杨重谊	董事会秘书	男	1959.09	2002.09–2005.09	0
郑 竺	财务总监	男	1948.03	2002.09–2005.09	0
周江宁	总工程师	男	1957.11	2002.09–2005.09	0

二、董事、监事、高级管理人员在股东单位任职情况

姓名	任职的股东名称	在股东单位担任的职务	任职期间	是否领取报酬津贴
古共伟	西南化工研究设计院	院长	2002.09 至今	否
王 平	成都美辰科技有限责任公司	董事长	2003.06 至今	否
敬 宏	深圳市华润丰实业发展有限公司	总经理	2001.06 至今	否
曹永红	深圳市华润丰实业发展有限公司	董事长	2001.06 至今	否
叶明星	浙江芳华日化集团公司	董事长	1994.09 至今	否
范汝新	中橡集团炭黑工业研究设计院	院长	1998.01 至今	否
崔基道	西南化工研究设计院	副院长	1995.05 至今	否
傅 旭	中蓝晨光化工研究院	院长	1999.10 至今	否
薛正儒	西南化工研究设计院	副院长	1983.04 至今	否
张 进	西南化工研究设计院	副总会计师	2002.08 至今	否

三、董事、监事、高级管理人员年度报酬情况

根据公司 2002 年年度股东大会和公司二届董事会六次会议通过的决议，公司董事长、独立董事、总经理等高级管理人员实行年薪制，在公司领取薪酬；其余 5 名董事均不在本公司领取薪酬；公司 7 名监事中有 2 人在公司按原岗位领取薪酬。

在本公司领取薪酬的董事、监事和高级管理人员共 11 名年度报酬总额为 46 万元，金额最高的前三名董事、高级管理人员年度报酬总额为 18 万元。

在本公司领取薪酬的董事、监事和高级管理人员本年度薪酬范围 2.0–8.0 万元，其中 2.0–3.9 万元的 1 人、4.0–5.9 万元的 8 人、6.0–8.0 万元的 2 人(含税)

独立董事 2003 年薪酬为每人 3.6 万元(含税)

董事古共伟、崔基道、叶明星、敬宏、曹永红，监事薛正儒、王平、张进、傅旭、范汝新在股东单位领取报酬。

四、报告期内董事、监事、高级管理人员聘任及离任情况及原因

2003 年 4 月 7 日公司召开第二届董事会第六次会议，董事会聘任王学再先生为公司副总经理，任期至 2005 年 9 月。

2003 年 6 月 15 日召开的公司 2002 年年度股东大会审议通过了因股权变动，根据工作需要同意王晓东先生、黎成宜先生辞去公司董事职务，王宇人先生辞去公司监事职务；同时选举曹永红先生、敬宏先生为公司董事，王平为公司监事，任期至 2005 年 9 月。

2003 年 6 月 15 日公司召开的第二届董事会第七次会议，选举敬宏先生为公司副董事长，任期至 2005 年 9 月；聘任谭宜成先生为公司副总经理，任期至 2005 年 9 月。

为满足独立董事至少占董事会成员的 1/3 的要求，2003 年 11 月 29 日，公司召开 2003 年临时股东大会，审议通过了同意王华先生、范汝新先生、傅旭先生辞去二届董事会董事职务，增补王健先生为独立董事；并通过了关于增补范汝新先生、傅旭先生为公司监事的议案。

五、公司员工情况

截止 2003 年 12 月 31 日，公司在册职工总数 908 人，其中在册在岗员工 737 人，离岗休养 161 人，待岗 10 人。其构成情况如下：

	生产人员	营销人员	技术人员	财务人员	管理人员
专业构成	299	37	320	22	59
	博士	研究生	本科生	专科生	中专生
教育程度	2	12	181	136	70
职称情况	正高级	高级	中级	初级	
	6	105	156	75	

第五章 公司治理结构

一、公司治理结构现状

(一)公司严格按照《公司法》、《证券法》、《上市公司治理准则》等法律法规及中国证监会颁布的相关规范性文件要求规范运作，建立了较为完善的公司法人治理结构，进一步加强现代企业制度建设。报告期内，公司董事会设立了审计委员会、薪酬与考核委员会和战略与发展委员会，确定了各专业委员会人员组成，对公司重大决策等方面发挥了积极作用。

根据中国证监会发布的《关于在上市公司建立独立董事制度的指导意见》要求，公司董事会成员中独立董事所占比重应不低于 1/3，为此，公司于 2003 年 11 月 29 日召开临时股东大会，调整董事人数，增补独立董事，现公司独立董事人数已达 3 人，占董事会成员的 1/3。

(二)存在的差异及改进措施

公司董事会专门委员会成立以来，尚未全面开展工作，为此，对照《治理准则》及有关法律、法规要求，结合本公司现状，2004 年着手建立完善《董事会专门委员会工作条例》，全面开展工作。

为全面贯彻中国证监会《关于加强上市公司投资者关系管理的通知》精神，公司将在 2004 年完成投资者关系管理工作的建设，制定公司投资者关系管理的工作规范及相关细则；设置专人负责投资者关系管理工作，组织培训；修订和完善信息披露制度；策划、组织、实施有关投资者关系活动等。

二、独立董事履行职责情况

报告期内，根据中国证监会发布的《关于在上市公司建立独立董事制度的指导意见》要求，本公司独立董事人数由 2 人增加到 3 人，占董事会成员的三分之一，专业涵盖法律、会计、化工领域，董事会人员结构和专业结构进一步合理，提高了董事会的科学决策水平。

独立董事自任职以来认真参加了报告期内公司的董事会和股东大会，对公司重大生产经营决策、对外投资等重要事项发表专业意见，对独立董事需要发表独立意见的事项都能勤勉尽责；参与公司专业委员会的筹建并担任职务，以推动公司的治理和决策更加规范化、透明化、专业化，从而切实维护广大投资者的利益，促进公司的持续发展。

三、公司与控股股东"五分开"情况

本公司与控股股东西南化工研究设计院在人员、资产、财务、机构、业务上分开，具有独立完整的业务及自主经营能力。具体情况如下：

1、人员分开方面。公司在劳动、人事及工资管理等方面实行独立，公司总经理、副总经理及高级管理人员均在本公司领取薪酬，未在控股股东单位领取薪酬和担任行政职务。

2、资产完整方面。本公司拥有独立的生产系统、采购系统、销售系统和配套设施，工业产权、商标、非专利技术等无形资产均由本公司拥有，资产独立完整，产权清晰。

3、财务独立方面。本公司拥有独立的财务部门，并建立了独立的会计核算系统和财务管理制度，并在银行独立开户，依法独立纳税。

4、机构独立方面。本公司设立了完全独立于控股股东的组织机构，拥有独立的决策管理机构和完整的职能部门，公司设有科技产业部、财务部、人力资源部、市场营销部、质量管理部、项目管理部、储运部、证券部和总经理办公室。

5、业务分开方面。本公司在业务方面独立于控股股东，具有独立完整的业务及自主经营能力。控股股东没有超越股东大会和董事会直接或间接干预公司的经营管理。

四、公司高管人员激励机制

公司高级管理人员实行年薪制与奖金与利润挂钩的奖励制度。

第六章 董事会报告

一、报告期内公司经营情况讨论与分析

2003 年公司根据董事会的要求和决策，围绕着发展产业，提高经济效益为目标，对外紧抓市场，强化营销和市场开拓；对内进行产业机构调整，精简管理机构，全面提升管理水平，对独立核算的二级机构实行"工效挂钩"的承包方式，对泸州分公司生产条件保障和计量系统，加大了技改投入的力度，对沿用多年的薪酬制度进行了较大力度的调整；加强质量管理，通过了 ISO9001/2000 质量体系的认证 2003 年公司主要产业的对外销售合同额和销售收入创历史最好水平，为公司今后步入良性发展奠定了坚实的基础。公司 2003 年全年主营业务收入为 19324.25 万元，比上年增长 26.99%；2003 年实现净利润 3366.23 万元，比上年增长 154.72%。

二、公司生产经营情况

(一)主营业务的范围及其经营状况

公司主营业务范围为碳一化学技术及催化剂，变压吸附气体分离技术及装置，合成芳樟醇、维生素 E 系列及精细化工产品、工业气体的研制、开发、生产、销售、技术服务及相关的工程设计与工程承包。本公司生产、经营及技术的出口业务；本公司生产所需的原辅材料、仪器仪表、机械设备、零配件及技术的进口业务；来料加工和"三来一补"业务。

2003 年度公司的主要业务中产品一(指碳一化学技术和变压吸附气体分离技术及装置、工程开

发设计、技术服务、工程承包等)的收入和利润上升;产品二(指催化剂系列、精细化工产品、活性炭等)收入和利润与上年基本持平;产品三(指工业气体产品)收入和利润上升。

主营业务分产品情况 单位:万元

项目	2003年主营业务收入	2002年主营业务收入	主营业务收入增减(%)	2003年主营业务利润	2002年主营业务利润	主营业务利润增减(%)
产品一	12663.16	9350.02	35.43	4793.42	2394.15	100.21
产品二	5282.54	5039.90	4.81	948.49	962.87	-1.49
产品三	1378.55	827.81	66.53	310.60	180.85	71.74
合计	19324.25	15217.73	26.99	6052.51	3537.87	71.08

主营业务分地区情况

地区	主营收入额(万元)	占主营收入的比例(%)	地区主营成本占全部主营成本的比例(%)
西南地区	6218.07	32.18	31.55
西北地区	1889.91	9.78	10.80
华南地区	735.63	3.81	4.10
华东地区	2664.69	13.79	11.72
华中地区	2897.48	14.99	15.08
华北地区	3792.02	19.62	20.55
东北地区	1126.46	5.83	6.20
合计	19324.26	100.00	100.00

(二)占主营业务收入和主营业务利润10%以上的主要产品情况

主要产品名称	2003销售收入(万元)	产品销售成本(万元)	2003年毛利率
产品一	12663.16	7835.06	38.13
产品二	5282.54	4305.77	18.49

(三)主营业务及其结构发生重大变化的原因说明、主营业务盈利能力(毛利率)与上年相比发生重大变化的原因说明

本公司2003年度净利润较上年度上升154.72%,主要是由于:本年度主营业务收入增加;本年度主营业务的毛利率上升;本年度的投资收益增加。

(四)主要供应商、客户情况:

项目	采购、销售(万元)	金额占年度采购(销售)比例%
前五名供应商	2419.17	16.56
前五名销售商	2659.21	13.76

三、主要控股公司及参股公司的经营情况及业绩

1、公司投资480万元(占60%,并垫付450万元流动资金)与北方涂料化工研究设计院(技术及现金,占40%)共同组建成立四川天科科瑞涂料助剂有限公司,由于合资的技术和管理原因,产品质量和价格缺乏市场竞争力,一直处于停产状态,2003年亏损严重,2004年要下决心解决合资问题和产品问题。

2、参股320万元(占40%)的武汉天科气体发展有限公司,2002年8月开始投产,本年度无收益。

3、参股10%(本公司投资100万元)的兰州科瑞涂料有限公司,本年度无收益。

4、参股40%(本公司投资1152万元)的贡嘎神汤温泉有限公司,2003年5月正式营业。本公司对该项投资采用权益法核算,2003年度确认投资损失为551,936.84元。

5、参股30%(本公司投资900万元)的内江天科化工有限公司,因公司尚处于试生产阶段,2003年度末确认投资损益。

6、参股投资100万元的四川制动科技股份有限公司(拟上市公司),本年度未分红。

7、参股投资100万元的自贡鸿鹤精细化工股份有限公司(拟上市公司),本年度未分红。

8、本公司出资2,700.00万元(占注册资本的90%)与四川省创灏投资管理有限公司共同出资组建四川天科投资有限公司,本年度无收益。

9、本公司以现金方式出资玖佰万元(900万元,占29.51%)人民币,与成都长田实业投资有限公司等单位共同组建"宜宾天科煤化工有限公司"。该公司注册资金为3050万元人民币。甲醇装置正在进行建设,2004年12月建成并试车。

10、本公司(现金方式出资270万元,占90%)与西昌家居管道液化气公司(现金方式出资30万元,占10%)共同组建成立西昌燃气有限责任公司进行民用燃气等清洁燃料及燃具、加热器、阀门等配件的生产、经营。2003年已完成所有用于民用燃气所报批的文件及标准,并已获得四川省建设厅批准。目前,正在试点推广,本年度无收益。

四、公司投资情况

截止报告期末,本公司募集资金项目和非募集资金项目的投资金额总计为16847.14万元。

(一)募集资金项目投资情况

本公司2000年12月25日以上网定价发行方式向社会公众公开发行了人民币普通股4500万股,每股面值1.00元,每股发行价6.58元,扣除发行费用后共募集资金28321.60万元,截止2003年12月31日,用于招股说明书承诺建设的投资项目16027.19万元(包括在建工程、预付款、工程备料等),补充公司流动资金310.60万元,余额存入银行。具体情况如下:

1、变压吸附供气中心项目

计划总投资4570万元,预计投产后年收益735万元。投入资金6589.29万元。

(1)总公司供气中心项目共投入资金2171.88万元,于2002年8月竣工投产。

(2)泸州分公司供气中心项目投入资金1500.64万元,于2002年11月完成。

(3)武汉供气分公司供气中心项目(武汉光谷项目)供气站装置投入资金2916.74万元,于2002年9月竣工投产。

供气中心项目2003年12月31日前共收益300万元。

2、PSA专用吸附剂项目

计划总投资3975万元,预计投产后年收益723万元。已投入资金2151.10万元。

计划在绵阳建设PSA专用吸附剂项目,目前,正在筹备建设碳分子筛装置,并在宁夏石嘴山市设立分公司,租赁活性炭厂进行经营。

3、PSA特种阀门项目

计划总投资2155万元,预计投产后年收益340万元。已投入资金2691.94万元。

(1)总公司投入资金2460.83万元,于2002年8月竣工投产。

(2)泸州分公司投入资金231.11万元。

PSA特种阀门项目2003年12月31日前共收益200万元。

4、年产3000吨二乙甲酯项目

计划总投资4946万元,预计投产后年收益860万元。已投入资金727.94万元。

原计划在四川省大邑县建设,已完成征地及前期工程和办公楼的建设等工作,并完成工程设计工作。后因产品市场变化及受国外产品的冲击等原因,造成产品价格、成本与国外竞争不利,故拟将该项目取消。现正在编制项目变更可性行研究报告。

5、催化剂生产装置改扩建项目

计划总投资2975万元,预计投产后年收益804万元。已投入资金2876.41万元。

(1)总公司负载型甲醇催化剂装置的建设已完成,投入资金134.04万元。

(2)泸州分公司镍系催化剂改扩建工程投入资金2742.37万元,于2003年3月竣工投产。

催化剂改扩建工程项目2003年12月31日前共收益300万元。

6、CO超临界萃取天然植物有效成份装置

计划总投资4680万元,预计投产后年收益1405万元。已投入资金739.55万元。

已完成部分产品的工业性试验、工程设计等工作。因市场情况变化,拟将该项目取消。现正在编制项目变更可性行研究报告。

7、年产3万吨超微细重质碳酸钙湿法生产装置

计划总投资4710万元,预计投产后年收益787万元。已投入资金251.30万元。

根据市场情况,拟将该项目取消。现正在编制项目变更可性行研究报告。

8、补充公司流动资金310.60万元。

(二)非募集资金项目情况

见"第七章三、主要控股公司及参股公司的经营情况及业绩"内容

五、财务状况、经营成果分析

(一)增减变动在30%以上会计科目及简要说明 (单位:万元)

项目	2003年末	2002年末	变动(%)
货币资金	16412.41	11217.10	46
短期投资	4425.00	11120.00	-60
应收票据	1217.39	526.02	31
应收账款	4674.42	3483.60	34
预付账款	1473.33	884.00	67
固定资产原价	23288.40	11624.60	100
在建工程	717.21	9615.81	-93
应付账款	2085.84	1427.42	46
预收账款	620.50	218.29	184
应付福利费	115.91	24.50	373
应交税金	400.98	80.63	397
其他应付款	550.41	399.98	38
管理费用	1933.25	1017.26	90
投资收益	547.91	-109.95	-
营业外支出	294.76	13.35	2108

项目	变动情况及原因
货币资金	销售收入增加和委托理财资金收回
短期投资	收回委托管理资金
应收票据	销售收入增加和加大催款力度
应收账款	主营业务收入增加,使应收账款相应增加
预付账款	预付安装工程用设备及原材料款项增加
固定资产原价	在建工程完工转入固定资产、外购固定资产
在建工程	工程竣工转入固定资产
应付账款	生产经营规模扩大,采购原材料入库增加
预收账款	按合同进度预收化工设施建设工程款增加
应付福利费	职工医疗福利费开支,尚未支用的余额
应交税金	应交增值税增加
其他应付款	计提医保费和社保等费用比实际支付数大
管理费用	社保增加及合并会计报表范围变化
投资收益	收回委托理财
营业外支出	支付离退养人员费用增加

(二)主要技术与产品经营情况

1、主要技术与产品基本情况

变压吸附所全年销售收入实现历史性的突破,在甘肃银光和山西天脊化工两个重大项目投标中,一举中标,两个项目成交额7300余万元,创历史之最,完成了十多项新技术的研究开发、工业化应用研究,进行了专利的申报登记工作,不断拓宽新的市场。催化剂总厂2003年通过调整产业结构实现了有效资源的整合,实施产、供、销、售后服务一体化的模式后,通过强化管理,节能降耗,加大技术创新,并克服了原材料大幅涨价等困难,控制了生产成本,提高产品竞争力和市场份额,生产和销售都取得了明显成绩。工程公司今年不但在传统项目上增加了市场份额,而且开辟新领域,扩大经营范围,各项工作创下历史最好水平。气体工程技术研究所完成了气体标准化研究、气体标准物质的研究和定值工作,并进行了笑气放大实验的设计、制造、安置、调试工作。气检方面完成了全省气体产品定期检验任务。有机化工总厂为扭转亏损局面,首次对厂长进行公开竞聘,通过产业结构调整、降耗增效,加强技术改造和技术合作,全年完成了公司下达减亏100万元的指标,为明年进一步减亏奠定了基础。

2、收入及利润较大幅度上升的原因

本公司2003年度净利润较上年度上升154.72%,主要是由于:(1)本年度主营业务收入增加;(2)本年度主营业务的毛利率上升;(3)本年度的投资收益增加。

六、2004年公司工作对策和计划

(一)加大市场开发,完善市场结构,特别是国际市场开发,努力提高销售收入,争取更多技术软件交易收入。

(二)加强内部管理,提高经济运行质量和企业赢利能力

(1)制定财务、收支预算;费用控制预算;

(2)制定、完善经济实体生产成本、费用控制办法、物资采购管理办法;

(3)完善公司内部岗位考核、定岗竟岗、工效挂钩办法;

(4)公司内部部门和各级各类人员的目标责任制

(5)加强对外投资管理,提高对外投资项目赢利能力

(三)加快产品结构调整步伐,优化产品结构,抓紧抓好甲醇项目和吉林省四平供气项目建设

(四)大力推进技术创新,新产品开发和有自主知识产权的新技术研发

(五)深化公司内部体制和机制改革,完善管理体系和制度

七、生产经营环境以及宏观政策、法规变化对公司产生的影响

受国际环境的影响,石化原材料价格上涨,导致有机化工产品成本上升,但由于本公司有机化工产品所占份额较小,不是影响本公司收益的主要因素。

八、董事会日常工作情况

(一)董事会的会议情况及决议内容

本年度公司董事会严格遵照公司章程和股东大会所赋予的职权，结合公司生产经营的需要，全年共召开了九次会议。会议的召开、表决及信息披露符合《公司法》和《公司章程》等有关法律法规的要求。现将董事会会议介绍如下：

1、第二届董事会第五次会议于2003年3月3日以通讯会议召开。会议审议通过了总经理提出的《泸州分公司产业机构改革方案》的报告

2、第二届董事会临时会议于2003年3月21日召开。会议审议通过了本公司控股股东西南院所持天科股份部分国有股权转让事宜。

公告刊登在2003年3月25日《中国证券报》《上海证券报》

3、第二届董事会第六次会议于2003年4月7日召开。会议审议通过了总经理工作报告；财务报告；董事会工作报告；年度报告及摘要；利润分配的预案；董事薪酬及董事、监事的奖励；高级管理人员薪酬和奖励标准；审计机构报酬及续聘审计机构；续聘公司证券事务法律顾问；资产管理有关事项；设立战略发展委员会；聘任王学再为公司副总经理；召开公司股东大会。

公告刊登在2003年4月10日《中国证券报》《上海证券报》

4、第二届董事会临时会议于2003年4月25日召开。会议审议通过了本公司2003年第一季度报告

5、第二届董事会通讯会议于2003年5月8日以传真和送达方式召开。会议审议通过了3万吨/年重质碳酸钙粉体项目的书面讨论意见

6、第二届董事会第七次会议于2003年6月15日召开。会议审议通过了选举敬宏为公司副董事长；聘任谭宜成为公司副总经理；调整公司董事、增加独立董事；与控股股东续签关联交易协议。

公告刊登在2003年6月17日《中国证券报》《上海证券报》

7、第二届董事会第八次会议于2003年8月15日召开。会议审议通过了公司半年度报告及摘要；调整公司董事；增补独立董事；修改公司章程；召开临时股东大会。

公告刊登在2003年8月19日《中国证券报》《上海证券报》

8、第二届董事会第九次会议于2003年10月24日召开。会议审议通过了公司第三季度报告；编制《2004年公司经营计划》和《公司3-5年发展规划》的决议；设立投资公司。

公告刊登在2003年10月28日《中国证券报》《上海证券报》

9、第二届董事会第十次会议于2003年11月29日召开。会议审议通过了学习、执行中国证监会、国资委和成都证管办《关于规范上市公司与关联方资金往来及上市公司对外担保若干问题的通知》；编制《募集资金项目变更可行性报告》；聘任公司证券事务代表；成立四川天一科技股份有限公司宁夏吸附剂分公司。

公告刊登在2003年12月2日《中国证券报》《上海证券报》

(二)董事会对股东大会决议的执行情况

报告期内，董事会行使股东大会赋予的职权，认真地执行了股东大会通过的各项决议。公司董事会对2002年度股东大会决议的执行情况如下：

公司2002年度股东大会审议通过了2002年度利润分配方案：以2002年12月31日总股本195,573,391股为基数，向全体股东按每10股分配现金股利0.40元(含税)。公司于2003年7月9日刊登分红派息公告，派发股息的股权登记日为2003年7月14日，除息日为2003年7月15日，社会公众股红利的派发日为2003年7月21日。该项利润分配方案已按期实施完毕。

(三)本年度利润分配预案和资本公积金转增股本预案

经四川君和会计师事务所审计确认，本公司2003年度实现净利润33,662,271.71元，按10%提取盈余公积3,366,227.17元；按5%提取盈余公益1,683,113.59元，本年可分配利润28,612,930.95元，连同上年滚存未分配利润5,967,159.82元，合计可分配利润34,580,090.77元。本年度按2003年12月31日末总股本195,573,391股为基数，向全体股东按每10股分配现金股利1.00元(含税)，实际分配19,557,339.10元，经本次分配后2003年末分配利润15,022,751.67元，滚入下一年度。

本预案须经2003年度股东大会审议通过后实施。

七、其他报告事项

1、公司选定的信息披露报刊为《上海证券报》、《中国证券报》，未变更信息披露报刊。

2、四川君和会计师事务所《关于四川天一科技股份有限公司大股东及其关联方资金占用及违规担保情况的专项审核意见》[君和审字(2004)第1037号]：

根据中国证监会[证监发(2003)56号]《关于规范上市公司与关联方资金往来及上市公司对外担保若干问题的通知》的规定，对2003年度该公司大股东及其他关联方资金占用情况和违规担保进行了专项审计。现将有关情况意见报告如下：

资金占用和担保情况表　(万元)

资金占用方的名称	与本公司的关系	资金占用原因	2003年末余额	累计占用金额	资金占用方式	担保
西南化工研究设计院	占股本的29.05%，为第1大股东	货款、水电气费	428.74	674.55	其他应收款，预付账款	无
自贡市天立压力容器制造有	第1大股东的关联企业有限公司	货款	−39.42	630.00	应收账款	无
泸州市纳溪区天兴物业管理	第1大股东的关联企业有限公司	货款	60.61	62.61	其他应收款	无
浙江芳华日化集团物资经营有限公司	本公司董事叶明星是该公司的法定代表人	货款	152.49	179.27	应收账款	无
合计			602.41	1595.19		

经审核，未发现天科股份公司及其他控股子公司对天科股份公司控股股东及其控股股东所属企业提供担保的情况。

3、公司独立董事关于对外担保情况的专项说明及独立意见：

根据证监发(2003)56号《关于规范上市公司与关联方资金往来及上市公司对外担保若干问题的通知》精神，我们本着实事求是的态度，对四川天一科技股份有限公司对外担保的情况进行了认真负责的核查和核实，现就有关问题说明如下：

经我们审慎查验，该公司于2002年9月29日对其参股30%的子公司内江天科化工有限公司提供了1440万元的贷款担保，期限2002年9月29日---2008年9月28日。该项担保不符合《通知》中关于"不得给控股50%以下的子公司担保"的规定，但属于通知前的事实，且已无法纠正。内江天科化工有限公司的环已酮项目已建成，目前正在试产，市场状况良好。在本公司2003年11月29日召开的第二届董事会第十次会议上，全体董、监事，高管人员认真学习了《通知》精神，并保证以后严格按《通知》规定进行对外担保。

除此以外，公司没有为控股股东其他关联方、任何非法人单位或个人提供担保，控股股东及其他关联方也未强制公司为他人提供担保。

第七章　重要事项

一、重大诉讼、仲裁事项

报告期内，公司各项经营业务活动正常无重大诉讼、仲裁事项。

二、收购及出售资产、吸收合并事项

无重大收购及出售资产、吸收合并事项

三、重大关联交易事项

1、关联交易价格

本公司从关联方购入物资和接受劳务以及向关联方销售产品均执行市场公允价格，无任何高于或低于正常市场价格的情况。

2、向关联方采购货物(购买的非标准设备)

企业名称	2003年度(万元)	2002年度(万元)
自贡市天立压力容器制造有限公司	456.76	534.90

3、向关联方销售货物及提供技术服务

企业名称	2003年度(万元)	2002年度(万元)
西南化工研究设计院	456.70	–
内江天科化工有限责任公司	221.94	–

4、购销商品、提供劳务发生的关联交易

(1)本公司向西南化工研究设计院收取的水、电、气费如下：

项目	2003年度(万元)	2002年度(万元)
水、电、气合计	208.94	221.94

(2)本公司向泸州市纳溪区天兴物业管理有限公司收取的水、电、气费如下：

项目	2003年度(万元)	2002年度(万元)
水、电、气合计	62.61	--

5、公司与关联方债权、债务关系

项目	2003年末(万元)	2002年末(万元)
应收账款		
浙江芳华日化集团物资经营有限公司	152.49	179.27
内江天科有限责任公司	80.76	--
其他应收款		
西南化工研究设计院	387.17	197.29
内江天科有限责任公司	1.02	1.02
西昌天科燃气有限公司	0.78	
泸州市纳溪区天兴物业管理有限公司	60.61	--
应付账款		
自贡天立压力容器制造有限公司	39.42	135.01
预付账款		
西南化工研究设计院	41.56	--

6、担保情况

本公司为关联方内江天科化工有限责任公司的人民币1440万元银行借款提供连带责任保证。连带责任保证期间自2002年9月29日起至2008年9月28日止。

单位名称	交易内容	金额(万元)
内江天科化工有限责任公司	本公司为其贷款担保	1440

四、公司托管、承包、租赁其他公司资产或其他公司托管、承包、租赁本公司资产的事项。

2003年11月21日，本公司与宁夏博力活性炭有限公司签定《承包租赁协议》，并经宁夏回族自治区石嘴山市大武口区公证处[(2003)石大证字第1278号]公证。协议约定：本公司租赁宁夏博力活性炭有限公司现有的活化生产线、炭化生产线及厂房和全部配套设施、辅助设施以及办公场所和厂区内的土地使用权，租赁期限：2004年1月7日至2009年1月7日，每年租金为33.00万元。

五、报告期内公司聘任的会计师事务所为四川君和会计师事务所有限责任公司，年报审计费用为25万元，没有发生解聘情况。

六、报告期内公司其它重大合同。

受托人	金额万元	委托期限	约定收益	实际收益万元
华德资产管理有限公司	4000	2002.4.23-2003.4.23	≥4%	444.1
大鹏证券有限责任公司	2200	2002.6.1-2003.6.1	≥4.5%	228.7
新疆金新信托投资股份有限公司	1000	2002.7.15-2003.7.15	≥4%	40
新疆金新信托投资股份有限公司	1000	2002.8.8-2003.8.8	≥4%	40
深圳振峰投资发展有限公司	1500	2002.10.5-2004.1.31	6%	报告期内未到期注①
上海兰燕化工公司	1500	2002.10.5-2004.1.31	6%	报告期内未到期注②

期后事项说明：

注①2004年3月11日签定协议：本公司将委托给深圳振峰投资发展有限公司全部投资转让给成都博宏实业发展有限公司，本公司收回投资本金1500万元，无收益。经本次转让后原投资的权利、义务及经济法律关系由成都博宏实业发展有限公司享有和承担。

注②2004年3月12日签定协议，本公司将委托给上海兰燕化工公司全部投资转让给成都博宏实业发展有限公司，本公司收回投资本金1500万元，无收益。经本次转让后原投资的权利、义务及经济法律关系由成都博宏实业发展有限公司享有和承担。

七、报告期内公司没有更改名称或股票简称。

八、公司或持股5%以上股东对公开披露承诺事项的履行情况：本公司在2000年12月上报中国证监会《公开发行股票申报材料》和《招股说明书》中载明的承诺都得到有效履行。只有如下一个承诺没有履行：

本公司控股股东-西南院和本公司为了节约搬迁费用，相互租赁了部分办公用房，每年按租赁面积差额结算费用。双方承诺：本公司股票上市后三年内，将办公用房彻底分开，届时将不再互相租赁办公用房。由于管理方面和出于节约原因，不再互相租赁办公用房承诺没有履行。

九、报告期内，公司、公司董事会及董事、高级管理人员未受到中国证监会稽查、中国证监会行政处罚、通报批评、证券交易所公开谴责的情况，也没有被其他行政管理部门处罚的情况。

第八章　备查资料目录

一、载有法定代表人、财务总监、会计主管人员签名并盖章的会计报表；

二、载有会计师事务所盖章、注册会计师签名并盖章的审计报告原件；

三、报告期内在中国证监会指定报纸上公开披露过的所有公司文件的正本及公告的原稿。

公司董事长：冯孝庭(签名)

四川天一科技股份有限公司董事会

2004年3月13日

北京巴士股份有限公司

北京巴士股份有限公司2003年年度报告

重要提示

本公司董事会及其董事保证本报告所载资料不存在任何虚假记载、误导性陈述或者重大遗漏,并对其内容的真实性、准确性和完整性负个别及连带责任。

独立董事宁骚先生因公外出,未出席本次会议。

公司董事长张国光先生、总经理龚绍清先生、总会计师张莉萍女士及财务部负责人马京明先生声明:保证年度报告中财务会计报告的真实、完整。

一、公司基本情况简介

(一)公司法定中、英文名称及缩写
公司法定中文名称:北京巴士股份有限公司
公司中文名称缩写:北京巴士
公司英文名称:BEIJING BASHI CO.,LTD
(二)公司法定代表人:张国光
(三)公司董事会秘书:傅世学
证券事务代表:汤世华
联系地址:北京市海淀区紫竹院路32号
电话:010-68477383
传真:010-68731430
电子信箱:BJBASHI @BTAMAIL.NET.CN
(四)公司注册地址:北京市海淀区紫竹院路32号
公司办公地址:北京市海淀区紫竹院路32号
邮政编码:100044
公司国际互联网网址:WWW.NEWBJBUS.COM
公司电子信箱:BJBASHI @BTAMAIL.NET.CN
(五)公司选定的信息披露报纸名称:《中国证券报》、《上海证券报》
登载公司年度报告的中国证监会指定国际互联网网址:HTTP://WWW.SSE.COM.CN
公司年度报告备置地点:北京市海淀区紫竹院路32号北京巴士股份有限公司证券部
(六)公司股票上市交易所:上海证券交易所
股票简称:北京巴士
股票代码:600386
(七)其他有关资料:
公司首次注册或变更注册登记日期、地点:
1999年6月 北京市工商管理局
企业法人营业执照注册号:1100001045426(2-2)
税务登记号码:11010870022577X
公司聘请的会计师事务所名称、办公地址:
北京京都会计师事务所有限责任公司北京市朝阳区建国门外大街22号

二、会计数据和业务数据摘要

(一)本年度主要利润指标 单位:元

利润总额	70,290,965.29
净利润	66,632,855.46
扣除非经常性损益后的净利润	-59,519,394.43
主营业务利润	205,959,885.41
其他业务利润	49,013,635.24
营业利润	-36,857,780.50
投资收益	201,213.72
补贴收入	110,080,000.00
营业外收支净额	-3,132,467.93
经营活动产生的现金流量净额	399,903,420.22
现金及现金等价物净增加额	18,020,349.35

注:扣除的非经常性损益包括:

投资收益	-366,031.50
补贴收入	110,080,000.00
财政贴息	19,490,374.60
营业外收入	5,110,646.99
营业外支出	-8,162,740.20
合计	126,152,249.89

(二)公司近三年主要会计数据及财务指标

1、主要会计数据 单位:人民币元

	2003年	2002年	本年比上年增减(%)	2001年
主营业务收入	1,641,330,850.78	1,418,525,071.00	15.71	952,128,416.22
利润总额	70,290,965.29	169,869,241.35	-58.62	120,240,791.35
净利润	66,632,855.46	119,940,606.71	-44.45	70,762,021.41
扣除非经常性损益的净利润	-59,519,394.43	101,763,371.99	-158.49	68,360,780.63
	2003年末	2002年末	本年末比上年末增减(%)	2001年末
总资产	2,987,106,868.52	2,392,548,476.80	24.85	2,222,885,645.09
股东权益(不含少数股东权益)	1,229,556,541.27	1,242,270,336.29	-1.03	1,121,529,007.73
经营活动产生的现金流量净额	399,903,420.22	275.701,715.96	45.05	134,834,101.95

2、主要财务指标 单位:人民币元

	2003年	2002年	本年比上年增减(%)	2001年
每股收益	0.26	0.48	-45.83	0.28
净资产收益率	5.42	10.33	-47.53	6.31
扣除非经常性损益的净利润为基础计算的净资产收益率	-4.84	8.76	-144.75	6.40
每股经营活动产生的现金流量净额	1.59	1.09	45.78	0.54
	2003年末	2002年末增减(%)	本年末比上年末	2001年末
每股净资产	4.88	4.93	-1.01	4.45
调整后的每股净资产	4.71	4.80	-1.88	4.38

(三)报告期利润表附表

2003年度利润	净资产收益率(%)		每股收益(元)	
	全面摊薄	加权平均	全面摊薄	加权平均
主营业务利润	16.75	16.14	0.82	0.82
营业利润	-3.00	-2.89	-0.15	-0.15
净利润	5.42	5.22	0.26	0.26
扣除非经常性损益后的净利润	-4.84	-4.66	-0.24	-0.24

(四)报告期内股东权益变动情况 单位:人民币元

项目	期初数	本期增加	本期减少
股本	252,000,000	--	--
资本公积	791,271,284.71	1,293,349.52	--
盈余公积	111,864,268.79	24,932,056.02	--
其中:法定公益金	43,963,875.12	12,466,028.01	--
未分配利润	87,134,782.79	66,632,855.46	105,572,056.02
股东权益合计	1,242,270,336.29	92.858,261.00	105,572,056.02

项目	期末数	变动原因
股本	252,000,000	--
资本公积	792,564,634.23	收到税收返还
盈余公积	136,796,324.81	本期提取
其中:法定公益金	56,429,903.13	本期提取
未分配利润	48,195,582.23	本期分配及盈利
股东权益合计	1,229,556,541.27	

三、股本变动及股东情况

(一)股份变动情况表

公司股份变动情况表 数量单位:万股

	本次变动前	本次变动增减(+,-)						本次变动后
		配股	送股	公积金转股	增发	其他	小计	
一、未上市流通股份								17200
1、发起人股份	17200							17200
其中:								
国家持有股份								
境内法人持有股份	17200							17200
境外法人持有股份								
其他								
2、募集法人股份	0							0
3、内部职工股	0							0
4、优先股或其他	0							0
未上市流通股份合计	17200							17200
二、已上市流通股份								
1、人民币普通股	8000							8000
2、境内上市的外资股								
1、境外上市的外资股								
2、其他								
已上市流通股份合计	8000							8000
三、股份总数	25200							25200

(二)股票发行上市情况

北京巴士股份有限公司于1999年6月18日发起设立,总股份为17200万股。2001年1月4日,公司在上海证券交易所发行8000万股人民币普通股(A股),发行价为每股9.92元。发行后公司总股本为25200万股,普通股于2001年2月16日起在上海证券交易所上市交易。

(三)股东情况

1、报告期末股东总数:37144户。

2、主要股东持股情况

2003年12月31日在册,拥有公司股份前十名股东持股情况 单位:股

股东名称	年度内增减	年末持股数量	比例(%)	质押或冻结的股份数量
北京公共交通总公司	0	170280000	67.57	0
丰和价值证券投资基金	5981666	9748208	3.87	不详
华夏成长证券投资基金	3184210	3184210	1.26	不详
中信证券股份有限公司	3112420	3112420	1.24	不详
泰和证券投资基金	-1022676	2298912	0.91	不详
嘉实增长开放式证券投资基金	1686083	1686083	0.67	不详

全国社保基金一零六组合	1351195	1351195	0.54	不详
海富通精选证券投资基金	1137006	1137006	0.45	不详
博时价值增长证券投资基金	-1681812	1003310	0.40	不详
银丰证券投资基金	-11893	975751	0.39	不详

股东名称	股份性质
北京公共交通总公司	国有法人股
丰和价值证券投资基金	社会公众股
华夏成长证券投资基金	社会公众股
中信证券股份有限公司	社会公众股
泰和证券投资基金	社会公众股
嘉实增长开放式证券投资基金	社会公众股
全国社保基金一零六组合	社会公众股
海富通精选证券投资基金	社会公众股
博时价值增长证券投资基金	社会公众股
银丰证券投资基金	社会公众股

公司前十名股东中，丰和价值、泰和基金、嘉实增长同属于嘉实基金管理有限公司，其他股东未知有关联关系或一致行动关系。

3、公司控股股东情况

公司控股股东为北京市公共交通总公司，是国有独资企业，持有公司67.57%的股份，成立于1980年7月1日，法定代表人为郑树森，注册资本人民币84425万元。主要经营范围为：汽车客运、客车修理。

4、2003年12月31日在册，拥有公司股份前　十名流通股股东持股情况

股东名称	年末持股数量(股)
丰和价值证券投资基金	9748208
华夏成长证券投资基金	3184210
中信证券股份有限公司	3112420
泰和证券投资基金	2298912
嘉实增长开放式证券投资基金	1686083
全国社保基金一零六组合	1351195
海富通精选证券投资基金	1137006
博时价值增长证券投资基金	1003310
银丰证券投资基金	975751
爱建证券有限责任公司	885536

公司前十名流通股股东中，丰和价值、泰和基金、嘉实增长同属于嘉实基金管理有限公司，其他股东未知有关联关系或一致行动关系。

四、董事、监事、高级管理人员和员工情况

(一)董事、监事和高级管理人员情况

1、基本情况

姓　名	职务	性别	年龄	任期起止日期	年初持股数	年末持股数
张国光	董事长	男	53	2003年4月-2005年6月	0	0
龚绍清	副董事长、总经理	男	56	2003年4月-2005年6月	0	0
张家骥	副董事长	男	51	2003年4月-2005年6月	0	0
直军	董事	男	42	2002年6月-2005年6月	0	0
董杰	董事	男	46	2002年6月-2005年6月	0	0
石曙光	董事	男	45	2003年6月-2005年6月	0	0
龙涛	独立董事	男	51	2002年6月-2005年6月	0	0
张国伍	独立董事	男	74	2002年6月-2005年6月	0	0
宁骚	独立董事	男	60	2002年6月-2005年6月	0	0
任绪贵	监事会主席	男	52	2003年6月-2005年6月	0	0
崔铁山	监事	男	53	2002年6月-2005年6月	0	0
王燕萍	监事	女	48	2002年6月-2005年6月	0	0
王茂深	副总经理	男	52	2002年6月-2005年6月	0	0
蔡连齐	副总经理	男	47	2002年6月-2005年6月	0	0
汤世华	副总经理	男	46	2002年6月-2005年6月	0	0
刘玉祥	副总经理	男	52	2002年6月-2005年6月	0	0
吕先琦	副总经理	男	48	2002年6月-2005年6月	0	0
郑长路	副总经理	男	46	2003年4月-2005年6月	0	0
傅世学	董事会秘书、副总经理	男	30	2002年6月-2005年6月	0	0
张莉萍	总会计师	女	54	2002年6月-2005年6月	0	0

2、在股东单位任职的董事监事情况

姓名	任职的股东名称	在股东单位担任的职务	任职期间
直军	北京市公共交通总公司	总会计师	1994年10月至今
董杰	北京市公共交通总公司	财务处处长	1995年10月至今
崔铁山	北京市公共交通总公司	审计处副处长	1997年1月至今

(二)年度报酬情况

公司尚未实行高级管理人员年薪制，也未实施任何形式的股权激励计划，公司高级管理人员在公司工资总额的范围内，执行效益结构工资制度。

不在公司领取报酬的董事、监事的报酬由派出的股东单位支付，公司不单独(额外)为其提供工资、津贴、福利，不在公司领取报酬的董事、监事共6人：直军、张家骥、董杰、石曙光、崔铁山、王燕萍。

在公司领取报酬的董事、监事包括：张国光、龚绍清、任绪贵3人，公司根据其在公司担任的职务，按公司工资制度发放劳动报酬，享受相应员工福利，此外公司不在额外提供其他报酬和福利待遇。

公司独立董事龙涛、张国伍、宁骚在公司领取独立董事津贴，均为3万元，公司不再额外提供其他报酬和福利待遇。

现任董事、监事、高级管理人员在公司领取年度报酬总额78.49万元，共有两名董事在公司领取报酬，报酬总额为15.84万元，在公司领取报酬的金额最高的前三名高级管理人员报酬总额为23.06万元。

公司现任董事、监事和高级管理人员共20人，在公司领取报酬的共11人(不含独立董事)，其中年度报酬数额在8万元以上的1人，在7至8万元之间的9人，在7万元以下的1人。

(三)在报告期内离任、聘任或解聘的董事、监事、高级管理人员情况离任原因

1、2003年4月28日，公司第二届董事会第六次会议审议通过了关于赵文芝女士辞去第二届董事会董事长及董事职务；张国光先生辞去副董事长、总经理职务；梁启贤先生辞去公司总工程师职务的议案。

2、2003年4月28日，公司第二届董事会第六次会议选举张国光先生担任第二届董事会董事长；选举张家骥先生担任公司董事会副董事长；

3、2003年4月28日，公司第二届董事会第六次会议提名石曙光先生为公司第二届董事会董事候选人。

4、2003年4月28日，公司第二届董事会第六次会议聘任龚绍清先生为公司总经理。

5、2003年4月28日，公司第二届董事会第六次会议聘任郑长路先生、傅世学先生为公司副总经理。

6、2003年4月28日，公司第二届监事会第四次会议审议通过关于范琛先生辞去公司第二届监事会主席及监事职务；审议通过关于提名任绪贵先生为第二届监事会监事候选人的议案。

7、2003年6月6日，公司2002年度股东大会选举石曙光先生为公司第二届董事会董事，选举任绪贵先生为第二届监事会监事。

8、2003年6月24日，公司第二届监事会第五次会议选举任绪贵先生为公司第二届监事会主席。根据公司职工代表大会选举，推荐王燕萍以职工代表的身份出任公司第二届监事会监事。

(四)员工情况

截止到2003年12月31日，公司共有在册员工总数25522人。

公司需要承担费用的退休职工人数：

共有退休人数102人享受统筹基金(社会发放的退休费)，其中：81人享受企业补贴费用(如：洗理费、煤火费、住房补贴等)。

其中：在职员工情况：

1、按专业划分

专业	人数	占总人数比例%
管理人员	740	2.9%
司机	11005	43.12%
售票员	10449	40.94%
调度员	524	2.05%
保修人员	1588	6.22%
其他人员	1216	4.77%

2、按教育程度划分

教育程度	人数	占总人数比例%
研究生	21	0.08%
本科	209	0.82%
专科	740	2.9%
中专	2563	10.04%
高中、技校	19899	77.97%
初中	2090	8.19%

五、公司治理结构

(一)公司治理结构情况

上市以来，公司严格按照《公司法》、《证券法》、中国证监会的有关规定和《上海证券交易所股票上市规则》的要求，不断完善公司法人治理结构、建立现代企业制度、规范运作，加强信息披露工作，公司已经制定了《公司章程》、《股东大会议事规则》、《董事会议事规则》、《监事会议事规则》、《总经理工作细则》和《信息披露管理制度》，这些规则和制度符合中国证监会和国家经贸委于2002年1月7日发布的《上市公司治理准则》规范性文件的要求。

1.公司严格按照《公司章程》的有关规定选举产生董事会，公司董事会的人数和人员构成符合法律、法规要求，公司制订了《董事会议事规则》，公司独立董事人数符合中国证监会要求，同时公司建立了独立董事制度。公司董事熟悉相关法律法规，了解责任、权利和义务，工作中勤勉尽职，能充分代表和反映全体股东的利益。

2.公司严格按照《公司章程》的有关规定选举产生监事会，公司监事会的人数和人员构成符合法律、法规要求，公司制定了《监事会议事规则》，监事能以认真、勤勉的工作态度出席会议，本着对全体股东高度负责的精神，认真履行对公司董事、高级管理人员及《公司章程》执行情况、公司财务状况的监督职责。

3.公司高级管理人员的聘任程序符合有关法律、法规和《公司章程》的规定。公司制定了《总经理工作细则》，公司高级管理人员定期向职工代表大会述职并接受评议。公司将进一步完善激励和和约束机制。

4.公司制定了《投资者关系管理规定》，加强投资者对公司监督作用，促进公司与投资者和潜在投资者的有效沟通，努力实现股东利益最大化和公司可持续发展。

5.公司修改和完善了《信息披露管理制度》，加强信息披露工作的管理，规范信息披露行为，确保公司、股东、债权人及其他利益相关人的合法权益。

(二)独立董事履行职责情况

公司制定了《独立董事工作制度》，目前，公司第二届董事会中独立董事已经达到公司董事会人数的1/3。

公司独立董事制度建立后，独立董事认真履行职责，积极出席董事会会议，履行章程赋予的特别职权，审查并批准了公司的重大关联交易，为公司重大决策提供专业及建设性建议，并认真监督管理层的工作，维护了公司和全体股东的合法权益。

(三)公司与控股股东的分开情况

1、人员方面

公司设立专门的机构负责和管理公司的劳动人事及工资工作，并制定了一系列的规章制度对员工进行考核和奖惩。总经理、副总经理、董事会秘书、总会计师等高级管理人员在公司领取报酬，没有在公司股东单位担任职务。

2、资产方面

公司拥有独立完整的生产系统、辅助生产系统和配套设施。

3、财务方面

公司设有独立的财会部门，有独立的财会人员，有独立的会计核算体系和财务管理制度，有独立的银行帐户并依法独立纳税。

4、机构方面

本公司设立了健全的组织机构体系，董事会、监事会等内部机构独立运作，不存在与控股股东职能部门之间的从属关系。

5、业务方面

本公司业务为城市客运、长途客运和公交广告，自主经营，业务完整。

(四)公司报告期内对高级管理人员的考评及激励机制、相关奖励制度

公司总经理直接向董事会负责，接受董事会考核、奖惩。公司高级管理人员承担董事会下达的

生产经营任务，董事会对高级管理人员的业绩进行考核。

公司的管理人员和员工均采用以效益为原则的分配机制，按照公司的经营业绩获取劳动报酬。

六、董事会报告

(一)公司经营情况

1、主营业务的范围及其经营状况

公司主营业务的范围包括：城市公共汽车客运、出租汽车客运、省际公路运输、汽车租赁、修理、公交IC卡、ITS智能交通系统的技术开发、技术转让、技术咨询、技术服务及公交广告等业务。

公司到报告期末，已经拥有运营车辆6393部，运营线路139条，运营线路长度达到6080公里。由于受到上半年SARS的影响，公司的各项业务均受到不同程度的影响，尤其是城市客运和郊区长途客运遭受了前所未有的损失，公司在全力抗击SARS的同时，积极开展生产自救工作，一方面努力增收，另一方面减少成本支出，在市政府的政策支持下，使公司度过了难关，在下半年，公司的生产经营基本恢复正常，达到了去年同期的水平。

报告期内公司主营业务状况按行业划分如下表： 单位:人民币元

行业或分产品	主营业务收入	主营业务成本	毛利率(%)	主营业务收入比上年增减(%)
城市客运	965,065,726.97	903,763,415.10	6.35	-1.10
长途客运	512,554,326.60	429,556,278.57	16.19	80.22
广告行业	162,414,434.21	57,903,275.88	64.35	2.56
合计	1,641,330,850.78	1,392,676,734.87	15.15	15.71
其中：关联交易		24,118,950.71		
关联交易的定价原则	经股东大会审议通过的《车辆加油加气协议》、《土地使用权租赁协议》、《房屋租赁协议》			

分行业或分产品	主营业务成本比上年增减(%)	毛利率比上年增减(%)
城市客运	24.61	-75.26
长途客运	89.56	-20.32
广告行业	-5.81	5.18
合计	37.43	-46.96

其中：关联交易关联交易的定价原则

变化情况分析：

(1)主营业务收入相比上年增长15.15%，主要是长途客运业务增收80.22%，影响因素是相比上年本公司控股子公司八方达公司增资导致长途客运规模扩大1倍以上所致。

(2)主营业务利润相比上年减少41.55%，主要是由于受到SARS的影响客运业务收入下降，比上年同期减少79.53%所致。

(3)毛利率相比上年降低46.96%，主要是由于客运收入减少，主营业务利润率降低所致。

2、主要控股公司经营情况

(1)北京公交广告有限责任公司

北京公交广告有限责任公司是股份公司的控股子公司，公司拥有其99%的股权，该公司注册资本4000万元，法定代表人张家骥。主营业务为设计、制作、代理、发布国内和外商来华广告。截止到报告期末，该公司实现主营业务收入15742.33万元，主营业务成本5697.33万元，实现净利润5484.27万元，总资产35067.34万元。

(2)北京八方达巴士长途客运有限责任公司

北京八方达巴士长途客运有限责任公司是股份公司的控股子公司，公司拥有其52.42%的股权，该公司注册资本35207.57万元，法定代表人龚绍清。主营业务为公共汽车长途客运。截止到报告期末，该公司实现主营业务收入51255.43万元，主营业务成本42955.63万元，实现净利润712.16万元，总资产72458.68万元。

(3)北京巴士汽车租赁公司

北京巴士汽车租赁公司是股份公司的控股子公司，公司拥有其97.75%的股权，该公司注册资本1780万元，法定代表人汤世华。主营业务为汽车租赁等。截止到报告期末，该公司实现主营业务收入129.64万元，主营业务成本145.38万元，实现净利润-37.97万元，总资产1807.82万元。

3、主要供应商客户情况

本公司主要业务为城市客运业务，主营业务收入主要来自于客运票款收入，供应商主要为车辆供应商。

车辆供应商	数量(台)	金额(万元)	占采购总额比重(%)
常州依维柯客车有限公司	400	10472	34.21
北京市京华客车有限责任公司	400	8843	28.89
厦门金龙联合汽车工业有限公司	105	6115	19.97
南京金陵双层客车制造厂	100	5073	16.57
沈阳金杯客车制造有限公司	10	110	0.36
合计	1015	30615	100

4、经营中出现的问题与困难及解决方案

(1)在线路经营上还存在粗放经营的现象，未达到集约、细化经营的标准，低效经营的情况还在一定程度上存在。

(2)资本经营的运做水平不高，还存在资产低效运转的情况。

(3)公司内部考核机制不够健全，考核不严格。

(4)公司多元化经营发展缓慢，新的经济增长点没有真正形成。

(5)公司的场站基础设施还不能适应经营发展的需要。

上述问题的存在，影响着公司的社会效益和经济效益的提高，在2004年中，公司将加大对上述问题的解决力度，通过科学的研究线路，合理配置资源，加大对场站等基础设施的合理投入，严格考核，使公司的经营能够健康、协调的发展。

(二)公司投资情况

1、募集资金使用情况

公司在2001年首次募集到的资金已经于2001年底前全部完成投资，报告期内没有募集资金继续使用的情况。

2、非募集资金投资情况

北京巴士汽车租赁有限责任公司项目

公司于2003年7月27日召开了第二届董事会第七次会议，审议并通过了关于投资组建北京巴士汽车租赁公司的议案。公司投资160万元，占注册资本的80%。

公司于2003年9月28日召开了第二届董事会第八次会议，审议并通过了向北京巴士汽车租赁公司增资的议案。公司单方面增资1580万元，增资后占注册资本的97.75%。目前该公司已经成立，并开始正常经营，于2003年7月纳入公司会计报表合并范围。

(三)公司财务状况

本报告期，公司财务状况较好，北京京都会计师事务所有限责任公司为本公司出具了标准无保留意见的审计报告，具体分析如下：

1、2003年12月31日，公司总资产298710.68万元，较上年度总资产239254.85万元，增长了24.85%，主要是因增加了权益资金和借入资金增加所致。

2、2003年12月31日，公司股东权益122955.65万元，较上年度股东权益124227.03万元，下降了1.03%，主要是因为本年度分配股利比上年度减少所致。

3、2003年度公司主营业务利润20595.99万元，较上年度主营业务利润35235.19万元，降低了41.55%，主要是因为受SARS影响客运收入下降所致。

4、2003年度公司其他业务利润4901.36万元，较上年度其他业务利润4200.71万元，增长了16.68%，主要是因为广告媒体占用费增加所致。

5、2003年度公司净利润6663.29万元，较上年度净利润11994.06万元，下降了44.45%，主要是因为受SARS影响，主营业务利润率大幅下降所致。

6、2003年度公司现金及现金等价物净增加额1802.03万元，较上年度现金及现金等价物净增加额-19390.03万元，上升了109.29%，主要是因为生产规模扩大经营活动、筹资活动现金净流量增加所致。

7、2003年度公司收到补贴收入11008万元，其中因受SARS影响市政府补贴1亿元，安置失业人员补贴1008万元。

(四)生产经营环境、宏观政策、法规变化对公司产生的影响

北京市从2003年12月31日在本公司的运营车辆及地铁13号线上开始实施IC卡售票，这是公共交通发展历史中有关收费系统的重大变革，将对公司的生产经营模式产生一定的影响。同时北京市在2004年将对市区的公交运营线网进行合理化调整，对公司的生产经营和线路运营也将产生一定的影响。

(五)新年度业务计划

在2004年中公司将坚持以生产经营为中心，以客户满意为标准，以科学管理为手段，以安全稳定为保证。牢固树立经营思想，提高线路经营质量；创建品牌，树立形象，努力提高服务质量；提高车辆档次，提高保修质量；加强培训教育工作，提高员工队伍素质；加大物资统购力度，降低生产成本；努力创新思路，面向市场多元开发；提高资本运作能力和资本经营水平；保安全保稳定，为生产经营提供良好的内外部环境。实现投资者利益最大化。

(六)董事会日常工作情况

1、公司二届董事会第五次会议于2003年2月26日下午在北京巴士股份有限公司本部(海淀区紫竹院路32号)5楼会议室召开，会议应到董事9名，实到8名，1名董事委托出席，出席会议人数符合《公司法》和《公司章程》的规定。会议讨论并通过了以下议案：

(1) 公司2002年年度报告及报告摘要

(2) 公司2002年度董事会工作报告

(3) 公司2002年度总经理工作报告

(4) 公司2002年度财务决算及2003年度财务预算报告

(5) 公司2002年度利润分配预案

(6) 继续聘任北京京都会计师事务所有限责任公司为本公司审计机构的议案

上述董事会决议公告刊登在2003年2月28日《中国证券报》和《上海证券报》上。

2、公司二届董事会第六次会议于2003年4月28日上午在北京巴士股份有限公司本部(海淀区紫竹院路32号)5楼会议室召开，会议应到董事9名，实到7名，2名董事委托出席。全体监事和部分高级管理人员列席了会议。出席会议人数符合《公司法》和《公司章程》的规定。会议讨论并通过了以下议案：

(1) 关于北京巴士股份有限公司符合发行可转换公司债券条件的议案

(2) 关于北京巴士股份有限公司发行可转换公司债券的发行方案的议案

(3) 关于提请股东大会授权董事会办理本次发行可转换公司债券相关事宜的议案

(4) 关于本次发行可转换公司债券方案有效期限的议案

(5) 关于本次发行可转换公司债券募集资金投向的议案(非关联项目)

(6) 关于本次发行可转换公司债券募集资金投向的议案(关联项目)

(7) 关于本次发行可转换公司债券募集资金投向的可行性议案(奥运大道项目)

(8) 关于本次发行可转换公司债券募集资金投向的可行性议案(住宅小区项目)

(9) 关于本次发行可转换公司债券募集资金投向的可行性议案(旅游项目)

(10)关于本次发行可转换公司债券募集资金投向的可行性议案(停车场站项目)

(11)关于本次发行可转换公司债券募集资金投向的可行性议案(八方达增资项目)

(12)关于本次发行可转换公司债券募集资金投向的可行性议案(偿还贷款项目)

(13)关于前次募集资金使用情况说明的议案

(14)关于部分董事和高级管理人员辞职的议案

(15)关于选举公司第二届董事会董事长及副董事长的议案

(16)关于增补公司第二届董事会董事的议案

(17)关于聘任北京巴士股份有限公司总经理的议案

(18)关于聘任北京巴士股份有限公司副总经理的议案

(19)北京市公共交通总公司与北京巴士股份有限公司车辆加气(CNG)协议

(20)北京巴士股份有限公司2003年第一季度报告

(21)关于召开北京巴士股份有限公司2002年度股东大会的议案

上述董事会决议公告刊登在2003年4月29日《中国证券报》和《上海证券报》上。

3、公司二届董事会第七次会议于2003年7月27日下午在北京巴士股份有限公司本部(海淀区紫竹院路32号)5楼会议室召开，会议应到董事9名，实到9名，出席会议人数符合《公司法》和《公司章程》的规定。会议讨论并通过了以下议案：

(1) 北京巴士股份有限公司2003年半年度报告及北京巴士股份有限公司2003年半年度报告摘要

(2) 关于投资组建北京巴士汽车租赁有限公司的议案

(3) 关于向交通银行等单位申请2亿元人民币综合授信额度的议案

(4) 关于因可转债担保事项向中国工商银行申请综合授信额度的议案

上述董事会决议公告刊登在2003年7月29日《中国证券报》和《上海证券报》上。

4、公司二届董事会第八次会议于2003年9月28日上午在北京巴士股份有限公司本部(海淀区紫竹院路32号)5楼会议室召开，会议应到董事9名，实到7名，出席会议人数符合《公司法》和《公司章程》的规定。会议讨论并通过了以下议案：

(1) 北京巴士股份有限公司投资者关系管理规定

(2) 北京巴士股份有限公司信息披露制度

(3) 北京巴士股份有限公司租用北京市公共交通总公司保修厂租赁协议

(4) 向北京巴士汽车租赁有限公司增资的议案

(5) 向广东发展银行申请综合授信额度的议案

上述董事会决议公告刊登在2003年9月30日《中国证券报》和《上海证券报》上。

5、公司二届董事会第九次会议于2003年10月9日晚在北京巴士股份有限公司本部(海淀区

紫竹院路 32 号)5 楼会议室召开,会议应到董事 9 名,实到 8 名,监事会主席和部分高级管理人员列席了会议。出席会议人数符合《公司法》和《公司章程》的规定。会议讨论并通过了以下议案:

(1) 关于调整北京巴士股份有限公司拟发行可转换公司债券募集资金额度的议案

(2) 关于修改北京巴士股份有限公司拟发行可转换公司债券有关发行条款的议案

(3) 北京巴士股份有限公司 2003 年第三季度报告

(4) 北京市长途汽车公司委托北京八方达巴士长途客运有限责任公司经营车辆资产的议案

(5) 关于召开北京巴士股份有限公司 2003 年第一次临时股东大会的议案

上述董事会决议公告刊登在 2003 年 10 月 11 日《中国证券报》和《上海证券报》上。

董事会对股东大会决议的执行情况

2002 年度利润分配方案执行情况

2003 年 6 月 18 日公司在 2002 年度股东大会通过了 2002 年度利润分配方案,即以公司总股本 25200 万股为基数,向全体股东每 10 股派发现金红利 3.2 元(含税)。该项决议已于 2002 年 7 月 18 日执行完成。

(七)本次利润分配预案或资本公积金转增股本预案

1、利润分配预案

根据北京京都会计师事务所有限责任公司的审计,公司 2003 度实现净利润 66,632,855.46 元,按净利润 10%提取法定盈余公积 12,466,028.01 元(含子公司),按净利润的 10%提取法定公益金 12,466,028.01 元(含子公司),提取以上公积金和公益金后,加年初未分配利润 6,494,782.79 元,本次可供股东分配利润合计为 48,195,582.23 元,公司拟按期末总股本 25,200 万股为基数,每 10 股派发现金红利 1.6 元(含税),共计分配股利 40,320,000 元,尚余未分配利润 7,875,582.23 元,结转至下年度。

2、资本公积金转增股本预案

公司 2003 年度不进行资本公积金转增股本。

以上预案需经公司股东大会审议批准后实施。

(八)其他披露事项

1、北京京都会计师事务所有限责任公司对本公司与控股股东及其他关联方资金往来情况的专项说明:

北京巴士股份有限公司董事会:

我们接受委托,对北京巴士股份有限公司(以下简称"北京巴士")2003 年度的会计报表进行了审计。审计中,我们关注了北京巴士执行中国证监会《关于规范上市公司与关联方资金往来及上市公司对外担保若干问题的通知》的情况,现说明如下:

(1)北京巴士的控股股东(第一大股东)是北京市公共交通总公司。截至 2003 年 12 月 31 日止,北京巴士的控股股东占用资金情况如下: 单位:人民币元

占用方式	2003 年末占用金额	2003 年累计占用金额	2003 年度偿还情况 偿还方式	偿还金额
其他应收款	–	–	注	7,387,273.10

占用方式	2003 年年初占用金额	占用原因
其他应收款	7,387,273.10	非经营性占用

其中:通知下发日后新增占用资金情况:

占用方式	2003 年末占用金额	新增累计占用金额	偿还情况 偿还方式	偿还金额	2003 年 8 月 28 日占用金额	占用原因
其他应收款	–	–		–	–	–

注:"其他应收款–北京市公共交通总公司"7,387,273.10 元为北京巴士的控股子公司北京公交广告有限责任公司(以下简称"广告公司")尚未结转完毕的职工住房款余额,由于广告公司历史上在职工住房的建设中均系与北京市公共交通总公司合建以降低成本,广告公司将应承担的资金交付给北京市公共交通总公司,在将住房出售给职工并清算前,所付出的资金暂挂在对北京市公共交通总公司的往来款中。2003 年上半年,广告公司已将该部分职工住房出售给职工并办理完毕相关手续,且已按财政部的有关规定进行了账务处理。截至 2003 年 12 月 31 日止,北京巴士对控股股东北京市公共交通总公司的其他应收款余额为零。

(2)截至 2003 年 12 月 31 日止,北京巴士提供的相关资料显示,不存在其他关联方占用资金的情况。

2、公司独立董事关于对外担保的专项说明及独立意见

根据中国证监发 2003(56)号《关于规范上市公司与关联方资金往来及上市公司对外担保若干问题的通知》精神,我们本着认真负责的态度,对北京巴士股份有限公司对外担保的情况进行了核查和落实,现将有关情况说明如下:

经查验,北京巴士股份有限公司严格按照《公司章程》的要求,规范公司的对外担保行为,控制对外担保风险。报告期内,公司没有为控股股东及本公司持股 50%以下的其他关联方、任何非法人单位或个人提供担保;控股股东及其他关联方也未强制公司为他人提供担保。截止到报告期末,公司不存在任何对外担保情形。

3、报告期内公司继续选定《中国证券报》、《上海证券报》为指定信息披露报纸。

七、重要事项

(一) 报告期内公司重大诉讼、仲裁事项

本公司之控股子公司北京公交广告有限责任公司与埃威伊国际集团亚洲候车亭广告有限公司就合作条款发生分歧,经中国国际经济贸易仲裁委员会仲裁,于 2000 年 7 月 10 日做出裁定,确定双方所签订协议未经有关部门批准,系一无效法律文件。为积极追回款项,北京公交广告有限责任公司于 2000 年 8 月 20 日正式向北京市第二中级人民法院送交起诉状。埃威伊国际集团亚洲候车亭广告有限公司以法院无权受理此案为由提出管辖权异议,北京市第二中级人民法院于 2001 年 4 月 24 日做出裁定,依法驳回埃威伊国际集团亚洲候车亭广告有限公司对管辖权提出的异议。

2001 年 4 月 29 日埃威伊国际集团亚洲候车亭广告有限公司向北京市最高人民法院提出上诉,要求撤消北京市第二中级人民法院的裁定。2001 年 6 月 6 日北京市最高人民法院做出了驳回上诉,维持原裁定的终局裁定。

2002 年 10 月 11 日,中国国际经济贸易仲裁委员会以(2002)贸仲裁字第 0309 号裁决书对上述仲裁事项做出裁决,解除申请人(北京公交广告有限责任公司)与被申请人(埃威伊国际集团亚洲候车亭广告有限公司)1995 年 7 月 2 日签署的《北京市公交候车亭广告有限公司合作经营企业合同》并解散北京公交候车亭广告有限公司;依法对北京公交候车亭广告有限公司进行清算;被申请人应向申请人支付为调查被申请人在香港的法定地址所支出的费用人民币 14,700.00 元;本案仲裁费为人民币 55,000.00 元,全部由被申请人承担。申请人预付的等额仲裁费全部与此冲抵,被申请人应向申请人支付代其垫付的仲裁费人民币 55,000.00 元。上述裁决为终局裁决。

2002 年 12 月 5 日,北京市第二中级人民法院就北京公交广告有限责任公司与埃威伊国际集团亚洲候车亭广告有限公司经营合同纠纷案做出(2002)二中民初字第 03287 号《民事判决书》:判定北京公交广告有限责任公司收回其依据无效协议书提供的候车亭站点位置使用权;埃威伊国际集团亚洲候车亭广告有限公司于判决生效后十日内向北京公交广告有限责任公司支付自一九九七年一月一日起至实际收回站点位置使用权之日止的站点使用费(以每年五十五万美元的价款计算,不足一年时以五十五万美元的基数标准按月计收),扣除埃威伊国际集团亚洲候车亭广告有限公司已支付的六十三点六二七五万美元;案件受理费七万四千九百一十元由埃威伊国际集团亚洲候车亭广告有限公司负担(于本判决生效后七日内交纳)。

埃威伊国际集团亚洲候车亭广告有限公司不服上述判决,向北京市高级人民法院提出上诉。2003 年 8 月 26 日,北京市高级人民法院做出(2003)高民终字第 384 号《民事判决书》,判决如下:驳回上诉,维持原判。一审案件受理费的负担按一审判决执行;二审案件受理费七万四千九百一十元由上诉人埃威伊国际集团亚洲候车亭广告有限公司负担(已负担)。本判决为终审判决。

2003 年 11 月 3 日,北京市第二中级人民法院做出(2003)二中执字第 1152 号《民事裁定书》,裁定如下:一、冻结、划拨被执行人埃威伊国际集团亚洲候车亭广告有限公司在银行的存款,限于自一九九七年一月一日起至实际收回站点位置使用权之日止的站点使用费 (以每年五十五万美元的价款计算,不足一年时以五十五万美元的基数标准按月计收),并加倍支付迟延履行期间债务利息的相应银行存款(如无美元存款或美元存款不足,则冻结、划拨其他币种存款)。二、冻结、划拨被执行人埃威伊国际集团亚洲候车亭广告有限公司应支付的案件受理费人民币七万四千九百一十元、申请执行费及在执行中的实际支出费用的相应银行存款。三、采取上述措施后,仍不足以履行生效判决所确定的义务,则依法查封、扣押、拍卖、变卖被执行人埃威伊国际集团亚洲候车亭广告有限公司应当履行义务部分的财产。四、北京公交广告有限责任公司收回其依据无效协议书提供的候车亭站点位置使用权。

广告公司于 2003 年 9 月与广州关键广告公司签署了《债权转让协议》,将上述债权转让给该公司,共收到转让款 2131 万元。本公司在第三季度报告中已经披露了该事项并将此笔收入计入当期损益。但由于该事项所涉及的标的物还没有得到法院的强制执行通知,因此该笔债权转让没有全部完成。根据有关规定上述转让收入不计入 2003 年度损益。

(二)报告期内公司无重大收购及出售资产、吸收合并事项

(三)重大关联交易事项

1、报告期内公司向关联方采购燃料情况如下: 单位:元

关联方单位名称	采购燃料金额	占采购燃料总金额的比例
北京市公共交通总公司	16,376,646.71	6.25%

2、报告期内公司向关联方租用房屋、土地情况如下: 单位:元

关联方单位名称	项目	金额
北京市公共交通总公司	土地及房屋的租赁使用费	5,742,304
北京市长途汽车公司	土地及房屋的租赁使用费	2,000,000

3、报告期内公司与关联方未结算金额情况如下: 单位:元

关联方单位名称	性质	帐户性质	余额	发生额
北京市公共交通总公司	往来款	其他应付	7,069,574.70	–2,613,470.80

4、报告期内涉及关联交易的委托经营业务

本公司于 2003 年 10 月 9 日召开的第二届董事会第九次会议决议审议并通过《北京市长途汽车公司委托北京八方达巴士长途客运有限责任公司经营车辆资产的议案》,北京市长途汽车公司与北京八方达巴士长途客运有限责任公司于 2003 年 10 月 31 日签订了《委托经营协议书》,北京市长途汽车公司将 27 条山区亏损线路(150 辆车)委托给北京八方达巴士长途客运有限责任公司经营,2003 年度北京市长途汽车公司向北京八方达巴士长途客运有限责任公司支付委托经营费用 620 万元。

(四)重大合同及其履行情况

1、报告期内发生的重大托管、承包、租赁其他公司资产或其他公司托管、承包、租赁公司资产事项。

报告期内,公司与哈尔滨公共汽车总公司签订的《哈尔滨市公共汽车总公司租用北京巴士股份有限公司公交运营车辆合同》继续履行。公司应收租金为每年 9,425,874.83 元。由于受到 SARS 影响,哈尔滨公共汽车总公司在 2003 年欠缴租金 3,976,957.60 元。

2、报告期内公司无重大担保事项。

3、公司没有在报告期内或报告期继续发生的委托他人进行现金资产管理事项。

(五)公司及持股 5%以上的股东没有在报告期内或持续到报告期内的承诺事项。

(六)聘任、解聘会计师事务所情况

报告期内公司继续聘任北京京都会计师事务所有限责任公司为本公司的财务报告审计机构,无变更。

公司 2003 度支付给会计师事务所财务审计费 90 万元,北京京都会计师事务所有限责任公司已为公司提供审计服务 5 年。

(七)报告期内,公司、公司董事会及董事无受到中国证监会稽查、中国证监会行政处罚、通报批评及上海证券交易所公开谴责的情形。

(八)报告期内无其他重大事项。

1、报告期内,由于受到 SARS 的影响,北京市政府给予公司相应的政策支持,具体情况已经及时在有关媒体上公告。

(1)北京巴士股份有限公司关于免征 2003 年度养路费的公告,编号:临 2003–0122003 年 7 月 15 日在《中国证券报》和《上海证券报》上刊登。

(2)北京巴士股份有限公司关于专项补助的公告,编号:临 2003–013 2003 年 7 月 17 日在《中国证券报》和《上海证券报》上刊登。

(3)北京巴士股份有限公司关于实行汇总缴纳企业所得税及相关事项的公告,编号:临 2003–0152003 年 8 月 20 日在《中国证券报》和《上海证券报》上刊登。

(4) 北京巴士股份有限公司关于收到北京市财政局专项贷款贴息资金文件的公告,编号:临 2003–016

2003 年 8 月 22 日在《中国证券报》和《上海证券报》上刊登。

(5)北京巴士股份有限公司关于收到北京市财政局拨付给公司一次性补助资金的公告,编号:临 2003–017 2003 年 9 月 23 日在《中国证券报》和《上海证券报》上刊登。

2、公司自成立以来安置了大量的失业人员,收到北京市劳动和社会保障局拨付的 1008 万元安置失业人员补助费。

北京巴士股份有限公司关于收到北京市劳动和社会保障局拨付给公司安置失业人员补助费的公告,编号:临 2003–018 2003 年 9 月 26 日在《中国证券报》和《上海证券报》上刊登。

3、北京巴士于 2003 年 12 月 31 日开始实行 IC 卡收费

北京巴士股份有限公司重大事项公告(一卡通收费系统),编号:临 2003–023 2003 年 12 月 25 日在《中国证券报》和《上海证券报》上刊登。

八、备查文件目录

(一)载有法定代表人、主管会计工作负责人、会计机构负责人签名并盖章的会计报表。

(二)载有会计师事务所盖章、注册会计师签名并盖章的审计报告原件。

(三)报告期内在中国证监会指定报纸上公开披露过的所有公司文件的正本及公告的原稿。

北京巴士股份有限公司

董事长:张国光

二〇〇四年二月三日

贵州盘江精煤股份有限公司

贵州盘江精煤股份有限公司2003年年度报告

重要提示

本公司董事会及其董事保证本报告所载资料不存在任何虚假记载、误导性陈述或者重大遗漏,并对其内容的真实性、准确性和完整性负个别及连带责任。

董事郭可沐先生、陈富庆先生因工作原因未出席会,分别委托林泽民先生和王立军先生代为出席会议,并行使表决权。独立董事李晓冬先生因故未出席会议,委托独立董事刘宗义代为出席会议,并行使表决权。

公司董事长郑华先生、总会计师王志和先生、会计机构负责人黄启梅女士声明:保证年度报告中会计报告的真实、完整。

一、公司简介

(一)公司法定中文名称:贵州盘江精煤股份有限公司

公司法定英文名称:Guizhou Panjiang Refined Coal Co., Ltd.

英文名称缩写:PJRC

(二)公司法定代表人姓名:郑华

(三)公司董事会秘书:伍正斌

联系地址:贵州省六盘水市红果经济开发区干沟桥

联系电话:0858-3703046

传真:0858-3700328

电子信箱:pjwzb@163.com

证券事务代表:杨玉礼

联系地址:贵州省贵阳市北京路202号煤炭大厦

联系电话:0851-6810186

传真:0851-6810503

电子信箱:pjyyl@up369.com

(四)公司注册地址:贵州省六盘水市红果经济开发区

公司办公地址:贵州省六盘水市红果经济开发区干沟桥

邮政编码:553536

公司网址:HTTP://WWW.

(五)信息披露媒体:

网站:HTTP://WWW.sse.com.cn

定期报告刊登报刊:《上海证券报》

年报备置地点:公司董事会秘书处

(六)公司股票上市地:上海证券交易所

股票简称:盘江股份

股票代码:600395

(七)其他有关资料

公司首次注册登记日期:1999年10月29日

注册地:贵州省六盘水市红果经济开发区

公司变更注册登记日期:2001年5月16日

注册地:贵州省六盘水市红果经济开发区

公司法人营业执照注册号:5200001205689(2-1)

公司税务登记号码:520202714302772

公司聘请的会计师事务所名称:中和正信会计师事务所有限公司(原天一会计师事务所有限责任公司)

公司聘请的会计师事务所办公地址:北京市朝阳区东三环中路25号住总大厦E层E06室

二、会计数据和业务数据摘要

(一)本年度主要会计数据: (单位:人民币元)

项目	金额
利润总额	88,050,078.60
净利润	74,134,923.63
扣除非经常性损益后的净利润	78,883,644.16
主营业务利润	218,174,564.21
其他业务利润	1,155,654.18
营业利润	94,355,551.67
投资收益	-718,743.03
补贴收入	
营业外收支净额	-5,586,730.04
经营活动产生的现金流量净额	302,362,879.68
现金及现金等价物净增减额	58,188,201.41

注:扣除非经常性损益项目及金额:4,748,720.53元。

其中:营业外收入65,596.30元;营业外支出5,652,326.34元;所得税影响838,009.51元

(二)公司近三年主要会计数据和财务指标: 单位:人民币元

项目	2003年	2002年	2001年
主营业务收入	963,230,154.59	668,095,548.62	493,218,189.56
净利润	74,134,923.63	67,776,531.03	68,594,330.31
总资产	1,523,470,093.47	1,441,494,073.90	1,391,446,321.47
股东权益(不含少数股东权益)	1,253,160,309.08	1,216,155,385.45	1,185,508,854.42
每股收益	0.200	0.183	0.185
每股净资产	3.375	3.275	3.193
调整后的每股净资产	3.344	3.250	3.191
每股经营活动产生的现金流量净额	0.814	0.216	0.096
净资产收益率(摊薄)	5.92%	5.57%	5.79%
净资产收益率(加权)	6.004%	5.64%	7.59%

(三)按中国证券监督管理委员会《公开发行证券的公司信息披露编报规则第九号》的规定计算的报告期内利润的净资产收益率和每股收益。

项目	净资产收益率(%)		每股收益(元)	
	全面摊薄	加权平均	全面摊薄	加权平均
主营业务利润	17.41	17.67	0.588	0.588
营业利润	7.53	7.64	0.254	0.254
净利润	5.92	6.004	0.200	0.200
扣除非经常性损益后的净利润	6.29	6.39	0.212	0.212

(四)报告期股东权益变动情况

单位:人民币万元

项目	股本	资本公积	盈余公积
期初数	37,130	72,782	1,793
本期增加	741	371	6,301
本期减少	3,713	3,713	
期末数	37,130	72,782	2,534
变动原因			按10%提取

项目	法定公益金	未分配利润	股东权益合计
期初数	896	9,015	121,616
本期增加	7,413		
本期减少			
期末数	1,267	11,603	125,316
变动原因	按5%提取	本年实现可供分配利润	

三、股本变动及股东情况

(一)公司股份变动情况

报告期内,公司股份没有发生变动。情况如下表:

贵州盘江精煤股份有限公司股份变动情况表

数量单位:股

	本次变动前	本次变动增减(+,-)						本次变动后
		配股	送股	公积金转股	增发	其他	小计	
一、未上市流通股份								
1、发起人股份	251,300,000.00							251,300,000.00
其中:								
国家持有股份								
境内法人持有股份	251,300,000.00							251,300,000.00
境外法人持有股份								
其他								
2、募集法人股								
3、内部职工股								
4、优先股或其他								
未上市流通股份合计	251,300,000.00							251,300,000.00
二、已上市流通股份								
1、人民币普通股	120,000,000.00							120,000,000.00
2、境内上市的外资股								
3、境外上市的外资股								
4、其他								
已上市流通股份合计	120,000,000.00							120,000,000.00
三、股份总数	371,300,000.00							371,300,000.00

(二)股票发行与上市情况

1、经中国证券监督管理委员会证监发行字[2001]25号文核准,公司于2001年4月9日在上海证券交易所采用上网定价发行的方式,以6元/股的发行价格向社会公众发行人民币普通股12,000万股,并于2001年5月31日在上海证券交易所全部上市流通。

2、本年度公司无送股、转增股本、配股、增发新股、吸收合并、可转换公司债券转股、减资、内部职工股或公司职工股上市或其他原因引起公司股份总数及结构的变动。

3、公司无内部职工股。

(三)股东情况

截止到2003年12月31日,公司股东总户数71,072户,其中未流通法人股股东8户,流通股股东71,064户。

1、公司主要股东持股情况

2003年12月31日持有本公司股份前10名股东情况如下表:

股东名称	本期末持股数(股)	本期持股变动增减情况(+-)	持股占总股本比例(%)	持有股份的质押或冻结情况	股份类别	股东性质
盘江煤电(集团)有限责任公司	240,000,000	无	64.64	无	未流通	法人股东

华夏成长证券投资基金	4,002,917		1.08	无	已流通	流通股东
景阳证券投资基金	3,758,473		1.01	无	已流通	流通股东
中国中煤能源集团公司	2,800,000	无	0.75	无	未流通	法人股东
四川川投峨眉铁合金(集团)有限责任公司	2,700,000	无	0.73	无	未流通	法人股东
景博证券投资基金	2,270,188		0.61	无	已流通	流通股东
福建省煤炭工业(集团)有限公司	2,000,000	无	0.54	无	未流通	法人股东
贵州省煤矿设计研究院	1,500,000	无	0.40	无	未流通	法人股东
中煤工程设计咨询集团重庆设计研究院	1,000,000	无	0.27	无	未流通	法人股东
防城港务局	800,000	无	0.22	无	未流通	法人股东

注：

(1)法人股东之间不存在关联关系，不属于《上市公司股东持股变动信息披露管理办法》规定的一致行动人；

(2)本公司未知流通股东之间是否有关联关系和是否属于《上市公司股东持股变动信息披露管理办法》规定的一致行动人；

(3)公司未发现前10名股东所持股份在报告期内发生质押或冻结情况。

2、控股股东情况

控股股东名称：盘江煤电(集团)有限责任公司

法定代表人：张世新

成立日期：1997年1月18日

注册资本：5.2374亿元

公司类别：国有独资公司

经营范围：原煤开采、洗选精煤、特殊加工煤、焦炭、建材、建筑安装设计、机电修配加工、铁合金冶炼、电力、汽车修理、矿用风筒及橡胶制品、养殖、种植、化工、冶炼；自营出口：焦炭、金属镁、电解铝；自营进口：本企业生产、科研所需的原辅材料、机械设备、仪器仪表的零配件。

报告期末，持有本公司5%(含5%)以上股份的股东是盘江煤电(集团)有限责任公司，该公司持有本公司股份2.4亿股，占本公司总股份的64.64%，是本公司的控股股东。其所持法人股份总数报告期内没有变动。

报告期内，本公司控股股东没有发生变化。

3、公司前10名流通股股东持股情况

股东名称	报告期末持股数量	持股种类
华夏成长证券投资基金	4,002,917	A股
景阳证券投资基金	3,758,473	A股
景博证券投资基金	2,270,188	A股
华宝信托投资有限责任公司	261,700	A股
中国银行--华夏回报证券投资基金	218,400	A股
程荣	216,270	A股
于保家	210,000	A股
兴和证券投资基金	188,543	A股
同德证券投资基金	183,754	A股
叶伟坚	160,000	A股

注：上述10名股东中，本公司未知其关联关系和是否属于《上市公司股东持股变动信息披露管理办法》规定的一致行动人。

四、董事、监事、高级管理人员和员工情况

(一)董事、监事、高级管理人员基本情况

董事、监事、高级管理人员基本情况如下表：

董事、监事、高级管理人员基本情况表

姓名	性别	年龄	职务	任期	持股数 年初	年末	本期持股变动增减情况(+-)	变动原因
郑华	男	37	董事长	2000.9-今	0	0	0	
林泽民	男	58	副董事长	1999.10-今	0	0	0	
郭可沐	男	57	董事	1999.10-今	0	0	0	
陈富庆	男	44	董事	2000.9-今	0	0	0	
王立军	男	41	董事、总经理	1999.10-今	0	0	0	
石文增	男	60	董事、党委书记	1999.10-今	0	0	0	
辛华	男	48	董事	2000.9-今	0	0	0	
李晓冬	男	40	独立董事	2002.6-今	0	0	0	
杨化彭	男	56	独立董事	2002.6-今	0	0	0	
刘宗义	男	45	独立董事	2003.7-今	0	0	0	
张利兴	男	51	监事会主席	1999.10-今	0	0	0	
薛若冰	女	57	监事	1999.10-今	0	0	0	
尤国良	男	51	监事	1999.10-今	0	0	0	
任碧初	男	54	监事	2000.6-今	0	0	0	
肖时华	男	45	监事	2000.6-今	0	0	0	
伍正斌	男	53	董秘	1999.10-今	0	0	0	
王志和	男	54	总会计师		0	0	0	
王廉	男	57	总经济师		0	0	0	
邓长春	男	41	总工程师		0	0	0	
何宗辉	男	39	副总经理		0	0	0	

(二)董事、监事在股东单位的任职情况

董事、监事在股东单位的任职情况如下表：

董事、监事在股东单位任职情况表

姓名	职务	股东单位	任职期间
郑华	副董事长、总经理、党委副书记	盘江煤电(集团)有限责任公司	1999.12-今
林泽民	董事、总经济师、财务负责人	盘江煤电(集团)有限责任公司	1997.4-今
郭可沐	副总经理	中国中煤能源集团公司	1999.5-今
任碧初	党委副书记、纪委书记	盘江煤电(集团)有限责任公司	2002.12-今
辛华	工会主席	盘江煤电(集团)有限责任公司	2002.12-今
尤国良	审计部主任	盘江煤电(集团)有限责任公司	1998.5-今

(三)董事、监事、高级管理人员年度报酬情况报酬支付原则：在公司领取报酬的高级管理人员的工资、福利待遇参照煤炭行业工资管理办法执行。公司制定了《经理班子考核办法》，采取岗位技能工资加浮动奖金的方式，在年底考评的基础上，根据指标完成情况，确定高级管理人员的年度奖罚。

不在公司领取报酬的董事、监事的报酬由派出的股东单位支付，公司不单独(额外)为其提供工资、津贴、福利。不在公司领取报酬的董事、监事共9人：郑华、林泽民、郭可沐、陈富庆、辛华、任碧初、张利兴、尤国良、薛若冰。

在公司领取报酬的董事(不含独立董事)、监事有：王立军、石文增、肖时华。

在公司领取报酬的董事、监事、高级管理人员领取报酬总额为59.2万元。其中：8万元以上2人，7-8万元2人，7万元以下的4人。

在公司领取报酬的金额最高的前二名董事的报酬总额为15.3万元。

在公司领取报酬的金额最高的前三名高级管理人员的报酬总额为26.5万元。

公司现在任独立董事三名，公司向其发放工作津贴，标准为每人每年2万元，同时报销其为公司的事务而发生的差旅费。

(四)报告期内无离任的董事、监事、高级管理人员。

(五)员工情况

截止2003年12月31日，公司共有在册员工7763人。公司在册员工构成情况如下表：

贵州盘江精煤股份有限公司员工构成情况表

学历构成

期末人数	在册员工	本科	专科	中专	技校	高中	初中	小学以下
7763	7763	118	108	245	1402	5089	801	6699
比例(%)	100	1.52	1.39	3.16	18.06	65.55	10.32	86.29

专业构成

期末人数	生产人员	销售人员	技术人员	财务人员	行政人员离退休人员
7763	250	162	54	598	
比例	3.22	2.09	0.7	7.7	

五、公司治理结构

(一)公司治理情况

公司严格按照我国《公司法》、《证券法》和其他有关法律、法规的要求，不断完善公司法人治理结构，规范公司运作。具体情况如下：

1、股东与股东大会。公司能够确保所有股东，特别是中小股东享有平等地位，确保所有股东能够充分行使自己的权利；公司严格按照《上市公司股东大会规范意见》的要求召集、召开股东大会；公司对法律、法规和上海证券交易所《股票上市规则》所规定的重大事项均在至少一种中国证监会指定的信息披露报纸及网站进行及时、准确、完整的披露，以保证广大股东的知情权和参与权；公司关联交易公平合理，对有关关联交易予以充分披露。

2、控股股东与上市公司的关系。本公司控股股东能够按照法律规定行使出资人的权利。公司与控股股东在人员、资产、财务做到"三分开"，公司董事、监事的选举和高级管理人员的聘任、解聘均严格遵循法律、法规、《公司章程》规定的程序；公司董事会、监事会和内部机构独立运作。到目前为止，不存在股东违规占用、转移公司资产、资金及其他资源，公司也无为股东及其关联单位提供担保。

3、董事会人数和人员构成符合法律、法规的要求；董事能够以认真负责的态度出席董事会和股东大会，能够积极参加有关培训，熟悉有关法律、法规，了解作为董事的义务和责任；公司已按要求聘请三名独立董事。

4、监事和监事会。公司监事会人数和人员构成符合法律、法规的要求；监事能够认真履行自己的职责，本着对股东负责的精神，在具体工作中以财务监督为核心，同时对公司董事、经理和其他高级管理人员履行职责进行监督，保证公司资产安全，降低公司财务和经营风险，维护公司和股东的合法权益。

5、绩效评价与激励约束机制。公司对经理人员的聘任符合法律、法规的规定，并建立了《经理班子考核办法》。

6、相关利益者。公司充分尊重和维护银行和其他债权人、职工、消费者等其他利益相关者的合法权益，共同推动公司持续、健康地发展。

7、信息披露与透明度。公司由董事会秘书负责信息披露工作，接待股东来访和咨询；公司能够按照法律、法规和《公司章程》以及上海证券交易所《股票上市规则》的规定，真实、准确、完整、及时地披露有关信息，并确保所有股东有平等的机会获得信息；公司能够按照有关规定及时披露大股东或公司实际控制人的详细资料和股份的变化情况。

(二)独立董事履行职责情况

报告期内，公司根据中国证监会《关于在上市公司建立独立董事制度的指导意见》的规定，将董事会中独立董事人数由两名增加到三名，专业涵盖会计和法律，董事会人员结构和专业结构进一步合理。

公司独立董事本着对全体股东负责的态度，认真履行法律、法规和《公司章程》赋予的职责，勤勉尽职，积极并认真参加公司董事会和股东大会，认真审议董事会各项议程，为公司的长远发展和管理出谋划策，对公司变更部分募集资金用途、收购资产及关联交易等重大事项发表了意见，对董事会的科学决策、规范运作以及公司发展起到了积极作用，切实地维护了中小股东的利益。

(三)公司与控股股东在人员、资产、财务、机构和业务等方面的分开情况

公司与控股股东在人员、资产、财务、机构和业务等方面已经分开，具有独立完整的业务和独立自主的生产经营能力。

1、人员分开。公司在劳动、人事及工资管理方面设立了独立的劳动人事部门进行管理，总经理、副总经理、"三总师"、董事会秘书等高级管理人员均在本公司领取薪酬，且均未在股东单位兼职或领取薪酬。

2、资产完整。公司拥有完整、独立的产、供、销系统，拥有完整的土地使用权和采矿权等无形资产。

3、财务独立。公司设有独立的财务部门，并建立了内部会计核算体系和财务管理制度，在银行独立开户。

4、机构独立。公司设有证券投资部、财务部、人事部、生产管理部、供应销售部、办公室、董事会秘书处等机构。这些机构完全独立于控股股东的组织机构，不存在与控股股东的组织机构合署办公的情况。

5、业务独立。公司的业务独立于控股股东，具有独立完整的业务管理及自主经营能力。

六、董事会报告

(一)主营业务范围及经营情况

1、公司主营业务范围及经营情况

公司属煤炭采掘业。主营业务为原煤开采、洗选加工及销售。

公司是集原煤开采和煤炭加工为一体的大型煤炭企业,可生产灰分8%-12%等级的精煤,并能根据用户的需要生产特殊加工煤。公司煤炭产品低硫、低灰、微磷、发热量高,在市场上有较强的竞争力。

2003年,公司较好地完成了各项生产经营指标。生产精煤262万吨,比2002年203万吨,提高29.06%;生产混煤145.25万吨,比2002年113万吨,提高28.54%;生产原煤153.36万吨,比2002年减少18.64万吨,下降10.84%;销售商品煤399万吨,较上年提高22.13%。其中:出口煤炭33.06万吨,较上年提高44.37%;主营业务收入9.63亿元,较上年提高44.18%,主营业务收入占2003年全部销售收入总额的99.72%;实现利润8,805万元,较上年提高10.08%。

3、公司主营业务行业、产品情况表

公司主营业务行业、产品情况如下表:

单位:人民币元

分行业或分产品	销售收入	销售成本	毛利率(%)
一、分行业			
煤炭行业	963,230,154.59	741,306,203.94	23.04
二、分产品			
精煤	759,075,297.34	585,305,129.48	22.89
混煤	204,154,857.25	156,001,074.46	23.59

(二)主要控股公司及参股公司的经营情况及业绩

本公司持有华创证券经纪有限责任公司股份1000万股,占该公司总股份的5%。华创公司由贵州实联信托投资公司等企业共同出资设立,于2002年1月22日成立,注册资本2亿元人民币。主要业务为:证券的代理买卖,代理还本付息、分红派息,证券代保管、鉴证,代理登记开户。

华创公司2003年末总资产额4.39亿元,各项收入2,394万元,税后利润-1,390万元。

(三)主要供应商、客户情况

1、2003年,公司向前五名供应商合计采购金额占年度采购总额的86.07 %。

2、2003年,公司向前五名客户合计销售金额占年度销售总额的61.35 %。

(四)经营中出现的问题与困难及解决办法

2003年,国民经济持续良好的发展势头和主要用煤行业生产的快速增长,为煤炭市场的进一步好转和市场的平稳发展提供了良好的环境,国内煤炭市场总体供需平衡,局部偏紧,煤炭产运销增长,价格总体水平上扬。较好的市场环境为煤炭行业的生产经营创造了良好的条件。

本公司2003年度的生产经营状况良好,较好地完成了各项生产经营指标,经济效益进一步提高。但也出现一些问题与困难,主要是:由于火铺矿现有生产采区可采储量逐年递减,老屋基矿又分别于一月份和六月份两次停产检修共一个多月,加上该矿13125工作面因推进到瓦斯未抽放区域,停产14天打钻孔预抽瓦斯,使公司的原煤总产量比2002年减少18.64万吨;其次是外购的入洗原料煤价格上涨;另外由于运力的影响,公司以运定产的局面还没有根本性好转,运输销售有一定困难。

面对上述问题和困难,公司抓住煤炭市场条件改善的时机,以市场为导向,根据市场需求,优化产品结构,不断改进煤炭洗选工艺,加强生产管理,努力提高产品质量和商品煤回收率,着力开拓国内外市场。同时做好铁路外运和货款回收工作,保证产品销售的稳定增长和效益的提高。在抓好主营业务的同时,抓紧抓好发行股票募集资金投资项目的建设,加快公司发展步伐。

(五)投资情况

报告期内,公司投资额合计18,967.25万元,比上年的33,119.26万元减少14,152.01万元,减少42.73 %。

1、募集资金使用情况

(1)公司于2001年4月9日在上海证券交易所采用上网定价发行的方式,向社会公众发行人民币普通股12,000万股,募集资金7.2亿元,扣除发行费用后实际可用募集资金69,806.49万元。截止2003年12月31日,报告期内投入13,695.55万元,累计投入39,029.09万元,剩余30,777.40万元全部存于银行。

公司的《招股说明书》承诺募集资金共投入五个项目,其投资情况和进展情况如下表:

贵州盘江精煤股份有限公司募集资金投资情况表

单位:人民币万元

募集资金总额	69,806.49	本年度已使用募集资金总额	13,695.55
		已累计使用募集资金总额	39,029.09

承诺项目	拟投入金额
1、火铺矸石电厂	24,318.00(其中募集资金:16,318.00)
2、盘北矸石电厂	17,600.00
3、生产矿井煤层气利用工程	10,098.00
4、优质高效煤炭洗选示范工程	12,388.00(其中募集资金:6,588.00)
5、收购盘北选煤厂项目	22,190.43
合计	86,594.43(其中募集资金:72,794.43)

未达到计划进度和收益的说明(分具体项目)

承诺项目	是否变更项目	实际投入募集资金 报告期	累计
1、火铺矸石电厂	否	11,415.46	13,771.19
2、盘北矸石电厂	是	64.96	
3、生产矿井煤层气利用工程	否		
4、优质高效煤炭洗选示范工程	否	2,280.09	3,002.51
5、收购盘北选煤厂项目	否		22,190.43
合计	--	13,695.55	39,029.09

未达到计划进度和收益的说明(分具体项目)

承诺项目	产生收益金额	是否符合计划进度和预计收益
1、火铺矸石电厂	无	完成总工程量的84.39%
2、盘北矸石电厂	无	完成总工程量的0.37%
3、生产矿井煤层气利用工程	无	完成总工程量的0%
4、优质高效煤炭洗选示范工程	无	完成总工程量的45.58%
5、收购盘北选煤厂项目	2,483	完成总工程量的100%
合计	2,483	--

未达到计划进度和收益的说明(分具体项目):

1、火铺矸石电厂,招股说明书计划到2003年应累计投入募集资金16,318万元,到2003年累计实际投入募集资金13,771.19万元。因厂址地质条件复杂,设计修改较多,影响工程进度。

2、优质高效煤炭洗选示范工程,招股说明书计划到2003年应累计投入募集资金6,588万元,到2003年累计实际投入募集资金3,002.51万元。由于老屋基选煤厂承担的"九五"科技攻关课题2000年12月才通过国家验收,且后续的时间段内,设计单位根据现场情况的变化,多次对原设计进行优化修改,致使工程进度滞后。

3、盘北矸石电厂2003年12月已经变更。

4、矿井煤层气利用工程。因对这项工程重新评价,因而影响开工。

(2)募集资金用途变更情况

经公司2003年第二次临时股东大会批准,暂缓建设盘北矸石电厂项目,原投资于该项目建设的募集资金改变为收购贵州盘江电力股份有限公司老屋基矸石电厂发电资产和贵州盘江煤电有限责任公司部份输变电资产。涉及改变募集资金16,071.05万元,占本次实际募集资金总额的23.02%。

变更原因:1996年,国家经贸委批准建设盘北矸石电厂项目主要是为了解决贵州盘江煤电有限责任公司盘北选煤厂、土城矿的用电问题。由于盘县电厂二期工程的建成以及贵州盘江电力股份有限公司往盘北选煤厂输电,现盘北选煤厂、土城矿的用电问题已得到解决。所以,盘北矸石电厂应缓建。为了维护股东利益,公司决定暂缓建设盘北矸石电厂项目,终止项目的资金投入,将用于该项目的资金变更为:①收购贵州盘江电力股份有限公司老屋基矸石电厂发电资产;②收购贵州盘江煤电有限责任公司部分输变电资产。

项目进展和预期收益:①原项目进展和预计收益。原项目(盘北矸石电厂)总投资为17600万元,于2000年末开始开展前期工作,累计已投资64.9万元,完成了项目环境评价、工程地质勘查、初步设计等工作。项目预计财务内部收益率为12.48%。

②收购项目进展和预计收益。A、贵州盘江电力股份有限公司老屋基矸石电厂于1992年开工建设,一期工程2×6000KW于1994年10月建成发电,二期工程一台6000KW机组及一台12000KW机组于1997年10月建成发电。项目预计净资产收益率达到6.60%;B、干沟桥35KV变电所、开关站及共60.21公里输电线路于二十世纪末、二十一世纪初期建成使用。项目预计净资产收益率达到5.79%。

本次募集资金变更经过了公司董事会一届十六次会议和公司2003年第二次临时股东大会审议通过,公司独立董事对本次募集资金投向的变更发表了独立意见。

有关本次改变募集资金投向的详细情况请投资者参阅刊登于2003年11月29日《上海证券报》的《贵州盘江精煤股份有限公司关于变更部分募集资金投资项目公告》、《贵州盘江精煤股份有限公司关联交易公告》、《关于贵州盘江精煤股份有限公司向贵州盘江电力股份有限公司收购资产的法律意见书》、《关于贵州盘江精煤股份有限公司向贵州盘江煤电有限公司收购资产的法律意见书》、《关于贵州盘江精煤股份有限公司向贵州盘江煤电有限责任公司及贵州盘江电力股份有限公司收购资产暨关联交易的独立财务顾问报告》、《贵州盘江精煤股份有限公司关联交易公告》、《贵州盘江精煤股份有限公司独立董事关于变更部分募集资金投向暨关联交易事项的独立意见》和刊登于2003年12月31日《上海证券报》的《贵州盘江精煤股份有限公司2003年第二次临时股东大会决议公告》。同时有关资料也刊登在上海证券交易所网站。

2、非募集资金投资情况

公司用自有资金投资总额5,271.70万元。

(六)财务状况、经营成果

2003年,公司的财务状况较上一年有了进一步的改善,中和正信会计师事务所有限公司为本公司出具了标准无保留意见的审计报告。具体分析如下:

(1)2003年12月31日,公司总资产1,523,470,093.47元,比上年1,441,494,073.90元增加5.69%。

(2)2003年12月31日,公司股东权益1,253,160,309.08元,比上年1,216,155,385.45元增加3.04 %。

(3)2003年12月31日,公司负债为270,309,784.39元,比上年225,338,688.45元增加19.96 %。

(4)2003年度公司主营业务利润218,174,564.21元,比上年度170,508,970.4元增加27.95 %。

(5)2003年度公司实现净利润74,134,923.63元,比上年度67,776,531.03元增加9.38 %。

(七)2004年度经营计划

新年度,公司的生产经营目标是:原煤产量126万吨,洗精煤产量265万吨,洗混煤133万吨,商品煤销量398万吨,力争销售收入在2003年的基础上有所增长。并重点做好以下工作:

1、强化质量管理,从生产过程的各个环节、公司工作的各个方面抓好质量工作。全面提高产品质量和工作质量,为公司的全方位发展奠定基础;

2、抓好产品结构调整。加强与用户联系,搞好市场调查,根据市场需求,适时调整产品结构,增加适销对路产品,扩大产品销售业绩;

3、坚持"安全第一,预防为主"的方针,不折不扣地抓好安全生产;

4、抓好贵州松河煤业发展有限责任公司的组建和开发松河矿井的前期工作;

5、重视环境保护工作。继续加大环保投入和污染治理力度,进一步落实环保责任制,做到责任到位、投入到位、措施到位,实现环保考核指标全面达标。

(八)董事会日常工作情况

1、董事会会议情况

董事会临时会议于2003年1月16日在公司二楼会议室召开,会议由董事长郑华先生主持,会议通过了如下议案:

(1)聘请公司2002年度财务审计机构的议案;

(2)关于召开公司2003年第一次临时股东大会的议案。

本次董事会议决议分别刊登于2003年1月17日的《中国证券报》、《上海证券报》。

董事会一届十三次会议于2003年4月25日在公司二楼会议室召开,会议由董事长郑华先生主持,会议通过如下议案:

(1)2002年度董事会工作报告;

(2)2002年度总经理工作报告;

(3)2002年度财务决算及2003年度财务预算预案;

(4)2002年度利润分配及公积金转增股本预案;

(5)《2002年年度报告》正文及摘要;

(6)《2003年第一季度报告》;

(7)推荐公司独立董事候选人的议案;

(8)《独立董事提名人声明》;

(9)修改公司章程的议案;

(10)续聘天一会计师事务所有限公司为公司2003年度审计机构的议案;

(11)公司高级管理人员2002年度奖励的议案;

(12)召开2002年度股东大会的议案;

本次董事会议决议分别刊登于2003年4月29日的《中国证券报》、《上海证券报》。

董事会一届十四次会议于2003年8月20日在公司二楼会议室召开，会议由董事长郑华先生主持，会议通过如下议案:

(1)关于公司董事会延期换届的议案;

(2)《2003年半年度报告》全文及摘要;

本次董事会议决议刊登于2003年8月22日的《上海证券报》。

董事会一届十五次会议于2003年10月28日在公司二楼会议室召开，会议由董事长郑华先生主持，会议通过《公司2003年第三季度报告》的议案。

董事会一届十六次会议于2003年11月28日在公司二楼会议室召开，会议由董事长郑华先生主持。会议通过如下议案:

(1)关于变更部分募集资金投资项目的议案;

(2)关于收购贵州盘江电力股份有限公司部分经营性资产协议书;

(3)关于收购贵州盘江煤电有限责任公司部分输变电资产协议书;

(4)关于提请股东大会对公司董事会进行授权的议案;

(5)关于召开公司2003年第二次临时股东大会的议案;

本次董事会议决议刊登于2003年11月29日的《上海证券报》。

2、董事会对股东大会决议的执行情况

经公司2002年度股东大会审议通过的2002年度利润分配及公积金转增股本预案已执行完毕。

(九)2003年度利润分配预案及资本公积金转增股本预案

经中和正信会计师事务所有限责任公司审计确认，公司2003年度净利润为74,134,923.63元。按照我国《公司法》和《公司章程》的规定，按净利润的10%提取法定盈余公积金7,413,492.36元，按净利润的5%提取法定公益金3,706,746.18元，公司期末未分配利润116,029,933.75元。

根据公司的实际情况，董事会建议2003年度利润分配预案为:

以2003年12月31日股本371,300,000股为基数，向全体股东每10股派发现金股利1元(含税)，共派发现金37,130,000元。

公司本次不进行资本公积金转增股本。

(十)公司选定信息披露报纸2003年7月后由《中国证券报》、《上海证券报》变更为《上海证券报》。

(十一)公司与关联方资金往来及对外担保情况

1、公司对照中国证监会证监发[2003] 56号文《关于规范上市公司与关联方资金往来及上市公司对外担保若干问题的通知》的规定，对公司进行自查，报告期内公司不存在关联方违规占用资金及对外提供担保的情况。

2、中和正信会计师事务所有限公司对公司控股股东及其他关联方关联交易及资金占用情况的专项说明

关于对贵州盘江精煤股份有限公司与控股股东及其他关联方关联交易及资金占用情况的专项说明

贵州盘江精煤股份有限公司:

我们接受委托，已经审计了贵公司2003年度的会计报表并出具了审计报告，对贵公司有关关联交易及关联方资金占用均进行了审计，根据中国证券监督管理委员会证监发(2003)56号文《关于规范上市公司与关联方资金往来及上市公司对外担保若干问题的通知》的规定，我们对贵公司报告期内控股股东及其它关联方占用资金的情况出具专项说明。贵公司已按相关要求在相关会计报表附注中进行了披露。现把贵公司向盘江煤电(集团)有限责任公司(以下简称集团公司)采购原煤、大宗材料设备等关联交易及关联方资金占用情况说明如下:

1、向集团公司采购原煤:

根据双方签订的《原煤购销合同》按质论价结算。2003年度原煤采购平均价格118.79元/吨(不含税)，采购数量3,825,115吨，总金额454,392,543.78元，采购价格与当地市场价格差异不大。

2、委托集团公司采购材料、设备:根据双方签订的《委托采购协议》及《补充协议》结算。公司委托集团公司统一采购生产性辅助材料，及部分生产用设备，公司按照盘江煤电集团实际采购成本加3%的综合费用，按月结算。本年度向集团采购材料、设备共计131,007,905.23元，结算价格合理。

3、贵公司与集团公司还发生向集团公司销售混煤、租赁土地、采矿权转让、综合服务等关联交易(详见贵公司会计报表附注五)，我们未发现上述关联交易有不合理的地方。

4、贵公司控股股东及其他关联方与公司发生的经营性资金往来中未占用公司资金，截至2003年12月31日贵公司尚欠控股股东盘江煤电(集团)有限责任公司经营性资金39,453,390.72元;长期应付款45,428,100元。

中和正信会计师事务所有限公司

2004年4月10日

3、公司独立董事关于公司对外提供担保的专项说明及意见

根据中国证券监督管理委员会证监发(2003)56号文《关于规范上市公司与关联方资金往来及上市公司对外担保若干问题的通知》的规定，公司独立董事基于当年历次董事会会议资料和有关工作情况，对公司累计和当期对外担保情况发表独立意见如下:

公司董事会2003年没有讨论过对外提供担保事宜，我们检查过公司法人印章使用情况，没有发现公司2003年有对外提供担保的盖章记录，也未发现公司有累计对外担保情况。

七、重要事项

(一)报告期内公司无重大诉讼、仲裁事项。

(二)报告期内公司无出售资产、吸收合并事项。

(三)报告期内公司收购资产事项

报告期内，公司将首次公开发行股票募集资金投资项目中的盘北矸石电厂项目变更收购贵州盘江煤电有限责任公司及贵州盘江电力股份有限公司的部分经营性资产，共需资金16071.05万元。并于2003年12月30日分别与贵州盘江煤电有限责任公司和贵州盘江电力股份有限公司签订了《资产收购协议书》。目前，资产交接手续正在办理之中。本次资产收购项目的实施，在公司的生产流程中具有重要作用，将极大降低公司在未来发展中的因电力保障产生的安全生产风险，提高公司对生产成本的控制能力和资产的运行效率及整体管理的有效性，使公司整个完整的生产流程中各资产之间的协同效应得到提高。本次收购既能进一步提升公司的竞争力和可持续发展能力，又能消除公司与盘江电力的关联交易，在发电、输电方面减少与盘江煤电的同业竞争。本次收购将对公司的经营产生积极的影响。

(四)重大关联交易事项

报告期内，公司发生的关联交易均遵循公平、公正、公开的原则进行。购销商品、提供劳务发生的关联交易均采用市场定价的政策;资产、无形资产方面发生的关联交易均采用具有证券从业资格的中介机构评估并经主管部门审批或备案通过的评估值作为交易价格。公司与发生交易的关联方均签订相关的协议，并严格按照协议的规定进行交易，没有发生内幕交易及损害公司和广大投资者利益的行为。有关关联交易的详细情况请见本报告"十、财务报告"中"(五)关联方关系及其交易"。

(五)报告期内公司没有发生托管、承包、租赁资产事项。

(六)报告期内公司无担保合同。

(七)到目前为止，没有发生委托他人进行现金资产管理事项。

(八)其他重大合同

报告期内，公司签订的合同均能顺利执行。

(九)公司或持股5%以上股东对公开披露承诺事项的履行情况:

1、公司在刊登于2001年4月5日《中国证券报》、《上海证券报》、《证券时报》和上海证券交易所网站(http//www.sse.com.cn)的本公司招股说明书概要及全文中承诺:

本公司将聘请为本公司审计的会计师事务所在年度审计时对本公司当年的原煤生产量及其从盘江煤电集团采购的原煤量作专项说明，并充分披露。公司聘请的为本公司审计的中和正信会计师事务所有限公司，对本公司2003年有关原煤开采及外购原煤量进行说明如下:

关于对贵州盘江精煤股份有限公司

2003年原煤开采量及外购原煤量的说明

贵州盘江精煤股份有限公司:

我们接受委托，对贵公司(以下称股份公司)2003年度会计报表进行了审计，并出具了无保留意见审计报告，现就经审计后股份公司2003年原煤生产及向第一大股东盘江煤电(集团)有限责任公司(以下简称集团公司)采购原煤量有关情况说明如下:

股份公司原煤生产情况:

股份公司原煤生产能力为210万吨/年，其中火铺矿120万、老屋基矿90万吨。

2003年股份公司实际生产原煤1,533,636吨。

其中:火铺矿721,818吨、老屋基矿811,818吨

未达产原因:

公司火铺矿2003年由于生产矿井进行调整，故原煤产量没有达到设计生产能力。

2003年向第一大股东--集团公司采购原煤情况:

2003年度股份公司根据公司生产能力，除自己生产的原煤全部加工外销外，另向集团公司采购原煤3,825,115吨，其中:

火铺矿选煤厂:845,442吨;

老屋基选煤厂:750,605吨;

老屋基选煤厂二车间:1,000吨;

老屋基选煤厂三车间:582,275吨;

盘北选煤厂:1,645,793吨;

中和正信会计师事务所有限公司

2004年4月10日

2、本公司控股股东盘江煤电集团在刊登于2001年4月5日《中国证券报》、《上海证券报》、《证券时报》和上海证券交易所网站(http//www.sse.com.cn)的本公司招股说明书概要及全文中承诺:

(1)不在中国境内外，以任何方式从事任何直接或间接与本公司的业务构成竞争或可能构成竞争的业务或活动，并将促使下属全资子公司、分公司、控股公司和附属企业遵循以上承诺。

(2)在煤炭设备租赁、技术改造、交通运输等与本公司生产经营有直接和间接关系的各方面给予本公司与其自身下属企业平等或优先的地位，保证不影响本公司的生产和经营。

(3)不利用控股股东地位影响本公司火铺矿、老屋基矿的原煤开采，确保两矿按实际生产能力生产的原煤优先用于本公司洗选。

(4)在适当的时候确保本公司以公允的价格购买或以承包、租赁、托管等方式经营盘江煤电集团与本公司可能构成竞争的资产和业务。

报告期内，盘江煤电集团均信守以上承诺。

(十)报告期内公司聘任的会计师事务所没有发生变更，仍为天一会计师事务所有限责任公司，该事务所已连续4年为本公司提供服务。

2003年度审计费用为32万元，尚未向该所支付。

除承担上述费用和该所为公司审计时的食宿费用外，公司不承担其他费用。

(十一)报告期内公司、公司董事会及董事没有受中国证监会稽查、中国证监会行政处罚、通报批评、证券交易所公开谴责的情形。

(十二)其他重要事项

1、根据贵州省地税局直属征收分局黔地直字[2003]09号文《贵州省地税局直属征收分局关于对贵州盘江精煤股份有限公司申请企业所得税减按15%征收的批复》，报告期内，公司企业所得税减按15%缴纳。

2、根据国务院国有资产监督管理委员会国资产权函[2003]296号文《关于贵州盘江精煤股份有限公司国有股划转有关问题的批复》，"同意将盘江煤电(集团)有限责任公司所持股份公司的24,000万股国有法人股划归贵州盘江煤电有限责任公司持有。此次国有股划转后，股份公司的总股本仍为37,130万股。其中贵州盘江煤电有限责任公司持有24,000万股，占总股本的64.64%，股份性质为国有法人股"。本次国有法人股划转，中国证券监督管理委员会上市部函[2003]316号《关于贵州盘江煤电有限责任公司豁免要约收购义务申请的复函》对贵州盘江煤电有限责任公司豁免要约收购义务出具了无异议函。目前，股权划转手续正在办理之中。

有关本次股权划转的《贵州盘江精煤股份有限公司关于公司控股股东国有法人股划转的提示性公告》、《贵州盘江精煤股份有限公司收购报告书摘要》、《贵州盘江精煤股份有限公司股东持股变动报告书》和《贵州盘江精煤股份有限公司收购报告书》分别刊登在2003年11月7日和12月16日的《上海证券报》上。

八、备查文件目录

(一)载有法定代表人、总会计师、会计主管签名并盖章的会计报表;

(二)载有会计师事务所盖章、注册会计师签名并盖章的审计报告原件;

(三)报告期内在《中国证券报》、《上海证券报》上公开披露过的所有公司文件的正本及公告原稿。

贵州盘江精煤股份有限公司董事会

董事长:郑华

2004年4月21日

北京动力源科技股份有限公司

北京动力源科技股份有限公司首次公开发行股票上市公告书

重要声明与提示

北京动力源科技股份有限公司(以下简称"本公司"、"公司"、或"发行人")董事会保证上市公告书的真实性、准确性、完整性,全体董事承诺上市公告书不存在虚假记载、误导性陈述或重大遗漏,并承担个别和连带的法律责任。

根据《公司法》、《证券法》等有关法律、法规的规定,本公司董事、高级管理人员已依法履行诚信和勤勉尽责的义务和责任。

证券交易所、中国证监会、其他政府机关对本公司股票上市及有关事项的意见,均不表明对本公司的任何保证。

本公司提醒广大投资者注意,凡本上市公告书未涉及的有关内容,请投资者查阅2004年3月12日刊载于《中国证券报》、《上海证券报》、《证券时报》的本公司招股说明书摘要,及刊载于上海证券交易所网站(www.sse.com.cn)的本公司招股说明书全文。

第一节 重要声明与提示

北京动力源科技股份有限公司(以下简称"本公司"、"公司"、或"发行人")董事会保证上市公告书的真实性、准确性、完整性,全体董事承诺上市公告书不存在虚假记载、误导性陈述或重大遗漏,并承担个别和连带的法律责任。

根据《公司法》、《证券法》等有关法律、法规的规定,本公司董事、高级管理人员已依法履行诚信和勤勉尽责的义务和责任。

证券交易所、中国证监会、其他政府机关对本公司股票上市及有关事项的意见,均不表明对本公司的任何保证。

本公司提醒广大投资者注意,凡本上市公告书未涉及的有关内容,请投资者查阅2004年3月12日刊载于《中国证券报》、《上海证券报》、《证券时报》的本公司招股说明书摘要,及刊载于上海证券交易所网站(www.sse.com.cn)的本公司招股说明书全文。

第二节 概 览

(一)股票简称:动力源
(二)沪市股票代码:600405
(三)深市代理股票代码:003405
(四)总股本:86,953,000股
(五)可流通股本:30,000,000股
(六)本次上市流通股本:30,000,000股
(七)上市地点:上海证券交易所
(八)上市日期:2004年4月1日
(九)股票登记机构:中国证券登记结算有限责任公司上海分公司
(十)主承销商、上市推荐人:国信证券有限责任公司

本公司首次公开发行股票前股东所持股份的流通限制及期限:根据国家有关法律、法规规定和中国证监会证监发行字[2004]27号《关于核准北京动力源科技股份有限公司公开发行股票的通知》,本公司的自然人持有的未流通股份暂不上市流通。

本公司首次公开发行股票前第一大股东何振亚先生承诺:自本公司股票上市之日起12个月内,不转让所持有的本公司股份,也不由本公司回购其所持有的股份。

第三节 绪 言

本上市公告书是根据《中华人民共和国公司法》、《中华人民共和国证券法》、《股票发行与交易管理暂行条例》、《公开发行股票公司信息披露实施细则》和《上海证券交易所股票上市规则》等有关规定,并按照中国证监会《公开发行证券的公司信息披露内容与格式准则第7号??? 股票上市公告书》而编制,旨在向投资者提供本公司的基本情况和本次股票上市的有关资料。

经中国证监会证监发行字[2004]27号文核准,本公司于2004年3月17日以向沪市、深市二级市场投资者定价配售的方式成功发行3,000万股人民币普通股,每股面值1.00元,发行价为每股8.29元。

经上海证券交易所上证上字[2004]28号文批准,本公司公开发行3,000万股社会公众股将于2004年4月1日起在上海证券交易所挂牌交易。股票简称"动力源",沪市股票代码为"600405",深市代理股票代码为"003405"。

本公司已于2004年3月12日在《中国证券报》、《上海证券报》、《证券时报》上刊登了《招股说明书摘要》,招股说明书正文及其附录刊载于上海证券交易所网站(www.sse.com.cn),距今不足三个月,故与其重复的内容不再重述,敬请投资者查阅上述内容。

第四节 发行人概况

一、发行人基本情况
(一)中文名称:北京动力源科技股份有限公司
英文名称:Beijing Dynamic Power Co., Ltd
(二)注册资本:8,695.30万元
(三)法定代表人:何振亚
(四)设立日期:2000年12月23日
(五)注册地址:北京市海淀区学院南路68号
(六)办公地址:北京市丰台科学城星火路8号
电话号码:010? 83681321
传真号码:010? 63783054
互联网址:http://www.dpc.com.cn
电子信箱:zsc@dpc.com.cn

(七)经营范围:自营和代理各类商品及技术的进出口业务,但国家限定公司经营或禁止进出口的商品及技术除外,经营进料加工和"三来一补"业务,经营对销贸易和转口贸易,代理出口将自行研制开发的技术转让给其他企业所生产的非自产产品。现主要从事通信开关电源等电力电子设备的研发、制造和销售。

(八)所属行业:电子设备制造业
(九)董事会秘书:张守才

二、发行人历史沿革

2000年12月19日,经北京市人民政府京政函[2000]191号文批复同意,北京动力源有限责任公司依法整体变更为股份有限公司。

本公司前身--北京动力源有限责任公司系由何振亚等10名自然人于1995年1月21日共同出资设立,注册资本200万元。1996年11月9日,公司为了进一步扩大资本规模,经公司第二届股东会会议决议,决定以1995年和1996年1-10月的盈余公积金和未分配利润转增股本,公司注册资本变更为500万元,并于1996年12月6日办理了变更登记手续。1999年3月14日,本公司因自有资金增加、经营规模扩大和业务发展的需要,经公司第四次股东会决议,以截止1999年3月31日的盈余公积金和未分配利润转增股本,公司注册资本变更为1,500万元,并于1999年8月17日办理了变更登记手续。2000年12月19日,经北京市人民政府京政函[2000]191号文批复同意,本公司依法变更为股份有限公司,以2000年10月31日作为基准日经中瑞华审计的净资产5,695.30万元为基数,按1:1的比例折为股本,注册资本5,695.30万元,并于2000年12月23日办理了变更登记手续。

经中国证券监督管理委员会证监发行字[2004]27号文核准,本公司于2004年3月17日在上海证券交易所以向二级市场投资者定价配售方式成功地发行了人民币普通股3,000万股,每股面值1.00元,每股发行价8.29元。此次发行完成后,本公司的总股本8,695.30万股,注册资本8,695.30万元。

三、发行人主要经营情况

本公司所处行业为电力电子设备制造业的电源分支。目前世界发电量的30%以上都要经过电力电子设备变换后使用,其中电源在广电通信、仪器仪表、医疗设备、海港码头、气象设备、安全照明、自动化设备等场所有广泛的应用,国内电源行业市场规模约200亿(不包括化学电源如电池)。由于通信行业的先进性,电源中的先进技术产品开关电源首先在通信行业得到普及应用。本公司现有主要产品是通信开关电源和通信动力环境集中监控系统。其中,通信开关电源系统产品约占总业务量的91%左右。

通信开关电源是为通信主设备(如程控交换机、光传输设备、微波传输设备、无线移动基站等)供电的电源设备,它将交流市电转换成稳定、无污染的直流电。通信开关电源是信息网络的基础设备和安全保障设备,它的质量直接关系到通信网络的安危,被誉为通信网络的"心脏"。

本公司的通信开关电源系统是国内最早应用有源功率因数校正AC/DC变换技术、边沿谐振DC/DC变换技术、民主均流技术等世界先进技术开发出的产品。本公司的通信开关电源系列产品于1997年通过了北京市人民政府组织的专家级设计、生产定型鉴定,1998年获北京市人民政府科技进步奖,1999年列入北京市重大科技成果推广计划,2000年列入国家级火炬计划,是2000年国家级中小企业创新基金项目,2001年获得科技部、国家税务总局、对外经济合作部、国家质量监督检验检疫总局、国家环保总局五部委联合颁发的"国家重点新产品证书",2002年产品通过北京市科委鉴定,鉴定意见认为,本公司主要产品技术水平及性能价格比等方面达到了国际同类产品的先进水平,处于国内领先地位。本公司目前的生产规模及市场的行业排名居国内前列。

四、主要财务指标

请参阅本上市公告书"财务会计资料"部分的相关内容。

五、公司资产权属及特许经营情况

本公司目前拥有"DPC"标志的注册商标、1宗面积为9,308.05平方米的土地使用权及建筑面积14,662.85平方米的楼房房产权、11项专利及多项专有技术,并取得了自营进出口权。

有关产权、专利及专有技术、特许经营权的详细内容请查阅2004年3月12日刊载于上海证券交易所网站(www.sse.com.cn)的本公司招股说明书全文。

六、财政税收优惠政策

本公司属于北京市新技术产业开发实验区的新技术企业,根据国家税务总局的批复,自1999年1月1日起,执行减按15%税率缴纳企业所得税的优惠政策。同时,根据北京市海淀区地方税务局(1998)海地税所字第3247号文件批准,公司自1998年2月1日至2001年1月31日享受减征50%(即实际执行7.5%)的所得税优惠政策。

第五节 股票发行与股本结构

一、本次股票上市前首次公开发行股票的基本情况
(一)股票种类:人民币普通股(A股)
(二)每股面值:1.00元
(三)发行数量:3,000万股
发行后总股本:8,695.30万股
发行股数占发行后总股本的比例:34.50%
(四)发行价格:8.29元/股
(五)发行市盈率:按2003年每股税后利润0.42元计算的市盈率为19.74倍
(六)募股资金总额:24,870万元
(七)发行方式:全部向二级市场投资者定价配售

(八)发行对象:于2004年3月12日持有上交所或深交所已上市流通人民币普通股(A股)股票市值总和不少于1万元的投资者(上交所或深交所流通股票单独计算其市值总和)。两市投资者均可参加本次新股发行的配售。配售时,投资者分别使用其所持的两市的股票市值。

(九)发行费用:发行费用(包括承销费、会计师费用、律师费用、发行手续费用及审核费等)1,858.21万元,每股发行费用为0.62元。

二、本次股票上市前首次公开发行股票的承销情况

本次公开发行的3,000万股社会公众股的配号总数为75,480,091个,中签率为0.03974558%。其中,二级市场投资者认购29,720,734股,其余279,266股由承销团包销。

三、本次上市前首次公开发行股票所募股资金的验资报告

验资报告

中瑞华恒信验字(2004)第2005号

北京动力源科技股份有限公司全体股东:

我们接受委托,审验了贵公司截至2004年3月24日新增注册资本的实收情况。按照国家相关法律、法规的规定和协议、章程的要求出资,提供真实、合法、完整的验资资料,保护资产的安全、完整是全体股东及贵公司的责任。我们的责任是对贵公司新增注册资本的实收情况发表审验意见。我们的审验是依据《独立审计实务公告第1号? 验资》进行的。在审验过程中,我们结合贵公司的实际情况,实施了检查等必要的审验程序。

贵公司原注册资本和实收股本均为人民币伍仟陆佰玖拾伍万叁仟元整（RMB56,953,000 元),业经中瑞华会计师事务所出具中瑞华(2000)验字第 2057 号验资报告予以审验。根据贵公司股东大会决议和修改后章程的规定，贵公司申请向社会发行人民币普通股股票增加注册资本人民币叁仟万元(RMB30,000,000.00 元)。经中国证券监督管理委员会证监发行字[2004]27 号文核准,贵公司于 2004 年 3 月 17 日向社会发行人民币普通股股票 3,000 万股。经我们审验,截至 2004 年 3 月 24 日止,贵公司已收到社会公众股股东认缴的新增注册资本合计人民币叁仟万元(RMB30,000,000.00 元),变更后注册资本和实收股本均为人民币捌仟陆佰玖拾伍万叁仟元整(RMB86,953,000 元)。社会公众股股东均以货币资金出资。

本验资报告仅供贵公司申请变更登记、向股东签发出资证明及向交易所办理相关手续时使用,不应将其视为是对贵公司验资报告日后资本保全、偿债能力和持续经营能力等的保证,因使用不当所造成的后果,与执行本验资业务的注册会计师及本会计师事务所无关。

附件:1、注册资本变更情况明细表

(1)新增注册资本实收情况明细表(表 1)

(2)注册资本变更前后对照表(表 2)

2、验资事项说明

中瑞华恒信会计师事务所有限公司

主任(副主任)会计师:杨力强

中国-北京

2004 年 3 月 24 日 中国注册会计师:史 锋

地址:北京西城区金融大街 35 号国际企业大厦 A 座 8 层

四、本次募股资金入帐情况

入帐时间:2004 年 3 月 24 日

入帐金额:235,837,563.10 元(募集资金扣除承销费和发行手续费后的余额)

入帐帐号:304082106

开户银行:中国光大银行北京亚运村支行

五、本公司上市前股权结构及各类股东的持股情况

(一)本次上市前股权结构

股份类别	持股数(股)	持股比例(%)
1、尚未流通股份		
发起人持有的股份	5,695.30	65.50
2、可流通股份		
社会公众股	3,000.00	34.50
3、总股本	8,695.30	100

(二)本次上市前十大股东情况

序号	姓 名	持股数(股)	占总股本比例(%)
1	何振亚	13,839,579	15.92
2	周卫军	5,125,770	5.89
3	李林	5,125,770	5.89
4	台林	5,125,770	5.89
5	吴琼	5,125,770	5.89
6	张守才	5,125,770	5.89
7	段辉国	2,562,885	2.95
8	赵金堂	2,562,885	2.95
9	曲春红	2,050,308	2.36
1	黄海	1,537,731	1.77
	合计	48,182,238	55.41

第六节 董事、监事、高级管理人员及核心技术人员

一、公司董事、监事、高级管理人员及核心技术人员简介

(一)公司董事简介

何振亚先生,公司董事长兼总经理,现年 50 岁,中共党员,北京大学 EMBA,北京海淀区工商联常委。何先生曾主持设计国内最早的全固态中长波导航机,并曾获得民航系统新长征突击手、民航局机关优秀共产党员等多项荣誉称号,曾任第六届全国青联特约委员。

台林先生,公司副董事长兼总工程师,现年 49 岁,工学硕士,高级工程师,北京电源行业协会副理事长。台先生长期从事电子技术的教学和研究工作,曾获北京市科技进步三等奖。

张守才先生,兼公司董事会秘书,现年 40 岁,工学硕士,助理研究员。张先生曾获兵器工业总公司科技进步三等奖,北京市科技进步三等奖。

周卫军先生,兼副总工程师,现年 37 岁,硕士。周先生曾主持设计了多个型号的通信开关电源系统产品,曾获北京市科技进步三等奖。

曲春红女士,兼财务总监,现年 42 岁,硕士。

吴琼先生,现年 37 岁,大专学历。

段辉国先生,现年 43 岁。

王正元先生,公司独立董事,现年 61 岁,工学硕士,高级工程师。王先生 1990 年 9 月至 2003 年 3 月任北京电力电子技术研究发展中心主任。

王鹏程先生,公司独立董事,现年 34 岁,会计学博士,中国独立审计准则组成员、中国中青年财务成本研究会理事。王先生 1998 年 8 月至今任天健会计师事务所合伙人。

王瑞华先生,公司独立董事,现年 42 岁,博士、注册会计师。王先生现任中央财经大学研究生部副主任、教授。王瑞华先生同时还担任北京清华紫光软件股份有限公司、内蒙古蒙西高新材料股份有限公司独立董事。

何继兵先生,公司独立董事,现年 32 岁,硕士。何先生现任华夏证券股份有限公司投资银行总部业务董事。

(二)监事会成员

黄海先生,公司监事会主席,现年 41 岁,大学本科学历,工程师。

李荫峰先生,营销中心副主任,现年 42 岁,大专学历。

殷国森先生,职工代表出任的监事,现年 51 岁,中共党员,中专学历,助理会计师。

(三)高级管理人员简介

由公司董事兼任的高级管理人员有何振亚、张守才、曲春红,其简历见前述。

黄国雄先生,公司常务副总经理,现年 47 岁,硕士,工程师。

刘兵先生,公司副总经理,现年 42 岁,本科学历,工程师。刘先生曾获船舶工业总公司科技进步奖。

张冬生先生,公司副总经理,现年 39 岁,工学学士,中国人民大学 EMBA,高级工程师。

张弛龙先生,公司副总经理,现年 36 岁,中共党员,清华大学经济管理学院 MBA。

(四)公司核心技术人员简介

董事台林先生和周卫军先生也是本公司的核心技术人员,其简历见前述。

占景辉先生,现年 36 岁,工学硕士,高级工程师,北京电源行业协会理事。

刘瑞东先生,现年 53 岁,工学硕士,高级工程师。

杨正义先生,现年 43 岁,本科学历,工程师。

二、持股情况说明

本公司上述董事、监事、高级管理人员及核心技术人员均为中国国籍,无境外永久居留权,相互之间不存在配偶关系、三代以内直系和旁系亲属关系。截至本上市公司书签署之日,本公司董事、监事、高级管理人员及要核心技术人员折父母、配偶或子女未持有公司股份,上述人员亦不存在通过其近亲属能够直接或间接控制的法人持有本公司股份的情形,上述人员持有发起人股份情况如下:

任职	姓 名	股票数量(股)	比例(%)
董	何振亚	13,839,579	15.92
事	台 林	5,125,770	5.89
	张守才	5,125,770	5.89
	吴 琼	5,125,770	5.89
	周卫军	5,125,770	5.89
	段辉国	2,562,885	2.95
	曲春红	2,050,308	2.36
监	黄 海	1,537,731	1.77
事	李荫峰	1,025,154	1.18
合计		41,518,737	47.75

第七节 同业竞争与关联交易

一、同业竞争情况

本公司的全体股东与本公司之间不存在同业竞争,并出具了避免同业竞争的承诺函,发行人律师及主承销商均对此发表了相同意见。

二、关联交易情况

公司与关联方之间存在少量关联交易,主要内容包括数额较小的货物销售。

关联交易有关内容请查阅 2004 年 3 月 12 日刊载于上海证券交易所网站(www.sse.com.cn)的本公司招股说明书全文。

公司将通过严格履行公司章程中关于关联交易的条款，规范关联交易的决策以切实保护中小股东利益。

第八节 财务会计资料

本公司 2001 年至 2003 年的财务会计资料已于 2004 年 3 月 12 日在《中国证券报》、《上海证券报》和《证券时报》刊登的《招股说明书摘要》中进行了披露,投资者欲了解详细内容,请查阅上述报纸或刊载于上海证券交易所网站(www.sse.com.cn)的本公司招股说明书全文。

一、注册会计师意见

本公司财务审计机构中瑞华对本公司 2001 年度、2002 年度、2003 年度的财务报告出具了中瑞华恒信审字(2004)第 10058 号标准无保留意见的审计报告。本节数据如无特别说明,均引自经中瑞华审计的财务报表。

二、简要会计报表

(一)简要利润表 单位:元

项目	2003 年度	2002 年度
一、主营业务收入	177,501,913.4	176,871,560.41
减:主营业务成本	93,265,205.46	92,225,129.14
主营业务税金及附加	1,637,021.32	2,258,729.40
二、主营业务利润	82,599,686.62	82,387,701.87
加:其他业务利润	1,888,656.34	1,241,170.64
减: 营业费用	34,513,456.31	39,822,827.34
管理费用	18,522,742.99	17,376,323.14
财务费用	2,839,398.34	2,086,243.76
三、营业利润	28,612,745.32	24,343,487.25
加:投资收益	79,670.78	431,441.47
营业外收入	–	60,844.42
减:营业外支出	244,657.22	–
四、利润总额	28,447,758.88	24,835,764.14
五、净利润	23,940,925.28	20,458,121.68
加:年初未分配利润	17,389,208.98	21,448,614.35
六、可供分配的利润	41,330,134.26	41,906,736.03
减:提取法定盈余公积	2,394,092.53	2,045,941.80
提取法定公益金	1,197,046.26	1,022,970.90
七、可供投资者分配的利润	37,738,995.47	38,837,823.33
减:应付普通股股利	–	21,448,614.35
转作股本普通股股利	–	–
八、未分配利润	37,738,995.47	17,389,208.98

(二)简要资产负债表 单位:元

项目	2003.12.31	2002.12.31
货币资金	83,525,486.09	55,637,741.63
短期投资	1,000,000.00	74,153.00
应收账款	67,066,196.38	71,090,219.14
其他应收款	7,541,024.22	5,175,722.13
预付账款	190,994.30	–
存货	43,155,143.03	38,204,592.44
待摊费用	236,134.52	–
流动资产合计	202,714,978.54	171,082,478.34
长期股权投资	2,034,707.03	2,032,373.50
长期投资合计	2,034,707.03	2,032,373.50
固定资产原价	45,085,336.83	42,452,327.56
减:累计折旧	9,087,842.02	6,313,029.45
固定资产净值	35,997,494.81	36,139,298.11
在建工程	–	–
固定资产合计	35,997,494.81	36,139,298.11
无形资产	4,846,231.03	5,127,719.88
无形资产及其他资产合计	4,846,231.03	5,127,719.88
资产总计	245,593,411.41	214,381,869.83
短期借款	30,000,000.00	40,000,000.00
应付票据	27,236,689.74	–
应付账款	36,673,843.86	43,748,048.66

预收账款	18,465,550.26	15,932,951.69
应付福利费	1,844,374.66	3,657,343.23
应付股利	10,721,984.05	21,454,709.25
应交税金	8,402,155.87	4,232,481.44
其他应交款	184,887.65	78,103.71
其他应付款	2,397,681.94	1,887,213.75
流动负债合计	135,927,168.03	130,990,851.73
专项应付款	700,000.00	700,000.00
长期负债合计	700,000.00	700,000.00
负债合计	136,627,168.03	131,690,851.73
股本	56,953,000.00	56,953,000.00
股本净额	56,953,000.00	56,953,000.00
资本公积	3,034,333.48	700,033.48
盈余公积	11,239,914.43	7,648,755.64
其中:法定公益金	3,462,534.92	2,265,488.66
未分配利润	37,738,995.47	17,389,208.98
股东权益合计	108,966,243.38	82,691,018.10

(一)简要利润表　单位:元

项目	2001 年度
一、主营业务收入	194,002,858.08
减:主营业务成本	102,236,759.00
主营业务税金及附加	1,234,812.33
二、主营业务利润	90,531,286.75
加:其他业务利润	939,612.97
减:营业费用	40,617,556.48
管理费用	20,166,244.86
财务费用	1,813,769.27
三、营业利润	28,873,329.11
加:投资收益	24,754.99
营业外收入	101,451.31
减:营业外支出	75,627.23
四、利润总额	28,923,908.18
五、净利润	22,724,979.93
加:年初未分配利润	2,132,381.40
六、可供分配的利润	24,857,361.33
减:提取法定盈余公积	2,272,497.99
提取法定公益金	1,136,248.99
七、可供投资者分配的利润	21,448,614.35
减:应付普通股股利	-
转作股本普通股股利	-
八、未分配利润	21,448,614.35

(二)简要资产负债表　单位:元

项目	2001.12.31
货币资金	38,739,600.80
短期投资	-
应收账款	54,058,677.69
其他应收款	7,417,095.06
预付账款	670,168.03
存货	66,398,670.66
待摊费用	144,191.19
流动资产合计	167,428,403.43
长期股权投资	2,025,085.03
长期投资合计	2,025,085.03
固定资产原价	38,758,813.46
减:累计折旧	3,856,627.91
固定资产净值	34,902,185.55
在建工程	1,124,670.00
固定资产合计	36,026,855.55
无形资产	5,200,723.08
无形资产及	
其他资产合计	5,200,723.08
资产总计	210,681,067.09
短期借款	40,000,000.00
应付票据	-
应付账款	41,407,589.13
预收账款	29,056,952.84
应付福利费	3,485,404.87
应付股利	31,094.90
应交税金	10,098,029.40
其他应交款	80,967.93
其他应付款	2,139,517.25
流动负债合计	126,299,556.32
专项应付款	1,400,000.00
长期负债合计	1,400,000.00
负债合计	127,699,556.32
股本	56,953,000.00
股本净额	56,953,000.00
资本公积	33.48
盈余公积	4,579,862.94
其中:法定公益金	1,242,517.76
未分配利润	21,448,614.35
股东权益合计	82,981,510.77

(三)简要现金流量表　单位:元

项目	2003 年
经营活动产生的现金流量净额	48,899,131.55
投资活动产生的现金流量净额	-1,737,275.32
筹资活动产生的现金流量净额	-19,274,111.77
现金及现金等价物净增加额:	27,887,744.46

三、会计报表附注

本公司会计报表附注等有关内容,请查阅 2004 年 3 月 12 日刊载于上海证券交易所网站(www.sse.com.cn)的本公司招股说明书全文与附录。

四、主要财务指标

本公司近三年主要财务指标如下表:

项目	2003 年	2002 年	2001 年
1、流动比率	1.49	1.31	1.33
2、速动比率	1.17	1.01	0.80
3、应收账款周转率(次)	2.57	2.83	5.53
4、存货周转率(次)	2.29	1.76	1.50
5、无形资产(土地使用权除外)占总资产的比例(%)	0.07	0.16	0.14
6、无形资产(土地使用权除外)占净资产的比例(%)	0.16	0.41	0.36
7、资产负债率(%)	55.63	61.43	60.61
8、每股净资产(元)	1.91	1.45	1.46
9、每股经营活动的现金流量(元)	0.86	0.39	0.25
10、营运资金(万元)	6,678.78	4,009.16	4,112.88
11、净资产收益率(全面摊薄;%)	22.13	24.12	30.61
12、每股收益(全面摊薄;元)	0.42	0.36	0.40

第九节　其他重要事项

一、自本公司股票首次公开发行之日至本上市公告书公告之日，本公司严格依照现行有关法律、法规的规定规范运行,生产经营情况正常,本公司所处行业和市场无重大变化,主要业务发展目标的进展状况正常,主要投入、产出物供求及价格无重大变化。

二、自本公司股票首次公开发行之日至本上市公告书公告之日,本公司没有进行重大对外投资,无重大资产(股权)收购、出售行为。

三、自本公司股票首次公开发行之日至本上市公告书公告之日,本公司重大会计政策和会计师事务所没有发生变化。

四、根据 2004 年 2 月 12 日召开的临时股东大会的决议,公司利润共享安排如下:发行前的滚存利润由新老股东共享。本次新股发行后第一个盈利年度的股利分配方案由新股发行后召开的首次年度股东大会审议批准。

五、本公司股票首次公开发行和股票上市前后税负无变化。

六、自本公司股票首次公开发行之日至本上市公告书公告之日,本公司未涉及任何重大诉讼、仲裁或行政处罚案件,并且董事会认为本公司未面临任何重大影响的诉讼和索赔要求。

七、自本公司股票首次公开发行之日至本上市公告书公告之日,本公司董事、监事和高级管理人员未受到任何刑事起诉,亦没有尚未了结或可能发生的刑事诉讼事项。

八、自本公司股票首次公开发行之日至本上市公告书公告之日,本公司住所未变更。

九、自本公司股票首次公开发行之日至本上市公告书公告之日,未发生新的重大负债,并且重大债项未发生变化。

十、根据《上海证券交易所股票上市规则》,本公司第一大股东何振亚先生承诺,自本公司股票上市之日起 12 个月内,不转让其所持有的本公司股份,也不由本公司回购其持有的本公司股份;

十一、本公司股票首次公开发行至本上市公告书公告之日,没有其他应披露而未披露之重大事项。

第十节　董事会上市承诺

本公司董事会承诺将严格遵守《中华人民共和国公司法》、《中华人民共和国证券法》、《股票发行与交易管理暂行条例》、《公开发行股票公司信息披露实施细则》和《上海证券交易所股票上市规则》等国家法律、法规和有关规定,并自股票上市之日起作到:

(一)承诺真实、准确、完整、公允和及时地公布定期报告,披露所有对投资者有重大影响的信息,并接受中国证监会、证券交易所的监督管理;

(二)承诺本公司在知悉可能对股票价格产生误导性影响的任何公共传播媒介中出现的消息后,将及时予以公开澄清;

(三)本公司董事、监事、高级管理人员和核心技术人员将认真听取社会公众的意见和批评,不利用已获得的内幕消息和其他不正当手段直接或间接从事本公司股票的买卖活动;

(四)本公司没有无记录的负债。

第十一节　上市推荐人及其意见

一、上市推荐人情况

上市推荐人:国信证券有限责任公司

法定代表人:胡关金

地址:深圳市红岭中路 1012 号国信证券大厦

电话:0755-82130833　传真:0755-82130620

联系人:廖家东、李震、李绍武

二、上市推荐人意见

本公司上市推荐人认为,本公司章程符合《中华人民共和国公司法》等有关法律、法规和中国证监会关于公司章程的相关规定。根据《中华人民共和国公司法》、《中华人民共和国证券法》、《股票发行与交易管理暂行条例》、《上海证券交易所股票上市规则》等有关规定,本公司首次公开发行的股票已具备公开上市的条件。

本公司上市推荐人保证本公司的董事了解法律、法规、上海证券交易所上市规则及股票上市协议规定的董事的义务与责任,并协助本公司健全了法人治理结构、制定了严格的信息披露制度与保密制度。

本公司上市推荐人已对上市文件所载的资料进行了核实,确保上市文件真实、准确、完整,符合规定要求。保证本公司的上市申请材料、上市公告书没有虚假、严重误导性陈述或者重大遗漏,并保证对其承担连带责任。

本公司上市推荐人愿意推荐本公司股票在上海证券交易所上市交易，并保证不利用在上市过程中获得的内幕信息进行内幕交易,为自己或他人谋取利益。

北京动力源科技股份有限公司

2004 年 3 月 27 日

北京华胜天成科技股份有限公司

北京华胜天成科技股份有限公司首次公开发行股票上市公告书

第一节 重要声明与提示

本公司董事会保证上市公告书的真实性、准确性、完整性,全体董事承诺上市公告书不存在虚假记载、误导性陈述或重大遗漏,并承担个别和连带的法律责任。

根据《公司法》、《证券法》等有关法律、法规的规定,本公司董事、高级管理人员已依法履行诚信和勤勉尽责的义务和责任。

上海证券交易所、中国证监会、其他政府机关对本公司股票上市及有关事项的意见,均不表明对本公司的任何保证。

本公司提醒广大投资者注意,凡本上市公告书未涉及的有关内容,请投资者查阅2004年4月7日刊载于《中国证券报》和《上海证券报》的本公司招股说明书摘要,及刊载于上海证券交易所网站(HTTP://WWW.SSE.COM.CN)的本公司招股说明书全文。

本公司2004年第一季度的财务报告未经审计。

公司董事会于2004年4月6日审议通过本公司2004年第一季度财务报告。

公司负责人胡联奎先生、主管会计工作负责人荆涛先生及会计机构负责人陈朝晖先生声明:保证季度报告中财务报告的真实、完整。

第二节 概 览

一、股票简称: 华胜天成

二、沪市股票代码: 600410

深市代理股票代码:003410

三、股本总额: 94,000,000股

四、可流通股本: 24,000,000股

五、本次上市流通股本: 24,000,000股

六、发行价格: 17.14元/股

七、上市地点: 上海证券交易所

八、上市日期: 2004年4月27日

九、股票登记机构: 中国证券登记结算有限责任公司上海分公司

十、对首次公开发行股票前股东所持股份的流通限制及期限:

根据国家现有法律、法规和中国证监会"证监发行字[2004]38号"《关于核准北京华胜天成科技股份有限公司公开发行股票的通知》,本公司的发起人股暂不上市流通。

十一、首次公开发行股票前股东对所持股份自愿锁定的承诺:

根据《上海证券交易所股票上市规则》,公司第一大股东苏纲已向上海证券交易所承诺:华胜天成上市后一年内,本人不不转让所持有的华胜天成的股份;同时华胜天成承诺:不回购发起人所持有的公司股份。

十二、上市推荐人:渤海证券有限责任公司

第三节 绪 言

本上市公告书是根据《公司法》、《证券法》、《股票发行与交易管理暂行条例》、《公开发行股票公司信息披露实施细则》和《上海证券交易所股票上市规则》等有关法律、法规的规定,并按照中国证监会制定的《公开发行证券的公司信息披露内容与格式准则第7号----股票上市公告书》要求而编制,旨在向投资者提供有关本公司的基本情况和本次股票上市的有关资料。

经中国证监会"证监发行字[2004]38号"文核准,本公司已于2004年4月12日以向二级市场投资者定价配售方式成功发行了2,400万股人民币普通股(A股)股票,每股发行价格17.14元。

经上海证券交易所《关于北京华胜天成科技股份有限公司人民币普通股股票上市交易的通知》("上证上字[2004]40号"文)批准,本公司2,400万股人民币普通股股票将于2004年4月27日在上海证券交易所挂牌交易。股票简称"华胜天成",沪市股票代码为600410,深市代理股票代码为003410。

本公司已于2004年4月7日分别在《中国证券报》和《上海证券报》上刊登了招股说明书摘要。招股说明书全文及其附录刊载于上海证券交易所网站(HTTP://WWW.SSE.COM.CN),距今不超过三个月,故本上市公告书与其重复的内容不再重述,敬请投资者查阅上述文件。本公司业已编制2004年第一季度的财务报告并在本公告书中披露。

第四节 本公司概况

一、本公司的基本情况

1、中文名称:北京华胜天成科技股份有限公司

英文名称:BEIJING TEAMSUN TECHNOLOGY CO.,LTD

2、注册资本:94,000,000元 3、法定代表人:胡联奎

4、注册地址:北京市海淀区北四环中路229号(邮政编码:100083)

办公地点:北京市朝阳区安定路39号长新大厦四层(邮政编码:100029)

5、经营范围:通讯软件的技术开发、技术咨询、技术服务、技术培训;承接通讯软件应用系统集成;销售开发后产品、计算机软硬件及外围设备、通信设备;电子商务服务(未取得专项许可的项目除外)。

6、所属行业:计算机应用服务业

7、电话:(010)64448399-8010

8、传真:(010)64442399

9、互联网网址:HTTP://WWW.TEAMSUN.COM.CN

10、电子信箱:SECURITIES@TEAMSUN.COM.CN

11、董事会秘书:胡家飞

二、公司历史沿革

2001年3月7日,经北京市人民政府经济体制改革办公室京政体改股函[2001]18号文批准,本公司由北京华胜天成科技有限公司依法整体变更为股份有限公司,公司于2001年3月15日完成工商登记,注册资本7,000万元。

本次2,400万股A股股票发行后,公司注册资本增至9,400万元。

三、公司的主要经营情况

1、主要业务

本公司是信息技术应用服务行业的信息技术应用服务提供商,主要为电信、金融等行业用户提供系统集成及专业服务。

2、主要产品及其用途

(1)公司的计算平台系统集成,以高端计算平台的系统级应用技术为核心,以"工作站网络系统解决方案"为主要产品,应用于电信客户服务、网管、计费系统的计算平台建设等。

(2)公司的通信平台集成,以语音数据融合技术为核心,提供通信网络基础设备、技术和服务,应用于呼叫中心等建设性项目。主要产品有"TEAMSUN呼叫中心CTI平台系统"、"TEAMSUN自动语音应答系统"、"TEAMSUN电信公话管理系统"等解决方案。

(3)公司的应用系统集成,是基于VOIP、信令控制技术的电信增值应用技术和CRM的客户和业务管理技术,向电信和金融企业提供全面应用解决方案,具体有:TEAMSUN电信1000号及移动1860号(原电信114)业务系统、TEAMSUN USSD互动短信、网间综合结算、7号信令及智能网平台等。

(4)专业服务

公司以"优质服务提供者、技术分享者、利润分享者"作为专业服务的发展目标,向客户提供咨询、设计、实施、维护和培训服务。公司已建立了完备的服务实施管理体系,并将服务进行产品化。目前公司专门针对系统维护和保障,推出了金、银、铜牌标准化服务产品,此外公司还可以根据客户的要求定制个性化的服务产品,以满足客户的特殊需求。

3、本公司的竞争优势

(1)人才优势

截至2003年12月31日,本公司拥有各类专业技术、销售和管理人才298人。其中具有大学本科以上学历人员占70%以上,拥有高级职称、博士、硕士学历人员占11%。

公司拥有一批行业专家,他们长期从事电信和金融行业的信息技术应用,在行业背景和行业经验方面具有深厚的积累,公司同时拥有一批资深的系统分析员和软件开发人员。

2003年公司经过JAVA软件应用技术的水平认证成为"一级JAVA卓越中心"(JAVA CENTER OF EXCELLENCE LEVEL I)。公司有一大批获得专业资质认证的工程师和项目管理人员。本公司获得SUN、AVAYA、CISCO、ORACLE等国外主要IT厂商认证的技术人员合计129人次。其中,获得SUN公司资格认证的工程师57人次,占其在中国所有认证工程师数量一半以上,其中国内最高级别的资格认证SUN-SE工程师18人次。公司获得项目管理认证的人数达26名,其中项目经理24名,高级项目经理2名。

(2)技术优势

公司通过多年的行业服务经验积累,形成了以"企业统一信息架构"为核心的应用和服务技术体系,在该体系架构下,公司在高端计算技术应用、语音数据融合技术、电信增值应用和基于CRM的客户和业务管理技术等方面形成了技术优势。

(3)市场优势

公司向客户提供能够提升其核心竞争力的增值业务应用、客户关系管理、客户服务中心等应用系统,以及支持这些系统的专业技术服务,与国内各主要电信运营商、电信设备制造商及金融行业的部分重点用户建立了相互信任和密切的合作关系。公司品牌在行业客户中享有较高的信誉度。

公司在北京、上海和广州设有分公司,在南京、武汉、成都等城市设有办事处,形成了覆盖华北、华东、华中、华南和西北的全国大部分大中城市和地区的营销和服务网络。利用这些遍及全国的服务网络和公司成熟的项目管理体系,公司可以为行业用户的全国性的应用项目提供全方位的及时服务。

(4)管理优势

本公司实施战略管理,制定了以"发展成为中国一流的信息技术应用服务提供商"为目标的发展战略。

公司的高级管理人员大部分具有十五年以上的行业技术经验和丰富的管理经验,公司以2000万元的注册资本成立,能够发展到现有规模,公司的管理层起到至关重要的作用。公司以战略管理为核心,不断引进高素质的高级职业管理人才,逐渐形成了专业化、职业化的管理团队。通过建立科学的规章制度体系,公司在决策、经营、科研等各方面都有较为完善的制度保证。此外,公司管理层注重引进外脑,与汉普公司、邓白氏公司合作,引入了ORACLE ERP企业资源管理体系和信用管理体系,建立了一套先进的财务管理制度。

(5)企业文化优势

本公司形成"崇尚客户需求,追求卓越境界、提供超值服务"的经营理念。公司一直强调要做学习型的企业,强调公司文化的推进作用,要求普通员工要有责任心,中层骨干要有上进心,高层要有事业心,从而激发各层面队伍的工作积极性。同时公司倡导"以人为本"的企业文化建设,努力营造紧张活泼、宽严相济的工作氛围,提倡员工的全面发展,以有利的环境吸引和留住高水平的人才,逐步形成了具有本公司特色的公司文化。

4、公司的竞争劣势

由于本公司属于民营高科技企业,固定资产规模较小,取得银行贷款存在一定的困难,因此资金相对短缺,这使公司发展受到制约,特别是在已有项目的市场推广和新项目的研究开发方面受到一定限制。随着中国加入WTO以后国内市场的逐步开放,本公司将会面临实力雄厚的国际厂商的竞争。因此本公司迫切需要壮大自身实力,提升公司整体的核心竞争力,以保持本公司在未来市场竞争中的战略优势地位。

5、主要财务指标

项目	2004.3.31	2003.12.31	2002.12.31	2001.12.31
流动比率	1.49	1.81	1.65	1.84
速动比率	0.81	1.11	1.13	1.33
资产负债率(%)	69.52	56.24	61.93	52.98
应收账款周转率	0.83	3.40	3.46	4.56
存货周转率	0.58	3.03	4.29	5.02
净资产收益率(全面摊薄)(%)	10.21	28.74	32.85	45.93
扣除非经常性损益后的净资产收益率(%)	10.21	23.81	32.82	45.74
每股收益(元)	0.24	0.87	0.76	0.72
每股经营活动产生现金流量净额(元)	−0.03	0.73	1.03	0.06

6、公司知识产权情况

公司拥有"华胜天成"、"TEAMSUN"及图形注册商标共7个,分别属于核定使用商品第9类、核定服务项目第35、37、41和42类。

公司向中国版权保护中心提出申请并已获得的计算机软件著作权有:"华胜天成呼叫中心应用平台TCCS(版本号2.0)"、"华胜天成PBX计费系统(版本号1.0)"、"ISPACCT(版本号1.1)"、"华胜天成电信综合经营支持系统(版本号1.0)"、"华胜天成电信综合结算系统(版本号1.0)"、"华胜天成

USSD 业务网关系统(版本号 2.0)”以及“华胜天成 INET 网络管理系统(版本号 1.0)”。

公司通过多年提供信息技术应用服务的技术积累,自主设计了“企业统一信息架构”的技术应用规范。统一信息架构是在企业信息系统的应用平台层面,将信息系统的用户管理、数据管理、业务管理等统一设计和配置的技术应用规范。

在企业统一信息架构的技术应用规范下,公司自主开发了以下核心技术:(1)高端计算平台的系统级应用技术;(2)基于语音交换和数据交换的语音数据融合技术;(3)基于 VOIP、信令控制技术的电信增值应用技术和基于 CRM 的客户和业务管理技术。详细介绍如下:

(1)高端计算平台的系统级应用技术

主要包括高端服务器体系结构下的应用计算技术,以虚拟存储、网络存储为代表的数据存储应用技术,以高可靠性计算和群集计算为代表的数据安全计算技术以及支持多种数据格式的目录管理技术、用户认证管理技术。

(2)基于语音交换和数据交换的语音数据融合技术

在浏览器/服务器结构下,在语音交换平台通过 CTI、IVR 技术以及中间件和数据库的应用,实现语音和数据信息的可定制传输和转换,提供座席电话控制、信息采集监控、自动语音集成、多通道任务处理、录音调听、布告通知等功能。

(3)基于 VOIP、信令控制技术的电信增值应用技术和基于 CRM 的客户和业务管理技术

基于 VOIP、信令控制技术的电信增值应用技术,包括呼叫控制管理系统 VOIP-SWITCH 技术、实时计费管理 SMART-BILLING 技术以及面向最终用户的 SOHO 网关系统、SOFTPHONE 软电话技术等。采用公司自主完成的系统架构设计,可满足电信级运营商大规模部署城域网 VOIP 应用的需求,支持有线、无线和 IP 增值业务开发,并实现支持不同协议间的通讯和数据转换的 7 号信令智能网平台应用。

公司以 CRM 理论为指导,自主设计了产品管理、帐务管理、服务管理、业务流程管理等业务模型,并以此为基础,采用面向对象的分层模块化开发构架,以工作流引擎处理业务流程,将业务数据与业务流程管理按 ITU-T 标准的 TMN 模型整合,将传统的客户和流程管理系统提升到集提供网络业务支持、决策分析、数据挖掘为一体的统一业务管理平台。

7、本公司享有的财政税收优惠政策

公司作为北京市新技术产业开发试验区的新技术企业,享受企业所得税三免、三减半的优惠政策。2002-2004 年度公司按照 7.5%的税率缴纳企业所得税,2005 年以后公司将按照 15%的税率缴纳企业所得税。

第五节 股票发行与股本结构

一、本次发行的基本情况

1、股票种类:境内上市人民币普通股(A 股)

2、每股面值:1.00 元　　3、发行股数:2,400 万股

4、每股发行价:17.14 元　　5、发行市盈率:19.79 倍

6、发行方式:全部向二级市场投资者定价配售

7、发行对象:于 2004 年 4 月 7 日持有上海证券交易所或深圳证券交易所已上市流通人民币普通股(A 股)股票的收盘市值总额(包括可流通但暂时锁定的股份市值)不少于 10,000 元的投资者。

8、本次发行实收募股资金及发行费用:本次股票发行共募集资金 41,136 万元,扣除发行费用 1,447.10 万元,实际募集资金净额为 39,688.90 万元。每股发行费用 0.60 元。

二、本次股票上市前首次公开发行股票的承销情况

本次公开发行的 2,400 万股 A 股,配号总数为 75,345,930 个,中签率为 0.03185308%,其中二级市场投资者认购 23,686,557 股,余股 313,443 股由主承销商包销。

三、本次上市前首次公开发行股票所募股资金的验资报告

北京京都会计师事务所有限责任公司对本公司本次上市前首次公开发行股票募集资金出具了第 0010 号《验资报告》,摘录如下:

验 资 报 告

北京京都验字(2004)第 0010 号

北京华胜天成科技股份有限公司全体股东:

我们接受委托,审验了北京华胜天成科技股份有限公司(以下简称华胜天成公司)截至 2004 年 4 月 19 日止新增注册资本实收情况。按照国家相关法律、法规的规定和协议、章程的要求出资,提供真实、合法、完整的验资资料,保护资产的安全、完整是全体股东及华胜天成公司的责任。我们的责任是对华胜天成公司新增注册资本的实收情况发表审验意见。我们的审验是依据《独立审计实务公告第 1 号----验资》进行的。在审验过程中,我们结合华胜天成公司的实际情况,实施了检查等必要的审验程序。

华胜天成公司原注册资本为人民币 7000 万元,根据 2004 年第一次临时股东大会决议和修改后章程的规定,申请增加注册资本人民币 2400 万元,经中国证券监督管理委员会证监发行字(2004)38 号文核准,同意华胜天成公司向社会公开发行人民币普通股股票 2400 万股,变更后的注册资本为人民币 9400 万元。经我们审验,截至 2004 年 4 月 19 日止,华胜天成公司已收到社会公众股东认缴股款人民币叁亿玖仟玖佰零叁万玖仟零肆拾叁元肆角叁分(已扣除发行费人民币 12,320,956.57 元),扣除其他发行费 2,150,000.00 元后,华胜天成公司实际收到 396,889,043.43 元,其中:股本 24,000,000.00 元,资本公积 372,889,043.43 元。社会公众股东全部以货币资金形式出资。

同时我们注意到,华胜天成公司本次增资前的注册资本为人民币 7000 万元,已经北京京都会计师事务所审验,并于 2001 年 3 月 12 日出具北京京都验字(2001)第 0019 号验资报告。截至 2004 年 4 月 19 日止,变更后的累计注册资本实收金额为人民币 9400 万元。

本验资报告供华胜天成公司申请变更登记及据以向全体股东签发出资证明时使用,不应将其视为是对华胜天成公司验资报告日后资本保全、偿债能力和持续经营能力等的保证。因使用不当造成的后果,与执行本验资业务的注册会计师及会计师事务所无关。

北京京都会计师事务所有限责任公司　主任会计师　徐华

中国注册会计师　郑建彪　陈雯　　二〇〇四年四月十九日

中国·北京

四、募股资金入帐情况

入帐时间:2004 年 4 月 19 日

入帐金额:399,039,043.43 元(扣除承销费和上网发行手续费后余额)

入帐帐号:91050154700000032

开户银行:上海浦东发展银行中关村支行

五、本公司上市前股权结构及各类股东的持股情况

1、本次上市前股权结构

股份类别	股东名称	股数(万股)	比例(%)
发起人股份	苏纲、王维航、刘建柱、刘燕京、胡联奎、荆涛、北京华胜计算机有限公司	7,000	74.47
其中:境内法人持有股份	北京华胜计算机有限公司	875	9.31
自然人持有股份	苏纲、王维航、刘建柱、刘燕京、胡联奎、荆涛	6,125	65.16
社会公众股		2,400	25.53
合计		9,400	100

2、本次上市前公司前十名股东及持股情况

序号	股东名称	股数(万股)	占股份比例(%)
1	苏纲	1,750	18.62
2	王维航	1,330	14.15
3	刘建柱	1,120	11.91
4	刘燕京	1,050	11.17
5	北京华胜计算机有限公司	875	9.31
6	胡联奎	700	7.45
7	荆涛	175	1.86
8	渤海证券有限责任公司	31.34	0.33
9	银丰基金	8.50	0.09
10	海富通收益	8.40	0.09

第六节 董事、监事、高级管理人员及核心技术人员

一、董事、监事、高级管理人员及核心技术人员简介

(一)董事

1、胡联奎先生

本公司董事长,现年 54 岁,中共党员,经济师,获清华大学管理工程专业硕士学位。曾任电子部第六研究所神燕系统工程公司总经理;电子部第六研究所计划部主任、经营部主任、副所长;北京六所华胜高技术股份有限公司总经理;华计公司总经理。目前担任华计公司执行董事,深圳市捷泰科电子技术有限公司、北京捷泰科电子技术有限责任公司、北京华胜鸣天科技有限公司的董事长。

2、王维航先生

本公司副董事长兼总经理,现年 38 岁,中共党员,获浙江大学信息电子工程系微电子学专业硕士学位,清华大学经济管理学院在读 EMBA。曾任电子部第六研究所助理工程师、工程师;华计公司项目工程师、工作站网络部销售经理、部门经理。曾参加国家“七五”科技攻关项目“华胜 4065 图形工作站”和国家“八五”科技攻关项目“华胜 4075 图形工作站”研究工作,其中“华胜 4075 图形工作站”项目获电子部科技一等奖。

3、苏纲先生

本公司董事兼副总经理,现年 45 岁,中共党员,工程师,获中国人民解放军工程技术学院数据通信专业学士学位。曾任电子部第六研究所人教部干部、工作站部销售经理;电子部第六研究所神燕系统工程公司总经理。

4、刘燕京女士

本公司董事兼常务副总经理,现年 42 岁,获北京工业大学应用数据系计算数学专业学士学位。曾任联想集团开发部软件工程师、工作站事业部销售经理、部门经理;电子部第六研究所工作站部销售经理;华计公司工作站网络事业部销售经理、上海办事处主任、事业部副总经理。

5、李曼俊女士

本公司董事,现年 62 岁,中共党员,高级工程师,获哈尔滨军事工程学院飞行器工程系自动控制专业学士学位。曾任四机部第六研究所技术员、工程师;电子部第六研究所室主任、科技处处长、副所长、所长、党委书记;北京日立控制系统有限公司董事长;北京六所华胜高技术股份有限公司董事长;华计公司副董事长;彩虹集团党组成员、董事、副总裁。目前担任华计公司董事长;北京六所华胜高技术股份有限公司董事;北京日立华胜信息系统有限公司董事长。

6、刘建柱先生

本公司董事兼副总经理,现年 46 岁,高级工程师,获南开大学计算数学专业理学学士学位。曾在电子部第六研究所任工程师、销售经理,工作站网络事业部销售经理、销售总监,参加了国家“六五”、“七五”、“八五”等一系列科技攻关工作,并获部颁荣誉奖励;曾任华计公司工作站网络部销售经理、销售总监,连续 5 年被公司评为先进销售人员。

7、叶佛容先生

本公司独立董事,现年 65 岁,高级工程师,获成都电讯工程学院电子器件专业学士学位。现任国家开发银行专家委副主任。曾任国家机械委科技局副处长、国家计委机电局处长、国家机电轻纺投资公司计划财务部主任、国家开发银行评审四局局长。2000 年 6 月获国务院政府特殊津贴。曾参加“七五”计划机电工业部分的起草工作以及组织《机械电子工业三十五年统计资料汇编》的编撰工作。在国家开发银行工作期间,主要负责机械电子、汽车、轻工、纺织、军工等行业的贷款项目评审和信贷管理工作。具体组织评审过的 IT 行业的重大贷款项目有:海尔手机项目、厦华手机项目、中兴通信项目、联通 CDMA 项目,浦东软件园项目、河南电信项目、河北电信项目,以及其他一批 GSM 扩容项目。2001 年撰写了《关于信息化带动工业化的调研及政策建议》、《我国电信业的市场、技术发展和信贷政策建议》,对我国的信息产业和电信业作了较为系统的全面的介绍和分析,并提出政策建议。

8、蓝伯雄先生

本公司独立董事,现年 54 岁,教授。1993 年毕业于加拿大滑铁卢大学管理科学系,获管理科学博士学位。曾任清华大学经济管理学院副院长。现任清华大学经济管理学院教授;中国电子学会工业工程分会副主任委员;北京运筹学会副理事长;中国中小企业对外交流与合作协会理事;北京高校管理科学学会常务理事;美国运筹与管理科学学会会员。在运筹学、大系统优化、管理信息系统与决策支持系统研究方面建树颇多。

9、丁华庭先生

本公司独立董事,现年 72 岁,会计师,大专学历。曾在空军司令部通讯枢纽部空军通信总站任会计、财务助理;北京锅炉厂财务科任材料成本组组长;北京机械产品质量检测中心任财务科科长。1988 年 5 月退休后先后在北京会计师事务所国际业务部、中财经会计师事务所、北京含义会计师事务所有限责任公司担任顾问,从事执业会计师职业 15 年。

(二)监事

1、卢孝威先生

本公司监事会主席,现年 56 岁,高级工程师,获武汉大学半导体物理专业学士学位。曾在电子部第六研究所任计划部副主任、经营部常务副主任;北京六所华胜高技术股份有限公司任企业管理部经理、总经理助理;北京日立华胜信息系统有限公司任董事;北京日立华胜控制系统有限公司任董事;华计公司任管理本部部长、总经理助理。目前还担任华计公司副总经理。

2、吕萍女士

本公司监事、职工代表,现年 36 岁,工程师,获宁波大学英语文学学士学位,正在读中国社会科学院 MBA 学历班;曾任东方通信股份有限公司终端产品营销总部人力资源部人事行政及 IT 总监;东方通信股份有限公司总裁秘书兼人力资源部业务经理;东方通信股份有限公司人力资源部薪酬绩效经理。现在本公司任人力资源总监。

3、欧阳莉辉女士

本公司监事、职工代表,现年 32 岁,获清华大学核能技术研究院系统工程专业硕士学位。现在本公司任商务部经理。

(三)其他高级管理人员

1、胡家飞先生

本公司董事会秘书,现年 39 岁,获哈尔滨工业大学管理工程专业硕士学位。曾在北京建新伟业科技有限公司任总裁助理。

2、荆涛先生

本公司财务总监,现年 40 岁,注册会计师,获中国人民大学商业贸易专业硕士学位,中欧国际工商管理学院在读 EMBA。曾任电子部第六研究所财务部副主任;华计公司经济计划部经理。组织并负责设计了公司的进、销、存管理系统;组织并成功实施了公司的 ERP 系统;组织并负责建立了公司的客户信用管理体系。

3、林开涛先生

本公司副总经理，现年41岁，注册会计师，于1984年7月获厦门大学会计学学士学位，1994年获得英国准许会计师协会节段证书(ACCA)。曾任普华永道会计师事务所(北京)高级会计师；吉百利食品中国有限公司(北京)总会计师；IBM中国有限公司--英孚美软件中国有限公司(北京)财务总监；IBM中国有限公司--蓝色快车计算机工程技术有限公司(北京)首席财务官。于2002年9月加入本公司。

4、吕松寰先生

本公司副总经理，现年42岁，获北京航空航天大学电子工程学硕士学位。曾任中国惠普公司工程师；MENTOR GRAPHICS 工程师；SENSON TECHNOLOGY 公司总经理；朗讯公司BCS部门北方区销售总监；AVAYA公司语音及应用部中国区总经理。于2002年10月加入本公司。

(四)核心技术人员

1、蒋渊舜先生

售前技术部经理，现年32岁，获电子部六所计算机应用硕士学位。多次负责大型系统集成项目的组织实施，多次为公司策划技术发展方向，组织项目可行性论证。在广域网协议、ATM技术、INTERNET拨号漫游技术、网络安全技术方面有较强的实践能力，曾于《工作站与应用》杂志上发表多篇文章，已获得SUN、CISCO(CISCO DESIGN SPECIALIST)专家级证书和CCIE R&S 7018证书。

2、张宏先生

技术开发分公司经理，现年33岁，获天津大学精密仪器系光电子专业硕士学位。曾就职于中国联通天津分公司，参与并主持了联通第一个本地话音及数据网的规划、设计、实施工作，对包括固定通信、移动通信、数据通信以及各种增值业务在内各种电信技术、业务有深入研究。主持过从技术开发、技术管理直至经营管理的各种管理性工作，对中国电信行业具有深入了解。加入本公司后，通过深入研究国内外先进的管理、技术理论，主持设计了具有自主知识产权的电信业务经营综合管理系统，成为公司重点的投资和发展方向之一。

二、董事、监事、高级管理人员及核心技术人员持股情况

截至本上市公告书签署之日，公司董事兼副总经理苏纲持有本公司25%股份；公司副董事长兼总经理王维航持有本公司19%的股份；公司董事兼副总经理刘建柱持有本公司16%的股份；公司董事兼常务副总经理刘燕京持有本公司15%的股份；公司董事长胡联奎持有本公司10%的股份；公司财务总监荆涛持有本公司2.5%的股份。本次发行前，上述关联人员合并持有发行人87.5%的股权。本次发行后，上述关联人员合并持有发行人65.16%的股权。除此以外，本公司其他董事、监事、高级管理人员及核心技术人员未直接或间接持有本公司的股份。

本公司股票发行成功并在上海证券交易所上市成功后，上述人员所持股份将按国家有关规定在其任职期间内予以锁定。

第七节　同业竞争与关联交易

一、同业竞争

公司与各关联企业的实际业务不相同，不构成同业竞争。为避免同业竞争情况的发生，本公司各股东已向本公司作出书面承诺，目前未从事与公司构成竞争的同类业务，承诺自身及下属控股子公司或拥有实际控制权的其他公司、企业将来不会在中国境内任何地方以任何方式从事与公司有竞争或可能构成竞争的业务或活动。

本次发行主承销商经核查认为：股份公司与关联方之间不存在同业竞争。

本公司律师认为：目前发行人与其5%以上股东及其关联方之间不存在同业竞争。

二、关联方与关联关系

本公司关联方及关联关系主要包括：(1)公司的股东：北京华胜计算机有限公司、苏纲、王维航、刘建柱、刘燕京、胡联奎、荆涛；(2)公司股东、董事及高级管理人员参股、控股的企业：深圳市捷泰科电子技术有限公司、北京华胜丽康显示设备有限公司、北京捷泰科电子技术有限责任公司、北京华胜鸣天科技有限公司。

三、关联交易

公司与关联方近三年购销货物的情况如下：单位：元

	项目		2003年	2002年	2001年
购货	北京华胜鸣天科技有限责任公司	关联交易金额	68,957.06	404,546.68	486,031.80
		占采购总额的比例	0.01%	0.08%	0.12%
销售	北京华胜鸣天科技有限责任公司	关联交易金额	--	334,133.32	--
		占主营业务收入的比例	--	0.05%	--
	北京华胜计算机有限公司	关联交易金额	3,608,745.60	348,980.34	2,437,631.70
		占主营业务收入的比例	0.55%	0.06%	0.48%
销售退货	北京捷泰科电子技术有限责任公司	关联交易金额	--	--	2,912,635.42
		占主营业务收入的比例	--	--	0.57%

本公司与关联方之间发生了一定的关联交易，但是数额较小，对本公司财务状况及经营成果不构成重大影响。

主承销商认为，发行人关联交易不存在损害自身及中小股东利益的情形。

本公司律师认为，发行人关联交易合同或协议合法有效，不存在损害发行人及其他非关联交易方股东合法权益的情况。

第八节　财务会计资料

本公司2001年度、2002年度、2003年度的财务会计资料已于2004年4月7日在《中国证券报》和《上海证券报》刊登的本公司招股说明书摘要中进行了披露，并在上海证券交易所网站刊登的本公司招股说明书全文及附录中进行了全面披露。投资者欲了解详细内容，请查阅上述报纸或刊载于上海证券交易所网站(HTTP://WWW.SSE.COM.CN)的本公司招股说明书全文及附录。

一、注册会计师意见

北京京都会计师事务所有限责任公司受股份公司委托，对本公司2001年12月31日、2002年12月31日、2003年12月31日的财务会计资料进行了审计，并出具了标准无保留意见的北京京都审字(2004)第0078号审计报告。

二、简要会计报表

由于本公司成立至今没有对外进行股权投资，故本报告期公司不需编制合并会计报表。以下2001年、2002年、2003年财务数据均摘自北京京都会计师事务所有限责任公司北京京都审字(2004)第0078号审计报告。

在本公司本次股票上市前，编制了2004年1-3月份的财务报表，有关财务状况、经营成果和现金流量情况在以下简要资产负债表、利润表和现金流量表中披露。由于截至2004年3月31日，本公司尚未收到本次发行新股的募集资金，因此在编制2004年第一季度财务报告中未包含本次募集资金。

1、简要资产负债表　单位：元

项目	2004.3.31	2003.12.31
流动资产：		
货币资金	27,269,797.52	84,024,218.80
短期投资		
应收票据	38,996,238.60	29,306,296.95
应收账款	210,692,217.78	170,300,124.60
其他应收款	6,649,037.48	6,536,699.42
预付账款	2,858,546.38	2,328,599.67
存货	236,260,770.02	182,254,997.00
待摊费用	2,215.58	
其他流动资产		
流动资产合计	522,728,823.36	474,750,936.44
固定资产：		
固定资产原价	13,276,100.69	12,961,143.86
减：累计折旧	6,197,047.25	5,592,793.42
固定资产净值	7,079,053.44	7,368,350.44
固定资产净额	7,079,053.44	7,368,350.44
固定资产合计	7,079,053.44	7,368,350.44
无形资产及其他资产：		
长期待摊费用		
无形资产及其他资产合计		
资产总计	529,807,876.80	482,119,286.88
流动负债：		
短期借款		
应付票据	21,000,000.00	30,506,288.80
应付账款	217,361,577.69	144,504,819.98
预收账款	103,988,692.59	84,186,285.47
应付工资	1,885,727.65	
应付福利费	2,282,448.80	2,233,959.60
应付股利		
应交税金	−2,234,300.07	−1,698,419.70
其他应交款	526,689.77	−352,183.10
其他应付款	6,970,479.23	3,007,305.40
流动负债合计	351,781,315.66	262,388,056.45
其他长期负债	16,552,917.94	8,741,307.92
负债合计	368,334,233.60	271,129,364.37
股东权益：		
股本	70,000,000.00	70,000,000.00
盈余公积	48,839,567.91	48,839,567.91
其中：法定公益金	8,202,091.25	8,202,091.25
未分配利润	42,634,075.29	92,150,354.60
其中：拟分配股利		66,000,000.00
股东权益合计	161,473,643.20	210,989,922.51
负债和股东权益总计	529,807,876.80	482,119,286.88

项目	2002.12.31	2001.12.31
流动资产：		
货币资金	78,287,090.41	15,670,294.83
短期投资	1,480,037.88	
应收票据	13,310,134.80	6,372,312.00
应收账款	183,518,455.03	136,784,136.86
其他应收款	3,895,376.06	3,157,385.17
预付账款	7,587,251.05	733,238.52
存货	131,857,098.53	63,456,823.04
待摊费用		248,727.00
其他流动资产	439,072.59	
流动资产合计	420,374,516.35	226,422,917.42
固定资产：		
固定资产原价	10,083,467.21	7,729,836.30
减：累计折旧	4,019,783.99	2,333,741.94
固定资产净值	6,063,683.22	5,396,094.36
固定资产净额	6,063,683.22	5,396,094.36
固定资产合计	6,063,683.22	5,396,094.36
无形资产及其他资产：		
长期待摊费用		
无形资产及其他资产合? 资产总计	426,438,199.57	231,819,011.78
流动负债：		
短期借款	20,000,000.00	20,000,000.00
应付票据	10,000,000.00	
应付账款	148,432,574.79	41,698,636.93
预收账款	65,691,145.51	32,740,245.41
应付工资	1,367,196.98	1,422,191.00
应付福利费	3,483,094.64	3,233,904.34
应付股利		15,911,832.14
应交税金	−11,651,957.23	2,491,448.01
其他应交款	−404,286.16	57,546.72
其他应付款	18,616,865.44	5,250,655.60
流动负债合计	255,534,633.97	122,806,460.15
其他长期负债	8,558,059.06	
负债合计	264,092,693.03	122,806,460.15
股东权益：		
股本	70,000,000.00	70,000,000.00
盈余公积	34,683,597.75	19,412,704.28
其中：法定公益金	5,169,870.45	2,503,222.71
未分配利润	57,661,908.79	19,599,847.35
其中：拟分配股利	12,000,000.00	
股东权益合计	162,345,506.54	109,012,551.63
负债和股东权益总计	426,438,199.57	231,819,011.78

2、简要利润表　单位：元

项目	2004年1-3月	2003年度
一、主营业务收入	157,700,781.22	658,692,598.31
减：主营业务成本	122,165,679.24	521,126,557.03
主营业务税金及附加	728,719.34	2,964,104.89
二、主营业务利润	34,806,382.64	134,601,936.39
营业费用	11,946,531.13	44,676,644.59

管理费用	5,011,281.36	23,073,869.43
财务费用	28,331.57	1,618,756.21
三、营业利润	17,820,238.58	65,232,666.16
加:投资收益		135,601.01
营业外收入		400,004.66
减:营业外支出		64,548.10
四、利润总额	17,820,238.58	65,703,723.73
减:所得税	1,336,517.89	5,059,307.76
五、净利润	16,483,720.69	60,644,415.97
项目	2002 年度	2001 年度
一、主营业务收入	611,478,668.50	508,971,008.02
减:主营业务成本	473,096,490.39	393,692,869.45
主营业务税金及附加	2,505,475.49	2,696,270.95
二、主营业务利润	135,876,702.62	112,581,867.62
营业费用	42,890,137.46	33,793,839.22
管理费用	30,899,208.29	27,712,886.48
财务费用	1,518,588.88	1,209,692.23
三、营业利润	60,568,767.99	49,865,449.69
加:投资收益	−19,962.12	
营业外收入	63,499.26	324,753.49
减:营业外支出	8,400.0	125,749.09
四、利润总额	60,603,905.13	50,064,454.09
减:所得税	7,270,950.23	
五、净利润	53,332,954.90	50,064,454.09

3、简要现金流量表　　单位:元

项目	2004 年 1-3 月	2003 年度
一、经营活动产生的现金流量:		
销售商品、提供劳务收到的现金	209,515,832.47	736,328,773.06
收到的其他与经营活动有关的现金	5,012,612.00	5,758,349.70
现金流入小计	214,528,444.47	742,087,122.76
购买商品、接受劳务支付的现金	190,932,229.45	590,654,660.83
支付给职工以及为职工支付的现金	3,989,396.63	41,451,617.88
支付的各项税费	13,381,998.78	14,158,653.13
支付的其他与经营活动有关的现金	8,214,284.06	44,740,262.25
现金流出小计	216,517,908.92	691,005,194.09
经营活动产生的现金流量净额	−1,989,464.45	51,081,928.67
二、投资活动产生的现金流量:		
收回投资所收到的现金		1,366,328.73
取得投资收益所收到的现金		115,638.89
处置固定资产、无形资产和其他长期资产所收回的现金净额		73,298.62
现金流入小计		1,555,266.24
购建固定资产、无形资产和其他长期资产所支付的现金	314,956.83	2,805,993.93
现金流出小计	314,956.83	2,805,993.93
投资活动产生的现金流量净额	−314,956.83	−1,250,727.69
三、筹资活动产生的现金流量:		
借款所收到的现金		
收到的其他与筹资活动有关的现金		
现金流入小计		
偿还债务所支付的现金		20,000,000.00
分配股利、利润或偿付利息所支付的现金	54,450,000.00	12,497,572.59
支付的其他与筹资活动有关的现金		11,596,500.00
现金流出小计	54,450,000.00	44,094,072.59
筹资活动产生的现金流量净额	−54,450,000.00	−44,094,072.59
五、现金及现金等价物净增加额	−56,754,421.28	5,737,128.39

三、会计报表附注

2001 年、2002 年、2003 年会计报表附注等有关内容请查阅刊载于上海证券交易所网站(HTTP://WWW.SSE.COM.CN)的本公司招股说明书全文及附录。

四、发行人 2004 年第一季度的主要财务资料

1、2004 年第一季度主要财务指标

指标	单位	2004 年 3 月 31 日	2003 年 12 月 31 日	本报告期末比上年度期末增减(%)
总资产(注 1)	元	529,807,876.80	482,119,286.88	9.89
股东权益(注 1)	元	161,473,643.20	210,989,922.51	−23.47
每股净资产(注 1)	元	2.31	3.01	−23.47
调整后每股净资产(注 2)	元	1.72	2.24	−23.47
指标		2004 年 1-3 月	2004 年 1-3 月	本报告期末比上年同期增减(%)
经营活动现金流量净额	元	−1,989,464.45	−1,989,464.45	
每股收益(注 1)	元	0.24	0.24	
每股收益(注 2)	元	0.18	0.18	
净资产收益率	%	10.21	10.21	
扣除非经常性损益后的净利润的净资产收益率	%	10.21	10.21	

注 1:每股收益按照本次发行前的股本总额计算;注 2:每股收益按照本次发行后的股本总额计算;注 3:本公司 2003 年未编制 1-3 月份的季报,因而未作同期比较。

2、本公司股东人数

本公司本次发行前股东人数为 7 户,2004 年 4 月 12 日本公司首次公开发行 2,400 万股股票,发行成功后股东总数为 13,886 户。

3、本公司管理层对 2004 年第一季度经营情况讨论与分析

(1)经营情况简要分析

公司主营业务收入主要由系统集成收入和专业服务收入构成,2004 年第一季度实现主营业务收入 15,770.07 万元,其中系统集成业务收入 14,445.13 万元,占总收入的比例为 91.59%,专业服务收入 1,324.94 万元,占总收入的比例为 8.41%。由于公司在 2004 年度加大了对专业服务业务的拓展力度,使专业服务业务占业务比重比 2003 年度的 5.73%提高了 2.68 个百分点,系统集成业务和专业服务业务的毛利率分别为 19.17%和 53.67%,提高毛利率较高的服务业务的比重,有利于加强公司整体的盈利能力,本季度公司整体毛利率为 22.07%,比 2003 年度 20.43%的毛利率有所提高。

本公司的业务主要为系统集成和专业服务业务,系统集成业务由于项目周期长、单个项目金额较大,对公司整体收入在年、季度间的平均分布会有波动性的影响。

2004 年第一季度,本公司营业利润总额 1,782.02 万元,营业利润率为 11.29%,比 2003 年度 9.9%的营业利润率有所提高。本季度公司在各项业务拓展上加大投入,新签合同额比去年同期有较大增长。为进一步拓展服务业务,公司加大了在服务业务上的人员投入,专业技术人员不断增加,导致营业费用增长较快,但是公司在拓展业务的同时严格控制了管理费用和财务费用的发生,使公司总的期间费用维持在合理的水平。

2004 年第一季度净利润 1,648.37 万元,净利润率为 10.45%,与 2003 年度的 9.20%相比,有一定程度的提高。

从 2004 年第一季度经营业绩与 2003 年度的数据对比来看:一季度主营业务收入占去年全年收入的 23.94%,主营业务利润占去年全年的 25.86%,净利润占去年全年的 27.18%,公司的业务经营与去年全年相比,均保持了平稳的发展趋势。

综上所述,2004 年一季度,公司的主要经营重点放在新业务、新项目的开拓上,为公司全年的业务发展明确了方向,奠定了基础。公司在第一季度保持了平稳的盈利能力,毛利率指标、净利率等经营指标均高于去年全年指标,盈利能力平稳,管理效率提高,并且新签合同额有较大幅度的增长,为今年整个财年的发展奠定了稳定的基础。在第二季度,公司将进一步加大对新业务、新区域市场的开拓力度,并加大一季度新签合同的执行力度,保证年度经营计划的稳步实施。

(2)占主营业务收入或主营业务利润 10%以上的主营业务或产品情况

产品名称	主营业务收入(元)	主营业务成本(元)	毛利率(%)
系统集成业务	144,451,338.53	116,755,950.92	19.17
专业服务业务	13,249,442.69	6,138,447.66	53.67
综合毛利率	157,700,781.22	122,894,398.58	22.07

(3)2004 年第一季度利润构成情况

项目	报告期	占利润总额的比例	前一报告期	占利润总额的比例	差异
主营业务利润	34,806,382.64	195.32%	134,601,936.39	204.86%	−9.54%
其它业务利润					
期间费用	16,986,144.06	95.32%	69,369,270.23	105.58%	−10.26%
营业利润	17,820,238.58	100.00%	65,232,666.16	99.28%	0.72%
投资收益			135,601.01	0.21%	−0.21%
营业外收支净额			335,456.56	0.51%	−0.51%
利润总额	17,820,238.58	100.00%	65,703,723.73	100.00%	

第九节　其他重要事项

一、自本公司股票首次公开发行之日至本公司上市公告书公告之日，本公司严格依照《公司法》、《证券法》等法律法规的要求,规范运行,经营情况正常,所处行业、市场无重大变化,主要业务发展目标进展状况正常,主要投入、产出物供求与价格无重大变化。

二、自本公司股票首次公开发行之日至本公司上市公告书公告之日,本公司没有进行重大对外投资,无重大资产(股权)收购或出售行为。

三、自本公司股票首次公开发行之日至本公司上市公告书公告之日,本公司住所没有发生变更。

四、自本公司股票首次公开发行之日至本公司上市公告书公告之日,本公司未涉及任何重大诉讼、仲裁或行政处罚案件,亦没有尚未了结或可能面临的重大诉讼和索赔要求。

五、自本公司股票首次公开发行之日至本公司上市公告书公告之日,本公司董事、监事和高级管理人员未受到任何刑事起诉,亦没有尚未了结或可能发生的刑事诉讼事项。

六、自本公司股票首次公开发行之日至本公司上市公告书公告之日,本公司的重大会计政策和会计师事务所没有发生变化。

七、自本公司股票首次公开发行之日至本公司上市公告书公告之日,本公司的税收政策未发生变化。

八、根据公司 2003 年年度股东大会决议,公司 2003 年度分配现金股利 6,600 万元,剩余未分配利润 2,615.04 万元,由公司新老股东共享。

九、自本公司股票首次公开发行之日至本公司上市公告书公告之日,本公司未发生新的重大负债,并且重大债项未发生变化。

十、根据《上海证券交易所股票上市规则》,公司第一大股东苏纲已向上海证券交易所承诺:华胜天成上市后一年内,本人不转让所持有的华胜天成的股份;同时华胜天成承诺:不回购发起人所持有的公司股份。

十一、自本公司股票首次公开发行之日至本公司上市公告书公告之日,没有其他应披露而未披露之重大事项。

第十节　董事会上市承诺

本公司董事会将严格遵守《公司法》、《证券法》、《股票发行与交易管理暂行条例》、《公开发行股票公司信息披露实施细则》和《上海证券交易所股票上市规则》等国家有关法律、法规的规定,承诺自本公司股票上市之日起做到:

一、本公司将真实、准确、完整、公允和及时地公布定期报告,披露所有对投资者有重大影响的信息,并接受中国证监会、上海证券交易所的监督管理;

二、本公司在知悉可能对股票价格产生误导性影响的任何公共传播媒介中出现的消息后,将及时予以公开澄清;

三、本公司董事、监事和高级管理人员将认真听取社会公众的意见和批评,不利用已获得的内幕消息和其他不正当手段直接或间接从事发行人股票的买卖活动;

四、本公司没有无记录的负债。

依据《上海证券交易所股票上市规则》,本公司全体董事、监事将按照有关规定,在本公司股票上市后两个月内签署《董事(监事)声明及承诺书》并送达上海证券交易所备案。

第十一节　上市推荐人及其意见

一、上市推荐人情况

上市推荐人:渤海证券有限责任公司

住所:天津市河西区宾水道 3 号　　法定代表人:张志军

电话:(021)68419292　　传真:(021)68419573

联系人:常立、常青、刘皓

二、上市推荐人意见

本公司上市推荐人渤海证券有限责任公司认为:发行人章程符合《公司法》、《证券法》等有关法律、法规和中国证监会的规定;发行人本次股票发行符合《公司法》、《证券法》及《上海证券交易所股票上市规则》等国家有关法律、法规的规定,已具备上市条件;发行人董事了解国家有关法律、法规、上海证券交易所上市规则及股票上市协议规定的董事义务与责任;发行人建立健全了法人治理结构、制定了严格的信息披露制度与保密制度。

上市推荐人已对上市文件所载的资料进行了核查,确信上市文件真实、准确、完整,符合规定要求,确信发行人的上市申请材料、上市公告书没有虚假、严重误导性陈述或者重大遗漏,并保证对其承担相应的法律责任。上市推荐人愿意推荐发行人的股票在上海证券交易所上市交易,并保证不利用在上市过程中获得的内幕信息进行内幕交易,为自己或他人谋取利益。

北京华胜天成科技股份有限公司

2004 年 4 月 22 日

浙江中国小商品城集团股份有限公司

浙江中国小商品城集团股份有限公司2003年年度报告

重要提示

本公司董事局及其董事保证本报告所载资料不存在任何虚假记载、误导性陈述或者重大遗漏,并对其内容的真实性、准确性和完整性负个别及连带责任。

公司四届七次董事局会议审议了2003年度报告及报告摘要,十四名董事一致同意通过本报告及报告摘要。

浙江天健会计师事务所出具了无保留意见的审计报告。

本公司董事局主席傅日高、董事局副主席总裁吴易、财务负责人朱碧云声明:保证年度报告财务报告的真实、完整。

一、公司基本情况简介

1、公司法定中文名称:浙江中国小商品城集团股份有限公司

公司法定英文名称:ZheJiang China Commodities City Group Co.,Ltd.

2、公司法定代表人:傅日高

3、公司董事局秘书:陈荣根

联系地址:浙江省义乌市宾王路158号

联系电话:0579-5544933 传真:0579-5546226

电子信箱:ywcrg@public.ywptt.zj.cn

4、公司注册地址:浙江省义乌市宾王路158号

公司办公地址:浙江省义乌市宾王路158号

邮政编码:322000

公司国际互联网网址:http://www.cccgroup.com.cn

公司电子信箱:zcscc@public.ywptt.zj.cn

5、公司选定的信息披露报纸:《上海证券报》、《中国证券报》登载公司年度报告的国际互联网网址:http://www.sse.com.cn 公司年度报告备置地点:公司董事局秘书室

6、公司股票上市交易所:上海证券交易所

股票简称:小商品城

股票代码:600415

7、其他有关资料

公司首次注册登记日期:1993年12月28日

公司首次注册登记地点:浙江省义乌市

企业法人营业执照注册号:3300001001134(1/1)

税务登记号码:(地税)330725147641689

公司聘请的会计师事务所名称:浙江天健会计师事务所有限公司

办公地址:杭州市文三路388号钱江科技大厦15-20层

二、会计数据和业务数据摘要

1、本年度主要利润指标(单位:人民币元)

利润总额	98,589,825.49
净利润	65,218,000.88
扣除非经常性损益后的净利润	51,900,212.53
主营业务利润	382,108,052.30
其他业务利润	11,066,328.03
营业利润	100,862,659.87
投资收益	-2,814,060.84
补贴收入	995,553.71
营业外收支净额	-454,327.25
经营活动产生的现金流量净额	-226,585,665.23
现金及现金等价物净增加额	-7,779,571.75

注:扣除非经常性损益的项目和涉及金额

项目	涉及金额(元)
(1)财政贴息	13,100,232.52
(2)股权投资处置收益	-17,356.94
(3)各项非经常性营业外收入	578,224.20
(4)各项非经常性营业外支出	1,032,551.45
(5)补贴收入	869,562.71
(6)少数股东损益	71,031.35
小计	13,427,079.69
(6)以上项目的所得税影响数	109,291.34
非经常性损益合计	13,317,788.35

2、截止报告期末公司前三年的主要合并会计数据及财务指标:(单位:人民币元)

项目	2003年度	2002年度	2001年度
主营业务收入	1,126,901,569.54	752,686,000.23	385,376,532.06
净利润	65,218,000.88	43,496,949.32	32,963,764.78
总资产	2,118,180,030.34	1,522,456,192.51	959,850,686.70
股东权益(不含少数股东权益)	378,754,764.74	313,536,763.86	280,442,815.44
每股收益(摊薄)	0.63	0.42	0.32
每股收益(加权)	0.63	0.42	0.32
扣除非经常性损益后的每股收益	0.50	0.37	0.31
每股净资产(摊薄)	3.64	3.01	2.70
调整后每股净资产	3.55	2.94	2.65
每股经营活动产生的现金流量净额	-2.18	6.54	0.44
净资产收益率(%)	17.22	13.87	11.75
加权平均净资产收益率(%)	18.56	14.39	12.49
扣除非经常性损益后的加权平均净资产收益率(%)	14.77	12.62	12.41

3、按中国证监会信息披露编报规则(第九号)要求计算的数据净资产收益率和每股净资产

2003年利润	净资产收益率(%)		每股收益(元)	
	全面摊薄	加权平均	全面摊薄	加权平均
主营业务利润	100.89	108.76	3.67	3.67
营业利润	26.63	28.71	0.97	0.97
净利润	17.22	18.56	0.63	0.63
扣除非经常性损益后的净利润	13.70	14.77	0.50	0.50

4、报告期内股东权益变动情况及其原因:(单位:人民币元)

项目	股本	资本公积	盈余公积金	其中:公益
期初数	104,030,009.00	40300586.23	86839208.44	15547784.25
本期增加	0	0	8280537.64	2760179.21
期末数	104,030,009.00	40300586.23	95119746.08	18307963.46

项目	未分配利润	股东权益合计
期初数	92769961.09	323939764.76
本期增加	46534462.34	54814999.98
期末数	139304423.43	378754764.74

变动原因:盈余公积增加系根据2003年度净利润提取10%法定公积金及5%法定公益金所致,未分配利润的增加系本期实现净利润数减去计提盈余公积以及本年应分配红利后的余额。

三、股本变动及股东情况

(一)股份变动情况表

	本次变动前	本次变动增减(+,-)				本次变动后
		配股	送股	公积金转增股本	小计	
一、未上市流通股份						
1、发起人股	65,211,300	0	0	0	0	65,211,300
其中:						
国家持有股份		0	0	0	0	
境内法人持有股份	65,211,300	0	0	0	0	65,211,300
境外法人持有股份		0	0	0	0	
其他		0	0	0	0	
2、募集法人股份	6,844,210	0	0	0	0	6,844,210
3、内部职工股	2,822,400	0	0	0	0	2,822,400
4、优先股或其他		0	0	0	0	
其中:转配股		0	0	0	0	
未上市流通股份合计	74,877,910	0	0	0	0	74,877,910
二、已上市流通股份						
1、人民币普通股	29,152,099	0	0	0	0	29,152,099
2、境内上市的外资股		0	0	0	0	
3、境外上市的外资股		0	0	0	0	
4、其他		0	0	0	0	
已上市流通股份合计	29,152,099	0	0	0	0	29,152,099
三、股份总数	104,030,009	0	0	0	0	104,030,009

(二)股票发行与上市情况

1、到报告期末前三年股票发行情况:

公司到报告期末前三年未发行股票,2002年5月9日,经中国证券监督管理委员会证监发行字[2002]23号核准,经上海证券交易所上证上字[2002]70号文批准,本公司2915.2099万股社会公众股在上海证券交易所挂牌交易。

2、本报告期内公司的股份总数及结构没有变化。

3、现存内部职工股的发行日期是1993年12月28日;发行价格:1.6元/股;发行数量:282.24万股;按证监发行字[2002]23号核准"内部职工股自本次上市之日起,期满三年后可申请上市流通"。

(三)股东情况介绍

1、报告期末,本公司股东总户数为10413户。

2、持有本公司股份的前十名股东情况:

股东名称	期初持股数(股)	期内增减(股)	期末持股数(股)	持股比例(%)
1、义乌中国小商品城恒大开发总公司	43,211,300	0	43,211,300	41.54
2、浙江省财务开发公司	7,700,000	0	7,700,000	7.4
3、义乌市财务开发公司	6,600,000	0	6,600,000	6.34
4、浙江省国际信托投资有限责任公司	5,500,000	0	5,500,000	5.29
5、上海宝鼎投资股份有限公司	2,200,000	0	2,200,000	2.11
6、富国动态平衡证券投资基金	0	1,298,741	1,298,741	1.25
7、浙江物产元通机电(集团)有限公司	1,100,000	0	1,100,000	1.06
8、裕阳证券投资基金	0	982,697	982,697	0.94
9、金华市信托投资股份有限公司	885,500	0	885,500	0.85
10、长江经济联合发展(集团)股份有限公司	880,000	0	880,000	0.85

总股本前十名股东中,义乌中国小商品城恒大开发总公司和义乌市财务开发公司是同属义乌市国有资产投资控股有限公司运作、管理的关联公司,实际控制人仍为义乌市人民政府,其余法人股东无关联关系。

报告期内持有公司股份达5%以上(含5%)股东所持股份无被质押、冻结或托管的情况。

3、公司第一大股东义乌中国小商品城恒大开发总公司的基本情况：

法定代表人：赵金池；成立日期：1993年6月27日；主要业务及产品：市场建设开发、房地产开发；注册资本：人民币7833.77万元。

4、报告期内本公司第一大股东未发生变更。

5、持有公司流通股的前十名股东情况：

股东名称	年末持有流通股的数	种类(A、B、H股或其它)
富国动态平衡证券投资基金	1,298,741	A
裕阳证券投资基金	982,697	A
陶辉礼	102,340	A
骆爱娣	91,271	A
邵永平	86,000	A
浙江中汽(全称不详)	78,850	A
万秀华	77,931	A
郭平	77,600	A
林建伟	72,500	A
方树辉	68,500	A

前十名流通股股东关联关系不详。

四、董事、监事、高级管理人员等和员工情况

(一)报告期内公司董事、监事和高级管理人员情况

1、基本情况

职务	姓名	性别	年龄	任期起止日
董事局主席	傅日高	男	50	2003.6.21-2006.6.21
董事局副主席兼总裁	吴易	男	46	2003.6.21-2006.6.21
董事副主席	胡浪潮	男	40	2003.6.21-2006.6.21
董事	王雪虹	女	48	2003.6.21-2006.6.21
董事	孙文建	男	49	2003.6.21-2006.6.21
董事	林子宙	男	47	2003.6.21-2006.6.21
董事	赵金池	男	46	2003.6.21-2006.6.21
董事	江翠斐	女	51	2003.6.21-2006.6.21
董事	曹中堃	男	57	2003.6.21-2006.6.21
独立董事	罗仲伟	男	49	2003.6.21-2006.6.21
独立董事	史习民	男	43	2003.6.21-2006.6.21
独立董事	郑勇军	男	38	2003.6.21-2006.6.21
独立董事	黄廉熙	女	41	2003.6.21-2006.6.21
独立董事	陶琲	女	68	2003.11.29-2006.6.21
监事局主席	刘佳	女	46	2003.6.21-2006.6.21
监事	王一芳	女	51	2003.6.21-2006.6.21
监事	何海美	女	53	2003.6.21-2006.6.21
监事	王青	女	39	2003.6.21-2006.6.21
监事	胡衍虎	男	39	2003.6.21-2006.6.21
监事	陈德占	男	34	2003.6.21-2006.6.21
副总裁	孙永富	男	47	2003.6.21-2006.6.21
副总裁	丁云峰	男	42	2003.6.21-2006.6.21
董事局秘书	陈荣根	男	41	2003.6.21-2006.6.21
财务负责人	朱碧云	女	48	2003.6.21-2006.6.21
总裁助理	何培松	男	50	2004.1.1-2004.12.31

职务	年初持股数(股)	年末持股数(股)	持有虚拟股权(万股)
董事局主席	0	0	10
董事局副主席兼总裁	11100	11100	10
董事副主席	0	0	0
董事	1100	1100	9
董事	8800	8800	8
董事	8800	8800	8
董事	8800	8800	0
董事	0	0	0
董事	0	0	0
独立董事	0	0	0
独立董事	0	0	0
独立董事	0	0	0
独立董事	0	0	0
独立董事	0	0	0
监事局主席	0	0	0
监事	0	0	0
监事	148500	148500	0
监事	0	0	0
监事	12100	12100	0
监事	0	0	0
副总裁	4400	4400	8
副总裁	0	0	8
董事局秘书	3300	3300	6.8
财务负责人	5500	5500	6.8
总裁助理	3300	3300	6.8

注：赵金池持股8800为原始持有，中报中未披露属核实遗漏，其它持股情况均无变动；虚拟股权为2003年6月30日前按公司《虚拟股权激励管理办法》认购的激励与约束并举的股权。

2、董事、监事在股东单位任职的情况

姓名	任职单位	职务
胡浪潮	现任浙江省财务开发公司所属浙江省华浙实业开发有限责任公司	副总经理
赵金池	义乌中国小商品城开发总公司(义乌市市场开发服务中心)	总经理(主任)
江翠斐	浙江省国信企业集团公司(和股东名册中的单位是同属浙江国信控股集团有限责任公司的下属公司)	总经理助理
曹中堃	上海宝鼎投资股份有限公司	总经理
王一芳	浙江物产元通机电(集团)有限公司	总经理

(二)年度报酬情况：

1、董事、监事和高级管理人员报酬的决策程序、报酬确定依据：

根据公司的规模、效益和年度经济指标计划在年初确定董事、监事和高级管理人员等的经营目标责任制，年度末公司董事局根据企业经营实绩确定和调整董事、监事和高级管理人员年度报酬。

2、现任董、监事、高级管理人员在本公司领取报酬的有董事10名、监事2名、高级管理人员5名，年度报酬总额为273.81万元。金额最高的前三名董事的年度报酬总额为88.74万元，金额最高的前三名高级管理人员的年度报酬金额为79.56万元。

3、本公司目前聘请五名独立董事，独立董事的年度津贴为3.6万元/每人，按选聘的不同到位时间发放报酬；另外，其赴公司的差旅费及履行职务时的费用由公司列支)。

4、公司董事(不含独立董事)、监事、高级管理人员等在每个报酬区间的人数：

报酬区间(万元)	人数
7-10万元	2人
10-20万元	0人
20-23万元	4人
23-28万元	4人
28-31万元	2人

以上年薪未含奖励年薪中的虚拟股权奖励。

5、作为奖励年薪的虚拟股权奖励兑现情况：

有关高管人员的奖励年薪部分的虚拟股权奖励将按相关办法由董事局薪酬委员会考核后再进行发放和兑现。

6、未在本公司领取报酬的董事、监事情况：

职务	姓名	是否在股东单位或其他关联单位领取报酬、津贴
董事	胡浪潮	是
董事	江翠斐	是
董事	曹中堃	是
董事	赵金池	是
监事局主席	刘佳	是
监事	何海美	否
监事	王一芳	是
监事	王青	否

(三)在报告期内离任的董事、监事、高级管理人员姓名及离任原因

报告期内，因董事局、监事局换届选举，董事何樟兴、季荣星、何海美届满卸任；监事楼俭、朱小泽届满卸任；总裁助理朱素安辞职，离开本公司。

(四)公司员工情况：

1、在职员工数量和构成

在职员工总数1566人

类别	人数	占职工总数的比例(%)
公司管理人员	63	4.15
一线管理人员	76	4.95
一线工作人员	1423	90.90
合计	1562	100.00

2、公司员工教育程度

本公司职工中有高级职称17人，中级职称72人，大中专以上学历的有47%以上。

3、公司需承担费用的离退休职工人数：1人。

公司职工根据国家及地方政府的有关规定，享受养老、工伤、医疗等保险。

五、公司治理结构

(一)公司治理结构现状

公司严格按照《公司法》、《证券法》、中国证监会有关规定和《上海证券交易所股票上市规则》的要求，不断完善公司法人治理结构，加强信息披露工作，公司目前治理结构如下：

1、关于股东与股东大会：公司能够保证所有股东享有平等地位和充分行使自己的权力，使股东了解公司的运作情况；严格按照中国证监会公布的《股东大会规范意见》的要求召集、召开股东大会，在会场的选择上尽可能让更多的股东能够参加股东大会，行使股东的表决权，在请有证券资格的律师出席见证的同时，能主动邀请新闻记者参加，接受舆论监督。

2、关于第一大股东与上市公司的关系：第一大股东行为规范，没有超越股东大会直接或间接干预公司的决策和经营活动；公司与第一大股东在人员、资产、财务、机构和业务方面相互独立，公司董事局、监事局和内部结构能够独立运作。

3、关于董事与董事局：公司董事局的人数和人员构成符合法律、法规和《公司章程》的要求；公司董事能够以认真负责的态度出席董事局和股东大会，能够积极参加有关培训，熟悉有关法律法规，了解作为董事的权力、义务和责任。

4、关于监事和监事局：公司监事局的人数和人员构成符合法律、法规和《公司章程》的要求；公司制订了《监事局议事规则》，公司监事能够认真履行自己的职责，能够本着对股东负责的精神，对公司财务以及公司董事、公司总经理和其他高级管理人员履行职责的合法合规性进行监督。

5、关于绩效评价与激励约束机制：

公司正积极着手建立公正、透明的董事、监事和经理人员的绩效评价标准与激励约束机制；经理人员的聘任公开、透明，符合法律法规的规定。

6、关于相关利益者：公司能够充分尊重和依法维护债权人、员工、客户、消费者等其他利益相关者的合法权益，共同推动公司持续、健康发展。

7、关于信息披露与透明度：公司制订了《信息披露管理制度》，指定董事局秘书负责信息披露工作、接待股东来访和咨询，加强与股东交流；公司能够严格按照法律、法规和公司章程的规定披露有关信息，并确保所有股东有平等的机会获得信息；公司能够按照有关规定，及时披露大股东或公司实际控制人的详细资料和股份的变化情况。

报告期内，公司严格按照中国证监会有关文件的要求，修改了《公司章程》，增加披露了《投资者关系管理制度》、《募集资金使用管理办法》、《虚拟股权激励管理办法》等制度。

(二)治理结构中存在的差异情况

与中国证监会发布的上市公司治理规范性文件对照，已无差异。

(三)公司独立董事履行职责情况

根据中国证监会发布的《关于在上市公司建立独立董事制度的指导意见》的要求，公司董事局已聘请了独立董事，修改了公司章程有关条款，按规定建立独立董事制度和董事局专门委员会。独立董事能按相应制度履行职责，在公司重大投资决策及相应内控制度建设中发挥作用。

(四)公司独立性情况：

公司与第一大股东在业务、人员、资产、机构、财务上已经完全分开,公司具有独立完整的业务及自主经营能力。

1、在业务方面:公司的业务与第一大股东从未发生过关联交易或者同业竞争现象。

2、在人员方面:本公司拥有独立的劳动、人事及工资管理体系。总经理、副总经理等高级管理人员均在上市公司领取薪酬。

3、资产方面:公司和第一大股东的产权关系明晰;公司拥有独立的资产;工业产权、商标、非专利技术等无形资产由上市公司拥有。

4、在机构方面:公司独立设置了财务部、资金部、证券部、办公室等管理部门;公司的经营和管理完全独立于第一大股东。

5、在财务方面:公司设立独立的财会部门,拥有独立完整的会计核算体系和财务管理制度;公司拥有独立的银行帐户并依法独立纳税;公司的资金使用由公司董事局或经理层按规定作出决策,不存在控股股东干预公司资金使用的情况。

(五)公司报告期内对高级管理人员的考评及激励机制、相关奖励制度的建立、实施情况。

已在公司高级管理人员等中实施了中长期激励--虚拟股权激励,构筑企业持续发展的内在动力。具体由基本年薪、效益年薪、奖励年薪构成整个绩效考核体系。其中基本年薪、效益年薪以年度为单位进行考核兑现,而奖励年薪采用以每届为单位,事先按每股净资产值购入虚拟股权作为风险抵押,然后按管理办法及实施细则进行考核兑现。

1、董事局主席和总裁岗位分别认购10万股虚拟股权,然后以经营目标责任制中的利润总额为指标,每超过100万元利润给予董事局主席和总裁各2000股(目前暂定)虚拟股权奖励,其他人员按系数递减认购及奖励。

2、虚拟股权在经营期间模拟享有本公司股份同等的分红及送红股和转增股份的权利。

3、每一年度结束后,按年报公告的业绩对照经营目标责任制计算应兑现的虚拟股权数进行登记,奖励的虚拟股权当年变现金额不得超过效益年薪的50%。在经营目标责任期满后的六个月内,购入的虚拟股权连同前三个年度奖励的所剩部分和送红股及转增的虚拟股权一并,可按经营期末本公司每股净资产值给予变现。

4、当年奖励给高管人员等的虚拟股权所对应的费用,按当年末每股净资产值计算,列入当年管理费用,扣减当年的考核利润。

5、授权董事局制订相应的虚拟股权激励管理办法及实施细则,授权监事局负责对中长期激励计划的实施进行监督,并向股东大会报告监督情况。

六、董事局报告

(一)报告期内公司主要经营情况

1、公司主营业务范围及其经营状况

公司的主营业务为市场网点经营、酒店服务、商品销售、房地产开发销售等。

(1)按行业分主营业务收入构成　单位:元

业务种类	主营业务收入	主营业务成本(%)	毛利率
市场经营	283706193.21	未设该科目	
房地产销售	48785340.68	21930181.15	55.05
酒店服务业	77485149.84	19892032.37	74.33
商品销售	672542185.75	662880219.12	1.44
展览广告业	32049693.23	7501432.88	76.59
其他服务业	12363006.83	7059185.64	42.90
合　计	1126901569.54	719563051.16	36.15

业务种类	主营业务收入比上年增长(%)	毛利率比上年增长
市场经营	+133.48	--
房地产销售	-68.08	+541.61
酒店服务业	-3.30	+0.45
商品销售	+82.99	-32.71
展览广告业	+37.21	-0.16
其他服务业	+68.31	+24.17
合　计	+49.72	+21.88

2003年度公司经营情况良好,业绩稳中有升。本年度实现主营业务收入112690.16万元,比上年增长49.72%,本年度实现净利润6521.80万元,比上年增长49.94%。报告期内公司主要行业具体情况如下:

(2)主营业务收入及主营业务利润构成比例　单位:%

业务种类	收入构成比例(%)	主营业务利润构成比例(%)
市场经营	25.18	69.98
房地产销售	4.33	6.35
酒店服务业	6.88	14.13
商品销售	59.68	2.53
展览广告业	3.07	6.63
其他服务业	1.21	0.38
合　计	100.00	100.00

2、报告期内整体经营情况的讨论分析

1)市场收入增幅较大。本年度实现市场经营业务收入28370.62万元,比上年增长133.51%,主要原因是国际商贸城一期市场于2002年10月投入营运,2003全年体现营业收入,其次是对原篁园市场交易区实施了部分撤摊改店,适应了经营户扩大经营规模及提升档次的需求所致。预计明年比今年还会有一定幅度的上升,主要是增发募集资金项目及国际商贸城二期第一阶段项目将在2004年10月份投入使用,年内会有一定的收入可体现。

2)外贸出口增势较猛。本年度实现外贸收入67254.22万元,比上年增长82.99%;主要原因是加入WTO后,中国小商品城的国际化程度不断提高,来义乌采购商品的外商显著增加,也带动了公司外贸收入的大幅度提高。但预计明年比今年不会有增长甚至下降,主要是由于国家对退税政策的调整会促使企业放弃部分业务的原因引起。

3)房地产预售形势较好。目前公司正在开发的嘉鸿华庭项目,销售情况良好,预售率达到97.17%,已预收售房款1.81亿元。但本年度确认的营业收入为4878.53万元,比上一年度减少68.08%,全部来自于上一年度的结转项目--锦绣家园。而利润的绝对额却比上一年度增长1420.46万元,原因之一是该项目在上一年度成本结转时,由于工程未决算,并按销售面积40008.87M与可销售面积48378.46M的比例结转销售成本为13970.06万元。若采用按已售金额与总售金额比例的成本结转方法,则:已结转的开发成本应为:15281.26÷19644.48=13140.60(万元)。两种成本结转方法计算结果差额为829.46万元,差异率为5.94%。原因之二是2003年12月该项目实际工程款已结算,开发成本比上一年度预估数减少7302623.82元,于本期冲减开发成本,相应增加利润。

4)酒店业基本持平。本年度实现酒店服务业收入7752.47万元,比上年减少3.25%。随着市场的商位数量份额往城市北边迁移,对商城宾馆的客房入住率带来一定的负面影响,但银都酒店的入住率已明显提高,相抵没有太大地影响本公司酒店业收入。今年由于对会计估计进行了变更,增加了宾馆酒店业的折旧成本共计2503.41万元;由于上半年"非典"的影响,减少了营业收入;致使本业务出现了亏损。

目前公司已形成了7个分公司,8个控股公司及部分参股公司。主要控股、参股企业与本公司的业务关系是:2003年内共形成了上述四大主营业务收入中的市场经营收入是通过本公司的篁园市场分公司、宾王市场分公司及控股比例占90%的福田市场物业有限公司实现;酒店业务收入通过银都酒店、商城宾馆两个分公司实现、房地产业务收入通过比例占90%的房地产有限公司实现、外贸收入通过比例占71.6%的贸易有限公司实现。

另外,与市场相关行业同步发展,会展业再上新台阶,一是圆满完成了2003中国义乌国际小商品博览会的各项工作。期间完成了博览会开幕式文艺晚会等工作,促进了展会的良性发展。本次义博会吸引了20多个国家和地区的1510家企业参展,展馆共设标准展2326个,为有史以来之最,有10212名外商、61个境外商务采购团以及沃尔马、家乐福等13家跨国零售采购集团参会采购;经贸展览成交额62.2亿元,其中,外贸成交额4.46亿美元,占总成交额的58.8%成为我国第三大外向型展会。二是加强自营展会的策划与申办工作,先后承办了2003全国印刷包装设备及器材(义乌)展览会等14个不同级别的展会,为我市进一步确立国际小商品展示中心地位作了前期铺垫。广告公司强化服务意识,提高广告策划与设计、承揽能力,承担了国际商贸城、博览会等项目的广告开发、环境美化等工作,有力支持了公司的发展;体育场管理分公司成功举办了2003年世界杯中国四国女足邀请赛、全国女足锦标赛等大型比赛活动,完成了梅湖体育中心的建设、开业和试运行,为培育做大体育产业积累了经验。

3、主要供应商、客户情况

外贸业务的客户比较分散,没有形成占营业收入总额1%以上的客户;

商场的客户即市场经营户约有3万户,大部分相对稳定,无特别大客户;

酒店业的客户没有明显的大户;

房地产业的客户多为来义经商的经营者及本地居民,比较分散;

本公司无特大的供应商,在正常生产经营中的大众机物料,耗用品均采用公开招投标进行,比较分散,房地产开发用的土地也是用竞标方式取得,市场建设用的土地从2003年11月开始也采用了招、拍、挂形式取得。

(二)投资情况

1、增发募集资金项目和国际商贸城二期第一阶段项目从2003年10月开工以来,克服了较多困难,至报告期末,5层的建筑已完成至±0.00;市场布局的调整、准入资格确定、相关政策的制定,正在政府有关部门的指导下有条不紊地展开,与原定计划进程相吻合。

截止报告期末,增发募集资金项目共投入资金7070万元,占原定投资计划的14.1%;自筹资金项目--国际商贸城二期第一阶段项目共投入资金13130万元,占原定投资计划的13.3%。

(三)财务状况(单位:万元)

项目名称	2003年12月31日	2002年12月31日	增减%
总资产	211818.00	152245.62	+39.13
股东权益	37875.48	31353.68	+16.92
	2003年度	2002年度	增减%
主营业务利润	38210.81	20001.25	+91.04
净利润	6521.80	4349.69	+49.94
现金及现金等价物净增加额	-777.96	3407.16	---

变动原因:

(1)总资产增加59572.38万元,主要是福田市场二期本期支付工程款2亿多元,购置资产增加1.09亿元,其中收购文化市场及十二层国贸中心大楼增加资产6965.68万元;

(2)股东权益增加5481.50万元,主要是本期实现净利润使股东权益增加;

(3)主营业务利润及净利润增加主要原因是2002年10月投入运营业员的福田市场一期2003年全年体现收入;

(4)现金及现金等价物减少原因:①2002年福田一期预收了二至五年商位预收款约5亿元,2003年仅收东铺房及市场四楼商位费约4760万元;②银行借款增加4.89亿元,使现金流入增加。

(四)本公司近期生产经营环境以及宏观政策、法规未发生重大变化。

(五)浙江天健会计师事务所有限公司(浙天会审[2004]第6号)出具了标准无保留意见的审计报告。

(六)新年度业务发展计划

计划在2004年度实现主营业务收入7.5亿元;净利润5500万元。具体工作如下:

2004年是公司将深化推进市场主业结构调整,做强做大相关行业,进一步优化经营机制,扩大经营规模,实现快速发展的重要年份。

为此,制定2004年公司工作思路为:以完成国际商贸城二期工程一阶段开发工作为中心,加快市场结构调整,完善市场现代化体系建设,进一步优化管理服务,确保市场安全有序和新老市场共同繁荣,做强做大市场主业;抓住市场扩建的机遇,采取积极有效的办法促进会展、房地产、外贸、酒店、物流、广告、餐饮等相关行业加快发展,稳步提高相关行业的盈利水平;进一步大力扶持信息业和体育文化产业,寻求培育发展新的经济增长点,形成协调发展的格局。同时,深化经济目标责任制管理,提高企业管理水平和效率;加强对控股参股企业的投资决策管理,提高规避投资风险的能力,确保公司健康发展。

主要工作有:

1、修编制定公司发展战略。组织公司董事局发展战略委员会的成员、以及高级经济专家,广泛征求和听取社会各界的意见,对公司十年发展历程进行全面科学的总结调研。在这基础上,针对国际国内经济发展的新形势,立足义乌市十五规划纲要,围绕建设国际性商贸城市主线,修编一部切合公司实际的发展战略,从高层规划和理论指导两方面来解决公司发展出路、后劲、方向等问题。

2、争取年内完成股票增发再融资工作。

3、确保九月底完成增发募集资金建设项目和国际商贸城二期一阶段工程建设。按照当地政府有关市场调整的统一部署,9月底前确保项目竣工。同时,做好二阶段工程建设工期的衔接,并确保当年底结顶。在工程建设中要充分认识市场国际化、现代化发展新形势,注重一二期市场环境美化的协调性,强化二期市场建筑结构、功能设计、商位布局、信息网络、物流组织、安全消防以及仓储、交通等配套设施的规范和创新工作,突出市场信息化、购物旅游业和现代物流建设;加强工程成本核算,做好融资工作,建立行之有效的激励机制和成本控制机制,解决建材价格上涨、银根紧缩等客观环境变化对工程建设带来的影响,降低工程建设费用;加强施工队伍、工程技术人员的管理,提高工程监管力度,工程招标、材料采购严格执行"三公"制度,实行倒计时管理制度,争创优质工程、廉政工程,确保按时保质保量完成建设任务。

4、确保10月下旬增发募集资金项目和国际商贸城二期一阶段项目的市场开业。一方面加快组建分公司班子,分批落实岗位,注重管理人员调配、员工上岗培训等工作;并安排接管经营人员和工程施工管理人员协同工作,确保市场交接投入营运无时间差。另一方面积极稳妥开展招商工作,立足市场国际化建设和繁荣大局,协助政府主管部门,积极参与市场布局调整方案、招商方案及相关政策的调研制订工作。强化招商组织落实工作,严格纪律,搞好秩序、服务与安全工作,确保稳定、公开有序。在招商工作中,要抓住当前的战略发展期,积极争取政府有关部门的支持,利用好国际国内两个市场资源,大力引进优势行业,重点开展新的增量的招商引资工作,加大对市外品牌和规模生产企业、经营大户、外贸机构、外商等的招商力度；特别要大力引进国内外原产地的小商品生产企业和经销商，在开辟各类地方商品馆上下功夫，不断提高市场质量与内涵，确保开业成功。

5、积极争取国际商贸城配套的相关工程早日动工建设。一方面，加快落实二期市场展销中心、酒店与写字楼两幢小高层的筹建工作。另一方面要作好规划中的高尔夫体育公园、世贸中心、物流中心、临时仓储区、会展中心扩建等五个市重点工程项目的可行性论证、规划设计等前期准备工作，为下一步建设打好基础。

6、全面提升安全管理工作水平，确保安全生产。一是深入开展安全、综治工作目标责任制的落实工作，完善安全制度，狠抓制度落实，进一步完善"商品、从业人员、经营场所和设施"三位一体化的安全监管网络体系，重点抓现场管理、巡查制度；加强市场经营户、辖区住户的消防安全技能培训工作，争取全面轮训一遍，进一步夯实群防群治的安全工作基础；二是要强化全员安全生产工作。发党、工、团、妇组织，围绕安全生产工作中心，切实发挥自身组织优势，创新安全工作的抓手，形成齐抓共管的局面；三是要加强安全设施和安全隐患的整改工作，进一步充实安全管理力量，牢固确立起安全也是生产力的观念，争取安全工作上一个新台阶。

7、做强做大义博会。牢固树立"面向世界、服务全国"的办展思路，充分发挥义博会的知名度和会展资源优势，重点延伸培育和丰富义博会的办展体系，开发义博会的系列展会。一是高起点筹办春季中国义乌国际五金家用电器博览会，填补上半年大型展会空白点。加强与上级有关主管部门、以及国内外同行的合作，提高办展规格，争取办成有逾千个展位规模的，与广交会看齐，商源、客源、时间前后相互衔接的一年两个主流展会的义博会新格局，最大程度地满足市场需求。二是义博会工作要有新的突破。加强外商和外资企业的招商招展工作，进一步提高外商参展比例；加强在线义博会网站的建设，突出信息技术在招商招展、网上博览会、信息服务、形象宣传等方面的运用，实现点击率提高30%目标，形成有形无形相结合，长期定期联动互补的展会效应，真正成为永不落幕的博览会；加强义博会的规划，建立准入与退出机制，及早进行主副展馆的布局、规模设计。三是要树立义博会的品牌，进一步规范义博会的CI导入和宣传推介工作，丰富和创新义博会的内涵，立足长远，实现成为连贯性、延续性的品牌化经营。

6、加强基础管理，进一步提高集团化经营管理水平。不断完善推广ISO9000国际质量管理应用体系，提高规范化管理水平；完善用工分配制度；深入开展创建学习型企业活动，加强人力资源培训工作，完善员工培训考核制度，建立新型的人才培养使用机制；加强中层领导为主的管理层的专业知识和管理素质培训；探索市场物业管理新办法，立足分工细化、管理专业化、成本最小化、利益最大化的现代管理要求，解决臃肿的全职型的传统市场管理方式，提高市场管理的效率与水平；加强财务审计审核工作；建立普及自动化办公系统，提高信息化经营管理水平。

7、促进相关行业协调发展。利用市场结构调整带来的资源重组优势，拓展相关行业的发展空间，寻求并巩固新的增长点。加强房地产、酒店等优势行业培育与扶持，优化资本结构，探索集团化发展的新路子。房地产在完成金桥人家、南昌红谷滩世纪村等楼盘、北苑创业园开发的基础上，要确保新增两个大型房地产项目的储备工作，全面提升物业管理等配套水平，塑造出良好的品牌。发挥规模优势，加强酒店的资源整合共享，提高餐饮、客房的服务水平，大力开展网络营销和增收节支工作，巩固并争创行业领先优势。充分依托市场，加强与行业、民间经贸组织及政府的合作，大力开展自营展会的筹办、承办工作，提高展会的赢利能力，要实现展会数量、规模档次的新突破。外贸公司要加强风险控制，积极应对外贸体制改革新形势，规范经营行为，做大商博联合体，增强自营出口的实力，大力发展进口业务，促进外贸业务增长。体育场分公司要积极争取政府支持，稳步做好既定的2004年奥运之星女足队主场比赛和年度锦标赛的组织落实及开发工作，加强场馆的安全管理，健身中心经营有新的突破，做大体育文化产业。物流公司要加强市场现代物流业的研究、完善制订发展规划，创新仓储管理办法，争取并新建临时仓储项目，探索做大货运业务的新办法，实现新的增长。广告公司在继续走出去做大规模的同时，要确保配合做好国际商贸城二期工程、义博会的环境布置、广告宣传工作；信息技术公司重点做好中国小商品数字城的推广和开发工作，全面完成市场经商户上网工程，切实解决发展电子商务中遇到的各种难题，创新电子商务经营新路子新方法，促进市场信息化工作的快速发展。

(七)董事局日常工作情况

2003年度，公司董事局共召开了9次会议。

1、三届十六次董事局会议

2003年1月23日在义乌召开，通过了如下决议：

1)2002年度利润分配预案[按2002年度实现净利润，提取10%的法定盈余公积金，提取5%的法定公益金，每股派发现金0.10元，剩余利润结转下一年度分配]；

2)2002年度报告及报告摘要。

2、三届十七次董事局会议

以通讯方式召开，于2003年4月28日汇总表决结果，通过了如下决议：

2003年一季度报告。

3、三届十八次董事局会议

2003年5月8日在义乌召开，通过了如下决议：

1)2002年度董事局工作报告；

2)2002年度财务决算及2003年财务预算报告；

3)公司中长期激励议案；

4)提请续聘浙江天健会计师事务所有限公司为公司2003年度审计机构，并授权董事局决定其报酬；

5)修改公司章程议案；

6)决定于2003年6月21日召开2002年度股东大会；

7)设立义乌市梅湖健身中心；

8)将原"福田市场分公司"更名为"国际商贸城第一分公司"，将"义乌中国小商品城福田市场物业有限公司"更名为"义乌国际商贸城福田有限公司"；

9)关于银都酒店装饰固定资产转列长期待摊费用的议案；

10)投资者关系管理制度；

11)虚拟股权激励管理办法及实施细则；

12)支付给浙江天健会计师事务所有限公司2002年度的审计报酬为50万元；

13)提名傅日高、吴易、王雪虹、孙文建、林子宙、赵金池、胡浪潮、江翠斐、曹中堃为第四届董事局董事候选人人选；提名罗仲伟、史习民、黄廉熙、郑勇军为第四届董事局独立董事候选人人选；

14)2003年担保事项：

⑴为控股子公司义乌中国小商品城房地产开发有限公司提供最高限额为2.5亿元的银行贷款担保；

⑵为控股子公司义乌中国小商品城贸易有限责任公司提供最高限额为2000万元的银行贷款担保；

⑶为控股子公司义乌中国小商品城餐饮服务有限责任公司提供最高限额为200万元的银行贷款担保。

4、四届一次董事局会议

2003年6月21日在义乌召开，通过了如下决议：

1)选举傅日高为第四届董事局主席，吴易、胡浪潮为第四届董事局副主席；

2)聘任吴易为公司总裁，孙文建、林子宙、孙永富、丁云峰为公司副总裁，朱碧云为公司财务负责人，陈荣根为公司董事局秘书；

3)2003年1月1日---2005年12月31日的经营目标责任制；

4)设立"业务信息部"；

5)修改公司章程的议案。

5、四届二次董事局会议

2003年7月11日在义乌召开，通过了如下决议：

1)公司2003年半年度报告及摘要；

2)提名陶琲女士为第四届董事局独立董事候选人人选；

3)有关股权投资差额会计处理、银都酒店折旧年限变更、装修费处理等会计政策会计估计的变更。

6、四届三次董事局会议

以通讯方式召开，于2003年9月2日汇总表决结果，通过了关于参加义乌市国际商贸城一期北侧约53万平方米土地使用权挂牌出让竞买议案。

7、四届四次董事局会议

2003年9月26日在义乌召开，通过了如下决议：

1)签订总面积为52.82万平方米，总价值为7.3亿元的一揽子国有土地使用权合同；

2)募集资金项目投资规模由约4亿元增加为约5亿元，并先用自筹资金进行义乌小商品国际商贸城项目建设，若本次增发申请获得核准并成功发行，拟用募集资金偿还上述银行贷款；

3)《募集资金使用管理办法》；

4)公司公募增发股票决议有效期延长一年的议案：

公司增发股票决议有效期延长一年(即延长至2004年12月21日)，其它相关决议内容不变。

5)设立中国小商品城宾王市场第二停车场。

8、四届五次董事局会议

以通讯方式召开，于2003年10月17日汇总表决结果，审议通过了如下决议：2003年三季度报告。

9、四届六次董事局会议

2003年10月28日在义乌召开，通过了如下决议：

1)义乌国际商贸城二期工程第一阶段投资计划；

2)对2003年6月作出的一揽子担保决议进行调整，新的一揽子方案如下：

⑴增加为控股子公司义乌中国小商品城福田市场物业有限公司提供贷款担保最高限额为5000万元；

⑵为控股子公司浙江义乌中国小商品城贸易有限责任公司提供贷款担保最高限额为2000万元(不变)；

⑶为控股子公司义乌中国小商品城餐饮服务有限责任公司提供贷款担保最高限额为200万元(不变)；

⑷为义乌中国小商品城房地产有限公司的最高担保额为最近一个会计年度合并报表净资产的50%减去上述三家公司的担保额，为该公司提供的银行贷款担保最高限额可以调剂上述其它三家公司的最高限额，但实际累计对外担保总额不超过最近一个会计年度合并报表净资产的50%，该公司为本公司控股子公司。

3)增加对控股子公司----房地产有限公司出资的议案

增加对控股子公司--义乌中国小商品城房地产开发有限公司的出资，本次公司拟再增加出资2200万元，具体投入金额待资产评估后以原每股出资的净资产值为依据。增资后义乌中国小商品城房地产有限公司注册资本金将达到5000万元，其中由本公司累计出资4000万元，占注册资本金的80%；由房地产有限公司骨干、员工累计出资1000万元，占注册资本金的20%。

4）决定于2003年11月29日上午九时在义乌市宾王路158号商城集团大楼15层会议室召开2003年第一次临时股东大会。

决议执行情况：本年度作出的决议均已在实施中，部分作了调整修改，部分已实施完毕。

(八)本次利润分配预案

经浙江天健会计师事务所审计，本公司2003年度实现净利润55,203,584.29元(母公司利润下同)，加：年初未分配利润79,770,310.71元，本年度可供股东分配的利润为134,973,895元，经2004年1月15日四届七次董事局会议决议，2003年度利润分配方案为：按2003年实现净利润提取10%的法定盈余公积，5%的法定公益金，股东股利暂不分配。

以上分配政策需提交年度股东大会审议通过后实施。

七、重要事项

(一)本年度公司无重大诉讼、仲裁事项。

(二)本年度公司的重大资产收购、出售或处置情况。

1、2001年6月15日，本公司下属子公司建阳市中国小商品城娱乐有限公司(甲方)与建阳市新星建设集团有限公司(乙方)签订协议，由乙方承包经营甲方的华厦保龄球馆，承包期自2001年7月1日至2003年6月30日止，承包金第一年为10万元，第二年为12万元，乙方在承包期内的债权、债务及经营费用由乙方承担。经建阳市中国小商品城娱乐有限公司股东会研究决定，公司自2003年1月1日起停业清算，截至2003年12月31日清算工作尚未完成。

2、2001年6月30日，本公司和李志毅、何康荣签订协议，将所持珠海德馨苑开发有限公司57%的股权57万元分别作价28.5万元转让给李志毅、何康荣各28.5%，股权转让后，原由本公司承担的权利、义务和债权、债务一并由李志毅、何康荣继承履行。本公司已于2001年7月9日收回股权转让款57万元。截至2003年12月31日，上述股权转让尚未办妥工商变更登记手续。

3、2003年9月12日，本公司(甲方)与义乌市公路建设开发有限公司(乙方)签订《转让协议》，甲方以每股1元的价格将其在义乌中国小商品城公路建设有限公司(丙方)所持有的3,611,320.75股权转让给乙方，转让总价款计3,611,320.75元，转让后甲方持有丙方出资额1,320万元，占其注册资本的40%。甲方已于2003年9月30日收到所有股权转让款。

4、2003年4月10日，本公司(甲方)与义乌市市场开发服务中心(乙方)签订股份转让协议，甲方将持有的义乌市市场对外拓展有限公司的全部股份按1:1价格全额转让给乙方，转让总价款为36万元。本公司已于2003年6月30日收到上述转让款。

5、2003年4月和6月，浙江亚伦集团股份有限公司董事会通过决议，同意由龙游县国有资产经营有限公司对其法人股权按每股0.56元价格、职工个人股权按每股1.06元价格实行定价收购。本公司按章程规定的投资决策授权，经研究决定收回投资，并于2003年7月11日收到上述股权转让款5,501,798.06元。

以上资产收购没有对报告期经营成果与财务状况产生重大影响。

(三)报告期内，无重大关联交易。

(四)重大合同及其履行情况

1、托管、租赁

⑴2002年7月1日，本公司(甲方)与下属子公司义乌国际商贸城福田有限公司(乙方)签订《福田市场物业管理协议》，约定将建成后的福田市场物业的管理委托给乙方负责，同时约定福田市场一期工程由甲方负责约3.58亿元的福田市场土地、土建、房屋等主体工程建设，由乙方负责约为2.39亿元的福田市场水电、空调、电梯、电子屏等辅助设施建设，招商收入暂按上述的投资比例分配，待工程决算后按实际投资额确认投资比例。上述协议期限自2002年10月1日起至2004年9月30日止。

2、工程承包合同

⑴2001 年 10 月 9 日，小商品城与浙江宝业建设集团有限公司签署《中国小商品城福田市场一期建筑安装工程施工承包合同》一份，约定由浙江宝业建设集团有限公司承包小商品城开发的福田市场一期工程第 A 标段的建设。

⑵2001 年 10 月 9 日，小商品城与浙江八达建设集团有限公司签署《中国小商品城福田市场一期建筑安装工程施工承包合同》一份，约定由浙江八达建设集团有限公司承包小商品城开发的福田市场一期工程第 B 标段的建设。

⑶2001 年 10 月 9 日，小商品城与宁波华丰建设集团股份有限公司签署《中国小商品城福田市场一期建筑安装工程施工承包合同》一份，约定由宁波华丰建设集团股份有限公司承包小商品城开发的福田市场一期工程第 C 标段的建设。

⑷2001 年 10 月 9 日，小商品城与义乌市土木建设工程有限公司签署《中国小商品城福田市场一期建筑安装工程施工承包合同》一份，约定由宁波华丰建设集团股份有限公司承包小商品城开发的福田市场一期工程第 D 标段的建设。

⑸2001 年 10 月 9 日，小商品城与浙江省东阳市第三建筑工程公司签署《中国小商品城福田市场一期建筑安装工程施工承包合同》一份，约定由浙江省东阳市第三建筑工程公司承包小商品城开发的福田市场一期工程第 E 标段的建设。

⑹2002 年 2 月 9 日，小商品城之控股子公司浙江义乌中国小商品城房地产开发有限公司与浙江成龙建设有限公司签署《商城嘉鸿华庭工程施工合同》一份，约定由浙江成龙建设有限公司承包浙江义乌中国小商品城房地产开发有限公司开发的商城嘉鸿华庭项目第一地块的建设。

⑺2002 年 8 月 9 日，小商品城之控股子公司浙江义乌中国小商品城房地产开发有限公司与浙江八达建设集团有限公司签署《商城嘉鸿华庭工程施工合同》一份，约定由浙江八达建设集团有限公司承包浙江义乌中国小商品城房地产开发有限公司开发的商城嘉鸿华庭项目第二地块的建设。

⑻2003 年 11 月 8 日，小商品城与广厦建设集团有限责任公司签订《义乌国际商贸城二期 2# 宾馆和 3# 写字楼工程建筑安装工程施工承包合同》一份，约定由广厦建设集团有限责任公司承包义乌市国际商贸城园区 D、E 地块的建设。

⑼2003 年 9 月 17 日，小商品城与浙江八达建设集团有限公司签订《义乌国际商贸城二期建筑安装工程施工承包合同》一份，约定由浙江八达建设集团有限公司承包义乌市国际商贸城园区第四标段内的土建工程施工及消防、暖通、弱电、钢结构、幕墙等专项分包的总管理和专项配合。

⑽2003 年 9 月 17 日，小商品城与浙江宝业建设集团限责任公司签订《义乌国际商贸城二期建筑安装工程施工承包合同》一份，约定由浙江宝业建设集团限责任公司承包义乌市国际商贸城二期 G1、G2 区工程的建设。

⑾2003 年 9 月 17 日，小商品城与浙江宝业建设集团限责任公司签订《义乌国际商贸城二期建筑安装工程施工承包合同》一份，约定由浙江宝业建设集团限责任公司承包义乌市国际商贸城二期 F1、F2 区工程的建设。

⑿2003 年 12 月 8 日，小商品城与浙江耀江建设集团股份有限公司与浙江省二建建设集团有限公司签订《义乌国际商贸城二期暖通安装工程施工承包合同》一份，约定分别由浙江耀江建设集团股份有限公司与浙江省二建建设集团有限公司承包 F1、F2 及 F3、F4 暖通安装工程的建设。

⒀2003 年 11 月 13 日，小商品城与浙江耀江建设集团股份有限公司与浙江省二建建设集团有限公司签订《义乌国际商贸城二期消防安装工程施工承包合同》一份，约定分别由浙江耀江建设集团股份有限公司与浙江省二建建设集团有限公司承包 F1、F2 及 F3、F4 消防安装工程的建设。

⒁2003 年 11 月 4 日，小商品城与浙江稠城建筑工程有限公司签订《义乌国际商贸城二期 1# 连接体(主入口)建筑安装工程施工承包合同》一份，约定由浙江稠城建筑工程有限公司承包义乌国际商贸城二期 1# 连接体(主入口)工程的建设。

⒂2003 年 12 月 8 日，小商品城与浙江宝业建设集团股份有限公司、浙江八达建设集团有限公司及浙江稠城建筑工程有限公司签订《义乌国际商贸城二期暖通安装工程施工承包合同》一份，约定分别由浙江宝业建设集团股份有限公司、浙江八达建设集团有限公司及浙江稠城建筑工程有限公司承包 G1G2、G3G4 及 1# 连接体暖通安装工程的建设。

⒃2003 年 11 月 13 日，小商品城与浙江宝业建设集团股份有限公司、浙江八达建设集团有限公司及浙江稠城建筑工程有限公司签订《义乌国际商贸城二期消防安装工程施工承包合同》一份，约定分别由浙江宝业建设集团股份有限公司、浙江八达建设集团有限公司及浙江稠城建筑工程有限公司承包 G1G2、G3G4 及 1# 连接体消防安装工程的建设。

3、重大担保

⑴小商品城与中国银行义乌支行签署了保证合同，为其控股子公司义乌中国小商品城房地产开发有限公司取得银行借款 6,000 万元提供担保，期限为 2003 年 10 月至 2005 年 10 月；为子公司义乌中国小商品城房地产开发有限公司南昌分公司取得银行借款 5,000 万元提供担保，期限为 2003 年 11 月至 2005 年 11 月。

⑵小商品城与中国银行义乌支行签署了担保合同三份，为浙江义乌中国小商品城贸易有限责任公司提供借款担保，担保金额为 1000 万元。

4、报告期内，公司没有发生或以前期间发生但延续到报告期的重大委托理财。

5、报告期内本公司无委托他人进行现金资产管理事项。

6、报告期内公司正在履行或将要履行的重大合同有：

⑴2002 年 10 月 25 日，小商品城与浙江省义乌市国土资源局签署《国有土地使用权出让合同》，双方在合同中约定浙江省义乌市国土资源局将位于义乌市福田市场园区 F 地块的国有土地计 22.62897 万平方米出让给小商品城，出让金为 225 元/平方米。

⑵2003 年 9 月 29 日，义乌市国土资源局与本公司签订《国有土地使用权出让合同》，本公司受让位于义乌市国际商贸城二期北侧国有土地使用权，土地用途为市场用地，宗地总面积 528,155 平方米，出让金总金额 7.3 亿元。其中，F 地块面积 106,466 平方米，出让金 147,153,100 元，G 地块面积 208,589 平方米，出让金 288,306,000 元，H 地块面积 206,120 平方米，出让金 284,893,400 元，宾馆地块面积 3,392 平方米，出让金 4,688,300 元，写字楼地块面积 3,588 万元，出让金 4,959,200 元。截至 2003 年 12 月 31 日，本公司已支付土地出让金 155,153,100 元。上述土地使用权受让事项业经 2003 年 11 月 29 日本公司 2003 年第一次临时股东大会通过。

⑶2003 年 10 月 30 日，本公司下属子公司义乌中国小商品城房地产开发有限公司与义乌市国土资源局签订了城拍[2003]42 号《国有土地使用权出让合同》，受让位于廿三里金桥小区西苑 A 号地块总面积为 13,443.25 平方米的国有土地使用权，出让金总额为 41,688,470 元；同日，又签订了城拍 [2003]43 号《国有土地使用权出让合同》，受让位于廿三里金桥小区西苑 B 号地块总面积 92,971.60 平方米的国有土地使用权，出让金总额为 288,311,530 元。受让土地用途均为居住用地。该子公司已于 2003 年 10 月支付上述出让金共计 33,000 万元，并于 2003 年 12 月办妥受让土地的国有土地使用权证。

⑷2002 年 11 月 1 日，本公司的控股子公司浙江义乌中国小商品城房地产开发有限公司与江西省南昌市国土资源局签署《南昌市国有土地使用权出让合同》一份，该合同约定本公司以 8681.75 万元的价格取得位于南昌市红河滩中心区国有出让土地使用权，该国有土地面积为 105.875 亩，用地性质是住宅用地。截至 2003 年 12 月 31 日，乙方已支付土地出让金定金 4,340 万元。本公司目前尚未取得上述国有土地的有关权证。

⑸2003 年 3 月 20 日，本公司的控股子公司浙江义乌中国小商品城房地产开发有限公司与浙江省义乌市国土资源局签署《国有土地使用权出让合同》一份，该合同约定本公司以 3040 万元的价格取得位于义乌市商博路西侧与稠廿路北侧国有出让土地使用权，该国有土地面积为 5730 平方米，用地性质是住宅用地，并于 2003 年 10 月办妥受让土地的国有土地使用权证。

⑹2003 年 10 月 15 日，义乌市北苑工业园管理委员会(甲方)与本公司孙公司义乌市商城工联置业有限公司(乙方)签订投资意向书，甲方同意安排园内 3-26-1 地块，面积 74,773.071 平方米，出让金总额为 22,207,602 元，由乙方用于开发标准厂房。截至 2003 年 12 月 31 日，乙方已支付预交款 199.87 万元。

⑺2003 年 3 月，公司与南方证券股份有限公司签署《承销协议》一份，约定承销佣金为 900 万元，推荐及材料制作费用 680 万元，合计 1580 万元。

7、报告期内，公司或持有公司股份 5%以上(含 5%)的股东在报告期内没有发生或以前期间发生但持续到报告期的对公司经营成果、财务状况可能产生重要影响的承诺事项。

8、关联方资金往来及担保情况：

根据浙天会[2004]第 7 号 有关控股子公司占用资金情况如下表：

金额单位：万元

关联方名称	期初时点发生额	借方累计发生额	贷方累计金额	期末时点金额
建阳市中国小商品城娱乐有限公司	168.65	0.00	0.00	168.65
义乌中国小商品城餐饮服务有限责任公司	0.00	122.39	51.63	70.76
义乌市中国小商品城物业管理有限公司	0.00	233.83	231.77	2.06
浙江义乌中国小商品城贸易有限责任公司	106.72	8,070.40	8,176.92	0.20
义乌中国小商品城信息技术有限公司	0.16	5.97	6.13	0.00
合　　计	275.53	8,432.59	8,466.45	241.67

关联方名称	占用方式	相对应的会计科目	占用原因
建阳市中国小商品城娱乐有限公司	拆借	其他应收款	资金周转
义乌中国小商品城餐饮服务有限责任公司	拆借	其他应收款	资金周转
义乌市中国小商品城物业管理有限公司	拆借收款	其他应费用	代垫
浙江义乌中国小商品城贸易有限责任公司	拆借	其他应收款	代垫费用
义乌中国小商品城信息技术有限公司	拆借	其他应收款	代垫费用
合　　计			

由于小商品城子公司建阳市中国小商品城娱乐有限公司自 2003 年 1 月 1 日起停业清算，应收该公司款项 1,686,500 元估计难以收回，已于本期全额计提坏账准备。

9、承诺事项：

(1)2002 年 3 月 20 日，义乌市财政局、义乌市体育发展局(甲方)与本公司(乙方)签订了《义乌市体育中心场馆租赁协议》，甲方经义乌市人民政府授权，将义乌市体育中心场、馆及所属辖区周边地段租赁给乙方经营管理，租赁期限为自 2002 年 7 月 1 日起至 2017 年 6 月 30 日止，租金计算如下：2002 年 7 月 1 日至 2005 年 6 月 30 日为建设期，免交租金；2005 年 7 月 1 日至 2008 年 6 月 30 日，每年上交义乌市财政租金 100 万元；2008 年 7 月 1 日至 2017 年 6 月 30 日，每年上交义乌市财政租金 450 万元。上述租赁费总额按租赁期 15 年计算，平均每年分摊 290 万元，2002 年 7-12 月本公司已列支租赁费 145 万元，2003 年度列支 290 万元。

(2)2002 年 11 月 1 日，江西省南昌市国土资源局(甲方)与本公司子公司义乌中国小商品城房地产开发有限公司(乙方)签订了《南昌市国有土地使用权出让合同》，乙方依法受让位于南昌市红谷滩中心区 A-24、A-25 号地块的国有土地使用权，土地用途为住宅用地，实际测量总面积为 105.875 亩，受让价格为 8,681.75 万元。截至 2003 年 12 月 31 日，乙方已支付土地出让金定金 4,340 万元。

(3)2003 年 10 月 15 日，义乌市北苑工业园管理委员会(甲方)与本公司孙公司义乌市商城工联置业有限公司(乙方)签订投资意向书，甲方同意安排园内 3-26-1 地块，面积 74,773.071 平方米，出让金总额为 22,207,602 元，由乙方用于开发标准厂房。截至 2003 年 12 月 31 日，乙方已支付预交款 199.87 万元。

(4)2003 年 9 月 29 日，义乌市国土资源局与本公司签订《国有土地使用权出让合同》，本公司受让位于义乌市国际商贸城二期北侧国有土地使用权，土地用途为市场用地，宗地总面积 528,155 平方米，出让金总金额 7.3 亿元。其中，F 地块面积 106,466 平方米，出让金 147,153,100 元，G 地块面积 208,589 平方米，出让金 288,306,000 元，H 地块面积 206,120 平方米，出让金 284,893,400 元，宾馆地块面积 3,392 平方米，出让金 4,688,300 元，写字楼地块面积 3,588 万元，出让金 4,959,200 元。截至 2003 年 12 月 31 日，本公司已支付土地出让金 155,153,100 元。上述土地使用权受让事项业经 2003 年 11 月 29 日本公司 2003 年第一次临时股东大会通过。

(五)聘任、解聘会计师事务所情况：

报告期经 2002 年度股东大会审议通过，续聘浙江天健会计师事务所有限公司为公司 2003 年度审计机构。详见刊登于 2003 年 6 月 23 日《上海证券报》和《中国证券报》上的公告。

2003 年度公司支付浙江天健会计师事务所 2002 年的审计费用为人民币 50 万元；本公司与该机构首次签订协议时间是在 2001 年 1 月 10 日，实际首次进场审计时间为 1999 年 12 月，在此期间本公司未变更聘请过审计的会计师事务所，2003 年度审计报告的签字会计师由吕苏阳、翁伟变更为朱炳有、翁伟。

(六)公司、公司董事局及董事在报告期内没有因由于本公司原因而受中国证监会稽查、中国证监会行政处罚、通报批评和证券交易所公开谴责的情况。

(七)其他重要事项：

参见财务报告"附注十二-其他重要事项"。

八、备查文件目录

(一)载有本公司法定代表人、主管会计工作负责人、会计机构负责人签名并盖章的会计报表；

(二)载有浙江天健会计师事务所盖章、注册会计师朱炳有、翁伟签名并盖章的审计报告正本；

(三)报告期内在《上海证券报》、《中国证券报》公开披露过的所有本公司文件的正本及公告的原稿。

浙江中国小商品城集团股份有限公司董事局

董事局主席：傅日高

二 00 四年一月十五日

湘 潭 电 机 股 份 有 限 公 司

湘潭电机股份有限公司2003年年度报告

重要提示

本公司董事会及其董事保证本报告所载资料不存在任何虚假记载、误导性陈述或者重大遗漏,并对其内容的真实性、准确性和完整性承担个别及连带责任。

本公司负责人董事长周建雄先生、主管会计工作负责人财务总监郭碧强女士及会计机构负责人财务部部长刘海强先生声明:保证年度报告中财务报告的真实、完整。

第一节　公司基本情况简介

1、公司法定中文名称:湘潭电机股份有限公司
公司法定英文名称:Xiangtan Electric Manufacturing Co.,Ltd.
中文名称缩写:湘电股份
英文名称缩写:XEMC
2、公司法定代表人:周建雄
3、公司董事会秘书:汤鸿辉
联系电话:0732-8595252 8595732
传真:0732-8610767 8595732
电子邮箱:dshmsh@xemw.com
证券事务代表:李怡文
联系电话:0732-8595732 8595252
传真:0732-8595732
电子邮箱:xtdjzjb@163.net
联系地址:中国湖南省湘潭市下摄司街302号
4、公司注册地址:中国湖南省湘潭市下摄司街302号
公司办公地址:中国湖南省湘潭市下摄司街302号
邮政编码:411101
公司国际互联网网址:http://www.xemw.com
公司电子邮箱:qshxx@xemw.com
5、公司选定的信息披露报纸名称:《上海证券报》、《中国证券报》、《证券时报》
湘潭电机股份有限公司
Xiangtan Electric Manufacturing Co.,Ltd.
湘潭电机股份有限公司2003年年度报告,第5页共96页
登载年度报告的中国证监会指定网站的网址:http//www.sse.com.cn
公司年度报告备置地点:公司证券部
6、公司股票上市证券交易所:上海证券交易所
股票简称:湘电股份
股票代码:600416
7、其他资料
公司首次注册登记日期:1999年12月26日
变更注册登记日期:2002年7月11日
注册登记地点:湖南省湘潭市
企业法人营业执照注册号:4300001004378
税务登记号码:430304717046719
公司聘请的会计师事务所名称:普华永道中天会计师事务所有限公司
会计师事务所办公地址:中国上海淮海中路333号瑞安广场十二楼

第二节　会计数据和业务数据摘要

一、公司本年度主要利润指标如下:单位:元

项目	金额
利润总额	52,491,522
净利润	33,261,155
★扣除非经常性损益后的净利润	41,289,792
主营业务利润	219,349,101
其它业务利润	2,402,943
营业利润	70,629,559
投资收益	-17,157,452
补贴收入	-
营业外收支净额	-980,585
经营活动产生的现金流量净额	58,919,050
现金及现金等价物净增减额	-228,530,762

★非经常性损益的项目:

项目	金额
处置固定资产净损失	588,593
短期投资损失	13,937,061
营业外收支净额	391,992
存货跌价准备转回	-1,147,126
所得税影响额	-5,741,883

二、截止报告期末公司前三年主要会计数据和财务指标情况:

			2002年
指标项目	2003年	调整前	★调整后
主营业务收入(元)	782,926,168	573,960,299	573,960,299
净利润(元)	33,261,155	40,844,889	40,844,889
全面摊薄每股收益(元/股)	0.17	0.21	0.21
加权平均每股收益(元/股)	0.17	0.27	0.27
全面摊薄净资产收益率(%)	5.11	6.61	6.18
加权平均净资产收益率(%)	5.13	9.90	9.90

	2002年12月31日	2003年12月31日 调整前
总资产(元)	1,185,328,933	1,049,132,542
股东权益(不含少数股东权益)(元)	651,160,617	617,899,462
每股净资产(元)	3.34	3.17
调整后的每股净资产(元)	3.31	3.16
每股经营活动产生的现金流量净额(元/股)	0.30	0.02
扣除非经常性损益后的每股收益(元/股)	0.21	0.22

指标项目	2001年
主营业务收入(元)	522,717,838
净利润(元)	39,286,326
全面摊薄每股收益(元/股)	0.33
加权平均每股收益(元/股)	0.33
全面摊薄净资产收益率(%)	17.12
加权平均净资产收益率(%)	18.73

	2002年12月31日	2001年12月31日 ★调整后
总资产(元)	1,095,835,039	653,841,120
股东权益(不含少数股东权益)(元)	660,799,462	229,419,715
每股净资产(元)	3.39	1.91
调整后的每股净资产(元)	3.38	1.91
每股经营活动产生的现金流量净额(元/股)	0.02	0.40
扣除非经常性损益后的每股收益(元/股)	0.22	0.33

★资产负债表日后至会计报表批准报出日之间,由董事会制订的利润分配方案中所涉及的现金股利作为股东权益项下的"拟分配现金股利"反映而不在资产负债表日确认为负债。该会计政策变更采用了追溯调整,调增了2002年12月31日的股东权益-拟分配现金股利人民币42,900,000元。

★2002年12月31日调整后总资产增加,主要系重分类已结算尚未完工款至流动负债所至。

三、报告期内股东权益变动情况:

单位:元

		股本	资本公积	盈余公积	
期初数		195,000,000	376,917,658	22,833,796	
本期增加数		-	-	6,607,900	
本期减少		-	-	-	
期末数		195,000,000	376,917,658	29,441,696	
		其中:法定公益金	未分配利润	拟分配现金股利	股东权益合计
期初数		6,305,946	23,148,008	42,900,000	660,799,462
本期增加数	1,651,975	33,261,155	29,250,000	33,261,155	
本期减少		-	35,857,900	42,900,000	42,900,000
期末数		7,957,921	20,551,263	29,250,000	651,160,617

变动原因说明:

1、盈余公积增加系报告期内公司计提所致;
2、法定公益金增加系报告期内公司计提所致;
3、未分配利润变动系报告期内实现的利润及董事会建议的利润分配;
4、股东权益变动系以上项目的发生以及2002年度现金股利的发放所致。

第三节　股本变动及股东情况

一、报告期内股份总数与股本结构对比年初未发生变动:　数量单位:股

	本次变动前	本次变动增减(+、-) 配股	送股	公积金转股	增发	首次发行	小计	本次变动后
一、未上市流通股份		-	-	-	-	-	-	-
1、发起人股份	120,000,000	-	-	-	-	-	-	120,000,000
其中:		-	-	-	-	-	-	-
国家持有股份	115,435,069	-	-	-	-	-	-	115,435,069
境内法人持有股份	4,564,931	-	-	-	-	-	-	4,564,931
境外法人持有股份		-	-	-	-	-	-	-
其他		-	-	-	-	-	-	-
2、募集法人股份		-	-	-	-	-	-	-
3、内部职工股份		-	-	-	-	-	-	-
4、优先股或其他		-	-	-	-	-	-	-
未上市流通股份合计	120,000,000	-	-	-	-	-	-	120,000,000
二、已上市流通股份		-	-	-	-	-	-	-
1、人民币普通股	75,000,000	-	-	-	-	-	-	75,000,000
2、境内上市的外资股		-	-	-	-	-	-	-
3、境外上市的外资股		-	-	-	-	-	-	-
4、其他		-	-	-	-	-	-	-
已上市流通股份合计	75,000,000	-	-	-	-	-	-	75,000,000
三、股份总数	195,000,000	-	-	-	-	-	-	195,000,000

二、股票发行与上市情况

1、经中国证监会证监发行[2002]70号文核准,公司于2002年7月3日向二级市场投资者定价

配售发行人民币普通股7,500万股,发行价格为5.6元/股。发行后,公司总股本由原120,000,000股变更为195,000,000股。

2、经上海证券交易所上证上字[2002]125号文批准,公司公开发行的7,500万流通股于2002年7月18日在上海证券交易所挂牌交易,股票简称"湘电股份",股票代码"600416"。

3、报告期内公司无送股、转增股本、配股、增发新股、吸收合并、可转换公司债券转股、减资、内部职工股或职工股上市情况,公司股份总数及结构未发生变化。

三、股东情况

1、截止2003年12月31日,公司股东总数37,595户。

2、持有公司5%以上股份的为湘潭电机集团有限责任公司,报告期末持有公司国有法人股115,435,069股,占公司总股本的59.2%。其所持有股份报告期内未发生变动,未发生质押和冻结。

3、截止2003年12月31日,公司主要股东及前十名流通股股东持股情况如下:

表一、主要股东持股情况表单位:股

序号	股东名称	年度内增变动	年末持股数量	比例%
1	湘潭电机集团有限公司	–	115435069	59.2
2	北京地铁集团有限责任公司	–	1323168	0.68
3	中原证券股份有限公司	不详	1186700	0.61
4	四川东方绝缘材料股份有限公司	–	793901	0.41
5	上海铜材厂	–	661584	0.34
6	内蒙古霍林河煤业集团有限责任公司	–	661584	0.34
7	湖南株洲特种电磁线厂	–	661584	0.34
8	李秀芳	不详	495000	0.25
9	天津开发区兴业房地产投资有限公司	–	463110	0.24
10	邹刚	不详	305300	0.16

序号	股东名称	股份类别	股份状态(质押或冻结)	股东性质
1	湘潭电机集团有限公司	未流通	无	国有法人股
2	北京地铁集团有限责任公司	未流通	无	发起人法人股
3	中原证券股份有限公司	已流通	未知	流通股
4	四川东方绝缘材料股份有限公司	未流通	无	发起人法人股
5	上海铜材厂	未流通	无	发起人法人股
6	内蒙古霍林河煤业集团有限责任公司	未流通	无	发起人法人股
7	湖南株洲特种电磁线厂	未流通	无	发起人法人股
8	李秀芳	已流通	未	知流通股
9	天津开发区兴业房地产投资有限公司	未流通	无	发起人法人股
10	邹刚	已流通	未	知流通股

上述前10名股东中,第1、2、4、5、6、7、9名股东为发起人股东,之间未存在关联关系,其他流通股股东,公司未知其之间是否存在关联关系。

表二、前十名流通股股东持股情况表单位:股

序号	股东名称	年末持有流通股的数量	股票种类
1	中原证券股份有限公司	1186700	A 股
2	李秀芳	495000	A 股
3	邹刚	305300	A 股
4	赵艳山	300000	A 股
5	章国荣	247200	A 股
6	中国工商银行南方避险增值基金	244128	A 股
7	河南省南龙投资咨询有限公司	202700	A 股
8	中国工商银行融通蓝筹成长证券投资基金	200000	A 股
9	沈超英	166500	A 股
10	雷林志	127100	A 股

上述前十名流通股股东公司未知其之间的关联关系。

6、报告期内,除控股股东外,公司无其他持股10%以上(含10%)的法人股东。

7、公司控股股东情况

控股股东名称:湘潭电机集团有限公司

法定代表人:周建雄

成立日期:1993年12月23日

注册资本:4.293亿元人民币

经营范围:经营湖南省人民政府授权范围内的国有资产投资、经营、管理。

第四节 董事、监事、高级管理人员和员工情况

一、公司董事、监事、高级管理人员

1、基本情况:

姓名	性别	年龄	职务	任职起止时间	持股数量	备注
周建雄	男	49	董事长	2003.4--2006.4	0	
★马甄拔	男	54	董事、总经理	2003.4--2006.4	0	2004年2月不再担任总经理
张建伟	男	48	董事	2003.4--2006.4	0	
罗百敏	男	49	董事、总工程师	2003.4--2006.4	0	
★王林	男	44	董事、副总经理	2003.4--2006.4	0	
李吉平	男	45	董事、副总经理	2003.4--2006.4	0	
汤鸿辉	男	41	董事、董事会秘书	2003.4--2006.4	0	
钟山	男	72	独立董事	2003.4--2006.4	0	
盛杰民	男	62	独立董事	2003.4--2006.4	0	
樊行健	男	59	独立董事	2003.4--2006.4	0	
陈晓红	女	37	独立董事	2003.4--2006.4	0	
李乃恒	女	54	监事	2003.4--2006.4	0	
钟学超	男	39	监事	2003.4--2006.4	0	
★肖仁章	男	41	监事会主席	2003.4--2006.4	0	
★马雪军	男	54	监事	2003.4--2006.4	0	
汪叔仁	男	55	监事	2003.4--2006.4	0	
刘志立	男	50	副总经理	2003.4--2006.4	0	
陈能	男	39	副总经理	2003.4--2006.4	0	
周维	男	43	财务总监	2003.4--2006.4	0	2003年11月不再担任财务总监
马小平	男	43	副总经理	2003.4--2006.4	0	
周健君	男	35	副总经理	2003.11--2006.4	0	
★陈飞翔	男	47	总经理	2004.2--2006.4	0	
★郭碧强	女	51	财务总监	2004.2--2006.4	0	

★经公司董事会第二届五次会议审议通过,马甄拔先生不再担任公司总经理,聘任陈飞翔先生为公司总经理,聘任王林先生为公司副总经理,聘任郭碧强女士为公司财务总监;

★肖仁章和马雪军为职工监事。

2、在股东单位任职情况

姓名	任职的股东名称	在股东单位担任的职务	任职期间	是否在股东单位领取报酬
周建雄	湘潭电机集团有限公司	董事长	2003.2--至今	是
马甄拔	湘潭电机集团有限公司	董事、总经理	2003.2--至今	否
张建伟	湘潭电机集团有限公司	董事、工会主席	2003.2--至今	是
罗百敏	湘潭电机集团有限公司	董事	2003.2--至今	否
王林	湘潭电机集团有限公司	副总经理	2003.2--2004.2	是

3、年度报酬情况:

①公司董事、监事的报酬是根据公司2002年度股东大会审议通过的《公司董、监事2003年报酬及考核原则》确定,公司其他高级管理人员的报酬是由董事会根据公司的经营业绩决定。董事、监事、高级管理人员的年度报酬由基本年薪、效益年薪两部分构成,年薪采取按月考核和按年考核的办法提取。

②报告期内在公司领取薪酬的董事、监事和高级管理人员共计21人,年度报酬总额共计124.66万元。

③金额最高的前三名董事的报酬总额为41.15万元;金额最高的前三名高级管理人员的报酬总额为31.66万元。

④全体兼职监事年津贴2.2万元/年。

⑤全体独立董事津贴为21.2万元/年,独立董事出席公司董事会和股东大会以及其他行使职权所需要费用由公司承担。

⑥在公司领取报酬的董事、监事、高级管理人员年度报酬数额区间如下表:

年度报酬	16~18万元	12~14万元	10~11万元	10万元以下
人数	1	4	5	11

4、报告期内离任的董事、监事、高级管理人员姓名及离任原因:

(1)报告期内梅柏杉先生因换届改选不再担任公司董事,宋书珍先生因换届改选不再担任公司监事;以上议案经2002年度股东大会审议通过。

报告期内周维先生由于工作变动,不再担任财务总监,此议案经2003年第二届董事会第四次会议审议通过。

(2)报告期内聘任陈晓红女士为公司第二届董事会独立董事,此议案经2002年度股东大会审议通过。

报告期内根据总经理提名聘任周健君先生为公司副总经理,此议案经2003年第二届董事会第四次会议审议通过。

二、公司员工情况

公司现有在职员工5121人,公司需承担费用的离退休员工33人。

具体构成情况:

类别		人数	占总数比例
按职能分类	生产人员	3585	70%
	销售人员	176	3.44%
	技术人员	542	10.58%
	财务人员	86	1.68%
	行政人员	476	9.3%
	其他人员	256	5%
	总计	5121	
按学历分类	研究生及以上	13	0.25%
	本科	279	5.45%
	专科	1065	20.8%
	中专	280	5.47%
	其他	3484	68.03%
	总计	5121	

第五节 公司治理结构

一、公司治理情况

公司按照《公司法》、《证券法》等法律法规和中国证监会、上海证券交易所的有关要求,以实现规范化运作为目标,不断完善了公司法人治理结构。公司已建立了独立董事制度,并按要求设立了董事会专门委员会,制订了一系列的规章制度,能够按照《上市公司治理准则》等文件的要求规范运作。

1、关于公司股东和股东大会

公司能够确保所有股东享有平等地位,确保全体股东能够充分行使自己的权利;公司建立了《股东大会议事规则》,严格按照中国证监会股东大会规范意见的要求召集、召开股东大会,行使股东的表决权;公司建立了《关联交易决策制度》,确保关联交易价格公允、公平、合理,严格遵循平等、自愿、等价、有偿的原则,关联交易的定价以不偏离市场独立第三方的价格和收费为标准,并对定价依据予以充分披露,股东大会严格按照程序审议关联交易事项。

2、关于控股股东与上市公司的关系

控股股东行为规范,严格依法行使出资人的权利,未干预公司的决策和生产经营活动;公司与控股股东在人员、资产、财务、机构和业务等方面相互独立;控股股东没有对公司股东大会人事选举决议和董事会人事聘任决议履行任何批准手续,没有越过公司股东大会、董事会任免公司的高级管理人员;公司董事会、监事会和内部机构能够独立运作。

3、关于董事与董事会

公司于2003年4月12日召开的2002年度股东大会上选举了第二届董事会,并严格按照《公司章程》规定的董事选聘程序选举董事,董事会的人数和人员构成符合法律、法规的要求;董事能依法勤勉履行职责,董事会按照国家相关法律、法规的要求及《董事会议事规则》规范运作,科学决策。根据中国证监会《关于在上市公司中建立独立董事的指导意见》的有关要求,进一步完善了独立董事制度,聘选了四名独立董事(其中一名为会计专业人士),董事会设立了战略、薪酬、提名、审计四个专门委员会。

4、关于监事和监事会

公司于 2003 年 4 月 12 日召开的 2002 年度股东大会上选举了第二届监事会，监事会的人数和人员构成符合法律、法规的要求；监事建立了《监事会议事规则》，全体监事能够认真地履行自己的职责，独立地对公司财务以及公司董事、经理和其他高级管理人员履行职责的合法性、合规性进行监督。

5、关于绩效评价与激励约束机制

公司已建立了公正、透明的董事、监事和经理人员的绩效评价标准与激励约束机制。董事会成立了专门考核委员会，建立了有效的薪酬考核发放体系。

6、关于利益相关者

能够充分尊重和维护银行及其它债权人、员工、消费者等其他利益相关者的合法权益，能够与利益相关者积极合作，共同推动公司持续、稳定、健康地发展，同时，公司能够关注所在社区的公益事业、环境保护等问题，重视公司的社会责任。

7、关于信息披露与透明度

公司指定董事会秘书和证券事务代表负责信息披露工作，接待股东的咨询和来访，向投资者提供公开披露的资料；公司制订了《信息披露管理制度》，规范公司信息披露行为，充分履行上市公司的义务，切实维护公司投资者合法权益，做到真实、准确、完整、及时地披露有关信息，确保公司所有股东有平等的机会，通过经济、便捷的方式获得信息。

二、公司独立董事情况

公司董事会根据中国证监会发布的《关于在上市公司建立独立董事制度的指导意见》的要求，已建立独立董事制度，并聘选了四名独立董事：钟山、陈晓红、盛杰民、樊行健。

独立董事自任职以来，能够按照相关法律、法规和公司章程的要求，出席报告期内董事会会议，积极参与各专门委员会的建设及决策，履行章程赋予的特别职权。对公司的一系列重大事项发表了自己的独立意见，促进了关联交易决策公开、公平、公正，为公司重大决策提供专业意见，保障了董事会决策的科学性，维护了公司和全体股东的合法利益。

三、公司与控股股东在业务、人员、资产、机构、财务等方面情况：

1、业务独立情况：

公司自成立之日起，就拥有独立的运营能力，不存在对股东的业务依赖。公司拥有完全独立的生产、采购和销售系统，独立开展各项业务，公司的业务经营是独立的。

2、资产完整情况：

公司资产完整独立。公司目前拥有独立的生产系统和配套设施，拥有独立的采购和销售系统。公司没有为股东或其他关联方提供任何形式的担保。公司对其所有的资产有独立的控制支配权，不存在资产、资金被控股股东违规占用而损害公司利益的情况。

3、机构独立情况：

已建立了健全的组织机构体系，所有机构设置程序和机构职能独立，不存在与控股股东职能部门之间的从属关系。

4、人员独立情况：

公司董事、监事及高级管理人员的任职、兼职情况符合相关的法律法规，不存在法律禁止的双重任职情况。

公司具有独立的劳动人事部门，自主决定人事用工制度，人员工资单独造册、单独发放。公司与关联法人单位均单独设立财务部门，财务人员均没有在关联公司兼职。公司总经理、副总经理等高级管理人员均在本公司领取薪酬。

5、财务独立情况

公司设立了独立的财务部门，建立了独立的会计核算体系和财务管理制度。公司独立在银行开户，办理了独立的税务登记手续并依法独立纳税。

四、公司报告期内对高级管理人员的考评及激励机制、相关奖励制度

公司从 2001 年度开始对高级管理人员实行年薪制和超额利润奖励制度，同时强化了对高级管理人员的考核，公司成立了考核委员会进行月度考核，每年年终，考核委员会根据高级管理人员目标任务完成情况和评价结果确定其年度薪酬，并经董事会和股东大会审议通过后执行。

五、2003 年 9 月 24 日至 28 日，中国证监会长沙特派办对公司进行了现场巡回检查，公司对长沙特派办提出的整改要求进行了认真的落实和整改。

第六节　董事会报告

一、报告期内公司整体经营情况

2003 年是公司上市后完整运作的第一年。一年来，公司围绕做大做强做精、实现湘电跨越式发展的经营管理思路，加大了对技术投入力度，添置了先进的计算机与软件开发系统，极大地提高了公司技术开发实力与工作效率，进一步完善了地铁、轻轨的交流变频调速技术，拓展了交流电机、轧钢电机的产品系列，制造工艺不断进和优化，双能源、混合能源电动车的研制取得重大突破，SF31904 型电动轮通过省级鉴定，产品技术达到国际先进水平，全年完成新产品开发 40 项，申报国家专利 6 项；利用募集资金进行了公司成立以来最大规模的技术改造，一些重大关键设备的相继进厂、投入使用，以及一些关键工艺路线的调整，极大的提高了公司生产能力，有效地保证了年度经营目标的实现，主营业务收入实现了较大幅度增长；通过不断完善质量体系，确保质量体系有效运行，产品质量稳步提高，公司生产的轧钢电机获省"十佳"专利产品称号，交流电机获国家免检产品称号，质量综合评价指数完成率达到 108.7%，比计划值上升了 14.22 个百分点，公司综合质量管理水平和产品实物质量居同行业领先水平，12 月份，公司顺利通过了华信公司 ISO14001 环境管理体系认证以及 ISO9001：2000 版质量管理体系换证工作；与日本东洋公司签订了合资成立湖南湘电东洋电气有限公司的协议，这是湘潭电机对外合作史上的一个重大突破，对提升公司产品技术质量水平、提高公司管理水准、提升公司品牌效应等都具有重要而深远的意义，在合资公司形成生产能力后，将极大地促进公司城轨交通车辆及相关产品竞争力的提高。

2003 年完成主营业务收入 78293 万元，比去年增长 36%，主营业务利润 21934.91 万元，比去年上升 22.71%，主要原因是：1）公司订货大幅增长直接导致了产值任务的大幅提升，2）募集资金技改项目的逐步到位极大地提高了公司生产能力。但由于矽钢片、钢材、线材、钢板、钢材等主特材料大幅涨价，形成公司主要的减利因素，对当期效益影响较大；而同期公司主导产品交流电机订货价格涨价幅度所形成的增利远不能抵消材料涨价对公司当期效益的影响，导致毛利率比去年下降了 3.16%。

二、本年度经营状况

1、主营业务范围及经营状况

（1）报告期公司主要产品主营业务收入、主营业务成本和毛利率构成情况：

项目	主营业务收入(元)	主营业务成本(元)	毛利率(%)	主营业务收入比上年增减%	主营业务成本比上年增减%	毛利率比上年增减%
交流电机	336,240,557	249,673,529	25.75	58.31	87.55	−11.58
直流电机	315,677,639	209,119,405	3.76	66.29	67.16	−0.34
城轨车辆	16,568,299	12,402,741	25.14	−30.91	−56.22	43.29
车辆	72,884,689	59,779,017	17.98	−33.63	−24.77	−9.65
备品及其他	41,554,984	29,615,891	28.73	9.53	10.60	−0.69
合计	782,926,168	560,590,583	28.40	36.41	42.71	−3.16

（2）报告期内占主营业务收入或主营业务利润总额 10%以上的产品经营情况

项目	主营业务收入金额(元)	主营业务收入比重(%)	主营业务成本金额(元)	主营业务成本比重(%)
交流电机	336,240,557	42.95	249,673,529	44.54
直流电机	315,677,639	40.32	209,119,405	37.30

项目	主营业务利润金额(元)	主营业务利润比重(%)	毛利率(%)
交流电机	86,567,028	38.94	25.75
直流电机	106,558,234	47.93	33.76

（3）主营业务分地区情况

地区	主营业务收入(元)	主营业务收入比上年增减(%)
国内	771,193,768	35.48
国外	11,732,400	147.51

2、主要控股公司及参股公司经营情况及业绩

公司名称	成立时间	注册资本(万元)	股份公司占股比例	公司经营范围	销售收入（万元）	净利润（万元）	年末总资产（万元）
沈阳湘潭电机销售有限公司	2002.12.17	300	20%	电动机、工矿电动机车、轻轨车、电动轮自卸车、电工专用设备、电气成套设备、电气控制设备批发零售	1203.26	−4.89	1395.77
广东湘潭电机销售有限公司	2003.4.10	195	51%	发动机、电动机、变压器、工矿电机车、自卸车、电工专用设备、电气成套设备、电气控制设备销售维修	996.37	−24.12	587.22
湘潭市湘电大酒店有限公司	2003.7.2	535	33.65%	餐饮、住宿	201.47	−81.78	704.36
湖南湘电恒力电气有限公司	1997.8.28	560	51%	电线电缆、金属材料	220.68	−34.48	2155.39
上海湘潭电机有限责任公司	1999.2.2	350	51%	发电机、电动机、微电机、变压器、工矿电机车、自卸车、电工专用设备、电气成套设备、电气控制设备、金属材料、五金交电、化工原料及产品、矿产品、汽车配件、批发零售及机电设备租赁	7583.05	−58.83	3119.19
湘潭电机进出口有限公司	1989.11.7	1000	97%	机电设备主其技术软件的出口业务，引进工厂所需原材料、配套件、备件、仪表设备和先进技术以及上述范围内贸易及对外修理业务	1851.21	46.75	1311.50

3、主要供应商、客户情况

公司前五名主要供应商采购金额合计 13775 万元，占公司年度采购总额的 31%。公司前五名客户销售额合计 26958 万元，占公司年度销售总额的 34%。

4、经营中出现的问题和困难及解决方案

（1）问题

一是 2003 年末应收账款较年初有较大的上升，主要是由于公司产品集中在电力、冶金、煤矿、水利等行业，而这些行业的收款主要是按节点回款，而导致应收账款的上升。

二是管理工作的加强，公司尚需进一步加强制度建设，创新管理，提高效率。三是成本控制有待进一步加强。

（2）解决方案

一是加大对应收账款的催收力度，特别是对账龄一年以上的应收账款，实行应收账款责任追究制度，同时加强对销售人员以及代理商的考核，通过严格的合同评审，来保证合同质量和回款安全。

二是针对管理现状，重点落实管理责任，创新公司运行机制，按照产品划分，在公司拟推行事业部制，努力打造以公司主导产品为龙头的利润中心。

三、报告期内公司投资情况

1、募集资金项目投资及进度　单位：万元

募集资金总额	42000 万元	本年度已使用募集资金总额	8767.437 万元
		已累计使用募集资金总额	17747.12 万元

承诺项目	拟投入金额	是否变更项目	实际投入金额	产生收益金额	是否符合计划进度和预计收益
新型城市公交电动客车项目	4910	否			
扩建大中型直流电机项目	4902 万元	否	3044.27 万元	尚在建设	是
提高电动轮自卸车技术水平和生产能力	9280 万元	否	4093.63 万元	尚在建设	是
建设交流变频调速电机、电控装备项目	4980 万元	否	3219.22 万元	尚在建设	是
12-30T 变频调速工矿电机车项目	4900 万元	否			
发展风力发电	4940 万元	否			

设备项目					
偿还公司部分银行贷款	4950 万元	否	4950 万元	已于 2002 年 7 月完成	是
补充公司营运资金	3000 万元	否	2440 万元		是
合计	41862 万元	-	17747.12 万元		-

未达到计划进度和收益的说明(分具体项目):已启动的募集资金投资项目符合项目的计划进度;《12-30T 变频调速工矿电机车项目》、《发展风力发电设备项目》二个项目的前期工作已完,将在 2004 年 3 月启动;《新型城市公交电动客车项目》正在进行前期准备工作。

2、募集资金项目投资进度情况说明

公司 7,500 万股票于 2002 年 7 月 3 日在上海证券交易所发行,共募集资金 42,000 万元,扣除公司为本次发行所支付的全部发行费用后,募集资金净额为 39,045.2 万元,在报告期内对募集资金投资项目完成了如下投入:

(1)扩建大中型直流电机项目:该项目已完成投资 3044.27 万元,完成项目进度 62%,预计 2004 年 6 月完工验收,将形成直流电机年产 40 万 kW 的生产能力。

(2)提高电动轮自卸车技术水平和生产能力项目:该项目已完成投资 4093.63 万元,完成项目进度 41%,预计 2004 年 9 月完工验收,将形成大型电动轮自卸车年产 50 台的生产能力。

(3)建设交流变频调速电机、电控装备项目:该项目已完成投资 3219.22 万元,完成项目进度 63%,预计项目 2004 年 6 月全面完工验收,将形成大中型电机年产 250 万 kW 的生产能力。

(4)偿还公司部分银行贷款 4950 万元:该项目已于 2002 年 7 月份全面完成。

(5)补充公司营运资金:已补充资金 2440 万元,完成项目进度 81.33%。。

(6)公司招股说明书承诺的 12-30T 变频调速工矿电机车项目和发展风力发电设备项目前期工作已完成,将在 2004 年 3 月启动,新型城市公交电动客车项目正在进行前期准备工作。

到 2003 年 12 月底,公司尚有未使用的募集资金 21298.08 万元,其中:

(1) 根据公司年度股东大会通过的《关于授权董事会利用闲置募集资金进行国债投资的议案》,公司于 2003 年 4 月 17 日使用暂时闲置的募集资金 14,912.44 万元购买了面额为 14600 万元的 2003 年记账式第三期国债(010303)。根据国债市值下降的情况,公司于 2003 年 11 月将 010303 期国债换成了三种较短期的国债:010004 国债面额为 9948.10 万元,010010 国债面额为 2000 万元,010214 国债面额为 1200 万元。

(2)其余募集资金 6385.64 万元全部存于募集资金专用账户。

3、公司募集资金项目无变更情况。

4、报告期内公司重大非募集资金的项目的实际进度和收益情况

利用自有资金和银行贷款,完成《城市轨道交通场站检试设备及关键牵引设备国产化》项目,该项目计划投资 3000 万元,已实际完成投资 1463.4 万元,完成项目进度 48.78%。

四、公司财务状况、经营成果分析

1、公司经营成果和现金流量　单位:元

项目	2003 年	2002 年	增减%
总资产	1,185,328,933	1,095,835,039	8.17
股东权益	651,160,617	660,799,462	-1.46
主营业务利润	219,349,101	178,749,929	22.71
净利润	33,261,155	40,844,889	-18.57
现金及现金等价物净增加额	-228,530,762	309,523,106	-173.83

增减变动原因:

1、公司与客户签订的合同多采取 1:8:1 的收款方式,随着销售规模的扩大,各类应收款项也随之增加,故总资产较去年同期上升 8.17%;

2、股东权益减少主要是由于公司分配了 2002 年度的现金股利 4290 万元;

3、主营业务利润的增加主要是由于销售规模的扩大;

4、净利润减少的原因主要是短期投资损失 1393.7 万元,以及随着销售规模的扩大,与之相适应的各项费用也都有所上升所致;

5、现金及现金等价物净增加额较去年同期下降 173.83%的主要原因是公司加大了募集资金项目的投入。

五、经营环境以及宏观政策、法规变化,已经、正在或将要对公司的财务状况和经营成果产生的重要影响

1、2003 年,国家能源供应比较紧张,特别是电力供应短缺现象更是远远超出专家预测,电力的巨大缺口直接导致了电厂项目的大量上马,而公司所生产的电机大部分是为电厂配套,由此直接拉动了电机订货额的大幅攀升,有利地促进了公司主营业务收入的增长。

2、2003 年,矽钢片、钢材、线材、钢板、钢材等主特材料大幅涨价,直接影响公司年度经营效益,导致公司毛利率较去年有所下降。

六、2004 年公司经营目标:

经公司第二届董事会第六次会议审慎研究决定,公司 2004 年度的主要经营计划为实现主营业务收入 95000 万元,利润总额 7000 万元,每股收益 0.23 元。

上述经营计划尚需提交 2003 年年度股东大会批准。

七、董事会日常工作

1、报告期内董事会会议召开情况:

报告期内董事会共召开了 5 次会议,会议召开时间、重要决议及披露情况如下:

(1)2003 年 3 月 9 日,湘潭电机股份有限公司第一届董事会第二十四次会议在湘电宾馆会议室召开。会议审议通过了《2002 年度董事会工作报告》、《公司 2002 年度年报》及《年度报告摘要》、《公司 2003 年度生产经营方针和投资计划》、《公司 2002 年度财务决算和 2003 年度财务预算的议案》、《公司 2002 年度利润分配议案》、《关于前次股东大会以来股东大会决议执行情况的报告》、《公司 2002 年度关联交易情况的议案》、《调整关联交易协议内容的议案》、《关于提名独立董事人选的议案》、《关于续聘会计师事务所的议案》、《公司董、监事 2002 年度报酬考核与执行情况的议案》、《公司董、监事 2003 年度报酬及考核原则的议案》、《公司经理层 2002 年报酬执行情况的议案》、《公司经理层 2003 年度报酬及考核原则的议案》、《授权董事会利用闲置募集资金进行国债投资的议案》、《关于董事长办公会议决议及执行情况的报告》、《关于召开湘电股份 2002 年年度股东大会的议案》。

(2)2003 年 4 月 12 日下午,湘潭电机股份有限公司第二届董事会第一次会议在湘电宾馆会议室召开。会议审议通过《关于选举公司董事长的议案》、《关于聘任公司经理层的议案》、《关于聘任公司董事会秘书的议案》、《关于选举董事会战略委员会委员的议案》、《关于选举董事会审计委员会委员的议案》、《关于选举董事会提名委员会委员的议案》、《关于选举董事会薪酬与考核委员会委员的议案》、《公司 2003 年度一季度季报》、《关于对广东湘潭电机销售有限公司增加投资的议案》。

(3)2003 年 8 月 16 日,湘电股份第二届董事会第二次会议在湖南省湘潭市湘电宾馆召开。会议审议通过了《2003 年半年度报告及报告摘要》、《关于合资成立湖南湘电东洋电气有限公司的议案》。

(4)2003 年 10 月 18 日,湘潭电机股份有限公司第二届董事会第三次会议以通讯方式审议通过了《公司 2003 年三季度季报》。

(5)湘潭电机股份有限公司第二届董事会第四次会议于 2003 年 11 月 16 日上午在湖南省湘潭市湘电大酒店召开。会议审议通过了《关于巡回检查整改报告的议案》、《关于收购湘机集团在湖南恒力电气有限公司股权的议案》、《关于设立发展战略研究室的议案》、《关于经理层部分高管人员变动的议案》、《关于公司与关联方资金往来及对外单位担保情况的议案》。

2、董事会对股东大会决议执行情况

根据股东大会决议顺利完成了董事会换届选举工作;根据大会通过的《公司 2002 年度利润分配议案》,公司以 2002 年末总股本 19500 万股为基数,向全体股东每 10 股派发现金 2.2 元(含税),分配总额为 4290 万元,剩余未分配利润将转入下一年度。

八、2003 年利润分配预案

经普华永道中天会计师事务所有限公司审计,公司 2003 年度实现净利润 33,261,155 元,加上年初未分配利润 23,148,008 元,2003 年度可供分配利润为 56,409,163 元。根据公司章程的规定,公司按 2003 年度实现净利润提取 10%的法定公积金 3,303,950 元,提取 5%的法定公益金 1,651,975 元,可供股东分配利润为 51,453,238 元,拟按 2003 年度实现净利润提取 5%的任意盈余公积金 1,651,975 元。公司拟以 2003 年末总股本 19,500 万股为基数,向全体股东每 10 股派发现金 1.5 元(含税),分配总额为 29,250,000 元。公司 2003 年度累计未分配利润为 20,551,263 元,将转入下一年度。

公司无资本公积金转增股本预案。

以上分配预案,尚待公司年度股东大会批准。

九、公司选定信息披露报刊:《上海证券报》、《中国证券报》、《证券时报》。

十、其他情况

1、公司按照《关于上市公司与关联方资金往来及上市公司对外担保若干问题的通知》的规定,已按时向中国证监会长沙特派员办事处提交了《自查报告》。报告期内,公司无对外担保事项,与关联方资金往来均属正常。

2、注册会计师对控股股东及关联方资金情况专项说明

关于湘潭电机股份有限公司

控股股东及其他关联方占用资金情况专项审计说明

湘潭电机股份有限公司董事会:

我们接受委托,依据中国注册会计师独立审计准则审计了湘潭电机股份有限公司("贵公司")2003 年 12 月 31 日的资产负债表及 2003 年度利润表、利润分配表和现金流量表,并于 2004 年 3 月 14 日出具了普华永道中天审字(2004)541 号无保留意见的审计报告。

根据中国证券监督管理委员会及国务院国有资产监督管理委员会《关于规范上市公司与关联方资金往来及上市公司对外担保若干问题的通知》(证监发[2003]56 号文)的要求,贵公司编制了列示于本函附件所附的截至 2003 年 12 月 31 日止年度贵公司控股股东及其他关联方占用资金情况表(以下简称"情况表")。如实编制和对外披露情况表并确保其真实、合法及完整是贵公司的责任。我们对情况表所载资料与我所审计贵公司 2003 年度财务报告时所复核的会计资料和经审计的财务报告的相关内容进行了核对,在所有重大方面没有发现不一致之处。除了对贵公司实施 2003 年度会计报表审计中所执行的对关联方交易有关的审计程序外,我们并未对情况表所载资料执行额外的审计程序,为了更好地理解贵公司的控股股东及其他关联方占用资金情况,后附情况表应当与已审计的合并会计报表一并阅读。

本函仅作为贵公司披露控股股东及其他关联方占用资金情况之用,不得用作任何其他目的。

附件:湘潭电机股份有限公司控股股东及其他关联方占用资金情况表

截至 2003 年 12 月 31 日止年度　单位:人民币元

资金占用情况	关联方名称	关联方关系	2003 年 1 月 1 日占用金额	2003 年度累计借方发生金额
经营性资金往来	湘潭电机集团有限责任公司	本公司之控股股东	1,882,046	18,929,764
	湖南湘电恒力电气有限公司	本公司之未合并子公司	-	17,019,239
	沈阳湘潭电机销售有限公司	本公司之联营公司	-	14,190,055
	湘潭市湘电大酒店有限公司	本公司之联营公司	-	272,264
	湘潭电机力源铸造有限公司	控股股东之子公司	-	12,832,521
	湘潭电机力源动能有限公司	控股股东之子公司	-	34,404,464
	湘潭电机力源电镀热处理有限公司	控股股东之子公司	-	6,010,188
	湘潭电机力源模具有限公司	控股股东之子公司	-	13,240,716
	湘潭电机力源设备有限公司	控股股东之子公司	-	3,123,452
	湘潭九州实业有限公司	控股股东之子公司	1,045,279	4,643,706
	湘潭电机力源物资贸易有限公司	控股股东之子公司	-	11,685,545
	湘潭电机力源包装储运有限公司	控股股东之子公司	-	13,329,386

资金占用情况	关联方名称	2003 年度累计贷方发生金额	2003 年 12 月 31 日占用金额	备注
经营性资金往来	湘潭电机集团有限责任公司	20,811,810	-(注 1)	
	湖南湘电恒力电气有限公司	2,822,821	14,196,418	
	沈阳湘潭电机销售有限公司	13,199,735	990,320	

湘潭市湘电大酒店有限公司	253,604	18,660
湘潭电机力源铸造有限公司	12,177,560	654,961
湘潭电机力源动能有限公司	34,404,464	–
湘潭电机力源电镀热处理有限公司	6,010,188	–
湘潭电机力源模具有限公司	11,532,882	1,707,834
湘潭电机力源设备有限公司	3,123,452	–
湘潭九州实业有限公司	5,688,985	–
湘潭电机力源物资贸易有限公司	11,685,545	–
湘潭电机力源包装储运有限公司	13,329,386	–

单位:人民币元

资金占用情况	关联方名称	关联方关系	2003年1月1日占用金额	2003年度累计借方发生金额
经营性资金往来	湘潭电机力源机电修造有限公司	控股股东之子公司	54,876	701,639
	湘潭电机微特电机有限公司	控股股东之子公司	101,327	9,572,193
	湘潭电机投资有限公司	控股股东之子公司	–	966,388
	湘潭电机集团有限公司力源医院	控股股东之下属单位	562	1,456,662
	湘潭电机集团有限公司技工学校	控股股东之下属单位	–	411,605
合计			3,084,090	162,789,787
短期资金代垫	湘潭电机集团有限责任公司	本公司之控股股东	–	107,778,000

资金占用情况	关联方名称	2003年度累计贷方发生金额	2003年12月31日占用金额	备注
经营性资金往来	湘潭电机力源机电修造有限公司	568,772	187,743	(注1)
	湘潭电机微特电机有限公司	7,080,175	2,593,345	
	湘潭电机投资有限公司	966,388	–	
	湘潭电机集团有限公司力源医院	1,457,224	–	
	湘潭电机集团有限公司技工学校	411,605	–	
合计		145,524,596	20,349,281	
短期资金代垫	湘潭电机集团有限责任公司	107,778,000	–(注2)	

注1:本公司与该些关联方存在购销商品及设备,提供/接受劳务的关联交易,因此存在经营性资金往来。

注2:由于控股股东暂时性资金紧张,本公司短期替控股股东代垫资金,该等短期资金代垫不计息,且均于20天内由控股股东归还本公司。

企业负责人:周建雄　主管会计工作的负责人:郭碧强

会计机构负责人:刘海强

普华永道中天会计师事务所有限公司

2004年3月14日

3、独立董事专项说明及独立意见

独立董事关于对公司重大关联交易的意见

公司2003年度的关联交易是基于公开、公平、公正的原则,其价格为不偏离独立第三方的市场公允价格,决策程序符合公司《关联交易决策制度》,未发生侵害中小股东利益的情形。

独立董事对公司对外担保情况的专项意见

根据中国证监会证监发(2003)56号文件《关于上市公司与关联方资金往来及上市公司对外担保若干问题的通知》的规定,通过认真核查公司的对外担保情况后,我们认为不存在对外担保事项。

独立董事:钟山　盛杰民　樊行健　陈晓红

第七节　重要事项

一、本年度公司无重大诉讼、仲裁事项。

二、报告期内公司收购及出售资产、吸收合并事项。

根据2003年4月16日公司第二届董事会第四次会议的决定,公司出资170.764万元收购了湘潭电机集团有限公司拥有的湖南恒力公司40%的股权,并追加投资114.836万元,拥有恒力公司51%的股份,恒力公司是为公司提供电磁线的生产厂家,收购恒力公司部分股权有利于提高主导产品的生产制造的成套性。

三、重大关联交易事项:

(1)采购货物　单位:元

关联方	关联交易内容	定价原则	交易金额
力源物资贸易	劳保用品等	市场价	5,942,646
力源模具	模具等	市场价	9,214,453
力源铸造	铸件等	市场价	9,740,528
力源微特电机	电机等	市场价	6,107,671
湖南湘电恒力	电磁线等	市场价	2,610,699
其　他		市场价	699,832
合　计			34,315,829

(2)购买动力、机械设备及其他劳务　单位:元

关联方	关联交易内容	定价原则	交易金额
力源设备	电机修理	市场价	4,779,224
力源动能	水、电等	市场价	20,007,360
力源包装储运	火车运费、包装费	市场价	14,136,705
电镀热处理	淬火	市场价	5,065,015
九州实业	汽车运费、餐费等	市场价	5,204,800
力源医院	医疗费等	市场价	5,120,000
其　他		市场价	1,886,255
合　计			56,199,359

(3)销售产成品及原材料　单位:元

关联方	关联交易内容	定价原则	交易金额
力源物资贸易	余废料	市场价	9,981,889
力源模具	钢材等	市场价	1,936,118
力源设备	冷焊件	市场价	497,836
力源铸造	电解铜等	市场价	2,511,774
力源微特电机	电机等	市场价	6,355,564
沈阳湘机公司	电机等	市场价	12,128,252
其　他		市场价	541,219
合　计			33,952,652

(4)与控股公司的交易　单位:元

关联方	关联交易内容	定价原则	交易金额
湘机集团	支付房屋及土地租赁费	市场价	6,422,300
湘机集团	支付综合服务费	市场价	6,572,800
湘机集团	设备资产租赁费	市场价	2,313,100
湘机集团	驻外办事处房屋租赁费	市场价	498,500
湘机集团	收购湖南恒力股权	市场价	1,707,700

四、合同及履行情况:

1、报告期内,除向控股公司租赁土地、房屋、设备外,公司无托管、承包、租赁其他公司资产或其他公司托管、承包、租赁本公司资产的事项。

2、报告期内,公司无担保事项。

3、报告期内,公司无委托理财事项。

五、公司或持有公司股份5%以上的股东在报告期内对承诺事项的履行情况:

1、持有公司股份5%以上的股东为湘潭电机集团有限公司,集团公司于1999年出具了不与本公司发生同业竞争的承诺函。集团公司目前的经营范围是:经营湖南省人民政府授权范围内的国有资产投资、经营、管理,与本公司不构成同业竞争。

2、湘潭电机集团有限公司在本公司上市前出具了在本公司股票上市之日起12个月内,不转让其所持有的本公司股份,也不由本公司回购该部分股份的承诺函。报告期内,集团公司没有发生违背上述承诺的行为。

六、聘任会计师事务所的情况

报告期内,公司根据2002年度股东大会决议续聘普华永道中天会计师事务所有限公司为本公司的审计机构。公司2003年度支付给该所的报酬为:

	2003年		2002年	
审计费项目	金额(万元)	支付情况	金额(万元)	支付情况
年度审计	65.00	已付		70.00

已付以上费用均包含差旅费

该事务所已为公司提供审计服务五年。

七、报告期内,公司、公司董事会及董事没有发生受到中国证监会稽查、行政处罚、通报批评及上海证券交易所公开谴责的情形。

八、其他重要事项

1、2003年公司ISO14001环境管理体系通过了华信公司的EMS认证审核工作。

2、2004年2月7日公司第二届董事会第五次会议审议通过了《关于收购长沙水泵厂有限公司部分股权的议案》并进行了公告,公告内容详见2004年2月11日的《中国证券报》、《上海证券报》、《证券时报》。

第八节　备查文件目录

一、载有公司法定代表人、财务负责人、会计主管人员签名并盖章的会计报表;

二、载有会计师事务所盖章、注册会计师签名并盖章审计报告原件;

三、报告期内在中国证监会指定报纸上公开披露过的所有公司文件的正本及公告的原稿。

董事长:周建雄

湘潭电机股份有限公司

二00四年三月十四日

新疆天宏纸业股份有限公司

新疆天宏纸业股份有限公司2003年年度报告

重要提示

本公司董事会及其董事保证本报告所载资料不存在任何虚假记载、误导性陈述或者重大遗漏,并对其内容的真实性、准确性和完整性承担个别及连带责任。

公司董事长李国民先生、财务总监何志祥先生及财务部负责人张燕女士声明:保证年度报告中财务会计报告的真实、完整。

公司董事范聪卓先生因公出差未能出席本次会议,委托公司董事李国民先生对本次会议所有审议事项行使表决权。

一、公司基本情况简介

1、公司法定中文名称:新疆天宏纸业股份有限公司
公司英文名称:Xinjiang Tianhong Papermaking Co., Ltd.
2、公司法定代表人:李国民
公司总经理:赵云忠
3、公司董事会秘书:王巧玲
证券事务代表:冯志强
联系地址:新疆石河子市西三路
联系电话:0993-7526018
传真:0993-7526118
电子信箱:fzq63@263.net
公司网址:http://www.thpaper.com
4、公司注册地址:新疆石河子市西三路
公司办公地址:新疆石河子市西三路(新疆天宏纸业股份有限公司办公楼)
邮政编码:832009
5、公司选定的证监会指定披露报刊:《上海证券报》
公司年度报告披露的国际互联网网址:http://www.sse.com.cn/
年度报告备置地:公司证券投资部
6、股票上市交易所:上海证券交易所
股票简称:新疆天宏
股票代码:600419
7、其他有关资料
公司首次注册登记日期:1999年12月30日
注册登记地点:新疆维吾尔自治区工商行政管理局
企业法人营业执照注册号:6500001000772-2/2
税务登记号码:659001718902425
公司聘请的会计师事务所名称:上海万隆众天会计师事务所有限公司
会计师事务所的办公地址:上海市迎勋路168号17楼

二、会计数据和业务数据摘要

(一)公司本年度主要会计数据情况 单位:元

项目	金额
利润总额	12,297,909.79
净利润	10,255,142.90
扣除非经常性损益后的净利润	6,919,624.44
主营业务利润	40,159,139.79
其他业务利润	559,414.78
营业利润	8,403,015.51
投资收益	3,924,414.24
补贴收入	500,000.00
营业外收支净额	-529,519.96
经营性活动产生的现金流量净额	10,209,697.36
现金及现金等价物净增减额	96,148,327.12

注:非经常性损益项目

项目	金额(元)
营业外收入	131,012.22
补贴收入	500,000.00
委托投资收益	3,934,246.57
处置子公司所获的收益	12,500.00
减:营业外支出	660,532.18
非经常性所得税影响	581,708.15
合计	3,335,518.46

(二)公司近三年主要会计数据和财务指标

项目		单位	2003年	2002年 调整前	2002年 调整后	2001年
主营业务收入		元	152,980,860.42	162,380,956.93	162,380,956.93	160,806,047.45
净利润		元	10,255,142.90	11,634,170.44	12,164,342.35	11,266,067.43
每股收益	摊薄	元/股	0.13	0.15	0.15	0.14
每股收益	加权	元/股	0.13	0.15	0.15	0.14
净资产收益率	摊薄	%	3.46	4.06	4.18	4.04
净资产收益率	加权	%	3.49	4.10	4.30	5.99
总资产		元	513,619,346.10	463,924,825.14	463,924,825.14	401,093,417.49
股东权益(不含少数股东权益)		元	296,562,978.96	286,864,195.45	290,832,721.72	279,123,642.01
每股净资产		元/股	3.70	3.58	3.63	3.48
调整后的每股净资产		元/股	3.67	3.54	3.60	3.44
每股经营活动产生的现金流净额		元/股	0.13	-0.08	-0.08	0.25

(三)利润分配表附表

项目	净资产收益率(%) 全面摊薄	净资产收益率(%) 加权平均	每股收益(元/股) 全面摊薄	每股收益(元/股) 加权平均
主营业务利润	13.54	13.66	0.50	0.50
营业利润	2.83	2.86	0.10	0.10
净利润	3.46	3.49	0.13	0.13
扣除非经常性损益后的净利润	2.33	2.35	0.09	0.09

(四)报告期内股东权益变动情况

股东权益变动情况 单位:元

项目	期初数	本期增加	本期减少
股本	80,160,000.00	-	-
资本公积	174,511,589.68	-	-
盈余公积	13,214,277.52	3,434,381.30	-
其中:公益金	3,709,338.02	1,204,732.60	-
未分配利润	20,657,496.91	10,255,142.90	7,442,381.30
现金股利	4,008,000.00	-	-
减:未确认投资损益	1,718,642.39	516,885.66	-
股东权益合计	290,832,721.72	13,172,638.54	7,442,381.30

项目	期末数	变动原因
股本	80,160,000.00	
资本公积	174,511,589.68	
盈余公积	16,648,658.82	提取盈余公积
其中:公益金	4,914,070.62	提取法定公益金
未分配利润	23,470,258.51	利润未分配
现金股利	4,008,000.00	
减:未确认投资损益	2,235,528.05	
股东权益合计	296,562,978.96	

注:根据财政部《企业会计准则-资产负债表日后事项》规定,本公司将2002年度分配现金股利4,008,000元调整至股东权益项下的"现金股利"中,并相应调整了资产负债表年初数。

三、股本变动及股东情况

(一)公司股本变动情况

1、公司股份变动情况表 单位:股

	本次变动前	本次变动增减(+,-) 配股	送股	公积金转股	增发	其他	小计	本次变动后
一、未上市流通股份								
1.发起人股份	50160000							50160000
其中:国家持有股份	47520000							47520000
境内法人持有股份	2640000							2640000
境外法人持有股份								
其他								
2.募集法人股								
3.内部职工股								
4.优先股或其他								
未上市流通股份合计	50160000							50160000
二、已上市流通股份								
1.人民币普通股	30000000							30000000
2.境内上市的外资股								
3.境外上市的外资股								
4.其他								
已上市流通股份合计	30000000							30000000
三、股份总数	80160000							80160000

2、股票发行与上市情况

(1)公司于2001年6月15日采用上网定价发行方式,向社会公众公开发行人民币普通股3000万股,每股5.80元人民币。

(2)2001年6月28日,公司首次向社会公众发行的人民币普通股股票获准在上海证券交易所挂牌交易。

(3)报告期内公司无送股、公积金转增股本的情形。

(二)股东情况

1、截止2003年12月31日,公司股东总数为18530户。

2、报告期内新疆石河子造纸厂是唯一持有本公司5%以上(含5%)股份的股东,其所持公司股份4752万股未发生变化,所持有的股份无质押或冻结的情况。

报告期末前10名股东持股情况

名次	股东名称	年度内增减+-	年末持股数量(股)
1	新疆石河子造纸厂	0	47520000
2	新疆教育出版社	0	1320000
3	新疆鸿鑫投资有限责任公司	-15530	1031770
4	新疆出版印刷集团公司	0	660000
5	陈本茂	0	403813
6	新疆生产建设兵团印刷厂	0	330000
7	新疆石河子白杨酒厂	0	330000
8	张东波	0	260300
9	薛英侠	0	240000

10	丁智	147500	183314

名次	股东名称	比例(%)	股份类别
1	新疆石河子造纸厂	59.28	未流通
2	新疆教育出版社	1.65	未流通
3	新疆鸿鑫投资有限责任公司	1.29	流通
4	新疆出版印刷集团公司	0.82	未流通
5	陈本茂	0.50	流通
6	新疆生产建设兵团印刷厂	0.41	未流通
7	新疆石河子白杨酒厂	0.41	未流通
8	张东波	0.32	流通
9	薛英侠	0.30	流通
10	丁智	0.23	流通

名次	股东名称	质押或冻结的股份数量	股东性质(国有股东或外资股东)
1	新疆石河子造纸厂	0	国有法人股
2	新疆教育出版社	0	法人股
3	新疆鸿鑫投资有限责任公司	未知	流通股
4	新疆出版印刷集团公司	0	法人股
5	陈本茂	未知	流通股
6	新疆生产建设兵团印刷厂	0	法人股
7	新疆石河子白杨酒厂	0	法人股
8	张东波	未知	流通股
9	薛英侠	未知	流通股
10	丁智	未知	流通股

注:

(1)本公司未知前 10 名股东有无关联关系或属于《上市公司股东持股变动信息披露管理办法》规定的一致行动人。

(2)新疆石河子造纸厂为国有法人股。

(3)新疆石河子造纸厂是本公司的控股股东,在报告期内未发生变化。

3、公司控股股东情况介绍

新疆石河子造纸厂是本公司的控股股东,其法定代表人是王玉柱,企业创立于 1958 年。经营范围是:主营机制纸、化工产品的出口本企业自产的机制纸,进口本企业生产、科研所需的原辅材料、机器设备、汽车运输。兼营:本册制造,办公用品,学生用品,造纸机械加工,仪器仪表,零配件,造纸原料的开发与种植。注册资本 8605 万元人民币。企业类型属国有企业。

4、其他持股 10%(含 10%)以上的法人股东情况

报告期内,本公司没有其他持股 10%(含 10%)以上的法人股东。

5、公司前 10 名流通股股东情况

股东名称(全称)	年末持有流通股的数量	种类(A、B、H 股或其它)
新疆鸿鑫投资有限责任公司	1031770	A 股
陈本茂	403813	A 股
张东波	260300	A 股
薛英侠	240000	A 股
丁智	183314	A 股
林财宝	177581	A 股
封新尼	140187	A 股
沈桂良	106000	A 股
王金	96751	A 股
唐轩	86450	A 股

公司未知前 10 名流通股股东之间是否存在关联关系。

四、董事、监事及高级管理人员和员工情况

(一)董事、监事及高级管理人员基本情况

姓名	职务	性别	年龄	任期起止日期	年初持	年末持	变动原因
李国民	董事长	男	60	2003.4-2006.4	20000	20000	
王玉柱	党委书记、副董事长	男	50	2003.4-2006.4	0	0	
余盟甫	董事	男	57	2003.4-2006.4	0	0	
王巧玲	董事、董秘	女	43	2003.4-2006.4	0	0	
范聪	卓董事	男	39	2003.4-2006.4	0	0	
王峥	董事	男	47	2003.4-2006.4	0	0	
赵云	忠总经理	男	46	2003.4-2006.4	0	0	
卫志江	副总经理	男	52	2003.4-2006.4	0	0	
王波	副总经理	男	37	2003.4-2006.4	0	0	
秦玉金	副总经理	男	55	2003.4-2006.4	0	0	
陈仁玉	财务负责人	男	60	2003.4-2003.12	0	0	
何志祥	财务总监	男	36	2003.12-2006.4	0	0	
王志国	监事会召集人	男	50	2003.4-2006.4	0	0	
何卫忠	监事	男	36	2003.4-2006.4	0	0	
谢英	监事	女	46	2003.4-2006.4	0	0	
李新华	监事	女	53	2003.4-2006.4	0	0	
肖卫	监事	男	41	2003.4-2006.4	0	0	
李有元	独立董事	男	66	2003.4-2006.4	0	0	
宗世生	独立董事	男	61	2003.4-2006.4	0	0	

1、公司董事长李国民先生持有本公司流通股股票 20000 股,报告期内未发生变动。公司其他董事、监事及高级管理人员未持有本公司股票。

2、经公司 2002 年年度股东大会审议通过,聘任李有元先生、宗世生先生为公司第二届董事会独立董事。经公司第二届董事会第四次会议审议,朱瑛女士为公司第二届董事会独立董事候选人,须提交公司股东大会审议通过:

3、董事、监事、高级管理人员在股东单位任职情况

(1)副董事长王玉柱先生在本公司控股股东新疆石河子造纸厂任党委书记、法定代表人。1995 年任新疆石河子造纸厂党委书记至今。

(2)董事余盟甫先生在本公司控股股东新疆石河子造纸厂任副厂长。1995 年任新疆石河子造纸厂副厂长至今。

(3)监事会召集人王志国先生在本公司控股股东新疆石河子造纸厂任纪委书记。1997 年任新疆石河子造纸厂纪委书记至今。

(二)董事、监事、高级管理人员年度报酬情况

根据公司第二届董事会第二次会议决议,2003 年度公司高管人员薪酬标准为:(1) 基本薪酬:总经理 6 万元/年;副总经理及其他高管人员 5.5 万元/年;(2)绩效薪酬:根据绩效考核情况浮动,标准不高于基本薪酬的 40%。

现任公司董事、监事及高级管理人员在公司领取报酬的人数为 10 人(不含独立董事),年度报酬总额为 43.25 万元,金额最高的前三名董事年度报酬总额为 12.7 万元,金额最高的前三名高级管理人员年度报酬总额为 17 万元。公司董事、监事及高级管理人员中,5 万元以上的有 6 人,4-5 万元之间的有 1 人,2 万元以下的 3 人。

公司党委书记副董事长王玉柱先生、董事余盟甫先生以及监事召集人王志国先生未在公司领取报酬,均在公司控股股东新疆石河子造纸厂领薪。董事范聪卓先生、王峥先生以及监事谢英女士、何卫忠先生均在各自单位领薪。

公司第二届董事会第四次会议审议通过《关于公司独立董事年度津贴的议案》,明确了第二届独立董事年度津贴为 4 万元(含税)。该项议案须提交公司股东大会审议通过。

(三)报告期内公司董事、监事、高级管理人员离任情况及原因

根据中国证监会《关于在上市公司建立独立董事制度的指导意见》的有关规定,经公司第二届董事会第二次会议决议:通过了修改公司章程的议案,同意董事赵云忠、卫志江、王波三人辞去公司董事职务,并经公司 2003 年度第二次临时股东大会审议通过。

报告期内,由于公司财务负责人陈仁玉先生已到正常退休年龄及健康状况原因,经公司第二届董事会第四次会议决议:同意陈仁玉先生辞去公司财务负责人职务,聘任何志祥先生为公司财务总监。

(四)公司员工情况

截止 2003 年 12 月 31 日,公司在职员工为 1029 人,其中:生产人员 777 人,销售人员 60 人,财务人员 30 人,专业技术人员 102 人,行政管理人员 60 人;大专以上学历的 340 人,占 33.04%,本年度退休员工 26 人。

五、公司治理结构

(一)公司治理情况

公司按照《公司法》、《证券法》、《公司章程》和中国证监会有关法律法规的要求,努力完善公司治理结构,逐步规范上市公司运作。

报告期内,公司董事会进行了换届选举工作。按照中国证监会《关于在上市公司建立独立董事制度的指导意见》的有关规定和要求,经公司第二届董事会第二次会议决议,修订了《公司章程》,完善了公司董事会董事的组成,并经公司 2003 年度第二次临时股东大会通过。公司董事会有 9 名董事组成,现有独立董事 3 人(包括 1 名独立董事候选人),符合独立董事人数要达到三分之一的规定;公司制定了《董事会议事规则》,公司董事能认真出席董事会和股东大会,严格履行职责,能够积极参加董事培训班学习,熟悉有关法律法规。

报告期内,公司监事会进行了换届选举工作,监事的选聘符合《公司章程》的规定;公司制定了《监事会议事规则》,公司监事能够认真履行职责,依法对公司财务、董事和高管人员履行职责的合法合规性进行监督;公司监事能够积极参加董事培训班学习,熟悉有关法律法规。

公司制定了《公司内部信息披露办法》,公司董事会秘书负责信息披露工作,公司能够严格按照"内部信息披露办法"的有关规定披露信息,确保信息披露的真实、准确、完整、及时。

公司尚未完善董事会下设的战略、薪酬与考核、提名、审计四个专门委员会的设立工作。

(二)独立董事履行职责情况

公司于 2003 年 4 月 26 日召开的 2002 年年度股东大会,审议通过了公司第一届董事会换届选举的议案,聘任李有元先生、宗世生先生为公司第二届董事会独立董事。报告期内,独立董事认真出席董事会和股东大会,对关联交易、定期报告及公司的经营发展等方面发表专业性的意见,维护了公司及广大投资者的合法权益。

(三)公司与控股股东"五分开"情况

1、人员方面:公司董事长与控股股东的法定代表人没有兼任;公司高级管理人员没有在控股股东单位兼职;公司总经理为专职,不在其他公司任职。公司在劳动、人事和工资管理方面是独立的,建立了完善和独立的劳动、人事和工资管理制度。

2、资产方面:公司拥有独立的生产经营设施和经营系统;公司与控股股东签订了《土地使用权租赁合同》,以租赁方式有偿使用生产用地共计 281,685.85 平方米,年租金 169,011.51 元人民币,宗地一(石河子市 12 小区)租赁期限为 48 年,宗地二(石河子市工 2 小区)租赁期限为 50 年;公司与新疆生产建设兵团土地局签订《国有土地使用权租赁合同》,以租赁方式有偿使用 1 宗农业用地共计 33,266,666 平方米,年租金 99,001.60 元人民币,租赁期限为 30 年;公司合法拥有"博雪"、"博峰"及"天宏"牌注册商标;公司拥有造纸、芨芨草种植与应用技术、研究开发机构,并拥有生产现有产品的技术及持续创新开发能力。

3、财务方面:公司设有独立的财务部门和人员,建立了独立的会计核算体系和财务管理制度。公司独立纳税,并独立在银行开户。

4、业务方面:公司业务独立于控股股东新疆石河子造纸厂,具有独立完整的业务及自主经营能力。公司与控股股东签订了《综合服务协议》,并严格按照《公司章程》规定的决策程序执行。

5、机构方面:公司组织机构完整,有独立的办公场所,控股股东按法定程序行使股东权利,不直接干预本公司的生产经营决策。

(四)高级管理人员的考评与激励机制的建立、实施情况

经公司第二届董事会第二次会议决议,审议通过 2003 年度公司高管人员薪酬的议案。该薪酬标准为:(1)基本薪酬:总经理 6 万元/年;副总经理及其他高管人员 5.5 万元/年;(2)绩效薪酬:根据绩效考核情况浮动,标准不高于基本薪酬的 40%。

公司高管人员 2003 年年度基本薪酬共计为 32.58 万元,待绩效考核后再实施绩效薪酬。

六、董事会报告

(一)报告期内经营情况的讨论与分析

1、市场环境的分析

我国"十五"时期造纸工业调整与发展重点要求:今后一段时期,造纸工业将要调整原料结构,以木材纤维原料为主,充分合理配用非木材纤维的多元化原料结构;调整和优化产品结构,搞好重点企业和重点产品的技术改造,提高产品质量、档次和产品升级换代。

由于印刷行业的发展日新月异,对纸的质量要求也越来越高。因此,改变了过去单纯求数量的做法,目标是"上质量、上品种、上档次、上规模",使造纸工业的发展与印刷行业的发展相适应。

2003 年我国造纸行业保持了快速发展的势头,随着国内纸张消费需求的日益增大,但对纸张品质的要求也在进一步提高,市场竞争更加激烈。2003 年进口木浆等原材料的涨价,以及受"非典"的影响,对公司的产品销售带来了一些影响。

2、企业经营环境分析

公司主导产品是文化用纸,主要产品是双面胶版纸、胶印书刊纸、书写纸、静电复印纸等,多年来市场销售情况一直稳中有进,随着造纸工业及印刷行业的快速发展,纸产品质量对印刷适应性得到高度重视。为此,公司在充分发挥主要设备 ZW6 型 1760/200 长网多缸纸机生产主导产品的同时,注重提升产品质量和品牌意识。另外,为降低浆纸水耗,公司对 2# 白水回收进行了技术改造,节约了浆纸的用水量,降低了生产成本;为调整浆纸平衡,增加了杨木生产线;为开发研制生活用纸产品,公司对现有 1#、2# 旧园网纸机进行了技术改造,充分利用原生浆料生产生活用纸系列产品,开

拓新疆境内的生活用纸市场。

报告期内,面对日益激烈的行业竞争,公司围绕经济效益这个中心,以市场需求为导向,积极调整原料和产品结构,加快了设备技术更新改造步伐。2003 年共完成纸产品产量 45690 吨,同比增长 15.48%;实现主营业务收入 152,980,860.42 元,比上年减少 5.79%;主营业务利润 40,159,139.79 元,比上年增长 4.19%;利润总额 1512,297,909.79 元,比上年减少 10.99%;净利润 10,255,142.90 元,比上年减少 15.70%。

(二)公司经营情况

1、公司主营业务的范围及其经营状况

公司主营业务范围:造纸,纸制品及纸料加工、销售,化工产品(有毒除外)、印刷物资的销售,机械加工,物业管理,造纸原料的开发。自营和代理各类商品和技术的进出口。

①报告期内,公司 2003 年度实现主营业务收入 152,980,860.42 元,主营业务利润 40,159,139.79 元,净利润 10,255,142.90 元。

②公司主要从事中高档文化用纸的生产与销售。主要产品品种有双胶纸、胶印书刊纸、书写纸、日历纸、精品书写纸、静电复印纸原纸、钢纸原纸、打字纸、复印纸等。公司产品均通过设在全国各地的分(子)公司对外销售。

③公司主营业务按地区、产品销售情况如下:

公司 2003 年度产品销售按地区划分为六个区域:华南区产品销售收入 9,613,625.96 元,华北区产品销售收入 3,205,079.13 元, 华中区产品销售收入 3,573,995.52 元, 华东区产品销售收入 13,836,682.60 元,西南区产品销售收入 5,401,213.43 元,西北区产品销售收入 117,350,263.78 元,华南区、华北区、华中区、华东区、西南区及西北区分别占公司年度销售收入的 6.28%、2.10%、2.34%、9.04%、3.53%和 76.76%。

主要产品销售情况表

产品名称	销售收入(元)	销售成本(元)	毛利率(%)
日历纸	418,683.07	305,236.70	27.10
书写纸	92,773,834.85	65,086,607.18	29.84
双胶纸	8,218,456.40	5,358,265.85	34.80
胶刊纸	6,627,083.54	5,023,821.57	24.19
其他	44,942,802.56	36,419,088.45	18.97
合计	152,980,860.42	112,193,019.75	26.66

2、公司主要控股公司的经营情况及业绩

①北京博天峰纸业有限责任公司注册资本为 100 万元,主营业务范围:纸张、纸制品、纺织品的销售等。本公司持有该公司 80%的股权。2003 年末该公司总资产 2,212,771.24 元, 实现销售收入 7,556,967.42 元,净利润-120,421.98 元。

②上海博峰纸业有限责任公司注册资本为 50 万元,主营业务范围:机制纸、文化用纸、针纺织品等的销售。本公司持有该公司 80%的股权。2003 年末该公司总资产 3,746,035.53 元,实现销售收入 19,464,777.73 元,净利润-104,699.29 元。

③深圳新石纸业有限责任公司注册资本为 60 万元,主营业务范围:机制纸、纸制品的销售等。本公司持有该公司 85%的股权。2003 年末总资产 1,198,639.16 元,实现销售收入 11,294,900.44 元,净利润-291,764.39 元。

④常德天宏纸业有限责任公司注册资本为 4000 万元,主营业务范围:纸浆,纸和纸制品制造、销售,为客户提供来料加工,造纸原料开发。本公司持有该公司 90%的股权。2003 年末该公司总资产 59,260,934.03 元,实现销售收入 63,985,128.24 元,净利润 1,765,038.88 元。

3、公司主要参股公司的经营情况及业绩

①北京天宏国发房地产开发有限公司注册资本为 1000 万元,主营业务范围:房地产开发、物业管理、家居装饰、销售;商品房、百货、建筑材料、机械设备、电器设备、化工产品、(房地产开发、销售商品房、需要取得专项审批之后方可进行)。本公司持有该公司 30%的股权。

②新疆天山通用航空有限公司成立于 1999 年 6 月 5 日,属丙类通用航空企业,注册资本金人民币 500 万元。本公司持有该公司 40%的股权。报告期末总资产 310,489.38 元。

4、主要供应商、客户情况

公司前五家供应商采购金额为 8,432,235.08 元,占公司年度采购总额的 26.46%。公司前五家客户销售金额为 35,402,796.97 元,占公司年度销售总额的 23.14%。

5、在经营中出现的问题和困难及解决的方案

(1)1#、2# 两台旧园网纸机产品档次低

为适应市场的变化,调整原料和产品结构,1#、2# 旧园网纸机设备老化,原料消耗高、产品档次低,一定程度上影响了效益。

(2)8#、9# 两台双园网双缸纸机产品质量不稳定

由于印刷行业对纸张品质的要求不断提高,8#、9# 两台双园网双缸纸机生产的胶印书刊纸已不能适应用户的需求和市场的变化。

根据这一现状,公司从以下方面采取了相应的措施:

(1)节能降耗,努力调整原料和产品结构,公司在 1#、2# 旧园网纸机的基础上进行了技术改造,利用原生浆料开发研制生活用纸系列产品, 2003 年共生产"天宏牌"生活用纸系列产品 190 吨,初步打开了新疆境内生活用纸市场。

(2)为了适应印刷出版行业对胶印书刊纸的需求,提高产品质量和档次,公司提出了将 8#、9# 两台双园网双缸纸机改造为长网八缸纸机(带表面施胶)的技改项目,该项目正在筹划实施当中。

(3)公司在通过了 ISO9001-2000 版体系认证的基础上,认真组织贯彻实施,争取使产品质量上一个新台阶。同时计划将产品档次低、浆料消耗高、效益较低的旧纸机进行技术更新改造。

(三)报告期内投资情况

1、报告期内募集资金使用情况

经公司 2002 年第二次临时股东大会决议,通过了关于将公司募集资金中的闲置尚未使用资金实际使用资金 0

项目名称	计划投资额(万元)	报告期内已使用募集资金总额(万元)	实际使用资金累计投资 金额(万元)	实际使用资金累计投资 比例(%)
野生芨芨草开发种植基地建设项目	2991.30	287.53	2030.30	67.87
年产 1 万吨热合无尘纸项目	8250.20	--	21.33	--

项目名称	尚未使用资金 金额(万元)	尚未使用资金 比例(%)	备注
野生芨芨草开发种植基地建设项目	961.00	32.13	
年产 1 万吨热合无尘纸项目	8228.87	--	未实施

(1)野生芨芨草开发种植基地建设项目:报告期内新增投资 287.53 万元,收获芨芨草 300 吨,未给公司带来收益,未达到预期效果。截止到报告期末,实际种植面积为 2 万亩,成苗率在 50%以上的芨芨草 15500 亩,成苗率低自然影响亩产量和总产量。

(2)年产 1 万吨热合无尘纸项目:计划使用募集资金 8250.20 万元。本报告期内未使用,累计使用 21.33 万元。该项目未实施。

经中国证券监督管理委员会证监发行字[2001]34 号文批准,公司于 2001 年 6 月 15 日在上海证券交易所以每股 5.80 元价格公开发行人民币普通股 A 股 3000 万股, 实际募集资金净额 16,633.50 万元。资金部分用于投资国债的议案,公司使用暂时闲置的部分募集资金委托湘财证券有限责任公司投资国债,自 2002 年 6 月 27 日至 2003 年 6 月 26 日止,委托期限一年,委托金额 5000 万元。公司已于 2003 年 6 月 26 日如期收回委托本金 5000 万元,并取得投资收益 393.42 万元。

2、非募集资金投资情况

经公司第二届董事会第五次会议决议,通过了《关于收购新疆天山通用航空有限公司 40%股权的议案》,公司以人民币 24 万元的价格收购了新疆天山通用航空有限公司 40%的股权。

(四)公司财务状况及经营成果

财务指标	2003 年末(元)	2002 年末(元)	增减比率(%)
总资产	513,619,346.10	463,924,825.14	10.71
长期负债	30,000.00	–	–
股东权益	296,562,978.96	290,832,721.72	1.97
主营业务利润	40,159,139.79	38,544,954.83	4.19
净利润	10,255,142.90	12,164,342.35	−15.70
现金及现金等价物净增加额	96,148,327.12	−85,324,704.00	212.69

1、报告期末总资产比上年同期增幅 10.71%,主要是公司如期收回委托投资本金所致;

2、报告期末主营业务利润比上年同期增幅 4.19%,主要原因是本期主营业务成本下降所致。

3、报告期末净利润比上年同期降低 15.70 %,主要系本期主营业务收入减少所致。

4、报告期末现金及现金等价物净增加额比上年同期增幅 212.69%,主要是由于本期收回了委托投资本金及增加了短期借款所致。

(五)新年度业务发展计划

1、加强销售工作,研究和分析用户的需求,分析与评估产品的市场走势,加强成本控制,加大力度完善销售的内控机制;

2、加强主要原辅材料价格趋势的预测,建立原辅材料和产成品库存的信息化管理,调整库存结构,降低产品制造成本,增加效益;

3、加强对公司员工的培训、考评、考核力度,建立有效的激励约束机制;

4、根据新疆维吾尔自治区国际工程咨询公司编制的《新疆天宏纸业股份有限公司 1760 双网双缸纸机技改工程可行性研究报告》(代项目建议书), 公司计划将 8#、9# 两台双网双缸园网造纸机改为长网八缸造纸机, 设计产品方案为 52~60g/ m2A 级胶印书刊纸。该技术改造项目设计总投资 482 万元,建设期为半年,投资回收期 3.58 年(含建设期)。

该技术改造项目建成后,将形成年产 10000 吨胶印书刊纸能力,新增生产规模 4000 吨,新增销售收入 1869 万元/年,新增利润总额 165 万元/年,投资利润率为 34.2%。

5、研究制定新建项目的发展规划,合理筹划资金,保证公司正常生产经营和新建项目的实施。

(六)董事会日常工作情况

1、报告期内董事会的会议情况及决议内容

2003 年度公司董事会共召集七次会议:

(1)2003 年 3 月 18 日,公司召开第一届董事会第十五次会议,以记名投票表决方式审议通过了如下决议:

1.审议通过公司 2002 年度董事会工作报告;

2.审议通过公司 2002 年度总经理工作报告;

3.审议通过公司 2002 年年度报告及摘要;

4.审议通过公司 2002 年度财务决算报告;

5.审议通过公司 2002 年度利润分配预案及资本公积金转增股本预案;

6.审议通过关于继续聘上海万隆众天会计师事务所有限公司为公司审计机构并授权董事会决定其报酬的议案;

7.审议通过关于公司第一届董事会换届选举的议案;

8.审议通过关于召开公司 2002 年度股东大会的议案。

本次会议决议公告,刊登于 2003 年 3 月 21 日《上海证券报》。

(2)2003 年 4 月 11 日,公司召开 2003 年度第一次临时董事会会议,会议采取通讯表决方式审议通过关于应收款项坏账准备计提比例调整的临时提案。

本次会议决议及 2002 年年度股东大会增加提案的公告,刊登于 2003 年 4 月 12 日《上海证券报》。

(3)2003 年 4 月 26 日,公司召开第二届董事会第一次会议,会议以记名投票表决方式审议通过了如下决议:

1.审议通过选举董事长、副董事长的议案;

2.审议通过聘任公司总经理、董事会秘书的议案;

3.审议通过聘任公司副总经理、财务负责人的议案;

4.审议通过聘任董事会证券事务代表的议案;

5.审议通过新疆天宏纸业股份有限公司 2003 年第一季度报告。

本次会议决议公告,刊登于 2003 年 4 月 29 日《上海证券报》。

(4)2003 年 8 月 19 日,公司召开第二届董事会第二次会议,会议以记名投票表决方式审议通过了:

1、审议通过公司 2003 年半年度报告正文及摘要的议案;

2、审议通过关于巡回检查问题的整改报告的议案;

3、审议通过修改公司章程的议案;

4、审议通过公司设立董事会风险基金的议案;

5、审议通过 2003 年度公司高管人员薪酬的议案;

6、审议通过公司关于向新疆石河子造纸厂转让北京天宏国发房地产开发有限公司股权的议案;

7、审议通过公司设立审计部机构的议案;

8、审议通过公司累计投票制实施细则的议案;

9、审议通过公司董事赵云忠、卫志江、王波申请辞去公司董事职务的议案;

10、审议通过公司下半年计划 5000 万元流动资金银行贷款的议案;

11、审议通过关于召开公司 2003 年度第二次临时股东大会的议案。

会议决议公告暨召开 2003 年第二次临时股东大会的通知,刊登于 2003 年 8 月 21 日《上海证券报》及上海证券交易所网站(http://www.sse.com.cn/)。

(5)2003 年 10 月 26 日,公司以通讯方式召开了第二届董事会第三次会议,审议通过新疆天宏纸业股份有限公司 2003 年第三季度报告。

本次会议决议暨公司 2003 年第三季度报告,刊登于 2003 年 10 月 28 日《上海证券报》及上海证券交易所网站。

(6)2003 年 12 月 9 日,公司以通讯方式召开了第二届董事会第四次会议,审议通过了如下决

议：

1、审议通过关于陈仁玉先生申请辞去公司财务负责人的议案；

2、审议通过关于聘任何志祥先生为公司财务总监的议案；

3、审议通过关于提名朱瑛女士为公司第二届董事会独立董事候选人的议案；

4、审议通过关于公司独立董事年度津贴的议案。

本次会议决议公告，刊登于 2003 年 12 月 10 日《上海证券报》。

(7)2003 年 12 月 26 日，公司以通讯方式召开了第二届董事会第五次会议，审议通过关于收购新疆天山通用航空有限公司 40%股权的议案。

本次会议决议公告，刊登于 2003 年 12 月 27 日《上海证券报》。

2、董事会对股东大会决议的执行情况

报告期内，公司董事会认真执行股东大会的各项决议，按时完成了股东大会决议的内容，情况如下：

2002 年度利润分配方案为：以 2002 年 12 月 31 日总股本 8016 万股为基数，向全体股东每 10 股派发 0.50 元现金红利(含税)，派发现金总额为 4,008,000.00 元，剩余未分配利润 18,978,328.25 元结转以后年度分配。资本公积金本次不转增股本。

公司 2002 年度的分红派息公告于 2003 年 6 月 9 日刊登在《上海证券报》上，股权登记日为 6 月 12 日，红利发放日为 6 月 19 日。公司于 2003 年 6 月 19 日完成了 2002 年度利润分配工作。

(七)本次利润分配预案及资本公积金转增股本预案

经上海万隆众天会计师事务所有限公司审计，公司 2003 年度实现净利润 10,255,142.90 元，按《公司法》和《公司章程》有关规定，分别提取 10%的法定公积金 1,204,732.60 元、法定公益金 1,204,732.60 元和任意盈余公积金 1,024,916.10 元；本年度可供全体股东分配的利润为 6,820,761.60 元，加上以前年度未分配利润 20,657,496.91 元，2003 年度实际可供股东分配的利润为 27,478,258.51 元。

2003 年度利润分配预案为：拟以 2003 年 12 月 31 日总股本 8016 万股为基数，向全体股东每 10 股派发 0.50 元现金红利(含税)，派发现金总额为 4,008,000.00 元，剩余未分配利润 23,470,258.51 元结转以后年度分配。

资本公积金本次不转增股本。

以上分配议案须提交 2003 年度股东大会审议通过后实施。

(八)其它报告事项

1、报告期内公司选定的信息披露报刊为《上海证券报》，没有变更信息披露报刊。

2、公司关于关联方资金往来及对外担保情况

本公司与控股股东及其他关联方资金占用和对外担保的情况，经上海万隆众天会计师事务所有限公司出具了专项报告如下：

关于新疆天宏纸业股份有限公司与控股股东及其他关联方资金占用和对外担保的专项说明

万会业字(2004)第 521 号

新疆天宏纸业股份有限公司全体股东：

我们接受新疆天宏纸业股份有限公司(以下简称"新疆天宏")的委托，对新疆天宏 2003 年度会计报表进行了审计，现已完成审计工作并出具了无保留意见的审计报告。根据中国证券监督管理委员会上市部函(2003)13 号《关于上报上市公司大股东及关联方资金占用和违规担保问题的通知》和证监发(2003)56 号文《关于规范上市公司与关联方资金往来及上市公司对外担保若干问题的通知》的要求，我们就新疆天宏在 2003 年度与控股股东及其他关联方资金占用及对外担保情况作出专项说明。如实对外披露这些情况并对其真实性、合法性、完整性负责是新疆天宏的责任，下列情况完全摘自新疆天宏 2003 年度财务会计资料，除了为出具 2003 年度会计报表审计报告而实施的审计程序外，我们并未对其实施其他额外的审计程序。

一、新疆天宏与控股股东及其他关联方关系

企业名称	简称	与本企业的关系	是否存在控制关系
新疆石河子造纸厂	石河子造纸厂	控股股东	是
新疆教育出版社	教育出版社	本公司之发起人股东	否
新疆出版印刷集团公司	出版印刷集团	本公司之发起人股东	否
新疆石河子祥和化工有限公司	祥和化工	同一控股股东	否
湖南省国营西洞庭工贸集团公司	西洞庭工贸	子公司之少数股东	否
天宏建筑安装公司	天宏建安	同一控股股东	否
北京天宏国发房地产开发有限公司	北京国发	非控股子公司	否

二、新疆天宏与控股股东及其他关联方资金占用情况表

新疆天宏纸业股份有限公司与控股股东及其他方占用资金情况表

2003 年 12 月 31 日　单位：人民币元

序号占用方名称	关联关系	会计账户	占用原因	本期累计期初余额	借方发生额
一、经营性占用					
1、教育出版社	股东	应收账款	销售	8,644,809.25	16,992,063.50
2、出版集团公	股东	应收账款	销售	2,880,140.39	3,910,459.90
3、祥和化工	同一股东	应付账款	采购	-400,910.55	1,678,619.33
4、石河子造纸	控股股东	应付账款	采购	-1,114,995.35	545,843.15
5、天宏建安	同一控股股东	应付账款	建筑安装	454,430.87	976,880.63
经营性资金占用小计				12,238,994.44	20,902,523.40
二、非经营性占用					
1、石河子造纸厂	控股股东	其他应付款	综合服务	-82,627.94	-82,627.94
2、西洞庭工贸	子公司股东	其他应付款	代垫款	-2,450,000.00	126,980.78
非经营性资金占用小计	代垫款			-2,532,627.94	44,352,.84
合计				9,706366.50	20,946,876.24

序号占用方名称	本期累计贷方发生额	期末余额	当年新增金额	当年偿还金额
一、经营性占用				
1、教育出版社	23,247,125.28	2,389,747.47	16,992,063.50	23,247,125.28
2、出版集团公	3,104,927.58	3,685,672.71	3,910,459.90	3,104,927.58
3、祥和化工	1,468,714.40	-191,005.62	1,678,619.33	1,468,714.40
4、石河子造纸厂	1,660,798.50	--	545,843.15	1,660,798.50
5、天宏建安	1,195,056.69	236,254.81	976,880.63	1,195,056.69
经营性资金占用小计	30,676,622.45	6,120,669.37	20,902,523.40	30,676,662.45
二、非经营性占用				
1、石河子造纸厂	--	--	-82,672.94	--
2、西洞庭工贸	--	-2,323,019.22	126,980.78	--
非经营性资金占用小计	--	-2,32,019.22	44,352.84	--
合计	30,676,622.45	3,797,650.15	20,946,876.24	30,676,662.45

说明：本表当中应收关联方占用用资金时以"+"表示，当应付关联方资金时以"-"表示。

三、新疆天宏对控股股东及其他关联方提供违规担保情况

我们未发现 2003 年度新疆天宏有对控股股东及其他关联方提供违规担保情况。

上海万隆众天会计师事务所有限公司

二〇〇四年三月十八日

七、重要事项

(一)本年度公司无重大诉讼、仲裁事项。

(二)报告期内公司收购及出售资产、吸收合并事项的简要情况及进程

1、为了减少公司进入北京房地产市场的风险，经公司第二届董事会第二次会议决议，公司决定将本公司持有的北京天宏国发房地产开发有限公司股权中 62.5%转让与本公司的控股股东新疆石河子造纸厂。股权转让的价格以本公司在北京天宏国发房地产开发有限公司的出资额 500 万元为准，全部转让价款已由新疆石河子造纸厂以银行转账形式付清。本次股权转让完成后，本公司持有该公司 30%的股权，新疆石河子造纸厂持有该公司 50%的股权。有关工商变更手续已办理完毕。

2、经公司第二届董事会第五次会议决议，公司以人民币 24 万元的价格收购了新疆天山通用航空有限公司 40%的股权。

目前，新疆天山通用航空有限公司是由新疆宏景投资有限责任公司、新疆天宏纸业股份有限公司、新疆宏景通讯公司分别持股 40%、40%、20%。

(三)重大关联交易事项

1、购销商品发生的关联交易

①与新疆石河子祥和化工有限公司签订《化工产品供应协议》，公司本年度购货金额为 1,468,714.40 元，占购货总额 1.27%。

②与新疆教育出版社、新疆出版印刷集团公司签订《纸制品供应协议》，销售金额为 17,388,063.50 元和 3,910,450.90 元，分别占公司年度销售金额的 11.36%和 2.55%。

2、资产、股权转让发生的关联交易

报告期内，本公司将持有的北京天宏国发房地产开发有限公司股权中 62.5%即 500 万元转让与新疆石河子造纸厂。本次股权转让完成后，取得股权转让收益 12,500.00 元。

3、与关联方资金往来及对外担保事项

关联方	向关联方提供资金 发生额	期末余额
应收账款：		
新疆教育出版社	16,992,063.50	2,389,747.47
新疆出版印刷集团公司	3,910,459.90	3,685,672.71
应付账款：		
新疆石河子祥和化工有限公司		
新疆天宏建筑安装公司		
其他应付款：		
湖南国营西洞庭工贸集团公司		

关联方	关联方向上市公司提供资金 发生额	期末余额
应收账款：		
新疆教育出版社		
新疆出版印刷集团公司		
应付账款：		
新疆石河子祥和化工有限公司	1,468,714.40	191,005.62
新疆天宏建筑安装公司	1,195,056.69	672,606.93
其他应付款：		
湖南国营西洞庭工贸集团公司		2,323,019.22

4、其他重大关联交易

与新疆石河子造纸厂签订《土地使用权租赁合同》，支付土地租赁费 169,011.51 元；并与之签订《综合服务合同》，支付服务费用 720,000.00 元。

(四)重大合同及其履行情况

报告期内，公司各项业务合同履行正常，无重大合同纠纷发生。

根据公司 2002 年第二次临时股东大会决议，审议通过了关于将公司募集资金中的闲置资金部分用于投资国债的议案，公司使用暂时闲置的部分募集资金委托湘财证券有限责任公司投资国债，并与湘财证券签订了《委托购买国债合同》，自 2002 年 6 月 27 日至 2003 年 6 月 26 日止，委托期限一年，委托金额 5000 万元。公司已于 2003 年 6 月 26 日如期收回委托本金 5000 万元，并取得投资收益 393.42 万元。

报告期内，本公司无其他重大合同。

(五)报告期内或持续到报告期内，公司或持有 5%以上股东的承诺事项

本公司控股股东书面承诺：在其作为最大及控股股东或实际控制股份公司期间，造纸厂及其除股份公司以外的其他控股子公司/子企业(其他控股子公司/子企业)将不从事与股份公司相同或类似的生产、经营业务，以避免对股份公司的生产经营构成新的、可能的、直接或间接的业务竞争；造纸厂并保证将促使造纸厂的其他子公司/子企业不直接或间接从事、参与或进行与股份公司的生产、经营相竞争的任何活动。报告期内，新疆石河子造纸厂严格遵守以上承诺，没有与本公司发生同业竞争的情况。

(六)聘请会计师事务所情况本年度公司继续聘请上海万隆众天会计师事务所有限公司为本公司 2003 年度会计审计机构，承担本公司 2003 年度会计报表审计工作，并支付审计业务报酬为 30 万元，审计工作所发生的交通、食宿费用由本公司承担。

(七)报告期内，本公司没有发生公司董事及高级管理人员受监管部门处罚的情形。

八、备查文件目录

1、法定代表人、财务负责人、会计机构负责人签名并盖章的会计报表。

2、会计师事务所盖章、注册会计师签名并盖章的审计报告原件。

3、报告期内在中国证监会指定报纸上公开披露过的所有公司文件的正本及公告的原件。

上述的原件备置于公司证券投资部。当中国证监会、证券交易所要求提供时，或股东依据法规或公司章程要求查阅时，公司应及时提供。

新疆天宏纸业股份有限公司董事会

董事长：李国民

二 OO 四年三月十八日

上海现代制药股份有限公司

上海现代制药股份有限公司股票上市公告书

第一节 重要声明和提示

保荐机构(上市推荐人):
中信证券股份有限公司
股票简称:现代制药
沪市股票代码:600420
深市代理股票代码:003420
股本总额:87,191,940股
可流通股本:33,000,000股
本次上市流通股本:33,000,000股
上市地点:上海证券交易所
上市日期:2004年6月16日
公告日期:2004年6月11日
股票登记机构:中国证券登记结算有限责任公司上海分公司

上海现代制药股份有限公司(以下简称"本公司"、"公司"或"发行人")董事会保证上市公告书的真实性、准确性、完整性,全体董事承诺上市公告书不存在虚假记载、误导性陈述或重大遗漏,并承担个别和连带的法律责任。

根据《公司法》、《证券法》等有关法律、法规的规定,本公司董事、高级管理人员已依法履行诚信和勤勉尽责的义务和责任。

上海证券交易所、中国证监会、其他政府机关对本公司股票上市及有关事项的意见,均不表明对本公司的任何保证。

按《证券发行上市保荐制度暂行办法》的要求,鉴于中信证券股份有限公司已经取得保荐机构的资格,本公司已经聘请中信证券股份有限公司作为本公司的上市保荐机构履行持续督导义务。

本公司提醒广大投资者注意,凡本上市公告书未涉及的有关内容,请投资者查阅2004年5月27日刊载于《中国证券报》、《上海证券报》、《证券时报》和《证券日报》的本公司招股说明书摘要及刊载于上海证券交易所网站(http://www.sse.com.cn)的本公司招股说明书全文。

本上市公告书刊载网址是http://www.sse.com.cn

第二节 概 览

1、股票简称:现代制药
2、沪市股票代码:600420,深市代理股票代码:003420
3、股本总额:87,191,940股,其中可流通股本:33,000,000股,本次上市流通股本:33,000,000股
4、发行价格:8.08元/股
5、上市地点:上海证券交易所
6、上市日期:2004年6月16日
7、股票登记机构:中国证券登记结算有限责任公司上海分公司
8、保荐机构(上市推荐人):中信证券股份有限公司
9、对首次公开发行股票前股东所持股份的流通限制及期限:根据国家现有法律、法规规定,本公司的发起人股暂不上市流通。
10、首次公开发行股票前股东对所持股份自愿锁定的承诺:本公司控股股东发展公司已做出如下承诺:"自现代制药股票上市之日起12个月内,我公司不转让现已持有的现代制药股份;自现代制药股票上市之日起12个月内,也不由现代制药对我公司现已持有的现代制药股份实施回购"。

第三节 绪 言

《上海现代制药股份有限公司股票上市公告书》是根据《公司法》、《证券法》、《股票发行与交易管理暂行条例》、《公开发行股票公司信息披露实施细则》和《上海证券交易所股票上市规则》等有关法律、法规的规定,并按照中国证监会制定的《公开发行证券的公司信息披露内容与格式准则第7号<股票上市公告书>》要求而编制,旨在向投资者提供有关本公司的基本情况和本次股票上市的有关资料。

经中国证监会"证监发行字[2004]70号"文核准,本公司已于2004年6月1日以网上向二级市场投资者定价配售方式成功公开发行了3,300万股人民币普通股(A股)股票,每股发行价格8.08元。

经上海证券交易所"上证上字[2004]83号"《关于上海现代制药股份有限公司人民币普通股股票上市交易的通知》,本公司3,300万股人民币普通股股票将于2004年6月16日在上海证券交易所挂牌交易。股票简称"现代制药",沪市股票代码为600420,深市代理股票代码为003420。

本公司已于2004年5月27日分别在《中国证券报》、《上海证券报》、《证券时报》和《证券日报》上刊登了招股说明书摘要,招股说明书全文及其附录刊载于上海证券交易所网站(http://www.sse.com.cn),距今不超过三个月,故本上市公告书与其重复的内容不再重述,敬请投资者查阅上述文件。

第四节 本公司概况

一、本公司的基本情况

本公司中文名称为上海现代制药股份有限公司,英文名称为SHANGHAI MODERN PHARMACEUTICAL CO., LTD.,法定代表人朱宝泉,设立日期2000年12月20日,本次发行后注册资本8,719.194万元注册地址为上海市浦东新区张江高科技园区郭守敬路351号,

邮政编码:201203, 联系电话:86 21 62899111, 传真:86 21 62899900
电子信箱:info@sh-modern.com
公司互联网地址:www.sh-modern.com
董事会秘书潘振云。

根据中国证监会《上市公司行业分类指引》,本公司属于医药行业,公司经营范围为:药品、保健品制造,药用原辅料,制药机械批售,药品、保健品等产品的研究开发、技术转让、技术咨询、技术服务、技术培训(上述经营范围涉及许可经营的凭证经营)。

二、本公司历史沿革

上海现代制药股份有限公司是由上海医药工业研究院、上海现代药物制剂工程研究中心、上海广慈医学高科技公司、上海高东经济发展有限公司和上海华实医药研究开发中心等五家发起人共同发起,在原上海现代制药有限公司的基础上整体变更设立的股份有限公司。公司于2000年12月20日在上海市工商行政管理局登记设立,注册资本5419.194万元。

经中国证监会证监发行字[2004]70号文核准,本公司于2004年6月1日在上海证券交易所向沪市、深市二级市场投资者以定价配售的方式成功发行了3,300万股每股面值1.00元的人民币普通股,发行价为每股人民币8.08元。此次发行完成后,本公司的总股本为8719.194万股,注册资本8719.194万元。

三、本公司的主要经营情况

本公司目前的业务可分为自产医药产品的生产、销售和社会医药产品的代理销售两块,其中又以药品生产为主。公司自身医药产品的生产和销售由公司母体、控股子公司上海现代浦东药厂有限公司(以下简称"浦东药厂")、上海天伟生物制药有限公司(以下简称"天伟生物")经营;医药产品代理销售业务由发行人控股子公司上海现代医药销售有限公司(以下简称"现代销售")进行。

现代制药的医药产品覆盖:(1)新型控缓释制剂;(2)化学合成原料药和制剂;(3)生物制品等三个专业领域。

1、产品

目前公司(含控股子公司)在产产品共计35项,未来产品储备8项,基本可以满足公司未来3-5年内的产品储备需求。

2、行业竞争状况和发行人所处地位

公司产品均为医药产品,用于医疗保健。产品主要采取办事处直销和经销商代理销售(包括外贸公司以买断方式出口)的方式进行销售。产品生产所采用的原材料主要是化工原料、药用辅料、人尿粗制品等。

本公司生产的新型制剂产品多为国内独家生产,例如:头孢氨苄缓释胶囊为国内第一个抗生素缓释制剂;硝苯地平渗透泵控释片是国家"九五"攻关项目并提前通过验收,是国内应用该技术的第一个产品和第一条中试生产流水线,填补国内空白;右美沙芬控释混悬剂是国内应用该技术的第一个产品和第一条中试生产流水线,亦为国家"九五"攻关项目,国内首创。

本公司之控股子公司??浦东药厂生产的针剂规格和口服规格的阿奇霉素原料药分别占据全国市场80%和50%以上的市场份额,是国内最大的生产厂家和阿奇霉素原料药供应商;同时,浦东药厂还是目前国内硫辛酸的最大生产商,生产的硫辛酸产品全部出口。

本公司之控股子公司??天伟生物是国内唯一能生产高纯度尿促卵泡素的厂家,是世界上继瑞士SERON和IBSA公司后第三家正式批量生产这一产品的厂商。

(三)主要财务指标

请参阅本上市公告书"财务会计资料"部分的相关内容。

(四)本公司特许经营权情况

1、土地:公司及其控股企业目前租赁使用部分生产经营用房产,有关租赁事宜均已签署了合法的租赁协议并履行必要程序;并以出让方式取得生产用土地使用权,面积合计125,697平方米。

2、商标:截至本招股说明书签署之日,公司所拥有的"现代"等6个商标均不存在涉及纠纷或诉讼的情形。

3、新药证书:公司共拥有腈甲酸钠乳膏、头孢氨苄缓释胶囊等共计21项药品的新药证书和生产批准文件。

4、特许经营资格证书和相应的认证情况:

公司母体及下属控股子公司上海现代浦东药厂有限公司、上海天伟生物制药有限公司均已获得《药品生产企业许可证》,现有11个药品生产车间中有9个车间已获得《药品GMP证书》。公司下属子公司上海现代医药销售有限公司获得《药品经营企业许可证》和《药品GSP证书》。

(五)本公司享有的财政税收优惠政策

本公司及下属子公司??上海现代浦东药厂有限公司和上海天伟生物制药有限公司享受15%的所得税优惠政策,同时还享受多项产品补贴收入和税收返还。有关财政税收优惠政策的详细内容请查阅2004年5月27日刊载于上海证券交易所网站(www.sse.com.cn)的本公司招股说明书全文。

第五节 股票发行与股本结构

一、本次股票上市前首次公开发行股票的情况

1、发行日期:2004年6月1日
2、发行数量:33,000,000股
3、发行价格:8.08元/股
4、发行市盈率:18.70倍
5、募股资金总额(未扣除发行费用):266,640,000.00元
6、发行方式:网上向二级市场投资者定价配售
7、配售对象:法律及相关要求规定的可以从事股票投资的合格投资者
8、发行费用总额及项目:本次发行费用共计18,065,700.00元,包括承销及保荐费用、审计费用、律师费用、评估费用、审核费用、发行手续费用、股票登记费用等。
9、每股发行费用:0.547元

二、本次股票上市前首次公开发行股票的承销情况

本次公开发行的33,000,000股人民币普通股（A股）股票配号总数为73,470,033个，中签率为0.04491627%,其中二级市场投资者认购32,623,770股,余股376,230股由主承销商包销。

三、本次上市前首次公开发行股票所募股资金的验资报告

验 资 报 告

信长会师报字(2004)第21598号

上海现代制药股份有限公司全体股东：

我们接受委托,审验了贵公司截至2004年6月7日止新增注册资本实收情况。按照国家相关法律、法规的规定和协议、章程的要求出资,提供真实、合法、完整的验资资料,保护资产的安全、完整是全体股东及贵公司的责任。我们的责任是对贵公司新增注册资本的实收情况发表审验意见。我们的审验是依据《独立审计实务公告第1号-验资》进行的。在审验过程中,我们结合贵公司的实际情况,实施了检查等必要的审验程序。

贵公司原注册资本为人民币5,419.19万元,根据贵公司2002年度第二次临时股东大会决议,贵公司申请通过向社会公开发行人民币普通股(A股)增加注册资本人民币3,300.00万元,变更后的注册资本为人民币8,719.19万元。经我们审验,截至2004年6月7日止,贵公司实际已发行人民币普通股(A股)3,300万股,募集资金总额为26,664.00万元,扣除发行费用1,806.57万元,实际募集资金净额为24,857.43万元。其中新增注册资本叁仟叁佰万元（人民币3,300.00万元)，资本溢价人民币19,750.86万元。

同时我们注意到,贵公司本次增资前的注册资本为人民币5,419.19万元,已经上海立信长江会计师事务所有限公司审验,并出具信长会师报字(2000)第20264号验资报告。截至2000年6月7日止,变更后的累计注册资本实收金额为人民币8,719.19万元。

本验资报告供贵公司申请变更登记及据以向股东签发出资证明时使用,不应将其视为是对贵公司验资报告日后资本保全、偿债能力和持续经营能力等的保证,因使用不当造成的后果,与执行本验资业务的注册会计师及会计师事务所无关。

附件(一):注册资本实收情况明细表

附件(二):注册资本变更前后对照表

附件(三):验资事项说明

上海立信长江会计师事务所有限公司

中国注册会计师 戴定毅 康喆言

地址:中国上海市 南京东路61号4楼

邮编:200002

验资日期:二OO四年六月七日

四、募股资金入帐情况

1、入帐时间:2004年6月7日

2、入帐金额:254,917,399.82元(募集资金扣除承销费和上网发行费后的余额)

3、入帐帐号:086780-82600061164

4、开户银行:中信实业银行上海市分行

五、本公司上市前股本结构及各类股东的持股情况

1、本次上市前股本结构：

股份类别	持股数(万股)	持股比例(%)
发起人股	5,419.194	62.1525
其中:国有法人股	4,870.584	55.8605
社会法人股 548.61	6.2920	
社会公众股(A股)	3,300	37.8475
股本总额	87,191.9400	100.0000

2、本次上市前公司前十名股东及持股情况：

序号	名称	持股数(万股)	持股比例(%)
1	上海医药工业研究院	3,876.1327	44.46%
2	上海现代药物制剂工程研究中心有限公司	644.4513	7.39%
3	上海广慈医学高科技公司	350.0000	4.01%
4	上海高东经济发展有限公司	298.6100	3.42%
5	上海华实医药研究开发有限公司	250.0000	2.87%
6	中信证券股份有限公司	37.6230	0.43%
7	南方证券股份有限公司	28.8000	0.33%
8	招商安泰股票投资基金	5.0000	0.06%
9	巨田基础行业证券投资基金	4.7000	0.05%
10	天同180指数投资基金	3.4000	0.04%

第六节 董事、监事与高级管理人员

一、本公司董事、监事与高级管理人员简介

(一)公司董事简介

朱宝泉 先生

董事长,1946年出生,博士,博士生导师,研究员,享受国务院特殊津贴专家。现任上海医药工业研究院院长兼党委书记,上海交通大学药学院院长,兼任上海现代浦东药厂有限公司董事长。

侯惠民 先生

董事,1940年出生,博士,中国工程院院士,研究员。现任公司第二大股东上海现代药物制剂工程研究中心有限公司董事长。

沈卓洲 先生 董事,1939年出生,大学本科学历,主任医师。

冯 鸣 先生 董事,1964年,大专学历,工程师。

俞 雄 先生

董事,1961年出生,大学本科学历,研究员,硕士生导师,享受国务院特殊津贴。现任上海医药工业研究院副院长、院党委委员,同时兼任上海医药工业研究院亚东药业公司之法定代表人、上海现代浦东药厂有限公司董事、上海天伟生物制药有限公司董事。

贾锦文 先生

董事,1954年出生,大学学历,高级工程师。现任上海医药工业研究院副院长、院党委委员,兼任上海现代浦东药厂有限公司董事。

黄良安 先生

1946年出生,大专学历,高级工程师,2003年上海实施发明成果优秀企业家,上海市浦东新区第二届人民代表大会代表。现任上海现代制药股份有限公司总经理,兼任上海现代浦东药厂有限公司副董事长。

杨胜利 先生

独立董事,1941年出生,中国工程院院士,博士,研究员,博士生导师,中科院上海生物工程研究中心学术委员会主任和学位评定委员会委员,研究员任职资格评审委员会主任。

杨建文 先生

独立董事,1952年出生,经济学博士,研究员,博士生导师。现任上海社会科学院部门经济研究所副所长,兼任中华外国经济学说研究会理事、上海经济学会理事。上海市人民政府决策咨询专家。

许克勤 先生 独立董事,1944年出生,中国注册会计师,持有总会计师任职资格证书。现任上海复兴明方会计师事务所副所长。

薛进展 先生

独立董事,1956年出生,法学硕士,高级律师。现任华东政法学院副教授,硕士生导师,刑法研究室副主任,中国法学会会员,上海市法学会会员,上海市律师协会刑事研究会委员。

(二)监事简介

张丽华 女士 监事会召集人,1954年出生,大学学历,高级工程师。现任上海医药工业研究院人力资源部部长。

史炳照 先生 监事,1944年出生,大学学历,教授级高级工程师。现为上海医工院学术委员会主任。

王晓东 先生 监事,1965年出生,大学学历,主治医师。现任上海现代制药股份有限公司销售部经理。

(三)高管人员简介

黄良安 先生 公司总经理(简历见董事会成员部分)。

王 朴 先生 公司副总经理,1954年出生,大专学历,高级工程师。

阎建锋 先生 公司财务总监,1955年出生,大专学历,高级会计师。

潘振云 先生 公司董事会秘书,1971年出生,大学本科学历,工程师。

二、董事、监事与高级管理人员持股情况

截止本上市公告书签署之日,股份公司上述人员以及上述人员的父母、配偶或子女未持有股份公司的股份,上述人员亦不存在通过其近亲属能够直接或间接控制的法人持有股份公司股份的情形。

第七节 同业竞争与关联交易

一、同业竞争

上海医药工业研究院现持有现代制药44.46%股权,为本公司控股股东;上海医工院主要从事医药产品的研发和工程化研究,未从事与股份公司相同或相似的业务,与股份公司不存在同业竞争;上海医工院的下属企业中亦无与现代股份构成同业竞争之企业。

此外,公司第一大股东上海医工院、第二大股东制剂工程中心均已分别向本公司作出书面不竞争承诺函。

发行人律师和保荐机构对本公司同业竞争情况发表了意见,认为本公司不存在同业竞争。

二、关联交易的情况

本公司与控股股东及其控股的企业之间存在一定的关联交易，所有的关联交易均通过相关关联交易协议及股东大会回避表决原则执行按照市场化和公允性原则进行交易，以保证公司利益和小股东利益不受到损害。

公司的关联交易具体内容请查阅2004年5月27日刊载于上海证券交易所网站(www.sse.com.cn)的本公司招股说明书全文。

第八节 财务会计资料

本公司2000年、2001年、2002年和2003年的财务会计资料已于2004年5月27日在《中国证券报》、《上海证券报》、《证券时报》及《证券日报》刊登的《招股说明书摘要》中进行了披露,投资者欲了解详细内容,请查阅上述报纸或刊载于上海证券交易所网站(http://www.sse.com.cn)的本公司招股说明书全文。

一、注册会计师意见

发行人委托上海立信长江会计师事务所有限责任公司对本公司本次发行前三年财务状况进行了审计,注册会计师已出具了标准无保留意见的审计报告。

二、简要会计报表(单位:元)

1、简要资产负债表

会计科目	2003-12-31	2002-12-31	2001-12-31
资产			
货币资金	34,212,919.86	20,962,071.05	34,858,404.87
应收票据	4,429,539.60	2,288,400.00	
应收帐款	65,923,636.01	54,270,143.29	42,686,695.08
其他应收帐款	3,973,393.91	3,399,669.73	6,749,479.58
预付帐款	7,267,051.93	5,527,561.27	3,111,050.54
应收补贴款			
存货	46,705,811.22	28,026,708.11	21,997,361.51
待摊费用	86,768.12	28,960.00	32,501.97
一年内到期的长期债权投资			
流动资产合计	162,599,120.65	114,503,513.45	109,435,493.55
长期股权投资	930,909.09	1,295,570.77	2,704,026.61
长期债权投资			
长期投资合计	930,909.09	1,295,570.77	2,704,026.61
其中:合并价差	930,909.09	1,070,492.95	2,477,026.61

其中:股权投资差额	930,909.09	1,070,492.95	2,477,026.61
固定资产原价	99,885,990.10	69,981,204.07	70,839,625.57
减:累计折旧	29,587,731.58	23,945,362.98	27,337,419.82
固定资产净值	70,298,258.52	46,035,841.09	43,502,205.75
减:固定资产减值准备			81,521.02
固定资产净额	70,298,258.52	46,035,841.09	43,420,684.73
工程物资			4,717,995.42
在建工程	1,348,405.76	12,926,498.94	7,762,017.15
固定资产合计	71,646,664.28	63,680,335.45	51,182,701.88
无形资产	26,923,816.98	23,770,295.71	12,163,881.48
长期待摊费用		325,500.00	303,539.20
无形资产及其他资产合计	26,923,816.98	24,095,795.71	12,467,420.68
资产总计	262,100,511.00	203,575,215.38	175,789,642.72
负债及所有者权益			
短期借款	65,800,000.00	23,600,000.00	8,700,000.00
应付票据	1,701,000.00	922,500.00	710,000.00
应付帐款	32,448,362.48	24,179,730.02	15,445,655.96
预收帐款	3,319,535.34	1,150,081.67	1,934,068.60
应付工资		838,120.19	1,975,343.81
应付福利费	2,870,966.86	3,361,275.28	2,872,164.11
应付股利			4,304,411.52
应交税金	2,453,946.08	2,094,172.14	3,229,861.97
其他应交款	1,675,743.79	824,955.47	740,425.97
其他应付款	7,630,337.82	12,033,879.16	27,855,400.59
预提费用	507,607.60	274,254.33	406,928.28
一年内到期的长期负债		12,000,000.00	5,000,000.00
流动负债合计	118,407,499.97	81,278,968.26	73,174,260.81
长期借款		7,200,000.00	7,500,000.00
专项应付款	697,500.00	420,000.00	
其他长期负债			
长期负债合计	697,500.00	7,620,000.00	7,500,000.00
递延税款贷项			
负债合计	119,104,999.97	88,898,968.26	80,674,260.81
少数股东权益	28,838,056.99	18,982,503.91	16,139,907.24
股东权益:			
股本	54,191,940.00	54,191,940.00	54,191,940.00
股本净额	54,191,940.00	54,191,940.00	54,191,940.00
资本公积	10,898,421.77	10,448,421.77	10,208,421.77
盈余公积	23,855,523.52	14,000,032.06	5,909,853.50
其中:法定公益金	11,927,761.76	7,000,016.03	2,954,926.75
未分配利润	25,211,568.75	17,053,349.38	8,665,259.40
股东权益合计	114,157,454.04	95,693,743.21	78,975,474.67
负债和股东权益总计	262,100,511.00	203,575,215.38	175,789,642.72

2、简要利润表及利润分配表

项目	2003 年度	2002 年度	2001 年度
一、主营业务收入	382,913,348.28	227,584,080.62	149,101,854.05
减:主营业务成本	262,177,374.44	137,933,989.20	68,558,249.15
主营业务税金及附加	768,610.74	721,859.81	580,129.03
二、主营业务利润	119,967,363.10	88,928,231.61	79,963,475.87
加:其他业务利润	51,413.17	468,050.81	256,682.57
减:营业费用	41,757,302.28	30,755,935.61	26,547,330.10
管理费用	39,007,177.80	28,081,974.04	34,222,829.13
财务费用	2,121,567.43	1,108,604.21	1,072,594.28
三、营业利润	37,132,728.76	29,449,768.56	18,377,404.93
加:投资收益	−138,820.21	590,265.82	−274,725.18
补贴收入	1,722,000.00	3,499,000.00	3,044,000.00
营业外收入	42,737.92	243,730.38	22,874,.06
减:营业外支出	702,851.55	412,428.30	289,411.32
四、利润总额	38,055,794.92	33,370,336.46	20,880,142.50
减:所得税	4,817,327.01	6,951,813.16	3,590,683.18
少数股东权益	9,805,563.08	4,521,060.76	2,714,346.42
五、净利润	23,432,904.83	21,897,462.54	14,575,112.90
加:年初未分配利润		17,053,349.38	8,665,259.40
其他转入			
六、可供分配的利润	40,486,254.21	30,562,721.94	14,575,112.90
减:提取法定盈余公积	4,927,745.73	4,045,089.28	2,954,926.75
提取法定公益金	4,927,745.73	4,045,089.28	2,954,926.75
七、可供投资者分配的利润	30,630,762.75	22,472,543.38	8,665,259.40
减:应付普通股股利	5,419,194.00	5,419,194.00	
转作股本的普通股股利			
八、未分配利润	25,211,568.75	17,053,349.38	8,665,259.40

3、简要现金流量表

项目	2003 年度
经营活动产生的现金流量净额	17,116,951.16
投资活动产生的现金流量净额	−19,430,194.99
筹资活动产生的现金流量净额	15,564,092.64
现金及现金等价物净增加额	13,250,848.81

三、会计报表附注

本公司会计报表附注等内容,请查阅刊载于上海证券交易所网站(http://www.sse.com.cn)的本公司招股说明书全文与附录。

四、主要财务指标

财务指标	2003 年	2002 年	2001 年
流动比率	1.37	1.41	1.50
速动比率	0.98	1.06	1.19
资产负债率(母公司报表)(%)	26.24	25.03	30.06
应收账款周转率(次/年)	6.37	4.69	3.50
存货周转率(次/年)	7.02	5.51	3.27
净资产收益率(全面摊薄,%)	20.53	22.88	18.46
净资产收益率(扣除非经常性损益后,全面摊薄,%)	19.16	19.15	15.36
每股收益(全面摊薄,元)	0.43	0.40	0.27
每股经营活动的现金流量(元)	0.32	0.14	0.46
每股净现金流量(元)	0.24	−0.26	0.10

第九节　其他重要事项

1、自本公司股票首次公开发行之日至本公司上市公告书公告之日,本公司严格依照《公司法》、《证券法》等法律法规的要求,规范运行,经营情况正常,所处行业、市场无重大变化,主要业务发展目标进展状况正常,主要投入、产出物供求与价格无重大变化。

2、自本公司股票首次公开发行之日至本公司上市公告书公告之日,本公司没有进行重大对外投资,无重大资产(股权)收购、出售行为。

3、自本公司股票首次公开发行之日至本公司上市公告书公告之日,本公司住所没有发生变更。

4、自本公司股票首次公开发行之日至本公司上市公告书公告之日,本公司未涉及任何重大诉讼、仲裁或行政处罚案件,并且董事会认为本公司未面临任何其他重大影响的诉讼和索赔要求。

5、自本公司股票首次公开发行之日至本公司上市公告书公告之日,本公司的重大会计政策和会计师事务所没有发生变化。

6、根据股份公司召开的 2002 年度第二次临时股东大会和 2003 年度第一次临时股东大会决议,公司截至 2002 年 12 月 31 日留存的所有未分配利润由公司本次发行前的全体股东享有,公司自 2003 年 1 月 1 日起实现的所有利润由公司本次发行后的全体股东共享。

7、自本公司股票首次公开发行之日至本公司上市公告书公告之日,本公司董事、监事和高级管理人员未受到任何刑事起诉,亦没有尚未了结或可能发生的刑事诉讼事项。

8、自本公司股票首次公开发行之日至本公司上市公告书公告之日,本公司未发生新的重大负债,并且重大债项未发生变化。

9、根据《上海证券交易所上市规则》,本公司第一大股东上海医药工业研究院承诺,自本公司股票上市之日起一年内,不转让其持有的发起人股份,也不由本公司回购其持有的本公司股份。本公司承诺,自本公司股票上市之日起一年内不回购本公司发起人股东持有的本公司股份。

10、自本公司股票首次公开发行之日至本公司上市公告书公告之日,没有其他应披露而未披露之重大事项。

第十节　董事会上市承诺

本公司董事会将严格遵守《公司法》、《证券法》、《股票发行与交易管理暂行条例》、《公开发行股票公司信息披露实施细则》和《上海证券交易所股票上市规则》等国家有关法律、法规的规定,承诺自本公司股票上市之日起做到:

1、本公司将真实、准确、完整、公允和及时地公布定期报告,披露所有对投资者有重大影响的信息,并接受中国证监会、上海证券交易所的监督管理;

2、本公司在知悉可能对股票价格产生误导性影响的任何公共传播媒介中出现的消息后,将及时予以公开澄清;

3、本公司董事、监事和高级管理人员将认真听取社会公众的意见和批评,不利用已获得的内幕消息和其他不正当手段直接或间接从事发行人股票的买卖活动;

4、本公司没有无记录的负债。

依据《上海证券交易所股票上市规则》,本公司全体董事、监事将按照有关规定,在本公司股票上市后两个月内签署《董事(监事)声明及承诺书》并送达上海证券交易所备案。

第十一节　保荐机构(上市推荐人)意见

一、(保荐机构)上市推荐人情况

中信证券股份有限公司

二、保荐机构(上市推荐人)意见

本公司的保荐机构(上市推荐人)中信证券股份有限公司认为本公司首次公开发行的股票符合上市条件,已向上海证券交易所出具了《上海现代制药股份有限公司首次公开发行 A 股股票上市推荐书》。中信证券的推荐意见主要内容如下:

现代制药的公司章程符合《公司法》等有关法律、法规和中国证监会的相关规定;按照《中华人民共和国公司法》和《中华人民共和国证券法》及《上海证券交易所股票上市规则》等国家有关法律、法规的规定,保荐机构(上市推荐人)认为现代制药股票已具备公开上市的条件。

保荐机构(上市推荐人)保证发行人的董事了解法律、法规、上海证券交易所上市规则及股票上市协议规定的董事义务与责任,并协助发行人健全了法人治理结构、协助发行人制定了严格的信息披露制度与保密制度。保荐机构(上市推荐人)已对上市文件所载的资料进行了核实,确保上市文件真实、准确、完整,符合规定要求。保荐机构(上市推荐人)保证发行人的上市申请材料、上市公告书没有虚假、严重误导性陈述或者重大遗漏,保证对其承担连带责任,并保证不利用在上市过程中获得的内幕信息进行内幕交易,为自己或他人谋取利益。

上海现代制药股份有限公司

2004 年 6 月 8 日

武汉春天生物工程股份有限公司

武汉春天生物工程股份有限公司首次公开发行股票上市公告书

第一节　重要声明与提示

武汉春天生物工程股份有限公司(以下简称"本公司"、"公司"或"发行人")董事会保证上市公告书的真实性、准确性、完整性,全体董事承诺上市公告书不存在虚假记载、误导性陈述或重大遗漏,并承担个别和连带的法律责任。

根据《公司法》、《证券法》等有关法律、法规的规定,本公司董事、高级管理人员已依法履行诚信和勤勉尽责的义务和责任。

证券交易所、中国证监会、其他政府机关对本公司股票上市及有关事项的意见,均不表明对本公司的任何保证。

按《证券发行上市保荐制度暂行办法》的要求,鉴于宏源证券股份有限公司具备保荐机构的资格,本公司聘请宏源证券股份有限公司作为本公司的上市保荐机构履行持续督导义务。

本公司提醒广大投资者注意,凡本上市公告书未涉及的有关内容,请投资者查阅2004年5月18日刊载于《中国证券报》、《上海证券报》、《证券时报》《证券日报》的本公司招股说明书摘要,及刊载于上海证券交易所网站(http://www.sse.com.cn)的本公司招股说明书全文。

第二节　概　览

1、股票简称:春天股份
2、沪市股票代码:600421
3、深市代理股票代码:003421
4、总股本:136,000,000股
5、可流通股本:45,000,000股
6、本次上市流通股本:45,000,000股
7、本次发行价格:6.20元/股
8、上市地点:上海证券交易所
9、上市时间:2004年6月7日
10、股票登记机构:中国证券登记结算有限责任公司上海分公司
11、保荐机构(上市推荐人):宏源证券股份有限公司
12、本公司首次公开发行股票前股东所持股份的流通限制及期限:

根据国家有关法律、法规规定和中国证监会证监发行字【2004】55号《关于核准武汉春天生物工程股份有限公司公开发行股票的通知》,本公司的国有股、法人股暂不上市流通。

根据《上海证券交易所股票上市规则》,本公司第一大股东武汉新一代科技有限公司(以下简称"新一代公司")承诺:自本公司股票上市之日起12个月内,不转让其持有的本公司的股份,也不由本公司回购其所持有的本公司股份。

第三节　绪　言

本上市公告书是根据《中华人民共和国公司法》、《中华人民共和国证券法》、《股票发行与交易管理暂行条例》、《公开发行股票公司信息披露实施细则》和《上海证券交易所股票上市规则》等国家有关法律、法规的规定,并按照中国证监会《公开发行证券的公司信息披露内容与格式准则第7号－股票上市公告书》而编制,旨在向投资者提供本公司的基本情况和本次股票上市的有关资料。

经中国证监会证监发行字【2004】55号文核准,本公司于2004年5月21日以向沪市、深市二级市场投资者定价配售的方式发行4,500万股人民币普通股,每股面值1.00元,发行价为每股人民币6.20元。

经上海证券交易所上证上字【2004】73号文批准,本公司公开发行的4,500万股社会公众股将于2004年6月7日起在上海证券交易所挂牌交易。股票简称"春天股份",沪市股票代码为"600421",深市代理股票代码为"003421"。

本公司已于2004年5月18日在《中国证券报》、《上海证券报》、《证券时报》及《证券日报》上刊登了《招股说明书摘要》,招股说明书正文及其附录刊载于上海证券交易所网站(http://www.sse.com.cn),因披露距今不足三个月,与其重复的内容不再重述,敬请投资者查阅上述内容。

第四节　发行人概况

一、发行人基本情况

1、公司名称:武汉春天生物工程股份有限公司
英文名称:WUHAN SPRING BIOLOGICAL ENGINEERING CO. LTD.
2、注册资本:13,600万元
3、法定代表人:闫作利
4、发行人成立日期:1997年11月20日
5、公司住所:武汉市武昌武珞路628号亚洲贸易广场B座
邮政编码:430070
6、经营范围:片剂、硬胶囊剂、颗粒剂、丸剂的生产;生物制品的生产、销售;生物、医药、环保、生态农业技术的开发、咨询及服务;生物、医药、环保、生态农业的开发
7、主营业务:生物保健食品和药品的研发、生产及销售
8、所属行业:医药制造行业
9、联系电话:(027)87654767
10、传真号码:(027)87654797
11、互联网网址:http://www.spring.com.cn
12、电子信箱:stocks@spring.com.cn
13、董事会秘书:闻彩兵

二、发行人沿革

1997年11月11日,经湖北省经济体制改革委员会《关于同意武汉春天生物工程有限公司改制为武汉春天生物工程股份有限公司的批复》(鄂体改【1997】343号文)批准,以武汉春天生物工程有限公司整体改制设立本公司。1999年1月,经湖北省经济体制改革委员会鄂体改[1999]22号文批准,本公司以1998年12月31日总股本7000万股为基数,向全体股东按10股送3股实施1998年度利润分配方案,总股本增至9100万股。

经中国证监会证监发行字【2004】55号文核准,公司于2004年5月21日以全部向沪市、深市二级市场投资者定价配售的方式成功发行4,500万股人民币普通股,每股面值1.00元,发行价为每股人民币6.20元,此次发行完成后公司总股本变更为136,000,000股。

三、主要经营情况

1、主要业务及产品

本公司主要从事生物保健食品和药品的研发、生产及销售,具备片剂、丸剂、硬胶囊剂、颗粒剂的生产能力,主要产品有盐酸地尔硫卓缓释胶囊(奥的镇)、单硝酸异山梨酯缓释胶囊(艾欣)、春天感冒清胶囊、春天长百灵咳喘片、肝泰冲剂、比药欣生物酶片、穿心莲薄膜衣片(润欣)等。公司药品业务在主营业务中居主导地位,比重逐年上升,2001~2003年经审计的药品销售收入占主营业务收入比例分别为84.69%、92.90%、96.12%。

2、主要财务指标

请参见本公告书"第八节　财务会计资料"。

3、主要知识产权、非专利技术及政府特许经营权

本公司就促生长激素类释放肽技术、分泌型重组人干扰素α-2a注射液技术、生物菌粉复方咳喘药片技术、注射用重组人白介素-11制剂及制备工艺等四项专有技术向国家专利局提出专利申请。目前正在使用的主要商标有"干净"、"艾欣"、"润欣"、"ASEEN"四种。

公司所有或使用的知识产权、非专利技术不存在纠纷或潜在纠纷。

本公司已于2004年2月通过GMP认证,两个控股子公司湖北春天医药有限公司、湖北春天大药房连锁有限公司分别于2003年7月通过GSP认证。本公司并于2002年取得进出口业务许可。

有关主要知识产权、非专利技术及政府特许经营权的详细内容请查阅刊载于上海证券交易所网站(http://www.sse.com.cn)的本公司招股说明书全文。

4、财政税收优惠政策

报告期内,发行人(母公司)历年所得税税率为15%;子公司武汉春天药业销售有限公司、湖北春天医药有限公司2000年、2001年享受免税待遇,现行所得税税率为15%。

第五节　股票发行与股本结构

一、本次发行的基本情况

1、股票种类:境内上市人民币普通股(A股)
2、每股面值:1.00元
3、发行股数:4,500万股
4、每股发行价:6.20元
5、发行市盈率:20倍
6、发行方式:全部向二级市场投资者定价配售
7、发行对象:于2004年5月18日持有上海证券交易所或深圳证券交易所已上市流通人民币普通股(A股)股票的收盘市值总和(包括可流通但暂锁定的股份市值)不少于10,000元的投资者(国家法律法规禁止购买者除外)。
8、发行费用总额及项目

本次股票发行费用总额为1,317.65万元,包括承销费、审计费用、评估费用、律师费用、上网发行手续费、审核费等。

9、每股发行费用:0.29元。

二、本次股票上市前首次公开发行股票的承销情况

本次公开发行的4,500万股社会公众股的配号总数为80013010个,中签率为0.05624085%。其中二级市场投资者认购44,546,500股,其余455,535股由主承销商包销。

三、本次上市前首次公开发行股票所募股资金的验资报告

上海立信长江会计师事务所有限公司为本次公开发行股票所募股资金出具了信长会师报字(2004)第21572号《验资报告》。报告全文如下:

武汉春天生物工程股份有限公司全体股东:

我们接受委托,审验了贵公司截至2004年5月28日止新增注册资本实收情况。按照国家相关法律、法规的规定和协议、章程的要求出资,提供真实、合法、完整的验资资料,保护资产的安全、完整是全体股东及贵公司的责任。我们的责任是对贵公司新增注册资本的实收情况发表审验意见。我们的审验是依据《独立审计实务公告第1号－－验资》进行的。在审验过程中,我们结合贵公司的实际情况,实施了检查等必要的审验程序。

贵公司本次变更前注册资本和实收资本为人民币91,000,000.00元,根据贵公司有关股东大会决议和修改后章程(草案)的规定,贵公司申请通过向社会公开发行人民币普通股(A股)增加注册资本人民币45,000,000.00元,变更后的注册资本为人民币136,000,000.00元。根据贵公司2001年第二次临时股东大会决议,并报经中国证券监督管理委员会证监发行字[2004]55号文核准,同意贵公司向社会公开发行人民币普通股(A股)45,000,000股,每股面值人民币1元,每股发行价人民币6.20元,可募集资金总额279,000,000.00元。根据我们的审验,截至2004年5月28日止,贵公司实际已发行人民币普通股(A股)45,000,000股,应募集资金总额279,000,000.00元,减除发行费用13,176,500.00元后,募集资金净额为265,823,500.00元。其中,计入股本肆仟伍佰万元(¥45,000,000.00),计入资本公积220,823,500.00元。

同时,我们注意到,贵公司本次变更前的注册资本为人民币91,000,000.00元,已经武汉会计师事

务所审验,并于1999年1月28日出具武会内验(99)016号验资报告。截至2004年5月28日止,变更后的累计注册资本实收金额为人民币136,000,000.00元。

本验资报告供贵公司申请变更登记及据以向股东签发出资证明时使用,不应将其视为是对贵公司验资报告日后资本保全、偿债能力和持续经营能力等的保证。因使用不当造成的后果,与执行本验资业务的注册会计师及会计师事务所无关。

附件:

1、注册资本变更情况明细表

(1)新增注册资本实收情况明细表(表1)

(2)注册资本变更前后对照表(表2)

2、验资事项说明

中国注册会计师:钱志昂

中国注册会计师:许丽蓉

上海立信长江会计师事务所有限公司

2004年5月29日

四、本次募股资金入帐情况

入帐时间:2004年5月28日

入帐金额:26,965.35万元

入帐帐号:7381210182600038271

开户银行:中信实业银行武汉分行水果湖支行

五、本公司上市前股权结构及各类股东的持股情况

1、本次上市前股权结构

股份类别	股数(万股)	持股比例(%)
发起法人股	6,734	49.51
国有法人股	2,366	17.40
社会公众股	4,500	33.09
合计	13,600	100.00

2、本次上市前十大股东情况

股东名称	股份类别	持股数(万股)	持股比例(%)
武汉新一代科技有限公司	发起法人股	5824	42.82
武汉东湖新技术开发区发展总公司	国有法人股	1592.5	11.71
上海武汉香烟伴侣生物工程有限公司	发起法人股	910	6.69
湖北中医学院科技服务公司	国有法人股	682.5	5.02
武汉市工程科学技术研究院	国有法人股	91	0.67
宏源证券股份有限公司	社会公众股	45.55	0.33
南方证券股份有限公司	社会公众股	36.4	0.27
银丰基金	社会公众股	14.1	0.10
银河银泰	社会公众股	8.4	0.06
招商股票	社会公众股	6.2	0.05
合计		9210.65	67.72

第六节 董事、监事、高级管理人员及核心技术人员

一、董事、监事、高级管理人员及核心技术人员简介

1、董 事

闫作利:男,41岁,大学本科。曾任海南皇城装饰实业有限公司总经理、董事长,新一代公司副总经理。现任本公司董事长,兼任新一代公司董事。

赵家新:男,47岁,研究生学历,高级工程师。曾任武汉东湖新技术开发区成果推广公司总经理,荣获市"五一"劳动奖章。现任武汉东湖新技术开发区发展总公司党委书记、总经理,武汉高科国有控股集团有限公司董事长

许:男,39岁,研究生学历,高级经济师,高级经营师,执业医师。曾任湖北中医学院附属医院医师,本公司副总经理。现任本公司副总经理,兼任湖北春天医药有限公司董事长、湖北春天大药房连锁有限公司董事长、武汉大学春天生物工程研究中心副主任。

王 华:男,50岁,医学博士,教授、博士生导师。曾任湖北中医学院针灸骨伤系主任、院长助理、院长。现任湖北中医学院院长。

陈 卫:男,34岁,大专学历,主管药师。历任生产技术主管、生产经理,现任本公司副总经理。

廖 丹:男,35岁,大学学历。曾任职于海南省中岛集团有限公司、海南省五矿进出口公司。现任新一代公司副总经理。

陈继勇:男,51岁,教授、博士生导师,本公司独立董事。历任武汉大学世界经济系副主任、武汉大学经济学院副院长,现任武汉大学美国加拿大经济研究所所长。

梅兴国:男,49岁,教授、博士生导师,本公司独立董事。历任华中理工大学生命科学与技术学院副院长、生物系系主任、生物技术研究所所长,现任军事医学科学院毒物药物研究所研究员、制剂代谢与生物药研究室主任。

杜智勇,男,40岁,经济学博士,具有中国注册会计师(证券资格)、中国注册资产评估师、中国注册税务师资格,本公司独立董事。现任深圳市深超科技投资公司财务部长。

2、监事

廖洪娥:女,35岁,大专学历,助理工程师。曾任原公司财务处主管,现任公司工会主席,本公司监事会召集人。

李建国:男,51岁,研究生学历。曾任武汉市洪山区科委副主任、主任,武汉市科学技术委员会办公室主任。现任新一代公司副总经理、财务负责人。

刘彦萍:女,26岁,大专学历。曾任本公司策划部主管兼《春天》杂志主编,现任《春天》杂志主编。

3、其它高级管理人员

杨 辉:男,33岁,研究生学历,经济师。曾任比药欣公司总经理、本公司副总经理,现任本公司总经理。

侯仲轩:男,40岁,研究生学历,中共党员,高级工程师。曾任湖北宜药集团公司副总经理,湖北宜昌民康药业有限公司董事长、总经理,现任本公司副总经理。

谭 垒:男,35岁,研究生学历。曾先后任职于中南证券深圳业务部、大鹏证券有限责任公司武汉总部,现任本公司副总经理。

朱中元:男,49岁,研究生学历,高级会计师。曾任海南高科总公司、武汉道博股份有限公司、武汉超越集团有限公司财务总监,现任本公司财务总监。

闻彩兵:男,35岁,硕士,讲师。曾任本公司总经理办公室主任,现任本公司董事会秘书、董事长办公室主任。

二、持股情况说明

除杨辉、许 娇

因持有本公司控股股东武汉新一代科技有限公司的股权而间接持有本公司的法人股股份外(详细情况请阅读招股说明书第八节内容),其他董事、监事、高级管理人员与核心技术人员未通过其他任何途径直接或间接持有本公司股份。

第七节 同业竞争与关联交易

一、同业竞争

武汉新一代科技有限公司、上海武汉香烟伴侣生物工程有限公司的经营范围虽包含生物工程、生物制品的开发,但实际上并未生产经营该类业务,且已向发行人出具《非竞争承诺书》。保荐机构及发行人律师分别对此事项进行核查,并明确发表意见。

保荐机构认为:发行人与上述两公司之间虽然在经营范围上存在相同之处,但发行人与上述两公司在实际经营业务中并不构成同业竞争,且上述两公司已出具了《非竞争承诺书》,因而发行人与上述两公司之间不存在同业竞争。

发行人律师认为:武汉新一代科技有限公司和上海武汉香烟伴侣生物工程有限公司与公司间不存在同业竞争。作为公司的股东,武汉新一代科技有限公司和上海武汉香烟伴侣生物工程有限公司已在《非竞争承诺函》中做出不从事与公司有竞争的业务的承诺。

其它股东武汉东湖新技术开发区发展总公司、湖北中医学院科技服务公司、武汉市工程科学技术研究院目前不生产与公司相同的产品,与公司无同业竞争。

二、关联方、关联方关系与关联交易

本公司与控股股东及其控股和参股的企业之间存在一定的关联交易,所有关联交易均通过本公司《公司章程》中关于关联方回避的规定及《关联交易决策制度》执行,按照市场化及公允性原则进行交易,以保证公司及中小股东利益不受损害,公司保荐机构及律师对此发表了明确观点:

保荐机构认为:发行人真实地披露了关联关系和关联交易,已发生的和正在进行的关联交易严格履行了《公司章程》的规定,决策程序合法有效,其定价公开、公平,不存在损害公司及中小股东利益的情况。

发行人律师认为:关联交易的内容均由双方当事人依照法律及市场经济原则公平、合理地予以确定,对双方当事人是公允的,不存在损害发行人及其他股东利益的情况。公司在《公司章程》中明确规定了关联交易公允决策的程序。

公司关联交易的具体情况请查阅本公司招股说明书第七节内容。

第八节 财务会计资料

本公司2001~2003年的财务会计资料已于2004年5月18日在《中国证券报》、《上海证券报》、《证券日报》及《证券时报》刊登的《招股说明书摘要》中进行了披露,投资者欲了解详细内容,请查阅上述报纸或刊载于上海证券交易所网站(http://www.sse.com.cn)的本公司招股说明书全文及附录。

一、注册会计师意见

本公司委托上海立信长江会计师事务所有限公司对本公司2001年12月31日、2002年12月31日及2003年12月31日的资产负债表,2001、2002及2003年度的利润及利润分配表,2003年度的现金流量表进行了审计,注册会计师已出具了标准无保留意见的审计报告。

二、简要会计报表

1、简要合并资产负债表

单位:元

	2003年12月31日	2002年12月31日
流动资产合计	228,210,242.10	210,257,285.18
其中:货币资金	122,738,970.97	91,080,548.52
应收账款	36,980,044.82	32,451,945.80
其他应收款	22,291,971.11	20,809,546.27
固定资产合计	69,712,259.56	54,783,030.99
其中:固定资产原价	66,062,370.10	62,042,909.91
固定资产净值	50,116,216.49	50,151,507.77
固定资产净额	48,616,216.49	48,651,507.77
无形资产	53,356,397.43	54,990,846.75
资产总计	351,703,852.18	317,196,106.15
流动负债合计	193,289,788.95	160,709,269.44
其中:短期借款	116,000,000.00	111,000,000.00
应付账款	15,025,264.37	12,081,334.99
一年内到期的长期负债	7,692,228.50	7,381,548.50
负债合计	193,289,788.95	160,709,269.44
少数股东权益	2,097,522.14	1,483,576.43
股东权益合计	156,316,541.09	155,003,260.28
其中:股本	91,000,000.00	91,000,000.00
负债及股东权益总计	351,703,852.18	317,196,106.15

	2001年12月31日
流动资产合计	147,355,112.95
其中:货币资金	17,510,077.14
应收账款	29,631,914.84
其他应收款	34,720,845.66
固定资产合计	33,797,893.02
其中:固定资产原价	43,886,072.06
固定资产净值	35,297,893.02
固定资产净额	33,797,893.02
无形资产	57,225,296.07
资产总计	235,385,742.42
流动负债合计	105,380,356.94

其中:短期借款	65,000,000.00
应付账款	8,672,876.43
一年内到期的长期负债	6,954,948.50
负债合计	105,380,356.94
少数股东权益	850,519.78
股东权益合计	129,154,865.70
其中:股本	91,000,000.00
负债及股东权益总计	235,385,742.42

2、简要合并利润表

单位:元

项目	2003 年	2002 年
一、主营业务收入	154,164,993.89	140,869,854.63
减:主营业务成本	85,698,824.60	67,078,157.07
主营业务税金及附加	1,352,724.13	1,627,132.30
二、主营业务利润	67,113,445.16	72,164,565.26
加:其它业务利润	4,709,448.24	−180,993.97
减:营业费用	14,627,435.54	14,768,252.15
管理费用	15,226,636.93	18,233,383.41
财务费用	6,867,542.89	6,615,656.39
三、营业利润	35,101,278.04	32,366,279.34
加:投资收益	157,502.85	157,502.85
营业外收入	214,186.01	62,576.67
减:营业外支出	421,279.42	254,798.42
四、利润总额	35,051,687.48	32,331,560.44
减:所得税	5,825,110.08	5,850,109.21
减:少数股东损益	613,945.71	633,056.65
五、净利润	28,612,631.69	25,848,394.58
加:年初未分配利润	46,956,684.85	25,117,486.70
六、可供分配的利润	75,569,316.54	50,965,881.28
减:提取法定盈余公积	2,879,779.28	2,672,797.62
提取法定公益金	1,439,889.64	1,336,398.81
七、可供股东分配的利润	71,249,647.62	46,956,684.85
八、未分配利润	43,949,647.62	46,956,684.85

项目	2001 年
一、主营业务收入	113,054,484.09
减:主营业务成本	50,169,748.88
主营业务税金及附加	1,530,574.77
二、主营业务利润	61,354,160.44
加:其它业务利润	−17,012.21
减:营业费用	16,143,153.33
管理费用	14,718,143.90
财务费用	3,812,481.33
三、营业利润	26,663,369.67
加:投资收益	−13,698.65
营业外收入	1,076,854.47
减:营业外支出	1,841,000.00
四、利润总额	25,885,525.49
减:所得税	141,626.59
减:少数股东损益	609,626.82
五、净利润	25,134,272.08
加:年初未分配利润	3,657,747.97
六、可供分配的利润	28,792,020.05
减:提取法定盈余公积	2,449,688.90
提取法定公益金	1,224,844.45
七、可供股东分配的利润	25,117,486.70
八、未分配利润	25,117,486.70

3、简要合并现金流量表

单位:元

项目	2003 年度
一、经营活动产生的现金流量:	
销售商品、提供劳务收到的现金	201,527,931.03
现金流入小计	201,527,931.03
购买商品、接受劳务支付的现金	97,875,687.31
支付给职工以及为职工支付的现金	8,935,283.55
支付的各项税费	15,261,255.03
支付的其它与经营活动有关的现金	14,546,916.02
现金流出小计	136,619,141.91
经营活动产生的现金流量净额	64,908,789.12
二、投资活动产生的现金流量:	
购建固定资产、无形资产和其它长期资产所支付的金	4,401,590.65
投资活动产生的现金流量净额	−4,401,590.65
三、筹资活动产生的现金流量:	
借款所收到的现金	168,000,000.00
现金流入小计	168,000,000.00
偿还债务所支付的现金	163,000,000.00
分配股利、利润或偿付利息所支付的现金	33,848,776.02
支付的其它与筹资活动有关的现金	
现金流出小计	196,848,776.02
筹资活动产生的现金流量净额	−28,848,776.02
四、现金及现金等价物净增加额	31,658,422.45

三、会计报表附注

本公司会计报表附注等有关内容,请查阅 2004 年 5 月 18 日在《中国证券报》、《上海证券报》、《证券日报》及《证券时报》刊登的《招股说明书摘要》以及刊载于上海证券交易所网站(http://www.sse.com.cn)的本公司招股说明书全文与附录。

四、主要财务指标

项目	2003 年或 2003 年 12 月 31 日	2002 年或 2002 年 12 月 31 日	2001 年或 2001 年 12 月 31 日
流动比率	1.18	1.31	1.40
速动比率	1.14	1.24	1.24
存货周转率(次)	8.39	4.71	2.24
应收帐款周转率(次)	4.44	4.54	4.36
资产负债率(%)	41.97	43.44	46.23
净资产收益率(%)	18.30	16.68	19.46
每股净利润(元)	0.31	0.28	0.28
每股净资产(元)	1.72	1.70	1.42
每股经营性现金流量(元)	0.71	0.64	0.22

第九节　其他重要事项

一、自本公司股票首次公开发行之日至本上市公告书公告之日,本公司严格依照现行有关法律、法规的规定规范运行,生产经营情况正常,本公司所处行业和市场无重大变化,主要业务发展目标的进展状况正常,主要投入、产出物供求及价格无重大变化。

二、自本公司股票首次公开发行之日至本上市公告书公告之日,本公司没有进行重大对外投资,无重大资产(股权)收购、出售行为。

三、自本公司股票首次公开发行之日至本上市公告书公告之日,本公司住所未变更。

四、自本公司股票首次公开发行之日至本上市公告书公告之日,本公司未涉及任何重大诉讼、仲裁或行政处罚案件,并且董事会认为本公司未面临任何重大影响的诉讼和索赔要求;同时,本公司董事、监事和高级管理人员未受到任何刑事起诉,亦没有尚未了结或可能发生的刑事诉讼事项。

五、自本公司股票首次公开发行之日至本上市公告书公告之日,本公司重大会计政策和会计师事务所没有发生变化。

六、自本公司股票首次公开发行之日至本上市公告书公告之日,未发生新的重大负债,并且重大债项未发生变化。

七、本公司股票首次公开发行和股票上市前后税负无变化。

八、根据《上海证券交易所股票上市规则》,本公司第一大股东新一代公司承诺:自本公司股票上市之日起 12 个月内,不转让其持有的本公司的股份,也不由本公司回购其所持有的股份。

九、自本公司股票首次公开发行之日至本上市公告书公告之日,本公司没有其他应披露而未披露之重大事项。

第十节　董事会上市承诺

本公司董事会承诺将严格遵守《中华人民共和国公司法》、《中华人民共和国证券法》、《股票发行与交易管理暂行条例》、《公开发行股票公司信息披露实施细则》和《上海证券交易所股票上市规则》等国家法律、法规和有关规定,并自股票上市之日起作到:

1、承诺真实、准确、完整、公允和及时地公布定期报告,披露所有对投资者有重大影响的信息,并接受中国证监会、证券交易所的监督管理;

2、承诺本公司在知悉可能对股票价格产生误导性影响的任何公共传播媒介中出现的消息后,将及时予以公开澄清;

3、本公司董事、监事、高级管理人员和核心技术人员将认真听取社会公众的意见和批评,不利用已获得的内幕消息和其他不正当手段直接或间接从事本公司股票的买卖活动;

4、本公司没有无记录的负债。

依据《上海证券交易所股票上市规则》,本公司全体董事、监事将按照相关规定,在本公司股票上市后两个月内签署《董事(监事)声明及承诺书》并送上海证券交易所备案。

第十一节　保荐机构(上市推荐人)及其意见

一、保荐机构(上市推荐人)情况

保荐机构(上市推荐人):宏源证券股份有限公司

法定代表人:田国立

住　　所:新疆乌鲁木齐市建设路 2 号宏源大厦

电　　话:027-87257101

传　　真:027-87257101

联 系 人:韩世坤　李强　杨国平　叶　华

二、保荐机构(上市推荐人)意见

本公司保荐机构(上市推荐人)宏源证券股份有限公司认为:发行人章程符合《中华人民共和国公司法》等有关法律、法规和中国证监会关于公司章程的相关规定。根据《中华人民共和国公司法》、《中华人民共和国证券法》、《股票发行与交易管理暂行条例》、《上海证券交易所股票上市规则》等国家有关法律、法规的规定,发行人首次公开发行的股票已具备公开上市的条件。

保荐机构(上市推荐人)保证发行人的董事了解法律、法规、上海证券交易所上市规则及股票上市协议规定的董事的义务与责任,并协助发行人健全了法人治理结构、制定了严格的信息披露制度与保密制度。

保荐机构(上市推荐人)已对本公司上市文件所载的资料进行了核实,确保上市文件真实、准确、完整,符合规定要求。保证发行人的上市申请材料、上市公告书没有虚假、严重误导性陈述或者重大遗漏,并保证对其承担连带责任。保荐机构(上市推荐人)愿意推荐发行人股票在上海证券交易所上市交易,并保证不利用在上市过程中获得的内幕信息进行内幕交易,为自己或他人谋取利益。

武汉春天生物工程股份有限公司

二〇〇四年六月二日

广东冠豪高新技术股份有限公司

广东冠豪高新技术股份有限公司2003年年度报告

重要提示

公司董事会及董事保证本报告所载资料不存在虚假记载、误导性陈述或者重大遗漏，并对其内容的真实性、准确性和完整性承担个别及连带责任。

公司董事长韩晓进先生、主管会计工作负责人薛亚松先生及会计机构负责人张晓忠先生声明：保证年度报告中财务报告的真实、完整。

第一节 公司基本情况

一、公司法定中文名称：广东冠豪高新技术股份有限公司
中文简称：冠豪高新
公司法定英文名称：GUANGDONG GUANHAO HIGH-TECH CO.,LTD
二、公司股票上市交易所：上海证券交易所
股票简称：冠豪高新
股票代码：600433
三、注册地址：广东省湛江市经济技术开发区高新技术区昌平路
邮政编码：524022
互联网网址：http://www.guanhao.com
联系电话：(0759)3399898 传真：(0759)3382109
电子信箱：guanhao@guanhao.com
四、公司法定代表人：韩晓进
五、公司董事会秘书：薛亚松
联系地址：广东省湛江市经济技术开发区高新技术区昌平路
联系电话：(0759)3399898 传真：(0759)3382109
电子信箱：xueyasong@163.com
董事会证券事务代表：吴焱
联系电话：(0759)3382628 传真：(0759)3382109
电子信箱：wvyan@163.com
六、公司选定的信息披露报纸名称：《中国证券报》
信息披露网站：http://www.sse.com.cn
公司年度报告备置地点：公司证券部
七、其他有关资料：
公司变更为股份有限公司的注册登记日期：1999年7月21日
公司最新变更注册登记日期：2003年6月12日
企业法人营业执照注册号：4400001008580
税务登记号码：440801617803532
公司聘请的会计师事务所名称：广州正中珠江会计师事务所有限责任公司
公司聘请的会计师事务所办公地：广州市东风东路555号粤海集团大厦10楼

第二节 会计数据与业务数据摘要

一、2003年主要利润指标

项目	金额
利润总额	30,857,540.72
净利润	24,079,701.72
扣除非经常性损益后的净利润	24,085,439.05
主营业务利润	77,518,454.62
其他业务利润	409,595.63
营业利润	30,864,290.52
投资收益	0
补贴收入	13,847.00
营业外收支净额	-20,596.80
经营活动产生的现金流量净额	11,822,785.72
现金及现金等价物净增加额	69,731,667.09

注：扣除的非经常性损益项目金额为：
补贴收入：13,847.00
营业外收入：10,398.97
营业外支出：30,995.77
以上因素影响税前利润增加6749.80元，影响所得税增加1012.47元，影响净利润增加5737.33元。

二、因会计政策变更追溯调整以前年度会计数据事项

根据财政部财会(2003)12号"关于印发《企业会计准则-资产负债表日后事项》的通知"的规定，对资产负债表日后至财务报告批准日之间董事会制定的利润分配预案中的现金股利，原作为期后调整事项计入"应付股利"项目，现改为仅在报告年度资产负债表中"未分配利润"项目下单独列示。对该项会计政策的变更，本公司采用追溯调整法，调增了2002年期末股东权益23,000,000元，调减了2002年期末应付股利23,000,000元；调增2002年期初股东权益15,000,000元，调减了2002年期初应付股利15,000,000元。

三、前3年主要财务数据和财务指标

	2003年	2002年	本年比上年增减(%)	2001年
主营业务收入	354,421,380.82	340,846,063	3.98	303,701,931
净利润	24,079,701.72	23,010,522	4.65	25,005,265
每股收益	0.15	0.23	-34.78	0.25
加权平均每股收益	0.19	0.23	-17.40	0.25
净资产收益率	5.72%	17.20%	-66.74	18.70%
净资产收益率(调整后)	5.72%	14.67%	-61.10	16.81%
扣除非经常性损益的加权平均净资产收益率	8.34%	17.18%	-51.45	16.22%
扣除非经常性损益的加权平均净资产收益率(调整后)	8.34%	15.06%	-44.62	15.36%
每股经营活动产生的现金流量净额	0.074	0.359	-79.39	0.176

	2003年末	2002年末	本年末比上年末增减(%)	2001年末
总资产	540,584,089	359,680,397	50.30	313,215,544
股东权益(不含少数股东权益)	420,960,391	133,798,089	214.62	133,779,137
股东权益(不含少数股东权益)(调整后)	420,960,391	156,798,089	168.47	148,779,137
每股净资产	2.63	1.34	96.27	1.34
每股净资产(调整后)	2.63	1.57	67.52	1.49
调整后的每股净资产	2.59	1.29	100.78	1.32
调整后的每股净资产(调整后)	2.59	1.52	70.39	1.47

四、报告期内股东权益变动情况 单位：元

项目	股本	资本公积	盈余公积	法定公益金	未分配利润	股东权益合计
期初数	100,000,000	502,277	12,416,620	4,138,873	20,879,192	133,798,089
期初数(调整后)	100,000,000	502,277	12,416,620	4,138,873	43,879,192	156,798,089
本期增加	60,000,000	203,082,600	3,611,955	1,203,985	20,467,746	287,162,302
本期增加(调整后)	60,000,000	203,082,600	3,611,955	1,203,985	-	264,162,302
本期减少	-	-	-	-	2,532,254	-
期末数	160,000,000	203,584,876	16,028,575	5,342,858	41,346,938	420,960,391
变动原因	发行6000万A股	发行A股溢价	提取盈余公积金	提取法定公益金	会计政策变更追溯调整	发行新股及实现利润

第三节 股本变动及股东情况

一、股本变动情况

(一)、截止2003年12月31日股本结构情况如下：单位：万股

	本次变动前	本次变动增减(+,-) 配股	送股	公积金转股	增发	其他	小计	本次变动后
一、未上市流通股份								
1、发起人股份	10000							10000
其中：								
国家持有股份								
境内法人持有股份	9000							9000
境外法人持有股份	1000							1000
其他								
2、募集法人股份								
3、内部职工股								
4、优先股或其他								
未上市流通股份合计	10000							10000
二、已上市流通股份								
1、人民币普通股						6000	6000	6000
2、境内上市的外资股								
1、境外上市的外资股								
2、其他								
已上市流通股份合计						6000	6000	6000
三、股份总数	10000							16000

(二)、股票发行与上市情况：

经中国证监会证监发行字[2003]47号文核准,,公司于2003年6月5日通过上海证券交易所和深圳证券交易所交易系统采用全部向二级市场投资者定价配售的方式成功发行了每股面值1.00元的人民币普通股股票(A股)6,000万股,每股发行价格为4.60元。所发行股票于2003年6月19日在上海证券交易所挂牌上市。发行后,公司总股本增加为16,000万股,其中已流通股份占37.5%。

(三)、报告期内因为发行普通股(A股)6000万股,公司股本结构变化情况如下：

股份类别	本次变动前 股数(万股)	比例(%)	本次变动后 股数(万股)	比例(%)
国有法人股	5100	51%	5100	31.875
法人股	3900	39%	3900	24.375
外资股	1000	10%	1000	6.25
社会公众股	-	-	6000	37.5
合计	10000	100%	16000	100%

二、股东持股情况

(一)、报告期末股东总数：截止2003年12月31日，公司股东总数为25458户。

(二)、截止报告期末公司前十名股东持股情况

前十名股东持股情况

股东名称(全称)	年度内增减	年末持股数量	比例(%)	股份类别	质押或冻结的股份数量	股东性质
广东粤财投资有限公司	0	41,000,000	25.625	未流通	无	国有法人股东
湛江经济技术开发区新亚实业有限公司	0	39,000,000	24.375	未流通	30,000,000	法人股东
浩正集团有限公司	0	10,000,000	6.25	未流通	无	外资法人股东
广东粤财实业发展公司	0	5,000,000	3.125	未流通	无	国有法人股东
广州润华置业有限公司	0	5,000,000	3.125	未流通	无	国有法人股东

毛霞芳	1,814,853	1,814,853	1.134	流通	未知	流通股东
北京盖亚商贸有限责任公司	560,000	560,000	0.35	流通	未知	流通股东
胡　斌	381,856	381,856	0.239	流通	未知	流通股东
刘宜塘	264,800	264,800	0.166	流通	未知	流通股东
徐建华	220,000	220,000	0.138	流通	未知	流通股东

注:①截止报告期末,公司第一大股东广东粤财投资有限公司、并列第四大股东广东粤财实业发展公司、广州润华置业有限公司同为广东粤财信托投资公司下属全资子公司,共持有本公司5100万股,占总股份的31.875%。

②未知公司其他前10名股东之间是否存在关联关系。

(三)、公司第一大股东及实际控制人情况

广东粤财投资有限公司持有本公司股份4100万股,占股权比例的25.625%,是本公司第一大股东。广东粤财投资有限公司成立于1995年6月,公司注册资本19500万元,公司法定代表人梁棠,主要从事实业投资,经营范围包括实业开发和经营管理,销售工业生产资料,建筑材料,电子计算机及配件,仪器仪表,五金、交电、化工,纺织、针织品,百货,日用杂货,工艺美术品,副食品以及投资咨询等。

本公司股东广东粤财投资有限公司、广东粤财实业发展公司、广州润华置业有限公司为广东粤财信托投资公司的全资子公司,共持有本公司股份5100万股,占公司股权比例的31.875%。粤财信托是本公司的实际控制人,是国有非银行金融机构。粤财信托成立于1985年3月,公司注册资本50000万元,公司法定代表为韩晓进;粤财信托经营范围包括信托存贷款、投资业务、委托存贷款、投资业务、有价证券业务、金融租赁业务、代理财产保管与处理业务、代理收付业务、经济担保和信用见证业务、经济咨询业务等。

(四)、其他持股在10%以上的法人股东情况湛江经济技术技术开发区新亚实业有限公司持有本公司股份3900万股,占司股权比例的24.375%,是本公司第二大股东。新亚实业成立于1993年8月,公司注册资本人民币6500万元;法定代表人为黄阳辉;新亚实业的主要经营范围是销售静电复印纸、金属材料、建筑材料、机电产品、化工原料和矿产品。

(五)、公司前10名流通股股东情况

前十名流通股股东持股情况

股东名称(全称)	年末持有流通股的数量	种类(A、B、H 股或其它)
毛霞芳	1,814,853	A股
北京盖亚商贸有限责任公司	560,000	A股
胡　斌	381,856	A股
刘宜塘	264,800	A股
徐建华	220,000	A股
罗　豪	173000	A股
林朱益	155142	A股
邓坚强	155000	A股
梁娟萍	134300	A股
刘彩红	130000	A股

前十名流通股股东关联关系的说明:公司未知前十名流通股股东之间是否存在关联关系。

第四节　董事、监事、高级管理人员和员工情况

一、公司董事、监事、高级管理人员情况

(一)、基本情况

报告期内公司董事、监事和高级管理人员持有的公司股票未发生变动。

姓　名	职务	性别	年龄	任期起止日期	年初持股数	年末持股数	变动原因
韩晓进	董事长	男	54	2002.9.27-2005.9.27	0	0	
赖财荣	副董事长	男	51	2002.9.27-2005.9.27	0	0	
黄阳旭	副董事长,总经理	男	42	2002.9.27-2005.9.27	0	0	
刘焕彬	独立董事	男	61	2002.9.27-2005.9.27	0	0	
睢国余	独立董事	男	57	2002.9.27-2005.9.27	0	0	
王利明	独立董事	男	43	2002.9.27-2005.9.27	0	0	
谭劲松	独立董事	男	38	2002.9.27-2005.9.27	0	0	
陆鹏程	董事	男	42	2002.9.27-2005.9.27	0	0	
薛亚松	董事,董秘,常务副总	男	42	2002.9.27-2005.9.27	0	0	
邓　斌	董事	男	33	2002.9.27-2005.9.27	0	0	
黄阳辉	董事	男	40	2002.9.27-2005.9.27	0	0	
陈海青	监事长	男	36	2002.9.27-2005.9.27	0	0	
王　波	监事	男	27	2002.9.27-2005.9.27	0	0	
黄新元	监事	男	53	2002.9.27-2005.9.27	0	0	
杨　青	副总经理	女	35	2002.9.27-2005.9.27	0	0	
王际德	总工程师	男	68	2002.9.27-2005.9.27	0	0	
熊　杰	总经理助理	男	32	2002.9.27-2005.9.27	0	0	
张晓忠	财务经理	男	34	2004..27-2005.9.27	0	0	

(二)、年度报酬情况

1、董事、监事和高级管理人员报酬的决策程序、报酬确定依据

公司高级管理人员报酬根据公司《工资制度》规定,实行基本工资+绩效工资+津贴的制度,根据工作岗位、职务与公司经济效益挂钩,每月核算公司经济指标后浮动发放。

独立董事津贴根据2003年8月29日召开的2003年第一次临时股东大会会议《关于公司独立董事津贴标准的议案》决议,独立董事津贴为每人每年6万元。

2、董事、监事和高级管理人员的年度报酬情况

年度报酬总额:127.4万元

金额最高的前三名董事的报酬总额:55.4万元

金额最高的前三名高级管理人员的报酬总额:64.5万元

独立董事津贴:每人每年6万元(含税)

独立董事其他待遇:无

报酬区间:人数

15万:4

10-15万:1

5-10万:6

不在公司领取报酬、津贴的董事、监事:韩晓进、赖财荣、陆鹏程、邓斌、黄阳辉、陈海青、王波。

其中黄阳辉在股东单位领取报酬;韩晓进、赖财荣、陆鹏程、邓斌、陈海青、王波在关联单位领取报酬。

(三)、报告期内公司董事、监事和高级管理人员未发生变动。

二、公司员工情况

截止2003年12月31日,公司在职员工为410名,其具体构成为:

(一)、专业构成情况:

生产人员203人	占员工总人数的49.51%
销售人员39人	占员工总人数的9.51%
技术人员38人	占员工总人数的9.29%
财务人员49人	占员工总人数的11.95%
行政人员81人	占员工总人数的19.76%

(二)、教育程度构成:

大专及以上140人	占员工总人数的34.15
中专89人	占员工总人数的21.71%
职高及技校167人	占员工总人数的40.73%
高中以下14人	占员工总人数的3.41%

(三)、公司目前无需承担费用的离退休职工。

第五节　公司治理结构

一、公司治理情况

公司在报告期内,严格按照法律、法规及上海证券交易所有关文件的要求,规范运作,不断完善公司治理结构。公司治理情况基本符合中国证监会有关文件的要求,同时公司还针对自身特点,制订了符合ISO9001国际质量标准体系的内部控制制度。

二、独立董事履行职责情况

报告期内,公司全体独立董事都能够按照相关法律法规、公司章程及公司《独立董事制度》的要求,勤勉尽职。各独立董事出席了报告期内全部董事会会议,并对购销商品、资产购买的关联交易及募集资金项目的调整、对外投资等事项,在通过调研论证后,发表了独立意见,保证了董事会决策的科学性,维护了公司整体利益,也维护了中小股东的利益。各独立董事对公司的规范运作、风险控制、保持董事会的独立性继续发挥着应有的作用。

三、与控股股东在业务、人员、资产、机构、财务等方面的分开情况

公司目前在业务、人员、资产、机构、财务等方面与各主要股东分开,具有独立完整的业务及自主经营能力。

1、业务独立情况

公司主要从事无碳复写纸、热敏记录纸、微胶囊等系列产品的生产和销售,今后的发展方向也在彩色喷墨打印纸、特种防伪纸等特种纸生产上,在业务上与股东不存在竞争问题,公司拥有独立原材料采购、供应系统,具有完整的生产系统,设有独立的产品销售网络、人员,业务上完全独立于任何股东单位。同时公司建立了自己的新产品研究开发机构,有独立的科研队伍,以保证自身的技术创新、领先。

2、资产完整情况

公司的主要资产包括主营业务所需的完整的生产设备、土地、厂房建筑物、交通工具和工业产权,具有独立完整的采购、生产和销售系统及配套设施,资产产权清晰,完全独立于股东单位。

3、机构独立情况

公司设置了股东大会、董事会、监事会及总经理负责的管理层,组成完整的法人治理结构;同时公司还建立了适应生产经营需要的组织结构。包括下属销售分公司、控股销售子公司,以上各机构部门按照《公司章程》规定的职责独立运作,不受股东单位控制。

4、人员独立情况

公司员工均为全职人员;公司董事、监事和高级管理人员严格按照《公司法》、《公司章程》的有关规定产生,高级管理人员、财务人员没有在关联公司兼任其他职务;公司的人事及工资管理与股东单位完全严格分离。公司还制订了严格的《人事制度》,人员管理做到了制度化。

5、财务独立情况

公司和股东单位均设有独立的财务部门,配备了各自的财务人员,建立了各自的财务核算体系;公司制定了《财务管理制度》、《审计制度》和《会计制度》,并严格实施统一的对分公司、子公司的财务监督管理制度;开设了独立的银行帐号,独立运营资金,独立纳税;财务人员均没有在股东单位或其他单位兼职。

公司没有以其资产、权益或信誉为各股东的债务提供担保,公司对其所有资产拥有完全的控制支配权,不存在资产被其控股股东占用而损害公司利益的情况。

四、报告期内,公司未建立对高级管理人员的考评及激励机制,公司在2004年度将结合公司自身特点,由董事会下设的薪酬委员会研究和制订对高级管理人员的考评及激励机制。

第六节　董事会报告

一、报告期内重大事项的讨论与分析

2003年是公司发展历史上重要的里程碑,公司于2003年6月成功向社会公开发行股票,并于6月19日在上海证券交易所挂牌交易,这大大增强了公司的实力,标志着公司进入历史新阶段。

报告期内,公司面对特种纸市场的激烈竞争,克服了"非典"和国外厂家热敏纸低价倾销等不利因素影响,通过全体员工的共同努力,精心组织生产,加强采购和储运管理,进一步拓展销售市场,取得了经营业绩稳步增长。报告期内,公司实现主营业务收入35442万元,同比增长3.98%,实现净利润2408万元,同比增长4.65%。

由于公司现有设备原设计年生产能力为23000吨,通过公司不断的技术改造、提高涂布车速等手段,生产能力有所提高,但再通过技术改造提高生产能力的余地已经不大。因此报告期公司通过加强生产管理,合理安排生产,减少涂布换料工序等科学管理方法,开展生产班、组之间的生产竞赛,使本报告期的产量达32383吨,较去年提高19.08%,涂布总量较去年提高9.2%。同时公司严抓每道生产工序、加强各质量环节的管理,公司产品成品合格率为99.42%,较2002年提高1.49%;成品质量抽检合格率为99.9%。产品合格率的提升,使生产成本也有所下降。

报告期内,由于全球经济复苏及中国新一轮经济增长,国际国内原材料市场原材料价格不断上涨,但公司对原材料价格走势作出正确预测,进行前瞻性采购,如公司密切留意石油化工产品价格波动,在美伊战争前大批量购进溶剂油、胶乳等石油化工产品;在粮食价格大幅上涨前大批量购进淀粉等,因此报告期公司通过加强原材料采购的管理工作,原材料价格有所下降。同时公司严格按照ISO9001质量管理体系对供应商实行招标,保证了原材料的质量。

报告期内,由于国外厂家在国内低价倾销热敏传真纸,国内热敏传真纸销售价格大幅下降,甚至低于公司成本,因此公司暂时中止了热敏传真纸的生产和销售,传真纸销售量大幅下降。为降低热敏纸市场变动对公司经营的影响,公司加大了无碳纸生产和销售,加快了科研成果商品化的进程,公司与中国印钞造币总公司合作研制的添加无色荧光纤维防伪无碳纸在2003年全面应用于增值税发票;同时公司自主研发的彩色纤维防伪无碳纸被10多个省市国税局、地税局指定为税务发票专用纸,这些都为公司经营带来了新的增长点,在一定程度上增加了公司的收益。

报告期内,管理费用较上一报告期增长了89.24%,主要是由于公司股票由于按照会计制度所计提的坏帐准备增加,广告费、差旅费增加以及公司股票发行上市的相关费用增加所致所致;财务费用较上一报告期下降了22.81%,主要是由于公司发行新股取得募集资金的存款利息收入增加。

二、报告期内经营情况

(一)、主营业务的经营情况

主营业务分行业、产品情况表

	主营业务收入	主营业务成本	毛利率(%)	主营业务收入比上年增减(%)	主营业务成本比上年增减(%)	毛利率比上年增减(%)
分行业						
纸品	354,421,380.82	275,617,487.46	22.23	3.98	1.05	3.00
其中:关	110,397,107.14	96,219,242.79	12.84	-9.22	-5:81	-3.16

联交易						
分产品						
无碳纸	342,577,719.36	265,657,841.85.22	22.45	13.18	9.15	2.86
其中:关	107,737,915,34	93,553,806.80	13.16	−8.58	−4.81	−3.45%

主营业务分地区情况表

地区	主营业务收入	主营业务收入比上年增减(%)
华南	203,412,768.67	24.79
华东	49,122,890.32	3.36
华北	51,013,596.32	95.26
华中	10,498,883.74	−36.56
西北	16,422,373.15	20.55
东北	1,572,078.14	−89.93
西南	12,438,568.37	42.45
出口	8,785,726.61	−8.78

注:公司报告期主营业务收入变动较小,但部分地区主营业务收入变动较大,原因主要是由于报告期新设6家分公司,统计口径变化所致。

公司主营业务为生产销售热敏传真纸及其原纸、无碳复写纸及其原纸、微胶囊、电脑打印纸、商业表格纸、科学仪器记录纸、小卷传真纸、感应纸、彩色喷墨打印纸、特种防伪纸等特种纸及从事商业表格印刷业务,报告期内的主要收入来源为销售无碳复写纸。由于报告期内热敏传真纸的市场价格降幅较大,公司基本停止了热敏纸的生产和销售,公司收入的96.66%来源于无碳复写纸的销售。预计2004年热敏纸市场状况将有所好转,公司热敏纸涂料配方原料国产化的中试成功也将大幅降低公司热敏纸生产成本,2004年公司将重新进入热敏纸市场。

(二)、主要控股公司及参股公司的经营情况

1、厦门纵天纸业有限公司

该公司注册地址厦门市体育路,注册资本100万元,本公司出资额80万元,持有其80%的股权。主要业务为销售纸及纸纸品等。截止报告期末,该公司总资产212.40万元,净资产134.84万元,2003年实现利润2.5万元。

2、杭州正东纸业有限公司

该公司注册地址杭州市中山北路,注册资本200万元,本公司出资额160万元,持有其80%的股权。主要业务为销售纸及纸纸品等。截止报告期末,该公司总资产508.41万元,净资产330.11万元,2003年实现利润14.15万元。

3、南京豪林纸业有限公司

该公司注册地址南京市迈皋桥,注册资本100万元,本公司出资额75万元,持有其75%的股权。主要业务为销售纸及纸纸品等。截止报告期末,该公司总资产299.31万元,净资产141.72万元,2003年实现利润42.04万元。

4、成都旭东纸业有限公司

该公司注册地址成都市双林路,注册资本100万元,本公司出资额80万元,持有其80%的股权。主要业务为销售纸及纸纸品等。截止报告期末,该公司总资产649.70万元,净资产105.30万元,2003年实现利润65.09万元。

5、武汉冠达纸业有限公司

该公司注册地址武汉市汉口区万松园路,注册资本100万元,本公司出资额80万元,持有其80%的股权。主要业务为销售纸及纸纸品等。截止报告期末,该公司总资产294.13万元 净资产122.81万元,2003年实现利润-4.24万元。

6、陕西晨光纸业有限公司

该公司注册地址西安市北新街,注册资本200万元,本公司出资额160万元,持有其80%的股权。主要业务为销售纸及纸纸品等。截止报告期末,该公司总资产539.21万元,净资产201.41万元,2003年实现利润27.07万元。

7、青岛正天纸业有限公司

该公司注册地址青岛市四方区大沙路,注册资本100万元,本公司出资额80万元,持有其80%的股权。主要业务为销售纸及纸纸品等。截止报告期末,该公司总资产139.34万元,净资产99.22万元,2003年实现利润12.68万元。

8、广东冠豪新港印务有限公司

该公司注册地址广州市经济技术开发区夏港大道,注册资本2000万元,本公司出资额1900万元,持有其95%的股权。主要业务为包装装潢印刷、其他印刷品印刷、加工销售纸及纸纸品。该公司于2003年12月9日经广东省工商行政管理局批准成立。截止报告期末,该公司总资产2003.61万元,净资产2003.61万元,2003年实现利润3.61万元。

(三)主要供应商、客户情况

报告期内,公司向前5名供应商合计的采购金额为23586万元,占公司年度采购总额的92.01%;公司向前5名客户合计的销售金额为18041.86万元,占公司年度销售总额的50.91%。

(四)经营中的问题、困难及解决方案

1,公司目前主营突出,但由于产品过于集中,因此公司经营情况和盈利能力受单个产品的影响较大,存在一定市场风险。

对此,公司除继续加大科研开发力度外,还将加强同有关技术协作单位的合作研究,开发研究高科技含量、高附加值的新产品。2004年度,募集资金项目投产,将丰富公司产品品种。

2,传真纸方面,国外品牌为争夺中国市场掀起了价格大战,不计成本低价倾销,给公司的热敏传真纸销售造成了极大的压力,为此,公司有意识地控制传真纸的生产和销售,所以本报告期传真纸的销售量和销售收入大幅降低。

3,从2003年全球经济复苏,中国进入新一轮经济增长周期,原材料价格不断上扬。公司的主要产品无碳复写纸的价格也有上涨的趋势,但是价格上涨的因素并非是由于产品市场需求增加,而主要是由于产品生产制造成本增加,导致全行业无碳纸生产厂家提高销售价格造成的。无碳纸市场目前的供需状况未改变,总体仍为供过于求,突出表现为低端市场竞争激烈。针对目前的市场状况,公司将保持无碳纸在市场高中端的定位,发挥公司品牌优势,实施品牌战略,同时公司将加强管理,力争产品成品率及合格率进一步提升。

三、报告期内投资情况

(一)、募集资金使用情况

经中国证监会证监发行字[2003]47号文核准,,公司于2003年6月5日通过通过上海证券交易所和深圳证券交易所交易系统采用全部向二级市场投资者定价配售的方式成功发行了每股面值1.00元的人民币普通股股票(A股)6,000万股,每股发行价格为4.60元。实际募集资金人民币26460万元。

单位:万元

调整后的募集资金项目	原承诺项目	原项目拟投入金额	原项目进度	原项目计收益	新项目拟投入金额	新项目进度	调整后的项目预计收益	已产生效益
年产20000吨感应纸和彩色喷墨打印纸项目	年产3000吨感应纸项目	2980	未投入	预997	16828.98万元,其中募集资金5580万元	已投入2864.53万元,工程进度17%	3019	尚未产生
	年产3000吨高解像彩色喷墨打印纸项目	2600	未投入	1096				
年产2.5亿平方米特种防伪纸项目	年产1.5万吨特种防伪纸项目	19770	未投入	4873.33	19967.54万元,其中募集资金19770万元	0	4093.53	尚未产生

1、根据2003年7月25日召开的公司第二届董事会第三次会议决议及2003年8月29日召开的公司2003年第一次临时股东大会决议,同意将原募集资金项目:投资2980万元实施年产3000吨感应纸技术改造项目、投资2600万元实施年产3000吨高解像彩色喷墨打印纸技术改造项目合并并扩大规模建设为年产20000吨感应纸和彩色喷墨打印纸项目。原募集资金项目分别是在2000年、2001年按当时的特种纸涂布工艺和水平进行立项的。由于近两年特种纸涂布工艺和特种纸涂布机械的发展,感应纸和彩色喷墨打印纸已经能够在同一条生产线上进行生产,将原募集资金项目的感应纸项目和彩色喷墨打印纸项目合并,用一条生产线并扩大规模进行生产,能够节约厂房、劳动力,有利于生产管理,提高现有配套设备的利用效率,发挥规模效益,创造出更大的经济收益。该募集资金调整情况的有关情况在2003年7月29日及2003年8月30日的《中国证券报》及《上海证券报》上进行了披露。年产20000吨感应纸和彩色喷墨打印纸项目的建设符合承诺的投入进度。

2、根据2004年3月21日召开的公司第二届董事会第五次会议決议,同意将原募集资金项目:投资19770万元实施年产15000吨特种防伪纸项目,扩大规模并变更实施地点在广州开发区科学城建设为年产2.5亿平方米特种防伪纸项目,项目总投资19967.54万元,计划用募集资金投资19770万元,公司自筹197.54万元。原募集资金项目是在2001年按当时的特种纸生产工艺、技术水平和市场状况进行立项的。原项目是采用先进的纸机,外购纸浆经纸机内涂布生产特种防伪纸。由于近两年来国家政策鼓励林纸一体化的大型造纸项目,不鼓励发展中小造纸项目,因此为适应国家产业政策调整,经公司调查研究决定改变制造设备及工艺,改为购置先进的涂布机,公司外购原纸等原材料进行涂布生产特种防伪纸。改变制造设备及工艺后,新项目的主要生产过程变为涂布过程,没有原项目的造纸过程,将彻底解决造纸过程中的废水排放污染问题。同原项目的纸机设备相比,近两年特种纸涂布机械的发展,特别是其涂布车速有了一定的提高,采用涂布机可以使公司在不增加总投资的条件下,扩大生产规模,提高生产效率。同时公司目前积累的特种纸涂布工艺经验,能够保证公司在采用新设备的条件下生产出合格的

特种防伪纸;将项目实施地点变更到广州开发区科学城主要是考虑到产品的原材料供应地与主要市场在珠江三角洲地区,变更实施地点可以降低运输费用,而且广州开发区科学城内的轻工、化工、机械等科研机构众多,可以共享信息并方便公司的技术改造创新及合作开发。该募集资金调整情况的有关情况在2004年3月24日的《中国证券报》及《上海证券报》上进行了披露。该募集资金调整还需经公司股东大会批准,目前尚未投入。

3、截止到2003年12月31日,尚未使用的募集资金为22485.47万元,占募集资金总额的85.17%。其中根据2003年8月29日公司2003年第一次临时股东大会通过《关于提请股东大会授权董事会将部分暂时闲置募集资金用于国债投资的议案》,同意授权董事会将部分暂时闲置募集资金不超过壹亿元用于国债投资,公司于2003年11月6日与华林证券有限责任公司签署了《国债购买委托协议书》,委托华林证券有限责任公司管理人民币3000万元用于购买国债,委托期限自2003年11月15日至2004年11月15日,双方未约定收益。截止到报告期末,该国债投资未产生收益。

(二)非募集资金投资项目情况

为优化产品结构,进行上下游产品延伸开发,进一步壮大主营业务规模,充分利用本公司的知名度和品牌效应,全方位开拓市场,公司考虑到票证印刷具有的高附加值,计划发展特种纸深加工以提高公司盈利能力。根据2003年7月25日召开的公司第二届董事会第三次会议决议,公司决定参与出资在广州经济技术开发区设立"广东冠豪新港印务有限公司",注册资本人民币2000万元,经营范围为"商业表格、票证印刷、特种纸印刷(以工商登记部门核准注册经营范围为准),本公司用自有资金现金出资1900万元,持有95%的股份。该公司于2003年12月9日经广东省工商行政管理局批准成立。截止报告期末,该公司总资产2003.61万元,净资产2003.61万元,2003年实现利润3.61万元。

四、报告期内财务状况、经营成果分析

	报告期/报告期末	上一报告期/上一报告期末	增减(%)
总资产	540,584,088.78	359,680,397.16	50.30
股东权益	420,960,390.69	156,798,088.97	168.47
主营业务利润	77,518,454.62	64,173,215.65	20.80
净利润	24,079,701.72	23,010,521.92	4.68
现金及现金等价物净增加额	69,731,667.09	64,894,897.91	7.45

1、本报告期总资产、股东权益变动幅度较大主要是由于报告期公司发行新股本、资产公积增加及实现利润所致。现金及现金等价物净增加额增加,主要是由于发行新股的筹资活动收到的现金大幅增加;经营活动产生的现金流量净额为1182.28万元,较上期有所减少,主要是公司销售政策变化,延长客户付款信用期,因此公司应收帐款有所增加。

2、根据财政部财会(2003)12号"关于印发《企业会计准则-资产负债表日后事项》的通知"的规定,对资产负债表日后至财务报告批准日之间董事会制定的利润分配预案中的现金股利,原作为期后调整事项计入"应付股利"项目,现改为仅在报告年度资产负债表中"未分配利润"项目下单独列示。对该项会计政策的变更,本公司采用追溯调整法,调增了2002年期末股东权益23,000,000元,调减了2002年期末应付股利23,000,000元;调增2002年期初股东权益15,000,000元,调减了2002年期初应付股利15,000,000元。

五、生产经营环境及宏观政策、法规变化对公司的影响

1、2004年下半年公司募集资金项目年产20000吨感应纸和彩色喷墨打印纸项目投产,将对公司经营产生影响,将丰富公司产品品种,增加公司销售收入。

2、公司主营业务为特种纸的涂布加工,产品原材料成本80%以上为涂布用原纸,报告期内,国际市场上涂布用原纸的原材料纸浆价格不断上涨,涨幅约15%,自2004年以来国际市场纸浆价格仍不断上涨。由于国内原纸市场价格变动滞后于国际纸浆市场,因此预计2004年公司采购的原纸价格将有一定幅度的上升。同时公司涂布化工料的原材料,如溶剂油等石油化工原材料及淀粉等粮食加工产品价格都将上涨,这将增加公司生产成本。

六、董事会日常工作情况

(一)报告期内董事会会议情况

1、2003年1月25日公司第二届董事会第二次会议在公司会议室召开,公司全体董事出席了此次会议,全体监事列席了此次会议。会议审议通过了2002年度总经理工作报告及2003年度工作计划、2002年度财务报告、2003年度财务预算方案、2002年度利润分配方案、与湛江冠龙纸业有限公司的交易议案、与湛江新港特种纸有限公司的交易议案、与湛江经济技术开发区恒源发展有限公司的交易议案、续聘广东正中珠江会计师事务所有限公司为公司2003年审计机构的议案、召开公司2002年度股东大会的议案。

2、2003年4月30日临时董事会在公司会议室召开,公司全体董事出席了此次会议,全体监事列席了此次会议。会议审议通过了向广东粤财信托投资公司借入流动资金贷款8000万元的议案。

3、2003年7月25日公司第二届董事会第三次会议在公司会议室召开,公司全体董事出席了此次会议,全体监事列席了此次会议。会议审议通过了2003年半年度报告及半年度报告摘要、出资参与设立"广东冠豪新港印务有限公司"的议案、广东冠豪新港印务有限公司(筹建)向湛江新港特种纸有限公司购买经营性资产的关联交易议案、将年产3000吨感应纸和年产3000吨高解像彩色喷墨打印纸募集资金项目合并扩大规模建设为年产20000吨感应纸和彩色喷墨打印纸项目的议案、提请股东大会授权董事会将部分暂时闲置募集资金用于国债投资的议案、公司董事会议事规则修正案、聘任董事会证券事务代表的议案、召开2003年第一次临时股东大会的议案、公司独立董事津贴标准的议案。

4、2003 年 10 月 25 日公司第二届董事会第四次会议在公司会议室召开,公司全体董事出席了此次会议,全体监事列席了此次会议。会议审议通过了 2003 年第三季度报告。

(二)董事会对股东大会决议的执行情况

根据 2003 年 2 月 28 日召开的 2002 年度股东大会所通过的 2002 年度利润分配方案,决定以总股本 10000 万股为基数,每股发放现金股利 0.23 元,共派发现金股利 2300 万元,剩余期末未分配利润,留转至下年度由全体新老股东共享。该利润分配方案已实施完毕。

七、本次利润分配预案

公司 2003 年度财务报告已经广东正中珠江会计师事务所有限公司审计,出具了标准无保留意见的审计报告:

2003 年度本公司税后利润为 24,079,701.72 元,计提 10%法定公积金和 5%公益金共 3,611,955.26 元后,加上年转入未分配利润 43,879,191.93 元,扣除本年支付 2002 年度应付股利 23,000,000.00 元,可供投资者分配的未分配利润为 41,346,938.39 元。

本次利润分配预案为:以总股本 16000 万股为基数,每 10 股派发现金股利 1.5 元(含税),共派发 2400 万元,剩余期末未分配利润 17,346,938.39 元,留转至下年度由全体新老股东共享。

以上利润分配预案需提交年度股东大会审议。

八、其他事项(一)注册会计师对公司控股股东及其他关联方占用资金情况的专项说明广东冠豪高新技术股份有限公司全体股东:

我们接受委托,对截至 2003 年 12 月 31 日止贵公司的控股股东及关联企业资金占用和违规担保情况进行了专项审计。我们的专项审计报告是根据中国证监督管理委员会[证监发(2003)56 号]<关于规范上市公司与关联方资金往来及上市公司对外担保若干问题的通知>的要求出具的。在审计过程中,我们结合贵公司实际情况,实施了包括抽查会计记录、查阅相关合同文件等我们认为必要的审计程序。

关联方资金占用情况

1、关联公司对股份公司经营性资金占用

关联方	占用方式	占用原因	年初数	借方累计
湛江新港特种纸有限公司	应收账款	货款未帐款	结算	18,182,558.26
湛江经济技术开发区恒源发展有限公司	应收账款	货款未结算	1,009,128.92	167,648,149.12
湛江冠龙纸业有限公司	应收帐款	货款未结算	274,827.21	261,815.85
湛江冠龙纸业有限公司	预付账款	货款未结算	--	8,810,751.35
湛江冠龙纸业有限公司	应付账款	货款未结算	997,516.40	322,482,781.88

关联方	贷方累计	占用余额	新增资金占用
湛江新港特种纸有限公司	15,853,523.26	2,329,035.00	2,329,035.00
湛江经济技术开发区恒源发展有限公司	164,958,435.75	3,698,842.29	2,689,713.37
湛江冠龙纸业有限公司	257,487.19	279,155.87	4,328.66
湛江冠龙纸业有限公司	–	8,810,751.35	8,810,751.35
湛江冠龙纸业有限公司	321,485,265.42	–	–997,516.40

2、关联公司对股份公司非经营性资金占用

关联方	占用方式	占用原因	年初数	借方累计	贷方累计	占用余额	新增资金占用
湛江冠龙纸业有限公司	其他应收款	往来款	15,958.09	256,168.53	5,647.52	272,126.62	256,168.33

对大股东及其所属企业提供担保情况

截止 2003 年 12 月 31 日,我们未发现贵公司及控股子公司对大股东及其所属企业提供担保的情况。

其他需说明的情况

1、贵公司及其纳入合并范围的子公司不存在为控股股东及其属下企业垫支工资、福利、保险、广告等期间费用及相互代为承担成本和其他支出情况。

2、贵公司及其纳入合并范围的子公司不存在通过银行或非银行金融机构向关联方提供委托贷款情况。

3、贵公司及其纳入合并范围的子公司不存在委托控股股东及其属下企业进行投资活动情况。

4、贵公司及其纳入合并范围的子公司不存在为控股股东及其属下企业开具没有真实交易背景的商业承兑汇票情况。

5、贵公司及其纳入合并范围的子公司不存在代控股股东及其属下企业偿还债务情况。

广东正中珠江会计师事务所有限公司注册会计师:吉争雄、刘火旺

(二)独立董事对公司累计和当期对外担保情况的专项说明及独立意见:

根据中国证监会[2002]56 号文《关于规范上市公司与关联方资金往来及上市公司对外担保若干问题的通知》,作为独立董事,我们对广东冠豪高新技术股份有限公司的对外担保情况进行了调查、核实,现就有关情况说明如下:

公司 2003 年度未向任何其他法人单位或个人提供担保,截止 2003 年 12 月 31 日公司不存在对外担保情况。

第七节 重要事项

一、本年度公司无重大诉讼、仲裁事项。

二、资产收购事项

2003 年 7 月 25 日召开的公司第二届董事会第三次会议通过的有关决议,同意公司用自有资金出资 1900 万元参与设立"广东冠豪新港印务有限公司",持有其 95%的股份,并在公司设立以后,向湛江新港特种纸有限公司购买用于印刷业务所用的机器、设备等经营性资产,包括生产用机器设备、非生产用办公设备共 137 台(套),根据广州中天衡评字[2003]第 173 号评估报告,交易价格未人民币 1412.48 万元。

由于公司目前的产品为票证印刷的原材料,产品主要销售对象为印刷企业。票证印刷作为公司产品的下游产业,与公司关联度大、毛利率更高,因此公司一直有意向进入票证印刷行业。通过控股子公司收购湛江新港特种纸有限公司的经营性资产,公司可以进入票证印刷行业,能够保障公司产品的销售,而且票证印刷具有更高的附加值,能够提高公司的盈利水平,给股东更好的回报。同时公司在上市时承诺将尽量避免或减少与关联人之间的关联交易,在此次交易完成后,新港公司将停止开展印刷业务,公司将不再向关联方新港公司出售产品,这将减少公司的销售关联交易。同时,公司今后将大力发展印刷业务,新港公司出售营性资产并停止开展印刷业务,能够避免今后的同业竞争问题。

报告期内,该收购事项的资产交接工作已经完毕。由于广东冠豪新港印务有限公司的公司设立登记工作在 2003 年 12 月 9 日方完成,因此在报告期内该收购事项未产生经营性收益,预计该收购事项的成果将在 2004 年度得到体现。

三、关联交易事项

(一)购销商品发生的关联交易

(一)购买商品关联交易

关联方名称	采购金额	2003 年占总采购额比	采购金额	2002 年占总采购额比
湛江冠龙纸业有限公司	213,499,087.27	80.54%	97,878,314.01	67.57%
湛江新港特种纸有限公司	2,555,570.38	0.96%	–	–

1、向湛江冠龙纸业有限公司采购原纸

根据广东冠豪高新技术股份有限公司第二届董事会第 2 次会议决议和 2002 年度股东大会决议,决定在 2003 年度向该公司购买无碳复写原纸 18087.28 吨(含造币专用纸、传真原纸),CF 纸 12910.7 吨,水印纸 20.13 吨,其他照片纸、彩票纸等特殊用纸 336.72 吨。该项交易总量为 31354.83 吨,交易总金额约 21207 万元,并与该公司订立相关合同。冠龙公司在外销价格的基础上同时参照原辅材料成本,同公司每月签订一份购销合同,并根据市场行情适时调整价格。

2、向湛江新港特种纸有限公司采购

本报告期,向湛江新港特种纸有限公司采购的货物为包装材料,交易价格为市场价格,交易金额根据公司《关联交易制度》,在董事会授权总经理签订合同的权限以内。

(二)销售商品关联交易

关联方名称	2003 年销售金额	占总销售额比(%)	2002 年销售金额	占总销售额比(%)
湛江经济技术开发区恒源发展有限公司	103,323,673.59	29.15%	109,051,414.49	31.99%
湛江新港特种纸有限公司	7,073,433.55	2.00%	12,560,247.39	3.69%

根据广东冠豪高新技术股份有限公司第二届董事会第 2 次会议决议和 2002 年度股东大会决议,同意在二〇〇三年度向湛江新港特种纸有限公司销售冠豪牌无碳复写纸 170 吨,豪正牌无碳复写纸 520 吨,传真纸 230 吨。该项交易总量为 820 吨,总金额约 1066 万元,并与该公司订立相关合同;同意在二〇〇三年度向湛江经济技术开发区恒源发展有限公司销售冠豪牌无碳复写纸 3000 吨,豪正牌无碳复写纸 6000 吨,热敏传真纸 50 吨,该项交易总量 9050 吨,交易总金额约 9300 万元,并与该公司订立相关合同;

交易价格按公司价格体系,根据每次购货数量确定购货价格,交易价格与其他非关联企业在相同条件下的交易价格相同。

(二)资产转让发生的关联交易

报告期内,根据公司第二届董事会第三次会议决议,同意公司控股子公司广东冠豪新港印务有限公司收购关联方湛江新港特种纸有限公司的经营性资产,包括生产用机器设备、非生产用办公设备共 137 台(套),账面原值人民币 1,652.81 万元,净值 883.02 万元;运输设备(车辆)共 2 台,账面原值人民币 33.89 万元,净值 27.23 万元;拍卖所得的印刷设备共 12 台(套),拍卖价值约人民币 200 万元。经营性资产,包括生产用机器设备、非生产用办公设备。广东冠豪新港印务有限公司与湛江新港特种纸有限公司于 2003 年 12 月 12 日签订了有关资产交易合同。以上资产在报告期内未为公司带来收益。

(三)与关联方的债权、债务往来等事项

关联方	方式	原因	借方累计	贷方累计	余额
湛江新港特种纸有限公司	应收帐款	货款未结算	18,182,558.26	15,853,523.26	2,329,035.00
湛江经济技术开发区恒源发展有限公司	应收账款	货款未结算	167,648,149.12	164,958,435.75	3,698,842.29
湛江冠龙纸业有限公司	应收帐款	货款未结算	261,815.85	257,487.19	279,155.87
湛江冠龙纸业有限公司	预付账款	货款未结算	8,810,751.35	--	8,810,751.35
湛江冠龙纸业有限公司	应付账款	货款未结算	322,482,781.88	321,485,265.42	--
湛江冠龙纸业有限公司	其他应收	往来款	256,168.53	5,647.52	272,126.62
广东粤财信托投资公司	短期借款	贷款	–	80,000,000.00	–80,000,000.00

以上与冠龙公司、新港公司、恒源公司的债权、债务往来绝大部分是公司与关联公司在正常销售、采购行为中产生的应收帐款、预付帐款,本公司关联公司广东粤财信托投资公司是本公司实际控制人,是非银行金融机构,本公司于 2003 年 6 月 2 日与其签订了流动资金借款合同,向其借入 8000 万元人民币,年利率 5%,期限至 2004 年 6 月 2 日。

四、重大合同及其履行情况

(一)、报告期内公司未发生、也无以前期间发生但延续到报告期的重大托管、承包、租赁其他公司资产或其他公司托管、承包、租赁公司资产事项。

(二)、报告期内未发生、也无以前期间发生但延续到报告期的重大担保合同事项。

(三)、现金资产管理事项

2003 年 8 月 29 日公司 2003 年第一次临时股东大会通过《关于提请股东大会授权董事会将部分暂时闲置募集资金用于国债投资的议案》,同意授权董事会将部分暂时闲置募集资金不超过壹亿元用于国债投资。2003 年 11 月 6 日公司与华林证券有限责任公司签署了《国债购买委托协议书》,委托华林证券有限责任公司管理人民币 3000 万元用于购买国债,委托期限自 2003 年 11 月 15 日至 2004 年 11 月 15 日,双方未约定收益。截止到报告期末,该国债投资未产生收益。

五、重要承诺事项

湛江经济技术开发区恒源发展发展有限公司(以下简称"恒源公司")是本公司关联企业,是本公司第二大股东--湛江经济技术开发区新亚实业有限公司(持有本公司股份 3900 万股,占总股本的 24.375,以下简称"新亚公司")的控股股东,持有新亚公司股份的 80%;本公司实际控制人之一黄阳旭先生持有恒源公司 90%的股份。2002 年 7 月 10 日,恒源公司股东会作出决议,同意将与其特种纸销售体系的相关资产和负债转让给冠豪公司的初步方案,具体交易价格在审计、评估后确定。2002 年 7 月 14 日,本公司与恒源公司就转让特种纸销售体系事宜签订了初步协议。同时恒源公司出具承诺:本次转让后,不再开展与冠豪公司产品相同或相近的特种纸销售业务。

以上承诺未履行完毕。为保证收购恒源公司销售网络过程中客户移交的平稳过渡,报告期内,公司与恒源公司继续协商其退出特种纸销售业务的具体方式。

六、聘任会计师事务所情况

公司报告期续聘广东正中珠江会计师事务所有限公司为公司审计机构,报告年度支付给广东正中珠江会计师事务所有限公司的报酬为年度审计费用及上市审计费用共人民币 80 万元、验资费用人民币 14 万元,共人民币 94 万元。目前广东正中珠江会计师事务所有限公司已为公司提供审计服务连续 5 年。

七、报告期内,公司、公司董事会及董事没有受中国证监会稽查、中国证监会行政处罚、通报批评、被其他行政管理部门处罚及证券交易所公开谴责的情况;也没有公司董事、管理层有关人员被采取司法强制措施的情况。

八、其他重大事项

1、2003 年 1 月,"冠豪"商标荣获"广东省著名商标"称号。

2、2003 年 6 月 5 日,公司通过上海证券交易所和深圳证券交易所交易系统采用全部向二级市场投资者定价配售的方式成功发行了每股面值 1.00 元的人民币普通股股票(A 股)6,000 万股,每股发行价格为 4.60 元。所发行股票于 2003 年 6 月 19 日在上海证券交易所挂牌上市。

3、2003 年 6 月 12 日公司注册资本由人民币壹亿元增加到人民币壹亿陆仟万元。

第八节 备查文件目录

1、载有董事长签名的年度报告文本;

2、载有法定代表人、主管会计工作的负责人、会计机构负责人签名并盖章的会计报表;

3、载有会计师事务所盖章、注册会计师签名并盖章的审计报告原件;

4 报告期内在中国证监会指定报刊上公开披露过的所有公司文件的正本及公告的原稿;

5、公司章程文本;

6、其他有关资料。

广东冠豪高新技术股份有限公司

董事长:韩晓进

二〇〇四年四月十七日

通威股份有限公司

通威股份有限公司2003年年度报告

重要提示

本公司董事会及董事保证本报告所载资料不存在任何虚假记载、误导性陈述或者重大遗漏，并对其内容的真实性、准确性和完整性承担个别及连带责任。

公司董事长刘汉元先生、总会计师严虎先生及财务部经理彭波先生声明：保证年度报告中财务报告的真实、完整。

第一节 公司基本情况简介

1、公司名称
法定中文名称::通威股份有限公司　缩写:通威股份
法定英文名称:TONGWEI CO.,LTD.
2、公司法定代表人:刘汉元
3、公司董事会秘书:向川
证券事务代表:张凤术
联系地址:四川省成都市高新区创业路2号奇力新峰大楼10楼
电话:028－85150888、85177461、85177462
传真:028－85150999、85137101
电子信箱:zqb@tongwei.com
4、公司注册地址:四川省成都市高新区创业路2号奇力新峰大楼10楼
公司办公地址:四川省成都市高新区创业路2号奇力新峰大楼10楼　邮政编码:610041
公司国际互联网网址:http://www.tongwei.com.cn
5、公司选定的信息披露报纸名称:《中国证券报》、《证券日报》
登载公司年度报告的中国证监会指定网站的网址: http://www.sse.com.cn
公司年度报告备置地点:公司证券部
6、公司股票上市交易所:上海证券交易所
股票简称:通威股份　股票代码:600438
7、公司首次注册登记日期:2000年11月8日
注册地址:四川省成都市高新区创业路2号奇力新峰大楼10楼
公司最近一次变更注册登记日期:2003年6月20日
注册地址:四川省成都市高新区创业路2号奇力新峰大楼10楼
企业法人营业执照注册号:5100001812986
税务登记号码:510109207305821
公司聘请的会计师事务所名称:四川华信(集团)会计师事务所有限责任公司
会计师事务所办公地址:成都市洗面桥下街68号3楼

第二节 会计数据和业务数据摘要

一、本年度主要利润指标情况(单位:人民币元)

项目	2003年
利润总额	57,423,949.27
净利润	43,244,214.73
扣除非经常性损益后的净利润	43,642,756.15
主营业务利润	188,353,531.87
其他业务利润	4,418,142.41
营业利润	58,018,787.21
投资收益	12,170.03
补贴收入	
营业外收支净额	－607,007.97
经营活动产生的现金流量净额	－50,858,482.11
现金及现金等价物净增减额	75,919,345.30

非经常性损益情况(单位:人民币元)

项目	金额
委托投资收益	12,170.03
营业外收入	727,268.14
扣除日常计提的资产减值准备后的营业外支出	1,334,276.11
所得税影响数	196,296.52
非经常性损益合计	－398,541.42

二、公司前三年主要会计数据和财务指标(单位:人民币元)

指标	2003年	2002年	2001年
主营业务收入	1,698,566,610.33	1,373,792,454.00	507,478,349.02
净利润	43,244,214.73	53,319,010.27	51,330,831.27
每股收益	0.387	0.477	0.459
扣除非经常性损益后的每股收益	0.39	0.475	0.464
每股经营活动产生的现金流量净额	－0.455	0.999	0.26
净资产收益率(%)	16.1	23.6	29.8
扣除非经常性损益后的加权平均净资产收益率(%)	17.6	26.7	35.4
期末至报告披露日发行新股后每股收益	0.25		

注:报告期末至报告披露日期间,根据中国证券监督管理委员会证监发行字[2004]10号文核准,公司于2004年2月16日公开发行6,000万股人民币普通股(A股)股票。

项目	2003年末	2002年末	2001年末
总资产	902,775,865.31	603,723,037.19	456,151,741.79
股东权益(不含少数股东权益)	268,950,801.82	225,706,587.09	172,388,323.02
每股净资产	2.404	2.017	1.541
调整后每股净资产	2.384	1.988	1.536

三、报告期利润表附表

1、净资产收益率

报告期利润	净资产收益率(%) 全面摊薄 2003年度	2002年度	2001年	加权平均 2003年度	2002年度	2001年
主营业务利润	70.0327	81.7107	54.6843	76.1551	92.6543	64.2922
营业利润	1.5723	30.9754	32.8746	23.4582	35.1240	38.6506
净利润	16.0789	23.6232	29.7763	17.4845	26.7870	35.0079
扣除非经常性损益后的净利润	16.2270	23.5500	30.1209	17.6457	26.7040	35.4132

2、每股收益

报告期利润	每股收益(元) 全面摊薄 2003年度	2002年度	2001年	加权平均 2003年度	2002年度	2001年
主营业务利润	1.6835	1.6484	0.8426	1.6835	1.6484	0.8426
营业利润	0.5186	0.6249	0.5065	0.5186	0.6249	0.5065
净利润	0.3865	0.4766	0.4588	0.3865	0.4766	0.4588
扣除非经常性损益后的净利润	0.3901	0.4751	0.4641	0.3901	0.4751	0.4641

四、报告期内股东权益变动情况及说明

项目	股本	资本公积	法定盈余公积	法定公益金
期初数	111,880,000.00	95,919.56	13,217,212.98	6,249,402.80
本期增加		4,819,735.32	2,409,867.62	
本期减少				
期末数	111,880,000.00	95,919.56	18,036,948.30	8,659,270.42
变动原因		根据规定提取法定盈余公积	根据规定提取法定公益金	

项目	未分配利润	股东权益合计
期初数	94,264,051.75	225,706,587.09
本期增加	43,244,214.73	50,473,817.67
本期减少	7,229,602.94	7,229,602.94
期末数	130,278,663.54	268,950,801.82
变动原因	增加数未本期净利润,减少数系根据规定提取法定盈余公积、公益金	主要是留存收益增加以及利润分配

第三节 股本变动及股东情况

1、公司股份变动情况表　数量单位:股

	本次变动前	本次变动增减(+,－) 配股	送股	公积金转股	增发	其他	小计	本次变动后
一、未上市流通股份								
1.发起人股份	111,880,000							111,880,000
其中:国家持有股份								
境内法人持有股份	104,909,900							104,909,900
境内自然人股份	6,970,100							6,970,100
其他								
2、募集法人股份								
3、内部职工股								
4、优先股或其他								
未上市流通股份合计	111,880,000							111,880,000
二、已上市流通股份								
1、人民币普通股								
2、境内上市的外资股								
3、境外上市的外资股								
4、其他已上市流通股份合计								
三、股份总数	111,880,000							111,880,000

2、股票发行与上市情况

(1)股票发行

截止到报告期末为止,公司没有进行股票发行,不存在流通股股东。

经中国证监会2004年2月9日证监发行字[2004]10号文核准,公司于2004年2月16日采用全部网上向二级市场投资者定价配售方式成功发行6000万股社会公众股A股,并于3月2日在上海证券交易所挂牌上市。

(2)报告期内股本结构变化

报告期内,公司股本结构未发生变化。

(3)本公司无内部职工股。

3、股东情况介绍

(1)报告期末股东总数:9户。

(2)持有公司5%以上股份的股东为通威集团有限公司,2003年度内股份未发生变动,年末持股数量为10290.99万股,所持股份为未流通股,在报告期内没有质押或冻结情况。通威集团有限公司是本公司的主要发起人及控股股东。

(3)报告期末公司前十名股东持股情况(截止2003年12月31日)

序号	股东名称	持股数(股)	持股比例(%)	持股类型	质押或冻结的股份数(股)
1	通威集团有限公司	102,909,900	91.982	未流通	
2	四川眉山金腾投资开发有限责任公司	2,000,000	1.788	未流通	
3	刘定全	2,562,100	2.29	未流通	
4	管超	984,500	0.88	未流通	
5	何志林	816,700	0.73	未流通	
6	刘汉中	816,700	0.73	未流通	
7	熊照明	816,700	0.73	未流通	
8	管亚伟	648,900	0.58	未流通	
9	陈文	324,500	0.29	未流通	

注:在公司的前十名股东中,通威集团有限公司持有本公司91.982%股份。本公司董事长刘汉元持有通威集团公司80%的股份,管亚梅持有通威集团公司20%的股份,刘汉元和管亚梅为夫妻关系。本公司的其他股东中,管超与管亚梅为父女关系,管亚伟与管亚梅为姐弟关系;刘定全与刘汉元为

父子关系，刘汉中与刘汉元为兄弟关系，何志林、熊照明两人均为刘汉元姐夫。刘汉元及其亲属、管亚梅及其亲属共计持有本公司97.922%的股份。

(4)公司控股股东情况介绍

报告期内，本公司控股股东未发生变更。

控股股东名称：通威集团有限公司(以下简称"通威集团")

法定代表人：刘汉元

成立日期：1993年11月18日

注册资本：20,000万元人民币

公司类型：有限责任

股权结构：刘汉元占80%的股权比例，管亚梅占20%的股权比例。

经营范围：批发、零售汽车零部件，电子计算机，五金，交电，办公用品，日用百货，服装，化工产品；养殖业及养殖技术开发服务；电子元件制造；农业机械，农业项目开发；出口本企业自产的饲料、机电产品；进口本企业生产、科研所需的原辅材料，机械设备、仪器仪表及零部件；生产、销售宠物食品、用品(不含药品)；销售：化工产品(不含危险品、监控品)、农副产品(不含粮食、棉花、鲜茧、烟叶)。

(5)其他持股比例10%(含10%)的法人股东情况

报告期内，本公司无其他持股10%以上(含10%)的法人股东

第四节　董事、监事、高级管理人员和员工情况

一、董事、监事、高级管理人员情况

(一)基本情况

姓名	职务	性别	年龄	任职起止日起(股)	年初持股数数(股)	年末持股	变动原因
刘汉元	董事长	男	39	2003/10-2006/10			
管亚伟	董事、总经理	男	38	2003/10-2006/10	648,900	648,900	
向　川	董事、董事会秘书	男	45	2003/10-2006/10			
严　虎	董事、总会计师	男	39	2003/10-2006/10			
马朝明	董事	男	47	2003/10-2006/10			
萧灼基	独立董事	男	69	2003/10-2006/10			
杨继瑞	独立董事	男	45	2003/10-2006/10			
王若军	独立董事	男	38	2003/10-2006/10			
黄　友	独立董事	男	41	2003/10-2006/10			
周书正	监事会主席	男	58	2003/10-2006/10			
刘绍清	监事	男	50	2003/10-2006/10			
唐　林	监事	男	59	2003/10-2006/10			
王尚文	副总经理	男	40	2003/10-2006/10			
张国煜	总审计师	男	57	2003/10-2006/10			

(二)在股东单位任职的董事、监事情况

姓　名	任职的股东名称	在股东单位担任的职务	任职期间	是否领取报酬、津贴(是或否)
刘汉元	通威集团有限公司	总裁	1993年起	是
刘绍清	四川眉山金腾投资开发有限责任公司	董事长	1998年起	是
唐　林	通威集团有限公司	监察室主任	2000年起	是

二、董事、监事、高级管理人员年度报酬情况

1、报告期内在本公司领取报酬的董事、监事和高级管理人员共计七人，年度报酬总额为56.48万元(含税)，金额最高的前三名董事的报酬总额为27.73万元(含税)，金额最高的前三名高级管理人员的报酬总额为27.73万元(含税)。年度报酬总额在8万元以上的有3人，5-8万元的有4人。

2、公司董事长刘汉元，监事刘绍清、唐林未在公司领取薪金。

3、独立董事津贴标准为：公司四名独立董事津贴合计24万元(不含税)。公司解决了独立董事出席董事会和股东大会的部份费用，其他按公司章程行使职权所需费用据实报销。

三、报告期内董事、监事、高级管理人员离任和聘任情况

2003年5月15日，经公司2002年度股东大会审议，同意张加友先生、管亚梅女士因工作需要，辞去公司董事职务，并将公司董事会组成人数由十一人调整为九人。

2003年10月22日，经公司临时股东大会审议，选举刘汉元、管亚伟、向川、严虎、马朝明、萧灼基、杨继瑞、王若军、黄友为公司第二届董事会董事，其中，萧灼基、杨继瑞、王若军、黄友为公司独立董事；选举刘绍清、唐林为公司第二届股东代表监事。

2003年10月22日，经公司第二届董事会一次会议审议，选举刘汉元为公司董事长。聘任管亚伟为公司总经理、王尚文为公司副总经理、严虎为公司总会计师、张国煜为总审计师、向川为董事会秘书。

四、公司员工情况

截止2003年12月31日，公司共有在册员工人数为2,960人。其结构如下：

1、专业结构

分　类	数量(人)	比例(%)
管理人员	626	21.13
生产人员	1,280	43.30
技术人员	204	6.88
研究人员	76	2.56
销售人员	774	26.12
合计	2,960	100.00

2、教育程度

分类	数量(人)	比例(%)
硕士	29	0.98
本科	329	11.10
大专	663	22.38
大专以下	1939	65.51
合计	2960	100.00

3、年龄结构

分类	数量(人)	比例(%)
18-30岁	1518	51.28
31-40岁	1208	40.81
41-49岁	213	7.19
50岁以上	21	0.72
合计	2960	100.00

第五节　公司治理结构

一、公司治理结构现状

公司自设立以来，严格按照《公司法》、《证券法》、《上市公司治理准则》等法律法规及中国证监会颁布的相关规范性文件的规定，不断完善公司法人治理结构、建立现代企业制度、规范运作，加强信息披露。公司建立健全了三会制度，制定了《公司章程》、《股东大会议事规则》、《董事会议事规则》、《监事会议事规则》、《总经理工作细则》、《独立董事工作制度》等，这些制度和规则符合中国证监会和国家经贸委发布的《上市公司治理准则》关于上市公司法人治理结构的要求。

二、独立董事履行职责的情况

为了完善公司的法人治理结构，保护中小股东的利益，公司根据《关于在上市公司建立独立董事制度的指导意见》，选举了四名独立董事，已经达到了公司董事会人数的1/3以上。独立董事尽职尽责，积极参加报告期内的董事会和股东大会，履行公司《章程》赋予的职责和义务，为公司的重大决策提出专业化和建设性意见，有效保证了董事会决策的科学性和合理性，切实维护了公司和全体股东的合法权益。

三、公司与控股股东在业务、资产、人员、机构、财务方面分开的情况

1、业务独立方面：公司从事饲料的开发、生产和销售，淡水养殖技术开发及咨询，拥有独立完整的科研开发，产供销系统，独立开展业务。

2、资产完整方面：公司拥有饲料开发、生产、销售的全部资产。公司没有以其资产、权益或信誉为各股东的债务提供过担保，公司对其所有资产有完全的控制支配权，不存在资产、资金被其控股股东占用的情况。公司拥有经营所需的商标和专有技术。

3、机构独立方面：公司拥有完善的组织结构，生产经营和办公机构与控股股东完全分开。公司目前拥有14个职能部门、1个省级企业技术研究中心、8个分公司、22个控股子公司、1个参股公司，与集团公司职能部门及其下属公司不存在上下级关系。

4、人员独立方面：公司董事长未担任集团法定代表人。公司总经理、副总经理、财务负责人、董事会秘书等高级管理人员均属专职，并在公司领取薪酬，高管人员没有在集团公司及其下属企业担任除董事、监事以外的任何职务。

本公司董事、监事及高级管理人员严格按照《公司法》、《公司章程》的有关规定产生；公司的人事及工资管理与股东单位完全分离；公司还制订了严格的《人事管理办法》，人员管理做到了制度化。

5、财务独立方面：本公司和控股股东分别设立了独立的财务部门，配备了各自的财务人员，均建立了各自独立的财务核算体系。公司制定了《财务会计制度》等规章制度，建立了独立的财务核算体系，具有规范、独立的财务会计制度，并实施严格统一的对分公司、子公司的财务监督管理制度。公司在银行单独开立账户，与控股股东账户分立，依法独立纳税。

四、公司在报告期内对高级管理人员的考评及激励机制、相关奖励制度

公司董事会设有薪酬与考核委员会，主要负责制定公司董事及经理人员考核标准并进行考核；负责制定、审查公司董事及经理人员的薪酬政策与方案。

目前，公司对高级管理人员主要采取了收入与公司的经营效益和费用控制等指标挂钩考核的办法进行考核。

第六节　董事会报告

一、公司总体经营业绩情况

2003年，公司通过内抓管理、外拓市场、积极进取和顽强拼搏，克服了因气候、"非典"及原材料价格暴涨等多种不利因素的影响，并取得了较好的成绩。2003年，公司再次被中国农业银行评定为AAA信用等级单位，被国家科学技术部批准为《国家科技成果重点推广计划》项目"猪高效环保饲料配方系列"的技术依托单位；"通威牌"鱼饲料再次被四川省政府授予"四川名牌产品"称号。

通过一年的生产经营运行，截止2003年12月31日，公司全年共生产销售各类饲料90.99万吨，同比增长19.24%；实现净销售收入16.98亿元，同比增长23.64%；实现利润总额5,742.39万元，比2002年同期增长-18.03%。

二、2003年度公司主营业务分产品、分地区经营情况

1、主营业务分产品经营情况表　单位：万元

	主营业务收入	占主营业务总收入的比例(%)	主营业务成本	毛利率(%)	主营业务收入比上年增长(%)
鱼饲料	78,536.61	46.24	66,571.60	15.23	22.85
猪饲料	40,706.25	23.97	36,109.21	11.29	23.72
鸡饲料	21,365.65	12.58	20,569.07	3.73	37.40
鸭饲料	27,002.93	15.90	26,011.96	3.67	20.41
其他饲料	2,245.22	1.31	1,758.95	27.65	-14.38
总计　·	169,856.66	100	151,020.79	11.09	23.64
其中关联交易	260.27	0.15	221.27	14.98	-41.34
关联交易的定价原则	按有关关联交易协议				

产品	主营业务成本比上年增减(%)	毛利率比上年增减(%)
鱼饲料	28.76	-20.36
猪饲料	29.25	-25.16
鸡饲料	37.79	-6.80
鸭饲料	15.44	869.76
其他饲料	-4.35	-23.97
总计	26.98	-17.36
其中关联交易	-87.73	182.64
关联交易的定价原则		

2、主营业务分地区经营情况表

单位：万元

地区	主营业务收入	占主营业务总收入的比例(%)	主营业务收入比上年增长(%)
西南及西北	64,981.89	38.26	4.08
华东地区	39,455.74	23.23	61.73
中南地区	57,793.88	34.03	20.05
华北及东北	23,569.13	13.87	16.32
合并抵减	15,943.98	-9.39	-2.20
抵减后合计	169,856.66	100	23.64

三、2003年度公司采购和销售客户情况

单位：万元

前五名供应商采购金额合计	11,901.47	占采购总量的比重	7.01%
前五名销售客户销售金额合计	6,930.74	占销售总额的比重	4.08%

四、公司的经营成果及财务状况变动说明

公司的主要财务指标增减变动情况如下：

(单位：万元)

项目	2003年12月31日	2002年12月31日	增减率%
资产	90,277.59	60,372.30	49.53
负债	61,487.91	36,221.62	69.75
股东权益	26,895.08	22,570.66	19.16
	2003年	2002年	
净利润	4,324.42	5,331.90	-18.90
经营活动产生的现金流量净额	-5,085.85	11,178.32	-145.50

变动原因：

1、总资产增加和负债增加，主要是报告期内增加中长期负债筹集资金、增加了预付原料供应商

的货款、增加了原材料的储备。

2、净利润减少和经营活动产生的现金流量净额减少，主要是原材料价格上涨较大，产品成本增加以及公司为储备原材料而预付、支付了大量货款所造成。

五、经营中出现的困难及所采取的措施

1、2003年上半年爆发的SARS疫情对饲料行业的生产经营产生了较大影响，由于养殖户的养殖存栏数大幅减少、畜禽产品出口受阻，使公司在市场营销、售后服务、技术交流、商务往来等方面均受到了影响，面对疫情，公司一方面积极主动采取有力措施进行防治，另一方面充分发挥电子商务功能，采取远程会议、电话和电子邮件等联系方式，有效地降低了疫情对生产经营的影响。

2、除受SARS的影响外，公司的生产经营还受到了来自持续的低温阴雨天气、洪涝灾害及终端产品价格低迷等的严重影响，尤其是川渝和两湖地区因洪涝灾害及终端产品价格低迷，使养殖户的养殖积极性受到了很大的影响，也影响了公司的生产经营和产品销量。对此，公司果断采取了调整产品结构、提高产品性价比、加强售后服务等相关措施，尽可能地减小了不利影响。

3、2003年，原材料价格持续上涨，严重地影响了公司的经营业绩，整个饲料行业的效益也出现了历史性的下滑。面对高扬的原料价格，公司及时调整原料采购策略，加强与原料供应商的联系，并根据掌握的原料价格、库存变化以及公司的销量计划，认真把握好原料的采购时机，并做好库存管理，较好地控制了原料成本和减小了采购风险。同时，公司充分利用原料价格上涨的时机，及时地调整了产品价格，进一步明确了需主推的产品和把一部分市场适应性差、销量小的产品进行了淘汰。

六、提升公司治理水平，完善公司治理结构

1、董事会设立了4个专门委员会

为适应公司战略发展需要，根据《上市公司治理准则》的有关规定，公司董事会在2003年度设立了董事会战略决策委员会、提名委员会、审计委员会、薪酬与考核委员会，并制定了相应的工作细则，同时相应地修订了《公司章程》和《董事会议事规则》，并在《股东大会议事规则》，增加了有关累积投票的内容。

2、制订了《控股股东行为规范条例》

为进一步规范公司控股股东行为，完善公司法人治理结构，切实维护公司的整体利益，保护广大股东特别是中小股东利益不受损害，根据《中华人民共和国公司法》、《上市公司治理准则》及其他有关法律、法规的有关规定，结合本公司的管理实际，制订了《通威股份有限公司控股股东行为规范条例》，并提交股东大会审议获得通过。

3、制订了《信息披露制度》

为加强公司信息披露管理工作，控制内幕交易，保护公司、股东、债权人以及其他利益相关者的合法权益，根据《公司法》、《证券法》、《股票发行与交易管理暂行条例》等规定，结合本公司实际情况，公司制定了《公司信息披露管理办法》，进一步强化了对信息披露的管理。

4、完善了公司内部管理机构

为适应公司经营管理和日益发展的需要，结合公司的实际情况，2003年经董事会讨论决定，在公司内部新增设了水产研究所和信息中心两个职能部门，进一步强化了公司水产饲料的研发能力和信息化管理水平。

5、顺利完成了董事会的换届选举工作

在2003年里，第一届董事会任期届满，公司顺利完成了董事会的换届选举工作，同时，第二届董事会也按期成立，正常地开展了相应工作，认真地履行了应尽的职责与义务。

6、建立和完善了员工业绩考评体系

2003年，公司在原有的业绩考评体系基础上，结合在实施过程中所发现的实际情况和具体问题对相关内容进行了进一步的修改与完善，从而使业绩考评体系更加适合公司的实际和具有可操作性。

七、确定公司经营计划和投资方案

1、制订公司的年度经营计划

2003年年初，公司董事会在对公司的现状、资源及市场形势进行认真分析的情况下，对全年的生产经营工作做出了部署，并制订了公司全年的销量和利润的计划值与目标值，同时，对全年的销量、利润及成本控制等指标进行了分解落实。

2、决定和落实投资计划

(1)新建分、子公司的有关情况

2003年，公司为了进一步提高市场占有率，在充分发挥现有生产潜力的同时，相继完成了对无锡分公司、南昌分公司、常德分公司和绍兴分公司的土建工程建设、设备安装及试用。其投资情况如下：

2003年公司的投资情况如下(万元)：

项目名称	项目金额 2003年度投资金额	累计投资金额	项目进度	项目收益情况
绍兴分公司	2818.07	3771.5	90%	生产试用中
常德分公司	1427.51	2104.8	70%	生产试用中
南昌分公司	1462.34	2055.1	69%	生产试用中
无锡分公司	2728.25	3315.7	80%	生产试用中
合计	8436.18	11247.1		

(2)董事会审批并同意了公司建设"通威大厦及技术中心和检验检测中心"的投资方案。

(3)公司董事会审批并同意了零值受让北京东方金谷经贸发展中心持有的北京通威饲料有限公司35%股权的方案。

(4)董事会审批同意了公司在2004年度内在农业银行、中信银行等金融机构取得总额不超过柒亿元人民币的综合授信额度，用于办理流动资金贷款、开立信用证、办理银行承兑汇票和保函以及建设通威大厦和技术中心、检验检测中心等业务的需要。

八、制订公司年度财务预算、决算方案和利润分配方案

公司董事会在审议2002年报告的同时，制订了2003年度的财务预算和决策方案，并就利润分配事项作了方案，上报股东大会。

九、公司股票的发行与上市工作

2003年，公司在股票发行上市排队过程中，根据证监会的相关要求，对公司截止到9月30日的财务数据进行了审计，并在此基础上，对申报材料进行了全面的修订，同时也进行了股票发行前的大量准备工作。目前公司股票已于2004年2月16日成功对外公开发行，并于2004年3月2日在上海证券交易所成功上市。

十、董事会日常工作

2003年董事会认真履行了自己的职责，先后召开了四次会议，共审议了33项议案。

2003年4月15日公司董事会在公司会议室召开了第一届董事会第九次会议，审议并通过了如下议案：

1、审议并通过了《公司2002年度董事会工作报告》

2、审议并通过了《公司2002年度总经理工作报告》

3、审议并通过了《2002年度财务决算报告及2003年度财务预算方案》

4、审议并通过了《2002年度利润分配方案》

5、审议并通过了《2003年公司经营方针和投资计划》

6、审议并通过了《关于调整董事会组成人数的议案》

7、审议并通过了《设立董事会专门委员会的议案》

8、审议并通过了《修改股东大会议事规则的议案》

9、审议并通过了《修改董事会议事规则的议案》

10、审议并通过了《修改通威股份有限公司章程的议案》

11、审议并通过了《续聘公司审计机构的议案》

12、审议并通过了《制订控股股东行为规范的议案》

13、审议并通过了《关于调整公司内部机构设置的议案》

14、审议并通过了《通威股份有限公司信息披露制度》

15、审议并通过了《通威股份有限公司总经理工作细则》

16、审议并通过了《对公司董事、监事实施津贴的议案》

17、审议并通过了《关于召开2002年度股东大会的议案》

2003年5月29日公司董事会以通讯方式召开的临时董事会会议，审议了如下议案：

1、在关联董事刘汉元、管亚伟回避表决的情况下，审议通过了《关于对南宁通威饲料有限公司增加注册资本的议案》

2、审议并同意《设立通威股份有限公司动物药业分公司的议案》

3、审议通过《关于绍兴分公司由销售型公司变更为生产型公司，并修订其经营范围的议案》

4、在关联董事刘汉元、管亚伟回避表决的情况下，审议通过《关于成都通威饲料有限公司租赁成都通威实业有限公司资产的议案》

5、在关联董事刘汉元、管亚伟回避表决的情况下，审议通过《关于成都通威水产科技有限公司租赁成都通威实业有限公司资产的议案》

2003年9月22日公司董事会在公司会议室召开了第一届董事会第十次会议，审议了如下议案：

1、审议并通过了《第一届董事会任期内的工作报告》；

2、审议通过了《受让北京东方金谷经贸发展中心所持北京通威股权的议案》；

3、审议通过了《购买通威大厦建设用地的议案》；

4、审议通过了《关于建设通威大厦的议案》

5、审议通过并同意提请股东大会审议，鉴于公司股票发行超出原预期，提议将2001年度股东大会审议通过的"自2002年3月1日之后实现的利润由本次股票发行后的全体股东共同享有"修订为"本次股票发行当年形成的利润由新老股东共享"。

公司董事会于2003年10月22日在公司会议室召开了第二届董事会第一次会议，审议通过并形成如下决议：

1、选举刘汉元先生为公司第二届董事会董事长；

2、根据刘汉元董事长的提名，同意聘任管亚伟先生为公司总经理；

3、根据刘汉元董事长的提名，同意聘任向川先生为公司第二届董事会秘书；

4、根据管亚伟总经理的提名，同意聘任王尚文先生为公司副总经理、严虎先生为公司总会计师、张国煜先生为公司总审计师；

5、根据管亚伟总经理的提名，同意聘任张凤术先生为公司董事会证券事务代表；

6、审议通过并同意确认第一届董事会第十次会议所形成的"关于购买通威大厦(技术中心和检验检测中心)建设用地的决议、关于建设通威大厦(技术中心和检验检测中心)的决议和关于向银行申请获准综合授信额度的决议"。

此外，2003年公司董事会还负责召集召开股东大会3次，向股东大会提交议案20余项。

十一、2004年度公司的主要工作计划和内容

2003年，公司经受住了多种困难的挑战与考验，2004年公司将借助股票成功发行上市，继续以做大做强主营业务为目标，进一步提高大规模生产能力和市场拓展力度，依靠自身多年来积累的技术、管理、人才等优势，整合资源，推进高新技术产业化和规模化，不断增强公司的发展后劲，提升公司的核心竞争力，力求继续以优良的业绩回报全体股东。

2004年公司将着重做好以下几方面的工作

1、落实方针政策，抓好生产经营工作

2004年，公司将贯彻落实"认清形势、转变观念、优化产品、强化经营、稳量增利"的经营方针，并从思想上和行动上采取根本措施，进一步提高管理效率，更好地满足公司上市后所面临的更高的经营管理要求。同时，还必须抓住机遇、整合资源，严格控制各项费用，进一步强化公司的核心竞争力，提高整体运行效率，巩固和提升公司在行业内的地位，继续坚持以水产饲料及特种水产品饲料等附加值较高的产品为核心产品，重点巩固和提升畜禽饲料产品的销售，加强对产品进一步深度开发，以不断适应市场变化和满足养殖户的需要。同时，利用募集资金的投入，有计划地实施募投项目，加快公司技术中心的改造，提高产品的科技含量和新产品开发，进一步增强产品的市场竞争力。

2、完善法人治理机制，加强信息披露

目前，公司已是上市公司，拥有着众多的中小投资者，公司将严格按照《公司法》、《上市公司治理准则》、《公司章程》及其它相关规定，进一步完善公司的法人治理机制，加强规范运作和信息披露工作，切实保护中小投资者的合法权益。

3、管好用好募集资金，做好募集资金运用项目的实施

公司股票成功发行上市已到位的募集资金，公司董事会将按照《招股说明书》中所披露的募集资金运用项目，并结合公司的实际情况以及项目的成熟情况，有重点、分步骤地对相关项目予以实施，认真开展好相关项目实施前的一系列筹备工作，做好募集资金运用的专项管理，管好、用好募集资金，使募集资金尽可能地产生最佳效益，以回报广大的投资者。

4、提升业绩考评体系、不断完善激励机制

通过进一步提升员工业绩考评体系，优化薪酬管理体系和建立实施较长期限的激励制度等管理办法，使公司人力资源管理水平全面适应和支持公司持续快速发展的需要。2004年，公司将制定并实施一项为期三年或更长时间的业绩考核方案和员工激励机制，将公司的效率、效益提高与员工的收入直接挂钩，实行员工工资总额与人均利润、人工成本投入产出率的增长挂钩的激励机制和奖惩考核办法。

5、发挥综合优势，加快对行业的整合

近年来，随着饲料行业竞争的加剧以及饲料原料价格暴涨和终端产品价格持续低迷等情况，预计在未年的几年内，饲料行业将面临一个行业的重新整合，一些规模小、产品质量差、无品牌竞争优势的中小型饲料企业将面临被淘汰或被兼并，而一部份具备规模优势、品牌优势和管理优势的饲料企业将会成为行业整合的主导者，并将变得更加强大。公司将充分分析目前饲料行业的形势，发挥自身的优势，积极参与到行业整合中，兼并吸收一些具有较好条件的其它饲料企业，进一步强化自身、扩大市场份额。

第七节 重要事项

一、报告期内公司无重大诉讼、仲裁事项。

二、报告期内未发生重大关联交易事项。

三、重大合同及履行情况

1、报告期内公司无托管、承包、租赁其他公司资产或其他公司托管、承包、租赁本公司资产的事项。亦无出售或收购资产的事项。

2、报告期内，公司无对外担保事项。

3、公司无在报告期内或报告期继续发生委托他人进行资产资金管理的事项。

4、报告期内的重大合同及履行情况如下：

报告期内公司各项重大合同履行正常，无重大合同纠纷发生。

四、承诺事项及履行情况

避免同业竞争承诺：通威集团有限公司承诺不与通威股份公司发生同业竞争。

报告期内，上述承诺正在履行中。

第八节 备查文件目录

一、载有法定代表人、主管会计工作负责人、会计机构负责人签名并盖章的会计报表；

二、载有会计师事务所盖章、注册会计师签名并盖章的审计报告原件；

文件存放地：通威股份有限公司证券部

通威股份有限公司董事会

二OO四年三月十八日

宁夏赛马实业股份有限公司

宁夏赛马实业股份有限公司2003年年度报告

重要提示

本公司董事会及其董事保证本报告所载资料不存在任何虚假记载、误导性陈述或者重大遗漏,并对其内容的真实性、准确性和完整性承担个别及连带责任。

董事朱国广先生因公出差、独立董事田家官先生已向公司递交了辞职报告,故这两位董事未出席本次董事会会议。

董事长李永进先生、总经理尹自波先生、总会计师周春宁先生及财务部部长李宝林先生声明:保证年度报告中财务报告的真实、完整。

一、公司基本情况

(一)公司法定中文名称:宁夏赛马实业股份有限公司

公司英文名称:Ningxia Saima Industry Co., Ltd

(二)公司法定代表人:李永进

(三)董事会秘书及证券事务代表

董事会秘书:证券事务代表

姓名:武雄

联系地址:宁夏回族自治区银川市西夏区新小线二公里处

电话:0951-2085256

传真:0951-2085256

电子信箱:wuwux@vip.sina.com

(四)公司注册地址:宁夏回族自治区银川市西夏区新小线二公里处

公司办公地址:宁夏回族自治区银川市西夏区新小线二公里处

邮政编码:750021

公司网址:http://www.saimasy.com.cn

电子信箱:master@saimasy.com.cn

(五)公司选定的信息披露报纸:中国证券报、上海证券报

公司登载年度报告的网站:http://www.sse.com.cn

公司年度报告备置地点:公司证券投资部

(六)公司股票上市交易所:上海证券交易所

公司股票简称:赛马实业　股票代码:600449

(七)其他有关资料

公司首次注册登记日期:1998年12月4日

公司首次注册地点:宁夏回族自治区银川市新市区新小线二公里处

变更注册登记日期:2003年8月20日

公司变更注册地点:宁夏回族自治区银川市西夏区新小线二公里处

企业法人营业执照注册号:6400001201442(1/2)

税务登记号码:

国税:640103710659790

地税:640107710659790

公司聘请的会计师事务所名称:武汉众环会计师事务所有限责任公司会计师事务所办公

地址:武汉市解放大道单洞路口武汉国际大厦B栋16层

二、会计数据和业务数据摘要

(一)公司本年度主要业务指标　单位:人民币元

项目	金额
利润总额	39,540,949.31
净利润	35,312,647.87
扣除非经常性损益后的净利润	36,032,365.79
主营业务利润	106,531,475.21
其他业务利润	882,753.65
营业利润	24,118,441.27
投资收益	-1,207,615.09
补贴收入	19,860,362.15
营业外收支净额	3,230,239.02
经营活动产生的现金流量净额	85,631,996.16
现金及现金等价物净增加额	94,555,474.83

注:按照《公开发行证券的公司信息披露规范问答第1号--非经常性损益》的要求,扣除非经常性损益总金额为:-719,717.92元,涉及项目:

1.处置长期股权投资、固定资产、在建工程、无形资产、其他长期资产产生的损益:-1,260,442.28元;

2.短期投资损益:-4,135.90元;

3. 扣除日常根据企业会计制度规定计提的资产减值准备后的其他各项营业外收入、支出:-480,714.15元;

4.以前年度已经计提各项减值准备的转回:1,025,574.41元。

(二)截止本报告期末公司前三年的主要会计数据和财务指标　单位:人民币元

项目	2003年度	2002年度	2001年度
主营业务收入	312,390,843.77	219,078,487.91	165,627,758.01
净利润	35,312,647.87	25,322,182.33	24,973,251.06
总资产	609,391,080.66	525,717,368.09	431,159,449.92
股东权益(不含少数股东权益)	507,113,257.60	164,104,090.75	138,781,908.42
每股收益	0.287	0.338	0.333
每股净资产	4.123	2.188	1.850
调整后的每股净资产	4.103	2.174	1.835
每股经营活动产生的现金流量净额	0.696	0.524	0.285
净资产收益率(%)	6.96	15.43	17.99

注:按照中国证监会《公开发行证券公司信息披露编报规则第9号》要求计算的利润数据:

项目	净资产收益率		每股收益(元)	
	全面摊薄%	加权平均%	全面摊薄	加权平均
主营业务利润	21.01	37.47	0.87	1.17
营业利润	4.76	8.48	0.20	0.27
净利润	6.96	12.42	0.29	0.39
扣除非经常性损益后的净利润	7.11	12.67	0.29	0.40

说明:2003年度总股本按123000000股计算,2002年度总股本按75000000股计算,2001年度总股本按75000000股计算。

(三)报告期内股东权益变动情况单位:人民币元

项目	期初数	本期增加
股本	75,000,000.00	48,000,000.00
资本公积	25,300,017.14	259,696,518.98
盈余公积	8,630,407.36	3,531,264.79
法定公益金	4,315,203.68	1,765,632.39
未分配利润	50,858,462.57	30,015,750.69
其中:拟分配的现金红利		
股东权益合计	164,104,090.75	343,009,166.85

项目	本期减少	期末数	变动原因
股本		123,000,000.00	新股发行
资本公积		284,996,536.12	股本溢价
盈余公积		12,161,672.15	本年度提取
法定公益金		6,080,836.07	本年度提取
未分配利润		80,874,213.26	本年度实现利润、
其中:拟分配的现金红利		14,760,000.00	利润分配
股东权益合计		507,113,257.60	新股发行

三、股本变动及股东情况

(一)股本变动情况　数量单位:股

股份类型	本次变动前	本期增减(+、-) 配股	送股	公积金转股	首发	其他	小计	本次变动后
一、未上市流通股份								
1.发起人股份	75,000,000							75,000,000
其中:								
国家持有股份	69,750,000							69,750,000
境内法人持有股份	5,250,000							5,250,000
境外法人持有股份								
其他								
2.募集法人股份								
3.内部职工股								
4.优先股或其他								
未上市流通股份合计	75,000,000							75,000,000
二、已上市流通股份								
1.人民币普通股	48,000,000						48,000,000	48,000,000
2.境内上市的外资股								
3.境外上市的外资股								
4.其他								
已上市流通股份合计	48,000,000							
三、股份总数	75,000,000				48,000,000		48,000,000	123,000,000

注:报告期公司股本发生变动系新股发行所至。

(二)股票发行与上市情况

1.公司前三年历次股票发行情况:经中国证监会证监发行字[2003]93号文核准,公司于2003年8月14日利用上海证券交易所交易系统,采用全部向二级市场投资者定价配售的方式成功发行了4800万股每股面值1.00元的人民币普通股,发行价每股6.70元。经上海证券交易所上证上字[2003]101号文《关于宁夏赛马实业股份有限公司人民币普通股上市交易的通知》批准,本公司公开发行的4800万股(A股)社会公众股于2003年8月29日在上海证券交易所挂牌交易。

2.报告期内,公司无送股、转增股本、配股、增发新股、吸收合并、可转换公司债券转股、减资等事项。

3.公司未发行内部职工股。

(三)股东情况介绍

1.截止2003年12月31日在中国证券登记结算有限责任公司上海分公司登记的本公司股东为23053户。

2.主要股东持股情况(截止2003年12月31日)

名次	股东名称	本期末持股数量(股)	本期持股变动情况(+,-)	持股占总股本比例(100%)	持有股份的质押或冻结情况	股份性质
1	宁夏建材集团有限责任公司	69750000		56.71	无	国家股
2	宁夏青龙管道有限公司	2250000		1.83	无	法人股
3	宁夏新材房地产开发有限公司	1500000		1.22	无	法人股
4	宁夏英力特化工股份有限公司	750000		0.61	无	法人股
5	中国建筑材料西北公司	750000		0.61	未知	流通股
6	余新寿	472173		0.38	未知	流通股
7	计宁翔	370000		0.30	未知	流通股
8	谢东辰	216600		0.18	未知	流通股
9	东吴证券有限责任公司	195000		0.16	未知	流通股
10	于英	190000		0.15	未知	流通股

3.十大股东相关说明

(1) 公司未知前十名股东之间是否有关联关系或存在属于《上市公司股东持股变动信息披露管理办法》规定的一致行动人。

(2)公司控股股东为宁夏建材集团有限责任公司,法人代表王广林,成立日期1997年9月8日,注册资本11300万元,主要经营水泥。兼营石灰石、水泥熟料、水泥制品、机械设备修理及配件加工、包装、纸袋销售;技术咨询;汽车货运、装卸;设备租赁。2003年12月4日公司控股股东名称由原"宁夏赛马水泥(集团)有限责任公司"变更为"宁夏建材集团有限责任公司"。

(3) 公司控股股东的控股股东情况公司控股股东为宁夏回族自治区人民政府授权的国有独资公司。

(4)其他持股在10%以上(含10%)的法人股东报告期内,公司无其他持股在10%以上(含10%)的法人股东。

(5)报告期内公司控股股东无变化。

(6)公司前十名流通股股东情况(截止2003年12月31日)

名次	股东名称(全称)	本期末持股数(股)	种类(A、B、H或其他)
1	余新寿	472173	A
2	计宁翔	370000	A
3	谢东辰	216600	A
4	东吴证券有限责任公司	195000	A
5	于英	190000	A
6	郭伟松	170000	A
7	刘俊怡	134500	A
8	范康林	111950	A
9	周雪钦	110000	A
10	马志宇	100000	A

注:公司未知前十名流通股东之间是否有关联关系或存在属于《上市公司股东持股变动信息披露管理办法》规定的一致行动人。

四、董事、监事、高级管理人员和员工情况

(一) 公司董事、监事、高级管理人员情况

1.基本情况

姓名	性别	年龄	职务	任职起止日期	持股数
李永进	男	40	董事长	2002.6--2005.6	0
王广林	男	45	董事	2003.10--2005.6	0
尹自波	男	35	董事、总经理	2002.6--2005.6	0
朱国广	男	53	董事	2002.6--2005.6	0
焦彤英	女	42	董事	2002.6--2005.6	0
周春宁	男	43	董事、总会计师	2002.6--2005.6	0
武雄	男	36	董事、副总经理、董事会秘书	2002.6--2005.6	0
宋廷池	男	66	独立董事	2002.6--2005.6	0
张志俊	男	66	独立董事	2002.6--2005.6	0
党玉松	女	53	独立董事	2003.6--2005.6	0
田家官	男	49	独立董事	2003.6--2005.6	0
毛德汝	男	41	监事会主席	2002.6--2005.6	0
蒋明刚	男	33	监事	2002.6--2005.6	0
黄建忠	男	31	监事	2002.6--2005.6	0
罗雳	男	39	总工程师	2003.9--2005.6	0

注:董事王广林先生、焦彤英女士,监事毛德汝先生、黄建忠先生在宁夏建材集团有限责任公司任职。王广林先生从2003年6月至今任该公司总经理;焦彤英女士从2003年9月至今任该公司副总经理;毛德汝先生从2003年9月至今任该公司党委工作部部长;黄建忠先生从2003年9月至今任该公司办公室副主任。

2.年度报酬情况

(1)本公司董事、监事及高级管理人员本年度报酬均按有关规定按月发放。

(2)现任董事、监事及高级管理人员的年度报酬总额(包括基本工资、各项奖金、福利、补贴及其他津贴)为515491.93元。金额最高的前三名董事的报酬总额为277719.53元。金额最高的前三名高级管理人员的报酬总额为251079.74元。

(3)独立董事的津贴为每人每月1000元(含税)。

(4)在3万元以下年度报酬数额区间内领取报酬的董事、监事及高级管理人员共有7人;在3万元-5万元年度报酬数额区间内领取报酬的董事、监事及高级管理人员共有2人;在5万元-8万元年度报酬数额区间内领取报酬的董事、监事及高级管理人员共有1人;在8万元-10万元年度报酬数额区间内领取报酬的董事、监事及高级管理人员共有3人。

董事王广林先生、朱国广先生不在公司领取报酬。董事王广林先生在宁夏建材集团有限责任公司领取报酬,董事朱国广先生在宁夏新材房地产开发有限公司领取报酬和津贴。董事焦彤英女士、监事毛德汝先生、监事黄建忠先生自2003年1月-9月期间在公司领取报酬,从2003年10月起在宁夏建材集团有限责任公司领取报酬。

(5)报告期离任的董事、监事及高级管理人员情况

①根据工作需要,李广林、陈家兴、曹桂荣、刘纯洁四名董事在2003年6月20日,公司2002年度股东大会上辞去了董事职务。

②依据国家相关法律、法规及中国证券监督管理委员会的要求和《公司章程》规定,公司在2003年6月20日,公司2002年度股东大会以记名投票方式选举党玉松女士、田家官先生担任公司独立董事职务。

③因工作调动原因,在公司第二届董事会第六次会议上杨万辉先生辞去公司董事、总经理职务;焦彤英女士辞去公司副总经理职务;董事会决定聘任尹自波先生为公司总经理;聘任罗雳先生为公司总工程师。

④因杨万辉先生辞去公司董事职务,2003年9月22日,公司2003年度第一次临时股东大会以记名投票方式补选王广林先生为公司第二届董事会董事,任期与本届董事会相同。

(二)公司员工基本情况

截止2003年12月31日,本公司在册职工1231人,其中生产人员901人,销售人员40人,技术人员226人,财务人员10人,行政人员54人。员工中具有初级职称的有96人,具有中级职称的有104人,具有高级职称的有17人;具有本科以上文化程度的有62人,具有大专文化程度的有153人,中专及以下1016人。

五、公司治理结构

(一)公司治理结构情况

公司严格按照《公司法》、《证券法》、中国证监会的有关规定和《上海证券交易所股票上市规则》的要求,规范运作。目前,公司已形成了规范的公司治理结构,营造出了可持续发展的制度环境。

1.公司严格按照《公司章程》的有关规定选举产生董事会,公司董事会的人数及人员构成符合法律、法规要求,公司制定了《董事会议事规则》,公司独立董事人数符合中国证监会要求,同时公司建立了《独立董事制度》。公司董事熟悉相关法律法规,了解责任、权利和义务,工作中勤勉尽职,能充分代表和反映全体股东的利益。

2.公司严格按照《公司章程》的有关规定选举产生监事会,公司监事的人数和人员

出席会议,本着对全体股东高度负责的精神,认真履行对公司董事、高级管理人员及《公司章程》执行情况、公司财务状况的监督职责。

3.公司高级管理人员的聘任程序符合有关法律、法规和《公司章程》的规定。公司定了《总经理工作细则》,公司高级管理人员定期向董事会汇报工作情况。公司正积极着手建立公正、透明的董事、监事、公司经理人员的绩效评价标准与激励约束机制,进一步完善相关制度建设。

4.公司制定了《投资者关系管理办法》,加强投资者对公司的监督作用,促进公司与投资者和潜在投资者的有效沟通。公司指定董事会秘书负责信息披露工作及接待股东来访等咨询事宜,公司能够严格按照法律、法规和《公司章程》的规定真实、完整、准确、及时地披露相关信息。

(二)独立董事履行职责情况

公司制定了《独立董事制度》,公司第二届董事会中独立董事已经达到公司董事会人数的1/3以上。

公司独立董事制度建立后,产生的效应是积极的。独立董事认真履行诚信勤勉义务,积极出席董事会、股东大会,独立行使公司章程赋予的特别职权,对所审议事项进行了独立客观的判断,审查并对公司的关联交易发表意见,为公司决策提供了专业及建设性的建议,并认真监督了公司管理层的工作,有效促进了公司的规范运作,维护了中小股东的合法权益。

(三)公司与控股股东在人员、资产、财务、业务、机构等方面的情况

公司严格遵照《上市公司治理准则》等相关法律制度,与控股股东在人员、资产、财务、业务、机构方面做到"五独立",公司具有独立的业务及自主经营能力;公司董事、监事由股东大会选举产生,高级管理人员经董事会审议聘任;董事会、监事会和内部机构能独立运作。

1.在人员方面

公司在劳动、人事及工资管理等方面与控股股东完全独立。总经理、副总经理、董事会秘书、财务负责人及其他高级管理人员均在本公司领取报酬。

2.在资产方面

公司拥有完整独立的产供销系统,与控股股东之间的产权关系明晰,不存在以资产、权益或信誉为控股股东或其子公司提供担保的情况,不存在资产被控股股东无偿占用的情况。

3.在财务方面

公司财务完全独立,设有独立的财会部门,建立了独立的会计核算体系和财务管理制度,独立在银行开户,并依法独立纳税。

4.在业务方面

公司在业务方面完全独立于控股股东,具有完整的自主经营能力。

5.在机构方面

公司设立了健全的组织体系,董事会、监事会、经理层及管理、生产、质量、采购、销售、财务、证券等内部机构独立运作,不存在与控股股东职能部门之间的从属关系。公司的控股股东没有干涉公司正常生产经营,公司独立运作情况良好。

(四)公司报告期内对高管人员的考评及激励制度

公司建立并不断完善科学有效的激励机制、考核指标体系。公司的高级管理人员直接向董事会负责,接受董事会直接考核、奖惩。公司高级管理人员承担完成公司的生产经营目标的任务,董事会根据目标完成情况和经营、管理、廉政、安全生产等情况对照年度确定的生产经营计划对高级管理人员进行考核。

六、董事会报告

一、报告期内经营情况的讨论与分析

(一)2003年国家宏观经济持续增长,固定资产投资快速增加。随着西部大开发以及宁夏把银川市建设成为区域性中心城市战略的实施,银川市进行了大量的基础设施建设,为公司发展提供了有利的市场机遇,促进了公司水泥的销售。

(二)报告期内,公司本部生产水泥115.46万吨,销售水泥115.94万吨,比2002年度增长51.78%和53.12%;公司控股子公司青龙塑管公司生产塑料管材8163吨,销售8126吨,比2002年度增长17.22%和25.66%。公司全年实现主营业务收入312,390,843.77元,比2002年度增长42.59%,实现净利润35,312,647.87元,比2002年度增长39.45%。

(三)报告期内,公司募集资金投入的一号窑节能技改生产线已稳定生产合格产品,使公司水泥产能大幅上升,成为公司利润的增长点。

(四)报告期内,公司募集资金偿还了一号窑节能技改生产线项目和石灰石矿山技术改造项目贷款,降低了财务费用。

二、报告期内经营情况

(一)主营业务范围及其经营状况

公司主营业务:水泥制造、销售,水泥制品、水泥熟料、塑料管材、精细石膏的制造与销售。

公司从事的生产与经营属建材行业。

1.报告期内公司主营业务收入、主营业务利润构成情况:

1)按产品划分

主营业务收入构成:

产品	主营业务收入(元)	占主营业务收入比例(%)
水泥	254,385,438.66	81.43
塑料管材	58,005,405.11	18.57
合计	312,390,084.77	100

主营业务利润构成:

产品	主营业务利润(元)	占主营业务利润比例(%)
水泥	92,323,618.73	86.66
塑料管材	14,207,856.48	13.34
合计	106,531,475.21	100

2)按地区划分

地区		主营业务收入(%)	占主营业务收入比例
	自治区内	232,196,489.20	74.33
水泥:	自治区外	22,188,949.46	7.10
塑料管材	西北地区	58,005,405.11	18.57
合计		312,390,843.77	100

2.生产经营的主要产品情况

占主营业务收入及主营业务利润总额10%以上的主要产品情况:

主要产品	产品销售收入(元)	产品销售成本(元)	毛利率(%)
水泥	254,385,438.66	159,696,195.40	37.22
塑料管材	58,005,405.11	43,601,092.19	24.83

3.主营业务及其结构变化情况

报告期内公司主营业务及其结构未发生变化。

(二)公司控股子公司的经营情况及业绩

1.宁夏青龙塑料管材有限公司

该公司注册资本800万元,公司持有该公司62.5%的股份。其经营范围为塑料管材的生产与销售。截止2003年12月31日,该公司总资产6343.36万元,净资产2920.81万元,2003年度实现净利润825.12万元。

2.宁夏赛马昊晶特种石膏有限公司

该公司注册资本500万元,本公司持有该公司60%的股份。其经营范围为石膏及石膏制品的加工、制造与销售。截止2003年12月31日,该公司总资产938.67万元,净资产58.33万元,2003年度实现净利润-143.83万元。

2003年12月19日宁夏赛马昊晶特种石膏有限公司召开了二OO三年第一次临时股东会,会议审议通过了《关于解散宁夏赛马昊晶特种石膏有限公司的议案》,决定对该公司进行解散。现其正处于清算程序中。

宁夏赛马昊晶特种石膏有限公司自设立以来,由于生产技术一直处于试验期,经营管理不善,生产出的产品质量难以满足市场要求,致使该公司连年亏损。虽经过几年努力,但仍未有好转迹象。目前无论在技术上,还是在市场上发展前景均难以预料。2003年11月18日该公司接到了银川经济技术开发区土地清理办公室的拆迁通知,限期该公司于21日内搬迁完毕。此次进行搬迁,如继续经营还需要大量投入,且不能保证一定能够攻克技术难关、打开市场。2004年3月该公司经营期限将至。鉴于以上情况,该公司股东会决定对公司进行解散。

公司分别于2003年12月6日、12月23日在中国证券报、上海证券报披露了该公司的相关信息。

(三)主要供应商和客户情况

报告期内公司向前五名供应商采购的合计金额为2099万元,占年度采购总额的26.91%;向前五名客户销售的合计金额为5,146万元,占年度销售总额的16.47%。

(四)在经营中出现的问题与困难及解决方案

公司在生产经营中出现的问题:一是公司生产所需原燃材料、水电费用价格上涨等减利因素还将继续增加,导致成本费用上升,效益下降;二是公司控股子公司宁夏赛马昊晶特种石膏有限公司的解散,除给公司带来投资损失外,还将可能给公司带来一定的债权损失。

对此,公司的主要解决办法是:一是积极组织原燃材料的供应,寻找新的原燃材料供应点;二是继续强化内部管理,严格控制成本费用支出,消化减利因素影响;三是加大公司资产重组力度,不断提高公司资产的运行质量。

三、公司投资情况

公司于2003年8月14日公开发行了4800万A股股票,募集资金32160万元,扣除相关发行费用后,实际募集资金30769.65万元。截止2003年12月31日,已使用26439.65万元。

募集资金使用情况及说明

承诺投资项目	计划投资(万元)	本期累计实际投资(万元)	说明
一号窑节能技改项目	21,246.26	21,246.26	该项目已完工,现运行良好。
石灰石矿山技术改造项目	4,858.74	4,858.74	该项目已完工,现运行良好。
提高综合发散能力改造项目	2,830.00		拟改投。
年产5000吨UPVC管材项目	1,500.00		正在调研论证。
补充流动资金	334.65	334.65	已使用。
合计	30769.65	26439.65	

说明:

1. 一号窑节能技改项目是公司以自有资金91.25万元和银行贷款21,246.26万元先行开工建设,现该项目已完工,并运行良好。报告期公司已用募集资金21,246.26万元偿还了银行贷款。

2.石灰石矿山技术改造项目是公司先以银行贷款投资建设,现该项目已完工,并运行良好。报告期公司已用募集资金4858.74万元偿还了银行贷款。

3.提高综合发散能力改造项目。公司经过历年的技术改造和管理水平的提高,自身

发散能力已能满足市场需求。同时公司通过重新调研,认为:目前市场上水泥散装运输服务普遍增多,水泥发散专业化、市场化程度较高,服务体系比较成熟;由于竞争因素,服务质量明显提高,且运输费用相对合理。经调查,各施工基地通过各种形式普遍装置了散装水泥贮存罐,提高了接灰能力。现本区水泥散装率和接灰能力都有了较大的提高。目前社会上的散装水泥运输和接收能力已发育成熟,不需要公司再进行投资。因此公司拟不再投资该项目,将该项目涉及的募集资金2830万元用于与宁夏建材集团有限责任公司合资设立宁夏赛马兰山水泥有限责任公司,由该公司建设2×2500t/d新型干法水泥熟料生产线项目。

4.年产5000吨UPVC管材项目的情况是:由于该项目的可研报告是1998年完成的,距今时间较长,随着新技术的进步,公司目前对该项目投资正在进行重新论证和调研。以上3、4两个项目计划投入的募集资金分别是2830万元和1500万元,现存于银行。

5.剩余募集资金334.65万元已补充流动资金。

四、公司财务状况和经营成果

(一)报告期内公司财务状况和经营成果　单位:元

项目	2003年	2002年	增减
总资产	609,391,080.66	525,717,368.09	83,673,712.57
长期负债	4,946,012.51	140,811,506.73	-135,865,494.22
股东权益	507,113,257.60	164,104,090.75	343,009,166.85
主营业务利润	106,531,475.21	80,952,031.25	25,579,443.96
净利润	35,312,647.87	25,322,182.33	9,990,465.54
现金及现金等价物净增加额	94,555,474.83	-56,008,957.11	150,564,431.94

增减变动原因:

1. 总资产、股东权益、现金及现金等价物净增加额增加主要系公司2003年度发行新股以及2003年度实现利润增加所致。

2.主营业务利润、净利润增加主要系2003年公司形成新的利润增长项目即一号窑节能技改项目发挥效益所致。

五、生产经营环境、宏观政策、法规的变化对公司产生的影响

(一)有利因素

1.国家西部大开发政策的实施,必将导致基础建设投资力度的加大,这将给公司提供有利的市场机遇。

2. 报告期公司主要产品32.5级水泥、42.5级水泥在生产过程中消耗一定数量的废石渣、煤矸石、硫酸渣、粉煤灰、磷石膏等物,有利于资源综合利用及环境保护,因此上述产品的销售继续享受免税政策,这对公司2003年度的净利润产生较大影响。

(二)不利因素

1.建材行业是典型的投资拉动型行业,与国家宏观经济政策尤其是固定资产投资中的基建投资和房地产投资联系紧密。若国家宏观政策发生变化将对公司产生不利影响。

2.煤、电价格的上涨,将对公司生产成本造成较大的影响。

六、董事会日常工作

(一)报告期内董事会会议情况及决议内容

根据公司生产经营的实际需要,本年度共召开了五次董事会会议。

1.公司第二届董事会第四次会议于2003年5月20日在公司会议室召开,会议审议通过了:

(1)《2002年度董事会工作报告》

(2)《2002年度总经理工作报告》

(3)《2002年度财务报告》

(4)《2002年度财务决算报告》

(5)《2002年度利润分配预案》

(6)《关于修改〈公司章程〉的议案》

(7)《关于李广林等四名同志申请辞去公司董事的议案》

(8)《关于增选两名独立董事的议案》

(9)《关于调整公司生产及管理机构的议案》

(10)《关于召开二OO二年度股东大会的议案》

并就以上(1)、(3)、(4)、(5)、(6)、(7)、(8)项提请股东大会审议决定。本次会议召开时,公司为非上市公司,会议决议未公告。

2.公司第二届董事会第五次会议于2003年6月20日在公司会议室召开,会议审议并通过了《关于公司首次公开发行股票的发行总额及发行价格的议案》。

本次会议召开时,公司为非上市公司,会议决议未公告。

3.公司第二届董事会第六次会议于2003年9月22日在公司会议室召开,会议审议并通过了:

(1)《关于公司暂缓拆除一号窑的议案》

(2)《关于公司独立董事津贴的议案》

(3)《关于杨万辉先生辞去公司董事、总经理的议案》

(4)《关于焦彤英女士辞去公司副总经理的议案》

(5)《关于提名补选王广林先生为公司董事的议案》

(6)《关于聘任尹自波先生为公司总经理的议案》

(7)《关于聘任罗雳先生为公司总工程师的议案》

(8)《关于调整公司组织机构的议案》

(9)《关于宁夏赛马实业股份有限公司与关联方资金往来及对外担保的自查报告》

(10)《关于召开二OO三年度第一次临时股东大会的议案》

并就以上②、⑤项议案提请股东大会审议决定。

此次会议决议公告刊登在2003年9月23日的《中国证券报》、《上海证券报》上。

4.公司第二届董事会第七次会议于2003年10月24日在公司会议室召开,会议审议并通过了:

(1)《公司二OO三年第三季度报告》

(2)《公司内部审计制度》

此次会议决议未公告。

5.公司第二届董事会第八次会议于2003年12月4日在公司会议室召开,会议审议并通过了:

(1)《关于公司收购控股股东宁夏赛马水泥(集团)有限责任公司拟出让资产的议案》(关联董事王广林先生、焦彤英女士回避表决)

(2)《关于审议<关于解散宁夏赛马昊晶特种石膏有限公司的议案>的议案》

(3)《关于审议<宁夏赛马实业股份有限公司子公司管理办法>的议案》

(4)《关于审议<宁夏赛马实业股份有限公司投资者关系管理办法>的议案》

(5)《关于公司召开二OO四年第一次临时股东大会的议案》

就以上(1)项提请股东大会审议决定。

此次会议决议公告刊登在2003年12月6日的《中国证券报》、《上海证券报》上。

(二)股东大会决议执行情况

报告期内,董事会根据《公司法》等有关法律、法规的规定,按照《公司章程》的要求,严格行使股东大会赋予的职权,诚信尽责地执行了股东大会通过的各项决议。

1.公司董事会对2002年度股东大会决议执行情况如下:

(1)根据大会审议通过的《2002年度董事会工作报告》,董事会将2003年度的各项主要工作进行了认真的分解,落实到位并进行考核。

(2)根据大会审议通过的《2002年度利润分配预案》,公司按2002年度净利润的10%提取法定盈余公积金2,556,743.43元,按5%提取法定公益金1,278,371.70元,2002年度公司不进行利润分配,亦不进行资本公积金转增股本。

(3)根据大会审议通过的《关于修改<公司章程>的议案》,对公司章程进行了修改。

(4)根据大会审议通过的《关于李广林等四名同志申请辞去公司董事的议案》,李广林等四名同志辞去了公司董事的职务。

(5)根据大会审议通过的《关于增选两名独立董事的议案》,公司正式聘任党玉松女士、田家官先生为公司独立董事。

2.根据股东大会授权董事会修改了上市后的公司章程,并变更了营业执照。

3.2003年10月24日公司召开了2003年度第一次临时股东大会,会议决议执行情况如下:

(1)根据大会审议通过的《关于公司独立董事津贴的议案》,2003年10月底将独立董事2003年度的津贴落实到位,并逐月发放。

(2)根据大会审议通过的《关于补选王广林先生为公司董事的议案》,王广林先生正式成为公司董事。

八、2003年度利润分配预案

经武汉众环会计师事务所有限责任公司审计,公司2003年度净利润35,312,647.87元,依据《公司法》和《公司章程》的规定,提取10%的法定盈余公积金3,531,264.79元,提取5%的法定公益金1,765,632.39元,加年初未分配利润50,858,462.57元,实际可供股东分配的利润为80,874,213.26元。

本次利润分配预案为:以2003年末总股本12300万股为基数,向全体股东每10股派发现金股利1.2元(含税),共派发现金股利14,760,000元。公司本次分配后剩余的未分配利润66,114,213.26元结转到下一年度。

公司2003年度资本公积金不转增股本。

该分配预案尚需股东大会审议。

(九)其他事项

1.关于宁夏赛马实业股份有限公司控股股东及其他关联方占用资金情况的专项说明

我所接受宁夏赛马实业股份有限公司(以下简称"赛马实业")全体股东的委托,对赛马股份2003年度财务报告进行了审计。依据中国证券监督管理委员会《关于规范上市公司与关联方资金往来及上市公司对外担保若干问题的通知》的要求,特将赛马实业控股股东及其他关联方资金占用情况说明如下:

2003年赛马实业控股股东及其他关联方全年累计占用上市公司资金18,277,775.15元,全部为非经营性占用上市公司资金。截止2003年12月31日,公司控股股东及其他关联方共占用上市公司资金7,590,650.71元,全部为非经营性占用上市公司资金。具体情况如下表:

序号	资金占用方名称	与上市公司的关系	相对应的会计科目
1	宁夏赛马建材建设工程有限公司	同一控股股东	应收帐款

	经营性占用资金小计		
	宁夏建材集团有限责任公司	公司控股股东	其他应付款
2	宁夏赛马昊晶特种石膏有限公司	控股子公司	其他应收款
	非经营性占用资金小计		
	占用资金合计		

序号	资金占用方名称	会计科目 2003 年累计借方发生额总计	会计科目 2003 年累计贷方发生额总计
1	宁夏赛马建材建设工程有限公司		154,928.35
	经营性占用资金小计		154,928.35
	宁夏建材集团有限责任公司	17,766,902.50	17,766,902.50
2	宁夏赛马昊晶特种石膏有限公司	510,872.65	
	非经营性占用资金小计	18,277,775.15	17,766,902.50
	占用资金合计	18,277,775.15	17,921,830.85

序号	资金占用方名称	2002 年 12 月 31 日占用资金数额	2003 年 12 月 31 日占用资金数额
1	宁夏赛马建材建设工程有限公司	154,928.35	
	经营性占用资金小计	154,928.351	
	宁夏建材集团有限责任公司		
2	宁夏赛马昊晶特种石膏有限公司	7,079,778.06	7,590,650.71
	非经营性占用资金小计	7,079,778.06	7,590,650.71
	占用资金合计	7,234,706.41	7,590,650.71

序号	资金占用方名称	占用原因	占用方式
1	宁夏赛马建材建设工程有限公司		
	经营性占用资金小计		
	宁夏建材集团有限责任公司		
2	宁夏赛马昊晶特种石膏有限公司		
	非经营性占用资金小计		
	占用资金合计		

武汉众环会计师事务所有限责任公司 2004 年 3 月 5 日

2.独立董事对公司累计和当期对外担保情况的专项说明及独立意见

"根据中国证监会《关于规范上市公司与关联方资金往来及上市公司对外担保若干问题的通知》(证监发[2003]56 号)的要求,我们本着实事求是、认真负责的态度,对宁夏赛马实业股份有限公司累计和当期对外担保情况、执行证监发[2003]56 号文规定情况进行了认真调查了解,作出如下专项说明和独立意见:

一、专项说明

1.公司能够遵守相关法律法规及中国证监会的有关规定,未发现为控股股东宁夏建材集团有限责任公司及其他关联方提供担保。

2.公司按照证监发[2003]56 号文的要求进行了认真的自查,并向中国证监会银川特派办递交了自查报告。

二、独立意见

截止意见出具日,未发现公司曾经发生过对外提供担保、互保情况,也未发现公司目前存在对外担保情况。"

3.公司选定信息披露报纸为《中国证券报》和《上海证券报》。

七、重要事项

(一)本年度公司无重大诉讼、仲裁事项。

(二)报告期内未发生收购资产事项

2003 年 12 月 4 日,公司第二届董事会第八次会议审议通过了《关于公司收购控股股东宁夏赛马水泥(集团)有限责任公司拟出让资产的议案》。由于该议案需经股东大会审议通过,所以在本报告期内实际未发生收购资产事项。

该信息刊登在 2003 年 12 月 6 日《中国证券报》、《上海证券报》上。

(三)关联交易事项

1.采购货物与销售货物

(1)采购货物

本公司向关联方采购货物有关明细资料如下: 单位:人民币元

单位名称	品种	2003 年度采购额	占年度采购总额百分比(%)
宁夏赛马集团工贸有限公司	包装	8,675,470.07	9.21
宁夏赛马物资经营有限责任公司	袋煤	2,089,824.41	2.22

单位名称	支付方式	对利润的影响
宁夏赛马集团工贸有限公司	现金	无
宁夏赛马物资经营有限责任公司	现金	无

定价政策:本公司与关联公司之间的交易价格以同类产品的市场价格为基础确定。

(2)销售货物

本公司向关联方销售货物有关明细资料如下: 单位:人民币元

单位名称	品种	2003 年度销售额
宁夏赛马集团工贸有限公司	水泥	1,494,543.58
宁夏赛马物资经营有限责任公司	水泥	1,029,519.23
宁夏赛马建材建设工程有限公司	水泥	2,957,777.72
宁夏赛马汽车运输有限责任公司	水泥	122,222.22
宁夏建材集团有限责任公司	水泥	209,311.44

单位名称	占年度销售总额百分比(%)	支付方式	对利润的影响方式
宁夏赛马集团工贸有限公司	0.48	现金	无
宁夏赛马物资经营有限责任公司	0.33	现金	无
宁夏赛马建材建设工程有限公司	0.95	现金	无
宁夏赛马汽车运输有限责任公司	0.04	现金	无
宁夏建材集团有限责任公司	0.07	现金	无

定价政策:本公司与关联公司之间的交易价格以同类产品的市场价格为基础确定。

(3)采购货物与销售货物方面的关联交易的必要性和持续性说明

公司生产销售水泥需燃煤及水泥包装袋,公司控股股东宁夏建材集团有限责任公司下属全资子公司宁夏赛马物资经营有限公司、宁夏赛马集团工贸有限公司分别从事燃煤、水泥包装袋的经营销售业务,其通过招投标的形式,为公司供应部分燃煤和水泥包装袋。今后这种关联交易可能还会存在。

2.其他关联交易

(1)土地、房屋租赁

1998 年 12 月 21 日公司与宁夏赛马水泥(集团)有限责任公司(现更名为宁夏建材集团有限责任公司)订《土地租赁合同》。公司承租宁夏赛马水泥(集团)有限责任公司拥有使用权的土地 404461 平方米。租期 50 年,每年付租金人民币 60 万元。

1998 年 12 月 21 日公与宁夏赛马水泥(集团)有限责任公司订立《房屋租赁合同》。公司承租宁夏赛马水(集团)有限责任公司的办公楼、运销公司办公室、中心化验室办公室、物资库及办公室、设备库房等,租期 5 年,年租金 8.3 万元,租金参照折旧费用的提取情况确定。租金每三年可调整一次。

(2)运输服务协议

1998 年 12 月 21 日公司与宁夏赛马汽车运输有限责任公司订立《汽车运输综合服务协议》。根据约定宁夏赛马汽车运输有限责任公司向本公司提供汽车运输综合服务。货车运输 0.25-0.32 元/吨·公里,其他机动车 72-200 元/台·时。以上价格按照公平有偿的原则约定。

1998 年 12 月 21 日公司与宁夏赛马水泥 (集团) 有限责任公司订立《铁路专用线运输服务协议》。根据约定宁夏赛马水泥(集团)有限责任公司许可本公司使用铁路专用线,价格为 2.5 元/吨。该项费用的制定依据为:参照宁夏赛马水泥(集团)有限责任公司每年向银川铁路局支付的相关委托维修费用加上该线的折旧费用和工作人员工资除以年运输总量得出。

(3)综合服务协议

1998 年 12 月 21 日公司与宁夏赛马水泥(集团)有限责任公司订立《综合服务协议》。宁夏赛马水泥(集团)有限责任公司向本公司提供以下服务:

①机电维修及其他综合服务:约定由宁夏赛马水泥(集团)有限责任公司向公司提供机电维修等综合服务。机电维修加工费 8-12 元/工时;仪器仪表检修费 18.99 万元/年;内外线维护费 32.81 万元/年;管道维护费 14.7 万元/年;供电服务费 0.013 元/度;供水服务费 1.335 元/吨;供暖服务费 32.53 万元/年;通讯、治安保卫、环境卫生服务费 10 万元/年。供电服务费的确定是按宁夏赛马水泥(集团)有限责任公司变电所宁夏年运行总费用(折旧、人员工资、维修费用)除以年供电总量得出,其他服务价格均按照定价前一年实际费用情况核定。

②生活区综合服务:约定由宁夏赛马水泥(集团)有限责任公司为公司职工提供后勤服务并以 50 万元/年的价格收取服务费,该价格根据 1998 年度各项实际费用计算核定。2002 年-2004 年以 80 万元/年的价格收取服务费,该价格根据 2001 年度各项费用计算核定。如双方对服务费用实际金额产生争议,应由物价主管部门确定,该定论对双方具有约束力。

(四)报告期内发生的重大合同及履行情况

1.报告期内公司无托管、承包、租赁其他公司资产或其他公司托管、承包、租赁本公司资产的事项。

2.报告期内公司未发生重大担保事项。

3.报告期内公司未发生委托他人进行现金资产管理事项。

4.报告期内公司未发生委托贷款事项。

(五)聘请会计师事务所情况

报告期内,公司聘请武汉众环会计师事务所有限责任公司为公司的财务审计机构,报告期内公司支付给会计师事务所的报酬为:审计费 35 万元。

(六)报告期内公司、公司董事会及董事没有受到中国证监会稽查、中国证监会行政处罚、通报批评、证券交易所谴责的情形。

(七)其他重大事件

1.因工作调动原因,公司更换了总经理,该信息刊登在 2003 年 9 月 23 日《中国证券报》、《上海证券报》上。

2.报告期内发生了《公开发行股票公司信息披露实施细则(试行)》第十七条规定的重大事件。公司股票发行上市股本结构发生变化。

3.公司上市后,为公司进行财务审计的武汉众环会计师事务所有限责任公司签字注册会计师由以前的石文先先生和雷闻先生变更为谢峰先生和刘婕女士。

八、备查文件目录

(一) 载有法定代表人、财务负责人、财务部长等签名盖章的会计报表。

(二) 载有会计师事务所盖章、注册会计师签名并盖章的审计报告原件。

(三) 报告期内在《中国证券报》、《上海证券报》上公开披露过的所有公司文件的正本及公告的原稿。

宁夏赛马实业股份有限公司

董事长:李永进

2004 年 3 月 16 日

ZHONG HUAN
武汉总部 430022 武汉国际大厦 B 座 16 层
电话:027 85417039 传真:027 85424329
北京分所 100045 北京西城区月坛理想大厦
电话:010 68025537 传真:010 68025537
上海分所 200122 上海浦东新区齐鲁大厦 8 层
电话:021 68867330 传真:021 68867332
深圳分所 518001 深圳同乐大厦同庆阁 7 层
电话:0755 82192840 传真:0755 82174100

审计报告

武众会(2004)146 号

宁夏赛马实业股份有限公司全体股东:

我们审计了后附的宁夏赛马实业股份有限公司(以下简称"宁夏赛马公司")2003 年 12 月 31 日的资产负债表及合并资产负债表,2003 年度的利润表及合并利润表,2003 年度的现金流量表及合并现金流量表。这些会计报表的编制是宁夏赛马公司管理当局的责任,我们的责任是在实施审计工作的基础上对这些会计报表发表意见。

我们按照《中国注册会计师独立审计准则》计划和实施审计工作,以合理确信会计报表是否不存在重大错报。审计工作包括在抽查的基础上检查支持会计报表金额和披露的证据,评价管理当局在编制会计报表时采用的会计政策和作出的重大会计估计,以及评价会计报表的整体反映。我们相信,我们的审计工作为发表意见提供了合理的基础。我们认为,上述会计报表符合国家颁布的企业会计准则和《企业会计制度》的规定,在所有重大方面公允反映了宁夏赛马公司 2003 年 12 月 31 日的财务状况以及 2003 年度的经营成果和现金流量。

武汉众环会计师事务所有限责任公司

中国注册会计师:谢峰

中国注册会计师:刘婕

中国武汉 2004 年 3 月 16 日

重庆涪陵电力实业股份有限公司

重庆涪陵电力实业股份有限公司首次公开发行股票上市公告书

第一节　重要声明和提示

重庆涪陵电力实业股份有限公司(以下简称"本公司"、"公司"或"发行人")董事会保证上市公告书的真实性、准确性、完整性,全体董事承诺上市公告书不存在虚假记载、误导性陈述或重大遗漏,并承担个别或连带责任。

根据《公司法》、《证券法》等有关法律、法规的规定,本公司董事、高级管理人员已依法履行诚信和勤勉尽责的义务和责任。

上海证券交易所、中国证监会、其他政府机关对本公司首次公开发行股票上市有关事项的意见,均不表明对本公司的任何保证。

本公司提醒广大投资者注意,凡本上市公告书未涉及的有关内容,请投资者查阅2004年2月12日刊登于《中国证券报》、《上海证券报》、《证券时报》及《证券日报》的本公司首次公开发行招股说明书摘要,及刊登于上海证券交易所网站(www.sse.com.cn)的本公司首次公开发行招股说明书全文及附件。

第二节　概　览

1、股票简称:涪陵电力
2、沪市股票代码:600452
3、深市代理股票代码:003452
4、股本总额:16,000万股
5、可流通股本:5,200万股
6、本次上市流通股本:5,200万股
7、发行价格:4.89元/股
8、上市地点:上海证券交易所
9、上市时间:2004年3月3日
10、股票登记机构:中国证券登记结算有限责任公司上海分公司
11、上市推荐人:天同证券有限责任公司
12、对本公司首次公开发行股票前股东所持股份的流通限制,根据有关法律、法规规定和中国证监会《关于核准重庆涪陵电力实业股份有限公司公开发行股票的通知》(证监发行字[2004]9号),本公司的国有法人股和法人股暂不上市流通。
13、本公司第一大股东对所持股份自愿锁定的承诺:本公司公开发行股票前第一大股东重庆川东电力集团有限责任公司向上海证券交易所承诺,自本公司股票上市之日起一年内,不转让其所持有本公司的股份,也不由本公司回购其所持有的股份。

第三节　绪　言

本公司上市公告书是根据《中华人民共和国公司法》、《中华人民共和国证券法》、《股票发行与交易管理暂行条例》、《公开发行股票公司信息披露实施细则》和《上海证券交易所上市规则》等国家有关法律、法规的规定,并按照中国证监会《公开发行股票信息披露内容与格式准则第7号??? 股票上市公告书》而编制的,旨在向投资者提供有关本公司和本次股票上市的基本情况。

经中国证监会证监发行字[2004]9号文核准,本公司于2004年2月17日通过上海证券交易所系统,采用全部向二级市场投资者定价配售的方式成功发行了5,200万股人民币普通股,每股面值1.00元,发行价格为每股4.89元。

根据上海证券交易所《关于重庆涪陵电力实业股份有限公司人民币普通股股票上市交易的通知》(上证上字[2004]14号),本公司5,200万股社会公众股将于2004年3月3日起在上海证券交易所挂牌交易,股票简称"涪陵电力"、沪市股票代码为"600452",深市代理股票代码"003452"。

本公司已于2004年2月12日分别在《中国证券报》、《上海证券报》、《证券时报》和《证券日报》上刊登了《招股说明书摘要》,招股说明书全文及其附录在上海证券交易所网站(www.sse.com.cn)披露,前述招股文件距今不足3个月,故与其重复的内容不再重复,敬请投资者查阅上述文件。

第四节　发行人概况

一、公司的基本情况

注册名称:重庆涪陵电力实业股份有限公司
英文名称:CHONGQINGFULINGELECTRICPOWERINDUSTRIALCO.,LTD.
法定代表人:何福俊
注册地址:重庆市涪陵区人民东路17号
经营范围:电力供应、销售,电力资源开发及信息咨询服务,商贸信息咨询服务(不含国家有专项管理规定的项目)。
主营业务:电力供应、销售。
所属行业:电力供应业
联系电话:023-72286349　　联系传真:023-72286349
电子信箱:bq5678@hotmail.com
董事会秘书:胡炳全

二、公司历史沿革及改制重组情况

公司是于1999年12月28日经重庆市人民政府以渝府[1999]214号文批准,由川东电力集团有限责任公司(现已更名为重庆川东电力集团有限责任公司)作为主发起人,以其经营电力供应与销售业务的涪陵电网的经营性资产作为投入,联合重庆市涪陵有色金属工业公司、成都市太安铝型材厂(现已转让给重庆市涪陵川东房地产开发有限公司)、重庆市涪陵投资集团公司、重庆市涪陵变压器厂(现已改制并更名为重庆博联变压器有限公司)共同出资发起设立。1999年12月28日经重庆市国有资产管理局渝国资管[1999]352号文批准公司总股本为10,800万股。

经中国证监会证监发行字[2004]9号批准,本公司于2004年2月17日向二级市场投资者定价配售的方式成功发行了5,200万股人民币普通股,每股面值1.00元,发行价格为每股4.89元/股。本次发行后,公司总股本变更为16,000万股人民币普通股,其中发起人股份10,800万股,占总股本的67.5%;社会公众股5,200万股,占总股本的32.50%。

三、公司的主要经营情况

(一)本公司的主营业务及经营情况

1、主营业务和主要服务

本公司是一家地方电网企业,主营业务为电力供应与销售。电力工业可细分为发电、输电、配电、供电等业务环节,本公司经营的地方电网主要实现后面三个功能,即发电企业将生产出的电力经升压站升高电压并通过其输电线路并入本公司电网,本公司再将电能经高压输电线路输送到临近负荷中心的变电站并降低电压,再经由配电网输送到用户(包括县级的供电公司或最终用户)。

2、产品销售方式和渠道

本公司经营的地方电网位于重庆市涪陵区,以110KV输电线路为主网、以35KV和10KV线路为配网,覆盖涪陵区,连接垫江、丰都、南川、武隆等周边县市电网,并与重庆电网以110KV双回线强联运行,销售方式包括直供(涪陵区)及趸售(周边市县),既先向用户提供电能,并在本公司与用户之间的产权分界点装设经国家有关部门认定的计量装置(电压互感器、电流互感器、电度表等),计量本公司向用户提供的电量并作为本公司向用户收取电费的依据。

3、购电成本及售电价格

本公司购电主要是水电和火电,购买水电价格相对成本便宜,在丰水期本公司主要购进水电,在枯水期水电不足,公司需购进部分火电,因而成本增加。本公司向控股股东重庆川东电力集团有限责任公司平均购电价为0.305元/千瓦时,低于重庆电网平均电价的0.3562元/千瓦时。

由于电力销售价格受到国家的总体控制,因此公司采取如下措施来降低成本、增加收入:

(1)充分利用"竞价上网"的竞争机制,在保证用户需求的前提下,合理、经济地安排各电源发电上网的比例和时段,调节电源结构、降低购电成本;

(2)加强用电需求预测和负荷监控,通过不同供电时段的价格差引导用户合理用电、经济用电,改善供需平衡状况;

(3)通过市场细分,积极开拓工商业用电市场、市政用电市场和城乡居民用电市场,鼓励偿付能力较强的工商业用电大户和居民用户的电力消费。

4、经营模式

本公司最重要的三项日常经营工作就是:(一)电源组织。每年初本公司都要与各类发电企业签订购电合同,约定其上网时段和上网电量,并根据网上负荷情况和经济调度原则组织其发电上网,按照政府物价部门核定电价和实际上网电量向其支付购电款。(二)电量销售。工作主要是三项:一是接受各类用户用电申请,与其(尤其是大用户)签订用电合同,为保证其用电创造必要条件;二是大力开拓电力市场,引导和鼓励用户多用电、用好电;三是抓好电费回收工作,减少应收账款对营运资金的占用,确保年度经营目标的顺利实现。(三)电网可靠性管理。主要工作是要通过加强电网可靠性管理,确保电网安全、稳定、经济运行,使电量的输送、分配和销售等各个环节都能够持续顺畅运转。

5、盈利模式

主要是通过赚取电量买卖价差来实现盈利。实现过程:(1)购电端,优化电网经济调度,改善上网电源结构,在保证电力供应的前提下,尽可能多地向优质低价水电电源买电,提高水电电源在上网电源中所占比例,进而实现公司购电成本结构的有效改善,降低购电成本总体水平。(2)电力输送端,加强电网综合网损管理,降低综合网损率,减少输送过程中的电量自然损耗,增加电量的有效供应。(3)销售端,加大市场开拓力度,根据市场细分,巩固工业用电市场,拓展城乡居民用电、商业用电市场和市政工程用电市场,切实提高价格相对较高的居民和商业用电所占比重;同时,加强用电监察和电费回收工作,严肃查禁"偷、漏电"和其他违章用电现象,减少并逐步杜绝电量的非正常流失。

6、本公司业务发展前景

本公司所在地区经济高速发展及国家发展西部地区的战略影响,涪陵地区近几年的国民生产总值年增长率均达到10%以上,人均收入增长较快,铝业、饮料、榨菜等传统经济产业仍稳定增长,商业、通讯业、交通业、娱乐业也呈现较高的增长态势,居民生活质素不断提高,用电需求急剧增大。随着涪陵地区经济的增长,用电需求不断增大,预计2004年用电需求达13? 14万千瓦时,本公司业务仍将保持增长态势,供电量将保持年均7%? 9%的增长水平,争取到2005年供电量达到16亿千瓦时左右,售电量达到13亿千瓦时左右。

公司供电过程中的线损基本稳定在6%-7%之间,符合国家标准,且在同行业属较好水平。针对近年来线损率有所上升的情况,公司计划运用本次发行的募股资金投资建设5个固定资产项目,对公司目前的输电线路及设备进行进一步升级改造,在供电量不断增长的形势下使线损率得到有效控制。

(二)公司业务竞争的优势与劣势

1、公司业务竞争的优势

(1)地方电网的成本优势

由于目前本公司所拥有的涪陵电网水电电量的上网比例远高于重庆国家电网和周边电网,涪陵电网电力采购和销售价格较重庆国家电网有较大优势,向本公司供电的水电站单位建设成本及维护成本较低,水电的上网电价平均为0.21元/度,具有较强的竞争能力。随着改革的推进,电力市场的开放,本公司可以充分利用当地的小水电资源,扩大对重庆电网及周边市县电量的趸售规模,相对周边地区的价格优势将进一步得到体现。

(2)公司电网的独立性与收入相对稳定的优势

本公司经营重庆市涪陵区地方电网,已经实行厂网分开,在现行政策(一个供电营业区内只设立一个供电营业机构及过网供电并存)下,按照《电力法》规定,重庆市经委在涪陵区不能再批准第二家供电营业机构,从而保证了本公司经营业务的市场专有性和收入稳定性。

(3)公司电网所处的区位优势

重庆市涪陵区地处长江、乌江交汇处,面积2946平方公里,人口110余万,该地区水运发达、交通便利,有史以来一直是川东地区的重要物资集散地,渝涪高速公路于2001年初通车后,强化了本地区作为连接重庆至宜昌的整个三峡库区工农业开发区的交通枢纽地位。优越的地理位置吸引了众多资金在本地区投资兴办实业,重庆工业50强中有8家在涪陵,使得涪陵区成为了重庆市的经济强区,2002年度全区工农业总产值85.1亿元,其中工业总产值71亿元。涪陵区"十五"发展的战略定位是成为重庆市的新兴工业基地,优质特色农产品生产加工基地,重庆中部的区域性经济、文化、科教中心和交通枢纽,乌江流域的物质集散地,经济的高速增长带动了电力需求的发展。

2、公司业务竞争的劣势

(1)对主要客户的依赖

本公司经营重庆涪陵地区区域性地方电网,由于本公司为本区域唯一持有供电经营许可权的单位,本区域电网用户需向本公司电网购买电力,经营场所过度集中。

(2)成长性局限

本公司是一家以电力供应与销售为主营业务的地方电网企业,供电区域限制在重庆市涪陵区,直接供电面积2661平方公里,售电人口约110万人,受区域经济发展的影响较大。

(三)公司主要财务指标

参见本上市公告书"第八节主要财务会计资料四、主要财务指标"部分。

(四)公司拥有的政府特许经营权

本公司的历史上形成的直接供电区域范围包括涪陵全区和武隆县白马片区(包括白马、土坎、兴顺等共20个乡镇)。重庆成为直辖市之后,重庆市经贸委曾以重经发[1997]27号明确规定:"目前,所有供电营业机构的现有供电营业区,均应维持现状,暂不调整。"对股份公司设立前集团公司在涪陵区和武隆白马片区的供电营业区域和合法营运权予以了认可。

2002年4月24日,重庆市经委在对重庆市工商行政管理局的致函中明确表示,"重庆涪陵电力实业股份有限公司具备供电营业资格,其供电营业区划分工作在进行中,待划分工作结束后,再颁发《供电营业许可证》。同时,按有关规定,我委将只对重庆涪陵电力实业股份有限公司颁发《供电营业

许可证》。"对股份公司的特许经营权给予了明确和承诺。

2002年9月6日,本公司正式取得了《供电营业许可证》(编号:渝J-002)。

(五)公司享有的财政和税收优惠政策

国务院办公厅"国办发〖2001〗73号"文件转发的《关于西部大开发若干政策措施的实施意见》规定"对设在西部地区国家鼓励类的内资企业和外商投资企业,在2001年至2010年期间,减按15%的税率征收企业所得税。国家鼓励类的内资企业是指以《当前国家重点鼓励发展的产业、产品和技术目录(2000年修订)》中规定的产业项目为主营业务,其主营业务收入占企业总收入70%以上的企业。"

根据国务院办公厅《关于西部大开发若干政策措施的实施意见》之规定,中共重庆市委、市政府下发了"渝委发〖2001〗26号"《关于印发〈重庆市实施西部大开发若干政策措施〉的通知》,其中规定"凡设立在我市的属于国家鼓励类产业的各种经济成份的内资企业和外商投资企业,从2001年至2010年减按15%的税率征收企业所得税。"

根据上述文件精神,重庆市地方税务局下发了"渝地税免〖2002〗295号"文、"渝地税免〖2002〗620号"文和"渝地税免〖2003〗739号",确认本公司"生产的产品符合当前国家鼓励发展的产业、产品和技术目录第六类第九项规定,且鼓励类产品收入占总收入的70%以上",2001年、2002年和2003年减按15%的税率征收企业所得税。

四、生产经营有关的资产权属情况

1、土地使用权

根据本公司设立时的重组方案,股份公司目前生产经营所占用的土地由集团公司以出让方式取得国有土地使用权,租赁给本公司使用,该处置方式已经重庆市土地房屋管理局"渝地房发〖1999〗847号"文件批准。

2、房屋产权

根据《发起人协议》及股份公司筹委会与集团公司签署的《重组协议》,集团公司将其与拟投入股份公司资产的日常经营相关的房产一并作为出资投入股份公司,所涉及的房屋面积22,950.02平方米,该等房产的产权变更手续已办理完毕。

本公司生产经营所占用的土地共计17宗,面积69180.07平方米,全部为集团公司以出让方式取得并租赁给本公司使用。

有关详细情况请投资者阅读刊登于上海证券交易所网站(www.sse.com.cn)的本公司招股说明书中"第五章发行人基本情况"与"第六章业务与技术"的相关内容。

第五节　股票发行与股本结构

一、本次股票上市前公开发行股票的情况

(一)发行数量:5,200万股,占发行后总股本的32.50%。

(二)发行价格:4.89元/股。

(三)募股资金总额:本次发行募集资金总额为25428万元,扣除发行费用1,079.838万元后,募集资金净额为24,348.162万元。

(四)发行方式:全部向二级市场投资者定价配售

(五)配售对象:于本公司招股说明书刊登日2004年2月12日收盘时持有沪市或深市的已上市流通人民币普通股股票市值达10,000元及以上的投资者。

(六)发行费用总额及项目:本次公开发行股票发行费用总计1,079.838万元,费用项目包括:承销费、审计费、评估费、律师费、审核费、上网发行费。

(七)每股发行费用:0.20766元。

二、本次股票上市前首次公开发行股票的承销情况

本次向二级市场投资者定价配售发行的5,200万股社会公众股的配号总数为85,546,954个,中签率为0.06078533%,二级市场投资者认购51,586,252股,其余413,748股由主承销商组织的承销团包销。

三、本次股票上市前首次公开发行股票所募集资金的验资报告

验资报告

重天健验〖2004〗1号重庆涪陵电力实业股份有限公司全体股东:

我们接受委托,审验了重庆涪陵电力实业股份有限公司(以下简称"贵公司")截止2004年2月23日新增注册资本实收情况。按照国家相关法律、法规的规定和协议、章程的要求出资,提供真实、合法、完整的验资资料,保护资产的安全、完整是全体股东及贵公司的责任。我们的责任是对贵公司新增注册资本的实收情况发表审验意见。我们的审验是依据《独立审计实务公告第1号验资》进行的。在审验过程中,我们结合贵公司的实际情况,实施了检查等必要的审验程序。

贵公司原注册资本为人民币108,000,000.00元,拟变更申请的注册资本为人民币160,000,000.00元。根据我们的审验,截至2004年2月23日止,贵公司已收到股东增加投入资本人民币243,481,620.00元(已扣除发行费用),其中:计入股本52,000,000.00元,资本公积191,481,620.00元。变更后的股本为160,000,000.00元,其中:国有法人股102,950,000.00元,占总股本64.34%;社会法人股5,050,000.00元,占总股本3.16%;社会公众股52,000,000.00元,占总股本32.50%。与本次增加投入资本相关的资产总额为243,481,620.00元,均为社会公众股东以货币出资。

同时我们注意到,贵公司本次增资前的注册资本为人民币108,000,000.00元,已经本所(原名为重庆华源会计师事务所有限责任公司)审验,并于1999年12月23日出具华源验字(99)第032号验资报告。截至2004年2月23日止,贵公司变更后的累计注册资本实收金额为人民币160,000,000.00元。

本验资报告供贵公司申请变更登记及据以向全体股东签发出资证明时使用,不应将其视为是对贵公司验资报告日后资本保全、偿债能力和持续经营能力等的保证。因使用不当造成的后果,与执行本验资业务的注册会计师及会计师事务所无关。

附件:1、注册资本变更情况明细表;　(1)新增注册资本实收情况明细表

(2)注册资本变更前后对照表;　2、验资事项说明

重庆天健会计师事务所有限责任公司副主任会计师:石义杰

中国.重庆中国注册会计师:张凯

二〇〇四年二月二十三日

四、募股资金入账情况

开户	账号	入账金额(元)	入账时间
农行重庆涪陵分行营业部	610101040003046	245,761,620	2月23日

说明:入账募集资金系募集资金总额扣除上网发行费和承销费后

五、本公司上市前股权结构及前十大股东持股情况

(一)本公司上市前股权结构

	股份类别	持股数量(万股)	比例(%)
非流通股	发起人股	10,800	67.50
流通股	社会公众股	5,200	32.50
总股本		16,000	100.00

(二)本次上市前公司前十大股东持股情况

名称	股权性质	持股数量(万股)	持股比例%
1、重庆川东电力集团有限责任公司	国有法人股	97,680,000	61.05%
2、重庆市涪陵有色金属工业公司	国有法人股	4,910,000	3.06%
3、重庆市涪陵川东房地产开发有限公司	法人股	4,690,000	2.93%
4、南方证券*	流通股	605,000	0.378%
5、天同证券	流通股	413,748	0.258%
6、重庆市涪陵投资集团公司	国有法人股	360,000	0.23%
7、重庆博联变压器有限公司	法人股	360,000	0.23%
8、德盛稳健	流通股	69,000	0.043%
9、海富通精选	流通股	65,000	0.041%
10、广发证券	流通股	43,000	0.027%

注:因南方证券资金交收透支,证券被中国证券登记结算有限责任公司作为抵押品暂扣。

第六节　董事、监事、高级管理人员及核心技术人员

一、董事会成员

何福俊,男,生于1965年1月,中国籍,美国国际大学EMBA硕士,中共党员,经济师。先后在原涪陵地区行署法制局、四川省涪陵市政府办公室工作,历任秘书、科长;任涪陵区政府办公室副主任、党组成员;任涪陵区水利电力局党委书记、局长,兼重庆川东电力集团有限责任公司董事长。2003年8月起任本公司董事长,兼川东电力集团公司董事。

罗强,男,生于1958年4月,中国籍,大专文化,中共党员,政工师。先后在涪陵地区电力公司工作,任团委副书记、经办副主任、副科长、党办主任、党委副书记;任涪陵电力公司经理,任川东电力集团公司副总经理兼党委副书记。1999年12月起任本公司副总经理、董事,2003年8月起任本公司副董事长,总经理,兼川东电力集团公司董事。

周东,男,生于1967年7月,中国籍,大学文化,中共党员。曾在涪陵地区行署经济信息中心、涪陵地区行署经济研究室、涪陵地委政策研究室、四川省政府办公厅研究室等单位工作;曾任涪陵区体改委综合科科长;任川东电力集团有限责任公司副总经理、党委委员。1999年12月起任本公司副总经理、董事,2003年8月起任本公司常务副总经理、董事,兼川东电力集团公司董事。

周文理,男,生于1952年4月,中国籍,大学文化,经济师。先后任涪陵地区五七煤矿团委书记;任涪陵地区水江煤矿政治处主任、党委书记、矿长;任涪陵市半溪煤矿党委书记、矿长;现任涪陵有色金属工业公司党委书记、经理,1999年12月起任本公司董事。

冯广宇,男,生于1955年10月,中国籍,中共党员,大专文化。先后在涪陵地区统计局工作,曾任统计局干部培训科科长、工业科科长、人普办副主任;在涪陵地区行署办公室工作,曾任正科级秘书、一科科长;任川东电力集团公司副总经理、党委委员。1999年12月起任本公司副总经理、董事。

王肇琪,男,生于1948年11月,中国籍,大学文化,高级工程师。先后在涪陵地区电力公司从事规划设计、生产技术管理工作,担任技术科副科长、生技科科长、公司副总工程师、总工程师职务;任川东电力集团有限责任公司副总工程师、总工程师。1999年12月起任本公司总工程师、董事,是本公司主要技术负责人之一。

杨登福,男,生于1952年12月,中国籍,大学文化,中共党员,高级政工师。1968年3月参军,在部队历任连长、参谋、军事科副科长、科长;1985年转业到涪陵地区电力公司工作,历任党委办公室副主任、团委书记、经理办公室主任;1996年6月至今任川东电力集团有限责任公司纪委书记、党委委员,本公司董事。

杨荣,男,生于1965年4月,中国籍,大学文化。1987年7月至1990年4月,在涪陵地区移民局工作;1990年4月至1999年1月,任涪陵地区政协科长;现任涪陵有色金属工业公司副经理,本公司董事。

匡安格,女,生于1943年5月,中国籍,大学文化,高级工程师。1968年10月至1983年2月,在涪陵电厂工作;1983年3月至今,在涪陵变压器厂工作,历任科长、工会主席、厂长、董事长等职;1999年12月起任本公司董事。曾获全国"五一"劳动奖章。

王建波,男,生于1970年10月,中国籍,大学文化,工程师。1992年7月至1997年9月,在涪陵区水利电力建筑勘测设计院建筑设计室工作;1997年9月至今,任重庆市涪陵川东房地产开发公司副经理,主持工作,2003年8月起任本公司董事。

张玉敏,女,生于1946年5月,中国籍,大学文化,博士生导师。先后在贵州省纳雍县公安局、纳雍县法院工作,分别担任过副局长、副院长职务;1983年起调西南政法大学任教,现为西南政法大学法学教授、博士生导师,西南政法大学知识产权法研究中心主任,兼任重庆市科技顾问团顾问、重庆市仲裁委员会仲裁员、重庆市高级法院特邀咨询专家。2002年8月起任本公司独立董事。

孟卫东,男,生于1964年9月,中国籍,博士。1991年毕业于上海交通大学,获博士学位,至今在重庆大学任教。现为重庆大学教授、博士生导师、工商管理学院常务副院长、兼任重庆大学证券研究所副所长、重庆大学香港中文大学中国企业改革与发展研究中心主任,享受政府特殊津贴专家,1999年曾作过美国伊利诺伊大学国际会计教育研究中心高级访问学者。担任重庆百货、深建摩(B)独立董事,2002年8月起任本公司独立董事。

周守华,男,生于1964年3月,中国籍,博士。先后在北京化工大学(原北京化工管理干部学院)经济管理学院会计系任教师,历任讲师、副教授、教授,会计系副主任、经济管理学院副院长;任北京中兴会计师事务所副所长、副主任会计师;1998年12月至今调入财政部任中国会计学会常务副秘书长、《会计研究》副主编,北方交通大学兼职教授、博士生导师;2002年起任中工国际工程股份有限公司等独立董事,2003年8月起任本公司独立董事。

二、监事成员

墙世余,男,生于1950年3月,中国籍,大专文化,高级政工师。曾任涪陵有色金属工业公司政治处主任、党委副书记、副经理;东升铝业党委副书记、常务副总经理;1999年1月至今任川东电力集团有限责任公司工会主席、党委委员,现任本公司监事会主席。

冉光珍,女,生于1954年12月,中国籍,中专文化,会计师。曾任涪陵地区新兴麻纺厂审计监察办公室副主任;1997年7月至今,在涪陵有色金属工业公司先后任财务科长、助理经理,现任党委委员、副经理,东升铝业副总经理,本公司监事。

郭晓莉,女,生于1968年7月,中国籍,大学文化,中共党员。1988至1999年在涪陵区财政局工作,1999年至今任重庆市涪陵投资集团公司计划财务部经理。本公司监事。

夏吉文,男,生于1960年11月,中国籍,大专文化,中共党员。曾任重庆博联变压器有限公司财务科副科长、科长。现任重庆博联变压器有限公司财务部部长,本公司监事。

杨晓林,女,1953年11月生,中国籍,中专文化,电气工程师。先后在涪陵地区电力公司工作,曾任设备科科长;在川东电力集团有限责任公司安监处任副处长,2000年1月至今任本公司生产安全部副主任。为本公司职工代表监事。

刘正生,男,1949年12月30日生,中国籍,大学文化,电气高级工程师,中共党员。先后在长航涪陵港务局、重庆五零一九厂工作;在涪陵地区电力公司工作,曾任生技科副科长、公司工会副主席、用电所副所长、计量所所长、用电科副科长;在川东电力集团有限责任公司用电处任副处长、计量所任所长;2000年1月至今任本公司电力营销中心副主任。曾获涪陵地区水电局和地区电力公司先进工作者、优秀党员荣誉称号。为本公司职工代表监事。

朱永海,男,生于1966年12月,中国籍,大专文化,中共党员,会计师。先后在涪陵地区电力公司白马供电所副所长;任涪陵送变电工程公司主办会计;任重庆市涪陵光明电力有限公司财务科科长;2003年1月至今,任重庆市涪陵光明电力有限公司副经理;2003年6月至今,任重庆川东房地产开发公司董事,2003年8月起任本公司监事。

任跃勇,男,生于1958年6月,中国籍,大学文化,中共党员,高级政工师。曾先后任涪陵地区电力公司团委副书记、书记;任川东电力集团涪陵供电公司副经理;任川东电力集团有限公司多种经营处副处长,主持工作;任川东电力集团有限公司行政后勤处处长、后勤支部党支部书记;2003年8月起任本公司工会负责人、纪检书记和职工代表监事。

包伟,女,生于1967年8月,大专文化,助理会计师。现任涪陵有色金属工业公司财务科科长,2003年8月起任本公司监事。

三、其他高管人员

胡炳全,男,生于1965年2月,中国籍,中共党员,大学文化,工程师。先后在龙桥电厂建设指挥部从事财务、工程预算等工作;在龙桥发电厂任计划统计科科长;在川东电力集团有限责任公司工作,曾任计划规划处处长。1999年12月起任本公司董事会秘书、证券投资部主任。2003年8月起任本公司副总经理,兼董事会秘书、证券投资部主任。

曾长元,男,生于1954年5月,中国籍,中共党员,大专文化,工程师。先后在涪陵地区电力公司担任能办主任、用电科科长、城区供电所所长等职务;任重庆川东电力集团有限责任公司用电处副处长;任川东电力集团涪陵供电公司副经理;任重庆川东电力集团有限责任公司用电处处长;1999年12月至今,任本公司总经理助理、电力营销中心主任,2003年8月起任本公司副总经理。

刘源春,男,生于 1964 年 3 月,中国籍,中共党员,大学文化。先后在涪陵地区电力公司财务科工作,曾任主办会计(付科级)、代科长;任川东电力集团涪陵供电公司财务科科长;任重庆川东电力集团有限责任公司财务处副处长;任本公司财务部副主任,主持工作,2003 年 8 月起任本公司财务总监。

吴德锋,男,生于 1964 年 2 月,中国籍,中共党员,大学文化,高级会计师。先后任石板水电站建设,任工程指挥部主办会计、副总会计师;任涪陵水资源开发有限公司财务部副主任兼石板水电厂财务科长、公司直属党支部书记、中共涪陵水资源开发有限公司纪律检查委员会委员;任涪陵水资源开发有限公司董事会秘书、公司直属党支部书记、中共涪陵水资源开发有限公司纪律检查委员会委员,2003 年 8 月起任本公司总经济师。

四、有关事项说明

本公司的董事、监事和高级管理人员及其家属均不持有本公司的股份;除本公司聘用合同外,上述人员未与本公司签署任何借款或担保协议。

第七节　同业竞争和关联交易

一、同业竞争

本公司与控股股东及其控制的关联单位之间不存在同业竞争。为了避免将来可能出现同业竞争,控股股东出具了避免同业竞争的承诺。

二、关联交易

1、关联方

本公司目前存在的关联方及关联交易请查阅刊登于上海证券交易所网站 (www.sse.com.cn)的本公司招股说明书相关披露内容。

2、关联交易内容

本公司与关联方之间最近三年发生的关联交易详细内容请查阅刊登于上海证券交易所网站(www.sse.com.cn)的本公司招股说明书全文。

3、有关中介结构就关联交易发表的意见

(1)独立董事认为:"发行人与集团公司间的关联交易是在遵循公开、公平、公正的原则下进行的,关联交易的价格公允,并履行了法定的批准程序,有关关联交易决议执行了关联董事回避表决制度,符合《中华人民共和国公司法》、《中华人民共和国证券法》等有关法律、法规及公司章程的规定,不存在损害发行人及中小股东利益的情形。"

(2)发行人律师意见"本所律师依法对发行人的关联交易进行了审查,关联交易公允,在本所审查范围内未发现股份公司的关联交易损害股份公司及其股东利益的内容。发行人与关联方采取书面协议形式明确双方的权利及义务,关联交易的价格均以政府定价或公平的市场价格及双方协商价格确定。发行人已采取了必要的措施对其他股东的利益进行了保护。采取的减少和规范关联交易的措施,有助于增强发行人的独立性"。

(3)主承销商认为:"发行人所披露的关联方、关联关系及由此形成的关联交易是平等自愿的,关联交易均按国家有关规定和市场公平、公开、公正原则签订,关联方遵循了公正规范处理原则,不会影响发行人生产经营的独立性,也不会损害非关联股东的权益,决策程序合法有效"。

(4)申报会计师认为:"重大关联交易的会计处理在所有重大方面符合《关联方之间出售资产等有关会计处理问题暂行规定》"。

第八节　主要财务会计资料

本公司截止 2003 年 12 月 31 日的财务会计资料已于 2004 年 2 月 12 日刊登于《中国证券报》、《上海证券报》和《证券时报》本公司《招股说明书摘要》中。投资者于了解详细内容,请投资者查阅上述报纸或刊登于上海证券交易所网站(www.sse.com.cn)的本公司招股说明书全文及附录。

一、注册会计师意见

本公司聘请重庆天健会计师事务所有限责任公司对本公司 2001 年 12 月 31 日、2002 年 12 月 31 日、2003 年 12 月 31 日的资产负债表,2001 年度、2002 年度、2003 年度的利润及利润分配表, 以及 2003 年度的现金流量表进行了审计。为此,重庆天健会计师事务所有限责任公司出具了标准无保留意见的《审计报告》(重天健审［2004］6 号)。

二、经审计简要会计报表

1、简要资产负债表　单位:万元

项目	2003 年 12 月 31 日	2002 年 12 月 31 日	2001 年 12 月 31 日
货币资金	3,119.37	5,037.97	5,142.51
应收票据	181.20		
应收账款	2,770.42	2,630.29	1,948.86
其他应收款	373.32	391.87	254.94
预付账款	1,811.47	318.86	346.32
存货	270.68	188.11	397.26
待摊费用	24.93	12.67	
流动资产合计	8,551.39	8,579.78	8,125.90
长期投资合计			
固定资产净额	18,028.35	17,847.06	17,020.02
在建工程	2,499.47	748.22	313.83
固定资产合计	20,527.82	18,595.28	17,333.84
资产总计	29,079.21	27,175.06	25,459.73
短期借款	4,050.00	1,000.00	1,000.00
应付账款	2,179.31	3,262.90	2,664.75
预收账款			
应付工资	200.47	169.16	169.16
应付福利费	199.46	139.24	111.55
应付股利			2,079.02
应交税金	565.66	512.05	300.98
其他应交款	45.33	81.53	80.64
其他应付款	903.43	907.78	692.22
预提费用	91.52		
一年内到期的长期负债		2,900.00	
流动负债合计	8,235.18	8,972.67	5,146.78
长期借款			2,900.00
长期应付款			
长期负债合计			2,900.00
负债合计	8,235.18	8,972.67	8,046.78
股东权益合计	20,844.02	18,202.39	17,412.95
负债及股东权益合计	29,079.21	27,175.06	25,459.73

2、简要利润表单位:万元

项目	2003 年度	2002 年度	2001 年度
主营业务收入	38,451.36	36,375.75	31,210.53
减:主营业务成本	32,934.97	31,782.63	27,282.84
主营业务税金及附加	284.37	253.97	190.95
主营业务利润	5,232.01	4,339.15	3,736.73
加:其他业务利润	0.35	−4.12	5.43
减:管理费用	1,954.86	840.92	704.57
财务费用	188.99	234.70	319.96
营业利润	3,088.52	3,259.40	2,717.63
加:投资收益	0.63		
营业外收入	49.61	67.10	32.12
减:营业外支出	30.95	101.82	48.66
利润总额	3,107.80	3,224.68	2,701.09
减:所得税	466.17	483.70	405.16
净利润	2,641.63	2,740.98	2,295.93

3、简要现金流量表　单位:万元

项目	2002 年度	2003 年度
经营活动产生的现金流量净额	4,871.65	2,867.62
投资活动产生的现金流量净额	−2,662.46	−4,728.55
筹资活动产生的现金流量净额	−2,313.73	−57.67
现金及现金等价物净增加额	−104.54	−1,918.60

三、会计报表附注

本公司会计报表附注等有关内容,请查阅刊登于上海证券交易所网站(www.sse.com.cn)的本公司招股说明书相关内容。

四、主要财务指标

财务指标	2003 年度	2002 年	2001 年度
流动比率	1.04	0.97	1.14
速动比率	1.01	0.95	1.09
应收账款周转率(次)	13.13	14.18	10.70
存货周转率(次)	143.57	108.59	82.54
资产负债率(%)	28.32	33.02	31.61
净资产收益率(%)(全面摊薄)	12.67	15.06	13.19
净资产收益率(%)(扣除非经常性损益)	13.44	14.75	13.13
每股收益(元)	0.24	0.25	0.21
扣除非经常性损益后的每股收益(元)	0.24	0.26	0.21
每股经营活动的现金流量(元)	0.27	0.45	0.25
每股净现金流量(元)	−0.18	−0.01	−0.07

第九节　其他重要事项

1、自本公司股票首次公开发行之日至本上市公告之日,本公司严格依照现行有关法律、法规的规定规范运作,生产经营情况正常,本公司所处行业和市场无重大变化,主要业务发展目标的进展状况正常,主要投入、产出物供求及价格无重大变化;

2、自本公司股票首次公开发行之日至本上市公告之日,本公司没有进行重大对外投资、无重大资产(股权)收购、出售行为;

3、自本公司股票首次公开发行之日至本上市公告之日,本公司重大会计政策和会计师事务所没有发生变化;

4、自本公司股票首次公开发行之日至本上市公告之日,本公司未涉及任何重大诉讼、仲裁或行政处罚案件,并且本公司董事会认为本公司未面临任何重大影响的诉讼和索赔要求;

5、自本公司股票首次公开发行之日至本上市公告之日,本公司董事、监事、和高级管理人员未受到任何刑事起诉,亦无尚未了结或可能发生的刑事诉讼事项;

6、自本公司股票首次公开发行之日至本上市公告之日,本公司住所未变更,未发生新的重大负债,并且重大债项未发生变化;

7、根据《上海证券交易所股票上市规则》,本公司控股股东承诺:自本公司股票上市之日起 12 个月内,不转让其持有的本公司股份,也不由本公司回购其持有的本公司股份;

8、自本公司股票首次公开发行之日至本上市公告之日,没有其他应披露而未披露的重大事项。

第十节　董事会上市承诺

本公司董事会承诺将严格遵守《中华人民共和国公司法》、《中华人民共和国证券法》、《股票发行与交易管理暂行条例》、《公开发行股票公司信息披露实施细则》、《上海证券交易所股票上市规则》和《证券发行上市保荐制度暂行办法》等国家法律、法规和有关规定,承诺自本公司股票上市之日起做到:

1、按照法律、法规规定的程序和要求披露所有对投资者有重大影响的信息、并接受中国证监会、上海证券交易所的监督管理;

2、真实、准确、完整、公允和及时地公布定期报告,并置备于规定场所供投资者查阅;

3、本公司董事、监事和高级管理人员如发生人事变动或持有本公司股票发生变化时,在报告中国证监会、上海证券交易所的同时向投资者公布;

4、本公司在知悉可能对股票价格产生误导性影响的任何公共传媒中出现的消息后,将及时予以公开澄清;

5、本公司董事、监事和高级管理人员和核心技术人员将认真听取社会公众的意见和批评,不利用已获得的内幕消息和其他不正当手段直接或间接从事发行人股票的买卖活动;

6、本公司没有无记录的负债。

依据《上海证券交易所股票上市规则》本公司全体董事、监事将按照有关规定,在本公司股票上市后两个月内签署《董事(监事)声明及承诺书》,并送达上海证券交易所备案。

第十一节　上市推荐人及其意见

一、上市推荐人

名称:天同证券有限责任公司

法定代表人:段虎

地址:济南市泉城路 180 号

电话:0755-8394548,021-68867776 转

传真:0755-83945131

联系人:王河、周忠军、彭学文、陆生全、蒋春黔

二、上市推荐人意见

本公司上市推荐人认为:本公司章程符合《中华人民共和国公司法》等有关法律、法规和中国证监会关于公司章程的相关规定;本公司本次股票发行完全符合《中华人民共和国公司法》、《中华人民共和国证券法》、《股票发行与交易管理暂行条例》、《上海证券交易所股票上市规则》等国家有关法律、法规的规定,已具备上市条件;发行人董事了解法律、法规、上海证券交易所上市规则及股票上市协议规定的董事的义务与责任;本公司建立健全了法人治理结构,制定了严格的信息披露制度与保密制度。

上市推荐人已对上市文件所载的资料进行了核实,确保上市文件真实、准确、完整,符合规定要求;保证本公司的上市申请资料、上市公告书没有虚假、严重误导性陈述或者重大遗漏,并保证对其承担连带责任。天同证券有限责任公司与本公司不存在关联关系。上市推荐人愿意推荐本公司股票在上海证券交易所上市交易,并保证不利用在上市过程中获得的内幕信息进行内幕交易,为自己或他人谋取利益。

重庆涪陵电力实业股份有限公司

二OO四年二月二十七日

西安交大博通资讯股份有限公司

西安交大博通资讯股份有限公司股票上市公告书

第一节　重要声明与提示

西安交大博通资讯股份有限公司(以下简称"本公司"、"交大博通"或"发行人")董事会保证上市公告书的真实性、准确性、完整性,全体董事承诺上市公告书不存在虚假记载、误导性陈述或重大遗漏,并承担个别和连带的法律责任。

根据《公司法》、《证券法》等有关法律、法规规定,本公司董事、高管人员已依法履行诚信和勤勉尽责的义务和责任。

上海证券交易所、中国证监会、其他政府机关对本公司股票上市及有关事项的意见,均不表明对本公司的任何保证。

本公司提醒广大投资者注意,凡本上市公告书未涉及的有关内容,请投资者查阅 2004 年 3 月 9 日刊载于《中国证券报》、《上海证券报》和《证券时报》的本公司招股说明书摘要及刊载于上海证券交易所网站(http://www.sse.com.cn)的本公司招股说明书全文。

第二节　概　览

1、股票简称:交大博通　　2、沪市股票代码:600455

3、深市代理股票代码:003455　　4、股本总额:62,458,000 股

5、可流通股本:22,000,000 股　　6、本次上市流通股本:22,000,000 股

7、每股发行价格:8.26 元　　8、上市地点:上海证券交易所

9、上市时间:2004 年 3 月 29 日

10、股票登记机构:中国证券登记结算有限责任公司上海分公司

11、上市推荐人:天一证券有限责任公司　南方证券股份有限公司

12、对首次公开发行股票前股东所持股份的流通限制及期限:根据国家现有法律、法规规定和中国证监会证监发行字【2004】25 号《关于核准西安交大博通资讯股份有限公司公开发行股票的通知》,本公司的国有法人股、法人股、自然人持有的未流通股份暂不上市流通。

13、本公司第一大股东西安交通大学产业(集团)总公司承诺:自本公司股票上市之日起 12 个月内,不转让其所持有的本公司的股份,同时,本公司也承诺:自公司股票上市之日起 12 个月内不回购公司发起人持有本公司股份。

第三节　绪　言

本上市公告书是根据《中华人民共和国公司法》、《中华人民共和国证券法》、《股票发行与交易管理暂行条例》、《公开发行股票公司信息披露实施细则》和《上海证券交易所股票上市规则》等国家有关法律、法规的规定,并按照中国证监会《公开发行证券的公司信息披露内容与格式准则第 7 号-股票上市公告书》而编制,旨在向投资者提供有关本公司的基本情况和本次股票上市的有关情况。

经中国证监会证监发行字【2004】25 号文核准,本公司于 2004 年 3 月 12 日采用全部向二级市场投资者定价配售的方式发行了每股面值 1.00 元的人民币普通股 2,200 万股,每股发行价为人民币 8.26 元。

经上海证券交易所上证上字【2004】26 号文批准,本公司公开发行的 2,200 万股社会公众股将于 2004 年 3 月 29 日起在上海证券交易所挂牌交易。股票简称"交大博通",沪市股票代码"600455"、深市代理股票代码"003455"。

本公司已于 2004 年 3 月 9 日在《中国证券报》、《上海证券报》和《证券时报》上刊登了《招股说明书摘要》,招股说明书正文及其附录刊载于上海证券交易所网站(http://www.sse.com.cn),距今不足三个月,故与其重复的内容在此不再重述,敬请投资者查阅上述内容。

第四节　发行人概况

一、发行人的基本情况

1、公司名称:西安交大博通资讯股份有限公司

英文名称:But′one Information Corporation, Xi′an

2、成立日期:2000 年 7 月 16 日　　3、法定代表人:雷锦录

4、住所及邮政编码:西安市高新区东区火炬路 3 号楼 10 层　710043

5、主营业务:公司主要从事自主知识产权的应用软件产品、行业解决方案研发、销售及与之相关的计算机系统集成等服务。

6、电话及传真:电话 029-82666810 传真 029-82666820

7、互联网网址:www.butone.com　　8、电子邮箱:stock@butone.com

二、发行人的历史沿革及改制重组情况

公司前身西安博通资讯有限责任公司成立于 1994 年 8 月,2000 年 7 月经陕西省人民政府陕政函[2000]136 号文批准,西安博通资讯有限责任公司依法整体变更设立为股份有限公司。西安博通资讯有限责任公司原股东西安交通大学产业(集团)总公司、新疆特变电工股份有限公司、西安计算机软件产业推进中心和 15 个自然人成为西安博通资讯股份有限公司股东。2001 年 5 月,经公司 2000 年度股东大会决议,西安博通资讯股份有限公司更名为西安交大博通资讯股份有限公司。

经中国证监会《关于核准西安交大博通资讯股份有限公司公开发行股票的通知》(证监发行字[2004]25 号)核准,本公司于 2004 年 3 月 12 日采用全部向二级市场投资者定价配售的方式发行了每股面值 1.00 元的人民币普通股 2200 万股,发行价为每股 8.26 元。此次发行完成后,本公司的总股本变更为 6245.80 万股。

三、公司的主要经营情况

1、公司的主营业务产品

公司主要从事自主知识产权的应用软件产品、行业解决方案的研发、销售及与之相关的计算机系统集成等服务。公司的主要产品有:

(1) 博通资讯 ERP(企业资源计划):2000 年,荣获国家高技术计算机综合自动化制造系统专家组"863/CIMS 重大目标产品项目公开评测优秀软件"。2002 年,列入"国家高技术研究发展计划(863 计划)"课题。

(2)博通资讯 EMRP(企业营销资源计划管理系统):是对大中型企业营销过程动态成本进行可视量化控制的产品。在国内首家通过国家信息产业部鉴定,鉴定结论"国际先进、国内领先"。列入国家"863/CIMS"目标产品;2000 年国家级"火炬计划"项目;2001 年"中国优秀软件产品";2001 年重点国家级"火炬计划"项目;2003 年国家级重点新产品。

(3) 博通资讯 MRP-II(制造资源计划):实现了企业对制造资源进行有效的计划、管理和控制。本产品列入国家"863/CIMS"目标产品、1998 年国家火炬计划。

(4) 博通资讯 PDM(产品数据管理):是设计过程控制和产品数据管理的现代化管理工具,本产品列入 1998 年国家火炬计划。

公司除上述应用软件产品外,还拥有 EFRM(企业财力资源管理系统)、EHRD(人力资源管理系统)、ARM(行政资源管理系统)等企业管理软件和电线电缆、煤炭等六大类行业解决方案。2003 年 12 月,本公司的"支持企业集团供应链管理及客户关系管理系统开发"课题被列入"国家高技术研究发展计划(863 计划)"课题。

2、产品销售方式和渠道

公司销售业务模式为直接销售和代理销售,今后将发展网上销售、租赁等销售模式。

3、行业竞争情况和竞争地位

本公司从事以 ERP(企业资源计划)为主的企业管理软件的研发、销售、实施和服务,属于在软件总体市场中占比例最大、增长率最高的应用软件领域。

在企业管理软件中,ERP 产品年增长率更是直线上升,2002 年从 2001 年的 8.7 亿元猛增到 16.12 亿元,增长率高达 85.3%(远远超过 40%的平均增长率)。l.5 万家大中型企业和近 800 万家中小型企业,形成了超过 200 亿元人民币的潜在市场。目前,在国内 ERP 市场中,本公司面对的竞争对手,主要为国际知名的 ERP 软件供应商 SAP、Oracle。国内存在一定竞争程度的 ERP 厂商主要由两支组成:一支是专业从事 MRP-II(制造资源计划)发展起来的 ERP 厂商(如利玛、和佳);一支是传统财务软件厂商转化而来的(如用友、金蝶)。

与国外厂商相比,本公司拥有本土化优势、人力资源优势、产品价格优势;与国内厂商相比,本公司拥有行业积累优势、专业化产品及其实施体系优势、人力资源管理优势、ISO9001 质量保证体系和 CMM(软件能力成熟度模型)优势等。

4、公司主要财务指标　参见本上市公告书"第八节主要财务会计资料四、主要财务指标"部分。

第五节　股票发行与股本结构

一、本次股票上市前首次公开发行股票的情况

1、发行股票种类:人民币普通股　　2、每股面值:1.00 元

3、发行数量:22,000,000 股　　4、每股发行价格:8.26 元

5、募集资金净额:17,320.24 万元　　6、发行时间:2004 年 3 月 12 日

7、发行方式:全部向二级市场投资者定价配售

8、发行对象:于《西安交大博通资讯股份有限公司首次公开发行股票招股说明书(摘要)》刊登日(即 2004 年 3 月 9 日)收盘时持有沪市或深市已上市流通人民币普通股(A 股)股票的市值总和(包括可流通但暂时锁定的股份市值)达到 10,000 元及以上的投资者

9、发行市盈率:19.95 倍

10、发行费用总额及项目:本次股票发行费用共 851.76 万元,主要包括承销费用、审计费用、律师费用、发行手续费用、登记费用、审核费用等费用。

11、每股发行费用:0.39 元

二、本次股票上市前首次公开发行股票的承销情况

本次公开发行的 2,200 万股社会公众股的配号总数为 66,674,550 个,中签率为 0.0329961 %。其中,二级市场投资者认购 21,811,484 股,余股 188,516 股由主承销商天一证券有限责任公司包销。

三、本次上市前首次公开发行股票所募股资金的验资报告

本次上市前首次公开发行股票所募股资金由西安希格玛有限责任会计师事务所进行了验资并出具了编号为希会验字(2004)第 086 号验资报告。报告全文如下:

西安交大博通资讯股份有限公司全体股东:

我们接受委托,审验贵公司截至二零零四年三月十九日止新增注册资本的实收情况。按照国家相关法律、法规的规定和公司协议、章程的要求出资,提供真实、合法、完整的验资资料,保护资产的安全、完整是贵公司的责任。我们的责任是对贵公司注册资本的实收情况发表审验意见。我们的审验是依据《独立审计实务公告第 1 号??? 验资》、《公司法》、《公司注册资本管理暂行规定》和《公司登记管理条例》进行的。在审验过程中,我们结合贵公司的实际情况,实施了检查等必要的审验程序。

贵公司原注册资本为人民币肆仟零肆拾伍万捌仟元整(RMB40,458,000.00 元),根据贵公司 2003 年度股东大会决议和修改后的章程(草案)的规定,申请增加注册资本人民币贰仟贰佰万元整(RMB22,000,000.00 元),变更后的注册资本为人民币陆仟贰佰肆拾伍万捌仟元整(RMB62,458,000.00 元)。经中国证券监督管理委员会证监发[2004]25 号文核准,贵公司已于 2004 年 3 月 12 日以每股发行价格 8.26 元,发行了面值为 1 元的社会公众股 2,200.00 万股。截止 2004 年 3 月 19 日,贵公司已经收到社会公众股东认缴股款人民币壹亿捌仟壹佰柒拾贰万元整(RMB 181,720,000.00 元),扣除发行费用人民币捌佰伍拾壹万柒仟陆佰元整(RMB 8,517,600.00 元),实际收到股款壹亿柒仟叁佰贰拾万零贰仟肆佰元整(RMB 173,202,400.00 元),其中股本 22,000,000.00 元,资本公积 151,202,400.00 元。

同时我们注意到,贵公司本次增资前的注册资本为人民币肆仟零肆拾伍万捌仟元整(RMB40,458,000.00 元),已经西安希格玛有限责任会计师事务所审验,并于二零零一年四月二十三日出具希会验字(2001)161 号验资报告。如果连同本次增加注册资本在内则变更后的注册资本为人民币陆仟贰佰肆拾伍万捌仟元整(RMB62,458,000.00 元)。

本验资报告供贵公司申请变更登记及据以向全体股东签发出资证明时使用,不应将其视为是对贵公司验资报告日后资本保全、偿债能力和持续经营能力等的保证。因使用不当造成的后果,与执行本验资业务的注册会计师及本会计师事务所无关。

附件:新增注册资本实收情况明细表;　注册资本变更情况对照表;　验资事项说明。

西安希格玛有限责任会计师事务所　　中国注册会计师:刘斌

中国注册会计师:范敏华　中国　西安　二零零四年三月十九日

四、本次募股资金入帐情况　　入帐时间:2004 年 3 月 19 日

入帐金额:175,637,830.02 元(募集资金扣除承销费和上网发行费后的余额)

开户银行:中国工商银行高新技术开发区支行东区分理处

入帐帐号:3700022819200003234

五、本次股票上市前发行人的股权结构和股东的持股情况

1、本公司上市前股权结构情况:

股份名称	持股单位	持股数量(万股)	比例(%)
国有法人股	西安交通大学产业(集团)总公司	970.992	15.56
	西安计算机软件产业推进中心	202.29	3.24
发起人法人股	新疆特变电工股份有限公司	849.618	13.60
发起自然人股	赵桂霞、谢晓、张敬朝等 15 人	2022.90	32.38
普通股		2200	35.22
总股本		6245.80	100.00

2、持股量最大 10 名股东及持有本公司股份情况

序号	姓名	持股数(股)	占总股本比例(%)
1	交大产业	9709920	15.56
2	新疆特变	8496180	13.60
3	谢晓	4851000	7.77

4	张敬朝	2919510	4.64
5	赵桂霞	2023725	3.24
6	舒燕伶	2023725	3.24
7	软推中心	2022900	3.24
8	王卫东	1372184	2.20
9	孟进娥	1295184	2.07
10	于雷	1160786	1.86

第六节 董事、监事、高级管理人员及核心技术人员

一、董事、监事、高级管理人员与技术负责人的有关情况

1、公司董事 雷锦录先生:公司董事长。48岁,大学本科学历,高级会计师,产业总公司总裁、全国高校结算中心研究会副董事长。曾任西安交通大学机械厂党支部书记、校财务处副处长、处长等职务。

张新先生:公司副董事长。42岁,大学本科学历,高级政工师,新疆特变电工股份有限公司董事长。曾任新疆昌吉市特种变压器厂技术科长,"全国五?一劳动奖章"获得者,2000年被国务院评为全国劳模。

李台元先生:公司董事、总经理。47岁,大学本科学历,任陕西省软件行业协会副理事长、西安市软件行业协会副理事长、南京金脉博通资讯有限责任公司董事长、新疆博通有限责任公司董事长、兰州博通资讯有限责任公司董事长、西安博达软件有限公司董事长、西安博通智能卡有限责任公司董事长。曾任西安凯特高科技实业(集团)公司副总经理。

谢晓先生:公司董事、副总经理、技术总监。43岁,大学本科学历、工程师。任南京金脉博通资讯有限责任公司董事、总经理,西安科为计算机项目监理评测有限责任公司董事。

张敬朝先生:公司董事、副总经理、财务总监。42岁,大学本科学历,高级工程师。任兰州博通资讯有限责任公司董事、西安科为计算机项目监理评测有限责任公司董事。

邢欣女士:公司董事。39岁,工商管理硕士,副研究员,任产业总公司副总裁、董事会秘书。曾任西安交通大学化工学院党委副书记、校长办公室副主任、西安交通大学科技园有限责任公司副总经理。

宁振波先生:独立董事。47岁,大学本科学历,高级工程师,任中国航空工业西安飞机设计研究所研究员,计算机应用研究室主任。航空部"金航"工程总体组专家、陕西省CAD应用工程专家组专家、西安市软件行业学会理事、西安市计算机学会理事、西北地区CAD应用工作委员会委员。2000年被西北工业大学特聘为"重点建设项目高级顾问"。

强力先生:独立董事。44岁,大学本科学历。现任西北政法学院教授,经济法系副主任,经济法学研究生导师,金融法研究中心主任。

董娟女士:独立董事。52岁,大学本科学历,注册会计师,任中天宏国际咨询有限公司董事长兼总裁。曾任财政部商贸司副司长、国家国有资产管理局企业司司长、财政部评估司司长、三届会计独立审计准则中方专家组成员。

2、公司监事 魏农先生:公司监事,监事会召集人。44岁,大学本科学历,任证券项目部经理。

陈捷女士:公司监事。35岁,大学本科学历,任总经理办公室主任。

蔺建文先生:公司监事。39岁,工学硕士,任西安计算机软件产业推进中心法定代表人、中心主任、西安市软件行业协会副秘书长。

尤智才先生:公司监事。49岁,大专学历,高级会计师,任新疆特变电工股份有限公司总会计师。

郑俊玉女士:公司监事。48岁,大专学历,会计师,任产业总公司财务部部长。

3、公司高级管理人员

高昆先生:公司副总经理、市场总监。40岁,大学本科学历,兼任本公司北京分公司总经理。

李西明先生:公司董事会秘书。43岁,大专学历。

4、公司核心技术人员

谢 晓先生:43岁,西安交通大学通用机械专业本科毕业。现任副总经理,技术总监。长期从事计算机信息系统的研发与管理工作,主持了多项重大项目的设计开发,在企业应用方面具有丰富的经验。其中主持开发的企业营销资源计划管理系统,经国家信息产业部组织的科技成果鉴定,达到"世界先进、国内领先水平",并获西安市科技进步一等奖。2002年10月、2003年12月,分别担任国家高技术研究发展计划(863计划)先进制造及自动化技术领域现代集成制造系统技术主题/重大专项"博通ERP管理系统"和"支持企业集团供应链管理及客户关系管理系统开发"课题负责人。

刘 斌先生:32岁,西北工业大学计算机软件专业本科毕业,西安交通大学计算机应用专业在读硕士。现任总经理助理,软件中心主任。数据库工程师,参与或主持了陕西彩虹总厂MIS系统、西北电管局调通局MIS系统监理、陕西公路地理信息系统等重大项目。其中主持的国家九五攻关项目"陕西公路地理信息系统",受到专家的一致好评,被陕西省授予"2002年度陕西省优秀软件人才"、第二届"陕西省软件行业杰出青年"。

邴平勃先生:44岁,加拿大籍华人,博士,现任软件中心总工程师。94年起,先后在加拿大和美国的AES、SYS-X Corporation,US West Communication, Envision Technology等公司任软件工程师和软件系统构架师。参与或主持过多项美国、加拿大企业和政府的信息化建设项目。参与或主持过多项企业和政府的信息化、电子商务、电子政务的规划和解决方案。

王卫东先生:34岁,西安交通大学计算机应用专业本科毕业,西安交通大学自动控制专业在读硕士。现任总经理助理,行业应用事业部经理。1990年起从事计算机网络系统的研究,对大型网络设计和广域网设计、异种机异种操作系统的安装调试具有丰富的经验,参与或主持了西安电信局97′网络工程、重庆IDEN数字集群计费系统工程等重大项目。

邬树新先生:34岁,北京科技大学工业电气自动化专业本科毕业,西安交通大学自动控制专业在读硕士。现任总经理助理,系统集成事业部经理。对计算机网络设计和系统安装调试有很丰富的经验,先后主持设计了西安城市规划设计院、西安市规划局、航空部603所、兵器部205所网络系统等。

于雷先生:34岁,武汉测绘学院(现名武汉大学)摄影测量与控制专业本科毕业。现任企业应用事业部经理。1993年起从事计算机信息系统的开发工作,先后主持开发了邮政电子化支局、邮政储蓄同城通兑系统、彩虹总装一厂设备管理系统、彩虹档案室PDM项目和石家庄三九啤酒EMRP的开发和实施。对大型数据库应用系统的开发、系统设计和项目管理具有丰富经验。

以上人员中除邴平勃先生外,其他均为中国国籍,且相互之间不存在配偶及三代以内的直系和旁系亲属关系。

谢晓研制开发的"企业营销资源计划管理系统(EMRP)"于1999年11月通过信息产业部组织的科技成果鉴定,鉴定结论为"国际先进,国内领先",该项目还获得2001年度西安市科技进步一等奖。

二、上述人员在发行前持有发行人股份的情况

截止本招股说明书制作之日,本公司董事、监事、高级管理人员、技术负责人、核心技术人员及其家属持有本公司股份的情况如下表

序号	股东名称	持股比例(%)	持股数量(万股)
1	谢晓及配偶舒燕伶	16.99	687.4725
2	张敬朝及配偶孟进娥	10.42	421.4694
3	李台元及配偶赵桂霞	7.85	317.6044
4	王卫东	3.39	137.2184
5	于雷	2.87	116.0786
6	刘斌	1.55	62.5322
7	邬树新	1.41	57.1973
	合计	44.48	1799.5728

第七节 同业竞争和关联交易

一、同业竞争

公司的三个法人股东产业总公司、新疆特变电工和西安软推中心均不存在从事与公司相同或相似业务的情况。本公司第二大股东新疆特变电工控股或控制的子公司中也没有从事与本公司有相同或相似的业务。而第一大股东产业总公司的控股或参股的西安交大瑞森资讯发展股份有限公司、西安交大启光科技(集团)有限公司两家公司所从事的部分业务与公司相似,但应用对象和目标市场不同。

产业总公司、新疆特变电工和西安软推中心均出具了《避免同业竞争的承诺函》,承诺该等单位及其全资、控股子公司目前不存在、将来也不从事与本公司有同业竞争的业务。如该等单位未履行上述承诺给本公司造成的损失,将负责赔偿。

综上,本公司与股东及其控股的法人之间不存在同业竞争。

二、关联交易

1、关联方

本公司目前存在的关联方及关联关系请查阅刊登于上海证券交易所网站(www.sse.com.cn)的本公司招股说明书相关披露内容。

2、关联交易内容

本公司与本公司关联方之间最近三年发生的关联交易详细内容请查阅刊登于上海证券交易所网站(www.sse.com.cn)本公司招股说明书全文。

3、有关中介机构就关联交易发表的意见

(1)发行人律师意见

公司与关联企业的关联关系清晰、明确、合法。公司与关联方之间发生的关联交易已履行了公司内部适当的批准程序,符合公司章程关于关联交易决策程序的规定。公司已建立了关联交易的内部决策程序及制度,该等程序和制度符合现行有关法律、法规和规范性文件的规定,并可使中小股东的利益受到合法保护。公司已对关联方、关联交易和避免同业竞争的承诺及措施进行了充分披露,未发现有重大遗漏或隐瞒。

(2)主承销商意见

根据发行人提供的情况及主承销商核查,发行人的所有股东与发行人之间不存在同业竞争。发行人主要从事具有自主知识产权的应用软件产品、行业解决方案的研发、销售及与之相关的计算机系统集成等服务,主要产品为制造型、流通型企业管理应用软件及相关的系统集成服务。第一大股东产业总公司所控制的公司中,虽然也有个别从事软件类业务的,但它们的产品及系统集成服务在应用方向、目标市场等方面都与发行人截然不同,至今从未发生同业竞争情况。

(3)申报会计师意见

本公司申报会计师认为:招股说明书所披露关联交易符合《企业会计准则》、《企业会计制度》和《关联方之间出售资产等有关会计处理问题暂行规定》等有关规定。

第八节 主要财务会计资料

本公司截止2003年12月31日的财务会计资料已于2004年3月9日刊登在《中国证券报》、《上海证券报》和《证券时报》本公司《招股说明书摘要》中。投资者欲了解详细内容,请投资者查阅上述报纸或刊登于上海证券交易所网站(www.sse.com.cn)的本公司招股说明书全文及附录。

一、注册会计师意见

本公司聘请西安希格玛有限责任会计师事务所对公司2001年12月31日、2002年12月31日及2003年12月31日的资产负债表,2001年度、2002年度、2003年度的利润及利润分配表,2003年度的现金流量表进行了审计,会计师出具了编号为希会审字(2004)0258号的标准无保留意见审计报告。本节数据如无特别说明,均引自经西安希格玛有限责任会计师事务所审计的财务报表。

二、经审计的简要财务报表

1、简要资产负债表(单位:元)

资产	2003年12月31日	2002年12月31日	2001年12月31日
货币资金	49,620,767.53	63,917,657.73	36,919,344.61
应收票据	2,786,000.00		
应收帐款	27,421,806.18	27,772,209.90	20,585,157.42
其他应收款	11,251,913.08	9,086,779.72	5,024,910.45
预付帐款	19,884,320.96	8,037,464.14	2,610,808.08
应收补贴款	1,135,892.12		
存货	17,682,562.03	12,504,727.00	10,773,080.20
待摊费用	88,708.00	150,767.93	114,803.98
流动资产合计	127,085,969.90	124,255,606.42	76,028,104.74
长期股权投资	1,881,827.36	1,457,385.65	1,321,573.99
长期投资合计	1,881,827.36	1,457,385.65	1,321,573.99
固定资产原价	20,834,470.14	19,372,158.87	18,397,228.36
减:累计折旧	6,475,436.60	3,829,923.55	1,921,815.60
固定资产净值	14,359,033.54	15,542,235.32	16,475,412.76
减:固定资产减值准备	709,506.83	709,506.83	570,346.30
固定资产净额	13,649,526.71	14,832,728.49	15,905,066.46
在建工程	12,481,099.95	2,981,099.95	2,598,979.59
固定资产合计	26,130,626.66	17,813,828.44	18,504,046.05
无形及其他资产:			
无形资产	10,465,655.25	8,077,009.76	9,105,476.19
长期待摊费用	1,302,503.30	1,668,288.40	2,298,352.64
无形及其他资产合计	11,768,158.55	9,745,298.16	11,403,828.83
资产总计	166,866,582.47	153,272,118.67	107,257,553.61

2、简要资产负债表(续) 单位:元

负债及所有者权益	2003年12月31日	2002年12月31日	2001年12月31日
流动负债:			
短期借款	63,000,000.00	54,000,000.00	46,700,000.00
应付票据	5,974,092.80	20,000,000.00	900,000.00
应付帐款	2,555,710.86	2,571,709.10	768,683.44
预收帐款	1,565,997.60	3,413,598.83	1,098,036.40
应付工资	31,799.50		
应付福利费	2,760,843.45	1,548,869.33	484,865.63
应付股利	2,262,222.72	4,173,958.84	128,158.84
应交税金	1,893,438.76	1,760,532.12	3,002,483.90
其他应交款	23,302.75	46,418.65	48,045.82
其他应付款	668,249.78	677,733.43	184,855.48
流动负债合计	80,735,658.22	88,192,820.30	53,315,129.51
负债合计	80,735,658.22	88,192,820.30	53,315,129.51
少数股东权益	5,282,816.95	1,515,206.60	1,178,913.21
股东权益:			
股本	40,458,000.00	40,458,000.00	40,458,000.00
减:已归还投资			
股本净额	40,458,000.00	40,458,000.00	40,458,000.00
资本公积	718,723.19	193,723.19	78,423.19
盈余公积	7,053,577.30	4,540,549.97	2,379,663.09
其中:公益金	2,351,192.44	1,513,516.66	793,221.03
未分配利润	32,617,806.81	18,371,818.61	9,847,424.61
股东权益合计	80,848,107.30	63,564,091.77	52,763,510.89

负债及股东权益总计	166,866,582.47	153,272,118.67	107,257,553.61

3、简要利润表(单位:元)

项目	2003 年度	2002 年度	2001 年度
一、主营业务收入	115,403,249.06	94,842,237.51	54,821,138.11
减:主营业务成本	60,142,464.53	38,435,706.43	16,429,711.38
主营业务税金及附加	1,130,098.93	1,016,819.00	178,246.80
二、主营业务利润:	54,130,685.60	55,389,712.08	38,213,179.93
加:其他业务利润	165,000.00		
减:营业费用	15,762,131.61	16,689,104.86	8,641,042.85
管理费用	18,341,379.53	18,398,679.32	14,384,023.76
财务费用	3,083,082.52	3,820,932.19	2,143,541.27
三、营业利润	17,109,091.94	16,480,995.71	13,044,572.05
加:投资收益	184,441.71	35,811.66	5,298.72
补贴收入	1,178,969.04	1,104,233.32	
营业外收入	4,003.00	10,000.00	4,588.00
减:营业外支出	51,309.39	782,919.65	523,864.21
四、利润总额	18,425,196.30	16,848,121.04	12,530,594.56
减:所得税	1,943,570.42	1,795,446.77	2,038,190.73
少数股东损益	−277,389.65	321,593.39	22,338.86
五、净利润	16,759,015.53	14,731,080.88	10,470,064.97

4、2003 年简要现金流量表(单位:元)

项目	2003 年度	2002 年度	2001 年度
一、经营活动产生的现金流量:			
销售商品、提供劳务收到的现金	129,385,781.00	94,691,263.00	46,291,916.03
收到的税费返还	727,056.04		
现金流入合计	133,012,837.04	94,691,263.00	46,291,916.03
购买商品、接受劳务支付的现金	81,239,008.95	49,700,541.19	23,023,095.17
支付给职工以及为职工支付的现金	15,196,448.77	14,067,448.05	7,476,193.24
支付的各项税费	7,518,684.29	8,599,579.13	1,877,701.72
支付的其他与经营活动有关的现金	12,616,477.27	14,629,742.47	11,829,352.79
现金流出小计	119,470,619.28	86,997,310.84	44,206,342.92
经营活动产生现金流量净额	13,542,217.76	7,693,952.16	2,085,573.11
二、投资活动产生的现金流量:			
处置固定资产、无形资产和其他长期资产而收回的现金净额	4,578.54		4,563,013.37
现金流入小计	4,578.54		4,563,013.37
购建固定资产、无形资产和其他长期资产所支付的现金	11,980,867.86	3,284,706.85	17,805,098.56
投资所支付的现金		700,000.00	
现金流出小计	11,980,867.86	3,284,706.85	18,505,098.56
投资活动产生的现金流量净额	−11,976,289.32	−3,284,706.85	−13,942,085.19
三、筹资活动产生的现金流量:			
吸收投资所收到的现金	500,000.00		
其中:子公司吸收少数股东权益性投资所收到的现金	500,000.00		
借款所收到的现金	9,000,000.00	27,300,000.00	55,800,000.00
收到的其他与筹资活动有关的现金	330,000.00	30,000.00	
现金流入小计	9,830,000.00	27,330,000.00	55,800,000.00
偿还债务所支付的现金	20,000,000.00		20,550,000.00
分配股利、利润或偿付利息所支付的现金	4,994,818.64	3,820,932.19	2,143,541.27
支付的其他与筹资活动有关的现金	698,000.00	920,000.00	
现金流出小计	25,692,818.64	4,740,932.19	22,693,541.27
筹资活动产生的现金流量净额	−15,862,818.64	22,589,067.81	33,106,458.73
五、现金及现金等价物净增加额	−14,296,890.20	26,998,313.12	21,249,946.65

补充资料	2003 年度	2002 年度	2001 年度
1.将利润调节为经营活动现金流量:			
净利润	16,759,015.53	14,731,080.88	10,470,064.97
加:少数股东损益	−277,389.65	321,593.39	22,338.86
计提的资产减值准备	1,178,792.43	2,825,826.92	826,669.77
固定资产折旧	2,664,385.31	2,700,732.53	1,444,915.70
无形资产摊销	1,394,913.17	1,399,206.61	1,222,392.68
长期待摊费用摊销	1,048,552.74	753,596.44	959,602.60
待摊费用减少(减:增加)	62,059.93	−35,963.95	184,293.96
处置固定资产、无形资产和其他长期资产的损失(减:收益)		326,802.63	
固定资产报废损失	28,779.49	640,759.02	2,049.38
财务费用	3,083,082.52	3,820,932.19	2,143,541.27
投资损失(减:收益)	−235,373.88	−35,811.66	−5,298.72
存货的减少(减:增加)	−5,177,835.03	−2,174,436.61	−3,869,872.27
经营性应收项目的减少(减:增加)	−12,441,338.84	−20,785,454.39	−15,314,994.15
经营性应付项目的增加(减:减少)	5,454,574.04	3,531,890.79	3,673,066.43
经营活动产生的现金流量净额	13,542,217.76	7,693,952.16	2,085,573.11
3.现金及现金等价物净增加情况:			
现金的期末余额	49,620,767.53	63,917,657.73	36,919,344.61
减:现金的期初余额	63,917,657.73	36,919,344.61	15,669,397.96
现金及现金等价物净增加额	−14,296,890.20	26,998,313.12	21,249,946.65

三、会计报表附注

本公司会计报表附注等有关内容,请查阅 2004 年 3 月 9 日刊登于《中国证券报》、《上海证券报》和《证券时报》上的《招股说明书摘要》以及刊登于上海证券交易所网站(http://www.sse.com.cn)上的本公司《招股说明书》全文及其附录。

四、主要财务指标

指标			2003 年 12 月 31 日	2002 年 12 月 31 日	2001 年 12 月 31 日
1、流动比率			1.57	1.41	1.43
2、速动比率			1.36	1.27	1.22
3、应收帐款周转率			4.18	3.92	3.83
4、存货周转率			3.98	3.30	1.84
5、无形资产占总资产比例(%)			6.27	5.27	8.49
6、无形资产占净资产比例(%)			12.94	12.70	17.25
7、资产负债率(%)(母公司)			47.96	58.27	50.05
8、每股净资产(元/股)			2.00	1.57	1.30
9、研究及开发费用占主营收入比例(%)			5.90	6.95	9.53
10、每股经营活动的现金流量(元/股)			0.33	0.19	0.05
11、净资产收益率(%)	主营业务利润	全面摊薄	6.95	87.14	72.42
		加权平均	4.93	92.12	80.51
	营业利润	全面摊薄	1.16	25.93	24.72
		加权平均	23.68	27.41	27.48
	净利润	全面摊薄	20.73	23.18	19.84
		加权平均	23.20	24.50	22.06
	扣除非经常性损益后的净利润	全面摊薄	19.63	5.71	20.36
		加权平均	21.97	27.18	22.63
12、每股收益(元)	主营业务利润	全面摊薄	1.34	1.37	0.94
		加权平均	1.34	1.37	0.94
扣除非经常性损益净利润	营业利润	全面摊薄	0.42	0.41	0.32
		加权平均	0.42	0.41	0.32
		全面摊薄	0.41	0.36	0.26
		加权平均	0.41	0.36	0.26
		全面摊薄	0.39	0.40	0.27
	后的净利润	加权平均	0.39	0.40	0.27

第九节 其他重要事项

1、本公司本次股票发行后至本公司上市公告书公告之日,本公司严格依照《公司法》、《证券法》等法律法规的要求,规范运行,生产经营情况正常;所处行业、市场无重大变化,主要业务发展目标进展状况正常,主要投入产出物供求及价格无重大变化。

2、本公司本次股票发行后至本公司上市公告书公告之日,本公司无重大对外投资活动、无重大资产(股权)收购或出售行为。

3、本公司本次股票发行后至本公司上市公告书公告之日,本公司重大会计政策和会计师事务所没有发生变化。

4、本公司本次股票发行后至本公司上市公告书公告之日,本公司未涉及任何重大诉讼事项或仲裁,亦无尚未了结或可能面临的重大诉讼或索赔要求。

5、本公司本次股票发行后至本公司上市公告书公告之日,本公司董事、监事和高级管理人员未受到任何刑事起诉,亦没有尚未了结或可能发生的刑事诉讼事项。

6、自本公司股票首次公开发行之日至本上市公告书公告之日,本公司住所未变更;本公司未发生新的重大负债;并且重大债项未发生变化。

7、根据《上海证券交易所股票上市规则》,本公司第一大股东西安交大产业(集团)总公司承诺,自本公司股票上市之日起 12 个月内,不转让其持有的本公司股份,也不由本公司回购其持有的本公司股份。

8、本公司本次股票发行后至本公司上市公告书公告之日,没有其他应披露而未披露之重大事项。

第十节 董事会上市承诺

本公司董事会承诺将严格遵守《中华人民共和国公司法》、《中华人民共和国证券法》、《股票发行与交易管理暂行条例》、《公开发行股票公司信息披露实施细则》和《上海证券交易所股票上市规则》等国家法律、法规和有关规定,承诺自本公司股票上市之日起做到:

1、按照法律、法规规定的程序和要求披露所有对投资者有重大影响的信息,并接受中国证监会、上海证券交易所的监督管理;

2、真实、准确、完整、公允和及时地公布定期报告,并置备于规定场所供投资者查阅;

3、本公司董事、监事、高级管理人员如发生人事变动或持本公司股票发生变化时,在报告中国证监会、上海证券交易所的同时向投资者公布;

4、本公司在知悉可能对股票价格产生误导性影响的任何公共传播媒介中出现的消息后,将及时予以公开澄清;

5、本公司董事、监事、高级管理人员和核心技术人员将认真听取社会公众的意见和批评,不利用已获得的内幕消息和其他不正当手段直接或间接从事发行人股票的买卖活动;

6、本公司没有无记录的负债。

依据《上海证券交易所股票上市规则》,本公司全体董事、监事将按照有关规定,在本公司股票上市后两个月内签署《董事(监事)声明及承诺书》并送达上海证券交易所备案。

第十一节 上市推荐人及其意见

一、上市推荐人情况

上市推荐人:天一证券有限责任公司

法定代表人:沈国军　　注册地址:宁波市开明街 417-427 号

电话:021-58608499　　传真:021-68531507

联系人:张明　　上市推荐人:南方证券股份有限公司

法定代表人:牛冠兴　　注册地址:深圳市嘉宾路 4028 号太平洋商贸大厦 20-28 层

电话:021-52342060　　传真:021-52340280　　联系人:朱峰 刘建位

二、上市推荐人意见

本公司上市推荐人认为:本公司章程符合《中华人民共和国公司法》、《中华人民共和国证券法》及《上海证券交易所股票上市规则》等法律、法规和中国证监会的有关规定;本公司本次股票发行完全符合《中华人民共和国公司法》、《中华人民共和国证券法》及《上海证券交易所股票上市规则》法律、法规和中国证监会的有关规定,已具备了上市条件;本公司董事了解法律、法规、上海证券交易所上市规则及股票上市协议规定的董事义务与责任;本公司建立健全了法人治理结构,制定了严格的信息披露制度与保密制度。

上市推荐人已对上市文件所载的资料进行了核实,认为上市文件真实、准确、完整,符合规定要求,没有虚假记载、误导性陈述或重大遗漏,并对其承担连带责任。上市推荐人与本公司不存在关联关系。上市推荐人愿意推荐本公司的股票在上海证券交易所上市交易,并且在上市推荐过程中,保证不利用获得的内幕信息进行内幕交易,为自己或他人谋取利益。

西安交大博通资讯股份有限公司

二〇〇四年三月二十四日

江西洪城水业股份有限公司

江西洪城水业股份有限公司首次公开发行股票上市公告书

第一节 重要声明和提示

江西洪城水业股份有限公司(以下简称"本公司"、"公司"、"洪城水业"或"发行人")董事会保证上市公告书的真实性、准确性、完整性,全体董事承诺上市公告书不存在虚假记载、误导性陈述或重大遗漏,并承担个别或连带的法律责任。

根据《公司法》、《证券法》等有关法律、法规的规定,本公司董事、高级管理人员已依法履行诚信和勤勉尽责的义务和责任。

上海证券交易所、中国证监会、其他政府机关对本公司首次公开发行股票上市有关事项的意见,均不表明对本公司的任何保证。

本公司提醒广大投资者注意,凡本上市公告书未涉及的有关内容,请投资者查阅 2004 年 5 月 12 日刊登于《中国证券报》、《上海证券报》、《证券时报》和《证券日报》的本公司首次公开发行招股说明书摘要;及刊载于上海证券交易所网站(http://www.sse.com.cn)的本公司首次公开发行股票招股说明书全文。

第二节 概 览

1、股票简称:洪城水业

2、沪市股票代码:600461

3、深市代理股票代码:003461

4、股本总额:14,000 万股

5、可流通股本:5,000 万股

6、本次上市流通股本:5,000 万股

7、发行价格:5.50 元/股

8、上市地点:上海证券交易所

9、上市时间:2004 年 6 月 1 日

10、股票登记机构:中国证券登记结算有限责任公司上海分公司

11、保荐机构(上市推荐人):汉唐证券有限责任公司

12、对本公司首次公开发行股票前股东所持股份的流通限制,根据有关法律、法规规定和中国证监会《关于核准江西洪城水业股份有限公司公开发行股票的通知》(证监发行字[2004]52 号),本公司的国有法人股和法人股暂不上市流通。

13、本公司第一大股东对所持股份自愿锁定的承诺:本公司公开发行股票前第一大股东南昌水业集团有限责任公司向上海证券交易所承诺,自本公司股票上市之日起 12 月内,不转让其所持有本公司的股份,也不由本公司回购其持有的本公司股份。

第三节 绪 言

本公司上市公告书是根据《中华人民共和国公司法》、《中华人民共和国证券法》、《股票发行与交易管理暂行条例》、《公开发行股票公司信息披露实施细则》和《上海证券交易所股票上市规则》等国家有关法律、法规的规定,并按照中国证监会《公开发行证券公司信息披露内容与格式准则第 7 号? 股票上市公告书》而编制的,旨在向投资者提供有关本公司和本次股票上市的基本情况。

经中国证监会证监发行字[2004]52 号文核准,本公司于 2004 年 5 月 17 日采用全部向二级市场投资者定价配售的方式成功发行了 5,000 万股人民币普通股,每股面值 1.00 元,发行价格为每股 5.50 元。

根据上海证券交易所《关于江西洪城水业股份有限公司人民币普通股股票上市交易的通知》(上证上字[2004]69 号),本公司 5,000 万股社会公众股将于 2004 年 6 月 1 日起在上海证券交易所挂牌交易。股票简称"洪城水业",沪市股票代码"600461"、深市代理股票代码"003461"。

本公司已于 2004 年 5 月 12 日分别在《中国证券报》、《上海证券报》、《证券时报》和《证券日报》上刊登了《招股说明书摘要》,招股说明书全文及其附录刊载于上海证券交易所网站(http://www.sse.com.cn),前述招股文件距今不足 3 个月,故与其重复的内容不再重复,敬请投资者查阅上述文件。

第四节 发行人概况

一、公司的基本情况

注册名称:江西洪城水业股份有限公司

英文名称:JIANGXI HONGCHENG WATERWORKS CO.,LTD

法定代表人:郑明坦

注册地址:江西省南昌市沿江南路 292 号

经营范围:自来水、纯净水、水质净化剂、水表、给排水设备、节水设备、仪器仪表、环保设备的生产、销售;给排水设施的安装、修理;给排水工程设计、安装、技术咨询及培训,软件应用服务;水质检测、水表计量检测、电子计量器具的研制及销售;城市污水处理(以上项目国家有专项规定的除外)。

主营业务:自来水的生产和销售

所属行业:公用事业行业

联系电话:(0791)5235057,(0791)5210336

联系传真:(0791)5226672

电子信箱:waterncjx@etang.com

董事会秘书:康乐平

二、公司历史沿革及改制重组情况

公司系经江西省股份制改革和股票发行联审小组赣股[2001]4 号文《关于同意发起设立江西洪城水业股份有限公司的批复》批准,以南昌水业集团有限责任公司作为主发起人,联合北京市自来水集团有限责任公司、江西清华泰豪信息技术有限公司(2004 年 2 月 6 日更名为泰豪软件股份有限公司)、南昌市煤气公司、南昌市公用信息技术有限公司等四家公司,以发起方式设立的股份公司。

根据江西省财政厅赣财国字[2000]45 号文《关于组建江西洪城水业股份有限公司资产重组方案的批复》,集团公司以其下属的青云水厂、朝阳水厂、下正街水厂的经营性资产投入股份公司。北京市自来水集团有限责任公司、南昌市煤气公司、泰豪软件股份有限公司、南昌市公用信息技术有限公司以现金方式出资。

经中国证监会证监发行字[2004]52 号批准,本公司于 2004 年 5 月 17 日采取全部向二级市场投资者定价配售的方式成功发行了 5,000 万股人民币普通股,每股面值 1.00 元,发行价格为每股 5.50 元。本次发行后,公司总股本变更为 14,000 万股人民币普通股,其中发起人股份 9,000 万股,占总股本的 64.29%;社会公众股 5,000 万股,占总股本的 35.71%。

三、公司的主要经营情况

(一)本公司的主营业务及经营情况

公司的主营业务为自来水的生产和销售。

本公司的主要产品是自来水。目前生产能力为 90 万立方米/日,占南昌市区供水量的 86.54%,属国家大型供水企业。公司生产的自来水主要用于满足南昌市城区内的生活用水和工商业用水及其他用水的需要。

(二)公司的竞争优势与劣势

1、在国内城市供水行业中,本公司在以下几个方面具有明显的优势。

(1)水源优势

本公司原水取自赣江。赣江是江西省第一大河,属长江水系,纵贯南昌市中心,南昌段上自丁家洲,下至赣江铁路桥,全长 14KM,赣江南昌段的最大洪峰流量 21200 立方米/s,最枯流量 172 立方米/s,年平均流量 2080 立方米/s,水量丰富,水源有保障。本公司取水水源又位于赣江南昌段的中上游,水质良好,综合指标达国家标准 GB-3838-88《地面水环境质量标准》Ⅱ类以上标准,这种良好的城市供水资源,在全国各大中城市中,是为数不多的。随着城市排水及环保规划的实施,赣江水环境将进一步得到改善。

(2)市场容量优势

南昌市为江西省省会,是全省政治、经济、科学技术、文化教育中心。市区面积 617 平方公里,居民 143 万人。2001 年全市实现国内生产总值 435.1 亿,根据《南昌市国民经济和社会发展第十个五年计划纲要(草案)》、《南昌市城市总体规划》、《南昌市城市供水"十五"计划及 2015 年长期规划》,随着城市建设迅猛发展及人民生活水平的提高,到 2015 年,南昌市区将达到 290 万人口,市区面积为 250 平方公里。城市用水量预测为南昌市至 2005 年最高日需水量为 128 万立方米;2010 年最高日需水量为 200 万立方米;2015 年最高日需水量为 261 万立方米。

(3)规模优势

本公司目前供水能力为 90 万立方米/日,属于国家大型二类供水企业;随着本公司募集资金投资项目--青云水厂三期工程 20 万立方米/日供水项目、牛行水厂一期工程 10 万立方米/日供水项目的建成投产,本公司供水能力将达到 120 万立方米/日,将进入国家大型一类供水企业的行列。

(4)技术和装备优势

公司青云水厂二期工程利用荷兰政府贷款建成,全套引进国外先进设备,实现了全厂自动化控制和水泵的变频调控,部分工艺已实现无人执守。

公司朝阳水厂、下正街水厂等技术和装备均处于国内领先水平。公司的水质监测部门已达到国家城市供水水质监测一级站要求,能完成 96 项水质监测项目。

2、公司在同行业的竞争劣势

与国内外领先的水务企业相比,本公司资本规模较小,管理水平有待进一步提高。公司将以本次上市为契机,壮大资本规模,不断提高公司的管理水平,缩小与国内外领先水务企业的差距。

(三)公司主要财务指标

公司主要财务指标见本上市公告书"第八节 财务会计资料"。

(四)公司拥有的政府特许经营权和非专利技术

本公司无政府特许经营权和非专利技术。

(五)公司享有的财政和税收优惠政策

本公司严格按《中华人民共和国企业所得税暂行条例》规定的 33%的税率缴纳企业所得税,未享受任何财政税收优惠政策。

四、生产经营有关的资产权属情况

1、本公司主要固定资产包括:房屋及建筑物、机器设备、运输工具、电子设备等。

2、本公司拥有的房屋建筑物共计 14,688.08 平方米。

3、本公司使用的土地为向集团公司租赁方式取得。

第五节 股票发行与股本结构

一、本次股票上市前首次公开发行股票的情况

(一)发行数量:5,000 万股,占发行后总股本的 35.71%。

(二)发行价格:5.50 元/股。

(三)募股资金总额:本次发行募集资金总额为 27,500.00 万元,扣除发行费用 1,124.25 万元后,募集资金净额为 26,375.75 万元。

(四)发行方式:全部向二级市场投资者定价配售。

(五)配售对象:于本公司招股说明书刊登日 2004 年 5 月 12 日收盘时持有上海证券交易所或深

圳证券交易所已上市流通人民币普通股(A股)股票的收盘市值总和(包括可流通但暂时锁定的市值)不少于1万元的投资者。

(六)发行费用总额及项目:本次公开发行股票发行费用总计1,124.25万元,费用项目包括:承销费、申报会计师费用、评估费、律师费、审核费、上网发行费用等费用。

(七)每股发行费用:0.225元。

二、本次股票上市前首次公开发行股票的承销情况

本次向二级市场投资者定价配售发行的5,000万股社会公众股的配号总数为82,685,552个,中签率为0.06047006%。其中:二级市场投资者认购49,570,140股,其余429,860股由主承销商组织的承销团包销。

三、本次股票上市前首次公开发行股票所募集资金的验资报告

中磊会计师事务所有限公司为本次发行出具了中磊验字[2004]2005号验资报告,全文如下:

江西洪城水业股份有限公司:

我们接受委托,审验了贵公司截至2004年5月21日止新增注册资本实收情况。按照国家相关法律、法规的规定和协议、章程的要求出资,提供真实、合法、完整的验资资料,保护资产的安全、完整是全体股东及贵公司的责任。我们的责任是对贵公司新增注册资本的实收情况发表审验意见。我们的审验是依据《独立审计实务公告第1号??? 验资》进行的。在审验过程中,我们结合贵公司的实际情况,实施了检查等必要的审验程序。

贵公司变更前的注册资本为人民币9,000万元,变更后拟申请登记的注册资本为14,000万元。根据贵公司2002年3月9日股东大会决议,并经中国证券监督管理委员会以证监发行字[2004]52号《关于核准江西洪城水业股份有限公司公开发行股票的通知》核准,贵公司采用向二级市场投资者定价配售方式,向社会公开发行人民币普通股股票5,000万股,股票面值为每股人民币1元,经主承销商与贵公司共同协商确定发行价为每股人民币5.5元。经我们审验,截至2004年5月21日止,贵公司实际已发行人民币普通股股票5,000万股,应募集资金总额27,500万元,扣除承销费用、发行费用1,124.25万元,募集资金净额为人民币贰亿陆仟叁佰柒拾伍万柒仟伍佰元整(¥263,757,500.00元),其中新增股本50,000,000.00元、资本公积213,757,500.00元。

贵公司本次增资前的注册资本为人民币9,000万元,已经江西中昊会计师事务所有限责任公司出具赣昊内验字(2000)027号验资报告验证。截至2004年5月21日止,变更后的累计注册资本实收金额为人民币14,000万元。

本验资报告仅供贵公司申请变更登记及据以向股东签发出资证明时使用,不应将其视为是对贵公司验资报告日后资本保全、偿债能力和持续经营能力等的保证。因使用不当造成的后果,与执行本验资业务的注册会计师及会计师事务所无关。

附件:1、注册资本变更情况明细表

(1)新增注册资本实收情况明细表

(2)注册资本变更前后对照表

2、验资事项说明

中磊会计师事务所有限责任公司

中国注册会计师:舒佳敏

中国注册会计师:李国平

中国?北京　报告日期:2004年5月21日

四、募股资金入账情况

入账时间:2004年5月21日

入账金额:26,578.75万元(募集资金总额扣除承销费和上网发行费)

开户银行:中国建设银行永叔支行

入账账号:36061610850100263102559

五、本公司上市前股权结构及前十大股东持股情况

(一)本公司上市前股权结构

股份类别	股本(万股)	占总股本的比例(%)
一、发起人股	9000	64.29
国有法人股	8,835.4	63.11
发起法人股	164.6	1.18
二、普通股	5000	35.71
总股本	14000	100

(二)本次上市前公司前十大股东持股情况

序号	股东名称	持股数量(股)	持股比例(%)
1	南昌水业集团有限责任公司	86,378,800	61.70
2	北京市自来水集团有限责任公司	987,600	0.71
3	南昌市煤气公司	987,600	0.71
4	泰豪软件股份有限公司	987,600	0.71
5	南昌市公用信息技术有限公司	658,400	0.47
6	汉唐证券有限责任公司	429,860	0.31
7	南方证券股份有限公司	393,000	0.28
8	银丰证券投资基金	137,000	0.10
9	德盛小盘证券投资基金	116,000	0.08
10	德盛稳健证券投资基金	81,000	0.06

第六节　董事、监事、高级管理人员及核心技术人员

一、董事、监事、高级管理人员及核心技术人员简介

本公司董事、监事、高级管理人员均为中国国籍,无境外的永久居留权,相互之间不存在配偶关系、三代以内直系和旁系亲属关系。公司上述人员的任期均为三年,从2004年3月8日至2007年3月8日。

1、董事

郑明坦先生,1944年出生,大学本科学历,高级工程师,高级政工师,曾任南昌市市政工程管理处副处长,南昌市煤气公司经理,南昌市自来水公司副经理、南昌市自来水有限责任公司、南昌水业集团有限责任公司党委书记、副董事长。现任本公司董事长。郑先生曾获得全国建设系统职工教育先进个人、全国施工企业设备管理先进个人、建设部职工思想政治工作研究会优秀思想政治工作成果奖、南昌市委优秀党务工作者、南昌市五一劳动奖章获得者等荣誉称号;郑先生在城市供水方面有多年的工作和管理经验,对资本运作和发展战略有独特的见解。

毛木金先生,1949年出生,研究生学历,高级工程师,南昌市第十二届人大代表,中国土木建筑学会给排水学术委员会委员,中国城镇供水协会常务理事,华东交通大学名誉教授。曾任南昌市自来水公司副经理兼总工程师、南昌市自来水有限责任公司副董事长、总经理。现任南昌水业集团有限责任公司董事长兼总经理、本公司董事。毛先生曾获得南昌市人民政府劳动模范、南昌市优秀共产党员、江西省优秀企业家等荣誉称号;毛先生对公司经营和给排水技术有丰富的经验。

顾国源先生,1951年出生,高级工程师,曾任中共北京市委城建工委副主任、北京市自来水集团有限责任公司董事,现任北京市自来水集团有限责任公司党委副书记、本公司董事。

李华先生,1960年出生,大学本科学历,曾任江西清华自动化有限公司总经理、江西清华科技集团有限公司常务副总裁、全国民营科技企业家协会常务理事、江西省民营科技企业家协会副理事长,现任江西清华泰豪科技集团有限公司董事、执行总裁,本公司董事。李华先生1994年获得"南昌市优秀科技工作者"称号、2002年被评为"全国优秀民营科技企业家"。

丁成芷女士,1953年出生,大学本科,高级政工师,先后担任南昌市自来水有限责任公司工会主席、党委副书记,现任南昌水业集团有限责任公司党委书记、工会主席、本公司董事,曾获江西省和南昌市劳动模范。

刘忠先生,1961年出生,研究生学历,高级工程师。曾任南昌自来水公司长?水厂副厂长、南昌自来水公司、南昌市自来水有限责任公司长?水厂厂长、南昌市自来水有限责任公司总经理助理、南昌水业集团有限责任公司副总经理。现任本公司董事、总经理。

李雪兰女士,1960年出生,研究生学历,高级政工师。曾任南昌市自来水公司劳人科副科长、南昌市自来水公司、南昌市自来水有限责任公司组织部部长兼人事处处长。现任本公司党总支书记、董事、副总经理。李女士在人力资源管理方面有丰富的经验。

伍世安先生,1949年出生,江西财经大学党委书记、教授、产业经济学博士生导师、国务院政府特殊津贴获得者、江西省高校中青年学科带头人,中国注册会计师。兼任中国价格协会理事、全国高校物价教学研究会副会长、江西省价格学会副会长、江西省税务学会副会长、江西省投资学会副会长、江西省供销合作经济学会副会长、江西省物资经济学会副理事长、江西省经济管理干部教育研究会副会长、江西省政府决策咨询委员会商贸组副组长、江西省政府法制办立法工作顾问、南昌市第十二届人大代表。主要研究方向为市场价格与公共产业。公开发表专著、教材12部,主持国家及省部级课题14项,获省部级奖励5项。其中著作《中国收费研究》(中国财经出版社1997年12月版)获江西省第八次社科优秀成果一等奖,《现代西方价格学概论》(北京经济学院出版社1992年5月版)获财政部优秀教材二等奖。

陈贤德先生,1950年出生,大学本科学历,经济师。曾任武汉市自来水公司常务副经理、武汉市公用局供水处处长、武汉三镇基建发展有限责任公司副总经理,现任武汉碧水科技有限责任公司总经理。陈先生在城市供水的生产经营、基建方面有丰富的经验。1996年曾荣获武汉市"五一"劳动奖章。

张培良先生,1950年出生,大学本科学历,高级会计师。1996年9月至1998年6月任上海商城发展公司总会计师;1998年7月至今任上海原水股份有限公司审计部经理兼上海原水空间膜技术有限公司董事长、上海原水房地产开发经营公司总经理、上海建富投资有限公司监事长。张先生对自来水公司的资本运营方面有丰富的经验。

王全金女士,1956年出生,教授,现任华东交通大学土建学院环境工程系系主任,王女士在给水排水方面公开发表论文21篇,特别是对城市水质污染、城市污水处理等方面有较深的研究。

2、监事

刘建华先生,1957年出生,研究生学历,高级经济师。曾任南昌市自来水公司经理办公室副主任、南昌市自来水有限责任公司经理办公室主任。现任本公司监事会主席兼工会主席。

罗建中先生,1965年出生,大学本科学历,工程师。曾任江西省南昌市新建县樵舍乡人民政府科技副乡长、南昌市自来水公司、南昌市自来水有限责任公司下正街水厂副厂长、厂长。现任本公司监事、下正街水厂厂长。

马小文女士,1950年出生,大学专科学历。曾任南昌市公交总公司副经理、江西永飞房地产副总、南昌市液化石油气公司副总。现任南昌市煤气公司总经理(法人代表)、南昌市燃气有限公司总经理。马女士为江西省第九届政协委员,南昌市九、十、十一、十二届人大常务委员。

3、高级管理人员

金策明先生,1952年出生,大学本科学历。曾任江西庐山水电厂二车间主任、南昌市自来水公司青云水厂副厂长、南昌市自来水有限责任公司制水公司生产科科长、南昌市自来水公司朝阳水厂党支部书记和副厂长。现任本公司副总经理。金先生对供水行业电气设备管理、水厂自动化技术有较深的研究,具有丰富的实践经验。

魏桂生先生,1965年出生,大学本科学历,高级工程师。曾任南昌双港供水有限公司供水部副经理。现任本公司副总经理兼青云水厂厂长。魏先生在生产技术和经营管理等方面有丰富的经验。

寇建国先生,1959年出生,研究生学历,高级会计师,南昌市会计学会常务理事。曾任南昌市自来水公司财务科副科长、南昌市自来水公司、南昌市自来水有限责任公司财务处处长。现任本公司财务总监。寇先生在供水行业从事财务管理工作近20年,具有丰富的财务管理经验。

康乐平先生,1964年出生,硕士研究生。曾任中国民航学院和海南大学经济学院讲师、海南海台地产有限公司企划部、海南金牌科技股份有限公司证券部经理、海南清澜实业股份有限公司董事、副总经理兼董事会秘书,95年起任海南省股份有限公司董事会秘书联席会副秘书长。现任本公司董事会秘书。康先生工作经历较为丰富,具有较深的理论基础和较强的实际工作能力。

二、持股情况说明

本公司的董事、监事和高级管理人员及其家属均不持有本公司的股份;本公司目前未安排认股权计划。

第七节　同业竞争和关联交易

一、同业竞争

本公司和控股股东及其控制的法人不存在同业竞争。

本公司目前主营业务为自来水的生产和销售。公司独立经营青云水厂、朝阳水厂和下正街水厂,并于2002年7月31日完成长? 水厂的收购,目前供水能力为90万立方米/日。本公司控股股东---南昌水业集团有限责任公司不直接从事自来水的生产。

二、关联交易

1、近三年关联交易的具体内容　单位:元

交易类别	2003 年度 金额	2003 年度 比例(%)	2002 年度 金额	2002 年度 比例(%)	2001 年度 金额	2001 年度 比例(%)
自来水销售方面的关联交易(与主营业务收入相比)	——	——	62,015,079.14	52.98	98,536,118.31	100
原材料采购方面的关联交易(与主营业务成本相比)	——	——	——	——	2,036,002.20	3.88
在土地租赁方面的关联交易(与主营业务成本相比)	2,382,310.32	3.26	2,223,935.32	3.49	1,943,521.58	3.71
关于收购长陵水厂部分资产的关联交易(与净资产总额相比)	——	——	31,549,047.59	21.83	——	——

2、已采取减少关联交易的措施

2002 年 8 月,南昌供水有限责任公司成立,公司生产的自来水全部销售给南昌供水有限责任公司,从而终止了向集团公司销售自来水的关联交易。自 2002 年起,公司不再向南昌市昌陵净水剂实业有限公司购买净水剂,从而不再发生购买原材料方面的关联交易。

3、中介机构和独立董事的意见

发行人律师、会计师、主承销商、独立财务顾问和独立董事均对关联交易发表了意见,认为关联交易完全按照市场原则定价,在关联交易的决策程序和关联交易价格的制定上是公允的,确保了关联交易的公平、公正、公开,维护了各方股东的利益。

第八节　主要财务会计资料

本公司截止 2003 年 12 月 31 日的财务会计资料已于 2004 年 5 月 12 日刊登于《中国证券报》、《上海证券报》、《证券时报》和《证券日报》的本公司招股说明书摘要中。投资者欲了解详细内容,请投资者查阅上述报纸或刊载于上海证券交易所网站(www.sse.com.cn)的本公司招股说明书全文及附录。

一、注册会计师意见

中磊会计师事务所有限责任公司接受本公司的委托, 对公司 2001 年 12 月 31 日、2002 年 12 月 31 日和 2003 年 12 月 31 日的资产负债表,2001 年度、2002 年度和 2003 年度利润表和利润分配表,2003 年度的现金流量表进行了审计。注册会计师出具了标准无保留意见的审计报告。审计意见摘录如下:

"我们认为,上述会计报表符合国家颁布的《企业会计准则》和《企业会计制度》的规定,在所有重大方面公允地反映了贵公司 2001 年 12 月 31 日、2002 年 12 月 31 日和 2003 年 12 月 31 日的财务状况,

2001 年度、2002 年度和 2003 年度的经营成果及 2003 年度的现金流量情况。"

二、经审计的简要会计报表

1、简要资产负债表　单位:元

项目	2003 年 12 月 31 日	2002 年 12 月 31 日	2001 年 12 月 31 日
流动资产	39,365,306.66	26,195,791.41	46,935,382.08
固定资产	248,019,388.88	230,597,808.47	193,382,490.00
无形资产及其他资产	604,461.02	1,562,675.53	593,225.91
资产总额	287,989,156.56	258,356,275.41	240,911,097.99
流动负债	21,191,796.25	14,931,880.79	16,410,800.01
长期负债	96,210,084.98	77,359,080.98	65,182,237.17
负债总额	117,401,881.23	113,821,633.81	100,825,986.75
股东权益	170,587,275.33	144,534,641.60	140,085,111.24
负债及股东权益	287,989,156.56	258,356,275.41	240,911,097.99

2、简要利润表　单位:元

项目	2003 年	2002 年	2001 年
主营业务收入	127,944,130.45	117,056,262.42	109,026,325.66
主营业务利润	54,086,853.12	52,491,467.92	50,449,925.40
利润总额	38,161,700.08	37,827,457.93	36,890,368.93
净利润	25,468,633.73	25,330,202.40	24,539,006.50

3、简要现金流量表

单位:元

项目	2003 年度
经营活动产生的现金流量净额	55,062,948.39
投资活动产生的现金流量净额	−40,135,331.15
筹资活动产生的现金流量小计	−1,801,077.50
现金及现金等价物净增加额	13,126,539.74

三、会计报表附注

本公司会计报表附注等有关内容, 请查阅 2004 年 5 月 12 日刊登于《中国证券报》、《上海证券报》、《证券时报》和《证券日报》的本公司《招股说明书摘要》以及刊载于上海证券交易所网站(www.sse.com.cn)的本公司招股说明书全文及其附录。

四、主要财务指标

财务指标	2003 年	2002 年	2001 年
流动比率	1.86	1.75	2.86
速动比率	1.83	1.72	2.84
应收账款周转率(次/年)	12.36	12.42	5.07
存货周转率(次/年)	135.62	153.22	186.88
资产负债率(%)	40.77	44.06	41.85
每股收益(单位:元,以发行前总股本 9000 万股计算)	0.2830	0.2814	0.2514
净资产收益率(%)	15.32	16.07	16.15
扣除非经常性损益后净资产收益率(%)	15.58	16.22	16.21
每股经营活动的现金流量(元)	0.6118	0.4882	0.72
每股净现金流量(元)	0.14	−0.2487	0.25

第九节　其他重要事项

1、自本公司股票首次公开发行之日至本上市公告书公告之日,本公司严格依照现行有关法律、法规的规定规范运作,生产经营情况正常,本公司所处行业和市场无重大变化,主要业务发展目标的进展状况正常,主要产品价格无重大变化。

2、自本公司股票首次公开发行之日至本上市公告书公告之日,本公司没有进行重大对外投资、无重大资产(股权)收购、出售行为。

3、自本公司股票首次公开发行之日至本上市公告书公告之日,本公司重大会计政策和会计师事务所没有发生变化。

4、自本公司股票首次公开发行之日至本上市公告书公告之日,本公司未涉及任何重大诉讼、仲裁或行政处罚案件,并且本公司董事会认为本公司未面临任何重大影响的诉讼和索赔要求。

5、自本公司股票首次公开发行之日至本上市公告书公告之日,本公司董事、监事和高级管理人员未受到任何刑事起诉,亦无尚未了结或可能发生的刑事诉讼事项。

6、自本公司股票首次公开发行之日至本上市公告书公告之日,本公司住所未变更,未发生新的重大负债,并且重大债项未发生变化。

7、根据《上海证券交易所股票上市规则》,本公司第一大股东南昌水业集团有限责任公司承诺:自本公司股票上市之日起 12 个月内,不转让其持有的本公司股份,也不由本公司回购其持有的本公司股份。

8、本公司本次股票发行后至本公司上市公告书公告之日,没有其他应披露而未披露的重大事项。

第十节　董事会上市承诺

本公司董事会承诺将严格遵守《中华人民共和国公司法》、《中华人民共和国证券法》、《股票发行与交易管理暂行条例》、《公开发行股票公司信息披露实施细则》、《上海证券交易所股票上市规则》和《证券发行上市保荐制度暂行办法》等国家法律、法规和有关规定,承诺自本公司股票上市之日起做到:

1、按照法律、法规规定的程序和要求披露所有对投资者有重大影响的信息,并接受中国证监会、上海证券交易所的监督管理;

2、真实、准确、完整、公允和及时地公布定期报告,并置备于规定场所供投资者查阅;

3、本公司董事、监事和高级管理人员如发生人事变动或持有本公司股票发生变化时,在报告中国证监会、上海证券交易所的同时向投资者公布;

4、本公司在知悉可能对股票价格产生误导性影响的任何公共传媒中出现的消息后,将及时予以公开澄清;

5、本公司董事、监事和高级管理人员和核心技术人员将认真听取社会公众的意见和批评,不利用已获得的内幕消息和其他不正当手段直接或间接从事发行人股票的买卖活动;

6、本公司没有无记录的负债。

依据《上海证券交易所上市规则》,本公司全体董事、监事将按照有关规定,在本公司股票上市后两个月内签署《董事(监事)声明及承诺书》,并送达上海证券交易所备案。

第十一节　保荐机构(上市推荐人)及其推荐意见

一、保荐机构(上市推荐人)情况

保荐机构(上市推荐人):汉唐证券有限责任公司

法定代表人:吴克龄

注册地址:广东省深圳市南山区华侨城办公楼北侧 2000 大厦 24 层

联系电话:010-82253980

传真:010-82250069

联 系 人:徐克非 徐海啸 叶海钢

二、保荐机构(上市推荐人)的推荐意见

本公司保荐机构(上市推荐人)认为:本公司章程符合《中华人民共和国公司法》等有关法律、法规和中国证监会关于公司章程的相关规定;本公司本次股票发行完全符合《中华人民共和国公司法》、《中华人民共和国证券法》、《股票发行与交易管理暂行条例》、《上海证券交易所股票上市规则》等国家有关法律、法规的规定,已具备上市条件;本公司董事了解法律、法规、上海证券交易所上市规则及股票上市协议规定的董事的义务与责任;本公司建立健全了法人治理结构,制定了严格的信息披露制度与保密制度。

保荐机构(上市推荐人)已对上市文件所载的资料进行了核实,确保上市文件真实、准确、完整、符合规定要求;保证本公司的上市申请资料、上市公告书没有虚假、严重误导性陈述或者重大遗漏,并保证对其承担连带责任。保荐机构(上市推荐人)与本公司不存在关联关系。保荐机构(上市推荐人)愿意推荐本公司的股票在上海证券交易所上市交易,并保证不利用在上市过程中获得的内幕信息进行内幕交易,为自己或他人谋取利益。

江西洪城水业股份有限公司

二〇〇四年五月二十五日

北京空港科技园区股份有限公司

北京空港科技园区股份有限公司首次公开发行股票上市公告书

第一节 重要声明与提示

北京空港科技园区股份有限公司(以下简称"本公司"、"空港股份"或"发行人")董事会保证上市公告书的真实性、准确性、完整性,全体董事承诺上市公告书不存在虚假记载、误导性陈述或重大遗漏,并承担个别和连带的法律责任。

根据《中华人民共和国公司法》(以下简称"《公司法》")、《中华人民共和国证券法》(以下简称"《证券法》")等有关法律、法规的规定,本公司董事、高级管理人员已依法履行诚信和勤勉尽责的义务和责任。

上海证券交易所、中国证券监督管理委员会(以下简称"中国证监会")、其他政府机关对本公司股票上市及有关事项的意见,均不表明对本公司的任何保证。

本公司提醒广大投资者注意,凡本上市公告书未涉及的有关内容,请投资者查阅2004年2月27日刊载于《中国证券报》、《上海证券报》、《证券时报》和《证券日报》的本公司招股说明书摘要,及刊载于上海证券交易所网站(www.sse.com.cn)的本公司招股说明书全文。

本公司承诺,如果保荐机构和保荐代表人资格公布后,北京证券有限责任公司未取得保荐机构资格,本公司将在中国证监会正式公告保荐机构和保荐代表人名单后一个月内,按《证券发行上市保荐制度暂行办法》的有关要求,另行聘请具有资格的保荐机构履行保荐义务。如果违反以上承诺未聘请新的保荐机构,本公司愿意接受《证券发行上市保荐制度暂行办法》第七十一条规定的监管措施。

第二节 概 览

1.股票简称: 空港股份
2.沪市股票代码: 600463
3.深市代理股票代码: 003463
4.股本总额: 140,000,000股
5.可流通股本: 40,000,000股
6.本次上市流通股本: 40,000,000股
7.每股发行价格: 6.00元
8.上市地点: 上海证券交易所
9.上市时间: 2004年3月18日
10.股票登记机构: 中国证券登记结算有限责任公司上海分公司
11.上市推荐人: 北京证券有限责任公司、东方证券股份有限公司

根据国家现有法律、法规规定和中国证监会《关于核准北京空港科技园区股份有限公司公开发行股票的通知》(证监发行字[2004]18号),本公司的国有法人股、社会法人股暂不上市流通。

本公司第一大股东北京天竺空港工业开发公司(以下简称"开发公司")承诺,自本公司股票上市之日起12个月内,不转让其所持有的本公司的股份。同时,本公司也承诺,自本公司股票上市之日起12个月内,不回购本公司发起人所持有的本公司股份。

第三节 绪 言

本上市公告书是根据《公司法》、《证券法》、《股票发行与交易管理暂行条例》、《公开发行股票公司信息披露实施细则》和《上海证券交易所股票上市规则》等国家有关法律、法规的规定,并按照中国证监会《公开发行证券的公司信息披露内容与格式准则第7号??? 股票上市公告书》而编制,旨在向投资者提供有关本公司的基本情况和本次股票上市的有关情况。

经中国证监会《关于核准北京空港科技园区股份有限公司公开发行股票的通知》(证监发行字[2004]18号)核准,本公司于2004年3月3日采用全部向二级市场投资者定价配售的方式发行了每股面值1.00元的人民币普通股4,000万股,发行价为每股6.00元。

根据上海证券交易所《关于北京空港科技园区股份有限公司人民币普通股股票上市交易的通知》(上证上字[2004]23号),本公司首次公开发行的4,000万股人民币普通股股票将于2004年3月18日起在上海证券交易所挂牌交易。股票简称"空港股份",沪市股票代码"600463"、深市代理股票代码"003463"。

本公司已于2004年2月27日在《中国证券报》、《上海证券报》、《证券时报》和《证券日报》上刊登了首次公开发行股票招股说明书摘要,在上海证券交易所网站(www.sse.com.cn)刊载了首次公开发行股票招股说明书全文及其附录,前述招股文件距今不足三个月,故与其重复的内容在此不再重述,敬请投资者查阅上述文件。

第四节 发行人概况

一、发行人基本情况

1.中文名称:北京空港科技园区股份有限公司
2.英文名称:Beijing Airport High-Tech Park Co.,Ltd.
3.设立日期:2000年3月28日
4.注册资本:10,000万元
5.法定代表人:刘进奎
6.公司住所:北京市顺义区天竺空港工业区A区天柱路28号蓝天大厦三层
7.设立方式:发起设立
8.经营范围:高新技术的开发、转让和咨询;销售开发后的产品;土地开发,仓储,物业管理,经济信息咨询。
9.主营业务:土地开发、建筑工程施工、标准厂房经营和物业管理等。
10.所属行业:地产
11.电话:010-80489305
12.传真:010-80491684
13.公司网址:www.bjkggf.com
14.电子邮箱:kggf@bjkggf.com
15.董事会秘书:宣顺华

二、发行人的历史沿革

本公司的设立方式为发起设立。2000年3月22日,经北京市人民政府办公厅《关于同意设立北京空港科技园区股份有限公司的通知》(京政办函[2000]32号)批准,以北京天竺空港工业开发公司为主发起人,联合其他四家法人单位共同发起设立北京空港科技园区股份有限公司,注册资本为10,000万元。2000年3月28日,本公司在北京市工商行政管理局登记注册,注册号1100001125521(1-1)。

经中国证监会《关于核准北京空港科技园区股份有限公司公开发行股票的通知》(证监发行字[2004]18号)核准,本公司于2004年3月3日采用全部向二级市场投资者定价配售的方式发行了每股面值1.00元的人民币普通股4,000万股,发行价为每股6.00元。此次发行完成后,本公司的总股本变更为14,000万股。

三、发行人的主要经营情况

(一)发行人的竞争优势与劣势

1.竞争优势

本公司具有成功的园区运作经验,目前已培养了一定数量的既有专业业务知识又有丰富实践经验的经营和管理人员,在行业内树立了良好的形象。本公司负责开发的天竺出口加工区是全国首批15家出口加工区试点之一,也是北京市唯一一家,它被赋予税收、海关监管等方面的特殊优惠政策,具有一定的保税特性,这是北京市其他开发区所没有的特殊优势。本公司临近首都国际机场,所开发的空港工业区、天竺出口加工区和空港物流园区将形成"优势互补、互动发展"的竞争优势。本公司已在园区开发经营方面形成了较强的核心竞争力。

2.竞争劣势

虽然本公司开发的园区土地有较大的升值潜力,发展前景良好,但相对于北京市经济技术开发区和中关村科技园区,本公司对外宣传的力度不够,有待进一步加强,以便提高开发区的吸引力。由于本公司从事的土地开发业务投资规模大、开发周期较长,这对本公司融资能力提出了更高的要求,企业融资能力需要进一步加强。

(二)发行人的主要财务指标

请投资者参见本上市公告书"第八节、财务会计资料"。

(三)发行人不拥有商标、专利与非专利技术以及重要特许权利等。

(四)发行人不享受财政税收优惠政策。

第五节 股票发行与股本结构

一、本次股票上市前首次公开发行股票的情况

1.发行数量:4,000万股
2.发行价格:6.00元/股
3.募集资金总额:本次发行募集资金总额为240,000,000.00元,扣除发行费用15,193,141.11元后,募集资金净额为224,806,858.89元。
4.发行方式:全部向二级市场投资者定价配售
5.配售对象:于2004年2月27日持有上海证券交易所或深圳证券交易所已上市流通人民币普通股(A股)股票市值不少于10,000元的投资者。
6.发行费用总额及项目:本次发行费用共计15,193,141.11元,其中包括承销费用、审计费用、评估费用、律师费用、上网发行费用、信息披露费用、上市推荐费用、审核费用和股权登记费用。
7.每股发行费用:0.38元

二、本次股票上市前首次公开发行股票的承销情况

本次向二级市场投资者定价配售发行的4,000万股社会公众股的配号总数为80,949,664个,中签率为0.04941342%。二级市场投资者认购39,673,380股,其余326,620股由主承销商包销。

三、本次上市前首次公开发行股票所募股资金的验资报告

北京兴华会计师事务所有限责任公司为本次发行出具了(2004)京会兴验字第5号《验资报告》,全文如下(其中,北京空港科技园区股份有限公司简称"贵公司"):

北京空港科技园区股份有限公司全体股东:

我们接受委托,审验了贵公司截至2004年3月9日止新增注册资本实收情况。按照国家相关法律、法规的规定和协议、章程的要求出资,提供真实、合法、完整的验资资料,保护资产的安全、完整是全体股东及贵公司的责任。我们的责任是对贵公司新增注册资本的实收情况发表审验意见。我们的审验是依据《独立审计实务公告第1号??? 验资》进行的。在审验过程中,我们结合贵公司的实际情况,实施了检查等必要的审验程序。

贵公司原注册资本和实收资本均为人民币壹亿元(RMB100,000,000.00元),业经本会计师事务所于2000年出具(2000)京会字第85号验资报告予以审验。

根据贵公司股东大会决议和修改后的章程(草案)的规定,贵公司申请增加注册资本人民币肆仟万元(RMB40,000,000.00元)。经中国证券监督管理委员会证监发行字[2004]18号文核准,于2004年3月3日向社会公众发行人民币普通股4,000万股。根据我们的审验,截至2004年3月9日止,贵公司已收到社会公众股股东认缴的新增注册资本共计人民币肆仟万元(RMB40,000,000.00元),变更后注册资本和实收股本均为人民币壹亿肆仟万元(RMB140,000,000.00元)。各股东均以货币资金出资。

本验资报告仅供贵公司申请变更登记及据以向出资者签发出资证明时使用,不应将其视为是对贵公司验资报告日后资本保全、偿债能力和持续经营能力等的保证,因使用不当所造成的后果,与注册会计师及本会计师事务所无关。

附件:
1.注册资本变更情况明细表
(1)新增注册资本实收情况明细表
(2)注册资本变更前后对照表
2.验资事项说明

北京兴华会计师事务所有限责任公司
地址:北京市西城区阜成门外大街2号
万通广场706室
电话:(010)68587588

中国注册会计师:胡 毅
(主任会计师)
中国注册会计师:宋晓琴
报告日期:二OO四年三月九日

四、本次发行募股资金入帐情况

1.入帐时间:2004年3月9日

2.入帐金额:230,766,858.89 元人民币

3.入帐帐号:0200090119200021663

4.开户银行:中国工商银行北京天竺支行

五、发行人上市前股权结构及各类股东的持股情况

(一)本公司上市前的股权结构

股份类别	股东名称	股份数额(万股)	持股比例(%)
发起人股份		10000.00	71.43
其中:国有法人股	北京天竺空港工业开发公司	9526.34	68.05
社会法人股	北京顺鑫农业股份有限公司	195.32	1.39
	深圳市空港工贸发展有限公司	180.68	1.29
	北京华大基因研究中心	48.83	0.35
	北京空港广远金属材料有限公司	48.83	0.35
	社会公众股	4000.00	28.57
	合计	14000.00	100.00

(二)本次上市前 10 大股东情况

序号	股东名称	股份类别	持股数量(万股)	持股比例(%)
1	北京天竺空港工业开发公司	国有法人股	9526.34	68.045
2	北京顺鑫农业股份有限公司	社会法人股	195.32	1.395
3	深圳市空港工贸发展有限公司	社会法人股	180.68	1.291
4	北京华大基因研究中心	社会法人股	48.83	0.349
5	北京空港广远金属材料有限公司	社会法人股	48.83	0.349
6	南方证券	流通股	40.40	0.289
7	北京证券	流通股	32.66	0.233
8	德盛稳健	流通股	5.40	0.039
9	海富通精选	流通股	5.40	0.039
10	招商股票	流通股	4.90	0.035

第六节 董事、监事及高级管理人员

姓名	职务	性别	年龄	国籍	任期起止日期	兼职情况
刘进奎	董事长	男	47	中国国籍	2004.2 至 2006.3	无
李青副	董事长	男	41	中国国籍	2003.3 至 2006.3	承天倍达副董事长
宣顺华	董事	男	36	中国国籍	2003.3 至 2006.3	承天倍达董事 天源建筑公司董事
李维昌	董事	男	51	中国国籍	2003.3 至 2006.3	无
商铁庄	董事	男	53	中国国籍	2003.3 至 2006.3	承天倍达董事长
高云明	董事	男	48	中国国籍	2003.3 至 2006.3	北京冶金工程技术联合开发研究中心总经理
张志刚	独立董事	男	46	中国国籍	2003.3 至 2006.3	无
何小锋	独立董事	男	49	中国国籍	2003.3 至 2006.3	无
刘淑敏	独立董事	女	44	中国国籍	2003.3 至 2006.3	无
刘淑梅	监事会召集人	女	43	中国国籍	2003.3 至 2006.3	无
李志杰	监事	男	38	中国国籍	2003.3 至 2006.3	无
李斗	监事	男	28	中国国籍	2003.3 至 2006.3	无
曹广山	副总经理	男	31	中国国籍	--	无
张广月	财务总监	男	39	中国国籍	--	承天倍达监事天源建筑公司监事
赵云梅	人事总监	女	32	中国国籍	--	无

简要经历

刘进奎　曾任北京市顺义县计生办副主任科员,县委政策研究室农村改革试验区办公室主任,北京天竺空港工业开发公司办公室主任、党委副书记、副总经理。

李青副　曾任北京市宣武区委办公室副主任科员,北京市委组织部党群干部处、青年干部处、干部教育处主任科员、副处级调研员,中益国际经济集团企管部经理,北京天竺空港工业开发公司副总经理。现任本公司总经理。

宣顺华　曾任北京市顺义区计划委员会科员,顺义区政府办公室科员、副科长、科长。现任本公司副总经理、董事会秘书。

李维昌　曾任顺义区马坡供销社副主任,宏顺商场经理,板桥乡农工商联合总公司副总经理,供销社副主任、副书记,顺义区供销社主任、党委书记,北京隆华集团公司总经理,北京顺鑫农业股份有限公司副董事长、总经理。现任北京顺鑫农业股份有限公司董事长、总经理。

商铁庄　曾任民航京管局公安处安检站站长,民航京管局政治部干部处干事、主任科员,首都国际机场劳动人事处科长,中国航空油料总公司人劳处副处长,中国航空油料总公司计划处处长。现任深圳市空港工贸发展有限公司董事、总经理。

高云明　曾任天竺镇办集体企业构件厂厂长。现任 北京空港广远金属材料有限公司总经理。

张志刚　曾任财政部办公厅秘书处科员,财政部中国注册会计师协会编辑部、信息部主任,国家会计学院基建办主任。现任国家会计学院总务部主任。

何小锋　曾任山河控股有限公司董事局主席、名誉主席。现任北京大学经济学院金融学教授,北京大学首都发展研究院副院长,广州金鹰基金管理有限公司独立董事。北京合仕鼎誉投资顾问有限公司董事长。

刘淑敏　曾工作于北京轻型汽车有限责任公司会计科,北京兴亚会计师事务所,顺义区财政局监督检查科、债券所等部门。现任北京市顺义区财政投资评审中心副主任。

刘淑梅　曾任北京天竺空港工业开发公司财务部部长,北京天竺空港工业开发公司总会计师。现任北京天竺空港工业开发公司法定代表人、总会计师。

李志杰　曾任兰州医学院公共卫生系助教、微生物学系助研、吉比爱生物技术(北京)有限公司副总经理、丹麦 Aarhus 大学遗传学研究所助研。现任北京华大基因研究中心物资部经理、北京华大中生科技发展有限公司总经理。

李　斗　曾任北京天通物业管理有限公司标准厂房主任。现任本公司市场营销部副部长。

曹广山　曾任金三峡投资顾问公司证券部业务员、本公司企业管理部部长。

张广月　曾任北京市顺义区地方工业公司财务科科员、北京国都大饭店有限公司财务部经理、本公司计划财务部部长。

赵云梅　曾任北京天竺空港工业开发公司人事部职员、副部长、本公司办公室主任、人力资

截止到本上市公告书签署之日,本公司董事、监事及高级管理人员均未持有本公司股票,其配偶或年满十八岁的子女均不持有本公司股份;本公司的董事、监事及高级管理人员均未通过其能够直接或间接控制的公司持有本公司股份。

第七节 同业竞争和关联交易

一、同业竞争

开发公司及其控股公司和全资子公司的业务范围包括园区土地开发和标准厂房经营等,因此开发公司与本公司在园区土地开发和标准厂房经营方面从事相似的业务。为避免同业竞争,开发公司与本公司签定《避免同业竞争协议》,并出具《避免同业竞争承诺函》。开发公司保证并承诺通过采取相关措施,在土地开发业务和标准厂房经营方面与本公司避免同业竞争。

二、关联交易

(一)关联方、关联关系

本公司目前存在的关联方及关联关系请查阅刊载于上海证券交易所网站(www.sse.com.cn)的本公司首次公开发行股票招股说明书全文。

(二)关联交易内容

本公司与本公司关联方之间最近三年发生的关联交易请查阅刊载于上海证券交易所网站(www.sse.com.cn)的本公司首次公开发行股票的招股说明书全文。

(三)本公司独立董事及各中介机构就关联交易发表的意见

1.本公司独立董事意见

本公司独立董事张志刚、何小锋和刘淑敏认为:"公司报告期内发生的重大关联交易公允,不存在损害股份公司及其他股东利益的情况;公司报告期内发生的重大关联交易已履行了法定批准程序。"

2.发行人律师意见

本公司律师认为:"股份公司已与开发公司或其全资、控股子公司采取书面协议形式明确关联交易中关联各方的权利及义务关系,并以政府定价或公平的市场价格确定交易价格;股份公司已采取了必要的措施对其他股东的利益进行了保护;股份公司的前述交易不存在损害股份公司及其他股东利益的情形。"

3.主承销商意见

本公司主承销商认为:"发行人在进行关联交易决策时,均按照国家有关法律、法规和公司章程(修改草案)规定的决策权限和决策程序进行,股东大会在审议发行人与关联股东签订的关联交易合同时,关联股东履行了回避表决的义务。发行人与关联方之间发生的关联交易不存在损害发行人及中小股东利益的情况,亦未产生较大的负面影响。"

4.申报会计师意见

本公司申报会计师认为:"空港股份报告期关联交易的会计处理符合当时财务会计制度的有关规定。2001 年 12 月 21 日财政部财会(2001)64 号《关联方之间出售资产等有关会计处理问题暂行规定》颁布后,空港股份发生的关联交易的会计处理符合该文件的有关规定。"

第八节 主要财务会计资料

本公司截至 2003 年 12 月 31 日的财务会计资料已于 2004 年 2 月 27 日刊登在《中国证券报》、《上海证券报》、《证券时报》和《证券日报》的本公司首次公开发行股票招股说明书摘要中。投资者欲了解详细内容,请查阅上述报纸或刊载于上海证券交易所网站(www.sse.com.cn)的本公司首次公开发行股票招股说明书全文及附录。

一、注册会计师意见

北京兴华会计师事务所有限责任公司对本公司 2003 年 12 月 31 日、2002 年 12 月 31 日、2001 年 12 月 31 日资产负债表和合并资产负债表,2003 年度、2002 年度、2001 年度利润及利润分配表和合并利润及利润分配表以及 2003 年度现金流量表和合并现金流量表进行审计后,出具了(2004)京会兴审字第 32 号标准无保留意见《审计报告》。

二、经审计的简要财务报表

1.简要合并资产负债表

单位:元

资产	2003.12.31	2002.12.31
货币资金	63,015,764.81	19,134,275.50
应收票据	6,100,000.00	2,000,000.00
应收帐款	74,323,552.59	57,145,267.49
其他应收款	3,763,998.92	2,593,493.86
预付账款	2,525,394.00	
存货	66,227,013.03	75,680,296.87
待摊费用	181,576.60	
流动资产合计	216,137,299.95	156,553,333.72
长期投资合计	3,799,699.16	3,292,247.62
固定资产净额	91,348,958.14	89,047,926.81
在建工程	38,351,230.28	37,747,485.73
固定资产清理	-	-
固定资产合计	129,700,188.42	126,795,412.54
无形资产	11,064,195.32	11,300,001.56
长期待摊费用	1,355,805.34	905,643.42
无形资产及其他资产合计	12,420,000.66	12,205,644.98
资产总计	362,057,188.19	298,846,638.86
短期借款	85,000,000.00	70,000,000.00
应付帐款	44,857,933.34	23,223,253.19
预收帐款	4,889,733.69	7,276,780.00
应付工资	262,027.00	866,280.00
应付福利费	101,961.81	260,031.94
应交税金	11,153,274.92	12,141,682.75
其他应交款	104,366.95	73,666.90
其他应付款	7,133,802.29	10,685,281.82
预提费用		-
流动负债合计	153,503,100.00	124,526,976.60
负债合计	153,503,100.00	124,526,976.60
少数股东权益	13,156,284.77	10,781,172.58
股东权益合计	195,397,803.42	163,538,489.68
负债及股东权益总计	362,057,188.19	298,846,638.86

2.简要合并利润表 单位:元

项目	2003 年度	2002 年度
一、主营业务收入	258,078,007.42	153,662,055.70
减:主营业务成本	181,071,814.61	81,760,025.30
主营业务税金及附加	9,266,575.55	7,684,172.25
二、主营业务利润	67,739,617.26	64,217,858.15
加:其他业务利润	-60,887.86	-
减:营业费用	628,712.80	1,120,006.55
管理费用	14,443,880.42	11,516,144.35
财务费用	4,172,912.93	4,316,562.76
三、营业利润	48,433,223.25	47,265,144.49
加:投资收益	-100,062.26	-146,465.61
营业外收入	100,000.00	-
减:营业外支出		12,006.47
四、利润总额	48,433,160.99	47,106,672.41
减:所得税	14,198,735.06	15,544,208.3
少数股东损益	2,375,112.19	1,207,712.54
五、净利润	31,859,313.74	30,354,751.51

资产	2001.12.31
货币资金	42,966,653.84
应收票据	1,300,000.00
应收帐款	32,526,363.09
其他应收款	1,978,699.33
预付账款	
存货	52,504,121.38
待摊费用	
流动资产合计	131,275,837.64
长期投资合计	2,831,199.43
固定资产净额	87,380,646.64
在建工程	31,761,161.87
固定资产清理	3,812,067.51
固定资产合计	122,953,876.02
无形资产	11,535,807.80
长期待摊费用	110,758.64
无形资产及其他资产合计	11,646,566.44
资产总计	268,707,479.53
短期借款	65,000,000.00
应付帐款	35,632,321.07
预收帐款	1,628,051.45
应付工资	661,850.00
应付福利费	323,967.97
应交税金	8,090,343.81
其他应交款	122,556.99
其他应付款	14,486,950.03
预提费用	4,240.00
流动负债合计	125,950,281.32
负债合计	125,950,281.32
少数股东权益	9,573,460.04
股东权益合计	133,183,738.17
负债及股东权益总计	268,707,479.53

2.简要合并利润表 单位:元

项目	2001 年度
一、主营业务收入	190,385,386.70
减:主营业务成本	126,802,170.77
主营业务税金及附加	8,035,510.27
二、主营业务利润	55,547,705.66
加:其他业务利润	-
减:营业费用	206,222.80
管理费用	6,920,104.46
财务费用	3,890,743.34
三、营业利润	44,530,635.06
加:投资收益	355,327.97
营业外收入	25,200.00
减:营业外支出	-
四、利润总额	44,911,163.03
减:所得税	12,613,690.87
少数股东损益	3,654,675.66
五、净利润	28,642,796.50

3.简要合并现金流量表 单位:元

项目	2003 年
一、经营活动产生的现金流量	
现金流入小计	251,721,118.37
现金流出小计	211,891,321.11
经营活动产生的现金流量净额	39,829,797.26
二、投资活动产生的现金流量	
现金流入小计	
现金流出小计	6,607,327.12
投资活动产生的现金流量净额	-6,607,327.12
三、筹资活动产生的现金流量	
现金流入小计	90,000,000.00
现金流出小计	79,340,980.83
筹资活动产生的现金流量净额	10,659,019.17
四、现金及现金等价物净增加额	43,881,489.31

三、会计报表附注

本公司会计报表附注等有关内容,请查阅刊载于上海证券交易所网站(www.sse.com.cn)的本公司首次公开发行股票招股说明书全文及附录。

四、主要财务指标

主要财务指标	2003 年	2002 年	2001 年
流动比率(倍)	1.41	1.26	1.04
速动比率(倍)	0.98	0.65	0.63
应收帐款周转率(次/年)	3.93	3.43	6.97
存货周转率(次/年)	2.55	1.28	2.52
资产负债率(以母公司报表为基础)(%)	26.40	38.11	43.59
净资产收益率(%)(全面摊薄)	16.30	18.56	21.51
净资产收益率(%)			
(扣除非经常性损益)	16.27	18.57	21.54
每股收益(元)	0.32	0.30	0.29
扣除非经常性损益后的每股收益(元)	0.32	0.30	0.29
每股经营活动现金流量(元/股)	0.40	0.17	-
每股净现金流量	0.44	-0.24	-

第九节 其他重要事项

1.自本公司股票首次公开发行之日至本上市公告书公告之日,本公司严格依照现行有关法律、法规的要求,规范运行,生产经营情况正常;本公司所处行业、市场无重大变化,主要业务发展目标进展状况正常,主要业务经营情况无重大变化。

2.自本公司股票首次公开发行之日至本上市公告书公告之日,本公司无重大对外投资活动、无重大资产(股权)收购或出售行为。

3.自本公司股票首次公开发行之日至本上市公告书公告之日,本公司重大会计政策和会计师事务所没有发生变化。

4. 自本公司股票首次公开发行之日至本上市公告书公告之日, 本公司未涉及任何重大诉讼事项、仲裁或行政处罚,亦无尚未了结或可能面临的重大诉讼或索赔要求。

5.自本公司股票首次公开发行之日至本上市公告书公告之日,本公司董事、监事和高级管理人员未受到任何刑事起诉,亦无尚未了结或可能发生的刑事诉讼事项。

6.自本公司股票首次公开发行之日至本上市公告书公告之日,本公司住所未变更,本公司未发生新的重大负债,并且重大债项未发生变化。

7.根据《上海证券交易所股票上市规则》,本公司第一大股东开发公司承诺,自本公司股票上市之日起 12 个月内,不转让其持有的本公司股份,同时,本公司也承诺,自本公司股票上市之日起 12 个月内,不回购本公司发起人所持的本公司股份。

8.自本公司股票首次公开发行之日至本上市公告书公告之日,没有其他应披露而未披露之重大事项。

第十节 董事会上市承诺

本公司董事会承诺将严格遵守《公司法》、《证券法》、《股票发行与交易管理暂行条例》、《公开发行股票公司信息披露实施细则》和《上海证券交易所股票上市规则》等国家法律、法规和有关规定,承诺自本公司股票上市之日起做到:

1.按照法律、法规规定的程序和要求披露所有对投资者有重大影响的信息,并接受中国证监会、上海证券交易所的监督管理。

2.真实、准确、完整、公允和及时地公布定期报告,并置备于规定场所供投资者查阅。

3.本公司董事、监事和高级管理人员如发生人事变动或持本公司股票发生变化时,在报告中国证监会、上海证券交易所的同时向投资者公布。

4.本公司知悉可能对股票价格产生误导性影响的任何公共传播媒介中出现的消息后,将及时予以公开澄清。

5.本公司董事、监事和高级管理人员将认真听取社会公众的意见和批评,不利用已获得的内幕消息和其他不正当手段直接或间接从事发行人股票的买卖活动。

6.本公司没有无记录的负债。

依据《上海证券交易所股票上市规则》,本公司全体董事、监事将按照有关规定,在本公司股票上市后两个月内签署《董事(监事)声明及承诺书》并送达上海证券交易所备案。

第十一节 上市推荐人及其意见

一、上市推荐人情况

(一)第一上市推荐人:北京证券有限责任公司

法定代表人:卢克群

住所:北京市海淀区车公庄西路乙 19 号华通大厦 B 座 10-17 层

电话:010-68431166-8167、8103、8112、8139

传真:010-88018659

联系人:沈红、秦洪波、张晓晴、马乐、陈福林、陈新平

(二)第二上市推荐人:东方证券股份有限公司

法定代表人:肖时庆

住所:上海市浦东大道 720 号中国海运金融大厦 20 楼

电话:021-50367888 转 1043

传真:021-50366340

联系人:张晓斌

二、上市推荐人意见

本公司上市推荐人认为:本公司章程符合《公司法》等法律、法规和中国证监会有关公司章程的相关规定;本公司本次股票发行完全符合《公司法》、《证券法》及《上海证券交易所股票上市规则》等法律、法规和中国证监会的有关规定,已具备了上市条件。本公司董事了解法律、法规、上海证券交易所上市规则及股票上市协议规定的董事义务与责任;本公司建立健全了法人治理结构,制定了严格的信息披露制度与保密制度。

上市推荐人已对上市文件所载的资料进行了核实,确保上市文件真实、准确、完整,符合规定要求,保证本公司的上市申请材料、上市公告书没有虚假记载、误导性陈述或重大遗漏,并对其承担连带责任。上市推荐人与本公司不存在关联关系。上市推荐人愿意推荐本公司的股票在上海证券交易所上市交易,并且在上市推荐过程中,保证不利用获得的内幕信息进行内幕交易,为自己或他人谋取利益。

北京空港科技园区股份有限公司

2004 年 3 月 13 日

山东好当家海洋发展股份有限公司

山东好当家海洋发展股份有限公司首次公开发行股票上市公告书

第一节 重要声明与提示

本公司董事会保证上市公告书的真实性、准确性、完整性,全体董事承诺上市公告书不存在虚假记载、误导性陈述或重大遗漏,并承担个别和连带的法律责任。

根据《公司法》、《证券法》等有关法律、法规的规定,本公司董事、高级管理人员已依法履行诚信和勤勉尽责的义务和责任。

上海证券交易所、中国证监会、其他政府机关对本公司股票上市及有关事项的意见,均不表明对本公司的任何保证。

本公司提醒广大投资者注意,凡本上市公告书未涉及的有关内容,请投资者查阅 2004 年 3 月 16 日刊登于《上海证券报》、《中国证券报》、《证券时报》、《证券日报》的本公司招股说明书摘要,及刊载于上海证券交易所网站(www.sse.com.cn)的本公司招股说明书全文。

本上市公告书刊登网址:www.sse.com.cn

第二节 概 览

1、股票简称:好当家

2、沪市股票代码:600467

3、深市代理股票代码:003467

4、股本总额:180,000,000 股

5、可流通股本:60,000,000 股

6、本次上市流通股本:60,000,000 股

7、发行价格:7.00 元/股

8、上市地点:上海证券交易所

9、上市时间:2004 年 4 月 5 日

10、股票登记机构:中国证券登记结算有限责任公司上海分公司

11、上市推荐人:平安证券有限责任公司

12、本公司公开发行股票前股东所持股份的流通期限及限制:根据国家现有法律、法规规定和中国证监会证监发行字[2004]26 号文《关于核准山东好当家海洋发展股份有限公司公开发行股票的通知》,本公司的法人股暂不上市流通;本公司的内部职工股自本次新股发行之日起,期满三年后可申请上市流通。

13、本公司股票上市前第一大股东山东邱家实业公司承诺:自本公司股票上市之日起 12 个月内,不转让其所持有本公司股份,本公司也不会回购其所持有的股份。

第三节 绪 言

本上市公告书是根据《中华人民共和国公司法》、《中华人民共和国证券法》、《股票发行与交易管理暂行条例》、《公开发行股票公司信息披露实施细则》和《上海证券交易所股票上市规则》等国家有关法律、法规的规定,并按照中国证监会《公开发行证券的公司信息披露内容与格式准则第 7 号--股票上市公告书》而编制。

经中国证监会证监发行字[2004]26 号文核准,本公司于 2004 年 3 月 19 日采取 100%向沪市、深市二级市场投资者定价配售的方式成功发行了 6,000 万股每股面值 1.00 元的人民币普通股,发行价为每股人民币 7.00 元。

经上海证券交易所上证上字[2004]30 号《关于山东好当家海洋发展股份有限公司人民币普通股股票上市交易的通知》批准,本公司公开发行的 6,000 万股社会公众股将于 2004 年 4 月 5 日起在上海证券交易所挂牌交易。股票简称"好当家",沪市股票代码"600467",深市股票代码"003467"。

本公司已于 2004 年 3 月 16 日在《上海证券报》、《中国证券报》、《证券时报》、《证券日报》上刊登了《招股说明书摘要》,招股说明书正文及其附录可以在上海证券交易所网站(http://www.sse.com.cn)查询。相关资料刊登距今不足三个月,故与其重复的内容不再重述,敬请投资者查阅上述内容。

第四节 发行人概况

一、发行人基本情况

1、公司名称:山东好当家海洋发展股份有限公司

英文名称:SHANDONG HOMEY AQUATIC DEVELOPMENT CO.,LTD.

2、注册资本:180,000,000 元

3、法定代表人:李鹏程

4、成立时间:1993 年 1 月 7 日

5、注册地址:荣成市虎山镇沙咀子　　邮政编码:264305

6、经营范围:海水养殖及许可证范围内养殖海产品的加工、销售;许可证范围内面类、肉类、蔬菜食品的加工、销售。

7、所属行业:海洋渔业

8、电话:(0631)7438073　　传真:(0631)7437033

电子邮箱:ehaodangjia@sdhaodangjia.com

9、董事会秘书:戚燕

二、发行人的历史沿革及经历的改制重组情况

本公司是原荣成市邱家渔业股份有限公司更名为山东邱家水产股份有限公司后,由山东邱家水产股份有限公司采取派生分立的方式分立后的存续公司。

1992 年 12 月 14 日,山东省荣成市体改委以荣体改生字[1992]第 7 号文批复同意原荣成市邱家渔业公司(现山东邱家实业公司)作为发起人,以定向募集方式设立荣成市邱家渔业股份有限公司,公司于 1993 年 1 月 7 日注册登记成立,注册资本为 12,000 万元。1995 年公司股东大会审议通过向原股东送红股及山东邱家水产集团总公司(原荣成市邱家渔业公司)以经营性资产向公司增资的增资扩股方案,公司注册资本因此增加至 31,363.90 万元。1996 年 12 月 2 日,山东省经济体制改革委员会鲁体改函字[1996]第 118 号文对公司进行了规范确认,确认公司为定向募集股份有限公司并同意公司名称变更为"山东邱家水产股份有限公司";随文,公司取得山东省人民政府鲁政股字[1996]63 号《山东省股份有限公司批准证书》。

为优化业务结构、产业结构和股权结构,2000 年 6 月 6 日公司临时股东大会通过决议:采取派生分立的方式将公司分立为山东好当家海洋发展股份有限公司(存续公司、现本发行人)和荣成邱家水产有限公司(新设公司)。分立后,本公司拥有及承担与海产品养殖和食品加工有关的资产、业务及与该等资产和业务有关的负债。2000 年 7 月 14 日,山东省经济体制改革委员会鲁体改函字[2000]第 6 号文同意公司进行分立并更名,随文公司取得山东省人民政府鲁政股分字[2000]1 号《山东省股份有限公司批准证书》。2000 年 9 月 8 日,公司在山东省工商行政管理局办理完毕工商变更登记手续,注册资本 12,000 万元,名称变更为山东好当家海洋发展股份有限公司。

三、股权变动情况

本公司自 2000 年分立后至本次发行日,未发生任何股权变更事宜,亦未发生任何重大资产重组行为。

经中国证监会证监发行字[2004]26 号文核准,发行人于 2004 年 3 月 19 日以 100%向二级市场投资者定价配售的发行方式成功地发行了人民币普通股 6,000 万股,每股面值 1.00 元,每股发行价 7.00 元。此次发行成功后,本公司的总股本为 18,000 万股,注册资本为 18,000 万元。

本次发行前后公司的股本结构:

	发行前		发行后	
股份名称	数量(万股)	比例(%)	数量(万股)	比例(%)
尚未流通股份				
境内法人股	9,988.90	83.24	9,988.90	55.50
内部职工股	2,011.10	16.76	2,011.10	11.17

根据国家有关规定,本公司 2,011.10 万股内部职工股将在本次公开发行三年后上市流通。

四、发行人的主要经营情况

1、发行人的主营业务和主要产品

本公司主要从事牙鲆鱼、鲍鱼、海参、大菱鲆、海蜇等海产品的生产、销售和面类、肉类、蔬菜等冷冻食品的加工、销售业务。

2、销售方式与渠道

本公司的海水养殖产品主要通过在国内的 9 个销售机构直接批发销售,各大城市销售机构负责各自区域的销售。发行人的冷冻食品全部按定单生产,主要销售给日本山形食品株式会社等国外大客户。

3、所需主要原材料

本公司养殖产品的主要原材料为苗种、饵料,公司设有育苗场,能够满足大部分生产用苗种,只有部分需要外购;牙鲆鱼饵料主要由本公司膨化饲料厂生产,仅需外购部分鲜杂鱼,其他养殖品种的饵料为海带、藻粉等,也全部自己生产。

冷冻食品所需原材料主要包括肉类、蔬菜、面粉等,市场供应充足。

4、行业竞争情况以及发行人在行业中的竞争地位

目前国内海水养殖行业竞争较为激烈,其中绝大多数企业为分散经营的小型个体私营企业,生产规模较小,基本不具备同本公司竞争的优势。本公司作为全国最大的海珍品养殖基地,具有竞争中的规模、技术和营销等核心竞争优势。

5、发行人近三年主营业务收入和利润情况

单位:人民币元

项目	2003 年	2002 年	2001 年
主营业务收入	340,488,088.92	274,495,580.62	225,122,856.86
主营业务利润	82,804,298.55	80,695,092.95	72,202,587.43
营业利润	68,909,171.82	64,103,422.09	58,076,310.07
利润总额	69,017,373.67	63,513,492.38	58,208,467.84
净利润	45,459,475.35	41,799,667.88	38,929,682.95

6、发行人拥有的非专利技术

本公司通过自行研究,已掌握以下非专利技术:

牙鲆鱼全人工控温控光周期育苗技术;大菱鲆全人工控温控光人工获卵育苗技术;皱纹盘鲍与日本虾夷盘鲍杂交育苗技术;海参三倍体人工育苗技术;牙鲆鱼淋巴囊肿病中草药防治技术;噬菌蛭弧菌防病技术;生物疫苗防病技术;臭氧消毒处理技术;牙鲆鱼、大菱鲆原虫(盾纤毛虫、车轮虫、刺激隐核虫)病中草药防治技术等。

7、发行人拥有的商标

本公司及下属子公司拥有以下三枚商标:

核定使用商品为第 29 类的"好当家"牌注册商标,商标注册号为第 1399848 号;

核定使用商品为第 29 类的"荣东"牌注册商标,商标注册号为第 790886 号;

核定使用商品为第 29 类的"RRYS"牌注册商标,商标注册号为第 899584 号。

8、发行人享有的税收优惠政策

(1)增值税:公司海产品收入免征增值税,海产品加工适用 6%的税率,出口产品 2001 年由税务部门先按 17%的税率征收,按 13%的税率退税实行先征后退,2002 年后改为执行"免抵退"的税收政策。

(2)所得税:公司所得税税率为 33%。两个子公司为中外合资企业,所得税税率为 24%,其中荣山公司 2000-2004 年为享受"两免三减半"税收优惠期间,2000 年和 2001 年免税,2002、2003 年适用 12%的企业所得税税率;荣东公司在依照税法规定于 1993-1997 年享受"两免三减半"税收优惠后,历年出口产品产值均达到当年产品产值 70%以上,近三年均依法适用 12%的企业所得税税率。

第五节 股票发行和股本结构

一、本次股票上市前公开发行股票的情况

1、发行数量:6,000 万股

2、发行价格:7.00 元/股

3、募集资金总额:42,000 万元

4、发行方式:100%向二级市场投资者配售

5、发行费用总额及项目:本次发行费用总额为 1,640 万元,包括承销费用、审计费用、律师费用、发行手续费、审核费用等项目。

6、每股发行费用:0.27 元

二、本次股票上市前首次发行股票的承销情况

本次公开发行的6,000万股社会公众股的配号总数为91,087,969个,中签率为0.06587039%。其中,二级市场投资者认购59,541,102股,其余458,898股由主承销商包销。

三、本次上市前首次公开发行股票募集资金的验资报告

山东汇德会计师事务所有限公司对本公司本次上市前首次公开发行股票募集资金出具了《验资报告》(2004)汇所验字第6-003号,摘录如下:

"我们接受委托,审验了贵公司截至2004年3月26日止新增注册资本实收情况。按照国家相关法律、法规的规定和协议、章程的要求出资,提供真实、合法、完整的验资资料,保护资产的安全、完整是全体股东及贵公司的责任。我们的责任是对贵公司新增注册资本的实收情况发表审验意见。我们的审验是依据《独立审计实务公告第1号??? 验资》进行的。在审验过程中,我们结合贵公司的实际情况,实施了检查等必要的审验程序。

贵公司原注册资本为人民币120,000,000.00元,根据贵公司股东大会决议和公司修改后章程的规定,贵公司申请增加注册资本为人民币60,000,000.00元。经中国证券监督管理委员会证监发行字[2004]26号文批准,贵公司于2004年3月19日向社会公开发行人民币普通股股票6,000.00万股,每股面值1元。经我们审验,截至2004年3月26日止,贵公司已收到社会公众股股东认缴的新增注册资本人民币60,000,000.00元(人民币陆仟万元整),各股东均以货币出资。

同时我们注意到,贵公司本次增资前的注册资本为人民币120,000,000.00元,已经山东烟台乾聚会计师事务所有限公司进行了审验,并出具了烟乾会验字(2000)26号验资报告。截至2004年3月26日止,变更后的累计注册资本实收金额为人民币180,000,000.00元。

本验资报告供贵公司申请变更登记及据以向股东签发出资证明时使用,不应将其视为是对贵公司验资报告日后资本保全、偿债能力和持续经营能力等的保证。因使用不当造成的后果,与执行本验资业务的注册会计师及会计师事务所无关。"

四、募股资金入帐情况

1、入帐时间:2004年3月26日

2、入帐金额:405,929.999.97万元(募集资金扣除承销费和上网发行费后的余额)

3、入帐帐号:1614028509201901382

4、开户银行:中国工商银行荣成市支行

五、发行人上市前股权结构及各类股东的持股情况

1、本次股票上市前,本公司的股权结构

股份名称	数量(万股)	比例(%)
一、非上市流通股		
境内法人股	9,988.90	55.50
内部职工股	2,011.10	11.17
二、社会公众股	6,000.00	33.33
股份总额	18,000	100

2、前十名股东持股情况

股东名称	持股数量(股)	持股比例(%)
山东邱家实业公司	99,889,000	55.50
南方证券	555,000	0.308
平安证券	458,898	0.255
海富通精选	97,000	0.054
唐会亭	92,000	0.051
张术森	84,000	0.047
岳寿涛	84,000	0.047
唐聚德	82,000	0.046
德盛稳健	79,000	0.043
张爱华	77,200	0.042

第六节　董事、监事、高级管理人员及核心技术人员

本公司董事、监事、高级管理人员、技术负责人及核心技术人员均为中华人民共和国国籍;相互之间不存在配偶关系、三代以内直系和旁系亲属关系。上述人员承诺在其任职或工作期间,将遵守国家有关法律、法规及公司规章制度关于其维护本公司利益的规定。

一、董事会

李鹏程先生:中国国籍,32岁,本科学历,曾在威海市地税局任职,曾任山东好当家集团总经理助理、副总经理、股份公司总经理,现任本公司董事长、荣健公司董事长、天同证券有限责任公司监事。

唐永新先生:中国国籍,34岁,本科学历,曾任荣成市邱家渔业公司养鱼场场长、本公司水产研究所所长,现任本公司董事、总经理。

张术森先生:中国国籍,35岁,本科学历,曾任荣盛包装材料有限公司副经理、荣山食品有限公司副经理、经理,山东邱家集团副总经理、本公司副总经理,现任本公司董事、好当家集团常务副总裁。

唐会亭先生:中国国籍,47岁,高中学历,曾任荣成市邱家渔业公司海味食品厂副厂长、饵料厂厂长、荣成荣东食品有限公司经理、本公司监事、副总经理,现任本公司副董事长。

唐聚德先生:中国国籍,42岁,大专学历,曾任荣成市邱家渔业公司塑料厂副厂长、育苗场场长、荣成加荣食品有限公司经理、山东邱家集团销售公司经理、本公司监事,现任本公司董事、副总经理。

冯永东先生:中国国籍,38岁,本科学历,历任本公司财务负责人、副总经理,现任本公司董事、财务总监。

管华诗先生:中国国籍,64岁,教授、博士生导师、中国工程院院士,曾任青岛海洋大学水产学院教授、副院长,是八届全国人大、九届全国人大代表,现任本公司独立董事、青岛海洋大学校长、山东省政协副主席、山东省科学技术协会主席。

岳颂东先生:中国国籍,58岁,教授、博士生导师,历任中国社会科学院新闻研究所助理研究员、国务院发展研究中心副研究员,获国家级社会科学特殊贡献者称号和特殊津贴,现任本公司独立董事、国务院发展研究中心研究员。

侯建厂先生:中国国籍,44岁,本科学历,历任荣成市财政局国有资产管理处副主任,荣成市经济开发投资公司副经理,荣成市公有资产经营有限公司党组书记、副总经理,现任本公司独立董事、荣成志诚会计师事务所主任会计师。

二、监事会

岳寿涛先生:中国国籍,41岁,大专学历,曾任荣成市邱家渔业公司养貂场场长、荣成荣茂水产开发有限公司副经理、经理,现任本公司监事长、好当家集团食品销售有限公司副经理。

于文斗先生:中国国籍,50岁,高中学历,曾任荣成市邱家渔业公司塑料厂厂长、荣成宇洲水产食品有限公司经理,现任本公司监事。

梁传聚先生:中国国籍,41岁,大专学历。现任本公司鲍鱼养殖二场场长,为本公司职工代表监事。

三、其他高级管理人员

王顺强先生:中国国籍,41岁,大专学历,曾任荣成荣山食品有限公司经理、荣成荣东食品有限公司经理,现任本公司副总经理、荣成荣山食品有限公司董事长、荣成荣东食品有限公司董事长。

戚燕女士:中国国籍,37岁,本科学历,曾任威海市证券管理办公室科员、威海日报专刊部主任、威海日报社金融周刊责任编辑,现任本公司董事会秘书。

四、核心技术人员

肖培华先生:中国国籍,58岁,本科学历,毕业于山东省水产学校海水养殖专业,高级工程师,曾在国家级刊物《海洋科学》上发表《蜈蚣藻的发生》、省级刊物《海洋湖沼通报》上发表《海湾扇贝大水体高产育苗》、《羊栖菜人工育苗技术》等专业论著,其主持的研究项目"鲍鱼防病配合饲料研究"获淄博市科技进步二等奖,"海湾扇贝大水体高产育苗养殖技术研究"获荣成市科技进步二等奖。现任本公司水产研究所所长,为本公司技术负责人。

谭福奕先生:中国国籍,28岁,本科学历,毕业于湛江海洋大学海水养殖专业,工程师,曾在国家级刊物《中国水产》上发表《牙鲆鱼肠道白浊病菌疫苗的应用研究》、《牙鲆鱼气泡病防治技术》、国家级刊物《中国微生物学通报》上发表《利用PSB处理海参粪便的研究报告》等专业论著,曾主持"纤毛虫疫苗治疗纤毛虫的研究"课题的研究。现任本公司水产研究所副所长,为本公司核心技术人员。

本公司董事、监事及高管人员中,除董事长李鹏程先生担任荣健公司董事长、天同证券有限责任公司监事,董事张术森先生担任好当家集团常务副总裁,监事长岳寿涛先生担任好当家集团食品销售有限公司副经理,副总经理王顺强先生担任荣山公司、荣东公司董事长外,其他人员没有在其他法人单位兼职情况。

五、公司董事、监事、其他高管人员及核心技术人员持股数量及比例

1、个人持股情况

姓　名	所任职务	持股数量(股)	本次发行后的比例(%)
李鹏程	董事长	--	--
唐永新	董事、总经理	67,800	0.038
张术森	董事	84,000	0.047
唐会亭	董事	92,000	0.051
唐聚德	董事、副总经理	82,000	0.046
冯　永	董事、财务总监	70,000	0.039
管华诗	独立董事	--	--
岳颂东	独立董事	--	--
侯建厂	独立董事	--	--
岳寿涛	监事长	84,000	0.047
于文斗	监事	18,000	0.010
梁传聚	职工代表监事	47,400	0.026
王顺强	副总经理	60,000	0.033
戚　燕	董事会秘书	--	--
肖培华	技术负责人	--	--
谭福奕	核心技术人员	--	--

2、家属持股情况

姓　名	亲属关系	持股数(股)	本次发行后的比例(%)
张爱华 唐会亭	配偶	77,200	0.043
王秀英 唐聚德	配偶	20,000	0.011
邱翠仿 冯永东	配偶	23,000	0.013
张新华 岳寿涛	配偶	30,000	0.017
梁秀凤于文斗	配偶	9,600	0.005

发行前三年,上述人员持股数量未发生变化,没有质押或冻结情况。

本次发行成功并在上海证券交易所上市后,上述人员所持股份将按国家有关规定在其任职期间予以锁定。

第七节　同业竞争与关联交易

一、同业竞争

本公司的控股股东山东邱家实业公司及其控制的法人与本公司之间不存在同业竞争。控股股东已出具了避免同业竞争的承诺函。发行人律师及主承销商均发表了控股股东及其控制法人与本公司不存在同业竞争的意见。

二、发行人关联方

根据中国证监会证监发[2001]41号文,本公司目前存在的关联方及关联关系如下:

1、公司目前存在的法人关联方、关联关系如下:

关联方名称	注册资本	法定代表人	关联关系
山东邱家实业公司	67,946.20万元	唐传勤	母公司
天同证券有限责任公司	204,826万元	段　虎	控股股东参股公司
好当家集团有限公司	75,000万元	唐传勤	同一控股股东下属公司
荣成源远水产有限公司	200万美元	唐传勤	同一控股股东下属公司
荣成加荣食品有限公司	100万美元	唐传勤	同一控股股东下属公司
荣成荣盛包装材料有限公司	50万美元	唐传勤	同一控股股东下属公司
荣成宇洲水产食品有限公司	200万美元	唐传勤	同一控股股东下属公司
荣成荣茂水产开发有限公司	50万美元	唐传勤	同一控股股东下属公司
荣成荣康食品有限公司	200万美元	唐传勤	同一控股股东下属公司
荣成运兴轮船有限公司	100万元	唐传勤	同一控股股东下属公司
荣成荣昌纸制品有限公司	200万美元	唐传勤	同一控股股东下属公司
荣成好当家食品销售有限公司	50万元	唐传勤	同一控股股东下属公司
荣成邱家水产有限公司	19,363.90万元	唐传勤	同一控股股东下属公司
荣成东保汽车维修有限公司	120万美元	吴永远	控股股东下属公司参股公司
荣成荣山食品有限公司	200万美元	王顺强	子公司
荣成荣东食品有限公司	200万美元	王顺强	子公司
荣成荣健食品有限公司	80万美元	李鹏程	子公司

2、公司目前存在的自然人关联方、关联关系如下:

本公司目前的自然人关联方主要有公司的董事、监事、高级管理人员和核心技术人员,与自然人关联方之间的关联关系为劳动人事关系。

三、关联交易

1、关联交易的具体内容及对公司财务状况和经营成果的影响

(1)向实业公司下属企业邱家水产有限公司购买电、汽(单位:元):

项目	2003年度	2002年度	2001年度
电、汽	13,646,895.35	17,281,815.91	11,707,171.00
占总购货比例(%)	8.65	10.34	9.68

(2)向实业公司下属公司荣成荣盛包装材料有限公司购买纸箱(单位:元):

项目	2003年度	2002年度	2001年度
纸箱	6,002,481.88	5,971,775.80	2,169,880.03
占总购货比例(%)	3.80	3.58	1.80

2、发行人律师、主承销商、会计师和独立董事均对关联交易发表了意见,认为公司关联交易符合有关规定,关联交易是公允的,没有损害本公司及其他股东的利益。

第八节 财务会计资料

本公司截止 2003 年 12 月 31 日的财务会计资料已于 2004 年 3 月 16 日刊登于《上海证券报》、《中国证券报》、《证券时报》、《证券日报》上刊登的招股说明书摘要以及刊载于上海证券交易所网站 http://www.sse.com.cn 的本公司招股说明书全文及附录中进行了详细批露,尚未超出有效期限。欲了解本公司经审计的财务报表及主要财务指标的详细内容,敬请投资者查阅上述报纸、网站或在公告的招股说明书查阅地查阅。

本公司委托山东汇德会计师事务所有限公司审计了公司 2001 年 12 月 31 日、2002 年 12 月 31 日、2003 年 12 月 31 日的资产负债表及合并资产负债表,2001 年度、2002 年度、2003 年度的利润表、利润分配表及合并利润表、合并利润分配表,2003 年度的现金流量表和合并现金流量表。山东汇德会计师事务所有限公司为此出具了标准无保留意见的(2004)汇所审字第 6-007 号《审计报告》,本部分引用的财务数据,非经特别说明,均引自经审计的会计报表。

一、最近三年的简要报表(见附表)

二、简要会计报表附注

有关本公司会计报表附注的详细内容,请查阅前述公开披露的招股说明书全文或招股说明书摘要。

三、主要财务指标:

1、根据山东汇德会计师事务所有限公司所出具的审计报告,本公司的财务指标分析如下:

财务指标	2003 年 12 月 31 日	2002 年 12 月 31 日	2001 年 12 月 31 日
流动比率	0.83	1.26	1.38
速动比率	0.28	0.68	0.68
应收帐款周转率(次)	43.56	39.76	11.65
存货周转率(次)	3.49	3.09	2.61
资产负债率(%)	46.76	47.03	46.36
每股净资产(元/股)	1.91	1.78	1.64
研发费用占主营收入比例(%)	1.41	1.37	1.46
每股经营活动现金净流量(元/股)	0.52	0.60	–

2、本公司按《公开发行证券公司信息披露编报规则第 9 号–净资产收益率和每股收益率的计算及披露》计算的净资产收益率和每股收益如下:

期间	指标		主营业务利润	营业利润	净利润	扣除非经常性损益后的净利润
2003 年度	净资产收益率(%)	全面摊薄	36.06	30.01	19.80	19.77
		加权平均	40.50	33.70	22.24	22.20
	每股收益(元)	全面摊薄	0.69	0.57	0.38	0.38
		加权平均	0.69	0.57	0.38	0.38
2002 年度	净资产收益率(%)	全面摊薄	37.68	29.93	19.52	19.71
		加权平均	40.88	32.48	21.18	21.39
	每股收益(元)	全面摊薄	0.67	0.53	0.35	0.35
		加权平均	0.67	0.53	0.35	0.35
2001 年度	净资产收益率(%)	全面摊薄	36.75	29.56	19.81	19.96
		加权平均	39.39	31.68	21.24	21.40
	每股收益(元)	全面摊薄	0.60	0.48	0.32	0.33
		加权平均	0.60	0.48	0.32	0.33

第九节 其他重要事项

一、自公司股票首次公开发行日至本上市公告之日,本公司严格依照现行有关法律、法规的规定规范运行,本公司生产经营情况正常,主要业务发展目标进展正常;

二、自公司股票首次公开发行日至本上市公告之日,本公司所处行业和市场无重大变化;

三、自公司股票首次公开发行日至本上市公告之日,本公司主要投入、产出物供求及市场价格无重大变化;

四、自公司股票首次公开发行日至本上市公告之日,本公司没有进行新的重大对外投资,无重大资产(股权)收购、出售行为;

五、自公司股票首次公开发行日至本上市公告之日,本公司住所没有发生变更;

六、自公司股票首次公开发行日至本上市公告之日,本公司无重大诉讼、仲裁案件;

七、自公司股票首次公开发行日至本上市公告之日,本公司无重大会计政策变化;

八、自公司股票首次公开发行日至本上市公告之日,本公司无会计事务所变动;

九、自公司股票首次公开发行日至本上市公告之日,本公司没有发生新的重大负债,重大债项未发生变化;

十、经公司 2003 年度股东大会审议通过,本次股票公开发行完成前的滚存未分配利润由股票公开发行后的新老股东共享,具体包括 2003 年度尚未分配的利润及 2004 年 1 月 1 日至股票发行完成日之间实现的利润;

十一、根据《上海证券交易所股票上市规则》,公司第一大股东已向上海证券交易所承诺,自发行人股票上市之日起 12 个月内,第一大股东不转让其持有的发行人股份,也不由上市公司回购其持有的股份;

十二、自公司股票首次公开发行日至本上市公告之日,没有其他应披露而未披露之重大事项。

第十节 董事会上市承诺

本公司董事会承诺将严格遵守《中华人民共和国证券法》、《中华人民共和国公司法》、《股票发行与交易管理暂行条例》、《公开发行股票公司信息披露实施细则》和《上海证券交易所股票上市规则》等国家法律、法规和中国证监会的有关规定,并自股票上市之日起做到:

一、承诺真实、准确、完整、公允和及时地公布定期公告,披露所有对投资者有重大影响的信息,并接受中国证监会、证券交易所的监督管理;

二、承诺本公司在知悉可能对股票价格产生误导性影响的任何公共传播媒介中出现的消息后,将及时给予公开澄清;

三、本公司董事、监事、高级管理人员和核心技术人员将认真听取社会公众的意见和批评,不利用已获得的内幕消息和其他不正当手段直接或间接从事本公司股票的买卖活动;

四、本公司没有无记录的负债。

第十一节 上市推荐人及其意见

一、上市推荐人情况

上市推荐人:平安证券有限责任公司

法定代表人:杨秀丽

住　所:深圳市八卦岭八卦三路平安大厦三层

联系电话:0755-82262888-3628　　传　真:0755-82434614

联 系 人:崔岭、曾年生、莫家柱、李鹏、陈华、闫志刚

二、上市推荐人意见

本公司上市推荐人认为:本公司章程符合《中华人民共和国公司法》等有关法律、法规和和中国证监会的规定。根据《中华人民共和国公司法》、《中华人民共和国证券法》、《股票发行与交易管理暂行条例》、《上海证券交易所股票上市规则》等国家有关法律、法规的规定,本公司符合上市条件。

本公司上市推荐人保证本公司的董事了解法律、法规、上海证券交易所上市规则及股票上市协议规定的董事的义务与责任,并协助本公司健全了法人治理结构、协助本公司制定了严格的信息披露制度和保密制度。

本公司上市推荐人已对上市文件所载的资料进行了核实,确保上市文件真实、准确、完整,符合规定要求。本公司上市推荐人保证本公司的上市申请材料、上市公告书没有虚假、严重误导性陈述或者重大遗漏,并保证对其承担连带责任。

本公司上市推荐人愿意推荐本公司股票在上海证券交易所上市交易,并保证不利用在上市过程中获得的内幕信息进行内幕交易,为自己或他人谋取利益。

附:好当家近三年简要财务报表(见附表)

2003 年度

项目	合并	母公司
主营业务收入	340,488,088.92	160,885,392.04
减:主营业务成本	244,180,788.40	69,968,731.44
主营业务税金及附加	13,503,001.97	13,503,001.97
主营业务利润	82,804,298.55	77,413,658.63
加:其他业务利润	149,736.54	
减:营业费用	3,140,828.37	3,129,890.01
管理费用	6,286,638.59	3,137,541.05
财务费用	4,617,396.31	5,881,333.13
营业利润	68,909,171.82	65,264,894.44
加:投资收益		1,873,185.01
营业外收入	343,089.99	224,082.46
减:营业外支出	234,888.14	12,916.69
利润总额	69,017,373.67	67,349,245.22
减:所得税	22,078,137.66	21,472,531.54
少数股东损益	1,479,760.66	
净利润	45,459,475.35	45,876,713.68

2002 年度

项目	合并	母公司
主营业务收入	274,495,580.62	149,387,033.60
减:主营业务成本	181,444,921.69	62,153,887.93
主营业务税金及附加	12,355,565.98	12,355,565.98
主营业务利润	80,695,092.95	74,877,579.69
加:其他业务利润	365,730.59	148,185.00
减:营业费用	3,704,022.20	3,669,556.46
管理费用	6,261,945.26	4,030,564.00
财务费用	6,991,433.99	7,881,839.80
营业利润	64,103,422.09	59,443,804.43
加:投资收益		2,022,449.36
营业外收入	272,557.27	193,001.09
减:营业外支出	862,486.98	58,046.74
利润总额	63,513,492.38	61,601,208.14
减:所得税	20,267,300.64	19,736,076.03
少数股东损益	1,446,523.86	
净利润	41,799,667.88	41,865,132.11

2001 年度

项目	合并	母公司
主营业务收入	225,122,856.86	124,048,815.32
减:主营业务成本	142,406,743.90	46,291,703.72
主营业务税金及附加	10,513,525.53	10,513,525.53
主营业务利润	72,202,587.43	67,243,586.07
加:其他业务利润	649,047.30	98,784.40
减:营业费用	3,214,253.44	3,177,188.87
管理费用	2,880,592.41	2,229,152.68
财务费用	8,680,478.81	6,486,532.75
营业利润	58,076,310.07	55,449,496.17
加:投资收益		1,726,259.64
营业外收入	482,666.09	392,332.59
减:营业外支出	350,508.32	
利润总额	58,208,467.84	57,568,088.40
减:所得税	18,184,241.07	18,148,233.75
少数股东损益	1,094,543.82	
净利润	38,929,682.95	39,419,854.65

山东好当家海洋发展股份有限公司

二〇〇四年三月二十九日

附表:好当家近三年简要财务报表

2003 年 12 月 31 日

项目	合并	母公司
货币资金	29,429,185.28	16,136,723.51
应收股利		1,246,897.73
应收帐款	7,108,888.83	591,923.05
其他应收款	1,869,252.24	2,948,198.16
预付帐款	128,911.08	53,242.43
应收补贴款	2,984,519.97	
存货	81,638,186.72	73,087,132.19
待摊费用		

流动资产合计	123,158,944.12	94,064,117.07
长期股权投资(合并价差)	−2,096.02	27,145,610.52
长期投资合计	−2,096.02	27,145,610.52
固定资产原价	335,488,379.89	267,310,985.40
减:累计折旧	78,644,657.80	52,455,199.74
固定资产净值	256,843,722.09	214,855,785.66
减:固定资产减值准备	1,369,760.85	1,369,760.85
固定资产净额	255,473,961.24	213,486,024.81
在建工程	83,438,612.47	83,438,612.47
固定资产合计	338,912,573.71	296,924,637.28
无形资产	12,740,680.55	12,740,680.55
长期待摊费用	558,289.36	408,333.42
无形资产及其他资产合计	13,298,969.91	13,149,013.97
资产总计	475,368,391.72	431,283,378.84
短期借款	44,831,361.00	40,000,000.00
应付票据		
应付帐款	25,686,656.43	9,501,874.19
预收帐款	552,095.14	489,374.00
应付工资	9,628,625.22	3,994,633.64
应付福利费	5,210,143.90	4,571,993.27
应付股利	972,002.61	
应交税金	329,767.41	1,807,331.31
其他应交款	295,606.70	295,606.70
其他应付款	8,969,612.07	10,607,692.78
预提费用	2,650,847.06	283,445.68
一年内到期的长期负债	50,000,000.00	50,000,000.00
流动负债合计	149,126,717.54	121,551,951.57
长期借款	80,000,000.00	80,000,000.00
专项应付款	100,000.00	100,000.00
长期负债合计	80,100,000.00	80,100,000.00
负债合计	229,226,717.54	201,651,951.57
少数股东权益	16,515,461.47	
股本	120,000,000.00	120,000,000.00
资本公积	5,186,113.97	5,186,113.97
盈余公积	38,021,533.84	37,117,457.14
未分配利润	66,418,564.90	67,327,856.16
股东权益合计	229,626,212.71	229,631,427.27
负债和股东权益总计	475,368,391.72	431,283,378.84

2002年12月31日

项目	合并	母公司
货币资金	48,584,569.57	23,620,303.64
应收股利		626,823.97
应收帐款	8,523,409.62	1,061,105.94
其他应收款	1,991,018.87	11,165,209.44
预付帐款		
应收补贴款	8,275,413.84	
存货	58,388,667.84	52,538,928.75
待摊费用	22,511.10	22,511.10
流动资产合计	125,785,590.84	89,034,882.84
长期股权投资(合并价差)		20,942,499.27
长期投资合计		20,942,499.27
固定资产原价	323,765,808.40	262,872,195.82
减:累计折旧	67,113,495.36	43,993,951.42
固定资产净值	256,652,313.04	218,878,244.40
减:固定资产减值准备	1,369,760.85	1,369,760.85
固定资产净额	255,282,552.19	217,508,483.55
在建工程	62,453,497.61	62,453,497.61
固定资产合计	317,736,049.80	279,961,981.16
无形资产	13,080,180.56	13,080,180.56
长期待摊费用	1,094,954.39	505,333.38
无形资产及其他资产合计	14,175,134.95	13,585,513.94
资产总计	457,696,775.59	403,524,877.21
短期借款	59,700,000.00	42,000,000.00
应付票据		
应付帐款	15,451,894.57	2,241,877.82
预收帐款	1,051,144.89	3,700.00
应付工资	5,925,666.73	3,512,217.72
应付福利费	4738255.87	3,817,863.63
应付股利	638,116.74	
应交税金	1,656,219.86	5,082,390.64
其他应交款	241,605.03	241,605.03
其他应付款	6,003,322.25	2,095,242.23
预提费用	4,289,461.18	675,266.55
一年内到期的长期负债		
流动负债合计	99,695,687.12	59,670,163.62
长期借款	130,000,000.00	130,000,000.00
专项应付款	100,000.00	100,000.00
长期负债合计	130,100,000.00	130,100,000.00
负债合计	229,795,687.12	189,770,163.62
少数股东权益	13,718,888.00	
股本	120,000,000.00	120,000,000.00
资本公积	5,186,113.97	5,186,113.97
盈余公积	30,671,370.52	30,235,950.09
未分配利润	58324715.98	58,332,649.53
股东权益合计	214,182,200.47	213,754,713.59
负债和股东权益总计	457,696,775.59	403,524,877.21

2001年12月31日

项目	合并	母公司
货币资金	39,827,851.33	10,783,561.06
应收股利		
应收帐款	5,282,921.3	1,470,115.40
其他应收款	1,774,130.97	12,176,292.13
预付帐款	50,000.00	50,000.00
应收补贴款	11,394,919.43	
存货	58,880,056.15	50,967,595.56
待摊费用		
流动资产合计	117,209,879.25	75,447,564.15
长期股权投资(合并价差)		19,546,873.88
长期投资合计		19,546,873.88
固定资产原价	318,440,805.76	262,735,324.78
减:累计折旧	57,298,123.69	36,666,717.20
固定资产净值	261,142,682.07	226,068,607.58
减:固定资产减值准备	1,369,760.85	1,369,760.85
固定资产净额	259,772,921.22	224,698,846.73
在建工程	32,221,011.69	31,511,011.69
固定资产合计	291,993,932.91	256,209,858.42
无形资产	13,419,680.56	13,419,680.56
长期待摊费用	1,727,573.78	548,333.34
无形资产及其他资产合计	15,147,254.34	13,968,013.90
资产总计	424,351,066.50	365,172,310.35
短期借款	53,242,132.00	28,000,000.00
应付票据	1,888,000.00	1,488,000.00
应付帐款	12,390,077.18	2,301,636.81
预收帐款	71,117.60	71,117.60
应付工资	859,843.72	698,719.28
应付福利费	4,635,922.68	3,779,921.42
应付股利	306,585.49	
应交税金	3,760,326.87	573,370.56
其他应交款	130,262.90	130,262.90
其他应付款	4,541,596.68	1,901,699.95
预提费用	3,397,620.86	338,000.35
一年内到期的长期负债		
流动负债合计	85,223,485.98	39,282,728.87
长期借款	130,000,000.00	130,000,000.00
专项应付款		
长期负债合计	130,000,000.00	130,000,000.00
负债合计	215,223,485.98	169,282,728.87
少数股东权益	12,639,481.20	
股本	120,000,000.00	120,000,000.00
资本公积	5,186,113.97	5,186,113.97
盈余公积	24,180,467.23	23,956,180.27
未分配利润	47121518.12	46,747,287.24
股东权益合计	196,488,099.32	195,889,581.48
负债和股东权益总计	424,351,066.50	365,172,310.35

3、2003年简要现金流量表

单位:元

项目	合并	母公司
经营活动产生的现金流量:		
销售商品、提供劳务收到的现金	339,086,278.96	161,840,248.93
收到的税费返还	20,021,701.70	
收到的其他与经营活动有关的现金	332,732.13	17,921,222.50
现金流入小计	359,440,712.79	179,761,471.43
购买商品、接受劳务支付的现金	220,611,084.75	54,355,490.56
支付给职工以及为职工支付的现金	31,449,634.56	19,489,496.11
支付的各项税费	39,763,427.85	38,969,441.82
支付的其他与经营活动有关的现金	4,939,701.07	5,382,083.61
现金流出小计	296,763,848.23	118,196,512.10
经营活动产生的现金流量净额	62,676,864.56	61,564,959.33
投资活动产生的现金流量:		
处置固定资产、无形资产和其他长期资产所收回的现金净额	1,342,632.77	1,342,632.77
收到的其他与投资活动有关的现金	1,154,475.48	
现金流入小计	2,497,108.25	1,342,632.77
购建固定资产、无形资产和其他长期资产所支付的现金	32,080,433.23	23,987,577.98
投资所支付的现金	4,950,000.00	
现金流出小计	32,080,433.23	28,937,577.98
投资活动产生的现金流量净额	−29,583,324.98	−27,594,945.21
筹资活动产生的现金流量:		
吸收投资所收到的现金	1,652,794.70	
借款所收到的现金	72,021,361.00	55,000,000.00
现金流入小计	73,674,155.70	55,000,000.00
偿还债务所支付的现金	81,050,000.00	57,000,000.00
分配股利、利润或偿付利息所支付的现金	45,661,064.16	39,453,594.25
现金流出小计	126,711,064.16	96,453,594.25
筹资活动产生的现金流量净额	−53,036,908.46	−41,453,594.25
汇率变动对现金的影响	787,984.59	
现金及现金等价物净增加额	−19,155,384.29	−7,483,580.13

风神轮胎股份有限公司

风神轮胎股份有限公司2003年年度报告

重要提示

本公司董事会及其董事保证本报告所载资料不存在任何虚假记载、误导性陈述或重大遗漏，并对其内容的真实性、准确性和完整性承担个别及连带责任。

公司董事长曹朝阳先生、财务总监郭春风先生、会计主管人员娄根杰先生声明：保证年度报告中财务报告的真实、完整。

第一章 公司基本情况简介

一、中文名称：风神轮胎股份有限公司
中文简称：风神股份
英文名称：AEOLUS TYRE CO.,LTD.
二、法定代表人：曹朝阳
三、董事会秘书：韩法强
证券事务代表：初立珍
联系地址：河南省焦作市焦东南路48号
电话：0391-3999080
传真：0391-3933952
电子信箱：hfq@aeolustyre.com
四、注册地址：河南省焦作市焦东南路48号
办公地址：河南省焦作市焦东南路48号
邮政编码：454003
互联网址：http://www.aeolustyre.com
公司电子信箱：company@aeolustyre.com
五、选定信息披露报纸：《中国证券报》、《上海证券报》
指定信息披露互联网址：http://www.sse.com.cn
年报备置地点：公司证券部
六、股票上市交易所：上海证券交易所
股票简称：风神股份
股票代码：600469
七、首次注册日期：1998年12月1日
首次注册地点：河南省焦作市焦东南路48号
企业法人营业执照注册号：4100001004588-1/1
税务登记号码：410800712634853
所聘会计师事务所名称：亚太(集团)会计师事务所有限公司
所聘会计师事务所办公地址：郑州市农业路22号绿洲商会大厦5楼

第二章 会计数据和业务数据摘要

一、公司本年度主要会计数据
(单位：人民币元)

项目	金额
利润总额	119,483,428.70
净利润	63,706,330.48
扣除非经常性损益后的净利润	61,789,786.11
主营业务利润	409,702,439.66
其他业务利润	6,875,396.74
营业利润	121,491,471.82
投资收益	440,000.00
补贴收入	7,250,000.00
营业外收支净额	-9,698,043.12
经营活动产生的现金流量净额	89,966,576.08
现金及现金等价物净增减额	342,646,240.51

扣除的非经常性损益为：
(单位：人民币元)

项目	金额
补贴收入	7,250,000.00
营业外收入	523,699.52
营业外支出	4,913,185.53
非经常性损益合计	2,860,513.12

二、公司近三年主要会计数据及财务指标：
(单位：人民币元)

项目	2003年度	2002年度
主营业务收入	2,110,087,175.94	1,361,543,560.99
利润总额	119,483,428.70	63,850,903.59
净利润	63,706,330.48	38,758,215.91
扣除非经常性损益后的净利润	61,789,786.11	33,520,231.04
总资产	1,809,336,104.21	1,008,832,297.58
股东权益(不含少数股东权益)	700,487,644.89	330,967,625.58
每股收益(全面摊薄)	0.25	0.215
每股收益(加权平均)	0.33	0.215
每股收益(全面摊薄、扣除非经常性损益)	0.24	0.186
每股净资产	2.747	1.839
调整后的每股净资产	2.657	1.772
经营活动产生的现金流量净额	89,966,576.08	29,271,322.28
每股经营活动产生的现金流量净额	0.353	0.163
净资产收益率(全面摊薄,%)	9.09	11.71
净资产收益率(加权平均,%)	15.40	12.45
扣除非经常性损益后净资产收益率(加权平均,%)	14.93	10.77

项目	2001年度
主营业务收入	1,061,178,533.88
利润总额	57,752,022.24
净利润	36,832,925.76
扣除非经常性损益后的净利润	36,052,991.14
总资产	952,175,324.39
股东权益(不含少数股东权益)	290,641,733.11
每股收益(全面摊薄)	0.205
每股收益(加权平均)	0.205
每股收益(全面摊薄、扣除非经常性损益)	0.203
每股净资产	1.615
调整后的每股净资产	1.538
经营活动产生的现金流量净额	130,481,239.39
每股经营活动产生的现金流量净额	0.725
净资产收益率(全面摊薄,%)	12.67
净资产收益率(加权平均,%)	12.14
扣除非经常性损益后净资产收益率(加权平均,%)	11.88

三、报告期内股东权益变动情况
(单位：人民币元)

项目	期初数	本期增加
股本	180,000,000.00	75,000,000.00
资本公积	99,401,677.70	230,813,688.83
盈余公积	15,666,581.69	9,555,949.57
其中：法定公益金	5,222,193.90	3,185,316.52
未分配利润	35,899,366.19	63,706,330.48
股东权益合计	330,967,625.58	379,075,968.88

项目	本期减少	期末数
股本		255,000,000.00
资本公积		330,215,366.53
盈余公积		25,222,531.26
其中：法定公益金		8,407,510.42
未分配利润	9,555,949.57	90,049,747.10
股东权益合计	9,555,949.57	700,487,644.89

变动原因：

(一)股本增加系公司当年度发行人民币普通股(A)股7500万股；

(二)资本公积增加系公司当年度发行股票导致新增股本溢价，焦作市财政局拨入的科技三项费用增加，接受的固定资产捐赠；

(三)盈余公积增加系公司按本年净利润提取法定盈余公积金和公益金所致；

(四)未分配利润本期增加数系本期净利润的转入数，本期减少数系提取的盈余公积。

第三章 股本变动及股东情况

一、变动情况
股份变动情况表
(数量单位：股)

	本次变动前	本次变动增减(+,-)						本次变动后
		配股	送股	公积金转股	增发	首发	小计	
一、未上市流通股份								
1、发起人股份								
其中：国家持有股份	177,372,300							177,372,300
境内法人持有股份	2,627,700							2,627,700
境外法人持有股份								
其他								
2、募集法人股份								
3、内部职工股								
4、优先股或其他								
未上市流通股份合计	180,000,000							180,000,000
二、已上市流通股份								
1、人民币普通股				750,000,000				750,000,000
2、境内上市的外资股								
3、境外上市的外资股								
4、其他								
已上市流通股份合计				750,000,000				750,000,000
三、股份总额	180,000,000			750,000,000				255,000,000

注：公司无基金配售股份、柜台交易公司内部职工股份、战略投资者配售股份和一般法人配售股份。

二、股票发行与上市情况

(一)2003年9月29日，经中国证券监督管理委员会证监发行字【2003】119号文核准，公司采用向二级市场投资者定价配售的方式发行每股面值1.00元的人民币普通股7500万股，每股的发行价

4.30 元。

(二)2003 年 10 月 21 日,经上海证券交易所上证上字【2003】128 号文核准,本公司 7500 万股社会公众股在上海证券交易所挂牌上市。

三、股东情况介绍

(一)报告期末,本公司共有股东 25519 户。

(二)截止 2003 年 12 月 31 日,前十名股东持股情况如下:

股东名称	年度内增减(单位:股)	年末持股(单位:股)	比例(%)
河南轮胎集团有限责任公司		162,262,800	63.63
中国神马集团有限责任公司		9,854,000	3.86
交通银行--普惠证券投资基金	3626,002	3,626,002	1.42
豫港(河南)开发有限公司		3,284,700	1.29
中国银行--嘉实增长开放式证券投资基金	2,762,200	2,762,200	1.08
全国社保基金一零六组合	2,551,297	2,551,297	1.00
焦作市投资公司		1,970,800	0.77
海通证券股份有限公司	1,376,165	1,376,165	0.54
中国银行--金鹰成份股优选证券投资基金	1,304,932	1,304,932	0.51
中国工商银行--南方稳健成长证券投资基金	1,238,335	1,238,335	0.49

股东名称	股份类别(已流通或未流通)	股份状态(质押或冻结)
河南轮胎集团有限责任公司	未流通	无
中国神马集团有限责任公司	未流通	未知
交通银行--普惠证券投资基金	已流通	未知
豫港(河南)开发有限公司	未流通	未知
中国银行--嘉实增长开放式证券投资基金	已流通	未知
全国社保基金一零六组合	已流通	未知
焦作市投资公司	未流通	未知
海通证券股份有限公司	已流通	未知
中国银行--金鹰成份股优选证券投资基金	已流通	未知
中国工商银行--南方稳健成长证券投资基金	已流通	未知

股东名称	股东性质(国有股股东)
河南轮胎集团有限责任公司	国有股
中国神马集团有限责任公司	国有股
交通银行--普惠证券投资基金	社会公众股
豫港(河南)开发有限公司	国有股
中国银行--嘉实增长开放式证券投资基金	社会公众股
全国社保基金一零六组合	社会公众股
焦作市投资公司	国有股
海通证券股份有限公司	社会公众股
中国银行--金鹰成份股优选证券投资基金	社会公众股
中国工商银行--南方稳健成长证券投资基金	社会公众股

注:前 10 名股东中第 1、2、4、7 名股东无关联关系和一致行动关系,第 3、5、6、8、9、10 之间未知是否存在关联关系或一致行动关系。

(三)公司控股股东情况

控股股东名称:河南轮胎集团有限责任公司

法定代表人:郑玉力

成立日期:1997 年 6 月

注册资本:32,007.40 万元

注册地址:河南省焦作市焦东南路 48 号

主营业务:经营政府授权的国有资产,轮胎、合成纤维制品、橡胶制品、水泥的销售

企业类型:国有独资

(四)公司前十名流通股股东持股情况

(单位:股)

排名	股东名称	年末持股数量	年末持股种类
1	交通银行--普惠证券投资基金	3,626,002	A 股
2	中国银行--嘉实增长开放式证券投资基金	2,762,200	A 股
3	全国社保基金一零六组合	2,551,297	A 股
4	海通证券股份有限公司	1,376,165	A 股
5	中国银行--金鹰成份股优选证券投资基金	1,304,932	A 股
6	中国工商银行--南方稳健成长证券投资基金	1,238,335	A 股
7	中国工商银行--普润证券投资基金	1,114,103	A 股
8	云南国际信托投资有限公司	1,034,994	A 股
9	全国社保基金一零四组合	800,000	A 股
10	北京泰来投资管理有限公司	539,669	A 股

注:公司未知前 10 名流通股股东之间是否存在关联关系。

第四章　董事、监事、高级管理人员和员工情况

一、基本情况

姓　名	职务	性别	年龄	任期起止日期	年初持股数	年末持股数	变动原因
曹朝阳	董事长	男	41	2001.10--2004.10	0	0	
郑玉力	董事	男	48	2003.8--2004.10	0	0	
王锋副	董事长、总经理	男	40	2001.10--2004.10	0	0	
郭春风	董事、副总经理兼财务总监	男	48	2001.10--2004.10	0	0	
张兆锋	董事	男	43	2001.10--2004.10	0	0	
朱延安	董事	男	58	2001.10--2004.10	0	0	
王世定	独立董事	男	60	2001.10--2004.10	0	0	
丁宝安	独立董事	男	63	2001.10--2004.10	0	0	
陈　岩	独立董事	男	57	2003.8--2004.10	0	0	
林伟华	监事会主席	男	55	2003.8--2004.10	0	0	
王玉忠	监事	男	52	2001.10--2004.10	0	0	
马保群	监事	男	44	2003.3--2004.10	0	0	
秦鸿胜	监事	男	36	2001.10--2004.10	0	0	
和新军	监事	男	34	2001.10--2004.10	0	0	
冯耀岭	总工程师、副总经理	男	47	2001.10--2004.10	0	0	
申洪亮	副总经理	男	40	2001.10--2004.10	0	0	
韩法强	董事会秘书	男	38	2001.10--2004.10	0	0	
祁灿旺	董事会顾问	男	63	2001.10--2004.10	0	0	

公司董事、监事在股东单位任职情况

姓　名	任职的股东名称
曹朝阳	河南轮胎集团有限责任公司
郑玉力	河南轮胎集团有限责任公司
张兆锋	中国神马集团有限责任公司
朱延安	豫港(河南)开发有限公司
林伟华	河南轮胎集团有限责任公司
王玉忠	焦作市锌品厂
马保群	焦作市投资公司

姓　名	在股东单位担任的职务	任期期间
曹朝阳	副董事长、党委书记	2000.12--至今
郑玉力	董事长	2003.6--至今
张兆锋	副总经理	1997.12--至今
朱延安	总工程师	1999.4--至今
林伟华	工会主席	1997.6--至今
王玉忠	厂长、书记	1993.5--至今
马保群	总经理	2002.9--至今

二、年度报酬情况

公司现任董事(不含独立董事)、监事和高级管理人员总共 10 人,年度报酬总额(包括基本工资、各项奖金、福利、补贴、住房津贴及其他津贴等)为 44.67 万元。金额最高的前三名董事报酬总额为 15.49 万元;金额最高的前三名高级管理人员的报酬总额为 15.59 万元。三名独立董事的津贴均为每人每年 8 万元,因公司召开会议所发生的
合理的差旅费、食宿费用由公司承担。

不在公司领取薪酬的董事和监事情况

姓　名	职务	领取薪酬单位
郑玉力	董事	河南轮胎集团有限责任公司
张兆锋	董事	中国神马集团有限责任公司
朱延安	董事	豫港(河南)开发有限公司
王玉忠	监事	焦作市锌品厂
马保群	监事	焦作市投资公司

三、报告期内董事、监事、高级管理人员变动情况

公司 2003 年 3 月 25 日召开的 2002 年度股东大会审议通过了《关于公司监事调整议案》,由于工作调动关系,同意崔志强监事辞去公司监事职务,聘任马保群同志出任公司监事。

公司 2003 年 8 月 18 日召开的 2003 年第二次临时股东大会审议通过了《关于公司董事调整议案》和《关于公司监事调整议案》,同意陈元荣、林伟华、冯耀岭、申洪亮同志辞去公司董事职务,增补郑玉力、陈岩同志(独立董事)出任公司董事;同意郑玉力同志辞去公司监事会监事职务,增补林伟华同志为公司监事会监事。

四、公司员工情况:

截止 2003 年 12 月 31 日,公司现有员工共 3393 名,其中生产人员 2970 名,销售人员 51 名,技术人员 186 名,财务人员 35 名,行政人员 151 名。学历情况:本科及本科以上学历 173 人,大专学历 445 人,高中及中专 2245 人。

公司现有退休员工 83 人。

第五章　公司治理结构

一、公司治理情况

(一)公司严格按照《公司法》、《证券法》和中国证监会有关法律法规的要求,逐步建立和完善公司法人治理结构,本年度公司新修订了《公司章程》、增加独立董事人数,独立董事所占比例已达到全体董事人数的三分之一等。这些规章符合《上市公司治理准则》等规范性文件的要求,具体情况如下:

1、关于股东与股东大会:《公司章程》规定股东大会在选举董事时,实行累积投票制度和多轮补缺投票制度。能够确保所有股东,特别是中小股东享有平等地位,充分行使自己的职权;公司股东大会明确了对董事会的授权;公司制订了《股东大会议事规则》、《股东大会授权制度》,能够按照有关法律法规的要求召集、召开股东大会,使股东充分行使表决权;尽可能避免关联交易,通过各种努力将关联交易减少到最低限度。

2、关于控股股东和上市公司:公司控股股东行为规范,没有超越股东大会直接干预公司的决策和经营活动,没有占用公司资金或要求为其担保或替他人担保;公司与控股股东的人员、资产、财务、机构和业务方面已完全分开;公司董事会、监事会和经营管理的职能部门能够独立运作;公司董事长与控股股东董事长分设;公司经理、董事会秘书等高级管理人员均在本公司领取报酬。兼任总经理、副总经理或者其他高级管理人员职务的董事没有超过公司董事总数的二分之一。

3、关于董事与董事会:公司严格按照《公司章程》的规定选举产生董事,将独立董事由 2 名增加至 3 名,独立董事所占比例已达到全体董事人数的三分之一。董事会人数和人员构成符合法律、法规的要求;公司董事会按照《董事会议事规则》、《独立董事制度》开展工作,各位董事以认真负责的态度出席董事会和股东大会,积极接受培训,熟悉相关法律法规,了解董事的权利、义务和责任,正确行使权利。

4、关于监事和监事会:公司监事会人数和人员构成符合法律和法规的要求;公司监事会按照《监事会议事规则》积极开展工作,全体监事积极接受培训,熟悉相关法律法规,了解监事的权利、义务,认真履行职责,对公司重大事项、财务以及董事、经理和其他高级管理人员实行合法监督。

5、关于绩效评价和激励约束机制:公司对高管人员已制定了一些绩效评价和激励约束机制政策,并积极着手寻找其他有效的办法和途径,来进一步完善董事、经理和其他高管人员的绩效评价标准和激励约束机制;经理人聘任公开、透明,符合法律法规的规定和公司利益的要求。

6、利益相关者:公司充分尊重和维护银行及其他债权人、职工、客户、供应商等利益相关者的合法权益,共同推进公司持续、健康地发展。

7、关于信息披露:公司董事长是公司信息披露的第一负责人,董事会秘书负责信息披露工作,接待股东、投资者的来访和咨询,及时准确地向中国证监会派出机构河南监管局、上海证券交易所报告有关情况;本年度公司已披露的定期报告和临时报告,真实、准确、及时、完整地披露了公司相关信息。

(二)存在的差异及改进措施

公司将建立董事会战略、审计、提名、薪酬与考核四个专门委员会,并进一步完善《信息披露制度》,制定《投资者关系管理制度》,完善董事、监事和经理人员的绩效评价和激励约束机制。

二、独立董事履行职责情况

本报告期,公司根据中国证监会《关于在上市公司建立独立董事制度的指导意见》规定,将董事会中独立董事人数由两名增加至三名,独立董事所占比例已达到董事人数的三分之一,专业涵盖会计、管理、行业专家,董事会人员结构和专业结构进一步合理。

独立董事本着对全体股东负责的态度,按照法律法规的要求,勤勉尽职,积极并认真参加公司股东大会和董事会,为公司的长远发展和管理出谋划策,对公司聘任董事、关联交易,大股东占用公司资金和对外担保情况等重大事项发表了专业性独立意见,对董事会的科学决策、规范运作以及公司发展都起到了积极作用,切实地维护了广大中小股东的利益。

三、公司与控股股东业务、资产、人员、机构、财务分开情况

公司拥有完整独立的资产、业务及产供销系统,在人员、机构、财务方面也与控股股东河南轮胎集团有限责任公司及其控股子公司相互独立,完全具备面向市场自主经营的能力。

四、公司绩效考评和激励约束机制情况

公司基于业务开拓和长远发展的需要,对高级管理人员已制定了一些考评评价和激励约束机制政策,公司将进一步完善对高管人员的绩效考评和激励约束机制。

第六章 董事会报告

一、管理层讨论与分析

(一)外部环境回顾

2003 年中国经济经受了 SARS 的考验,全年 GDP 增长达到 9.1%,正处于新一轮高速增长期,消费结构的升级换代带来了一批高增长行业群,汽车、工程机械等轮胎下游行业的高速发展,带动了轮胎行业的持续稳定增长。

然而轮胎行业的发展并非是一帆风顺的,2003 年影响轮胎行业发展的外部环境具体有如下几个方面:

1、中国经济的持续快速增长,人们的经济收入和生活水平得到较大的提高,消费概念发生了重大变化,加之国家出台鼓励适当消费的相关政策和措施,促使在我国入世后掀起了汽车消费热。汽车工业的快速发展,新车型的不断推出,价格的不断降低,极大地刺激了国内汽车的生产和消费;

2、我国运输业特别是高等级公路和高速公路的迅速发展,对轮胎的需求会越来越多,要求也越来越高;

3、2003 年我国橡胶生胶消耗总量突破 300 万吨,成为世界第一消耗大国。天然橡胶价格飙升,牵动国内外合成橡胶价格狂涨,橡胶工业不堪重负。经中国橡胶工业协会紧急呼吁,国家增加了天然胶进口配额;

4、中国良好的投资环境和市场发展前景吸引着世界各国轮胎制造商到中国投资,随着世界产业结构的调整加快和中国对外进一步开放,国际工业资本正在越来越多地向中国转移;

5、全钢子午线轮胎高速发展形成热点,新上厂点和项目急剧增加,引起国家高度重视,党和国家主要领导人对橡胶工业持续、健康发展问题做出重要批示。全行业在面对国际化合作和竞争的变化中,克服了非典造成的不利影响、顶住了天然橡胶暴涨给企业带来的压力,各项主要经济指标呈两位数增长,而且取得了良好的经济效益。其中子午胎继续保持高速增长,全钢子午胎增长高达 60%以上。

(二)公司的战略

公司以"2010 年销售收入突破 100 亿元,进入世界轮胎行业 15 强"为奋斗目标,继续实施项目带动战略,加快产品结构调整步伐,实现公司跨越式发展;继续全面落实"抓两头带中间"的管理措施,促进企业全面进步;进一步完善以"创新、信心、激情、回报"为核心内容的企业文化建设,增加公司凝聚力。为了正确科学地规划公司的发展前景,公司召开了风神轮胎工业园区规划建设论证会,为公司的发展绘制了新的蓝图。

(三)公司开展的重点工作

2003 年公司在"一个提高,两个调整"的工作方针指导下,克服了非典疫情,主要原材料大幅度涨价等多种不利因素的影响,经营业绩大幅度增长。

1、实现"一个提高",企业综合实力进一步增强

工业总产值由 2002 年的 20.3 亿元增长到 2003 年的 30.6 亿元,增长 50.7%;销售收入由 2002 年的 13.6 亿元,增长到 2003 年的 21.1 亿元,增长 55%;利税由 2002 年的 2.16 亿元增长到 2003 年的 3 .1 亿元,增长 43.52%;利润由 2002 年的 6385 万元增长到 2003 年的 1.19 亿元,增长 87.13%。据全国轮胎行业最新统计,公司主要经济指标均居行业前 9 位。

2、继续实施项目带动战略,产品结构调整取得了阶段性成果

公司租赁经营的 80 万套载重子午胎项目、新建的 15 万套工程胎一期工程的全面达产,使公司的产品结构更加合理,高新技术产品子午胎、传统优势产品工程胎占总产品的比重已由 2000 年的 21%提高到目前的 60%。

3、7500 万股 A 股股票成功上市,资本结构明显改善

10 月 21 日,公司股票上市,为公司募集资金 3.05 亿元,使公司的总股本由 1.8 亿股增加到 2.55 亿股,流通股股票占总股本的比例达到 29.41%,资本结构明显改善,使公司在经营产品市场的同时,跨上了经营资本市场的平台,为企业更快、更大的发展打开了再融资的渠道。

4、全面落实"抓两头带中间"的管理措施,促进企业全面进步

进一步完善了"无标底招标采购"这个独具公司特色的管理模式,一是继续扩大比质比价招标采购范围,坚持"公开、公平、公正"原则,完善招标公示制、举报制和双合同制,收到了很好效果。二是利用供应链采购办法,减少积压浪费,实现了部分物资零库存;三是充分关注市场行情,随时调整采购计划。全年共降低采购成本 3072 万元。

整合市场格局,扩大营销网络。在社会维修市场方面,大力扶持、培育资信状况良好、忠信度较高的大客户,淘汰那些信誉较差、营销状况不好的客户,并重点对部分区域市场进行了整合。在配套市场方面,除巩固原有的配套市场外,开发了如安徽扬天、福田欧曼等新的配套厂家。在国际市场方面,产品出口到 88 个国家和地区,出口创汇 4800 万美元,被国家商检总局授予"进出口绿色通道单位"。2003 年实现销售收入 21 亿元,产销平衡率达 103%。

瞄准国内外市场需求,开发新产品。全年子午胎开发了 53 个规格品种。斜交轮胎老产品改造、新产品设计共计 81 项。5 项新产品、新技术通过了省科技厅的技术鉴定,一项专利被国家专利局受理。通过新技术、新材料的应用,共降低成本 2692 万元。

5、进一步完善以"创新、信心、激情、回报"为核心内容的企业文化建设。

创新,就是要解放思想,打破常规,大胆进行机制创新、观念创新、管理创新、技术创新和经营创新,以创新统揽全局;信心,就是要坚持以人为本,增加员工凝聚力、向心力,调动全体员工的积极性、主动性和创造性,使之对自己、对工作、对企业的发展和前途满怀信心;激情,就是以饱满的激情对待工作,并贯穿到工作的全过程。要干一行,爱一行,专一行。要用"心"工作,追求完美;回报,就是要强调工作的效果和工作的目的,就是要回报国家,回报职工,回报用户,回报投资者。

同时,公司还实施了目标管理、现场 5S 管理、成本目标管理、ERP 信息化管理、QC 管理、3F 管理等现代化管理办法。通过了环境管理体系认证和职业安全健康管理体系认证。公司被评为全国百家最佳汽车零部件供应商(轮胎行业仅 2 家),全国名优产品售后服务先进单位、出口绿色通道,被国家商务部授予信用体系示范单位。

二、公司经营情况介绍

(一)主营业务的经营范围

公司经营范围为:经营本企业生产的轮胎及相关技术的出口业务;经营本企业生产所需原辅材料、机械设备、零配件、机器仪表及相关技术的进口业务;开展对外合作生产、来料加工、来样加工、来件装配及补偿贸易业务。轮胎生产、销售。

公司的主要产品包括全钢载重子午线轮胎和斜交轮胎两大系列产品,斜交轮胎包括工程机械轮胎、载重汽车轮胎、特种轮胎和农业轮胎。2003 年公司产品的国内市场占有率为 5.3%。

(二)公司的经营业绩

1、主营业务分产品情况表:

产品系列	主营业务收入(万元)	主营业务成本(万元)
全钢载重子午胎	81,148.42	55,937.07
斜交胎	129,860.3	102,862.02

产品系列	毛利率	主营业务收入比上年增长(%)
全钢载重子午胎	31.07	110.50
斜交胎	20.79	33.05

产品系列	主营业务成本比上年增长(%)	毛利率比上年增减(%)
全钢载重子午胎	88.51	34.91
斜交胎	40.47	-16.74

2、主营业务分地区情况表

项目	主营业务收入(万元)	主营业务成本(万元)	毛利率
国内	172,653.88	120.692.15	30.10
国外	38,354.84	38,106.94	0.65

项目	主营业务收入比上年增减(%)	主营业务成本比上年增减(%)	毛利率比上年增减(%)
国内	50.17	49.07	1.76
国外	81.09	73.69	118.11

载重子午胎毛利率比上年同期增加 34.91%,主要因素是公司租赁经营的 80 万套载重子午胎项目的全面达产,产量大幅增加(公司 2003 年完成子午胎产量 70 万套,比去年同期增加 120.7%),充分体现了规模效益。

公司出口产品的毛利率比上年同比增加 118.11%,主要因素是公司出口量增加(出口产品主营业务收入比上年同期增加 81.09%),同时调整出口产品结构,增加了出口产品的盈利能力。

(三)主要供货商和客户情况

为稳定供应,有效控制和降低采购成本,公司通过实地考察、质量验证、信息技术等方式选择在行业中具有较强实力的企业作为合格供方,通过招标方式进行比质比价,整合供应商数量,加大供货数量权重,以赢得供应商最优惠的价格和最长的信用期限。2003 年,公司向前五名供应商采购金额占全年采购总额的 51.14%。

公司继续加强对销售网络的建设,目前市场网络已经成为销售业绩的强大支撑。2003 年公司向前五名客户销售的收入总额占主营业务收入的 41%。

(四)经营中出现的困难及解决方案

2003 年上半年爆发的 SARS 疫情一度对国内宏观经济造成较大影响,包括交通行业在内的许多行业受到较大打击,公司受到了一定程度的影响。面对疫情,公司积极主动采取有力措施进行防治,将损失降到最小。

2003 天然橡胶价格飙升,牵动国内外合成橡胶价格狂涨。公司一方面不断完善招标体系,实施了招标公示制、举报制和双合同制,有效降低了采购成本;一方面充分关注市场行情,随时调整采购计划,将采购价格降到最低限度。另外,公司通过加强成本目标管理,加大监控考核力度,采取各种措施节约降耗,有效降低了生产成本。

三、公司投资情况

(一)募集资金使用情况

公司于 2003 年 9 月 29 日,通过上海证券交易所向社会公众全额配售发行 7500 万 A 股,扣除发行费用后募集资金 3.05 亿元。本次募集资金将全部用于收购河南轮胎集团有限责任公司 30 万套载重子午胎生产线,包括已建成投产的 30 万套载重子午胎生产线和 80 万套载重子午胎生产线的基建设施及配套设施。

公司股票上市时间是 2003 年 10 月 21 日,截止 2003 年 12 月 31 日募集资金 3.05 亿元尚未使用,仍在银行专户存储。

(二)报告期内非募集资金投资项目使用说明

2003 年共完成技改与基建项目投资 2.7 亿元。15 万套工程胎一期工程及其配套的内胎、垫带等项目全面达产,报告期内投入资金 2122 万元,累计投入 5860 万元,公司全年共生产工程机械轮胎 15.06 万套,同比增加 90%;15 万套工程胎二期工程正在建设中,新建的 10 个硫化罐预计 2004 年 6 月底投入生产,新建的 18 个硫化罐计划 2004 年年底投入生产,届时公司工程胎将形成 30 万套的年生产能力。

120 万套全钢载重及轻卡子午胎项目正在建设中,报告期内投入 1.86 亿元,累计投入 2.01 亿元,预计 2004 年三季度调试,年底投入生产。

四、公司财务状况

(一)财务状况、经营成果的变化 (单位:万元)

项目	2003 年末	2002 年末	同比增减(%)
总资产	180,933.61	100,883.23	79.35
股东权益	70,048.76	33,096.76	111.65
	2003 年	2002 年	增减(%)
主营业务利润	40,970.24	24,468.89	67.44
净利润	6,370.63	3,875.82	64.37
现金及现金等价物净增加额	34,264.62	-5,766.61	694.19

财务状况、经营成果的变动原因:

公司总资产比年初增加 80,051 万元,增长率为 79.35%;公司股东权益比年初增加 36,952 万元,增长率为 111.65%,主要原因是公司股票上市,增加募集资金所致。

2003 年实现主营业务利润 40,970.24 万元,比上年同期增长 67.44%;实现净利润 6,370.63 万元,比上年同期增长 64.37%,增长的主要原因是实现主营业务收入比上年同期增长 54.98%,公司租赁经营的 80 万套载重子午胎项目、新建的 15 万套工程胎一期工程的全面达产,使公司的产品结构更加合理,高新技术产品子午胎、传统优势产品工程胎占总产品的比重已由 2000 年的 21%提高到目前的 60%,从而增强了公司整体盈利能力。2003 年营业外支出比上年增加 970.7 万元,增长 1886.43%,增长的主要原因是 2003 年提取资产减值准备 530.1 万元和处理固定资产损失 370.9 万元所致。

现金及现金等价物净增加额为 34,264.62 万元,比上年同期增长 694.19%,

大幅增加主要是公司股票上市,增加募集资金所致。

(二)会计政策变更

为提高公司整体管理水平,公司于2002年5月开始试运行金蝶公司ERP信息管理系统。按照实施进度,2003年开始实施成本新程序,生产成本在完工产品和在产品之间的分配方法,由原来月末在产品仅含原材料实际成本,改为生产费用在完工产品和在产品之间进行分配,月末在产品不仅含原材料成本,还包括按工序完工程度应承担的燃料动力费、人工费及制造费用,上述会计政策变更影响2003年净利润增加697,539.01元。

五、2004年经营计划

2004年,公司将继续坚持"一个提高,两个调整"的工作方针,坚持"发展是主题,调整是主线,创新是源泉,管理是基础,科技是动力,人才是根本"的总体思路。总的目标是完成工业产值38亿元,实现销售收入28亿元。要完成这个目标,必须做好如下几个方面的工作:

解放思想,坚定信心,大胆创新,确保公司快速稳健发展;认真研究企业定位,继续实施项目带动战略,加快产品结构调整步伐;认真做好资本运作和引资引智工作,提高公司整体竞争能力;强化内部管理工作,将2004年定为"基础管理年";再造与企业的高速发展相适应的内部管理架构和管理制度,完善激励约束机制,为保持公司的可持续发展奠定坚实基础。

六、董事会日常工作情况

2003年度公司董事会认真学习党的十六大精神,全面实践"三个代表"重要思想,严格按照《公司法》、《证券法》等法律法规的要求,认真执行股东大会决议,大力支持总经理班子工作,自觉接受监事会监督,严格履行《公司章程》赋予的权利和义务,忠于职守,用心工作,较好地完成了董事会确定的年度方针目标。报告期内共召开了3次董事会会议,具体情况及决议内容如下:

(一)二届董事会八次会议于2003年2月22日在焦作市豫轮大酒店召开,会议审议通过了:

1、公司2002年度董事会工作报告;

2、公司2002年度总经理工作报告;

3、公司2002年度财务决算与2003年度财务预算议案;

4、公司2002年度利润分配预案;

5、公司2002年度审计部工作报告;

6、公司2003年度项目投资计划议案;

7、关于申请变更公司涤纶工业丝项目法人议案;

8、关于公司引资引智议案;

9、有关关联交易议案;

(1)公司与神马实业股份有限公司签署的《工业品买卖合同》

(2)公司与河南轮胎集团有限责任公司签署的《租赁合同》

10、关于亚太(集团)会计师事务所〈管理建议书〉有关问题说明的议案;

11、关于聘用公司2003年度会计审计机构议案;

12、关于提议召开公司2002年度股东大会议案。

并将上述1、3、4、6、7、9、11项议案提交股东大会审议。

(二)二届董事会九次会议于2003年7月18日在焦作市豫轮大酒店召开,会议审议通过了:

1、公司总经理上半年工作报告;

2、公司上半年利润分配预案;

3、《公司章程修正议案》和《公司章程(草案)修正议案;

4、关于公司董事调整议案;

5、关于提议召开公司2003年第二次临时股东大会议案》。

并将上述2、3、4项议案提交股东大会审议。

(三)二届董事会十次会议于2003年10月15日在焦作市豫轮大酒店召开,会议审议通过了《上市公告书暨2003年第三季度财务报告》。

七、本年度利润分配预案

公司股票于2003年10月21日在上证所挂牌上市,按公司二届二次董事会及2001年第二次临时股东大会关于《2001年度利润分配预案》和二届八次董事会及2002年度股东大会关于《2002年度利润分配预案》的决议,公司2001年11月1日以后的利润由新老股东共享。截止2002年12月31日,公司滚存未分配利润为35,899,366.19元。

经亚太(集团)会计师事务所有限公司审计,公司2003年度实现净利润63,706,330.48元,提取10%法定盈余公积金6,370,633.05元,提取5%法定公益金3,185,316.52元,加上2002年12月31日滚存未分配利润35,899,366.19元,可供分配利润为90,049,747.10元。

根据公司全年资金计划安排,从公司长远发展角度考虑,现拟以2003年12月31日总股本255,000,000股为基数,向全体股东每10股派现金红利3元(含税)。本次共派发现金红利76,500,000元,剩余未分配利润13,549,747.10元结转以后年度分配。

八、关联方资金占用及对外担保情况专项说明

根据中国证监会证监发[2003]56号《关于规范上市公司与关联方资金往来及上市公司对外担保若干问题的通知》的规定,注册会计师和独立董事分别对此作出专项说明。

(一)亚太(集团)会计师事务所有限公司对公司控股股东及其他关联方资金占用和违规担保情况作出如下专项说明:

关于对风神轮胎股份有限公司大股东及关联方资金占用和违规担保审计情况的专项说明

亚会(专)审字(2004)68号

风神轮胎股份有限公司全体股东:

我们接受委托,审计了风神轮胎股份有限公司(以下简称"股份公司")2003年度的会计报表,并出具了亚会审字[2004]67号审计报告。根据中国证监会上市部《关于上报上市公司大股东及关联方资金占用和违规担保情况的通知》(上市部函[2003]13号)及补充说明的要求,我们对股份公司大股东及关联方资金占用和违规担保情况进行了审计。

我们认为,截止2003年12月31日无大股东及其他关联方占用贵公司资金的情况,贵公司无为其控股股东及控股股东所属企业提供担保的情况。

亚太(集团)会计师事务所有限公司　　　　中国注册会计师:兰正恩

中国·郑州　　　　中国注册会计师:谢忠平

二〇〇四年三月二十六日

(二)独立董事对公司累计和当期对外担保情况的专项说明及独立意见

独立董事关于公司对外担保事项发表的独立意见

根据中国证监会证监发[2003]56号《关于规范上市公司与关联方资金往来及上市公司对外担保若干问题的通知》的规定,公司独立董事对公司累计和当期对外担保情况、执行前述规定情况作出如下专项说明及独立意见:

截止2003年12月31日,公司未发生对外担保事项。

公司严格控制担保产生的债务风险,在《公司章程》中对对外担保事项的权限和范围做出了严格的限制:

1、对外担保项目应当取得董事会全体成员三分之二以上签署同意,并对违规或失当的对外担保产生的损失依法承担连带责任。

2、公司对外担保应当遵循以下规定:

(1)不得为控股股东及本公司持股百分之五十以下的其他关联方、任何非法人单位或个人提供担保;

(2)对外担保总额不得超过最近一个会计年度合并会计报表净资产的百分之五十;

(3)不得直接或间接为资产负债率超过百分之七十的被担保对象提供债务担保;

(4)对外担保必须要求对方提供反担保,且反担保的提供方应当具有实际承担能力。

独立董事:王世定丁宝安陈岩

2004年3月26日

第七章　重要事项

一、本年度公司无重大诉讼、仲裁事项

二、本年度公司无收购及出售资产、吸收合并事项

三、报告期内发生的重大关联交易事项:

河南轮胎集团有限责任公司(以下简称"集团公司")为避免与公司出现同业竞争,根据《避免同业竞争协议书》,双方于2001年4月27日签订了《合作经营合同》,并于2002年6月28日签订《关于合作经营的补充协议》,公司租赁集团公司拥有的30万套载重子午胎生产线厂房、生产设备及所占用的土地,独立生产经营子午胎业务,合同期限为2000年5月1日至2004年4月30日。自2001年5月1日至合同期满,公司以子午胎销售收入的7%向集团公司支付资产租赁费。2003年2月22日,公司与集团公司签订了《租赁合同》,公司继续租赁经营集团公司80万套载重子午胎项目中后续的50万套子午胎生产线,合同期限为2003年2月22日至2006年2月21日,公司以子午胎销售收入的7%向集团公司支付资产租赁费。该关联交易已分别经公司2000年度及2002年度股东大会审议通过。根据上述协议,2003年度公司共向集团公司支付租赁费用5,373.69万元。

四、其他关联交易事项:

(一)购买商品、提供劳务发生的关联交易

关联方名称	交易内容	定价原则
河南轮胎集团有限责任公司	租赁资产	协议价
	租赁土地	协议价
	接受综合服务	协议价
	出租房产	协议价
	销售设备、材料	同期市场价
焦作市豫轮大酒店有限公司	接受服务	同期市场价
焦作市普宁物管理有限公司	提供电、汽服务	同期市场价

关联方名称	交易金额(万元)	占同类交易金额的比例(%)
河南轮胎集团有限责任公司	5,373.69	100
	39.86	97
	242.39	100
	4.54	100
	27.86	0.02
焦作市豫轮大酒店有限公司	34.74	7.6
焦作市普宁物管理有限公司	144.09	100

说明:根据公司与集团公司签订的《委托经营合同》和《租赁合同》,公司租赁经营集团公司的80万套载重子午胎项目资产,按子午胎销售收入的7%向其支付资产租赁费用;根据公司与集团公司签订的《国有土地使用权租赁合同》,公司向集团公司支付土地租赁费用;根据公司与集团公司签订的《综合服务协议》和《综合服务补充协议》,公司向集团公司支付服务费用;根据公司与集团公司签订的《房产租赁合同》,集团公司向公司支付房产租赁费;公司向集团公司提供电、汽服务,集团公司下属子公司普宁物业管理有限公司向本公司支付服务费用。

(二)报告期内,公司无资产、股权转让的关联交易

(三)报告期内,公司与关联方债权、债务往来

关联方	金额(万元)	性质	会计科目
河南轮胎集团有限责任公司	99.32	往来款	其他应付款
焦作市豫轮大酒店有限公司	7.10	往来款	其他应付款
焦作普宁物业管理有限公司	78.47	往来款	其他应收款

五、重大合同及履行情况

(一)报告期内,公司租赁河南轮胎集团有限责任公司80万套载重子午胎资产情况详见第九章第三款"报告期内发生的重大关联交易事项"。报告期内公司未发生重大托管、承包其他公司资产或其他公司托管、承包、租赁公司资产事项;也无期间发生但延续到报告期的重大托管、承包其他公司资产或其他公司托管、承包、租赁公司资产事项。

(二)报告期内,公司无担保的情况发生。

(三)重大借款合同

公司与中国银行焦作分行于2003年4月2日签署了《人民币长期借款合同》,合同编号:2003年焦中银技改字001号。2003年8月12日借款1,800万元,2003年10月8日借款12,581万元,借款期限8年,借款年利率为5.76%,该合同由焦作市万方集团有限责任公司提供担保。

(四)其他重要合同

2001年12月30日公司与中国光大银行郑州分行签署《商业发票贴现协议》,中国光大银行郑州分行在6,000万元授信额度内为公司提供国内商业发票贴现服务。截止2003年12月31日,公司在授信额度内继续保持4,990万元的商业发票贴现,根据财政部财会【2003】14号文件要求,此项业务金额已记入"短期借款"科目。

六、报告期内本公司及持股5%以上股东未在指定报纸和网站上披露任何承诺事项。

七、报告期内公司继续聘任亚太(集团)会计师事务有限公司为审计机构。

本报告期内支付审计费用为30万元。

亚太(集团)会计师事务所有限公司自1999年起,至今已连续5年为本公司提供审计服务。

八、本报告期内,公司、公司董事会及董事没有受中国证监会稽查、行政处罚、通报批评以及上海证券交易所公开谴责的情况。

九、其他重大事件

(一)报告期内公司被国家商务部授予信用体系指定示范单位、入围全国百家最佳汽车零部件供应商(轮胎行业仅有两家),"风神"品牌荣获中国十大轮胎民族品牌;

(二)报告期内顺利通过了职业安全健康管理体系和ISO14001环境保护管理体系认证,使公司管理上了一个新台阶。

(三)报告期内经国家人事部批准,公司设立了博士后科研工作站。

第八章　备查文件目录

一、载有公司法定代表人、主管会计的负责人及会计机构负责人签名并盖章的会计报表;

二、载有会计师事务所盖章、注册会计师签名并盖章的审计报告原件;

三、报告期内在中国证监会指定报刊上公开披露过的所有公司文件的正本及公告原稿。

文件存放地:公司证券部

风神轮胎股份有限公司董事会

二〇〇四年三月三十日

安徽六国化工股份有限公司

安徽六国化工股份有限公司首次公开发行股票上市公告书

第一节　重要声明和提示

本公司董事会保证上市公告书的真实性、准确性、完整性,全体董事承诺上市公告书不存在虚假记载、误导性陈述或重大遗漏,并承担个别和连带的法律责任。

根据《公司法》、《证券法》等有关法律、法规的规定,本公司董事、高级管理人员已依法履行诚信和勤勉尽责的义务和责任。

证券交易所、中国证监会、其他政府机关对本公司股票上市及有关事项的意见,均不表明对本公司的任何保证。

本公司首次公开发行股票由宏源证券承担保荐义务。如果保荐机构和保荐代表人资格公布后宏源证券未取得保荐机构资格,本公司将在证监会正式公告保荐机构和保荐代表人名单后一个月内,按《证券发行上市保荐制度暂行办法》的有关要求,另行聘请具有资格的保荐机构履行保荐义务。如果违反以上承诺未聘请新的保荐机构,本公司愿意接受《证券发行上市保荐制度暂行办法》第七十一条的有关处罚措施。

本公司提醒广大投资者注意,凡本上市公告书未涉及的有关内容,请投资者查阅 2004 年 2 月 14 日刊载于《中国证券报》、《上海证券报》、《证券时报》、《证券日报》的本公司招股说明书摘要,及刊载于上海证券交易所网站(http//www.sse.com.cn)的本公司招股说明书全文及附录。

第二节　概　览

1.股票简称:六国化工

2.沪市股票代码:600470

3.深市代理股票代码:003470

4.总股本:188,000,000 股

5.可流通股本:80,000,000 股

6.发行价:4.20 元/股

7.本次上市流通股本:80,000,000 股

8.上市地点:上海证券交易所

9.上市时间:2004 年 3 月 5 日

10.股票登记机构:中国证券登记结算有限责任公司上海分公司

11.上市推荐人:宏源证券股份有限公司

12.对首次公开发行股票前股东所持股份的流通限制及期限

据国家现有法律、法规规定和中国证监会发行字[2004]11 号《关于核准安徽六国化工股份有限公司公开发行股票的通知》,本公司的国有法人股暂不上市流通。

13. 本公司第一大股东铜陵化学工业集团有限公司对所持股份自愿锁定的承诺自本公司股票上市之日起 12 个月内,不转让所持有的本公司股份,也不会要求或接受由本公司回购其所持有的股份。

第三节　绪　言

本上市公告书是根据《中华人民共和国公司法》、《中华人民共和国证券法》、《股票发行与交易管理暂行条例》、《公开发行股票公司信息披露实施细则》和《上海证券交易所股票上市规则》等国家有关法律、法规的规定,并按照中国证券监督管理委员会制定的《公开发行证券的公司信息披露内容与格式准则第 7 号--股票上市公告书》要求而编制,旨在向投资者提供本公司的基本情况和本次股票上市的有关资料。

经中国证券监督管理委员会证监发行字[2004]11 号文核准,本公司已于 2004 年 2 月 19 日以向二级市场投资者定价配售的方式成功公开发行了 8,000 万股人民币普通股(A 股),每股面值 1.00 元,每股发行价格 4.20 元。

经上海证券交易所上证上字[2004]17 号《关于安徽六国化工股份有限公司人民币普通股股票上市交易的通知》批准,本公司 8000 万股社会公众股将于 2004 年 3 月 5 日在上海证券交易所上市交易。股票简称"六国化工",沪市股票代码为"600470",深市代理股票代码为"003470"。

本公司已于 2004 年 2 月 14 日分别在《中国证券报》、《上海证券报》、《证券时报》、《证券日报》上刊登了《安徽六国化工股份有限公司首次公开发行股票招股说明书摘要》。

《安徽六国化工股份有限公司首次公开发行股票招股说明书》全文及其附录材料可在上海证券交易所网站(http://www.sse.com.cn)查阅。因招股说明书及其摘要的披露距今不足 3 个月,故与其重复的内容在此不再重述,敬请投资者查阅上述文件。

第四节　发行人概况

一、发行人基本资料

发行人名称	安徽六国化工股份有限公司、AnHui LiuGuo Chemical Co.,LTD
法定代表人	袁菊兴
经营范围	化学肥料、磷石膏生产、加工、销售
主营业务	磷酸二铵的生产和销售
所属行业	化工
住所及其邮政编码	安徽省铜陵市铜港路、244023
电话、传真号码	(0562)3801708、(0562)3801014
互联网网址	www.liuguo.com
电子信箱	liuguo@liuguo.com
董事会秘书	瞿友红

二、发行人的历史沿革

本公司系经安徽省人民政府皖府股字[2000]第 44 号及安徽省体改委皖体改函[2000]96 号文批准,于 2000 年 12 月 28 日以发起方式设立的股份公司。

铜陵化工集团以其全资附属企业磷铵厂中与磷铵生产经营相关的经营性净资产经评估确认后的净资产 15,120.18 万元出资,铜陵通源投资服务有限公司、铜陵市三佳电子(集团)有限责任公司、铜陵精达铜材(集团)有限责任公司和化学工业部第三设计院(东华工程公司)分别以现金 600 万元、100 万元、60 万元和 50 万元出资,按 67.80%的比例折股,分别折股为 10250.82 万股、406.80 万股、67.80 万股、40.68 万股、33.90 万股,公司总股本为 10800 万元,投资超出股本部分 51301761.73 元,计入资本公积。

本公司自设立以来股权结构没有发生变化,也没有进行资产重组。

三、主要经营情况

1、竞争优势

(1)营销优势

本公司产品在国内投入市场最早,经过多年经营,广大农户对本公司产品质量价格比认知认可程度不断提高。1999 年,本公司抓住我国化肥行业流通体制改革机遇,建立了第一个"驻点直销"市场营销模式,较好地处理了厂商和代理商之间的风险与收益分配问题,实现了厂商和代理商风险共担、利益共享。目前,公司拥有一支 120 人组成的销售队伍,销售网点遍及 20 多个省、市、自治区,已与全国 230 多个市县级农资公司建立了联销协作(代销)关系,销售能力快速提高。2001 年、2002 年、2003 年产品的销售量分别是 21.82 万吨、38.66 万吨、41.83 万吨,实现销售收入分别为 2.95 亿元、5.10 亿元、5.78 亿元。

(2)品牌优势

公司从 1987 年投产至 2003 年底累计销售高浓度磷复肥达 249.66 万吨,居全国磷铵企业首位。由于公司产品较早进入市场,为"六国"品牌形象的树立打下了良好的基础。

本公司主要产品"六国"牌磷酸二铵已成为全国化肥行业的知名品牌,曾先后获得"中国国际农业博览会名牌产品"、"质量信得过产品"、"安徽省名牌产品"、"安徽省优质产品"、"安徽省质量免检产品"等称号,被中国质量管理协会用户委员会授予全国化肥行业唯一的"全国用户满意产品"。

为了巩固"六国"牌磷酸二铵在广大农民和经销商心目中的品牌形象,公司注重农化服务体系的建设与完善。公司与销售地农技站和农科所建立合作关系,依托合作方在当地的技术服务网络,为农民提供测土配方、科学施肥等咨询,不仅提高了农民对高浓度磷肥特性的认识,而且为农民解决科学种田中的实际问题。公司于 2000 年 4 月通过了国家级农化服务中心验收。

(3)技术优势

经过十多年的努力,本公司培养了一批懂技术、具有开拓精神的技术管理队伍,并形成了自己独特的生产工艺,是国内率先达产达标的磷铵生产企业。我国七五、八五期间从国外引进的大型磷酸二铵工艺技术多是传统法,磷酸、磷铵技术在国际上已经很成熟,国外的研究主要集中在对装备的改进和对能耗的改善上。公司通过对国外先进工艺、技术的掌握和消化吸收,在引进工艺改进和能耗降低方面作了大量的工作,技术水平在国际上具有一定的优势。

公司拥有国内生产能力最大的 12 万吨大型国产化磷酸装置,与同规模进口设备相比,总投资节约了 50%计 2 亿元左右的成本,主要技术指标达到或超过了国际 90 年代末的水平;公司于 2000 年初通过技术攻关设计的新型硫酸、磷酸预混器,优化调整了工艺指标,在国内率先解决了生产磷酸二铵应用低品位、高杂质磷矿的技术难题,每年可产生直接经济效益 500 万元左右。

(4)区位优势

公司位于长江沿岸的铜陵市,西临长江仅 200 米。公司拥有化工专用码头,厂区铺设了铁路专用线,与沪铜、宁赣、合蚌线相连,水陆交通四通八达。便利的交通条件,为公司节约了原材料和产成品的运输成本。公司地处华东地区,是该地区仅有的大型高浓度磷复肥生产企业,公司产品销售可以坐看华东、兼顾华北和华南两侧、回流西部地区,为公司产品的销售创造了较为方便的条件。

公司布局选址遵循了国家倡导的"酸肥结合"方针,公司所在的铜陵地区是国家重要的化学工业基地,拥有全国第二大硫铁矿山,总储量达 2.1 亿吨,其硫铁矿制酸和冶炼烟气制酸年产硫酸生产能力在 120 万吨以上,是全国最大的硫酸产地。随着环保要求的日益加强,铜陵地区的烟气制酸还将有较大幅度增长。

(5)成本优势

本公司在国内磷肥行业中技术及规模的领先优势,使本公司单位产品的生产成本在国内处于较低水平。据统计,2001 年至 2002 年我国磷酸二铵的平均生产成本分别为 1199 元/吨、1159 元/吨;2001 年至 2002 年公司磷酸二铵的平均生产成本分别为 1100.50 元/吨、1104.78 元/吨,明显低于行业平均水平。

公司不断消化吸收国内外磷铵生产的先进技术和工艺,使目前 16 万吨装置国产化率达到 95%;新投产的年产 24 万吨磷酸二铵项目实现工艺包、设备的国产化,项目国产化率达 85%。该项目生产工艺设备投资 14000 万元,相比国内同期投资的厂家,每万吨产能投资节省约 600 万元。通过磷铵生产装置的设备国产化,降低了工程成本,增强了企业的竞争能力。

2、竞争劣势

本公司主要产品磷酸二铵的销售收入占公司主营业务收入的比重较高,产品结构较为单一,相对集中的业务结构虽然突出了主业,但也降低了公司抵抗行业变化风险的能力;另外,本次公开发行股票前,发展资金的缺乏以及银行融资成本的负担也影响了公司的发展速度。

3、拥有的主要知识产权、政府特许经营权和非专利技术

本公司拥有的注册商标为"六国"商标,核定使用商品为磷酸二铵;公司拥有的专利技术为"一种外环流氨化反应器生产磷酸二铵的方法及装置"(专利号:ZL99101150.3);本公司拥有销售六种氮磷钾复混肥料的权利,证书号分别为皖农肥〔2004〕临字 252 号、253 号、254 号、255 号、256 号、257 号,该等登记证的有效期至 2005 年 1 月;此外,公司还拥有使用低品位磷矿石替代高品位磷矿石磷酸生产工艺、液氨蒸发器节能技术、磷酸、磷铵污水闭路循环工艺等多项非专利技术。

4、享有的财政税收优惠政策

本公司氮磷钾复合肥、磷酸一铵产品享受免征增值税政策

5、公司的主要财务指标

见本上市公告书之"财务会计资料"章节。

第五节　股票发行与股本结构

一、本次股票上市前首次公开发行股票的情况

1.发行总量:8000 万股,占发行后总股本 42.55%。

2.募集资金总额:本次发行募集资金 336,000,000 元,扣除承销费用、定价配售交易手续费及登记费共计 16,400,000 元。公司实际募集资金约 319,600,000 元。

3.发行方式:全部向二级市场投资者定价配售的发行方式

4.发行对象:于《招股说明书摘要》刊登后的第一个交易日即 2004 年 2 月 16 日收盘时持有沪市或深市的已上市流通人民币普通股(A 股)股票市值(包括可流通但暂时锁定的股份市值)达 10,000 元及以上的二级市场投资者。

5.发行费用:发行费用 1640 万元,其中包括承销费用、审计费用、律师费用、资产评估费用、上网手续费、审核费,每股发行费用约为 0.205 元。

二、本次股票上市前首次公开发行股票的承销情况

本次公开发行8000万流通股股票,沪市、深市二级市场投资者的配号总数为94,001,567,中签率为0.08510496%。二级市场投资者认购79,374,430股,其余625,570股由主承销商包销。

三、本次上市前首次公开发行股票所募股资金的验资报告

安徽六国化工股份有限公司全体股东:

我们接受委托,审验了安徽六国化工股份有限公司(以下简称"贵公司")截至2004年2月25日止新增注册资本的实收情况。按照国家相关法律、法规的规定和贵公司章程的要求出资,提供真实、合法、完整的验资资料,保护资产的安全、完整是全体股东和贵公司的责任。我们的责任是对贵公司新增注册资本的实收情况发表审验意见。我们的审验是按照《独立审计实务公告第1号?验资》的要求进行的。在审验过程中,我们结合贵公司的实际情况,实施了检查等必要的审验程序。

贵公司变更前的注册资本为人民币108,000,000.00元,根据2002年第一次临时股东大会决议的规定,申请向社会公开发行人民币普通股并增加注册资本人民币80,000,000.00元,变更后的注册资本为人民币188,000,000.00元。经中国证券监督管理委员会证监发行字[2004]11号文核准,同意贵公司向社会公开发行人民币普通股A股8000万股,每股面值1.00元,每股发行价为人民币4.20元,可募集资金总额为336,000,000.00元。根据我们的审验,截至2004年2月25日止,贵公司采用全部向二级市场投资者定价配售的发行方式实际已发行人民币普通股A股8000万股,已募集资金总额为人民币336,000,000.00元,扣除券商承销佣金、股票发行审计费及上网发行手续费等的发行费用概算为人民币16,400,000.00元后,募集资金净额为319,600,000.00元,其中实收股本80,000,000.00元,资本公积239,600,000.00元。

同时我们注意到,贵公司本次增资前的注册资本为人民币108,000,000.00元,已经安徽华普会计师事务所审验,并于2000年12月14日出具会事验字(2000)第426号验资报告。截至2004年2月25日止,变更后的累计注册资本实收金额为人民币188,000,000.00元。

本验资报告仅供贵公司申请变更登记及据以向出资者签发出资证明时使用,不应将其视为是对贵公司验资报告日后资本保全、偿债能力和持续经营能力等的保证。贵公司及其他第三方因使用本验资报告不当所造成的后果,本所和执行本次验资业务的注册会计师不承担任何责任。

附件:

1.增加注册资本实收情况明细表;

2.注册资本变更情况明细表;

3.验资事项说明。

安徽华普会计师事务所

中国注册会计师:朱宗瑞、张良文 2004年2月25日

四、本次发行募股资金入帐情况

入帐时间:2004年2月25日

金额:324,774,000.00元人民币(扣除券商承销佣金、上网发行手续费等的发行费用)

入帐银行:中国工商银行铜陵分行横港分理处

入帐帐号::1308021109001103019

五、发行人上市前股权结构及各类股东的持股情况

1.发行人上市前的股权结构

股份类别	数量(万股)	比例(%)
国有法人股	10800	57.45
普通股	8000	42.55
合计18800	100	

2、发行人上市前十大股东情况

排名	股东名称	持股数(万股)	持股比例(%)
1	铜陵化学工业集团有限公司	10250.82	54.53
2	铜陵通源投资服务有限公司	406.80	2.16
3	南方证券	79.20	0.42
4	铜陵市三佳电子(集团)有限责任公司	67.80	0.36
5	宏源证券	62.56	0.33
6	铜陵精达铜材(集团)有限责任公司	40.68	0.22
7	化学工业部第三设计院(东华工程公司)	33.90	0.18
8	海富通精选	10.10	0.054
9	德盛稳健	9.4	0.05
10	招商证券	9.1	0.048

第六节 董事、监事、高级管理人员及核心技术人员

一、董事会成员

袁菊兴,董事长,男,1962年2月出生,研究生学历,高级工程师。1982年8月参加工作,历任新桥硫铁矿(现为铜陵化工集团新桥矿业有限公司)机动科、机修车间技术干部、矿长助理、副矿长、矿长,1998年12月至今在铜陵化工集团公司任董事;曾任本公司董事、副董事长,2001年9月起任本公司董事长。曾被评为安徽省优秀青年企业家。

黄化锋,副董事长,男,1969年6月出生,硕士研究生,工程师。1990年7月参加工作,历任新桥硫铁矿(现为铜陵化工集团新桥矿业有限公司)技术员、工区副区长、代区长,铜陵化工集团市场部部长;现兼任铜陵凯华投资管理有限责任公司执行董事、法定代表人。

徐强,董事,男,1955年12月出生,大专学历,经济师。历任铜陵市无线电元件厂厂长,铜陵市经贸委副主任、主任,铜陵市三佳电子集团党委书记、董事长,现为铜陵化学工业集团有限公司党委书记、董事长。

王庆成,董事,男,1954年2月出生,本科学历,高级政工师。历任铜陵市钢铁厂工人、供销科科长,铜陵市委办公室主任、副秘书长,现为铜陵化学工业集团有限公司副总经理、董事,深圳都达实业发展有限公司法定代表人。

戴恒泽,董事,男,1964年9月出生,大专学历,会计师。历任铜陵市电子公司会计,铜陵市财政局副主任科员,铜陵市会计师事务所部门经理,铜陵市国债服务部主任,现任铜陵通源投资服务有限公司董事长兼总经理。

王世根,董事,男,1952年12月出生,大专学历,经济师。历任铜陵市轻工公司劳资科科长、经理,铜陵市家用电器铜材厂厂长。现任铜陵精达铜材 集团 有限责任公司总经理、铜陵精达特种电磁线股份有限公司董事长。曾先后获得安徽省优秀企业经营者、安徽省"五一"劳动奖章等称号。

林乐,独立董事,女,1937年生,大专学历,教授级高级工程师。现任中国磷肥工业协会理事长。历任化工部化肥司磷肥硫酸处处长、化工部东方化肥有限公司副总经理、中国磷肥工业协会副理事长、中国硫酸工业协会副理事长、理事长、名誉理事长。1993年获国务院特殊津贴,2000年获教育科技进步特等奖 第一发明人 ,先后发表和出版《国内外磷铵发展概况和市场需求展望》、《磷肥和复合肥料生产分析规程》等论文和书籍10多篇 部 。

周亚娜,独立董事,女,1954年生,硕士研究生,中国注册会计师。现任安徽大学教授、安徽大学工商管理学院院长、硕士生导师,安徽省会计学会、注册会计师协会、经济学会常务理事。系安徽省第二批跨世纪学术与技术带头人、安徽省高等院校第二批学科带头人培养对象。

马友华,独立董事,男,1962年生,博士研究生。现任安徽农业大学土化系教授、硕士生导师、安徽省自然科学研究系列高级职称评定委员、安徽省自然科学基金项目评审委员、安徽省国土资源厅土地规划、评价系列高级职称评审专家委员、蚌埠市市政府专家咨询委员会特邀专家委员。

二、监事会成员

江兴海,监事会召集人,男,1951年8月出生,大专学历,高级工程师。历任铜官山化工总厂工人、技术员,铜陵磷铵厂车间副主任、主任、厂长助理、副厂长、厂长,铜陵化工集团副总经理,现任铜陵化学工业集团有限公司副董事长、总经理。

黄明玖,监事,男,1962年9月出生,研究生学历,工程师。历任国营4524厂模具分厂厂长,铜陵市宏光模具厂厂长,三佳集团副总经理、总经理,现任铜陵三佳电子(集团)有限责任公司副董事长。中国模具工业协会理事,中国金属结构协会塑料门窗委员会副主任。曾获安徽省优秀青年企业家称号。

梅治东,监事,男,1952年10月出生,本科学历,高级政工师。历任39753部队无线电分队长,铜官山化工总厂劳资科职员,铜陵化工集团磷铵厂劳动服务公司经理、生活服务公司经理、环保科科长、劳资科科长、党委副书记、纪委书记,现任本公司党委副书记、纪委书记、工会主席。曾获安徽省石化系统"人事教育劳资先进工作者"荣誉称号。

三、其他高级管理人员

程建方,总经理,男,1957年9月出生,本科学历,高级工程师。中国磷肥工业协会副理事长。历任铜官山化工总厂教师,铜陵磷铵厂技术干部,生技科副科长、科长、厂长助理;铜陵化工集团磷铵厂副厂长、厂长。曾荣获安徽省"十佳"青年工程师荣誉称号、首届"安徽省青年科技创业奖"。现任铜陵化学工业集团有限公司董事。

王锡义,副总经理,男,1949年1月出生,大专学历,经济师。历任安徽省宿松县印刷厂工人,宿松县委干事,共青团安徽省委干事,安徽省岳西县政府干事,岳西县罐头厂副厂长,铜陵化工集团磷铵厂总工室副主任、销售公司经理、厂长助理、副厂长。曾荣获铜陵市"市劳动模范"荣誉称号。

瞿友红,董事会秘书、副总经理,男,1963年4月出生,本科学历,经济师。历任铜官山化工总厂企管办职员,铜陵化工集团企管处职员、体改办秘书、企管部职员、副科长、副部长、副总经济师。2001年9月起任本公司副总经理。

张福祥,副总经理,男,1957年5月出生,本科学历,高级工程师。历任铜官山化工总厂汽车队技术员,铜陵磷铵厂工人、机动科副科长、科长,铜陵化工集团磷铵厂厂长助理、副厂长。曾荣获化工部"化工建设先进工作者"荣誉称号。

张学国,财务负责人,男,1962年5月出生,本科学历,会计师。历任内蒙古扎赉诺尔矿务局党干技校职工,铜陵磷铵厂会计科会计、副科长,铜陵化工集团财务处副科长,铜陵化工集团磷铵厂财务科科长,现任本公司财务部部长。

四、核心技术人员

程建方,总经理,男,1957年9月出生,本科学历,高级工程师。主持开发年产16万吨磷铵外环流氨化反应器研制,2001年获安徽省省级科技成果;主持开发磷酸、磷铵、硫酸生产污水集中全封闭循环项目,1995年获得安徽省科技进步四等奖。先后撰写多篇专业论文并发表在国内专业杂志上,其中主持编写的《液铵蒸发节能技术综合利用》被编入《中国"八五"科学技术成果选》一书。

陈甫松,男,1947年11月出生,中专学历,高级工程师。主要参与开发的"年产20万吨硫酸大型国产化装置",1997年获得国家科委颁发的科技进步二等奖,1995年获得化学工业部科技进步一等奖;主要参与开发的200kt/a硫铁矿制酸装置中的热能综合利用系统,1996年获安徽省科技进步二等奖;主要参与开发年产16万吨磷铵外环流氨化反应器研制,2001年获得安徽省省级科技成果。

胡忠义,总经理助理,男,1964年2月出生,本科学历,高级工程师。参与年产16万吨磷铵外环流氨化反应器研制,1999年获国家石油化学工业局科技进步三等奖。

张斌,生产部工艺主管,男,1969年1月出生,本科学历,工程师。

上述人员均为中国国籍,相互间不存在配偶关系、三代以内直系和旁系亲属关系。

五、上述人员在公司和关联企业持股情况

上述人员均未持有本公司及关联企业的股份。

第七节 同业竞争与关联交易

一、同业竞争

本公司与股东单位及其他股东之间不存在同业竞争。铜陵化工集团已做出书面承诺,保证在经营范围和投资方向上避免与股份公司相同或相似;对股份公司已经进行建设或拟投资兴建的项目,铜陵化工集团及其控制的法人将不会进行同样的建设或投资;在生产、经营和市场竞争中,也不与股份公司发生任何利益冲突,以切实保护股份公司中小股东的合法权益。

二、关联交易

1、关联交易内容

本公司目前与集团公司及其下属企业之间在材料采购、生活服务、生产辅助、土地租赁等方面存在着若干关联交易。主要包括本公司向铜陵化工集团包装材料有限责任公司采购编织袋、本公司与铜陵化工集团汽车运输有限公司汽运服务、本公司与铜陵化工集团进出口有限责任公司间的代理进出口业务、本公司与铜陵化工集团的土地使用权租赁、铜陵化工集团为本公司银行借款的担保等。

2、减少关联交易的主要措施

(1) 为减少原材料采购关联交易,铜陵化工集团持有的铜陵化工集团合成氨有限公司股权于2001年12月6日被划转至铜陵市能源总公司,铜陵化工集团合成氨有限公司的名称也变更为铜陵市顺华合成氨有限公司,自此合成氨公司与本公司在原材料液氨采购中发生的交易不复是关联交易。

(2)为减少原材料采购关联交易,铜陵化工集团持有的铜陵化工集团华兴有限公司股权于2002年8月5日被划转至铜陵市工业国有资产经营有限公司,原铜陵化工集团华兴有限公司的名称也变更为铜陵市华兴化工有限公司,自此华兴公司与本公司在原材料硫酸采购方面发生的交易不复是关联交易。

(3)为减少接受劳务方面的关联交易,铜陵化工集团自动化仪器仪表有限责任公司于2003年元月实施民营化改制,更名为安徽鼎力科技有限责任公司。自此该公司已不是本公司的关联方,该公司与本公司在劳务方面的交易不复是关联交易。

(4)原铜陵化工集团华兴化工有限公司从2002年起直接与供电部门结算电费,从而避免了由于由发行人代行结算而产生的转供电关联交易。

(5)公司成立后为减少从关联方采购及接受劳务产生的关联交易,采取了增加从市场第三方采购材料及接受劳务来逐步替代从关联方采购及接受劳务。

(6)《公司章程(修订)》就有关关联交易事项进行了详细规定,公司《关联交易决策制度》明确了关联交易的决策程序,公司《独立董事任职及议事制度》对重大关联交易决策程序进行了详细规定。

3、有关中介机构及公司独立董事关于关联交易的意见

发行人律师安徽天禾律师事务所认为,发行人为减少关联交易而进行的股权划转行为实质性减少了六国化工的关联交易;主承销商宏源证券股份有限公司认为,发行人为减少关联交易而采取的有关措施减少、规范了发行人的关联交易。发行人会计师安徽华普会计师事务所认为,发行人报告期内发生的重大关联交易事项符合《企业会计准则》、《企业会计制度》和《关联方之间出售资产等有关会计处理问题暂行规定》及有关规定,符合有关合同的规定,交易定价公允。

公司独立董事在公司一届五次、六次董事会会议上分别就2002年、2003年的有关关联交易进行了审查,并发表了意见,认为公司目前的关联交易定价公允、合理,没有损害公司及其他股东的利益。

4、关联交易对公司财务状况及经营成果的影响

本公司与关联方发生的关联交易体现了公允、合理的原则,对公司的财务状况及经营成果的影

响不构成较大影响。

(1)2003 年货物采购价格和对利润的影响

品种	实际采购量	实际交易价	同期对外采购平均价格	价格差异	对利润总额的影响金额
编织袋	664.00 吨	9,925.83 元/吨	10,946.95 元/吨	1,021.12 元/吨	+67.80 万元

(2)2002 年货物采购价格和对利润的影响

品种	实际采购量	实际交易价	同期对外采购平均价格	价格差异	对利润总额的影响金额
硫酸	87886.05 吨	187.88 元/吨	179.84 元/吨	8.04 元/吨	-70.66 万元
编织袋	577.81 吨	9,064.56 元/吨	9,354.33 元/吨	289.77 元/吨	+16.74 万元

(3)2001 年度货物采购价格和对利润的影响

品种	实际采购量	实际交易价	同期对外采购平均价格	价格差异	对利润总额的影响金额
液氨	26955.28 吨	1439.17 元/吨	1439.47 元/吨	0.30 元/吨	+0.81 万元
硫酸	149443.80 吨	180 元/吨	181.66 元/吨	1.66 元/吨	+24.81 万元
编织袋	646.27 吨	9,553.56 元/吨	9,247.60 元/吨	305.96 元/吨	-19.77 万元

第八节 财务会计资料

公司截至 2003 年 12 月 31 日的财务会计资料,已于 2004 年 2 月 14 日在《中国证券报》、《上海证券报》、《证券时报》、《证券日报》刊登的本公司招股说明书摘要中,并在上海证券交易所网站刊登的本公司招股说明书全文及附录中进行了全面披露。投资者欲了解详细内容,请查阅上述报纸或查阅上海证券交易所网站(http:www.sse.com.cn)。

一、注册会计师意见

公司已委托安徽华普会计师事务所对本公司截止 2001 年 12 月 31 日、2002 年 12 月 31 日、2003 年 12 月 31 日的财务状况,2001 年度、2002 年度、2003 年度的经营成果和 2002 年度、2003 年度的现金流量情况进行了审计。安徽华普会计师事务所为此出具了标准无保留意见的审计报告,以下意见摘自安徽华普会计师事务所华普审字[2004]0088 号《审计报告》:"我们认为,上述会计报表符合国家颁布的企业会计准则和《企业会计制度》的规定,在所有重大方面公允反映了贵公司 2003 年 12 月 31 日、2002 年 12 月 31 日、2001 年 12 月 31 日的财务状况和 2003 年度、2002 年度、2001 年度的经营成果及 2003 年度、2002 年度的现金流量。"

二、简要会计报表

1、简要会计报表

以下简要会计报表金额单位均为:人民币元。

(1)简要资产负债表

项目	2003 年 12 月 31 日	2002 年 12 月 31 日	2001 年 12 月 31 日
货币资金	88,118,652.85	50,138,011.57	27,476,118.27
应收票据	54,602,655.70	24,891,800.00	2,700,000.00
应收帐款	15,696,891.82	34,549,452.25	34,931,389.32
其他应收款	4,976,494.58	3,324,047.26	3,781,644.29
预付帐款	4,414,990.39	3,787,021.72	5,624,930.80
存货	137,418,000.18	123,178,942.27	109,551,999.84
待摊费用	532,331.09	549,636.54	750,375.70
流动资产合计	305,760,016.61	240,418,911.61	184,816,458.22
固定资产原价	517,773,115.49	497,410,234.25	497,529,461.96
减:累计折旧	198,610,100.99	167,533,483.49	138,800,722.73
固定资产净值	319,163,014.50	329,876,750.76	358,728,739.23
减:固定资产减值准备	89,848.54	166,892.10	282,391.21
固定资产净额	319,073,165.96	329,709,858.66	358,446,348.02
在建工程	16,946,820.26	12,694,646.18	1,703,136.98
固定资产合计	336,019,986.22	342,404,504.84	360,149,485.00
资产总计	641,780,002.83	582,823,416.45	544,965,943.22
短期借款	50,000,000.00	5,000,000.00	4,000,000.00
应付票据	50,500,000.00	25,800,000.00	-
应付帐款	40,804,439.39	43,270,879.15	51,799,269.36
预收帐款	41,001,830.90	2,618,479.68	2,220,087.18
应付福利费	832,336.71	637,028.56	348,924.68
应交税金	-8,341.59	104,125.53	-5,559,838.64
其他应交款	46.80	-	21.97
其他应付款	3,185,749.21	4,199,744.48	5,682,226.01
预提费用	-	1,500,000.00	1,672,981.49
流动负债合计	186,316,061.42	83,130,257.40	60,163,672.05
长期借款	190,000,000.00	260,000,000.00	260,000,000.00
专项应付款	530,000.00	260,000.00	-
长期负债合计	190,530,000.00	260,260,000.00	260,000,000.00
负债合计	376,846,061.42	343,390,257.40	320,163,672.05
股本	108,000,000.00	108,000,000.00	108,000,000.00
股本净额	108,000,000.00	108,000,000.00	108,000,000.00
资本公积	87,767,087.50	87,767,087.50	87,767,087.50
盈余公积	11,995,028.09	8,169,910.73	4,355,277.55
其中:法定公益金	3,998,342.69	2,723,303.57	1,451,759.18
未分配利润	57,171,825.82	35,496,160.82	13,879,906.12
现金股利	-	-	10,800,000.00
股东权益合计	264,933,941.41	239,433,159.05	224,802,271.17
负债和股东权益总计	641,780,002.83	582,823,416.45	544,965,943.22

(2)简要利润表

项目	2003 年度	2002 年度	2001 年度
一、主营业务收入	578,158,296.71	510,174,528.46	294,838,805.84
减:主营业务成本	499,778,437.83	431,166,576.39	241,285,458.02
主营业务税金及附加	521,291.28	629,206.89	668,735.80
二、主营业务利润	77,858,567.60	78,378,745.18	52,884,612.02
加:其他业务利润	2,305,448.16	2,440,459.43	3,685,084.06
营业费用	14,917,080.99	11,213,250.07	9,610,972.48
管理费用	12,991,201.97	14,863,699.13	14,876,936.73
财务费用	14,474,340.81	17,560,827.35	-1,077,868.83
三、营业利润	37,781,391.99	37,181,428.06	33,159,655.70
加:补贴收入	314,800.00	472,100.00	788,100.00
营业外收入	900.00	205,952.32	26,943.94
减:营业外支出	-54,687.38	-115,499.11	285,474.57
四、利润总额	38,151,779.37	37,974,979.49	33,689,225.07
减:所得税	12,650,997.01	12,544,091.61	10,872,083.59
五、净利润	25,500,782.36	25,430,887.88	22,817,141.48

(3)简要现金流量表

报表项目	2003 年度
经营活动产生的现金流入小计	463,378,892.80
经营活动产生的现金流出小计	368,033,353.90
经营活动产生的现金流量净额	95,345,538.90
投资活动产生的现金流入小计	43,400.00
投资活动产生的现金流出小计	17,292,657.37
投资活动产生的现金流量净额	-17,249,257.37
筹资活动产生的现金流入小计	148,000,000.00
筹资活动产生的现金流出小计	188,115,640.25
筹资活动产生的现金流量净额	-40,115,640.25
现金及现金等价物净增加额	37,980,641.28

三、会计报表附注

会计报表附注内容请查阅本公司招股说明书附录部分(详见 http://www.sse.com.cn)。

四、最近三年的主要财务指标

序号	财务指标	2003 年	2002 年	2001 年
1	流动比率	1.64	2.89	2.60
2	速动比率	0.90	1.41	1.06
3	资产负债率(%)	58.72	58.92	60.73
4	应收帐款周转率	23.01	14.69	6.76
5	存货周转率	3.31	3.71	3.18
6	净资产收益率(%)	9.63	10.62	10.66
7	每股收益(元)	0.24	0.24	0.21
8	无形资产(土地使用权除外)占总资产的比例			
9	无形资产(土地使用权除外)占净资产的比例			
10	每股净资产(元)	2.45	2.22	1.98
11	研究与开发费用占主营业务收入比例(%)	1.31	1.37	1
12	每股经营活动的现金流量(元)	0.88	0.65	0.01

第九节 其他重要事项

一、自本公司股票首次公开发行之日至本上市公告书公告之日,本公司严格依照《公司法》、《证券法》等法律法规的要求,规范运行,生产经营情况正常;所处行业和市场无重大变化;主要业务及发展目标的进展状况正常,主要投入、产出物供求及价格无重大变化。

二、自本公司股票首次公开发行之日至本上市公告书公告之日,本公司无重大对外投资、重大资产(股权)收购或出售行为;住所未发生变更。

三、自本公司股票首次公开发行之日至本上市公告书公告之日,本公司重大会计政策和会计师事务所没有发生变化。

四、自本公司股票首次公开发行之日至本上市公告书公告之日,本公司未发生新的重大负债或重大债项发生变化。

五、自本公司股票首次公开发行之日至本上市公告书公告之日,本公司董事、监事和高级管理人员没有尚未了结或可能发生的刑事诉讼事项。

六、自本公司股票首次公开发行之日至本上市公告书公告之日,本公司未涉及重大诉讼事项或仲裁,亦无尚未了结或可能面临的重大诉讼或索赔要求。

七、本公司股票首次公开发行至本上市公告书公告之日,没有其他应披露而未披露之重大事项。

第十节 董事会上市承诺

本公司董事会承诺将严格遵守《中华人民共和国公司法》、《中华人民共和国证券法》、《股票发行与交易管理暂行条例》、《公开发行股票公司信息披露实施细则》和《上海证券交易所股票上市规则》等国家相关法律、法规和有关规定,并自股票上市之日起做到:

一、真实、准确、完整、公允和及时地公布定期报告,披露所有对投资者有重大影响的信息,并接受中国证监会、证券交易所的监督管理;

二、本公司在知悉可能对股票价格产生误导性影响的任何公共传播媒介中出现的消息后,将及时予以公开澄清;

三、本公司董事、监事、高级管理人员和核心技术人员将认真听取社会公众的意见和批评,不利用已获得的内幕消息和其他不正当手段直接或间接从事发行人股票的买卖活动;

四、本公司没有无记录的负债。

第十一节 上市推荐人及其意见

一、上市推荐人:宏源证券股份有限公司

法定代表人:田国立

地址:北京市西直门北大街甲 43 号金运大厦 B 座 5 层

电话:010-62267799　　传真:010-62230980

联系人:温泉王伟

二、上市推荐人意见

本公司的上市推荐人认为:公司章程符合《中华人民共和国公司法》、《中华人民共和国证券法》及《上海证券交易所股票上市规则》等法律、法规和中国证监会的有关规定;本公司本次股票发行完全符合《中华人民共和国公司法》、《中华人民共和国证券法》及《上海证券交易所股票上市规则》的法律、法规和中国证监会的有关规定,已具备了上市条件。

发行人董事了解法律、法规、上海证券交易所上市规则及股票上市协议规定的董事的义务与责任,发行人建立健全了法人治理结构,本公司制定了严格的信息披露制度与保密制度。

上市推荐人已对上市文件所载的资料进行了核实,确认上市文件真实、准确、完整、符合规定要求,没有虚假记载、严重误导性陈述或重大遗漏,并对其承担连带责任。上市推荐人与本公司之间不存在关联关系。

上市推荐人愿意推荐发行人的股票在上海证券交易所上市交易,并且在上市推荐过程中,保证不利用获得的内幕信息进行内幕交易,为自己或他人谋取利益。

安徽六国化工股份有限公司

2004 年 2 月 28 日

风帆股份有限公司

风帆股份有限公司首次公开发行股票上市公告书

第一节 重要声明和提示

风帆股份有限公司(以下简称"本公司"、"公司"或"发行人")董事会保证上市公告书的真实性、准确性、完整性,全体董事承诺上市公告书不存在虚假记载、误导性陈述或重大遗漏,并承担个别和连带的法律责任。

根据《公司法》、《证券法》等有关法律、法规的规定,本公司董事、高级管理人员已依法履行诚信和勤勉尽责的义务和责任。

证券交易所、中国证监会、其他政府机关对本公司股票上市及有关事项的意见,均不表明对本公司的任何保证。

本公司提醒广大投资者注意,凡本上市公告书未涉及的有关内容,请投资者查阅 2004 年 6 月 24 载于《中国证券报》、《上海证券报》、《证券时报》和《证券日报》的本公司招股说明书摘要,及刊载于上海证券交易所网站(http://www.sse.com.cn)的本公司招股说明书全文。

第二节 概 览

1、股票简称:风帆股份

2、沪市股票代码:600482

3、深市代理股票代码:003482

4、总股本:21,800 万股

5、可流通股本:8,000 万股

6、本次上市流通股本:8,000 万股

7、发行价格:5.72 元/股

8、上市地点:上海证券交易所

9、上市时间:2004 年 7 月 14 日

10、股票登记机构:中国证券登记结算有限责任公司上海分公司

11、保荐机构(上市推荐人):中国银河证券有限责任公司

12、对首次公开发行股票前股东所持股份的流通限制及期限:

根据国家有关法律、法规规定和中国证监会证监发行字[2004]98 号《关于核准风帆股份有限公司公开发行股票的通知》,本公司的国家股、国有法人股和法人股暂不上市流通。

13、首次公开发行股票上市前第一大股东对所持股份自愿锁定的承诺:

依据《上海证券交易所股票上市规则》,本公司首次公开发行股票上市前,第一大股东中国船舶重工集团公司(以下简称"中船重工")承诺:自本公司股票上市之日起 12 个月内,不转让其持有的本公司的股份;同时也不由本公司回购其所持有的股份。

第三节 绪 言

本上市公告书是根据《中华人民共和国公司法》、《中华人民共和国证券法》、《股票发行与交易管理暂行条例》、《公开发行股票公司信息披露实施细则》、《证券发行上市保荐制度暂行办法》和《上海证券交易所股票上市规则》等国家有关法律、法规的规定,并按照中国证监会《公开发行证券的公司信息披露内容与格式准则第 7 号股票上市公告书》而编制,旨在向投资者提供本公司的基本情况和本次股票上市的有关资料。

经中国证监会证监发行字[2004]98 号文核准,本公司于 2004 年 6 月 29 日以向沪市、深市二级市场投资者定价配售的方式成功发行 8,000 万股人民币普通股,每股面值 1.00 元,发行价为每股人民币 5.72 元。

经上海证券交易所上证上字[2004]108 号文批准,本公司公开发行 8,000 万股社会公众股将于 2004 年 7 月 14 日起在上海证券交易所挂牌交易。股票简称"风帆股份",沪市股票代码为"600482",深市代理股票代码为"003482"。

本公司已于 2004 年 6 月 24 日在《中国证券报》、《上海证券报》、《证券时报》和《证券日报》上刊登了《招股说明书摘要》,招股说明书正文及其附录刊载于上海证券交易所网站(http://www.sse.com.cn),距今不足三个月,故与其重复的内容不再重述,敬请投资者查阅上述内容。

第四节 发行人概况

一、公司基本情况

二、公司历史沿革

本公司是由中船重工作为主要发起人,联合保定汇源蓄电池配件厂(以下简称"保定汇源")、保定国家高新技术产业开发区发展有限公司(以下简称"保定高开")、保定天鹅化纤集团有限公司(以下简称"保定天鹅")、乐凯胶片股份有限公司(以下简称"乐凯胶片"),经原国家经贸委国经贸企改[2000]471 号文批准,共同发起设立的股份有限公司。

公司设立时,中船重工投入其所持有的金风帆公司 65%的股权;保定汇源投入其持有的保定风帆玻璃纤维制品有限公司和保定市风帆精密塑料制品有限公司 92.28%和 94.16%的股权;保定高开投入其持有的保定风帆玻璃纤维制品有限公司和保定市风帆精密塑料制品有限公司 7.72%和 5.84%的股权;保定天鹅和乐凯胶片各以现金 50 万元投入。

2000 年 6 月 13 日,公司在国家工商行政管理局注册登记,注册资本 13,800 万元。

三、公司的主要经营情况

1、公司的竞争优势

A、质量优势:

本公司控股子公司金风帆公司在行业中率先通过了 ISO9001 质量体系认证;1999 年 11 月被中国质量管理协会评为"全国推行全面质量管理先进企业";2000 年 11 月通过了代表国际汽车工业体系目前最高质量体系标准的德国大众公司 VDA6.1 和美国三大汽车公司 QS9000 质量体系认证,是国内蓄电池行业最早一次通过 VDA6.1 和 QS9000 质量体系认证的企业。精塑分公司已通过了 ISO9002 质量体系认证。本公司现批量生产的产品共 210 多种型号,全部等效采用国际先进标准(其中公司汽车起动用铅酸蓄电池产品分别执行国际 IEC 标准、日本 JIS 标准、德国 DIN 标准、美国 SAE 标准),达到了国际 20 世纪 90 年代中期水平,部分产品所执行的标准达到了国际当代标准水平,在国内同行业中处于领先地位。

B、品牌优势:

本公司所拥有的"风帆"牌商标于 1999 年 12 月被国家工商行政管理局商标局认定为"中国驰名商标",是蓄电池行业内唯一的"中国驰名商标"。"风帆"牌蓄电池于 1993 年获"中国公认名牌产品"称号;1994 年在"中国名牌产品暨明星企业评选"活动中被认定为"中国名牌产品",同年被确认为"首届全国汽车零配件推荐产品";1999 年被中国质量技术监督局确定为"国家重点保护名优产品"。"风帆"牌商标具有极高的公众认知度。

C、规模和设备优势:

2003 年,本公司工业总产值(现行价)8.20 亿余元,占同行业 36 家主要企业总产值的 10%左右。本公司也是同行业中资产规模最大的企业,年生产能力达 350 万 KVAH,居国内同行业厂家之首,行业龙头地位十分突出。

D、技术优势:

本公司拥有一支高素质的技术研发人才队伍,其中研究员级高工 6 人、享受政府特殊津贴的行业内专家 3 人。公司设有一个专门进行新技术与新产品研发的技术中心。2002 年,本公司获得人事部批准,设立博士后科研工作站,有力地保证了企业的技术创新和持续开发能力。公司先后获国家级科技进步奖 4 项、省部级科技进步奖 31 项,2001 年以来公司承担了国家级技术创新和新产品试产项目 5 项,体现出公司雄厚的技术研发实力。

E、销售网络优势:

公司及其前身已经过 40 余年的发展,建立了配套直销与特许经销相结合,全面覆盖配套市场和售后更换市场的完整的销售体系。公司与汽车厂商建立了长期稳定的配套直销渠道,为上海大众汽车有限公司、一汽大众汽车有限公司、南京依维柯汽车有限公司、天津夏利股份有限公司、神龙汽车有限公司等 40 多个汽车生产厂家直接提供配套蓄电池;以公司为主的特许经销渠道,为广阔的蓄电池售后更换市场服务。控股子公司金风帆公司已在全国建立 11 个销售分公司,拥有 2 家区域销售总代理和 290 余家一级经销商,形成了一个覆盖全国的完善的销售网络,并出口美国、俄罗斯、澳大利亚等 20 多个国家和地区。稳定合理的销售结构、覆盖全国的完善的销售网络以及与众多汽车生产厂商良好稳定的合作关系,使公司在销售渠道上处于优势地位。

2、公司竞争劣势

目前,虽然本公司工艺技术及设备已达到国际先进水平,但是与国外一流企业相比在技术创新、新产品研发和生产管理等方面存在一定的差距,技术创新的任务十分艰巨。本公司产品的价格与国外同类产品价格相当,但高于国内同行业产品平均水平,主要是由于公司奉行"优质优价"的定价策略,致使本公司在与国内中小企业竞争中处于相对的价格劣势。

3、公司拥有的主要知识产权情况

(1)商标与专利技术

本公司拥有的商标为:"风帆"图形商标(商标注册号为:第 157872 号)、"SAIL"文字商标(商标注册号为:第 355939 号)和"风帆"

隶书体文字商标(商标注册号为:第 803808 号)。

(2)无形资产

本公司控股子公司金风帆公司拥有 10 项实用新型专利和 7 项外观设计专利;一项用于设计、生产和检测密闭式阀控铅酸电池的技术软件,购自美国 JBI 公司。本公司玻纤分公司拥有一项"制造用于铅酸蓄电池的玻璃纤维隔板"技术,该技术是经美国 EVANITE 公司许可使用的专有技术。

(3)核心技术

本公司的主要技术为铅酸蓄电池的制造技术和工艺技术,包括汽车起动用电池技术、工业用密闭电池技术、动力型蓄电池技术、特种电池技术等,其中以低温冷起动技术、免维护蓄电池生产技术、新材料新工艺应用技术、干荷电性能等技术尤为突出,构成公司的核心技术。以上技术均为本公司在生产经营中自主开发、长期积累形成。公司拥有该等技术的所有权。由于公司核心技术体现为生产工艺、配方等技术秘密,故未申请专利。公司制定了严密的技术秘密保护措施,并与有关人员签署了技术秘密保护协议。以上各项技术均达到国内领先水平,其中免维护技术达到国际先进水平。开发产品的技术指标分别达到 IEC 国际标准和美国 SAE、日本 JIS、德国 DIN 等国外先进标准。

4、主要财务指标

请参阅本上市公告书"财务会计资料"部分的相关内容。

5、公司享有的财政税收优惠政策

公司 2000 年 7 月、2002 年 7 月被河北省科学技术厅认定为高新技术企业,注册地位于保定国家高新技术产业开发区。根据《国务院关于批准国家高新技术产业开发区和有关政策规定的通知》(国发 [1991]12 号)附件三第四条以及《国务院关于增加国家高新技术产业开发区的批复》(国函[1992]169 号)第三条的规定,发行人减按 15%的税率缴纳所得税。

公司控股子公司?? 金风帆公司是注册在保定国家高新技术产业开发区内的中外合资高新技术企业,1996 年被国家科学技术委员会火炬计划办公室认定为重点高新技术企业。根据《外商投资企业和外国企业所得税法实施细则》第七十三条第五款规定,国家高新技术产业开发区内被认定为高新技术企业的外商投资企业可以减按 15%缴纳所得税,另据《外商投资企业和外国企业所得税法》第八条规定,经营期在十年以上的生产性外商投资企业,从开始获利的年度起,执行免二减三的所得税优惠政策,金风帆公司 1996 年度至 1998 年度减半缴纳所得税,实际执行税率为 7.5%。由于金

风帆公司 1997 年被河北省对外贸易经济合作厅认定为先进技术企业，根据《外商投资企业和外国企业所得税法实施细则》第七十五条第八款规定，该公司自 1999 年度至 2001 年度继续享受减半缴纳所得税，另据有关规定，减半后所得税率低于 10%的，按 10%执行，故金风帆公司 1999？2001 年度实际执行税率为 10%。2001 年 8 月 30 日、2003 年 7 月 3 日，金风帆公司再次被河北省科学技术厅认定为高新技术企业，所得税自 2002 年 1 月 1 日至 2004 年 12 月 31 日按 15%征收。

第五节　股票发行与股本结构

一、本次发行的基本情况

1、发行数量：8,000 万股，占发行后总股本的 36.70%

2、发行价格：5.72 元/股

3、发行市盈率：20 倍(按 2003 年度净利润及股本全面摊薄法计算)

4、发行方式：全部向二级市场投资者定价配售

5、发行对象：于 2004 年 6 月 24 日，持有上交所或深交所已上市流通人民币普通股(A 股)股票的收盘市值总和(包括可流通但暂时锁定的股份市值)不少于 10,000 元的投资者。投资者同时持有的沪市、深市二级市场的股票市值不合并计算。

6、本次发行实收募股资金及发行费用

本次股票发行共募资金 45,760 万元，扣除发行费用(包括承销费、审计费用、评估费用、律师费用、发行手续费用、审核费)2,645 万元，实募资金 43,115 万元。

7、每股发行费用：0.33 元

二、本次股票上市前首次公开发行股票的承销情况

本次公开发行的 8,000 万股社会公众股的配号总数为 80,677,781，起始号码为 000100000001，中签率为 0.09915989%。其中二级市场投资者认购 79,208,774 股，其余 791,226 股由主承销商包销。

三、本次公开发行股票所募股资金的验资报告

冀华会验字[2004]1006 号

风帆股份有限公司全体股东：

我们接受委托，审验了风帆股份有限公司(以下简称：贵公司)截至 2004 年 7 月 5 日止新增注册资本的实收情况。按照国家相关法律、法规的规定和协议、章程的要求出资，提供真实、合法、完整的验资资料，保护资产的安全、完整是贵公司全体股东及贵公司的责任。我们的责任是对贵公司新增注册资本的实收情况发表审验意见。我们的审验是依据《独立审计实务公告第 1 号？验资》进行的。在审验过程中，我们结合贵公司的实际情况，实施了检查等必要的审验程序。

贵公司原注册资本为人民币 138,000,000.00 元，根据贵公司有关股东大会决议和修改后章程的规定，申请向社会公开发行普通股(A 股)增加注册资本人民币 80,000,000.00 元，变更后的注册资本为人民币 218,000,000.00 元。根据贵公司 2002 年度股东大会决议通过的《关于修改公司首次公开发行股票方案》，并经中国证券监督管理委员会证监发行字[2004]98 号文核准，贵公司于 2004 年 6 月 29 日以全部向二级市场投资者定价配售的发行方式向社会公开发行人民币普通股股票 80,000,000 股，每股面值为 1.00 元人民币，每股发行价格为 5.72 元人民币。经我们审验，截至 2004 年 7 月 5 日止，贵公司已收到社会公众股东缴纳的新增注册资本人民币捌仟万元整（人民币 80,000,000.00 元)，募集资金总额为 457,600,000.00 元，扣除发行费用 26,445,759.11 元后，募集资金净额为 431,154,240.89 元，实际记入资本公积人民币 351,154,240.89 元。

同时我们注意到，贵公司本次增资前的注册资本为人民币 138,000,000.00 元，业经河北华安会计师事务所有限公司审验，并于 2000 年 4 月 18 日出具冀华会验字[2000]第 2002 号验资报告。截至 2004 年 7 月 5 日止，连同本次验证的注册资本实收金额人民币 80,000,000.00 元，变更后的累计注册资本实收金额为人民币 218,000,000.00 元。

本验资报告仅供贵公司申请变更登记及据以向股东签发出资证明时使用，不应将其视为是对贵公司验资报告日后资本保全、偿债能力和持续经营能力等的保证。因使用不当造成的后果，与执行本验资业务的注册会计师及会计师事务所无关。

附件：

1.注册资本变更情况明细表

(1)新增注册资本实收情况明细表(表 1)

(2)注册资本变更前后对照表(表 2)

2.验资事项说明

河北华安会计师事务所有限公司

中国注册会计师：刘国忠、刘澎

中国?石家庄市裕华西路 158 号

报告期：2004 年 7 月 5 日

四、本次募股资金入帐情况

1、入帐时间：2004 年 7 月 5 日

2、入帐金额：442,314,240.89 元

3、入帐帐号：130665608263030080

4、开户银行：中国建设银行保定天威西路支行

五、本公司上市前股权结构及各类股东的持股情况

1、本次上市前股权结构

2、本次上市前十大股东情况

第六节　董事、监事、高级管理人员及核心技术人员

一、董事会成员

公司董事会成员由 9 人组成，其中 3 人为独立董事，陈孟礼先生为董事长。

1、陈孟礼先生，1954 年 10 月出生，本科学历，高级工程师，曾任风帆蓄电池厂工会主席，风帆集团公司董事、工会主席、董事长、总经理。现任本公司董事长、金风帆公司董事长兼风帆集团法定代表人、美新隔板公司董事长。

2、左新生先生，1945 年 10 月出生，本科学历，高级工程师，曾任中国船舶工业总公司军工部副处长、处长、副局长，中船重工规划发展部主任。现任中船重工总经理助理兼资产部主任、本公司董事。

3、李明远先生，1962 年 6 月出生，在读 MBA，高级工程师，曾任风帆集团公司总经理助理。现任本公司董事、总经理，金风帆公司总经理，金风帆公司董事。

4、潘文章先生，1943 年 9 月出生，本科学历，研究员级高级工程师，曾任风帆蓄电池厂质检科副科长、副总工程师、总工程师，风帆集团公司董事、副总经理。现任本公司董事、副总经理，金风帆公司董事。

5、孟玉珍女士，1952 年 7 月出生，本科学历，高级工程师，曾任风帆集团公司机电公司经理，风帆集团公司工会主席。现任保定汇源厂长、本公司董事。

6、李平均先生，1948 年 9 月出生，大专学历，高级政工师，曾任风帆蓄电池厂厂办主任、党委副书记，风帆集团公司董事、副总经理。现任本公司董事。

7、迟海滨先生，本公司独立董事，1931 年 8 月出生，高级经济师，曾任财政部工交司副司长、财政部副部长、八届全国人大常委和财经委员会副主任委员、九届人大常委和财经委员会委员，现任中国会计学会会长、中国注册会计师协会副会长。

8、郭振英先生，本公司独立董事，1937 年 9 月出生，大学学历，教授，曾先后就职中央宣传部、天津市委、天津市政府，曾任国务院研究室工交局局长。

9、陈景贵先生，本公司独立董事，1941 年 5 月出生，大学学历，教授级高级工程师，曾任信息产业部第十八研究所所长、天津市九届和十届政协委员兼科教委副主任，现任中国化学与物理电源行业协会理事长。

二、监事会成员

1、刘宝生先生，1957 年 11 月出生，本科学历，曾任风帆蓄电池厂销售处副处长、处长、厂长助理，金风帆公司副总经理、常务副总经理、总经理，风帆集团公司副总经理。现任本公司监事会主席。

2、郭强先生，1963 年 6 月出生，硕士学历，曾任中国船舶工业总公司办公厅政策研究室经济师、中船重工人事部主任助理。现任中船重工人事部副主任、本公司监事。

3、华吉元先生，1949 年 7 月出生，研究生学历，高级政工师，曾任风帆蓄电池厂宣传处副处长、教育处副处长、综合办公室主任。现任本公司监事。

4、李金祥先生，1953 年 6 月出生，本科学历，高级工程师，曾任金风帆公司生产部经理。现任本公司监事(职工监事)。

5、白子普先生，1953 年 12 月出生，大专学历，会计师，曾任金风帆公司审计部副经理。现任本公司监事(职工监事)、监察审计部经理。

三、公司其他高级管理人员

韩军先生，1959 年 3 月出生，双学士学历，高级工程师，曾任风帆蓄电池厂人劳处副处长、车间主任，金风帆公司人事部经理，风帆集团公司副总会计师兼财务部经理。现任本公司董事会秘书、副总经理兼证券部经理。

四、核心技术人员

1、潘文章先生，本公司董事、副总经理，简历见上，为中国电工学会电池专业委员会委员、中国电工学会铅酸蓄电池分会专业委员会副主任、国防科工委军用电池专业组专家成员、保定市政协委员。主要研究成果有："蓄电池新材料新工艺研究及应用"、"58-475 型免维护铅酸蓄电池"、"超高型 D-460 型叉车用蓄电池"、"航空用铅酸蓄电池通用技术条件"、"ZCF-S-20/12 型综合测试仪"，其中"58-475 型免维护铅酸蓄电池"获国家科技进步奖二等奖，并先后在国际及全国性学术会议、全国性技术刊物和行业技术刊物上发表了八篇具有较高学术价值的论文。获得主要奖励有：国家级科技进步奖 3 项，部级科技进步一等奖 3 项，三等奖 3 项，1994 年被批准享受政府特殊津贴，1998 年被中国船舶工业总公司授予"有突出贡献的中青年专家"称号。

2、宋社林先生，1956 年 7 月出生，本科学历，研究员级高级工程师，橡塑专家，曾任金风帆公司研究所研究室主任，现任公司技术中心主任研究员。主要研究成果有："APP 母料填充聚丙烯在电池上的应用"、"66514(HD)型铅酸蓄电池"，并在国家级专业刊物上发表具有较高学术价值的论文 8 篇。先后获得国家级科技进步奖 2 项，省部级科技进步奖 4 项，1998 年被中国船舶工业总公司授予"有突出贡献的中青年专家"称号。

3、刘智玲女士，1948 年 12 月出生，本科学历，研究员级高级工程师，电化学专家，曾任金风帆公司研究所主任设计员，现任金风帆公司产品工程部产品设计室主任。主要研究成果有："重型汽车用 66514(HD)型、65012 型、68025 型免维护铅酸蓄电池"、"UPS 用 6-FM-105 型蓄电池"、"高档轿车用 6-QW-65 型免维护蓄电池"。先后获得国家级科技进步奖 1 项，省部级科技进步奖 3 项，2001 年被国防科工委授予"有突出贡献的中青年专家"荣誉称号。

4、张玉峰先生，1962 年 9 月出生，本科学历，高级工程师，电化学专家，曾任金风帆公司产品开发部经理、副总工程师兼新型电池事业部副部长，现任公司高性能免维护蓄电池项目技术负责人。先后主持或参加了低温起动用系列蓄电池、电动车用蓄电池和"桑塔纳"、"捷达"、"夏利"车用蓄电池的研制开发工作。主要研究成果有："重型汽车用 66514(HD)型、65012 型、68025 型免维护铅酸蓄电池"、"55B24L 型蓄电池"、"55414 型免维护蓄电池"。先后获得国家级科技进步奖 1 项、省部级科技进步奖 3 项，1991 年被中国船舶工业总公司授予"优秀青年科技工作者"称号。

5、李海英女士，1965 年 1 月出生，本科学历，高级工程师，曾任金风帆公司研究所所长、销售公司副总经理，现任金风帆公司副总工程师兼产品工程部部长。主要研究成果有："58815MF、55415MF 全密封免维护蓄电池"、" 夏利轿车配套用 55B24L 型蓄电池"、"3-FM-4、3-MF-1.2 蓄电池"、"6-DA-150 蓄电池"等，其中"6-DA-150 蓄电池"获国家"八五"科技攻关重大科技成果奖。

6、梁云超先生，1962 年 11 月出生，本科学历，研究员级高级工程师，英国制造业管理协会会员，1998 年获香港蒋氏基金支持赴英国 Warwick 大学学习。曾任金风帆公司技术部经理、进出口部经理，现任公司技术中心副主任兼产品工程部副部长。主要研究成果有："62034、63530(HD)蓄电池"、"36B20R 蓄电池"等。先后获得省部级科技进步奖 2 项，1992 年获中国船舶工业总公司"有突出贡献的青年科技工作者"荣誉称号。

7、张文龙先生，1964 年 1 月出生，本科学历，高级工程师，曾任金风帆公司研究所主任设计员、所长助理、现任金风帆公司产品工程部副部长。主要研究成果有："58500 型免维护蓄电池"、"66514 型蓄电池"、"61017 型免维护蓄电池"。先后获得省部级科技进步奖 3 项，并参与编写《运七、运八机载设备维修手册》。

8、唐槿女士，1954 年 11 月出生，本科学历，研究员级高级工程师，曾任公司技术中心研究员，现任公司锂离子蓄电池项目组技术负责人。曾先后赴美国、保加利亚等国家进行蓄电池技术考察与交流，先后获国家级科技进步奖 1 项、部级科技进步奖 1 项，在国家级专业刊物上发表具有较高学术价值的论文 1 篇。

五、持股情况说明

本次发行前，公司董事、监事、高级管理人员与核心技术人员未持有本公司股份、未授权或指示

他人代其持有股份;上述人员家属未持有本公司股份。

第七节 同业竞争与关联交易

一、关于同业竞争

1、本公司与控股股东同业竞争的情况

本公司控股股东中船重工是国家授权的国有资产投资和经营管理机构，本身不从事具体的业务,故中船重工与本公司不构成同业竞争。

中船重工拥有48个工业企业、28个研究院所、25个控股参股公司,其中与本公司从事相同、相似业务的法人单位有淄博蓄电池厂、风帆集团公司全资企业风帆唐山蓄电池厂、风帆集团公司控股子公司保定风帆摩托车蓄电池有限公司、保定美新蓄电池隔板制造有限公司。上述公司的产品与本公司产品具有不同的用途和客户对象,因此不存在同业竞争。但由于其具备转产生产汽车起动用铅酸蓄电池的能力,所以存在一定的潜在同业竞争。

为避免形成潜在的同业竞争，本公司控股股东中船重工以及保定风帆摩托车蓄电池有限公司和风帆唐山蓄电池厂的实际控制人风帆集团公司分别出具了《不竞争承诺函》。实际上,由于工装设备的专用性、品牌和规模限制,上述三家公司转产生产汽车起动用铅酸蓄电池的可能性很小。

2、保荐机构、发行人律师对是否存在同业竞争发表意见

本次发行保荐机构(主承销商)根据发行人、中船重工、保定汇源提供的情况说明和有关资料认为:发行人与关联方中船重工、保定汇源之间不存在同业竞争。

发行人律师认为:"据发行人介绍并经我所经办律师核查验证,发行人与关联企业之间不存在同业竞争。"

二、关于关联交易

(1)关联交易的具体内容及对公司财务状况和经营成果的影响

①本公司的关联交易主要发生在与控股股东中船重工子公司风帆集团公司及风帆集团公司下属企业和子公司之间。其中关联销售主要为:向风帆有色金属公司销售原料铅;关联采购主要为:向风帆有色金属公司采购合金铅,向风帆唐山蓄电池厂和摩托车蓄电池公司采购电池极板,向美新隔板公司采购隔板;本公司与金风帆公司向风帆集团公司租赁土地;金风帆公司租用风帆集团公司特种设备以及本公司租用风帆不锈钢制品有限公司车辆等。具体金额如下:单位:万元

② 截至2003年12月31日,风帆集团公司为本公司提供保证金额共6,600万元。

③截至2003年12月31日中船重工财务有限责任公司向金风帆公司提供的短期贷款余额为5,500万元,长期贷款余额为3,000万元,合计8,500万元。

金风帆公司在中船重工财务有限责任公司开立有一个一般银行存款帐户，该帐户主要用于办理贷款回收结算及结算金风帆公司在北京地区销售和采购的款项,2003年12月31日该帐户的存款余额为17,932,532.58元。

④与风帆集团公司的关联往来为:应收风帆集团公司其他应收款157万元;应付风帆集团其他应付款776万元。2003年4月18日,上述款项已结清。

⑤风帆集团公司委托金风帆公司代建拉网板栅工程，风帆集团公司为该工程向金风帆公司预付部分工程款,从而形成本公司对风帆集团公司其他应付款1,062万元。随着本公司向风帆集团公司收购"新型免维护铅酸蓄电池项目"的完成,该项预付款已清偿。

⑥2003年3月18日,本公司与风帆集团公司签订了《项目转让协议》,向风帆集团公司收购"新型免维护铅酸蓄电池项目"全部在建工程,截至收购基准日,该在建工程为66,634,992.74元。上述收购事项已获得本公司2002年度股东大会审议通过。公司于2003年7月28日与中国银行保定分行营业部签订了贷款合同，承继了风帆集团公司对该项目的5,000万元银行专项贷款。截至收购基准日,风帆集团公司对在建工程已实际投入66,634,992.74元,目前已办理了相关资产的转移手续。

从经营成果上来看,以上关联交易遵循了公正、公平的原则,对本公司无不利影响。

(2)发行人律师、保荐机构(主承销商)和独立董事均对关联交易发表了意见,认为公司存在的关联交易符合有关规定,采取了必要的措施保护中小股东的利益。

申报会计师认为:公司关联交易的会计处理符合财政部颁发的《关联方之间出售资产等有关会计处理问题暂行规定》(财会[2002]64号文件)的规定。

(3)发行人减少关联交易的相关措施

今后本公司将尽量避免关联交易,凡发生关联交易时将遵循公正、公平的原则进行,并严格按照有关规定公开披露。股东大会在审议有关关联事项时,严格按照公司章程的相关规定进行,关联股东在投票表决时将采取回避的制度,以保护中小股东的利益。本次募股资金拟投资的高性能蓄电池极板改造项目,将相应减少有关的关联交易。

第八节 财务会计资料

本公司2001年、2002年和2003年的财务会计资料已在2004年6月24日《中国证券报》、《上海证券报》、《证券时报》和《证券日报》刊登的《招股说明书摘要》中进行了披露,投资者欲了解详细内容,请查阅上述报纸或刊载于上海证券交易所网站(http://www.sse.com.cn)的本公司招股说明书全文。

一、注册会计师意见

河北华安会计师事务所有限公司接受本公司委托对公司2003年12月31日、2002年12月31日、2001年12月31日(母公司及合并)资产负债表和2003年度、2002年度、2001年度(母公司及合并)利润表和利润分配表以及2003年度(母公司及合并)现金流量表进行了审计,并出具了冀华会审字[2004]第1003号标准无保留意见的审计报告。

二、发行人简要财务报表

(1)简要合并资产负债表

单位:元

(2)简要合并利润表

单位:元

(3)简要合并现金流量表

单位:元

三、会计报表附注

本公司会计报表附注等有关内容,请查阅2004年6月24日刊载于上海证券交易所网站(http://www.sse.com.cn)的本公司招股说明书全文与附录。

四、主要财务指标

以经审计的财务报表为基准,本公司各项财务指标如下表:

第九节 其他重要事项

一、自本公司股票首次公开发行之日至本上市公告书公告之日，本公司严格依照现行有关法律、法规的规定规范运行,生产经营情况正常,本公司所处行业和市场无重大变化,主要业务发展目标的进展状况正常,主要投入、产出物供求及价格无重大变化。

二、自首次公开发行之日至本上市公告书公告之日,本公司除招股说明书承诺收购金风帆公司25%股权事项取得进展外,没有进行重大对外投资,无重大资产(股权)收购、出售行为。

保定国家高新技术产业开发区以《关于保定金风帆蓄电池有限公司股权转让的批复》(高新区外经字[2004]35号文)批准:同意本公司收购香港灏福有限公司持有的金风帆公司25%的股权;同意在上述股权转让完成后,该合营公司的合同、章程废止、金风帆公司撤销。

本公司收购上述股权的资金全部为公司自有资金，本公司保证不会动用募集资金支付上述收购股款。

目前,本公司正在办理相关的工商登记变更事宜。本次收购完成后,金风帆公司独立法人地位将被注销,公司组织结构将发生较大变化,但收购活动不会对生产产生任何重大不利影响。

三、自本公司股票首次公开发行之日至本上市公告书公告之日，本公司住所未发生变更。

四、自本公司股票首次公开发行之日至本上市公告书公告之日,本公司董事、监事和高级管理人员没有尚未了结或可能发生的刑事诉讼事项;本公司未涉及任何重大诉讼事项或仲裁,亦无任何尚未了结或可能面临的重大诉讼或索赔要求。

五、自本公司股票首次公开发行之日至本上市公告书公告之日,本公司重大会计政策和会计师事务所未发生变动。

六、自本公司股票首次公开发行之日至本上市公告书公告之日,本公司未发生新的重大负债,并且重大债项未发生变化。

七、本公司股票首次公开发行和股票上市前后税负无变化。

八、根据《上海证券交易所股票上市规则》,本公司第一大股东中船重工承诺:自本公司股票上市之日起12个月内，不转让其持有的本公司的股份；同时也不由本公司回购其所持有的股份。

九、自本公司股票首次公开发行之日至本上市公告书公告之日,本公司没有其他应披露而未披露之重大事项。

第十节 董事会上市承诺

本公司董事会将严格遵守《公司法》、《证券法》、《股票发行与交易管理暂行条例》、《公开发行股票公司信息披露实施细则》和《上海证券交易所股票上市规则》等国家有关法律、法规的规定,承诺自本公司股票上市之日起作到:

1、承诺真实、准确、完整、公允和及时地公布定期报告,披露所有对投资者有重大影响的信息,并接受中国证监会、上海证券交易所的监督管理;

2、承诺本公司在知悉可能对股票价格产生误导性影响的任何公共传播媒介中出现的消息后,将及时予以公开澄清;

3、本公司董事、监事、高级管理人员及核心技术人员将认真听取社会公众的意见和批评,不利用已获得的内幕消息和其他不正当手段直接或间接从事本公司股票的买卖活动;

4、本公司没有无记录的负债。

第十一节 保荐机构(上市推荐人)及其意见

一、保荐机构(上市推荐人)情况

保荐机构(上市推荐人):中国银河证券有限责任公司

法定代表人:朱 利

法定地址:北京市西城区金融大街35号国际企业大厦C座

电话:010-66568084 66568092 66568930

传真: 010-66568857

联系人:李金春 刘文成 卢 于

二、保荐机构(上市推荐人)意见

本公司保荐机构(上市推荐人)中国银河证券有限责任公司认为:发行人具备了《中华人民共和国公司法》、《中华人民共和国证券法》、《股票发行与交易管理暂行条例》、《公开发行股票公司信息披露实施细则》、《证券发行上市保荐制度暂行办法》和《上海证券交易所股票上市规则》等国家有关法律、法规规定的上市条件。

保荐机构(上市推荐人)承诺:

1、有充分理由确信发行人符合规定的要求,且其证券适合在证券交易所上市、交易;

2、有充分理由确信发行人申请文件和公开发行募集文件不存在虚假记载、误导性陈述或者重大遗漏;

3、有充分理由确信发行人及其董事在公开发行募集文件中表达意见的依据充分合理;

4、有充分理由确信与其他中介机构发表的意见不存在实质性差异;

5、保证所指定的保荐代表人及本保荐机构的相关人员已勤勉尽责,对发行人申请文件进行了尽职调查、审慎核查;

6、保证推荐文件、与履行保荐职责有关的其他文件不存在虚假记载、误导性陈述或者重大遗漏;

7、保证对发行人提供的专业服务和出具的专业意见符合法律、行政法规、中国证监会的规定和行业规范;

8、自愿接受中国证监会依照《证券发行上市保荐制度暂行办法》采取的监管措施。

风帆股份有限公司

二零零四年七月九日

福建南纺股份有限公司

福建南纺股份有限公司首次公开发行股票上市公告书

重要声明与提示

福建南纺股份有限公司(以下简称"本公司"、"公司"或"发行人")董事会保证上市公告书的真实性、准确性、完整性,全体董事承诺上市公告书不存在虚假记载、误导性陈述或重大遗漏,并承担个别和连带的法律责任。

根据《公司法》、《证券法》等有关法律、法规的规定,本公司董事、高级管理人员已依法履行诚信和勤勉尽责的义务和责任。

上海证券交易所、中国证监会、其他政府机关对本公司股票上市及有关事项的意见,均不表明对本公司的任何保证。

本公司提醒广大投资者注意,凡本上市公告书未涉及的有关内容,请投资者查阅2004年5月11日刊登于《中国证券报》、《上海证券报》、《证券时报》和《证券日报》的本公司招股说明书摘要,及刊载于上海证券交易所网站(WWW.SSE.COM.CN)的本公司招股说明书全文及其附录。

公司第四届董事会第四次会议于2004年5月23日上午在福州市武夷中心召开,审议通过的相关议案详见《福建南纺股份有限公司第四届董事会第四次会议决议暨召开2003年度股东大会的公告》。此次董事会对2003年度利润分配预案进行了修订:原拟向公开发行前全体股东(共11,232.2475万股)每10股派发现金红利1.30元(含税),修订为向公开发行后全体股东(共19,232.2475万股)每10股派发现金红利0.75元(含税),共计14,424,185.63元,其余年末未分配利润,结转下一年度。2003年度不进行公积金转增股本。修订后的2003年度利润分配预案尚需提交于2004年6月28日召开的2003年度股东大会通过。

第一节 概 览

1、股票简称:福建南纺
2、沪市股票代码:600483
3、深市代理股票代码:003483
4、总股本:19,232.2475万股
5、可流通股本:8,000万股
6、本次上市流通股本:8,000万股
7、每股发行价格:4.40元
8、上市地点:上海证券交易所
9、上市时间:2004年5月31日
10、股票登记机构:中国证券登记结算有限责任公司上海分公司
11、保荐机构、上市推荐人:海通证券股份有限公司
12、对首次公开发行股票前股东所持股份的流通限制及期限:根据国家现有法律、法规规定和中国证监会证监发行字[2004]13号文《关于核准福建南纺股份有限公司公开发行股票的通知》,本公司的国有法人股、国家股、法人股、内部职工股暂不上市流通。
13、本公司第一大股东福建天成集团有限公司承诺:自本公司股票上市之日起12个月内,不转让其所持有的本公司的股份,也不由本公司回购其所持有的本公司股份。

第二节 绪 言

本上市公告书是根据《中华人民共和国公司法》、《中华人民共和国证券法》、《股票发行交易管理暂行条例》、《公开发行股票信息披露实施细则》和《上海证券交易所股票上市规则》等国家有关法律、法规的规定,并按照中国证监会《公开发行证券的公司信息披露内容与格式准则第7号----股票上市公告书》的要求编制,旨在向投资者提供有关本公司的基本情况和本次股票上市的有关资料。

经中国证监会证监发行字[2004]13号文核准,本公司于2004年5月14日采用全部向二级市场投资者定价配售发行方式发行8,000万股人民币普通股,每股面值1.00元,发行价每股4.40元。

经上海证券交易所上证上字[2004]68号文批准,本公司公开发行的8,000万股社会公众股将于2004年5月31日起在上海证券交易所挂牌交易。股票简称"福建南纺",沪市股票代码"600483",深市代理股票代码"003483"。

本公司已于2004年5月11日在《中国证券报》、《上海证券报》、《证券时报》和《证券日报》上刊登了招股说明书摘要,招股说明书全文及其附录刊载于上海证券交易所网站(WWW.SSE.COM.CN),距今不足三个月,故与其重复的内容不再重述,敬请投资者查阅上述文件。

第三节 发行人概况

一、发行人基本情况
1、中文名称:福建南纺股份有限公司
2、英文名称:FUJIAN NANFANG TEXTILE CO.,LTD
3、注册资本:股票发行前为11,232.2475万元,发行后19,232.2475万元
4、法定代表人:陈军华
5、注册地址:福建省南平市安丰桥
6、电 话:0599-8813015、8813092
7、传 真:0599-8805190、8809965
8、互联网址:HTTP://WWW.FJNF.COM
9、电子信箱:NFGF@PUBLIC.NPPTT.FJ.CN
10、经营范围:生产、销售(含出口)棉纱、棉布、PU革基布、PU革、非织造布五大类产品,兼营纺织产品技术服务、纺织配件及纺织类产品的进出口。
11、主营业务:棉纱、棉布、PU革基布、PU革、非织造布的生产、销售(含出口)。
12、所属行业:纺织行业
13、董事会秘书:刘正虹
二、发行人历史沿革

福建南纺股份有限公司是经福建省体改委闽体改[1994]006号文《关于同意设立福建南纺股份有限公司的批复》批准,在对原福建省南平纺织厂整体改制基础上,以原福建省南平纺织厂为改制主体和主发起人,联合中国工商银行福建省信托投资公司、安徽省淮北服装(集团)公司、浙江嘉兴麂皮厂三家企业共同发起,以定向募集方式于1994年3月26日设立的股份有限公司。公司设立时总股本为4,380万股,其中国家股3,382.9788万股,占总股本的77.24%;法人股为887.5212万股,占总股本的20.26%;内部职工股为109.5万股,占总股本的2.50%。

1994年8月,经南平地区财政局(94)南署财国资字第046号《关于福建南纺股份有限公司调整国家股股本的批复》、福建省体改委闽体改(1994)085号《关于同意福建南纺股份有限公司调整股本总额和股权结构的批复》批准,调整了国有资产折股比例,调整后,国家股由3,382.9788万股调整为3,184万股,占总股本的76.15%;法人股仍为887.5212万股,占总股本的21.23%;内部职工股仍为109.5万股,占总股本的2.62%,公司股本总额相应调整为4,181.0212万股。

1995年10月,公司经福建省体改委闽体改[1995]085号文《关于同意福建南纺股份有限公司实施配股的批复》批准,实施了配股方案,注册资本增加到5,005.2251万元。

公司于1996年根据国务院国发[1995]17号文《国务院关于原有有限责任公司和股份有限公司依照〈中华人民共和国公司法〉进行规范的通知》进行了规范,并经福建省人民政府闽政体股[1996]18号文《关于确认福建南纺股份有限公司规范工作的批复》确认,在福建省工商行政管理局进行了重新登记注册。

1997年3月,公司经福建省人民政府闽政体股[1997]45号文《关于福建南纺股份有限公司增资扩股及调整股权结构的批复》批准,面向福建天成集团有限公司和南平市国有资产管理局进行了定向增资扩股,福建天成集团有限公司成为第一大股东,注册资本增加到11,232.2475万元。

经中国证监会证监发行字[2004]13号文核准,公司于2004年5月14日采用全部向二级市场投资者定价配售发行方式发行8,000万股人民币普通股,每股面值1.00元,发行价每股4.40元。此次发行完成后,公司总股本变更为19,232.2475万股。

三、发行人主要经营情况

公司主营业务是生产、销售(含出口)棉纱、棉布(坯布)、机织PU革基布、PU革、非织造布,其中主营产品是PU革基布。

(一)公司的竞争优势与劣势

1、竞争优势

(1)本公司作为国内规模最大、品种最多、质量最好的机织PU革基布龙头企业,多年来引导着国内机织PU革基布产品开发、市场拓展的潮流。2002年8月中国产业用纺织品行业协会出具证明,公司在国内PU革基布市场占有率为30%左右。公司具有良好规模效益,综合实力明显,产品质量、企业信誉经得起时间考验,闽牌PU革基布获得了广泛的市场认可。

(2)公司主导产品机织PU革基布目前没有国家标准和行业标准,本公司等效采用日本油墨化学株式会社标准制定企业产品标准,按照ISO9001:2000标准建立了质量体系并良好运行,在产品标准、质量控制方面成为国内机织PU革基布行业领域的范本。

(3)公司具备产品创新能力,能够根据市场需求自主开发新、优、特品种。公司紧密跟踪市场最新动态,成立以来几乎每年都有新品种面市,产品品种、规格、档次齐全。

(4)公司注重战略规划,能及时调整产品结构档次和产业结构,使企业在激烈的竞争中立于不败之地。公司在机织基布实现由超薄向超厚重、超细纤维、功能性差别化纤维基布突破的同时,积极推出针刺基布,逐步实施水刺项目,并力争超越革基布,向卫生材料、土工滤布等产品领域渗透,公司的产业升级战略将使公司具备可持续发展能力。

(5)公司建立了覆盖全国的销售渠道和网络,绝大多数国内合成革厂商都是本公司客户。公司还围绕市场采取多种形式办厂,如控股子公司温州南纺革基布有限公司是本公司"把工厂办到市场"的一次卓有成效的尝试,在业内受到较高评价。从1998年开始,浙江省温州市成为全国最大最重要的PU革生产集散地,公司选派精兵打开温州市场,充分显示出产品质优、品种多、交货快等优势,但也暴露出劣势:公司距离温州500余公里,生产中心远离市场中心,运输成本增加,与用户沟通不便、市场信息反馈不灵。1999年初公司打破常规,投资1,000余万元与温州民营企业合资兴建温南公司,本公司控股62%,当年投产,当年获得较高收益。近年来《中国纺织报》刊登了《把工厂办到市场》、《国企牵手民营优势互补增效》等文章,对温南公司的办厂模式给予很高评价。

(6)公司拥有务实、求新、对市场反映灵敏的管理层。领导班子团结,有奉献精神,注重对员工开展艰苦创业、遵纪守法等思想教育,营造出少有的优秀企业文化。2001年7月,公司被中共中央组织部授予"全国先进基层党组织"荣誉称号,《中国纺织报》刊登了题为《南纺之路:双赢之路》文章,表扬福建南纺优秀企业文化;2001年12月公司被中央宣传部、组织部、国家经贸委、中华全国总工会联合授予"全国思想政治工作优秀企业"。

2、竞争劣势

(1)公司主营产品比较单一、市场容量有限。PU革基布是产业用布中一个细分支,也是一种中间产品。如果不走出PU革基布的圈子,企业发展后劲有限。

(2)公司正处于由机织PU革基布向非织造布转型、由劳动密集型产业向资金技术密集型产业升级阶段。由于非织造布在国内尚处于市场发育和层次提升阶段,公司非织造布的产销量虽然在前三年有所增长,但分别在主营业务收入、主营业务毛利的份额尚未超过10%,公司产品升级换代、产业结构转型是否成功有待市场和时间检验。

(3)公司存在技术替代风险、技术力量和技术人员仍显薄弱。公司主导产品机织PU革基布的技术正面临非织造技术的威胁,公司正在成长的针刺法在非织造布中面临水刺技术的威胁,故公司存在技术替代风险。

(4)公司产品开发和销售渠道开辟存在路径依赖限制。公司在已有产品和销售渠道上要想开发出新产品、开辟销售新渠道,必然有初始障碍、启动难度,这就受到了路径依赖的限制,得到市场的广泛认同需要过程。

(5)公司比私有企业、外资企业包袱重。纺织品属于完全竞争产品,公司脱胎于传统国有企业,受到一定影响。如公司传统纺纱、织布劳动力成本高、设备更新慢,但考虑到人员安置、稳定等社会因素,难于压缩,成本难于深幅下降。

(二)公司拥有的主要知识产权、非专利技术和政府特许经营权等

公司拥有的"闽牌"商标系列产品在国内市场上享有较高声誉,特别是"闽牌"PU革基布以其"品种系列化、质量优质化、价格合理化"等优势,深受国内外用户的青睐,是福建省首批名牌产品,2000年"闽牌"商标被评为福建省著名商标,2003年6月该商标再次被福建省著名商标认定委员会认定为福建省著名商标,有效期至2006年6月。

1994年,公司闽牌聚氨酯革起绒基布被国家科委等五家单位评为国家级新产品;1996年,公司超薄型PU革基布被国家经贸委评为1996年度国家级新产品;1997年,公司0.5MM和0.9MM聚氨酯服装革基布被国家经贸委评为"八五"项目国家级新产品、超厚重型(1.4MM)PU革基布被国家科委等五家单位评为国家重点新产品;2000年,公司高档仿麂皮革基布被国家科技部评为国家级重点新产品;2001年,公司锦涤针刺非织造牛芭革基布被福建省政府评为福建省2001年度科技进步奖。

90年代以来,公司相继开发了超厚重型PU革基布系列、超薄型PU革基布系列、绵羊绒基布、高档仿麂皮基布、纯涤针刺非织造太空革基布等新品种,共有22个新品种通过省级新产品鉴定,其中有国际水平的品种5个(0.50MM棉麻混纺服装革基布、1.0MM鞋用革基布、0.75MM聚氨酯革高

强基布、0.90MM 箱包革基布、1.20MM 棉麻涤混纺聚氨酯革基布），国内首创 6 个（高档仿麂皮革基布、超薄型 PU 革基布、聚氨酯革湿法基布、1.4MM 超厚重型 PU 革基布、0.75MM 和 0.8MM 透气革基布和纯粘胶皱纱布），国内先进 11 个（亚麻棉混纺粗平布、粘麻粗平布、超薄型 PU 革基布、新型浆料应用、0.50-0.65MM 机织磨砂革基布、粘胶平布、转杯纺苎麻棉混纺纱、全粘胶绵羊绒基布、锦涤针刺非织造牛芭革基布、纯涤针刺非织造太空革基布、0.25-0.45MM 镜面革基布），并有两项应用成果国内领先（新型浆料、OS21B 分梳棍齿条的研制推广）。

1994 年 12 月 17 日，经国家对外贸易经济合作部[94]外经贸政审函字第 1840 号文件批准，公司取得进出口经营权，进出口企业代码为 3500156983680,1999 年 2 月 3 日公司获得对外贸易经济合作部颁发的《中华人民共和国进出口企业资格证书》。

四、主要财务指标

请参阅本上市公告书"第七节　财务会计资料""部分的相关内容。

第四节　股票发行与股本结构

一、本次股票上市前首次公开发行股票情况

1、股票种类：人民币普通股（A 股）

2、每股面值：1.00 元

3、发行数量：8,000 万股

4、发行价格：4.40 元/股

5、募股资金总额：本次发行募股资金总额 35,200 万元，扣除发行费用后实收募股资金净额 33,448.68 万元

6、发行方式：全部向二级市场投资者定价配售

7、发行对象：于 2004 年 5 月 11 日持有上海证券交易所或深圳证券交易所已上市流通人民币普通股（A 股）股票的收盘市值总和不少于 10,000 元的投资者。

8、发行费用：本次发行费用总额共 1,751.32 万元，主要包括承销费、审计费、评估费、律师费、上网发行费、审核费等；每股发行费用共计 0.22 元。

二、本次股票上市前首次公开发行股票的承销情况

本次公开发行的 8,000 万股社会公众股的配号总数 88,013,256 个，中签率 0.09089540%。其中，二级市场投资者认购 79,426,578 股，余股 573,422 股由主承销商海通证券股份有限公司包销。

三、本次股票上市前首次公开发行股票所募股资金的验资报告

福建华兴有限责任会计师事务所为本次发行出具了闽华兴所（2004）验字 F-003 号《验资报告》。报告全文如下：

福建南纺股份有限公司全体股东：

我们接受委托，审验了福建南纺股份有限公司（以下简称"贵公司"）截至 2004 年 5 月 20 日止新增注册资本的实收情况。按照国家相关法律、法规的规定和协议、章程的要求出资，提供真实、合法、完整的验资资料，保护资产的安全、完整是全体股东及贵公司的责任。我们的责任是对贵公司新增注册资本的实收情况发表审验意见。我们的审验是依据《独立审计实务公告第 1 号----验资》进行的。在审验过程中，我们结合贵公司的实际情况，实施了检查等必要的审验程序。

贵公司原注册资本和实收资本均为人民币壹亿壹仟贰佰叁拾贰万贰仟肆佰柒拾伍元整（RMB112,322,475.00 元），已经我所于 1997 年 3 月 19 日出具的闽华兴所（97）股验字第 45 号验资报告予以审验。根据贵公司 2002 年度第一次临时股东大会决议，并于 2004 年 2 月 17 日经中国证券监督管理委员会以证监发行字[2004]13 号文《关于核准福建南纺股份有限公司公开发行股票的通知》核准，贵公司向社会公开发行人民币普通股股票 8,000 万股。发行方式为全部向二级市场投资者定价配售，每股发行价为人民币 4.40 元。经我们审验，截至 2004 年 5 月 20 日止，贵公司本次发行募集资金为人民币 352,000,000.00 元，扣除交易所发行手续费及券商承销手续费 13,383,169.51 元后，已缴入募集的股款为人民币 338,616,830.49 元。同时扣除贵公司为本次股票发行所支付的评估费、审计费、律师费等费用合计人民币 4,130,000.00 元，实际募集资金净额为人民币 334,486,830.49 元，其中增加注册资本人民币捌仟万元整（RMB80,000,000 元），增加资本公积人民币 254,486,830.49 元，变更后的注册资本和实收资本均为人民币壹亿玖仟贰佰叁拾贰万贰仟肆佰柒拾伍元整（RMB192,322,475.00 元）。社会公众股股东均以货币资金出资，款项存入贵公司中国工商银行南平市工行延平支行 1406041629001072611 账号。

本验资报告仅供贵公司申请变更登记及据以向股东签发出资证明时使用，不应将其视为对贵公司验资报告日后资本保全、偿债能力和持续经营能力等的保证，因使用不当所造成的后果，与执行本验资业务的注册会计师及本会计师事务所无关。

附送：1、新增注册资本实收情况明细表　　2、注册资本变更前后对照表

中国注册会计师：刘久芳　　福建华兴有限责任会计师事务所

中国注册会计师：陈漩　　中国福州市　　　二零零四年五月二十日

四、本次募股资金入帐情况

入帐时间：2004 年 5 月 20 日　　入帐金额：338,616,830.49 元

开户银行：中国工商银行南平市工行延平支行

入帐帐号：1406041629001072611

五、本公司上市前股权结构及各类股东的持股情况

1、本次上市前股权结构：

股份类别	数量（万股）	比例（%）
国有法人股	6175.5065	32.11
国家	3873.8199	20.14
社会法人股	1051.5212	5.47
内部职工股	131.3999	0.68
普通股	8000.00	41.60
总股本	19232.2475	100.00

2、本次上市前，前十大股东持有本公司股份情况：

序号	股东名称	数量（万股）	比例
1	福建天成集团有限公司	6175.5065	32.11%
2	南平市国有资产投资经营有限公司	3873.8199	20.14%
3	闽北武夷信托投资公司	405.5212	3.61%
4	南平市联才投资有限公司	144.00	2.11%
5	福建省晋江市英林玉板协鑫制衣有限公司	140.00	0.73%
6	浙江禾欣实业股份有限公司	100.00	0.52%
7	南方证券有限公司	62.30	0.32%
8	福建南平电缆股份有限公司	60.00	0.31%
9	海通证券股份有限公司	57.3422	0.30%
10	淮北市纺织国有资产控股有限公司	35.00	0.18%

第五节　董事、监事、高级管理人员及核心技术人员

一、董事、监事、高级管理人员与核心技术人员简介

1、董事会成员简介

陈军华：男，汉族，1959 年 10 月出生，1981 年参加工作，中共党员，大专学历，经济师。现任公司董事长，天成集团党委书记、董事长，福建天成集团服装进出口有限公司董事长。历任福建省针棉毛织品进出口公司办公室主任、总经理助理、副总经理、福建省纺织品进出口公司副总经理（法定代表人）。

卢济真：男，汉族，1949 年 10 月出生，1968 年参加工作，中共党员，中专学历，会计师，现任公司常务副董事长、总经理、党委委员，公司控股子公司温南公司和福建南平新南针有限公司董事长。历任原南平纺织厂财务科会计、副科长、厂长助理，福建南纺第一、二届董事会董事、副总经理兼财务部经理、副总经理、常务副总经理。

石应群：女，汉族，1953 年 2 月出生，1972 年参加工作，中共党员，大专学历，会计师。现任公司副董事长，天成集团副董事长、党委委员、总裁、福建天成集团针棉毛织品进出口有限公司董事长。历任福建省针棉毛织品进出口公司财务部经理、总经理助理、副总经理。

李敦波：男，汉族，1963 年 6 月出生，1983 年参加工作，中共党员，大专学历、企业管理研究生结业，会计师职称，中国注册会计师。现任公司董事，天成集团总裁助理兼财务部经理，福建天成集团服装进出口公司董事，福建省对外经贸会计学会常务理事。历任福建省拆船公司会计、主办会计，福建华美铜制品公司主办会计，福建省丝绸进出口公司会计，福建安信会计师事务所部门经理，福建天成集团服装进出口有限公司财务部经理，福建南纺财务总监。

郾辉：男，汉族，1972 年 10 月出生，1994 年参加工作，中共党员，大学学历，会计师。现任公司董事，福建天成集团针棉毛织品进出口有限公司和福建正新麻棉毛制品有限公司董事，天成集团资产运营部副经理。曾任福建省针棉毛织品进出口公司财务部会计。

黄书荣：男，汉族，1963 年 4 月出生，1980 年 8 月参加工作，中共党员，在职大学学历，高级会计师，中国注册会计师（非执业）。现任公司董事、南平国投副董事长、总经理。历任南平水泥厂财务科科员、财务科副科长、科长，南平水泥股份有限公司财务部经理、副总经理、总会计师、总经理。

涂景荣：男，汉族，1966 年 12 月出生，1987 年 7 月参加工作，中共党员，江苏工学院企业管理专业毕业，大学本科学历，经济师。现任公司董事、南平国投产权管理部经理。历任南平电缆股份有限公司企管办副主任，铜杆车间主任。

陈明森：公司独立董事，男，1947 年 11 月出生，中共党员，1981 年福建师范大学经济学研究生毕业，1982 年至 1992 年担任福建师范大学经济研究所研究室主任、副教授。现任福建社会科学院经济研究所所长，教授，研究员，厦门大学博士生导师，享受国务院政府特殊津贴专家，福建省人民政府经济顾问，福建省证券经济研究会会长，福建省委党校特聘教授，福州大学兼职教授。

徐　珊：公司独立董事，男，1969 年 1 月出生，1991 年厦门大学计算机与系统科学系本科毕业，1994 年厦门大学会计系研究生毕业，2001 年获厦门大学管理学（会计学）博士学位，证券业务特许注册会计师。现任厦门天健会计师事务所合伙人、中央企工委监事会主席特别技术助理、《长期投资与合并会计报表》副主编。

王仁堂：公司独立董事，男，1963 年 6 月出生，中共党员。1986 年上海华东政法学院法律系本科毕业，法学士学位，经济师、律师。1986 年 11 月，取得律师资格；1992 年 4 月，取得三级律师资格；1993 年 6 月，首批取得司法部、国家证券委授予的证券律师资格；1996 年 12 月，被福建省福州市仲裁委员会首批聘任为仲裁员；1998 年 12 月首批取得全国法律顾问资格；2002 年 6 月，取得独立董事任职资格。现任中国银行福建省分行首席法律顾问兼法律与合规处、资产保全处处长，福建建达律师事务所律师。历任福建对外经济律师事务所律师、福建侨务经济律师事务所律师。

冯学本：公司独立董事，男，1948 年 3 月出生，1980 年无锡轻工业大学本科毕业，高级工程师，现任无锡嘉元非织造技术研究所总工程师。历任江苏清江合成纤维厂车间主任，原纺织工业部无锡纺机研究所研究室主任。

2、监事会成员简介

毛若华：女，1950 年 10 月出生，1969 年 9 月参加工作，中共党员，初中文化。现任公司党委副书记、工会主席、监事会召集人。历任原南平纺织厂细纱车间工段长、车间副主任、党委副书记兼工会主席，公司第一届董事会董事、第二届监事会召集人。

肖如钦：男，1946 年 4 月出生，1968 年 12 月参加工作，中共党员，大学学历，工程师。现任公司监事、党委副书记、纪委书记。历任南平纺织厂细纱车间工人、技术员、副主任、主任，邵武南纺有限公司副总经理，公司第一、二届监事会监事。

郾建人：男，1968 年 1 月出生，1989 年 8 月参加工作，中共党员，大学学历。现任公司监事、福建天成集团有限公司资产运营部经理。历任福建省体改委科长，福建省企业策划中心部门经理、主任助理。

3、高级管理人员简介

李祖安：男，1963 年 1 月出生，1983 年 9 月参加工作，中共党员，大学学历，工程师，现任公司副总经理、福建延嘉合成皮有限公司副董事长。曾任某空军高炮学校分队指挥班学员，某空军高炮学院教员、副主任、主任，福建省外经贸厅直属机关党委主任科员、助理调研员。

汤树生：男，1956 年 10 月出生，1978 年 7 月参加工作，中共党员，大专学历，工程师。现任公司副总经理，历任南平纺织厂布机车间工人、副主任、主任，公司织布一厂副厂长、厂长，市场营销部经理，技术开发中心主任，总经理助理兼非织造布厂厂长。

李峰：男，1968 年 3 月出生，1990 年 8 月参加工作，中共党员，大学学历，会计师。现任公司财务总监，福建南平新南针有限公司监事。历任福建省外经贸厅财务处、审计处科员、副主任科员、主任科员，福建天成集团集团有限公司审计部经理。

刘正虹：女，1955 年 8 月出生，1975 年 12 月参加工作，中共党员，大专学历。现任公司董事会秘书、办公室主任，公司控股子公司温南公司监事，历任南平纺织厂布机车间工人、教练员，财务科现金出纳、成本会计、主办会计、公司办公室副主任、主任。

目前，公司董事长陈军华先生、副董事长石应群女士分别兼任控股股东天成集团董事长和副董事长，（他们已于 2004 年 4 月共同承诺自公司股票公开发行之日起两个月内，分别辞去本公司董事长和副董事长一职），除此之外，公司上述其他董事、监事、高管人员没有在关联单位兼职；上述人员均在有效任期以内，任期为 2003 年 5 月至 2006 年 5 月，签署的所有法律文件均合法有效。

4、核心技术人员简介

蒋渝嘉：男，1965 年 5 月出生，1982 年参加工作，分析化学专业大专学历，工程师，现任公司副总工程师兼非织造布厂总工程师。历任重庆天原化工总厂技监处技术员，海南欣龙无纺股份有限公司热扎、水刺车间主任、生产技术部副部长、副总工程师兼水刺事业部技术总监等职。

彭惠华：男，1966 年 10 月出生，1988 年 8 月参加工作，中共党员，大学学历，高级工程师，现任公司技术开发中心主任。历任南平纺织厂棉织工艺助理工程师，公司棉织工艺工程师、织布一厂技术组组长，生产技术部经理助理，技术开发中心主任助理、副主任。

颜建云：男，1967 年 2 月出生，1988 年 8 月参加工作，中共党员，大学学历，高级工程师，现任公司技改装备部经理。历任南平纺织厂设备科助理工程师，公司生产技术部主办科员、工程师，技改装备部经理助理、副经理。

叶寿兴：男，1967 年 7 月出生，1988 年 8 月参加工作，中共党员，大学学历，高级工程师，现任公司非织造布厂厂长。历任南平机床维修厂一分厂副厂长，公司机修车间助理工程师、工程师，纺纱厂前纺车间工程师、副主任，纺纱厂工程师、厂长助理，非织造布厂二车间工程师、副主任、主任、水刺车间主任。

二、上述人员及其家属持有公司股份的情况

序号	姓　名	现持有内部职工股股数	家属持股情况 姓　名	关系	持有职工股股数
1	陈军华	5346 股			无
2	卢济真	6480 股	俞宝芬	配偶	2400 股

3	石应群	1000 股			无
4	鄢　辉	1000 股			无
5	毛若华	8880 股			无
6	肖如钦	2400 股	王美珠	配偶	312 股
7	鄢建人	1000 股			无
8	李祖安	0 股			无
9	李　峰	0 股			无
10	刘正虹	2400 股	冯建杰	配偶	2400 股
1	汤树生	3600 股			无
12	彭惠华	360 股	李　俊	配偶	450 股
13	颜建云	60 股	俞建萍	配偶	312 股
14	叶寿兴	360 股	胡金仙	配偶	370 股

第六节　同业竞争与关联交易

一、同业竞争情况

目前，本公司第一大股东福建天成集团有限公司、第二大股东南平市国有资产投资运营有限公司及其关联方未从事与本公司有实质性竞争的业务，并已出具避免同业竞争的承诺函。

公司律师和保荐机构认为，本公司与主要股东及主要股东的下属企业之间不存在任何同业竞争，公司避免同业竞争的措施可行、且有效。

二、关联交易情况

前三年的关联交易情况如下表所示：

序号	关联交易内容	2001 年度 交易金额（元）	2001 年度 同期同类业务占比	2002 年度 交易金额（元）	2002 年度 同期同类业务占比	2003 年度 交易金额（元）	2003 年度 同期同类业务占比
1	房屋租赁等综合服务	1,300,000	占管理费用的 3.05%	不再存在关联交易			
2	代理进口涤纶	12,013,980.42	9.99%	4,493,424.64	3.66%	0	0
	购买机织基布	尚未出现此类关联交易		521,521.49	0.15%	539,196.06	0.10%
3	购开松棉	358,604.83	2.98%	不再存在关联交易			
	搬运	2,754,071.96	62.34%				
4	租车	尚未出现此类关联交易		500,000.00	100%		未发生此类关联交易

1、房屋租赁等综合服务

2001 年第二大股东南平国投为本公司提供房屋租赁、环卫绿化等综合服务，2002 年起非经营性资产转由其他公司持有经营，南平国投与本公司不再存在此类关联交易。

2、控股股东的子公司福建省纺织品进出口公司代理进口涤纶、购买基布

福建省纺织品进出口公司专业从事纺织品进出口，对国际市场较熟悉，所获价格更优惠，公司部分原材料涤纶的采购上委托福建省纺织品进出口公司代为进口，2003 年起，由于国产涤纶具有优势，该关联交易已降为零。该公司从 2002 年开始掌握到一定国际市场信息，从本公司购买少量机织基布，用于出口。

3、公司与原股东南平利宏工贸公司存在购开松棉、搬运的关联交易

开松棉是边脚料再加工后的产品，其收集、加工过程耗用劳力多，收益低，本公司向南平利宏工贸公司再回收开松棉；同时，该公司为本公司提供部分搬运劳务。从 2002 年，南平利宏工贸公司将所持本公司 165.5212 万股进行了转让，与本公司不再存在关联关系和关联交易。

4、2002 年公司与大股东天成集团存在汽车租赁的关联交易

2002 年，公司租用天成集团商务用车，租期 5 年，租金共计 50 万元，租赁价格公允、合理，视同独立企业交易，以后发生类似关联交易的可能性较小。

发行人保荐机构和律师均认为：关联方、关联关系及关联交易已全面披露，不存在损害公司及其他股东利益的情况，已发生的关联交易合法合规、真实有效，不存在纠纷和潜在的法律风险。

第七节　财务会计资料

本公司前三年即 2001 年至 2003 年的财务会计资料已于 2004 年 5 月 11 日在《中国证券报》、《上海证券报》、《证券时报》和《证券日报》上刊登的招股说明书摘要中进行了披露，投资者欲了解详细内容，请查阅上述报纸或刊载于上海证券交易所网站（WWW.SSE.COM.CN）的招股说明书全文及其附录。

一、注册会计师意见

福建华兴有限责任会计师事务所对本公司 2003 年 12 月 31 日、2002 年 12 月 31 日、2001 年 12 月 31 日合并资产负债表和母公司资产负债表，2003 年度、2002 年度、2001 年度合并利润及利润分配表和母公司利润及利润分配表，2003 年度、2002 年度合并现金流量表和母公司现金流量表进行了审计并出具了标准无保留意见的闽华兴所(2004)审字 F-008 号审计报告。

二、简要会计报表

1、简要资产负债表　单位：元

项目	2003.12.31	2002.12.31	2001.12.31
流动资产	251,017,890.53	212,166,242.71	273,484,349.61
长期投资	49,752,186.30	48,248,411.94	42,204,976.00
固定资产	364,043,798.28	322,408,058.04	256,341,486.11
无形资产及其他资产	36,352,254.93	29,287,800.89	25,354,656.11
资产总计	701,166,130.04	612,110,513.58	597,385,467.83
流动负债	230,285,750.21	220,108,620.15	274,032,759.26
长期负债	130,466,027.30	83,060,000.00	20,042,081.51
负债合计	360,751,777.51	303,168,620.15	294,074,840.77
少数股东权益	24,934,689.10	18,185,874.42	23,901,062.98
股东权益	315,479,663.43	290,756,019.01	279,409,564.08
负债和股东权益总计	701,166,130.04	612,110,513.58	597,385,467.83

2、简要利润表　单位：元

项目	2003 年度	2002 年度	2001 年度
主营业务收入	543,243,832.17	455,906,607.41	411,777,158.70
主营业务利润	84,001,546.13	90,714,748.06	87,482,602.31
营业利润	34,553,145.97	33,436,575.58	27,838,172.17
利润总额	36,234,519.53	36,854,361.54	40,093,526.15
净利润	24,723,644.42	25,947,494.80	24,784,648.41

3、简要现金流量表　单位：元

项目	2003 年度
经营活动产生的现金流量净额	47,852,608.16
投资活动产生的现金流量净额	−46,146,554.81
筹资活动产生的现金流量净额	−2,230,988.89
现金及现金等价物净增加额	−537,512.54

三、主要财务指标

财务指标	2003 年度	2002 年度	2001 年度
流动比率	1.09	0.99	1.00
速动比率	0.58	0.61	0.69
应收帐款周转率(次/年)	14.08	11.31	10.14
存货周转率(次/年)	5.55	4.4	3.89
无形资产占(不含土地使用权)总资产的比例	0	0	0
资产负债率(母公司)	51.10%	49.5%	48.10%
净资产收益率	7.84	8.92	8.87
扣除非经常性损益后净资产收益率	7.07	8.47	5.24
每股收益(元)	0.22	0.23	0.22
每股净资产(元)	2.81	2.59	2.49
每股经营活动现金净流量(元)	0.43	0.41	0.45
每股净现金流量(元)	−0.0048	−0.0966	0.1847

第八节　其他重要事项

1、自本公司股票首次公开发行之日至本上市公告书公告之日，本公司严格按照《公司法》、《证券法》等法律法规要求，规范运行，生产经营情况正常；所处行业或市场无重大变化，主要业务发展目标的进展状况正常，主要投入、产出物供求及价格无重大变化。

2、自本公司股票首次公开发行之日至本上市公告书公告之日，本公司没有进行重大对外投资，无重大资产(股权)收购或出售行为。

3、自本公司股票首次公开发行之日至本上市公告书公告之日，本公司住所没有发生变更。

4、自本公司股票首次公开发行之日至本上市公告书公告之日，本公司未涉及任何重大诉讼、仲裁或行政处罚案件，亦没有尚未了结或可能面临的重大诉讼和赔偿要求。

5、自本公司股票首次公开发行之日至本上市公告书公告之日，本公司董事、监事和高级管理人员未受到任何刑事起诉，亦没有尚未了结或可能发生的刑事诉讼事项。

6、自本公司股票首次公开发行之日至本上市公告书公告之日，本公司重大会计政策和会计师事务所没有发生变化。

7、自本公司股票首次公开发行之日至本上市公告书公告之日，本公司未发生新的重大负债；并且重大债项未发生变化。

8、根据本公司于 2004 年 5 月 11 日在《中国证券报》、《上海证券报》、《证券时报》和《证券日报》上刊登的招股说明书摘要，以及在上海证券交易所网站（WWW.SSE.COM.CN）刊载的《福建南纺股份有限公司首次公开发行股票招股说明书》第十三章"股利分配政策"的说明：本次股票发行后，持有公司股票的社会公众股股东与公司股票发行前的老股东共享公司股票发行前滚存的未分配利润。

2004 年 5 月 23 日上午，公司第四届董事会第四次会议在福州市武夷中心召开，审议通过的相关议案详见《福建南纺股份有限公司第四届董事会第四次会议决议暨召开 2003 年度股东大会的公告》。此次董事会对 2003 年利润分配预案进行了修订：原拟向公开发行前全体股东（共 11,232.2475 万股）每 10 股派发现金红利 1.30 元(含税)，修订为向公开发行后全体股东（共 19,232.2475 万股）每 10 股派发现金红利 0.75 元(含税)，共计 14,424,185.63 元，其余年末未分配利润，结转下一年度。2003 年度不进行公积金转增股本。修订后的 2003 年度利润分配预案尚需提交于 2004 年 6 月 28 日召开的 2003 年度股东大会通过。

9、根据《上海证券交易所股票上市规则》，本公司第一大股东福建天成集团有限公司承诺，自本公司股票上市之日起 12 个月内，不转让其持有的本公司股份，也不由本公司回购其所持有的本公司股份。

10、自本公司股票首次公开发行之日至本上市公告书公告之日，没有其他应披露而未披露之重大事项。

第九节　董事会上市承诺

本公司董事会承诺将严格遵守《中华人民共和国公司法》、《中华人民共和国证券法》、《股票发行与交易管理暂行条例》、《公开发行股票公司信息披露实施细则》和《上海证券交易所股票上市规则》等国家有关法律、法规和有关规定，并自股票上市之日起做到：

1、真实、准确、完整、公允和及时地公布定期报告，披露所有对投资者有重大影响的信息，并接受中国证监会、证券交易所的监督管理；

2、公司在知悉可能对股票价格产生误导性影响的任何公共传播媒介中出现的消息后，将及时予以公开澄清；

3、公司董事、监事、高级管理人员和核心技术人员将认真听取社会公众的意见和批评，不利用已获得的内幕消息和其他不正当手段直接或间接从事发行人股票的买卖活动；

4、公司没有无记录的负债

第十节　保荐机构及其意见

一、保荐机构情况

保荐机构：海通证券股份有限公司

法定代表人：王开国

注册地址：上海市淮海中路 98 号

电话：021-53594566

传真：021-53822542

联系人：林涌、王海滨、王镇华

二、保荐机构意见

本公司保荐机构认为：本公司章程符合《中华人民共和国公司法》等有关法律、法规和中国证监会关于公司章程的相关规定；根据《中华人民共和国公司法》、《中华人民共和国证券法》、《股票发行与交易管理暂行条例》、《上海证券交易所股票上市规则》等国家有关法律、法规的规定，本公司首次公开发行的股票已具备公开上市的条件。

本公司保荐机构保证本公司的董事了解法律、法规、上海证券交易所上市规则及股票上市协议规定的董事的义务与责任，并协助发行人健全了法人治理结构、制定了严格的信息披露制度与保密制度。

本公司保荐机构已对上市文件所载的资料进行了核实，确保上市文件真实、准确、完整，符合规定要求。保证本公司的上市申请材料、上市公告书没有虚假记载、误导性陈述或者重大遗漏，并保证对其承担连带责任。

本公司保荐机构愿意推荐本公司股票在上海证券交易所上市交易，并保证不利用在上市过程中获得的内幕信息进行内幕交易，为自己或他人谋取利益。

福建南纺股份有限公司

2004 年 5 月 26 日

中金黄金股份有限公司

中金黄金股份有限公司2003年年度报告

重要提示

本公司董事会及董事保证本报告所载资料不存在任何虚假记载、误导性陈述或重大遗漏，并对其内容的真实性、准确性和完整性承担个别及连带责任。

公司独立董事董安生先生因工作原因未能出席本次董事会，委托独立董事吴晓根代为出席会议，并代行表决权。

公司董事长宋鑫先生、总经理王晋定先生、财务负责人麻伯平先生及财务与会计部经理魏浩水先生声明：保证2003年度报告中财务报告的真实、完整。

一、公司基本情况简介

(一)公司法定名称：
中文名称：中金黄金股份有限公司
中文缩写：中金黄金
英文名称：ZHONGJIN GOLD CO., LTD.
英文缩写：ZJGC
(二)公司法定代表人：宋鑫
(三)公司董事会秘书：李跃清
联系地址：天津经济技术开发区洞庭路27号九洲大厦13层
联系电话：022--66201747
传真：022--66201498
电子信箱：liyueqing@netease.com
(四)公司注册地址：天津港保税区海滨路28号
公司办公地址：天津经济技术开发区洞庭路27号九洲大厦13层
邮政编码：300457
互联网网址：http://www.zjgold.com
电子信箱：zjgold@zjgold.com
(五)公司选定的信息披露报纸为中国证监会指定《中国证券报》、《上海证券报》
登载年度报告的中国证监会指定互联网网址：http://www.sse.com.cn
公司年度报告备置地点：公司董事会秘书事务部
(六)公司股票上市证券交易所：上海证券交易所
股票简称：中金黄金
股票代码：600489
(七)其他有关资料：
公司注册登记日期：2000年6月23日
企业法人营业执照注册号：1201921001143
税务登记号：120116722983037
公司聘请的会计师事务所名称：武汉众环会计师事务所有限责任公司
公司聘请的会计师事务所地址：武汉解放大道单洞路口武汉国际大厦B栋16楼
邮政编码：430022

二、会计数据和业务数据摘要

(一)本年度会计数据和业务数据　单位:元

利润总额	59,100,077.83
净利润	39,789,149.26
扣除非经常性损益后的净利润	37,377,606.48
主营业务利润	149,228,184.24
其他业务利润	-33,034.83
营业利润	54,670,817.23
投资收益	771,784.61
营业外收支净额	-1,072,524.01
经营活动产生的现金流量净额	72,962,736.14
现金及现金等价物净增加额	361,583,169.11
注：扣除非经常性损益项目和涉及金额：	
补贴收入	3,169,100.00
营业外收入与支出	-757,557.22
合计	2,411,542.78

(二)近三年主要会计数据和财务指标　单位:元

项目	2003年	2002年
主营业务收入	2,184,274,158.44	878,100,962.38
净利润	39,789,149.26	36,414,212.56
总资产	1,121,370,662.17	723,916,096.14
股东权益	763,674,829.85	335,593,191.41
每股收益(摊薄)	0.1421	0.2023
每股收益(加权)	0.1865	0.2023
扣除非经常性损益后的净利润	37,377,606.48	36,105,808.55
每股净资产	2.73	1.92
调整后的每股净资产	2.71	1.85
每股经营活动现金流量净额	0.26	0.65
净资产收益率(摊薄)%	5.21	10.85
净资产收益率(加权平均)%	8.21	11.47
扣除非经常性损益后的	7.71	
净资产收益率(加权平均)%		2001年
项目		584,499,074.65
主营业务收入		34,916,150.67
净利润		653,202,873.49
总资产		299,159,621.21
股东权益		0.1940
每股收益(摊薄)		0.1940
每股收益(加权)		37,099,550.92
扣除非经常性损益后的净利润		1.66
每股净资产		1.64
调整后的每股净资产		0.26
每股经营活动现金流量净额		11.67
净资产收益率(摊薄)%		11.95
净资产收益率(加权平均)%		
扣除非经常性损益后的		
净资产收益率(加权平均)%		

(三)报告期内股东权益变动情况　单位:元

项目	股本	资本公积	盈余公积
期初数	180,000,000.00	94,936,176.15	9,162,355.52
本期增加	100,000,000.00	288,292,489.18	3,978,914.93
本期减少			
期末数	280,000,000.00	383,228,665.33	13,141,270.45
变动原因	1亿股新股发行	溢价发行	本年利润提取
项目	法定公益金	未分配利润	合计
期初数	9,162,355.52	42,332,304.22	335,593,191.41
本期增加	3,978,914.93	39,789,149.26	436,039,468.30
本期减少		7,957,829.86	7,957,829.86
期末数	13,141,270.45	74,163,623.62	763,674,829.85
变动原因	本年利润提取	损益增减与分配	

股东权益期末数为76,367万元，比期初的33,559万元增加42,808万元，影响的主要因素有：公司2003年7月30日以每股发行价格人民币4.05元，发行了每股面值1.00元的社会公众股10,000万股，使公司股本增加10,000万元；超出面值1元的溢价发行部分扣除发行费用后28,829万元增加了公司资本公积；公司本期实现了净利润3,979万元。

三、股本变动及股东情况

(一)股本变动情况(截止2003年12月31日)

1.公司股份变动情况表　单位:股

股份类别	本次变动前	本次变动增减(+,-)	本次变动后
一、未上市流通股份			
1.发起人股份	180,000,000		180,000,000
其中：			
国家持有股份	159,353,900		159,353,900
境内法人持有股份	20,646,100		20,646,100
其他			
2.募集法人股份			
3.内部职工股			
4.优先股或其他			
未上市流通股份合计	180,000,000		180,000,000
二、已上市流通股份			
1.人民币普通股		100,000,000	100,000,000
2.境内上市的外资股			
3.境外上市的外资股			
4.其他			
已上市流通股份合计		100,000,000	100,000,000
三、股份总数	180,000,000	100,000,000	280,000,000

2.股票发行与上市情况

本公司经中国证监会证监发行字[2003]71号文批准，于2003年7月30日向社会公开发行10,000万股人民币普通股股票，发行价格4.05元/股，发行市盈率20倍，并经上证上字[2003]95号文批准，于2003年8月14日在上海证券交易所上市交易。公司的国家股、国有法人股、法人股暂不上市流通。发行上市后公司股本总数280,000,000股，其中：国有股159,353,900股，国有法人股19,990,700股，法人股655,400股，上市流通人民币普通股100,000,000股。详情请参阅2003年8月9日《中国证券报》、《上海证券报》和《证券时报》刊登的《上市公告书》。

(二)股东情况

1.报告期末股东总数为45790户。

2.报告期末，主要股东及持股情况(截止2003年12月31日)：　单位:股

序号	前10名股东名称	年末持股数量	比例(%)
1	中国黄金集团公司	159,353,900	56.91
2	中信国安黄金有限责任公司	13,108,700	4.68
3	申银万国--花旗--UBSLIMITED	5,388,459	1.92
4	河南豫光金铅集团有限责任公司	3,277,200	1.17
5	西藏自治区矿业开发总公司	2,294,000	0.82
6	中国工商银行--金泰证券投资基金	1,027,759	0.37
7	王生荣	781,976	0.28
8	天津天保控股有限公司	655,400	0.23
9	山东莱州黄金(集团)有限公司	655,400	0.23
10	天津市宝银号贵金属有限公司	655,400	0.23

序号		股份类别	股东性质
1	中国黄金集团公司	非流通	国有股
2	中信国安黄金有限责任公司	非流通	国有法人股
3	申银万国--花旗--UBSLIMITED	流通股	
4	河南豫光金铅集团有限责任公司	非流通	国有法人股
5	西藏自治区矿业开发总公司	非流通	国有法人股
6	中国工商银行--金泰证券投资基金	流通股	
7	王生荣	流通股	
8	天津天保控股有限公司	非流通	国有法人股

9	山东莱州黄金(集团)有限公司	非流通	国有法人股
10	天津市宝银号贵金属有限公司	非流通	社会法人股

说明：

(1)在报告期内持有5%以上(含5%)的股东所持股份没有被质押、冻结或托管的情况。

(2)前10名股东中，国有股，法人股股东之间不存在关联关系，也不存在一致人行动情况。未知流通股股东中是否存在一致行动人情况。

3.公司控股股东情况介绍

报告期内经国务院批复，我公司第一大股东--中国黄金总公司已依法变更为中国黄金集团公司，隶属国家国有资产监督管理委员会，并于2003年8月19日挂牌，因此，公司控股股东已变更为中国黄金集团公司。此公告刊登在2003年11月26日《中国证券报》和《上海证券报》上。

控股股东：中国黄金集团公司

成立日期：二00三年一月十四日

注册资本：二十亿元

法定代表人：成辅民

经营范围主营：组织黄金系统的地质勘查、生产、冶炼、工程招标、黄金生产的副产品及其制品的销售；黄金系统企事业单位所需原材料、燃料、设备的仓储、计划内供应、计划外批发、零售；承担本行业的各类国外承包工程及工程所需设备、材料的出口；对外派遣本行业工程、生产、服务行业的劳务人员；经营或代理除国家组织同意联合经营的16种出口商品和国家实行核定公司经营的14种进口商品以外的其它商品及技术的进出口业务。

兼营：与主营业务有关的技术咨询、技术服务。

企业类型：全民所有制

4.公司前10名流通股股东情况　单位：股

序号	流通股股东名称	年末持股数量	比例(%)
1	申银万国--花旗--UBSLIMITED	5,388,459	1.92
2	中国工商银行--金泰证券投资基金	1,027,759	0.37
3	王生荣	781,976	0.28
4	上海老凤祥有限公司	383,000	0.14
5	李宇航	336,400	0.12
6	王怡	321,300	0.11
7	谢晖	312,700	0.11
8	上海凤祥大酒店有限公司	260,000	0.09
9	周鹏鹰	207,000	0.07
10	石必良	205,650	0.07

{注}：公司未知前十名流通股股东之间存在关联关系和一致行动人情况。

四、董事、监事、高级管理人员和员工情况

(一)公司董事、监事、高级管理人员

1.公司董事、监事、高级管理人员基本情况

姓　名	任职情况	性别	年龄	任职起止日期	持股数量 年初数	持股数量 年末数
宋　鑫	董事长	男	41	2003.9-2006.8	0	0
王晋定	副董事长、总经理	男	37	2003.9-2006.8	0	0
孙永发	副董事长	男	56	2003.9-2006.8	0	0
刘　冰	董事	男	40	2003.9-2006.8	0	0
刘丛生	董事	男	48	2003.9-2006.8	0	0
李惠琴	董事	女	40	2003.9-2006.8	0	0
麻伯平	董事、副总经理、财务负责人	男	44	2003.9-2006.8	0	0
刘海田	董事	男	45	2003.9-2006.8	0	0
琼　达	董事	男	39	2003.9-2006.8	0	0
翟延明	董事	男	52	2003.9-2006.8	0	0
董安生	独立董事	男	44	2003.9-2006.8	0	0
徐　泓	独立董事	女	48	2003.9-2006.8	0	0
吴晓根	独立董事	男	38	2003.9-2006.8	0	0
罗家珂	独立董事	男	70	2003.9-2006.8	0	0
魏俊浩	独立董事	男	42	2003.9-2006.8	0	0
傅世玮	监事会主席	男	50	2003.9-2006.8	0	0
陈雄伟	监事	男	42	2003.9-2006.8	0	0
宋宪彬	监事	男	49	2003.9-2006.8	0	0
鲍海文	监事	男	40	2003.9-2006.8	0	0
尹宏海	监事	男	43	2003.9-2006.8	0	0
楼隆耀	监事	男	60	2003.9-2006.8	0	0
邓鹏飞	监事	男	49	2003.9-2006.8	0	0
叶建武	党委书记、副总经理	男	52	2003.9-2006.8	0	0
王文成	副总经理、总工程师	男	39	2003.9-2006.8	0	0
李升年	审计专员、纪委书记、工会主席	男	57	2003.9-2006.8	0	0
李跃清	副总经理、董秘	男	38	2003.9-2006.8	0	0

说明：

(1)公司未知本报告期内公司董事、监事、高级管理人员持有公司股票。

(2)报告期内董事、监事在股东单位任职情况

姓　名	任职的股东名称	在股东单位担任的职务	任职时间
宋　鑫	中国黄金集团公司	副总经理	2003.7至今
刘　冰	中国黄金集团公司	副总经理	2003.7至今
刘丛生	中国黄金集团公司	副总经理	2003.7至今
李惠琴	中国黄金集团公司	部门经理	2002.1至今
鲍海文	中国黄金集团公司	部门经理	2002.1至今
孙永发	中信国安黄金有限责任公司	董事长	1999.11至今
刘海田	中信国安黄金有限责任公司	副总经理	2000.05至今
琼　达	西藏自治区矿业开发总公司	副总经理	1999至今
翟延明	豫光金铅股份有限公司	副总经理	1997至今
尹宏海	天津天保控股有限公司	总会计师	2003.6至今
楼隆耀	天津市宝银号贵金属有限公司	董事长	2000.2至今
邓鹏飞	山东莱州黄金(集团)有限责任公司	董事长	1997.12至今

2.年度报酬情况

在公司任职的董事、监事和高级管理人员依据其任职情况领取报酬。在股东单位任职的董事、监事不在公司领取报酬，只取津贴。

根据《公司章程》的有关决定，公司董事及高级管理人员的薪酬与考核制度由董事会制定，由董事会薪酬与考核委员会负责实施，公司董事会根据公司年初核定的预算指标，年底按照考核评定程序进行绩效考核后确定其薪酬标准。

公司现任董事、监事和高级管理人员共26人，年度报酬总额112万元(含税)，金额最高的前三名董事的报酬总额为30万元(含税)，金额最高的前三名高级管理人员的报酬总额为41.8万元(含税)。独立董事的津贴及待遇情况是：每位独立董事年度津贴为0.6万元人民币(含税)，同时，独立董事行履行职责时发生的费用由公司另行支付。

上述人员中，年度报酬在15万元-20万元的1人，10-15万元的6人，5-10万元的2人，1万元以下的17人。

3.在报告期内董事、监事、高级管理人员变动情况

(1)报告期内公司第一届董事会和第一届监事会任期届满，公司于2003年9月29日召开第1次临时股东大会进行了换届选举。选举王晋定、孙永发、刘丛生、刘冰、刘海田、李惠琴、吴晓根、宋鑫、罗家珂、徐泓、麻伯平、琼达、董安生、翟延明和魏俊浩等15人为公司第二届董事会董事，其中，吴晓根、罗家珂、徐泓、董安生和魏俊浩等5人为公司第二届董事会独立董事。原董事嘉守宝、叶建武、杨安国和王志江等4人离任。选举尹宏海、邓鹏飞、鲍海文和楼隆耀等4人为公司第二届监事会股东代表监事，与公司职工代表会议选举产生的傅世玮、陈雄伟和宋宪彬等3名职工代表监事共同组成公司第二届监事会。原监事张贺、苗军堂、王征涛和刘振华等4人离任

(2)2003年9月29日公司第二届董事会第1次会议选举宋鑫为董事长，选举王晋定和孙永发为副董事长。同时，因总经理及其他高级管理人员任期届满，重新进行了聘任。聘任王晋定为总经理，同时，原总经理嘉守宝离任；聘任李跃清为董事会秘书，聘任李升年为审计专员，聘任叶建武、麻伯平、王文成和李跃清为副总经理，聘任麻伯平为财务负责人，聘任王文成为总工程师。

(3)2003年9月29日公司第二届监事会第1次会议选举傅世玮为监事会主席。

(二)公司员工情况

截止报告期末，公司共有在职员工3432人，其中，管理人员469人，财务人员68人，销售人员48人，行政人员105人，其他人员2742人。

在公司现有全体员工中，具有研究生以上学历8人，本科学历122人，大专学历382人，中专及其他人员2920人。公司的离退休员工55人。

五、公司治理结构

(一)公司治理情况

公司按照《上市公司治理准则》等相关法律法规的要求，进一步完善了公司法人治理结构，公司各项事务规范运作：

1.关于股东与股东大会：公司严格按照《上市公司股东大会规范意见》和公司《股东大会议事规则》的规定执行，为了保证股东最大限度地行使股东权利，参加股东大会，在股东大会召开前，本公司分别在《中国证券报》和《上海证券报》上刊登会议通知。

公司对关联交易的定价依据予以充分披露。公司没有为股东及其关联方提供担保。

2.关于控股股东与上市公司的关系：本公司与控股股东除了在资产关系是投资和被投资的关系外，是各自独立的法人实体。控股股东正在采取有效措施消除同业竞争。公司在按照现代企业制度要求规范运作。

3.关于董事与董事会：报告期内，公司严格按照《公司章程》规定的董事选聘程序选举董事。董事会由15人组成，其中，独立董事5人，占三分之一，符合法律、法规的要求。当选的董事能够认真履行董事的职责并能切实维护公司和股东的权益。

公司董事会已修订了《董事会议事规则》，董事会已设立了战略委员会、薪酬与考核委员会和审计委员会，在各专门委员会中，独立董事均占三分之二。

4.关于监事和监事会：报告期内，公司严格按照《公司章程》规定的监事选聘程序选举监事。监事会由7人组成，其中职工代表监事占三分之一，符合法律、法规的要求。当选的监事能够认真履行监事职责。监事会已制定了《监事会议事规则》，监事会本着对全体股东负责的态度，对公司的财务以及公司董事、总经理和其他高级管理人员履行职责的合法合规性进行监督。

5.关于利益相关者：报告期内，公司能够尊重和维护利益相关者的合法权益，经常并及时向银行及债权人提供公司的信息，员工通过职代会等方式建立与董事会、监事会和高级管理人员的沟通渠道，公司非常重视所负的社会责任。

6.关于信息披露与透明度：报告期内，公司严格按照法律法规和公司章程的有关规定，制定了《公司信息披露制度》，公司真实、准确、完整、及时地持续披露信息，包括公司治理信息、股东权益信息等，保证所有股东有平等的机会获得公司的各种信息。

7.关于绩效评价与激励约束机制：报告期内，公司结合实际制定了一整套对公司董事、监事和高级管理人员的绩效评价标准和程序，建立了与之相应的激励约束机制，并在2003年年终考核中实施。

(二)独立董事履行职责情况

公司董事会按照《公司章程》的规定，建立了独立董事制度，在报告期内，五位独立董事能够认真履行职责并发表独立意见，对公司的规范运作和维护中小股东的合法权益起到了非常重要的作用。

(三)公司与控股股东"五分开"情况

1.人员方面：公司在劳动、人事及工资管理等方面完全独立于控股股东。公司设立了独立的人力资源管理部门，总经理及其他高级管理人员均不在控股股东单位任职。

2.资产方面：资产与控股股东间是完全分开的，完整的。

3.财务方面：本公司设有独立的财务部门，建立了独立的会计核算体系和财务管理制度，单独开立了银行账户。

4.机构方面：本公司设立独立的组织机构，在独立场所办公。

5.业务方面：本公司业务独立，具有完整的业务及自主经营能力。

(四)高级管理人员的考评及激励机制

根据《公司章程》的有关规定，为进一步调动高级管理人员的主动性、积极性和创造性，其报酬与公司的经济利益挂钩。公司董事会每年都对高级管理人员制定经营目标考核办法，将利润、成本、安全生产等指标完成情况做为考核高级管理人员的依据并据此兑现报酬。为加强对高级管理人员激励约束机制，公司董事会还专门设立了薪酬与考核委员会，研究制定更加科学合理的激励约束机制。

六、董事会报告

(一)报告期内整体经营情况的讨论与分析

2003年是公司发展史上不平凡的一年。这一年里公司在上海证券交易所成功发行了1亿股A股，成为中国境内第一家挂牌上市的黄金企业。公司的成功上市，为公司的继续发展壮大奠定了基础；也为公司今后的腾飞开辟了更为广阔的发展空间。

一年来，在激烈的市场竞争中，公司全体员工面对市场竞争加剧，个别企业由于生产结构调整，资源接续存在问题，加上冶炼厂原料紧张，部分原材料价格上涨等困难，奋发图强，不畏艰险，勤奋工作，较好地完成了全年的各项任务。公司全年生产精炼金26591千克，其中，矿产金2137千克。公司在含金物料采购和黄金产品市场营销上也顶住了市场压力，取得了较好地成绩，全年采购含金物料近14万吨，销售标准金22328千克，巩固了公司在上海黄金交易所最大的现货供应商的地位。报告期内，公司完成主营业务收入21.84亿元，比上年增长148.75%，主营业务利润1.49亿元，比上年增长22.13%，本年实现净利润为3979.15万元，较上年增长9.27%。

公司目前正在按照与中国黄金集团公司关于转让所属企业股权的协议，积极进行受让控股股

东-中国黄金集团公司所属6家企业股权事宜。在完成上述股权转让后,公司盈利水平和持续经营能力将得到进一步提升。

公司目前存在的可能影响未来经营成果的不确定因素是黄金价格的走势，如未来黄金价格出现大幅涨跌,将会对公司利润产生重大影响。

(二)报告期内的经营情况

1.主营业务范围及经营状况

报告期内公司的主营业务集中在黄金等有色金属采矿、选矿、冶炼(含精炼)。

(1)按行业分析

主营业务收入情况

业务分部	本年发生数	上年发生数
采矿	161,377,463.42	157,980,971.96
冶炼	2,180,128,491.17	877,669,388.35
小计	2,341,505,954.59	1,035,650,360.31
公司内各业务分部间相互抵消	−157,231,796.15	−157,549,397.93
合计	2,184,274,158.44	878,100,962.38

主营业务利润情况

单位:元

业务分部	本年发生数	上年发生数
采矿	55,541,241.30	60,944,407.52
冶炼	95,313,326.27	62,559,269.20
合计	150,854,567.57	123,503,676.72

(2)按主要产品分析

单位:元

产品	主营业务收入	所占比例(%)	主营业务利润	所占比例(%)
黄金	2,092,217,822.95	95.79	137,336,588.27	92.03
成品铜	40,330,450.45	1.85	9,132,320.97	6.12
硫酸	19,779,257.13	0.91	2,257,942.32	1.51
白银	31,946,627.91	1.46	501,332.68	0.34
合计	2,184,274,158.44	100.00	149,228,184.24	100.00

(3) 报告期内,公司的主营业务专注于采矿和冶炼,其中冶炼业的收入占绝对优势,并且对外购原料的依赖性较大。公司的主要产品是黄金,占主营业务收入的95%以上。报告期内,公司生产精炼金26591千克,约占全国黄金产量的13%。其中,矿产金2137千克,约占全国黄金产量的1.07%。黄金产品的销售收入2,092,217,822.95元,销售成本1,954,888,329.55元,毛利率6.56%。

(4)公司金精炼项目于2003年正式投产后,全年精炼加工黄金量比上年大幅增加,以至主营业务收入增长了148.75%。但同时,公司精炼加工的原料大部分为对外收购的合质金,因精炼原料市场竞争的加剧,合质金原料价格上升,使主营业务成本也相应上涨,合质金收购价格与精炼加工后的标准金价差逐步缩小, 因此,公司黄金产品销售收入大幅上涨,但毛利率反而下降了。

2.公司主要控股公司及参股企业的经营情况

控股公司及合营企业名称	业务性质	注册资本(万元)
潼关中金冶炼有限责任公司	冶炼加工	1,000.00
山西大同黄金矿业有限责任公司	采矿、选矿和冶炼	1080

控股公司及合营企业名称	经营范围
潼关中金冶炼有限责任公司	金、银、铜、铅、硫的选冶及副产品销售。
山西大同黄金矿业有限责任公司	黄金等有色金属采选冶炼

控股子公司及合营企业名称	本公司投资额	本公司所占权益比例 直接持股	间接持股	是否纳入合并报表范围
潼关中金冶炼有限责任公司	600万元	60%		否
山西大同黄金矿业有限责任公司	432	40%		否

根据财会二字(1996)2号《关于合并会计报表合并范围请示的复函》,由于潼关中金冶炼有限责任公司资产总额、销售收入、当期净利润同时小于公司相应指标的10%,公司依据重要性原则本期未将其纳入合并会计报表范围。

潼关中金冶炼有限责任公司2003年末资产总额22,009,734.76元、2003年度收入总额19,029,239.97元、2003年度净利润196,486.18元,分别只占公司相应指标的1.96%、0.87%、0.49%。

3.主要供应商、客户情况

(1)为稳定供应,公司强化了采购业务的组织和管理,2003年度公司向前五名供应商采购的金额为1,121,899,799.53元,占全年采购金额的55.42%。

(2)2003年度公司向前五名销售客户销售的收入总额为2,105,003,968.17元,占公司全部销售收入的比例为96.37%。

4.在经营中出现的问题及解决方案

在今年黄金价格上涨的情况下,公司的利润增长幅度低于金价上涨幅度。主要影响因素,一是矿产金产量较少,因此,黄金价格上涨并未给公司带来更多利润;二是由于公司矿产金产量较少,冶炼加工所需原料自给率低,加上全国冶炼加工能力继续增加,使含金物料市场的竞争进一步加剧,对公司所属冶炼加工企业构成一定威胁。三是公司所属东桐峪金矿由于生产结构调整、竖井施工及深部探矿工程需到2004年底方可完成,因此,东桐峪金矿在2004年仍然处于亏损状态。

针对存在的困难和问题,公司审时度势,采取了以下解决方案。

(1)为谋求公司持续、跨越式发展,公司已将扩大占领地质资源做为发展战略的首要战略,专门成立了资源开发部,全力以赴加强新区,特别是西部矿产资源占有力度和广度,合作勘探新区资源或合作经营矿业企业,目前,已取得一定进展。

(2)对现有矿山加大了生产探矿力度,同时已启动峪耳崖金矿低品位资源的开发利用项目。

(3)强化了生产经营管理,同时加大了科技创新和技术进步投入,以进一步降低生产成本,增强在原料市场上的价格竞争优势。确保满足所属冶炼企业生产所需原料需求。

(4)积极做好各项准备工作,加快受让控股公司-中国黄金集团公司所属6家企业工作进程,以增强公司资源潜力和持续经营能力,提高公司利润水平。

(三)报告期内的投资情况

1.募集资金的使用情况

单位:万元

项目名称	计划投资 募集资金计划额	实际投资 上期累计投资	本期实际投资
30吨金精炼	24,572.00(其中,20000.00为流动资金)	2,927.70	2,420.56
峪耳崖深部探建结合	3,714.30	2,696.71	1,342.03
生物氧化--氰化提金	16,380.14		
合计	44,666.44	5,624.41	3,762.59

项目名称	实际投资累计	承诺项目及进度与实际异同
30吨金精炼	5,348.26	同
峪耳崖深部探建结合	4,038.74	同
生物氧化--氰化提金		同
合计	9,387.00	

上期累计投资为公司募集资金到位前公司用银行借款资金先垫资建设的支出额。公司募集资金时承诺的投资项目,在报告期内没有变更。截止报告期末实际投入募集资金9387万元。30吨金精炼工程和峪耳崖金矿深部探建工程为公司募集资金建设项目，在募集资金到位之前公司用银行借款资金先行启动了项目的建设。其中30吨金精炼工程在2002年已经完工转入了固定资产,本期发生的为该项目的零星改造,另外峪耳崖金矿深部探建工程目前尚未完工,截至2003年末尚未用募集资金归还先期为该项目借入的银行借款。生物生物氧化-氰化提金项目,现正在进行前期准备工作,目前尚未实施。

由于30吨金精炼项目在生产工艺上只是一个环节,其产生的收益在财务上未做单独核算。金精炼项目投产后,使公司全部产品均达到国标成品金,直接在上海黄金交易所销售,同时富余的精炼能力精炼加工合质金,增加了公司利润。但由于全国精炼能力在2002年至2003年中迅速扩大,目前由上海黄金交易所指定的精炼加工企业由2002年底的10家已增加到20家,精炼加工能力已大大超过合质金产量,造成合质金原料市场竞争加剧,大大压缩了精炼加工的利润空间,因此,2003年30吨金精炼项目投产后,其带来的收益与预计收益存在一定差距。

2.其他投资情况

根据公司资源战略,为了进一步扩大占领陕西境内含金物料市场,第一届董事会第8次会议于2003年8月26日通过决议,投资组建了注册资本金为1000万元的潼关中金冶炼有限责任公司。公司出资600万元,占该公司股份60%。报告期内,潼关中金冶炼有限责任公司收入总额19,029,239.97元,净利润196,486.18元。

(四)公司主要财务指标分析

1.业务利润、净利润、现金及现金等价物净增加额同比增减变化:

(单位:元)

项目	2003年	2002年	增减比例
主营业务利润	149,228,184.24	121,946,602.02	22.37%
净利润	39,789,149.26	36,414,212.50	9.27%
经营活动产生的现金及现金等价物净增加额	72,962,736.14	117,437,954.97	−37.87%

主营业务利润和净利润比上年同期分别增长22.37%和9.27%,主要是因为黄金市场开放,及公司金精炼项目投产后收购合质金进行精炼加工,产销能力加大及黄金价格上涨所至。公司经营活动产生的现金及现金等价物净增加额比上年同期减少37.87%,主要是因为冶炼原料紧张,预付款增加,占用了较大的流动资金所至。

2.总资产、股东权益与期初变化

单位:元

项目	2003.12.31	2002.12.31	增减比例(%)
总资产	1,121,370,662.17	723,916,096.14	54.90
总负债	357,695,832.32	388,322,904.73	−7.89
净资产	763,674,829.85	335,593,191.41	127.56

总资产和股东权益增加,主要是报告期内,公司溢价发行了1亿股人民币普通股股票获得的募集资金所至。总负债减少是由于归还了部分借款所至。

(五)经营环境变化及其对公司的影响

国内黄金需求持续增长,特别是我国居民个人黄金需求增长较快,为公司持续发展提供了良好的市场环境。同时,上海黄金交易市场开业,由于国内与国际黄金价格基本同步,因此,国内金价可能出现大幅波动,对公司经营将产生不确定的影响。另外,含金物料市场竞争的进一步加剧,也将对公司所属冶炼企业产生一定的不利影响。

(六)2004年度经营计划

1.公司2004年工作总的指导思想是:以追求公司业绩持续增长为中心,以做强做大公司主业为核心,以加快公司资源占有和技术进步为基本点,实现公司持续发展、长盛不衰,从而为股东带来丰厚回报、为员工提供发展平台、为社会提供良好的服务。

2.2004年主要经济技术指标是:

(1)产量:公司全年生产精炼金30000千克,其中,矿山产金2398千克,生产精炼银17521千克,电解铜3287吨,硫酸70912吨。

(2)全年公司实现销售收入19亿元。

(3)开发增储:2004年计划新增储量40吨,远景储量60吨;新增矿山生产能力1000吨/日;扩大矿权面积200平方公里。

3.2004年开展的重点工作是:

(1)落实公司发展战略,进一步扩大黄金资源占有量,实现"资源扩张"。

(2)认真做好对外收购、兼并及含金物料采购工作,增加原料自给率。

(3)加强技术进步工作,强化各项管理,进一步降低成本。

(4)积极做好投资者关系工作,努力维护公司市场形象。

(5)搞好产品营销,打造"中金"品牌,同时加强产品深加工研究工作,以增加产品附加值。

(七)董事会日常工作情况

1.报告期内,董事会共召开5次会议,并组织召开了2次股东大会。

(1)第一届董事会第7次会议于2003年3月6日在天津塘沽渤海度假村召开,会议审议通过了《总经理2002年度工作报告》、《董事会2002年度工作报告》、《公司2002年度财务决算报告》、《关于经营层2002年度经营目标考核报告》、《公司2003年度全面预算报告》、《董事会对经营层2003年度经营目标考核办法》、《公司2003年度安全生产工作安排意见》、《公司2003年度技术进步工作安排意见》、《关于加强公司高管人员培训工作的议案》、《关于延长申请发行股票并上市决议有效期的议案》以及有关与中国黄金集团公司关联交易的议案等。

(2)公司2002年度股东大会于2003年4月10日在天津塘沽渤海度假村召开。

会议审议通过了上述第一届董事会第7次会议通过的有关议案及第一届监事会第4次会议通过的有关议案。

(3)董事会于2003年6月25日在天津塘沽渤海度假村召开了临时会议,会议审议通过并由全体董事签署了公司申请首次公开发行股票的有关文件。

(4)第一届董事会第8次会议于2003年8月26日在天津开发区金帆酒店召开,会议审议通过了《公司2003年半年度报告》及其《摘要》、《关于修改公司章程的议案》、《关于公司董事会换届选举的议案》、《关于30吨金精炼工程募集资金实施意见的议案》、《关于河北峪耳崖金矿深部探建结合工程募集资金实施意见的议案》、《关于生物氧化-氰化提金工程募集资金实施意见的议案》、《关于组建陕西潼关东鑫矿业有限责任公司的议案》、《关于组建陕西潼关中金冶炼有限责任公司的议案》、《关于奖励公司上市工作小组的议案》以及《公司信息披露管理制度(草案)》等。

(5)2003年9月29日在天津经济技术开发区金帆酒店召开了公司2003年第1次临时股东大会。会议审议通过了上述第一届董事会第8次会议通过的有关议案及第一届监事会第5次会议通过的有关议案。(6)第二届董事会第1次会议于2003年9月29日在天津市经济技术开发区金帆酒店召开。会议选举产生了公司董事长、副董事长;聘任了总经理、副总经理、董事会秘书、审计专员、财务负责人和总工程师;决定设立董事会战略委员会、审计委员会、薪酬与考核委员会等专门机构,并通过了相应的工作条例和组成人员;通过了公司总部机构设置的议案,并决定设立董事会秘书事务部。

(7)董事会于 2003 年 10 月 28 日以通讯表决方式召开了第二届董事会临时会议。会议审议通过了《中金黄金股份有限公司 2003 年第三季度报告》。

2.董事会执行股东大会决议情况。

本年度,董事会认真履行《公司章程》中规定的董事会有关职责,严格执行股东大会的有关决议。

(1)根据公司 2002 年度股东大会决议,公司董事会积极组织,督导经营层完成了发行股票并上市工作,首次发行募集资金近 3.9 亿元,为公司快速发展提供了良好的条件。

(2)根据公司 2003 年第一次临时股东大会决议,公司董事会顺利进行了换届工作,选举产生了新一届董事会董事长、副董事长,聘任了新一届经营层及其他高级管理人员,并针对公司上市后情况变化,完成了公司章程的修改工作。

3.本次利润分配预案

经武汉众环会计师事务所有限责任公司审计,公司 2003 年实现净利润 39,789,149.26 元,按照公司章程规定,提取 10%的法定公积金 3,978,914.93 元和 10%的法定公益金 3,978,914.93 元后,当年可供分配利润为 31,831,319.40 元,加上上年末未分配利润 42,332,304.22 元,可供股东分配的利润总计为 74,163,623.62 元。

根据公司全年资金计划安排,从公司长远发展角度考虑,拟以 2003 年末股本总数 280,000,000 股为基数,向全体股东每 10 股派发现金红利 1.5 元(含税),合计 42,000,000 元,本次分配完成后剩余未分配利润结转下一年度,本年度不进行公积金转增股本。

本利润分配预案须经公司 2003 年度股东大会审议通过后实施。

(八)其他事项

1.公司关于关联方资金往来和对外担保情况的自查报告

根据中国证监会《关于规范上市公司与关联方资金往来及上市公司对外担保若干问题的通知》(证监发字[2003]56 号)(以下简称《通知》)要求,公司进行了认真自查,并向中国证监会天津证监局和上海证券交易所报送了自查报告。公司不存在《通知》中所述的关于关联方违规占有资金情况和对控股股东及所属企业提供担保情况。

2.武汉众环会计师事务所对公司控股股东及其它关联方资金占用情况做了专项说明。经对公司 2003 年度财务报告进行审计,依据中国证券监督管理委员会《关于规范上市公司与关联方资金往来及上市公司对外担保若干问题的通知》的规定,认为:2003 年中金黄金股份有限公司其它关联方全年累计占用上市公司资金 16,754,131.70 元, 其中 2003 年全年累计经营性占用上市公司资金 16,754,131.70 元,2003 年全年无非经营性占用上市公司资金的情况。截止 2003 年 12 月 31 日,中金黄金股份有限公司其它关联方共占用上市公司资金 11,687,041.32 元, 其中经营性占用上市公司资金 11,687,041.32 元,无非经营性占用上市公司资金的情况。

3.独立董事对公司累计和当期对外担保情况的专项说明及独立意见,认为:

截止 2003 年 12 月 31 日,公司未曾发生对外提供担保情况。

控股股东及其它关联方占用资金情况明细表

单位:元

序号	资金占用方名称	与上市公司的关系	相对应的会计科目	会计科目 2003 年累计借方发生额
1	潼关中金冶炼有限责任公司	子公司	应收账款	3,852,000.00
2	河南文峪金矿	同受中国黄金集团公司控制	预付账款	
3	潼关中金冶炼有限责任公司	子公司	预付账款	. 12,010,922.00
经营性占用资金小计				15,862,922.00
非经营性占用资金小计				
占用资金合计				15,862,922.00

序号	会计科目 2003 年累计贷方发生额总计	2002 年 12 月 31 日占用资金数额	2003 年 12 月 31 日占用资金数额	占用原因
1	1,500,000.00		2,352,000.00	尚未结算
2		891,209.70	891,209.70	以前交易尾款
3	3,567,090.38		8,443,831.62	尚未结算
经营性占用资金小计	5,067,090.38	891,209.70	11,687,041.32	
非经营性占用资金小计				
占用资金合计	5,067,090.38	891,209.70	11,687,041.32	

七、重要事项

(一)报告期内公司有一项持续的诉讼事项。

公司目前正在持续进行一项诉讼:河南中原黄金冶炼厂 1992 年 5 月 8 日为三门峡市湖滨区二轻工业总公司制皂厂向建设银行三门峡市市区办事处借入 100 万元流动资金借款提供不可撤消担保,1996 年 1 月 3 日制皂厂以其评估价为 172.47 万元的机器设备作为抵押物对冶炼厂提供反担保。因制皂厂未按期归还借款建行将制皂厂及冶炼厂列为被告向三门峡市中级人民法院提起诉讼,1996 年 3 月 12 日法院判令制皂厂偿付建行借款本金 100 万元及利息 449,502.27 元,冶炼厂承担代为履行责任。1997 年 12 月法院对冶炼厂强制执行了上述款项及罚息共计 1,984,318.66 元。目前公司已向三门峡市湖滨区人民法院提起诉讼,要求判令制皂厂偿付担保借款 1,984,318.66 元并承担诉讼费用,目前正在立案审理中。

(二)报告期内公司无重大诉讼、仲裁、收购、出售资产及资产重组事项。

(三)重大关联交易

1.股份公司设立后,需要由控股股东-中国黄金集团公司所属河南中原黄金实业发展中心、陕西东桐峪黄金实业有限公司以及河北峪耳崖黄金实业发展中心等 3 个存续企业提供生产辅助、生活后勤等必不可少的服务,为了明确公司与河南中原黄金实业发展中心、陕西东桐峪黄金实业有限公司以及河北峪耳崖黄金实业发展中心的权利与义务关系,协议各方签署了《综合服务协议》、《房屋租赁协议》及其补充协议,交易价格标准依下列标准予以确定:

(1)有国家收费定价标准的,执行国家统一规定;

(2)国家无统一收费定价标准的,但当地有统一地方规定的,适用当地的规定;

(3)既没有国家统一规定,又无当地统一规定的,参照当地的市场价格;

(4)没有上述三项标准时,可依据提供服务的实际成本,确定收费标准,采用这一标准,以后各年度的收费增长率不得超过当地的增长幅度。

具体项目交易金额见下表:

单位:元

项目	本年发生数	上年发生数
供暖	300,000.00	300,000.00
供水	1,000,000.00	999,600.00
机修加工	2,738,688.41	982,131.09
矿石采掘及运输运费	2,064,146.46	2,446,052.7
线路维护	120,000.00	120,000.00
物业管理及后勤服务	4,298,976.00	4,107,000.00
尾矿排放及尾矿库维修	6,091,128.57	6,254,917.13
厂房维修	699,992.00	700,400.00
道路维修	500,000.00	500,400.00
房屋租赁	2,234,000.00	2,234,000.00
土建工程	3,404,988.50	
其他劳务	770,519.30	
合计	24,222,439.24	18,644,500.92

2.向关联单位借款

借款单位	期末余额	利率	借款期限	借款条件
中国黄金集团公司	6,000,000.00	5.49%	2004.1.1-2004.12.31	信用
中国黄金集团公司	13,900,000.00	5.31%	2002.8.22-2004.8.22	信用

3.关联单位担保、抵押情况

借款单位	期末余额	利率
陕西省潼关县建行	30,000,000.00	5.94%
陕西省潼关县建行	7,000,000.00	5.94%

借款单位	借款期限	担保单位
陕西省潼关县建行	2003/6/5-2004/6/4	中国黄金
陕西省潼关县建行	2003/6/5-2004/6/4	集团公司

4.向公司参股企业、控股股东-中国黄金集团公司及其所属企业购买货物

企业名称	本年发生数	上年发生数
河南秦岭金矿	17,510,573.43	20,047,814.19
河南金源黄金矿业有限责任公司	26,936,581.42	21,124,502.72
湖北三鑫金铜股份有限公司	13,333,225.28	
山西大同黄金矿业有限责任公司	39,207,165.71	
中国黄金集团公司	827,093,177.10	102,552,691.85

公司向关联方购买原料均执行市场价格。为避免同业竞争,中国黄金集团所属各企业所生产的合质金,全部销售予公司作为其精炼国标成品金的原料,此项交易为公司带来了一定的精炼加工收益。

5.销售货物

企业名称	本年发生数	上年发生数
潼关中金冶炼有限责任公司	3,852,000.00	

(四)重大合同及其履行情况

1.报告期内或持续到报告期内,公司无对外担保事项,无重大托管、承包、租赁其他公司资产或其他公司托管、承包、租赁公司资产事项发生,无委托他人进行现金资产管理事项。

2.报告期内或持续到报告期内,公司无担保事项。

3.报告期内或持续到报告期内,公司无重大委托他人进行现金资产管理的事项。

4.其他重大合同。

(1)2003 年 1 月 10 日,公司与洛阳潭头金矿签订了《金精矿供需合同》,约定自合同签订之日一年内,潭头金矿向本公司供应大约 12,000 吨金精矿,合同有效期一年。

(2)2003 年 9 月 29 日,中原黄金冶炼厂与中国建设银行三门峡分行签订了《人民币资金借款合同》,约定借款金额 5,100 万元,借款期限自 2003 年 9 月 29 日至 2004 年 9 月 29 日。

(3)2003 年 6 月 5 日,峪耳崖金矿与中国建设银行河北省宽城满族自治县支行签订了《人民币资金委托贷款合同》,合同规定该银行根据中国建设银行总行与国家经贸委黄金管理局签订的《委托贷款协议》以及中金黄金函[2003]15 号文《关于协助办理中金黄金股份有限公司地勘贷款展期有关手续的函》,向峪耳崖金矿贷款 2,150 万元,借款期限自 2003 年 6 月 4 日至 2004 年 6 月 4 日。

(4)2003 年 6 月 5 日,东桐峪金矿与中国建设银行陕西省潼关县支行签订了《人民币资金委托贷款合同》,合同规定该银行根据中国建设银行总行与国家经贸委黄金管理局签订的《委托贷款协议》以及中金黄金函[2003]15 号文《关于协助办理中金黄金股份有限公司地勘贷款展期有关手续的函》,向东桐峪金矿贷款 3,700 万元,借款期限自 2003 年 6 月 4 日至 2004 年 6 月 4 日。

(5)2003 年 4 月 29 日,东桐峪金矿与中国工商银行渭南分行签订了《流动资金借款合同》,约定借款金额为 1,200 万元,借款期限自 2003 年 4 月 29 日至 2004 年 4 月 29 日。东桐峪金矿以其拥有部分设备提供抵押担保。

(6)2003 年 7 月 25 日,公司与中国工商银行天津港保税区分行签订了《流动资金借款合同》,约定借款金额为 2,500 万元,借款期限自 2003 年 7 月 25 日至 2004 年 7 月 24 日。借款条件为信用借款。

(7) 2003 年 6 月 12 日,公司与中国黄金集团公司签订了《借款合同》,约定股份公司向中国黄金集团公司借款 1,390 万元,专项用于地质勘探,借款期限自 2003 年 6 月 12 日至 2004 年 6 月 12 日。

(8)2003 年 6 月 30 日,股份公司与中国工商银行天津港保税区分行签订了《流动资金借款合同》,约定借款金额为 1,500 万元,借款期限自 2003 年 6 月 30 日至 2004 年 6 月 29 日。

(五)报告期内或持续到报告期内, 公司或持有公司股份 5%以上(含 5%)的股东对公司经营成果、财务状况可能产生重要影响的承诺事项。

中国黄金集团公司正在积极履行承诺事项。承诺向公司转让的湖北三鑫金铜股份有限公司等 6 家企业中三家的评估审计工作正在进行。同时,为消除同业竞争,自 2002 年 10 月国内黄金市场正式开放后,中国黄金集团公司所属企业所生产的合质金,作为精炼国标成品金的原料全部销售给公司。

(六)报告期内,公司续聘武汉众环会计师事务所担任本公司的财务审计工作,该所已连续 3 年为公司提供审计服务。公司 2003 年度支付给会计师事务所的报酬为 30 万元。

(七)报告期内,公司、公司董事会及董事、高级管理人员没有受到中国证监会稽查或行政处罚、通报批评、证券交易所公开谴责的情形。

(八)公司在报告期内其他对公司产生重大影响的重大事项

公司所属陕西东桐峪金矿由于资源向深部延伸,而相关工程没完工,目前正在进行生产系统结构调整、实施竖井工程和进行深部探矿工作,因此,东桐峪金矿在报告期内亏损 2179 万元,且其亏损状态将延续到 2004 年底。公司 2003 年第三季度报告已对该矿 2003 年度 1-9 月的情况进行了详细披露,并刊登在 2003 年 9 月 30 日的《中国证券报》和《上海证券报》上。至报告期末,由于公司所属河南中原黄金冶炼厂和河北峪耳崖金矿产能增加、利润上升,因此,公司整体营利能力未受大的影响,且有所上升。

八、备查文件

包括下列文件:

(一)载有董事长亲笔签名的年度报告正文及摘要;

(二)载有法定代表人、主管会计工作负责人、会计机构负责人签名并盖章的会计报表;

(三)载有会计师事务所盖章、注册会计师签名并盖章的审计报告原件;

(四)报告期内在中国证监会指定报刊上公开披露过的所有公司文件的正本及公告原稿;

(五)公司章程文本。

中金黄金股份有限公司董事会

董事长:宋鑫

二〇〇四年三月二十九日

龙元建设集团股份有限公司

龙元建设集团股份有限公司首次公开发行股票上市公告书

重要声明与提示

龙元建设集团股份有限公司(以下简称"本公司"、"公司"或"发行人")董事会保证上市公告书的真实性、准确性、完整性,全体董事承诺上市公告书不存在虚假记载、误导性陈述或重大遗漏,并承担个别和连带的法律责任。

根据《公司法》、《证券法》等有关法律、法规的规定,本公司董事、高级管理人员已依法履行诚信和勤勉尽责的义务和责任。

上海证券交易所、中国证监会、其他政府机关对本公司股票上市及有关事项的意见,均不表明对本公司的任何保证。

本公司提醒广大投资者注意,凡本上市公告书未涉及的有关内容,请投资者查阅 2004 年 4 月 27 日刊登于《中国证券报》、《上海证券报》、《证券时报》和《证券日报》的本公司招股说明书摘要,及刊载于上海证券交易所网站(WWW.SSE.COM.CN)的本公司招股说明书全文及其附录。

第一节　概　览

1、股票简称:龙元建设
2、沪市股票代码:600491
3、深市代理股票代码:003491
4、总股本:10,800 万股
5、可流通股本:2,800 万股
6、本次上市流通股本:2,800 万股
7、每股发行价格:17.08 元
8、上市地点:上海证券交易所
9、上市时间:2004 年 5 月 24 日
10、股票登记机构:中国证券登记结算有限责任公司上海分公司
11、上市推荐人:海通证券股份有限责任公司
12、对首次公开发行股票前股东所持股份的流通限制及期限:根据国家现有法律、法规规定和中国证监会证监发行字〔2004〕47 号文《关于核准龙元建设集团股份有限公司公开发行股票的通知》,本公司的国有法人股、法人股、自然人持有的未流通股份暂不上市流通。
13、本公司第一大股东赖振元承诺:自本公司股票上市之日起 12 个月内,不转让其所持有的本公司的股份,也不由本公司回购其所持有的本公司股份。

第二节　绪　言

本上市公告书是根据《中华人民共和国公司法》、《中华人民共和国证券法》、《股票发行交易管理暂行条例》、《公开发行股票信息披露实施细则》和《上海证券交易所上市规则》等国家有关法律、法规的规定,并按照中国证监会《公开发行证券的公司信息披露内容与格式准则第 7 号----股票上市公告书》的要求编制,旨在向投资者提供有关本公司的基本情况和本次股票上市的有关资料。

经中国证监会证监发行字〔2004〕47 号文核准,本公司于 2004 年 4 月 30 日采用全部向二级市场投资者定价配售发行方式发行 2,800 万股人民币普通股,每股面值 1.00 元,发行价每股 17.08 元。

经上海证券交易所上证上字〔2004〕62 号文批准,本公司公开发行的 2,800 万股社会公众股将于 2004 年 5 月 24 日起在上海证券交易所挂牌交易。股票简称"龙元建设",沪市股票代码"600491",深市代理股票代码"003491"。

本公司已于 2004 年 4 月 27 日在《中国证券报》、《上海证券报》、《证券时报》和《证券日报》上刊登了招股说明书摘要,招股说明书全文及其附录刊载于上海证券交易所网站(WWW.SSE.COM.CN),距今不足三个月,故与其重复的内容不再重述,敬请投资者查阅上述文件。

第三节　发行人概况

一、发行人基本情况
1、中文名称:龙元建设集团股份有限公司
2、英文名称:LONG YUAN CONSTRUCTION GROUP CO.,LTD(LYCG)
3、注册资本:本次股票发行前为 8,000 万元,发行后 10,800 万元
4、法定代表人:赖振元
5、住 所:浙江省象山县丹城新丰路 19 号
6、电 话:021-65615689
7、传 真:021-65615689
8、互联网址:WWW.LYCG.COM.CN
9、电子信箱:STOCK@LYCG.COM.CN
10、经营范围:工程建筑(建筑特级)、工程安装(壹级);市政、室内外装饰装潢(资质壹级);园林绿化工程、古建筑、地基与基础工程;水电安装;打桩;房地产开发经营(限子公司评资质证书经营);建筑装饰材料、电工器材的批发、零售、代购代销。承包境外工业与民用建筑工程和境内国际招标工程;上述境外工程所需的设备、材料出口;对外派遣实施上述境外工程的劳务人员。
11、主营业务:工业与民用建筑及公共设施的施工。
12、所属行业:建筑施工业
13、董事会秘书:朱占军
二、发行人历史沿革

公司前身为浙江省象山县第二建筑工程公司(以下简称"象山二建"),属集体企业,创建于 1980 年。1995 年,象山二建进行了改制重组。经象山县乡镇企业管理局象乡镇企企(1995)15 号文、42 号文和宁波市人民政府甬政发[1995]122 号文批准,由象山二建公司职工保障基金协会(后更名为象山二建公司职工持股协会)、象山县乡镇局资产管理经营公司、上海龙元房地产开发有限公司以及赖振元等 30 位自然人作为发起人,发起设立浙江象山二建集团股份有限公司(以下简称"二建股份"),设立时注册资本为 3,800 万元。经公司 1997 年第三次股东大会决议批准,1998 年 4 月 3 日,浙江省人民政府浙政发[1997]264 号文批复,国家工商行政管理局企业注册局(国)名称变核内字[1998]044 号文核准,公司名称变更为龙元建设集团股份有限公司。

公司设立以来,股本及股本结构变化如下:(1)1997 年 7 月 5 日,公司以截止 1997 年 6 月 30 日累计未分配利润转增股本 4,200 万元,公司的注册资本金达到 8,000 万元。(2)1999 年 11 月 5 日,上海龙元房地产开发有限公司将其持有的公司股份 210 万股转让给上海飞龙房地产开发有限公司(以下简称"飞龙房产")。(3)2000 年 3 月 20 日,飞龙房产将其持有的公司股份 210 万股转让给郑桂香。(4)2000 年 11 月 8 日,象山县乡镇企业局资产管理经营公司将其持有的公司股份 420 万股转让给赖野君。(5)2001 年 3 月 1 日,象山二建公司职工持股协会将其持有的公司股份 807.5 万股转让给赖振元。(6)2001 年 5 月 27 日,陈益兴将其持有的公司股份 11 万股转让给钱水江;10 万股转让给瞿颖。(7)2001 年 7 月 22 日,象山二建公司职工持股协会将其持有的公司股份 727.5 万股转让给象山县房地产开发有限公司(以下简称"象山房产")。(8)2001 年 8 月 21 日,象山二建公司职工持股协会将其持有的公司股份 80 万股转让给中国建筑科学研究院,并于 2002 年 10 月 18 日取得财政部财企〔2002〕421 号《财政部关于龙元建设集团股份有限公司国有股权管理有关问题的批复》确认。(9)2002 年 6 月 27 日,郑桂香将其持有的公司股份 40 万股转让给赖安平。(10)2003 年 8 月 5 日,象山房产将其持有公司股份 727.5 万股转让给宁波明和投资管理有限公司(以下简称"明和投资");(11)2003 年 8 月 5 日,赖富荣将其持有的 21 万股转让给明和投资。1999 年 11 月至 2003 年 12 月上述公司股权转让行为均已在浙江省工商行政管理局办理了股权转让登记手续。

经中国证监会证监发行字〔2004〕47 号文核准,公司于 2004 年 4 月 30 日采用全部向二级市场投资者定价配售发行方式发行 2,800 万股人民币普通股,每股面值 1.00 元,发行价每股 17.08 元。此次发行完成后,公司总股本变更为 10,800 万股。

三、发行人主要经营情况

公司主营工业与民用建筑及公共设施的施工,主要业务地为上海、浙江。公司在浙江、上海的民用、工业、公共设施等领域,具有较明显的竞争优势,公司的主营业务收入大部分来自于该领域。

(一)公司的竞争优势与劣势

1、专业化的经营管理优势和较高的施工工艺水平:本公司一直致力于从事建筑施工行业,在这一领域拥有丰富的管理经验和较高的施工工艺水平。公司注重技术研究、技术开发、技术储备。

2、规模优势:本公司已经具备了规模较大的施工能力,承接业务量年年攀升,企业规模较大、实力较强。公司近三年年均在建面积达 577 万平方米,年均主营业务收入达 30 亿元人民币,年均业务承揽量达 45 亿元人民币。

3、品牌优势:本公司近年在建筑市场上通过承接并完成一些大型的标志性建筑,公司成立以来获得全国建筑最高奖-鲁班奖两次,每年均有数项工程获得上海建筑业最高奖-白玉兰奖和浙江省建筑业最高奖-钱江杯,中国质量协会于 1997 年授予公司"全国质量管理活动优秀企业"称号,于 2000 年授予公司"全国质量效益型优秀企业特别奖",中国建筑业协会于 2001 年授予公司"全国优秀建筑施工企业"称号,2002 年授予公司"全国质量效益型先进企业"称号,浙江省人民政府于 1999 年授予公司"省重点骨干企业"称号。

4、区位优势:主要业务所在地上海是中国经济、金融中心,经济发展速度居于全国前列。公司注册地及主要业务所在地浙江省为建筑施工大省,建国以来经济发展速度一直较快,随着城市化进程的加快,基础设施投资增长迅猛。

5、体制优势:公司自成立时起,就建立了股东大会、董事会、监事会和经理层等层次分明、结构合理的公司法人治理结构,形成了科学、高效的决策执行机制和体系,从而提高了公司的运作效率,促进了公司的发展。经过几年的运作,公司逐步建立起了适应建筑市场发展需要的组织结构。公司的体制优势还体现在这种体制创造的以市场需要为导向的服务管理体系上,公司较早的形成了以客户为中心的服务理念,员工形成了主动服务顾客的意识。

6、质量优势:公司的质量方针是:"管理上一流、质量出精品、服务创信誉"。公司在认真贯彻执行国家、行业及地方施工法规的基础上,学习并实施了"ISO9001:2000 质量体系标准",建立了质量管理和质量保证体系,并于 2003 年 1 月通过认证审核,获得北京中建协质量体系认证中心颁发的 ISO9001:2000 质量管理体系认证证书。近三年公司施工工程的合格率为 100%,优良率在 80%以上,获得多项优质工程奖。

7、人才优势:在长期的建筑工程施工过程中,公司锻炼和培养了一批具备丰富的现场施工经验、善于解决技术或施工难题的队伍,能保证施工顺利进行。公司也十分重视人才培训,在抓企业管理中,注重对员工的引进、培训、使用,企业自设立起,成立了培训部门,结合政府主管部门对专业工种的上岗培训,定期对职工进行全员技能培训,至今累计培训达 15000 多人次,通过对职工培训,公司劳务科也结合施工生产实际需要,负责组织专业化施工作业班组,考察培训一线工作人员,较好的提高了工程质量,提高了工效。

8、科技创新优势:公司在总工领导下,根据生产需要设立课题研究小组,进行技术攻关,主要有高层的垂直度控制、基坑施工、大体积砼施工等。QC 成果已连续八年十四次荣获"国优",近三年来每年有 QC 小组被命名为全国优秀质量管理小组。公司拟以本次募集资金投建的建研中心,完工后将成为公司进一步运用科技创新提升企业竞争力的基地。

公司的劣势主要在于:市场过于集中,公司对于工业与民用建筑及公共设施的施工市场依赖度较高,开拓市政施工、水工结构等施工市场不够,同时对于区域市场的依赖度也较大,开拓其他大中城市市场尚不够;公司目前拥有的施工设备呈现出相对落后、老化的趋势,在设备总量及性能方面与国内大型施工企业相比还有较大差距。同时,公司的专用设备不足,影响了公司在一些有特殊要求的建筑物施工方面的能力,不利于公司进一步拓展建筑施工业务;专业人员结构尚未达到国际国内先进建筑企业的水准;公司的施工工艺和技术研发能力有待提高;保证企业持续高效运行的管理制度尚需进一步完善。

(二)公司拥有的主要知识产权、非专利技术和政府特许经营权等

目前公司拥有"龙元"文字和图形注册商标的所有权;历年来已累积 21 项企业级工法,1999 年至 2002 年连续四年,公司均名列外地进沪施工企业综合考评第一名。

公司拥有的特许经营权如下:

1、根据中华人民共和国对外贸易经济合作部"关于龙元建设集团股份有限公司开展对外经济技术合作业务的批复"([1998]外经贸政审函字第 1512 号),本公司的对外经营范围为:承包境外工业与民用建筑工程和境内国际招标工程,上述境外工程所需的设备、材料出口,对外派遣实施上述境外工程的劳务人员;

2、根据中华人民共和国建设部核发的"建筑业企业资质证书"(证书编号:A0014033022501),本公司拥有房屋建筑工程施工总承包特级资质,市政公用工程施工总承包、机电安装工程施工总承包、地基与基础工程专业承包、建筑装修装饰工程专业承包及园林古建筑工程专业承包共五项壹级

资质；

3、公司持有上海市建筑企业管理处核发的"上海市建设施工企业进沪许可证"[沪建管市外字(2001)3104102288]。公司在上海可承担各类型工业与民用建设项目的建筑施工、各类型市政公用工程的施工、各类型建筑(包括车、船、飞机)的室内室外装饰装修工程的施工及中型民用建设项目的设备安装；

4、公司持有由宁波市建筑安装管理处签发的"宁波市承包建安工程施工许可证"(市建管证字[1999]第7102号)；

5、公司持有温州市建筑工程管理处签发的"外地进温建筑施工企业备案通知书"[编号：2002027]。

四、主要财务指标

请参阅本上市公告书"财务会计资料"部分的相关内容。

第四节　股票发行与股本结构

一、本次股票上市前首次公开发行股票情况

1、股票种类：人民币普通股(A股)

2、每股面值：1.00元

3、发行数量：2,800万股

4、发行价格：17.08元/股

5、募股资金总额：本次发行募集资金总额47,824万元，扣除发行费用1,982.60万元，实际募集资金净额为45,841.40万元。

6、发行方式：全部向二级市场投资者定价配售

7、发行对象：于2004年4月27日持有上海证券交易所或深圳证券交易所已上市流通人民币普通股(A股)股票的收盘市值总和不少于10,000元的投资者。

8、发行费用：本次发行费用总额共1,982.60万元，主要包括承销费用、审计费用、评估费用、律师费用、上网发行费用、审核费等；每股发行费用0.71元。

二、本次股票上市前首次公开发行股票的承销情况

本次公开发行的2,800万股社会公众股的配号总数72300079个，中签率0.03872748%。其中，二级市场投资者认购27,627,110股，余股372,890股由主承销商包销。

三、本次股票上市前首次公开发行股票所募股资金的验资报告

安永大华会计师事务所有限责任公司为本次发行出具了安永大华业字(2004)第853号《验资报告》。报告全文如下：

龙元建设集团股份有限公司：

我们接受委托，审验了贵公司截至2004年5月13日止新增注册资本实收情况。按照国家相关法律、法规的规定和协议、章程的要求出资，提供真实、合法、完整的验资资料，保护资产的安全、完整是全体股东及贵公司的责任。我们的责任是对贵公司新增注册资本的实收情况发表审验意见。我们的审验是依据《独立审计实务公告第1号-验资》进行的。在审验过程中，我们结合贵公司的实际情况，实施了检查等必要的审验程序。

贵公司原注册资本为人民币80,000,000.00元。根据贵公司2002年度第二次临时股东大会决议，并于2004年4月20日经中国证券监督管理委员会以证监发行字[2004]47号文《关于核准龙元建设集团股份有限公司公开发行股票的通知》核准，贵公司向社会公开发行人民币普通股股票2,800万股。发行方式为全部向二级市场投资者定价配售，每股发行价为人民币17.08元。经我们审验，截至2004年5月13日止，贵公司可募集资金为人民币478,240,000.00元，扣除交易所发行手续费及券商承销手续费15,998,748.71元后，已缴入募集的股款为人民币462,241,251.29元。同时扣除贵公司为本次股票发行所支付的评估费、审计费、律师费等费用合计人民币3,827,280.00元，实际募集股款为458,413,971.29元，其中增加股本人民币28,000,000.00元，增加资本公积430,413,971.29元。变更后的注册资本为人民币壹亿零捌百万元(¥108,000,000.00元)。

贵公司本次增资前的注册资本为人民币80,000,000.00元，业经象山海信联合会计师事务所审验并于2001年1月1日出具象海会验[2001]173号验资报告。截至2004年5月13日止，变更后的累计注册资本实收金额为人民币108,000,000.00元。

本验资报告供贵公司申请变更登记及据以向股东签发出资证明时使用，不应将其视为是对贵公司验资报告日后资本保全、偿债能力和持续经营能力等的保证。因使用不当造成的后果，与执行本验资业务的注册会计师及会计师事务所无关。

附件：1.注册资本变更情况明细表

1.1 新增注册资本实收情况明细表

1.2 注册资本变更前后对照表

2.验资事项说明

安永大华会计师事务所有限责任公司　　　中国注册会计师：朱蕾蕾　杨晓梅

中国　上海　昆山路146号　　　2004年5月13日

四、本次募股资金入帐情况

入帐时间：2004年5月13日

入帐金额：462,241,251.29元

开户银行：兴业银行宁波分行海曙支行

入帐帐号：387010111200000126

五、本公司上市前股权结构及各类股东的持股情况

1、本次上市前股权结构：

股份类别	持股单位	持股数量	持股比例
国有法人股	中国建筑科学研究院	80万股	0.74%
一般法人股	宁波明和投资管理有限公司	748.5万股	6.93%
自然人股	赖振元等31人	7,171.5万股	66.40%
社会公众股	2,800万股		25.93%
总计	10,800万股		100%

2、前十大股东持有本公司股份情况：

序号	股东	持股数(万股)	占总股本比例(%)
1	赖振元	4856.5	44.97
2	宁波明和投资管理有限公司	748.5	6.93
3	郑桂香	591	5.47
4	赖野君	441	4.08
5	赖朝辉	421	3.90
6	中国建筑科学研究院	80	0.74
7	黄照青	63	0.58
8	赖安平	61	0.56
9	赖富荣	42	0.39
10	赖祖平	42	0.39

第五节　董事、监事、高级管理人员及核心技术人员

一、董事、监事、高级管理人员与核心技术人员简介

1、董事简介

赖振元，男，中国籍，64岁，大专学历，高级工程师、高级经济师。1980年至1984年任象山二建副总经理，1984年至1993年任象山二建上海分公司经理，1993年起任象山二建总经理兼党委书记，1995年象山二建改制后，担任二建股份董事长、总经理、党委书记，1996年至今担任公司董事长、党委书记。曾被评为浙江省劳动模范，全国优秀建筑企业家，全国优秀乡镇企业家。现任宁波市人大代表，中国建筑业协会常务理事，上海市建筑业协会常务理事、副理事长。

赖朝辉，男，中国籍，34岁，大专学历，工程师。1991年至1992年任象山二建办公室主任，1992年至1993年任象山二建工程部经理助理，1993年2月至1994年8月任象山二建经营部经理助理，1994年8月至1996年10月任本公司温州分公司总经理，1996年10月至今任公司总经理，现任公司副董事长兼总经理，上海市青年联合会委员，象山县政协委员。曾被评为全国质量管理卓越领导人、浙江进沪施工先进个人、浙江省优秀建筑企业经理、上海市工程立功竞赛"建设功臣"、全国优秀建筑施工企业企业经理。

周文龙，男，中国籍，40岁，大专学历，国家一级项目经理、工程师。1993年任"上海炼油厂综合楼"项目经理，1994年任"上海浦东环球广场"项目经理，1995年任"上海复兴文娱广场"项目经理，1996年任"苏州(美国)旭电新建厂房"项目经理，1997年任"上海市第四人民医院综合楼"项目经理，1998年任"苏州工业园区职业培训学院、苏州疾病防治中心"项目经理，1999年任"苏州星海游泳馆、上海理工大学高层教工宿舍楼"项目经理，2000年至2001年任"上海怡东花园"项目经理，2002年至今任"上海晶采世纪大厦"项目经理，现任公司董事。

陆炯，男，中国籍，34岁，大专学历，工程师。1995年至1996年任公司企业管理办公室主任，1997年至今任公司装潢分部经理，1997年至今曾主管第四人民医院、上海市卢湾区人民政府重置楼等多项装饰工程项目实施。现任公司董事、装潢分部经理。

庄晓天(独立董事)，男，中国籍，72岁，大专学历。1950年6月至1958年3月，任华东盐分管理局办事员、副科长；1958年3月至1979年3月，任上海禽旦公司副科长、科长、经理；1979年至1988年，任上海商业局局长、党委书记、上海财贸党委书记、副主任、主任；1988年至1993年2月，任上海市副市长；1993年2月至2001年，任上海浦东发展银行董事长；2001年至今，上海宁波经济促进会会长。现任公司独立董事。

杨小林(独立董事)，男，中国籍，62岁，本科学历，高级工程师。1967年至1983年任上海市第一建筑工程公司技术科副科长，技术队长；1983年至1985年任上海市建筑工程局副局长；1985年至1995年任上海建设委员会副主任、主任；1995年至2001年7月任上海市质量技术监督局巡视员；2001年7月退休。参加"无型钢提升环的试验"获全国科技大会奖，参加"上海玩具升级设计"获上海市大会奖。参加"升级建筑结构设计与施工"，"上海重大工程"，"上海房地产指南"，"住宅质量通病及其防治"，"施工企业全面质量管理"，"上海建筑业发展战略和发展规划"，"上海建材业发展战略和发展规划"，"上海生态城市建设报告"获上海第二届决策咨询研究成果奖三等奖，"上海城市现代化规划"获上海市第一届决策咨询研究成果提名奖等。现任公司独立董事。

潘飞(独立董事)，男，中国籍，48岁，博士，上海财经大学教授。2000年10月至今任上海财经大学会计学院副院长；现任上海市成本研究会副会长；中国会计学会理事；任上市公司中远发展、东海股份独立董事。1998年获得乾隆二等奖；2002年宝钢奖候选人；主持上海财经大学会计学院研究生教学改革获教育部二等奖；多篇论文、专著获得省市级奖项。现任公司独立董事。

2、监事简介

瞿颖，男，中国籍，42岁，本科学历，高级工程师。1985年毕业于上海城市建设学院工民建专业，1985年8月-1995年12月历任上海建工集团第四建筑公司施工员、工地主任、项目经理、装饰公司经理等职务；1995年至1996年任公司建筑装潢分部经理，1997年至1999年任公司上海曙光医院群体项目项目工程师，华东电力大楼工地主任，上海港陆广场、松江大学城等工程项目经理。现任公司监事会召集人、公司项目经理，兼任上海建总董事长。

吴贤文，男，中国籍，41岁，大专学历，工程师。1993年至1994年任象山二建上南二期三街坊工程项目经理，1995年至1997年任公司由由大酒店工程项目经理，1998年至2000年任公司香樟花园工程、明华苑工程项目经理，2001年至今任公司瑞金南苑工程项目经理。现任公司监事。

陈海英，女，中国籍，28岁，中专学历。1995年至1998年任公司沪办会计，1998年至1999年担任上海建总办会计，1999年至今，任公司审计部主任、监事会监事(职工代表监事)。

3、高级管理人员简介

由公司董事兼任的高级管理人员为赖朝辉，其简介见前述。

钱水江，男，中国籍，54岁，大专学历，工程师，1985年至1994年历任上海市建八公司工程部经理、副主任、分公司副经理；上海国际建设公司分公司工程部经理。1989年任上海一号工程上海永新彩管厂工程项目经理，1992年任上海市建八公司杨浦大桥七标段工程项目经理，1999年任公司上海大学新校区工程项目经理；现任公司常务副总经理。先后荣获1989、1992、2000年度上海市建设功臣荣誉称号。

赖野君，女，中国籍，44岁，大专学历，高级经济师。1986年8月至1990年3月任象山二建预算科科长，1990年4月至1995年7月，任象山二建经营部副经理，1995年8月至1997年9月，任公司宁波分公司经理，1997年9月至今，任公司副总经理。

金沙，男，中国籍，41岁，本科学历，工程师，中共党员。1986年浙江工业大学工民建本科毕业，1986年至1991年浙江工业大学留校工作，92年获浙江大学工商管理第二学位。1993年至1996年任杭州安桥玻璃有限公司常务副总经理，1997年至1999年任浙江华威混凝土有限公司副总经理，2000年任公司杭州分公司经理，2002年任公司副总经理。

俞根绪，男，中国籍，56岁，中专学历，高级会计师。1965年1月至1975年12月任象山县大队会计；1976年1月至1977年12月任象山洋北沙发厂主办会计；1978年1月至1993年6月任象山县亭溪乡工业办公室副主任兼主办会计；1993年7月至1994年4月，任象山东风针织总厂总会计师兼副厂长；1994年5月至1996年3月任象山乡镇局资产管理经营公司总会计师兼常务副经理；1996年4月至1998年12月任公司总会计师兼财务部副经理；1999年至今，任公司总会计师兼财务部经理。

朱占军，男，中国籍，28岁，本科学历。1997年8月至1999年5月，任本公司财务科主办会计；1999年6月至2000年5月任公司财务科科长；2000年6月至2002年8月任公司证券部副经理；2002年9月至2003年6月任公司证券部经理兼证券事务代表；2003年7月至今，任公司董事会秘书。

朱瑞亮，男，中国籍，41岁，大学学历，高级工程师。1987年至1993年7月任象山二建施工员兼项目工程师，1993年7月至1995年7月任象山二建质监科科员，1995年7月至1998年4月任公司技术科科长，1998年4月至2001年6月任公司副总工程师，现任公司总工程师兼项目经理。

4、核心技术人员简介

公司高级管理人员朱瑞亮、钱水江也是本公司核心技术人员，其简介见前述。

白素洁，女，中国籍，64岁，大专学历，高级工程师。1965年至1976年任陕西省五局七公司、十公

司施工员、施工队长；1976年至1986年任陕西省建十公司、建八公司技术科长、质监科长；1986年至1994年任上海住总集团质监处长、上海住宅质监站副站长；1994年至1997年任上海住益建设发展总公司总工程师；1997年至今任公司副总工程师。曾参与或主持林海铁矿、宾县铜矿及弓长 铁矿运输设计，陕西柴油机厂、陕西182厂、陕西玻璃纤维厂、上海梅陇六街坊、杭州萧山机场侯机楼等工程的技术质量管理工作；主编技术书籍有《建筑工程质量控制手册》、《上海建筑工程质量检验评定指南》。1993年获上海市重点工程实事立功竞赛记功先进个人；1994年获上海市建设工程质量监督十年工作中作出贡献先进个人；抗震区空心砖砌体竖向配筋研究项目获国家二级科技奖。

二、持股情况说明

1、个人直接持有

董事长赖振元先生持有公司股份4856.5万股。

副总经理赖野君女士，持有公司股份441万股。

副董事长、总经理赖朝辉先生，持有公司股份421万股。

董事周文龙先生，持有公司股份42万股。

总工程师朱瑞亮先生，持有公司股份42万股。

监事吴贤文先生，持有公司股份32万股。

常务副总经理、核心技术人员钱水江先生，持有公司股份11万股。

董事陆炯先生，持有公司股份11万股。

监事瞿颖先生，持有公司股份10万股。

2、家属持股

公司本次股票公开发行前，董事长赖振元先生配偶郑桂香持有公司股份591万股；女婿赖财富持有公司股份42万股；女婿史盛华持有公司股份42万股。

第六节　同业竞争与关联交易

一、同业竞争情况

本公司实际控制人为赖振元先生，目前本公司控股股东及其关联人未从事与本公司相同或相似的业务，赖振元先生已出具避免同业竞争的承诺函。

公司律师认为，公司未投资于任何与本身从事相同或者类似业务的公司、企业或其他经营实体，其本身未经营亦没有为他人经营与公司相同或类似的业务；不存在同业竞争；主承销商认为，公司避免同业竞争的措施是可行的，有效的。

二、关联交易情况

公司近三年发生的主要关联交易如下：

序号		项目	2003年	2002年	2001年
1	承包	交易额(元)	9,842,931.20	22,176,748.56	4,273,980.11
	工程	占同类业务比例(%)	0.25	0.72	0.22
2	工资	交易额(元)	14,573,392.37	1,649,479.47	28,249,077.40
	薪金	占同类业务比例(%)	1.62%	0.33	7.65
3	租赁	交易额(元)	74,334.00	74,334.00	74,334.00
		占同类业务比例(%)	100	100	100
4	共同投资	金额(元)	–	–	9,000,000.00
5	收购股权	金额(元)	–	–	–
6	债权债	债权转让金额(元)	–	–	107,233,829.07
	务转让	债务转让金额(元)	–	–	75,463,004.78
7	担保	担保额(元)	60,000,000	60,000,000	–

公司的承包工程方面的关联交易金额较小，占主营业务收入比例2001年为0.22%，2002年为0.72%，2003年为0.25%，因此公司主营业务收入和利润基本不受影响。近三年的关联交易主要是向关联方管理人员支付报酬、资产租赁、转让股权、转让债权债务等交易，对公司的资产结构、现金流量等有一定影响，但不影响公司正常的主营业务损益，经过公司合法程序且为公司正常经营所必需。薪酬中年度工资部分相对固定，不会对公司财务状况、经营成果产生影响。而根据公司制度应予发放的考核奖部分直接与关联方管理者的工作绩效、对公司利润贡献大小挂钩，也处于相对固定，对公司财务状况、经营成果的影响也处于相对固定。

公司独立董事、律师和主承销商均对关联交易发表了意见，认为公司与关联方的关联交易价格公允，已履行了法定批准程序，是合法、有效的，未损害公司与其他股东的利益，也不影响公司的独立性。

第七节　财务会计资料

本公司2001年至2003年财务会计资料已于2004年4月27日在《中国证券报》、《上海证券报》、《证券时报》和《证券日报》上刊登的招股说明书摘要中进行了披露，投资者欲了解详细内容，请查阅上述报纸或刊载于上海证券交易所网站(WWW.SSE.COM.CN)的招股说明书全文及其附录。

一、注册会计师意见

安永大华会计师事务所有限责任公司对本公司2001年12月31日、2002年12月31日、2003年12月31日的资产负债表，2001年度、2002年度、2003年度的利润及利润分配表，2003年度的现金流量表进行审计并出具了标准无保留意见的安永大华业字(2004)第198号审计报告。

二、简要会计报表

1、简要资产负债表

单位:元

项目	2003-12-31	2002-12-31	2001-12-31
流动资产	2,108,254,274.81	1,279,469,427.00	1,026,690,281.40
长期投资	5,876,474.14	1,664,646.04	3,645,365.29
固定资产	35,041,179.52	32,121,005.92	26,303,394.00
无形资产及其他资产	6,837,644.79	6,957,822.11	5,087,828.63
资产总计	2,156,009,573.26	1,320,212,901.07	1,061,726,869.32
流动负债	1,719,908,937.67	967,833,031.94	781,033,109.50
长期负债	–	–	–
负债合计	1,719,908,937.67	967,833,031.94	781,033,109.50
少数股东权益	7,095,175.39	6,499,822.97	6,377,520.30
股东权益	429,005,460.20	345,880,046.16	274,316,239.52
负债和股东权益总计	2,156,009,573.26	1,320,212,901.07	1,061,726,869.32

2、简要利润表

单位:元

项目	2003年度	2002年度	2001年度
主营业务收入	3,984,166,318.40	3,087,808,101.02	1,963,749,212.38
主营业务利润	205,736,476.49	174,402,187.22	127,053,242.67
营业利润	129,179,685.68	113,530,084.28	77,968,647.48
利润总额	128,761,973.46	108,620,006.63	75,327,157.11
净利润	83,125,414.04	71,563,806.64	48,583,246.89

3、简要现金流量表

单位:元

项目	2003年度
经营活动产生的现金流量净额	20,749,259.82
投资活动产生的现金流量净额	−17,765,875.95
筹资活动产生的现金流量净额	94,542,892.90
现金及现金等价物净增加额	97,526,276.77

三、主要财务指标

财务指标	2003年度	2002年度	2001年度
流动比率	1.23	1.32	1.31
速动比率	0.68	0.79	0.77
应收帐款周转率(次/年)	8.03	8.54	5.63
存货周转率(次/年)	5.05	5.93	5.07
无形资产占总资产的比例	0.03%	0.01%	0.01%
资产负债率(母公司)	77.94%	70.67%	69.46%
净资产收益率	19.38%	20.69%	17.71%
扣除非经常性损益后净资产收益率	19.20%	20.25%	17.28%
每股收益(元)	1.04	0.89	0.61
每股净资产(元)	5.36	4.32	3.43
每股经营活动现金净流量(元)	0.26	2.24	1.17
每股净现金流量(元)	1.22	1.23	1.06

第八节　其他重要事项

1、自本公司股票首次公开发行之日至本上市公告书公告之日，本公司严格按照《公司法》、《证券法》等法律法规要求，规范运行，生产经营情况正常；所处行业或市场无重大变化，主要业务发展目标的进展状况正常，主要投入、产出物供求及价格无重大变化。

2、自本公司股票首次公开发行之日至本上市公告书公告之日，本公司没有进行重大对外投资，无重大资产(股权)收购或出售行为。

3、自本公司股票首次公开发行之日至本上市公告书公告之日，本公司住所没有发生变更。

4、自本公司股票首次公开发行之日至本上市公告书公告之日，本公司未涉及任何重大诉讼、仲裁或行政处罚案件，亦没有尚未了结或可能面临的重大诉讼和赔偿要求。

5、自本公司股票首次公开发行之日至本上市公告书公告之日，本公司董事、监事和高级管理人员未受到任何刑事起诉，亦没有尚未了结或可能发生的刑事诉讼事项。

6、自本公司股票首次公开发行之日至本上市公告书公告之日，本公司重大会计政策和会计师事务所没有发生变化。

7、自本公司股票首次公开发行之日至本上市公告书公告之日，本公司未发生新的重大负债；并且重大债项未发生变化。

8、根据公司2002年度第二次临时股东大会决议，截止2003年12月31日本公司经审计的未分配利润282,888,501.87元和2004年1月1日以后产生的利润由新老股东共享。

9、根据《上海证券交易所股票上市规则》，本公司第一大股东赖振元承诺，自本公司股票上市之日起12个月内，不转让其持有的本公司股份，也不由本公司回购其所持有的本公司股份。

10、自本公司股票首次公开发行之日至本上市公告书公告之日，没有其他应披露而未披露之重大事项。

第九节　董事会上市承诺

本公司董事会承诺将严格遵守《中华人民共和国公司法》、《中华人民共和国证券法》、《股票发行与交易管理暂行条例》、《公开发行股票公司信息披露实施细则》和《上海证券交易所股票上市规则》等国家有关法律、法规和有关规定，并自股票上市之日起做到：

1、真实、准确、完整、公允和及时地公布定期报告，披露所有对投资者有重大影响的信息，并接受中国证监会、证券交易所的监督管理；

2、公司在知悉可能对股票价格产生误导性影响的任何公共传播媒介中出现的消息后，将及时予以公开澄清；

3、公司董事、监事、高级管理人员和核心技术人员将认真听取社会公众的意见和批评，不利用已获得的内幕消息和其他不正当手段直接或间接从事发行人股票的买卖活动；

4、公司没有无记录的负债。

第十节　上市推荐人及其意见

一、上市推荐人情况

上市推荐人：海通证券股份有限公司

法定代表人：王开国

注册地址：上海市淮海中路98号

电话：021-53594566

传真：021-53822542

联系人：肖磊、孙剑峰、王涛、张立、王建敏、王镇华、侍江天

二、上市推荐人意见

本公司上市推荐人认为：本公司章程符合《中华人民共和国公司法》等有关法律、法规和中国证监会关于公司章程的相关规定；根据《中华人民共和国公司法》、《中华人民共和国证券法》、《股票发行与交易管理暂行条例》、《上海证券交易所股票上市规则》等国家有关法律、法规的规定，本公司首次公开发行的股票已具备公开上市的条件。

本公司上市推荐人保证本公司的董事了解法律、法规、上海证券交易所上市规则及股票上市协议规定的董事的义务与责任，并协助发行人健全了法人治理结构、制定了严格的信息披露制度与保密制度。

本公司上市推荐人已对上市文件所载的资料进行了核实，确保上市文件真实、准确、完整，符合规定要求。保证本公司的上市申请材料、上市公告书没有虚假记载、误导性陈述或者重大遗漏，并保证对其承担连带责任。

本公司上市推荐人愿意推荐本公司股票在上海证券交易所上市交易，并保证不利用在上市过程中获得的内幕信息进行内幕交易，为自己或他人谋取利益。

龙元建设集团股份有限公司

2004年5月19日

福建凤竹纺织科技股份有限公司

福建凤竹纺织科技股份有限公司首次公开发行股票上市公告书

第一节　重要声明与提示

福建凤竹纺织科技股份有限公司(以下简称"公司"、"本公司"、"发行人")董事会保证上市公告书的真实性、准确性、完整性,全体董事承诺上市公告书不存在虚假记载、误导性陈述或重大遗漏,并承担个别和连带法律责任。

根据《公司法》、《证券法》等有关法律、法规的规定,本公司董事、高级管理人员已依法履行诚信和勤勉尽责的义务和责任。

上海证券交易所、中国证监会、其他政府机关对本公司股票上市及有关事项的意见,均不表明其对本公司的任何保证。

本公司提醒广大投资者注意,凡本上市公告书未涉及的有关内容,请投资者查阅 2004 年 4 月 1 日刊登于《上海证券报》的本公司招股说明书摘要,以及刊载于上海证券交易所网站(http://www.sse.com.cn)的本公司招股说明书全文。

本公司 2003 年度财务报告已经福建华兴有限责任会计师事务所审计,投资者欲了解详细内容,请查阅刊载于上海证券交易所网站的上市公告书全文。

公司负责人和主管会计工作的负责人、会计机构负责人保证年度财务会计报告真实、完整。

第二节　概　览

股票简称	凤竹纺织
沪市股票代码	600493
深市代理股票代码	003493
总股本	170,000,000 股
可流通股本	60,000,000 股
本次上市流通股本	60,000,000 股
发行价格	5.25 元
上市地点	上海证券交易所
上市时间	2004 年 4 月 21 日
股票登记机构	中国证券登记结算有限责任公司上海分公司
上市推荐人	东北证券有限责任公司

根据国家现有法律、法规规定,本公司发起人股东所持股份暂不上市流通;本公司第一大股东福建凤竹集团有限公司承诺,自本公司股票上市之日起 12 个月内,不转让其持有的发行人股份,也不由本公司回购其持有的股份。

第三节　绪　言

本上市公告书是根据《中华人民共和国公司法》(以下简称"《公司法》")、《中华人民共和国证券法》(以下简称"《证券法》")、《股票发行与交易管理暂行条例》、《公开发行股票公司信息披露实施细则》和《上海证券交易所股票上市规则》等国家有关法律法规的规定,并按照中国证监会《公开发行证券的公司信息披露内容与格式准则第 7 号-股票上市公告书》要求而编制的,旨在向投资者提供有关本公司的基本情况和股票上市的有关资料。

经中国证监会证监发行字[2004]3 号文核准,本公司已于 2004 年 4 月 6 日采用全部向二级市场投资者定价配售方式成功发行了每股面值 1.00 元的人民币普通股股票 6,000 万股,发行价格为每股人民币 5.25 元。

根据上海证券交易所上证上字[2004]38 号文,本公司 6,000 万股社会公众股将于 2004 年 4 月 21 日起在上海证券交易所挂牌交易,股票简称"凤竹纺织",沪市股票代码为:600493,深市代理股票代码为:003493。

本公司已于 2004 年 4 月 1 日在《上海证券报》上刊登了招股说明书摘要,招股说明书全文及其必备附件可在上海证券交易所网站(http://www.sse.com.cn)查询。因招股说明书签署日为 2004 年 3 月 24 日,故与其重复的内容不再重述,敬请投资者查阅上述文件。

发行人董事会成员已批准本上市公告书,确信其中不存在任何重大遗漏或者误导,并对其真实性、准确性、完整性负个别的和连带的责任。

第四节　发行人概况

一、发行人的基本情况

中文名称:福建凤竹纺织科技股份有限公司

英文名称:FUJIAN FENGZHU TEXTILE SCIENCE & TECHNOLOGY CO., LTD.

法定代表人:陈澄清

注册地址:福建省晋江市青阳凤竹工业区

经营范围:生产、加工针织、机织色布、漂染、染纱、服装,销售自产产品;从事环保设施运营。

主营业务:织造、染整、染纱和污水处理

所属行业:纺织业

联系电话:0595-5656506

传真号码:0595-5688093

互联网址:www.fengzhu.cn

电子信箱:fengzhu@public.qz.fj.cn

董事会秘书:林宇

二、发行人历史沿革

1、发行人的设立

本公司是经中华人民共和国对外贸易经济合作部[2000]外经贸资二函字第 1032 号文批准,由福建晋江凤竹针织漂染实业有限公司(以下简称"原有限公司")整体变更设立的。以经福建华兴有限责任会计师事务所审计的原有限公司 2000 年 9 月 30 日的净资产 11000 万元,按 1:1 的比例折成等额股份 11000 万股,由原有限公司各股东作为公司发起人,按照各自在原有限公司的股权等额折为本公司股份。2000 年 12 月 25 日,公司在福建省工商行政管理局登记注册,《企业法人营业执照》号码为企股闽总字第 003923,注册资本人民币 11000 万元,现公司法定代表人为陈澄清。发行人自设立至本次发行前股权结构未发生变化。

2、本次发行

经中国证监会证监发行字[2004]3 号文核准,本公司于 2004 年 4 月 6 日采取全部向二级市场投资者定价配售发行的方式成功发行了每股面值 1.00 元的人民币普通股股票 6,000 万股,每股发行价格为 5.25 元。本次发行完成后,公司股本结构变化如下:

股本类别	本次发行前 股数(万股)	本次发行前 所占比例	本次发行后 股数(万股)	本次发行后 所占比例
一、发起人法人股	11,000	100.00%	11,000	64.71%
福建凤竹集团有限公司	5,610	51.00%	5,610	33.00%
香港振兴实业公司	4,958.8	45.08%	4,958.8	29.17%
福建省泉州市光大工贸有限公司	323.4	2.94%	323.4	1.90%
福建省环境保护设计院	53.9	0.49%	53.9	0.32%
三明市天地环保技术开发有限公司	53.9	0.49%	53.9	0.32%
二、社会公众股	–	–	6,000	35.29%
总股本	11,000	100.00%	17,000	100.00%

三、发行人的主要经营情况

1、公司的主要业务与产品

本公司属于纺织行业,主要业务可分为漂染、染纱、织造和污水处理。主要产品包括针织坯布、针织成品布和筒子色纱。以上产品主要作为制作各种童装、运动服、内衣和外衣的面料。

2、公司的主要竞争优势

(1)地理区域优势

公司位于福建的织造、染整、服装业最为发达的闽南地区,该地区纺织企业配套齐全,化纤、棉纺、服装及针织厂、机织厂、印花厂、绣花厂、拉链厂、辅料厂一应齐全,具备相当规模,为大型针织企业的发展提供优越的条件。市场环境优越,周边地区交通发达。

(2)技术及产品优势

公司是国家科技部认定的火炬计划重点高新技术企业,80%的设备达到世界先进或领先水平。在引进国外先进设备的同时,一方面不断引进和消化国外先进的工艺,另一方面通过与各种科研机构的合作和组织自身力量,积极开发自主知识产权,先后完成了多项技术攻关,增强了公司技术实力。

公司注重产品质量管理,先后通过了 ISO9001 质量管理体系认证和国际生态纺织品 Oeko-Tex Standard

100 标准认证,并成为我国少数通过该标准认证的纺织企业之一。公司是福建针织漂染行业中第一家取得漂染筒子色纱和针织成品布 Oeko 生态纺织品标准婴儿产品及直接接触皮肤产品认证证书的生产厂家,公司的产品达到发达国家纺织品市场的环保标准,从而突破发达国家设置的环保壁垒。

(3)环保优势

公司注重环境保护工作,积极采用治污减污、节能降耗新技术,推行清洁工艺生产流程,环保综合治理效果显著。污水治理各项指标均达到国家规定的排放标准。公司业已取得国家环保总局颁发的"环境保护设施运营资质证书",公司污水处理厂不仅能满足企业自身污水处理的需要,还具有对外运营的能力。

(4)产业链优势

公司注重构造纺织行业产业链,充分利用公司自身织与染相配套的优势,发挥公司筒子染纱、织造与染整的上、下环节的衔接与配合,同时与国内第一流的棉纺厂、染化料厂、化纤厂、服装厂、贸易公司建立稳定的战略伙伴关系,形成原材料供应、产业链衔接良好的合作关系,拥有关系稳定的客户资源。

3、公司的主要竞争劣势

(1)生产规模限制:生产规模的限制,致使生产能力在进入生产旺季时无法满足客户的交货期要求,造成部分客户流失。

(2)国外厂家竞争:随着市场需求的增大,将有可能激发外国企业或资金优势企业进入染整业,从而成为强大的竞争对手,将可能使公司面临更大的市场竞争压力。

(3)技术更新压力:由于发达国家建立的技术标准与生态标准越来越高,对工艺技术及设备硬件和高素质技术、管理人才的要求也进一步提高,技术进步与提高装备及管理水平,显然是公司面临的挑战。否则,落后于形势,将可能逐步形成竞争劣势。

4、主要财务指标

详见本上市公告书"财务会计资料"部分。

5、发行人拥有的主要知识产权

本公司的"凤竹"牌注册商标(商标注册证第 1414106 号,第 1457624 号,第 1022631 号,第 1154834 号,第 1022632 号,第 1045707 号,第 1045706 号),由发行人前身福建晋江凤竹针织漂染实业有限公司变更注册人所得。2001 年 6 月 7 日,上述商标权的变更手续已经国家工商行政管理局商标局核准。

6、发行人拥有的特许经营权

发行人的前身福建晋江凤竹针织漂染实业有限公司于 2000 年 7 月 26 日取得国家环境保护局颁发的国环 0095 号可从事工业废水处理的"环境保护设施运营资质证书"。发行人成立后,该项特许经营权已变更至发行人名下。

7、发行人享有的财政税收优惠政策

2001 年度根据国家税务总局国税函[2001]496 号"国家税务总局关于福建凤竹纺织科技股份有限公司适用企业所得税税率问题的批复",同意本公司自 2001 年度起,减按 15%税率计算缴纳企业所得税。

第五节　股票发行与承销

一、本次上市股票的公开发行情况

1、发行时间:2004 年 4 月 6 日

2、发行数量:6,000 万股

3、发行价格:5.25 元/股

4、募集资金总额:31500 万元

5、募集资金净额:30192.5681 万元

6、发行方式:100%向二级市场投资者定价配售

7、配售对象:2004 年 4 月 1 日收盘时持有沪市或深市已上市流通人民币普通股(A 股)股票市值不少于 1 万元的投资者。

8、发行费用总额及项目：本次发行费用总额为1307.4319万元。其中：承销费用945万元；审计费用170万元；律师费用60万元；评估费用20万元；上网发行费用109.4319万元；审核费3万元。

9、每股发行费用：0.218元。

二、本次上市股票的承销情况

本次公开发行的6,000万股社会公众股的配号总数为93610389,中签率为0.06409545%；二级市场投资者认购了59,545,361股,其余454,639股由主承销商包销。

三、验资报告

验资报告

闽华兴所(2004)验字F-002号

福建凤竹纺织科技股份有限公司全体股东：

我们接受委托,审验了福建凤竹纺织科技股份有限公司(以下简称"贵公司")截至2004年4月13日止新增注册资本的实收情况。按照国家相关法律、法规的规定和协议、章程的要求出资,提供真实、合法、完整的验资资料,保护资产的安全、完整是全体股东及贵公司的责任。我们的责任是对贵公司新增注册资本的实收情况发表审验意见。我们的审验是依据《独立审计实务公告第1号??? 验资》进行的。在审验过程中,我们结合贵公司的实际情况,实施了检查等必要的审验程序。

贵公司原注册资本和实收资本均为人民币壹亿壹仟万元整(RMB110,000,000.00元),已经我所于2000年12月20日出具的闽华兴所验字(2000)外验字39号验资报告予以审验。根据贵公司股东大会决议和修改后章程的规定，贵公司申请增加注册资本人民币陆仟万元整(RMB60,000,000.00元)。经中国证券监督管理委员会证监发行字[2004]3号文批准,贵公司于2004年4月6日向社会公众公开发行人民币普通股6,000万股,全部向二级市场投资者定价配售,每股发行价格5.25元。经我们审验,截至2004年4月13日止,贵公司本次发行募集资金为人民币315,000,000.00元,扣除发行费用后，实际募集资金净额为人民币301,925,681.46元，其中增加注册资本为人民币陆仟万元整(RMB60,000,000元),增加资本公积为人民币241,925,681.46元,变更后注册资本和实收资本均为人民币壹亿柒仟万元整(RMB170,000,000.00元)。社会公众股股东均以货币资金出资,款项存入贵公司中国银行晋江支行831003020808093001账号。

本验资报告仅供贵公司申请变更登记及据以向股东签发出资证明时使用，不应将其视为对贵公司验资报告日后资本保全、偿债能力和持续经营能力等的保证,因使用不当所造成的后果,与执行本验资业务的注册会计师及本会计师事务所无关。

附送：1、新增注册资本实收情况明细表

2、注册资本变更前后对照表

福建华兴有限责任会计师事务所　　中国注册会计师：刘延东

中国福州市　　中国注册会计师：陈航晖

二○○四年四月十三日

四、本次募集资金入帐情况

1、入帐时间：2004年4月13日

2、入帐金额：301,925,681.46元人民币

3、入帐账号：831003020808093001

4、开户银行：中国银行晋江支行

五、本次股票上市前发行人的股权结构和股东持股情况

1、本次股票上市前公司的股权结构

股份类别	股份数量(股)	比例(%)
发起人股法人股	110,000,000	64.71
流通股社会公众股	60,000,000	35.29
合计	170,000,000	100.00

2、本次股票上市前公司前十名股东及其持股比例

	股东名称	持股数量(股)	持股比例(%)
1	福建凤竹集团有限公司	56,100,000	33.00
2	香港振兴实业公司	49,588,000	29.17
3	福建省泉州市光大工贸有限公司	3,234,000	1.90
4	南方证券	544,000	0.32
5	福建省环境保护设计院	539,000	0.32
6	三明市天地环保技术开发有限公司	539,000	0.32
7	东北证券	454,639	0.27
8	银丰基金	176,000	0.104
9	海富通收益	168,000	0.099
10	海富通精选	132,000	0.078

第六节　董事、监事及高级管理人员

一、董事、监事、高级管理人员简况

1、董事

(1)陈澄清先生：现年57岁,研究生学历,高级经济师。现任福建凤竹集团有限公司董事,福建省晋江青阳凤竹公众信息服务有限公司董事,福建省晋江市凤竹纺织品贸易有限公司董事,本公司董事长。

(2)李桂真女士：现年45岁,高中学历。现任香港振兴实业公司董事长,振兴实业(香港)有限公司董事长,晋江振兴鞋塑有限公司董事长,本公司副董事长。

(3)李常春先生：现年51岁,研究生学历,高级经济师。现任福建凤竹集团有限公司董事,福建省晋江恒泰化工贸易有限公司董事,福建省晋江青阳凤竹公众信息服务有限公司董事,本公司副董事长、总经理。

(4)李春兴先生：现年49岁,第十届全国人大代表。现任福建凤竹集团有限公司董事长、总经理,福建省恒泰化工贸易有限公司董事,福建省晋江市凤竹纺织品贸易有限公司董事长,本公司董事。

(5)陈锋先生：现年25岁,大学学历。现任福建省泉州市光大工贸有限公司董事长、总经理,本公司董事。

(6)陈维辉先生：现年39岁,大学学历,高级工程师,享受国务院政府津贴专家。现任福建省武夷山大气背景值监测站站长,本公司董事。

(7)潘胜泉先生：现年54岁,高中学历。现任本公司董事。

(8)陈俊明先生：现年56岁,中共党员,经济学教授,经济学博士。现任泉州师范学院经济研究所所长、人文学院院长,本公司独立董事。

(9)张勇勤先生：现年39岁,中共党员,中国注册会计师,副教授,硕士生导师。现任天津市创业投资中心创业投资决策与风险控制委员,本公司独立董事。

(10)戴仲川先生：现年38岁,经济学硕士,法学副教授,第十届全国人大代表,泉州市政协常务委员。现任华侨大学法律系经济法硕士研究生导师,亚洲(澳门)国际公开大学客座教授,本公司独立董事。

(11)戴克商先生：现年60岁,大学学历,现任福建行政学院、福建经济管理干部学院经济管理系主任、教授,本公司独立董事。

2、监事

(1)王惠玲女士：现年50岁,中专学历,助理会计师。现任公司供应部副部长、工会主席,本公司监事会召集人。

(2)苏木成先生：现年55岁,党员,法律系大专学历。本公司人事部工资管理员,本公司监事。

(3)游善芬先生：现年59岁,大学学历,高级工程师。现任三明市天地环保技术开发有限公司总经理,本公司监事。

3、高级管理人员

(1)林宇先生：现年36岁,大学文化。现任本公司董事会秘书,行政副总经理。

(2)王宗清先生：现年48岁,大学文化,高级会计师。现任本公司财务总监。

(3)郑玉润女士：现年47岁,中专学历,经济师。现任本公司营销副总经理。

(4)李爱民先生：现年65岁,大学文化,高级工程师,享受国务院国家特殊津贴。现任本公司总工程师。

二、有关事项的说明

1、发行前上述人员不存在个人或家属直接持有本公司股份的情况。

2、上述人员通过其近亲属直接或间接控制的法人持有公司股份情况：

陈澄清先生持有股份公司控股股东凤竹集团32.6%的股份,陈澄清之妻李萍影女士持有凤竹集团5%的股份；陈澄清之妻妹李桂真女士持有股份公司主要股东香港振兴100%的股份；陈澄清之子女陈锋、陈强、陈慧共同持有股份公司股东泉州光大100%的股份。

游善芬先生持有股份公司股东三明天地30%的股份,游善芬之妻巫才娣女士持有三明天地52%的股份。

第七节　同业竞争与关联交易

一、同业竞争

本公司与控股股东及其直接、间接控制的法人之间不存在同业竞争情况。

本公司控股股东凤竹集团的经营范围为棉纺、化纤、鞋帽服装销售、公用工程供应、信息咨询服务和五金机电配件贸易。本公司主要生产、加工针织布、漂染、染纱,销售自产产品,从事环保设施运营。双方不存在同业竞争。本公司的主要股东香港振兴实业公司的主要业务为鞋类的贸易,与本公司不存在同业竞争。凤竹集团的控股子公司凤竹纺织品公司的主要业务是纺织设备及零配件批发,与本公司不存在同业竞争。

为了避免今后同业竞争的产生,凤竹集团及其主要关联方均向本公司出具了《避免同业竞争承诺函》。

二、关联方及关联关系

(一)关联方

本公司目前存在的关联方及关联关系请查阅刊载于上海证券交易所网站(www.sse.com.cn)的本公司招股说明书相关披露内容。

(二)关联交易

1、本公司近三年与股东之间发生的关联交易

(1)水、电、汽供应

本公司与凤竹集团于2001年6月30日签署了《供用水合同》、《供用电合同》、《供用汽合同》,合同有效期为10年(自2001年7月1日至2011年6月30日)。近三年本公司向集团公司支付水、电、汽费用如下：

	2003年度	2002年度	2001年度
水电汽费(元)	30,752,505	28,417,296	26,443,768
占该项采购总额的比重	85.07%	89.61%	85.71%

(2)染化料、零配件转让

项目	2003年度	2002年度	2001年度
设备(元)	81,725		
工程设计费(元)	730,000	110,000	530,000

本公司与凤竹集团于2001年8月2日签署了《材料转让协议书》：由于历史原因,原集团公司已停止使用股份公司的漂染生产线，但集团公司尚存部分有关漂染的生产原材料及专用设备配件,按历史实际成本定价转让给股份公司。货款已于同年结清。涉及交易金额：染化料为115.2万元,占2001年总成本的比重为0.73%；零配件金额为112.2万元,占2001年总成本的比重为0.71%；2002年为3.64万元,占2002年总成本的比重为0.02%。

(3)工程设计合同

2000年4月18日原有限公司与三明市天地环保技术开发有限公司签署了《合同书》,委托三明天地承担污水处理气浮池工程、调节池工程设计和部分分项工程承包。上述工程涉及的交易金额如下：

(4)担保

本公司不存在对关联方的担保关系。

截至2003年12月31日止,凤竹集团为本公司的银行借款161,030,000.00元提供担保,担保方式为保证。

截至2003年12月31日止，凤竹集团为本公司向银行开具银行承兑汇票15,411,440.00元提供担保,担保金额13,870,296.00元,担保方式为保证。

(5)本公司与集团公司之间的资金往来

2000年,集团公司为适应本公司生产规模的扩大而加大了水电汽的投入。由于凤竹集团刚组建时融资能力差，因此占用了本公司部分资金用于扩大生产规模，致使2000年末集团公司欠本公司1005万元,2001年上述款项已全部归还。

对因专项复核调减的2000年末净资产822,952.48元,由凤竹集团以货币资金补足,凤竹集团已于2002年9月20日归还本公司该款项。

2、本公司与控股股东下属子公司之间的关联交易

(1)染化料、助剂供应

原有限公司与凤竹集团控股子公司晋江恒泰化工贸易有限公司于2000年6月28日签署了《染化料、助剂供应协议》,协议约定,恒泰化工向原有限公司提供染化料、助剂,价格不高于市场价格。该交易已于2001年11月终止。

近三年公司向恒泰化工采购染化料、助剂所涉及的交易金额如下：

	2003年度	2002年度	2001年度
染化料(元)	0	0	19,621,850
占该项采购总额的比重	0%	0%	68.76%

(2)零配件

原有限公司与凤竹集团控股子公司晋江市凤竹纺织品贸易有限公司于2000年6月25日签署了《零星配件供应协议》,协议约定,凤竹纺织品提供有限公司的零星配件价格不高于市场价格。该交易已于2001年5月终止。近三年公司向凤竹纺织品贸易有限公司采购零星配件所涉及的交易金额如下：

-	2003年度	2002年度	2001年度
零配件(元)	0	0	1,836,752
占该项采购总额的比重	0%	0%	18.75%

3、独立董事及中介机构就关联交易发表的意见

本公司独立董事认为,"福建凤竹纺织科技股份有限公司上述重大关联交易是公允的,并且均履行法定批准程序,不存在损害股份公司及中小股东利益的情况。"

主承销商认为:"发行人已按规定披露了需要披露的关联方、关联关系和关联交易,不存在损害发行人及中小股东利益的情况。上述关联交易,已在自愿、平等的基础上,签订了关联交易合同。另外,公司还制定了《关联交易决策规则》,对关联交易决策权限和程序进行了明确规定,有助于保证关联交易的公允性。上述重大关联交易对发行人生产经营的独立性不构成影响。"

申报会计师事务所认为,"福建凤竹纺织科技股份有限公司报告期内的重大关联交易是正常生产经营活动产生的,有利于充分利用关联企业的资源优势,降低成本,提高效益;同时会计处理符合《关联方之间出售资产等有关会计处理问题暂行规定》(财会[2001]64号)和《企业会计准则》的相关规定。"

发行人律师认为,"经本所律师审查,上述重大关联交易公允,未发现上述关联交易存在损害股份公司及其股东利益之情况。"

"经本所律师审查,上述重大关联交易均为真实、合法、有效。"

第八节 财务会计资料

本公司2000年至2003年9月30日经审计的财务会计资料,已于2004年4月1日在《上海证券报》上刊登的《招股说明书摘要》上进行了披露,投资者欲了解详细内容,请查阅上述报纸或可查阅刊载于上海证券交易所网站(www.sse.com.cn)的本公司招股说明书全文及附录。

本公司2003年度财务会计资料已经审计,投资者欲了解详细内容,请查阅刊载于上海证券交易所网站的本公司上市公告书全文。

(一)注册会计师的审计意见

福建华兴有限责任会计师事务所已对本公司2000年12月31日、2001年12月31日、2002年12月31日、2003年9月30日资产负债表和2000年度、2001年度、2002年度、2003年1-9月利润及利润分配表以及2002年度和2003年1-9月现金流量表进行了审计,并出具了标准无保留意见的审计报告。

福建华兴有限责任会计师事务所对本公司2003年12月31日资产负债表和2003年度利润及利润分配表以及2003年度现金流量表进行了审计,并出具了标准无保留意见的审计报告。

二、简要会计报表

1、简要资产负债表

简要资产负债表

单位:人民币元

资产	2003.12.31	2002.12.31
流动资产:		
货币资金	5,012,461.42	17,080,697.68
应收账款	9,321,845.99	7,993,837.28
其他应收款	4,777,215.36	4,818,597.59
预付账款	4,575,449.16	1,580,008.86
存货	93,714,947.33	28,473,468.89
待摊费用	5,440,497.25	209,241.33
流动资产合计	122,842,416.51	60,155,851.63
长期投资:		
长期投资合计	–	–
固定资产:		
固定资产原价	316,213,556.56	268,385,378.12
减:累计折旧	63,554,712.15	53,332,240.79
固定资产净值	252,658,844.41	215,053,137.33
减:固定资产减值准备	4,299,701.85	3,768,009.62
固定资产净额	248,359,142.56	211,285,127.71
工程物资	4,943,091.41	868,436.76
在建工程	6,491,835.05	21,759,612.17
固定资产合计	259,794,069.02	233,913,176.64
无形资产及其他资产:		
无形资产	20,264,318.63	20,999,068.92
无形资产及其他资产合计	20,264,318.63	20,999,068.92
资产合计	402,900,804.16	315,068,097.19
资产	2001.12.31	2000.12.31
流动资产:		
货币资金	14,351,775.36	8,690,862.52
应收账	5,286,558.67	584,065.05
其他应收款	2,653,089.23	11,337,350.25
预付账款	1,204,704.61	3,027,208.11
存货	41,295,920.97	35,923,084.42
待摊费用	166,038.43	128,106.53
流动资产合计	64,958,087.27	59,690,676.88
长期投资:		
长期投资合计	–	–
固定资产:		
固定资产原价	186,178,581.14	158,259,796.34
减:累计折旧	42,198,869.20	32,226,669.04
固定资产净值	143,979,711.94	126,033,127.30
减:固定资产减值准备	3,599,017.22	3,599,017.22
固定资产净额	140,380,694.72	122,434,110.08
工程物资	264,265.29	410,228.01
在建工程	3,592,620.68	5,466,011.16
固定资产合计	144,237,580.69	128,310,349.25
无形资产及其他资产:		
无形资产	10,636,130.20	10,343,285.53
无形资产及其他资产合计	10,636,130.20	10,343,285.53
资产合计	219,831,798.16	198,344,311.66
负债和所有者权益	2003.12.31	2002.12.31
流动负债:		
短期借款	66,759,710.00	20,000,000.00
应付票据	15,411,440.00	13,300,000.00
应付账款	8,271,805.9	11,456,576.52
预收账款	3,025,689.9	1,100,610.33
应付工资	1,700,000.0	869,500.00
应付福利费	1,188,392.6	2,044,812.04
应付股利	–	–
应交税金	2,136,420.00	3,269,350.69
其他应交款	188,821.99	153,139.32
其他应付款	7,298,858.87	6,277,902.49
预提费用	442,582.07	–
一年内到期的长期负债	–	10,550,000.00
流动负债合计	106,423,720.07	69,021,891.39
长期负债:		
长期借款	105,030,000.00	87,400,000.00
长期应付款	–	242,000.00
长期负债合计	105,030,000.00	87,642,000.00
负债合计	211,453,720.07	156,663,891.39
所有者权益:		
股本	110,000,000.00	110,000,000.00
资本公积	–	–
盈余公积	26,955,477.41	17,042,613.92
其中:法定公益金	9,261,024.19	5,956,736.36
未分配利润	54,491,606.68	31,361,591.88
所有者权益合计	191,447,084.09	158,404,205.80
负债和所有者权益合计	402,900,804.16	315,068,097.19
负债和所有者权益	2001.12.31	2000.12.31
流动负债:		
短期借款	24,000,000.00	18,000,000.00
应付票据	14,900,000.00	2,000,000.00
应付账款	5,127,749.04	9,886,512.03
预收账款	1,855,187.63	5,006,112.75
应付工资	913,678.39	1,344,542.44
应付福利费	2,074,889.78	2,075,089.78
应付股利	4,961,932.15	2,761,932.15
应交税金	2,248,636.58	6,450,590.98
其他应交款	183,512.79	61,136.37
其他应付款	1,128,699.07	15,347,221.08
预提费用	–	37,950.00
一年内到期的长期负债	23,400,000.00	–
流动负债合计	80,794,285.43	62,971,087.58
长期负债:		
长期借款	10,950,000.00	24,650,000.00
长期应付款	–	–
长期负债合计	10,950,000.00	24,650,000.00
负债合计	91,744,285.43	87,621,087.58
所有者权益:		
股本	110,000,000.00	110,000,000.00
资本公积	–	–
盈余公积	8,194,491.74	1,335,205.16
其中:法定公益金	3,007,362.30	720,933.44
未分配利润	9,893,020.99	-611,981.08
所有者权益合计	128,087,512.73	110,723,224.08
负债和所有者权益合计	219,831,798.16	198,344,311.66

2、简要利润表

简要利润表

单位:人民币元

项目 2003年度	2002年度	
一、主营业务收入	281,949,918.36	244,131,735.63
减:主营业务成本	219,892,939.38	195,295,376.10
主营业务税金及附加	113,416.61	148,546.69
二、主营业务利润	61,943,562.37	48,687,812.84
加:其他业务利润	–	–
减:营业费用	3,401,743.08	2,668,944.51
管理费用	10,551,448.69	7,522,999.33
财务费用	5,825,923.30	3,243,847.38
三、营业利润	42,164,447.30	35,252,021.62
加:补贴收入	–	–
营业外收入	1.00	35.81
减:营业外支出	3,154,692.73	372,467.56
四、利润总额	39,009,755.57	34,879,589.87
减:所得税	5,966,877.28	5,385,849.28
五、净利润	33,042,878.29	29,493,740.59
加:年初未分配利润	31,361,591.88	9,893,020.99
其它转入	–	822,952.48
六、可供分配的利润	64,404,470.17	40,209,714.06
减:提取法定盈余公积	3,304,287.83	2,949,374.06
提取法定公益金	3,304,287.83	2,949,374.06
提取职工奖励及福利基金	–	–
提取储备基金	–	–
提取企业发展基金	–	–
七、可供投资者分配的利润	57,795,894.51	34,310,965.94
减:提取任意盈余公积	3,304,287.83	2,949,374.06
应付普通股股利	–	–
转作股本的普通股股利	–	–
八、未分配利润	54,491,606.68	31,361,591.88
项目	2001年度	2000年度
一、主营业务收入	191,895,170.13	142,189,460.06

减:主营业务成本	157,540,006.08	117,603,031.38
主营业务税金及附加	252,750.24	468,487.89
二、主营业务利润	34,102,413.81	24,117,940.79
加:其他业务利润	–	749,313.92
减:营业费用	2,524,673.12	2,017,895.92
管理费用	3,913,664.63	2,794,319.86
财务费用	2,940,350.21	2,203,996.85
三、营业利润	24,723,725.85	17,851,042.08
加:补贴收入	2,650,000.00	–
营业外收入	579.20	56,184.31
减:营业外支出	291,581.71	225,591.01
四、利润总额	27,082,723.34	17,681,635.38
减:所得税	4,218,434.69	2,718,656.65
五、净利润	22,864,288.65	14,962,978.73
加:年初未分配利润	–611,981.08	–2,800,917.09
其它转入	–	–
六、可供分配的利润	22,252,307.57	12,162,061.64
减:提取法定盈余公积	2,286,428.86	720,933.44
提取法定公益金	2,286,428.86	720,933.44
提取职工奖励及福利基金	–	775,364.43
提取储备基金	–	775,364.43
提取企业发展基金	–	775,364.43
七、可供投资者分配的利润	17,679,449.85	8,394,101.47
减:提取任意盈余公积	2,286,428.86	720,933.44
应付普通股股利	5,500,000.00	5,504,374.23
转作股本的普通股股利	–	2,780,774.88
八、未分配利润	9,893,020.99	–611,981.08

3、简要现金流量表

简要现金流量表

单位:人民币元

项目	2003年度	2002年度
经营活动产生的现金流量净额	–18,588,270.43	58,908,403.67
投资活动产生的现金流量净额	–40,436,625.87	–108,366,356.56
筹资活动产生的现金流量净额	46,949,546.89	52,186,866.88
汇率变动对现金的影响	7,113.15	8.33
现金及现金等价物净增加额	–12,068,236.26	2,728,922.32

三、主要财务指标

1、主要财务指标

财务指标	2003.12.31	2002.12.31	2001.12.31
资产负债率(%)	52.48	49.72	41.73
流动比率	1.15	0.87	0.80
速动比率	0.22	0.46	0.29
应收账款周转率	30.84	34.89	62.04
存货周转率	3.60	5.60	4.08
无形资产(土地使用权除外)占总(净)资产的比例			
每股净资产	1.74	1.44	1.16
研究与开发费用占主营业务收入比例(%)	5.26	5.21	5.07
每股经营活动的现金流量	–0.17	0.54	0.32

2、净资产收益率和每股收益

	金额	净资产收益率(%)		每股收益
2003年	(人民币元)	全面摊薄	加权平均	(元/股)
主营业务利润	61,943,562.37	32.36	35.41	0.563
营业利润	42,164,447.30	22.02	24.10	0.383
净利润	33,042,878.29	17.26	18.89	0.300
扣除非经常性损益后的净利润	35,288,867.87	18.43	20.17	0.321

	金额	净资产收益率(%)		每股收益
2002年	(人民币元)	全面摊薄	加权平均	(元/股)
主营业务利润	48,687,812.84	30.74	33.87	0.443
营业利润	35,252,021.62	22.25	24.52	0.321
净利润	29,493,740.59	18.62	20.52	0.268
扣除非常性损益后的净利润	29,672,664.04	8.83	20.64	0.270

	金额	净资产收益率(%)		每股收益
2001年	(人民币元)	全面摊薄	加权平均	(元/股)
主营业务利润	34,102,413.81	26.62	27.92	0.310
营业利润	24,723,725.85	19.30	20.24	0.225
净利润	22,864,288.65	17.85	18.72	0.208
扣除非常性损益后的净利润	20,859,140.78	16.29	17.08	0.190

	金额	净资产收益率(%)		每股收益
2000年	(人民币元)	全面摊薄	加权平均	(元/股)
主营业务利润	24,117,940.79	21.78	22.26	0.219
营业利润	17,851,042.08	16.12	16.48	0.162
净利润	14,962,978.73	13.51	13.81	0.136
扣除非常性损益后的净利润	15,117,670.02	13.65	13.79	0.137

四、公司管理层对2003年度经营与财务状况的分析

1、经营与财务状况简要分析

截止2003年末,本公司资产总计402,900,804.16元,全部为生产经营性资产。总资产中,流动资产比例为30.49%,固定资产比例为64.48%,无形及其他资产比例为5.03%。2003年12月31日应收账款期末余额为9,321,845.99元,占同期主营业务收入的3.31%,应收账款平均周转天数为11.67天,周转速度快,应收账款中账龄在一年以内所占比例为91.66%。存货以原材料和产成品为主,平均年周转次数为3.60次,周转天数为100天。公司各项资产状况良好,应收账款发生时间较短、库存产成品数额不大、不存在容易产生亏损的对外投资、无担保诉讼等引起的或有负债,资产结构合理,资产质量优良。

截止2003年末,公司负债总额211,453,720.07元,其中流动负债和长期负债的比例分别为50.33%和49.67%。2001年?2003年末公司资产负债率分别为41.73%、49.72%和52.48%。公司保持适度的负债规模,既保证了财务安全,也能够有效地发挥财务杠杆的作用。

2003年,公司继续保持了经营业绩的稳定增长。2003年实现主营业务收入28194.99万元,同比增长15.49%;实现净利润3304.29万元,同比增长12.03%;2003年公司毛利率达到22.01%,销售净利润率达到11.72%,净资产收益率为17.26%,在同行业中处于较高水平。

从财务指标上看,2001年?2003年公司的流动比率分别为0.80、0.87和1.15,速动比率分别为0.29、0.46和0.22,低于经验数值,在一定程度上降低了公司的短期偿债能力。近年来,公司现金流量状况处于较好的水平,2001年和2002年经营活动产生的现金流量净额分别达3569万元和5891万元。2003年经营活动现金净流量为–1859万元,主要由于棉纱价格上涨,公司为减少经营风险,集中低价储备棉纱所致。若扣除增加棉纱库存影响,公司2003年经营活动产生的现金净流量为4151.04万元。2003年末,公司增加棉纱储备2439吨,合计金额6009.87万元,按照2003年平均每月消耗棉纱约520吨的口径,不足5个月的生产消耗。因此,棉纱库存增加对公司经营活动现金流量的影响是短期的,不会出现正常负债的支付困难,不会影响公司的持续经营能力。相反,从棉纱2004年的价格趋势判断,棉纱储备为2004年公司经营效益的持续增长提供了有利的物质保证。

2、占公司主营业务利润总额10%以上产品情况

单位:人民币元

产品名称	主营业务收入	主营业务成本	毛利率(%)
织造	141,955,843.86	120,398,541.28	15.19
漂染	120,673,465.46	84,008,334.83	30.38
染纱	17,101,281.96	14,096,661.74	17.57
合计	279,730,591.28	218,503,537.85	21.89

3、年度采购和销售客户情况

单位:人民币元

前五名采购客户采购金额合计　144,294,640.14　占采购总额比例64.45%

前五名销售客户销售金额合计　55,598,017.07　占销售总额比例19.72%

第九节　其他重要事项

一、本公司本次股票发行后至本公司上市公告书公告之日,本公司严格按照《公司法》、《证券法》等法律法规要求,规范运行,生产经营情况正常;所处行业或市场无重大变化,主要业务发展目标的进展状况正常,主要投入、产出物供求及价格无重大变化。

二、本公司本次股票发行后至本公司上市公告书公告之日,本公司无重大对外投资活动,无重大资产(股权)收购或出售行为。

三、本公司本次股票发行后至本公司上市公告书公告之日,本公司重大会计政策和会计师事务所没有发生变化。

四、本公司2003年度股东大会已审议通过《2003年度财务决算和2004年度财务预算报告》、《2003年度利润分配方案》、《关于公司首次公开发行股票前实现利润处置方案的议案》。本公司2003年度经审计的财务会计资料请查阅刊载于上海证券交易所网站(www.sse.com.cn)的上市公告书全文。

根据《2003年度利润分配方案》,本公司2003年度实现的净利润33,042,878.29元,提取10%法定盈余公积金3,304,287.83元,提取10%法定公益金3,304,287.83元,提取10%任意盈余公积金3,304,287.83元,剩余未分配利润不进行股利分配。

根据《关于公司首次公开发行股票前实现利润处置方案的议案》,公司本次发行前实现的滚存未分配利润由新老股东按股份比例享有。

五、本公司本次股票发行后至本公司上市公告书公告之日,本公司未涉及任何重大诉讼事项或仲裁,亦无尚未了结或可能面临的重大诉讼或赔偿要求。

六、本公司本次股票发行后至本公司上市公告书公告之日,本公司董事、监事和高级管理人员未受到任何刑事起诉,亦没有尚未了结或可能发生的刑事诉讼事项。

七、本公司本次股票发行后至本公司上市公告书公告之日,本公司住所未变更,本公司未发生新的重大负债;并且重大债项未发生变化。

八、根据《上海证券交易所上市规则》,本公司第一大股东福建凤竹集团有限公司承诺,自本公司股票上市之日起一年内,不转让其持有的本公司股份;本公司承诺,自公司股票上市之日起一年内不回购公司发起人持有的本公司股份。

九、本公司本次股票发行后至本公司上市公告书公告之日,没有其他应披露而未披露之重大事项。

第十节　董事会上市承诺

本公司董事会将严格遵守《中华人民共和国公司法》、《中华人民共和国证券法》、《股票发行与交易管理暂行条例》、《公开发行股票公司信息披露实施细则》和《上海证券交易所股票上市规则》等国家有关法律法规的规定,承诺自本公司股票上市之日起做到:

一、按照法律、法规规定的程序和要求披露所有对投资者有重大影响的信息,并接受中国证监会、上海证券交易所的监督管理;

二、真实、准确、完整、公允和及时地公布定期报告,并置备于规定场所供投资者查阅;

三、本公司董事、监事及高级管理人员如发生人事变动或持本公司股票发生变化时,在报告中国证监会、上海证券交易所的同时向投资者公布;

四、本公司在知悉可能对股票价格产生误导性影响的任何公共传播媒介中出现的消息后,将及时予以公开澄清;

五、本公司董事、监事、高级管理人员及核心技术人员将认真听取社会公众的意见和批评,不利用已获得的内幕消息和其他不正当手段直接或间接从事发行人股票的买卖活动;

六、本公司没有无记录的负债。

第十一节　上市推荐人及其意见

一、上市推荐人有关情况上市推荐人　东北证券有限责任公司法定代表人　李树住所吉林省长春市人民大街138–1号电话:010–68588889 传真:010–68573837 联系人:李 洋 黄 峥

二、上市推荐人意见

上市推荐人东北证券有限责任公司认为:福建凤竹纺织科技股份有限公司符合《中华人民共和国公司法》、《中华人民共和国证券法》及《上海证券交易所股票上市规则》等法律、法规规定的上市条件。

东北证券有限责任公司保证福建凤竹纺织科技股份有限公司的董事了解有关法律、法规、上海证券交易所上市规则及股票上市协议规定的董事的义务与责任,并协助福建凤竹纺织科技股份有限公司健全了法人治理结构,制定了严格的信息披露制度与保密制度;东北证券有限责任公司已对上市文件所载的资料进行了核实,保证福建凤竹纺织科技股份有限公司的上市申请资料、上市公告书没有虚假记载、严重误导性陈述或重大遗漏,并保证对其承担连带责任。东北证券有限责任公司保证不利用在上市过程中获得的内幕信息进行内幕交易,为自己或他人谋取利益。

福建凤竹纺织科技股份有限公司

2004年4月15日

晋西车轴股份有限公司

晋西车轴股份有限公司首次公开发行股票上市公告书

重要声明与提示

本公司董事会保证上市公告书的真实性、准确性、完整性,全体董事承诺上市公告书不存在虚假记载、误导性陈述或重大遗漏,并承担个别和连带的法律责任。

根据《公司法》、《证券法》等有关法律、法规的规定,本公司董事、高级管理人员已依法履行诚信和勤勉尽责的义务和责任。

上海证券交易所、中国证监会、其他政府机关对本公司股票上市及有关事项的意见,均不表明对本公司的任何保证。

鉴于保荐机构和保荐代表人名单已于 2004 年 5 月 11 日公布,本公司承诺自 2004 年 5 月 11 日起一个月内,按《证券发行上市保荐制度暂行办法》的要求聘请有资格的保荐机构履行持续督导义务。如果违反承诺,未能按时聘请保荐机构,公司自愿接受《证券发行上市保荐制度暂行办法》第七十一条规定的监管措施。

本公司提醒广大投资者注意,凡本上市公告书未涉及的有关内容,请投资者查阅 2004 年 4 月 29 日刊载于《中国证券报》、《上海证券报》、《证券时报》和《证券日报》的本公司招股说明书摘要,及刊载于上海证券交易所网站(http://www.sse.com.cn)的本公司招股说明书全文。

释 义

如非特别说明,在本上市公告书中下列词汇具有如下特定含义:

本公司、发行人:指晋西车轴股份有限公司

主承销商、上市推荐人:指中国长城资产管理公司

《公司法》:指《中华人民共和国公司法》

《证券法》:指《中华人民共和国证券法》

第一节 概 览

1、股票简称:晋西车轴

2、沪市股票代码:600495

3、深市代理股票代码:003495

4、发行价格:6.39 元/股

5、总股本:10,291,000 股

6、本次上市可流通股:40,000,000 股

7、上市地点:上海证券交易所

8、上市时间:2004 年 5 月 26 日

9、股票登记机构:中国证券登记结算有限责任公司上海分公司

10、上市推荐人:中国长城资产管理公司

11、对首次公开发行股票前股东所持股份的流通限制及期限:

根据国家有关法律、法规规定和中国证监会证监发行字[2004]46 号文《关于核准晋西车轴股份有限公司公开发行股票的通知》,本公司国有法人股、法人股暂不上市流通。

13、本公司的第一大股东晋西机器工业集团有限责任公司(以下简称"晋机集团")对所持股份自愿锁定的承诺:自本公司股票上市之日起 12 个月内不转让所持有的本公司股份,也不会要求或接受由本公司回购其所持有的本公司股份。

第二节 绪 言

本上市公告书是根据《中华人民共和国公司法》、《中华人民共和国证券法》、《股票发行与交易管理暂行条例》、《公开发行股票公司信息披露实施细则》和《上海证券交易所股票上市规则》等国家有关的现行法律、法规的规定,并按照中国证券监督管理委员会制定的《公开发行证券的公司信息披露内容与格式准则第七号-股票上市公告书》要求编制,旨在向投资者提供有关本公司的基本情况和股票上市的有关资料。

经中国证监会证监发行字[2004]46 号文核准,本公司于 2004 年 5 月 11 日在上海证券交易所采用向二级市场投资者定价配售的方式首次公开发行 4,000 万股人民币普通股(A 股)股票,每股面值 1.00 元,每股发行价格 6.39 元。

经上海证券交易所上证上字[2004]第 65 号文《关于晋西车轴股份有限公司人民币普通股股票上市交易的通知》批准,本公司 4,000 万股社会公众股将于 2004 年 5 月 26 日起在上海证券交易所挂牌交易。股票简称"晋西车轴",沪市股票代码"600495",深市代理股票代码"003495"。

本公司已于 2004 年 4 月 29 日分别在《中国证券报》、《上海证券报》、《证券时报》、《证券日报》上刊登了《晋西车轴股份有限公司首次公开发行股票招股说明书摘要》,招股说明书全文及其附录材料可在上海证券交易所网站(http://www.sse.com.cn)查阅。因招股说明书及其摘要的披露距今不足 3 个月,故与其重复的内容不再重述,敬请投资者查阅上述文件。

第三节 发行人概况

一、公司概况

公司名称:晋西车轴股份有限公司

发行人英文名称:JINXI AXLE COMPANY LIMITED

注册资本:6,291 万元

法定代表人:牛建国

设立日期:2000 年 12 月 27 日

住所:太原高新技术开发区长治路 436 号科祥大厦　邮政编码:030006

经营范围:火车轴、精密锻造产品生产销售及相关技术咨询服务,设备维修,非标准设备设计、制造、销售。经营本企业自产产品及技术的出口业务,经营本企业生产所需的原材料、仪器仪表、机械设备、零配件原辅材料及技术的进口业务(国家限定经营和国家禁止进出口的商品及技术除外),经营进料加工和"三来一补"业务。

主营业务:各类车轴的生产及销售,合金钢等精密锻件生产、销售或委托加工。

所属行业:制造业

电话:(0351)6628286

传真:(0351)6628281

电子信箱:stock@ jinxiaxle.com

董事会秘书:周海红

二、发行人的历史沿革

晋西车轴股份有限公司是经国家经贸委国经贸企改[2000]1138 号文批准,由晋西机器厂作为主发起人,联合埃谟国际、兵工物资、江阳化工和北京建业,以发起设立方式设立的股份有限公司。公司于 2000 年 12 月 27 日在山西省工商行政管理局注册登记,企业法人营业执照注册号码为 1400001009289,注册资本为人民币 6,291 万元,注册地为太原高新技术开发区长治路 436 号科祥大厦。

经中国证监会证监发行字[2004]46 号文核准,本公司在上海证券交易所采用向二级市场投资者定价配售的方式,首次公开发行 4,000 万股人民币普通股(A 股)股票,每股面值 1.00 元,每股发行价格为 6.39 元。本次发行后,公司股本总额为 10,291 万元。

三、主要经营情况

1、主营业务及主要产品

公司主营业务为:各类车轴的生产及销售,合金钢等精密锻件生产、销售或委托加工。主要包括铁路火车轴、地铁轴、轻轨轴系列产品制造、销售;合金钢、不锈钢、轧辊、机床主轴等精密锻造产品的生产、销售或委托加工业务。

主要产品品种有本公司主要产品为国内铁路车轴、地铁轴及外贸出口轴(其中包括轻轨轴),2001 年、2002 年和 2003 年,国内铁路车轴占公司总收入的比重最大,三年分别为 92.97%、87.17%和 88.09%。

2、公司的竞争优势

本公司是国内规模最大、车轴规格品种最多、首家获得出口火车轴、地铁轴资格并且目前出口车轴最多的生产厂家,具有明显的规模、资源、技术、装备及管理优势。

3、公司的竞争劣势

产品结构较为单一,抗风险能力较差;主要原材料和产品运输线长,运输、包装、仓储、服务成本较高。

4、公司拥有的主要知识产权、生产经营许可及非专利技术

(1)注册商标情况

本公司生产经营拥有并使用"起山"牌商标。

(2)土地使用权与经营性房产情况

目前本公司占用三宗土地,共计面积 14,543.90 平方米,位于晋机集团厂区内,三宗土地均租自晋机集团。目前本公司占用的经营性房产面积共计 11,481.12 平方米,全部用于本公司办公和生产等经营活动。

(3)专有技术

本公司火车轴生产技术是公司的专有技术。该技术是以旋锻式精锻机的锻造技术和热处理技术为核心而形成的,包括锻造技术、热处理技术、温控技术、机械加工技术等在内的一整套技术。

(4)与公司业务相关的重要特许权利

国内 50 钢火车轴的生产公司已取得铁道部相关部门的批准;

公司已申领《中华人民共和国进出口企业资格证书》;

公司获得美国铁路协会 AAR 认证书。

5、发行人享受的财政税收优惠政策

太原高新技术产业开发区管理委员会以并高新管字[2001]90 号文件认定公司为高新技术企业,根据财政部、国家税务局(94)财税字 001 号文件规定,山西省国家税务局晋国税[2001]173 号文件批复,自 2001 年 1 月 1 日起至 2002 年 12 月 31 日止,公司免交企业所得税,免税期满后计缴税率减为 15%。

根据财政部 国家税务总局财税[2003]96 号《财政部

国家税务总局关于铸锻件产品增值税先征后返问题的通知》文件规定,公司所生产销售的用于生产机器机械的商品铸锻件－－车轴(国内销售部分),实行先按规定征收增值税,后按实际缴纳增值税返还 35%的办法。

6、主要财务指标

公司主要财务指标见本上市公告书"第七节财务会计资料"。

第四节 股票发行与股本结构

一、本次上市股票的公开发行

1、发行数量:4,000 万股,占发行后总股本的 38.87%

2、发行价格:6.39 元/股

3、募集资金总额:本次发行募集资金总额 25,560 万元,扣除发行费用,募集资金净额 24,370.74 万元。

4、发行方式:全部向二级市场投资者定价配售

5、发行对象:2004 年 4 月 29 日收盘时,持有上海证券交易所和深圳证券交易所上市流通人民币普通股(A 股)股票的收盘市值总和不少于 10,000 元的投资者。

6、发行费用:本次发行费用共计 1,189.26 万元,包括承销费用、审计费用、律师费用、评估费用、发行手续费、审核费用等相关费用。

二、股票承销情况

本次公开发行 4,000 万股流通股股票,沪市、深市二级市场投资者的配号总数为 77,714,043 个,中签率为 0.05147075%。二级市场投资者认购 3,627,493 股,其余 372,507 股由主承销商包销。

三、验资报告

山西天元会计师事务所(有限公司)对发行人本次上市前首次公开发行股票募集资金出具了晋天元变验(2004)01 号《验资报告》:

我们接受委托,审验了晋西车轴股份有限公司(以下简称晋西车轴公司)公司截至 2004 年 5 月

18日止新增注册资本的实收情况。按照国家相关法律、法规的规定和协议、章程的要求出资,提供真实、合法、完整的验资资料,保护资产的安全、完整是全体股东及晋西车轴公司的责任。我们的责任是对晋西车轴公司新增注册资本的实收情况发表审验意见。我们的审验是依据《独立审计实务公告第1号?验资》进行的。在审验过程中,我们结合晋西车轴公司的实际情况,实施了抽查等必要的审验程序。

晋西车轴公司变更前的注册资本为人民币62,910,000.00元,根据晋西车轴公司2003年度股东大会决议和修改后章程的规定,晋西车轴公司申请增加注册资本人民币40,000,000.00元。通过向社会公众投资者公开发行境内上市内资股(A股)增加注册资本,变更后的注册资本为人民币102,910,000.00元。经我们审验,截至2004年5月18日止,晋西车轴公司已收到社会公众股东缴纳的新增注册资本合计人民币40,000,000.00元(人民币肆仟万元整),社会公众股东均以货币出资。

同时我们注意到,晋西车轴公司本次增资前的注册资本为人民币62,910,000.00元,已经中庆会计师事务所有限责任公司审验,并于2000年11月16日出具了中庆审字(2000)277号验资报告。截至2004年5月18日止,晋西车轴公司变更后的累计注册资本实收金额为人民币102,910,000.00元。

本验资报告仅供晋西车轴公司向国家工商行政管理部门申请变更登记及据以向股东签发出资证明时使用,不应将其视为是对晋西车轴公司验资报告日后资本保全、偿债能力和持续经营能力等的保证。因使用不当造成的后果,与执行本验资业务的注册会计师及会计师事务所无关。

山西天元会计师事务所(有限公司)　　中国注册会计师:张新发

中国-太原　　中国注册会计师:韩瑞红

2004年5月18日

四、募集资金入账情况

入账时间:2004年5月18日

入账金额:24733.74元(募集资金总额扣除上网发行费用)

开户银行:交通银行太原分行河西支行

入账账号:0685-20011001878

开户银行:工商银行太原市万柏林支行

入账账号:0502126009022151255

五、发行人上市前的股权结构及各类股东的持股情况

1、本次上市前股权结构

股份类别	持股数量(万股)	持股比例(%)
国有法人股	6,118	59.45
发起法人股	65	0.63
境外法人股	108	1.05
社会公众股	4,000	38.87
总股本	10,291	100

2、本次上市前最大十名股东持股情况

序号	股东名称	持股数量(万股)	持股比例(%)
1	晋西机器工业集团有限责任公司	5988.00	58.19
2	美国埃谟国际有限公司	108.00	1.05
3	山西江阳化工有限责任公司	65.00	0.63
4	中国兵工物资华北公司	65.00	0.63
5	河南建业实业投资有限公司	65.00	0.63
6	中国长城资产管理公司	37.25	0.36
7	南方证券有限公司	34.70	0.34
8	银丰证券投资基金	13.80	0.13
9	中信经典投资基金	10.80	0.10
10	德盛小盘投资基金	7.40	0.07

第五节　董事、监事、高级管理人员及核心技术人员

一、董事、监事、高级管理人员及核心技术人员简介

1、董事

牛建国,公司董事长,男,43岁,大学文化,高级工程师,中共党员。曾任晋西机器厂技术处副主任,晋西机器厂机加三分厂副厂长、厂长,晋西机器厂火车轴制造厂厂长,公司总经理,晋机集团副总经理。现担任晋机集团总经理。

张晋亮,公司副董事长,男,53岁,大专文化、经济师,中共党员。曾任晋西机器厂企管处室主任、厂办副主任、计划处副处长、企业管理处处长。现担任晋机集团监事、总经理助理。

鲁天喜,公司董事总经理,49岁,男,大专文化,工程师,中共党员。曾任晋西机器厂八车间技术组副组长,晋西机器厂机加三分厂计划调度组组长、工程师,晋西机器厂机加三分厂副厂长,晋西机器厂火车轴制造厂副厂长,本公司副总经理。

李怀亮,公司董事,男,55岁,大学文化,高级政工师,中共党员。曾任晋西机器厂工委团书记、党总支干事、党办秘书,晋西机器厂专用设备分厂党总支副书记,晋西机器厂冲压分厂党总支书记,晋西机器厂党委组织部部长,晋西机器厂党委副书记兼纪委书记,晋西机器厂党委书记。现担任晋机集团董事长、党委书记。

何崇阳,公司董事,男,41岁,大学文化,高级工程师。曾任晋西机器厂研究所工程师、高级工程师,晋西机器厂技术处副处长。现担任晋机集团总工程师。

夏大至,公司董事,女,54岁,大学文化,研究员级高级工程师,中共党员。曾任兵器工业总公司中南局产品开发处、体制改革局企业改革处处长,兵器集团企业管理与质量保证部副主任。现担任兵器集团公司资产经营部副主任。

陈月明,公司董事,男,45岁,大学文化,高级工程师,中共党员。曾任兵器工业总公司342厂技术科技干部、副室主任、厂办公室秘书、生产处副处长、分厂厂长、淮海迪普玛机构有限公司总经理、兵器工业总公司5427厂厂长、江阳化工党委书记兼副厂长,现担任江阳公司董事长、党委书记。

周莹,公司董事,女,46岁,工商管理硕士,中共党员。曾任河南省轻工进出口公司业务员,河南省政府北京办事处经济信息处主任科员,中原(国际)集团北京部总经理,正大企业国际有限公司北京代表处首席代表,北京建业总经理。

吕同友,公司董事,男,56岁,大学文化,高级会计师,中共党员。曾任兵工物资党办主任,现担任兵工物资党委书记、总经理。

蒋秉阳,公司董事,男,57岁,大学文化,中共党员。曾任辽河油田机动处工程师、副经理,辽河油田运输公司总工程师、副经理,辽河油田进出口公司副总经理,辽河油田外事处处长。现担任埃谟国际国际贸易部经理。

郭光,公司独立董事,男,45岁,法学博士。曾在德国克虏伯公司法律部、LinkLaters律师事务所工作,现为北京市天睿律师事务所合伙人。

赵利新,公司独立董事,男,36岁,大学文化,高级会计师、注册会计师、注册评估师、注册税务师。现担任太原市财信资产管理有限公司副总经理。

张涛,公司独立董事,男,33岁,大学文化,经济师。曾先后在中国银行郑州国际信托咨询公司、中国东方信托投资公司工作。现担任中国银河证券有限责任公司高级业务经理。

宋晓伟,公司独立董事,女,39岁,大学文化,高级会计师、中国注册会计师。现担任山西天元会计师事务所副主任会计师、山西省注册会计师协会专家委员会委员。

吕中林,公司独立董事,男,41岁,工学硕士,高级工程师。曾任中国科学院爆破工程公司工程师,中国科学院力学研究所工程师,中国科学院高新技术产业局副处长。现担任中国科学院高新技术产业局处长、高级工程师。

上述十五人为公司第二届董事会成员,任期为2003年12月至2006年12月。

2、监事

范富宝,公司监事会主席,男,45岁,大专文化,会计师,中共党员。曾任晋西机器厂财务处会计、主任,价格处副处长、处长,财务处处长,财务审计部主任。现担任晋机集团总会计师、副总经理。

何晋平,公司职工监事,男,44岁,大专文化,政工师,中共党员。曾任晋西机器厂工具科团总支书记、团委干事、厂长办公室行政室主任,晋西机器厂机加三分厂党总支书记兼工会主席,晋西机器厂火车轴制造厂党总支书记兼工会主席。现担任本公司党总支书记兼工会主席。

武望远,公司监事,男,38岁,大学文化、工程师,中共党员。曾任晋西机器厂技术处技术员、厂长办公室秘书,晋西机器厂专用设备分厂副厂长,晋西机器厂计划处处长。现担任晋机集团总经理助理。

上述三人为公司第二届监事会成员,任期为2003年12月至2006年12月。

3、高级管理人员

智慧生,公司副总经理,43岁,男,大专文化,中共党员。曾任晋西机器厂机加三分厂销售科科长、副厂长。

姜心乐,公司副总经理、财务负责人,35岁,男,大学文化,会计师、非执业注册会计师,注册税务师,中共党员。曾任晋西机器厂财务处会计。

周海红,公司董事会秘书、总经理助理。37岁,女,大学文化,高级工程师。曾任太原市高新技术开发区独资企业车间主任、品管部部长,曾任本公司销售部外贸科科长、销售部副部长。

4、核心技术人员

张建宏,39岁,男,大学文化,高级工程师。1988年毕业于南京理工大学自动化控制专业,获工学学士学位。同年分配入晋西机器厂工作,一直从事电气自动化技术工作。主要技术成果包括:先后参加了自动程控旋压机的电气设计、安装、调试工作,参与了进口数控强力旋压机、旋口机、数控车床的电气维护工作,解决了使用中的问题。1992年和1993年分别赴俄罗斯和德国参加了引进数控双刀盘车床和数控外圆磨床的设备验收和技术培训,晋西机器厂119号工房建线时,参与了所有引进及国产设备的调试、验收工作。主持了进口程控液压仿形车床的调试,使价值百万元人民币的设备投入了正常使用。主持了进口数控车床的电气系统改造并圆满完成任务。

袁兴诗,58岁,男,大学文化,高级工程师,中共党员。1982年1月毕业于太原理工大学机械制造工艺与设备专业,获工学学士学位。同年分配到晋西机器厂技术处从事加工工艺设计工作,先后分管和主管晋西机器厂某些军品及民品火车轴的技术质量管理、工艺工装设计、改进生产线,调整、搬迁、建线,新产品生产定型等工作。1985年担任工艺设计室主任工程师。1989年负责出口车轴机加生产线技术改造可行性研究报告,参与美国铁路协会(AAR)取证前期准备工作。1996年作为出口车轴生产线技术改造项目的主要完成者获中国兵器工业总公司科技进步二等奖。

吴海英,女,37岁,大学文化,工程师,中共党员。1991年7月毕业于太原重型机械学院压力加工系锻压专业。曾任晋西机器厂技术科科长。现任本公司技术开发部部长。主要技术成果:1998年,提出解决锻造弯曲的新工艺改进思路,并重新设计工装,通过修改锻造程序实现工艺改进,彻底解决了当时困扰车轴生产的锻造弯曲问题,该项成果为50钢火车轴成功批量生产打下了良好的技术基础,依此发表的成果获兵器工业成果二等奖。2001年组织有关人员按环形加热炉和精锻机的特点对不锈钢锻造工艺进行了探讨,为成功锻造不锈钢及公司进一步开发新产品提供了技术基础。1999年由本人撰写的《运用全面质量管理知识提高火车轴锻造良品率》一文在《兵器工业推行全面质量管理二十年文集》中发表。

二、董事、监事、高级管理人员及核心技术人员的持股情况

本公司的董事、监事、高级管理人员及核心技术人员均未持有本公司股票。

第六节　同业竞争与关联交易

一、同业竞争情况

本公司目前与控股股东及其子公司不存在从事相同或相似业务的情况。为避免同业竞争,控股股东出具了《放弃竞争和利益冲突承诺函》,同时本公司《公司章程》第五十条也作出相应规定。

发行人律师及主承销商均认为发行人与其控股股东及其控制的法人、实际控制人及其控制的法人之间不存在同业竞争,发行人已采取有效措施避免可能出现的同业竞争,并对此发表了一致意见。

二、关联交易

1、关联方及关联关系

请查阅刊登于上海证券交易所网站(www.sse.com.cn)的本公司招股说明书相关披露内容。

2、主要关联交易

请查阅刊登于上海证券交易所网站(www.sse.com.cn)的本公司招股说明书相关披露内容。

第七节　财务会计资料

本公司截止2003年12月31日的财务会计资料,已于2004年4月29日刊登于《中国证券报》、《上海证券报》、《证券时报》和《证券日报》上的《晋西车轴股份有限公司首次公开发行股票招股说明书摘要》中,并在上海证券交易所网站上刊登的招股说明书全文及其附录材料中进行了详细披露。投资者欲了解详细情况,请查阅上述报纸或者登录上海证券交易所网站(http://www.sse.com.cn)。

一、注册会计师意见

山西天元会计师事务所(有限公司)审计了公司2001年12月31日、2002年12月31日、2003年12月31日的资产负债表和2001年度、2002年度、2003年度的利润表及利润分配表以及2003年度的现金流量表,出具了标准无保留意见的晋天元审[2004]0118号标准无保留意见的审计报告。

二、经审计的简要会计报表

1、简要资产负债表　(单位:元)

项目	2003年12月31日	2002年12月31日	2001年12月31日
流动资产:			
货币资金	39,387,294.30	29,603,290.36	16,332,009.59
应收票据	4,000,000.00	2,340,000.00	
应收账款	65,862,538.39	45,480,344.57	53,373,337.07
其他应收款	3,292,758.37	3,204,925.72	573,364.57
预付账款	299,112.00	23,004.00	10,943,895.68
存货	52,754,614.18	62,997,502.63	50,899,270.97
流动资产合计	165,596,317.24	143,649,067.28	132,121,877.88

长期投资：			
长期股权投资	10,000,000.00	10,000,000.00	
长期投资合计	10,000,000.00	10,000,000.00	
固定资产：			
固定资产原价	132,293,152.59	132,317,014.56	129,018,365.05
减：累计折旧	73,195,686.59	67,097,838.57	60,250,211.69
固定资产净值	59,097,466.00	65,219,175.99	68,768,153.36
固定资产净额	59,097,466.00	65,219,175.99	68,768,153.36
工程物资			180,000.00
在建工程	275,000.00	331,603.00	76,923.08
固定资产合计	59,372,466.00	65,550,778.99	69,025,076.44
资产合计	234,968,783.24	219,199,846.27	201,146,954.32

2、简要资产负债表(续) (单位：元)

项目	2003年12月31日	2002年12月31日	2001年12月31日
负债和股东权益：			
流动负债：			
短期借款	70,000,000.00	70,000,000.00	40,000,000.00
应付票据	19,670,000.00	6,400,000.00	
应付账款	13,123,222.34	18,888,240.97	23,028,956.92
预收账款	144,071.48	19,491.12	353,032.47
应付工资	451,947.75	218,170.00	
应付福利费	837,993.28	665,054.13	222,025.80
应交税金	1,352,118.77	931,749.10	652,671.90
其他应交款	207,465.65	143,175.65	70,361.50
其他应付款	2,299,814.00	1,865,410.74	2,107,080.21
预提费用	2,543,369.38	159,885.00	
流动负债合计	110,630,002.65	99,291,176.71	66,434,128.80
长期负债：			
长期应付款			22,886,853.56
专项应付款	100,000.00		
长期负债合计	100,000.00		22,886,853.56
负债合计	110,730,002.65	99,291,176.71	89,320,982.36
股东权益：			
股本	62,910,000.00	62,910,000.00	62,910,000.00
资本公积	33,870,361.38	33,870,361.38	33,870,361.38
盈余公积	5,559,025.66	3,516,479.67	1,441,150.25
现金股利	11,847,343.98	16,095,348.74	12,036,488.46
股东权益合计	124,238,780.59	119,908,669.56	111,825,971.96
负债和股东权益总计	234,968,783.24	219,199,846.27	201,146,954.32

3、利润表及利润分配表 (单位：元)

项目	2003年度	2002年度	2001年度
一、主营业务收入	186,973,518.33	155,372,922.24	150,282,782.29
减：主营业务成本	145,078,874.12	123,623,260.45	120,410,994.97
主营业务税金及附加	1,678,638.78	675,082.19	241,267.34
二、主营业务利润	40,216,005.43	31,074,579.60	29,630,519.98
加：其他业务利润	33,314.34	1,463,591.86	2,094,169.95
减：营业费用	5,557,549.31	4,052,621.25	3,806,467.99
管理费用	11,256,478.65	7,061,574.40	9,440,618.75
财务费用	3,965,765.94	2,978,771.38	1,638,985.56
三、营业利润	19,469,525.87	18,445,204.43	16,838,617.63
加：补贴收入	4,493,023.91		
营业外收入	44,487.79	22,503.80	
减：营业外支出	13,304.00	43,091.40	98,437.82
四、利润总额	23,993,733.57	18,424,616.83	16,740,179.81
减：所得税	3,568,273.70	−1,694,569.23	1,694,569.23
五、净利润	20,425,459.87	20,119,186.06	15,045,610.58
六、可供分配的利润	20,425,459.87	20,119,186.06	15,045,610.58
减：提取法定盈余公积	2,042,545.99	2,011,918.61	1,504,561.06
提取法定公益金	2,042,545.99	2,011,918.61	1,504,561.06
七、可供投资者分配的利润	16,340,367.89	16,095,348.84	12,036,488.46
减：单项留用的利润	4,493,023.91		
应付普通股股利	11,847,343.98	16,095,348.84	12,036,488.46
八、未分配利润			

4、简要现金流量表 (单位：元)

项目	2003年度	2002年度
一、经营活动产生的现金流量		
销售商品、提供劳务收到的现金	141,336,895.77	156,173,381.07
收到的税费返还	4,493,023.91	1,694,569.23
收到的其他与经营活动有关的现金	1,818,169.83	2,817,902.69
现金流入小计	147,648,089.51	160,685,852.99
购入商品、接受劳务支付的现金	77,876,675.57	116,453,042.38
支付给职工以及为职工支付的现金	8,196,864.58	7,578,317.56
支付的各项税费	18,463,286.81	5,977,625.67
支付的其他与经营活动有关的现金	12,446,401.10	16,783,721.37
现金流出小计	116,983,228.06	146,792,706.98
经营活动产生的现金流量净额	30,664,861.45	13,893,146.01
二、投资活动产生的现金流量		
购建固定资产、无形资产和其他长期资产所支付的现金	1,074,175.03	2,687,647.99
现金流出小计	1,074,175.03	2,687,647.99
投资活动产生的现金流量净额	−1,074,175.03	−2,687,647.99
三、筹资活动产生的现金流量：		
取得借款所收到的现金	40,000,000.00	
收到的其他与筹资活动有关的现金	100,000.00	
现金流入小计	100,000.00	40,000,000.00
偿还债务所支付的现金		32,886,853.56
分配股利、利润和偿付利息所支付的现金	19,906,682.48	5,047,363.69
现金流出小计	19,906,682.48	47,934,217.25
筹资活动产生的现金流量净额	−19,906,682.48	2,065,782.75
四、汇率变动对现金的影响		
五、现金与现金等价物净增加额	9,784,003.94	13,271,280.77

三、会计报表附注

2001年度至2003年度会计报表附注内容请查阅本公司招股说明书附录部分(上海证券交易所网站http://www.sse.com.cn)。

四、财务指标

以经审计的财务报表为基准，本公司各项财务指标如下表：

财务指标	2003年12月31日	2002年12月31日	2001年12月31日
流动比率	1.50	1.45	1.99
速动比率	1.02	0.81	1.22
资产负债率	47.13%	45.30%	44.41%
应收账款周转率	3.20	3.00	3.42
存货周转率	2.38	2.06	2.07
净资产收益率	16.44%	16.78%	13.45%
净资产收益率(扣除非经常性损益后)	16.42%	16.80%	13.54%
每股收益	0.32	0.32	0.24
每股经营活动现金流量	0.49	0.22	0.0415

第八节　其他重要事项

一、自本公司股票首次公开发行日至本上市公告书公告日，本公司严格按照《公司法》、《证券法》等法律、法规的要求，规范运作，生产经营情况正常；所处行业和市场无重大变化；主要业务及发展目标的进展情况正常，主要投入产出以及供求及价格无重大变化，公司重大会计政策无变动。

二、自本公司股票首次公开发行日至本上市公告书公告日，本公司无重大对外投资、重大资产(股权)收购或出售行为；住所未发生变更。

三、自本公司股票首次公开发行日至本上市公告书公告日，本公司未发生新的重大负债或重大债项变化。

四、自本公司股票首次公开发行日至本上市公告书公告日，本公司董事、监事和高级管理人员没有尚未了结或可能发生的刑事诉讼事项。

五、自本公司股票首次公开发行日至本上市公告书公告日，本公司未涉及重大诉讼事项或仲裁，亦无尚未了结或可能面临的重大诉讼或索赔要求。

六、根据公司2003年度股东大会决议，自2004年1月1日后至股票发行前的所产生的利润归公司新、老股东共同享有。

七、本公司的第一大股东晋机集团已作出承诺：自本公司股票上市之日起12个月内，不转让其持有的本公司股份，也不由本公司回购其持有的本公司股份。

八、自本公司股票首次公开发行日至本上市公告书公告日，没有其他应披露而未披露之重大事项。

第九节　董事会上市承诺

本公司董事会将严格遵守《中华人民共和国公司法》、《中华人民共和国证券法》、《股票发行与交易管理暂行条例》、《公开发行股票公司信息披露实施细则》和《上海证券交易所股票上市规则》等国家法律、法规和中国证监会的有关规定，并自股票上市之日起履行如下承诺：

一、真实、准确、完整、公允和及时地公布定期报告，披露所有对投资者有重大影响的信息，并接受中国证监会、上海证券交易所的监督管理；

二、本公司在知悉可能对股票价格产生误导影响的任何公共传播媒介中出现的消息后，将及时予以公开澄清；

三、本公司董事、监事、高级管理人员及核心技术人员将认真听取社会公众的意见和批评，不利用已获得的内幕消息和其他不正当手段直接或间接从事本公司股票的买卖活动；

四、本公司没有无记录的负债；

五、依据《上海证券交易所股票上市规则》，本公司全体董事、监事将按照有关规定，在本公司股票上市后两个月内签署《董事(监事)声明及承诺书》并送达上海证券交易所备案。

第十节　上市推荐人及其意见

一、上市推荐人有关情况

上市推荐人：中国长城资产管理公司

法定代表人：汪兴益

注册地址：北京市月坛北街2号月坛大厦

联系地址：北京月坛北街2号月坛大厦A座9-12层

电话：010-68082751　　传真：010-68082714

联系人：梁军　吴慧君　苏岳　庄丽丽　杨堃

二、上市推荐人意见

本公司上市推荐人中国长城资产管理公司认为：本公 司章程符合《中华人民共和国公司法》等有关法律、法规和中国证监会的规定。根据《中华人民共和国公司法》、《中华人民共和国证券法》、《股票发行与交易管理暂行条例》、《上海证券交易所股票上市规则》等国家有关法律、法规的规定，本公司符合上市条件。

本公司上市推荐人保证本公司的董事了解法律、法规、上海证券交易所上市规则及股票上市协议规定的董事的义务与责任，并协助本公司健全了法人治理结构，协助本公司制定了严格的信息披露制度和保密制度。

本公司上市推荐人已对本公司上市文件所载资料进行了核实，确保上市文件真实、准确、完整，符合规定要求，没有虚假、严重误导性陈述或者重大遗漏，并保证对其承担连带责任。

本公司上市推荐人与本公司之间不存在关联关系，愿意推荐本公司股票在上海证券交易所上市交易，并保证不利用在上市过程中获得的内幕信息进行内幕交易，为自己或他人谋取利益。

晋西车轴股份有限公司

二〇〇四年五月二十日

云南驰宏锌锗股份有限公司

云南驰宏锌锗股份有限公司首次公开发行股票上市公告书

第一节 重要声明与提示

云南驰宏锌锗股份有限公司(以下简称"本公司"、"公司"或"发行人")董事会保证上市公告书的真实性、准确性、完整性,全体董事承诺上市公告书不存在虚假记载、误导性陈述或重大遗漏,并承担个别和连带的法律责任。

根据《公司法》、《证券法》等有关法律、法规的规定,本公司董事、高级管理人员已依法履行诚信和勤勉尽责的义务和责任。

上海证券交易所、中国证监会、其他政府机关对本公司首次公开发行股票上市及有关事项的意见,均不表明对本公司的任何保证。

本公司提醒广大投资者注意,凡本上市公告书未涉及的有关内容,请投资者查阅 2004 年 3 月 31 日刊登于《上海证券报》、《中国证券报》、《证券时报》的本公司招股说明书摘要,及刊载于上海证券交易所网站(WWW.SSE.COM.CN)的本公司招股说明书全文。

本上市公告书刊登网址:WWW.SSE.COM.CN

第二节 概 览

1、股票简称:驰宏锌锗
2、沪市股票代码:600497
3、深市代理股票代码:003497
4、股本总额:160,000,000 股
5、可流通股本:70,000,000 股
6、本次上市流通股本:70,000,000 股
7、发行价格:5.72 元/股
8、上市地点:上海证券交易所
9、上市时间:2004 年 4 月 20 日
10、股票登记机构:中国证券登记结算有限责任公司上海分公司
11、上市推荐人:广东证券股份有限公司
12、对本公司首次公开发行股票前股东所持股份的流通期限及限制:根据国家有关法律、法规规定和中国证监会证监发行字[2004]33 号文《关于核准云南驰宏锌锗股份有限公司公开发行股票的通知》,本公司国有法人股、法人股暂不上市流通。
13、本公司第一大股东对所持股份自愿锁定的承诺:本公司公开发行股票前第一大股东云南冶金集团总公司向上海证券交易所承诺,自本公司股票上市之日起十二个月内,不转让其所持有本公司的股份,也不由本公司回购其所持有的股份。

第三节 绪 言

本上市公告书是根据《中华人民共和国公司法》、《中华人民共和国证券法》、《股票发行与交易管理暂行条例》、《公开发行股票公司信息披露实施细则》和《上海证券交易所股票上市规则》等国家有关法律、法规的规定,并按照中国证监会《公开发行证券的公司信息披露内容与格式准则第 7 号---股票上市公告书》而编制的,旨在向投资者提供有关本公司和本次股票上市的基本情况。

经中国证监会证监发行字[2004]33 号文核准,本公司于 2004 年 4 月 5 日通过上海证券交易所系统,采取全部向二级市场投资者定价配售的方式成功发行了 7,000 万股人民币普通股,每股面值 1.00 元,发行价格为每股 5.72 元。

经上海证券交易所上证上字[2004]37 号《关于云南驰宏锌锗股份有限公司人民币普通股股票上市交易的通知》批准,本公司公开发行的 7,000 万股社会公众股将于 2004 年 4 月 20 日起在上海证券交易所挂牌交易,股票简称"驰宏锌锗",沪市股票代码"600497",深市代理股票代码"003497"。

本公司已于 2004 年 3 月 31 日分别在《上海证券报》、《中国证券报》、《证券时报》上刊登了《招股说明书摘要》,招股说明书全文及其附录在上海证券交易所网站(WWW.SSE.COM.CN)披露,前述招股文件距今不足三个月,故与其重复的内容不再重复,敬请投资者查阅上述文件。

第四节 发行人概况

一、发行人基本情况
中文名称:云南驰宏锌锗股份有限公司
英文名称:YUNNAN CHIHONG ZINC&GERMANIUM CO.,LTD
注册资本:16,000 万元
法定代表人:朱崇仁
成立日期:2000 年 7 月 18 日
注册地址:云南省会泽县者海镇者新路
经营范围:铅、锌、锗系列产品的开采、加工、进出口业务和国内贸易,硫酸、硫酸锌、银(提炼)、镉生产销售及技术服务。
主营业务:铅、锌、锗系列产品的生产与销售
所属行业:有色金属冶炼及压延加工业
联系电话:(0874)5743075
联系传真:(0874)5741713
互联网网址:WWW.CHXZ.COM
电子信箱:CHZM@CHXZ.COM
董事会秘书:赵明

二、发行人的历史沿革

本公司经云南省经济体制改革委员会云体改生复[2000]33 号文批准,由云南会泽铅锌矿作为主发起人,以其拥有的铅、锌、锗生产与销售相关的生产经营性资产出资,联合云南富盛铅锌有限公司、云南省会泽县国有资产持股经营有限责任公司、云南省以礼河实业有限公司、云南北电电力实业有限公司、昆明理工大学以现金出资,共同发起设立,于 2000 年 7 月 18 日正式成立。公司成立时的总股本为 9,000 万股。

2003 年 7 月,云南省财政厅以云财企[2003]212 号文将云南会泽铅锌矿持有本公司的股份全部无偿划转给云南冶金集团总公司持有,云南北电电力实业有限公司将其持有本公司的股份全部转让给云南省会泽县国有资产持股经营有限责任公司。此次股权变动已经云南省经济贸易委员会企改[2003]220 号文批准确认。

经中国证监会证监发行字[2004]33 号文核准,本公司于 2004 年 4 月 5 日向二级市场投资者定价配售发行 7,000 万股人民币普通股。每股面值 1.00 元,发行价格每股 5.72 元。本次发行后,公司总股本变更为 16,000 万股。

三、发行人的主要经营情况

(一)发行人的业务范围和主营业务

本公司的经营范围为:铅、锌、锗系列产品的开采、加工、进出口业务和国内贸易,硫酸、硫酸锌、银(提炼)、镉生产销售及技术服务。公司目前实际从事的主要业务为铅、锌、锗系列产品的生产与销售。

(二)公司的竞争优势与劣势

公司的竞争优势主要体现在以下几个方面:

1、本公司拥有矿山厂、麒麟厂两座自备矿山,所属矿山资源储量大、品位高,富含有价金属锗,在亚洲乃至世界范围内都是不多见的。公司原料采选成本低,原料供应充足而且稳定,公司自产原料除满足自用外,尚有部分外销,具有明显的资源优势。公司还是全国同行业中唯一能保证原料自给、具有采、选、冶完整生产工艺的企业。

2、由于公司生产所需原料全部自给,公司产品成本较低,产品价格尚有一定的下行空间,具有明显的价格优势。

3、本公司营销策略灵活,方式多样,建立了遍布全国十多个省、市的销售网络,信息渠道畅通,反馈及时;公司在上海、广州、深圳、南海等地建立了销售网点;公司拥有一批长期、稳定、合作友好的客户单位,并与客户建立了长期稳定的相互信赖关系。

4、公司"银晶"牌锗锭为国优产品,荣获国家银质奖;"银鑫"牌锌锭、七水硫酸锌为部优产品;"银磊"牌粗铅、"华达"牌工业硫酸锌为省优产品,多次荣获国家级和省部级荣誉称号;锌锗系列产品被云南省商检局认定为出口免检产品。公司新产品开发工作有力,产品种类多样、质量较高而且稳定,在市场上享有较高的信誉,销售渠道顺畅。

5、公司具备采、选、冶的一系列核心技术,并拥有国内先进水平的生产设备。

6、公司通过了 ISO9002 质量体系认证,建立了锌、锗质量运行体系,公司产、供、销各个环节质量控制严密,售后服务及时到位。

7、公司锗产品产量和质量居全国首位,是全国最大的锗生产出口基地,锗产量约占世界产量的 10%。

公司竞争的劣势主要体现在以下几个方面:

1、公司生产规模较小,目前铅锌产品年产量仅 8 万吨,其中铅 2 万吨,锌 6 万吨。

2、公司所处地理位置较为偏僻,交通运输条件较差,产品运输成本较高。

(三)公司主要财务指标

参见本上市公告书"第八节 财务会计资料之四、主要财务指标"部分。

(四)与发行人业务及生产经营有关的资产权属情况

1、固定资产:本公司的固定资产主要包括机器设备、房屋建筑物和运输工具等,在投入本公司后已办理了产权过户登记手续,不存在权属争议。其中部分房屋和机器设备已设置抵押,但并不影响本公司的合法使用。

2、无形资产:本公司拥有土地 13 宗,系由本公司主发起人会矿以折价入股的方式投入本公司,土地总面积为 161,612.03 平方米,土地使用权之权属清楚、合法、有效;本公司拥有探矿权 2 项,即麒麟厂大水井、朱家丫口铅锌矿探矿权;本公司拥有采矿权 2 项,即矿山厂采矿权和麒麟厂采矿权。

3、知识产权:本公司拥有发明专利 1 项,即高锗沉钒液的处理方法;本公司拥有"银晶"、"银鑫"、"银磊"等 6 项注册商标的专有权。

(五)公司享有的财政税收优惠政策

根据曲靖市地方税务局曲地税二字[2002]40 号文《曲靖市地方税务局关于符合国家鼓励类企业享受西部大开发税收政策的批复》,本公司自 2002 年 7 月 1 日起减按 15%的税率缴纳企业所得税。

根据云南省地方税务局云地税二字[2002]100 号文《云南省地方税务局关于 2002 年度我省属于国家鼓励类的内资企业减征企业所得税有关计算问题的通知》,本公司 2002 年度实现的应纳税所得额中二分之一作为上半年的应纳税所得额,按 33%的税率计算交纳所得税;二分之一作为下半年的应纳税所得额,按 15%的税率计算交纳所得税。因此,本公司 2002 年度企业所得税的实际税率为 24%。

第五节 股票发行和股本结构

一、本次股票上市前首次公开发行股票的情况

(一)发行数量:7,000 万股,占发行后总股本的 43.75%。

(二)发行价格:5.72 元/股

(三)募集资金总额:本次发行募集资金总额 400,400,000.00 元,减除发行费用 16,212,679.87 元后,募集资金净额为 384,187,320.13 元。

(四)发行方式:全部向二级市场投资者定价配售

(五)配售对象:于本公司招股说明书摘要刊登当日(2004 年 3 月 31 日)收盘时持有沪市或深市的已上市流通人民币普通股股票市值达 10,000 元及以上的投资者。

(六)发行费用总额及项目:本次公开发行股票发行费用总计 1,621.27 万元,包括承销费用、注册会计师费用、律师费用、评估费用、发行手续费、审核费用等项目。

(七)每股发行费用:0.2316 元

二、本次股票上市前首次公开发行股票的承销情况

本次向二级市场投资者定价配售发行的 7,000 万股社会公众股的配号总数为 95,909,766 个,中签率为 0.07298527%。其中,二级市场投资者认购 69,464,549 股,其余 535,451 股由主承销商包销。

三、本次上市前首次公开发行股票募集资金的验资报告

云南驰宏锌锗股份有限公司全体股东:

我们接受委托,审验了云南驰宏锌锗股份有限公司(以下简称"贵公司")截至 2004 年 4 月 9 日止新增注册资本实收情况。按照国家相关法律、法规的规定和协议、章程的要求出资,提供真实、合法、完整的验资资料,保护资产的安全、完整是全体股东及贵公司的责任。我们的责任是对贵公司新增注册资本的实收情况发表审验意见。我们的审验是依据《独立审计实务公告第 1 号---验资》进行的。在审验过程中,我们结合贵公司的实际情况,实施了检查等必要的审验程序。

贵公司原注册资本为人民币 90,000,000.00 元,根据贵公司股东大会决议和修改后章程的规定,贵公司申请增加注册资本人民币 70,000,000.00 元。经中国证券监督管理委员会"证监发行字[2004]33 号"《关于核准云南驰宏锌锗股份有限公司公开发行股票的通知》批准,贵公司于 2004 年 4 月 5 日向社会公开发行人民币普通股股票 70,000,000 股,每股面值 1 元。经我们审验,截至 2004 年 4 月 9 日止,贵公司已收到社会公众股股东认缴的新增注册资本合计人民币 70,000,000.00 元(人民币柒仟万元整),各股东均以货币资金出资。

同时我们注意到,贵公司本次增资前的注册资本为人民币 90,000,000.00 元,已经云南亚太会计师事务所有限公司审验,并出具"亚太验 L 字(2000)29 号"验资报告。截至 2004 年 4 月 9 日止,贵公司变更后的累计注册资本实收金额为人民币 160,000,000.00 元。

本验资报告供贵公司申请变更登记及据以向出资者签发出资证明时使用,不应将其视为是对贵公司验资报告日后资本保全、偿债能力和持续经营能力等的保证。因使用不当造成的后果,与执

行本验资业务的注册会计师及会计师事务所无关。

以下附件为本报告的组成部份。

附件：

1、注册资本变更情况明细表

(1)新增注册资本实收情况明细表(表 1)

(2)注册资本变更前后对照表(表 2)

2、验资事项说明

云南亚太会计师事务所有限公司　　中国注册会计师：杨守任

中国·昆明　　中国注册会计师：李红斌

二〇〇四年四月十二日

四、募股资金入帐情况

入帐时间：2004 年 4 月 9 日

入帐金额：386,997,320.13 元(募集资金扣除承销费和上网发行费后的余额)

入帐帐号：2505065209022103508

开户银行：中国工商银行会泽县支行者海办事处

五、本公司上市前股权结构及前十大股东持股情况

(一)本公司上市前股权结构

	股份类别	持股数量(股)	持股比例(%)
非流通股	国有法人股	85,400,89	53.38
	发起人法人股	4,599,109	2.87
流通股	社会公众股	70,000,000	43.75
合计		160,000,000	100.00

(二)本次上市前公司前十大股东持股情况

股东名称	股权性质	持股数量(股)	持股比例(%)
1、云南冶金集团总公司	国有法人股	82,378,618	51.49
2、云南富盛铅锌有限公司	发起人法人股	3,285,078	2.05
3、云南省会泽县国有资产持股经营有限责任公司	国有法人股	2,628,064	1.64
4、云南省以礼河实业有限公司	发起人法人股	1,314,031	0.82
5、南方证券	流通股	599,000	0.37
6、广东证券	流通股	535,451	0.35
7、昆明理工大学	国有法人股	394,209	0.25
8、银丰基金	流通股	207,000	0.13
9、海富通精选	流通股	151,000	0.09
10、海富通收益	流通股	125,000	0.08

第六节　董事、监事、高级管理人员及核心技术人员

一、董事会成员

朱崇仁：董事长，中国籍，男，现年 59 岁，大学学历。1992 年 10 月至 1995 年 7 月任云南省红河州经委副主任，个旧市委副书记，个旧市市长；1995 年 7 月至 2000 年 3 月任云南省曲靖地区行署副专员、曲靖市副市长；现任云南冶金集团总公司正厅级巡视员；2000 年 7 月至今任本公司董事长。

浦绍俊：副董事长，中国籍，男，现年 48 岁，大专学历，现就读于北大 MBA 远程研修班。历任云南会泽铅锌矿总调度室调度员、综合厂副厂长、科研所副所长、技术监督处副处长、处长、矿长助理、副矿长、公司副总经理等职；2001 年 9 月至今任会泽铅锌矿矿长；2002 年 3 月至今任本公司副董事长。

王洪江：董事，总经理，中国籍，男，现年 47 岁，高级工程师，大学学历。公司"高锗沉矾液的处理方法" 专利的主要发明人和主持者并因该项发明而获云南省科技进步二等奖。1995 年 6 月至 1998 年 12 月任云南会泽铅锌矿副总工程师、总工程师；1998 年 12 月至 2001 年 8 月任云南会泽铅锌矿矿长；2000 年 7 月至今任本公司董事、总经理。

顾昆生：董事，中国籍，男，现年 50 岁，助理经济师，大学学历。现任云南省物资集团资源开发股份有限公司总经理，2000 年 7 月至今任本公司董事。

谢朝东：董事，中国籍，男，现年 51 岁，助理经济师，大学学历。现任云南省会泽县国有资产持股经营有限责任公司董事长兼总经理，2000 年 7 月至今任本公司董事。

龚陆琪：董事，中国籍，男，现年 53 岁，政工师，大专学历。1998 年 9 月至今任云南会泽铅锌矿工会主席，2000 年 7 月至今任本公司董事。

朱锦余：独立董事，中国籍，男，现年 37 岁，会计学博士，中国注册会计师、中国注册资产评估师，中国中青年财务成本研究会理事，先后在《审计研究》、《审计理论与实践》、《中国注册会计师》等刊物发表论文 70 余篇，出版专著、教材 8 部，现为云南财贸学院教授、硕士生导师，2001 年 9 月起任本公司独立董事。

邓志民：独立董事，中国籍，男，现年 42 岁，大学本科学历，具备中国证监会核准的证券投资咨询业务资格。1983 年 9 月至 1984 年 12 月，任云南南天信息股份有限公司研究所研究人员；1984 年 12 月至 1997 年 10 月，历任昆明宏达集团有限公司计算机室主任、开发部主任、总裁秘书、总裁助理等职务；1997 年 10 月至 2000 年 3 月，任昆明博闻证券投资咨询有限公司副总经理；2000 年 3 月至今，在云大科技股份有限公司工作；2003 年 2 月起任本公司独立董事。

李邑飞：独立董事，中国籍，男，现年 39 岁，大学文化，高级经济师。1989 年~1998 年在云南省劳动厅安全处工作期间，历任副主任科员、主任科员、副处长；1998 年~2001 年在云南省经贸委安全处、工业一处工作，历任安全处副处长、工业一处处长；2001 年至今，任云南有色地质矿业有限公司副总经理；2003 年 8 月起任本公司独立董事。

二、监事会成员

曹忠奎：监事会主席，中国籍，男，现年 49 岁，政工师，大专学历，曾获"云南省＇三五＇普法宣传教育与依法治理先进个人"称号。1998 年 8 月至 2000 年 3 月任中共云南会泽铅锌矿党委副书记兼纪委书记；2001 年 3 月至今任云南会泽铅锌矿副矿长；2000 年 7 月至今任本公司监事会主席。

段开荣：监事，中国籍，男，现年 41 岁，助理会计师，大专学历。1991 年至今任云南会泽铅锌矿财务处处长，2000 年 7 月至今任本公司监事。

毛智敏：监事，中国籍，男，现年 53 岁，会计师。现任云南冶金集团总公司审计部主任，2000 年 7 月至今任本公司监事。

许彦明：监事，中国籍，男，现年 44 岁，政工师，大专学历，具有中国企业法律顾问资格，本公司第一届董事会成员，现任云南冶金集团总公司资产经营部副主任，2003 年 8 月至今任本公司监事。

陈松平：监事，中国籍，男，现年 43 岁，经济师，大专学历。现任云南以礼河发电厂厂长助理，2000 年 7 月至今任本公司监事。

杨合荣：监事，中国籍，男，现年 52 岁，副研究员，研究生。现任昆明理工大学审计处处长，2000 年 7 月至今任本公司监事。

郭　俊：监事，中国籍，男，现年 41 岁，中专学历。现任公司第二冶炼厂硫化制液车间副主任，2000 年 7 月经职工代表大会选举为本公司职工代表监事。

三、其他高级管理人员

汤　勇：副总经理，中国籍，男，现年 52 岁，高级工程师，大专学历，曾获"云南省第五届优秀车间主任"光荣称号。1997 年至 2001 年 3 月任云南会泽铅锌矿副矿长；2000 年 7 月至今任本公司副总经理。

杨　宏：副总经理，中国籍，男，现年 45 岁，经济师，大专学历，现就读于北大 MBA 远程研修班。1999 年 3 月至 2001 年 3 月任云南会泽铅锌矿副矿长，2000 年 7 月至今任本公司副总经理。

沈立俊：副总经理兼技术开发部主任，中国籍，男，现年 39 岁，高级工程师，大学学历，在职研究生。1998 年 2 月至 2000 年 6 月任云南会泽铅锌矿第二冶炼厂副厂长、厂长，2000 年 7 月至今任本公司副总经理、技术开发中心主任。其主持的"提高烧结块质量、控制鼓风炉炉床生长速度"科研成果获团中央"五小"科技成果三等奖、团省委"五小"成果一等奖。

张　杰：财务负责人，中国籍，男，现年 40 岁，会计师，大专学历，现就读于云南财贸学院(本科)。1996 年 5 月至 2000 年 7 月任云南会泽铅锌矿财务处副处长，2000 年 7 月至今任本公司财务负责人。

赵　明：董事会秘书，中国籍，男，现年 42 岁，经济师，大专学历，现就读于北大 MBA 远程研修班。1999 年 5 月至 2000 年 7 月任云南会泽铅锌矿企管处规划科科长，2000 年 7 月至今任本公司董事会秘书。

四、核心技术人员

陈　进：总工程师，中国籍，男，现年 39 岁，高级工程师，大学学历，在职研究生。1991 年 4 月至 2001 年 10 月历任云南会泽铅锌矿采选厂主任工程师、副厂长、会矿总工程师，2001 年 10 月至今任本公司总工程师。其主持的"云南会泽铅锌矿＇912＇工程"获云南冶金集团总公司、云南省建设厅"优质工程设计"二等奖，主持的"云南会泽铅锌矿麒麟厂六号矿体地质勘探报告"获国家国土资源部 1997 年度一等奖，2000 年被云南省政府评为"为发展云南工程技术事业做出突出贡献者"，享受云南省政府特殊津贴。

程瑞芝：副总工程师兼技术开发处处长，中国籍，男，现年 58 岁，高级工程师，国家二级建筑师，大学学历。曾参与云南会泽铅锌矿一万吨电锌扩建项目，获云南省优秀设计一等奖；参与云南会泽铅锌矿"二四"工程地基强夯处理，获云南省建设系统科技进步三等奖。

刘　枢：副总工程师兼机动能源处处长，中国籍，男，现年 61 岁，高级工程师，中专学历。1987 年被评为云南省劳动模范；1989 年被评为云南省特级劳模、全国"五一"奖章获得者；1990 年被授予云南省有突出贡献优秀专业技术人才三等奖；1991 年被国务院评为"为发展我国工程技术事业做出突出贡献者"，享受政府特殊津贴；1992 年选为第七届全国人大代表。

杨岱晞：技术开发处副处长，中国籍，女，54 岁，高级工程师，中专学历。曾参与"高锗硫化矿湿法提锌锗新工艺"的研究开发，获省科技进步二等奖；参与"高氟氯流程生产 1# 锌"技术攻关，获省科技进步三等奖；2000 年被云南省政府授予"云南省有突出贡献优秀专业技术人才"三等奖，享受省政府特殊津贴。

五、有关事项说明

公司董事、监事、高级管理人员与核心技术人员均未直接或间接持有本公司及关联企业的股份，相互之间不存在配偶关系、三代以内直系和旁系亲属关系。

公司对上述人员尚无认股权安排。

第七节　同业竞争与关联交易

一、同业竞争

本公司与控股股东云南冶金集团总公司、本公司其他发起人，以及本公司控股股东直接或间接控制的其他法人不存在同业竞争。

发行人律师及主承销商均发表了控股股东及其控制法人与本公司不存在同业竞争的意见。

三、关联交易

1、与主发起人云南会泽铅锌矿的关联交易

(1)资产收购：为保证公司资产的完整性，公司先后于 2001 年 12 月和 2002 年 3 月对麒麟厂开拓系统部分固定资产及麒麟厂采矿权进行了收购。麒麟厂开拓系统部分固定资产的收购价格以经天一会计师事务所有限责任公司评估并经云南省财政厅确认的价值 1,718.73 万元为依据确定；麒麟厂采矿权的收购价格以经北京经纬资产评估有限责任公司评估并经国土资源部确认的价值 2,742.07 万元为依据确定。

(2)矿石交易：在收购麒麟厂采矿权之前，本公司向会泽铅锌矿采购铅锌硫化矿，具体见下表：

年份	内容数量(吨)	金额(元)	占年度购货额	比例%
	硫化矿含铅	22,832.92	20,914,952.90	9.49
2001 年	硫化矿含锌	61,812.62	75,490,589.66	34.26
	硫化矿含铅	2,889.79	2,647,047.64	0.81
2002 年 1-2 月	硫化矿含锌	8,307.41	9,156,007.52	2.79

(3)其他购销交易：2001 年，本公司购买云南会泽铅锌矿改制时未投入股份公司的部分库存电锌，交易数量为 2,425.47 吨，交易价格为 6,627.89 元/吨，交易金额为 1,607.58 万元。近三年，本公司向云南会泽铅锌矿销售货物的具体情况如下：

时间	内容数量(吨)	金额(元)	占年度销货额	比例%
2001 年	电锌	657.523	5,065,513.04	0.85
2002 年	焦籽	1,431.61	143,160.00	0.02
2003 年	焦籽	11,222.320	1,163,029.45	0.08

(4)资产租赁：2002 年 3 月起，公司向会泽铅锌矿租赁麒麟矿山供水供电设施和设备、麒麟矿山交通运输道路及设备设施、麒麟厂硫化矿开采辅助生产设备共计 576 件生产经营性资产，2002 年 3~12 月，本公司向会矿支付租赁费 516.78 万元，2003 年度支付租赁费 620.13 万元。

2、与控股股东云南冶金集团总公司的关联交易

2003 年，本公司控股股东云冶集团为本公司取得期限为 5 年的银行借款 141,900,000.00 元提供连带责任保证。

3、与其他关联方之间的关联交易

(1)与云南北电电力实业有限公司的关联交易

公司向云南北电电力实业有限公司购买部分生产用电，2001 年~2003 年，公司分别向其支付电价款 652.17 万元、775.17 万元和 200.91 万元。

(2)与会泽铅锌矿建筑安装工程有限公司的关联交易

公司委托会泽铅锌矿建筑安装工程有限公司（原会矿机修加工厂）加工设备零部件、铸造件(材)、金属结构、非标准设备、阴阳极板等金属制品以及设备安装、修理、调试等。2001 年~2003 年，公司分别向其支付加工、修理、安装服务费用 1,319.62 万元、1,277.58 万元和 1,165.81 万元。

(3)公司与云南新立有色金属有限公司的关联交易

交易时间	交易内容	交易数量	交易金额(元)
2001 年	加工电铅	20,947.12 吨	12,532,453.54
	加工银锭	20.12 吨	2,063,246.47
	销售粗铅	1,543.10 吨	3,890,213.28
	销售粗铅含银	4,038.64 千克	5,038,162.07
2002 年	加工电铅	23,033.866 吨	13,780,940.73
	加工银锭	20.05 吨	2,281,617.39
2003 年	加工电铅	23,415.203 吨	14,009,090.35
	加工银锭	21.12 吨	2,437,204.24

(4)公司与云南冶金集团进出口有限公司的关联交易

交易时间	交易内容	交易数量	交易金额(元)
2001 年	支付代理费	---	857,441.44
	销售锌锭	1,554.14 吨	11,267,775.22
2002 年	支付代理费	---	684,208.83
	销售锌锭	478.17 吨	2,875,654.88
	销售银锭	4,943.363 千克	5,229,059.89
2003 年	支付代理费	---	733,866.97
	采购锌细矿	106,269 吨	201,004.84

(5)公司与云南会泽铅锌矿运输有限公司的关联交易

交易时间	交易内容	交易数量	交易金额(元)

2001 年	提供运输服务	---	19,501,588.30
	采购锌氧粉	836.91 吨	3,239,386.74
	采购焙砂	1,524.26 吨	7,519,487.27
2002 年	提供运输服务	---	21,927,983.80
	采购锌氧粉(高粉)	1,756.13 吨	6,106,611.89
	采购锌氧粉(低粉)	526.916 吨	1,438,746.72
	采购锌细矿	682.673 吨	2,004,301.99
	销售锌浮渣	30.049 吨	100,163.33
2003 年	提供运输服务	---	21,744,730.80
	提供修理服务	---	550,835,67
	采购锌氧粉(高粉)	1,841.220 吨	7,300,103.50
	采购汽车配件	---	579,292.41
	销售锌锭	19.484 吨	133,171.08

4、发行人独立董事、律师、会计师及主承销商的意见

本公司独立董事、律师、申报会计师、主承销商均对关联交易发表了意见,认为:公司的各项关联交易对公司的生产经营是必要的;关联交易的定价是公允的,不存在损害公司及其他中小股东利益的情形;关联交易履行了法定的批准程序;公司对有关关联交易和解决同业竞争的承诺或措施进行了充分披露。

第八节　财务会计资料

本公司截止 2003 年 12 月 31 日的财务会计资料,已于 2004 年 3 月 31 日在《上海证券报》、《中国证券报》、《证券时报》刊登的《招股说明书摘要》中进行了披露。投资者欲了解详细内容,请查阅上述报纸或刊登在上海证券交易所网站(WWW.SSE.COM.CN)的本公司招股说明书全文及附录。

一、注册会计师意见

本公司聘请云南亚太会计师事务所有限公司审计了公司 2001 年 12 月 31 日、2002 年 12 月 31 日和 2003 年 12 月 31 日的资产负债表和合并资产负债表及 2001 年度、2002 年度和 2003 年度的利润及利润分配表和合并利润表及利润分配表,以及 2002 年度和 2003 年度的现金流量表和合并现金流量表。注册会计师出具了亚太审 B 字(2004)第 240 号标准无保留意见的审计报告。

二、简要会计报表

(一)简要合并资产负债表　单位:元

项目	2003 年 12 月 31 日	2002 年 12 月 31 日	2001 年 12 月 31 日
货币资金	57,132,597.11	36,489,497.61	36,212,203.47
应收票据	2,423,038.40		400,000.00
应收账款	24,571,009.63	20,457,398.54	22,655,646.88
其他应收款	8,009,008.13	4,562,376.83	3,261,174.24
预付账款	8,772,560.98	4,592,144.91	6,872,252.16
存货	89,167,574.72	100,946,560.58	118,242,459.45
待摊费用			500,000.00
流动资产合计	190,075,788.97	167,047,978.47	188,143,736.20
长期股权投资	2,869,266.08	3,015,207.31	3,200,236.49
长期债权投资			
长期投资合计	2,869,266.08	3,015,207.31	3,200,236.49
其中:合并价差	-130,733.92	-152,523.72	-174,313.67
固定资产原价	416,684,933.15	407,263,846.56	401,727,377.71
减:累计折旧	220,450,988.16	209,318,599.14	187,408,889.32
固定资产净值	196,233,944.99	197,945,247.42	214,318,488.39
减:固定资产减值准备	423,877.31	428,299.72	
固定资产净额	195,810,067.68	197,516,947.70	214,318,488.39
工程物资	2,776,630.44	2,469,872.15	3,572,913.41
在建工程	253,388,747.91	76,791,951.71	7,437,317.39
固定资产合计	451,975,446.03	276,778,771.56	225,328,719.19
无形资产	32,363,830.63	36,183,684.19	11,999,418.61
无形资产及其他资产合计	32,363,830.63	36,183,684.19	11,999,418.61
资产总计	677,284,331.71	483,025,641.53	428,672,110.49
项目	2003 年 12 月 31 日	2002 年 12 月 31 日	2001 年 12 月 31 日
短期借款	104,000,000.00	64,000,000.00	63,000,000.00
应付票据			4,000,000.00
应付账款	62,846,497.27	55,214,221.12	50,030,848.79
预收账款	24,681,198.42	12,197,571.59	12,294,546.47
应付工资	68,714.15	47,336.35	55,049.75
应付福利费	3,388,968.69	2,115,110.77	1,464,489.95
应付利息	195,835.00	192,912.50	
应交税金	3,230,837.84	8,720,378.22	12,032,932.89
其他应交款	1,341,755.81	210,427.68	1,047,916.52
其他应付款	34,378,064.74	30,863,780.86	18,847,322.32
预提费用	198,730.75	122,954.00	112,612.50
一年内到期的长期负债			90,163,350.00
流动负债合计	234,330,602.67	177,684,693.09	249,049,069.19
长期借款	256,900,000.00	115,000,000.00	15,027,225.00
专项应付款	1,401,842.00	698,339.74	697,132.75
长期负债合计	258,301,842.00	115,698,339.74	15,724,357.75
负债合计	492,632,444.67	293,383,032.83	264,773,426.94
少数股东权益	173,422.70	169,730.28	167,297.98
股本	90,000,000.00	90,000,000.00	90,000,000.00
股本净额	90,000,000.00	90,000,000.00	90,000,000.00
资本公积	47,355,301.97	47,302,202.07	47,302,202.07
盈余公积	16,069,063.10	10,560,837.78	6,704,581.99
其中:法定公益金	5,356,354.37	3,520,279.26	2,234,860.66
拟分配的现金股利	25,200,000.00	41,608,622.33	
未分配利润	5,854,099.27	1,216.24	19,724,601.51
股东权益合计	184,478,464.34	147,864,256.09	163,731,385.57
负债和股东权益合计	677,284,331.71	483,025,641.53	428,672,110.49

(二)简要合并利润表

单位:元

项目	2003 年度	2002 年度	2001 年度
一、主营业务收入	634,526,623.59	611,980,313.09	598,435,642.54
减:主营业务成本	499,623,070.08	489,185,724.80	492,749,592.86
主营业务税金及附加	3,060,081.75	2,870,138.78	2,100,758.51
二:主营业务利润	131,843,471.76	119,924,449.51	103,585,291.17
加:其他业务利润	2,334,281.29	1,779,186.90	3,316,863.87
减:营业费用	20,870,210.28	21,157,481.10	21,970,901.21
管理费用	55,153,086.26	53,103,211.62	39,794,815.34
财务费用	10,859,795.87	9,810,553.10	10,106,336.85
三、营业利润	47,294,660.64	37,632,390.59	35,030,101.64
加:投资收益	76,303.32	103,170.19	352,270.26
补贴收入		131,085.89	
营业外收入	12,332.40		289,255.40
减:营业外支出	4,448,986.46	2,162,348.43	1,779,512.00
四、利润总额	42,934,309.90	35,573,212.35	34,023,201.19
减:所得税	6,369,509.13	9,829,287.20	11,264,992.67
少数股东损益	3,692.42	2,432.30	4,894.67
五、净利润	36,561,108.35	25,741,492.85	22,753,313.85

(三)简要合并现金流量表

单位:元

项目	2003 年度	2002 年度
经营活动产生的现金流量净额	91,915,696.99	95,347,300.99
投资活动产生的现金流量净额	-200,384,359.94	-96,064,914.97
筹资活动产生的现金流量净额	129,111,762.45	994,908.12
现金及现金等价物净增加额	20,643,099.50	277,294.14

三、会计报表附注

本公司会计报表附注等内容,请投资者查阅刊登于上海证券交易所网站(WWW.SSE.COM.CN)的本公司招股说明书附录部分。

四、主要财务指标

项目	2003 年	2002 年	2001 年
流动比率	0.81	0.76	0.76
速动比率	0.43	0.30	0.28
应收账款周转率(次)	28.18	28.39	26.18
存货周转率(次)	5.26	4.46	4.28
无形资产(土地使用权除外)占净资产的比例(%)	11.61	13.21	0.37
资产负债率(%)	72.74	60.76	61.77
每股净资产(元)	2.05	2.11	1.82
研发费用占主营业务收入比例(%)	0.96	0.65	0.55
每股收益(元)	0.41	0.29	0.25
净资产收益率(%)	19.82	13.59	13.90
每股经营活动的现金流量(元/股)	1.02	1.06	0.79

注:资产负债率以母公司口径计算,其余指标以合并报表口径计算

第九节　其他重要事项

一、自本公司股票首次公开发行之日至本上市公告书公告之日,本公司严格依照现行有关法律、法规的规定规范运作,生产经营情况正常,本公司所处行业和市场无重大变化,主要业务发展目标的进展状况正常,主要投入、产出物供求及价格无重大变化;

二、自本公司股票首次公开发行之日至本上市公告书公告之日,本公司没有进行重大对外投资、无重大资产(股权)收购、出售行为;

三、自本公司股票首次公开发行之日至本上市公告书公告之日,本公司重大会计政策和会计师事务所没有发生变化;

四、本公司未涉及任何重大诉讼、仲裁或行政处罚案件,并且董事会认为本公司未面临任何重大影响的诉讼和索赔要求;

五、自本公司股票首次公开发行之日至本上市公告书公告之日,本公司董事、监事和高级管理人员未受到任何刑事起诉,亦没有尚未了结或可能发生的刑事诉讼事项;

六、自本公司股票首次公开发行之日至本上市公告书公告之日,本公司住所未变更;本公司未发生新的重大负债;并且重大债项未发生变化。

七、根据《上海证券交易所股票上市规则》,本公司第一大股东云南冶金集团总公司承诺,自本公司股票上市之日起 12 个月内,不转让其持有的本公司股份,也不由本公司回购其持有的本公司股份。

八、本公司股票首次公开发行至本上市公告书公告之日,没有其他应披露而未披露之重大事项。

第十节　董事会上市承诺

本公司董事会承诺将严格遵守《中华人民共和国证券法》、《中华人民共和国公司法》、《股票发行与交易管理暂行条例》、《公开发行股票公司信息披露实施细则》和《上海证券交易所股票上市规则》等国家法律、法规和中国证监会的有关规定,并自股票上市之日起做到:

一、真实、准确、完整、公允和及时地公布定期公告,披露所有对投资者有重大影响的信息,并接受中国证监会、证券交易所的监督管理;

二、本公司在知悉可能对股票价格产生误导性影响的任何公共传播媒介中出现的消息后,将及时给予公开澄清;

三、本公司董事、监事、高级管理人员和核心技术人员将认真听取社会公众的意见和批评,不利用已获得的内幕消息和其他不正当手段直接或间接从事本公司股票的买卖活动;

四、本公司没有无记录的负债。

第十一节　上市推荐人及其意见

一、上市推荐人情况

上市推荐人:广东证券股份有限公司　法定代表人:钟伟华

住所:广州市解放南路 123 号金汇大厦

联系电话:(020)83270471　传真:(020)83270485

联系人:戴卿林、眭衍照、翁世淳、杨苏

二、上市推荐人意见

本公司上市推荐人认为,发行人章程符合《中华人民共和国公司法》等有关法律、法规和中国证监会关于公司章程的相关规定;发行人本次股票发行完全符合《中华人民共和国公司法》、《中国人民共和国证券法》、《股票发行与交易管理暂行条例》、《上海证券交易所股票上市规则》等国家有关法律、法规的规定,已具备了上市条件;发行人董事了解法律、法规、上海证券交易所上市规则及股票上市协议规定的董事的义务与责任;发行人建立健全了法人治理结构,制定了严格的信息披露制度与保密制度。

上市推荐人已对上市文件所载的资料进行了核实,确保上市文件真实、准确、完整,符合规定要求;保证发行人的上市申请材料、上市公告书没有虚假、严重误导性陈述或者重大遗漏,并保证对其承担连带责任。上市推荐人与发行人不存在关联关系。

上市推荐人愿意推荐发行人股票在上海证券交易所上市交易,并保证不利用在上市过程中获得的内幕信息进行内幕交易,为自己或他人谋取利益。

云南驰宏锌锗股份有限公司

二〇〇四年四月十四日

南京栖霞建设股份有限公司

南京栖霞建设股份有限公司2003年年度报告

重要提示

本公司董事会及其董事保证本报告所载资料不存在任何虚假记载、误导性陈述或者重大遗漏,并对其内容的真实性、准确性和完整性承担个别及连带责任。

董事周铣先生、王祖治先生因故未能参加审议年度报告的董事会。

公司负责人董事长兼总经理陈兴汉女士、主管会计工作负责人副总经理兼总会计师干泳星女士、会计机构负责人财务部副经理袁翠玲女士声明:保证年度报告中财务报告的真实、完整。

公司年度财务报告已经南京永华会计师事务所有限公司审计并出具了标准无保留意见的审计报告。

第一节　公司基本情况简介

(一)公司法定中文名称:南京栖霞建设股份有限公司
中文缩写:栖霞建设
公司法定英文名称:NANJING CHIXIA DEVELOPMENT CO.,LTD
英文缩写:CHIXIA DEVELOPMENT
(二)公司法定代表人:陈兴汉女士
(三)公司董事会秘书:王建优先生
公司证券事务代表:周文龙先生
联系地址:江苏省南京市龙蟠路218号兴隆大厦2107室
联系电话:(025)85600533
传　　真:(025)85502482
电子信箱:600533@chixia.com
(四)公司注册地址:南京市栖霞区和燕路251号
公司办公地址:南京市玄武区龙蟠路218号
邮政编码:210037
公司互联网网址:www.chixia.com
电子信箱:600533@chixia.com
(五)公司指定信息披露报纸:《中国证券报》、《上海证券报》
登载公司年度报告的互联网网址:http://www.sse.com.cn
公司年度报告备置地点:公司证券投资部
(六)公司股票上市交易所:上海证券交易所
股票简称:栖霞建设
股票代码:600533
(七)其他有关资料:
公司最近一次变更注册登记日期为2002年3月21日，注册地点为南京市栖霞区和燕路251号。
企业法人营业执照注册号:3201001012479
税务登记号码:320113721702184
公司聘请的会计师事务所:南京永华会计师事务所有限公司
会计师事务所办公地址:南京市中山北路26号新晨国际大厦8楼

第二节　会计数据和业务数据摘要

(一)本年度主要会计数据　单位:人民币元

利润总额	110,645,765.40
净利润	70,503,076.16
扣除非经常性损益后的净利润	71,080,413.84
主营业务利润	137,067,741.43
其他业务利润	848,265.37
营业利润	112,489,152.94
投资收益	−1,104,039.34
补贴收入	–
营业外收支净额	−739,348.20
经营活动产生的现金流量净额	−278,436,481.53
现金及现金等价物净增加额	22,516,734.40

注:扣除的非经常性损益项目及涉及金额(已扣除所得税影响)　单位:人民币元

项目	金额
营业外收支净额	91,330.72
股权投资差额	486,006.96
补贴收入	–

(二)近三年主要会计数据及财务指标　单位:人民币元

项目	2003	2002 (调整后)	2002 (调整前)
主营业务收入	480,544,718.86	366,086,606.85	366,086,606.85
净利润	70,503,076.16	42,304,942.58	42,304,942.58
总资产	1,598,953,908.14	852,501,656.13	852,501,656.13
股东权益(不含少数股东权益)	560,629,677.82	525,015,983.75	490,015,983.75
每股收益(摊薄)	0.504	0.302	0.302
每股净资产(摊薄)	4.004	3.750	3.500
调整后的每股净资产	3.995	3.738	3.487
每股经营活动产生的现金流量净额	−1.989	−0.790	−0.790
净资产收益率(摊薄)	12.58%	8.06%	8.63%

项目	2001 (调整后)	2001 (调整前)
主营业务收入	324,073,503.78	324,073,503.78
净利润	41,525,512.28	41,525,512.28
总资产	558,968,381.44	558,968,381.44
股东权益(不含少数股东权益)	185,176,772.87	154,140,500.62
每股收益(摊薄)	0.415	0.415
每股净资产(摊薄)	1.852	1.541
调整后的每股净资产	1.849	1.530
每股经营活动产生的现金流量净额	−1.118	−1.118
净资产收益率(摊薄)	22.42%	26.94%

注:根据财政部财会"2003"12号《关于印发(企业会计准则-资产负债表日后事项)的通知》,各年度由董事会通过的利润分配预案中确定的拟分配现金股利改在资产负债表所有者权益中单独列示,从而影响了公司股东权益的期初数,因此对相关指标进行了调整。

(三)利润表附表

报告期利润	净资产收益率(%)		每股收益(元/股)	
	全面摊薄	加权平均	全面摊薄	加权平均
主营业务利润	24.45	24.98	0.979	0.979
营业利润	20.06	20.50	0.803	0.803
净利润	12.58	12.85	0.504	0.504
扣除非经常性损益的净利润	12.68	12.96	0.508	0.508

(四)股东权益变动情况表　单位:人民币元

项目	股本(股)	资本公积	盈余公积	其中法定公益金
期初数	140,000,000	332,189,370.22	16,867,412.34	5,623,090.77
本期增加		110,617.91	10,575,461.43	3,525,153.81
本期减少				
期末数	140,000,000	332,299,988.13	27,442,873.77	9,148,244.58

项目	未分配利润	股东权益合计
期初数	35,959,201.19	525,015,983.75
本期增加	59,927,614.73	70,613,694.07
本期减少	35,000,000.00	35,000,000.00
期末数	60,886,815.92	560,629,677.82

变动原因:
1、盈余公积和法定公益金增加系公司报告期内实现利润分配提取所致;
2、未分配利润增加系公司报告期实现利润所致。

第三节　股本变动及股东情况

(一)股本变动情况

1、股本变动情况表(截至2003年12月31日)　单位:股

	本次变动前	本次变动增减(+,−)					本次变动后
		配送股股	公积金转股	增发	其他	小计	
一、未上市流通股份							
1、发起人股份	100,000,000						100,000,000
其中:							
国家持有股份	70,760,000						70,760,000
境内法人持有股份	29,240,000						29,240,000
境外法人持有股份	0						0
其他	0						0
2、募集法人股份	0						0
3、内部职工股	0						0
4、优先股或其他	0						0
未上市流通股份合计	100,000,000						100,000,000
二、已上市流通股份	40,000,000						40,000,000
1、人民币普通股	0						
2、境内上市的外资股	0						
3、境外上市的外资股	0						0
4、其他	0						0
已上市流通股份合计	40,000,000						40,000,000
三、股份总数	140,000,000						140,000,000

2、股票发行和上市情况

公司于2002年3月14日通过上交所交易系统，采用网上累计投标询价方式首次公开发行了4,000万股A股社会公众股,发行价为人民币8.30元,并于2002年3月28日在上交所正式挂牌交易。

3、报告期内公司无新增股本和内部职工股。

(二)股东情况介绍

1、截至报告期末公司股东总数14730人。

2、报告期内公司前十名股东持股变动情况:单位:股

序号	股东名称	增减变动(+,−)	年末持股数量	占总股本(%)	股份类别	质押或冻结情况
1	南京栖霞建设(集团)公司	0	68,000,000	48.57	国有股	无
2	南京新港高科技股份有限公司	0	29,240,000	20.89	法人股	无
3	南京市栖霞区国有资产投资中心	0	1,000,000	0.71	国有股	无
4	南京市园林实业总公司	0	1,000,000	0.71	国有股	无
5	林渐娟	不详	433,764	0.31	流通股	不详
6	东南大学建筑设计研究所	0	380,000	0.27	国有股	无
7	南京栖霞建设集团物资供销有限公司	0	380,000	0.27	国有股	无
8	张佩	+48,450	285,800	0.20	流通股	不详
9	北京美奂工程顾问有限公司	−10,000	221,305	0.16	流通股	不详
10	王农生	不详	203,080	0.15	流通股	不详

注:(1)报告期内持股5%以上的股东为南京栖霞建设(集团)公司和南京新港高科技股份有限公司,报告期末他们分别持有本公司国有股6,800万股和法人股2,924万股,报告期内他们所持股份无增减。

(2)报告期内,持有本公司5%以上股份的股东所持有的股份没有发生质押、冻结等情况。

(3)公司前十名股东中,南京栖霞建设(集团)公司是南京栖霞建设集团物资供销有限公司的控股股东,其他国有股和法人股股东之间无任何关联关系。其他流通股股东本公司未知其关联关系。

3、公司控股股东情况

公司名称:南京栖霞建设(集团)公司

法人代表:陈兴汉女士

成立时间:1993年9月7日

注册资本:人民币120,000,000元

股本结构和性质:国有独资

主要经营业务:房屋综合开发、建设(住宅除外)、销售、租赁、物业管理;工程管理(工程监理除外);室内装饰设计、施工;照明灯具、金属材料、百货销售。

4、其他持股在10%以上(含10%)的法人股东

公司名称:南京新港高科技股份有限公司

法人代表:徐益民

成立日期:1992年5月

注册资本:人民币344,145,888元

主要经营业务:高科技产业投资、开发;市政基础设施建设;土地成片开发;建筑安装工程;商品住宅开发、销售;物业管理;国内贸易;工程设计;咨询服务等。

5、报告期内公司前十名流通股东情况: 单位:股

序号	股东名称	年末持有流通股数量	种类
1	林渐娟	433,764	A股
2	张佩	285,800	A股
3	北京美奂工程顾问有限公司	221,305	A股
4	王农生	203,080	A股
5	李传莹	198,700	A股
6	东吴证券有限责任公司	196,180	A股
7	黎婵娟	176,300	A股
8	国政海	171,810	A股
9	博时价值增长证券投资基金	142,369	A股
10	李双林	124,146	A股

注:本公司未知流通股股东之间是否存在关联关系,也未知其相互间是否属于《上市公司持股变动信息披露管理办法》中规定的一致行动人。

第四节 董事、监事、高级管理人员和员工情况

(一)董事、监事、高级管理人员基本情况

姓名	性别	年龄	职务	任期起止日期	期初持股数	期末持股数
陈兴汉	女	57	董事长	2002.12.23-2005.12.22	0	0
干泳星	女	47	董事	2002.12.23-2005.12.22	0	0
徐水炎	男	40	董事	2002.12.23-2005.12.22	0	0
徐益民	男	42	董事	2002.12.23-2005.12.22	0	0
周 铳	男	40	董事	2002.12.23-2004.3.23	0	0
王祖治	男	55	董事	2002.12.23-2004.3.23	0	0
王建优	男	40	董事	2004.3.24-2005-12.22	0	0
何金耿	男	35	董事	2004.3.24-2005-12.22	0	0
刘志彪	男	45	独立董事	2002.12.23-2005.12.22	0	0
李爱群	男	42	独立董事	2002.12.23-2005.12.22	0	0
安同良	男	38	独立董事	2002.12.23-2005.12.22	0	0
夏卫东	男	56	监事会主席	2002.12.23-2005.12.22	0	0
李 云	男	51	监事	2002.12.23-2005.12.22	0	0
孔 军	男	41	监事	2002.12.23-2005.12.22	0	0
王祖治	男	55	总经理	2003.8.6-2004.2.13	0	0
陈兴汉	女	57	总经理	2004.2.14-2005.12.22	0	0
干泳星	女	47	副总经理 总会计师	2003.8.6-2005.12.22	0	0
江劲松	男	35	副总经理 营销总监	2003.8.6-2005.12.22	0	0
范业铭	男	40	副总经理 总工程师	2003.8.6-2005.12.22	0	0
王建优	男	40	董事会秘书 总经理助理	2003.8.6-2005.12.22	0	0
余 薇	女	47	总经济师	2003.8.6-2005.12.22	0	0
钟增贤	男	52	征地拆迁总监	2003.8.6-2005.12.22	0	0

董事、监事在股东单位任职情况:

姓 名	任职股东单位	职务
陈兴汉	南京栖霞建设(集团)公司	总裁
徐水炎	南京栖霞建设(集团)公司	财务总监
周 铳	南京新港高科技股份有限公司	副总经理
徐益民	南京新港高科技股份有限公司	董事长、总经理
何金耿	南京新港高科技股份有限公司	董事会秘书
李 云	南京栖霞建设(集团)公司	人力资源部总经理、工会主席
孔 军	南京新港高科技股份有限公司	副总经理、总会计师

姓 名	任职股东单位	任职期间
陈兴汉	南京栖霞建设(集团)公司	2003.03.03-
徐水炎	南京栖霞建设(集团)公司	2000.02.01-
周 铳	南京新港高科技股份有限公司	2001.03.30-2003.06.26
徐益民	南京新港高科技股份有限公司	2003.06.27-2006.06.26
何金耿	南京新港高科技股份有限公司	2003.06.27-2006.06.26
李 云	南京栖霞建设(集团)公司	2002.03.01-
孔 军	南京新港高科技股份有限公司	2003.06.27-2006.06.26

(二)年度报酬情况

1、董、监事及高级管理人员报酬的决策程序和确定依据:本公司高级管理人员报酬由公司董事会决定,其报酬确定的依据是其所担任的岗位重要性和工作业绩;本公司独立董事津贴由董事会拟定初步方案,最终由股东大会决议确定,独立董事报酬确定的依据是行业和上市公司的平均水平以及其履行职责的工作量;其他外部董、监事均不在本公司领取报酬。

2、在公司领取报酬的董、监事及高级管理人员年度报酬情况表 单位:万元

现任董、监事和高级管理人员的年度报酬总额	173
金额最高的前三名董事的报酬总额	83
金额最高的前三名高级管理人员的报酬总额	69
独立董事津贴	9
独立董事其他待遇	无

报酬区间	董、监事和高级管理人员人数(不含独立董事)
10万元以下(不含10万)	1
10万元(含10万元)--20万元	5
20万元以上(含20万元)	3

3、不在本公司领取报酬和津贴的董、监事:董事周铳先生、徐益民先生、徐水炎先生和监事孔军先生、李云先生均不在本公司领取报酬,其中周铳先生、徐益民先生和孔军先生在本公司股东单位南京新港高科技股份有限公司领取报酬,徐水炎先生和李云先生在本公司控股股东南京栖霞建设(集团)公司领取报酬。

(三)报告期内公司董事、监事及高级管理人员变动情况

2003年8月,公司董事周铳先生因工作变动,申请辞去公司董事职务。南京新港高科技股份有限公司提名何金耿先生为新任董事候选人。此董事变更事项已经2004年第一次临时股东大会审议通过。

2003年8月6日,公司第二届董事会第八次会议审议通过了聘任高级管理人员的议案:聘任王祖治先生为公司总经理;经总经理提名,聘任干泳星女士为副总经理兼总会计师、余薇女士为总经济师、范业铭先生为总工程师,钟增贤先生为征地拆迁总监,江劲松先生为营销总监;经董事长提名,聘任王建优先生为董事会秘书。

报告期内,监事无变动情况。

(四)公司员工情况

截至报告期末,公司员工总数为92人,公司没有需承担费用的离退休职工。

1、员工专业构成表 单位:人

专业构成	人数	占总人数的比例
管理人员	24	26.09%
工程技术人员	28	30.43%
财务人员	7	7.61%
营销人员	29	31.52%
其他人员	4	4.35%

2、员工教育程度情况表 单位:人

教育程度	人数	比例
博士	1	1.09%
硕士、研究生	5	5.43%
本科	43	46.74%
大专	30	32.61%
中专及以下	13	14.13%

第五节 公司治理结构

(一)公司治理情况

公司自上市以来,按照《公司法》、《证券法》、《上海证券交易所股票上市规则》、《上市公司治理准则》、《上市公司股东大会规范意见》等法律、法规、规章的要求,不断完善公司的法人治理结构,规范公司运作。公司已制订了《公司章程》、《股东大会议事规则》、《董事会议事规则》、《监事会议事规则》、《重大决策程序和规则》、《董事会下设委员会议事规则》、《总经理工作细则》、《信息披露管理办法》等规章制度。为了加强投资者关系管理工作,公司还制定了《投资者关系管理办法》。报告期内,公司治理情况基本符合中国证监会发布的有关上市公司治理的规范性文件的要求。

(二)公司独立董事履行职责情况

公司根据中国证监会《关于在上市公司建立独立董事制度的指导意见》的要求建立了独立董事制度,使独立董事在董事会中的比例达到了三分之一。公司独立董事能够及时了解、遵守有关法律、法规和公司章程的要求,能够确保有足够的时间积极参加董事会和股东大会,参与公司重大经营决策,促进了公司的规范运作和业务的发展,维护了广大股东尤其是中小股东的利益。

董事会设立了审计、投资决策、提名和薪酬三个专门委员会,且都由独立董事担任主任。在报告期内,独立董事积极发挥三个委员会的作用,对公司投资、高管人员聘任、机构调整、业务流程再造、薪酬激励机制等重大决策进行了大量的调研和事前论证工作,并提出了许多专业性意见,大大提高了公司决策的科学性。

(三)公司与控股股东

公司控股股东通过股东大会依法行使出资人的权利,未直接干预公司的经营、决策活动,未损害公司和其他股东的合法权益,或利用其特殊地位谋取额外的利益。

公司与控股股东在人员、资产、财务等方面相互分开,机构、业务相互独立,各自独立核算、独立承担责任和风险:

1、在人员方面,公司除董事长兼总经理陈兴汉女士兼任控股股东总裁外,其余高级管理人员未在控股股东兼职,其他人员独立于控股股东;

2、在资产方面,公司的资产独立完整、权属清晰,控股股东未占用、支配公司的资产或干预公司对资产的经营管理;

3、在财务方面,公司建立健全了财务、会计管理制度,独立核算。控股股东从未干预公司的财务、会计活动;

4、在机构方面,公司的董事会、监事会及其他内部机构独立运作。控股股东及其下属机构未以任何形式影响公司经营管理的独立性;

5、在业务方面,公司拥有独立的产、供、销体系,生产经营自主决策。控股股东已按承诺避免同业竞争。

(四)公司高级管理人员的考评及激励机制

报告期内,公司与南京大学人力资源管理优化课题组合作,修订完善了公司薪酬体系和激励机制方案,公司依据高级管理人员每个人的岗位职责和年度工作计划要求由董事会组织中层及员工对他们进行考评,依据其德、勤、能、绩四个方面的表现进行奖惩。

(五)与公司治理的规范性文件的差异

本公司的公司治理与《上市公司治理准则》等规范性文件相比,尚有一些差距,将在以后逐步解决:完善董事选举中的累计投票制;在独立董事中补充一名会计专业人士。

第六节 董事会报告

(一)管理层讨论与分析

1、经营环境分析

2003年,房地产业在国民经济体系中的支柱产业地位进一步确立,行业前景更加明朗,发展更加稳定和成熟。现就2003年的经营环境分析如下:

全国完成房地产开发投资10,106.1亿元,同比增长29.7%;其中,住宅开发投资6,782.4亿元,同比增长28.6%。全国商品住宅竣工面积32200.5万平方米,同比增长21%;商品住宅销售面积28502.5

万平方米，同比增长28.9%。市场运行态势良好。

江苏省完成房地产开发投资809.2亿元，同比增长48.7%；施工面积8834.5万平方米，同比增长44.4%；竣工面积3068.1万平方米，同比增长13.9%；商品房销售面积2751.42万平方米，同比增长19.9%。房地产开发呈现产销两旺的局面。

南京市完成房地产开发投资183.8亿元，同比增长33.6%；施工面积1556.9万平方米，同比增长31.5%；商品房销售面积739.0万平方米，同比增长34.1%，其中住宅销售面积662.0万平方米，占商品房销售总面积的89.6%。各项指标均好于全国平均水平，房地产市场继续保持持续、健康的发展势头。南京市和江苏省是公司及控股子公司目前开发项目的所在地。

2003年是房地产行业的发展年，更是房地产行业的规范年。2003年6月中国人民银行发布《关于进一步加强房地产信贷业务管理的通知》(121号文)，9月国务院发布《关于促进房地产市场持续健康发展的通知》(18号文)。121号文降低了银行信贷风险，但也提高了门槛，一些规模小、自有资金率低、融资渠道不畅的中小开发企业无疑会由于实力不济而被淘汰，也促成了实力强的品牌开发企业向规模化方向发展。18号文明确了房地产业在国民经济中的支柱产业地位，肯定了房地产业健康稳定发展的主旋律。房地产行业的进一步规范有利于房地产企业的健康发展。

2、经营状况分析

2003年，公司努力克服房地产政策、金融政策的制约和市场激烈竞争等不利因素的影响，秉承务实进取的精神，致力于提升和培育公司在房地产主业方面的核心竞争力。

2003年，公司保持了主营业务收入与净利润的持续增长。公司开发建设的太阳城天悦花园、太阳城天泓山庄、云锦美地、汇林绿洲以及控股子公司南京东方房地产开发有限公司开发建设的东方城等项目持续热销。2003年，公司主营业务收入和净利润分别达到48,054万元和7,050万元，比上年度分别增长31.27%和66.65%；加权平均净资产收益率达到12.85%。

截止2003年末，公司的资产负债率(按母公司计算)为63.42%，流动比率为1.36，资产负债结构良好。公司资产中主要项目为货币资金、预付工程款、存货和长期股权投资，分别占资总额产的11.72%、8.04%、58.03%和11.80%，上述合计占资产总额的89.59%，公司资产质量良好，变现能力强，无较大不良资产，公司的资产负债结构体现行业特点，能够满足公司经营发展的要求。

2003年末，公司的货币资金余额为18,747万元，2003年度现金净流入为2,252万元，公司在本年度经营规模和房地产开发投资大幅增长的同时，现金充足，支付能力增强。本年度公司经营活动产生的现金流入为61,681万元，比上年增长53.04%，较好的满足了公司经营活动的正常开展和经营规模扩大的需要。

3、可持续发展

2003年，公司组织人员对南京及长江三角洲区域大中型城市的房地产市场进行了卓有成效的研究，利用一切机会增加土地储备，积极向南京周边地区尤其是沪宁沿线较发达的城市拓展市场空间，努力开拓公司新的利润增长点。

2003，公司在苏州工业园区先后成功竞得苏园土招(2003)01、02号和苏园土拍(2003)04号三宗地块，迈出了"走出南京、拓展全国"的第一步。这三幅地块均位于苏州工业园区金鸡湖东岸规划中的中心区内，可建商品住宅面积约58万平方米。2003年6月，公司与江苏雨润食品产业集团公司和南京新港高科技股份有限公司合资成立了苏州栖霞建设有限责任公司，抽调精兵强将组建管理团队，积极引进当地优秀人才，精心筹划、运作苏州项目。目前，01和02号地块已全面开工建设。

2003年11月，公司竞得位于南京仙林大学城的No.2003G45、46两宗地块；控股子公司南京东方房地产开发有限公司竞得位于南京尧化门的No.2003G44地块。公司与南京新尧新城开发建设有限公司和南京新港高科技股份有限公司合资成立了南京栖霞建设仙林有限公司，运作仙林大学城项目。目前，上述项目的前期准备工作正在进行。

2003年，公司还根据自身实际，对上海、无锡、扬州、镇江等城市的房地产市场开展了针对性的调研工作，以"栖霞建设"的品牌形象和优秀的规划设计方案赢得各地政府的赞扬和支持，目前正在寻求合作与进入的契机。

2003年，公司及控股子公司新增开发用地1190亩，为公司未来3到5年的发展储备了较多的土地资源。2003年，公司及控股子公司在自身快速成长的同时，通过股权融资、银行借款、信托借款等多种方式，经营规模迅速增大，经营能力进一步增强，为公司的持续发展奠定了基础。

4、管理创新

2003年，公司致力于管理优化和流程再造，不断提高公司的核心竞争能力。公司管理层与房地产专家一起，针对公司目前现状和未来发展要求，认真研究、规划和制定公司的组织构架、业务流程再造，形成了一套由八大业务流程、二十多个管理办法、十二个作业指导书组成的系统的管理制度，并付诸实施。在公司规模不断扩大、跨区域项目不断增多之际，这一管理模式的实施不仅将在公司内部掀起一场管理革命，而且将为公司进入跨越式成长奠定坚实的基础。

2003年，公司新设立了审计法务部和成本管理部；修订完善了《合同管理办法》，对公司经营所涉及的各类合同进行了审查；制定了《客户关系管理制度》，为提升公司的售后服务水平和质量提供了保证；同时结合部门业务的特点，公司进一步加强了管理制度建设和业绩考核。

5、品牌建设

2003年，根据房地产市场竞争的要求，公司不断对品牌的内涵进行维护、完善和发展。公司管理层与国内著名院校的专家教授进行了多次讨论，对公司的CIS修订提出了积极的建议，并对公司及控股子公司各在建项目的定位、形象设计和标识设计等做了大量的开创性工作，创作了一批新的人文楼盘名称和标识，为项目的宣传和推广打下了良好的基础。与此同时，公司继续做好网站的建设和维护以及《星叶时代》的出版发行工作，展示企业形象，宣扬企业文化，不断提高公司品牌的知名度和美誉度。2003年11月，在第五届中国住交会上，公司再次被评选为"中国房地产著名品牌企业"，至此，公司已连续三年蝉联此项殊荣。

(二)报告期内公司经营情况

1、主营业务范围

公司主营业务范围：住宅小区综合开发建设；商品房销售、租赁、售后服务。

2、经营情况

报告期内，公司主营业务收入全部来自于商品房开发、销售。2003年，公司开发销售的商品房面积较大幅度增长，实现主营业务收入480,544,718.86元，比上年同期增长31.27%，实现主营业务利润137,067,741.43元，比上年同期增长46.33%。实现净利润70,503,076.16元，比上年同期增长66.65%。

报告期内，公司销售的房地产项目主要有太阳城天悦花园、汇林绿洲、云锦美地、太阳城天泓山庄、东方城。公司及控股子公司的销售面积及销售金额连续六年在南京市排名第一。公司及控股子公司的销售收入在南京市住宅市场的占有率约为5.3%。各项目的经营情况如下：

项目名称	销售收入(元)	销售成本(元)	毛利率(%)
东方城	43,536,565.02	21,137,240.96	51.45
天悦花园	150,599,330.58	95,485,118.47	36.60
汇林绿洲	111,745,985.00	70,941,830.29	36.52
云锦美地	126,499,057.26	98,894,979.99	21.82
天泓山庄	48,163,781.00	29,878,973.70	37.96
合　计	480,544,718.86	316,338,143.41	34.17

3、主要控股公司及参股公司的经营情况及业绩

公司的控股公司南京东方房地产开发有限公司主营开发建设、租赁销售外汇商品房及售后配套服务，主要经营的房地产项目为位于南京市城东的东方城小区。报告期内该公司注册资本为252万美元，报告期末总资产95,403,927.60元，净资产38,572,510.46元，报告期实现净利润12,302,827.72元。该公司是中外合资房地产开发企业，公司持有75%的股权。报告期内该公司成功竞得南京市NO.2003G44号挂牌出让地块，地块占地面积约9.6万平方米。这为该公司的持续发展打下了基础。

报告期内，公司参股成立了苏州栖霞建设有限责任公司和南京栖霞建设仙林有限公司，分别占有其50%的股权。苏州栖霞建设有限责任公司在苏州工业园区拥有两个项目的房地产开发土地共25.2万平方米，南京栖霞建设仙林有限公司在南京市仙林大学城拥有房地产开发土地19万平方米。报告期内，上述三个项目正处于前期开发阶段，尚未产生效益。

4、主要供应商、客户情况

报告期内，公司向前五名供应商合计的采购金额占年度采购总额的比例为69.20%，前五名客户销售额合计占公司销售总额的比例为1.81%。

5、在经营中出现的问题与困难及解决方案

(1)报告期内，公司经营稳健，业务发展平稳。四、五月份，尽管SARS疫情侵袭南京，但并未显著影响顾客的购房热情。在这非常时期，公司采取了全面的应对措施保证了各项经营工作的正常进行，并实现了云锦美地等项目的顺利开盘。

(2)随着公司原有项目的持续开发，土地储备的逐渐减少日益引起公司管理层的重视。公司一方面认真做好南京本地出让土地的调研工作，另一方面积极向周边大中型城市寻找土地资源。2003年2月和10月，公司在苏州成功竞得三宗土地共25.2万平方米，并交由苏州栖霞建设有限责任公司开发；2003年11月，公司在南京市成功竞得土地19万平方米，并交由南京栖霞建设仙林有限公司开发；2003年11月，南京东方房地产开发有限公司成功竞得土地9.6万平方米。加上马群经济适用房项目土地380亩，公司及子公司2003年共获得开发用地1190亩，这些新的土地储备为公司的持续发展和跨地域开发打下了基础。

(3)报告期内，公司及子公司成功竞得多宗地块，资金需求较大，同时，中国人民银行发布的121号文件对房地产行业信贷做出了更严格的规定，给公司在资金融通方面带来一定难度。公司一方面利用良好的信誉增加了银行贷款，同时加快销售力度加快资金回笼，另一方面积极探索其他融资方式。2003年12月，苏州栖霞建设有限责任公司成功发行2.112亿元信托计划，解决了苏州公司的开发资金。

(三)报告期内的投资情况

1、对外投资情况　报告期内，公司对外投资情况如下：

投资单位名称	注册资金	主营业务	权益比例
南京东方房地产开发有限公司	252万美元	开发建设、租赁销售外汇商品房及售后配套服务等	75%
南京赛世实业发展有限公司	10,000万元	高新技术项目开发、转让；投资兴办实业等	6%
苏州栖霞建设有限责任公司	30,000万元	苏州工业园区及周边地区房地产开发经营、销售、租赁和相关配套服务；市政基础设施及公用配套设施开发建设；实业投资。	50%
南京栖霞建设仙林有限公司	6,000万元	房地产开发经营、销售、租赁和相关配套服务；市政基础设施及公用配套设施开发建设；实业投资。	50%

注：苏州栖霞建设责任有限公司成立于2003年6月，系本公司与江苏雨润食品产业集团有限公司、南京新港高科技股份有限公司共同出资设立。南京栖霞建设仙林有限公司成立于2003年12月，系本公司与南京新尧新城开发建设有限公司、南京新港高科技股份有限公司共同出资设立。

2、募集资金投资情况

公司于2002年3月公开发行4,000万A股，募集资金31,682.8万元。报告期内，募集资金均按原计划投资，投资情况为：　单位：千元

项目名称	募集资金计划投入	报告期内募集资金投入	募集资金累计投入	报告期内实现收入
云锦美地一期	80,000	-	80,000	126,499.06
云锦美地二期	80,000	20,000	80,000	-
天泓山庄一期	70,000	-	70,000	48,163.78
天泓山庄二期	86,828	36,828	86,828	-
合　计	316,828	56,828	316,828	174,662.84

募集资金已经全部用于募集资金项目。

截至报告期末，四个项目的建设进度情况如下：

项目名称	总建筑面积(万平方米)	累计竣工面积(万平方米)	竣工比例(%)	预计竣工时间
云锦美地一期	13.25	8.78	66.26	2004-09
云锦美地二期	14.48	0	0	2005-06
天泓山庄一期	14.61	4.22	28.88	2005-09
天泓山庄二期	14.37	0	0	2005-12
合　计	56.71	13.00	22.92	

注：云锦美地一期包括第一、二、三组团及小区配套；云锦美地二期包括第四、五、六组团；由于天泓山庄规划设计变更，组团划分调整为：天泓山庄一期包括第一、二、三、四、五组团及小区配套；天泓山庄二期包括第六组团，原来第六、七、八、九、十、十一组团合并为第六组团。

(1)截至报告期末，云锦美地一、二组团已竣工，绝大部分已销售，三、四、五组团正加紧建设，六组团正进行基础施工，销售形势很好。

(2)截至报告期末，天泓山庄一、二组团已全面竣工，开盘后销售形势良好。2004年，三、四、五、六组团将全面开工建设。

3、非募集资金投资情况

截至报告期末，非募集资金投资的房地产项目的建设进度及收益情况如下：

项目名称	总建筑面积(万平方米)	累计竣工面积(万平方米)	竣工比例(%)	报告期内实现收入(千元)
东方城	17.00	15.65	92.06	43,536.57
天悦花园	18.48	14.32	77.49	150,599.33
汇林绿洲一期	6.90	6.90	100.00	111,745.99
汇林绿洲二期	17.92	0	0	-
马群经济适用房	26.25	0	0	-
合　计	86.55	36.87	42.60	305,881.89

截至报告期末：

(1)东方城最后一个组团拂晓园除5、6幢外已全面竣工，且绝大部分已销售。

(2)天悦花园绝大部分已竣工，且绝大部分已销售。

(3)汇林绿洲一期绝大部分已销售，二期01号地块已经开工建设。

(4)马群地区经济适用房项目已经全面开工建设。

马群科技园项目，由于该项目规划变更从而可能导致较大风险，公司管理层决定取消投资计划。

住宅产业基地项目，因原项目选址征地无法实施，因此暂缓该项目的投资建设计划。

(四)报告期内的财务状况及经营成果

报告期内，公司业务发展快速、稳定，财务状况良好，各项财务指标及经营成果如下：

单位：人民币元

项目	2003年	2002年	增减幅度%
总资产	1,598,953,908.14	852,501,656.13	87.56
股东权益	560,629,677.82	525,015,656.13	6.78
主营业务利润	137,067,741.43	93,669,306.20	46.33
净利润	70,503,076.16	42,304,942.58	66.65
现金及现金等			

价物净增加额	22,516,734.40	85,365,020.86	-73.62

项目	变动原因
总资产	房地产开发投资增加
股东权益	利润增加
主营业务利润	商品房销售额增加
净利润	商品房销售额增加
现金及现金等 价物净增加额	房地产开发投资增加

(五)董事会日常工作情况

1、董事会的会议情况及决议内容

报告期内,公司共召开了十一次董事会会议:

一、2003 年 2 月 27 日,召开了第二届董事会第二次会议,会议审议并通过了授权董事长参加土地竞买的议案。

二、2003 年 3 月 6 日,召开了第二届董事会第三次会议,会议审议并通过了以下议案:

(1)授权董事长向银行借款的议案

(2)联合竞买南京 NO.2003G03 挂牌出让地块的议案

三、2003 年 3 月 15 日,召开了第二届董事会第四次会议,审议并通过了以下议案:

(1)2002 年度总经理工作报告

(2)2002 年度董事会工作报告

(3)2002 年度财务报告

(4)2002 年度利润分配预案

(5)支付 2002 年度会计师事务所报酬及 2003 年度续聘的议案

(6)2002 年年度报告及年度报告摘要

(7)组建第二届董事会专门委员会的议案

(8)调整马群科技园项目投资的议案

(9)组建法律审计部的议案

(10)组建苏州分公司投资建设苏州房地产项目的议案

四、2003 年 4 月 17 日,召开了第二届董事会第五次会议,会议审议并通过了 2003 年第一季度报告。

五、2003 年 5 月 24 日,召开了第二届董事会第六次会议,会议审议并通过了以下议案:

(1)授权董事长参加土地竞买的议案

(2)投资设立苏州栖霞建设有限责任公司的议案

(3)召开 2002 年度股东大会的议案

六、2003 年 7 月 3 日,召开了第二届董事会第七次会议,会议审议并通过了向苏州栖霞建设有限责任公司提供 1.5 亿元贷款担保的议案。

七、2003 年 8 月 6 日,召开了第二届董事会第八次会议,会议审议并通过了以下议案:

(1)2003 年半年度报告及其摘要

(2)聘任高级管理人员的议案

(3)更换董事的议案

八、2003 年 10 月 21 日,召开了第二届董事会第九次会议,会议审议并通过了向联合竞买苏州工业园区拍卖地块的议案。

九、2003 年 10 月 23 日,召开了第二届董事会第十次会议,会议审议并通过了以下议案:

(1)2003 年第三季度报告

(2)投资设立无锡栖霞建设有限责任公司的议案

(3)组建成本管理部的议案

(4)授权董事长参加土地竞买的议案

十、2003 年 11 月 24 日,召开了第二届董事会第十一次会议,会议审议并通过了以下议案:

(1)投资设立南京栖霞建设仙林有限公司的议案

(2)向南京东方房地产开发有限公司提供 5000 万员贷款担保的议案

十一、2003 年 12 月 25 日,召开了第二届董事会第十二次会议,会议审议并通过了以下议案:

(1)关于苏州工业园区联合竞得地块移交开发权的议案

(2)《南京栖霞建设股份有限公司投资者关系管理办法》

2、董事会对股东大会决议的执行情况

报告期内,董事会严格按照《公司章程》及有关法律、法规的规定,认真执行股东大会的各项决议。

2003 年 8 月,根据 2002 年度股东大会决议,董事会实施了 2002 年度利润分配方案:以 2002 年末股份总数 1.4 亿股为基数,向全体股东每 10 股派发现金红利 2.5 元(含税),共计派发现金 35,000,000.00 元。

(六)利润分配预案

经南京永华会计师事务所有限公司审计,公司 2003 年度实现净利润 70,503,076.16 元,提取 10%的法定盈余公积金 7,050,307.62 元,提取 5%的法定公益金 3,525,153.81 元,加上年初未分配利润 35,959,201.19 元,减去已支付的 2002 年度现金股利 35,000,000 元,本年度可供分配的利润为 60,886,815.92 元。

公司第二届董事会第十四次会议审议并提交了 2003 年度利润分配预案:以 2003 年末股份总数 1.4 亿股为基数,向全体股东每 10 股派发现金红利 3.5 元(含税),共计派发现金 49,000,000.00 元,剩余利润 11,886,815.92 元结转下一年度。

(七)其他事项

1、南京永华会计师事务所有限公司出具了《2003 年度栖霞建设与控股股东及其他关联方资金往来的专项说明》:

2003 年 6 月,公司出资 15000 万元设立了苏州栖霞建设有限责任公司(公司占 50%的股权),公司将支付中标的苏园土招(2003)01、02 号两宗地块的土地出让金作为出资投入该公司,支付的土地出让金及其利息等超出应出资的部分共计 144,921,469.83 元由该公司退还本公司。该公司已于 2003 年 12 月 8 日归还此款项。

2003 年 12 月,公司出资 3000 万元设立了南京栖霞建设仙林有限公司(公司占 50%的股权),公司将支付中标的南京市 NO.2003G45、NO.2003G46 两宗挂牌出让地块土地出让金作为出资投入该公司,交付的土地出让金超出应出资的部分由该公司退还本公司。截止报告日,南京栖霞建设仙林有限公司尚未归还本公司 145,600 万元。

经审计,会计师认为,公司与上述关联方资金往来属经营性资金往来,公司 2003 年度与控股股东及其他关联方发生的资金往来主要是由于购销货物等关联交易产生的,未发现公司存在《关于规范上市公司与关联方资金往来及上市公司对外担保若干问题的通知》(中国证监会证监发[2003]56 号)提及的情况。

2、独立董事对公司对外担保情况的专项说明及独立意见:

报告期内,公司为控股子公司南京东方房地产开发有限公司提供了 5000 万元贷款担保。截止报告期末,公司累计对外担保额为 5000 万元。

截止报告期末,公司没有为控股股东及本公司持股 50%以下的其他关联方、非法人单位或个人提供担保,不存在违反《关于规范上市公司与关联方资金往来及上市公司对外担保若干问题的通知》要求,损坏公司及股东利益的行为。

第七节　重要事项

(一)本年度公司无重大诉讼、仲裁事项。

(二)报告期内公司无收购、出售资产及吸收合并的事项。

(三)重大关联交易事项

1、购销商品的关联交易

报告期内,公司从控股股东的控股子公司南京栖霞建设集团物资供销有限公司购入塑钢窗,共支付购货价款 7,036,077.99 元,占报告期内公司购买建材总价款的 5.99%。上述购销商品的关联交易遵循了公开、公平、公正的定价原则。上述交易事项未损害公司的利益。

由于塑钢窗的质量和供货的及时性对提高公司商品房的品质和确保准时向客户交房具有重要的影响,而公司关联方南京栖霞建设集团物资供销有限公司所生产的塑钢窗不仅质量和技术标准在国内领先,而且能够确保公司根据开发需要及时地得到货源,同时公司从该关联方购买塑钢窗能够得到便捷的售后服务,因此今后公司还将会持续地向南京栖霞建设集团物资供销有限公司购买塑钢窗。

2、公司与关联方的债权债务

2003 年 11 月,公司成功竞得南京市 NO.2003G45、NO.2003G46 两宗挂牌出让地块,并支付了部分土地出让金。2003 年 12 月,公司出资 3000 万元与南京新尧新城开发建设有限公司、南京新港高科技股份有限公司共同投资设立了南京栖霞建设仙林有限公司(本公司占 50%的股权),公司将支付中标的土地出让金作为出资投入合资公司,交付的土地出让金超出应出资的部分由合资公司退还本公司。截止报告期末,南京栖霞建设仙林有限公司尚欠本公司 145,600 万元。

(四)重大合同及其履行情况

1、重大担保合同

公司分别于 2003 年 12 月 23 日和 12 月 30 日与中国建设银行南京市城中支行签订保证合同,同意为南京东方房地产开发有限公司向中国建设银行南京市城中支行的借款(金额分别为人民币 3,000 万元和 2,000 万元,合计 5,000 万元)提供连带责任担保,保证期限为借款到期日起的两年(借款期限为一年)。南京栖霞建设(集团)公司向本公司提供连带责任的反担保。该事项经公司第二届董事会第十一次会议审议通过。

公司未有属于《关于规范上市公司与关联方资金往来及上市公司对外担保若干问题的意见》要求披露的违规担保。

2、重大土地转让合同

(1)苏园土招(2003)01 号地块出让合同

2003 年 2 月 27 日,公司与苏州工业园区土地管理局签订了《国有土地使用权出让合同》,公司受让苏园土招(2003)01 号地块,该地块位于星湖街东、钟园路南,宗地编号 75006 号,宗地总面积 76,725.85 平方米。成交价款总额 208,233,957 元。

(2)苏园土招(2003)02 号地块出让合同

2003 年 2 月 27 日,公司与苏州工业园区土地管理局签订了《国有土地使用权出让合同》,公司受让苏园土招(2003)02 号地块,该地块位于星湖街东,宗地编号 75007 号,宗地总面积 76,050.12 平方米。成交价款总额 215,526,040 元。

根据第二届董事会第六次会议决议,公司出资 1.5 亿元与江苏雨润食品产业集团有限公司、南京新港高科技股份有限公司共同投资设立苏州栖霞建设有限责任公司(本公司占 50%的股权),公司将先期支付中标的苏园土招(2003)01、02 号地块土地出让金作为出资投入合资公司。后期的土地款由苏州栖霞建设有限责任公司支付。截止报告期末,上述两宗地块土地出让金已按合同支付完毕。

(3)苏园土拍(2003)04 号地块出让合同

2003 年 10 月 22 日,苏州栖霞建设有限责任公司(本公司占 50%的股权)与苏州工业园区国土房产局签订了《国有土地使用权出让合同》,受让苏园土拍(2003)04 号地块,该地块位于钟园路南、星塘街西,宗地编号 76008 号,地块总面积 98,861.90 平方米,成交价款总额 408,000,000 元。

截止报告期末,该地块已按合同约定支付土地出让金 202,400,000 元,其余款项将在 2004 年付清。

(4)南京 NO.2003G45 号地块出让合同

2003 年 11 月 13 日,公司与南京市国土资源局签订了《国有土地使用权出让合同》,公司受让南京市仙林大学城中心区 NO.2003G45,地籍号:13-400-018-004,用地总面积 115,728.9 平方米,实际出让面积 93,831.9,成交价款总额 200,000,000 元。

(5)南京 NO.2003G46 号地块出让合同

2003 年 11 月 13 日,公司与南京市国土资源局签订了《国有土地使用权出让合同》,公司受让南京市仙林大学城中心区 NO.2003G46,地籍号:13-400-018-003,用地总面积 74,175.5 平方米,实际出让面积 49,950 平方米,成交价款总额 151,000,000 元。

根据第二届董事会第十一次会议决议,公司出资 3000 万元与南京新尧新城开发建设有限公司、南京新港高科技股份有限公司共同投资设立南京栖霞建设仙林有限公司(本公司占 50%的股权),公司将先期支付中标的 NO.2003G45、NO.2003G46 地块土地出让金作为出资投入合资公司。后期的土地款由南京栖霞建设仙林有限公司支付。截止报告期末,上述两宗地块土地出让金已按合同支付完毕。

(6)南京 NO.2003G44 号地块出让合同

2003 年 11 月 13 日,南京东方房地产开发有限公司(本公司占 75%的股权)与南京市国土资源局签订了《国有土地使用权出让合同》,受让 NO.2003G44 号地块,该地块位于南京市栖霞区尧化门街 179 号,地籍号:13-100-009-001,用地总面积 95,698.6 平方米,实际出让面积 80,797.8 平方米,成交价款总额 165,000,000 元。截止报告期末,南京东方房地产开发有限公司已按合同约定支付土地款 6600 万元,其余款项将在 2004 年付清。

(五)公司或股东承诺事项

公司控股股东南京栖霞建设(集团)公司分别于 1999 年 12 月、2001 年 9 月向本公司出具《不竞争承诺函》,承诺:该公司以及该公司现有或将来成立的全资子公司、控股公司和其它受该公司控制的公司将不直接和间接从事与股份公司有竞争的业务;如该公司的参股公司或该公司附属公司的参股公司从事的业务与股份公司有竞争,则该公司或该公司的附属公司将对此事实施否决权;该公司在房地产开发和经营市场中,除承接委建项目和原有办公楼的租赁及销售业务外,将不再从事任何房地产开发和经营业务。

公司股东南京新港高科技股份有限公司于 1999 年 12 月向本公司出具《承诺函》,承诺:该公司除在南京新港经济技术开发区内进行基础设施和标准厂房开发建设,将不再从事其它商品住宅建设,与股份公司不进行直接或间接的同业竞争。

报告期内,上述股东均严格履行其承诺,未发现有违反承诺的行为。

(六)聘任会计师事务所情况

公司支付南京永华会计师事务所有限公司 2003 年度的财务审计费用 20 万元,并续聘该所为公司 2004 年度财务审计机构。该所已连续 5 年为公司提供审计服务。

第八节　备查文件目录

(一)公司董事长、总会计师和财务部负责人签名盖章的会计报表;

(二)南京永华会计师事务所有限公司审计报告原件;

(三)报告期内在《中国证券报》和《上海证券报》上公开披露过的所有公司文件的正本及公告的原稿。

南京栖霞建设股份有限公司

董事长:陈兴汉

2004 年 3 月 24 日

天津天士力制药股份有限公司

天津天士力制药股份有限公司 2003 年年度报告

第一节 重要提示

本公司董事会及其董事保证本报告所载资料不存在任何虚假记载，误导性陈述或重大遗漏，并对其内容的真实性、准确性和完整性负个别及连带责任。

本公司董事长闫希军先生、总经理李文先生、财务总监季晓农先生、财务部经理王瑞华先生声明，保证年度报告中财务报告的真实、完整。

第二节 公司基本情况简介

(一)公司法定中文名称：天津天士力制药股份有限公司
公司法定英文名称：TIANJIN TASLY PHARMACEUTICAL CO.,LTD.
(二)公司法定代表人：闫希军
(三)公司董事会秘书：宋利元
联系地址：天津北辰科技园区辽河东路 1 号
电话：022-26736999
传真：022-26736721
电子信箱：sly1999@vip.sina.com
(四)公司注册地址：天津北辰科技园区
公司办公地址：天津北辰科技园区　　邮政编码：300402
公司国际互联网网址：http://www.tasly.com.cn
电子信箱：stock@tasly.com
(五)公司选定的信息披露报纸《上海证券报》、《中国证券报》、《证券时报》
登载公司年度报告的网址：http://www.sse.com.cn
公司年度报告备置地点：本公司董秘办公室
(六)公司股票上市交易所：上海证券交易所
股票简称：天士力
股票代码：600535
(七)其他有关资料：
公司首次注册登记日期：1998 年 4 月 30 日
公司最新变更注册登记日期：2003 年 8 月 13 日
公司首次及最新变更注册登记地址：天津北辰科技园区
公司法人营业执照注册号：1200001001441
公司税务登记号：12011323944464X
公司聘请的会计师事务所名称：浙江天健会计师事务所
公司聘请的会计师事务所办公地址为：浙江省杭州市文三路。

第三节 会计数据和业务数据摘要

一、本年度主要利润指标

指标	金额(人民币元)
利润总额	176,475,085.30
净利润	141,187,561.99
扣除非经常性损益后的净利润	140,925,814.78
主营业务利润	750,296,449.19
其他业务利润	43,871.32
营业利润	178,356,861.35
投资收益	-540,608.19
补贴收入	-
营业外收支净额	-1,341,167.86
经营活动产生的现金流量净额	59,004,359.33
现金及现金等价物净增减额	-83,368,070.95

注：扣除非经常性损益项目的金额为 261,747.21 元，其中：营业外支出 1,418,677.59 元、营业外收入 77,509.73 元，处置长期股权投资损益 1,293,415.95 元，财政技改贴息 600,000.00 元，对所得税影响-290,500.88。

二、公司最近三年主要会计数据和财务指标

年份 项目	单位	2003 年度	2002 年度 (调整后)	2002 年度 (调整前)	2001 年度
主营业务收入	元	1,055,761,424.52	929,786,247.76	929,786,247.76	684,555,834.51
净利润	元	141,187,561.99	117,848,638.26	117,848,638.26	102,871,351.89
每股收益(摊薄)	元/股	0.50	0.62	0.62	0.73
每股收益(加权)	元/股	*0.50	0.75	0.75	0.73
每股经营活动产生的现金流量净额	元/股	**0.21	1.09	1.09	0.60
净资产收益率	%	12.67	11.04	12.11	43.08
扣除非经常性损益后的每股收益	元/股	0.49	0.63	0.63	0.75
总资产	元	1,777,237,703.05	1,250,698,632.62	1,250,698,632.62	595,390,443.00
股东权益(不含少数股东权益)	元	1,114,114,775.68	1,067,901,823.72	972,901,823.72	238,796,381.55
每股净资产	元/股	3.91	5.62	5.12	1.71
调整后每股净资产	元/股	3.88	5.61	5.11	1.70

2003 年 6 月 3 日公司实施 10 派 5 元现金、10 股转增 5 股，股本增加摊薄所致；2003 年受"非典"影响，医院系统资金紧张影响回款所致。

三、利润表附表

指标	金额(元)	净资产收益率(%) 全面摊薄	净资产收益率(%) 加权平均	每股收益(元) 全面摊薄	每股收益(元) 加权平均
主营业务收入	1,055,761,424.52	94.76	96.77	3.70	4.45
营业利润	178,356,861.35	16.01	16.35	0.63	0.75
净利润	141,187,561.99	12.67	12.94	0.50	0.59
扣除非经常性损益后的净利润	140,925,814.78	12.65	12.92	0.49	0.59

四、报告期内股东权益变动情况

项目	股本	资本公积	盈余公积	法定公益金
期初数	190,000,000	661,256,803.91	42,667,349.70	14,222,449.90
本期增加	95,000,000	25,389.97	21,755,376.66	7,251,792.22
本期减少	95,000,000.00			
期末数	285,000,000	566,282,193.88	64,422,726.36	21,474,242.12
变动原因	转增股本	转增股本	提取盈余公积	提取公益金

项目	未分配利润	股东权益
期初数	173,977,670.11	1,067,901,823.72
本期增加	141,187,561.99	257,968,328.62
本期减少	116,755,376.66	211,755,376.66
期末数	198,409,855.44	1,114,114,775.68
变动原因	盈利及分配	盈利及分配

第四节 股本变动及股东情况

一、公司股本变动情况　单位：万股

	期初数	本次变动增减(+,-) 配股	送股	公积金转股	增发	新股发行	小计	期末数
一、未上市流通股份								
1、发起人股份	14,000.00			+7,000.00			+7,000.00	21,000.00
其中:国家持有股份	453.60			+226.80			+226.80	680.40
境内法人持有股份	13,546.40			+6,773.20			+6,773.20	20,319.60
境外法人持有股份								
其他								
2、募集法人股份								
3、内部职工股								
4、优先股或其他								
未上市流通股份合计	14,000.00			+7,000.00			+7,000.00	21,000.00
二、已上市流通股份								
1、人民币普通股	5,000.00			+2,500.00			+2,500.00	7,500.00
2、境内上市的外资股								
3、境外上市的外资股								
4、其他								
已上市流通股份合计	5,000.00			+2,500.00			+2,500.00	7,500.00
三、股份总数	19,000.00			+9,500.00			+9,500.00	28,500.00

二、股票发行与上市情况

1、报告期内，经公司 2002 年度股东大会审议通过，公司于 2003 年 6 月 3 日实施以 2002 年末总股本 19,000 万股为基数，每 10 股转增 5 股的公积金转增股本方案，至此，公司股本由上市时 19,000 万股增加至 28,500 万股。

2、报告期内，公司没有发行股票及其他衍生证券或内部职工股上市的情形。

三、公司股东情况

1、截止 2003 年 12 月 31 日，本公司股东总数为 16,327 户，其中发起人股东 7 户。

2、公司前 10 名股东情况(截止 2003 年 12 月 31 日)

序号	股东名称	持股数(股)	占总股本(%)	股份类别
1	天津天士力集团有限公司	147,000,000	51.58	社会法人股
2	广州市天河振凯贸易有限公司	21,000,000	7.37	社会法人股
3	天津市金士力药物研究开发有限公司	11,193,000	3.93	社会法人股
4	天津新技术产业园区永生建筑有限公司	10,500,000	3.68	社会法人股
5	金华市金磐开发区万顺贸易有限公司	10,500,000	3.68	社会法人股
6	浙江尖峰集团股份有限公司	6,804,000	2.39	国有法人股
7	天津市中央药业有限公司	3,003,000	1.05	社会法人股
8	招商银行股份有限公司-招商股票投资基金	2,517,461	0.88	流通股
9	渤海证券有限责任公司	1,526,159	0.54	流通股
10	银丰证券投资基金	1,468,725	0.52	流通股

由于报告期内本公司实施了每 10 股转增 5 股的公积金转增股本方案，故持有本公司 5%以上(含 5%)股份股东天津天士力集团有限公司和广州市天河振凯贸易有限公司，持有数量在报告期内分别增加了 49,000,000 股和 7,000,000 股(持股比例不变)，其所持股份不存在质押或冻结的情况。

前十名股东，天津市金士力药物研究开发有限公司、浙江尖峰集团股份有限公司和天津市中央药业有限公司分别持有天津天士力集团有限公司 51%、26.55%和 22.45%股权；天津天士力集团有限公司持有天津新技术产业园区永生建筑有限公司 80%股权。第八名至第十名股东为社会公众股股东，公司未知这三家流通股股东之间是否存在关联关系。

3、控股股东和实际控制人情况介绍

1)天津天士力集团有限公司
法定代表人：吴迺峰
总裁：闫希军
成立日期：2000 年 3 月 30 日
注册资本：1.86 亿元
经营范围：对外投资、控股；天然植物药种植及相关加工、分离；组织所属企业开展产品的生产、科研、销售、进出口经营业务；各类商品、物资(含医疗器械)的批发、零售；技术开发、咨询、服务、转让生物技术(不含药品生产与销售)及产品；自有设备、房屋的租赁；各类经济信息咨询；本企业研制开发的技术和生产的科研产品的出口业务；本企业科研和生产所需的技术、原辅材料、机械设备、仪器仪表、零配件的进口业务；本企业的进料加工和"三来一补"业务(以上经营范围内国家有专营专项规定的按规定办理)。
目前主营业务是：投资控股。

2)天津市金士力药物研究开发有限公司
法定代表人：闫希军
总经理：王灵芝
成立日期：1998 年 11 月 12 日
注册资本：3,500 万元
营业范围：技术开发、咨询、服务、转让(生物技术[不含药品生产与销售及产品)。
该公司目前的主营业务为控股实业。

4、公司前 10 名流通股股东持股情况

序号	股东名称	持股数(股)	占总股本(%)	股份类别
1	招商银行股份有限公司-招商股票投资基金	2,517,461	0.88	流通股
2	渤海证券有限责任公司	1,526,159	0.54	流通股
3	银丰证券投资基金	1,468,725	0.52	流通股
4	全国社保基金一零二组合	1,418,269	0.50	流通股

5	景福证券投资基金	1,276,319	0.45	流通股
6	红塔证券股份有限公司	1,252,500	0.44	流通股
7	第一创业证券有限责任公司	951,240	0.33	流通股
8	交通银行-科瑞证券投资基金	884,686	0.31	流通股
9	景宏证券投资基金	859,280	0.30	流通股
10	中国建设银行-宝康消费品证券投资基金	812,199	0.28	流通股

第五节 董事、监事、高级管理人员和员工情况

一、现任董事、监事、高级管理人员基本情况

姓名	性别	年龄	职务	任职起止时间	持股数 年初数	持股数 年末数	是否在股东单位任职
闫希军	男	51	董事长	2002.06-2005.06	0	0	是
杜自强	男	66	副董事长	2002.06-2005.06	0	0	是
吴迺峰	女	52	董事	2002.06-2005.06	0	0	是
蒋晓萌	男	41	董事	2002.06-2005.06	0	0	是
张振有	男	45	董事	2002.06-2005.06	0	0	是
李 文	男	37	董事、总经理	2002.06-2005.06	0	0	否
李 扬	男	53	独立董事	2002.06-2005.06	0	0	否
张伯礼	男	56	独立董事	2003.05-2005.06	0	0	否
于玉林	男	70	独立董事	2002.06-2005.06	0	0	否
张建忠	男	51	监事会主席	2003.05-2006.05	0	0	是
傅得清	男	59	监事	2003.05-2006.05	0	0	是
李 丽	女	38	监事	2003.05-2006.05	0	0	是
叶正良	男	37	监事	2003.05-2006.05	0	0	否
刘金平	男	43	监事	2003.05-2006.05	0	0	否
季晓农	男	41	财务总监	2002.06-2005.06	0	0	否
宋利元	男	39	董事会秘书	2002.12-2005.06	0	0	否

说明：

1、本公司董事、监事及高级管理人员均未直接持有本公司股份。

2、本公司董事、监事及高级管理人员在股东单位任职情况：

(1)董事长闫希军先生在本公司控股股东天津天士力集团有限公司担任总裁职务，任期为2000年4月至今。在本公司股东天津市金士力药物研究开发有限公司担任董事长职务，任期为2003年7月至今。

(2)副董事长杜自强先生在本公司控股股东天津天士力集团有限公司担任董事职务，任期为2003年3月至今。

(2)董事吴迺峰女士在本公司控股股东天津天士力集团有限公司担任董事长、副总裁职务，任期为2000年4月至今。

(3)董事蒋晓萌先生在本公司股东浙江尖峰集团股份有限公司担任董事兼常务副总经理职务，任期:2002年5月至今。

(4)董事张振有先生在本公司股东广州市天河振凯贸易有限公司担任董事长、总经理职务，任期:1997年10月至今；

(5)监事会主席张建忠先生在本公司控股股东天津天士力集团有限公司担任副总裁职务，任期为2000年4月至今；

(6)监事傅得清先生在本公司股东浙江尖峰集团股份有限公司担任副董事长兼总经理职务，任期:2002年5月至今。

(7)监事李丽女士在本公司股东天津市中央药业有限公司担任计财部副部长职务，任期:2002年7月至今。

二、董事、监事、高级管理人员年度报酬情况

根据本公司《章程》规定，本公司董事、监事的年薪由股东大会决定，高级管理人员的年薪由董事会决定。本公司2003年度董事、监事年薪是根据2001年度股东大会决议所确定。本公司独立董事津贴为每人5万元人民币/年，出席董事会和股东大会的差旅费以及按公司《章程》行使职权所需费用在公司据实报销；其他董事、监事，在公司任职的，按职务享受年薪，不在公司任职的，执行不带年薪政策。

2003年度，本公司董事杜自强、吴迺峰、蒋晓萌、张振有，监事张建忠、傅得清、李丽等7人不在本公司领薪，其中杜自强、蒋晓萌、傅得清在浙江尖峰集团股份有限公司领薪，吴迺峰、张建忠在天津天士力集团有限公司领薪，张振有在广州市天河振凯贸易有限公司领薪，李丽在天津市中央药业有限公司领薪。在本公司领薪的董事、监事、高级管理人员共计9人(包括独立董事3人)，年度报酬总额为230万元，其中金额最高的前三名董事的报酬总额为100万元，金额最高的前三名高级管理人员的报酬总额为125万元。在本公司领薪的董事、监事、高级管理人员的年度报酬统计情况如下：

报酬金额区间	领取人数
60-61万元	1
35-36万元	1
30-31万元	4
10-12万元	0
5-6万元	3

三、报告期内离任的董事、监事、高级管理人员姓名及离任原因

1、独立董事变更情况：2003年5月17日，公司召开的2002年度股东大会审议通过了王永炎先生辞去公司独立董事职务，选举张伯礼先生为独立董事候选人的议案。

2、监事新聘或解聘情况:2003年5月17日，公司召开的2002年度股东大会审议通过了本公司监事会换届选举事宜的议案，选举张建忠先生、傅得清先生、李丽女士、叶正良先生、刘金平先生为公司第二届监事会监事。2003年5月17日，公司第二届监事会第一次会议选举张建忠先生为监事会主席

3、公司无其他高级管理人员新聘或解聘情况。

四、员工情况

截止2003年12月31日，本公司在职员工2567人，无离退休员工。员工专业构成和教育构成如下：

第六节 公司治理结构

一、公司治理情况

公司严格按照《公司法》、《证券法》、《上市公司治理准则》和中国证监会、上海证券交易所有关法律、法规的要求，不断完善法人治理结构，建立现代企业制度。公司制定了《章程》、《股东大会议事规则》、《董事会议事规则》、《监事会议事规则》、《关联交易准则》、《经理工作细则》、《信息披露制度》等规章制度，建立了劳动人事制度、预算管理、营销管理、财务管理制度(投资决策办法、对外担保和财产抵押决策办法、关联交易决策办法、重大固定资产投资决策办法等)及内部审计制度等内部控制制度。公司以股东利益最大化为目标，不断规范运作，在2003年实现了高速稳定的发展。报告期内公司启动了投资者关系管理研究与实践计划，并将其纳入公司治理结构改革中。目前公司已制定了以信息披露工作为核心的投资者关系工作体系；建立了专门的工作机构，对相关工作人员进行了专项培训；初步形成了投资者关系网络，从中得到了不少对公司发展战略、经营管理方面的有益建议；开展了一系列有针对性的投资者关系活动，增强了投资者和潜在对公司的了解和对公司投资价值的认同；开通了公司投资者关系网页，在投资者与公司之间形成了一个良性互动的交流平台。公司因此在国家科技部及中国生产力促进中心协会主办的2003年度中国高成长企业评价暨最有投资价值企业评选中，被评为最有投资价值的企业之一。

二、独立董事履行职责情况

依据《上市公司治理准则》和《关于在上市公司建立独立董事制度的指导意见》，公司建立了独立董事制度，董事会设有3名独立董事，占董事会人数的33%。鉴于公司独立董事王永炎先生担任全国人大常务委员会委员，按照《公司法》第五十八条"国家公务员不得兼任公司的董事、监事、经理"的规定，公司于2003年5月17日召开的2002年度股东大会审议通过了王永炎先生辞去公司独立董事职务，选举张伯礼先生为独立董事候选人的议案。2003年3月21日，本公司独立董事对"本公司收购天津天士力集团有限公司部分房屋建筑物、机器设备、在建工程和土地使用权"和"本公司控股子公司天津天士力现代中药资源有限公司收购天津新资源药业有限公司全部股权和天津天士力集团有限公司土地使用权"两项关联交易的合法合规及客观公允性进行审查，出具了《关联交易事项审核报告》。2003年11月9日，本公司独立董事对公司第二届董事会第十二次会议审议的"关于组建生物制品有限公司项目调整投资地点和投资方式的议案"和"关于调整部分募集资金项目为投资组建医疗投资公司的议案"进行了审议，并出具了《关于部分募集资金项目调整的独立董事审查意见》。报告期内，本公司独立董事参加了股东大会和董事会，分别从财务、法律和经营等方面对公司的投资决策、关联交易等议案作出了客观公正的判断，并对关联交易发表了专业性意见，对董事会的科学决策和公司的稳定发展起到积极作用，切实起到了维护公司及广大中小投资者利益的作用。

三、公司独立运作情况

1、业务独立

本公司的主营业务为复方丹参滴丸、养血清脑颗粒等药品的研发、生产和经营，本公司及控股子公司的业务涵盖了药品研究开发、中药材种植、中药材提取、药品生产、药品销售的全部业务环节，构成了完全独立的研究开发和产供销体系。

本公司直接控股股东天津天士力集团有限公司的主营业务为投资控股；间接控股股东天津市金士力药物研究开发有限公司的营业范围为:技术开发、咨询、服务、转让等，但其目前主营业务为实业投资。本公司主营业务与上述两公司主营业务完全独立，不存在任何业务控制或其他影响本公司业务独立的关系。

2、资产完整独立

公司目前主导产品的生产程序主要为中药提取、中药制剂和药品包装。公司控股子公司天津天士力现代中药资源有限公司拥有全套提取设备、公司拥有滴丸制剂设备、喷雾干燥颗粒制造设备、片剂与胶囊剂生产、包装设备和运输设备等。以上设备能够完全满足公司生产每道工序的要求，保证了生产性资产的完整性。

公司控股的子公司陕西天士力植物药业有限责任公司、云南天士力金不换三七种植有限公司和天津天士力医药有限公司分别从事中药材种植和药品销售业务。公司目前生产所需主要中药材丹参均由陕西天士力植物药业有限公司、云南天士力金不换三七种植有限公司提供，制造的药品均批发给天津天士力医药有限公司进行销售。因而，公司整体上具有从中药材种植到加工提取、制剂、包装、药品销售的完整的产、供、销经营体系并独立运营。

此外，公司拥有"天士力"商标、复方丹参滴丸专有技术、养血清脑颗粒专利技术、土地使用权等无形资产保障了公司资产的完整性和生产经营的独立。

3、人员独立

本公司董事、监事及高级管理人员系严格按照《公司法》、公司《章程》的有关规定选举产生或任命。在本公司董事会中，董事长未在股东单位担任法定代表人，总经理、财务总监、董事会秘书等高级管理人员在本公司专职工作，只在本公司领薪。公司的人事及工资管理与股东单位严格分离。

4、机构独立

本公司建立了健全、齐备的法人治理结构，并在运行中逐步规范。本公司的股东大会、董事会、监事会和经理层各司其职、各负其责，股东大会、董事会、监事会召开的程序符合《公司法》及公司《章程》的有关规定，且每次会议均有会议记录，运作规范。

5、财务独立

本公司成立后，单独设立了财务部门，具有完整、独立的机构设置和财务人员。本公司按照《企业会计制度》及相关的财务会计法规建立了一套独立、完整、规范的财务核算体系、财务会计制度和管理制度，帐务独立，单独开设银行帐户，单独纳税。

四、高级管理人员的考评和激励机制、相关奖励制度的建立、实施情况

1、本公司规定高级管理人员按照市场化原则实施年薪制；

2、依据中国现行法律法规及规范性文件的规定，为切实保障公司及其全体股东的合法权益，促使公司高级管理人员忠实、勤勉、谨慎地履行法律和公司章程规定的职责，减少和避免公司高级管理人员的失职行为给公司造成的损失，并便于对违法失职董事的责任追究，在考核的基础上，本着权利与义务、责任对等及贡献、风险与收益对称的原则，本公司第二届董事会第七次会议提出了《关于建立公司高级管理人员职业风险津贴及风险准备金制度的议案》，并经2002年度股东大会通过。该《制度》规定"将每年按年净利润实现数的2.6%提取职业风险津贴及风险准备金，待任期结束及离任评估完成后一次性核发50%，剩余的50%用于高管人员风险准备金，并代扣代缴个人所得税。"公司高级管理人员按照不同的权重取得风险津贴。公司正计划将该《制度》逐步纳入公司绩效考评体系。

第七节 董事会报告

一、公司整体经营情况讨论与分析

报告期内，公司所处行业及经营范围与国家涉及医药行业的政策、法规均未发生变化，生产经营情况正常。公司采取强有力措施克服了突发的SARS疫情对公司业务的明显影响，以打造现代制剂生产技术平台、现代物流管理技术平台为工作重心，以全面项目管理，全面预算管理、全面成本核算管理和全面标准化管理为手段，实现了由传统中药劳动密集型生产方式向现代中药自动化生产的平稳过渡。以质量提高、产能扩大和成本控制为核心，在大规模产业化生产的基础上保持了公司持续稳定的增长，2003年度实现主营业务收入105,576.14万元，净利润14,118.76万元，圆满实现了全年效益目标。公司现代中药提取GMP改造项目获得国家发改委的可研批复，获得国债的支持；U-PA尿激酶原产业化项目受到国家发改委和国家生物技术调研小组的重点关注。

生产方面：

2003年度公司全面实施CIMS系统和ERP，按定单处理方式柔性生产，建立基于PDM系统的多功能工作站，继续打造先进生产制造技术平台，逐步降低生产成本；运用JIT(准时生产)和现代物流配送看板模式，连接供应商终端和生产末端，实施信息及时共享和网上订单。一系列细化的生产现场管理措施，在有效保障产品质量的前提下，适时满足了日益扩大的市场需求。

管理方面：

采用标准化招标和源头采购等方式降低成本；实施项目化管理和标准化管理，充分优化配备资源，形成了专业化的人才团队；实施内部培训师制度和标杆管理，充分挖掘企业内部和外部资源，逐步导入知识管理理念，形成天士力特有的知识体系，运用SPC技术建立QIS计算机管理系统，对质量进行数据化的分析和控制，建立数字质控模型，质控技术不断提高。现代化信息技术的运用，国际化先进企业的管理思想，正潜移默化地逐步渗透到公司管理的方方面面，为传统中药走向现代化、国际化奠定了坚实的基础。

新品开发项目方面：

养血清脑颗粒生产线改造项目如期顺利进行，生产能力显著提高，为养血清脑颗粒日益增长的市场需求提供了充分保障。作为公司心脑血管系列主打产品之一，在一定规模稳定市场销售的前提下，2003年末取得了突破性进展，在原有乙类医保基础上，又被列入上海、北京等城市甲类医保目录，进入了多个大中城市的主流医院，为2004年养血清脑颗粒快速增长铺平了道路。

潜力巨大兼具治疗与补益的新产品芪参益气滴丸已取得新药证书与生产批文，现正紧张投入产业化生产过程，近期即将面市，该产品将填补公司在心血管高端市场和侧重冠心病、心绞痛属气虚血瘀患者群的空白。

公司U-PA尿激酶原项目已顺利完成Ⅱ期临床实验，该药Ⅱ期临床实验过程中几百个病例无一负作用、显效率高达80%以上的出色表现充分证明了该药在安全性与高效性方面明显高于国际国内同类药品。该药已通过肺梗塞、脑梗塞及下肢梗塞的动物试验，于2004年初启动Ⅲ期临床实验。该产品产业化项目受到国家发改委和国家生物调研小组的重点关注。目前项目资金已到位，位于上海张江高科技园区内的生产基地的厂房建设与进口设备已全部签订合同书，科研综合办公楼框架主体已经完成。厂房建设基本条件已全部就绪。

作为丹参制剂之一的注射用丹酚酸粉针剂(用于治疗脑梗塞、冠心病、心绞痛)已于2003年3月取得临床批文，现已进入Ⅱ期临床实验阶段，设备选型已经完成，相关产业化建设已进入工程施工准备阶段。一个以丹参滴丸、养血清脑颗粒为旗舰的心脑血管系列产品群正在形成。

荆花胃康胶丸作为另一大病种、胃肠肝胆系列化产品的领军产品，早在1996年即获得新药批文，并于当年立项为国家新药研究基金项目，2000年更被国家计委批复为高技术产业化工程建设项目(计高技【2000】1997号)。荆花胃康胶丸由于其明确的药理作用和极佳的临床疗效，是国家批准的国内唯一治疗由幽门螺旋杆菌感染引起的胃炎、消化性溃疡的现代中药，也是唯一被全国脾胃病专业委员会、中国中西医结合消化病委员会联合推荐患者使用的治疗药物。公司产业化生产条件已经完全具备，药号批转已基本完成，即将通过验收并投入产业化生产。

该系列另一重要产品，肝病药物发展史具有里程碑作用的水飞蓟宾胶囊-水林佳，以其独特的双重作用机理、优良的药代动力学、卓越的临床疗效及高安全性，在急性肝炎、慢性肝炎、脂肪肝、酒精肝患者中得到普遍认可，对降低亚洲人的甘油三脂有特效，随着公司产能的提高将逐步推向更广阔的市场。

公司第三大系列产品抗病毒药和感冒系列也取得长足发展，2003年上市的藿香正气滴丸一经上市在短短几个月内实现了2687万元销售，引起了市场和患者的广为关注，与柴胡滴丸、小柴胡汤滴丸、穿心莲内酯滴丸等产品构筑现代中药又一产品系列。

市场方面：

国内市场方面，公司继续加大城乡板块和OTC板块的市场推广力度，扩大重点区域市场的核心辐射作用，不断提高销售意识和营销网络的运行效率。通过商务、处方药、非处方药、城乡、新品、健康服务六个专业分公司的建设，在加强渠道建设、推动学术营销、专业化管理等方面出色完成了目标客户的分级、档案的确立、销售报表系统的完善、人员专业考核等大量的工作。并通过资源整合、规范管理、推出强力营销模式，电子商务、网上银行的利用，已基本实现了个性化、专业化、知识化营销。由于有强大的市场营销体系保障，使公司不但在"非典"时期排除了负面影响，而且通过结构性调整，在"非典"后销售额反而迅速增长，在前所未有的困难面前出色完成了全年销售任务。

国际市场方面，通过出资1,815,121欧元收购荷兰神州医药中心(目前欧洲最大的一家集医疗、教学和贸易为一体的新型中药科技集团，也是欧洲获准进口中药的最大中医药企业集团)50%的股权，依托荷兰神州医药中心已有的品牌、较为完善的销售网络及其已取得荷兰等国家认可的优势，不仅便于本公司对荷兰市场的开发，也为进入欧洲其他国家的中医药市场打下了良好的基础。

2003年度，以韩国、越南、马来西亚为代表的亚洲市场，以荷兰、法国、俄罗斯为代表的欧洲市场，特别是以南非为代表的非洲市场呈现明显增长态势，公司国际市场网络战略布局更趋完善，国际市场进入全面启动阶段。

1、主营业务的范围及其经营状况

报告期内，公司所处行业和经营范围未发生变化。本公司属制药行业，经营范围包括：中药材、中成药加工、化学药品原药、化学药品制剂、生物制品、滋补营养保健品制造；汽车货物运输。主要产品：复方丹参滴丸和养血清脑颗粒。

公司主营业务统计情况如下表：

表8-1　主营业务行业构成　单位：万元

所属行业	主营业务收入 金额	主营业务收入 占比(%)	主营业务成本 金额	主营业务成本 占比(%)	主营业务利润 金额	主营业务利润 占比(%)
中药制造	105,576.14	100.00	29,124.87	100.00	76,451.27	100.00

表8-2　主营业务产品构成　单位：万元

产品类别	主营业务收入 金额	主营业务收入 占比(%)	主营业务成本 金额	主营业务成本 占比(%)	主营业务利润 金额	主营业务利润 占比(%)	毛利率(%)
复方丹参滴丸	81,969.40	77.64	14,196.22	48.74	67,773.18	88.65	82.68
养血清脑颗粒	8,557.59	8.11	3,307.44	11.36	5,250.15	6.87	61.35
其他	15,049.15	14.25	11,621.21	39.90	3,427.94	4.48	22.78
合计	105,576.14	100.00	29,124.87	100.00	76,451.2	100.00	72.41

表8-3　主营业务地区分布　单位：万元

地　区	主营业务收入(万元)	主营业务收入比上年增减(%)
东北地区	6,189.39	-15.15
华北地区	32,716.54	43.09
西北地区	4,414.92	1.61
西南地区	4,130.36	18.54
华东地区	38,563.28	8.44
中南地区	19,561.66	0.68
合　计	105,576.14	13.55

2、主要控股公司及参股公司的经营情况及业绩。

公司名称	注册资本(万元)	主营业务及产品	总资产(万元)	净利润(万元)	持股比例(%)
天津天士力医药有限公司	7,900.00	药品批发	43484.88	429.05	70.00
陕西天士力植物药业有限责任公司	5,866.60	中药材种植；丹参	6346.91	9.31	93.35
云南天士力金不换三七种植有限公司	400.00	中药材种植；三七	30.18	-133.18	92.12
陕西天士力医药有限公司	300.00	药品批发	529.56	7.33	79.30
天津天士力现代中药资源有限公司	10,782.00	提取	13544.09	63.92	73.74
上海天士力药业有限公司	10,000.00	中西药制剂；保健品及生物医药产品的研究与开发	10356.10	0	90.00
天津天士力生物技术创业投资有限公司	4,800.00	投资；管理咨询	4800.00	0	75.00
天津天士力生物技术创业投资管理有限公司	100.00	管理与咨询	136.32	0	75.00
厦门市金赛尔植物开发有限公司	50.00	种植；加工	54.79	0.15	78.99

3、主要供应商、客户情况：

报告期内，公司向前五名供应商采购金额合计9445.29万元，占公司全年采购金额的59.63%；公司向前五名主要客户销售金额合计16280.21万元，占公司年度销售金额的15.42%。

4、在经营中出现的问题与困难及解决方案

面对医药行业异常激烈的市场竞争，公司需要不断推出新的大品种、系列化产品，打造与国际接轨的制造平台和人才队伍，降低成本、控制费用、增强企业核心竞争优势。

在公司全面跨越式发展战略的实施过程中，公司需要在能力准备和观念转变方面进一步加强，以便更好的适应新剂型、新工艺技术转变及自动化生产线生产方式的转变。

报告期内，年初突发的SARS对公司的生产经营和市场销售产生了非常负面的影响。SARS期间作为公司产品主打市场的全国各大中城市主流医院，门诊和住院病人锐减，医药流通领域无法正常运转，体系内资金流转缓慢，作为处方药的公司主打产品复方丹参滴丸销售遇到产品上市以来最大障碍，销售量明显下降，销售回款出现延迟，致使经营现金流受到了显著影响。而且SARS之后的一定时期内，由于人们普遍的心理恐慌，门诊和住院病人量并没有因SARS的有效控制而迅速恢复，所以关注公司发展的业内人士并没有看到预期中公司第三季度的全面恢复性增长。面对如此困难的市场环境，如果没有快速反应的市场策略和善打硬仗的营销队伍，如果没有稳定忠实的患者基础，如果没有全员投入生产一线的密切配合，如果没有适时推出具有预防SARS功能的新产品藿香正气滴丸，无疑公司的发展将受阻甚至出现难以避免的停滞。但由于公司多年的市场投入、严密的组织、公司上下空前的团结，天士力良好的品牌效应、健康之星服务深入人心，使公司经受住了SARS疫情的严峻考验，保证了销售的稳定增长，实现了年初董事会制定的经营目标。而且由于公司在各方面的出色表现，2003年12月由国家发改委经济运行局、国家食品药品监督管理局等单位联合组织的中国医药企业核心竞争力研究课题组，对全国6300多家制药企业分别从决策投资、盈利能力、市场营销与推广、GMP认证、技术创新体系等40多个指标进行综合评价，公司核心竞争力综合排名第二，在医药类上市公司中排名第一。

二、报告期内的投资情况

2003年度，本公司投资总额为53,263万元，比2002年度的20,461万元增加32,852万元，增长61%。

1、募集资金使用情况

单位：万元

募集资金总额　71,125.68

承诺项目	拟投入金额	是否变更项目	实际投入金额	产生收益金额	是否符合计划进度和预计收益
现代中药研究所建设项目	4,750.00	否	4,600.00	—	是
生物制品研究所建设项目	4,850.00	否	1,083.05	—	是
陕西天士力植物药业有限公司增资扩股项目	7,857.00	否	5,000.00	—	是
云南天士力金不换三七种植有限公司增资扩股项目	9,486.00	是		—	已变更
采用超临界萃取技术建设植物有效成分提取车间建设项目	4,900.00	否	284.63	—	是
复方丹参滴丸系列中药现代化产业化示范工程项目	13,704.00	否	13,704.00	8,055.00	是
养血清脑颗粒生产线改造项目	4,993.00	否	2,790.83	490.80	是
丹酚酸粉针剂生产线建设项目	4,950.00	否	1,592.31	—	是
国内销售网点改造项目	2,980.00	否	2,980.00	—	是
美国FDA临床实验项目	3,200.00	否	825.14	—	是
欧洲植物药研究所建设项目	2,748.96	是	1,748.45	—	是
投资组建天士力数字化中药中心有限公司	7,951.00	否	7,951.00	—	已变更
投资组建天士力生物制品有限公司	9,000.00	否	9,000.00	—	是
合计	81,369.96	—	51,559.41	8,545.80	是

募集资金总额　本年度已使用募集资金总额　34,395.22

已累计使用募集资金总额　51,559.41

1、欧亚植物药研究所建设项目变更原因：原欧亚植物药研究所建设项目的目的是通过建立符合欧洲GLP标准的研发机构，以期实现中药得到欧洲的认可，跨越其非贸易壁垒从而进入欧洲市场。由于近期欧洲讨论修订的《草药制品法令》的调整变化，为使天士力缩短进入欧洲市场的时间，减小市场的准入成本，进一步加快天士力国际化的步伐。公司决定调整天士力欧亚植物药研究所项目(投资额为2748.96万元)为收购荷兰神州医药中心股权项目，投资额为1,815,121欧元。收购后，本公司拥有新公司50%的股权。新公司更名为神州天士力医药集团有限公司，注册地为荷兰阿姆斯特丹，主要业务包括从事中医药在欧洲的注册、批发业务；中医药大学；中医药门诊；中医药物流体系，国内中成药的出口，中医药科学与文化的国际交流。目前，该项目已完成，合作进展顺利。

变更程序：公司已按照相关规定和要求，严格履行了变更程序。公司2003年3月22日召开的第二届董事会第七次会议审议通过了《芬兰研究所项目变更为收购荷兰神州医药中心股权项目》，公司独立董事和监事会对该项议案出具了意见，公司于2003年3月25日在《中国证券报》、《上海证券报》和《证券时报》刊登关于上述改变募集资金用途的公告。2003年5月17日，公司2002年度股东大会审议批准原募集资金使用项目芬兰植物药研发中心项目调整为收购荷兰神州医药中心股权项目。该项目于2003年5月23日完成全部付款，合作进展顺利。

变更原因及变更程序说明(分具体项目)：

2、对云南天士力金不换三七种植有限公司增资扩股项目变更原因：鉴于目前市场上三七等中药材的供应充足，能够满足公司生产的需要，公司在云南三七基地经过一年多实践，已摸索出一套与农户联合建立符合GAP标准种植基地的方法，通过对农户进行三七药材种植的指导、质量控制，有效控制选种、种植、施肥、防虫害等环节，不但可以保证所选用三七药材的质量，而且能够有效规避病虫害、自然气候等风险。原计划购买设备在当地建设提取生产实体，由于当地技术人才的局限，公司将加工提取业务按照专业化分工的原则安排在本公司控股的现代中药资源有限公司进行实施。经董事会审议，同意对原募集资金投资方案进行调整，由原自行征地种植、建设提取车间调整为对原公司增资500万元并进行改组实施GAP种植项目，项目剩余资金8986万元用于对效益前景较好的医疗产业投资公司的投资。

变更程序：公司已按照相关规定和要求，严格履行了变更程序。公司2003年11月9日召开的第二届董事会第十二次会议审议通过了《关于调整部分募集资金为投资组建医疗投资公司的议案》，公司独立董事和监事会对该项议案出具了意见，公司于2003年11月12日在《中国证券报》、《上海证券报》和《证券时报》刊登关于上述改变募集资金用途的公告。2003年12月23日，公司2003年度第一次临时股东大会审议批准了这项《调整部分募集资金为投资组建医疗投资公司的议案》。2003年12月底公司与韩国Wooridual医院、韩国DOCTOR'MEDICORE公司与共同签订了《天津天士力我立得创业投资有限公司组建合同》，合同规定新公司注册资本18300万元人民币，三方出资比例分别为55%、32%和13%。出资各方同意在取得合资公司营业执照之日起四十日内分别注入应缴出资总额的30%，其余70%自取得合资公司营业执照之日起半年内缴清。目前该合资公司正在组建过程中。

注：1)公司募集资金除上述两项变更外，均按照《招股说明书》披露的项目和进程进行，并产生了良好的间接效益和直接经济效益，公司首次发行扣除发行费用后实际募集资金净额为71,125.68万元，截止2003年12月31日已使用51,559.41万元，占募集资金总数的72.49%，自发行以来募集资金投资项目已产生增量直接经济效益合计8,545.80万元，已投资募集资金收益率达到16.57%。

2)首次发行募集资金项目旨在打造现代数字化中药制造平台，募集资金项目符合从GLP(药品非临床研究质量管理规范)、GAP(药材种植生产质量管理规范)、GEP(药品提取管理规范)、GMP(药品生产质量管理规范)到GSP(药品经营质量管理规范)的药品制造完整产业链建设的需要，其中现代中药研究所建设项目、生物制品研究所建设项目、陕西天士力植物药业有限公司增资扩股项目、国内销售网点改造项目和投资组建天士力数字化中药中心有限公司项目虽然没有产生直接经济效益，但是作为产业链主导项目复方丹参滴丸系列中药现代化产业化示范工程项目、养血清脑颗粒生产线改造项目的辅助项目，研发体系不断推出的系列新品、种植基地提供的高标准药材、提取环节制造的优质浸膏、医药公司营销网络的完善所带来的间接经济效益综合体现在上述两个主导产业化项目产生的良好良好直接经济效益中。其中，研究系统推出藿香正气滴丸、芪参益气滴丸，在研产品进展明显；一类生物药U-PA尿基酶原完成II期临床研究进入III期临床研究，U-PA尿激酶原产业化项目受到国家发改委和国家生物技术调研小组的重点关注。陕西种植基地首家通过国家GAP验收，种植面积和品种增加；提取系统，保证了不断提高产量对提取物的需求。同时，公司现代中药提取GMP改造项目获得国家发改委的可研批复，获得国债的支持。销售系统，通过销售网络的建设和完善，销售收入随在非典的严峻市场环境下仍有了明显提高。

2、对报告期内非募集资金投资的重大项目、项目进度及收益情况进行说明。

(1)投资组建天津天士力生物技术创业投资有限公司

为做大做强生物技术产业、促进公司UPA项目的产业化进程、为上海天士力生物制药有限公司在全球领域寻找新产品和寻求战略合作伙伴，经公司2003年3月22日召开的第二届董事会第七次会议批准，2003年6月23日，公司与天津创业投资有限公司共同投资设立天津天士力生物技术创业投资有限公司，其注册资本16000万元人民币，公司出资12000万元人民币，占注册资本的75%。该公司经营范围为直接投资于高新技术企业及其他技术创新企业；接受委托管理其它创业投资机构及其它经济组织的创业投资业务；为高新技术企业及其它技术创新企业提供贷款担保，提供创业投资及管理咨询。根据《天津市促进创业投资业发展暂行规定》和《协议》约定，本公司本期完成首期付款共计3600万元，占应缴金额的30%。天津凤城有限责任会计师事务所为本次出资出具验资报告(津凤城验内(2003)218号)。已开始进行生物医药项目筛选、孵化工作。

(2)投资组建天津天士力生物技术创业投资管理有限公司

为按照国际产业投资基金管理方法管理创业投资企业，汇聚国际、国内专业投资管理人才并不断向被投资企业输送梯队人才，经本公司2003年5月30日召开的总经理办公会决定，2003年6月

25 本公司与天津创业投资有限公司共同投资设立天津天士力生物技术创业投资管理有限公司，其注册资本 100 万元，本公司出资 75 万元，占注册资本的 75%。该公司经营范围为接受委托管理其他创业投资企业及其他经济组织的创业投资业务；提供创业投资及管理咨询；高新技术的开发、转让。国家有专项、专管规定的，按规定执行；涉及上述审批的，以审批有效期为准。天津凤城有限责任会计师事务所为本次出资出具验资报告(津凤城验内(2003)225 号)。天津天士力生物技术创业投资管理有限公司于 2003 年 6 月 25 日取得企业法人营业执照，注册号为 1201911501551。已开始进行生物医药项目筛选、孵化和管理工作。

(3)向天津天士力医药有限公司增资

为提高公司控股子公司天津天士力医药有限公司的资金运作能力，满足其对外进行投资与扩张的需要，尽快完成全国性的市场营销网络布局，提高与国内、外其他医药流通企业在同一平台上展开高水平竞争的能力，经本公司 2003 年 3 月 22 日召开的第二届董事会第七次会议批准，2003 年 4 月 29 日，本公司与天津天士力医药有限公司另一股东天津天时利置业发展有限公司向天津天士力医药有限公司同比例增资，本公司以自有资金增资 2030 万元，天津天时利置业发展有限公司以自有资金增资 870 万元。增资后，天津天士力医药有限公司注册资本为 7900 万元，本公司持股比例(70%)不变。北京中润有限责任会计师事务所为本次增资出具了验资报告(中润验字(2003)015 号)。天津天士力医药有限公司于 2003 年 9 月 11 日取得变更后的企业法人营业执照。销售公司的增资和网络化建设使公司经受住了 SARS 疫情的严峻考验，保证了销售的稳定增长，实现了年初董事会制定的经营目标。而且由于公司在各方面的出色表现，增加销售 12598 万元。

(4)公司收购天津天士力集团有限公司的部分房屋建筑物、机器设备、在建工程和土地使用权

为有效解决公司快速发展所需要的基础设施瓶颈问题，避免长期关联交易的存在，促进合理配置资源与产权结构明晰，经公司 2002 年度股东大会决定，2003 年 8 月 2 日，公司收购天津天士力集团有限公司的部分房屋建筑物、机器设备、在建工程和土地使用权(公司原为租用天津天士力集团公司的科研质检楼、董事行政楼、餐厅等房屋与设施用于科研、办公、就餐)。根据中企华评报字(2003)第 041 号评估报告，基准日为 2003 年 1 月 31 日的评估值共计 72,221,257.74 元。基准日该项账面净资产值为 70,320,399.42 元。根据交易双方商议本次资产转让的价格净资产值加 5%交易税金与评估值孰低原则，确定该项资产的转让价格为 72,221,257.74 元。通过此项交易解除了对集团科研质检设施的租赁关系，减除了租赁费用。

(5)控股子公司天津天士力现代中药资源有限公司收购天津天士力新资源药业有限公司股权和天津天士力集团有限公司土地使用权：

为完善公司由 GAP、GEP、GMP 到 GSP 组成现代中药产业链，提升提取加工生产能力，并有效避免长期关联交易的发生，经公司 2002 年度股东大会审议批准，2003 年 6 月 2 日，公司控股子公司天津天士力现代中药资源有限公司以现金方式出资向天津天士力集团有限公司、天津天时利置业发展有限公司、金华峰联投资有限公司收购天津天士力新资源药业有限公司全部股权。根据中企华报评字(2003)024 号评估报告，基准日为 2002 年 12 月 31 日的评估值共计 44,084,994.39 元，该基准日经审计账面值共计 43,062,904.47 元，经交易各方协商按照账面值与评估值孰低原则，确定该项资产转让金额参照以上账面值，交易价格为 43,062,904.47 元。同时，天津天士力现代中药资源有限公司以现金方式出资收购天津天士力集团有限公司位于天士力产业园区内的 44000.22 平方米土地。该土地地上建筑物为现代中药资源公司所拥有的中药材库、提取车间等房产。根据中企华报评字(2003)040 号评估报告，基准日为 2003 年 1 月 31 日的评估值共计 17,281,306.41 元，该基准日经审计账面值 15,575,482.59 元，经交易各方协商按照账面值另加 5%的交易税金与评估值孰低原则，确定该项资产转让价格参照账面值另加 5%的交易税金而定，交易价格为 16,354,256.42 元。通过该项收购，快速获得了提取生产能力，满足了不断提高的产量对原料提取物的需求，公司当年净利润 63.9 万元。

三、报告期内的财务状况、经营成果变动分析。

单位：万元

项目	2003 年	2002 年	增减(%)
总资产	177,723.77	125,069.86	42.10
股东权益	111,411.48	106,790.18	4.33
主营业务收入	105,576.14	92,978.62	13.55
主营业务利润	75,029.64	71,388.33	5.10
净利润	14,118.76	11,784.86	19.80
现金及现金等价物净增加额	−8,336.81	56,149.99	−114.85

变化的主要原因：

报告期内公司总资产增加主要系在建工程项目和对外投资增加所致；

报告期内公司股东权益增加主要系本年净利润增加所致；

报告期内公司主营业务收入增加主要系公司主营业务产品和新品藿香正气滴丸及控股子公司医药公司经销药品增加所致；

报告期内公司净利润增加主要系收入增长，费用减少所致；

现金及现金等价物减少主要系募集资金在逐步使用所致。

四、新年度的经营计划

1、打造现代化中药制造平台，实现中药自动化生产

新一年度将一方面通过引进高科技自动化生产线，不断继续探索自动化生产管理经验，另一方面将通过 ERP 系统建设，全面实现滴丸剂型生产线自动化，不断降低人力成本，全面实现中药现代化的生产模式。

2、持续加强成本核算和预算管理

在 2004 年我们将全面运用作业成本法，根据各产品和各工序的特点准确核算出各产品的生产成本，并建立各产品制造成本变化的模型，提供及时准确的成本信息并结合 ERP 等计算机系统进行数据的收集和分析，为管理决策提供数据支持。

3、继续加强新产品的研究开发力度

2004 年初 3 个新产品荆花胃康胶丸、水林佳胶囊、芪参益气滴丸将以最快的速度完成上市前的各项准备，确保按照预定的计划走向市场。公司将在保证主打产品保持稳定增长的前提下，全面提高新产品的生产能力和市场占有率。

4、建立良好的投资者互动关系体系。

公司在新的年度中将继续完善以信息披露工作为核心的投资者关系网络，加强相关工作人员的专项培训，按照相关法律法规的要求及时准确的把企业发展过程中的信息通过合法有效的渠道传递给投资者，充分保障中小投资者的合法权益；通过规范与投资者的沟通渠道(包括接待机构投资者与中小投资者来访、接听投资者来电、维护与及时更新公司投资者关系网页的内容等)，建立与投资者的良性互动交流平台，听取来自投资者和专业机构的有益建议，增强投资者和潜在对公司的了解和对公司投资价值的认同。

公司在新的年度将继续全面完善现代中药产业链，加强人才基础建设与研发能力，围绕大品种、大系列、大病种、大市场打造现代中药先进制造平台，形成产业集群优势与竞争优势，为企业发展提供健康的、可持续的发展后动。加强投资项目的监控与实施，完善项目投资管理办法，建立科学有效的投资体制，同时加强对项目实施人员的管理。董事会也将继续有效的实施对管理层的监督，同时提供全方位支持，保证董事会制定的 2004 年生产经营目标的全面实现。

五、董事会日常工作情况

1、报告期内董事会的会议情况及决议内容

(1)第二届董事会第七次会议于 2003 年 3 月 22 日在本公司会议室召开，会议一致通过了如下决议：

审议通过公司《2002 年度董事会工作报告》；

审议通过公司《2002 年度经理工作报告》；

审议通过公司《2002 年度财务决算报告》；

审议通过公司《2003 年度公司财务预算报告》；

审议通过公司《2002 年度润分配与资本公积金转赠股本预案》；

审议通过公司《2002 年度报告及摘要》；

审议通过公司《聘请 2003 年度会计师事务所》的议案；

审议通过公司《投资组建天津天士力医院投资管理公司》的议案；

审议通过公司《投资组建天津天士力生物技术创业投资有限公司》的议案；

审议通过公司《向天津天士力医药有限公司增资》的议案；

审议通过公司《控股子公司天津天士力现代中药资源有限公司收购天津天士力新资源药业有限公司股权和天津天士力集团有限公司土地使用权》；

审议通过公司《收购天津天士力集团有限公司部分固定资产及土地使用权》的议案；

审议通过公司《芬兰研究所调整为荷兰神州医药投资项目》的议案；

审议通过公司《对外投资外派董事和股东代表授权的决定》的议案；

审议通过公司《设立高管人员职业风险津贴及风险准备金》的议案。

(2)第二届董事会第八次会议于 2003 年 4 月 17 日在本公司会议室召开，会议一致通过了如下决议：

公司《2003 年第一季度报告》；

王永炎先生辞去公司独立董事职务，推荐张伯礼为独立董事候选人。

(3)第二届董事会第九次会议于 2003 年 4 月 27 日在本公司会议室召开，会议一致通过了与中国农业银行天津市分行协商申请 4 亿元贷款授信额度，与浦东发展银行天津市分行协商申请 3.5 亿元贷款授信额度的议案。

(4)第二届董事会第十次会议于 2003 年 7 月 19 日在本公司会议室召开，会议一致通过了《公司 2003 年半年度报告及报告摘要》。

(5)第二届董事会第十一次会议于 2003 年 10 月 23 日在本公司会议室召开，会议一致通过《公司 2003 年第三季度报告》。

(6)第二届董事会第十二次会议于 2003 年 11 月 9 日在本公司会议室召开，会议一致通过了如下决议：

通过学习《关于规范上市公司与关联方资金往来及上市公司对外担保若干问题的通知》，审议通过授权公司经营层制定公司对外担保规则的议案；

审议通过生物制品有限公司项目调整投资地点与投资方式的议案；

审议通过关于调整部分募集资金为投资组建医疗投资公司的议案；

审议通过关于投资组建天津商汇投资(控股)有限公司的议案；

审议通过关于召开公司 2003 年第一次临时股东大会的议案。

六、董事会对股东大会决议的执行情况

报告期内，公司董事会根据《公司法》、《公司章程》以及有关法规的要求，认真执行报告期内召开的 2002 年度股东大会以及 2003 年第一次临时股东大会通过的有关决议：

(1)2003 年度预算完成情况：因报告期内公司主要产品的销售在受到"非典"疫情的影响下，2003 年全年完成主营业务收入 105,576.14 万元，比去年增加 13.55%；但同时公司加强了各方面的费用控制，降低了成本费用，本年度实现净利润 14,118.76 万元，完成董事会目标的 101%。

(2)公司 2002 年度股东大会通过了《2002 年度利润分配预案与资本公积金转增股本预案》，即以 2002 年末总股本 19000 万股为基数，向全体股东按每 10 股派发现金股利 5 元(含税)，共计 9500 万元，剩余未分配利润 78,977,670.12 元结转至以后年度分配；总计以 9500 万元资本公积金转增股本，每 10 股转增 5 股。转增后，资本公积金由 66125.68 万元减少到 56625.68 万元。股权登记日为 2003 年 6 月 2 日，除权除息日为 2003 年 6 月 3 日，新增股份上市流通日为 2003 年 6 月 4 日，红利发放日为 2003 年 6 月 9 日。该利润分配与公积金转赠股本方案已按期实施完毕。(上述方案实施公告已于 2003 年 5 月 28 日刊登于《中国证券报》、《上海证券报》和《证券时报》)。

(3)关于"组建生物制品有限公司项目调整投资地点与投资方式"的实施情况：经公司 2003 年度第一次临时股东大会决议批准，按照上海天士力药业有限公司(以下简称"上海天士力公司")经审计净资产 2500 万元(上海立信长江会计师事务所信长会报字(2003)第 21778 号审计报告)，浙江尖峰药业有限公司一次性出资 1000 万元收购天士力集团公司所持上海天士力公司的 40%股权；本公司出资 500 万元收购吕新波所持上海天士力公司 20%股权、出资 1000 万元收购天士力集团公司所持上海天士力公司 40%股权。收购完成后，本公司单方向被收购公司增资 7500 万元。上述转股和增资完成后，上海天士力公司注册资本变更为 1 亿元，公司股东变更为本公司和浙江尖峰药业有限公司。本公司出资 9000 万元，占注册资本的 90%，浙江尖峰药业有限公司出资 1000 万元，占注册资本的 10%；上海天士力公司已于 2003 年 12 月 30 日完成上述变更的工商登记手续，变更后公司名称仍为"上海天士力药业有限公司"，注册资本为"人民币壹亿元"，经营范围为"中西药制剂、保健品及其他生物医药产品的研究、开发及相关"四技"服务，片剂、硬胶囊剂的生产"。目前，科研办公综合楼主体框架已完成，生产车间基础已打好，预计年底完工，2005 年投入生产。

七、公司 2003 年度利润分配方案

经浙江天健会计师事务所审计，本公司 2003 年度合并会计报表净利润为 141,187,561.99 元。按母公司会计报表净利润 145,035,844.42 元的 10%提取法定盈余公积金 14,503,584.44 元，提取 5%法定公益金 7,251,792.22 元。加上合并会计报表年初未分配利润 173,977,670.11 元，减去 2003 年按照 2002 年度利润分配方案，派发的现金股利 95,000,000 元(含税)后，本公司 2003 年度合并会计报表未分配利润为 198,409,855.44 元。本次股利分配拟以 2003 年末总股本 28500 万股为基数，向全体股东按每 10 股派发现金股利 3 元(含税)，派发现金股利总额为 85,500,000 元(含税)。

八、其他事项

1、公司关于关联方资金往来和对外担保情况的自查报告

根据证监会、国资委联合发布的《关于规范上市公司与关联方资金往来及上市公司对外担保若干问题的通知》(证监发[2003]56 号)(以下简称《通知》)。按照《通知》要求，本公司对上述资金往来和对外担保情况进行了自查并向中国证监会天津证管办递交了自查报告，公司不存在《通知》中所述的关于关联方违规占用资金的情况和对控股股东及其他关联方提供担保的情况。

2、注册会计师对公司控股股东及其他关联方占用资金情况的专项说明

浙江天健会计师事务所根据《通知》要求，出具了浙天会[2004]第 82 号《关于天津天士力制药股份有限公司 2003 年度关联方占用资金状况的专项说明》。会计师认为：截至 2003 年 12 月 31 日止，除公司与控股股东及其他关联方发生的正常资金往来，未发生公司控股股东及其他关联方存在《通知》中所述违规占用资金情况。

3、独立董事对公司累计和当期对外担保情况、执行前述规定情况的专项说明及独立意见

公司独立董事认为：本公司未曾向控股股东及本公司持股 50%以下的其他关联方、任何非法人单位或个人提供担保，且对外担保总额未超过最近一个会计年度合并会计报表净资产的 1%。

第八节　财务报告

审计报告

浙天会审[2004]第 298 号

天津天士力制药股份有限公司全体股东：

我们审计了贵公司 2003 年 12 月 31 日的资产负债表和合并资产负债表、2003 年度的利润及利润分配表和合并利润及利润分配表，以及 2003 年度的现金流量表和合并现金流量表。这些会计报表的编制是贵公司管理当局的责任，我们的责任是在实施审计工作的基础上对这些会计报表发表意见。

我们按照中国注册会计师独立审计准则计划和实施审计工作，以合理确信会计报表是否不存在重大错报。审计工作包括在抽查的基础上检查支持会计报表金额和披露的证据，评价管理当局在编制会计报表时采用的会计政策和作出的重大会计估计，以及评价会计报表的整体反映。我们相信，我们的审计工作为发表意见提供了合理的基础。

我们认为，后附会计报表符合国家颁布的企业会计准则和《企业会计制度》的规定，在所有重大方面公允反映了贵公司 2003 年 12 月 31 日的财务状况以及 2003 年度的经营成果和现金流量。

浙江天健会计师事务所有限公司

中国注册会计师　胡少先

中国·杭州　中国注册会计师　王　强

报告日期：2004 年 3 月 7 日

新疆赛里木现代农业股份有限公司

新疆赛里木现代农业股份有限公司2003年年度报告

重要提示

本公司董事会及其董事保证本报告所载资料不存在任何虚假记载、误导性陈述或者重大遗漏,并对其内容的真实性、准确性和完整性承担个别及连带责任。

公司年度财务报告已经天津五洲联合会计师事务所审计并出具了标准无保留意见的审计报告。

公司负责人董事长王成耀先生、总经理武宪章先生、财务负责人朱锋先生、会计机构负责人刘桂秀女士声明:保证年度报告中财务会计报告的真实、完整。

第一章 公司简介

一、公司法定中文名称:新疆赛里木现代农业股份有限公司

公司法定英文名称:XINJIANG SAYRAM MODERN AGRICULTURE CO.,LTD.

二、法定代表人:王成耀

三、董事会秘书:王国军

联系电话:0909-2268189

传真:0909-2268162

电子信箱:http://www.wgjbl@sina.com

联系地址:新疆博乐市红星路158号

四、公司注册地址,办公地址及其邮政编码,国际互联网网址、电子信箱:

公司注册地址:新疆博乐市红星路158号

办公地址:新疆博乐市红星路158号

邮政编码:833400

公司互联网址:http://www.xinsai.com

公司电子信箱:slmny-bl@mail.xj.cninfo.net

五、公司选定的信息披露报纸名称,登载年度报告的中国证监会指定网站的网址,年度报告备置地点:

指定信息披露报纸:《上海证券报》

指定信息披露互联网网址:http://www.sse.com.cn

年度报告备置地点:公司证券部

六、公司股票上市交易所、股票简称和股票代码:

公司股票上市地:上海证券交易所

股票简称:新赛股份

股票代码:600540

七、其他有关资料:

公司首次注册登记日期:1999年12月22日

公司首次注册登记地点:新疆乌鲁木齐市

公司注册登记地点:新疆维吾尔自治区工商行政管理局

企业法人营业执照注册号:6500001000771号

税务登记号码:国税乌字65270171890181X

聘请的会计事务所名称:天津五洲联合会计师事务所

聘请的会计事务所地址:新疆乌鲁木齐市解放北路30号财联大厦十、十一楼

第二章 会计数据和业务数据摘要

一、本年度利润指标及构成(单位:人民币元)

项目	金额
1、利润总额	42,569,475.99
2、净利润	42,569,475.99
3、扣除非经常性损益后的净利润	43,017,718.60
4、主营业务利润	69,164,359.80
5、其他业务利润	11,127,832.81
6、营业利润	43,017,718.60
7、投资收益	--
8、补贴收入	--
9、营业外收支净额	-448,242.61
10、经营活动产生的现金流量净额	56,592,170.04
11、现金及现金等价物净增加额	333,134,780.34

注:扣除非经常性损益项目和涉及金额:

项目	金额(元)
1、处置长期股权投资产生的损益	-
2、短期投资损益	-
3、对非金融企业收取的资金占用费	-
4、营业外收入	303,913.21
5、营业外支出(减值准备除外)	752,155.82
合计	-448,242.61

二、近三年主要会计数据及财务指标

项目	计量单位	2003年度
主营业务收入	万元	44,603.81
净利润	万元	4,256.95
总资产	万元	90,888.37
股东权益(不含少数股东权益)	万元	56,939.08
每股收益(摊薄)	元/股	0.28
每股净资产	元	3.80
调整后的每股净资产	元/股	3.77
每股经营活动产生的现金流量净额	元/股	0.38

项目	2002年度	2001年度
主营业务收入	41,535.65	32,646.11
净利润	4,251.25	4,394.57
总资产	51,044.72	50,391.10
股东权益(不含少数股东权益)	21,098.83	16,680.83
每股收益(摊薄)	0.43	0.44
每股净资产	2.11	1.67
调整后的每股净资产	2.07	1.65
每股经营活动产生的现金流量净额	0.62	-0.14

三、本年度利润表附表 (单位:人民币元)

报告期利润全面摊薄	净资产收益率(%)加权平均
主营业务利润	29.78
营业利润	18.52
净利润	18.33
扣除非经常性损益后的净利润	18.52

报告期利润全面摊薄	每股收益 全面摊薄	每股收益 加权平均
主营业务利润	0.46	0.69
营业利润	0.29	0.43
净利润	0.28	0.43
扣除非经常性损益后的净利润	0.29	0.43

注:以上财务数据与指标均按照中国证监会《公开发行证券的公司信息披露编报规则(第9号)》要求计算本年度利润的净资产收益率和每股收益。

四、报告期内股东权益变动情况 (单位:人民币元)

项目	股本	资本公积	盈余公积
期初数	100,000,000	53,667,466.48	20,448,120.62
本期增加	50,000,000	265,833,041.92	6,385,421.40
本期减少			
期末数	150,000,000	319,500,508.40	26,833,542.02

项目	其中:法定公益金	现金股利
期初数	6,816,040.20	36,872,683.45
本期增加	2,128,473.80	15,000,000.00
本期减少		
期末数	8,944,514.00	15,000,000.00

项目	未分配利润	股东权益合计
期初数	210,988,270.55	
本期增加	36,184,054.59	358,402,517.91
本期减少	15,000,000.00	
期末数	58,056,738.04	569,390,788.46

变动原因:

1、报告期内发行5000万股流通股导致股本增加;

2、发行新股溢价导致资本公积增加;

3、盈余公积和法定公益金增加是由于报告期内按税后利润的10%和5%分别提取了法定盈余公积金和公益金;

4、未分配利润增加部分是由报告期实现净利润转入;

减少部分是因为:

① 按比例计提了法定盈余公积金和公益金;

② 董事会利润分配预案预计分配现金股利1500万元。

5、股东权益增加是因报告期发行流通股及新增净利润所致。

第三章 股本变动及股东情况

一、公司股份变动情况 (数量单位:万股)

	本次变动前	本次变动增减(+,-) 配股	送股	公积金转股	增发	首次发行新股	小计	本次变动后
一、未流通股份								
1、发起人股份	10000							10000
其中:国家持有股份								
境内法人持有股份	10000							10000
境外法人持有股份								
其他								
2、募集法人股份								
3、内部职工股								
4、优先股或其他								
未上市流通股份合计	10000							10000
二、已上市流通股份								
1、人民币普通股						+5000	+5000	5000
2、境内上市的外资股								
3、境外上市的外资股								
4、其他								
已上市流通股份合计						+5000	+5000	5000
三、股份总数	10000					+5000	+5000	15000

注:1、截止2003年12月31日,公司流通股份5000万(A股)股票尚未上市流通,于2004年1月7日上市流通。

2、本公司没有基金配售股份、柜台交易公司内部职工股份、战略投资者配售股份、一般法人配售股份。

二、股票发行与上市情况

1、1999年12月22日,本公司是经新疆维吾尔自治区人民政府新政函[1999]173号文批准,由新疆艾比湖农工商联合企业总公司作为主要发起人,以其所拥有的博乐霍热农场、博乐塔斯尔海农场、博乐塔格特农场的农业生产经营性净资产作为出资投入,新疆生产建设兵团农五师农业生产资料公司、博尔塔拉蒙古自治州国资经营有限责任公司、新疆金融租赁有限公司、新疆兵团农五师农机公司分别以现金方式投入,以发起方式设立。

2、200年12月19日,经中国证券监督管理委员会证监发行字[2003]134号文核准,本公司利用上海证券交易所交易系统,采用向沪市、深市二级市场投资者定价配售的方式发行了5,000万股、每股面值1.00元的人民币普通股(A股),每股发行价格6.67元。

3、2004年1月7日,经上海证券交易所上证上字[153]号文《关于新疆赛里木现代农业股份有限

公司人民币普通股股票上市交易的通知》批准,本公司发行的5,000万股社会公众股在上海证券交易所挂牌上市交易。股票简称:"新赛股份",沪市股票代码"600540",深市代理股票代码" 003540 "。

4、公司报告期内无送股、转增股本、配股、增发新股、吸收合并、可转换公司债券转股、减资、内部职工股或公司职工股上市或其他原因引起公司股份总数及结构变动的情况。

5、公司没有内部职工股。

三、股东情况介绍

(一)报告期末股东总数

截止2003年12月31日,持有本公司股份的股东总数为45900户,其中发起人股东5户。

(二)公司股本结构表

股东单位	股份种类	股本(股)	所占比例
国有法人股	A股	100,000,000	66.67
社会公众股东	A股	50,000,000	33.33
合计		150,000,000	100

(三)截止2003年12月31日,持有本公司5%以上(含5%)股份及前十名股东的持股情况

股东名称	年度内增减(股)	年末持股数量(股)	比例(%)	股份类别(已流通或未流通)	质押或冻结的股份数量(股)	股东性质(国有股东或外资股东
新疆艾比湖农工商联合企业总公司		96,941,000	64.63	未流通	无	国有法人股
新疆生产建设兵团农五师农业生产资料公司		1,086,000	0.72	未流通	无	国有法人股
博尔塔拉蒙古自治州国资经营有限责任公司		987,000	0.66	未流通	无	国有法人股
新疆金融租赁有限责任公司		592,000	0.40	未流通	无	国有法人股
国通证券股份有限公司	+536,009	536,009	0.36	已流通	不祥	社会公众股东
新疆兵团农五师农机公司		394,000	0.26	未流通	无	国有法人股
德盛稳健证券投资基金	+88,000	88,000	0.06	已流通	不祥	社会公众股东
天同180指数证券投资基金	+72,000	72,000	0.05	已流通	不祥	社会公众股东
海富通精选证券投资基金	+65,000	65,000	0.04	已流通	不祥	社会公众股东
广发证券股份有限公司	+62,000	62,000	0.04	已流通	不祥	社会公众股东

前十名股东关联关系或一致行动的说明:公司国有法人股东无关联关系,也不属于《上市公司持股变动信息披露管理办法》中规定的一致行动人;其他流通股东未知其有关联关系,也未知其是否属于《上市公司持股变动信息披露管理办法》中规定的一致行动人。

(四)前十名流通股股东持股情况(单位数量:股)

股东名称(全称)	年末持有流通股的数量	种类(A、B、H股或其它)
国通证券股份有限公司	536,009	A股
德盛稳健证券投资基金	88,000	同上
天同180指数证券投资基金	72,000	同上
海富通精选证券投资基金	65,000	同上
广发证券股份有限公司	62,000	同上
国泰君安证券股份有限公司	57,000	同上
招商股票投资基金	54,000	同上
国元证券有限责任公司	51,000	同上
国信证券有限责任公司	44,000	同上
全国社保基金一零六组合	44,000	同上

前十名流通股股东关联关系的说明:

公司未知前10名流通股股东之间有无关联关系,也未知其是否属于《上市公司股东持股变动信息披露管理办法》中规定的一致行动人。

(五)公司控股股东和实际控制人情况

1、公司名称:新疆艾比湖农工商联合企业总公司

2、法定代表人:张永乐

3、成立日期:1999年1月1日

4、注册资本:18,400万元

5、主要经营业务和管理活动:主营农副产品种植、养殖,农副产品加工、销售;兼营百货、农资供应、农用机械修理、发供电、水泥销售。

6、本报告期内,公司控股股东未发生变化,所持有的本公司股份未发生质押、冻结、托管等情况。

(六)其他持股10%以上(含10%)的法人股东情况简介

公司除控股股东新疆艾比湖农工商联合企业总公司持有公司股份总额的64.63%外,无其他持股在10%以上(含10%)的法人股东。

(七)本报告期内,公司无持有本公司5%以上股份的流通股股东。

第四章　董事、监事、高级管理人员和员工情况

一、公司董事、监事、高级管理人员情况

(一)基本情况

1、董事、监事、高级管理人员在公司任职及持股情况

姓　名	职务	性别	年龄	任期起止日期	年初持股数	年末持股数	变动原因
王成耀	董事长	男	45	2002.12-2005.12	0	0	
武宪章	董事、总经理	男	39	2002.12-2005.12	0	0	
冯　焰	董事	男	45	2002.12-2005.12	0	0	
王春全	董事	男	44	2002.12-2005.12	0	0	
吕国柱	董事	男	46	2002.12-2005.12	0	0	
李　惠	董事	女	45	2002.12-2005.12	0	0	
傅正保	董事	男	45	2002.12-2005.12	0	0	
秦山鼎	独立董事	男	62	2002.12-2005.12	0	0	
陈旭东	独立董事	男	38	2002.12-2005.12	0	0	
全秉中	独立董事	男	68	2002.12-2005.12	0	0	
孙德生	独立董事	男	41	2002.12-2005.12	0	0	
林　琦	监事会主席	女	40	2002.12-2005.12	0	0	
王仲林	监事	男	45	2002.12-2005.12	0	0	
王江伟	监事	男	34	2002.12-2005.12	0	0	
钟才福	监事	男	43	2002.12-2005.12	0	0	
张　欣	监事	男	40	2002.12-2005.12	0	0	
马中泽	副总经理	男	53	2002.12-2005.12	0	0	
周新民	副总经理	男	41	2002.12-2005.12	0	0	
王国军	董事会秘书	男	42	2002.12-2005.12	0	0	
朱　锋	总经理助理、财务负责人	男	37	2002.12-2005.12	0	0	
张喜朝	总农艺师	男	47	2002.12-2005.12	0	0	

2、本公司董事、监事、高级管理人员在股东单位任职情况

姓名	任职的股东名称	在股东单位担任的职务	任职期间	是否领取报酬、津贴(是或否)
冯　焰	博乐霍热农场	场长	1999年3月起至2004年3月	是
王春全	博乐塔斯尔海农场	场长	1999年3月起至2004年3月	是
吕国柱	博乐塔格特农场	场长	2001年2月起至今	是
李　惠	新疆生产建设兵团农五师农资公司	经理	2000年6月起至今	是
傅正保	新疆金融租赁有限公司	总经理助理	2002年8月起至今	是
林琦博	乐塔斯尔海农场	计财科长	1999年3月起至今	是
王仲林	博乐塔格特农场	工会主席	1999年3月起至今	是
王江伟	新疆博尔塔拉蒙古自治州国资经营有限公司	业务经理	1999年12月起至今	是

(二)年度报酬情况

1、董事、监事和高级管理人员报酬的决策程序、报酬确定依据:

2003年1月27日,公司第二届董事会2003年第一次会议审议并通过了《公司高级管理人员薪资待遇》的议案;2003年2月28日,公司2002年度股东大会审议通过了《公司董事报酬、津贴标准的议案》、《公司监事津贴标准的议案》,确定了公司董事、监事报酬及津贴标准以及高级管理人员实行年薪制及年薪标准,按照公司董事会或股东大会决议及其绩效考核的结果领取相应的报酬,报酬实行年薪制,社会保险及其他福利按国家相关规定执行。

2、年度报酬数额区间:

报告期内在本公司领取报酬和津贴的董事、监事和高级管理人员共计19人,其中董事9人,监事3人,高级管理人员7人。

年度报酬总额为350,000元,其中金额最高的前三名董事的报酬总额为85,000元,金额最高的前三名高级管理人员的报酬总额为108,000元。

年度报酬总额在40,000元为2人,28000元为5人,5000元为12人。

不在公司领薪的董事、监事以及独立董事的报酬、津贴

(1)公司支付四名独立董事津贴标准合计为2万元。差旅费由公司据实报销。除上述待遇外,公司不再给予独立董事任何其他利益。

(2)在股东单位任职,未在公司领薪的董事5人、监事3人,享受由公司给每人每年支付5,000元人民币的董事、监事津贴(含税)。

(三)报告期内离任的董事、监事、高级管理人员姓名及离任原因

本报告期内,公司董事、监事、高级管理人员无离任情况。

(四)公司董事、监事、高级管理人员持股变动情况

报告期内公司董事、监事、高级管理人员均未持有本公司股票,也未发生买卖本公司股票的情况。

二、公司员工情况

1、截至2003年12月31日,在职员工共1,516人(不含劳务用工),主要构成如下:

职称	人数	比例(%)
1、专业构成	1516	100.00
市场	112	7.39
管理	301	19.86
技术	259	17.08
生产	703	46.37
其他	141	9.30
2、教育程度	1516	100.00
本科以上	61	4
专科以上	345	22.76
中专以上	307	20.25
其他	803	52.97

注:退离休人员:公司无离退休人员。

2、员工社会保障情况。

公司依照国家有关法律、法规,为员工缴纳了社会统筹金,包括养老保险金、失业保险金、工伤保险金、生育保险金、医疗保险金(简称五金)。本报告期内,公司向农五师社会保险机构按月足额缴纳了五金。

第五章　公司治理结构

一、公司治理结构情况

(一)报告期内,公司严格按照《公司法》、《证券法》、《上市公司治理准则》等法律法规以及中国证监会颁布的相关规范性文件的要求,不断完善公司法人治理结构,规范公司运作行为。基本符合《上市公司治理结构准则》规范性文件的要求,公司目前的治理情况如下:

1、关于股东和股东大会:公司能够确保所有股东、特别是中小股东享有平等的地位,能充分行使自己的权利;公司按照《公司章程》和《股东大会议事规则》的要求,保证股东大会召集召开合法、规范、有序;公司的关联交易公平合理,并充分披露了定价原则,有效执行关联股东表决回避制度。

2、关于董事与董事会:公司严格按照《公司章程》规定的董事选聘程序选举董事,公司董事会的人数和人员构成符合法律、法规规定,公司全体董事熟悉有关法律法规,了解作为董事的权利、义务和责任,勤勉尽责,认真出席董事会会议。

3、关于监事和监事会:公司监事会的人数和人员构成符合法律、法规规定。全体监事依据《公司章程》赋予的监督职责,本着对股东负责的精神,积极对公司财务以及董事、经理和其他高级管理人员履行职责的合法合规性进行监督检查。

4、关于控股股东与上市公司的关系:公司控股股东严格按照中国证监会的有关规定规范自己的行为,通过股东大会行使出资人的权利,未干预公司决策及生产经营活动。

5、关于绩效评价与激励约束机制:公司初步建立了高级管理人员绩效评价与激励约束机制,目前以目标责任制和业绩考评为主;经理人员的聘任公开、透明,符合法律法规的规定。

6、关于相关利益者:公司能充分维护利益相关者的合法权益;在经济交往中,按照公平、公正、互惠互利的市场化原则进行商业交易活动,努力实现公司与社会共同发展;在公司内部实现股东、用户、员工、社会等各方利益的协调平衡,共同推动公司健康发展。

7、关于信息披露与透明度:公司指定董事会秘书负责公司信息披露工作、接待投资者来访和咨询,并指定《上海证券报》为公司信息披露的报纸。公司严格按照有关法律、法规及规范性文件的规定,真实、准确、完整、及时地披露相关信息。同时公司十分重视与投资者之间的关系管理工作,设有专门机构、专人整理和处理中小股东的意见和咨询,与投资者进行即时沟通,听取投资者对公司发展的意见,并确保所有股东有平等的机会获得信息。

公司董事会、监事会以及高级管理人员均能遵照《公司法》、《公司章程》及相关法律法规和公司各项管理制度要求,认真履行职责,维护公司的整体利益,公平对待所有股东,不存在侵犯中小股东利益的行为。

(二)公司治理结构存在的问题

公司的高级管理人员绩效考评体系以及激励和约束机制只是初步建立,有待进一步健全完善。公司董事会下设专门委员会的工作正在积极筹备。

二、独立董事履行职责情况

报告期内,公司4名独立董事能够认真履行法律、法规和公司章程赋予的职责和义务,出席了本年度的历次董事会和股东大会会议,并对会议讨论的各项议题发表意见并表决,对需发表独立意见的议案均发表了独立意见;独立董事在关联交易决策、公司发展规划、重大投资决策、法人治理结构完善等方面积极参与并提出了许多建设性意见,充分发挥了独立董事的作用;坚持了董事会决策的科学性、客观性、谨慎性原则,切实地维护了公司整体利益和全体投资者的合法权益。

三、公司独立运作情况

本公司具有较为完善的法人治理结构,公司与控股股东及其下属公司在人员、资产、财务、业务、机构等方面做到了分开,本公司具有面向市场的独立运营能力。

1、在人员方面，本公司在劳动、人事及工资管理等方面独立，公司总经理、副总经理及其他高级管理人员均在本公司领取报酬，未在股东单位担任任何职务。

2、在资产方面，公司拥有独立完整的生产系统及销售体系，拥有独立的商标，非专利技术等无形资产。资产完整、产权清晰。

3、在财务方面，公司与控股股东各自独立核算，公司设有独立的财务部门和独立的银行帐户。作为独立纳税人，依法独立纳税，并制订了独立的的会计核算体系和财务管理制度。

4、业务独立，公司在业务方面具有独立完整的业务及自主经营的能力，公司与控股股东在业务方面严格分开，和控股股东也不存在同业竞争的情况；公司控股股东严格按照中国证监会的有关规定规范自己的行为，没有超越股东大会直接或间接干预公司的决策和经营活动；公司拥有独立的技术、生产、采购、销售等系统及相关的配套设施。

5、机构分开，公司设有股东大会、董事会、监事会和经理层等机构，有独立的机构设置和管理体系。公司的董事和经理人选的产生均符合法定程序，"三会"运作良好，各机构均独立于控股股东，在职能上与控股股东不存在上下级关系，不存在大股东干预公司董事会和股东大会已做出的人事任免决定和机构设置的情况。

四、高级管理人员的选择、考评、激励和约束机制

根据公司章程规定，股东大会选举产生董事会、监事会成员；董事会聘任或解聘总经理和董事会秘书，并聘任或解聘由总经理提名的副总经理、财务负责人等高级管理人员。

公司董事、监事、高管人员的报酬事项和奖惩事项，由公司董事会提出方案，报董事会、股东大会批准后执行。

董事会按年度对公司高级管理人员的业绩和履职情况进行综合考评，高级管理人员在任期内成绩显著的，可由公司董事会作出奖励决议，奖励措施包括现金奖励、实物奖励及其他奖励方式，对于考评不合格的高管人员予以降薪、降职或者解聘。

第六章　董事会报告

一、报告期内公司整体经营情况讨论与分析

报告期内，公司首次公开发行股票5000万(A股)股票于2003年12月19日在上海证券交易所成功发行，并于2004年1月7日在上海证券交易所挂牌上市交易。公司董事会及经营层严格执行公司的经营战略，运用科学种植手段，大力推行精准播种、施肥、灌溉等六大技术，强化落实田间管理和综合防治措施，经过公司全体员工的共同努力，圆满完成了既定的经营目标，公司经济效益稳步增长；同时相对应的承包农户的收入较去年有一定幅度增长，极大地调动了棉农植棉积极性，有利于推进公司土地承包全费自理政策的实施以及促进生产经营模式的优化，从而降低公司管理风险，提高资金的运转效率，同时为公司的持续发展创造了良好的环境，打下了扎实基础。

报告期内公司运作规范、生产经营稳健、技术措施到位、产品品质优良、内控制度严谨、管理体系完整、经济效益稳定；同时公司的生产水平、研发力量、盈利水平、治理结构、企业形象、管理能力、风险控制、综合实力和核心竞争力都得到了进一步加强和提高。

二、报告期内公司经营情况

(一)报告期内主营业务范围

1、本公司属于农业行业，是一家以棉花种植、加工、销售，农作物种子的研发、繁育、加工、销售和农业高新技术研发为主营业务，集科、农、工、贸、研发为一体的新疆维吾尔自治区高新技术企业和农业产业化国家重点龙头企业。

2、公司经营范围：农作物种植；农业高新技术产品的研究及开发；农副产品(粮食收储、批发除外)的加工和销售。农业机械及配件的销售。棉花加工。农作物种子生产及销售；食用植物油的销售；籽棉收购、加工。水果、蔬菜的保鲜。针纺织品的生产、销售。农用节水设备的生产销售。皮棉经营。公司产品主要有：皮棉、棉籽、棉种等。公司主营业务为棉花种植，加工、销售；棉种研发、繁育、加工及销售；农业高新技术产品的研究及开发。

(二)报告期内经营状况

1、报告期内公司实现主营业务收入、主营业务利润的构成情况：

行业名称	主营业务收入(元)	占公司主营业务收入的比例(%)	主营业务利润(元)	占公司主营业务利润的比例(%)
棉花	360,108,796.35	80.73	42,181,027.89	60.99
短绒	9,085,611.33	2.04	−409,751.92	−0.59
籽棉	3,516,827.48	0.79	490,975.98	0.71
棉种	19,707,410.98	4.42	10,532,918.16	15.23
棉籽	37,496,263.40	8.41	15,783,025.88	22.82
甜菜	551,154.42	0.12	−56,681.85	−0.08
其他农副产品	15,572,045.08	3.49	642,846.66	0.92
合计	446,038,109.04	100	69,164,359.80	100

2、报告期内占公司主营业务利润10%以上的主营行业和主营业务收入构成情况

(1)主营业务收入行业构成情况

	主营业务收入(元)		占总收入的比例(%)	
分行业或分产品	2003年	2002年	2003年	2002年
棉花	422,699,025.41	393,197,130.83	95.46	94.66
棉种	19,707,410.98	16,128,294.95	4.42	3.88
合计	442,406,436.39	409,325,425.78	99.19	98.55

增减变化主要原因说明：销售的增长主要来自于棉花产品销售的增长，尤其是皮棉销售收入的增长。

(2)主营业务收入构成情况(按地区)

地区	主营业务收入(元)	比例%
疆内	446,038,109.04	100
合计	446,038,109.04	100

(3)主营业务赢利能力(毛利率)

行业名称	主营业务收入(元)	占公司主营业务收入的比例(%)	主营业务成本(元)
棉花	422,699,025.41	94.77	362,095,602.09
棉种	19,707,410.98	4.42	9,096,717.26
其中:关联交易	无		

行业名称	毛利率(%)	主营业务收入比上年增减(%)	主营业务成本比上年增减(%)	毛利率比上年增减(%)
棉花	14.34	7.5	10.99	−2.69
棉种	53.84	22.19	−2.67	11.79
其中:关联交易				

公司主营业务的毛利率比上年下降1.8%，未发生重大变化，仍然保持了较高的赢利能力。

3、经营成果及财务状况

(1)经营成果及利润构成

(单位：人民币元)

项目	2003年度	2002年度	本年比上年同期增减(%)
主营业务收入	446,038,109.04	415,356,510.12	7.39
主营业务利润	69,164,359.80	71,787,957.59	−3.65
其他业务利润	11,127,832.81	9,099,313.56	22.29
营业利润	43,017,718.60	42,823,507.90	0.45
投资收益	--	--	--
补贴收入	--	--	--
营业外收入	303,913.21	176,523.60	72.17
营业外支出	752,155.82	487,491.78	54.29
利润总额	42,569,475.99	42,512,539.72	0.13
净利润	42,569,475.99	42,512,539.72	0.13

(1)公司2003年度主营业务收入较上年同期增加3,068.16万元，增长7.39%，主要系皮棉销售价格上涨所致；主营业务利润较上年同期降低−3.65%，降低262.36万元，主要原因是籽棉收购价格上升导致了棉花相关产品成本上升所致；其他业务利润较上年同期增加22.29%，增加202.85万元，主要原因是家庭农场实际上缴利润增加所致；营业利润较上年同期增加0.45%，增加19.42万元，主要原因是家庭农场实际上缴利润增加所致；利润总额较上年同期增加0.13%，增加5.69万元，主要原因是家庭农场实际上缴利润增加所致。

(2)报告期内的财务状况

(单位：人民币万元)

项目	2003年度	2002年度	比上年增减额%
资产总额	90,888.37	51,044.72	78.06
负债总额	33,949.29	29,945.89	13.37
股东权益	56,939.08	21,098.83	169.87
现金及现金等价物净增加额	33,313.48	546.16	5999.58

报告期内，公司财务状况良好，报告期末公司总资产达到90,888.37万元，负债总额33,949.29万元，股东权益56,939.08万元(不含少数股东权益)，分别比上年同期增加39,843.65万元、4,003.4万元、35,840.25万元。资产的增加主要是由于公司发行新股取得募集资金所致，负债的增加主要是尚未结算的应付家庭农场的各种款项以及预扣生产资料款增加所致，另外，本公司实现净利润也使总资产相应增加。股东权益比上年增加169.87%，主要原因为公司发行新股使股本增加5,000万元和资本公积增加26,583.3万元及本年度净利润增加所致。现金及现金等价物净增加额较上年同期增加32,767.32万元，主要为本公司发行新股取得资金所致。

(三)报告期内主营业务变化情况

公司主营业务及其结构较前一期报告期无重大变化。

三、报告期内公司主要控(参)股子公司的经营情况及业绩报告期内公司无控(参)股子公司。

四、报告期内公司主要供应商、客户情况

1、向前5名供应商采购额合计为7,323万元，约占公司全年采购总额的97%。

2、向前5家主要客户销售额合计为39,931.27万元，约占公司全年销售总额的89.52%。

五、公司经营中出现的问题、困难与解决方案

1、本报告期内，公司在经营过程中存在以下问题：

(1)公司存在产品较为单一问题；

(2)公司存在客户较为单一问题；

(3)公司存在着季节性业绩波动问题。

2.解决方案

(1)公司将运用募集资金，按照轻重缓急、积极稳妥地投资一批农业产业化重点项目，通过延长农业产业链，进一步提高农产品的科技含量和附加值，逐步作大作强主业，形成以种业为龙头、棉业为基础、重点发展农产品深加工和特色产业并举的产业结构，改善单一产品结构，增强公司抗市场风险的能力。

(2)公司将致力于开拓销售市场建设，加大市场开拓力度，增加销售网络建设投入，实施品牌战略，培养战略客户，并通过自建或收购兼并等方式建设较为完善的销售网络，解决单一销售客户问题。

(3)公司将通过尽快实施农业产业化项目，加强经营管理和财务管理，来平衡、降低和避免由于季节性业绩波动可能给公司带来的负面影响。

六、公司计提坏帐准备情况说明

报告期内，本公司计提坏帐准备金额共计3,074,815.93元，占本公司2003年12月31日资产总额908,883,682.45元的0.34%，占净利润42,569,475.99元的7.22%，

计提坏帐准备情况具体如下：(单位：人民币元)

项目	行次	年初余额	本期增加数
一、坏帐准备合计	1	7,806,072.37	3,074,815.93
其中：应收帐款	2	1,134,690.91	101,632.39
其他应收款	3	6,671,381.46	2,973,183.54
项目		本年减少数	年末余额
一、坏帐准备合		--	10,880,888.30
其中：应收帐款		--	1,236,323.30
其他应收款		--	9,644,565.00

七、公司报告期内投资情况

(一)股权投资情况

报告期内，公司无股权投资情况。

(二)募集资金使用情况：

募集资金总额(万元)	31,441.04	本报告期已使用募集资金总额(万元)		
		本报告期已累计使用募集资金总额(万元)		
承诺项目		拟投入金额(万元)	是否变更项目	实际投入金额(万元)
棉粮种子产业化项目		14531		
机采棉及精准技术项目		10045		
霍热灌区万亩滴灌自动化控制系统示范工程建设项目		2787		
塔斯尔海灌区3万亩滴灌节水建设项目		2976		
塔格特灌区高效节水工程改造建设项目		2768		
苗木快繁基地建设项目		2286		
年产4000吨农业节水灌溉管材项目		2998.25		
3万亩现代农业综合开发园区建设项目		2980		
3000吨果品气调保鲜库建设项目		1303		
枸杞深加工项目		2976		
合　计		45650.25	−	

未达到计划进度和收益的说明(分具体项目)

变更原因及变更程序说明(分具体项目)

募集资金总额(万元)	31,441.04	本报告期已使用募集资金总额(万元)	
		本报告期已累计使用募集资金总额(万元)	
承诺项目		产生收益金额(万元)	是否符合计划进度和预计收益
棉粮种子产业化项目			
机采棉及精准技术项目			
霍热灌区万亩滴灌自动化控制系统示范工程建设项目			

塔斯尔海灌区 3 万亩滴灌节水建设项目	
塔格特灌区高效节水工程改造建设项目	
苗木快繁基地建设项目	
年产 4000 吨农业节水灌溉管材项目	
3 万亩现代农业综合开发园区建设项目	
3000 吨果品气调保鲜库建设项目	
枸杞深加工项目	
合　计	–
未达到计划进度和收益的说明(分具体项目)	
变更原因及变更程序说明(分具体项目)	

注:1、公司于 2003 年 12 月 19 日通过首次公开发行 5,000 万股人民币普通股(A 股),实际募集资金 31,441.04 万元,该项资金于 2003 年 12 月 25 日到位,在报告期末尚未使用,以货币资金形式存于银行募集资金专户中。

2、公司承诺的募集资金项目中的棉粮种子产业化项目,预计固定资产投资 14,531 万元,截至本报告期末,公司实际累计完成本项目-良种繁育基地建设子项目投资 1,950.3 万元,由公司利用自有资金垫付。该项目收益体现在公司整体业绩中。

(三)、非募股资金投资情况:

项目名称	工程量	项目金额(万元)	项目进度
一、生产队办公室、公厕、围墙综合建设		871.43	已完工
二、生产队农田机耕道建设		330.58	已完工
合计		1,202.1	--

项目名称	项目收益情况
一、生产队办公室、公厕、围墙综合建设	该项目收益体现在公司整体业绩中
二、生产队农田机耕道建设	该项目收益体现在公司整体业绩中
合计	

八、报告期内的财务状况、经营成果分析　(单位:人民币万元)

项目	2003 年	2002 年	2003 年比 2002 年增减变动%
资产总额	90,888.37	51,044.72	78.06
长期负债	554.30	1,070.53	-48.22
股东权益	56,939.08	21,098.83	169.87
主营业务利润	6,916.44	7,178.80	-3.65
净利润	4,256.95	4,251.25	0.13
现金及现金等价物净增加额	33,313.48	546.16	5999.58

1、资产的增加主要是由于公司发行新股取得 31,441.04 万元募集资金和本公司实现净利润也使总资产相应增加。

2、长期负债较上年同期减少-48.22%,降低 516.23 万元,主要原因是公司有 573.43 万元的长期负债将于 2004 年到期,转入一年内到期的长期负债项目反映。

3、股东权益比上年增加 169.87%,主要原因为公司发行新股使股本和资本公积增加 31,441.04 万元及本年度净利润增加所致。

4、主营业务利润较上年同期减少 3.65%,减少 262.36 万元,主要原因籽棉收购价上扬导致了棉花相关产品成本的上升。

5、净利润较上年同期增加 0.13%,增加 5.69 万元,增长主要是家庭农场上交利润增加所引起的。

6、现金及现金等价物较上年同期增加 32,767.31 万元,主要为本公司发行新股取得资金所致。

九、报告期内生产经营环境及宏观政策的变化对公司经营成果产生重大影响

报告期内,公司无生产经营环境及宏观政策的变化对公司经营成果产生重大影响。

十、关于董事会日常工作情况

(一)报告期内董事会会议情况和决议内容

1、公司于 2003 年 1 月 27 日在新疆博乐市召开了第二届董事会 2003 年第一次会议,审议并通过了以下决议:

(1)、审议通过《公司 2002 年度总经理工作报告》;
(2)、审议通过《公司 2002 年度董事会工作报告》;
(3)、审议通过《公司 2002 年度财务决算报告》;
(4)、审议通过《公司 2002 年度利润分配预案》;
(5)、审议通过《2002 年度关联交易实际发生情况报告》;
(6)、审议通过《公司 2003 年度财务预算方案》;
(7)、审议通过《公司 2003 年度土地承包方案》;
(8)、审议通过《公司 2003 年生产经营计划》;
(9)、审议通过《聘请天津五洲联合会计师事务所为财务审计机构的议案》;
(10)、审议通过《公司董事报酬、津贴标准》的议案;
(11)、审议通过《公司监事津贴标准》的议案;
(12)、审议通过《公司高级管理人员薪资待遇》的议案;
(13)、审议通过《关于公司 2003 年度向债权银行办理借款的有关事宜》;
(14)、审议通过《召开公司 2002 年年度股东大会》的议案。

2、公司于 2003 年 7 月 20 日在新疆博乐市召开了第二届董事会 2003 年第二次会议,会议审议并通过以下决议:

(1)、审议通过天津五洲联合合伙会计师事务所,为公司出具了三年又一期的标准无保留意见的《五洲会字[2003]8-426 号<审计报告>》;
(2)、审议通过《公司 2003 年上半年财务工作报告》的决议;
(3)、审议通过《公司 2003 年上半年关联交易合同履行情况报告》的决议。

(二)、董事会对股东大会决议的执行情况:

报告期内,董事会按照国家法律、法规和公司《章程》的规定,严格执行了股东大会的各项决议,一切以维护股东利益为行为准则,全体董事认真地履行了股东大会赋予的职责,努力提高公司经济效益,圆满完成了年度工作计划。

十一、天津五洲联合会计师事务所为公司 2003 年年度报告出具了标准无保留意见的审计报告。

十二、2003 年度利润分配预案及资本公积金转增股本预案

1、利润分配预案

经五洲联合会计师事务所审计("五洲会字[2004]8-207 号"《审计报告》),本公司 2003 年度共实现净利润 42,569,475.99 元,根据《公司法》和《公司章程》以及股份制企业会计制度的有关规定,按当年净利润提取 10%法定盈余公积金 4,256,947.60 元,提取 5%法定公益金 2,128,473.80 元,加年初未分配利润为 36,872,683.45 元,本年度实际可供股东分配的净利润为 73,056,738.04 元。考虑到股东的利益和公司发展需要,董事会建议 2003 年度利润分配预案为:以 2003 年末总股本 150,000,000 股为基数,向全体股东每 10 股派发现金红利 1 元(含税),共计分配现金红利 15,000,000.00 元,占本次可分配利润的 20.53%,余额 58,056,738.04 元结转以后年度分配。

2、资本公积金转增股本的预案

根据"五洲会字 [2004]8-207 号"《审计报告》,公司 2003 年年末的资本公积金为 319,500,508.40 元,盈余公积金为 26,833,542.02 元。2003 年度资本公积金转增股本预案为:按 2003 年末总股本 150,000,000 股为基数,以每 10 股转增 2 股,向全体股东实施资本公积转增股本,共计转赠 30,000,000 股(每股面值 1 元)。公司总股本变为 180,000,000 股。本次转增完成后,公司资本公积金为 289,500,508.40 元。本预案经本次董事会审议通过后提请公司 2003 年度股东大会审议批准后实施。

十三、公司与关联方资金往来及对外担保情况

1、关于本公司与关联方资金往来和对外担保情况的自查情况

公司按照《关于规范上市公司与关联方资金往来及上市公司对外担保若干问题的通知》(证监发[2003]56 号)及乌证监函[2003]35 号文的规定,对公司 2003 年度与大股东及关联方已经发生的资金往来、资金占用以及对外担保情况进行了清理,并按照文件规定进行了自查。

2、天津五洲联合会计师事务所五洲会字[2004]8-279 号《关于新疆赛里木现代农业股份有限公司与控股股东及其他关联资金往来情况的专项说明》,内容如下:

我们接受委托,审计了新疆赛里木现代农业股份有限公司(以下简称"贵公司")2003 年 12 月 31 日资产负债表、2003 年度利润表及利润分配表、2003 年度现金流量表,出具了审计报告(五洲会字[2004]8-207 号)。根据中国证券监督管理委员会和国务院国有资产监督管理委员会发布的《关于规范上市公司与关联方资金往来及上市公司对外担保若干问题的通知》(证监发[2003]56 号)文的规定,现将我们在审计过程中注意到的 2003 年度新赛股份控股股东及其他关联方与新赛股份资金往来情况报告如下:(金额单位:人民币元)

用方名称	关联关系	占用原因	占用方式	期末余额	借方发生额
博乐塔格特农场	第一大股东的全资企业	预付防护林费用	其他应收款	428.806.70	428,806.70
博乐塔格特农场	第一大股东的全资企业	支付综合服务费	其他应付款	0.00	2,341,154.34
博乐塔斯尔海农场	第一大股东的全资企业	垫付暖气费	其他应付款	75,948.34	2,003,041.08
博乐霍热农场	第一大股东的全资企业	支付综合服务费	其他应付款	0.00	2,142,071.95

占用方名称	关联关系	贷方发生额	期初余额
博乐塔格特农场	第一大股东的全资企业	0.00	0.00
博乐塔格特农场	第一大股东的全资企业	738,000.00	1,603,154.34
博乐塔斯尔海农场	第一大股东的全资企业	2,078,989.42	0.00
博乐霍热农场	第一大股东的全资企业	2,142,071.95	0.00

3、公司独立董事关于公司当期对外担保情况及执行中国证监会证监发[2003]56 号文的专项说明和独立意见

根据中国证监会下发的《关于规范上市公司与关联方资金往来及上市公司对外担保若干问题的通知》[证监发[2003]56 号](简称"通知")精神,本着实事求是的态度,我们对新疆赛里木现代农业股份有限公司(下称新赛股份)的对外担保进行了认真的核查,现就相关情况说明如下:

经我们审慎调查,报告期内,新赛股份没有以任何形式为控股股东及本公司持股 50%以下的其他关联方、任何非法人单位和个人提供担保。

第七章　重要事项

一、本年度公司无重大诉讼、仲裁事项

二、报告期内公司无重大资产收购、出售资产、吸收合并事项

三、报告期内重大关联交易

2003 年度,公司根据生产经营的实际需要,与新疆艾比湖农工商联合企业总公司及其所属的霍热农场、塔斯尔海农场、塔格特农场在生产经营保障、房屋租赁、农用生产资料供应等方面发生了必要的合理的关联交易。关联交易价格是根据市场价格、无市场参照交易价格的按成本加不超过 10%的利润率确定的,交易公平、公允、符合市场原则。报告期内具体的关联交易事项详见本报告"第十章财务报告"中"附送四:新疆赛里木现代农业股份有限公司会计报表附注"部分。报告期内公司未发生新的重大关联交易事项。

四、报告期内,公司重大合同及其履行情况

1、公司未发生托管、承包、租赁其他公司资产或其他公司托管、承包、租赁公司资产且公司带来的利润达到当年利润总额 10%以上的情况。

2、公司没有为控股股东及其他关联方其他法人或自然人提供任何形式的担保或者抵押的情况。

3、公司没有发生委托他人进行现金资产管理事项。

4、报告期内,公司或持有公司股份 5%以上(含 5%)的股东未在指定报纸或网站上披露承诺事项,也无以前期间发生但延续到报告期的对公司经营成果、财务状况可能产生重大影响的承诺事项。

五、其他重要事项

1、报告期内公司荣获以下荣誉和资质:被国家农业部等九部委认定为第二批农业产业化国家重点龙头企业;被国家工商总局授予"守合同重信用企业";被新疆维吾尔自治区科学技术厅评定为"自治区高新技术企业";被中国农业银行新疆生产建设兵团分行认定为"AAA 级信用企业";被新疆博尔塔拉蒙古自治州人民政府评定为"AAA"信用等级企业;被新疆维吾尔自治区经贸委及海关、新疆生产建设兵团计划委等五部委联合评定为自治区级"企业技术中心"称号。

2、报告期内,公司续聘具有从事证券期货相关业务资格的天津五洲联合会计师事务所为公司财务审计机构,进行会计报表审计、净资产验证及其他相关的咨询服务等业务。由本公司支付给天津五洲联合会计师事务所年度报酬为 30 万元,审计期间的差旅费由公司承担。

3、报告期内本公司、公司董事会及其董事没有受到中国证监会稽查、中国证监会行政处罚、通报批评、证券交易所公开谴责的情况。

4、报告期内公司无更改名称或股票简称的情况。

5、报告期内,本公司没有应披露未披露的其他重大事项。

六、已披露重要信息索引

1、本公司招股说明书摘要于 2003 年 12 月 16 日刊载于《中国证券报》、《上海证券报》、《证券时报》上,本公司招股说明书全文及附录刊载于上海证券交易所网站 http//www.sse.com.cn 。

2、本公司向二级市场投资者定价配售发行公告于 2003 年 12 月 17 日刊载于《中国证券报》、《上海证券报》、《证券时报》上,本公司招股说明书全文及附录刊载于上海证券交易所网站 http//www.sse.com.cn 。

3、本公司首次公开发行股票上市公告书于 2003 年 12 月 31 日刊载于《中国证券报》、《上海证券报》、《证券时报》和上海证券交易所网站 http//www.sse.com.cn。

第八章　备查文件目录

一、载有董事长王成耀先生亲笔签名的年度报告正文。

二、载有法定代表人、主管会计工作负责人、会计机构负责人签名并盖章的会计报表;

三、载有会计师事务所盖章、注册会计师签名并盖章的审计报告原件;

四、报告期内在中国证监会指定报纸上公开披露过的所有公司文件的正本及公告的原稿;

五、上述文件的备置地点:本公司证券部。

新疆赛里木现代农业股份有限公司

董事长:王成耀

二 00 四年四月十六日

安徽方兴科技股份有限公司

安徽方兴科技股份有限公司2003年年度报告

重要提示

本公司董事会及其董事保证本报告所载资料不存在任何虚假记载、误导性陈述或者重大遗漏,并对其内容的真实性、准确性和完整性负个别及连带责任。

独立董事石秀和先生因公出差未能参加本次董事会,授权独立董事张传明先生代为行使表决权。董事韩高荣先生因出差未能参加本次董事会,授权委托董事长孙东兴先生代为行使表决权。

公司本年度财务报告已经安徽华普会计师事务所审计并出具了标准无保留意见的审计报告。

公司负责人董事长孙东兴先生,财务总监倪世臻先生和会计机构负责人李怀军先生声明:保证年度报告中财务会计报告的真实、完整。

第一章　公司基本情况简介

一、公司法定中文名称:安徽方兴科技股份有限公司

公司法定英文名称:Anhui Fangxing Science&Technology Co.,Ltd

公司中文名称缩写:方兴科技

二、公司法定代表人:孙东兴

三、公司董事会秘书:李群虎

联系地址:安徽省蚌埠市涂山路767号

邮政编码:233054

电　　话:0552-4077780

传　　真:0552-4077780

电子信箱:Lqh2858@vip.sina.com

四、公司注册地址:安徽省蚌埠市涂山路767号

办公地址:安徽省蚌埠市涂山路767号

邮政编码:233054

公司国际互联网址:http://www.fangxingkj.com

电子信箱:fxkj@fangxingkj.com

五、公司选定的信息披露报纸:《上海证券报》和《证券日报》

登载年度报告的中国证监会指定网站的网址:http://www.sse.com.cn

公司年度报告备置地点:安徽省蚌埠市涂山路767号

六、公司股票上市交易所:上海证券交易所

股票简称:方兴科技

股票代码:600552

七、公司的其他有关资料

公司首次登记注册日期:2000年9月30日

公司注册登记地点:安徽省蚌埠市涂山路767号

公司变更注册登记日期:2002年10月30日

公司注册登记地点:安徽省蚌埠市涂山路767号

企业法人营业执照注册号:3400001300126

税务登记号码:

国税:340304719957663

地税:34030071995766-3

公司聘请的会计师事务所名称、办公地址:

会计师事务所:安徽华普会计师事务所

地址:安徽省合肥市荣事达大道100号振信大厦九层

第二章　会计数据和业务数据摘要

一、公司2003年度主要业务数据

项目	金额(单位:元)
利润总额	25,310,047.03
净利润	16,450,934.92
扣除非经常性损益的净利润	16,401,952.16
主营业务利润	57,402,084.95
其他业务利润	630,982.79
营业利润	25,225,309.35
投资收益	11,629.09
补贴收入	0
营业外收支净额	73,108.59
经营活动产生的现金流量净额	54,598,927.94
现金及现金等价物净增减额	-92,862,545.49

非经常性损益项目	金额(单位:元)
补贴收入	0
营业外收入	73,629.35
营业外支出	520.76
会计政策变更增加(或减少)利润总额	0
其他	0
小计	73,108.59
所得税	24,125.83
合计	48,982.76

二、公司前三年的主要会计数据和财务指标(合并报表)

	2003年	2002年	2001年
主营业务收入	303,068,631.01	189,137,930.20	177,960,698.59
净利润	16,450,934.92	14,073,865.33	13,867,863.44
总资产	719,341,044.24	466,740,225.00	221,598,069.03
股东权益(不含少数股东权益)	319,763,210.18	312,312,275.26	87,312,344.66
每股收益	0.18	0.16	0.28
每股净资产	3.55	3.37	1.75
调整后的每股净资产	3.52	3.36	1.73
每股经营活动产生的现金流量净额	0.61	0.32	0.35
净资产收益率	5.14	4.51	15.88
扣除非经常性损益的净利润为基础计算的净资产收益率	5.13	11.28	17.33

三、报告期内股东权益变动情况

项目	股本	资本公积	盈余公积	法定公益金
期初数	90,000,000	192,354,607.76	5,055,337.56	1,799,606.88
本期增加			3,147,608.91	996,742.88
本期减少				
期末数	90,000,000	192,354,607.76	8,202,946.47	2,796,349.76
变动原因				

项目	未分配利润	股东权益合计
期初数	23,102,723.06	312,312,275.26
本期增加	3,306,583.13	7,450,934.92
本期减少		
期末数	26,409,306.19	319,763,210.18
变动原因		

第三章　股本变动及股东情况

一、股本变动情况

1、股本变动情况表

数量单位:股

	本次变动前	本次变动增减(+,-)						本次变动后
		配股	送股	公积金转股	增发	其他	小计	
一、未上市流通股份								
1、发起人股份	50,000,000							50,000,000
其中:								
国家持有股份								
境内法人持有股份	50,000,000							50,000,000
境外法人持有股份								
其他								
2、募集法人股份								
3、内部职工股								
4、优先股或其他								
未上市流通股份合计	50,000,000							50,000,000
二、已上市流通股								
1、人民币普通股	40,000,000							40,000,000
2、境内上市的外资股								
3、境外上市的外资股								
4、其他								
已上市流通股份合计	40,000,000							40,000,000
三、股份总数	90,000,000							90,000,000

2、股票发行与上市情况

2002年11月8日经中国证监会核准在上海证券交易所上市,发行人民币普通股40,000,000股,发行方式全部向二级投资者配售,发行价格人民币5.60元/股,发行日期为2002年10月23日,上市日期为2002年11月8日。

3、股东情况介绍

报告期末股东总数为22,003户。

前十名股东持股情况

股东名称(全称)	年度内增减	年末持股数量	比例(%)	股份类别(已流通或未流通)
华光集团	0	44,850,000	49.84	未流通
蚌埠玻璃设计院	0	2,000,000	2.22	未流通
浙江大学	0	2,000,000	2.22	未流通
蚌埠建设投资有限公司	0	1,000,000	1.11	未流通

蚌埠珠光复合材料公司	0	150,000	0.17	未流通
黄巍	+112,799	112,799	0.13	已流通
王斌芳	+109,000	109,000	0.12	已流通
周中星	+98,000	98,000	0.11	已流通
杨俭	+98,000	98,000	0.11	已流通
蒋国民	+46,000	96,000	0.11	已流通

前十名股东关联关系或一致行动的说明：国有股股东与其它社会公众股股东之间不存在关联关系或属于《上市公司股东持股变动信息披露管理办法》规定的一致行动人，社会公众股股东之间未知是否存在关联关系或一致行动人。

股东名称（全称）	质押或冻结的股份数量	股东性质（国有股东或外资股东）
华光集团	0	国有股
蚌埠玻璃设计院	0	国有股
浙江大学	0	国有股
蚌埠建设投资有限公司	0	国有股
蚌埠珠光复合材料公司	0	国有股
黄巍	0	社会公众股
王斌芳	0	社会公众股
周中星	0	社会公众股
杨俭	0	社会公众股
蒋国民	0	社会公众股

注：持有本公司5%以上股份的股东情况无变动。

持有本公司5%以上股份的股东中所持股份无质押、托管和冻结。

前十名流通股股东持股情况

股东名称(全称)	年末持有流通股的数量	种类(A、B、H股或其它)
黄巍	112,799	A
王斌芳	109,000	A
周中星	98,000	A
杨　俭	98,000	A
蒋国民	96,000	A
佘云昌	94,600	A
唐小桂	90,200	A
徐　敏	86,500	A
昆山新世界毛纺织制衣有限公司	79,000	A
李潮明	75,550	A

3、控股股东情况简介：

控股股东名称：安徽华光玻璃集团有限公司

法定代表人：孙东兴

成立日期：1989年

注册资本：20,318万元

经营范围：玻璃深加工制品、新型建材的制造，以及自产玻璃的出口和相关原材料的进口等业务。

股权结构：国有独资公司

第四章　董事、监事、高级管理人员和员工情况

一、董事、监事、高级管理人员

1、任董事、监事、高级管理人员情况

姓名	职务	性别	年龄	任期起止日期	年初持股数	年末持股数	变动原因
孙东兴	董事长	男	52	2003.10-至今	0	0	-
陈国良	副董事长	男	48	2003.10至今	0	0	-
关长文	董事兼总经理	男	41	2003.10-至今	0	0	-
韩高荣	董事	男	41	2003.10-至今	0	0	-
张传明	独立董事	男	49	2003.10-至今	0	0	-
石秀和	独立董事	男	54	2003.10-至今	0	0	-
王文献	监事会主席	男	49	2003.10-至今	0	0	-
管宏志	监事	男	43	2003.10-至今	0	0	-
葛宏艳	监事	女	31	2003.10-至今	0	0	-
李群虎	董秘会秘书	男	33	2003.10-至今	0	0	-
倪世臻	财务总监	男	53	2003.10-至今	0	0	-

2003年10月公司董事会、监事会换届改选，部分董、监事任期结束。

5.3　董事、监事和高级管理人员年度报酬情况

年度报酬总额	3.5万元
金额最高的前三名董事的报酬总额	0
金额最高的前三名高级管理人员的报酬总额	2.3万元
独立董事津贴	2万元
独立董事其他待遇	无

不在公司领取报酬、津　董事孙东兴、陈国良、关长文、韩高荣、张传明、石秀和贴的董事、监事姓名，监事王文献、葛宏艳不在公司领取报酬、津贴。

报酬区间	人数
1.0万元以下	1
1.0-1.5万元	2

人员情况

本公司成立以来，员工数量比较稳定，截止到2003年12月31日，本公司员工总数为758人。结构如下：

(1)按文化程度构成：

大学学历	145人	占总人数的19%
大专学历	164人	占总人数的22%
高中学历	321人	占总人数的42%
初中学历	128人	占总人数的17%

(2)按职称构成：

高级职称	18人	占总人数的2%
中级职称	125人	占总人数的8%
初级职称	86人	占总人数的6%
其　　它	529人	占总人数的84%

(3)按年龄构成：

35岁以下	471人	占总人数的62%
36-40岁	121人	占总人数的16%
41-50岁	148人	占总人数的20%
51岁以上	18人	占总人数的2%

(4)按人员分工构成：

科技人员	122人	占总人数的16%
管理人员	46人	占总人数的6%
销售人员	123人	占总人数的16%
生产人员	467人	占总人数的62%

第五章　公司治理结构

一、公司治理情况

公司按照《公司法》、《证券法》和中国证监会有关法律法规的要求，不断完善公司法人治理结构，建立现代企业制度，规范公司运作。公司严格按照证监会文件的要求，建立了一系列的治理准则和规则，公司治理结构日趋合理、完善。

二、独立董事履行职责情况

按照《上市公司治理规则》的要求，公司在上市前就建立了独立董事制度，现有独立董事2人，占董事总数1/3。独立董事任职以来，按照有关部门法律法规的要求积极履行自己的职责并发表独立意见，为公司治理结构的完善和保护中小投资者的权益发挥了积极的作用。

三、公司与控股股东在业务、人员、资产、机构、财务等方面的情况

公司与控股股东在业务、人员、资产、机构、财务等方面做到了"五独立"，公司具有独立完整的业务及自主经营能力。

四、对高级管理人员的考评及激励机制、相关奖励制度

公司制定了奖金分配与职务津贴办法，并逐步提高奖金颁发的标准，加大了收入的灵活性，同时，让上述人员每年都有一次中短期脱产进修学习的机会，特别是核心技术人员，规定每年至少出国一次，进行交流学习，了解世界上相关技术的最前沿信息，进而使公司的经营管理水平与技术创新能力不断得到提高。

考评机制：由董事会按年度对公司高级管理人员的业绩和履职情况进行考评，并根据考评结果决定下一年度的年薪定级、岗位安排直至聘用与否。

激励机制：实行年度经营效益与奖金挂钩，根据经营业绩目标完成情况确定，超额完成经营目标，可获得额外奖励。

约束机制：公司与高级管理人员签订了《劳动合同》以及财务人事管理等内部管理制度，对高级管理人员的履职行为、权限、职责等作了相应的约束。

第六章　董事会报告

一、公司经营情况

(一)公司主营业务范围及其经营状况

1、公司主营业务范围：

生产浮法玻璃、在线镀膜玻璃、ITO导电膜玻璃、玻璃深加工制品及新型材料的开发、研究、生产、销售和信息咨询。

2、公司经营情况

报告期内，上半年由于美伊战争导致本公司所用主要原燃材料重油、纯碱价格大幅上升，对公司的成本产生较大影响。非典和洪涝灾害对公司的产品和原料运输产生一定的影响，特别是对新建项目的顺利实施产生影响。本公司未雨稠缪，积极采取各种应对措施，加之玻璃市场在四季度转好，较好地完成了2003年度的生产、销售以及新建项目的顺利竣工的任务。

(1)、本年度销售ITO导电膜玻璃61,311,396.69元，同比增加4.24%；销售镀膜玻璃1,342,527.28元，同比减少95.68%；销售浮法玻璃240,414,707.04元，同比增加142.28；销售合计303,068,631.01元，同比增长60.24%。

(2)、本年度共计实现主营业务收入303,068,631.0元，比上年增长60.24%；实现净利润16,450,934.92元，比上年增长16.89%；

(3)、本年度销售收入增加较快的原因是500t/d信息显示基片项目在本年度内投产和ITO导电膜玻璃的收入增加。在线镀膜玻璃的销售收入下降较多的原因是本年度内在线镀膜玻璃生产线运行到末年，需要进行大修和技术改造。

(4)、主营业务分产品、分地区构成情况表

地区	主营业务收入	主营业务收入比上年增减(%)
华东地区	219,773,236.88	101.70
华中地区	21,754,404.01	8.9
出口	55,358,300.70	-8.05
合计	303,068,631.01	60.24

(二)、主要控股公司及参股公司的经营情况及业绩

本公司下属两个控股子公司，分别为安徽省蚌埠华益导电膜玻璃有限公司、上海安兴玻璃科技有限公司，本年度经营业绩良好。

安徽省蚌埠华益导电膜玻璃有限公司是中外合资企业，主要产品为ITO导电膜玻璃，公司注

册资本 USD6,379,000.00 元，本公司持股 71%。2003 年度实现销售收入 6,131.14 万元，利润总额 1,294.59 万元。

上海安兴玻璃科技有限公司,主要从事玻璃制品专业内"四技"服务、建材、钢材、玻璃制品等批发零售。注册资本 1,000,000.00 元,本公司控股 90%。2003 年度实现销售收入 3,096.50 万元,利润总额 21.13 万元。

（三）、采购和销售客户情况

前五名供应商采购金额合计	8,696 万元	占采购总额比重	56%
前五名销售客户销售金额合计	8,654.53 万元	占销售总额比重	28.56%

(四)经营中出现的问题和困难及解决方案

问题：

本公司浮法和在线镀膜玻璃生产线所用原燃材料重油和纯碱用量较大，对本公司产品成本构成较大影响。限电、洪涝灾害等各种突发事件也会对生产经营和项目建设产生一定影响。

解决方案：

本公司积极采取三比采购法,和主要供应商签订供销合同,及时掌握市场行情,合理控制库存,在应对突发事件中未雨绸缪,提前做好各种预防机制,减少突发事件可能对公司造成的损失,最大限度保护投资者的利益不受损失。

二、公司的投资情况

(一)募集资金使用情况

1、公司新建年产 600 万片 ITO 导电膜玻璃生产线项目在本年度内克服非典影响和洪涝灾害等因素的影响,积极组织施工,在本年度内投资 9287 万元,使项目建成竣工并开始设备调试等工作,预计在 2004 年内将逐步正常并达产。

2、年产 30 万吨优质硅砂生产基地项目,在本年度内投入 2878.32 万元,由于其他因素的影响,该项目在本年度末竣工,目前正在进行设备的调试和试运行中,预计今年可以运转正常。

3、年产 200 平方米在线镀膜玻璃生产线在本年度末开始实施,并于本年度内实施完毕,共投入资金 3507.56 万元,在本年度内将加大镀膜玻璃的生产和销售,努力开拓镀膜玻璃市场。

(二)非募集资金使用情况

1、本年度内,公司利用自有资金和银行贷款收购了 500 吨信息显示基片在建工程,本期投入资金 16,001.81 万元,并于本年度内建成投产,使公司年度销售收入大幅增长。

2、为改善股份公司办公条件,提高公司整体形象,本年度内,对公司办公楼投入 260 万元进行了装修。

三、公司财务状况及经营成果分析

(一)经营成果

报告期内,在全国玻璃行业呈现严峻形势下,在众多玻璃企业激烈的市场竞争中,公司全体员工凝心聚力,众志成城,公司经营保持了良好的发展态势,生产和销售同步增长。

1、本年度销售 ITO 导电膜玻璃 6,131.14 万元,同比增加 4.24%;销售镀膜玻璃 134.25 万元,同比减少 95.68%;销售合计 30,306.86 万元,同比增长 60.24%。

2、本年度共计实现主营业务收入 30,306.86 万元,比上年增长 60.24%;实现净利润 1,645.09 万元,比上年增长 16.89%;。

3、主营业务收入、主营业务利润及净利润　金额(元)

	2003 年	2002 年	本年比上年增减(%)
主营业务收入	303,068,631.01	189,137,930.20	60.24
利润总额	25,310,047.03	20,578,328.09	22.99
净利润	16,450,934.92	14,073,865.33	16.89
经营活动产生的现金流量净额	54,598,927.94	29,249,162.98	86.67
现金及现金等价物净增加额	−92,862,545.49	216,310,656.90	−142.93

变动的主要原因:

(1)主营业务收入的大幅增长主要原因是新线 500T/D 的投产所致。

(2)经营活动产生的现金流量净额的大幅增长主要原因是销售收入大幅增加,现金及现金等价物净增加额的大幅减少是由于募集资金投入到项目中去,导致货币资金的下降。

(二)财务状况　金额(元)

项目	2003 年	2002 年	本年比上年增减(%)
总资产	719,341,044.24	466,740,225.00	54.12
负债	377,847,121.56	143,390,927.74	163.51
股东权益	319,763,210.18	312,312,275.26	2.39

变动的主要原因:

(1)总资产的增长主要原因是是因为固定资产的大幅增加;

(2)负债的大幅增长主要原因有三。一是银行贷款的增加;二是销售预收款的增加;三是 500T/D,在线镀膜玻璃生产线改造及石英砂基地估价入帐导致应付帐款的增加。

	指标分析项目	2003 年	2002 年	本年比上年增减
偿债能力分析	资产负债率(%)	52.53	28.79	82.46%
	流动比率(%)	78.69	284.31	−72.32%
	速动比率(%)	71.10	264.65	−73.13%
营运能力分析	应收帐款周转次数(次/年)	4.57	2.91	57.04
	存货周转次数(次/年)	8.88	5.38	65.06

四、经营环境、宏观政策、法规变化对公司财务状况、经营成果的影响

本年度行业的经营环境、宏观政策、及相关法规相对稳定。

五、董事会日常工作情况

2003 年度董事会共召开八次会议:

(一)安徽方兴科技股份有限公司(以下简称"公司")第一届董事会第六次会议于 2003 年 2 月 24 日上午在公司会议室召开,会议由公司董事长孙东兴先生主持。参加会议应到董事 11 人,实到 10 人,独立董事李京文因事缺席。公司全体监事及部分高管人员列席会议。到会董事人数超过半数,符合《公司法》及《公司章程》的有关规定,会议表决合法有效。经表决,一致通过如下决议:

1、审议通过了关于收购蚌埠市城市投资发展有限公司信息显示基片生产线项目的议案。

2、审议通过了关于投资参股安徽方兴假日酒店有限责任公司的议案。

(二)公司第一届董事会第七次会议于 2003 年 3 月 6 日上午在公司会议室召开,会议由公司董事长孙东兴先生主持。参加会议应到董事 11 人,实到 8 人,有 3 人因故未能参加,有董事李桂年、韩高荣委托董事长孙东兴代为行使表决权,独立董事李京文先生未委托其他独立董事代为行使职权,公司监事、部分高管人员列席会议。会议应到董事超过半数,符合《公司法》及《公司章程》的有关规定,会议表决合法有效。经过投票表决,一致通过如下决议:

1、决定公司年度报告和摘要

2、审议财务预算方案、决算方案

3、审议利润分配方案

4、提请聘任会计师事务所

5、审议董事会工作报告

6、审议总经理工作报告

7、审议关于独立董事李京文辞呈的议案

8、审议通过《关于召开 2002 年年度股东大会议案》

(三)公司第一届董事会第八次会议于 2003 年 4 月 16 日上午在公司会议室召开,会议由公司董事长孙东兴先生主持。参加会议应到董事 10 人,实到 10 人,公司监事、部分高管人员列席会议。会议应到董事超过半数,符合《公司法》及《公司章程》的有关规定,会议表决合法有效。经过投票表决,一致通过如下决议:

审议通过本公司 2003 年第一季度季报。

(四)公司第一届董事会第九次会议于 2003 年 8 月 14 日上午 9:30 在公司会议室召开,会议由公司董事长孙东兴先生主持。参加会议应到董事 10 人,实到 10 人,公司监事、部分高管人员列席会议。会议应到董事超过半数,符合《公司法》及《公司章程》的有关规定,会议表决合法有效。经过投票表决,一致通过如下决议:

1、审议通过公司 2003 年半年度报告和摘要。

(五)公司第一届董事会第十次会议于 2003 年 9 月 28 日上午 9:30 在公司会议室召开,会议由公司董事长孙东兴先生主持。参加会议应到董事 10 人,实到 10 人,公司监事、部分高管人员列席会议。会议应到董事超过半数,符合《公司法》及《公司章程》的有关规定,会议表决合法有效。经过投票表决,一致通过如下决议:

1、审议通过《关于公司董事会换届选举的议案》

公司第二届董事会由六名董事组成,其中独立董事两名。董事候选人名单:孙东兴、陈国良、关长文、韩高荣、张传明、石秀和,其中:张传明、石秀和为公司第二届董事会独立董事候选人,独立董事候选人尚需经中国证监会的任职资格和独立性审核。

独立董事同意本议案。候选人个人简历、提名人声明、独立董事候选人声明详见附件。

经全体董事表决,10 票同意,0 票反对,0 票弃权,通过票数占有效表决票的 100%。

提交下一次临时股东大会选举后,组成下一届董事会。

2、审议关于修改公司章程的议案

3、审议通过《关于召开公司 2003 年第二次临时股东大会的议案》

(六)公司第一届董事会第十一次会议于 2003 年 10 月 16 日上午在公司会议室召开,会议由公司董事长孙东兴先生主持。参加会议应到董事 10 人,实到 10 人,公司监事、部分高管人员列席会议。会议应到董事超过半数,符合《公司法》及《公司章程》的有关规定,会议表决合法有效。经过投票表决,一致通过如下决议:

审议通过本公司 2003 年第三季度季报

(七)公司第二届董事会第一次会议,于 2003 年 10 月 30 日下午在公司会议室召开,应到董事六人,实到董事五人,本公司董事孙东兴先生因公出差委托董事陈国良先生代为表决,公司监事会全体监事列席会议,经投票表决,与会董事一致通过如下决议:

一、选举孙东兴同志为公司董事长,公司法定代表人。

二、选举陈国良同志为副董事长。

三、聘任关长文同志为总经理。

四、聘任李群虎同志为董事会秘书。

五、聘任倪世臻同志为财务总监。

(八)公司第二届董事会第二次会议于 2003 年 11 月 11 日上午 9:30 在公司会议室召开,会议由公司董事长孙东兴先生主持。参加会议应到董事 6 人,实到 6 人,公司监事、部分高管人员列席会议。会议应到董事超过半数,符合《公司法》及《公司章程》的有关规定,会议表决合法有效。

与会董事认真审议了本次会议有关议案,经过投票表决,一致通过如下决议:

一、审议通过《关于公司收购华光集团部分资产的议案》并提交股东大会审议。有关情况详见关联交易公告。

二、审议通过《关于向蚌埠市土地管理部门租赁土地的议案》

三、审议通过《关于召开公司 2003 年第三次临时股东大会的议案》

第七章　重要事项

一、报告期内,本公司无重大诉讼、仲裁事项。

二、报告期内,本公司无重大收购及出售资产、吸收并购事项。

三、报告期内,无重大担保、委托理财及重大合同事项。

四、报告期内,无持股 5%以上股东的承诺事项。

五、报告期内,公司、公司董事会及董事没有受到中国证监会稽查,中国证监会行政处罚、通报批评公开谴责的情形。

第八章　备查文件目录

1、载有法定代表人、主管会计负责人、会计机构负责人签名并盖章的会计报表。

2、载有会计师事务所盖章、注册会计师签字并盖章的审计报告原件。

3、报告期内在中国证监会指定报纸上公开披露的所有公司文件的正本及公告的原稿。

安徽方兴科技股份有限公司

法定代表人:孙东兴

二OO四年三月四日

江苏高淳陶瓷股份有限公司

江苏高淳陶瓷股份有限公司2003年年度报告

重要提示

本公司董事会及其董事保证本报告所载资料不存在任何虚假记载、误导性陈述或者重大遗漏，并对其内容的真实性、准确性和完整性承担个别及连带责任。

董事金国均先生、独立董事王若钉先生因工作原因未出席本次董事会。

公司负责人董事长张铭金先生、总经理孔德双先生、主管会计工作负责人兼会计机构负责人王平先生声明：保证年度报告中财务报告的真实、完整。

公司年度财务会计报告已经南京永华会计师事务所有限公司审计并出具标准无保留意见审计报告。

第一章　公司基本情况简介

一、公司法定中文名称：江苏高淳陶瓷股份有限公司

公司法定英文名称：JIANGSU GAOCHUN CERAMICS CO.,LTD.

英文名称缩写：GCTC

二、公司法定代表人：张铭金

三、公司董事会秘书：王贵夫

联系地址：江苏省高淳县固城镇

联系电话：025-57377228

联系传真：025-57377688

电子信箱：BGS@GCTC.CN

四、公司注册地址：江苏省高淳县固城镇

邮编：211304

电子信箱：BGS@GCTC.CN

五、公司选定的信息披露报纸：《上海证券报》

刊登年度报告的中国证监会指定网站的网址：http://www.sse.com.cn

公司年度报告备置地点：公司董事会秘书办公室（江苏省高淳县固城镇公司办公楼）

六、公司股票上市地：上海证券交易所

股票简称：高淳陶瓷

股票代码：600562

七、公司首次注册日期：1994年6月28日

变更注册登记日期：2003年1月22日

公司注册地点：江苏省南京市工商行政管理局

企业法人营业执照注册号：3201001007490

税务登记号：320125135847161

公司聘请的会计师事务所：南京永华会计师事务所有限公司

会计师事务所办公地址：江苏省南京市中山北路26号新晨国际大厦8楼

第二章　会计数据和业务数据摘要

一、本年度主要会计数据情况

（单位：人民币元）

项目名称	金额
利润总额	36,569,915.04
净利润	23,515,090.67
扣除非经常性损益后的净利润	22,082,127.45
主营业务利润	60,241,327.60
其他业务利润	478,252.36
营业利润	36,015,472.26
投资收益	-84,308.29
补贴收入	500,000.00
营业外收支净额	138,751.07
经营活动产生的现金流量净额	-143,673.47
现金及现金等价物净增减额	87,910,347.72

注：扣除非经常性损益项目和涉及金额：

项目	金额
固定资产清理净损失	175,575.57
扣除固定资产清理净损失及按规定计提的资产减值准备以后的其他各项营业外收入、支出	-36,824.50
委托投资收益	1,500,000.00
各种形式的政府补贴	500,000.00
非经常性损益项目所得税影响数	-705,787.85
合计	1,432,963.22

二、截止报告期末公司前三年主要会计数据和财务指标情况

项目		单位	2003年度
主营业务收入		元	242676457.74
净利润		元	23515090.67
总资产		元	429077054.06
股东权益(不含少数股东权益)		元	327000865.83
每股收益	摊薄	元/股	0.28
	加权	元/股	0.29
扣除非经常性损益后的每股收益		元/股	0.26
净资产收益率	摊薄	(%)	7.19
	加权	(%)	7.67
扣除非经常性损益后加权平均净资产收益率(加权)		(%)	7.20
每股经营活动产生的现金流量净额		元/股	-0.0017
			2003年12月31日
总资产		元	429077054.06
股东权益		元	327000865.83
每股净资产		元/股	3.89
调整后的每股净资产		元/股	3.89

项目		2002年度	
		调整后	调整前
主营业务收入		109179370.78	109179370.78
净利润		20446785.04	20446785.04
总资产		165728418.75	165728418.75
股东权益(不含少数股东权益)		106094704.56	97685775.16
每股收益	摊薄	0.38	0.38
	加权	0.38	0.38
扣除非经常性损益后的每股收益		0.38	0.37
净资产收益率	摊薄	19.27	20.93
	加权	21.33	21.33
扣除非经常性损益后加权平均净资产收益率(加权)		21.25	21.13
每股经营活动产生的现金流量净额		0.57	0.57
		2002年12月31日	
		调整后	调整前
总资产		165728418.75	165728418.75
股东权益		106094704.56	97685775.16
每股净资产		1.96	1.81
调整后的每股净资产		1.96	1.81

项目		2001年度	
		调整后	调整前
主营业务收入		102487760.13	102487760.13
净利润		19555955.86	19555955.86
总资产		164546534.87	164546534.87
股东权益(不含少数股东权益)		85647919.52	85647919.52
每股收益	摊薄	0.36	0.36
	加权	0.36	0.36
扣除非经常性损益后的每股收益		0.33	0.33
净资产收益率	摊薄	22.83	22.83
	加权	21.08	21.08
扣除非经常性损益后加权平均净资产收益率(加权)		19.52	19.52
每股经营活动产生的现金流量净额		0.33	0.33
		2001年12月31日	
		调整后	调整前
总资产		164546534.87	164546534.87
股东权益		85647919.52	85647919.52
每股净资产		1.58	1.58
调整后的每股净资产		1.58	1.58

三、利润表附表

（单位：人民币元）

项目	净资产收益率(%)	
	全面摊薄	加权平均
主营业务利润	18.42	19.65
营业利润	11.01	11.75
净利润	7.19	7.67
扣除非经常性损益的净利润	6.75	7.20

项目	每股收益(元)	
	全面摊薄	加权平均
主营业务利润	0.72	0.74
营业利润	0.43	0.44
净利润	0.28	0.29
扣除非经常性损益的净利润	0.26	0.27

四、报告期内股东权益变动情况

（单位：人民币元）

项目	期初数	本期增加
股本	54,089,294.00	30,000,000.00
资本公积	9,312,824.65	175,800,000.00
盈余公积	19,376,610.96	2,520,391.67
法定公益金	5,936,207.66	1,344,637.13
未分配利润	17,379,767.29	23,515,090.67
股东权益合计	106,094,704.56	233,180,119.47

项目	本期减少	期末数
股本		84,089,294.00
资本公积		185,112,824.65
盈余公积		21,897,002.63
法定公益金		7,280,844.79
未分配利润	12,273,958.20	28,620,899.76
股东权益合计	12,273,958.20	327,000,865.83

变动原因：

1、股本：本项目年末余额较年初增加30,000,000元，增加40%，主要是本公司经中国证监会证监发行字[2003]4号文核准，于2003年1月13日向社会公开发行3000万股社会公众股所致。

2、资本公积：本项目年末余额较年初数增加175,000,000.00元，增加1887.72%，主要原因是增加本期首次公开发行3000万股A股股本溢价所致。

3、法定盈余公积、法定公益金增加系根据公司章程规定，分别按2003年度利润的10%和5%提取法定盈余公积和法定公益金形成的。

4、未分配利润增加系报告期增加系根据公司章程规定，扣除按2003年度净利润的10%和5%提取法定盈余公积和法定公益金后形成的可供投资者分配的利润所致；减少系根据本公司2003年股东大会决议通过的2002年度的利润分配方案，本公司以2002年12月31日的总股本84089294股为基数，向全体股东每股派发现金股利0.1元(含税)，共计派发现金股利8408929.40元所致。

第三章 股本变动及股东情况

一、公司股本变动情况

1、公司股份变动情况表 数量单位：股

	上年末	增减注3	本年末
一、未上市流通股份			
1、发起人股份	43271436		43271436
其中：			
国家持有股份	43271436		43271436
境内法人持有股份			
境外法人持有股份			
其他			
2、募集法人股份	8500000		8500000
3、内部职工股	1352232		1352232
4、优先股或其他	965626		96562
未流通股份合计	54089294		54089294
二、已流通股份			
1、人民币普通股		30000000	30000000
2、境内上市的外资股			
3、境外上市的外资股			
4、其他			
已流通股份合计		30000000	30000000
股份合计	54089294	30000000	84089294

2、股票发行与上市情况

本公司经中国证监会证监发行字[2003]4号文核准，于2003年1月13日向社会公开发行3000万股社会公众股，发行价格为7.20元/股，发行市盈率19.89倍，并经上海证券交易所上证上字[2003]4号文批准于2003年1月28日起在上海证券交易所上市交易，公司的国家股、法人股、自然人持有的未流通股份暂不上市流通；内部职工股自本次发行之日起，期满三年后可申请上市流通。

二、股东情况介绍

1、截止2003年12月31日公司股东总数为16674户(人)。

2、公司前十名股东持股情况(截止2002年12月31日)：

报告期末股东总数 16674

前十名股东持股情况

股东名称(全称)	年度内增减	年末持股数量	比例(%)
高淳县国有资产经营(控股)有限公司	–	33271436	
南京市投资公司	–	10000000	
江苏舜天国际集团服装进出口股份有限公司	–	6000000	
张铭金	–	1024034	
江苏省陶瓷进出口(集团)公司	–	1000000	
中国外运江苏公司	–	1000000	
南京健友光学工业研究所	–	500000	
上海中普企业投资有限公司	318800	318800	
南京和盛数码科技有限公司	299036	299036	
伊犁晶莹玻璃制品有限责任公司	270000	270000	

前十名股东关联关系或一致行动的说明注5：前十大股东中，社会公众股东之间以及与其他股东之间的关联关系未知，公司的法人股东与国家股东之间不存在关联关系。

报告期末股东总数

前十名股东持股情况

股东名称(全称)	股份类别注4(已流通或未流通)	质押或冻结的股份数量	股东性质(国有股东或外资股东)
高淳县国有资产经营(控股)有限公司	未流通	–	国有股
南京市投资公司	未流通	–	国有股
江苏舜天国际集团服装进出口股份有限公司	未流通	–	法人股
张铭金	未流通	–	自然人股及内部职工股
江苏省陶瓷进出口(集团)公司	未流通	–	法人股
中国外运江苏公司	未流通	–	法人股
南京健友光学工业研究所	未流通	–	法人股
上海中普企业投资有限公司	流通股		社会公众股
南京和盛数码科技有限公司	流通股		社会公众股
伊犁晶莹玻璃制品有限责任公司	流通股		社会公众股

前十名股东关联关系或一致行动的说明注5

注：(1)、张铭金所持股份中自然人股份965626股，内部职工股58408股。

(2)、以上股票均无质押或冻结。

(3)、公司前十名股东持股相关情况

公司前十名股东除流通股股东关联关系未知外，其它股东相互之间不存在关联关系。

3、公司前十名流通股股东持股情况：

前十名流通股股东持股情况

股东名称(全称)	年末持有流通股的数量	种类(A、B、H股或其它)
上海中普企业投资有限公司	318800	A
南京和盛数码科技有限公司	299036	A
伊犁晶莹玻璃制品有限责任公司	270000	A
大庆平友广告有限公司	216500	A
王凌佳	158000	A
李秀芳	150000	A
张凯芹	145499	A
沈焕章	131085	A
王学珍	122400	A
瞿蓝英	94700	A

4、公司控股股东的情况

公司2003年末控股股东为高淳县国有资产经营(控股)有限公司。该公司成立于1999年10月13日，为国有独资公司，注册资本两亿元人民币，法定代表人印幸福，登记住所为高淳县淳溪镇固城湖南路12号。经营范围为对所授权经营的国有股权进行管理。注册号为3201001012296，该公司在2002年12月10于南京市工商行政管理局进行了变更登记，经营范围变更为对所授权经营的国有资产运作，承担保值增值以及国有资产的优化配置；法人代表变更为陈学荣。

5、其他持股在10%以上的法人股东

南京市投资公司成立于1987年10月，国有独资企业，注册资本85,000万元，法定代表人王海涛，住所：南京市玄武区中山南路348号中信大厦27层，经营范围：资金筹集、融通、投放；房地产开发(三级)；投资开发生产；投资项目所需生产资料、生活资料经营；设备租赁；经济信息咨询服务；工程项目招标、投标、代理；综合技术服务；长城大厦楼体广告(代理)。

第四章 董事、监事、高管人员和员工情况

一、董事、监事、高管人员基本情况简介

1、基本情况

姓名	职务	性别	年龄	任期起止日期	年初持股数(万股)	年末持股数(万股)	变动原因
张铭金	董事长	男	63	2003.9–2006.9	102.4034	102.4034	
孔德双	董事、总经理	男	37	2003.9–2006.9	0.6852	0.6852	
孔新保	董事、副总经理	男	46	2003.9–2006.9	0.8815	0.8815	
王贵夫	董事、董秘	男	41	2003.9–2006.9	0.4968	0.4968	
李小军	董事	男	49	2003.9–2006.9			
金国钧	董事	男	45	2003.9–2006.9			
仇向洋	独立董事	男	48	2003.9–2006.9			
王若钉	独立董事	男	41	2003.9–2006.9			
骆 竞	独立董事	女	42	2003.9–2006.9			
章成良	监事会主席	男	48	2003.9–2006.9	1.0066	1.0066	
韩 菁	监事	女	32	2003.9–2006.9			
史兰风	监事	女	32	2003.9–2006.9			
谷昌军	副总经理	男	38	2002.2–2005.2	0.7879	0.7879	
王 平	财务负责人	男	38	2002.2–2005.2	0.5522	0.5522	

注：(1)、报告期内以上人员所持股份无变动情况。

二、公司董事、监事、高管人员的报酬情况

1、公司董事、监事及高级管理人员的报酬根据公司薪酬制度有关规定，其基本工资按月发放，年度绩效工资于2004年2月根据考评结果发放。

2、董事、监事和高级管理人员年度报酬情况

年度报酬总额	831,346.00
金额最高的前三名董事的报酬总额	527,791.50
金额最高的前三名高级管理人员的报酬总额	218,237.20
独立董事津贴	20,000
独立董事其他待遇	
不在公司领取报酬、津贴的董事、监事姓名	李小军、金国均、韩菁

报酬区间	人数
2万元	3
3–5万元	3
6–10万元	4
10万元以上	1

3、公司设有独立董事3名,年度津贴每人为2万元,无其它待遇。

4、在股东单位任职并领取报酬的董事、监事:

姓　名	任职单位	职务
李小军	南京市投资公司	副总经理
金国钧	江苏舜天股份有限公司	副总经理
韩　菁	南京市投资公司	部门副经理

三、公司董事、监事、高管人员的变动情况

公司第三届董事会、监事会于2003年6月任期届满,公司于2003年9月18召开了2003年第一次临时股东大会,选举产生第四届董事会、监事会。选举张铭金先生、孔德双先生、孔新保先生、王贵夫先生、李小军先生、金国钧先生为董事,选举仇向洋先生、王若钉先生、骆竞女士为独立董事;选举成良、韩菁为公司监事,史兰凤女士为职工代表监事。

四、公司人员构成情况

1、截止2003年12月31日,本公司共有在册职工数1331人。员工的专业结构、受教育程度、技术构成及年龄分布如下:

(1)专业结构

专业	人数	占员工总数比例(%)
生产人员	1188	89.38
销售人员	16	1.13
技术人员	76	5.65
财务人员	8	0.60
管理人员	43	3.24
合计	1331	100.00

(2)受教育程度

受教育程度	人数	占员工总数比例(%)
高等教育	54	4.05
中等教育	412	30.95
初等教育	863	64.93
合计	1331	100.00

(3)技术职称

职称	人数	占员工总数比例(%)
高级职称	4	0.30
中级职称	27	2.03
初级职称	53	3.84
其它	1246	93.83
合计	1331	100.00

2、公司的离退休人员96名,其退休工资、医疗费用由社会保险统筹部门承担。

第五章　公司治理情况

一、公司治理结构:

公司严格按照《公司法》、《证券法》、《上市公司治理准则》等法律、法规的要求,结合公司的实际情况,不断完善公司的治理结构,建立现代企业制度,规范经营运作行为,构筑了以股东为导向的公司治理结构,营造可持续发展的公司制度环境。截止报告期末,公司的法人治理实际情况与中国证监会有关文件的要求不存在差异。

二、公司独立董事履行职责情况

公司为完善公司治理结构,保护中小投资者的利益,在2001年6月经股东大会审议通过建立独立董事制度,并按照《公司章程》中对独立董事任职资格的有关规定选举产生了3名独立董事,占公司全体董事的1/3。2003年9月对独立董事进行了换届选举。现有3名独立董事涉及的专业包括:具有证券从业资格的会计师、管理专家和陶瓷材料专家。独立董事能够对公司的发展战略、经营管理、制度建设、关联交易等进行严格、有效的审查,公司独立董事能够参加报告期内公司召开的董事会,并认真审查会议的相关议题,维护了广大投资者的利益尤其是中小投资者的利益,对公司大发展和经营起到了积极的促进作用。

三、公司与控股股东在业务、资产、机构、人员、财务上的分开情况

业务方面,高淳陶瓷的主要业务以日用陶瓷的生产、销售为主,公司拥有完整、独立的技术、生产、销售体系。公司控股股东高淳县国有资产经营(控股)有限公司的经营范围是以所授权经营的国有资产运作,承担保值增值以及国有资产优化、配置。

资产方面,高淳陶瓷拥有年产5000万件日用陶瓷的完整的生产经营实体,拥有独立完整的资产结构,有独立的生产系统、辅助生产系统和配套设施等资产,拥有与主营业务相关的商标权及非专利技术等无形资产,不存在任何争议;公司有独立的生产经营场所。

机构方面,公司与控股股东完全独立,拥有完整的生产、采购、销售、财务、人事管理等部门。

人员管理方面,公司的劳动、人事及工资管理与控股股东完全独立,公司高级管理人员专职在公司工作并领取薪酬,没有在控股股东单位及其下属企业任职的情况,也没有在与公司业务相同或相似、或存在其他利益冲突的企业任职的情况;拥有独立于股东单位或其他关联方的员工。

财务管理方面,公司有健全独立的财务部门、会计核算体系和财务管理制度,独立进行财务决策,开设独立的银行帐户,并独立纳税。

四、高级管理人员的选择、考评、激励和约束机制

基于规范管理和长远发展的需要,公司建立了高级管理人员的选择、考评、激励和约束机制。

选择机制:根据《公司章程》(草案)规定,公司总经理、副总经理、董事会秘书、财务负责人等高级管理人员由董事会决定聘任或解聘(副总经理、财务负责人等高级管理人员由总经理提名),总经理每届任期三年,连聘可以连任。董事可受聘兼任总经理、副总经理或者其他高级管理人员,但兼任总经理、副总经理或者其他高级管理人员职务的董事不得超过公司董事总数的二分之一。

考评机制:董事会每一年度对公司高级管理人员的业绩和履职情况进行考评(副总经理、财务负责人等先经总经理考评),考评的结果作为确定报酬、决定奖惩以及聘用与否的依据。

激励机制:公司对高级管理人员实施年薪制;奖励与效益挂钩;此外,高级管理人员均持有公司股份,年终分红的高低与公司经营状况的好坏紧密相关。

约束机制:公司通过《公司章程》、《劳动合同》以及财务人事管理等内部管理制度,对高级管理人员的履职行为、权限、职责等作了相应的规定。

第六章　董事会报告

一、报告期内整体经营情况的讨论与分析:

2003年是公司历史上极其重要的一年。一年来,克服了突如其来的"非典"影响和原燃料价格大幅上升等的冲击,抓住机遇,克难奋进,较好地完成了2003年的总体经营工作任务,保持了企业持续发展的良好态势。全年完成工业总产值2.43亿元,比上年增长42.9%;完成工业增加值11452万元,比上年增加23.39%;完成营业收入2.42亿元,比上年增长119.7%;实现利润3657万元,比上年增长19.6%。综合经济效益在全国日用陶瓷行业继续名列前茅。

2003年1月经中国证监会核准于公司以向全部二级市场投资者定额配售的方式向社会公开发行人民币普通股3000万股,2003年1月28日在上海证券交易所隆重上市,成为核准制下我国陶瓷业发行的第一只股票。

二、主营业务的范围及其经营状况

1、公司经营情况

主营业务范围为日用陶瓷的生产、销售及自营出口。国陶公司经营范围:实业投资;金属材料(不含贵金属)、机电产品(不含汽车),水暖器材、五金、家用电器销售;钢材加工。

公司2003年实现主营业务收入24268万元,主营业务成本18241万元,实现主营业务利润6024.10万元,实现利润3657万元,较好地完成了年度经营目标。

2、主营业务分行业、产品情况表注8

分行业或分产品	主营业务收入	主营业务成本	毛利率(%)
日用陶瓷	102,235,607.77	49,032,263.66	52.04
贸易	140,285,143.98	133,316,349.60	4.97

分行业或分产品	主营业务收入比上年增减(%)	主营业务成本比上年增减(%)	毛利率比上年增减(%)
日用陶瓷贸易	-6.36	-14.25	9.26

3、主营业务分地区情况

地区	主营业务收入	主营业务收入比上年增减(%)
国外	97,649,310.52	-5.84
国内	145,027,147.22	2548.68

三、公司主要控股公司经营情况

1、南京柯瑞特种陶瓷有限公司于2001年3月7日成立,本公司出资130万元,股权比例为65%。截止2003年12月31日,其资产、收入、利润总额三项中任何一项指标均未达到本公司母子公司合计数的10%,根据重要性原则,未纳入合并会计报表范围。其资产总额为184.93万元、固定资产为31.61万元、净资产为179.02万元、无经营收入,净利润为-8.43万元,对本公司的财务状况基本无影响。该公司执行的会计政策与母公司一致。

2、南京淳强进出口有限公司于2002年11月10日成立,本公司出资450万元,股权比例为90%。截止2003年12月31日,该公司刚开始经营,其资产、收入、利润总额三项中任何一项指标均未达到本公司母子公司合计数的10%,根据重要性原则,未纳入合并会计报表范围。其资产总额为504.97万元、固定资产为24.40万元、净资产为504.39万元、主营业务收入为77.81万元、净利润为4.29万元,对本公司的财务状况基本无影响。该公司执行的会计政策与母公司一致。

3、高淳县金塔房地产有限公司于2003年5月20日成立,本公司出资720万元,股权比例为90%,截止2003年12月31日,其资产,收入、利润总额三项中任何一项指标均未达到本公司母子公司合计数的10%,根据重要性原则,未纳入合并会计报表范围。其资产总额为806.56万元、净资产为804.50万元、无经营收入,净利润为4.50万元,对本公司的财务状况基本无影响。该公司执行的会计政策与母公司一致。

4、南京国陶物资贸易有限公司于2003年5月20日成立,本公司出资800万元,股权比例为80%。截止2003年12月31日,该公司资产总额为7,341.28万元、净资产为1,211.10万元、主营业务收入为14,028.51万元,净利润为211.10万元,其中主营业务收入占本公司母子公司合计数的10%以上,故将其纳入合并报表范围。该公司执行的会计政策与母公司一致。

四、主要供应商、客户情况

前五名供应商采购金额合计	119359111.97	占采购总额比重	67.2%
前五名销售客户销售金额合计	178372373.27	占销售总额比重	73.5%

五、经营工作中出现的问题与困难及解决方案:

2003年,公司面对由于"非典"影响,国内燃料价格高位攀升,出口退税政策调整等十分严峻的挑战,积极开拓市场,依靠产品优势稳定出口市场,对美国出口有较大增加,对日本出口得到稳定,出口业务持续稳定。公司进一步强化企业管理,对生产车间全面推行物质消耗责任制,大力推进物资采购招标,最大限度控制成本,较好地完成了年度经营目标。

六、公司的投资情况:

1、本年度的投资情况:

2003年5月20日本公司出资720万元设立高淳县金塔房地产有限公司,占有股权90%;2003年5月20日本公司出资800万元设立南京国陶物资贸易有限公司,占有股权80%,截止2003年12月31日主营业务收入为14,028.51万元,净利润为211.10万元。

2、募集资金项目投资情况:

募集资金总额　205,800,000.00　本年度已使用募集资金总额　63,013,731.46

已累计使用募集资金总额　63,013,731.46

承诺项目	拟投入金额	是否变更项目	实际投入金额	产生收益金额	是否符合计划进度和预计收益
高档出口宾馆用强化瓷技术改造项目	120,000,000.00	否	17,720,069.48	无	
汽车尾气净化装置用堇青石蜂窝陶瓷技改项目	39,990,000.00	否	9,532,985.03	无	
环保陶瓷及测试中心技改项目	37,650,000.00	否			
企业技术中心建设项目	20,000,000.00	否	15,760,676.95	无	
日用高档陶瓷技术改造项目	20,000,000.00	否	20,000,000.00	无	
销售网络和网络销售项目	12,000,000.00	否			
高档陶瓷贴花纸合资项目	4,560,000.00	否			
合计	254,200,000.00	--	63,013,731.46	无	

变更原因及变更程

序说明(分具体项目)募集资金总额

8、公司财务状况分析

单位:人民币万元

项目	2003 年	2002 年
总资产	42907.71	16572.84
流动负债	8895.10	4893.07
长期负债	1070.30	1070.30
股东权益	32700.10	10609.47
主营业务利润	6024.13	5197.60
净利润	2351.50	2044.68

项目	变动幅度(%)	变动原因
总资产	158.90	增加上市募集资金
流动负债	81.80	短期借款、应付票据增加
长期负债		
股东权益	208.20	发行新股,本年度实现利润
主营业务利润	15.90	收入增加
净利润	15.00	

八、生产经营环境及宏观政策法规变化对公司的影响

⑴、2004 年公司产品的主要出口国经济走势良好,消费者消费信心指数回升,有利于主营业务出口的稳定。2003 年下半年,世界经济走出了前 6 个月的疲软走势开始复苏,第三季度不少国家特别是主要发达国家的经济明显好于上季。主要出口国消费环境的进一步好转,为主营日用陶瓷业务在高位业绩上取得新的突破创造了市场机遇。

⑵、从 2004 年 1 月 1 日起,我国外贸出口退税率普遍下调,现行退税率为 15%的降至 13%,预计全年公司将增本减利 200 多万元。2003 年 10 月份以来,生产资料价格大幅上升,专家预测 2004 年仍将保持这种增势。预计全年动力、原材料将增加成本 300 万元。加上上,经济效益将面临多重影响。随着物价指数的上升,必须保持职工收入的相应增加,2004 年工资性增本将达 300 万元以

九、公司年度财务会计报告已经南京永华会计师事务所有限公司审计并出具标准无保留意见审计报告。

十、公司新年度的经营计划

2004 年公司的主要经营目标和任务:主营业务收入 2.9 亿元,比上年增长 10%,其中自营出口增长 10%以上;成本费用 2.45 亿元;实现利润 4000 万元,比上年增长 10%;完成日用陶瓷产量 4000 万件,比上年增长 30%。

为实现上述目标,公司拟采取一系列策略和措施。主要有:

1、加快实施企业发展战略调整。⑴、努力促进企业向公众公司的转型。根据《公司法》、《证券法》和《上市公司治理准则》等的要求,进一步完善公司的治理结构,完善信息披露制度。⑵、努力促进企业向集团化方向发展。适应企业资本经营、多元化经营的需要,建立有利于子公司独立进行市场经营和集团公司行使有效管理的母子公司管理制度,促进子公司成为市场竞争的主体。⑶、努力促进企业向技术密集型企业的转型。加快建立工程技术中心,重视人力资源管理,大力引进高新技术人才,适应企业发展需要。

2、大力开拓国内外市场。日用陶瓷主营业务坚持"巩固美国、日本等传统市场,积极开拓欧洲市场,发展全方位市场"的国际市场发展战略,重视品牌建设,发挥优势产品特色,进一步扩大出口。蜂窝陶瓷在抓紧项目建设的同时,积极做好市场准入工作,为 2004 年产品打入国内外市场做准备。

3、继续加快新产品开发。按照主要市场及主要客户的要求,继续开发日式餐具、窑变釉等特色产品的新釉面和系列新造型,形成系列化;积极开发还原焰宾馆用瓷,提高批量生产工艺成熟度。消化蜂窝陶瓷生产工艺和引进设备工艺技术,确保达到国际先进、国内领先水平,形成批量生产能力。

4、加快募集资金项目进度。完成 100 万立升蜂窝陶瓷汽车尾气净化装置技术改造,完成年产 500 万件高档宾馆用瓷技术改造。

5、进一步强化企业管理。贯彻 ISO9002 国际标准,积极探索新型用工制度,提高各类人员的素质。加强采购管理,充分利用网上物质信息,建立企业相关物资采购信息资源库,对生产、经营、技改等所需物资全面推行招标采购制度,严格代理、加强审计,降低生产成本。

十一、公司董事会日常工作情况

1、报告期内董事会的会议情况及决议内容

2003 年度董事会共召开 4 次会议。

⑴、2003 年 2 月 26 日召开公司第三届董事会第九次会议。审议通过了公司 2002 年度报告全文及摘要;审议通过了董事会工作报告;审议通过了总经理工作报告;审议通过了 2002 年度财务决算报告及 2003 年度财务预算报告;审议通过了 2002 年度利润分配预案;审议通过了修改《公司章程》的议案;审议通过了关于董事、监事、高管人员薪酬政的议案;审议通过了关于短期国债投资的议案;审议通过了续聘会计师事务所的议案;审议通过了召开 2002 年度股东大会的议案。

本次会议决议公告刊登于 2003 年 2 月 28 日的《上海证券报》上。

⑵、2003 年 7 月 8 日召开第三届董事会临时会议。会议以传真方式进行表决,审议并通过了以自有资金 5000 万元进行不超过一年的短期国债投资的决议。

本次会议决议公告刊登于 2003 年 7 月 10 日的《上海证券报》上。

⑶、2003 年 8 月 16 日召开第三届董事会第十次会议,审议并通过了如下决议:审议通过了公司 2003 年半年度报告及摘要;审议通过了关于推荐张铭金、孔德双、孔新保、王贵夫、李小军、金国钧为董事候选人,仇向洋、王若钉、骆竞为独立董事候选人;审议通过了关于召开 2003 年第一次临时股东大会的议案,决定于 2003 年 9 月 18 日下午 1 时在公司会议室召开公司临时股东大会。

本次会议决议公告刊登于 2003 年 8 月 18 日的《上海证券报》上。

⑷、2003 年 9 月 18 日召开公司第四届董事会第一次会议,选举张铭金为公司董事长。

本次会议决议公告刊登于 2003 年 9 月 20 日的《上海证券报》上。

2、董事会对股东大会决议的执行情况

报告期内公司董事会根据《公司法》、《公司章程》及其它有关法律法规的要求,严格按照股东大会的决议及授权,认真执行股东大会通过的各项决议。

⑴、公司 2002 年度股东大会通过的 2001 年度利润分配方案已全部实施。

⑵、授权董事会从事有关股票发行上市的一切准备工作,包括但不限于签署有关的文件,办理必要的政府报批、同意、登记、备案手续等。目前公司已于 2003 年 1 月 28 日完成 A 股股票的发行上市工作。

十二、本年度利润分配预案

本年度形成的税后利润,经南京永华会计师事务所有限公司宁永会三审字(2004)第 0158 号审计报告确认为 23,515,090.67 元,提取法定盈余公积金 2,520,391.67 元,提取公益金 1,344,637.13 元,可供股东分配的利润为 28,620,899.76 元。

本年度利润分配预案为:按现有总股本 84089294 股为基数,向公司全体股东按每 10 股派发现金红利 1 元(含税)。共派出现金红利 8,408,929.40 元,剩余未分配利润 20,211,970.36 元。以上分配预案须经股东大会审议通过后实施。

十三、公司选定的信息披露报纸为《上海证券报》。

十四、关联方资金占用及对外担保情况:

根据中国证券监督管理委员会和国务院国有资产监督管理委员会印发的《关于规范上市公司与关联方资金往来及上市公司对外担保若干问题的通知》的要求,公司进行了认真的自查,公司不存在与关联方资金往来及对外担保的情况,公司独立董事发表了专项说明和独立意见。

第七章 重大事项

一、本报告期内公司未发生重大诉讼、仲裁事项。

二、报告期内公司无收购及出售资产、吸收合并事项。

三、报告期内发生的重大关联交易事项:

⑴存在控制关系的关联方情况:

企业名称	注册地址	主营业务
高淳县国有资产经营控股有限公司	高淳县淳溪镇	以所授权经营的国有资产运作
南京淳强进出口有限公司	高淳县淳溪镇	自营和代理进出口
南京柯瑞特种陶瓷有限公司	高淳县淳溪镇	陶瓷产品
高淳县金塔房地产开发有限责任公司	高淳县淳溪镇	房地产开发销售
南京国陶物资有限公司	高淳县淳溪镇	钢材加工销售

企业名称	与本企业关系	经济性质或类型	法定代表人
高淳县国有资产经营控股有限公司	本公司股东	国有独资	印幸福
南京淳强进出口有限公司	本公司子公司	有限责任公司	张铭金
南京柯瑞特种陶瓷有限公司	本公司子公司	有限责任公司	张铭金
高淳县金塔房地产开发有限责任公司	本公司子公司	有限责任公司	张平
南京国陶物资有限公司	本公司子公司	有限责任公司	王平

⑵存在控制关系的关联方注册资本及其变化

企业名称	2002-12-31	本期增加
高淳县国有资产经营控股有限公司	200,000,000.00	-
南京淳强进出口有限公司	5,000,000.00	-
南京柯瑞特种陶瓷有限公司	2,000,000.00	-
高淳县金塔房地产开发有限责任公司	-	8,000,000.00
南京国陶物资有限公司	-	10,000,000.00

企业名称	本期减少	2003-12-31
高淳县国有资产经营控股有限公司	-	200,000,000.00
南京淳强进出口有限公司	-	5,000,000.00
南京柯瑞特种陶瓷有限公司	-	2,000,000.00
高淳县金塔房地产开发有限责任公司	-	8,000,000.00
南京国陶物资有限公司	-	10,000,000.00

⑶存在控制关系的关联方所持股份及其变化

	2002-12-31		本期增加	本期减少	2003-12-31	
企业名称	金额	比例	金额	金额	金额	比例
高淳县国有资产经营控股有限公司	33,271,436.00	61.51%	-	-	33,271,436.00	61.51%
南京淳强进出口有限公司	4,500,000.00	-	-	-	4,500,000.00	90.00%
南京柯瑞特种陶瓷有限公司	1,300,000.00	65.00%	-	-	1,300,000.00	65.00%
高淳县金塔房地产开发有限责任公司	-		7,200,000.00		7,200,000.00	90%
南京国陶物资有限公司	-		8,000,000.00		8,000,000.00	80%

本报告期未发生关联交易。

四、重大合同及履行情况

1、与美国 LOOMIS 公司的设备采购合同

本公司于 2002 年 12 月 4 日与美国 LOOMIS 公司在江苏省南京市签订关于进口年产一百万立升堇青石蜂窝陶瓷载体生产线的合同。合同引进主要设备:自动挤压机、自动切割系统、干燥器、预挤机、混料机。用于公司募集资金项目《堇青石蜂窝陶瓷载体技术改造项目》。合同总价:164 万美元。合同履行期限:2003 年 10 月。因美国 LOOMIS 公司一配套厂家中途变更,部分设备延期至 2004 年 5 月。目前合同正在履行之中。

五、其它事项

1、2003 年 5 月 20 日注册成立南京国陶物质贸易有限公司,主营从事钢材及各类物质贸易。注册资本为 1000 万元,本公司投资 800 万元,拥有公司 80 %的股权。

2、2003 年 5 月 20 日注册成立高淳县金塔房地产有限公司,主要经营房地产开发。注册资本为 800 万元,本公司投资 720 万元,拥有公司 90 %的股权。

3、公司续聘南京永华会计师事务所为公司 2003 年度财务报告审计机构,报告年度支付审计费用 20 万元,该审计机构已为公司连续提供审计服务 5 年。

第八章 备查文件目录

公司办公地点备置完整的备查文件,以供中国证监会、上海证券交易所等有关主管部门及股东查询,备查文件有:

1、载有董事长亲笔签署的年度报告正文;

2、载有法定代表人、主管会计工作负责人、会计主管人员签名并盖章的会计报表;

3、报告期内在中国证监会指定报纸上公开披露过的所有文件文本;

4、公司章程。

江苏高淳陶瓷股份有限公司董事会

董事长:张铭金

安徽山鹰纸业股份有限公司

安徽山鹰纸业股份有限公司2003年年度报告

重要提示

本公司董事会及其董事保证本报告所载资料不存在任何虚假记载、误导性陈述或者重大遗漏,并对其内容的真实性、准确性和完整性承担个别及连带责任。

公司负责人董事长王德贤先生、主管会计工作负责人总经理汤涌泉先生、会计机构负责人财务负责人樊茂英女士声明:保证本年度报告中财务报告的真实、完整。

第一章 公司基本情况简介

一、公司法定中文名称:安徽山鹰纸业股份有限公司
公司法定英文名称:AN HUI SHAN YING PAPER INDUSTRY CO.,LTD.
公司中文名称缩写:山鹰纸业
二、法定代表人:王德贤
三、公司董事会秘书:钱军
联系地址:安徽省马鞍山市勤俭路3号公司证券部
联系电话:(0555)2826275
传真:(0555)2826369
电子信箱: stock@shanyingpaper.com
证券事务代表:陶琳
联系地址:安徽省马鞍山市勤俭路3号公司证券部
联系电话:(0555)2826275
传真:(0555)2826369
电子信箱: stock@shanyingpaper.com
四、公司注册地址:安徽省马鞍山市勤俭路3号
办公地址:安徽省马鞍山市勤俭路3号
邮政编码:243021
公司国际互联网网址:http://www.shanyingpaper.com
电子信箱:stock@shanyingpaper.com
五、公司选定的信息披露报纸:《上海证券报》
登载年度报告的中国证监会指定网站的网址:http://www.sse.com.cn
公司年度报告备置地点:公司证券部
六、公司股票上市交易所:上海证券交易所
股票简称:山鹰纸业
股票代码:600567
七、其他有关资料
公司首次注册登记日期:1999年10月20日
注册登记地点:安徽省工商行政管理局
公司变更注册登记日期:2001年12月6日
变更注册登记地点:安徽省工商行政管理局
法人营业执照注册号:3400001300031
税务登记号码:340502150523317
公司聘请的会计师事务所名称:天健会计师事务所有限公司
会计师事务所办公地址:北京市西城区金融街27号投资广场A座17层
安徽山鹰纸业股份有限公司2003年年度报告

第二章 会计数据和业务数据摘要

一、本年度主要利润指标及现金流量
单位:人民币元

项目	金额
利润总额	49,931,651.47
净利润	48,595,589.71
扣除非经常性损益后的净利润	44,870,000.72
主营业务利润	107,203,370.16
其他业务利润	155,919.90
营业利润	33,490,429.56
投资收益	378,000.00
补贴收入	16,678,895.74
营业外收支净额	−615,673.83
经营活动产生的现金流量净额	−12,908,624.61
现金及现金等价物净增(减)额	5,751,189.94

注:非经常性损益项目、涉及金额

1、政府补贴	5,000,000.00
2、减值准备转回	789,549.85
3、营业外收入	94,112.42
4、营业外支出	−709,786.25
5、所得税影响额	−1,448,287.03

二、截止报告期末公司前三年主要会计数据和财务指标
单位:万元

财务指标	2003年	2002年	2001年
主营业务收入	90,010.49	48,822.48	28,094.60
净利润	4,859.56	2,511.83	2,303.51
总资产	1,203,313.31	83,089.91	66,627.67
股东权益(不含少数股东权益)	40,513.65	34,875.82	32,979.49
每股收益(全面摊薄,元/股)	0.302	0.157	0.144
每股收益(加权平均,元/股)	0.303	0.157	0.229
扣除非经常性损益后的每股收益	0.280	0.158	0.235
每股净资产(元/股)	2.517	2.223	2.115
调整后的每股净资产(元/股)	2.497	2.207	2.115
每股经营活动产生的现金流量净额(元/股)	−0.08	0.38	−0.032
全面摊薄净资产收益率(%)	11.99	7.04	6.79
加权平均净资产收益率(%)	12.85	7.29	16.97
扣除非经常性损益的加权平均净资产收益率(%)	11.87	7.34	17.06

三、报告期利润表附表

报告期利润	净资产收益率,%		每股收益,元	
	全面摊薄	加权平均	全面摊薄	加权平均
主营业务利润	26.46	28.35	0.666	0.668
营业利润	8.27	8.86	0.208	0.209
净利润	11.99	12.85	0.302	0.303
扣除非经常性损益后的净利润	11.08	11.87	0.279	0.280

四、截止报告期末公司前三年其他业务数据和指标
单位:吨

名称	2003年	2002年	2001年
纸板产量	367,424	197,573	129,699
纸板销售量	360,464	199,906	124,210

五、报告期内股东权益变动情况及原因
单位:人民币元

项目	股本(股)	资本公积	盈余公积
期初数	160,500,000.00	134,708,408.91	7,334,303.33
本期增加	460,115.00	7,322,642.88	4,859,558.97
本期减少			
期末数	160,960,115.00	142,031,051.79	12,193,862.30

项目	法定公益金	未分配利润	股东权益合计
期初数	7,334,303.33	46,906,145.21	356,783,160.78
本期增加	4,859,558.97	48,595,589.71	66,097,465.53
本期减少		17,744,117.94	17,744,117.94
期末数	12,193,862.30	77,757,616.98	405,136,508.37

变动原因:
1、股本增加系公司可转换公司债券截止报告期末转股460115股所致。
2、资本公积增加系债券转股时形成的资本溢价和科技三项费用补助。
3、盈余公积、法定公益金增加系本期利润分配转入。
4、未分配利润增减系本期净利润转入和利润分配。
安徽山鹰纸业股份有限公司2003年年度报告

第三章 股本变动及股东情况

一、公司股本变动情况
1、股份变动情况表
数量单位:股

	本次变动前	本次变动增减(+,−)						本次变动后
		配股	送股	公积金转股	增发	其他	小计	
一、未上市流通股份								
1、发起人股份	100,500,000							100,500,000
其中:								
国家持有股份	93,465,000							93,465,000
境内法人持有股份	7,035,000							7,035,000
境外法人持有股份								
其他								
2、募集法人股份								
3、内部职工股								
4、优先股或其他								
未上市流通股份合计	100,500,000							100,500,000
二、已上市流通股份								
1、人民币普通股	60,000,000			460,115		460,11		5 60,460,115
2、境内上市的外资股								
3、境外上市的外资股								
4、其他								
已上市流通股份合计	60,000,000			460,115				60,460,115
三、股份总数	160,500,000			460,115				160,960,115

说明:报告期内流通股增加460115股系公司可转换债券转股所致。

2、股票发行与上市情况

公司经中国证监会证监发行字[2001]55号文核准,首次向社会公开发行6,000万股、每股面值1.00元的人民币普通股(A股);公司股票于2001年11月22日采用网上累计投标询价方式发行,发行价格3.06元/股,2001年12月18日在上海证券交易所挂牌交易,股票简称"山鹰纸业",股票代码"600567"。

3、可转换债券发行上市及转股情况

公司可转换债券于2003年6月16日发行,转债面值100元人民币,发行数量2.5亿元人民币,2003年7月1日在上海证券交易所上市,债券期限5年,初始转股价格8.41元,修正后的最新转股价格6.77元,转股期间为2003年12月16日-2008年6月15日。

截止2003年12月31日,公司可转换债券持有人总数为3102户,已有3,114,978.55元本公司发行的"山鹰转债"(100567)转成本公司发行的股票"山鹰纸业"(600567),转股股数为460,115股,占本公司总股本的0.286%;尚有246,885,000元的"山鹰转债"未转股,占山鹰转债发行总量的98.75%。

安徽山鹰纸业股份有限公司2003年年度报告

截止2003年12月31日,本公司可转换债券前10名持有人如下:

单位:人民币元

序号	可转换债券持有人名称	期末持有数量	占债券余额比例
1	国际金融-渣打-CITIGROUP GLOBAL MARKETS LIMITED	62,018,000	25.12%
2	广发证券股份有限公司	24,397,000	9.88%
3	申银万国-花旗-UBS LIMITED	21,367,000	8.65%
4	长江证券有限责任公司	16,746,000	6.78%
5	国通证券股份有限公司	10,061,000	4.08%
6	兴业证券股份有限公司	8,488,000	3.44%
7	招商银行股份有限公司-招商债券投资基金	7,873,000	3.19%
8	孙全胜	5,000,000	2.03%
9	蒋新林	4,800,000	1.94%
10	江苏省证券公司城东业务部	4,000,000	1.62%

本公司可转换债券担保人为中国银行安徽省分行,报告期内其盈利能力、资产状况和信用状况未发生重大变化。

报告期内公司资信状况未发生变化,2003年末公司总资产12.03亿元,资产负债率64.98%,公司可转换债券尚有246,885,000元未转股。根据公司在可转换债券募集说明书中的偿债计划和措施,公司对未来年度还债的安排如下:(1)安排相应的资金,在每年的利息支付日,支付可转债利息。(2)全力搞好生产经营,提升综合实力,增强投资者信心,促使其转股。如到期未能转股,本公司将凭借自身的偿债能力、融资能力及担保人的支持,筹措相应的资金,履行偿债义务。

4、报告期内公司无送股、转增股本和内部职工股上市的情形。

二、股东情况

1、报告期末股东总数

截止2003年12月31日,公司股东总数为30,069户。

2、报告期内持股5%以上(含5%)股东的股份变动情况

单位:股

股东名称	期初数	报告期内增减	期末数
马鞍山山鹰纸业集团有限公司	93,465,000		93,465,000

注:①马鞍山山鹰纸业集团有限公司(简称山鹰集团公司)为本公司主发起人,所持股份93,465,000股为未上市流通的国家股,占公司总股本的58.067%。

②报告期内,持股5%(含5%)以上的法人股东所持股份未发生质押或冻结情况。

3、报告期末公司前10名股东持股情况

截止2003年12月31日,公司前10名股东持股情况见下表。

安徽山鹰纸业股份有限公司2003年年度报告

名次	股东名称	持股数(股)	占总股本(%)	股份性质
1	马鞍山山鹰纸业集团有限公司	93,465,000	58.067%	国家股
2	马鞍山市轻工国有资产经营有限公司	5,025,000	3.122%	国有法人股
3	马鞍山市港务管理局	1,005,000	0.624%	国有法人股
4	马鞍山隆达电力实业总公司	804,000	0.500%	法人股
5	王玉琴	330,380	0.205%	流通股
6	杨俭	290,000	0.180%	流通股
7	马鞍山市科技服务公司	201,000	0.125%	法人股
8	徐州市浦发科贸有限公司	180,000	0.112%	流通股
9	冯玉英	154,000	0.096%	流通股
10	沈剑飞	141,825	0.088%	流通股

说明:

①山鹰集团公司为本公司控股股东。

②山鹰集团公司、轻工资产、港务局、隆达公司和科服公司为本公司发起人股东,所持股份均为未上市流通股份。

③公司未发现前10名股东之间存在关联关系及一致行动人情况。

4、公司控股股东介绍

控股股东名称:马鞍山山鹰纸业集团有限公司

法定代表人:周著青

成立日期:1997年8月1日

注册资本:7,818万元人民币

企业类型:有限责任公司(国有独资)

经营范围:持有、管理并运作授权范围内的国有资产,科研开发,物业管理,后勤服务,运输,贸易。

报告期内本公司控股股东未发生变更。

5、山鹰集团公司控股股东介绍

山鹰集团公司是马鞍山市人民政府授权经营的国有独资公司。

6、其他持股10%(含10%)以上的法人股东情况

报告期内本公司没有持股10%(含10%)以上的法人股东。

7、公司前十名流通股股东情况

截止2003年12月31日,公司前十名流通股股东情况如下:

名次	股东名称	年末持股数(股)	持股种类
1	王玉琴	330,380	A股
2	杨俭	290,000	A股
3	徐州市浦发科贸有限公司	180,000	A股
4	冯玉英	154,000	A股
5	沈剑飞	141,825	A股
6	杜延君	137,000	A股
7	张东	122,700	A股
8	汤彩兰	120,100	A股
9	肖展平	109,942	A股
10	刘喜林	108,000	A股

说明:公司未发现前十名流通股股东之间存在关联关系。

安徽山鹰纸业股份有限公司2003年年度报告

第四章 董事、监事、高级管理人员和员工情况

一、公司现任董事、监事、高级管理人员基本情况

姓名	性别	职务	年龄	任期起止日期	持股数 期初数	持股数 期末数
王德贤	男	董事长	57	2002.10.30-2005.10.29	0	0
汤涌泉	男	董事、总经理	50	2002.10.30-2005.10.29	0	0
夏林	男	董事、副总经理	47	2002.10.30-2005.10.29	0	0
杨义传	男	董事、副总经理	51	2002.10.30-2005.10.29	0	0
王黄来	男	董事	42	2002.10.30-2005.10.29	0	0
包先保	男	董事	43	2002.10.30-2005.10.29	0	0
关德琪	女	董事	52	2002.10.30-2005.10.29	0	0
曹朴芳	女	独立董事	59	2002.10.30-2005.10.29	0	0
王居才	男	独立董事	41	2002.10.30-2005.10.29	0	0
林钟高	男	独立董事	44	2002.10.30-2005.10.29	0	0
吴革	男	独立董事	37	2002.10.30-2005.10.29	0	0
沈晓卿	女	监事会主席	39	2002.10.30-2005.10.29	0	0
周德林	男	监事	46	2002.10.30-2005.10.29	0	0
潘苏云	男	监事	37	2002.10.30-2005.10.29	0	0
罗旻	男	副总经理	57	2002.10.30-2005.10.29	0	0
樊茂英	女	财务负责人	56	2002.10.30-2005.10.29	0	0
钱军	男	董事会秘书	34	2002.10.30-2005.10.29	0	0

1、公司董事、监事、高级管理人员均未持有本公司股份。

2、董事、监事和高级管理人员在股东单位任职情况

①董事长王德贤在公司控股股东马鞍山山鹰纸业集团有限公司任总经理。

②董事、总经理汤涌泉在公司控股股东马鞍山山鹰纸业集团有限公司任董事。

③董事、副总经理夏林在公司控股股东马鞍山山鹰纸业集团有限公司任董事。

④董事、副总经理杨义传在公司控股股东马鞍山山鹰纸业集团有限公司任董事。

⑤上述董事在股东单位任职期间为2001年3月12日至2004年3月11日,其他没有在股东单位任职的情况。

二、公司现任董事、监事、高级管理人员年度报酬情况

1、公司董事、监事的年度报酬标准,经公司2002年年度股东大会决议通过《2003年董事、监事薪酬预案》,暂定2003年有效。具体内容如下:

(1)本公司独立董事每年从公司领取20000元津贴,其参加公司董事会、董事会专家委员会、股东大会的相关费用由本公司承担。

(2)本公司除独立董事外的其他董事和监事均采用年薪制,年薪包括基本年薪和效益年薪两部分。基本年薪为:董事长7.2万元、董事3.6万元、监事会主席4.2万元、监事3万元。效益年薪为:董事长效益年薪与公司2003年度加权净资产收益率挂钩;其他董事和监事会主席效益年薪根据公司2003年度经济效益情况和本人工作实绩,在不超过董事长效益年薪30%的范围内提取,其他监事效益年薪在不超过董事长效益年薪20%的范围内提取。

2、公司高级管理人员年度报酬标准,经公司二届四次董事会决议通过《2003年公司高级管理人员薪酬方案》,暂定2003年有效。具体内容如下:

本公司高管人员采用年薪制,年薪包括基本年薪和效益年薪两部分。基本年薪为:总经理6万元、副总经理4.8万元、财务负责人和董事会秘书3.6万元。效益年薪标准为:总经理效益年薪与公司2003年度加权净资产收益率挂钩;副总经理效益年薪根据其分管工作和实绩,在不超过总经理效益年薪80%的范围内提取;财务负责人和董事会秘书效益年薪根据公司2003年度经济效益情况和本人工作实绩,在不超过总经理效益年薪30%的范围内提取。

3、现任董事、监事和高级管理人员共13人(不含独立董事),均在本公司领取报酬,年度报酬总额为98.344万元,其中金额最高的前3名董事报酬总额为41.66万元,金额最高的前3名高级管理人员报酬总额为32.34万元。从报酬区间看,年度报酬在10万元以上3人,5-10万元5人,3-5万元5人。

三、公司董事、监事和高级管理人员离任情况及离任原因

报告期内公司第二届董事会组成人员和第二届监事会组成人员的任期未满,没有出现董事、监事和高级管理人员离任情况,也没有新聘或解聘公司经理、副经理、财务负责人、董事会秘书等高级管理人员。

四、公司员工情况

截止2003年12月31日,本公司在职职工总数为1053人,离退休职工218人。在职员工的构成情况如下:

(1)按专业构成分类	人数	比例(%)
生产服务人员	816	77.49
营销人员	27	2.56
技术人员	140	13.30
财务人员	22	2.09
行政人员	48	4.56

(2)按专业技术职称构成分类	人数	比例(%)
高级职称	12	1.14

中级职称	42	3.99
初级职称	189	17.95
其他	810	76.92
(3)按教育程度构成分类	人数	比例(%)
中专及以下学历	836	79.39
大专学历	123	11.68
大学学历	91	8.64
研究生以上学历	3	0.29

第五章　公司治理结构

一、公司治理状况

1、公司严格按照《公司法》、《证券法》和中国证监会有关法律法规要求，不断完善法人治理结构，建立现代企业制度并规范运作，公司制订并不断完善相关制度，严格遵照执行。公司二届九次董事会制订了《募集资金管理制度》和《关于加强分支机构管理的若干规定》，对《财务管理制度》、《信息披露制度》、《董事会议事规则》和《总经理工作细则》进行了修订；二届十次董事会制订了《投资者关系管理制度》。公司治理符合中国证监会和国家经贸委发布的《上市公司治理准则》等规范性文件的要求。

(1)关于股东与股东大会：公司能够保证所有股东，特别是中小股东享有平等地位，确保所有股东能够充分行使自己的权利；公司制订了《股东大会议事规则》，能够严格按照规定召开股东大会，使股东充分行使表决权；公司不断加强投资者关系管理工作，保证与股东的良好沟通；公司章程对董事会的授权作了具体明确的规定；尽可能避免关联交易，股东及关联方没有以任何形式占用本公司资金和资产，本公司也没有为股东及关联方提供担保。

(2)关于控股股东与上市公司：控股股东行为规范，没有以任何方式损害本公司和其他股东的合法权益，也没有利用其特殊地位谋取额外利益；没有越权干涉公司的各项决策、经营活动和任免高级管理人员；公司与控股股东在人员、资产、财务、机构和业务等方面完全独立，公司具有独立完整的业务及自主经营能力；公司高级管理人员在控股股东单位没有担任除董事以外的其它职务；公司按照有关法律法规的要求建立健全财务、会计管理制度；董事会、监事会和内部机构能够独立运作；控股股东及下属单位没有开展与本公司相同或相近的业务。

(3)关于董事与董事会：公司严格按章程规定的程序、采用累积投票制选举董事；董事会人数和人员构成符合法律法规的要求，独立董事4名，超过全体董事人数的1/3，且有一名为会计人士，并成立了4个专门委员会，能够保证董事会进行正确决策；董事会严格按章程和《董事会议事规则》等规定召开会议；董事会对董事长的授权明确具体；公司各位董事能够以认真负责的态度出席董事会和股东大会，能够积极参加有关培训，2003年公司有2名董事参加了由交易所和合肥特派办举办的培训，熟悉有关法律法规，了解作为董事的权利、义务和责任，并能正确行使权利。

(4)关于监事与监事会：公司监事会人数和人员构成符合法律法规要求；制订了《监事会议事规则》，并按规定召开监事会和开展工作；公司监事能够认真履行职责，本着对股东负责的精神，对公司财务、重大事项以及公司董事、经理和其他高级管理人员履行职责的合法合规性进行监督。

(5)关于绩效评价与激励约束机制：公司按照有关规定和内部经济责任制确定的标准和考核办法，每年对董事、监事和经理人员进行绩效评价；董事、监事的报酬由董事会拟定方案报股东大会决定；经理人员的聘任公开、透明，并建立了经理人员的薪酬与其职责、贡献挂钩的激励机制，经理人员的薪酬由公司董事会研究决定。

(6)关于利益相关者：公司尊重银行及其它债权人、职工、客户等利益相关者的合法权利，并与其积极合作，共同推动公司持续发展；能够根据银行及其它债权人要求提供必要的信息；公司积极开展厂务公开，使职工了解公司状况和发展，并听取职工对公司经营、财务状况以及涉及职工利益等重大决策的意见。

(7)关于信息披露：公司严格按照法律、法规和公司章程的规定，真实、准确、完整、及时地披露信息，并指定董事会秘书和证券事务代表负责信息披露事项，作好接待来访、回答咨询、联系股东、向投资者提供公司公开披露的资料，保证所有股东平等获取公司信息；公司能够按照有关规定披露公司治理的有关信息和其他改进计划、措施。

2、存在的差异及解决措施

公司2003年制订了《投资者关系管理制度》，以加强和规范与投资者的沟通，但尚未在公司网站上建立投资者关系专栏，2004年公司将对网站进行改进，整合"山鹰证券"栏目，建立并完善投资者关系专栏。

二、独立董事履行职责情况

公司4位独立董事在任职期内，能够以公司和股东的最大利益为行为准则，按照《独立董事制度》规定，忠实履行自己的职责，出席董事会会议，认真审议各项议题，在公司募集资金投向、技术改造项目的选择和实施、对外投资、公司经营管理等方面均提出很多好的建议和意见，对公司董事会正确决策、提高管理水平、规范运作等起到了积极的作用，使公司得到健康快速发展，同时也切实维护了中小股东的利益。

三、公司独立情况说明

公司在业务、资产、人员、机构和财务等方面与控股股东马鞍山山鹰纸业集团有限公司完全独立，体现在：

(1)业务独立：公司具有独立自主地进行经营活动的权力，拥有完整的法人财产权，包括经营决策权和实施权；拥有必要的人员、资金和技术设备，以及在此基础上按照分工协作和职权划分建立起来的一套完整组织，能够独立支配和使用人、财、物等生产要素，顺利组织和实施生产经营活动。(2)资产独立：公司拥有完整独立的生产系统、辅助生产系统和配套设施等生产经营性资产，不存在任何资产被控股股东及其他股东占用的情况。(3)人员独立：公司董事、监事及高级管理人员均严格按照《公司法》、公司章程有关规定产生，均未在控股股东单位担任除董事以外的其他职务，公司财务人员、技术人员和销售人员均不在控股股东及其他关联企业兼职。公司的劳动、人事及工资管理与控股股东完全独立。(4)机构独立：公司组织机构与山鹰公司完全分开，具有独立完整的生产、供应和销售组织机构。(5)财务独立：公司设立了独立的财务部门，建立了独立的财务核算体系和规范、独立并符合上市公司要求的财务会计制度和财务管理制度，公司开设独立的银行帐号，依法独立纳税。

综上所述，公司具有独立完整的业务和面向市场自主经营的能力。

四、高级管理人员的考评及激励机制

公司根据年度生产、销售、效益等指标完成情况，对照有关规定和内部经济责任制确定的标准，对高级管理人员进行考评，建立了高级管理人员的薪酬与其职责、贡献挂钩的激励机制，取得了良好效果。高管人员的年薪标准和考核详见第四章的"年度报酬情况"一节。公司将在此基础上，不断总结经验，进一步建立和完善科学、公正、透明的关于高级管理人员的考核评价体系和激励机制。

第六章　董事会报告

一、报告期内公司经营情况

1、公司主营业务范围及经营状况

(1)公司主营业务范围

公司经营范围为：纸、纸板、纸箱制造，本公司生产产品出口及本公司生产、科研所需的原辅材料、机械设备、仪器仪表、零配件进口。

公司属于轻工业类制浆造纸企业，主营"山鹰牌"各类包装纸板、纸箱及其它纸制品的生产和销售。公司坚持以废纸为主要原料，减少污染，保护环境，经过不断的产品结构调整与优化，产品质量和技术装备达到同行业先进水平，生产规模和经济效益在全国同行业中位居前列。

(2)公司主营业务完成情况

随着我国国民经济的发展和人们生活水平的不断提高，国内对纸品包装材料的需求迅速增长。2003年世界经济开始复苏，国内宏观经济和纸业发展势头强劲，包装纸板市场持续稳定增长，需求旺盛。公司主营箱纸板等包装类纸板，抓住机遇，精心组织生产，加强计划和协调，解决原料供应、生产、销售等主要环节中存在的问题，加快技术改造步伐，积极调整和优化产品结构，提高生产规模，强化内部管理和节能降耗，2003年各项经营指标均超额完成全年计划目标，实现了良好的持续性增长。

报告期内公司按行业、产品、地区分类的主营业务收入和主营业务利润构成：

项目名称	主营业务收入	比例,%	主营业务利润	比例,%
1、按行业分				
造纸	633,511,829.80	70.38	70,863,895.99	63.27
包装	266,593,022.29	29.62	41,139,605.19	36.73
2、按产品分				
纸及纸板	633,511,829.80	72.69	70,863,895.99	63.27
纸箱纸管	266,593,022.29	27.31	41,139,605.19	36.73
3、按地区分				
国内	900,104,852.09	100	112,003,501.18	100
国外				

(3)公司主要产品生产经营情况

占公司主营业务收入或主营业务利润10%以上的主要产品，其生产经营及市场占有率情况如下：

产品名称	销售收入	销售成本	毛利率	市场占有率
箱纸板	566,777,865.35	496,027,226.08	12.50%	4.74%
纸箱纸管	266,593,022.29	225453417.10	15.43%	0.91%

[资料来源]：市场占有率以公司产品销售量占国内同类产品消费总量的比重计算，行业数据摘自2004年第1期《全国造纸信息》。

2、公司主要控股公司及参股公司的经营情况及业绩

(1)马鞍山市天福纸箱纸品有限公司

本公司持有马鞍山市天福纸箱纸品有限公司98.75%的股权，该公司现注册资本为1,000万元，法定代表人包先保，兼任该公司经理。主营业务为：生产销售纸管、纸箱、纸制品、纱管纸、瓦楞原纸、箱纸板、分切纸、商标标识印刷。报告期末该公司总资产为85,526,280.05元，报告期内实现主营业务收入180,874,259.40元，实现净利润24,320,683.50元。

(2)马鞍山市蓝天废旧物资回收有限公司

本公司持有马鞍山市蓝天废旧物资回收有限公司95%的股权，该公司现注册资本为244万元，法定代表人张维忠，兼任该公司经理。主营业务为：购销造纸原材料及辅助材料。报告期末该公司总资产为9,021,279.72元，报告期内实现主营业务收入317,704,484.76元，实现净利润427,451.25元。

(3)苏州山鹰纸业纸品有限责任公司

本公司持有苏州山鹰纸业纸品有限责任公司75%的股权，该公司注册资本为1,500万元，法定代表人关德琪，兼任该公司总经理。主营业务为：生产销售纸板、瓦楞箱板、纸箱、纸制品。报告期末该公司总资产为33,371,503.89元，报告期内实现主营业务收入18,069,435.46元。该公司于2003年8月将全部机器设备转让给本公司，由本公司苏州分公司经营。

(4)扬州市邗江现代彩印包装有限公司

本公司持有扬州市邗江现代彩印包装有限公司66.67%的股权，该公司注册资本150万元，法定代表人庞自武，兼任该公司总经理。主营业务为：生产销售包装制品、塑料制品、纸张印刷。报告期末该公司总资产为32,828,838.86元，报告期内实现主营业务收入62,117,736.93元，实现净利润6,999,362.45元。

(5)杭州山鹰纸业纸品有限公司

本公司持有杭州山鹰纸业纸品有限公司75%的股权，该公司注册资本800万元，法定代表人李昌斌。主营业务为：生产瓦楞纸箱板，销售箱纸板、纱管纸。该公司目前未开展经营，其将土地和厂房租赁给本公司杭州分公司，杭州分公司承担建设的瓦楞纸箱生产线已于2003年10月安装结束，从12月份调试情况看，该项目已经达到预定可使用状态。

3、主要供应商和客户情况

2003年公司前5名供应商的采购额合计为176,806,653.42元，占年度采购总额的35%。

2003年公司前5名客户的销售额合计为169,241,868.33元，占年度销售总额的18.64%。

4、经营中出现的问题与困难及解决方案

2003年国内纸业市场发展很快，需求旺盛，公司生产规模和效益大幅提升，但也遇到了一些问题和困难，一是市场竞争加剧。国内包装纸板生产企业规模不断扩大，外资投入增加，且项目规模大、起点高、地理区位优越、享受优惠政策多，近期国内新增包装纸板生产能力较快，导致市场竞争日趋激烈。二是原材料价格上涨，电价居高不下，产品价格上涨幅度低于成本增加的幅度，导致毛利率下降。三是供电紧张，拉限电对公司正常生产带来不利影响。

针对以上问题和困难，公司主要采取以下措施和方案：

(1)2003年公司2.5亿元可转换债券成功发行，实施4个项目，保证了公司持续发展。面对激烈的市场竞争，公司必须尽快做大做强，进一步扩大规模，发挥造纸规模经济的效应，提升竞争力。公司年产30万吨纸板项目已经国家批准立项，由于资金问题一直未能开工建设，公司拟通过再融资和引资合作的途径解决资金来源，使项目能够尽快建设，尽早投产见效。

(2)公司垃圾焚烧发电综合利用项目2003年开工建设，年发电量2.2亿度，年产蒸汽34万吨。该项目为热电联产项目，建成后可大大降低用电和用汽成本，经济效益和社会效益明显。2003年完成了该项目的征地拆迁、设备订购、勘探打桩等工作，土建施工进度过半，计划2004年7月份建成投产。公司正全力抓紧实施该项目，确保按计划进度完工，解决用电问题，有效降低成本。

(3)针对供电紧张问题,除加快建设垃圾焚烧发电综合利用项目外,2003 年公司派专人与政府和供电部门协调,随时保持与供电调度台的联系,想尽一切办法减少拉限电,公司内部最大限度减少非生产性用电,使拉限电对生产造成的影响控制在最低程度。

(4)公司信息化管理系统(ERP)局域网建成,分阶段实施,第一阶段进、销、存系统软件开发完成,培训工作基本结束,计划从 2004 年元月份进入系统测试运行。ERP 系统正常运行后将有效提高公司管理水平,提高管理效率,降低管理成本。

5、经营计划完成情况

根据公司制定的经营计划,2003 年计划完成纸板总产量 26 万吨,实际完成 36.74 万吨,比计划增长 41.3%,比去年同期增长 86%;计划纸箱产量 8,000 万平方米,实际完成 13,733 万平方米,比计划增长 71.7%,比去年同期增长 110.6%;计划实现主营业务收入 6.5 亿元,实际实现主营业务收入 9 亿元,比计划增长 38.5%,比去年同期增长 84%;实现净利润 4,859 万元,比去年同期增长 93.5%。

公司 2003 年生产经营计划完成良好,各项指标均超额完成,经济效益持续增长。主要原因是 2003 年纸业市场向好,需求转旺,公司首次发行股票募集资金项目和可转换债券募集资金部分投资项目完工顺利,调试时间缩短,陆续投产,使包装纸板及纸箱的产销量和主营业务收入均有较大增幅。

二、报告期内投资情况

报告期内,公司实际投资 26,071.68 万元,比上年同期增长 108%。

1、首发募集资金使用情况

公司于 2001 年底首次发行股票募集资金 17,388.42 万元,截止 2002 年 12 月 31 日募集资金已全部用完,公司对募集资金使用与招股说明书承诺的项目和董事会关于前次募集资金投向的安排完全相符。投资项目及使用情况如下:

(1)8 万吨/年牛皮箱纸板技改工程:该项目为国债贴息项目,截止 2003 年 12 月 31 日实际投资额 27,744.91 万元,其中募集资金投资 12,121.54 万元于 2002 年全部投入。该项目 2002 年 10 月进入调试期,2003 年 4 月正式投产,全年完成产量 79,921.94 吨,实现销售收入 19,165.72 万元,成本 17,307.59 万元,销售利润 1858.22 万元。

(2)5 万吨/年高档包装箱纸板技改工程:该项目于 2002 年建成投产,利用募集资金投入 5,266.88 万元,实际投资总额 6,724.92 万元,其中固定资产投资 4,483.24 万元,该项目现已发挥效益。

2、可转换债券募集资金使用情况

公司于 2003 年 6 月 16 日发行 2.5 亿元可转换公司债券,扣除承销佣金、手续费、结算费等费用后,实际募集资金 23,902.5 万元。截至 2003 年 6 月 23 日,上述募集资金已全部到位,并经天健会计师事务所有限公司天健(2003)验字 002 号《验资报告》验证。

根据《募集说明书》承诺用于 4 个项目的建设,计划总投资 26,626.25 万元,其中募集资金投入 23,126.25 万元,贷款投入 3,500 万元。项目投资额及截止 2003 年 12 月 31 日的实际已投入金额如下:

单位:万元

募集资金总额	23,902.50	本年度已使用募集资金总额	17,770.32
承诺项目	拟投入金额	是否变更项目	实际投入金额
5 万吨/年高强度牛皮卡纸国家级火炬计划项目	10,469.99	否	11,615.79
4 万吨/年低定量强韧牛皮箱纸板火炬计划项目	6,799.62	否	1,977.77
多层瓦楞纸箱、纸箱板生产线技改工程	3,799.64	否	3,742.26
污水处理及水封闭循环使用系统改造工程	2,057.00	否	434.50
合　计	23,126.25		17,770.32
未达到计划进度和收益的说明(分具体项目)		详见表下说明	
募集资金总额		已累计使用募集资金总额	17,770.32
承诺项目	产生收益金额	是否符合计划进度和预计收益	
5 万吨/年高强度牛皮卡纸国家级火炬计划项目	详见表下说明	符合	
4 万吨/年低定量强韧牛皮箱纸板火炬计划项目	无	符合	
多层瓦楞纸箱、纸箱板生产线技改工程	详见表下说明	符合	
污水处理及水封闭循环使用系统改造工程	无	符合	
合　计			
未达到计划进度和收益的说明(分具体项目)			

说明:

(1)截止 2003 年 12 月 31 日募集资金项目共使用募集资金 17,770.32 万元,占募集资金总额的 74.35%,尚余 6,132.18 万元,将继续按计划投入。

(2)5 万吨/年高强度牛皮卡纸国家级火炬计划项目,截止 2003 年 12 月 31 日实际投资额 11,615.79 万元,全部为募集资金投入。该项目于 2003 年 8 月投产,2003 年完成产量 31,107.81 吨,实现销售收入 1,661.26 万元,成本 1,383.08 万元,销售利润 278.18 万元。

(3)多层瓦楞纸箱、纸箱板生产线技改工程,截止 2003 年 12 月 31 日实际投资额 3,742.26 万元,占计划投资额的 98.49%,全部由募集资金投入。该项目于 2003 年 10 月完工调试,12 月投产。

(4)4 万吨/年低定量强韧牛皮箱纸板火炬计划项目,截止 2003 年 12 月 31 日实际投资额 1,977.77 万元,占计划投资额的 29.09%,全部由募集资金投入。该项目按计划进度实施,预计 2004 年下半年完工。

(5)污水处理及水封闭循环使用系统改造工程为国债专项资金项目,计划总投资 5,557 万元。截止 2003 年 12 月 31 日实际投资额 3,026.50 万元,占计划投资额的 54.46%,其中募集资金投入 434.50 万元,其余由银行贷款投入。该项目按计划进度实施,预计 2004 年下半年完工。

3、非募集资金投资情况

报告期内,公司重大非募集资金投资项目为垃圾焚烧发电综合利用项目,该项目总投资 19,100 万元,2003 年开工建设。至报告期末累计投资 5,563.34 万元,投资进度 29.13%。项目投产后预计因降低用电用汽成本可为公司带来收益 2,966 万元,计划 2004 年 7 月完工。

三、公司财务状况分析

项　目			金额(元)
	2003 年 12 月 31 日	2002 年 12 月 31 日	增减,%
总资产	1,203,213,056.85	830,899,130.39	44.81
股东权益	405,136,508.36	356,783,160.78	13.55
	2003 年	2002 年	增减,%
主营业务利润	107,203,370.16	70,397,521.68	52.28
净利润	48,595,589.71	25,118,284.50	93.47
现金及现金等价物净增加额	5,751,189.94	−82,841,637.90	106.94

1、报告期末,公司总资产 120,321.31 万元,较上年末总资产 83,089.91 万元增长了 44.81%,主要由于公司项目陆续投产,生产经营规模扩大所致。

2、报告期末,公司长期负债 39,296.19 万元,比上年末长期负债 19,950.68 万元增长了 96.97%,主要由于发行 2.5 亿可转换公司债券所致。

3、报告期末,公司股东权益 40,513.65 万元,比上年末股东权益 35,678.32 万元增长了 13.55%,主要由于本期净利润转入所致。

4、报告期内,公司主营业务收入 90,014.49 万元,比上年度增长 84.37%;主营业务利润 10,720.34 万元,比上年度 7,039.75 万元增长了 52.28%。由于前次募集资金项目达产良好,纸板和纸箱的产销量增幅均较大,同时技术改造后产品质量和档次提高,销售良好,使得主营业务收入和主营业务利润增幅较大。

5、报告期内,公司净利润 4,859.56 万元,比上年度净利润 2,511.83 万元增长了 93.47%,主要是由于公司生产规模扩大,产销量提高,产品结构更趋合理。但由于受纸品进口总量增加和国际经济总体下滑的影响,国内纸业市场竞争激烈,造成价格下滑而成本上升,加上公司规模迅速扩大,为了占领市场调整了部分产品售价,使得毛利率相对小幅下降。

6、报告期内,公司经营活动产生的现金流量净额为−1,290.86 万元,比上年度的 6,114.82 万元下降 17.42%,主要是由于项目完工后生产和销售的规模大幅增长,公司适当放宽赊销期限所致。现金及现金等价物净增加额为 575.12 万元,上年度为−8,242.16 万元,主要原因是由于上年初募集资金未用完,在上年度投入较大所致。

四、2004 年度经营计划

根据公司现状和市场因素,结合近期项目实施及完成情况,确定 2004 年总体经营计划目标为:造纸产量完成 42 万吨,比 2003 年增长 14.3%;纸箱产销量完成 18000 万平方米,比 2003 年增长 31.1%;实现主营业务收入 10.5 亿元,比 2003 年增长 16.7%,综合经济效益继续保持持续稳定增长。为实现上述经营计划和目标,本公司主要做好以下方面的工作:

1、抓紧未完工募集资金项目和内部技术改造项目的实施,争取尽快投产见效。同时抓好现有各条生产线的生产管理,保证满负荷运行,发挥其生产能力,实现产销平衡。

2、进一步做好生产的"上下游"工作,即确保原料供应和产品销售。2004 年要进一步扩大废纸收购范围,在常州一带增设废纸收购网点。根据市场要求及时调整品种结构和营销策略,继续拓展市场。

3、信息化管理系统(ERP)按阶段稳步推进,进、销、存系统要在 2004 年正式投入运行,不断改进不合理的工作流程和制度,提高科学管理和决策水平。

4、加快引资合作步伐,适时开展再融资,保证公司持续快速发展。

五、董事会日常工作情况

(一)报告期内董事会的会议情况及决议内容

2003 年度,公司董事会共召集 9 次董事会会议:

1、2003 年 1 月 7 日,公司召开第二届董事会第三次会议。会议审议通过以下事项:

(1)《关于修改公司发行可转换公司债券部分条款的议案》

(2)《关于延长公司发行可转换公司债券有效期限的议案》

(3)《关于为苏州工业园区山鹰云海纸业有限公司提供 500 万元担保的议案》

(4)《关于召开公司 2003 年第一次临时股东大会的议案》

本次会议决议公告详见 2003 年 1 月 8 日的《上海证券报》。

2、2003 年 1 月 26 日,公司召开第二届董事会第四次会议。会议审议通过以下决议:

(1)《二 00 二年度总经理工作报告》

(2)《二 00 二年度董事会工作报告》

(3)《二 00 二年度财务决算报告》

(4)《二 00 二年度利润分配预案》

(5)《二 00 二年年度报告及摘要》

(6)《关于董事、监事薪酬的议案》

(7)《关于高级管理人员薪酬的方案》

(8)《关于将 1600MM 纸板机出售给天福公司的议案》

(9)《董事会关于前次募集资金使用情况的说明》

(10)《关于继续聘任天健会计师事务所有限公司为公司审计机构并授权董事会决定其报酬的议案》

(11)公司与天健会计师事务所有限公司签订的《审计业务约定书》

(12)《关于召开公司 2002 年度股东大会的议案》。决定于 2003 年 3 月 6 日上午在公司四楼会议室召开公司 2002 年度股东大会,审议上述(2)、(3)、(4)、(5)、(6)、(10)事项及《二 00 二年度监事会工作报告》。

本次会议决议公告详见 2003 年 1 月 28 日的《上海证券报》。

3、2003 年 2 月 28 日,公司召开第二届董事会第五次会议。会议审议通过以下决议:

(1)《关于成立安徽山鹰纸业股份有限公司苏州公司的议案》

(2)《关于成立安徽山鹰纸业股份有限公司杭州公司的议案》

4、2003 年 4 月 18 日,公司召开第二届董事会第六次会议。会议审议通过了《公司 2003 年第一季度报告》。

5、2004 年 4 月 28 日,公司召开第二届董事会第七次会议。会议审议通过了《关于为马鞍山市天福纸箱纸品有限公司贷款 1000 万元提供连带责任保证的议案》。

本次会议决议公告详见 2003 年 4 月 29 日的《上海证券报》。

6、2003 年 8 月 7 日,公司召开第二届董事会第八次会议。会议审议通过以下决议:

(1)《2003 年半年度报告》及其摘要

(2)《关于兴建垃圾焚烧发电综合利用项目的议案》

(3)《关于购买苏州山鹰纸业纸品有限公司机器设备的议案》

(4)《关于向中国银行马鞍山分行申请1.3亿元人民币授信额度的议案》

(5)《关于向中国建设银行马鞍山分行申请贷款6000万元人民币的议案》

(6)《关于召开公司2003年第二次临时股东大会的议案》。决定于2003年9月10日上午在公司四楼会议室召开公司2003年第二次临时股东大会，审议《关于兴建垃圾焚烧发电综合利用项目的议案》。

本次会议决议公告详见2003年8月9日的《上海证券报》。

7、2003年9月19日，公司召开第二届董事会第九次会议。会议审议通过以下决议：

(1)《董事会议事规则》(2003年修订)

(2)《总经理工作细则》(2003年修订)

(3)《财务管理制度》(2003年修订)

(4)《募集资金管理制度》

(5)《信息披露制度》(2003年修订)

(6)《关于加强分支机构管理的若干规定》

(7)《关于为扬州邗江现代彩印包装有限公司贷款1000万元人民币提供担保的议案》

(8)《关于中国证监会合肥特派办巡回检查的整改报告》

本次会议决议公告详见2003年9月20日的《上海证券报》。

8、2003年10月30日，公司召开第二届董事会第十次会议。会议审议通过以下决议：

(1)《公司2003年第三季度报告》

(2)《投资者关系管理制度》

(3)《关于为杭州山鹰纸业纸品有限公司贷款1000万元人民币提供担保的议案》

本次会议决议公告详见2003年10月31日的《上海证券报》。

9、2003年12月12日，公司召开第二届董事会第十一次会议。会议审议通过《关于向下修正山鹰转债转股价格的议案》。

本次会议决议公告详见2003年12月15日的《上海证券报》。

(二)董事会对股东大会决议的执行情况

报告期内公司董事会根据《公司法》、《证券法》等有关法律法规和《公司章程》的要求，严格按照股东大会的决议和授权，认真执行股东大会通过的各项决议。执行情况如下：

(1)根据公司2003年第一次临时股东大会决议，公司对可转换债券发行条款进行了修订，并延长了发行有效期限。公司于2003年6月16日成功发行2.5亿元人民币可转换债券，2003年7月1日在上海证券交易所上市。详细情况见第三章"股本变动及股东情况"中相关内容。

(2)根据公司2002年度股东大会决议，认真组织实施了2002年度利润分配方案，即以2002年末总股本16,050万股为基数，向全体股东每股派发现金红利0.05元（含税），共计派发现金总额8,025,000.00元。公告详见2003年4月10日的《上海证券报》。

(3)根据公司2003年第二次临时股东大会决议，公司开始实施垃圾发电综合利用项目，项目进度和完成计划详见前述。

六、本次利润分配预案或资本公积金转增股本预案

经天健会计师事务所有限公司审计，公司2003年度实现净利润48,595,589.71元，按《公司章程》有关规定，提取10%的法定公积金4,859,558.97元和10%的法定公益金4,859,558.97元，加上以前年度未分配利润结余38,881,145.21元，本年度可供全体股东分配的利润为77,757,616.98元。

为兼顾公司发展和股东利益，董事会决定本次利润分配预案为：拟以2003年末总股本16,096.0115万股为基数，向全体股东每股派发0.06元现金红利（含税），派发现金红利总额为9,657,606.90元，剩余68,100,010.08元结转以后年度分配。由于公司存在可转换债券转股的情况，因此派发现金红利总股本数以派发时股权登记日的总股本数为准，派发现金红利金额不变。以上利润分配预案须提交年度股东大会审议通过后实施。

本次不实行资本公积金转增股本。

七、其它需要披露的事项

报告期内公司选定信息披露报刊为《上海证券报》，没有变更信息披露报刊。

八、天健会计师事务所有限公司关于公司控股股东及其它关联方占用资金情况的专项说明

关于对安徽山鹰纸业股份有限公司控股股东及其他关联方占用资金情况专项审核说明

天健(2004)特审字006号

安徽山鹰纸业股份有限公司全体股东：

我们接受委托，对贵公司控股股东及其他关联方截止2003年12月31日占用贵公司资金情况进行专项核查。我们的核查是依据中国证券监督管理委员会、国务院国有资产监督管理委员会证监发(2003)56号《关于规范上市公司与关联方资金往来及上市公司对外担保若干问题的通知》进行的。贵公司管理当局的责任是提供真实、合法、完整的有关资金占用及对外担保情况的全部资料，包括原始合同或协议等资料或副本资料、会计凭证、帐簿记录、会计报表、有关实物证据及我们认为必要的其他资料。我们的责任是根据上述《关于规范上市公司与关联方资金往来及上市公司对外担保若干问题的通知》的规定，对贵公司与控股股东及其他关联方资金往来情况是否符合规定进行相关调查、核实并出具专项说明。在调查、核实过程中，我们实施了查阅有关资料、会计凭证、核对会计帐簿记录等我们认为必要的审核程序。

现将审核情况说明如下：

一、控股股东及其他关联方占用资金情况

截止2003年12月31日，贵公司帐面记载的应收控股股东及其他关联方的资金占用与资金往来均为与贵公司控股股东马鞍山山鹰纸业集团有限公司之间发生，其中占用资金余额为4,922.00元，累计资金往来为1,693,747.82元。

二、未发现贵公司采用《关于规范上市公司与关联方资金往来及上市公司对外担保若干问题的通知》第一条第二款所列方式将资金直接或间接地提供给控股股东及其他关联方使用。

天健会计师事务所　　中国注册会计师：童传江

有限公司　　王　树　　中国 北京

2004年2月3日

九、公司独立董事关于对外担保情况的专项说明及独立意见

安徽山鹰纸业股份有限公司独立董事关于对外担保情况的专项说明及独立意见

根据证监发[2003]56号《关于规范上市公司与关联方资金往来及上市公司对外担保若干问题的通知》精神，我们本着实事求是的态度，对安徽山鹰纸业股份有限公司对外担保情况进行了认真负责的核查，现就有关问题说明如下：

经我们审慎查验，公司严格遵守公司章程的有关规定，严格控制对外担保风险，并按规定程序对对外担保进行审批。至今，公司没有为控股股东及本公司持股50%以下的其他关联方、任何非法人单位或个人提供担保，控股股东及其他关联方也未强制公司为他人提供担保。截至2003年12月31日，公司除为控股子公司提供担保外，没有提供其它任何形式的对外担保。

独立董事：曹朴芳　林钟高　吴　革　王居才

二〇〇四年二月三日

第七章　重要事项

一、本年度公司无重大诉讼、仲裁事项。

二、报告期内公司没有重大的收购及出售资产、吸收合并事项

三、报告期内，公司没有发生重大关联交易事项。

四、重大合同及履行情况

1、报告期内，公司无托管、承包、租赁其它公司资产或其它公司托管、承包、租赁本公司资产的事项。

2、担保事项

(1)报告期内，本公司控股股东马鞍山山鹰纸业集团有限公司为本公司贷款199,134,365.00元人民币提供担保。

(2)报告期内，本公司董事会审议通过为控股子公司贷款和银行承兑汇票提供连带现任保证3,500万元人民币，实际担保金额2,900万元。具体如下：

单位：万元

担保对象	担保金额	实际担保金额		
	贷款	银行承兑	汇票	小计
苏州工业园区山鹰云海纸业有限公司	500	200	200	
马鞍山市天福纸箱纸品有限公司	1,000	500	1,100	1,600
扬州市邗江现代彩印包装有限公司	1,000		1,100	1,100
杭州山鹰纸业纸品有限公司	1,000			
合　计	3,500	500	2,400	2,900

注：本公司为控股子公司提供担保，在以前年度发生至本报告期末尚未履行完毕的实际担保金额为700万元。

(3)本公司除为控股50%以上的子公司提供担保外，没有提供其它任何形式的对外担保。

3、报告期内，公司没有发生委托他人进行现金资产管理事项，未来也没有委托理财计划。

4、其它重大合同

报告期内，公司尚在履行的1000万元以上的借款合同见下表。

单位：万元

借款银行	借款金额	借款日期	到期日期
工行金家庄办事处	35,000,000.00	2003-1-29	2008-1-27
建行金家庄办事处	10,000,000.00	2003-9-30	2006-9-30
建行金家庄办事处	20,000,000.00	2003-11-12	2006-11-12
中国银行马鞍山分行	16,000,000.00	2003-4-9	2006-4-9
中国银行马鞍山分行	4,000,000.00	2003-4-9	2006-4-9
中信实业银行	8,000,000.00	2003-4-23	2005-4-23
招商银行合肥分行	30,000,000.00	2003-10-16	2005-4-16
建行金家庄支行	5,000,000.00	2003-4-30	2005-4-30
中国银行苏州市吴中支行	10,000,000.00	2002-12-25	2004-12-24

五、承诺事项

持股5%以上的股东为本公司控股股东山鹰集团公司，山鹰集团公司在报告期内或持续到报告期内已对本公司及全体股东作出承诺，对本公司已进行建设和拟投资兴建的项目，将在项目选择和投资方向上，避免与本公司相同或相似，不与本公司发生同业竞争，以维护本公司的利益。山鹰集团公司在报告期内履行了上述承诺事项。

六、公司聘任、解聘会计师事务所情况

报告期内，公司续聘天健会计师事务所有限公司担任本公司审计工作，2003年支付给天健会计师事务所有限公司审计费用60万元，其中2002年年报审计费用40万元，公司为发行可转换债券支付给会计师事务所审计费用20万元。

该事务所为公司提供审计服务3年。

七、报告期内，公司、公司董事会及董事没有受中国证监会稽查、中国证监会行政处罚、通报批评、证券交易所公开谴责的情形。

中国证监会合肥特派办于2003年7月28日至8月1日对本公司进行了巡回检查，本公司按照《限期整改通知书》的要求，认真整改，提出切实可行的解决措施，并逐项予以落实，已在报告期内完成了全部整改内容。公司整改报告书详见2003年9月20日的《上海证券报》(36版)。

八、其他重大事项

1、本公司2.5亿元人民币可转换债券于2003年6月16日发行，2003年7月1日在上海证券交易所上市，债券期限5年，2003年12月16日进入转股期，同时将转股价格由8.41元修正到6.77元，转股价格修正详见2003年12月15日、16日、17日的上海证券报。截止报告期末，本公司可转换债券转股情况详见第三章"股本变动及股东情况"中相关内容及2004年1月3日的《上海证券报》。

2、为保证公司生产用电及降低用电成本，经二届八次董事会和2003年第二次临时股东大会审议通过投资建设垃圾焚烧发电综合利用项目，具体内容详见2003年8月9日和2003年9月11日的《上海证券报》。

3、公司二届八次董事会审议通过《关于向中国银行马鞍山分行申请1.3亿元人民币授信额度的议案》和《关于向中国建设银行马鞍山分行申请贷款6000万元人民币的议案》，具体内容详见2003年8月9日的《上海证券报》。

第八章　备查文件目录

1、载有法定代表人、主管会计工作负责人、财务负责人签名并盖章的会计报表。

2、载有会计师事务所盖章、注册会计师签名并盖章的审计报告原件。

3、报告期内在中国证监会指定报纸上公开披露过的所有公司文件的正本及公告的原稿。

上述文件的原件备置于公司证券部。当中国证监会、证券交易所要求提供时，或股东依据法规或公司章程要求查阅时，公司将及时提供。

安徽山鹰纸业股份有限公司

董事长(签名)：王德贤

2004年2月3日

芜湖港储运股份有限公司

芜湖港储运股份有限公司2003年年度报告

重要提示

本公司董事会及其董事保证本报告所载资料不存在任何虚假记载、误导性陈述或者重大遗漏,并对其内容的真实性、准确性和完整性承担个别及连带责任。

公司法定代表人孙新华先生、会计负责人陶延山先生及会计机构负责人凌烈新先生声明:保证年度报告中财务报告的真实、完整。

独立董事张立民因事请假,委托独立董事林云卿出席并行使表决权。

一、公司基本情况简介

(一)公司法定中文名称:芜湖港储运股份有限公司

公司的英文名称:WUHU PORT STORAGE & TRANSPORTATION CO.,LTD

(二)公司法定代表人:孙新华

(三)董事会秘书:欧业群

联系地址:安徽芜湖市经济技术开发区内朱家桥外贸码头

联系电话:0553-5840528

传真:0553-5840510

电子信箱:whps@whpstc.com

(四)公司注册及办公地址:芜湖市经济技术开发区内

邮政编码:241000

公司网址:www.whpstc.com

电子信箱:whps@whpstc.com

(五)公司选定的信息披露报纸:上海证券报

公司登载年度报告的中国证监会指定网址:http:/www.sse.com.cn

公司年度报告备置地点:芜湖市经济技术开发区内本公司董秘办公室

(六)公司股票上市交易所:上海证券交易所股票简称:芜湖港(A股)

股票代码:600575

(七)其他资料:

公司首次注册登记日期:2000年11月29日

公司首次注册登记地点:芜湖市经济技术开发区内

最近一次变更登记日期:2003年3月25日

企业法人营业执照注册号:3400001300189

税务登记号码:340207725539548

公司聘请的会计师事务所名称:上海立信长江会计师事务所有限公司

公司聘请的会计师事务所地址:上海市南京东路61号4楼

二、会计数据和业务数据摘要

(一)2003年度会计数据和业务数据摘要 单位:元

利润总额	40,607,103.73
净利润	28,106,140.89
扣除非经常性损益后的净利润	28,348,071.71
主营业务利润	61,420,760.61
其他业务利润	228,293.41
营业利润	41,558,047.80
投资收益	-317,142.29
补贴收入	0.00
营业外收支净额	-633,801.78
经营活动产生的现金流量净额	25,455,769.97
现金及现金等价物净增加额	229,115,097.76

非经常性损益项目 单位:元

项目	金额
处置固定资产的损失	633,801.78
以前年度计提减值准备转回	182,716.37
非经常性损益的所得税影响数	209,154.59

(二)截止报告期末公司前三年主要会计数据和财务指标

单位:元

项目	2003年	2002年	2001年
主营业务收入	119,690,163.90	104,391,227.09	80,593,961.71
净利润	28,106,140.89	26,076,022.19	25,676,935.01
总资产	484,023,264.32	232,722,356.28	212,404,465.76
股东权益(不含少数股东权益)	464,828,576.46	146,163,095.57	120,074,957.38
每股收益	0.24	0.35	0.35
每股净资产	3.92	1.99	1.63
调整后的每股净资产	3.92	1.99	1.63
每股经营活动产生的现金流量净额	0.24	0.74	0.45
净资产收益率	6.05%	17.84%	19.58%
扣除非经常性损益后净利润的加权平均净资产收益率	7.27%	18.09%	13.12%

(三)报告期内股东权益变动情况及原因

单位:元

项目	股本(万股)	资本公积	盈余公积
合计	11860	288,286,181.97	12,003,359.17
期初数	7360	31,686,841.97	7,787,438.04
本期增加	4500	256,599,340.00	4,215,921.13
本期减少			
期末数	11860	288,286,181.97	12,003,359.17
增加原因	发行股票	发行股票	提取盈余公积

项目	法定公益金	未分配利润	股东权益
合计	4,001,119.72	45,939,035.32	464,828,576.46
期初数	2,595,812.68	22,048,815.56	135,123,095.57
本期增加	1,405,307.04	23,890,219.76	329,705,480.89
本期减少			
期末数	4,001,119.72	45,939,035.32	464,828,576.46
增加原因	提取法定公益金	利润增加	

三、股本变动及股东情况

(一)股份变动情况表 单位:万股

	本次变动前配股	本次变动增减(+,-) 送股	公积金转股	增发	首次发行	小计	本次变动后
一、未上市流通股份							
1、发起人股份	7360						7360
其中:							
国家持有股份							
境内法人持有股份	7360						7360
境外法人持有股份							
其他							
2、募集法人股份							
3、内部职工股							
4、优先股或其他							
未上市流通股份合计	7360						7360
二、已上市流通股份							
1、人民币普通股					+4500	+4500	4500
2、境内上市的外资股							
3、境外上市的外资股							
4、其他							
已上市流通股份合计					+4500	+4500	4500
三、股份总数	7360				+4500	+4500	11860

(二)股票发行与上市情况

1、股票发行情况

股票种类:A股

发行日期:2003年3月8日

发行价格:7.08元

发行数量:4500万股

上市日期:2003年3月28日

获准上市交易数量:4500万股

2、股份总数及结构变动说明:

经中国证监会证监发行字[2003]17号《关于核准芜湖港储运股份有限公司公开发行股票的通知》及上交所上证上字[2003]22号《关于芜湖港储运股份有限公司人民币普通股股票上市交易的通知》,本公司于2003年3月28日向社会公开发行人民币普通股股票4500万股。发行前公司的股本为7360万股,全部为国有法人股,发行后公司股本为11860万股。

3、公司无内部职工股。

(三)股东情况

1、报告期末公司股东总数26,181户。

2、报告期末公司前10名股东持股情况

序号	股东名称	年度内增减(股)	年末持股数(股)
1	芜湖港口有限责任公司		72,120,000
2	杨道华	+543,477	543,477
3	芜湖长江大桥公路桥有限公司		530,000
4	芜湖经济技术开发区建设总公司		420,000
5	芜湖高新技术创业服务中心		370,000
6	张学梁	+235,622	235,622
7	吴惠强	+180,000	180,000
8	黑龙江电力开发建设集团公司	+170,000	170,000
9	中国芜湖外轮代理公司		160,000
10	章桦	+159,000	159,000

序号	股东名称	占总股本比例	股份类别	股份质押或冻结情况
1	芜湖港口有限责任公司	60.81%	法人股	无
2	杨道华	0.46%	社会公众股	不详
3	芜湖长江大桥公路桥有限公司	0.45%	法人股	无
4	芜湖经济技术开发区建设总公司	0.35%	法人股	无
5	芜湖高新技术创业服务中心	0.31%	法人股	无
6	张学梁	0.20%	社会公众股	不详
7	吴惠强	0.15%	社会公众股	不详
8	黑龙江电力开发建设集团公司	0.14%	社会公众股	不详
9	中国芜湖外轮代理公司	0.13%	法人股	无
10	章桦	0.13%	社会公众股	不详

注:前10名股东中,芜湖港口有限责任公司是中国芜湖外轮代理公司的股东之一,其他法人股股东之间不存在关联关系,也不属于《上市公司股东持股变动信息披露管理办法》规定的一致行动人。

3、公司控股股东情况

企业名称	法人代表	成立日期	注册资本	主营业务
芜湖港口有限责任公司	李非列	2002 年	237,780,000	仓储、代理

芜湖港口有限责任公司的前身为芜湖港务管理局。1952 年 8 月 2 日，根据中央人民政府政务院财政经济委员会《关于统一航务、港务管理的指示》精神，按照长江航务管理局(简称"长航局")的指示，在长航局芜湖办事处的基础上，成立芜湖港务局。1954 年，芜湖港务局奉命接管了裕溪口码头和场地以及英商太古公司，结束了港区分管的历史。1958 年 7 月 1 日，长航体制变动，港口下放地方管理，实行以地方为主、长航为辅的双重领导。1975 年 10 月 1 日，长航系统进行管理体制调整，芜湖港务局改称芜湖港务管理局。芜湖港务局于"一五"期间在裕溪口建成我国第一座机械化煤码头，于 1983 年完成朱家桥新港区的第一期工程建设。

1996 年 6 月 19 日，芜湖港务管理局在芜湖市工商行政管理局登记注册，注册登记号为 14940020-5，注册资金为 7,859 万元，隶属交通部、地方政府双重领导。2002 年 6 月，根据安徽省政府皖政办[2002]45 号文，芜湖港务管理局正式下放给芜湖市人民政府管理。2002 年 9 月，根据芜湖市人民政府芜政秘[2002]125 号《关于同意设立芜湖港口有限责任公司的批复》，芜湖港务管理局整体改制为芜湖市经贸委下辖的国有独资的芜湖港口有限责任公司。2002 年 10 月，根据芜湖市芜政秘(2002)143 号文精神，芜湖市经贸委将其所持有的 100%国有股权出让给芜湖市飞尚实业发展有限责任公司和自然人韩灼元。目前，有关股权变更事宜已报安徽省有关政府部门，有关股权变更事宜详见公司于 2004 年元月 16 日刊登在《中国证券报》的公告。

4、报告期内，本公司没有其他持股 10%以上(含 10%)的法人股东。

5、报告期末公司前 10 名流通股股东持股情况

名次	股东名称	年末持股数	股票种类 (股)
1	杨道华	543,477	A 股
2	张学粱	235,622	A 股
3	吴惠强	180,000	A 股
4	黑龙江电力开发建设集团公司	170,000	A 股
5	章桦	159,000	A 股
6	王光碧	153,000	A 股
7	张生平	130,000	A 股
8	新余市同益贸易有限责任公司	116,700	A 股
9	张琴远	106,588	A 股
10	刘长有	99,100	A 股

注：未知前 10 名流通股股东之间存在关联关系。

四、董事、监事、高级管理人员和员工情况

(一)公司董事、监事及高级管理人员情况

1、基本情况

姓 名	性别	年龄	职务	任期起止日期	年初年末持股
孙新华	男	49	董事长	2000 年 11 月至 2004 年 4 月	无
郭平正	男	44	董事	2000 年 11 月至 2004 年 4 月	无
张家由	男	54	董事	2000 年 11 月至 2004 年 4 月	无
胡一科	男	55	董事	2000 年 11 月至 2004 年 4 月	无
王济合	男	62	董事	2000 年 11 月至 2004 年 4 月	无
周治俭	男	49	董事	2000 年 11 月至 2004 年 4 月	无
龙跃进	男	46	董事	2000 年 11 月至 2004 年 4 月	无
张思华	男	61	董事、总经理	2000 年 11 月至 2004 年 4 月	无
张立民	男	49	独立董事	2001 年 11 月至 2004 年 4 月	无
盛杰民	男	64	独立董事	2002 年 7 月至 2004 年 4 月	无
林云卿	男	64	独立董事	2001 年 11 月至 2004 年 4 月	无
汤朝相	男	58	监事会主席	2001 年 11 月至 2004 年 4 月	无
高 明	男	52	监事	2000 年 11 月至 2004 年 4 月	无
黄世巧	女	49	监事	2000 年 11 月至 2004 年 4 月	无
尹增年	男	27	监事	2001 年 5 月至 2004 年 4 月	无
高 翔	男	26	监事	2001 年 5 月至 2004 年 4 月	无
欧业群	男	47	副总、董秘	2000 年 11 月至 2004 年 4 月	无
方世玉	男	50	副总	2000 年 11 月至 2004 年 4 月	无
俞庆安	男	55	总工	2000 年 11 月至 2004 年 4 月	无
陶延山	男	41	财务负责人	2000 年 11 月至 2004 年 4 月	无
李昌华	男	42	分公司经理	2000 年 11 月至 2004 年 4 月	无
李 健	男	41	分公司经理	2000 年 11 月至 2004 年 4 月	无

2、在股东单位任职的董事、监事情况：

姓 名	性别	年龄	在本公司任职	所在单位和任职	任期起止日期
孙新华	男	49	董事长	芜湖港口有限责任公司总裁	002 年 9 月至今
郭平正	男	44	董事	芜湖港口有限责任公司副总裁	002 年 9 月至今
张家由	男	54	董事	芜湖市港航管理局副局长	02 年 10 月至今
胡一科	男	55	董事	芜湖长江大桥公路桥有限公司副总经理	996 年 5 月至今
王济合	男	62	董事	芜湖经济技术开发区建投副总经理	990 年 7 月至今
周治俭	男	49	董事	芜湖科技创业中心总经理	999 年 5 月至今
龙跃进	男	46	董事	中国芜湖外轮代理公司总经理	999 年 7 月至今
汤朝相	男	58	监事	芜湖港口有限责任公司副总裁	002 年 9 月至今
高 明	男	52	监事	芜湖港口有限责任公司副总裁	002 年 9 月至今
黄世巧	女	49	监事	芜湖长江大桥公路桥有限公司办公室主任	996 年 5 月至今

3、年度报酬情况

(1)董事、监事、高管人员报酬决策程序和确定依据

公司现任董事、监事的报酬和独立董事津贴标准由公司董事会提出方案报请股东大会确定；高管人员的报酬，依据公司股东大会通过的关于高级管理人员实行年薪制的办法发放。

(2)现任并在公司领取报酬的董事、监事及高管人员 10 人，年度报酬总额为 96.73 万元；金额最高的前三名董事的报酬总额为 45 万元；金额最高的前三名高管人员的报酬总额为 47 万元。根据公司 2001 年第二次临时股东大会决议，独立董事的津贴标准为每人每年 3 万元，独立董事出席公司董事会、股东大会以及按公司章程规定行使职权所需费用(包括差旅费、办公费等)由公司实报实销。

(3)公司现任并在公司领取报酬的董事、监事及高级管理人员年度报酬数额区间为：2 万以下 2 人；6 万至 13 万 4 人，13 万以上 3 人。(以上均含税)

(4)公司董事郭平正、张家由、胡一科、王济合、周治俭、龙跃进，监事会主席汤朝相，监事高明、黄世巧不在公司领取报酬，在股东单位领取报酬。

(二)报告期内无离任的董事、监事及高级管理人员

(三)员工情况

截止 2003 年 12 月 31 日，本公司在册职工人数为 1338 名。

1、员工专业结构

行政管理人员	260 人	占职工总人数的 19.43%
财务人员	16 人	占职工总人数的 1.20%
工程技术人员	59 人	占职工总人数的 4.41%
生产人员	833 人	占职工总人数的 62.26%
后勤人员	170 人	占职工总人数的 12.71%

2、员工教育程度

大专及以上学历员工	184 人	占职工总人数的 12.75%
中专、高中学历员工	588 人	占职工总人数的 43.95%
初中及以下学历员工	596 人	占职工总人数的 44.54%

3、报告期内公司无承担的离退休职工。

五、公司治理结构

(一)公司治理情况

公司报告期内能严格按照《公司法》、《证券法》等法律的要求，坚持规范运作，完善公司治理，强化信息披露。

1、公司上市以后，严格遵循《上市公司治理准则》、上交所《股票上市规则》等文件的规定，逐步完善、修订公司的《股东大会议事规则》、《董事会议事规则》、《总经理议事规则》和《监事会议事规则》，以及各项内控制度，对股东大会、董事会和经理层进行全面的规范和约束，确保其各司其职、相互制衡。特别是在各项制度中确立了一系列保护中、小股东权益的条款，为切实保护中、小股东权益奠定了良好的制度基础。报告期内公司召开的 1 次股东大会、4 次董事会、2 次监事会，会议召开的程序、出席会议人员的资格、人数和表决均符合《公司法》等法律法规和《公司章程》的规定。

2、不断健全和完善公司董事会成员的结构，努力提高治理水平。目前，公司现有 11 名董事中，来自港口公司的董事仅为 3 名，来自其它发起人的董事为 5 名。另外 3 名为独立董事，来自港口公司之外的董事已占全体董事的 3/5 以上。公司董事勤勉尽责，熟悉港口事务，具有一定的财务、法律知识，并积极参加相关培训。公司董事会还注重引入外部咨询力量，以增强决策的科学性。

3、公司监事会能够认真履行职责，能够本着对股东负责的精神，对公司财务以及董事、经理和其他高级管理人员履行职责的合法合规性进行监督。目前监事会人数和人员构成符合公司章程和有关规范性文件的规定。

4、增强信息披露的自觉性。适时制定了《信息披露管理办法》和《信息披露管理细则》，认真、客观和及时地做好定期报告和临时报告工作，履行信息披露义务。2003 年 9 月，公司在接到控股股东芜湖港口有限责任公司关于芜湖市经贸委拟转让其持有的芜湖港口有限责任公司国有股权的通知后，我们适时披露了提示性公告。公告刊登于 2002 年 9 月 10 日《中国证券报》。

(二)独立董事履行职责情况

独立董事参加了公司一届九次至十二次董事会和 2002 年度股东大会，对董事会和股东大会的各项议案进行了审议，并发表了独立和专项意见，充分发挥独立董事的作用，维护了公司、中小股东和利益相关者利益。

(三)公司与控股股东在业务、人员、资产、机构、财务方面完全分开，公司具有独立、完整的业务及自主经营能力。控股股东行为规范，没有超越股东大会直接或间接干预公司的决策和经营活动。

(四)高管人员的考评及激励机制

根据公司 2002 年度股东大会确立的各项经营、管理目标，以及审议通过的《芜湖港储运股份有限公司 2003 年高级管理人员实行年薪制暂行办法》有关规定，公司董事会对公司高管人员进行考核，并据考核结果实施奖惩。

六、董事会报告

(一)董事会讨论与分析

1、2003 年公司的生产经营坚持以物流理念为指导，抢抓机遇，力拓市场，改善服务，创新增效。

--煤运生产"抓中间环节，向两头延伸"，协调供需矛盾，解决各节点问题，努力完善全程服务体系，牢牢掌握经营主动权，进一步扩大了市场份额，煤运生产量大幅增长，超出了预定的经营目标。

--外贸生产继续实践"大市场、大外贸、大货主、大联合、大通关"指导思想，按照"抓通关环节，向两头延伸"的工作方略，狠抓外贸计划的兑现率。同时积极配合海关建立了全省第一个海关监管区，加速构筑大通关体系，使港口通关环境有了较大的改善。实现了外贸和集装箱量的新突破，再度刷新了历史纪录。积极开展物流配送业务，拓展港口功能，提高经营附加值。汽车滚装业务也有了新的飞跃。

2、按照现代企业制度要求，建立科学机制，完善管理制度，提升管理水平

--努力推进管理创新，将质量、环境和职业安全健康三大国际标准体系进行创新整合，建立起"三标一体化"综合管理体系，成为全国港口首家实行"三标一体化"运行的企业。并荣获了 2003 年度安徽省质量管理奖。

--推进人力资源管理创新，对薪酬战略进行了有益的探索，初步制定了以岗位和工作绩效考评为核心的薪酬方案，努力建立符合港口生产经营实际和发展要求的薪酬制度，拟定了与港口未来发展相适应的薪酬体系。同时，继续加大岗位培训力度，共举办各层次、各类型培训班 40 期，培训 3567 人次。

--坚持设备管理创新，注重维修的计划性和技改工作，全年设备完好率、利用率、台时效率均比去年有所提高，保证了港口正常生产，为港口量的增长提供了技术和设备保障。同时，节能降耗成效显著，电耗由 2002 年的每自然吨 0.94 度下降至每自然吨 0.77 度。

--加强财务管理，完善财务内部控制体系，严格控制各项成本支出。报告期内，公司在产量大幅增长的情况下，成本相对下降。同时，严格募集资金的使用和管理，实行募集资金专项存款制度，并严格按照招股说明书披露的投资项目、投资金额和投入时间安排使用，实行专款专用。

--积极推行信息化管理，构建信息平台，提高信息化水平。建立并完善了信息网络，在公司范围内实现了无纸化办公，为适时建立物流信息平台奠定了基础。

--全年安全生产和货运质量无重大责任事故，实现了年度目标。

3、项目工作进展顺利

一是裕溪口现代煤炭配送中心一期工程，即配煤能力为 300 万吨/年的精确配煤系统进展顺利。项目初步设计也正在进行中，此项目并被列为芜湖市 2004 年重点建设项目。

二是获港综合码头项目，正在积极做好前期配套(如道路、征地等)工作。

三是深入研究、分析市场形势，尤其是安徽省汽车工业的发展情况，进一步优化拟投项目。

四是朱家桥 3 号泊位扩建工程全面竣工并通过验收，投入生产。

4、弘扬企业文化，提升港口品牌

全面推进以"三心"凝聚，"两超"精神为精髓的企业文化建设，塑造富有鲜明个性的芜湖港企业文化，提高广大员工的综合素质。两个文明创建工作成效显著，获得了"芜湖市文明单位标兵"和"安徽省文明单位"称号。

总之，2003 年公司再展了长江煤炭中转和安徽外贸第一大港雄风，巩固了长江主枢纽港地位，为向现代港口物流企业转型奠定了坚实基础。

(二)报告期内公司经营情况

1、占主营收入或主营业务利润10%以上主营行业或产品情况　单位:元

种类	主营业务收入	主营业务成本	毛利率(%)
煤炭	96,243,810.32	38,332,274.88	60.17
内贸	14,545,010.68	9,904,313.61	31.91
外贸	8,901,342.90	6,061,301.27	31.91
合计	119,690,163.90	54,297,889.76	54.63

2、报告期内利润构成、主营业务及其结构、主营业务盈利能力未发生重大变化,报告期内没有对利润产生重大影响的其他经营业务活动。

(三)主要供应商、客户情况

公司向前五名供应商合计的采购金额占年度采购总额的比例为54.34%,向前五名客户的销售额占总销售额的比例为64.51%。

(四)在经营中出现的问题及解决方案

1、2003年夏季,电煤需求急增,车、船集中到港,给港口正常中转带来了极大的压力。针对这一局面,公司加大信息工作的力度,增强经营的预测性,努力掌握经营主动权。并科学、有效地组织生产,搞好车、船衔接,提高车、船直取率,大大提高了港口中转效率。不仅缓解了被动局面,而且实现了增量、增效的目标。

2、加快了朱家桥3号泊位的改造进度,使之形成能力,改变了芜湖港无集装箱专用桥吊的历史,满足了迅速发展的外贸集装箱中转业务需求。

(五)报告期公司投资及收益情况

1、募集资金投资项目　单位:万元

承诺项目	拟投入金额	是否变更项目	实际投入金额
裕溪口煤炭配送中心	14,717	否	0
获港综合码头	6,924	否	0
西江汽车滚装码头	8,202	否	0
合计	29,843		0
未达到计划进度和收益的说明(分具体项目)			
变更原因及变更程序说明(分具体项目)			
尚未使用募集资金用途			
募集资金总额	30,692.69		

承诺项目	产生收益金额	是否符合计划进度和预计收益
裕溪口煤炭配送中心	0	符合
获港综合码头	0	符合
西江汽车滚装码头	0	符合
合计	0	
未达到计划进度和收益的说明(分具体项目)		
变更原因及变更程序说明(分具体项目)		
尚未使用募集资金用途	存入银行	

2、长期股权投资

被投资单位名称	主营业务	占被投资单位权益比例
安徽安和保险代理有限公司	保险代理	6.67%
芜湖申芜港联国际物流有限公司	船货代运输	39.80%

被投资单位名称	本期增减额	期末账面余额
安徽安和保险代理有限公司	200,000.00	200,000.00
芜湖申芜港联国际物流有限公司	5,652,857.71	5,652,857.71

安徽安和保险代理有限公司成立于2003年7月,注册资本300万元;芜湖申芜港联国际物流有限公司成立于2003年8月,注册资本1500万元,因2家被投资单位处于业务开拓初期,效益还未产生。

(六)报告期经营成果、财务状况分析

1、2003年全年完成主营业务收入1.19亿元,较去年同期增长14.66%,主要是报告期内实现到煤同比增长12%,进一步巩固了长江煤炭能源输出第一大港的地位;内贸同比增长35.09%,外贸同比增长8.28%。净利润为2810.61万元,剔除今年因取消所得税优惠政策的影响,同比增长22.59%。总资产、股东权益和现金及现金等价物净增加额均因上市募集资金所致。

	年末数	年初数
总资产	484,023,264.32	232,722,356.28
股东权益	464,828,576.46	146,163,095.57
主营业务利润	61,420,760.61	54,114,326.73
净利润	28,106,140.89	26,076,022.19
现金及现金等价物净增加额	229,115,097.76	4,961,558.25

年末数	增减额(率)
总资产	107.98%
股东权益	228.02%
主营业务利润	13.50%
净利润	7.79%
现金及现金等价物净增加额	224,153,539.51

2、报告期内公司无重大资产损失

3、报告期内公司无会计政策、会计估计变更或重大会计差错变更

(七)宏观经济政策和形势对公司生产经营的影响

目前世界经济逐步回升,结构调整加快。东南亚地区也已摆脱金融风波带来的经济危机,进入全面发展的新时期。我国国民经济更是连续多年高速增长,今年仍将坚持扩大内需的方针,实施积极的财政政策,其发展仍将处于较高的水平,这必将给综合运输市场带来直接的刺激和影响。尤其是,随着全球经济一体化的发展,以及我国加入WTO后港口业进一步向开放型市场体系转轨,世界港口发展的重心正在加快向中国转移,直接给中国港口业带来了新的发展契机。而对芜湖港最为有利的是,我国经济的高速发展,尤其是长三角经济的快速增长及其对能源的需求,以及长三角经济圈联络长江流域经济为依托的上海国际航运中心的崛起,国际集装箱运输业的迅猛发展,使芜湖港面临着巨大发展机遇和空间。

港口的规模、实力和区位,以及诚信、品牌和美誉度,也已为市场认同,成为公司发展的巨大优势。

但适应港口市场的全球一体化,港口间战略竞争及区域内港口建设、市场、业务和价格竞争更加激烈。为此,必须发挥优势,抢抓机遇,应对挑战,克服困难,拓展市场,巩固份额。尤其要加快拟投项目的实施步伐,强化队伍建设,切实提高企业的持续竞争能力。

(八)公司2004年的经营管理目标

2004年工作主题是:科学决策管理,诚信经营服务,稳步扩张发展。

2004年工作指导思想:建设长江和安徽一流,服务区域经济的现代物流企业;塑造以"三个有利于"为方针,以"三讲"、"两超"为核心,以科学诚信、品牌服务为内容,富有鲜明个性的芜湖港企业文化;建立适应现代企业制度和发展物流的科学经营理念和机制;完善以标准化、"三标一体化"为主导,以企业各项管理制度为内容的科学管理体系;培育现代企业制度下适应港口新一轮发展要求的一流员工队伍。

2004年经营目标:装卸自然吨、货物吞吐量、外贸吞吐量、集装箱量和到煤量,以及总收入指标均要实现新的突破。

(九)董事会日常工作情况

1、董事会会议情况及决议成果

2003年,公司共召开董事会4次,具体内容及决议如下:

2003年1月13日,召开一届九次董事会。

(1)审议通过《芜湖港储运股份有限公司2002年董事会工作报告》;

(2)审议通过《芜湖港储运股份有限公司2002年总经理工作报告》;

(3)审议通过《芜湖港储运股份有限公司2002年度审计报告》;

(4)审议通过《芜湖港储运股份有限公司2002年度财务决算报告》;

(5)审议通过《芜湖港储运股份有限公司2003年度财务预算报告》;

(6)审议通过《芜湖港储运股份有限公司2002年度利润分配方案》;

经上海立信长江会计师事务所有限公司对公司2002年度初步审计公司2002年度实现净利润26,076,022.19元。根据《中华人民共和国公司法》第一百七十七条的规定,公司建议本年度按净利润的10%计提法定公积金2,607,602.22元;按净利润的5%计提法定公益金1,303,801.11元。本年度实现的可供股东分配的利润22,164,618.86元,加上年初可分配利润10,924,196.70元,年末可分配利润33,088,815.56元。公司拟以2002年12月31日股本数为基数,每股派现0.15元,预计分配利润11,040,000.00元,剩余的可分配利润22,048,815.56元暂不分配,留待以后年度分配。公司本年度不实施公积金转增股本。

(7)审议通过《芜湖港储运股份有限公司2003年高管人员实行年薪制暂行办法》;

(8)审议通过《关于续聘上海立信长江会计师事务所有限公司为公司财务审计机构的议案》;

(9)审议通过《召开公司2002年度股东大会的议案》。

2003年4月22日,召开公司一届十次董事会。

审议通过了《芜湖港储运股份有限公司2003年第一季度报告》。一届十次董事会决议公告刊登于2003年4月29日《中国证券报》。

2003年8月12日,召开公司一届十一次董事会。

审议通过了《芜湖港储运股份有限公司2003年中期报告》。一届十一次董事会决议公告刊登于2003年8月20日《中国证券报》。

2003年10月20日,召开公司一届十二次董事会。

审议通过了《芜湖港储运股份有限公司2003年第三季度报告》。一届十二次董事会决议公告刊登于2003年10月22日《中国证券报》。

2、董事会对股东大会决议的执行情况

董事会严格执行股东大会决议,认真完成股东大会决议的各项工作。公司于2003年2月18日召开的2002年度股东大会审议并通过了公司2002年度利润分配方案决议。决议以2002年12月31日股本数为基数,向股东每股派现0.15元(含税),预计分配利润11,040,000.00元,剩余的可分配利润22,048,815.56元暂不分配,留待以后年度分配。

以上利润分配方案已于2003年3月实施。

(十)本次利润分配预案

经上海立信长江会计师事务所有限公司审计,本公司2003年度实现净利润28,106,140.89元,根据公司章程规定,提取10%的法定盈余公积2,810,614.09元,提取5%的法定公益金1,405,307.04元,加上公司年初未分配利润33,088,815.56元,扣除2003年3月分配的现金股利11,040,000.00元,本年度可供分配的利润为45,939,035.32元。经研究,以2003年12月31日股本数为基数,向股东每股派现0.15元(含税),预计分配利润17,790,000.00元。剩余的可分配利润28,149,035.32元暂不分配,留待以后年度分配。公司本年度不实施公积金转增股本。

(十一)按照《关于规范上市公司与关联方资金往来及上市公司对外担保若干问题的通知》(证监发[2003]56号)的规定,上海立信长江会计师事务所有限公司出具了《控股股东及其他关联方占用资金情况专项说明》,认为:

1、控股股东及其他关联方占用资金情况

(1)公司已经按照规定要求,进行了自查并将自查报告于2003年10月8日报送公司所在地证监会派出机构。

(2)截止2003年12月31日,公司账面记载应收其他关联方——中国芜湖外轮代理公司540,579.76元,该资金属正常业务往来结算。

(3)公司账面记载应付存在控制关系关联方——芜湖港口有限责任公司37,221.40元,该款为欠付的土地租金尾款,属正常业务结算。

2、对外情况违规担保

截止2003年12月31日,公司无对外违规担保。

公司独立董事林云卿、张立民、盛杰民对公司对外担保情况发表了《关于公司对外担保情况的专项说明及独立意见》,认为:截止2003年12月31日,公司无对外违规担保行为。

七、重要事项

(一)本年度公司无重大担保、诉讼、仲裁事项。

(二)报告期内无重大资产收购、出售及资产重组情况。

(三)报告期内无重大关联交易事项。

(四)报告期内公司无重大合同的签订。

(五)公司聘任上海立信长江会计师事务所有限公司为公司审计中介机构。目前该审计机构已连续为公司提供审计服务4年。2003年支付给会计师事务所的报酬是22万元。

(六)公司、公司董事会及董事在报告期内没有受中国证监会稽查、行政处罚、通报批评、证券交易所的公开谴责的情形。

(七)2003年9月,根据芜湖市经济贸易委员会芜经企业[2003]322号文,以及2002年9月,公司控股股东芜湖港口有限责任公司芜港企[2003]166号文,芜湖市经济贸易委员会,拟将其持有的100%国有股权出让给芜湖市飞尚实业发展有限公司和自然人。有关事宜公司于2003年9月10日在《中国证券报》刊登了提示性公告。股权变更进展事宜,公司也于2004年元月16日在《中国证券报》予以了公告。

八、备查文件目录

(一)载有法定代表人、财务负责人、会计机构负责人签名并盖章的会计报表原件;

(二)载有会计师事务所盖章、注册会计师签名并盖章的审计报告原件;

(三)报告期内在《中国证券报》上公开披露过的所有公司文件正本及公告原稿。

芜湖港储运股份有限公司

董事长:孙新华

2004年3月22日

青岛黄海橡胶股份有限公司

青岛黄海橡胶股份有限公司2003年年度报告

重要提示

本公司董事会及其董事保证本报告所载资料不存在任何虚假记载、误导性陈述或者重大遗漏，并对其内容的真实性、准确性和完整性承担个别及连带责任。

本年度报告经公司第二届董事会第六次会议审议通过，(所有董事均出席了会议)没有董事声明对年度报告内容的真实性、准确性、完整性无法保证或存在异议。

公司二○○三年财务报告已经山东汇德会计师事务所有限公司审计，并为本公司出具了标准无保留意见的审计报告。

公司负责人董事长高巨谦先生、主管会计工作负责人总经理赵建广先生、会计机构负责人副总会计师兼财务部部长孔祥阳先生声明：保证年度报告中财务报告的真实、完整。

第一章　公司基本情况简介

1、公司法定中文名称：青岛黄海橡胶股份有限公司
公司法定英文名称：QINGDAO YELLOW SEA RUBBER COMPANY LIMITED
英文名称缩写：QYSRC
2、公司法定代表人：高巨谦
公司总经理：赵建广
3、公司董事会秘书：宋志勇
联系地址：中国·青岛市李沧区沧安路1号
青岛黄海橡胶股份有限公司董事会秘书室
联系电话：0532-4678085
传真：0532-4678086
电子信箱：stock@yellowsearubber.com
公司董事会证券事务代表：孙荣青
联系地址：中国·青岛市李沧区沧安路1号
青岛黄海橡胶股份有限公司董事会秘书室
联系电话：0532-4678032
传真：0532-4678086
电子信箱：stock@yellowsearubber.com
4、公司注册地址：中国·青岛市李沧区沧安路1号
公司办公地址：中国·青岛市李沧区沧安路1号
邮政编码：266041
公司国际互联网网址：http://www.yellowsearubber.com
公司电子信箱：info@yellowsearubber.com
5、公司选定的信息披露报纸：《中国证券报》、《上海证券报》
登载年度报告的国际互联网网址：http://www.sse.com.cn
公司年报备置地点：公司董事会秘书室
6、公司股票上市交易所：上海证券交易所
股票简称：黄海股份　股票代码：600579
7、其它有关资料：
(1)公司首次注册登记
名称：青岛金黄海轮胎股份有限公司
日期：1999年6月30日
地点：青岛市工商行政管理局
(2)公司最近一次变更注册登记
名称：青岛黄海橡胶股份有限公司
日期：2003年1月24日
地点：青岛市工商行政管理局
(3)企业法人营业执照注册号3702001806041
(4)税务登记号码37020671802345X
(5)公司聘请的会计师事务所
名称：山东汇德会计师事务所有限公司
办公地址：中国·青岛市市南区东海西路39号世纪大厦26楼
(6)公司未流通股票的托管机构名称
中国证券登记结算有限责任公司上海分公司

第二章　会计数据和业务数据摘要

一、二○○三年度主要利润指标情况(单位：人民币元)

项目	金额
利润总额	58254191.60
净利润	37963597.06
扣除非经常性损益后的净利润	39705274.77
主营业务利润	140638558.52
其他业务利润	661178.46
营业利润	59958227.38
投资收益	37641.93
补贴收入	0
营业外收支净额	-1741677.71
经营活动产生的现金流量净额	-55533359.82
现金及现金等价物净增减额	-4753350.18

注：上述数据按照中国证监会《发行证券公司信息披露规范问答第1号--非经常性损益》和《发行证券公司信息披露内容与格式准则第2号》有关要求计算。

扣除的非经常性损益项目和涉及金额(单位：人民币元)

项目	金额(元)
投资收益	37641.93
营业外收入	504210.02
营业外支出	1792097.73
合计	-1704035.78

二、截至报告期末公司近三年主要会计数据和财务指标

年度项目	2003	2002	2001
主营业务收入(元)	635854547.21	599303066.76	409010544.71
净利润(元)	37963597.06	46411869.90	29590511.51
总资产(元)	1676089650.46	1137666332.94	634753040.96
股东权益(元)(不含少数股东权益)	581462191.61	542579975.45	215072810.72
每股收益(元)	0.176	0.215	0.25
扣除非经常损益后每股收益(元)	0.184	0.215	0.25
每股净资产(元/股)	2.69	2.51	1.79
调整后的每股净资产(元/股)	2.70	2.47	1.78
每股经营活动产生的现金流量净额(元/股)	-0.257	0.54	0.66
净资产收益率(%)	6.53	8.55	13.76
扣除非经常损益后加权平均净资产收益率(%)	7.08	8.55	13.76

注：上述数据按照中国证监会《发行证券公司信息披露内容与格式准则第2号<年度报告的内容与格式>》(2003年修订)有关要求计算。

三、二○○三年度利润表附表

按照中国证监会《公开发行证券公司信息披露编报规则第9号<净资产收益率和每股收益的计算与披露>》有关要求，计算本年度净资产收益率和每股收益如下：

	净资产收益率(%)		每股收益(元/股)	
报告期利润	全面摊薄	加权平均	全面摊薄	加权平均
主营业务利润	24.19	25.07	0.65	0.65
营业利润	10.31	10.69	0.28	0.28
净利润	6.53	6.77	0.175	0.175
扣除非经常损益后的净利润	6.83	7.08	0.183	0.183

四、报告期内股东权益变动情况及其原因说明　单位：人民币元

项目	股本	资本公积	盈余公积	法定公益金
期初数	216000000	267919072.96	17458878.30	5819626.10
本期增加		918619.10	5697539.56	1898179.85
本期减少				
期末数	216000000	268837692.06	23153417.86	7717805.95

项目	未分配利润	股东权益
期初数	41202024.19	542579975.45
本期增加	32269057.50	38882216.20
本期减少		
期末数	73471081.69	581462191.61

注：变动原因说明

1、资本公积金增加为债务重组收益计入所致。

2、盈余公积增加是由于本年度从净利润中提取法定公积金3,796,359.71元、法定公益金1,898,179.85元所致。

3、未分配利润本期增加是由于公司本年度净利润，计提盈余公积与法定公益金所致。

五、主要业务数据和指标

业务指标	2003	2002	2001
平均相对综合市场占有率			
主营业务收入较上年增长	36551480.45	190292522.05	-18317231.25
净利润较上年增长百分比	-18.21	56.85%	16.39%

第三章　股本变动及股东情况

一、股本变动情况

1、公司报告期内股份变动情况表　单位：股

	本次变动前	本次变动增减(+,-)						本次变动后
		配股	送股	公积金转股	增发	其他	小计	
一、未上市流通股份								
1、发起人股份								
其中：								
国家持有股份								
境内法人持有股份	144000000							144000000
境外法人持有股份								
其他								
2、募集法人股								
3、内部职工股								
4、优先股或其他								
未上市流通股份合计	144000000							144000000
二、已上市流通股份								
1、人民币普通股	72000000							72000000
2、境内上市的外资股								
3、境外上市的外资股								
4、其他								
已上市流通股份合计	72000000							72000000
三、股份总数	216000000							216000000

2、股票发行与上市情况

(1)公司经中国证监会证监发行字[2002]76号文件批准，于2002年7月25日向社会公开发行

人民币普通股(A股)股票6,000万股,每股发行价格为人民币5.00元;并经上海证券交易所上证上字[2002]134号文件批准,上述股份于2002年8月9日在上海证券交易所上市流通。通过本次发行,公司总股本由12,000万股增至18,000万股。

(2)根据二〇〇一年度股东大会审议通过的《二〇〇一年度利润分配方案》,及二〇〇二年第二次临时股东大会审议通过的《关于公司二〇〇一年度利润分配及资本公积金转增股本的议案》,公司于2002年12月3日实施了二〇〇一年度以公司股票发行上市后的总股本18,000万股为基数,向全体新老股东按每10股送1股、转增1股及派发现金人民币0.3元(含税)的方案,共计送、转增股本3,600万股,公司总股本由此增至21,600万股。

(3)本报告期内,公司无送股、转增股等情况。

(4)公司现无内部职工股及公司职工股。

二、股东情况介绍

1、股东总数

截止2003年12月31日,公司股东总数为28,663户。

2、持有本公司5%以上(含5%)股份的股东及前10名股东持股情况说明(截止2003年12月31日)

股东名称	本年度增减(股)	年末持股数(股)	比例(%)
青岛黄海橡胶集团有限责任公司	0	121929360	56.45
青岛市企业发展投资公司	0	20866800	9.66
博时价值增长证券投资基金	615080	3855675	1.50
中国建设银行	--		
宝康消费品证券投资基金	485000	485000	0.22
青岛前卫炭黑化工厂	0	401280	0.19
江苏兴达钢帘线股份有限公司	0	401280	0.19
宁波锦纶股份有限公司	0	401280	0.19
张楣	287080	287080	0.13
王浩	229970	229970	0.11
洪治江	185500	185500	0.09

股东名称	股份类别(已流通或未流通)	质押或冻结股份数量	股东性质(国有股东或外资股东)(股)
青岛黄海橡胶集团有限责任公司	未流通	0	国有法人股
青岛市企业发展投资公司	未流通	0	国有法人股
博时价值增长证券投资基金	已流通	未知	社会公众股
中国建设银行			
宝康消费品证券投资基金	已流通	未知	社会公众股
青岛前卫炭黑化工厂	未流通	0	国有法人股
江苏兴达钢帘线股份有限公司	未流通	0	国有法人股
宁波锦纶股份有限公司	未流通	0	国有法人股
张楣	已流通	未知	社会公众股
王浩	已流通	未知	社会公众股
洪治江	已流通	未知	社会公众股

注:(1)公司前10名股东中,法人股股东之间不存在关联关系,也不属于《上市公司股东持股变动信息披露管理办法》规定的一致行动人,社会公众股股东之间未知是否存在关联关系和属于《上市公司股东持股变动信息披露管理办法》规定的一致行动人及质押、冻结等情况。

(2)公司无战略投资者或一般法人因配售新股成为公司前十名股东。

(3)公司前10名股东中,持有5%以上股份的股东只有国有股股东青岛黄海橡胶集团有限责任公司、青岛市企业发展投资公司。

(4)公司前10名股东中没有外资股东。

三、公司前十名流通股股东情况

名次	股东全称	年末持股数(股)	流通股种类
1	博时价值增长证券投资基金	3855675	A股
2	中国建设银行--宝康消费品证券投资基金	485000	A股
3	张　楣	287080	A股
4	王　浩	229970	A股
5	洪治江	185500	A股
6	陈益民	180800	A股
7	唐协芳	169920	A股
8	林　红	157620	A股
9	李华贞	154719	A股
10	张　明	152230	A股

说明:公司未知前十名流通股股东之间是否存在关联关系和属于《上市公司股东持股变动信息披露管理办法》规定的一致行动人及质押、冻结等情况。

四、公司控股股东及实际控制人情况

1、公司第一大股东为青岛黄海橡胶集团有限责任公司,持股121,929,360股,占公司总股本的56.45%。

该公司前身为青岛第二橡胶厂,始建于1933年。1994年根据青岛市人民政府青政发[1994]114号文,以青岛第二橡胶厂为核心组建青岛橡胶集团公司,后于1997年2月根据青岛市经济委员会青经企[1996]566号文改制为青岛橡胶(集团)有限责任公司,2001年10月根据青岛市人民政府青政发[2000]149号文,变更为青岛黄海橡胶集团有限责任公司,为国有独资企业,公司法定代表人为高巨谦先生。该公司注册资本为80,000万元,经营范围为受托范围内国有资产运营;轮胎、橡胶制品制造;橡胶用原辅材料、橡胶机械、技术服务;自营进出口业务(按核准许可证经营);对外经济技术合作业务。

2、报告期内,公司控股股东及实际控制人无变更。

五、其它持股5%以上(含5%)的法人股股东情况

青岛市企业发展投资公司持有本公司9.66%的股份,成立于1997年1月,是青岛市直属国有独资企业,注册资本83,000万元。经营范围为管理、融通企业发展投资资金,对国有大中型企业实施技术改造、科技开发和合资企业中方企业提供资金或担保,组织经济技术市场和信息咨询交流,提供服务等。该公司法定代表人为楚振刚先生。

第四章　董事、监事、高级管理人员和员工情况

一、董事、监事、高级管理人员情况

1、基本情况

(1)基本情况表

姓名	性别	年龄	职务	任职期限	年初持股数(股)	年末持股数(股)	报告期内股数变动(股)
高巨谦	男	54	董事长	2002.10.18~2005.10.18	0	0	0
楚振刚	男	55	副董事长	2002.10.18~2005.10.18	0	0	0
赵建广	男	51	董事、总经理	2002.10.18~2005.10.18	0	0	0
魏垂珍	女	46	董事	2002.10.18~2005.10.18	0	0	0
刘斌	男	46	董事	2002.10.18~2005.10.18	0	0	0
李立	男	48	独立董事	2002.10.18~2005.10.18	0	0	0
孙健	男	44	独立董事	2002.10.18~2005.10.18	0	0	0
杜修正	男	62	独立董事	2002.10.18~2005.10.18	0	0	0
佟常湖	男	65	独立董事	2002.10.18~2005.10.18	0	0	0
沈天民	男	46	监事会主席	2002.10.18~2005.10.18	0	0	0
李世琦	男	54	监事	2002.10.18~2005.10.18	0	0	0
刘坤	女	41	监事	2002.10.18~2005.10.18	0	0	0
汪爱春	男	49	副总经理	2002.10.18~2005.10.18	0	0	0
尚连生	男	48	副总经理	2002.10.18~2005.10.18	0	0	0
孔祥阳	男	35	副总会计师	2002.10.18~2005.10.18	0	0	0
张旭	男	40	总工程师	2002.10.18~2005.10.18	0	0	0
宋志勇	男	52	董事会秘书	2002.10.18~2005.10.18	0	0	0

(2)董事、监事在股东单位任职情况

高巨谦先生任青岛黄海橡胶有限有限责任公司董事长兼总经理,任职期间为2001年2月15日至今。

楚振刚先生任青岛市企业发展投资公司总经理,任职期间为1996年10月至今。

赵建广先生任青岛黄海橡胶有限有限责任公司董事,任职期间为2001年2月15日至今。

魏垂珍女士任青岛黄海橡胶有限有限责任公司副总经理,任职期间为2001年2月15日至今。

刘斌先生任青岛黄海橡胶有限有限责任公司总会计师,任职期间为2001年2月15日至今。

沈天民先生任青岛黄海橡胶有限有限责任公司副总经理,任职期间为2001年2月15日至今。

刘坤女士任青岛市企业发展投资公司投资处处长,任职期间为2001年10月至2004年10月。

2、年度报酬情况

(1)董事、监事及高管人员年度报酬的决策程序和确定依据

在公司领取报酬的董事、监事,根据其在公司担任的相应行政职务获取劳动报酬,除此之外公司不再额外提供其它报酬和福利待遇。

不在公司领取报酬的董事、监事,由相应股东方支付其报酬,公司不再单独(额外)提供工资、津贴、福利。

在公司领取报酬的高级管理人员,实行定岗、定薪加奖励的薪酬制度,其报酬由公司依据其履行职务、工作业绩等综合情况而定。

公司独立董事在公司领取独立董事年度津贴;此外,其参加董事会、股东大会及按照《公司章程》依法行使职权的有关费用在公司据实报销。

(2)现任董事、监事及高管人员二〇〇三年度报酬情况

报告期内,公司董事、监事及高级管理人员的年度报酬总额为367,243元,其中金额最高的前三名董事、监事及高级管理人员的报酬总额为137,473元。

报告期内,公司独立董事年度津贴为每人人民币18,000元(含税);此外,其参加董事会、股东大会及按照《公司章程》依法行使职权的有关费用在公司据实报销。

(3)报酬区间

公司现有董事、监事、高级管理人员共计17人。报告期内,在公司领取报酬的有11人,具体年度报酬分布如下:50,000元以上1人;40,000元~50,000元4人;30,000元~40,000元2人;20,000元以下4人。

(4)未在公司领取报酬的董事、监事情况

报告期内,未在公司领取报酬的董事、监事共有6人,分别是:董事长高巨谦先生、副董事长楚振刚先生、董事魏垂珍女士、董事刘斌先生、监事会主席沈天民先生、监事刘坤女士,以上人员均在股东单位领取报酬。

3、报告期内聘任及离任的董事、监事和高级管理人员情况

报告期内,公司没有董事、监事和高级管理人员聘任及离任等情况。

二、公司员工数量、专业构成和教育程度等情况

截止报告期末,公司拥有员工791人,其构成如下:

生产人员688人

销售人员17人

技术人员41人

财务人员9人

管理人员36人

上述人员中具有大专以上学历109人(其中大本以上学历66人),中专、中技及高中学历616人。公司目前没有需要承担费用的离退休人员。

公司根据业务发展需要,常年对员工进行职业技能培训。公司实行了全员劳动合同制和岗位效益工资制。职工工资、福利按照国家和地方政府有关规定执行,职工社会保险按照国家社会保障有关文件规定,参加社会养老保险统筹,实行企业和个人共同负担。

第五章　公司治理结构

一、公司治理情况

公司严格按照《公司法》、《证券法》、《上海证券交易所股票上市规则》和中国证监会有关法律法规的要求,不断完善公司法人治理结构,加强信息披露工作,规范公司运作。

公司相继制定和完善了《公司章程》、《股东大会议事规则》、《董事会工作细则》、《监事会工作细则》、《总经理工作细则》、《董事会各专门委员会实施细则》、《独立董事工作制度》、《信息披露制度》、《募集资金使用管理制度》、《关联交易决策制度》等规章制度,加强和细化了公司管理。

公司制定的上述规章制度均符合中国证监会发布的《上市公司治理准则》等规范性文件的要求,公司治理情况主要体现在以下几个层面:

1、股东与股东大会:公司能确保全体股东依法享有法律、行政法规和《公司章程》所规定的合法权利,特别是中小股东享有平等地位,保证所有股东能够充分享有对公司重大事项的知情权与参与权;公司严格按照中国证监会发布的《上市公司股东大会规范意见》和《股东大会议事规则》有关要求召集、召开股东大会。公司聘请具有证券从业资格的律师对股东大会做现场见证,并出具法律意见书;同时还邀请证券新闻记者参加,努力做到公开合法、充分维护公司利益及广大投资者合法权益。对股东大会各项决议,公司董事会均能严格执行。

2、控股股东与上市公司的关系:控股股东行为规范,严格通过股东大会依法行使出资人权利,没有超越股东大会和董事会直接或间接干预公司决策与经营活动,没有利用其特殊地位牟取额外利益等情况;公司已与控股股东在人员、财务、资产、机构、业务方面做到"五分开",公司具有独立完整的业务和自主经营能力;公司董事会、监事会和内部管理机构能够独立运作,确保公司重大决策能按照规范程序做出。

3、董事和董事会:公司董事会现有董事9人,其中独立董事4人,在董事会中所占比例已超过中国证监会有关30%的要求,但尚缺一名会计专业独立董事,对此,公司已准备采取措施拟于二〇〇三年度董事会及股东大会解决,以期合理董事会专业组成,为董事会进行科学、客观、公正决策提

供有利保障。董事会严格按照《公司章程》和《董事会工作细则》开展工作,各位董事熟悉相关法律法规,了解责任、权利、义务,以勤勉、认真负责的态度出席董事会和股东大会,对所议事项充分表达明确的意见,能根据全体股东的利益忠实、诚信地履行职责。

4、监事与监事会:公司监事会现有人数和人员构成符合相关法律、法规和《公司章程》有关要求,公司监事能够严格依据《公司法》、《公司章程》所赋予的权利与义务,认真履行职责,行使合法职权;公司监事会已制订了《监事会工作细则》,完善了有关制度;公司监事能够认真履行职责,本着对股东和公司利益负责的态度,对公司财务以及公司董事、公司经理和其他高级管理人员履行职责的情况进行监督,促进了公司生产经营与发展目标的顺利实现。

5、绩效评价与激励约束机制:公司高级管理人员的选聘公开、透明,符合法律、法规有关规定;公司已建立公正、透明及切实可行的绩效评价标准与激励约束机制,并准备做进一步健全与完善,以形成一套科学完整的薪酬体系。

6、相关利益者:公司能充分尊重与维护银行及其他债权人、员工、客户、供应商等相关利益者的合法权利;与利益相关者积极合作,互惠互利,共同推动公司持续、健康、快速地发展。

7、信息披露与透明度:公司制定了较为完善的信息披露制度,并制定董事会秘书负责信息披露、接待股东来访和咨询工作。报告期内,公司严格按照《信息披露制度》和有关法律、法规的要求,真实、准确、及时、完整地披露有关信息,确保所有股东享有平等机会获取信息,维护其合法权益。

公司将一如既往地按照《公司法》、《证券法》、《上市公司治理准则》及《公司章程》等有关法律法规的要求规范运作,增强企业竞争力,提高公司的盈利水平,努力寻求股东利益最大化,切实维护广大投资者利益。

二、独立董事履行职责情况

报告期内,公司独立董事本着对全体股东高度负责的态度,认真履行法律、法规和《公司章程》赋予的职责,积极参加报告期内的董事会和股东大会,从经济、法律、市场、机制等多角度对公司的一系列重大事项发表专业性意见,提高了董事会决策的客观性、科学性,对公司的良性发展起到了积极的作用,切实维护了公司整体利益及全体股东尤其是中小股东的合法权益。

三、公司与控股股东"五分开"情况

公司控股股东--青岛黄海橡胶集团有限责任公司与公司关系符合有关规范性文件要求,没有超越股东大会直接或间接干预公司决策和经营活动等情形,人员、财务、资产、机构、业务方面的"五分开"在公司得到较好的贯彻,公司董事会、监事会和内部机构能够独立运作,已经建立了比较完善的内部控制制度。

1、人员方面:公司经营及劳动、人事、工资等管理完全独立;公司除总经理外的副总经理、财务负责人、董事会秘书等高级管理人员均属专职人员,不在控股股东或其它关联企业兼职;控股股东推荐董事和选聘经理人员均通过合法程序进行。

2、财务方面:公司拥有独立的财务会计部门(财务部),并建立了独立的会计核算体系和财务管理、核算等内控制度;公司依据《公司章程》及相关管理制度规定权限独立进行财务决策,不存在控股股东干预公司资金使用情况;公司独立开设银行账户,依法缴纳各项税金。

3、资产方面:公司拥有独立的生产、辅助、配套及采购、营销等系统;工业产权、商标、非专利技术、房屋所有权、土地使用权等有形和无形资产均由公司拥有,产权界定清晰。

4、机构方面:公司设有独立的生产、管理、营销等部门,拥有健全的组织机构体系,各部门均具有独立完整业务及自主经营能力,所有机构设置程序和机构职能独立;董事会、监事会、内部机构依照各自职权、职责独立运作,不存在与控股股东相关部门之间的从属关系。

5、业务方面:公司经营业务、科研开发独立于控股股东,产、供、销等生产经营活动均由公司自主决策,机构完整,自主经营,对控股股东及关联企业不存在依赖关系与同业竞争。

四、高级管理人员的考评和激励机制

公司初步建立了绩效评价标准与激励约束机制,高级管理人员按照《公司章程》规定的认真条件和选聘程序执行,公司高级管理人员符合有关法律法规的规定。公司董事会根据公司经营情况及有关指标的完成情况,对公司高级管理人员进行考核与奖惩,同时,公司将进一步探求更为科学有效的激励机制,充分调动所有董事、监事和高级管理人员的积极性,切实促进公司可持续发展。

第六章 董事会报告

二〇〇三年是非同寻常的一年,是充满竞争与挑战的一年,也是我国加入世贸组织后经受严峻考验的一年。突如其来的肆虐全国的"非典"疫情,以及天然胶价格大幅暴涨、居高不下的严峻形势,给轮胎行业的生存与发展造成了前所未有的冲击。不仅如此,国际著名轮胎巨头纷纷抢滩中国市场,国内企业蜂拥而上全钢子午胎项目,行业竞争格局日趋激烈。面对惨烈的行业竞争和恶劣的市场环境,公司经历了发展史上极不平凡的关键之年。一年来,在董事会的正确决策以及经理层的精心领导和积极组织下,全体员工齐心协力,团结拼搏,克难求进,紧紧围绕二〇〇三年经营目标,以提高经济效益为中心、以增强企业核心竞争力为目的,以提高产品质量为根本,以资本运作加速公司跨越式发展为保证,与时俱进,开拓创新,抢抓机遇,奋力拼搏,全面完成二〇〇三年(调整后)的生产、经营和发展目标,企业综合实力进一步增强,经济效益继续保持持续、快速、稳定增长。

一、公司经营情况

(一)主营业务范围及其经营情况

1、公司主营业务范围:

公司主要经营各种规格的全钢丝载重子午胎的制造与销售,产品具有滚动阻力小、燃料消耗低、行使舒适、高速安全性、高耐磨性及环保性等优点,主要用于载重汽车、大客车、集装箱载重车的新车轮胎配套和保有汽车轮胎更换。

2、公司经营情况

(1)公司经营情况讨论和分析

二〇〇三年公司全面贯彻董事会工作目标,不断强化内部管理,健全现代企业制度,进一步规范经营,科学管理,优化产品结构,整合营销资源,不断提高主营业务市场份额。生产规模与销售收入均大幅增长,企业整体实力进一步增强。

面对二〇〇三年轮胎市场的风云突变,原材料价格大幅暴涨,以及肆虐全国的"非典"疫情,公司迅速反应,积极应对市场变化,及时调整经营策略,努力克服各种不利因素的影响。根据经济走势和瞬息万变的市场情况,客观实际地调减了全年经济指标(主营收入由 10 亿元调为 6.2 亿元,利润总额由 1 亿元调至 5,600 万元)。采取切实有效的措施,以市场为导向,严密科学地组织生产,大力强化市场开拓,有效地保证了全年经济指标的顺利实现;完成产量 59 万套,同比增长 31.89%;实现主营业务收入 63,585 万元,同比增长 6.10%;实现主营业务利润 14,064 万元,同比降低 6.76%;实现净利润 3,796 万元,同比降低 18.21%。"黄海牌"全钢丝载重子午胎国内市场占有率依旧名列前茅。

一年来,公司不断强化管理,规范完善法人治理结构,加强内部组织机构建设,努力转换经营管理机制,为公司实现跨越式发展战略目标奠定了坚实的基础;公司高度重视募集资金投资项目建设,加强资金管理,狠抓工程质量,部分项目现已投产见效,生产规模与销售收入均大幅增长,企业整体实力进一步增强。

公司不断加大科技产品创新力度,努力提升产品科技含量与附加值,以新求变,以质取胜,抢占市场制高点,增加经济增长点,提升产品盈利能力;并进一步加强市场分析与网络建设,健全市场体系,整合市场资源,大力拓展市场份额,不断提高"黄海牌"全钢丝载重子午胎产品的市场知名度。

(2)主营业务收入及主营业务利润构成情况

①按产品使用行业划分

单位:人民币元

行业	主营业务收入	同比增长额	主营业务利润	同比增长
交通运输业	635854547.21	36551480.45	140638558.52	-10189534.16

②产品品种划分 单位:人民币元

产品	主营业务收入	同比增长
900R20-16	59324647.28	-14114791.5
1000R20-16	140557614.11	14342122.94
1100R20-16	177984512.78	50982342.81
1200R20-16	89405997.98	20732347.42
其中:关联交易	0	0
产品	主营业务利润	同比增长
900R20-16	13122611.98	-5360074.15
1000R20-16	31091344.24	-673622.19
1100R20-16	39370174.23	7407222.39
1200R20-16	19776606.75	2493338.39
其中:关联交易	0	0

③按产品销售区域划分

单位:人民币元

地区	主营业务收入	同比增长
华东地区	267020393.90	-31335455.33
华中地区	105643844.70	68871549.31
华南地区	52482546.21	-26480417.00
华北地区	32805498.23	-12810419.30
东北地区	26066399.50	-3731493.72
西北地区	29600037.09	3610569.51
西南地区	27645191.81	-1758513.64
国外	65901326.93	40185660.61
合计	635854547.21	36551480.44
地区	主营业务利润	同比增长
华东地区	68013231.63	-20436202.46
华中地区	24298084.28	15052339.28
华南地区	12070985.63	-7801819.62
华北地区	7545264.59	-3935006.78
东北地区	5995271.89	-1504037.97
西北地区	6808008.53	267174.61
西南地区	6358394.12	-1041709.53
国外	9549317.85	9209728.31
合计	140638558.52	-10189534.16

(3)主营业务及其结构、盈利能力重大变化情况说明

报告期内,公司主营业务及其结构均未发生重大变化,主营业务收入较上一年度有一定幅度的增长。

(二)主要控股公司及参股公司经营情况及业绩

1、报告期内,公司按照《招股说明书》有关承诺,公司以 4,000 万元上市募集资金出资与青岛黄海橡胶集团有限责任公司、青岛企业发展投资公司,共同组建青岛密炼胶有限责任公司,该公司注册资本 1 亿元。二〇〇三年,密炼胶有限责任公司生产终炼胶 77,155 吨,成立半年来,共实现主营业务收入 23,004 万元、利润总额 10.4 万元、净利润 6 万元。

2、二〇〇三年十月份,公司从发展战略角度出发,以全钢子午胎技术使用权入股与山东泰山轮胎有限公司签订合资合同成立合资公司--山东泰山黄海轮胎有限公司。该公司注册资金 5,000 万元人民币。公司以全钢子午胎技术使用权出资入股,占合资公司总股本的 15%。目前,双方正在进行合资公司设立前的各项筹备工作。

(三)主要供应商、客户情况

1、本年度,公司向前五名供应商采购金额合计为 17,834 万元,占年度采购总额的 24.37%。

2、本年度,公司向前五名客户销售金额合计为 17,145 万元,占公司全年销售总额的 23.98%。

(四)经营中出现问题、困难及其解决方案

1、经营中出现问题与困难

(1)二〇〇三年风云突变,受市场需求及自然环境综合因素影响,国内外天然胶市场出现大幅波动,价格直线上涨居高不下,导致公司原材料成本大幅增加。

(2)上半年肆虐全国的"非典"疫情来势凶猛,给公司完成全年生产经营目标带来极大的困难,并对工业园 50 万套全钢胎项目建设造成了严重影响。

(3)近年来,国内轮胎制造业发展迅猛,行业内部竞争日趋激烈,公司面临的挑战越来越大;同时,伴随着生产规模的不断扩大,公司对资金的需求逐步增大。

(4)公司内部管理水平较现代企业制度要求还有差距,有待进一步提高,要向管理要效益,以管理促发展。

2、相应解决方案:

(1)不断提高应对市场风云突变的能力。对客观环境的不断变化,要及时掌握,迅速反应,审时度势地做出科学决策,有的放矢地采取有力措施,以确保公司在变幻莫测的市场环境中立于不败之地。

(2)公司凭借其良好的信誉,与供应商建立长期友好的合作关系,稳定采购渠道,确保畅通供应;逐步完善供应商评估体系及采购招标制度,规范采购合同与行为,加大现款采购力度,降低采购成本;密切关注原材料市场预知价格波动趋势,合理根据生产计划安排原材料库存,提前做出采购安排,科学储备,化解风险。

(3)不断强化内部管理,坚持质量管理制度创新,制定更加完善、更具可操作性的质量管理程序和内控标准,抓住影响产品质量的关键因素与环节,加大质量监督与考核的力度,促进质量管理水平的提高;严格财务管理制度,加强成本控制和预算管理,降低经营成本;加大市场开拓力度,不断完善售后服务体系,努力拓展市场份额。

二、公司投资情况

公司高度重视上市募集资金投资项目建设,严格按照证券法规及《公司章程》等有关规定,认真履行《招股说明书》披露承诺,加强资金管理,狠抓工程质量,加速项目建设,努力扩大产品规模,不断提升经济效益,增强公司可持续发展及抗御市场风险能力。

1、募集资金使用情况

(1)切实抓好工业园 50 万套全钢胎项目建设。该项目是公司做强做大全钢子午胎、全面实现跨越式发展战略目标的关键所在。受去年上半年的"非典"疫情的影响,项目进口设备长期滞押海关无法提出,设备调试专家又迟迟不能到位,给如期完成工程进度造成很大的困难。但是,项目建设者们发挥主观能动性,积极采取有效措施,全力推进项目建设。在上半年不具备进口设备安装的条件下,想方设法完成了部分国产设备的安装与调试,下半年更是全力以赴地加速项目建设。截至二〇〇三年底,工业园共完成 69 台套主要设备的安装与调试工作,项目投资额共计 44,140 万元。

(2)组建青岛密炼胶有限责任公司。股票发行上市后,公司按照《招股说明书》有关承诺,经过积

板筹备,三方参与投资,青岛密炼胶有限责任公司于 2003 年 6 月 12 日创立,6 月 26 日工商注册登记,注册资本 1 亿元。公司以 4,000 万元上市募集资金出资与青岛黄海橡胶集团有限责任公司、青岛企业发展投资公司共同组建青岛密炼胶有限责任公司,并成为其控股股东(相对控股),以进一步提高公司资产完整性及降低与控股股东--青岛黄海橡胶集团有限责任公司的关联交易程度。

2、变更募集资金投资项目情况

报告期内,公司未变更募集资金投向。

3、非募集资金投资项目情况

报告期内,公司没有非募集资金投资项目。

三、公司财务状况及经营成果分析

1、经营成果

报告期内,公司紧密围绕年度业务发展计划,在瞬息万变的国内市场及日益激烈的竞争环境中,积极应对,精心组织,取得了显著成果:

(1)全钢丝载重子午胎年产量 59 万套,同比增长 31.89%;

(2)主营业务收入 63,585 万元,同比增长 6.10%;

(3)主营业务利润 14,064 万元,同比降低 6.76%;

(4)净利润 3,796 万元,同比降低 18.21%;

(5)经营活动产生的现金流量净额-5,553 万元,同比降低 147.29%;

(6)每股收益(摊薄)0.176 元,每股净资产(摊薄)2.69 元,净资产收益率(摊薄)6.53%;

(7)"黄海牌"全钢丝载重子午胎国内市场占有率依旧名列前茅。

2、财务状况

单位:人民币元

项目	2003 年度	2002 年	度同比增长(+,--)
总资产	1676089650.46	1137666332.94	538423317.52
负债	1094627458.85	595086357.49	499541101.36
股东权益	581462191.61	542579975.45	38882216.16
主营业务收入	635854547.21	599303066.76	36551480.45
净利润	37963597.06	46411869.90	-8448271.84
现金及其等价物净增加额	-4753350.18	208327141.35	-213080491.53

公司财务状况变动主要原因说明:

①本期末总资产较上期末增长 47.33%,主要原因是存货增加和在建工程投资增加所致。

②本期末负债较上期末增加 83.94%,主要原因是长期借款增加所致。

③本期末股东权益较上期末增加 7.17%,主要原因是当年实现净利润增加所致。

④本期实现主营业务收入较上期增长 6.10%,主要原因是加大产品销售力度所致。

⑤本期实现净利润较上期降低 18.21%,主要原因是上半年非典影响和原材料涨价影响成本上升所致。

⑥现金及现金等价物同比降低 102.28%,主要原因是对密炼胶公司和工业园 50 万套全钢胎项目投资所致。

四、生产经营环境及宏观政策、法规变化对公司财务状况及经营成果的影响

1、按照我国入世的承诺,汽车轮胎市场关税降幅较大,但轮胎生产的原材料关税降幅较小;受市场需求的影响,橡胶价格暴涨,公司一直面临成本增加风险。对此,公司将积极学习国外科学经营理念,引进先进管理机制,加快与国际、国内产业资本和金融资本的合资合作步伐,立足国内市场,拓展国际市场,加速公司发展与国际化进程。

2、随着国家对基础设施投入的进一步加大,全国高等级高速公路和交通运输快速发展,汽车行业整体复苏,带动了轮胎市场尤其是子午胎市场的走强,全钢子午胎市场虽然竞争激烈,但前景依然广阔,面临极好的发展机遇。公司将紧紧抓住机遇,充分发挥自身技术、设备、品牌等优势,迅速扩大生产规模,努力提高经营效益,积极开发高新技术产品,增强市场竞争力,扩大市场占有率,继续保持公司在同行业的领先地位。

3、受市场需求及自然环境综合因素影响,国内外天然胶市场出现大幅波动,价格直线上涨居高不下,导致公司原材料成本大幅增加。公司已采取对策,建立供应商长期友好合作关系,完善采购制度,优化采购资源,密切关注市场,科学合理储备,努力降低采购成本。

五、公司二〇〇四年度经营计划

二〇〇四年,公司经营指导思想为"以扩大规模、提升效益为根基,做强做大全钢胎主业;以强化管理、提高质量为根本,增强公司整体实力;以资本运作为契机,实现公司超常规、跨越式腾飞。"。为此,公司将统一思想,转变作风,凝聚力量,真抓实干,强化内控机制,严格科学管理,以管理促发展,向管理要效益,切实提高产品质量,努力降低成本消耗,全面开创公司加速发展新局面。

1、围绕目标,做强做大主业

二〇〇四年,是公司全力拓展主营业务的关键之年,也是公司经营质量与规模再跃新台阶的全新之年。为此,公司将更加努力,争取工业园 50 万套全钢胎项目尽快投产见效,实现规模效益,做强做大全钢丝载重子午胎主业,保持公司在国内同行业的领先地位。公司还将加大对科技开发和技术改造投入力度,以市场为导向明确研发方向,及时开发贴近市场、符合客户要求的高新技术产品,增强产品创新能力,抢占市场制高点,并努力完善营销体系和市场网络建设,顺应入世潮流,全力巩固并拓展国内外市场。

2、强化管理,提升经济运行效率

强化六项制度管理,完善公司内部管理体系,以管理促发展,向管理要效益,全面提升经济运行效率。深入推行科学的预算管理制度,探索并建立有效的激励约束机制,营造良好的内部环境,吸引和培养高素质的人才,为公司实施高速、持续发展战略提供有力的保障。

3、进行积极有效的资本运营

公司将严格按照证券监管部门有关要求,认真贯彻《公司法》、《证券法》、《上市公司治理准则》、《上海证券交易所股票上市规则》有关规定,完善法人治理结构,健全现代企业制度,建立符合公司自身特点的科学管理体系。正确分析形势,积极关注并研究国家有关产业政策,合理评估公司发展所处阶段,清醒认识优势与不足,建立科学合理的产业构架,积极进行有效的资本运营,为实施再融资战略创造积极条件。

六、董事会日常工作情况

(一)董事会会议情况及决议事项

报告期内,公司董事会共召开四次会议,会议情况及决议事项如下:

1、2003 年 3 月 28 日,公司召开了第二届董事会第二次会议,审议通过了以下议案:

(1)审议通过《青岛黄海橡胶股份有限公司二〇〇二年度董事会工作报告》;

(2)审议通过《青岛黄海橡胶股份有限公司二〇〇二年度总经理业务经营报告》;

(3)审议通过《青岛黄海橡胶股份有限公司二〇〇二年度财务决算和二〇〇三年度财务预算报告》;

(4)审议通过《青岛黄海橡胶股份有限公司二〇〇二年度利润分配预案》;

(5)审议通过《青岛黄海橡胶股份有限公司二〇〇二年年度报告》及《青岛黄海橡胶股份有限公司二〇〇二年年度报告摘要》;

(6)审议通过《青岛黄海橡胶股份有限公司高级管理人员基本年薪制与绩效激励奖惩制办法》;

(7)审议通过《关于修改〈公司章程〉部分条款的议案》;

(8)审议通过《关于继续聘请山东汇德会计师事务所有限公司担任公司财务审计机构的议案》;

(9)审议通过《关于继续聘请山东琴岛律师事务所担任公司法律咨询机构的议案》;

(10)审议通过《关于召开青岛黄海橡胶股份有限公司二〇〇二年度股东大会的议案》。

山东琴岛律师事务所执业律师列席本次会议,接受有关咨询并解答相关问题。

本次会议决议公告刊登于 2003 年 4 月 1 日的《中国证券报》、《上海证券报》上。

2、2003 年 4 月 22 日,公司召开了第二届董事会第三次会议,通过了如下决议:

(1)审议通过《青岛黄海橡胶股份有限公司二〇〇三年第一季度季度报告》;

(2)审议通过《关于推荐青岛密炼胶有限责任公司(筹)董事侯选人的议案》。

山东琴岛律师事务所执业律师列席本次会议,接受有关咨询并解答相关问题。

本次会议决议公告刊登于 2003 年 4 月 24 日的《中国证券报》、《上海证券报》上。

3、2003 年 8 月 25 日,公司召开了第二届董事会第四次会议,通过了如下决议:

(1)审议通过《青岛黄海橡胶股份有限公司二〇〇三年半年度报告》及《青岛黄海橡胶股份有限公司二〇〇三年半年度报告摘要》;

(2)审议通过《关于修改<公司章程>部分条款的议案》;

(3)审议通过《青岛黄海橡胶股份有限公司董事会提名委员会实施细则》;

(4)审议通过《青岛黄海橡胶股份有限公司关于中国证监会青岛特派办巡检提出问题的整改方案报告》;

(5)审议通过《青岛黄海橡胶股份有限公司关联交易决策制度》;

(6)审议通过《关于重新修订关联协议的议案》;

(7)审议通过《关于审议公司二〇〇三年上半年贷款合同的议案》;

(8)审议通过《关于召开青岛黄海橡胶股份有限公司二〇〇三年第一次临时股东大会的议案》。

山东琴岛律师事务所执业律师列席本次会议,接受有关咨询并解答相关问题。

本次会议决议公告刊登于 2003 年 8 月 27 日的《中国证券报》、《上海证券报》上。

4、2003 年 10 月 22 日,公司召开了第二届董事会第五次会议,通过了如下决议:

(1)审议通过《青岛黄海橡胶股份有限公司二〇〇三年第三季度季度报告》;

(2)审议通过《关于与山东泰山轮胎有限公司成立合资公司的议案》;

(3)审议通过《关于指派沈天民监事代表公司出任山东泰山--黄海轮胎有限公司董事的议案》。

山东琴岛律师事务所执业律师列席本次会议,接受有关咨询并解答相关问题。

本次会议决议公告刊登于 2003 年 10 月 24 日的《中国证券报》、《上海证券报》上。

(二)董事会对股东大会决议的执行情况

报告期内,公司召开的两次股东大会均涉及股票上市后进一步规范运作的有关问题,并做出了相应的决议。公司董事会作为该项工作组织实施的领导部门,认真执行了股东大会的各项决议,忠实地履行了职责,采取了有力的措施,积极地部署和落实,出色地完成了既定的工作目标。

1、公司治理不断完善

(1)董事会结构组成更趋合理

公司通过以上不断努力,已经建立了符合上市公司要求的较为完善与规范的公司治理结构,并能够按照有关规定依法规范运作,公司董事会共有 9 名成员,其中独立董事 4 名,其所占比例已经达到中国证监会有关 30%的比例要求。同时,公司严格按照《上市公司治理准则》、《上海证券交易所股票上市规则》有关法律法规要求,在设立了董事会战略、提名、审计、薪酬与考核四个专门委员会的基础上,制订了相关的实施细则,特别是对董事会提名委员会实施细则进一步细化;并分别由独立董事出任委员,且其中提名、审计、薪酬与考核三个专门委员会的主任委员均由独立董事担任,以此保证独立董事依法履行职责、有效发挥职能,促进董事会决策更加公正、客观和科学。

(2)完善法人治理结构,健全现代企业制度

报告期内,公司根据证券法规有关规定,进一步提高了独立董事的比例,并建立了《独立董事工作制度》,修订了《公司章程》,完善了《董事会各专门委员会实施细则》、《信息披露制度》、《募集资金管理制度》等多项制度,完善了法人治理结构,健全了各项管理制度,规范了募集资金的使用,实现了制度化、科学化管理,提高了规范化运作的水平,保障了公司生产经营的健康、稳定、快速发展。

(3)规范关联交易行为,保护中小投资者合法权益

由于历史原因及客观因素,公司与控股股东--青岛黄海橡胶集团有限责任公司发生关联交易仍将持续。为切实保护公司自身利益和广大投资者(尤其中小投资者)合法权益,保证此类关联交易严格遵循"公平、公正、公开、公允"八字原则进行,公司重新修订了关联交易决策制度和关联交易协议,并认真执行与关联方签订的一系列关联交易协议,根据《上市公司治理准则》、《公司章程》等有关规定,充分发挥了独立董事的决策作用和监事会的监督作用。报告期内,公司通过采取有效措施努力降低关联交易数额;公司还将继续努力,进一步规范关联交易行为及降低关联交易比例。

(4)顺利通过中国证监会青岛特派办的巡回检查

2003 年 6 月 23 日至 6 月 27 日,中国证监会青岛特派办对我公司进行了巡回检查,此后以青证监发[2003]71 号文下达了《限期整改通知书》(以下简称"《通知》")。

公司董事会对此予以高度重视,2003 年 8 月 25 日,董事长高巨谦先生主持召开了第二届董事会第四次会议,对照《公司法》、《证券法》、《上市公司治理准则》、《上交所股票上市规则》、《股东大会规范意见》等有关法律法规,结合公司的实际情况,对《通知》中提出的问题进行了认真地研究和讨论。针对本次巡回检查发现的问题,公司本着严格自律、规范发展的原则,制定了整改方案,并扎扎实实认真落实。

根据整改《通知》中对《公司章程》有关条款进行修改的要求,公司董事会制订并通过了《青岛黄海橡胶股份有限公司章程修正案》,并在二〇〇三年第一次临时股东大会中予以修改。

对董事选聘程序以及实施细则进一步细化,将董事选聘程序以及提名委员会工作实施细则,纳入了修改的《公司章程》之中。

对《通知》中提出"独立董事中至少包括一名会计专业人士(会计专业人士是指具有高级职称或注册会计师资格的人士)"的要求,公司董事会将根据《通知》要求,严格按照董事选聘程序,广泛征求意见,更换或增加一名财会专业的独立董事,提交二〇〇三年年度股东大会审议。

经过认真整改,形成了《关于中国证监会青岛特派办巡回检查中发现问题的整改报告》,并以黄海橡胶股份(2003)第 16 号文的形式上报,顺利通过了例行巡检。

七、利润分配事项及其说明

公司二〇〇三年度利润分配预案

经山东汇德会计师事务所有限公司审计,并出具标准无保留意见的审计报告([2004]汇所审字第 2-058 号),公司二〇〇三年度实现净利润 37,963,597.06 元。

根据《公司法》、《公司章程》及股份制企业会计制度有关规定,按 10%提取法定盈余公积金 3,96,359.71 元,按 5%提取法定公益金 1,898,179.85 元,公司二〇〇三年度可供股东分配利润为 32,269,057.50 元;加上上年度未分配利润 41,202,024.19 元,公司二〇〇三年度实际可供股东分配利润为 73,471,081.69 元,每股可供分配利润 0.34 元。

鉴于公司目前主营业务发展比较迅猛,对资金的需求量较大,为了保证公司业务发展及经营资金的需要,并兼顾股东的长期利益,拟定二〇〇三年度利润分配预案为:不进行利润分配,也不进行资本公积金转增股本,未分配利润结转下一年度。

八、选定信息披露报纸变更情况

报告期内,公司与《中国证券报》、《上海证券报》续签信息披露刊登协议,指定上述两家报刊为信息披露报刊。

九、山东汇德会计师事务所有限公司对公司控股股东及其他关联方占用资金情况的专项说明

青岛黄海橡胶股份有限公司全体股东:

我们接受委托,对贵公司大股东及其关联方资金占用和违规担保情况进行了审计,有关资料由

贵公司负责，我们的责任是对本年度贵公司大股东及其关联方资金占用和违规担保情况发表审计意见。我们的审计是依据《中国注册会计师独立审计准则》和中国证监会有关通知的规定进行的，在审计过程中，我们结合贵公司的实际情况，实施了包括抽查会计记录等我们必要的审计程序。

经审计贵公司大股东及其关联方资金占用情况如附表所示；本年度没有给大股东及关联方提供担保。

本报告仅供贵公司向中国证监会报送使用，不得作为其他用途。

附表：

青岛黄海橡胶股份有限公司大股东及其关联方占用资金明细表

2003年度　单位：人民币元

资金占用方名称	与贵公司关系	2003-1-1
青岛黄海橡胶集团有限责任公司	控股股东	0.00
青岛橡胶集团进出口有限公司	同一母公司	0.00
青岛黄海模具加工维修公司	同一母公司	0.00
青岛黄海运输公司	同一母公司	0.00
青岛黄海设备维修安装公司	同一母公司	0.00
青岛第二橡胶厂劳动服务公司	同一母公司	0.00
青岛密炼胶有限责任公司	联营公司	0.00
合计		

	本年发生额	
资金占用方名称	借方	贷方
青岛黄海橡胶集团有限责任公司	125,224,201.94	125,128,809.64
青岛橡胶集团进出口有限公司	164,809,013.78	164,809,013.78
青岛黄海模具加工维修公司	749,435.86	749,435.86
青岛黄海运输公司	1,281,169.49	1,281,169.49
青岛黄海设备维修安装公司	1,234,718.36	1,234,718.36
青岛第二橡胶厂劳动服务公司	159,200.00	159,200.00
青岛密炼胶有限责任公司	20,683,976.91	20,683,976.91
合计	314,141,716.34	314,046,324.04

资金占用方名称	2003-12-31	资金占用方式	资金偿还方式
青岛黄海橡胶集团有限责任公司	95,392.30	销售货物	货币资金
青岛橡胶集团进出口有限公司	0.00	销售货物	货币资金
青岛黄海模具加工维修公司	0.00	销售货物	维修费
青岛黄海运输公司	0.00	销售货物	运输费
青岛黄海设备维修安装公司	0.00	销售货物	维修费
青岛第二橡胶厂劳动服务公司	0.00	销售货物	劳务费
青岛密炼胶有限责任公司	0.00	加工费	货币资金
合计	95,392.30		

十、公司独立董事关于对外担保情况的专项说明及独立意见

根据中国证监会证监发(2003)56号《关于规范上市公司与关联方资金往来及上市公司对外担保若干问题的通知》精神，我们本着实事求是的态度，对青岛黄海橡胶股份有限公司对外担保的情况进行了认真的核查和落实，现就有关问题说明如下：

经我们审慎查验，公司严格遵守公司章程的有关规定，规范公司对外担保行为，严格控制对外担保风险。报告期内，公司没有对外担保，公司没有为控股股东及本公司持股50%以下的其他关联方、任何非法人单位提供担保，控股股东及其他关联方也未强制公司为他人提供担保。

第七章　重要事项

一、报告期内公司重大诉讼、仲裁事项

报告期内，公司未发生重大诉讼、仲裁事项。

二、报告期内公司收购及出售资产、吸收合并事项

报告期内，公司未发生重大收购及出售资产、吸收合并等事项。

三、报告期内公司重大关联交易事项

(一)购销商品、提供劳务发生的关联交易

1、报告期内，公司向青岛黄海橡胶集团有限责任公司及下属公司等关联方采购材料及支付劳务等列示如下：

单位：人民币元

	金额(不含税)	
关联单位名称	2003年度	2002年度
青岛黄海橡胶集团有限责任公司	78,902,386.68	72,005,899.82
青岛黄海模具加工维修公司	640,543.47	903,830.50
青岛密炼胶有限责任公司	20,683,976.91	0.00

关联单位名称	备注
青岛黄海橡胶集团有限责任公司	加工费及材料销售
青岛黄海模具加工维修公司	维修费
青岛密炼胶有限责任公司	混炼胶加工费

2、报告期内，本公司向关联方销售货物有关明细资料列示如下：

单位：人民币元

项目	2003年度	2002年度
青岛黄海橡胶集团有限责任公司	74234418.26	32212703.82
合计	74234418.26	32212703.82

3、上述关联交易事项定价政策

原材料销售价格包括实际采购成本和相关管理费用；劳务、热力、动力交易按照公司与关联方协定价格结算，一般是实际成本加上5%毛利润；产成品销售价格与市场价一致，不高于或不低于向其他第三方提供同类产品的销售价格。

4、关联交易的必要性和持续性

关联交易的执行保证了本公司生产工艺的合理衔接、销售系统的完善以及生产经营的顺利进行，避免了同业竞争和人财物的浪费，有利于提高本公司的经济效益。

(二)资产、股权转让发生的关联交易

报告期内，公司与关联方之间未发生此类关联交易事项。

(三)关联交易各方债权债务往来及担保事项

1、截止2003年12月31日，公司应收关联方青岛黄海橡胶集团有限责任公司95,392.30元；关联方青岛黄海橡胶集团有限责任公司及其所属公司没有对本公司的其它应收款，亦没有预付本公司的其它应收款、往来款。

项目及客户名称	2003.12.31	2002.12.31
应付账款----青岛黄海橡胶集团有限责任公司	0.00	4,430,144.09
应收账款----青岛黄海橡胶集团有限责任公司	95,392.30	0.00
其他应付款----青岛黄海模具加工维修公司	1,211,666.09	1,862,230.23
应收账款----青岛第二橡胶厂劳动服务公司	384,715.61	4,450.91
其他应付款----青岛第二橡胶厂劳动服务公司	565,861.89	499,454.13
其他应付款----青岛黄海设备维修安装公司	90,308.49	-144,409.87
其他应付款----青岛黄海运输公司	84,099.27	1,857.66

上述关联交易事项均严格按照公司二〇〇三年第一次临时股东大会审议通过并签署的关联协议执行，主要形成于日常的生产经营中，不存在本公司为关联方代垫支工资、福利、保险、广告等期间费用的情形，也不存在代关联方承担成本和其它支出的情形。

2、报告期内，公司没有为关联方或其它公司提供担保。关联方青岛黄海橡胶集团有限责任公司为公司63,000万元贷款进行担保，其中上半年发生的28,000万元贷款合同事项已在公司二〇〇三年半年报中披露。

(四)其它关联交易事项

1、代理进出口

(1)通过青岛橡胶(集团)进出口有限公司代理出口货物金额及有关代理费如下表：

2003年度		2002年度	
代理出口货物金额	出口代理费	代理出口货物金额	出口代理费
0.00	0.00	9,014,783.00	45,073.92

(2)通过青岛橡胶(集团)进出口有限公司代理进口货物金额及有关代理费如下表：

2003年度		2002年度	
代理进口货物金额	进口代理费	代理进口货物金额	进口代理费
52,209,735.20	783,146.03	70,364,670.95	1,055,470.06

2、与其他关联方的交易

关联方名称项目	2003年度	2002年度
青岛黄海运输有限公司运费	1,281,169.49	452,026.35
青岛黄海设备维修公司维修费	1,234,718.36	1,185,571.18
青岛第二橡胶厂劳动服务公司其他	159,200.00	172,789.93

四、重大合同及其履行情况

1、托管、承包、租赁其它公司资产或其它公司托管、承包、租赁上市公司资产的事项：

报告期内，无此事项发生。

2、重大担保事项：

报告期内，无此事项发生。

3、在报告期内或报告期继续发生委托他人进行现金资产管理事项：

报告期内，无此事项发生。

4、其他重大合同：

报告期内，公司共向金融机构借款63,000万元人民币，其中上半年发生的28,000万元贷款合同事项已在公司二〇〇三年半年度报告中披露，下半年发生的35,000万元借款项具体如下：

(1)公司与交通银行青岛分行李沧第二支行签署了《借款合同(中/短期流动资金贷款)》，借款金额为3,000万元人民币，借款期限为三个月，月利率为4.1175‰。

(2)公司与交通银行青岛分行李沧第二支行签署了《借款合同(中/短期流动资金贷款)》，借款金额为3,000万元人民币，借款期限为十一个月，月利率为3.9825‰。

(3)公司与交通银行青岛分行李沧第二支行签署了《借款合同(中/短期流动资金贷款)》，借款金额为4,000万元人民币，借款期限为三个月，月利率为4.1175‰。

(4)公司与中国工商银行青岛市分行营业部签署了《流动资金借款合同》，借款金额为4,000万元人民币，借款期限为十二个月，月利率为3.9825‰。

(5)公司与青岛市商业银行升平路支行签署了《借款合同》，借款金额为5,000万元人民币，借款期限为六十个月，月利率为4.185‰，用作70万套全钢丝载重子午胎项目建设。

(6)公司与交通银行青岛分行李沧第二支行签署了《借款合同》，借款金额为5,000万元人民币，借款期限为三年，月利率为4.185‰，用作70万套全钢丝载重子午胎项目建设。

(7)公司与交通银行青岛分行李沧第二支行签署了《借款合同(中/长期固定资产贷款)》，借款金额为5,000万元人民币，借款期限为四年，月利率为4.185‰，用作70万套全钢丝载重子午胎项目建设。

(8)公司与交通银行青岛分行李沧第二支行签署了《借款合同(中/长期固定资产贷款)》，借款金额为2,000万元人民币，借款期限为四年，月利率为3.9825‰，用作70万套全钢丝载重子午胎项目建设。

(9)公司与中信实业银行青岛分行签署了《人民币借款合同》，借款金额为4,000万元人民币，借款期限为一年，年利率为5.0445%。

以上贷款担保方均为青岛黄海橡胶集团有限责任公司。

五、公司或持股5%以上股东对公开披露承诺事项的履行情况

报告期内，公司根据中国证监会青岛特派办对公司巡检所提问题及下达的《限期整改通知书》(青证监发[2003]71号)有关要求，于二届四次董事会决议公告中承诺"根据公司现任独立董事多为社会学者，且为公司发展提出了诸多良好建议、做出了积极贡献的实际情况，公司董事会拟在广泛征求意见的基础上，选择合适时机至本年度股东大会，对现有独立董事组成进行适当调整，增加或调换一名会计专业独立董事"。

报告期内，公司认真履行有关承诺，积极与独立董事沟通磋商，并广泛征求意见，已拟定独立董事调换人选，拟调入的新独立董事为中国注册会计师，其资格符合《关于在上市公司建立独立董事制度的指导意见》有关要求。公司已于二届董事会六次会议研究通过，并准备提交二〇〇三年度股东大会选举产生。

六、聘任、解聘会计师事务所情况及向其支付报酬情况

报告期内，公司继续聘任山东汇德会计师事务所有限公司为本司提供财务审计服务。截止报告期末，该公司已连续五年为公司提供财务审计服务。

公司二〇〇三年度财务报告由山东汇德会计师事务所有限公司审计，并由该公司出具了([2004]汇所审字第2-058号)标准无保留意见的审计报告。

报告期内，公司支付山东汇德会计师事务所有限公司审计报酬40万元。

七、公司、公司董事会及董事受中国证监会稽查、中国证监会行政处罚、通报批评、证券交易所公开谴责的情况报告期内，无此事项发生。

第八章　备查文件目录

公司备查文件目录：

一、载有法定代表人、公司财务负责人、会计机构负责人签名并盖章的会计报表。

二、载有会计师事务所盖章、注册会计师签名并盖章的审计报告原件。

三、报告期内在中国证监会指定报纸上公开披露过的所有公司文件的正本及公告的原稿。

以上文件的原件均置备在公司董事会秘书室。

董事长：高巨谦

青岛黄海橡胶股份有限公司董事会

二〇〇四年三月三十日

新疆八一钢铁股份有限公司

新疆八一钢铁股份有限公司2003年年度报告

重要提示

本公司董事会及其董事保证本报告所载资料不存在任何虚假记载、误导性陈述或者重大遗漏，并对其内容的真实性、准确性和完整性承担个别及连带责任。

董事康敬成先生、武金凤女士、独立董事王友三先生因公出差未能参加本次会议，分别委托董事长沈东新先生、董事郭向阳先生、独立董事陈亮先生代为行使表决权。

公司负责人董事长沈东新先生、主管会计工作负责人总经理肖国栋先生、会计机构负责人总会计师董新风女士声明:保证年度报告中财务报告的真实、完整。

一、公司基本情况简介

(一)公司法定中文名称:新疆八一钢铁股份有限公司

公司法定英文名称:Xinjiang Ba Yi Iron & Steel Co.,Ltd.

(二)公司法定代表人:沈东新

(三)公司董事会秘书:陈海涛

公司证券事务代表:范炎

联系地址:新疆维吾尔自治区乌鲁木齐市头屯河区新钢路

联系电话:0991-3890166、3881187、3892225

传真:0991-3890266

电子信箱:chenht1@bygt.com.cn

(四)公司注册地址:新疆维吾尔自治区乌鲁木齐市头屯河区新钢路

公司办公地址:新疆维吾尔自治区乌鲁木齐市头屯河区新钢路

邮政编码:830022

公司网址:http://www.bygt.com.cn

公司电子信箱:gfgs@bygt.com.cn

(五)公司选定的信息披露报纸名称:《上海证券报》和《证券时报》

登载公司2003年度报告的国际互联网网址:http://www.sse.com.cn

公司2003年度报告备置地点:新疆八一钢铁股份有限公司董事会秘书室

(六)公司股票上市交易所:上海证券交易所

公司股票简称:八一钢铁

公司股票代码:600581

(七)其他有关资料:

公司首次注册登记日期:2000年7月27日

公司最近一次变更注册登记日期:2003年9月3日

注册地点:新疆维吾尔自治区工商行政管理局

企业法人营业执照注册号:6500001000898

税务登记号码:650106722318862

公司聘请的会计师事务所名称:天津五洲联合合伙会计师事务所

会计师事务所办公地址:天津经济技术开发区第一大街12号

二、会计数据和业务数据摘要

(一)公司2003年度的利润总额及其构成(单位:人民币元)

项目	金额
利润总额	386,524,420.88
净利润	321,426,419.55
扣除非经常性损益后的净利润	333,148,353.31
主营业务利润	746,290,475.46
其他业务利润	14,468,456.51
营业利润	422,077,089.40
投资收益	-17,429.56
补贴收入	-
营业外收支净额	-35,535,238.96
经营活动产生的现金流量净额	1,133,896,591.69
现金及现金等价物净增减额	325,036,058.28
扣除非经常性损益的项目:	
营业外收入	68,121.26
处理固定资产净损失	12,400,034.40
债务重组损失	261,264.94
短期投资损失	17,429.56
其他营业外支出	1,155,609.34
所得税影响额	2,044,283.22

(二)近三年的主要会计数据及财务指标(单位:人民币元)

项目	2003年	2002年 母公司调整后
主营业务收入	4,756,536,882.66	3,182,934,669.50
净利润	321,426,419.55	158,944,877.26
总资产	3,320,746,928.27	2,796,498,272.82
股东权益	1,977,489,064.84	1,737,756,481.05
摊薄后每股收益	0.65	0.39
加权平均每股收益	0.65	0.49
扣除非经常性损益后的每股收益	0.68	0.49
每股净资产	4.02	4.24
调整后的每股净资产	4.02	4.23
每股经营活动产生的现金流量净额	2.31	0.45
净资产收益率	16.25	9.15
加权净资产收益率	16.93	15.22
扣除非经常性损益后的加权净资产收益率	17.55	15.09

项目	2002年 合并调整前	2001年
主营业务收入	3,182,934,669.50	3,088,649,365.30
净利润	160,222,184.75	211,179,913.31
总资产	3,027,634,163.30	1,663,395,453.20
股东权益	1,657,148,218.54	657,149,048.62
摊薄后每股收益	0.39	0.76
加权平均每股收益	0.50	0.76
扣除非经常性损益后的每股收益	0.49	0.78
每股净资产	4.05	2.35
调整后的每股净资产	4.03	2.35
每股经营活动产生的现金流量净额	0.45	0.46
净资产收益率	9.67	32.14
加权净资产收益率	15.34	37.13
扣除非经常性损益后的加权净资产收益率	15.20	38.23

注:根据修订后的《企业会计准则-资产负债表日后事项》的有关规定，各年度通过的利润分配预案中确定的拟分配现金股利改在资产负债表中所有者权益中单独列示，从而影响了公司2002年的加权平均净资产及相关指标。

(三)利润表附表(单位:人民币元)

报告期利润	净资产收益率(%) 全面摊薄	加权平均
主营业务利润	37.74	39.31
营业利润	21.34	22.23
净利润	16.25	16.93
扣除非经常性损益后的净利润	16.85	17.55

报告期利润	每股收益 全面摊薄	加权平均
主营业务利润	1.52	1.52
营业利润	0.86	0.86
净利润	0.65	0.65
扣除非经常性损益后的净利润	0.68	0.68

(四)报告期内股东权益变动情况(单位:人民币元)

项目	期初数	本期增加	本期减少	期末数
股　本	409,427,850.00	81,885,570.00	-	491,313,420.00
资本公积	942,123,713.74	191,734.24	-	942,315,447.98
盈余公积	105,041,872.80	80,356,604.90	-	185,398,477.70
其中:法定公益金	21,008,374.24	16,071,320.98	-	37,079,695.22
未分配利润	199,277,474.51	321,426,419.55	260,504,858.90	260,199,035.16
拟分配现金股利	81,885,570.00	98,262,684.00	81,885,570.00	98,262,684.00
股东权益	1,737,756,481.05	582,123,012.69	342,390,428.90	1,977,489,064.84

变动原因:

(1)股本增加是由于公司实施2002年度利润分配方案转入的普通股股利。

(2)资本公积增加为公司不需支付的应付款项转入所致。

(3)盈余公积增加是由于本年度提取法定公积金、法定公益金、任意公积金而增加。

(4)未分配利润增加是由于本年度经营盈利321,426,419.55元，本期减少为计提公积金、公益金80,356,604.90元，转作股本的普通股股利81,885,570元及拟分配现金股利98,262,684.00元。

三、股本变动及股东情况

(一)股本变动情况

1、股份变动情况表　数量单位:股

项目	期初数	本次变动增减(+,-) 配股	送股	公积金转股	增发	新股发行
一、未上市流通股份						
1、发起人股份						
其中:						
国家持有股份	266,427,850				53,285,570	
境内法人持有股份	13,000,000				2,600,000	
境外法人持有股份						
其他						
2、募集法人股份						
3、内部职工股						
4、优先股或其他						
未上市流通股份合计	279,427,850				55,885,570	
二、已上市流通股份						
1、人民币普通股	130,000,000				26,000,000	
2、境内上市的外资股						
3、境外上市的外资股						
4、其他						
已上市流通股份合计	130,000,000				26,000,000	
三、股份总数	409,427,850				81,885,570	

项目	本次变动增减(+,-) 小计	期末数
一、未上市流通股份		
1、发起人股份		

其中：		
国家持有股份	53,285,570	319,713,420
境内法人持有股份	2,600,000	15,600,000
境外法人持有股份		
其他		
2、募集法人股份		
3、内部职工股		
4、优先股或其他		
未上市流通股份合计	55,885,570	335,313,420
二、已上市流通股份		
1、人民币普通股	26,000,000	156,000,000
2、境内上市的外资股		
3、境外上市的外资股		
4、其他		
已上市流通股份合计	26,000,000	156,000,000
三、股份总数	81,885,570	491,313,420

2、股票发行与上市情况

经中国证监会证监发行字[2002]77 号文核准，公司于 2002 年 8 月 1 日发行 13,000 万股人民币普通股(A 股)，发行价为 7.38 元/股。经上海证券交易所上证上字[2002]139 号文批准，公开发行的 13,000 万股于 2002 年 8 月 16 日起在上海证券交易所挂牌上市交易。

公司于 2003 年 6 月 6 日实施了 2002 年度利润分配方案。即以 2002 年 12 月 31 日的公司总股本 40,942.785 万股为基数，每 10 股送红股 2 股并派发现金股利 2 元(含税)。本次送股使公司总股本增至 49,131.342 万股，股本结构无变化。

(二)股东情况

1、报告期末公司股东总数为 52,354 户，无内部职工股。

2、前十名股东、前十名流通股股东持股情况(截止 2003 年 12 月 31 日)

序号	前十名股东名称	年度内增+减-	年末持股数(股)
1	新疆八一钢铁集团有限责任公司	51,335,570	308,013,420
2	邯郸钢铁集团有限责任公司	1,300,000	7,800,000
3	南京联强冶金集团有限公司	1,300,000	7,800,000
4	新疆华顺工贸有限公司	1,300,000	7,800,000
5	新疆技术改造投资公司	650,000	3,900,000
6	梁恩群	855,287	855,287
7	四川长虹电器股份有限公司	-150,100	600,000
8	中国工商银行-华安上证 180 指数增强型证券投资基金	555,758	555,758
9	陈新民	500,340	500,340
10	徐洪	474,000	474,000

序号	前十名股东名称	比例(%)	股份类别	股东性质
1	新疆八一钢铁集团有限责任公司	62.692	未流通	国有法人股
2	邯郸钢铁集团有限责任公司	1.588	未流通	国家股
3	南京联强冶金集团有限公司	1.588	未流通	法人股
4	新疆华顺工贸有限公司	1.588	未流通	法人股
5	新疆技术改造投资公司	0.794	未流通	国有法人股
6	梁恩群	0.174	已流通	社会公众股
7	四川长虹电器股份有限公司	0.122	已流通	社会公众股
8	中国工商银行-华安上证 180 指数增强型证券投资基金	0.113	已流通	社会公众股
9	陈新民	0.102	已流通	社会公众股
10	徐洪	0.096	已流通	社会公众股

序号	前十名流通股股东名称(全称)	年末持股数	持股种类
1	梁恩群	855,287	A 股
2	四川长虹电器股份有限公司	600,000	A 股
3	中国工商银行-华安上证 180 指数增强型证券投资基金	555,758	A 股
4	陈新民	500,340	A 股
5	徐 洪	474,000	A 股
6	唐 勇	471,000	A 股
7	章月娟	470,000	A 股
8	梁肖霞	400,000	A 股
9	谢全清	379,151	A 股
10	王永青	369,389	A 股

注：(1)持有本公司 5%以上股份的股东是新疆八一钢铁集团有限责任公司(以下简称"八钢集团")，为本公司的控股股东。本年度内其所持股份未发生质押、冻结、托管等情况。

(2)公司前十名股东及前十名流通股东中，八钢集团与其他股东之间不存在关联关系，也不属于《上市公司股东持股变动信息披露管理办法》中规定的一致行动人；公司未知其余股东之间是否存在关联关系、质押、冻结、托管或一致行动人的情况。

(3)无战略投资者或一般法人因配售新股成为公司前 10 名股东的情况。

3、公司控股股东情况介绍

控股股东名称：新疆八一钢铁集团有限责任公司

法定代表人：赵峡

成立日期：1995.10.20

注册资本：252,411 万元

公司类别：有限责任公司

主要经营业务：对授权范围内的国有资产的经营。钢铁冶炼、轧制、加工。黑色金属材料、冶金炉料、冶金设备及其他冶金产品、建筑材料、空气中分离出来的气体的销售。机械加工、金属制品及钢铁冶炼、轧制、加工业有关的技术咨询与服务。进出口业务(具体经营范围以进出口目录为准)。房屋出租，农副产品(粮、棉除外)的销售。冷饮及乳制品、焦炭及煤焦化产品的生产销售等。

四、董事、监事、高级管理人员和员工情况

(一)董事、监事、高级管理人员基本情况

姓名	性别	出生年月	职务	任期起止日期	期初持股数	期末持股数	备注
沈东新	男	1963.09	董事长	2003.8-2006.8	0	0	
赵 峡	男	1958.05	董事	2003.8-2006.8	0	0	在股东单位领薪
艾力·巴拉提	男	1955.07	董事	2003.8-2006.8	0	0	
肖国栋	男	1965.06	董事、总经理	2003.8-2006.8	0	0	
武金凤	女	1963.02	董事	2003.8-2006.8	0	0	在股东单位领薪
郭向阳	男	1962.05	董事	2003.8-2006.8	0	0	在股东单位领薪
康敬成	男	1957.03	董事	2003.8-2006.8	0	0	在股东单位领薪
王友三	男	1935.08	独立董事	2003.8-2006.8	0	0	
陈 亮	男	1968.01	独立董事	2003.8-2006.8	0	0	
陈盈如	女	1966.11	独立董事	2003.8-2006.8	0	0	
姜锡明	男	1963.08	独立董事	2003.8-2006.8	0	0	
陈敬贵	男	1955.09	监事会主席	2003.8-2006.8	0	0	
李宏伟	男	1968.02	监事	2003.8-2006.8	0	0	在股东单位领薪
肖明光	男	1969.06	监事	2003.8-2006.8	0	0	
赵永利	男	1964.07	副总经理	2003.8-2006.8	0	0	
董新风	女	1963.10	总会计师	2003.8-2006.8	0	0	
宋维兆	男	1966.04	总工程师	2003.11-2006.8	0	0	
陈海涛	男	1972.04	董事会秘书	2003.8-2006.8	0	0	

1、以上董事、监事及高级管理人员年度内未持有本公司股票。

2、在股东单位任职情况：

姓名	股东单位名称	担任职务	任职期间
赵 峡	八钢集团	董事长、总经理	2003 年 3 月至今
武金凤	南京联强冶金集团有限公司	副总经理、财务主管	2000 年 2 月至今
郭向阳	新疆华顺工贸有限公司	副总经理	1995 年 6 月至今
康敬成	新疆技术改造投资公司	总经理	2001 年 9 月至今
李宏伟	八钢集团资产监管部	财务审计师	2000 年 5 月至今

(二)年度报酬情况：

报告期内，公司领取薪酬的董事、监事、高级管理人员的年度报酬依据公司《薪酬分配制度改革实施办法》及有关规定按月发放，并按照全年考核指标完成情况兑现年终奖。独立董事的薪酬由股东大会审议通过后执行。

公司现任董事、监事、高管人员的年度报酬总额为 72.61 万元。其中年度报酬数额在 6-8 万元的有 4 人，在 4-6 万元的有 8 人，在 2-3 万元的 1 人；金额最高的前三名董事的报酬总额为 19 万元，金额最高的前三名高管的报酬总额为 19.83 万元。独立董事的年度津贴为 5 万元/人(不含税)。参加董事会、股东大会所发生的差旅费、食宿等相关费用由公司承担。

赵峡、武金凤、郭向阳、康敬成、李宏伟未在本公司领取报酬，在股东单位领取报酬。

(三)报告期内离任的董事、监事、高级管理人员姓名及离任原因

1、报告期内离任情况

报告期内，公司独立董事王学斌先生因工作变动，于 2003 年 4 月 18 日向公司董事会辞去独立董事职务。

因公司董事会换届选举，梁建国先生、刘毅民先生、傅宜东先生、杨小玲女士不再担任董事，股瑞钰先生、谢志华先生不再担任独立董事。

因公司监事会换届选举，何志良先生不再担任监事会主席。

赵平先生因工作变动，不再担任公司副总经理。

2、报告期内聘任情况

经公司 2003 年第一次临时股东大会决议，选举沈东新先生、赵峡先生、艾力·巴拉提先生、肖国栋先生、武金凤女士、郭向阳先生、康敬成先生为董事，选举王友三先生、陈亮先生、陈盈如女士、姜锡明先生为独立董事；选举陈敬贵先生、李宏伟先生为监事。

公司职工代表大会联席会议选举肖明光先生为职工代表监事。

公司第二届董事会第一次会议选举沈东新先生为董事长，并同意董事长沈东新提名，聘任肖国栋先生为总经理、陈海涛先生为董事会秘书；同意总经理肖国栋提名，聘任赵永利先生为副总经理、董新风女士为总会计师。

公司第二届监事会第一次会议选举陈敬贵先生为监事会主席。

公司第二届董事会第三次会议同意总经理肖国栋提议，聘任宋维兆先生为总工程师。

(四)公司员工情况

截止 2003 年 12 月 31 日，本公司共有员工 3295 人。其中：生产人员 2541 人，销售人员 180 人、技术人员 281 人、财务人员 107 人、行政人员 186 人。教育程度：具有本科以上学历的有 266 人，占比 8.07%；大、中专学历的有 1116 人，占比 33.87%；各类高中技 1913 人，占比 58.06%。需承担费用的离退休职工 3 人。

五、公司治理结构

(一)公司治理情况

公司按照《公司法》、《证券法》和中国证监会有关法律法规的要求，对《公司章程》、《总经理工作条例》、《担保决策制度》进行修订，并相继制定了《累积投票实施细则》、《征集投票权实施细则》、《无形资产管理办法》、《资金管理制度》等管理细则，从制度上加强和细化了公司治理。

同时，为贯彻和执行上述制度，公司建立了科学的组织机构，董事会下设战略与投资、审计、提名、薪酬与考核四个专业委员会，并制定相应的《专门委员会实施细则》，战略与投资委员会通过对项目可行性的审阅，确立了公司的长期发展规划；审计委员会下设内部审计室，与监事会定期或不定期地对公司业务运作、风险控制、资产处置程序及结果等经营状况进行监督检查，确保了公司的规范运作。

为切实维护中小股东的利益，公司采用累积投票制选举董事，完成了董事会换届选举。董事会成员中独立董事 4 人，达到中国证监会规定的人数。2003 年 9 月，公司通过接受中国证监会武汉证管办的巡回检查，进一步完善了法人治理结构，促进了公司的规范运作。报告期内，公司治理的实际状况符合中国证监会有关文件的要求。

(二)独立董事履行职责情况

公司 2003 年第一次临时股东大会审议通过了《关于选举公司第二届董事会董事的议案》，聘任王友三先生、陈亮先生、陈盈如女士、姜锡明先生为公司第二届董事会独立董事。自任职以来，四位独立董事认真参加了报告期内的董事会和股东大会；分别从法律和财务角度对公司的关联交易、变更部分募集资金用途、高管人员任免、公司对外担保等事项做出客观公正的判断，并出具了独立董事专项意见书，为董事会的科学决策及公司的良性发展起到了积极的作用，切实维护了公司及中小股东的利益。

(三)公司与控股股东在业务、人员、资产、机构、财务等方面的分开情况

1、公司拥有独立完整的业务体系和自主经营的能力，主业突出，在业务上独立于控股股东。

2、公司的执行董事未在股东单位及其控股子公司、附属企业担任管理职务；总经理、副总经理、财务负责人、董事会秘书等高管人员专职在公司工作领薪，未在控股股东单位兼任任何职务及领薪；公司员工的人事关系与八钢集团完全分开，并在有关社会保障、工薪报酬、房改费用等方面分账独立管理。

3、公司与控股股东之间的产权关系明晰，不存在任何被控股股东占用资产的情况。

4、公司生产经营和行政管理完全独立于控股股东，办公机构和生产经营场所与控股股东分开，不存在机构重叠、混合经营、合署办公、干预机构设置、生产经营活动的情况。

5、公司设立独立财务部门，建立独立的会计核算体系和财务管理制度，配备了专职财务人员。在银行独立开户、依法独立纳税。

(四)对高级管理人员的考评及激励机制、相关奖励制度的建立和实施情况

公司与现任高管人员分别签订服务、保密合同，对全体高管人员的职责进行约定，明确了薪酬确定的法律程序及履行细则，在建立高管人员选择、考评、激励和约束机制的基础上，严格执行《高管人员奖励考核办法》和《公司 2003 年经济责任制考核办法》，根据全年业绩及经济指标完成情况对高管人员进行年终综合考评，实行年终奖励制。

六、董事会报告

(一)经营情况的讨论与分析

2003年,国内宏观经济的增长及固定资产的投资增加拉动了钢材需求,使钢铁行业保持快速发展态势,钢材市场受益于汽车、房地产、机械制造、家电等下游行业的迅猛发展,销售价格持续上涨。旺盛的市场需求,给公司发展提供了有利的市场机遇。

为将主业做大做强,公司实施低成本战略,对内围绕市场需求组织生产,不断提升设备运转能力,发挥最大产能水平;提高生产作业率,降低单位产品的固定成本,取得规模效应;通过系统降成本,有效地控制各项费用支出,最大限度地消化了因原材料(如废钢、煤炭等)涨价、铁路运输紧张等减利因素带来的影响。对外及时调整营销政策,本着疆内市场为核心,疆外市场为补充的原则,加大对高速线材及螺纹钢的销售。截止2003年末,公司生产、销售创造了有史以来最好水平,使经营业绩实现快速增长。

2003年钢材市场涨幅较大的建筑用材,因其进口量小,国产技术和工艺的成熟,没有受到进口冲击;加之目前市场需求快速提升,而供给的增长有限,导致其价格大幅攀升,供求失衡是钢铁行业盈利的主要原因。尽管2004年我国建筑用钢市场尚可稳定发展,但考虑到产品价格可能出现的高位调整、季节波动和成本上涨,面对盈利风险,公司将加快新项目的建设和品种钢的开发,创造竞争优势,以提高公司总体效益和抗风险能力。

(二)报告期内公司经营情况

1、主营业务的范围及经营状况

公司从事钢铁冶炼、轧制、加工及其延压产品的生产和销售,主要产品为螺纹钢、线材、圆钢等建筑用钢及工业用钢,公司主营业务收入及利润均来自于上述产品。

报告期内,公司产钢200.27万吨,同比增长19.70%;产材187.44万吨,销售钢材200.79万吨,同比增长18.50%和24.45%;实现主营业务收入475,653.69万元,同比增长49.44%;净利润32,142.64万元,同比增长100.61%。

主营业务收入、成本分项构成如下:(单位:人民币元)

项目	主营业务收入	主营业务成本	毛利率(%)
分行业			
钢铁行业	4,756,536,882.66	3,982,903,679.97	16.26
分产品			
普通线材	700,759,722.26	548,063,325.96	21.79
高速线材	1,037,019,099.42	844,796,928.52	18.54
圆钢	208,141,045.07	161,552,271.55	22.38
螺纹钢	1,988,507,870.32	1,717,653,943.00	13.62
其他规格	822,109,145.59	710,837,210.94	13.53
分地区			
疆内	2,774,108,478.16	2,198,836,844.96	20.74
疆外	1,982,428,404.50	1,784,066,835.01	10.01

项目	主营业务收入同比增减(%)	主营业务成本同比增减(%)	毛利率同比增减(%)
分行业			
钢铁行业	49.44	42.46	4.10
分产品			
普通线材	7.01	−2.96	8.04
高速线材	82.22	259.93	5.04
圆钢	−39.77	−43.75	5.49
螺纹钢	44.70	41.32	2.07
其他规格	53.12	43.98	5.49
分地区			
疆内	34.53	25.81	5.50
疆外	76.87	70.22	3.52

2、主要控股公司的经营情况及业绩

详见九、重要事项之(二)报告期内公司收购资产情况。

3、主要供应商、客户情况

前五名供应商合计采购金额为2,760,462,015.73元,占年度采购总额的84.06%;前五名客户销售额合计为774,461,537.68元,占公司年度销售总额的16.28%。

4、在经营中出现的问题与困难及解决方案

行业的高增长性促使市场竞争加剧,对公司产品的品种结构、技术质量、成本价格提出了更高要求;原材料涨价导致公司生产成本上升。为此,公司积极采取措施解决存在问题:

(1)优化工艺,加速调整产品结构。公司两次变更部分募集资金投向,投资板带系列工程项目,开发市场需要的板、带等高附加值产品,以丰富产品品种,满足不同层次的市场需求,增强公司的市场竞争力和抗风险能力。

(2)改善产品品种质量,扩大产能水平。公司根据市场需求,及时加大高速线材的生产和销售,相应减少普通线材的产量,提高热装热送率及一次成材率,降低成本费用,在市场中占据主动,以高质量、低成本、多品种的产品参与市场竞争。

(3)深化销售环节内部管理,采取灵活的销售方式开拓市场。公司在探索以代销为主、直销为辅"的销售模式下,争创效益。一、四季度,在疆内市场尚未启动之前,将大量资源发往疆外占领市场。进入销售旺季后,及时调配产品资源,优先保证疆内市场的销售,实现了全年销售钢材200万吨的目标。

5、报告期完成盈利预测情况

公司未对2003年盈利进行预测。

(三)报告期内公司投资情况

1、募集资金投资

(1)募集资金使用情况

公司2002年上市实际募集资金92,254.23万元,截止2003年12月31日已累计使用83,628.78万元,剩余资金8,625.45万元现存于募集资金专户。

(2)募集资金变更情况

根据市场对钢材需求的结构变化,公司2002年度股东大会审议通过了一届十二次董事会提交的《募集资金投向部分项目变更的议案》,将转炉炼钢厂烟气净化及煤气回收项目、小型材厂引进无头轧制EWR高新项目、公司信息化管理整合项目变更为冷轧钢板(带)车间工程和高精度冷轧不锈钢钢板(带)生产线工程。变更募集资金共计11,022.63万元,投入新项目9,906万元(公告详见2003年3月5日及4月23日的《上海证券报》、《证券时报》)。

由于募集资金总量存在缺口,公司2003年度第二次临时股东大会审议通过了二届三次董事会提交的《调整及变更部分募集资金用途的议案》,根据实际情况,调整部分募集资金项目拟投入金额;停建电炉炼钢厂70T电炉续建项目;将收购电炉炼钢厂项目节余的4,226.86万元,投资连续彩色涂层生产线工程项目,不足部分以自有资金解决(公告详见2003年11月26日及12月30日的《上海证券报》、《证券时报》)。

(3)募集资金项目投资情况

公司2003年实际使用募集资金9,510.84万元,累计投资83,628.78万元,完成募集资金投资计划的90.65%。具体情况见下表:

募集资金投资情况表　单位:万元

序号	项目名称	计划总投资 募集资金	自有资金	小计
1	收购电炉炼钢厂项目	52302.65	–	52302.65
2	注资控股新疆八钢高速线材有限责任公司	24393	–	24393
3	转炉炼钢厂烟气净化及煤气回收项目	3515	–	3515
4	公司信息化管理整合项目	3512.63	–	3512.63
5	小型材厂引进无头轧制EWR高新项目	3995	–	3995
6	电炉炼钢厂70t电炉续建项目	4982.09	–	4982.09
7	转炉炼钢厂1#连铸机高效化改造	1580	1000	2580
8	建设优钢精整线	1197.95	1065.60	2263.55
9	中型材轧钢厂节能改造	1758	700	2458
10	冷轧钢板(带)车间工程	4914	–	4914
11	高精度冷轧不锈钢钢板(带)生产线工程	4992	–	4992
12	连续彩色涂层生产线	4226.86	254.14	4481
13	补充流动资金	1116.63	–	1116.63
合计		–	3019.74	–

序号	项目名称	募集资金投资 2002年	2003年	累计	完成投资%
1	收购电炉炼钢厂项目	48075.79	–	48075.79	91.92%
2	注资控股新疆八钢高速线材有限责任公司	24393	–	24393	100%
3	转炉炼钢厂烟气净化及煤气回收项目	已变更			
4	公司信息化管理整合项目	已变更			
5	小型材厂引进无头轧制EWR高新项目	已变更			
6	电炉炼钢厂70t电炉续建项目	已变更			
7	转炉炼钢厂1#连铸机高效化改造	26.21	1206.79	1233	78.04%
8	建设优钢精整线	120.66	1077.29	1197.95	100%
9	中型材轧钢厂节能改造	1502.28	255.72	1758	100%
10	冷轧钢板(带)车间工程	–	4914	4914	100%
11	高精度冷轧不锈钢钢板(带)生产线工程	–	–	–	–
12	连续彩色涂层生产线	–	2057.04	2057.04	48.67%
13	补充流动资金	–	–	–	–
合计		74117.94	9510.84	83628.78	90.65%

(4)未变更项目实施情况

①2002年10月完成收购的电炉炼钢厂70吨超高功率直流电弧炉与公司小型连续式棒材轧机生产线相匹配,形成"电炉-炉外精炼-连铸-热轧"四位一体的超短流程生产线,提高了公司的年产钢水平,全年降低成本732.29万元。

②公司采用高线的热送热装和燃气步进梁式加热炉等先进技术装备,使全连续高速线材轧机与转炉炼钢厂生产设备配套,实现连铸坯热送一火成材,提高了公司年产材能力,全年实现内部利润744.58万元。

③转炉炼钢厂1#连铸机高效化改造项目已完工未决算,增加了公司的钢材产量,全年降低成本155.86万元。

④建设优钢精整线项目已完工未决算,实现了对优钢的进一步修磨,提高了产品的市场竞争力,不直接产生效益。

⑤中型材轧钢厂节能改造项目已完工未决算,降低了钢材加工环节的燃耗,全年降低成本270万元。

(5)变更后的项目实施情况

①冷轧钢板(带)车间工程项目:厂房主体已完成80%,并签订了设备定货及安装合同,预计2004年3月进入设备安装阶段,8月开始设备单体试车。该项目建成后预计每年将为公司带来新增利润2568万元。因本项目所涉及的板带整体工程相关公辅设施的后续建设,公司已经并将继续以自有资金进行追加投资。

②高精度冷轧不锈钢钢板(带)生产线工程:尚在设备和工艺考察阶段,该项目建成后预计每年将为公司带来新增利润6233.1万元。

③连续彩色涂层生产线:厂房主体已完成60%,目前结束了设备定货,进入安装招标阶段,预计2004年3月进入设备安装阶段,6月开始项目单体试车。该项目建成后预计年平均利润总额为1744万元。

④上述变更项目如在实施过程中发生募集资金不能满足项目需要的情况,公司将以自筹资金解决不足部分。

3、非募集资金投资情况

(1)在建工程投资

公司董事会一届十二次会议审议通过了2003年技改技措及安措计划,2003年计划总投资844.35万元,实际支出2,585.29万元,完成本年度投资计划的306.19%(具体情况详见十、财务报告之六、会计报表主要项目注释10.在建工程)。

主要非募集资金投资情况表　单位:万元

序号	项目名称	项目总投资	2003年计划投资	2003年实际投资	完成本年度投资计划%
1	转炉定径水口保护	134	134	143.33	106.96
2	3#拉矫机改型	117.7	117.7	107.36	91.21
3	电炉除尘系统改造	150	150	86.85	57.9
4	转炉连铸连续测温系统改造	115.05	115.05	8.4	7.3
	合计	516.75	516.75	345.94	66.95

序号	项目名称	工程进度及完工使用效益
1	转炉定径水口保护	已完工,将连铸中间包的使用寿命从12小时提高到24小时,降低连铸耐材成本1.2元/T。
2	3#拉矫机改型	已完工,有效地防止了结晶器液面的波动、改善了连铸坯的质量。
3	电炉除尘系统改造	已完成引风机叶轮改型、除尘布袋部份更换。
4	转炉连铸连续测温系统改造	已完工未决算,提高了连铸过程监控能力,降低测温成本1.5元/T。
	合计	

(2)证券投资

2003年7月25日,经公司第一届董事会第十四次会议审议通过,授权经理班子拥有3000万元以下(含本数)的资产处置或投资决策权限。2003年8月,经公司2003年第8次经理办公会研究决定,投资1000万元用于股票、基金等证券性投资。截止报告期末,公司收到基金红利5.88万元,计提短期投资跌价准备5.82万元。

(四)报告期内公司财务状况

1、主要财务指标变动情况

单位:万元

项目	2003年	2002年	本年比上年增减(%)
资产	332,074.69	302,763.42	9.68%
负债	134,325.79	126,902.52	5.85%
股东权益	197,748.91	173,903.38	13.71%
主营业务利润	74,629.05	37,699.85	97.96%
期间费用	33,868.18	20,007.07	69.28%
营业利润	42,207.71	18,675.37	126.01%
利润总额	38,652.44	18,588.83	107.93%
净利润	32,142.64	16,022.22	100.61%
经营活动产生的现金流量净额	113,389.66	18,248.37	521.37%
现金及现金等价物净增加额	32,503.61	22,955.48	41.59%

财务指标变动主要原因：

(1)总资产增加主要系销售货款回笼增加货币资金、客户使用银行承兑汇票结算货款增加应收票据、预付设备款及在建工程投资增加固定资产所致；股东权益增加系公司实施利润分配及本年盈利所致；负债增加为预收账款增加。

(2)主营业务利润增加主要因公司销售收入增加；净利润增加是由于生产规模扩大，产能水平提高所致。

(3)期间费用增加，其中营业费用同比增加70.19%，系公司加大销售钢材力度，导致销售包干费用及客户星级评定返利增加；管理费用同比增加153.73%，系计提工资及附加费、存货跌价准备、坏账准备所致；财务费用同比降低40.25%，系公司归还银行借款，减少了利息支出。

(4)经营活动产生的现金流量净额增加，系销售价格和数量上升提高了主营业务收入，并使预收账款大幅增加；同时，公司控制各项支出、加强应收账款回收、办理银行承兑汇票贴现也是主要因素。

(5)现金及现金等价物净增加，主要原因为公司经营活动产生收益增加了公司货币资金；投资活动净流量同比降低72.23%，是由于公司去年实施募集资金投资项目占比较大；筹资活动产生的现金流量为负，系公司归还银行借款、分配股利所致。

2、会计政策、会计估计变更的原因及影响

(1)为提高公司产品的竞争能力，增加技术改造资金，公司二届一次董事会审议通过了调整部分固定资产经济使用年限的议案。该项会计估计变更于2003年7月1日起实施，调整后公司整体固定资产综合折旧率提高为9.55%，固定资产使用年限的调整使公司2003年增加折旧额5,976.48万元。

(2)公司在报告期内完成了高线公司的整体收购，并将其纳入二级生产厂进行核算管理，期末无控股子公司，故本年度不再编制合并会计报表。

(五)、2004年度主要工作

全国和自治区经济发展总体形势显示2004年会继续保持宏观政策的连续性和稳定性，2004年自治区固定资产投资将达到1200亿元，同比增加200亿元，必然推动基础设施建设，拉动钢材消费量。但这些宏观因素在创造发展机遇的同时，也将加剧市场竞争。面对机遇和挑战，公司对主要工作进行了安排：

1、深化系统降成本工作，提高营运质量，强化全方位预算管理；

2、加快板带工程进度，力争实现新增销售收入；

3、推进销售体制改革，加大区内钢材市场销售力度；

4、加强资金管理，以实现资本市场直接融资为主要目标，通过多种渠道，确保公司资金需求。

(六)董事会日常工作情况

1、报告期内董事会会议情况和决议内容

报告期内公司董事会共召开六次会议。

(1)2002年3月2日，在乌鲁木齐市假日酒店召开第一届董事会第十二次会议，会议审议通过了2002年度《总经理工作报告》、《董事会工作报告》、《财务决算报告》、《利润分配预案及资本公积金转增股本》、《年度报告及摘要》、《内部审计工作报告》、《授权董事会资产处置和投资决策权限》、修改《公司章程》、《董事会下设战略与投资、审计、提名、薪酬与考核专门委员会》、《董事会专门委员会实施细则》、《担保决策制度》、《全面预算管理制度》、《公司与八钢集团及其所属企业关联交易》、《募集资金投向部分变更》、《召开2002年度股东大会》的议案。

(2)2003年4月22日，第一届董事会第十三次会议以通讯表决方式召开，全体董事审议通过了《公司2003年第一季度报告》。

(3)2003年7月25日，在公司三楼会议室召开第一届董事会第十四次会议，会议审议通过了《修改公司章程》、《累积投票制实施细则》、《投资决策制度》、《续聘年度财务审计机构及薪酬》、《授权公司经理班子资产处置和投资决策权限》、《核销部分应收账款坏账损失》、《修改公司与八钢集团部分关联交易合同有关条款》、《2003年半年度报告及摘要》、《第一届董事会工作报告》、《提名第二届董事会董事候选人》、《召开2003年度第一临时股东大会》的议案。

(4)2003年8月28日，在公司三楼会议室召开第二届董事会第一次会议，会议审议通过了《选举公司董事长》、《选举公司董事会四个专门委员会委员》、《聘任公司总经理》、《聘任公司董事会秘书》、《聘任公司证券事务代表》、《聘任公司副总经理等高级管理人员》、《公司组织机构设置方案》、《调整公司部分固定资产经济使用年限》的议案。

(5)2003年10月21日，第二届董事会第二次会议以通讯表决方式召开，全体董事审议通过了《公司2003年第三季度报告》。

(6)2003年11月24日，在公司三楼会议室召开第二届董事会第三次会议，会议审议通过了《公司2003年巡回检查整改报告》、《修改公司章程》、《修改总经理工作条例》、《修改公司担保决策制度》、《投资者关系管理制度》、《征集投票权实施细则》、《无形资产管理制度》、《资金管理制度》、《调整综合服务合同中铁水关联交易价格》、《公司与新疆天山焊接材料有限责任公司关联交易》、《公司与新疆八钢钢管有限责任公司关联交易》、《公司调整及变更部分募集资金用途》、《2003-2005年固定资产投资计划》、《公司独董薪酬》、《聘任公司总工程师》、《召开2003年度第二次临时股东大会》的议案。

2、董事会对报告期内股东大会决议执行情况

公司董事会在报告期内严格执行了股东大会通过的各项决议。

(1)规范运作，加强公司治理，根据中国证监会相关规定对公司各项内部管理制度进行了修订、补充和完善；

(2)按照《募集资金使用管理制度》规定和股东大会决定的募集资金用途进行专款专用；

(3)公司2002年度股东大会审议通过了2002年度利润分配方案。即以2002年年末总股本40,942.785万股为基数，每10股送2股并派发现金2元(含税)。共计分配利润163,771,140元。2003年5月21日，公司董事会发布利润分配实施公告，以2003年5月26日为股权登记日，5月27日为除息日，5月28日为新增可流通股份上市日，6月6日为社会公众股的红利发放日实施了该方案。

(七)本次利润分配及资本公积金转增股本预案

经天津五洲联合合伙会计师事务所审计，2003年公司实现利润总额386,524,420.88元，扣除所得税后净利润为321,426,419.55元，加上年初未分配利润199,277,474.51元，本年末实际可供分配的利润额为520,703,894.06元。按照《公司章程》的有关规定，公司提取10%法定公积金32,142,641.96元、提取5%法定公益金16,071,320.98元、提取10%任意公积金32,142,641.96元。

公司以2003年年末股本总数491,313,420股为基数，向全体股东每10股派发现金2元(含税)，分配利润98,262,684.00元。扣除转作股本的普通股股利81,885,570元，将剩余利润260,199,035.16元结转下一年度分配。

公司以2003年年末股本总数491,313,420股为基数，使用资本公积金向全体股东每10股转增2股。该转增方案实施后，公司总股本为589,576,104股，其中流通股股本187,200,000股。

以上预案已经第二届董事会第四次会议审议通过，需提交2003年股东大会审议。

(八)其他事项

1、注册会计师对公司控股股东及其他关联方占用资金情况的专项说明：

天津五洲联合合伙会计师事务所根据《通知》的要求，出具了五洲会字[2004]8-112号《关于新疆八一钢铁股份有限公司控股股东及其他关联方占用资金情况的专项说明》。注册会计师认为：截止2003年12月31日，除公司与控股股东及其控制的其他关联方发生的经营性往来外，公司不存在《通知》第一条第二款所述的控股股东及其他关联方占用公司资金事项，不存在为控股股东及其他关联方垫支工资、福利、保险、广告等期间费用及承担成本和其他支出的情况。

新疆八一钢铁股份有限公司关联方占用资金情况明细表　金额单位：人民币元

关联方名称	关联关系	占用原因	会计科目	期末余额
新疆八一钢铁集团有限责任公司	控股股东	货款未付	应付账款	98,353,853.41
新疆阿拉山口口岸工贸股份有限公司	受同一股东控制	货款未付	应付账款	29,609,229.60
新疆金业报废汽车回收(拆解)有限公司	受同一股东控制	货款未付	应付账款	11,554,518.50
南京联强冶金集团有限公司	公司股东	货款未付	应付账款	4,222,991.65
兰州新钢长河焊接材料有限公司	受同一股东控制	货款未付	应收账款	4,585,177.74
八钢自动化技术有限责任公司	受同一股东控制	付购货款	预付账款	1,863,870.00
新疆八钢冶金安装有限公司	受同一股东控制	付购货款	预付账款	1,152,175.09
新疆天山焊接材料有限责任公司	受同一股东控制	收购货款	预收账款	607,681.49
新疆八钢钢管有限责任公司	受同一股东控制	收购货款	预收账款	3,725,250.57

关联方名称	借方发生额	贷方发生额	期初余额
新疆八一钢铁集团有限责任公司	2,819,124,086.14	2,862,262,360.82	55,215,578.73
新疆阿拉山口口岸工贸股份有限公司	501,976,020.26	520,364,943.62	11,220,306.24
新疆金业报废汽车回收(拆解)有限公司	74,500,000.00	86,054,518.50	
南京联强冶金集团有限公司	1,813,296.41	6,036,288.06	
兰州新钢长河焊接材料有限公司	1,327,186.96	2,325,000.00	5,582,990.78
八钢自动化技术有限责任公司	1,534,230.00		329,640.00
新疆八钢冶金安装有限公司	19,667,915.45	18,515,740.36	
新疆天山焊接材料有限责任公司	30,491,747.61	34,484,633.09	-3,385,203.99
新疆八钢钢管有限责任公司	160,310,403.13	164,035,653.70	

2、独立董事对公司累计和当期对外担保情况的专项说明和独立意见：

公司独立董事认为：截止2003年12月31日，公司没有为控股股东及本公司持股50%以下的其他关联方、任何非法人单位或个人提供担保；未因对外担保事项受到监管部门的任何处罚、批评与谴责；公司已组织有关人员认真学习了中国证监会证监发[2003]56号文等相关文件，积极自查，形成《公司关于关联方占用上市公司资金及对外担保问题的自查报告》，于2003年10月17日提交中国证监会乌鲁木齐特派办。

3、公司选定的信息披露指定报刊为《上海证券报》、《证券时报》。

七、重要事项

(一) 本年度公司无重大诉讼、仲裁事项

(二) 报告期内公司收购资产情况

2002年10月，公司运用募集资金24,393万元对新疆八钢高速线材有限责任公司(以下简称"高线公司")实施控股后，成为其控股股东，持股比例92.42%。

为保证生产系统独立完整，减少关联交易。经2002年年度股东大会审议通过，公司决定以自有资金向八钢集团收购其余7.58%股权。转让价格以经审计后的高线公司2002年年末净资产为基数，按八钢集团持股比例计算为19,581,092.70元，占公司利润总额的5%。2003年4月，公司以现金方式支付股权收购款，拥有了高线公司100%股权。根据《股权转让协议》约定，高线公司1-4月盈利为公司带来投资收益241.92万元。

自2003年5月始，公司将其纳入下属分厂进行管理，并于2003年6月注销了高线公司营业执照。至报告期末，高线分厂的生产管理效果持续向好，不仅提前完成全年生产任务，而且合格率、成材率、热装率等各项工艺指标均已达到设计生产能力，5-12月实现内部利润502.66万元。

(三) 重大关联交易事项

1、公司收购控股股东八钢集团所持高线公司的7.58%股权(详见上文)。

2、公司参照市场价格水平，调整与八钢集团签订的《综合服务合同》中铁水的关联交易价格(详见2003年11月26日的《上海证券报》、《证券时报》)。此举符合公司的最大利益，保证了生产经营的稳定发展。

3、因钢材的生产和销售均集中在本公司，行业特点和公司现状导致公司原辅材料采购(主要是铁水及能源)依赖于八钢集团；而八钢集团及其下属公司生产和自用所需钢材亦需向本公司购买，故公司与八钢集团、其子公司及其控股公司之间存在重大关联交易。为降低关联交易金额，公司将以自有资金或再融资方式，选择合适时机收购控股股东的相关生产经营单位。

具体情况见十、财务报告之九、关联方关系及其关联交易。

(四) 重大合同及其履行情况

报告期内，公司各项业务合同履行正常，无纠纷发生。

1、2003年公司无占当年利润总额10%的托管、承包、租赁其他公司资产或其他公司托管、承包、租赁本公司资产的事项。

2、2003年公司未向任何企业和个人提供担保。

3、未有报告期内或报告期继续发生的委托他人进行现金资产管理事项。

(五) 控股股东八钢集团在公司成立时承诺事项在报告期内履行情况：

1、八钢集团依法行使拥有的股权，不利用控股股东的地位谋取不正当的特殊利益，不损害股份公司的合法权益。

2、在本公司生产经营范围内，八钢集团及其所属其他公司、部门将不增加生产项目相同或类似业务的投入，不发生同业竞争，不与本公司产生利益冲突。

3、八钢集团若违背承诺，公司有权要求赔偿并以市价或成本价中较低价收购。

报告期内，八钢集团未违反以上承诺。

(六) 聘请会计师事务所情况

天津五洲联合合伙会计师事务所是公司自成立至今聘请的会计师事务所，该所已连续四年为公司提供审计服务。会计师事务所的报酬由股东大会决定。经公司2003年度第一次临时股东大会审议决定：授权公司董事会具体处理2003年年度审计费用相关事宜。公司董事会决定：本年度应付天津五洲联合合伙会计师事务财务审计费用为50万元，专项审计费用5万元。为审计实际发生的交通、食宿等相关费用由事务所承担。公司独立董事对事务所的报酬一致表示同意。

(七) 报告期内公司、公司董事会及董事未有中国证监会稽查、中国证监会处罚、通报批评、证券交易所公开谴责的情形。

(八) 中国证监会武汉证券监管办公室于2003年9月17日至22日对公司进行了例行巡回检查，乌鲁木齐特派办于11月11日下发了《限期整改通知书》。公司董事会对此高度重视，及时向全体董事及高管人员做了传达并组织认真学习，对通知中提出的问题进行自查，制定了整改方案并执行落实(详见2003年11月26日的《上海证券报》、《证券时报》)。

八、备查文件目录

(一) 载有法定代表人、主管会计工作负责人、会计机构负责人签名并盖章的会计报表；

(二) 载有会计师事务所盖章、注册会计师签名并盖章的审计报告原件；

(三) 报告期内在《上海证券报》、《证券时报》上公开披露过的所有公司文件的正本及公告的原稿。

新疆八一钢铁股份有限公司

董事长：沈东新

二〇〇四年二月二十二日

北京用友软件股份有限公司

北京用友软件股份有限公司 2003 年年度报告

重要提示

本公司董事会及其董事保证本报告所载资料不存在任何虚假记载、误导性陈述或者重大遗漏，并对其内容的真实性、准确性和完整性承担个别及连带责任。

安永华明会计师事务所为本公司出具了标准无保留意见的审计报告。

公司负责人董事长王文京先生、主管会计工作负责人董事执行副总裁兼财务总监吴政平先生及会计机构负责人总会计师王仕平先生声明：保证年度报告中财务报告的真实、完整。

一、公司基本情况简介

(一)公司法定中文名称：北京用友软件股份有限公司
公司中文名称缩写：用友软件
公司法定英文名称：BEIJING UFSOFT CO., LTD.
公司英文名称缩写：UFSOFT
(二)公司法定代表人：王文京
(三)公司董事会秘书：欧阳青
公司证券事务代表：钱晓宁
联系地址：北京市海淀区上地信息产业基地开拓路 15 号
联系电话：(010)62986688
联系传真：(010)62987991
电子信箱：ir@ufsoft.com.cn
(四)公司注册地址：北京市海淀区上地信息产业基地开拓路 15 号
公司办公地址：北京市海淀区上地信息产业基地开拓路 15 号
邮政编码：100085
公司国际互联网网址：http://www.ufsoft.com
电子信箱：ir@ufsoft.com.cn
(五)公司选定的信息披露报纸名称：《上海证券报》
登载年度报告的中国证监会指定网站的网址：http://www.sse.com.cn
公司年度报告备置地点：公司董事会办公室
(六)公司股票上市交易所：上海证券交易所
股票简称：用友软件　　股票代码：600588
(七)其他有关资料
1、公司变更股份有限公司的注册登记日期：1999 年 12 月 06 日
2、注册登记地点：北京市工商行政管理局
3、企业法人营业执照注册号：1100001511925
4、税务登记号码：110108600001760
5、公司聘请的会计师事务所名称：安永华明会计师事务所
6、会计师事务所办公地址：北京市东城区东长安街 1 号东方广场东方经贸城东三办公楼 16 层

二、会计数据和业务数据摘要

(一)公司本年度主要会计数据(单位：人民币元)

项目	金额
利润总额	90,032,991
净利润	74,911,911
扣除非经常性损益后的净利润	77,505,983
主营业务利润	545,744,627
其他业务利润	338,338
营业利润	51,541,290
投资收益	−10,961,040
补贴收入	49,774,934
营业外收支净额	−322,193
经营活动产生的现金流量净额	104,531,526
现金及现金等价物净增加额	−46,858,248

扣除非经常性损益项目和涉及的金额(单位：人民币元)

项目	金额
营业外收入	237,811
营业外支出	−560,004
处置长期股权投资损失	−2,560,109
非经常性损益对所得税的影响	288,230
非经常性损益合计	−2,594,072

(二)公司前三年主要会计数据和财务指标(单位：人民币元)

项目	2003 年度	2002 年度注	2001 年度注
主营业务收入	601,572,932	488,215,150	333,483,187
净利润	74,911,911	91,605,983	70,400,601
总资产	1,282,611,512	1,218,117,870	1,167,865,248
股东权益(不含少数股东权益)	1,113,940,713	1,093,923,602	1,062,317,619
每股收益(元/股)	0.62	0.92	0.70
每股净资产(元/股)	9.28	10.94	10.62
调整后的每股净资产(元/股)	9.25	10.90	10.56
每股经营活动产生的现金流量净额(元/股)	0.87	0.84	1.03
净资产收益率	6.7%	8.4%	6.6%
扣除非经常性损益的净利润为基础计算的加权平均净资产收益率	7.1%	8.5%	9.4%

注：公司根据《企业会计准则--资产负债表日后事项》的规定，将资产负债表日后至财务报告批准报出日之间由董事会或类似机构所制定利润分配方案中与财务报告所属期间有关的现金股利的会计处理方式由"作为调整事项，计入资产负债表应付股利中"变更为"在资产负债表所有者权益中单独列示"，并采用追溯法调整了前两年的相关数据。

(三)报告期内股东权益变动情况(单位：人民币元)

项目	股本	资本公积	盈余公积	法定公益金
期初数	100,000,000	883,232,553	21,799,344	10,899,672
本期增加	20,000,000	5,105,200	7,491,191	3,745,596
本期减少	0	20,000,000	0	0
期末数	120,000,000	868,337,753	29,290,535	14,645,268
变动原	因因按照 2002 年度资本公积金转增股本议案，实施了向全体股东每 10 股转增 2 股所致	因按照 2002 年度资本公积金转增股本议案，实施了向全体股东每 10 股转增 2 股导致本期减少；因收到北京市高新技术成果转化中心的专项拨款与将北京科委的科技项目经费中购置资产部分转入资本公积而导致增加。	因按照本年度利润分配议案，提取 10%法定盈余公积金所致	因按照本年度利润分配议案，提取 5%法定公益金所致

项目	未分配利润	拟派发的现金股利	股东权益合计
期初数	17,992,033	60,000,000	1,093,923,602
本期增加	74,911,911	45,000,000	156,253,898
本期减少	56,236,787	60,000,000	136,236,787
期末数	36,667,157	45,000,000	1,113,940,713
变动原	因按照本年度利润分配议案，提取 10%法定盈余公积金，5%法定公益金，拟派发人民币 45,000,000 元现金股利所致	因按照 2002 年度利润分配议案派发现金股利，与按照本年度利润分配议案拟派发人民币 45,000,000 元现金股利所致。	

三、股本变动及股东情况

(一)股本变动情况

1、公司股份变动情况表(单位：股)

	本次变动前	本次变动增减(+,--)		
		配股	送股	公积金转股
一、未上市流通股份				
1、发起人股份				
其中：				
国家持有股份				
境内法人持有股份	75,000,000			15,000,000
境外法人持有股份				
其他				
2、募集法人股份				
3、内部职工股				
4、优先股或其他				
未上市流通股份合计	75,000,000			15,000,000
二、已上市流通股份				
1、人民币普通股	25,000,000			5,000,000
2、境内上市的外资股				
3、境外上市的外资股				
4、其他				
已上市流通股份合计	25,000,000			5,000,000
三、股份总数	100,000,000			20,000,000

(二)股东情况

1、股东总数情况

截至报告期末，公司股东总数为 19,663 户。

2、报告期内公司前十名股东持股情况

股东名称(全称)	年度内增减	年末持股数量	比例(%)
北京用友科技有限公司	+3,750,000	45,000,000	37.5
上海用友科技咨询有限公司	+11,250,000	22,500,000	18.75
北京用友企业管理研究所有限公司	−2,250,000	9,000,000	7.5
上海益倍管理咨询有限公司	+1,500,000	9,000,000	7.5
上海优富信息咨询有限公司	+750,000	4,500,000	3.75
中国建设银行--博时裕富证券投资基金	−	194,030	0.162
交通银行--湘财合丰价值优化型成长类行业基金	−	145,000	0.121
钱林平	+17,640	105,840	0.088
王好珍	−	89,328	0.074
刘婷婷	−	83,140	0.069

股东名称(全称)	股份类别	质押或冻结的股份数量	股东性质
北京用友科技有限公司	未流通	无	法人股
上海用友科技咨询有限公司	未流通	无	法人股
北京用友企业管理研究所有限公司	未流通	无	法人股
上海益倍管理咨询有限公司	未流通	无	法人股
上海优富信息咨询有限公司	未流通	无	法人股
中国建设银行--博时裕富证券投资基金	已流通	不清楚	流通股
交通银行--湘财合丰价值优化型成长类行业基金	已流通	不清楚	流通股
钱林平	已流通	不清楚	流通股
王好珍	已流通	不清楚	流通股
刘婷婷	已流通	不清楚	流通股

前十名股东关联关系或一致行动的说明	前三位发起人社会法人股东之间因受相同控股股东控制而存在关联关系，第四与第五位发起人社会法人股东之间因受不同控股股东控制而不存在关联关系，与前三位股东之间因受不同控股股东控制也不存在关联关系。发起人社会法人股东与流通股股东不存在关联关系，本公司不了解流通股股东之间是否存在关联关系。

5、报告期内公司前十名流通股股东情况

股东名称(全称)	年末持有流通股的数量	种类(A、B、H 股或其它)
中国建设银行--博时裕富证券投资基金	94,030	A 股
交通银行--湘财合丰价值优化型成长类行业基金	145,000	A 股
钱林平	105,840	A 股
王好珍	89,328	A 股
刘婷婷	83,140	A 股
中国工商银行--华安上证180 指数增强型证券投资基金	77,436	A 股
于文英	70,780	A 股
黄红娥	67,320	A 股
中国银行--天同 180 指数证券投资基金	66,390	A 股
陈冬根	60,000	A 股

前十名流通股股东关联关系的说明：本公司不了解流通股股东之间是否存在关联关系。

四、董事、监事、高级管理人员和员工情况

(一)董事、监事和高级管理人员情况

1、基本情况

姓名	职务	性别	年龄	任期起止日期	年初持股数	年末持股数	变动原因
王文京	董事长	男	39	2003/01/15	0	0	无
郭新平	副董事长	男	40	2003/01/15	0	0	无
	董事			2003/01/15	0	0	无
吴政平	执行副总裁	男	39	2003/01/15	0	0	无
	财务总监			2003/01/15	0	0	无
邵凯	董事	男	39	2003/01/15	0	0	无
	董事			2003/01/15	0	0	无
何经华	总裁	男	48	2003/01/15	0	0	无
苏启强	独立董事	男	42	2003/01/15	0	0	无
杨元庆	独立董事	男	39	2003/01/15	0	0	无
吴晓球	独立董事	男	45	2003/01/15	0	0	无
曾之杰	独立董事	男	36	2003/01/15	0	0	无
杨祉雄	监事会召集人	男	38	2003/01/15	300	300	无
彭六三	监事	男	41	2003/01/15	300	300	无
乔海	监事	男	33	2003/01/15	0	0	无
高少义	副总裁	男	42	2003/01/15	300	300	无
章培林	副总裁	男	40	2003/01/15	0	0	无
章珂	副总裁	男	37	2003/01/15	0	0	无
郭延生	副总裁	男	37	2003/01/15	0	0	无
吴晓冬	副总裁	男	36	2003/01/15	0	0	无
李友	副总裁	男	40	2003/01/15	0	0	无
张京	副总裁	男	47	2003/01/15	0	0	无
卢刚	副总裁	男	42	2003/01/15	0	0	无
欧阳青	董事会秘书	男	38	2003/05/20	0	0	无

2、年度报酬情况

(1)董事、监事和高级管理人员报酬的决策程序、报酬确定依据。公司对董事、监事和高级管理人员主要实行年薪和绩效奖金制，其报酬的确定依据主要是年度绩效考评结果、可比企业高级管理人员报酬行情和公司年度业绩。决策程序主要包括：

①公司董事会按年度对公司董事、监事和高级管理人员的业绩和履行职责情况进行考评和进行可比企业高级管理人员报酬调查。

②公司董事会根据绩效考评结果和报酬调查结果，确定有竞争力的年薪报酬。

③公司董事、监事和高级管理人员奖金报酬与公司经营业绩结果直接挂钩。公司董事会每年年初审定批准公司年度经营计划和业绩目标，并根据年度业绩目标的一定比例确定公司董事、监事和高级管理人员的年度奖金报酬。年度结束后根据实际业绩结果，核定批准公司董事、监事和高级管理人员的奖金数。

④独立董事实行年度津贴制，由公司董事会确定年度津贴标准议案，报经股东大会批准执行。

(2)公司董事、监事和高级管理人员的年度报酬总额为 12,205,459 元，金额最高的前三名董事的报酬总额为 5,014,108 元，金额最高的前三名高级管理人员报酬总额为 4,884,703 元。独立董事年度津贴均为 60,000 元人民币，无其他待遇。

(3) 公司董事、监事和高级管理人员年度报酬在 1,000,000 元以上的 1 人，在 1,000,000 元至 500,000 元之间的 10 人，在 500,000 元以下的 6 人。

(4)公司没有不在公司领取报酬、津贴的董事和监事，公司董事、监事不在股东单位或其他关联单位领取报酬、津贴。

3、报告期内董事、监事和高级管理人员变动情况及原因

(1)离任情况

①公司原董事会秘书章珂先生于 2003 年 5 月辞去公司董事会秘书职务。

上述事项公告刊登于 2003 年 5 月 21 日《上海证券报》。

②公司原副总裁张京先生因个人原因于 2003 年 9 月辞去公司副总裁职务。

(2)聘任情况

①公司于 2003 年 1 月 15 日召开公司 2003 年第一次临时股东大会，以累积投票的方式选举王文京先生、郭新平先生、吴政平先生、邵凯先生、何经华先生为公司董事，选举苏启强先生、杨元庆先生、吴晓球先生和曾之杰先生为公司独立董事，共同组成公司第二届董事会。

②公司于 2003 年 1 月 15 日召开公司 2003 年第一次临时股东大会，选举杨祉雄先生和彭六三先生为公司监事，与职工代表监事乔海先生共同组成公司第二届监事会。

③公司于 2003 年 1 月 15 日召开公司第二届董事会 2003 年第一次会议，选举王文京先生为公司董事长，郭新平先生为公司副董事长，聘任章珂先生为公司董事会秘书，聘任何经华先生为公司总裁，聘任吴政平先生为公司执行副总裁兼财务总监，聘任高少义先生、李友先生、章培林先生、章珂先生、郭延生先生、张京先生、吴晓冬先生及卢刚先生为公司副总裁。

④公司于 2003 年 1 月 15 日召开公司第二届监事会 2003 年第一次会议，选举杨祉雄先生为公司第二届监事会召集人。

上述①-④事项公告刊登于 2003 年 1 月 16 日《上海证券报》。

⑤公司于 2003 年 5 月 20 日召开公司第二届董事会 2003 年第五次会议，由于公司原董事会秘书章珂先生辞去公司董事会秘书职务，公司聘任欧阳青先生为公司董事会秘书。

上述事项公告刊登于 2003 年 5 月 21 日《上海证券报》。

五、公司治理结构

(一)公司治理情况

报告期内，公司为了建立和完善现代企业制度，根据《公司法》、《证券法》及其它相关法律、法规规定、《公司章程》及其它有关规章制度，公司进一步完善了公司治理结构。

2003 年 6 月，为了进一步完善公司治理结构，公司发起人股东上海用友科技咨询有限公司与北京用友科技有限公司、北京用友企业管理研究所有限公司在北京市签署了《股份受让协议书》，北京用友科技有限公司和北京用友企业管理研究所有限公司拟将其各自持有的本公司 375 万股，合计 750 万股的股份(占公司已发行股份总数的 7.5%)转让给上海用友科技咨询有限公司。股份转让完成后，上海用友科技咨询有限公司将持有本公司股份 1,875 万股，占本公司总股本的 18.75%，成为公司第二大股东；北京用友科技有限公司将持有本公司股份 3,750 万股，占本公司总股本的 37.5%，仍为公司第一大股东；北京用友企业管理研究所有限公司将持有本公司股份 750 万股，占本公司总股本的 7.5%，成为公司并列第三大股东。同时，公司发起人北京用友科技有限公司、北京用友企业管理研究所有限公司、上海用友科技咨询有限公司、上海益倍管理咨询有限公司、上海优富信息咨询有限公司的股东的股权结构发生变动。股份转让和公司发起人股东股权结构变动后，王文京先生不再担任上海益倍管理咨询有限公司、上海优富信息咨询有限公司的执行董事，仍为公司的实际控制人。上述事项公告刊登于 2003 年 6 月 18 日《上海证券报》。

2003 年 9 月，为了进一步加强公司与投资者之间的信息沟通，加深投资者对公司的了解和认同，促进公司与投资者之间建立长期、稳定的良性关系，提升公司诚信度、核心竞争能力和持续发展能力，实现公司价值最大化和股东利益最大化，切实保护投资者利益，公司董事会制定了《北京用友软件股份有限公司投资者关系管理制度》；同时，为了进一步完善公司信息披露制度，规范公司信息归集、披露及保密工作，在确保公司信息披露内容真实、准确、完整的基础上，做到充分、及时、公正、公平地披露公司信息，公司董事会修订了《北京用友软件股份有限公司信息归集与披露制度》。

2003 年 11 月，公司召开的公司 2003 年第二次临时股东大会审议通过了公司《章程修正案二》。《章程修正案二》主要增加和修改了公司总股本及结构、投资者关系、信息披露和公司与关联方资金往来及对外担保行为等条款。在公司《章程修正案二》中，公司严格按照证监发[2003]56 号文件的要求，进一步完善了公司与关联方资金往来及对外担保行为，增加了"公司控股股东及其他关联方与公司发生经营性资金往来，应当严格限制占用公司资金"、"公司不得以下列方式将资金直接或间接地提供给公司控股股东及其他关联方使用"和"董事会应当确定其运用公司资产所作出的风险投资(包括收购、出售、兼并资产)、年度借款总额、资产抵押及其他担保的权限，建立严格的审查和决策程序，完善公司担保信用体系；重大投资项目应当组织有关专家、专业人员进行评审，并报股东大会批准。"等条款，切实保护投资者合法权益。上述事项公告刊登于 2003 年 11 月 29 日《上海证券报》。

2003 年 11 月，中国证监会北京证券监管办事处根据中国证监会的统一部署，依照《上市公司检查办法》(证监发[2001]46 号)的规定，对公司进行了巡回检查。公司在公司治理、内部控制、对外投资、信息披露及财务管理和会计核算方面基本规范。

目前，公司已经按照《中华人民共和国公司法》、《中华人民共和国证券法》和《上市公司治理准则》等法律法规的规定建立起了较为完善的治理结构。公司的运作与管理与中国证监会发布的有关规范性文件不存在差异。

今后，公司将进一步完善公司治理结构，健全内部控制制度，控制对外投资风险，加强募集资金管理，规范会计核算，提高公司经营能力和管理水平。

(二)独立董事履行职责情况

公司于 2003 年 1 月 15 日召开的公司 2003 年第一次临时股东大会对公司董事会进行换届选举，公司第二届董事会成员九人，其中董事五人，独立董事四人，独立董事占董事会成员三分之一以上，符合中国证监会发布的《关于在上市公司建立独立董事制度的指导意见》的要求。

报告期内，公司独立董事本着为全体股东负责的态度，按照《中华人民共和国公司法》、《中华人民共和国证券法》和《上市公司治理准则》等法律法规的要求，履行诚信和勤勉的义务，维护公司整体利益和全体股东、尤其是中小股东的合法利益不受侵犯。独立董事通过参加董事会会议及作为董事会各专门委员会的成员，参与公司的决策议案审议，并对关联交易事项发表独立意见，为董事会科学决策提供建设性意见。

公司独立董事出席了报告期内公司召开的历次董事会会议。在参加上述会议的过程中，独立董事积极发表独立意见，对公司决策的科学性、合理性起到了重要作用。

公司将进一步加强董事会各专门委员会工作，充分发挥独立董事的作用。

(三)公司控股股东与公司的关系

公司的控股股东是北京用友科技有限公司。该控股股东行为规范，没有超越股东大会直接或通过其他途径间接干预公司的决策和经营活动；公司与控股股东在人员、资产、财务、机构和业务方面做到了"五分开"，公司董事会、监事会和经营管理层能够独立运作。

1、业务：公司独立从事业务经营，对控股股东及其关联企业不存在依赖关系。公司拥有独立的采购和产品的开发生产、销售系统，产品的生产、销售不依赖于控股股东及其关联企业。公司拥有独立的商标权、专利权、著作权等知识产权和独立的技术开发队伍，业务发展不依赖和受制于控股股东和任何其他关联企业。

2、人员：公司的高级管理人员均专职在本公司工作并领薪，不在控股股东及其关联企业兼任除董事之外的其他职务；公司的劳动、人事及工资管理完全独立；控股股东推荐董事和经理人员均通过法定程序进行。

3、资产：公司拥有独立于控股股东的生产经营场所及相关配套设施，拥有独立于他人的房屋所有权、土地使用权、工业产权和非专利技术等有形和无形资产。

4、机构：公司与控股股东及其关联企业的办公机构和生产经营场所分开，不存在混合经营、合署办公的情况；公司的相应部门与控股股东及其关联企业的内设机构之间没有上下级关系。

5、财务：公司设置了独立的财务会计部门，并建立了独立的会计核算体系和财务管理制度；公司独立作出财务决策，不存在控股股东干预公司资金使用的情况；公司在银行独立开户，依法独立纳税。

(四)关于高级管理人员绩效评价与激励约束机制

公司目前对经理人员的聘任公开、透明，符合法律法规的规定；公司目前实施的高级管理人员的绩效评价制度是，公司董事会按年度对公司高级管理人员的业绩和履行职责情况进行考评，并根据考评结果决定下一年度的年薪定级、岗位安排直至聘用与否。公司对高级管理人员实行与公司年度经营业绩挂钩的绩效奖金制。部分高级管理人员已通过在公司的股东单位持股间接拥有公司部分股权。

六、董事会报告

(一)对财务报告等情况的讨论与分析

1、报告期内公司的经营状况良好，主营业务收入比 2002 年度增长 23%，主要来自于公司软件与服务业务收入的增长，同比增长 25%，占主营业务收入的比重也由 2002 年的 95%进一步提高到 97%。技术服务与培训收入的同比增长率达 63%，则显示出公司由软件产品提供商向解决方案提供商的战略转型已显现成效。

2、报告期内公司的净利润比 2002 年度有所下降，其原因主要有：(1)公司通过收购安易公司、成立用友工程公司拓展了电子政务、软件外包两项新软件业务，这些业务在报告期内尚处于投入阶段，对报告期的经营业绩有一定影响；(2)2003 年度公司的经营战略以能力建设为中心，实施产品、售前、实施、渠道、人才五大工程，增加了总体业务投入。产品研发费用占公司业务收入的比重由 2002 年的 12%提高到 2003 年的 15%。在人才引进、员工能力提升、薪酬激励体系改进方面增加了较大的投入；(3)报告期内公司管理层继续遵循稳健原则并以更加谨慎的标准对公司的各项投资进行核算与评价，共计提了 896 万元的长期投资减值准备；(4)2003 年的 SARS 疫情，由于公司地处疫情发生的主要地区，对公司报告期的收入与利润均产生了一定影响。

3、报告期内公司经营活动产生的现金流量净额稳定增长，主要原因是公司采用稳健的应收款

控制制度,使经营活动有关的现金保持良性循环。

4、报告期末本公司资产负债结构良好,货币资金占总资产的60%,其他流动资产可变现性强,不存在重大不良资产。

(二)公司经营情况

1、公司主营业务范围和经营状况

(1)公司经营范围

电子计算机软件、硬件及外部设备的技术开发、技术咨询、技术转让、技术服务;企业管理咨询;数据库服务;销售电子计算机软硬件及外部设备。

(2)公司经营状况

2003年是公司执行"全面升级、扩张发展"三年战略的最后一年,为了使公司业务转型完成,公司提出了五大工程和矩阵式管理的总体业务策略。2003年,公司围绕工作中心精心策划,认真部署,克服困难,积极开展各项工作,在产品研发、销售与营销和服务等业务领域继续取得了较大突破,各项业务能力和管理水平得到提升。公司继续保持了在中国ERP软件市场、中国管理软件市场、中国财务软件市场占有率第一的地位,并且市场份额有所提高。在此基础上,公司实现了公司三年战略目标,完成了从财务软件向管理软件的业务转型。此外,公司扩展了电子政务、软件外包等新业务。

报告期内,中国计算机用户协会对全国百万计算机用户进行了长期调查和严格评选,用友公司被评为"中国管理软件产品唯一首选品牌";公司两项产品入选"863计划",成为中国新一代ERP软件研究开发及应用项目和以ERP为核心的企业应用集成平台及集成构件的开发与应用项目的研发承担单位;2003年6月,公司联合全球ERP首倡者Gartner公司(Gartner Group),在中国首次发布了RTE(Real TimeEnterprise)理念,掀起了中国企业信息化向"实时企业"发展的新浪潮。中国IT市场2003年度年会授予了用友政务公司"2003年中国电子政务市场年度成长最快企业"。报告期内,用友工程公司向国家科技部申报了"中国软件欧美出口工程"试点企业(软件外包型A类)认证项目(截止报告编制日已获认证)。

报告期内,公司实现主营业务收入601,572,932元人民币(其中扣除主营业务税金及附加的主营业务收入588,163,615元人民币),主营业务利润545,744,627元人民币,同比分别增长了23%和24%。税后利润74,911,911元人民币,同比下降18%。扣除主营业务税金及附加的公司主营业务收入和主营业务利润按行业、产品、地区构成情况如下:

①按行业划分

		2003年度主营业务收入
行业	金额(元)	比例
软件行业	588,163,615	100%
合计	588,163,615	100%

		2003年度主营业务利润
行业	金额(元)	比例
软件行业	545,744,627	100%
合计	545,744,627	100%

②按产品划分

		2003年度主营业务收入
产品或服务项目	金额(元)	比例
软件销售	467,344,105	79.5%
技术服务及培训	100,665,673	17.1%
软件配套用品销售	20,153,837	3.4%
合计	588,163,615	100%

		2003年度主营业务利润
产品或服务项目	金额(元)	比例
软件销售	453,628,871	83.1%
技术服务及培训	85,083,440	15.6%
软件配套用品销售	7,032,316	1.3%
合计	545,744,627	100%

③按地区划分

		2003年度主营业务收入	
地区	金额(元)	比例	年度增长率
北方区	215,103,007	36.6%	50.2%
华东区	179,751,947	30.6%	13.9%
中南区	132,766,412	22.6%	14.8%
西部区	60,542,249	10.2%	-1.5%
合计	588,163,615	100%	23.0%

		2003年度主营业务利润
地区	金额(元)	比例
北方区	190,531,741	34.9%
华东区	172,692,618	31.6%
中南区	124,670,562	22.8%
西部区	57,849,706	10.6%
合计	545,744,627	100%

(3)公司生产经营的主要产品或提供服务及其市场占有率情况

①产品发展情况

报告期内,公司继续加强了产品开发,进一步加强了产品发展规划和产品整合,优化了开发组织。报告期内,公司发布了用友ERP-NCv2.20、用友ERP-NCv2.30、用友ERP-U8Mv851、用友ERP-U8v8.51、用友CRMv2.1、用友ERP-网络分销v2.8X专版、用友ERP/e-HR for NCv2.20、用友ERP/e-HRv230、用友ERP/e-HR forNCv2.20SP2、用友ERP/e-HR for NCv2.30、用友财务通(基础版)等管理软件产品和解决方案,用友GRP、用友CELL、用友营销通等管理软件产品研发、定制软件开发服务、EAM解决方案进展顺利。公司产品线和解决方案进一步丰富,产品体系取得了重大发展。公司在持续加强研发投入的基础上,逐步形成了中国最为丰富的具有自主知识产权的管理软件产品体系。公司继续推进与微软等国际国内公司的合作,并取得了新的合作成果。

②销售与营销发展情况

报告期内,公司进一步加强了渠道和合作伙伴的发展、支持和管理。成立了渠道伙伴发展部,出台了一系列渠道政策和管理办法,通过授权和能力认证,实现渠道布局规划,强化和规范了渠道管理。公司积极开展了合作伙伴业务,分别与Sunguard、Hyperion、Microstrategy、中关村科技软件和腾讯科技等公司签订了产品、系统集成和咨询管理等项业务的伙伴协议,同时发展了区域合作伙伴。报告期内,公司还顺利地完成了对原北京安易软件有限责任公司销售渠道成员的整合。

报告期内,公司加强了售前顾问团队,加强了总部和大区的方案中心;整理形成了系列解决方案,建立了方案知识库,方案营销能力加强。同时制定并实施售前顾问培训计划,使售前顾问具备了方案支持能力,进一步增强了公司产品售前顾问队伍能力。

③服务发展情况

报告期内,公司在全国范围内进一步加强了实施顾问队伍的建设,以产品和实施与项目管理为中心开展大面积顾问培训、轮训,推行顾问认证制度,提高了产品的实施与交付能力;加强了实施方法论的研究推广和各项服务业务的垂直管理力度,促进了公司咨询实施和整个服务业务继续增长。同时,用友ERP软件社会教育培训工作也取得了明显进展。2003年,公司服务业务总收入首次突破亿元。

④占主营业务收入(已扣除主营业务税金及附加)或主营业务利润总额10%以上的主要产品及服务销售情况

(单位:人民币元)

产品及服务名称	销售收入	占主营业务收入比例	产品销售成本	毛利率
ERP软件	414,223,642	70.4%	10,940,668	97.4%
技术服务及培训	100,665,673	17.1%	15,582,233	84.5%

⑤主要产品的市场占有率情况

报告期内,公司业务不断增长,主要产品市场份额继续扩大,公司在2003年进一步巩固了国内业界领导厂商的地位。根据中国电子信息产业发展研究院(CCID)发布的"2003年度中国管理软件市场研究年度报告",公司在中国ERP软件领域的市场占有率为21.7%,继续是中国市场占有率最高的ERP软件厂商;公司在中国管理软件市场的市场占有率为17.6%,继续是中国市场占有率最高的管理软件厂商;公司在中国财务管理软件市场的市场占有率为26.4%,继续是中国市场占有率最高的财务软件厂商。

(三)报告期内投资情况

1、募集资金使用情况

(1)公司在报告期内使用募集资金投资项目的具体情况如下:(单位:人民币百万元)

募集资金总额 887.5 本年度已使用募集资金总额 247.23

已累计使用募集资金总额 790.33

承诺项目	拟投入金额	是否变更项目	实际投入金额注1	产生收益金额注2	是否符合计划进度和预计收益
用友企业级财务软件8.20版	28	否	28	26.5	基本符合
用友企业级财务软件9.0版	30	否	30	18.57	基本符合
用友企业级财务软件10.0版	29	否	29	13.16	基本符合
用友B/S版企业管理软件1.0版	30	否	30	9.53	基本符合
用友B/S版企业管理软件2.0版	29.5	否	29.5	1.45	基本符合
用友B/S版企业管理软件3.0版	29	否	25.87	-16.88	基本符合
用友大型企业客户关系管理系统	30	否	30	-0.14	基本符合
用友财经报表软件	30	否	30	-0.86	基本符合
用友管理软件通用接口软件	28	否	28	17.27	基本符合
用友网上结算系统	27	否	27	0.49	基本符合
用友决策支持--管理驾驶窗软件	30	否	30	3.58	基本符合
行业(金融、电信、外贸)财务及业务管理应用系统	30	否	30	16.50	基本符合
行业(医药)财务及业务管理应用系统	22	否	22	4.74	基本符合
行业(传媒、出版、图书)财务及业务管理应用系统	30	否	30	0.60	基本符合
行业(零售、批发)财务及业务管理应用系统	23	否	23	9.74	基本符合
行业(运输、电力)财务及业务管理应用系统	20	否	20	9.92	基本符合
行业(机械)财务及业务管理应用系统	27	否	27	5.44	基本符合
行业(石油)财务及业务管理应用系统	23	否	23	6.52	基本符合
行业(服务)财务及业务管理应用系统	28	否	28	14.49	基本符合
用友普及型财务软件2.0版	30	否	30	21.69	基本符合
用友普及型财务软件3.0版	29.5	否	29.5	10.10	基本符合
用友普及型财务软件4.0版	29	否	29	-12.13	基本符合
中小企业电子商务应用系统	30	否	29.91	9.91	基本符合
用友内当家商务软件3.0版	30	否	27.25	1.04	基本符合
用友"内当家"商务软件4.0版	30	否	10.8	10.42	基本符合
用友软件发展研究中心	30	否	30	-	基本符合
在北京外购用友软件发展研究基地	29	否	-	-	不符合
在上海外购华东地区客户服务中心办公场地	22	否	-	-	不符合
在广州外购华南地区客户服务中心办公场地	21	否	-	-	不符合
其他	83.5	-	83.5	-	基本符合
合计	887.5	-	790.33	181.65	-

未达到计划进度和收益的说明:

注1、此列"-"表示公司外购发展研究基地及客户服务中心办公场地项目尚未启动。主要原因是由于公司上市以来,项目所在城市的房产价格较高,强行投资可能难以避免投资风险。公司目前在上海、广州的客户服务中心继续采用租用方式。公司会选择较为恰当的时机进行上述项目的投资,以维护公司全体股东的利益。

注2、产生收益金额为公司募集资金投资项目所产生的累计收益金额,包括已完成投资的募集资金项目的收益金额和未完成投资但已产生收益的募集资金项目的收益金额。

注:报告期内,实际投资金额主要用于项目的研究开发、相关软件产品收购及相关项目推广应用,具体情况如下:

①根据公司及子公司深圳市用友科技实业有限公司、北京电子办公软件技术有限公司(已于2003年2月21日更名为"北京用友安易软件技术有限公司",以下简称"用友安易")于2002年12月27日与北京安易软件有限责任公司(以下简称"安易公司")、财政部财政科学研究所、北京金山峰软件有限公司及严绍业先生签署的《投融资及股权转让合作框架协议》及附件,报告期内公司共投入人民币42,600,000元资金与相关协议方共同增资用友安易并由公司及用友安易受让安易公司业务及资产,并完成了对安易公司的整合。根据公司与严绍业先生于2003年1月1日签订的《股权转让协议》,公司以人民币17,600,000元收购严绍业先生持有的用友安易18%的股权。2003年12月22日,用友安易更名为北京用友政务软件有限公司。截至2003年12月31日,公司已向严绍业先生支付收购款计人民币17,600,000元,用友安易增资及股权转让的工商变更登记手续已经办理完成,变更登记后的用友安易注册资本为人民币26,700,000元,公司、财政部财政科学研究所、北京金山峰软件有限公司分别持有用友安易68%、21.5%及10.5%的股权。该项目属于其他募集资金投资项目中的投资项目。

②公司及其子公司深圳市用友科技实业有限公司于2003年1月1日与丘创先生及北京轩洋智业技术有限公司签订股权转让协议,公司以人民币1,352,700元的价格受让丘创持有的北京用友通宝财务分析技术有限公司(以下简称"用友通宝")27%的股份,上述股权转让金于2005年12月31日前分四次支付完毕。鉴于股权转让金支付周期较长,公司同意另行支付人民币90,000元作为补偿。同时,深圳市用友科技实业有限公司以人民币250,300元受让北京轩洋置业技术有限公司持有的用友通宝5%的股份。2003年3月4日,用友通宝已办理完毕上述股权转让事项的工商变更登记手续。完成上述股权转让后,公司持有用友通宝95%的股份。公司增持用友通宝的股份将有利于公司产品线的整合。鉴于用友通宝的主要人员、产品及技术已经整合到公司,用友通宝股东会通过将公司进行注销的决议,同时发布注销公告,2003年7月24日,经北京市工商行政管理局海淀分局核定,用友通宝公司予以注销。该项目属于用友决策支持-管理驾驶窗软件募集资金投资项目。

③根据公司于2002年8月26日与深圳市硕旺信息技术开发有限公司(现已更名为"深圳市硕旺管理咨询有限公司",以下简称"硕旺公司")签订的软件著作权转让合同,公司需向硕旺公司支付软件产品转让费人民币7,750,000元。报告期内,公司依据合同向硕旺公司支付了全部剩余软件产品转让费人民币4,000,000元,截至报告期末,公司已完成向硕旺公司支付全部软件产品转让费共计人民币7,750,000元。该项目属于用友B/S版企业管理软件3.0版募集资金投资项目。

④公司于2003年5月20日与佛山市南正天软件有限公司签订资产与业务转让协议,公司以人民币2,658,615元购买佛山市南正天软件有限公司固定资产、低值易耗品等资产及相关业务。截至报告期末,上述资产与业务购买款项已全部支付完毕。该项目属于其他募集资金投资项目中的投资项目。

⑤用友软件(香港)有限公司(以下简称"香港用友")于 2003 年 6 月 27 日在香港注册成立,该公司授权资本为 10,000 港元(每股面值 1 港元,共计 10,000 股),于成立之日发行 2 股,经营范围为法律许可的,包括但不限于香港地区用友软件的销售与服务。公司在英属维尔京群岛设立的全资子公司 UF INTERNATIONALHOLDINGS.,LTD.和王仕平先生分别于 2003 年 6 月 27 日认购了香港用友对外发行的各 1 股股份,每股价格 1 港元。

2003 年 9 月 1 日,王仕平先生签署委托声明,其受 UF INTERNATIONALHOLDINGS.,LTD.委托持有香港用友 1 股股份,王仕平先生承诺与该股份相关的任何所得利息、股权收益以及任何其他形式的所得均属于 UF INTERNATIONALHOLDINGS.,LTD.。该项目属于其他募集资金投资项目中的投资项目。

⑥经公司董事会同意,公司于 2003 年 7 月 7 日与公司董事邵凯先生共同投资设立"北京用友软件工程有限公司"。北京用友软件工程有限公司的注册资本拟定为人民币 2,500 万元,公司以货币方式出资人民币 2,343.75 万元,出资比例为 93.75%;邵凯先生以货币方式出资人民币 156.25 万元,出资比例为 6.25%。北京用友软件工程有限公司的主营业务为面向全球市场的定制软件开发及相关服务。2003 年 7 月 30 日,北京用友软件工程有限公司工商注册手续办理完毕。经公司股东大会批准,北京用友软件工程有限公司注册资本增加至人民 5,000 万元,2003 年 12 月 29 日,北京用友软件工程有限公司增资工商变更登记手续完成。该项目属于其他募集资金投资项目中的投资项目。

⑦公司于 2003 年 7 月 31 日与王浩明及北京丰富汇理信息技术有限公司(以下简称"丰富汇理")签订《收购框架协议书》,公司以人民币 2,000,000 元价格受让丰富汇理拥有的软件开发技术、全部现有产品、在开发项目、域名和注册商标等一切无形资产以及全部业务。截至本报告期末,公司已向丰富汇理支付上述款项中的人民币 1,000,000 元,并办理完成有关软件产品的著作权转让手续与商标专用权转让手续。该项目属于用友 B/S 版企业管理软件 3.0 版募集资金投资项目。

⑧除上述投资设立软件公司、购并整合软件产品与技术外,公司的募集资金投入方式还包括研发人员费用、合作设立地区渠道、市场拓展费用和固定资产等投入方式。

公司对募集资金软件研发项目投入中的研发人员费用按研发项目归集核算,对合作设立地区渠道、市场拓展、固定资产等投入按投入对象分类核算,再将其分摊到受益的研发项目中。报告期内,公司募集资金使用项目中用于研发人员费用投入为 7,878 万元,用于合作设立地区渠道、市场拓展费用投入为 7,117 万元,用于固定资产投入为 861 万元。

(2)报告期内公司承诺投资项目未发生变更

公司的软件产品类募集资金项目,其重要投入在研发阶段,具体到每一个项目有较大的风险,但从整体看其效益已经在公司经营业绩中反映,有力地促进了公司经营业绩的提高,并为公司业绩的长期稳定增长奠定了基础。外购物业类项目,因公司上市以来国内房产价格较高,出于规避股东投资风险的考虑,公司管理层将选择适当的市场时机执行项目投资,以保障全体股东的利益。另外,公司上市以来,一直在积极、稳健地在管理软件这一主营领域进行产业购并和投资,以增强公司的核心竞争能力。

2、报告期内,公司其他投资情况

(1)根据公司的中长期发展规划的需要,经公司董事会同意,公司决定利用自有资金,在北京海淀区永丰高新技术产业基地内投资建设用友软件园,2002 年 12 月 27 日公司与北京中关村永丰产业基地发展公司(简称"永丰基地")签署《土地开发建设协议书》,公司将以人民币 170,700,000 元向永丰基地分期支付土地建设开发费,进行用友软件园用地的开发建设。公司已于 2003 年 1 月 30 日、2003 年 7 月 28 日向永丰基地分别支付土地开发建设费人民币 30,000,000 元。截至报告期末,公司已累计支付人民币 60,000,000 元土地开发建设费。

(2)经公司董事会同意,公司于 2002 年 12 月 28 日与北京市商业银行股份有限公司签订协议,以每股人民币 1.7 元的价格向北京市商业银行股份有限公司认购其拟发行股票 50,000,000 股,并以自有资金预付人民币 85,000,000 元,约占其发行后 2,806,681,168 股总股本的 1.78%。公司已于 2002 年向北京市商业银行支付人民币 85,000,000 元的入股资金。2003 年 8 月 20 日,北京市商业银行股份有限公司召开第八次股东大会,会议通过 2002 年利润分配的议案,即每股派发现金 0.08 元人民币。同时,还通过了关于用资本公积金转增股本的议案,即每 20 股转增 1 股。转增完成后,公司将持有北京市商业银行股份有限公司 52,500,000 股。截至 2003 年 12 月 31 日,公司已取得北京市商业银行股份有限公司向公司出具的股权证书,现金派发议案尚未实施完毕。

(3)为提高公司短期资金使用效率,经公司第二届董事会第六次会议决议通过,公司使用自有资金人民币 100,000,000 元进行国债短期投资。

上述事项公告刊登于 2003 年 6 月 17 日《上海证券报》。

截至 2003 年 12 月 31 日,公司共计使用自有资金 200,000,000 元用于国债投资,并已经收回 100,000,000 元国债投资,取得收益人民币 4,639,341 元。

(四)报告期内财务状况

1、财务状况、经营成果(单位:人民币元)

项目	2003 年 12 月 31 日	2002 年 12 月 31 日	增减
总资产	1,282,611,512	1,218,117,870	5.2%
股东权益(不含少数股东权益)	1,113,940,713	1,093,923,602	1.8%
主营业务利润	545,744,627	438,842,123	24.4%
净利润	74,911,911	91,605,983	-18.2%
现金及现金等价物净增加额	-46,858,248	84,098,059	不适用

上述各项变动原因说明:

(1)主营业务利润随本公司业务规模的扩大与软件销售收入、技术服务与培训收入的增加而相应增加。

(2)报告期内公司的净利润比 2002 年度有所下降,其原因主要有:①公司通过收购安易公司、成立用友工程公司拓展了电子政务、软件外包两项新软件业务,这些业务在报告期内尚处于投入阶段,对报告期的经营业绩有一定影响;②2003 年度公司的经营战略以能力建设为中心,实施产品、售前、实施、渠道、人才五大工程,增加了总体业务投入。产品研发费用占公司业务收入的比重由 2002 年的 12%提高到 2003 年的 15%。在人才引进、员工能力提升、薪酬激励体系改进方面增加了较大的投入;③报告期内公司管理层继续遵循稳健原则并以更加谨慎的标准对公司的各项投资进行核算与评价,共计提了 896 万元的长期投资减值准备;④2003 年的 SARS 疫情,由于公司地处疫情发生的主要地区,对公司报告期的收入与利润均产生了一定影响。

(3)现金及现金等价物净增加额由 2002 年的 8,410 万元变为本年的净减少额 4,686 万元,主要受投资活动影响。2002 年度本公司收回的短期投资比新增的短期投资多 1.8 亿元并收到约 1,020 万元的短期投资收益,使 2002 年度投资活动产生的现金流量净额为净流入 5,990 万元。2003 年度短期投资额无变动,但长期投资增加额较大,导致投资活动产生的现金流量净额为净流出 10,130 万元。

2、报告期内,安永华明会计师事务所出具了标准无保留意见的审计报告。

(五)生产经营环境以及宏观政策、法规变化对公司的影响

2003 年,中国宏观经济持续健康发展,工业化对信息化的促进日趋显著,公司经营环境进一步好转。2003 年 10 月,国家信息产业部颁布了《ERP 行业标准规范》,该标准对管理软件市场环境和竞争秩序将会起到规范作用,有利于管理软件产业健康发展。这些政策法律的出台将有利于软件产业快速健康发展,也有利于公司业绩提升。公司在 2003 年被确认为 2002 年度国家规划布局内重点软件企业后,根据国家发展和改革委员会、信息产业部、商务部、国家税务总局于 2004 年 2 月联合下发的《关于发布 2003 年度国家规划布局内重点软件企业名单的通知》的有关规定,公司再次被确认为国家规划布局内重点软件企业,公司及北京分公司于 2003 年按照 10%的税率征收企业所得税。

(七)董事会日常工作情况

1、报告期内董事会的会议情况和决议内容

(1)公司第二届董事会 2003 年第一次会议于 2003 年 1 月 15 日审议通过如下决议:

①选举王文京先生为公司董事长;

②选举郭新平先生为公司副董事长;

③聘任章珂先生为公司董事会秘书;

④聘任何经华先生为公司总裁;

⑤聘任吴政平先生为公司执行副总裁兼财务总监;

⑥聘任高少义先生、李友先生、章培林先生、章珂先生、郭延生先生、张京先生、吴晓冬先生及卢刚先生为公司副总裁;

⑦确认公司第一届董事会任期届满后决议事项;

⑧公司与北京安易软件有限责任公司、财政部财政科学研究所、北京金山峰软件有限公司及严绍业签署的《投融资及股权转让合作框架协议》。

(2)公司第二届董事会 2003 年第二次会议于 2003 年 2 月 15 日审议通过如下决议:

①同意公司以人民币 1000 万元定期存单质押,贷款 99 万美元;

②同意设立北京用友软件股份有限公司佛山分公司、温州分公司及香港分支机构。

(3)公司第二届董事会 2003 年第三次会议于 2003 年 4 月 16 日审议通过如下决议:

①通过公司《2002 年度董事会工作报告》,并提交公司 2002 年年度股东大会审议;

②通过公司《2002 年度经理工作报告》;

③通过公司《2002 年度财务决算方案报告》,并提交公司 2002 年年度股东大会审议;

④通过公司《2002 年度利润分配预案及资本公积金转增股本预案》,并提交股东大会审议通过后实施;

⑤通过公司《2002 年年度报告及摘要》;

⑥通过《关于聘任会计师事务所的议案》,并提交公司 2002 年年度股东大会审议;

⑦同意东莞分公司经营期限予以延长,分公司负责人变更为郑赢;

⑧同意注销深圳分公司,并授权廖卫东负责办理相关注销手续;

⑨通过《关于召开公司 2002 年年度股东大会的议案》。

(4)公司第二届董事会 2003 年第四次会议于 2003 年 4 月 28 日以通讯表决方式审议通过公司 2003 年第一季度报告。

(5)公司第二届董事会 2003 年第五次会议于 2003 年 5 月 20 日审议通过如下决议:

①章珂先生辞去公司董事会秘书职务;

②聘任欧阳青先生为公司董事会秘书;

③同意公司以人民币 2,658,615 元的价格受让佛山市南正天软件有限公司资产与业务。

(6)公司第二届董事会 2003 年第六次会议于 2003 年 6 月 15 日审议通过如下决议:

①同意公司使用自有资金人民币壹亿元进行国债短期投资;

②公司董事会对总裁会进行的专项授权决议。

(7)公司第二届董事会 2003 年第七次会议于 2003 年 7 月 7 日审议通过公司出资设立"北京用友软件工程有限公司"的议案。

(8)公司第二届董事会 2003 年第八次会议于 2003 年 8 月 4 日审议通过如下决议:

①同意公司以人民币八百五十万元定期存单质押,贷款九十八万美元;

②同意公司与中国烟草总公司云南省公司及云南烟草兴云投资股份有限公司共同投资设立公司;

③同意成立温州分公司,负责人为彭峰;

④同意成立河南分公司,负责人为杨宝刚。

(9)公司第二届董事会 2003 年第九次会议于 2003 年 8 月 18 日审议通过公司 2003 年半年度报告及摘要。

(10)公司第二届董事会 2003 年第十次会议于 2003 年 9 月 28 日审议通过如下决议:

①通过《北京用友软件股份有限公司投资者关系管理制度》;

②通过修订后的《北京用友软件股份有限公司信息归集与披露制度》;

③同意公司投资设立吉林省用友软件有限公司;

④通过变更济南分公司总经理事宜;

⑤通过委托王爱民女士负责办理济南分公司变更手续事宜。

(11)公司第二届董事会 2003 年第十一次会议于 2003 年 10 月 26 日审议通过如下决议:

①通过公司 2003 年三季度报告;

②通过《关于增加北京用友软件工程有限公司注册资本》的预案,并提交公司 2003 年第二次临时股东大会审议;

③通过《建立北京用友软件工程有限公司基于股权的雇员长期激励计划》的预案,并提交公司 2003 年第二次临时股东大会审议;

④通过《公司章程修正案(二)》及修正后的公司《章程》的预案,并提交公司 2003 年第二次临时股东大会审议;

⑤通过《关于召开公司 2003 年第二次临时股东大会》的议案。

2、董事会对股东大会决议的执行情况

(1)报告期内,公司董事会严格按照股东大会的决议和授权,认真执行了股东大会通过的各项决议内容。

(2)报告期内,公司利润分配及资本公积金转增股本方案执行情况:公司董事会于 2003 年 6 月 30 日在《上海证券报》刊登了《北京用友软件股份有限公司 2002 年度分红派息及资本公积金转增股本实施公告》,根据公司 2002 年年度股东大会决议,本次分红派息以 2002 年末总股本 100,000,000 股为基数,向全体股东每 10 股派发现金红利 6 元(含税),本次资本公积金转增股本以 2002 年末总股本 100,000,000 股为基数,向全体股东每 10 股转增 2 股,股权登记日为 2003 年 7 月 3 日,除息日为 2003 年 7 月 4 日,新增可流通股份上市流通日为 2003 年 7 月 7 日,现金红利发放日为 2003 年 7 月 11 日。

(3)报告期内,公司董事会依据公司股东大会风险投资批准权限的专项授权做出的其他投资决议执行情况参见本报告中"报告期内投资情况"。

(八)本次利润分配议案及资本公积金转增股本议案

经安永华明会计师事务所审计确认,截至 2003 年 12 月 31 日公司实现净利润 74,911,911 元,在计提 10%法定盈余公积金 7,491,191 元,5%法定公益金 3,745,596 元,加年初未分配利润 17,992,033 元后,本次实际可供股东分配的利润是 81,667,157 元。

公司于 2004 年 3 月 25 日召开第二届董事会 2004 年第二次会议,通过公司 2003 年度利润分配议案:公司以 2003 年末总股本 120,000,000 股为基数,拟向全体股东每 10 股派发现金红利 3.75 元(含税),共计派发股利 45,000,000 元。此次分配不计提任意盈余公积金。

公司于 2004 年 3 月 25 日召开第二届董事会 2004 年第二次会议,通过公司 2003 年度资本公积金转增股本议案:公司以 2003 年末总股本 120,000,000 股为基数,拟向全体股东每 10 股转增 2 股,共计转增 24,000,000 股。

(九)其他需要披露事项

1、2003 年 10 月,公司根据中国证监会和国务院国有资产监督管理委员会联合发布的《关于上市公司与关联方资金往来及上市公司对外担保若干问题的通知》(证监发[2003]56 号)的精神要求,对公司与关联方资金往来及对外担保行为进行自查,并向中国证监会北京证券监管办事处报送了《北京用友软件股份有限公司关于与关联方资金往来及对外担保情况的自查报告》。截至报告提供日,公司未发生向公司的控股股东、其他关联方等任何单位和个人提供担保情况。截至 2003 年 6 月 30 日,公司与关联方的资金往来情况主要为公司与公司股东的房租支付情况和公司与公司的高管人员的业务借款情况;公司与公司股东的房租支付情况是指公司股东北京用友科技有限公司、北京用友企业管理研究所有限公司租用公司经营场所而支付给公司的房租。公司与公司的高管人员的业务借款情况是指公司高管人员向公司借用业务款。

2、安永华明会计师事务所关于公司被控股股东和关联方占用资金的专项说明安永华明会计师事务所接受委托,审计了公司 2003 年 12 月 31 日的资产负债表和合并资产负债表、2003 年度的利润及利润分配表和合并利润及合并利润分配表及 2003 年度的现金流量表和合并现金流量表,于 2004 年 3 月 25 日出具了无保留意见的审计报告。审计是依据中华人民共和国财政部颁布的《中国注册会计师独立审计准则》进行的。

现根据公司 2003 年度财务会计资料,对 2003 年度公司应收控股股东及其他关联方款项情况作出如下专项说明。截止 2003 年 12 月 31 日,公司应收大股东及其他关联方款项情况如下:

其他应收款：

债务人名称	与贵公司关系	年初余额人民币元	本年度增加额人民币元	本年度占用额人民币元	全年累计	本年度减少额人民币元	年末余额人民币元	发生方式	发生原因
北京用友科技有限公司	股东	128,000	64,000	192,000	192,000	-	应收租金收入	出租办公用房	
北京用友企业管理研究所有限公司	股东	160,000	80,000	240,000	240,000	-	应收租金收入	出租办公用房	
王文京	董事长	-	145,860	145,860	145,860	-	支付	个人借款	
郭新平	副董事长	-	12,203	12,203	12,203	-	支付	个人借款	
邵凯	董事	-	42,028	42,028	42,028	-	支付	个人借款	
何经华	董事、总裁	-	36,909	36,909	36,909	-	支付	个人借款	
杨祉雄	监事会召集人	6,000	-	6,000	6,000	-	支付	个人借款	
乔海	监事	5,000	15,000	20,000	20,000	-	支付	个人借款	
高少义	副总裁	150,000	204,020	354,020	263,800	90,220	支付	个人借款	
李友	副总裁	150,000	57,840	207,840	57,840	150,000	支付	个人借款	
章培林	副总裁	50,000	22,230	72,230	72,230	-	支付	个人借款	
章珂	副总裁	-	14,590	14,590	14,590	-	支付	个人借款	
郭延生	副总裁	10,000	249,280	259,280	203,777	55,503	支付	个人借款	
吴晓冬	副总裁	-	391,250	391,250	391,250	-	支付	个人借款	
张京	副总裁	150,000	526,093	676,093	676,093	-	支付	个人借款	
卢刚	副总裁	150,000	71,794	221,794	120,334	101,460	支付	个人借款	
欧阳青	董事会秘书	-	57,000	57,000	57,000	-	支付	个人借款	
合计		959,000	1,990,097	2,949,097	2,551,914	397,183	支付	个人借款	

3、公司独立董事关于对外担保的专项说明及独立意见

根据中国证监会《关于规范上市公司与关联方资金往来及上市公司对外担保若干问题的通知》的精神，我们按照实事求是的原则对公司对外担保情况进行了认真的检查和落实，现将公司报告期内相关情况说明如下：

经审慎查验，公司严格按照《公司章程》的要求规范公司的对外担保行为，控制对外担保风险。截至报告期末，公司没有为控股股东及其他关联方、任何非法人单位或个人提供担保，控股股东及其他关联方也未强制公司为他人提供担保。

4、报告期内，公司继续选定《上海证券报》为公司指定信息披露报刊。

七、重要事项

(一)重大诉讼、仲裁事项

本年度公司无重大诉讼、仲裁事项。

(二)公司收购、出售资产和吸收合并事项的简要情况及进程

1、报告期内，公司无出售资产和吸收合并事项。公司收购事项详见本报告第七部分(三)的公司投资情况。

2、公司收购事项对财务状况及经营成果的影响

(1)公司对北京安易软件有限责任公司的业务重组，进一步加强了公司在电子政务软件领域的竞争能力，有助于公司扩大企业应用软件领域的市场份额和电子政务软件业务的拓展，从而增强公司的核心竞争能力和长期盈利能力。同时，亦实现了公司与北京安易软件有限责任公司的资源优势互补，进行分工合作，以降低经营成本，提高经营效益，为各方股东带来更高的回报。

(2)公司投资设立的北京用友软件工程有限公司主要面向全球市场，发展定制软件开发及相关服务业务，有助于公司扩大在应用软件领域的市场份额，不会影响公司的持续经营能力，有利于增强公司国际化能力，增加公司主营业务收入，提高公司核心竞争能力。

(3)其他业务重组和收购事项短期内对公司财务状况和经营成果无显著影响，但将有利于公司核心竞争能力的提高和经营业绩的长期稳定增长。

上述收购与重组，不会影响公司业务连续性和管理层稳定性。

(三)重大关联交易事项

报告期内，公司发生两项关联交易事项：

1、经公司第二届董事会2003年第七次会议决议通过，为加强公司定制软件开发及相关服务业务，提高竞争能力，公司与邵凯先生于2003年7月7日在北京市签署了《关于共同投资设立北京用友软件工程有限公司的协议》(以下简称"《投资协议》")。根据《投资协议》的约定，公司将出资人民币2343.75万元与邵凯先生共同投资设立"北京用友软件工程有限公司"，出资比例为93.75%。

邵凯先生为公司董事，是公司关联人。根据《上海证券交易所股票上市规则》的规定，本次交易构成了共同投资的关联交易。

公司独立董事苏启强先生、杨元庆先生、吴晓球先生、曾之杰先生对公司与邵凯先生共同投资设立"北京用友软件工程有限公司"发表了独立意见。

本次关联交易为共同投资，定价政策为按照同股同权的原则向北京用友软件工程有限公司出资，公司与邵凯先生均以货币方式出资。

上述关联交易事项公告刊登于2003年7月8日《上海证券报》。

2、经公司2003年第二次临时股东大会通过，公司与邵凯先生共同对北京用友软件工程有限公司进行增资。北京用友软件工程有限公司由公司与邵凯先生于2003年7月30日共同投资设立，注册资本为人民币2,500万元。为了进一步促进北京用友软件工程有限公司业务发展，公司与邵凯先生于2003年10月26日在北京市签署了《关于共同对北京用友软件工程有限公司进行增资的协议》(以下简称"《增资协议》")。根据《增资协议》的约定，北京用友软件工程有限公司拟增加注册资本人民币2,500万元，其中公司将出资人民币2,343.75万元，邵凯先生将出资人民币156.25万元。

邵凯先生为公司董事，是公司关联人。根据《上海证券交易所股票上市规则》的规定，本次交易构成了共同投资的关联交易。

公司独立董事苏启强先生、杨元庆先生、吴晓球先生、曾之杰先生对公司与邵凯先生共同对北京用友软件工程有限公司进行增资发表了独立意见。

本次关联交易为共同投资，定价政策为公司与邵凯先生按照目前对北京用友软件工程有限公司的持股比例同比例缴付增资，同股同权，公司与邵凯均先生以货币方式出资。

上述关联交易事项公告刊登于2003年10月28日《上海证券报》。

(四)公司重大合同及其履行情况

1、重大合同参见本报告第七部分(三)的公司投资情况。

(1)2003年7月7日，公司与邵凯先生在北京市签署了《关于共同投资设立北京用友软件工程有限公司的协议》(以下简称"《投资协议》")。根据《投资协议》的约定，公司将出资人民币2343.75万元与邵凯先生共同投资设立"北京用友软件工程有限公司"，出资比例为93.75%。

(2)2003年10月26日，公司与邵凯先生在北京市签署了《关于共同对北京用友软件工程有限公司进行增资的协议》(以下简称"《增资协议》")。根据《增资协议》的约定，北京用友软件工程有限公司拟增加注册资本人民币2,500万元，其中公司将出资人民币2,343.75万元，邵凯先生将出资人民币156.25万元，出资比例不变。

(3)经公司第二届董事会2003年第二次会议决议同意，公司与广东发展银行北京分行月坛支行签订《借款合同》及《权利质押合同》，公司于2003年3月4日向广东发展银行月坛支行以人民币10,000,000元定期存单质押贷款990,000美元，借款期限自2003年3月4日至2004年3月3日。

2、报告期内，公司无重大担保事项，没有属于《关于规范上市公司与关联方资金往来及上市公司对外担保若干问题的通知》中所规定的违规担保事项。

3、报告期内，公司无委托他人进行现金资产管理事项。

(五)公司或持股5%以上股东承诺事项

报告期内，无公司或持股5%以上股东承诺事项。

(六)公司支付年度审计费用情况

报告期内，公司继续聘用安永华明会计师事务所为公司年度审计机构，支付费用情况如下：

(单位：人民币元)

项目	2003年度	2002年度
财务审计费用	950,000	930,000
其中：年末应付未付费用	950,000	930,000
咨询服务费用	0	370,000
差旅费用	41,000	45,315
合计	991,000	1,345,315

注：

1、截至报告期末，安永华明会计师事务所已连续6年为公司提供审计服务。

2、公司董事会认为，安永华明会计师事务所为公司提供咨询服务不影响其注册会计师审计独立性。

(七)公司接受监管部门稽查情况

报告期内，公司、公司董事会及董事没有受中国证监会稽查、中国证监会行政处罚、通报批评、证券交易所公开谴责的情形。

(八)其他重大事项

1、报告期内，公司新取得的知识产权成果情况

(1)报告期内，根据《中华人民共和国商标法》规定，经中华人民共和国国家工商行政管理总局商标局核准，公司新获得11个注册商标专有权，如下所示：

序号	注册商标样式	类别	证书编号	有效期限
1	用友	16类	3067661	2003/05/21--2013/05/20
2	心型图形	16类	3067662	2003/05/21--2013/05/20
3	存货王注1	42类	1799412	2002/06/28--2012/06/27
4	丰富汇理/GREAT CANAL注2	9类	1618438	2001/08/14--2011/08/13
5	HL图形注2	9类	1634252	2001/09/14--2011/09/13
6	心型图形	9类	3291123	2003/10/21--2013/10/20
7	UFSOFT	9类	3291124	2003/10/21--2013/10/20
8	用友	9类	3291125	2003/10/21--2013/10/20
9	用友	41类	3291133	2003/12/21--2013/12/20
10	UFSOFT	41类	3291122	2003/12/21--2013/12/20
11	心型图形	41类	3291115	2003/12/21--2013/12/20

注：

①该注册商标由北京安易软件有限责任公司转让给本公司，截至报告期末该商标所有权人已变更为本公司。

②该注册商标由北京丰富汇理信息技术有限公司转让给本公司，截至报告期末该商标所有权人已变更为本公司。

(2)报告期内，根据《计算机软件保护条例》及《计算机软件著作权登记办法》规定，经中华人民共和国国家版权局批准，公司新获得21个软件著作权，如下所示：

序号	软件名称	产品简称	版本号	登记号	登记批准日
1	用友人力资源管理软件	UFSOFT e-HR	V1.0	2003SR4977	2003-2-18
2	安易2000购销链系统(商贸网络版)注1	安易2000购销链商贸版	R2.2	2003SR3486	2003-6-03
3	安易销售管理系统(V1.0 For Win)注1	安易销售系统	V1.0	2003SR3485	2003-6-03
4	安易应收账款管理系统(V1.0 For Win)注1	安易应收系统	V1.0	2003SR3484	2003-6-03
5	安易2000购销链系统(标准网络版)注1	安易2000购销链标准版	R2.0	2003SR3483	2003-6-03
6	安易2000购销链系统(工业网络版)注1	安易2000购销链工业版	R2.2	2003SR3482	2003-6-03
7	ANYI2000ERP R9安易购销链管理系统注1	安易购销链标准版	R3.76	2003SR5711	2003-6-18
8	ANYI2000ERP R9安易成本核算系统注1	安易成本核算系统	R9.1	2003SR5712	2003-6-18
9	安易"存货王"存货管理软件注1	存货王	R8.22	2003SR5713	2003-6-18
10	用友统一应用平台系统	用友UAP	V2.20	2003SR7338	2003-7-8
11	汇理财务管理信息系统注2		V6.10	2003SR9959	2003-9-22
12	财务分析专家系统注2		V1.0	2003SR9960	2003-9-22
13	汇理财务管理系统控注2		V3.1	2003SR9961	2003-9-22
14	GreatCanal证券投资管理系统注2	汇理证券投资管理	V9.10	2003SR9962	2003-9-22
15	丰富汇理金融企业MIS/ERP系统注2	GreatCanal MIS/ERP	V8.10	2003SR9963	2003-9-22
16	GreatCanal集团企业网上资金结算系统注2	汇理网银系统	V9.10	2003SR9964	2003-9-22
17	GreatCanal集团企业结算中心管理系统注2	汇理结算系统	V9.10	2003SR9965	2003-9-22
18	GreatCanal客户关系管理系统注2	汇理客户管理关系统	V1.10	2003SR9966	2003-9-22
19	GreatCanal信托托管系统注2	汇理信托托管系统	V1.0	2003SR9967	2003-9-22
20	丰富汇理证券基本面分析系统注2	丰富汇理证券分析	V1.0	2003SR9968	2003-9-22
21	丰富汇理财务管理信息系统注2		V7.10	2003SR9969	2003-9-22

注：

①该软件著作权由北京安易软件有限责任公司转让给本公司，截至报告期末，已办理完毕变更登记手续。

②该软件著作权由北京丰富汇理信息技术有限公司转让给本公司，截至报告期末，已办理完毕变更登记手续。

2、报告期内，公司有两个项目入选国家高技术研究发展计划("863计划")，承担"863计划"中的两项软件重大专项--新一代ERP软件研究开发及应用项目、以ERP为核心的企业应用集成平台及集成构件的开发与应用项目。公司该项目的入选，具有重要意义，标志着公司ERP产品发展计划与国家ERP发展规划是吻合的，并将保证公司的ERP产品成为中国主流的ERP产品。

八、备查文件目录

(一)载有公司法定代表人、财务总监和会计机构负责人签名并盖章的会计报表；

(二)载有会计师事务所盖章、注册会计师签名并盖章的审计报告原件；

(三)报告期内在中国证监会指定报刊上公开披露过的所有公司文件的正本和公告原稿。

文件存放地：公司董事会办公室

北京用友软件股份有限公司董事会

二零零四年三月二十五日

泰豪科技股份有限公司

泰豪科技股份有限公司2003年年度报告

重要提示

本公司董事会及其董事保证本报告所载资料不存在任何虚假记载、误导性陈述或者重大遗漏,并对其内容的真实性、准确性和完整性承担个别及连带责任。

本公司董事长陆致成先生、总裁黄代放先生、主管会计工作负责人李自强先生、会计机构负责人吴菊林先生声明:保证年度报告中财务报告的真实、完整。

公司年度财务报告已经中磊会计师事务所审计并出具标准无保留意见的审计报告。

第一节 公司基本情况简介

一、公司法定名称
中文:泰豪科技股份有限公司
中文简称:泰豪科技
英文:TELLHOW SCI-TECH CO., LTD.
英文简称:TELLHOW
二、公司法定代表人:陆致成
三、公司董事会秘书:杨骏
证券事务代表:曾锐
联系地址:江西省南昌高新开发区泰豪大厦
电话:0791-8110590
传真:0791-8110590
电子信箱:stock@tellhow.com
四、公司注册地址:江西省南昌高新开发区清华泰豪大楼
公司办公地址:江西省南昌高新开发区泰豪大厦
邮政编码:330029
公司国际互联网网址:http://www.tellhow.com
电子信箱:tsinghua@tellhow.com
五、公司信息披露的指定报纸:《上海证券报》
登载年度报告的中国证监会指定网站的网址:http://www.sse.com.cn
公司年度报告备置地点:公司证券部
六、公司股票上市交易所:上海证券交易所
股票简称:泰豪科技
股票代码:600590
七、其他有关材料:
公司首次注册登记日期:1996年3月20日
变更注册登记日期:2002年9月23日
注册登记地点:江西省工商行政管理局
企业法人营业执照注册号:3600001130471
税务登记号码:360106158304717
公司聘请的会计师事务所:中磊会计师事务所有限责任公司
会计师事务所办公地址:北京市西城区西单中水大厦815室

第二节 会计数据和业务数据摘要

一、本年度主要财务指标情况 单位:人民币元

项目名称	指标
利润总额	41,735,314.74
净利润	38,065,706.98
扣除非经常性损益后的净利润	36,416,827.78
主营业务利润	100,658,625.92
其他业务利润	1,417,332.34
营业利润	39,489,639.25
投资收益	2,497,619.93
补贴收入	1,880,794.10
营业外收支净额	-2,132,738.54
经营活动产生的现金流量净额	91,290,427.54
现金及现金等价物净增减额	28,335,287.17

注:扣除的非经常性损益包括:

项目名称	指标
处置长期股权投资产生的损益	2,473,423.39
短期投资损益	23,165.01
政府补贴	1,352,000.00
以前年度计提各项减值准备的转回	224,008.02
营业外收支净额	-2,132,738.54
所得税影响额	-290,978.68
合计	1,648,879.20

二、截止报告期末公司前三年的主要会计数据及财务指标 单位:人民币元

1、主要会计数据

项目名称	2003年	2002年
主营业务收入	494,941,021.48	381,925,621.31
利润总额	41,735,314.74	28,637,249.30
净利润	38,065,706.98	24,709,987.97
扣除非经常性损益的净利润	36,416,827.78	24,255,298.82
	2003年末	2002年末
总资产	761,632,893.76	646,393,983.76
股东权益(不含少数股东权益)	368,633,963.80	343,873,938.82
经营活动产生的现金流量净额	91,290,427.54	4,928,295.66

项目名称	本年比上年增减(%)	2001年
主营业务收入	29.59	330,411,433.52
利润总额	45.74	24,321,013.65
净利润	54.05	22,177,352.71
扣除非经常性损益的净利润	50.14	21,877,836.72
	本年末比上年末增减(%)	2001年末
总资产	7.20	347,313,698.79
股东权益(不含少数股东权益)	17.83	137,072,350.85
经营活动产生的现金流量净额	175.24	13,740,420.32

2、主要财务指标

项目名称	2003年	2002年
每股收益(全面摊薄)	0.29	0.19
每股收益(加权平均)	0.29	0.22
净资产收益率(全面摊薄)(%)	10.33	7.48
净资产收益率(加权平均)(%)	10.75	10.28
扣除非经常性损益的净利润为基础计算的加权平均净资产收益率(%)	10.29	10.09
每股经营活动产生的现金流量净额	0.69	0.04
	2003年末	2002年末
每股净资产	2.77	2.58
调整后的每股净资产	2.77	2.58

项目名称	本年比上年增减(%)	2001年
每股收益(全面摊薄)	52.63	0.24
每股收益(加权平均)	31.82	0.24
净资产收益率(全面摊薄)(%)	2.85	16.18
净资产收益率(加权平均)(%)	0.47	17.60
扣除非经常性损益的净利润为基础计算的加权平均净资产收益率(%)	0.20	17.37
每股经营活动产生的现金流量净额	1625	0.15
	本年末比上年末增减(%)	2001年末
每股净资产	7.36	1.47
调整后的每股净资产	7.36	1.47

三、报告期内股东权益变动情况 单位:人民币元

项目	股本	资本公积	盈余公积
期初数	133,056,828.00	143,508,586.35	9,494,651.51
本期增加			5,584,260.41
本期减少			
期末数	133,056,828.00	143,508,586.35	15,078,911.92
变动原因			本年提取

项目	法定公益金	未分配利润	股东权益合计
期初数	3,164,883.85	57,813,872.96	343,873,938.82
本期增加	1,861,420.14	38,065,706.98	43,649,967.39
本期减少		18,889,942.41	18,889,942.41
期末数	5,026,303.99	76,989,637.53	368,633,963.80
变动原因	本年提取	本年实现利润和利润分配	

第三节 股本变动及股东情况

一、股本变动情况

1、股份变动情况表 单位:股

	本次变动前	本次变动增减(+,-)						本次变动后
		配股	送股	公积金转股	增发	其他	小计	
一、未上市流通股份								
1、发起人股份	93,056,828						0	93,056,828
其中:								
国家持有股份								
境内法人持有股份	93,056,828						0	93,056,828
境外法人持有股份								
其他								
2、募集法人股份								
3、内部职工股								
4、优先股或其他								
未上市流通股份合计	93,056,828						0	93,056,828
二、已上市流通股份								
1、人民币普通股	40,000,000						0	40,000,000
2、境内上市的外资股								
3、境外上市的外资股								

4、其他			
已上市流通股份合计	40,000,000	0	40,000,000
三、股份总数	133,056,828	0	133,056,828

2、股票发行与上市情况

经中国证券监督管理委员会证监发行字[2002]59 号文审核批准，本公司于 2002 年 6 月 19 日首次向社会公众发行了普通股(A)4000 万股，每股发行价格 4.76 元，所发行股票于 2002 年 7 月 3 日在上海证券交易所挂牌交易，股票简称"泰豪科技"，股票代码"600590"。发行后，本公司总股本为 13305.6828 万股，其中流通股占 30.06%。

报告期内，公司股份总数及结构未发生变化。

公司无内部职工股。

二、股东情况

1、报告期末股东共有 20024 户。

2、公司前十名股东持股情况　单位：股

股东名称(全称)	年度内增减	年末持股数量	比例(%)
清华同方股份有限公司	0	32,569,891	24.48
江西清华泰豪科技集团有限公司	0	25,590,628	19.23
凤凰光学股份有限公司	0	23,264,207	17.48
江西大华置业有限责任公司	0	5,816,051	4.37
江西三和电力股份有限公司	0	4,652,841	3.50
南昌高新技术产业开发区发展有限责任公司	0	1,163,210	0.87
杨安	–	187,000	0.14
林千金	–	172,715	0.13
付军	–	161,900	0.12
赵永丽	–	130,000	0.10

股东名称(全称)	股份类别	质押或冻结的股份数量	股东性质
清华同方股份有限公司	未流通	无	法人股
江西清华泰豪科技集团有限公司	未流通	无	法人股
凤凰光学股份有限公司	未流通	10,000,000(质押)	法人股
江西大华置业有限责任公司	未流通	5,816,051(质押)	法人股
江西三和电力股份有限公司	未流通	无	法人股
南昌高新技术产业开发区发展有限责任公司	未流通	1,163,210(冻结)	法人股
杨安	已流通	未知	未知
林千金	已流通	未知	未知
付军	已流通	未知	未知
赵永丽	已流通	未知	未知

注：(1)前 10 名股东中，江西清华泰豪科技集团有限公司是清华同方股份有限公司的第二大股东，除此之外，其它法人股股东之间没有关联关系且不属于一致行动人。

(2)流通股股东未知是否存在关联关系或是否属于一致行动人。

(3)前 10 名股东中，凤凰光学股份有限公司所持有的 1000 万股在中国证券登记结算有限公司上海分公司办理了质押登记手续，质押期限自 2003 年 5 月 15 日至 2004 年 5 月 15 日(公告刊登于 2003 年 5 月 17 日的《中国证券报》、《上海证券报》)。

江西大华置业有限责任公司所持有的 5816051 股在中国证券登记结算有限责任公司上海分公司办理了股权质押，质押期限为 2003 年 1 月 10 日至 2006 年 1 月 10 日。

2003 年 12 月 3 日，本公司接南昌市东湖区人民法院通知，知悉南昌高新技术产业开发区发展有限责任公司所持有的 1163210 股已被该法院冻结。

(4)其他法人股股东不存在其股份质押、冻结、托管情况，流通股股东未知其股份质押、冻结、托管情况。

3、公司控股股东情况

清华同方股份有限公司为本公司第一大股东，持有股份总额为 32569891 股，占公司总股本的 24.48%，股份性质为法人股。清华同方股份有限公司成立于 1997 年 6 月，注册资本 57,461.23 万元，法定代表人为荣泳霖先生，主要经营业务为信息技术、人工环境等领域产品的生产和销售等。

清华同方股份有限公司的实际控制人为清华控股有限公司(原北京清华大学企业集团)。北京清华大学企业集团成立于 1995 年，2003 年 9 月由原来的全民所有制企业改制为国有独资的有限责任公司，并更名为"清华控股有限公司"，注册资本 20 亿元，法定代表人为荣泳霖先生，主要经营业务为资产管理；资产受托管理；实业投资及管理；企业收购、兼并、资产重组的策划；科技、经济及相关业务的咨询及人员培训。

4、其他持股 10%以上的法人股东

江西清华泰豪科技集团有限公司为本公司第二大股东，持有股份总额为 25590628 股，占公司总股本的 19.23%，股份性质为法人股。江西清华泰豪科技集团有限公司成立于 1993 年 4 月，注册资本 10,000 万元，法定代表人为万晓民先生，主要经营业务为城市信息化建设和高科技企业投资等。

凤凰光学股份有限公司为本公司第三大股东，持有股份总额为 23264207 股，占公司总股本的 17.48%，股份性质为法人股。凤凰光学股份有限公司成立于 1997 年 5 月，注册资本 23,747.25 万元，法定代表人为王熙晏先生。主要经营业务为光学元件、仪器等综合性高科技光学产品的生产和销售等。

5、公司前十名流通股股东持股情况　单位：股

股东名称(全称)	年末持有流通股的数量	种类(A、B、H 股或其它)
杨　安	187,000	A 股
林千金	172,715	A 股
付　军	161,900	A 股
赵永丽	130,000	A 股
李荷香	118,000	A 股
李　巍	107,700	A 股
耿建华	96,000	A 股
霍元斌	94,720	A 股
盛家辉	90,000	A 股
王淑英	90,000	A 股

注：流通股股东未知是否存在关联关系或是否属于一致行动人。

第四节　董事、监事、高级管理人员和员工情况

一、公司现任董事、监事、高级管理人员基本情况

姓名	性别	年龄	现任职务	任职起止日期	年初持股数	年末持股数	在股东单位任职单位/职务	任职期限
陆致成	男	56	董事长	2003.04~2006.04	0	0	清华同方股份有限公司副董事长、总裁	1997 年至今
黄代放	男	41	副董事长、总裁	2003.04~2006.04				
陈兆祥	男	57	董事	2003.04~2006.04	0	0	清华同方股份有限公司副总裁	1997 年至今
王熙晏	男	45	董事	2003.04~2006.04	0	0	凤凰光学股份有限公司董事长	2002 年至今
史忠良	男	60	独立董事	2003.04~2006.04	0	0		
曾亨炎	男	64	独立董事	2003.04~2006.04	0	0		
王　芸	女	38	独立董事	2003.04~2006.04	0	0		
李　华	男	44	监事会主席	2003.04~2006.04	0	0	江西清华泰豪科技集团有限公司董事	2002 年至今
韩美兰	女	57	监事	2003.04~2006.04	0	0		
饶兰秀	女	46	监事	2003.04~2006.04	0	0		
孔祥川	男	53	常务副总裁	2003.04~2006.04	0	0		
邵建生	男	51	副总裁	2003.04~2006.04	0	0		
毛　勇	男	40	副总裁	2003.04~2006.04	0	0		
邹映明	男	41	副总裁	2003.04~2006.04	0	0		
洪小华	男	40	副总裁	2003.04~2006.04	0	0		
李自强	男	33	总裁助理、财务负责人	2004.02~2006.04	0	0		
杨　骏	男	43	董事会秘书	2003.04~2006.04	0	0		

注：本公司于 2004 年 2 月 9 日召开第二届董事会第二次会议，会议聘任李自强为公司总裁助理兼财务负责人。公司常务副总裁孔祥川不再兼任公司财务负责人职务。(公告刊登于 2004 年 2 月 11 日的《中国证券报》、《上海证券报》)

二、公司董事、监事、高级管理人员的年度报酬情况

公司董事会按照公司资产规模、经营业绩和承担工作的职责等考评指标对高级管理人员的绩效进行考核。不在公司兼任高级管理人员的董事、监事不在公司受薪。独立董事的津贴报股东大会审核批准。

报告期内现任公司董事、监事及高级管理人员中共有九人在本公司受薪，受薪总额为 40.89 万元，其中金额最高的前三名董事的报酬总额为 7.20 万元(仅有一名董事在公司领取报酬)，金额最高的前三名高级管理人员的报酬总额为 18.61 万元。公司现任独立董事三名，其年度津贴分别为 2 万元(含税)。

按照年薪数额区间划分现任公司董事、监事及高级管理人员受薪情况为：年薪在 6 万元以上有一人，年薪在 5 万元至 6 万元区间内有三人，年薪在 4 万元至 5 万元区间内有四人，年薪在 3 万元至 4 万元区间内有一人。

报告期内现任公司董事共有六人不在公司受薪，除三名独立董事外，董事长陆致成、董事陈兆祥在清华同方股份有限公司领薪，董事王熙晏在凤凰光学股份有限公司领薪；报告期内现任公司监事共有二人不在公司受薪。其中，监事李华在江西清华泰豪科技集团有限公司领薪，监事韩美兰在清华紫光股份有限公司领薪。

三、公司董事、监事、高级管理人员变动及增补情况

1、本公司于 2003 年 3 月 16 日召开第一届董事会第十一次会议，会议审议通过了《关于董事会换届及聘请独立董事的议案》。副董事长王朝松、董事范新、任捷、孔祥川、独立董事甘筱青因任期届满卸任。(公告刊登于 2003 年 3 月 19 日的《中国证券报》、《上海证券报》)。

2、本公司于 2003 年 3 月 16 日召开第一届监事会第八次会议，会议审议通过了《关于监事会换届的议案》。监事殷晓莅、殷少彬、王令红因任期届满卸任。(公告刊登于 2003 年 3 月 19 日的《中国证券报》、《上海证券报》)。

3、本公司于 2003 年 4 月 20 日召开 2002 年度股东大会，会议选举了第二届董事会成员和第二届监事会成员。陆致成、黄代放、陈兆祥、王熙晏当选为董事，史忠良、曾亨炎、王芸当选为独立董事，李华、韩美兰当选为监事。饶兰秀为职工代表监事。(公告刊登于 2003 年 4 月 22 日的《中国证券报》、《上海证券报》)。

4、本公司于 2003 年 4 月 21 日召开第二届董事会第一次会议，会议选举陆致成为董事长，黄代放为副董事长；聘任黄代放为公司总裁，杨骏为公司董事会秘书，孔祥川、邵建生、毛勇、洪小华、邹映明为公司副总裁，指定孔祥川为公司财务负责人。(公告刊登于 2003 年 4 月 23 日的《中国证券报》、《上海证券报》)。

5、本公司于 2003 年 4 月 21 日召开第二届监事会第一次会议，会议选举李华为监事会主席。(公告刊登于 2003 年 4 月 23 日的《中国证券报》、《上海证券报》)。

四、公司员工情况

截止 2003 年 12 月 31 日公司在职员工总数 1102 人，其中：

1、按照教育程度构成分类：大学以上学历 234 人占 21%；大中专学历 450 人占 41%。

2、专业构成分类：经营管理 46 人占 4%，技术开发 271 人占 26%，市场营销 223 人占 20%，生产制造 491 人占 45%，职能服务 71 人占 6.4%。

3、年龄结构分类：35 岁以下 573 人占 52%，35-44 岁 286 人占 26%，其余为 45 岁以上。

4、公司没有离退休职工。公司实行全员聘任制，离退休人员由社保基金统筹解决。

第五节　公司治理结构

一、公司治理情况

公司严格按照公司法、证券法和中国证监会有关法律法规的要求，不断完善公司法人治理结构，建立现代企业制度，规范公司运作。

1、公司根据自身实际情况的变化和有关法律法规的要求，进一步修订了《公司章程》和《股东大会议事规则》，并已提呈本年度召开的股东大会审议通过。目前公司正着手修订《总裁工作条例》、《董事会议事规则》、《监事会议事规则》，以进一步提高公司的治理水平。

2、公司将累积投票制引入 2002 年度股东大会的董事/监事会换届选举当中，更好地体现和尊重了广大中小股东意愿。公司新一届的董/监事会的人数和人员构成均符合法律法规的要求。报告期内，公司增设独立董事一名。独立董事的人数由二名提高到三名，在董事会成员中所占比例达到三分之一以上。公司董事能以勤勉尽职的态度出席董事会，积极参加有关培训，学习有关法律法规、本着对股东负责的精神认真履行职责。公司监事对公司财务以及公司董事和高级管理人员履行职责的合法合规性进行监督，维护了公司及全体股东的合法利益。

3、报告期内，公司根据中国证监会上市公司监管部《关于推动上市公司加强投资者关系管理工作的通知》(上市部[2003]197 号)及中国证监会南昌证券监管特派员办事处《关于上市公司加强投资者关系管理工作有关事项的通知》(赣证发[2003]88 号)的要求，对公司开展投资者关系管理的有关工作做了布置，制订了《泰豪科技股份有限公司投资者关系管理办法》，将公司的投资者管理工作制度化、规范化，加强了公司与投资者和潜在投资者之间的沟通，促进了投资者对公司的了解和认同，进一步健全了公司治理。

4、报告期内，中国证监会南昌证券监管特派员办事处对公司进行了例行巡回检查，并下发了整改通知。公司对通知中提出的问题，逐项制定和落实可行的整改方案和措施。公司以此次巡检为契机，在以后的工作中将严格遵守法律法规，进一步完善公司法人治理结构，促进公司的规范运作和健康发展。

二、独立董事履行职责情况

报告期内，公司根据中国证监会《关于在上市公司建立独立董事制度的指导意见》规定，增设独

立董事。公司现任董事会由七名董事组成，其中独立董事三名，使独立董事人数在董事会成员中所占比例达到三分之一以上，专业涵盖管理、技术和会计。董事会人员结构和专业结构进一步合理化。

独立董事任职以来，本着对全体股东负责的态度，认真履行法律、法规和《公司章程》赋予的职责，积极参加报告期内的董事会和股东大会，检查和指导公司经营管理工作，为公司的长远发展和管理提供建议，对董事会审议的投资项目、关联交易及重大事项等发表独立意见，在董事会日常工作及重要决策中尽职尽责，切实维护了公司及全体股东的利益。

三、公司与控股股东在业务、人员、资产、机构、财务等方面的情况

本公司与第一大股东清华同方股份有限公司之间一直实行人员、资产、财务的分开，机构和业务的独立。公司具有独立完整的业务及自主经营的能力。

1、人员方面：公司拥有独立的劳动、人事及工资管理体系。公司高级管理人员均在本单位领取薪酬，不在股东单位兼职。

2、资产方面：公司具有独立完整的供应、生产、销售系统以及工业产权、商标、非专利技术、土地使用权等无形资产。公司现有资产不存在被股东无偿占用的情况。

3、财务方面：公司有独立的财务部门，并建立了独立的财务核算体系和独立的财务会计制度。公司拥有独立的银行账户，依法进行纳税。

4、机构方面：公司的生产经营和办公机构与控股股东完全分开，不存在混合经营、合署办公的情形；公司自主设置内部机构，独立地行使职权，不受控股股东及其他单位或个人的干涉；控股股东及其职能部门与本公司及其职能部门之间不存在上下级关系，公司的生产经营活动不受任何其他单位和个人的干涉。

5、业务方面：公司独立经营，业务结构完整。

四、高级管理人员的考评及激励机制的实施情况

公司每年向董事会、股东大会提交年度财务预算和生产经营指标，公司高级管理人员对董事会负责。董事会按照公司资产规模、经营业绩和承担工作的职责等考评指标对高级管理人员的绩效进行考核。

第六节　董事会报告

一、报告期内经营情况的讨论与分析

报告期内，一方面，由于电力市场供应紧张带动公司发电、配电设备产品销售收入大幅增长；另一方面，随着募集资金的投入，部分技改项目已初见成效。公司各项经济指标呈现快速发展势头。公司全年实现主营业务收入同比增长 29.59%，实现主营业务利润同比增长 42.54%，实现净利润同比增长 54.05%。

二、报告期内的经营情况

(一)主营业务的范围及其经营状况

1、公司业务范围包括：计算机及软件产品、空调机组、发电机组、输变电配套设备、电子产品及通信设备、光机电一体化设备、医疗仪器、环保设备的开发、生产、销售；智能建筑弱电工程、中央空调工程、网络信息系统集成、电气自动化工程、环保工程的承接和综合技术服务；设计、安装防盗报警、闭路电视监控工程；本企业自产产品及相关技术的出口业务；本企业生产、科研所需的原辅材料、机械设备、仪器仪表、零配件及相关技术的进口业务；本企业的进料加工和"三来一补"业务。

公司全年实现主营业务收入 49494 万元，同比增长 29.59%，实现主营业务利润 10066 万元，同比增长 42.54%，实现净利润 3807 万元，同比增长 54.05%。公司主营业务构成情况如下：

产品	主营业务收入(元)	主营业务利润(元)
楼宇电气产品	222,980,195.73	33,938,171.07
发电机组产品	199,918,853.16	42,971,252.60
电力电气产品	65,919,983.47	21,373,068.83
光电信息产品	6,121,989.12	2,376,133.42
合计	494,941,021.48	100,658,625.92

2、占公司主营业务收入或主营业务利润总额 10%以上的主要产品

产品	主营业务收入(元)	主营业务成本(元)	毛利率(%)
楼宇电气产品	222,980,195.73	187,251,108.35	16.02
发电机组产品	199,918,853.16	156,727,333.16	21.60
电力电气产品	65,919,983.47	44,381,706.39	32.67
其中：关联交易	5,628,882.18	4,654,327.32	17.31

产品	主营业务收入比上年增减(%)	主营业务成本比上年增减(%)	毛利率比上年增减(%)
楼宇电气产品	34.79	32.61	1.38
发电机组产品	32.77	40.44	-4.28
电力电气产品	181.33	137.94	12.28
其中：关联交易	151.11	146.20	1.65

3、公司主营业务及其结构、主营业务盈利能力、利润构成的变化情况

(1)公司主营业务收入和主营业务利润情况

本年度公司主营业务收入为 49494 万元，实现主营业务利润 10066 万元，分别比上年同期增长 29.59%和 42.54%，增长主要原因是募股资金项目投入使用后形成产能规模扩大，成本下降以及公司加大技术创新投入使产品的技术附加值得到提高所致。

(2)主营业务结构变化情况

本年度公司主要产品主营业务结构未发生重大变化，楼宇电气产品，发电机组产品，随着业务量增大比上年同期取得同步增长，电力电气产品由于公司加大投入，由生产低压配电设备向高低压配电设备并举的经营方向发展，产品结构占比迅速提高，由上年同期的 6.13%提高到 13.32%，光电信息产品由于公司调整经营思路，由产品生产型向技术开发型转型，营业收入占比由上年的 11.13%下降为 1.24%。

(3)主营业务盈利能力情况

本年度公司主营业务盈利能力随着募股资金投入所形成的生产能力提高而迅速提高，并且公司不断加大技术创新力度，全部产品毛利率比上年提高 1.85 个百分点。其中楼宇电气产品毛利率由上年的 14.64%提高到 16.02%，发电机组的产品由于原材料价格上涨及新设备折旧增加，毛利率下降 4.28 个百分点，电力电气产品和光电信息产品由于生产技术转型，毛利率水平迅速提高，分别比上年同期增加 12.27%和 29.5%。

(4)利润构成情况

本年度实现净利润比上年同期增加 1336 万元，增幅为 54.05%，其中主营业务利润比上年同期增加 3004 万元，增幅为 42.54%，主要是生产规模扩大和市场销售份额增大所致。其他业务利润比上年减少 23 万元，降幅为 1.39%，投资收益比上年增加 107 万元，增幅为 76%，主要是出售子公司资产收益增加所致，营业外收支净额开支比上年同期增加 153 万元，主要是处置长期资产一次性摊销所致。

(二)主要控股公司经营情况及业绩

1、江西泰豪电器城有限公司

江西泰豪电器城有限公司成立于 1994 年 7 月。注册资本为 1000 万元，法定代表人为李闵华。本公司出资 600 万元，出资比例为 60%。该公司主要经营家用电器及空调设备的安装、销售及维修、制冷技术服务等业务。江西泰豪电器城有限公司报告期实现主营业务收入 11297 万元，净利润 10 万元。期末总资产 8065 万元。1998 年 1 月起纳入合并报表范围。

2、深圳市清华泰豪智能科技有限公司

深圳市清华泰豪智能科技有限公司成立于 2001 年 8 月。注册资本为 2000 万元，法定代表人为孔祥川。本公司出资 1800 万元，出资比例为 90%。该公司主要从事智能电气产品、计算机软件的技术开发、销售及技术服务。深圳市清华泰豪智能科技有限公司报告期实现主营业务收入 1425 万元，净利润 30 万元。期末总资产 2675 万元。2001 年 8 月起纳入合并报表范围。

3、江西清华泰豪三波电机有限公司

江西清华泰豪三波电机有限公司成立于 2001 年 10 月，注册资本为 800 万元，法定代表人为毛勇。本公司出资 780 万元，出资比例为 97.5%。该公司主要从事电源设备、电机及成套设备、电气机械及器材研制、销售等。江西清华泰豪三波电机有限公司报告期实现主营业务收入 8780 万元，净利润 1688 万元。期末总资产 7318 万元。2001 年 10 月起纳入合并报表范围。

2003 年 1 月 16 日，第一届董事会第五次临时会议审议通过《关于对控股子公司江西清华泰豪三波电机有限公司增资扩股的议案》。2003 年 3 月 27 日，经江西省工商行政管理局核准，该公司办理了注册资本的变更，注册资本为 2000 万元，法定代表人为毛勇。本公司出资 1980 万元，出资比例为 99%。

4、北京康富英格尔智能电气技术有限公司

北京康富英格尔智能电气技术有限公司成立于 2001 年 6 月，注册资本为 2000 万元，法定代表人黄代放。本公司出资 1040 万元，出资比例为 52%。该公司主要从事技术开发、技术转让、技术咨询、技术服务、技术培训、销售开发后的产品等。北京康富英格尔智能电气技术有限公司报告期实现主营业务收入 3682 万元，净利润 97 万元。期末总资产 3390 万元。2002 年 5 月起纳入合并报表范围。

5、泰豪科技(深圳)电力技术有限公司

泰豪科技(深圳)电力技术有限公司成立于 2003 年 3 月。注册资本 2000 万元，法定代表人为黄代放。本公司出资 1500 万元，占注册资本的 75%。该公司主要从事电力设备、电力技术、仪器仪表和自动化系统的技术开发和购销。泰豪科技(深圳)电力技术有限公司报告期实现主营业务收入 4364 万元，净利润 591 万元。期末总资产 4314 万元。2003 年 3 月起纳入合并报表范围。

6、江西泰豪科技进出口有限公司

江西泰豪科技进出口有限公司成立于 2003 年 8 月。注册资本 500 万元，法定代表人为邹映明。本公司出资 450 万元，出资比例为 90%。该公司主要从事自营、代理各类商品和技术的进出口。江西泰豪科技进出口有限公司报告期尚未开始经营，期末总资产 500 万元。2003 年 8 月起纳入合并报表范围。

7、上海泰豪科技软件有限公司

上海泰豪科技软件有限公司成立于 2003 年 8 月。注册资本 50 万元，法定代表人为黄代放。本公司出资 40 万元，出资比例为 80%。该公司主要从事计算机软、硬件的开发、生产、销售；系统集成并提供相关技术服务；智能控制产品、电子电气产品、光电信息产品的销售；企业管理咨询等。上海泰豪科技软件有限公司报告期尚未开始经营。期末总资产 50 万元。2003 年 8 月起纳入合并报表范围。

(三)主要供应商、客户情况

报告期前五名供应商采购金额合计人民币 4312 万元，占本期公司采购总额比重的 11.64%。

报告期前五名销售客户销售金额合计人民币 5048 万元，占本期公司销售总额比重的 10.20%。

(四)在经营中出现的问题与困难及解决方案

面对加入 WTO 后，市场日益呈现国际化竞争的格局，企业间的竞争越来越趋于战略性的竞争。为克服这种竞争带来的压力，公司一方面积极规划产业方向，实施产业布局，制定了"主体+两翼"的发展战略，即以智能建筑电气产品为主体的智能建筑电气集成产业的发展；以军工产品为一翼的军工产业相关规模化的发展和以电机产品为另一翼的电机产业专业国际化的发展。另一方面，狠抓内部管理，提供企业生产经营效率，保持经营状况平稳有序。具体措施有：

1、在市场建设方面，公司成功协办了"第五届全国智能建筑技术交流会"，积极参与了"中国建筑业协会智能建筑专业委员会"的组建，并被选举为"中国建筑业协会智能建筑专业委员会执行副主任委员单位"，进一步提升公司在全国智能建筑领域的地位；

2、在质量管理方面，公司在通过 2000 版 ISO9001 质量管理体系认证和 ISO14001 环境管理体系认证的基础上，又顺利通过了 OHSAS18001 职业健康安全管理体系认证，成为江西省机械行业首家、国内为数不多的通过三大体系认证的企业；

3、在技术创新方面，公司本年度获国家重点新产品 1 项、国家火炬计划 5 项、20 项省级技术创新项目，省级科技进步奖 1 项。公司博士后科研工作站正式挂牌；

4、在信息化建设方面，持续开展"OEC 工程"、大力推进"ERP 工程"，完成 eOMP 办公信息化管理平台的搭建，完成物流仓储系统的试运行，有效提高企业运行效率和信息化管理水平。

三、报告期内的投资情况

(一)报告期内募集资金使用情况

公司经中国证券监督管理委员会证监发行字(2002)59 号文批准，于 2002 年 6 月 19 日首次向社会公众发行了普通股(A)4000 万股，每股发行价格 4.76 元，应募集资金总额 19040 万元，扣除发行费用 830.84 万元，实际募集资金净额为人民币 18209.16 万元。该募集资金公司已于 2002 年 6 月 26 日前收讫并经中磊会计师事务所有限公司中磊验字(2002)2003 号《验资报告》验证。

1、招股说明书所载前次募集资金使用计划

项目名称	承诺投资金额(万元) 建筑	设备及工程	流动安装
正交谐波励磁智能发电设备技改项目	795	5948	1125
智能建筑电气设备现场总线控制系统技改项目	22	2074	1778
智能化高低压开关柜技改项目	383	1678	2077
智能建筑信息管理系统项目	700	860	500
合计	1900	10560	5480

项目名称	承诺投资金额(万元) 其他资金	小计费用	投资地点
正交谐波励磁智能发电设备技改项目	1092	8960	南昌
智能建筑电气设备现场总线控制系统技改项目	667	4541	南昌
智能化高低压开关柜技改项目	799	4937	南昌
智能建筑信息管理系统项目	340	2400	北京
合计	2898	20838	

2、前次募集资金投向部分调整情况

在对募集资金项目进行实施过程中，根据市场、技术发展情况及企业资源的合理配置，为充分发挥募集资金的作用，提高募集资金的使用效率，确保投资收益，维护全体股东的利益，本公司对募集资金实施在保持投资项目、投资总金额和投资用途不变的情况下，对有关具体投资结构和投资地点进行部分调整。该募集资金调整的议案，已经公司第二届董事会第一次临时会议决议通过。公告刊登于 2003 年 5 月 27 日的《中国证券报》和《上海证券报》。调整情况如下：

项目名	调整后投资金额(万元) 建筑	设备及工程	流动安装
正交谐波励磁智能发电设备技改项目	3255	3000	2200
智能建筑电气设备现场总线控制系统技改项目	2000	1000	1350
智能化高低压开关柜技改项目	2049	1388	1500

项目名称			
智能建筑信息管理系统项目	1890	510	
合计	9194	5898	5050

项目名称	调整后投资金额(万元)其他资金	总投费用	调整后投资额地点
正交谐波励磁智能发电设备技改项目	505	8960	南昌/高安
智能建筑电气设备现场总线控制系统技改项目	191	4541	深圳
智能化高低压开关柜技改项目		4937	南昌
智能建筑信息管理系统项目		2400	北京
合计	696	20838	--

3、前次募集资金实际使用情况

项目名称	调整后计划投入金额(万元)	实际投入金额(万元)合计
正交谐波励磁智能发电设备技改项目	8,960.00	8,705.04
智能建筑电气设备现场总线控制系统技改项目	4,541.00	3,440.50
智能化高低压开关柜技改项目	4,937.00	3,902.51
智能建筑信息管理系统项目	2,400.00	1,890.00
合计	20,838.00	17,938.05

项目名称	实际投入金额(万元)2002 年	2003 年	完工程度
正交谐波励磁智能发电设备技改项目	5,351.44	3,353.60	100%
智能建筑电气设备现场总线控制系统技改项目	2,950.00	490.50	77%
智能化高低压开关柜技改项目	2,114.40	1,788.11	80%
智能建筑信息管理系统项目	1,890.00	81%	
合计	12,305.84	5,632.21	

注:(1)公司募集资金使用项目总投资 20838 万元,实际募集资金为 18209.16 万元,资金不足部分由公司通过其他融资渠道解决。

(2)正交谐波励磁智能发电设备技术改造项目是经国家经贸委投资[2000]134 号文批准的投资项目,投资总额为 8960 万元,截止 2003 年 12 月 31 日公司投入该项目募集资金 8705.04 万元,该项工程已完工。项目投资中的补充流动资金 2200 万元,其中 1200 万元公司用于投资江西清华泰豪三波电机有限公司。

(3)智能建筑电气设备现场总线控制系统技改项目是经江西省经贸委、江西省机械行业管理办公室赣机行[2000]200 号文批复,投资总额 4541 万元,截止 2003 年 12 月 31 日公司投入该项目募集资金 3440.50 万元,按原投资计划工程完工进度为 77%。项目投资中的补充流动资金 1350 万元,系用于投资深圳市清华泰豪智能科技有限公司。

(4) 智能化高低压开关柜技改项目是经江西省经贸委、江西省机械行业管理办公室赣机行[2000]197 号文批复, 投资总额 4937 万元, 截止 2003 年 12 月 31 日公司投入该项目募集资金 3902.51 万元,按原投资计划完工进度 80%。项目投资中的补充流动资金 1500 万元,系用于投资设立泰豪科技(深圳)电力技术有限公司。

(5)智能建筑信息管理系统项目是经江西省经贸委、江西省机械行业管理办公室赣机行[2000]198 号文批复,投资总额 2400 万元,截止 2003 年 12 月 31 日公司投入该项目募集资金 1890 万元,按原投资计划完工进度 81%。

(6)上述募集资金的投资项目与承诺项目一致。

4、前次募集资金投资项目实现收益情况

(1)正交谐波励磁智能发电设备技术改造项目截止 2003 年底已全部完工。2002 年竣工的机组试验设备、电机生产设备已新增利润 120 万元。2003 年陆续竣工的电机精加工设备在年底前全部投入生产,2003 年投入的流动资金和已形成的资产共新增利润 545 万元。

(2)智能建筑电气设备现场总线控制系统技改项目建筑工程已在 2003 年底竣工,尚未投入使用,未产生效益。

(3)智能化高低压开关柜技改项目建筑工程及部分设备已在 2003 年底投入使用,尚未产生效益。公司投资泰豪科技(深圳)电力技术有限公司 1500 万元,2003 年已实现收益 484.94 万元。

(4)智能建筑信息管理系统项目已用募集资金 1890 万元完成建筑工程,并于 2003 年底完工并投入使用,尚未产生效益。

5、前次募集资金实际使用情况与涉及公司信息披露文件中的有关内容对照

项目	2002 年信息披露投资、使用金额(万元)	2002 年实际投资使用金额(万元)	差异 (万元)
正交谐波励磁智能发电设备技改项目	5,351.44	5,351.44	0.00
智能建筑电气设备现场总线控制系统技改项目	2,000.00	2,950.00	950.00
智能化高低压开关柜技改项目	3,449.00	2,114.40	−1,334.60
智能建筑信息管理系统项目	1,890.00	1,890.00	0.00
合计	12,690.44	12,305.84	−384.60

注:(1)智能建筑电气设备现场总线控制系统技改项目实际金额与公司披露金额的差异 950 万元,为公司 2002 年投资深圳市清华泰豪智能科技有限公司 1350 万元(该投资已在公司第二届董事会第一次临时会议决议中变更的募集资金投向中列明)及深圳市清华创业投资有限公司于 2003 年退回工程结余款 400 万元。

(2)智能化高低压开关柜技改项目实际金额与公司披露金额的差异 1334.60 万元,为公司 2002 年预付工程款 3449 万元,2003 年第一期工程实际结算金额为 2114.40 万元。

6、前次募集资金使用结余情况

截至 2003 年 12 月 31 日止,公司首次发行 A 股募集资金 18209.16 万元,实际投入使用 17938.05 万元,尚结余 271.11 万元,占前次募集资金总额 1.49%,公司对结余募集资金将按计划投入计划项目。

(二)报告期内非募集资金的投资情况

1、本公司于 2003 年 8 月投资 450 万元设立江西泰豪科技进出口有限公司,持股比例为 90%。

2、本公司于 2003 年 8 月投资 40 万元设立上海泰豪科技软件有限公司,持股比例为 80%。

3、本公司于 2003 年 12 月投资 311 万元建设泰豪科技研发基地项目。

四、报告期内的财务状况

单位:人民币元

项目	2003 年 12 月 31 日	2002 年 12 月 31 日	本年比上年增减(%)
总资产	761,632,893.76	646,393,983.76	17.83
应收账款	104,562,490.03	69,046,505.91	51.44
存货	107,636,948.61	104,294,364.47	3.20
固定资产	264,011,123.75	173,291,049.47	52.35
股东权益	368,633,963.80	343,873,938.82	7.20

项目	2003 年度	2002 年度	本年比上年增减(%)
主营业务收入	494,941,021.48	381,925,621.31	29.59
主营业务成本	392,030,720.88	309,471,909.41	26.68
主营业务利润	100,658,625.92	70,615,659.45	42.54
营业费用	26,444,682.93	16,770,524.42	57.69
管理费用	29,165,698.24	24,187,765.67	20.58
财务费用	6,975,937.84	5,275,444.45	32.23
投资收益	2,497,619.93	1,409,480.43	77.20
净利润	38,065,706.98	24,709,987.97	54.05
现金及现金等价物净增加额	28,335,287.17	69,047,067.71	−58.96

(一)资金情况分析

1、本年度总资产比上年同期增加 11524 万元,主要是公司生产规模迅速扩大,增加贷款形成资产及净资产增加所致。

2、应收账款比上年同期增加 3552 万元,增幅达 51.44%,主要原因是部分产品结算期延缓和行业特点所致,目前有明显改观。

3、存货资产基本保持上年同期水平。

4、固定资产比上年同期增加了 9072 万元,增幅 52.35%,主要是募股资金投入竣工后形成的资产所致。

5、股东权益比上年同期增加 2476 万元,主要是净资产收益增加所致。

(二)收益概况分析

1、本年度主营业务收入增加 11301 万元,增幅为 29.59%,主要是募股资金投入后形成的新的生产力和开拓市场形成的生产销售能力所致。

2、主营业务成本比上年同期增加 8256 万元,增幅为 26.68%,主要是随生产量提高而增加的成本开支。

3、主营业务利润比上年同期增加 3004 万元,增幅为 42.54%,明显超过收入和成本的增幅,主要原因是在上规模、提产量的前提下,公司狠抓产品成本管理,提高效率所致。

4、营业费用比上年同期增加 967 万元,增幅达 57.69%,主要原因是公司加大市场投入,设置全国范围的销售网络的费用增加所致。

5、管理费用比上年同期增加 498 万元,增幅达 20.58%,主要是生产规模扩大所致。

6、财务费用比上年度增加 170 万元,增幅 32.23%,主要是因为生产规模扩大后增加流动资金贷款所致。

7、投资收益比上年同期增加 109 万元,增幅为 77.2%,主要是公司出售子公司资产取得收益所致。

8、净利润比上年同期增加 1336 万元,增幅为 54.05%,主要是因为主营业务收益增加所致。

9、现金及现金等价物净增加额比上年同期减少 4072 万元,降幅为 58.96%,主要是募股资金投入使用和自筹资金增加投资项目所致。

五、报告期内,生产经营环境以及宏观政策、法规变化对公司的影响本年度本行业的生产经营环境以及宏观政策、法规变化相对稳定。

六、董事会日常工作情况

(一)报告期内,公司董事会共计召开十次会议,会议的召开、表决及信息披露符合国家有关法律、法规及监管部门的要求。会议召开情况及决议内容如下:

1、2003 年 1 月 16 日,公司召开第一届董事会第五次临时会议。会议通过如下决议:

(1)审议通过关于对控股子公司江西清华泰豪三波电机有限公司增资扩股的议案;

(2)审议通过关于投资设立泰豪科技(深圳)电力技术有限公司的议案。

2、2003 年 3 月 16 日,公司召开第一届董事会第十一次会议。会议通过如下决议:

(1)审议通过 2002 年度总裁工作报告;

(2)审议通过 2002 年度董事会工作报告;

(3)审议通过 2002 年年度报告正文及摘要;

(4)审议通过 2002 年度财务决算及利润分配预案;

(5)审议通过 2003 年财务预算报告;

(6)审议通过关于修改公司章程的议案;

(7)审议通过股东大会议事规则;

(8)审议通过关于董事会换届及聘请独立董事的议案;

(9)审议通过关于召开 2002 年年度股东大会的议案

本次会议决议公告刊登于 2003 年 3 月 19 日的《中国证券报》和《上海证券报》。

3、2003 年 4 月 21 日,公司召开第二届董事会第一次会议。会议通过如下决议:

(1)审议通过关于选举第二届董事会董事长和副董事长的议案;

(2)审议通过关于聘任公司高级管理人员的议案;

(3)审议通过 2003 年第一季度报告;

(4)审议通过关于投资设立江西泰豪房地产实业有限公司的议案;

(5)审议通过关于授权公司总裁办公会项目投资权的议案;

(6)审议通过拟转让本公司持有的天津天动动力有限公司股权的议案;

(7)讨论了公司高级管理人员实行年薪制方案的框架意见;

(8)审议通过关于组织修订董事会议事规则的议案;

(9)审议通过关于组织修订总裁工作条例的议案。

本次会议决议公告刊登于 2003 年 4 月 23 日的《中国证券报》和《上海证券报》。

4、2003 年 5 月 26 日,公司召开第二届董事会第一次临时会议。会议通过如下决议:

(1)审议通过关于在全国重点城市设立代表处的议案;

(2)审议通过关于在募集资金实施中对有关具体投资结构和投资地点进行部分调整的议案;

(3)审议通过关于天津天动动力有限公司股权转让实施暨关联交易的议案;

(4)审议通过关于与泰豪信息技术股份有限公司签订机电总包工程合同暨关联交易的议案;

(5)审议通过关于与北京清华同方房地产开发有限公司签订商品房买卖合同暨关联交易的议案。

本次会议决议公告刊登于 2003 年 5 月 27 日的《中国证券报》和《上海证券报》。

5、2003 年 5 月 30 日,公司召开第二届董事会第二次临时会议。会议通过《泰豪科技股份有限公司关于中国证监会南昌证券监管特派员办事处巡检有关问题的整改报告》。

本次会议决议公告刊登于 2003 年 5 月 31 日的《中国证券报》和《上海证券报》。

6、2003 年 7 月 8 日,公司召开第二届董事会第三次临时会议。会议通过关于公司向中国银行南昌市西湖支行申请人民币 6000 万元综合授信额度的议案。

7、2003 年 7 月 30 日, 公司召开第二届董事会第四次临时会议。会议通过 2003 年半年度报告全文及摘要。

8、2003 年 8 月 18 日,公司召开第二届董事会第五次临时会议。会议通过关于公司向中国民生银行福州分行闽都支行办理人民币壹亿元综合授信额度的议案。

9、2003 年 10 月 22 日,公司召开第二届董事会第六次临时会议。会议通过如下决议:

(1)审议通过 2003 年第三季度报告;

(2)审议通过投资者关系管理办法。

本次会议决议公告刊登于 2003 年 10 月 25 日的《中国证券报》和《上海证券报》。

10、2003 年 12 月 5 日, 公司召开第二届董事会第七次临时会议。会议通过关于公司为控股子公司北京康富英格尔智能电气有限公司 2000 万贷款提供担保的议案。

(二)董事会执行股东大会决议的情况

根据2003年4月20日召开的2002年度股东大会审议通过的利润分配方案。公司于2003年6月6日在《中国证券报》和《上海证券报》刊登了关于分红派息实施公告,公司以2002年12月31日总股本133,056,828股为基数,向股权登记日在册的全体股东按每10股派现1.00元(含税),共计13,305,682.00元,尚余可供分配的利润44,508,190.96元结转下年度。现金红利发放日2003年6月18日。

七、本次利润分配及资本公积金转增股本预案

经中磊会计师事务所审计,2003年度本公司实现利润总额为41,735,314.74元,净利润38,065,706.98元,根据《公司法》和公司章程规定,提取法定盈余公积金10%为3,722,840.27元,提取法定公益金5%为1,861,420.14元之后,剩余利润32,481,446.57元,加上年初未分配利润57,813,872.96元,减去本年度分配2002年度现金股利13,305,682元,合计可供股东分配利润为76,989,637.53元。

根据本公司第二届董事会第三次会议通过的有关决议,本公司利润分配及资本公积金转增股本预案如下:

利润分配预案为:公司2003年度拟以2003年12月31日总股本133,056,828股为基础,按每10股送2股的比例向全体股东派送红股26,611,365股(每股面值1元);以2003年12月31日的公司总股本133,056,828股为基数,每10股派现金红利0.50元(含税),共计分配6,652,841元,剩余利润结转以后年度分配。

资本公积金转增股本预案为:以2003年12月31日总股本133,056,828股为基础,用资本公积金以每10股转增3股的比例,向全体股东转增股本,共计39,917,048股(每股面值1元)。本次资本公积金转增股本总金额为39,917,048元。转增前可转增的资本公积金为143,508,586.35元,转增后,资本公积金结余为103,591,538.35元。

此预案须经股东大会审议通过。

八、其他需要披露事项

(一)关于与关联方资金往来及对外担保行为的自查报告

根据中国证监会《关于规范上市公司与关联方资金往来及上市公司对外担保若干问题的通知》要求,公司对与关联方资金往来及对外担保进行了认真的自查,并于2003年9月30日向中国证监会南昌证券监管特派员办事处上报了《泰豪科技股份有限公司关于与关联方资金往来及对外担保行为的自查报告》。

(二)中磊会计师事务所有限责任公司对本公司与控股股东及其他关联方资金往来情况和其对外担保情况的专项说明:

中国证监会南昌证券监管特派员办事处:

按照贵办赣证发[2003]127号《关于做好2003年度财务报告审计工作的通知》要求,并根据中国证监会、国务院国有资产监督管理委员会[证监发(2003)56号]《关于规范上市公司与关联方资金往来及上市公司对外担保若干问题的通知》的有关规定,我们在对泰豪科技股份有限公司(以下简称泰豪科技)2003年度会计报表进行审计时,就其控股股东及其他关联方占用资金和对外担保情况进行了充分关注,根据泰豪科技提供的相关资料,现就其控股股东及其他关联方占用资金和对外担保情况说明如下:

1、2003年泰豪科技控股股东及其他关联方占用资金情况

(1)占用资金明细情况表

关联方	项目	2002.12.31	借方发生额
江西清华泰豪科技集团有限公司	其他应收款	3,860,000.00	79,890,000.00
北京清华泰豪智能科技有限公司	其他应收款	2,000,000.00	5,859,613.07
关联方项目	贷方发生额	2003.12.31	款项性质
江西清华泰豪科技集团有限公司	83,750,000.00	0.00	
北京清华泰豪智能科技有限公司	6,259,613.07	1,600,000.00	垫付款

(2)占用资金方与泰豪科技的关系

江西清华泰豪科技集团有限公司为泰豪科技第二大股东;

北京清华泰豪智能科技有限公司与泰豪科技有同一股东,即江西清华泰豪科技集团有限公司。

2、泰豪科技提供担保情况

(1)泰豪科技2002年度分别为泰豪信息技术股份有限公司6300万元银行借款、凤凰光学控股有限公司3000万元银行借款提供担保,上述担保合同已分别于2003年6月23日、2003年11月20日解除。

(2)截止2003年12月31日泰豪科技为其控股子公司深圳市清华泰豪智能科技有限公司银行借款提供担保金额为500万元。

我们未发现泰豪科技2003年度存在为其控股股东及公司持股50%以下的其他关联方、任何非法人单位或个人提供担保情况。

(三)独立董事关于公司对外担保情况的专项说明及独立意见

作为泰豪科技股份有限公司的独立董事,根据中国证券监督管理委员会证监发[2003]56号文《关于规范上市公司与关联资金往来及上市公司对外担保若干问题的通知》的有关规定,就公司累计和当期对外担保情况、执行证监发(2003)56文规定情况作如下专项说明和独立意见:

报告期内,公司根据《通知》规定,对现有担保进行了清理和解除。其中公司分别为泰豪信息技术股份有限公司、凤凰光学控股有限公司的担保事项均已解除。截止2003年12月31日,公司没有为控股股东及其他关联方、任何非法人单位或个人提供担保。

截止2003年12月31日,公司累计对外担保金额为800万元。其中为控股子公司的担保金额为500万元。上述担保均履行了相关审批程序,符合法律法规和公司章程的规定。

(四)报告期内公司信息披露报刊没有变更。

第七节　重要事项

一、报告期内公司无重大诉讼、仲裁事项

二、报告期内收购及出售资产、吸收合并事项

2003年4月21日,经公司第二届董事会第一次会议审议通过,本公司拟转让天津天动动力有限公司51%股权,股权转让价格以天津天动动力有限公司2002年12月31日经审计的股权投资账面价值3,536,288元为基准。公告刊登于2003年4月23日的《中国证券报》和《上海证券报》。

2003年5月26日,经第二届董事会第一次临时会议审议通过,本公司将所持天津天动动力公司51%的股权以人民币480万元的价格转让给北京清华泰豪智能科技有限公司。鉴于北京清华泰豪智能科技有限公司系本公司第二大股东江西清华泰豪科技集团有限公司的子公司,故该交易构成关联交易。关联董事依照有关规定在审议上述议案时回避表决。公司独立董事对该关联交易的表决程序及公平性发表了意见,认为该关联交易表决程序符合有关法律法规和公司章程的规定,关联交易价格是在交易双方友好协商的基础上达成的,保证了公司投资收益,没有损害公司和股东的利益。公告刊登于2003年5月27日的《中国证券报》和《上海证券报》。2003年5月30日,本公司与北京清华泰豪智能科技有限公司签订了股权转让协议。本公司不再持有天津天动动力公司的股权。

由于天津天动动力有限公司产品市场竞争力弱,整体管理水平偏低,限制了盈利能力的提高,短期内无法实现扭亏现状。此次股权转让有利于本公司盘活资金,提高盈利能力,增强核心竞争力,实现可持续性发展。

三、报告期内重大关联交易事项

1、资产、股权转让发生的关联交易

详见前条"报告期内收购及出售资产、吸收合并事项"。

2、其他重大关联交易

2003年5月26日,第二届董事会第一次临时会议分别审议通过以下两项关联交易:

为发挥本公司机电总包的产业优势,建设优质品牌工程,本公司与泰豪信息技术股份有限公司签订机电总包合同。合同总金额为399.67万元。鉴于泰豪信息技术股份有限公司系本公司第二大股东江西清华泰豪科技集团有限公司的子公司,故该交易构成关联交易。

本公司与北京清华同方房地产开发有限公司签订《商品房买卖合同》。合同总金额为1899.97万元。鉴于北京清华同方房地产开发有限公司系本公司第一大股东清华同方股份有限公司的控股子公司,故上述交易构成关联交易。

关联董事依照有关规定在审议上述议案时回避表决。公司独立董事对上述关联交易的表决程序及公平性发表了意见,认为上述关联交易表决程序符合有关法律法规和公司章程的规定,上述关联交易属正常的销售行为,定价符合市场原则,未损害公司利益。公告刊登于2003年5月27日的《中国证券报》和《上海证券报》。

四、重大合同及其履行情况

1、报告期内公司未发生托管、承包其他公司资产或其他公司托管、承包、租赁本公司资产的事项。

2、报告期内公司没有发生履行的及尚未履行完毕的重大担保合同。

公司为控股子公司担保的情况为:截止2003年12月31日公司为控股子公司深圳市清华泰豪智能科技有限公司银行借款提供担保金额为500万元。

2003年12月5日,公司第二届董事会第七次临时会议审议通过为控股子公司北京康富英格尔智能电气有限公司申请办理流动资金贷款2000万元提供连带责任担保。截止报告日该贷款行为尚未发生。

3、报告期内,公司没有发生或报告期继续发生委托他人进行现金资产管理事项。

4、其他重要合同

报告期内,本公司于2003年6月20日与江西昌九置业有限公司签订《红岭花园安置小区合作开发建设合同》,双方合作成立红岭花园项目部,负责实施红岭花园建设工程施工任务。该项目的总体运作资金为2亿元,该项目的总体运作资金为2亿元,分别由昌九置业投入1.5亿元人民币和本公司投入5千万元人民币。该项目的可分配利润按昌九置业和本公司投入的运作资金比例分配,本公司可获得的利润不低于本公司投入运作资金的8%。另合同规定,本公司为红岭花园楼宇电气设备的优先供应商。公告刊登于2003年6月27日的《中国证券报》和《上海证券报》。

五、公司或持股5%以上股东未在报告期内或持续到报告期内有重大承诺事项。

六、会计师事务所聘任及报酬情况

报告期内公司聘请中磊会计师事务所有限责任公司为公司审计机构。报告年度公司支付中磊会计师事务所有限责任公司的报酬为财务审计费用35万元(不含差旅、食宿等)。中磊会计师事务所有限责任公司从1999年起为公司提供审计服务,已连续服务5年。

七、报告期内,公司、公司董事会及董事没有受中国证监会稽查、中国证监会行政处罚、通报批评、上海证券交易所公开谴责的情形。

中国证监会南昌证券监管特派员办事处于2003年4月21日至24日对本公司进行了例行巡回检查,并于2003年5月12日下发了赣证发[2003]32号文《关于泰豪科技股份有限公司有关问题限期整改的通知》。公司高度重视监管部门的巡回检查,积极配合巡检工作,并对通知中提出的问题,逐项制定和落实可行的整改方案和措施。整改报告于2003年5月30日经第二届董事会第二次临时会议审议通过,公告刊登于2003年5月31日的《中国证券报》、《上海证券报》。公司将以此次巡检为契机,在以后的工作中严格按照法律法规,进一步完善公司法人治理结构,促进公司的规范运作和健康发展。

八、已披露重要事项信息索引

1、2003年3月19日,公司公布第一届董事会第十一次会议决议暨召开2002年度股东大会的公告、第一届监事会第八次会议决议公告,具体内容刊登在《中国证券报》第26版、《上海证券报》第8版,也可通过登陆上海证券交易所网站http://www.sse.com.cn,在"上市公司资料检索"中输入公司股票代码查询(下同)。

2、2003年4月22日,公司公布2002年度股东大会决议公告,具体内容刊登在《中国证券报》第17版、《上海证券报》第12版,也可通过登陆上海证券交易所网站http://www.sse.com.cn查询。

3、2003年4月23日,公司公布第二届董事会第一次会议决议公告、第二届监事会第一次会议决议公告,具体内容刊登在《中国证券报》第34版、《上海证券报》第33版,也可通过登陆上海证券交易所网站http://www.sse.com.cn查询。

4、2003年5月17日,公司公布关于法人股股东股权质押的公告,具体内容刊登在《中国证券报》第11版、《上海证券报》第28版,也可通过登陆上海证券交易所网站http://www.sse.com.cn查询。

5、2003年5月27日,公司公布第二届董事会第一次临时会议决议公告、第二届监事会第一次临时会议决议公告、公司关于天津天动动力有限公司股权转让实施暨关联交易的公告、公司与泰豪信息技术股份有限公司签订工程合同暨关联交易的公告、公司与北京清华同方房地产开发有限公司签订商品房买卖合同暨关联交易的公告,具体内容刊登在《中国证券报》第27版、《上海证券报》第36版,也可通过登陆上海证券交易所网站http://www.sse.com.cn查询。

6、2003年5月31日,公司公布第二届董事会第二次临时会议决议公告,具体内容刊登在《中国证券报》第16版、《上海证券报》第28版,也可通过登陆上海证券交易所网站http://www.sse.com.cn查询。

7、2003年6月6日,公司公布2002年度分红派息实施公告,具体内容刊登在《中国证券报》第20版、《上海证券报》第12版,也可通过登陆上海证券交易所网站http://www.sse.com.cn查询。

8、2003年6月27日,公司公布重要合同公告,具体内容刊登在《中国证券报》第28版、《上海证券报》第36版,也可通过登陆上海证券交易所网站http://www.sse.com.cn查询。

9、2003年8月20日,公司公布6000万综合授信额度公告,具体内容刊登在《中国证券报》第8版、《上海证券报》第36版,也可通过登陆上海证券交易所网站http://www.sse.com.cn查询。

10、2003年10月25日,公司公布第二届董事会第二次临时会议决议公告,具体内容刊登在《中国证券报》第41版、《上海证券报》第40版,也可通过登陆上海证券交易所网站http://www.sse.com.cn查询。

第八节　备查文件目录

一、载有法定代表人、主管会计工作负责人、会计机构负责人签名并盖章的会计报表。

二、载有会计师事务所盖章、注册会计师签名并盖章的审计报告原件。

三、报告期内在《上海证券报》上公开披露过的所有公司文件的正本及公告的原稿。

泰豪科技股份有限公司

董事长:陆致成

二零零四年三月五日

大连圣亚海洋世界股份有限公司

大连圣亚海洋世界股份有限公司2003年年度报告

重要提示

1、本公司董事会及其董事保证本报告所载资料不存在任何虚假记载、误导性陈述或者重大遗漏,并对其内容的真实性、准确性和完整性负个别及连带责任。

2、大连华连会计师事务所有限责任公司为本公司出具了标准无保留意见的审计报告。

3、公司董事长栗东生先生、总经理周昱今先生、财务部总监朱平君先生声明:保证本年度报告中的财务报告真实、完整。

第一节 公司基本情况

1、公司法定中文名称:大连圣亚海洋世界股份有限公司

公司法定英文名称:Dalian Shengya Ocean World Co.,LTD.

2、法定代表人:栗东生

3、董事会秘书:肖峰

联系地址:辽宁省大连市沙河口区中山路608-6-8号

电子信箱:tzb@sunasia.com

联系电话:0411-84685225

传真:0411-84685217

4、公司注册及办公地址:辽宁省大连市沙河口区中山路608-6-8号

邮政编码:116023

公司网址:http://www.sunasia.com

电子信箱:tzb@sunasia.com

5、股票上市地点:上海证券交易所

股票简称:大连圣亚

股票代码:600593

6、选定的中国证监会指定报纸:《中国证券报》、《上海证券报》、《证券时报》

信息披露网站:http://www.sse.com.cn

年度报告备置地点:大连市沙河口区中山路608-6-8号大连圣亚海洋世界股份有限公司投资管理部

7、其他有关资料

公司成立日期:1994年1月18日

注册地点:辽宁省大连市沙河口区中山路608-6-8号

企业法人营业执照注册号:企股辽大总(副)字02426号

税务登记号码:210204604862592

公司聘请的会计师事务所:大连华连会计师事务所有限责任公司

公司聘请的会计师事务所办公地址:大连市中山区同庆街67号

第二节 会计数据和业务数据摘要

一、年度主要会计数据情况(单位:元)

项目	2003年
利润总额	-29,790,432.06
净利润	-28,668,245.15
扣除非经常性损益后的净利润	-27,992,810.35
主营业务利润	1,075,511.58
其他业务利润	152,000.00
营业利润	-29,114,997.26
补贴收入	-
营业外收支的净额	675,434.80
经营活动产生的现金流量净额	-7,685,278.01
现金及现金等价物净增减额	-128,594,144.66
扣除非经常性损益的项目	
1营业外收入	-
2营业外支出	675,434.80

二、截至报告期末公司前三年的主要会计数据和财务指标情况

项目	单位	2003年
主营业务收入	元	36,368,286.63
净利润	元	-28,668,245.15
摊薄	元/股	-0.31
每股收益加权	元/股	-0.31
摊薄	%	-9.65
净资产收益率加权	%	-9.08

项目	2002年	2001年
主营业务收入	69,012,065.96	68,024,295.00
净利润	22,063,122.57	23,132,924.45
摊薄	0.24	0.39
每股收益加权	0.30	0.39
摊薄	6.68	25.79
净资产收益率加权	11.04	21.18

项目	单位	2003年12月31日
总资产	元	385,199,917.72
股东权益(不含	元	296,947,032.86
少数股东权益)每股净资产	元/股	3.23
调整后的每股净资产	元/股	3.23
每股经营活动产生的现金流量净额	元/股	-0.08

项目	2002年12月31日	2001年12月31日
总资产	382,625,319.88	122,372,627.40
股东权益(不含	330,215,278.01	89,682,641.23
少数股东权益)每股净资产	3.59	1.49
调整后的每股净资产	3.58	1.46
每股经营活动产生的现金流量净额	0.36	0.51

三、利润表附表

	净资产收益率(%)	
项目	全面摊薄	加权平均
主营业务利润	0.36	0.34
营业利润	-9.80	-9.22
净利润	-9.65	-9.08
扣除非经常性损益后的净利润	-9.43	-8.87

	每股收益(元)	
项目	全面摊薄	加权平均
主营业务利润	0.01	0.01
营业利润	-0.32	-0.32
净利润	-0.31	-0.31
扣除非经常性损益后的净利润	-0.30	-0.30

上述指标根据《公开发行证券的公司信息披露编报规则第九号》计算。

四、报告期内股东权益变动情况(单位:元)

项目	期初数	本期增加
股本	92,000,000.00	0
资本公积	206,132,500.00	0
盈余公积	13,329,123.83	0
其中:公益金		
未分配	14,153,654.18	--
拟分配的	4,600,000.00	--
现金股利股东权益合计	330,215,278.01	--

项目	本期减少	期末数	变动原因
股本	0	92,000,000.00	
资本公积	0	206,132,500.00	
盈余公积	0	13,329,123.83	
其中:公益金未分配	28,668,245.15	-14,514,590.97	利润公司年度经营亏损
拟分配的现金股利	4,600,000.00	0	
股东权益	33,268,245.15	296,947,032.86	公司年度经营亏损

第三节 股本变动及股东情况

一、公司股份变动情况表

股份类型	期初数	本期增减(+、-)						期末数
		配股	送股	公积金转股	增发	新股发行	小计	
一、未上市流通股								
1、发起人股份	60,000,000							60,000,000
其中:								
(1)国有法人股	27,000,000							27,000,000
(2)境内法人股	18,000,000							18,000,000
(3)境外法人股	15,000,000							15,000,000
二、已上市流通股份								
1、人民币普通股	32,000,000							
三、股份总数	92,000,000							92,000,000

二、股票发行与上市情况

报告期内无增发新股及配股等事项。

三、公司股东情况介绍

1、截止2003年12月31日,公司股东总数为15,748户。

2、截止2003年12月31日,公司前十名股东情况如下:

报告期末股东总数 15748

前十名股东持股情况

股东名称(全称)	年度内增减	年末持股数量
中国石油辽阳石油化纤公司	0	27,000,000
辽宁迈克集团股份有限公司	0	15,000,000
新西兰海底世界工程开发有限公司	0	9,000,000
香港世隆国际有限公司	0	6,000,000
大连神洲游艺公司	0	3,000,000
孙玉玲	未知	758,807

栗广新	未知	282,000
任茂敬	未知	148,100
张春多	未知	130,000
井付力	未知	116,000

前十名股东关联关系或一致行动的说明：1、前十大股东中，本公司第一大股东中国石油辽阳石油化纤公司持有本公司第四大股东香港世隆国际有限公司65%的股份，为该公司的控股公司。本公司其他未流通股股东之间无关联关系或一致行动。2、报告期内持有本公司5%以上股份的股东，所持股份均无转让、质押和冻结情况。3、本公司第一大股东中国石油辽阳石油化纤公司代表国家持有2700万股国有法人股。本公司第三大股东新西兰海底世界工程开发有限公司、第四大股东香港世隆国际有限公司为公司外资股东，分别持有900万股和600万股境外法人股。

股东名称(全称)	比例(%)	股份类别(已流通或未流通)	质押或冻结的股份数量	股东性质(国有股东或外资股东)
中国石油辽阳石油化纤公司	29.35	未流通	无	国有股
辽宁迈克集团股份有限公司	16.30	未流通	无	法人股
新西兰海底世界工程开发有限公司	9.78	未流通	无	外资法人股
香港世隆国际有限公司	6.52	未流通	无	外资法人股
大连神洲游艺公司	3.26	未流通	无	法人股
孙玉玲	0.82	已流通	未知	社会公众股
栗广新	0.30	已流通	未知	社会公众股
任茂敬	0.16	已流通	未知	社会公众股
张春多	0.14	已流通	未知	社会公众股
井付力	0.12	已流通	未知	社会公众股

报告期末股东总数

前十名股东持股情况

前十名流通股股东持股情况

股东名称(全称)	年末持有流通股的数量	种类(A、B、H股或其它)
孙玉玲	758807	A股
栗广新	282000	A股
任茂敬	148100	A股
张春多	13000	A股
井付立	116000	A股
徐华	110000	A股
陈秀养	100000	A股
陈继中	100000	A股
陈锐	95000	A股
刘华	85200	A股

前十名流通股股东关联关系的说明　公司未知前十名流通股股东是否存在关联关系

3、公司前十大股东持股相关情况

(1)前十大股东中，本公司第一大股东中国石油辽阳石油化纤公司持有本公司第四大股东香港世隆国际有限公司65%的股份，为该公司的控股公司。本公司其他未流通股股东之间无关联关系。本公司未知流通股股东之间是否存在关联关系。

(2)报告期内持有本公司5%以上股份的股东，所持股份均无转让、质押和冻结情况。

(3)本公司第一大股东中国石油辽阳石油化纤公司代表国家持有2700万股国有法人股。本公司第三大股东新西兰海底世界工程开发有限公司、第四大股东香港世隆国际有限公司为公司外资股东，分别持有900万股和600万股境外法人股。

(4)公司控股股东中国石油辽阳石油化纤公司是隶属于中国石油天然气集团公司的国有独资公司，成立于1988年10月6日，注册资金233,500万元，主营范围为化纤，化纤单体塑料原料，石油化工原料，承包境外石化工程及所需的设备、材料出口和派遣境外工程所需的劳务人员，境内国际招标工程。

(5)公司第二大股东辽宁迈克集团股份有限公司持有本公司16.30%的股份，该公司前身为辽宁省机械设备进出口公司，1997年9月4日经中国对外贸易经济合作部批准成立，住所为大连市中山区昆明街42号，法定代表人康剑，注册资本4000万元，企业类型为股份有限公司，经营范围为机械设备、电子产品、仪器仪表、工农具、运输工具出口及国家政策允许的进出口贸易；承办中外合资、合作及"三来一补"业务；易货贸易及转口贸易；商务代理、住处咨询；上述出口转内销及易货商品国内销售。

第四节　董事、监事、高级管理人员和员工情况

一、基本情况

(一)任期及持股情况

姓　名	职务	性别	年龄	任期起止日期	本期持股数
栗东生	董事长	男	47	2003.6--2006.6	0
王双宏	副董事长	男	47	2003.6--2006.6	0
周昱今	副董事长、总经理	男	44	2003.6--2006.6	0
赵　伟	董事	男	54	2003.6--2006.6	0
刘德义	董事	男	46	2003.6--2006.6	0
肖　军	董事	女	36	2003.6--2006.6	0
艾洪德	独立董事	男	49	2003.6--2006.6	0
袁琳独	独立董事	女	44	2003.6--2006.6	0
王盛军	独立董事	男	34	2003.6--2006.6	0
高锐峰	监事会召集人	女	52	2003.6--2006.6	0
范　力	监事	男	37	2003.6--2006.6	0
赵成东	监事	男	36	2003.6--2006.6	0
吕　刚	副总经理	男	35	2003.6--2006.6	0
肖　峰	副总经理、董事会秘书	男	36	2003.6--2006.6	0
王　炜	副总经理	男	36	2003.6--2006.6	0
朱平君	财务总监	男	33	2003.6--2006.6	0

注：报告期内公司董事、监事、高管人员均未持有本公司股票。

(二)在股东单位任职情况

姓名	任职的股东名称	在股东单位担任的职务	任职期间	是否领取报酬、津贴(是或否)
栗东生	中国石油辽阳石油化纤公司	总经理	2003年~今	否
王双宏	辽宁迈克集团股份有限公司	副董事长、副总裁	1994年~今	否
赵伟	中国石油辽阳石油化纤公司	处长	1998年~今	否
刘德义	大连神州游艺公司	总经理	1993年~今	否
肖军	中国石油辽阳石油化纤公司	科长	1999年~今	否
高锐峰	中国石油辽阳石油化纤公司	副处长	1999年~今	否
范力	辽宁迈克集团股份有限公司	办公室副主任	1994年~今	否

二、年度报酬情况

现任公司董事、监事及高级管理人员的年度报酬总额为631333.24元，在公司领取薪酬的董事一人，领取的报酬额为15.98万元，金额最高的前三名高级管理人员的报酬总额为36.68万元。

三、报告期内聘任及离任的董事、监事、高级管理人员

2003年3月24日，公司召开第一届董事会2003年第一次会议，根据公司总经理周昱今先生的提名，聘请吕刚先生为公司常务副总经理，肖峰先生、王炜先生为公司副总经理，朱平君先生为公司财务总监。

2003年5月23日，公司召开第一届董事会2003年第三次会议，董事会推举栗东生先生、王双宏先生、周昱今先生、赵伟先生、刘德义先生、肖军女士、艾洪德先生、王盛军先生、袁琳女士为第二届董事会董事候选人，其中艾洪德先生、王盛军先生、袁琳女士为独立董事候选人。

2003年5月23日，公司召开第一届监事会2003年第三次会议，选举高锐峰女士、范力先生为公司第二届监事会监事候选人，赵成东先生为公司职工代表推选的监事候选人。

2003年6月26日，公司召开2002年度股东大会，选举栗东生先生、王双宏先生、周昱今先生、赵伟先生、刘德义先生、肖军女士、艾洪德先生、王盛军先生、袁琳女士为第二届董事会董事，其中艾洪德先生、王盛军先生、袁琳女士为独立董事，选举高锐峰女士、范力先生、赵成东先生为公司第二届监事会监事，赵成东先生为公司职工代表推选的监事。

2003年6月26日，公司召开第二届董事会2003年第一次会议，选举栗东生先生为公司第二届董事会董事长，王双宏先生、周昱今先生为副董事长，同意聘任周昱今先生为公司总经理，吕刚先生为公司常务副总经理，肖峰先生、王炜先生为公司副总经理，朱平君先生为公司财务总监。

2003年6月26日，公司召开第二届监事会2003年第一次会议，选举高锐峰女士为公司监事会召集人。

四、公司员工情况

截至报告期末，本公司共有员工225人，目前无离退休人员。按照专业构成和教育程度划分其具体情况如下：

分类	人数(名)	比例(%)
教育程度		
硕士	7	3
大学本科	51	22
大学专科	40	18
大专以下	127	56
专业		
管理人员	24	11
技术人员	39	17
财务人员	7	3
其他人员	155	69
职称		
高级职称	2	1
中级职称	10	4
其它	213	95

第五节　公司治理结构

一、公司治理情况

公司按照《公司法》及中国证监会等监管机构的有关法律法规的要求，建立了较为完善的法人治理结构，初步实现了规范化运作。

1、按照国家现行法律法规的有关规定结合自身实际情况，制定了《公司章程》、《股东大会议事规则》、《董事会议事规则》、《监事会议事规则》及《公司独立董事工作细则》。

(1)关于股东大会：公司法人治理结构及规章制度能够保障公司所有股东，特别是中小股东享有平等地位，充分享有决策、知情、参与、受益等权利，公司上市后董事会制定了《股东大会议事规则》，确保股东大会能够严格按照《上市公司股东大会规范意见》的要求，为股东能够充分参与公司经营决策创造便利条件。

(2)关于董事会：董事会的人数、人员选举和构成符合法律、法规和《公司章程》的要求，并建立了《董事会议事规则》和《独立董事工作制度》，确保董事会具有高效运作和科学决策的机制。公司现任三名独立董事的任职条件符合中国证监会下发《关于在上市公司建立独立董事制度的指导意见》的规定，并在法律、投资和会计方面具有丰富的经验，能够认真履行其职责。

(3)关于监事会：监事会的人数、人员选举和构成符合法律、法规和《公司章程》的要求，并建立了《监事会议事规则》。公司监事能够认真履行职责，本着对股东负责的态度，对公司财务及公司董事、高级管理人员履行职务的合法合规性进行监督。

(4)关于相关利益者：公司能够充分尊重和维护银行及其他债权人、员工、消费者、供应商等其他相关者的合法权益，诚信为本、互惠互利，共同推动公司持续、健康地发展。

(5)关于信息披露与透明度：公司遵守中国证监会及上海证券交易所的规定，指定董事会秘书负责信息披露、接待股东来访与咨询，加强与股东的交流，制定了《信息披露制度》，规范了信息披露行为，真实、准确、及时地披露了有关信息，确保所有股东有平等的机会获得信息。

2、根据管理的需要，公司于第一届董事会二OO一年第一次会议通过了在董事会下设立战略、审计、提名、薪酬与考核四个专门委员会，并制订了《大连圣亚海洋世界股份有限公司董事会战略委员会实施细则》、《大连圣亚海洋世界股份有限公司董事会审计委员会实施细则》、《大连圣亚海洋世界股份有限公司董事会提名委员会实施细则》、《大连圣亚海洋世界股份股份有限公司董事会薪酬委员会实施细则》、《大连圣亚海洋世界股份股份有限公司董事会考核委员会实施细则》。

3、为提高公司董事及高管人员勤勉尽责、合规经营的法律意识，公司于2003年9月24日-26日选派四名董事参加上海证券交易所在大连举办的《上市公司董事培训班》。　二、独立董事履行职责情况

2000年4月10日，公司1999年度股东大会审议通过聘任艾洪德先生为公司独立董事。2002年4月28日公司2001年度股东大会审议通过聘任王盛军先生、袁琳女士为公司独立董事，至此公司已有独立董事3人，占公司董事会成员的三分之一，符合中国证监会的相关规定。2003年5月21日，在公司第一届董事会2003年度第三次会议上，艾洪德先生、王盛军先生、袁琳女士被提名为公司第二届董事会独立董事候选人，并于在2003年6月26日召开的2003年度股东大会上当选为公司第二届公司董事会独立董事。艾洪德、王盛军及袁琳三位独立董事，在报告期内严格按照《独立董事工作细则》履行职责，参加了报告期内的历次股东大会及董事会，认真审议了董事会的各项议案，对公司募集资金项目变更、关联交易、董事会换届选举、高管人员的任命等事项发表了独立的意见，分别从法律及财务的角度对公司的生产经营、重大决策等事项向公司提出了专业性的意见和建议。

三、公司与控股股东在"五分开"方面的情况

报告期内,公司在劳动、人事及工资管理方面完全独立,公司总经理、副总经理等高级管理人员均在本公司领取薪酬,且未在股东单位担任职务;公司有独立的办公场地;拥有独立完整的生产、采购和销售系统;设立了独立的财会部门,建立了独立的会计核算体系和财务管理制度,拥有独立的银行账户。公司与控股股东在人员、机构、业务、资产、财务方面按要求做到了"五分开"。

四、报告期内公司对高管人员的考评及激励情况

公司严格按照《公司章程》及《总经理工作细则》的相关规定,由公司董事会新酬委与考核员会对高级管理人员的工作进行考评,并制定相关的激励政策。

第六节　董事会报告

一、报告内整体经营情况的分析

2003年中国旅游业遭受了重大的打击和考验,在经过"非典"疫情洗礼后,首次出现了负增长。报告期内,作为以旅游门票收入为主要收入来源的上市公司,我公司也与中国旅游业一起经历了"非典"疫情带来的严峻考验,出现了自开业以来的首次亏损。

2003年第一季度,公司在保持经营稳定的同时,主要精力放在圣亚极地世界项目的建设上,提出了该项目在2003年五一前试营业的目标。但从4月份开始,情况发生了变化,突如其来的"非典"疫情,打乱了公司经营的全盘计划,也影响了圣亚海洋世界和在2003年4月29日试营业的极地世界的经营。但公司冷静面对困难,在注意防控"非典"的同时,利用"非典"时期加强了团队建设工作,增强了员工的责任心和使命感,使公司全体员工紧密团结在一起,共度"非典"难关,并为"非典"过后能够迅速恢复正常营业做了大量的准备工作。

"非典"过后,公司利用剩余不多的经营旺季时间抓紧恢复正常营业,但终因"非典"疫情影响过大以及圣亚极地世界试营业时间较短,尚处于市场培育期,同时成本费用较大幅度增加,导致公司年度经营业绩出现亏损。

二、公司主营业务的范围及经营情况

经公司登记机关核准,公司经营范围是:建设经营水族馆、海洋探险人造景观、游乐园、海洋生物标本陈列室、舰船模型陈列室、餐饮、酒吧。

1、报告期内公司主营业务收入、主营业务成本构成情况:

分行业或分产品	业务收入(元)	业务成本(元)	主营业务成本比上年增减(%)
景观收入	35,203,702.64	32,858,848.63	93.51
餐饮收入	1,164,583.99	1,319,687.29	125.96
其中:关联交易	无		无

分行业或分产品	毛利率(%)	主营业务收入比上年增减(%)	毛利率比上年增减(%)
景观收入	7	−48	−90.61
餐饮收入	–	−37	–
其中:关联交易	无	无	无

2、主营业务分地区情况

地区	主营业务收入	主营业务收入比上年增减(%)
大连	35,524,241.10	−48
其它地区	844,045.53	38

3、采购和销售客户情况

前五名供应商采购金额合计311,937.00占采购总额比重14.92%

前五名销售客户销售金额合计3,631,880.00占销售总额比重9.99%

三、公司投资情况

1、募集资金使用情况

募集资金总额　23,813.25万元

承诺项目

大连圣亚海洋世界二期工程项目

大连圣亚海洋世界一期扩建工程

旅顺黄金山项目

合计

未达到计划进度(分具体项目)

1.由于募集资金比原计划到位晚,因此公司募集资金项目开工竣和收益的说明工时间均向后顺延。

2.圣亚海洋世界二期工程(圣亚极地世界)已于2003年4月29日开始试营业,现该工程已基本完工,正处于工程决算阶段。

3.公司已将大连旅顺黄金山海洋探险观光基地项目的主要内容,纳入公司二期工程项目(圣亚极地世界),大连旅顺黄金山项目不再在原址地建设。

4.公司第一届董事会2003年度第三次会议通过与关联方大连神州游艺公司之间的《房屋租赁协议》(草案)的议案,在决议中董事会认为鉴于非典疫情对旅游产业的影响,大连圣亚海洋世界一期扩建工程不适宜在近阶段实施,该项目由管理层根据旅游市场的变化选择合适的时间实施。该议案由2003年度股东大会审议通过。

5.大连圣亚海洋世界一期扩建工程将在2004年内实施。

6.圣亚海洋世界二期工程(圣亚极地世界),开始试营业至报告期末尚不足一个完整的会计年度,项目运营尚处于初级市场培育阶段,加之报告期内非典疫情严重影响了其试营业的正常运行,因此无法根据报告期内的经营情况判断其是否达到预期收益。

7.报告期内剩余募集资金4519.43万元,现存于大连中信银行中山支行募集资金专项帐户。

变更原因及变更程序说明(分具体项目):通过对旅游市场的最新调查分析,结合公司目前二期项目建设的实际情况,为节省投资成本,形成规模竞争优势,充分利用周边市场环境的有利影响,将公司一期、二期项目有机组合,奠定公司的市场竞争地位,公司已将大连旅顺黄金山海洋探险观光基地项目与公司二期工程项目合并建设,将黄金山海洋探险观光基地项目全部项目投入公司二期工程项目,大连旅顺黄金山项目不再在原址地建设。上述变更已经公司第一届董事会2003年第一次会议及2003年度股东大会批准。

募集资金总额	本年度已使用募集资金总额	11,975.59万元
	已累计使用募集资金总额	19,293.82万元
承诺项目	拟投入金额	是否变更项目
大连圣亚海洋世界二期工程项目	22,319万元	否
大连圣亚海洋世界一期扩建工程	8,923.23万元	否
旅顺黄金山项目	4,209万元	是
合计	35,451.23万元	--

未达到计划进度

和收益的说明

(分具体项目)

变更原因及变更

程序说明(分具

体项目)

募集资金总额	实际投入金额	产生收益金额
	21,462.46万元	--
承诺项目	58万元	--
大连圣亚海洋世界二期工程项目	0	--
大连圣亚海洋世界一期扩建工程	21,520.46万元	--
旅顺黄金山项目		
合计		

未达到计划进度

和收益的说明

(分具体项目)

变更原因及变更

程序说明(分具

体项目)

募集资金总额	是否符合计划进度和预计收益
	计划提前完工
承诺项目	延后
大连圣亚海洋世界二期工程项目	不再建设
大连圣亚海洋世界一期扩建工程	--
旅顺黄金山项目	
合计	

未达到计划进度

和收益的说明

(分具体项目)

变更原因及变更

程序说明(分具

体项目)

变更项目情况:

将旅顺黄金山项目与大连圣亚海洋世界二期工程项目合并建设。

2、报告期内无非募集资金投资的重大项目

四、公司财务状况及经营成果

项目	2003年(元)
总资产	385,199,917.72
股东权益	296,947,032.86
主营业务利润	1,075,511.58
净利润	−28,668,245.15
经营活动产生的现金流量净额	−7,685,278.01
项目	2002年(元)
总资产	382,625,319.88
股东权益	330,215,278.01
主营业务利润	49,343,839.37
净利润	22,063,122.57
经营活动产生的现金流量净额	33,550,502.64
项目	增减(%)
总资产	0.67
股东权益	−10.07
主营业务利润	−97.82
净利润	--
经营活动产生的现金流量净额	--

注:2003年度公司亏损的主要原因为:

1、主营业务收入减少。由于非典疫情期对旅游市场影响严重,以及旅游市场竞争日趋激烈,2003年度公司主营业务收入较往年相比大幅度减少。

2、成本费用增加。二期项目(圣亚极地世界)开业后,成本费用较往年增加较大,加之公司成本支出主要为经营性固定项目支出,在收入下降同时,成本支出变动不大,导致公司主营业务盈利能力下降并出现亏损。

五、对生产经营环境产生重大变化将要对公司的财务状况和经营成果产生重要影响的说明

生产经营环境未发生重大变化。

六、公司在经营中出现的问题与困难及解决方案

(一)公司主营业务单一,获利渠道单一,组织结构单一,导致公司抗风险能力较弱。

公司目前主营人造景观类旅游景观项目,营业收入以景观门票收入为主,主营业务非常单一。一方面旅游业具有很强的敏感性,对自然灾害、战争及社会动荡等不可抗危机的反应十分强烈,抗击能力十分脆弱;另一方面由于公司主营业务单一,导致公司获利渠道单一,组织结构单一,抗经营性风险能力较弱。在2004年,公司将积极推进多个储备成熟项目的建设,在时机成熟时将进入其它行业经营,以增强公司的综合抗风险能力。

(二)市场竞争的影响

近几年,随着旅游业的发展,国内陆续建设了五十多座以海洋生物为主题的水族馆游览项目,这些项目主要分布在沿海和内陆的一些省会及主要旅游城市,而且新建的水族馆项目,在规模和设施上已经超过了我公司的圣亚海洋世界。这些游览项目的运营,客观上造成了游客分流和市场分割。在圣亚海洋世界这座中国第一座海底通道式水族馆开业之初,公司就在谋划建设中国第一个以极地为主题的旅游项目,当圣亚海洋世界经过多年发展步入成熟期之后,公司决定着手筹建以极地为主题的旅游项目,并于1998年向各级主管部门提出立项申请,于1999年获得有关部门批准,同时,该项目也是公司申请上市的募集资金主要投向,公司计划上市融资后立即建设该项目。但在2002年4月28日,大连旅游市场上出现了一家以极地海洋动物展示及表演为主的旅游项目--大连老虎滩极地海洋动物馆,抢先推出了极地概念。2002年6月,公司股票发行成功并在募集资金到位后,我们考虑,为保证募集资金的使用效率,保证股东投资能够尽快产生收益;为争夺我们拥有自主知识产权的极地概念,保障公司下一步拓展极地主题旅游项目的主动权;也为在老虎滩极地海洋动物馆尚未完全占领市场之前抢占市场份额,迅速开始了圣亚极地世界项目建设工作。在建设中,鉴于竞争对手的存在,我们对项目进行了适当调整,尽可能突出我们的特色和重点,与竞争对手进行区别。自2003年7月,我们以最大的努力在10个月的时间内使工程基本竣工,于2003年4月29日对外试营业。圣亚极地世界对外开放后,并没

有取得预期效果，除了受"非典"的影响，也有项目经营时间短，尚处于市场培育阶段的原因，同时，如前所述，同城竞争对手亦给我们带来了非常大的压力，大连的旅游市场容量有限，身边出现这样一个强势竞争对手，使圣亚昔日的垄断优势不复存在，圣亚在大连的市场日渐被分割，对公司即期经营甚至较长一段时间内都会产生较大影响。针对以上情况,2004 年公司将全面加强营销工作和服务工作，全面提高圣亚海洋世界和圣亚极地世界的市场竞争力，同时尽早实施圣亚海洋世界扩建计划，以有利于确保公司在大连旅游市场的主导地位。

七、董事会日常工作情况

(一)报告期内董事会的会议情况及决议内容

公司董事会在报告期内共召开了 6 次会议。

1. 大连圣亚海洋世界股份有限公司第一届董事会二 OO 三年第一次会议，于 2003 年 3 月 24 日在大连经济技术开发区银帆宾馆会议室举行，会议应到董事九人，实到董事八人，肖军董事委托赵伟董事代为表决。三名监事列席了会议，符合《中华人民共和国公司法》和《公司章程》的规定。与会董事经举手表决，最终以九票赞成，零票反对，零票弃权的表决结果，形成如下决议：

(一)审议通过了《2002 年度总经理工作报告》；

(二)审议通过了《2002 年度董事会工作报告》,并提请年度股东大会审议；

(三)审议通过了《2002 年度财务决算报告》,并提请年度股东大会审议；

(四)审议通过了《2002 年度利润分配预案》,并提请年度股东大会审议；

经大连华连会计师事务所审计，公司 2002 年实现的净利润为 22,063,122.57 元，根据《公司章程》规定,作出分配预案如下：

(1)提取法定盈余公积金 10%,计 2,206,312.26 元；

(2)提取法定公益金 5%,计 1,103,156.13 元；

2002 年度可供股东分配利润 18,753,654.18 元，按公司 2002 年 12 月 31 日的股份总额 9,200 万股为基数，向全体股东每 10 股派发 0.5 元（含税），共计分配股利 4,600,000.00 元，剩余未分配利润 14,153,654.18 元结转下年度。本年度资本公积金不转增股本。

(五)审议通过了《2002 年度报告及摘要》,并提请年度股东大会审议；

(六)审议通过了《关于修改公司章程的议案》(内容见附件 1)，并提请年度股东大会审议；

(七)审议通过了续聘大连华连会计师事务所为公司 2003 年度财务审计机构及审计费用为 20 万元的预案,并提请年度股东大会审议；

(八)审议通过《聘任公司高级管理人员》的议案。

同意聘任吕刚先生为公司常务副总经理，同意聘任肖峰先生、王炜先生为公司副总经理，同意聘任朱平君先生为公司财务总监。公司独立董事艾洪德、袁琳、王盛军对上述人员的聘任均表示同意。

本次所涉及的需股东大会审议的事项，将于股东大会讨论通过。股东大会召开时间及相关事项另行通知。

本次会议的召开与表决完全符合《中华人民共和国公司法》与《公司章程》的有关规定，表决结果真实有效。

本次董事会决议公告刊登在 2003 年 3 月 26 日的《中国证券报》、《上海证券报》、《证券时报》上。

2.大连圣亚海洋世界股份有限公司第一届董事会 2003 年第二次董事会会议于 2003 年 4 月 24 日上午九时在大连圣亚海洋世界股份有限公司会议室召开。会议应到董事九人，实到董事八人，肖军董事委托赵伟董事代为表决。三名监事列席了会议，符合《中华人民共和国公司法》和《公司章程》的规定。与会董事经举手表决，最终以九票赞成，零票反对，零票弃权的表决结果，形成如下决议：

审议通过了《公司第一季度报告正文及摘要》。

本次会议的召开完全符合《中华人民共和国公司法》和《公司章程》的有关规定，表决结果真实有效。

本次董事会决议公告刊登在 2003 年 4 月 25 日的《中国证券报》、《上海证券报》、《证券时报》上。

3. 大连圣亚海洋世界股份有限公司第一届董事会二 OO 三年第三次会议，于 2003 年 5 月 21 日在大连圣亚海洋世界股份有限公司会议室举行，会议应到董事九人，实到董事八人，肖军董事委托赵伟董事代为表决。三名监事列席了会议，符合《中华人民共和国公司法》和《公司章程》的规定。与会董事经举手表决，最终以九票赞成，零票反对，零票弃权的表决结果，形成如下决议：

(1)审议通过了《关于公司董事会换届选举的议案》，同意向股东大会提名栗东生、王双宏、周昱今、赵伟、刘德义、肖军、艾洪德、袁琳、王盛军为公司第二届董事会董事候选人，其中艾洪德、袁琳、王盛军为独立董事候选人。

现任独立董事对董事会提名的董事候选人发表了无异议的独立意见。

(2)审议通过了与关联方大连神州游艺公司之间的《房屋租赁协议》(草案)，并提请年度股东大会审议。

公司拟与股东大连神州游艺公司签订《房屋租赁协议》，承租其位于大连市中山路 608-7 号的房产，用于大连圣亚海洋世界一期扩建工程。该房产建筑面积 5,875 平方米。出租期限为 20 年，租金为每年 350 万。董事会认为鉴于非典型性肺炎对旅游产业的影响，大连圣亚海洋世界一期扩建工程项目不适宜在近阶段实施，该项目由管理层根据旅游市场的变化选择合适的时间实施并签订与之相关的租赁协议。

大连神州游艺公司系公司的发起人之一，持有公司 300 万股股权，占总股本的 3.26%。

独立董事已出具了认可该关联交易的独立意见。

刘德义作为该项议案有利害关系的董事予以回避表决，该项议案有效表决票为八票，与会董事经举手表决，最终以八票赞成，零票反对，零票弃权的表决结果通过了该项议案，并提请年度股东大会审议。

(3)审议通过《变更募集资金项目的议案》，并提请年度股东大会审议；

(4)审议通过《建立产业研究院的议案》；根据公司发展的需要，公司拟在年内成立产业研究院，产业研究院成立后将成为公司重要的规划部门，设专职人员 10 人，外聘专家 20 人，共 30 人，重点研究、策划、设计旅游主题的人造景观，其主要职能为：建设、管理行业信息库；规划公司发展；策划、设计、开发新项目。产业研究院院长由公司总经理担任，其他管理人员由院长提名担任。

(5)审议通过《向独立董事发放工作津贴的议案》，并提请年度股东大会审议；独立董事工作津贴根据其参加董事会会议的次数发放，每参加一次会议发放工作津贴 5000 元，独立董事因履行职务而发生的食宿交通等必要费用由公司实报实销。

(6)审议通过《异地投资项目投资意向及筹备的议案》；公司目前在哈尔滨、北京、海南、青岛等地均有投资意向，有在上述等地建立以海洋探险、极地探险为主题的旅游项目的意向，同意管理层在上述地点进行可行性研究、市场调查、立项、选址等相关的投资准备工作。

(7)审议通过《关于修改公司章程的议案》，并提请年度股东大会审议；

(8)审议通过《关于召开 2003 年度股东大会的议案》，根据《中华人民共和国公司法》和《公司章程》的规定，拟召开 2002 年度股东大会。

①会议时间：2003 年 6 月 26 日上午 9：00

②会议地点：鉴于非典疫情的影响，目前召开集会的地点仍受到一定限制，具体会议地点我公司将于 6 月 23 日前依当时具体情况另行通知。

③会议议程：1、审议《2002 年度董事会工作报告》2、审议《2002 年度监事会工作报告》3、审议《2002 年度财务决算报告》4、审议《2002 年度利润分配预案》5、审议《2002 年度报告及摘要》6、审议《关于公司董事会换届选举的议案》7、审议《关于公司监事会换届选举的议案》8、审议《关于修改公司章程的议案》9、审议续聘大连华连会计师事务所为公司 2003 年度财务审计机构及审计费用的议案 10、审议与关联方大连神州游艺公司之间的《房屋租赁协议》(草案)11、审议《变更募集资金项目的议案》12、审议《向独立董事发放工作津贴的议案》

④出席会议对象

1.本公司董事、监事、高级管理人员。2.2003 年 6 月 19 日下午上海证券交易所收市时，在中国证券登记结算公司上海分公司登记持有本公司股份的股东。因故不能出席会议的股东，可书面委托代理人出席。3.公司聘任的律师。

⑤参加会议登记办法

登记手续：

出席会议股东应持股东帐户卡、本人身份证；委托代理人持本人身份证、授权委托书、授权人股东帐户；国有股、法人股持营业执照复印件、法人代表授权委托书、出席人身份证办理登记手续；异地股东可用传真或信函方式进行预约登记。

登记时间：2003 年 6 月 23 日上午 9:00 至下午 15:003 登记地点：大连圣亚海洋世界股份有限公司投资管理部公司地址：大连市沙河口区中山路 608-6 号邮政编码：116023 联系电话：0411-4685225 传真：0411-4685217 联系人：肖峰、孙宇

⑥本次股东大会会期半天，出席会议人员交通、食宿费用自理。

本次会议的召开与表决完全符合《中华人民共和国公司法》与《公司章程》的有关规定，表决结果真实有效。

本次董事会决议公告刊登在 2003 年 5 月 23 日的《中国证券报》、《上海证券报》、《证券时报》上。

4、大连圣亚海洋世界股份有限公司第二届董事会二 OO 三年第一次会议于 2003 年 6 月 26 日在旅顺铁山温泉休闲村会议室召开，出席会议的董事应到 9 人，实到 9 人，全体监事列席了会议，会议推举栗东生主持本次董事会会议。本次会议符合《中华人民共和国公司法》和《公司章程》的有关规定。与会董事经举手表决，最终以九票赞成，零票反对，零票弃权的表决结果，形成如下决议：

(一)选举栗东生为本届董事会董事长，王双宏与周昱今为本届董事会副董事长；

(二)审议通过《关于聘任公司高级管理人员的议案》，同意

①聘任周昱今为本公司总经理；

②聘任吕刚为本公司常务副总经理，肖峰、王炜为本公司副总经理

③聘任朱平君为本公司财务总监、财务负责人；

④聘任肖峰为本届董事会秘书。

三位独立董事对以上高管人员的聘任均发表了"同意"的独立董事意见。

召开与表决完全符合《中华人民共和国公司法》与《公司章程》的有关规定，表决结果真实有效。

本次董事会决议公告刊登在 2003 年 6 月 27 日的《中国证券报》、《上海证券报》、《证券时报》上。

5、大连圣亚海洋世界股份有限公司第二届董事会二 OO 三年第二次会议，于 2003 年 8 月 26 日在大连圣亚海洋世界股份有限公司会议室举行，会议应到董事九人，实到董事九人。三名监事列席了会议，符合《中华人民共和国公司法》和《公司章程》的规定。与会董事经举手表决的方式，形成如下决议：

审议通过了《二 OO 三年度半年度报告及摘要》。

本次会议的召开与表决完全符合《中华人民共和国公司法》与《公司章程》的有关规定，表决结果真实有效。

本次董事会决议公告刊登在 2003 年 8 月 28 日的《中国证券报》、《上海证券报》、《证券时报》上。

6. 大连圣亚海洋世界股份有限公司第二届董事会二 OO 三年第二次会议，于 2003 年 10 月 29 日在大连圣亚海洋世界股份有限公司会议室举行，会议应到董事九人，实到董事九人。三名监事列席了会议，符合《中华人民共和国公司法》和《公司章程》的规定。与会董事经举手表决的方式，形成如下决议：

审议通过了《二 OO 三年第三季度报告及摘要》。

本次会议的召开与表决完全符合《中华人民共和国公司法》与《公司章程》的有关规定，表决结果真实有效。

本次董事会决议公告刊登在 2003 年 10 月 31 日的《中国证券报》、《上海证券报》、《证券时报》上。

八、公司本年度利润分配预案资本公积金转赠预案

公司本年度不进行利润分配及资本公积金转赠。

九、报告期内公司选定的信息披露报纸没有改变。

第七节　重要事项

一、报告期内本公司无重大诉讼、仲裁事项。

二、报告期内公司无重大资产收购、出售或处置行为。

三、报告期内无重大关联交易事项。

四、报告期内未签署重大合同。

五、报告期内公司续聘大连华连会计师事务所为公司进行 2003 年度财务审计工作，大连华连会计师事务所自 1998 年起已连续 6 年为本公司提供审计服务。

六、报告期内，公司董事、监事及高级管理人员遵纪守法，没有受到任何监管部门的处罚、通报批评和谴责。

七、其他重要事项。

大连圣亚海洋世界股份有限公司实施 2002 年度利润分配方案：以 2002 年 12 月 31 日总股本 9200 万股为基数，每 10 股派发 0.5 元现金(含税)。截止报告期末，流通股股东利润已全部发放。

第八节　备查文件目录

一、载有法定代表人、主管会计工作负责人、会计机构负责人签名并盖章的会计报表。

二、载有会计师事务所盖章、注册会计师签名并盖章的审计报告原件。

三、报告期内在中国证监会指定报纸上公开披露过的所有公司文件的正本及公告原稿。

董事长：栗东生

大连圣亚海洋世界股份有限公司

二〇〇四年四月一日

贵州益佰制药股份有限公司

贵州益佰制药股份有限公司首次公开发行股票上市公告书

第一节 重要声明和提示

贵州益佰制药股份有限公司(以下简称"本公司"、"公司"或"发行人")董事会保证上市公告书的真实性、准确性、完整性,全体董事承诺上市公告书不存在虚假记载、误导性陈述或重大遗漏,并承担个别和连带的法律责任。

根据《公司法》、《证券法》等法律、法规的规定,本公司董事、高级管理人员已依法履行诚信和勤勉尽责的义务和责任。

证券交易所、中国证监会、其他政府机关对本公司股票上市及有关事项的意见,均不表明对本公司的任何保证。

本公司首次公开发行股票由渤海证券有限责任公司承担保荐义务。如果保荐机构和保荐代表人资格公布后渤海证券有限责任公司未取得保荐机构资格,本公司将在证监会正式公告保荐机构和保荐代表人名单后一个月内,按《证券发行上市保荐制度暂行办法》的有关要求,另行聘请具有保荐资格的保荐机构履行保荐义务。如果违反以上承诺未聘请新的保荐机构,本公司愿意接受《证券发行上市保荐制度暂行办法》第七十一条的有关处罚措施。

本公司提醒广大投资者注意,凡本上市公告书未涉及的有关内容,请投资者查阅 2004 年 3 月 3 日刊载于《中国证券报》、《上海证券报》和《证券时报》上的公司《招股说明书摘要》,及刊载于上海证券交易所网站(http://www.sse.com.cn)的本公司招股说明书全文及其附录。

第二节 概 览

1、股票简称:益佰制药
2、沪市股票代码:600594
3、总股本:6,700 万股
4、可流通股本:2,000 万股
5、本次上市流通股本:2,000 万股
6、本次发行价:14.40 元/股
7、对首次公开发行股票前所持有股份的流通限制及期限:根据国家有关法律、法规规定和中国证监会证监发行字[2004]19 号《关于核准贵州益佰制药股份有限公司公开发行股票的通知》,本公司的法人股、自然人持有的非流通股份暂不上市流通。
8、本公司第一大股东承诺:自本公司股票上市之日起 12 个月内,不转让其持有的本公司的股份。同时,本公司也承诺:不回购公司发起人持有的本公司股份。
9、上市地点:上海证券交易所
10、上市时间:2004 年 3 月 23 日
11、股票登记机构:中国证券登记结算有限责任公司上海分公司
12、上市推荐人:渤海证券有限责任公司

第三节 绪 言

本上市公告书是根据《中华人民共和国公司法》、《中华人民共和国证券法》、《股票发行与交易管理暂行条例》、《公开发行股票公司信息披露实施细则》和《上海证券交易所股票上市规则》等国家有关法律、法规的规定,并按照中国证监会《公开发行证券的公司信息披露内容与格式准则第 7 号??? 股票上市公告书》而编制,旨在向投资者提供本公司的基本情况和本次股票上市的有关资料。

经中国证监会证监发行字[2004]19 号文核准,本公司已于 2004 年 3 月 8 日以向沪市、深市二级市场投资者定价配售的方式成功发行 2,000 万股人民币普通股,每股面值 1.00 元,发行价为每股人民币 14.40 元。

经上海证券交易所上证上字 [2004]24 号文批准,本公司公开发行 2,000 万股社会公众股将于 2004 年 3 月 23 日起在上海证券交易所挂牌交易。股票简称"益佰制药",沪市股票代码为"600594",深市代理股票代码为"003594"。

本公司已于 2004 年 3 月 3 日分别在《中国证券报》、《上海证券报》和《证券时报》上刊载了《招股说明书摘要》,招股说明书全文及其附录已刊载于上海证券交易所网站(http://www.sse.com.cn),因招股说明书及其摘要的披露距今不足三个月,故与其重复的内容不再重述,敬请投资者查阅上述文件。

第四节 发行人概况

一、公司基本情况
1、公司名称:贵州益佰制药股份有限公司
英文名称:GUIZHOU YIBAI PHARMACEUTICAL CO.,LTD.
2、注册资本:本次股票发行前为 4700 万元,发行后 6700 万元
3、法定代表人:窦啟玲
4、公司住所:贵州省贵阳市白云大道 220-1 号
5、经营范围:中西药品的生产、销售;保健品、生物制品的批零兼营。
7、联系电话:(0851)4705590-8223
8、传真号码:(0851)4719910
9、互联网网址:http://www.gz-yibai.com
10、电子信箱:gzyb@public.gz.cn
11、董事会秘书:郑云锋
二、公司历史沿革

贵州益佰制药股份有限公司是严格按照有关法律程序,由原"贵州妙灵制药有限责任公司"--原"贵州益佰制药有限公司"??? 原"贵州益佰制药有限责任公司"--贵州益佰制药股份有限公司的顺序变更而成。股份公司的前身贵州妙灵制药有限责任公司,是由六位自然人窦启攵玲、朱岳兴、岳巍、甘宁、李学光、叶湘武共同出资 56 万元设立,于 1995 年 6 月 12 日在贵州省工商行政管理局登记注册。

1996 年 7 月 16 日,贵州妙灵制药有限责任公司的全体股东签署了《关于变更公司名称和注册资本的报告》。1996 年 9 月 2 日,经贵州省工商行政管理局核准,贵州妙灵制药有限责任公司名称变更为"贵州益佰制药有限公司",注册资本变更为 500 万元,住所变更为贵阳市延安东路新编 1 号 B 座 18 楼。1997 年 8 月 19 日公司修改公司章程,将公司名称变更为贵州益佰制药有限责任公司,1997 年 9 月 8 日办理了工商变更登记。1998 年 10 月 12 日贵州益佰制药有限责任公司股东李学光自愿将其在公司全部股权(占注册资本的 8%计出资额 40 万元人民币)转让给庞骏,签署了转让协议,其他股东同意并放弃优先购买权。

1999 年 1 月经贵州益佰制药有限责任公司股东会决议,以公司截止至 1998 年 12 月 31 日的未分配利润 1,050 万元按原出资比例转增资本,同时各股东新增以货币资金方式借入公司的 980 万元按各股东投入的金额转增股本,公司注册资本增加到 2,530 万元,1999 年 3 月办理了工商变更登记,注册号变更为 5200002200054。1999 年 12 月经股东会决议,公司各股东按原出资比例新增以货币资金方式分次借入公司的 960 万元,在 1999 年 12 月 31 日转增注册资本,注册资本增到 3,490 万元,2000 年 1 月完成工商变更登记。

2000 年 6 月公司股东窦启攵玲将其所持有的公司股权的 1%转让给郎洪平、0.5%转让给刘华、0.5%转让给简卫光;叶湘武将其所持有的公司股权的 5%转让给哈尔滨晓升广告有限公司,其他股东同意并放弃优先购买权。至此,公司各股东出资额及出资比例变更为:

股东结构表:

股东	出资额(万元)	所占比例(%)
窦啟玲	1326.20	38
叶湘武	698.00	20
朱岳兴	314.10	9
岳巍	314.10	9
甘宁	314.10	9
庞骏	279.20	8
哈尔滨晓升广告有限公司	174.50	5
郎洪平	34.90	1
刘华	17.45	0.5
简卫光	17.45	0.5
合计	3490.00	100

2000 年 7 月 3 日,贵州益佰制药有限责任公司召开公司 2000 年第一次临时股东会议,全体股东依法定程序一致通过了《贵州益佰制药有限责任公司关于筹备股份有限公司的股东会决议》;将贵州益佰制药有限责任公司变更为贵州益佰制药股份有限公司;原有限责任公司的债权债务由变更后的的股份公司承继;原有限责任公司的净资产按 1:1 折合等额股份进入股份公司。

2000 年 11 月 16 日,经贵州省人民政府黔府函[2000]785 号文批复,同意"贵州益佰制药股份有限公司在贵州益佰制药有限责任公司的基础上变更,按发起方式设立,其药品生产企业许可证等行业资格及全部债权、债务,由变更后的股份公司承续"。

2000 年 11 月 17 日,发行人在贵州省贵阳市乌当区白云大道 220? 1 号公司会议室召开"贵州益佰制药股份有限公司"创立大会,应出席会议股东(代表)10 人,代表发行人 100%股权。2000 年 11 月 28 日公司经贵州省工商行政管理局登记注册,领取了企业法人营业执照。注册证号:5200001203798;注册资本:4,700 万元人民币;住所变更为贵阳市乌当区白云大道 220? 1 号;经营范围:中西药品的生产、销售;保健品、生物制品的批零兼营。

三、公司主要经营情况
1、发行人主营业务:本公司主要从事中药制品的生产、销售
2、主要产品及用途:主要的产品为克咳胶囊、艾迪注射液、复方斑蝥(康赛迪)胶囊、银杏达莫(杏丁)注射液,主要用于镇咳、抗肿瘤以及心血管疾病的治疗
3、主要产品的主要原材料和能源:

公司产品的能源消耗主要包括柴油和水等。本公司所使用的柴油主要向中国石油公司贵州省贵阳市公司购买,油价基本稳定。本公司对水质要求高,故生产用水是从贵州瀑布啤酒二厂处输送过来的天然珍珠泉水,水质优良,不受季节变化的影响,其他用水的供应商为贵阳市自来水公司,日供水量 60 万吨。

主要产品的主要原材料包括:
(1)、克咳胶囊:麻黄、苦杏仁、甘草、桔梗、莱菔子、石膏等。
(2)、艾迪注射液:斑蝥、黄芪、人参、刺五加等。
(3)、复方斑蝥(康赛迪)胶囊:黄芪、斑蝥、人参、刺五加等。
(4)、银杏达莫(杏丁)注射液:银杏叶提取物、双嘧达莫等。
4、销售方式及渠道:

全国范围内建立了 OTC 药品和处方药两套强大的营销网络,为进一步适应国家药品分类管理政策,公司将继续整合公司的医药营销网络体系,提升市场营销能力和水平,巩固并扩大现有的市场份额。

5、行业竞争情况和发行人在行业中的竞争地位:

本公司所生产的药品以中药制品为主,目前主要分为三大类药品:止咳类、心血管类和抗肿瘤类等。

克咳胶囊目前是国内止咳类药物市场有一定知名度的品牌,2000 年 3 月获国家中药二级保护品种,保护期 7 年。该产品处方源于蒙药(立效止咳胶囊),配方独特,工艺采用微粉化技术生产,能促进药物成分的最大吸收,达到疗效迅速的作用,2003 年市场占有率达 4.50%。目前国内市场此类 OTC 药品生产厂家较多,竞争激烈,但克咳胶囊具备携带方便、起效快等特点,通过多年的营销广告已树立了良好的产品形象,市场占有率逐年提升。

本公司生产的心脑血管类药物——银杏达莫(杏丁)注射液是我国第一个银杏提取物注射液,填补了国内尚无银杏类注射剂的空白,目前国外也只有极少数厂家能生产此类产品。2003 年市场占有率达 23.44%。公司在同类产品的竞争中价格优势较为明显。

本公司产品艾迪注射液和康赛迪胶囊为广谱、双相抗肿瘤药品,其中艾迪注射液 2000 年 8 月 17 日获国家中药二级保护品种,保护期 7 年。该两种产品为多靶点治疗肿瘤的纯中药制剂,具有抑杀肿瘤细胞、提高免疫功能的双重作用。该类产品 2003 年在中药抗肿瘤市场占有率约为 18.90%,其市场占有率较高,目前国内市场较有竞争力的同类产品较少。

6、主要财务指标

请参见本上市公告书"第八节 财务会计资料"。

7、核心技术

公司产品的开发采用多种渠道进行,在开发的过程中曾先后与各研究机构合作,采取移植生产、自行研制、技术合作、技术转让、投资委托研制等多种方法进行。

公司目前拥有"中草药复方注射液制剂"、"中草药胶囊剂制剂"等核心专有技术,居于国内同行业领先水平,所生产的产品已达到国家标准。本公司完全拥有以上技术和产品并具有持续创新开发能力。

8、财政税收优惠政策

根据贵阳市云岩区地税局云地税文[2001]60 号文和[2001]80 号文批准,2000 年、2001 年、2002 年及以后年度企业所得税按应纳税所得额 15%征收。

财政返还情况:2001 年补贴收入发生额为 307.20 万元,包括云岩区人民政府环北办事处给予科技进步专项财政补贴 172 万元,云岩区财政局给予的财政补贴 135.20 万元。

此外,根据公司申请,国家税务总局于 2002 年 3 月以国税函[2002]145 号《国家税务总局关于贵州益佰制药股份有限公司广告费支出税前扣除问题的批复》,批准公司 2001 年度发生的广告费支出在企业所得税前据实扣除。此项所得税政策影响调减 2001 年 12 月 31 日应交税金 3,430,856.83 元,调增 2001 年度净利润 3,430,856.83 元;国家税务总局于 2002 年 12 月以国税函[2002]1092 号《国家税务总局关于贵州益佰制药股份有限公司广告费支出税前扣除问题的批复》,批准公司 2002 年度发生的广告费支出在企业所得税前据实扣除。此项所得税政策影响调减 2002 年度应交税金 6,694,872.07 元,调增 2002 年度净利润 6,694,872.07 元;国家税务总局于 2003 年 12 月以国税函[2003]1362 号《国家税务总局关于贵州益佰制药股份有限公司广告费支出税前扣除问题的批复》,批准公司 2003 年度发生的广告费支出在企业所得税前据实扣除。此项所得税政策影响调减 2003 年度应交税金 7,770,751.80 元,调增 2003 年度净利润 7,770,751.80 元。

第五节　股票发行与股本结构

一、本次发行的基本情况

1、股票种类:境内上市人民币普通股(A 股)

2、每股面值:1.00 元

3、发行股数:2,000 万股

4、每股发行价:14.40 元

5、发行市盈率:13.09 倍

6、发行方式:全部向二级市场投资者定价配售

7、发行对象:于 2004 年 3 月 3 日持有上海证券交易所或深圳证券交易所已上市流通人民币普通股(A 股)股票的收盘市值总和(包括可流通但暂锁定的股份市值)不少于 10,000 元的投资者。

8、本次发行实收募股资金及发行费用:

本次股票发行共募集资金 288,000,000 元,扣除发行费用 12,207,087.74 元,实际募集资金净额为 275,792,912.26 元。每股发行费用为 0.6104 元。

二、本次股票上市前首次公开发行股票的承销情况

本次公开发行的 2,000 万股社会公众股的配号总数为 66,384,125 个,有效申购股数为 66,384,125,000 股,中签率为 0.03012768%。其中二级市场投资者认购 19,783,487 股,其余 216,513 股由主承销商包销。

三、本次上市前首次公开发行股票所募股资金的验资报告

北京中证国华会计师事务有限公司为本次发行出具了京中证审三验字 [2004]001 号《验资报告》,全文如下(贵州益佰制药股份有限公司简称"贵公司")

贵州益佰制药股份有限公司全体股东:

我们接受委托,审验了贵公司截至 2004 年 3 月 12 日止新增注册资本实收情况。按照国家相关法律、法规的规定和协议、章程的要求出资,提供真实、合法、完整的验资资料,保护资产的安全、完整是全体股东及贵公司的责任。我们的责任是对贵公司新增注册资本的实收情况发表审验意见。我们的审验是依据《独立审计实务公告第 1 号--验资》进行的,在审验过程中,我们结合贵公司的实际情况,实施了检查等必要的审验程序。

贵公司本次变更前注册资本和实收资本均为人民币 47,000,000.00 元。根据贵公司有关股东大会决议和修改后章程的规定,贵公司申请通过向社会公开发行人民币普通股 A 股增加注册资本人民币 20,000,000.00 元,变更后的注册资本为人民币 67,000,000.00 元。根据贵公司有关股东大会决议,并报经中国证券监督管理委员会证监发行字[2004]19 号文核准,贵公司向社会公开发行人民币普通股 A 股 20,000,000 股,每股面值人民币 1 元,每股发行价人民币 14.40 元,可募集资金总额为 288,000,000.00 元。根据我们的审验,截至 2004 年 3 月 12 日止,贵公司实际已发行人民币普通股 A 股 20,000,000 股,应募集资金总额 288,000,000.00 元,减除发行费用 12,207,087.74 元后,募集资金净额为 275,792,912.26 元。其中,计入股本贰仟万元(¥20,000,000.00),计入资本公积 255,792,912.26 元。

同时,我们注意到,贵公司本次变更前注册资本为人民币 47,000,000.00 元,已经武汉三正会计师事务有限责任公司审验,并于 2000 年 10 月 16 日出具武三正会股字[2000]042 号《验资报告》。截至 2004 年 3 月 12 日止,变更后的累计注册资本实收金额为人民币 67,000,000.00 元。

本验资报告仅供贵公司申请变更登记及据以向股东签发出资证明时使用,不应将其视为是对贵公司验资报告日后资本保全、偿债能力和持续经营能力等的保证。因使用本报告不当造成的后果,与执行本验资业务的注册会计师及会计师事务有限公司无关。

附件 1:注册资本变更情况明细表;表 1:新增注册资本实收情况表

表 2:注册资本、投入股本变更前后对照表

附件 2:验资事项说明　北京中证国华会计师事务有限公司　　中国注册会计师:戴亮

中国 ? 北京　中国注册会计师:许凯

报告日期:二 00 四年三月十二日

四、本次募股资金入账情况

入账时间:2004 年 3 月 12 日

入账金额:278,362,912.26 元

入账账号:2402000319006800458

开户银行:工商银行贵阳市云岩支行

五、本公司上市前股权结构及各类股东的持股情况

1、本次上市前股权结构

本次 A 股发行成功后,本公司股本结构为:

类别	股本结构(万股)	所占比例(%)
一、发起自然人股		
窦啟玲	1786	26.66
叶湘武	940	14.03
朱岳兴	423	6.31
岳巍	423	6.31
甘宁	423	6.31
庞骏	376	5.61
郎洪平	47	0.70
刘华	23.5	0.35
简卫光	23.5	0.35
二、发起法人股		
哈尔滨晓升广告有限公司	235	3.51
三、社会公众股	2000	29.85
总股本	6700	100

2、本次上市前前十名股东持股情况

股东名称	持股数	持股比例
窦啟玲	1786	26.66
叶湘武	940	14.03
朱岳兴	423	6.31
岳　巍	423	6.31
甘　宁	423	6.31
庞　骏	376	5.61
哈尔滨晓升广告有限公司	235	3.51
郎洪平	47	0.70
刘　华	23.5	0.35
简卫光	23.5	0.35

第六节 董事、监事、高级管理人员及核心技术人员

一、董事、监事、高级管理人员及核心技术人员简介

(一)发行人董事

1、窦啟玲女士,44 岁,大专学历,任本公司董事长,法定代表人。自公司 1995 年注册成立以来担任公司董事长一职至今,负责推动本公司的发展及整体管理工作,为本公司的创始人之一。1978 年至 1988 年,先后在成都航天工业部十一研究所、贵阳市商业银行工作。窦女士从事贸易业务及药品经销逾 15 年。2001 年 3 月窦女士荣获全国妇联"巾帼创业英雄"称号。

2、叶湘武先生,52 岁,大专学历,经济师,任本公司副董事长兼总经理职务。自公司 1995 年注册成立以来担任公司总经理一职至今,为本公司的创始人之一。1984 至 1986 年就读于贵州广播电视大学党政专业,1986 年至 1994 年先后在贵阳药厂、贵阳市药材公司、妙灵医健新技术有限公司工作。

3、岳巍先生,40 岁,本科学历,制药工程师,任本公司董事、副总经理职务,1995 年加盟妙灵制药公司工作,现任公司副总经理一职,负责产品的推广及销售事务管理,为公司的创始人之一。1987 年于贵阳医学院医学专业毕业,后在贵州省防疫站工作。岳先生于 1990 年起在医药行业内从事药业及药业相关的贸易业务,熟悉制药业所须遵守的规则,在商业运作方面经验丰富,协助公司在全国建立了庞大的销售网络并与客户建立了良好的关系。

4、朱岳兴先生,55 岁,大专学历,任本公司董事,1984 年至 1986 年就读于贵州电大;1986 年起先后在贵阳铸造厂、贵阳柴油机厂、贵州三力公司、贵州妙灵医健新技术有限公司工作。1995 年至 2000 年在益佰制药有限责任公司工作,为公司创始人之一。朱先生熟悉药品生产运作的整个过程,具有多年丰富的生产管理经验。

5、甘宁先生,51 岁,助理经济师,任本公司董事。1984 年起先后在贵州省卫生防疫站、贵州桑力电子实业公司、贵州三力制药有限公司、贵州妙灵医健新技术有限公司、华粹保健品厂工作,1995 年至 2000 年在益佰制药有限责任公司工作,为公司创始人之一。

6、庞骏先生,48 岁,本科学历,任本公司董事。1982 年起先后在贵阳松山制药厂、贵州通力电子生物技术有限公司工作;1999 年至 2000 年在原贵州益佰制药有限责任公司工作;现就职于美国 TNC 公司。

7、于晓声先生,49 岁,大学学历,任本公司董事,1974 年至 1988 年就职于哈尔滨振兴造纸厂,担任副厂长职务,1988 年至 1992 年就职于哈尔滨磁化器厂,任副总经理;1993 年至今任哈尔滨晓升广告有限公司董事长职务。

8、郎洪平先生,39 岁,本科学历,任本公司董事、副总经理职务。贵阳医学院医学专业毕业,主治医师职称。1987 年至 1997 年曾先后在贵州有机化工总厂职工医院、华西医科大学附院、珠海丽珠制药公司销售部、华瑞制药公司销售部担任医生及地区经理等工作。1997 年加盟益佰制药有限公司。郎先生在医药行业从事销售多年,熟悉制药行业产品销售策划,对产品市场推广策划及在商业运作方面经验丰富,与客户保持着良好的关系。

9、刘华先生,33 岁,本科学历,现任公司董事兼销售部品牌经理职务,1993 年起先后在贵州科晖制药厂、珠海丽珠制药厂销售部、中美上海施贵宝制药公司营销部工作,1997 年加盟益佰制药有限公司,熟悉产品的市场推广运作。

10、杨凌先生,42 岁,公司独立董事,1983 年起曾先后在水电部第八工程局总医院任医师、大连市医药科学研究所助理研究员、日本国立富山医科药科大学硕士研究生和博士研究生毕业,获硕士、博士学位,1996 年至 1999 年先后为日本国立富山医科药科大学、日本昭和药科大学客座研究员,1999 年至 2000 年 5 月为中国科学院大连化学物理研究所博士后,2000 年 5 月为中国科学院大连化学物理研究所研究员。杨先生在抗肿瘤药物的开发及中草药作用机理等研究方面在国际上具有重要的发现。

11、梁光义先生,51 岁,公司独立董事,医学硕士学历,教授职称,1970 年至今先后在贵阳第二制药厂、华西医科大学药学系、北京协和医科大学药物研究所、贵阳中医学院药学系等单位学习和工作,并历任贵阳中医学院教研室主任、系主任、副院长和贵州省六支特区党委副书记等职务,现为贵州省中国科学院天然产物化学重点实验室副主任。

12、张承耀先生,56 岁,公司独立董事,经济学博士,1964 年至 1970 年就读于清华大学;1970 年在本溪钢铁公司任职;1982 年至 1988 年就读于中国社会科学院,为我国第一批企业管理专业毕业研究生两名之一,毕业后留中国社会科学院工经所工作至今,现为企业经营管理研究室主任,1990 年到日本东京大学任客座研究员。

13、王耕女士,56 岁,公司独立董事,经济学硕士,高级会计师、副教授、硕士生导师、中国注册会计师,1996 年至今在上海交通大学管理学院任教,1999 年 7 月任命为会计系副主任,2000 年至 2001 年在美国乔治亚大学进修《财务会计》、《管理会计》及《审计》课程,2001 年上半年被校方选为管理学院工会主席。

14、宋蓉女士,34 岁,公司独立董事,法学学士,律师,贵州省法学会会员及贵州省律协会员,1993 年起先后在贵州天合商务环境有限公司、贵州三超新技术产品开发公司工作,1998 年 10 月至今在辅正律师事务所从事专职律师工作,2003 年 3 月当选贵阳市云岩区第七届政协常委。

(二)发行人监事

1、简卫光先生,34 岁,大专学历,制药工程师,现任公司监事会召集人、销售部品牌经理职务。1995 年起加盟妙灵制药公司工作,曾在贵州铜仁中药饮片厂工作。简先生在医药销售行业多年,对产品市场推广具有相当丰富的经验。

2、赵敏先生,42 岁,本科学历,现任公司监事职务,贵阳中医学院医学专业毕业,主治医师职称。1983 年起曾先后在贵阳中医学院、贵州独山中医院、广东顺德环球药厂(销售部)工作。1997 年至 2000 年在益佰制药有限责任公司工作。

3、潘梅女士,33 岁,大专学历,为职工代表出任的监事,注册会计师、注册税务师、注册房地产估价师。1993 年起先后在贵阳审计师事务所从事审计工作,在贵州腾达房地产开发有限公司任财务部经理,2001 年加入本公司物流中心工作。

(三)发行人高级管理人员

1、郑云锋先生,31 岁,公司董事会秘书。1998 年就读于英国北伦敦大学,获工商管理硕士学位,1999 年就读于英国埃塞克斯大学,财务与金融研究生毕业。2000 年就职于北京校园在线信息技术有限公司,担任总裁助理。2001 年加盟股份公司任证券部经理。

2、汪志伟先生,34 岁,大专学历,注册会计师,现任公司财务部部长,曾在中国长江航运集团青山船厂工作,任财务处处长。2001 年加盟股份公司工作。汪先生对股份公司的财务运作有丰富的经验。

(四)公司核心技术人员

1、夏晓辉先生,40 岁,本科学历,制药工程师,现任公司总工程师,贵阳中医学院毕业。曾在贵阳制药厂、原贵州益佰制药有限责任公司工作。夏先生长期从事生产技术工作和新产品开发工作,对制药技术尤其是针剂产品的技术性环节有着非常丰富的经验。

2、罗玉华女士,47 岁,大专学历,现任公司质量保证部部长,遵义医学院毕业,制药工程师职称。曾先后在贵州肉联厂及生化药厂从事管理工作,并历任车间主任、科长、生化药厂厂长等职务。在贵州益佰制药有限责任公司和本公司工作至今。

二、公司董监事、高管人员及核心技术人员持股情况说明

姓　名	持股数量(万股)	持股比例(%)(发行后)
窦啟玲	1786	26.66
叶湘武	940	14.03
朱岳兴	423	6.31

岳 巍	423	6.31
甘 宁	423	6.31
庞 骏	376	5.61
郎洪平	47	0.70
刘 华	23.5	0.35
简卫光	23.5	0.35

第七节 同业竞争与关联交易

一、同业竞争

公司主要股东均已作出书面承诺：不从事对本公司业务构成或可能构成直接或间接竞争的同类业务；不利用控股地位在关联交易中谋取不当利益，不利用大股东地位或控制关系影响本公司人事任免、经营决策等生产经营活动。发行人律师及主承销商均对此发表了相同意见。

二、关联交易

1. 哈尔滨晓升广告有限公司于 2000 年 6 月受让本公司 5%的股权，至 2000 年 12 月 31 日持有本公司股份 235 万股。本公司于 2000 年 8 月 15 日与哈尔滨晓升广告有限公司订立《广告发布代理协议》，晓升公司代理公司发布广告，期限为 2000 年 8 月至 2001 年 4 月，涉及金额 3,800 万元人民币。

2. 2004 年 1 月，公司为控股子公司??? 上海佰加壹医药有限公司 GMP 改造项目向上海市农行宝山支行提供信用担保，担保总金额为 3,700 万元。

发行人独立董事认为，公司报告期内的关联交易是公允的，在相关经济活动中履行了法定批准程序。

发行人律师认为：已发生的关联交易的决策程序符合有关法律、法规、规范性文件的要求和公司章程的规定，符合公平、公正、公开原则，未发现发行人上述关联交易存在不公允、损害发行人及各股东尤其是中小股东的利益的情形。

关联交易的详细内容请查阅刊登于上海证券交易所网站 http//www.sse.com.cn 的本公司招股说明书全文及其附录。

第八节 财务会计资料

本公司 2001 年、2002 年、2003 年的财务会计资料已于 2004 年 3 月 3 日在《中国证券报》、《上海证券报》和《证券时报》上刊登的《招股说明书摘要》中进行了披露，投资者欲了解详细内容，请查阅上述报纸或刊载于上海证券交易所网站(http://www.sse.com.cn)的本公司招股说明书全文及其附录。

一、注册会计师意见

北京中证国华会计师事务有限公司对本公司 2001 年 12 月 31 日、2002 年 12 月 31 日和 2003 年 12 月 31 日的资产负债表及 2001 年度、2002 年度和 2003 年度的利润表、利润分配表和 2003 年度的现金流量表进行了审计并出具了京中证审三[2004]第 0002 号标准无保留意见的审计报告。

二、简要会计报表

1、简要会计报表

(1)简要资产负债表 单位：万元

项目	2003 年 12 月 31 日	2002 年 12 月 31 日	2001 年 12 月 31 日
流动资产	25,479.08	24,673.43	17,882.78
固定资产	17,379.84	5,158.54	3,564.28
长期投资	863.66	–	–
无形资产及其他资产	1,791.71	474.98	333.65
资产总计	45,514.29	30,306.95	21,780.71
流动负债	21,283.78	16,951.74	12,717.99
长期负债	6,208.75	534.96	799.84
负债合计	27,492.53	17,486.70	13,517.83
少数股东权益	45.78	–	–
所有者权益	17,975.98	12,820.25	8,262.88
负债及所有者权益合计	45,514.29	30,306.95	21,780.71

(2)简要利润表 单位：万元

项目	2003 年度	2002 年度	2001 年度
主营业务收入	50,266.62	44,378.02	27,653.19
主营业务利润	26,938.28	18,308.19	11,320.57
营业利润	6,175.33	5,380.55	3,662.11
利润总额	6,077.37	5,373.20	3,968.16
净利润	5,155.73	4,557.36	3,405.46

(3)公司 2003 年度简要现金流量表 单位：万元

项目	2003 年度 合并数	母公司
一、经营活动产生的现金流量：		
销售商品、提供劳务收到的现金	60,098.89	60,096.65
收到的税费返还	–	
收到的其他与经营活动有关的现金	2.82	2.43
现金流入小计	60,101.71	60,099.08
购买商品、接受劳务支付的现金	23,532.53	23,522.38
支付给职工以及为职工支付的现金	3,633.59	3,619.06
支付的各项税费	6,922.97	6,922.97
支付的其他与经营活动有关的现金	16,802.32	17,924.60
现金流出小计	50,891.40	51,989.00
经营活动产生的现金流量净额	9,210.31	8,110.08
二、投资活动产生的现金流量：		
收到投资所收到的现金	–	–
现金流入小计	–	–
购建固定资产、无形资产和其他长期资产所支付的现金	16,946.88	16,393.72
投资所支付的现金	1,815.72	1,815.72
现金流出小计	18,762.60	18,209.43
投资活动产生的现金流量净额	−18,762.60	−18,209.43
三、筹资活动产生的现金流量：		
取得借款所收到的现金	25,630.00	25,630.00
收到的其他与筹资活动有关的现金	25.85	25.85
现金流入小计	25,655.85	25,655.85
偿还债务所支付的现金	17,780.00	17,780.00
分配股利、利润和偿付利息所支付的现金	993.94	993.94
支付的其他与筹资活动有关的现金	–	–
现金流出小计	18,773.94	18,773.94
筹资活动产生的现金流量净额	6,881.92	6,881.92
四、汇率变动对现金的影响	–	–
五、现金及现金等价物净增加额	−2,670.37	−3,217.43

三、会计报表附注

会计报表附注内容请查阅本公司招股说明书附录部分(详见上海证券交易所网站 http://www.sse.com.cn)。

四、近三年的主要财务指标

财务指标	2003 年 12 月 31 日	2002 年 12 月 31 日	2001 年 12 月 31 日
流动比率	1.20	1.46	1.41
速动比率	0.80	0.99	0.79
应收账款周转率(次)	9.13	8.15	7.06
存货周转 率(次)	2.81	3.30	2.38
净资产收益率(全面摊薄%)	28.68	35.55	41.21
净资产收益率(加权%)	33.48	43.23	52.62
按扣除非经常性损益后净资产收益率(加权%)	33.71	43.30	44.34
无形资产占净资产比例(%)	8.54	2.12	3.36
无形资产占总资产比例(%)	3.37	0.90	1.27
资产负债率(%)	60.56	57.70	62.06
每股净资产(元)	3.82	2.73	1.76
每股经营活动现金流量(元)	1.96	1.56	0.38
每股收益(元)	1.10	0.97	0.72

五、盈利预测数据

公司编制的 2004 年盈利预测报告主要财务数据如下： 单位：元

项目	2004 年预测数(元)
一、主营业务收入	562,978,554.70
二、主营业务利润	317,064,198.51
三、营业利润	75,978,755.20
四、利润总额	75,191,826.20
五、净利润	54,561,396.42

北京中证国华会计师事务有限公司已对本公司编制的 2004 年度的盈利预测报告进行了审核，并出具了盈利预测审核报告。

第九节 其他重要事项

自本公司股票首次公开发行之日至本上市公告书公告之日：

一、本公司严格按照现行有关法律、法规的规定规范运行，生产经营情况正常，本公司所处行业、市场无重大变化，主要业务发展目标的进展状况正常，无重大变化；

二、本公司没有进行重大对外投资，无重大资产(股权)收购、出售行为；

三、本公司住所未变更；

四、本公司未涉及任何重大诉讼、仲裁或行政处罚案件，并且董事会认为本公司未面临任何重大影响的诉讼和索赔要求；同时，本公司董事、监事和高级管理人员未受到任何刑事起诉，亦没有尚未了结或可能发生的刑事诉讼事项；

五、本公司重大会计政策和会计师事务所没有发生变化；

六、本公司未发生新的重大负债，并且重大债项未发生变化；

七、税赋未发生变化；

八、根据《上海证券交易所股票上市规则》，本公司第一大股东窦?玲女士承诺：自本公司股票上市之日起 12 个月内，不转让其持有的本公司的股份。本公司同时承诺不回购发起人所持有的公司股份。

九、本公司没有其他应披露而未披露之重大事项。

第十节 董事会上市承诺

本公司董事会承诺将严格遵守《中华人民共和国公司法》、《中华人民共和国证券法》、《股票发行与交易管理暂行条例》、《公开发行股票公司信息披露实施细则》和《上海证券交易所股票上市规则》等国家法律、法规和有关规定，并自股票上市之日起做到：

1、承诺真实、准确、完整、公允和及时地公布定期报告，披露所有对投资者有重大影响的信息，并接受中国证监会、证券交易所的监督管理；

2、承诺本公司在知悉可能对股票价格产生误导性影响的任何公共传播媒介中出现的消息后，将及时予以公开澄清；

3、本公司董事、监事、高级管理人员和核心技术人员将认真听取社会公众的意见和批评，不利用已获得的内幕消息和其他不正当手段直接或间接从事本公司股票的买卖活动；

4、本公司没有无记录的负债。

第十一节 上市推荐人及意见

一、上市推荐人情况

渤海证券有限责任公司

法定代表人：张志军

住 所：天津市河西区宾水道 3 号

联 系 电 话：(022)28451629

传 真：(022)28451611

联 系 人：高强、崔勇、郭文杰、李革森、赵剑、秦峰、李琰

二、上市推荐人意见

本公司上市推荐人认为，本公司章程符合《中华人民共和国公司法》等有关法律、法规和中国证监会关于公司章程的相关规定。根据《中华人民共和国公司法》、《中华人民共和国证券法》、《股票发行与交易管理暂行条例》、《上海证券交易所股票上市规则》等国家有关法律、法规的规定，本公司首次公开发行的股票已具备公开上市的条件。

本公司上市推荐人保证本公司的董事了解法律、法规、上海证券交易所上市规则及股票上市协议规定的董事的义务与责任，并协助本公司健全了法人治理结构、制定了严格的信息披露制度与保密制度。本公司上市推荐人已对上市文件所载的资料进行了核实，确保上市文件真实、准确、完整，符合规定要求。保证本公司的上市申请材料、上市公告书没有虚假记载、误导性陈述或重大遗漏，并保证对其承担连带责任。

本公司上市推荐人愿意推荐本公司股票在上海证券交易所上市交易，并保证不利用在上市过程中获得的内幕信息进行内幕交易，为自己或他人谋取利益。

贵州益佰制药股份有限公司

二〇〇四年三月十七日

光明乳业股份有限公司

光明乳业股份有限公司2003年年度报告

重要提示

本公司董事会及其董事保证本报告所载资料不存在任何虚假记载、误导性陈述或者重大遗漏,并对其内容的真实性、准确性和完整性负个别及连带责任。

公司2003年度财务会计报告已经德勤华永会计师事务所有限公司审计并出具标准无保留意见的审计报告。

公司董事长兼总经理王佳芬女士、主管财务工作副总经理吕公良先生、财务总监章国政先生及财务经理姚第兴先生保证本报告中财务报告所载资料真实、完整。

一、公司基本情况简介

1、公司法定中文名称:光明乳业股份有限公司　　公司简称:光明乳业

公司英文名称:BRIGHT DAIRY & FOOD CO., LTD

2、公司法定代表人:王佳芬

3、公司董事会秘书:朱建毅

联系地址:上海市吴中路578号

联系电话:021-54584520　　传真:021-64013337

E-mail:600597@brightdairy.com

4、公司注册地址:上海市吴中路578号

公司办公地址:上海市吴中路578号　　邮政编码:201103

电话:021-54584520　　传真:021-64655033

E-mail:600597@brightdairy.com

国际互联网网址:www.brightdairy.com

5、公司选定的信息披露报刊:《中国证券报》、《上海证券报》、《证券时报》登载公司年度报告的中国证监会指定网站的网址:http://www.sse.com.cn 公司年度报告备置地点:公司董事会秘书办公室

6、公司股票上市交易所:上海证券交易所　　股票简称:光明乳业　　股票代码:600597

7、其他有关资料:

公司首次注册或变更注册登记日期、地点:

首次注册日期:2000年11月17日

地点:上海市工商行政管理局

变更注册登记日期:2003年9月2日

地点:上海市工商行政管理局。

企业法人营业执照注册号:企股沪总字第022797号(市局)

税务登记号码:310048607360299

公司聘请的会计师事务所名称:德勤华永会计师事务所有限公司

会计师事务所办公地址:上海市延安东路222号外滩中心30楼

二、会计数据和业务数据摘要(合并报表)

1、2003年度(以下简称"本年度"或"报告期内")公司业务数据摘要　单位:元

利润总额	390,917,107
净利润	282,461,933
扣除非经常性损益后的净利润	273,738,719
主营业务利润	1,945,906,785
其他业务利润	68,748,915
营业利润	391,797,809
投资收益	−5,695,946
补贴收入	13,621,874
营业外收支净额	−8,806,630
经营活动产生的现金流量净额	470,164,616
现金及现金等价物净增加额	−312,523,845

注:扣除的非经常性损益项目和涉及金额:

项目	涉及金额(元)
营业外支出	−9,424,189.61
减值准备	1,104,172.64
营业外收入	3,533,725.10
补贴收入	9,671,886.30
短期投资收益	3,837,619.41

注:上述项目均已考虑所得税和少数股东权益产生的影响。

本年度重要会计估计变更的具体说明:

报告期内,公司对如下会计政策进行了变更:

1)根据财政部财会[2003]10号的有关规定,对2003年3月17日后发生的长期股权投资采用权益法核算时,初始投资成本小于应享有被投资单位所有者权益份额的差额,由原贷记长期股权投资-股权投资差额,按投资期限摊销/不低于10年的期限平均摊销,计入损益,改为贷记资本公积-股权投资准备。此项会计政策变更采用未来适用法,对本年度净利润无影响。

2)根据财政部关于印发《企业会计准则-资产负债表日后事项》的通知(财会[2003]12号),对于资产负债表日后至财务报告批准报出日之间董事会制定的利润分配方案中分配给投资者的利润,由原作为调整事项确认为应付股利,改为在资产负债表所有者权益中单独列示。此项会计政策变更采用追溯调整法。

此项规定增加2002年12月31日的合并股东权益65,118,285元。

2、报告期末公司前三年主要会计数据及财务指标　单位:元

项目	2003年度	2002年度		2001年度	
		调整前	调整后	调整前	调整后
主营业务收入	5,981,051,611	5,021,503,488	5,021,503,488	3,520,210,605	3,520,210,605
净利润	282,461,933	226,313,752	226,313,752	162,906,619	162,906,619
总资产	3,460,834,470	2,937,365,249	2,937,365,249	1,829,170,116	1,829,170,116
股东权益(不含少数股东权益)	1,861,258,092	1,578,679,864	1,643,798,149	543,663,332	667,646,064
每股收益	0.43	0.35	0.35	0.33	0.33
每股净资产	2.86	2.42	2.52	1.08	1.33
调整后每股净资产	2.81	2.30	2.49	0.98	1.23
每股经营活动产生的现金流量净额	0.72	0.74	0.74	0.76	0.76
净资产收益率(%)	15%	14%	14%	30%	24%
扣除非经常性损益后的净利润	273,738,719	250,639,087	250,639,087	181,044,803	181,044,803
扣除非经常性损益后的每股收益	0.42	0.38	0.38	0.36	0.36
扣除非经常性损益后的净资产收益率(%)					
1、摊薄	15%	16%	15%	33%	27%
2、加权	16%	27%	22%	32%	26%

3、利润表附表

报告期利润	金额(元)	净资产收益率(%)		每股收益(元)	
		全面摊博	加权平均	全面摊博	加权平均
主营业务利润	1,945,906,785	105%	112%	2.99	2.99
营业利润	391,797,809	21%	23%	0.60	0.60
净利润	282,461,933	15%	16%	0.43	0.43
扣除非经常性损益后的净利润	273,738,719	15%	16%	0.42	0.42

4、报告期内股东权益变动情况　单位:元

项目	股本	资本公积	盈余公积	其中:法定公益金
期初数	651,182,850	797,304,377	94,999,376	44,425,854
本期增加	−	116,295	75,629,541	34,759,448
本期减少	−			
期末数	651,182,850	797,420,672	170,628,917	79,185,302

项目	金现金股利	未分配利润	股东权益合计
期初数	65,118,285	35,193,261	1,643,798,149
本期增加	130,236,570	76,595,822	217,459,943
本期减少	65,118,285		
期末数	130,236,570	111,789,083	1,861,258,092

变动原因分析:

(1)资本公积增加系子公司收到的捐赠、专项应付款转入和资本溢价。

(2)盈余公积、法定公益金、现金股利和未分配利润增加是由于公司在报告期实现净利润并拟实施利润分配。

(3)股东权益增加是因为实现利润。

5、资产减值准备明细表　单位:元

项目	年初余额	购买子公司转入	本年增加	本年转销	年末余额
一、坏帐准备	45,758,570.00	27,566,008.00	12,740,414.00	−2,130,403.00	83,934,589.00
其中:应收帐款	39,809,672.00	10,916,551.00	7,755,463.00	−1,401,567.00	57,080,119.00
其他应收款	5,948,898.00	16,649,457.00	4,984,951.00	−728,836.00	26,854,470.00
二、存货跌价准备	6,706,718.00	23,263,719.00	3,205,211.00	−2,510,625.00	30,665,023.00
其中:原材料	6,706,718.00	23,263,719.00	3,205,211.00	−2,510,625.00	30,665,023.00
三、长期投资减值准备		925,284.00	250,000.00		1,175,284.00
其中:长期股权投资		925,284.00	250,000.00		1,175,284.00
四、固定资产减值准备	28,280,544.00	8,888,077.00	2,090,888.00	−9,804,698.00	29,454,811.00
其中:房屋建筑物	577,000	1,639,739		−1,500,000	716,739
机器设备	24,420,793	6,521,518	2,056,441	−5,377,124	27,621,628
电子设备	3,230,582	571,827	34,447	−2,927,574	909,282
运输设备	52,169	154,993			207,162

三、股本变动及股东情况

1、股本变动情况

(1)公司股份变动情况表(数量单位:股)

	本次变动前	本次变动增减(+,−) 首次发行	小计	本次变动后
一、未上市流通股份				
1、发起人股份				
其中:				
国家持有股份	25,059,142			25,059,142
境内法人持有股份	250,591,425			250,591,425
境外法人持有股份	225,532,283			225,532,283
其他				
2、募集法人股份				
3、内部职工股				
4、优先股或其他				
未上市流通股份合计	501,182,850			501,182,850
二、已上市流通股份				
1、人民币普通股	150,000,000			150,000,000
2、境内上市的外资股				
3、境外上市的外资股				
4、其他				
已上市流通股份合计	150,000,000			150,000,000
三、股份总额	651,182,850			651,182,850

(2)股票发行与上市情况

经中国证券监督管理委员会(以下简称"中国证监会")证监发行字[2002]80号文批准,公司于2002年8月14日首次向社会公众公开发行人民币普通股(以下简称"A股")15,000万股(以下简称"本次发行"),每股发行价格为人民币6.50元。本次发行股份全部募集到位,扣除发行费用人民币2,870万元,实际募集资金为人民币94,630万元。本次发行股份已经全部获准于2002年8月28日在上海证券交易所上市交易。

2、股东情况介绍

(1)报告期末(2003年12月31日)公司股东总户数为31,538户。

(2)公司前十名股东持股情况(数量单位:股)

名次	股东名称或姓名	年度内增减(股)	年末持股数量(股)	比例(%)	股份类别	质押或冻结的	股东性质(国有股东

						股份数量	或外资股东
1	上海牛奶(集团)有限公司	无变动	200,473,141	30.78%	未流通	0	国有法人股
2	S.I.FoodProducts HoldingsLimited	无变动	200,473,141	30.78%	未流通	0	外资股
3	上海国有资产经营有限公司	无变动	25,059,142	3.85%	未流通	0	国家股
4	大众交通(集团)股份有限公司	无变动	25,059,142	3.85%	未流通	0	社会法人股
5	东方希望集团有限公司	无变动	25,059,142	3.85%	未流通	0	社会法人股
6	DanoneAsiaPte.Ltd.	无变动	25,059,142	3.85%	未流通	0	外资股
7	丰和价值证券投资基金	未知	8,854,010	1.36%	已流通	未知	流通股
8	泰和证券投资基金	未知	5,054,052	0.78%	已流通	未知	流通股
9	同盛证券投资基金	未知	4,824,573	0.74%	已流通	未知	流通股
10	全国社保基金一零六组合	未知	2,728,395	0.42%	已流通	未知	流通股

注:经向上述前十名股东证实,丰和价值证券投资基金、泰和证券投资基金和全国社保基金一零六组合同属嘉实基金管理有限公司管理。上述股东未知是否存在一致行动人关系。

(3)控股股东情况介绍

上海牛奶(集团)有限公司注册地址为上海市枫林路 251 号,成立于 1997 年 6 月 2 日,注册资本为人民币 50,576 万元(国有控股),法定代表人为赵柏礼,经营范围:生产、加工、销售乳制品,奶牛,牛奶,冰淇淋,饮料,食品,糖果,橡胶制品,生物制品,畜牧机械,乳品食品加工机械,塑料及纸制包装容器,饮用水,上述范围的科研和咨询服务,实业投资,附设分支机构。持有公司 30.78%的股份。

S.I.Food Products Holdings Limited(上实食品控股有限公司)注册地址为英属维尔京群岛,授权代表为吕明方。该公司成立于 1996 年 10 月 2 日,注册资本 1 美元,持有公司 30.78%的股份。Shanghai Industrial Holdings Limited(上海实业控股有限公司)持有 S.I.FoodProducts Holdings Limited 100%的股权,是其实际控制方。Shanghai Industrial HoldingsLimited 注册资本 20,000 万港元,董事长为蔡来兴,住所为香港告士打道 39 号 26 楼。主要业务为基建(包括公路和水务)、消费品和汽车及零部件、信息技术以及医药生物科技等。

经核实,上海牛奶(集团)有限公司与 S.I.Food Products Holdings Limited 持有的公司股份均没有质押或被冻结的情形。

(4)公司前十名流通股股东持股情况

名次	流通股股东名称(全称)	年末持股数量(股)	流通股种类
1	丰和价值证券投资基金	8,854,010	A 股
2	泰和证券投资基金	5,054,052	A 股
3	同盛证券投资基金	4,824,573	A 股
4	全国社保基金一零六组合	2,728,395	A 股
5	中国银行--嘉实稳健开放式证券投资基金	2,725,806	A 股
6	兴华证券投资基金	2,075,876	A 股
7	深圳市创新科技投资有限公司	1,844,700	A 股
8	全国社保基金一零三组合	1,692,262	A 股
9	中国建设银行--宝康消费品证券投资基金	1,542,514	A 股
10	光大证券有限责任公司	1,325,800	A 股

前十名流通股股东中:丰和价值证券投资基金、泰和证券投资基金、全国社保基金一零六组合和中国银行-嘉实稳健开放式证券投资基金同属嘉实基金管理有限公司管理;兴华证券投资基金和全国社保基金一零三组合同属华夏基金管理有限公司管理。

上述流通股股东,公司未知是否存在一致行动人关系。

四、董事、监事、高级管理人员和员工情况

1、基本情况

姓名	职务	性别	年龄	任期起止日期
王佳芬	董事长、总经理	女	52	2000 年 11 月至 2004 年 1 月
周 杰	副董事长	男	36	2000 年 11 月至 2004 年 1 月
叶观年	董事	男	53	2000 年 11 月至 2004 年 1 月
陈宝祥	董事	男	56	2000 年 11 月至 2004 年 1 月
沈伟家	董事	男	50	2000 年 11 月至 2004 年 1 月
季建忠	董事	男	47	2000 年 11 月至 2004 年 1 月
陈绍昌	董事	男	55	2000 年 11 月至 2004 年 1 月
杨国平	董事	男	47	2000 年 11 月至 2004 年 1 月
唐 勇	董事	男	47	2000 年 11 月至 2004 年 1 月
秦 鹏	董事	男	48	2000 年 11 月至 2004 年 1 月
吕公良	董事、副总经理	男	56	2000 年 11 月至 2004 年 1 月
张华富	董事、副总经理	男	55	2000 年 11 月至 2004 年 1 月
郭广昌	独立董事	男	36	2000 年 11 月至 2004 年 1 月
谢 荣	独立董事	男	51	2003 年 4 月至 2004 年 1 月
徐向华	独立董事	女	48	2003 年 4 月至 2004 年 1 月
曹福康	监事长	男	64	2000 年 11 月至 2004 年 1 月
檀文耀	监事	男	57	2000 年 11 月至 2004 年 1 月
苏 斌	监事	男	35	2000 年 11 月至 2004 年 1 月
朱建毅	董事会秘书	男	49	2000 年 11 月至 2004 年 1 月
郭本恒	副总经理	男	40	2001 年 9 月至 2004 年 1 月
杨海欣	副总经理	男	45	2003 年 7 月至 2004 年 1 月
陆耀华	副总经理	男	38	2003 年 7 月至 2004 年 1 月
周振翔	副总经理	男	39	2003 年 7 月至 2004 年 1 月
章国政	财务总监	男	38	2002 年 3 月至 2004 年 1 月

上述董事、监事和高级管理人员在本年度内未持有公司任何股份,亦没有持股变动情形。

公司副总经理林豪因个人原因于 2003 年 2 月离职。

2、董事、监事在股东单位任职情况

姓名	任职的股东名称	担任职务	任期起止日期	是否领取薪酬
周杰	S.I.FoodProductsHoldingsLimited	董事	2002 年 2 月至今	是
	上实医药科技(集团)股份有限公司	董事、总经理		
	ShanghaiIndustrialHoldingsLimited	副行政总裁	2001 年 4 月	否
叶观年	上海牛奶(集团)有限公司	董事长	至 2004 年 1 月	
陈宝祥	上海牛奶(集团)有限公司	党委书记	1996 年 7 月至今	是
沈伟家	上实医药科技(集团)股份有限公司	董事副总经理	2002 年 11 月至今	是
季建忠	上实管理(上海)有限公司	财务总监	2000 年 11 月至今	是
陈绍昌	上海国有资产经营有限公司	副总裁	2000 年 2 月至今	是
杨国平	大众交通(集团)股份有限	公司董事长兼总经理	1988 年 12 月至今	是
唐 勇	东方希望集团有限公司	董事长助理投资部部长	1996 年 3 月至今	是
秦 鹏	DanoneAsiaPte.Ltd.	中国区总裁	2000 年 11 月至今	是
曹福康	上实管理(上海)有限公司	董事长	1999 年 12 月至今	是
檀文耀	上海牛奶(集团)有限公司	资产总监	2000 年 9 月至今	是

注:公司股东 S.I.Food Products Holdings Limited 与上实医药科技(集团)股份有限公司、上实管理(上海)有限公司的实际控制方均为 Shanghai Industrial Holdings Limited。

3、年度报酬情况

公司现任董事(除担任高级管理人员的董事以外)、监事(除由职工代表出任的监事以外)不在公司领取报酬,部分公司董事、监事系基于其担任公司管理人员或员工的身份在公司领取报酬。公司按照实际情况并根据不同的职务和岗位,以及工作业绩等因素确定高级管理人员的报酬。本年度公司现任高级管理人员的年度报酬总额为人民币 237 万元,金额最高的前三名高级管理人员的报酬总额为人民币 101 万元。具体情况如下:

年度报酬区间高管	人数
25 万元~40 万元	3
4 万元~25 万元	7

公司 12 名董事(周杰、季建忠、沈伟家、叶观年、陈宝祥、杨国平、陈绍昌、唐勇、秦鹏、郭广昌、谢荣、徐向华)、2 名监事(曹福康、檀文耀)不在公司领取报酬,均在其各自所在的公司股东单位或本人原单位领取报酬。

4、经公司第一届董事会第九次会议审议通过,并经公司 2002 年度股东大会确认,独立董事津贴为每人每月 5,000 元(含税)。

5、在报告期内离任的董事、监事、高级管理人员姓名及离任原因

1) 公司副总经理林豪因个人原因于 2003 年 2 月离职。

2) 经第一届董事会第九次会议提名,并经 2002 年度股东大会审议通过,聘任徐向华女士、谢荣先生为本公司独立董事。

3)根据本公司章程的规定及本公司总经理王佳芬女士的提名,经第一届董事会第十次会议审议通过,聘任杨海欣先生、周振翔先生、陆耀华先生为本公司副总经理。

6、公司在职员工 2,838 人,其中生产人员 923 人、销售人员 776 人、技术人员 315 人、财务人员 123 人、行政人员 493 人,其他人员 208 人,本科及以上学历人数:401 人,公司需承担费用的离退休职工 44 人。

五、公司治理结构

1、公司治理情况

公司严格按照《中华人民共和国公司法》以及相关法律、法规、规范性文件的要求,并严格履行公司章程规定的程序,建立并不断完善法人治理结构,推进公司的规范化运作。根据 2002 年 1 月国家经贸委和中国证监会发布的《上市公司治理准则》的要求,公司着重在以下几方面建立和完善法人治理结构:

(1)公司在公司章程中明确了全体股东、特别是中小股东享有平等地位,明确规定了股东大会的召集、召开、表决等程序,确保全体股东能够充分行使股东权利。

(2)公司较好地保持了经营运作的独立性,在资产、人员、财务、业务和机构等方面与控股股东严格分开,独立运作。公司控股股东亦能够合法行使股东权利。

(3)公司董事、监事均按法定程序选举,董事会、监事会的组成符合法律规定并依法开展工作,所有董事、监事均能够尽到勤勉尽责、竞业禁止的义务。公司严格按照《公司法》、《证券法》、《上市公司治理准则》以及《上海证券交易所股票上市规则》的要求,不断进行自检自查,确保公司治理状况符合中国证监会相关文件要求。其中公司报告期内现有独立董事比例为 20%,尚不足中国证监会所规定的要求,但公司已于 2004 年 1 月通过了董事会换届,目前已达到中国证监会要求的独立董事占全部董事会成员三分之一的比例。

(4)公司管理层能够依法贯彻股东大会、董事会的各项决议,合理审慎地管理公司,尽到了管理层应尽的义务。

(5)公司能够根据有关监管政策的要求,及时、准确、全面地履行信息披露义务,为确保股东的知情权提供了必要保障。

2、独立董事履行职责情况

公司于 2003 年 4 月 30 日召开的 2002 年度股东大会年会中增选了独立董事二名,共计独立董事三名。三位独立董事在本年度积极参与董事会工作,出席董事会会议,严格按照有关法律、法规的要求,较好地履行了《中华人民共和国公司法》和公司章程规定的董事职责,维护了公司及中小股东的权益。

3、公司与控股股东在业务、人员、资产、机构、资金、财务等方面完全分开,并具有独立完整的业务及自主经营能力。

(1)公司主要从事与奶和乳制品、奶牛和公牛、饮料和食品相关的生产、销售和其他经营业务,公司的业务独立于控股股东。

(2)公司对开展业务活动的主体经营性资产均拥有完整的所有权或使用权,没有被控股股东占用的情况。

(3)公司总经理、副总经理、财务总监和董事会秘书等未在控股股东单位担任任何管理职务,财务人员没有在公司控制的关联公司以外兼职,公司劳动、人事及工资管理均由其下属职能部门承担,完全独立于控股股东。

(4)公司的职能部门均独立运作,与控股股东的相关部门不存在上下级隶属关系,符合机构独立的要求。

(5)公司有独立的财务部门,建立了独立的财务核算体系;公司独立在银行开户,不与控股股东共用一个帐户;公司独立纳税,有独立的税务登记证;公司具有规范、独立的财务会计制度和对分公司、子公司的财务管理制度。

(6)公司对与开展其主营业务有关的生产、供应、销售等系统拥有独立的控制权或管理权,具备了独立的生产经营环境,具备独立完整的包括资产、业务、机构、人员、内部管理体系在内的各项经营要素,具有面向市场自主经营的基础条件。

4、对高级管理人员的考评及激励机制、相关奖励制度(如有)的建立、实施情况:

为完善公司的激励、约束机制,充分调动公司高级管理人员持续的工作积极性,以制度创新和管理创新来保证公司稳定、持续、健康的发展,从而提升公司核心竞争力,保证公司发展战略的实现,最终实现股东价值的最大化,公司除建立对高管人员年度关键经营指标(KPI)考核机制外,还针对年度董事会下达业绩目标的完成情况,建立了管理层激励基金,实现了管理层利益与企业长期发展目标有机结合的新型激励与约束机制,确保公司持续、健康发展。

六、董事会报告

1、报告期内整体经营情况的讨论与分析

2003 年是乳业迅猛发展,竞争逐步加剧的艰难时期,近年来较低的市场准入壁垒和诱人的高回报吸引了大量新资本进入乳业市场。同时,随着国内 GDP 的高速增长,社会环境和经济环境的变化,人口城市化进程的加快,人民生活水平的不断提高,给予了乳业较大的发展空间,竞争也更加激烈。另一方面,政府行为发生了较大变化,政府更关注人民生活水平的提高和社会竞争的公平,逐步淡出竞争性领域,通过各种手段有效刺激国内需求,也加速了乳业的发展。由此公司在 2003 年的发展,既得益于发展环境的变化,同样也受制于行业竞争的日益加剧。2003 年,公司走过了比以往更不平凡的一年,业绩的取得也更加精彩。

2003 年董事会遵照股东大会制定的各项方针,在公司经营班子和全体员工的共同努力下,克服了 SARS 和国际市场奶粉价格波动的影响,以及原料奶供应竞争加剧的带来的不利因素,各项经营指标仍比去年有了较好增长,报告期内公司全年实现主营业务收入 59.81 亿元,比上年同期增长

19 %,实现净利润 2.82 亿元,比上年同期增长 25%。实现了销售收入和利润的双增长,体现了公司发展的可持续性。上海以外的乳制品销售额占比达 72%,基本实现了董事会要求的用全国资源做大全国市场的战略目标。

在当前激烈的乳业市场竞争下,公司取得上述成果得益于董事会的正确决策。首先,在 2003 年,公司通过加强建设高附加值产品和区域的差异化、建立了全方位的分销系统、服务标准及客户满足度考核、建设了一支有特色的光明销售队伍,进一步扩大了公司品牌知名度和信赖度;第二,2003 年公司技术中心经审核成为国家级技术中心,中心围绕"营养健康"的新品开发主题,本着新品开发和现有产品改进相结合的原则,注重生产成本的降低、工艺改进和基础研究,重点开发新产品,全年共完成项目 107 项,涉及新品六大类。高科技核心竞争力的形成,为公司经营发展提供了强有力的技术基础;第三,在体制上,公司依然通过创新,走在改革的前列,实行了事业部制和地区制相辅相成的管理模式,在不断地变革和建立系统的过程中,公司以盈利为中心的管理模式在 2003 年得到了进一步深化;第四,2003 年,公司通过兼并收购等资本运作,进一步完善了全国奶源基地和加工基地的布局,优化了产业结构,加快了相关产业的进步,从而有效提升光明在市场上的竞争力;第五,为股东创造价值、为员工创造价值、为社会创造价值是公司不断追求的奋斗目标。2003 年是公司上市后的第二年,公司保持了良好的盈利能力和成长性,资产负债水平低,盈利能力强,2003 年被业内 50 多家投资机构评定为"具有投资价值的上市公司"。被入选上证 180 指数样本股和上证 50 指数样本股,反映了公司作为行业龙头高利润增长水平和未来良好发展趋势,体现了公司健康发展的市场形象和品牌形象。

2、主营业务收入、主营业务利润的构成情况

主要产品情况

产品	主营业务收入		主营业务成本		主营业务利润		毛利率(%)	
	本年度金额(元)	比上年度增减(%)	本年度金额(元)	比上年度增减(%)	本年度金额(元)	比上年度增减(%)	本年度	比上年度增减(%)
乳制品等	4,967,644,529	18%	3,212,256,269	20%	1,755,388,260	14%	35%	-1%
商业	1,013,407,082	28%	810,102,599	25%	203,304,483	46%	20%	2%

地区分布

项目	地区	主营业务收入(万元)		占公司主营业务收入比例(%)		比上年度增减(%)
		本年度	上年度	本年度	上年度	
乳制品等	上海	139,124	154,148	23%	31%	-7%
	外地	357,640	268,521	60%	53%	6%
小计		496,764	422,669	83%	84%	-1%

注 1:上述地区分布产品仅指公司主营的乳制品及相关产品。公司商业销售收入主要在上海实现。

注 2:报告期主营业务利润减主营业务税金及附加后为 194,591 万元,比上年度增加 16%。增加原因系主营业务收入比上年增长 19%,净利润实现 28,246 万元,增加原因系主营业务利润增加所致;现金及现金等价物净减少额 31,252 万元,减少原因主要系公司在报告期内支付了 4 家新纳入合并范围的子公司收购款。

3、主要控股公司及参股公司的经营情况及业绩 单位:万元

公司名称	主要产品和服务	注册资本	资产规模	净利润
上海光明乳业销售有限公司	食品批发、实业投资	2,000	13,851	29
上海邀请电子商务有限公司	网站开发、经营和服务	3,000	11,386	-1,215
上海可的便利店有限公司	商品零售	6,321	25,568	121
上海乳品四厂有限公司	乳品加工、销售	4,452	12,147	5,859
南京光明乳品有限公司	乳品加工、销售	1,500	5,850	1,015
黑龙江光明松鹤乳品有限责任公司	乳品加工、销售	21,810	40,761	3,146
上海永安乳品有限公司	乳品加工、销售	(USD)250	4,227	29
上海达能保鲜乳制品有限公司	乳品加工、销售	(USD)900	4,934	322
上海达能酸乳酪有限公司	乳品加工、销售	(USD)435	4,630	6,838
光明乳业(泾阳)有限公司	乳品加工、销售	2000	7,361	-405
北京光明健能乳业有限公司	乳品加工、销售	11,959	13,400	-62
广州光明乳品有限公司	乳品加工、销售	2,000	7,700	-1,343
湖南光明派派乳品有限公司	乳品加工、销售	2,500	4,597	161
天津光明梦得乳品有限公司	乳品加工、销售	2,690	9,716	-269
广州达能酸乳酪有限公司	乳品加工、销售	3,543	8,669	1,879
江西光明英雄乳业股份有限公司	乳品加工、销售	6,000	12,458	-1,123
武汉光明乳品有限公司	乳品加工、销售	2,160	6,284	501
上海光明荷斯坦牧业有限公司	外购、自产鲜奶	10,000	25,910	475

4、主要供应商、客户情况

公司向前五名供应商合计的采购金额约为 50,482 万元,占年度采购总额的 6%,公司前五名客户销售额约为 38,977 万元,占公司年度销售总额的 7%。

5、在经营中出现的问题与困难及解决方案

公司经营的显著特点是主业非常突出,所以乳制品的激烈竞争,将直接影响公司的发展。所以公司面临的最大困难还是市场竞争的残酷,由于乳业盈利增长的稳定性,吸引了众多投资者进入这个市场,某种程度上遏制了公司强劲的发展势头,但同时也促进公司不断变革管理体制,不断在产品和服务上推陈出新,以领先改革的先发效应,领导着乳业的快速发展。此外,2003 年 4 月爆发的 SARS 疫情,使消费者更加关注营养和食品安全,也增强了企业的质量意识,对公司抓质量抓管理产生了新的压力,SARS 的发生,公司学生奶生产和销售的叫停,直接影响了公司正常的运营和业绩;此外国际市场奶粉价格波动和原料奶供应的瓶颈制约直接影响公司主营发展,对公司主业发展带来许多不可控因素。

针对上述情况,公司认真研究分析,作出了一系列行之有效的举措,建立了良好的管理流程和服务标准,在消费者心目中形成了"城市、高科技、专业、可靠"的市场形象。另一方面,配备了专职的质量副总裁,加强质量管理,防范质量风险,并加大科技投入力度和新品开发,更好地在激烈的市场竞争中提升竞争力,努力打造"百年光明"。

6、投资情况

公司本次发行承诺投资项目金额总计 81,124 万元,至报告期末实际投入金额 62,118 万元,尚未使用的募集资金 19,006 万元在银行存款中。本年度公司使用募集资金实际投资项目与承诺项目没有发生变化,该等项目的投资情况如下:

(1)建设保健发酵乳品生产基地项目,承诺投资金额 7,445 万元。报告期末实际使用募集资金投入 6,833 万元,与承诺金额和进度基本相符。该项目已增加年生产能力 30,000 吨。

(2)扩大液态保鲜奶和超高温灭菌奶生产能力项目,承诺投资金额 18,376 万元,项目建设期至 2004 年末。报告期末实际使用募集资金投入 13,834 万元,与承诺金额和进度基本相符,该项目建成以后预计可增加年生产保鲜奶 45,000 吨,UHT 奶 33,000 吨的能力,预计新增销售收入 39,108 万元,税后利润 3,879 万元。

(3)营养保健食品科技开发项目,承诺投资金额 13,500 万元,项目建设期至 2004 年末。报告期末实际使用募集资金投入 4,799 万元,与承诺金额和进度基本相符。该项目建成以后预计新增高科技含量的新产品 20 余项,年新增销售收入 65,132 万元,税后利润 5,794 万元。

(4)建设大型现代物流基地项目,承诺投资金额 16,970 万元。报告期末实际使用募集资金投入 12,937 万元,与承诺金额和进度基本相符。

(5)增资黑龙江省光明松鹤乳品有限责任公司项目,承诺投资金额 12,944 万元。报告期末实际使用募集资金投入 13,000 万元,与承诺金额和进度基本相符。该项目已增加年生产 6,600 吨奶粉和 165,000 吨超高温灭菌奶的生产能力。

(6)增资北京光明健康乳业有限公司项目,承诺投资金额 11,889 万元。报告期末实际使用募集资金投入 10,715 万元,与承诺金额和进度基本相符。该项目已增加年生产 30,000 吨风味酸奶和 45,000 吨保鲜奶的生产能力。

本年度公司使用自有资金投资的项目如下:

(1)2003 年 2 月,本公司与奶牛事业部总经理陆耀华及其他管理和技术骨干共 47 位自然人共同投资设立"上海光明荷斯坦牧业有限公司",该公司注册资本为人民币 10,000 万元,本公司以经评估的牧业资产作价 8,000 万元出资,占 80%股份;陆耀华等 47 位自然人以自筹现金出资 2,000 万元,占 20%股份。主要经营奶牛饲养,开发、培育和生产公牛精液、饲料和添加剂、胚胎、良种牛、兽药,销售自产产品并从事牧业管理和相关产业的技术、人员培训及牧业技术服务。该公司 2003 年度实现净利润 475 万元。

(2) 2003 年 6 月,本公司与合资方武汉市海口奶业总公司共同对武汉光明乳品有限公司以人民币现金方式同比例增资。其中本公司新增出资额 216 万元,武汉市海口奶业总公司新增出资额 144 万元,用于购买座落于武汉光明乳品有限公司所在地的土地使用权。本次增资完成后,武汉光明乳品有限公司的注册资本由原 1800 万元增加为 2160 万元,其中本公司出资额由原 1080 万元增加为 1296 万元,股权比例不变,为 60%;武汉市海口奶业总公司出资额由原 720 万元增加为 864 万元,股权比例不变,为 40%。

(3)2003 年 7 月,本公司与北京光明健能乳业有限公司及拟设立的上海光明奶酪黄油有限公司总经理共同投资设立"上海光明奶酪黄油有限公司"。该公司注册资本为人民币 2,000 万元。其中本公司以现金 1,600 万元出资,占 80%股份;北京光明健能乳业有限公司以现金 300 万元出资,占 15%股份;上海光明奶酪黄油有限公司总经理以自然人身份现金出资 100 万元,占 5%股份。该公司主要经营和开发软硬质奶酪和黄油。

(4)2003 年 7 月,本公司与北京光明健能乳业有限公司、上海龙策企业管理咨询有限公司、拟设立的上海光明果汁饮料有限公司总经理共同投资设立"上海光明果汁饮料有限公司"。该公司注册资本为人民币 2,000 万元。其中本公司以现金 1,500 万元出资,占 75%股份;北京光明健能乳业有限公司以现金 300 万元出资,占 15%股份;上海龙策企业管理咨询有限公司以现金 100 万元出资,占 5%股份;上海光明果汁饮料有限公司总经理以自然人身份现金出资 100 万元,占 5%股份。该公司主要经营常温和保鲜的纯果汁和含果蔬汁产品。

(5)2003 年 10 月,本公司与上海梅林正广和(集团)有限公司签署了受让光明食品有限公司 20%股份的协议,受让价格以经评估确认的净资产为基础,为 1,160 万元人民币。受让完成后本公司与上海梅林正广和股份有限公司各持有光明食品有限公司 50%的股份。本次受让的全部手续已于 2004 年 3 月 11 日完成。该公司注册资本为 9867 万元,主要经营冰淇淋业务。根据该公司章程的有关规定,本公司对该公司拥有实际控制权。

(6)2003 年 12 月,本公司与郑州山盟乳业有限公司共同投资设立"郑州光明山盟乳业有限公司",该公司注册资本为人民币 2,500 万元。其中本公司以货币资金 1,500 万元出资,占注册资本的 60%;郑州山盟乳业有限公司以其经评估后的部分实物资产作价 750 万元出资,占注册资本的 30%;郑州山盟乳业有限公司经营层自然人以货币资金 250 万元出资,占注册资本的 10%。主要经营各种乳品、食品的开发、生产、销售。

7、财务状况

公司财务状况良好,各项财务指标变动情况如下: 单位:元

项目	本年度	上年度	增减变动(%)	原因
总资产	3,460,834,470	2,937,365,249	17.82%	合并范围扩大
长期负债	177,081,969	76,451,065	131.63%	合并范围扩大,新增 6 家子公司带入
股东权益	1,861,258,092	1,643,798,149	13.23%	本年产生的净利润增加
主营业务利润	1,945,906,785	1,670,966,922	16.45%	主营业务收入增加所致
净利润	282,461,933	226,313,752	24.81%	企业经营规模扩大,主营业务收入增加
现金及现金等价物净增加额	-312,523,845	699,628,553		公司在报告期内支付了 4 家新纳入合并范围的子公司收购款。

8、2004 年度经营计划

2004 年公司发展的工作方针是:创新、发展、务实、合作

通过苦练内功,建立和打造自身的国际竞争力,保持持续健康发展的经营机制和与时俱进的经营思想,建立和完善最低成本和最高效率的全球化产业布局,不断提升技术进步和将创新转化为生产力的能力,满足消费者需求,促进赢利支持增长,为股东创造价值。

1)继续发挥农业产业化龙头企业的带动和服务作用,保持销售收入、盈利水平及市场份额的全国领先;

2)坚持满足消费者需求、盈利支持增长的战略思想;

3)产业经营的成功使我们有资本市场经营的机会,2004 年公司将加大资本运作力度,努力通过资本运作带动产业快速发展;

4)在新一年里,公司将充分利用中国正在成为世界经济投资重点和世界制造业加工中心的机会,扩大国际化合资合作和国内的收购合作,保证最低成本和最高效率的全球化产业布局;

5)继续保持和加强公司规范运作,改善投资者关系管理,确保公司健康稳定发展;

6)建立积极的、人性化的人力资源政策和支撑百年"光明"的企业文化。

9、董事会日常工作

(1)公司于 2003 年 3 月 25 日在本公司会议室召开了第一届董事会第九次会议,会议应到董事十三人,亲自或委托代理人出席会议董事十三人。经审议,本次会议通过了《上海光明乳业股份有限公司 2002 年度总经理工作报告》;《上海光明乳业股份有限公司 2002 年度董事会工作报告》;《上海光明乳业股份有限公司 2002 年度报告 (附审计报告)》;《上海光明乳业股份有限公司 2002 年度财务决算报告》;《上海光明乳业股份有限公司 2002 年度利润分配预案的议案》;《关于提取管理层激励基金的议案》;《上海光明乳业股份有限公司 2003 年度工作打算》;《关于提名独立董事候选人的议案》;《关于变更公司法定名称的议案》;《关于续聘会计师事务所的议案》;《关于重要会计估计变更的议案》;《关于召开 2002 年度股东大会年会的议案》等十二项议案。

本次会议决议公告刊登于 2003 年 3 月 27 日的《上海证券报》、《中国证券报》和《证券时报》。

(2)公司于 2003 年 7 月 28 日在上海市淮海中路 98 号金钟广场 21 楼上海实业集团有限公司多功能厅召开了第一届董事会第十次会议,本次会议应到董事十五人,亲自或委托代理人出席会议董事十五人。经审议,本次会议通过了《上海光明乳业股份有限公司 2003 年半年度报告及摘要》;《上海光明乳业股份有限公司 2003 年上半年度利润分配方案》;《关于增聘公司副总经理的议案》;《关于投资设立上海光明奶酪黄油有限公司的议案》;《关于投资设立上海光明果汁有限公司的议案》等五项议案。

本次会议决议公告刊登于 2003 年 7 月 31 日的《上海证券报》、《中国证券报》和《证券时报》。

(3)公司于 2003 年 12 月 22 日在本公司会议室召开了第一届董事会第十一次会议,本次会议应到董事十五人,亲自或委托代理人出席会议董事十五人。经审议,本次会议通过了《光明乳业股份有限公司第一届董事会工作报告》;《光明乳业股份有限公司关于第一届董事会换届选举的议案》;《光明乳业股份有限公司关于设立董事会薪酬委员会的议案》;《光明乳业股份有限公司关于修改公司章程的议案》;《光明乳业股份有限公司关于制定累积投票制实施细则的议案》;《光明乳业股份有限公司关于召开 2004 年度第一次临时股东大会的议案》等六项议案。

本次会议决议公告刊登于 2003 年 12 月 23 日的《上海证券报》、《中国证券报》和《证券时报》。

(4)公司以通讯表决的方式审议通过以下各项事宜:

日期	决议内容
2003 年 2 月 28 日	同意投资设立上海光明荷斯坦牧业有限公司的决议
2003 年 4 月 8 日	同意对北京光明健能乳业有限公司增资的决议
2003 年 4 月 8 日	同意对上海可的便利店有限公司增资的决议
2003 年 4 月 8 日	同意对黑龙江省光明松鹤乳品有限责任公司增资的决议
2003 年 4 月 17 日	通过 2003 年第一季度报告的决议

2003 年 5 月 30 日	同意向浦东发展银行徐汇支行申请 1 亿元人民币的授信额度
2003 年 6 月 9 日	同意对武汉光明乳品有限公司增资的决议
2003 年 9 月 16 日	同意向上海银行闵行支行申请 1.5 亿元人民币的授信额度
2003 年 10 月 20 日	通过 2003 年第三季度报告的决议
2003 年 10 月 22 日	通过受让光明食品有限公司部分股权的决议
2003 年 12 月 15 日	同意投资设立郑州光明山盟乳业有限公司的决议

根据 2002 年年度股东大会决议,2002 年度利润分配方案已于 2003 年 6 月 2 日实施，红利发放日为 2003 年 6 月 17 日,《分红派息实施公告》刊登于 2003 年 6 月 5 日的《上海证券报》、《中国证券报》和《证券时报》。

本年度股东大会各项决议均由董事会执行完毕。

10、本次利润分配预案

本公司 2003 年度实现合并税后利润为 282,461,933 元，母公司税后利润为 286,488,022 元(已经审计)。拟分配如下：

A、母公司提取法定公积金(10%)计 28,648,802 元，提取法定公益金(10%)计 28,648,802 元；

B、扣除当年各盈利子公司应留存的法定公积金 (10%) 计 12,221,291 和法定公益金 (5%) 计 6,110,646 元；

C、加上年度未分配利润 35,193,261 元；

D、2003 年度可供股东分配的利润为 242,025,653 元；

E、建议每股派现金红利 0.20 元(含税)，共计 130,236,570 元，其余 111,789,083 元结转下一年度。

本预案将提交公司 2003 年度股东大会年会审议。

11、本次公积金转增股本的议案

本公司 2003 年度资本公积金结余额为 805,506,922 元(已经审计)，每股资本公积金 1.24 元。其中根据《企业会计准则》及《企业会计制度》的有关规定，可转增股本的资本公积金结余额为 796,297,297 元。

拟从上述可转增股本的资本公积金结余中以公司 2003 年 12 月底的总股本数为基数向全体股东每 10 股转增 6 股，每股 1 元，转增额为 390,709,710 元。本次转增后，公司可转增股本的资本公积金尚余 405,587,587 元，公司股本金从 651,182,850 元增至 1,041,892,560 元，总股本数从 651,182,850 股增至 1,041,892,560 股。

本预案将提交公司 2003 年度股东大会年会审议。

12、其他需披露的事项

公司已按照证监发(2003)56 号《关于规范上市公司与关联方资金往来及上市公司对外担保若干问题的通知》的要求，进行了自查，并形成书面报告上报中国证监会上海证监局。

(1) 德勤华永会计师事务所有限公司对本公司与控股股东及其它关联方资金往来情况的专项说明：

关于光明乳业股份有限公司大股东及其他关联方资金占用情况的专项说明

光明乳业股份有限公司董事会：

我们接受委托，依据《中国注册会计师独立审计准则》审计了光明乳业股份有限公司("贵公司")2003 年 12 月 31 日公司及合并的资产负债表及 2003 年度公司及合并的利润及利润分配表和现金流量表，并于 2004 年 3 月 25 日签发了德师报(审)字(04)第 P0348 号无保留意见的审计报告。

根据中国证监会、国务院国资委《关于规范上市公司与关联方资金往来及上市公司对外担保若干问题的通知》的要求，贵公司编制了列示于本函附件所附的截至 2003 年
12 月 31 日贵公司资金占用情况调查表(以下简称"调查表")

如实编制和对外披露调查表并确保其真实性、合法性及完整性是贵公司的责任。我们对调查表所载资料与我所审计贵公司 2003 年度财务报告时所复核的会计资料和经审计的财务报告的相关内容进行了核对，在所有重大方面没有发现不一致。除了对贵公司实施 2003 年度会计报表审计中所执行的对关联方交易有关的审计程序外，我们并未对调查表所载资料执行额外的审计程序

本函仅作为贵公司向中国证监会呈报 2003 年度控股股东及其他关联方资金占用情况之用，未经本所书面同意，不得用作任何其他目的。

附件(一)光明乳业股份有限公司资金占用情况调查表

德勤华永会计师事务所有限公司

中国注册会计师：　2004 年 3 月 25 日

附表一　金额单位：万元

资金占用情况	关联方名称	关联关系
拆借资金	上海第一牧场一分场	大股东下属牧场
	上海申星奶牛场	大股东下属牧场
	戬浜奶牛场	大股东下属牧场
委托贷款	光明食品有限公司	联营公司
委托关联方进行投资	不适用	不适用
开具没有真实交易的商业承兑汇票	不适用	不适用
代为偿还债务	不适用	不适用

资金占用情况	金额	会计科目	年末余额	备注
拆借资金	2	其他应收款	2	无偿
	235	其他应收款	235	
	631	其他应收款	631	
委托贷款	2,000	短期投资	2,000	年利率 5.04%
委托关联方进行投资	0	不适用	0	
开具没有真实交易的商业承兑汇票	0	不适用	0	
代为偿还债务	0	不适用	0	

此表已于 2004 年 3 月 25 日获董事会批准。

(2)独立董事关于公司对外担保情况的专项说明及独立意见：

根据中国证监会证监发(2003)56 号《关于规范上市公司与关联方资金往来及上市公司对外担保若干问题的通知》的精神，我们作为光明乳业股份有限公司(以下简称"公司")的独立董事，本着实事求是的态度，对公司 2003 年对外担保情况进行了认真负责的核查和落实，现就有关情况说明如下：

经充分了解和查验，公司在 2003 年度存在下述两笔担保：

1)对控股子公司黑龙江省光明松鹤乳品有限责任公司担保金额 2000 万元，期限为 2002 年 8 月 5 日至 2004 年 8 月 2 日。黑龙江省光明松鹤乳品有限责任公司向公司出具了不可撤销反担保函。

2)对光明食品有限公司担保金额 1500 万元，期限为 2003 年 10 月 30 日至 2004 年 4 月 30 日。光明食品有限公司向公司出具了不可撤销反担保函。

注:2003 年 10 月，本公司与上海梅林正广和(集团)有限公司签署了受让光明食品有限公司 20%股份的股权转让协议。该公司注册资本为 9,867 万元，主要经营冰淇淋业务。本公司持有其 50%的股份。根据该公司章程的有关规定，本公司对该公司拥有实际控制权。

上述担保总额共计 3,500 万元，占公司 2003 年末经审计净资产的 1.88%。

除以上情形外，在 2003 年度，公司不存在任何其他对外担保情况。

七、重要事项

1、涉讼情况

报告期内公司无重大诉讼、仲裁事项。

2、公司治理实际状况与中国证监会有关文件要求存在的差异

公司严格按照《公司法》、《证券法》、《上市公司治理准则》以及《上海证券交易所股票上市规则》的要求，不断进行自检自查，确保公司治理状况符合中国证监会相关文件要求。其中公司现有独立董事比例为 20%，尚不足中国证监会所规定的要求，但公司已于 2004 年 1 月 30 日召开了 2004 年度第一次临时股东大会，通过了董事会换届选举，目前已达到中国证监会要求的独立董事占全部董事会成员三分之一的比例。

3、利润分配方案执行情况

公司 2002 年度实现税后利润为 226,313,752 元，其中上半年实现税后利润为 95,545,306 元，下半年实现税后利润为 130,768,446 元。公司 2002 年度股东大会年会审议通过以下利润分配方案：

(1)根据公司第一届董事会第八次会议决议，上半年利润分配予上海牛奶(集团)有限公司、S.I. Food Products Holdings Limited、上海国有资产经营有限公司、大众交通(集团)股份有限公司、东方希望集团有限公司和 Danone Asia Pte. Ltd.，具体为：提取法定公积金(10%)计 9,554,531 元，提取法定公益金(10%)计 9,554,531 元，扣除当年各盈利子公司应留存的法定公积金(10%)计 1,706,113 元和法定公益金(5%)计 853,057 元，加上年度未分配利润 190,568 元，2002 年上半年度可供公司六位老股东分配的利润为 74,067,642 元；建议按每 10 股派现金红利 1.47 元(含税)，共计 73,673,879 元，其余 393,763 元结转下半年度。

(2)根据公司于 2002 年 7 月 29 日公布的招股说明书中所作出的承诺，自 2002 年 7 月 1 日起公司滚存利润由新老股东共享。公司下半年实现税后利润 130,768,446 元，提取法定公积金(10%)计 13,076,844 元，提取法定公益金(10%)计 13,076,844 元，扣除当年各盈利子公司应留存的法定公积金(10%)计 3,131,317 元和法定公益金(5%)计 1,565,658 元，加上半年度未分配利润 393,763 元，2002 年下半年度可供公司全体新老股东分配的利润为 100,311,546 元，建议下半年度利润分配预案为每 10 股派发现金红利 1.00 元(含税)，共计 65,118,285 元，其余 35,193,261 元结转以后年度。

根据 2002 年年度股东大会决议，上述利润分配方案已于 2003 年 6 月 2 日实施，红利发放日为 2003 年 6 月 17 日，《分红派息实施公告》刊登于 2003 年 6 月 5 日的《上海证券报》、《中国证券报》和《证券时报》。利润分配方案已经执行完毕。

4、本年度公司收购及出售资产、吸收合并事项

本年度公司收购资产事项见第七节第 6 条"本年度公司使用自有资金投资的项目"。

收购资产项目对公司业务连续性、管理稳定性呈正面影响。尤其是投资成立光明荷斯坦牧业公司、投资光明奶酪黄油公司、果汁公司及光明食品公司等，对于公司进一步扩大奶源建设，发展相关产业的发展，提升光明主营业务的竞争力起到积极作用。

本年度公司无出售资产、吸收合并事项。

5、重大关联交易事项

本年度公司尚与关联方发生下列关联交易：

(1) 销售和采购

公司在报告期内与大股东上海牛奶集团有限公司及其下属牧场发生销售（出售饲料）和采购（购入公牛冻精、收购生奶）业务分别为 53,026,363 元和 91,929,371 元。

上述购销业务为公司日常业务，有关交易条件遵循市场化原则，是公平合理的，不存在损害公司与公司股东利益的情形，并且履行了公司章程规定的程序。

6、担保情况

1)对控股子公司黑龙江省光明松鹤乳品有限责任公司担保金额 2000 万元，期限为 2002 年 8 月 5 日至 2004 年 8 月 2 日。黑龙江省光明松鹤乳品有限责任公司向公司出具了不可撤销反担保函。

2)对光明食品有限公司担保金额 1500 万元，期限为 2003 年 10 月 30 日至 2004 年 4 月 30 日。光明食品有限公司向公司出具了不可撤销反担保函。

注:2003 年 10 月，本公司与上海梅林正广和(集团)有限公司签署了受让光明食品有限公司 20%股份的股权转让协议。该公司注册资本为 9867 万元，主要经营冰淇淋业务。本公司持有其 50%的股份。根据该公司章程的有关规定，本公司对该公司拥有实际控制权。

上述担保总额共计 3500 万元，占公司 2003 年末经审计净资产的 1.88%。

除以上情形外，在 2003 年度，公司不存在任何其他对外担保情况。

7、委托他人现金资产管理情况

报告期公司没有委托他人进行现金资产管理的事项。

8、重大合同情况

报告期内公司无根据上市规则应当予以披露的重大合同。

9、聘任会计师情况

报告期内公司聘任德勤华永会计师事务所有限公司担任审计，本年度确认支付予该会计师事务所有限公司各类服务的报酬总计 188 万元(其中 2003 年度会计报表审计费用 188 万元)，该审计机构已经为公司连续服务 4 年。

10、公司没有持有公司股份 5%以上股东的承诺事项。

11、报告期内，公司、公司董事会及董事未受中国证监会稽查及其他行政处罚等情况，也没有被其他行政管理部门处罚及证券交易所公开谴责的情况。

12、报告期内重要事项披露信息索引

1)2003 年 3 月 27 日《上海光明乳业股份有限公司第一届董事会第九次会议决议及召开 2002 年度股东大会公告》(临 2003-001 号)

附件:《上海光明乳业股份有限公司独立董事提名人声明》《上海光明乳业股份有限公司独立董事侯选人声明(谢荣先生)》《上海光明乳业股份有限公司独立董事侯选人声明(徐向华女士)》

2)2003 年 3 月 27 日《上海光明乳业股份有限公司第一届监事会第五次会议决议公告》(临 2003-002 号)

3)2003 年 4 月 10 日《上海光明乳业股份有限公司关于对上海可的便利店有限公司等子公司增资的决议公告》(临 2003-003 号)

4)2003 年 4 月 11 日《上海光明乳业股份有限公司关于增加 2002 年度股东大会提案的公告》(临 2003-004 号)

5)2003 年 4 月 12 日《上海光明乳业股份有限公司关于增加 2002 年度股东大会提案的补充公告》(临 2003-005 号)

6)2003 年 4 月 25 日《上海光明乳业股份有限公司关于变更 2002 年度股东大会会议地点的公告》(临 2003-006 号)

7)2003 年 5 月 12 日《上海光明乳业股份有限公司 2002 年度股东大会决议公告》(临 2003-007 号)

8)2003 年 6 月 5 日《上海光明乳业股份有限公司关于 2002 年度分红派息实施公告》(临 2003-008 号)

9)2003 年 7 月 31 日《上海光明乳业股份有限公司第一届董事会第十次会议决议公告》(临 2003-009 号)

10)2003 年 9 月 3 日《上海光明乳业股份有限公司关于变更公司法定名称的进展公告》(临 2003-010 号)

11)2003 年 11 月 21 日《光明乳业股份有限公司关于本公司国家股转让的提示性公告》(临 2003-011 号)

12)2003 年 12 月 23 日《光明乳业股份有限公司第一届董事会第十一次会议决议及召开 2004 年度第一次临时股东大会公告》(临 2003-012 号)

13)2003 年 12 月 23 日《光明乳业股份有限公司第一届监事会第六次会议决议公告》(临 2003-013 号)

上述公告均刊登于中国证监会指定报刊《上海证券报》、《中国证券报》和《证券时报》。

八、备查文件

1、载有法定代表人、主管会计工作负责人、会计机构负责人签名并盖章的会计报表。

2、载有会计师事务所盖章、注册会计师签名并盖章的审计报告原件。

3、报告期内在中国证监会指定报纸上公开披露的所有公司文件的正本及公告的原稿。

光明乳业股份有限公司董事会

二零零四年三月十五日

黑龙江北大荒农业股份有限公司

黑龙江北大荒农业股份有限公司2003年年度报告

重要提示

本公司董事会及董事保证本报告所载资料不存在任何虚假记载、误导性陈述或者重大遗漏，并对其内容的真实性、准确性和完整性负个别及连带责任。

董事长孙勇才先生因病未能出席会议，委托董事于洪洲代为主持会议并表决。因故未能到会的董事程国强、张广勤、郭维和、邹积慧分别委托到会的其他董事代为表决。

公司董事长孙勇才先生、总经理于洪洲先生、主管会计工作负责人付连祯先生、财务部长高建国先生声明：保证年度报告中财务报告的真实、完整。

公司年度报告已经信永中和会计师事务所审计并出具了标准无保留意见的审计报告。

一、公司基本情况简介

㈠公司的法定中文名称：黑龙江北大荒农业股份有限公司　中文缩写：北大荒
公司的法定英文名称：Heilongjiang Agriculture Company Limited　英文缩写：HACL
㈡公司的法定代表人：孙勇才先生
㈢公司董事会秘书：史晓丹先生
联系地址：黑龙江省哈尔滨市南岗区汉水路263号
电话：0451-55195980　传真：0451-55195993
电子信箱：600598@haclbdh.com.cn
董事会证券事务代表：高建国先生
联系地址：黑龙江省哈尔滨市南岗区汉水路263号
电话：0451-55195977　传真：0451-55195950
电子信箱：hacl@haclbdh.com.cn
㈣公司注册地址：黑龙江省哈尔滨市香坊区红旗大街175号
公司办公地址：黑龙江省哈尔滨市南岗区汉水路263号　邮政编码：150090
公司国际互联网网址：http://www.hacl.cn　电子信箱：hacl@hacl.cn
㈤公司选定的信息披露报纸：《上海证券报》、《中国证券报》、《证券时报》
登载公司年度报告的中国证监会指定网站的网址：http://www.sse.com.cn
公司年度报告备置地点：公司董事会秘书办公室
㈥公司股票上市交易所：上海证券交易所
股票简称：北大荒　股票代码：600598
㈦其他有关资料：
公司首次注册登记日期：1998年11月27日
公司最近一次变更注册登记日期：2002年3月20日
公司最近一次变更注册登记地点：黑龙江省工商行政管理局
企业法人营业执照注册号码：2300001100490
税务登记号码：地税230106020704359、国税23010670283865X
公司聘请的会计师事务所：信永中和会计师事务所
会计师事务所办公地址：北京市东城区朝阳门北大街8号富华大厦C座12层

二、会计数据和业务数据摘要

㈠本年度主要会计数据　单位：人民币元

项目	金额
利润总额	383,430,731.47
净利润	383,430,731.47
扣除非经常性损益后的净利润★	379,371,106.49
主营业务利润	903,482,514.08
其他业务利润	17,891,657.43
营业利润	381,556,672.39
投资收益	0
补贴收入	0
营业外收支净额	1,874,059.08
经营活动产生的现金流量净额	556,505,816.68
现金及现金等价物净增加额	37,402,484.59

注：扣除的非经常性损益项目为营业外收支净额4,059,624.98元，为：
1.营业外收入5,959,047.35元(+)
2.扣除计提的在建工程和固定资产减值准备后的营业外支出3,026,398.46元(-)，
3.收到的非金融机构资金占用费1,126,976.09元(+)。

㈡近三年主要会计数据和财务指标　单位：人民币元

项目		2003年	2002年(调整前)
主营业务收入		1,866,327,376.50	1,471,430,073.09
净利润		383,430,731.47	380,637,181.31
总资产		7,640,195,459.69	6,199,190,010.65
股东权益(不含少数股东权益)		3,883,102,565.48	3,496,411,604.29
每股收益(元/股)	全面摊薄	0.26	0.26
	加权平均	0.26	0.27
每股净资产(元/股)		2.64	2.38
调整后每股净资产(元/股)		2.38	2.30
净资产收益率(%)	全面摊薄	9.87	10.89
	加权平均	10.13	12.28
每股经营活动产生的现金流量净额(元/股)		0.38	0.16

项目		2002年(调整后)	2001年
主营业务收入		1,471,430,073.09	1,406,322,626.46
净利润		380,637,181.31	364,282,993.16
总资产		6,199,190,010.65	4,339,305,681.18
股东权益(不含少数股东权益)		3,687,506,404.29	1,724,488,520.94
每股收益(元/股)	全面摊薄	0.26	0.31
	加权平均	0.27	0.31
每股净资产(元/股)		2.51	1.47
调整后每股净资产(元/股)		2.39	1.40
净资产收益率(%)	全面摊薄	10.32	21.12
	加权平均	12.28	20.54
每股经营活动产生的现金流量净额(元/股)		0.16	0.18

㈢利润表附表

根据《公开发行证券的公司信息披露编报规则第九号》的要求计算本年度净资产收益率和每股收益

报告期利润	净资产收益率(%) 全面摊薄	净资产收益率(%) 加权平均	每股收益(元/股) 全面摊薄	每股收益(元/股) 加权平均
主营业务利润	23.27	23.87	0.61	0.61
营业利润	9.83	10.08	0.26	0.26
净利润	9.87	10.13	0.26	0.26
扣除非经常性损益后的净利润	9.77	10.02	0.26	0.26

㈣报告期内股东权益变动情况　单位：人民币元

项目	股本	资本公积	盈余公积
期初数	1,469,960,000	1,596,005,691.71	222,131,992.43
本期增加	3,260,229.72	57,514,609.72	
本期减少			
期末数	1,469,960,000	1,599,265,921.43	279,646,602.15

项目	其中：法定公益金	未分配利润	股东权益合计
期初数	74,043,997.52	399,408,720.15	3,687,506,404.29
本期增加	19,171,536.57	134,821,321.75	195,596,161.19
本期减少			
期末数	93,215,534.09	534,230,041.90	3,883,102,565.48

变动原因：1、资本公积增加主要为本期收购增加股权投资准备326万元；2、盈余公积增加为本年提取增加；3、法定公益金增加为本年提取增加；4、未分配利润增加为本期利润增加；

三、股本变动及股东情况

㈠股本变动情况

1、股份变动情况表　数量单位：股

股份类型	期初数	本期增减(+、-) 配股	送股	公积金转股	增发	新股发行	小计	期末数
一、未上市流通股								
1、发起人股份	1,169,960,000							1,169,960,000
其中：								
国家持有股份	1,169,960,000							1,169,960,000
境内法人持有股份								
境外法人持有股份								
其他								
2、募集法人股份								
3、内部职工股								
4、优先股或其他								
未上市流通股份合计	1,169,960,000							1,169,960,000
二、已上市流通股份								
1、人民币普通股	300,000,000							300,000,000
2、境内上市的外资股								
3、境外上市的外资股								
4、其他								
已上市流通股份合计	300,000,000							300,000,000
三、股份总数	1,469,960,000							1,469,960,000

㈡股票发行与上市情况

1.经中国证监会证监发行字[2002]19号文核准，本公司于2002年3月13日利用上海证券交易系统，以网上累计投标询价方式成功发行了30,000万股每股面值1.00元的人民币普通股，发行价为每股人民币5.38元。并于2002年3月29日起在上海证券交易所挂牌交易。

2.公司2002年首次成功发行了30,000万股社会公众股后，总股本从116,996万股增至146,996万股，公司总股本由116,996万元增至146,996万元。

3.公司无内部职工股。

㈢股东情况介绍

1.报告期末股东总数83,608户

2.报告期公司前十名股东持股变动情况

序号	股东名称	增减变动(+,-)	年末持股数(股)	占总股本比例%	股份类别情况	质押或冻结
1	黑龙江北大荒农垦集团总公司	无	1,169,960,000	79.59	国有股	无
2	裕隆基金		10,074,859	0.69	流通股	
3	南方稳健		5,000,000	0.34	流通股	
4	银丰基金		4,542,524	0.31	流通股	
5	华夏回报		3,966,650	0.27	流通股	
6	国元证券		3,828,960	0.26	流通股	
7	博时裕富		3,351,510	0.23	流通股	
8	景顺优选		2,457,456	0.17	流通股	
9	宝康消费		2,422,692	0.16	流通股	
10	泰和基金		2,232,578	0.15	流通股	

注：(1)报告期内持有本公司5%(含5%)以上股份的股东为黑龙江北大荒农垦集团总公司，其持有的股份为国家股，持有数量在报告期内未发生变化，且所持股份不存在质押或冻结的情况。

(2)本公司第一大股东与其他九位流通股股东之间不存在关联关系，本公司不了解其它九名流通股股东之间的关联关系。

3.公司控股股东情况

本公司独家控股股东为黑龙江北大荒农垦集团总公司(简称集团公司)。集团公司是经黑龙江省体改委批准，于1994年4月9日成立的大型国有资产运营公司，是经国家计委、经贸委、体改委以计规划[1998]332号文批准的国家120家大型企业试点集团--黑龙江北大荒农垦集团的核心企业。注册资本60亿元，注册地址为哈尔滨市香坊区红旗大街175号，法定代表人吴杰凯。经营范围主要包括：农林牧渔业、采掘、生产加工、交通运输、建筑工程、房地产开发、物资供销、仓储等。

4.报告期内公司无其他持股在10%以上(含10%)的法人股东。

5.公司前10名流通股股东情况

序号	股东名称	年末持股数(股)	股份种类
1	裕隆基金	10,074,859	A股
2	南方稳健	5,000,000	A股
3	银丰基金	4,542,524	A股

4	华夏回报	3,966,650	A 股
5	国元证券	3,828,960	A 股
6	博时裕富	3,351,510	A 股
7	景顺优选	2,457,456	A 股
8	宝康消费	2,422,692	A 股
9	泰和基金	2,232,578	A 股
10	鹏华成长	2,038,834	A 股

公司不了解前 10 名流通股之间的关联关系。

四、董事、监事、高级管理人员和员工情况

㈠董事、监事、高级管理人员基本情况

姓 名	职务	性别	年龄	任期起止日期	年初持股数	年末持股数	变动原因
孙勇才	董事长	男	62	2000.6-2003.6	-	-	-
胡成真	董事	男	59	2001.6-2003.6	-	-	-
张广勤	董事	男	40	2001.6-2003.6	-	-	-
母松华	董事	男	56	2001.6-2003.6	-	-	-
郭维和	董事	男	59	2001.6-2003.6	-	-	-
姜 夏	董事	男	56	2001.6-2003.6	-	-	-
邹积慧	董事	男	49	2001.6-2003.6	-	-	-
于洪洲	董事、总经理	男	57	2001.6-2003.6	-	-	-
付连祯	董事、副总经理	男	55	2001.6-2003.6	-	-	-
戴谟安	独立董事	男	69	2001.6-2003.6	-	-	-
程国强	独立董事	男	41	2001.6-2003.6	-	-	-
钟国林	监事	男	56	2001.6-2003.6	-	-	-
丁元森	监事	男	55	2001.6-2003.6	-	-	-
谭占龙	监事	男	42	2001.6-2003.6	-	-	-
史晓丹	董事会秘书	男	44	2001.6-2003.6	-	-	-
陈玉林	副总经理	男	40	2002.8-2003.6	-	-	-

在股东单位任职的董事监事情况

姓 名	任职的股东单位名称	在股东单位	任职期间担任的职务	是否领取报酬、津贴(是或否)
胡成真	北大荒农垦集团总公司	副总经理	1998.11-今	是
张广勤	北大荒农垦集团总公司	副总经理	1996.4-今	是
母松华	北大荒农垦集团总公司	工会主席	1996.4-今	是
郭维和	北大荒农垦集团总公司红兴隆分公司	经理	1996.8-今	是
姜 夏	北大荒农垦集团总公司牡丹江分公司	经理	1999.12-今	是
邹积慧	北大荒农垦集团总公司宝泉岭分公司	经理	1997.7-今	是
钟国林	北大荒农垦集团总公司	纪委书记	1998.5-今	是
谭占龙	北大荒农垦集团总公司	财务部经理	2000.6-今	是

㈡年度报酬情况

1.董事、监事、高级管理人员报酬的决策程序和确定依据

公司董事、监事报酬依据公司章程和股东大会决议，每年享受职务津贴分别为 2.5 万元、2 万元，监事会主席执行董事职务标准；董事长职务津贴为每年 4 万元。执行董事年基薪 7.2 万元；高级管理人员年基薪 5.4 万元。非执行董事不在本公司领取工资。

2.现任董事、监事、高级管理人员报酬

年度报酬总额	55.7 万元
金额最高的前三名董事的报酬总额	18.4 万元
金额最高的前三名高级管理人员的报酬总额(公司实有两名)	10.8 万元
独立董事津贴	5 万元
独立董事其他待遇	无
不在公司领取报酬、津贴的董事、监事姓名	无
报酬区间	人数
2-4 万元	12 人
5.4-7.2 万元	4 人

㈢报告期内无离任董事、监事、高级管理人员。

㈣公司员工情况

截止报告期末，公司员工总数 38,411 人，公司没有需承担费用的离退休职工。主要构成为：

1.员工专业构成：生产人员 31,823 人，销售人员 251 人，技术人员 1,120 人，管理财务人员 5,217 人，分别占总人数的 82.85%、0.65%、2.92%、13.58%。

2.员工受教育程度：大专以上 4,506 人，中专 3,023 人，高中 13,644 人，其他 17,238 人，分别占总人数的 11.73%、7.87%、35.52%、44.88%。

五、公司治理结构

㈠公司治理情况

报告期内公司严格按照《上市公司治理准则》、《公司章程》和中国证监会有关法律法规的要求，进一步完善了公司法人治理结构，强化了公司规范运作。

1.公司加强了对董事、监事及高级管理人员的培训，通过提高管理决策层的规范治理意识和能力来提升公司的治理水平。公司专门组织了管理人员集中学习有关上市公司治理法律法规，并安排董事参加上海交易所举办的董事培训班，使董事会日常运作更加规范高效。

2.公司按照《关于规范上市公司与关联方资金往来及上市公司对外担保若干问题的通知》(证监发[2003]56 号)的要求，针对公司存在的关联方资金往来和对外担保情况进行了认真自查，并落实了相应整改措施。

比照《上市公司治理准则》等规范性要求，公司尚有一些差距，独立董事中应补充一名会计专业人士，独立董事人数尚未达到有关规定要求，需进一步完善高级管理人员考评及激励机制。

㈡公司独立董事履行职责情况

本公司共有程国强、戴谟安二位独立董事，报告期内独立董事勤勉尽职，积极参与公司的重大决策活动，在公司规范化运作和科学决策方面发挥了重要作用，就董事会决议事项认真研究特别是对于事关中小股东利益和公司发展的事项均给予了关注，切实维护了中小股东的合法权益。

㈢公司与控股股东

本公司与控股股东在业务、人员、资产、机构、财务等方面相互独立，各自独立核算，独立承担责任及风险。

1.业务方面：公司拥有独立的生产、供应、销售系统及人员，具有自主经营能力，并完全独立于股东单位。

2.人员方面：公司人员独立于控股股东，公司总经理、财务负责人、营销负责人及董事会秘书等高级管理人员未在控股股东兼职、领取报酬。

3.资产方面：公司的资产独立完整、权属清晰，控股股东未占用、支配公司的资产或干预公司对资产的经营管理。

4.机构方面：公司建立健全了董事会、监事会并独立于控股股东的组织机构，不存在从属于控股股东职能部门合署办公等情况。

5.财务方面：公司设立了独立的财务部门，建立健全了统一的财务会计制度，独立开设银行账户。控股股东未干预公司财务会计活动。

㈣公司高级管理人员考评及激励机制、相关奖励制度建立、实施公司已初步建立了对董事、监事、高级管理人员的绩效考评标准与激励约束机制。建立并严格依照《股东大会制度》、《董事会议事规则》、《经理工作规则》等制度进行决策，建立了任前及解聘审计制度、年度工作责任目标制度及绩效考核和业绩评价制度。

六、董事会报告

㈠报告期内整体经营情况讨论与分析

2003 年度的农业经营，在播种面积下降、旱灾较重的情况下，基本实现了产量、收入的平稳增长；农产品销售取得较大幅度的增加，但由于价格升高、成本大幅上升，毛利水平没有改善；化肥生产经营较为平稳，亏损仍然较大。综上原因，2003 年度利润水平与上年基本持平，略有增长。

由于粮价上涨及粮食供求形势变化的原因，2003 年度承包费收缴进度较上年提前，农产品购销活跃，使公司年经营活动产生的现金流达到 5.56 亿元，比上年增加 3.24 亿元。由于狠抓了欠款回收，应收款又大幅降低，剔除米业、纸业收购的影响，资产负债率下降 3.5 个百分点，资产财务状况明显改善。

2003 年度实现主营业务收入 186,633 万元，主营业务利润 90,348 万元、净利润 38,343 万元，分别比 2002 年增长 26.84%、0.56%、0.73%；每股收益为 0.26 元，净资产收益率 10.13%(全面摊薄为 9.87%)。截止 2003 年末，资产总额 76.40 亿元，其中净资产 38.83 亿元，资产负债率为 48.85%，每股净资产 2.64 元。

㈡经营情况

1、主营业务范围及经营状况

公司主要是从事水稻、小麦、大豆、玉米等粮食作物的生产、精深加工、销售；尿素的生产、销售；水稻生产加工、销售；文化用纸及其他纸制品生产、加工、销售；与种植业生产及农产品加工相关的技术、信息及服务体系的开发、咨询及运营。

2003 年完成总播种面积 59.54 万公顷，实现粮豆总产 254 万吨。其中水稻面积 23.03 万公顷，总产 166.5 万吨，公顷单产 7,228.5 公斤；大豆面积 15.3 万公顷，总产 31.7 万吨，公顷单产 2,071.5 公斤；小麦面积 2.55 万公顷，总产 5.7 万吨，公顷单产 2,250 公斤；大麦 3.35 万公顷，总产 9.3 万吨，公顷单产 2,622 公斤；玉米 5.08 万公顷，总产 33 万吨，公顷单产 6,496.5 公斤。由于受 2002 年低温冷害和稻谷品质及价格下降的影响，2003 年水稻面积下降 3.37 万公顷；2003 年春旱较为严重，对喜水的麦类作物产量产生了较大影响，由于狠抓了大田作物后期管理，加上无霜期延长，积温较往年增加，大豆、玉米等作物取得了较好收成，使得粮食总产仍较上年增加 2.9 万吨，基本实现了预计的生产目标。

化肥业务在技改项目建设的同时，生产尿素 11 万吨，主营业务收入 15,308 万元，实现净利润-4,016 万元，比上年减亏 19 万元。2003 年企业面对生产经营环境错综复杂，一是受国际形势(伊拉克战争)的影响，原料重油货紧价扬，价格由年初的 1,180 元一路飙升到 1,860 元，煤炭市场转为卖方市场，价格上涨 5-10 元/吨，使企业正常运行生产受到影响，同时导致企业经营成本大幅度上升；二是化肥市场波动颇大，受国际化肥市场价格上涨和国内化肥出口增加以及春旱的影响，2003 年首、尾两季化肥价格攀升较快，且在 1,350-1,500 左右，从 4 月起价格跳水，形成旺季不旺，淡季不淡，价格跳跃式波动的局面。也就是说受各种因素的影响，化肥市场理性的一方在逐渐减弱，震荡和波动使市场更难以预测。分公司 2003 年销售工作特点是 1 至 3 月份销售较好，4 月份后销售量及价格均走低，从 9 月份开始出现恢复性增加，10-12 月份销售形势较好。全年平均尿素销售价格(不含税)为 1,195.76 元/吨，比计划尿素销售价格上升 35.59 元/吨。三是"油改煤"工程建设与生产同时进行，以"油改煤"为核心，生产服务于"油改煤"建设，这对生产运行本身有一定的影响。

(1)按行业分析主营业务收入、主营业利润构成情况

行业	主营业务收入	占主营业务收入比重%	主营业务利润	占主营业务利润比重%
种植业	1,713,238,015.80	91.80	918,023,536.19	101.61
化肥业务	153,089,360.70	8.20	-14,541,022.11	-1.61
合计	1,866,327,376.50	100	903,482,514.08	100

(2)占主营业务收入或利润 10%以上产品销售情况 单位：人民币元

行业	主营业务收入	主营业务成本	毛利率%
农产品	1,713,238,015.80	795,213,207.94	53.58
化肥	153,089,360.70	167,582,382.81	-9.46
合计	1,866,327,376.50	962,795,590.75	48.41

行业	主营业务收入比上年增减%	主营业务成本比上年增减%	毛利率比上年增减 %
农产品	32.34	105.41	-16.52
化肥	-13.45	-9.83	-4.38
合计	26.84	68.03	-12.65

(3)报告期公司主营业务或其结构、主营业务盈利能力未发生重大变化

2.主要控股公司及参股公司经营情况及业绩

报告期公司控股公司为两个：

(1)黑龙江省北大荒米业有限公司，成立于 2001 年 8 月 27 日，由黑龙江省建三江农垦大兴农场等 10 家单位共同发起设立，注册资本 5,100 万元；根据 2002 年 6 月 20 日第三次股东会议的规定，注册资本总额由 5,100 万元人民币增至 51,000 万元人民币，股东增加到 31 家；2003 年 5 月 20 日，经黑龙江北大荒农垦集团总公司黑垦集总文[2003]10 号《关于划转黑龙江省北大荒米业有限公司股权、相关资产及北大荒纸业公司的部分股权的通知》批准，将除黑龙江省兴凯湖企业集团有限公司持有的股权外其他 29 家股东的股权 16,563.24 万元，全部划归黑龙江北大荒农垦集团总公司集中持有；2003 年 12 月 19 日，黑龙江北大荒农垦集团总公司将所持全部股权转让给黑龙江北大荒农业股份有限公司。该公司企业法人营业执照的注册号为：2330001100126 法定代表人：胡成真。该公司主营业务：水稻生产加工、销售；稻米副产品及副产品的再利用，稻谷和粮油的购销，生产经营稻米相关产品的科研、开发以及生产经营；经营本企业生产科研所需的原辅材料、机械设备、仪器仪表、零配件及相关技术的进出口业务；经营本企业的进料加工和"三来一补"业务。本公司持有该公司 98.55%的股权。截止 2003 年 12 月 31 日总资产为 173,783 万元，净利润 438 万元。

(2)黑龙江北大荒纸业有限责任公司，根据黑龙江省农垦总局牡丹江分局关于《兴凯湖造纸厂股份制改革方案》的批复于 2003 年 3 月 21 日设立，企业法人营业执照注册号：2330001100313，注册时间 2003 年 3 月 21 日，法定代表人：杜崇山。属于造纸行业，经营范围主要包括：文化用纸及其他纸制品生产、加工、销售。本公司持有该公司 89.96%的股权。截止 2003 年 12 月 31 日总资产为 10,104 万元，净利润 29 万元。

3.主要供应商、客户情况公司向前五名供应商采购金额合计为 6,534 万元，占年度采购总额的 28.24%；公司向前五名客户销售金额合计为 36,005 万元，占年度主营业务收入的 19.29%。

4.经营中出现的问题与困难及解决方案

主营业务的结构性矛盾仍然突出，主营业务收入及利润贡献仍然过多依赖种植业，工业的达产率和效益水平亟待提高，面对变化了的农产品供求新形势，流通、销售工作有待加强，农业的内部结构离高产、优质、高效的要求还有距离，产业化水平还远未达到应有的水平。同时，公司的应收款数额仍然较大，影响和制约了公司财务状况的改善。为解决以上矛盾，今后一个时期，重点抓好以下方面的工作：进一步抓好工业项目建设，尽快达产、达效，努力提高工业在公司利润中的贡献水平。龙垦麦芽 10 万吨项目要确保在七月末投料试车，同时加快二期工程建设进度；北大荒纸业 3.5 万吨改造项目要加紧实施，力争 2005 年中旬建成；抓好浩化分公司改造收尾，尽快投料生产；北大荒米业达产率要达到 60%以上，力争为公司利润增长做出更大贡献。

抓好优质农产品基地建设，努力增加粮食产量，提高市场竞争力。力争用三年时间建成 300 万亩水稻、200 万亩大豆、100 万亩麦类、100 万亩玉米的优质农产品生产基地(即"3211"工程)。围绕工程建设重点加强良种工程、农业生产标准化、综合配套技术体系、现代装备试验及无公害、绿色(有机)食品开发等项建设。

实施大流通大经贸战略，努力实现产品优势向市场优势的转变。着重抓好粮食及加工品的市场营销；切实保证米业、麦芽的原料供应；强化粮食销售网络建设，努力做大做强流通产业。以创新

的思维与手段，下大力抓好应收帐款的清缴工作，为公司财务状况的进一步优化创造条件。

5.生产经营环境及宏观政策、法规发生重大变化对公司的影响

党和国家比以往任何时候都重视农业问题，中央1号文件的出台，使公司获得国家更多更直接的支持；国家优质粮食产业带工程的实施，为公司优质专用农产品基地的建设创造了有利条件；国家"振兴东北老工业基地"战略的实施，为公司提升竞争力，加快产业化的发展提供了有利的政策支持，也为龙头企业的建设和壮大提供了新的机遇；全球以及全国农产品供求关系的变化引起农产品及其加工品价格的上扬，为公司主营业务收入的增长和利润水平的提高，提供了十分难得的历史性机遇。

㈢报告期公司投资情况

1.募集资金的使用情况　公司于2002年3月募集资金16.14亿元，扣除发行费用净募集资金15.63亿元。报告期使用68,847万元，已累计使用募集资金115,441万元。尚未使用的募集资金存于银行，未作其它用途使用。

2.募集资金建设项目实施情况

承诺项目	拟投入金额	是否变更项目	实际投入金额	产生收益金额	是否符合计划进度和预计收益
1、百万吨稻谷精深加工及十万立方米绿色稻草板生产项目	60,177	是	35,006	472	是
2、农业高新技术大规模综合应用项目	59,528	否	37,542	1,980	是
3、浩良河分公司"油改煤"技改工程项目	61,648	否	42,893	无	是
合计	181,353	--	115,441	2,452	--
未达到计划进度和收益的说明(分具体项目)	无				
募集资金总额					

变更原因及变更程序说明(分具体项目)：为优化本公司的主业及资产负债结构，促进产业结构升级，增强本公司的核心竞争力，减少关联交易，消除同业竞争，加快募集资金项目建设进程。收购米业、纸业的项目变更，依据法规要求履行了正常变更手续。其专项报告书业经中国证监会核准，股东大会表决时大股东放弃了表决，并按要求进行了披露。

2003年募集资金建设项目投资68,847万元，累计投资115,441万元，其中：

⑴农业高新技术大规模综合应用项目2003年投资9,255万元，累计完成投资额37,542万元。主要用于农业基础设施建设、低产田改造、农机具购置及信息中心建设。

⑵浩良河分公司"油改煤"技改工程项目2003年投资24,586元，累计完成投资额42,893万元。

⑶为优化本公司的主业及资产负债结构，促进产业结构升级，增强本公司的核心竞争力，减少关联交易，消除同业竞争，加快募集资金项目建设进程。经对公司实际及市场、技术等的反复研究论证，对《黑龙江北大荒农业股份有限公司招股说明书》中披露的募集资金投向和投资方式进行了如下变更调整(已于2003年12月19日公司2003年第一次临时股东大会会议通过)：

①改变"百万吨稻谷综合精深加工及十万立方米稻草板项目"投资方式，由原投资新建改变为收购黑龙江北大荒农垦集团总公司(以下简称集团公司)所持黑龙江北大荒米业有限公司(以下简称米业公司)98.55%的股权，此项交易实际出资35005.5万元。

②调减"百万吨稻谷综合精深加工和十万立方米稻草板项目"投资10500万元，用于与集团公司共同出资设立"哈尔滨龙垦麦芽有限责任公司(以下简称麦芽公司)"并建设10万吨麦芽工程项目。

③调减"浩良河油改煤化肥工程"投资6536.59万元，用于收购集团公司所持"黑龙江北大荒纸业有限责任公司(纸业公司)"89.96%的股权；调减"农业高新技术大规模综合应用项目"投资13000万元，用于纸业公司的扩产技术改造。

3.报告期内公司无重大非募集资金项目的投资活动。

㈣报告期内财务状况及经营成果

单位：人民币元

项目	2003年	2002年	增减%
总资产	7,640,195,459.69	6,199,190,010.65	23.25
股东权益	3,883,102,565.48	3,687,506,404.29	5.30
主营业务利润	903,482,514.08	898,454,094.55	0.56
净利润	383,430,731.47	380,637,181.31	0.73
现金及现金等价物净增加额	37,402,484.59	1,234,076,800.25	-96.97

注：总资产增加为本年度合并范围变化所致。股东权益增加为本年利润增加。主营业务利润、净利润比上年略有增长为农产品销售收入比上年增加。现金及现金等价物净增加额大幅度降低主要是2002年度发行股票募集大量资金所致；

㈤董事会日常工作情况

1.报告期内董事会的会议情况及决议内容

⑴于2003年4月6日在哈尔滨市南岗区汉水路263号公司八楼会议室召开第二届第九次董事会议，会议审议并决议通过了以下议案：决议通过本公司《黑龙江北大荒农业股份有限公司2002年年度报告》及摘要；决议通过本公司董事会向股东大会所作工作报告；决议通过本公司2002年年度决算；决议通过本公司2002年年度利润分配方案；决议通过本公司关于会计师事务所续聘与报酬的议案；决议通过本公司关于修改公司章程的草案(增加"种子引进、繁育、加工、销售，造纸，中草药材种植、加工，自营进出口和投资兴办实业"的经营内容)；决议通过本公司内部审计管理制度；决议通过本公司2003年第一季度季报；决议通过本公司关于召开二〇〇二年度股东大会的议案。本次董事会决议公告刊登于2003年4月8日《上海证券报》、《中国证券报》。

⑵2003年8月8日上午9时召开第二届第十次董事会议，本次会议以通信方式表决，全部11名董事均参加了表决。决议通过本公司《黑龙江北大荒农业股份有限公司2003年半年度报告》及摘要。本次董事会决议公告刊登于2003年8月11日《上海证券报》、《中国证券报》。

⑶2003年10月8日在哈尔滨市南岗区汉水路263号本公司8楼董事会会议室召开第二届董事会第十一次会议，与会董事审议通过以下议案：关于变更募集资金投向及投资方式的议案；本公司与集团公司关于米业公司的股权转让协议的议案；本公司与集团公司关于纸业公司的股权转让协议的议案；关于与集团公司共同出资兴建"哈尔滨龙垦麦芽有限责任公司"的投资协议的议案；关于大股东及关联方偿还占用公司资金的方案的议案；黑龙江北大荒农业股份有限公司2003年第三季度报告的议案；关于召开二〇〇三年度第一次临时股东大会的议案；本次董事会决议公告刊登于2003年10月10日《上海证券报》、《中国证券报》。

2、董事会对股东大会决议的执行情况

报告期内公司董事会根据《公司法》、《证券法》、《公司章程》等有关法律、法规要求，严格按照股东大会的决议和授权，认真执行股东大会通过的各项决议内容。

㈥利润分配预案

经北京信永中和会计师事务所审计，本公司2003年度实现净利润383,430,731.47元，根据公司章程，按10%比例提取法定盈余公积金38,343,073.15元，按5%比例提取法定公益金19,171,536.57元，本年度可供股东分配利润325,916,121.75元。董事会提议以2003年底股本1,469,960,000股为基数，每10股派2.20元(含税)现金红利，合计派现323,391,200.00元。

派送现金红利后剩余未分配利润2,524,921.75元结转2004年度。公司本年度不实施资本公积金转增股本。

㈦其他事项

1.公司选定信息披露的报纸仍为《上海证券报》、《中国证券报》，无变化。

2.根据中国证监会《关于规范上市公司与关联方资金往来及上市公司对外担保若干问题的通知》(证监发[2003]56号)(以下简称《通知》)要求，本公司对关联方资金往来和对外担保情况进行了自查，公司不存在《通知》中所述的关于关联方违规占用资金情况。注册会计师对控股股东及关联方占用资金的说明原文如下：

"中国证券监督管理委员会黑龙江监管局：

黑龙江北大荒农业股份有限公司董事会：

我们接受委托，审计了黑龙江北大荒农业股份有限公司(以下简称"贵公司")2003年12月31日母公司及合并资产负债表、2003年度母公司及合并利润及利润分配表和现金流量表，并出具XYZH/A104062-1号审计报告。根据中国证券监督管理委员会《关于规范上市公司与关联方资金往来及上市公司对外担保若干问题的通知》(证监发[2003]56号)(以下简称"证监会通知")的要求，我们对截止2003年12月31日贵公司控股股东及其他关联方与贵公司资金往来情况及提供担保事项出具专项说明。贵公司董事会的责任是依据证监会通知要求准备说明文件并对说明文件负责，同时提供大股东及其他关联方资金占用情况和贵公司为控股股东及其他关联方提供担保有关情况的真实、合法、完整的实物证据、原始书面材料、副本材料、口头证言以及我们认为必要的其他证据，我们的责任是对贵公司与控股股东及其他关联方资金往来情况和贵公司为控股股东及其他关联方提供担保有关情况进行审核，并出具专项说明。

经审核，截至2003年12月31日，贵公司应收控股股东及其他关联方资金往来余额共计50,963万元，其中，应收控股股东黑龙江北大荒农垦集团总公司资金往来余额为11,312万元；应收其他关联方资金往来余额为39,651万元，贵公司未对外提供担保。贵公司与控股股东及其他关联方资金往来和贵公司为控股股东及其他关联方提供担保的具体情况请见附表。

本说明仅供贵公司向中国证监会及其相关机构报送贵公司2003年度报告使用，未经本事务所的书面同意，不得用于其他用途。

附件1、上市公司资金占用情况表

附件2、上市公司对外担保情况表

信永中和会计师事务所

中国　北京 2004年4月19日"

3.独立董事对公司累计和当期对外担保情况的专项说明及独立意见

根据中国证监会《关于规范上市公司与关联方资金往来及上市公司对外担保若干问题的通知》(证监发[2003]56号)(以下简称《通知》)精神，公司独立董事戴谟安先生、程国强先生本着认真负责的原则对公司累计和当期对外担保情况，执行前述规定情况进行了检查和核实，公司没有对外担保情况。现就有关情况说明如下：

经认真审核，公司累计和当期未发生任何对外担保事项。此说明。

戴谟安　程国强

七、重要事项

㈠报告期内公司无重大诉讼、仲裁事项。

㈡报告期内公司重大资产收购及出售处置、吸收合并事项。

根据公司2003年12月19日召开的2003年第一次临时股东大会决议，本公司收购集团公司持有的黑龙江省北大荒米业有限公司98.55%股权和黑龙江北大荒纸业有限责任公司89.96%的股权。本次收购依据中和资产评估有限公司于2003年10月9日出具的中和评报字(2003)第XYZH/V203024号、第XYZH/V203025号资产评估报告的评估结果加以确定。根据该评估结果，本公司以集团公司所持黑龙江省北大荒米业有限公司的股权在评估基准日(2003年7月31日)对应的评估值47,612.55万元和黑龙江北大荒纸业有限责任公司的股权在评估基准日(2003年6月30日)对应的评估值6,536.59万元作为收购资产出资价格，合计54,149.14万元。扣除集团公司欠付黑龙江省北大荒米业有限公司12,607.05万元后，实际以募集资金41,542.09万元支付上述收购款项。本次收购已经完成。

㈢报告期内公司重大关联交易事项。

因黑龙江北大荒农垦集团总公司规模大、地域分布较广，公司发生的经济业务主要是在集团公司的地域范围内进行，因此公司与集团公司形成较频繁的购销及债权债务往来业务，但这些购销业务和其他往来占公司全部的经济业务总额的比例较小。

1.购销业务

报告期内公司与关联方发生的经济业务签订了相关合同及协议，双方的购销业务均遵循公平、公正的市场原则进行。公司向关联方采购占公司全部采购总额的0.67%，向关联方销售产品占公司主营业务收入的24.90%。其中较大的销售业务包括：报告期对九三油脂厂的累计销售额为21,190万元，占公司主营业务收入的11.35%；对北大荒粮油的累计销售额为9,082万元，占公司主营业务收入的4.9%；

2.关联方债权债务往来

单位：万元

关联方	向关联方提供资金 发生额	余额	关联方向上市公司提供资金 发生额	余额
应收账款	3,873	22,147		
其中：集团公司	1,693	2,015		
母公司外的其他关联公司	837	16,665		
赵建国	1,343	3,467		
应付账款			-939	2,976
其中：集团公司			2,059	2,236
母公司外的其他关联公司			-2,998	740
其他应收款	-25,924	50,963		
其中：集团公司	-33,994	11,312		
母公司外的其他关联公司	8,070	39,651		
其他应付款			8,586	11,451
其中：集团公司			0	0
母公司外的其他关联公司			8,586	11,451
预收账款			-866	7,747
其中：集团公司			74	78
母公司外的其他关联公司			-940	7,669
预付账款	-1,105	7		
其中：集团公司	0	0		
母公司外的其他关联公司	-1,105	7		

3.报告期公司除收购北大荒米业、北大荒纸业资产外无其他资产、股权转让发生的关联交易

㈣重大合同及其履行情况

1.公司未发生托管、承包、租赁其他公司资产或其他公司托管、承包本公司资产的事项。

2.报告期内公司无重大合同、担保事项发生。

3.报告期内公司没有委托他人进行现金资产管理事项。

㈤报告期内无公司或持股5%以上股东承诺事项及履行情况。

㈥聘任会计师事务所情况

报告期内公司继续聘用信永中和会计师事务所作为2003年度审计会计师，审计费用75万元，该会计师事务所已为公司连续审计3年。

八、备查文件目录

(一)载有法定代表人、总会计师、财务部长签名并盖章的会计报表；

(二)载有会计师事务所盖章、注册会计师签名并盖章的审计报告原件；

(三)报告期内在中国证监会指定报刊上公开披露过的所有公司文件的正本及公告原稿。

黑龙江北大荒农业股份有限公司

董事长：孙勇才

2004年4月19日

浙江华盛达实业集团股份有限公司

浙江华盛达实业集团股份有限公司2004年第三季度报告

重要提示

1.1 本公司董事会及其董事保证本报告所载资料不存在任何虚假记载、误导性陈述或者重大遗漏,并对其内容的真实性、准确性和完整性负个别及连带责任。

1.2 公司第三季度财务报告未经审计。

1.3 本公司董事长袁建华先生、财务总监赵月琴女士、会计机构负责人徐建峰先生声明:保证季度报告中财务报告的真实、完整。

公司基本情况

2.1 公司基本信息

股票简称	华盛达	变更前简称(如有)	新宇软件国泰股份
股票代码	600687		

	董事会秘书	证券事务代表
姓名	赖新	毛宇宁
联系地址	浙江省德清县武康镇英溪北路2号	浙江省德清县武康镇英溪北路2号
电话	0572-8082909	0572-8082909
传真	0572-8081198	0572-8081198
电子信箱	hsd@hsdchina.com	maoyn@hsdchina.com

2.2 财务资料

2.2.1 主要会计数据及财务指标 币种:人民币

	本报告期末	上年度期末	本报告期末比上年度期末增减(%)
总资产(元)	416,825,522.69	384,896,015.79	8.30
股东权益(不含少数股东权益)(元)	208,436,808.17	205,022,723.07	1.67
每股净资产(元)	1.89	1.86	1.67
调整后的每股净资产(元)	1.87	1.86	0.66
	报告期(7-9月)	年初至报告期期末(1-9月)	本报告期比上年同期增减(%)
经营活动产生的现金流量净额(元)		-28,677,632.95	-89.37
每股收益(元)	0.005	1.79	-2.23
净资产收益率(%)	0.26	4.98	-4.94
扣除非经常性损益后的净资产收益率(%)	0.04		

非经常性损益项目	金额
投资收益	-2,006,692.28
营业外收支净额	-189,370.97
合计	-2,196,063.25

2.2.2 利润表

利润表 单位:元币种:人民币未经审计

利润表

项目	编号	本期数(7-9)月		上年同期数(7-9)月	
		合并	母公司	合并	母公司
一、主营业务收入		44,423,426.15	23,136,260.45	29,860,341.56	14,994,954.13
减:主营业务成本		37,139,841.97	22,424,366.20	15,673,738.76	3,335,336.82
主营业务税金及附加		494,653.82	44,708.92	280,908.57	
二、主营业务利润		6,788,930.36	667,185.33	13,905,694.23	11,659,617.31
加:其他业务利润		-47,200.77		7,002,722.82	
减:营业费用		1,016,862.54	138,534.87	2,436,326.49	120,109.93
管理费用		3,337,388.58	788,022.43	6,024,140.51	2,901,990.85
财务费用		1,063,696.35	732,138.50	1,488,303.54	444,223.16
三、营业利润		1,323,782.12	-991,510.47	10,959,646.51	8,193,293.37
加:投资收益		536,005.85	1,503,418.68	-4,239,518.32	-4,373,858.25
补贴收入					
营业外收入		301.00	21.00		
减:营业外支出		83,256.13	11,833.21	855,737.39	
四、利润总额		1,776,832.84	500,096.00	5,864,390.80	3,819,435.12
减:所得税		-208,385.10	-2,587.36	133.73	
减:少数股东损益		1,444,560.21		775,243.95	
五、净利润		540,657.73	502,683.36	5,089,013.12	3,819,435.12

利润表

单位:元币种:人民币未经审计

项目	编号	年初至报告期数(1-9)月		上年同期数(1-9)月	
		合并	母公司	合并	母公司
一、主营业务收入		152,051,512.97	83,489,577.84	97,868,744.52	39,861,280.86
减:主营业务成本		125,967,618.22	79,095,420.65	71,715,959.80	23,753,488.20
主营业务税金及附加		1,446,580.66	199,348.56	552,849.68	222,465.49
二、主营业务利润		24,637,314.09	4,194,808.63	25,599,935.04	15,885,327.17
加:其他业务利润		0.00	0.00	10,326,221.99	0.00
减:营业费用		1,310,025.39	316,440.18	10,685,825.00	677,586.42
管理费用		10,134,339.64	3,069,301.24	20,752,440.86	9,585,968.22
财务费用		1,877,809.92	1,439,428.09	4,365,396.00	1,346,337.67
三、营业利润		11,315,139.14	-630,360.88	122,495.17	4,275,434.86
加:投资收益		-2,006,692.28	4,271,124.04	-4,326,544.60	-4,286,831.97
补贴收入		0.00	0.00	156,000.00	0.00
营业外收入		5,941.00	661.00	0.00	
减:营业外支出		195,311.97	18,599.05	871,853.53	1,066.14
四、利润总额		9,119,075.89	3,622,825.11	-4,919,902.96	-12,463.25
减:所得税		2,902,356.66	66,671.31	133.73	0.00
减:少数股东损益		2,494,128.19		-559,189.90	
五、净利润		3,722,591.04	3,556,153.80	-4,360,846.79	-12,463.25

2.3 前十名流通股股东持股表 单位:股

报告期末股东总数(户) 21,152户

前十名流通股股东持股情况

股东名称(全称)	期末持有流通股的数量	种类(A、B、H股或其它)
王　丽	677,642.00	A股
方国良	440,000.00	A股
鲍仕强	163,600.00	A股
杨春惠	162,739.00	A股
王明清	137,590.00	A股
陈千洞	124,150.00	A股
李　鹏	120,500.00	A股
任劲辉	103,360.00	A股
王敏其	90,000.00	A股
靳　凤	86,900.00	A股

3 管理层讨论与分析

3.1 公司报告期内经营活动总体状况的简要分析

报告期内,公司注册地从厦门迁至浙江,公司名称正式变更,公司业务范围和业务结构无重大变化。由于公司迁址,公司业务开展受到一定影响,整体费用有所上升,导致本报告期内业绩有一定的下滑。随着公司迁址工作的结束,公司将集中精力搞好主营业务,争取在下一报告期取得较好的业绩。

本报告期,公司实现主营业务收入4442.34万元,利润总额177.68万元,净利润54.07万元。

3.1.1 占主营收入或主营业务利润总额10%以上的主营行业或产品情况 √适用 □不适用

单位:元币种:人民币未经审计

分行业	主营业务收入	主营业务成本	毛利率(%)
数据系统	31,587,622.34	28,110,584.13	11.01
房地产	7,519,039.70	3,973,628.02	47.15
钢材	5,316,764.11	5,055,629.82	4.91

3.1.2 公司经营的季节性或周期性特征 √适用 □不适用

公司房地产业务受开发进度及会计核算制度的影响,其业绩的体现有一定的周期性。

3.1.3 报告期利润构成情况(主营业务利润、其他业务利润、期间费用、投资收益、补贴收入与营业外收支净额在利润总额中所占比例与前一报告期相比的重大变动及原因的说明) √适用 □不适用

本报告期,公司期间费用在利润总额所占的比例与前一报告期相比有较大的增加,一方面是由于公司迁址工作产生较大的费用,另一方面合并范围的改变也有一定的影响。

3.1.4 主营业务及其结构与前一报告期相比发生重大变化的情况及原因说明 □适用 √不适用

3.1.5 主营业务盈利能力(毛利率)与前一报告期相比发生重大变化的情况及其原因说明 □适用 √不适用

3.2 重大事项及其影响和解决方案的分析说明 √适用 □不适用

报告期内,公司注册地址由厦门迁址浙江省德清县英溪北路2号,公司名称变更为"浙江华盛达实业集团股份有限公司",公司股票简称变更为"华盛达",股票代码不变。公司顺利迁址,将极大改善公司的经营环境,一方面理顺了融资关系,另一方面为充分发挥企业内部优势搭建了稳定的平台,为进一步获取外部资源拓宽了渠道。

报告期内,公司分别向华盛达控股集团有限公司及浙江华盛达房地产开发有限公司购买北京华商达数据系统科技有限公司51%的股权和44%的股权。此次收购完成后,北京华商达数据系统科技有限公司成为公司控股子公司。

3.3 会计政策、会计估计、合并范围变化以及重大会计差错的情况及原因说明 √适用 □不适用

由于北京华商达数据系统科技有限公司成为公司控股子公司,本报告期将其纳入合并范围。

3.4 经审计且被出具"非标意见"情况下董事会和监事会出具的相关说明 □适用 √不适用

3.5 预测年初至下一报告期期末的累计净利润可能为亏损或者与上年同期相比发生大幅度变动的警示及原因说明 √适用 □不适用

预计公司在下一季度将继续盈利,全年累计净利润将比上年有大幅增长(2003年公司净利润为-245.60)。

3.6 公司对已披露的年度经营计划或预算的滚动调整情况 □适用 √不适用

浙江华盛达实业集团股份有限公司 袁建华 2004年10月26日

4 附录:

项目	编号	期末数		期初数	
		合并	母公司	合并	母公司
流动资产:					
货币资金		12,695,222.50	1,100,795.39	6,372,801.33	1,044,042.60
短期投资					
应收票据					
应收股利					
应收利息					
应收账款		33,962,990.25	24,348,156.53	25,772,992.10	35,995,274.02
其他应收款		136,591,655.36	73,237,361.21	130,126,462.62	59,798,263.04
预付账款		44,134,551.41	14,457,928.59	26,083,001.07	16,227,352.62
应收补贴款存货		91,301,792.29	919,578.66	30,536,245.88	7,492,758.39
待摊费用		2,217,655.93		140,967.50	5,967.50
一年内到期的长期债权投资					
其他流动资产					
流动资产合计		320,903,867.74	114,063,820.38	219,032,470.50	120,563,658.17
长期投资:					
长期股权投资		30,121,995.98	164,267,231.92	52,361,397.95	161,673,832.62
长期债权投资					
长期投资合计		30,121,995.98	164,267,231.92	52,361,397.95	161,673,832.62
其中:合并价差(贷差以"-"号表示,合并报表填列)		24,134,105.37		27,486,022.01	
其中:股权投资差额(贷差以"-"号表示,合并报表填列)固定资产:					
固定资产原值		36,730,456.21	3,550,364.54	82,567,558.90	2,621,977.54
减:累计折旧		4,917,347.06	1,038,743.13	26,723,135.81	895,551.15
固定资产净值		31,813,109.15	2,511,621.41	55,844,423.09	1,726,426.39
减:固定资产减值准备				5,572,553.63	
固定资产净额		31,813,109.15	2,511,621.41	50,271,869.46	1,726,426.39
工程物资					
在建工程		3,030,772.20		29,895,000.00	
固定资产清理		1,500.00			

固定资产合计	34,845,381.35	2,511,621.41	80,166,869.46	1,726,426.39
无形资产及其他资产：				
无形资产	6,115,660.28	16,783.34	5,849,255.87	
长期待摊费用	704,511.97	427,500.00		
其他长期资产				
无形资产及其他资产合计	6,820,172.25	444,283.34	5,849,255.87	
递延税项：				
递延税款借项资产总计	416,825,522.69	281,286,957.05	384,896,015.79	283,963,917.18
流动负债：				
短期借款	68,800,000.00	50,000,000.00	21,800,000.00	10,000,000.00
应付票据	22,500,000.00			
应付账款	4,948,431.86	4,927,856.92	8,038,209.83	7,072,063.31
预收账款	17,204,680.51	2,571,751.67	15,286,198.28	2,013,840.00
应付工资	95,332.55		79,715.14	
应付福利费	1,053,915.63	378,173.49	2,348,179.61	365,683.14
应付股利	1,350,619.00	1,350,619.00	1,383,619.00	1,383,619.00
应交税金	−60,158.71	60,537.39	1,704,893.21	16,946.35
其他应交款	8,388.34	7,546.56	35,637.49	21,656.30
其他应付款	46,242,946.18	14,042,845.06	85,083,173.55	58,385,571.65
预提费用	1,308,095.56	11,666.67	739,509.39	16,225.00
预计负债				
一年内到期的长期负债其他流动负债				
流动负债合计	163,452,250.92	73,350,996.76	136,499,135.50	79,275,604.75
长期负债：				
长期借款				
应付债券				
长期应付款				
专项应付款				
其他长期负债				
长期负债合计				
递延税款：				
递延税款贷项负债合计	163,452,250.92	73,350,996.76	136,499,135.50	79,275,604.75
少数股东权益(合并报表填列)	44,936,463.60		43,374,157.22	
股东权益：				
股本	109,999,979.00	109,999,979.00	109,999,979.00	109,999,979.00
资本公积	18,014,905.44	18,014,905.44	18,014,905.44	18,014,905.44
盈余公积	39,939,240.04	37,773,647.96	39,939,240.04	37,773,647.96
其中：法定公益金	14,251,715.20	13,527,527.89	14,251,715.20	13,527,527.89
减：未确认投资损失(合并报表填列)				
未分配利润	40,482,683.69	42,147,427.89	37,068,598.59	38,899,780.03
外币报表折算差额(合并报表填列)				
股东权益合计	208,436,808.17	207,935,960.29	205,022,723.07	204,688,312.43
负债和股东权益总计	416,825,522.69	281,286,957.05	384,896,015.79	283,963,917.18

现金流量表

单位:元币种:人民币未经审计

	合并
一、经营活动产生的现金流量：	
销售商品、提供劳务收到的现金	171,628,754.25
收到的税费返还	133,374.83
收到的其他与经营活动有关的现金	38,611,345.37
经营活动现金流入小计	210,373,474.45
购买商品、接受劳务支付的现金	124,608,946.53
支付给职工以及为职工支付的现金	2,253,391.93
支付的各项税费	9,817,888.63
支付的其他与经营活动有关的现金	86,664,879.96
经营活动现金流出小计	223,345,107.05
经营活动现金流量净额	−12,971,632.60
二、投资活动产生的现金流量：	
收回投资所收到的现金	9,979,568.19
其中：出售子公司收到的现金	
取得投资收益所收到的现金	4,483.18
处置固定资产、无形资产和其他长期资产而收回的现金	
收到的其他与投资活动有关的现金	
投资活动现金流入小计	9,984,051.37
购建固定资产、无形资产和其他长期资产所支付的现金	8,590,329.87
投资所支付的现金	28,606,000.35
支付的其他与投资活动有关的现金	
投资活动现金流出小计	37,196,330.22
投资活动产生的现金流量净额	−27,212,278.85
三、筹资活动产生的现金流量：	
吸收投资所收到的现金	1,000,000.00
其中：子公司吸收少数股东权益性投资收到的现金	1,000,000.00
借款所收到的现金	54,000,000.00
收到其他与筹资活动有关的现金	20,653.95
筹资活动现金流入小计	55,020,653.95
偿还债务所支付的现金	7,000,000.00
分配股利、利润或偿付利息所支付的现金	2,097,700.12
其中：支付少数股东的股利	
支付的其他与筹资活动有关的现金	703,366.24
其中：子公司依法减资支付给少数股东的现金	
筹资活动现金流出小计	9,801,066.36
筹资活动产生的现金流量净额	45,219,587.59
四、汇率变动对现金的影响	
五、现金及现金等价物净增加额	5,035,676.14
补充资料	
1、将净利润调节为经营活动的现金流量：	
净利润(亏损以"−"号填列)	3,722,591.04
加：计提的资产减值准备	74,220.97
固定资产折旧	2,025,810.26
无形资产摊销	1,521,262.26
长期待摊费用摊销	9,379.45
待摊费用的减少(减:增加)	−1,979,226.75
预提费用的增加(减:减少)	456,919.50
处理固定资产、无形资产和其他长期资产的损失(减:收益)	6,715.84
固定资产报废损失财务费用	2,508,784.15
投资损失(减:收益)	−2,006,692.28
递延税款贷项(减:借项)	
存货的减少(减:增加)	−46,765,546.41
经营性应收项目的减少(减:增加)	−36,706,741.23
经营性应付项目的增加(减:减少)	61,666,762.41
其他	2,494,128.19
经营活动产生的现金流量净额	−12,971,632.60
2、不涉及现金收支的投资和筹资活动：	
债务转为资本	
一年内到期的可转换公司债券	
融资租入固定资产	
3、现金及现金等价物净增加情况：	
现金的期末余额	12,695,222.50
减：现金的期初余额	7,659,546.36
加：现金等价物的期末余额	
减：现金等价物的期初余额	
现金及现金等价物净增加额	5,035,676.14

项目	母公司
一、经营活动产生的现金流量：	
销售商品、提供劳务收到的现金	109,887,835.23
收到的税费返还	128,094.83
收到的其他与经营活动有关的现金	34,156,678.35
经营活动现金流入小计	144,172,608.41
购买商品、接受劳务支付的现金	92,916,424.52
支付给职工以及为职工支付的现金	685,319.25
支付的各项税费	3,536,871.79
支付的其他与经营活动有关的现金	84,353,092.53
经营活动现金流出小计	181,491,708.09
经营活动现金流量净额	−37,319,099.68
二、投资活动产生的现金流量：	
收回投资所收到的现金	9,879,568.19
其中：出售子公司收到的现金	
取得投资收益所收到的现金	
处置固定资产、无形资产和其他长期资产而收回的现金	
收到的其他与投资活动有关的现金	
投资活动现金流入小计	9,879,568.19
购建固定资产、无形资产和其他长期资产所支付的现金	1,374,887.00
投资所支付的现金	9,000,000.00
支付的其他与投资活动有关的现金	
投资活动现金流出小计	10,374,887.00
投资活动产生的现金流量净额	−495,318.81
三、筹资活动产生的现金流量：	
吸收投资所收到的现金	
其中：子公司吸收少数股东权益性投资收到的现金	
借款所收到的现金	40,000,000.00
收到其他与筹资活动有关的现金	15,584.54
筹资活动现金流入小计	40,015,584.54
偿还债务所支付的现金	
分配股利、利润或偿付利息所支付的现金	1,441,047.02
其中：支付少数股东的股利	
支付的其他与筹资活动有关的现金	703,366.24
其中：子公司依法减资支付给少数股东的现金	
筹资活动现金流出小计	2,144,413.26
筹资活动产生的现金流量净额	37,871,171.28
四、汇率变动对现金的影响	
五、现金及现金等价物净增加额	56,752.79
补充资料	
1、将净利润调节为经营活动的现金流量：	
净利润(亏损以"−"号填列)	3,556,153.80
加：计提的资产减值准备	11,763.04
固定资产折旧	143,191.98
无形资产摊销	2,216.66
长期待摊费用摊销	
待摊费用的减少(减:增加)	17,634.17
预提费用的增加(减:减少)	−16,225.00
处理固定资产、无形资产和其他长期资产的损失(减:收益)	6,715.84
固定资产报废损失	
财务费用	1,440,805.01
投资损失(减:收益)	−4,271,124.04
递延税款贷项(减:借项)	
存货的减少(减:增加)	6,573,179.73
经营性应收项目的减少(减:增加)	−18,825,204.39
经营性应付项目的增加(减:减少)	−25,958,206.48
其他	
经营活动产生的现金流量净额	−37,319,099.68
2、不涉及现金收支的投资和筹资活动：	
债务转为资本一年内到期的可转换公司债券	
融资租入固定资产	
3、现金及现金等价物净增加情况：	
现金的期末余额	1,100,795.39
减：现金的期初余额	1,044,042.60
加：现金等价物的期末余额	
减：现金等价物的期初余额	
现金及现金等价物净增加额	56,752.79

中国石化上海石油化工股份有限公司

中国石化上海石油化工股份有限公司2003年年度报告

重要提示

本公司董事会及其董事保证本年度报告所载资料不存在任何虚假记载、误导性陈述或者重大遗漏，并对其内容的真实性、准确性和完整性负个别及连带责任。

公司董事长兼总经理陆益平、总经理戎光道先生、财务总监韩志浩、财务部主任华新先生声明：保证本年度报告中财务会计报告的真实、完整。

一、公司简况

(一)公司名称：中国石化上海石油化工股份有限公司　简称：上海石化
英文名称：Sinopec Shanghai Petrochemical Company Limited　简称：SPC
(二) 公司法定代表人：陆益平
(三) 公司秘书：张经明
联系电话：(8621) 57943143
传真：(8621) 57940050
电子信箱：spc@spc.com.cn
(四) 公司注册地址：上海市、金山区金一路48号
办公地址：上海市、金山区金一路48号
邮政编码：200540
网址：http://www.spc.com.cn
电子信箱：spc@spc.com.cn
(五) 公司选定的信息披露报纸为：《上海证券报》、《中国证券报》、香港的《南华早报》及《香港商报》。
如中英文发生歧义，以中文为准。
刊登公司年度报告指定网址为：http://www.sse.com.cn
公司年度报告备置地点：董事会秘书室
(六) 公司股票上市交易所、股票简称、股票代码

股票种类	股票上市地	股票简称	股票代码
A股	上海证券交易所	上海石化	600688
H股	香港联合交易所有限公司	上海石化	338
美国存托品凭证	纽约证券交易所	SHI	

7.公司首次注册日期：一九九三年六月二十九日
首次注册地点：中华人民共和国上海金山卫
公司变更注册登记日期：二零零零年十月十二日
变更注册登记地点：中华人民共和国上海市金山区金一路48号
工商登记号：3100001002263　税务登记号码：31004513221229
8.中国法律顾问：海问律师事务所
中国北京市朝阳区东三环路2号南银大厦1016室　邮政编码100027
香港法律顾问：富而德律师事务所
交易广场第2座11楼
美国法律顾问：美富律师事务所
425 Market Street　San Francisco, California 94105-2482U.S.A.
9.国际审计师：毕马威会计师事务所执业会计师
香港中环太子大厦8楼
国内审计师：毕马威华振会计师事务所
中国注册会计师　中国北京东长安街1号
东方广场东二办公楼8层　邮政编码：100738
10.H股过户登记处：香港证券登记有限公司
香港湾仔皇后大道东183号和合中心17楼
11.预托股份机构：纽约银行
Investor Relations　P.O.Box 11258　Church Street Station
New York,NY 12086-1258
Toll Free Tel# for domestic callers:　1-888-BNY-ADRs
International Callers can call:　610-312-5315
E-mail:shareowner-svcs@bankofny.com
网址：http://www.adrbny.com
or:http://www.stockbny.com

二、主要财务数据和业务数据摘要

(一)、按中华人民共和国会计准则编制
1.主要业务数据

	2003年	2002年	本年比上年增减(%)	2001年
主营业务收入	29,567,140,000	22,322,896,000	32.45	20,197,396,000
利润总额	1,576,602,000	1,036,238,000	52.14	93,509,000
净利润	1,385,556,000	908,965,000	52.43	71,604,000
扣除非经常性损益的净利润	1,485,198,000	1,009,815,000	47.08	206,619,000
	2003年末	2002年末	本年末比上年末增减(%)	2001年末
总资产	27,580,828,000	26,562,285,000	3.83	24,770,182,000
股东权益(不含少数股东权益)	15,507,016,000	14,481,460,000	7.08	13,572,495,000
经营活动产生的现金流量净额	2,692,641,000	2,322,574,000	15.93	2,838,737,000

非经常性损益项目	人民币千元
营业外收入	19,376
营业外支出	(202,984)
处置子公司净损失	(7,229)
各项资产准备之转回	73,611
以上项目的税项调整	17,584
	(99,642)

2. 财务指标

	2003年	2002年	本年比上年增减(%)	2001年
每股收益	0.192	0.126	52.38	0.010
净资产收益率	8.935	6.277	42.04	0.53
扣除非经常性损益的净利润为基础计算的净资产收益率	9.578	6.973	37.35	0.53
每股经营活动产生的现金流量净额	0.374	0.323	15.79	0.394
	2003年末	2002年末	本年末比上年末增减(%)	2001年末
每股净资产	2.154	2.011	7.26	1.885
调整后的每股净资产	2.149	1.996	7.81	1.867

注：(1) 以上指标按二零零一、二零零二及二零零三年经审计财务报表数据计算；总股本按截至二零零一年十二月三十一日、二零零二年十二月三十一日及二零零三年十二月三十一日已发行在外的总股数7,200,000,000股计算。

3. 报告期内股东权益变动情况

项目	股本人民币千元	资本公积人民币千元	盈余公积人民币千元	(其中：法定公益金人民币千元
期初数	7,200,000	2,856,278	3,124,730	840,019
本期增加	–	–	277,112	138,556
本期减少	–	–	–	–
期末数	7,200,000	2,856,278	3,401,842	978,575

项目	未分配利润人民币千元	股东权益合计人民币千元
期初数	1,300,452	14,481,460
本期增加	1,385,556	1,662,668
本期减少	(637,112)	(637,112)
期末数	2,048,896	15,507,016

注：法定公益金已包含在盈余公积。

本公司二零零三年度合并净利润为为人民币1,385,556,000元，其中分别提取法定公积金及法定公益金各人民币138,556,000元。

4. 依据中国证监会《公开发行证券公司信息披露变报规则(第9号)》要求计算的净资产收益率和每股收益

报告期利润	净资产收益率 全面摊薄(%)	净资产收益率 加权平均(%)	每股收益 全面摊薄人民币元	每股收益 加权平均人民币元
主营业务利润	23.83	24.66	0.514	0.514
营业利润	11.22	11.61	0.219	0.219
净利润	8.94	9.23	0.192	0.192
扣除非经常损益后净利润	9.58	9.91	0.206	0.206

全面摊薄净资产收益率=报告期利润/期末净资产 x100%
加权平均净资产收益率=报告期利润/((期初净资产+期末净资产)/2)x100%
全面摊薄每股收益=报告期利润/期末股份总数
加权平均每股收益=报告期利润/((期初股份总数+期末股份总数)/2)

5.合并资产准备明细表
截至二零零三年十二月三十一日止年度
二零零三年一月一日人民币千元　本年增加数人民币千元

	二零零三年一月一日人民币千元	本年增加数人民币千元	本年冲销数人民币千元	二零零三年十二月三十一日人民币千元
一、坏帐准备合计	66,581	42,496	(62,590)	46,487
其中：应收账款	43,339	33,644	(37,172)	39,811
其他应收款	23,242	8,852	(25,418)	6,676
二、存货跌价准备合计	26,672	49,560	(7,721)	68,511
其中：库存商品	9,048	1,415	(6,566)	3,897
备品备件	17,624	48,145	(1,155)	64,614
三、长期投资减值准备合计	9,658	25,430	(3,300)	31,788
其中：长期股权投资	9,658	25,430	(3,300)	31,778

6. 财务报表项目变动情况表

(年度间数据变动幅度达30%以上且占公司报表日资产总额5%或报告期利润总额10%以上的报表项目具体情况及变动原因说明)

	于十二月三十一日 二零零三年 人民币千元	二零零二年 人民币千元	百分比%
短期借款	4,575,588	3224726	41.89
长期借款	3,206,848	4,590,891	-30.15

短期借款			变动主要原因由于生产规模的扩大需要补充对流动资金的需求
长期借款			由于"四期"工程完成导致对长期资金需求的下降

	截至十二月三十一日止年度		
	二零零三年	二零零二年	百分比%
	人民币千元	人民币千元	
主营业务收入	29,567,140	22,322,896	32.45
主营业务成本	25,242,197	18,743,107	34.67
营业利润	1,742,637	1,096,517	58.92
净利润	1,385,556	908,965	52.43

	变动主要原因
主营业务收入	产品价格上涨、产量增加
主营业务成本	产品生产量增加
营业利润	产品价格上涨、产量增加
净利润	产品价格上涨、产量增加

(二)、按照国际财务报告准则编制

以人民币百万元计算	一九九九年	二零零零年	二零零一年	二零零二年	二零零三年
截至十二月三十一日止年度					
销售净额	14,036.6	20,728.6	19,617.8	21,723.0	28,942.7
税前利润	720.8	1,080.6	145.8	1,045.0	1,590.4
税后利润	624.7	879.8	144.6	960.5	1,445.3
可分配予股东利润	605.7	856.5	116.0	916.4	1,401.7
每股盈利	RMB0.084	RMB0.119	RMB0.016	RMB0.127	RMB0.195
于十二月三十一日					
股东权益	13,005.1	13,501.6	13,063.8	13,980.2	15,021.9
总资产	21,947.2	21,701.3	24,325.6	26,085.9	27,101.5
总负债	9,035.1	7,919.4	10,904.0	11,739.0	11,738.3

(三)、国内外会计准则差异

单位:人民币元

	中国会计准则及制度	国际财务报告准则
净利润	1,385,556,000	1,401,690,000
差异说明	请参阅本年度报告财务报告 C	

三、董事长报告书

致列位股东:

本人十分高兴地向中国石化上海石油化工股份有限公司("本公司")的各位股东报告,本公司及其附属公司("本集团")在二零零三年年度取得了令人满意的经营业绩。本集团截至二零零三年十二月三十一日止之营业额为人民币 295.67 亿元(折合港币 277.44 亿元),较二零零二年同期上升 32.5%; 税前利润为人民币 15.90 亿元 (折合港币 14.92 亿元), 较上年同期增加了 52.3%;除税及少数股东权益后的净利润为人民币 14.02 亿元(折合港币 13.16 亿元),比上年同期提高了 53.0%。至此,本公司创造了连续二年业绩稳步增长的良好经营记录。在经营业绩不断增长的同时,股东权益也不断增长,每股净资产由二零零二年年末的每股人民币 1.94 元,增加至二零零三年年末的每股人民币 2.09 元,每股净资产值连续二年递增,综合反映了本公司生产经营、资本运作的持续良好状态。

董事会现建议派发二零零三年末期股利,每股人民币 0.08 元,相当于每股美国预托股份人民币 8 元。全年派发之股利总额共计人民币 5.76 亿元。这项末期股利待股东于二零零四年六月十八日召开的二零零三年年度股东周年大会批准后, 将派发于二零零四年五月十八日名列本公司股东名册之 H 股股东, 以及于二零零四年五月十七日名列本公司股东名册之美国预托股份持有人。A 股股东的股权登记日、股利派发办法和时间将另行公告。

回顾二零零三年,本集团紧紧围绕"提高经济效益,增强国际竞争力"的经营目标,开展以"安全、稳定、优化、提高"为重点的各项经营活动,积极利用世界经济回暖和中国经济增长加快的有利形势,牢牢把握世界石化业开始较快复苏的良好机遇,克服"非典"疫情和原油价格居高不下给企业经营带来的不利影响,充分发挥"四期工程"建成投产后本公司的产能和技术优势,通过深化管理体制和分配机制改革,强化生产装置的优化运行,完善市场营销策略,抓好重点资本开支项目建设,加大技术攻关、新产品开发和信息化建设的力度,使二零零三年度的原油加工量、商品销售总量、烯烃产量、成品油产量、合成树脂产量、合成纤维产量等多项重要生产指标创历史新高,产品销售价格同比上年有较大幅度上升,产品产销率、货款回笼率均达到 100%的理想水平,从而保证了本集团二零零三年度的经营业绩较上年同期有了大幅度的提高。

展望二零零四年, 世界经济复苏的步伐将有望加快, 经济增长速度可能比二零零三年又有加快。中国经济仍将保持较快的增长速度,为中国石化业的发展创造良好的市场环境。中国经济的快速发展将带动基础产业的全面振兴,随着石化下游产业的迅速发展,国内石化市场对石化产品的需求将继续保持较大的增长幅度。

二零零三年,我国的原油进口量首次突破了九千万吨,原油加工量达到 2.4 亿吨,因此,国际原油市场的变化趋势将有更多不确定性。二零零四年,由于世界经济形势正在逐步好转,因此,各国对原油的需求将保持一定的增量。另外,由于伊拉克原油生产的逐步恢复,加上俄罗斯和非洲原油生产的持续增加,OPEC 正面临越来越大的减少市场压力,因此,OPEC 采取"限产保价"措施的余地有限。如没有突发大的影响原油供应事件,今年全球原油的供应量将比上年有所增加,从而导致原油价格相比上年有所回落,但由于美元贬值因素的影响,全年平均原油价格出现较大幅度下降的可能性不大。

二零零四年,本公司将继续回绕"创国内一流,争国际先进"的战略定位,并通过强化"挑战先进,精细管理"的理念,开展各项生产经营活动。由于"四期工程"已经在二零零二年全面建成,因此,二零零四年本公司的主要生产指标将基本维持二零零三年的水平, 这就要求本公司必须通过优化管理来保证企业的经营业绩。为此,本公司已确立了年度工作的目标和今后 10 年的工作重点,力争在安全、环保和健康(HSE)体系的构建、装置运行管理、机构体制改革和新项目建设等方面有较大的突破,争取使二零零四年的经营业绩在二零零三年的基础上又有所提高。

最后,本人谨代表本公司董事会,对全体员工在过去一年的努力工作和各位股东对本公司的一贯支持,表示衷心的感谢。

陆益平 董事长

二零零四年三月二十六日

四、业绩回顾

二零零三年,在世界经济回暖和国内经济继续强劲增长的带动下,石化行业逐步复苏,国内石化产品市场良好,需求增长,产品价格继续回升。二零零三年,本公司充分发挥"四期"工程等重大建设项目投产后的产能扩张技术提升优势,原油加工量、产品实物量和销售量均创历史新高,公司经营业绩大幅度提高并继续保持良好的发展势头。

发挥新增产能优势,产品实物量保持稳步增长

二零零三年,公司按照"安全、稳定、优化、提高"的方针,努力提高装置的负荷率和生产运行的整体质量,充分发挥上年建成投产的四期工程和加工含硫原油改造工程新增产能优势,保持了产品实物量的稳步增长。二零零三年公司主要生产装置开工率达到 93.69%,负荷率达到 102.20%;原油加工量、乙烯、丙烯、塑料、化纤等产量再创历史新高,各大类产品均比上年有不同程度的增产,生产商品总量达到 724.82 万吨,比上年增长 14.25%。

二零零三年,本公司累计加工原油 861.01 万吨,比上年增长 15.91%(其中加工进口原油 671.4 万吨,比上年增长 29.08%,占总加工原油的比例为 78%),再创历史新高;生产汽油 89.48 万吨,比上年增长 0.89%;柴油 248.76 万吨,比上年增长 11.45%;生产乙烯 94.83 万吨、丙烯 53.31 万吨,比上年分别增长 18.53%、24.44%;生产合纤原料 42.13 万吨、合纤聚合物 50.76 万吨,分别比上年增长 10.71%、7.02%、合成纤维 31.55 万吨,比上年增长 5.24%;生产合成树脂 90.05 万吨,比上年增长 34.72%;主要产品的产量均达到年度计划要求,继续保持中国最大乙烯生产商地位。同时,本公司产品质量继续保持优质稳定。

石化产品市场复苏反弹,产品价格上升明显

二零零三年上半年,受伊拉克战争、欧元升值、美元贬值以及"非典"疫情等诸多因素影响,世界经济波动较大,经济复苏步履蹒跚。中国经济在第一季度实现高速增长,二季度受"非典"疫情的影响增速变缓。随着疫情的有效控制,下半年起中国经济又出现明显回升,同时世界经济也复苏明显。受此影响,石化产品价格大幅度波动,总体呈现先扬后抑再持续反弹的走势,平均价格水平要高于上年,石化行业的整体效益明显好于上年同期。截止二零零三年十二月三十一日止,本公司的合成纤维、树脂及塑料、中间石化产品和石油产品的加权平均价格与上年相比分别上升了 11.5%、13.6%、16.0%和 14.0%。

原油成本影响

二零零三年,国际原油价格跌宕起伏,但总体在高位震荡,布伦特二零零三年全年现货平均价达到每桶 28.85 美元,比上年同期上涨 15.58%。截至二零零三年十二月三十一日止,本公司共加工原油 861.01 万吨,比上年同期增加 118.17 万吨:其中大庆原油 3.93 万吨,胜利原油 137.77 万吨,海洋原油 47.90 万吨,进口原油 671.41 万吨。本公司销售成本中,原油成本开支为人民币 157.65 亿元,占本公司年度销售成本的 59.53%。加工原油的平均成本价格为人民币 1,843 元/吨(不含增值税,含运输费),比上年同期上升 19.61%,原油价格的上升和加工量的增加,综合后使本公司原油成本增加人民币 43.20 亿元。

市场营销取得新进展

二零零三年,公司在准确判断市场走势的基础上,牢牢抓住市场机遇,及时调整营销策略,加强销售过程的管理,较好地完成了全年的经营目标,全年销售产品 749.89 万吨,比上年增长 14.70%。公司市场部与各事业部在分析预测职能上进行各有侧重的合理分工,同时加强了市场调研,从整体上提高了商情分析的准确率,为公司制定、调整营销策略提供了有力依据。通过把握市场机遇,适时组织原油及主要化工原料的采购,努力降低采购成本;继续做好乙二醇的内外贸联动,积极做好纯苯、汽柴油、涤纶工业长丝等产品的出口以及混二甲苯来料加工复出口工作,取得了较好的经济效益。二零零三年公司出口额达到人民币 15.06 亿元,比上年增长 46.71%,其中出口产品 70.35 万吨,增长 51.45%。加强合同和应收账款管理, 进一步优化销售渠道, 二零零三年公司货款回笼率达到 100.27%。通过做好客户评价工作,调整了客户结构和市场布局,进一步优化了销售渠道。物资供应管理进一步规范,清仓利库和积压物资处理工作取得显著成效。

资本开支计划进展顺利

二零零三年公司按照"一级管理、明确授权、落实责任"的工程管理模式,认真抓好重点工程建设,工程的安全、质量、进度、费用均处于良好的受控状态。催化裂化增产丙烯改造项目于二零零三年上半年顺利完成,13 万吨/年丙烯腈改造项目于四月初投料开车, 催化汽油选择性加氢脱硫项目于六月底建成投产,一定程度上缓解了公司丙烯、丙烯腈原料缺口矛盾,提高了清洁汽油的质量。火炬气回收项目年底进入试生产阶段,使乙烯、芳烃等装置排放的可燃气体得到回收利用,每天回收气体 100 吨左右,达到了节约能源、降低成本、保护环境的目的。化工所新建 7,000 吨/年戊烷装置于十月底投料开车并产出高纯度戊烷合格产品。15 万吨/年聚酯技术改造项目于六月十日开工,现已进入主设备安装阶段, 计划二零零四年六月份建成投产本公司与中国石油化工股份有限公司、BP 公司合资兴建乙烯项目已进入设备安装阶段,目前各项建设正按节点顺利进行,主要生产装置二零零五年将逐步投入生产运行。

技术攻关、新产品开发取得新成果

二零零三年,公司加大了技术攻关、新产品开发的力度,取得了新的成果。公司共有 13 个项目通过中国石化集团公司组织的技术鉴定,4 项通过上海市新产品鉴定,48 项通过公司评定。在新产品开发和市场推广方面也取得较好成效。1.33dtex 超有光缝纫用涤纶短纤维、全消光聚酯切片、原液着色腈纶、二步法腈纶棉型油剂、医用及高指数透明聚丙烯专用料等新产品开发和市场推广取得了较好的成绩。二零零三年公司生产新产品 143.75 万吨(其中清洁汽油 72.14 万吨),与上年基本持平;新产品产值率为 17.03%;合成树脂专用料比例为 77.62%,合成纤维差别化率为 40.51%,比上年分别提高 7.85 和 10.51 个百分点。同时新产品产销率明显提高, 全年公司新产品产销率达到 94.58%,比二零零二年提高 6.68 个百分点。

财务管理、审计监督和效能监察工作进一步加强。

二零零三年,公司进一步加强了财务管理、审计监督和效能监察工作。认真做好利润、现金操作费用(成本)等指标的分解、落实工作,加大预算管理、成本考核力度,严格控制各项费用支出。通过加强资金管理,提高资金使用效率,积极调整短期贷款结构,大大降低了融资成本,减少财务费用支出;认真做好技改项目国产设备退税工作。对公司销售管理、物资管理、设备管理和财务管理进行内部控制审计评价,起到了促进内部管理水平提高、防范经营风险的作用;积极开展建设项目全过程审计、对外投资系统审计、各类专题审计和业务招待费审计等工作,促进企业加强风险管理,规范经营行为。同时,在效能监察的广度与深度上下功夫。

二零零四年展望及工作安排

二零零四年,国际形势的基本态势仍是总体和平、缓和、稳定,但局部战乱、紧张、动荡。二零零四年世界经济复苏的步伐可能加快。中国经济正处于新一轮增长周期的上升阶段,二零零四年将继续保持强劲的增长势头。国际、国内经济的持续发展,必将给石化行业的发展带来良好的发展机遇。从石化市场走势来看,二零零四年,无论是国内还是亚洲、全球,石化业基本没有大的新增生产能力建成投产,市场增量的压力较小。良好的宏观经济形势必然刺激石化产品需求的迅速增长,主要化工产品价格受石化景气周期的影响,总体态势趋好。但国内成品油国营贸易进口配额的取消、部分石化产品进口税率的继续下调,国家对包括成品油在内的出口退税政策的调整等,也将在一定程度上影响国内石化产品的价格,增加了变数和风险。从市场竞争格局来看,目前国外大公司借全球产业结构调整之机进入中国市场的步伐正在加快, 不仅在成品油和石化产品上对我们的威胁更加直接,而且资本进入也呈现领域广、规模大、产业链完整、组织机构整合的新特点。国内市场国际化的程度进一步加快,市场竞争将主要由国内同行竞争扩大为国内外同行的激烈竞争。从上海石化自身的生产经营形势来分析,今年公司的生产能力没有明显增加,甬沪宁原油管线的建成投用,将使公司原油供应方式发生重大变化,降低原油运输成本。

本公司将积极应对宏观经济环境正在发生深刻的变化,继续抓住历史机遇,充分利用当前良好的市场经营环境,努力提高生产系统整体运行质量,保持产品实物量的稳步增长,继续巩固和拓展

国内外市场，力争使本公司在二零零四年取得更好的经营业绩。

二零零四年，本公司将着重于：

(一)全面推行安全、环境和健康(HSE)体系，保持生产装置安全、稳定、长周期运行

抓住安全生产这一重点，继续强化各项基础管理工作，努力保持生产装置的长周期、高负荷稳定运行。同时，继续优化生产方式、产品结构和公用工程运行方式，切实降低生产成本，增加经济效益。

(二)树立"以客户为中心"的现代经营理念，实现营销工作"两个转变"

树立"以客户为中心"的现代经营理念，努力实现"两个转变"：由传统营销向现代营销转变，由粗放营销管理向精细营销管理转变。通过推进产、销、研的紧密结合，以销定产、以产促销，确保满产满销；通过调整营销策略、完善营销机制、创新营销方式、强化销售服务，稳定市场份额，提高市场回报；通过加强物资供应工作的规范化管理，优化库存结构，降低采购成本。

(三)加快推进新一轮发展工作，注重企业和员工的全面协调发展

把握当今世界石化工业新的发展趋势，抓住中国石化新一轮大发展的良好机遇，切实抓好"十五"至"十一五"发展工作，为公司持续发展不断注入新的活力。要坚持以人为本，树立全面、协调、可持续的发展观，注重企业和员工的全面协调发展。

(四)实施体制和机制配套改革，不断加强企业内部管理工作

以市场为导向，进一步改革现有管理体制和机制。在精简管理层次和人员的同时，继续推进员工考核、分配和培训制度改革，使各项改革措施相互配套、共同推进，切实提高公司的管理效率。继续强化制度建设和内控体系建设，加强控制，规范管理，堵塞漏洞，防范风险。

(五)健全产、学、研相结合的科研开发体系，发挥技术进步的核心支撑作用

按照走新型工业化道路的要求，进一步理顺现行科研管理体制，健全产、学、研相结合的科研开发体系，加快新技术的开发和应用工作，加大新产品的开发和推广力度，稳步推进以ERP系统建设和生产管理优化为重点的信息化工作，努力提高企业的核心竞争能力。

(六)稳步推进重组、改制、分流工作

积极把握中国石化推进改制分流的机遇，按照"主辅分离，主业做强做大、辅业走向市场"的目标，稳步推进多种经营系统重组、改制、分流工作，继续调整对外投资系统的资产结构。

五、管理层讨论与分析

A. 经营业绩

另外又说明外，管理层讨论与分析所收录的财务资料，为摘自根据国际财务报告准则编制的财务报表。

总论

本集团的经营业绩曾一直受若干基于计划经济体系内经营所引致，且超出本集团控制范围的因素的影响，随着中国加入WTO，这些因素的影响已逐渐减弱。

2003年度，世界经济开始缓慢复苏。在克服了"SARS"的不利影响后，中国经济继续保持高速增长。受宏观经济持续向好的带动，原油价格及其市场对石化产品的需求量均有所增长，因此与2002年相比，本集团的绝大多数主要产品的价格和销量都有显著增长。此外，本集团继续改善生产经营管理，进一步提高了主要产品的产量和销售量，同时加强对产品生产成本的控制，从而使本集团2003年度的经营效益与上一年度相比有了较大幅度的增长。

重大会计政策

本集团主要的会计政策列于本集团合并财务报表注释中。国际财务报告准则要求本集团采用最为适当的会计政策和预测技巧，以真实和公平地反映本集团的营运结果和财务状况。但是，在重要领域内采取的不同会计政策、预测技巧和假设可能会导致营运结果出现重大不同，特别是就下段提及的耗蚀而言。

耗蚀亏损

当情况显示一项资产或投资的账面值可能无法收回时，便可以考虑将这些资产进行耗蚀，同时可以将该耗蚀按照国际会计准则第36项目"资产的耗蚀"予以确认。本集团会定期审阅长期资产的账面值，以评估可收回值是否已跌至低于账面值。当发生事项或情况变化，显示账面值可能无法收回时，这些资产便需进行耗蚀测试。假如出现这种减值情况，账面值便会减低至可收回值。耗蚀亏损即指资产在减值前的账面值与预计可收回值之间的差额。可收回值是指预计的净售价与使用价值两者中的较高者。由于本集团资产在市场上的报价通常很难获得，因此很难精确地预测售价。在厘定使用价值时，由资产产生的预期未来现金流量会折现至其现值。厘定由资产产生的预期现金流量要求本集团对销售量、销售价格和运营成本的预期水平做出重要的判断。

折旧

物业、厂房及设备折旧根据预计可使用年限扣除估计残值后按直线法计算。本集团按照实际的资产状况、使用经验和当前的资产替代项目对预计可使用年限做定期审查。如果以前的预测有重大变化，则需对当期和将来期间的折旧费用做调整。

坏账准备

本集团为客户不能按期付款而预计发生的损失做出坏账准备。本集团的预期是基于购货人拖欠款项的账龄、客户的信用及以往坏账记录做出的。如果本集团客户的财务状况恶化，实际抵销的金额可能会高于预期。

概述

下表列明本集团在所示年度内的销售量及缴纳销售税后的销售净额：

截至12月31日止年度 2001

		销售量	销售净额
			人民币
	千吨	百万元	百分比
自制产品			
合成纤维	358.4	3,215.8	16.4
树脂及塑料	917.6	5,635.7	28.7
中间石化产品	653.4	2,105.3	10.8
石油产品	3,958.1	7,735.2	39.4
贸易及其他项目	–	925.7	4.7
合计	5,887.5	19,617.8	100.0

截至12月31日止年度 2002

		销售量	销售净额
			人民币
	千吨	百万元	百分比
自制产品			
合成纤维	363.5	3,374.3	15.5
树脂及塑料	1,146.8	6,440.7	29.6
中间石化产品	786.3	2,555.0	11.8
石油产品	4,100.3	7,991.2	36.8
贸易及其他项目	–	1,361.8	6.3
合计	6,396.8	21,723.0	100.0

2003

	销售净额	销售量	人民币
	千吨	百万元	百分比
自制产品			
合成纤维	395.4	4,092.6	14.1
树脂及塑料	1,389.8	8,864.3	30.6
中间石化产品	1,021.8	3,851.3	13.3
石油产品	4,650.4	10,329.1	35.7
贸易及其他项目	--	1,805.3	6.3
合计	7,457.4	28,943	100.0

下表列明所示年度的收入表概要(数据摘自按照国际财务报告准则编制的财务报表)：

截至12月31日止年度

	2001		2002		2003	
		销售净额		销售净额		销售净额
	人民币	占销售净额	人民币	占销售净额	人民币	占销售净额
	百万元	百分比	百万元	百分比	百万元	百分比
销售净额	19,617.7	100.0	21,722.9	100	28,942.7	100.0
销售成本	(18,803.0)	(95.8)	(19,853.9)	(91.4)	(26,396.2)	(91.2)
毛利	814.7	4.2	1,869.0	8.6	2,546.5	8.8
销售及管理费用	(363.2)	(1.9)	(421.2)	(1.9)	(444.7)	(1.5)
营业利润	451.5	2.3	1,447.8	6.7	2,101.8	7.3
其他业务收入	160.0	0.8	136.6	0.6	121.1	0.4
其他业务支出	(217.3)	(1.1)	(154.8)	(0.7)	(216.5)	(0.7)
应占联营公司						
(亏损)/利润	(20.6)	(0.1)	16.1	0.1	(24.0)	(0.1)
财务费用净额	(227.8)	(1.2)	(400.7)	(1.9)	(392.0)	(1.4)
税前利润	145.8	0.7	1,045.0	4.8	1,590.4	5.5
所得税费用	(1.2)	(0.0)	(84.5)	(0.4)	(145.1)	(0.5)
税后利润	144.6	0.7	960.5	4.4	1,445.3	5.0
少数股东权益	(28.6)	(0.1)	(44.2)	(0.2)	(43.6)	(0.2)
股东应占溢利	116	0.6	916.3	4.2	1,401.7	4.8

经营业绩

截至2003年12月31日止年度与截至2002年12月31日止年度的比较。

销售净额

2003年度销售净额达到人民币289.427亿元，比2002年的人民币217.230亿元增长33.2%。，在原油价格及市场对本集团产品的需求量增长的带动下，本集团的绝大多数主要产品的价格和销售量都有所增长。与2002年相比，合成纤维、树脂及塑料、中间石化产品和石油产品的销售额分别增长了21.3%、37.6%、50.7%及29.3%。

i)合成纤维

合成纤维的销售净额从2002年的人民币33.743亿元增长到2003年的人民币40.926亿元，增幅为21.3%，这是由于合成纤维的加权平均价格和销售量分别比2002年提高了11.5%和8.8%。合成纤维的销售额占总销售额的比例从2002年的15.5%下降至2003年的14.1%，这主要是由于在2002年开始投产并在2003年满负荷生产的"四期工程"显著提高了树脂及塑料和中间石化产品的生产能力，从而使得合成纤维销售量的增幅低于树脂及塑料和中间石化产品销售量的增幅。

ii)树脂及塑料

树脂及塑料的销售净额从2002年的人民币64.407亿元增长到2003年的人民币88.643亿元，增幅为37.6%，这是由于树脂及塑料的加权平均价格和销售量分别比2002年提高了13.6%和21.2%。与2002年相比，树脂及塑料的销售额占总销售额的比例略有增加，从2002年的29.65%增加至2003年的30.6%，主要是由于在2002年开始投产并在2003年满负荷生产的"四期工程"显著提高了树脂及塑料的生产能力，从而使得树脂及塑料销售量的增幅超过了合成纤维和石油产品的增幅。

iii)中间石化产品

中间石化产品的销售净额从2002年的人民币25.550亿元增长到人民币2003年的38.513亿元，增幅为50.7%，这是由于中间石化产品的加权平均价格和销售量分别比2002年提高了16.0%和30.0%。中间石化产品的销售额占总销售额的比例从2002年的11.8%增加至2003年的13.3%，主要是由于在2002年开始投产并在2003年满负荷生产的"四期工程"显著提高了中间石化产品的生产能力，从而使得中间石化产品销售量的增幅超过了合成纤维和石油产品的增幅。

vi)石油产品

石油产品的销售净额从2002年的人民币79.912亿元增长到2003年的人民币103.291亿元，增幅为29.3%，这是由于石油产品的加权平均价格和销售量分别比2002年提高了14.0%和13.4%。与2002年相比，石油产品的销售额占总销售额的比例略有下降，从2002年的36.8%下降至2003年的35.7%，主要是由于在2002年开始投产并在2003年满负荷生产的"四期工程"显著提高了树脂及塑料和中间石化产品的生产能力，从而使得石油产品销售量的增幅低于树脂及塑料和中间石化产品的增幅。

v)其他

贸易及其他收入为人民币18.30亿元，比2002年增加31.7%。

销售成本

本集团2003年度销售成本总额为人民币人民币263.962亿元，比上年同期的198.539亿元上升33.0%。这主要是由于原油加工量的增加和原油价格大幅上升及本集团各主要产品产量大幅增加所致。而销售成本则占本年度销售净额的91.2%，与上年的91.4%相比略有减少。

i)原油

本集团2003年度共加工原油861万吨，与上年同期的743万吨相比增加15.9%。每吨原油的加权平均成本为人民币1,843元，与上年同期的1,541元相比上升19.60%。原油总成本同比上升37.80%，由2002年的人民币114.448亿元增至2003年的人民币157.649亿元，占销售成本的59.70%。

由于国内陆上原油的供应不足，为充分发挥沿海优势，本集团继续加大进口原油在原油总加工量中的比例。2003年度，本集团进口原油、国内海洋原油、大庆原油和胜利原油的加工量分别为671万吨、48万吨、4万吨和138万吨，平均加工成本分别为每吨人民币1,860元、人民币1,793元、人民币1,744元和人民币1,703元。

ii)其他支出

2003年度本集团其他辅料的支出为人民币39.394亿元，与2002年的人民币30.716亿元相比增加了28.3%。本集团2003年度折旧开支由2002年的人民币15.858亿元增加至2003年的人民币18.500亿元，增加16.7%。折旧开支的增加主要是由于以"四期工程"为主的一系列资本开支项目的完工投产导致固定资产规模扩大。

销售及管理费用

本集团2003年度销售及管理费用开支为人民币4.447亿元，与2002年的人民币4.212亿元相比上升了5.6%，主要是本集团产品销售数量增加所致。

经营利润

2003 年度本集团经营利润为人民币 21.018 亿元，与 2002 年的 14.478 亿元相比上升 45.2%，主要是由于销售净额的增幅抵销并超过了销售成本和销售及管理费用的增幅。

其他业务收入

其他业务收入为人民币 1.211 亿元，比 2002 年的 1.366 亿元略有下降。

其他业务支出

2003 年度本集团其他业务支出为人民币 2.164 亿元，与 2002 年的人民币 1.548 亿元相比上升 39.8%。这主要是由于在本年度的其他业务支出中增加了人民币 0.641 亿元的减员费用开支。

财务费用净额

2003 年度本集团财务费用净额为人民币 3.920 亿元，与 2002 年的人民币 4.007 亿元相比略有下降。这主要是由于本集团通过调整银行贷款结构，充分利用利率比人民币借款低的外币借款，降低了在借款利息方面的开支，从而有效地抵消了因停止在建工程项目贷款利息资本化而大幅增加的财务费用。

税前利润

本集团 2003 年度税前利润为人民币 15.904 亿元，与 2002 年的人民币 10.450 亿元相比上升 52.2%。这主要是由于经营利润的增加抵销并超过了其他业务收入的减少和其他业务支出的增加。

所得税

2003 年度本集团所得税费用为人民币 1.451 亿元，与 2002 年的人民币 0.845 亿元相比增加 71.7%，主要是由于税前利润的大幅上升。本公司 2003 年度继续执行 15%的所得税税率。这项优惠税率自 1993 年 1 月 1 日起经中国有关税务主管机关批准适用于本公司。根据中国财政部和国家税务总局下发的有关通知，最早的 9 家 H 股上市公司(包括本公司在内)获准在 1996 年和 1997 年执行 15%的所得税税率。在 1998 年、1999 年、2000 年、2001 年、2002 年和 2003 年，政府有关部门并未撤销此项税收优惠。但是，本公司无法肯定财政部仍将在 2004 年保持 15%的优惠税率。另外，本公司于本年度内就购置国产设备作技术改造而获得约人民币 0.922 亿元的所得税返回，从而降低了本集团 2003 年度的所得税费用。

税后利润

本集团 2003 年度税后利润为人民币 14.453 亿元，与 2002 年的人民币 9.605 亿元相比增加 50.5%。

B. 主营业务分行业情况表(按中国会计准则及制度编制)　单位:万元

分行业或分产品	主营业务收入	主营业务成本	毛利率(%)	主营业务收入比上年增减(%)	主营业务成本比上年增减(%)	毛利率比上年增减(%)
合成纤维	411496.6	384312.9	6.61	21.15	22.45	−0.99
树脂及塑料	890741.0	772028.7	13.33	37.48	39.67	−1.36
中间石化产品	387984.6	276285.0	28.79	50.63	41.29	4.71
石油产品	1083458.0	950546.6	12.27	27.73	32.96	−3.45
贸易及其他项目	183033.8	141046.5	22.94	31.78	45.09	−7.07
其中:关联交易	1048147.4	963817.2	8.05	29.76	36.84	−4.75

关联交易的定价原则	本公司的董事会认为上述关联交易是一般的普通业务往来及基于普通的商业交易条件或有关交易的协议进行的。以上均得到本公司独立非执行董事确认。
关联交易必要性、持续性的说明	构成关联交易主要为原油采购及石油产品销售。作为本集团主要生产原料的原油的分配及石油产品的定价和销售均按国家规定并通过中石化执行。在国家未取消对原油采购及石油产品销售和定价控制前，将继续发生该类关联交易。

其中:关联交易 主营业务分地区情况　单位:万元

地区	主营业务收入	主营业务收入比上年增减(%)
华东地区	2629410.6	32.64
中国其他地区	176699.7	23.75
出口	150603.7	40.55

于 2003 年内，本集团主营业务分区情况与 2002 年相比无重大变化。

C. 资产流动性和资本来源

本集团主要资金来源是经营现金流转，以及向非关联方的银行借贷。本集团资金的主要用途为销售成本、其他经营性开支和资本支出。

营运资金

截至 2003 年 12 月 31 日，本集团的营运资金(流动资产减流动负债)为短缺人民币 4.576 亿元，与 2002 年的短缺人民币 1.002 亿元相比有所增加，原因是由于本集团生产规模扩大，因此需要补充对流动资金的需求。尽管本集团需要密切关注营运资金和资产流动性状况，但本集团确已定期对此情况进行审核并能够通过债务融资和其他手段来满足本集团的短期支付义务。

经营活动现金净流入量

本集团 2003 年经营活动现金净流入量与上年同期的人民币 17.983 亿元相比增加了人民币 4.787 亿元，为人民币 22.770 亿元。经营活动现金净流入量的增加主要是由于以下原因综合所致：

i)2003 年度税前利润扣除折旧影响后的经营现金流入为人民币 34.404 亿元，而 2002 年为人民币 26.308 亿元，这使得现金流入量增加了人民币 8.096 亿元。

ii)2003 年因为存货的增加而减少经营活动现金的净流入为人民币 1.206 亿元，而 2002 年则为人民币 5.038 亿元，这一下降主要是由于 2003 年期末与期初相比存货中原油的增加量小于 2002 年的增加量，这也使得现金流入量增加了人民币 3.832 亿元。

iii)2003 年度因为应收账款、应收票据、其他应收账款和预付款增加而减少经营活动现金净流入为人民币 3.460 亿元，而 2002 年则应有关款项的减少而增加现金流入量人民币 0.808 亿元。主要是由于 2003 年产品销售量增加，这也使得现金流入量减少了人民币 4.268 亿元。

iv)2003 年度因应付账款、其他应付账款以及应付票据减少而减少经营活动现金净流量为人民币 4.788 亿元，而 2002 年则为人民币 2.003 亿元。主要是由于本集团在 2003 年度偿还了更多的应付票据，这也使得现金流入量减少了人民币 2.785 亿元。

v)2003 年度与母公司及其同级附属公司账款的变动而减少了经营活动现金净流入人民币 1.995 亿元，而 2002 年则减少了人民币 0.961 亿元，这也使得现金流入量减少了人民币 1.034 亿元。

投资活动的现金净流出量

2003 年度用于投资活动的现金净额为人民币 15.786 亿元，与 2002 年的人民币 25.778 亿元相比下降了人民币 9.992 亿元，主要是由于在资本性开支方面减少了人民币 11.194 亿元。

融资活动产生的现金净(流出)/ 流入量

2003 年度融资活动流出的现金净额为人民币 5.187 亿元，而在 2002 年则通过融资活动提供了人民币 9.881 亿元净现金流入。这一变化主要是由于本集团在 2003 年偿还银行贷款金额比 2002 年增加人民币 10.674 亿元贷款以及派发了人民币 3.6 亿元股息。

借款

截至 2003 年 12 月 31 日，本集团年末借款余额为人民币 87.816 亿元，而截至 2002 年 12 月 31 日的借款余额为人民币 85.932 亿元，借款余额增加了人民币 1.884 亿元。其中短期借款为人民币 55.747 亿元，比上年底的人民币 40.023 亿元增加了人民币 15.724 亿元。这主要是由于本集团生产规模扩大，因此需要补充对流动资金的需求。短期借款由人民币短期借款和美元短期借款组成并均为浮动利率贷款。2003 年本集团的长期借款减少了人民币 13.841 亿元，从 2002 年的人民币 45.909 亿元降至人民币 32.068 亿元，主要是因为以"四期工程"为主的资本性扩充项目完成而导致对长期资金需求的下降。长期贷款包括固定利率的美元、日元贷款及浮动利率的美元和人民币贷款。

本集团通过对银行借款等负债加强管理，提高对财务风险的控制，从而使本集团的资产负债率保持在一个安全水平上。本集团的借款总体上不存在任何季节性借款。然而，由于资本支出的计划特征，长期借款的支出能被预先适当安排，而短期借款则主要用于日常运营。本集团现存的银行贷款的条款对本集团派发股利的能力并无限制。

负债资本比率

本集团 2003 年末的负债资本比率为 17.6%(2002 年:24.7%)。负债资本比率的计算方法为:(长期借款)/(长期借款+股东权益)。

公司员工

于 2003 年 12 月 31 日，公司员工约 31,008 人。

截至 2003 年 12 月 31 日止本集团当年员工成本为人民币 10.91 亿元。

D.研究与开发、专利、许可

本集团拥有各种技术开发部门，包括石油化工研究所、纤维研究所和技术开发公司，负责新技术、新产品、生产流程和设备、石化产品的下游处理、炼油、化工机械、化工技术、催化剂和环境保护等各方面的研究和开发。本集团 2001 年的研究和开发经费为人民币 0.408 亿元，2002 年的研究和开发经费为人民币 0.840 亿元，2003 年的研究和开发开支为人民币 1.012 亿元，分别占上述年度销售总额的 0.2%、0.4%和 0.3%。

本集团未在任何重大方面依赖于任何专利、许可、工业、商业或财务合同或新的生产流程。

E. 资产负债表外的安排

有关本集团的对外担保及资本承担，请参阅董事会报告重要事项 12 担保一节及按国际财务报告编制的财务报告注释 28。

F. 合约责任

下表载列本集团与二零零三年十二月三十一日根据合约于未来应付之责任

于二零零三年十二月三十一日

于下列期限到期之款项

	总计 人民币千元	少于 1 年 人民币千元	1-3 年 人民币千元	4-5 年 人民币千元	5 年后 人民币千元
合约责任					
短期借贷	4,575,588	4,575,588	--	--	--
长期借贷	4,205,989	999,141	3,057,746	93,102	56,000
合约责任总额	8,781,577	5,574,729	3,057,746	93,102	56,000

G.其它项目

汇率风险

由于本集团大部分的主要原料(原油)是通过中石化从国外购买，亦直接通过中石化出口本集团一部分的石油产品，因此汇率的变动将会间接影响本集团的原料及石油产品价格从而对本集团的盈利能力产生一定的影响。此外，如上所述，由于本集团有部分债务是外币债务，有关的汇率变动将影响本集团的本息支出水平，这也会对本集团的盈利能力产生影响。

资本支出

2003 年本集团资本开支为人民币 12.849 亿元，比 2002 年的人民币 24.043 亿元减少人民币 11.194 亿元。主要项目包括加工含硫原油设备改造、丙烯腈装置改造。

本集团 2004 年的资本开支预计约为人民币 19 亿元。主要包括对 1# 常减压装置异地改造、40 万吨/年精苯二甲酸(PTA)装置改造、38 万吨/年乙二醇项目及其他技术改造项目进行投入。

乙烯合资企业

于 2001 年下半年，本集团 BP 和中石化共同在中国合资成立了合资公司。本集团拥有合资公司 20%的股权，BP 和中石化则分别拥有合资公司 50%和 30%的股权。合资公司的宗旨是建设和运营一座设计能力为 900,000 吨乙烯的石化生产设施，生产营销石化产品和副产品，提供有关该等石化产品和副产品的售后服务和技术咨询，并从事聚合物的应用开发。合资企业工程的建造计划于 2005 年完成。该合资公司的总注册资本为美金 901,440,964 元，其中本集团需出资相当于美金 180,287,952 元的人民币金额。截至 2003 年 12 月 31 日，本集团已支付了该金额中的人民币 6.377 亿元。在工程于 2005 年完工前，本集团应缴纳其全部出资。

本集团计划的资本开支可以由经营所得现金及银行信贷融资拨付。

或有负债

于 2003 年 12 月 31 日，本集团向银行为本集团的联营公司及其他非上市公司作出的担保为人民币 1.291 亿元，而 2002 年是人民币 3.453 亿元。此外，本公司向本公司的合并子公司的担保为人民币 11.144 亿元(2002 年:人民币 11.816 亿元)。为联营公司和其他非上市公司及合并子公司向银行作出的担保，以本集团及本公司分别在这些单位拥有的权益为限。

收购、出售及投资

除在年报已作披露外，在 2003 年，本集团没有任何有关附属公司及联营公司的重大收购、出售及没有任何重大投资。

资产抵押

截至 2003 年 12 月 31 日，本集团已作资产抵押固定资产的账面净额为人民币 4.143 亿元。

对比美国公认会计准则

有关本集团是按国际财务报告准则编制的财务报表与美国公认会计原则有若干差异，请参考财务报表 D 给北美投资者参考补充资料。由于此等差异及其带来的税项影响，2003 年根据美国公认会计原则计算的本集团的合并净利润，与根据国际财务报告准则计算的结果相比，高出人民币 1.667 亿元，而 2002 年和 2001 年则分别高出人民币 2.083 亿元和人民币 1.841 亿元。根据美国公认会计原则计算的股东权益，在 2003 年 12 月 31 日和 2002 年 12 月 31 日分别低于根据国际财务报告准则计算的结果人民币 1.102 亿元和人民币 2.770 亿元。

六、董事会报告书

本公司董事会("董事会")提呈董事会报告书及本公司及本集团截至二零零三年十二月三十一日止年度已审核之财务报告。

集团财务及财务业绩

根据二零零三年的净销售额和乙烯产量，本集团是中国最大的石化企业之一，本集团是一家高度综合的石化企业，主要从事石油化工业务，把原油加工以制成多种合成纤维，树脂和塑料，中间石化产品及石油产品。根据二零零三年的销售量，本集团每类主要产品均位居国内生产商前列。(资料来源:二零零三年《中国石化经济信息》杂志)。本集团的主要附属公司资料详见载于第 23 页"附属公司"一节。

有关本集团截至二零零三年十二月三十一日止年度之业绩及本公司及本集团该年度业务与财务状况如资产及负债、银行贷款及其他借款、固定资产、储备等变动详情，请参阅载于第[]页至[]页的该年度之财务报表。

利润分配

董事会建议就截至二零零三年十二月三十一日止本公司年度利润分配方案如下：

	人民币千元
按照中华人民共和国会计准则及制度	
税后利润	1,429,166
少数股东权益	(43,610)
股东应占溢利	1,385,556
拨入储备	
法定盈余公积	(138,556)
法定公益金	(138,556)
承前保留溢利	1,300,452
股利	360,000
保留溢利	2,048,896
每股盈利(基本及全面摊薄后)	人民币 0.192 元

以上董事会建议之利润分配方案，提请二零零三年股东周年大会审议批准。

根据财政部有关规定和本公司章程，可供分配给股东的未分配利润为按中国会计准则及制度和国际财务报告准则计算出来的较低者。

分红派息

二零零四年三月二十六日第四届董事会第十次会议建议向全体股东派发末期股利每股人民币0.08 元，全年派发之股利总额共计人民币 576,000,000 元。

财务资料概要

本集团截至二零零三年十二月三十一日之业绩、总资产、负债及股东权益已载于本年报第 8 页。

银行贷款及其他借款

本公司及本集团于二零零三年十二月三十一日止年度之银行贷款及其他借款详情已载于财务报表注释 21 及 30。

资本化之利息

年内资本化之利息之详情已载于财务报告注释 6

固定资产

年内固定资产之变动情况已载于财务报告注释 12。

附属公司

于二零零三年十二月三十一日，本公司拥有 50%以上权益的主要附属公司如下：

企业名称	主营业务	百分比	百分比	股权	注册资金(千元)
上海石化投资发展有限公司	投资管理	100	–	人民币	650,000
上海石化市场经营开发公司	石化产品贸易	100	–	人民币	25,000
中国金山联合贸易公司	石化产品及机器进出口贸易	80	–	人民币	25,000
上海金化实业有限公司	石化产品贸易	–	81.46	人民币	25,500
上海金东石油化工实业公司	石化产品贸易	–	60	人民币	40,000
上海金威石油化工股份有限公司	醋酸乙烯产品生产	–	75	美元	3,460
上海金昌工程塑料有限公司	改性聚丙烯产品生产	–	50.38	美元	4,750
上海金菲石油化工股份有限公司	聚乙烯产品生产	–	60	美元	50,000
浙江金甬腈纶有限公司	腈纶产品生产	75	–	人民币	250,000
上海石化企业发展有限公司	投资管理	100	–	人民币	455,000
上海金地石化有限公司★	石化产品生产	–	100	人民币	295,776

★本公司于 2003 年 12 月 1 日，购入上海金地石化有限公司("金地")额外的 52%股权，金地由本公司的联营公司转为子公司纳入合并范围。

所有附属公司均未发行任何债券。

于二零零三年一月一日，本集团将原持有的浙江金浙石化联合股份有限公司("金浙")58.43%股权出售，并于同日将对金浙的实质控制权转让。因此，金浙于本年度的业绩和年末的资产负债没有反映在本集团的合并会计报表中。金浙的资产及负债对本集团的财务状况和经营成果的影响并不重大。

本集团的投资权益，包括在若干企业的非控股的股份投资。这些企业主要从事与本集团业务有关的制造或贸易活动。本集团在截至二零零三年十二月三十一日止年度内因这些权益而应占的利润，对本集团的利润并不重要，故未按权益法入帐。再者，在这些投资权益中包括了未合并的附属公司。这些附属公司对本集团的业绩或资产并没有重要影响，故未合并或按权益法入帐。

本集团应占联营公司的权益，包括于中华人民共和国成立的上海化学工业区发展有限公司的38.26%，计人民币 652,356,000 元的权益，以及于中华人民共和国成立的上海赛科石油化工有限责任公司的 20%，计人民币 637,684,000 元的权益。上海化学工业区发展有限公司的主营业务是规划、开发和经营位于中华人民共和国上海的化学工业区。上海赛科石油化工有限责任公司的主营业务是生产乙烯等石化产品。

储备

储备变动情况已载于财务报表注释 25。

法定公益金

有关法定公益金的性质、应用、其变动及计算基准(包括所采用之百分比及用以计算之利润数额)之详情已载于财务报表注释 25。

慈善捐款

本年度内，本集团给予各慈善机构之捐款约为人民币 10,080,000 元。

职工退休金计划

有关本集团职工退休金计划之详情载于财务报表注释 27 。

职工宿舍

根据财政部财企(2000)第 295 号文件需求，住房制度改革于二零零零年停止。本公司没有按住房改革之条例出售职工住房。

优先购股权

根据本公司章程及中华人民共和国法律，本公司并无优先购股权规定本公司需按持股比例向现有股东呈请发售新股之建议。

主要供应商及客户

本集团在二零零三年度内前五名供应商为：中国国际石油化工联合有限责任公司、中国石化管道储运分公司、中化国际石油公司、中海(石油)中国有限公司、上海南光石化有限公司。集团向这前五名供应商合计的采购金额占年度采购总额比例为 64%。

本集团在二零零三年度内前五名客户为中国石化销售华东公司、上海氯碱化工股份有限公司、上海高化分公司、中国国际石油化工联合公司和张家港保税区华颖国际贸易有限公司，本集团这五名客户取得之销售金额占全年营业额的 36%。

根据董事会了解，本公司股东和董事及其联系人在这些供应商和客户中，除中国石化销售公司华东公司和中国国际石油化工联合公司外，没有任何权益。中国石化销售公司华东公司和中国国际石油化工联合公司是本公司主要股东中国石油化工股份有限公司的附属公司。

股本变动及股东情况

数量单位：股

	本次变动前	本次变动增减(+,-) 配股	送股	公积金转股	增发	其他	小计	本次变动后
一、未上市流通股份								
1、发起人股份								
其中								
国家持有股份								
境内法人持有股份	4,000,000,000	–	–	–	–	–	–	4,000,000,000
境外法人持有股份								
其他								
2、募集法人股份	150,000,000	–	–	–	–	–	–	150,000,000
3、内部职工股								
4、优先股或其他								
未上市流通股份合计	4,150,000,000	–	–	–	–	–	–	4,150,000,000
二、已上市流通股份								
1、人民币普通股	720,000,000	–	–	–	–	–	–	720,000,000
2、境内上市的外资股								
3、境外上市的外资股	2,330,000,000	–	–	–	–	–	–	2,330,000,000
4、其他								
已上市流通股份合计	3,050,000,000	–	–	–	–	–	–	3,050,000,000
三、股份总数	7,200,000,000	–	–	–	–	–	–	7,200,000,000

截至二零零三年十二月三十一日止，本公司总股本为 72 亿股，拥有股东 228,632 户，其中 A 股股东 226,083 户，H 股股东 2,549 户。

购买、出售和赎回股份

二零零三年度内，本公司及附属公司概无购买、出售或赎回本公司股份。

前十名股东持股情况

于二零零三年十二月三十一日，持有本公司股份的前十名股东名单如下： 单位：股

股东名称	年度内增减	年末持股数量	比例(%)	股份类别(已流通或未流通)	质押或冻结的股份数量	股东性质(国有股东或外资股东)
中国石油化工股份有限公司	4,000,000,000		55.56	非流通		国有股东
香港中央结算(代理人)有限公司	35,002,546	1,893,017,857	26.29	已流通		外资股东
香港汇丰(代理人)有限公司	720,000	355,300,000	4.93	已流通		外资股东
景福证券投资基金	21,867,655	26,268,555	0.36	已流通		法人股东
上海康利工贸有限公司	16,730,000		0.23	非流通	16,430,000	法人股东
中国工商银行--天元证券投资基金	未知	13,917,202	0.19	已流通		法人股东
中国工商银行--同益证券投资基金	未知	12,801,847	0.18	已流通		法人股东
浙江省经济建设投资公司	12,000,000		0.17	非流通		法人股东
香港汇丰(代理人)有限公司	10,336,000		0.14	已流通		外资股东
景宏证券投资基金	7,870,988	10,036,320	0.14	已流通		法人股东
交通银行--科瑞证券投资基金	未知	9,954,508	0.14	已流通		法人股东

前十名股东关联关系或一致行动的说明：公司前十名股东中国家股股东中国石油化工股份有限公司与其他股东之间不存在关联关系，也不属于《上市公司持股信息披露管理办法》中规定的一致行动人；上述股东中，香港汇丰(代理人)有限公司为代理人公司；景福证券投资基金和景宏证券投资基金同时属于大成基金管理有现公司管理。未知其他股东之间是否存在关联关系，也不知道是否属于《上市公司持股信息披露管理办法》中规定的一致行动人。

与二零零三年十二月三十一日，持有本公司流通股的前十名股东名单如下：

股东名称(全称)	年末持有流通股的数量	种类(A、B、H 股或其它)
香港中央结算(代理人)有限公司	1,893,017,857	H
香港汇丰(代理人)有限公司	355,300,000	H
景福证券投资基金	26,268,555	A
中国工商银行--天元证券投资基金	13,917,202	A
中国工商银行--同益证券投资基金	12,801,847	A
香港汇丰(代理人)有限公司	10,336,000	H
景宏证券投资基金	10,036,320	A
交通银行--科瑞证券投资基金	9,954,508	A
汉盛证券投资基金	8,064,994	A
裕隆证券投资基金	8,031,884	A
通乾证券投资基金	7,619,327	A

前十名流通股股股东关联关系或一致行动人的说明：公司前十名流通股股东中景福证券投资基金和景宏证券投资基金同时属于大成基金管理有限公司管理。未知其他股东之间是否存在关联关系，也不知道是否属于《上市公司持股信息披露管理办法》中规定的一致行动人。

持股 10%以上的法人股东情况

中国石油化工股份有限公司于二零零三年期末持有本公司股份 40 亿股，占本公司总股本 55.56%。

法人代表：陈同海

成立日期：二零零零年二月二十五日

注册资本：人民币 867 亿元

主营业务：石油及天然气业务包括勘探、开发及生产原油及天然气；管输原油、天然气及产品；将原油提炼为石油制成品；以及营销原油、天然气和成品油。化工业务包括制造及营销广泛的工业用化工产品。

主要产品：合成树脂、合成纤维单体及聚合物、合成纤维、合成橡胶、化肥以及中间石化产品。

持有股份的抵押情况：没有抵押

香港中央结算(代理人)有限公司于二零零三年末持有本公司1,893,017,857股H股，占本公司总股本26.29%。

本公司现任董事、监事及高级管理人员和员工情况

姓名	职务	性别	年龄	任期起止日期
陆益平	董事长	男	58	2002年6月18日-2005年6月18日
许开程	董事	男	47	2002年6月18日-2005年6月18日
戎光道	董事兼总经理	男	48	2002年6月18日-2005年6月18日
冯建平	董事兼副总经理	男	50	2002年6月18日-2005年6月18日
蒋宝兴	董事	男	58	2002年6月18日-2005年6月18日
励伟昌	董事	男	50	2002年6月18日-2005年6月18日
*刘文龙	外部董事	男	63	2002年6月18日-2005年6月18日
*张保鉴	外部董事	男	59	2002年6月18日-2005年6月18日
顾传讯	独立董事	男	68	2002年6月18日-2005年6月18日
王永寿	独立董事	男	63	2002年6月18日-2005年6月18日
王行愚	独立董事	男	59	2002年6月18日-2005年6月18日
*陈信元	独立董事	男	39	2003年6月18日-2005年6月18日
杜重骏	监事会主席	男	49	2002年6月18日-2005年6月18日
张成华	监事	男	48	2002年6月18日-2005年6月18日
朱为炎	监事	男	55	2002年6月18日-2005年6月18日
*张建军	外部监事	女	52	2002年6月18日-2005年6月18日
*吕向阳	外部监事	男	52	2002年6月18日-2005年6月18日
*周耘农	独立监事	男	61	2003年6月18日-2005年6月18日
*刘向东	独立监事	男	52	2002年6月18日-2005年6月18日
张志良	副总经理	男	50	2002年6月18日-2005年6月18日
吴海君	副总经理	男	41	2002年6月18日-2005年6月18日
殷济海	副总经理	男	46	2002年6月18日-2005年6月18日
韩志浩	财务总监	男	52	2002年6月18日-2005年6月18日
史伟	副总经理	男	44	2003年10月24日-2005年6月18日
张经明	公司秘书	男	46	2002年6月18日-2005年6月18日

*彼等人士均为本公司外部董事、监事，均未在本公司领取报酬。

本公司各董事、监事及高级管理人员之履历资料已载于第39页至第41页。

董事、监事和高级管理人员年度报酬情况　单位：万元

年度报酬总额	252.6224
金额最高的前三名董事的报酬总额	62.2406
金额最高的前三名高级管理人员的报酬总额	44.5860
独立董事津贴	24.00
独立董事其他待遇	0
不在公司领取报酬、津贴的董事、监事姓名	励伟昌、刘文龙、张保鉴、陈信元、张建军、吕向阳、周耘农、刘向东
报酬区间	人数
20万元--25万元	2
15万元--20万元	8
15万元以下	6

公司员工

公司员工约31,008人，其中20,097人为生产人员，8,160人为销售、财务和其他人员，2,751人为行政人员。本集团19.27%的员工是大专或以上学历毕业生。

公司治理结构

(一)、公司治理结构现状：

本公司严格按照《公司法》、《证券法》、《上市公司治理准则》、《关于在上市公司建立独立董事的指导意见》和上海证券交易所、香港联合交易所和纽约证券交易所的相关要求，不断推进公司体制和管理的创新，完善公司法人治理结构，加强公司制度建设，提升公司的整体形象。

本公司二零零三年通过了公司章程的修改方案，同时公司董事会加强了通上海证管办等监管机构的工作联系，顺利通过了巡回检查工作。

(二)、公司独立董事履行职责的情况：

本公司独立董事在参加公司二零零二年度股东大会、二零零三年特别股东大会及二零零三年董事会中充分发挥了独立董事的作用，与本公司共同参与讨论审议二零零二年度报告、二零零三年中期报告、利润分配预案、关联交易等议案，发挥了自己的工作经验和专业知识，发表了自己的意见，认真负责地履行了独立董事的职责，并就聘任公司高级管理人员以及关联交易等重大事项发表了独立意见，本公司的独立董事依照有关法律法规和公司章程赋予的权利，独立、诚信、勤勉地履行职责，切实起到了维护股东、特别是中小股东利益的作用。

(三)、对高级管理人员的考评及激励机制

1. 本公司第四届董事会于二零零三年三月二十六日召开的第四次会议上审议通过对高级管理人员的薪酬办法并于二零零三年六月十八日召开的本公司二零零二年度股东大会上通过，依据该办法对高级管理人员进行绩效评价与激励。

公司董事、监事、高级管理人员所占股份或债券之权益

各董事、监事及高级管理人员于二零零二年十二月三十一日在本公司已发行股本中拥有之实际股数如下：

姓名	职务	年初持股数	年末持股数	变动原因
陆益平	董事长	3,600	3,600	–
许开程	董事	3,600	3,600	–
戎光道	董事兼总经理	3,600	3,600	–
冯建平	董事兼副总经理	3,600	3,600	–
蒋宝兴	董事	3,600	3,600	–
励伟昌	董事	1,000	1,000	–
刘文龙	外部董事	未持有	未持有	–
张保鉴	外部董事	未持有	未持有	–
顾传讯	独立董事	未持有	未持有	–
王永寿	独立董事	3,600	3,600	–
王行愚	独立董事	未持有	未持有	–
陈信元	独立董事	未持有	未持有	–
杜重骏	监事会主席	1,000	1,000	–
张成华	监事	未持有	未持有	–
朱为炎	监事	未持有	未持有	–
张建军	外部监事	未持有	未持有	–
吕向阳	外部监事	未持有	未持有	–
周耘农	独立监事	未持有	未持有	–
刘向东	独立监事	未持有	未持有	–
张志良	副总经理	3,600	3,600	–
吴海君	副总经理	1,500	1,500	–
殷济海	副总经理	未持有	未持有	–
韩志浩	财务总监	未持有	未持有	–
史伟	副总经理	未持有	未持有	–
张经明	公司秘书	未持有	未持有	–

以上人士所持均为本公司A股股票，并均为其个人权益以实益拥有人的身份持有。

董事、监事和高级管理人员在公司股份、相关股份及债权证的权益和淡仓

除上述外，于二零零三年十二月三十一日，本公司各位董事、监事及高级管理人员在本公司或其相联法团(定义见《证券及期货条列》(香港法列第571章)第XV部)的股份、股本衍生工具中的相关股份或债权证中概无任何纪录于根据《证券及期货条例》第352条规定须存置之披露权益登记册之权益或淡仓；或根据《上市公司董事进行证券交易的标准守则》所规定的需要通知本公司和香港联合交易所。

于二零零三年十二月三十一日，本公司未授予本公司董事、监事及高级管理人员或其配偶或十八岁以下子女认购本公司或其任何相关法团的股份或债权证的任何权利，且该等人士未行使认购该等股份或债权证的任何权利。

公司的主要股东和其它人在公司股份及相关股份的权益与淡仓

于二零零三年十二月三十一日，按根据《证券及期货条例》第336条规定须存置之披露权益登记册的纪录，公司的主要股东(即有权在本公司股东大会上行使或控制行使10%或以上投票权的人士)和其它根据《证券及期货条例》的第XV部分需要披露其权益的人士(包括有权在本公司股东大会上行使或控制行使5%或以上投票权的人士，但不包括董事、监事及高级管理人员)在公司股份或股本衍生工具的相关股份中的权益或淡仓如下：

(1) (a) 公司普通股的权益

股东名称	所持股份数目及类别	占已发行股份总数百分比	占已发行H股百分比	身份直接权益
中国石油化工股份有限公司	4,000,000,000 发起法人股	55.56%	--	
J.P.MorganChase&Co.*	253,409,700股 H股	3.52%	10.88%	实益拥有人；投资经理；其他(可借出的股份)
HSBCAssets Management(Hong Kong)Limited*	132,166,000 H股	1.84%	5.67%	实益拥有人；投资经理；其他(可借出的股份)

*该等股份乃透过代理人持有。

(b) 公司相关股份的权益

根据《证券及期货条例》第336条规定须存置之披露权益登记册中，并无主要股东或根据《证券及期货条例》的第XV部分需要披露其权益的其他人士在本公司股本衍生工具的相关股份中拥有权益的任何记录。

(2)公司股份及相关股份的淡仓

根据《证券及期货条例》第336条规定须存置之披露权益登记册，并无主要股东或根据《证券及期货条例》的第XV部分需要披露其权益的其他人士在本公司的股份或股本衍生工具的相关股份中持有淡仓的任何记录。

除上述披露之外，于二零零三年十二月三十一日止，根据《证券及期货条例》第336条规定须存置之披露权益登记册，并无任何人在本公司的股份或股本衍生工具的相关股份中的拥有权益或持有淡仓的任何记录。

审核委员会

审核委员会已经与管理层审阅本集团所采纳的会计原则和准则，并探讨审计、内部监控及财务汇报事宜，包括审阅截至二零零三年十二月三十一日止十二个月的经审计本年度报告。

董事、监事及高级管理人员变动

本公司于二零零三年四月二十九日召开的第四届董事会第五次会议，董事张志良先生、张洪林先生及黄鉴先生因工作变动，辞去本公司董事职务。于二零零三年十月二十四日召开的第四届董事会第八次会议陆益平先生不再兼任总经理，聘任戎光道先生为公司总经理；许开程先生因工作变动不再担任本公司副董事长；刘训峰先生因工作变动辞去本公司副总经理的职务；根据总经理提名，改聘韩志浩先生为本公司财务总监、增聘史伟先生为公司副总经理。

董事及监事之合约权益

各董事及监事在本公司或任何附属公司于年内所订立或存在之重大合约中，概无拥有任何实际直接或间接的权益。

本公司各董事及监事概无与本公司签订任何一年内若由本公司终止合约时须作出赔偿之服务合约(法定赔偿除外)。

最佳应用守则

截至二零零三年十二月三十一日，并无任何董事获悉任何资料合理地显示本公司现在或于二零零三年内未遵守香港联合交易所有限公司证券上市规则"上市规则"附录十四《最佳应用守则》的规定要求。

董事会日常工作情况

报告期内本公司共召开了六次董事会会议，具体情况及决议内容如下：

1. 二零零三年三月二十六日召开了第四届董事会第四次会议。会议审议通过了二零零二年度董事会工作报告、二零零二年度财务报告、二零零二年度利润分配方案、二零零二年年报、二零零二年年报摘要、总经理工作报告及二零零三年财务预算报告。有关公告刊载于二零零二年三月二十七日的《上海证券报》、《中国证券报》、香港《南华早报》和《香港商报》。

2. 二零零三年四月二十九日召开了第四届董事会第五次会议。会议审议通过了二零零三年度第一季度业绩报告、审议通过了提呈美国SEC的20-F表格、审议通过分别续聘毕马威华振会计师事务所及毕马威会计师事务所为本公司二零零三年度境内外审计师并授权董事会决定其酬金、审议通过调整公司董事会成员的议案；审议通过公司独立董事报酬制度；审议通过公司董事、监事及高级管理人员报酬发放办法，审议通过修改公司章程及其附件；审议通过了关于提呈二零零二年度股东大会的议案。有关公告刊载于二零零三年四月三十日的《上海证券报》、《中国证券报》、香港《南华早报》和《香港商报》。

3. 二零零三年八月二十日召开了第四届董事会第六次会议。会议通过了二零零三年中期业绩报告、二零零三年度中期业绩利润分配方案、审议通过了增补独立董事陈信元为公司董事审核委员会成员、审议通过于二零零三年十一月二十一日召开公司二零零三年度特别股东大会的有关议案。有关公告刊载于二零零三年八月二十一日的《上海证券报》、《中国证券报》、香港《南华早报》和《香港商报》。

4. 二零零三年九月十七日召开了第四届董事会第七次会议。审议并批准了本公司与上海赛科石油化工股份有限公司签署《丙烯腈供应合同的签署协议》和《丙烯腈供应合同》、审议批准浙江金

甬腈纶有限公司于上海赛科石油化工股份有限公司签署《丙烯腈供应合同的签署协议》和《丙烯腈供应合同》、审议通过了提交二零零三年特别股东大会的有关议案。有关公告刊登于二零零三年九月二十六日的《上海证券报》、《中国证券报》、香港《南华早报》和《香港商报》。

5. 二零零三年十月二十四日召开了第四届董事会第八次会议，会议审议通过了二零零三年度第三季度业绩报告、聘请美富律师事务所为公司美国法律顾问、同意董事长陆益平先生因工作需要不再兼任公司总经理一职、聘任戎光道先生为公司总经理、同意副董事长许开程先生因工作变动不再担任本公司副董事长的职务、同意副总经理刘旬峰先生因工作变动辞去本公司副总经理一职、根据总经理提名,改聘韩志浩先生为本公司财务总监,聘任史伟先生为本公司副总经理。有关公告刊载于二零零三年十月二十七日的《上海证券报》、《中国证券报》、香港《南华早报》和《香港商报》。

6. 二零零三年十二月二十九日召开了第四届董事会第九次会议，会议审议批准了本公司及其下属公司浙江金甬腈纶有限公司分别与中国石油化工股份有限公司上海腈纶销售分公司签订《腈纶产品代销合同》及本公司1# 常减压蒸馏装置易地改造项目。有关公告刊载于二零零三年十二月三十一日的《上海证券报》、《中国证券报》、香港《南华早报》和《香港商报》。

股东大会简介

二零零二年度股东大会

本公司于二零零三年六月十八日在中华人民共和国("中国")上海市金山区召开了二零零二年度股东大会,出席的股东及经授权股东代理人 35 人,代表股份约 60.47 亿股，占本公司股份总额的 83.999%,符合本公司章程和中华人民共和国《公司法》规定要求。

大会审议通过了六项议案：

1. 二零零二年度董事会工作报告；
2. 二零零二年度监事会工作报告；
3. 二零零二年度经审核的财务报告和二零零三年度财务预算报告；
4. 二零零二年度利润分配方案；
5. 续聘毕马威华振会计师事务所为本公司二零零二年度境内核数师和毕马威会计师事务所为本公司二零零二年年度境外核数师,授权董事会决定其酬金；
6. 同意张志良先生、张洪林先生和黄鉴先生辞去本公司第四届董事会董事;增补陈信元先生为本公司第四届董事会独立董事选举本公司新一届董事会；同意陈信元先生辞去本公司第四届监事会独立监事;增补周耘农先生为本公司第四届监事会独立监事。
7. 通过本公司独立董事独立报酬制度;本公司董事、监事及高级管理人员的报酬事项；
8. 授权董事会修改章程特别案。

股东大会决议公告刊登于二零零三年六月十九日的《上海证券报》、《中国证券报》、香港《南华早报》和《香港商报》。

二零零三年特别股东大会

本公司于二零零三年十一月二十一日在中国深圳市香格里拉大酒店召开了二零零三年度特别股东大会("股东大会"),出席的股东及经授权股东代理人 7 人,代表股份 62.70 亿股，占本公司股份总额的 87.09%,符合本公司章程和《中华人民共和国公司法》有关规定的法定股数。经出席股东大会的独立股东(中国石油化工股份有限公司及其联系人以外的股东)审议通过以下议案：

1. 批准了本公司与上海赛科石油化工股份有限公司签署《丙烯腈供应合同》；
2. 批准浙江金甬腈纶有限公司于上海赛科石油化工股份有限公司签署《丙烯腈供应合同》。

股东大会的决议公告刊登于二零零三年十一月二十四日的《上海证券报》、《中国证券报》、香港《南华早报》和《香港商报》。

公司章程修改的提议

本公司拟对其章程按香港交易所有限公司于二零零四年一月三十日发布的《香港联合交易所有限公司证券上市规则》之修订中的有关规定作出若干修改如下：

1. 现有的第八十三条及第八十八条由新的条款取替，从以规定就任何根据上市规则于某一事项必须放弃表决权或只能投赞成或反对票的股东而言，其或代表其的任何违反该规定或限制的投票将不能计入表决结果内。

2. 现有的第一百一十条及第一百一十一条由新的条款取替，从以规定股东呈交董事候选人提名提名的通知期,不得少于七天，且不得在发出有关进行董事选举股东大会的会议通知当日或之前开始,也须于该股东大会举行日期的前七天(或之前)结束。

3. 现有的第一百七十七条由新的条款取替,从以规定任何董事不得就批准其联系人(联系人的定义载列于上市规则)拥有重大权益的某些事项的董事会决议进行表决,该董事也不会计入有关董事会会议的法定人数内。

重大事项

1.本公司二零零三年度利润分配预案

本公司 2003 年度按中华人民共和国会计准则编制的净利润为人民币 1,385,556,000 元,按国际会计准则编制之净利润为人民币 1,401,690,000 元，提取 10%法定盈余公积人民币 138,556,000 元，提取 10%法定公益金人民币 138,556,000 元,则可分配利润为人民币 1,108,444,000 元(按国际会计准则为人民币 1,124,578,000 元)。董事会建议派发末期股利每 10 股人民币 0.80 元 (含税)。按照截至 2003 年 12 月 31 日止的总股本 72 亿股,总额共计人民币 5.76 亿元。有关公告刊登于二零零四年三月二十九日《上海证券报》、《中国证券报》、香港《南华早报》和《香港商报》。

2. 重大诉讼、仲裁事项

本集团在二零零三年内无重大诉讼、仲裁事项。

3.收购项目及出售项目

本集团在二零零三年内无重大收购或出售项目。

4.委托理财

本集团在二零零三年内并无委托理财。

5.重大关联交易事项

(1) 本公司已获香港联合交易所有限公司("联交所")确认本公司于 1993 年 7 月 6 日的招股书内描述的有条件豁免,获免本公司遵守《上市规则》有关关联交易须持续披露及须获股东批准的要求,在本公司的前主要股东中国石油化工集团[中石化集团]完成重组后,豁免仍然有效。

中石化集团完成重组后，以前由本公司和中石化集团及其各自之联系人之间在豁免项下进行的关连交易将改为由本公司和中国石油化工股份有限公司及其各自之联系人之间进行。联交所已确认,由于本公司最终的控股股东不变,该等关连交易亦在豁免范围内。

本公司董事会认为本报告期内下列管联交易是在本集团日常业务过程中按一般的普通业务往来及基于普通的商业交易条件或有关交易的协议基础上进行的。

本集团于本报告期内进行的有关关联交易的详情见按中国会计准则及制度编制的本年度会计报表注释 30。

(2)关联债权债务往来

关联方	向关联方提供资金		关联方向上市公司提供资金关联方	
	发生额	余额	发生额	余额
中国国际石油化工联合有限责任公司	42,135,000	46,807,000	13,071,000	13,071,000
其他关联方	109,380,000	118,112,000	22,855,000	37,026,000
合计	151,515,000	164,919,000	35,926,000	50,097,000

(3) 以下为截至二零零三年十二月三十一日止年度的购销商品,提供劳务发生的重大关联交易：

关联方	交易对象	交易金额 人民币千元	占同类交易 金额比例%
销售	中石化销售华东公司	8,145,616	27.55
	其他同级附属公司	2,335,857	7.90
采购	中国国际石油化工联合有限责任公司	12,616,258	63.12
	其他同级附属公司	4,045,099	20.24
安装工程款	中国石油化工集团公司	297,525	70.17

本公司认为向上述关联人士购买产品将确保本集团原料等安全稳定的供应，向上述关联人士的销售将稳定本集团一定的销售渠道和销售额,因而对本集团是有利的,上述交易乃按市场价格定价。本集团向中石化集团支付的安装工程款是严格按照有关合约进行的。上述关联交易对本公司的利润没有不利影响。

6.托管、承包、租赁情况

本集团在二零零三年内无托管、承包、租赁其他公司资产或其他公司托管、承包、租赁本集团资产的事项。

7.核数师

二零零三年度内,毕马威华振会计师事务所仍继续担任本公司之境内核数师,而毕马威会计师事务所则继续担任本公司之国际核数师。

本公司拟于二零零四年本公司周年股东大会建议续聘毕马威华振会计师事务所及毕马威会计师事务所分别为本公司境内和国际核数师。

本公司支付给毕马威会计师事务所及毕马威华振会计师事务所的年度审计费及年限如下,无其他费用。

会计师事务所名称	报酬	连续服务年限
毕马威会计师事务所	48 万美元	11 年
毕马威华振会计师事务所	7 万美元	11 年

毕马威华振会计师事务所注册会计师金乃雯连续服务公司年限 7 年；

毕马威华振会计师事务所注册会计师宋晨阳连续服务公司年限 1 年。

8.重大合同

本集团在二零零三年内无其他重大合同或本公司没有履行其义务的合同。

9.控股股东

中国石油化工股份有限公司("中国石化")为本公司控股股东,其持股比例 55.56%,计 40 亿股。

中国石化是中国和亚洲最大的汽油、柴油、航煤和大部分其他主要石油产品的生产、分销和营销商。中国石化同时是中国最大的石化产品生产商和分销商和中国原油及天然气的第二大勘探、开发和生产商。

10.税率

本公司目前使用的所得税是按 15%的税率(二零零二年:15%)计算,财政部尚未有通知本公司于二零零四年将更改 15%的税率。

11.存款

报告期内,本集团并无委托存款,于二零零三年十二月三十一日,本集團并没有任何定期存款到期而未能收回.

12. 担保

于报告期内本集团为以下公司作出担保： 单位:人民币万元

担保对象名称	发生日期(协议签署日)	担保金额	担保类型	担保期	是否履行完毕	是否为关联方担保(是或否)
上海金地石化有限公司	2003.09.20	2000	银行贷款	1 年	否	是
上海金地石化有限公司	2003.08.28	14000	银行贷款	1 年	否	是
上海金地石化有限公司	2003.11.10	12000	银行贷款	1 年	否	是
上海金地石化有限公司	2003.09.20	12000	银行贷款	1 年	否	是
浙江金甬腈纶有限公司	1997.12.21	6211	银行贷款	7 年	否	是
浙江金甬腈纶有限公司	1997.12.21	480	银行贷款	7 年	否	是
浙江金甬腈纶有限公司	1998.12.21	1480	银行贷款	7 年	否	是
浙江金甬腈纶有限公司	2003.05.21	1000	银行贷款	1 年	否	是
浙江金甬腈纶有限公司	2003.12.05	5000	银行贷款	1 年	否	是
浙江金甬腈纶有限公司	2002.06.18	2450	银行贷款	5 年	否	是
浙江金甬腈纶有限公司	2003.06.02	13000	银行贷款	3 年	否	是
浙江金甬腈纶有限公司	2003.05.19	5000	银行贷款	1 年	否	是
浙江金甬腈纶有限公司	2003.06.18	3000	银行贷款	1 年	否	是
浙江金甬腈纶有限公司	2002.11.28	11000	银行贷款	3 年	否	是
浙江金甬腈纶有限公司	2003.11.19	1450	银行贷款	1 年	否	是
浙江金甬腈纶有限公司	2003.06.19	11959	银行贷款	1 年	否	是
上海金菲石油化工股份有限公司	2002.11.28	6810	银行贷款	2 年	否	是
上海金森事有树脂有限公司	1999.03.24 及 2003.05.17	5,460	银行贷款	5 年	否	是
上海石化岩谷气体开发有限公司	2003.02.14	1,000	银行贷款	3 年	否	是
杭州金山房产综合开发公司	2003.09.29	2,480	银行贷款	1 年	否	是
上海博卡化工有限责任公司	2003.04.30 及 2003.07.04	1,000	银行贷款	1 年	否	是
上海金山宾馆有限公司	2001.12.28 及 2002.06.11	1,325	银行贷款	5 年	否	是
其他	1998.09.21 至 2003.09.25	4,244.8	银行贷款及银行贷款反担保	5 年	否	是
本年度担保发生额合计			90021.0			
担保余额合计			124350.6			
其中:关联担保余额合计			124350.6			
上市公司对控股子公司担保发生额合计			85489.8			
违规担保总额			0			
担保总额占公司按中国会计准则计算的净资产的比例			8%			

为子公司向银行作出的担保,以本公司在这些单位的个别权益为限。

为联营公司和其他非上市公司向银行作出的担保，以本集团及本公司在这些单位的个别权益为限。

本集团对有关担保的状况进行监控,确定其是否可能引致损失,并当能够可靠股及该损失时予以确认。于二零零三年及二零零二年十二月三十一日，本公司估计不须对有关担保支付费用。因此，本集团及本公司并无对有关担保的或有损失计提任何负债。

于 2003 年 12 月 31 日，本集团及本公司为持股 50%以下的关联方及资产负债率超过 70%的被单保对象(主要为控股子公司)提供债务担保之担保金额为人民币 1,094,951,000 元。

13. 信息披露

除已根据中国《证券法》第六十二条，《股票发行与交易管理暂行条例》第 60 条及《公开发行股票公司信息披露实施细则》(试行)第 17 条的规定所例举的重大事件而予以披露的以外，本报告期内本集团无任何重大事件或须予披露的情况发生。

14. 股东承诺事项

本集团或持股 5%以上股东在指定报纸和网站上没有披露过承诺事项。

15. 报告期内公司、公司董事会及董事没有受中国证监会稽查、中国证监会行政处罚、通报批评、证券交易所公开谴责的情形。

承董事会命　陆益平　董事长

上海：二零零四年三月二十六日

七、董事、监事及高级管理人员

陆益平，现年五十八岁，现任本公司董事长。陆先生于一九七四年加入上海石化总厂，历任上海石化总厂腈纶厂副厂长、厂长。一九九四年四月，被任命为本公司负责营销的副总经理，一九九五年六月起任本公司董事，负责投资和工程建设，一九九七年十月出任本公司副董事长兼总经理，一九九九年五月至二○○三年十月出任本公司董事长兼总经理，二○○三年十月任本公司董事长，陆先生有着非常丰富的大型企业管理经验。一九九三年十一月至一九九四年四月陆先生曾担任中国石化上海金山实业公司副总经理。一九六八年至一九七四年期间陆先生在上海色织十六厂工作，有多年组织纤维生产管理的经验。陆先生一九六七年毕业于上海纺织专科学校纺织工程系纺造专业，有高级工程师职称。

许开程，现年四十七岁，现任中国石化集团公司总经理助理、本公司董事。许先生于一九七三年加入上海石化总厂。历任上海石化总厂塑料厂党委副书记、纪委书记、工会主席、党委书记。一九九三年六月任本公司党委副书记、纪委书记、监事会主席，一九九九年五月出任本公司党委书记、监事会主席，一九九九年六月至二○○三年十月任本公司党委书记、副董事长。许先生对党务、思想政治工作、大型企业管理和内部监督及对管理人员和工人培训有相当经验。许先生于一九八七年毕业于上海电视大学党政管理专业。一九九七年取得中欧国际工商学院工商管理硕士学位，有高级经济师职称。

戎光道，现年四十八岁，现任本公司执行董事、总经理。戎先生于一九七三年加入上海石化总厂，历任化工一厂副厂长和乙烯厂副厂长、厂长。一九九四年四月被任命为本公司负责生产、计划的副总经理，一九九五年六月任本公司董事，二○○三年十月被任命为本公司总经理。戎先生有多年大型石油化工企业管理及人力资源开发等方面的经验。戎先生一九八五年毕业于上海石化总厂职工大学自动化仪表专业，一九九七年取得中欧国际工商学院工商管理硕士学位，有高级工程师职称。

冯建平，现年五十岁，现任本公司执行董事、副总经理，负责生产组织、设备管理、安全环保、多种经营工作。冯先生于一九七六年加入上海石化总厂，历任上海石化总厂汽车运输场副场长和场长，销售供应部经理、销售供应公司总经理，本公司副总经济师。一九九六年一月被任命为本公司负责销售的副总经理，一九九六年六月任本公司董事。冯先生具有丰富的经营管理经验。冯先生一九八三年毕业于上海工业大学企业管理专业，一九九八年七月进修完成华东理工大学企业管理专业研究生课程，二○○一年六月进修完成上海社科院产业经济学研究生课程，有高级经济师职称。

蒋宝兴，现年五十九岁，现任本公司执行董事。蒋先生于一九七三年加入上海石化总厂，历任上海石化总厂热电厂党委副书记、党委书记兼副厂长等职。一九九○年七月担任上海石化总厂工会主席。一九九三年六月至二○○三年五月任本公司执行董事、工会主席，二○○三年五月任本公司董事。蒋先生有较丰富的工会工作经验和企业管理经验。蒋先生一九八八年毕业于上海电视大学党政管理专业，有高级专业技术职称。

励伟昌，现年五十岁，现任本公司执行董事、党委副书记。励先生于一九八二年加入上海石化总厂，历任上海石化总厂党委宣传部副部长和部长、上海石化专科学校党委副书记、本公司党委宣传部部长。一九九八年九月任本公司党委副书记，一九九九年六月任公司董事。励先生在激励企业员工发挥工作积极性和开展企业文化建设等方面有着丰富的经验。励先生一九八二年毕业于武汉大学哲学系，取得哲学学士学位，后于一九九五年毕业于上海交通大学思想政治教育专业，取得法学硕士学位，有教授级高级专业技术职称。

刘文龙，现年六十三岁，现任中国石化集团公司总经理助理、总经济师，中国石化股份有限公司总经济师，一九九九年六月任本公司董事。刘先生曾先后担任南京炼油厂设计室主任、对外联络办公室副主任、副总工程师，一九八三年四月，刘先生任金陵石化公司副经理，一九八五年八月任中国石化计财部主任，一九八八年六月任中国石化计划部主任，一九九二年十一月起任中国石化总经济师，并于一九九六年十一月起兼任中国石化和石化集团计划部主任。一九九八年四月起兼任中国石化集团公司发展计划部主任，二○○○年二月起担任现职。刘先生长期从事石油化工企业的管理工作，熟悉石油化工企业的规划、设计和管理，具有丰富的企业规划和投资发展管理经验。刘先生具有硕士研究生学历、教授级高级经济师职称。

张保鉴，现年五十九岁，现任中国石化集团公司副总会计师兼财务计划部主任、中国石化股份有限公司监事、中国石化财务有限责任公司董事长，一九九九年六月任本公司董事。张先生历任岳阳石化总厂财务处副处长、处长、总会计师。一九八九年四月任中国石化财务部总会计师，一九九○年任中国石化总公司财务部副主任，一九九五年十月起任中国石化财务部主任、中国石化财务公司董事长。二○○一年十二月起担任现职。张先生长期从事石化企业及企业集团的财务管理工作，有丰富的财务管理工作经验。张先生具有大学学历、教授级高级会计师职称。

顾传训，现年六十八岁，现任本公司独立董事。顾先生曾在上海天原化工厂、上海石油化工总厂担任过生产技术、经营管理方面的高级职务。一九七八年任上海石油化工总厂生产办公室主任，一九七九年任上海石油化工总厂生产副厂长，一九八三年任厂长。一九八八年被选为上海市副市长，届满卸任，被推荐为由沪、宁、汉、渝四市共同发起成立的长江经济联合发展公司(简称长发集团)董事长。顾先生一九六一年毕业于华东化工学院石化机械专业，有高级工程师职称。

王行愚，现年五十九岁，现任华东理工大学校长和教授，一九九六年六月任本公司独立董事。王先生一九六七年毕业于复旦大学数学系，一九八二年获华东师范大学控制论专业硕士学位，一九八四年获华东化工学院工业自动化专业博士学位。王先生对自动化科学、控制与优化及智能控制素有研究，在国内外有一定的影响，在控制理论方面发表过许多专著论文。

王永寿，现年六十三岁，自本公司成立以来，一直担任中国石化金山实业公司副总经理，并于一九九三年六月任本公司董事。一九九七年任上海金山实业投资发展有限公司总经理，现任上海金山实业投资发展有限公司高级经济顾问。王先生于一九七四年加入上海石化总厂，历任上海石化总厂塑料厂副厂长、厂长，一九九○年任上海石化总厂总经济师。王先生在塑料生产管理方面有丰富经验。

王先生于一九六五年毕业于浙江化工学院有机化学专业，有高级经济师职称。

陈信元，现年三十九岁，现任上海财经大学会计学院院长、教授、博士生导师，二○○○年六月起任本公司独立监事。陈先生一九八五年七月毕业于浙江杭州商学院会计系，进入上海财经大学会计系攻读硕士研究生，此后在上海财经大学会计系任教，并在职攻读会计学博士研究生，于一九九四年六月获得博士学位，一九九八年十二月起担任博士生导师。陈先生曾赴西德进修一年，具有多年的会计学执教经历和研究经历，取得了多项科研成果，对财务会计业务十分熟悉，而且具有丰富的管理经验。

监事简历：

杜重骏，现年四十九岁，现任本公司党委书记、监事会主席。杜先生于一九七四年加入上海石化总厂，历任上海石化总厂腈纶厂党委副书记、党委书记、厂长、上海金阳腈纶厂厂长、党委书记、腈纶事业部经理等职。一九九九年五月任本公司党委副书记、纪委书记，一九九九年六月任本公司监事会主席，二○○三年十月被任命为本公司党委书记。杜先生在大型企业生产、经营管理和内部监督等方面有丰富经验。杜先生一九八六年毕业于华东化工学院工业企业管理专业，一九九九年毕业于上海第二工业大学计算机运用管理专业，具有大学本科学历，有高级经济师职称。

张成华，现年四十八岁，现任本公司纪委副书记、监察室主任。张先生一九七四年加入上海石化总厂，任职于上海石化总厂热电厂及后来的上海石化股份公司热电总厂，曾先后担任该厂党委副书记兼纪委书记、工会主席等职务。张先生在基层企业管理、组织工作和工会工作等方面有丰富的经验。

张先生一九九九年一月毕业于上海市委党校党政管理专业，二○○一年六月进修完成上海社科院产业经济学研究生课程，有工程师职称。

朱为炎，现年五十五岁，现任本公司工会副主席。朱先生一九七七年一月毕业于上海复旦大学物理系低温超导专业，一九九一年七月毕业于上海第二工业大学工业管理专业。朱先生曾担任学校教师，于一九七九年五月加入上海石化总厂，曾先后任职于上海石化总厂研究院、人事处等单位和部门，先后担任基层工会主席和公司宣传部部长等职务。朱先生在工会工作等方面有较丰富经验。朱先生拥有高级政工师职称。

张建军，现年五十二岁，现任中国石油化工集团公司监察局副局长、中国石化股份有限公司监察部副主任，二○○○年六月任本公司外部监事。张女士一九七五年九月加入北京石化总厂，有五年参与催化剂研究的经历，一九八一年一月以后，张女士曾担任燕山石化总公司研究院纪委副书记、副院长兼党委副书记职务，一九九六年七月，张女士担任燕山石化公司纪委副书记兼监察室主任，一九九八年三月，担任该公司研究院党委书记，二○○○年二月任现职。张女士长期在石化企业担任领导职务，具有丰富的领导和管理经验。张女士一九七五年九月毕业于天津大学化工催化专业，具有高级专业技术职称。

吕向阳，现年五十二岁，现任中国石化集团公司审计局副局长、中国石化股份公司审计部副主任，二○○二年六月任本公司外部监事。吕先生一九七○年加入前郭炼油厂，历任前郭炼油厂财务处副处长、处长。一九九二年三月被任命为中国石化总公司审计部生产审计处副处长。一九九三年一月任中国石化华夏审计公司生产审计处处长。一九九五年三月任中国石化华夏审计公司副经理。一九九七年六月出任中国石化总公司审计局副局长。吕先生一九八五年毕业于西安石油学院工业企业会计系，有会计师职称及多年的财务、审计方面的管理经验。

刘向东，现年五十二岁，现任正大国际财务有限公司总裁，二○○○年六月任本公司独立监事。刘先生曾担任银行计划信贷员、信贷科副科长及科长职务，曾担任工商银行上海市分行计划处副处长、处长职务，一九九六年八月起，刘先生担任中国工商银行上海市分行总经济师兼计划处处长职务，一九九七年十月起担任中国工商银行上海市分行副行长，二○○二年起任现职。刘先生长期从事银行业务，具有丰富的实践经验和管理经验。刘先生是经济学硕士，具有高级经济师职称。

周耘农，现年六十二岁，原上海市金山区区长，上海市化学工业区领导小组成员。现任上海金山实业投资发展有限公司高级顾问。周先生一九六四年八月毕业于华东师范大学无线电专业，于一九七二年十月加入上海石化总厂，一九八四年十一月担任上海石化总厂副厂长，一九八九年六月至一九九一年八月，调任中国石化总公司担任人事部副主任，一九九一年八月调回上海石化总厂任党委副书记，一九九二年三月任上海石化总厂副厂长。一九九三年七月至一九九四年四月担任本公司副总经理，负责行政和人事方面的工作，一九九四年四月被任命为中国石化上海金山实业公司党委书记，一九九七年五月至一九九九年十一月任上海市金山区区长。周先生具有高级工程师职称，在企业管理等方面有丰富的经验。

高级管理人员简历

张志良，现年五十岁，现任本公司副总经理。张先生于一九七七年加入上海石化总厂，历任上海石化化工一厂副厂长、厂长和炼油化工部副经理、经理等职。一九九七年四月被任命为本公司副总经理，二○○九六年六月至二○○三年十月任本公司董事。张先生有多年组织指挥大型石油化工生产和石油化工工程建设的管理经验。张先生一九七七年毕业于复旦大学高分子化学专业，二○○一年六月进修完成上海社科院产业经济学研究生课程，有高级工程师职称。

吴海君，现年四十一岁，现任本公司副总经理，负责发展规划、投资项目、工程建设、科技开发、技术进步、信息管理工作。吴先生于一九八四年加入上海石化总厂，历任本公司化工二厂副厂长、厂长、化工事业部经理，一九九九年五月被任命为本公司副总经理。吴先生一九八四年毕业于华东化工学院化学工程系，一九九七年取得中欧国际工商学院工商管理硕士学位，有高级工程师职称。

殷济海，现年四十六岁，现任本公司副总经理，负责经营、对外合资合作和对外贸易工作。殷先生于一九八四年加入上海石化总厂，历任本公司销售供应公司总经理助理、副总经理、常务副总经理、总经理等职务，一九九九年兼任本公司市场部主任。殷先生于二○○一年十二月被任命为本公司副总经理。殷先生一九八四年毕业于上海财经大学贸易经济专业，大学学历，工程学士学位。二○○一年取得中欧国际工商管理学院硕士学位。

韩志浩，现年五十二岁，现任本公司财务总监，负责财务管理和投融资工作。韩先生于一九七六年加入上海石化总厂，历任上海石化总厂汽车运输场副场长，总厂财务处副处长、处长，本公司财务部主任、副总会计师等职，一九九八年被任命为本公司总会计师，二○○三年十月改任本公司财务总监。上海财经大学财会专业(自学考试)大专毕业。二○○二年获得华东理工大学-澳大利亚堪培拉大学工商管理硕士学位，有高级会计师职称。

史伟，现年四十四岁，现任本公司副总经理。史先生于一九八二年加入上海石油化工总厂，一九九六年五月任炼油化工部经理助理，一九九七年十月任炼油化工部副经理，一九九九年三月任公司环保部经理，二○○一年四月任炼油化工部党委书记，二○○二年七月任炼油化工部经理，二○○三年十月任本公司副总经理。史先生具有从事大型企业管理方面的工作经历和组织指挥大型石油化工企业生产管理的经验。史先生一九八二年毕业于华东化工学院石油炼制工程专业，一九九八年进修完成华东理工大学企业管理专业研究生课程，有高级工程师职称。

张经明，现年四十六岁，现任本公司董事会秘书兼董事会秘书室主任和战略研究室主任。张先生于一九七八年加入上海石化总厂，曾先后任本公司国际部项目经理、驻香港代表、国际部副主任等职。张先生精通石油化工工程技术翻译，先后参加过上海石化总厂二期、三期工程的技术交流、合同谈判、工程建设和技术培训等项工作。具有较丰富的对外交流、企业推介的经验。张先生一九九五年七月获得英国赫尔大学工商管理硕士学位，具有高级经济师职称。

八、备查文件

一、载有法定代表、总会计师、会计机构负责人签名并盖章的财务报表。

二、载有会计师事务所注册会计师签名的审计报告原件。

三、报告期内在中国证监会指定报纸上公开披露过的所有公司文件的正本及公告的原稿。

上海海博股份有限公司

上海海博股份有限公司2003年年度报告

重要提示

本公司董事会及其董事保证本报告所载资料不存在任何虚假记载、误导性陈述或者重大遗漏,并对其内容的真实性、准确性和完整性承担个别及连带责任。

上海立信长江会计师事务所有限公司为本公司出具了标准无保留意见的审计报告。

本公司副董事长、总裁陈忠信、财务会计机构负责人乔一平保证本年度报告中财务会计报告的真实、完整。

一、公司基本情况简介

(一)公司法定名称:
中文:上海海博股份有限公司
英文:SHANGHAI HAIBO CO.,LTD.
英文缩写:SHB
(二)公司法定代表人:叶观年
公司副董事长、总裁:陈忠信
(三)公司董事会秘书:熊波
联系地址:上海市定西路1016号银统北楼11楼
电话:021-52551620
传真:021-62526043
电子信箱:xiongbo-sh@sohu.com
证券事务代表:沈滨
联系地址:上海市定西路1016号银统北楼11楼
电话:021-62526024*123
传真:021-62526043
电子信箱:shenbin7198@yahoo.com.cn
(四)公司注册地址:上海浦东北艾路1638号
公司办公地址:上海市定西路1016号银统北楼11楼
邮政编码:200050
公司国际互联网网址:http://www.hb600708.com
(五)公司选定的信息披露报纸名称:<<上海证券报>>
登载公司年度报告的中国证监会指定互连网网址:http://www.sse.com.cn
公司年度报告备置地点:本公司董事会秘书办公室
(六)公司股票上市交易所:上海证券交易所
股票简称:海博股份
股票代码:600708
(七)其他有关资料:
公司首次注册登记日期:1993年5月7日
注册地址:上海杨高路555号
企业法人营业执照注册号:3100001001541
税务登记号码:310225132209965
公司聘请的会计师事务所:上海立信长江会计师事务所有限公司
会计师事务所办公地址:上海市南京东路61号

二、会计数据和业务数据摘要

(一)本年度主要利润指标情况(单位:人民币元)

利润总额:	131,795,307.95元
净利润:	100,296,054.02元
扣除非经常性损益后的净利润:	83,589,652.92元
主营业务利润:	217,473,074.42元
其他业务利润:	4,324,806.00元
营业利润:	99,964,175.24元
投资收益:	14,940,547.21元
补贴收入:	12,143,513.95元
营业外收支净额:	4,747,071.55元
经营活动产生的现金流量净额:	193,032,444.22元
现金及现金等价物净增加额:	43,889,000.05元
注:扣除的非经常性损益项目和金额:	16,706,401.10元
1、补贴收入:	9,031,427.48元
2、短期投资损益:	14,140.04元
3、委托投资损益:	63,628.13元
4、处置长期股权投资等产生损益:	1,049,074.02元
5、以前年度已计提各项减值准备的转回:	3,411,593.53元
6、营业外收入、支出:	1,049,074.02元
7、所得税影响金额:	-2,067,665.63元
8、少数股东损益影响的金额:	-2,454,469.30元

(二)公司近三年主要会计数据和财务指标:

项目	2003年度	2002年度	2001年度
主营业务收入(元)	590,918,263.51	514,728,325.73	199,367,850.48
净利润(元)	100,296,054.02	47,646,489.66	30,189,794.97
总资产(元)	1,555,915,557.53	1,296,278,054.08	1,241,634,669.59
股东权益(不含少数股东权益)(元)	512,869,911.01	405,311,265.33	366,012,492.93
每股收益(元/股)	0.4215	0.2003	0.1269
每股净资产(元/股)	2.1555	1.7035	1.538
调整后每股净资产(元/股)	2.1244	1.5727	1.3692
净资产收益率(%)	19.56	11.36	8.25
扣除非经常性损益后的净利润加权平均净资产收益率(%)	16.30	13.88	-2.19
每股经营活动产生现金流量净额	0.8113	0.9572	0.2844

(三)报告期内股东权益变动情况:

(单位:人民币元)

项目	股本	资本公积	盈余公积
期初数	237,934,848	98,520,785.69	56,605,716.17
本期增加	0	7,616,969.14	38,550,445.83
本期减少	0	0	0
期末数	237,934,848	106,137,754.83	95,156,162.00
变动原因	----	被投资单位增加	本年计提

项目	法定公益金	未分配利润	股东权益合计
期初数	19,911,032.05	12,249,915.47	405,311,265.33
本期增加	12,767,460.51	61,391,230.71	107,558,645.68
本期减少	0	0	0
期末数	32,678,492.56	73,641,146.18	512,869,911.01
变动原因	本年计提	本年收益增加	本年收益增加

三、股本变动及股东情况

(一)股本变动情况表

(单位:股)

股份类型	本次变动前	本期增减(+、-)						本次变动后
		配股	送股	公积金转股	增发	新股发行	小计	
一、未上市流通股份								
1、发起人股份								
其中:								
国家拥有股份	105262848							105262848
境内法人持有股份	3840000							3840000
外资法人持有股份								
其他								
2、募集法人股	42240000							42240000
3、内部职工股								
4、优先股或其他								
未上市流通股份合计	151342848							151342848
二、已流通股份								
1、人民币普通股	86592000							86592000
2、境内上市的外资股								
3、境外上市的外资股								
4、其他								
已上市流通股份合计	86592000							86592000
三、股份总数	237934848							237934848

(二)股票发行与上市情况

1. 本公司于1996年5月23日向社会公开发行3250万股普通股A股,(其中含540万股内部职工股占上市额度),发行价格为每股人民币2.8元,于1996年6月6日在上海证券交易所挂牌上市。

2.报告期内本公司未派送红股、转增股本、配股和发新股。

3.本公司现无内部职工股。

(三)股东情况介绍

1.截止报告期末,本公司股东总户数为25345户。

2.报告期末前十名股东持股情况(截止2003年12月31日):

股东名称	年度内增减(股)	年末持股数(股)	所占比例(%)	流通情况	股份状态	股份性质
上海农工商(集团)总公司	0	70262848	29.53	未流通	未质押或冻结	国家股
中国长城资产管理公司	0	34200000	14.37	未流通	未质押或冻结	说明4
中国华融资产管理公司	0	20000000	8.41	未流通	未质押或冻结	国家股
福建省闽发证券有限公司	4855279	7023867	2.95	已流通	不详	流通股
上海金鸿实业总公司	0	4627200	1.94	未流通	不详	法人股
珠海申光电子股份有限公司	0	3840000	1.61	未流通	不详	法人股
国信证券有限责任公司	1479408	1479408	0.62	已流通	不详	流通股
闵行联合发展有限公司	0	960000	0.40	未流通	不详	法人股
南汇县信用合作社联社	0	960000	0.40	未流通	不详	法人股
上海贵师电子有限公司	0	576000	0.24	未流通	不详	法人股
上海汽车工业开发发展公司	0	576000	0.24	未流通	不详	法人股
上海汽车工业房产开发公司	0	576000	0.24	未流通	不详	法人股
天津谷丰投资咨询有限公司	0	576000	0.24	未流通	不详	法人股
东方明珠股份有限公司	0	576000	0.24	未流通	不详	法人股

3.第一大股东上海市农工商(集团)总公司与其他股东间不存在关联关系。上海市农工商(集团)总公司与其他股东不属于《上市公司持股变动信息披露管理办法》中规定的一致行动人,未知其他股东间是否存在关联关系,也未知其他股东间是否属于《上市公司持股变动信息披露管理办法》中规定的一致行动人。

4.持有本公司5%以上股份的股东有上海市农工商(集团)总公司、中国长城资产管理公司和中国华融资产管理公司。其中,上海市农工商(集团)总公司代表国家持有股份70262848股,持股比例29.53%。中国长城资产管理公司持有法人股19200000股及国家股15000000股,持股比例为14.37%。中国华融资产管理公司持有国家股20000000股,持股比例为8.41%。

5.上海市农工商(集团)总公司作为国家股的持有人,持股数70262848股,占控股地位。其基本情况是:该公司成立于1995年5月,注册资金:124.016亿元,注册地:华山路263弄7号,法定代表人:王伟,经济性质:国有企业(非公司法人),企业组织形式:大型集团公司,历史沿革:于1995年5月,由上海市农场管理局改制而成。经营范围:国有资产的经营与管理,实业投资,居民服务,农、林、牧、渔、水利及服务业,国内商业批发零售,产权经纪。

中国长城资产管理公司持股数34200000股,持股比例14.37%,是公司第二大股东。其基本情况是:于1999年10月18日在北京正式成立。是经中国政府批准成立的,具有独立法人资格的国有独资金融企业,公司注册资本金100亿元人民币,由中华人民共和国财政部全额拨入。法定代表人:汪兴莹。经营范围:收购并经营中国农业银行剥离的不良资产;债务追偿,资产置换、租赁、转让与销售;债务重组及企业重组;债权转股权及阶段性持股,资产证券化;资产管理范围内的上市推荐及股票、债券承销;直接投资;发行债券、商业借款;向金融机构借款和向中央银行申请再贷款;投资、财务及法律咨询与顾问;资产与项目评估;企业审计与破产清算;经金融监管部门批准的其他业务。

6.公司前十名流通股股东情况

股东名称(全称)	年末持有流通股的数量	种类(A、B、H股或其它)
福建省闽发证券有限公司	7023867股	A股
国信证券有限责任公司	1479408股	A股
上海彩虹房地产实业公司	530631股	A股
崔　平	411640股	A股
张汉章	403500股	A股
陈玉英	352100股	A股
丁小星	347203股	A股
上海飘鹰大酒店	303470股	A股
郭丽丽	268654股	A股
李淑君	244100股	A股

前十名流通股股东关联关系的说明:未知前十名流通股股东间是否存在关联关系,也未知是否属于《上市公司持股变动信息披露管理办法》中规定的一致行动人。

四、董事、监事、高级管理人员和员工情况

(一)现任公司董事、监事和高级管理人员情况

1.基本情况

姓　名	性别	年龄	职务	任期	年初持股数	年末持股数
叶观年	男	54	董事长	2003.03-2004.01	0	0
陈忠信	男	58	副董事长、总裁	2003.03-2006.02	2000股	2000股
杜永杰	男	53	副董事长	2003.03-2006.02	0	0
王春喜	男	55	董事	2003.03-2006.02	0	0
曹　付	男	37	董事	2003.03-2006.02	0	0
陈若青	男	53	董事	2003.03-2006.02	0	0
戚亦夫	男	49	董事	2003.03-2006.02	0	0
顾肖荣	男	56	独立董事	2003.03-2006.02	0	0
潘　飞	男	48	独立董事	2003.03-2006.02	0	0
曾德顺	男	56	独立董事	2003.05-2006.02	0	0
梁福珠	女	59	监事长	2003.03-2006.02	0	0
周丽霞	女	47	监事	2003.03-2006.02	0	0
严松范	男	56	监事	2003.03-2006.02	0	0
王经昆	男	54	副总裁	2003.03-2006.02	0	0
汤玉萍	女	46	副总裁	2003.03-2006.02	0	0
熊　波	男	33	董事会秘书	2003.03-2006.02	0	0

董事、监事在股东单位任职情况:

梁福珠监事长在本公司控股股东上海市农工商(集团)总公司任纪委书记、审计监察部经理。

杜永杰副董事长在中国长城资产管理公司上海办事处任副总经理,任职期间为2000年4月至今。

曹付董事在中国长城资产管理公司任投资银行部处长,任职期间为1999年11月至今。

陈若青董事在中国华融资产管理公司上海办事处任总经理,任职期间为2004年1月至今。

戚亦夫董事在上海广电电子股份有限公司任人力资源部经理,任职期间为1999年3月至今。

严松范监事在中国长城资产管理公司上海办事处任债权管理部副处长,任职期间为2000年3月至今。

2.年度报酬情况

在本公司领取薪酬的董事、监事、高级管理人员依据其担任的职务,按公司有关工资制度并经公司总裁办公会议审议通过获得劳动报酬,享受相应员工福利。公司独立董事按照股东大会决议享有独立董事津贴,公司不再额外提供其他报酬和福利待遇。

公司现任董事、监事及高级管理人员共有16人,在公司领取报酬的有6人,其中10万元以上的5人,8-10万元的1人。

在公司领取报酬的现任董事、监事、高级管理人员的报酬总额为124万元,在公司领取报酬的现任董事2名,报酬总额为48万元,金额最高的前三名高级管理人员的报酬总额为56万元。公司三位独立董事在报告期内津贴每人为20000元人民币。

未在公司领取报酬的人员:叶观年、杜永杰、曹付、陈若青、戚亦夫、梁福珠、严松范。

3.报告期内,2003年3月28日公司2003年度第一次临时股东大会通过了董事会、监事会换届选举,原董事曹庶清先生、陆重耳先生、监事梁瑞女士退出董、监事会,新选举赵才标先生、高永敏先生为新一届董事、严松范先生为新一届监事。2003年3月28日公司四届一次董事会选举叶观年先生为公司董事长,选举陈忠信先生、杜永杰先生为公司副董事长;聘任陈忠信先生为公司总裁,聘任王经昆先生、汤玉萍女士为公司副总裁,聘任熊波先生为公司董事会秘书。2003年5月15日公司2002年度股东大会选举曾德顺先生为本公司独立董事。

2004年1月18日公司四届十次董事会审议同意原公司董事长叶观年先生辞去董事、董事长职务的申请,并决定由副董事长、总裁陈忠信先生暂时履行董事长职权,直至新任董事长推选产生。

(二)公司员工情况

截至报告期末,本公司员工为8734人(其他从业人员3591人),其中:行政人员379人,财务人员31人,技术人员515人,生产人员4218人。上述人员中,具有大专以上文化程度的员工有110人。公司无需承担离退休职工的费用。

五、公司治理结构

1.公司治理结构完善情况

公司严格按照《公司法》、《证券法》、《上海证券交易所股票上市规则》和中国证监会等有关规定,不断完善公司法人治理结构、建立现代企业制度,规范公司运作。公司制订了《公司章程》、《股东大会议事规则》、《董事会议事规则》、《监事会议事规则》、《总裁工作细则》和《投资者关系管理制度》等一系列治理规则和管理制度,符合有关法律、法规的要求。报告期内,公司董事、监事和高级管理人员加强了上市公司治理的相关法规、文件的学习,增强了管理层的自我约束,勤勉尽责,切实维护全体股东的利益。

2.独立董事履行职责的情况

公司于2003年5月15日召开的2002年度股东大会中增选了一名独立董事,使公司独立董事人数达到三名。公司独立董事按照中国证监会《关于在上市公司建立独立董事制度的指导意见》和《公司章程》的要求,本着对全体股东负责的态度和谨慎、认真、勤勉的原则,充分行使国家法律规定和《公司章程》规定的权力和义务,独立履行职责,参与重大决策,充分发挥独立董事作用,对公司战略发展、对外投资等重要事项发表了客观、公正的意见,对公司关联交易事项发表了独立意见,对董事会的科学决策、规范运作以及公司发展都起到了积极作用,切实地维护了广大中小股东的利益。

3.公司与控股股东"五分开"情况

我公司已做到与控股股东在业务、人员、资产、机构、财务上完全分开,各自独立。

(1)在业务方面,本公司业务独立于控股股东,自主经营,业务结构完整。

(2)在人员方面,本公司在劳动、人事及工资管理等方面实行独立,总裁、副总裁、董事会秘书等高级管理人员均在本公司领取薪酬,未在控股股东单位领取报酬、担任重要职务。

(3)在资产方面,本公司拥有独立的经营财产,具有独立完整的自主经营能力。

(4)在机构方面,本公司建立了健全的组织机构体系,董事会、监事会等内部机构独立运作,不存在与控股股东职能部门之间的从属关系。各职能部门在总裁的领导下根据部门的职责独立开展工作。

(5)在财务方面,公司设有独立的财会部门,并建立了独立的会计核算体系和财务管理制度,公司单独在银行开设账户,独立按章纳税,具有规范独立的财务会计制度和对分公司、控股子公司的财务管理制度。

4.考评和激励机制的实施情况

公司高级管理人员向董事会负责,由董事会实施考核评价。董事会根据年度财务预算、生产经营指标、管理目标的实现情况对高级管理人员进行绩效考核,与收入分配挂钩。

六、董事会报告

(一)公司经营情况

1.公司主营业务范围及经营状况

2003年,虽然经历了"非典"与原材料价格上涨等困难的考验,在公司董事会的正确领导下,在公司经营管理层带领下,按照年初制订的工作计划,通过全体员工的共同努力,公司不但创造了历史上的最佳业绩,而且还在各个领域取得了重大突破。报告期内实现销售收入59091.83万元,同比增长14.80%;实现净利润10,029.61万元,同比增长110.50%。出租汽车公司在车源日趋紧张、车牌待价而沽、多方竞争收购的市场环境下,通过多渠道、多领域猎取信息,锲而不舍地努力工作,成功实施托管、兼并、收购,使出租车总数上升到3300多辆。出租汽车公司的相关产业也实现了对外经营的新突破。资产经营公司大力实施技术改造,"思乐得"水胀型冲压工艺改造项目竣工投产,减少了资金占用率,缩短了产品加工周期,降低了模具使用成本,使企业具备了接大单、大批量生产的能力。"思乐得"公司在新品开发上取得了长足的进步,全年开发新品42个,形成销售的22个,新增效益200多万元。现代物流也有了良好的起步,目前拥有营运车辆近百台。

(1)报告期内公司主营业务收入、主营业务利润的构成情况:

行业	主营业务收入	主营业务利润
工业	18408.19万元	3449.49万元
农业	1172.93万元	50.29万元
运输业	39926.21万元	19182.22万元
商业	540.92万元	9.07万元
合并抵消数	2735.09万元	
合计	59091.83万元	22911.89万元

(2)生产经营的主要产品或提供服务及其市场占有率情况(占主营业务收入、主营业务利润10%以上产品):

主要商品	销售收入	销售成本
不锈钢保温制品	11014.55万元	9042.83万元
出租汽车服务	44229.63万元	24165.10万元

(3)目前,公司正形成"都市服务业、外贸型都市工业、现代物流业"三足鼎立的产业格局,出租汽车服务业仍是公司的主要利润来源。

2.主要控股公司及参股公司的经营情况和业绩:(单位:万元)

公司名称	业务性质	主要产品或服务	注册资本	资产规模
上海市农工商出租汽车有限公司	运输业	出租汽车	10482	56386
上海思乐得不锈钢制品有限公司	制造业	不锈钢制品	380万美元	8566
上海草原不锈钢制品有限公司	制造业	不锈钢制品	1200	1593
上海东方制药有限公司	医药	各类医药制剂	1776	4480
上海东海乳品公司	农业	乳制品	277	2667
上海海博物流投资有限公司	物流	物流企业投资及管理	5000	5189
上海海博投资有限公司	管理	投资管理	10918	14413
上海市牛奶(集团)公司	农业	乳制品	50280	--
上海轮胎橡胶集团股份有限公司东海橡胶厂	化工	轮胎	1468	11517
上海美优制药有限公司	医药	各类医药制剂	6480	13953
上海东灵精细化工有限公司	化工	医用药软皂	258	255

3.要供应商、客户情况:

公司向前五名客户销售额合计为7055.80万元,占公司全部主营业务收入的11.94%。

4.在经营中出现的问题与困难及解决方案：

2003 年由于上半年受"非典"疫情的冲击和国际战事对产品出口带来的不利影响，以及下半年原材料的普遍上涨，对出租汽车和不锈钢制品的主营业务收入提高都带来了困难，同时公司还增加了消毒防护和员工补贴等方面的支出，导致生产成本提高。面对上述情况，公司通过一手抓出租汽车扩容收购力度，同时积极发展与出租汽车相关的产业，实现了对外经营的新突破；一手抓工业企业内部管理、降本增效、改造传统工艺、加大新品开发力度，实现规模效应，拓展对外销售的新渠道。保证了公司经济效益快速稳定的增长。

5.报告期内，公司未做盈利预测。报告期内公司实现净利润 10029.61 万元，较上年同期增长 110.50%，公司已在 2004 年 1 月 5 日做过业绩大幅增长的提示性公告。

(二)公司投资情况

1.报告期内公司无募集资金，也无募集资金的使用情况。

2.报告期内非募集资金投资的项目。

(1)公司四届董事会第三次会议审议通过，成立经营物流企业投资及管理业务的上海海博物流投资有限公司，注册资本为 5000 万元，由公司和控股子公司上海市农工商出租汽车有限公司各出资 2500 万元，各占 50%股份。

(2)公司四届董事会第六次会议审议通过，成立经营对外投资、控股与参股业务的上海海博投资有限公司，注册资本为 10918.58 万元，由公司和控股子公司上海市农工商出租汽车有限公司各出资 8734.86 万元和 2183.72 万元，各占 80%和 20%的股份。

(3)公司四届董事会第七次会议审议通过，将公司全资子公司上海草原金属制品公司与上海三和不锈钢制品有限公司合并成立上海草原不锈钢制品有限公司，合并后注册资本为 1138 万元，由公司和控股子公司上海海博投资有限公司各出资 1030.1 万元和 107.9 万元，各占 90.52%和 9.48%股份。

(4)公司四届董事会第七次会议审议通过，将控股子公司上海宾士不锈钢制品有限公司吸收合并入上海思乐得不锈钢制品有限公司，合并后注册资本为 380 万美元，由公司和吕水同先生各出资 266 万美元和 114 万美元，各占 70%和 30%的股份。

(5)公司四届董事会第九次会议审议通过，公司以 5600 万元价格受让上海电度表厂有限公司所拥有的宜山路 829 号宗地的土地使用权(13847 平方米)和房产所有权(房屋 9 幢建筑面积 16293 平方米)。

(三)公司财务状况(万元)

指标名称	2003 年度	2002 年度	增减额
总资产	155592	129628	25964
股东权益	51287	40531	10756
主营业务利润	21747	17709	4038
净利润	10030	4765	5265
现金及现金等价物净增加额	4389	-2345	6734

注:(1)总资产增加原因：公司收购出租汽车，资产规模扩大及增加利润。

(2)股东权益增加原因：利润增加。

(3)主营业务利润增加原因：公司采取收购、托管等方式扩大了出租汽车营运规模。

(4)净利润上升原因：主营业务利润的增加，同时严格控制成本。

(5)现金及现金等价物净增加额增加原因：银行存款增加。

(四)新年度的经营计划、经营目标及措施

2004 年是很关键、很重要的一年，是公司实现新三年发展规划的第二年。公司将大力发展以农工商出租汽车有限公司为主体的都市服务业，以思乐得公司为代表的都市型工业和外贸，以海博物流为主体的都市物流业，形成公司主营业务"三足鼎立"的格局。并在今后的两年里以更快、更稳、更高效的发展，做强做大这三大业态，在稳步中求发展，在发展中求壮大，把海博股份建成企业业绩稳定优良、企业管理规范有效、企业文化积极向上、员工生活直奔小康的绩优上市公司。具体措施如下：

1、出租汽车公司继续拓展规模，同时在年内交通安全资信等级评定中要达到 A 级标准。加大力度拓展出租汽车相关产业，汽车租赁公司要继续发展中高档大客车、轿车及豪华大客车，不断扩大汽车租赁市场的份额；"四位一体"的项目已完成前期准备工作，要尽快上马实施；汽车销售公司的对外经营要在去年点的突破上迅速扩大面的收获。出租汽车向外省市延伸的工作要付诸实施，争取在做强做大本市出租业的同时，也要在外地扩大影响，开辟新的经济增长点。

2、"思乐得"公司要脱胎换骨、重振雄风，在技术改造上要有大动作，完善水胀型工艺，实施无尾真空工艺，使生产规模不断扩大，产品档次跃上新台阶。新品开发要从去年 42 个的基础上翻一番，努力使"中国制造"逐渐过渡到"中国创造"。把目标咬定在领先于行业的基点上，把目光盯在抢占市场份额上。坚决走科技兴企的道路，以内部整合促进生产，以整体改造加快发展，以科学管理降低成本提高竞争能力。把发展产品外延和转口贸易作为企业拓展的突破口。

3、海博物流要初具规模。今年要在去年物流公司的基础，要逐步形成运输、仓储、货代和配送一条龙的物流框架，车种上要逐步向平板、集卡、搬场和货的等多种车型方向发展。同时积极寻找机会发展国际货运代理，拓展特种船运等，努力使海博物流成为知名品牌，形成规模效应。

4、新加盟海博股份的企业要优势延伸。对于已经或将要加盟海博股份的具有良好发展态势企业，要扬其所长，提高其产品质量、扩大其生产规模、拓展其经营渠道，创造效益的最大值，以及为其创造良好的发展氛围和环境，在机制上努力实现投资多元化，积极创造条件推进经营者持股，实现企业优势延伸。

5.资产、资本运作见成效。在积极兼并优质资产的同时整合公司内部资产，把不符合公司产业发展、赢利能力不强的企业整合出去，集中有限资金、人才，突出优势资产，使其继续保持良好的赢利能力；重点扶持有未来发展潜力的产业，使其形成公司新的利润增长点。

6.企业文化建设积极向上。本着"尊重人、关心人、激励人"的精神，把实现企业发展和提高干部员工素质结合起来，把人性化服务与严格管理结合起来，努力构筑管理者全心全意谋求员工利益，员工尽心尽力为企业作贡献的良好氛围。

(六)董事会日常工作情况

1、报告期内董事会的会议情况及决议内容

报告期内，公司董事会共召开了 14 次会议：

A.上海东海股份有限公司第三届董事会第十八次会议于 2003 年 1 月 27 日在公司本部会议室召开。会议应到董事 11 人，实到 11 人，会议合法有效。会议审议并通过了以下事项：

一、汇报"公司实施重大资产置换暨关联交易"材料申报的进展过程。

二、审议确定"公司总经理 2002 年度薪酬"。

本次会议决议按规定未作披露。

B.上海东海股份有限公司第三届董事会第十九次会议于 2003 年 2 月 24 日以通讯表决方式召开，符合《公司法》和《公司章程》的有关规定，所作决议合法有效。公司全部 11 名董事一致审议通过了以下议案：

一、审议通过了关于"变更公司名称"的议案。

将公司名称上海东海股份有限公司更名为上海海博股份有限公司，简称海博股份。

二、审议通过了关于"修改公司章程"的议案。

公司董事会决定对《公司章程》中的部分章节进行修正。原《章程》条款中"总经理"均以"总裁"替换，"副总经理"均以"副总裁"替换；原《章程》条款中"上海东海股份有限公司"中文名称均以"上海海博股份有限公司"中文名称替换，英语名称均以 Shanghai Haibo co.,Ltd 替换，简称均以"海博股份"替换。

三、审议通过了关于"公司董事会换届选举"的议案。

公司第三届董事会以认真、负责的态度，依法履行其职权，现已期满三年。按照国家有关法规及《公司章程》的规定，公司董事会进行换届选举。公司第四届董事会的候选人名单见附件 2。

四、审议通过了关于"投资组建上海东海种植有限公司"的议案。

按照公司中长期的发展战略和目标，凸现主业，大力发展相关产业，成为公司做强做大的必然选择。为盘活和优化本次资产重组中注入的土地资源，充分发挥其作用和效能，谋求利润最大化，经公司董事会研究决定，将与控股子公司上海市农工商出租汽车有限公司共同投资组建"上海东海种植有限公司"。经营性质：国内合资的有限责任公司；经营范围：种植、销售粮食、蔬菜、饲料、花卉、林木、中草药、经济类作物；投资总额：壹亿零玖佰壹拾捌万伍仟捌佰元整；注册资本：壹亿零玖佰壹拾捌万伍仟捌佰元整；出资方式：上海东海股份有限公司以座落在上海东海农场 12 街坊 7/7 丘(面积 982672 平方米、约 1474 亩)的土地使用权无形资产投入。土地按上海市资产评审中心确认的价格 9,826.72 万元计算，共计投资 9,826.72 万元，占注册资本 90%；上海市农工商出租汽车有限公司以货币资金投入 1,091.86 万元，占注册资本 10%。(土地使用权的评估结果详情情况见 2002 年 10 月 30 日刊登于上海证券报的公司第三届董事会第十七次会议决议公告及公司重大资产置换暨关联交易公告。)

五、审议通过了关于"对上海东海乳品公司进行追加投资"的议案。决定对全资子公司上海东海乳品公司进行追加投资。经营范围：乳制品、冰淇淋、含乳饮料、奶牛养殖；原投资总额：贰佰柒拾陆万伍仟元整；注册资本：贰佰柒拾陆万伍仟元整。追加投资方式：以座落在上海东海农场 7 街坊 6/2 丘(面积 372669 平方米、约 559 亩)的土地使用权无形资产投入。土地按上海市资产评审中心确认的价格 3,726.69 万元计算，现共计投资肆仟零三万壹仟玖佰元整。(土地使用权的评估结果详情情况见 2002 年 10 月 30 日刊登于上海证券报的公司第三届董事会第十七次会议决议公告及公司重大资产置换暨关联交易公告。)

六、审议通过了关于"召开上海东海股份有限公司 2003 年度第一次临时股东大会"的议案。详见"关于召开公司 2003 年度第一次临时股东大会通知"以上第一、二、三项议案提交 2003 年度第一次临时股东大会审议。本次会议决议公告刊登于 2003 年 2 月 26 日的《上海证券报》。

C.上海东海股份有限公司第四届董事会第一次会议于 2003 年 3 月 28 日在东海农场境内会议室召开，会议应到董事 11 人，实到 10 人，赵才标董事因工作关系请假未能出席会议，符合《公司法》及《公司章程》的有关规定，会议合法有效。会议讨论并通过了如下议案：

一、会议选举叶观年先生为公司四届董事会董事长；选举陈忠信先生、杜永杰先生为公司四届董事会副董事长；

二、董事会决定续聘陈忠信先生为公司总裁；由总裁提名，续聘王经昆先生、汤玉萍女士为副总裁；

三、董事会决定聘请熊波先生为公司董事会秘书。

本次会议决议公告刊登于 2003 年 3 月 29 日的《上海证券报》。

D.上海东海股份有限公司第四届董事会第二次会议于 2003 年 4 月 11 日下午在公司本部会议室召开。会议应到董事 11 人，实到 11 人，符合《公司法》及《公司章程》的有关规定，会议合法有效。会议审议并通过了以下事项：

一、《公司 2002 年年度报告及年报摘要》

二、《公司 2002 年度董事会工作报告》

三、《公司 2002 年度财务决算报告》

四、《公司 2002 年年度利润分配预案》

公司 2002 年度共实现净利润 47,646,489.66 元，加年初未分配利润-111,621,420.29 元，加资本公积弥补亏损 101,779,869.43 元，可供分配利润为 37,804,938.80 元，提取法定盈余公积 16,957,968.32 元，提取法定公益金 8,230,485.53 元，减职工奖福基金 393,569.48 元，可供分配利润为 12,249,915.47 元，本年度末分配利润为 12,249,915.47 元。

鉴于公司现状，董事会决定：除将 2002 年度实现的净利润弥补以往年度亏损外，2002 年度不向股东分配股利也不进行资本公积金转增股本。

五、关于《续聘上海立信会计师事务所有限公司及支付 2002 年度审计报酬》的议案公司聘请上海立信长江会计师事务所有限公司为本公司进行会计报表的审计。2002 年度本公司进行审计的内容和费用情况如下表所示，本公司不承担审计中的差旅费。本报告期结束时，2002 年度年度财务报告审计费用 50 万元尚未支付。除此之外无其他财务咨询费用。

审计内容	审计费用	是否已付	备注
2002 年度会计报表审计	50 万元	否	
盈利预测审核报告	10 万元	是	资产置换专项审计

2002 年度财务报告审计费用在上海立信长江会计师事务所有限公司出具正式审计报告后支付。

公司将续聘上海立信长江会计师事务所有限公司为公司 2003 年度会计报表的审计机构。

六、关于《支付独立董事年度津贴》的议案

根据中国证监会《关于在上市公司建立独立董事制度的指导意见》的有关规定，为完善公司的法人治理结构，公司在 2001 年 11 月，建立了独立董事制度。按照有关规定，独立董事可以从公司获取一定的津贴。津贴的标准由公司董事会制订并经股东大会审议通过，且须在公司年度报告中披露。据此，公司在 2002 年内支付给独立董事的津贴为每人 20000 元。2003 年度拟支付给独立董事的津贴为每人 20000 元。

七、审议通过了召开 2002 年年度股东大会的议案。详见"关于召开公司 2002 年度股东大会通知"。

本次会议决议公告刊登于 2003 年 4 月 15 日的《上海证券报》。

E.上海海博股份有限公司第四届董事会第三次会议于 2003 年 4 月 18 日在公司本部会议室召开，会议应到董事 11 人，实到 11 人，符合《公司法》及《公司章程》的有关规定，会议合法有效。会议讨论并通过了如下决议：

一、关于《成立上海海博物流投资有限公司》的决议

为拓宽市场、发展相关产业、培育公司新的经济增长点，公司与公司控股子公司上海市农工商出租汽车有限公司各出资 2500 万元成立上海海博物流投资有限公司。上海海博物流投资有限公司为有限责任公司，注册资本为人民币 5000 万元，本公司持有其 50%的股份；注册地址为上海市南汇区康桥镇康士路 17 号 18 室；主要经营范围为：物流企业投资及管理。

二、关于《上海市农工商出租汽车有限公司经营者持股方案》的决议为最大程度的调动经营者的积极性，决定将海博股份持有的上海市农工商出租汽车有限公司（截止 2002 年末总资产 750,401,240.32 元，净资产 248,511,947.45 元，主营业务收入 374,378,963.21 元）90%股权中的 3%股权

(即总股本中的3%股权)转让给上海市农工商出租汽车有限公司总经理汤玉萍女士。双方按照收益共享、风险共担的原则,不断完善经营者的持股计划。董事会责成经理层在本次董事会决议后尽快办理经营者持股的相关事宜。

上述有关事项进展情况公司将另行公告。

本次会议决议公告刊登于2003年4月22日的《上海证券报》。

F.上海海博股份有限公司第四届董事会第四次会议于2003年4月25日下午在公司本部会议室召开。会议应到董事11人,实到11人,符合《公司法》及《公司章程》的有关规定,会议合法有效。会议由叶观年董事长主持,会议审议并通过了以下决议:

一、《公司2003年第一季度报告》

二、关于《增选独立董事》的议案。

本公司第一大股东上海市农工商(集团)总公司提名曾德顺先生为本公司第四届董事会独立董事候选人,提交将于2003年5月15日召开的本公司二00二年度股东大会选举。

本次会议决议公告刊登于2003年4月28日的《上海证券报》。

G.上海海博股份有限公司第四届董事会第五次会议于2003年5月28日上午在公司本部会议室召开。会议应到董事12人,实到12人,符合《公司法》及《公司章程》的有关规定,会议合法有效。会议由叶观年董事长主持,会议审议并通过了以下决议:

一、《上海海博股份有限公司董事会关于上海市农工商(集团)总公司收购股份事宜致全体股东的报告书》。具体内容参见本公司有关该报告书的公告(编号:临2003-017)。

本次会议决议公告刊登于2003年5月30日的《上海证券报》。

H. 上海海博股份有限公司第四届董事会第六次会议于2003年6月11日在公司会议室召开,会议应到董事12人,实到12人,符合《公司法》及《公司章程》的有关规定,会议合法有效。会议讨论并通过了如下决议:

一、关于《变更对上海东海种植有限公司的投资方式》的决议

本公司与控股子公司上海市农工商出租汽车有限公司(以下简称"农工商出租")共同投资组建"上海东海种植有限公司"方案(详见2003年2月26日刊登于《上海证券报》上的本公司公告)。依有关部门规定,原投资的土地使用权只能注入海博股份。现经公司董事会研究决定,变更出资方式为货币资金,公司更名为"上海海博投资有限公司"。经营性质:国内合资的有限责任公司;经营范围变更为:对外投资、控股与参股;投资总额:壹亿零玖佰壹拾捌万伍仟捌佰元整;注册资本:壹亿零玖佰壹拾捌万伍仟捌佰元整;出资额、出资比例变更为:本公司出资8734.86万元,占注册资本80%,农工商出租出资2183.72万元,占注册资本20%。

二、关于《撤消对上海东海乳品公司进行追加投资》的决议

本公司对上海东海乳品公司进行追加投资的方案(详见2003年2月26日刊登于《上海证券报》上的本公司公告),依有关部门规定,原追加投资的土地使用权只能注入海博股份。公司董事会决定撤消对上海东海乳品公司的追加投资方案。

本次会议决议公告刊登于2003年6月14日的《上海证券报》。

I.上海海博股份有限公司第四届董事会第七次会议于2003年7月28日在公司会议室召开,会议应到董事12人,实到12人,符合《公司法》及《公司章程》的有关规定,会议合法有效。会议讨论并通过了如下决议:

一、《2003年半年度报告及摘要》

二、《上海海博股份有限公司总裁工作细则》

三、关于《将公司全资子公司上海草原金属制品公司与上海三和不锈钢制品有限公司合并成立上海草原不锈钢制品有限公司》的议案为优化资源配置、合理组织生产、完善经营管理、降低企业税负、提高经济效益,采取吸收合并的形式将本公司全资子公司上海草原金属制品公司(以下简称"草原公司")并入上海三和不锈钢制品有限公司(以下简称"三和公司")。合并后草原公司自然解散,三和公司继续存在并更名为"上海草原不锈钢制品有限公司"(以下简称"新公司")。本次合并完成后,新公司住所、董事、监事、经理、法定代表人、企业类型、经营范围均与原三和公司一样保持不变。草原公司的全部债权债务由新公司承续,各股东继续以出资额为限承担合并后公司的债权债务。

合并后新公司的注册资本及股权结构如下:

注册资本总额:壹仟壹佰叁拾捌万元。其中:

上海海博股份有限公司出资1030.1万元,占90.52%;

上海海博投资有限公司出资107.9万元,占9.48%。

四、关于《将公司控股子公司上海宾士不锈钢制品有限公司与上海思乐得不锈钢制品有限公司合并》的议案

为优化资源配置、合理组织生产、完善经营管理、降低企业税负、提高经济效益,决定采用吸收合并的方式将上海宾士不锈钢制品有限公司(以下简称"宾士公司")与上海思乐得不锈钢制品有限公司(以下简称"思乐得公司")合并。本次合并完成后,宾士公司自然解散,思乐得公司企业名称、住所、法定代表人、企业类型、经营范围、股东及投资比例均保持不变。原宾士公司的全部债权债务由思乐得公司承续,各股东继续以出资额为限承担合并后公司的债权债务。合并后思乐得公司的注册资本及股权结构如下:

注册资本总额:叁佰捌拾万美元。其中:

上海海博股份有限公司出资266万美元,占70%;

吕水同先生出资114万美元,占30%。

本次会议决议公告刊登于2003年7月30日的《上海证券报》。

J.上海海博股份有限公司第四届董事会第八次会议于2003年10月20日下午在公司本部会议室召开。会议应到董事12人,实到10人,董事赵才标先生、高永敏先生因工作原因请假,符合《公司法》及《公司章程》的有关规定,会议合法有效。会议由叶观年董事长主持,会议审议并通过了以下决议:

一、《公司2003年第三季度报告全文及正文》

二、《关于赵才标先生、高永敏先生辞去董事的议案》

独立董事顾肖荣、潘飞、曾德顺同意上述议案。

本次会议决议公告刊登于2003年10月22日的《上海证券报》。

K.上海海博股份有限公司第四届董事会临时会议于2003年12月3日以通讯方式召开,符合《公司法》及《公司章程》的有关规定,会议合法有效。会议审议并通过了以下决议:

一、《关于本公司为控股子公司上海市农工商出租汽车有限公司提供借款担保的议案》

根据本公司与中国光大银行上海支行签署的最高额保证合同,本公司为控股子公司上海市农工商出租汽车有限公司(以下简称"农工商出租")向该行申请两笔各2500万元(合计5000万元)短期借款提供连带责任保证方式担保,借款期限分别为2003年10月14日至2004年10月12日、2003年10月17日至2004年10月16日。

本公司与上海浦东发展银行杨浦支行在上海签署短期贷款保证合同,为控股子公司"农工商出租"向该行申请2000万元短期借款提供连带责任保证方式担保,借款期限为2003年10月24日至2004年10月22日。

董事会认为由于"农工商出租"为公司控股子公司,该公司资产质量优良,经营状况良好,且有很好的资信状况,能按时偿还债务能力;其次,"农工商出租"为该借款担保提供反担保将有力地保障公司控制对外担保风险。因此为其担保基本上不存在风险,同意为其提供贷款担保。

本次会议决议按规定未作披露。

L.上海海博股份有限公司第四届董事会第九次会议于2003年12月8日下午在公司本部会议室召开。会议应到董事10人,实到10人,符合《公司法》及《公司章程》的有关规定,会议合法有效。会议由叶观年董事长主持,关联董事叶观年、陈忠信、王春喜先生回避了议案一、二的表决,会议审议并通过了以下决议:

一、《关于控股子公司上海海博投资有限公司收购上海新星天然食品有限公司33%股权》的议案

以上海新星天然食品有限公司截止2003年4月30日的资产评估报告确认的企业净资产值为基准,收购上海红星采购供应站持有的其33%股权,转让价格为2,496,068.88元人民币。

二、《关于控股子公司上海海博投资有限公司收购上海一只鼎食品有限公司65%股权》的议案

以上海一只鼎食品有限公司截止2003年4月30日的资产评估报告确认的企业净资产值为基准,收购上海红星采购供应站持有的其10%股权及上海一只鼎食品有限公司工会持有的其55%股权,转让价格合计为4,457,277.50元人民币。

三、《关于本公司受让上海电度表厂在宜山路829号宗地的房地产权》的议案

公司出资向上海电度表厂有限公司收购其所拥有的宜山路829号宗地的土地使用权(13847平方米)和房产所有权(房屋9幢建筑面积16293平方米),收购价格为5600万元人民币(不包括补偿搬迁损失费100万元)。

四、《关于本公司为控股子公司上海市农工商出租汽车有限公司提供借款担保》的议案

本公司与上海浦东发展银行杨浦支行在上海签署短期贷款保证合同,为控股子公司"农工商出租"向该行申请2000万元短期借款提供连带责任保证方式担保,借款期限为2003年12月1日至2004年12月1日。

本公司与中国建设银行上海第四支行在上海签署保证合同,为控股子公司"农工商出租"向该行申请3000万元短期借款提供连带责任保证方式担保,借款期限为2003年11月28日至2004年11月27日。

董事会认为由于"农工商出租"为公司控股子公司,该公司资产质量优良,经营状况良好,且有很好的资信状况,能按时偿还债务能力;其次,"农工商出租"为该借款担保提供反担保将有力地保障公司控制对外担保风险。因此为其担保基本上不存在风险,同意为其提供贷款担保。

本次会议决议公告刊登于2003年12月10日的《上海证券报》。

M.上海海博股份有限公司第四届董事会临时会议于2003年12月18日以通讯方式召开,符合《公司法》及《公司章程》的有关规定,会议合法有效。会议审议并通过了以下决议:

一、《关于本公司为控股子公司上海市农工商出租汽车有限公司提供借款担保的议案》

根据本公司与中国民生银行上海分行签署的最高额保证合同,本公司为控股子公司上海市农工商出租汽车有限公司(以下简称"农工商出租")向该行申请3450万元短期借款提供连带责任保证方式担保,借款期限分别为2003年12月17日至2004年12月16日。

董事会认为由于"农工商出租"为公司控股子公司,该公司资产质量优良,经营状况良好,且有很好的资信状况,能按时偿还债务能力;其次,"农工商出租"为该借款担保提供反担保将有力地保障公司控制对外担保风险。因此为其担保基本上不存在风险,同意为其提供贷款担保。

本次会议决议按规定未作披露。

N.上海海博股份有限公司第四届董事会临时会议于2003年12月30日以通讯方式召开,符合《公司法》及《公司章程》的有关规定,会议合法有效。会议审议并通过了以下决议:

一、《关于本公司为控股子公司上海市农工商出租汽车有限公司提供借款担保的议案》

根据本公司与中国建设银行上海第四支行签署的保证合同,本公司为控股子公司上海市农工商出租汽车有限公司(以下简称"农工商出租")向该行申请1000万元短期借款提供连带责任保证方式担保,借款期限分别为2003年12月19日至2004年12月18日。

董事会认为由于"农工商出租"为公司控股子公司,该公司资产质量优良,经营状况良好,且有很好的资信状况,能按时偿还债务能力;其次,"农工商出租"为该借款担保提供反担保将有力地保障公司控制对外担保风险。因此为其担保基本上不存在风险,同意为其提供贷款担保。

二、《关于转让上海农工商电子商务有限公司30%股权的议案》

本公司持有上海农工商电子商务有限公司(以下简称"电子商务")30%的股权。由于"电子商务"近年来经济效益不佳,连续经营亏损,根据公司中长期的发展规划,必须做强做大主业,大力发展与主营业务相关的产业。按照"有所为有所不为"的原则,进一步调整公司的产业结构,优化资源配置,经与另一股东上海城隍投资有限公司协商一致,决定共同转让持有的"电子商务"全部股权。受让方为上海农工商超市有限公司和上海好德物流有限公司,分别受让90%和10%股权。本次转让以2003年12月31日为基准日。

本次股权转让中所涉各方均为本公司关联企业,本次交易形成关联交易。董事会要求在具体转让方式及程序中按照有关的规定规范操作。

本次会议决议按规定未作披露。

2、董事会对股东大会决议的执行情况

报告期内,董事会以公平公正、保护股东利益为指导思想,严格执行股东大会通过的决议,顺利地完成了2002年度股东大会确定的本年度工作目标,并按照2003年第一次临时股东大会的授权,顺利实施完成了重大资产置换工作。

(七)2002年度利润分配预案

根据上海立信长江会计师事务所有限公司审计,公司2003年度共实现净利润100,296,054.02元,加年初未分配利润12,249,915.47元,可供分配的利润为112,545,969.49元。根据《公司章程》的有关规定,提取法定公积金25,782,985.32元,提取法定公益金12,767,460.51元,提取职工奖励及福利基金354,377.48元,本年度实际可供股东分配的利润为73,641,146.18元。

考虑到股东的利益和公司发展的需要,董事会提议本次利润分配及资本公积转增股本预案:拟以2003年年末总股本23793.4848万股为基数,向全体股东每10股送红股3股,资本公积转增股本每10股转增2股。此利润分配预案须提交公司股东大会审议通过后实施。

(八)其他事项

本年度公司选定的信息披露报纸为<<上海证券报>>。

(九)关于对公司控股股东及其他关联方占用资金情况的专项说明

1、注册会计师对控股股东及关联方占用资金情况的专项说明。

(一)截至2003年12月31日止,公司账面记载的关联方占用资金余额为:17.44万元。系投资50%以下的联营公司上海轮胎橡胶(集团)东海轮胎有限公司往来款资金17.44万元。

(二)控股子公司占用资金已作合并抵销,2003年年初合并抵销内部往来194,169,621.77,年末合并抵销内部往来352,370,096.91元。

(三)截至2003年12月31日止,无大股东占用资金情况,其他关联方资金占用余额比上年度下降98.09%。

2、独立董事对公司累计和当期对外担保情况、控股股东及其他关联方占用资金情况的专项说

明及独立意见。

根据中国证监会(2003)56 号文《关于规范上市公司与关联方资金往来及上市公司对外担保若干问题的通知》(以下简称《通知》精神),我们本着实事求是的态度,对上海海博股份有限公司累计本年度对外担保的情况和控股股东及其他关联方占用资金情况进行了认真负责的核查,现就有关问题说明如下:

经我们查验,截止 2003 年 12 月 31 日,公司及下属控股子公司对外担保为 38013.83 万元,被担保单位均为本公司下属企业。对外担保总额已超过了 2003 年度合并会计报表净资产的 50%。公司对下属企业的担保属于公司生产经营及资金合理利用所需要,上述担保均已按《公司章程》和《通知》精神履行了法定的审批程序,没有损害公司及公司股东尤其是中小股东的利益。

公司将按照《通知》精神,于 2004 年 4 月 14 日四届十一次董事会会议审议通过并提交 2003 年度股东大会审议批准后,将对外担保审批程序、对被担保对象的资信标准等补充进入公司章程,并切实加以执行。

账面记载的关联方占用资金余额为:17.44 万元,无大股东占用资金情况。系投资 50%以下的联营公司上海轮胎橡胶(集团)东海轮胎有限公司往来款资金 17.44 万元,属于正常往来资金。

七、重要事项

(一)报告期内公司无重大诉讼、仲裁事项

(二)报告期内公司收购及出售资产、吸收合并事项

1、公司三届十七次董事会决议通过,公司以其合法拥有的对控股股东上海市农工商(集团)总公司的下属企业债权合计 4.42 亿元与集团公司及其下属企业合法持有的上海牛奶集团有限责任公司 20%的股权、2072.66 亩土地使用权、上海三和不锈钢制品有限公司的 56.84%股权、上海宾士不锈钢制品有限公司的 70%股权以及 28,937,056.47 元现金资产进行整体资产置换。上述重大重组事项公司已于 2003 年 3 月 28 日经中国证监会同意召开临时股东大会,并获得审议通过。详见公司 2003 年 3 月 29 日刊登于《上海证券报》上的公告。截止到 2003 年 6 月 26 日为止,置入资产已在上海技术产权交易所完成了产权转让交割手续,公司已完成了工商变更登记手续,全部资产已完成交易,全部款项均已付清。详见公司 2003 年 6 月 28 日刊登于《上海证券报》上的公告。

2、公司四届董事会第三次会议审议通过,成立经营物流企业投资及管理业务的上海海博物流投资有限公司,注册资本为 5000 万元,由公司和控股子公司上海市农工商出租汽车有限公司各出资 2500 万元,各占 50%股份。

3、公司四届董事会第六次会议审议通过,成立经营对外投资、控股与参股业务的上海海博投资有限公司,注册资本为 10918.58 万元,由公司和控股子公司上海市农工商出租汽车有限公司各出资 8734.86 万元和 2183.72 万元,各占 80%和 20%的股份。

4、公司四届董事会第七次会议审议通过,将公司全资子公司上海草原金属制品公司与上海三和不锈钢制品有限公司合并成立上海草原不锈钢制品有限公司,合并后注册资本为 1138 万元,由公司和控股子公司上海海博投资有限公司各出资 1030.1 万元和 107.9 万元,各占 90.52%和 9.48%股份。

5、公司四届董事会第七次会议审议通过,将控股子公司上海宾士不锈钢制品有限公司吸收合并入上海思乐得不锈钢制品有限公司,合并后注册资本为 380 万美元,由公司和吕水同先生各出资 266 万美元和 114 万美元,各占 70%和 30%的股份。

6、公司四届董事会第九次会议审议通过,公司以 5600 万元价格受让上海电度表厂有限公司所拥有的宜山路 829 号宗地的土地使用权(13847 平方米)和房产所有权(房屋 9 幢建筑面积 16293 平方米)。

上述收购资产所涉及事项对公司业务连续性、管理层稳定性没有影响。

(三)重大关联交易事项

1、向关联方提供资金:

企业名称	本年金额	上年金额
上海农工商集团东海总公司	0	13,879,110.96
上海万隆房地产开发有限公司	0	387,095,295.78

2、关联方应收应付款项余额:

项目	年末金额 本年末	上年末
应收股利:		
上海美优制药有限公司	3,095,130.29	1,364,240.47
其他应收款:		
上海万隆房地产开发有限公司	0	8,835,758.96
上海轮胎橡胶集团东海橡胶厂	174,398.80	305,712.55
其他应付款:		
上海农工商(集团)总公司	6,039,451.46	0
上海牛奶(集团)有限公司	5,900,000.00	0
应付股利:		
上海牛奶(集团)有限公司	5,391,117.87	0

3、其他关联方交易事项:

(1)公司以其拥有的对控股股东上海市农工商(集团)总公司的下属企业债权合计 4.42 亿元与集团公司及其下属企业持有的上海市牛奶(集团)有限公司 20%的股权、上海三和不锈钢制品有限公司的 56.84%股权、上海宾士不锈钢制品有限公司的 70%股权、1,381,117 平方米土地使用权以及 28,937,056.47 元现金资产进行整体资产置换。

(2)为关联方提供担保情况:

截止 2003 年 12 月 31 日公司为关联方及其他单位提供债务担保情况:

被担保单位		担保金额
关联方:		
上海东方制药有限公司	贷款担保	2,450,000.00
上海市农工商出租汽车有限公司	贷款担保	336,833,300.00
非关联方:		
上海广得利汽车销售有限公司	贷款担保	14,790,000.00
控股子公司为公司提供债务担保:		
上海海博股份有限公司	贷款担保	19,000,000.00

(四)重大合同及其履行情况

1.报告期内公司无托管、承包、租赁其他资产的情况

2.重大担保

担保对象名称	发生日期(协议签署日)	担保金额	担保类型	担保期	是否履行完毕	是否为关联方担保(是或否)
上海市农工商出租汽车有限公司	2003.10.14	2500 万元	连带责任	一年	否	是
上海市农工商出租汽车有限公司	2003.10.17	2500 万元	连带责任	一年	否	是
上海市农工商出租汽车有限公司	2003.3.28	1500 万元	连带责任	一年	否	是
上海市农工商出租汽车有限公司	2003.12.1	2000 万元	连带责任	一年	否	是
上海市农工商出租汽车有限公司	2003.3.28	1550 万元	连带责任	一年	否	是
上海市农工商出租汽车有限公司	2003.10.24	2000 万元	连带责任	一年	否	是
上海市农工商出租汽车有限公司	2003.12.17	3450 万元	连带责任	一年	否	是
上海市农工商出租汽车有限公司	2003.3.4	2000 万元	连带责任	一年	否	是
上海市农工商出租汽车有限公司	2003.11.28	3000 万元	连带责任	一年	否	是
上海市农工商出租汽车有限公司	2003.12.19	100 万元	连带责任	一年	否	是
上海市农工商出租汽车有限公司	2003.12.30	900 万元	连带责任	一年	否	是
上海市农工商出租汽车有限公司	2003.1.24	2000 万元	连带责任	一年	否	是
上海市农工商出租汽车有限公司	2003.2.20	2000 万元	连带责任	一年	否	是
上海市农工商出租汽车有限公司	2003.3.18	1000 万元	连带责任	一年	否	是
上海市农工商出租汽车有限公司	2003.3.14	3000 万元	连带责任	一年	否	是
上海市农工商出租汽车有限公司	2003.3.19	2000 万元	连带责任	一年	否	是
上海市农工商出租汽车有限公司	2002.6.7	750 万元	连带责任	两年	否	是
上海市农工商出租汽车有限公司	2003.1.31	1433.33 万元	连带责任	三年	否	是
上海东方制药有限公司	2003.8.21	245 万元	连带责任	九个月	否	是

3.报告期内,公司无委托他人进行现金资产管理事项。

(五)报告期内,公司或持股 5%以上股东在报告期或持续到报告期内的重大承诺事项及其履行情况

对原东海股份尚未处置的 4.42 亿元及相关的或有负债,公司第一大股东-上海市农工商(集团)总公司于 2001 年 12 月 31 日作出承诺:在 2002 年 12 月 31 日前,继续通过资产重组的方式,以农工商集团总公司的优质资产来清偿完毕下属子公司占用原东海股份的资金本息及相关或有负债。

经公司三届十七次董事会决议通过,公司以其合法拥有的对控股股东上海市农工商(集团)总公司的下属企业债权合计 4.42 亿元与集团公司及其下属企业合法持有的上海牛奶集团有限责任公司 20%的股权、2,072.66 亩土地使用权、上海三和不锈钢制品有限公司的 56.84%股权、上海宾士不锈钢制品有限公司的 70%股权以及 28,937,056.47 元现金资产进行整体资产置换。上述重大重组事项公司已于 2003 年 3 月 28 日经中国证监会同意召开临时股东大会,并获得审议通过。详见公司 2003 年 3 月 29 日刊登于《上海证券报》上的公告。

截止到 2003 年 6 月 26 日为止,置入资产已在上海技术产权交易所完成了产权转让交割手续,公司已完成了工商变更登记手续,全部资产已完成交易,全部款项均已付清。详见公司 2003 年 6 月 28 日刊登于《上海证券报》上的公告。

(六)本公司聘请上海立信长江会计师事务所有限公司为本公司进行会计报表的审计。2003 年度本公司进行审计的内容和费用情况如下表所示,审计中的差旅费由立信会计师事务所自行承担。本报告编制完成时,2003 年度年度财务报告审计费用 50 万元已经支付。除此之外无其他财务咨询费用。

审计内容	审计费用	是否已付	备注
2003 年度会计报表审计	50 万元	是	

(七)报告期内,本公司董事及高级管理人员没有受到中国证监会稽查以及中国证监会的行政处罚、通报批评,没有受到上海证券交易所的公开谴责。

(八)报告期内,公司更名为上海海博股份有限公司,股票简称更名为"海博股份",详见刊登于 2003 年 4 月 18 日《上海证券报》上的公司公告。

(九)其他重要事项

根据 2002 年 10 月 28 日签订的《资产置换协议书》约定,股份公司以其拥有的对控股股东上海市农工商(集团)总公司(以下简称集团公司)的下属企业债权合计 4.42 亿元与集团公司及其下属企业持有的上海市牛奶(集团)有限公司(以下简称牛奶公司)20%的股权、上海三和不锈钢制品有限公司(以下简称三和公司)的 56.84%股权、上海宾士不锈钢制品有限公司(以下简称宾士公司)的 70%股权、1,381,117 平方米土地使用权以及 28,937,056.47 元现金资产进行整体资产置换。(即集团公司用非现金资产偿债)

其中:牛奶公司 20%股权,截止 2002 年 6 月 30 日,根据上海立信资产评估有限公司信资评报字 2002 第 257 号《资产评估报告书》并经国资中心确认的评估值为 1,081,746,225.05 元,适当考虑牛奶公司持有的上海光明乳业股份有限公司公开溢价发行股票后对其相应增加的净资产值 239,201,127.80 元,最终协议价为 264,189,470 元。

三和公司 56.84%股权,截止 2002 年 6 月 30 日,根据上海立信资产评估有限公司信资评报字 2002 第 253 号《资产评估报告书》并经国资中心确认的评估值为 405.88 万元。56.84%股权协议价为 2,307,037.42 元。

宾士公司 70%股权,截止 2002 年 6 月 30 日,根据上海立信资产评估有限公司信资评报字 2002 第 251 号《资产评估报告书》并经国资中心确认的评估值为 973.46 万元。70%股权协议价为 6,814,293.54 元。

1,381,117 平方米土地使用权协议价为 139,574,100.00 元。

根据《企业会计准则-债务重组》的有关规定,用于偿债的非现金资产入账价值以债务的账面价值为依据。本次债务重组实际清偿股份公司债权的账面价值共计 387,288,416.16 元,其中:债权投资的账面价值为 360,876,966.06 元(账面余额为 400,974,406.74 元,已计提的跌价准备 40,097,440.68 元),债权的账面价值 26,411,450.10 元(账面余额为 27,999,543.91 元,已计提的跌价准备 1,588,093.81 元)。扣除集团公司现金实际偿债金额 6,790,271.67 元后上述非现金资产的入账价值为 380,498,144.49 元。按各非现金资产的评估价(即:公允价值)进行分摊后牛奶公司 20%股权入账价值为 243,466,406.48 元;三和公司 56.84%股权入账价值为 2,126,779.29 元;宾士公司 70%股权入账价值为 6,279,779.29 元;土地使用权入账价值为 128,625,885.68 元。上述非现金资产已在本年度办妥了产权转移手续。

注:宾士公司后被股份公司控股子公司上海思乐得不锈钢制品有限公司吸收合并后自然解散。

八、备查文件

1、载有法定代表人、财务负责人、会计经办人员签名并盖章的会计报表。

2、载有会计师事务所盖章、注册会计师签名并盖章的审计报告原件。

3、报告期内在中国证监会指定报纸上公开披露过的所有公司文件的正本及公告的原稿。

上海海博股份有限公司

二OO四年四月十六日

天津港(集团)股份有限公司

天津港(集团)股份有限公司2003年年度报告

释 义

本公司董事会及其董事保证本报告所载资料不存在任何虚假记载、误导性陈述或者重大遗漏,并对其内容的真实性、准确性和完整性承担个别及连带责任。

公司独立董事高如艳女士因公出差缺席本次会议,授权独立董事谭焕珠先生代为出席及表决。董事方开华先生因公出差缺席本次会议。

公司2003年度财务报告已经天津五洲联合会计师事务所审计并出具无保留意见的审计报告。

公司负责人董事长王恩德先生、主管会计工作负责人总裁于汝民先生、财务机构负责人计财部总经理张金明先生声明:保证年度报告中财务报告的真实、完整。

第一章 公司基本情况简介

1、公司法定中文名称:天津港(集团)股份有限公司

2、公司法定代表人:王恩德

3、公司董事会秘书:李全勇

联系地址:天津市塘沽区新港二号路35号

联系电话:(022)25706615

传　　真:(022)25706615

电子信箱:tjpsec@tianjinport.ptacn.com

4、公司注册地址:天津市塘沽区新港二号路卡子门内

公司办公地址:天津市塘沽区新港二号路35号

邮政编码:300456

公司电子信箱:tjpgroup@tianjinport.ptacn.com

5、公司选定的信息披露报刊《上海证券报》、《中国证券报》

登载公司年度报告的中国证监会指定国际互联网网址:

http://www.sse.com.cn

公司年度报告备置地点:公司证券融资部

6、公司股票上市交易所:上海证券交易所

股票简称:天津港

股票代码:600717

7、其他有关资料:

公司变更注册登记日期、地点:2001年6月7日　天津市

企业法人营业执照注册号:1200001001451

税务登记号码:国(地)税津字120114103064381

公司聘请的会计师事务所名称、办公地点:

天津五洲联合会计师事务所

地点:天津市和平区西康路33号康岳大厦6-10层

第二章 会计数据和业务数据摘要

一、公司本年度主要会计数据和财务指标

指标项目	金额(元)
利润总额	443,321,415.05
净利润	292,482,315.00
扣除非经常性损益后的净利润★	266,700,644.44
主营业务利润	656,845,542.95
其他业务利润	2,949,520.03
营业利润	412,293,477.03
投资收益	11,522,525.12
补贴收入	36,850,000.00
营业外收支净额	-17,344,587.10
经营活动产生的现金流量净额	481,410,844.90
现金及现金等价物净增加额	-34,681,409.21

★注:非经常性损益扣除的项目、涉及金额为:营业外收支净额-17,344,587.10元、补贴收入36,850,000.00元、处置长期股权投资752,371.94元、所得税影响5,523,885.72元。

二、截至报告期末公司前三年的主要会计数据和财务指标

指标项目	2003年	2002年 调整前	2002年 调整后
主营业务收入(元)	1,334,818,891.14	1,235,134,671.26	1,235,134,671.26
净利润(元)	292,482,315.00	298,841,616.05	298,841,616.05
总资产(元)	4,431,546,653.86	3,169,110,479.41	3,169,110,479.41
股东权益(元)	2,101,735,683.35	1,813,307,090.93	1,892,489,546.81
(不含少数股东权益每股收益(元)	0.44	0.45	0.45
每股净资产(元)	3.19	2.75	2.87
调整后每股净资产(元)	3.17	2.74	2.86
每股经营活动产生的现金流量净额(元)	0.73	0.87	0.87
净资产收益率(%)	13.92	16.48	15.79
扣除非经常性损益后的加权平均净资产收益率(%)	13.08	17.46	16.95

指标项目	2001年 调整前	2001年 调整后
主营业务收入(元)	1,000,674,677.25	1,000,674,677.25
净利润(元)	269,841,009.32	269,841,009.32
总资产(元)	2,813,011,389.44	2,813,011,389.44
股东权益(元)(不含少数股东权益)	1,593,647,930.76	1,646,436,234.68
每股收益(元)	0.41	0.41
每股净资产(元)	2.42	2.50
调整后每股净资产(元)	2.40	2.48
每股经营活动产生的现金流量净额(元)	0.72	0.72
净资产收益率(%)	16.93	16.39
扣除非经常性损益后的加权平均净资产收益率(%)	17.60	17.18

注:根据财政部关于印发《企业会计准则-资产负债表日后事项》的通知,公司对比较会计报表所属期间涉及现金股利分配事项做追溯调整。本表列示的以前年度财务数据是调整后数据。

三、截止报告期末公司前三年的主要业务数据和指标

指标项目	2003年	2002年	2001年
吞吐量(吨)	44,921,344	49,094,548	44,647,466
集装箱吞吐量(万TEU)	110.80	92.76	84
运输量(吨)	10,859,160	10,487,369	10,708,794
入库量(吨)	10,122,603	10,845,942	11,044,000
出库量(吨)	10,459,460	10,547,524	11,164,885
堆存吨天(吨天)	212,880,325	267,553,715	304,263,749
船舶代理(艘次)	5,778	4,783	4,146
货运代理(吨)	12,081,877.65	11,242,767.78	10,152,828.84

四、报告期内股东权益变动情况

项目	股本(股)	资本公积(元)	盈余公积(元)	法定公益金(元)
期初数	659,853,799	510,972,936.26	189,207,412.17	98,983,311.42
本期增加	-	-	45,635,758.52	17,412,915.81
本期减少	-	-	-	-
期末数	659,853,799	510,972,936.26	234,843,170.69	116,396,227.23
变动原因			按当年实现净利润计提法定盈余公积金	按当年实现净利润计提法定盈余公益金

项目	未分配利润(元)	现金股利(元)	股东权益合计(元)
期初数	354,289,632.08	79,182,455.88	1,892,489,546.81
本期增加	292,482,315.00	--	355,530,989.33
本期减少	67,102,396.91	79,182,455.88	146,284,852.79
期末数	579,669,550.17	--	2,101,735,683.35
变动原因	本年度实现净利润	减少数为已分配2002年度现金股利	

第三章 股本变动及股东情况

一、公司股份变动情况表

数量单位:股

	本次变动前	本次变动增减(+、-) 配股	送股	公积金转股	增发	其他	小计	本次变动后
一.未上市流通股份								
1.发起人股份	414,552,665							414,552,665
其中:								
国家持有股份	414,552,665							414,552,665
境内法人持有股份								
境外法人持有股份								
其　他								
2.募集法人股份	30,079,728							30,079,728
3.内部职工股								
4.优先股或其他								
未上市流通股份合计	444,632,393							444,632,393
二.已上市流通股份								
1.人民币普通股	215,221,406							215,221,406
2.境内上市的外资股								
(1)境外上市的外资股								
(2)其他								
已上市流通股份合计	215,221,406							215,221,406
三.股份总数	659,853,799							659,853,799

二、股票发行与上市情况

1、截止报告期末前三年公司未发行新股。

2、报告期内公司股份总数和结构未发生变动。

3、公司不存在内部职工股。

三、股东情况介绍

1、报告期末公司股东总数为35050户。

2、公司前十名股东情况

序号	股东名称	报告期内增减变动(±)	报告期末持股数量(股)	占总股本比例(%)	股份类别	股东性质
1	天津港务局(代表国家持有)	0	414,552,665	62.82	未流通	国家股
2	申银万国证券股份有限公司		24,285,126	3.68	已流通	社会公众股
	中国工商银行-鹏华行业成长证券投资基金		7,870,857	1.19	已流通	社会公众股
4	中国工商银行-融鑫证券投资基金		5,415,582	0.82	已流通	社会公众股
5	交通银行-普惠证券投资基金		5,160,813	0.78	已流通	社会公众股
6	天华证券投资基金		4,778,099	0.72	未流通	法人股
7	天津北方国际信托投资公司	0	2,822,400	0.43	未流通	法人股
8	中国电子系统工程总公司	0	2,469,600	0.37	已流通	社会公众股
9	交通银行-海富通精选证券投资基金		2,214,230	0.34	已流通	社会公众股
10	申银万国-花旗-UBS LIMITED		2,102,298	0.32	已流通	社会公众股

注:前十名股东中天津港务局与其他股东不存在关联关系,也不属于《上市公司股东变动信息披露管理办法》中规定的一致行动人;其他大股东之间的关联关系未知,是否属于一致行动人未知。持有本公司5%以上(含5%)股份的控股股东天津港务局所持股份无质押或冻结情况,其他大股东所持股份质押或冻结情况未知。

3、公司控股股东单位情况

单位名称	法定代表人	成立日期	注册资本(万元)	企业性质
天津港务局	于汝民	1952年10月	347341	国有企业

经营范围　装卸搬运、货运中转联运、仓储、驳运、客货运输服务、理货、商品包装、物资供销;工属具制造;码头、库场、房屋(自有)、机械设备租赁、劳务服务等。

天津港务局代表国家持有公司股份。报告期内,公司控股股东未发生变更。

4、公司不存在持股10%(含10%)以上的法人股东。

5、公司前十名流通股股东情况

序号	股东名称	股份种类	报告期末持股数量(股)
1	申银万国证券股份有限公司	24,285,126	A股
2	中国工商银行-鹏华行业成长证券投资基金	7,870,857	A股
3	中国工商银行-融鑫证券投资基金	5,415,582	A股
4	交通银行-普惠证券投资基金	5,160,813	A股
5	天华证券投资基金	4,778,099	A股
6	交通银行-海富通精选证券投资基金	2,214,230	A股
7	申银万国-花旗-UBS LIMITED	2,102,298	A股
8	久嘉证券投资基金	2,081,480	A股
9	中国银行-景顺长城优选股票证券投资基金	1,837,742	A股
10	景博证券投资基金	1,769,344	A股

注:前十名流通股股东之间的关联关系未知。

第四章　董事、监事、高级管理人员和员工情况

一、董事、监事、高级管理人员基本情况

1、现任董事、高级管理人员基本情况

姓名	性别	年龄	职务	任期	持股数量(股)年初	增减	年末	在股东单位兼任职务	任期
王恩德	男	58	董事长	2001.4-2004.4	41278	0	41278	天津港务局党委书记	2002年至今
于汝民	男	54	董事	2001.4-2004.4	0	0	0	天津港务局局长	2002年至今
方开华	男	59	董事	2001.4-2004.4	41278	0	41278	天津港务局计财处处长	1986年至今
张金明	男	52	董事	2001.4-2004.4	0	0	0	-	-
李全勇	男	42	董事会秘书	2001.4-2004.4	0	0	0	-	-

2、现任独立董事基本情况

姓名	性别	年龄	职务	任期	持股数量(股)年初	增减	年末	在股东单位兼任职务	任期
高如艳	女	31	独立董事	2002.6-2004.4	0	0	0	天津天药药业股份有限公司	1999年至今
谭焕珠	男	34	独立董事	2002.6-2004.4	0	0	0	文山电力股份有限公司副总经理	2003年至今

3、现任监事基本情况

姓名	性别	年龄	职务	任期	持股数量(股)年初	增减	年末	在股东单位兼任职务	任期
黑锦国	男	54	监事会主席	2001.4-2004.4	1170	0	1170	天津港务局纪委书记	1994年至今
李洪栓	男	58	监事	2001.4-2004.4	234	0	234	天津港务局纪检巡视办公室主任	2002年至今
臧斗纯	男	54	监事	2001.4-2004.4	0	0	0	-	-
王　东	男	53	监事	2001.4-2004.4	8255	0	8255	-	-
刘云祥	男	54	监事	2001.4-2004.4	1170	0	1170	-	-

注:公司董事、监事、高级管理人员持股数量报告期内未发生变动,所持股份已按有关规定锁定。

二、年度报酬情况

公司董事、监事、高级管理人员的报酬依据公司工资管理办法发放。公司独立董事津贴依据股东大会批准津贴标准发放。

现任并在公司领取报酬的董事、监事和高级管理人员6人,年度报酬总额109.20万元,现任并在公司领取报酬的两名董事(兼任公司高管人员)的报酬总额52.31万元,现任公司高级管理人员报酬总额70.81万元。

根据公司股东大会决议,独立董事的津贴标准为每人每年3万元(含税)。

公司董事、监事、高级管理人员年度报酬数额区间为:10万元以下1人,10--15万元1人,15--20万元3人,20万元以上1人。

公司董事长王恩德、董事方开华、监事会主席黑锦国、监事李洪栓不在公司领取报酬,在股东单位领取报酬。

三、报告期内董事、监事、高级管理人员选举、更换、离任情况

报告期内,鉴于公司部分董事工作变动,无法保证足够的时间和精力履行董事应尽的职责,同时结合公司目前的实际情况,为进一步完善公司治理结构,提高工作效率,赵彦虎、赵冀、王庆林、朱炳如、李全勇、郑庆跃、袁宝童、王连玉、高文禄不再担任公司董事。

以上董事变动已经2003年6月30日召开的2003年第一次临时股东大会审议通过。

报告期内,董事会继续聘任于汝民先生为公司总裁,张金明先生为公司财务负责人,李全勇先生为公司董事会秘书。

四、公司员工情况

截止报告期末,公司共有正式职工3061人,其中生产人员2027人,财务人员77人,业务人员330人,技术人员407人,行政人员190人,其他管理人员30人。本科及本科以上学历252人,大专学历460人,中专及高中学历1351人。公司离退休职工人数为464人。

第五章　公司治理结构

一、公司治理情况

公司严格按照《公司法》、《证券法》、《上市公司治理准则》等法律法规的要求,不断完善公司法人治理结构,修改公司章程,制定投资者关系等管理制度,充分发挥独立董事外部监督作用,进一步提高公司规范运作水平。

1、关于股东与股东大会:公司能够确保全体股东特别是中小股东享有平等地位,确保全体股东能够充分行使自己的权利;公司能够严格按照《股东大会规范意见》和《股东大会议事规则》的要求召集、召开股东大会;报告期内公司三次股东大会召开程序、出席会议人员的资格和表决程序均符合《公司法》、《公司章程》等有关规定,并由律师出席见证。

2、关于控股股东与上市公司的关系:公司控股股东天津港务局通过股东大会依法行使出资人的权利,没有超越股东大会直接或间接干预公司的决策和经营活动;公司在人员、资产、财务、机构和业务方面做到分开,公司董事会、监事会和内部机构能够相对独立,规范运作。公司与控股股东认真执行签订的《综合服务协议》,保证关联交易公平合理。

3、关于董事与董事会:公司严格按照《公司章程》所规定的董事选聘程序选举董事;公司董事会的人数和人员构成符合法律、法规和《公司章程》的规定,公司独立董事的人数占到董事会总人数的三分之一;公司制定了《董事会议事规则》,公司董事能以忠实、诚信、勤勉的态度履行职责,出席董事会和股东大会,谨慎决策;积极参加有关培训。

4、关于监事和监事会:公司监事会的人数符合法律法规的要求,公司制定了《监事会议事规则》。公司监事能认真履行职责,能本着对股东负责的态度,对公司财务以及公司董事、总裁和其他高级管理人员履行职责的合法合规性进行监督,维护股东的合法权益。

5、关于绩效评价与激励约束机制:公司积极建立健全公正、透明的董事、监事和经理人员的绩效评价标准和激励约束机制;报告期内,公司将经理人员薪酬与经营业绩和个人业绩挂钩,以吸引人才,保持经理人员的稳定;公司经理人员的聘任公开、透明。

6、关于相关利益者:公司能够充分尊重和维护银行及其他债权人、员工、船公司、货主等其他利益相关者的合法权益;能够关注环境保护等问题,力求公司持续、健康地发展。

7、关于信息披露与透明度:公司指定董事会秘书负责信息披露工作,制定了《投资者关系管理制度》,在证券融资部设立了"股东接待处"和股东咨询电话,由专人负责接待和解答投资者的来访和咨询,及时处理股东来函,根据股东要求邮寄所需的资料;公司能够严格按照法律法规和公司章程的规定,真实、准确、完整、及时地披露有关信息。

二、公司独立董事履行职责情况

根据中国证监会《关于在上市公司建立独立董事制度的指导意见》,修改了公司章程,公司2002年第一次临时股东大会选举产生了两名独立董事。报告期内,独立董事出席了公司三届十一次至十七次董事会和2002年度股东年会和2003年两次临时股东大会,保证了充足的时间和精力履行独立董事的职责。对公司继续配股相关资料、公司关联交易等事项发表了独立意见和专项说明。充分发挥了独立董事的作用,提高了董事会的决策水平,维护了公司中小股东的合法利益。

三、公司与控股股东在业务、人员、资产、机构、财务方面分开的情况

1、业务方面:公司以独立拥有的生产设施为货主和船公司提供港口装卸及相关服务,按提供服务的数量、质量向被服务对象收取服务费用。公司自主经营,业务结构完整。

2、人员方面:公司制订了劳动、人事及工资管理制度,公司人员独立于控股股东。

3、资产方面:公司拥有一流的码头设施和高效装卸机械,能够为货主和船公司提供高效服务。资产独立完整、权属清晰。

4、机构方面:公司建立了独立的组织体系,股东大会、董事会、监事会独立运作,各职能部门在总裁的领导下根据部门的职责独立开展工作。

5、财务方面:公司设有独立的财务部门,建立了独立的会计核算体系,制定了完整的财务管理制度,在银行开设独立的账户,依法独立纳税。

四、考评和激励机制的实施情况

每年董事会、股东大会审议年度财务预算和生产经营的具体指标,公司的高级管理人员向董事会负责。董事会根据年度财务预算、生产经营指标、管理目标的实现情况、党风廉政情况和安全生产情况等对高级管理人员进行考核,根据考核情况进行奖惩。

第六章　董事会报告

一、报告期内发生或将要发生的重大事项对公司经营成果、财务状况影响的分析

1、根据天津港"北煤南移"规划、"南散北集"的港口布局及本公司与控股股东间签署的《避免同业竞争协议》,从2003年开始,在公司经营能力许可的范围内,控股股东逐步将焦炭装卸业务转移到公司经营。由于焦炭货类具有较高附加值的特点,公司2003年度焦炭业务收入较上年有较大增长,为公司2003年度利润作出了较大贡献。

2、2003年,公司着重加大了货源市场的开发力度,实施了以功能开发带动市场开发的战略规划,在公司内部推行合理组织、作好现场管理和船舶计划管理工作的措施,实现了最大限度发挥现有资源能力。从而使本年度公司的集装箱、金属矿石、焦炭等核心货类的吞吐量都实现了不同程度的增长,公司主营业务收入比上年增长了8.07%。

3、2003年,由于受燃材料价格上涨、租赁费支出增加以及东突堤北侧改扩建集装箱码头造成公司煤炭吞吐量及相关收入下降等因素的影响,公司净利润比去年下降了2.13%。

二、报告期内经营情况

(一)公司主营业务范围及经营情况

1、公司的经营范围包括商品储存、中转联运、汽车运输;集装箱搬运、拆装箱及相关业务;货运

代理;劳务服务;商业及各类物资的批发、零售;经济信息咨询服务(以上范围内国家有专营专项的按规定办理);自有房屋、货场、机械设备的租赁业务(以上范围内国家有专营专项的按规定办理)。主要货类包括散货、集装箱等。公司主营业务收入、主营业务利润构成情况如下:

收入类型	主营业务收入(元)	所占比例(%)
装卸营业收入	1,158,422,827.07	86.79
存栈营业收入	95,347,327.03	7.14
运输营业收入	46,246,011.51	3.46
代理营业收入	34,802,725.53	2.61
合　计	1,334,818,891.14	100

收入类型	主营业务利润(元)	所占比例(%)
装卸营业收入	605,530,629.00	92.19
存栈营业收入	17,396,989.78	2.65
运输营业收入	11,311,228.78	1.72
代理营业收入	22,606,695.39	3.44
合　计	656,845,542.95	100

2003年,公司实现吞吐量4492万吨,比2002年下降8.49%;运输量1086万吨,比2002年增长3.53%;入库量1012万吨,比2002年下降6.73%;出库量1046万吨,比2002年下降0.85%;船舶代理5778艘次,比2002年增长20.80%;货运代理1208万吨,比2002年增长7.47%;集装箱吞吐量110.8万TEU,比2002年增长19.40%。实现主营业务收入133,481.89万元,比2002年增长8.07%;利润总额44,332.14万元,比2002年下降0.51%;税后利润29,248.23万元,比2002年下降2.13%。

2、公司提供占主营业务收入10%以上的主要服务为装卸,装卸收入1,158,422,827.07元,装卸成本515,812,536.00元,装卸毛利率55.47%。

3、本报告期内公司主营业务结构、主营业务盈利能力较前一报告期末发生较大变化。

(二)、公司主要全资附属企业及控股子公司的经营情况及业绩

公司名称	经营范围	注册资本(元)
天津港第六港埠公司	装卸、搬运、堆存	¥300,000,000
天津港第五港埠公司	装卸、搬运、堆存	¥147,786,400
天津港货运公司	船舶货运代办	¥20,910,000
天津东方海陆集装箱码头有限公司	集装箱等装卸、堆存	US$29,200,000

公司名称	总资产(元)	净利润(元)
天津港第六港埠公司	709,319,244.51	2,327,355.88
天津港第五港埠公司	397,660,355.91	44,385,762.67
天津港货运公司	74,033,314.21	14,574,006.10
天津东方海陆集装箱码头有限公司	483,864,007.03	163,424,574.06

(三)主要供应商、客户情况

报告期内,公司向前五名供应商合计采购金额为56,524,614.78元,占年度采购总额的比例为72.08%。向前五名客户提供劳务金额为481,505,508.79元,占年度主营业务收入金额的比例为36.07%。

(四)、在经营中出现的问题与困难及解决方案

公司在经营中存在以下几方面的问题与困难:

1、在公司投资建设天津港东突堤北侧改扩建集装箱码头工程的期间,公司原有6个泊位的煤炭业务遭受较大损失。南疆9#、10#通用散货泊位由于受作业条件、设施配套程度以及扩能工程进度的影响,不能完全承接因煤炭码头改扩建工程流失的业务量,从而使整个公司的煤炭作业能力受到较大影响。

2、南疆专业化泊位配套堆场处于满负荷运转状态,随着未来公司吞吐能力的增加,港内堆场面积不足的问题较为突出,从而在一定程度上制约公司生产作业能力的快速增长。

3、随着焦炭业务逐步转移到公司作业,公司焦炭作业高峰期的泊位呈现紧张局面,容易造成压船或货源分流现象。

4、2003年,由于公司新投资建设的项目较多,资金需求量巨大,因此资金缺口较大。

针对上述问题公司主要采取以下措施:

1、公司通过加大焦炭、金属矿石、集装箱等高附加值货类的开发力度,提高核心货类吞吐量,从而弥补煤炭业务的损失。

2、合理安排南疆散货堆存场地,挖掘库场堆存能力,探索科学合理的码放工艺,提高货场周转率,解决堆存能力的瓶颈问题。同时加强南疆集疏运通道建设,提高泊位配套能力。

3、及时了解和掌握船舶到港和焦炭、煤炭备货情况,加强船舶的合理衔接和货源的组织工作,提高泊位利用率。

4、多渠道筹措资金,合理安排资金使用计划,提高资金使用率,解决资金缺口问题。

三、报告期内公司投资情况

报告期内,公司投资总额141365万元,比去年同期增加95598万元,增长208.88%。

1、报告期内公司无募集资金或以前期间募集资金的使用延续到报告期的情况。

2、报告期内重大非募集资金投资情况

(1)截止2003年末,天津港东突堤北侧改扩建集装箱码头工程累计完成投资109304万元,累计实际投入资金92561万元;其中2003年完成投资89152万元,实际投入资金79074万元。资金来源为银行贷款、自有资金。该项目主体已完工,正在进行港池挖泥,部分装卸设备尚未到货。

(2)截止到2003年末,天津港临海路集装箱堆场工程已完成工程竣工财务决算,工程总投资17180万元,累计实际投入资金为17124万元,其中2003年投入资金380万元。资金来源为自有资金。

(3)截止2003年末,天津港南疆通用散货泊位(9#、10#)工程累计完成投资30516万元,累计实际投入资金为29546万元;其中2003年实际投入资金2125万元。资金来源为银行贷款、自有资金。

(4)截止2003年末,天津港北疆一港池7#、8#泊位改造后方集装箱堆场工程累计完成投资2050万元,累计实际投入资金为1660万元;其中2003年实际投入资金572万元。资金来源为自有资金。

(5)截止2003年末,天津港南疆通用散货(9#、10#)泊位后方堆场基础工程累计完成投资3223万元,其中2003年完成投资505万元。实际投入资金2848万元,资金来源为自有资金。该项目已于4月份完工。

(6)截止2003年末,天津港南疆通用散货10#泊位东侧四期围埝北区陆域地基处理工程累计完成投资2766万元。实际投入资金为2350万元,资金来源为自有资金。该项目已于6月份完工。

(7)截止2003年末,天津港南疆通用散货10#泊位东侧四期围埝中区陆域地基处理工程累计完成投资2722万元。实际投入资金为2000万元,资金来源为自有资金。该项目已于6月份完工。

(8)截止2003年末,天津港南疆通用散货10#泊位东侧四期围埝南区陆域地基处理工程累计完成投资3016万元。实际投入资金为2000万元,资金来源为自有资金。该项目已于6月份完工。

(9)截止2003年末,天津港南疆9#、10#泊位专业化扩能、扩容工程累计完成投资22130万元,实际投入资金为15922万元。资金来源为自有资金。该项目码头、堆场主体已基本完工,装卸设备已订货制造。

(10)截止2003年末,天津港南疆11#通用散货泊位工程累计完成投资52196万元,实际投入资金为34002万元。资金来源为银行贷款、自有资金。该项目码头主体完工240米,堆场已完工,装载机、自卸汽车已到货,门机正在制造中。铁路车场及堆场铁路正在建设中。

(11)截止2003年末,天津港非金属矿石码头岸线西延工程累计完成投资288万元,实际投入资金为92万元。资金来源为银行贷款、自有资金。该项目正在进行基槽挖泥,打桩施工。

3、报告期内对外投资情况

2003年投资天津港星船舶代理有限公司153万元,该公司总投资为300万元,公司投资占该公司比例为51%;投资天津港海湾职业技能开发服务有限公司75万元,该公司总投资为750万元,公司投资占该公司比例为10%。

四、公司财务状况、经营成果

指标名称	2003年	2002年 调整前	增减比率(%)
总资产(元)	4,431,546,653.86	3,169,110,479.41	39.84
股东权益(元)	2,101,735,683.35	1,813,307,090.93	15.91
主营业务利润(元)	656,845,542.95	625,216,694.98	5.06
净利润(元)	292,482,315.00	298,841,616.05	−2.13
现金及现金等价物净增加额(元)	−34,681,409.21	−128,896,024.00	

指标名称	2002年 调整后	增减比率(%)	主要原因
总资产(元)	3,169,110,479.41	39.84	基建投入及净利润增加
股东权益(元)	1,892,489,546.81	11.06	报告期净利润增加
主营业务利润(元)	625,216,694.98	5.06	主营业务收入增加
净利润(元)	298,841,616.05	−2.13	东突堤北侧改造使子公司利润下降
现金及现金等价物净增加额(元)	−128,896,024.00		偿还到期的借款较上年减少

五、生产经营环境和宏观政策变化对公司的影响

1、天津市出台的相关政策的影响。2003年上半年,天津市政府出台了《关于加快天津港发展及外部配套设施建设的实施意见》,围绕着天津港扩大规模、提升等级、调整结构、改善环境等方面,对整个港口今后的发展目标和思路、未来建设发展的十大项目以及发展所需外部配套设施进行了明确安排,并再次强调了天津港的突出定位。有利的外部环境为公司今后的发展提供了良好的机遇,同时也对公司未来的经营能力提出严峻挑战。公司将充分抓住这一有利时机,进一步巩固核心能力,保持竞争优势,争取成为天津港未来规划项目的主要建设与经营者,从而实现公司的快速可持续发展。

2、新颁布的出口退税政策的影响。我国从2004年1月1日起将执行新出口退税政策,新政策降低了对产自我国的原矿产品以及初级加工产品的出口退税率,将动力煤和无烟煤的出口退税率分别由13%降到11%,将炼焦煤和焦炭的出口退税率分别由13%和15%降到5%,从而增加了过港货物的出口成本,对港口的吞吐量将造成一定影响。对此,公司将密切关注相关货物出口许可证的发放情况及出口退税的有关信息,及时研究国际市场相关走势,进一步作好市场开发工作。

六、公司新年度的经营目标

2004年,公司的生产经营将跨入一个新的阶段,公司管理层有信心带领全体员工抓住机遇,迎接挑战,踏踏实实,作好以下几项工作:

1、继续以生产经营为中心,重点抓好市场开发和生产管理两项工作,以实现公司吞吐量的稳定增长。

2、继续做好天津港东突堤北侧改扩建集装箱码头工程的配股融资工作,为工程筹集建设资金。

3、进一步提高新建和改造泊位的运营能力,在加快公司在建工程进程的同时,继续投资兴建大型专业化泊位。

4、积极探索多元化投资模式,合理拓宽融资渠道;以资本为纽带,广结战略联盟,开拓市场,吸引货源,推动公司的发展。

5、依照公司的发展战略,通过资产重组的方式,整合公司现有的业务结构,凸现主营业务优势,进一步确立和巩固公司在整个天津港的核心地位。

七、董事会日常工作情况

(一)、报告期内董事会的会议情况及决议内容

报告期内,公司董事会共召开七次会议。

1、公司三届十一次董事会于2003年2月25日在天津港业务楼第一会议室召开。会议应到董事15名,实到13名,董事赵彦虎先生、赵冀先生因公出差缺席本次会议,会议由董事长王恩德主持。

与会董事认真审议并以投票表决的方式一致通过如下议案,并形成决议:

(1)、审议通过《天津港(集团)股份有限公司2002年年度报告》;

(2)、审议通过《天津港(集团)股份有限公司2002年年报摘要》;

(3)、审议通过《天津港(集团)股份有限公司2002年度董事会工作报告》;

(4)、审议通过《天津港(集团)股份有限公司2002年度总裁业务报告》;

(5)、审议通过《天津港(集团)股份有限公司2002年度财务决算及2003年度财务预算报告》;

(6)、审议通过《天津港(集团)股份有限公司2002年度利润分配预案》;

(7)、审议通过《天津港(集团)股份有限公司关于聘用会计师事务所及支付会计师事务所报酬的议案》;

(8)、审议通过《天津港(集团)股份有限公司关于投资建设天津港南疆通用散货10#泊位东侧四期围埝中、南、北区陆域地基处理工程的议案》;

(9)、审议通过《天津港(集团)股份有限公司关于<综合服务协议>执行情况的议案》;

(10)、审议通过《天津港(集团)股份有限公司关于召开2002年度股东年会有关事项的议案》。

三届十一次董事会决议公告刊登于2003年2月27日《中国证券报》、《上海证券报》。

2、天津港(集团)股份有限公司三届十二次董事会于2003年4月22日在天津港业务楼第一会议室召开。会议应到董事15名,实到13名。独立董事高如艳女士、董事赵彦虎先生因公出差缺席本次会议,授权独立董事谭焕珠先生、董事李全勇先生代为出席及表决。会议由董事长王恩德先生主持。

与会董事认真审议并以投票表决的方式一致审议通过如下议案,并形成决议:

(1)、审议通过《天津港(集团)股份有限公司2003年第一季度报告》;

(2)、审议通过《天津港(集团)股份有限公司关于转让持有的天保国际物流有限公司20%股权的议案》。

《天津港(集团)股份有限公司2003年第一季度报告》、股权转让公告刊登于2003年4月23日

《中国证券报》、《上海证券报》。

3、天津港(集团)股份有限公司三届十三次董事会于2003年5月28日在天津港业务楼第一会议室召开。会议应到董事15名,实到12名。董事于汝民、赵冀、赵彦虎因公出差缺席本次会议,授权董事李全勇代为出席及表决。会议由董事长王恩德先生主持。

与会董事认真审议并以投票逐项表决的方式一致通过如下议案,并形成决议:

⑴、审议通过《天津港(集团)股份有限公司关于投资建设天津港南疆9#、10#泊位专业化扩能、扩容工程的议案》;

⑵、审议通过《天津港(集团)股份有限公司关于投资建设天津港南疆11#通用散货泊位工程的议案》;

⑶、审议通过《天津港(集团)股份有限公司关于投资建设天津港非金属矿石码头岸线西延工程的议案》;

⑷、审议通过《天津港(集团)股份有限公司关于修改公司章程的议案》;

⑸、审议通过《天津港(集团)股份有限公司关于调整董事的议案》;

⑹、审议通过《天津港(集团)股份有限公司关于召开2003年第一次临时股东大会的议案》。

三届十三次董事会决议公告刊登于2003年5月29日《中国证券报》、《上海证券报》。

4、天津港(集团)股份有限公司三届十四次董事会于2003年7月29日在天津港业务楼第一会议室召开。会议应到董事6名,实到5名。独立董事谭焕珠先生因公出差缺席本次会议,授权独立董事高如艳女士代为出席及表决。会议由董事长王恩德先生主持。

与会董事认真审议并以投票表决的方式通过如下议案,并形成决议:

⑴、审议通过《天津港(集团)股份有限公司2003年半年度报告》;

⑵、审议通过《天津港(集团)股份有限公司2003年半年度报告摘要》。

《天津港(集团)股份有限公司2003年半年度报告摘要》刊登于2003年7月31日《中国证券报》、《上海证券报》。

5、天津港(集团)股份有限公司三届十五次董事会于2003年9月29日在天津港业务楼第一会议室召开。会议应到董事6名,实到6名。会议由董事长王恩德先生主持。

与会董事认真审议并以投票表决的方式通过如下议案,并形成决议:

⑴、审议通过《天津港(集团)股份有限公司关于投资设立合资公司的议案》;

⑵、审议通过《天津港(集团)股份有限公司关于继续申请配股的议案》;

⑶、审议通过《天津港(集团)股份有限公司关于提请股东大会授权董事会办理继续申请配股相关事宜的议案》;

⑷、审议通过《关于召开天津港(集团)股份有限公司2003年第二次临时股东大会的议案》。

三届十五次董事会决议公告刊登于2003年9月30日《中国证券报》、《上海证券报》。

6、公司三届十六次董事会于2003年10月28日在天津港业务楼第一会议室召开。会议应到董事6名,实到5名。独立董事谭焕珠因公出差缺席本次会议,授权独立董事高如艳代为出席及表决。会议由董事长王恩德先生主持。

与会董事认真审议并以投票表决的方式一致审议通过如下议案,并形成决议:

⑴、审议通过《天津港(集团)股份有限公司2003年第三季度报告》;

⑵、审议通过《天津港(集团)股份有限公司投资者关系管理制度》。

三届十六次董事会决议公告刊登于2003年10月30日《中国证券报》、《上海证券报》。

7、公司三届十七次董事会于2003年12月23日在天津港业务楼第一会议室召开。会议应到董事6名,实到4名。独立董事高如艳女士、董事张金明先生因公出差缺席本次会议,授权独立董事谭焕珠先生、董事方开华先生代为出席及表决。会议由董事长王恩德主持。

与会董事认真审议并以投票表决的方式通过《天津港(集团)股份有限公司关于投资设立合资公司的议案》。

三届十七次董事会决议公告刊登于2003年12月24日《中国证券报》、《上海证券报》。

㈡、董事会对股东大会决议的执行情况

1、公司于2003年4月1日召开的2002年度股东年会审议并通过了公司2002年度利润分配预案。决议:

以2002年末股本总额659,853,799股为基数,向全体股东每10股派发现金红利1.20元(含税),计79,182,455.88元,尚余未分配利润354,289,632.08元结转至以后年度分配。

以上利润分配方案已于2003年5月实施,股权登记日为2003年5月26日,除息日为2003年5月27日,现金红利发放日为2003年5月30日。

分红派息公告刊登于2003年5月21日《中国证券报》、《上海证券报》。

2、公司于2003年10月30日召开的第二次临时股东大会审议通过了《天津港(集团)股份有限公司关于继续申请配股的议案》,并授权董事会办理继续申请配股相关事宜。目前,公司配股申报工作正在继续进行中。

㈢、本次利润分配预案

经天津五洲联合会计师事务所审计,2003年公司实现净利润为292,482,315.00元,按《公司法》和本公司及除天津东方海陆集装箱码头有限公司外的各控股子公司章程规定,提取法定盈余公积34,825,931.65元、提取法定公益金17,412,915.81元,按公司所属子公司天津东方海陆集装箱码头有限公司董事会利润分配决议,计提职工奖励及福利基金4,053,722.58元、储备基金4,053,722.58元、企业发展基金6,756,04.29元后,加年初未分配利润354,289,632.08元,公司可供股东分配的利润为579,669,550.17元。

根据公司发展需要,董事会提出以下2003年度利润分配预案:拟定暂不分配现金股利、股票股利,尚余未分配利润579,669,550.17元结转至以后分配。

以上分配预案须经公司2003年度股东年会表决通过后实施。

本年也不进行公积金转增股本。

㈣、其他报告事项

1、关于与关联方资金往来和对外担保情况的自查报告

根据中国证监会《关于规范上市公司与关联方资金往来及上市公司对外担保若干问题的通知》(证监发字[2003]56号)要求,公司进行了认真的自查,并向天津证管办递交了自查报告,公司不存在《通知》中所述关于关联方违规占用资金和为控股股东及本公司持股50%以下的其他关联方、任何非法人单位或个人提供担保的情况。

2、注册会计师对控股股东关联方占用资金情况的专项说明

五洲专字(2004)1-0045号

天津港(集团)股份有限公司全体股东:

我们接受委托,审计了天津港(集团)股份有限公司(以下简称"公司")2003年12月31日资产负债表及合并资产负债表、2003年度利润表及合并利润表、2003年度现金流量表及合并现金流量表,出具了审计报告(五洲会字(2004)1-0044号)。根据中国证券监督管理委员会和国务院国有资产监督管理委员会发布的《关于规范上市公司与关联方资金往来及上市公司对外担保若干问题的通知》(证监发[2003]56号)文的规定,现将我们在审计过程中注意到的2003年度公司控股股东及其他关联方与公司资金往来情况报告如下:

金额单位:人民币万元

关联方名称	关联关系	占用原因	会计科目	期末余额
天津港物资供应有限公司	同受母公司控制	物资采购款	预付账款	714.47
合计				714.47

关联方名称	借方发生额	贷方发生额	期初余额
天津港物资供应有限公司	3,769.02	3,692.56	638.01
合计	3,769.02	3,692.56	638.01

天津五洲联合会计师事务所

2004年2月18日

3、独立董事对公司累计和当期对外担保情况的专项说明及独立意见

根据中国证监发[2003]56号《关于规范上市公司与关联方资金往来及上市公司对外担保若干问题的通知》精神,独立董事对公司对外担保情况进行了核查,独立董事认为:截止报告期末,公司不存在为控股股东及本公司持股50%以下的其他关联方、任何非法人单位或个人提供担保的情况。

4、公司于三届十五次、三届十七次董事会审议通过的合资事项,已与合资方签订《合资合同》。目前,正在中国政府有关部门审批之中。

5、报告期内,公司转让天津天保国际物流有限公司20%股权、转让价格总额1328万元,转让北京港储运有限公司50%股权、转让价格总额为380万元。上述股权转让不属于有关上市公司出售资产规定的重大资产交易事项。上述股权转让有利于公司发展战略的实施,提高公司整体竞争力。目前,上述股权转让事项工商变更等手续已全部办理完毕,转让资金全部到位。

6、公司选定的信息披露报刊名称为《中国证券报》和《上海证券报》,报告期内无变更。

7、本报告期内公司继续聘用天津五洲联合会计师事务所为公司审计机构。

第七章　重要事项

1、本年度公司无重大诉讼、仲裁事项。

2、报告期内公司无重大收购、出售资产事项。

3、重大关联交易事项。

(1)本公司所属子公司天津港第五港埠公司承租天津港务局北疆港区第22号、第23号、第24号、第25号、第26号码头,用于生产经营,租赁期限自1998年1月1日起至2012年12月31日,年租金5,572,800.00元。天津港务局于2000年投资将第25号、第26号码头进行改造,对码头改造增值部分天津港第五港埠公司与天津港务局签订了租赁合同,租赁期限自2001年1月1日起至2012年12月31日,年租金10,262,000.00元。至本期末已支付本年度租金15,834,800.00元。

(2)本公司所属子公司天津港第五港埠公司承租天津港务局北疆港区总面积355,634.89平方米地块的土地使用权,用于生产经营,租赁期限自1998年1月1日起至2047年12月31日,年租金3,242,200.00元。1998年度、1999年度、2000年度免于支付土地租金,2001年度、2002年度按规定年租金的40%支付土地租金。至本期末已支付本年度租金3,242,200.00元。

(3)本公司所属子公司天津港第六港埠公司承租天津港务局北疆港区总面积338,402.2平方米地块的土地使用权,用于生产经营,租赁期限自1998年12月29日起至2048年9月29日,年租金2,030,413.20元。1998年度、1999年度免于支付土地租金,2000年度、2001年度按规定年租金的40%支付土地租金。至本期末已支付本年度租金2,030,413.20元。

(4)本公司承租天津港务局北疆港区总面积704,874.44平方米地块的土地使用权,用于生产经营,租赁期限自2000年1月1日起至2044年12月31日,年租金3,179,100.00元。2000年度、2001年度免于支付土地租金,2002年度、2003年度、2004年度按规定年租金的40%支付土地租金。至本期末已支付本年度租金1,271,640.00元。

(5)本公司所属子公司天津东方海陆集装箱码头有限公司租用天津港务局北疆港区的集装箱码头和煤炭码头,租赁期限自1999年1月1日起至2029年12月31日,租赁费用分固定租费和变动租费两部分,其中:码头固定租费为每月391,666.67美元,煤炭码头设备固定租费为每月39,666.66美元;集装箱码头变动租费,1999年至2002年按集装箱营运实际总收入的9%计算,2003年至2006年按10%计算,2007年以后按11%计算,煤炭码头变动租费按煤炭营运实际总收入的5%计算。实际支付时采用当月预付,次月清算方式,即每月15至18日支付当月固定租费、预缴当月1至15日的变动租费,次月的15日(遇法定节假日顺延)清算上月变动租费,以人民币多退少补,折算使用的汇率为清算日当日外汇管理局公布的中间基准汇率。至本期末已支付本年租费86,725,779.74元,"其他应付款"期末余额中应付天津港务局的3,579,801.47元,为尚未支付的码头租费。

(6)公司所属子公司天津东方海陆集装箱码头有限公司于1999年从天津港务局购入五台韩国制造的场桥,转让价为59,211,276.00元,转让款自1999年至2003年分五年付清,1999年已支付19,269,280.00元,从2000年起每年支付9,985,499.00元,至本期末已全部付清。

(7)天津港务局为本公司1,023,000,000.00元长期借款提供保证担保。

(8)天津港务局为本公司提供的综合服务项目及关联方往来情况

①交易内容	执行价格	本期发生数	上年同期发生数
供水	物价管理部门定价	4,454,261.59	3,334,856.23
供电	物价管理部门定价	21,630,436.88	21,807,038.09
通讯	物价管理部门定价	1,524,116.73	1,411,650.68
物资供应	天津市的市场价格	36,925,552.02	28,618,267.13
合计		64,534,367.22	55,171,812.13

②关联方往来	期末余额
预付物资采购款	7,144,741.89

4、报告期内,公司无托管、承包、租赁其他公司资产或其他公司托管、承包、租赁公司资产的事项。

5、报告期内公司无重大担保事项。

6、报告期内公司无委托他人进行现金资产管理事项。

7、报告期内公司或持股5%以上股东无承诺事项。

8、报告期内公司继续聘用天津五洲联合会计师事务所为公司审计中介机构。目前该审计机构已连续为公司提供审计服务8年。2003年公司支付会计师事务所报酬总额为35万元,为支付2002年度会计报表审计费。

第八章　备查文件目录

1、载有法定代表人、主管会计工作负责人、会计机构负责人签名并盖章的会计报表。

2、载有会计师事务所盖章、注册会计师签名并盖章的审计报告原件。

3、报告期内在中国证监会指定报纸上公开披露过的所有公司文件的正本及公告的原稿。

董事长:王恩德

天津港(集团)股份有限公司

二〇〇四年二月十八日

华联超市股份有限公司

华联超市股份有限公司2003年年度报告

重要提示

(一)本公司董事会及其董事保证本报告所载资料不存在任何虚假记载、误导性陈述或重大遗漏,并对其内容的真实性、准确性和完整性负个别及连带责任。

(二)公司董事长华洲先生、财务总监董小春先生和财务部经理胡黎平女士声明:保证年度报告中财务报告真实、完整。

一、公司基本情况简介

1、公司法定中文名称:华联超市股份有限公司
公司法定英文名称:HUALIAN SUPERMARKET CO.,LTD.
公司法定英文缩写:HLS
2、公司法定代表人:华洲
3、公司董事会秘书:董小春
证券事务代表:王东亮
联系地址:上海市隆昌路609号
联系电话:021-65201818转
传真:021-65432001
E-mail:hlscoltd@online.sh.cn
4、公司注册地址:上海市张杨路655号
公司办公地址:上海市隆昌路609号
邮政编码:200090
公司国际互联网网址:www.hualian-supermarket.com
电子信箱:hlscoltd@online.sh.cn
5、公司选定的信息披露报纸:《上海证券报》
登载公司年度报告的中国证监会指定国际互联网网址:www.sse.com.cn
公司年度报告备置地点:上海市隆昌路609号
6、公司股票上市交易所:上海证券交易所
股票简称:华联超市
股票代码:600825
7、公司首次注册日期:1993年12月14日
公司首次注册地点:中国上海市南京东路690号
公司变更注册日期:1998年7月20日
公司变更注册地点:中国上海市张杨路655号
企业法人营业执照注册号:3100001001333
税务登记号码:310044132205681
公司聘请的会计师事务所名称:上海立信长江会计师事务所有限公司
公司聘请的会计师事务所办公地:中国上海南京东路61号新黄浦金融大厦4楼

二、会计数据和业务数据摘要

(一)本年度主要利润指标情况 单位:元

利润总额	75,956,360.63
净利润	61,986,561.39
扣除非经常性损益后的净利润	61,374,869.47
主营业务利润	598,340,959.27
其他业务利润	12,971,187.54
营业利润	77,639,280.17
投资收益	893,935.63
补贴收入	536,991.17
营业外收支净额	-3,113,846.34
经营活动产生的现金流量净额	-138,652,253.20
现金及现金等价物净增加额	-47,494,792.10

注:扣除所得税后的非经常性损益项目为:

股权转让收益	-82,745.33
坏帐准备本期转回	107,269.71
营业外收支净额	-3,113,846.34
补贴收入	536,991.17
股权投资差额摊销	976,680.96
国有设备退税	1,684,939.17
所得税影响	468,068.06
合计	611,691.92

(二)主要会计数据和财务指标 单位:元

项目	2003年度	2002年度 调整后	2002年度 调整前	2001年度
主营业务收入	4,014,089,223.76	3,663,238,826.95	3,666,443,133.78	3,247,882,437.11
净利润	61,986,561.39	64,201,461.83	66,925,122.63	50,070,042.75
总资产	1,370,518,362.53	1,239,715,404.88	1,239,715,404.88	1,136,396,053.74
股东权益(不含少数股东权益)	369,411,872.73	307,436,101.84	311,421,437.68	244,339,457.08
每股收益(摊薄)	0.402	0.416	0.434	0.325
每股收益(加权)	0.402	0.416	0.434	0.377
每股净资产	2.394	1.993	2.019	1.584
调整后的每股净资产	2.21	1.766	1.193	1.012
每股经营活动产生的现金流量净额	-0.899	1.617	1.617	-0.403
净资产收益率(%)	16.78	20.88	21.49	20.49

注:以扣除非经常性损益后的净利润为基础计算的加权平均净资产收益率为18.14%。

(三)报告期内股东权益变动情况及变动原因(单位:元)

项目	股本	资本公积	盈余公积
期初数	154,275,248.00	28,725,030.35	46,370,080.45
本期增加	-	-	13,258,261.99
本期减少	-	-	-
期末数	154,275,248.00	28,725,030.35	59,,628,342.44
变动原因			①

项目	法定公益金	未分配利润	未确认的投资损失
期初数	17,125,905.07	78,065,743.04	-
本期增加	6,498,496.24	48,728,299.40	10,790.50
本期减少	-	-	-
期末数	23,624,401.31	126,794,042.44	10,790.50
变动原因	②	③	④

项目	合计
期初数	307,436,101.84
本期增加	61,975,770.89
本期减少	-
期末数	369,411,872.73
变动原因	

变动原因:
①和②增加系按本年度净利润一定比例提取所致;
③未分配利润增加系本年度净利润增加所致;
④系南京上海华联长江超市净资产出现负数。

三、股本变动及股东情况

(一)股本变动情况

1、股份变动情况表

股份类型	本次变动前	本期增减(+、-) 配股	送股	公积金转股	增发	其他	小计	本次变动后
一、未上市流通股份								
1、发起人股份	15,581,652							15,581,652
其中:国家持有股份	15,581,652							15,581,652
境内法人持有股份								
境外法人持有股份								
其他								
2、募集法人股份	100,124,598							100,124,598
3、内部职工股								
4、优先股或其他								
其中:转配股								
未上市流通股份合计	115,706,250							115,706,250
二、已上市流通股份								
1、人民币普通股	38,568,998							38,568,998
2、境内上市的外资股								
3、境外上市的外资股								
4、其他								
已上市流通股份合计	38,568,998							38,568,998
三、股份总数	154,275,248							154,275,248

2、股票发行与上市情况

(1)股票种类:普通股(A种股票)
发行日期:1993年10月10日至1993年11月30日
发行价格:5.40元人民币/股
发行数量:5000万股,注册资金5000万元
其中:国家持股3000万股占股本总额的60%
法人持股750万股占股本总额的15%
社会公众持股1250万股占股本总额的25%
(其中:职工持股125万股,占股本总额的2.5%)
上市日期:1994年2月4日
获准上市交易数量:1994年2月4日社会公众持股1125万股上市交易;1994年8月30日内部职工持股125万股上市交易。

(2)股份总数及结构变动情况

本年度公司股份总数及结构未发生变动。

(二)股东情况介绍

1、报告期末股东总数5,708户。

2、前10名股东持股情况

股东名称	年末持股数(股)	占总股本比例(%)	增减变动情况	股份性质
(1)上海华联商厦股份有限公司	77,137,623	50	-	法人股
(2)华联(集团)有限公司	16,198,752	10.50	-	非流通股
(3)上海友谊(集团)有限公司	4,452,068	2.89	-	法人股
(4)上海九百(集团)有限公司	3,085,500	2	-	法人股
(5)西部证券股份有限公司	2,209,261	1.43	+2,209,261	流通股
(6)景福证券投资基金	2,044,745	1.33	+2,044,745	流通股
(7)融通新蓝筹证券投资基金	1,839,584	1.19	+1,839,584	流通股
(8)裕隆证券投资基金	1,700,000	1.10	-1,054,960	流通股
(9)通乾证券投资基金	1,362,308	0.88	+1,362,308	流通股
(10)上海新江湾城开发有限公司	1,022,125	0.66	-26,900	流通股

说明:(1)前10名股东中上海华联商厦股份有限公司和华联(集团)有限公司持有公司股权10%以上,年末所持股份无质押和冻结。

(2)前10名股东之间的关联关系和一致行动人关系:华联(集团)有限公司是上海华联商厦股份有限公司的控股股东,未能知晓其他8名股东各与其他9名股东是否存在关联关系或一致行动人关系。

3、持有10%以上(含10%)的法人股东

目前持有本公司股份10%以上的股东有华联(集团)有限公司和上海华联商厦股份有限公司。

(1)上海华联商厦股份有限公司(以下简称华联商厦)

成立日期:1992年5月29日

注册资本:42,259万元

法人代表:吕勇明

注册地址:上海浦东新区张杨路655号

经营范围:百货、针纺织品、服装鞋帽、五金交电、办公用品、食品、经外

经贸部核准的进出口业务、劳防用品、电话通讯设备、汽配件、装潢材料、家具、钟表眼镜、仪器仪表、工艺美术。

上海华联商厦股份有限公司于1993年2月在上海证券交易所挂牌上市持有本公司国有法人股77,137,623股,占总股本的50%,为公司第一大股东。

(2)华联(集团)有限公司(以下简称华联集团)

成立日期:1995年7月1日

注册资本:4,487万元

法人代表:吕勇明

注册地址:上海浦东新区张杨路655号

经营范围:国有资产经营管理、实业投资、国内贸易(除专项规定外)物业管理、自营和代理各类商品及技术的进出口业务(国家限定公司经营和国家禁止进出口的商品及技术除外)经营进料加工和"三来一补"业务、开展对销贸易和转口贸易。

华联(集团)有限公司为上海国有资产管理委员会授权国有资产经营单位(沪国资协[1995]69号),持有本公司股份16,198,752股,占总股本的10.50%。由于华联集团持有华联商厦的36.33%股权,为华联商厦第一大股东,所以华联集团为本公司的实际控制人。

4、前十名流通股股东持股情况

流通股股东名称全称	年末持股数(股)	种类(A、B、H股或其他)
(1)西部证券股份有限公司	2,209,261	A
(2)景福证券投资基金	2,044,745	A
(3)融通新蓝筹证券投资基金	1,839,584	A
(4)裕隆证券投资基金	1,700,000	A
(5)通乾证券投资基金	1,362,308	A
(6)上海新江湾城开发有限公司	1,022,125	A
(7)天华证券投资基金	1,000,000	A
(8)上海建玮置业发展有限公司	987,249	A
(9)银丰证券投资基金	956,606	A
(10)上海建富投资有限公司	757,477	A

四、董事、监事、高级管理人员和员工情况

(一)现任董事、监事和高级管理人员情况

1、基本情况

职务	姓名	性别	年龄	任期起止日期	年初持股数	年末持股数	在股东单位任职情况
董事长	华洲	男	59	2000.7-2003.6	3000	3000	-
董事、总经理	汤琪	男	50	2000.7-2003.6	2250	2250	-
董事	包汉兴	男	51	2000.7-2003.6	1500	1500	-
董事	吕勇明	男	48	2000.7-2003.6	-	-	百联集团副董事长、华联集团副董事长、总经理,华联商厦董事长
董事	汤耀昌	男	55	2000.7-2003.6	-	-	华联商厦董事
董事	陈建军	男	46	2000.7-2003.6	-	-	华联集团副总经理
独立董事	陈信康	男	51	2000.7-2003.6	-	-	-
独立董事	张幼文	男	52	2002.6-2003.6	-	-	-
独立董事	金铭	男	43	2002.6-2003.6	-	-	-
监事长	李才敏	男	59	2002.6-2003.6	-	-	-
监事	徐绍伟	男	51	2000.7-2003.6	1500	1500	-
监事	黄家康	男	61	2000.7-2003.6	4937	4937	-
财务总监兼董事会秘书	董小春	男	39	2000.7-2003.6	2250	2250	-
副总经理	谢定钧	男	55	2004.01-	1650	1650	-
副总经理	王道才	男	57	2004.01-	1500	1500	-
副总经理	卢佩华	女	51	2004.01-	1500	1500	-

2、年度报酬情况

本年度在公司领取报酬的董事、监事、高级管理人员有13人,根据公司三届二十二次董事会决议和工资管理制度的有关规定,本年度公司董事、监事和高级管理人员报酬总额158.4万元,报酬最高的前三名董事报酬总额46.8万元,报酬最高的前三名高级管理人员的报酬总额43.2万元,在6万元-13万元区间9人,14万元以上-18万元4人。独立董事陈信康先生、张幼文先生和金铭先生2003年度各领取津贴6万元。3名董事未在公司领取报酬:吕勇明、汤耀昌、陈建军,其中吕勇明先生、陈建军先生在华联集团领取报酬,汤耀昌先生在华联商厦领取报酬。

3、报告期内无离任的董事、监事、高级管理人员

(二)公司员工情况

截止报告期末公司在编员工1860人,其中:业务人员89人,技术人员23人,财务人员187人,管理人员427人。公司员工受教育在大专以上646人,中专、高中1029人。高级职称9人,中级职称110人,初级职称232人。离退休人员131人。

五、公司治理结构

(一)公司法人治理结构状况

本公司严格按照有关法律法规的规定,结合公司自身的特点与需要,制定了一系列规章制度,以完善公司治理结构,提升公司治理水准。制定的公司治理细则主要有董事会议事规则、监事会议事规则、总经理工作细则、股东大会议事规则以及信息披露细则和董事会秘书工作守则等促使公司更加规范运作的制度,基本符合了中国证监会发布的《上市公司治理准则》的有关规定。公司法人治理结构具体情况如下:

1、关于股东与股东大会:公司根据《上市公司股东大会规范意见》和公司章程,制定了股东大会议事规则,以最大限度地保护股东权益;平等对待所有股东,中小股东享有平等地位,能够充分行使自己的权利;鼓励股东参与公司治理,能够在股东大会上就公司的经营管理发表自己的意见和建议,并行使自己的投票权。

2、关于控股股东与上市公司:公司人员和管理层独立于控股股东,拥有独立的生产、供销系统;董事会、经理层及相应的管理机构功能健全、独立运作;实现了与控股股东在人员、资产、财务、机构和业务上明确分开。

3、关于董事与董事会:公司董事会人数与构成符合有关法律法规和公司章程的要求;制定了董事会议事规则,各位董事能够以认真负责的态度出席董事会和股东大会,并积极行使自己的权利和履行相关义务;公司拟进一步完善董事的选聘程序,在进行第三届董事会换届时积极推行累积投票制度;公司董事会共有9名成员,其中独立董事3名,占董事会成员总数的三分之一,并成立了战略、审计、提名和薪酬与考核等四个专门委员会,使得公司董事会的决策更具科学性和专业性。惟有因各种原因,公司第三届董事会成员任期于本报告期内届满,却未及时进行董事会换届工作。

4、关于监事和监事会:公司制定了监事会议事规则,规范了监事会的议事程序和内容;监事会的人员和构成符合有关法律法规的要求;监事会成员能够以认真负责的态度出席监事会和股东大会及列席董事会;监事会能够认真履行职责,本着对全体股东负责的态度,对公司财务以及公司董事、经理和其他高管人员履行职责的合法合规性进行监督,并独立发表意见。惟有因各种原因,公司第三届监事会成员任期于本报告期内届满,却未及时进行监事会换届工作。

5、关于绩效评价与激励约束机制:公司对高管人员实行年度目标考核,每年年初与高管人员签订业务数量与质量协议,依据协议目标的完成程度对高管进行奖惩;同时,公司成立了薪酬与考核专门委员会,其成员由独立董事占多数并担任负责人,进一步完善了公司的绩效评价与激励约束机制。

6、关于相关利益者:公司充分尊重和维护银行及其他债权人、职工、消费者、供应商、社区等公司的相关利益者的法定权利;公司关注公益事业的发展,发起成立了"华联超市供应商慈善基金会",并每年向有关慈善机构捐献款物。本报告期内,公司与上海市慈善基金会联合在公司一家大型综合超市内设立慈善物品拍卖处,由公司免费提供场所,由于公司对上海慈善实业的贡献,公司被上海市慈善基金会评为"慈善之星"。

7、关于信息披露与透明度:公司能够严格按照法律、法规和公司章程的规定,真实、准确、完整、及时地披露有关信息;公司建立了信息披露工作制度;公司董事会指定董事会秘书负责信息披露工作,接待投资者来访和咨询;能够按照有关规定,及时披露大股东或公司实际控制人的详细资料和股份的变化情况。

8、公司第三届董事会和监事会成员任期届满未进行及时换届,与有关规定不甚相符,公司力争在下一报告期内完成第三届董事会和监事会换届。

(二)独立董事履行职责情况

1、公司董事会本报告期共召开6次会议,独立董事陈信康先生、张幼文先生和金铭先生每次都能亲自出席会议并按自己独立意志进行表决,并对会议所审议的议案能够从公正、独立的立场发表意见和观点。

2、独立董事陈信康先生、张幼文先生和金铭先生严格按照中国证监会发布的《关于在上市公司建立独立董事制度的指导意见》的有关规定行使作为本公司独立董事的权利和履行相关的义务,对公司会计政策的变更发表了独立意见。

(三)公司在资产、业务、人员、机构和财务等方面的独立情况

1、公司人员独立

(1)公司劳动、人事、工资管理独立;

(2)公司的总经理、副总经理、财务总监、董事会秘书等高级管理人员专职在公司工作,并在公司领取报酬,没有在大股东处兼任任何职务;

(3)大股东推选董事经过了合法的程序进行,没有干预公司董事会和股东大会已经作出的人事任免决定。

2、公司资产完整

(1)公司拥有独立的法人资格,对资产具有完全的占有、使用、收益和处分的权利,可独立支配其拥有的各类资产。

(2)公司资产的产权归属与控股股东明确界定,不存在产权归属不清的资产。

3、公司财务独立

(1)公司设立了独立的财务会计部门,并建立了独立的会计核算体系和财务管理制度;

(2)独立在银行开户,不存在与控股股东共用银行账户的情况,未将资金存放在控股股东的财务公司或资金结算中心;

(3)依法独立缴纳税款;

(4)财务体制完全独立于控股股东,能够独立作出财务决策,不存在控股股东干预公司资金使用的情况。

4、公司业务独立

(1)拥有独立的商品采购、配送和销售系统;

(2)公司对于制定发展战略与计划、设立分支机构、选择确定连锁加盟对象等均有独立自主的决策权;

(3)业务独立于控股股东及其他关联方。

5、公司机构独立

(1)公司内部机构均独立于控股股东及其它发起人,依法行使各自职权;

(2)生产经营和行政管理(包括劳动、人事及工资管理等)完全独立于控股股东,办公机构和生产经营场所与控股股东分开,不存在"两块牌子、一套人马",混合经营、合署办公的情况。

(四)关于绩效评价与激励约束机制

公司对高管人员实行年度目标考核,每年年初与高管人员签订业务数量与质量协议,依据协议目标的完成程度对高管进行奖惩;同时,公司成立了薪酬与考核专门委员会,其成员由独立董事占多数并担任负责人,进一步完善了公司的绩效评价与激励约束机制。

本年度公司召开一次年度股东大会和一次临时股东大会。有关情况如下:

六、董事会报告

(一)已经或即将发生的重大事项对公司财务状况和经营成果的影响

报告期内,公司继续执行2003年第一次临时股东大会审议通过的关于修改增发新股议案的决议。由于各种原因,2003年未能如期进行增发新股,2004年公司将继续执行增发新股的有关股东大会决议。如果2004年能够如期增发,则将大大改善公司的财务状况,并随着募集资金的逐步投入使用,将对公司2004年的经营业绩产生一定的影响。

(二)公司经营及工作情况

1、主营业务范围及其经营状况

(1)公司主营业务为经营连锁超市。连锁超市为我国零售业中的一种新型业态,具有经营效率高、成长性强等特点。2004年为我国零售行业对外完全开放前的最后一年过渡期,一旦过渡期届满,国外零售巨头势必大举介入,国内零售行业的竞争亦必将越来越惨烈。在这种形势下,公司董事会和经营管理层结合公司实际情况,继续贯彻"便民、利民、为民"的经营理念,继续执行"比竞争对手成本更低"的竞争策略,开展品牌经营,利用"华联超市"的品牌声誉大力发展特许经营,加强内部控制制度的建设和完善,深化门店管理,提升经营技术,强化物流系统、财务系统和信息化系统的支撑。经过公司全体员工的努力,公司2003年度实现销售收入40.14亿元,利润总额7595.64万元,净利润6198.66万元,销售收入比上年同期增长9.58%,利润总额和净利润与上年同期相比下降1.87%

和3.45%。具体经营管理情况如下：

a、特许经营声誉日隆，加盟发展工作成果丰硕

2003年加盟发展工作尽管遭遇SARS的影响，但仍取得比较良好的业绩，全年净增加盟店322家，使得公司加盟店总数达到1100多家，加盟发展工作不仅为公司利润的增长贡献力量，并且进一步增强了公司的品牌声誉。由于公司加盟发展工作在我国特许经营领域的显著成绩，连续多年被中国连锁经营协会评为"中国优秀特许品牌"，2003年除"华联超市"被评为"中国优秀特许品牌"外，公司董事长华洲先生还被评为中国特许企业优秀管理者。

b、提高门店管理水平，增强门店经营能力继续在直营门店中开展星级门店评比活动，实行奖优惩劣，同时树立样板店，作为各门店经营管理的学习榜样，重点调整2000平方米以上面积门店的布局，以提高其单店盈利能力；全面整顿加盟店，提高其服务水平，扩大配货量，强化对督导和店长经营能力和管理水平的培训；加强对门店的审计工作和财务审查力度，提高资金运作能力，严格执行实行门店零库存管理，以提高存货周转速度。

c、加强商品采购工作，扩大商品自采量

在实行统一采购的平台上，公司加强了商品采购管理工作，力图将商品采购价格降至最低，提高公司销售毛利率，为此，公司扩大了生鲜、水果的产地采购量，加大了买断商品的采购以及自行采购的数量，特别是加大了适合大型综合超市销售的百货类当令商品数量。

d、严控各种工程管理，降低成本费用

建设各项工程中严格控制各项成本费用支出，对采购的工程设备进行招投标制，实行货比三家，在保证设备质量前提下，力争将设备的价格降至最低，；公司总部办公费和门店费用控制方面，变过去的"用了再算"为"算了再用"，在实际运作中，力争节省每一度电和每一张纸，对各项费用支出都进行严格控制，实行费用预算制，超过预算额度的，由有关人员自行承担超支费用中的一部分。

e、提升免费送货热线知名度，增加销售收入

免费送货热线电话根据有关规定由"85828"改为"962828"后，受消费者欢迎的程度继续高涨，在SARS疫情期间，热线电话更是火爆异常，销售收入同比猛增；与此同时，公司对网站进行了改版，对网站公布的商品信息进行及时更新，方便消费者进行网上购物，这样公司形成以门店零售、大宗批发、电话购物和网上购物等较为完善的零售体系。

f、升级财务、物流软件，提升信息化系统的支撑力度

为进一步提升公司财务软件的水平，公司与世界知名财务软件公司合作提升财务软件的工作已近尾声，即将投入使用，该升级后的财务软件具备国际一流国内领先水准，将大大提高公司财务工作的效率；配合物流业务快速发展的需要，公司相应对物流软件进行了升级改造，以适应物流业务发展对信息化的要求。

(2)主营业务分行业情况

分行业或分产品	主营业务收入	主营业务成本	毛利率(%)
商业	4,212,529,989.30	3,594,543,080.61	14.67
服务业	46,099,507.56	33,404,556.96	27.54
内部销售相互抵销	244,540,273.10	237,340,273.10	2.94
合计	4,014,089,223.76	3,390,607,364.47	15.53
其中：关	9,490,351.24	9,490,351.24	-

分行业或分产品	主营业务收入比上年增减(%)	主营业务成本比上年增减(%)	毛利率比上年增减(%)
商业	11.65	11.78	-0.67
服务业	123.26	100	-72.46
内部销售相互抵销	87.42	86.40	22.08
合计	9.58	9.79	-1.03
其中：关	-	-	-

关联交易的定价原则：作为向公司的加盟店(属于控股股东)配送商品，公司按照有关加盟管理制度的规定，向所有加盟店配送商品的价格一致，因此属于市场化同时亦是成本价定价原则。

关联交易必要性、持续性的说明：如果控股股东下属超市加盟公司的关系存在，则公司将需向其配送商品，关联交易亦将一直持续存在。

(3)按收入内容分类

收入	金额
商品销售收入	3,579,556,718.04
加盟管理收入	32,684,836.78
其他收入	401,847,668.34
合计	4,014,089,223.16

(4)主营业务收入和主营业务利润构成

项目地区	主营业务收入	所占比例
华东地区	3,708,858,676.79	92.40%
华北地区	305,230,546.97	7.60%
合计	4,014,089,223.76	100%

项目地区	主营业务毛利	所占比例
华东地区	539,737,094.75	86.57%
华北地区	83,744,764.54	13.43%
合计	623,481,859.29	100%

2、主要控股公司及参股公司的经营情况及业绩

公司名称	注册资本	主营业务	资产规模	净利润
上海华联超市南京有限公司	800万	食品、日用杂品等	28,660,709.77	88,640.80
上海华联超市杭州有限公司	500万	食品、日用杂品等	9,720,789.44	3,101.86
上海华联超市湖州有限公司	50万	食品、日用杂品等	3,753,761.92	8,914.39
上海华联超市南通有限公司	150万	食品、日用杂品等	5,119,040.07	7,463.92
上海华联超市苏州有限公司	150万	食品、日用杂品等	3,577,668.02	-61,106.52
上海华联超市徐州有限公司	150万	食品、日用杂品等	6,760,991.09	46,915.77
上海华联超市芜湖有限公司	150万	食品、日用杂品等	9,240,091.94	1,734.47
上海华联超市淮安有限公司	150万	食品、日用杂品等	3,615,693.18	-663,211.87
西单上海华联超市(北京)有限责任公司	5,000万		117,060,316.59	495,672.38
上海华联超市青岛有限公司	1000万	食品、日用杂品等	27,661,332.29	-3,732,540.40
上海华联超市阜阳有限责任公司	150万	食品、日用杂品等	5,303,518.15	4,486.85
上海华联超市泰兴有限公司	1000万	食品、日用杂品等	16,101,380.66	-1,338,359.90
上海华联超市南昌有限公司	1000万	食品、日用杂品等	22,080,311.46	7,447.55
上海华联超市合肥有限公司	1000万	食品、日用杂品等	34,606,500.81	-1,171,346.26
上海华联超市崇明有限公司	500万	食品、日用杂品等	12,811,272.13	210,681.69
上海华联超市连云港有限公司	1000万	食品、日用杂品等	15,385,314.88	-1,279,577.94
上海华联超市蚌埠有限公司	1000万	食品、日用杂品等	12,843,055.52	-2,031,319.62
上海华联超市如皋有限公司	1000万	食品、日用杂品等	44,939,270.29	-796,640.83
上海华联超市盐城有限公司	500万	食品、日用杂品等	17,119,005.04	-9,442.60
上海华联超市物流有限公司	1000万	食品、日用杂品等	117,890,305.20	4,218,989.16
上海华联超市租赁有限公司	500万	超市经营用、通讯用设备和器材的销售等	75,445,302.35	818,426.16
上海华联超市滕州有限公司	1000万	食品、日用杂品等	16,900,144.45	77,632.90

3、主要供应商和客户情况

前五名供应商采购金额合计	322,657,000	占采购总额比重	9.52%
前五名销售客户销售金额合计	84,220,149.03	占销售总额比重	2.1%

4、经营中出现的问题与困难及解决措施

(1)由于SARS疫情及其他一些原因，使公司拟通过增发新股以缓解资金短缺与业务快速发展矛盾的计划在2003年还是未能如愿实施，导致在2004年的业务发展中还将可能出现资金短缺的问题，从而影响公司业务规模的进一步扩大。

应对措施：为缓解公司资金短缺而影响业务规模扩大的矛盾，以取得更大的规模经效应而在市场竞争中取得先机，公司将一如既往地通过多种渠道筹措资金以满足经营发展之需。第一，公司将继续加强与银行的沟通与协调，以获得银行资金的继续支持；第二，公司将抓紧增发新股的筹备工作，争取2004年能够顺利地实现股权融资，使募集资金投向项目能够得以顺利开展，同时降低公司资产负债率，以改善公司的财务状况。

(2)公司新合资组建的外地子公司在本年度的净利润表现为负数，主要是因为该等子公司为刚刚开业时间不长，当地的消费者对子公司经营模式和营销方式等的接受和认可需要一定的时间，使得销售规模还未达到一定程度，还未能产生规模经济效应，加上根据有关财务会计制度规定，子公司的开办费需要在开业的当期进行一次性摊销，因而在会计报表上，该等新开业不长时间的子公司净利润表现为负数。

应对措施：由于连锁行业的经营特性主要是依靠其经营效率高的特点，尽可能地扩大销售规模，以产生规模经济效应。所以公司将充分发挥既有的品牌、资源、管理和技术优势，加强对该等子公司经营管理上的指导，加大宣传力度，提高营销促销的频率，缩短当地消费者对子公司的接受和认可时间，同时，根据当地消费者的消费习惯和特点，积极调整商品结构，加大对当地土特产品的采购，以满足当地消费者的消费需求。

(三)公司投资情况

1、公司在报告期内没有募集资金，亦无报告年度之前募集资金的使用延续到报告期内。

2、公司在报告期内非募集资金的使用情况：

公司与青岛通惠实业有限公司合资组建了上海华联超市(青岛)有限公司。该子公司注册资本1000万元，公司以现金方式出资970万元，占注册资本的97%，青岛通惠实业有限公司以现金方式出资30万元，占注册资本的3%。

(四)公司财务状况　单位:元

1、财务状况与经营成果项目发生重大变化情况及原因分析

	2003年1-12月	2002年1-12月	增减幅度	变动原因
主营业务利润	598,340,959.27	552,586,694.22	8.28%	
净利润	61,986,561.39	64,201,461.83	-3.45%	
项目	2003年末	2002年末	增减幅度	
总资产	1,370,518,362.53	1,239,715,404.88	10.55%	
股东权益	369,411,872.73	307,436,101.84	20.16%	
货币资金	64,710,547.80	112,205,339.90	-42.33%	(1)
应收票据	157,503,696.84	72,348,615.98	117.70%	(2)
存货	385,830,901.30	277,752,625.26	38.91%	(3)
应收帐款	62,827,591.76	104,594,633.63	-39.93%	(4)
预付帐款	23,714,476.80	14,015,549.00	69.20%	(5)
待摊费用	17,270,865.00	25,411,760.83	-32.04%	(6)
在建工程	126,000.02	43,186,451.68	-99.71%	(7)
长期股权投资	-5,219,913.21	13,603,963.56	-	(8)
长期待摊费用	4,144,181.00	2,649,591.66	56.41%	(9)
短期借款	475,000,000.00	275,500,000.00	72.41%	(10)
应付票据	88,240,837.59	60,896,767.58	44.90%	(11)
应付账款	316,367,595.98	475,960,620.97	-33.53%	(12)
预收账款	41,536,040.85	28,756,831.68	44.44%	(13)
其他应付款	53,875,863.60	52,438,353.93	2.74%	
应交税金	-3,790,126.70	10,607,362.99	-	
预提费用	660,400.00	493,855.00	33.72%	(14)
主营业务税金及附加	25,140,900.02	22,328,063.33	12.60%	
其他业务利润：	12,971,187.54	15,745,977.36	-17.62%	
营业外收入	1,508,051.84	422,635.47	256.82%	(15)
营业外支出	4,621,898.18	4,377,907.07	5.57%	
补贴收入	536,991.17	21,580.09	2388.36%	(16)
投资收益	893,935.63	604,321.64	47.92%	(17)
现金及现金等价物	-47,494,792.10	-48,438,442.88	-	

注释:(1) 货币资金较期初数大幅减少是因为公司加大了一次性买断的商品采购数量，故减少了货币资金数量；

(2) 应收票据较期初数大幅增加主要系因为公司改变了原有的结算方式，在收讫货款时较多的采用了商业票据的形式，故使应收票据较以前年度有所增加。

(3) 存货较期初数大幅增加主要系由于以下两点：(1)与上年相比公司本期新增四家合并报表子公司，其中2002年度投资设立的上海华联超市滕州有限公司、上海华联超市泰兴有限公司，本期投资设立的上海华联超市青岛有限公司、上海华联超市合肥有限公司；(2)公司本期购入存货较多的采用了买断方式而导致存货增加。

(4)应收帐款大幅减少系因为公司改变了原有的结算方式，在收讫货款时较多的采用了商业票据的形式，故应收帐款较期初大幅减少；

(5)预付帐款大幅增加系因为公司报告期内增加了采购商品的预付款项；

(6)待摊费用大幅减少系因为报告期内进行了摊销；

(7)在建工程大幅减少系报告期内对在建工程进行了竣工验收；

(8)长期股权投资大幅减少系因对物流子公司和租赁子公司投资形成的股权投资差额冲减所致；

(9) 长期待摊费用大幅增长系因为公司增加商业网点，使门店装修费有较大幅度的增长；

(10) 短期借款较期初数大幅增加主要系由于本期公司买断商品而导致资金需求增加

(11) 应付票据较期初数大幅增加主要系因为公司改变了原有的结算方式，在支付货款时较多的采用了商业票据的形式，故使应付票据较以前年度有所增加。

(12) 应付账款较期初数大幅较少主要系由于本期公司买断商品而导致应付货款减少。

(13)预收帐款期初数大幅增加主要系报告期内加盟店增加了预付配送商品款；

(14)预提费用较期初数大幅增加主要系因为本期预提费用较多所致；

(15)营业外收入较期初数大幅增加主要系因为固定资产清理收入增加所致；

(16)补贴收入较期初数大幅增加主要系因为子公司享受政策优惠退税所致；

(17) 投资收益较期初数大幅增加主要系因为股权投资差额摊销所致；

2、对公司一次性加盟费收入由一次性记为收入改为按 8 年分期记为收入之会计政策变更的讨论分析

公司向加盟店收取的一次性加盟费收入原采用一次性计入收入的方式进行核算，本期公司参照财政部二 OO 三年五月三十日颁发的财会[2003]16 号文《关于企业收取的一次性入网费会计处理的规定》的通知，改用在 8 年内平均摊销分期确认收入，并进行追溯调整。该项会计政策的变更影响 2002 年初未分配利润-1,009,340.04 元，影响 2002 年初盈余公积-252,335.00 元；影响 2002 年度净利润-2,723,660.80 元，影响 2002 年度末分配利润-2,178,928.64 元，影响 2002 年度计提盈余公积-544,732.16 元；累计影响 2003 年初未分配利润-3,188,268.68 元，盈余公积- 797,067.16 元。影响 2003 年度利润总额-3,047,051.62 元，净利润-2,589,993.88 元。

(五)报告期内，生产经营环境以及宏观政策、法规未发生重大变化，没有对公司的财务状况和经营成果产生重要影响

(六)董事会日常工作情况

1、董事会会议情况及决议内容：

公司董事会在报告期内共召开 6 次会议，监事会成员列席了每次会议。

(1)2003 年 1 月 27 日召开第三届董事会第二十四次会议，会议审议并通过如下决议：

a、关于建设 2 0 家大型综合超市项目的可行性报告

b、关于修改《关于公司符合公募增发 A 股条件的议案》的议案

c、关于修改《关于公司 2 0 0 1 年公募增发 A 股的议案》的议案

d、关于修改《关于公司 20 01 年公募增发 A 股募集资金运用可行性的议案》的议案

e、关于 2 0 0 2 年度财务报告审计报酬的议案

f、关于召开 2 0 0 3 年第一次临时股东大会的议案

(决议公告刊登在 2 0 0 3 年 1 月 2 9 日《上海证券报》)

(2)2003 年 2 月 21 日召开第三届董事会第二十五次会议，会议审议并通过如下决议：

a、、公司 2002 年度董事会工作报告

b、公司 2002 年度总经理工作报告

c、公司 2002 年年度报告及其摘要

d、公司 2002 年度财务决算及 2003 年财务预算报告

e、公司 2002 年度的利润分配预案

f、关于合资成立上海华联超市(青岛)有限公司的可行性议案

g、关于会计政策变更的议案

h、关于续聘上海立信长江会计师事务所为公司 2003 年度财务报告审计机构及提请股东大会授权董事会决定其报酬的议案

i、关于公司 2002 年度股东大会的召开事宜

(决议公告刊登在 2003 年 2 月 25 日《上海证券报》)

(3)2003 年 4 月 24 日召开第三届董事会第二十六次会议，会议审议并通过如下决议：

a、公司 2003 年第一季度报告全文

b、关于变更组建上海华联超市(青岛)有限公司的有关事宜的议案

(4)2003 年 6 月 27 日召开第三届董事会第二十七次会议，会议审议并通过如下决议：

a、关于聘请中国科技证券有限责任公司为公司增发新股主承销商的议案

b、关于公司前次募集资金使用情况说明的议案

(决议公告刊登在 2003 年 7 月 1 日《上海证券报》)

(5)2003 年 8 月 8 日召开第三届董事会第二十八次会议，会议审议并通过如下决议：

a、关于公司 2 0 0 3 年半年报全文及摘要

b、关于修改公司章程的议案

c、关于召开 2 0 0 2 年年度股东大会的议案

(决议公告刊登在 2003 年 8 月 12 日《上海证券报》)

(6)2003 年 10 月 30 日召开第三届董事会第二十九次会议，会议审议并通过如下决议：

a、公司 2 0 0 3 年第三季度季报

b、关于会计政策变更的议案

(决议公告刊登在 2003 年 10 月 31 日《上海证券报》)

2、董事会对股东大会决议的执行情况

公司董事会严格执行了股东大会通过的各项决议。公司 2003 年第一次临时股东大会审议通过了关于向中国证监会申请增发不超过 7000 万股 A 股的决议，报告期内，公司董事会与各中介机构积极筹备该等事项，目前该事项正在积极筹办之中。

(《2003 年第一次临时股东大会决议公告》刊登在 2003 年 3 月 4 日《上海证券报》)

(七)本次利润分配预案

根据公司第三届第三十一次董事会审议通过，2003 年度公司分配预案为：

(1)本年度实现净利润 61,986,561.39 元，提取 10%法定盈余公积合并后计 6,759,765.75 元，提取 5%或 10%法定公益金合并后计 6,498,496.24 元，可供股东分配利润 48,728,299.40 元，加上年初未分配利润 78,065,743.04 元，2003 年度可供股东分配利润合计 126,794,042.44 元；

(2)本年度利润分配方案为：拟不进行现金和股票红利分配、亦不进行资本公积金转增股本；

(3)由于公司年末资产负债率偏高，同时公司 2004 年因业务发展计划对资金需求量较大，因此，2003 年度采取不分配不转增的利润分配方案。

上述分配预案需经 2003 年年度股东大会审议通过。

(八)会计师事务所和独立董事对对外担保情况、控股股东和其他关联方占用资金情况的专用说明和独立意见

1、上海立信长江会计师事务所出具的专项说明

控股股东及其他关联方占用资金情况专项说明

信长会师函字(2004)第 005 号

华联超市股份有限公司董事会：

我们接受贵公司的委托，对贵公司截止 2003 年 12 月 31 日的控股股东及其他关联方占用贵公司资金情况进行专项核查。我们的核查是依据中国证券监督管理委员会和国有资产监督管理委员会共同颁布的《关于规范上市公司与关联方资金往来及上市公司对外担保若干问题的通知》(2003 - 56 号)进行的。贵公司管理当局的责任是提供真实、合法、完整的贵公司控股股东及其他关联方资金占用的全部资料，包括原始合同、协议等(或副本)、会计凭证与帐簿、会计报表、有关实物证据及我们认为必要的其他资料。我们的责任是根据上述《关于规范上市公司与关联方资金往来及上市公司对外担保若干问题的通知》(2003 - 56 号)的规定，对贵公司与控股股东及其他关联方资金往来情况是否符合规定进行相关调查、核实并出具专项说明。在调查、核实过程中，我们实施了查阅有关资料、会计凭证、核对会计帐簿记录等我们认为必要的核查程序。

现将审核情况说明如下：

一、贵公司已经按照规定要求，进行了自查并将自查报告于 2003 年 10 月报送公司所在地证监会派出机构备案。

二、截至 2003 年 12 月 31 日止，贵公司账面记载的应收控股股东及其他关联方占用资金余额为 284,042.03 元，系由控股股东上海华联商厦股份有限公司占用的经营性资金，占用方式为货款，占用原因是经营占用，账龄在半年以内；其他关联方无违规资金占用情况。

三、自 2003 年 8 月 28 日至 2003 年 12 月 31 日止，控股股东及其他关联方共清偿占用资金 2,910,532.91 元。其中，现金清偿 2,910,532.91 元。

截至 2003 年 12 月 31 日止，控股股东及其他关联方资金占用余额比上年末下降 67%。

上海立信长江会计师事务所有限公司

二 OO 四年二月十三日

附关联方占用资金明细表　单位：万元

关联方	年初余额	本期发生数	年末余额
上海华联商厦	35.32	949.04	22.15
上海华联商厦	--	34.76	6.25
华联集团资产托管公司	50	--	--

关联方	占用科目	占用原因
上海华联商厦	应收帐款经营性	
上海华联商厦	其他应收款经营性	
华联集团资产托管公司	其他应收款	
	股权转让	

2、公司三位独立董事出具的专项说明和独立意见

根据中国证监会颁布的《关于在上市公司建立独立董事制度的指导意见》和证监发(2003) 56 号文《关于规范上市公司与关联方资金往来及上市公司对外担保若干问题的通知》的有关规定，作为华联超市股份有限公司的独立董事，在充分听取公司董事会和经营管理层关于公司与关联方资金往来及对外担保情况汇报的基础上，进行了专项核查，现就公司与关联方资金往来与对外担保的情况说明并发布独立意见如下：

(一)关于控股股东与其他关联方占用资金的情况

公司已经按照规定要求，就控股股东与其他关联方占用资金情况进行了自查，并将自查报告于 2003 年 10 月报送公司所在地证监会派出机构备案；截至 2003 年 12 月 31 日止，公司账面记载的应收控股股东及其他关联方占用资金余额为 284,042.03 元，2003 年度累计发生额 983.80 万元，系由控股股东上海华联商厦股份有限公司占用的经营性资金，占用方式为销售货款，占用原因是经营占用；另外，关联方华联集团资产托管有限公司因 2002 年股权转让未即时支付款项，占用资金 50 万元，占用原因是经营占用，并已于本年度清偿；其他关联方无资金占用情况。

(二)关于公司对外担保情况

公司已经按照规定要求，就公司对外担保情况进行了自查，并将自查报告于 2003 年 10 月报送公司所在地证监会派出机构备案；截至 2003 年末，公司没有对外担保，期间曾对控股 50%以上的控股子公司提供小额贷款担保的程序亦符合有关法律法规和公司章程的规定，并根据上交所有关规定作了相应的信息披露。。

特此说明。

华联超市股份有限公司

独立董事：陈信康、张幼文、金铭

二〇〇四年二月十三日

(九)本报告期内公司继续选择《上海证券报》作为信息披露报纸。

七、重要事项

(一)报告期内无重大诉讼、仲裁事项

(二)报告期内公司无收购及出售资产、吸收合并事项。

(三)报告期内无重大关联交易事项

(四)报告期内没有委托理财事项

(五)报告期内承诺事项

公司持股 5%以上股东上海华联商厦股份有限公司于 2000 年 7 月 18 日在《上海证券报》刊登董事会公告，承诺对受让"时装股份"50%股权后三年内不进行转让，截至 2003 年 7 月 17 日其三年承诺期已满。在三年承诺有效期内，该公司未对持有本公司 50%的股权进行转让。

(六)报告期内聘任、解聘会计师事务所等情况

截止报告期末，公司连续 4 年聘任上海立信长江会计师事务所为公司的审计机构。本报告期共向其支付报酬 70 万元作为审计费用(含差旅费)。签字注册会计师钱志昂先生因连续审计公司财务报告超过 5 年而被轮换，由注册会计师郑帼琼先生和周琪先生对公司 2003 年财务报告进行审计。

(七)报告期内，公司董事会及董事没有受中国证监会稽查、行政处分、通报批评和上海证券交易所公开谴责的情况，亦无中国证监会派出机构对公司进行巡检的情况。

(八)报告期内，公司无对外担保，亦没有新发生对控股子公司的担保。

(九)报告期内其他重大事项

公司 2001 年度报告披露的向第一大股东上海华联商厦股份有限公司下属加盟店配送商品的相关协议报告期内没有发生变化，按照既定的协议内容执行。本报告期内，公司共向其配送货物 9,490,351.24 元，其向公司交纳加盟管理费 347,628.83 元，合计发生关联交易 9,837,980.07 元。

(一)审计报告

审计报告

信长会师报字(2004)第 10218 号

华联超市股份有限公司全体股东：

我们审计了后附的华联超市股份有限公司(以下简称"贵公司")2003 年 12 月 31 日资产负债表和合并的资产负债表，2003 年度利润及利润分配表和合并的利润及利润分配表，以及 2003 年度现金流量表和合并的现金流量表。这些会计报表的编制是贵公司管理当局的责任，我们的责任是在实施审计工作的基础上对这些会计报表发表意见。

我们按照中国注册会计师独立审计准则计划和实施审计工作，以合理确信会计报表是否不存在重大错报。审计工作包括在抽查的基础上检查支持会计报表金额和披露的证据，评价管理当局在编制会计报表时采用的会计政策和作出的重大会计估计，以及评价会计报表的整体反映。我们相信，我们的审计工作为发表意见提供了合理的基础。

我们认为，上述会计报表符合国家颁布的企业会计准则和《企业会计制度》的规定，在所有重大方面公允反映了贵公司 2003 年 12 月 31 日的财务状况以及 2003 年度的经营成果和现金流量。

上海立信长江会计师事务所有限公司

中国注册会计师

郑帼琼　周琪

中国·上海二 OO 四年二月十三日

八、备查文件目录

(一)载有法定代表人、主管会计工作负责人、会计机构负责人签名并盖章的会计报表。

(二)载有上海立信长江会计师事务所有限公司盖章，注册会计师签名并盖章的审计报告原件。

(三)报告期在中国证监会指定报纸上公开披露过的所有公司文件的正本及公告原稿。

华联超市股份有限公司

董事长签名：华洲

二〇〇四年二月十三日

湖南株冶火炬金属股份有限公司

湖南株冶火炬金属股份有限公司首次公开发行股票上市公告书

第一节 重要声明与提示

湖南株冶火炬金属股份有限公司(以下简称"本公司"、"公司" "株冶火炬"、或"发行人")董事会保证上市公告书的真实性、准确性、完整性,全体董事承诺上市公告书不存在虚假记载、误导性陈述或重大遗漏,并承担个别和连带的法律责任。

根据《公司法》、《证券法》等有关法律、法规的规定,本公司董事、高级管理人员已依法履行诚信和勤勉尽责的义务和责任。

上海证券交易所、中国证券监督管理委员会、其他政府机关对本公司首次公开发行股票上市有关事项的意见,均不表明对本公司的任何保证。

本公司提醒广大投资者注意,凡本上市公告书未涉及的有关内容,请投资者查阅2004年8月10日刊载于《中国证券报》、《上海证券报》、《证券时报》和《证券日报》上的本公司首次公开发行股票招股说明书摘要,及刊载于上海证券交易所网站(http://www.sse.com.cn)的本公司首次公开发行股票招股说明书全文。

第二节 概 览

一、股票简称:株冶火炬

二、沪市股票代码:600961

三、深市代理股票代码:003961

四、股本总额:427,457,914股

五、可流通股本:120,000,000股

六、本次上市流通股本:120,000,000股

七、发行价格:3.50元/股

八、上市地点:上海证券交易所

九、上市时间:2004年8月30日

十、股票登记机构:中国证券登记结算有限责任公司上海分公司

十一、保荐机构:华欧国际证券有限责任公司

十二、对本公司首次公开发行股票前股东所持股份的流通限制及期限:根据国家有关法律、法规规定和中国证监会证监发行字[2004]124号《关于核准湖南株冶火炬金属股份有限公司公开发行股票的通知》,本公司的国有法人股和法人股暂不上市流通。

十三、本公司第一大股东对所持股份自愿锁定的承诺:株冶火炬首次公开发行股票前第一大股东株洲冶炼集团有限责任公司向上海证券交易所承诺,自发行人股票上市之日起12个月内,不转让其所持有的发行人股份,也不由发行人回购其所持有的株冶火炬股份。

第三节 绪 言

本上市公告书是根据《中华人民共和国公司法》、《中华人民共和国证券法》、《股票发行与交易管理暂行条例》、《公开发行股票公司信息披露实施细则》和《上海证券交易所股票上市规则》等国家有关法律、法规的规定,并按照中国证券监督管理委员会《公开发行证券公司信息披露内容与格式准则第7号-股票上市公告书》而编制的,旨在向投资者提供有关本公司和本次股票上市的基本情况。

经中国证监会证监发行字[2004]124号文核准,本公司于2004年8月13日采取全部向沪市、深市二级市场投资者定价配售的方式成功发行了12,000万人民币普通股,每股面值1.00元,发行价为每股人民币3.50元。

根据上海证券交易所《关于湖南株冶火炬金属股份有限公司人民币普通股股票上市交易的通知》(上证上字[2004]124号)批准,本公司12,000万股社会公众股将于2004年8月30日起在上海证券交易所挂牌交易。股票简称"株冶火炬",沪市股票代码"600961",深市代理股票代码"003961"。

本公司已于2004年8月10日在《中国证券报》、《上海证券报》、《证券时报》和《证券日报》上刊登了《招股说明书摘要》,招股说明书正文及其附录刊载于上海证券交易所网站(http://www.sse.com.cn),前述招股文件刊登距今不足三个月,故与其重复的内容不再重述,敬请投资者查阅上述文件。

第四节 发行人概况

一、发行人基本情况

1、公司名称:湖南株冶火炬金属股份有限公司

2、英文名称:HUNAN ZHUYE TORCH METALS CO.,LTD.

3、法定代表人:李枝芳

4、注册资本:30,745.79万元

5、设立日期:2000年12月13日

6、注册地址:湖南省株洲市天元区滨江一村17栋208-209号

7、经营范围:生产、加工、销售锌硫砂、锌及锌基合金;生产、销售工业硫酸、二氧化硫烟气;研究、开发、生产、销售政策允许的金属材料。

8、主营业务:锌及锌合金、工业硫酸的生产和销售

9、所属行业:制造业--有色金属冶炼及压延加工业(C67)

10、联系电话:0733-8392172

11、传真号码:0731-8390145

12、互联网网址:http://www.torchmetals.com.cn

13、电子信箱:电子信箱:zytorch@torchmetals.com.cn

14、董事会秘书:刘伟清

二、历史沿革

公司是经湖南省人民政府湘政函[2000]208号文批准,于2000年12月13日由原湖南火炬有色金属有限公司整体变更设立的股份有限公司。公司股东为株洲冶炼厂、湖南经济技术投资担保公司、株洲全鑫实业有限责任公司、株洲市国有资产投资经营有限公司、中国有色金属工业长沙公司、西部矿业有限责任公司、四川省会理锌矿、江西省七宝山铅锌矿、江苏省吴县市铜矿和乐昌市铅锌矿。

经中国证监会证监发行字[2004]124号文核准,本公司于2004年8月13日在上海证券交易所向沪市、深市二级市场投资者以定价配售的方式成功发行了12000万股每股面值1.00元的人民币普通股,发行价为每股人民币3.50元。此次发行完成后,本公司的总股本为42,745.7914万股,注册资本42,745.79万元。

三、发行人主要经营情况

本公司主要生产、加工、销售锌及锌合金,是国内主要的综合性锌生产企业,2002年和2003年锌生产量居全国第一,拥有2条完整的锌生产系统,电锌年设计生产能力为25万吨,居世界第九位(2001年)。公司锌冶炼生产系统采用的焙烧---浸出---净化---电解---铸型湿法炼锌工艺,是当前世界上成熟的、国内先进的炼锌工艺流程,其整体工艺装备处于国内领先水平,其中重要装备具有国际先进水平。特别是部分工序通过建立DCS集散控制系统,使工艺参数采集、显示、控制等环节实现自动化,从而有效地强化了冶炼工艺过程控制,促进了中国湿法炼锌过程自动化水平的大幅提高。

公司锌生产系统在我国行业内最早通过ISO9001国际质量体系认证,主导产品锌锭已在伦敦金属交易所(LME)注册,属该所的重要期货交易品种,并享受出口免验待遇。由于公司的锌锭质量达到国际先进水平,且优级品率高(特高级锌占锌锭总产量的比率达99%以上,出厂锌产品抽查合格率为100%),因而在国际市场上具有极强的竞争力。针对有色冶炼行业污染重的特点,公司历来注重环保治理,通过创建花园式工厂,辅之以技术和设备的先进性、前瞻性来解决环境问题,先后投入巨资建立了制酸污渣处理工程,确保公司各项工业排放指标达到了国家污染排放标准。2001年,公司成为行业第一家通过ISO14001环境管理体系认证的企业。2002年本公司锌锭获"全国用户满意产品"。2003年10月获国家质量监督检验检疫总局"进出口商品出口免验证书",为同行业及湖南省第一家,全国第18家获此资格企业。

(一)发行人的竞争优势

(一)规模优势

公司湿法炼锌的设计能力为年产25万吨,在全国同行业中排名第一位,也是亚洲最大的湿法炼锌企业之一。在2001年度英国伦敦金属交易所《金属导报》评选的"世界十大顶级炼锌企业"中,公司排名第九位。2002年和2003年,公司实际产出电锌26万吨和28.5万吨,均居全国第一位。公司2002年锌产量占全世界产量的2.67%,占我国产量的12.04%。

(二)高附加值的深加工产品开发优势

公司在锌深加工方面,亦具有开发时间早、开发品种多、规模大、品牌效应好、市场占有率高的优势。公司锌Ⅰ系统产锌铝锑三元热镀锌合金曾是70年代国家指定与武汉钢铁公司引进德国"一米七轧机"而配套研制、开发的产品。目前国内各大钢铁薄板生产厂家都在使用本公司提供的热镀锌合金。公司的铸造锌合金产品在技术开发、生产规模、品种数量、产品质量、市场占有率方面处于国内领先的地位。2002年,2003年,公司销售热镀锌合金分别为4.44万吨和7.28万吨,销售铸造锌合金3.61万吨和3.93万吨,深加工产品比率从28%上升到39.52%,公司深加工产品比率已基本达到国际先进锌冶炼企业锌合金产品40%的比例,呈持续增长的良好态势。公司具有根据客户需求进行个性化开发、生产深加工产品的能力。

(三)品牌和商誉优势

公司秉承多年推行全面质量管理(TQM)的好传统,牢固树立长期稳定地向用户提供优质产品和优质服务的经营理念,诚信为本,走质量效益型的道路,积极采用国际标准和国外先进标准组织生产,其中有3个产品的质量达到国际先进水平。锌锭于1992年7月8日在伦敦金属交易所(LME)注册。锌锭、热镀用锌合金锭和镉锭曾获国家优质产品"金质奖";锌锭、热镀用锌合金锭、铸造锌合金锭获"湖南省名牌产品"称号。主导产品锌锭属国家跟踪抽样调查产品,历次国家质量抽检合格率100%。"火炬"牌锌锭2002年9月被中国质量协会和全国用户委员会评为"全国用户满意产品"。公司从1995年起,即开展贯彻ISO9000系列质量管理标准工作,用两年时间构建国际化的质量保证体系,锌生产系统质量体系已于1996年通过ISO9002质量认证,是我国锌生产行业第一家通过该国际质量标准认证的系统。2002年公司又通过ISO9001:2000质量认证。2003年公司获进出口商品出口免验证书。严格的生产管理和完善的质量管理体系,创造出了明显的质量绩效,目前,公司主导产品---特高级锌的产出率达到且保持在99%以上的先进水平。公司"火炬"牌锌锭产品在国内外具有良好的市场形象、品牌优势和商誉效应,而且,公司各主要产品近三年的产销率均为100%。

(四)营销网络及出口创汇优势

目前,公司在我国锌消费活跃的华东、东南市场设有控股的窗口公司,与国内各经销有色金属的大公司建立有长期的战略伙伴关系,营销网络覆盖全国各主要的锌消费地。2001年公司设立控股子公司-湖南株冶火炬金属进出口公司,负责境外、海外市场的开拓,充分运用外贸人才优势、业务优势、产品品牌优势、LME注册优势和长期、广泛的国际商贸合作与交流优势,构建了稳定的国际市场客户群。"火炬"牌锌系列产品广泛销售到东南亚、美国、日本和我国港、台地区。公司出口创汇能力长期位居全国锌行业和湖南省前茅,在全国锌行业内具有举足轻重的地位。2002年,尽管国际市场消费普遍不旺,但公司仍出口锌及锌合金93677吨,出口创汇7500余万美元。2003年公司出口锌及锌合金78970吨,出口创汇6828万美元。

(五)综合回收优势

公司拥有行业一流的综合回收能力,实现了有价金属铜、铅、银、铟、镉、硫等有价金属元素的全面综合回收,综合回收率在72%以上。这些元素的回收,一方面使炼锌的杂质有效地形成"开路"排放,确保锌冶炼不受杂质干扰而获得了高质量的规模经济效益,另一方面,使公司获得了原料成本较少或几乎原料成本为零的综合回收效益,及多金属产品生产销售范围经济效益(范围经济:多产品在同技术、同工艺、同供销网络等领域的成本的节约带来的效益)。这些重金属的回收更是减轻了公司对环境保护的压力,使公司在环保与经济效益上获得了双丰收,取得了经济效益、社会效益和环保效益相统一的效果。

(六)技术和装备优势

1、公司采用了国际上先进成熟的湿法炼锌工艺,主要设备及自动化控制水平达到了国际先进水平。

公司1996年建成投产的锌Ⅱ系统,其焙烧系统采用了国内先进的干式球磨和单仓泵输送工艺,解决了国内锌冶炼焙砂无法存储,焙砂不能准确计量等问题,实现了锌冶炼生产过程中PH值的自动控制。在装备方面采用了国际先进水平的109m2大型鲁奇式沸腾焙烧炉;烟气余热回收使用了国外先进的膜式壁中温中压强制循环,弹簧锤机械震打余热锅炉;焙烧炉冶炼烟气制酸采用了国际一流设备,同时引进了世界上最先进的瑞典玻立登氯化法脱汞技术和核心设备,提高了硫酸质量,极大地改善了环境质量。整个锌焙烧系统和制酸系统全过程采用了国际先进水平的DCS计算机控制系统。

锌浸出采用先进的两段连续浸出工艺,二段浸出渣经浮选回收银后利用回转窑处理,整个锌浸出系统全部实现了计算机自动控制。公司浸出工序采用了自行研制开发的国内独有的焙砂浸铁新工艺,生产过程中使用的浓密机、浸出槽搅拌机等设备实行了大型化、高效化、先进化。在净液系统公司采用了自行研究成功的国内独有的中温锑盐连续净化工艺,进一步降低了锌生产净化成本,净液系统采用了具有国际先进水平的螺旋板式换热器、申克电子秤、EKATO双层搅拌机。浸出渣浮选银参照和采用了国外先进浮选技术条件,银的浮选回收率由53%左右提高到70%,使公司综合回收能力得到了提高。

在锌熔铸方面,公司采用了具有国际水平的自行研制成功的大型(900千瓦)高效率感应电炉,不仅可生产标准高纯锌锭,而且还可生产出用户需要的各种锌基合金,并降低能耗。

2、公司的技术创新能力使公司具有原料替换性优势。2001年10月投产竣工的生产系统完善项

目,使锌焙砂的替代原料变为锌精矿。生产自用锌粉的粗锌,将随合金锌粉的投入使用而取消,锌精矿或锌焙砂成为粗锌的替代原料,粗锌的消耗可以人工调控(从0到2万吨的变化)。粗锌、锌焙砂、锌精矿之间的替换使原料选择更具灵活性,原料的替换性大大加强。

公司锌生产系统具有全天候消化不同杂质的高难度处理矿的能力,且特高级锌的产出率稳定在99%以上,这种能力在世界主要锌厂中是突出的。

3、理化分析及在线控制优势。公司创建了中南地区快速分析样板实验室,实现了分析测试仪器化、现代化,国家和湖南省检测中心抽查产品化验合格率100%,是中南地区有色金属分析仲裁单位。具有承担冶炼生产、综合回收、资源普查、科技开发、新产品试验,以及其他企业、院所委托的分析化验工作,并具有承接国家下达的分析标准化工作的起草和试验能力。先后组织起草国家标准《锌及锌合金中铝的化学分析方法》、《铋化学分析方法》等5项,多次荣获部级科技进步二、三等奖,先后起草和正组织起草《精炼锌合金产品标准》、《铸造合金锭产品质量标准》,参与起草多项国家企业分析标准、产品标准,建立了国内有色金属工业企业第一部系列微量有机物的分析方法,独家研究并制备了铋光谱分析标准物质,填补了国家空白。《锌、铅湿法冶炼物料中有机物分析方法研究》成果属国内首创,获部省科技进步二等奖;从芬兰引进的在线分析系统,分析技术完善,自动化程度高,采样技术先进,是国内湿法冶炼企业中实现在线检测有效控制过程质量的第一家;从美国引进的ICP-MS等离子质谱仪,成功地开发应用于高纯物质中超微量杂质元素分析和合金及复杂样品中微量杂质和稀土元素的分析;从瑞士引进的光电直读光谱仪用于锌及锌合金的快速炉前分析,这些高精尖分析设备在国内企业中均处于领先地位。

在公司锌Ⅱ系统过程控制中,组建了国内首家湿法炼锌企业的计算机控制系统,集上位机、现场自控仪表、计量设备于一体的全过程自动化,为"火炬" 牌高级锌提供了全方位、全过程的计控支持。能开展八大类计量检测检定,能全天候为企业提供6,000个计量数据。

公司使用的分析方法上千种,而仪器分析已占分析化验工作量的80%以上。原子吸收光谱分析,X荧分析、发射光谱分析、直读光谱分析等已大量使用,为生产提供了及时准确、高效的分析数据,起到了质量保证的作用。有大中型分化设备十二台套,多次被评为湖南省大型精密分析仪器应用先进单位。

公司产品检斤全部采用电子秤具,重量误差率控制在0.5‰以下,确保检斤准确率达到100%,近年来产品质量责任投诉率为0,保持了企业的信誉。

(七)成本优势

1、根据国际铅锌技术经济分析的权威机构"Brook Hunt"的分析资料与排序方法,尽管由于中国的电价昂贵,但由于株冶火炬自身的努力,在按国际统一标准衡量中,依然处于较高优势的地位。

2000年至2002年世界各冶炼厂按现金利润(美元/吨锌)排序,本公司分别为第17位(纳入比较的企业总数为65家)、第26位(纳入比较的企业总数为65家)和第11位(纳入比较的企业总数为64家)。而当期公司在国内及原东方集团(主要是独联体各国)排序分别是第3位(纳入比较的企业总数为19家)、第4位(纳入比较的企业总数为19家)和第2位(纳入比较的企业总数为17家)。

另一方面,本公司的电价与西方湿法炼锌电价及世界湿法炼锌平均电价具有明显的不可比性。仅以2001年世界主要冶炼厂的净能耗费用对比,当年世界湿法炼锌电耗平均为:西方平均4159kwh/吨,东方平均4324kwh/吨,世界平均4186kwh/吨,本公司电耗为3760kwh/吨,低于世界平均水平。而当期电费情况是:西方湿法平均2.8美分/kwh,东方湿法平均3.3美分/kwh,世界湿法平均为2.9美分/kwh;本公司为3.9美分/kwh。由此可见,公司电价/西方电价=1.39,公司电价/东方电价=1.18,公司电价/世界平均电价=1.34。如果本公司电价达到世界平均水平,公司的耗电费用可下降37.6美分/吨锌,即310.95元/吨锌,其效益就可增加1011万美元/年,而2001年公司在国际上的利润排序就可居第15位,2002年排序更将靠前。

2、根据"Brook Hunt"对世界锌冶炼厂2000~2001年的生产费用(美元/吨锌)统计,剔除工资、总净能耗和维修支出,以"其它生产费用"(通讯、办公、采购、仓贮等费用)比较,本公司2000年、2001年均比纳入统计的9家中国炼锌企业平均值少10余美元/吨锌;比纳入统计的36家西方炼锌厂及50家全世界炼锌厂2000年、2001年平均值分别少4~8美元/吨锌。

在维修费用方面:本公司2001年亦低于当期西方36家湿法炼锌厂及中国9家企业平均值。

如果把生产近800万吨的世界各国主要锌冶炼厂按其指标优劣划分为1、2、3、4类的话,那么比较结果发现,公司无论在2000年还是2001年均有80%以上的指标处于第1、2类,有60%以上的指标处于第1类,也就是说公司在国际竞争中是有明显优势的。

3、从发展前景看,本公司在能耗方面将进一步保持市场竞争优势。一方面,随着国内电力体制改革和大型水利发电项目的投产,电价趋于下降通道中,本公司生产成本中用于电费支出的比重将同步下降。另一方面,世界电解锌的渣大部分是湿法处理,在渣库内堆放,但由于其有害的物质未固化,带来较大的环保问题,目前各冶炼厂都在设法解决它。而本公司的渣经过了火法处理,虽然消耗了燃料费用,但实现了无害排放。随着可持续发展的呼声越来越高,西方炼锌企业将为处理渣的问题付出更高的代价,本公司在国际同行业中的生产成本比较亦将更具优势。

4、公司还与中南大学联合研究开发了科学用电的经济运行模式,充分挖掘了科学用电效益,使锌电解电耗保持在3300kwh/吨锌左右,低于世界湿法炼锌厂吨锌电解电耗平均。

5、本公司制定了严格的成本费用预算制度及各项原材料库存资金定额等成本费用管理制度,设立了专门的价格管理办,对于原材料采购、产品销售价格进行实时预测、指导和监控,并将成本控制绩效与各单位的收入进行挂钩考核,充分调动各部门、各单位深入内部挖潜,节约成本费用的积极性。

(八)规范管理优势

1、公司致力于建设成环境优美、管理先进、效益一流、运作规范的国际知名的现代企业,并利用股份制改造之机,根据《公司法》和现代企业制度的要求,形成了与资本运营相适应的经营机制和企业组织形式;建立了规范的法人治理结构,明晰了产权主体,实现了股权多元化;公司建立了独立董事制度,增强了公司管理决策的科学性,促进了公司法人治理结构的完善;在建立股东大会、董事会、监事会议事规则的基础上,还建立和完善了覆盖所有岗位的工作标准体系和包括生产、经营、人事、财务等管理事项的管理标准体系,形成了严格的内部控制网络,从制度上保证了本公司的规范运作。

2、公司有严密、高效的生产组织指挥、保障系统。公司根据冶炼生产的具体要求,建立了符合国际标准的文件化的质量保证体系和环境管理体系,健全了相应的程序文件及相关的工艺操作规程、设备维护规程、安全环保操作规程等支持系统。使企业的生产体系管理实现了标准化、法制化。公司严格按生产控制程序组织生产,建立了完善的监视和测量系统,对体系过程、产品形成过程进行准确、及时的监视和测量。尽管本公司原料来源复杂,客户需求多样化,但公司能够运用湿法炼锌所形成的核心技术全天候稳定生产适销国内外市场的优质产品,特别是伦敦金属交易所指定交仓的特高级锌的产出率保持在99%以上。特高级锌产出率多年居全国同行之首。

3、公司有反应灵敏、业务拓展性强的经营管理系统。

在价格决策方面,公司成立了价格委员会和价格办公室,租用了路透社终端,并与有关信息网络建立了点对点联系,及时收集和分析市场信息,根据市场信息,定期对各类原料、辅助材料、备品备件、产品制订一定时段的指导价格,又能及时根据市场行情进行灵活调整,各执行部门按照公司利益最大化原则认真执行指导价格,价格委员会定期对其执行情况进行监督、考核。

在资金管理方面,公司建立了灵活调度、能够控制风险的资金管理小组,为把有限的资金用在刀刃上,将原料、辅助材料、动能采购、劳务报酬及工资、奖励、资金集中管理,统一调配,使资金使用凭计划、保重点。货款回笼情况及资金计划执行情况每月在公司办公会上通报,并作为考核资金使用与管理部门的依据,使资金管理协调有序。几年来,公司产销率、货款回笼率均保持在100%的水平,物资采购无长期应付款,受到供应商广泛好评。

在规范运作方面,公司强化经营领域的制度建设,依法治理经营。从1998年以来运用ISO9000质量管理的标准原理,大力推进经营领域制度建设,先后建立了《物资供应商评价管理办法》、《资金回笼管理办法》、《进出口业务管理办法》等制度,预防经营工作中的不正之风和堵塞管理漏洞。物资采购、机动工程部门在物资采购过程中,建立供应商评价大纲,对供应商按产品质量、生产规模、履约能力、信誉程度定期进行评审,并分为A、B、C三类,对重点或关键的供应商进行第二方审核,提出具体的管理要求和激励措施,同时按优先采购A类供方的原则,确保进厂物资的最优质量、最低成本。市场营销部门实行资源分配制度化,按用户需求量大小,对付款能力、付款速度、结合内外贸平衡的原则,对用户分为A、B、C三类,对不同类型的用户配备不同的资源。由于从制度上对以上经营行为进行规范,从而稳定了用户、稳定了市场。

(九)环保优势

1、在硬件方面,公司生产工艺和装备在行业中优势突出,为环保提供了可靠的技术保障。本公司按照国际主流工艺---湿法冶炼工艺组织锌的生产,根据清洁生产的要求,多年来投入了大量资金提升技术装备和工艺水平,如投资8亿元,于1996年建成投产的锌Ⅱ系统及其配套制酸系统具有90年代国际先进水平。公司锌生产过程中产生的SO2废气全部综合回收制取硫酸,产生的重金属废水经二级处理后实现达标排放,产生的冶炼废渣进行妥善处理,回收利用。整个工艺不仅实现了装备的现代化,而且实现了清洁生产,还获得了综合回收效益。公司拟进行投资55,758万元的锌Ⅰ系统节能降耗技术改造,在实现节能降耗增效的同时,将进一步从工艺上消除污染源,极大改善和提高公司的环境绩效和社区的环境质量。

2、在软件方面,公司重视环境保护,多年实践中形成了一个有效的环境管理体系,公司于2000年9月通过了湖南省首批工业污染物(重金属、COD、粉尘、烟尘和SO2)达标排放验收,实现了主要工业污染物的达标排放,并于2001年11月成为国内铅锌行业第一家通过ISO14001环境管理体系认证的企业,这又将促使公司严格遵循国际标准持续改进环境控制和管理。

(二)发行人的竞争劣势

1、公司的上游业务相对较弱,在目前锌精矿供应紧张的形势下,公司没有自己的矿山,锌精矿需要外购,对原材料供应商的依赖程度较高。

2、与国外冶炼企业或国内西部地区某些冶炼企业相比,电价较高,电费支出在成本中的比例较高。

四、主要财务指标

公司近三年的主要财务指标见"第八节 财务会计资料"。

五、公司的知识产权和特许经营情况

目前,公司电锌产品使用"火炬" 牌商标,该商标在国内分别在第6类商品上注册。此外,"火炬" 牌商标还在泰国、香港、韩国、日本、印尼及伦敦金属交易所注册。

公司拥有五项实用新型专利技术,还有多项非专利技术。

本公司的控股子公司湖南株冶火炬金属进出口有限公司取得进出口企业资格证书,拥有进出口经营权。

2000年7月24日,公司取得工业硫酸生产许可证。经湖南省经贸委2002年8月27日湘经贸安监函(2002)023号复函,由于危险化学品经营许可证办证工作尚未正式启动,同意公司经营工业硫酸、锌粉、无汞锌粉等危险化学品,待在办证工作开展后及时按规定补办危险化学经营许可证。

有关知识产权、政府特许经营权等详细内容请查阅2004年8月10日刊载于上海证券交易所网站(www.sse.com.cn)的本公司招股说明书全文。

六、财政税收优惠政策

出口退税:本公司2001年7月未设立湖南株冶火炬金属进出口有限公司前,外销商品以市场价销售给株冶集团,无出口退税。湖南株冶火炬金属进出口公司设立后,本公司依国税发[1994]031号文件"国家税务总局关于印发《出口货物退(免)税管理办法》的通知"规定,2002年1月1日以前执行出口货物增值税"先征后退"政策,出口商品退税实行先征后退。2002年1月1日起,本公司依国家税务总局国税发[2002]11号文件国家税务总局《关于印发<生产企业出口货物免、抵、退税管理操作规程(试行)>的通知》和湖南省国家税务局湘国税发[2002]13号文《关于印发<湖南省生产企业出口货物´免、抵、退´税管理操作规程(试行)>的通知》,本公司出口货物增值税执行"免、抵、退"税政策。出口货物退税税率按国家税务总局颁布的"出口货物退税税率表"中的税率执行,2002年出口商品代码为"79011100"的高纯锌退税率为17%,出口商品代码为"79012000"的锌合金退税率为15%。根据2003年10月14日财政部、国家税务总局《关于调整出口货物退税率的通知》,从2004年1月1日起,本公司以上两种产品实施11%的退税率。根据湖南省财政厅湘财企指[2004]36号,2004年6月本公司收到财政返回的所得税款11,000,000.00元,

第五节　股票发行与股本结构

一、本次股票上市前首次公开发行股票的情况

(一)股票种类:人民币普通股(A股)

(二)每股面值:人民币1.00元

(三)发行数量:12,000万股

(四)发行价格:3.50元

(五)募股资金总额:42,000万元

(六)发行方式:全部向二级市场投资者定价配售方式

(七)发行对象:于招股说明书摘要刊登当日2004年8月10日持有上海证券交易所或深圳证券交易所已上市流通人民币普通股(A股)股票的收盘市值总和(包括可流通但暂时锁定的股份市值)不少于10,000元的投资者(国家法律法规禁止购买者除外)。投资者同时持有的沪市、深市二级市场的股票市值不合并计算。

(八)发行费用总额:2,056.31万元(含承销费、保荐费、会计师费用、律师费、评估费、上网发行手续费、审核费等)

(九)每股发行费用:0.17元

二、本次股票上市前首次公开发行股票的承销情况

本次公开发行的12000万股社会公众股的配号总数为83820125个,中签率为0.14316371%。其中,二级市场投资者认购118,125,690股,其余1,874,310股由主承销商包销。

三、本次上市前首次公开发行股票所募股资金的验资报告

天职孜信会计师事务所有限公司为本次公开发行股票所募股资金出具的天孜湘验[2004]2-29号《验资报告》全文如下:

湖南株冶火炬金属股份有限公司全体股东:

我们接受湖南株冶火炬金属股份有限公司(以下简称"贵公司")的委托,审验了贵公司截至2004年8月19日止新增注册资本的实收情况。按照国家相关法律、法规的规定和协议、章程的要求出资,提供真实、合法、完整的验资资料,保护资产的安全、完整是贵公司全体股东及贵公司的责任。我们的责任是对贵公司新增注册资本的实收情况发表审验意见。我们的审验是依据《独立审计实务公告第1号--验资》进行的。在审验过程中,我们结合贵公司的实际情况,实施了检查等必要的审验程序。

贵公司原注册资本为人民币307,457,914.00元。根据贵公司2003年度股东大会决议,贵公司申请通过向社会公开发行人民币普通股(A股)增加注册资本人民币120,000,000.00元,变更后的注册资本为人民币427,457,914.00元。经中国证券监督管理委员会证监发行字(2004)124号文批复,同意贵公司向社会公开发行人民币普通股(A股)120,000,000股,每股面值人民币1元,每股发行价格为人民币3.50元,可募集资金总额为420,000,000.00元。根据我们的审验,截至2004年8月19日止,贵公司已向社会公开发行人民币普通股(A股) 120,000,000股,募集资金总额420,000,000.00元,扣除发行费用20,563,113.82元,募集资金净额为399,436,886.18元。其中计入股本壹亿贰仟万元(¥120,000,000.00),计入资本公积279,436,886.18元。

同时我们注意到,贵公司本次增资前的注册资本实收金额为人民币307,457,914.00元,已经原湖南天职孜信会计师事务所有限责任公司天孜湘验[2000]058验资报告验证。截至2004年8月19日,贵公司变更后的累计注册资本实收金额为人民币肆亿贰仟柒佰肆拾伍万柒仟玖佰壹拾肆元整(¥427,457,914.00元)。

本验资报告供贵公司申请工商变更登记及据以向股东签发出资证明时使用，不应将其视为是对贵公司验资报告日后资本保全、偿债能力和持续经营能力等的保证。因使用不当造成的后果，与执行本验资业务的注册会计师及会计师事务所无关。

附件：

1.新增注册资本实收情况明细表；

2.注册资本变更前后对照表；

3.验资事项说明；

4.本所《企业法人营业执照》复印件；

5.中国证券监督管理委员会《关于核准湖南株冶火炬金属股份有限公司公开发行股票的通知》复印件；

6.银行进账单、银行询证函复印件

中国注册会计师：李海来

中国·北京　中国注册会计师：唐爱清

二〇〇四年八月十九日

四、募股资金入帐情况

入帐时间：2004 年 8 月 19 日

入帐金额：402,452,960.18 元

入帐帐号：1903020429200029391

开户银行：中国工商银行株洲市清水塘支行

五、上市前股权结构及各类股东的持股情况

(一)本次上市前股权结构

(二)本次上市前十名股东持股情况

第六节　董事、监事、高级管理人员及核心技术人员

一、董事、监事、高级管理人员与核心技术人员的简介

公司董事、监事、高级管理人员与核心技术人员均为中国国籍，相互之间不存在配偶关系、三代以内直系和旁系亲属关系。

(一)董事简介

李枝芳先生：董事长，现年 60 岁，中共党员，大学文化，高级工程师。2002 年 1 月至今任株洲冶炼集团有限责任公司董事。

石建新先生：现年 51 岁，大学文化。任湖南经济技术投资担保公司董事长。

张亚军先生：现年 41 岁，中共党员，大学文化。任株洲市国有资产投资经营公司董事长、总经理。

陈志新先生：现年 48 岁，大专文化，高级会计师。任株洲冶炼集团有限责任公司董事。

陈华强先生：现年 38 岁，中共党员，大学文化，高级工程师。现任四川会理锌矿有限责任公司董事长。

傅少武先生：现年 50 岁，中共党员，大学文化，教授级高级工程师。现任株冶集团董事长、党委书记。

曹修运先生：现年 43 岁，中共党员，硕士，教授级高级工程师。任株洲冶炼集团有限责任公司董事、总经理。

黄忠民先生：副董事长、总经理，现年 41 岁，中共党员，大专文化，高级工程师，国际铅锌研究组织(ILZSG)工业咨询顾问委员会 12 名工业咨询顾问之一。

吴孟秋先生：现年 52 岁，中共党员，大学文化，高级工程师。任株洲冶炼集团有限责任公司董事、副总经理。

徐新华女士：现年 53 岁，中共党员，大专文化，政工师，1969 年进入株洲冶炼厂，历任株洲冶炼厂机关工会主席、党委组织部副部长、工会副主席、主席。2002 年 1 月至今任株洲冶炼集团有限责任公司董事、工会主席。

黄伯云先生：现年 59 岁，院士，教授，博士生导师，本公司独立董事。

陈晓红女士：独立董事，现年 41 岁，教授，日本东京工业大学博士，博士生导师。

高德柱先生：独立董事，64 岁，中国人民银行研究生院兼职教授、硕士生导师、高级经济师。现任中国有色金属工业协会常务副会长。

樊行健先生：独立董事，60 岁，注册会计师。现任西南财经大学副校长、教授、博士生导师。

刘俊海先生：独立董事，38 岁，民商法博士、中国社会科学院法学所研究员、研究生院教授、所长助理。

以上董事的任期均为至 2007 年 3 月为止。

(二)监事简介

熊伯智先生：现年 59 岁，中共党员，大学文化，教授级高级政工师。今任本公司监事会召集人。

王曙先生：现年 35 岁，大学文化。现任湖南经济技术投资担保公司办公室副主任、主任。

曾文忠先生：现年 51 岁，大专文化，高级经济师。任湖南省有色金属工业总公司审计处处长，于 1997 年加入国际注册内部审计师协会。

吴九林先生：现年 41 岁，经济师。七宝山铅锌矿矿长。

徐晚安先生：现年 52 岁，中共党员，大专文化。任本公司物资采购部书记，职工代表监事。

夏永生先生：现年 41 岁，中共党员，大学文化，高级工程师。本公司职工代表监事。

吴星燎 先生：现年 41 岁，中共党员，中技文化。本公司职工代表监事。

以上监事的任期均为至 2007 年 3 月为止。

(三)其他高级管理人员简介

黄忠民先生：现任公司总经理，介绍见董事简历。

刘伟清先生：现年 40 岁，大学文化，中共党员，高级经济师，湖南省企业管理咨询顾问。现任本公司董事会秘书兼证券部部长。

黄一宪先生：现年 50 岁，中共党员，大专文化。任本公司财务总监兼财务部部长。

曾炳林先生：现年 46 岁，中共党员，大本文化，高级政工师。任公司副总经理。

(四)核心技术人员简介

窦传龙先生，41 岁，工学学士、高级工程师。现任本公司生产技术部副部长。

伏东才先生，40 岁，大学文化，高级工程师。现任公司锌成品厂副厂长。

刘文德先生，40 岁，冶金工程硕士学位、高级工程师。现任公司锌浸出厂厂长。

马英敏先生，53 岁，大学文化，自动化仪表高级工程师。为公司自动化及仪表专业公司级专家。

罗尧谦先生，55 岁，大学文化，高级工程师。现任公司机动工程部炉窑技术主管。

何砥坚先生，56 岁，大学文化，高级工程师。现任公司锌浸出厂技术室主任。

二、持股情况说明

本公司董事、监事、高管人员、核心技术人员及其家属均不持有本公司的股份；本公司目前未安排认股权计划。

第七节　同业竞争与关联交易

一、同业竞争的情况

本公司控股股东株冶集团及其它股东株洲市国有资产投资经营有限公司、湖南省经济技术投资担保有限公司、株洲全鑫实业有限公司与本公司之间不存在同业竞争，并已出具避免同业竞争的承诺。发行人律师及保荐机构(主承销商)均对此发表了相同的意见。

二、关联交易的情况

(一)近三年关联交易的具体内容

公司与大股东及其控参股公司之间存在一些关联交易。所有的关联交易公司均通过有关关联交易协议及股东大会回避表决原则执行，按照市场化和公允性原则进行交易，以保证公司利益和小股东利益不受到损害。

(二)中介机构和独立董事的意见

保荐机构(主承销商)、律师、申报会计师、独立董事、监事会对关联交易发表意见，认为公司重大关联交易符合有关规定，未发现因关联关系而损害公司及其股东以及第三人合法权益的情况，公司的关联交易未影响发行人生产和经营的独立性。

公司的关联交易具体内容请查阅 2004 年 8 月 10 日刊载于上海证券交易所网站(www.sse.com.cn)的本公司招股说明书全文。

第八节　财务会计资料

公司 2001 年至 2004 年上半年的财务会计资料已于 2004 年 8 月 10 日在《中国证券报》、《上海证券报》、《证券时报》和《证券日报》刊登的《招股说明书摘要》中进行了披露，投资者欲了解详细内容，请查阅上述报纸或刊载于上海证券交易所网站(www.sse.com.cn)的本公司招股说明书全文。

一、注册会计师意见

本公司财务审计机构天职孜信会计师事务所有限公司对本公司的 2001 年度、2002 年度和 2003 年度和 2004 年 1-6 月的财务报告进行了审计，并出具了天孜审字[2004]2-199 号标准无保留意见的《审计报告》。以下引用的财务会计数据，非经特别说明，均摘自天职孜信会计师事务所有限公司审计的财务报告。

二、简要会计报表

(一)1、发行人合并利润表　单位：元

2、发行人合并资产负债表　单位：元

3、合并现金流量表　单位：元

(二)主要财务指标

三、会计报表附注

本公司会计报表附注等有关内容，请查阅 2004 年 8 月 10 日刊载于上海证券交易所网站(www.sse.com.cn)的本公司招股说明书全文与附录。

第九节　其他重要事项

一、自本公司股票首次公开发行之日至本公司上市公告书公告之日，本公司严格依照现行法律法规的要求规范运行，生产经营情况正常，本公司所处行业和市场无重大变化，主要业务发展目标的进展状况正常，主要产品价格无重大变化。

二、自本公司股票首次公开发行之日至本公司上市公告书公告之日，本公司没有进行重大对外投资，无重大资产(股权)收购、出售行为。

三、自本公司股票首次公开发行之日至本公司上市公告书公告之日，本公司的重大会计政策和会计师事务所没有发生变化。

四、自本公司股票首次公开发行之日至本公司上市公告书公告之日，本公司未涉及任何重大诉讼、仲裁或行政处罚案件，亦没有可能面临的重大诉讼和索赔要求。

五、自本公司股票首次公开发行之日至本公司上市公告书公告之日，本公司董事、监事和高级管理人员未受到任何刑事起诉，亦没有尚未了结或可能发生的刑事诉讼事项。

六、自本公司股票首次公开发行之日至本公司上市公告书公告之日，本公司住所没有发生变更，未发生新的重大负债，并且重大债项未发生变化。

七、自本公司股票首次公开发行之日至本公司上市公告书公告之日，本公司的税收政策未发生变化。

八、根据 2003 年年度股东大会决议，公司利润共享安排如下：本次股票公开发行完成前的滚存可供分配利润由新老股东共享。本次新股发行后的第一个盈利年度的股利分配方案将根据公司的实际情况由股东大会决定。

九、自本公司股票首次公开发行之日至本公司上市公告书公告之日，本公司未发生新的重大负债，并且重大债项未发生变化。

十、根据《上海证券交易所股票上市规则》，公司第一大股东株洲冶炼集团有限责任公司向上海证券交易所承诺，自发行人股票上市后 12 个月内，不转让其所持有的发行人股份，发行人也不回购其持有的本公司股份。

十一、自本公司股票首次公开发行之日至本公司上市公告书公告之日，没有其他应披露而未披露之重大事项。

第十节　董事会上市承诺

本公司董事会承诺将严格遵守《公司法》、《证券法》、《股票发行与交易管理暂行条例》、《上海证券交易所股票上市规则》和《证券发行上市保荐制度暂行办法》等法律、法规的有关规定，承诺自本公司股票上市之日起做到：

(一)本公司将真实、准确、完整、公允和及时地公布定期报告，披露所有对投资者有重大影响的信息，并接受中国证监会、证券交易所的监督管理；

(二)本公司在知悉可能对股票价格产生误导性影响的任何公共传播媒介中出现的消息后，将及时予以公开澄清；

(三)本公司董事、监事、高级管理人员如发生人士变动或持有本公司股票发生变化时，在报告中国证券监督管理委员会、上海证券交易所的同时向投资者披露。

(四)本公司董事、监事、高级管理人员和核心技术人员将认真听取社会公众的意见和批评，不利用已获得的内幕消息和其他不正当手段直接或间接从事发行人股票的买卖活动；

(五)本公司没有无记录的负债。

依据《上海证券交易所股票上市规则》，本公司全体董事、监事将按照有关规定，在本公司股票上市后两个月内签署《董事(监事)声明及承诺书》并送达上海证券交易所备案。

第十一节　保荐机构及其推荐意见

一、保荐机构(上市推荐人)情况

保荐机构：华欧国际证券有限责任公司

法定代表人：陈学荣

地址：上海市浦东新区银城东路 139 号华能联合大厦 1 楼

电话：021-38784818　传真：021-68865411

联系人：江岚 李锋 钟丙祥

二、保荐机构(上市推荐人)意见

本公司保荐机构华欧国际证券有限责任公司认为：发行人章程符合《公司法》、《证券法》等有关法律、法规和证券监督管理委员会的规定；发行人本次股票发行符合《公司法》、《证券法》及《上海证券交易所股票上市规则》等国家有关法律、法规的规定，已具备上市条件；发行人董事了解国家有关法律、法规、上海证券交易所上市规则及股票上市协议规定的董事义务与责任；发行人建立健全了法人治理结构、制定了严格的信息披露制度与保密制度。

保荐机构已对上市文件所载的资料进行了核实，确保上市文件真实、准确、完整，符合规定要求，保证发行人的上市申请材料、上市公告书没有虚假、严重误导性陈述或重大遗漏，并保证对其承担相应的法律责任。保荐机构与本公司不存在关联关系。保荐机构愿意推荐发行人的股票在上海证券交易所上市交易，并保证不利用在上市过程中获得的内幕信息进行内幕交易，为自己或他人谋利益。

湖南株冶火炬金属股份有限公司

2004 年 8 月 25 日

国投中鲁果汁股份有限公司

国投中鲁果汁股份有限公司股票上市公告书

第一节 重要声明与提示

国投中鲁果汁股份有限公司(以下简称"本公司"或"公司")董事会保证上市公告书的真实性、准确性、完整性,全体董事承诺上市公告书不存在虚假记载、误导性陈述或重大遗漏,并承担个别和连带的法律责任。

根据《公司法》、《证券法》等有关法律、法规的规定,本公司董事、高级管理人员已依法履行诚信和勤勉尽责的义务和责任。

上海证券交易所、中国证监会、其他政府机关对本公司股票上市及有关事项的意见,均不表明对本公司的任何保证。

本公司提醒广大投资者注意,凡本上市公告书未涉及的有关内容,请投资者查阅 2004 年 6 月 2 日刊载于《中国证券报》、《上海证券报》和《证券时报》的本公司招股说明书摘要,及刊载于上海证券交易所网站(www.sse.com.cn)和中银国际证券有限责任公司网站(www.bocichina.com)的本公司招股说明书全文。

第二节 概 览

1、股票简称:国投中鲁　　2、沪市股票代码:600962
3、深市代理股票代码:003962　　4、股本总额:165,000,000 股
5、可流通股本:65,000,000 股　　6、本次上市流通股本:65,000,000 股
7、发行价格:4.80 元/股　　8、上市地点:上海证券交易所
9、上市时间:2004 年 6 月 22 日
10、股票登记机构:中国证券登记结算有限责任公司上海分公司
11、保荐机构(上市推荐人):中银国际证券有限责任公司
12、对本公司首次公开发行股票前股东所持股份的流通限制及期限:根据国家有关法律、法规规定和中国证监会证监发行字[2004]72 号《关于核准国投中鲁果汁股份有限公司公开发行股票的通知》,本公司的国家股、国有法人股、法人股和自然人持有的未流通股暂不上市流通。
13、本公司第一大股东国家开发投资公司承诺:自本公司股票上市之日起两年内,不转让其所持有的本公司股份,也不由本公司回购其所持有的股份。

第三节 绪 言

本上市公告书是根据《公司法》、《证券法》、《股票发行与交易管理暂行条例》、《公开发行股票公司信息披露实施细则》和《上海证券交易所股票上市规则》等国家有关法律、法规的规定,并按照中国证监会制定的《公开发行证券的公司信息披露内容与格式准则第 7 号---股票上市公告书》要求而编制,旨在向投资者提供本公司的基本情况和本次股票上市的有关资料。

经中国证监会证监发行字[2004]72 号文核准,本公司已于 2004 年 6 月 7 日采用向二级市场投资者定价配售的方式成功发行了 6,500 万股人民币普通股,每股发行价为人民币 4.80 元。

经上海证券交易所《关于国投中鲁果汁股份有限公司人民币普通股股票上市交易的通知》(上证上字[2004]91 号)批准,本公司公开发行的 6,500 万股社会公众股将于 2004 年 6 月 22 日起在上海证券交易所挂牌交易。股票简称为"国投中鲁",沪市股票代码为 600962,深市代理股票代码为 003962。

本公司已于 2004 年 6 月 2 日分别在《中国证券报》、《上海证券报》和《证券时报》上刊登了招股说明书摘要,招股说明书正文及其附录刊载于上海证券交易所网站(www.sse.com.cn)和中银国际证券有限责任公司网站(www.bocichina.com),前述招股文件刊登距今不足三个月,故本上市公告书与其重复的内容不再重述,敬请投资者查阅上述内容。

第四节 本公司概况

(一)本公司基本情况
中文名称:国投中鲁果汁股份有限公司
英文名称:SDIC ZHONGLU FRUIT JUICE CO., LTD.
法定代表人:刘学义　　注册资本:165,000,000 元　　设立日期:2001 年 3 月 15 日
注册地址及邮编:北京市丰台区科兴路 7 号 205 室 100070

经营范围:浓缩果蔬汁、饮料的生产、销售;农副产品的加工;农业生物产业项目的投资;经营本企业及其成员自产产品及技术出口业务;本企业及其成员生产所需的原辅材料、仪器仪表、机械设备、零配件及技术的进口业务(国家限定公司经营和国家禁止进出口的商品除外);经营进料加工和"三来一补"业务

主营业务:浓缩果蔬汁的生产和销售　　所属行业:综合类行业
电话:010-66579869　　传真:010-66579862　　公司网址:www.sdiczl.com
电子邮箱:zhonglu@sdiczl.com　　董事会秘书:庞甲青

(二)本公司历史沿革及股权变更

经原国家经济贸易委员会国经贸企改[2001]106 号文批准,国投中鲁果汁股份有限公司经由山东中鲁果汁有限公司以整体变更方式设立,各股东按照经审计后的净资产 1:1 折股确定各自的股权比例,具体为:国家开发投资公司 69%、乳山市经济开发投资公司 11.47%、山东金洲矿业集团有限公司 7.53%、山西大民国际贸易有限公司 7.2%、芮城县金鼎经贸有限公司 1.8%、李中柯先生 3%。公司于 2001 年 3 月 15 日在国家工商行政管理局注册成立,注册资本为 10,000 万元,总股本为 10,000 万股。

经中国证监会证监发行字[2004]72 号文核准,本公司于 2004 年 6 月 7 日采用全部向二级市场投资者定价配售的方式成功发行了人民币普通股 6,500 万股,每股面值 1.00 元,每股发行价格 4.80 元。本次发行完成后,本公司的总股本为 16,500 万股。

(三)本公司主要经营情况

1、主营业务情况

本公司目前从事浓缩果蔬汁的生产和销售,其中主要是浓缩苹果汁的生产与销售。公司现有主要产品是浓缩苹果清汁,同时也生产部分浓缩苹果浊汁以及浓缩梨汁,此外,公司还生产地瓜汁、枣汁、梅汁等其他浓缩果蔬汁。公司的浓缩果蔬汁产品主要销售给下游果汁生产厂商,用于最终消费果汁生产的基础原料或勾兑其他饮料产品。

2、本公司面临的竞争情况

在国际市场上,中国的浓缩苹果汁生产具有很大的成本优势,我国具有成为浓缩苹果汁生产中心的优势及趋势;在国内,行业竞争较为激烈,造成了产品价格的下降和原材料成本的上升。目前本公司在国内该行业中占领先地位,是国家八部委联合审定的 151 家国家农业产业化重点龙头企业之一,享有国家特殊的在产业政策和税收方面的支持和优惠。

3、主要财务指标

请参阅本上市公告书"财务会计资料"部分的相关内容。

4、本公司业务及生产经营有关的资产权属情况

(1) 土地和房产:本公司及其控股子公司现共拥有 11 宗土地的使用权,使用面积总计为 258,987.94 平方米。本公司及其控股子公司现共拥有总建筑面积为 79,743.10 平方米的各类房屋。

(2)商标:公司取得了国家工商行政管理局商标局下发的商标注册证(第 3050099 号),有效期自 2003 年 3 月 14 日至 2013 年 3 月 13 日。

5、享有的财政税收优惠政策

作为农业产业化国家重点龙头企业,公司自 2001 年起享受国家暂免征收企业所得税的政策;2003 年公司再次被认定为龙头企业,继续享受税收优惠。

第五节 股票发行与股本结构

(一)本次股票上市前首次公开发行股票的情况
1、发行数量:65,000,000 股
2、发行价格:4.80 元/股
3、发行市盈率:19.94 倍(按照 2003 年经审计的净利润计算)
4、募股资金总额:31,200 万元
5、发行方式:网上向二级市场投资者定价配售
6、发行对象:于 2004 年 6 月 2 日持有沪市或深市已上市流通人民币普通股(A 股)股票市值(包括可流通但暂时锁定的股份市值)达 10,000 元及以上的二级市场投资者
7、发行费用:本次发行费用总额为 1,992.29 万元,包括承销费用、审计费用、评估费用、律师费用、发行手续费用、审核费用、保荐费用等
8、每股发行费用:0.31 元

(二)本次股票上市前首次公开发行股票的承销情况

本次公开发行的人民币普通股 65,000,000 股的配号总数为

85,740,328 个,中签率为 0.07581030%,其中二级市场投资者认购 64,457,985 股,其余 542,015 股由主承销商包销。

(三)本次股票上市前首次公开发行募股资金的验资报告

验 资 报 告

中兴宇验字[2004]2072 号

国投中鲁果汁股份有限公司全体股东:

我们接受委托,审验了贵公司截至 2004 年 6 月 14 日止新增注册资本的实收情况。按照国家相关法律、法规的规定和章程的要求出资,提供真实、合法、完整的验资资料,保护资产安全、完整是全体股东及贵公司的责任。我们的责任是对贵公司新增注册资本的实收情况发表审验意见。我们的审验是依据《独立审计实务公告第 1 号--验资》进行的。在审验过程中,我们结合贵公司的实际情况,实施了检查等必要的审验程序。

贵公司原注册资本为人民币 10,000 万元,根据修改后章程的规定,贵公司申请增加注册资本人民币 6,500 万元,系向社会公开发行人民币普通股,变更后的注册资本为人民币 16,500 万元。经我们审验,截至 2004 年 6 月 14 日止,贵公司已收到社会股东认缴股款

29,775.71 万元(已扣除发行手续费 108.29 万元、承销费 936 万元,保荐费 380 万元),贵公司所收股款扣除其他发行费用 568 万元后的净额为 29,207.71 万元,其中:股本 6,500 万元,资本公积 22,707.71 万元。

同时我们注意到,贵公司本次增资前的注册资本为人民币 10,000 万元,已经北京中兴宇会计师事务所有限责任公司所验证,验资报告文号为中兴宇验(2001)第 2009 号。截至 2004 年 6 月 14 日止,贵公司变更后的累计注册资本实收金额为人民币 16,500 万元。

本验资报告仅供贵公司变更工商登记时使用,不应将其视为对贵公司验资报告日后资本保全、偿债能力和持续经营能力等的保证,因使用不当所造成的后果,与执行本验资业务的注册会计师及会计师事务所无关。

附件:(一)新增注册资本实收情况明细表　(二)注册资本变更前后对照表　(三)验资事项说明
北京中兴宇会计师事务所有限责任公司　　验资机构负责人 李晓英
中国注册会计师 胡亚民　　中国注册会计师 梁晓燕　中国?北京　2004 年 6 月 15 日

(四)募股资金入帐情况
1、入帐时间:2004 年 6 月 14 日
2、入帐金额:29,775.71 万元(募集资金扣除承销费、保荐费和上网发行费后的余额)
3、入帐帐号:060239018000201038　　4、开户银行:北京市交通银行阜外支行

(五)本公司上市前股权结构和股东持股情况

1、本次上市前股本结构

股份类别	持股数量(股)	持股比例(%)
1、尚未流通股份(发起人股份):	100,000,000	60.61
其中:国家股	69,000,000	41.82
国有法人股	19,000,000	11.52
发起法人股	9,000,000	5.45
发起自然人股	3,000,000	1.82
2、可流通股份:	65,000,000	39.39
其中:本次公开发行普通股	65,000,000	39.39
总股本	165,000,000	100.00

2、本次上市前,本公司前十名股东持股情况

序号	股东名称	股份类别	持股数量(万股)	持股比例(%)
1	国家开发投资公司	国家股	6,900	41.82
2	乳山市经济开发投资公司	国有法人股	1,147	6.95
3	山东金洲矿业集团有限公司	国有法人股	753	4.56
4	山西大民国际贸易有限公司	发起法人股	720	4.36
5	李中柯发起	自然人股	300	1.82
6	芮城县金鼎经贸有限公司	发起法人股	180	1.09
7	中银证券	普通股	54.2015	0.33
8	南方证券	普通股	47.7	0.29
9	广发聚富	普通股	9.2	0.06
10	广发证券	普通股	7.1	0.04

注:中银证券所持股份为本次发行余额包销所致。

第六节 董事、监事、高级管理人员及核心技术人员

(一)董事、监事、高级管理人员及核心技术人员简介

1、董事

刘学义先生:48岁,硕士学历,高级工程师,现任本公司董事长。

李玉松先生:46岁,学士学位,高级工程师,现任国投创业投资有限公司资深项目经理,本公司董事。

白国光先生:41岁,经济学学士,经济师,现任国投创业投资有限公司业务发展部经理,本公司董事。

庞甲青先生:41岁,学士学位,高级工程师,现任本公司董事、董事会秘书。

邵春光先生:39岁,大学学历,高级经济师,现任山东省乳山市国鑫资产经营管理有限公司董事长兼总经理,本公司董事。

吴继德先生:54岁,高中学历,高级经济师,现任山西省国际对销贸易公司总经理、山西大民国际贸易有限公司董事,本公司董事。

李振江先生:53岁,大学学历,高级经济师,现任山东金洲矿业集团有限公司总经理,本公司董事。

陈淮先生:52岁,博士学历,研究员,为国家级有特殊贡献专家,现任建设部政策研究中心主任,本公司独立董事。

赵亚利女士:45岁,大学学历,高级工程师,现任中国饮料工业协会副理事长兼秘书长、中国饮料工业协会果蔬汁分会理事长,兼任中国食品科学技术学会常务理事,本公司独立董事。

朱本福先生:41岁,国际商法硕士,高级国际商务师、律师,现为北京市本杰律师事务所主任律师,本公司独立董事。

王春江先生:31岁,硕士学历,工程师、经济师,拥有中国注册会计师、中国注册评估师和中国注册税务师资格,现为利安达信隆会计师事务所审计二部经理,本公司独立董事。

2、监事

陈红雁女士:45岁,经济学学士,高级会计师,现任国投创业投资有限公司副总经理,本公司监事会召集人。

刘洪超先生:42岁,大学本科,会计师,现任乳山市国鑫资产经营管理有限公司董事、副总经理,本公司监事。

宋献忠先生:45岁,大专学历,政工师,现任本公司总经理助理,本公司监事。

3、高级管理人员和核心技术人员

李中柯先生:49岁,大专学历,高级经济师,本公司总经理。

杜喜光先生:51岁,大专学历,本公司副总经理。

张健先生:42岁,大学本科学历,高级工程师,本公司副总经理。

宋修正先生:51岁,大专学历,会计师,现任本公司总会计师。

冷传祝先生:40岁,现任本公司研发部经理。

(二)董事、监事、高级管理人员及核心技术人员持股情况

本公司总经理李中柯为本公司自然人股东,持有本公司300万股自然人股份。截至本上市公告书签署之日,其他本公司董事、监事、高级管理人员及核心技术人员本人、其家属及其能控制的法人均未持有本公司的股份。

第七节 同业竞争与关联交易

(一)同业竞争

本公司与控股股东及其他关联方之间不存在同业竞争。国家开发投资公司、乳山市经济开发投资公司、山东金洲矿业集团有限公司、山西大民国际贸易有限公司和芮城县金鼎经贸有限公司分别出具了《避免同业竞争承诺函》。本公司律师及保荐机构(主承销商)均对此发表了相同意见。

(二)关联方和关联关系

请投资者查阅2004年6月2日刊载于上海证券交易所网站(www.sse.com.cn)和中银国际证券有限责任公司网站(www.bocichina.com)的本公司首次公开发行股票招股说明书全文。

(三)关联交易

报告期内,本公司主要存在以下三类关联交易:国家开发投资公司向本公司提供委托贷款;本公司向国投物业公司租赁办公用房;本公司委托中银国际担任本次发行保荐机构(主承销商)。

(四)相关中介机构和独立董事的意见

本公司律师、保荐机构(主承销商)和独立董事均对关联交易发表了意见,认为本公司与关联方之间发生的关联交易均遵循公平合理及市场化的原则予以定价,不存在损害本公司及其他股东利益的情况;本公司与关联方之间的关联交易均已履行法定批准程序。

第八节 财务会计资料

本公司2001年至2003年的财务会计资料已于2004年6月2日分别在《中国证券报》、《上海证券报》和《证券时报》上刊登的招股说明书摘要中进行了披露,投资者欲了解详细内容,还可查阅刊载于上海证券交易所网站(www.sse.com.cn)和中银国际证券有限责任公司网站(www.bocichina.com)的本公司招股说明书全文。

(一)注册会计师意见

本公司聘请了中兴宇会计师事务所有限责任公司对本公司2001年12月31日、2002年12月31日和2003年12月31日资产负债表和合并资产负债表,2001年度、2002年度、2003年度的利润及利润分配表和合并利润分配表,2003年的现金流量表和合并现金流量表进行了审计,并出具了标准无保留意见的审计报告。

(二)简要会计报表

(1)简要合并利润表

(单位:元)

项目	2003年度	2002年度	2001年度
主营业务收入	464,166,781.74	324,256,562.97	267,084,095.55
主营业务利润	107,708,679.28	88,111,083.79	91,568,620.50
营业利润	34,578,467.32	36,128,621.00	46,201,332.65
利润总额	34,113,169.83	36,102,994.69	45,434,720.29
净利润	24,069,965.21	24,853,284.85	24,444,417.47

(2)简要合并资产负债表(单位:元)

项目	2003年12月31日	2002年12月31日	2001年12月31日
流动资产合计	373,131,866.01	314,994,269.78	270,999,686.65
长期投资合计	−136,280.45	−140,462.81	322,040.89
固定资产合计	301,286,964.31	260,028,727.96	203,397,933.21
无形资产及其他资产合计	90,826.81	119,173.16	118,038.05
资产总计	674,373,376.68	575,001,708.09	474,837,698.80
流动负债合计	438,241,312.19	319,115,846.01	292,528,515.06
长期负债合计	9,700,000.00	59,700,000.00	
递延税款贷项	3,751,622.56	3,751,622.56	3,751,622.56
负债合计	451,692,934.75	382,567,468.57	296,280,137.62
少数股东权益	69,385,845.66	60,903,794.16	64,005,074.23
股东权益合计	153,294,596.27	131,530,445.36	114,552,486.95
负债及股东权益总计	674,373,376.68	575,001,708.09	474,837,698.80

(3)简要合并现金流量表(单位:元)

项目	2003年
经营活动产生的现金流量	
现金流入小计	514,467,409.89
现金流出小计	491,075,740.48
经营活动产生的现金流量净额	23,391,669.41
投资活动产生的现金流量	
现金流入小计	282,921.00
现金流出小计	61,309,786.45
投资活动产生的现金流量净额	(61,026,865.45)
筹资活动产生的现金流量	
现金流入小计	611,528,800.00
现金流出小计	556,691,716.90
筹资活动产生的现金流量净额	54,837,083.10
汇率变动对现金的影响额	(44,278.39)
现金及现金等价物净增加额	17,157,608.67

(三)会计报表附注

本公司会计报表附注等有关内容请查阅刊载于上海证券交易所网站(www.sse.com.cn)和中银国际证券有限责任公司网站(www.bocichina.com)的本公司招股说明书全文与附录。

(四)主要财务指标

财务指标	2003年	2002年	2001年
流动比率	0.85	0.99	0.93
速动比率	0.39	0.51	0.50
资产负债率(母公司)(%)	63.96	66.16	63.96
应收账款周转率	4.96	4.82	7.25
存货周转率	2.00	1.70	1.32
净资产收益率(%)	15.70	18.90	21.34
扣除非经常损益后的净资产收益率(%)	15.66	16.10	21.35
每股收益(元)	0.24	0.25	0.24
每股净资产(元)	1.53	1.32	1.15
每股经营活动的现金流量(元)	0.23	(0.44)	0.58

第九节 其他重要事项

(一)自本公司股票首次公开发行之日至本公司上市公告书公告之日,本公司严格依照《公司法》、《证券法》等法律法规的要求,规范运行,生产经营情况正常,所处行业、市场无重大变化,主要投入、产出物供求及价格无重大变化,主要业务发展目标进展状况正常。

(二)自本公司股票首次公开发行之日至本公司上市公告书公告之日,本公司没有进行重大对外投资,无重大资产(股权)收购、出售行为。

(三)自本公司股票首次公开发行之日至本公司上市公告书公告之日,本公司重大会计政策和会计师事务所没有发生变化。

(四)自本公司股票首次公开发行之日至本公司上市公告书公告之日,本公司未涉及任何重大诉讼、仲裁或行政处罚案件,并且董事会认为本公司未面临任何其他重大影响的诉讼和索赔要求。

(五)自本公司股票首次公开发行之日至本公司上市公告书公告之日,本公司董事、监事和高级管理人员未受到任何刑事起诉,亦没有尚未了结或可能发生的刑事诉讼事项。

(六)自本公司股票首次公开发行之日至本公司上市公告书公告之日,本公司住所未变更。

(七)自本公司股票首次公开发行之日至本公司上市公告书公告之日,本公司未发生新的重大负债,并且重大债项未发生变化。

(八)本公司第一大股东国家开发投资公司承诺:自本公司股票上市之日起两年内,不转让所持有的本公司股份,也不由本公司回购其所持有的股份。

(九)自本公司股票首次公开发行之日至本公司上市公告书公告之日,没有其他应披露而未披露之重大事项。

第十节 董事会上市承诺

本公司董事会将严格遵守《公司法》、《证券法》、《股票发行与交易管理暂行条例》、《公开发行股票公司信息披露实施细则》和《上海证券交易所股票上市规则》等国家有关法律、法规的规定,承诺自本公司股票上市之日起作到:

(一)本公司将真实、准确、完整、公允和及时地公布定期报告,披露所有对投资者有重大影响的信息,并接受中国证监会、上海证券交易所的监督管理;

(二)本公司将在知悉可能对股票价格产生误导性影响的任何公共传播媒介中出现的消息后,将及时予以公开澄清;

(三)本公司董事、监事、高级管理人员和核心技术人员将认真听取社会公众的意见和批评,不利用已获得的内幕消息和其他不正当手段直接或间接从事本公司股票的买卖活动;

(四)本公司没有无记录的负债。

第十一节 保荐机构(上市推荐人)及其意见

(一)保荐机构(上市推荐人)有关情况

名称:中银国际证券有限责任公司　　法定代表人:平岳

注册地址:上海市浦东银城中路200号中银大厦39层

办公地址:北京市东城区东长安街1号东方广场东一办公楼801室

联系电话:010-85185505

传真:010-85184063

联系人:郝智明、陈兴珠、王建阳

(二)保荐机构(上市推荐人)的推荐意见

本公司保荐机构(上市推荐人)认为:本公司章程符合《公司法》等有关法律、法规和中国证监会的相关规定;根据《公司法》、《证券法》、《股票发行与交易管理暂行条例》和《上海证券交易所股票上市规则》等法律、法规的规定,本公司首次公开发行的股票已具备公开上市条件。

保荐机构(上市推荐人)保证本公司董事了解法律、法规、上海证券交易所上市规则及保荐协议规定的董事的义务与责任;协助本公司建立健全法人治理结构,制定了严格的信息披露制度与保密制度。

保荐机构(上市推荐人)已对上市文件所载的资料进行了核实,确保上市文件真实、准确、完整,符合规定要求,保证本公司的上市申请材料、上市公告书没有虚假、严重误导性陈述或者重大遗漏,并对其承担连带责任。

本公司与保荐机构(上市推荐人)之间存在关联关系:国家开发投资公司持有本公司41.82%的股权,并持有保荐机构(上市推荐人)中银国际证券有限责任公司12%的股权。

保荐机构(上市推荐人)愿意推荐本公司股票在上海证券交易所上市交易,并保证不利用在上市过程中获得的内幕信息进行内幕交易,为自己或他人谋取利益。

国投中鲁果汁股份有限公司

2004年6月17日

岳阳纸业股份有限公司

岳阳纸业股份有限公司首次公开发行股票上市公告书

第一节 重要声明与提示

岳阳纸业股份有限公司(以下简称"本公司"、"公司"或"发行人")董事会保证上市公告书的真实性、准确性、完整性,全体董事承诺上市公告书不存在虚假记载、误导性陈述或重大遗漏,并承担个别和连带的法律责任。

根据《公司法》、《证券法》等有关法律、法规的规定,本公司董事、高级管理人员已依法履行诚信和勤勉尽责的义务和责任。

证券交易所、中国证监会、其他政府机关对本公司股票上市及有关事项的意见,均不表明对本公司的任何保证。

按《证券发行上市保荐制度暂行办法》的要求,鉴于华欧国际证券有限责任公司已经取得保荐机构的资格,本公司已经聘请华欧国际证券有限责任公司作为本公司的上市保荐机构履行持续督导义务。

本公司提醒广大投资者注意,凡本上市公告书未涉及的有关内容,请投资者查阅 2004 年 4 月 28 日刊载于《中国证券报》、《上海证券报》和《证券时报》的本公司招股说明书摘要,及刊载于上海证券交易所网站(www.sse.com.cn)的本公司招股说明书全文。

第二节 概 览

一、股票简称:岳阳纸业
二、沪市股票代码:600963
三、深市代理股票代码:003963
四、总股本:179,866,715 股
五、可流通股本:80,000,000 股
六、本次上市流通股本:80,000,000 股
七、上市地点:上海证券交易所
八、上市时间:2004 年 5 月 25 日
九、股票登记机构:中国证券登记结算有限责任公司上海分公司
十、主承销商和上市推荐人:湘财证券有限责任公司
十一、上市保荐机构:华欧国际证券有限责任公司

本公司首次公开发行股票前股东所持股份的流通限制及期限:根据国家有关法律、法规规定和中国证监会证监发行字[2004]45 号《关于核准岳阳纸业股份有限公司公开发行股票的通知》,本公司的法人股暂不上市流通,本公司自然人持有的未流通股份暂不上市流通。

本公司股票上市前第一大股东湖南省岳阳林纸集团有限责任公司的承诺,自本公司股票上市之日起 12 个月内,不转让其所持有的本公司股份,本公司也不会回购其所持有的本公司股份。

第三节 绪 言

本上市公告书是根据《中华人民共和国公司法》、《中华人民共和国证券法》、《股票发行与交易管理暂行条例》、《公开发行股票公司信息披露实施细则》和《上海证券交易所股票上市规则》等国家有关法律、法规的规定,并按照中国证监会《公开发行证券的公司信息披露内容与格式准则第 7 号-股票上市公告书》而编制。

经中国证监会证监发行字[2004]45 号文核准,本公司于 2004 年 5 月 10 日采取全部向沪市、深市二级市场投资者定价配售的方式成功发行了 8000 万股每股面值 1.00 元的人民币普通股,发行价为每股人民币 6.69 元。

经上海证券交易所上证上字[2004]63 号《关于岳阳纸业股份有限公司人民币普通股股票上市交易的通知》批准,本公司公开发行的 8000 万股社会公众股将于 2004 年 5 月 25 日起在上海证券交易所挂牌交易。股票简称"岳阳纸业",沪市股票代码"600963",深市代理股票代码"003963"。

本公司已于 2004 年 4 月 28 日在《中国证券报》、《上海证券报》和《证券时报》上刊登了《招股说明书摘要》,招股说明书正文及其附录可以在上海证券交易所网站(http://www.sse.com.cn)查询。相关资料刊登距今不足三个月,故与其重复的内容不再重述,敬请投资者查阅上述内容。

第四节 发行人概况

一、发行人基本情况
1、公司名称:岳阳纸业股份有限公司
YUEYANG PAPER CO.,LTD.
2、注册资本:9986.67 万元
3、法定代表人:王祥
4、设立日期:2000 年 9 月 28 日
5、住所及其邮政编码:湖南省岳阳市城陵矶洪家洲(414002)
6、联系电话:0730-8590330、8590683
7、传真号码:0730-8562203
8、互联网网址:http://www.yypaper.com
9、电子信箱:se-invest@yypaper.com
10、经营范围:纸浆、机制纸的制造、销售及对集团公司及其子公司的水、电、汽的供应。经营本企业自产产品及技术的出口业务;经营本企业生产所需的原辅材料、仪器仪表、机械设备、零配件及技术的进口业务(国家限定公司经营和国家禁止进口的商品及技术除外);经营进料加工和"三来一补"业务。
11、董事会秘书:施湘燕

二、历史沿革

岳阳纸业股份有限公司是经湖南省人民政府湘政函(2000)149 号《湖南省人民政府关于同意设立岳阳纸业股份有限公司的批复》批准,由湖南省岳阳林纸集团有限责任公司作为主发起人,联合中国华融资产管理公司、湖南省造纸研究所、湖南轻工研究所及王祥先生、黄亦彪先生两位自然人,以发起方式设立的股份有限公司。公司于 2000 年 9 月 28 日在湖南省工商行政管理局登记设立,工商注册号:4300001004904,注册资本 9986.67 万元。

经中国证监会证监发行字[2004]45 号文核准,本公司于 2004 年 5 月 10 日在上海证券交易所向沪市、深市二级市场投资者定价配售的方式成功发行了 8000 万股每股面值 1.00 元的人民币普通股,发行价为每股人民币 6.69 元。此次发行完成后,本公司的总股本为 17986.67 万股,注册资本 17986.67 万元。

三、发行人主要经营情况

本公司主要从事文化类印刷用纸的制造、销售,主导产品为新闻纸、颜料整饰胶版纸。颜料整饰胶版纸和公司即将生产的低定量涂布纸系升级换代的高档印刷用纸,广泛应用于高档书刊杂志的印刷,2003 年公司共生产机制纸 15.13 万吨。

公司所处洞庭湖区和周边的江南丘陵拥有丰富的意大利杨、马尾松、国外松、荻苇、竹子等纤维造纸原料。公司积极参与洞庭湖及周边地区的"退田还湖、退耕还林"综合治理,坚持走"林纸一体化"的道路。这不仅符合国家林业生态环境建设的战略布局和产业结构调整以及建设高效林业的原则,而且在解决自身木材原料短缺问题的同时达到以林保纸、以纸兴林、林纸结合、林纸共同发展的良性循环。2003 年 11 月公司被认定为湖南省林产工业龙头企业。公司现拥有年制浆能力 12.1 万吨,自产浆品种齐全,共有漂白化学木浆、漂白化学苇浆、机械磨石磨木浆(可双氧水漂白)、杨木化机浆四条制浆生产线,相对于国内大部分新闻纸生产企业使用进口废纸或进口浆板而更具有浆料供给优势。同时公司拥有自备热电、供水及碱回收车间,水、电成本、吨纸浆消耗、单位产值综合能耗、平均单位制造成本等指标处于国内同行业先进水平。

公司拥有较强的技术开发能力,在国内率先开发了 45g/m2 低定量新闻纸、精制高白彩印新闻纸和颜料整饰胶版纸,其中精制高白彩印新闻纸通过了国家级新产品鉴定,并被纳入 2002 年度国家重点新产品试产计划。颜料整饰胶版纸获得了湖南省 2001 年度新产品证书。公司的"进口意杨 APMP 制浆生产技术开发"被国家经贸委批准确定为 2002 年国家技术创新项目计划,公司 2002 年完成的湖南省重大科技攻关项目"化学草类浆黑液碱回收精制碳酸钙作造纸填料"通过了省级科技成果鉴定。2003 年公司的"意大利杨 APMP 新工艺及其应用"获国家科技进步二等奖。

公司于 2000 年 10 月通过了 ISO9002 国际质量体系认证。2003 年 10 月公司又通过 ISO9001:2000 国际质量体系认证。公司的"岳阳楼"品牌在国内享有较高声誉,以其为商标的产品曾荣获"国家质量金奖"、"全国用户满意产品奖",公司生产的"岳阳楼"牌 49g/m2 胶印新闻纸获"湖南省 2001 年名牌产品"称号。

四、主要财务指标

公司近三年的主要财务指标见"第八节 财务会计资料"。

五、公司的知识产权和特许经营情况

公司目前使用的"岳阳楼"牌注册商标,由主发起人在本公司设立时无偿投入,国家工商行政管理总局商标局于 2001 年 5 月 28 日核准该商标转让给本公司。本公司现拥有"岳阳楼"牌商标文字(注册证号 384730)及图样的所有权(注册证号 519969),有效期限为自 2000 年 5 月 20 日至 2010 年 5 月 19 日。

公司拥有的专利技术:

序号	专利名称	专利号	专利类型	授权时间
1	造纸机引纸绳驱动装置	02224217.1	实用新型	2003.5
2	高浓盘磨磨片	02276834.3	实用新型	2003.7

有关知识产权、政府特许经营权和非专利技术等的详细内容请查阅 2004 年 4 月 28 日刊载于上海证券交易所网站(www.sse.com.cn)的本公司招股说明书全文。

六、财政税收优惠政策

公司目前无财政税收优惠政策。

第五节 股票发行与股本结构

一、本次股票上市前首次公开发行股票的情况
(一)股票种类:人民币普通股(A 股)
(二)每股面值:人民币 1.00 元
(三)发行数量:8,000 万股
(四)发行价格:6.69 元
(五)募股资金总额:53520 万元
(六)发行方式:全部向二级市场投资者定价配售方式
(七)发行对象:于招股说明书摘要刊登当日 2004 年 4 月 28 日持有上证所或深交所已上市流通人民币普通股(A 股)股票的收盘市值总和(包括可流通但暂时锁定的股份市值)不少于 10,000 元的投资者(国家法律法规禁止购买者除外)。投资者同时持有的沪市、深市二级市场的股票市值不合并计算。
(八)发行费用总额:2754.50 万元(含承销费、会计师费用、律师费、评估费、上网发行手续费、材料审核费和保荐费)
(九)每股发行费用:0.34 元

二、本次股票上市前首次公开发行股票的承销情况

本次公开发行的 8000 万股社会公众股的配号总数为 90922237 个,中签率为 0.08798728%。其中,二级市场投资者认购 79333449 股,其余 666551 股由主承销商包销。

三、本次上市前首次公开发行股票所募股资金的验资报告

湖南开元有限责任会计师事务所为本次公开发行股票所募股资金出具的开元所(2004)专审字第 068 号《验资报告》全文如下:

岳阳纸业股份有限公司全体股东:

我们接受岳阳纸业股份有限公司(以下称贵公司)委托,对贵公司截至二零零四年五月十日首发 80,000,000 股人民币普通股(A)股增加的实收股本进行了验证。按照中华人民共和国相关法律、法规和有关协议的规定出资是贵公司全体股东的责任;提供真实、合法、完整的验资资料,保护资产的安全、完整是贵公司的责任。我们的责任是对贵公司本次首发新股的实收股款情况发表审验意见。我们的审验是依据《独立审计实务公告第 1 号——验资》进行的。在审验过程中,我们结合贵公司的实际情况,实施了检查等必要的审验程序。

经中国证监会证监发行字[2004]45 号文核准,贵公司于二零零四年五月十日至五月十四日期间以每股发行价格人民币 6.69 元,首发每股面值人民币 1.00 元的 80,000,000 股 A 股股票。

经审验,截至二零零四年五月十四日止,贵公司已收到首发 80,000,000 股 A 股扣除发行费用后的净收入人民币 507,654,961.75 元,其中实收股本为人民币 80,000,000.00 元,资本公积---股票溢价

427,654,961.75 元。

本验资报告仅供贵公司申请工商变更登记及申请本次首发 A 股上市交易使用,不应将其视为是对贵公司验资报告日后资本保全、偿债能力和持续经营能力等的保证。因使用不当造成的后果,与执行本验资业务的注册会计师及会计师事务所无关。

附件(一):验资事项说明

附件(二):本次首发 A 股实收股本变更前后明细表

附件(三):银行进账单

湖南开元有限责任会计师事务所　　中国注册会计师:李弟扩

中国-长沙市

中国注册会计师:王卫华

2004 年 5 月 14 日

四、募股资金入帐情况

入帐时间:2004 年 5 月 14 日

入帐金额:515,786,181.75 元

入帐帐号:1907060419002010588

开户银行:中国工商银行岳阳市城陵矶支行

五、上市前股权结构及各类股东的持股情况

(一)本次上市前股权结构

股份名称	发行前		发行后	
	数量(万股)	比例(%)	数量(万股)	比例(%)
发起人股份	9986.6715	100.00	9986.6715	55.52
其中:国有法人股	9960.6715	99.74	9960.6715	55.38
发起自然人股	26	0.26	26	0.14
流通股份	0	0	8000	44.48
合计	9986.6715	100.00	17986.6715	100.00

(二)本次上市前十名股东持股情况

股东名称	股权性质	持股数量(股)	股权比例(%)
湖南省岳阳林纸集团有限公司	国有法人股	85,306,715	47.43
中国华融资产管理公司	国有法人股	13,000,000	7.23
湘财证券有限责任公司	流通股	672,551	0.37
湖南省造纸研究所	国有法人股	650,000	0.36
湖南轻工研究所	国有法人股	650,000	0.36
南方证券有限责任公司	流通股	613,000	0.34
银丰基金	流通股	237,000	0.13
中信经典	流通股	214,000	0.12
王　祥	自然人股	130,000	0.07
黄亦彪	自然人股	130,000	0.07

第六节　董事、监事、高级管理人员及核心技术人员

一、董事、监事、高级管理人员及核心技术人员的情况

(一)公司董事简介

王祥先生,董事长,1944 年 10 月出生,大专学历,高级经济师,第十届全国人大代表,中国造纸学会副理事长、中国造纸协会常务理事、国家计委产业发展司特聘造纸知名专家。金瑞新材料科技股份有限公司独立董事。曾先后被评为全国轻工系统劳动模范、2001 年获全国五一劳动奖章、2001 年度湖南省十大杰出经济人物、2002 年度湖南省十大新闻人物。

黄亦彪先生,副董事长,1956 年 3 月出生,大专学历,高级经济师。现任本公司总经理。

李吉仿先生,副董事长,1957 年 3 月出生,汉族,大专学历,高级经济师。现任中国华融资产管理公司南宁办事处纪委书记。

潘桂华先生,董事,1963 年 3 月出生,大专学历,会计师。

李乐安女士,董事,1957 年 5 月出生,大专学历,经济师。

关以超先生,董事,1946 年 2 月出生,本科学历,高级工程师。

伍伟青先生,董事,1957 年 9 月出生,本科学历,研究员。现任湖南轻工研究所所长,1998 年成为享受国务院突出贡献津贴专家。

张国有先生,独立董事,1949 年 10 月出生,经济学博士。现为北京大学光华管理学院教授、企业管理专业博士生导师,现任北京大学国际经营管理研究所所长、北京大学光华管理学院华人企业管理研究中心执行主任,中国企业联合会执行理事、中国企业管理研究会副理事长。

景旭先生,独立董事,1970 年 3 月出生,法学硕士,执业律师,1993 年起从事律师工作。现为北京市君都律师事务所主任并担任上海海艺建设股份公司等多家公司法律顾问。

夏博辉先生,独立董事,1963 年 11 月出生,教授、中国注册会计师、管理学博士。现任深圳发展银行财务会计部总经理、财政部会计准则委员会咨询专家、中国会计学会理事、中国金融会计学会理事、湖南大学研究生导师及教授。

刘思跃先生,独立董事,1962 年 3 月出生,经济学博士,现任武汉大学商学院金融系副主任、金融学副教授、武汉金融学会常务理事,兼任湖北楚天高速股份有限公司独立董事。

(二)监事简介

危子平先生,监事会召集人,1947 年 1 月出生,大专学历,高级会计师。

周荫华先生,监事,1954 年 10 月出生,大专文化。

黄列兵先生,监事,1962 年 9 月出生,大学学历,高级经济师。现任中国华融资产管理公司长沙办事处股权部经理。

石平西先生,监事,1954 年 12 月出生,大专学历,政工师。现为本公司工会副主席。

李觅女士,监事,1964 年 3 月出生,中专学历,会计师、审计师、注册造价工程师。现任本公司审计室副主任。

(三)高管人员简介

黄亦彪先生,公司总经理(简历见董事会成员部分)。

刘曙光先生,公司副总经理兼总工程师,1955 年 10 月出生,工程学士,高级工程师,曾主持或独立完成了轻工部 1760 纸机网部脱水元件改造设计试点、碱回收提渣的设计、化机浆工程螺旋输送机设计及进口关键设备的安装等。

叶蒙先生,公司副总经理,1968 年 9 月出生,大专学历。2003 年 2 月进入本公司并被聘任为公司副总经理,现兼任本公司人力资源部部长。

毛国新先生,公司副总经理,1964 年 1 月出生,大专学历,机械工程师。

柳铁蕃先生,公司副总经理兼总会计师,1964 年 1 月出生,本科学历,副教授。

邹小弟先生,公司副总经理,1952 年 1 月出生,大专学历,工程师。2002 年 11 月进入本公司并被聘任为公司副总经理。

施湘燕女士,董事会秘书,1971 年 12 月出生,本科学历,政工师。现兼任本公司证券投资部部长。

(四)核心技术人员简介

刘曙光先生,公司副总经理总工程师(简历见高管人员部分)。

毛国新先生,公司副总经理(简历见高管人员部分)。

何平先生,1950 年 12 月出生,本科学历,电气高级工程师,现任本公司负责电气自动化的副总工程师。

周湘红先生,1964 年 11 月出生,本科学历,自动化控制高级工程师。现任本公司负责自控的副总工程师。

邵启超先生,1965 年 8 月出生,本科学历,制浆造纸高级工程师。现任本公司负责工艺技术的副总工程师。

二、持股情况说明

本公司董事、监事、高管人员及核心技术人员均为中国国籍,无境外的永久居留权,除监事李觅女士与核心技术人员周湘红先生为配偶关系外其他上述人员相互之间均不存在配偶、三代以内直系或旁系亲属关系。

本公司董事长王祥先生持有本公司股份 13 万股,为本公司发起人,所持股份无质押或冻结情况,本次发行后所占比例为 0.07%。

本公司副董事长、总经理黄亦彪先生持有本公司股份 13 万股,为本公司发起人,所持股份无质押或冻结情况,本次发行后所占比例为 0.07%。

除本公司董事长王祥先生,副董事长、总经理黄亦彪先生以外,其他上述人员及其家属均不持有本公司和关联公司的股份,也没有通过其直接或间接控制的法人持有本公司和关联公司的股份。

第七节　同业竞争与关联交易

一、同业竞争的情况

本公司控股股东与本公司不存在同业竞争,并出具了避免同业竞争的承诺函,发行人律师及主承销商均对此发表了相同意见。

二、关联交易的情况

本公司与控股股东及其控股和参股的企业之间存在一定的关联交易,所有的关联交易公司均通过有关关联交易协议及股东大会回避表决原则执行,按照市场化和公允性原则进行交易,以保证公司利益和小股东利益不受到损害。

公司的关联交易具体内容请查阅 2004 年 4 月 28 日刊载于上海证券交易所网站(www.sse.com.cn)的本公司招股说明书全文。

第八节　财务会计资料

公司 2001 年至 2003 年的财务会计资料已于 2004 年 4 月 28 日在《中国证券报》、《上海证券报》和《证券时报》刊登的《招股说明书摘要》中进行了披露,投资者欲了解详细内容,请查阅上述报纸或刊载于上海证券交易所网站(www.sse.com.cn)的本公司招股说明书全文。

一、注册会计师意见

本公司财务审计机构湖南开元有限责任会计师事务所对本公司的 2001 年度、2002 年度和 2003 年度的财务报告进行了审计,并出具了开元所股审字[2004]第 003 号标准无保留意见的《审计报告》。以下引用的财务会计数据,非经特别说明,均摘自湖南开元有限责任会计师事务所审计的财务报告。

二、简要会计报表

(一)简要资产负债表

单位:元

项目	2003 年 12 月 31 日	2002 年 12 月 31 日
货币资金	80,175,437.47	105,677,203.80
应收票据	27,521,015.10	21,601,497.28
应收账款	104,386,936.49	98,820,972.11
其他应收款	10,449,702.18	7,463,033.80
预付账款	61,768,442.17	27,756,753.43
存货	182,911,149.19	110,331,716.27
待摊费用	519,432.47	975,626.20
流动资产合计	467,732,115.07	372,626,802.89
固定资产原价	515,063,777.70	489,061,458.36
减:累计折旧	287,285,287.99	275,919,980.06
固定资产净额	227,778,489.71	209,069,410.30
在建工程	54,061,969.82	10,195,233.58
固定资产合计	281,840,459.53	219,264,643.88
无形资产及其他资产合计	13,916,034.97	8,982,607.08
资产合计	763,488,609.57	600,874,053.85
项目	2003 年 12 月 31 日	2002 年 12 月 31 日
短期借款	157,600,000.00	52,600,000.00
应付票据	3,000,000.00	–
应付账款	174,909,416.70	118,982,441.36
预收账款	12,229,215.47	6,472,611.21
应付工资	–	1,000,000.00
应付福利费	4,281,013.51	2,208,507.03
应交税金	39,451,422.43	23,322,815.75
其他应交款	−509,008.40	57,016.02
其他应付款	16,937,278.61	14,781,909.89
预提费用	–	376,407.00
一年内到期的长期负债	45,000,000.00	77,000,000.00
流动负债合计	452,899,338.32	296,801,708.26
长期借款	23,000,000.00	45,000,000.00
专项应付款	3,094,680.00	2,253,200.00
长期负债合计	26,094,680.00	47,253,200.00
负债合计	478,994,018.32	344,054,908.26
股本	99,866,715.00	99,866,715.00
资本公积	50,056,606.44	50,056,606.44
盈余公积	43,464,937.72	26,787,861.69
其中:法定公益金	8,126,697.50	5,744,258.07
未分配利润	76,126,324.84	60,134,619.46
应付股利	14,980,007.25	19,973,343.00
股东权益合计	284,494,591.25	256,819,145.59

负债及股东权益合计	763,488,609.57	600,874,053.85

项目	2001 年 12 月 31 日
货币资金	53,562,037.27
应收票据	3,934,149.70
应收账款	96,990,768.08
其他应收款	2,112,576.11
预付账款	39,526,035.04
存货	72,665,951.00
待摊费用	801,500.00
流动资产合计	269,593,017.20
固定资产原价	474,679,182.47
减:累计折旧	252,560,821.80
固定资产净额	222,118,360.67
在建工程	5,560,673.62
固定资产合计	227,679,034.29
无形资产及其他资产合计	–
资产合计	497,272,051.49

项目	2001 年 12 月 31 日
短期借款	47,600,000.00
应付票据	–
应付账款	115,370,771.93
预收账款	5,977,982.42
应付工资	2,599,651.80
应付福利费	893,482.66
应交税金	14,174,612.59
其他应交款	3,636.42
其他应付款	13,524,761.85
预提费用	
一年内到期的长期负债	
流动负债合计	200,144,899.67
长期借款	77,000,000.00
专项应付款	2,228,000.00
长期负债合计	79,228,000.00
负债合计	279,372,899.67
股本	99,866,715.00
资本公积	50,020,206.44
盈余公积	10,201,834.56
其中:法定公益金	3,400,611.52
未分配利润	49,821,058.62
应付股利	7,989,337.20
股东权益合计	217,899,151.82
负债及股东权益合计	497,272,051.49

(二)简要利润表　单位:元

项目	2003 年度	2002 年度
主营业务收入	686,088,993.57	635,362,931.15
减:主营业务成本	531,612,342.86	474,038,977.75
主营业务税金及附加	4,899,438.76	4,862,152.74
主营业务利润	149,577,211.95	156,461,800.66
加:其他业务利润	19,817,083.09	4,070,271.06
减:营业费用	34,668,543.64	31,486,182.70
管理费用	52,497,486.55	41,838,214.10
财务费用	11,200,194.77	9,468,769.12
营业利润	71,028,070.08	77,738,905.80
营业外收入	429,183.00	105,315.50
减:营业外支出	70,211.06	4,243,952.73
利润总额	71,387,042.02	73,600,268.57
减:所得税	23,738,253.36	26,727,337.60
净利润	47,648,788.66	46,872,930.97
剔除非经常性损益之后净利润	41,840,796.72	46,224,292.69

项目	2001 年度
主营业务收入	488,698,530.70
减:主营业务成本	387,385,173.69
主营业务税金及附加	4,324,467.82
主营业务利润	96,988,889.19
加:其他业务利润	19,792,963.11
减:营业费用	11,266,095.51
管理费用	25,888,641.04
财务费用	5,848,660.56
营业利润	73,778,455.19
营业外收入	228,492.35
减:营业外支出	198,530.14
利润总额	73,808,417.40
减:所得税	16,037,995.76
净利润	57,770,421.64
剔除非经常性损益之后净利润	56,005,000.12

(三)2003 年简要现金流量表

单位:元

项目	2003 年
经营活动产生的现金流量净额	29,732,183.09
投资活动产生的现金流量净额	−91,510,784.86
筹资活动产生的现金流量净额	36,276,835.44
现金及现金等价物净增加额	−25,501,766.33

三、会计报表附注

本公司会计报表附注等有关内容,请查阅 2004 年 4 月 28 日刊载于上海证券交易所网站(www.sse.com.cn)的本公司招股说明书全文与附录。

四、主要财务指标

本公司近三年的主要财务指标如下表:

财务指标	2003 年 12 月 31 日	2002 年 12 月 31 日	2001 年 12 月 31 日
流动比率	1.03	1.26	1.35
速动比率	0.63	0.88	0.98
应收账款周转率	6.75	6.49	4.81
存货周转率	3.63	5.18	6.79
资产负债率(%)	62.74	57.26	56.18
每股净资产(元/股)	2.85	2.57	2.18
每股经营活动现金净流量(元/股)	0.30	0.67	0.42
每股收益(全面摊薄元/股)	0.477	0.469	0.578
净资产收益率(全面摊薄%)	16.75	18.25	26.51

第九节　其他重要事项

一、自本公司股票首次公开发行之日至本公司上市公告书公告之日, 本公司严格依照《公司法》、《证券法》等法律法规的要求,规范运行,经营情况正常,所处行业、市场无重大变化,主要业务发展目标进展状况正常,主要投入、产出物供求与价格无重大变化。

二、自本公司股票首次公开发行之日至本公司上市公告书公告之日,本公司没有进行重大对外投资,无重大资产(股权)收购或出售行为。

三、自本公司股票首次公开发行之日至本公司上市公告书公告之日, 本公司住所没有发生变更。

四、自本公司股票首次公开发行之日至本公司上市公告书公告之日,本公司未涉及任何重大诉讼、仲裁或行政处罚案件,亦没有尚未了结或可能面临的重大诉讼和索赔要求。

五、自本公司股票首次公开发行之日至本公司上市公告书公告之日,本公司董事、监事和高级管理人员未受到任何刑事起诉,亦没有尚未了结或可能发生的刑事诉讼事项。

六、自本公司股票首次公开发行之日至本公司上市公告书公告之日,本公司的重大会计政策和会计师事务所没有发生变化。

七、自本公司股票首次公开发行之日至本公司上市公告书公告之日,本公司的税收政策未发生变化。

八、根据 2003 年年度股东大会决议,公司利润共享安排如下:本次股票公开发行完成前的滚存可供分配利润由新老股东共享。本次新股发行后的第一个盈利年度的股利分配方案将根据公司的实际情况由股东大会决定。

九、自本公司股票首次公开发行之日至本公司上市公告书公告之日,本公司未发生新的重大负债,并且重大债项未发生变化。

十、根据《上海证券交易所股票上市规则》,公司第一大股东湖南省岳阳林纸集团有限责任公司向上海证券交易所承诺,自本公司股票上市后 12 个月内,不转让其所持有的本公司股份,本公司也不回购其持有的本公司股份。

十一、自本公司股票首次公开发行之日至本公司上市公告书公告之日,没有其他应披露而未披露之重大事项。

第十节　董事会上市承诺

本公司董事会将严格遵守《公司法》、《证券法》等法律、法规和中国证监会的有关规定,并承诺自本公司股票上市之日起做到:

(一)本公司将真实、准确、完整、公允和及时地公布定期报告,披露所有对投资者有重大影响的信息,并接受中国证监会、证券交易所的监督管理;

(二)本公司在知悉可能对股票价格产生误导性影响的任何公共传播媒介中出现的消息后,将及时予以公开澄清;

(三)本公司董事、监事、高级管理人员和核心技术人员将认真听取社会公众的意见和批评,不利用已获得的内幕消息和其他不正当手段直接或间接从事发行人股票的买卖活动;

(四)本公司没有无记录的负债。

依据《上海证券交易所股票上市规则》,本公司全体董事、监事将按照有关规定,在本公司股票上市后两个月内签署《董事(监事)声明及承诺书》并送达上海证券交易所备案。

第十一节　保荐机构、上市推荐人及其意见

一、上市推荐人情况

上市推荐人:湘财证券有限责任公司

法定代表人:陈学荣

地址:上海市银城东路 139 号华能联合大厦 5 楼

电话:021-38784818-8232、8257

传真:021-68865411

联系人:钟建春、江岚、钟丙祥、屠正锋、冯浩

二、保荐机构情况

保荐机构:华欧国际证券有限责任公司

法定代表人:陈学荣

地址:上海市银城东路 139 号华能联合大厦 1 楼

电话:021-38784818-8247

传真:021-68865411

保荐人代表:江岚、黄崇春

项目主办人:钟建春

三、上市推荐人意见

本公司上市推荐人湘财证券有限责任公司认为:发行人章程符合《公司法》、《证券法》等有关法律、法规和中国证监会的规定;发行人本次股票发行符合《公司法》、《证券法》及《上海证券交易所股票上市规则》等国家有关法律、法规的规定,已具备上市条件;发行人董事了解国家有关法律、法规、上海证券交易所上市规则及股票上市协议规定的董事义务与责任; 发行人建立健全了法人治理结构、制定了严格的信息披露制度与保密制度。

上市推荐人已对上市文件所载的资料进行了核查,确信上市文件真实、准确、完整,符合规定要求,确信发行人的上市申请材料、上市公告书没有虚假、严重误导性陈述或重大遗漏,并保证对其承担相应的法律责任。上市推荐人愿意推荐发行人的股票在上海证券交易所上市交易,并保证不利用在上市过程中获得的内幕信息进行内幕交易,为自己或他人谋取利益。

岳阳纸业股份有限公司

2004 年 5 月 20 日

山东博汇纸业股份有限公司

山东博汇纸业股份有限公司首次公开发行股票上市公告书

第一节　重要声明与提示

山东博汇纸业股份有限公司(以下简称"本公司"、"公司"、"博汇纸业"或"发行人")董事会保证上市公告书的真实性、准确性、完整性,全体董事承诺上市公告书不存在虚假记载、误导性陈述或重大遗漏,并承担个别或连带法律责任。

根据《公司法》、《证券法》等有关法律、法规的规定,本公司董事、高级管理人员已依法履行诚信和勤勉尽责的义务和责任。

上海证券交易所、中国证监会、其他政府机关对本公司首次公开发行股票上市有关事项的意见,均不表明对本公司的任何保证。

本公司提醒广大投资者注意,凡本上市公告书未涉及的有关内容,请投资者查阅2004年5月19日刊登于《中国证券报》、《上海证券报》、《证券时报》和《证券日报》的本公司首次公开发行招股说明书摘要,及刊载于上海证券交易所网站(http://www.sse.com.cn)的本公司首次公开发行股票招股说明书全文。

第二节　概　览

1、股票简称:博汇纸业

2、沪市股票代码:600966

3、深市代理股票代码:003966

4、股本总额:18,000万股

5、可流通股本:7,000万股

6、本次上市流通股本:7,000万股

7、发行价格:11.20元/股

8、上市地点:上海证券交易所

9、上市时间:2004年6月8日

10、股票登记机构:中国证券登记结算有限责任公司上海分公司

11、保荐机构(上市推荐人):宏源证券股份有限公司

12、对本公司首次公开发行股票前股东所持股份的流通限制,根据有关法律、法规规定和中国证监会《关于核准山东博汇纸业股份有限公司公开发行股票的通知》(证监发行字[2004]48号),本公司的法人股暂不上市流通。

13、本公司第一大股东对所持股份自愿锁定的承诺:本公司公开发行股票前的第一大股东淄博博汇实业有限公司向上海证券交易所承诺,自本公司股票上市之日起12个月内,不转让其所持有本公司的股份,也不由本公司回购其持有的本公司股份。

第三节　绪　言

本公司上市公告书是根据《中华人民共和国公司法》、《中华人民共和国证券法》、《股票发行与交易管理暂行条例》、《公开发行股票公司信息披露实施细则》和《上海证券交易所股票上市规则》等国家有关法律、法规的规定,并按照中国证监会《公开发行证券公司信息披露内容与格式准则第7号?股票上市公告书》而编制的,旨在向投资者提供有关本公司和本次股票上市的基本情况。

经中国证监会证监发行字[2004]48号文核准,本公司于2004年5月24日采用全部向二级市场投资者定价配售的方式成功发行了7,000万股人民币普通股,每股面值1.00元,发行价格为每股11.20元。

根据上海证券交易所《关于山东博汇纸业股份有限公司人民币普通股股票上市交易的通知》(上证上字[2004]74号),本公司7,000万股社会公众股将于2004年6月8日起在上海证券交易所挂牌交易。股票简称"博汇纸业",沪市股票代码"600966",深市代理股票代码"003966"。

本公司已于2004年5月19日分别在《中国证券报》、《上海证券报》、《证券时报》和《证券日报》上刊登了《招股说明书摘要》,招股说明书全文及其附录刊载于上海证券交易所网站(http://www.sse.com.cn),前述招股文件距今不足3个月,故与其重复的内容不再重复,敬请投资者查阅上述文件。

第四节　发行人概况

一、发行人基本资料

二、公司历史沿革及改制重组情况

本公司前身桓台万飞股份有限公司成立于1994年4月29日,经山东省淄博市桓台县体制改革委员会桓体改字[1994]第3号文批准,以定向募集方式设立。公司设立时,股份总数为140.00万股,其中:桓台县周家镇万家村村民委员会持有30.7475万股,占股份总数的21.96%;公司内部职工持有109.2525万股,占股份总数的78.04%。

1996年8月,公司1996年第一次临时股东大会通过了增发18,977,959股法人股并全部由博汇实业以其下属造纸厂经评估的经营性净资产按1:1比例予以认购的方案。定向增资完成后,公司股份总数为2,037.7959万股,其中:山东淄博博汇实业总公司持有1,897.7959万股,占股份总数的93.12%;万家村村民委员会持有30.7475万股,占股份总数的1.52%;内部职工持有109.2525万股,占股份总数的5.36%。

1996年8月,桓台县周家镇万家村村民委员会和山东淄博博汇实业总公司签订了《股权转让协议》,万家村村民委员会将其持有的村集体股30.7475万股转让给博汇实业。股权转让完成后,公司股份总数为2,037.7959万股,其中:山东淄博博汇实业总公司持有1,928.5434万股,占股份总数的94.64%;内部职工持有109.2525万股,占股份总数的5.36%。

1996年,公司根据国务院国发[1995]17号文和山东省人民政府鲁政发[1995]126号文的要求进行了重新规范。1996年12月29日,山东省经济体制改革委员会以鲁体改函字[1996]248号文予以确认,并颁发了鲁政股字[1996]203号《山东省股份有限公司批准证书》,同意公司由"桓台万飞股份有限公司"更名为"山东博汇实业股份有限公司",确认公司股份总数为2,037.7959万股,其中:法人股1,928.5434万股,占股份总数的94.64%;内部职工股109.2525万股,占股份总数的5.36%。

2000年11月,公司2000年第一次临时股东大会审议通过了《关于向股东派送红股的议案》,公司决定以1999年末总股本为基数按10送10的比例向全体股东派送红股。送红股后,公司股份总数由2,037.7959万股增至4,075.5918万股,其中:山东淄博博汇实业总公司持有3,857.0868万股,占股份总数的94.64%;内部职工持有218.505万股,占股份总数的5.36%。

2000年11月,经公司2000年第一次临时股东大会审议通过,公司与山东淄博博汇实业总公司签订了《债权转股权协议》,双方经协商决定将博汇实业总公司对公司的债权转为股权。债权人博汇实业拥有公司债权为88,632,424.96元,按2000年6月30日的每股净资产值1.28元进行折股,折股总数为6,924.4082万股。债权转股权后,公司股份总数增至11,000万股,其中:山东淄博博汇实业总公司持有10,781.495万股,占股份总数的98.01%;内部职工持有218.505万股,占股份总数的1.99%。

为优化公司股权结构,公司控股股东博汇实业分别于2001年8月10日、11月10日、12月15日、2002年3月30日,与青岛海光生物工程技术有限公司、淄博轻工机械股份有限公司、淄博驰骋商贸有限公司、将军投资管理有限公司签订了《股权转让协议》,将其持有的公司1,281.495万股、300.00万股、500.00万股、900.00万股股份分别转让给上述四家企业。2002年4月18日,公司内部职工股股东与青岛海光生物工程技术有限公司签订了《股权转让协议》,公司内部职工股股东将其所持有的内部职工股218.505万股全部转让给青岛海光生物工程技术有限公司。上述股权转让后,公司股份总数仍为11,000.00万股,其中:山东淄博博汇实业有限公司持有7,800.00万股,占股份总数的70.91%;青岛海光生物工程技术有限公司持有1,500.00万股,占股份总数的13.64%;将军投资管理有限公司持有900.00万股,占股份总数的8.18%;淄博驰骋商贸有限公司持有500.00万股,占股份总数的4.54%;淄博轻工机械股份有限公司持有300.00万股,占股份总数的2.73%。

经中国证监会证监发行字[2004]48号文批准,本公司于2004年5月24日采取全部向二级市场投资者定价配售的方式成功发行了7,000万股人民币普通股,每股面值1.00元,发行价格为每股11.20元。本次发行后,公司总股本变更为18,000万股人民币普通股,其中:社会法人股份11,000万股,占股份总数的61.11%;社会公众股7,000万股,占股份总数的38.89%。

三、公司主要经营情况

(一)本公司主营业务及经营情况

本公司主营业务为文化纸和包装纸板的生产和销售,主要产品包括书写纸、双胶纸、胶印书刊纸等文化纸产品和牛皮箱板纸等,目前公司具有年产15万吨文化纸的生产能力和年产13万吨牛皮箱板纸的生产能力。

(二)公司的竞争优势与劣势

1、公司的竞争优势

(1)资源优势

公司生产用主要原材料包括自制草浆、商品木浆及进口废纸,符合国家对纸业原料结构调整的要求。公司依托全国性重点小麦主产区鲁西南地区和黄河中下游地区,麦草供应充足;在进口原料方面,公司地处山东半岛,木浆及废纸等原材料进口运输便捷,公司采用国外供应商直接供货为主,国内代理商供应为辅的方法,开辟了多条原料供应渠道,能够充分保证生产需要。公司所在地有四大水源,地下水资源丰富,价格低廉,能够满足生产供水需要,资源优势明显。

(2)生产管理和成本优势

公司多年从事文化纸和包装纸板生产经营,在原料采购、成本控制、库存管理、质量管理等方面积累了丰富经验。公司推行"目标成本"管理方法,通过对不同工序物料、辅料、能源、水等消耗的科学统计,对各个岗位制定了科学的目标成本,在生产中严格执行目标成本控制,将成本与员工收入直接挂钩,并建立了相应的奖励和处罚机制,鼓励增产节约。公司定期组织人员对目标成本进行修订,不断挖掘生产潜力,公司使用的大部分纸机在1998年投产,投产初期各项消耗较大,经不断调试磨合,原材料成本中各项消耗都有所降低;公司无离退休职工,所在农村地区劳动力成本低,成本优势明显。近年来,公司为提高产品质量和单机产量、降低生产成本,不断强化管理,通过组队外出学习和请专家授课形式,提高干部的管理水平,近三年公司产品成本稳中有降。

(3)区位及营销优势

公司地处经济发达的东部地区,人口密度大,大型出版社集中,是我国最大也是最具增长潜力的纸品消费市场之一。经过不断的积累和开拓,公司培养了一支熟悉市场、经验丰富的销售人员队伍,以各省省会和沿海经济发达城市为主在全国30个城市建立了销售办事处,销售区域遍及全国。凭借良好的产品质量、成本优势和优质、诚信的服务,公司客户稳定,主要为大型出版社和各省市印刷物资公司,信用高、风险小。

(4)技术优势

2001年11月2日,公司被山东省科技厅以鲁科高字[2001]第486号文认定为省级高新技术企业。2002年,公司承担了国家重点火炬计划项目-环保健视纸的研究开发。2003年12月,公司研发中心经山东省科技厅批准建设为省级工程研究中心,该研发中心具备先进的造纸工艺、造纸化工工程技术试验条件和基础设施,有先进的检测、分析、测试手段和工艺设备,具备承担综合性工程技术

试验任务的能力，拥有较好的新产品、新工艺及造纸工程技术研究、设计基础及丰富的成果转化背景及经验。同时，公司非常重视对科研开发的投入，重视科技人才的引进与培养，2002-2003 年公司先后以 30 万元和 20 万元年薪聘请科技人才。公司技术创新体系完善，研发条件齐全，具有较强的科研实力和持续创新能力。

(5)企业文化和机制优势

公司作为民营股份制企业，管理决策效率高，注重利用外部力量，保证决策科学性。公司一方面强调制度化管理，建立了健全的管理制度和控制手段，不断进行制度创新、管理创新，使公司在经营机制和管理水平上保持竞争优势；另一方面强调人的主观能动性，重"人和"因素，凝聚力强。公司重视人才，激励机制灵活，可以充分调动和发挥员工工作积极性。

2、公司的主要竞争劣势

公司的生产规模同国内外实力雄厚的大型造纸企业相比仍然偏小，产品结构也不尽合理；公司控股子公司大华纸业的牛皮包装纸生产线投产不久，生产和销售管理工作还有待于进一步的提高，以上因素在一定程度上影响了本公司的市场竞争能力。

(三)公司主要财务指标

公司主要财务指标见本上市公告书"第八节 财务会计资料"。

(四)公司拥有的主要知识产权、政府特许经营权和非专利技术

1、专利技术和非专利技术

公司拥有的专利有卷筒纸彩色封头包装技术(专利号:ZL01335588.0)及造纸机稳压干燥设备技术(专利号:ZL01262363.6)；2003 年 12 月 1 日，公司向国家知识产权局申请：改进的回收白泥工艺及其在中性施胶纸生产中的应用、草木原料原料连续和间歇蒸煮混合制浆造纸工艺、矿物纤维在造纸工艺中的应用、色纸生产新工艺、草木原料木聚糖酶制浆方法、造纸漂液生产装置、造纸废水过滤装置、纸浆过滤用旋翼筛、造纸黑液储罐消泡装置等 9 项发明专利，已被国家知识产权局受理。公司拥有的非专利技术有：四段漂麦草、芦苇制浆技术，干湿法备料连蒸连煮技术，DCS 控制麦草制浆碱回收技术，生物化学法中段水处理技术等。

公司控股子公司淄博大华纸业有限公司拥有的非专利技术有油腊、胶沾物去除技术；纸机干燥、热原技术；超级全浮废水技术；染色自控技术；助剂自动溶药技术等。

2、特许经营权

2000 年 4 月 5 日，经[2000]鲁外经贸登字 165 号文批准，公司取得中华人民共和国《进出口企业资格证书》。

(五)公司享有的财政和税收优惠政策

本公司适用所得税率为 33%。2003 年度，本公司根据桓台县地方税务局 2003 年 4 月 6 日下发的桓地税政〔2003〕38 号《关于对山东博汇纸业股份有限公司等企业技术改造国产设备投资抵免企业所得税的批复》的文件，抵免 2003 年企业所得税 135.83 万元。

(六)生产经营有关的资产权属情况

1、商标

公司拥有的注册商标为"博汇"商标；公司控股子公司淄博大华纸业有限公司目前正在使用的"大华"牌商标的注册手续正在办理之中。

2、土地使用权

公司目前拥有面积总计为 338,863.66?的五宗土地使用权，公司控股子公司淄博大华纸业有限公司拥有面积为 14,402.10?的一宗土地使用权，均通过出让方式取得《国有土地使用证》。

3、房屋

公司拥有建筑物面积共计 69,115.82?，公司控股子公司淄博大华纸业有限公司拥有建筑物面积为 18,378.80?。

第五节　股票发行与股本结构

一、本次股票上市前首次公开发行股票的情况

(一)发行数量：7,000 万股，占发行后总股本的 38.89%。

(二)发行价格：11.20 元/股。

(三)募股资金总额：本次发行募集资金总额为 78,400.00 万元，扣除发行费用 2,989.40 万元后，募集资金净额为 75,410.60 万元。

(四)发行方式：全部向二级市场投资者定价配售。

(五)配售对象：于本公司招股说明书刊登日 2004 年 5 月 19 日收盘时持有上海证券交易所或深圳证券交易所已上市流通人民币普通股(A 股)股票的收盘市值总和(包括可流通但暂时锁定的市值)不少于 1 万元的投资者。

(六)发行费用总额及项目：本次公开发行股票发行费用总计 2,989.40 万元，主要包括承销费、上网发行费、发行审核费、注册会计师费用、律师费用、评估费用等。

(七)每股发行费用：0.43 元。

二、本次股票上市前首次公开发行股票承销情况

本次向二级市场投资者定价配售发行的 7,000 万股社会公众股的配号总数为 87,058,332 个，中签率为 0.08040586%，其中，二级市场投资者认购 69,086,749 股，其余 913,251 股由主承销商组织的承销团包销。

三、本次股票上市前首次公开发行股票所募集资金的验资报告

北京天华会计师事务所为本次发行出具了天华验字(2004)第 066-07 号《验资报告》，全文如下：

"山东博汇纸业股份有限公司：

我们接受山东博汇纸业股份有限公司(以下简称"贵公司")的委托，审验了贵公司截至 2004 年 5 月 28 日止新增注册资本实收情况。按照国家相关法律、法规的规定和协议、章程的要求出资，提供真实、合法、完整的验资资料，保护资产的安全、完整是贵公司全体股东及贵公司的责任。我们的责任是对贵公司本次新增注册资本的实收情况发表审验意见。我们的审验是依据《独立审计实务公告第 1 号?验资》进行的。在审验过程中，我们结合贵公司的实际情况，实施了检查等必要的审验程序。

贵公司原注册资本为人民币壹亿壹仟万元整(RMB110,000,000.00 元)，根据贵公司 2003 年第一次临时股东大会决议和修改后章程的规定，贵公司申请增加注册资本人民币柒仟万元整(RMB70,000,000.00 元)，变更后的注册资本为人民币壹亿捌仟万元整(RMB180,000,000.00 元)。经中国证券监督管理委员会证监发行字[2004]48 号文核准，贵公司已于 2004 年 5 月 24 日以每股发行价格 11.20 元，发行了面值为 1 元的社会公众股 7,000.00 万股。经我们审验，截至 2004 年 5 月 28 日止，贵公司已收到社会公众股东认缴股款人民币柒亿捌仟肆佰万元整(RMB784,000,000.00 元)，扣除发行费用人民币贰仟玖佰捌拾玖万肆仟元整(RMB29,894,000.00 元)，实际收到股款人民币柒亿伍仟肆佰壹拾万零陆仟元整(RMB754,106,000.00 元)，社会公众股东均以货币资金出资。其中股本人民币柒仟万元整 (RMB70,000,000.00 元)，资本公积人民币陆亿捌仟肆佰壹拾万零陆仟元整(RMB684,106,000.00 元)。

同时我们注意到，贵公司本次增资前的注册资本为人民币壹亿壹仟万元整(RMB110,000,000.00 元)，已经北京天华会计师事务所审验，并于 2000 年 12 月 22 日出具天华验字(2000)第 272 号验资报告。如果连同本次增加注册资本在内则变更后的累计注册资本为人民币壹亿捌仟万元整(RMB180,000,000.00 元)。

本验资报告供贵公司申请变更登记及据以向全体股东签发出资证明时使用，不应将其视为是对贵公司验资报告日后资本保全、偿债能力和持续经营能力等的保证。因使用不当造成的后果，与执行本验资业务的注册会计师及会计师事务所无关。

附件：

1.注册资本变更情况明细表

(1)新增注册资本实收情况明细表(表 1)

(2)注册资本变更前后对照表(表 2)

2.验资事项说明

北京天华会计师事务所

中国注册会计师：李存慧

中国?北京中国注册会计师：张福建

2004 年 5 月 28 日

四、募股资金入账情况

(一)入账时间：2004 年 5 月 28 日

(二)入账金额：75,773.60 万元(募集资金总额扣除承销费和上网发行费)

(三)开户银行：中国农业银行桓台县支行

(四)入账账号：15-238501040007982

五、本公司上市前股权结构及前十大股东持股情况

(一)本公司上市前股权结构

(二)本次上市前公司前十大股东持股情况

第六节　董事、监事、高级管理人员及核心技术人员

一、董事、监事、高级管理人员及核心技术人员简介

(一)董事：公司现任董事 9 人

杨延良先生，中国公民，男，1948 年出生，大学学历，高级政工师。从事造纸行业 20 余年，历任山东淄博博汇实业总公司造纸厂车间主任，财务科长、副厂长、厂长、总经理；本公司董事长、总经理。先后荣获山东省优秀企业家、优秀共产党员、振兴淄博劳动奖章、富民兴鲁劳动奖章、省劳动模范等荣誉称号，山东省人大代表。现任本公司董事长、党委书记，山东淄博博汇实业有限公司董事。

杨长胜先生，中国公民，男，1954 年出生，大学学历。历任马桥镇面粉厂厂长，山东淄博博汇实业总公司造纸厂副厂长，本公司副总经理。现任本公司董事、总经理、党委副书记。

王友贵先生，中国公民，男，1963 年出生，大学学历。原任山东淄博博汇实业总公司基建科科长。现任本公司董事、副总经理。

金尧宗先生，中国公民，男，1957 年出生，大学学历。历任桓台县马桥镇环保厂厂长、马桥装饰装潢公司经理、博汇实业总公司供应部经理。现任本公司董事，山东淄博博汇实业有限公司董事长。

杨升先生，中国公民，男，1963 年出生，大学学历，高级政工师。历任本公司销售部经理、财务部经理、总经理助理。现任本公司董事、副总经理兼董事会秘书。

胡庆树先生，中国公民，男，1963 年出生，大学学历。原任青岛国风东瑞制药有限责任公司经理，现任青岛海光生物工程技术有限公司董事长。

曹朴芳女士，中国公民，女，1945 年出生，大学学历，高级工程师。历任山东泰安造纸厂生产技术副厂长，中国造纸协会常务理事兼常务副秘书长，国家轻工业部规划处副处长，国家轻工总会造纸办副主任、处长，中国造纸协会常务副理事长。现任本公司独立董事。

董瑾女士，中国公民，女，1954 年出生，硕士学历。1978 年起在北京工业大学国际贸易系任教，1990 年调入北京理工大学。现任北京理工大学管理与经济学院国际贸易教研室主任，管理与经济学院学术、学位委员会成员，兼任中国国际贸易学会理事，北京市国际贸易学会理事。现任本公司独立董事。

宫本高先生，中国公民，男，1970 年出生，大学学历，中国注册会计师。历任威海市食品公司、山东工程学院会计，山东工程学院财务结算中心主任，会计核算科科长，财务管理科科长，校产财务科科长。现任本公司独立董事。

(二)监事：公司现任监事 7 人

胡安忠先生，中国公民，男，1966 年出生，大学学历。历任博汇实业总公司造纸厂办公室主任、本公司质检技术科科长、车间主任。现任本公司监事会召集人，技术质量部部长。

李军先生，中国公民，男，1969 年出生，大学学历。原任博汇实业总公司造纸厂车间主任。现任本公司监事，山东淄博欧格登博汇热电有限公司副总经理。

金田宗先生，中国公民，男，1967 年出生，中专学历。历任博汇实业总公司基建科副科长、科长、项目办公室副主任。现任本公司监事，基建部部长。

郑先山先生，中国公民，男，1975 年出生，大学学历。历任本公司抄纸车间副主任、主任。现任本公司监事，企管部部长。

王可友先生，中国公民，男，1955 年出生，高中学历，建筑师。历任博汇实业总公司基建科副科长。现任本公司监事(职工代表监事)，设备动力部供水科科长。

张艳女士,中国公民,女,1977年出生,中专学历。历任本公司财务科副科长、审计科科长。现任本公司监事(职工代表监事)、公司审计部部长。

胡玉利女士,中国公民,女,1973年出生,高中学历。原任本公司审计科科长。现任公司监事(职工代表监事),供应部物资科科长。

(三)高级管理人员

高俊兰女士,中国公民,女,1968年出生,大学学历。历任博汇实业总公司审计科科长,本公司审计科科长。现任本公司财务总监。

(四)核心技术人员

陈商男,汉族,现年33岁,大学学历,高级工程师。历任江苏新沂第二造纸厂技术员、技术科副科长、科长、副厂长、厂长,现任山东博汇纸业股份有限公司总工程师。

杨永会 男,汉族,现年39岁,大学学历。历任山东烟台造纸厂技术部部长、副总工程师,现任山东博汇纸业股份有限公司副总工程师。

程力男,汉族,现年33岁,大专学历,高级工程师。历任江苏新大纸业集团公司技术员、技术科长、车间主任、技术总工,本公司技术科科长、质检科科长,现任本公司副总工程师。

二、持股情况说明

本公司的董事、监事和高级管理人员及其家属均不持有本公司的股份;本公司目前未安排认股权计划。

第七节　同业竞争和关联交易

一、同业竞争

(一)同业竞争

公司与控股股东、实际控制人及其控制的法人之间不存在同业竞争和潜在同业竞争。控股股东淄博博汇实业有限公司及其他持股5%以上的股东青岛海光生物工程技术有限公司、将军投资管理有限公司均分别作出承诺,在今后生产经营中,在关联关系存续的情况下,将不会开展与本公司构成直接或间接竞争的生产经营和业务。

本公司律师经核查后,认为:"公司的实际控制人、直接控股股东、间接控股股东及直接控股股东实际控制的企业具体从事的业务与公司之间不构成同业竞争或其他利益冲突,且直接控股股东淄博博汇实业有限公司已采取了必要的措施避免未来可能发生的同业竞争。公司与控股股东之间不存在同业竞争问题。"

本公司保荐机构(主承销商)经核查后,认为:"公司与控股股东之间目前不存在同业竞争的情况,且其控股股东及持股5%以上的股东已采取了必要的措施避免未来可能发生的同业竞争。"

(二)关联交易

公司现有的关联交易主要是淄博欧格登博汇热电有限公司为公司及公司控股子公司大华纸业提供电力和蒸汽,以及公司为大华纸业进口美废、木浆等,关联交易具体内容及对公司财务状况和经营成果的影响如下:

1、关联采购

单位:万元

2、关联销售

单位:万元

3、其他关联交易

公司将严格执行公司章程制定的关联交易决策程序、回避制度和信息披露制度,加强独立董事对关联交易的审核、监督,规范并采取有效措施尽量减少不必要的关联交易。

4、中介机构和独立董事的意见

本公司独立董事对报告期内重大关联交易进行独立核查后,认为:"公司最近三年的重大关联交易履行了法定批准程序、关联交易价格公允。"

本公司会计师经核查后,认为:"上述关联交易对公司的财务状况和经营业绩没有造成影响,符合《企业会计准则》、《企业会计制度》和《关联方之间出售资产等有关会计处理问题暂行规定》及有关规定。"

本公司律师经核查后,认为:"公司与其关联方发生的上述关联交易按照平等互利、等价有偿的市场原则进行;交易条件公允,符合公平、公正、合理的原则,不存在损害发行人及其他股东利益的情况。"

本公司保荐机构(主承销商)经核查后,认为:"报告期内,公司关联交易的决策过程符合法律、法规、其他规范性文件及《公司章程》的规定,公司与关联方之间的关联交易不影响公司独立性,不存在损害公司及其他股东利益的情况。"

第八节　主要财务会计资料

本公司截止2003年12月31日的财务会计资料已于2004年5月19日刊登于《中国证券报》、《上海证券报》、《证券时报》和《证券日报》的本公司招股说明书摘要中。投资者欲了解详细内容,请投资者查阅上述报纸或刊载于上海证券交易所网站(www.sse.com.cn)的本公司招股说明书全文及附录。

一、注册会计师意见

本公司聘请北京天华会计师事务所审计了公司2001年12月31日、2002年12月31日和2003年12月31日的资产负债表和合并资产负债表,2001年度、2002年度和2003年度利润及利润分配表和合并利润及利润分配表,以及2003年度的现金流量表和合并现金流量表,注册会计师出具了天华审字(2004)第066-01号标准无保留意见的《审计报告》。

二、最近三年经审计简要会计报表

(一)简要资产负债表

单位:人民币元

(二)简要利润表

单位:人民币元

(三)简要现金流量表

单位:人民币元

三、会计报表附注

本公司会计报表附注等有关内容,请查阅2004年5月19日刊登于《中国证券报》、《上海证券报》、《证券时报》和《证券日报》的本公司《招股说明书摘要》以及刊载于上海证券交易所网站(www.sse.com.cn)的本公司招股说明书全文及其附录。

四、最近三年主要财务指标

第九节　其他重要事项

1、自本公司股票首次公开发行之日至本上市公告书公告之日,本公司严格依照现行有关法律、法规规定规范运作,生产经营情况正常,本公司所处行业和市场无重大变化,主要业务发展目标进展状况正常,主要产品价格无重大变化。

2、自本公司股票首次公开发行之日至本上市公告书公告之日,本公司没有进行重大对外投资、无重大资产(股权)收购、出售行为。

3、自本公司股票首次公开发行之日至本上市公告书公告之日,本公司重大会计政策和会计师事务所没有发生变化。

4、自本公司股票首次公开发行之日至本上市公告书公告之日,本公司未涉及任何重大诉讼、仲裁或行政处罚案件,并且本公司董事会认为本公司未面临任何重大影响的诉讼和索赔要求。

5、自本公司股票首次公开发行之日至本上市公告书公告之日,本公司董事、监事和高级管理人员未受到任何刑事起诉,亦无尚未了结或可能发生的刑事诉讼事项。

6、自本公司股票首次公开发行之日至本上市公告书公告之日,本公司住所未变更,未发生新的重大负债,并且重大债项未发生变化。

7、根据《上海证券交易所股票上市规则》,本公司第一大股东淄博博汇实业有限公司承诺:自本公司股票上市之日起12个月内,不转让其持有的本公司股份,也不由本公司回购其持有的本公司股份。

8、本公司本次股票发行后至本公司上市公告书公告之日,没有其他应披露而未披露的重大事项。

9、根据公司2003年第一次临时股东大会决议,本公司股票公开发行前年度累计产生的利润及股票发行当年年度所产生的利润由新老股东共享。股利分配方案将根据公司的实际情况,由股东大会决议。

第十节　董事会上市承诺

本公司董事会承诺严格遵守《中华人民共和国公司法》、《中华人民共和国证券法》、《股票发行与交易管理暂行条例》、《公开发行股票公司信息披露实施细则》、《上海证券交易所股票上市规则》和《证券发行上市保荐制度暂行办法》等国家法律、法规和有关规定,承诺自本公司股票上市之日起做到:

1、按照法律、法规规定的程序和要求披露所有对投资者有重大影响的信息,并接受中国证监会、上海证券交易所的监督管理;

2、真实、准确、完整、公允和及时地公布定期报告,并置备于规定场所供投资者查阅;

3、本公司董事、监事和高级管理人员如发生人事变动或持有本公司股票发生变化时,在报告中国证监会、上海证券交易所的同时向投资者公布;

4、本公司在知悉可能对股票价格产生误导性影响的任何公共传媒中出现的消息后,将及时予以公开澄清;

5、本公司董事、监事和高级管理人员和核心技术人员将认真听取社会公众的意见和批评,不利用已获得的内幕消息和其他不正当手段直接或间接从事发行人股票的买卖活动;

6、本公司没有无记录的负债。

依据《上海证券交易所上市规则》,本公司全体董事、监事将按照有关规定,在本公司股票上市后两个月内签署《董事(监事)声明及承诺书》,并送达上海证券交易所备案。

第十一节　保荐机构(上市推荐人)及其推荐意见

一、保荐机构(上市推荐人)情况

保荐机构(上市推荐人):宏源证券股份有限公司

法定代表人:田国立

联系地址:北京市西直门北大街甲43号金运大厦B座5层

联系电话:010-62267799-6202

传真:010-62230980

联 系 人:吴 晶 刘 宏 王 伟

二、保荐机构(上市推荐人)的推荐意见

本公司保荐机构(上市推荐人)认为:本公司章程符合《中华人民共和国公司法》等有关法律、法规和中国证监会关于公司章程的相关规定;本公司本次股票发行完全符合《中华人民共和国公司法》、《中华人民共和国证券法》、《股票发行与交易管理暂行条例》、《上海证券交易所股票上市规则》等国家有关法律、法规的规定,已具备上市条件;本公司董事了解法律、法规、上海证券交易所上市规则及股票上市协议规定的董事的义务与责任;本公司建立健全了法人治理结构,制定了严格的信息披露制度与保密制度。

保荐机构(上市推荐人)已对上市文件所载的资料进行了核实,确保上市文件真实、准确、完整、符合规定要求;保证本公司的上市申请资料、上市公告书没有虚假、严重误导性陈述或者重大遗漏,并保证对其承担连带责任。保荐机构(上市推荐人)与本公司不存在关联关系。保荐机构(上市推荐人)愿意推荐本公司的股票在上海证券交易所上市交易,并保证不利用在上市过程中获得的内幕信息进行内幕交易,为自己或他人谋取利益。

山东博汇纸业股份有限公司

二〇〇四年六月三日

湖南郴电国际发展股份有限公司

湖南郴电国际发展股份有限公司首次公开发行股票上市公告书

第一节 重要声明与提示

湖南郴电国际发展股份有限公司(以下简称"公司"、"郴电国际"或"发行人")董事会保证上市公告书的真实性、准确性、完整性,全体董事承诺上市公告书不存在虚假记载、误导性陈述或重大遗漏,并承担个别或连带的法律责任。

根据《公司法》、《证券法》等有关法律、法规的规定,本公司董事、高级管理人员已依法履行诚信和勤勉尽责的义务和责任。

上海证券交易所、中国证监会、其他政府机关对本公司首次公开发行股票上市有关事项的意见,均不表明对本公司的任何保证。

本公司提醒广大投资者注意,凡本上市公告书未涉及的有关内容,请投资者查阅2004年3月23日刊登于《中国证券报》、《上海证券报》、《证券时报》的本公司首次公开发行招股说明书摘要,及刊载于上海证券交易所网站(http://www.sse.com.cn)的本公司首次公开发行招股说明书全文。

第二节 概 览

1、股票简称:郴电国际
2、沪市股票代码:600969
3、深市代理股票代码:003969
4、股本总额:21,026.772万股
5、可流通股本:7,000万股
6、本次上市流通股本:7,000万股
7、发行价格:5.48元/股
8、上市地点:上海证券交易所
9、上市时间:2004年4月8日
10、股票登记机构:中国证券登记结算有限责任公司上海分公司
11、上市推荐人:国海证券有限责任公司
12、对本公司首次公开发行股票前股东所持股份的流通限制,根据有关法律、法规规定和中国证监会《关于核准湖南郴电国际发展股份有限公司公开发行股票的通知》(证监发行字[2004]32号),本公司的国家股、国有法人股和法人股暂不上市流通。
13、本公司第一大股东对所持股份自愿锁定的承诺:本公司公开发行股票前第一大股东郴州市财政局向上海证券交易所承诺,自本公司股票上市之日起12月内,不转让其所持有本公司的股份,也不由本公司回购其持有的本公司股份。

第三节 绪 言

本公司上市公告书是根据《中华人民共和国公司法》、《中华人民共和国证券法》、《股票发行与交易管理暂行条例》、《公开发行股票公司信息披露实施细则》和《上海证券交易所上市规则》等国家有关法律、法规的规定,并按照中国证监会《公开发行股票信息披露内容与格式准则第7号?股票上市公告书》而编制的,旨在向投资者提供有关本公司和本次股票上市的基本情况。

经中国证监会证监发行字[2004]32号文核准,本公司于2004年3月26日采用全部向二级市场投资者定价配售的方式成功发行了7,000万股人民币普通股,每股面值1.00元,发行价格为每股5.48元。

根据上海证券交易所《关于湖南郴电国际发展股份有限公司人民币普通股股票上市交易的通知》(上证上字[2004]32号),本公司7,000万股社会公众股将于2004年4月8日起在上海证券交易所挂牌交易。股票简称"郴电国际",沪市股票代码"600969",深市代理股票代码"003969"。

本公司已于2004年3月23日分别在《中国证券报》、《上海证券报》和《证券时报》上刊登了《招股说明书摘要》,招股说明书全文及其附录刊载于上海证券交易所网站(http://www.sse.com.cn),前述招股文件距今不足3个月,故与其重复的内容不再重复,敬请投资者查阅上述文件。

第四节 发行人概况

一、公司的基本情况
注册名称:湖南郴电国际发展股份有限公司
英文名称:Hunan Chendian International Development Share-holdingLimited Company
法定代表人:邓中华
注册地址:湖南省郴州市北湖区国庆南路36号
经营范围:供电营业许可证核定的电力供应,中、小水电综合开发;提供小水电国际间交流合作、信息咨询(不含中介)服务
主营业务:电力供应和中、小水电综合开发
所属行业:电力
联系电话:0735-2339232
联系传真:0735-2339206
电子信箱:ydx@chinacdi.com
董事会秘书:杨东旭

二、公司历史沿革及改制重组情况

本公司是经湖南省人民政府湘政函[2000]第221号文件批准,由原郴州市电力公司作为主发起人,联合宜章县电力总公司、临武县水利电力有限责任公司、汝城县水电总公司、永兴县水利电力有限责任公司及联合国国际小水电中心等五家单位共同发起设立的股份有限公司。公司于2000年12月26日在湖南省工商行政管理局注册,公司登记名称为"湖南郴电国际发展股份有限公司",注册资本为14,026.77万元,营业执照注册号码为4300001004989。

在发起设立过程中,本公司主要发起人原郴州市电力公司对其资产进行整体改制,将其供电经营性净资产投入本公司,其他发起人宜章县电力总公司、临武县水利水电有限责任公司、汝城县水电总公司、永兴县水利电力有限责任公司等四家企业将各自的供电经营性资产投入到股份公司,发起人联合国国际小水电中心以现金方式出资。本公司主要发起人原郴州市电力公司改制过程中剥离出来的其他非供电资产由新设立的郴州市电力有限责任公司承继,本公司成立后,原郴州市电力公司已依法注销。

经中国证监会证监发行字[2004]32号批准,本公司于2004年3月26日采取全部向二级市场投资者定价配售的方式成功发行了7,000万股人民币普通股,每股面值1.00元,发行价格为每股5.48元。本次发行后,公司总股本变更为21,026.772万股人民币普通股,其中发起人股份14,026.772万股,占总股本的66.71%;社会公众股7,000万股,占总股本的33.29%。

三、公司的主要经营情况

(一)本公司的主营业务及经营情况

1、主营业务和主要服务

本公司是以经营地方电网并以小水电为其主要电源的独立配电网经营企业,主营业务为电力供应和中、小水电综合开发。本公司作为湖南省最大的独立性地方电网,电网规模在全国800余个县级地方电网和40余个跨县、市的地方区域电网中名列前茅。本公司现有110千伏变电站9座,35千伏变电站32座,主变总容量59.57万千伏安;拥有110千伏线路495.21公里,35千伏线路776.76公里,10千伏线路2,564.5公里,10千伏以下线路近7,000公里。

本公司是联合国国际小水电郴州基地的承办单位,"郴州基地"是目前联合国国际小水电中心设立的第一个世界范围内小水电示范基地。本公司通过承办"郴州基地",积极进行国际小水电的技术交流、水电工程建设、培训和劳务输出,促进郴州小水电超常规发展和实现本公司国际化经营战略。

2、产品销售方式和渠道

本公司是以电力供应为主业的地方电网类经营企业,供电区域为四县二区,并与郴州市的桂阳县、衡阳市的耒阳市及永州市的蓝山县的地方电网联网,同时通过110千伏双回路与广东电网联网运行。公司网内发电机总装机容量53万千瓦,平均用电负荷为22万千瓦。从本公司的生产工艺流程图看,本公司通过与本地各大小发电站(厂)、广东电网联网,实现电能交换。本公司购电主要来源于本地小水电站,丰水期内电力供应充足,在满足网内用户电力供应后仍有电能多余时,多余电能主要向广东网趸售;枯水期内电力供应相对紧张,在向本地各大小电站(厂)购买电能不足时,需向广东网购买部分电量。

3、购电成本及售电价格

本公司的业务是进行电力的输送和配售,其电力主要来源于本公司电网范围内小水电站上网电力,由于小水电以低成本的水力作为发电动力,所以上网电价较为低廉。本公司购买的电力通过输配电网销售给终端用户,销售价格由物价部门核定。在丰水期,公司购电均价较低,购电成本也较低,购电量增加较快,售电均价变化不大,销售电量和销售收入也增加较快;在枯水期,购电均价较高,购电成本也较高,购电量有所降低,售电均价变化不大,销售电量和销售收入也有所降低。

4、盈利模式

本公司主营业务为电力供应,按照物价部门确定的电价向各大小电站(厂)、广东网购买电量,然后以自身电网为销售渠道,按物价部门确定的销售电价向网内各电压等级用户和广东网进行销售,通过获取差价收入实现盈利。

5、本公司业务发展前景

本公司具有良好的发展前景。近年来,郴州经济发展速度较快,用电量年均增长率达到12%,其中城镇用电增长率已超过20%。目前,郴州地区人均用电量约200千瓦时,远低于全国915千瓦时的水平,郴州电力市场拥有较大的发展空间。

郴州邻近经济发达、电力需求强劲的广东省,本公司与广东省电网联网已达10多年,近几年年趸售电量大约在2亿千瓦时左右,预计"十五"期间将以每年25%的速度递增,广东将成为本公司最广阔的市场之一。

(二)公司业务竞争的优势与劣势

1、本公司是首批完成了"厂网分开"并具有一定规模优势的独立配电网公司。

2、本公司具有优越的市场优势和区位优势,公司所处的经济和地理环境保证了广阔的市场发展前景。

3、本公司具有独特的反季节调节能力的水能资源优势。

4、本公司是以"绿色能源"水电为主要电源的环保企业。

本公司电网是在小水电的基础上建立的地方区域电网,是当地小水电的配套电网,以小水电为主要电力来源,网内小水电发电装机容量占总发电装机容量的比例超过了91%。小水电是当今世界各国普遍推崇和鼓励发展的洁净可再生能源,是国际能源机构倡导的"绿色电力"中最重要的组成部分。随着国家可持续发展战略的实施,本公司将得到强有力的政策支持、广泛的市场基础和更加广阔的发展空间。

5、依托联合国国际小水电郴州基地,本公司具有国际化经营的优势。

本公司是联合国国际小水电郴州基地的承办单位,"郴州基地"是目前联合国国际小水电中心设立的第一个世界范围内小水电示范基地。依托该基地,公司可进一步引进国外小水电发展的先进经验、技术、装备和资金,带动对外劳务、技术输出和投资,为公司开展国际化经营打下良好的基础。

6、本公司由历史悠久的地方电力企业改制而成,积累了丰富的电网管理和经营经验,拥有一批经验丰富、年富力强的公司管理者和技术人才,保证了本公司经营管理和业务拓展的顺利推进。

(三)公司主要财务指标

参见本上市公告书"第八节主要财务会计资料四、主要财务指标"部分。

(四)公司拥有的政府特许经营权

电网经营行业属于自然垄断的公用事业,根据《电力法》的规定,同一个供电营业区域内只能有一家电网经营企业,电网经营企业须取得行业主管部门批准的《供电营业许可证》才能合法销售电力。本公司已与周边其他电力公司明确划分了供电区域,并取得了湖南省经贸委颁发的编号为湘丁-265、348、349、350、351的《供电营业许可证》,准许在郴州市苏仙区、北湖区的部分区域、永兴县、宜章县、临武县、汝城县区域内供应电力。

(五)公司享有的财政和税收优惠政策

本公司严格按《中华人民共和国企业所得税暂行条例》规定的33%的税率缴纳企业所得税,未享受任何财政税收优惠政策。

四、生产经营有关的资产权属情况

1、本公司主要固定资产包括:房屋及建筑物、配变电设备、输电设备、运输工具、电子设备等。

2、本公司拥有的房屋建筑物共计54,129.75平方米,另外,本公司向股东及其他单位租赁了9,931.73平方米的办公楼。

3、本公司使用的土地共有43宗,总面积为303,384.93平方米,其中2宗土地以出让方式取得,面积为9,293.35平方米;其他41宗土地以租赁方式取得,面积为294,091.58平方米。

4、本公司的无形资产主要包括电网调度优化技术软件使用权、用电管理信息系统和特许经营权,取得了湖南省经贸委颁发的编号为湘丁-265、348、349、350、351的《供电营业许可证》。

第五节 股票发行与股本结构

一、本次股票上市前首次公开发行股票的情况
(一)发行数量:7,000万股,占发行后总股本的33.29%。
(二)发行价格:5.48元/股。

(三)募股资金总额:本次发行募集资金总额为38,360.00万元,扣除发行费用1,879.06万元后,募集资金净额为36,480.94万元。

(四)发行方式:全部向二级市场投资者定价配售。

(五)配售对象:于本公司招股说明书刊登日2004年3月23日收盘时持有上海证券交易所或深圳证券交易所已上市流通人民币普通股(A股)股票的收盘市值总和(包括可流通但暂时锁定的市值)不少于1万元的投资者。

(六)发行费用总额及项目:本次公开发行股票发行费用总计1,879.06万元,费用项目包括:承销费、审计费、评估费、律师费、审核费、发行手续费等费用。

(七)每股发行费用:0.27元。

二、本次股票上市前首次公开发行股票的承销情况

本次向二级市场投资者定价配售发行的7,000万股社会公众股的配号总数为94,840,615个,中签率为0.07380804%。其中:二级市场投资者认购69,485,692股,其余514,308股由主承销商组织的承销团包销。

三、本次股票上市前首次公开发行股票所募集资金的验资报告

验资报告

天孜湘验[2004]2-8号

湖南郴电国际发展股份有限公司全体股东:

我们接受湖南郴电国际发展股份有限公司(以下简称"贵公司")的委托,审验了贵公司截止2004年4月1日止新增注册资本的实收情况。按照国家相关法律、法规的规定和协议、章程的要求出资,提供真实、合法、完整的验资资料,保护资产的安全、完整是贵公司全体股东及贵公司的责任。我们的责任是对贵公司新增注册资本的实收情况发表审验意见。我们的审验是依据《独立审计实务公告第1号?验资》进行的。在审验过程中,我们结合贵公司的实际情况,实施了检查等必要的审验程序。

贵公司原注册资本为人民币140,267,720.00元,根据贵公司2004年3月1日的2003年度股东大会决议,贵公司申请增加注册资本人民币70,000,000.00元。根据中国证券监督管理委员会证监发行字[2004]32号文批复,贵公司公开发行每股面值人民币1元的普通股股票,发行数量为70,000,000.00股,发行价格为每股人民币5.48元。经我们审验,截至2004年4月1日止,贵公司已收到社会公众股股东认缴的新增注册资本合计人民币70,000,000.00元,全部为货币资金。

同时我们注意到,贵公司本次增资前的注册资本为人民币140,267,720.00元,已经原湖南天职孜信会计师事务所有限责任公司审验,并于2000年12月24日出具验资报告。截至2004年4月1日,贵公司变更后的累计注册资本实收金额为人民币贰亿壹仟零贰拾陆万柒仟柒佰贰拾元整(¥210,267,720.00元)。

本验资报告供贵公司申请变更登记及据以向全体股东签发出资证明时使用,不应将其视为是对贵公司验资报告日后资本保全、偿债能力和持续经营能力等的保证。因使用不当造成的后果,与执行本验资业务的注册会计师及会计师事务所无关。

附件:

1、新增注册资本实收情况明细表

2、注册资本变更前后对照表

3、验资事项说明

天职孜信会计师事务所有限公司　　中国注册会计师:隆余粮

中国-北京　　中国注册会计师:张奇志

二〇〇四年四月一日

四、募股资金入账情况

入账时间:2004年4月1日

入账金额:370,759,264.44元(募集资金总额扣除承销费和上网发行费)

开户银行:中国农业银行郴州市北湖区支行

入账账号:640901040002953

五、本公司上市前股权结构及前十大股东持股情况

(一)本公司上市前股权结构

股份类别	持股数量(万股)	比例(%)
国家股	4,878.191	23.20
国有法人股	8,122.790	38.63
发起法人股	1,025.791	4.88
流通股	7,000.000	33.29
总股本	21,026.772	100.00

(二)本次上市前公司前十大股东持股情况

股东名称股权性质	持股数量(股)	持股比例(%)
1、郴州市财政局国家股	48,781,910	23.20
2、宜章县电力总公司国有法人股	30,218,050	14.37
3、临武县水利电力有限责任公司国有法人股	24,939,720	11.86
4、汝城县水电总公司国有法人股	24,705,130	11.75
5、永兴县水利电力有限责任公司法人股	10,257,910	4.88
6、联合国国际小水电中心国有法人股	1,365,000	0.65
7、南方证券流通股	627,000	0.30
8、国海证券流通股	521,308	0.25
9、银丰基金流通股	196,000	0.09
10、海富通收益流通股	106,000	0.05

第六节　董事、监事、高级管理人员及核心技术人员

一、董事会成员

(1)邓中华:男,汉族,1958年9月出生,中共党员,大学学历,高级政工师,全国五一劳动奖章获得者,第十届全国人大代表。曾任临武县楚江乡乡长、党委书记,武水乡党委书记,临武县农村部长、党组书记、县长助理,郴州市电力公司总经理兼党委书记。2004年3月起任本公司董事长,兼任联合国国际小水电郴州基地主任。

(2)欧良才:男,汉族,1954年11月出生,中共党员,研究生学历,高级工程师,湖南省人大代表。曾任宜章县水电局技术员、团支部书记,宜章县科委副主任,现任宜章县电力总公司法定代表人、总经理、党委书记。2004年3月起任本公司副董事长。

(3)付国:男,汉族,1965年1月出生,中共党员,大学学历,电气工程师、造价工程师、监理工程师、高级政工师,郴州市人大代表。曾任临武县金江水电站技术员,临武县水电局电力站副站长、站长,临武县水电局局长助理、副局长、临武县小水电公司支部书记,临武县水利电力集团公司总经理,临武县水利电力有限责任公司总经理兼党委书记,现任临武县水利电力有限责任公司法定代表人、总经理、党委书记。2004年3月起任本公司董事。

(4)袁培生:男,汉族,1960年10月出生,中共党员,大学学历,高级工程师,郴州市人大代表。曾任汝城县水电局干事、农田水利站站长、水电设计室主任、汝城县水电局副局长,汝城县小水电公司经理、总工程师,汝城县水电总公司总经理兼党总支书记,现任汝城县水电总公司法定代表人、总经理、党总支书记。2004年3月起任本公司董事。

(5)刘晓文:男,汉族,1967年8月出生,中共党员,研究生学历,高级工程师,工业经济师,郴州市人大代表。曾任大布江电站副站长、站长、党支部书记,永兴水电站站长兼党总支书记,永兴县水利水电有限责任公司董事长、总经理兼党委书记,现任永兴县水利电力有限责任公司董事长、总经理、党委书记。2004年3月起任本公司董事。

(6)周素莲:女,汉族,1956年1月出生,中共党员,大学学历,高级工程师。曾任郴州市电力公司供电专职技术员、生产技术股股长、用电科科长、副总经理。2004年3月起任本公司董事。

(7)曾月华:女,汉族,1945年10月出生,中共党员,大学学历,高级经济师。曾任江西省交通局教育科长、工会副主席,水利部农村电气化研究所、亚太小水电培训中心党办主任、办公室主任、人事处长、工会主席。2004年3月起任本公司董事,兼任联合国国际小水电中心副主任。

(8)黄孝健:男,汉族,1941年生,中共党员,大学学历。曾任郴州地区公安局副局长,宜章县人大常委会主任、县委书记、中共郴州地委秘书长,中共郴州市委常委,郴州市人民政府常务副市长。长期在地方政府担任主管经济工作的领导职务,于2001年5月退休。2004年3月起任本公司独立董事。

(9)卢素凡:女,汉族,1945年生,中共党员,大学学历,执业注册会计师。曾任湖南财经学院财务会计专业讲师、副教授,先后主编和参编多本教材及会计百科全书字典并公开出版,撰写十几篇论文,并在全国性学术期刊公开发表,除担任校内教学工作外,历时十几年在省市会计职称、注册会计师、会计准则等培训班任课,曾获《会计学科建设》省级一等奖。2004年3月起任本公司独立董事。

(10)张玲:女,侗族,1960年生,中共党员,研究生学历。曾在澳大利亚新南威尔士大学银行金融学院作访问学者,在校任教期间,主要承担《财务管理》、《国际金融市场》、《资本运营》等课程的教学,主持多项国家、部、省级研究课题,在权威或核心期刊上共发表论文30余篇,现任湖南大学工商管理学院管理科学研究所所长、中国系统工程学金融系统工程专业委员会秘书、亚太金融协会会员。2004年3月起任本公司独立董事。

(11)刘钢:男,汉族,1967年生,中共党员,研究生学历。曾任国营282厂车间管理员、原湖南证券投资银行部经理助理、湘财证券投资银行总部总经理助理,具有证券承销、证券投资咨询、证券交易、证券投资基金的从业资格,先后担任安凯股份股票发行主承销、九芝堂上市推荐等多家上市公司发行、上市、重组的主持人和项目负责人,现在湘财证券从事财务顾问工作。2004年3月起任本公司独立董事。

二、监事会成员

(1)朱亿民:男,汉族,1953年9月出生,中共党员,大学学历,高级政工师。曾任54033部队班长、所长、干事、指导员、教导员、政治处主任,郴州市电力公司副总经理、党委副书记兼纪委书记。2004年3月起任本公司监事会召集人。

(2)贺武舜:男,汉族,1963年出生,中共党员,大学学历,高级工程师。曾任宜章县黄岑水电管理所技术员,宜章县水利水电勘测设计室副主任,现任宜章县电力总公司副总经理。2004年3月起任本公司监事。

(3)陈步祥:男,汉族,1962年7月出生,中共党员,大专学历,工程师。曾在临武县长河管理所、临武县水电局工作,现任湖南省临武县水利电力有限责任公司副总经理。2004年3月起任本公司监事。

(4)肖红艳:女,汉族,1960年8月出生,大专学历,经济师。曾任汝城县供电公司、小水电总公司、水电总公司计划财务部主任,汝城水电总公司副总经济师、总经理助理,现任湖南省汝城县水电总公司副总经理。2004年3月起任本公司监事。

(5)李慧敏:女,汉族,1959年11月出生,中共党员,大专学历,助理会计师,政工师。曾任永兴县畜牧水产局助理会计,永兴县委农村工作办公室科员,县水电局党组成员、纪检组长、监查室主任、工会主席。2004年3月起任本公司监事。

三、高级管理人员

(1)谭湘清:男,汉族,1962年6月出生,大专学历,高级工程师。曾任桂东县水电局电力股长,郴州市电力公司变电工区副主任兼两江口变电站站长、兼任郴州市北湖区政协副主席,郴州市电力公司副总经理。2004年3月起任本公司总经理。

(2)杨东旭:男,汉族,1963年11月出生,中共党员,大学学历,高级经济师。曾任郴州地区供电公司干事,郴州市电力公司办公室主任兼党委办主任、总经理助理、副总经理。2004年3月起任本公司董事会秘书兼副总经理。

(3)李素芬:女,汉族,1963年2月出生,中共党员,大学学历,高级会计师。曾任郴州市电力公司主办会计、人事科干事兼"三电办"财务会计、财务科副科长、财务科科长。2004年3月起任本公司财务总监。

(4)牛国林:男,汉族,1963年出生,大专学历,助理工程师。曾任宜章电力总公司城关供电站站长、城关变电站副站长、用电管理科科长。2004年3月起任本公司副总经理。

(5)陈百红:男,汉族,1966年12月出生,中共党员,大专学历,工程师。曾任临武县水电局设计室主任。2004年3月起任本公司副总经理。

(6)朱小洪:男,汉族,1966年10月出生,大专学历,电力工程师。曾任汝城县水电局副科长,满天星工程指挥部机电科科长,汝城县水电总公司生技部主任、副总工程师、总工程师,1998年11月当选为省水力发电学会农村电气化专业委员会委员。2004年3月起任本公司副总经理。

(7)李生希:男,汉族,1964年4月出生,中共党员,研究生学历,工程师、经济师。曾任永兴水电站工程指挥部机电科技术员、副总代表、副站长、总支委员、副书记。2004年3月起任本公司副总经理。

四、核心技术人员

(1)谭湘清(见高级管理人员介绍)。

(2)周素莲(见董事介绍)。

(3)刘庆阁:男,汉族,1951年10月出生,中共党员,大学学历。曾任郴州市水电设计院工程师、副总工程师、机电室主任、郴州市电力公司调度室副主任、生产科科长。现任本公司高级工程师。

五、有关事项说明

本公司的董事、监事和高级管理人员及其家属均不持有本公司的股份;本公司目前未安排认股权计划。

第七节　同业竞争和关联交易

一、同业竞争

本公司没有与持有本公司股份5%以上的股东从事相同、相似业务的情况,不存在同业竞争问题。为了避免将来可能出现同业竞争,发行人各关联方出具了避免同业竞争的承诺。

二、关联交易

1、关联方

本公司目前存在的关联方及关联交易请查阅刊载于上海证券交易所网站(www.sse.com.cn)的本公司招股说明书相关披露内容。

2、关联交易内容

本公司与关联方之间最近三年发生的关联交易详细内容请查阅刊载于上海证券交易所网站(www.sse.com.cn)的本公司招股说明书全文。

3、本公司独立董事及有关中介机构就关联交易发表的意见

(1)独立董事意见

公司与不存在控制关系的关联方股东之间发生的关联交易是公开和公允的,且是公司生产经营和主营业务所必需的,双方已按公平交易的市场原则签署了相关协议,其交易价格按照政府核定的价格和市场价格确定,不存在损害发行人及其他股东利益的情形;对与关联方之间发生的重大关联交易,公司已经采取必要措施对其决策过程和履行过程进行约束,业经股东大会审议通过,不存在损害本公司及其他股东利益的情况,上述关联交易符合市场交易的公允性原则,关联交易决策程序是合法有效的。

(2)发行人律师意见

公司存在持有其5%以上股份,且与其不存在控制关系的关联方,关联方股东与公司之间的股权

或投资关系清楚,公司与不存在控制关系的关联方股东之间发生的关联交易是公开和公允的,且是公司生产经营和主营业务所必需的,双方已按公平交易的市场原则签署了相关协议,其交易价格按照政府核定的价格和市场价格确定,不存在损害发行人及其他股东利益的情形;对与关联方之间发生的重大关联交易,公司已经采取必要措施对其决策过程和履行过程进行约束,业经股东大会审议通过,不存在损害公司及其他股东利益的情况。

(3)申报会计师意见

公司向股东购买电力的价格是按当地物价部门核定的同类小水电上网价格确定的,符合市场运行原则,该关联交易事项对公司财务状况和经营业绩不构成重大影响,交易的价格和金额是公允的,其会计处理符合《关联方之间出售资产等有关会计处理问题暂行规定》。

(4)主承销商意见

公司发生的重大关联交易事项符合市场交易的公允性原则,关联交易的交易价格是公允的,对公司财务状况及生产经营没有构成重大影响,不会影响公司生产经营的独立性。

第八节　主要财务会计资料

本公司截止 2003 年 12 月 31 日的财务会计资料已于 2004 年 3 月 23 日刊登于《中国证券报》、《上海证券报》和《证券时报》本公司招股说明书摘要中。投资者欲了解详细内容,请投资者查阅上述报纸或刊载于上海证券交易所网站(www.sse.com.cn)的本公司招股说明书全文及附录。

一、注册会计师意见

本公司委托天职孜信会计师事务所有限公司对本公司 2001 年 12 月 31 日、2002 年 12 月 31 日和 2003 年 12 月 31 日的资产负债表,2001 年度、2002 年度和 2003 年度的利润及利润分配表,以及 2003 年度的现金流量表进行了审计。为此,天职孜信会计师事务所有限公司出具了天孜湘审(2004)2-28 号标准无保留意见的审计报告。本节数据如无特别说明,均引自经天职孜信会计师事务所有限公司审计的财务报表。

二、经审计的简要会计报表

1、简要资产负债表　单位:元

项目	2003.12.31	2002.12.31	2001.12.31
流动资产			
货币资金	99,665,422.41	83,176,335.11	63,314,962.39
应收账款	80,450,454.62	80,691,226.82	102,908,586.76
其他应收款	27,578,643.95	23,203,900.24	23,736,960.21
预付账款	23,946,693.59	4,125,010.21	9,970,349.75
存货	9,220,963.13	11,650,174.24	7,520,386.87
待摊费用	100,505.80	170,528.27	299,663.29
流动资产合计	241,162,683.50	203,017,174.89	207,750,909.27
长期投资	1,000,000.00		
固定资产			
固定资产原值	500,891,144.33	435,193,123.95	408,012,260.20
减:累计折旧	172,067,428.84	151,662,240.10	131,741,132.11
固定资产净值	328,823,715.49	283,530,883.85	276,271,128.09
固定资产净额	328,377,303.77	283,084,472.13	276,271,128.09
工程物资	802,730.07	–	–
在建工程	114,187,968.51	60,062,258.21	2,925,449.13
固定资产合计	443,368,002.35	343,146,730.34	279,196,577.22
无形资产	291,297.34	2,372,714.37	526,333.34
资产总计	684,821,983.19	549,536,619.60	487,473,819.83
流动负债			
短期借款	58,000,000.00	30,000,000.00	5,970,000.00
应付账款	52,935,261.01	50,227,303.54	52,942,726.54
预收账款	4,587,148.38	5,800,125.14	1,335,995.21
应付工资	–	–	
应付福利费	1,045,869.20	597,806.27	1,860,441.09
应付股利	–	–	
应交税金	7,346,521.08	4,812,922.36	1,099,027.29
其他应交款	49,236.96	23,933.15	75,657.74
其他应付款	38,848,514.45	33,645,105.87	41,893,178.75
预提费用	379,697.64	190,161.64	1,491,157.35
一年内到期的长期负	67,313,363.55	28,180,000.00	3,630,000.00
流动负债合计	230,505,612.27	153,477,357.97	110,298,183.97
长期负债			
长期借款	170,525,672.16	137,014,001.19	142,243,637.92
专项应付款	3,012,115.88	3,082,923.88	4,897,261.48
长期负债合计	173,537,788.04	140,096,925.07	147,140,899.40
负债合计	404,043,400.31	293,574,283.04	257,439,083.37
股东权益			
股本	140,267,720.00	140,267,720.00	140,267,720.00
股本净额	140,267,720.00	140,267,720.00	140,267,720.00
资本公积	80,136,562.65	80,136,562.65	78,531,942.29
盈余公积	12,482,849.51	6,656,396.76	1,640,339.55
其中:法定公益金	4,160,949.84	2,218,798.92	546,779.85
未分配利润	19,837,906.72	14,874,885.15	477,332.82
现金股利	28,053,544.00	14,026,772.00	9,117,401.80
股东权益合计	280,778,582.88	255,962,336.56	230,034,736.46
负债与股东权益总计	684,821,983.19	549,536,619.60	487,473,819.83

2、简要利润表　单位:元

项目	2003 年度	2002 年度	2001 年度
一、主营业务收入	508,464,613.04	398,954,960.89	363,737,377.08
减:主营业务成本	389,635,921.49	301,118,632.22	281,246,818.85
主营业务税金及附加	2,812,862.45	2,434,017.11	2,278,766.27
二、主营业务利润	116,015,829.10	95,402,311.56	80,211,791.96
加:其他业务利润	6,561,574.90	2,841,025.44	1,462,064.93
减:营业费用	–	–	
管理费用	53,156,066.21	38,817,647.45	32,477,884.60
财务费用	9,113,794.23	10,156,205.47	10,251,670.91
三、营业利润	60,307,543.56	49,269,484.08	38,944,301.38
加:营业外收入	642,156.31	376,236.77	315,905.84
减:营业外支出	1,262,456.14	1,259,432.27	754,873.18
四、利润总额	59,722,521.43	48,386,288.58	38,505,334.04
减:所得税	20,879,503.11	14,945,907.04	12,367,354.48
五、净利润	38,843,018.32	33,440,381.54	26,137,979.56

3、简要现金流量表

单位:元

项目	2003 年度
一、经营活动产生的现金流量净额	56,671,817.67
二、投资活动产生的现金流量净额	−111,746,848.77
三、筹资活动产生的现金流量净额	71,564,118.40
四、汇率变动对现金流量的影响额	0
五、现金及现金等价物净增加额	16,489,087.30

三、会计报表附注

本公司会计报表附注等有关内容,请查阅 2004 年 3 月 23 日刊登于《中国证券报》、《上海证券报》和《证券时报》本公司《招股说明书摘要》以及刊载于上海证券交易所网站(www.sse.com.cn)的本公司招股说明书全文及其附录。

四、主要财务指标

财务指标	2003 年	2002 年	2001 年
流动比率	1.05	1.32	1.88
速动比率	1.01	1.25	1.82
存货周转率(次)	37.34	31.41	37.40
应收账款周转率(次)	5.67	3.83	3.09
资产负债率(%)	59.00	53.42	52.81
净资产收益率(%)(全面摊薄)	13.83	13.06	11.36
净资产收益率(%)(扣除非经常性损益)	14.09	13.28	11.60
每股收益(元)	0.2769	0.2384	0.1863
扣除非经常性损益后的每股收益	0.2820	0.2424	0.1834
每股经营活动现金流量(元)	0.40	0.61	0.43
每股净现金流量(元)	0.117	0.142	0.217
每股经营活动现金流量(元)	0.40	0.61	0.43

第九节　其他重要事项

1、自本公司股票首次公开发行之日至本上市公告之日,本公司严格依照现行有关法律、法规的规定规范运作,生产经营情况正常,本公司所处行业和市场无重大变化,主要业务发展目标的进展状况正常,主要投入、产出物供求及价格无重大变化。

2、自本公司股票首次公开发行之日至本上市公告之日,本公司没有进行重大对外投资、无重大资产(股权)收购、出售行为。

3、自本公司股票首次公开发行之日至本上市公告之日,本公司重大会计政策和会计师事务所没有发生变化。

4、自本公司股票首次公开发行之日至本上市公告之日,本公司未涉及任何重大诉讼、仲裁或行政处罚案件,并且本公司董事会认为本公司未面临任何重大影响的诉讼和索赔要求。

5、自本公司股票首次公开发行之日至本上市公告之日,本公司董事、监事和高级管理人员未受到任何刑事起诉,亦无尚未了结或可能发生的刑事诉讼事项。

6、自本公司股票首次公开发行之日至本上市公告之日,本公司住所未变更,未发生新的重大负债,并且重大债项未发生变化。

7、根据《上海证券交易所股票上市规则》,本公司第一大股东郴州市财政局承诺:自本公司股票上市之日起 12 个月内,不转让其持有的本公司股份,也不由本公司回购其持有的本公司股份。

8、本公司本次股票发行后至本公司上市公告书公告之日,没有其他应披露而未披露的重大事项。

第十节　董事会上市承诺

本公司董事会承诺将严格遵守《中华人民共和国公司法》、《中华人民共和国证券法》、《股票发行与交易管理暂行条例》、《公开发行股票公司信息披露实施细则》、《上海证券交易所股票上市规则》和《证券发行上市保荐制度暂行办法》等国家法律、法规和有关规定,承诺自本公司股票上市之日起做到:

1、按照法律、法规规定的程序和要求披露所有对投资者有重大影响的信息,并接受中国证监会、上海证券交易所的监督管理;

2、真实、准确、完整、公允和及时地公布定期报告,并置备于规定场所供投资者查阅;

3、本公司董事、监事和高级管理人员如发生人事变动或持有本公司股票发生变化时,在报告中国证监会、上海证券交易所的同时向投资者公布;

4、本公司在知悉可能对股票价格产生误导性影响的任何公共传媒中出现的消息后,将及时予以公开澄清;

5、本公司董事、监事和高级管理人员和核心技术人员将认真听取社会公众的意见和批评,不利用已获得的内幕消息和其他不正当手段直接或间接从事发行人股票的买卖活动;

6、本公司没有无记录的负债。

依据《上海证券交易所上市规则》,本公司全体董事、监事将按照有关规定,在本公司股票上市后两个月内签署《董事(监事)声明及承诺书》,并送达上海证券交易所备案。

第十一节　上市推荐人及其意见

一、上市推荐人情况

上市推荐人:国海证券有限责任公司

法定代表人:张雅峰

注册地址:广西壮族自治区南宁市滨湖路 46 号

联系电话:0755-82485831、82485824

传真:0755-82485825

联 系 人:范文明　李　刚　胡文晟　李斌

二、上市推荐人意见

本公司上市推荐人认为:本公司章程符合《中华人民共和国公司法》等有关法律、法规和中国证监会关于公司章程的相关规定;本公司本次股票发行完全符合《中华人民共和国公司法》、《中华人民共和国证券法》、《股票发行与交易管理暂行条例》、《上海证券交易所股票上市规则》等国家有关法律、法规的规定,已具备上市条件;本公司董事了解法律、法规、上海证券交易所上市规则及股票上市协议规定的董事的义务与责任;本公司建立健全了法人治理结构,制定了严格的信息披露制度与保密制度。

上市推荐人已对上市文件所载的资料进行了核实,确保上市文件真实、准确、完整,符合规定要求;保证本公司的上市申请资料、上市公告书没有虚假、严重误导性陈述或者重大遗漏,并保证对其承担连带责任。上市推荐人与本公司不存在关联关系。上市推荐人愿意推荐本公司的股票在上海证券交易所上市交易,并保证不利用在上市过程中获得的内幕信息进行内幕交易,为自己或他人谋取利益。

湖南郴电国际发展股份有限公司

二 OO 四年四月三日

安徽恒源煤电股份有限公司

安徽恒源煤电股份有限公司首次公开发行股票上市公告书

第一节　重要声明与提示

安徽恒源煤电股份有限公司(以下简称"本公司" 或"恒源煤电")董事会保证上市公告书的真实性、准确性、完整性,全体董事承诺上市公告书不存在虚假记载、误导性陈述或重大遗漏,并承担个别和连带的法律责任。

根据《中华人民共和国公司法》、《中华人民共和国证券法》等有关法律、法规的规定,本公司董事、高级管理人员已依法履行诚信和勤勉尽责的义务和责任。

证券交易所、中国证监会、其他政府机关对本公司股票上市及有关事项的意见,均不表明对本公司的任何保证。

本公司提醒广大投资者注意,凡本上市公告书未涉及的有关内容,请投资者查阅 2004 年 7 月 28 日刊载于《中国证券报》、《上海证券报》、《证券时报》和《证券日报》的《安徽恒源煤电股份有限公司首次公开发行股票招股说明书摘要》及刊载于上海证券交易所网站 (http://www.sse.com.cn)的《安徽恒源煤电股份有限公司首次公开发行股票招股说明书》及相关附件。

第二节　概　览

1、股票简称:恒源煤电

2、沪市股票代码: 600971　　深市代理股票代码:003971

3、总股本:125,600,000 股

4、可流通股本:44,000,000 股

5、本次上市流通股本:44,000,000 股

6、发行价格:9.99 元/股

7、上市地点:上海证券交易所

8、上市时间:2004 年 8 月 17 日

9、股票登记机构:中国证券登记结算有限责任公司上海分公司

10、保荐机构(上市推荐人):国元证券有限责任公司

11、本公司首次公开发行股票前股东所持股份的流通限制及期限:根据国家现有法律、法规和中国证券监督管理委员会(以下简称"中国证监会"

)证监发行字[2004]121 号文《关于核准安徽恒源煤电股份有限公司公开发行股票的通知》,本公司发起人所持有的国有法人股暂不上市流通。

12、本公司第一大股东安徽皖北煤电集团有限责任公司(以下简称:皖北煤电集团)承诺,自本公司股票上市交易之日起 1 年内,不转让所持有的本公司股份,也不要求或接受本公司回购其所持有的股份。

第三节　绪　言

本上市公告书是根据《中华人民共和国公司法》、《中华人民共和国证券法》、《股票发行与交易管理暂行条例》、《公开发行股票公司信息披露实施细则》和《上海证券交易所股票上市规则》等国家有关法律、法规的规定,并按照中国证监会制定的《公开发行证券的公司信息披露内容与格式准则第 7 号??? 股票上市公告书》的要求而编制,旨在向投资者提供有关本公司的基本情况和本次股票上市的有关资料。

经中国证监会证监发行字[2004]121 号文核准,本公司已于 2004 年 8 月 2 日采用全部向二级市场投资者定价配售方式成功发行了每股面值 1.00 元的人民币普通股(A 股)4,400 万股,每股发行价格 9.99 元。

经上海证券交易所上证上字[2004]120 号文批准,本公司公开发行的 4,400 万股人民币普通股将于 2004 年 8 月 17 日在上海证券交易所上市交易。股票简称"恒源煤电",沪市股票代码

"600971",深市代理股票代码"003971"。

本公司已于 2004 年 7 月 28 日分别在《中国证券报》、《证券时报》、《上海证券报》和《证券日报》上刊登了《安徽恒源煤电股份有限公司首次公开发行股票招股说明书摘要》,招股说明书正文及其必备附件刊载于上海证券交易所网站(http://www.sse.com.cn)。因招股说明书及其摘要等刊载之日至今不足 3 个月,本上市公告书与之重复的内容不再重述,敬请投资者查阅上述文件。

第四节　发行人概况

一、发行人基本情况

1、发行人名称

中文名称:安徽恒源煤电股份有限公司

英文名称:ANHUI HENGYUAN COAL INDUSTRY AND ELECTRICITY POWER CO.,LTD

2、注册资本:12,560 万元

3、设立日期:2000 年 12 月 29 日

4、法定代表人:朱宜存

5、经营范围:煤炭开采、洗选加工、销售业务。

6、主要产品及用途:主要产品为原煤和洗精煤,其中:原煤主要作为电力企业的动力用煤;洗精煤主要作为钢铁企业高炉冶炼喷吹用煤。

7、注册地址:安徽省淮北市濉溪县刘桥镇

8、邮政编码:235162

9、电话号码:(0557)3986224

10、传真号码:(0557)3986269

11、互联网网址:www.ahhymd.com.cn

12、电子信箱: hbplhy@mail.ahbbptt.net.cn

13、董事会秘书:胡兴权

二、发行人的历史沿革及改制重组情况

1、发行人设立方式和批准设立的机构

本公司是 2000 年 12 月 27 日经安徽省人民政府皖府股字[2000]第 50 号文《安徽省股份有限公司批准证书》和安徽省体改委皖体改函[2000]第 100 号文《关于同意设立安徽恒源煤电股份有限公司的批复》批准,由安徽省皖北煤电集团有限责任公司(以下简称"皖北煤电集团")作为主发起人,联合安徽省燃料总公司、合肥四方化工集团有限责任公司、合肥开元精密工程有限责任公司、深圳高斯达实业有限公司共同发起设立。2000 年 12 月 29 日,本公司在安徽省工商行政管理局登记注册。

2、发起人及其投入资产的内容

安徽省皖北煤电集团有限责任公司将其所属刘桥二矿经评估确认的生产经营性净资产 11,241.38 万元和货币资金 16 万元投资入股,按 1:0.70 的比例折合股份 7880 万股,占总股本的 96.56%;安徽省燃料总公司、合肥四方化工集团有限责任公司、合肥开元精密工程有限责任公司、深圳高斯达实业有限公司分别以货币资金 200 万元、100 万元、50 万元、50 万元投资入股,按 1:0.70 的比例折合股份 140 万股、70 万股、35 万股、35 万股,分别占总股本的 1.72%、0.86%、0.43%、0.43%。

三、主要经营情况

(一)公司的业务、产品及产能情况

目前,本公司主要从事煤炭开采、洗选加工、销售业务。本公司主要产品为原煤和洗精煤两类产品,其中:原煤主要作为电力企业的动力用煤;洗精煤主要作为钢铁企业高炉冶炼喷吹用煤。本公司矿井设计生产能力为 120 万吨/年,选煤厂于 2002 年 6 月建成投产,设计原煤入洗能力为 150 万吨/年。

(二)本公司的竞争优势和劣势

1、发行人的竞争优势

(1)地理位置优越,位于经济发达的华东地区。

我国煤炭资源分布与消费分布极不协调,煤炭资源的分布是北多南少、西多东少,富煤区主要在晋、陕、蒙地区和新疆北部,缺煤而消费量较大的主要在东南沿海经济发达地区。

由于煤炭资源分布和消费结构不平衡,我国煤炭运输的基本格局为西煤东运和北煤南运。由于交通运输距离较长,西部运至东部的煤炭综合成本较高。而本公司处在经济发达的华东地区,由于交通运输距离短、费用低,与距华东地区远的煤炭企业在争夺华东地区煤炭客户上具有一定比较优势。

(2)煤种为耗煤量大、增速快的电力行业用煤,精煤可用于冶金高炉喷吹。

本公司生产的煤种为贫煤,主要供应电力行业,而电力是我国用煤量最大,也是增速最快的行业。特别是本公司所在华东电网是用电增长较快的电网,高于全国增长水平,华东电网用电量快速增长为本公司煤炭业务提供了较为广阔的空间。

本公司利用自有资金投资建设的选煤厂可生产供冶金行业高炉喷吹的贫精煤。冶金行业规划每年要以 100 万吨的速度增加喷煤量,在 2000 年全国大中型高炉喷吹比平均达 100-110KG/T 铁、喷煤总量超过 1000 万吨的基础上,"十五"末全国喷煤比平均达到 200KG/T 铁,喷煤总量超过 2000 万吨。

(3)交通运输便利,为煤炭销售提供了保障。

目前,本公司使用的皖北煤电集团铁路专用线通过符夹线转接京沪、陇海两大干线,通往全国各地,交通十分便利。并且,公司可通过临近的南京港浦口、芜湖港裕溪口煤码头采用内河运输的方式将煤炭运抵华东沿江电厂客户,也可通过连云港、日照煤码头采用海运方式将煤炭运抵华南沿海地区及日本等国家。此外,在公路方面,本公司通往濉溪县城、淮北市、青龙集等地的干线公路均连接省内公路网,可通往徐州、宿州、蚌埠等地,至河南省新庄矿的公路与豫东矿区公路连接,加之临近的合徐(合肥-徐州)、连霍(大连-霍尔果斯)等高速公路的开通,交通也十分便利。便利的铁路、水路、公路运输,为本公司煤炭销售提供了强有力的保障。

(4)完善的质量管理体系,确保了产品的高质量。

本公司始终坚持"质量第一,用户至上"的宗旨,积极开展全面质量管理,建立了完善的质量管理体系,2001 年 3 月获得 ISO9002 质量体系认证。公司生产的煤炭产品各项指标均能满足用户的要求,并实现连续三年无投诉,在市场中确立了"恒源煤"的品牌优势。

2、公司的竞争劣势

(1)煤炭生产能力与国内大型煤炭企业相比尚有较大差距。不能充分发挥规模经营优势,亟需通过收购兼并和矿井改扩建迅速提高煤炭生产能力。

(2)现有煤炭储量不丰富。对公司长远发展构成制约,需要寻找储量丰富的煤田作为接替矿井。

(3)煤炭开采尚未采用先进的综采设备。对提高公司劳动生产率构成制约,亟需通过引进先进的综采设备将矿井改造为高产高效矿井。

(三)主要财务指标

请参阅本上市公告书"财务会计资料"部分的相关内容。

(四)与经营有关的资产权属情况

1、实物资产:本公司设立时,发起人出资已全部如期到位。主发起人投入的资产权属已全部移转至本公司。本公司已办理了国有资产产权登记手续,取得安徽省财政厅颁布的《企业国有资产产权登记证》。

2、土地使用权:本公司目前使用的 4 宗国有土地使用权系向皖北煤电集团有偿租赁,均已办理相关手续并取得《土地他项权利证明书》。

3、采矿权:本公司已通过合法程序受让了皖北煤电集团拥有的刘桥二矿采矿权,采矿权有效期为 18 年,自 2002 年 6 月至 2020 年 6 月。

(五)享有的财政税收优惠政策

本公司法定所得税税率为 33%,增值税税率为 17%,营业税税率为 5%。2001 年、2002 年、2003 年和 2004 年 1-6 月均未取得补贴收入。

第五节 股票发行与股本结构

一、首次公开发行股票的情况

1、股票种类:人民币普通股(A股)

2、每股面值:1.00元

3、发行数量:44,000,000股,占发行后总股本125,600,000股的35.03%

4、发行价格:9.99元/股

5、市盈率:12.81倍(按2003年度每股收益全面摊薄计算)

6、每股净资产:发行前每股净资产3.75元(按2004年6月末经审计的数据计算);发行后全面摊薄每股净资产为5.74元(扣除发行费用,未考虑2004年下半年盈利等因素的影响)

7、募集资金总额:43,956万元;募集资金净额:41,493.46万元

8、发行方式:全部向二级市场投资者定价配售

9、发行对象:2004年7月28日收盘时持有深圳证券交易所或上海证券交易所已上市流通人民币普通股(A股)股票的收盘市值总和(包括可流通但暂时锁定的股份市值)不少于10,000元的投资者(国家法律、法规禁止购买者除外)。

10、发行费用总额及项目:本次股票发行费用总额为2,462.54万元,包括承销费、保荐费、注册会计师费、评估费、律师费、上网发行手续费、审核费;每股实际发行费用0.56元。

二、本次股票上市前首次公开发行股票的承销情况

本公司首次公开发行股票的保荐机构(主承销商)为国元证券有限责任公司。

本次向二级市场投资者定价配售发行的4,400万股社会公众股的配号总数为69,698,464个,中签率为0.06312908%;二级市场投资者实际认购43,443,621股,其余556,379股由保荐机构(主承销商)包销。

三、募股资金的验资报告及入账情况

(一)验资报告

上海立信长江会计师事务所对本公司本次上市前首次公开发行股票募集资金出具了信长会师报字(2004)第21816号《验资报告》,全文如下:

安徽恒源煤电股份有限公司全体股东:

我们接受委托,审验了贵公司截至2004

年8月6日止新增注册资本实收情况。按照国家相关法律、法规的规定和协议、章程的要求出资,提供真实、合法、完整的验资资料,保护资产的安全、完整是全体股东及贵公司的责任。我们的责任是对贵公司新增注册资本的实收情况发表审验意见。我们的审验是依据《独立审计实务公告第1号-验资》进行的。在审验过程中,我们结合贵公司的实际情况,实施了检查等必要的审验程序。

贵公司原注册资本为人民币8,160.00万元,根据贵公司2002年度和2003年度股东大会决议,贵公司申请通过向社会公开发行人民币普通股(A股)增加注册资本人民币4,400.00万元,变更后的注册资本为人民币12,560.00万元。经我们审验,截至2004年8月6日止,贵公司实际已发行人民币普通股(A股)4,400万股,募集资金总额为43,956.00万元,扣除发行费用2,462.54万元,实际募集资金净额为41,493.46万元。其中新增注册资本肆仟肆佰万元(人民币4,400.00万元),资本溢价人民币37,093.46万元。

同时我们注意到,贵公司本次增资前的注册资本为人民币8,160.00万元,已经上海立信长江会计师事务所有限公司审验,并出具信长会师报字(2000)第20403号验资报告。截至2004年8月6日止,变更后的累计注册资本实收金额为人民币12,560.00万元。

本验资报告供贵公司申请变更登记及据以向股东签发出资证明时使用,不应将其视为是对贵公司验资报告日后资本保全、偿债能力和持续经营能力等的保证,因使用不当造成的后果,与执行本验资业务的注册会计师及会计师事务所无关。

附件(一):新增注册资本实收情况明细表

附件(二):注册资本变更前后对照表

附件(三):验资事项说明

附件(四):上海立信长江会计师事务所有限公司《营业执照》

上海立信长江会计师事务所 中国注册会计师

有限公司 戴定毅 姚辉 张松柏

中国?上海 二OO四年八月九日

(二)募集资金入账情况

入账时间:2004年8月6日

入账金额:41,883.46万元

开户银行:中国工商银行淮北刘桥支行

入账账号:1305017829022102190

四、上市前股权结构及股东持股情况

本次上市前股本结构情况

(二)前十大股东持股情况

截至本上市公告书刊登之日,本公司前十名股东及其持股情况如下:

第六节 董事、监事、高级管理人员及核心技术人员

1、董事会成员简介

(1)朱宜存,董事长,男,41岁,中共党员,高级工程师,大学本科,中国矿大在职研究生,负责公司整体管理事务。历任皖北矿务局刘桥一矿采煤技术员、生产技术科工程师、安监处采煤科副科长、矿副总工程师、总工程师、副矿长、矿长,刘桥二矿矿长。2001年荣获安徽省"十大杰出青年企业家"称号,2002年荣获全国"五一"劳动奖章。

(2)汪永茂,董事、总经理,男,39岁,工程师,大专,中共党员。历任皖北矿务局刘桥一矿采煤二区技术员、矿团委副书记、采二区党支部书记、刘桥二矿政治部副主任、矿副总工程师、矿纪委书记、副矿长。2001年荣获安徽省"五一劳动奖章"。

(3)郝宗典,董事,男,44岁,会计师,大学本科,中共党员。历任皖北矿务局百善煤矿财务科会计,皖北矿务局财务处副科长、科长、副主任会计师、副处长、皖北煤电集团资产财务部部长,现任皖北煤电集团副总会计师。

(4)朱凤坡,董事,男,39岁,律师,经济师,大学本科,中共党员。历任皖北矿务局百善矿工会劳保部干事,皖北矿区工会办公室秘书、副主任,皖北矿务局办公室对外经协办主任、办公室副主任,现任皖北煤电集团副总法律顾问兼政研信息部部长、法律事务部部长。

(5)李桂芳,董事、工会主席,女,49岁,政工师,大学本科,中共党员。曾荣获安徽省"先进女职工标兵"称号。历任皖北矿务局百善煤矿子弟学校教师、团委干事、工会女工部副部长、计生办副主任、主任,皖北矿务局刘桥二矿工会主席。

(6)倪进安,董事,男,39岁,工程师,大学本科,中共党员。历任中国煤炭科学院爆破技术研究所助理工程师,安徽开元集团工程师,现任合肥开元精密工程公司董事长兼总经理。

(7)汪伟,董事,男,44岁,高级经济师,研究生学历,中共党员。历任安徽省化轻总公司统计员、办公室副主任、上海分公司经理、安徽省化轻总公司总经理助理、副总经理、安徽华物期货经纪有限责任公司执行董事兼总经理,现任安徽省燃料总公司总经理。

(8)陈淮,独立董事,男,51岁,博士,研究员。1987年在中国人民大学获博士学位,1987年至1989在日本东海大学作访问学者,1992年至1993年在美国斯坦福大学作客座研究员,曾任国务院发展研究中心市场研究所副所长兼综合研究室主任,现任建设部政策研究中心主任。

(9)张传明,独立董事,男,48岁,教授,硕士研究生导师。曾先后从事《企业财务学》、《公司理财》、《经济活动分析》、《财务管理专题》等课程的教学工作和企业财务管理理论、方法及实务的研究;先后在省级以上刊物上发表论文二十余篇;先后主编《企业财务与分析》、《企业财务学》等教材,其中《企业财务学》教材获1995年国内贸易部优秀教材三等奖,并被国家教委立为"九五"国家级重点教材;1996年起被评为院中青年骨干教师。2002年3月参加了由中国证监会举办的上市公司独立董事培训班。现任安徽财贸学院会计系副主任、蚌埠市会计学会理事、安徽华茂纺织股份有限公司独立董事、安徽方兴科技股份有限公司独立董事。

(10)乔春华,独立董事,男,60岁,中央财政金融学院(中央财大)财务与会计专业毕业。历任中国矿业大学经管学院副教授、教授、硕士生导师、华东船舶学院教授、江苏省高教职称评审委员会学科组长、江苏省"十五"规划评委会专家库成员、江苏省物价协会常务理事,中国煤炭内审学会副会长,出版专著13部并发表学术论文60余篇。2000年7月份获国务院(1999,2号)政府特殊津贴。2003年参加中国证券业协会、清华大学举办的上市公司独立董事培训班,取得资格证书。现任南京审计学院副院长、教授、硕士生导师、上海大屯能源股份有限公司独立董事及审计委员会主任委员。

(11)韦法云,独立董事,男,38岁,中共党员,会计学本科,经济学学士,高级会计师。历任中国银行淮北煤师院储蓄所所长、淮北煤师院校办产业总公司财务科副科长、淮北煤师院财务处管理科科长兼结算中心主任、处秘书,兼任安徽省高级职称评审委员会专家组成员,安徽省价格听证委员会专家组成员,淮北市价格听证委员会专家组成员,主持或参与省部级研究课题7项,公开发表论文20余篇。现任淮北煤师院财务处副处长。

2、监事会成员简介

(1)魏爱莲,监事会主席、纪委副书记,女,46岁,高级会计师,大学本科,中共党员。历任淮北市工行创业办事处会计、皖北矿务局百善煤矿财务科会计、副科长、矿副总会计师、总会计师、经营副矿长、集团公司审计处副处长、资金结算管理中心副主任。

(2)金朝辉,监事,男,39岁,政工师,大学本科,中共党员。历任皖北矿务局孟庄煤矿技术员、助理工程师、组织部干事、副部长、部长;皖北矿务局刘桥二矿政治部主任、党委副书记。现任本公司监事、党委副书记。

(3)陆光耀,监事,男,41岁,会计师,大专,中共党员。历任国营长安机器厂财务处会计、国营长安机器总厂十一分厂财务组长、副厂长、广东惠州康惠电力实业有限公司财务主管、上海浦东金浦电器有限公司副总会计师、国营长安机器总厂财务处处长、副总会计师、合肥四方化工集团有限责任公司计划科、财务科副科长、副总会计师兼计划企管处处长。现任合肥四方化工集团有限责任公司副总会计师兼计划企管处处长。

(4)杨郑州,职工代表监事、工会副主席,男,45岁,政工师,大学本科,中共党员。历任淮北矿务局烈山矿中学教师,临涣矿中学教导主任、皖北矿务局刘桥二矿工会干事、部长、副主席。

(5)何长云,职工代表监事,男,39岁,政工师,大学本科,中共党员。历任皖北矿务局毛郢孜煤矿地测科助理工程师、刘桥二矿地测科助理工程师、工程师、监察科副科长、科长,现任纪委副书记。

(6)高力平,男,58岁,高级工程师,大学本科,中共党员。历任广东省连阳煤矿技术员,广东省南岭煤矿坪石选煤助理工程师、副股长、副厂长、工程师,广东省坪石矿务局经理、副局长、高级工程师,广东省茂名矿务局局长、党委书记。现任深圳高斯达实业有限公司总经理。

3、高级管理人员简介

(1)汪永茂,总经理(简历见上文)。

(2)高智联,副总经理,男,43岁,工程师,大专,中共党员。历任皖北矿务局刘桥一矿采三区技术员、副区长、技术科副科长、通风区区长、副总工程师、刘桥二矿总工程师、副矿长。

(3)刘怀斌,副总经理,男

,52岁,工程师,大学本科,中共党员。历任淮北矿务局朱庄矿技术员,皖北矿务局刘桥一矿采煤区长、副矿长,孟庄煤矿副矿长、刘桥二矿副矿长。

(4)张宏,副总经理,男,47岁,本科,中共党员,工程师。历任皖北矿务局刘桥一矿机电科技术员、刘桥二矿机电科科长、副矿长。

(5)张从怀,副总经理,男,48岁,工程师,大专,中共党员。历任淮北矿务局朱庄煤矿技术员,石台煤矿技术员,皖北煤电集团有限责任公司刘桥二矿技术科工程师、副科长等职务。

(6)王尚令,副总经理,男,40岁,工程师,大专,中共党员。历任皖北矿务局百善煤矿技术员、副区长,刘桥二矿调度所副所长、所长等职务。

(7)杨永林,总工程师,男,40岁,工程师,大专,中共党员。历任皖北矿务局毛郢孜煤矿技术员、技术科副科长、副总工程师、总工程师、刘桥二矿总工程师。

(8)李怀生,总经济师,男,47岁,经济师,大学本科,中共党员。历任皖北矿务局百善煤矿计划科计划员、副科长、科长、矿副总经济师,刘桥一矿多种经营公司总经理、副矿长,皖北煤电集团公司刘桥二矿副矿长。

(9)惠元白,财务总监,男,41岁,会计师,大专,中共党员。历任皖北矿务局前岭煤矿财务科会计、副科长、科长,皖北矿务局财务处处长、副处长。

(10)胡兴权,董事会秘书兼证券投资部部长,男,37岁,工程师,硕士研究生,中共党员。历任皖北矿务局毛郢孜煤矿子弟学校教师、矿团委干事、组织部副部长、部长,集团公司非煤产业部管理科科长、投融资部副部长。

五、董事、监事、高级管理人员及核心技术人员的持有本公司股份情况

截止本报告公告日,本公司董事、监事和高级管理人员均未持有本公司股份。但《公司章程》中仍对公司董事、监事和高级管理人员持有本公司股份的情形做出了具体规定。

《公司章程》规定:"董事、监事、经理以及其他高级管理人员应当在其任职期间内,定期向公司申报其所持有的本公司股份;在其任职期间以及离职后六个月内不得转让其持有的本公司的股份。"

上述人员的家属,即父母、配偶或子女不存在持有本公司股份的情况。

第七节　同业竞争与关联交易

一、同业竞争

(1)皖北煤电集团刘桥一矿与本公司构成同业竞争。本公司已于2002年12月1日对刘桥一矿实施托管经营,初步解决了同业竞争;本次发行后,本公司将利用募集资金收购刘桥一矿,彻底解决存在的同业竞争。

(2)本公司选煤厂2002年6月建成投产后,皖北煤电集团百善矿与本公司在冶金高炉喷吹领域构成一定程度的同业竞争。但百善矿对本公司的业务经营造成的影响十分有限。集团公司已作出承诺,百善矿自2003年起供应冶金行业高炉喷吹用的精煤只销售给马鞍山钢铁股份有限公司等三家客户,避免对本公司业务经营造成影响。

(3)2002年,皖北煤电集团取得了卧龙湖矿探矿权,其煤种为无烟煤,但若皖北煤电集团正式开采卧龙湖矿并洗选生产无烟精煤,将与本公司生产的贫精煤构成一定的同业竞争。集团公司已作出承诺,在卧龙湖矿正式开采前,本公司可随时根据业务经营发展需要收购该矿,若本公司届时不行使收购权,集团公司将采取转让第三方或其他方式解决潜在的同业竞争。

(4)皖北煤电集团祁东矿、任楼矿与本公司因煤种不同、煤质不同,相互之间不具有可替代性,因此不构成同业竞争。

(5)根据皖北煤电集团的发展规划,未来母体主要以非煤产业为发展方向,逐步淡出煤炭采掘业;而本公司的发展战略是"做大做强煤炭主业,辅以资源综合利用开发"。因此,本公司未来与皖北煤电集团公司在煤炭开采领域不会产生新的同业竞争。集团公司已授予本公司不可撤销收购权,承诺本公司可随时根据业务经营发展需要,收购祁东矿、任楼矿,将母体煤炭业务全部纳入本公司体内。

(6)律师、保荐机构(主承销商)认为,发行人采取的措施以及集团公司承诺的措施将有效解决发行人与集团公司之间现实和潜在的同业竞争。

二、关联交易

(一)关联方及关联关系:详见本公司首次公开发行股票招股说明书全文。

(二)关联交易

1、关联交易的原则

对业已存在的关联交易,公司遵循了市场公开、公平、公正的原则,保证公司和中小股东的利益不受损害。

2、近三年重大关联交易对财务状况和经营成果的影响

2001年~2004年1-6月,本公司业务收入分别为29,400.22万元、33,479.87万元、36,092.18万元、25,414.04万元,成本费用分别为22,425.77万元、23,795.63万元、25,806.94万元、14,166.52万元,本公司与皖北煤电集团发生的关联交易对经营成果影响如下(单位:万元):

3、本次募集资金运用所涉及的关联交易

利用募集资金收购皖北煤电集团刘桥一矿,以及刘桥一矿收购后在土地使用权租赁、铁路专用线租赁、综合服务设施使用等方面涉及的关联交易。

关联交易的详细内容请查阅刊载于上海证券交易所网站(http://www.sse.com.cn)的本公司招股说明书全文。

(三)独立董事和中介机构对关联交易发表的意见

公司独立董事就本公司与关联方之间发生的关联交易发表了独立意见,一致认为:"本公司与关联方之间的各项关联交易(包括重大关联交易)履行了必要的法定批准程序,各项关联交易的协议是公平的,定价是合理、公允的(公司已及时对先前定价标准不甚合理的《铁路专用线租赁协议》进行了修订),不存在侵害公司及中小股东利益的情形。"

发行人律师在详细审查上述关联交易后发表如下法律意见:"恒源煤电与关联方进行的关联交易均是按照市场规则,本着一般商业原则进行。因此,上述关联交易公允,不存在损害恒源煤电及其股东利益的内容。"" 上述关联交易符合恒源煤电的长远利益, 没有违反法律法规、公司章程的规定。""恒源煤电已在《招股说明书》中就重大关联交易进行了充分的披露,未发现重大遗漏或重大隐瞒。"

本次发行的申报会计师认为:上述关联交易会计处理符合《关联方之间出售资产等有关会计处理问题的暂行规定》,且未对公司的财务状况及经营业绩产生负面影响。

本次发行的保荐机构(主承销商)认为:"公司已发生上述各项关联交易(包括重大关联交易)的决策与实施均履行了必要的法定程序,且这些关联交易定价合理、公允(公司已及时对先前定价标准不甚合理的《铁路专用线租赁协议》进行了修订),不存在侵害公司及中小股东利益的情形,未对公司独立性产生负面影响""公司已制订了一系列约束关联交易的制度,这将有助于保证关联交易的公允性。"

第八节　财务会计资料

本公司截止2004年6月30日的财务资料,已于2004年7月28日在《中国证券报》、《证券时报》、《上海证券报》、和《证券日报》刊登的《招股说明书摘要》中进行了披露。投资者欲了解详细内容,请查阅上述报纸或刊载于上海证券交易所网站(http://www.sse.com.cn)的本公司招股说明书全文及其附录。

一、会计报表编制基准及注册会计师的意见

(一)会计报表编制基础

本公司以2000年12月31日为设立建账日,2001年1月1日至2004年6月30日以公司现实存在为编制基础。公司自2001年1月1日起执行《企业会计制度》,报告期会计报表系按《企业会计准则》、《企业会计制度》编制而成。

(二)合并报表

报告期内,本公司所控制的子公司为安徽皖北煤炭物流有限公司,该公司已于2003年6月7日解散,故未将该公司纳入并表范围。2002年,未纳入合并会计报表范围的子公司资产总额为10,070,359.68元,占母、子公司资产总额的2.29%;净利润46,317.72元,占母公司净利润的0.08%。对未纳入合并会计报表范围的子公司净利润母公司已按权益法核算,计入投资收益32,422.40元。

(三)注册会计师审计意见

上海立信长江会计师事务所审计了本公司2001年12月31日、2002年12月31日、2003年12月31日、2004年6月30日的资产负债表,2001年度、2002年度、2003年度、2004年1-6月的利润表,2003年度、2004年1-6月的现金流量表,并出具了标准无保留意见的信长会师报字(2004)第21747号《审计报告》。

二、简要会计报表

简要资产负债表主要数据

单位:元

2、简要利润及利润分配表

单位:元

3、简要合并现金流量表

单位:元

三、重要会计报表附注

本公司会计报表注释等内容,请查阅本公司招股说明书,查阅地址为上海证券交易所网站(http://www.sse.com.cn)。

四、主要财务指标

第九节　其他重要事项

1、自发行人股票首次公开发行起至本上市公告书公告之日,发行人严格依照《中华人民共和国公司法》、《中华人民共和国证券法》等法律法规的要求,规范运行,生产经营情况正常;所处行业、市场无重大变化;主要投入产出物供求及价格无重大变化;主要业务发展目标进展状况正常。

2、自本公司股票首次公开发行之日至本上市公告书公告之日,本公司无重大对外投资、重大资产(股权)收购或出售行为;住所未发生变更。

3、自本公司股票首次公开发行之日至本上市公告书公告之日,本公司重大会计政策和会计师事务所没有发生变化。

4、自本公司股票首次公开发行之日至本上市公告书公告之日,本公司未发生新的重大负债或重大债项发生变化。

5、自本公司股票首次公开发行之日至本上市公告书公告之日,本公司董事、监事和高级管理人员没有尚未了结或可能发生的刑事诉讼事项。

6、自本公司股票首次公开发行之日至本上市公告书公告之日,本公司未涉及任何重大诉讼事项或仲裁,亦无尚未了结或可能面临的重大诉讼或索赔要求。

7、根据《上海证券交易所股票上市规则》,本公司第一大股东安徽省皖北煤电集团有限责任公司承诺:在本公司股票上市交易之日起1年内,不转让所持有的本公司股份,也不要求或接受本公司回购其所持有的股份。本公司承诺:自本公司A股股票上市之日起1年内,不回购本公司发起人(即安徽省皖北煤电集团有限责任公司、安徽省燃料总公司、合肥四方化工集团有限责任公司、合肥开元精密工程有限责任公司、深圳高斯达实业有限公司)持有的本公司股份,亦不接受上述发起人对本公司回购其持有的恒源煤电股份的要求。

8、截止2003年末,本公司未分配利润为13,346.21万元,其中老股东享有5,087.76万元,已于2004年5月12日发放,剩余8,258.45万元由新老股东共享。并且,根据2003年度股东大会决议,本公司若在2004年股票发行成功,则发行前滚存可供分配利润由新老股东共享;若未在2004年完成,则本公司2004年度经审计实现的净利润在依法提取公积金和公益金后,由老股东享有分配权,其余滚存的可供分配利润由新老股东共享。

9、其他应披露的重大事项

除本公司首次公开发行股票招股说明书及本上市公告书披露的事项外,发行人无其他应披露而未披露的重要事项。

第十节　董事会上市承诺

本公司董事会将严格遵守《中华人民共和国公司法》、《中华人民共和国证券法》、《股票发行与交易管理暂行条例》、《公开发行股票公司信息披露实施细则》和《上海证券交易所股票上市规则》等国家有关法律、法规的规定,自股票上市之日起承诺做到:

一、承诺真实、准确、完整、公允和及时地公布定期报告,披露所有对投资者有重大影响的信息,并接受中国证监会、证券交易所的监督管理;

二、承诺发行人在知悉可能对股票价格产生误导性影响的任何公共传播媒介中出现的消息后,将及时予以公开澄清;

三、发行人董事、监事、高级管理人员和核心技术人员将认真听取社会公众的意见和批评,不利用已获得的内幕消息和其他不正当手段直接或间接从事发行人股票的买卖活动;

四、发行人没有无记录的负债。

第十一节　保荐机构(上市推荐人)及其意见

一、保荐机构(上市推荐人)情况

名称:国元证券有限责任公司

法定代表人:凤良志

住　　所:合肥市寿春路179号国元大厦

联系电话:(0551)2634400--2604

传　　真:(0551)2672806

联 系 人:王晨、杜振宇、刘锦峰

二、保荐机构(上市推荐人)意见

保荐机构(上市推荐人)已为本公司股票上市向上海证券交易所出具了《股票上市推荐书》,认为:发行人章程符合《中华人民共和国公司法》、《中华人民共和国证券法》、《上海证券交易所股票上市规则》等法律、法规和中国证监会有关公司章程的相关规定;发行人本次股票发行符合《公司法》、《证券法》、《证券发行上市保荐制度暂行办法》和《上海证券交易所股票上市规则》等法律、法规和中国证监会的有关规定,已具备了上市条件。

保荐机构(上市推荐人)保证:本公司董事了解法律、法规、上海证券交易所上市规则及股票上市协议规定的董事的义务与责任;本公司建立健全了法人治理结构、制定了严格的信息披露制度与保密制度。

保荐机构(上市推荐人)已对上市文件所载资料进行了核实,确保上市文件真实、准确、完整,符合规定要求,保证上市申请材料、上市公告书没有虚假记载、严重误导性陈述或者重大遗漏,并对其承担连带责任。

保荐机构(上市推荐人)与本公司不存在关联关系;保荐机构(上市推荐人)愿意推荐本公司的股票在上海证券交易所上市交易,并且在上市推荐过程中,保证不利用获得的内幕信息进行内幕交易,为自己或他人谋取利益。

安徽恒源煤电股份有限公司

2004年8月12日

宝胜科技创新股份有限公司

宝胜科技创新股份有限公司首次公开发行股票上市公告书

第一节　重要声明与提示

宝胜科技创新股份有限公司(以下简称"本公司"、"公司"、"宝胜股份"或"发行人")董事会保证上市公告书的真实性、准确性、完整性,全体董事承诺上市公告书不存在虚假记载、误导性陈述或重大遗漏,并承担个别或连带的法律责任。

根据《公司法》、《证券法》等有关法律、法规的规定,本公司董事、高级管理人员已依法履行诚信和勤勉尽责的义务和责任。

上海证券交易所、中国证券监督管理委员会、其他政府机关对本公司首次公开发行股票上市有关事项的意见,均不表明对本公司的任何保证。

本公司提醒广大投资者注意,凡本上市公告书未涉及的有关内容,请投资者查阅 2004 年 7 月 13 日刊登于《中国证券报》、《上海证券报》、《证券时报》及《证券日报》的本公司首次公开发行招股说明书摘要,及刊载于上海证券交易所网站(http://www.sse.com.cn)的本公司首次公开发行招股说明书全文。

第二节　概　览

1、股票简称:宝胜股份

2、沪市股票代码:600973

3、深市代理股票代码:003973

4、股本总额:12,000 万股

5、可流通股本:4,500 万股

6、本次上市流通股本:4,500 万股

7、发行价格:7.80 元/股

8、上市地点:上海证券交易所

9、上市时间:2004 年 8 月 2 日

10、股票登记机构:中国证券登记结算有限责任公司上海分公司

11、保荐机构(上市推荐人):光大证券有限责任公司

12、对本公司首次公开发行股票前股东所持股份的流通限制:根据有关法律、法规规定和中国证监会《关于核准宝胜科技创新股份有限公司公开发行股票的通知》(证监发行字[2004]94 号),本公司的国有法人股和法人股暂不上市流通。

13、本公司第一大股东对所持股份自愿锁定的承诺:本公司公开发行股票前第一大股东宝胜集团有限公司(以下简称"宝胜集团"或"集团公司")向上海证券交易所承诺,自本公司股票上市之日起 12 月内,不转让其所持有本公司的股份,也不由本公司回购其持有的本公司股份。

第三节　绪　言

本公司上市公告书是根据《中华人民共和国公司法》、《中华人民共和国证券法》、《股票发行与交易管理暂行条例》、《公开发行股票公司信息披露实施细则》和《上海证券交易所上市规则》等国家有关法律、法规的规定,并按照中国证监会《公开发行股票信息披露内容与格式准则第 7 号?股票上市公告书》而编制的,旨在向投资者提供有关本公司和本次股票上市的基本情况。

经中国证监会证监发行字[2004]94 号文核准,本公司于 2004 年 7 月 16 日采用全部向二级市场投资者定价配售的方式成功发行了 4,500 万股人民币普通股,每股面值 1.00 元,发行价格为每股 7.80 元。

根据上海证券交易所《关于宝胜科技创新股份有限公司人民币普通股股票上市交易的通知》(上证上字[2004]115 号),本公司 4,500 万股社会公众股将于 2004 年

8 月 2 日起在上海证券交易所挂牌交易。股票简称"宝胜股份",沪市股票代码"600973 "、深市代理股票代码"003973 "。

本公司已于 2004 年 7 月 13 日分别在《中国证券报》、《上海证券报》、《证券时报》和《证券日报》上刊登了《招股说明书摘要》,招股说明书全文及其附录刊载于上海证券交易所网站(http://www.sse.com.cn),前述招股文件距今不足 3 个月,故与其重复的内容不再重复,敬请投资者查阅上述文件。

第四节　发行人概况

一、发行人的基本情况

注册名称:宝胜科技创新股份有限公司

英文名称:BAOSHENG SCIENCE ANDTECHNOLOGY INNOVATION CO.,LTD.

法定代表人:徐伟强

注册地址:江苏省宝应县安宜镇苏中路 1 号

主营业务::电线电缆及电缆附件的开发、制造、销售及相关的生产技术开发。

所属行业:电线电缆

联系电话:0514-8248896

联系传真:0514-8248897

电子信箱:zqb@baosheng.cn

董事会秘书:翟立锋

二、发行人历史沿革及改制重组情况

本公司是经江苏省人民政府苏政复[2000]148 号文"关于同意设立宝胜科技创新股份有限公司的批复"批准,由宝胜集团有限公司作为主发起人,联合宏大投资有限公司、中国电能成套设备有限公司、北京世纪创业物业发展有限责任公司、上海科华传输技术公司等其他四家发起人,以发起设立方式设立,于 2000 年 6 月 30 日在江苏省工商行政管理局登记注册的股份有限公司。

本公司是以集团公司核心业务--电线电缆业务为基础改制设立的,是专门从事电线电缆类产品开发、生产及销售的企业。公司设立时,集团公司将其所属塑料电缆、特种电缆、通信电缆、裸铜线等四个车间以及与之生产、供应、销售、开发相关的职能部门、技术中心等资产投入股份公司,使本公司形成以电线电缆生产为主营业务的独立、完整的生产经营体系。上述投入公司的资产以 1999 年 12 月 31 日为基准日,经中华财务会计咨询有限公司评估,其资产总额为 26,264.38 万元,负债总额为 17,104.43 万元,净资产为 9,159.95 万元。

此外,中国电能成套设备有限公司、宏大投资有限公司、北京世纪创业物业发展有限责任公司、上海科华传输技术公司均以现金出资,分别为 301.97 万元、301.97 万元、201.32 万元、100.66 万元。

上述发起人出资均按 74.51%的比例折为本公司股份,共计 7,500 万股。其所持股权性质除集团公司、上海科华传输技术公司为国有法人股外,其余为法人股。折股方案和股权界定已获江苏省财政厅苏财办[2000]31 号文"关于宝胜科技创新股份有限公司(筹)国有股权管理有关问题的批复"批准。

经中国证监会证监发行字[2004]94 号批准,本公司于 2004 年 7 月 16 日采取全部向二级市场投资者定价配售的方式成功发行了 4,500 万股人民币普通股,每股面值 1.00 元,发行价格为每股 7.80 元。本次发行后,公司总股本变更为 12,000 万股人民币普通股,其中发起人股份 7,500 万股,占总股本的 62.5%;社会公众股 4,500 万股,占总股本的 37.5%。

三、发行人的主要经营情况

(一)发行人的主营业务及经营情况

1、公司的业务范围及主营业务

公司业务范围为:电线电缆及电缆附件开发、制造、销售及相关的技术开发,网络传输系统、超导系统开发与应用,光电源器件设计、装配、中试、测试,光纤、电讯、电力传输线及相关的技术开发、技术培训、技术服务、技术转让和技术咨询,输变电工程所需设备的成套供应。公司主营业务为:电线电缆产品的设计、研发、制造与销售。

2、公司主要产品与服务

本公司主要业务围绕电线电缆的设计、研发、制造与销售进行,2003 年公司主营业务收入为 71,109.19 万元, 其中电力电缆销售额占 60.73%, 控制电缆占 3.06%, 布电线占 2.90%, 通信电缆占 12.34%,防火电缆占 2.60%,屏蔽电缆占 6.84%,裸导体占 8.49%,分支电缆占 3.04%。

3、产品销售方式和渠道

公司产品大部分在国内销售,销售方式为直接销售,即通过驻全国各地的办事处业务员直接与用户签订销售合同。本公司产品主要为国家电力建设工程、固定资产投资建设及重大技术改造工程提供服务,目前这些工程大多通过招标方式采购,因此公司的销售主要通过参加竞标活动,中标后销售。

公司产品出口销售主要通过各地对外贸易公司代理出口。由公司驻全国各地的业务员与贸易公司签订出口合同,由贸易公司代理股份公司出口产品到海外。

4、产品的主要原材料和能源供应

本公司产品主要原材料为铜杆、铝杆、电缆料、钢带、XLPE、PVC(PE)绝缘护套材料,主要能源为电、水、煤等。

(二)发行人的竞争优势

1、产品优势:公司是集科研、设计、制造、销售于一体的大型电线电缆专业生产企业。产品覆盖裸导体、电气装备用电缆、电力电缆、通信电缆等四大类别,能够生产 150 多个品种和 15,000 多个规格的产品,形成了系列化、规模化、成套化的产品群体,具备了为国内外各级重点工程提供全面、全方位服务的能力。

2、质量与品牌优势:公司通过了 ISO14001 环境管理体系认证及国家强制性产品认证(3C 认证)。"宝胜"牌电线电缆产品是"国产精品"、"中国电线电缆市场十大畅销产品"之一、"江苏省重点保护产品";"宝胜"牌商标是"江苏省著名商标"、"驰名商标",享有较高的市场信誉。

3、技术优势:公司控股股东集团公司拥有国家级技术中心和博士后科研工作站,其技术创新能力在江苏省 17 家省级以上技术中心中列第 6 位,在全国 229 家技术中心中列 93 位。本公司设立时集团公司将技术中心及电线电缆相关的人员转到了本公司,使本公司具有了较强的研究开发能力。

4、人才优势:公司成立以来一直重视高级管理人才及高级技术人才的培养和引进工作。目前公司从事新产品研究开发的工程技术人员 149 名,公司还制订了内部员工的定期和不定期培训制度,实施人才再造工程。

5、市场优势:公司坚持以市场为导向、以营销为龙头的经营战略,在北京、上海、深圳等全国 42 个城市设立了办事处,并与全国电力、冶金、交通、化工、电信、航天等多个研究所、设计院及项目实体达成了业务同盟,有效地建立了销售网、信息网。本公司目前是众多国家重点工程建设项目的主要电缆供应商。

(三)发行人的竞争劣势

本公司产品群体的特征属于多品种、多系列,但部分产品的专业化程度不够,不利于通过规模化生产,大幅度降低制造成本,从而提高单个产品的竞争力。

本公司资金相对缺乏,制约了公司新材料、新技术、新工艺的应用与科技成果产业化力度,不利

于公司竞争实力的提高。

(四)发行人主要财务指标

参见本上市公告书"第八节主要财务会计资料四、主要财务指标"部分。

(五)发行人资产权属情况

1、土地使用权

本公司设立后,采用租赁方式使用集团公司持有的宝应国用(2000)字第0866号《国有土地使用证》项下的土地。该项土地共1宗计100,841.06平方米。江苏省苏地房地产咨询评估有限公司(国家A级土地评估机构)对该部分土地的评估总价为2,976.63万元(苏地估字2000-003号《土地估价报告》)。以此为作价依据,公司与集团公司于2000年6月30日签订了《土地使用权租赁合同》。合同约定:公司租用集团公司上述土地的面积共80,000平方米,从2000年6月30日开始计付租金,租期45年,年租金为50万元,土地租金的调整将随当地土地主管部门制定的同类土地租金的指导价格变化而相应调整。

2、商标

本公司现使用的商标为"宝胜"牌商标(

"宝胜"牌系列商标第九类?电线电缆类,注册号275683)。2001年4月30日集团公司董事会作出决议将"宝胜"牌商标(同上)无偿转让给本公司,集团公司与本公司签署了《商标无偿转让协议》,根据协议集团公司将"宝胜"牌商标(同上)无偿转让给本公司。2001年6月28日,商标转让手续已经办理完毕。

3、专利及非专利技术使用和权属情况

本公司目前拥有30项实用新型专利技术和多项非专利技术。

4、机器设备及建筑物

本公司共拥有主要机器设备261台(套),厂房、办公楼等建筑物面积共计37,942.05平方米。

第五节 股票发行与股本结构

一、本次股票上市前首次公开发行股票的情况

(一)发行数量:4,500万股,占发行后总股本的37.5%。

(二)发行价格:7.80元/股。

(三)募股资金总额:本次发行募集资金总额为35,100.00万元,扣除发行费用1,428.85万元后,募集资金净额为33,671.15万元。

(四)发行方式:全部向二级市场投资者定价配售。

(五)发行对象:于本公司《招股说明书摘要》刊登日即2004年7月13日收盘时持有沪市或深市已上市流通人民币普通股(A股)股票市值达10,000元及以上的二级市场投资者均可参加本次新股配售发行的申购。投资者同时持有的沪、深两市上市流通A股股票市值不合并计算。

(六)发行费用总额及项目:本次公开发行股票发行费用总计1,428.85万元,费用项目包括:承销费、审计费、律师费、资产评估费、审核费、发行手续费等费用

(七)每股发行费用:0.32元。

二、本次股票上市前首次公开发行股票的承销情况

本次向二级市场投资者定价配售发行的4,500万股社会公众股的配号总数为70,486,265个,中签率为0.06384223%。其中:二级市场投资者认购44,475,107股,其余524,893股由主承销包销。

三、本次股票上市前首次公开发行股票所募集资金的验资报告

南京永华会计师事务所有限公司为本次募股资金所出具的宁永会验字(2004)第0048号《验资报告》全文如下:

宝胜科技创新股份有限公司全体股东:

我们接受委托,审验了贵公司截至2004年7月23

日止发行社会公众股募集资金的实收情况。按照国家相关法律、法规的规定和协议、合同、章程的要求出资,提供真实、合法、完整的验资资料,保护资产的安全、完整是全体股东及贵公司的责任。我们的责任是对贵公司发行社会公众股募集资金的实收情况发表审验意见。我们的审验是依据《独立审计实务公告第1号???验资》进行的。在审验过程中,我们结合贵公司的实际情况,实施了检查等必要的审验程序。

贵公司申请的注册资本为人民币12,000万元,其中:发起人投入资本7,500万元,已由我所宁永会二验字(2000)第005号验资报告予以验证;贵公司本次发行社会公众股4500万股,每股发行价为7.8元/股,本次募集资金为35,100万元,扣除预计发行费用1428.85万元后为33671.15万元,其中股本4,500万元,资本公积29171.15万元。根据我们的审验,截至2004年7月23日

贵公司已收到光大证券有限责任公司汇入的募集资金款339,255,829.63元,此款为募集资金款35,100万元扣除部分发行费用11,744,170.37元后的款项,该款项汇入贵公司中国建设银行宝应县支行(帐号32001747436059888888)10,000万元和中国工商银行宝应县支行宝胜桥分理处(帐号1108200429124888888)239,255,829.63元。贵公司向社会公众发行拟上市A股后,股本总额为人民币12,000.00万元,资本公积为31,737.02万元,其中:发起人为7,500万股,占62.50%,社会公众股为4,500万股,占37.50%。贵公司申请的注册资本已全部到位,经验证情况属实。

附件:

1.投入资本明细表

2.验资事项说明

南京永华会计师事务所有限公司

中国注册会计师:杜文俊

中国注册会计师:诸旭敏

中国 南京 2004年7月26日

四、募股资金入账情况

入账时间:2004年7月23日

入账金额:100,000,000元

开户银行:中国建设银行宝应县支行

入账账号:32001747436059888888

入账时间:2004年7月23日

入账金额:239,255,829.63元

开户银行:中国工商银行宝应县支行宝胜桥分理处

入账账号:1108200429124888888

五、本公司上市前股权结构及前十大股东持股情况

(一)本公司上市前股权结构

(二)本次上市前公司前十大股东持股情况

第六节 董事、监事、高级管理人员及核心技术人员

一、董事、监事、高级管理人员及核心技术人员个人情况

本公司董事、监事、高级管理人员、技术负责人及核心技术人员均为中国国籍,无境外的永久居留权,相互之间不存在配偶关系、三代以内直系和旁系亲属关系。除独立董事刘丹萍、许金明任期为2004年3月至2006年6月外,其余董事、监事、高级管理人员任期均为2003年6月至2006年6月。

(一)董事会成员

徐伟强,男,1954年9月出生,大专,高级经济师;现任本公司董事长,集团公司董事,BICC董事。曾任宝应县液压件厂生产科副科长、科长,原宝胜电缆厂指挥部行政组组长、人事科科长、生产科科长、经营管理办公室副主任、副厂长,集团公司副总经理、党委副书记、总经理。

孙振华,男,1960年3月出生,大专,高级经济师;现任本公司董事、总经理,集团公司董事。曾任江苏油田子弟学校教师,集团公司人事教育处副科长,山东办事处主任,集团公司总经理助理、党委副书记。

尤嘉,男,1956年11月出生,大专,高级经济师;现任本公司董事、副总经理,集团公司董事。曾任宝应电器厂人保科科长,原江苏宝胜电缆厂厂办副主任、主任、党委委员,集团公司副总经理、党委委员,本公司董事会秘书。

仇家斌,男,1968年8月出生,硕士研究生在读,高级工程师;现任本公司董事、副总经理。曾任集团公司技术科技术员,特缆制造部副经理、经理,企划部经理,集团公司总经理助理。

唐崇健,男,1965年7月出生,大学本科,高级工程师;现任本公司董事、副总经理,国家电线电缆标准化技术委员会委员,中国电工技术学会电线电缆专业委员会委员。曾任集团公司话缆制造部副经理、技术开发办公室主任、电气设备成套制造部经理、新品开发处处长、技术中心主任、副总工程师。

翟立锋,男,1963年10月出生,大专,高级经济师;现任本公司董事、董事会秘书。曾任集团公司北京办事处主任、销售处处长,宝应县华文包装厂厂长、党支部书记,集团公司总经理助理、西南地区销售经理。

张平,男,1962年8月出生,大学本科,MBA;现任本公司董事,宏大投资有限公司投资部总经理。曾任蚌埠无线电一厂车间工段长,蚌埠市农业银行职员,宏大投资有限公司投资部副总经理。

琚立生,男,1965年9月出生,大学,高级工程师;现任本公司董事,中国电能成套设备有限公司副总经理。曾任中国电能成套设备总公司输出变电处副处长、处长,本公司监事。

马国山,男,1963年10月出生,硕士研究生,经济师;现任本公司董事,北京世纪创业物业发展有限责任公司总经理。曾任江苏仪征化纤集团公司人事劳动处干部、总经理办公室秘书、服务公司副总经理、房地产开发公司总经理、党委书记。

唐正国,男,1952年11月出生,硕士研究生,高级工程师;现任本公司董事,科华传输法人代表,信息产业部电子第二十三研究所所长。

余达太,男,1946年5月出生,大学本科;现任本公司独立董事,北京科技大学信息工程学院院长,机器人研究所所长,国家教育部科技委学部委员,国家自然科学基金委员会评审委员,国家计委高技术产业化重大专项评审专家,中国机器人工程协会常委理事。

徐应麟,男,1940年1月出生,大学本科,教授级高级工程师;现任本公司独立董事,全国高等学校机电类专业教学指导委员会委员,中国机械工程学会高级会员,中国阻燃学会常务理事,是国务院政府特殊津贴获得者。

梁永进,男,1966年6月出生,大专,会计师;现任本公司独立董事,扬州弘瑞会计师事务所宝应分所所长,中国注册会计师、注册评估师、注册税务师。

刘丹萍,女,1957年8月出生,研究生,现任本公司独立董事,首都经济贸易大学经济学教授,北京兆维科技股份有限公司独立董事和山东海洋化工股份有限公司独立董事。

许金明,男,1944年3月出生,中专,高级经济师;现任本公司独立董事。曾任扬州中宝制药公司董事长。

(二)监事会成员

江玲,女,1963年2月出生,大专;现任本公司监事会主席、集团公司工会副主席。曾任集团公司塑缆制造部会计、副经理,话缆制造部副经理、经理、支部书记。

张德彩,男,1964年9月出生,大专,助理经济师;现任本公司监事,集团公司党群工作处处长。曾任上海第二军医大学长征医院文书、副班长、班长、团支部副书记、管理员,集团公司党委办公室副处长、处长。

杨应华,男,1962年8月出生,高中;现任本公司监事,本公司塑料电缆制造部经理、支部书记。曾任集团公司塑缆制造部生产调度员、副经理、经理、支部书记。

房权生,男,1968年3月出生,高级工程师;现任本公司职工监事、副总工程师、技术中心主任。曾任南京机床厂研究所设计员,集团公司话缆车间副主任、工艺技术处副处长、技术中心副主任、质量管理处处长、产品研究开发处处长。

张宝海,男,1968年5月出生,高中;现任本公司职工监事。曾任集团公司塑缆制造部工人、班组长,省劳动模范、省青年岗位能手。

钟金宝,男,1966年2月出生,高中;现任本公司职工监事,裸线制造部经理。曾任裸线制造部绞线班组班组长、副经理。

宋翔,男,1963年2月出生,大学,高级工程师;现任本公司监事,中国电能成套设备有限公司输变电部总经理。曾任中国电能成套设备总公司输出变部职员、副总经理。

(三)高级管理人员

孙振华,本公司董事、总经理,简历同前。

尤嘉,本公司董事、副总经理,简历同前。

仇家斌,本公司董事、副总经理,简历同前。

唐崇健,本公司董事、副总经理,简历同前。

邵文林,男,1968年5月出生,大专,工程师;现任本公司副总经理兼营销部经理。曾任集团公司技术科技术员、销售处办事员、副处长、处长、总经理助理。

吉斌,男,1967年11月出生,大专,工程师;现任本公司副总经理。曾任集团公司裸线制造部副经理、生产处处长、裸线制造部经理、总经理助理。

翟立锋,本公司董事、董事会秘书,简历同前。

夏成军,男,1974年8月出生,大专,会计师;现任本公司财务负责人。曾任集团公司财务处成本会计、科长、财务处副处长。

(四)核心技术人员

唐崇健,本公司董事、副总经理,简历同前。

房权生,本公司监事,副总工程师、技术中心主任,简历同前。

二、有关事项说明

截止本次发行前,股份公司董事、监事、高级管理人员、技术负责人及核心技术人员不存在以个人持股、家属持股或法人持股的形式持有本公司股份的情况,也不存在持有本公司关联企业股份的情况;本公司目前未安排认股权计划。

第七节　同业竞争和关联交易

一、同业竞争

集团公司及其下属企业与本公司在主营业务方面不存在同业竞争，本公司与其他发起人股东之间也不存在同业竞争;上述关联方承诺今后也不从事与本公司相竞争的业务。

发行人律师在其为本次发行出具的法律意见书中认为:"发行人与其关联方之间不存在同业竞争的情形"。

保荐机构(主承销商)认为:"集团公司已将电线电缆相关业务全部投入了股份公司,股份公司与集团公司及其下属企业、股份公司其他股东之间不存在同业竞争,发行人与其股权关联方不存在同业竞争。

二、关联交易

1、关联方及关联交易内容

本公司目前存在的关联方及与关联方之间最近三年发生的关联交易详细内容请查阅刊载于上海证券交易所网站(www.sse.com.cn)的本公司招股说明书全文。

2、本公司独立董事及有关中介机构就关联交易发表的意见

本公司独立董事对关联交易的公允性以及是否履行法定批准程序发表意见如下：在对有关情况进行调查了解,并听取公司董事会、监事会和经理层有关人员相关意见的基础上,我们认为公司的重大关联交易遵循了公平合理的原则,符合《公司法》、《证券法》等有关法律法规和《公司章程》的规定,交易定价客观公允,决策程序有效,未损害公司及股东的利益。公司2001年第二次临时股东大会通过的《关联交易决策制度》,对关联交易的关联交易表决程序、关联交易协议的签署、关联交易的信息披露等事项作出了详细、明确的规定。公司的关联交易管理制度健全,可操作性强。

本公司律师对关联交易的合法性发表法律意见：发行人就相关关联交易所签署的合同不违反法律法规和《公司章程》的规定,关联交易遵循了"公开、公平、公允"的原则,已进行的决策程序是合法的,不存在损害发行人及股东利益的情形。

南京永华会计师事务所有限公司在宁永会专字(2004)0037号专项审核报告中对关联交易发表的专项意见认为:公司关联交易的金额虽然较大,但其产生的利润占全年利润总额的比例不大,对公司经营业绩影响较小,且利润率未超过20%,发行人对关联交易的会计处理符合《关联方之间出售资产等有关会计处理问题暂行规定》(财会[2001]64号)的规定。

保荐机构(主承销商)认为:发行人与关联方对关联关系及关联交易的处置符合《公司章程》和国家有关法规的规定。在具体关联交易事项、关联协议约定、价格确定等方面不存在损害发行人及中小股东的利益的行为,没有影响发行人生产经营的独立性。

第八节　主要财务会计资料

本公司截止2003年12月31日的财务会计资料已于2004年7月

13日刊登于《中国证券报》、《上海证券报》、《证券时报》和《证券日报》的本公司《招股说明书摘要》中。投资者欲了解详细内容，请投资者查阅上述报纸或刊载于上海证券交易所网站(www.sse.com.cn)的本公司招股说明书全文及附录。

一、注册会计师意见

南京永华会计师事务所有限公司受聘对本公司2001年1月1日至2003年12月31日三年的利润表及利润分配表以及2001年12月31日、2002年12月31日、2003年12月31日的资产负债表,

2003年的现金流量表进行了审计,并已出具宁永会审字(2004)0103号标准无保留意见的审计报告。以下财务数据,非经特别说明,均引自经审计的会计报表。

二、经审计的简要会计报表

1、资产负债表主要数据

单位:元

2、利润表主要数据

单位:元

3、简要现金流量表

单位:元

三、会计报表附注

本公司会计报表附注等有关内容,请查阅刊载于上海证券交易所网站(www.sse.com.cn)的本公司招股说明书全文及其附录。

四、主要财务指标

第九节　其他重要事项

一、自本公司股票首次公开发行之日至本上市公告之日,本公司严格依照现行有关法律、法规的规定规范运作,生产经营情况正常,本公司所处行业和市场无重大变化,主要业务发展目标的进展状况正常,主要投入、产出物供求及价格无重大变化。

二、自本公司股票首次公开发行之日至本上市公告之日,本公司没有进行重大对外投资、无重大资产(股权)收购、出售行为。

三、自本公司股票首次公开发行之日至本上市公告之日,本公司重大会计政策和会计师事务所没有发生变化。

四、自本公司股票首次公开发行之日至本上市公告之日,本公司未涉及任何重大诉讼、仲裁或行政处罚案件,亦无可能面临的重大影响的诉讼和索赔要求。

五、自本公司股票首次公开发行之日至本上市公告之日,本公司董事、监事和高级管理人员未受到任何刑事起诉,亦无尚未了结或可能发生的刑事诉讼事项。

六、自本公司股票首次公开发行之日至本上市公告之日,本公司住所未变更,未发生新的重大负债,并且重大债项未发生变化。

七、根据《上海证券交易所股票上市规则》,本公司第一大股东宝胜集团有限公司承诺:自本公司股票上市之日起12个月内，不转让其持有的本公司股份，也不由本公司回购其持有的本公司股份。

八、本公司本次股票发行后至本公司上市公告书公告之日,没有其他应披露而未披露的重大事项。

第十节　董事会上市承诺

本公司董事会承诺将严格遵守《中华人民共和国公司法》、《中华人民共和国证券法》、《股票发行与交易管理暂行条例》、《公开发行股票公司信息披露实施细则》、《上海证券交易所股票上市规则》和《证券发行上市保荐制度暂行办法》等国家法律、法规和有关规定,承诺自本公司股票上市之日起做到:

(一)、本公司将真实、准确、完整、公允和及时地公布定期报告,披露所有对投资者有重大影响的信息,并接受中国证监会、上海证券交易所的监督管理;

(二)、本公司在知悉可能对股票价格产生误导性影响的任何公共传媒中出现的消息后,将及时予以公开澄清;

(三)、本公司董事、监事和高级管理人员如发生人事变动或持有本公司股票发生变化时,在报告中国证监会、上海证券交易所的同时向投资者公布;

(四)、本公司董事、监事和高级管理人员和核心技术人员将认真听取社会公众的意见和批评,不利用已获得的内幕消息和其他不正当手段直接或间接从事发行人股票的买卖活动;

(五)、本公司没有无记录的负债。

依据《上海证券交易所上市规则》,本公司全体董事、监事将按照有关规定,在本公司股票上市后两个月内签署《董事(监事)声明及承诺书》,并送达上海证券交易所备案。

第十一节　保荐机构(上市推荐人)及其意见

一、保荐机构(上市推荐人)情况

保荐机构(上市推荐人):光大证券有限责任公司

法定代表人:王明权

地址:上海市浦东新区浦东南路528号上海证券大厦南塔15-16楼

联系电话:010-608081072、68081073

传真:010-68081263

联系人:李春明　王苏华　赵　庆

二、上市推荐人意见

本公司上市推荐人认为:本公司章程符合《中华人民共和国公司法》等有关法律、法规和中国证监会关于公司章程的相关规定;本公司本次股票发行完全符合《中华人民共和国公司法》、《中华人民共和国证券法》、《股票发行与交易管理暂行条例》、《上海证券交易所股票上市规则》等国家有关法律、法规的规定,已具备上市条件;本公司董事了解法律、法规、上海证券交易所上市规则及股票上市协议规定的董事的义务与责任;本公司建立健全了法人治理结构,制定了严格的信息披露制度与保密制度。

上市推荐人已对上市文件所载的资料进行了核实,确保上市文件真实、准确、完整、符合规定要求;保证本公司的上市申请资料、上市公告书没有虚假、严重误导性陈述或者重大遗漏,并保证对其承担连带责任。上市推荐人与本公司不存在关联关系。上市推荐人愿意推荐本公司的股票在上海证券交易所上市交易,并保证不利用在上市过程中获得的内幕信息进行内幕交易,为自己或他人谋取利益。

宝胜科技创新股份有限公司

二OO四年七月二十九日

湖南新五丰股份有限公司

湖南新五丰股份有限公司首次公开发行股票上市公告书

第一节 重要声明与提示

湖南新五丰股份有限公司(以下简称"本公司"、"新五丰"、"公司"或"发行人")董事会保证上市公告书的真实性、准确性、完整性,全体董事承诺上市公告书不存在虚假记载、误导性陈述或重大遗漏,并承担个别和连带的法律责任。

根据《公司法》、《证券法》等有关法律、法规的规定,本公司董事、高级管理人员已依法履行诚信和勤勉尽责的义务和责任。

上海证券交易所、中国证券监督管理委员会、其他政府机关对本公司首次公开发行股票上市有关事项的意见,均不表明对本公司的任何保证。

本公司提醒广大投资者注意,凡本上市公告书未涉及的有关内容,请投资者查阅2004年5月20日刊载于《中国证券报》、《上海证券报》、《证券时报》和《证券日报》上的本公司首次公开发行股票招股说明书摘要,及刊载于上海证券交易所网站(http://www.sse.com.cn)的本公司首次公开发行股票招股说明书全文。

第二节 概 览

一、股票简称:新五丰

二、沪市股票代码:600975

三、深市代理股票代码:003975

四、股本总额:100,153,900股

五、可流通股本:35,000,000股

六、本次上市流通股本:35,000,000股

七、发行价格:9.20元/股

八、上市地点:上海证券交易所

九、上市时间:2004年6月9日

十、股票登记机构:中国证券登记结算有限责任公司上海分公司

十一、保荐机构(上市推荐人):华欧国际证券有限责任公司

十二、对本公司首次公开发行股票前股东所持股份的流通限制及期限:根据国家有关法律、法规规定和中国证监会证监发行字[2004]58号《关于核准湖南新五丰股份有限公司公开发行股票的通知》,本公司的国有法人股和法人股暂不上市流通。

十三、本公司第一大股东对所持股份自愿锁定的承诺:本公司首次公开发行股票前第一大股东湖南省粮油食品进出口集团有限公司向上海证券交易所承诺,自本公司股票上市之日起12个月内,不转让其所持有的本公司股份,也不由本公司回购其所持有的本公司股份。

第三节 绪 言

本上市公告书是根据《中华人民共和国公司法》、《中华人民共和国证券法》、《股票发行与交易管理暂行条例》、《公开发行股票公司信息披露实施细则》和《上海证券交易所股票上市规则》等国家有关法律、法规的规定,并按照中国证券监督管理委员会《公开发行证券公司信息披露内容与格式准则第7号?股票上市公告书》而编制的,旨在向投资者提供有关本公司和本次股票上市的基本情况。

经中国证监会证监发行字[2004]58号文核准,本公司于2004年5月25日采取全部向沪市、深市二级市场投资者定价配售的方式成功发行了3,500万人民币普通股,每股面值1.00元,发行价为每股人民币9.20元。

根据上海证券交易所《关于湖南新五丰股份有限公司人民币普通股股票上市交易的通知》(上证上字[2004]76号)批准,本公司3,500万股社会公众股将于2004年6月9日起在上海证券交易所挂牌交易。股票简称"新五丰",沪市股票代码"600975",深市代理股票代码"003975"。

本公司已于2004年5月20日在《中国证券报》、《上海证券报》、《证券时报》和《证券日报》上刊登了《招股说明书摘要》,招股说明书正文及其附录刊载于上海证券交易所网站(http://www.sse.com.cn),前述招股文件刊登距今不足三个月,故与其重复的内容不再重述,敬请投资者查阅上述文件。

第四节 发行人概况

一、发行人基本情况

1、公司名称:湖南新五丰股份有限公司

2、英文名称:HUNAN NEW WELLFUL CO.,LTD.

3、法定代表人:张跃文

4、注册资本:10,015.39万元

5、设立日期:2001年6月26日

6、注册地址:长沙市高新技术产业开发区麓谷基地麓龙路8号

7、经营范围:畜禽养殖;农业种植;政策允许的农副产品销售;研制、开发、生产、销售生物制品、有机复合肥、添加剂预混合饲料、计算机软硬件(以上国家有专项规定的除外);投资食品加工业、管理顾问咨询业、自营和代理各类商品及技术的进出口业务(国家限定公司经营或禁止进出口的商品及技术除外);经营进料加工和"三来一补"业务;经营对销贸易和转口贸易。

8、主营业务:生猪养猪和生猪贸易

9、所属行业:农林牧渔行业

10、联系电话:0731-2295889

11、传真号码:0731-2297891

12、互联网网址:http://www.newwf.com

13、电子信箱:irm@newwf.com

14、董事会秘书:袁端淇

二、历史沿革

湖南新五丰股份有限公司是经湖南省人民政府湘政函[2001]98号文件批准,由湖南省粮油食品进出口集团有限公司作为主发起人,联合五丰行有限公司(以下简称"五丰行")、中国农业大学、中国农业科学院饲料研究所、南光粮油食品有限公司(以下简称"南光粮油")等其他四家发起人以发起设立方式组建的股份有限公司。

经中国证监会证监发行字[2004]58号文核准,本公司于2004年5月25日在上海证券交易所向沪市、深市二级市场投资者以定价配售的方式成功发行了3500万股每股面值1.00元的人民币普通股,发行价为每股人民币9.20元。此次发行完成后,本公司的总股本为10,015.39万股,注册资本10,015.39万元。

三、发行人主要经营情况

本公司目前主营业务为生猪养殖和生猪贸易。本公司以产业化经营为方向,生猪养殖及出口为基础,农业高新实用技术为依托,安全饲养及过程无公害控制作保证,延伸生猪上下游产业链,推进生猪产业化进程。公司目前主要生产经营供港澳生猪,具有年生产约14万头生猪的生产能力,年出口35万头左右的活大猪,约占全国供港澳生猪出口量的五分之一,稳居第一位,已形成规模优势;公司目前在生猪规模养殖技术、生产设备、生产指标、产品质量等方面在同行业中领先,行业地位突出。公司于2002年1月被湖南省人民政府认定为"湖南省农业产业化龙头企业";于2002年12月被农业部等九部门认定为"农业产业化国家重点龙头企业",并被农业部农业产业化办公室确定为12家典型企业之一。

(一)发行人的竞争优势

1、政策优势

根据《中华人民共和国对外贸易法》、《中华人民共和国货物进出口管理条例》及外经贸部文件《关于发布重新修订的〈关于供应港澳鲜活冷冻商品主动配额管理暂行规定〉和〈关于出口商品主动配额管理暂行规定〉的通知》([1995]外经贸管发第241号)的规定,内地企业向香港、澳门供应生猪实行主动出口配额管理。此规定是国家为了维护正常的出口经营秩序,确保供应香港市场的食用新鲜猪肉优质、适量、均衡、应时,以满足港澳同胞日常生活消费需要,维护港澳地区的繁荣稳定而采取的一项出口管制措施,是在政策指导下的一种市场化管理模式。

目前,只有具有良好出口实绩、较大经营规模、较强管理能力的企业能得到配额。配额分派数量要依据申请单位上年出口实绩、配额商品的货源、质量、售价、配额完成情况、信誉等情况而定。本公司延续了大股东湖南粮油的多年生猪出口历史,业绩显著,产品售价、质量在内地口岸名列前茅,信誉良好,且在省内独家经营生猪出口业务。因此,近几年获得的供港澳市场生猪出口配额量名列前茅,具有其他生猪生产企业无可比拟的政策优势。

2、行业地位及规模优势

配额管理实行二级分配,首先由外经贸部下达配额总量至各省市外经贸厅(局),再由外经贸厅(局)实行二次分配至各生猪出口企业。湖南省外经贸厅将配额划归本公司独家经营,以利于资源的优化整合和质量的有效控制。本公司供港澳市场活大猪出口配额近几年一直稳定在35万头左右。

目前,本公司拥有3个分公司、2个控股子公司等5家注册猪场,自有生猪基地饲养规模已达14万头左右;并与省内60多个出口注册猪场形成了长期紧密的业务合作关系,正常年度可提供安全优质猪60多万头,优质生猪货源有充分的保证。本公司生猪出口业务目前占全国供港澳生猪出口五分之一强的市场份额,其行业地位相当突出,并已形成规模优势。

3、技术配套优势

我国农业领域最高学府--中国农业大学及饲料行业的权威研究机构---中国农业科学院饲料研究所均为本公司股东,在技术与信息方面为本公司提供了强有力的支持。目前,本公司聘请了中国科学院唯一畜牧界院士、中国农业大学动物科技学院院长吴常信先生为公司技术总顾问;聘请了中国农业科学院饲料研究所所长蔡辉益教授为饲料技术顾问;并集中国内、省内多名遗传育种、营养、疾病防治方面的专家及有着多年猪场生产管理实践经验技术骨干,共同对猪场的生产管理、遗传育种、营养、疾病防治专题进行研究与开发,并将相对成熟的科研成果应用于实践。

目前,本公司已应用的生猪规模饲养中的几大关键技术,如育种、饲料营养、养殖技术、疫病防治、饲养环境等在国内同业中保持着领先水平。

4、产品质量优势

公司严格按照港澳市场的质量标准与要求进行生产,并通过采取一系列产品质量控制与检验措施对种猪、饲料、兽药进行严格的质量监控,对病原及疫情进行严格监控,并引进科学的饲养管理方法,形成了完整的内部质量安全控制与检测体系,以确保"安全至上,质量第一"。目前,本公司的出口生猪产品质量已完全达到香港市场的标准,并接近欧盟标准,在内地口岸名列前茅。

5、营销管理优势

本公司控股股东--湖南粮油从1952年开始经营生猪出口业务,50年来积累了丰富的产、供、销等管理经验。在生猪的供种、养殖、防疫、运输、中转及产品的市场营销等方面都具备独特的优势,并已形成一整套生产、流通、销售体系。同时,由于多年来较好地配合了外经贸部、国家质检总局、海关等主管单位向港澳市场供应活猪,在行业内建立了很好的信誉。

本公司承接了湖南粮油与生猪业务相关的全部经营性资产、业务及人员,在经营规模、管理经验、企业信誉上有着领先同行的优势。

6、地理优势

本公司生产性分公司地处湖南、广东两省,具有一定的地理优势。公司大部分货源在湖南,虽较广东、深圳距香港、澳门路程要远,但相对湖北、河南、浙江、上海等内地口岸则又近了许多。从岳阳、长沙、株洲、衡阳、郴州五地出发,由"三趟快车"之一的"82751"号专列运输,2天左右即可到达香港,汽车运输仅需10-17个小时,运输成本及损耗与上述几省同业相比有很大程度的降低。

(二)发行人的竞争劣势

目前公司主要从事生猪生产经营,主要竞争劣势是产品品种单一和对港澳市场的依存度较高,抗风险能力较差。

四、主要财务指标

公司近三年的主要财务指标见"第八节 财务会计资料"。

五、公司的知识产权和特许经营情况

公司于2001年8月6日,经中华人民共和国对外贸易经济合作部外经贸贸秩函[2001]1295号文批准取得进出口经营权。公司于2001年9月4日经中华人民共和国对外贸易经济合作部外经贸贸农函[2001]543号文取得供港澳活猪出口经营权,包括活大猪(供港澳)、活中猪(供港)、活乳猪(供港)的出口经营权。

本公司现拥有"浏阳河"、"湘宝"、"鼎丰"、"新五丰"、"曦丰"、"合丰"、"晨丰"、"农丰"等八个注册商标。

有关知识产权、政府特许经营权等详细内容请查阅 2004 年 5 月 20 日刊载于上海证券交易所网站(www.sse.com.cn)的本公司招股说明书全文。

六、财政税收优惠政策

公司于 2002 年 12 月 31 日被国家农业部等九部门认定为农业产业化国家重点龙头企业（农经发(2002)14 号文件),根据国税发(2001)124 号文件《国家税务局关于明确农业产业化国家重点龙头企业所得税征免问题的通知》的规定,本公司与养殖业务有关的企业所得税暂免征收,本公司及子公司韶山长丰自 2002 年 1 月 1 日起执行该税收优惠政策。另根据国务院《中华人民共和国增值税暂行条例》及财政部《中华人民共和国增值税暂行条例实施细则》规定,本公司生产经营的生猪产品出口免征增值税。

第五节 股票发行与股本结构

一、本次股票上市前首次公开发行股票的情况

(一)股票种类:人民币普通股(A 股)

(二)每股面值:人民币 1.00 元

(三)发行数量:3,500 万股

(四)发行价格:9.20 元

(五)募股资金总额:32,200 万元

(六)发行方式:全部向二级市场投资者定价配售方式

(七)发行对象:于招股说明书摘要刊登当日 2004 年 5 月 20 日持有上海证券交易所或深圳证券交易所已上市流通人民币普通股(A 股)股票的收盘市值总和(包括可流通但暂时锁定的股份市值)不少于 10,000 元的投资者(国家法律法规禁止购买者除外)。投资者同时持有的沪市、深市二级市场的股票市值不合并计算。

(八)发行费用总额:1,686.56 万元(含承销费、保荐费、会计师费用、律师费、评估费、上网发行手续费、审核费等)

(九)每股发行费用:0.48 元

二、本次股票上市前首次公开发行股票的承销情况

本次公开发行的 3500 万股社会公众股的配号总数为 75026730 个,中签率为 0.04665004%。其中,二级市场投资者认购 34,645,445 股,其余 354,555 股由主承销商包销。

三、本次上市前首次公开发行股票所募股资金的验资报告

湖南开元有限责任会计师事务所为本次公开发行股票所募股资金出具的开元所(2004)内验字第 011 号《验资报告》全文如下:

湖南新五丰股份有限公司全体股东:

我们接受湖南新五丰股份有限公司(以下称贵公司)委托,对贵公司二零零四年五月二十五日首发 35,000,000 股人民币普通股(A)股增加的实收股本进行了验证。按照中华人民共和国相关法律、法规和有关协议的规定出资是贵公司全体股东的责任;提供真实、合法、完整的验资资料,保护资产的安全、完整是贵公司的责任。我们的责任是对贵公司本次首发新股的实收股款情况发表审验意见。我们的审验是依据《独立审计实务公告第 1 号——验资》进行的。在审验过程中,我们结合贵公司的实际情况,实施了检查等必要的审验程序。

经中国证监会证监发行字[2004]58 号文核准,贵公司于二零零四年五月二十五日至五月三十一日期间以每股发行价格人民币 9.20 元,首发每股面值人民币 1.00 元的 35,000,000 股 A 股股票。

经审验,截至二零零四年五月三十一日止,贵公司已收到首发 35,000,000 股 A 股扣除发行费用后的净收入人民币 305,134,416.65 元,其中实收股本为人民币 35,000,000.00 元,资本公积-股票溢价 270,134,416.65 元。

本验资报告仅供贵公司申请工商变更登记及申请本次首发 A 股上市交易使用,不应将其视为是对贵公司验资报告日后资本保全、偿债能力和持续经营能力等的保证。因使用不当造成的后果,与执行本验资业务的注册会计师及会计师事务所无关。

附件(一):验资事项说明

附件(二):本次首发 A 股实收股本变更前后明细表

附件(三):银行进账单

湖南开元有限责任会计师事务所　　中国注册会计师:周重揆

中国?长沙市　　中国注册会计师:王卫华

2004 年 5 月 31 日

四、募股资金入帐情况

入帐时间:2004 年 5 月 31 日

入帐金额:308,724,416.65 元

入帐帐号:0878821201003010048 08

开户银行:中国光大银行长沙新星支行

五、上市前股权结构及各类股东的持股情况

(一)本次上市前股权结构

股份类别	数量(股)	比例(%)
一、发起人股份	65,153,900	65.05
国有法人股	51,853,900	51.77
境外法人股	13,300,000	13.28
二、普通股	35,000,000	34.95
三、总股本	100,153,900	100.00

(二)本次上市前十名股东持股情况

序号	股东名称	持股数量(股)	持股比例(%)
1	湖南省粮油食品进出口集团有限公司	50,053,900	49.98
2	五丰行有限公司	13,000,000	12.98
3	中国农业大学	1,500,000	1.50
4	华欧国际证券有限责任公司	354,555	0.35
5	南方证券	316,000	0.32
6	中国农业科学院饲料研究所	300,000	0.30
7	南光粮油食品有限公司	300,000	0.30
8	银丰基金	124,000	0.12
9	招商股票	62,000	0.06
10	银河银泰	58,000	0.06

第六节 董事、监事、高级管理人员及核心技术人员

一、董事、监事、高级管理人员与核心技术人员的简介

公司董事、监事、高级管理人员与核心技术人员均为中国国籍,相互之间不存在配偶关系、三代以内直系和旁系亲属关系。

(一)董事简介

张跃文:男,1963 年 5 月生,本科学历,在读 EMBA,中共党员。现任湖南省粮油食品进出口集团有限公司董事长,湖南正大畜牧有限公司董事长、湖南韶山长丰畜牧有限公司董事长。历任湖南粮油果菜分公司经理、湖南粮油总经理助理、副总经理、常务副总经理、总经理、副董事长、党委副书记等职,于 2001 年 6 月 26 日召开的公司创立大会暨首届股东大会上当选为本公司董事,在首届董事会第一次会议上当选为本公司董事长。

刘志文:男,1966 年 10 月生,工商管理硕士。曾任中国华润总公司中润纺织品进出口公司副经理、五丰行经理助理、副经理、经理、高级经理、董事助理总经理,现任五丰行董事副总经理,于公司 2002 年度股东大会上当选为本公司董事,于首届董事会第十二次会议当选为本公司副董事长。

寻冬生:男,1958 年 5 月生,本科学历,中共党员。现任湖南粮油副董事长,百岁健康城有限公司董事长。曾任长沙市计划委员会基建计划科副科长、科长、物资计划科科长、办公室主任、湖南粮油基建办主任、投资部经理、副总经理等职,于 2001 年 6 月 26 日召开的公司创立大会暨首届股东大会上当选为本公司董事。

李铁明:男,1967 年 2 月生,研究生学历,中共党员。现任湖南省粮油食品进出口集团有限公司董事。曾任湖南外贸湘丰实业公司业务一部经理、办公室主任、总经理助理、副总经理、湖南粮油畜禽部(业务一部)副经理、经理、湖南粮油总经理助理、副总经理等职。于 2001 年 6 月 26 日召开的公司创立大会暨首届股东大会上当选为本公司董事,在首届董事会第一次会议上被聘用为公司副总经理,在首届董事会第七次会议上被聘用为公司总经理。发行人兽医防疫方面的核心技术人员。

谢晓娅:女,1956 年 10 月生,大专学历,中共党员,会计师。现任湖南粮油总会计师。曾任湖南粮油财务部副经理、财务部经理等职,于 2001 年 6 月 26 日召开的公司创立大会暨首届股东大会上当选为本公司董事。

熊艳艳:女,1971 年 4 月生,研究生学历。曾任正大康地(深圳)有限公司副主任、主任、副经理、经理、正大康地(蛇口)有限公司资深经理、总经理助理等职,于 2001 年 6 月 26 日在公司首届董事会第一次会议上被聘用为公司副总经理,于 2004 年 3 月 28 日召开的公司 2003 年度股东大会上当选为本公司董事。发行人动物营养及饲料配方的核心技术人员。

曾德明:男,1958 年 9 月生,研究生学历,教授、博士生导师,中共党员。于 2002 年 6 月 28 日召开的公司 2001 年度股东大会上当选为本公司独立董事,现任湖南大学工商管理学院副院长、唐人神集团公司高级营销顾问、湖南省管理科学学会副会长、中国市场学会理事、南方摩托股份有限公司高级顾问。

舒强兴:男,1948 年 8 月生,本科学历,副教授、会计师,中共党员。于 2002 年 6 月 28 日召开的公司 2001 年度股东大会上当选为本公司独立董事,现任湖南大学工商管理学院副教授、湖南湘发房地产股份有限公司董事会顾问、湖南税务专科学校(国家税务局长沙培训中心)客座教授、长沙睿思管理咨询公司高级咨询师、中国中青年财务成本研讨会理事。

刘仲华:男,1965 年 3 月生,研究生学历,教授、博士生导师,中共党员。于 2004 年 3 月 28 日召开的公司 2003 年度股东大会上当选为本公司独立董事。现任湖南农业大学教授、湖南金农生物资源有限公司董事兼总经理、湖南省天然产物工程技术研究中心主任、湖南农业大学天然产物研究中心主任、上海诺德生物制品有限公司研发总监。

以上董事的任期均为至公司首届董事会届满时即 2004 年 6 月 25 日为止。

(二)监事简介

文锋:男,1970 年 10 月生,在读 MBA,中共党员。曾任湖南粮油中山办事处业务员、湖南粮油深圳分公司进口部业务员、湖南五丰实业发展有限公司永安分公司副总经理、湖南五丰实业发展有限公司购销部副经理等职。现任本公司营销中心副经理、职工代表监事。于 2002 年 5 月 27 日召开的公司首届监事会第二次会议上当选为本公司监事会召集人。

郑观民:男,1954 年 8 月生。现任澳门南光粮油食品有限公司总经理。曾任澳门南光粮油食品有限公司部门经理、总经理助理、副总经理等职。于 2001 年 6 月 26 日召开的公司创立大会暨首届股东大会上当选为本公司监事。

蔡辉益:男,1963 年 11 月生,毕业于中国农业科学院研究生院动物营养专业,获农学博士学位,研究员,中共党员。现任中国农业科学院饲料研究所法定代表人、所长、博士研究生导师、所学士委员会主任。曾就职于国家饲料质量监督检验中心(北京)、中国农业科学院饲料研究所,1994 年至 1995 年,在美国明尼苏达大学做博士后研究。于 2001 年 6 月 26 日召开的公司创立大会暨首届股东大会上当选为本公司监事。

秦宪斌:男,1973 年 1 月生,本科学历,助理畜牧师,中共党员。曾任湖南粮油业务一部业务员、湖南新五丰贸易部经理助理等职。现任本公司贸易部副经理、职工代表监事。

高仲元:男,1954 年 2 月生,本科学历,中共党员。现任中国农业大学动物科技学院副院长。曾任天津市畜牧兽医总站畜牧科科长、北京市农村科学院原种猪场场长等职。于 2001 年 6 月 26 日召开的公司创立大会暨首届股东大会上当选为本公司监事。

以上监事的任期均为至公司首届监事会届满时即 2004 年 6 月 25 日为止。

(三)其他高级管理人员简介

袁端淇:男,1964 年 12 月生,研究生学历。曾任湖南粮油蔬菜科科长、进口科科长、泰国 C.H. INTERNATIONAL TRADING CO.,LTD

总经理助理、湖南省土产畜产进出口公司进口部经理兼应收帐款催收办公室主任、湖南新泰坦尼克经济发展有限公司副总经理等职,于 2002 年 5 月 27 日公司首届董事会第七次会议上被聘用为公司董事会秘书。

(四)核心技术人员简介

乔春生:发行人生猪生产养殖的核心技术人员。1991 年-1995 年担任湖南冷水滩猪场场长,1995 年至 1999 年 8 月担任湖南冷水滩外贸公司副总经理,1999 年 9 月至 2000 年担任发行人副总经理兼生产技术部经理,现任发行人博罗分公司总经理,其在规模猪场的生产技术管理、出口猪场产品质量控制、成本控制等方面形成了一套规范、可行、科学、卓有成效的方案和模式,并着手编制《规模养猪生产管理》一书,在其负责生产管理的工作中,取得了优秀的成绩,所领导的博罗分公司生产成绩持续保持高利润,在国内居于领先地位。

彭新社:发行人生猪饲养管理方面的核心技术人员。本科学历,1988 年???1996 年历任湖南衡阳市外贸种猪场场长、副总经理,分管生产技术和饲养管理,1996 年?1999 年 7 月担任湖南衡阳市外贸粮油公司总经理,全面主管生猪生产和饲料生产工作。1999 年 7 月?2001 年 6 月担任湖南五丰实业发展有限公司博罗分公司常务副总经理、永安分公司经理、湘潭分公司常务副经理。现任湘潭分公司经理。彭新社先生通过近 20 年的生猪饲养管理工作,在出口猪场的管理和饲养方面积累了丰富的管理和技术经验。

颜静:出口猪场生产工艺流程和设计规划方面的核心技术人员。中国畜牧兽医学会会员,曾任湖南省粮油食品进出口公司湘潭种猪场生产部主任、湖南正大畜牧有限公司生产技术部主任、湖南韶山长丰畜牧有限公司副经理、湖南五丰实业发展有限公司永安分公司副总经理、公司技术开发部副经理,现任发行人湘潭分公司副经理,主管工艺流程和猪场设计工作。其从事的美系大约克夏猪选

育研究项目获得国家对外贸易经济合作部"科学技术进步"二等奖,1999 年主要参与了五丰实业永安生猪基地的规划和生产工艺流程设计工作。

邓化珑:发行人种猪生产方面的核心技术人员。本科畜牧兽医专业毕业。历任祁阳县畜牧场场长、祁阳县畜牧水产局局长、湖南粮油湘潭种猪场场长,现任正大畜牧副总经理、中国畜牧兽医学会猪业分会理事、中国机械化养猪协会理事。长期从事种猪生产,在育种及种猪场的规范化管理等方面积累了丰富的经验,其从事的"美系大约克夏猪选育研究"项目获得外经贸部 1994 年度科技进步二等奖,"瘦肉型猪生产技术推广和应用"科研成果曾获湖南省科技进步三等奖。

二、持股情况说明

本公司董事、监事、高管人员、核心技术人员及其家属均不持有本公司的股份;本公司目前未安排认股权计划。

第七节 同业竞争与关联交易

一、同业竞争的情况

本公司与控股股东及其控股的法人不存在同业竞争。发行人律师及保荐机构均对此发表了意见认为本公司与控股股东及其控股的法人不存在同业竞争。

二、关联交易的情况

(一)近三年关联交易的具体内容

五丰行、南光粮油代理本公司销售活猪而发生的关联交易。2001-2003 年,发生销售代理佣金总额分别为 952.69 万元、1,149.32 万元、1,170.19 万元。该关联交易系因国家政策原因产生的无法避免的关联交易,相关定价原则公允,且已获得发行人股东大会审议批准(关联股东回避表决),严格履行了公司有关关联交易的决策程序。

本公司由五丰行、南光粮油销售代理活猪出口实现的销售收入及其占总收入的比例详见下表:

单位:万元

项目	2003 年度	2002 年度	2001 年度
由五丰行代理实现销售收入	34,142.09	33,394.69	26,511.82
占总收入比例(%)	83.65	87.44	83.24
由南光粮油代理实现销售收入	2,742.02	2,795.87	3,185.67
占总收入比例(%)	6.72	7.32	10.00
通过代理实现销售收入合计	36,884.11	36,190.56	29,697.49
占总收入比例(%)	90.37	94.76	93.24

近三年,发行人与控股股东湖南省粮油食品进出口集团有限公司发生的关联交易情况如下:

单位:万元、%

项目		2003 年	2002 年	2001 年
委托经营	定价原则	--	--	协商定价
	关联交易金额	--	--	507.40
	占利润总额的比例	--	--	13.71
发行人租赁湖	定价原则	市场化定价	市场化定价	市场化定价
南粮油的办公	关联交易金额	9.71	59.71	31.01
场所	占管理费用的比例	4.62	4.96	1.97
发行人租赁湖	定价原则	市场化定价	市场化定价	市场化定价
南粮油子公司	关联交易金额	28.57	29.94	8.88
的房屋及车辆	占营业费用的比例	2.07	2.16	0.72
正大畜牧租赁	定价原则	市场化定价	市场化定价	市场化定价
湖南粮油土地	关联交易金额	6.34	6.34	6.34
	占成本的比例	0.02	0.02	0.02

(二)中介机构和独立董事的意见

保荐机构、发行人律师、会计师和独立董事均对公司发生的关联交易发表了意见,认为公司与关联方之间的关联交易履行了法定的审批程序,不存在损害发行人及中小股东利益的情况。

公司的关联交易具体内容请查阅 2004 年 5 月 20 日刊载于上海证券交易所网站(www.sse.com.cn)的本公司招股说明书全文。

第八节 财务会计资料

公司截止 2003 年 12 月 31 日的财务会计资料已于 2004 年 5 月 20 日刊登于《中国证券报》、《上海证券报》、《证券时报》和《证券日报》的本公司《招股说明书摘要》中。投资者欲了解详细内容,请查阅上述报纸或刊载于上海证券交易所网站(www.sse.com.cn)的本公司招股说明书全文及附录。

一、注册会计师意见

湖南开元有限责任会计师事务所接受委托,审计了发行人 2003 年 12 月 31 日、2002 年 12 月 31 日、2001 年 12 月 31 日的资产负债表以及合并资产负债表,2003 年度、2002 年度、2001 年度的利润及利润分配表以及合并利润及利润分配表,2003 年度现金流量表以及合并现金流量表,并出具了开元所股审字(2004)第 012 号《审计报告》,发表了标准无保留意见。审计意见摘录如下:"我们认为,上述会计报表符合《企业会计准则》和《企业会计制度》的规定,在所有重大方面公允反映了贵公司 2003 年 12 月 31 日、2002 年 12 月 31 日、2001 年 12 月 31 日的财务状况以及合并财务状况,2003 年度、2002 年度、2001 年度的经营成果以及合并经营成果和 2003 年度的现金流量情况以及合并现金流量情况。"

二、简要会计报表

(一) 合并资产负债表主要数据

单位:万元

项目	2003 年 12 月 31 日	2002 年 12 月 31 日	2001 年 12 月 31 日
流动资产	11,069.68	10,225.49	7,074.09
总资产	23,264.83	21,049.06	17,500.77
流动负债	7,466.09	7,299.87	5,788.40
负债总额	7,466.09	7,299.87	5,788.40
股东权益总额	14,611.98	12,467.04	10,475.27

(二)合并利润表主要数据

单位:万元

项目	2003 年度	2002 年度	2001 年度
主营业务收入	40,813.95	38,190.59	31,848.51
主营业务利润	7,336.59	7,585.48	6,408.27
营业利润	4,692.00	5,202.75	4,168.01
利润总额	4,798.68	5,209.29	3,701.33
净利润	3,584.62	3,428.62	2,648.60

三、会计报表附注

本公司会计报表附注等有关内容,请查阅 2004 年 5 月 20 日刊载于上海证券交易所网站(www.sse.com.cn)的本公司招股说明书全文与附录。

四、主要财务指标

本公司的主要财务指标如下表:

财务指标	2003 年度	2002 年度	2001 年度
流动比率	1.48	1.40	1.22
速动比率	1.08	1.04	0.78
母公司资产负债率(%)	33.14	36.18	35.47
应收账款周转率(次)	41.99	17.78	17.23
存货周转率(次)	11.74	11.84	11.71
净资产收益率(%)	26.24	28.69	25.28
扣除非经常性损益后的			
净资产收益率(%)	25.24	28.35	25.04
每股收益(元)	0.55	0.53	0.41
每股经营活动的现金流量净额(元)	0.92	0.58	-0.36

第九节 其他重要事项

一、自本公司股票首次公开发行之日至本公司上市公告书公告之日,本公司严格依照现行法律法规的要求规范运行,生产经营情况正常,本公司所处行业和市场无重大变化,主要业务发展目标的进展状况正常,主要产品价格无重大变化。

二、自本公司股票首次公开发行之日至本公司上市公告书公告之日,本公司没有进行重大对外投资,无重大资产(股权)收购、出售行为。

三、自本公司股票首次公开发行之日至本公司上市公告书公告之日,本公司的重大会计政策和会计师事务所没有发生变化。

四、自本公司股票首次公开发行之日至本公司上市公告书公告之日,本公司未涉及任何重大诉讼、仲裁或行政处罚案件,亦没有可能面临的重大诉讼和索赔要求。

五、自本公司股票首次公开发行之日至本公司上市公告书公告之日,本公司董事、监事和高级管理人员未受到任何刑事起诉,亦没有尚未了结或可能发生的刑事诉讼事项。

六、自本公司股票首次公开发行之日至本公司上市公告书公告之日,本公司住所没有发生变更,未发生新的重大负债,并且重大债项未发生变化。

七、自本公司股票首次公开发行之日至本公司上市公告书公告之日,本公司的税收政策未发生变化。

八、根据《上海证券交易所股票上市规则》,公司第一大股东湖南省粮油食品进出口集团有限公司向上海证券交易所承诺,自本公司股票上市之日起 12 个月内,不转让其所持有的本公司股份,也不由本公司回购其持有的本公司股份。

九、鉴于本公司第一届董事会、监事会将于 2004 年 6 月 25 日任期届满,本公司第一届董事会、监事会分别于 2004 年 5 月 23 日召开第一届董事会第十三次会议和第一届监事会第七次会议,对公司董事会、监事会换届事宜进行了审议表决,并提请于 2004 年 7 月 9 日召开的 2004 年度第一次临时股东大会审议表决。2004 年度第一次临时股东大会会议通知刊登在 2004 年 6 月 4 日的《上海证券报》上(或请详见上海证券交易所网站 www.sse.com.cn)。

十、自本公司股票首次公开发行之日至本公司上市公告书公告之日,没有其他应披露而未披露之重大事项。

第十节 董事会上市承诺

本公司董事会承诺将严格遵守《公司法》、《证券法》、《股票发行与交易管理暂行条例》、《上海证券交易所股票上市规则》和《证券发行上市保荐制度暂行办法》等法律、法规的有关规定,承诺自本公司股票上市之日起做到:

(一)本公司将真实、准确、完整、公允和及时地公布定期报告,披露所有对投资者有重大影响的信息,并接受中国证监会、证券交易所的监督管理;

(二)本公司在知悉可能对股票价格产生误导性影响的任何公共传播媒介中出现的消息后,将及时予以公开澄清;

(三)本公司董事、监事、高级管理人员如发生人士变动或持有本公司股票发生变化时,在报告中国证券监督管理委员会、上海证券交易所的同时向投资者披露。

(四)本公司董事、监事、高级管理人员和核心技术人员将认真听取社会公众的意见和批评,不利用已获得的内幕消息和其他不正当手段直接或间接从事发行人股票的买卖活动;

(五)本公司没有无记录的负债。

依据《上海证券交易所股票上市规则》,本公司全体董事、监事将按照有关规定,在本公司股票上市后两个月内签署《董事(监事)声明及承诺书》并送达上海证券交易所备案。

第十一节 保荐机构(上市推荐人)及其推荐意见

一、保荐机构(上市推荐人)情况

保荐机构:华欧国际证券有限责任公司

法定代表人:陈学荣

地址:上海市浦东新区银城东路 139 号华能联合大厦 1 楼

电话:021-38784818

传真:021-68865411

联系人:范翔辉 黄崇春 张绍旭

二、保荐机构(上市推荐人)意见

本公司保荐机构(上市推荐人)华欧国际证券有限责任公司认为:发行人章程符合《公司法》、《证券法》等有关法律、法规和证券监督管理委员会的规定;发行人本次股票发行符合《公司法》、《证券法》及《上海证券交易所股票上市规则》等国家有关法律、法规的规定,已具备上市条件;发行人董事了解国家有关法律、法规、上海证券交易所上市规则及股票上市协议规定的董事义务与责任;发行人建立健全了法人治理结构、制定了严格的信息披露制度与保密制度。

保荐机构(上市推荐人)已对上市文件所载的资料进行了核实,确保上市文件真实、准确、完整,符合规定要求,保证发行人的上市申请材料、上市公告书没有虚假、严重误导性陈述或重大遗漏,并保证对其承担相应的法律责任。保荐机构(上市推荐人)与本公司不存在关联关系。保荐机构(上市推荐人)愿意推荐发行人的股票在上海证券交易所上市交易,并保证不利用在上市过程中获得的内幕信息进行内幕交易,为自己或他人谋利益。

湖南新五丰股份有限公司

2004 年 6 月 4 日

武汉健民药业集团股份有限公司

武汉健民药业集团股份有限公司首次公开发行股票上市公告书

释　义

如非特别说明，在本上市公告书中下列词汇具有如下特定含义：

中国证监会指中国证券监督管理委员会

上交所指上海证券交易所

深交所指深圳证券交易所

本公司、发行人指武汉健民药业集团股份有限公司

上市推荐人、主承销商指光大证券有限责任公司

《证券法》指《中华人民共和国证券法》

《公司法》指《中华人民共和国公司法》

公司章程指《武汉健民药业集团股份有限公司章程》(草案)

第一节　重要声明与提示

本公司董事会保证上市公告书的真实性、准确性、完整性，全体董事承诺上市公告书不存在虚假记载、误导性陈述或重大遗漏，并承担个别和连带的法律责任。

根据《公司法》、《证券法》等有关法律、法规的规定，本公司董事、高级管理人员已依法履行诚信和勤勉尽责的义务和责任。

上海证券交易所、中国证监会、其他政府机关对本公司股票上市及有关事项的意见，均不表明对本公司的任何保证。

本公司承诺，如保荐机构和保荐代表人名单公布后，光大证券有限责任公司未取得保荐资格，公司将在保荐机构和保荐代表人名单公布后一个月内，按《证券发行上市保荐制度暂行办法》的要求聘请保荐机构履行持续督导义务。如果违反承诺，未能按时聘请保荐机构，公司自愿接受《证券发行上市保荐制度暂行办法》第七十一条规定的监管措施。

鉴于本公司独立董事人数为两名，且该两名独立董事均非具有注册会计师执业资格的会计专业人士，不符合目前上市公司独立董事人数不得低于董事会人数的三分之一、且必须有一名具有注册会计师执业资格的会计专业人士的规定，本公司承诺：将在上市后两个月内，对董事会进行调整，以符合对独立董事的有关要求。

本公司提醒广大投资者注意，凡本上市公告书未涉及的有关内容，请投资者查阅 2004 年 3 月 30 日刊载于《中国证券报》、《上海证券报》和《证券时报》的本公司招股说明书摘要，及刊载于上海证券交易所网站(WWW.SSE.COM.CN)的本公司招股说明书全文。

第二节　概　览

1、股票简称：武汉健民

2、沪市股票代码：600976

3、深市代理股票代码：003976

4、总股本：7669.93 股

5、可流通股本：3500 万股

6、发行价格：11.60 元/股

7、本次上市流通股：3500 万股

8、对首次公开发行股票前股东所持股份的流通限制及期限

根据国家现有法律、法规的规定和中国证券监督管理委员会《关于核准武汉健民药业集团股份有限公司公开发行股票的通知》(证监发行字[2004]37 号)，本公司国家股、法人股和设立后陆续发行的不符合相关流通政策的 400 万股内部职工股，暂不上市流通。

9、本公司第一大股东武汉国有资产经营公司对所持股份自愿锁定的承诺

自本公司股票上市之日起 12 个月内，不转让所持有的本公司股份，也不会要求或接受由本公司回购其所持有的股份。

10、上市地点：上海证券交易所

11、上市时间：2004 年 4 月 19 日

12、股票登记机构：中国证券登记结算有限责任公司上海分公司

13、上市推荐人：光大证券有限责任公司

第三节　绪　言

本上市公告书根据《中华人民共和国公司法》、《中华人民共和国证券法》、《股票发行与交易管理暂行条例》、《公开发行股票公司信息披露实施细则》和《上海证券交易所股票上市规则》等国家有关法律、法规的规定，并根据中国证券监督管理委员会制定的《公开发行证券的公司信息披露内容与格式准则第 7 号–股票上市公告书》要求而编制，旨在向投资者提供本公司的基本情况和本次股票上市的有关资料。

经中国证券监督管理委员会《关于核准武汉健民药业集团股份有限公司公开发行股票的通知》(证监发行字[2004]37 号)核准，本公司已于 2004 年 4 月 2 日以全部向二级市场投资者定价配售的方式公开发行了 3500 万股人民币普通股，每股面值 1 元，每股发行价格 11.60 元。

根据上海证券交易所《关于武汉健民药业集团股份有限公司人民币普通股股票上市交易的通知》(上证上字[2004]36 号)，本公司首次公开发行的 3500 万股人民币普通股股票将于 2004 年 4 月 19 日起在上海证券交易所挂牌交易，股票简称"武汉健民"，沪市股票代码"600976"，深市代理股票代码"003976"。

本公司已于 2004 年 3 月 30 日分别在《中国证券报》、《上海证券报》和《证券时报》上刊登了本公司首次公开发行股票招股说明书摘要，在上海证券交易所网站(WWW.SSE.COM.CN)上刊载了首次公开发行股票招股说明书全文及其附录，因前述招股文件距今不足三个月，故与其重复的内容在此不再重述，敬请投资者查阅上述文件。

第四节　发行人概况

(一)发行人基本情况

1、发行人名称：

中文名称：武汉健民药业集团股份有限公司

英文名称：WUHAN JIANMIN PHARMACEUTICAL GROUP CO.,LTD

2、设立日期：1993 年 5 月 28 日

3、注册资本：7669.93 万元

4、法定代表人：鲍俊华

5、注册地址：武汉市汉阳区鹦鹉大道 484 号

6、经营范围：中成药、保健品、滋补饮料、医用卫生材料、医疗器械的研究、制造、开发及经营

7、主营业务：中成药的研究、制造、开发及经营

8、所属行业：医药制造业

9、电话：(027)84532262

10、传真：(027)84520221

11、电子信箱：JMCITY@PUBLIC.WH.HB.CN

12、董事会秘书：杜明德

(二)发行人的历史延革

发行人的前身武汉市健民制药厂成立于 1953 年 6 月 1 日，是在具有三百六十多年经营历史的中国最古老的四大中药店之一–叶开泰参药店的基础上组建的。1993 年 3 月 18 日，经武汉市经济体制改革委员会武体改[1993]40 号文批准，在对武汉市健民制药厂整体改制的基础上，由武汉市健民制药厂作为主发起人，联合中国药材公司〖已更名为中国药材集团公司〗和中国医药公司〖已更名为中国医药集团总公司〗共同发起，以定向募集方式设立的股份公司。1993 年 5 月 28 日，发行人在三家发起人和四家定向募集法人股股东出资到位后，在武汉市工商行政管理局办理了工商注册登记手续，设立时注册资本为 3,465.9 万元。定向募集发行工作完成后，发行人于 1994 年 8 月 29 日将注册资本变更为 4,169.93 万元。

在《公司法》颁布实施后，根据国务院国发[1995]17 号文精神，发行人在按照《公司法》及其有关配套法规进行自查规范后，被湖北省经济体制改革委员会于 1996 年 12 月 31 日出具的鄂体发[1996]601 号文确认为规范化的股份有限公司。发行人于 1997 年 1 月 28 日在武汉市工商行政管理局依法办理了重新注册登记手续，同时更名为"武汉健民药业集团股份有限公司"。

(三)发行人的主要经营情况

1、发行人主要产品

发行人以经营中成药的研发、生产和销售为主，核心业务为小儿用药的生产和销售，产品分为内服中成药和外用中成药两大类，共 80 多个品种，主要产品有龙牡壮骨颗粒、健脾生血颗粒、健民咽喉片、麝香壮骨膏、健胃消食片、便通胶囊、小金胶囊、杏苏止咳露、小儿宝泰康颗粒、小儿宣肺止咳颗粒、克伤痛擦剂、慢肝宁胶囊等，其中龙牡壮骨颗粒是发行人主导产品，该产品 2001 年、2002 年和 2003 年的销售收入分别占发行人当年合并主营业务收入的 45.63%、40.63%、31.53%，2001 年、2002 年和 2003 年的销售利润分别占发行人当年合并主营业务利润的 54.43%、51.21%、48.03%。

2、发行人的竞争优势与劣势

(1)竞争优势

发行人作为中成药生产商，和国内中成药制药企业相比，拥有全国驰名商标和国家一级中药保护品种，秉承叶开泰三百多年历史的中医药文化传统，品牌影响力在国内位列前茅，公司"龙牡壮骨颗粒"、"健民咽喉片"等拳头产品突出，企业的历史相当悠久并从 1953 年即开始企业化经营，在人才的培养和经验积累方面具有优势。和日本、韩国的中药企业相比，公司作为中医药发源地的企业，中医药的传统文化底蕴更为深厚。与西药企业竞争者相比，优势在于中药作为天然药物，符合人们回归自然的消费潮流，而且中成药开发新药的成本比西药企业低。公司还有国内大多数西药企业最为缺乏的优势，就是产品大都具有自主知识产权。在中国国内市场上，公司比国外企业还有立足本土市场的固有文化优势和营销优势。另外，公司位于九省通衢的武汉，具有一定的区位优势。

(2)竞争劣势

发行人的劣势主要有规模过小，难于发挥规模效益，资金实力有限，在进行 GMP 改造、市场开发和研究开发等方面的投入受到制约；公司虽然股份制改造比较早，但因为脱胎于国有企业，仍遗留有原国有企业管理上的一些弊端，需要继续加强现代企业制度的建设。

3、主要财务指标

发行人主要财务指标请投资者参见本上市公告书"第八节　财务会计资料"。

4、发行人拥有的商标、专利及版权

发行人拥有专利号为 ZL 01 3 39306.5 的药品包装盒外观设计专利；拥有公司徽标的版权，拥有注册商标包括"健民"、"叶开泰"、"龙牡"牌商标在内的 34 件商标。发行人拥有商标的详细情况请投资者查阅 2004 年 3 月 30 日刊载于上海证券交易所网站(WWW.SSE.COM.CN)的发行人首次公开发行股票招股说明书全文。

5、发行人享有的财政税收优惠政策

根据国税发[2001]89 号文《关于调整部分行业广告费用所得税前扣除标准的通知》的规定：纳税人每一纳税年度发生的广告费支出不超过营业收入 8%的，可据实扣除。公司 2001 年度的广告费支出按该文件执行。2002 年，经国家税务总局国税函[2002]990 号文批准，同意公司 2002 年和 2003 年的广告费支出全额在税前扣除。

第五节　股票发行与股本结构

(一)本次上市前首次公开发行股票的情况

1、发行数量:3,500 万股

2、发行价格:11.60 元/股

3、募股资金总额：本次发行总市值为 40,600 万元，扣除发行费用 1,527 万元后，实际募集资金额为 39,073 万元

4、发行方式：全部向二级市场投资者定价配售

5、配售对象：于 2004 年 3 月 30 日收市时持有沪市或深市的已上市流通人民币普通股(A 股)股票的市值达 10,000 元或以上的二级市场投资者

6、发行费用总额及项目：本次发行费用总额为 1,527 万元，包括承销费用、注册会计师费用、律师费用、资产评估复核费、上网发行手续费和审核费等。

7、每股发行费用:0.44 元

(二)本次上市前首次公开发行股票的承销情况

本次向二级市场投资者定价配售的 3500 万股社会公众股的配号总数为 81,272,496 个，中签率为 0.04306500%，二级市场投资者认购 34,685,429 股，其余 314,571 股由主承销商包销。

(三)本次上市前首次公开发行股票所募股资金的验资报告

武汉众环会计师事务所有限责任公司为本次公开发行股票所募股资金出具的武众会(2004)302 号《验资报告》全文如下:(其中武汉健民药业集团股份有限公司简称"贵公司")

"武汉健民药业集团股份有限公司全体股东：

我们接受委托，审验了贵公司截至 2004 年 4 月 8 日止新增注册资本实收情况。按照国家相关法律、法规的规定和协议、章程的要求出资，提供真实、合法、完整的验资资料，保护资产的安全、完整是全体股东及贵公司的责任。我们的责任是对贵公司新增注册资本的实收情况发表审验意见。我们的审验是依据《独立审计实务公告第 1 号---验资》进行的。在审验过程中，我们结合贵公司的实际情况，实施了检查等必要的审验程序。

贵公司原注册资本为人民币肆仟壹佰陆拾玖万玖仟叁佰元整(¥41,699,300.00)，根据贵公司 2000 年第一次临时股东大会决议并经中国证券监督管理委员会"证监发行字[2004]37 号"文核准，同意公司向社会公开发行人民币普通股股票 3500 万股，变更后的注册资本为柒仟陆佰陆拾玖万玖仟叁佰元整(¥76,699,300.00)。贵公司已于 2004 年 4 月 2 日以每股发行价格人民币 11.60 元，发行了每股面值 1.00 元的社会公众股 3,500 万股。经我们审验，截至 2004 年 4 月 8 日止，贵公司已收到证券承销机构划转的社会公众股东认缴股款叁亿玖仟贰佰肆拾壹万壹仟柒佰柒拾壹元伍角贰分(¥392,411,771.52 元，已直接扣除承销费¥12,180,000.00 元，发行手续费¥1,408,228.48 元)，其中股本叁仟伍佰万元整 (¥35,000,000.00)，资本公积叁亿伍仟伍佰柒拾肆万壹仟柒佰柒拾壹元伍角贰分(¥355,741,771.52)，其他发行费用壹佰陆拾柒万元整(¥1,670,000.00)。

同时我们注意到，贵公司本次增资前的注册资本为人民币肆仟壹佰陆拾玖万玖仟叁佰元整(¥41,699,300.00)，已经武汉中华会计师事务所审验，并于 1994 年 8 月 28 日出具了"武中会(1994)225 号" 验资报告。截至 2004 年 4 月 8 日，变更后的注册资本为柒仟陆佰陆拾玖万玖仟叁佰元整(¥76,699,300.00)。

本验资报告供贵公司申请变更登记及据以向股东签发出资证明时使用，只能合理保证贵公司投资者在报告日出资到位情况，不应将其视为是对贵公司日后资本保全、偿债能力和持续经营能力等的保证。因使用不当造成的后果，与执行本验资业务的注册会计师及会计师事务所无关。

附件：

1、新增注册资本实收情况明细表

2、注册资本变更前后对照表

3、验资事项说明

武汉众环会计师事务所有限责任公司　中国注册会计师　欧阳韬

中国注册会计师　夏远玉

中国　武汉　2004 年 4 月 8 日"

(四)本次发行募股资金入帐情况

1、入帐时间:2004 年 4 月 8 日

2、入帐金额:392,411,771.52 元

3、入帐银行:中信实业银行武汉分行营业部

4、入帐帐号:73810-1-01-822-000985-77

(五)发行人本次上市前股权结构及各类股东的持股情况

1、本次上市前股权结构

股份类别	数量(万股)	比例(%)
发起人股	1,982.93	25.85
其中:国家股	1,702.93	22.20
法人股	280	3.65
其他法人股	1787	23.30
内部职工股	400	5.22
社会公众股	3,500	45.63
合计	7,669.93	100.00

2、本次上市前最大十名股东持股情况

	股东名称	股数持股	比例(%)
1	武汉国有资产经营公司	1,702.93 万股	22.20
2	河南羚锐制药股份有限公司	916.8 万股	11.95
3	华立产业集团有限公司	307.8 万股	4.01
4	武汉虹惠投资有限公司	250.2 万股	3.26
5	武汉开元科技创业投资有限公司	227.2 万股	2.96
6	中国药材集团公司	180 万股	2.35
7	中国医药集团总公司	100 万股	1.30
8	南方证券	35.3 万股	0.46
9	武汉诺佳药业集团股份有限公司	35 万股	0.46
10	光大证券	31.4571 万股	0.41

第六节　董事、监事、高级管理人员及核心技术人员

(一)董事、监事、高级管理人员及核心技术人员情况

发行人董事、监事、高级管理人员及核心技术人员均为中国国籍。

1、董事

发行人章程规定公司董事会由十一名董事组成，其中一般董事 9 名，独立董事 2 名。因谢明先生于 2002 年 12 月已辞去公司董事职务，公司一般董事缺任一名。

鲍俊华，男，1963 年出生，中共党员，研究生学历，管理学博士生、教授级高级工程师，公司董事，现任武汉健民药业集团股份有限公司党委书记、董事长。

刘晋儒，男，1941 年出生，中共党员，大学学历，高级经济师，公司董事，现任中国药材公司副总经理。

唐华，女，1967 年出生，大学学历，会计师，公司董事，现任中国医药集团总公司财务部副经理。

柯昌顺，男，1946 年出生，中共党员，大专学历，高级政工师，公司董事，现任武汉健民药业集团股份有限公司副总经理。

熊维政，男，1956 年出生，中共党员，大学文化，副主任药师，公司董事，现任河南羚锐制药股份有限公司董事长、党委书记，新县人大副主任。

张军东，男，1952 年出生，大专学历，经济师，公司董事，现任河南羚锐制药股份有限公司董事，武汉虹惠投资有限公司执行董事兼总经理。

王宪斌，男，1950 年出生，中共党员，大专学历，公司董事，武汉国有资产经营公司纪委副书记、监察审计部主任。

金昭藩，女，1955 年出生，中共党员，大专学历 ，经济师，公司董事，现任武汉健民药业集团股份有限公司总会室副主任兼财会工会主席。

曾繁典，男，63 岁，研究生学历，教授，博士生导师，公司独立董事，现任国家药品监督管理局批准的同济医学院药品临床研究基地副主任、湖北同济 AAI 药物研究和临床药理中心负责人。中国药理学会、中国临床药理学会、湖北省药理学会副理事长，国家药监局药品评审专家库专家，中国药学会药物流行病学专业委员会委员。

田志龙，男，41 岁，加拿大多伦多大学管理学院工商管理硕士、华中科技大学管理学院管理科学与工程专业博士，市场营销与战略管理教授，博士生导师，公司独立董事，现任华中科技大学管理学院市场营销系系主任。

2、监事

李福康，男，1955 年出生，中共党员，大专文化程度，经济师，公司监事，现任河南羚锐制药股份有限公司常务副总经理。

黄维娅，女，1955 年出生，中共党员，大专学历，统计师，公司监事，现任武汉健民药业集团股份有限公司党委副书记。

许辉，女，1971 年出生，中共党员，大学学历，会计师，公司监事，现任武汉健民药业集团股份有限公司财务部副部长。

童明，男，1954 年出生，中共党员，大专学历，政工师，公司监事，现任武汉健民药业集团股份有限公司纪委书记、工会主席。

张国旗，男，1954 年出生，中共党员，中专学历，公司监事，现任武汉健民药业集团股份有限公司液体制剂车间煮提组组长。

3、高级管理人员

陈小红，男，1955 年生，中共党员，党校研究生，助理经济师、经营师，现任公司总经理。

孙玉明，男，1966 年生，中共党员，大学学历，工程师，现任公司副总经理。

赵经跃，男，1962 年生，中共党员，中专学历，助理经济师，现任公司副总经理、武汉健民集团随州药业有限公司董事长。

姜汉，男，1954 年生，中共党员，中专学历，高级中药技师，现任公司副总经理。

熊富良，男，1967 年生，中共党员，硕士学位，博士研究生，高级工程师，现任公司副总经理兼湖北省暨武汉市中药现代化工程技术研究中心主任。

孙永杰，男，40 岁，北京医科大学基础医学系毕业，医学学士，现任武汉健民药业集团股份有限公司副总经理。

董少瑜，男，1959 年生，中共党员，大学学历，会计师，中国注册会计师，现任公司总会计师。

孙桂芝，女，1958 年生，中共党员，大学学历，高级工程师，执业药师，现任公司总工程师。

杜明德，男，1962 年出生，中共党员，党校研究生，经营师，现任公司董事会秘书。

4、核心技术人员

唐彩泉，男，1966 年生，硕士研究生，高级工程师，执业药师，现任公司质量保证部副部长。

陈立明，女，1956 年生，大学学历，高级工程师。

许沛虎，男，1968 年生，中共党员，博士研究生，武汉市首批博士生资助经费获得者，武汉市青年科技晨光计划资助者。

(二)董事、监事、高级管理人员与核心技术人员持有发行人股份情况

除公司董事兼副总经理柯昌顺先生持有发行人 3000 股内部职工股、公司监事会主席黄维娅女士持有发行人 100 股内部职工股、公司监事许辉女士持有发行人 500 股内部职工股、公司副总经理熊富良先生持有发行人 1000 股内部职工股外，其他董事、监事、高级管理人员与核心技术人员均未持有发行人股份。

第七节　同业竞争与关联交易

(一)同业竞争

发行人与持有发行人股份 5%以上的股东武汉国有资产经营公司、华立产业集团有限公司、武汉市虹惠科技发展有限公司、武汉开元科技创业投资有限公司目前不存在从事相同、相似业务的情况，不存在同业竞争；与持有发行人股份 5%以上的股东河南羚锐制药股份有限公司虽然均从事中成药的生产与销售，但各自的主要产品的功能主治、市场和消费群体不同，因此发行人与河南羚锐制药股份有限公司在主要产品上不构成同业竞争。持有发行人股份 5%以上的股东已分别向发行人出具了避免同业竞争承诺函。

发行人律师和主承销商经核查后认为：发行人与持有发行人股份 5%以上的股东武汉国有资产经营公司、华立产业集团有限公司、武汉市虹惠科技发展有限公司、武汉开元科技创业投资有限公司目前不存在从事相同、相似业务的情况；与持有发行人股份 5%以上的股东河南羚锐制药股份有

限公司虽然均从事中成药的生产与销售，但各自的主要产品的功能主治、市场和消费群体不同，因此发行人与河南羚锐制药股份有限公司在主要产品上不构成同业竞争。持有发行人股份 5%以上的股东作出的避免同业竞争承诺可以有效避免同业竞争的发生。

(二)关联交易

1、关联方与关联关系

请投资者查阅 2004 年 3 月 30 日刊载于上海证券交易所网站(WWW.SSE.COM.CN)的发行人首次公开发行股票招股说明书全文。

2、关联交易

请投资者查阅 2004 年 3 月 30 日刊载于上海证券交易所网站(WWW.SSE.COM.CN)的发行人首次公开发行股票招股说明书全文。

3、主承销商和律师意见

发行人律师和主承销商经核查后认为：发行人已充分披露了存在的关联关系和关联交易，已发生的和正在进行的关联交易严格履行了其公司章程的规定，决策程序合法有效，交易价格公允，不存在损害发行人或中小股东利益的行为。

第八节　财务会计资料

本公司截止 2003 年 12 月 31 日的财 务会计资料已于 2004 年 3 月 30 日刊登在《中国证券报》、《上海证券报》和《证券时报》的本公司首次公开发行股票招股说明书摘要中。投资者欲了解详细情况，请查阅上述报纸或刊载于上海证券交易所网站(WWW.SSE.COM.CN)的本公司首次公开发行股票招股说明书全文及其附录。

(一)注册会计师意见

武汉众环会计师事务所有限责任公司对本公司 2001 年 12 月 31 日、2002 年 12 月 31 日、2003 年 12 月 31 日的资产负债表及合并资产负债表，2001 年度、2002 年度、2003 年度的利润表、利润分配表及合并利润表、合并利润分配表，2003 年度的现金流量表及合并现金流量表进行了审计，出具了武众会(2004)037 号标准无保留意见《审计报告》。

(二)经审计的简要会计报表

1、简要合并资产负债表(单位：元)

项目	2003 年 12 月 31 日	2002 年 12 月 31 日	2001 年 12 月 31 日
流动资产	266,696,008.36	272,869,757.70	257,562,312.53
其中：货币资金	78,657,513.57	121,254,799.15	141,647,674.11
短期投资	362,785.36	103,618.74	133,864.84
应收票据	29,856,752.15	16,397,662.84	8,823,830.98
应收账款	54,671,768.53	41,667,107.63	27,051,192.88
其他应收款	16,189,271.57	16,705,987.29	15,162,186.85
存货	77,157,599.13	71,292,106.34	53,066,424.54
长期投资	2,070,840.69	2,135,601.92	1,200,000.00
固定资产	235,376,631.50	155,383,882.19	119,212,613.29
无形资产及其他资产	28,480,313.65	23,465,647.80	20,441,259.18
资产总计	532,623,794.20	453,854,889.61	398,416,185.00
流动负债	192,933,187.62	175,917,830.24	157,301,630.25
其中：短期借款	44,928,000.00	18,115,000.00	14,005,200.00
应付账款	36,626,489.06	38,699,070.83	22,449,143.55
预收账款	14,561,174.59	12,604,339.96	15,822,359.09
应付工资	25,338,708.89	28,964,931.33	28,742,114.46
应付股利	23,547,783.85	27,150,090.82	22,739,720.00
应交税金	10,225,040.27	7,542,046.66	3,793,977.36
其他应付款	30,848,055.29	37,521,468.83	29,264,504.58
一年内到期的长期负债			15,000,000.00
长期负债	49,375,000.00	17,400,000.00	7,548,535.00
负债合计	242,308,187.62	193,317,830.24	164,850,165.25
少数股东权益	26,406,085.58	23,662,424.94	15,413,416.52
股东权益	263,909,521.00	236,874,634.43	218,152,603.23
其中：股本	41,699,300.00	41,699,300.00	41,699,300.00
未分配利润	102,870,213.13	82,942,714.38	74,945,022.56
负债与股东权益总计	532,623,794.20	453,854,889.61	398,416,185.00

2、简要合并利润表(单位：元)

项目	2003 年度	2002 年度	2001 年度
一、主营业务收入	430,075,732.48	359,002,060.32	285,505,588.99
二、主营业务利润	200,495,111.64	196,532,795.32	142,915,429.98
三、营业利润	46,858,150.31	45,794,131.45	38,965,475.03
四、利润总额	42,957,807.41	45,863,064.70	40,130,569.35
五、净利润	24,308,794.20	24,717,190.75	21,672,466.72

3、简要合并现金流量表

(单位：元)

项目	2003 年度
一、经营活动产生的现金流量	4,187,730.03
二、投资活动产生的现金流量	-100,249,782.09
三、筹资活动产生的现金流量：	53,464,766.48
四、现金及现金等价物净增加额	-42,597,285.58

(三)会计报表附注

请投资者查阅 2004 年 3 月 30 日刊载于上海证券交易所网站(WWW.SSE.COM.CN)的发行人首次公开发行股票招股说明书全文及其附录。

(四)主要财务指标

指标	2003	2002 年	2001 年
流动比率	1.38	1.55	1.66
速动比率	0.98	1.15	1.28
应收帐款周转率	8.93	10.45	9.82
存货周转率	3.04	2.55	2.2
无形资产占总资产的比率(%)(土地使用权除外)	0	0	0.38
无形资产占净资产的比率(%)(土地使用权除外)	0	0	0.69
母公司资产负债率(%)	28.73	26.35	33.01
每股净资产	6.33	5.68	5.30
研发费用占主营业务收入比例(%)	4.21	5.15	6.72
每股经营活动的现金净流量	0.10	0.93	1.20
净资产收益率(全面摊薄%)	9.21	10.43	9.82
每股收益(全面摊薄)	0.58	0.59	0.52

第九节　其他重要事项

1、自本公司股票首次公开发行之日至本公司上市公告书公告之日，本公司严格依照国家有关法律、法规的要求，规范运行，生产经营情况正常；本公司所处行业、市场无重大变化，主要业务发展目标进展情况正常，主要业务经营情况无重大变化。主要投入、产出物供求及价格无重大变化。

2、自本公司股票首次公开发行之日至本公司上市公告书公告之日，本公司没有进行重大对外投资，无重大资产(股权)收购、出售行为。

3、自本公司股票首次公开发行之日至本公司上市公告书公告之日，本公司住所没有发生变更。

4、自本公司股票首次公开发行之日至本公司上市公告书公告之日，本公司未涉及任何重大诉讼、仲裁或行政处罚案件，亦没有尚未了结或可能面临的重大诉讼或索赔要求。

5、自本公司股票首次公开发行之日至本公司上市公告书公告之日，本公司董事、监事和高级管理人员未受到任何刑事起诉，亦没有尚未了结或可能发生的刑事诉讼事项。

6、自本公司股票首次公开发行之日至本公司上市公告书公告之日，本公司重大会计政策、税收政策和会计师事务所没有发生变化。

7、自本公司股票首次公开发行之日至本公司上市公告书公告之日，本公司未发生新的重大债项，并且重大债项未发生变化。

8、根据 2000 年 10 月 20 日召开的公司 2000 年度第一次临时股东大会决议，公司本次发行前滚存利润将由本次发行后的新老股东共享。公司将在本次发行后的第一个盈利年度派发股利。预计本次发行后第一次股利分配将在 2004 年中期进行。

9、根据《上海证券交易所股票上市规则》，公司第一大股东武汉国有资产经营公司已向上交所承诺"自本公司股票上市之日起 12 个月内，不转让所持有的本公司股份，也不会要求或接受由本公司回购其所持有的股份。"

10、自本公司股票首次公开发行之日至本公司上市公告书公告之日，没有其他应披露而未披露的重大事项。

第十节　董事会上市承诺

本公司董事会承诺将严格遵守《中华人民共和国公司法》、《中华人民共和国证券法》、《股票发行与交易管理暂行条例》、《公开发行股票公司信息披露实施细则》和《上海证券交易所股票上市规则》等国家有关法律、法规的规定，承诺自本公司股票上市之日起作到：

1、真实、准确、完整、公允和及时地公布定期报告，披露所有对投资者有重大影响的信息，并接受中国证监会、证券交易所的监督管理；

2、本公司在知悉可能对股票价格产生误导性影响的任何公共传播媒介中出现的消息后，将及时予以公开澄清；

3、本公司董事、监事、高级管理人员和核心技术人员将认真听取社会公众的意见和批评，不利用已获得的内幕消息和其他不正当手段直接或间接从事发行人股票的买卖活动；

4、本公司没有无记录的负债。

根据《上海证券交易所股票上市规则》，本公司董事、监事将按照有关规定，在本公司股票上市之日起两个月内签署《董事(监事)声明及承诺书》并送达上海证券交易所备案。

第十一节　上市推荐人及其意见

一、上市推荐人

名称：光大证券有限责任公司

法定代表人：王明权

住　　所：上海市浦东新区浦东南路 528 号上海证券大厦南塔 15-16 楼

电　　话：(028)86622007

传　　真：(028)86512213

联 系 人：杨光、徐建武、熊莹、唐宏

二、上市推荐意见

本公司的上市推荐人认为：

发行人章程符合《中华人民共和国公司法》、《中华人民共和国证券法》、《上海证券交易所股票上市规则》等国家有关法律、法规和中国证监会的有关规定；发行人本次股票发行完全符合《中华人民共和国公司法》、《中华人民共和国证券法》、《上海证券交易所股票上市规则》等国家有关法律、法规的规定，已具备上市条件；发行人董事了解国家有关法律、法规、上海证券交易所上市规则和股票上市协议规定的董事的义务与责任；发行人建立健全了法人治理结构，制定了严格的信息披露制度和保密制度。

上市推荐人已对上市文件所载的资料进行了核实，确保上市文件真实、准确、完整，符合规定要求，保证本公司的上市申请材料、上市公告书没有虚假记载、误导性陈述或重大遗漏，并对其承担连带责任。上市推荐人与本公司不存在关联关系。上市推荐人愿意推荐本公司股票在上海证券交易所上市交易，并且在上市推荐过程中，保证不利用获得的内幕信息进行内幕交易，为自己或他人谋取利益。

武汉健民药业集团股份有限公司

二 OO 四年四月十四

广东省宜华木业股份有限公司

广东省宜华木业股份有限公司首次公开发行股票上市公告书

第一节　重要声明与提示

广东省宜华木业股份有限公司(以下简称"本公司"、"公司")董事会保证上市公告书的真实性、准确性、完整性,全体董事承诺上市公告书不存在虚假记载、误导性陈述或重大遗漏,并承担个别和连带的法律责任。

根据《中华人民共和国公司法》、《中华人民共和国证券法》等有关法律、法规的规定,本公司董事、高级管理人员已依法履行诚信和勤勉尽责的义务和责任。

证券交易所、中国证券监督管理委员会、其他政府机关对本公司股票上市及有关事项的意见,均不表明对本公司的任何保证。

本公司提醒广大投资者注意,凡本上市公告书未涉及的有关内容,请投资者查阅 2004 年 8 月 4 日刊载于《中国证券报》、《上海证券报》、《证券时报》、《证券日报》的《广东省宜华木业股份有限公司首次公开发行股票招股说明书摘要》(下称" 招股说明书摘要"),及刊载于上海证券交易所网站(http://www.sse.com.cn)的本公司招股说明书全文。

第二节　概　览

1、股票简称:宜华木业
2、沪市股票代码:600978
3、深市代理股票代码:003978
4、总股本:251,329,093 股
5、可流通股本:67,000,000 股
6、本次股票发行价格:6.68 元/股
7、本次上市流通股本:67,000,000 股
8、上市地点:上海证券交易所
9、上市日期:2004 年 8 月 24 日
10、股票登记机构:中国证券登记结算有限责任公司上海分公司
11、保荐机构(上市推荐人):广发证券股份有限公司
12、公司首次公开发行股票前股东所持股份的流通限制及期限:

根据国家有关法律、法规规定和中国证券监督管理委员会证监发行字[2004]123 号《关于核准广东省宜华木业股份有限公司公开发行股票的通知》,本公司发起人股东持有的未流通股份暂不上市流通。

本公司第一大股东宜华企业(集团)有限公司承诺:自本公司股票上市之日起 12 个月内,不转让其所持有的本公司股份,也不由本公司回购其所持有的本公司股份。

第三节　绪　言

本上市公告书是根据《中华人民共和国公司法》、《中华人民共和国证券法》、《股票发行与交易管理暂行条例》、《公开发行股票公司信息披露实施细则》和《上海证券交易所股票上市规则》等有关法律、法规的规定,并按照中国证券监督管理委员会《公开发行证券的公司信息披露内容与格式准则第 7 号一股票上市公告书》编制,旨在向投资者提供本公司的基本情况和本次股票上市的有关资料。

经中国证券监督管理委员会证监发行字[2004]123 号文核准,本公司于 2004 年 8 月 9 日以向沪、深二级市场投资者定价配售的方式发行 6,700 万股人民币普通股(A 股),每股面值 1.00 元,发行价格为每股 6.68 元。

经上海证券交易所上证上字[2004]122 号文批准,本公司公开发行 6,700 万股社会公众股将于 2004 年 8 月 24 日在上海证券交易所挂牌交易,股票简称"宜华木业",沪市股票代码为"600978",深市代理股票代码为"003978"。

本公司已于 2004 年 8 月 4 日在《中国证券报》、《上海证券报》、《证券时报》、《证券日报》刊登了招股说明书摘要。本公司招股说明书全文及其附录已于同日刊载于上海证券交易所网站(http://www.sse.com.cn),且自招股说明书核准日至今不超过三个月,故与其重复的内容不再重述,敬请投资者查阅上述内容。

第四节　公司概况

一、公司基本情况

中文名称:广东省宜华木业股份有限公司
英文名称:GUANGDONG YIHUA TIMBER INDUSTRY CO.,LTD
法定代表人:刘绍喜
变更设立日期:2001 年 5 月 31 日
住　　所:广东省澄海市莲下槐东工业区(邮政编码:515834)
电话号码:0754-5100989
传真号码:0754-5745583
互联网址:www.yihuatimber.com
电子信箱:yihua@pub.shantou.gd.cn
经 营 范 围:从事本企业生产所需自用原木的收购及生产、经营不涉及国家进出口配额及许可证管理的装饰木制品及木构件等木材深加工产品。
主 营 业 务:实木家具、实木地板、实木复合地板等木制品的生产及销售。
所 属 行 业:木制品业
董 事 会秘书:吴华东

二、历史沿革

2001 年 4 月 27 日,经中华人民共和国对外贸易经济合作部《关于广东泛海木业有限公司转制为外商投资股份有限公司的批复》(外经贸资二函[2001]427 号)批准,本公司前身广东泛海木业有限公司以 2000 年 12 月 31 日经审计的净资产 184,329,093 元,按 1:1 比例折股,依法变更为广东省宜华木业股份有限公司,注册资本为人民币 184,329,093 元。2001 年 5 月 31 日,本公司取得广东省工商行政管理局《企业法人营业执照》,注册号企股粤总副字第 003234 号。

经中国证券监督管理委员会证监发行字 [2004]123 号文核准,本公司于 2004 年 8 月 9 日以向沪、深二级市场投资者定价配售的方式成功发行 6,700 万股人民币普通股(A 股),每股面值 1.00 元,发行价格为每股 6.68 元,此次发行完成后公司总股本变更为 251,329,093 股。

三、主要经营情况

(一)主要产品及主营业务收入情况

本公司主要产品有实木家具、实木地板、实木复合地板三大系列、一百多个品种。实木家具主要有卧房系列家具、儿童床系列、餐桌椅等三个系列,包括双人床、单人床、床头柜等、双层儿童床、餐桌、餐椅、电视柜、书柜、电脑桌等三十几个品种,主要用于居民家庭和宾馆。实木地板和实木复合地板的主要用途是地面装饰。随着公司生产能力的逐步提升及市场营销网络的逐渐扩大,公司销售收入持续增长,近三年又一期的业务收入的主要构成如下表所示:

公司 2001 年-2004 年 6 月份主营业务收入构成　单位:万元

	2004 年 1~6 月		2003 年	
产品	金额	比例	金额	比例
实木家具	23,403.96	79.04%	40,510.31	76.66%
木地板	6,206.28	20.96%	12,281.97	23.24%
其中:实木地板	3,199.83	10.81%	7681.88	14.54%
实木复合地板	3,006.45	10.15%	4600.09	8.70%
其他	51.32	0.10%	94.14	0.20%
合计	29,610.24	100%	52,843.60	100%
	2002 年		2001 年时间	
产品	金额	比例	金额	比例
实木家具	30,803.26	66.68%	12,081.96	60.02%
木地板	15,300.27	33.12%	7,986.01	39.68%
其中:实木地板	7,737.66	16.75%	4,127.98	20.51%
实木复合地板	7,562.61	16.37%	3,858.03	19.17%
其他	60.40	0.30%		
合计	46,197.67	100.00%	20,128.36	100.00%

(二)竞争优势与劣势

1、竞争优势

(1)品牌优势

本公司在销售中注重产品品牌的提升和推广,在国内及国际市场上树立了良好的品牌形象,公司产品于 2001 年被中国质量检验协会认定为"国家权威检测达标产品";"宜华"商标 2002 年被国家工商局认定为"中国驰名商标";公司于 2003 年被中国林产工业协会地板专业委员会授予"2002 年度中国地板行业售后服务优秀企业"。

(2)规模优势

公司在设立之初就以高起点进行设计和施工,具备规模化生产的能力。公司占地面积 13 万平方米,建筑面积 6 万多平方米,厂房建造采用当时国际先进的预应力梁施工,车间横梁最大跨度达 48 米,能满足大规模生产的需要。生产设备采用德国、意大利、新加坡、台湾等国家和地区的先进木材生产设备,公司的木材干燥能力居亚太地区首位,公司的木材综合加工能力、木材综合利用率等指标均居于行业前列。

(3)工艺技术优势

公司在生产中不断地把握世界木材加工业的发展趋势,顺应国际潮流,充分发挥自身的优势,积极采用新技术、新工艺,开发新产品,适应市场需求的变化。公司自行研究开发了木材回旋干燥法、集成材地板技术、油漆技术、双扣槽地板技术等核心技术,能够提高产品质量及木材的综合利用率;"以砂代刨"、"以锯代刨"等生产工艺的运用使得公司物耗明显降低,生产效率明显提高。

(4)质量控制优势

公司对产品质量实行严格的质量控制,2001 年公司在原 ISO9002:1994 质量保证体系认证的基础上换版升级为 ISO9001:2000 质量管理体系并通过审核,2002 年 8 月成功通过了复审。2003 年 1 月公司产品被国家质量监督检验检疫总局认定为"国家免检产品",并被国家工商行政管理总局授予"全国守合同重信用企业"。由于坚持质量保证的原则,使本公司在国际贸易中不断赢得客户的认同。

(5)经营管理优势

2002 年 8 月,公司在国内同行业率先通过了德国莱茵公司的 ISO14001 环境管理体系认证。公司在生产管理方面严格遵循该体系的要求,保证了产品的质量水平和环保特性。公司还引入了 MRPⅡ的先进管理方式,使公司的管理向体系化、标准化、科学化迈进。科学的管理有效地提高了运行效率,控制了产品生产成本和各项费用,公司 2003 年营业费用、管理费用和财务费用等三项费用合计占主营业务收入的比例为 10.94%,大大低于同行业上市公司平均水平。

(6)市场营销优势

本公司近三年以市场需求为导向,灵活地运用国内与国外两个市场。国内营销方面已经建立了较为完善的销售网络,目前在北京、上海等 30 多个大城市以及 69 个地级城市设立了销售网点,通过授权与当地经销商特许经营,推行公司的全套 VI 设计方案,建立及健全了售后服务体系;国外市场营销方面,根据市场及实际情况灵活地调整出口销售模式,与海外大型经销商建立起牢固、稳定的直接贸易关系。

(7)地理位置优势

公司所处的地理位置优越,海陆空交通运输便利。公司离汕头港 18 公里,离广汕高速公路入口 10 公里,离汕头外砂机场 10 公里,便利的交通降低了公司的材料进口和产品出口运输成本,提高了公司的竞争力。

2、竞争劣势

(1)国内市场开发力度不够

公司的主要劣势是国内市场开发力度不够。近三年来公司出口额迅速增长,而国内市场进展不大。我国是世界家具、地板消费大国,国内市场家具、地板消费量持续增长,尤其是木地板消费量近三年年增长率超过 50%。随着我国经济稳步发展,国内地板、家具市场潜力巨大,公司应进一步加强

国内市场开发力度。

(2)研发投入不够

公司的研发人员及研发设备配备不足,研发投入水平较低,近三年公司投入的研发费用占主营业务收入的比重较低。公司需要增加科研投入,提高新产品开发能力,以提高可持续发展能力。

(3)产销不平衡

从公司目前及可预见的未来三年的销售情况来看,公司的产量已跟不上市场营销发展的步伐,未来产销不平衡的矛盾将会凸现,公司迫切需要扩大再生产以便在未来的市场中抢夺份额,稳定客户。从更长远来看,需要扩大投入以达到专业化、规模化、品牌化,才能降低成本,提高价格空间和利润空间。

(三)主要财务指标

请参见本上市公告书"第八节 财务会计资料"中的相关内容。

(四)主要知识产权

本公司目前在国内拥有 15 项商标权和 14 项专利权;另外,本公司还在美国拥有 2 项商标权。

(五)财政税收优惠政策

根据《中华人民共和国外商投资企业和外国企业所得税法》第七条第二款及第八条,《国务院关于扩大广东省沿海经济开放区范围的批复》(国函[1998]96 号),公司为设于沿海经济开放区的生产性外商投资企业,企业所得税率为 24%。1999 年度为公司首个获利年度,按规定于 1999 和 2000 年度免征企业所得税,2001 至 2003 年度减半征收企业所得税,减半后企业所得税税率为 12%。

另外,公司于 2003 年度及 2004 年 1-6 月份期间,产品出口销售额均占总销售额的 70%以上,按《中华人民共和国外商投资企业和外国企业所得税法实施细则》及广东省国家税务局《关于取消外商投资企业和外国企业所得税有关审批项目后若干问题的补充通知》(粤国税发 [2004]18 号)的有关规定,2004 年 1-6 月份暂享受产品出口企业减半征收企业所得税的优惠,按 12%税率计缴企业所得税。该优惠将于公司 2004 年度实现全年产品出口销售额占总销售额 70%以上并被认定为产品出口企业后,经税务机关终审确定。

此外,根据国家有关财政税收政策,公司出口产品增值税实行"免、抵、退"税管理办法,详情请见本公司招股说明书"第十章 财务会计信息"的有关内容。

第五节　股票发行与股本结构

一、本次公开发行情况

1、股票种类:境内上市人民币普通股(A 股)

2、每股面值:人民币 1.00 元

3、发行股数:6,700 万股

4、每股发行价格:6.68 元

5、发行市盈率:18.40 倍(按截止 2003 年 12 月 31 日经审计净利润全面摊薄计算)

6、每股净资产:

(1)发行前每股净资产:1.47 元(以截止 2004 年 6 月 30 日净资产计算)

(2)发行后每股净资产:2.78 元(以截止 2004 年 6 月 30 日的净资产加上募集资金,按发行后的股本全面摊薄计算,已扣除发行费用)

7、发行方式:全部向二级市场投资者定价配售

8、发行对象:于招股说明书摘要刊登日,即 2004 年 8 月 4 日收盘时持有沪市或深市已上市流通 A 股股票市值(包括可流通但暂时锁定的股份市值)不少于 10,000 元的投资者(国家法律法规禁止购买者除外)。

9、发行费用总额及项目:本次股票发行费用总额为 2069.79 万元,包括保荐承销费、上网发行费、发行审核费、会计师费、律师费等。

10、每股发行费用:0.31 元。

二、本次股票上市前首次公开发行股票的承销情况

本次公开发行的 6,700 万股社会公众股的配号总数为 76640950 个,中签率为 0.08742063%。其中二级市场投资者认购 66,065,034 股,其余 934,966 股由主承销商广发证券股份有限公司包销,包销比例为 1.395%。

三、注册会计师对本次上市前首次公开发行股票所募集资金的验资情况

广东正中珠江会计师事务所对本公司本次上市前首次公开发行股票募集资金出具了广会所验字[2004]第 2404263 号验资报告,全文如下:

广东省宜华木业股份有限公司:

我们接受委托,审验了贵公司截至 2004 年 8 月 13 日止新增注册资本实收情况。按照国家相关法律、法规的规定和协议、章程的要求出资,提供真实、合法、完整的验资资料,保护资产的安全、完整是全体股东及 贵公司的责任。我们的责任是对 贵公司新增注册资本的实收情况发表审验意见。我们的审验是依据《独立审计实务公告第 1 号-验资》进行的。在审验过程中,我们结合贵公司的实际情况,实施了检查等必要的审验程序。

贵公司原注册资本为人民币 184,329,093.00 元,根据贵公司 2003 年第一次临时股东大会决议和修改后章程的规定,申请通过向社会公众公开发行人民币普通股(A 股)增加注册资本人民币 67,000,000.00 元,变更后的注册资本为人民币 251,329,093.00 元。经中国证券监督管理委员会"证监发行字[2004]123 号"文核准,贵公司已向社会公众公开发行人民币普通股(A 股)67,000,000 股,每股面值 1 元,每股发行价格 6.68 元。经我们审验,截至 2004 年 8 月 13 日止,贵公司募集资金总额为人民币 447,560,000.00 元,扣除发行费用人民币 20,697,929.57 元,实际募集资金净额为人民币 426,862,070.43 元,其中新增注册资本人民币 67,000,000.00 元,资本溢价人民币 359,862,070.43 元。

同时我们注意到:贵公司本次增资前的注册资本为人民币 184,329,093.00 元,已经广东正中珠江会计师事务所有限公司审验,并于 2001 年 5 月 22 日出具"广会所验字(2001)第 60546 号"验资报告。截至 2004 年 8 月 13 日止,变更后的累计注册资本实收金额为人民币 251,329,093.00 元。

本验资报告仅供 贵公司申请变更登记及据以向股东签发出资证明时使用,不应将其视为是对贵公司验资报告日后资本保全、偿债能力和持续经营能力等的保证。因使用不当所造成的后果,与执行本验资业务的注册会计师及会计师事务所无关。

附件 1. 注册资本变更情况明细表

(1)新增注册资本实收情况明细表

(2)注册资本变更前后对照表

附件 2. 验资事项说明

广东正中珠江会计师事务所有限公司

中国注册会计师:王韶华

中国注册会计师:洪文伟

中国　广州

二 00 四年八月十三日

四、本次募股资金入帐情况

1、入帐时间:2004 年 8 月 13 日

2、入帐金额:426,862,070.43 元

3、入帐帐号:82040155510000102

4、开户银行:上海浦东发展银行广州分行东山支行

五、本公司上市前股权结构及股东的持股情况

1、本次上市前公司的股权结构

股东名称	股份数	股权比例(%)
发起人法人股	110,597,456	44%
境外法人股	73,731,637	29.34%
社会公众股	67,000,000	26.66%
合计:	251,329,093	100%

2、本次上市前公司前十名股东的持股情况

股东名称	股份类别	持有股数(股)	持股比例(%)
宜华企业(集团)有限公司	发起人股份	103,224,292	41.07%
香港荣科国际投资有限公司	发起人股份	73,731,637	29.34%
澄海市捷和贸易有限公司	发起人股份	3,686,582	1.47%
澄海市源兴实业有限公司	发起人股份	1,843,291	0.73%
澄海市诚艺实业有限公司	发起人股份	1,843,291	0.73%
广发证券	社会公众股	934,966	0.37%
南方证券	社会公众股	563,000	0.22%
景阳基金	社会公众股	61,000	0.02%
社保基金	社会公众股	61,000	0.02%
盛利精选	社会公众股	61,000	0.02%
合计	186,010,059	74.01%	

第六节　董事、监事、高级管理人员及核心技术人员

一、公司董事、监事、高级管理人员及核心技术人员简介

(一)董事

本公司现有董事 9 名,其中包括独立董事 3 名,详细情况如下:

刘绍喜,男,1963 年 12 月生,中国国籍,汉族,中共党员,工商管理硕士(MBA),全国青联委员,广东省青联副主席。历获"全国优秀乡镇企业家"、"广东省十大杰出青年"、"广东省劳动模范"、第十一届"中国十大杰出青年"提名奖、第三届"中华管理英才"等荣誉称号,系广东省第九次党代会代表、广东省汕头市第十届人大代表和第五届政协委员、澄海市政协常委、澄海市第十一届人大代表,具有丰富的企业经营管理经验。现任本公司董事长兼总经理。

陈崇盛,男,1962 年 1 月生,中国国籍,汉族,大专学历,香港居民,1985 年开始从事投资咨询及顾问工作,1988 年涉足装饰材料销售领域,并对外投资,现任香港荣科国际投资有限公司董事长,本公司副董事长。

刘绍生,男,1970 年 11 月生,中国国籍,汉族,大专学历。1987 年起在广东省澄海槐东家具厂工作,澄海市第六届政协委员、汕头市品牌协会副会长,汕头市光彩事业协会副会长,现任宜华集团董事长、总裁、本公司董事。

吴华东,男,1967 年 10 月生,中国国籍,汉族,硕士研究生,高级经济师。历任宜华集团总裁助理、副总裁,现任本公司董事、董事会秘书、副总经理。

彭厚德,男,1953 年 5 月生,中国国籍,汉族,中共党员,大专文化,高级会计师。1973 年毕业于湖北省财政金融学校,1974 年起在湖北省襄樊地区财政局工作,1984 年起在襄樊市审计局企业科工作并任职至副局长,2001 年进入本公司工作,现任本公司董事、副总经理兼财务总监。

黄泽群,男,1960 年 2 月生,中国国籍,汉族,中共党员,大专学历。1984 年起任广东省澄海市澄中教具厂厂长,1998 年起在本公司从事生产经营管理工作,现任本公司董事、生产总监。

袁胜华,男,1962 年出生,中国国籍,汉族,北京市星河律师事务所合伙人律师。1987 年毕业于中国政法大学研究生院,法学硕士。曾任职于司法部、北京对外经济律师事务所,参与了多家企业改组及境内外发行上市的法律工作,现任本公司独立董事。

张森林,男,1947 年 4 月生,中国国籍,汉族,中共党员,大学本科,高级工程师。现任中国林产工业协会会长、中国林业国际合作集团党委副书记。1975 年毕业于南京林业大学林产专业,1992 年结业于美国佐治亚理工学院培训班,2001 年结业于国家行政学院现代企业管理培训班,曾任林业部产业司副司长,从事林产工业管理三十余年,曾在《中国林业报》、《林业经济》、《林产化学与工业》等刊物发表论文十余篇。现任公司独立董事。

廖朝理,男,1965 年 10 月生,中国国籍,汉族,经济学硕士,中共党员,高级会计师,广东高域会计师事务所首席合伙人。曾任广东粤财信托投资公司证券总部总经理助理兼投资银行部经理、广东民安证券经纪有限责任公司审计部总经理兼公司监事、南海发展股份有限公司财务负责人,参加过由中国注册会计师协会组织的《年度会计报表审计规范指南》的编撰工作。现任本公司独立董事。

(二)监事

李自彪,男,1951 年 10 月生,中国国籍,汉族,中共党员。1972 年参军,复员后于 1981 年起在贵州省勤波县科委工作,1983 年起任广东澄海北湾台合厂采购员、厂长,1992 年起在广东省昂泰集团果菜厂任厂长,1998 年进入本公司工作,现任本公司监事会主席、工会主席,为本公司职工代表监事。

陈仲楠,男,1974 年 10 月生,中国国籍,汉族,大专文化,会计师,具有 7 年财务工作经验,现任本公司财务部副经理,本公司监事。

王四中,男,1968 年 9 月生,中国国籍,大专文化。1989 年入伍服兵役,复员后 1994 年在广东省澄海县澄城派出所工作,1994 年进入宜华集团从事生产和采购管理工作,现任本公司监事、原料采购部经理。

(三)高级管理人员

黄学昆,男,1959 年 9 月生,中国国籍,汉族,中共党员,经济师。1982 年和 1987 年先后毕业于华南师范大学、暨南大学,哲学学士、经济学硕士,1987 年起先后在广东省人民政府办公厅研究室、曾在香港、澳门中资机构任职,2001 年进入本公司工作,现任本公司副总经理。

(四)技术负责人与核心技术人员

张建国,男,1955 年 3 月生,中国国籍,汉族,中共党员,高级工程师,1982 年毕业于中南工业大学,工学学士。1982 年起在河南省洛阳铜加工厂任工程师、高级工程师,1997 年在广东省深圳市森林王木业公司任副总工程师,2000 年进入本公司工作,现任本公司生产副总监兼总工程师。

孙宏楠,男,1958 年 11 月生,中国国籍,汉族,中共党员,高级工程师,1982 年毕业于南京林产工业学院,工学学士。1982 年起任宁夏银川塑料建材厂厂长,1995 年起任宁夏天润人造板有限公司生产部副主任、副总工艺师,1997 年起任广东深圳森林王木业公司生产部总调度,2000 年进入本公司工作,现任本公司生产部主任、高级工程师。

二、持股情况说明

在本次发行前,本公司董事、监事、高级管理人员及核心技术人员没有以个人持股、家属持股方

式持有本公司的股份。

第七节　同业竞争与关联交易

一、同业竞争

(一)同业竞争情况

本公司实际控制人刘绍喜控股的澄海市莲下镇槐东家具有限公司(以下简称"槐东家具")持有澄海市宜华装饰木制品有限公司(以下简称"宜华装饰木")41.67%的股权。本公司与宜华装饰木在业务上有部分重合之处,部分构成了同业竞争。除此之外,本公司与其他关联方不构成同业竞争。

为了避免同业竞争,本公司收购了宜华装饰木的实木地板产成品、半成品、在制品及原辅材料等。宜华装饰木调整产品结构并变更营业范围后,与本公司不存在同业竞争。为了彻底解决同业竞争问题,2002 年 12 月,槐东家具将其持有宜华装饰木的 41.67%权益转让给汕头市康明贸易有限公司,宜华装饰木不再为本公司的关联方,从而彻底解决了同业竞争问题。

(二)控股股东不同业竞争承诺情况

2002 年 8 月 30 日,本公司控股股东宜华企业(集团)有限公司向本公司出具了不同业竞争的《承诺函》,承诺:"一、不利用第一大股东的地位损害发行人及发行人其它股东的利益;二、将逐渐停止从事与发行人有竞争的业务,对现有从事与发行人业务有竞争的子公司、参股公司将不再增加投资;今后不在境内外以任何形式(其中包括独资经营、合资经营和拥有其他公司或其他企业的股票或权益)从事与发行人经营业务有竞争或可能构成竞争的业务及活动"。

(三)律师、保荐机构关于同业竞争情况的意见

1、律师意见

本公司律师国信联合律师事务所核查后确认:发行人与宜华装饰木公司已采取措施解决原来存在的同业竞争问题,发行人与其他关联方之间不存在同业竞争的情形。

2、保荐机构意见

本公司保荐机构广发证券股份有限公司认为:发行人与控股股东及其控制的法人之间业已采取有效措施解决曾经存在的同业竞争问题,发行人与控股股东目前不存在同业竞争。公司与控股股东之间已采取有效措施避免将来出现同业竞争的情况。

二、关联交易

(一)关联交易情况

1、近三年关联采购、销售情况

公司近三年的关联采购及关联销售情况汇总如下表:

关联交易内容	交易时间	发生交易的关联方时间	关联交易金额	相应比例	决策程序
原材料采购	2001年	宜华装饰木	7667.35	68.48%	①2002 年 6 月 22 日临时股东大会表决通过,关联董事、股东执行回避程序; ② 独立董事根据《独立董事工作制度》聘请深圳珞珈投资咨询有限公司出具独立财务顾问报告,并发表了专项意见
产品销售	2001年	宜华集团	970.06	4.82%	
原材料采购①	2002年	宜华装饰木	4134.99	19.03%	
原材料采购	2002年	裕华兴业②	1256.80	5.78%	
原材料采购	2003年	裕华兴业	39.41	0.10%	

关联交易内容	定价机制
原材料采购	按原材料进口报关价加实际发生的运费、报关费结算
产品销售	按宜华集团销售予客户同等价格减去 1%的手续费结算
原材料采购①	按市场公允价格结算
原材料采购	按市场公允价格结算
原材料采购	

注:①2002 年与宜华装饰木之间的关联采购是为了避免同业竞争而发生的一次性的交易;

②裕华兴业因是本公司董事陈崇盛控制的企业而与公司构成关联方。

2004 年 1-6 月份未发生关联交易。

2、报告期内关联方应收应付款情况

公司报告期内与关联方之间的应收应付款情况如下表:

关联方名称	2004/06/30	2003/12/31	2002/12/31	2001/12/31
其他应付款:				
宜华集团	--	--	--	20,000,000.00

公司与关联方之间的应收应付款不计算资金占用费。

3、注册商标及专利权无偿转让。

2002 年 7 月 10 日,宜华集团与本公司签定协议,将其所拥有的 15 项注册商标权、12 项专利权无偿转让给本公司。

4、宜华集团为本公司贷款提供担保。

5、增资协议。2002 年 12 月 15 日,本公司与宜华集团、王仲华签订了《大埔县宜华林业有限公司增资协议》,协议约定:本公司对大埔县宜华林业有限公司出资人民币 4500 万元,持有该公司 90%的股权。

(二)本公司独立董事、会计师、律师、保荐机构对关联交易的意见

1、独立董事意见

本公司独立董事已根据《独立董事工作制度》聘请深圳市珞珈投资咨询有限公司出具了关联交易的专项独立财务顾问报告,并就关联交易的程序合法性、合理必要性及价格公允性发表了专项意见,独立董事认为公司近三年的关联交易有其存在的合理必要性,关联交易表决程序合法,定价公允合理,未发现有损害股份公司及中小股东权益的情形。

2、会计师意见

本公司审计机构广东正中珠江会计师事务所有限公司重点关注了关联交易对本公司财务状况和经营业绩的影响,认为本公司对于关联交易的会计处理符合《关联方之间出售资产等有关会计处理问题暂行规定》(财会[2001]64 号文)的要求。

3、律师意见

本公司律师国信联合律师事务所对公司近三年关联交易情况进行了核查,认为:"发行人近三年与关联方发生的购销货关联交易价格公允,不存在损害发行人及股东利益的情形"。

4、保荐机构意见

本公司保荐机构广发证券股份有限公司对公司近三年关联交易情况进行了核查,认为本公司近三年关联交易有其存在的合理必要性,关联交易的决策程序合法,定价公允合理。

第八节　财务会计资料

本公司 2001 年、2002 年、2003 年、2004 年 1-6 月份的财务会计资料已在 2004 年 8 月 4 日《中国证券报》、《上海证券报》、《证券时报》和《证券日报》刊登的《招股说明书摘要》中进行了披露。投资者欲了解详细内容,请查阅上述报刊或刊载于上海证券交易所网站(http://www.sse.com.cn)的本公司招股说明书全文及附录。

一、注册会计师意见

广东正中珠江会计师事务所有限公司作为公司的财务审计机构,对本公司 2001 年、2002 年、2003 年及 2004 年 1-6 月份的会计报表进行了审计并出具了标准无保留意见的审计报告。

二、简要会计报表

1、简要资产负债表　单位:元

项目	2004/06/30	2003/12/31
货币资金	57,656,372.08	57,743,755.50
应收票据		300,000.00
应收帐款	217,205,705.09	124,030,848.56
其他应收款	1,017,631.43	3,502,539.13
预付帐款	50,160,462.90	64,613,023.54
存货	112,421,681.30	120,222,376.50
流动资产合计	438,461,852.80	370,412,543.23
固定资产原价	330,528,794.19	329,064,833.19
减:累计折旧	84,934,610.77	74,848,541.93
固定资产净值	245,594,183.42	254,216,291.26
减:固定资产减值准备	3,651,993.06	3,651,993.06
固定资产净额	241,942,190.36	250,564,298.20
在建工程		-
固定资产合计	241,942,190.36	250,564,298.20
无形资产	24,556,500.00	25,045,400.00
无形资产及其他资产合计	24,556,500.00	25,045,400.00
资产总计	704,960,543.16	646,022,241.43
短期借款	220,000,000.00	200,000,000.00
应付票据	38,028,000.00	39,808,465.00
应付帐款	88,121,610.76	33,326,626.04
预收帐款	12,378,781.77	8,139,567.78
应付工资	843,780.00	814,001.00
应付福利费	1,220,975.09	1,943,744.15
应付股利	758,689.33	726,133.19
应交税金	1,216,706.57	−814,813.04
其他应付款	169,860.74	306,232.84
预提费用	1,062,237.81	354,866.17
一年内到期的长期负债	70,000,000.00	70,000,000.00
流动负债合计	433,800,570.07	354,604,823.13
长期借款		
长期负债合计		
负债合计	433,800,570.07	354,604,823.13
股东权益:		
股本	184,329,093.00	184,329,093.00
盈余公积	23,475,139.37	23,475,139.37
其中:公益金	7,825,046.45	7,825,046.45
拟分配现金股利		55,298,727.90
未分配利润	63,355,740.72	28,314,458.03
股东权益合计	271,159,973.09	291,417,418.30
负债和股东权益总计	704,960,543.16	646,022,241.43
项目	2002/12/31	2001/12/31
货币资金	51,116,948.61	30,473,674.22
应收票据		
应收帐款	128,459,564.96	48,619,260.49
其他应收款	8,311,726.70	1,077,360.76
预付帐款	4,434,301.14	991,589.03
存货	73,950,204.78	155,929,493.32
流动资产合计	266,272,746.19	237,091,377.82
固定资产原价	327,101,191.11	323,250,533.75
减:累计折旧	54,631,032.05	34,502,724.05
固定资产净值	272,470,159.06	288,747,809.70
减:固定资产减值准备	-	-
固定资产净额	272,470,159.06	288,747,809.70
在建工程	-	615,546.69
固定资产合计	272,470,159.06	289,363,356.39
无形资产	25,423,200.00	26,001,000.00
无形资产及其他资产合计	25,423,200.00	26,001,000.00
资产总计	564,166,105.25	552,455,734.21
短期借款	180,000,000.00	230,000,000.00
应付票据	10,000,000.00	-
应付帐款	23,023,806.24	16,305,697.11
预收帐款	7,563,823.65	738,748.40
应付工资	765,620.00	634,301.00
应付福利费	1,812,578.96	355,635.25
应付股利	706,982.94	
应交税金	8,429,872.98	4,888,298.76
其他应付款	227,716.00	20,032,800.00
预提费用	253,684.69	1,462,500.00
一年内到期的长期负债	-	-
流动负债合计	232,784,085.46	274,417,980.52
长期借款	70,000,000.00	70,000,000.00
长期负债合计	70,000,000.00	70,000,000.00
负债合计	302,784,085.46	344,417,980.52
股东权益:		

股本	184,329,093.00	184,329,093.00
盈余公积	13,439,956.81	4,089,004.05
其中:公益金	4,479,985.6	1,363,001.35
拟分配现金股利	36,865,818.60	8,995,418.98
未分配利润	26,747,151.38	10,624,237.66
股东权益合计	261,382,019.79	208,037,753.69
负债和股东权益总计	564,166,105.25	552,455,734.21

2、简要利润表及利润分配表　单位:元

项目	2004年1-6月份	2003年度
一、主营业务收入	296,102,379.41	528,435,997.34
减:主营业务成本	226,623,578.10	390,952,750.67
二、主营业务利润(亏损以"-"号添列)	69,478,801.31	137,483,246.67
加:其他业务利润(亏损以"-"号添列)	38,012.84	
减:营业费用	8,537,740.36	28,152,836.67
管理费用	13,805,110.42	16,020,781.85
财务费用	7,221,192.63	13,648,472.62
三、营业利润(亏损以"-"号添列)	39,952,770.74	79,661,155.53
加:补贴收入	928,888.74	1,000,000.00
加:营业外收入		10,000.00
减:营业外支出	135,179.14	4,148,914.77
四、利润总额(亏损以"-"号添列)	40,756,480.34	76,512,240.76
减:所得税	5,715,197.65	9,611,023.65
五、净利润(亏损以"-"号添列)	35,041,282.69	66,901,217.11
加:年初未分配利润	28,314,458.03	26,747,151.38
六、可供分配的利润	63,355,740.72	93,648,368.49
减:提取法定盈余公积		6,690,121.71
提取法定公益金		3,345,060.85
七、可供股东分配的利润	63,355,740.72	83,613,185.93
减:应付普通股股利		55,298,727.90
利润转股本		-
八、年末未分配利润		

项目	2002年度	2001年度
一、主营业务收入	461,976,738.68	201,283,627.48
减:主营业务成本	338,484,726.40	144,524,352.81
二、主营业务利润(亏损以"-"号添列)	123,492,012.28	56,759,274.67
加:其他业务利润(亏损以"-"号添列)	284,432.06	88,459.45
减:营业费用	16,488,892.46	4,638,450.44
管理费用	18,151,009.32	12,547,201.05
财务费用	16,322,716.64	8,813,093.55
三、营业利润(亏损以"-"号添列)	72,813,825.92	30,848,989.08
加:补贴收入		
加:营业外收入	5,640.00	150,277.50
减:营业外支出	1,303,178.63	74,879.02
四、利润总额(亏损以"-"号添列)	71,516,287.29	30,924,387.56
减:所得税	9,176,602.21	3,664,360.53
五、净利润(亏损以"-"号添列)	62,339,685.08	27,260,027.03
加:年初未分配利润	10,624,237.66	6,813,706.96
六、可供分配的利润	72,963,922.74	34,073,733.99
减:提取法定盈余公积	6,233,968.51	2,726,002.70
提取法定公益金	3,116,984.25	1,363,001.35
七、可供股东分配的利润	63,612,969.98	29,984,729.94
减:应付普通股股利	36,865,818.60	8,995,418.98
利润转股本	-	10,365,073.30
八、年末未分配利润	26,747,151.38	10,624,237.66

3、简要现金流量表　单位:元

项目	2004年1-6月份	2003年度
一、经营活动产生的现金流量		
销售商品、提供劳务收到的现金	203,456,426.53	536,752,579.55
收到的税费返还	8,403,034.83	12,034,300.96
收到的其他与经营活动有关的现金	1,673,496.08	6,587,785.17
现金流入小计	213,532,957.44	555,374,665.68
购买商品、接受劳务支付的现金	145,659,043.85	455,710,779.31
支付给职工以及为职工支付的现金	5,949,991.91	10,932,464.11
支付的各项税费	4,865,240.56	14,704,413.46
支付的其他与经营活动有关的现金	13,060,674.30	35,116,292.96
现金流出小计	169,534,950.62	516,463,949.84
经营活动产生的现金流量净额	43,998,006.82	38,910,715.84
二、投资活动产生的现金流量		
购建固定资产、无形资产和其他长期资产所支付的现金	1,401,961.00	1,656,421.79
现金流出小计	1,401,961.00	1,656,421.79
投资活动产生的现金流量净额	-1,401,961.00	-1,656,421.79
三、筹资活动产生的现金流量		
借款所收到的现金	20,000,000.00	200,000,000.00
现金流入小计	20,000,000.00	200,000,000.00
偿还债务所支付的现金		180,000,000.00
分配股利或偿付利息所支付的现金	62,540,999.62	50,166,794.81
支付的其他与筹资活动有关的现金		
现金流出小计	62,540,999.62	230,166,794.81
筹资活动产生的现金流量净额	-42,540,999.62	-30,166,794.81
四、汇率变动对现金的影响	-142,429.62	-460,692.35
五、现金及现金等价物净增加额	-87,383.42	6,626,806.89

三、会计报表附注

本公司会计报表附注等有关内容,请查阅刊登于上海交易所网站(http://www.sse.com.cn)的本公司招股说明书全文及其附录。

四、主要财务指标

项目	2004年1-6月	2003年度	2002年度	2001年度
资产负债率(%)	61.54%	54.89	53.67	62.34
流动比率	1.01	1.30	1.14	0.86
速动比率	0.75	0.88	0.83	0.30
应收帐款周转率(次)	1.74	4.18	5.22	4.84
存货周转率(次)	1.95	4.02	2.95	0.90
每股净资产(元)	1.47	1.58	1.22	1.08
研究开发费用占主营业务收入的比例(%)	1.02	1.00	0.98	1.23
每股经营活动现金流量	0.24	0.21	0.65	
净资产收益率(%)	12.92	22.96	23.85	13.10
扣除非经常损益的净资产收益率(%)	12.62	24.04	24.35	13.07
每股收益(元)	0.19	0.36	0.34	0.15

第九节　其他重要事项

一、自本公司股票首次公开发行之日至本上市公告书公告之日，本公司严格依照现行有关法律、法规的规定规范运行,生产经营情况正常,本公司所处行业和市场无重大变化,主要业务发展目标的进展状况正常,主要投入、产出物的供求和价格无重大变化。

二、自本公司股票首次公开发行之日至本上市公告书公告之日，本公司没有进行重大对外投资,无重大资产(股权)收购、出售行为。

三、自本公司股票首次公开发行之日至本上市公告书公告之日,本公司住所没有发生变更。

四、自本公司股票首次公开发行之日至本上市公告书公告之日,本公司未涉及任何重大诉讼、仲裁或行政处罚案件,亦无任何尚未了结或可能面临的重大诉讼或索赔要求。

五、自本公司股票首次公开发行之日至本上市公告书公告之日,本公司的重大会计政策没有发生变动。

六、自本公司股票首次公开发行之日至本上市公告书公告之日,本公司的会计师事务所没有发生变化。

七、自本公司股票首次公开发行之日至本上市公告书公告之日,本公司董事、监事和高级管理人员未受到任何刑事起诉,亦没有尚未了结或可能发生的刑事诉讼事项。

八、自本公司股票首次公开发行之日至本上市公告书公告之日,本公司未发生新的重大负债,并且已有重大债项没有发生变化。

九、本公司根据2004年5月19日的2003年度股东大会决议,向股东每股派发现金股利0.3元(含税),共派发现金股利55,298,727.90元,并已于2004年6月30日全部向股东派发完毕。截止2004年6月30日,公司帐面未分配利润为63,355,740.72元。该部分未分配利润及发行上市前形成的未分配利润(滚存利润)由发行后的新老股东共享。

十、根据《上海证券交易所股票上市规则》,本公司第一大股东宜华企业(集团)有限公司承诺,自本公司股票上市之日起12个月内,不转让其所持有的本公司股份,也不由本公司回购其持有的本公司股份。

十一、自本公司股票首次公开发行之日至本上市公告书公告之日,本公司没有其他应披露而未披露的重大事项。

第十节　董事会上市承诺

本公司董事会承诺将严格遵守《中华人民共和国公司法》、《中华人民共和国证券法》、《股票发行与交易管理暂行条例》、《公开发行股票公司信息披露实施细则》和《上海证券交易所股票上市规则》等国家法律、法规和有关规定,自股票上市之日起做到:

一、承诺真实、准确、完整、公允和及时地公布定期报告,披露所有对投资者有重大影响的信息,并接受中国证券监督管理委员会、证券交易所的监督管理。

二、承诺本公司在知悉可能对股票价格产生误导性影响的任何公共传播媒介中出现的消息后,将及时予以公开澄清。

三、本公司董事、监事、高级管理人员和核心技术人员将认真听取社会公众的意见和批评,不利用已获得的内幕消息和其他不正当手段直接或间接从事本公司股票的买卖活动。

四、本公司没有无记录的负债。

第十一节　保荐机构(上市推荐人)及其意见

一、保荐机构(上市推荐人)情况

上市推荐人:广发证券股份有限公司

法定代表人:王志伟

注册地址:广东省珠海市吉大海滨南路光大国际贸易中心26楼2611室

联系人:陈家茂　陈天喜　黄海宁

电话:020-87555888转

传真:020-87553583

二、保荐机构(上市推荐人)意见

本公司保荐机构(上市推荐人)认为本公司章程符合《中华人民共和国公司法》等有关法律、法规和中国证监会关于公司章程的相关规定。根据《中华人民共和国公司法》、《中华人民共和国证券法》、《股票发行与交易管理暂行条例》、《上海证券交易所股票上市规则》等国家有关法律、法规的规定,发行人此次发行的社会公众股已具备公开上市的条件。

本公司保荐机构(上市推荐人)保证本公司的董事了解法律、法规、上海证券交易所上市规则及股票上市协议规定的董事的义务与责任,并协助本公司健全了法人治理结构、协助发行人制定了严格的信息披露制度与保密制度。

本公司保荐机构(上市推荐人)已对本公司上市文件所载的资料进行了核实,确保上市文件真实、准确、完整,符合规定要求;保证上市申请材料、上市公告书没有虚假记载、误导性陈述或者重大遗漏,并保证对其承担相应的责任。

本公司保荐机构(上市推荐人)同意推荐本公司本次公开发行股票在上海证券交易所上市交易,并保证不利用在上市过程中获得的内幕信息进行内幕交易,为自己或他人谋取利益。

广东省宜华木业股份有限公司

2004年8月19日

四川广安爱众股份有限公司

四川广安爱众股份有限公司首次公开发行股票上市公告书

第一节 重要声明与提示

四川广安爱众股份有限公司(以下简称"本公司"、"公司"、"广安爱众"或"发行人")董事会保证上市公告书的真实性、准确性、完整性,全体董事承诺上市公告书不存在虚假记载、误导性陈述或重大遗漏,并承担个别和连带的法律责任。

根据《公司法》、《证券法》等有关法律、法规的规定,本公司董事、高级管理人员已依法履行诚信和勤勉尽责的义务和责任。

证券交易所、中国证监会、其他政府机关对本公司股票上市及有关事项的意见,均不表明对本公司的任何保证。

本公司提醒广大投资者注意,凡本上市公告书未涉及的有关内容,请投资者查阅2004年8月17日刊载于《中国证券报》、《上海证券报》、《证券时报》和《证券日报》的本公司招股说明书摘要,及刊载于上海证券交易所网站(http://www.sse.com.cn)的本公司招股说明书全文。

第二节 概 览

1、股票简称:广安爱众
2、沪市股票代码:600979,深市代理股票代码:003979
3、总股本:165,170,884股
4、可流通股本:65,000,000股
5、本次上市流通股本:65,000,000股
6、发行价格:4.00元/股
7、上市地点:上海证券交易所
8、上市时间:2004年9月6日
9、股票登记机构:中国证券登记结算有限责任公司上海分公司
10、保荐机构(上市推荐人):国盛证券有限责任公司
11、本公司首次公开发行股票前股东所持股份的流通期限及限制:根据国家有关法律、法规的规定和中国证监会证监发行字[2004]136号《关于核准四川广安爱众股份有限公司公开发行股票的通知》,本公司的发起人所持股份(包括国有法人股和法人股)暂不上市流通。
12、本公司第一大股东四川爱众投资控股集团有限公司承诺:自发行人股票上市之日起12个月内,不转让其所持有的发行人股份,也不要求发行人回购其所持有的发行人股份。

第三节 绪 言

本上市公告书是根据《中华人民共和国公司法》、《中华人民共和国证券法》、《股票发行与交易管理暂行条例》、《公开发行股票公司信息披露实施细则》和《上海证券交易所股票上市规则》等国家有关法律、法规的规定,并按照中国证券监督管理委员会《公开发行证券公司信息披露内容与格式准则第7号-股票上市公告书》而编制的,旨在向投资者提供有关本公司和本次股票上市的基本情况。

经中国证监会发行字[2004]136号文核准,本公司于2004年8月20日采取全部向沪市、深市二级市场投资者定价配售的方式成功发行了6,500万人民币普通股,每股面值1.00元,发行价为每股人民币4.00元。

根据上海证券交易所《关于四川广安爱众股份有限公司人民币普通股股票上市交易的通知》(上证上字[2004]127号)批准,本公司6,500万股社会公众股将于2004年9月6日起在上海证券交易所挂牌交易。股票简称"广安爱众",沪市股票代码"600979",深市代理股票代码"003979"。

本公司已于2004年8月17日在《中国证券报》、《上海证券报》、《证券时报》和《证券日报》上刊登了《招股说明书摘要》,招股说明书正文及其附录刊载于上海证券交易所网站(http://www.sse.com.cn),前述招股文件刊登距今不足三个月,故与其重复的内容不再重述,敬请投资者查阅上述文件。

第四节 发行人概况

一、发行人基本情况
1、公司名称:四川广安爱众股份有限公司
2、英文名称:SICHUAN GUANGAN AAA PUBLIC CO.,LTD
3、法定代表人:罗庆红
4、注册资本:165,170,884元
5、设立日期:2002年11月6日
6、注册地址:四川省广安市广安区渠江北路86号
7、经营范围:水力发电、供电、天然气供应、自来水生产及供应;水、电、气仪表校验、安装、调试;高低压电器材料、燃气炉具、建筑材料、五金、交电、钢材、管材及消毒剂的销售。
8、主营业务:水力发电和电力供应;天然气供应;自来水生产和供应。
9、所属行业:电力、煤气和水的生产和供应业---电力、蒸汽、热水的生产和供应业(D01)
10、电话:0826-2983066
11、传真:0826-2983358
12、公司网址:www.AAA.pulic.com
13、电子信箱:AAA@sc-AAA.com
14、董事会秘书:余正军
二、历史沿革

本公司是经四川省人民政府川府函[2002]286号文批准,于2002年11月6日由原四川渠江电力有限公司整体变更设立的股份有限公司,注册资本100,170,884元。公司股东为四川爱众投资控股集团有限公司、四川省电力开发公司、四川省岳池银泰投资(控股)有限公司、四川广安花园制水有限公司、四川广安神龙蚕丝绸有限公司、成都利融贸易有限公司、广安市山里人纯净水有限公司、重庆三峡电缆厂、重庆力江铝业有限公司、重庆江南线路器材有限公司、重庆市北部电力物资有限公司、南充通力贸易有限公司。

经中国证监会发行字[2004]136号文核准,本公司于2004年8月20日在上海证券交易所向沪市、深市二级市场投资者定价配售的方式成功发行了6,500万人民币普通股,每股面值1.00元,发行价为每股人民币4.00元。此次发行完成后,本公司总股本为165,170,884股,注册资本为165,170,884元。

三、发行人主要经营情况

本公司主营业务是水力发电和电力供应;天然气供应;自来水生产和供应。公司现有水电站9座,装机容量40,240千瓦,110KV变电站2座,35KV变电站13座,在公司供电区域内建立了以110KV为基础,35KV为骨架的供电网络804公里,年发电能力2亿千瓦时、年供电能力可达8亿千瓦时;自来水厂3个,城市供水管线96公里,日供水能力5.5万立方米;天然气配气站四座,城市燃气管线230.1公里,日供气能力16万立方米。

公司利用自有的水电发电机组发电,公司自发电量不能满足供区内用电需求时,通过向国家电网趸购解决;公司的电力供应范围为广安市下辖的广安区、岳池县。

公司自来水系从花园水厂购得半成品水后,利用自有设备、技术进行净化、处理,生产出成品水并向供区内用户供应;公司的自来水供应范围为广安市城区。

天然气由公司向中国石油天然气股份有限公司采购后转供供区内用户;公司的天然气供应范围为广安市城区、广安至前锋沿线城镇、邓小平故居保护区等。

(一)公司竞争优势

公司经过多年发展,在产业、区域、政策及公司管理创新等方面拥有诸多优势:

1、产业优势

电力工业是国民经济发展中最重要的基础能源产业,是世界各国经济发展中优先发展的重点产业。近20年我国的经济高速增长,对电力能源的需求巨大,从2000年开始全国就出现了电力供应紧缺的情况,2004年我国的缺电形势更趋严峻。国家在"十五"规划中提出要"优先发展水电",与火电、核电相比,水电具有运营成本低、安全、环保、防洪的优点,无论从国家整体发展战略出发还是行业的比较利益,优先发展水电都将带来巨大收益。水电行业将是将是21世纪快速增长、业绩优良、最具活力的朝阳行业。

天然气在我国一次能源结构中占2.2%左右,世界平均水平为23%,我国政府计划到2010年将天然气利用的比重提高到9%-10%,其中蕴涵了非常巨大的市场空间。我国的天然气储量丰富,主要分布在西部及南海地区,国家重点项目西气东输工程已开始发挥作用,根据我国政府"十五"规划"到2005年,我国天然气消费量将达到600-700亿立方米,建设油气管道总长度14500公里"。今后5到10年,我国天然气工业将以超过10%的速度增长,发展空间十分广阔。

根据国家"十五"规划,我国供水行业的年产值将从目前的700亿元增加到2000亿元,城市污水处理率从22.3%提高到45%,新增污水日处理能力2600万立方米,水务市场将维持15%的增长速度。水务行业具有自然的垄断属性、庞大的市场容量和稳定的成长收益,水务企业通过向分质供水、污水处理等业务的扩张,实现规模化经营,将取得更好的社会与经济效益。

公司所处行业是关系国计民生的基础产业,国家对这一行业一直实行鼓励发展与扶持的政策,行业特性决定了公司将是一家业务快速增长、经营业绩优良、现金流量充足、风险抵御能力突出的企业。

2、区位优势

公司所在地四川广安市位于四川盆地的东部,处在西部两大城市成都、重庆之间,是成渝经济圈中的重要组成部分。随着南连重庆的广渝高速,西至南充的广南高速正式建成通车,加上已经建成的成南高速和即将开工建设的邻(水)垫(江)高速公路、南(充)渝(重庆)高速公路,一个以广安为中心,东到三峡、上海,南到重庆,西到南充、成都,北到达州、西安、包头的高速公路大网络即将形成,再加上襄渝铁路和渠江、嘉陵江两大水上航道,广安将成为川东重要的交通枢纽。广渝高速和广南高速建成通车,广安至重庆车程仅1小时,至成都仅2.5小时,广安正日益成为成、渝的后方工业基地,成渝经济圈对广安经济的带动作用也将日益增强,目前重庆已有越来越多的企业,如汽配、摩配等机械加工配套企业等开始向广安转移。

3、政策优势

广安市的发展一直得到国家和四川省的大力支持,为落实小平同志提出的"一定要把广安建设好"的愿望,国家和四川省从政策、资金、产业等诸多方面对广安进行了大力扶持,10年来国家、四川省对广安的直接和间接投资达到300亿元,广安的经济得到了迅猛发展。

国家西部大开发政策为西部地区的发展和西部企业的发展提供了机遇,随着这一政策的实施,更多的资金投向西部,更多的优惠政策得到实施,这些都为西部企业的发展提供了动力。

公司作为广安市第一家拟公开发行上市的股份公司,根据国家对于实施西部大开发的税收优惠政策,公司享有15%的所得税优惠政策。作为地方的优势企业,公司也得到了当地政府的大力支持,在广安市良好的经济发展大环境中,公司未来必将拥有更为广阔的发展空间。

4、资源优势

四川是我国的水能资源大省,省内河流众多,可开发利用量为1.03亿千瓦,广安地处长江中上游保护区,辖区内有长江两条重要的支流嘉陵江、渠江流过,水土保持较好,流量充足,水能资源丰富;四川省天然气储量丰富,2002年已探明储量达5.18万亿立方米,年天然气生产近100亿立方米,经勘察广安正处于四川盆地气田的中心地带,在距广安40公里的大安与68公里的遂宁分别有中

石油川东气矿的大安气田和川中气矿的磨溪气田，气源稳定，管输距离短。公司的资源供给有充分的保证，能够很好的支撑公司业务的快速发展。

5、经营模式优势

水、电、气等公用事业具有客户对象同一性、业务模式相似和业绩稳定等特点，公司于2002年增加了供气、供水业务后，经过一年的业务流程再造及机构整合，公司将水、电、气业务的营销、设计、规划、施工、维护、计量、收费等进行重组，将水、电、气业务的营销合并设立客户服务部，实行"一站式"服务，客户涉及的水、电、气的任何业务均只需在一个窗口办理；将规划、设计合并设立技安部，做到规划、设计合理。通过以上各种措施，有效的降低了客户与公司的成本，提高了公司的服务效率，使公司在管理上积累了丰富经验。

公司并将利用业已形成的合并经营的经验和优势，扩张进入到利润率较高的分质供水、污水处理及CNG业务领域，并完成对母公司控制的所有供水、供气资产的收购整合工作，公司将不断进行业务流程创新及管理创新，促进公司业绩不断增长。

6、管理优势

(1)清晰明确的企业发展战略。公司在对行业、企业资源、竞争者、市场进行充分分析后，制定了目标清晰、定位准确的企业发展战略，并制定了详细的实施措施。

(2)突出的收购兼并能力。公司自成立以来，坚持以收购兼并为突破口迅速做大做强，2000年成功收购了岳池电力公司，2002年收购了广安天然气、广安供排水公司。公司收购扩张战略效果明显，岳池电力公司、广安天然气公司、广安供排水公司在进入公司前均处于亏损状态，并入公司后通过整合已实现了盈利。公司通过多年来的收购、兼并、重组，在收购的目标选择、定价、谈判，收购完成后的业务整合、内部控制、业务扩张方面积累了丰富的经验。

(3)高素质的管理队伍。公司十分重视对公司经营层的管理素质、决策能力、知识水平的培训，注重管理团队的组建和搭配，公司管理层全部具有大学以上学历，平均年龄37岁，形成了一支懂经营、会管理、团结战斗、进取务实的经营管理团队。

(4)高效率的现代企业管理的管理机制。公司从设立初期，注重法人治理结构的建立与完善，规范运作，在尚未改制为股份公司时，公司就聘请了独立董事。

2002年公司聘请专业咨询机构对业务流程、组织设计、内部控制、激励考核制度进行改进，同时完成劳动用工机制改革，解除职工国有企业身份，实现全员竞聘上岗，建立了符合市场竞争规律的"赛马机制"和末位淘汰的用工制度。

(5)突出的营销能力。公司经过多年来的总结、培训，在全体员工中树立了服务的理念、营销的理念；公司拥有广安区、岳池县供电网络和完整的广安市城区水、气供应网络，营销网络健全，覆盖率达到了99%以上，并建立了完善的客户服务体系和稳定的市场及客户群；公司在主要服务区域设立了客户服务中心，对客户的需求做到"一站式"服务，建立了24小时服务热线，客户服务监督人员定期拜访重要客户；公司采用聘请专业人员讲授、营销人员外出考察学习等方式建设了一支营销队伍，公司具有很强的服务效率与服务能力，公司的各项业务得到了较大的发展，天然气、供水业务开户均保持了30%的增长速度。

(6)完善的信息化网络。公司聘请专业机构为公司设计了水、电、气业务综合计算机网络信息系统，将公司财务、收费、调度、生产等业务有机结合在一起，为公司信息的及时传递、交流及决策、管理搭建了信息平台。

(7)特色企业文化。公司聘请知名专家进行了VI策划，以统一的标识、合理的流程、优良的秩序、优美的环境、文明的礼仪、优质的服务，全方位地塑造公司良好的企业形象。

公司注重品牌的培养，2002年将服务标志"爱众"向国家商标局申请了商标注册，作为公司品牌经营的策略之一，"爱众"品牌已经深入到公司众多客户的心中，客户认知度高，公司品牌经营的投入收到了明显的效益。

(二)公司竞争劣势

1、资本力量相对较弱

公用事业是资金密集和技术密集型产业，所需投资较大，回收期相对较长。目前公司的资金力量相对不足，对公司的发展及扩张战略形成一定的限制。因此，公司拟通过上市发行股票，扩大公司资本金，加速公司水、电、气等主营业务的发展，为公司的跨区域发展奠定基础。

2、规模相对偏小

公司正处于企业发展的快速成长期，与国内其他的公用事业上市公司相比，公司的经营规模相对偏小，从而使企业抗风险能力偏弱。本次募集资金项目实施后，公司的水、电、气的业务将进一步扩大，在收购整合广安市自来水、天然气资源后，建立覆盖全市的水网、气网。公司将通过多种资金渠道，联合其他投资者，大力开发丰富的水电资源，继续扩大公司的装机容量，提高发电量和供电量，使公司的生产经营规模和业绩稳定增长和提高，在此基础上，公司实施跨区域发展战略，在四川省内、国内进行并购扩张，使公司成为水电行业和公用事业龙头企业。

四、主要财务指标

公司主要财务指标请见"第八节　财务会计资料"

五、公司知识产权和特许经营情况

(一)商标

目前公司拥有商标情况如下：

注册商标	注册号	核定使用商品	注册人	有效期限
	3265052	气体燃料、石油气	渠江电力	2003.10.14-2013.10.13
爱众	3265057	排灌设备、电器设备的安装修理	渠江电力	2004.5.7-2014.5.6
	3265058	给水、配水、配电、能源分配	渠江电力	2004.3.21-2014.3.20

(二)特许经营权

1、供电营业许可证：本公司已获得四川省经济贸易委员会颁发的《供电营业许可证》，证书编号：川丁－－－402。

2、城市燃气企业资质证书：本公司已获得四川省建设厅颁发的《城市燃气企业资质证书》，证书编号：川燃气字第2042号。

3、城市供水企业资质证书：本公司已获得四川省建设厅颁发的《城市供水企业资质证书》，证书编号：川水字第015号。

六、财政税收优惠政策

根据财政部、国家税务总局和海关总署颁发的财税[2001]202号《关于西部大开发税收优惠政策问题的通知》，由于公司的产业、产品符合《当前国家重点鼓励发展的产业、产品和技术目录》(2000年修订)内第6类1项、第26类4、6项内容，公司可以享受"对设在西部地区国家鼓励类产业的内资企业，在2001年至2010年期间，减按15%的税率征收企业所得税"的优惠政策。

按照四川省地方税务局川地税函[2003]177号文、广安市地方税务局广市地税函[2003]46号文和广市地税函[2003]107号文的批复，公司2002年和2003年企业所得税减按15%税率计缴，其次年或以后年度在月末或季末进行企业所得税申报时，可按15%税率计算预征税额，主管税务机关审核批准后，可按15%税率汇算清缴。2002年度以前按33%税率计缴。

本公司之控股子公司岳池爱众其产品和产业符合《当前国家重点鼓励发展的产业、产品和技术目录》，根据广安市地方税务局(广市地税函[2003]105号)《关于同意四川岳池爱众电力有限公司享受西部大开发企业所得税优惠政策的批复》之规定，2003年度企业所得税减按15%税率征收，其次年或以后年度在月末或季末进行企业所得税申报时，可按15%税率计算预征税额，主管税务机关审核批准后，可按15%税率汇算清缴；2003年度以前按应纳税所得额的33%计缴。

第五节　股票发行与股本结构

一、本次股票上市前首次公开发行股票的情况

(一)股票种类：境内上市人民币普通股(A股)。

(二)每股面值：人民币1.00元。

(三)发行数量：境内上市人民币普通股(A股)6,500万股。

(四)发行价格：4.00元/股。

(五)募股资金总额：26,000万元。

(六)发行方式：全部向二级市场投资者定价配售方式

(七)发行对象：于《四川广安爱众股份有限公司首次公开发行招股说明书摘要》刊登日即2004年8月17日持有上海证券交易所或深圳证券交易所已上市流通人民币普通股(A股)股票收盘市值总和(包括可流通但暂时锁定的股份市值)不少于10,000元的投资者。两市投资者都可参加本次新股发行的配售。投资者同时持有的沪、深两市二级市场的股票市值不合并计算。投资者持有的证券投资基金(包括开放式基金)不计入可申购市值，但证券投资基金(包括开放式基金)可作为二级市场投资者，按照其持有的沪、深两市上市流通A股股票市值参与申购和配售。

(八)发行费用总额：15,724,429.75万元(含承销费、保荐费、审计费用、律师费、评估费用、上网发行手续费、审核费等)

(九)每股发行费用：0.24元。

二、本次股票上市前首次公开发行股票的承销情况

本次公开发行的6500万股社会公众股的配号总数为72,536,035个，中签率为0.08961063%。其中，二级市场投资者认购63,547,289股，其余1,452,711股由主承销商包销。

三、本次上市前首次公开发行股票所募股资金的验资报告

岳华会计师事务所有限责任公司为本次公开发行股票所募股资金出具的岳总验字[2004]A016号《验资报告》全文如下：

四川广安爱众股份有限公司全体股东：

我们接受委托，审验了四川广安爱众股份有限公司(以下简称"贵公司")截止2004年8月27日新增注册资本的实收情况。按照国家相关法律、法规的规定和协议、章程的要求出资，提供真实、合法、完整的验资资料，保护资产的安全、完整是全体股东及贵公司的责任。我们的责任是对贵公司新增注册资本的实收情况发表审验意见。我们的审验是依据《独立审计实务公告第1号-验资》进行的。在审验过程中，我们结合贵公司的实际情况，实施了检查等必要的审验程序。

贵公司原注册资本为人民币100,170,884.00元，根据2003年11月28日贵公司二OO三年度第一次临时股东大会决议和修改后的公司章程规定，申请向社会公开发行人民币普通股(A股)增加注册资本人民币65,000,000.00元，变更后的注册资本为人民币165,170,884.00元。经中国证券监督管理委员会证监发行字［2004]136号文核准，贵公司向社会公开发行人民币普通股（A股）65,000,000股，每股面值1元，每股发行价4.00元。根据我们的审验，截止2004年8月27日，贵公司实际向社会公开发行人民币普通股(A股)65,000,000股，募集资金总额为260,000,000.00元(大写：贰亿陆仟万元整)，扣除发行费用15,724,429.75元(大写：壹仟伍佰柒拾贰万肆仟肆佰贰拾玖元柒角伍分)，实际募集资金净额为244,275,570.25元(大写：贰亿肆仟肆佰贰拾柒万伍仟伍佰柒拾元贰角伍分)。其中新增注册资本65,000,000.00元(大写：陆仟伍百万元整)，资本公积人民币179,275,570.25元(大写：壹亿柒仟玖佰贰拾柒万伍仟伍佰柒拾元贰角伍分)。

同时，我们注意到，贵公司本次增资前的注册资本为人民币100,170,884.00元，已经岳华会计师事务所审验，并出具岳总验字(2002)第A029号验资报告。截止2004年8月27日，变更后的累计注册资本实收金额为人民币165,170,884.00元(大写：壹亿陆仟伍百壹拾柒万零捌佰捌拾肆元整)。

本验资报告仅供贵公司申请变更登记及据以向股东签发出资证明时使用，不应将其视为是对贵公司验资报告日后资本保全、偿债能力和持续经营能力等的保证。因使用不当造成的后果，与执行本验资业务的注册会计师及会计师事务所无关。

附件：1、注册资本变更情况明细表

(1)新增注册资本实收情况明细表(表1)

(2)注册资本变更前后对照表(表2)

2、验资事项说明

岳华会计师事务所有限责任公司

中国注册会计师：姚焕然

中国·北京　中国注册会计师：刘贵彬

二零零四年八月二十八日

四、募股资金入帐情况

入帐时间：2004年8月27日

入帐金额：247,510,323.95元

入帐帐号：671201040001606

开户银行：中国农业银行广安市广安区支行营业部

五、上市前股权结构及各类股东的持股情况

(一)本次上市前股权结构

股份类别	数量(股)	比例(%)
一、发起人股份	100,170,884.00	60.65

国有法人股	89,352,427.00	54.10
社会法人股	10,818,457.00	6.55
二、普通股	65,000,000.00	39.35
三、总股本	165,170,884.00	100.00

(二)本次上市前十名股东持股情况

序号	股东名称	持股数量(股)	持股比例(%)
1	四川爱众投资控股集团有限公司	62,486,597.00	37.83
2	四川省电力开发公司	11,719,993.00	7.10
3	四川省岳池银泰投资(控股)有限公司	7,973,602.00	4.83
4	四川广安花园制水有限公司	4,978,493.00	3.01
5	四川广安神龙蚕丝绸有限公司	2,193,742.00	1.33
6	成都利融贸易有限公司	4,397,502.00	2.66
7	广安市山里人纯净水有限公司	1,462,495.00	0.89
8	国盛证券有限责任公司	1,452,711.00	0.88
9	重庆三峡电缆厂	991,692.00	0.60
10	重庆力江铝业有限公司	991,692.00	0.60

第六节 董事、监事、高级管理人员及核心技术人员

一、董事、监事、高级管理人员与核心技术人员的简介

本公司董事、监事、高级管理人员与核心技术人员均为中国国籍,无境外永久居留权。

(一)董事会成员简历

罗庆红先生 董事长。35岁,中共党员、高级工程师、经济师、研究生学历。

李明平先生 41岁,中共党员、高级工程师、研究生学历。现任四川爱众投资控股集团有限公司董事长。

陈运海先生 总经理、总工程师。40岁、中共党员、高级工程师、本科学历。

余正军先生 副总经理、董事会秘书。36岁、中共党员、工程师、本科学历。

毛传平先生 副总经理。40岁、中共党员、高级工程师、本科学历。

邱煜功先生 51岁,中共党员,本科学历。现任四川电力开发公司总经理。

陈立泰先生 独立董事。34岁,中共党员,工程师,博士。现任成都邦尼企业有限责任公司总经理。

樊行健先生 独立董事。59岁,会计学博士生导师。现任西南财经大学副校长。

曾 鸣先生 独立董事。47岁,技术经济与管理博士生导师。现任华北电力大学教授。

(二)监事会成员简历

金晟先生 监事会召集人、工会主席。35岁,中共党员、本科学历。

唐凡春先生 47岁,中共党员,会计师,大专学历。现任四川省岳池银泰投资(控股)有限责任公司副总经理。

刘孟林先生 39岁,中共党员,大专学历。现任本公司物资分公司经理,为本公司职工代表监事。

(三)高级管理人员简历

陈运海先生 总经理,详见董事会成员简历。

余正军先生 副总经理、董事会秘书,详见董事会成员简历。

毛传平先生 副总经理,详见董事会成员简历。

曾 义先生 副总经理。41岁、中共党员、工程师、本科学历。任四川广安爱众压缩气有限公司董事长。

杜全虎先生 副总经理。39岁、中共党员、工程师、大专学历。

贺图林先生 财务总监。33岁,民革党员、经济师、会计师,本科学历。

(四)核心技术人员简历

陈运海先生 总工程师,详见董事会成员简历。

伍刚先生 总监理工程师。44岁,高级工程师,本科学历。任供电分公司经理。

二、持股情况说明

公司独立董事陈立泰先生目前持有本公司社会公众股1000股,并已申请锁定。除此之外,本公司其他董事、监事、高管人员、核心技术人员及其家属均不持有本公司股份;本公司目前未安排认股权计划。

第七节 同业竞争与关联交易

一、同业竞争情况

本公司控股股东四川爱众投资控股集团有限公司以及持有本公司5%以上股份的股东四川省电力开发公司、四川省岳池银泰投资(控股)有限公司与本公司之间均不存在同业竞争,控股股东已出具避免同业竞争的承诺函。发行人律师及保荐机构(主承销商)均对此发表了相同意见。

二、关联交易情况

公司的关联交易主要包括向关联方售电、购电、租赁和出售资产等,均出于生产经营的需要,并严格按照一般商业交易条件进行的,价格公允,完全按照公开、公平、公正的原则进行,并且均已经本公司董事会及股东大会审议通过,在表决过程中关联董事和关联股东按照《公司章程》的要求予以了回避,表决程序合法有效;公司的独立董事及全体监事均对上述交易出具了无异议意见,上述对关联交易的处理不存在损害本公司及其他股东利益的情况。

本公司独立董事、发行人律师、保荐机构(主承销商)和申报会计师对本公司的关联交易发表了意见,认为本公司的关联交易未损害非关联股东的利益。

公司的关联交易具体内容请查阅2004年8月17日刊载于上海证券交易所网站(http://www.sse.com.cn)的本公司招股说明书全文。

第八节 财务会计资料

公司2001年至2004年上半年的财务会计资料已于2004年8月17日在《中国证券报》、《上海证券报》、《证券时报》和《证券日报》刊登的本公司招股说明书摘要中进行了披露,投资者欲了解详细内容,请查阅上述报纸或刊载于上海证券交易所网站(http://www.sse.com.cn)的本公司招股说明书全文。

一、注册会计师意见

岳华会计师事务所有限责任公司对本公司2001年度、2002年度、2003年度和2004年1-6月的财务报告进行了审计,并出具了标准无保留意见的岳总审字(2004)第A618号审计报告。

以下引用的财务数据,非经特别说明,均引自经岳华会计师事务所有限责任公司审计的财务报告。

二、简要会计报表

(一)简要合并资产负债表

单位:元

	2004年6月30日	2003年12月31日
流动资产:		
货币资金	48,757,893.81	43,879,091.83
短期投资	495,165.14	500,000.00
应收帐款	5,014,676.06	7,766,083.29
其他应收款	37,287,755.90	19,147,222.41
预付帐款	20,407,909.48	2,876,578.32
存货	11,189,270.86	6,883,593.09
待摊费用	384,765.26	614,519.81
流动资产合计	123,537,436.51	81,667,088.75
长期投资:		
长期股权投资	6,840,268.47	6,425,235.87
合并价差	−2,792,250.00	−3,021,750.00
长期投资合计	4,048,018.47	3,403,485.87
固定资产:		
固定资产原价	440,869,207.13	427,784,847.91
减:累计折旧	164,706,478.08	156,444,783.48
固定资产净值	276,162,729.05	271,340,064.43
固定资产净额	276,162,729.05	271,340,064.43
工程物资		
在建工程	54,903,430.53	8,982,368.12
固定资产合计	331,066,159.58	280,322,432.55
无形资产及其他资产:		
无形资产	24,459,788.43	24,113,203.68
长期待摊费用	1,566,070.51	565,000.00
无形资产及其他资产合计	26,025,858.94	24,678,203.68
资产总计	484,677,473.50	390,071,210.85
流动负债:		
短期借款	113,000,000.00	106,350,000.00
应付帐款	21,548,589.89	8,554,934.20
预收帐款	4,880,322.43	3,844,386.93
应付工资	5,265,415.27	5,271,331.58
应付福利费	3,125,668.07	2,739,907.23
应付股利	2,269,000.00	1,240,000.00
应交税金	−9,096,782.14	−4,304,119.84
其他应交款	108,441.17	109,746.44
其他应付款	23,281,426.18	20,678,356.43
预提费用		
预计负债		
一年内到期的长期负债		
递延收益	5,067,990.86	3,214,750.74
流动负债合计	169,450,071.73	147,699,293.71
长期负债:		
长期借款	149,282,851.00	89,650,000.00
其他长期负债	2,400,000.00	
长期负债合计	151,682,851.00	89,650,000.00
负债合计	321,132,922.73	237,349,293.71
少数股东权益	23,487,330.68	22,068,571.67
股东权益:		
股本	100,170,884.00	100,170,884.00
股本净额	100,170,884.00	100,170,884.00
资本公积	1,361,206.67	871,206.67
盈余公积	4,936,101.13	4,936,101.13
其中:法定公益金	1,645,367.05	1,645,367.05
未分配利润	33,589,028.29	24,675,153.67
股东权益合计	140,057,220.09	130,653,345.47
负债及股东权益总计	484,677,473.50	390,071,210.85

	2002年12月31日	2001年12月31日
流动资产:		
货币资金	29,787,980.60	8,006,479.52
短期投资		
应收帐款	5,988,657.27	11,557,967.88
其他应收款	17,882,472.29	100,222,145.49
预付帐款	1,417,892.87	126,650.10
存货	7,283,153.16	3,936,909.22

待摊费用	259,570.26	376,994.02
流动资产合计	62,619,726.45	124,227,146.23
长期投资:		
长期股权投资	3,720,977.79	2,030,000.00
合并价差	-3,480,750.00	-3,939,750.00
长期投资合计	240,227.79	-1,909,750.00
固定资产:		
固定资产原价	395,545,436.29	323,298,634.97
减:累计折旧	140,640,542.56	112,158,761.74
固定资产净值	254,904,893.73	211,139,873.23
固定资产净额	254,904,893.73	211,139,873.23
工程物资	26,470.20	37,146.20
在建工程	9,103,299.05	3,736,243.02
固定资产合计	264,034,662.98	214,913,262.45
无形资产及其他资产:		
无形资产	24,375,914.36	15,719,057.77
长期待摊费用		
无形资产及其他资产合计	24,375,914.36	15,719,057.77
资产总计	351,270,531.58	352,949,716.45
流动负债:		
短期借款	97,850,000.00	77,300,000.00
应付帐款	19,709,694.15	10,729,316.93
预收帐款	1,500,760.06	117,168.30
应付工资	4,478,771.80	4,585,360.01
应付福利费	2,674,734.89	1,725,076.34
应付股利	1,853,680.74	7,099,714.64
应交税金	-2,334,950.68	-357,695.27
其他应交款	33,987.75	156,419.51
其他应付款	32,175,094.85	11,356,233.61
预提费用	175,665.00	1,205,395.59
预计负债	371,724.20	
一年内到期的长期负债	38,000,000.00	3,100,000.00
递延收益		
流动负债合计	196,489,162.76	117,016,989.66
长期负债:		
长期借款	25,000,000.00	133,780,000.00
其他长期负债		
长期负债合计	25,000,000.00	133,780,000.00
负债合计	221,489,162.76	250,796,989.66
少数股东权益	19,588,658.44	17,535,873.08
股东权益:		
股本	100,170,884.00	60,000,000.00
股本净额	100,170,884.00	60,000,000.00
资本公积	450,988.26	21,485,241.76
盈余公积	1,600,882.25	3,042,258.73
其中:法定公益金	533,627.42	1,014,086.24
未分配利润	7,969,955.87	89,353.22
股东权益合计	110,192,710.38	84,616,853.71
负债及股东权益总计	351,270,531.58	352,949,716.45

(二)简要合并利润表

单位:元

项目	2004年1-6月	2003年度	2002年度	2001年度
主营业务收入	98,664,757.49	174,283,247.01	133,437,750.34	117,763,943.27
主营业务利润	31,285,851.37	63,421,733.99	45,452,926.19	38,884,247.89
营业利润	11,147,275.03	25,528,952.88	16,781,833.97	9,772,981.23
利润总额	11,147,275.03	25,893,414.79	16,194,686.26	9,790,891.29
净利润	8,913,874.62	20,040,416.68	12,255,750.38	6,638,138.75
可供分配的利润	33,589,028.29	28,010,372.55	12,345,103.60	7,085,074.04
可供股东分配的利润	33,589,028.29	24,675,153.67	10,744,221.35	6,089,353.22
年末未分配利润	33,589,028.29	24,675,153.67	7,969,955.87	89,353.22

(三)简要合并现金流量表

单位:元

项目	2004年1-6月	2003年度
经营活动产生的现金流量净额	3,239,831.90	49,051,280.14
投资活动产生的现金流量净额	-58,952,949.86	-59,887,189.97
筹资活动产生的现金流量净额	60,591,919.94	24,927,021.06
现金及现金等价物净增加额	4,878,801.98	14,091,111.23

(四)最近三年一期的主要财务指标

财务指标	2004年1-6月	2003年度	2002年度	2001年度
流动比率	0.73	0.55	0.32	1.06
速动比率	0.66	0.51	0.28	1.03
应收账款周转率(次)	-	20.83	13.75	10.16
存货周转率(次)	-	14.71	14.98	18.29
无形资产(土地使用权除外)占总资产的比例	0.06%	0.08%	0.02%	0.00%
资产负债率(母公司)	62.33%	55.57%	56.47%	59.10%
每股净资产(元)	1.40	1.304	1.100	1.410
研究与开发费用占主营业务收入的比例	-	-	-	-
每股收益(元)	0.089	0.200	0.122	0.111
净资产收益率(发行前)	6.36%	15.34%	11.12%	7.84%
净资产收益率(发行后)	-	5.27%	-	-
每股经营活动产生现金流量(元)	0.032	0.4897	0.4516	-

三、会计报表附注

本公司会计报表附注等有关内容,请查阅2004年8月17日刊载于上海证券交易所网站(http://www.sse.com.cn)的本公司招股说明书全文与附录。

第九节 其他重要事项

一、自本公司股票首次公开发行之日至本公司上市公告书公告之日,本公司严格依照现行法律法规的要求规范运行,生产经营情况正常,本公司所处行业和市场无重大变化,主要业务发展目标的进展状况正常,主要产品价格无重大变化。

二、自本公司股票首次公开发行之日至本公司上市公告书公告之日,本公司没有进行重大对外投资;

公司在招股说明书中披露将收购集团公司持有的四川省岳池富流滩发电有限公司51%的股权,相关手续正在办理之中,截止目前尚未办理完毕,除此之外,本公司无其他重大资产(股权)收购、出售行为。

三、自本公司股票首次公开发行之日至本公司上市公告书公告之日,本公司的重大会计政策和会计师事务所没有发生变化。

四、自本公司股票首次公开发行之日至本公司上市公告书公告之日,本公司无新发生的重大诉讼、仲裁或行政处罚案件,亦未新发生可能面临的重大诉讼和索赔要求。

五、自本公司股票首次公开发行之日至本公司上市公告书公告之日,本公司董事、监事和高级管理人员未受到任何刑事起诉,亦没有尚未了结或可能发生的刑事诉讼事项。

六、自本公司股票首次公开发行之日至本公司上市公告书公告之日,本公司住所没有发生变更。

七、自本公司股票首次公开发行之日至本公司上市公告书公告之日,本公司的税收政策未发生变化。

八、自本公司股票首次公开发行之日至本公司上市公告书公告之日,本公司未发生新的重大负债,并且重大债项未发生变化。

九、根据《上海证券交易所股票上市规则》,公司第一大股东四川爱众投资控股集团有限公司向上海证券交易所承诺,自发行人股票上市后12个月内,不转让其所持有的发行人股份,亦不要求发行人回购其持有的发行人股份。

十、自本公司股票首次公开发行之日至本公司上市公告书公告之日,没有其他应披露而未披露之重大事项。

第十节 董事会上市承诺

本公司董事会承诺将严格遵守《公司法》、《证券法》、《股票发行与交易管理暂行条例》、《上海证券交易所股票上市规则》和《证券发行上市保荐制度暂行办法》等法律、法规的有关规定,承诺自本公司股票上市之日起做到:

(一)本公司将真实、准确、完整、公允和及时地公布定期报告,披露所有对投资者有重大影响的信息,并接受中国证监会、证券交易所的监督管理;

(二)本公司在知悉可能对股票价格产生误导性影响的任何公共传播媒介中出现的消息后,将及时予以公开澄清;

(三)本公司董事、监事、高级管理人员和核心技术人员将认真听取社会公众的意见和批评,不利用已获得的内幕消息和其他不正当手段直接或间接从事发行人股票的买卖活动;

(四)本公司没有无记录的负债。

依据《上海证券交易所股票上市规则》,本公司全体董事、监事将按照有关规定,在本公司股票上市后两个月内签署《董事(监事)声明及承诺书》并送达上海证券交易所备案。

第十一节 保荐机构及其推荐意见

一、保荐机构(上市推荐人)情况

保荐机构:国盛证券有限责任公司

法定代表人:管荣升

注册地址:江西省南昌市永叔路15号信达大厦10层

电话:010-66218395

传真:010-66218253

联系人:高立金 任 滨 彭慧莹 赵 轶 王友忠

二、保荐机构(上市推荐人)意见

本公司保荐机构国盛证券有限责任公司认为:发行人章程符合《公司法》、《证券法》等有关法律、法规和证券监督管理委员会的规定;发行人本次股票发行符合《公司法》、《证券法》及《上海证券交易所股票上市规则》等国家有关法律、法规的规定,已具备上市条件;发行人董事了解国家有关法律、法规、上海证券交易所上市规则及股票上市协议规定的董事义务与责任;发行人建立健全了法人治理结构、制定了严格的信息披露制度与保密制度。

保荐机构已对上市文件所载的资料进行了核实,确保上市文件真实、准确、完整,符合规定要求,保证发行人的上市申请材料、上市公告书没有虚假、严重误导性陈述或重大遗漏,并保证对其承担相应的法律责任。保荐机构与本公司不存在关联关系。保荐机构愿意推荐发行人的股票在上海证券交易所上市交易,并保证不利用在上市过程中获得的内幕信息进行内幕交易,为自己或他人谋利益。

四川广安爱众股份有限公司

2004年9月1日

北矿磁材科技股份有限公司

北矿磁材科技股份有限公司首次公开发行股票上市公告书

第一节　重要声明与提示

北矿磁材科技股份有限公司(下简称本公司、公司或发行人)董事会保证上市公告书的真实性、准确性、完整性,全体董事承诺上市公告书不存在虚假记载、误导性陈述或重大遗漏,并承担个别和连带的法律责任。

根据《公司法》、《证券法》等有关法律、法规规定,本公司董事、高管人员已依法履行诚信和勤勉尽责的义务和责任。

上海证券交易所、中国证监会、其他政府机关对本公司股票上市及有关事项的意见,均不表明对本公司的任何保证。

本公司提醒广大投资者注意,凡本上市公告书未涉及的有关内容,请投资者查阅2004年4月15日刊载于《中国证券报》、《上海证券报》、《证券时报》、《证券日报》的本公司招股说明书摘要及刊载于上海证券交易所网站(HTTP://WWW.SSE.COM.CN/)的本公司招股说明书全文。

本公司承诺:若保荐机构和保荐代表人名单公布后,本公司主承销商未取得保荐资格,本公司承诺在保荐机构和保荐代表人名单公布后一个月内,按《证券发行上市保荐制度暂行办法》的要求聘请保荐机构履行持续督导义务。如果违反承诺,未能按时聘请保荐机构,本公司自愿接受《证券发行上市保荐制度暂行办法》第七十一条规定的监管措施。

第二节　概　览

根据国家现行法律、法规和中国证监会证监发行字[2004]41号《关于核准北矿磁材科技股份有限公司公开发行股票的通知》,本公司发起人股东所持股份暂不上市流通;本公司第一大股东北京矿冶研究总院承诺:自本公司股票上市之日起12个月内,不转让其持有的本公司股份;同时,本公司也承诺:自公司股票上市之日起12个月内不回购公司发起人所持有的本公司股份。

第三节　绪　言

本上市公告书是根据《中华人民共和国公司法》、《中华人民共和国证券法》、《股票发行与交易管理暂行条例》、《公开发行股票公司信息披露实施细则》和《上海证券交易所股票上市规则》等国家有关法律、法规的规定,并按照中国证监会《公开发行证券的公司信息披露内容与格式准则第7号-股票上市公告书》而编制,旨在向投资者提供有关本公司的基本情况和本次股票上市的有关情况。

经中国证监会证监发行字[2004]41号文核准,本公司于2004年4月20日采用全部向二级市场投资者定价配售的方式发行了3,500万股人民币普通股(A股)股票,发行价为6.56元/股。

经上海证券交易所上证上字[2004]52号文批准,本公司公开发行的3,500万股社会公众股将于2004年5月12日起在上海证券交易所挂牌交易。股票简称北矿磁材,沪市股票交易代码"600980"、深市代理股票交易代码"003980"。

本公司已于2004年4月15日在《中国证券报》、《上海证券报》、《证券时报》、《证券日报》上刊登了《北矿磁材科技股份有限公司首次公开发行股票招股说明书摘要》,招股说明书正文及其附录刊载于上海证券交易所网站(HTTP://WWW.SSE.COM.CN/),距今不足三个月,故与其重复的内容在此不再重述,敬请投资者查阅上述内容。

第四节　发行人概况

一、发行人基本情况

中文名称:北矿磁材科技股份有限公司

英文名称:BGRIMM MAGNETIC MATERIALS & TEcHNOLOGY CO., LTD.

法定代表人:孙传尧

发行人工商注册日期:2000年9月6日

所属行业:电子元件制造业

注册地址:北京市丰台区科学城10D地块2号楼

董事会秘书:曲晓力

联系电话:010-67537184

传　　真:010-67583947

互联网网址:HTTP://WWW.MAGMAT.COM

电子信箱:MAGMAT@MAGMAT.COM

邮政编码:100070

经营范围:磁性材料、磁器件、稀土、合金材料、化工材料、电子陶瓷材料、电子器件、机械电子设备的生产、销售、技术开发、技术转让和技术服务;有色金属行业新技术、新工艺、新产品的开发。经营本企业和成员企业自产产品及技术出口业务;本企业和成员企业生产所需的原辅材料、仪器仪表、机械设备、零配件及技术的进口业务(国家限定公司经营和国家禁止进出口的商品除外);经营进料加工和"三来一补"业务。

主营业务:磁性材料和磁器件的研发、生产和销售,主要产品包括:烧结铁氧体材料、粘结铁氧体材料、烧结磁器件和粘结磁器件等四大类。

二、发行人历史沿革

本公司是以北京矿冶研究总院为主发起人,联合钢铁研究总院、机械科学研究院、中国纺织科学研究院、中国建筑材料科学研究院和江门市粉末冶金厂有限公司五家法人单位,经原国家经贸委2000年7月28日《关于同意设立北矿磁材科技股份有限公司的批复》(国经贸企改字[2000]697号文)批准,于2000年9月6日以发起设立方式成立的股份有限公司。

主发起人---矿冶总院遵循业务相关原则和独立经营原则,确定将其所属的磁性材料研究所和磁器件研究所的全部生产经营性资产及相应的负债投入股份公司。其他发起人以现金出资。

经中国证监会证监发行字[2004]41号文核准,本公司于2004年4月20日采用全部向二级市场投资者定价配售的方式发行了3,500万股人民币普通股(A股)股票,发行价为6.56元/股。本次发行后,公司注册资本为10,000万元。本次发行前后股权变动情况如下:

三、发行人的主要经营情况

本公司主要从事磁性材料和磁器件的研发、生产和销售,主要产品包括:烧结铁氧体材料、粘结铁氧体材料、烧结磁器件和粘结磁器件等四大类。

根据全国磁性材料与器件行业协会统计,2002年本公司永磁铁氧体材料产量为60,369吨,国内市场占有率为29%,世界市场占有率为12%;其中烧结铁氧体材料产量约为49,735吨,国内市场占有率为28%;粘结铁氧体材料产量为10,904吨,国内市场占有率为39.6%,其中各向同性粘结磁粉产量为2,490吨,国内市场占有率为14%;各向异性粘结磁粉产量为8,414吨,国内市场占有率为96%。(摘自全国磁性材料与器件行业协会统计数据,2003年12月25日)

本公司拥有的国家磁性材料工程技术研究中心系科技部批准设立的首批国家级工程技术研究中心之一。本公司曾主持起草并制订了"SJ/T10411-93永磁铁氧体材料物理分析方法"等3个部级行业标准,拥有"ZL93103307.1减震消音用粘结铁氧体磁粉的制造方法"等9项发明专利和实用新型专利(其中二项正在申请中),获得"以铁鳞替代铁红生产高性能锶铁氧体材料"等11个部级科学技术成果鉴定证书,取得"新型锶钡固溶铁氧体材料的研制及其工业生产与应用"等19个部级和行业奖励。2000年2月本公司通过了ISO9001:1994版质量体系审核认证,2002年6月通过ISO9001:2000版质量体系审核认证;2000年9月本公司获得由北京市科学技术委员会颁发的《高新技术企业证书》(统一编号:0121351F),2002年7月1日经北京市科学技术委员会复核,取得京科高字0211006A0099号《高新技术企业批准证书》和《高新技术企业认定证书》(统一编号:0211006A0099);2002年5月13日取得由北京市对外经济贸易委员会颁发的(2001)京经贸发登字第03号《中华人民共和国进出口企业资格证书》(进出口企业代码:1100710927038)。

本公司董事会共有11名董事,均为教授级高级工程师或具有高级职称,其中有4位中国工程院院士;经理层均为教授级高级工程师或具有高级职称。公司拥有一支高素质的技术队伍,技术人员共109人,占全部员工的38.38%;中高级职称技术人员为88人,占全部员工的30.99%;硕士、博士17人,占全部员工的6%。

公司主要财务指标请参见本上市公告书"财务会计资料"。

本公司拥有的财政税收优惠政策:公司现为注册在国家级科技园-北京市中关村科技园丰台园区的高新技术企业,享受企业所得税税率为15%的优惠待遇。根据北京市国家税务局京国税函[2001]236号文件及丰国税批复[2001]050461号文件批准,享受自2000年9月1日至2002年12月31日免征企业所得税的税收优惠待遇;根据丰国税批复[2003]095153号文件"关于企业减免税的批复",公司自2003年1月1日起至2005年12月31日止减半(7.5%)征收企业所得税。

第五节　股票发行与股本结构

一、首次公开发行股票的基本情况

1、股票种类:人民币普通股

2、发行股数:3,500万股,占发行后总股本的比例为35%

3、发行价格:6.56元/股

4、募集资金总额:22,960万元

5、发行方式:全部"向二级市场投资者定价配售"

6、配售对象:《招股说明书摘要》刊登日即2004年4月15日收盘时,持有上交所或深交所已上市流通人民币普通股(A股)股票市值达10,000元及以上的投资者均可参加本次新股配售发行的申购。投资者同时持有的沪、深两市上市流通A股股票市值不合并计算。

7、发行费用及项目:总额1,225万元,主要包括:承销费用、申报会计师费用、律师费用、评估费用、验资费用、发行手续费、审核费用、保荐费用。

8、每股发行费用:0.35元

二、首次公开发行股票的承销情况

本次公开发行的3,500万股社会公众股中,二级市场投资者认购34,624,804股,其余375,196股由主承销商巨田证券有限责任公司包销。

三、注册会计师对首次公开发行股票所募股资金的验资报告

岳华会计师事务所有限责任公司为本次发行出具了岳总验字(2004)第A005号验资报告,全文如下:

北矿磁材科技股份有限公司:

我们接受委托,审验了贵公司截至2004年4月28日止新增注册资本实收情况,按照国家相关法律、法规的规定和协议、章程的要求出资,提供真实、合法、完整的验资资料,保护资产的安全、完整是全体股东及贵公司的责任。我们的责任是对贵公司新增注册资本的实收情况发表审验意见。我们的审验是依据《独立审计实务公告第1号-验资》进行的。在审验过程中,我们结合贵公司的实际情况,实施了检查等必要的审验程序。

贵公司变更前的注册资本为人民币6,500万元,变更后拟申请登记的注册资本为人民币10,000万元。根据中国证券监督管理委员会证监发行字【2004】41号《关于核准北矿磁材科技股份有限公司公开发行股票的通知》和《北矿磁材科技股份有限公司首次公开发行股票招股说明书》,贵公司采用全部向二级市场投资者定价配售方式,向社会公开发行人民币普通股股票3,500万股,股票面值为每股人民币1元,经主承销商与贵公司共同协商确定发行价格为每股人民币6.56元(含发行手续费)。根据我们的审验,截止2004年4月28日,贵公司实际已发行人民币普通股股票3,500万股,应募集资金总额229,600,000.00元,扣除承销费、发行手续费等发行费用计人民币12,250,000.00元,募集资金净额为人民币贰亿壹仟柒佰叁拾伍万元整(RMB217,350,000.00元),其中股本人民币叁仟伍佰万元整(RMB35,000,000.00元),资本公积人民币壹亿捌仟贰佰叁拾伍万元整(RMB182,350,000.00元)。

同时我们注意到,贵公司2000年9月6日设立时的注册资本为人民币6500万元,已由岳华会计师事务所岳总验字(2001)021号验资报告验证。

本验资报告仅供贵公司此次申请变更登记及据以向出资者签发出资证明时使用，不应将其视为是对贵公司验资报告日后资本保全、偿债能力和持续经营能力等的保证。因使用不当造成的后果，与执行验资业务的注册会计师及会计师事务所无关。

附件：

一、注册资本变更前后对照表

二、验资事项说明

三、中国证监会《关于核准北矿磁材科技股份有限公司公开发行股票的通知》(证监发行字【2004】41号)

四、银行进帐单(复印件)

中国注册会计师潘帅、尹师州

岳华会计师事务所有限责任公司

报告日期:2004年4月28日

四、本次发行募股资金入帐情况

入帐时间:2004年4月28日

入帐金额:220,806,400.00元

入帐银行:广东发展银行北京分行翠微路支行

入帐帐号:137131516010005009

五、公司上市前股权结构及各类股东的持股情况

1、本公司上市前股权结构如下：

2、本公司目前最大十名股东情况

第六节 董事、监事、高级管理人员及核心技术人员

本公司全体董事、监事、高级管理人员与核心技术人员均为中国国籍，发行前后均不持有公司股份。

第七节 同业竞争与关联交易

一、同业竞争

在本公司成立过程中，矿冶总院将其所属的磁性材料研究所和磁器件研究所的全部生产经营性资产、相应的负债以及有关磁性材料的研发、生产和销售业务投入本公司，并变更了企业法人营业执照的经营范围。矿冶总院不再从事与本公司相同或相似的业务，矿冶总院与本公司之间不存在同业竞争。

为避免发生同业竞争，2000年9月20日，矿冶总院与本公司签署了《非竞争协议》。根据该协议，矿冶总院确认目前其本身及下属企业从事的项目或业务未构成与本公司竞争；矿冶总院以后也不经营任何同本公司产生竞争的业务或投资于经营任何竞争业务的企业；且有义务促使其下属关联企业不经营任何竞争业务或投资于经营任何竞争业务的企业。

2001年9月6日，矿冶总院出具了《北京矿冶研究总院关于不从事同业竞争的承诺函》。矿冶总院向本公司承诺：矿冶总院将不利用控股股东的地位损害本公司及本公司其他股东的利益；矿冶总院及其下属企业将不从事与本公司经营业务有竞争或可能构成竞争的业务及活动；本公司将来扩大业务范围时，矿冶总院将放弃从事与本公司扩大的业务相同的业务。

二、关联方及关联关系

请查阅刊载于上海证券交易所网站(HTTP://WWW.SSE.COM.CN/)的本公司首次公开发行股票招股说明书全文。

三、关联交易

本公司与本公司关联方之间最近三年发生的关联交易内容请查阅刊载于上海证券交易所网站(HTTP://WWW.SSE.COM.CN/)的本公司首次公开发行股票招股说明书全文。

本公司独立董事认为:与关联方发生的关联交易遵循了市场公正、公平、公开的原则，未发现损害双方各自利益的行为；本公司《公司章程》及《关联交易决策制度》的相关规定确保了公司关联交易协议公允的决策程序，上述关联交易协议业已履行了法定批准程序，相关关联方依据规定回避了表决。

发行人律师认为，发行人对与关联方的关联交易进行了充分披露，无重大遗漏或重大隐瞒，发行人与关联方发生的重大关联交易合法有效，不存在损害发行人及其股东利益的情形，发行人与关联方之间不存在同业竞争。

发行人申报会计师认为:发行人2001年度、2002年度、2003年度经审计后的财务会计报告中所披露的重大关联交易的会计处理符合《关联方之间出售资产等有关会计处理问题暂行规定》(财会[2001]64号)之规定。

主承销商认为:发行人与关联企业间发生的关联交易已经进行了详细、全面的披露；发行人的《股东大会议事规则》、《董事会议事规则》和《公司章程》均对发行人与关联方发生关联交易的决策程序进行了规定，发行人关联交易决策程序能充分保护中、小股东的权益。发行人目前与关联方发生大的关联交易对发行人生产经营的独立性未产生重大影响。

第八节 财务会计资料

本公司截止2003年12月31日的财务会计资料已于2004年4月15日刊登在《中国证券报》、《上海证券报》、《证券时报》、《证券日报》的《北矿磁材科技股份有限公司首次公开发行股票招股说明书摘要》中。投资者欲了解详细内容，请查阅上述报刊或刊载于上海证券交易所网站(WWW.SSE.COM.CN)上的本公司招股说明书全文与附录。

一、注册会计师意见

本公司聘请了岳华会计师事务所对本公司2001年12月31日、2002年12月31日、2003年12月31日的资产负债表，2001年度、2002年度、2003年度的利润及利润分配表，2002年度、2003年度的现金流量表进行了审计，并出具了岳总审字[2004]第A006号标准无保留意见的《审计报告》。

二、简要会计报表

1、简要资产负债表

单位:元

2、简要损益表

单位:元

3、简要现金流量表

单位:元

公司会计报表附注等有关内容，请查阅2004年4月15日刊登于《中国证券报》、《上海证券报》、《证券时报》、《证券日报》的《北矿磁材科技股份有限公司首次公开发行股票招股说明书摘要》以及刊登于上海证券交易所网站(HTTP://WWW.SSE.COM.CN/)上的本公司《招股说明书》全文及其附录。

三、主要财务指标

根据中国证监会《公开发行证券公司信息披露编报规则第9号-净资产收益率和每股收益的计算及披露》的要求，本公司2003年度、2002年度净资产收益率和每股收益见下表：

第九节 其他重要事项

一、自本公司股票首次公开发行后至本上市公告书公告前，本公司未发生可能对本公司有较大影响的其他重要事项。

二、根据《上海证券交易所股票上市规则》的有关规定，本公司第一大股东----矿冶总院承诺：自发行人股票上市之日起12个月内，不转让其持有的发行人股份，也不由上市公司回购其持有的股份。

第十节 董事会上市承诺

本公司董事会将严格遵守《中华人民共和国公司法》、《中华人民共和国证券法》、《股票发行与交易管理暂行条例》、《公开发行股票公司信息披露实施细则》和《上海证券交易所股票上市规则》等国家相关法律、法规和有关规定，并自股票上市日起做到：

1、按照法律、法规规定的程序和要求披露所有对投资者有重大影响的信息，并接受中国证监会、证券交易所的监督管理；

2、真实、准确、完整、公允和及时地公布定期报告，并置备于规定场所供投资者查阅；

3、本公司董事、监事、高级管理人员如发生人事变动或持本公司股票发生变化时，在报告中国证监会、上海证券交易所的同时向投资者公布；

4、本公司在知悉可能对股票价格产生误导性影响的任何公共传播媒介中出现的消息后，将及时予以公开澄清；

5、本公司董事、监事、高级管理人员和核心技术人员将认真听取社会公众的意见和批评，不利用已获得的内幕消息和其他不正当手段直接或间接从事发行人股票的买卖活动；

6、本公司没有无记录的负债。

依据《上海证券交易所股票上市规则》，本公司全体董事、监事将按照有关规定，在本公司股票上市后两个月内签署《董事(监事)声明及承诺书》并送达上海证券交易所备案。

第十一节 上市推荐人及其意见

一、上市推荐人

巨田证券有限责任公司

法定代表人：王一楠

注册地址： 深圳市福田区滨河路证券大厦21层

联系电话： 0755-82990736

传　真： 0755-82990006

联 系 人： 滕建华 陈桂平 侯玉春 冀东晓

南方证券股份有限公司

法定代表人：贺云

注册地址： 深圳市罗湖区嘉宾路4028号太平洋商贸大厦20-28层

联系电话： 010-66212491

传　真： 010-66210025

联 系 人： 田勇

二、上市推荐人意见

本公司上市推荐人巨田证券、南方证券均认为，发行人上市完全符合《中华人民共和国公司法》、《中华人民共和国证券法》、《证券发行上市保荐制度暂行办法》、《上海(深圳)证券交易所股票上市交易规则》以及其他有关法律、法规的要求；同意推荐北矿磁材股票上市交易。

发行人董事了解法律、法规、上海证券交易所上市规则及股票上市协议规定的董事义务与责任；发行人建立健全了法人治理结构，制定了严格的信息披露制度与保密制度。上市推荐人已对上市文件所载的资料进行了核实，确保上市文件真实、准确、完整，符合规定要求，保证本公司的上市申请材料、上市公告书没有虚假记载、严重误导性陈述或重大遗漏，并对其承担连带责任。上市推荐人与本公司不存在关联关系。上市推荐人愿意推荐本公司的股票在上海证券交易所上市交易，并且在上市推荐过程中，保证不利用获得的内幕信息进行内幕交易，为自己或他人谋取利益。

联 系 人： 滕建华 陈桂平 侯玉春 冀东晓

南方证券股份有限公司

法定代表人：贺云

注册地址： 深圳市罗湖区嘉宾路4028号太平洋商贸大厦20-28层

联系电话： 010-66212491

传　真： 010-66210025

联 系 人： 田勇

二、上市推荐人意见

本公司上市推荐人巨田证券、南方证券均认为，发行人上市完全符合《中华人民共和国公司法》、《中华人民共和国证券法》、《证券发行上市保荐制度暂行办法》、《上海(深圳)证券交易所股票上市交易规则》以及其他有关法律、法规的要求；同意推荐北矿磁材股票上市交易。

发行人董事了解法律、法规、上海证券交易所上市规则及股票上市协议规定的董事义务与责任；发行人建立健全了法人治理结构，制定了严格的信息披露制度与保密制度。上市推荐人已对上市文件所载的资料进行了核实，确保上市文件真实、准确、完整，符合规定要求，保证本公司的上市申请材料、上市公告书没有虚假记载、严重误导性陈述或重大遗漏，并对其承担连带责任。上市推荐人与本公司不存在关联关系。上市推荐人愿意推荐本公司的股票在上海证券交易所上市交易，并且在上市推荐过程中，保证不利用获得的内幕信息进行内幕交易，为自己或他人谋取利益。

北矿磁材科技股份有限公司

二〇〇四年四月三十日

江苏省纺织品进出口集团股份有限公司

江苏省纺织品进出口集团股份有限公司首次公开发行股票上市公告书

重要声明与提示

江苏省纺织品进出口集团股份有限公司(以下简称"本公司"、"公司"或"发行人")董事会保证上市公告书的真实性、准确性、完整性,全体董事承诺上市公告书不存在虚假记载、误导性陈述或重大遗漏,并承担个别和连带的法律责任。

根据《公司法》、《证券法》等有关法律、法规的规定,本公司董事、高级管理人员已依法履行诚信和勤勉尽责的义务和责任。

上海证券交易所、中国证监会、其他政府机关对本公司股票上市及有关事项的意见,均不表明对本公司的任何保证。

本公司提醒广大投资者注意,凡本上市公告书未涉及的有关内容,请投资者查阅2004年6月10日刊载于《中国证券报》、《上海证券报》、《证券时报》和《证券日报》的本公司招股说明书摘要及刊载于上海证券交易所网站(www.sse.com.cn)的本公司招股说明书全文。

第二节　概　览

1、股票简称:江苏纺织　　2、沪市股票代码:600981
3、深市代理股票代码:003981　　4、股本总额:181,090,000股
5、可流通股本:50,000,000股　　6、本次上市流通股本:50,000,000股
7、发行价格:7.20元/股　　8、上市地点:上海证券交易所
9、上市时间:2004年6月30日
10、股票登记机构:中国证券登记结算有限责任公司上海分公司
11、保荐机构(上市推荐人):华泰证券有限责任公司
12、对本公司首次公开发行股票前股东所持股份的流通限制及期限:根据国家有关法律、法规规定和中国证监会证监发行字[2004]81号《关于核准江苏省纺织品进出口集团股份有限公司公开发行股票的通知》,本公司的国有法人股暂不上市流通;内部职工股自本次发行之日起,期满三年后可申请上市流通。
13、本公司第一大股东江苏开元国际集团有限公司承诺:自本公司股票上市之日起12个月内,不转让其所持有的股份,也不由本公司回购其所持有的股份。

第三节　绪　言

本上市公告书是根据《公司法》、《证券法》、《股票发行与交易管理暂行条例》、《公开发行股票公司信息披露实施细则》和《上海证券交易所股票上市规则》等国家有关法律、法规的规定,并按照中国证监会制定的《公开发行证券的公司信息披露内容与格式准则第7号?股票上市公告书》要求而编制,旨在向投资者提供有关本公司的基本情况和本次股票上市的有关资料。

经中国证监会证监发行字[2004]81号文核准,本公司已于2004年6月15日采用向二级市场投资者定价配售的方式成功发行了5,000万股人民币普通股,每股发行价格为人民币7.20元。

经上海证券交易所《关于江苏省纺织品进出口集团股份有限公司人民币普通股股票上市交易的通知》(上证上字[2004]98号)批准,本公司公开发行的5,000万股社会公众股将于2004年6月30日起在上海证券交易所挂牌交易。股票简称为"江苏纺织",沪市股票代码为600981,深市代理股票代码为003981。

本公司已于2004年6月10日分别在《中国证券报》、《上海证券报》、《证券时报》和《证券日报》上刊登了招股说明书摘要,招股说明书全文及其附录刊载于上海证券交易所网站(www.sse.com.cn),前述招股文件刊登距今不超过三个月,故本上市公告书与其重复的内容不再重述,敬请投资者查阅上述内容。

第四节　本公司概况

(一)本公司基本情况
公司名称:江苏省纺织品进出口集团股份有限公司
英文名称:CHINA JIANGSU TEXTILES IMPORT & EXPORT GROUP CORP.
法定代表人:陈树扬　　注册资本:18,109万元　　公司成立日期:1994年6月30日
住所:南京市户部街15号　　邮政编码:210002
经营范围:自营和代理各类商品及技术的进出口业务,包括棉花、棉纱、棉坯布、棉涤纶坯布商品出口和棉花、羊毛、晴纶、涤纶商品进口,其它国家规定的专营进出口商品和国家禁止进出口等特殊商品除外。经营进料加工和"三来一补"业务,开展对销贸易和转口贸易,国内贸易(国家有专项规定的,办理审批手续后经营),仓储,公路货运
主营业务:纺织品及服装的进出口业务　　所属行业:商业类
电话:(025)86648112　　传真:(025)84400800
互联网网址:http://www.jstex.com　　电子信箱:board@jstex.com
董事会秘书:范云涛

(二)本公司历史沿革及股权变更

公司系于1994年6月17日经江苏省体改委苏体改生(1994)230号文《关于同意设立江苏省纺织品进出口集团股份有限公司的批复》批准,由江苏省纺织品进出口(集团)公司独家发起,以定向募集方式设立的股份有限公司。公司成立时股本总额为13,109万股,其中经江苏省国有资产管理局苏国资企(1994)12号文批准,江苏省纺织品进出口(集团)公司以经评估确认的经营性净资产11,405万元,按1:1的比例折为11,405万股国家股投入本公司,占公司股本总额的87%;向内部职工以每股1元的价格发行内部职工股1,704万股,占公司股本总额的13%。根据国家体改委《关于清理定向募集股份有限公司内部职工持股不规范做法的通知》和《定向募集股份有限公司内部职工持股管理规定》的要求,本公司对内部职工股进行了清理,经公司2001年第二次临时股东大会决议通过,按照持股人同比例转让原则,将超比例发行部分共计1,376.275万股内部职工股,以每股3元的价格分别转让给江苏舜天股份有限公司等8家法人单位。转让后,公司内部职工股由1,704万股调减为327.725万股,占公司股本总额的2.5%。

经中国证监会证监发行字[2004]81号文核准,本公司于2004年6月15日采用全部向二级市场投资者定价配售的方式成功发行了人民币普通股5,000万股,每股面值1.00元,每股发行价格7.20元。本次发行完成后,本公司的总股本为18,109万股。

(三)本公司主要经营情况

1、主营业务情况

本公司目前主要从事纺织品及服装的进出口业务,产品主要销往日本、美国、加拿大、孟加拉国、土耳其和香港等100多个国家和地区。

2、本公司面临的竞争情况

我国纺织品及服装对外贸易企业数量较多,分布广泛,但规模普遍偏小,行业竞争状况相当激烈。从地区分布情况看,排名居前的企业均在上海、江苏和浙江等地,这些地区的贸易类公司具有一定的地域优势。根据中华人民共和国商务部公布的信息,2002年全国进出口额最大的500家企业中,开元集团(其中包括本公司)排名第54位。

3、主要财务指标

请参阅本上市公告书"财务会计资料"部分的相关内容。

4、本公司业务及生产经营有关的资产权属情况

(1)商标　公司在国内注册了"JSTEX"、"蓝鲸"、"月季"、"节日"等15个商标,其所有权和使用权归公司所有。

(2)土地使用权及房屋产权　本公司目前拥有土地4宗,合计50,254.29平方米,均以出让方式获得了土地使用权;拥有房屋产权7处,合计36,578.07平方米。

(3)特许权利　公司于1998年2月4日取得原中华人民共和国对外贸易经济合作部换发的第0009001号《中华人民共和国进出口企业资格证书》。

第五节　股票发行与股本结构

(一)本次股票上市前首次公开发行股票的情况
1、发行数量:50,000,000股　　2、发行价格:7.20元/股
3、发行市盈率:17.83倍(按2003年经审计的净利润、2003年末股本计算)
4、募股资金总额:36,000万元
5、发行方式:网上向二级市场投资者定价配售
6、发行对象:于2004年6月10日持有上海证券交易所或深圳证券交易所已上市流通人民币普通股(A股)股票的收盘市值总和(包括可流通但暂时锁定的股份市值)不少于10,000元的投资者(国家有关法律、法规禁止购买的除外)
7、发行费用:本次公开发行的费用总额为22,990,000.00元,包括承销费用、保荐费用、审计费用、律师费用、资产评估复核费用、发行手续费、路演及推介费用、审核费用
8、每股发行费用:0.46元

(二)本次股票上市前首次公开发行股票的承销情况

本次公开发行的人民币普通股50,000,000股的配号总数为76,010,539个,中签率为0.06578035%,其中二级市场投资者认购49,347,454股,其余652,546股由主承销商包销。

(三)本次股票上市前首次公开发行募股资金的验资报告

验资报告　　天衡验字(2004)25号

江苏省纺织品进出口集团股份有限公司全体股东:

我们接受委托,审验了贵公司截至2004年6月22日止新增注册资本的实收情况。按照国家相关法律、法规的规定和协议、章程的要求出资,提供真实、合法、完整的验资资料,保护资产的安全、完整是全体股东和贵公司的责任。我们的责任是对贵公司新增注册资本的实收情况发表审验意见。我们的审验是依据《独立审计实务公告第1号－验资》进行的。在审验过程中,我们结合贵公司的实际情况,实施了检查等必要的审验程序。

贵公司原注册资本为人民币13,109.00万元,根据贵公司2002年第二次临时股东大会决议,贵公司申请向社会公开发行人民币普通股(A股)5000万股,增加注册资本5,000.00万元,变更后的注册资本为人民币18,109.00万元。经中国证券监督管理委员会证监发行字(2004)81号"关于核准江苏省纺织品进出口集团股份有限公司公开发行股票的通知"核准,贵公司于2004年6月15日公开发行5000万股人民币普通股,每股面值1.00元,每股发行价7.20元。根据我们的审验,截至2004年6月22日止,贵公司已发行人民币普通股5000万股,募集资金总额为人民币360,000,000.00元,扣除发行费用22,990,000.00元,实际募集资金净额337,010,000.00元,其中新增注册资本人民币50,000,000.00元,资本公积人民币287,010,000.00元。

同时我们注意到,贵公司本次发行前的注册资本为人民币13,109.00万元,已经江苏天衡会计师事务所有限公司审验,并于2002年3月20日出具天衡验字(2002)6号验资报告。截至2004年6月22日止,贵公司变更后的累计注册资本实收金额为人民币18,109.00万元。

本验资报告仅供贵公司申请变更登记及据以向股东签发出资证明时使用,不应将其视为是对贵公司验资报告日后资本保全、偿债能力和持续经营能力等的保证。因使用不当造成的后果,与执行本验资业务的注册会计师及会计师事务所无关。

附件一(1):新增注册资本实收情况明细表　附件一(2):注册资本变更前后对照表
附件二:验资事项说明
江苏天衡会计师事务所有限公司　中国注册会计师:余瑞玉　荆建明
中国－南京　　2004年6月22日

(四)募股资金入帐情况
1、入帐时间:2004年6月21日
2、入帐金额:34,374万元(募股资金扣除承销费、保荐费和上网发行费后的余额)
3、入帐帐号:04413000881809501
4、开户银行:中国银行江苏省分行

(五)本公司上市前股权结构和股东持股情况

1、本次上市前股本结构

股份类别	持股数量(股)	持股比例(%)
1、未上市流通股份	131,090,000	72.39
其中:国有法人股	127,812,750	70.58
内部职工股	3,277,250	1.81
2、可流通股份:	50,000,000	27.61
其中:本次公开发行普通股	50,000,000	27.61
总股本	181,090,000	100.00

2、本次上市前,本公司前十名股东持股情况

序号	股东名称	股份类别	持股数量(万股)	持股比例(%)
1	江苏开元国际集团有限公司	国有法人股	11405	62.98
2	江苏舜天股份有限公司	国有法人股	376	2.08
3	中国外运江苏公司	国有法人股	300	1.65
4	江苏东恒国际集团有限公司	国有法人股	170	0.94
5	江苏丹棉集团有限公司	国有法人股	150	0.83
6	江苏汇鸿国际集团针棉织品进出口有限公司	国有法人股	100.275	0.56
7	江苏弘业股份有限公司	国有法人股	100	0.55
8	江苏省惠隆资产管理有限公司	国有法人股	100	0.55

9	江苏汇鸿国际集团毛针织品进出口有限公司	国有法人股	80	0.44
10	华泰证券有限责任公司	流通股	65.2546	0.36

第六节 董事、监事、高级管理人员及核心技术人员

(一)董事、监事、高级管理人员简介

1、董事

陈树扬先生:51 岁,大专学历,国际商务师,现任本公司董事长。

刘锦铎先生:59 岁,中专学历,国际商务师,现任开元集团董事、总裁,本公司董事。

吴宗仁先生:58 岁,大专学历,现任开元集团董事、副总裁,本公司董事。

蒋金华先生:40 岁,本科学历,国际商务师,现任本公司董事、总经理。

刘玉璋女士:50 岁,大专学历,国际商务师,现任本公司董事、副总经理。

方春玲女士:50 岁,大专学历,国际商务师,现任本公司董事、副总经理。

徐康宁先生:48 岁,研究生学历,教授,博士生导师,国务院政府特殊津贴专家。现任东南大学经济管理学院院长,兼中国世界经济学会常务理事,江苏省投资学会副会长,本公司独立董事。

王柯敬先生:64 岁,教授,博士生导师,现任中央财经大学教授、博士生导师,中国投资学会理事,北京投资学会副会长,本公司独立董事。

刘纪鹏先生:48 岁,研究生学历,教授,注册会计师,现任首都经济贸易大学公司研究中心主任,北京标准咨询有限公司董事长,本公司独立董事。

2、监事

王健英女士:38 岁,大专学历,高级会计师,现任开元集团财务部总经理,本公司监事会主席。

顾晓冲先生:40 岁,本科学历,注册会计师,现任开元集团企划部总经理,本公司监事。

顾松涛先生:39 岁,大专学历,会计师,现任本公司监事、企划部经理。

3、高级管理人员

李 宁先生:32 岁,研究生学历,国际商务师,现任本公司副总经理。

朱林生先生:39 岁,本科学历,国际商务师,现任本公司副总经理。

曹慧荣女士:42 岁,大专学历,会计师,现任本公司财务部经理。

范云涛先生:32 岁,本科学历,现任本公司董事会秘书、总经理办公室主任。

(二)董事、监事、高级管理人员持股情况

姓 名	职务	持有股份(股)
陈树扬	董事长	15,446
刘锦铎	董事、开元集团总裁	22,840
蒋金华	董事、公司总经理	15,214
刘玉璋	董事、公司副总经理	20,292
方春玲	董事、公司副总经理	16,448
顾松涛	监事、公司企划部经理	13,959
李 宁	公司副总经理	10,136
朱林生	公司副总经理	13,959
曹慧荣	公司财务部经理	15,214
范云涛	董事会秘书、总经理办公室主任	9,306

注:董事、监事及高级管理人员所持有的股份为内部职工股。

第七节 同业竞争与关联交易

(一)同业竞争

本公司控股股东及其他关联方与本公司之间不构成实质性同业竞争,控股股东已出具了避免同业竞争的承诺函。发行人律师及保荐机构均对此发表了相同意见。

(二)关联方和关联关系

请投资者查阅 2004 年 6 月 10 日刊载于上海证券交易所网站(www.sse.com.cn)的本公司首次公开发行股票招股说明书全文。

(三)关联交易

报告期内,本公司主要存在以下关联交易:向江苏开元国际集团有限公司转让长期投资,向上海江龙纸业有限公司销售货物,向江苏开元国际集团有限公司转让资产,向江苏开元国际集团有限公司支付资金占用费。

(四)相关中介机构和独立董事的意见

本公司独立董事认为:公司报告期内发生的重大关联交易履行了法定批准程序;交易价格公允,体现了公平、公正和合理的原则;不存在损害中小投资者和非关联股东合法权益的情形,对全体股东公平、合理。

本公司律师认为:上述关联交易均为双方协商一致的结果,遵循了一般市场公平原则,所确定的条款公允、合理。关联交易合法,不存在损害公司及公司其他股东利益的内容。

本次发行保荐机构(主承销商)认为:发行人与其关联方存在的关联交易均签订了相关协议,交易价格按照市场价格予以规范,所有交易均由双方按自愿、平等、等价、有偿的原则协商一致,不存在损害发行人和其他股东利益的情况。

第八节 财务会计资料

本公司 2001 年至 2003 年的财务会计资料已于 2004 年 6 月 10 日分别在《中国证券报》、《上海证券报》、《证券时报》和《证券日报》上刊登的招股说明书摘要中进行了披露,投资者欲了解详细内容,还可查阅刊载于上海证券交易所网站(www.sse.com.cn)的本公司招股说明书全文。

(一)注册会计师意见

本公司已聘请江苏天衡会计师事务所有限公司对本公司 2001 年 12 月 31 日、2002 年 12 月 31 日、2003 年 12 月 31 日的资产负债表、合并资产负债表和 2001 年度、2002 年度、2003 年度的利润及利润分配表、合并利润及利润分配表以及 2003 年度的现金流量表、合并现金流量表进行了审计,注册会计师已出具了标准无保留意见的审计报告[天衡审字(2004)02 号]。

(二)简要会计报表

1、简要合并资产负债表 单位:元

资产	2003 年 12 月 31 日	2002 年 12 月 31 日	2001 年 12 月 31 日
流动资产合计	904,839,889.76	709,591,116.39	548,858,428.55
长期投资合计	32,762,397.33	32,685,155.44	32,400,259.19
固定资产合计	229,188,393.80	212,639,936.92	190,016,849.37
无形资产及其他资产合计	6,687,707.82	2,731,714.66	–
资产总计	1,173,478,388.71	957,647,923.41	771,275,537.11
流动负债合计	828,831,263.62	656,682,958.51	527,463,663.56
负债合计	828,831,263.62	656,682,958.51	527,463,663.56
少数股东权益	19,094,675.01	15,245,339.37	5,821,226.84
股东权益合计	325,552,450.08	285,719,625.53	237,990,646.71
负债及股东权益总计	1,173,478,388.71	957,647,923.41	771,275,537.11

2、简要合并利润表 单位:元

项目 2003 年度	2002 年度	2001 年度	
主营业务收入	2,389,870,011.76	1,879,740,930.10	1,768,340,514.46
主营业务利润	199,053,249.36	161,918,427.22	144,315,220.20
营业利润	68,696,176.72	55,124,709.65	41,077,281.56
利润总额	75,317,976.54	66,301,210.98	54,924,277.33
净利润	52,941,824.55	47,616,749.26	38,040,243.17

3、简要合并现金流量表 单位:元

项目	2003 年度
一、经营活动产生的现金流量	
现金流入小计	2,553,310,182.44
现金流出小计	2,431,316,278.14
经营活动产生的现金流量净额	121,993,904.30
二、投资活动产生的现金流量	
现金流入小计	2,050,549.57
现金流出小计	34,877,193.24
投资活动产生的现金流量净额	–32,826,643.67
三、筹资活动产生的现金流量	
现金流入小计	480,732,622.00
现金流出小计	501,707,174.79
筹资活动产生的现金流量净额	–20,974,552.79
四、汇率变动对现金的影响	570,561.68
五、现金及现金等价物净增加额	68,763,269.52

(三)会计报表附注

本公司会计报表附注等有关内容请查阅刊载于上海证券交易所网站(www.sse.com.cn)的本公司招股说明书全文与附录。

(四)主要财务指标

项目	2003 年	2002 年	2001 年
流动比率	1.09	1.08	1.04
速动比率	0.85	0.72	0.81
母公司资产负债率(%)	67.62	61.32	65.17
应收账款周转率	13.88	9.91	8.31
存货周转率	9.88	9.59	15.81
净资产收益率(全面摊薄)(%)	16.26	16.67	15.98
每股收益(元)	0.40	0.36	0.29
每股净资产(元)	2.48	2.18	1.82
每股经营活动现金流量(元)	0.93	0.93	0.36

第九节 其他重要事项

(一)自本公司股票首次公开发行之日至本公司上市公告书公告之日,本公司严格依照《公司法》、《证券法》等法律、法规的要求,规范运行,生产经营情况正常,所处行业、市场无重大变化,主要投入、产出物供求及价格无重大变化,主要业务发展目标进展状况正常。

(二)自本公司股票首次公开发行之日至本公司上市公告书公告之日,本公司没有进行重大对外投资,无重大资产(股权)收购、出售行为。

(三)自本公司股票首次公开发行之日至本公司上市公告书公告之日,本公司重大会计政策和会计师事务所没有发生变化。

(四)自本公司股票首次公开发行之日至本公司上市公告书公告之日,本公司未涉及任何重大诉讼、仲裁或行政处罚案件,并且董事会认为本公司未面临任何其他重大影响的诉讼和索赔要求。

(五)自本公司股票首次公开发行之日至本公司上市公告书公告之日,本公司董事、监事和高级管理人员未受到任何刑事起诉,亦没有尚未了结或可能发生的刑事诉讼事项。

(六)自本公司股票首次公开发行之日至本公司上市公告书公告之日,本公司住所未变更。

(七)自本公司股票首次公开发行之日至本公司上市公告书公告之日,本公司未发生新的重大负债,并且重大债项未发生变化。

(八)本公司第一大股东江苏开元国际集团有限公司承诺:自本公司股票上市之日起 12 个月内,不转让其所持有的股份,也不由本公司回购其所持有的股份。本公司承诺:自本公司股票上市之日起一年内不回购本公司发起人持有的本公司股份。

(九)自本公司股票首次公开发行之日至本公司上市公告书公告之日,没有其他应披露而未披露之重大事项。

第十节 董事会上市承诺

本公司董事会将严格遵守《公司法》、《证券法》、《股票发行与交易管理暂行条例》、《公开发行股票公司信息披露实施细则》和《上海证券交易所股票上市规则》等国家有关法律、法规的规定,承诺自本公司股票上市之日起做到:

(一)本公司将真实、准确、完整、公允和及时地公布定期报告,披露所有对投资者有重大影响的信息,并接受中国证监会、上海证券交易所的监督管理;

(二)本公司将在知悉可能对股票价格产生误导性影响的任何公共传播媒介中出现的消息后,将及时予以公开澄清;

(三)本公司董事、监事、高级管理人员和核心技术人员将认真听取社会公众的意见和批评,不利用已获得的内幕消息和其他不正当手段直接或间接从事本公司股票的买卖活动;

(四)本公司没有无记录的负债。

第十一节 保荐机构(上市推荐人)及其意见

(一)保荐机构(上市推荐人)有关情况

名称:华泰证券有限责任公司

法定代表人:吴万善

住所:南京市中山东路 90 号

联系地址:南京市汉中路 180 号星汉大厦 19 层

联系电话:(025)86799606 传真:(025)86618874

联系人:王陆、曹群、张亚涛

(二)保荐机构(上市推荐人)的推荐意见

本公司保荐机构(上市推荐人)认为:发行人的公司章程符合《中华人民共和国公司法》等有关法律、法规和中国证监会的相关规定;根据《中华人民共和国公司法》、《中华人民共和国证券法》及《上海证券交易所股票上市规则》等国家有关法律、法规的规定,发行人股票已具备公开上市的条件。

保荐机构(上市推荐人)保证发行人的董事了解法律、法规、上海证券交易所上市规则及保荐协议规定的董事的义务与责任,并协助发行人建立健全了法人治理结构、制定了严格的信息披露制度与保密制度。保荐机构(上市推荐人)已对上市文件所载的资料进行了核实,确保上市文件真实、准确、完整,符合规定要求。保荐机构(上市推荐人)保证发行人的上市申请材料、上市公告书没有虚假记载、严重误导性陈述或者重大遗漏,并对其承担连带责任。发行人与保荐机构(上市推荐人)不存在关联关系。

保荐机构(上市推荐人)愿意推荐发行人股票在上海证券交易所上市交易,并保证不利用在上市过程中获得的内幕信息进行内幕交易,为自己或他人谋取利益。

江苏省纺织品进出口集团股份有限公司

二 00 四年六月二十五日

陕西建设机械股份有限公司

陕西建设机械股份有限公司首次公开发行股票上市公告书

第一节 重要声明与提示

陕西建设机械股份有限公司(以下简称"本公司"、"公司"、"股份公司"或"发行人")董事会保证上市公告书的真实性、准确性、完整性,全体董事承诺上市公告书不存在虚假记载、误导性陈述或重大遗漏,并承担个别和连带的法律责任。

根据《公司法》、《证券法》等有关法律、法规的规定,本公司董事、高级管理人员已依法履行诚信和勤勉尽责的义务和责任。

证券交易所、中国证监会、其他政府机关对本公司股票上市及有关事项的意见,均不表明对本公司的任何保证。

本公司提醒广大投资者注意,凡本上市公告书未涉及的有关内容,请投资者查阅2004年6月17日刊载于《中国证券报》、《上海证券报》、《证券时报》和《证券日报》的本公司招股说明书摘要,及刊载于上海证券交易所网站(网址:http://www.sse.com.cn)的本公司招股说明书全文。

第二节 概 览

1、股票简称:建设机械　　2、沪市股票代码:600984
3、深市代理股票代码:003984　　4、总股本:14,155.6万股
5、可流通股本:4,000万股　　6、本次上市流通股本:4,000万股
7、发行价格:6.40元/股　　8、上市地点:上海证券交易所
9、上市时间:2004年7月7日
10、股票登记机构:中国证券登记结算有限责任公司上海分公司
11、保荐机构(上市推荐人):中国华融资产管理公司

第三节 绪 言

本上市公告书是根据《公司法》、《证券法》、《股票发行与交易管理暂行条例》、《公开发行股票公司信息披露实施细则》和《上海证券交易所股票上市规则》等国家有关法律、法规的规定,并按照中国证监会制定的《公开发行证券的公司信息披露内容与格式准则第7号?股票上市公告书》要求而编制,旨在向投资者提供有关本公司的基本情况和本次股票上市的有关资料。

经中国证监会证监发行字[2004]90号文批准,本公司已于2004年6月22日采用向二级市场投资者定价配售的方式成功发行了4,000万股人民币普通股,每股发行价格为人民币6.40元。

经上海证券交易所《关于陕西建设机械股份有限公司人民币普通股股票上市交易的通知》(上证上字[2004]105号)批准,本公司公开发行的4,000万股社会公众股将于2004年7月7日起在上海证券交易所挂牌交易。股票简称为"建设机械",沪市股票代码为600984,深市代理股票代码为003984。

本公司已于2004年6月17日分别在《中国证券报》、《上海证券报》、《证券时报》和《证券日报》上刊登了招股说明书摘要,招股说明书全文及其附录刊载于上海证券交易所网站(网址:http://www.sse.com.cn),前述招股文件刊登至今不超过三个月,故本上市公告书与其重复的内容不再重述,敬请投资者查阅上述内容。

第四节 发行人概况

一、公司基本情况
1、公司名称:陕西建设机械股份有限公司
2、英文名称:SHAANXI CONSTRUCTION MACHINERY CO.,LTD.
3、法定代表人:高峰　　4、公司设立日期:2001年12月8日
5、公司住所:西安市金花北路48号　　6、邮政编码:710032
7、经营范围:建设机械成套设备、筑路机械成套设备、金属结构产品及相关配件的生产、销售;企业所需原辅材料、设备的购销;经营本企业自产产品的出口业务;经营本企业所需的机械设备、零配件、原辅材料的进出口业务(国家限定公司经营和禁止进出口的商品除外)。
8、主营业务:建设机械成套设备、筑路机械成套设备、金属结构产品及相关配件的生产、销售。
9、所属行业:机械制造业
10、电话号码:(029)82592288　　11、传真号码:(029)82592287
12、互联网网址:www.scmc-xa.com　　13、电子信箱:zqc_scmc_s@163.com
14、董事会秘书:白海红

二、公司历史沿革

本公司系经陕西省人民政府陕政函[2001]264号文批准,于2001年12月8日,由陕西建设机械(集团)有限责任公司(以下简称"集团公司")在实施债转股的同时,联合中国华融资产管理公司、中国信达资产管理公司、北京新建设机械设备有限责任公司及王永、王志强两位自然人共同发起设立的股份公司。

本公司设立时总股本为10,155.6万股,其中集团公司将其所拥有的与筑路机械、建设机械及金属结构产品生产经营业务相关的经营性资产(土地使用权除外)及负债投入股份公司,上述经营性净资产以2000年12月31日为评估基准日的评估值为6,539.4万元,其中:6,389万元作为集团公司对股份公司的出资,按1:0.65折为4,152.85万股,股权性质为国有法人股;剩余150.4万元用于集团公司弥补股份公司因在建账日(2001年12月31日)计提资产减值准备而形成的部分未分配利润负数。

中国华融资产管理公司以债权转股权形式出资4,600万元,按1:0.65折为2,990万股,股权性质为国家股;中国信达资产管理公司以债权转股权形式出资4,405万元,按1:0.65折为2,863.25万股,股权性质为国家股;北京新建设机械设备有限责任公司以现金出资50万元,按1:0.65折为32.5万股,股权性质为法人股;王永以现金出资100万元,按1:0.65折为65万股,股权性质为自然人股;王志强以现金出资80万元,按1:0.65折为52万股,股权性质为自然人股。公司发起人出资未折为股本的5,468.4万元计入资本公积。上述股权设置方案已经陕西省财政厅陕财办企[2001]274号文批准。

经中国证监会证监发行字[2004]90号文核准,本公司于2004年6月22日采用向二级市场投资者定价配售方式,成功发行了人民币普通股4,000万股,每股面值1.00元,每股发行价格6.40元。本次发行完成后,本公司的总股本为14,155.6万股。

三、公司主要经营情况

1、主营业务情况　本公司主要从事道路工程机械产品的研制、开发、制造与销售,产品品种包括沥青混凝土摊铺机、全液压稳定土拌和机、稳定土厂拌设备、翻斗车、四履带水泥混凝土滑模摊铺机、改性沥青设备、路面铣刨机等,目前主导产品为大型沥青混凝土摊铺机和全液压稳定土拌和机。公司产品的主要销售市场为国内市场,主要消费群体是公路、铁路、机场、水利、市政等基础设施的建设施工企业及养护企业。

2、行业竞争情况　目前,国内以生产道路工程机械产品为主的工程机械制造企业有近20家,市场竞争较为激烈。此外,随着我国经济的国际化程度日益提高,一些国际知名品牌纷纷进入国内市场,尤其在大型沥青混凝土摊铺机等高技术含量产品领域,成为国内企业的主要竞争对手。本公司产品凭借在技术、品牌和服务等方面的优势,在激烈的市场竞争中保持了较高的市场占有率,目前,公司主导产品大型沥青混凝土摊铺机国内市场占有率位居同行业首位,全液压稳定土拌和机国内市场占有率位居同行业第二位。

3、与生产经营有关的资产权属情况

(1)商标　目前本公司拥有"建设"、"三捷"、" "、"SCMC"、""及""等10个注册商标,并正在申请注册"SCMC-ABG"等三个商标。此外,公司可以在TITAN423型、TITAN325型及TITAN273型沥青混凝土摊铺机产品上使用德国ABG公司的商标,并用中文注明:"英格索兰-ABG公司许可制造"。

(2)专利技术　目前本公司拥有改性沥青的搅拌设备、轮胎拆卸机和铁路道碴摊铺机三项实用新型专利。

(3)非专利技术　目前本公司使用的主要非专利技术共有11项,其中本公司拥有自主知识产权的有六项,拥有许可使用权的有三项,拥有使用权的有两项。

(4)土地使用权　目前本公司拥有一宗土地使用权,位于西安市新城区长缨西路38号,土地面积5,4743平方米。此外,集团公司将位于西安市金花北路48号的150,700.9平方米土地租赁给本公司使用。

(5)房产　目前本公司拥有房屋66幢,总建筑面积87,487.06平方米。

4、主要财务指标

请参阅本上市公告书"财务会计资料"部分的相关内容。

5、享有的主要财政税收优惠政策

根据《国家税务总局关于落实西部大开发有关税收政策具体实施意见的通知》(国税发[2002]47号)的规定,并经陕西省地方税务局批准,本公司2002年度及2003年度的企业所得税率为15%,以后年度企业所得税率按国家税务总局上述文件的规定审核确认。

第五节 股票发行与股本结构

一、本次股票上市前首次公开发行股票的情况
1、发行数量:4,000万股　　2、发行价格:6.40元/股
3、发行市盈率:18.82倍(按2003年全面摊薄每股收益计算)
4、募股资金总额:25,600万元
5、发行方式:全部向二级市场投资者定价配售
6、发行对象:于招股说明书摘要刊登当日(2004年6月17日)持有上海证券交易所或深圳证券交易所已上市流通人民币普通股(A股)股票的收盘市值总和(包括可流通但暂时锁定的股份市值)不少于10,000元的投资者(国家法律、法规禁止购买者除外)。投资者同时持有沪市、深市二级市场的股票市值不合并计算。
7、发行费用:本次发行费用总额为1,332.6万元,包括保荐及承销费用、审计及验资费用、律师费用、发行手续费、发行审核费用。
8、每股发行费用:0.33元

二、本次股票上市前首次公开发行股票的承销情况

本次公开发行的人民币普通股4,000万股的配号总数为71,315,518个,中签率为0.05608877%,其中二级市场投资者认购39,587,865股,其余412,135股由保荐机构(主承销商)包销。

三、本次股票上市前首次公开发行股票募股资金的验资报告

验 资 报 告　希会验字(2004)第158号

陕西建设机械股份有限公司全体股东:我们接受委托,审验贵公司截至2004年6月29日止新增注册资本的实收情况。按照国家相关法律、法规的规定和公司协议、章程的要求出资,提供真实、合法、完整的验资资料,保护资产的安全、完整是贵公司的责任。我们的责任是对贵公司注册资本的实收情况发表审验意见。我们的审验是依据《独立审计实务公告第1号???验资》进行的。在审验过程中,我们结合贵公司的实际情况,实施了检查等必要的审验程序。

贵公司原注册资本为人民币壹亿零壹佰伍拾伍万陆仟元整(RMB101,556,000.00元),根据贵公司2002年度股东大会决议和修改后的章程的规定,申请增加注册资本人民币肆仟万元整(RMB40,000,000.00元),变更后的注册资本为人民币壹亿肆仟壹佰伍拾伍万陆仟元整(RMB141,556,000.00元)。经中国证监会证监发[2004]90号文核准,贵公司已于2004年6月22日以每股发行价格6.40元,发行了面值为1元的社会公众股4,000.00万股。截止2004年6月29日,贵公司已经收到社会公众股东认缴股款人民币贰亿伍仟陆佰万元整(RMB256,000,000.00元),扣除发行费用人民币壹仟叁佰叁拾贰万陆仟元整(RMB13,326,000.00元),实际收到股款贰亿肆仟贰佰陆拾柒万肆仟元整(RMB242,674,000.00元),其中股本40,000,000.00元,资本公积202,674,000.00元。

同时我们注意到,贵公司本次增资前的注册资本为人民币壹亿零壹佰伍拾伍万陆仟元整(RMB101,556,000.00元),已经同人会计师事务所有限责任公司审验,并于2001年11月18日出具深同证验字[2001]第023号验资报告。连同本次增加注册资本变更后的注册资本为人民币壹亿肆仟壹佰伍拾伍万陆仟元整(RMB141,556,000.00元)。本验资报告供贵公司申请变更登记及据以向全体股东签发出资证明时使用,不应将其视为是对贵公司验资报告日后资本保全、偿债能力和持续经营能力等的保证。因使用不当造成的后果,与执行本验资业务的注册会计师及本会计师事务所无关。

西安希格玛有限责任会计师事务所　中国注册会计师:刘斌
中国注册会计师:范敏华　　中国　西安　2004年6月29日

四、本次募股资金入账情况
1、入账时间:2004年6月28日
2、入账金额:24,742.4万元
3、入账账号:3700024119200015869
4、开户银行:中国工商银行西安市解放路支行

五、本公司上市前股权结构及股东的持股情况

股份类别	持股数量(股)	持股比例(%)
一、未上市流通股	101,556,000	71.74
发起人股	101,556,000	71.74
其中:国有法人股	41,528,500	29.34
国家股	58,532,500	41.35
境内法人股	325,000	0.23
境内自然人股	1,170,000	0.82
二、社会公众股	40,000,000	28.26
合计	141,556,000	100

2、本次上市前,本公司前十名股东持股情况

序号	股东名称	股份类别	持股数量(股)	持股比例(%)
1	陕西建设机械(集团)有限责任公司	国有法人股	41,528,500	29.34
2	中国华融资产管理公司	国家股	29,900,000	21.12
		流通股	412,135	0.29
		小计	30,312,135	21.41
3	中国信达资产管理公司	国家股	28,632,500	20.23
4	北京新建设机械设备有限责任公司	境内法人股	325,000	0.23
5	王　永	境内自然人股	650,000	0.46
6	王志强	境内自然人股	520,000	0.37
7	南方证券股份有限公司	流通股	376,000	0.27
8	广发证券股份有限公司	流通股	43,000	0.03

9	华泰证券有限责任公司	流通股	36,000	0.025
10	国元证券有限责任公司	流通股	33,000	0.023

第六节　董事、监事、高管人员与核心技术人员

一、董事、监事、高管人员与核心技术人员简介

1.董事

高峰先生,1951年生,硕士研究生学历,高级经济师,曾先后荣获"第七届全国优秀企业家(金球奖)"、"全国劳动模范"等荣誉,并作为受国务院表彰的为我国工业事业作出突出贡献的专家而享受政府特殊津贴,现任股份公司董事长,兼任陕西建工集团总公司副总经理。

李建中先生,1953年生,大学本科学历,高级经济师,现任股份公司副董事长、中国信达资产管理公司西安办事处副主任。

金敬涛先生,1948年生,大学本科学历,高级经济师,现任股份公司董事、总经理。

孟昭彬先生,1956年生,大学本科学历,高级工程师,现任股份公司董事、副总经理兼总工程师。

侯梦春女士,1968年生,硕士研究生学历,经济师,现任股份公司董事、中国华融资产管理公司西安办事处股权管理部项目经理。

黄明先生,1970年生,大专学历,现任股份公司董事、资产财务部部长。

张晓明女士,1955年生,经济学硕士,西北大学教授,现任股份公司独立董事、西北大学经济管理学院会计系主任。

周永亮先生,1963年生,法学博士,研究员,现任股份公司独立董事、北京国富经济研究院执行院长。

李国伟先生,1955年生,工商管理硕士,高级经济师,现任股份公司独立董事、国泰君安证券股份有限公司成都分公司副总经理。

2.监事

刘建华女士,1955年生,大学本科学历,高级经济师,现任股份公司监事会主席、中国华融资产管理公司西安办事处股权管理部高级经理。

宁光高先生,1963年生,硕士研究生学历,高级工程师,现任股份公司监事、中国信达资产管理公司西安办事处投资银行二部项目经理。

王子敬先生,1950年生,中专学历,经济师,现任股份公司监事、纪委书记。

丁国平先生,1954年生,大学本科学历,高级政工师,现任股份公司监事(职工代表)、工会主席。

高殿林先生,1947年生,大专学历,经济师,现任股份公司监事(职工代表)并任职于股份公司资产财务部。

3.高级管理人员

王学成先生,1944年生,大学本科学历,高级工程师,现任股份公司副总经理兼总经济师。

申占东先生,1963年生,大学本科学历,高级工程师,现任股份公司副总经理兼经营部部长。

程震先生,1954年生,大学本科学历,高级政工师,现任股份公司副总经理。

谢苏强先生,1949年生,大专学历,高级会计师,现任股份公司财务总监。

白海红先生,1964年生,本科学历,经济师,现任股份公司董事会秘书、企业发展部部长。

贺照东先生,1960年生,大专学历,现任股份公司总经理助理兼办公室主任。

4.核心技术人员

孟昭彬先生,简历详见上文。

陈育文先生,1943年生,大学本科学历,高级工程师,现任股份公司副总工程师。

曹惠民先生,1954年生,大学本科学历,高级工程师,现任股份公司副总工程师兼总工办主任。

刘宏哲先生,1962年生,大学本科学历,高级工程师,现任股份公司产品研究所所长。

滕树忠先生,1964年生,大学本科学历,高级工程师,现任股份公司钢结构研究所所长。

李文祥先生,1958年生,大学本科学历,高级工程师,现任股份公司工艺研究所所长。

二、董事、监事、高管人员与核心技术人员的持股情况

本次发行前,本公司董事、监事、高级管理人员、核心技术人员及其家属均未持有本公司股份。

第七节　同业竞争与关联交易

一、同业竞争　本公司实际控制人及其控制的企业、本公司持股5%以上的股东及其控制的企业与本公司之间不存在同业竞争。本公司实际控制人陕西建工集团总公司及本公司控股股东集团公司均对避免与本公司同业竞争作出书面承诺。发行人律师及保荐机构均对本公司不存在同业竞争及避免同业竞争措施的有效性发表了肯定性意见。

二、关联方及关联关系　请投资者查阅2004年6月17日刊载于上海证券交易所网站(网址:http://www.sse.com.cn)的本公司招股说明书全文。

三、关联交易

1、与集团公司的关联交易

2001年度、2002年度及2003年度(以下简称"报告期"),本公司与集团公司发生的关联交易包括租赁使用集团公司150,700.9平方米土地;集团公司向本公司提供货物运输服务;集团公司向本公司提供消防、保安、卫生、绿化等综合服务;本公司收购集团公司职工培训中心等房产及相关土地使用权。报告期内,上述关联交易的发生额如下:单位:元

交易内容	2003年度	2002年度	2001年度
土地租赁	2,109,813.00	2,109,813.00	–
货物运输	2,272,328.04	1,731,697.20	–
综合服务	1,050,000.00	1,050,000.00	–
资产收购	–	17,090,224.00	–

2、与杭州国建工程设备有限公司的关联交易

本公司原董事王永持有杭州国建工程设备有限公司59.5%的股权并任该公司董事长兼总经理,王永于2001年11月28日召开的公司创立大会上当选为公司董事,2002年12月18日,王永辞去公司董事职务,自该日起,本公司与杭州国建工程设备有限公司不再构成关联关系。2001年度及2002年度,本公司向杭州国建工程设备有限公司销售商品的金额分别为37,555,551.29元、70,365,767.03元,占公司同期主营业务收入的比例分别为11.93%、16.69%。

3、与陕西三捷轻钢结构有限责任公司的关联交易

陕西三捷轻钢结构有限责任公司为集团公司控股子公司,该公司承担本公司厂房改造工程,报告期内该项关联交易累计发生额为3,741,544.93元。

4、担保

陕西建工集团总公司为本公司21,750万元银行借款提供担保,集团公司为本公司2,000万元银行借款提供担保。

三、独立董事、监事会和中介机构对关联交易的核查意见

公司独立董事、监事会、发行人律师、本次发行的保荐机构和申报会计师对本公司的关联交易发表了核查意见,认为公司已对关联交易进行了充分披露,公司与关联方发生的关联交易均遵循了市场化的原则,并严格履行了关联交易决策程序,不存在损害发行人及中小股东利益的情形。

第八节　财务会计资料

本公司2001年度、2002年度及2003年度的财务会计资料已于2004年6月17日分别在《中国证券报》、《上海证券报》、《证券时报》和《证券日报》上刊登的招股说明书摘要中进行了披露,投资者欲了解详细内容,还可查阅刊载于上海证券交易所网站(网址:http://www.sse.com.cn)的本公司招股说明书全文。

一、注册会计师意见

本公司已聘请西安希格玛有限责任会计师事务所对公司2001年12月31日、2002年12月31日、2003年12月31日的资产负债表,2001年度、2002年度及2003年度的利润表,2002年度、2003年度的利润分配表及现金流量表进行了审计,西安希格玛有限责任会计师事务所出具了标准无保留意见的审计报告。

二、发行人简要财务报表

1、简要资产负债表　单位:元

资产	2003年12月31日	2002年12月31日	2001年12月31日
流动资产	305,544,532.08	298,687,312.30	252,478,762.18
固定资产	255,318,466.26	219,979,643.21	186,141,676.75
无形资产及其他资产	3,356,702.52	3,904,983.75	2,635,457.14
总资产	564,219,700.86	522,571,939.26	441,255,896.07
流动负债	298,701,234.18	269,021,094.10	146,114,099.05
长期负债	44,500,000.00	67,500,000.00	141,400,000.00
负债总额	343,201,234.18	336,521,094.10	287,514,099.05
股东权益	221,018,466.68	186,050,845.16	153,741,797.02

2、简要利润表　单位:元

项目	2003年度	2002年度	2001年度
主营业务收入	502,023,035.65	421,707,618.44	314,843,989.73
主营业务利润	114,171,506.23	114,056,125.44	86,520,714.73
营业利润	37,768,345.58	42,105,012.55	30,908,257.18
利润总额	38,542,095.93	38,265,002.24	30,819,156.96
净利润	34,455,841.20	32,309,048.14	24,614,960.29

3、简要现金流量表　单位:元

项目	2003年度	2002年度
经营活动产生现金流量净额	−34,372,908.64	121,786,078.58
投资活动产生的现金流量净额	−44,654,863.30	−50,442,265.82
筹资活动产生的现金流量净额	20,718,372.76	−15,487,619.81
现金及现金等价物净增加额	−58,309,399.18	55,856,192.95

三、会计报表附注

本公司会计表报附注等有关内容请查阅2004年6月17日刊载于上海证券交易所网站(网址:http://www.sse.com.cn)的本公司招股说明书全文与附录。

四、主要财务指标

指标名称	2003年度	2002年度	2001年度
流动比率	102.29%	111.03%	172.80%
速动比率	42.98%	65.55%	90.22%
应收账款周转率(次)	9.97	8.26	5.80
存货周转率(次)	2.55	2.49	1.87
无形资产(土地使用权除外)占净资产比率	1.52%	2.10%	1.71%
资产负债率	60.83%	64.40%	65.16%
研究及开发费用占主营业务收入的比重	5.72%	5.47%	6.39%
每股净资产(元)	2.18	1.83	1.51
每股收益(元)	0.34	0.32	0.24
净资产收益率	15.59%	17.37%	16.01%
每股经营活动的现金流量(元)	−0.34	1.20	–

第九节　其他重要事项

一、自本公司股票首次公开发行之日至本公司上市公告书公告之日,本公司严格依照《公司法》、《证券法》等法律、法规的要求,规范运作,生产经营情况正常,所处行业、市场无重大变化,主要投入、产出物供求状况及价格无重大变化,主要业务发展目标进展情况正常。

二、自本公司股票首次公开发行之日至本公司上市公告书公告之日,本公司没有进行重大对外投资,无重大资产(股权)收购、出售行为。

三、自本公司股票首次公开发行之日至本公司上市公告书公告之日,本公司住所未发生变更。

四、自本公司股票首次公开发行之日至本公司上市公告书公告之日,本公司董事、监事和高级管理人员没有尚未了结或可能发生的刑事诉讼事项;本公司未涉及任何重大诉讼、仲裁或行政处罚案件,亦无任何尚未了结或可能面临的重大诉讼或索赔要求。

五、自本公司股票首次公开发行之日至本公司上市公告书公告之日,本公司重大会计政策和会计师事务所没有发生变化。

六、自本公司股票首次公开发行之日至本公司上市公告书公告之日,本公司未发生新的重大负债,并且重大债项未发生变化。

七、本公司第一大股东陕西建设机械(集团)有限责任公司承诺:自本公司股票上市之日起12个月内,不转让其所持有的本公司的股份,也不由本公司回购其所持有的股份。本公司承诺:自本公司股票上市之日起一年内不回购本公司发起人持有的本公司股份。

八、自本公司股票首次公开发行之日至本公司上市公告书公告之日,本公司没有其他应披露而未披露的重大事项。

第十节　董事会上市承诺

本公司董事会将严格遵守《公司法》、《证券法》、《股票发行与交易管理暂行条例》、《公开发行股票公司信息披露实施细则》和《上海证券交易所股票上市规则》等国家有关法律、法规的规定,承诺自股票上市之日起做到:

一、本公司将真实、准确、完整、公允和及时地公布定期报告,披露所有对投资者有重大影响的信息,并接受中国证监会、证券交易所的监督管理;

二、本公司在知悉可能对股票价格产生误导性影响的任何公共传播媒介中出现的消息后,将及时予以公开澄清;

三、本公司董事、监事、高级管理人员和核心技术人员将认真听取社会公众的意见和批评,不利用已获得的内幕消息和其他不正当手段直接或间接从事发行人股票的买卖活动;

四、本公司没有无记录的负债。

第十一节　保荐机构(上市推荐人)及其意见

一、保荐机构(上市推荐人)情况

名称:中国华融资产管理公司　法定代表人:杨凯生

住所:北京市西城区白云路10号

电话:(010)63409999　传真:(010)63434167

联系人:付　巍　陈国潮　王云峰

二、保荐机构(上市推荐人)的推荐意见

本公司保荐机构(上市推荐人)中国华融资产管理公司认为:发行人具备了《公司法》、《证券法》、《股票发行与交易管理暂行条例》、《公开发行股票公司信息披露实施细则》、《证券发行上市保荐制度暂行办法》和《上海证券交易所股票上市规则》等国家有关法律、法规所规定的上市条件。

保荐机构(上市推荐人)保证发行人的董事了解法律、法规、上海证券交易所上市规则及股票上市协议规定的董事的业务与责任;保荐机构(上市推荐人)协助发行人健全了法人治理结构、制定了严格的信息披露制度与保密制度。

保荐机构(上市推荐人)已对发行人上市文件所载的资料进行了核实,确保上市文件真实、准确、完整,符合规定要求,保证发行人的上市申请材料、上市公告书没有虚假记载、误导性陈述或重大遗漏,并保证对其承担相应的法律责任。

保荐机构(上市推荐人)保证不利用在上市过程中获得的内幕信息进行内幕交易,为自己或他人谋取利益。

保荐机构(上市推荐人)愿意推荐发行人股票在上海证券交易所上市交易。

陕西建设机械股份有限公司

二00四年七月二日

安徽雷鸣科化股份有限公司

安徽雷鸣科化股份有限公司首次公开发行股票上市公告书

第一节 重要声明与提示

安徽雷鸣科化股份有限公司(以下简称"本公司"或"发行人")董事会保证上市公告书的真实性、准确性、完整性,全体董事承诺上市公告书不存在虚假记载、误导性陈述或重大遗漏,并承担个别和连带的法律责任。

根据《公司法》、《证券法》等有关法律、法规的规定,本公司董事、高级管理人员已依法履行诚信和勤勉尽责的义务和责任。

上海证券交易所、中国证监会、其他政府机关对本公司股票上市及有关事项的意见,均不表明对本公司的任何保证。

本公司提醒广大投资者注意,凡本上市公告书未涉及的有关内容,请投资者查阅 2004 年 4 月 8 日刊载于《中国证券报》、《上海证券报》、《证券时报》、《证券日报》的本公司招股说明书摘要,及刊载于上海证券交易所网站(HTTP://WWW.SSE.COM.CN)的本公司招股说明书全文。

本上市公告书刊登网址:HTTP://WWW.SSE.COM.CN

第二节 概 览

1、股票简称:雷鸣科化　　2、沪市股票代码:600985
3、深市股票代理代码:003985　4、股本总额:9,000 万股
5、可流通股本:4,000 万股　　6、本次上市流通股本:4,000 万股
7、发行价格:5.00 元/股　　8、上市地点:上海证券交易所
9、上市时间:2004 年 4 月 28 日
10、股票登记机构:中国证券登记结算有限责任公司上海分公司
11、上市推荐人:华安证券有限责任公司
12、对本公司首次公开发行股票前股东所持股份的流通期限及限制:根据国家有关法律、法规规定和中国证监会证监发行字[2004]34 号文《关于核准安徽雷鸣科化股份有限公司公开发行股票的通知》,本公司国有法人股暂不上市流通。
13、本公司第一大股东对所持股份自愿锁定的承诺:本公司公开发行股票前第一大股东淮北矿业(集团)有限责任公司向上海证券交易所承诺,自本公司股票上市之日起十二个月内,不转让其所持有本公司的股份,也不由本公司回购其所持有的股份。

第三节 绪 言

本上市公告书是根据《中华人民共和国公司法》、《中华人民共和国证券法》、《股票发行与交易管理暂行条例》、《公开发行股票公司信息披露实施细则》和《上海证券交易所股票上市规则》等国家有关法律法规的规定,并按照中国证监会《公开发行股票信息披露内容与格式准则第 7 号----股票上市公告书》而编制的,旨在向投资者提供有关本公司和本次股票上市的基本情况。

经中国证监会证监发行字[2004]34 号文核准,本公司于 2004 年 4 月 13 日通过上海证券交易所系统,以向沪市、深市二级市场投资者定价配售的方式成功发行了 4,000 万股每股面值 1.00 元的人民币普通股,发行价为每股人民币 5.00 元。

根据上海证券交易所上证上字[2004]43 号《关于安徽雷鸣科化股份有限公司人民币普通股票上市交易的通知》,本公司 4,000 万股社会公众股将于 2004 年 4 月 28 日起在上海证券交易所挂牌交易,股票简称"雷鸣科化",沪市股票代码为"600985",深市代理股票代码为"003985"。

本公司已于 2004 年 4 月 8 日分别在《中国证券报》、《上海证券报》、《证券时报》和《证券日报》上刊登了招股说明书摘要,招股说明书全文及其附录刊载于上海证券交易所网站(HTTP://WWW.SSE.COM.CN),距今不足 3 个月,故本上市公告书与其重复的内容不再重述,敬请投资者查阅上述文件。

第四节 发行人概况

一、发行人的基本情况
(一)发行人概况
1、发行人名称:安徽雷鸣科化股份有限公司
2、英文名称:ANHUI LEIMINGKEHUA CO.,LTD.
3、法定代表人:于金周　　4、设立日期:1999 年 3 月 18 日
5、注册地址:安徽省淮北市东山路　6、注册资本:9000 万元
7、经营范围:民爆器材及其包装材料、设备、原材料,精细化工产品的生产及销售;爆破技术转让,承揽爆破工程,爆破器材生产工艺技术转让;高岭土加工业务等
8、主导产品:水胶炸药、膨化硝铵炸药、铵梯炸药、雷管系列产品及高岭土系列产品
9、所属行业:化学原料及化学制品制造业、非金属矿物制品业
10、电话号码:0561-4948135　　11、传真号码:0561-4948888
12、网址:WWW.LMKH.COM　　13、电子信箱:LMKHZQB@LMKH.COM
14、董事会秘书:王声辰

二、发行人历史沿革及改制重组情况

本公司经安徽省人民政府皖府股字[1999]22 号文批准,由淮北矿业(集团)有限责任公司(以下简称"矿业集团")为主发起人,联合南京理工大学(以下简称"南京理工")、煤炭科学研究总院爆破技术研究所(以下简称"爆研所")、安徽理工大学(以下简称"安徽理工")、北京中煤雷耀经贸联合公司(以下简称"中煤雷耀")等五家单位发起设立,于 1999 年 3 月 18 日在安徽省工商行政管理局登记注册。企业法人营业执照注册号为 3400001300050。

在改制设立本公司时,矿业集团将淮北矿务局九一〇厂(以下简称"九一〇厂")从事民爆器材和高岭土系列产品的生产经营性资产从九一〇厂剥离出来投入本公司,与生活服务等相关的非生产经营性资产不进入本公司,由矿业集团负责管理和经营。

各发起人投入的净资产总计为 7070.88 万元,按 70.71%的比例折为 5000 万股股份,余额作为公司的资本公积金。根据安徽省国有资产管理局皖国资工字[1999]010 号文《关于安徽雷鸣科化股份有限公司国有股权管理有关问题的批复》,公司各股东所持股份的股权性质均界定为国有法人股。安徽华普会计师事务所对各发起人投入的资产进行验资(会事验字[1999]第 023 号)。

经中国证监会证监发行字[2004]34 号文核准,本公司于 2004 年 4 月 13 日采取向二级市场投资者定价配售的方式成功发行了 4,000 万股每股面值 1.00 元的人民币普通股,发行价为每股人民币 5.00 元。本次发行后公司注册资本变更为 9,000 万元,总股本为 9,000 万元。

三、发行人的主要经营情况
(一)发行人业务范围和主营业务

本公司业务经营范围包括民爆器材及其包装材料、设备、原材料,精细化工产品的生产及销售;爆破技术转让,承揽爆破工程,爆破器材生产工艺技术转让;高岭土加工业务等。公司现主要从事民爆器材、高岭土加工系列产品的生产、销售及服务。

(二)公司的竞争优势与劣势
1、民爆器材产品领域:
(1)优势

①科技含量高　本公司水胶炸药的技术含量全国领先,水胶炸药的生产规模全国最大。到目前为止,公司对 1982 年引进的美国杜邦公司水胶炸药生产线共进行 6 次技改,对全部设备进行了国产化改造。公司在此基础上投入了大量人力、财力进行开发性研究,自行研制出供瓦斯和煤尘突出煤矿使用的水胶炸药等品种,拥有生产水胶炸药的自主知识产权和非专利技术。公司生产的水胶炸药安全性能优于原美国杜邦公司同类产品,爆炸性能优于其他品种炸药。本公司的水胶炸药曾获国家银质奖、部、省级优质产品奖等荣誉,被列入 2001 年国家级火炬计划项目。

②行业地位领先　本公司的水胶炸药生产规模、工艺技术水平、质量控制能力、工艺装备档次都居国内民爆器材行业领先地位。本公司水胶炸药的工艺技术标准和原材料消耗定额被作为国内民爆器材行业水胶炸药的标准和定额。2002 年公司主导产品水胶炸药销售量占全国水胶炸药销售总量的 42.90%,本公司水胶炸药的产量、销量位居全国第一。据中国爆破器材行业协会统计,本公司 2002 年实现利润总额处于同行业第二位。

③安全管理成效突出　本公司以及前身九一〇厂在安全管理方面成绩突出,已实现安全生产 32 年,做到了生产、储存、运输等过程中无爆炸、无火灾、无死亡、无重伤、无重大机电事故,共 25 次荣获原煤炭部、安徽省、淮北市安全生产先进单位称号。省国防科工办对公司出具《关于对安徽雷鸣科化股份有限公司水胶炸药、膨化硝铵炸药生产安全性评价复评的批复》(民爆字[2001]11 号),认为公司符合《民用爆破器材工厂安全性评价方法与标准》一级,即安全级标准。

(2)劣势

规模有待增大　本公司 2003 年工业炸药产量达到 15148 吨,是国内 41 家年产量万吨以上企业之一。为增强公司的市场竞争力和市场占有率,公司的生产经营规模有待进一步提高。本公司拟投资项目中将扩大改建现有的水胶炸药生产线,新建乳化炸药生产线。项目建成后,公司工业炸药的年生产能力将达到 3.7 万吨左右,生产规模将明显增大。

2、高岭土开发领域:

(1)优势　①符合国家和行业的产业结构、产品结构调整政策　第九届全国人民代表大会第五次会议《政府工作报告》指出:继续调整能源结构,推动老工业基地加快调整和改造,支持以资源开采为主的城市和老矿区发展接续和替代产业。煤系高岭土资源的综合开发利用属于淮北地区产业结构调整和发展的方向,并被列入《当前国家重点鼓励发展的产业、产品和技术目录》,符合国家产业发展方向。

②硬质高岭土资源丰富且品质优良　淮北地区包括淮北矿区和皖北矿区蕴藏着丰富的煤系共伴生硬质高岭土,已探明储量约为 3.4 亿吨,远景储量约 4.8 亿吨。淮北地区的煤系硬质高岭土与软质高岭土相比有硬度大、硅低铝高、铁低钛高、碳质低、煅烧后白度高等特点,是我国最重要的煤系共伴生矿产资源。而且,该地区矿床构造简单,储量可靠,易于开采,原矿多为特级品和一级品,是进行深加工的理想原料。

③煅烧高岭土生产的产业基础较好　公司从事高岭土业务已有多年的经验,培养了一批有高中级职称的高岭土开发技术人员,在经营煅烧高岭土方面拥有一定的产业基础、人才基础及市场基础,拥有自营进出口权。

(2)劣势　现有产品附加值较低　淮北金岩高岭土开发有限责任公司(以下简称"金岩高岭土公司")现有产品主要为初级高岭土系列产品,有精铸砂粉、普通改性生粉、普通煅烧粉、机选矿料等四类,产品附加值低,生产规模较小,市场竞争力不强。金岩高岭土公司通过实施煅烧高岭土生产线技改项目一期工程,将实现产品升级、结构调整和规模化经营。

(三)主要财务指标
请参阅本上市公告书"八、财务会计资料"部分的相关内容。
(四)与发行人业务及生产经营有关的资产权属情况

1、商标　本公司拥有两个"淮河"牌商标(注册号为:182017,使用商品第 78 类 炸药;注册号为:288967,使用商品第 78 类 雷管)、一个"910"牌商标(注册号为:1312202,使用商品第 13 类 炸药、引爆雷管)。

2、土地使用权　矿业集团和爆研所已获得相关国有土地使用证(出让)[证号分别为:淮国用(99)字第 382-1 号、淮国用(99)字第 382-2 号、淮国用(99)字第 382-3 号、淮国用(99)字第 382-4 号、淮国用(99)字第 382-5 号、淮国用(转)字第 2001-24 号]。本公司分别与矿业集团、爆研所签订了《土地使用权租赁合同》。本公司已获得相关国有土地使用证(租赁)[证号分别为:淮国用(99)字第 387 号、淮国用(99)字第 386 号、淮国用(99)字第 385 号、淮国用(99)字第 384 号、淮国用(99)字第 383 号、淮国用(转)字第 2001-24 号]。

3、专利申请权及非专利技术　本公司目前有两项专利已被国家知识产权局受理;本公司拥有的专有技术 6 项;本公司还拥有高岭土悬浮煅烧生产技术和膨化硝铵炸药生产技术的使用权。

4、房产权　本公司目前拥有所有权的房屋建筑物面积共计 45126.7 平方米,房产所有权证证号主要有:淮产办字第 0006275 号、淮产办字第 0006276 号、淮产办字第 0006277 号、淮产办字第 0006278 号等共计 175 栋,均在本公司名下。本公司通过租赁拥有安徽理工 300 平方米的房屋使用权。金岩高岭土公司通过向矿业集团租赁的方式,拥有 845 平方米房屋使用权。

5、生产许可证及生产企业凭照　本公司拥有中华人民共和国国家质量监督检验检疫总局颁发的七份全国工业产品生产许可证;本公司民爆器材产品的生产能力由国防科工委民爆局根据实际产销量核定,生产凭照编号为 MB116005;本公司拥有由煤炭工业安全标志办公室颁发的 8 份安全标志准用证(有效期至 2005 年 2 月 28 日),其中 6 份煤矿许用炸药安全标志准用证,2 份雷管安全标志准用证。

(五)公司享有的税收优惠政策

1999 年 8 月,本公司经安徽省科委认定为高新技术企业(认定证书号为 15-05380),根据皖政(1999)48 号《安徽省人民政府关于印发进一步扶持高新技术产业发展若干问题的通知》及安徽省科技厅科高字[2002]21 号《关于印发享受 2001 年度高新技术产业优惠政策单位名单的通知》,本公司生产的高新技术产品和火炬计划项目产品所缴纳增值税的 25%部分,经当地主管征收的税务机关核实后,由同级财政部门返还给企业,返还的税款,作为扶持资金专项用于企业技术进步和高新技术产品的研究开发。公司 2001 年享受了税收优惠政策。由于安徽省科技厅正在研究拟定新的扶持高新技术产品发展的方案,从 2002 年度起上述增值税返还办法暂缓执行。

第五节 股票发行与股本结构

一、本次股票上市前首次公开发行股票的情况
1、发行数量:4,000 万股
2、发行价格:5.00 元/股

3、募股资金总额:20,000 万元

4、发行方式:全部向二级市场投资者定价配售

5、发行对象:于 2004 年 4 月 8 日持有沪市或深市的已上市流通人民币普通股(A 股)股票的收盘市值总额(包括可流通但暂时锁定的股份市值)不少于 10,000 元的投资者

6、发行费用总额及项目:本次公开发行股票的发行费用为 1,008 万元,主要包括:承销费用、审计费用、律师费用、评估费用、发行审核费及上网发行费等

7、每股发行费用:0.252 元/股

二、本次股票上市前首次公开发行股票的承销情况

本次发行向二级市场投资者定价配售发行 4,000 万股社会公众股的配号总数为 87388062 个,中签率为 0.04577284%;二级市场投资者认购了 39653457 股,其余 346543 股由主承销商组织的承销团包销。

三、本次股票上市前首次公开发行股票所募股资金的验资报告

安徽华普会计师事务所为本次公开发行股票所募资金出具的华普验字[2004]第 0448 号《验资报告》全文如下:(其中安徽雷鸣科化股份有限公司简称"贵公司")。

安徽雷鸣科化股份有限公司全体股东:

我们接受委托,审验了安徽雷鸣科化股份有限公司截至 2004 年 4 月 19 日止新增注册资本的实收情况。按照国家相关法律、法规的规定和贵公司协议、章程的要求出资,提供真实、合法、完整的验资资料,保护资产的安全、完整是全体股东和贵公司的责任。我们的责任是对贵公司新增注册资本的实收情况发表审验意见。我们的审验是依据《独立审计实务公告第 1 号-验资》进行的。在审验过程中,我们结合贵公司的实际情况,实施了检查等必要的审验程序。

贵公司变更前的注册资本为人民币 50,000,000.00 元,根据 2001 年度股东大会决议和修改后章程的规定,申请向社会公开发行人民币普通股并增加注册资本人民币 40,000,000.00 元,变更后的注册资本为人民币 90,000,000.00 元。经中国证券监督管理委员会证监发行字[2004]34 号文核准,同意贵公司向社会公开发行人民币普通股 4,000 万股,每股面值 1.00 元,每股发行价为人民币 5.00 元,可募集资金总额为 200,000,000.00 元。根据我们的审验,截至 2004 年 4 月 19 日止,贵公司采用全部向二级市场投资者定价配售的发行方式发行人民币普通股 4,000 万股,募集资金总额为人民币 200,000,000.00 元,扣除券商承销佣金和上网发行手续费后实际收到的募集资金为 193,300,000.00 元(尚未扣除除券商承销佣金和上网发行手续费以外的其他发行费用),其中实收股本人民币肆仟万元整(¥40,000,000.00)。

同时我们注意到,贵公司本次增资前的注册资本为人民币 50,000,000.00 元,业经安徽华普会计师事务所审验,并于 1999 年 2 月 8 日出具会事验字(1999)第 023 号验资报告。截至 2004 年 4 月 19 日止,变更后的累计注册资本实收金额为人民币 90,000,000.00 元。

本验资报告仅供贵公司申请变更登记及据以向出资者签发出资证明时使用,不应将其视为是对贵公司验资报告日后资本保全、偿债能力和持续经营能力等的保证。因使用不当造成的后果,与执行本次验资业务的注册会计师及本所无关。

附件:

1.新增注册资本实收情况明细表

2.注册资本变更前后对照表

3.验资事项说明

安徽华普会计师事务所　　　　中国注册会计师:肖厚发

中国 · 合肥　　　　中国注册会计师:李友菊

中国注册会计师:王　荐　　　　2004 年 4 月 19 日

四、募股资金入帐情况

1、入帐时间:2004 年 4 月 19 日　　2、入帐金额:193,300,000 元

3、入帐帐号:1305016729200000505　　4、开户银行:中国工商银行淮北高岳支行

五、公司上市前股权结构及各类股东的持股情况

1、公司本次上市前股权结构

股份类型	股份数(万股)	占总股本(%)
非流通股发起人股	5000	55.56
流通股社会公众股	4000	44.44
总股本	9000	100.00

2、本次上市前十大股东情况

股东名称	股权性质	股数(万股)	持股比例(%)
1、矿业集团	国有法人股	4746.95	52.74
2、安徽理工	国有法人股	73.52	0.82
3、煤研所	国有法人股	73.46	0.82
4、南京理工	国有法人股	70.71	0.79
5、华安证券	流通股	37.35	0.42
6、南方证券	流通股	37.10	0.41
7、中煤雷耀	国有法人股	35.36	0.39
8、海富通收益	流通股	15.10	0.17
9、银丰基金	流通股	12.30	0.14
10、海富通精选	流通股	9.30	0.10

第六节　董事、监事、高级管理人员及核心技术人员

一、董事、监事、高级管理人员及技术负责人简历

1、董事会成员

于金周,男,中国国籍,1941 年 10 月生,大学文化,享受政府津贴的教授级高级工程师。历任九一〇厂副厂长、厂长。曾被评为原煤炭部"优秀企业家"。现任本公司董事长,兼任中国民爆器材流通协会副理事长、中国爆破器材行业协会常务理事。

张海龙,男,中国国籍,1955 年 9 月生,大学文化。历任九一〇厂纪委书记、工会主席、党委书记。曾获煤炭系统优秀党委书记、石圪节精神奖等荣誉。现任本公司副董事长、总经理。

魏兰民,男,中国国籍,1949 年 12 月生,大学文化。历任淮北矿务局技术监督处副处长、九一〇厂高岭土部主任。现任金岩高岭土公司总经理、本公司副董事长。

刘晓苗,女,中国国籍,1944 年 10 月生,大学文化。历任中煤进出口集团中煤物产矿业集团爆破器材部经理。现任中煤雷耀董事长、总经理,本公司董事。

刘祖亮,男,中国国籍,1951 年 8 月生,大学文化,研究员。历任南京理工化工学院教研室副主任,现任南京理工工业炸药中心主任,本公司董事。

周向群,男,中国国籍,1957 年 3 月生,大学文化,教授级高级工程师。历任爆研所工艺设备研究室课题组副主任、主任、爆研所所长。现任爆研所党委书记,本公司董事。

贾长龄,男,中国国籍,1946 年 9 月出生,大学文化,副教授。历任安徽理工大学矿物工程系主任、科研处处长现任安徽理工学术委员会委员,本公司董事。

王声辰,男,中国国籍,1955 年 12 月生,大学文化。历任九一〇厂纪委书记、工会主席、党委副书记。现任本公司董事、董事会秘书。

马骊,男,中国国籍,1955 年 5 月生,大学文化,历任九一〇厂高岭土部副主任。现任金岩高岭土公司副总经理,本公司董事。

汪旭光,男,中国国籍,1939 年 3 月生,博士生导师,教授级高工,中国工程院院士,俄罗斯圣彼得堡工程院院士。现任北京矿冶研究院副院长、院学术委员会主任,享受政府特殊津贴。本公司独立董事。

曹振雷,男,中国国籍,1959 年 6 月生,博士,教授级高工,中国制浆造纸研究院院长、中国科学技术协会第六届全国委员会委员,享受国务院津贴。在财务和法律方面有一定研究。本公司独立董事。

王之和,男,中国国籍,1947 年 11 月生,大学,高级会计师,中煤建设集团公司副总经理兼总会计师、党委委员,兼任中国总会计师协会常务理事。本公司独立董事。

费蕙蓉,女,中国国籍,1970 年 8 月生,大学,高校讲师,安徽省委党校法学在职研究生,淮北市委党校法学教研室副主任,兼任淮北市法律援助中心律师,安徽北方之光律师事务所律师。本公司独立董事。

吴宇峰,男,中国国籍,1968 年 6 月生,大学,注册会计师,注册资产评估师,中国政法大学法律硕士班在职研究生,安徽世诚会计师事务所副所长。2002 年 1 月参加过中国证监会与清华大学联合举办的独立董事培训班培训。本公司独立董事。

2、监事会成员

汪吾敬,男,中国国籍,1951 年 10 月生,大专文化,会计师。历任淮北矿务局财务科长,审计科长。现任矿业集团审计处副处长,本公司监事会主席。

王继峰,男,中国国籍,1962 年 10 月生,大学文化,工程师。历任爆研所检测中心组长、党委办公室副主任、党委副书记。现任爆研所副所长,本公司监事。

罗志民,男,中国国籍,1956 年 5 月生,大学文化。历任九一〇厂组织部干事、部长、工会副主席。现任本公司工会主席,本公司监事(系由职工代表大会选举产生)。

周德强,男,中国国籍,1964 年 1 月生,大学文化,经济师,律师。曾任九一〇厂纪委干事。现任办公室秘书,本公司监事(系由职工代表大会选举产生)。

欧阳其虎,男,中国国籍,1962 年 10 生,大学文化,助理政工师。历任矿业集团朱庄矿工会生活部长、副主席。现任金岩高岭土公司办公室主任,本公司监事。

3、高级管理人员及重要职员

张海龙,本公司总经理。见董事会成员简介

王声辰,本公司董事会秘书。见董事会成员简介

刘彦松,男,中国国籍,1962 年 2 月生,大学文化,高级工程师。历任九一〇厂供应科长、车间主任、副厂长。现任本公司副总经理。

王明君,男,中国国籍,1963 年 1 月生,大学文化,高级工程师。历任九一〇厂车间主任、安监处长、副厂长。现任本公司副总经理。

龙云玲,女,中国国籍,1958 年 11 月生,大学文化,高级工程师。曾任九一〇厂车间主任。主持的水胶炸药项目获省级火炬计划二等奖,主持的水胶炸药化学发泡型新品种项目,获国家煤炭工业局三等奖。现任本公司总工程师。

蔡贵民,男,中国国籍,1957 年 2 月生,大学文化,高级会计师。历任矿业集团审计处副科长、科长、九一〇厂副总会计师。现任本公司财务总监。

4、核心技术人员

于金周,见董事会成员简介。

王明君,见高级管理人员及重要职员简介。

龙云玲,见高级管理人员及重要职员简介。

马骊,见董事会成员简介。

王成炎,男,中国国籍,1944 年 10 月生,大学文化。历任九一〇厂水胶车间技术员、工程师。参与的水胶炸药项目获省级火炬计划二等奖,参与的水胶炸药化学发泡型新品种项目获国家煤炭工业局三等奖。现任本公司副总工程师。

二、有关事项说明

公司董事、监事、高级管理人员与核心技术人员均未直接或间接持有本公司及关联企业的股份,相互之间不存在配偶关系、三代以内直系和旁系亲属关系。

公司对上述人员尚无认股权安排。

第七节　同业竞争与关联交易

一、同业竞争情况

矿业集团主要从事煤炭产品、化工产品、医药保健品等的生产、销售,并从事煤田工程勘察、矿建、电力建设等业务,不直接或间接从事与本公司主营业务相同的生产经营,与本公司在业务上不存在同业竞争。矿业集团控制的其他法人与本公司也不存在同业竞争情况。矿业集团与公司签订《避免同业竞争协议》并承诺将来与公司也不发生同业竞争。本公司律师和主承销商均发表了控股股东及其控制的法人与本公司不存在同业竞争的意见。

二、关联交易情况

(一)产品销售

1、关联交易内容　本公司向矿业集团和淮北矿业(集团)煤业有限责任公司(以下简称"煤业公司")销售的民爆器材产品主要为水胶炸药、粉状硝铵炸药和工业雷管。2003 年度、2002 年度、2001 年度公司对关联方民爆器材产品的销售额占公司当期销售收入的比例分别为 31.47%、34.68%、41.14%。

2、关联交易定价原则　本公司民爆器材产品价格按民爆器材市场原则依以下顺序确定:有政府指导价的,参照政府指导价;没有政府指导价的,参照市场价格;对特殊配方、特殊规格产品,与用户按市场交易规则商定价格。本公司民爆器材产品的定价主要参照原国家计委计价管[1996]288 号文《国家计委关于调整民用爆破器材产品出厂价格的通知》确定。

(二)原材料采购

1、高岭土原矿采购

(1)关联交易内容　2003 年度、2002 年度、2001 年度,公司向淮北百慧工贸有限责任公司(以下简称"百慧公司")采购高岭土原矿总额分别为 1,562,457.52 元、2,765,580.03 元、1,928,032.00 元,占公司当期总采购额的比例分别为 3.05%、5.96%、3.97%。

(2)关联交易定价原则　鉴于公司与淮北矿务局朔里煤矿综合经营公司(百慧公司的前身)在 1999 年签订《高岭土原矿供应合同》时,高岭土原矿在淮北地区没有第三方可比价,故由双方协商确定以成本加成方式定价,加成率参照一般商业毛利率为 10%。

2、煤炭及其他辅材采购

(1)关联交易内容　2003 年度、2002 年度、2001 年度,本公司向关联方购买的煤炭及钢材等部分辅助材料总额分别为 3,092,750.79 元、3,515,477.70 元、3,300,152.43 元,占当期采购金额的 6.04%、7.57%、6.80%。

(2)关联交易定价原则　本公司与矿业集团和煤业公司以上产品的采购价格按市场原则确定。

(三)担保

公司正在履行的借款合同和相应的担保合同有:

1、2003 年 9 月 26 日本公司与中国建设银行淮北分行签订的《人民币资金借款合同》。合同号为 2003-053 号。矿业集团为该借款合同提供了连带责任保证。

2、2004 年 1 月 17 日本公司与中国农业银行淮北市杜集支行签订的《借款合同》。合同号为(341305100)农银借字(2004)第 001 号。矿业集团为该借款合同提供了连带责任保证。

(四)关联销售毛利占总毛利比例

年份	全部销售(元)		
	总收入	总成本	总毛利
2001 年度	88,838,595.06	56,113,960.71	32,724,634.35
2002 年度	91,520,448.36	58,839,768.77	32,680,679.59
2003 年度	100,891,339.17	64,003,298.90	36,888,040.27

年份	关联销售(元)			关联毛利占总毛利比例
	关联收入	关联成本	关联毛利	
2001 年度	36,544,949.68	19,251,409.80	17,293,539.88	52.85%

2002 年度	31,738,144.84	18,281,588.00	13,456,556.84	41.18%
2003 年度	31,744,541.72	18,207,105.52	13,537,436.20	36.70%

说明:(1)总毛利 = 销售总收入 - 销售总成本;
(2)关联毛利 = 关联销售收入 - 关联销售成本;
(3)关联毛利占总毛利比例 = 关联毛利 / 总毛利;
(五)独立董事、发行人律师与主承销商对关联交易的核查意见

公司独立董事认为本公司关联交易定价公允,符合市场原则,没有损害本公司及中小股东的利益。发行人律师认为本公司关联交易的决策符合法定程序和公司章程的规定,交易的价格是公允的。未发现因关联交易而损害公司及中小股东合法权益的情况。主承销商认为本公司关联交易遵循了市场化的定价原则,交易价格公允,严格履行了公司章程规定的程序,决策合法有效,不存在损害公司及中小股东利益的情形。

第八节 财务会计信息

本公司截止 2003 年 12 月 31 日的财务会计资料,已于 2004 年 4 月 8 日在《中国证券报》、《上海证券报》、《证券时报》、《证券日报》刊登的《招股说明书摘要》中进行了披露,投资者欲了解详情内容,请查阅上述报纸或刊载于上海证券交易所网站(HTTP://WWW.SSE.COM.CN)的本公司招股说明书全文及其附录。

一、注册会计师意见

本公司聘请安徽华普会计师事务所审计了公司 2001 年 12 月 31 日、2002 年 12 月 31 日和 2003 年 12 月 31 日的资产负债表和合并资产负债表及 2001 年度、2002 年度和 2003 年度的利润及利润分配表和合并利润表及利润分配表,以及 2003 年度的现金流量表和合并现金流量表。会计师出具了华普审字[2004]第 0019 号标准无保留意见的审计报告。

二、简要会计报表

简要合并资产负债表 单位:元

项目	2003 年 12 月 31 日	2002 年 12 月 31 日	2001 年 12 月 31 日
货币资金	12,323,843.26	22,861,602.01	24,224,021.79
应收票据	16,170,000.00	10,837,000.00	15,925,900.00
应收账款	17,635,689.28	20,119,465.00	19,983,412.40
其他应收款	6,644,592.14	5,520,878.95	4,213,991.32
预付账款	7,145,624.39	5,040,604.02	10,609,305.84
存货	17,649,833.64	13,638,610.97	11,537,955.69
流动资产合计	77,569,582.71	78,018,160.95	86,494,587.04
固定资产原价	102,573,470.30	99,946,772.61	96,388,835.33
减:累计折旧	49,794,466.06	45,807,218.59	42,428,869.12
固定资产净值	52,779,004.24	54,139,554.02	53,959,966.21
减:固定资产减值准备	1,675,884.50	1,472,325.62	1,472,325.62
固定资产净额	51,103,119.74	52,667,228.40	52,487,640.59
在建工程	61,424,252.16	25,274,628.42	1,054,855.11
固定资产合计	112,527,371.90	77,941,856.82	53,542,495.70
资产总计	190,096,954.61	155,960,017.77	140,037,082.74
短期借款	43,000,000.00	26,000,000.00	8,000,000.00
应付票据	160,000.00		1,193,359.40
应付账款	17,399,804.32	16,013,739.19	11,592,541.68
预收账款	305,146.74	1,070,586.16	743,281.83
应付工资	600,845.97	311,538.71	169,071.09
应付福利费	1,998,444.27	1,872,564.27	1,331,897.31
应交税金	1,869,346.88	1,290,151.13	354,897.28
其他应交款	367,926.64	354,950.49	337,719.73
其他应付款	1,729,805.99	1,836,648.34	1,717,067.21
一年内到期的长期负债	24,800,000.00	10,000,000.00	4,800,000.00
其他流动负债			
流动负债合计	92,231,320.81	58,750,178.29	30,239,835.53
长期借款		4,800,000.00	20,000,000.00
专项应付款	373,500.66	896,814.83	855,500.00
长期负债合计	373,500.66	5,696,814.83	20,855,500.00
负债合计	92,604,821.47	64,446,993.12	51,095,335.53
少数股东权益	605,292.78	602,410.77	601,519.20
股本	50,000,000.00	50,000,000.00	50,000,000.00
股本净额	50,000,000.00	50,000,000.00	50,000,000.00
资本公积	20,708,795.35	20,708,795.3	20,708,795.35
盈余公积	11,372,824.66	8,561,346.92	6,035,542.88
其中:法定公益金	5,686,412.33	4,280,673.46	3,017,771.44
未分配利润	6,805,220.35	3,640,471.61	1,595,889.78
应付现金股利	8,000,000.00	8,000,000.00	10,000,000.00
股东权益合计	96,886,840.36	90,910,613.88	88,340,228.01
负债和股东权益总计	190,096,954.61	155,960,017.77	140,037,082.74

简要合并利润表 单位:元

项目	2003 年度	2002 年度	2001 年度
一、主营业务收入	100,891,339.17	91,520,448.36	88,838,595.06
减:主营业务成本	64,003,298.90	58,839,768.77	56,113,960.71
主营业务税金及附加	910,589.20	824,929.67	848,344.22
二、主营业务利润	35,977,451.07	31,855,749.92	31,876,290.13
加:其他业务利润	271,442.61	40,799.40	175,461.26
减:营业费用	2,392,938.22	1,847,050.15	1,357,700.11
管理费用	10,797,132.68	9,986,261.60	9,044,785.05
财务费用	1,872,126.05	915,338.04	1,337,641.81
三、营业利润	21,186,696.73	19,147,899.53	20,311,624.42
加:营业外收入		50.00	60,526.79
减:营业外支出	203,558.88	212,566.51	164,013.24
四、利润总额	20,983,137.85	18,935,383.02	20,208,137.97
减:所得税	7,004,029.36	6,362,915.09	6,706,620.73
减:少数股东损益	2,882.01	2,082.06	1,261.85
五、净利润	13,976,226.48	12,570,385.87	13,500,255.39

简要合并现金流量表 单位:元

项目	合并数
一、经营活动产生的现金流量:	
销售商品、提供劳务收到的现金	116,785,035.75
收到的税费返还	
收到的其他与经营活动有关的现金	155,313.53
现金流入小计	116,940,349.28
购买商品、接受劳务支付的现金	69,170,545.56
支付给职工以及为职工支付的现金	18,070,444.01
支付的各项税费	16,742,744.69
支付的其他与经营活动有关的现金	4,859,997.01
现金流出小计	108,843,731.27
经营活动产生的现金流量净额	8,096,618.01
二、投资活动产生的现金流量:	
收到的其他与投资活动有关的现金	247,258.80
现金流入小计	247,258.80
购建固定资产、无形资产和其他长期资产所支付的现金	34,654,303.17
现金流出小计	34,654,303.17
投资活动产生的现金流量净额	-34,407,044.37
三、筹资活动产生的现金流量:	
借款所收到的现金	113,000,000.00
现金流入小计	113,000,000.00
偿还债务所支付的现金	86,000,000.00
分配股利、利润或偿付利息所支付的现金	11,226,922.63
现金流出小计	97,226,922.63
筹资活动产生的现金流量净额	15,773,077.37
四、汇率变动对现金的影响	-409.76
五、现金及现金等价物净增加额	-10,537,758.75

三、会计报表附注

本公司会计报表注释等内容,请投资者查阅刊登于上海证券交易所网站(WWW.SSE.COM.CN)的本公司招股说明书附录部分。

四、主要财务指标

以下财务指标中,除资产负债率为母公司报表口径外,均以合并财务报告数据为基础进行计算。

财务指标名称	2003 年度	2002 年度	2001 年度
资产负债率(母公司)	34.57%	36.13%	34.57%
流动比率	0.84	1.33	2.86
速动比率	0.65	1.10	2.48
应收账款周转率	4.98	4.30	3.94
存货周转率	4.05	4.59	5.16
研究与开发费用占主营业务收入比例	3.23%	3.90%	4.05%
每股净资产	1.94	1.82	1.77
每股经营活动产生的现金流量净额	0.16	0.59	0.15
扣除非常性损益后净资产收益率(全面摊薄)	14.36	13.91	15.15
每股收益	0.28	0.25	0.27

第九节 其他重要事项

一、自本公司股票首次公开发行之日至本上市公告书公告之日,本公司严格依照现行有关法律、法规的规定规范运作,生产经营情况正常,本公司所处行业和市场无重大变化,主要业务发展目标的进展状况正常,主要投入、产出物供求及价格无重大变化;

二、自本公司股票首次公开发行之日至本上市公告书公告之日,本公司没有进行重大对外投资、无重大资产(股权)收购、出售行为;

三、自本公司股票首次公开发行之日至本上市公告书公告之日,本公司重大会计政策和会计师事务所没有发生变化;

四、本公司未涉及任何重大诉讼、仲裁或行政处罚案件,并且董事会认为本公司未面临任何重大影响的诉讼和索赔要求;

五、自本公司股票首次公开发行之日至本上市公告书公告之日,本公司董事、监事和高级管理人员未受到任何刑事起诉,亦没有尚未了结或可能发生的刑事诉讼事项;

六、自本公司股票首次公开发行之日至本上市公告书公告之日,本公司住所未变更;本公司未发生新的重大负债,并且重大债项未发生变化;

七、根据《上海证券交易所股票上市规则》,本公司第一大股东淮北矿业(集团)有限责任公司承诺,自本公司股票上市之日起 12 个月内,不转让其持有的本公司股份,也不由本公司回购其持有的本公司股份;

八、本公司股票首次公开发行至本上市公告书公告之日,没有其他应披露而未披露之重大事项。

第十节 董事会上市承诺

本公司董事会将严格遵守《中华人民共和国公司法》、《中华人民共和国证券法》、《股票发行与交易管理暂行条例》、《公开发行股票公司信息披露实施细则》和《上海证券交易所股票上市规则》等国家相关法律、法规和有关规定,并自股票上市之日起做到:

1、真实、准确、完整、公允和及时地公布定期报告,披露所有对投资者有重大影响的信息,并接受中国证监会、证券交易所的监督管理;

2、本公司在知悉可能对股票价格产生误导性影响的任何公共传播媒介中出现的消息后,将及时予以公开澄清;

3、本公司董事、监事、高级管理人员和核心技术人员将认真听取社会公众的意见和批评,不利用已获得的内幕消息和其他不正当手段直接或间接从事发行人股票的买卖活动;

4、本公司没有无记录的负债。

第十一节 上市推荐人及其意见

一、上市推荐人

1、上市推荐人:华安证券有限责任公司

法定代表人:汪永平

地址:安徽省合肥市阜南路 166 号润安大厦

电话:(0551)5161657 传真:(0551)5161659

联系人:徐圣能、方书品

二、上市推荐人意见

本公司上市推荐人认为,发行人章程符合《中华人民共和国公司法》等有关法律、法规和中国证监会关于公司章程的相关规定;发行人本次股票发行完全符合《中华人民共和国公司法》、《中国人民共和国证券法》、《股票发行与交易管理暂行条例》、《上海证券交易所股票上市规则》等国家有关法律、法规的规定,已具备了上市条件;发行人董事了解法律、法规、上海证券交易所上市规则及股票上市协议规定的董事的义务与责任;发行人建立健全了法人治理结构,制定了严格的信息披露制度与保密制度。

上市推荐人已对上市文件所载的资料进行了核实,确保上市文件真实、准确、完整,符合规定要求;保证发行人的上市申请材料、上市公告书没有虚假、严重误导性陈述或者重大遗漏,并保证对其承担连带责任。上市推荐人与发行人不存在关联关系。上市推荐人愿意推荐发行人股票在上海证券交易所上市交易,并保证不利用在上市过程中获得的内幕信息进行内幕交易,为自己或他人谋取利益。

安徽雷鸣科化股份有限公司

2004 年 4 月 23 日

科达集团股份有限公司

科达集团股份有限公司首次公开上市公告书

重要声明与提示

本公司董事会保证上市公告书的真实性、准确性、完整性,全体董事承诺上市公告书不存在虚假记载、误导性陈述或重大遗漏,并承担个别和连带的法律责任。

根据《公司法》、《证券法》等有关法律、法规的规定,本公司董事、高级管理人员已依法履行诚信和勤勉尽责的义务和责任。

上海证券交易所、中国证监会、其他政府机关对本公司股票上市及有关事项的意见,均不表明对本公司的任何保证。

本公司提醒广大投资者注意,凡本上市公告书未涉及的有关内容,请投资者查阅 2004 年 4 月 6 日刊载于《中国证券报》、《上海证券报》、《证券时报》和《证券日报》的本公司招股说明书摘要,及刊载于上海证券交易所网站(http://www.sse.com.cn)的本公司招股说明书全文。

本公司 2004 年第一季度财务报告未经审计。

本公司董事会于 2004 年 4 月 14 日审议通过本公司 2004 年第一季度财务报告。

本公司负责人-刘双珉先生、主管会计工作负责人-张天堂先生及会计机构负责人-田敬涛先生声明:保证季度报告中财务报告的真实、完整。

第一节　概　览

1、股票简称:科达股份
2、沪市股票代码:600986
3、深市代理股票代码:003986
4、发行价格:8.60 元/股
5、总股本:107,458,240 股
6、本次上市可流通股:30,000,000 股
7、上市地点:上海证券交易所
8、上市时间:2004 年 4 月 26 日
9、股票登记机构:中国证券登记结算有限责任公司上海分公司
10、上市推荐人:联合证券有限责任公司
11、对首次公开发行股票前股东所持股份的流通限制及期限:

根据国家有关法律、法规规定和中国证监会证监发行字[2004]31 号文《关于核准科达集团股份有限公司公开发行股票的通知》,科达集团股份有限公司(以下简称"本公司")设立时发行的符合相关流通政策的 193.6456 万股内部职工股,自本次新股发行之日起满三年后可申请上市流通,本公司的法人股、不符合相关流通政策的 1,606.6744 万股内部职工股和不符合相关流通政策的 1,119.904 万股非发起自然人股,暂不上市流通。

12、本公司的第一大股东广饶县科达实业有限责任公司对所持股份自愿锁定的承诺:自本公司股票上市之日起 12 个月内不转让所持有的本公司股份,也不会要求或接受由本公司回购其所持有的本公司股份。

第二节　绪　言

本上市公告书是根据《中华人民共和国公司法》、《中华人民共和国证券法》、《股票发行与交易管理暂行条例》、《公开发行股票公司信息披露实施细则》和《上海证券交易所股票上市规则》等国家有关的现行法律、法规的规定,并按照中国证券监督管理委员会制定的《公开发行证券的公司信息披露内容与格式准则第七号-股票上市公告书》要求编制,旨在向投资者提供有关本公司的基本情况和股票上市的有关资料。

经中国证监会证监发行字[2004]31 号文核准,本公司于 2004 年 4 月 9 日在上海证券交易所采用向二级市场投资者定价配售的方式首次公开发行 3,000 万股人民币普通股(A 股)股票,每股面值 1.00 元,每股发行价格 8.60 元。

经上海证券交易所上证上字[2004]第 39 号文《关于科达集团股份有限公司人民币普通股股票上市交易的通知》批准,本公司 3,000 万股普通股将于 2004 年 4 月 26 日起在上海证券交易所挂牌交易。股票简称"科达股份",沪市股票代码"600986",深市代理股票代码"003986"。

本公司已于 2004 年 4 月 6 日分别在《中国证券报》、《上海证券报》、《证券时报》和《证券日报》上刊登了《科达集团股份有限公司首次公开发行股票招股说明书摘要》,招股说明书全文及其附录材料可在上海证券交易所网站(HTTP://WWW.SSE.COM.CN)查阅。因招股说明书及其摘要的披露距今不足 3 个月,故与其重复的内容不再重述,敬请投资者查阅上述文件。本公司业已编制 2004 年第一季度的财务报告并在本公告书中披露。

第三节　发行人概况

一、公司概况
公司名称:科达集团股份有限公司
英文名称:KEDA GROUP CO., LTD.
法定代表人:刘双珉
设立日期:1993 年 12 月 17 日
注册地址:山东省东营市广饶县大王经济技术开发区
邮政编码:257335

经营范围:市政、公路、污水处理及给排水工程施工;交通器材加工;汽车配件、机械配件的生产、销售;汽车及机械维修;沥青销售;加油服务;各种建材产品的试验检测;承包境外市政建设工程及境内国际招标工程;上述境外工程所需的设备、材料出口;对外派遣实施上述境外工程所需的劳务人员。

主营业务:公路工程、市政工程建设施工
所属行业:建筑
联系电话:0546-8301886
联系传真:0546-8304191
互联网址:HTTP://WWW.KEDA-GROUP.COM.CN
电子信箱:KEDA@KEDA-GROUP.COM.CN
董事会秘书:韩晓光

二、发行人的历史沿革

本公司是 1993 年 3 月经山东省东营市体改委东体改发[1993]35 号文批准,由原东营市第二市政工程公司整体改制,以其净资产出资折股,同时以定向募集方式设立的股份有限公司。本公司成立时名称为"山东省东营科达集团股份有限公司",1997 年更名为"山东科达集团股份有限公司",1998 年经国家工商行政管理总局备案,山东省工商行政管理局批准公司更名为"科达集团股份有限公司"。

1993 年公司成立时定向募集股本总额为 242.057 万股(每股面值 10 元)。1996 年 9 月,经山东省东营市体改委以东体改发[1996]25 号文批准,将股票由原每股面值 10 元拆细为每股 1 元,公司原总股本 242.057 万股拆为 2,420.57 万股。1997 年公司股东大会通过决议,并经山东省体改委鲁体改函字[1997]第 59 号文批准,向全体股东按 10:4 比例派送红股,同时按 10:2 比例将资本公积金转增股本,该次变更后的公司股本总额为 3,872.912 万元。2000 年公司股东大会通过决议,并经山东省体改办以鲁体改企字[2000]第 53 号文批准,向全体股东按 10:10 比例派送红股,该次变更后的公司股本总额为 7,745.824 万元。

经中国证监会证监发行字[2004]31 号文核准,本公司在上海证券交易所采用向二级市场投资者定价配售的方式,首次公开发行 3,000 万股人民币普通股(A 股)股票,每股面值 1.00 元,每股发行价格为 8.60 元。本次发行后,公司股本总额为 10,745.824 万元。

三、主要经营情况

1、主营业务及主要产品

公司主营业务为:公路工程、市政工程建设施工。主要产品品种有:公路工程、桥梁工程、市政工程、水利工程、环保工程等。

2、产品销售方式和渠道

公司业务承揽主要通过项目招投标和议标等方式,大额项目合同一般通过中标取得;小额项目合同主要通过与业主协商确定工程标的额,并签订有关合同。由于公司主要根据甲方的投资额和设计方案施工,竣工后将建筑物交付给甲方。因此,只要取得项目合同并按质按期竣工,就不存在产品销售问题。

3、竞争情况与竞争地位

公司一直致力于基础设施建设业,路、桥、隧、水利、环保、市政工程全面发展,具有比较全面的市场竞争能力。凭借完善的法人治理结构和科学严格的内部管理,高素质的员工队伍、高水平的施工技术和现代化的技术装备,公司在竞争激烈的基础设施建设市场中脱颖而出,成为山东省市政行业中颇具规模、效益良好的企业,是山东省建设系统五十强企业之一,具备了较强的市场竞争能力。与国内相同规模的同行业企业相比,公司在上述管理和机制等方面具有竞争优势,但与国内外大型公路市政工程施工企业相比,公司在规模、人才、技术、资金等方面仍处于相对劣势。根据公司发展战略,公司将以本次公募发行为契机,由单纯公路、市政工程施工向基础设施投资、建设和运营管理方面深化拓展;同时加强施工设备技术改造,提高公司技术装备水平和施工能力,全面提高公司资金实力、技术开发能力和综合承包能力。

4、公司生产经营有关的商标、特许经营权和非专利技术情况

(1)商标

公司现使用的图形标识单独或与"科达"二字一并在国家工商局商标局申请了注册商标,并已获得了国家工商局商标局核发的《商标注册证》,商标注册号为 1315024、1301764、1300011、1302031、1319981 和 1312427,有效期 10 年,均终止于 2009 年。

(2)特许经营权

1999 年 11 月 16 日,对外贸易经济合作部以[1999]外经贸政审函字第 2317 号文,授予公司对外承包工程劳务合作经营权,并颁发了《中华人民共和国进出口企业资格证书》(代码 3700164960593)和《国外承包工程劳务合作经营许可证》([2000]外经贸合证字第 1611 号),批准公司对外经营范围为:承包境外市政建设工程及境内国际招标工程;上述境外工程所需的设备、材料的出口;对外派遣实施上述境外工程所需的劳务人员。

(3)非专利技术

公司的非专利技术主要有:台背回填解决桥头跳车技术;灌水法改进箱梁预压工艺;丘陵地区大纵坡段路面平整度施工工艺;运用 QC 成果提高水泥稳定碎石的质量技术;保证水泥二灰稳定碎石基层质量施工工艺;利用麦克(MAC)改性沥青混合料铺筑抗滑表层施工技术;新型路面材料--彩色路面用胶结料加工技术。

5、发行人享受的财政税收优惠政策

2000 年 12 月 4 日,山东省人民政府以鲁政字[2000]321 号文《关于同意对科达集团股份有限公司所得税返还政策进行确认的批复》,批准对公司 1998 年度、1999 年度企业所得税实际税负超过 15%的部分由同级财政予以返还。从 2000 年度起,公司所得税税率按 33%执行。

2003 年 4 月 13 日,山东省地方税务局以鲁地税函[2003]71 号文《关于东营市盛立化工有限责任公司等六户企业免征企业所得税的批复》,认定公司控股子公司-东营科英激光电子有限公司符合财政部、国家税务总局《关于企业所得税若干优惠政策的通知》(财税字[94]001 号文)关于劳动就业服务企业的免税条件,同意免征公司控股子公司-东营科英激光电子有限公司 2002 年度的企业所得税。

6、主要财务指标

(1)发行人 2001 年度至 2003 年度主要财务资料

①公司前三年的资产负债情况如下:(合并报表数据,单位:万元)

项目	2003 年 12 月 31 日	2002 年 12 月 31 日	2001 年 12 月 31 日
资产总额	69,129.13	53,591.16	44,949.93
负债总额	37,652.07	25,950.26	21,892.85
少数股东权益	3,422.57	3,097.30	1,798.51
股东权益	28,054.49	24,543.60	21,258.57

②公司前三年的经营业绩如下:(合并报表数据,单位:万元)

项目	2003 年度	2002 年度	2001 年度
主营业务收入	49,287.41	44,338.88	38,173.02
主营业务利润	10,692.42	9,640.63	8,103.93
利润总额	6,528.71	5,837.16	4,613.85
净利润	3,367.25	3,285.03	*4,920.06

以上数据摘自山东乾聚有限责任会计师事务所乾聚审字[2002]7 号、乾聚审字[2003]18 号和乾聚审字[2004]7 号。

*注:2001 年度的净利润中包含了公司收到 1998 年度和 1999 年度所得税返还共计 1,795.69 万元。

③公司前三年主要财务指标

项目	2003 年	2002 年	2001 年
流动比率(倍)	1.03	1.30	1.21
速动比率(倍)	0.99	1.22	1.15
应收账款周转率(次)	2.92	3.54	2.51
存货周转率(次)	22.75	20.82	29.28
无形资产占净资产比例(%)	0.03	0.04	0.02
资产负债率(%)[母公司]	51.09	41.54	34.54
每股净资产(元)	3.62	3.17	2.74

(2)发行人 2004 年第一季度的主要财务资料

①2004 年第一季度主要财务指标(合并报表数据,单位:元)

指标名称	2004 年 3 月 31 日	2003 年 12 月 31 日	本报告期末比上年度期末增减(%)
总资产	655,035,243.13	691,291,344.38	−5.24
股东权益(不含少数股东权益)	286,574,949.40	280,544,919.31	2.15
每股净资产	3.70	3.62	2.21
调整后的每股净资产	3.67	3.61	1.66
指标名称	2004 年 1 至 3 月	2004 年 1 至 3 月	本报告期比上年同期增减(%)
经营活动产生的现金流量净额	−1,905,657.89	−1,905,657.89	–
每股收益(注 1)	0.078	0.078	1.60
每股收益(注 2)	0.056	0.056	1.55
净资产收益率	2.10%	2.10%	1.03
扣除非经常性损益后的净资产收益率	2.08%	2.08%	1.08

注 1:每股收益按照本次发行前的股本总额计算;注 2:每股收益按照本次发行后的股本总额计算;注 3:2004 年第一季度,本公司首次公开发行股票募集资金尚未到位,相关指标中不包含本次募集资金。(合并报表数据,单位:元)

非经常性损益	项目金额
补贴收入	–
营业外收入	233,116.76
营业外支出	115,995.00
所得税影响	38,650.18
合计	78,471.58

②2004 年第一季度利润表　　(合并报表数据,单位:元)

	母公司		合并	
项目	2004 年 1−3 月	2003 年 1−3 月	2004 年 1−3 月	2003 年 1−3 月
一、主营业务收入	36,784,260.27	32,967,461.30	65,225,438.72	51,896,604.34
减:主营业务成本	29,937,000.53	28,093,291.46	45,949,674.11	38,490,158.24
主营业务税金及附加	1,066,655.91	1,013,095.94	1,066,655.91	1,013,095.94
二、主营业务利润	5,780,603.83	3,861,073.90	18,209,108.70	12,393,350.16
加:其他业务利润	–	1,286.00	79,214.65	80,267.16
减:营业费用	–	–	–	–
管理费用	−1,360,088.91	1,126,055.33	6,131,587.78	4,735,500.78
财务费用	2,229,656.10	1,168,600.38	2,267,936.69	18,225.05
三、营业利润	4,911,036.64	1,567,704.19	9,988,798.88	7,719,891.49
加:投资收益	1,556,169.54	1,923,286.91	–	–
补贴收入	–	–	–	–
营业外收入	140,250.16	43,456.78	233,116.76	80,585.69
减:营业外支出	12,000.00	17,035.00	115,995.00	212,245.00
四、利润总额	6,595,456.34	3,517,412.88	10,105,920.64	7,588,232.18
减:所得税	565,426.25	1,158,433.47	2,382,593.53	3,136,488.52
少数股东损益	–	–	1,693,297.02	2,092,764.25
五、净利润	6,030,030.09	2,358,979.41	6,030,030.09	2,358,979.41
加:年初未分配利润	132,168,283.98	106,054,692.28	130,253,458.38	104,111,343.98
六、未分配利润	138,198,314.07	108,413,671.69	136,283,488.47	106,470,323.39

7、本公司管理层对 2004 年第一季度经营情况的讨论与分析

(1)经营情况简要分析

公司经营层围绕 2004 年工作重点和经营目标,强化管理、规范运作、进一步加强市场开拓力度,中标 5 个工程合同,工程合同标的额 2.76 亿元,确保工程施工任务饱满。报告期内公司实现主营业务收入 65,225,438.72 元,主营业务利润 18,209,108.70 元,净利润 6,030,030.09 元。

报告期内实现主营业务收入 65,225,438.72 元,较上年同期增长 25.68%。公司主营收入主要由公路工程、市政工程建设施工业务及激光头来料加工业务构成。报告期内公司公路工程、市政工程建设施工业务收入 36,784,260.27 元,较上年同期增长 11.58%;激光头来料加工业务收入 28,441,178.45 元,较上年同期增长 50.25%。其中激光头来料加工业务收入较上年同期大幅度增长,主要原因在于 2003 年下半年科英公司新增加了 DB10 型机种,同时增加了 6 条生产线,月生产能力较上年同期有所增长。

报告期内主营业务利润总额 18,209,108.70 元,较上年同期增长 46.93%。主要原因为公司毛利率较高的激光头来料加工业务收入较上年同期上升幅度较大。

报告期内实现净利润 6,030,030.09 元,较上年同期增长 155.62%。主要原因在于一、激光头来料加工业务收入较上年同期大幅度增长;二、上年度应收账款在报告期内收回较多,因应收账款的收回,从而使这部分应收账款提取的坏账准备冲回,相应的减少管理费用,导致报告期内期间费用大幅度减少。

(2)占主营业务收入或主营业务利润总额 10%以上的主营行业或产品情况

产品名称	主营业务收入(元)	主营业务成本(元)	毛利率(%)
公路桥梁施工及附属设施	36,784,260.27	29,937,000.53	18.61
工缴费收入	28,441,178.45	16,012,673.58	43.70
合计	65,225,438.72	45,949,674.11	29.55

产品名称	本期		上年同期		同比变动(%)
	收入(万元)	占当期收入的比例	收入(万元)	占当期收入的比例	
公路桥梁施工及附属设施	3,678.43	56.40%	3,296.75	63.53%	−11.58
工缴费收入	2,844.12	43.60%	1,892.91	36.47%	50.25

(3)2004 年第一季度利润构成情况　　(合并报表数据,单位:元)

项目	报告期	占利润总额的比例	前一报告期	占利润总额的比例	差异
主营业务利润	18,209,108.70	180.18%	106,924,247.07	163.78%	16.40%
其他业务利润	79,214.65	0.78%	404,527.25	0.62%	0.26%
期间费用	8,299,524.47	82.13%	41,932,621.90	64.23%	17.90%
营业利润	9,988,798.88	98.84%	65,396,152.42	100.17%	−1.23%
补贴收入	–	–	–	–	–
投资收益	–	–	–	–	–
营业外收支净额	117,121.76	1.16%	−109,043.48	−0.17%	1.33%
利润总额	10,105,920.64	100%	65,287,108.94	100%	–

第四节　股票发行与股本结构

一、本次上市股票的公开发行

1、发行数量:3,000 万股,占发行后总股本的 27.92%

2、发行价格:8.60 元/股

3、募集资金总额:本次发行募集资金总额 25,800 万元,扣除发行费用 1,472.40 万元,实际募集资金净额为 24,327.60 万元。

4、发行方式:全部向二级市场投资者定价配售

5、发行对象:2004 年 4 月 6 日(招股说明书刊登日)收盘时,持有上海证券交易所和深圳证券交易所上市流通人民币普通股(A 股)股票的收盘市值总和不少于 10,000 元的投资者。

6、发行费用:本次发行费用共计 1,472.40 万元,其中包括保荐费用、注册会计师费用、律师费用、评估费用、上网发行手续费、审核费等相关费用。

二、股票承销情况

本次公开发行 3,000 万股流通股股票,沪市、深市二级市场投资者的配号总数为 81,081,957 个,中签率为 0.03699960%。二级市场投资者认购 29,699,474 股,其余 300,526 股由主承销商包销。

三、验资报告

验 资 报 告

乾聚验字[2004]9 号

科达集团股份有限公司全体股东:

我们接受委托,审验了贵公司截至 2004 年 4 月 16 日止新增注册资本的实收情况。按照国家相关法律、法规的规定和协议、章程的要求出资,提供真实、合法、完整的验资资料,保护资产的安全、完整是全体股东及贵公司的责任。我们的责任是对贵公司新增注册资本的实收情况发表审验意见。我们的审验是依据《独立审计实务公告第 1 号———验资》进行的。在审验过程中,我们结合贵公司的实际情况,实施了检查等必要的审验程序。

贵公司原注册资本为人民币 77,458,240.00 元,根据贵公司股东大会决议和修改后章程的规定,贵公司申请增加注册资本人民币 30,000,000.00 元,变更后的注册资本为人民币 107,458,240.00 元。经中国证券监督管理委员会证监发行字[2004]31 号文批准,贵公司于 2004 年 4 月 9 日向社会公众发行人民币普通股 30,000,000 股,每股面值为人民币 1.00 元。经我们审验,截至 2004 年 4 月 16 日止,贵公司已收到普通股认缴的新增注册资本合计人民币叁仟万元整(RMB30,000,000.00 元),各股东均以货币资金出资。

同时我们注意到,贵公司本次增资前的注册资本为人民币 77,458,240.00 元,已经山东中衡会计师事务所审验,并于 2000 年 9 月 7 日出具中衡会三验字[2000]005 号验资报告。截至 2004 年 4 月 16 日,变更后的累计注册资本实收金额为人民币 107,458,240.00 元。

本验资报告仅供贵公司申请变更登记及据以向股东签发出资证明时使用,不应将其视为是对贵公司验资报告日后资本保全、偿债能力和持续经营能力等的保证。因使用不当造成的后果,与执行本验资业务的注册会计师及会计师事务所无关。

山东乾聚有限责任会计师事务所

中国注册会计师:李延昌、江平

中国·烟台　二〇〇四年四月十六日

四、募集资金入账情况

入账时间:2004 年 4 月 16 日

入账金额:246,106,045.86 元(募集资金总额扣除保荐费用及上网发行费用)

开户银行:中国工商银行山东省分行广饶县支行大王分理处

入账账号:1615070309200000222

五、发行人上市前的股权结构及各类股东的持股情况

1、发行人上市前的股权结构

股份类别	持股数(万股)	持股比例(%)
发起法人股	4,825.600	44.91
内部职工股	1,800.320	16.75
非发起自然人股	1,119.904	10.42
普通股	3,000.000	27.92
总股本	10,745.824	100.00

注:本公司的发起法人股、非发起自然人股暂不上市流通。本公司内部职工股共 1,800.32 万股,其中 1,606.6744 万股内部职工股暂不上市流通,其余 193.6456 万股内部职工股,自本次新股发行之日起满三年后可申请上市流通。

2、发行人上市前的前 10 名股东

序号	股东名称	持股数量(万股)	持股比例(%)
1	广饶县科达实业有限责任公司	4,825.600	44.907
2	侯秀荣	38.730	0.360
3	吴一君	38.730	0.360
4	林存喜	38.730	0.360
5	魏一民	38.730	0.360
6	周恒心	38.730	0.360
7	于　惠	38.600	0.359
8	张志慧	38.600	0.359
9	石汝玲	38.600	0.359
10	曹艳梅	38.428	0.358

第五节　董事、监事、高级管理人员及核心技术人员

一、董事、监事、高级管理人员及核心技术人员简介

刘双珉,男,1949 年出生,大专学历,高级经济师,1969 年参加工作,曾任山东省滨州市市政处施工队队长,东营市第二市政工程公司总经理,1993 年 12 月至 2000 年 5 月任公司董事长兼总经理,1996 年 12 月至 2000 年 9 月兼任广饶县科达实业有限责任公司董事长,2000 年 5 月至今任公司董事长,2000 年 7 月起兼任东营科英激光电子有限公司董事长、东营黄河公路大桥有限责任公司董事长,同时兼任东营市政协常委、东营市工商联合会副会长及山东省市政工程协会副理事长。曾获

山东省优秀厂长(经理)、东营市十佳优秀企业家、山东省"富民兴鲁"劳动奖章和山东省劳动模范等荣誉称号。

赵振学,男,1950年出生,大专学历,高级经济师,1968年参加工作,曾任东营市第二市政工程公司施工队队长、副总经理,1993年12月至2000年5月任公司副董事长兼副总经理,2000年5月至今任公司副董事长,2000年9月至今兼任广饶县科达实业有限责任公司董事长。

韩晓明,男,1963年出生,大专学历,高级经济师,1983年参加工作,曾任东营市第二市政工程公司预算员、经营科科长、经理助理,1993年12月至今任公司董事,1996年2月至2000年5月任公司副总经理、常务副总经理,2000年5月至今任公司总经理。2004年1月获第十一届"山东省十大杰出青年企业家"荣誉称号。

张天堂,男,1959年出生,大专学历,高级会计师,1976年参加工作,曾任东营市第二市政工程公司主管会计、财务科科长,1993年12月至今任公司董事、总会计师。

尉安宇,男,1969年出生,本科学历,工程师,1992年参加工作,曾任滨州国营徒骇河农场基建科副科长,公司施工管理处副处长、质管部主任、副总工程师,2000年5月至今任公司董事。

卢文纲,男,1970年出生,硕士研究生学历,国际商务师,1992年参加工作,历任东营市对外经济贸易委员会科员、业务经理,东营市信息产业局科长,和君创业研究咨询有限公司咨询师、项目组长。现任公司董事。

杨志敏,男,1938年出生,大专学历,高级工程师,本公司独立董事。杨先生曾任交通部公路总局第三工程局技术员、滨州地区公路局工程师、滨州地区公路管理局局长,现任滨州地区政协副主席。

孙德轩,男,1966年出生,本科学历,中国注册会计师、副教授,本公司独立董事。曾任黑龙江八一农垦大学经贸学院助教,烟台双一集团财务处会计师,烟台市国际贸易公司进口业务负责人,1998至今任山东工商学院会计学院副教授。

姬光荣,男,1953年出生,本科学历,教授,博士生导师,中国电子学会高级会员,中国自动化学会机器人专业委员会委员,本公司独立董事。1979年毕业于山东海洋学院(即中国海洋大学)物理系并留校任教至今,现任中国海洋大学信息科学与工程学院电子工程系教授、基础实验教学中心主任、博士生导师。

延新贵,男,1949年出生,大专学历,高级工程师,1971年参加工作,曾任东营市第二市政工程公司机械队队长、机动科科长,1993年12月至2000年5月任公司董事兼副总经理,1996年12月至今任广饶县科达实业有限责任公司董事兼总经理,2000年5月至今任公司监事会召集人。

王树云,女,1967年12月出生,大专学历,工程师、政工师,1987年参加工作。历任东营市天信纺织有限公司董事、党委副书记、纪检书记。现任本公司监事,并兼任东营科英激光电子有限公司常务副总经理。

孙明强,男,1961年9月出生,高中学历,高级工程师。1981年参加工作,历任公司机械操作手、材料供应处副处长、第二分公司副经理。现任本公司监事(职工监事)。

陈新传,男,1965年出生,大专学历,工程师,1987年参加工作,曾任东营市第二市政工程公司第三工区主任、第三工程处处长,1993年12月至2000年5月任公司监事,2000年5月至今任公司常务副总经理。

潘相庆,男,1964年出生,大专学历,工程师,1985年参加工作,曾任东营市第二市政工程公司材料处处长,公司材料处处长、第三工程处处长,第一分公司经理,1999年2月至今任公司副总经理。

万珊珊,女,1938年出生,本科学历,教授级高级工程师,1961年参加工作,曾任山东省交通厅设计院总工程师、党的十三大全国代表、八届、九届全国人大代表。主持设计济南黄河大桥,获国家科技进步一等奖;主持设计胜利黄河大桥、济青高速公路,获国家优秀设计奖;任南京长江第二大桥建设指挥部总工程师,获大桥建设功臣奖。曾获国家级专家、省拔尖人才及交通部双文明标兵等荣誉称号。现任公司总工程师。

韩晓光,男,1971年出生,本科学历,经济师,1994年参加工作,曾任公司机械作业处副处长、总经理助理,2000年5月至今任公司董事会秘书兼证券部主任。

以上人员均为中华人民共和国国籍。

二、董事、监事、高级管理人员及核心技术人员的持股情况

刘双珉现持有本公司股份12.80万股,本次发行前持股比例为0.165%,本次发行后持股比例为0.119%。刘双珉持股情况在2001年度至2003年度未发生变动,所持股份也未发生任何质押或冻结。其他董事、监事、高级管理人员及核心技术人员未持有本公司股份。本次发行结束并在上海证券交易所成功上市后,上述人员所持股份将按国家有关规定在其任职期间内予以锁定。

第六节　同业竞争与关联交易

一、同业竞争情况

本公司控股股东为广饶县科达实业有限责任公司,持有本公司股份比例为44.91%。广饶县科达实业有限责任公司的职能为投资控股管理公司,其除本公司外的其他下属企业主要从事橡胶、精细化工、油田化学助剂的生产和销售等。本公司与控股股东及其下属单位之间,业务范围、性质、市场及客户均不存在相同或相似的情况,不存在同业竞争。

广饶县科达实业有限责任公司于2000年11月12日出具了《避免竞争与利益冲突承诺函》,向公司及其他股东承诺:在今后的任何时间不会直接或间接地以任何方式参与或进行与公司营业执照上所列明经营范围内的业务存在直接或间接竞争的任何业务活动。

二、关联交易

1、关联方及关联关系

本公司目前存在的关联方及关联关系请查阅刊登于上海证券交易所网站(WWW.SSE.COM.CN)的本公司招股说明书相关披露内容。

2、主要关联交易

(1)房屋及土地使用权租赁

公司控股股东广饶县科达实业有限责任公司租用公司部分房屋(面积为240平方米)。广饶县科达实业有限责任公司之全资企业东营市精细化工厂租用公司广国用(2000)字第179号国有土地使用证项下的5,840平方米土地。

(2)合作投资

公司与控股股东广饶县科达实业有限责任公司共同投资成立东营科英激光电子有限公司。该公司注册资本为3,800万元,广饶县科达实业有限责任公司出资1,980万元,占注册资本的52.11%;公司出资额为1,820万元,占注册资本的47.89%。

(3)资金往来

截止2004年3月31日,东营黄河公路大桥有限责任公司占用公司资金余额4,700万元。东营黄河公路大桥有限责任公司承诺在本公司对该公司增资的资金到位后归还上述借款。

第七节　财务会计资料

本公司截止2003年12月31日的财务会计资料,已于2004年4月6日分别在《中国证券报》、《上海证券报》、《证券时报》和《证券日报》上刊登的《科达集团股份有限公司首次公开发行股票招股说明书摘要》,及在上海证券交易所网站上刊登的招股说明书全文及其附录材料中进行了详细披露。投资者欲了解详细情况,请查阅上述报纸或者登录上海证券交易所网站(HTTP://WWW.SSE.COM.CN)。

一、注册会计师意见

山东乾聚有限责任会计师事务所接受本公司委托,对本公司2001年12月31日、2002年12月31日及2003年12月31日的资产负债表,2001年度、2002年度和2003年度的利润表及利润分配表及2002年度和2003年度的现金流量表,以及公司及其子公司上述相应会计期间的合并资产负债表、合并利润及利润分配表及合并现金流量表进行了审计。该所认为本公司上述会计报表符合《企业会计准则》和《企业会计制度》的有关规定,在所有重大方面公允地反映了公司及子公司的财务状况、经营成果及现金流量,会计处理方法的选用遵循了一贯性原则,并出具了标准无保留意见的审计报告(乾聚审字[2002]7号、乾聚审字[2003]18号和乾聚审字[2004]7号),以下简要合并资产负债表、利润表和现金流量表均摘自上述审计报告。

在本次股票上市前,本公司编制了2004年第一季度财务报告(未经审计)。由于截止2004年3月31日,本公司尚未收到本次发行新股的募集资金,故2004年第一季度财务报告中未包含本次募集资金。

二、简要会计报告

1、简要合并资产负债表　单位:元

项目	2004年3月31日	2003年12月31日
流动资产:		
货币资金	33,057,096.86	51,253,111.44
应收票据	500,000.00	530,000.00
应收账款	159,008,163.59	237,217,884.68
其他应收款	85,163,827.18	61,786,985.83
预付账款	27,327,011.20	22,301,626.65
存货	40,813,465.16	12,961,309.76
待摊费用	1,722,939.00	748,077.15
流动资产合计	347,592,502.99	386,798,995.51
长期投资:		
长期股权投资	5,000,000.00	5,000,000.00
长期投资合计	5,000,000.00	5,000,000.00
固定资产:		
固定资产原价	285,101,857.22	280,534,396.40
减:累计折旧	89,989,526.56	85,713,348.54
固定资产净值	195,112,330.66	194,821,047.86
在建工程	52,431,400.37	49,585,976.56
固定资产合计	247,543,731.03	244,407,024.42
无形资产及其他资产:		
无形资产	54,899,009.11	55,118,743.81
长期待摊费用	–	−33,419.36
无形资产及其他资产合计	54,899,009.11	55,085,324.45
资产总计		691,291,344.38
流动负债:		
短期借款	158,000,000.00	166,000,000.00
应付账款	53,603,950.12	80,569,031.03
预收账款	–	5,074.50
应付工资	3,268,441.46	5,171,612.03
应付福利费	7,753,213.51	7,835,276.27
应付股利	900,897.19	900,897.19
应交税金	13,054,581.71	17,828,998.60
其他应交款	728,307.76	734,958.99
其他应付款	74,952,134.24	77,320,821.61
预提费用	511,594.22	485,878.35
一年内到期的长期负债	19,661,704.32	19,661,704.32
流动负债合计	332,434,824.53	376,514,252.89
长期负债:		
长期借款	–	
专项应付款	106,440.00	6,440.00
长期负债合计	106,440.00	6,440.00
负债合计	332,541,264.53	376,520,692.89
少数股东权益	35,919,029.20	34,225,732.18
股东权益:		
股本	77,458,240.00	77,458,240.00
资本公积	3,763,227.80	3,763,227.80
盈余公积	69,069,993.13	69,069,993.13
其中:法定公益金	33,184,169.65	33,184,169.65
未分配利润	136,283,488.47	130,253,458.38
股东权益合计	286,574,949.40	280,544,919.31
负债及股东权益合计	655,035,243.13	691,291,344.38
项目	2002年12月31日	2001年12月31日
流动资产:		
货币资金	141,109,453.93	77,694,191.97
应收票据		120,000.00
应收账款	100,626,567.81	150,087,890.91
其他应收款	26,708,006.79	18,762,334.79
预付账款	47,868,427.82	5,728,387.95
存货	19,894,697.66	12,334,038.83
待摊费用	81,562.79	93,395.50
流动资产合计	336,288,716.80	264,820,239.95
长期投资:		
长期股权投资	5,000,000.00	6,000,000.00
长期投资合计	5,000,000.00	6,000,000.00
固定资产:		
固定资产原价	249,212,595.41	222,084,192.69
减:累计折旧	67,754,794.16	50,158,174.23
固定资产净值	181,457,801.25	171,926,018.46
在建工程		1,328,535.35
固定资产合计	181,457,801.25	173,254,553.81
无形资产及其他资产:		
无形资产	12,750,227.58	5,424,539.26
长期待摊费用		414,869.17
无形资产及其他资产合计	13,165,096.75	5,424,539.26

资产总计	535,911,614.80	449,499,333.02
流动负债:		
短期借款	110,000,000.00	112,436,349.00
应付账款	51,127,129.60	40,821,860.99
预收账款		
应付工资	4,777,187.48	4,381,269.92
应付福利费	4,858,357.97	2,529,341.17
应付股利	5,579,048.28	
应交税金	7,935,104.56	16,374,579.06
其他应交款	608,079.79	778,156.31
其他应付款	60,036,836.66	25,550,299.53
预提费用	348,219.47	131,266.28
一年内到期的长期负债	19,661,704.32	15,925,355.32
流动负债合计	264,931,668.13	218,928,477.58
长期负债:		
长期借款		
专项应付款	150,000.00	
长期负债合计	150,000.00	
负债合计	265,081,668.13	218,928,477.58
少数股东权益	25,393,918.92	17,985,130.79
股东权益:		
股本	77,458,240.00	77,458,240.00
资本公积	2,326,885.87	2,326,885.87
盈余公积	61,539,557.90	53,026,148.98
其中:法定公益金	23,572,108.57	19,315,404.11
未分配利润	104,111,343.98	79,774,449.80
股东权益合计	245,436,027.75	212,585,724.65
负债及股东权益合计	535,911,614.80	449,499,333.02

2、简要合并利润表　单位:元

项目	2004 年 1-3 月	2003 年度	002 年度	2001 年度
一、主营业务收入	65,225,438.72	492,874,144.81	443,388,764.45	381,730,172.54
减:主营业务成本	45,949,674.11	373,759,118.12	335,561,950.23	289,814,834.11
主营业务税金及附加	1,066,655.91	12,190,779.62	11,420,531.55	10,876,001.00
二、主营业务利润	18,209,108.70	106,924,247.07	96,406,282.67	81,039,337.43
加:其他业务利润	79,214.65	404,527.25	497,955.32	3,931,766.57
减:管理费用	6,031,587.78	38,219,102.92	31,774,064.96	30,202,746.22
财务费用	2,267,936.69	3,713,518.98	7,107,877.47	8,714,565.05
三、营业利润	9,988,798.88	65,396,152.42	58,022,295.56	46,053,792.73
加:投资收益	-		87,500.00	
营业外收入	233,116.76	546,769.96	493,196.99	118,832.26
减:营业外支出	115,995.00	655,813.44	231,368.99	34,158.87
四、利润总额	10,105,920.64	65,287,108.94	58,371,623.56	46,138,466.12
减:所得税	2,382,593.53	24,345,656.42	13,133,484.05	16,709,557.99
加:所得税返还	-			17,956,856.16
减:少数股权收益	1,693,297.02	7,268,902.89	12,387,836.41	-1,814,869.21
五、净利润	6,030,030.09	33,672,549.63	32,850,303.10	49,200,633.49

3、简要合并现金流量表　单位:元

项目	2004 年 1-3 月	2003 年度
一、经营活动产生的现金流量:		
销售商品、提供劳务收到的现金	135,407,233.79	349,798,465.26
收到的其他与经营活动有关的现金	-6,499,994.23	493,196.99
现金流入小计	140,393,900.50	356,298,459.49
购买商品、接受劳务支付的现金	100,145,560.92	281,545,146.59
支付给职工以及为职工支付的现金	12,325,764.65	44,815,058.58
支付的各项税费	9,325,654.98	22,132,955.62
支付的其他与经营活动有关的现金	20,502,577.84	28,380,386.44
现金流出小计	142,299,558.39	376,873,547.23
经营活动产生的现金流量净额	-1,905,657.89	-20,575,087.74
二、投资活动产生的现金流量:		
收回投资所收到的现金	-	
取得投资收益所收到的现金	-	
处置固定资产、无形资产和其他长期资产而收回的现金净额	-	408,500.00
现金流入小计	-	408,500.00
购建固定资产、无形资产和其他长期资产所支付的现金	5,567,460.82	114,339,856.62
投资所支付的现金	-	
现金流出小计	5,567,460.82	114,339,856.62
投资活动产生的现金流量净额	-5,567,460.82	-113,931,356.62
三、筹资活动产生的现金流量:		
吸收投资所收到的现金	-	
借款所收到的现金	-	206,000,000.00
收到的其他与筹资活动有关的现金	-	1,828,669.00
现金流入小计	-	207,828,669.00
偿还债务所支付的现金	8,000,000.00	153,352,350.97
分配股利、利润和支付利息所支付的现金	2,722,895.87	9,480,172.68
支付的其他与筹资活动有关的现金	-	206,580.64
现金流出小计	10,722,895.87	163,039,104.29
筹资活动产生的现金流量净额	-10,722,895.87	44,789,564.71
四、汇率变动对现金的影响	-	-139,462.84
五、现金及现金等价物净增加额	-18,196,014.58	-89,856,342.49

项目	2002 年度
一、经营活动产生的现金流量:	
销售商品、提供劳务收到的现金	407,617,788.85
收到的其他与经营活动有关的现金	
现金流入小计	408,110,985.84
购买商品、接受劳务支付的现金	195,286,693.10
支付给职工以及为职工支付的现金	29,370,022.04
支付的各项税费	36,862,847.85
支付的其他与经营活动有关的现金	34,415,726.89
现金流出小计	295,935,289.88
经营活动产生的现金流量净额	112,175,695.96
二、投资活动产生的现金流量:	
收回投资所收到的现金	1,000,000.00
取得投资收益所收到的现金	87,500.00
处置固定资产、无形资产和其他长期资产而收回的现金净额现金流入小计	1,087,500.00
购建固定资产、无形资产和其他长期资产所支付的现金	70,340,056.53
投资所支付的现金现金流出小计	70,340,056.53
投资活动产生的现金流量净额	-69,252,556.53
三、筹资活动产生的现金流量:	
吸收投资所收到的现金	600,000.00
借款所收到的现金	170,000,000.00
收到的其他与筹资活动有关的现金	
现金流入小计	170,600,000.00
偿还债务所支付的现金	143,000,000.00
分配股利、利润和支付利息所支付的现金	7,107,877.47
支付的其他与筹资活动有关的现金	
现金流出小计	150,107,877.47
筹资活动产生的现金流量净额	20,492,122.53
四、汇率变动对现金的影响	
五、现金及现金等价物净增加额	63,415,261.96

三、会计报表附注

2001 年度至 2003 年度会计报表附注内容请查阅本公司招股说明书附录部分(上海证券交易所网站 HTTP://WWW.SSE.COM.CN)。

四、财务指标

本公司近三年主要财务指标见本上市公司书"第四节发行人概况"之"三、主要经营情况"之"6、主要财务指标"。

第八节　其他重要事项

一、自本公司股票首次公开发行日至本上市公告书公告日,本公司严格按照《公司法》、《证券法》等法律、法规的要求,规范运作,生产经营情况正常;所处行业和市场无重大变化;主要业务及发展目标的进展情况正常,主要投入产出以及供求及价格无重大变化,公司重大会计政策无变动。

二、自本公司股票首次公开发行日至本上市公告书公告日,本公司无重大对外投资、重大资产(股权)收购或出售行为;住所未发生变更。

三、自本公司股票首次公开发行日至本上市公告书公告日,本公司未发生新的重大负债或重大债项变化。

四、自本公司股票首次公开发行日至本上市公告书公告日,本公司董事、监事和高级管理人员没有尚未了结或可能发生的刑事诉讼事项。

五、自本公司股票首次公开发行日至本上市公告书公告日,本公司未涉及重大诉讼事项或仲裁,亦无尚未了结或可能面临的重大诉讼或索赔要求。

六、本公司 2003 年 6 月 26 日召开的 2002 年度股东大会通过决议,公司 2002 年度滚存利润不分配、不转增,若公司公开发行股票并上市,则发行当年新老股东共享公司滚存利润。

七、本公司控股股东-广饶县科达实业有限责任公司于 2004 年 4 月 15 日作出承诺:自本公司股票上市之日起 12 个月内,不转让其持有的本公司股份,也不由本公司回购其持有的本公司股份。

八、自本公司股票首次公开发行日至本上市公告书公告日,没有其他应披露而未披露之重大事项。

第九节　董事会上市承诺

本公司董事会将严格遵守《中华人民共和国公司法》、《中华人民共和国证券法》、《股票发行与交易管理暂行条例》、《公开发行股票公司信息披露实施细则》和《上海证券交易所股票上市规则》等国家法律、法规和中国证监会的有关规定,并自股票上市之日起履行如下承诺:

一、真实、准确、完整、公允和及时地公布定期报告,披露所有对投资者有重大影响的信息,并接受中国证监会、上海证券交易所的监督管理;

二、本公司在知悉可能对股票价格产生误导影响的任何公共传播媒介中出现的消息后,将及时予以公开澄清;

三、本公司董事、监事、高级管理人员及核心技术人员将认真听取社会公众的意见和批评,不利用已获得的内幕消息和其他不正当手段直接或间接从事本公司股票的买卖活动;

四、本公司没有无记录的负债;

五、依据《上海证券交易所股票上市规则(2002 年修订本)》,本公司全体董事、监事将按照有关规定,在本公司股票上市后两个月内签署《董事(监事)声明及承诺书》并送达上海证券交易所备案。

第十节　上市推荐人及其意见

一、上市推荐人有关情况

上市推荐人:联合证券有限责任公司

法定代表人:马国强

注册地址:深圳市深南东路发展银行大厦

联系地址:北京市月坛北街 2 号月坛大厦 17 层

电话:010-68085588　传真:010-68085989

联系人:张亚临、龚文荣、李梦江、王伟、冷鲲、齐勇燕、吴昊

二、上市推荐人意见

本公司上市推荐人-联合证券有限责任公司认为:本公司章程符合《中华人民共和国公司法》等有关法律、法规和中国证监会的规定。根据《中华人民共和国公司法》、《中华人民共和国证券法》、《股票发行与交易管理暂行条例》、《上海证券交易所股票上市规则》等国家有关法律、法规的规定,本公司符合上市条件。

本公司上市推荐人保证本公司的董事了解法律、法规、上海证券交易所上市规则及股票上市协议规定的董事的义务与责任,并协助本公司健全了法人治理结构,协助本公司制定了严格的信息披露制度和保密制度。

本公司上市推荐人已对本公司上市文件所载资料进行了核实,确保上市文件真实、准确、完整,符合规定要求,没有虚假、严重误导性陈述或者重大遗漏,并保证对其承担连带责任。

本公司上市推荐人与本公司之间不存在关联关系,愿意推荐本公司股票在上海证券交易所上市交易,并保证不利用在上市过程中获得的内幕信息进行内幕交易,为自己或他人谋取利益。

浙江航民股份有限公司

浙江航民股份有限公司首次公开发行股票上市公告书

第一节 重要声明与提示

浙江航民股份有限公司(以下简称"本公司"、"公司"、"发行人")董事会保证上市公告书的真实性、准确性、完整性,全体董事承诺上市公告书不存在虚假记载、误导性陈述或重大遗漏,并承担个别和连带的法律责任。

根据《公司法》、《证券法》等有关法律、法规的规定,本公司董事、高级管理人员已依法履行诚信和勤勉尽责的义务和责任。

证券交易所、中国证监会、其他政府机关对本公司股票上市及有关事项的意见,均不表明对本公司的任何保证。

本公司提醒广大投资者注意,凡本上市公告书未涉及的有关内容,请投资者查阅 2004 年 7 月 20 日刊载于《中国证券报》、《上海证券报》、《证券时报》和《证券日报》的本公司招股说明书摘要及刊载于上海证券交易所指定网站(http:// www.sse.com.cn)的本公司招股说明书全文。

第二节 概 览

1、股票简称:航民股份

2、沪市股票代码:600987 深市代理股票代码:003987

3、股本总额:285,000,000 股

4、可流通股本:85,000,000 股

5、本次上市流通股本:85,000,000 股

6、发行价格:7.20 元/股

7、上市地点:上海证券交易所

8、上市时间:2004 年 8 月 9 日

9、股票登记机构:中国证券登记结算有限责任公司上海分公司

10、保荐机构(上市推荐人):第一创业证券有限责任公司

11、本公司公开发行股票前股东所持股份的流通期限及限制:根据国家现有法律、法规规定和中国证监会证监发行字[2004]116 号文《关于核准浙江航民股份有限公司公开发行股票的通知》,本公司的发起人所持股份(包括国有法人股和法人股)暂不上市流通。

12、本公司股票上市前第一大股东浙江航民实业集团有公司承诺:自本公司股票上市之日起 12 个月内,不转让其所持有本公司股份,本公司也不会回购其所持有的股份。

第三节 绪 言

本上市公告书是根据《中华人民共和国公司法》、《中华人民共和国证券法》、《股票发行与交易管理暂行条例》、《公开发行股票公司信息披露实施细则》和《上海证券交易所股票上市规则》等国家有关法律、法规的规定,并按照中国证监会《公开发行证券的公司信息披露内容与格式准则第 7 号--股票上市公告书》而编制。

经中国证监会证监发行字[2004]116 号文核准,本公司于 2004 年 7 月 23 日采取 100%向沪市、深市二级市场投资者定价配售的方式成功发行了 8,500 万股每股面值 1.00 元的人民币普通股,发行价为每股人民币 7.20 元。

经上海证券交易所上证上字[2004]117 号《关于浙江航民股份有限公司人民币普通股股票上市交易的通知》批准,本公司公开发行的 8,500 万股社会公众股将于 2004 年 8 月 9 日起在上海证券交易所挂牌交易。股票简称"航民股份",沪市股票代码"600987",深市代理股票代码"003987"。

本公司已于 2004 年 7 月 20 日在《中国证券报》、《上海证券报》、《证券时报》和《证券日报》上刊登了《招股说明书摘要》,招股说明书正文及其附录可以在上海证券交易所网站(http://www.sse.com.cn)查询。相关资料刊登距今不足三个月,故与其重复的内容不再重述,敬请投资者查阅上述内容。

第四节 发行人概况

一、发行人基本情况

1、中文名称:浙江航民股份有限公司

英文名称:ZHEJIANG HANGMIN CO.,LTD.

2、注册资本:285,000,000 元

3、法定代表人:朱重庆

4、成立时间:1998 年 1 月 6 日

5、注册地址:浙江省杭州市萧山区瓜沥镇航民村;邮政编码:311241

6、经营范围:纺织、印染及相关原辅材料的生产和销售,热电生产,经营进出口业务。

7、主营业务:印染、纺织及相关原辅材料的生产和销售;热电联产的生产和销售。

8、所属行业:纺织业

9、电话:(0571)82557359 传真:(0571)82553288

10、电子邮箱:hmgf@xs.hz.zj.cn

11、董事会秘书:高天相

二、发行人的历史沿革

1、发行人设立方式和批准设立的机构

1997 年 12 月 30 日,经浙江省人民政府证券委员会浙证委[1997]168 号文件批准,同意由航民集团作为主发起人,联合万向集团、杭钢集团、顺德金纺、二纺机、邵阳纺机等五家企业共同发起设立浙江航民股份有限公司。注册资本为贰亿元人民币。本公司于 1998 年 1 月 6 日在浙江省工商行政管理局办理了注册登记。

2、发起人及其投入资产的内容

3、本公司历次股权变动情况

2001 年 1 月 8 日,公司的发起人股东上海二纺机股份有限公司依照与太平洋机电(集团)有限公司签署的股权转让协议,将其持有的公司 600 万股股份,全部转让给太平洋机电(集团)有限公司,与此次股份转让有关的工商变更登记手续已办理完毕。本次股份转让后截至本次发行前,公司总股本及股权结构没有发生变化。

经中国证监会证监发行字[2004]116 号文批准,本公司于 2004 年 7 月 23 日在上海证券交易所以向二级市场投资者定价配售方式成功发行了人民币普通股 8,500 万股。此次发行完成后,本公司的总股本增至 28,500 万股。

三、发行人的主要经营情况

(一)主要产品、业务模式及生产能力:

本公司是以纺织品印染为主,热电相配套,并辅以染料和织造等相关原辅材料生产和销售的大型专业化生产厂商。公司目前拥有印染、热电、织造、染料相配套的先进生产线,形成年生产各类纺织印染加工品种、织造新品种上百个,印染布 4 亿米、年织布 850 万米、生产染料 8,000 吨、供电 17,000 万度、供汽 130 万吨的综合生产能力,是我国纺织印染行业的龙头企业、国内最大的纺织品印染基地之一。

公司除本部外,下设印染、织造两个分公司,并拥有杭州钱江印染化工有限公司、杭州澳美印染有限公司、杭州航民热电有限公司等三个控股子公司,还参股了杭州萧山航民污水处理有限公司,拥有印染、织造、染料和热电生产相配套的综合生产能力,其中:

1、印染业务

主要是对以化纤布为主的坯布进行漂白、染色、印花等,以此提供加工劳务。按其印染加工对象的不同可分为受托加工印染业务、自产坯布印染业务和外购坯布印染业务三类,其中自产坯布和外购坯布印染业务主要用于进出口业务。2003 年公司印染加工 4.23 亿米,上述三类印染量分别为:受托加工印染业务 4.08 亿米,占 96.45%、外购坯布印染业务 0.15 亿米,占 3.54%、自产坯布印染业务 0.002 亿米,占 0.01%。

2、蒸汽及电力、织造布、染料业务

公司所从事的热电业务属火力发电,以煤为主要原料,产品为蒸汽及电力。2003 年公司生产蒸汽 137.5 万吨,电力 1.76 亿度。织造业务是以外购的涤丝为主要原材料,生产成织造布。2003 年公司生产织造布 703 万米。染料业务以外购化工原辅料并生产成分散染料产品。2003 年公司生产分散染料 7945 吨。公司织造、染料业务的生产、销售循环的流转过程与一般的生产型企业无明显差异。

3、出口业务

出口业务为发行人印染的纺织面料和少量的染料,其出口方式是自营出口,即自产坯布或外购坯布经发行人印染加工后,利用自营进出口权出口。

(二)公司竞争优劣势

1、竞争优势

(1)灵活的经营机制优势

本公司改革开放初期就进入到市场化运作,在长期激烈的市场竞争中,始终坚持以市场为导向,满足客户需求为目标,拥有一批经验丰富、作风扎实、经营能力和驾驭市场能力强的中高级管理人员,培养了一支高效的营销团队,摸索出一套适应于受托加工模式的营销机制和灵活的、行之有效的企业经营和管理机制,并有效地结合现代企业管理制度,在未来市场竞争中具有较强的适应能力和经营机制优势。

(2)规模优势

本公司除本部外,下设印染、织造两个分公司,并拥有钱江印染、澳美印染、航民热电等三个控股子公司,还参股了污水处理公司,拥有印染、织造、染料和热电生产相配套的综合生产能力。截至 2003 年 12 月 31 日,公司总资产为 91,624.49 万元,2003 年公司主营业务收入达 83,207.65 万元,经营规模与经营业绩排名全国印染行业前列。公司已形成以纺织印染为主,热电配套,全面发展的现代化企业,具有较强的规模经营优势。

(3)产业配套优势

本公司先后投资 1 亿多元,分别联合杭钢集团和航民集团投资建设航民热电、污水处理公司及其它配套设施,在公司及下属子公司范围内,建设安装了一套集中供热管网、两套供电网、一套污水处理管网、两套自来水管网,有效地保证了生产 365 天*24 小时连续运转,并合理、有效地利用了水资源,降低了生产成本,具有明显的产业配套优势。

(4)技术创新优势

本公司成立以来,不断进行技术改造,通过引进和消化吸收国际先进设备及生产工艺,公司的生产技术已处于国内领先地位,部分生产技术已达国际先进水平。同时培养了一批具有丰富经验的技术人才和熟练工人。

本公司一直注重自我研究和自主开发,积累了丰富的染色、后整理工艺技术。特别在氨纶弹力布、高档衬衫面料、罐蒸仿毛面料、印花面料、大豆蛋白纤维混纺面料等方面,已形成自己独特的染整工艺技术。公司现已研究、开发、批量生产的高效能、耐久性强、含氟拒水、抗皱免烫的天然纤维与化纤混纺织品,其染整质量已达到抗皱免烫、含氟拒水等功能性效果,并有缩水率低、手感柔软度好的特征。

(5)装备优势

纺织印染技术与工艺水平的提升在很大程度上依赖于设备的先进性。近三年,公司加大了技术含量高的设备引进力度,先后从德国、意大利、荷兰、韩国等国引进当今国际同类先进设备与先进技术。本公司拥有印染织造的设备大多处于 20 世纪 90 年代末期或 21 世纪初发达国家的技术水平,处于国内领先水平,基本满足了公司提升产品质量、进行产品结构调整与新产品开发应用的需要,大大提升了公司产品的市场竞争力。

(6)质量与品牌优势

公司长期坚持"质量第一"、"以质量促品牌"的方针。截至 2003 年 12 月 31 日,公司本部、印染分公司及各控股子公司已先后顺利通过了 ISO 系列标准质量体系认证。2003 年,公司产品的一等品率达 95%,优等品率达到 85%。

公司作为我国纺织印染行业的龙头企业之一，从事印染业务已有二十多年，始终坚持诚实守信、保质保量、服务周到，赢得了客户的青睐，具有较好的市场基础和较高的企业知名度与信誉度，在纺织印染行业创立了自己的品牌。目前，公司"飞航"牌系列产品已远销欧洲、南美洲和东南亚等地。公司被评为浙江省自营出口优秀生产企业。

(7)产业集群与地理区位优势

统计资料显示，2002年浙江省纺织化纤类产品产量全国第一、染料产量全国第一、服装加工类产量全国第一。公司地处浙江省杭州市萧山区瓜沥镇，距离亚洲最大的纺织品集散地---中国轻纺城仅10公里。该地区轻纺、印染企业云集，现已成为世界纺织品制造中心，产业集群效应明显。纺织印染产业集群的形成与发展，可使本地区纺织印染企业降低交易成本、获得充分的市场信息。同时也促使企业加强管理、提高竞争力。

2、公司竞争劣势

与国内同行企业相比，本公司存在如下竞争劣势：

(1)公司的生产场所紧靠集镇，随着人们生活水平的提高和环保意识的进一步增强，将对企业的环保建设提出更高的要求，相应会增加公司的生产成本。

(2)随着本公司业务的进一步发展，公司高素质的科研和技术开发人才相对缺乏，公司在研究开发方面投入的人力、物力、财力还不能满足公司未来业务发展和保持目前的竞争优势的需要，因此，高层次人才的引进、培养和激励机制的建设等工作有待进一步加强。

(三)与生产经营有关的资产权属情况

1、土地使用权

目前公司及控股子公司所使用的土地总面积为342,846.08平方米，全部以出让方式取得了土地使用权。

2、房屋所有权

本公司设立时股东投入的房产均已办理了产权转移手续，无产权争议。截至目前，发行人所有的《房屋所有权证》共计33份，面积为140,452.95平方米。

3、商标

本公司与航民集团于2002年8月1日签订商标转让合同，双方约定，航民集团将其拥有的三份"飞航"牌商标无偿转让给本公司。本公司已于2002年10月28日完成上述商标变更注册手续。

公司无偿受让上述商标后，有关公司业务的商标所有权均完整投入公司，且航民集团承诺，如果因出让商标所有权引起纠纷及该纠纷引起公司的损失由航民集团承担。

4、自营进出口资格

经浙江省对外贸易经济合作厅浙外经贸贸发发(2000)1113号文批准，本公司于2001年9月19日获得《中华人民共和国进出口企业资格证书》，拥有自营进出口资格，进出口企业代码为3300704277796。进出口商品目录：出口本企业的自产产品；进口生产、科研所需的原辅材料、机械设备、仪器仪表及零配件。

(四)享有的财政税收优惠政策

1、所得税优惠

公司所属子公司航民热电经杭州市萧山地方税务局萧地税政[2003]60号文批复，2003年度所得税减缴50%，实际所得税税负为16.5%。公司所属子公司澳美印染1996年度为开始获利年度，自2001年起按26.4%计缴所得税；本公司所属子公司钱江印染1999年度为开始获利年度，2001至2003年减半计缴，税率为13.2%。

2、其他财税优惠　单位：万元

3、出口业务享受增值税免、抵、退政策：

根据国家有关法律法规规定，发行人、钱江印染经营出口业务享受增值税免、抵、退的优惠政策，报告期内退税税率为15%或17%，出口货物增值税进项税额与当期内销项税额进行抵扣。

(五)主要财务数据

请参见本上市公告书有关"财务会计资料"部分的相关内容

第五节　股票发行和股本结构

一、本次股票上市前首次公开发行股票的情况

1、发行数量：8,500万股

2、发行价格：7.20元/股

3、募股资金总额：612,000,000元

4、发行方式：全部向二级市场投资者定价配售

5、发行对象：于2004年7月23日持有深圳证券交易所或上海证券交易所已上市流通人民币普通股(A股)股票收盘市值总和(包括可流通但暂时锁定的股份市值)不少于10,000元的投资者(国家法律、法规禁止购买者除外)。

6、实收募集资金及发行费用

本次股票发行募集资金总额为612,000,000元，扣除发行费用(包括承销费、保荐费、审核费、律师费、审计费、股票登记费等)27,711,049.84元，募集资金净额584,288,950.16元。每股发行费用为0.326元。

二、本次股票上市前首次公开发行股票的承销情况

本次公开发行的8,500万股社会公众股的配号总数为8177593个，中签率为0.10394256%。其中，二级市场投资者认购83,744,037股，其余1,255,963股由主承销商包销。

三、注册会计师对本次上市前首次公开发行股票所募股资金的验资情况

浙江天健会计师事务所有限公司对本公司本次上市前首次公开发行股票募集资金出具了浙天会验[2004]第72号《验资报告》，全文如下：

浙江航民股份有限公司全体股东：

我们接受委托，审验了贵公司截至2004年7月29日止新增注册资本实收情况。按照国家相关法律、法规的规定和协议、章程的要求出资，提供真实、合法、完整的验资资料，保护资产的安全、完整是全体股东及贵公司的责任。我们的责任是对贵公司新增注册资本的实收情况发表审验意见。我们的审验是依据《独立审计实务公告第1号--验资》进行的，在审验过程中，我们结合贵公司的实际情况，实施了检查等必要的审验程序。

贵公司本次变更前注册资本和实收资本为人民币200,000,000.00元，根据贵公司有关股东大会决议和修改后章程(草案)的规定，贵公司申请通过向社会公开发行人民币普通股(A股)增加注册资本人民币85,000,000.00元，变更后的注册资本为人民币285,000,000.00元。根据贵公司2003年度股东大会决议，并报经中国证券监督管理委员会证监发行字[2004]116号文核准，同意贵公司向社会公开发行人民币普通股(A股)85,000,000股，每股面值人民币1元，每股发行价为人民币7.20元，可募集资金总额为612,000,000.00元。根据我们的审验，截至2004年7月29日止，贵公司实际已向社会公开发行人民币普通股(A股)85,000,000股，应募集资金总额612,000,000.00元，减除发行费用人民币27,711,049.84元后，募集资金净额为584,288,950.16元。其中，计入股本捌仟伍佰万元(¥85,000,000.00)，计入资本公积499,288,950.16元。

同时，我们注意到，贵公司本次变更前的注册资本为人民币200,000,000.00元，已经萧山会计师事务所审验，并由其于1998年1月4日出具[98]萧会内验字第2号《验资报告》。截至2004年7月29日止，变更后的累计注册资本实收金额为人民币285,000,000.00元。

本验资报告供贵公司申请变更登记及据以向股东签发出资证明时使用，不应将其视为是对贵公司验资报告日后资本保全、偿债能力和持续经营能力等的保证。因使用不当造成的后果，与执行本验资业务的注册会计师及会计师事务所无关。

附件：(一)注册资本、投入股本变更前后对照表；

(二)验资事项说明；

(三)本所的《企业法人营业执照》复印件；

(四)中国证券监督管理委员会《关于核准浙江航民股份有限公司公开发行股票的通知》复印件；

(五)银行进账单、银行询证函等入资凭证复印件。

浙江天健会计师事务所有限公司

中国注册会计师：王国海

中国·杭州　中国注册会计师：陈亚萍

报告日期：2004年7月29日

四、募股资金入帐情况

本公司本次发行社会公众股85,000,000股，每股发行价为人民币7.20元，募集资金总额为612,000,000.00元。扣除上网发行手续费2,110,349.84元、承销费18,360,000.00元、保荐费3,440,000.00元后的募集资金588,089,650.16元，已由主承销商第一创业证券有限责任公司于2004年7月29日汇入中国农业银行杭州市萧山瓜沥支行本公司账户(账号91308380000953)。

五、发行人上市前股权结构及各类股东的持股情况

1、本次股票上市前，本公司的股权结构：

2、前十名股东持股情况：

第六节　董事、监事、高级管理人员及核心技术人员

一、董事

朱重庆先生，中国国籍，51岁，中共党员，初中文化，高级经济师。1978年至1988年，历任萧山航民农机元钉纸制品厂厂长，萧山漂染厂厂长；1989年至2003年，历任萧山市航民实业公司总经理、村资产经营中心主任、航民集团董事长。1998年起至今任本公司董事长。先后被授予浙江省劳动模范、全国新长征突击手、中国第二届杰出青年、全国乡镇企业家、全国劳动模范等荣誉称号，为第八届全国人大代表。

管大源先生，中国国籍，41岁，中共党员，高中文化，高级经济师。1991年至1995年，历任万向集团总经理助理兼总经理办公室主任；1995年至2001年，曾任万向集团驻深圳办事处主任、深圳万向投资有限公司总经理；2002年1月至今任万向集团公司副总裁兼深圳万向投资有限公司总经理。现任本公司副董事长。

朱德水先生，中国国籍，54岁，中共党员。1982年至1989年，历任航民村村长、萧山漂染厂副厂长；1989年至1997年，曾任萧山市航民实业公司副总经理、萧山漂染厂厂长；1998年1月至今，任本公司董事、总经理。

高天相先生，中国国籍，46岁，中共党员，大专文化，经济师。1984年至1998年，历任萧山市政府办公室科长，杭州钱江投资区江南开发总公司总经理助理兼计划财务部经理；1998年至2002年，曾任航民集团办公室主任、总经理助理、董事会秘书。现任本公司董事、副总经理、董事会秘书。

沈长寿先生，中国国籍，53岁，中共党员，初中文化，高级会计师。1978年至1994年，历任杭州万向节总厂财务科长、财务副厂长、万向集团总会计师。1995年至今任万向集团财务部总经理，2000年至今任万向创业投资股份有限公司总经理。现任本公司董事。

蔡运嘉先生，中国国籍，58岁，中共党员，大专学历，高级政工师。1985年至1995年，历任杭州钢铁厂设备处、焦化分厂党委副书记、书记，杭州钢铁集团公司党委宣传部长；1996年1月至今，任杭州钢铁集团公司董事、工会主席。现任本公司董事。

胡祖光先生，中国国籍，56岁，硕士学位，大学教授。历任杭州商学院管理信息系副主任、副院长。现任本公司独立董事，杭州商学院院长、博士生导师，中国数量经济学会常务理事、浙江省数量经济学会会长、浙江省商业联合会副会长、浙江省企业管理研究会副会长、浙江省政府杭州市政府专家委员会委员。

宋心远先生，中国国籍，69岁，大学教授。历任华东纺织工学院助教、讲师、副教授。现任本公司独立董事，东华大学化学与化工学院教授、博士生导师，全国染整学会会员，全国染料学会理事，上海印染学会委员，《染料工业》杂志技术顾问，中国纺织出版社编审委员。

赵敏女士，中国国籍，39岁，硕士学位。现任公司独立董事，浙江财经学院会计系副教授，在浙江财经学院从事会计专业的教学、科研、培训，主要研究方向为财务会计与企业并购。

二、监事

徐祖成先生，中国国籍，47岁，中共党员，工商管理硕士，高级政工师。1983年至1999年，历任上海四纺机团委书记、工会主席，上海纺机总厂党委副书记兼工会主席；1999年至今任太平洋机电(集团)有限公司纪委书记兼工会主席，董事。现任本公司监事会召集人。

龚雪春先生，中国国籍，36岁，中共党员，大专文化，会计师。1988年至1998年，历任顺德市桂州珠江印染厂财务科长，顺德市珠江纺织企业公司财务科长，顺德市珠江金纺集团公司财务科长；1998年至今，任佛山市顺德金纺集团有限公司财务部经理、董事。现任本公司监事。

潘振环先生，中国国籍，57岁，中共党员，中专文化，经济师。1978年至2001年，历任国营邵阳第二纺织机械厂生产科副科长、一车间主任，国营邵阳第二纺织机械厂副厂长。现任本公司监事。

雷备战先生，中国国籍，32岁，大专文化。1999年至2002年，曾任杭州航民热电有限公司财务经理。现任本公司监事、审计部经理。

周建飞先生，中国国籍，33岁，中共党员，高中文化。1996年至2001年，曾任本公司车间副主任。现任本公司监事、车间主任。

三、高级管理人员

朱德水先生，现任本公司总经理，简历见本节"一、董事"简历。

朱建庆先生，中国国籍，47岁，中共党员，初中文化。1985年至1998年，历任萧山钱江印染化工

厂厂长,航民织布厂厂长、杭州澳美印染有限公司总经理、本公司董事。现任本公司副总经理,杭州澳美印染有限公司总经理。

高天相先生,现任公司副总经理、董事会秘书,简历见本节"一、董事"简历。

朱德强先生,中国国籍,46岁,中共党员,初中文化。1979年至2001年,历任萧山漂染厂设备动力科科长,杭州澳美印染有限公司副总经理,杭州美时达印染有限公司总经理。现任本公司副总经理。

赵大毛先生,中国国籍,51岁,初中文化。1981年至1998年,历任萧山漂染厂车间主任、萧山航民织布厂厂长。现任本公司副总经理、织造分公司经理。

朱岳斌先生,中国国籍,34岁,中共党员,初中文化。1991年至2000年,历任杭州达美染整有限公司化验室主任、生产技术科长,杭州钱江印染化工厂厂长助理、副厂长,杭州钱江印染化工有限公司副总经理。现任本公司副总经理、印染分公司经理。

胡先伟先生,中国国籍,27岁,大专文化,会计师、经济师。先后在万向钱潮股份有限公司从事财务、内部审计和企业监管工作。现任本公司财务负责人。

四、核心技术人员

陈富华先生,中国国籍,72岁,大学文化,1979年至2002年,历任湘潭纺织印染厂印染分厂印花车间主任、设备科科长、副厂长、厂长,长沙第二纺织印染厂顾问,航民集团技术顾问。现任本公司总工程师。1984年设计"重氮化用盐酸自动化装置",1987年设计"印染厂六价铬的回收装置"获得"湘潭市环保成果奖"。1990年开发苧麻/棉混纺织物的印花,填补国内空白,并参与制订"苧麻及其混纺的标准",获得湘潭市新产品开发奖;1983年初与潘阳二纺机合作开发"双层履带汽蒸箱"为平幅煮炼棉布、涤棉织物而设计,获得中纺部新设备开发奖,填补国内空白。

朱岳斌先生,简历见本节"三、高级管理人员"简历。

沈松仁先生,男,中国国籍,38岁,大专文化,电气工程专业工程师。1992年8月至1999年5月担任杭州航民热电有限公司生产技术部经理;1999年5月至2000年11月任杭州航民热电有限公司副总工程师兼生产技术部经理;2000年11月至今任杭州航民热电有限公司总工程师兼生产技术部经理。

五、上述人员持有公司股份的情况

公司董事、监事、高级管理人员和核心技术人员不存在个人持股,即以本人名义或以其授权或指示他人代其持有本公司股份的情况;也不存在家属持股,即上述人员的配偶或未满18岁的子女持有本公司股份的情况;也不存在法人持股,即通过其近亲属能够直接或间接控制的法人持有本公司股份的情况。

第七节 同业竞争及关联交易

一、同业竞争

(一)公司与控股股东和实际控制人、其控制的企业之间不存在同业竞争

(二)为避免将来可能与公司发生的同业竞争,控股股东做出的承诺

"1、航民集团目前没有、将来也不直接或间接从事与浙江航民股份有限公司及其控股的子公司现有及将来从事的业务构成同业竞争的任何活动,包括但不限于研制、生产和销售与浙江航民股份有限公司及其控股的子公司研制、生产和销售产品相同和相近似的任何产品,并愿意对违反上述承诺而给浙江航民股份有限公司造成的经济损失承担赔偿责任。

2、对航民集团下属全资企业、直接和间接控股的企业,航民集团将通过派出机构和人员(包括但不限于董事、总经理)以及控股地位使该等企业履行本承诺函中与航民集团相同的义务,保证不与浙江航民股份有限公司同业竞争,并愿意对违反上述承诺而给浙江航民股份有限公司造成的经济损失承担赔偿责任。"

(三)律师和保荐机构(上市推荐人)对公司是否存在同业竞争和避免同业竞争有关措施的有效性所发表的意见

1、公司律师认为:

"(1)发行人已对同业竞争进行了充分披露,不存在重大遗漏或重大隐瞒。

(2)发行人与关联方之间不存在同业竞争。

(3)持有发行人5%以上股份的股东已签书面承诺,以避免有关关联方同业竞争的发生。本所律师认为,该等避免同业竞争的措施合法、有效。"

2、公司保荐机构(上市推荐人)审阅了上述有关股权转让的文件,对有关各方的业务进行实地核查,认为:发行人和控股股东为避免同业竞争所采取的措施是有效的;发行人之控股股东、实际控制人及其控制的法人与发行人及下属公司之间不存在同业竞争。

二、关联交易

(一)关联方

本公司的关联方有:公司控股股东、实际控制人及其股东的控股或参股的企业、本公司控股或参股的企业

(二)近三年,公司与关联方发生的关联交易对公司经营主营业务成本和主营业务收入的影响:

1、2001年、2002年和2003年,公司向关联方采购商品发生的关联交易占公司主营业务成本的比例分别为0.99%、2.07%和1.92%;具体如下:

2、2001年、2002年和2003年,公司向关联方销售商品发生的关联交易占公司主营业务收入的比例分别为8.54%、7.27%和3.45%。具体如下:

注:上述数据为合并抵销后数据。

3、2001年、2002年和2003年,公司与关联方转让土地、房屋建筑物和机器设备发生的关联交易金额影响公司近三年损益数共计3.05万元。

4、2001年和2002年和2003年,公司及所属公司净使用航民集团资金,并约定参照一年期银行定期存款利率1.98%结算资金使用费,为此支付航民集团资金使用费累计93.75万元,计入公司财务费用。

5、除上述关联交易外,还存在航民集团无偿为公司代理进口业务,将"飞航"系列商标无偿转让给公司,为公司及所属公司无偿提供担保,与公司合资设立企业等关联交易,均不影响公司经营业绩。

(三)目前仍在执行的关联交易协议

目前正在执行的经常性关联交易协议为:航民热电与各关联方签订的《供电、蒸汽合同》和航民污水处理公司与各关联方签订的《污水处理服务合同》;无非经常性关联交易协议。

第八节 财务会计资料

本公司2001年、2002年和2003年的财务会计资料已在2004年7月20日《中国证券报》、《上海证券报》、《证券时报》和《证券日报》刊登的《招股说明书摘要》中进行了披露,投资者欲了解详细内容,请查阅上述报纸或刊载于上海证券交易所网站(http://www.sse.com.cn)的本公司招股说明书全文。

一、注册会计师意见

浙江天健会计师事务所有限公司接受本公司的委托,对本公司2001年12月31日、2002年12月31日、2003年12月31日的资产负债表及合并资产负债表,2001年度、2002年度、2003年度的利润及利润分配表、合并利润及利润分配表,以及2002年度、2003年度的现金流量表及合并现金流量表进行了审计,并出具了标准无保留意见的审计报告。

二、发行人简要财务报表(单位:元)

简要合并资产负债表

简要合并利润表

简要合并现金流量表

三、会计报表附注

有关本公司会计报表附注的详细内容,请查阅前述公开披露的招股说明书全文或招股说明书摘要。

四、近三年主要财务指标

第九节 其他重要事项

一、自公司股票首次公开发行日至本上市公告之日,本公司严格依照现行有关法律、法规的规定规范运行,本公司生产经营情况正常,主要业务发展目标进展正常;

二、自公司股票首次公开发行日至本上市公告之日,本公司所处行业和市场无重大变化;

三、自公司股票首次公开发行日至本上市公告之日,本公司主要投入、产出物供求及市场价格无重大变化;

四、自公司股票首次公开发行日至本上市公告之日,本公司没有进行新的重大对外投资,无重大资产(股权)收购、出售行为;

五、自公司股票首次公开发行日至本上市公告之日,本公司住所没有发生变更;

六、自公司股票首次公开发行日至本上市公告之日,本公司无重大诉讼、仲裁案件;

七、自公司股票首次公开发行日至本上市公告之日,本公司无重大会计政策变化;

八、自公司股票首次公开发行日至本上市公告之日,本公司无会计事务所变动;

九、自公司股票首次公开发行日至本上市公告之日,本公司没有发生新的重大负债,重大债项未发生变化;

十、根据本公司股东大会决议,按2003年度实现净利润提取10%法定公积金、5%法定公益金,不提取任意盈余公积,加上年初未分配利润,2003年度可供股东分配的利润为138,911,518.45元,按每10股派发1.20元现金股利,分配现金股利24,000,000元,上述现金股利于2004年4月1日前分配完毕,剩余未分配利润114,911,518.45元,加上2004年1月1日以后产生的净利润由本次发行完成后的新老股东共享;

十一、根据《上海证券交易所股票上市规则》,公司第一大股东已向上海证券交易所承诺,自发行人股票上市之日起12个月内,第一大股东不转让其持有的发行人股份,也不由上市公司回购其持有的股份;

第十节 董事会上市承诺

本公司董事会承诺将严格遵守《公司法》、《证券法》、《股票发行与交易管理暂行条例》、《公开发行股票公司信息披露实施细则》和《上海证券交易所股票上市规则》等国家法律、法规和中国证监会的有关规定,并自股票上市之日起做到:

一、承诺真实、准确、完整、公允和及时地公布定期公告,披露所有对投资者有重大影响的信息,并接受中国证监会、证券交易所的监督管理;

二、承诺本公司在知悉可能对股票价格产生误导性影响的任何公共传播媒介中出现的消息后,将及时给予公开澄清;

三、本公司董事、监事、高级管理人员和核心技术人员将认真听取社会公众的意见和批评,不利用已获得的内幕消息和其他不正当手段直接或间接从事本公司股票的买卖活动;

四、本公司没有无记录的负债。

第十一节 保荐机构(上市推荐人)及其意见

一、保荐机构(上市推荐人):第一创业证券有限责任公司

地 址:深圳市罗湖区笋岗路12号中民时代广场B座25、26层

法定代表人:刘学民

电 话:(0755)25832512

传 真:(0755)25831718

联系人:王勇、孙迎辰、王岚

二、保荐机构(上市推荐人)意见

本公司聘请的保荐机构(上市推荐人)第一创业证券有限责任公司认为,本公司股票符合上市条件,并已向上海证券交易所出具了《浙江航民股份有限公司上市推荐书》。其主要推荐意见如下:

本保荐机构(上市推荐人)第一创业证券有限责任公司认为:发行人具备了《中华人民共和国公司法》、《中华人民共和国证券法》、《股票发行与交易管理暂行条例》、《公开发行股票公司信息披露实施细则》、《证券发行上市保荐制度暂行办法》和《上海证券交易所股票上市规则》等国家有关法律、法规规定的上市条件。

保荐机构(上市推荐人)保证发行人的董事了解法律、法规、上海证券交易所上市规则及股票上市协议规定的董事的业务与责任;保荐机构(上市推荐人)协助发行人健全了法人治理结构、制定了严格的信息披露制度与保密制度。

保荐机构(上市推荐人)已对发行人上市文件所载的资料进行了核实,确保上市文件真实、准确、完整,符合规定要求,保证发行人的上市申请材料、上市公告书没有虚假记载、误导性陈述或者重大遗漏,并保证对其承担相应的法律责任。

保荐机构(上市推荐人)与发行人不存在关联关系,并保证不利用在上市过程中获得的内幕信息进行内幕交易,为自己或他人谋取利益。

保荐机构(上市推荐人)愿意推荐发行人股票在上海证券交易所上市交易。

浙江航民股份有限公司

2004年7月31日

广州市宝龙特种汽车股份有限公司

广州市宝龙特种汽车股份有限公司首次公开发行股票上市公告书

第一节 重要声明与提示

本公司董事会保证上市公告书的真实性、准确性、完整性,全体董事承诺上市公告书不存在虚假记载、误导性陈述或重大遗漏,并承担个别和连带的法律责任。

根据《公司法》、《证券法》等有关法律、法规的规定,本公司董事、高级管理人员已依法履行诚信和勤勉尽责的义务和责任。

上海证券交易所、中国证监会、其他政府机关对本公司股票上市及有关事项的意见,均不表明对本公司的任何保证。

本公司提醒广大投资者注意,凡本上市公告书未涉及的有关内容,请投资者查阅2004年3月25日刊载于《中国证券报》、《上海证券报》、《证券时报》和《证券日报》的本公司招股说明书摘要及刊载于上海证券交易所网站(http://www.sse.com.cn)的本公司招股说明书全文。

第二节 概 览

一、股票简称:东方宝龙

二、沪市股票代码:600988

深市代理股票代码:003988

三、股本总额:90,579,800股

四、可流通股本:25,000,000股

五、本次上市流通股本:25,000,000股

六、发行价格:9.08元/股

七、上市地点:上海证券交易所

八、上市日期:2004年4月14日

九、股票登记机构:中国证券登记结算有限责任公司上海分公司

十、对首次公开发行股票前股东所持股份的流通限制及期限:根据国家现有法律、法规和中国证监会"证监发行字[2004]23号"《关于核准广州市宝龙特种汽车股份有限公司公开发行股票的通知》,本公司的发起人股暂不上市流通。

十一、首次公开发行股票前股东对所持股份自愿锁定的承诺:根据《上海证券交易所股票上市规则》,公司第一大股东广东省金安汽车工业制造有限公司已向上海证券交易所承诺:自本公司股票上市之日12个月内,金安制造不转让现已持有的本公司股份;自本公司股票上市之日12个月内,也不由本公司对金安制造现已持有的本公司股份实施回购。

十二、上市推荐人:广东证券股份有限公司

第三节 绪 言

《广州市宝龙特种汽车股份有限公司股票上市公告书》是根据《公司法》、《证券法》、《股票发行与交易管理暂行条例》、《公开发行股票公司信息披露实施细则》和《上海证券交易所股票上市规则》等有关法律、法规的规定,并按照中国证监会制定的《公开发行证券的公司信息披露内容与格式准则第7号--股票上市公告书》要求而编制,旨在向投资者提供有关本公司的基本情况和本次股票上市的有关资料。

经中国证监会"证监发行字[2004]23号"文核准,本公司已于2004年3月30日以向二级市场投资者定价配售方式成功发行了2,500万股人民币普通股(A股)股票,每股发行价格9.08元。

经上海证券交易所《关于广州市宝龙特种汽车股份有限公司人民币普通股股票上市交易的通知》("上证上字[2004]35号"文)批准,本公司2,500万股人民币普通股股票将于2004年4月14日在上海证券交易所挂牌交易。股票简称"东方宝龙",沪市股票代码为600988,深市代理股票代码为003988。

本公司已于2004年3月25日分别在《中国证券报》、《上海证券报》、《证券时报》和《证券日报》上刊登了招股说明书摘要。招股说明书全文及其附录刊载于上海证券交易所网站(http://www.sse.com.cn),距今不超过三个月,故本上市公告书与其重复的内容不再重述,敬请投资者查阅上述文件。

第四节 本公司概况

一、本公司的基本情况

1、中文名称:广州市宝龙特种汽车股份有限公司

英文名称:Guangzhou Bao Long Special Vehicle Co.,Ltd.

2、注册资本:本次股票发行前65,579,800元,发行后90,579,800元

3、法定代表人:杨龙江

4、注册地址:广州市增城新塘镇太平洋工业区66号(邮政编码:511340)

办公地点:广州市增城新塘镇太平洋工业区66号

(邮政编码:511340)

5、经营范围:研究、开发、改装、销售:防弹运钞车等专用车辆。研究、开发:特殊钢材、特殊玻璃。无线电系统的技术开发。经营本企业自产产品及相关技术的出口业务;经营本企业生产、科研所需的原辅材料、机械设备、仪器仪表、零配件及相关技术的进口业务(国家限定公司经营或禁止出口、进口的商品除外)。经营本企业的进料加工和"三来一补"业务。

6、所属行业:汽车制造业

7、电话:(020)82600888-8891,8899

8、传真:(020)82709878

9、互联网网址:http://www.baolong.com.cn

10、电子信箱:yjs@baolong.com.cn

11、董事会秘书:庞泰松

二、公司历史沿革

本公司是经广州市经济体制改革委员会穗改股字[2000]10号文批准,并经广州市人民政府穗府函[2002]49号和广东省人民政府以粤府函[2002]314号文确认,由广州市宝龙特种汽车有限公司整体变更以发起方式设立的股份有限公司。2000年8月23日,公司在广州市工商行政管理局注册登记成立,注册资本4,586万股。本公司设立时,发起人投入的主要资产为从事专用汽车生产所需的生产经营性资产,主要包括厂房、办公楼、机器设备和土地使用权等资产。

2001年3月29日,公司2000年度股东大会决议通过了公司2000年度利润分配方案,以2000年12月31日总股本4,586万股为基数,向全体股东每10股送红股1股。本次利润分配完成后,公司总股本变更为5,044.6万股,送股后各股东的持股比例不变。

2002年3月8日,公司2001年度股东大会决议通过了公司2001年度利润分配方案,以2001年12月31日总股本5,044.6万股为基数,向全体股东每10股送红股3股。本次利润分配方案完成后,公司总股本变更为6,557.98万股,送股后各股东的持股比例不变。

本次2,500万股A股股票发行后,公司注册资本增至9,057.98万元。

三、公司的主要经营情况

1、主要业务

公司目前主要从事防弹运钞车等专用车辆的开发、生产、销售。

公司近三年主要生产A、B、C三个防护级别、32个车型"宝龙"牌系列防弹运钞车和宝龙老板车。防弹运钞车主要是满足银行和非银行金融机构运送现金和有价证券等的需要;宝龙老板车是针对客户的个性化需要进行改装加工的新型多功能专用车型,消费群体主要是政府机关,银行、高级商务人士、民营企业家。

2、本公司的竞争优势

(1)专用底盘开发优势

针对国内专用汽车改装生产中广泛存在的专用底盘开发严重滞后的现状,公司在同行业中较早同主机厂(江铃公司)联合开发A、B级防弹运钞车专用加强型底盘,先后与江铃公司、广州宝龙集团有限公司(以下简称宝龙集团)和庆铃公司成功联合开发了3.5吨宝龙防弹运钞车专用底盘、TBL5022防弹运钞车专用底盘和TF单排皮卡(TFR17HSLM)宝龙防弹车专用底盘,通过对底盘的结构加强和整车优化设计,使改装后的机械性能、防护以及机动性、舒适性达到国内领先水平。

(2)品牌优势

公司连续三年产销量居同行业前三名,具有较高的品牌知名度和美誉度,公司被中国技术监督情报协会评为防弹运钞车类"全国用户质量满意、售后服务满意十佳企业","宝龙"牌防弹运钞车连续五年来被主要国有商业银行列入指定招标产品,在中行、工行、农行、建行等主要国有银行近三年招标过程中,中标量和中标额均名列前茅。

(3)市场优势

公司秉承"技术优先、服务优先、客户优先"的销售理念,积极探索现代先进的营销手段和营销方法,开设了面向社会的INTERNET网站,作为全方位对外宣传和市场推广的窗口。同时,公司拥有以各省会城市为中心,辐射全国共一百六十多家特约维修站的客户服务体系。此外,公司建立了有效的销售激励约束机制,培养了一支精干、高效、稳定的销售人员队伍,在市场开拓能力等方面具有一定优势。

(4)质量优势

公司坚持把质量和服务作为企业的经营宗旨,为了提高产品质量,公司在防弹专用车行业内建立了工艺和质量控制优势。公司于2000年5月通过ISO9001质量体系的中国商检和英国BSI国内、国外双重认证,坚持运用ISO9001质量体系标准进行质量管理。

(5)技术优势

公司坚持以科学技术为先导,依靠科学管理和技术创新,积极采用新技术、新工艺、新材料,通过引进和消化国外的先进的管理和技术,大大提高了产品的技术水平和质量,树立了公司的核心竞争力和品牌形象。公司技术中心建立了CAD/CAM(计算机辅助设计)系统,能进行防弹运钞车仿真设计,具有较强的新产品研发能力,截止2003年12月31日,通过公安部检测的运钞车车型达32种,居同行业前列;公司拥有具有自主知识产权的"轻质无飞溅防弹玻璃"(ZL002 53250.6),"运钞车节能式车身造型"(ZL002 53249.2),"监控录像器"(ZL002 53248.4)等6项专利技术。

3、公司的竞争劣势

(1)行业和地方保护政策限制:公司产品销往全国各地,且跨越很多行业和领域,易受其他行业和地方保护政策的影响,贸易壁垒严重。

(2)国外厂家竞争:加入WTO后,在某些领域和行业,面对国外厂家的竞争,公司在产品质量、产品可靠性能、技术含量上有一些差距。

(3)技术创新压力:虽然公司现有生产技术及设备相对国内同行较先进,但随着时间的推移及国内外各大厂家不断采用新的生产技术,新工艺,推出新的产品,公司产品换代及技术创新面临较大压力。

(4)资金不足:专用汽车生产属于资金密集型,维持正常生产经营所需资金及新产品开发和技术改造投入均较大。由于资金的不足,影响了公司生产能力的提高,不利于公司扩大市场占有率,使公司的市场竞争力受到一定的影响。

4、主要财务指标

请参阅本上市公告书"财务会计资料"部分的相关内容。

5、特许经营权情况

公司所属行业为专用汽车行业。2000年12月31日前,国家对汽车行业的管理采取《目录》管理制度,只有列入《目录》内的车辆生产企业才可以按照《目录》中的车种、车型组织生产、销售。

从2001年1月1日起,国家经贸委以发布《公告》的方式对《目录》中企业的新产品实施管理,不再发布《目录》,原《目录》继续有效至2002年12月31日,对《目录》废止后仍需继续生产的车辆产品,企业应在《目录》废止前申报《公告》。

自2003年1月1日开始,国家对汽车产品的管理实行《公告》管理方式,只有列入国家经贸委定期公布的《公告》内的车辆生产企业才可以按照《公告》中公告的车种、车型组织生产、销售。

公司及前身广州市宝龙特种汽车有限公司从1999年7月至今一直从事防弹运钞车及其零配

件的生产销售业务，所生产销售的车型、车种均取得国家有权管理部门的有效许可。目前，公司拥有《公告》车型共55个(包括16个原目录公布车型及39个新增车型)，其中防弹运钞车产品32个，其他专用车产品23个。

6、公司核心技术和重要非专利技术

公司的核心技术主要包括专用车的改装技术、专用底盘的开发技术、专用防暴材料和防暴结构研发技术。公司的核心技术主要通过从国内外引进并消化吸收或创新取得，目前公司生产的防弹运钞车在改装技术、外观设计、可靠性及产品质量上处在国内同行业领先水平，中型防弹运钞车系列产品已接近国际先进水平。

目前，公司已经以技术中心为依托建立了较为完善的技术创新体系，引进、培养和储备了一批专用汽车技术专家，同时与国内有关大专院校和科研机构进行合作，进行一系列前沿性研究。公司自行研制开发了包括防弹板钝化技术、内饰模压成型技术、高强度防弹玻璃、电能热处理炉、液压刮板机构、监控录像器、垃圾填装器、液压举升装置等专用技术。

7、本公司享有的财政税收优惠政策

公司经广州市科学技术委员会认定为高新技术企业，根据广州市地方税务局"穗地税发[2000]469号"文件，公司自2001年起减按15%的税率计缴企业所得税。本公司股票上市后，自上市年度开始，公司将可能按照33%的税率缴纳企业所得税。

第五节　股票发行与股本结构

一、本次发行的基本情况

1、股票种类：境内上市人民币普通股(A股)

2、每股面值：1.00元

3、发行股数：2,500万股

4、每股发行价：9.08元

5、发行市盈率：19.32倍

6、发行方式：全部向二级市场投资者定价配售

7、发行对象：于2004年3月25日持有上海证券交易所或深圳证券交易所已上市流通人民币普通股(A股)股票的收盘市值总额(包括可流通但暂时锁定的股份市值)不少于10,000元的投资者。

8、本次发行实收募股资金及发行费用：本次股票发行共募集资金22,700万元，扣除发行费用1,121.79万元，实际募集资金净额为21,578.21万元。每股发行费用0.4487元。

二、本次股票上市前首次公开发行股票的承销情况

本次公开发行的2,500万股A股，配号总数为74,101,138,000个，中签率为0.03373767%，其中二级市场投资者认购24,774,415股，余股225,585股由主承销商包销。

三、本次上市前首次公开发行股票所募股资金的验资报告

广东正中珠江会计师事务所有限公司对本公司本次上市前首次公开发行股票募集资金出具了《验资报告》(广会所验字(2004)第2401463号)，摘录如下：

"我们接受委托，审验了贵公司截至2004年4月5日止新增注册资本实收情况。按照国家相关法律、法规的规定和协议、章程的要求出资，提供真实、合法、完整的验资资料，保护资产的安全、完整是全体股东及贵公司的责任。我们的责任是对贵公司新增注册资本的实收情况发表审验意见。我们的审验是依据《独立审计实务公告第1号--验资》进行的。在审验过程中，我们结合贵公司的实际情况，实施了检查等必要的审验程序。

贵公司原注册资本为人民币65,579,800.00元，根据贵公司2001年度股东大会决议修改后章程的规定，申请通过向社会公开发行人民币普通股(A股)增加注册资本人民币25,000,000.00元。经中国证券监督管理委员会证监发行字[2004]23号文批准，贵公司已向社会公开发行人民币普通股(A股)2500万股，每股面值1元，每股发行价格9.08元。经我们审验，截至2004年4月5日止，贵公司募集资金总额为人民币227,000,000.00元，扣除发行费用人民币11,217,910.75元，实际募集资金净额为人民币215,782,089.25元，其中新增注册资本人民贰仟伍佰万元整(RMB25,000,000.00元)，资本溢价人民币190,782,089.25元。

同时我们注意到：贵公司本次增资前的注册资本为人民币65,579,800.00万元，已经广东正中珠江会计师事务所有限公司审验，并于2002年4月12日出具广会所验字(2002)第302862号验资报告。截至2004年4月5日至，变更后的累计注册资本为人民币90,579,800.00元。

本验资报告仅供贵公司申请变更登记及据以向股东签发出资证明时使用，不应将其视为是对贵公司验资报告日后资本保全、偿债能力和持续经营能力等的保证。因使用不当造成的后果，与执行本验资业务的注册会计师及会计师事务所无关。"

四、募股资金入帐情况

入帐时间：2004年4月5日

入帐金额：219,402,669.05元(扣除承销费和上网发行手续费后余额)

入帐帐号：1181029110002

开户银行：招商银行广州市分行世贸大厦支行

五、本公司上市前股权结构及各类股东的持股情况

1、本次上市前股权结构

股份类别	股数	比例(%)
非流通股：		
发起法人股	39347880	43.44
发起自然股	26231920	28.96
流通股	25000000	27.60
股份总额	90579800	1000

2、本次上市前公司前十名股东及持股情况

股东名称	持股数量(股)	持股比例(%)
金安制造	39,347,880	43.44
黄乙珍	24,854,744	27.44
杨文江	655,798	0.724
杨文英	655,798	0.724
南方证券	286,000	0.316
广东证券	225,585	0.249
银丰基金	99,000	0.109
杨金朋	65,580	0.072
海富通收益	49,000	0.054
海富通精选	42,000	0.046

第六节 董事、监事、高级管理人员及核心技术人员

一、董事、监事、高级管理人员及核心技术人员简介

(一)董事

杨龙江：董事长，中国籍，男，43岁，现进修中山大学工商管理硕士课程。2000年至今任公司董事长。

易志文：董事兼总经理，中国籍，男，39岁，大专学历，现进修中山大学工商管理硕士课程。2001年至今任公司总经理。

刘祥能：中国籍，男，32岁，硕士学历，中国注册会计师协会非执业会员，2003年8月至今任公司副总经理，主管公司财务工作。

李云峰：中国籍，男，现年28岁，本科学历，在读暨南大学会计系硕士研究生。2001年至今任广州科技风险投资有限公司投资经理。

戴　澈：独立董事，中国籍，男，现年67岁，本科学历，教授级高级工程师。1998年至今任国家机械工业局科学技术委员会委员，中国汽车工程学会理事。同时是国家机械局科学技术委员会委员、中国汽车工程学会理事、享受国家特殊津贴专家。从2001年10月起任公司独立董事。

连三和：独立董事，中国籍，男，现年59岁，本科学历，研究员级高级工程师。1985年至今年任机械工业部汽车工业规划设计院研究员级高级工程师、工艺室主任、主任工程师室主任、项目经理室主任、总工艺师、总工程师。现为享受国家特殊津贴专家、中国机械工程学会高级会员。从2001年10月起任公司独立董事。

孔小文：独立董事，中国籍，女，现年47岁，教授。1989至今任职于暨南大学管理学院，从事财务会计与相关管理学科的教学研究，现任暨南大学管理学院党委书记，中国工业经济研究与开发促进会理事，广州市房地产业协会与广州市房地产学会常务理事，广州市城建集团公司外部监事；从2002年3月起任公司独立董事。

王伯成：独立董事，中国籍，男，现年35岁，经济学硕士，经济学博士研究生，经济师。1996年至今于广东财信投资有限公司工作，现任经营拓展部经理；从2002年3月起任公司独立董事。

陈健：独立董事，中国籍，女，现年47岁，律师，大学本科，副高职称。1986年参加全国统一考试取得正式律师资格，执业至今；1993年11月起为深圳市安泰律师事务所创始合伙人，持有科技部技术合同仲裁员资格证书。1994年至1996年兼职筹建中国商标代理事务所深圳分所，并兼任管委会副主任。从2002年3月起任公司独立董事。

(二)监事

陈三英：监事会召集人，中国籍，男，现年31岁，本科学历，助理工程师。2001年至2002年任职于宝龙特种汽车股份有限公司证券管理部；现任宝龙集团市场部部长。

张英君：中国籍，男，现年27岁，本科学历，2002年4月至今在公司证券部工作，现任公司证券部副部长。

郭俊：中国籍，男，现年35岁，本科学历，工程师，2001年至今任公司配套部副部长。

谢庆穗：中国籍，男，现年43岁，大专学历，助理会计师职称，1999年至今在本公司财务部工作。

钟培辉：中国籍，男，现年31岁，1998年至今在本公司工作，现任本公司制造部总装车间主任。

(三)其他高级管理人员

谢洪德：常务副总经理，中国籍，男，现年39岁，本科学历，会计师、经济师。2001年至今任公司常务副总经理。

庞泰松：副总经理、董事会秘书，中国籍，男，现年33岁，本科学历。2001年至今任公司董事会秘书；曾任公司第一届董事；2002年7月起兼任公司副总经理。

(四)核心技术人员

王明方：副总经理兼总工程师，中国籍，男，现年39岁，本科学历，工程师。2000年至今任公司副总经理兼总工程师。

金建华，技术中心高级工程师，中国籍，男，现年46岁，大学学历。曾主持开发设计"专用监控录像器"获得国家级实用型专利，曾负责2002年度国家级火炬项目"C级"重型防弹运钞车项目，曾参与"宝龙"牌系列防弹运钞车的研制开发。

吴启民，技术中心高级工程师，中国籍，男，现年67岁，大学学历。曾主持设计制造YD5010TYC防弹运钞车，获广东省公安厅二等奖，曾设计制造防弹轮胎并申请国家专利。

郭孔辉：公司技术顾问，中国籍，男，现年69岁，中国工程院院士，教授，博士生导师。其研究成果"汽车操纵稳定性的计算机动态模拟"、"驾驶员-汽车闭环操纵系统的模拟研究"获部级科技进步一等奖，"轮胎静特性试验台"获第三届全国发明展览会银牌奖。现任中国汽车标准化委员会车辆动力学分会技术委员会主任，国务院学位委员会批准汽车动态模拟国家重点实验室主任，中国科学技术协会常委，中国机械工业联合会专家委员会特约委员，中国汽车工程学会副理事长，教育部学科发展与专业设置专家委员会副主任委员。

二、董事、监事、高级管理人员及核心技术人员持股情况

截止本上市公告书签署之日，公司董事长杨龙江持有金安制造48%的股份，金安制造持有本公司60%的股份，杨龙江通过以上股权关系间接控制本公司28.8%股份；公司第二大股东黄乙珍是杨龙江的妻子，目前持有公司37.9%的股份；公司第三大股东杨文英是杨龙江的妹妹，目前直接和间接持有公司2.8%的股份；公司第四大股东杨文江是杨龙江的弟弟，目前持有公司1%的股份。本次发行前，上述关联人员直接或间接合并持有发行人70.50%的股权。本次发行后，上述关联人员直接或间接合并持有发行人51.03%的股权。除此以外，本公司其他董事、监事、高级管理人员及核心技术人员未直接或间接持有本公司的股份。

第七节　同业竞争与关联交易

一、同业竞争

本公司与控股股东金安制造及其他关联方之间不存在同业竞争。金安制造及其控股公司宝龙集团、本公司实际控制人杨龙江和黄乙珍、股东杨文英、杨文江均承诺不以任何形式直接或间接从事和经营与本公司主营业务构成或可能构成竞争的业务。

发行人律师及主承销商核查后均认为本公司与关联方之间不存在同业竞争。

二、关联方与关联关系

本公司关联方及关联关系主要包括：(1)公司的股东：金安制造、黄乙珍、杨文江、杨文英、杨金朋；(2)股东和实际控制人直接或间接控制或参股的公司：宝龙集团及其控制子公司、广州御银科技股份有限公司；(3)对控股股东及主要股东有实质影响的法人及自然人：杨龙江和黄乙珍、伍仕玲、李校荣。本公司关联关系的实质为杨龙江和黄乙珍通过股权关系和人事关系，对公司形成实际控制，联同其他具有亲属关系的关联方通过直接或间接持有公司的股份，从而在公司股东大会上行使表决权选举公司董事间接参与公司生产经营决策。

三、关联交易

1、关联交易内容

最近三年，本公司与关联方之间存在销售货物、原材料采购、受让资产、房屋租赁、合作开发和委托加工、商标许可使用、贷款担保等方面的关联交易。具体关联交易情况请参阅刊载于上海证券交易所网站(http://www.sse.com.cn)的本公司招股说明书全文。

2、独立董事和中介机构对重大关联交易的意见

本公司独立董事认为：公司与关联方之间发生的重大关联交易价格合理，符合有关规定，没有损害非关联股东的权益。

发行人律师认为：发行人重大关联交易已经履行了有关法律和《公司章程》、《关联交易审查制度》等规定的审查批准程序，定价依据充分，批准有效，该等关联交易合法合规，公平公允，不存在损害发行人和股东的合法权益的情形。

主承销商认为：发行人报告期内发生的重大关联交易不会影响发行人生产经营的独立性。

发行人审计机构认为：报告期内发行人与关联公司发生的关联交易的会计处理符合《企业会计准则》、《企业会计制度》及《关联方之间出售资产等有关会计处理问题暂行规定》(财会[2001]64号文)的规定。

第八节　财务会计资料

本公司2001年度、2002年度、2003年度的财务会计资料已于2004年3月25日在《中国证券报》、《上海证券报》、《证券时报》和《证券日报》刊登的本公司招股说明书摘要中进行了披露，并在上海证券交易所网站刊登的本公司招股说明书全文及附录中进行了全面披露。投资者欲了解详细内容，请查阅上述报纸或刊载于上海证券交易所网站(http://www.sse.com.cn)的本公司招股说明书全文及附录。

一、注册会计师意见

广东正中珠江会计师事务所有限公司受本公司委托，对本公司2001年度、2002年度和2003年度的会计报表进行审计并出具了标准无保留意见的广会所审字(2004)第8412063号《审计报告》。

二、简要会计报表

由于本公司成立至今没有对外进行股权投资，故本报告期公司不需编制合并会计报表。以下财务数据均摘自广东正中珠江会计师事务所有限公司广会所审字(2004)第8412063号《审计报告》。

1、简要资产负债表

(单位：元)

资产	2003.12.31	2002.12.31
流动资产	263,960,048.60	221,951,185.01
固定资产	45,412,025.21	41,247,322.52
无形资产及其他资产	23,361,045.72	20,907,659.91
资产总计	332,733,119.53	284,106,167.44
流动负债合计	211,769,947.48	164,095,259.31
负债合计	211,769,947.48	164,095,259.31
股东权益合计	120,963,172.05	120,010,908.13
负债和股东权益总计	332,733,119.53	284,106,167.44

资产	2001.12.31
流动资产	209,492,855.22
固定资产	40,100,027.02
无形资产及其他资产	19,169,927.33
资产总计	268,762,809.57
流动负债合计	182,927,158.48
负债合计	182,927,158.48
股东权益合计	85,835,651.09
负债和股东权益总计	268,762,809.57

2、简要利润表(单位：元)

项目	2003年度	2002年度
主营业务收入	299,476,510.66	384,020,509.90
主营业务利润	75,378,476.40	90,942,643.86
营业利润	36,447,850.13	36,993,510.37
利润总额	36,589,635.06	40,007,761.12
净利润	30,952,263.92	34,175,257.04

项目	2001年度
主营业务收入	362,585,416.55
主营业务利润	75,889,269.07
营业利润	36,446,546.92
利润总额	36,541,471.30
净利润	31,060,250.60

3、简要现金流量表

(单位：元)

项目	2003年度
经营活动产生的现金流量净额	111,703,630.34
投资活动产生的现金流量净额	-11,101,309.26
筹资活动产生的现金流量净额	-17,648,884.16
现金及现金等价物净增加额	82,953,436.92

三、会计报表附注

会计报表附注等有关内容请查阅刊载于上海证券交易所网站(http://www.sse.com.cn)的本公司招股说明书全文及附录。

四、主要财务指标

项目	2003.12.31	2002.12.31	2001.12.31
流动比率	1.25	1.35	1.15
速动比率	1.01	1.13	0.62
应收帐款周转率(次)	4.5	5.5	9.96
存货周转率(次)	5.03	4.24	4.43
无形资产(土地使用权除外)占总资产的比例(%)	0.26	0.53	0
无形资产(土地使用权除外)占净资产的比例(%)	0.72	1.26	0
资产负债率(%)	63.65	57.76	68.06
研发费用占主营业务收入的比例(%)	2.51	2.20	2.15
每股净资产(元)	1.84	1.83	1.70
每股收益(全面摊薄)(元)	0.47	0.52	0.62
每股收益(加权平均)(元)	0.47	0.52	0.62
净资产收益率(全面摊薄)(%)	25.59	28.48	36.19
净资产收益率(加权平均)(%)	27.39	33.20	44.18
每股经营活动的现金流量(元)	1.7	0.79	-0.41

第九节　其他重要事项

一、自本公司股票首次公开发行之日至本公司上市公告书公告之日，本公司严格依照《公司法》、《证券法》等法律法规的要求，规范运行，经营情况正常，所处行业、市场无重大变化，主要业务发展目标进展状况正常，主要投入、产出物供求与价格无重大变化。

二、自本公司股票首次公开发行之日至本公司上市公告书公告之日，本公司没有进行重大对外投资，无重大资产(股权)收购或出售行为。

三、自本公司股票首次公开发行之日至本公司上市公告书公告之日，本公司住所没有发生变更。

四、自本公司股票首次公开发行之日至本公司上市公告书公告之日，本公司未涉及任何重大诉讼、仲裁或行政处罚案件，亦没有尚未了结或可能面临的重大诉讼和索赔要求。

五、自本公司股票首次公开发行之日至本公司上市公告书公告之日，本公司董事、监事和高级管理人员未受到任何刑事起诉，亦没有尚未了结或可能发生的刑事诉讼事项。

六、自本公司股票首次公开发行之日至本公司上市公告书公告之日，本公司的重大会计政策和会计师事务所没有发生变化。

七、自本公司股票首次公开发行之日至本公司上市公告书公告之日，本公司的税收政策未发生变化。

八、根据2004年2月29日召开的本公司2003年度股东大会决议，公司以2003年12月31日总股本6,557.98万股为基数，向全体股东每10股派发现金红利4元，剩余未分配利润1,324.99万元，滚入下年度全体股东共享。因此，公司2003年度股东大会决议分配后截止2003年12月31日的滚存未分配利润及从2004年1月1日起的新增利润将由新老股东共同享有。

九、自本公司股票首次公开发行之日至本公司上市公告书公告之日，本公司未发生新的重大负债，并且重大债项未发生变化。

十、根据《上海证券交易所股票上市规则》，公司第一大股东广东省金安汽车工业制造有限公司已向上海证券交易所承诺：自本公司股票上市之日12个月内，金安制造不转让现已持有的本公司股份；自本公司股票上市之日12个月内，也不由本公司对金安制造现已持有的本公司股份实施回购。

十一、根据业务发展需要，公司在本次发行上市后拟更名为"广州东方宝龙专用汽车股份有限公司"，目前已取得广州市工商行政管理局出具的(穗)名称变字[2004]第01503号《企业名称变更核准通知书》，相关手续正在办理当中。

十二、自本公司股票首次公开发行之日至本公司上市公告书公告之，没有其他应披露而未披露之重大事项。

第十节　董事会上市承诺

本公司董事会将严格遵守《公司法》、《证券法》、《股票发行与交易管理暂行条例》、《公开发行股票公司信息披露实施细则》和《上海证券交易所股票上市规则》等国家有关法律、法规的规定，承诺自本公司股票上市之日起做到：

一、本公司将真实、准确、完整、公允和及时地公布定期报告，披露所有对投资者有重大影响的信息，并接受中国证监会、上海证券交易所的监督管理；

二、本公司在知悉可能对股票价格产生误导性影响的任何公共传播媒介中出现的消息后，将及时予以公开澄清；

三、本公司董事、监事和高级管理人员将认真听取社会公众的意见和批评，不利用已获得的内幕消息和其他不正当手段直接或间接从事发行人股票的买卖活动；

四、本公司没有无记录的负债。

依据《上海证券交易所股票上市规则》，本公司全体董事、监事将按照有关规定，在本公司股票上市后两个月内签署《董事(监事)声明及承诺书》并送达上海证券交易所备案。

第十一节　上市推荐人及其意见

一、上市推荐人情况

上市推荐人：广东证券股份有限公司

住　所：广东省广州市解放南路123号金汇大厦

法定代表人：钟伟华

电　话：(020)83270480-76155,76159,76162

传　真：(020)83270485

联系人：凌文昌、孙云章、李东茂、张东东、淡念阳

二、上市推荐人意见

本公司上市推荐人广东证券股份有限公司认为：发行人章程符合《公司法》、《证券法》等有关法律、法规和中国证监会的规定；发行人本次股票发行符合《公司法》、《证券法》及《上海证券交易所股票上市规则》等国家有关法律、法规的规定，已具备上市条件；发行人董事了解国家有关法律、法规、上海证券交易所上市规则及股票上市协议规定的董事义务与责任；发行人建立健全了法人治理结构、制定了严格的信息披露制度与保密制度。

上市推荐人已对上市文件所载的资料进行了核查，确信上市文件真实、准确、完整，符合规定要求，确信发行人的上市申请材料、上市公告书没有虚假、严重误导性陈述或者重大遗漏，并保证对其承担相应的法律责任。上市推荐人愿意推荐发行人的股票在上海证券交易所上市交易，并保证不利用在上市过程中获得的内幕信息进行内幕交易，为自己或他人谋取利益。

广州市宝龙特种汽车股份有限公司

二〇〇四年四月九日

湖南长丰汽车制造股份有限公司

湖南长丰汽车制造股份有限公司首次公开发行股票上市公告书

第一节　重要声明和提示

保荐机构(上市推荐人):

湖南长丰汽车制造股份有限公司(以下简称"公司"、"本公司"或"发行人")董事会保证上市公告书的真实性、准确性、完整性,全体董事承诺上市公告书不存在虚假记载、误导性陈述或重大遗漏,并承担个别和连带的法律责任。

公司负责人和主管会计工作的负责人、会计机构负责人保证招股说明书及其摘要中财务会计报告真实、完整。

根据《公司法》、《证券法》等有关法律、法规的规定,本公司董事、高级管理人员已依法履行诚信和勤勉尽责的业务和责任。

证券交易所、中国证监会、其他政府机关对本公司股票上市及有关事项的意见,均不表明对本公司的任何保证。

按《证券发行上市保荐制度暂行办法》的要求,鉴于国泰君安证券股份有限公司具备保荐机构的资格,本公司聘请国泰君安证券股份有限公司作为本公司的上市保荐机构履行持续督导义务。

本公司提醒广大投资者注意:凡本上市公告书未涉及的有关内容,请投资者查阅 2004 年 5 月 25 日刊载于《中国证券报》、《上海证券报》、《证券时报》及《证券日报》的本公司招股说明书摘要,及刊载于上海证券交易所网站(www.sse.com.cn)的本公司招股说明书全文。

第二节　概　览

1、股票简称:长丰汽车

2、沪市股票代码:600991

3、深市代理股票代码:003991

4、总股本:400,670,300 股

5、可流通股本:78,000,000 股

6、本次股票发行价格:14.10 元/股

7、上市地点:上海证券交易所

8、上市日期:2004 年 6 月 14 日

9、股票登记机构:中国证券登记结算有限责任公司上海分公司

10、保荐机构(上市推荐人):国泰君安证券股份有限公司

11、对首次公开发行股票前股东所持股份的流通限制及限期:

根据国家有关法律、法规规定和中国证监会证监发行字[2004]59 号《关于核准湖南长丰汽车制造股份有限公司公开发行股票的通知》,本公司的国有法人股、法人股暂不上市流通。

根据《上海证券交易所股票上市规则》,本公司第一大股东长丰(集团)有限责任公司(以下简称"长丰集团")承诺:自本公司股票上市之日起 12 个月内,不转让其所持有的本公司股份,也不由本公司回购其所持有的本公司股份。

第三节　绪　言

本公司上市公告书是根据《中华人民共和国公司法》、《中华人民共和国证券法》、《股票发行与交易管理暂行条例》、《公开发行股票公司信息披露实施细则》、《证券发行上市保荐制度暂行办法》和《上海证券交易所股票上市规则》等有关法律、法规的规定,按照中国证券监督管理委员会制定的《公开发行证券的公司信息披露内容与格式准则第 7 号-股票上市公告书》的规定编制,旨在向投资者提供有关本公司的基本情况和本次股票发行上市的有关资料。

经中国证券监督管理委员会证监发行字[2004]59 号文核准,本公司已于 2004 年 5 月 28 日以向二级市场投资者定价配售方式向社会公开发行了每股面值 1.00 元的人民币普通股 7,800 万股,每股发行价为 14.10 元。

经上海证券交易所上证上字[2004]81 号《上市通知书》批准,本公司 7,800 万股社会公众股将于 2004 年 6 月 14 日起在上海证券交易所挂牌交易,股票简称"长丰汽车",沪市股票代码为"600991",深市代理股票代码为"003991"。

本公司已于 2004 年 5 月 25 日分别在《中国证券报》、《上海证券报》、《证券时报》和《证券日报》上刊登了《招股说明书概要》。招股说明书正文及其附录刊载于上海证券交易所网站(www.sse.com.cn),距今不足三个月,故与其重复的内容不再重述,敬请投资者查阅上述内容。

第四节　发行人概况

一、发行人基本情况

1、发行人中文名称:湖南长丰汽车制造股份有限公司

英文名称:HUNAN CHANGFENG MOTOR CO.,LTD.

2、注册资本:400,670,300 元

3、法定代表人:李建新

4、发行人成立日期:1996 年 11 月 13 日

5、住所:湖南省永州市冷水滩区张家铺路

6、经营范围:轻型越野汽车及其零部件制造、销售;提供与上述产品相关的技术咨询服务

7、主营业务:中高档轻型越野汽车整车及零部件的制造和销售。主要产品为"猎豹"系列 CFA2030A/B/C/D/AP/BP、CJY6470E/EP、CFA6470G/H 等多个型号的中高档轻型越野汽车。

8、所属行业:汽车制造业

9、电话:0746-8456019-3239

传真:0746-8457991

电子邮箱:CFA@CFMOTORS.COM

10、董事会秘书:姜景文

二、发行人历史沿革

本公司系经中国人民解放军总后勤部以《[1996]后生字第 331 号---关于设立"湖南长丰汽车制造股份有限公司"的批复》文件批准,湖南省人民政府授权湖南省经济体制改革委员会以《湘体改字[1996]53 号---关于同意设立湖南长丰汽车制造股份有限公司的批复》文件批准,由长丰(集团)有限责任公司(以下简称:长丰集团)作为主发起人,联合日本三菱自动车工业株式会社(以下简称:三菱汽车)等其它 9 家发起人共同发起设立的股份有限公司。公司成立时总股本为 10140 万元,并于 1996 年 11 月 13 日在湖南省工商行政管理局领取 18380209-9 号营业执照。

1997 年 10 月 13 日,公司原上级主管部门中国人民解放军广州军区后勤部工厂管理局以《[1997]后工管字第 134 号---关于同意湖南长丰汽车制造股份有限公司调整股本结构和发起人的批复》文件批准股份公司调整股本结构和发起人。省政府亦根据公司及原上级主管部门的意见对公司进行设立规范和股权调整。经调整,公司股东由 10 家减少为 7 家,总股本变更为 18000 万元,并于 1998 年换领营业执照。

2000 年 11 月 20 日,经省政府授权,湖南省地方金融证券领导小组办公室以《湘金证字[2000]028 号---关于同意湖南长丰汽车制造股份有限公司增资扩股的批复》文件批准本公司增资扩股。此次增资扩股完成后,公司股东人数增加到 12 家,总股本达到 32267.03 万元,并于 2000 年 12 月 5 日换领 4300001002578 号营业执照。

经中国证监会证监发行字[2004]59 号文批准,本公司于 2004 年 5 月 28 日在上海证券交易所以向二级市场投资者定价配售方式成功发行了人民币普通股 7,800 万股,每股面值 1.00 元,每股发行价格 14.10 元。此次发行完成后,本公司的总股本增至 40,067.03 万股。

三、发行人主要经营情况

(一)主要业务及产品

本公司主要从事中高档轻型越野汽车及其零部件制造和销售,并提供与上述产品相关的技术咨询服务,是目前国内最具竞争力的轻型越野汽车生产商之一。公司主要产品为"猎豹"系列 CFA2030A/B/C/D/AP/BP、CJY6470E/EP、CFA6470G/H、"猎豹飞腾"家庭型等多个型号的中高档轻型越野汽车。在国内轻型越野汽车市场上,公司 2001 年?2002 年市场占有率分别达到 31.07%、43.17%(不含进口),一直处于同行业首位。

(二)主要财务指标

请参见本上市公告书"财务会计资料"中的相关内容。

(三)主要商标、知识产权、特许经营权和非专利技术

本公司已取得的商标有:"猎豹"汽车商标,包括国际分类第 12 类第 339690 号"猎豹"商标、第 559148 号"LIEBAO"商标、第 1312051 号图形商标及第 1385320 号"猎豹"商标。

拥有的专有技术使用实施权有:三菱汽车四轮驱动体育多用途车 PAJEROV31/32 有关开发及制造的高价值且具有商业依据的专利、未公开专有技术(KNOW-HOW)及信息的专有技术使用实施权;三菱汽车四轮驱动体育多用途车 PAJEROV33 有关开发及制造的高价值且具有商业依据的专利、未公开专有技术(KNOW-HOW)及信息的专有技术使用实施权;三菱汽车 PAJEROio(KR45)相关的专有技术、专利、技术转让及信息的专有技术使用实施权。

(四)享有的财政税收优惠政策

本公司目前享受下列税收优惠政策:

1、增值税

根据财政部和国家税务总局有关规定,本公司生产和销售的专案产品享受免征增值税的政策。

作为原三线企业,根据财政部和国家税务总局有关规定,本公司在"十五"期间继续享受增值税超基数按比例返还优惠政策。

2、消费税

根据财政部和国家税务总局有关规定,本公司生产和销售的专案产品享受免征消费税的政策。

2003 年 12 月 31 日以前,根据财政部及国家税务总局《财税[2000]26 号---关于对低污染排放小汽车减征消费税通知》及《湘财税字[2000]31 号---转发财政部、国家税务总局关于低污染排放小汽车减征消费税的通知》"对生产销售达到低污染排放限制的小轿车、越野车和小客车减征 30%的消费税"的有关规定,本公司生产销售的达到低污染排放限制的产品享受减征 30%消费税的政策。

2003 年 12 月 31 日,为促使汽车提前达到下一阶段的环保标准,财政部和国家税务总局下发了《财税[2003]266 号---关于低污染排放小汽车减征消费税问题的通知》。从 2004 年 1 月 1 日起,对企业生产销售的达到 GBl8352-2001 排放标准(即相当于欧洲Ⅱ号标准)的小汽车,停止减征消费税,一律恢复按规定税率征税。因此本公司现有全部产品将不再享受有关消费税减征优惠政策。

3、所得税

根据国税函[2004]42 号《关于军队保障性企业移交地方管理后有关所得税问题的通知》规定,本公司作为军队保障性企业,且移交后如继续承担军品生产、维修、供应任务,可在 2004 年底前继续免征企业所得税。

另根据湖南省财政厅《湘财企(2002)22 号---关于长丰(集团)有限责任公司下放地方后继续享受所得税税收优惠政策的通知》:本公司"继续享受企业所得税的优惠政策,免征的企业所得税用于集团技术改造投入,作为国家资本进账务处理"。

本公司根据该等政策规定,按应纳税所得额的 33%计提所得税金,并将计提的相关所得税金作为对长丰集团的负债。

第五节　股票发行与股本结构

一、本次股票上市前首次公开发行股票的情况

1、股票种类:境内上市人民币普通股(A 股)

2、每股面值:1.00 元

3、发行数量:78,000,000 股

4、股票发行价格:14.10 元

5、发行市盈率:13.06 倍

6、发行方式:全部向二级市场投资者定价配售

7、发行对象:于 2004 年 5 月 25 日持有上海证券交易所或深圳证券交易所已上市流通的人民币普通股股票的收盘市值总和(包括可流通但暂时锁定的股份市值)不少于 10,000 元的投资者(国家法律法规禁止购买者除外)。

6、发行费用总额及项目:发行费用总额 4,139 万元,其中包括承销费用、审计费用、评估费用、律师费用、上网发行手续费用、审核费

7、每股发行费用:0.53 元

二、本次股票上市前首次公开发行股票的承销情况

本次公开发行的 7,800 万股社会公众股的配号总数为 85,604,618,中签率为 0.09111658%,其中,二级市场投资者认购 77,121,772 股,其余 878,228 股由主承销商包销。

三、验资报告

中瑞华恒信验字[2004]第 2011 号

湖南长丰汽车制造股份有限公司全体股东:

我们接受委托,审验了贵公司截至 2004 年 6 月 3 日止新增注册资本实收情况。按照国家相关法律、法规的规定和协议、章程的要求出资,提供真实、合法、完整的验资资料,保护资产的安全、完整是

全体股东及贵公司的责任。我们的责任是对贵公司新增注册资本的实收情况发表审验意见。我们的审验是依据《独立审计实务公告第1号---验资》进行的。在审验过程中,我们结合贵公司的实际情况,实施了检查等必要的审验程序。

贵公司原注册资本人民币叁亿贰仟贰佰陆拾柒万零叁佰元(RMB322,670,300元),根据贵公司2003年度股东大会决议和修改后章程的规定,贵公司申请向社会公开发行人民币普通股票增加注册资本柒仟捌佰万元(RMB78,000,000.00元)。2004年5月24日经中国证券监督管理委员会证监发行字[2004]59号文核准,贵公司于2004年5月28日向社会发行人民币普通股股票7,800万股。经我们审验,截至2004年6月3日止,贵公司已收到社会公众认缴的新增注册资本人民币柒仟捌佰万元(RMB78,000,000.00元),社会公众股股东均以货币资金出资。

同时我们注意到,贵公司本次增资前的注册资本为人民币叁亿贰仟贰佰陆拾柒万零叁佰元,业经本所审验,并由本所于2000年出具中瑞华(2000)验字第2043号验资报告。截至2004年6月3日止,变更后的累计注册资本实收金额为人民币肆亿零陆拾柒万零叁佰元。

本验资报告仅供贵公司申请变更登记及据以向出资者签发出资证明时使用,不应将其视为是对贵公司验资报告日后资本保全、偿债能力和持续经营能力等的保证。因使用不当造成的后果,与执行本验资业务的注册会计师及会计师事务所无关。

附件:1、注册资本变更前后对照表

2、验资事项说明

中瑞华恒信会计师事务所　中国注册会计师:黄简

有限公司　中国注册会计师:罗军

中国－北京　2004年6月4日

四、募集资金入帐情况

入帐时间:2004年6月3日

入帐金额:106,300万元

银行帐号:1910020229201688854

开户银行:中国工商银行永州市分行

五、本次股票上市前股权结构和股东持股情况

1、本公司本次上市前的股本结构

股份类别	股份数量(股)	占总股本的比例(%)
1、尚未流通股份:	322,670,300	80.53
其中:国有法人持有股份	220,046,600	54.92
社会法人持有股份	22,157,300	5.53
境外法人持有股份	80,466,400	20.08
2、可流通股份:	78,000,000	19.47
境内上市人民币普通股:	78,000,000	19.47
其中:本次公开发行股份	78,000,000	19.47
3、总股本	400,670,300	100.00

2、本次上市前,本公司前十名股东持股数及比例

序号	股东名称	股份类别	持股数量(万股)	持股比例(%)
1	长丰(集团)有限责任公司	国有法人股	15386.41	38.40
2	日本三菱自动车工业株式会社	外资股	6437.31	16.07
3	湖南经济技术投资担保公司	国有法人股	4827.98	12.05
4	湖南新华联国际石油贸易有限公司	社会法人股	1974.32	4.93
5	日本双日株式会社	外资股	1609.33	4.02
6	湖南省信托投资有限责任公司	国有法人股	1609.33	4.02
7	国泰君安证券股份有限公司	社会公众股	91.62	0.23
8	永州恒通电力(集团)有限责任公司	社会法人股	80.47	0.20
8	湖南九嶷实业集团股份有限公司	社会法人股	80.47	0.20
8	湖南省新田县氮肥厂	国有法人股	80.47	0.20
8	永州市财政有偿资金回收管理中心	国有法人股	80.47	0.20
8	湖南潇湘集团有限责任公司	社会法人股	80.47	0.20

第六节　董事、监事、高级管理人员及核心技术人员

一、董事、监事、高级管理人员和核心技术人员简介

(一)董事会成员

董事长　李建新,中国国籍,男,1953年出生,硕士研究生,高级工程师;现任湖南长丰汽车制造股份有限公司董事长、董事,兼任长丰(集团)有限责任公司董事长、党委书记;1996年12月23日至今任现职;

董事　钟新农,中国国籍,男,1957年出生,大学本科,高级工程师;现任湖南长丰汽车制造股份有限公司总经理、董事兼股份公司控股子公司湖南长丰汽车销售有限责任公司、股份公司控股子公司长沙长丰汽车制造有限责任公司董事长;1999年4月至今任现职;

董事　周玉芳,中国国籍,女,1954年出生,大学学历,高级政工师;现任湖南长丰汽车制造股份有限公司党委书记、董事;1999年1月1日至今任现职;

董事　姜景文,中国国籍,男,1949年出生,大学学历,中教一级;具有律师资格,现任湖南长丰汽车制造股份有限公司董事、董事会秘书兼证券办主任;2000年9月至今任现职;

董事　钟表,中国国籍,男,1965年出生,大专学历,工程师;现任湖南长丰汽车制造股份有限公司董事、副总经理兼股份公司控股子公司湖南长丰汽车销售有限责任公司总经理;1999年4月至今任现职;

董事　胡军,中国国籍,男,1963年出生,大学学历,高级会计师;现任湖南长丰汽车制造股份有限公司董事,湖南省信托投资有限公司常务副总经理;2002年6月至今任湖南省信托投资有限责任公司常务副总经理;

董事　傅军,中国国籍,男,1957年出生,大学学历;现任湖南长丰汽车制造股份有限公司董事,湖南新华联国际石油贸易有限公司董事长兼总经理,马来西亚华联集团有限公司董事长兼总经理;1996年12月23日至今任股份公司董事;

董事　石建新,中国国籍,男,1953年出生,大学;现任湖南长丰汽车制造股份公司董事,湖南经济技术投资担保公司总经理;1994年至今任现职;

董事　铃木道幸,日本国籍,男,1958年出生,经济学学士;现任湖南长丰汽车制造股份有限公司董事、三菱自动车工业株式会社乘用车海外销售统括本部北亚洲部经理;2002年至今任现职;

董事　近石幸一郎,日本国籍,男,1948年出生,大学学历;现任湖南长丰汽车制造股份有限公司董事、日本双日株式会社北京代表处中国总代表助理;2002年至今任现职;

董事　仙波保隆,日本国籍,男,1947年出生,大学;现任湖南长丰汽车制造股份有限公司董事兼常务副总经理;2000年3月1日至今任现职;

独立董事　郭孔辉,中国国籍,男,1935年出生,博士导师,中国工程院院士;现任湖南长丰汽车制造股份有限公司独立董事;

独立董事　魏杰,中国国籍,男,1952年出生,博士学历,国家级有特殊贡献的中青年专家;现任湖南长丰汽车制造股份有限公司独立董事;

独立董事　赵航,中国国籍,男,1955年出生,大学毕业,中国汽车技术研究中心主任;现任湖南长丰汽车制造股份有限公司独立董事;

独立董事　伍中信,中国国籍,男,1966年出生,博士导师,中国注册会计师,中国金融会计学会常务理事、中国中青年财务成本研究会理事、中国会计学会会员,我国财会界第一位财务学博士后;现任湖南长丰汽车制造股份有限公司独立董事;

独立董事　漆多俊,中国国籍,男,1938年出生,武汉大学法学院教授、博士导师,中南大学法学院院长、博士生导师,中国经济法研究会副会长;现任湖南长丰汽车制造股份有限公司独立董事。

独立董事　钟志华,中国国籍,男,1962年出生,大学学历,湖南大学机械与汽车工程学院院长,学术委员会副主任、教授、博士导师,全国高科技"863"计划"先进制造与自动化领域"十一位专家委员中最年轻的委员,教育部科技委工学一部委员;现任湖南长丰汽车制造股份有限公司独立董事。

(二)监事会成员

监事会召集人　黄昭祥,男,1944年出生,大专学历,经济师、工程师;任湖南长丰汽车制造股份有限公司监事会主席;

监事　郜金根,中国国籍,男,1950年出生,大专学历,政工师;现任湖南长丰汽车制造股份有限公司工会主席兼党群部部长,监事会监事;

监事　宁海成,中国国籍,男,1965年出生,大专学历,湖南经济技术投资担保公司副总经理;现任湖南长丰汽车制造股份有限公司监事;

监事　曾敏,中国国籍,男,1963年出生,大学学历,在读EMBA,工程师,湖南新华联国际石油贸易有限责任公司监事、制造事业部常务副总监;现任湖南长丰汽车制造股份有限公司监事;

监事　张海秀,中国国籍,女,1958年出生,大学学历,长丰(集团)有限责任公司财务处副处长;现任湖南长丰汽车制造股份有限公司监事;

(三)高级管理人员

总经理　钟新农,基本情况见"董事情况"相关内容;

副总经理　仙波保隆,常务副总经理,主管生产,基本情况见"董事情况"相关内容;

副总经理　钟表,主管销售,基本情况见"董事情况"相关内容;

副总经理　张新兰,中国国籍,1956年出生,大专学历;注册会计师;现主管财务,兼任财务总监;

副总经理　章卫群,中国国籍,男,1957年出生,大专学历;具有律师资格,政工师;现主管人力资源及办公室工作;

副总经理、技术负责人　檀俊贤,中国国籍,男,1955年出生,大学本科,高级工程师;现主管技术;

副总经理　欧裕华,中国国籍,男,1954年出生,高中学历;现主管有关股份公司控股子公司长沙长丰汽车制造有限公司的工作;

副总经理　吴敬培,中国国籍,男,1953年出生,大学本科,高级工程师;现主管配套和供应;

副总经理　黄雁峰,中国国籍,男,1958年出生,大专学历,经济师;

产品研究开发中心副主任　胡惠纯,中国国籍,男,1944年出生,大学本科,高级工程师;

产品研究开发中心副主任　贺四清,中国国籍,男,1965年出生,大学本科,学士学位,工程师;

董事会秘书　姜景文,基本情况见"董事情况"相关内容。

(四)核心技术人员

技术负责人　檀俊贤,基本情况见"高级管理人员"相关内容。

核心技术人员　何林华,中国国籍,男,1965年出生,大学本科,工程师;现任股份公司技术部部长;

核心技术人员　李鲁,中国国籍,男,1965年出生,清华大学硕士,高级工程师,现任股份公司产品开发研究中心电子产品研究所所长;

核心技术人员　杨筑仁,中国国籍,男,1962年出生,大学本科,高级工程师;现任长丰公司产品开发研究中心燃油所所长;

核心技术人员　张华平,中国国籍,男,1966年出生,本科学历,高级工程师;现任股份公司产品开发研究中心电动汽车研究所副所长;

核心技术人员　荣志斌,中国国籍,男,1954年出生,本科学历,高级工程师,现任产品开发研究中心电子产品研究所副所长;

核心技术人员　梁进利,中国国籍,男,1965年出生,硕士研究生,高级工程师,现任股份公司产品开发研究所中心燃油汽车研究所副所长;

二、公司董事、监事、高级管理人员和核心技术人员持股情况

本次上市前,本公司的董事、监事、高级管理人员和核心技术人员未持有本公司的股份,也没有由其授权或指示他人(包括法人)代其持有,其配偶或未满十八岁的子女均不持有本公司股份。

第七节　同业竞争与关联交易

一、同业竞争

本公司控股股东长丰集团为湖南省人民政府国有资产监督管理委员会直接管理,本公司实际控制人即长丰集团。长丰集团及其控制的其他法人目前没有从事与本公司相同或相似业务的情况。为避免同业竞争,2002年4月9日,长丰集团出具《避免同业竞争承诺函》。

公司第二大股东三菱汽车在中国境内的控股或参股公司与本公司之间业务范围不同,同时由于三菱汽车目前未向中国出口同类型越野汽车,因此三菱汽车与本公司目前不存在同业竞争。

但是,鉴于三菱汽车为本公司主要的技术提供方,本公司对三菱汽车存在一定程度的技术依赖,因此若三菱汽车在中国设立或参股与本公司主营业务相近或相似的其他生产企业,将有可能加剧国内轻型越野汽车市场的竞争,对本公司的经营业绩造成一定影响。

保荐机构及本公司律师分别对上述事项进行核查,并明确发表意见:

保荐机构认为:长丰集团及其所控制的其他法人,因所从事的业务不同,与公司之间不构成同业竞争,且长丰集团已出具《避免同业竞争承诺函》。三菱汽车及其在中国境内的控股及参股公司目前与公司不存在同业竞争。但鉴于三菱汽车为公司主要的技术提供方,公司对三菱汽车存在一定程度的技术依赖,因此若三菱汽车在中国设立或参股与公司主营业务相近或相似的其他生产企业,将有可能加剧国内轻型越野汽车市场的竞争,对公司的经营业绩造成一定影响。

本公司律师认为:长丰集团及其所控制的其他法人,与公司之间不存在同业竞争,且长丰集团已

出具《避免同业竞争承诺函》。三菱汽车及其在中国境内的控股及参股公司目前与公司不存在同业竞争。但鉴于三菱汽车为公司主要的技术提供方,公司对三菱汽车存在一定程度的技术依赖,因此若三菱汽车在中国设立或参股与公司主营业务相近或相似的其他生产企业，将有可能加剧国内轻型越野汽车市场的竞争,对公司的经营业绩造成一定影响。

二、关联方、关联方关系及关联交易

本公司与长丰集团及其控股和参股的企业、三菱汽车、日本双日株式会社(原日商岩井株式会社)等关联方之间存在一定的关联交易,所有关联交易均按照本公司《公司章程》、《关联交易决策制度》等有关规定执行,按照市场化及公允性原则进行交易,以保证公司及中小股东利益不受损害,公司独立董事、保荐机构及律师对此发表了明确意见：

本公司独立董事认为:公司与各关联方的关联交易及其协议均履行了法定批准程序,公司对关联方、关联方关系及关联交易的有关条款进行了充分披露,公司与各关联方的关联交易公正、公允,没有损害协议任何一方的行为。

本公司律师认为:公司与关联方按照平等互利、等价有偿的市场原则,以公允的价格和交易条件采取书面合同的方式确定了与关联方存在的关联交易及双方的权利义务关系。不存在损害发行人及其他股东利益的情况,公司管理层履行了应尽的诚信义务。公司对关联方、关联方关系及关联交易和同业竞争问题已进行充分披露,没有重大遗漏或重大隐瞒。

保荐机构认为:公司已全面披露了关联方、关联方关系及关联交易,公司与关联方目前存在的关联交易没有明显的背离可比较的市场价格,不存在损害中小股东利益的情况。关联交易表决时关联股东进行了回避,决策程序合法有效。因公司股东结构和业务的特殊性,今后公司与外方股东及其下属企业之间发生的关联交易将占全部关联交易的较大部分，现有关联交易不会影响公司业务的独立性。但公司在技术引进和零部件采购方面,对三菱汽车存在一定程度的依赖。

本公司关联交易的具体情况请查阅刊载于上海证券交易所网站(www.sse.com.cn)的本公司招股说明书第七节相关内容。

第八节 财务会计资料

本公司截止 2003 年 12 月 31 日的财务会计资料,已于 2004 年 5 月 25 日在《中国证券报》、《上海证券报》、《证券时报》和《证券日报》刊登的《招股说明书摘要》中进行了披露,投资者欲了解详细内容,请查阅上述报纸或刊载于上海证券交易所网站(www.sse.com.cn)的本公司招股说明书全文及附录。

一、注册会计师意见

本公司已聘请中瑞华恒信会计师事务所有限责任公司对本公司 2001 年 12 月 31 日、2002 年 12 月 31 日和 2003 年 12 月 31 日的资产负债表,2001 年度、2002 年度和 2003 年度的利润表和利润分配表,2003 年度的现金流量表进行了审计,注册会计师已出具了标准无保留意见的审计报告。

二、简要财务报表

(一)简要合并资产负债表

单位:元

资产	2003 年 12 月 31 日	2002 年 12 月 31 日	2001 年 12 月 31 日
流动资产：			
货币资金	766,765,850.48	643,656,864.42	198,540,021.57
应收账款	57,223,081.65	35,165,966.39	14,528,531.09
存货	636,102,255.89	621,430,239.58	758,136,323.57
流动资产合计	2,347,779,792.50	1,588,461,280.97	1,213,767,155.11
长期投资合计	277,903.29	204,844.41	100,000.00
无形资产及其他资产合计	75,449,808.98	78,144,885.37	73,548,301.43
资产总计	3,466,547,110.06	2,175,232,282.05	1,625,894,828.08
负债和股东权益流动负债：			
短期借款	660,348,851.16	634,680,000.00	471,720,000.00
应付账款	516,811,550.54	337,835,595.09	246,784,852.71
预收账款	88,712,937.49	52,414,329.98	35,186,372.25
应付股利	194,372.24	1,442,391.85	2,301,887.60
其他应付款	387,461,891.77	192,867,338.09	49,397,800.44
流动负债合计	2,301,728,573.62	1,399,556,466.92	994,373,245.61
长期负债合计	166,100,000.00	51,100,000.00	56,610,000.00
负债合计	2,467,828,573.62	1,450,656,466.92	1,050,983,245.61
少数股东权益	69,589,561.66	63,162,327.70	51,941,269.70
股东权益：			
股本	322,670,300.00	322,670,300.00	322,670,300.00
资本公积	67,722,187.02	67,648,658.79	67,636,305.46
盈余公积	441,850,129.25	190,817,500.78	70,456,434.55
其中:法定公益金	38,622,106.86	19,245,914.03	7,818,811.50
未分配利润	96,801,090.00	80,200,002.20	62,129,456.09
其中:拟发放的现金股利	96,801,090.00	80,200,002.20	60,150,000.00
股东权益合计	929,128,974.78	661,413,487.43	522,970,312.77
负债和股东权益总计	3,466,547,110.06	2,175,232,282.05	1,625,894,828.08

(二)简要合并利润表 单位:元

项目	2003 年度	2002 年度	2001 年度
一、主营业务收入	4,942,739,630.03	2,906,533,500.36	2,154,088,134.55
减:主营业务成本	3,822,260,686.23	2,205,629,491.92	1,705,796,281.34
主营业务税金及附加	104,789,146.26	116,009,268.22	71,608,837.48
二、主营业务利润	1,015,689,797.54	584,894,740.22	376,683,015.73
加:其他业务利润	18,241,379.05	9,046,135.66	6,392,092.85
减:营业费用	230,780,268.00	134,782,882.43	58,834,930.31
管理费用	153,520,252.76	93,176,035.53	60,576,246.93
财务费用	53,731,673.58	42,759,544.95	44,403,960.43
三、营业利润	595,898,982.25	323,222,412.97	219,259,970.91
加:投资收益	177,903.29	−16,934.64	−
补贴收入	16,751,041.69	17,512,809.37	−
营业外收入	322,878.82	165,632.06	1,700.00
减:营业外支出	14,310,886.03	3,786,823.46	3,888,022.14
四、利润总额	598,839,920.02	337,097,096.30	215,373,648.77
减:所得税	245,300,596.66	137,569,808.67	21,212,247.25
少数股东收益	5,705,604.89	1,008,864.97	−758,395.60
五、净利润	347,833,718.47	198,518,422.66	194,919,797.12

(三)简要合并现金流量表 单位:元

项目	2003 年度
一、经营活动产生的现金流量	−
现金流入小计	3,241,055,514.34
现金流出小计	2,582,044,940.09
经营活动产生的现金流量净额	659,010,574.25
二、投资活动产生的现金流量：	−
现金流入小计	732,434.84
现金流出小计	575,258,329.75
投资活动产生的现金流量净额	−574,525,894.91
三、筹资活动产生的现金流量：	−
现金流入小计	1,146,390,000.00
现金流出小计	1,107,765,693.28
筹资活动产生的现金流量净额	38,624,306.72
四、汇率变动对现金的影响：	−
五、现金及现金等价物净增加额：	123,108,986.06

三、会计报表附注

本公司会计报表附注等有关内容，请查阅 2004 年 5 月 25 日在《中国证券报》、《上海证券报》、《证券时报》及《证券日报》刊登的《招股说明书摘要》及刊载于上海证券交易所网站(www.sse.com.cn)的本公司招股说明书全文及附录。

四、主要财务指标

财务指标	2003 年	2002 年	2001 年
流动比率(倍)	1.02	1.13	1.22
速动比率(倍)	0.74	0.69	0.46
应收帐款周转率(次)	107.00	116.98	88.54
存货周转率(次)	6.08	3.20	2.86
资产负债率(母公司)	67.73%	64.85%	65.92%
每股净资产(元)	2.88	2.05	1.62
全面摊薄每股收益(元)	1.08	0.62	0.60
全面摊薄净资产收益率	37.44%	30.01%	37.27%
每股经营活动的现金流量净额(元)	2.04	1.56	0.13

第九节 其他重要事项

一、自本公司股票首次公开发行之日至本上市公告书公告之日，本公司严格依照现行有关法律、法规的规定规范运行,生产经营情况正常,本公司所处行业和市场无重大变化,主要业务发展目标的进展状况正常,主要投入、产出物供求及价格无重大变化。

二、自本公司股票首次公开发行之日至本上市公告书公告之日,本公司没有进行重大对外投资,无重大资产(股权)收购、出售行为。

三、自本公司股票首次公开发行之日至本上市公告书公告之日,本公司住所未发生变更。

四、自本公司股票首次公开发行之日至本上市公告书公告之日,本公司董事、监事和高级管理人员没有尚未了结或可能发生的刑事诉讼事项;本公司未涉及任何重大诉讼事项或仲裁,亦无任何尚未了结或可能面临的重大诉讼或索赔要求。

五、自本公司股票首次公开发行之日至本上市公告书公告之日,本公司重大会计政策和会计师事务所未发生变动。

六、自本公司股票首次公开发行之日至本上市公告书公告之日,本公司未发生新的重大负债,并且重大债项未发生变化。

七、本公司股票首次公开发行和股票上市前后税负无变化。

八、根据《上海证券交易所股票上市规则》,本公司第一大股东长丰集团已承诺:自本公司股票上市之日起 12 个月内,不转让其持有的本公司股份,也不由上市公司回购本公司股份。

九、自本公司股票首次公开发行之日至本上市公告书公告之日,本公司没有其他应披露而未披露之重大事项。

第十节 董事会上市承诺

本公司董事会将严格遵守《公司法》、《证券法》、《股票发行与交易管理暂行条例》、《公开发行股票公司信息披露实施细则》和《上海证券交易所股票上市规则》等国家有关法律、法规的规定,承诺自本公司股票上市之日起作到：

一、承诺真实、准确、完整、公允和及时地公布定期报告,披露所有对投资者有重大影响的信息,并接受中国证监会、上海证券交易所的监督管理；

二、承诺本公司在知悉可能对股票价格产生误导性影响的任何公共传播媒介中出现的消息后,将及时予以公开澄清；

三、本公司董事、监事、高级管理人员及核心技术人员将认真听取社会公众的意见和批评,不利用已获得的内幕消息和其他不正当手段直接或间接从事本公司股票的买卖活动；

四、本公司没有无记录的负债。

第十一节 保荐机构(上市推荐人)及其意见

一、保荐机构(上市推荐人)情况

保荐机构(上市推荐人)：国泰君安证券股份有限公司

法定代表人:祝幼一

法定地址:上海市浦东新区商城路 618 号

电话:010-82001477

传真:010-82001523

联系人:李鹏 周展 张斌 张江

二、保荐机构(上市推荐人)意见

本公司保荐机构(上市推荐人)国泰君安证券股份有限公司认为:发行人具备了《中华人民共和国公司法》、《中华人民共和国证券法》、《股票发行与交易管理暂行条例》、《公开发行股票公司信息披露实施细则》、《证券发行上市保荐制度暂行办法》和《上海证券交易所股票上市规则》等国家有关法律、法规规定的上市条件。

保荐机构(上市推荐人)保证发行人的董事了解法律、法规、上海证券交易所上市规则及股票上市协议规定的董事的业务与责任;保荐机构(上市推荐人)协助发行人健全了法人治理结构、制定了严格的信息披露制度与保密制度。

保荐机构(上市推荐人)已对发行人上市文件所载的资料进行了核实,确保上市文件真实、准确、完整,符合规定要求,保证发行人的上市申请材料、上市公告书没有虚假记载、误导性陈述或者重大遗漏,并保证对其承担相应的法律责任。

保荐机构(上市推荐人)与发行人不存在关联关系,并保证不利用在上市过程中获得的内幕信息进行内幕交易,为自己或他人谋取利益。

保荐机构(上市推荐人)愿意推荐发行人股票在上海证券交易所上市交易。

湖南长丰汽车制造股份有限公司

二〇〇四年六月九日

贵州钢绳股份有限公司

贵州钢绳股份有限公司首次公开发行股票上市公告书

第一节　重要声明与提示

贵州钢绳股份有限公司(以下简称"本公司"、或"发行人")董事会保证上市公告书的真实性、准确性、完整性,全体董事承诺上市公告书不存在虚假记载、误导性陈述或重大遗漏,并承担个别和连带的法律责任。

根据《公司法》、《证券法》等有关法律、法规的规定,本公司董事、高级管理人员已依法履行诚信和勤勉尽责的义务和责任。

证券交易所、中国证监会、其他政府机关对本公司股票上市及有关事项的意见,均不表明对本公司的任何保证。

本公司承诺:若保荐机构和保荐代表人名单公布后,本公司主承销商未取得保荐资格,本公司承诺在保荐机构和保荐代表人名单公布后一个月内,按《证券发行上市保荐制度暂行办法》的要求聘请保荐机构履行持续督导义务。如果违反承诺,未能按时聘请保荐机构,本公司自愿接受《证券发行上市保荐制度暂行办法》第七十一条规定的监管措施。

本公司提醒广大投资者注意,凡本上市公告书未涉及的有关内容,请投资者查阅2004年4月19日刊登于《中国证券报》、《上海证券报》和《证券时报》的本公司招股说明书摘要,及刊载于上海证券交易所网站(WWW.SSE.COM.CN)的本公司招股说明书全文及其附录。

第二节　概　览

1、股票简称:贵绳股份

2、沪市股票代码:600992

3、深市代理股票代码:003992

4、总股本:16,437万股

5、可流通股本:7,000万股

6、本次上市流通股本:7,000万股

7、发行价格:7.40元/股

8、上市地点:上海证券交易所

9、上市时间:2004年5月14日

10、股票登记机构:中国证券登记结算有限责任公司上海分公司

11、上市推荐人:长城证券有限责任公司

12、对首次公开发行股票前股东所持股份的流通限制及期限:根据国家现有法律、法规规定和中国证监会证监发行字[2004]43号《关于核准贵州钢绳股份有限公司公开发行股票的通知》,本公司的国有法人股、发起人法人股暂不上市流通。

13、本公司第一大股东贵州钢绳(集团)有限责任公司承诺:自本公司股票上市之日起一年内,不转让其所持有的发起人股份,也不由本公司回购其持有的本公司股份。

第三节　绪　言

本上市公告书是根据《中华人民共和国公司法》、《中华人民共和国证券法》、《股票发行交易管理暂行条例》、《公开发行股票信息披露实施细则》和《上海证券交易所上市规则》等国家有关法律、法规的规定,并按照中国证监会《公开发行证券的公司信息披露内容与格式准则第7号---股票上市公告书》而编制,旨在向投资者提供有关本公司的基本情况和本次股票上市的有关情况。

经中国证监会证监发行字[2004]43号文核准,本公司于2004年4月22日通过上海证券交易所,以向沪市、深市二级市场投资者定价配售发行方式发行7,000万股人民币普通股,股票面值1.00元,发行价每股7.40元。

经上海证券交易所上证上字[2004]53号文批准,本公司公开发行7,000万股社会公众股将于2004年5月14日起在上海证券交易所挂牌交易。股票简称"贵绳股份",沪市股票代码"600992",深市股票代码"003992"。

本公司已于2004年4月19日在《中国证券报》、《上海证券报》和《证券时报》上刊登了招股说明书摘要,招股说明书全文及其附录刊载于上海证券交易所网站(WWW.SSE.COM.CN),距今不足三个月,故与其重复的内容不再重述,敬请投资者查阅上述内容。

第四节　发行人概况

一、发行人基本情况

发行人名称:贵州钢绳股份有限公司(简称"贵绳股份")

英文名称: GUIZHOU WIRE ROPE CO., LTD.

法定代表人:黄忠渠

设立日期:2000年10月19日

住所及邮政编码:贵州省遵义市桃溪路47号,邮政编码563000

注册资本:16,437万元

联系电话:0852-8419247　　传真号码:0852-8419570

电子信箱:G247651599@PUBLIC.GZ.CN

经营范围:从事钢丝、钢绳产品及相关设备、材料、技术的研究、生产、加工、销售及进出口业务;科技产品的研制、开发与技术服务。

所属行业:金属丝绳及其制品业

董事会秘书:杨期屏

二、发行人历史沿革

发行人是经贵州省人民政府黔府函[2000]654号文批准,由贵州钢绳(集团)有限责任公司作为主发起人,联合水城钢铁(集团)有限责任公司、贵州长征电器股份有限公司、武汉人和置业有限公司、遵义南北铁合金经销有限责任公司四家其他发起人共同发起设立的股份有限公司。公司成立日期为2000年10月19日,注册资本为9,437万元。集团公司将直径0.6-7MM钢丝、直径11MM以上钢丝绳产品作为股份公司的主导产品及主营业务,将与上述产品生产经营相关的资产经评估后投入股份公司,其他股东以现金投资入股。

经中国证监会证监发行字[2004]43号文核准,发行人于2004年4月22日在上海证券交易所以向二级市场投资者定价配售方式成功地发行了人民币普通股7,000万股,每股面值1.00元,每股发行价7.40元。发行人于2004年4月28日办理验资手续,其中7,000万元计入发行人股本,其余计入资本公积金。此次发行完成后,发行人总股本16,437万股,流通股占总股本的比例为42.59%。

三、发行人主要经营情况

(一)发行人主要业务

本公司主要从事钢丝、钢绳产品及相关设备、材料、技术的研究、生产、加工、销售及进出口业务;科技产品的研制、开发与技术服务。主要产品包括:矿用钢丝绳、船舶用钢丝绳、桥梁用钢丝绳、起重用钢丝绳、石油用钢丝绳、索道用钢丝绳、特大直径钢丝绳、镀紫铜回火胎圈钢丝、碳素弹簧钢丝、钢芯铝绞线用镀锌钢丝、光缆用磷化碳素钢丝等。

本公司是我国钢丝、钢丝绳产品最大的专业生产企业之一,2003年,共计生产钢丝、钢丝绳产品11余万吨,根据中国钢结构协会线材制品行业协会统计和《金属制品统计》,本公司2003年钢丝和钢绳的国内市场占有率分别为20.70%和16.77%,本公司的钢丝、钢绳产品市场占有率在行业内排名第一。

(二)发行人的竞争优势和劣势

1、与国内同行业相比,本公司具有如下竞争优势:

(1)技术优势

本公司技术力量雄厚,产品开发基础手段齐全,具有30多年行业经验,拥有省级技术中心,本公司承担并完成国家重点技术创新项目二项、国家级新产品试制计划一项等,涂塑钢丝绳被国家经贸委确定为国家级新产品。本公司在大直径、超长、高强度、特殊结构和特殊用途钢丝绳生产方面具有突出优势,是国内唯一一家能够生产直径60MM以上钢丝绳产品的厂家。

(2)规模优势

我国线材制品厂年产量超过10万吨规模仅有2家,而生产能力在10万吨以上的金属制品专业生产厂目前仅本公司一家,公司产品品种、结构规格齐全,是目前国内生产钢丝、钢丝绳品种最全的厂家。

(3)质量优势

本公司有较强的质量管理基础,通过了ISO9002、API、LR、CCS、DNV等工厂质量体系和产品认证,"巨龙"牌钢丝、钢丝绳被中国质量检验协会评为"全国质量稳定合格产品"。

(4)成本优势

产品有较强的成本优势。本公司地处贵州遵义,劳动力成本较低,能源供应价廉。随着进口原材料逐步国产化,产品成本可望进一步降低。

2、本公司的竞争劣势:

(1)本公司位于中国西部地区贵州省,离沿海经济发达地区距离较远,地理位置不利,交通运输的成本较高;信息获取相对迟缓,人的观念较为陈旧。

(2)与国外同行业比较,本公司的工艺装备、生产规模都有一定差距,目前与国外同业企业竞争和产品大规模进入国际市场有一定的困难。

(3)与本行业业务发展需求相比,本公司高级技术和管理人才相对紧缺。

(三)主要财务指标

请参阅本上市公告书"财务会计资料"部分的相关内容。

(四)与发行人业务及生产经营有关的资产权属情况

1、商标

集团公司将拥有的"巨龙"牌商标(注册证号:第216593号)无偿转让予本公司,该项转让已于2002年5月31日经国家工商行政管理局商标局以"核准转让注册商标证明"核准。

2、土地

本公司生产经营所使用的土地共5宗,面积共计116,697.49平方米,土地使用权均通过租赁方式获得。

3、专利技术及非专利技术

由于本公司使用的核心技术主要为生产工艺及生产流程方面的应用技术,因此,本公司未办理技术专利申请和技术鉴定,不拥有专利技术或专有技术。

4、房产权

本公司本部目前使用的房产共计92,860.48平方米,其中82,491平方米房产由股份公司拥有,其余10,369.48平方米房产向集团公司租赁使用。

5、发行人特许经营权情况

(1)本公司于2001年获得进出口经营权(进出口企业代码:5200214789203)。

(2)本公司取得了国家质量监督检验检疫总局全国工业产品生产许可证办公室颁发的《钢丝绳》、《电梯用钢丝绳》两个许可证。

(五)发行人享有的财政税收优惠政策

根据财政部、国家税务总局财税[2002]7号文件《财政部、国家税务总局关于进一步推进出口货物实行免抵退税办法的通知》,从2002年1月起,本公司出口产品实行"免、抵、退"的退税政策。

根据国税发[2002]47号《国家税务总局关于落实西部大开发有关税收政策具体实施意见的通知》规定,对设在西部地区,以国家规定的鼓励类产业项目为主营业务,且其当年主营业务收入超过企业总收入70%的企业,实行企业自行申请,税务机关审核的管理办法,经税务机关审核确认后,企业可减按15%税率缴纳企业所得税。贵州省地方税务局直属征收分局以黔地税直字[2002]29号《贵州省地方税务局直属征收分局关于对贵州钢绳股份有限公司申请减按15%的税率征收企业所得税的批复》,同意本公司从2001年到2010年期间减按15%征收企业所得税,但从2003年至2010年每年要经贵州省地方税务局直属征收分局确认后执行。

第五节　股票发行与股本结构

一、本次股票上市前首次公开发行股票情况

1、股票种类:人民币普通股(A股)

2、每股面值:1.00元

3、发行数量:7,000万股

4、发行价格:7.40元/股

5、募股资金总额:51,800万元

6、发行方式:全部向二级市场投资者配售

7、配售对象:于2004年4月19日收盘时持有沪市或深市已上市流通人民币普通股股票市值达10,000元及以上的投资者均可参加本次新股配售发行的申购。投资者同时持有的沪、深两市上市流通A股股票市值不合并计算。

8、发行费用总额及项目:本次发行费用总额共2,113万元主要包括承销费用、审计费用、评估费用、律师费用、上网发行手续费、审核费;每股发行费用0.30元。

二、本次股票上市前首次公开发行股票的承销情况

本次公开发行的7,000万股社会公众股的配号总数92099817个,中签率0.07600449%。其中,二级市场投资者认购69334060股,余股665940股由主承销商长城证券有限责任公司包销。

三、本次股票上市前首次公开发行股票所募股资金的验资报告

本次上市前首次公开发行股票所募集的资金由华证会计师事务所有限公司进行了审验,并出具了华证验字[2004]第7号《验资报告》。报告全文如下:

贵州钢绳股份有限公司全体股东:

我们接受委托,审验了贵州钢绳股份有限公司(以下简称"贵公司")截至2004年4月28日止新增注册资本的实收情况。按照国家相关法律、法规的规定和协议、合同、章程的要求,出资是贵公司出资者的责任,提供真实、合法、完整的验资资料,保护资产的安全、完整是贵公司及其出资者的责任。我们的责任是对贵公司新增注册资本的实收情况发表审核意见。我们的审验是依据《独立审计实务公告第1号-验资》的要求进行的,在审验过程中,我们结合贵公司的实际情况,实施了检查等必要的审验程序。

贵公司变更前的注册资本为94,370,000.00元,主要为国有法人股股东和法人股股东,业经深圳同人会计师事务所深同证验字[2000]第014号验资报告验证在案,实收股本为94,370,000.00元。贵公司根据2001年11月12日股东大会决议,申请增加注册资本70,000,000.00元,均为社会公众股,业经中国证券监督管理委员会证监发行字[2004]43号文批准,同意贵公司于2004年4月22日采用全部向二级市场投资者定价配售的方式向社会公开发行人民币普通股70,000,000.00股,每股面值1.00元,实际发行价格每股7.40元。

根据我们的审验,截至2004年4月28日止,贵公司已收到社会公众股东投入的新增股本金518,000,000.00元,扣除承销费,发行手续费等发行费用21,130,000.00元后余额为496,870,000.00元,其中转入股本人民币70,000,000.00元,余额人民币426,870,000.00元转入资本公积金。变更后贵公司实收股本为人民币164,370,000.00元。股本结构为贵州钢绳(集团)有限责任公司持股86,230,000.00股,占总股本的52.46%;水城钢铁(集团)有限责任公司持股6,510,000.00股,占总股本的3.96%;贵州长征电器股份有限公司持股650,000.00股,占总股本的0.40%;武汉人和置业有限公司持股650,000.00股,占总股本的0.40%;遵义南北铁合金经销有限责任公司持股330,000.00股,占总股本的0.19%;社会公众股东持股70,000,000.00股,占总股本的42.59%。

由于上述审验程序并不构成根据公认审计准则所进行的审计,因此,我们不对贵公司的会计报表及任何其他财务资料发表意见。

本验资报告仅供贵公司申请变更登记及据以向出资者签发出资证明时使用,不应将其视为是对贵公司验资报告日后资本保全、偿债能力和持续经营能力等的保证,因使用不当所造成的后果,与注册会计师及本会计师事务所无关。

附件1:变更前后注册资本、实收股本对照表

附件2:验资事项说明

华证会计师事务所有限公司　　中国注册会计师:金任宏

报告日期:2004年4月28日　　中国注册会计师:李东昕

四、本次募股资金入帐情况

入帐时间:2004年4月28日

入帐金额:500,664,247.71元

开户银行:工商银行遵义分行万里支行八七分理处

入帐帐号:2403021209022103233

五、本次股票上市前发行人的股权结构及股东持股情况

1、本公司上市前股权结构情况:

	持股数量(万股)	持股比例(%)
国有法人股	9,339.00	56.82
发起人法人股	98.00	0.59
社会公众股	7,000.00	42.59
合计:	16,437.00	100.00

2、前十大股东持有本公司股份情况:

	股东名称	股权性质	持股数量(万股)	持股比例(%)
1	贵州钢绳(集团)有限责任公司	国有法人股	8,623.00	52.46
2	水城钢铁(集团)有限责任公司	国有法人股	651.00	3.96
3	长城证券	流通股	66.594	0.41
4	贵州长征电器股份有限公司	国有法人股	65.00	0.40
5	武汉人和置业有限公司	发起人法人股	65.00	0.40
6	南方证券	流通股	59.20	0.36
7	遵义南北铁合金经销有限责任公司	发起人法人股	33.00	0.19
8	银丰基金	流通股	13.90	0.08
9	中信经典	流通股	8.90	0.05
10	国元证券	流通股	6.90	0.04

注:长城证券持有的665940股为本次发行包销余股。

第六节　董事、监事、高级管理人员及核心技术人员

一、董事、监事、高级管理人员与核心技术人员简介

1、董事

黄忠渠先生:仡佬族,1958年生,中共党员,大学文化,高级工程师,现任本公司董事长。

赵跃先生:汉族,1957年生,中共党员,大学文化,会计师,现任本公司总经理、董事。

黄巨芳先生:汉族,1962年生,中共党员,大学文化,会计师,现任长征电器财务总监,本公司董事。

王小刚先生:汉族,1963年生,大学文化,工程师,现任本公司副总经理、董事。

黄达强先生:汉族,1965年生,中共党员,大学文化,工程师,现任本公司二厂厂长,本公司董事。

李季东先生:汉族,1963年生,中共党员,大学文化,会计师,现任水钢(集团)公司总会计师、纪检委委员,本公司董事。

李军旗先生:汉族,1962年生,中共党员,工学硕士,教授,现任贵州工业大学冶金工程系主任、党总支副书记,本公司独立董事。

辛耀先生:汉族,1954年生,中共党员,研究生学历,教授,现任贵州财经学院院长助理、贵州商务学院院长,贵州工业大学MBA兼职教授,本公司独立董事。

严安林先生:汉族,1949年生,中共党员,大专学历,高级会计师、注册会计师,现任贵州省轻纺国有资产经营有限责任公司总经理,本公司独立董事。

2、监事

陈鲁义先生:汉族,1956年生,中共党员,大学文化,高级政工师,现任集团公司党委副书记兼纪委书记,本公司监事会召集人。

朱友德先生:汉族,1965年生,中共党员,大学文化,工程师,现任人和置业总经理,本公司监事

徐有志先生:汉族,1958年生,中共党员,大专文化,政工师,现任贵州钢绳股份有限公司销售部党总支书记兼工会负责人,本公司监事。

吴平先生:汉族,1969年生,中共党员,高中文化,助理会计师,现任南北公司经理助理兼财务科长,本公司监事。

罗慧萍女士:汉族,1953年生,大学文化,会计师,现任本公司二厂财务科长,本公司监事。

3、高级管理人员

张忠福先生:汉族,1959年生,中共党员,大学文化,会计师,现任本公司财务负责人。

张家琦先生:汉族,1954年生,大学文化,高级工程师,现任本公司副总经理。

陈锦龙先生:汉族,1952年生,大学文化,高级工程师,现任本公司副总经理。

杨期屏女士:汉族,1965年生,大学文化,会计师,现任本公司董事会秘书。

4、核心技术人员

黄忠渠先生、张家琦先生、陈锦龙先生、黄达强先生。

胡正中先生:汉族,1952年生,中共党员,大学文化,高级工程师,现任本公司技术质量部部长。

刘文英女士:汉族,1961年生,大学文化,机械高级工程师,现在本公司一厂设备科工作。

贺孝宇先生:汉族,1966年生,中共党员,大学文化,工程师,现任本公司生产设备部部长。

杨绍延先生:汉族,1970年生,中共党员,大学文化,工程师,现任本公司销售部市场科科长。

胡晓玲女士:汉族,1960年生,中共党员,大学文化,工程师,现在本公司技术质量部工作。

上述董事、监事、高级管理人员、核心技术人员均为中国国籍,无境外的永久居留权,相互之间不存在配偶关系、三代以内直系和旁系亲属关系。

二、持股情况说明

截止本上市公告书签署之日,本公司董事、监事、高级管理人员、技术负责人及核心技术人员本人、其家属及其能控制的法人均未以任何形式持有本公司的股份。

第七节　同业竞争与关联交易

一、同业竞争

本公司的控股股东贵州钢绳(集团)有限责任公司及其控股子公司贵州钢联金属制品有限公司也从事金属制品的生产和销售。但它们生产产品的品种、规格与本公司不同,其工艺、用途不同,而且使用的专业生产设备也不同,与本公司不存在同业竞争。中国钢铁协会科技环保部和中国线材制品行业协会等业内权威部门对此作出界定,认为集团公司与本公司之间的产品不存在同业竞争。

本次发行的主承销商认为:贵州钢绳(集团)有限责任公司(包括其子公司)与贵州钢绳股份有限公司产品的结构、品种、生产规模不同,产品用途、市场、主要客户不同,生产工艺流程和主要生产设备存在较大差异。贵州钢绳股份有限公司与贵州钢绳(集团)有限责任公司(包括其子公司)不存在同业竞争,双方产品具有不同的客户群,在产品适用范围内不存在可替代性。

本次发行的发行人律师在其出具的《法律意见书》中认为:发行人与钢绳集团(包括全资及控股子公司)未构成同业竞争;为避免同业竞争,集团公司与本公司签订了《不竞争协议》,钢绳集团向本公司出具了《关于避免同业竞争的承诺》。集团公司承诺包括其全资及控股子公司在内,不生产与本公司相同规格的产品,不以任何方式直接或间接地进行或参与进行与本公司相竞争的业务活动;对于钢绳集团与发行人可能出现的同业竞争,公司与钢绳集团所采取的避免同业竞争措施是合法有效的。

二、关联交易

1、关联方与关联交易

请投资者查阅2004年4月19日刊载于上海证券交易所网站(WWW.SSE.COM.CN)的发行人首次公开发行股票招股说明书全文。

2、关联交易

请投资者查阅2004年4月19日刊载于上海证券交易所网站(WWW.SSE.COM.CN)的发行人首次公开发行股票招股说明书全文。

3、主承销商与律师的意见

本次发行的主承销商认为:发行人已全面披露了关联方关系与关联交易,发行人与关联方的关联交易遵循了公开、公平、公正和等价有偿的市场原则,不存在损害中小股东利益的情况。关联交易表决时关联股东进行了回避,决策程序合法有效。发行人具有独立完整的供、产、销系统,存在的关联交易未导致集团公司干预股份公司的业务经营的情况,关联交易不影响股份公司生产经营的独立性。

本次发行的发行人律师在其出具的《法律意见书》中认为:公司已全面披露了关联方关系与关联交易,公司存在的上述关联交易遵循了公开、公平、公正和等价有偿的市场原则,关联交易的决策程序符合公司章程及规范性文件的要求,所形成的交易价格和交易条件是公允的,没有损害发行人及其他股东的利益。公司为保护公司和股东利益而制定的有关关联交易决策制度及有关措施是合法有效的。

第八节　财务会计资料

本公司2001年至2003年财务会计资料已于2004年4月19日在《中国证券报》、《上海证券报》和《证券时报》上刊登的招股说明书摘要中进行了披露,投资者欲了解详细内容,请查阅上述报纸或刊载于上海证券交易所网站(WWW.SSE.COM.CN)的招股说明书全文及其附录。

一、注册会计师意见

华证会计师事务所有限公司对本公司2001年12月31日、2002年12月31日及2003年12月31日的资产负债表,2001年度、2002年度及2003年度的利润表和利润分配表、现金流量表进行了审计。会计师已出具了标准无保留意见的审计报告。

二、简要会计报表

1、简要合并资产负债表

单位:人民币元

项目	2003年12月31日	2002年12月31日
流动资产		
其中:货币资金	117,781,487.59	93,220,188.31
应收票据	3,592,115.42	–
应收帐款	122,648,626.14	128,123,611.09

其它应收款	6,801,837.03	5,077,008.43
预付帐款	31,136,110.28	19,995,784.31
存货	105,632,494.75	107,039,618.08
待摊费用	–	–
流动资产合计	387,592,671.21	353,456,210.22
长期投资	1,000,000.00	1,000,000.00
固定资产	97,444,834.62	91,674,045.93
资产总计：	486,037,505.83	446,130,256.15
流动负债		
其中：短期借款	54,700,000.00	47,700,000.00
应付票据	135,200,000.00	91,700,000.00
应付帐款	22,664,742.58	36,876,963.16
预收帐款	13,137,640.28	11,905,690.21
应付工资		–
应付福利费	5,540,412.74	7,938,319.09
应交税金	7,110,661.16	902,163.01
其他应交款	62,382.16	411,713.31
其他应付款	14,582,553.44	22,401,749.47
预提费用	–	–
流动负债合计	252,998,392.36	219,836,598.25
长期负债		
其中：长期借款	22,200,000.00	22,200,000.00
专项应付款	200,000.00	–
长期负债合计	22,400,000.00	22,200,000.00
负债合计：	275,398,392.36	242,036,598.25
少数股东权益		
股东权益：		
股本	94,370,000.00	94,370,000.00
资本公积	50,582,876.53	50,582,876.53
盈余公积	18,999,749.59	12,780,753.04
其中：法定公益金	6,333,249.87	4,260,251.02
现金股利	35,240,980.43	34,914,521.41
未分配利润	11,445,506.92	11,445,506.92
股东权益合计	210,639,113.47	204,093,657.90
负债和股东权益总计：	486,037,505.83	446,130,256.15

项目	2001年12月31日
流动资产	
其中：货币资金	93,610,505.73
应收票据	–
应收帐款	132,367,242.17
其它应收款	5,679,777.94
预付帐款	20,121,124.09
存货	106,306,719.00
待摊费用	8,000.00
流动资产合计	358,093,368.93
长期投资	1,000,000.00
固定资产	91,710,037.17
资产总计：	450,803,406.10
流动负债	
其中：短期借款	56,900,000.00
应付票据	92,320,664.03
应付帐款	36,213,794.03
预收帐款	17,085,354.63
应付工资	13,213,621.03
应付福利费	11,650,930.03
应交税金	9,183,879.41
其他应交款	1,096,222.03
其他应付款	7,578,861.17
预提费用	478,090.58
流动负债合计	245,721,416.94
长期负债	
其中：长期借款	16,000,000.00
专项应付款	
长期负债合计	16,000,000.00
负债合计：	261,721,416.94
少数股东权益	
股东权益：	
股本	94,370,000.00
资本公积	50,582,876.53
盈余公积	6,619,366.91
其中：法定公益金	2,206,455.64
现金股利	26,064,238.80
未分配利润	11,445,506.92
股东权益合计	189,081,989.16
负债和股东权益总计：	450,803,406.10

2、简要合并利润表

单位：人民币元

项目	2003年度	2002年度
一、主营业务收入	546,155,259.85	469,319,183.20
二、主营业务利润	120,383,869.05	106,327,591.71
三、营业利润	50,153,520.16	49,384,839.04
四、利润总额	48,630,874.32	47,818,358.51
五、净利润	41,459,976.98	41,075,907.54

项目	2001年度
一、主营业务收入	455,460,340.47
二、主营业务利润	100,251,856.47
三、营业利润	49,232,714.59
四、利润总额	46,438,945.07
五、净利润	40,048,658.41

3、简要合并现金流量表

单位：人民币元

项目	2003年度	2002年度
经营活动产生的现金流量净额	69,971,077.10	40,744,564.68
投资活动产生的现金流量净额	(13,249,387.09)	(6,850,927.13)
筹资活动产生的现金流量净额	(32,160,390.73)	(34,283,954.97)
现金及现金等价物净增加额	24,561,299.28	(390,317.42)

三、主要财务指标

项目	2003年	2002年	2001年
1.流动比率	1.53	1.61	1.46
2.速动比率	1.11	1.12	1.02
3.资产负债率	56.66%	54.25%	58.06%
4.应收帐款周转率	4.09	3.36	2.61
5.存货周转率	3.98	3.37	3.55
6.每股净资产(元/股)	1.79	1.73	1.58
7.净资产收益率	19.68%	20.13%	21.18%
8.扣除非经常性损益后净资产收益率	20.30%	19.66%	20.26%
9.每股收益(元/股)	0.44	0.44	0.42
10.每股经营活动现金流量(元/股)	0.74	0.43	0.84
11.每股净现金流量(元/股)	0.26	(0.004)	0.34

第九节 其他重要事项

一、本公司首次公开发行股票后至本公司上市公告书公告之日，严格按照《公司法》、《证券法》等法律法规要求，规范运行，生产经营情况正常；所处行业或市场无重大变化，主要业务发展目标的进展状况正常，主要投入、产出物供求及价格无重大变化。

二、本公司首次公开发行股票后至本公司上市公告书公告之日，本公司无重大对外投资活动，无重大资产(股权)收购或出售行为。

三、本公司首次公开发行股票后至本公司上市公告书公告之日，本公司重大会计政策和会计师事务所没有发生变化。

四、本公司首次公开发行股票后至本公司上市公告书公告之日，本公司未涉及任何重大诉讼事项或仲裁，亦无尚未了结或可能面临的重大诉讼或赔偿要求。

五、本公司首次公开发行股票后至本公司上市公告书公告之日，本公司董事、监事和高级管理人员未受到任何刑事起诉，亦没有尚未了结或可能发生的刑事诉讼事项。

六、本公司首次公开发行股票后至本公司上市公告书公告之日，本公司住所未变更，本公司未发生新的重大负债；并且重大债项未发生变化。

七、根据《上海证券交易所上市规则》，本公司第一大股东贵州钢绳(集团)有限责任公司承诺，自本公司股票上市之日起一年内，不转让其持有的发起人股份，也不由本公司回购其持有的本公司股份。本公司承诺，自本公司股票上市之日起一年内不回购本公司发起人股东持有的本公司股份。

八、本公司首次公开发行股票后至本公司上市公告书公告之日，没有其他应披露而未披露之重大事项。

第十节 董事会上市承诺

本公司董事会承诺严格遵守《公司法》、《证券法》等法律、法规和中国证监会的有关规定，并自股票上市之日起作到：

1、真实、准确、完整、公允和及时地公布定期报告，披露所有对投资者有重大影响的信息，并接受中国证监会、证券交易所的监督管理；

2、本公司在知悉可能对股票价格产生误导性影响的任何公共传播媒介中出现的消息后，将及时予以公开澄清；

3、本公司董事、监事、高级管理人员和核心技术人员将认真听取社会公众的意见和批评，不利用已获得的内幕消息和其他不正当手段直接或间接从事发行人股票的买卖活动；

4、本公司没有无记录的负债。

依据《上海证券交易所上市规则》，本公司全体董事、监事将按照有关规定，在本公司股票上市后两个月内签署《董事(监事)声明及承诺书》并送达上海证券交易所备案。

第十一节 上市推荐人及其意见

一、上市推荐人情况

上市推荐人：长城证券有限责任公司

法定代表人：魏云鹏

注册地址： 深圳市福田区深南大道6008号特区报业大厦16-17层

联系电话： 0755-83516283

联系传真： 0755-83516266

联系人： 游进 王玮 张国连 姜征

二、上市推荐人意见

本公司上市推荐人认为：本公司章程符合《中华人民共和国公司法》等有关法律、法规和中国证监会关于公司章程的有关规定；发行人本次股票发行符合《中华人民共和国公司法》、《中华人民共和国证券法》、《股票发行与交易管理暂行条例》及《上海证券交易所股票上市规则》等法律、法规的规定，已经具备上市条件；发行人董事了解法律、法规、上海证券交易所上市规则及股票上市协议规定的董事的义务与责任，发行人建立健全了法人治理结构，制定了严格的信息披露制度与保密制度。

本公司上市推荐人已对本公司上市文件所载的资料进行了核实，确保上市文件真实、准确、完整，符合规定要求；保证本公司的上市申请材料、上市公告书没有虚假记载、误导性陈述或者重大遗漏，并保证对其承担连带责任。上市推荐人与发行人不存在关联关系。上市推荐人愿意推荐发行人的股票在上海证券交易所上市交易，并保证不利用在发行上市过程中获得的内幕信息进行内幕交易，为自己或他人谋取利益。

贵州钢绳股份有限公司

二零零四年五月十日

武汉马应龙药业集团股份有限公司

武汉马应龙药业集团股份有限公司首次公开发行股票上市公告书

释　义

如非特别说明,在本上市公告书中下列词汇具有如下特定含义:

中国证监会:	指	中国证券监督管理委员会
上证所:	指	上海证券交易所
深交所:	指	深圳证券交易所
本公司、发行人:	指	武汉马应龙药业集团股份有限公司
上市推荐人、主承销商:	指	长江证券有限责任公司
《证券法》:	指	《中华人民共和国证券法》
《公司法》:	指	《中华人民共和国公司法》
公司章程:	指	《武汉马应龙药业集团股份有限公司章程》(草案)

第一节　重要声明与提示

本公司董事会保证上市公告书的真实性、准确性、完整性,全体董事承诺上市公告书不存在虚假记载、误导性陈述或重大遗漏,并承担个别和连带的法律责任。

根据《公司法》、《证券法》等有关法律、法规的规定,本公司董事、高级管理人员已依法履行诚信和勤勉尽责的义务和责任。

上海证券交易所、中国证监会、其他政府机关对本公司股票上市及有关事项的意见,均不表明对本公司的任何保证。

鉴于保荐机构和保荐代表人名单已于 2004 年 5 月 11 日公布,本公司承诺自 2004 年 5 月 11 日起一个月内,按《证券发行上市保荐制度暂行办法》的要求聘请有资格的保荐机构履行持续督导义务。如果违反承诺,未能按时聘请保荐机构,公司自愿接受《证券发行上市保荐制度暂行办法》第七十一条规定的监管措施。

2002 年 12 月 18 日至 24 日,公司实施了已赎回注销股份的原柜台流通股股东选择重新持股工作。在本次重新持股工作中,有 461 名公司原柜台流通股股东选择重新持有公司股份,重新持股数为 59.086 万股。根据国家有关政策,本次重新持有的股份为个人持有的非流通股,不能在证券交易所上市流通。

本公司提醒广大投资者注意,凡本上市公告书未涉及的有关内容,请投资者查阅 2004 年 4 月 20 日刊载于《中国证券报》、《上海证券报》和《证券时报》的本公司招股说明书摘要,及刊载于上海证券交易所网站(www.sse.com.cn)的本公司招股说明书全文。

第二节　概　览

1、股票简称:马应龙

2、沪市股票代码:600993

3、深市代理股票代码:003993

4、总股本(发行后):5,116.974 万股

5、可流通股本:1,800 万股

6、发行价格:16.11 元/股

7、本次上市流通股:1,800 万股

8、对首次公开发行股票前股东所持股份的流通限制及期限:根据国家现有法律、法规的规定和中国证券监督管理委员会《关于核准武汉马应龙药业集团股份有限公司公开发行股票的通知》(证监发行字[2004]40 号),本公司国家股、法人股、个人持有的非流通股份暂不上市流通。

9、本公司第一大股东中国宝安集团股份有限公司对所持股份自愿锁定的承诺:自本公司首次公开发行股票上市之日起一年内,不转让所持有的本公司股份,也不会要求或接受由本公司回购其所持有的股份。

10、上市地点:上海证券交易所

11、上市时间:2004 年 5 月 17 日

12、股票登记机构:中国证券登记结算有限责任公司上海分公司

13、上市推荐人:长江证券有限责任公司

第三节　绪　言

本上市公告书根据《中华人民共和国公司法》、《中华人民共和国证券法》、《股票发行与交易管理暂行条例》、《公开发行股票公司信息披露实施细则》和《上海证券交易所股票上市规则》等国家有关法律、法规的规定,并根据中国证券监督管理委员会制定的《公开发行证券的公司信息披露内容与格式准则第 7 号---股票上市公告书》要求而编制,旨在向投资者提供本公司的基本情况和本次股票上市的有关资料。

经中国证券监督管理委员会《关于核准武汉马应龙药业集团股份有限公司公开发行股票的通知》(证监发行字[2004]40 号)核准,本公司已于 2004 年 4 月 23 日以全部向二级市场投资者定价配售的方式公开发行了 1,800 万股人民币普通股,每股面值 1 元,每股发行价格 16.11 元。

根据上海证券交易所《关于武汉马应龙药业集团股份有限公司人民币普通股股票上市交易的通知》(上证上字[2004]58 号),本公司首次公开发行的 1,800 万股人民币普通股股票将于 2004 年 5 月 17 日起在上海证券交易所挂牌交易,股票简称"马应龙",沪市股票代码"600993",深市代理股票代码"003993"。

本公司已于 2004 年 4 月 20 日分别在《中国证券报》、《上海证券报》和《证券时报》上刊登了本公司首次公开发行股票招股说明书摘要,在上海证券交易所网站(www.sse.com.cn)上刊载了首次公开发行股票招股说明书全文及其附录,因前述招股文件距今不足三个月,故与其重复的内容在此不再重述,敬请投资者查阅上述文件。

第四节　发行人概况

(一)发行人基本情况

1、发行人名称:

中文名称:武汉马应龙药业集团股份有限公司

英文名称:Wuhan Mayinglong Pharmaceutical Group Stock Co.,LTD

2、设立日期:1994 年 5 月 9 日

3、注册资本:3,316.974 万元

4、法定代表人:陈平

5、注册地址:湖北省武汉市武昌南湖周家湾 100 号

6、经营范围:中西药制造;企业经营本企业自产产品及相关技术的出口业务;经营本企业生产、科研所需原辅材料、机械设备、仪器仪表、零配件及相关技术的进出口业务;经营本企业的进料加工和"三来一补"业务;经营一、二、三类医疗器械。兼营晶体饮料;塑料瓶、化妆品、中药制药机械制造、加工、销售;汽车货运。

7、主营业务:中西药制造

8、所属行业:医药制造业

9、电话:(027)87291519

10、传真:(027)87389583

11、电子信箱:maynlon@public.wh.hb.cn

12、董事会秘书:李加林

(二)发行人的历史延革

本公司的前身武汉第三制药厂为创建于公元 1582 年明朝万历年间的马应龙生记药店,1956 年公私合营成立马应龙药厂,1966 年更名为武汉第三制药厂。本公司是 1993 年 5 月经原武汉市经济体制改革委员会武体改(1993)189 号文批准,在武汉第三制药厂整体改组的基础上,由武汉第三制药厂、湖北省中药材公司、武汉第四制药厂共同发起,以定向募集方式设立的股份有限公司。本公司于 1994 年 5 月 9 日在武汉市工商行政管理局注册登记,设立时注册资本为 1,733.9 万元。1998 年 4 月,本公司由原"武汉马应龙药业股份有限公司"更名为"武汉马应龙药业集团股份有限公司"。

(三)发行人的主要经营情况

1、发行人主要产品

发行人主要从事中西药生产和销售。主导产品为马应龙麝香痔疮膏、马应龙麝香痔疮栓、复方甘草合剂等药品。根据国家食品药品监督管理局南方医药经济研究所主办的中国医药经济信息网(http://www.meinet.com.cn)统计数据,2002 年 1~11 月,马应龙麝香痔疮膏和马应龙麝香痔疮栓在我国中成药外科用药类药品零售市场上销售量、销售额均排名第一。

2、发行人的竞争优势与劣势

(1)竞争优势

与国内企业相比,本公司具有以下优势:

◆ 品牌和规模优势。公司前身为创建于明朝万历年间的马应龙生记药店,已是具有 400 余年历史的老制药企业。公司是国内主要的软膏类中药制剂生产企业之一,是国内最大的治痔类药品生产企业之一。本公司被原国内贸易部授予"中华老字号"企业称号,是"中国 500 家最大的医药工业企业"之一;"马应龙"品牌 2000 年被湖北省工商行政管理局认定为湖北省著名商标。

◆ 营销网络优势。本公司现已建立起比较完整的销售网络体系,拥有大批高素质的销售人员和销售代表,与全国多家医药公司和医院建立了业务往来。本公司有进出口业务经营权,与新加坡等多个国家的代理商建立业务联系,产品销往海外多个国家和地区。

◆ 质量优势。为了保证药品质量,保证患者用药安全,公司先后从德国、日本等国引进了先进的检测仪器,对原、辅材料到半成品、成品的制造,实行全过程的监测。公司的栓剂、合剂、口服液剂型、软膏剂、眼膏剂、凝胶剂、乳膏剂(含激素类)以及吉林马应龙制药有限公司原料药(赖氨匹林)、粉针剂、小容量注射剂、冻干粉针剂、片剂、胶囊剂、颗粒剂均已通过国家 GMP 认证,符合国家《药品生产质量管理规范》要求。公司产品质量优良,马应龙麝香痔疮膏 2000 年、2001 年连续被武汉市药品监督管理局授予优质免检药品称号。

◆ 价格优势。本公司在产品方案设计、价格定位方面潜心研究消费者的需求,价格定位合理,具有较高的性能价格比;在同等性能情况下,本公司主导产品治痔类产品价格竞争优势明显。

◆ 技术优势。公司设备精良,主要生产设备如生产包装材料的铝塑复合管生产线、PE/PVC 口服液自动灌封生产线、注吹机、软管灌装机和液体灌装机等,技术含量和自动化程度高。公司及下属子公司具备强大的技术开发实力,目前已完成多个国家新药的开发与生产。公司开发的国家三类新药"小儿广朴止泻口服液"被国家经贸委授予 2000 年度国家级新产品称号;国家三类新药痔痛安熏洗剂正在进行Ⅲ期临床研究。子公司深圳大佛药业有限公司承担的国家一类新药盐酸关附甲素注射液已进入了Ⅲ期临床总结阶段;该项目 1995 年被国家科技部列为"九五"国家科技攻关计划项目、国家重大社会发展项目和国家科技产业化计划项目;1999 年被列入国家重点科技攻关项目计划,被国家经贸委授予国家级新产品称号;2001 年被国家发展计划委员会认定为"国家新医药高技术产业化示范工程项目",列入国家高技术产业发展项目计划,2002 年被国家科技部列入国家高技术研究发展计划(863 计划)。该公司承担的硫酸沙丁胺醇吸入溶液项目被国家科技部列入 2001 年度国家重点新产品计划。子公司吉林马应龙制药有限公司承担的国家二类新药"树舌多糖注射剂的开发研究"项目被吉林省科委、吉林省财政厅列入 2000 年度吉林省中药现代化专项计划,该公司开发的"玉盘消渴片"2002 年被国家科技部、国家税务局、国家外经贸部、国家质检局、国家环保局授予"国家重点新产品"称号。

公司 1996 年被武汉市人民政府东湖新技术开发区管理委员会认定为高新技术企业,1999 年被原湖北省科学技术委员会认定为高新技术企业,2001 年和 2002 年 3 月公司被武汉市人民政府东湖新技术开发区管理委员会和湖北省科学技术厅继续认定为高新技术企业;2003 年 6 月被武汉市人民政府东湖新技术开发区管理委员会认定为高新技术企业;子公司吉林马应龙制药有限公司 2001 年被吉林省科技厅评定为"高新技术企业",子公司深圳大佛药业有限公司 1996 年被深圳市经济发展局评为先进技术企业(外商投资企业)。

与国外竞争者相比,本公司产品具有产品本地化优势,本公司用药思路和习惯符合中国人的体质特点,因而适应性、针对性强。与国外产品价格相比,本公司产品还具有价格优势。

(2)竞争劣势

目前本公司尽管已经拥有较全面的剂型生产能力,但在前沿产品剂型(如:滴丸、微丸、脂质体、控释制剂、缓释制剂等)的研制与生产方面有一定的欠缺,在激烈的市场竞争中会失去一部分市场。本公司正在通过加大新产品研究开发、收购兼并等方式,丰富产品剂型,增强竞争力。

3、主要财务指标

发行人主要财务指标请投资者参见本上市公告书"第八节　财务会计资料"。

4、发行人拥有的商标、专利及版权

本公司已经在国内申请了"马应龙"10 类 13 个注册商标,在泰国、新加坡、中国香港等国家或地

区申请了"马应龙"2 类 5 个注册商标。

本公司及子公司还拥有其他注册商标 7 个，专利 11 件，非专利技术 1 种。详细情况请投资者查阅 2004 年 4 月 20 日刊载于上海证券交易所网站(www.sse.com.cn)的发行人首次公开发行股票招股说明书全文。

5、发行人享有的财政税收优惠政策

1996 年公司经武汉市人民政府东湖新技术开发区管理委员会"武新管企字[1996]3 号"文批准为高新技术企业，从批准之日起企业所得税税率为 15%。

子公司吉林马应龙制药有限公司经吉林省洮南市政府"洮政函[1999]13 号"函批准，自成立之日起享受"三免二减"的优惠政策，2000 年度、2001 年度免征企业所得税，2002 年度、2003 年度企业所得税率为 15%。

深圳大佛药业有限公司所得税率为 15%。

武汉马应龙制药有限公司按照《外商投资企业和外国企业所得税法》及其实施细则的相关规定，根据武汉市国家税务局涉外分局(0010)号文，并经武汉市国家税务局洪山分局批准，2002 年度外商投资企业和外国企业所得税及地方所得税免予征收，自 2003 年 1 月 1 日起，按 24%的税率减半征收企业所得税。

本公司及其所属子公司享有的财政税收优惠政策及其影响程度详细情况请请投资者查阅 2004 年 4 月 20 日刊载于上海证券交易所网站(www.sse.com.cn)的发行人首次公开发行股票招股说明书全文。

第五节　股票发行与股本结构

(一)本次上市前首次公开发行股票的情况

1、发行数量：1,800 万股

2、发行价格：16.11 元/股

3、募股资金总额：本次发行总市值为 28,998 万元，扣除发行费用 1,331.433 万元后，实际募集资金额为 27,666.567 万元

4、发行方式：全部向二级市场投资者定价配售

5、配售对象：于 2004 年 4 月 20 日收市时持有沪市或深市的已上市流通人民币普通股(A 股)股票的市值达 10,000 元或以上的二级市场投资者

6、发行费用总额及项目：本次发行费用总额为 1,331.433 万元，包括承销费用、注册会计师费用、律师费用、资产评估费、上网发行手续费和审核费等。

7、每股发行费用：0.74 元

(二)本次上市前首次公开发行股票的承销情况

本次向二级市场投资者定价配售的 1,800 万股社会公众股的配号总数为 65,212,584 个，中签率为 0.02760203%，二级市场投资者认购 17,757,049 股，其余 242,951 股由主承销商包销。

(三)本次上市前首次公开发行股票所募股资金的验资报告

武汉众环会计师事务所有限责任公司为本次公开发行股票所募股资金出具的武众会(2004)479 号《验资报告》全文如下：(其中武汉马应龙药业集团股份有限公司简称"贵公司")

武汉马应龙药业集团股份有限公司全体股东：

我们接受委托，审验了贵公司截至 2004 年 5 月 9 日止新增注册资本实收情况。按照国家相关法律、法规的规定和协议、章程的要求出资，提供真实、合法、完整的验资资料，保护资产的安全、完整是全体股东及贵公司的责任。我们的责任是对贵公司新增注册资本的实收情况发表审验意见。我们的审验是依据《独立审计实务公告第 1 号---验资》进行的。在审验过程中，我们结合贵公司的实际情况，实施了检查等必要的审验程序。

贵公司原注册资本为人民币叁仟叁佰壹拾陆万玖仟柒佰肆拾元整(¥33,169,740.00)，经中国证券监督管理委员会"证监发行字[2004]40 号"文件核准同意，公司以每股发行价格人民币 16.11 元向社会公开发行人民币普通股股票 1,800 万股。发行股票后贵公司注册资本变更为伍仟壹佰壹拾陆万玖仟柒佰肆拾元整(¥51,169,740.00)。经我们审验，截至 2004 年 5 月 9 日止，贵公司已收到证券承销机构划转的社会公众股东认缴股款贰亿捌仟零贰拾陆万伍仟陆佰柒拾元整(¥280,265,670.00 元，已扣除承销费¥8,699,400.00 元，发行手续费¥1,014,930.00 元)，其中股本壹仟捌佰万元整(¥18,000,000.00)，资本公积贰亿伍仟玖佰壹拾陆万捌仟陆佰柒拾元整(¥259,168,670.00)，其他发行费用叁佰零玖万柒仟元整(¥3,097,000.00)。

同时我们注意到，贵公司本次增资前的注册资本为人民币叁仟叁佰壹拾陆万玖仟柒佰肆拾元整(¥33,169,740.00)，已经武汉众环会计师事务所有限责任公司审验，并于 2002 年 4 月 10 日出具了"武众会(2002)172 号"验资报告。截至 2004 年 5 月 9 日，变更后的注册资本为伍仟壹佰壹拾陆万玖仟柒佰肆拾元整(¥51,169,740.00)。

本验资报告供贵公司申请变更登记及据以向股东签发出资证明时使用，只能合理保证贵公司投资者在报告日出资到位情况，不应将其视为是对贵公司日后资本保全、偿债能力和持续经营能力等的保证。因使用不当造成的后果，与执行本验资业务的注册会计师及会计师事务所无关。

附件：1、新增注册资本实收情况明细表

2、注册资本变更前后对照表

3、验资事项说明

武汉众环会计师事务所有限责任公司　　中国注册会计师　吴　杰

中国注册会计师　王　郁

中国　武汉　　　　2004 年 5 月 9 日

(四)本次发行募股资金入帐情况

1、入帐时间：2004 年 5 月 9 日

2、入帐金额：280,265,670.00 元

3、入帐银行：中国工商银行武汉分行保安街办事处

4、入帐帐号：3202005709000113394

(五)发行人本次上市前股权结构及各类股东的持股情况

1、本次上市前股权结构

股份类别	持股数(股)	持股比例(%)
国家股	9,000,000	17.59
法人股	23,578,880	46.08
自然人股(个人持有的非流通股)	590,860	1.15
普通股(社会公众股)	18,000,000	35.18
合计	51,169,740	100.00

2、本次上市前最大十名股东持股情况

序号	股东名称	持股数(股)	持股比例(%)
1	中国宝安集团股份有限公司	16,800,000	32.83
2	武汉国有资产经营公司	9,000,000	17.59
3	武汉华汉投资管理有限公司	5,078,880	9.93
4	武汉东湖创新科技投资有限公司	1,200,000	2.35
5	华一发展有限公司	500,000	0.98
6	长江证券有限责任公司	252,951	0.49
7	南方证券股份有限公司	221,000	0.43
8	银丰基金	61,000	0.12
9	银河银泰	43,000	0.084
10	招商股票	39,000	0.076

第六节　董事、监事、高级管理人员及核心技术人员

(一)董事、监事、高级管理人员及核心技术人员情况

发行人董事、监事、高级管理人员及核心技术人员均为中国国籍。

1、董事

发行人章程规定公司董事会由七名董事组成，其中一般董事四名，独立董事三名。

陈平先生，本公司董事长，42 岁，EMBA，高级经济师。现任中国宝安集团股份有限公司执行董事、营运总裁；中国宝安集团药业发展有限公司、协和投资有限公司董事长；华一发展有限公司董事长；中国医药生物技术协会理事，中国高技术产业发展促进会常务理事，中国中医药学会肛肠分会常务理事。

贾中新女士，本公司董事、总经理，44 岁，本科，高级工程师、执业药师。现任武汉青大药业股份有限公司、武汉马应龙医药有限公司、武汉马应龙大药房连锁有限公司、吉林大佛天然药物开发有限公司董事长。

游仕旭先生，本公司董事、副总经理、财务总监，43 岁，会计师，中共党员。

黄其龙先生，本公司董事，39 岁，硕士，讲师。现任武汉华汉投资管理有限公司董事、执行总经理。

束家有先生，本公司独立董事，53 岁，硕士，教授。从事高等药学专业教育和药物研究 24 年，发表专业论文 30 余篇，拥有新药专利 3 项。现任武汉大学生命科学院制药工程系主任、教授、硕士生导师。

刘祥青先生，本公司独立董事，43 岁，硕士，中国注册会计师，高级会计师。现任深圳华信会计师事务所首席执行合伙人。

奚农葆先生，本公司独立董事，63 岁，高级工程师。2002 年起任湖北省人民政府第三届咨询委员会委员，湖北省药学会副理事长。

2、监事

王方明先生，本公司监事长、党委副书记，46 岁，中共党员，本科，高级经济师。

彭曙女士，本公司监事，37 岁，本科，会计师。现任职于武汉国有资产经营公司资产财务部。

陈永文先生，本公司监事、党委委员、纪委委员、党群工作部部长，57 岁，中共党员，大专，高级政工师。

3、高级管理人员

田正军先生，本公司副总经理，36 岁，本科，工程师。

夏军先生，本公司质量总监、总工程师，40 岁，中共党员，本科，高级工程师，执业药师。现任武汉马应龙制药有限公司董事长、武汉天一医药科技投资有限责任公司董事。

李加林先生，本公司董事会秘书、总经理助理，42 岁，中共党员，本科，高级工程师。现任武汉马应龙制药有限公司董事。

王虹女士，本公司总经理助理、药品销售分公司总经理，42 岁，本科，经济师，主管药师。现任武汉马应龙医药有限公司董事、武汉马应龙大药房连锁有限公司董事。

李座洪先生，本公司市场总监，50 岁，中共党员，大专，经济师。现任武汉马应龙医药有限公司董事。

(四)技术负责人及核心技术人员

李树民先生，本公司产品开发中心主任，40 岁，博士，核心技术人员。主管本公司产品开发中心中药、化学药、基因工程药和保健食品的研究开发。现任武汉天一医药科技投资有限公司董事、总经理。

夏军先生，核心技术人员。曾主持、参与公司奇应内消膏、马应龙麝香痔疮膏、蛇胆川贝液、复方甘草合剂、补肾延寿胶囊等药品研究工作。

白玉女士，本公司质量保证部副部长，30 岁，中共党员，硕士，核心技术人员。先后负责过马应龙麝香痔疮栓、龙珠软膏、思泰口服液、奇应内消膏、芬迪凝胶等产品的处方推广工作。现主管新药项目的论证和引进、信息情报、市场调查、专业市场推广等工作。

马彩丽女士，50 岁，大专，高级中药师，核心技术人员。马氏第十四代嫡系传人，其祖父、父亲曾是本公司前身马应龙眼药店、马应龙制药厂的所有者和经营者。现主管公司主导产品的原料检验和配料工作。

孙德友先生，本公司产品开发中心副主任，39 岁，中共党员，本科，工程师，核心技术人员。先后主持雷尼替丁片、酮基布洛芬片、感冒通片、马应龙痔疮保健熏洗液等药品和葡萄糖酸锌原料的研制开发工作以及马应龙痔疮膏药盒的设计工作。

牟宗芬女士，本公司生产管理中心总经理助理，35 岁，中共党员，本科，工程师，核心技术人员。

刘静涵女士，深圳大佛药业有限公司高级顾问，71 岁，教授，植化专家，核心技术人员。现任中国药科大学天然药物研究生导师。曾获全国科技大会奖，享受政府特殊津贴。主要从事毛茛科乌头属植物中 C20 二萜生物碱的活性成分研究，并发现六个新化合物具有不同程度的心血管方面以及抗炎、镇痛、镇静、解热等作用。

(二)董事、监事、高级管理人员与核心技术人员持有发行人股份情况

本公司董事、监事、高级管理人员与核心技术人员均未持有发行人股份。

第七节　同业竞争与关联交易

(一)同业竞争

本公司与持有本公司股份 5%以上的股东中国宝安集团股份有限公司、武汉国有资产经营公司、武汉华汉投资管理有限公司目前不存在从事相同、相似业务的情况，不存在同业竞争。持有本公司股份 5%以上的股东已分别向本公司出具了避免同业竞争承诺函。

发行人律师湖北得伟律师事务所认为，公司与关联方之间不存在可能影响公司小股东利益的同业竞争；公司与控股股东均采取了有效措施，避免与公司发生同业竞争；公司已对关联方、公司与关联方的有关解决同业竞争的承诺及措施进行了充分披露，未发现有重大遗漏或隐瞒。

主承销商长江证券有限责任公司经核查认为，发行人与控股股东及其子公司等不存在同业竞争情况。

(二)关联交易

1、关联方与关联关系

请投资者查阅 2004 年 4 月 20 日刊载于上海证券交易所网站(www.sse.com.cn)的发行人首次公开发行股票招股说明书全文。

2、关联交易

请投资者查阅 2004 年 4 月 20 日刊载于上海证券交易所网站(www.sse.com.cn)的发行人首次公开发行股票招股说明书全文。

3、主承销商和律师意见

发行人律师、主承销商对公司的关联交易发表了意见,认为公司发生的关联交易公允,不存在损害发行人及其他股东利益的情况。

第八节 财务会计资料

本公司截止 2003 年 12 月 31 日的财务会计资料已于 2004 年 4 月 20 日刊登在《中国证券报》、《上海证券报》和《证券时报》的本公司首次公开发行股票招股说明书摘要中。投资者欲了解详细情况,请查阅上述报纸或刊载于上海证券交易所网站(www.sse.com.cn)的本公司首次公开发行股票招股说明书全文及其附录。

(一)注册会计师意见

武汉众环会计师事务所有限责任公司对本公司 2001 年 12 月 31 日、2002 年 12 月 31 日、2003 年 12 月 31 日的资产负债表及合并资产负债表,2001 年度、2002 年度、2003 年度的利润表、利润分配表及合并利润表、合并利润分配表,2003 年度的现金流量表及合并现金流量表进行了审计,出具了武众会(2004)104 号标准无保留意见《审计报告》。

(二)经审计的简要会计报表

1、简要合并资产负债表　　(单位:元)

项目	2003 年 12 月 31 日	2002 年 12 月 31 日	2001 年 12 月 31 日
流动资产	215,153,658.82	211,112,447.54	184,499,291.22
其中:货币资金	114,887,441.81	116,772,958.09	99,632,702.75
短期投资	50,585.20	580,072.90	151,424.00
应收票据	4,135,322.01		
应收帐款	42,305,912.54	47,135,558.70	40,583,857.19
其他应收款	15,625,327.14	10,082,919.98	12,384,173.52
预付帐款	3,810,515.48	2,929,226.32	3,538,203.58
存货	33,990,060.45	33,431,927.75	28,049,037.08
待摊费用	348,494.19	179,783.80	159,893.10
长期投资	24,792,682.20	26,539,950.73	6,945,745.27
固定资产	124,377,180.93	120,232,676.52	126,000,828.80
无形资产及其他资产	3,630,783.90	5,243,785.79	3,445,146.86
资产总计	367,954,305.85	363,128,860.58	320,891,012.15
流动负债	130,005,835.04	157,339,875.20	148,679,716.43
短期借款	36,568,000.00	83,900,000.00	81,500,000.00
其中:应付票据	7,839,714.33	752,770.43	
应付帐款	24,512,158.81	21,999,496.48	18,300,762.11
预收帐款	8,757,565.92	12,395,877.44	6,349,670.07
应付工资	2,176,955.28	2,215,074.33	1,961,108.59
应付福利费	445,052.80	457,153.81	556,346.85
应付股利	4,000.00	8,250.00	9,340,770.50
应交税金	7,301,126.66	4,463,889.30	6,768,652.90
其他应交款	1,587,120.88	1,157,447.10	948,090.02
其他应付款	35,506,390.71	23,877,861.03	14,911,109.54
预提费用	5,307,749.65	6,112,055.28	6,543,205.85
一年内到期的长期负债			1,500,000.00
长期负债	6,600,000.00	1,250,000.00	200,000.00
负债合计	136,605,835.04	158,589,875.20	148,879,716.43
少数股东权益	26,501,583.31	26,228,033.11	23,966,044.25
股东权益	204,846,887.50	178,310,952.27	148,045,251.47
其中:股本	33,169,740.00	33,169,740.00	33,800,000.00
未分配利润	67,724,939.32	65,298,810.96	49,452,467.33
负债及股东权益合计	367,954,305.85	363,128,860.58	320,891,012.15

2、简要合并利润表　　(单位:元)

项目	2003 年度	2002 年度	2001 年度
一、主营业务收入	325,644,573.21	248,116,916.92	204,905,570.36
二、主营业务利润	188,797,494.24	159,394,749.78	133,119,584.69
三、营业利润	46,595,934.68	34,817,606.45	29,864,354.84
四、利润总额	47,744,952.41	38,395,317.61	34,692,046.77
五、净利润	39,781,051.73	32,944,305.80	27,543,155.39

3、简要合并现金流量表　　(单位:元)

项目	2003 年度
一、经营活动产生的现金流量净额	67,516,702.65
二、投资活动产生的现金流量净额	−13,399,310.33
三、筹资活动产生的现金流量净额	−56,001,729.11
四、汇率变动对现金的影响	−1,179.49
五、现金及现金等价物净增加额	−1,885,516.28

(三)会计报表附注

请投资者查阅 2004 年 4 月 20 日刊载于上海证券交易所网站(www.sse.com.cn)的发行人首次公开发行股票招股说明书全文及其附录。

(四)主要财务指标

财务指标	2003 年	2002 年	2001 年
流动比率	1.65	1.34	1.24
速动比率	1.39	1.13	1.05
应收帐款周转率(次)	6.57	5.66	4.88
存货周转率(次)	3.88	2.76	2.69
无形资产占总资产的比例(%)	0.10	0.13	0.29
无形资产占净资产的比例(%)	0.18	0.26	0.63
资产负债率(%)(母公司)	27.31	35.84	41.23
每股净资产(元/股)	6.176	5.376	4.380
每股经营活动产生的净现金流量(元)	2.035	1.635	0.965

根据中国证监会《公开发行证券公司信息披露编报规则第 9 号》的要求,本公司 2001 年度、2002 年度、2003 年度净资产收益率和每股收益如下:

净资产收益率(%)

报告期利润	全面摊薄			加权平均		
	2003 年	2002 年	2001 年	2003 年	2002 年	2001 年
主营业务利润	92.17	89.391	89.918	99.70	97.598	99.585
营业利润	22.75	19.526	20.172	24.61	21.319	22.341
净利润	19.42	18.476	18.605	21.01	20.172	20.605
扣除非经常损益后的净利润	18.32	16.811	18.332	19.82	18.354	20.303

每股收益(元)

报告期利润	全面摊薄			加权平均		
	2003 年	2002 年	2001 年	2003 年	2002 年	2001 年
主营业务利润	5.69	4.805	3.938	5.69	4.775	3.938
营业利润	1.40	1.050	0.884	1.40	1.043	0.884
净利润	1.20	0.993	0.815	1.20	0.987	0.815
扣除非经常损益后的净利润	1.13	0.904	0.803	1.13	0.898	0.803

第九节 其他重要事项

1、自本公司股票首次公开发行之日至本公司上市公告书公告之日,本公司严格依照国家有关法律、法规的要求,规范运行,生产经营情况正常;本公司所处行业、市场无重大变化,主要业务发展目标进展情况正常,主要业务经营情况无重大变化。主要投入、产出物供求及价格无重大变化。

2、自本公司股票首次公开发行之日至本公司上市公告书公告之日,本公司没有进行重大对外投资,无重大资产(股权)收购、出售行为。

3、自本公司股票首次公开发行之日至本公司上市公告书公告之日,本公司住所没有发生变更。

4、自本公司股票首次公开发行之日至本公司上市公告书公告之日,本公司未涉及任何重大诉讼、仲裁或行政处罚案件,亦没有尚未了结或可能面临的重大诉讼或索赔要求。

5、自本公司股票首次公开发行之日至本公司上市公告书公告之日,本公司董事、监事和高级管理人员未受到任何刑事起诉,亦没有尚未了结或可能发生的刑事诉讼事项。

6、自本公司股票首次公开发行之日至本公司上市公告书公告之日,本公司重大会计政策、税收政策和会计师事务所没有发生变化。

7、自本公司股票首次公开发行之日至本公司上市公告书公告之日,本公司未发生新的重大债项,并且重大债项未发生变化。

8、根据本公司 2001 年度股东大会审议批准,本次发行后由新老股东共享本次发行前未分配利润。本公司将在本次发行后的第一个盈利年度向全体股东派发股利,预计首次派发股利时间为 2005 年 6 月 30 日以前。

9、根据《上海证券交易所股票上市规则》,公司第一大股东中国宝安集团股份有限公司承诺,自武汉马应龙药业集团股份有限公司首次公开发行股票上市之日起一年内,不转让所持有的武汉马应龙药业集团股份有限公司股份,也不会要求或接受由武汉马应龙药业集团股份有限公司回购其所持有的股份。本公司承诺,自本公司股票上市之日起一年内不回购本公司发起人股东持有的本公司股份。

10、2004 年 4 月 29 日本公司召开了 2003 年度股东大会,审议通过了《公司 2003 年度利润分配预案》,公司向截止 2003 年 12 月 31 日在湖北省股权托管股份有限公司(原武汉证券登记中心)登记在册的本公司股东按每 10 股派发现金红利 2 元(含税)。目前,公司已实施 2003 年度利润分配方案。

2003 年度股东大会还审议通过了《关于公司董事会换届选举的议案》、《关于公司监事会换届选举的议案》,选举陈平、贾中新、游仕旭、黄其龙、束家有、刘祥青、奚农葆七位同志为公司第五届董事会董事,其中束家有、刘祥青、奚农葆三位同志为独立董事,游仕旭同志为新任董事,其余董事为连任董事;选举王方明、彭曙两位同志为公司监事,与职工代表陈永文同志共同组成公司第五届监事会,以上三位监事全部为连任监事。

11、2004 年 4 月 29 日本公司召开了第五届董事会第一次会议,选举陈平先生担任公司董事长;聘任贾中新女士为公司总经理,游仕旭先生为公司副总经理兼财务总监,田正军先生为公司副总经理,夏军先生为公司质量总监兼总工程师,李加林先生为公司总经理助理兼董事会秘书,王虹女士为公司总经理助理,李座洪先生为公司市场总监。

12、自本公司股票首次公开发行之日至本公司上市公告书公告之日,没有其他应披露而未披露的重大事项。

第十节 董事会上市承诺

本公司董事会承诺将严格遵守《中华人民共和国公司法》、《中华人民共和国证券法》、《股票发行与交易管理暂行条例》、《公开发行股票公司信息披露实施细则》和《上海证券交易所股票上市规则》等国家有关法律、法规的规定,承诺自本公司股票上市之日起做到:

1、准确、完整、公允和及时地公布定期报告,披露所有对投资者有重大影响的信息,并接受中国证监会、证券交易所的监督管理;

2、本公司在知悉可能对股票价格产生误导性影响的任何公共传播媒介中出现的消息后,将及时予以公开澄清;

3、本公司董事、监事、高级管理人员和核心技术人员将认真听取社会公众的意见和批评,不利用已获得的内幕消息和其他不正当手段直接或间接从事发行人股票的买卖活动;

4、本公司没有无记录的负债。

根据《上海证券交易所股票上市规则》,本公司董事、监事将按照有关规定,在本公司股票上市之日起两个月内签署《董事(监事)声明及承诺书》并送达上海证券交易所备案。

第十一节 上市推荐人及其意见

一、上市推荐人

名称:长江证券有限责任公司　　法定代表人:明云成

地址:武汉市江汉区新华下路特 8 号

电话:(027)65799581、021-38784899*835　　传真:(027)65799892

联系人:赵和平、严俊涛、林忠、叶小发、陈亚辉、罗志勇

二、上市推荐意见

本公司的上市推荐人认为:

发行人章程符合《中华人民共和国公司法》、《中华人民共和国证券法》、《上海证券交易所股票上市规则》等国家有关法律、法规和中国证监会的有关规定;发行人本次股票公开发行完全符合《中华人民共和国公司法》、《中华人民共和国证券法》、《上海证券交易所股票上市规则》等国家有关法律、法规的规定,已具备上市条件;发行人董事了解国家有关法律、法规、上海证券交易所上市规则和股票上市协议规定的董事的义务与责任;发行人建立健全了法人治理结构,制定了严格的信息披露制度和保密制度。

上市推荐人已对上市文件所载的资料进行了核实,确保上市文件真实、准确、完整,符合规定要求,保证本公司的上市申请材料、上市公告书没有虚假记载、误导性陈述或重大遗漏,并对其承担连带责任。上市推荐人与本公司不存在关联关系。上市推荐人愿意推荐本公司股票在上海证券交易所上市交易,并且在上市推荐过程中,保证不利用获得的内幕信息进行内幕交易,为自己或他人谋取利益。

武汉马应龙药业集团股份有限公司

二零零四年五月十二日

云南文山电力股份有限公司

云南文山电力股份有限公司首次公开发行股票上市公告书

释 义

如非特别说明,在本上市公告书中下列词汇具有如下特定含义:
中国证监会:指中国证券监督管理委员会
上证所:指上海证券交易所
深交所:指深圳证券交易所
本公司、发行人:指云南文山电力股份有限公司
保荐机构(上市推荐人):指东吴证券有限责任公司
《证券法》:指《中华人民共和国证券法》
《公司法》:指《中华人民共和国公司法》
公司章程:指《云南文山电力股份有限公司章程》(草案)

第一节 重要声明与提示

本公司董事会保证上市公告书的真实性、准确性、完整性,全体董事承诺上市公告书不存在虚假记载、误导性陈述或重大遗漏,并承担个别和连带的法律责任。

根据《公司法》、《证券法》等有关法律、法规的规定,本公司董事、高级管理人员已依法履行诚信和勤勉尽责的义务和责任。

上海证券交易所、中国证监会、其他政府机关对本公司股票上市及有关事项的意见,均不表明对本公司的任何保证。

本公司提醒广大投资者注意,凡本上市公告书未涉及的有关内容,请投资者查阅 2004 年 5 月 26 日刊登在《中国证券报》、《上海证券报》、《证券时报》的本公司首次公开发行股票招股说明书摘要,及刊载于上海证券交易所网站(HTTP://WWW.SSE.COM.CN)的本公司招股说明书全文。

第二节 概 览

1、股票简称:文山电力
2、沪市股票代码:600995
3、深市股票代理代码:003995
4、总股本:87,570,000 股
5、可流通股本:36,000,000 股
6、本次上市流通股本:36,000,000 股
7、发行价格:8.20 元/股
8、上市地点:上海证券交易所
9、上市时间:2004 年 6 月 15 日
10、股票登记机构:中国证券登记结算有限责任公司上海分公司
11、保荐机构(上市推荐人):东吴证券有限责任公司
12、对首次公开发行股票前股东所持股份的流通限制及期限:根据国家有关法律、法规规定和中国证监会证监发行字 [2004]64 号文《关于核准云南文山电力股份有限公司公开发行股票的通知》,本公司的国有法人股、法人股暂不上市流通。
13、本公司的第一大股东文山壮族苗族自治州电力公司对所持股份自愿锁定的承诺:自本公司股票上市之日起一年内,不转让所持有的本公司股份,也不要求或接受由本公司回购其所持有的本公司股份。

第三节 绪 言

本上市公告书是根据《中华人民共和国公司法》、《中华人民共和国证券法》、《股票发行与交易管理暂行条例》、《公开发行股票公司信息披露实施细则》、《证券发行上市保荐制度暂行办法》和《上海证券交易所股票上市规则》等国家有关的现行法律法规的规定,并按照中国证券监督管理委员会制定的《公开发行证券的公司信息披露内容与格式准则第 7 号---股票上市公告书》的要求编制,旨在向投资者提供有关本公司基本情况和股票上市的有关资料。

经中国证监会证监发行字[2004]64 号文核准,本公司于 2004 年 5 月 31 日以向上证所、深交所二级市场投资者定价配售的方式首次公开发行 3600 万股人民币普通股(A 股)股票,每股面值 1.00 元,每股发行价格 8.20 元。

根据上海证券交易所上证上字[2004]82 号《上市通知书》,本公司 3600 万股社会公众股将于 2004 年 6 月 15 日起在上海证券交易所挂牌交易,股票简称"文山电力",沪市股票代码为"600995",深市代理股票代码为"003995"。

本公司已于 2004 年 5 月 26 日分别在《中国证券报》、《上海证券报》和《证券时报》上刊登了《云南文山电力股份有限公司首次公开发行股票招股说明书摘要》,《云南文山电力股份有限公司首次公开发行股票招股说明书》全文及其必备附件可在上海证券交易所网站(HTTP://WWW.SSE.COM.CN)查阅。因前述招股说明书正文及其附录的披露距今不足 3 个月,故与其重复的内容不再重述,敬请投资者查阅上述文件。

第四节 发行人概况

一、发行人的基本情况
1、中文名称:云南文山电力股份有限公司
2、英文名称:YUNNAN WENSHAN ELECTRIC POWER CO.,LTD.
3、住所:云南省文山县开化镇建禾东路 71 号
4、法定代表人:冯崇武
5、注册资本:8757 万元(正在办理变更登记手续)
6、经营范围:发电、供电、电站、电网设计、建设、维修、改造、咨询服务、中小水(火)电站的投资开发、总承包及设备成套及物资供应;电网调度自动化技术开发利用推广;国内贸易(不含管理商品)
7、主营业务:水力发电、供电、配电
8、所属行业:公用事业行业
9、电话号码:(0876)2123422
10、传真号码:(0876)2130029
11、互联网网址:HTTP://WWW.WSDL.COM.CN
12、电子信箱: WSDL@WSDL.SINA.NET
13、董事会秘书:唐华俊
二、发行人的历史沿革

云南文山电力股份有限公司(原名:"云南文山电力(集团)股份有限公司")是 1997 年经云南省人民政府云政复[1997]112 号文件批准,由文山州电力公司作为主发起人,联合麻栗坡同益边贸公司、中国东方电气集团公司、云南省地方电力实业开发公司、江河农村电气化发展有限公司共同发起设立的股份有限公司。在设立过程中,文山州电力公司以其经评估的与发电、供电和配电业务相关的生产经营性净资产 2,598.00 万元投入股份公司,其他发起人分别以现金出资 900.00 万元、300.00 万元、300.00 万元、300.00 万元。各发起人投入股份公司的净资产为 4,398.00 万元,按 1:1 的比例折为 4,398.00 万股,各发起人分别持有 2,598.00 万股、900.00 万股、300.00 万股、300.00 万股、300.00 万股。公司于 1997 年 12 月 29 日在云南省工商局行政管理局注册登记,并领取了注册号为 5300001002342 的《企业法人营业执照》,注册资本 4,398.00 万元。

1999 年 1 月,经股东大会审议通过,报经云南省经济体制改革委员会云体改生复[1999]11 号文件批准,在其他股东承诺放弃本次增资的情况下,文山州电力公司和麻栗坡同益边贸公司按照每股 1.02 元的价格对本公司增资 5,916.00 万股,其中文山州电力公司以经评估确认的经营性净资产 5,090.36 万元投入本公司,其中 4,033.08 万元按照每股 1.02 元的价格认购 3,954.00 万股,余额 1,057.28 万元转作对文山州电力公司的负债;麻栗坡同益边贸公司以经评估的经营性净资产 1,146.83 万元作价 1,202.00 万元,以及现金 799.24 万元,共计 2,001.24 万元认购 1,962.00 万股。本次增资扩股完成后,公司注册资本变更为 10,314.00 万元,其中文山州电力公司持有 6,552.00 万股,占总股本的 63.52%,麻栗坡同益边贸公司持有 2,862.00 万股,占总股本的 27.75%,其他三家股东持股数均为 300.00 万股,分别占总股本 2.91%。公司于 1999 年 3 月 23 日在云南省工商行政管理局进行了变更登记。

2000 年 9 月 28 日,经股东大会审议通过,报经云南省经济贸易委员会云经贸企[2000]353 号文件批准,公司以 2:1 的比例缩减注册资本,并且将原注册名称"云南文山电力(集团)股份有限公司"更名为"云南文山电力股份有限公司"。缩减注册资本后,公司注册资本变更为 5,157.00 万元,缩减注册资本所产生的溢价金额全部进入资本公积"。

2001 年 12 月 27 日,经云南省经济贸易委员会云经贸企改[2001]768 号文件批准,麻栗坡同益边贸公司将其持有本公司的全部股份以每股 2.50 元转让给文山盘龙河流域水电开发有限责任公司,总金额 3577.5 万元。

本次发行前,公司的股本结构如下:

股东名称	持股数量(股)	持股比例
文山州电力公司	32,760,000	63.52%
文山盘龙河流域水电开发有限责任公司	14,310,000	27.75%
中国东方电气集团公司	1,500,000	2.91%
云南省地方电力实业开发公司	1,500,000	2.91%
江河农村电气化发展有限公司	1,500,000	2.91%
合计	51,570,000	100.00%

经中国证监会发行字[2004]64 号文核准,公司于 2004 年 5 月 31 日以全部向沪市、深市二级市场投资者定价配售的方式发行成功 3,600 万股人民币普通股,每股面值 1.00 元,发行价为每股人民币 8.20 元,此次发行完成后公司总股本变更为 8,757 万股。

三、发行人的主要经营情况
(一)主营业务构成
本公司目前主要从事水力发电、供电、配电。
本公司近三年主营业务收入全部来自于供电收入。单位:万元

项目	2003 年	2002 年	2001 年
主营业务收入	23,138	22,976	17,937

(二)公司的竞争优势与劣势
本公司的竞争优势主要体现在:

1、市场优势:公司拥有在文山州内四个县的供电特许经营权,承担着文山州辖下四个县的直接供电业务和其余四县的趸售业务。随着当地经济的快速发展和电力需求的急剧增加,公司的收入水平将稳步增长。

2、水力资源优势:文山州位于中国西南部,当地具有丰富的水能资源,目前仅开发约 10%的可利用水能资源。文山州经济的恢复性增长将带动公司盈利水平增长;文山州丰富的自然资源带动了高耗能产业的发展,从而增强了公司盈利水平。

3、产业政策优势:公司主营水力发电、供电和配电,水能资源是一种典型可再生清洁能源,我国正通过政策关停中小火电机组,积极引导资金投资发展水电。水电产业属于国家西部大开发鼓励实施的产业,国家给予税收等方面的支持。

4、产品价格优势:文山州当地经济发展水平较低,水力发电站建设成本低,公司上网收购电价较低,相应的供电价格也低,对高耗能用电客户有较大吸引力。

5、经营管理优势:公司设立以来,不断地利用电力行业中出现的新设备、新技术,提高劳动生产率和产品以及服务的质量,在业务、管理等方面均形成了良好的运营机制,并取得较好的经营业绩。

本公司的竞争劣势:

公司拥有独立、完整的供电区域,并且供电区域内电力处于供不应求的局面,因此,竞争劣势表现不明显。但由于公司地理位置的限制,不容易吸引高级技术人才和管理人才。

(三)主要财务指标
请参阅本上市公告书"第八节 财务会计资料"中的相关内容。
(四)发行人拥有的主要知识产权、非专利技术及政府特许经营权

特许经营权情况:云南省经济贸易委员会颁发滇丙-017 号《供电营业许可证》,确定了本公司供电区域。直供区域为:文山县、富宁县、邱北县(除腻角乡、新甸乡外)行政区域,砚山县及邱北县腻角乡、新甸乡行政区域内该公司现有电网形成的直供营业区域;公司趸售区域为:马关县、广南县、麻栗坡县、西畴县行政区域。

本公司无商标、专利与非专利技术等无形资产。

(五)发行人享有的财政税收优惠政策

云南省地方税务局 2002 年 10 月 29 日向文山州地税局下发了"云地税二字(2002)108 号"题为《云南省地税局关于文山州地方税务局上报符合国家鼓励类企业认定的批复》的文件,该文件指出:你局《关于给予云南文山电力股份有限公司等三十四户企业享受西部开发税收优惠政策的请示》(文地税税政字【2001】202 号)收悉,根据《云南省地方税务局关于贯彻西部大开发税收优惠政策问题的通知》(云地税二字【2002】65 号)的规定,经研究,同意你局上报的 34 户企业减按 15%的税率征收企业所得税。其中 34 户上报企业中包括本公司在内。

因此,本公司自 2003 年 1 月 1 日起执行所得税减按 15%征收的税收优惠政策。

第五节 股票发行与股本结构

一、本次股票上市前首次公开发行股票的情况
1、股票种类:境内上市人民币普通股(A 股)
2、发行数量:3600 万股
3、发行价格:8.20 元/股
4、发行市盈率:16.08 倍
5、募股资金总额:本次发行募集资金总额 29,520 万元,扣除发行费用 1,215.00 万元,实际募集资金净额为 28,305.00 万元。
6、发行方式:全部向二级市场投资者定价配售
7、发行对象:2004 年 5 月 26 日(招股书摘要刊登日)收盘时,持有上海证券交易所或深圳证券

交易所上市流通人民币普通股(A 股)股票的收盘市值总和不少于 10,000 元的投资者

8、发行费用:本次发行费用共计 1,215.00 万元,包括承销费用、审计费用、律师费用、评估费用、审核费用及上网发行手续费用等

9、每股发行费用:0.3375 元/股

二、本次股票上市前首次公开发行股票的承销情况

本次公开 3600 万股流通股股票,沪市、深市二级市场投资者的配号总数为 73,763,618 个,中签率为 0.04880455%;二级市场投资者认购了 35,680,300 股,其余 319,700 股由主承销商组织的承销团包销。

三、本次股票上市前首次公开发行股票所募股资金的验资报告

中和正信会计师事务所有限公司为公司首次公开发行股票出具了中和正信验字(2004)第(5)-4 号《验 资 报 告》,报告全文如下:

云南文山电力股份有限公司:

我们接受委托,审验了贵公司截至 2004 年 6 月 7 日止新增注册资本实收情况。按照国家相关法律、法规的规定和协议、合同、章程的要求出资,提供真实、合法、完整的验资资料,保护资产的安全、完整是全体股东及贵公司的责任。我们的责任是对贵公司新增注册资本的实收情况发表审验意见。我们的审验是依据《独立审计实务公告第 1 号-验资》进行的。在审验过程中,我们结合贵公司的实际情况,实施了检查等必要的审验程序。

贵公司原注册资本为人民币 51,570,000.00 元,根据中国证券监督管理委员会证监发行字[2004]64 号《关于核准云南文山电力股份有限公司公开发行股票的通知》,同意贵公司向社会公众发行 3600 万股人民币普通股。公司变更后的注册资本为人民币 87,570,000.00 元。

经我们审验,截至 2004 年 6 月 7 日止,贵公司已收到向社会募集的股款 283,049,975.32 元(已扣除发行费用 12,150,024.68 元),其中:新增股本为 36,000,000.00 元,资本公积为 247,049,975.32 元。

同时我们注意到,贵公司本次新增前的注册资本为人民币 51,570,000.00 元,已经云南同舟会计师事务所审验,并于 2000 年 9 月 21 日出具云同会验字(2000)第 199 号验资报告。截至 2004 年 6 月 7 日止,变更后的累计注册资本实收金额为 87,570,000.00 元。

本验资报告仅供贵公司申请变更登记及据以向股东签发出资证明时使用,不应将其视为是对贵公司验资报告日后资本保全、偿债能力和持续经营能力等的保证,因使用不当所造成的后果,与执行本验资业务的注册会计及会计师事务所无关。

附件:1.验资事项说明;2.注册资本变更情况明细表(1)新增注册资本实收情况明细表(表 1);(2)注册资本变更前后对照表(表 2)

中和正信会计师事务所有限公司　中国注册会计师:王菁琴

中国注册会计师:杨海峰　中国 北京市　2004 年 6 月 7 日

四、募股资金入帐情况

1、入帐时间: 2004 年 6 月 07 日

2、入帐金额: 285,319,975.32 元(募集资金总额扣除承销费及上网发行费)

3、入帐帐号: 24-071301040001451

4、开户银行: 中国农业银行文山州分行营业部凯旋门分理处

五、公司上市前股权结构及各类股东的持股情况

(一)本次上市前股权结构

股份类别	持股数(万股)	持股比例
国有法人股	3,726.00	42.55%
其中:文山州电力公司	3,276.00	37.41%
中国东方电气集团公司	150.00	1.71%
江河农村电气化发展有限公司	150.00	1.71%
云南省地方电力实业开发公司	150.00	1.71%
社会法人股	1,431.00	16.34%
其中:文山盘龙河流域水电开发有限责任公司	1,431.00	16.34%
社会公众股(流通股)	3600.00	41.11%
总股本	8,757.00	100.00%

(二)本次上市前十大股东情况

	股东名称	持股数	持股比例	股权性质
1	文山州电力公司	32,760,000	37.41%	国有法人股
2	文山盘龙河流域水电开发有限责任公司	14,310,000	16.34%	社会法人股
3	中国东方电气集团公司	1,500,000	1.71%	国有法人股
4	江河农村电气化发展有限公司	1,500,000	1.71%	国有法人股
5	云南省地方电力实业开发公司	1,500,000	1.71%	国有法人股
6	东吴证券有限责任公司	319,700	0.37%	流通股
7	南方证券有限公司	314,000	0.36%	流通股
8	招商股票投资基金	67,000	0.08%	流通股
9	宝康消费品证券投资基金	48,000	0.05%	流通股
10	巨田基础行业证券投资基金	44,000	0.05%	流通股

第六节　董事、监事、高级管理人员及核心技术人员

一、董事

冯崇武　中国国籍,男,1955 年 7 月出生,研究生学历,在读博士研究生,工程师。1974 年参加工作,曾任文山州电力公司经理、股份公司董事长兼总经理,现任股份公司董事长、党委书记,兼任文山马鹿塘发电有限责任公司的法定代表人、云南水利电力有限公司副董事长、云南工业大学兼职副教授。冯崇武先生 1997 年被评为"云南省企业优秀党委书记",1999 年被评为"云南省劳动模范",2001 年获国家"五一劳动奖章"和"云南省优秀企业家"称号。

杨朝文　中国国籍,男,1966 年 1 月出生,研究生学历,经济师、政工师。1984 年参加工作,曾任文山州电力公司副经理,现任股份公司副董事长、总经理、党委副书记、总经济师。2002 年被评为"文山州十大杰出青年"。

蔡锦荣　中国国籍,男,1966 年 10 月出生,研究生学历。1984 年参加工作,曾任股份公司副董事长,现任股份公司董事,兼任文山盘龙河流域水电开发有限责任公司董事长,兼任文山南令发电有限责任公司董事长。

李 荧　中国国籍,男,1935 年 6 月出生,大学本科学历,教授级高级工程师。1955 年参加工作,曾任水利部农电局水电处高级工程师、水利部水电司处长、副司长、教授级高级工程师,现任股份公司董事,兼任江河农村电气化发展有限公司总经理。

王成密　中国国籍,男,1971 年 2 月出生,大学本科学历,会计师。1994 年参加工作,曾任中国东方电气集团公司资产财务部资金室副主任、主任,现任股份公司董事,兼任中国东方电气集团公司资产财务部部长助理。

朱仲威　中国国籍,男,1963 年 11 月出生,大学本科学历,高级工程师。1985 年参加工作,曾任云南省地方电力设计研究所副所长、工程师,云南省地方电力实业开发公司资产管理部主任、高级工程师,现任股份公司董事,兼任云南省地方电力实业开发公司经理。

宋小川　中国国籍,男,1963 年 3 月出生,大专学历。1982 年参加工作,曾任砚山县财政局预算科科长、副局长、局长,现任股份公司董事,兼任砚山县国有资产持股经营公司董事长。

陈自祥　中国国籍,男,1962 年 11 月出生,大专文化。1982 年参加工作,曾任丘北县政府办公室副主任、丘北县财政局副局长、丘北县计委主任,现任股份公司董事,兼任丘北县国有资产(持股)经营有限责任公司副董事长。

廖俊祥　中国国籍,男,1940 年 12 月出生,大学学历,高级工程师。1965 年参加工作,1965 年 8 月至今在云南省文山州水利电力勘察设计院工作,现任股份公司独立董事。廖俊祥先生 1990 年获文山州有突出贡献科技人员二等奖,1992 年获国务院特殊津贴。

杨斯迈　中国国籍,男,1944 年 7 月出生,中国注册会计师、经济学博士。1965 年参加工作,曾任云南大学经济学院系主任、云南亚太会计师事务所资产评估部主任、云南工业大学工商管理学院院长,现任股份公司独立董事,兼任昆明理工大学管理经济学院教授。

段万春　中国国籍,男,1956 年 10 月出生,硕士研究生学历。1975 年参加工作,曾在云南昆明理工大学管理与经济学院担任教师、讲师、副教授,现任该校教授、硕士生导师、博士生副导师及股份公司独立董事。

陈岱松　中国国籍,男,1975 年 11 月出生,法学博士。1997 年参加工作,曾在天同证券有限责任公司就职、南方证券股份有限公司内核部主审律师。现任华东政法学院经济法学院教师、律师及股份公司独立董事。

张国强　中国国籍,男,1964 年出生,大学本科学历,高级会计师。1984 年参加工作,曾任思茅地区江城县供销社副主任;现任云南供销进出口有限公司副总经理、云南格瑞福副食有限公司董事及股份公司独立董事。

二、监事

宋云山　中国国籍,男,1954 年 6 月出生,大学本科学历,政工师。1970 年参加工作,曾任文山州电力公司纪委书记,现任股份公司职工代表监事、监事会主席、纪委书记。

李林周　中国国籍,男,1961 年 3 月出生,大专学历,政工师。1978 年参加工作,曾任文山县追栗街乡党委副书记兼纪委书记、政法书记,文山县政协任办公室副主任。现任股份公司职工代表监事,兼任股份公司办公室主任。

樊荣香　中国国籍,女,1956 年 1 月出生,大专学历,会计师。1974 年参加工作,曾任文山州电力公司财务科长、审计主任,现任股份公司职工代表监事、监事会办公室副主任。

杨云惠　中国国籍,女,1966 年 3 月出生,大专学历。1985 年参加工作,曾任文山州电力公司财务科副科长、科长,现任股份公司监事,兼任文山盘龙河流域水电开发有限责任公司董事、副总经理、财务负责人。

王丽华　中国国籍,女,1959 年 12 月出生,大专文化。1980 年参加工作,现任股份公司监事,兼任文山水利水电工程有限公司财务科长。

马东来　中国国籍,男,1962 年 9 月出生,中专文化。1981 年参加工作,现任股份公司监事,兼任富宁县红星国有资产经营有限公司财务部主任。

尹书良　中国国籍,男,1966 年 11 月出生,大专学历。1986 年参加工作,现任股份公司监事,兼任西畴县国有资产经营公司董事。

三、其它高级管理人员

卢新胜　中国国籍,男,1965 年 9 月出生,大专学历,工程师。1985 年参加工作,曾任富宁县电力公司经理、富宁县计划委员会任副主任,现任股份公司副总经理。

李建刚　中国国籍,男,1962 年 5 月出生,大专学历。1979 年参加工作,曾在丘北县电力公司工作,曾任文山州电力公司副经理,现任股份公司副总经理。

谭焕珠　中国国籍,男,1969 年出生,大学本科学历。曾在中国证监会发行监管部、市场交易监管部工作,曾任天同证券公司投资银行总部副总经理、天同证券北京管理总部副总经理、东吴证券公司投资银行部总经理。现任云南文山电力股份有限公司副总经理职务。

彭光强　中国国籍,男,1970 年 8 月出生,大学本科学历,高级工程师。曾任云南文山电力股份有限公司发电管理部副部长、部长、总经理助理。现任云南文山电力股份有限公司副总经理。

唐华俊　中国国籍,男,1970 年出生,大专学历。1989 年参加工作,曾任文山州电力公司团委副书记、办公室主任,现任股份公司董事会秘书、证券投资部经理。

熊平武　中国国籍,男,1965 年 8 月出生,大专学历。1984 年参加工作,曾任富宁县审计局副局长,现任股份公司财务总监、资产财务部经理。

四、核心技术人员

李全德　中国国籍,男,1956 年 11 月出生,大专学历,工程师。1978 年参加工作,曾任股份公司供用电管理部部长,现任股份公司总工程师、生产技术部经理。

五、董事、监事、高管人员及核心技术人员持有公司股份情况

截止本招股说明书签署之日,公司董事、监事、高级管理人员和主要技术人员本人、配偶或未满十八岁的子女均未直接持有公司股份,也未授权他人代其持有公司股份。也没有通过其亲属直接或间接控制的法人持有公司股份。

第七节　同业竞争与关联交易

一、同业竞争情况

本公司主营业务为水力发电、供电和配电。公司的控股股东文山州电力公司将全部与发电、输电和配电相关的生产经营性资产及负债投入本公司后,已经不再进行与本公司相同或相近的业务,因此本公司与控股股东之间不存在同业竞争。

本公司第二大股东文山盘龙河流域水电开发有限责任公司主要从事发电业务,由于本公司是供电经营区域内唯一拥有合法供电经营权的企业,电网区域内的其它电力生产企业生产的电力必须依赖于本公司的供电网络才能实现其电力销售。文山盘龙河流域水电开发有限责任公司生产的电力全部销售给本公司,由本公司通过电网进行销售,双方之间仅为电力买卖关系,不构成同业竞争。

为避免潜在的同业竞争,文山州电力公司和文山盘龙河流域水电开发有限责任公司均已向本公司作出了避免同业竞争的书面承诺。双方均承诺不从事任何与本公司构成或可能构成同业竞争的业务。

本次发行律师云南海合律师事务所认为发行人与控股股东、实际控制人及其全资子公司和控股子公司之间不存在同业竞争关系,控股股东、实际控制人放弃同业竞争的承诺真实有效。

本次发行的保荐机构(主承销商)经过核查也认为未发现发行人与控股股东及其下属企业之间存在同业竞争。

二、关联交易情况

(一)关联方与关联关系

本公司目前存在的关联方及关联关系请投资者查阅刊载于上海证券交易所网站(WWW.SSE.COM.CN)的本公司招股说明书全文及附录。

(二)主要关联交易

1、关联交易内容

本公司与关联方之间在土地租赁、综合服务、购买物资、购电、出让与受让股权、担保、合作投资、短期借款、委托经营等方面存在关联交易。关联交易的具体情况请投资者查阅刊载于上海证券交易所网站(HTTP://WWW.SSE.COM.CN)的本公司招股说明书全文及附录。

2、中介机构对公司关联交易公允性的意见

发行人律师认为,关联交易定价公允合理,不存在损害公司及公司小股东及其他第三人利益的现象;经 2001 年 10 月 15 日股东大会通过,发行人建立了独立董事制度、并通过了《关联交易决策制度》。发行人通过采取以上措施建立了关联交易的决策程序,以维护中小股东的利益。

保荐机构(主承销商)认为,发行人的关联方、关联关系、关联交易和同业竞争已作了充分披露,不存在损害发行人与中小股东利益的情况。关联交易决策符合法定程序,交易价格公允。

第八节　财务会计资料

本公司 2001 年度、2002 年度、2003 年度的财务会计资料已于 2004 年 5 月 26 日在《中国证券报》、《上海证券报》、《证券时报》刊登的本公司招股说明书摘要中进行了披露,投资者欲了解详情内容,请查阅上述报纸或刊载于上海证券交易所网站(HTTP://WWW.SSE.COM.CN)的本公司招股说明书全文及附录。

一、注册会计师意见

中和正信会计师事务所有限公司接受本公司委托,对本公司 2003 年 12 月 31 日、2002 年 12 月 31 日、2001 年 12 月 31 日的资产负债表,2003 年度、2002 年度、2001 年度的利润及利润分配表,2003 年度的现金流量表进行了审计,并出具了标准无保留意见的《审计报告》(中和正信审字[2004]第(5)5 号)。

二、简要会计报表

(一)简要资产负债表　单位:人民币元

资产	2003 年 12 月 31 日	2002 年 12 月 31 日	2001 年 12 月 31 日
流动资产:			
货币资金	21,085,301.91	16,313,850.03	38,069,202.97

应收票据	1,000,000.00	3,400,000.00	2,750,000.00
应收股利	153,480.00	550,000.00	
应收账款	4,334,379.62	11,615,968.53	14,462,684.08
其它应收款	16,217,060.30	15,089,864.36	7,360,005.82
预付账款	1,048,321.24	3,119,269.67	697,454.02
存货	863,415.59	904,890.55	1,693,814.40
待摊费用	660,104.88	365,640.64	262,101.43
一年内到期的长期债权投资			107,097.00
流动资产合计	45,362,063.54	51,359,483.78	65,402,359.72
长期投资:			
长期股权投资	31,521,202.96	29,746,377.40	18,968,381.23
长期投资合计	31,521,202.96	29,746,377.40	18,968,381.23
固定资产:			
固定资产原价	495,044,463.05	449,877,320.09	313,872,964.93
减:累计折旧	127,311,239.61	108,542,219.74	93,828,167.51
固定资产净值	367,733,223.44	341,335,100.35	220,044,797.42
减:固定资产减值准备	1,480,576.25	1,289,866.98	1,004,613.87
固定资产净额	366,252,647.19	340,045,233.37	219,040,183.55
工程物资			32,861,163.59
在建工程	60,550,172.39	16,957,078.61	64,714,399.39
固定资产清理	144,624.80	−595,005.68	
固定资产合计	426,802,819.58	357,146,936.78	316,020,740.85
无形资产及其他资产:			
无形资产	44,294.00	23,148.00	
无形资产及其他资产合计	44,294.00	23,148.00	
资产总计	503,730,380.08	438,275,945.96	400,391,481.80
流动负债:			
短期借款	65,000,000.00	51,100,000.00	31,110,000.00
应付账款	285,641.24	316,510.29	2,030,765.54
预收账款	1,294,080.05	931,360.44	704,885.77
应付工资	526.63	526.63	876,033.14
应付福利费	2,335,443.82	2,666,588.68	2,736,469.92
应交税金	3,503,548.51	4,692,251.16	4,299,749.71
其他应交款	80,569.56	98,391.48	113,805.02
其他应付款	3,996,457.09	11,010,921.10	5,366,434.98
预提费用	160,000.00	313,470.19	292,947.32
一年内到期的长期负债	62,400,000.00	5,750,000.00	18,194,202.17
流动负债合计	139,056,266.90	76,880,019.97	65,725,293.57
长期负债:			
长期借款	163,547,580.00	183,099,470.00	174,557,000.00
长期应付款	518,320.24	3,346,263.94	11,206,358.27
专项应付款	487,323.35	1,286,383.35	22,469,523.37
长期负债合计	164,553,223.59	187,732,117.29	208,232,881.64
负债合计	303,609,490.49	264,612,137.26	273,958,175.21
股东权益:			
股本	51,570,000.00	51,570,000.00	51,570,000.00
股本净额	51,570,000.00	51,570,000.00	51,570,000.00
资本公积	81,698,842.73	81,698,842.73	55,361,226.93
盈余公积	12,515,813.22	8,547,251.08	5,413,318.13
其中:法定公益金	3,361,098.27	2,038,244.22	993,599.91
未分配利润	54,336,233.64	31,847,714.89	14,088,761.53
股东权益合计	200,120,889.59	173,663,808.70	126,433,306.59
负债和股东权益总计	503,730,380.08	438,275,945.96	400,391,481.80

(二)简要利润表 单位:人民币元

项目	2003 年度	2002 年度	2001 年度
一、主营业务收入	231,382,042.86	229,761,970.39	179,372,695.84
减:主营业务成本	172,283,072.89	172,767,562.03	121,278,261.40
主营业务税金及附加	1,761,755.63	1,686,994.32	1,563,839.28
二、主营业务利润(亏损以"−"号填列)	57,337,214.34	55,307,414.04	56,530,595.16
加:其他业务利润(亏损以"−"号填列)	4,709,327.71	671,438.47	890,552.75
减:营业费用	3,316,826.27	2,424,618.61	1,892,657.21
管理费用	19,806,322.80	15,873,297.63	15,005,894.51
财务费用	8,314,022.98	8,153,987.27	11,913,024.40
三、营业利润(亏损以"−"号填列)	30,609,370.00	29,526,949.00	28,609,571.79
加:投资收益(损失以"−"号填列)	1,562,643.89	1,064,164.55	2,068,054.66
营业外收入	716,011.60	2,241,009.14	790,458.10
减:营业外支出	867,794.06	869,073.32	1,605,512.01
四、利润总额(亏损总额以"−"号填列)	32,020,231.43	31,963,049.37	29,862,572.54
减:所得税(15%)	5,563,150.54	11,070,163.06	9,309,560.31
五、净利润(净亏损以"−"号填列)	26,457,080.89	20,892,886.31	20,553,012.23

(三)简要现金流量表

单位:人民币元

项目	金额
一、经营活动产生的现金流量:	
销售商品、提供劳务收到的现金	286,297,099.80
收到的其他与经营活动有关的现金	1,372,755.13
现金流入小计	287,669,854.93
购买商品、接受劳务支付的现金	144,647,770.44
支付给职工以及为职工支付的现金	31,764,517.35
支付的各项税款	35,741,869.37
支付的其他与经营活动有关的现金	25,065,457.11
现金流出小计	237,219,614.27
经营活动产生的现金流量净额	50,450,240.66
二、投资活动产生的现金流量:	
取得投资收益所收到的现金	640,000.00
处置固定资产、无形资产和其他长期资产而收回的现金净额	314,742.40
现金流入小计	954,742.40
购建固定资产、无形资产和其他长期资产所支付的现金	87,031,597.98
投资所支付的现金	455,661.67
现金流出小计	87,487,259.65
投资活动产生的现金流量净额	−86,532,517.25
三、筹资活动产生的现金流量:	
借款所收到的现金	95,000,000.00
现金流入小计	95,000,000.00
偿还债务所支付的现金	43,656,500.00
分配股利或利润或偿付利息所支付的现金	8,488,000.42
支付的其他与筹资活动有关的现金	2,001,771.11
现金流出小计	54,146,271.53
筹资活动产生的现金流量净额	40,853,728.47
四、汇率变动对现金的影响	
五、现金及现金等价物净增加额	4,771,451.88

三、会计报表附注

会计报表附注等有关内容，请投资者查阅刊载于上海证券交易所网站(HTTP://WW.SSE.COM.CN)的本公司招股说明书全文及附录。

四、最近三年主要财务指标

项目	2003 年	2002 年度	2001 年度
流动比率	0.32	0.66	1.00
速动比率	0.31	0.65	0.96
应收帐款周转率(次)	23.12	17.62	18.08
存货周转率(次)	194.84	132.96	70.29
无形资产占总资产比例(%)	0.01	0.01	0.00
无形资产占净资产比例(%)	0.02	0.01	0.00
资产负债率(%)	60.27	59.91	68.42
每股净资产(元)	3.88	3.37	2.45
净资产收益率(%)(全面摊薄)	13.22	12.03	16.26
每股经营活动的现金流量	0.98	0.53	0.57

第九节　其他重要事项

一、自本公司股票首次公开发行之日至本上市公告书公告之日，本公司严格依照《公司法》、《证券法》等法律、法规的要求，规范运行，主要业务发展目标的进展状况正常。

二、自本公司股票首次公开发行之日至本上市公告书公告之日，本公司生产经营情况正常，所处行业和市场无重大变化。

三、自本公司股票首次公开发行之日至本上市公告书公告之日，本公司主要投入、产出物供求及价格没有发生重大变化。

四、自本公司股票首次公开发行之日至本上市公告书公告之日，本公司没有进行重大对外投资，也无重大资产(股权)收购、出售行为。

五、自本公司股票首次公开发行之日至本上市公告书公告之日，本公司住所没有发生变更。

六、自本公司股票首次公开发行之日至本上市公告书公告之日，本公司未涉及任何重大诉讼、仲裁或行政处罚案件，亦没有尚未了结或可能面临的重大诉讼和索赔要求。

七、自本公司股票首次公开发行之日至本上市公告书公告之日，本公司董事、监事和高级管理人员未受到任何刑事起诉，亦没有尚未了结或可能发生的刑事诉讼事项。

八、自本公司股票首次公开发行之日至本上市公告书公告之日，本公司的重大会计政策和会计师事务所均未发生变化。

九、自本公司股票首次公开发行之日至本公司上市公告书公告之日，本公司未发生新的重大负债，重大债项也未发生变化。

十、根据公司 2003 年度股东大会决议，公司以前年度形成的未分配利润及公司自 2004 年 1 月 1 日起至 2004 年股票发行完成前所形成的利润由股票发行后的新老股东共享。

十一、本公司 2003 年度股东大会决议通过，公司 2003 年度股利不分配，待公司发行上市后新老股东共享，2003 年度至公司发行上市期间形成的利润也由新老股东共享。

十二、根据《上海证券交易所股票上市规则》，本公司第一大股东文山州电力公司承诺，自本公司股票上市之日起 12 个月内，不转让其所持有的本公司股份，也不由本公司回购其持有的本公司股份。

十三、本公司股票首次公开发行至本上市公告书公告之日，没有其他应披露而未披露之重大事项。

第十节　董事会上市承诺

本公司董事会承诺将严格遵守《中华人民共和国公司法》、《中华人民共和国证券法》、《股票发行与交易管理暂行条例》、《公开发行股票公司信息披露实施细则》和《上海证券交易所股票上市规则》等国家有关法律、法规的规定，并自股票上市之日起做到：

1、真实、准确、完整、公允和及时地公布定期报告，披露所有对投资者有重大影响的信息，并接受中国证监会、证券交易所的监督管理；

2、本公司在知悉可能对股票价格产生误导性影响的任何公共传播媒介中出现的消息后，将及时予以公开澄清；

3、本公司董事、监事、高级管理人员和核心技术人员将认真听取社会公众的意见和批评，不利用已获得的内幕消息和其他不正当手段直接或间接从事发行人股票的买卖活动；

4、本公司没有无记录的负债。

第十一节　保荐机构(上市推荐人)及其意见

一、保荐机构(上市推荐人)

保荐机构(上市推荐人)：东吴证券有限责任公司

法定代表人：吴永敏

地　址：江苏省苏州市十梓街 298 号

电　话：(021)58369476

传　真：(021)58369477

联系人：申隆、余焕、张丽丽

二、保荐机构(上市推荐人)意见

本公司保荐机构(上市推荐人)--东吴证券有限责任公司认为：发行人章程符合《中华人民共和国公司法》等有关法律、法规和中国证监会关于公司章程的相关规定；发行人本次股票发行完全符合《中华人民共和国公司法》、《中华人民共和国证券法》、《股票发行与交易管理暂行条例》、《上海证券交易所股票上市规则》等国家有关法律、法规的规定，已具备了上市条件。

保荐机构(上市推荐人)：发行人董事了解国家有关法律、法规、上海证券交易所上市规则及股票上市协议规定的董事的义务与责任；发行人建立健全了法人治理结构，制定了严格的信息披露制度与保密制度。

保荐机构(上市推荐人)已对上市文件所载的资料进行了核实，确保上市文件真实、准确、完整，符合规定要求。保证发行人的上市申请材料、上市公告书没有虚假记载、误导性陈述或者重大遗漏，并对其承担连带责任。

保荐机构(上市推荐人)与发行人不存在关联关系，并保证不利用在上市过程中获得的内幕信息进行内幕交易，为自己或他人谋取利益。

保荐机构(上市推荐人)愿意推荐发行人股票在上海证券交易所上市交易

云南文山电力股份有限公司

二〇〇四年六月十日

开滦精煤股份有限公司

开滦精煤股份有限公司首次公开发行股票上市公告书

第一节 重要声明与提示

开滦精煤股份有限公司(以下简称"本公司"或"发行人")董事会保证上市公告书的真实性、准确性、完整性,全体董事承诺上市公告书不存在虚假记载、误导性陈述或重大遗漏,并承担个别和连带的法律责任。

根据《公司法》、《证券法》等有关法律、法规的规定,本公司董事、高级管理人员已依法履行诚信和勤勉尽责的义务和责任。

证券交易所、中国证监会、其他政府机关对本公司股票上市及有关事项的意见,均不表明对本公司的任何保证。

本公司提醒广大投资者注意,凡本上市公告书未涉及的有关内容,请投资者查阅2004年5月13日刊登于《中国证券报》、《上海证券报》、《证券时报》、《证券日报》的本公司招股说明书摘要以及刊载于上海证券交易所网站(www.sse.com.cn)的本公司招股说明书全文及其附录。

第二节 概 览

1、股票简称:开滦股份
2、沪市股票代码:600997
3、深市代理股票代码:003997
4、总股本:48,800万股
5、可流通股本:15,000万股
6、本次上市流通股本:15,000万股
7、发行价格:7.00元/股
8、上市地点:上海证券交易所
9、上市时间:2004年6月2日
10、股票登记机构:中国证券登记结算有限责任公司上海分公司
11、保荐机构(上市推荐人):长城证券有限责任公司
12、对首次公开发行股票前股东所持股份的流通限制及期限:根据国家现有法律、法规规定和中国证监会证监发行字[2004]49号《关于核准开滦精煤股份有限公司公开发行股票的通知》,本公司的国有法人股暂不上市流通。
13、本公司第一大股东开滦(集团)有限责任公司承诺:自本公司股票上市之日起一年内,不转让其所持有的发起人股份,也不由本公司回购其持有的本公司股份。

第三节 绪 言

本上市公告书是根据《中华人民共和国公司法》、《中华人民共和国证券法》、《股票发行交易管理暂行条例》、《公开发行股票信息披露实施细则》和《上海证券交易所上市规则》等国家有关法律、法规的规定,并按照中国证监会《公开发行证券的公司信息披露内容与格式准则第7号---股票上市公告书》而编制,旨在向投资者提供有关本公司的基本情况和本次股票上市的有关情况。

经中国证监会证监发行字[2004]49号文核准,本公司于2004年5月18日通过上海证券交易所,以向沪市、深市二级市场投资者定价配售发行方式成功发行15,000万股人民币普通股,股票面值1.00元,发行价每股7.00元。

经上海证券交易所上证上字[2004]71号文批准,本公司公开发行15,000万股社会公众股将于2004年6月2日起在上海证券交易所挂牌交易。股票简称"开滦股份",沪市股票代码"600997",深市股票代码"003997"。

本公司已于2004年5月13日在《中国证券报》、《上海证券报》、《证券时报》、《证券日报》上刊登了招股说明书摘要,招股说明书全文及其附录刊载于上海证券交易所网站(www.sse.com.cn),距今不足三个月,故与其重复的内容不再重述,敬请投资者查阅上述内容。

第四节 发行人概况

一、发行人概况
中文名称:开滦精煤股份有限公司
英文名称:KAILUAN CLEAN COAL CO.,LTD.
法定代表人:裴华
设立日期:2001年6月30日
住所:河北省唐山市新华东道70号东楼
邮政编码:063018
注册资本:48,800万元
电话:0315-2812013
传真:0315-3026757
电子信箱:houshuzhong@kailuan.com.cn
经营范围:煤炭及伴生资源开采;原煤洗选加工;煤炭产品经营销售。
所属行业:采掘业
董事会秘书:侯树忠

二、发行人历史沿革

发行人是经河北省人民政府股份制领导小组办公室冀股办[2001]68号文批准,由开滦(集团)有限责任公司作为主发起人,联合中国信达资产管理公司、上海宝钢国际经济贸易有限公司、中国华融资产管理公司、煤炭科学研究总院、西南交通大学共同发起设立的股份有限公司。2001年6月30日,公司在河北省工商行政管理局注册登记。集团公司将所属的范各庄矿业分公司和吕家坨矿业分公司经评估确认后的生产经营性净资产投入股份公司,其他发起人以现金投资入股。

经中国证监会证监发行字[2004]49号文核准,发行人于2004年5月18日在上海证券交易所以向二级市场投资者定价配售方式成功地发行了人民币普通股15,000万股,每股面值1.00元,每股发行价7.00元。发行人于2004年5月24日办理验资手续,其中15,000万元计入发行人股本,其余计入资本公积金。此次发行完成后,发行人总股本48,800万股,流通股占总股本的比例为30.74%。

三、发行人主要经营情况

(一)发行人主要业务

公司主要业务是煤炭开采、原煤洗选加工和洗选产品的销售。在募股资金到位后,将增加焦炭的生产和销售。公司主要产品为9-12级精煤,随精煤生产的副产品洗混块煤、其他洗煤产品。

公司为全国主要肥煤生产基地,肥煤可采储量约占全国肥煤经济可开发剩余储量(43.968亿吨)的10%左右。肥煤资源在我国煤炭资源储量中所占比例不足4%,属于稀缺煤种。

(二)发行人的竞争优势和劣势

1、公司的竞争优势

与同行业其他企业相比,公司的竞争优势主要体现在以下几个方面:

(1)资源储量丰富。公司煤炭资源地处开平煤田东南翼,井田面积80.36平方公里,属距今2~3亿年前的石炭二叠纪成煤,矿产变质程度较高,属低磷、高灰熔点、粘结性好的冶炼用肥煤,截止到2000年10月31日,公司探明(可研)经济基础储量为70,020.7万吨,实际测算可采储量47,893.1万吨,按核定生产能力矿井可供持续开采60年左右。

(2)煤炭品种优良。肥煤是我国煤炭资源稀少的煤种,在中国现有煤炭经济可开发剩余可采储量中,肥煤储量不足4%。公司两座矿井的煤炭资源均属于低灰、中高挥发分、特强粘结性的肥煤,是享誉国内外的优良资源。在中国煤炭分类标准中,把开滦的肥煤作为分类标准的典型范例。

(3)产品声誉较高。公司的产品是优质炼焦精煤,具有挥发分适中,粘结性强、结焦性好、有害成分少等特点,在炼焦过程中既可以获得高强度的焦炭,又可回收较多的焦油等化工副产品,是理想的炼焦化学工业原料,国内市场供不应求。主要用户有我国最具实力的宝山钢铁公司、鞍山钢铁公司和上海炼焦化学厂等,三大用户占总销量的四分之三左右。

(4)交通运输便利。京山、大秦两条铁路、205国道以及京沈、津唐、唐港三条高速公路贯穿和环绕矿区,秦皇岛港、塘沽港、京唐港棋布公司周围,形成了煤炭运输的四条通道:①通过矿区和京山铁路线与全国铁路网相连接,可以直达全国各地;②秦皇岛海运经京山铁路线运至秦皇岛港,装船运至我国南方沿海缺煤地区或出口印度、朝鲜等;③通过坨港铁路(地方铁路)或唐港公路将煤运至新开发的京唐港,装船运至我国南方沿海缺煤地区或出口。京唐港海运具有发展潜力,其3号码头及6号码头均已建成为煤炭散装码头,京唐港2号港池深水码头正在建设;④公路汽车运输经京哈、津唐、唐港和205国道运至沿线各用户。

(5)管理基础坚实。公司在传承开滦百年独特而深厚的管理、技术和文化底蕴的基础上,注重以全新的思维和理念推进管理创新,按照建立现代企业制度要求积极推进管理体制、组织形式、运行机制的整合、理顺和改革,着眼于管理文化的再造和管理制度的创新,建立健全内部控制体系、机制和制度,为公司的持续稳健成长提供了体制和制度保障。

2、公司的竞争劣势

(1)公司开采条件比较复杂。随着开采深度的增加和开采范围的不断扩大,矿井开采条件日趋复杂,生产环节增多,运输距离增长,瓦斯涌出量增高,矿山压力增大,安全隐患增多,范各庄分公司水文地质复杂。吕家坨矿业分公司在可采范围内,存在部分村庄压煤。

(2)用先进适用技术改造传统煤炭生产方式的任务紧迫。吕家坨矿业分公司原为世界上最大的水力采煤矿井,水力开采煤炭回收率低,造成资源浪费,投资收益差。改革水力采煤方法为综合机械化采煤方法,简化生产系统,增加运输巷道,装备综采设备,需要大量投资。

(三)主要财务指标

请参阅本上市公告书"财务会计资料"部分的相关内容。

(四)与发行人业务有关的资产权属情况

公司创立之日发起人投入的资产已全部足额到位。集团公司投入的实物资产已经与本公司办理了资产移交手续,其中涉及到的房屋、车辆的权属都已办理了产权变更手续。与发行人业务及生产经营有关的无形资产权属情况详述如下:

1.土地使用权

集团公司通过交纳土地出让金依法取得的部分土地使用权,出让年限为50年,以租赁方式出租给股份公司使用。

2.采矿权

集团公司聘请北京中煤思维咨询有限公司对范各庄、吕家坨两矿业分公司的采矿权进行评估,并取得了《财政部、国土资源部关于开滦(集团)有限责任公司采矿权价款转增国家资本的批复》和《国土资源部采矿权转让批复》,将其合法拥有的范各庄和吕家坨两矿业分公司的采矿权转让给股份公司。

3.煤炭生产许可证和煤炭经营资格证书

范各庄矿业分公司的煤炭生产许可证号G030200003,吕家坨矿业分公司的煤炭生产许可证号G030200004,上述两矿煤炭生产许可证的有效期限均自2002年8月16日至2030年11月5日。股份公司拥有(冀)煤经营编号02000689煤炭经营资格证书。

4.商标

集团公司已同股份公司签订的《注册商标转让协议》约定:集团公司将经国家工商局商标局依法核准并依法取得所有权的"双环"注册商标、"开滦"注册商标无偿转让给股份公司,集团公司不再拥有该等商标的所有权,但有权无偿使用该等注册商标。该等商标权经国家工商总局商标局核准转让。

(五)发行人享有的财政税收优惠政策

公司综采设备升级改造项目,国家经贸委以国经贸投资[2001]1000文批复立项,为国家重点技改"双高一优"项目。该项目国家发改委以发改规划准字[2003]005号文出具了符合国家产业政策的确认书。按照《河北省技术升级改造国产设备投资抵免企业所得税审核管理实施办法》的有关规定,该项目国产设备投资的40%可以从新增的企业所得税中抵免。2003年公司能抵免新增所得税5335,874.49元。

第五节 股票发行与股本结构

一、本次股票上市前首次公开发行股票情况
1、股票种类:人民币普通股(A股)
2、每股面值:1.00元
3、发行数量:15,000万股
4、发行价格:7.00元/股
5、募股资金总额:105,000万元
6、发行方式:全部向二级市场投资者配售
7、配售对象:于2004年5月13日收盘时持有沪市或深市已上市流通人民币普通股股票市值达10,000元及以上的投资者均可参加本次新股配售发行的申购。投资者同时持有的沪、深两市上市流通A股股票市值不合并计算。
8、发行费用总额及项目:本次发行费用总额共3,698.5万元,主要包括保荐承销费用、审计费用、评估费用、律师费用、上网发行手续费、审核费;每股发行费用0.25元。

二、本次股票上市前首次公开发行股票的承销情况

本次公开发行的 15,000 万股社会公众股的配号总数 98,724,886 个,中签率 0.15193737%。二级市场投资者共认购 148,681,345 股,余股 1,318,655 股由主承销商长城证券有限责任公司包销。

三、本次股票上市前首次公开发行股票所募股资金的验资报告

本次上市前首次公开发行股票所募集的资金由河北华安会计师事务所有限公司进行了审验,并出具了冀华会验字[2004]第 2002 号《验资报告》。报告全文如下:

开滦精煤股份有限公司全体股东:我们接受委托,审验了贵公司截至 2004 年 5 月 24 日止新增注册资本的实收情况。按照国家相关法律、法规的规定和协议、章程的要求出资,提供真实、合法、完整的验资资料,保护资产的安全、完整是全体股东及贵公司的责任。我们的责任是对贵公司新增注册资本的实收情况发表审验意见。我们的审验是依据《独立审计实务公告第 1 号?验资》进行的。在审验过程中,我们结合贵公司的实际情况,实施了检查等必要的审验程序。

贵公司是经河北省人民政府股份制领导小组办公室冀股办[2001]68 号文批准,由开滦(集团)有限责任公司作为主发起人,联合中国信达资产管理公司、上海宝钢国际经济贸易有限公司(原宝钢集团国际经济贸易总公司)、中国华融资产管理公司、煤炭科学研究总院、西南交通大学共同发起设立的股份有限公司。2001 年 6 月 30 日,公司在河北省工商行政管理局注册登记,营业执照号码为 1300001001934,原注册资本为人民币 338,000,000 元,业经河北华安会计师事务所有限公司于 2001 年 6 月 20 日以冀华会验字[2001]第 1009-2 号验资报告审验。

贵公司原注册资本为人民币 338,000,000.00 元,根据贵公司有关股东大会决议和修改后章程的规定,申请向社会公开发行普通股(A 股)增加注册资本人民币 150,000,000.00 元,变更后的注册资本为人民币 488,000,000.00 元。根据贵公司 2002 年第二次临时股东大会特别决议通过的《申请发行 A 种股票并上市方案》,并经中国证券监督管理委员会证监发行字[2004]49 号文核准,贵公司于 2004 年 5 月 18 日以全部向二级市场投资者定价配售的发行方式向社会公开发行人民币普通股股票 150,000,000 股,每股面值为 1.00 元人民币,每股发行价格为 7.00 元人民币。经我们审验,截至 2004 年 5 月 24 日止,贵公司已收到社会公众股东缴纳的新增注册资本人民币壹亿伍仟万元整 (人民币 150,000,000.00 元),募集资金总额为 1,050,000,000.00 元,发行期间的利息收入为 32,306.81 元,扣除发行费用 36,985,000.00 元后,募集资金净额为 1,013,047,306.81 元,实际记入资本公积人民币 863,047,306.81 元。

同时我们注意到,贵公司本次增资前的注册资本为人民币 338,000,000.00 元,已经河北华安会计师事务所有限公司审验,并于 2001 年 6 月 20 日出具冀华会验字[2001]第 1009-2 号验资报告。截至 2004 年 5 月 24 日止,连同本次验证的注册资本实收金额人民币 150,000,000.00 元,变更后的累计注册资本实收金额为人民币 488,000,000.00 元。

本验资报告仅供贵公司申请变更登记及据以向股东签发出资证明时使用,不应将其视为是对贵公司验资报告日后资本保全、偿债能力和持续经营能力等的保证。因使用不当造成的后果,与执行本验资业务的注册会计师及会计师事务所无关。

附件:1.注册资本变更情况明细表

(1)新增注册资本实收情况明细表(表 1)

(2)注册资本变更前后对照表(表 2)

2.验资事项说明

3.中国证券监督管理委员会证监发行字[2004]49 号文件复印件

4.本次增资有关的银行进账单、询证函、对账单复印件

5.验资机构及签字注册会计师执业证书复印件

河北华安会计师事务所有限公司中国注册会计师:赵鉴

中国注册会计师:齐正华

报告日期:2004 年 5 月 24 日

四、本次募股资金入帐情况

入帐时间:2004 年 5 月 24 日

入帐金额:1,016,957,306.81 元

开户银行:中国建设银行唐山开滦支行(原中国建设银行唐山开滦煤矿专业支行)

入帐帐号:13062930822690106

五、本次股票上市前发行人的股权结构及股东持股情况

1、本公司上市前股权结构情况:

	股份数额(股)	持股比例(%)
一、发起人股		
国有法人股	338,000,000	69.26
二、社会公众股	150,000,000	30.74
总股本	488,000,000	100.00

2、上市前前十大股东持有本公司股份的情况

股东名称	股权性质	持股数量	持股比例
开滦(集团)有限责任公司	321,073,737	国有法人股	65.79
中国信达资产管理公司	10,155,757	国有法人股	2.08
上海宝钢国际经济贸易有限公司	4,739,353	国有法人股	0.97
长城证券	1,349,655	流通股	0.28
南方证券	1,032,000	流通股	0.21
中国华融资产管理公司	677,051	国有法人股	0.14
煤炭科学研究总院	677,051	国有法人股	0.14
西南交通大学	677,051	国有法人股	0.14
银丰基金	378,000	流通股	0.08
德盛小盘	253,000	流通股	0.05

注:长城证券持有的 1,318,655 股为本次发行包销余股。

第六节 董事、监事、高级管理人员及核心技术人员

一、董事、监事、高级管理人员与核心技术人员简介

1、董事会成员

裴华先生,49 岁,研究生文化,高级政工师,现任本公司董事长,兼任开滦(集团)有限责任公司董事、党委副书记、纪委书记。

曹玉忠先生,43 岁,工学硕士,高级工程师,现任本公司副董事长、总经理。

张庚寅先生,54 岁,大专学历,高级政工师,现任本公司董事、范各庄矿业分公司党委书记。

高启新先生,54 岁,大专学历,高级政工师,现任本公司董事。

商文江先生,39 岁,法学博士,法学研究员。现任对外经济贸易大学金融学院研究员、北京仲裁委员会仲裁员;中国信达资产管理公司高级经理,本公司董事。

万洪女士,38 岁,硕士,会计师,现任上海宝钢国际经济贸易有限公司矿业管理部部长,本公司董事。

周旺生先生,公司独立董事,52 岁,法学教授,现任北京大学法学院教授、国家重点学科法学理论专业博士生导师、北京大学立法学研究中心主任、北京市人大常委会法律建设顾问、中国法理学会副会长。

王立杰先生,公司独立董事,51 岁,教授、博士生导师,现任中国矿业大学(北京校区)管理系主任兼党总支书记。

许工女士,公司独立董事,50 岁,硕士,现任北京逸钏投资顾问有限公司总经理;

2、监事会成员

王卓先生,公司监事会召集人,52 岁,大专学历,高级政工师,现任开滦(集团)有限责任公司纪委副书记、处长。

常亚来先生,公司监事,51 岁,本科学历,高级会计师,现任开滦(集团)有限责任公司审计部审计科科长。

肖爱红女士,公司监事,38 岁,大学本科,会计师,现任开滦(集团)有限责任公司财务部预算科科长。

王树春先生,公司职工监事,50 岁,大专文化,政工师,现任范各庄矿业分公司党委副书记。

张广田先生,公司职工监事,53 岁,大专文化,政工师,现任吕家坨矿业分公司工会主席。

3、高级管理人员

曹玉忠先生,资料见本节"1、董事会成员"。

史国胜先生,42 岁,大学本科,高级会计师,现任本公司副总经理。

张普田先生,49 岁,大学本科,高级工程师,现任本公司副总经理兼总工程师。

王连灵女士,42 岁,大学本科,高级会计师,现任本公司总会计师兼财务部部长。

侯树忠先生,40 岁,大学本科,现任本公司董事会秘书。

4、核心技术人员

张普田先生,资料见本节"3、高级管理人员"。

梅海滨先生,41 岁,工学硕士,高级工程师,现任本公司生产技术部部长。

唐德玉先生,40 岁,硕士,高级工程师,现任本公司规划发展部副部长。

彭余生先生,34 岁,本科,工程师,现任本公司范各庄矿业分公司总工程师。

陈培华先生,39 岁,大学本科,高级工程师,现任本公司吕家坨矿业分公司总工程师。

上述董事、监事、高级管理人员与核心技术人员均为中国国籍,相互之间不存在配偶关系、三代以内的直系和旁系亲属关系。

二、董事、监事、高级管理人员与核心技术人员持有本公司股份的情况

本公司董事、监事、高级管理人员与核心技术人员未持有本公司的股份。

第七节 同业竞争与关联交易

一、同业竞争

1.关于同业竞争情况的说明

集团公司作为资源开采性企业,根据国家标准局"国标函[1986]001 号"文件规定开采的煤种有肥煤、焦煤、1/3 焦煤、气煤四种。集团公司将所属与肥煤生产、洗选加工和经营销售相关的范各庄、吕家坨矿业分公司的生产经营性净资产作为出资投入本公司,未投入的马家沟矿业有限公司(集团公司全资子公司)也从事肥煤生产、洗选加工和经营销售业务,与本公司之间存在同业竞争。除马家沟矿业有限公司外,集团公司及其他的子公司与本公司因所开采的煤种及生产的产品不同,与本公司不构成同业竞争。

为有效避免和彻底解决同业竞争,集团公司在股份公司改制和设立运行的过程中采取了以下措施:

(1)对马家沟矿业有限公司实施关闭破产

全国企业兼并破产和职工再就业工作领导小组于 2002 年 8 月 9 日以"关于下达峨眉特种汽车改装厂等 209 户企业兼并破产项目的通知"([2002]18 号)确认,马家沟矿业有限公司破产项目已经国务院同意,要求严格按照规范程序操作。2003 年 3 月 10 日,该领导小组办公室发布"关于同意垣曲中条山蓖子沟铜矿等 27 个项目进入破产程序的通知"([2003]5 号),认为包括马家沟矿业有限公司在内的 27 个单位"已基本完成破产各项前期准备工作,条件成熟,可以进入破产程序,同意办理破产手续"。唐山市中级人民法院于 2003 年 3 月 26 日依法作出"(2003)唐破字第 1 号"民事裁定书,宣告马家沟矿业有限公司破产。随着马家沟矿业有限公司依法裁定破产,彻底解决了发行人与集团公司之间存在的同业竞争问题。

(2)大股东避免同业竞争的承诺

为避免同业竞争,集团公司已向本公司出具了不与本公司进行同业竞争的承诺书。

2.发行人律师和保荐机构的意见

(1)律师意见

经合理查验,本所律师认为,发行人及集团公司已采取相应的措施有效解决发行人与马家沟矿业之间原存在的同业竞争,且集团公司为避免同业竞争已出具有效承诺;且发行人在为其本次公开发行股票而在本律师工作报告出具日前编制的《招股说明书》中对上述解决和避免同业竞争的承诺和措施已进行了充分披露,本所律师未发现发行人对上述解决和避免同业竞争的承诺和措施的披露存在重大遗漏或重大隐瞒的情形。

(2)保荐机构意见

本次发行保荐机构认为,发行人及集团公司已采取相应的措施有效解决发行人与马家沟矿业之间原存在的同业竞争,且集团公司为避免同业竞争已出具有效承诺;未发现发行人对上述解决和避免同业竞争的承诺和措施的披露存在重大遗漏或重大隐瞒的情形。

二、关联交易

1、关联方与关联交易

请投资者查阅 2004 年 5 月 13 日刊载于上海证券交易所网站(www.sse.com.cn)的本公司首次公开发行股票招股说明书全文。

2、关联交易

请投资者查阅 2004 年 5 月 13 日刊载于上海证券交易所网站(www.sse.com.cn)的本公司首次公开发行股票招股说明书全文。

3、有关中介机构和独立董事对关联交易发表的意见

公司独立董事认为:(1) 公司设立以来历次股东大会和董事会的召开表决程序以及相关决议符合《公司法》、《公司章程》及中国证监会的有关规定;(2)公司与关联股东之间签署的关联交易合同和协议符合《公司法》、《公司章程》及中国证监会确定的各项原则。发行人自设立后发生的重大关联交易,遵循了公开、公平、公正的原则,履行了法定程序,决策程序合法有效,关联交易的定价严格执行了有关政策法规的规定,是公允的。审计机构认为,发行人对关联交易的会计处理符合《关联方之间出售资产等有关会计处理问题暂行规定》(财会[2001]64 号)的相关要求。保荐机构认为,本公司自设立后发生的重大关联交易,遵循了公开、公平、公正的原则,履行了法定程序,不会影响发行人生产经营的独立性。

第八节 财务会计资料

本公司 2001 年至 2003 年财务会计资料已于 2004 年 5 月 13 日在《中国证券报》、《上海证券报》、《证券时报》和《证券日报》上刊登的招股说明书摘要中进行了披露,投资者欲了解详细内容,请查阅上述报纸或刊载于上海证券交易所网站(www.sse.com.cn)的招股说明书全文及其附录。

一、注册会计师意见

河北华安会计师事务所有限公司对本公司 2001 年 12 月 31 日、2002 年 12 月 31 日及 2003 年 12 月 31 日的资产负债表,2001 年度、2002 年度及 2003 年度的利润表和利润分配表及 2003 年度现金流量表进行了审计。会计师已出具了标准无保留意见的审计报告。

二、简要会计报表

1、简要资产负债表

单位:人民币元

资产	2003 年 12 月 31 日	2002 年 12 月 31 日	2001 年 12 月 31 日
流动资产：			
货币资金	250,376,422.07	151,004,669.93	88,136,500.56
应收票据	121,770,000.00	115,796,833.58	126,247,900.00
应收账款	42,726,846.12	61,002,142.08	64,331,345.64
其他应收款	533,218.39	1,127,671.49	4,312,007.32
预付账款	3,997,941.85	18,436,383.61	6,784,492.65
存货	42,822,554.34	38,893,725.62	16,050,506.82
流动资产合计	462,226,982.77	386,261,426.31	305,862,752.99
固定资产：	–		
固定资产原价	1,755,488,788.65	1,677,129,234.54	1,540,487,468.37
减：累计折旧	833,458,158.90	836,508,075.42	751,252,062.89
固定资产净值	922,030,629.75	840,621,159.12	789,235,405.48
减：固定资产减值准备	–	–	1,855,086.96
固定资产净额	922,030,629.75	838,766,072.16	789,235,405.48
工程物资	20,519,840.00	–	–
	104,273.50		
在建工程	1,310,860.00	16,887,761.63	14,898,154.99
固定资产合计	943,861,329.75	855,653,833.79	804,237,833.97
无形资产及其他资产:	–	–	
无形资产	96,783,866.67	100,424,639.08	104,065,411.49
无形资产及其他资产合计	96,783,866.67	100,424,639.08	104,065,411.49
资产总计	1,502,872,179.19	1,342,339,899.18	1,214,165,998.45
流动负债：			
短期借款	92,000,000.00	70,000,000.00	70,000,000.00
应付票据	5,000,000.00	–	–
	–	–	
应付账款	58,063,767.70	48,321,034.70	23,286,871.93
预收账款	41,033,547.87	,645,346.39	21,894,637.89
应付工资	7,707,163.87	11,698,240.83	15,872,063.83
应付福利费	23,396,659.59	16,393,127.48	12,488,197.29
应交税金	484,593.04	8,714,501.18	4,651,765.02
其他应交款	1,991,913.25	764,562.13	789,233.10
其他应付款	10,583,980.40	12,656,872.03	19,846,564.63
一年内到期的长期负债	–	–	22,000,000.00
其他流动负债	51,862,791.34	52,741,223.99	47,852,169.32
流动负债合计	292,124,417.06	249,934,908.73	216,681,503.01
长期负债：	–		
长期借款	397,920,000.00	355,880,000.00	351,000,000.00
长期应付款	75,582,400.00	90,582,400.00	105,582,400.00
长期负债合计	473,502,400.00	446,462,400.00	456,582,400.00
负债合计	765,626,817.06	696,397,308.73	673,263,903.01
股东权益：	–		
股本(净资产)	338,000,000.00	338,000,000.00	338,000,000.00
资本公积	163,758,580.71	161,288,580.71	161,288,580.71
盈余公积	46,895,118.94	26,040,246.97	8,322,702.94
其中：公益金	17,018,823.47	10,067,199.48	4,161,351.47
未分配利润	188,591,662.48	120,613,762.77	33,290,811.79
其中：拟发放现金股利	59,088,803.90	50,199,708.08	13,076,465.18
股东权益合计	737,245,362.13	645,942,590.45	540,902,095.44
负债和股东权益总计	1,502,872,179.19	1,342,339,899.18	1,214,165,998.45

2、简要利润表

单位：人民币元

项目	2003 年度	2002 年度	2001 年度
一、主营业务收入	1,045,857,283.36	944,366,950.82	807,580,609.34
二、主营业务利润	411,904,946.77	372,219,453.76	285,404,742.34
三、营业利润	201,102,831.73	179,314,927.17	139,141,141.74
四、利润总额	198,241,664.22	177,326,144.65	139,015,824.92
五、净利润	139,032,479.76	118,116,960.19	93,140,602.70

3、简要现金流量表

单位：人民币元

项目	2003 年度
经营活动产生的现金流量净额	309,336,902.50
投资活动产生的现金流量净额	−186,055,380.68
筹资活动产生的现金净流量	−23,909,769.68
现金及现金等价物的净增加额	99,371,752.14

三、主要财务指标

财务指标	2003.12.31	2002.12.31	2001.12.31
流动比率	1.58	1.55	1.41
速动比率	1.44	1.39	1.34
应收账款周转率	19.15	14.31	10.50
存货周转率	15.24	20.42	27.76
无形资产(土地使用权除外)占总资产的比例(%)	6.44	7.48	8.57
无形资产(土地使用权除外)占净资产的比例(%)	13.13	15.55	19.24
资产负债率(%)	50.94	51.88	55.45
每股净资产(元)	2.18	1.91	1.60
调整后每股净资产(元)	2.18	1.91	1.60
每股经营活动的现金流量(元)	0.92	0.67	---

四、简要盈利预测表　　单位：元

项目	2003 年	2004 年预测数	
	已审实现数	1-3 月份 未审实现数	4-12 月份 预测数
一、主营业务收入	1,045,857,283.36	351,025,162.67	979,474,837.33
减：主营业务成本	622,648,438.36	209,180,908.92	567,329,091.08
主营业务税金及附加	11,303,898.23	3,857,440.60	11,652,559.40
二、主营业务利润	411,904,946.77	137,986,813.15	400,493,186.85
加：其他业务利润	14,437,718.54	2,309,713.26	7,840,286.74
减：营业费用	67,466,038.34	18,783,826.47	64,476,173.53
管理费用	140,290,692.20	36,977,593.54	126,402,406.46
财务费用	17,483,103.04	4,647,206.12	14,342,793.88
三、营业利润	201,102,831.73	79,887,900.28	203,112,099.72
加：投资收益			
补贴收入			
营业外收入	168,239.81	443,646.50	443,646.50
减：营业外支出	3,029,407.32	3,000,000.00	3,000,000.00
四、利润总额	198,241,664.22	80,331,546.78	200,112,099.72
减：所得税	59,209,184.46	26,509,410.43	37,136,992.92
五、净利润	139,032,479.76	53,822,136.35	162,975,106.80

项目	2004 年预测数 合计
一、主营业务收入	1,330,500,000.00
减：主营业务成本	776,510,000.00
主营业务税金及附加	15,510,000.00
二、主营业务利润	538,480,000.00
加：其他业务利润	10,150,000.00
减：营业费用	83,260,000.00
管理费用	163,380,000.00
财务费用	18,990,000.00
三、营业利润	283,000,000.00
加：投资收益	
补贴收入	
营业外收入	
减：营业外支出	
四、利润总额	280,443,646.50
减：所得税	63,646,403.35
五、净利润	216,797,243.15

第九节　其他重要事项

一、本公司首次公开发行股票后至本公司上市公告书公告之日,严格按照《公司法》、《证券法》等法律法规要求,规范运行,生产经营情况正常;所处行业或市场无重大变化,主要业务发展目标的进展状况正常,主要投入、产出物供求及价格无重大变化。

二、本公司首次公开发行股票后至本公司上市公告书公告之日,本公司无重大对外投资活动,无重大资产(股权)收购或出售行为。

三、本公司首次公开发行股票后至本公司上市公告书公告之日,本公司重大会计政策和会计师事务所没有发生变化。

四、本公司首次公开发行股票后至本公司上市公告书公告之日,本公司未涉及任何重大诉讼事项或仲裁,亦无尚未了结或可能面临的重大诉讼或赔偿要求。

五、本公司首次公开发行股票后至本公司上市公告书公告之日,本公司董事、监事和高级管理人员未受到任何刑事起诉,亦没有尚未了结或可能发生的刑事诉讼事项。

六、本公司首次公开发行股票后至本公司上市公告书公告之日,本公司住所未变更,本公司未发生新的重大负债;并且重大债项未发生变化。

七、根据《上海证券交易所上市规则》,本公司第一大股东开滦(集团)有限责任公司承诺,自本公司股票上市之日起一年内,不转让其持有的发起人股份,也不由本公司回购其持有的本公司股份。本公司承诺,自本公司股票上市之日起一年内不回购本公司发起人股东持有的本公司股份。

八、本公司首次公开发行股票后至本公司上市公告书公告之日,没有其他应披露而未披露之重大事项。

第十节　董事会上市承诺

本公司董事会承诺严格遵守《公司法》、《证券法》等法律、法规和中国证监会的有关规定,并自股票上市之日起作到：

1、真实、准确、完整、公允和及时地公布定期报告,披露所有对投资者有重大影响的信息,并接受中国证监会、证券交易所的监督管理；

2、本公司在知悉可能对股票价格产生误导性影响的任何公共传播媒介中出现的消息后,将及时予以公开澄清；

3、本公司董事、监事、高级管理人员和核心技术人员将认真听取社会公众的意见和批评,不利用已获得的内幕消息和其他不正当手段直接或间接从事发行人股票的买卖活动；

4、本公司没有无记录的负债。

依据《上海证券交易所上市规则》,本公司全体董事、监事将按照有关规定,在本公司股票上市后两个月内签署《董事(监事)声明及承诺书》并送达上海证券交易所备案。

第十一节　保荐机构(上市推荐人)及其意见

一、保荐机构(上市推荐人)情况

保荐机构(上市推荐人)：长城证券有限责任公司　　法定代表人：魏云鹏

注册地址：深圳市福田区深南大道 6008 号特区报业大厦 16-17 层

联系电话：0755-83516283　　联系传真：0755-83516266

联系人：佘学雷、刘茜、赵宏宏

二、保荐机构(上市推荐人)意见

本公司保荐机构(上市推荐人)认为：本公司章程符合《中华人民共和国公司法》等有关法律、法规和中国证监会关于公司章程的有关规定；发行人本次股票发行符合《中华人民共和国公司法》、《中华人民共和国证券法》、《股票发行与交易管理暂行条例》及《上海证券交易所股票上市规则》等法律、法规的规定,已经具备上市条件;发行人董事了解法律、法规、上海证券交易所上市规则及股票上市协议规定的董事的义务与责任,发行人建立健全了法人治理结构,制定了严格的信息披露制度与保密制度。

本公司保荐机构(上市推荐人)已对本公司上市文件所载的资料进行了核实,确保上市文件真实、准确、完整,符合规定要求;保证本公司的上市申请材料、上市公告书没有虚假记载、误导性陈述或者重大遗漏,并保证对其承担连带责任。保荐机构(上市推荐人)与发行人不存在关联关系。保荐机构(上市推荐人)愿意推荐发行人的股票在上海证券交易所上市交易,并保证不利用在发行上市过程中获得的内幕信息进行内幕交易,为自己或他人谋取利益。

开滦精煤股份有限公司

二零零四年五月二十八日

金融街控股股份有限公司2003年年度报告

金融街控股股份有限公司2003年年度报告

重要提示

本公司董事会及其董事保证本报告所载资料不存在任何虚假记载、误导性陈述或者重大遗漏,并对其内容的真实性、准确性和完整性承担个别及连带责任。

本公司董事长王功伟、总经理刘世春、财务总监李敦嘉及财务部经理杨福云声明:保证本年度报告中财务会计报告真实、完整。

一、公司基本情况简介

1、公司法定中文名称:金融街控股股份有限公司

公司法定英文名称:FINANCIALSTREET HOLDING CO.,LTD.

2、公司法定代表人:王功伟

3、公司董事会秘书:许群峰

证券事务代表:于蓉

联系地址:北京市西城区金融大街19号富凯大厦北座5层

邮政编码:100032

电话:010-66573955

传真:010-66573956

电子信箱:investors@jrjkg.com

4、公司注册地址:北京市西城区金融大街33号通泰大厦B座8层

邮政编码:100032

公司办公地址:北京市西城区金融大街19号富凯大厦北座5层

邮政编码:100032

电话:010-66573088　传真:010-66575015

公司国际互联网网址:http://www.jrjkg.com

电子信箱:investors@jrjkg.com

5、公司选定的信息披露报纸:《中国证券报》、《证券时报》

中国证监会指定国际互联网网址:http://www.cninfo.com.cn

公司年度报告备置地点:北京市西城区金融大街19号富凯大厦北座5层公司董事会秘书办公室

6、公司股票上市交易所:深圳证券交易所

股票简称:金融街　股票代码:000402

7、其他有关资料

公司首次注册登记日期:1996年6月18日

公司首次注册登记地点:重庆市工商行政管理局

公司最近一次变更注册登记日期:2003年7月10日

公司最近一次变更注册登记地点:北京市工商行政管理局

公司企业法人营业执照注册号码:1100001262595

公司税务登记证号码:京11010220283066

公司聘请的会计师事务所名称:岳华会计师事务所有限责任公司

办公地址:北京市朝阳区霄云路26号鹏润大厦

二、会计数据和业务数据摘要

1、公司本年度实现

单位:(人民币元)

利润总额	331,765,619.79
净利润	207,494,226.84
扣除非经常性损益后的净利润	192,045,259.62
主营业务利润	441,678,436.43
其他业务利润	-23,400.00
营业利润	310,166,504.78
投资收益	1,630,713.53
补贴收入	20,000,000.00
营业外收支净额	-31,598.52
经营活动产生的现金流量净额	-30,705,401.55
现金及现金等价物净增加额	7,347,863.11

注:非经常性损益的具体内容包括:补贴收入20,000,000.00元,短期投资收益3,089,758.55元,营业外收支净额-31,598.52元,小计23,058,160.03元,按33%所得税率扣除所得税影响后,非经常性损益合计为15,448,967.22元。

2、公司前三年主要会计数据和财务指标

(单位:人民币元)

项目	2003年度	2002年度	2001年度
主营业务收入	1,437,970,885.22	924,183,889.85	857,282,451.10
净利润	207,494,226.84	167,075,564.18	151,047,979.44
总资产	3,624,720,674.32	2,875,889,635.69	1,137,756,499.58
股东权益(不含少数股东权益)	1,092,855,345.66	885,361,118.82	346,491,744.65
每股收益(摊薄)	0.70元/股	1.13元/股	1.20元/股
每股收益(加权)	0.70元/股	1.26元/股	1.20元/股
扣除非经常性损益后的每股收益(摊薄)	0.65元/股	0.78元/股	0.97元/股
扣除非经常性损益后的每股收益(加权)	0.65元/股	0.87元/股	0.97元/股
每股净资产	3.71元/股	6.01元/股	2.75元/股
调整后的每股净资产	3.62元/股	5.89元/股	2.74元/股
每股经营活动产生的现金流量净额	-0.10元/股	-5.82元/股	-4.12元/股
净资产收益率(摊薄)	18.99%	18.87%	43.59%
净资产收益率(加权)	20.98%	29.63%	54.48%
扣除非经常性损益后的净资产收益率(摊薄)	17.57%	13.01%	35.23%
扣除非经常性损益后的净资产收益率(加权)	19.42%	20.43%	44.03%

(1)上述数据均以合并报表数填列或计算

(2)报告期内,公司实施2002年度公积金转增股本方案每10股转增10股,总股本由期初的147,356,400股变更为期末的294,712,800股。

3、2003年度利润表附表(单位:人民币元)

报告期利润		净资产收益率 全面摊薄
主营业务利润	441,678,436.43	40.42%
营业利润	310,166,504.78	28.38%
净利润	207,494,226.84	18.99%
扣除非经常性损益后的净利润	192,045,259.62	17.57%

报告期利润	加权平均	每股收益(元/股) 全面摊薄	加权平均
主营业务利润	44.65%	1.50	1.50
营业利润	31.36%	1.05	1.05
净利润	20.98%	0.70	0.70
扣除非经常性损益后的净利润	19.42%	0.65	0.65

4、公司2003年度股东权益变动情况及变动原因

项目	股本	资本公积	盈余公积
期初数	147,356,400	412,224,295.85	96,057,126.59
本期增加	147,356,400		31,398,857.94
本期减少		147,356,400.00	
期末数	294,712,800	264,867,895.85	127,455,984.53

项目	法定公益金	未分配利润	股东权益合计
期初数	38,613,551.86	259,194,576.38	885,361,118.82
本期增加	10,495,710.80	146,624,088.90	207,494,226.84
本期减少			
期末数	49,109,262.66	405,818,665.28	1,092,855,345.66

变动原因:(1)报告期内,公司实施2002年度公积金转增股本方案每10股转增10股,导致股本总数由147,356,400股增加为294,712,800股。

(2)报告期内,公司资本公积减少是由于公司实施2002年度公积金转增股本方案每10股转增10股,导致公司期末资本公积相应减少。

(3)报告期内,公司盈余公积(其中包括法定公益金)增加系按公司章程规定提取法定公积金、法定公益金和任意盈余公积金所致。

(4)报告期内,公司未分配利润增加系公司本年度实现净利润。

(5)报告期内,公司股东权益增加是本年度实现净利润所致。

三、股本变动及股东情况

(一)股本变动情况

1、公司股份变动情况表数量单位:股

	本次变动前	本次变动增减(+-) 配股	送股	公积金转增股本	增发	其他	小计	变动后
一、未上市流通股份								
1、发起人股份								
其中:								
国有法人股份	77,906,400			+77,906,400				155,812,800
境内法人持有股份								
境外法人持有股份								
其他								
2、募集法人股份								
3、内部职工股								
4、优先股或其他								
未上市流通股份合计	77,906,400			+77,906,400				155,812,800
二、已上市流通股份								
1、人民币普通股	69,450,000			+69,450,000				138,900,000
2、境内上市的外资股								
3、境外上市的外资股								
4、其他								
已上市流通股份合计	69,450,000			+69,450,000				138,900,000
三、股份总数	147,356,400			+147,356,400				294,712,800

2、股票发行与上市情况

本公司的前身为重庆华亚现代纸业股份有限公司,股票简称"重庆华亚"。2000年8月8日,公司名称变更为金融街控股股份有限公司,股票简称变更为"金融街"。公司股票发行、上市及股本变更情况如下。

①截止1995年9月30日,重庆华亚现代纸业有限责任公司净资产经评估确认为4,869.15万元人民币,折合国有法人股4,869.15万股,由华西包装集团公司持有。经中国证券监督管理委员会证监发审字[1996]73号文和证监发审字[1996]78号文批准,公司于1996年6月6日向社会公众发行人民币普通股3,000万股(含公司职工股300万股),每股面值1.00元,每股发行价3.68元。根据深圳证券交易所深证发[1996]167号文,公司2,700万股社会公众股于1996年6月26日上市流通。公司职工股300万股于1996年12月30日获准上市流通。

②1999年12月27日,华西包装集团公司与北京金融街建设集团签署《股权转让协议》,华西包装集团公司将其所持4,869.15万股公司国有法人股全部转让给北京金融街建设集团,2000年5月24日双方办理了股权过户手续,过户手续完成后华西包装集团公司不再持有本公司股票,北京金融街建设集团持有本公司全部国有法人股。

③2000年5月17日,根据公司1999年年度股东大会的决议,公司按10:6的比例实施了公积金转增股本的方案,公司总股本从78,691,500股变更为125,906,400股。

④2002年8月14日,经中国证券监督管理委员会证监发行字[2002]60号文核准,公司实施了2002年A股增发方案。本次增发向社会公众发行新股2,145万股人民币普通股,每股发行价格19.58

元,本次增发的全部股票于2002年8月21日在深圳证券交易所上市流通。上述2002年A股增发方案实施后,公司总股本从125,906,400股变更为147,356,400股。

⑤2003年4月16日,根据公司2002年度股东大会决议,公司按10:10的比例实施了公积金转增股本的方案,公司总股本从147,356,400股变更为294,712,800股。

(二)股东情况

1、报告期末股东总数

截止2003年12月31日,公司股东总数为9,803户。

2、持公司5%以上(含5%)股份股东及前十名流通股东持股情况

截止2003年12月31日,公司持股5%以上的股东仅为一名且为非流通股股东,拥有公司前十名流通股股东持股情况如下:

序号	股东名称	拥有股数(股)	占总股本比例(%)
1	北京金融街建设集团	155,812,800	52.87
2	上海佳盈房产开发有限公司	4,007,227	1.36
3	常州市高玛商行	1,941,446	0.66
4	上海晓申冷气设备有限公司	1,933,320	0.66
5	海南格方网络安全有限公司	1,567,400	0.53
6	陕西裕源电力发展有限责任公司	1,360,430	0.46
7	乌鲁木齐汇鑫鸿工贸有限公司	1,341,181	0.46
8	嘉峪关龙泰矿山建设有限责任公司	1,175,390	0.40
9	苏州工业园区投资有限公司	1,025,496	0.35
10	吴彩玉	970,074	0.33
11	江苏华光房地产有限公司	951,528	0.33

公司前十一名股东中,第一大股东北京金融街建设集团在报告期内其所持公司股份因公司实施10:10公积金转增股本方案而发生变化,持股数量由77,906,400股变更为155,812,800股,占公司总股本294,712,800股的52.87%;其他十名股东均为社会公众股东,所持股份为流通股,报告期内其所持公司股份发生变化系二级市场交易所致。

公司前十一名股东中,第一大股东北京金融街建设集团与其他流通股东不存在关联关系,也不属于《上市公司股东持股变动信息披露管理办法》中规定的一致行动人;未知其他流通股东是否属于一致行动人,也未知其他流通股东之间是否存在关联关系。

3、公司控股股东情况

北京金融街建设集团是唯一持有公司10%以上股份的股东,其持有公司股份的比例为52.87%,系本公司控股股东,报告期内北京金融街建设集团未将其持有的本公司股份进行质押。

北京金融街建设集团成立于1996年5月29日,法定代表人是鞠瑾,注册资本为16,199万元人民币,主要业务为国有资产经营管理,经营范围是房地产建设投资咨询、房地产经营管理咨询;租赁建筑施工设备;销售建筑材料、机械电器设备、化工产品(不含一类易制毒化学品及危险品)、金属材料、汽车配件、百货、五金交电、包装食品、土产品;技术开发、转让、咨询、培训;组织展览展销;投资管理咨询服务;广告设计制作;电子商务;网络技术服务(未经专项许可除外);运输方面的信息咨询;文化、体育、艺术交流;租赁展览展示用品;承办展览展销;自有房产的物业管理(出租写字间);租赁办公设备等。股权结构为国有独资,企业法人营业执照注册号码为1101021072274。

北京金融街建设集团系北京市西城区国资委全资拥有的以资本运营和资产管理为主要任务的全民所有制企业,行业归口管理单位是北京市西城区城市建设管理委员会,北京市西城区国资委的负责人是西城区区长。

四、董事、监事、高级管理人员和员工情况

(一)董事、监事、高级管理人员情况

1、基本情况

(1)董事基本情况

姓名	职务	性别	年龄	学历	任期起止日期	持股数量
王功伟	董事长	男	47岁	研究生	2002.6.26--2005.6.25	0
曲明光	副董事长	男	54岁	研究生	2002.6.26--2005.6.25	0
鞠瑾	副董事长	男	40岁	在读博士	2002.6.26--2005.6.25	0
赵伟	董事	男	50岁	研究生	2002.6.26--2005.6.25	0
张海天	董事	男	52岁	大专	2002.6.26--2005.6.25	0
刘世春	董事	男	35岁	研究生	2002.6.26--2005.6.25	0
许燕生	独立董事	男	56岁	研究生	2002.6.26--2005.6.25	0
印★	独立董事	男	48岁	硕士	2002.6.26--2005.6.25	0
朱裕峰	独立董事	男	51岁	大专	2003.6.24--2005.6.25	0

(2)监事基本情况

姓名	职务	性别	年龄	学历	任期起止日期	持股数量
宋和珍	召集人	女	51岁	研究生	2002.6.26--2005.6.25	0
艾颖丽	监事	女	45岁	研究生	2002.6.26--2005.6.25	0
吕洪	监事	男	36岁	大本	2002.6.26--2005.6.25	0

(3)高级管理人员基本情况

姓名	职务	性别	年龄	学历	任期起止日期	持股数量
刘世春	总经理	男	35岁	研究生	2002.6.26--2005.6.25	0
李敦嘉	财务总监	男	52岁	博士	2002.6.26--2005.6.25	0
高靓	副总经理	女	33岁	研究生	2002.6.26--2005.6.25	0
侯志宁	副总经理	女	45岁	研究生	2002.6.26--2005.6.25	0
许群峰	董事会秘书	男	39岁	硕士	2002.6.26--2005.6.25	0

(4)董事、监事在控股股东单位任职情况

公司控股股东为北京金融街建设集团,其中公司董事鞠瑾任北京金融街建设集团法定代表人,公司董事王功伟任北京金融街建设集团经理,公司董事曲明光、赵伟任北京金融街建设集团副经理,公司董事张海天任北京金融街建设集团总会计师,公司监事艾颖丽任北京金融街建设集团党办主任,以上人员任期均为长期。

公司经营管理班子未在控股股东单位担任任何职务。

4、年度报酬情况

根据公司章程的规定,董事报酬由股东大会决定。2002年6月26日召开的2002年第一次临时股东大会审议并通过了第三届公司董事和监事报酬。

(1)董事报酬的情况

公司董事6名,在董事任期内将按照公司激励基金管理办法的规定,根据公司效益实现情况经过考核后从公司获得激励基金,除此之外,非公司员工的董事,公司在其任期内不向其支付其他报酬。

公司独立董事3名,在独立董事任期内每人每年可获得独立董事津贴5万元人民币(税后),除此之外,公司在独立董事任期内不向其支付其他报酬。公司独立董事不作为激励基金的激励对象。

(2)监事报酬的情况

公司监事3名,在监事任期内每人每年可获得监事津贴5万元人民币(税后),除此之外,非公司员工的监事,公司在其任期内不向其支付其他报酬。公司监事不作为激励基金的激励对象。

(3)高级管理人员报酬的情况

根据公司章程的规定,高级管理人员的报酬由董事会决定。公司高级管理人员全部在公司领取报酬,高级管理人员从公司获得的报酬包括工资和激励基金两部分。高级管人员工资包含在董事会审定的公司年度管理费用内,确定高级管理人员工资的主要依据是公司效益完成情况,同时参照同行业、类似规模企业高管人员的报酬情况。高级管理人员激励基金的确定依据是根据公司效益实现情况及董事会对高级管理人员的考核结果。

(4)报告期内董事、监事、高级管理人员领取报酬情况

报告期内,公司董事、监事及高级管理人员实际从公司获得的报酬总额为478万元。公司现有董事九人,其中只担任董事、不在经营管理班子中任职的王功伟、曲明光、鞠瑾、赵伟和张海天五位董事从公司获得的报酬为激励基金;担任董事同时在经营管理班子中兼职的刘世春董事从公司获得的报酬为工资和激励基金;担任独立董事的许燕生、印★、朱裕峰从公司获得的报酬为独立董事津贴,除此之外公司不向其支付其他报酬。公司现有监事三人,其中艾颖丽监事非公司员工,从公司获得的报酬为监事津贴,除此之外公司不向其支付其他报酬;在公司任职的监事宋和珍和监事吕洪从公司获得的报酬为工资和监事津贴。

报告期内,金额最高的前三名董事的报酬总额为131万元,金额最高的前三名高级管理人员的报酬总额为167万元。

报告期内,公司董事(包括独立董事)、监事及高级管理人员从公司获得报酬在20万元以上的有10人,在20万元至10万元之间的有2人,在10万元以下的有4人。

3、报告期内离任的董事、监事、高级管理人员姓名及离任原因

公司于2002年6月26日召开了2002年第一次临时股东大会,选举并产生了公司第三届董事会及监事会,其中董事会成员8名包括2名独立董事,监事会成员3名。根据《公司章程》规定,公司董事会应由9名董事组成。为此,报告期内公司于2003年6月24日召开了2003年第一次临时股东大会,大会通过决议同意聘任朱裕峰先生为公司三届董事会第3名独立董事。至此,《公司章程》规定的公司第三届董事会成员全部到位。上述股东大会决议公告刊登于2003年6月25日的《中国证券报》和《证券时报》。除上述情况外,报告期内公司其他董事、监事、高级管理人员无新聘和解聘情况。

(二)公司员工情况

截止2003年12月31日,公司共有员工90人,其中大专以上学历的88人,占员工总数的98%,大专以下学历2人;具有中高级以上专业技术职称的有46人,占员工总数的51%。

员工的专业结构情况见下表:

专业分工	人数(人)	占员工总数的比例
市场营销	20	22.23%
规划设计	4	4.4%
工程技术	39	43.3%
财务人员	7	7.8%
研发人员	9	10%
行政管理	8	8.9%
证券事务	3	3.3%
合计	90	100%

截止到报告期末,公司尚未有离退休职工。

五、公司治理结构

(一)公司治理结构基本情况

公司于1996年在深圳证券交易所上市,2000年5月实施完成了以股权转让和资产整体置换为主要内容的重大资产重组。重组完成后,公司严格按照《公司法》、《证券法》和中国证监会有关规章、规范的要求,完善公司法人治理结构,建立现代企业制度,规范公司运作。对照有关上市公司治理的规范性文件的规定和要求,公司董事会认为目前公司的治理结构基本符合要求。

报告期内,中国证监会颁布了"上市部函[2003]197号文《关于推动上市公司加强投资者关系管理工作的通知》",根据通知精神,总结公司多年来在信息披露工作方面积累的经验,结合公司信息披露工作的实际情况,公司起草制定了《公司信息披露制度》,并经三届十二次董事会审议通过。

报告期内,中国证监会颁布了证监发(2003)56号《关于规范上市公司与关联方资金往来及上市公司对外担保若干问题的通知》(以下简称《通知》)。《通知》要求"各上市公司《章程》应当对对外担保的审批程序、被担保对象的资信标准做出规定。对外担保应当取得董事会全体成员2/3以上签署同意,或者经股东大会批准;不得直接或间接为资产负债率超过70%的被担保对象提供债务担保。"根据上述要求,公司董事会召开三届十二次会议,贯彻落实证监发(2003)56号文件精神,审议通过了《关于修改公司章程》的议案,该议案尚须报请公司股东大会批准。

(二)独立董事制度完善情况

根据中国证监会发布的《关于在上市公司建立独立董事制度的指导意见》和《公司章程》的规定,2003年6月24日召开的公司2003年第一次临时股东大会(本次股东大会的决议公告参见2003年6月25日的《中国证券报》、《证券时报》和《上海证券报》)审议通过《增补公司第三届董事会第3名独立董事》的议案。至此,《公司章程》中规定的公司第三届董事会成员全部到位。

截止到报告期末,公司独立董事根据《公司法》、《证券法》、《股票上市规则》和公司的有关规定认真履行职责,参加了历次董事会会议,独立履行职责,参与公司重大事项的决策,充分发挥独立董事作用,并按照有关规定对需要发表独立意见的事项发表独立意见。

(三)公司与控股股东在业务、人员、资产、机构、财务等方面的分开情况

1、业务分开情况

公司具有房地产开发资格,主营业务是房地产开发,公司控股股东金融街集团经营范围无房地产开发一项,公司与控股股东业务完全分开。

2、资产分开情况

在资产方面,公司与金融街集团只有股权投资关系,双方资产完全分开。

3、人员分开情况

公司法定代表人与控股股东法定代表人分开,不由同一人兼任。公司董事长与总经理分开,不由同一人兼任。公司经理班子现由一名总经理、两名副总经理、一名财务总监和一名董事会秘书共五人组成,经理班子五人均与公司签订劳动合同,在公司领取工资,在金融街集团及其附属企业不担任任何职务。公司拥有独立的员工队伍,这些员工均与公司签订劳动合同,在公司领取工资,与控股股东及其附属企业完全分开。

4、机构分开情况

公司依照《公司法》、《证券法》等有关法律、法规和规章制度的规定,建立了股东大会、董事会、监事会、经理层等组织机构,制定了《股东大会议事规则》、《董事会议事规则》、《监事会议事规则》和《经理工作细则》等基本管理制度,公司控股股东依法定程序参与公司决策,公司拥有独立完整的组织机构,与控股股东机构完全分开。

5、财务分开情况

公司与金融街集团拥有各自独立的财务负责人和财务会计工作人员,各自独立建帐,拥有独立的银行帐号,实行独立的财务管理制度,建立了独立的财务核算体系,公司与控股股东的财务是完全分开的。

(四)报告期内公司对高级管理人员的考评及激励制度的实施情况

1、公司对高级管理人员选聘、考核的基本情况

公司对高级管理人员的选择,根据德才兼备、专业化、年轻化的原则,通过内部推荐和公开招考,择优聘用。聘任后,公司不定期开展内部培训、外派深造、在职学习等活动,不断提高高管人员的

职业道德和专业技能。公司股东大会和董事会审议通过的年度投资计划、年度工作计划及其他工作计划授权经营管理班子全权负责实施，在期中、年终对照计划完成情况，对高管人员的业绩进行考核评定。根据考核评定结果，确定对高管人员的奖惩和去留，建立高管人员能上能下、能进能出的用人机制，确保高管层充满活力、富有进取心和敬业精神。

2、报告期内公司激励制度的实施情况

2003 年 4 月 18 日，公司激励基金管理委员会召开了 2003 年第一次会议，会议应到委员 5 人，实到 5 人，公司董事会秘书列席会议，会议经充分讨论，审议并通过了：①《激励基金委员会人员及召集人变更情况》的报告；②《2002 年公司董事及高管激励基金授予方案》；③《2002 年公司业务骨干激励基金授予方案》。

报告期内，按照《公司激励基金实施办法》，根据 2002 年度公司效益实现情况，2002 年度公司共提取应发放的税前激励基金总额为 798 万元，其中 638 万元授予董事及高级管理人员，报告期内已经授予 496 万元，已经提取尚未授予的 142 万元将转至下一年度授予完毕；160 万元授予公司业务骨干，报告期内已经全部授予完毕。接受激励基金的董事、高管和业务骨干按个人所获得税后激励基金 10%的比例交纳风险金，交由激励基金管理委员会统一管理。

六、董事会报告

(一) 报告期内发生或将要发生的重大事项对公司的影响

1、公司在金融街区域经营方式的转变收到积极效果

公司作为金融街的总体开发商，在金融街开发建设的初期，公司的业务以土地开发为主。随着金融街建设的不断深入和公司实力的不断增强，逐步调整公司在金融街区域的经营方式是公司发展的必然趋势，因此从 2001 年下半年开始，公司即积极探索转变公司在金融街区域的经营方式，使公司在金融街区域的业务逐步从以土地开发为主向土地开发与房产开发有机结合转变。

经过近两年的努力，公司在金融街区域经营方式的转变收到积极效果，报告期内房产开发已成为公司新的利润增长点。具体表现在：报告期内公司实现主营业务收入 143,797 万元，比上年同期的 92,418 万元增长 55.59%，其中土地开发收入 64,272 万元，比上年同期的 78,787 万元减少 18.43%；房产开发收入 78,623 万元，较上年同期的 12,536 万元增长 527.18%。报告期内，公司实现主营业务利润 44,168 万元，比上年同期的 26,898 万元增长 64.21%；净利润 20,749 万元，比上年同期的 16,708 万元增长 24.19 %。与上年同期相比，报告期内公司主营业务收入、主营业务利润和净利润大幅度增长的主要原因是由于公司经营方式的转变，房产开发业务迅速发展成为公司新的业绩增长点。

2、公司在吸引大客户入驻金融街方面又有新突破

公司 2002 年年度报告关于 2003 年公司经营工作安排中曾指出：做好 2003 年工作的主要措施之一是：调整经营销售策略，销售前置，注重引进大客户；多渠道拓展销售工作，在与重点客户建立联系的基础上，要主动开展工作，逐一予以落实。

报告期内，公司先后分别与中国长江三峡工程开发总公司、中国长江电力股份有限公司、北京市商业银行、中国保险监督管理委员会签署房地产销售合同（详见公司于 2003 年 1 月 8 日、5 月 24 日、10 月 22 日在《中国证券报》、《证券时报》上刊登的公告）。

上述协议的签署是公司 2003 年度经营工作取得的重要成果，标志着公司所开发的北京金融街正在发展成为一个以金融机构和大企业总部高度聚集，配套服务完善的国家金融管理中心区。同时，协议的执行将对公司本年度及未来几年的经营业绩产生积极影响。

3、在引进国内外金融机构入驻金融街方面开始取得成果

2003 年，公司分别赴美国、法国等地宣传推介金融街项目并先后组织了首届京港金融合作论坛、国际金融论坛、金融新产品推介会等一系列金融行业推介活动，扩大了金融街的品牌知名度和国际影响力。

报告期内，公司成功引入美国纽约银行驻华代表处入驻金融街，这使公司在吸引国际金融机构入驻金融街方面迈出了第一步，标志着金融街在海外的知名度进一步提高。

4、公司逾期欠款回收取得重大进展

(1)针对公司应收账款金额较大的情况，为降低财务风险，公司从 2002 年开始积极采取了包括法律手段在内的一系列措施加强了对逾期欠款的回收工作，并于报告期内取得如下重大进展：

①2003 年 12 月 23 日公司董事会召开三届十三次会议以通讯表决方式审议通过了关于签订金融街 B6 项目《关于中证大厦销售及监管协议书》的议案。中国网通购买金融街 B6 项目并入驻北京金融街将使该项目后续的建设资金得到有效保障，公司回收 B6 项目欠款的财务风险进一步降低。

②报告期内，在 B6、A3 北和 G4 等逾期时间较长的项目上累计收回逾期欠款 22,916 万元，公司逾期欠款的回收使公司应收账款中逾期时间较长的欠款余额大幅下降，新增的应收账款逾期时间相对较短，回收风险相对较小，应收账款的结构得到明显改善。

(2)由于公司加快了在金融街区域的各项开发业务速度，投入大量资金进行土地开发，导致已签约的土地开发协议中公司的完工进度普遍提前，但相应协议对方的付款进度尚未到期且公司应收账款中的一部分欠款单位未能按期支付欠款。因此公司经营过程中产生的应收账款余额 69,731 万元较去年同期的 64,149 万元略有增长。

5、公司对房地产发展宏观政策调整采取了有效的应对措施

报告期内，中国人民银行、国务院分别发布了《关于进一步加强房地产信贷业务管理的通知》（以下称 121 号文）和《关于促进房地产市场持续健康发展的通知》（简称 18 号令）。其中 121 号文要求加强房地产开发贷款管理、引导规范贷款投向，通知指出："对未取得土地使用权证书、建设用地规划许可证、建设工程规划许可证和施工许可证的项目，不得发放任何形式的贷款。"通知还指出："房地产开发企业申请银行贷款，其自有资金（指所有者权益）应不低于开发项目总投资的 30%"。

国务院 18 号令则对完善住房供应政策、调整供应结构、发展住房信贷、整顿房产市场秩序等方面作了明确规定。同时首次确立了房地产业在国民经济中的支柱产业地位，进一步明确房地产市场发展的指导思想。

针对上述有关房地产宏观调控政策的调整公司及时采取了相应措施：加强资金计划工作，调整公司银行借款结构，将银行短期借款调整为中、长期借款，财务风险进一步得到控制。同时加强销售工作，使经营性现金流入增加。因此上述关于房地产信贷政策的调整不会对公司未来几年的经营工作产生显著影响。公司认为从国务院 18 号令对于房地产行业在国民经济中重要地位的肯定以及促进房地产行业健康发展的指导思想来看，未来几年将是公司发展的重大机遇，因此公司在金融街的建设全面提速。

(二)报告期内公司经营情况

1、主营业务的范围及其经营状况

公司的经营范围是：房地产开发，销售商品房；物业管理；新技术及产品项目投资和技术开发、技术服务；停车服务；自有房屋租赁等。按照深圳证券交易所《上市公司行业分类结果》，公司属房地产开发行业，目前从事的主要业务是金融街区域的总体规划、土地开发、项目建设和综合管理。报告期内，金融街区域房地产开发收入和利润占公司主营业务收入和主营业务利润的 95%以上。

金融街是《北京城市总体规划》确定的跨世纪宏伟工程。她南起复兴门内大街，北至阜成门内大街，南北长约 1,700 米；西至西二环路东侧红线，东至太平桥大街，东西宽 500 米至 700 米不等。规划区域总占地面积 103 公顷，其中新开发区域占地面积 88 公顷；规划总建筑面积约 300 万平方米。规划区域内两横一竖的城市道路将整个街区划分为 A、B、C、D、E、F、G 七个分区。金融街的发展目标是成为资金密集、市场活跃、资讯发达、设施完善、环境优美的国际化金融中心。

报告期内，公司共完成主营业务收入 143,797 万元，其中销售收入占主营业务收入 10%以上的经营活动只有房地产开发业务一项，报告期内公司房地产开发业务的基本情况如下：

报告期内，占公司主营业务收入总额 10%以上的行业或产品情况如下：

经营活动分类	占主营业务收入比例 (%)	主营业务收入（万元）	主营业务成本（万元）	毛利率 (%)	所属行业
房地产开发	99.38	142,897	87,361	38.87	房地产开发

2、主要控股公司及参股公司的经营情况及业绩

1)报告期末，公司共有三家控股企业，分别是北京顺坪拆迁有限责任公司(以下简称拆迁公司)、北京宏基嘉业房地产经纪有限公司(以下简称经纪公司)和北京金融家俱乐部有限公司(以下简称俱乐部公司)，主要控股公司的基本情况及经营业绩如下。

(1)北京顺坪拆迁有限责任公司

拆迁公司成立于 1999 年 10 月 27 日，公司控股比例为 51%。拆迁公司注册登记号：1101021092137，法定代表人：曲明光，注册资金：600 万元，企业类型：有限责任公司，经营范围：从事拆迁业务；家居装饰；房地产信息咨询。

报告期内，北京市国土管理局下发《北京市房屋拆迁单位管理办法》(以下简称"《办法》")。根据该《办法》的规定，具备一级拆迁资质的拆迁公司必须有 600 万元以上的注册资本，原一级资质的拆迁公司注册资本未达到规定额度的必须在 6 月底前调整完毕。为此，公司第三届董事会第十次会议于 2003 年 6 月 11 日召开会议，同意以公司从拆迁公司所获得分配利润，对该公司追加投资 255 万元。增资后的拆迁公司注册资本调整为 600 万元。由于本次增资由拆迁公司全体股东以各自所得的分配利润，同比例追加投资。因此，增资后公司持该公司股份比例仍然为 51%。

报告期内，拆迁公司实现主营业务收入 586 万元，形成净利润 56 万元。截止到报告期末，拆迁公司总资产为 1,165 万元，净资产为 1,050 万元。

(2)北京宏基嘉业房地产经纪有限公司

经纪公司成立于 2000 年 5 月 19 日，公司控股比例为 51%。经纪公司注册登记号：1101021134445，法定代表人：刘世春，注册资本：100 万元，企业类型：有限责任公司，经营范围：从事房地产经纪业务。

报告期内，经纪公司实现主营业务收入 565 万元，形成净利润 173 万元。截止到报告期末，经纪公司总资产为 1,008 万元，净资产为 896 万元。

(3)北京金融家俱乐部有限公司

俱乐部公司成立于 2000 年 4 月 27 日，公司控股比例为 80%。俱乐部公司注册登记号：1101021131082，法定代表人：刘世春，注册资金：1,000 万元，企业类型：有限责任公司，经营范围：房地产开发；对自有房屋进行物业管理；家居装饰；房地产信息咨询；销售建筑材料、装饰材料、百货、五金交电、机械电器设备、家俱；会议服务；自营和代理各类商品技术的进出口，但国家限定公司经营或禁止进出口的商品和技术除外。

报告期内，俱乐部公司主营业务收入为 0 万元，净利润为 41 万元。截止到报告期末，俱乐部公司总资产为 1,092 万元，净资产为 1,016 万元。

2)报告期末，公司共有两家参股企业，分别是金融街重庆置业有限公司和天融建设开发股份有限公司，主要参股公司的基本情况及经营业绩如下。

(1)金融街重庆置业有限公司

金融街重庆置业有限公司成立于 2002 年 12 月 27 日，公司参股比例为 30%。公司注册登记号：5001051806270，法定代表人：刘世春，注册资金：5,000 万元，企业类型：有限责任公司。

报告期内，金融街重庆置业有限公司主营业务收入为 0 万元，净利润为−823.87 万元。截止到报告期末，金融街重庆置业有限公司总资产为 19,485.92 万元，净资产为 4,174.83 万元。

(2)天融建设开发股份有限公司

天融建设开发股份有限公司成立于 2003 年 5 月 8 日，公司参股比例为 50%。天融建设开发股份有限公司注册登记号：1100001569060，法定代表人：黄建堃，注册资金：30,000 万元，企业类型：股份有限公司。

报告期内，天融建设开发股份有限公司主营业务收入为 0 万元，净利润为 43.84 万元。截止到报告期末，天融建设开发股份有限公司总资产为 30,154.07 万元，净资产为 30,043.84 万元。

3、主要供应商、客户情况

公司目前的主要业务是从事金融街区域的房地产开发，公司土地开发成本中主要用于支付被拆迁居民和单位的拆迁补偿费，报告期内公司共拆除居民 2,285 户，单位拆迁 46 个，完成年初计划任务的 152%。前五名供应商合计的采购金额占年度采购总额的比例 81%。公司的客户是金融街区域各项目的发展商，报告期内公司向前五名客户实现的销售收入占公司全部销售收入的比例为 65.73%。

(三)报告期内投资情况

1、募集资金使用情况

(1)公司于 2002 年 8 月 6 日实施了 2002 年度 A 股增发，本次增发募集资金净额为 40,127 万元(不含发行费用)，募集资金全部用于金融街 B 区 1 号地、B 区 5 号地、G 区 4 号地、B 区 7 号地的项目开发。截止到报告期末，金融街 B 区 5 号地、B 区 7 号地项目、金融街 B 区 1 号募集资金已全部投入完毕。金融街 G 区 4 号地结余使用募集资金余额为 981 万元。

(2)2002 年度 A 股增发募集资金使用的具体情况如下：(单位：万元)

投资项目名称	招股说明书公告的募集资金投入计划	截止到报告期末累计的募集资金投入情况	尚未使用的募集资金余额
金融街 B 区 1 号地项目开发	15,000	15,000	0
金融街 B 区 5 号地项目开发	10,000	10,000	0
金融街 G 区 4 号地项目开发	10,000	9,019	981
金融街 B 区 7 号地(原 B 区 4 号地)	5,000	5,000	x0
土地开发合计	40,000	39,019	981

投资项目名称	项目进度及收益情况
金融街 B 区 1 号地项目开发	项目总投资 89,100 万元，计划 2002 年底开工，2005 年 5 月竣工，内部收益率预计为 20%；项目按计划已于 2002 年 11 月 18 日开工，截止到报告期末，项目已提前完成结构封顶，尚未形成收益.
金融街 B 区 5 号地项目开发	项目总投资 100,000 万元，计划于 2003 年 5 月竣工，内部收益率预计为 18%；截止到报告期末，项目已提前于 2002 年 12 月 19 日竣工，截止到报告期末，项目累计形成主营业务利润 31,590 万元。
金融街 G 区 4 号地项目开发	项目总投资 52,500 万元，计划 2002 年 6 月一期(自建楼)工程开工，2003 年 8 月竣工，内部收益率预计为 20%；报告期内，一期(自建楼)工程已于 6 月 30 日竣工，其他土地开发任务已经全部完成。截止到报告期末，项目累计形成主营业务利润 834 万元。
金融街 B 区 7 号地(原 B 区 4 号地)土地开发合计	项目总投资 80,000 万元，其中一期工程投资 40,000 万元，计划 2002 年底完成一期拆迁，内部收益率预计为 15%。截止到报告期末，项目累计形成主营业务利润 8,064 万元。

注:结余的募集资金余额981万元全部存放于银行,经公司三届董事会十一次会议审议通过,计划将该剩余资金补充公司流动资金。上述议案尚须报请公司股东大会审议通过。

(3)报告期内公司募集资金投资项目无变更情况发生。

2、其他投资情况

(1)公司董事会三届五次会议于2002年11月29日通过了关于《公司出资1500万元参股成立金融街重庆置业有限公司》的议案。2002年12月27日公司获得了由重庆市工商行政管理局核发的金融街重庆置业有限公司《营业执照》。报告期内,该公司投资的项目尚未产生收益。

(2)公司董事会三届六次会议于2003年1月23日通过决议,决定出资1.47亿元参股成立天融建设开发股份有限公司。该公司于2003年5月8日取得了由北京市工商行政管理局核发的《营业执照》。截止到报告期末,该公司投资的项目尚未产生收益。

(3)报告期内,公司完成房地产开发建设投资18亿元,开复工面积62.9万平方米。这些项目的建设为公司未来若干年主营业务持续、稳定发展奠定了基础。

(四)公司财务状况

1、与上一年度相比公司财务状况的变化及原因

单位:人民币万元

项目	2003年	2002年	增(+)减(-)额	增(+)减(-)率
总资产	362,472.07	287,588.96	74,883.11	+26.04%
长期借款	144,000.00	80,000.00	64,000.00	+80%
短期借款	0	33,000.00	-33,000.00	-100%
股东权益	109,285.53	88,536.11	20,749.42	+23.44%
主营业务利润	44,167.84	26,897.58	17,270.26	+64.21%
净利润	20,749.42	16,707.56	4,041.86	+24.19%
经营活动产生的现金流量净额	-3070.54	-85,694.47	--	--
现金及现金等价物净增加额	734.79	19,409.24	-18,674.45	-96.22%

(1)与期初相比,报告期末公司总资产增加了26.04%,引起公司总资产增加的主要因素有三个:

一是报告期末公司存货比期初净增54,084万元。报告期内,公司存货快速增加的原因是公司根据开发经营工作的需要,为抓住未来几年房地产行业的发展机遇,公司继续加大了在土地开发和房产建设上的投入,这些投入导致公司存货持续增加。

二是报告期末公司长期投资比期初净增14,766万元。报告期内公司及控股子公司金融家俱乐部共同出资15,000万元参股成立天融建设开发股份有限公司。

三是报告期末公司应收帐款比期初净增5,582万元。

另外公司在报告期内实现净利润增加也使公司总资产增加。

(2)与期初相比,报告期末公司借款中,长期借款增加了80%,主要原因一是依据年初股东大会的授权,根据金融街区域开发建设工作的需要,公司增加银行借款所致;二是公司调整银行借款结构,将一部分短期借款调整为中长期借款。

(3)与期初相比,报告期末公司股东权益增加了23.44%,主要原因是报告期内实现净利润所致。

(4)与上一年度相比,报告期内公司实现的主营业务利润和净利润分别比上一年度增加64.21%和24.19%,公司业绩保持稳步增长的态势。

(5)同上一年度相比,报告期内公司经营活动产生的现金流量净额-3,070.54万元较上一年有较大改观,主要原因是由于公司在金融街区域经营方式的转变收到积极效果,报告期内销售收入增加,同时,部分应收账款得以回收。

(6)同上一年度相比,报告期内公司现金及现金等价物总增加额较上一年度降低96.22%,主要原因一是报告期内公司进行对外投资项目,投资1.5亿元人民币(其中含控股子公司北京金融家俱乐部有限公司投资300万元)参股成立天融建设开发股份有限公司。二是公司为降低财务成本,将部分资金用于偿还未到期的银行借款。

2、报告期内,公司董事会三届十一次会议于2003年8月8日审议通过《关于适当提高公司坏帐准备计提比例》的议案。公司根据应收款项目前的实际情况,按照稳健的原则将公司坏账准备计提比例进行调整,计提比例调整前后列示如下:

账龄	计提比例	
	调整前	调整后
0-3个月	0%	0%
3-6个月	3%	3%
6个月-1年	6%	6%
1-2年	10%	15%
2-3年	20%	30%
3年以上	30%	50%

上述会计估计变更对2002年度以前的利润没有影响,对本期利润总额的影响为-13,116,100.71元。

3、会计师事务所对公司财务报表的审计意见

岳华会计师事务所有限责任公司依法对公司2003年财务报表进行审计,出具了无保留意见的审计报告。

(五)2004年公司经营工作安排

2004年公司工作计划总目标:巩固国家金融管理中心的地位,提升国际金融文化氛围,加强金融街品牌建设;以市场和客户为主线,完善公司服务体系。金融街区域内公司自主开发项目90万平方米,加快酒店、商业、会议等服务设施建设;金融大街全线贯通,规划主干路网全部通车;以品牌和服务开拓市场,加快现金回流;加强区域软环境建设,力争国内外金融机构和大企业进驻取得新突破。

继续做好公司可持续发展工作:在金融街以外落实1-2个新开发项目,为公司主营业务拓展奠定基础;确定公司在金融街长期持有的物业项目,为公司业绩持续稳定发展奠定基础。

2004年计划新增银行借款金额不超过13亿元。

做好2004年工作的主要措施是:

1、进一步加强环境建设,组织国际金融活动,巩固国家金融管理中心地位,提升国际金融文化氛围,强化金融街品牌。

2、进一步加强市场销售工作,完善全方位、多层次的全程销售、服务体系。

3、进一步完善工程管理体系,控制工程造价,降低成本,实现项目效益最大化。

4、按国际一流标准加快金融街建设步伐。

(六)董事会日常工作情况

1、报告期内董事会会议的召开、决议及信息披露情况

报告期内,公司董事会共召开八次董事会会议,各次会议的名称、召开、决议及信息披露情况如下。

1)金融街控股股份有限公司(以下简称公司)第三届董事会第六次会议于2003年1月23日上午在北京市西城区金融大街33号通泰大厦公司会议室召开。公司董事会成员八名,实际出席董事八名。公司监事会成员和公司高级管理人员列席会议。本次会议符合《公司法》和《公司章程》的有关规定,会议有效。本次会议经过充分的讨论,形成如下决议:

(1)决定出资1.47亿元参股成立天融科技建设股份有限公司(暂定名)。

(2)同意为金融街重庆置业有限公司提供总额为1亿元的银行借款担保。金融街重庆置业有限公司承诺将以其即将获得的土地使用证或其他方式为上述担保提供反担保。

(3)同意以金融街控股股份有限公司的名义对座落于金融大街35号国际企业大厦中段B段第11层第20、21、22和23号四套房屋,分别进行房地产权属登记。

(4)在公司年度股东大会批准公司2003年度的工作计划和银行贷款计划之前,根据公司近期经营工作的需要,同意向银行申请2.2亿元借款。

根据《公司法》和《公司章程》的有关规定,上述决议事项均属于公司董事会决策权限。公司董事会授权公司经理班子办理与上述决议有关的具体事宜。

上述决议于2003年1月25日在公司选定信息披露刊物《中国证券报》、《证券时报》上公告。

2) 金融街控股股份有限公司(以下简称公司)第三届董事会第七次会议于2003年2月15日在北京通泰大厦B座8层公司会议室召开。公司董事会成员八名,实际出席董事六名,曲明光董事书面委托鞠瑾董事代为出席会议;印■独立董事书面委托许燕生独立董事代为出席会议。公司监事和高级管理人员列席会议。本次会议符合《公司法》和《公司章程》的有关规定,会议有效。本次会议经过充分的讨论,形成如下决议:

(1) 审议通过了2002年公司董事会工作报告。

(2) 审议通过了2002年公司财务决算报告。

(3) 审议通过了2002年公司激励基金管理委员会工作报告。

(4) 审议通过了2002年公司利润分配和资本公积金转增股本预案。

(5) 审议通过了2003年公司利润分配政策预计。

(6) 审议通过了2003年公司工作计划。

(7) 审议通过了2003年公司银行借款计划。

(8) 审议通过了公司2002年年度报告正文及摘要。

(9) 同意续聘岳华会计师事务所,聘期一年。

(10) 决定于2003年3月21日召开公司2002年年度股东大会。

以上第(1)(2)(3)(4)(6)(7)(8)(9)项决议事项,尚须报请公司股东大会审议批准。

上述决议于2003年2月18日在公司选定信息披露刊物《中国证券报》、《证券时报》上公告。

3) 金融街控股股份有限公司(以下简称公司)第三届董事会第八次会议于2003年4月16日在北京通泰大厦B座8层公司新会议室召开。公司董事会成员八名,实际出席董事八名。公司监事和高级管理人员列席会议。本次会议符合《公司法》和《公司章程》的有关规定,会议有效。本次会议经过充分的讨论,形成如下决议:

审议通过公司2003年第一季度报告。

上述决议于2003年4月18日在公司选定信息披露刊物《中国证券报》、《证券时报》上公告。

4) 金融街控股股份有限公司(以下简称公司)第三届董事会第九次会议于2003年5月22日上午在北京市西城区金融大街33号通泰大厦公司会议室召开。公司董事会成员八名,实际出席董事八名。公司监事会成员和公司高级管理人员列席会议。本次会议符合《公司法》和《公司章程》的有关规定,会议有效。本次会议经过充分的讨论,形成如下决议:

(1) 审议通过董事会提出的增补一名三届董事会独立董事候选人的议案;

(2) 审议通过关于修改公司章程的议案;

(3)决定于2003年6月24日召开公司2003年第一次临时股东大会;

上述决议事项中的第1、2项尚须报请公司股东大会审议批准。

上述决议于2003年5月23日在公司选定信息披露刊物《中国证券报》、《证券时报》上公告。

5)金融街控股股份有限公司(以下简称公司)第三届董事会第十次会议于2003年6月11日下午在北京市西城区金融大街33号通泰大厦公司会议室召开。公司董事会成员八名,实际出席董事八名。公司监事会成员和公司高级管理人员列席会议。本次会议符合《公司法》和《公司章程》的有关规定,会议有效。本次会议经过充分的讨论,形成如下决议:

(1)同意用本公司从控股子公司北京顺平拆迁有限责任公司所得分配利润,对该公司追加投资255万元。

(2)审议通过《关于金融街B6项目签订和解协议的议案》。

上述决议于2003年6月12日在公司选定信息披露刊物《中国证券报》、《证券时报》上公告。

6) 金融街控股股份有限公司(以下简称公司)第三届董事会第十一次会议于2003年8月8日在北京通泰大厦B座8层公司会议室召开。公司董事会成员九名,实际出席董事九名。公司监事和高级管理人员列席会议。本次会议符合《公司法》和《公司章程》的有关规定,会议有效。本次会议经过充分的讨论,形成如下决议:

(1)审议通过《关于将2002年增发募集资金使用余额981万元补充公司流动资金》的议案,该议案尚须报请公司股东大会审议批准;

(2) 审议通过《关于适当提高公司坏帐准备计提比例》的议案;

(3) 审议通过《2003年公司半年度报告正文及摘要》,2003年半年度不进行利润分配,也不进行公积金转增股本。

上述决议于2003年8月12日在公司选定信息披露刊物《中国证券报》、《证券时报》上公告。

7)金融街控股股份有限公司(以下简称公司)第三届董事会第十二次会议于2003年10月22日下午在北京市西城区金融大街19号富凯大厦公司北楼5层第一会议室召开。公司董事会成员九名,实际出席董事九名。公司监事会成员和公司高级管理人员列席会议。本次会议符合《公司法》和《公司章程》的有关规定,会议有效。本次会议经过充分的讨论,形成如下决议:

(1)审议通过了公司2003年第三季度报告;

(2)审议通过了《金融街控股股份有限公司信息披露管理制度》;

(3)审议通过了《关于为公司开发的房产项目的购房客户提供总额不超过5.5亿元按揭担保》的议案,授权公司经理班子办理具体事宜;

(4)审议通过了《关于修改公司章程》的议案。

以上决议事项中的第4项尚需报请公司股东大会审议批准。

上述决议于2003年10月23日在公司选定信息披露刊物《中国证券报》、《证券时报》上公告。

8)金融街控股股份有限公司(以下简称公司)第三届董事会第十三次会议于2003年12月23日以通讯表决方式召开。会议应到董事9名,实到董事9名。根据《公司法》及《公司章程》的有关规定,本次会议合法有效。

全体董事审议通过了关于签订金融街B6项目《关于中证大厦销售及监管协议书》的议案。

上述决议于2003年12月25日在公司选定信息披露刊物《中国证券报》、《证券时报》上公告。

2、报告期内董事会对股东大会决议的执行情况

(1)2002年度利润分配和公积金转增股本方案实施情况

2003年3月21日召开的公司2002年年度股东大会审议通过了《2002年公司利润分配和公积金转增股本方案》即:以2002年末公司总股本147,356,400股为基数,每10股派发现金红利2元(含税);公积金转增股本比例为每10股转增10股。2003年4月8日,公司董事会发出2002年度派息公告书,决定以2003年4月15日为股权登记日,实施2002年度公司利润分配和公积金转赠股本方案,社会公众股东股息于2003年4月16日到达股东帐户。

(2)2003年公司银行借款计划实施情况

2003年3月21日召开的公司2002年年度股东大会审议通过了《2003年公司银行借款计划》,决定2003年公司全年新增银行借款总额不超过10亿元人民币;借款期限以中长期为主,短期为辅。报告期内,公司向银行新增借款总额未超过10亿元人民币。

(七)2003年度公司利润分配预案或资本公积金转增股本预案

公司于2004年1月14日召开了三届十四次董事会会议,董事会根据《公司法》及《公司章程》的有关规定,结合公司实际情况和发展需要,制订公司2003年度利润分配和资本公积金转增股本

预案：

1、利润分配预案

①2003年度公司合并报表实现净利润为207,494,226.84元，其中母公司实现净利润为208,720,987.68元。

②加上年初未分配利润，2003年度公司合并报表可供分配利润为466,688,803.22元，其中母公司可供分配利润为475,258,115.35元。

③按10%提取法定公积金，按5%提取法定公益金。

④公司2003年度向股东进行利润分配的方案为：以年末总股本294,712,800股为基数，每10股派发现金3元(含税)。

⑤公司合并报表未分配利润(不含2003年度拟发放的现金股利)尚余405,818,665.28元，其中母公司未分配利润尚余414,478,687.20元。

2、资本公积金转增股本预案

公司2003年年度利用资本公积金转增股本的方案为：以年末总股本294,712,800股为基数，每10股转增3股。

以上预案尚需报经公司股东大会审议通过。

(八)公司选定的信息披露刊物

公司2003年度选定《中国证券报》、《证券时报》为公司信息披露指定报纸。

(九)截止到本报告期末，公司未发生中国证监会下发的证监发[2003]56号《关于规范上市公司与关联方资金往来及上市公司对外担保若干问题的通知》中涉及的任何对外担保事项，也不存在任何违规与关联方资金往来的行为。

(十)独立董事关于公司执行证监发[2003]56号通知中规定的对外担保情况的专项说明及独立意见

根据中国证监会下发的证监发[2003]56号《关于规范上市公司与关联方资金往来及上市公司对外担保若干问题的通知》(简称"通知")精神，我们作为公司的独立董事，本着实事求是的态度对公司执行通知规定的外对担保情况进行了认真负责的核查，现就有关问题说明如下：

经我们审慎调查，截止到本报告期末，公司没有为控股股东及本公司持股50%以下的其他关联方、任何非法人单位或个人提供担保，控股股东及其他关联方也未强制公司为他人提供担保。根据通知的要求公司董事会三届十二次会议审议通过了修改《公司章程》的议案，对对外担保的审批程序、被担保对象的资信标准做出规定。公司对外担保应当取得董事会全体成员2/3以上签署同意，或者经股东大会批准；公司不得直接或间接为资产负债率超过70%的被担保对象提供债务担保。该议案尚须报请公司股东大会批准。

为严格遵守《公司章程》规定，严格控制公司对外担保风险。公司特制定了《金融街控股股份有限公司对外担保管理制度》，该制度已经董事会三届十四次会议审议通过。

综上，我们认为公司严格按照中国证监会下发的证监发[2003]56号通知的要求，进一步规范了公司对外担保制度，落实了公司对外担保的审批程序，维护了广大投资者的利益。

七、重要事项

(一)重大诉讼、仲裁事项

报告期内，针对公司就金融街B6项目的仲裁申请，中国国际经济贸易仲裁委员会已对编号为DX20020302的仲裁案做出了终局裁决(以下简称"仲裁裁决")。本次仲裁结果的具体情况刊登在《中国证券报》和《证券时报》2003年6月13日、25日和7月2日的公告。

上述仲裁结果最大程度地维护了公司实际利益，同时重新启动金融街B6项目的建设。2003年6月30日，公司如期收到北京中证房地产开发有限公司依照仲裁裁决规定偿还的第一笔欠款8,000万元。

2003年12月，中国网络通讯集团公司(以下简称"中国网通")与北京中证房地产开发有限公司(以下简称"中证公司")签署协议，购买金融街B6项目。公司作为金融街B6项目部分土地的抵押权人，为使公司后续收款得到更好的保障，公司、中国网通及中证公司三方就金融街B6项目的销售及财务监管方面达成了一致，决定签署金融街B6项目《关于中证大厦销售及监管协议书》。该协议在原有裁决结果的基础上，重新规定了中证公司偿还公司欠款的时间。变更后的还款期限与原仲裁裁决规定的还款期限对比如下：

序号	仲裁裁决的偿还期限及金额	变更后的偿还期限及金额
1	2003年6月30日前，归还8,000万元人民币。	该还款已准时收到。
2	2004年4月30日前，归还7,000万元人民币。	2004年4月30日前，归还7,000万元人民币。
3	2004年12月15日前，归还14,843.0321万元人民币。	2004年12月15日前，归还12,000万元。
4	----	金融街B6项目交付后30日内，归还2,843.0321万元。

协议还规定：公司作为中证公司的债权人，同意中国网通购买金融街B6项目，并保证在取得中证公司上述每一笔还款的同时，将与还款额度相对应的金融街B6项目部分土地所享有的抵押权转移并积极配合办理抵押权解除手续。

作为中国电信行业的骨干企业，中国网通购买金融街B6项目并入驻北京金融街将使该项目后续的建设资金得到有效保障，公司回收B6项目欠款的财务风险进一步降低。为此，公司董事会于2003年12月23日以通讯表决方式召开三届十三次会议，会议审议通过了《关于签订金融街B6项目中证大厦销售及监管协议书》的议案(详见公司于2003年12月25日在《中国证券报》、《证券时报》上刊登的公告)。授权公司经理班子办理与上述决议有关的具体事宜。

(二)重大资产收购、吸收合并事项

1、重大资产收购事项

报告期内，公司没有发生重大资产收购事项。

2、吸收合并事项

报告期内，公司没有发生吸收合并事项。

(三)重大关联交易事项

经公司2002年第二次临时股东大会审议通过，公司向北京华融综合投资公司(简称华融公司)转让金融街B3酒店项目。报告期内，经由公司同意上述关联交易涉及的协议主体由华融公司变更为北京金昊房地产开发有限公司(简称金昊公司)，华融公司为此为金昊公司提供担保。上述关联交易的具体情况详见公司2002年年报和公司于2003年4月3日在《中国证券报》和《证券时报》刊登的关于金融街B3项目酒店项目协议主体变更的公告。

报告期内，公司已收到土地开发费7,500万元，项目确认收入7,072万元。

(四)重大合同及其履行情况

1、托管、承包、租赁其他公司资产或其他公司托管、承包、租赁公司资产事宜

报告期内公司无托管、承包、租赁其他公司资产或其他公司托管、承包、租赁公司资产事宜。

2、重大担保事项

报告期内，根据中国证监会、北京证管办《关于规范上市公司与关联方资金往来及上市公司对外担保若干问题的通知》以及《关于贯彻<关于规范上市公司与关联方资金往来及上市公司对外担保若干问题的通知>的通知》，公司由董事会秘书牵头组成了由证券部和财务部组成的自查工作小组立即开始了自查工作。根据中国证监会证监发(2003)56号《关于规范上市公司与关联方资金往来及上市公司对外担保若干问题的通知》的要求公司对公司与控股股东及其他关联方已经发生的资金往来、资金占用以及对外担保情况进行了自查结果如下：

截止到报告期末，公司未发生上述控股股东及其他关联方占用本公司资金，也无上述通知涉及的对外担保事项。公司将继续严格按照《公司法》、《证券法》、《股票上市规则》、《公司章程》等法律法规的要求，积极贯彻落实通知的精神，进一步规范公司与控股股东及其他关联方的资金往来，降低经营风险，保护广大投资者的合法权益。

根据中国证监会证监发(2003)56号《关于规范上市公司与关联方资金往来及上市公司对外担保若干问题的通知》的要求，公司董事会三届十二次会议 于2003年10月22日审议通过了《关于修改公司章程》的议案。该议案尚须报请公司股东大会批准。上述议案已于2003年10月23日在中国证监会指定的信息披露媒体上刊登。

截止到报告期内，公司未发生对外担保事项。

3、委托资产管理、委托贷款事项

报告期内公司未发生委托他人进行现金资产管理事项，也未发生委托贷款事项。

(五)公司或持股5%以上股东的承诺事项

报告期内，公司在指定报纸和网站上未披露过承诺事项。

持有公司5%以上股份的股东只有北京金融街建设集团一家。报告期内，北京金融街建设集团未在指定报纸和网站上披露过承诺事项。

(六)会计师事务所的聘任情况

报告期内，公司聘请岳华会计师事务所有限责任公司负责公司年报、中报审计工作，为此公司向其支付的年度费用为55万元人民币，其中年报的审计费用为35万元，报告期内款项已按时足额支付。

岳华会计师事务所有限责任公司已经为公司提供了包括本报告期在内的4个会计年度的审计服务。

(七)公司、公司董事及高级管理人员受监管部门检查的情况

报告期内，公司、公司董事会、董事及其他高级管理人员无受中国证监会稽查、中国证监会行政处罚、通报批评、证券交易所公开谴责的情形。

报告期内，公司被深圳证券交易所评为2002年度上市公司信息披露优秀单位。

(八)其他重大事项

1、公司于2003年12月31日收到北京市西城区财政局拨付的2003年财政补贴款2,000万元，用于支持公司改善金融街区域环境，上述财政补贴将计入公司非经常性损益，对公司2003年业绩产生积极影响。

2、公司属于房地产开发行业，按照房地产经营惯例为商品房承购人提供抵押贷款担保。公司目前为商品房承购人提供的担保为阶段性连带担保，担保期限自公司、按揭银行与购房者签订的抵押贷款合同生效之日起，至公司为购房者办妥《房屋所有权证》并协助按揭银行办理抵押登记且将《他项权力证书》交与按揭银行之日止。上述担保期间如果销售合同终止，公司可以收回已售出的楼面，因此该种担保不会给公司造成实际损失。

截止到报告期末，公司累计提供上述担保余额为人民币16,657万元。

(九)或有事项

截止到报告期末，公司无应披露的或有事项。

(十)期后事项

报告期末至本报告披露日，公司无应披露的期后事项。

(十一)其他重要事项

1、关于解决北京中证房地产开发有限公司拖欠公司B6地块土地开发费的情况

由于北京中证房地产开发有限公司(以下简称中证公司)拖欠公司B6地块的土地开发费，公司已于2002年9月29日向中国国际经济贸易仲裁委员会提交《仲裁申请书》，要求被申请人中证公司支付拖欠的土地开发费222,402,500.00元及逾期付款违约金68,172,246.00元，合计290,574,746.00元，仲裁机构已于2002年10月8日下发了[2002]贸仲字第005122号仲裁通知。公司又于2002年12月10日向中国国际经济贸易仲裁委员会提交《追加仲裁请求申请书》，要求被申请人在支付上述土地开发费及逾期付款违约金290,574,746.00元的基础上支付应于2002年10月31日前支付的土地开发费30,000,000.00元(上次仲裁申请时尚未到期)。

2003年6月12日，公司与中证公司签订和解协议，协议就双方的债权债务情况达成一致，中证公司应支付公司本金28,240.25万元，资金占用费1,438.086万元，仲裁费用245.3761万元，违约金6,934.8497万元，并约定了前三项债务的偿还期限和违约金的偿还条件，若中证公司如期足额支付前三项金额，公司将免除违约金。截至2003年12月31日止，中证公司已经按协议约定支付了8000万元。中国国际经济贸易仲裁委员会根据双方已达成和解协议的内容下达了[2003]贸仲裁字第0162号裁决书。同时公司与中证公司签订了《关于延长B6土地使用权抵押期限的协议》，将抵押期限的截止日变更为2006年12月31日。

2003年12月，中国网络通讯集团公司(以下简称"中国网通")拟与北京中证房地产开发有限公司签署协议，购买金融街B6项目。公司作为金融街B6项目部分土地的抵押权人，与中国网通及中证公司三方就金融街B6项目的销售及财务监管方面达成了一致，决定签署金融街B6项目《关于中证大厦销售及监管协议书》。该协议在原有裁决结果的基础上，重新规定了中证公司偿还公司欠款的时间。变更后的还款期限与原仲裁裁决规定的还款期限对比如下：

序号	仲裁裁决的偿还期限及金额	变更后的偿还期限及金额
1	2003年6月30日前，归还8,000万元	该还款已准时收到。
2	2004年4月30日前，归还7,000万元	2004年4月30日前，归还7,000万元
3	2004年12月15日前，归还14,843.0321万元	2004年12月15日前，归还12,000万元。
4	----	金融街B6项目交付后30日内，归还2,843.0321万元。

协议还规定：公司作为中证公司的债权人，同意中国网通购买金融街B6项目，并保证在取得中证公司上述每一笔还款的同时，将与还款额度相同的对金融街B6项目部分土地所享有的抵押权转移并积极配合办理抵押权解除手续。

2、截止2003年12月31日，公司为银行向商品房承购人发放的总额为16,657万元元(银行与商品房承购人签订的借款合同金额)抵押贷款提供保证。该担保为阶段性连带担保，担保期限自公司、按揭银行与购房者签订的抵押贷款合同生效之日起，至公司为购房者办妥《房屋所有权证》并协助按揭银行办理抵押登记且将《他项权力证书》交与按揭银行之日止。

八、备查文件目录

1、载有法定代表人、总经理、财务总监、财务部经理签名并盖章的会计报表。

2、载有会计师事务所盖章、注册会计师签名并盖章的审计报告原件。

3、公司董事长亲笔签名并加盖公司公章的年度报告原件。

4、公司章程。

5、报告期内在公司选定的信息披露报纸《中国证券报》、《证券时报》上公开披露过的所有公司文件的正本及公告原稿。

董事长：王功伟

金融街控股股份有限公司

二OO四年一月十六日

重庆渝开发股份有限公司

重庆渝开发股份有限公司2003年年度报告

重要提示

本公司董事会及其董事保证本报告所载资料不存在任何虚假记载、误导性陈述或者重大遗漏,并对其内容的真实性、准确性和完整性承担个别及连带责任。

公司独立董事许明月先生、董事贺雪琴先生因公务原因未能出席本次董事会,书面分别授权委托独立张孝友先生董事长张玉昌先生代为出席会议并行使有关表决权。

重庆天健会计师事务所为本公司出具了标准无保留意见的审计报告。

公司董事长张玉昌先生,公司财务负责人刘永贤先生,会计机构负责人王奇志女士声明:保证年度报告中财务报告的真实、完整。

第一节　公司基本情况简介

(一)公司法定中文名称:重庆渝开发股份有限公司

法定英文名称:CHONGQING YUKAIFA CO.,LTD

名称缩写:YKF

(二) 公司法定代表人:张玉昌

(三) 公司董事会秘书:夏光明

证券事务代表:刘羽平

联系地址:重庆市渝中区曾家岩1号附1号

联系电话:023-63858883 023-63005927

传真:023-63626492 023-63852638

电子信箱:ykf514@cta.cq.cn

(四)公司注册地址:重庆市渝中区曾家岩1号附1号

办公地址:重庆市渝中区曾家岩1号附1号

邮政编码:400015

国际互联网网址:http://www.prcproperty.com

电子信箱: ykf514@cta.cq.cn

(五)公司选定的信息披露报刊名称:《证券时报》《中国证券报》

(六)公司登载年度报告的中国证监会指定网站的网址:http://www.cninfo.com.cn

年度报告备置地点:重庆渝开发股份有限公司董事会办公室

(七)公司股票上市交易所:深圳证券交易所

股票简称:渝开发

股票代码:000514

(八)其他有关资料

公司首次注册登记日期:1992年09月08日

变更注册登记日期:1999年12月24日

注册地点:重庆市工商行政管理局

企业法人营业执照注册号:渝直5000001801620

税务登记号码:500103202809457

聘请的会计师事务所名称:重庆天健会计师事务所

办公地址:重庆市渝中区人和街74号

第二节　会计数据和业务数据摘要

(一)公司本年度的利润总额及其构成

(单位:人民币/元)

项目	金　额
利润总额	18,473,713.12
净利润	17,442,677.22
扣除非经营性损益后的净利润※	6,859,869.82
主营业务利润	17,472,403.17
其他业务利润	4,819,478.66
营业利润	19,464,969.83
投资收益	−662,231.18
补贴收入	
营业外收支净额	−329,023.53
经营活动产生的现金流量净额	−236,348,704.09
现金及现金等价物净增加额	77,490,874.78

扣除非经营性损益项目和涉及金额

(单位:人民币/元)

明　细项目	金　　额
处置长期股权投资、固定资产、在建工程、无形资产、其他长期资产产生的损益	117,160.47
扣除公司日常根据企业会计制度计提的资产减值准备后的其他各项营业外收入、支出	−451,339.65
以前年度已经计提各项减值准备的转回	10,927,859.70
合　　计	10,593,680.52
所得税的影响金额	9,873.12
扣除所得税影响后的非经常性损益	10,583,807.40

(二)公司近三年的主要会计数据及财务指标

(单位:人民币/元)

项　目	单位	2003年	2002年	2001年调整前	2001年调整后
主营业务收入	元	67,331,229.16	27,955,867.65	36,745,474.96	44,745,474.96
净利润	元	17,442,677.22	8,703,593.83	−103,371,855.66	−97,397,044.83
总资产	元	543,518,492..26	171,274,044.82	336,242,115.32	344,242,115.32
股东权益	元	142,911,378.92	120,052,435.06	28,025,825.72	30,204,203.93
摊薄后每股收益	元	0.1484	0.074	−0.879	−0.829
加权平均每股收益	元	0.1484	0.074	−0.879	−0.829
扣除非经常性损益后的每股收益	元	0.0584	0.013	−0.56	−0.503
每股净资产	元	1.2158	1.02	0.238	0.257
调整后的每股净资产	元	1.2147	1.02	0.16	0.179
每股经营活动产生的现金流量净额	元	−2.017	0.296	0.24	0.243
净资产收益率	%	12.21	7.25	−368.84	−322.46
加权净资产收益率	%	13.01	15.95	−135.26	−123.44
扣除非经常性损益后的加权净资产收益率	%	5.12	2.82	−86.36	−43.58

(三)利润表附表

报告期利润	净资产收益率(%) 全面摊薄		加权平均	
	2003年度	2002年度	2003年度	2002年度
主营业务利润	12.23	5.61	13.03	12.34
营业利润	13.62	7.38	14.52	16.25
净利润	12.21	7.25	13.01	15.95
扣除非经常性损益后的净利润	4.80	1.28	5.12	2.82

报告期利润	每股收益(元) 全面摊薄		加权平均	
	2003年度	2002年度	2003年度	2002年度
主营业务利润	0.1486	0.0573	0.1486	0.0573
营业利润	0.1656	0.0754	0.1656	0.0754
净利润	0.1484	0.0740	0.1484	0.0740
扣除非经常性损益后的净利润	0.0584	0.0131	0.0584	0.0131

(一)报告期内股东权益的变动情况

(单位:人民币元)

项目	股本	资本公积	盈余公积	法定公益金
期初数	117,542,880	116,914,443.41	17,160,151.59	5,606,843.94
本期增加		5,300,000.00	100,711.08	50,355.54
本期减少				
期末数	117,542,880	122,214,443.41	17,260,862.67	5,657,199.48
增长百分比%	−	4.53	0.59	0.90

项目	未分配利润	未确认投资损失	股东权益合计
期初数	−131,448,773.30	−116,266.64	120,052,435.06
本期增加	17,442,677.22		22,742,677.22
本期减少	−116,266.64	−116,266.64	
期末数	−114,106,807.16		142,911,378.92
增长百分比%	−13.19	−	19.04

※变动原因说明:

1、本年度总股本为117,542,880股,无变动;

2、本年末股东权益余额为142,911,378.92元,比年初增长19.04%,主要原因是本公司年度净利润及资本公积增加所致。

各项权益的变动情况如下:

(1)本年末资本公积余额为122,214,443.41元,比年初增长4.53%;增加的原因是本年增加的其它资本公积5,300,000元系公司获得的政府补偿;

(2)本年度盈余公积余额为17,260,862.67元,比年初增长0.59%;增加的原因是子公司提取盈余公积及法定公益金所致;

(3)本年度末未分配利润余额为−114,103,807.16元,比年初增长13.19%。原因是本年度净利润增加所致。

第三节　股本变动及股东情况

(一)股本变动情况

1、股份变动情况表

	期初数	本次变动增减(±) 配股	送股	公积金转股	其它	小计	期末数
一、未上市流动股份							
1、发起人股份							
其中:							
国家持有股份	61,467,120						61,467,120
境内法人持有股份	12,832,560						12,832,560
境外法人持有股份							
其他:							
2、募集法人股份							

3、内部职工股
4、优先股或其他
未上市流通股份合计 74,299,680 74,299,680
二、已上市流通股份
1、人民币普通股 43,243,200 43,243,200
2、境内上市的外资股
3、境外上市的外资股
其他
已上市流通股份合计 43,243,200 43,243,200
三、股份总数 117,542,880 117,542,880

(二)股票发行与上市情况

1、本公司于1992年5月22日经重庆市体制改革委员会渝改委(1992)33号文批准改组为重庆市房地产开发股份有限公司,并经中国人民银行重庆市分行重人行复(92)字第62号文批准,向社会公开发行股票1800万股人民币普通股,每股面值1元,发行价为1元。1993年7月12日,本公司公开发行的1800万社会公众股在深圳证券交易所挂牌上市交易。

2、本公司于1993年9月26日股东大会审议通过,1992年度利润分配方案,每10股配3股(配股价3.5元/股)、每10股送1股,送配股总数21528000股,送配股后总股本为75348000股。

3、本公司1994年6月8日股东大会审议通过,1993年度分红方案。每10股送2股(其中1993年红利每10股送1股,公积金转增股本每10股送1股),送股总数15069600股,送股后总股本为90417600股。

4、本公司于1999年4月8日经1998年度股东大会审议通过1998年度利润分配方案,以本公司总股本90417600股的基数,向全体股东每10股送3股,送股数27125280股,送股后总股份为117542880股。

5、报告期内公司股份总数及结构没有发生变动。

(三)股东情况

1.报告期末公司股东总数为13721户,其中国有股股东1户、法人股股东5户、流通股股东13715户。

2、持有本公司股票前10名股东名单

(截止2002年12月31日)

序号	股东名称	年度内增减	年末持股数量(股)	比例(%)	股份类别
1	重庆市城市建设投资公司	−	61,467,120	52.29	国家股
2	富国投资有限公司	−	5,496,960	4.68	法人股
3	中国银河证券有限责任公司	−	3,120,000	2.65	法人股
4	江苏省国际信托投资公司	1,128,567	2,355,236	2.00	流通股
5	中国宝安集团股份有限公司	−	1,649,088	1.40	法人股
6	山西信托投资有限责任公司	−	1,451,107	1.23	流通股
7	深圳市信诚投资有限公司	−	1366512	1.16	法人股
8	信泰证券有限责任公司	−	1,209,237	1.03	流通股
9	西安怡和地产发展集团有限公司	−	1,200,000	1.02	法人股
10	薛忠梦	−	639,700	0.54	流通股

序号	股东名称	质押或冻结的股份数量(股)	股东性质
1	重庆市城市建设投资公司	−	发起人国家股
2	富国投资有限公司	5,496,960	定向法人境内法人股
3	中国银河证券有限责任公司	−	定向法人境内法人股
4	江苏省国际信托投资公司	−	流通股
5	中国宝安集团股份有限公司	1,649,088	定向法人境内法人股
6	山西信托投资有限责任公司	−	流通股
7	深圳市信诚投资有限公司	−	定向法人境内法人股
8	信泰证券有限责任公司	−	流通股
9	西安怡和地产发展集团有限公司	1,200,000	定向法人境内法人股
10	薛忠梦	−	流通股

注:(1)重庆市城市建设投资公司为本公司的控股股东,其代表国家持有本公司61,467,120股股份,占总股本的52,29%,所持股份未上市流通。

(2)前10名股东中第2、3、5、7、9名为法人股东,所持股份未上市流通。其中富国投资有限公司系中国宝安集团股份有限公司的子公司,两股东之间存在关联关系。

(3)前10名股东中第4、6、8、10名股东为流通股股东。公司未知其是否存在关联关系;也未知其他流通股股东是否属于《上市公司持股变动信息披露管理办法》中规定的一致行动人。

(4)前10名股东中富国投资有限公司5,496,960股、中国宝安集团股份有限公司1,649,088股、中国宝安集团股份有限公司1,649,088股为质押冻结。

2、持有本公司股票前10名流通股股东名单 (截止2002年12月31日)

股东名称(全称)	年末持有流通股的数量(股)	种类(A、B、H股或其它)
1 江苏省国际信托投资公司	2,55,236	A
2 山西信托投资有限责任公司	1,451,107	A
3 信泰证券有限责任公司	1,209,237	A
4 薛忠梦	639,700	A
5 覃辉	512,656	A
6 谢百英	369,800	A
7 崔志月	350,400	A
8 卓京投资控股有限公司	338,500	A
9 曹兵	319,500	A
10 高秀荣	292532	A

注:前10名流通股股东公司未知其是否存在关联关系,也未知其是否属于《上市公司持股变动信息披露管理办法》中规定的一致行动人。

3、公司控股股东情况介绍

(1)本公司控股股东为重庆市城市建设投资公司,持有本公司股份61467120股,占总股份的52.29%;法定代表人:雷尊宇;成立日期:1994年3月8日;注册资本:200000万元;注册地址:渝中区人民路123-1号莆田大厦8楼;经济性质:国有经济;经营范围主营:城市建设投资。

(2)本报告期内本公司的控股股东未发生变更。

4、其他持股10%(含10%)以上的法人股东情况

报告期内本公司没有其他持股10%(含10%)以上的法人股东。

第四节 董事、监事、高级管理人员和员工情况

(一)董事、监事、高级管理人员基本情况

姓名	性别	出生年月	职务	任期起止日期	期初持股数	期末持股数
张玉昌	男	1958.03	董事长	2002.12−2005.12	0	0
华渝生	男	1953.06	董事	2002.12−2005.12	0	0
粟志光	男	1955.12	董事	2002.12−2005.12	0	0
余鸿明	男	1949.05	董事	2002.12−2005.12	0	0
贺雪琴	男	1968.09	董事	2002.12−2005.12	0	0
张孝友	男	1952.09	独立董事	2002.12−2005.12	0	0
许明月	男	1963.02	独立董事	2002.12−2005.12	0	0
罗宪平	女	1954.11	独立董事	2003.05−2005.12	0	0
陈义华	男	1963.02	监事会召集人	2002.12−2005.12	0	0
陈良	男	1968.06	监事	2002.12−2005.12	0	0
罗茜	女	1963.08	监事	2002.12−2005.12	0	0
刘永贤	男	1953.04	董事、总经理	2003.03−2005.12	0	0
张勋斌	男	1963.01	常务副总经理	2003.03−2005.12	0	0
周怡行	男	1950.05	副总经理	2003.03−2005.12	0	0
夏盛	男	1973.05	总经理助理	2003.06−2005.12	0	0
夏光明	男	1959.12	董事会秘书	2002.12−2005.12	0	0

1.以上董事、监事及高级管理人员年度内均未持有本公司股票。

2、董事、监事在股东单位任职情况

(1)董事长张玉昌先生现任本公司控股股东重庆市城市建设投资公司副总经理,任期为1998至今;

(2)董事华渝生先生现任本公司控股股东重庆市城市建设投资公司总经理,任期为2001年至今;

(3)董事粟志光先生现任公司控股股东重庆市城市建设投资公司副总经理,任期为2002年至今;

(4)董事余鸿明先生现任本公司控股股东重庆市城市建设投资公司所属全资子公司重庆市诚投房地产开发有限公司任总经理,任期为2002年至今;

(5)董事贺雪琴先生现任本公司第二大股东中国宝安集团资产经营部部长助理,任期为2002年至今;

(6)监事陈义华先生现任本公司控股股东重庆市城市建设投资公司财务部副经理,任期为2003年至今;

(7)监事陈良先生现在本公司控股股东重庆市城市建设投资公司财务部工作,任期为2003年至今;

(二)年度报酬情况

2003年度在本公司领取报酬的董事、监事、高级管理人员的年度报酬(包括基本工资、各项奖金、福利、补贴、住房津贴等)均依据公司制定的有关工资管理和等级标准的相关规定按月进行发放。

本公司现任董事、监事、高级管理人员共16人,现任董事除刘永贤先生、现任监事除罗茜女士(职工监事)外,其他均未在本公司领取年度报酬。其中:董事华渝生先生、张玉昌先生、粟志光先生、贺雪琴先生、监事陈良先生在股东单位领取年度报酬;董事余鸿明先生、监事陈义华先生在股东下属关联单位领取年度报酬。

现任董事、监事、高级管理人员中,在本公司领取年度报酬的有6人(不含独立董事),其中:最高的前三名高级管理人员的报酬总额为15。88万元,其中年度报酬数额在5−−5.5万元的3人;3.2−−4.5万元的3人。

独立董事的津贴为每人每年2.5万元。

(三)报告期内离任的董事、监事、高级管理人员姓名及离任原因

1、报告期内增补董事及增补原因

根据中国证监会发布的《关于在上市公司建立独立董事制度的指导意见》关于"在2003年6月30日前,上市公司董事会成员中应当至少包括三分之一独立董事"的要求。报告期内,公司2003年5月30日召开2003年第二次临时股东大会审议通过,增补了罗宪平女士为公司第四届董事会独立董事,增补了刘永贤先生为公司第四届董事会董事。

2、报告期内,公司无离任监事的情况。

3、报告期内聘任、解聘高级管理人员姓名及聘任、解聘原因

(1)报告期内公司第四届董事会2003年3月6日第四次会议审议通过了关于欧阳典跃先生因工作需要调离公司辞去公司副总经理职务的议案。

(2)报告期内公司第四届董事会2003年3月30日第五次会议审议通过了关于免去何开泰先生总经理职务的议案;审议通过了关于聘任刘永贤先生公司常务副总经理的议案;审议通过了关于聘任张勋斌先生、周怡行先生公司副总经理的议案;审议通过了关于聘任张健康先生为公司总工程师的议案。

(3)报告期内公司第四届董事会2003年9月11日第十四次会议审议通过了关于张健康先生辞去公司总工程师职务的议案;审议通过了关于聘任张勋斌先生为公司总工程师(兼)的议案。

(4)报告期内公司第四届董事会2003年9月24日第十五次会议审议通过了关于聘任刘永贤先生公司为公司总经理的议案。

(5)报告期内公司第四届董事会2003年10月23日第十六次会议审议通过了关于聘任张勋斌先生为公司常务副总经理的议案。

(6)报告期内公司第四届董事会2003年12月24日第十七议审议通过了关于赵旭先生辞去公司总经理助理(副总经理待遇)职务的议案。

(四)公司员工情况

1、截止2003年12月31日,本公司在职员工114人,按职能分类为:销售人员4人,占3。5%;技术人员53人,占47%;财务人员9人,占7。9%;经济管理人员30人,占26%;管理及其他人员8人,占7%。

其中:具有本科以上学历的29人,占25%;具有大专学历的43人,占38%;具有中专学历的14人,占12%;具有高中学历的14人,占12%。

其中:具有高级技术职务26人,占23%;具有中级技术职务46人,占46%;具有初级技术职务22人,占19%。

2、报告期内本公司需承担费用的离退休职工73人(含提前内退12人)。

第五节 公司治理结构

(一)公司治理情况

1、公司严格按照《公司法》、《证券法》、《上市公司治理准则》、《关于在上市公司建立独立董事制度的指导意见》等法律、法规的要求,不断完善公司法人治理结构,规范公司运作。公司治理的实际情况与上市公司治理规范性文件规定和要求基本不存在差异。公司董事会认为目前公司的法人治理结构基本符合要求。

2、报告期内,公司严格遵守和实施了《公司章程》、《股东大会议事规则》、《董事会议事规则》、《监事会议事规则》等一系列规章制度,进一步明确了股东大会、董事会和监事会的职能和责任,使公司"三会"的运作更加规范。

3、报告期内,中国证监会颁布了《关于推动上市公司加强投资者关系管理工作的通知》(上市部函(2003)197号文,以下简称《通知》),根据《通知》精神,总结公司多年来在信息披露工作方面积累的经验,结合公司信息披露工作的实际情况,公司起草制定了《公司投资者关系管理制度》,并经公司第四届董事会第十四次会议审议通过执行。公司董事会秘书专职负责信息披露和投资者关系管理工作,负责接待投资者来访和咨询,并按照有关规定,确保真实、准确、完整、及时地披露公司信息,使公司所有股东均有平等的机会获得公司所公告的全部信息。

4、报告期内,中国证监会颁布了证监发(2003)56号《关于规范上市公司与关联方资金往来及上市公司对外担保若干问题的通知》(以下简称《通知》),要求各上市公司应当对对外担保的审批程序、被担保对象的资信标准作出决定,公司董事会认真贯彻和落实了该《通知》精神,对公司以往年度和报告期内对外担保情况进行了清理。报告期内公司未发生控股股东资金占用及对外担保的情况。公司拟于2004年按照《通知》要求,抓紧修改《公司章程》,完善公司对外担保的审批程序和对被担保对象的资信标准的审核,在规范运作中,防范各种风险,确保公司利益不受任何损害。

5、报告期内,董事会认真履行了诚信勤勉义务与责任,监事会充分发挥了监督作用。董事会成员均能勤勉负责,认真执行股东大会决议,董事会、监事会记录完整准确。参加会议董事、监事均按规定签字。未出现董事会越权行使股东大会权力行为,未出现董事会越权干预监事会运作行为,未出现董事会越权干预经理层运作行为。

6、公司拟在2004年度按照中国证监会的有关规定,设立战略、决策、薪酬、提名等董事会专门委员会,建立董事、监事及高级管理人员的长期激励和约束机制,充分调动经营管理层的积极性,加强公司规范化建设,并按《上市公司治理准则》的要求,进一步完善公司法人治理结构,并通过规范化运作实现公司和股东利益的最大化。

7、根据中国证监会发布的《关于在上市公司建立独立董事制度的指导意见》的要求,本公司在2003年5月30日召开的公司2003年第二次临时股东大会审议通过了关于增补罗宪平女士为公司第四届董事会独立董事的议案。加上公司已有的张孝友先生、许明月先生两名独立董事,公司现有独立董事共三名,完全符合中国证监会《关于在上市公司建立独立董事制度的指导意见》关于"在2003年6月30日前,上市公司董事会成员中应当至少包括三分之一独立董事"的要求。

(二)独立董事履行职责情况

公司现有的三名独立董事均能够独立履行职责,对公司及全体股东尽诚信与勤勉义务。能够按照相关法律、法规及有关规定和公司章程的要求,认真履行独立董事职责,维护公司整体利益,并关注中小股东的合法权益不受损害。公司现有的三名独立董事有足够的时间和精力履行其独立董事的相关职责,均出席了2003年度本公司召开的董事会和股东大会,并对公司有关重大关联交易、提名、任免董事、高级管理人员的任免专事项分别发表了独立意见,为董事会科学、客观地决策,促进公司的持续、健康、有序发展发挥了积极作用。

(三)公司与控股股东在业务、人员、资产、机构、财务、等方面"五分开"情况:

本公司与控股股东重庆市城市建设投资公司之间实行业务、人员、资产、机构、财务分开,具有独立完整的业务及自主经营能力。

1、业务方面:本公司在业务方面完全独立于控股股东,拥有独立的生产、经营及销售系统;控股股东下属的其它单位与本公司从事的相似房地产开发业务,控股股东均采取了有效措施避免同业竞争。

2、人员方面:本公司与控股股东在劳动、人事及工资管理等方面相对独立。公司总经理、副总理、董事会秘书等高级管理人员均在本公司领取薪酬,未在股东单位担任或兼任重要职务。

3、资产方面:本公司与控股股东之间产权关系明确,各自拥有独立的生产、经营及销售系统;控股股东未占用、支配或干预本公司资产的经营管理,公司与控股股东重庆市城市建设投资公司只有股权投资关系,双方资产完全分开。

4、机构方面:本公司依照《公司法》、《证券法》等有关法律、法规的规定,建立了公司股东大会、董事会、监事会等组织机构,制定了《股东大会议事规则》、《董事会议事规则》、《监事会议事规则》等基本制度,设立了完全独立于控股股东的组织机构,不存在与控股股东合署办公的情况;公司控股股东依照法定程序参与公司决策,未影响本公司经营管理的独立性。公司拥有独立的组织和机构,与控股股东的机构完全分开。

5、财务方面:本公司系按照上市公司财务管理制度建立的独立会计核算体系,独立在银行开户;控股股东未干预本公司的财务、会计活动。

(四)公司在报告期内对高级管理人员的考评及激励机制、相关奖励制的奖励实施情况

报告期内公司于2002年3月6日第四届董事会第四次会议审议通过了《公司董事会奖励基金试行办法》,决定对公司高级管理人员的年度工作业绩进行考核,同时明确了相应的奖励办法。2004年初,公司董事会对公司高级管理人员2003年度的工作业绩情况进行了考核,并对公司高级管理人员分别实施了奖励。

第七节 董事会报告

(一)报告期内经营情况的讨论与分析

报告期内,本公司在市委、市政府的领导和控股股东市城投公司的大力支持和推动下,经过全体员工的不懈努力,生产经营恢复正常,且发展态势良好。公司的财务状况和经营状况迅速改善,主营业绩大幅增长,其他副业经营也进入良性发展轨道。公司的持续经营能力得以增强和提高,公司的生产经营按照董事会确定的经营思路和发展战略,有计划、有步骤地顺利实施,内部各项制度的整体改革全面推进,公司呈现出前所未有的良好的生产经营发展态势。

首先是公司房地产开发和土地整治(代理)投资规模大幅增长,并取得良好效益。其中,公司投资开发的金银湾经济适用房片区住宅4栋、建筑面积16000多平方米,实现了当年开工、当年竣工、当年全部售罄的计划目标,完成销售收入2456万元,实现利润604万元;公司投资开发的凤天锦园高档住宅小区,投入市场后销售形势看喜人,实现预售合同收入3230万元;公司代理南岸茶园新区管委会实施的征地拆迁工程项目,在相关部门的支持配合及公司管理层的高度重视下,按计划如期完成,确保了后续土地整治工作的顺利进行,实现征地拆迁代理收入490多万元;公司代理实施的南岸茶园新区土地整治工程项目,仅在较短的时间内完成了工程项目招投标全部工作,并按计划如期开工实施,工程进展十分迅速,报告期末,累计完成了近50万立方米土石方整治工程量和近1500万元的整治工作量。此外,公司还加大了对以往年度存量商品房的销售力度,采取各种措施,最大限度地盘活存量资产,回笼建设资金。以确保公司生产经营的良性循环发展,取得了实质性的成效,全年累计完成存量商品房销售合同收入3483万元,实现利润645多万元。

其次是公司在主营业务发展的同时,其它副营业务的发展基本趋于正常,公司控股或参股的公司,经营状况良好,并逐渐恢复参与市场竞争的能力和盈利能力。

再次是公司积极稳妥地推进一系列改革,建立和健全相应的运行机制,特别是在人事管理制度方面进行了重大的改革和突破,引入了相应的竞争机制。在公司初步创建了一个面向市场、适应市场的经营管理体系。从年初开始实施的《公司财务管理试行办法》和《公司合同管理试行办法》,到之后实施的一系列改革措施,均取得了明显的效果,公司出现了规范管理和良性运作的新格局。

报告期末,公司完成房地产开发投资7378万元,与上年比较增长398%;实现主营收入6733万元,与上年比较增长141%;实现利润1744万元,与上年比较增长100.46%。公司2003年取得的工作成效,为公司在新年度实现跨越式发展奠定了坚实的基础。

(二)报告期内公司经营情况

1、主营业务的范围及其经营状况

(1)公司主营业务范围及主营业务收入、主营业务利润的构成情况。本公司主要业务范围包括房地产开发与经营、实施土地整治、代办拆迁、工程监理、物业管理、建筑材料经销等。

报告期内主营业务及其结构、主营业务盈利能力较2002年度的变化情况

(2)主营业务收入、成本分项列示如下:(金额单位:人民币/元)

项目	2003年度		2002年度	
	主营业务收入	主营业务成本	主营业务收入	主营业务成本
商品房销售	59,658,545.24	43,781,933.49	17,689,249.46	16,243,337.27
代理土地整治收入	4,036,707.39	446,696.17	无	无
污水处理	无	无	8,300,000.00	3,544,797.69
物管收入	3,617,976.53	1,791,573.47	1,611,675.44	829,401.97
其它	18,000.00	77,895.89	324,942.75	494,731.82
合计	67,331,229.16	46,068,099.02	27,955,867.65	21,112,269.75

(3)主营业务利润构成情况如下:(金额单位:人民币/元)

项目	2003年度	2002年度
商品房销售	12,494,854.23	1,445,911.19
代理土地整治	3,357,900.54	无
污水处理	无	4,785,202.31
物管收入	1,532,379.96	689,602,16
其它	87,268.44	-187,718.69
合计	17,472,403.17	6,732,996.97

2、主要控股公司及参股公司的经营情况及业绩

(1)报告期内,公司控股的重庆渝开发中怡物业管理有限公司,经营业务范围包括:物业管理、房屋中介、与物业管理有关的计算机软件开发、房屋租赁等。该公司严格按照ISO9002质量标准,努力提高物业管理水平,其管理的小区先后被有关部门授予"安全小区"和"文明小区"称号。并与深长城物业开展了广泛的业务合作,引进深长城物业的管理理念和管理模式,依托规范的管理和良好的信誉,极力打造物业管理品牌。在负责管理本公司所开发和经营的物业的同时,积极拓展外部物业管理市场业务,整个物业管理形成了重发展、重成本、重效率、讲改革的新格局,物业管理工作和经营效益均上了一个新的台阶。报告期末完成物业管理服务及租赁经营收入达352万元,实现利润66万元。

(2)报告期内,公司参股的重庆长江三峡路桥有限责任公司正按计划实施建设奉节长江大桥项目,工程实施较为顺利,工程质量和进度均达到了设计要求和计划要求。

(3)报告期内,公司参股的重庆川路塑胶销售有限公司,积极拓展市场,建立销售网络,全年销售数量和销售收入较往年均有了较大的增长。

(三)公司主要客户情况

公司的主营业务主要包括房地产开发与经营,客户主要系商品房购买者。从目前销售状况分析公司商品房购买者主要系个人,尚未有集团购买的情形。

(四)在经营中出现的问题与困难及解决方案

1、问题与困难

报告期内,国家和重庆市就房地产开发行业相继出台了多项政策法规,使房地产市场朝着更加规范的方向发展。特别是经过近几年的培育和发展,重庆房地产市场逐步走向成熟。目前,重庆房地产开发企业近两千家,开发规模和投资规模较以往年度都有相当大的增幅,且各房地产开发企业市场竞争意识、开发理念不断增强和提升,所开发的楼盘不断推陈出新,整个市场供求量增加,交易十分活跃,同业市场竞争也异常激烈。这给公司主营业务的拓展在带来机遇的同时,又形成了巨大的市场竞争压力。特别是公司以房地产开发为主业的企业,开发规模偏小,竞争力相对较弱,加之可供开发土地资源的储备存在严重不足的缺陷,在一定程度上制约了公司开发规模的扩大和房地产开发主业的可持续发展。其次便是公司长期以来形成的管理和机制方面的问题,许多与市场不甚适应,对公司的发展和改革在某种程度上或多或少形成了一些阻力和影响。

2、解决方案

本公司在市政府的直接领导下和控股股东市城投公司的大力支持下,针对上述有关问题和困难,采取积极的应对措施,并取得明显的效果。

(1)报告期内,公司针对重庆房地产市场竞争激烈的状况,对在建的凤天锦园住宅小区,结合市场需求,高起点地深化住宅的平面设计,强调小区的配套功能,使之成为真正的具有较高品质、完善功能、舒适环境的品牌小区,成为具有市场竞争力的高当品牌小区。并在项目的推广过程中,改变过去传统的销售方式,严格按照市场模式进行项目推广和实施运作,取得了较好的品牌效应,为公司房地产主业适应市场和参与市场竞争创造了条件。

(2)报告期内,公司针对可供开发的土地资源储备存在严重不足,极有可能影响和制约公司主业后续发展的严峻问题,采取积极措施,全方位地展开了寻求(找)开发土地(或地块)、项目的工作,并把房地产开发的触角向具有发展潜力和发展空间的重庆近郊区延伸,广泛寻求土地资源和合作对象。经过努力取得了明显的效果,报告期内公司已经初步落实多项土地(或地块)及合作项目,基本解决了公司今后几年房地产开发土地资源及项目储备的问题,为公司的可持续发展奠定了一定的基础。

(3)报告期末,公司在内部建立健全一系列规章制度和完善了相关的管理办法,从合同管理、财务管理、投资管理及人事管理等方面加大管理和改革力度。在项目投资决策和实施过程中,努力做到规避投资风险,严格控制和降低开发成本;在人力资源的储备和配置方面,积极引进了优秀人才,使公司的知识结构、人才结构更趋合理。通过内部的严格管理,公司的生产经营秩序日趋正常,并步入良性发展轨道。

(五)公司投资情况

1、报告期内,公司无募集资金使用情况。也无报告期之前募集资金的使用延续到报告期内的

情况。

2、非募集资金使用情况。

报告期内,非募集资金主要投入公司金银湾经济适用房片区、凤天锦园高档住宅小区房地产开发项目和南岸茶园新区土地整治项目。

(六)公司财务状况、经营成果

主要财务指标及变动原因

项目	2003年	2002年	增长比率(%)
总资产	543,518,492.26	171,274,044.82	217.32
股东权益	142,911,378.92	120,052,435.06	19.01
主营业务利润	17,472,403.17	6,732,996.97	159.50
净利润	17,442,677.22	8,703,593.83	99.96
现金及现金等价物净增加额	77,490,874.78	786,640.00	9,750.87

增减变动的主要原因说明:

(1)总资产增加主要系售房款增加而导致银行存款增加及代垫茶园新区征地补偿和拆迁安置款214,399,925元,致本项目出现巨额增长;

(2)股东权益增加主要系本期净利润增加以及资本公积增加所致;

(3)主营业务利润增加主要系本报告期随重庆房地产交易行情逐日升温,本年公司新增开发的金银湾商品房项目销售状况良好致销售收入,成本较上年有较大幅度增长,且收入增长幅度高于成本增长,故主营业务利润大幅度增加;此外,本年度公司新增的代理土地整治项目也是致公司主营业务利润增长的因素之一;

(4)净利润增加原因与主营业务利润增加原因相同;

(5)现金及现金等价物净增加额增加的原因主要系售房款增加及银行贷款增加。

(七)生产经营环境及宏观政策、法规变化对公司产生的影响

重庆市有关调高土地出让金标准政策的实施,体现了政府对房地产土地资源的利用和开发加大宏观控制和管理的力度;以及取消道桥收费政策的实施,对重庆市主城区土地资源的价值提升房地产的发展将产生积极的推动作用。公司作为以房地产开发为主业的企业,以往年度储备的土地资源及正在建设的房地产开发项目,将因上述两项政策的实施而受益,对以后年度主营业绩的提升将产生积极有益的影响。特别是公司在以房地产开发为主业同时,参与了政府储备土地的整治工作和拟拓展的市政工程的代理业务,为公司未来经营发展提供了巨大的业务发展空间,对公司的财务状况和经营成果将产生积极的影响。

(八)公司新年度生产经营业务发展计划

2004年是公司继2003年生产经营趋于正常,逐渐恢复和增强持续经营能力加快战略发展的关键年,公司将以此为契机,狠抓经营、强化管理、转换机制,继续夯实发展基础,提升经营业绩,增强核心竞争力,努力提高经济效益。

(1)加大房地产项目开发力度,实施凤天锦园和拟开发的银杏山庄项目,同时拓展其它开发项目,进一步扩大房地产开发规模,使之成为公司重要的经济支撑和利润增长点。

(2)积极参与控股股东及地产集团所储备土地的整治工作,并将土地整治作为公司后续主营发展的重要组成部分和主营业务利润的增长点,提升公司经营业绩,确保公司主营业务的可持续发展。

(3)落实和完善有关公司市政工程建设代理资质,参与市政工程的建设代理,使公司形成集房地产开发、土地整治、市政工程建设代理三大主业链,为公司主营业绩的提升和今后时期的快速发展奠定坚实基础。

(4)积极参与市场竞争,利用公司楼盘的品牌效应,按照市场运作模式和手段,加大已建成楼盘的预销售力度,回笼更多的建设资金,实现公司生产经营的良性健康发展。

(5)进一步整合和优化资源,实现资源的合理配置和利用。以确保公司计划目标的实现和整体效益上一个新的台阶。

(6)加强内部经营管理和严格成本控制,搞好资金平衡和合理调配,拓展新的融资渠道和方式,确保生产经营活动的正常运行。

(九)董事会日常工作情况

本年度公司董事会共召开16次会议。

(1)公司第四董事会第二次会议于2003年1月17日在重庆渝中区曾家岩1号附1号二楼四会议室召开,会议由董事长张玉昌先生主持,应到董事7人,实到7人(其中独立董事张孝友先生、董事贺雪琴先生书面分别委托独立董事许明月先生、董事长张玉昌先生代为出席并行使表决权),公司3名监事及有关高级管理人员列席了会议。会议审议通过了关于召开公司2003年第一次临时股东大会的预案。

(2)公司第四届董事会第三次会议于2003年2月25日在重庆市渝中区曾家岩1号附1号公司总部二楼四会议室召开,会议由董事长张玉昌先生主持。应到董事7人,实到7人(其中董事贺雪琴先生书面委托董事长张玉昌先生代为出席并行使表决权),公司监事3人及有关高级管理人员列席了会议。会议审议通过了①公司2002年年度报告正文及摘要;②公司2002年度董事会报告;③公司2002年度财务报告;④公司2002年度利润分配预案和2003年度利润分配政策预案;⑤公司向深圳证券交易所提出撤销股票特别处理申请的议案;⑥会议决定于2003年4月8日召开公司2002年度股东大会。

(3)公司第四届董事会第四次会议于2002年3月6日在重庆渝中区曾家岩1号附1号二楼四会议室召开,会议由董事长张玉昌先生主持,应到董事7人,实到7人。(其中董事贺雪琴先生书面委托董事长张玉昌先生代为出席并行使表决权)。会议审议通过了①《公司财务管理试行办法》;②《公司合同管理试行办法》;③《公司2003年生产经营计划》;④《公司董事会奖励基金试行办法》;⑤公司向交通银行申请贷款3000万元的议案;⑥公司将子公司重庆敬业监理有限公司实施转让的议案;⑦公司独立董事年度津贴标准的议案;⑧关于续聘重庆天健会计师事务所为公司2003年度审计单位的议案;⑨关于欧阳典跃先生因工作需要调离公司辞去公司副总经理职务的议案;⑩关于公司董事会秘书享受副总待遇的议案。

(4)公司第四届董事会第五次会议于2003年3月30日在重庆市渝中区曾家岩1号附1号二楼四会议室召开,会议由董事长张玉昌先生主持,应到董事7人,实到7人(其中董事贺雪琴先生、独立董事许明月先生书面分别委托董事长张玉昌先生、独立董事张孝友先生代为出席并行使表决权)。会议审议通过了①公司2003年度工资总额计划的议案;②王万杰先生离任审计报告;③免去何开泰先生公司总经理职务的议案;④聘任刘永贤先生为公司常务副总经理的议案;⑤聘任张勋斌先生、周怡行先生公司副总经理的议案;关于聘任张健康先生为公司总工程师的议案。

(6)公司第四届董事会第六次会议于2003年4月3日以传真方式召开,会议审议通过了①本公司向建设银行重庆分行申请贷款人民币3000万元的议案;②本公司与重庆市城市建设土地储备管理中心签订的《茶园新区土地储备征地代理合同》;

(7)公司第四届董事会第七次会议于2003年4月16日以传真方式召开,会议审议通过了本公司2003年第一季度报告。

(8)公司第四届董事会第八次会议于2003年4月16日在重庆市渝中区曾家岩1号附1号公司总部四会议室召开。会议由董事长张玉昌先生主持。应到董事9人,实到9人(其中董事贺雪琴先生以通讯方式出席并表决),公司监事3人列席了会议。会议审议通过了本公司向建设银行重庆分行申请贷款人民币30000万元的议案。该笔贷款主要用于本公司受托代理实施重庆南岸区茶园新区土地储备3400约亩土地征地费用投入。

(9)公司第四届董事会第九次会议于2003年4月28日在重庆市渝中区曾家岩1号附1号公司总部二楼四会议室召开。会议由董事长张玉昌先生主持,应到董事7人,实到7人(其中董事贺雪琴先生以通讯方式出席并表决)。会议审议通过了①关于增补刘永贤先生为公司第四届董事会董事的议案;②关于增补罗宪平女士为公司第四届董事会独立董事的议案;③关于召开公司2003年第二次临时股东大会的议案。

(10)公司第四届董事会第十次会议于2003年5月30日在重庆市渝中区曾家岩1号附1号公司总部二楼四会议室召开。会议由董事长张玉昌先生主持。应到董事9人,实到董事9人(其中董事贺雪琴先生书面委托董事长张玉昌先生代为出席并行使表决权)。公司有关高级管理人员列席了会议。会议审议通过了公司向建设银行渝中区支行申请办理中山二路商品房按揭贷款担保保证的议案。

(11)公司第四届董事会第十一会议于2002年6月2日在重庆市渝中区曾家岩1号附1号公司总部二楼四会议室召开。会议由董事长张玉昌先生主持。应到董事9人,实到9人(其中董事3人以传真方式对会议议案进行了审议和表决)。

会议审议通过了关于公司拟投资300万元参股重庆普丰工程建设有限公司(总股本2000万元),持有该公司15%股份的议案;

(12)公司第四届董事会第十二次会议于2003年7月15日在重庆市渝中区曾家岩1号附1号公司总部二楼四会议室召开。会议由董事长张玉昌先生主持,应到董事9人,实到

9人(其中董事贺雪琴先生书面委托董事长张玉昌先生代为出席并行使表决权)。会议审议通过了①公司2003年半年度报告及摘要;②公司2003年半年度利润分配预案;

(13)公司第四届董事会第十三次会议于2007年7月22日在重庆市渝中曾家岩1号附1号公司总部二楼四会议室召开。会议由董事长张玉昌先生主持。应到董事9人,实到董事6人。会议审议通过了公司向建设银行渝中区支行申请办理凤天锦园商品房按揭贷款担保保证的议案。

(14)公司第四届董事会第十四次会议于2003年9月11日在重庆市渝中区曾家岩1号附1号公司总部二楼会议室召开。会议由董事长张玉昌先生主持。会议应到董事9人,实到9人(其中董事粟志光先生、贺雪琴先生书面委托董事长张玉昌先生,独立董事许明月先生书面委托张孝友先生代为出席并行使表决权),公司监事3人及有关高管人员列席了会议。会议审议通过了①公司建设代理城投公司南岸茶园新区土地整治项目构成的关联交易的议案;②关于公司收购嘉陵大厦的预案;③公司关于内部机构设置方案的预案;④公司关于投资者关系管理制度的预案;⑤关于张健康先生辞去公司总工程师职务的预案;⑥关于聘任张勋斌先生为公司总工程师(兼)的议案。

(15)公司第四届董事会第十五次会议于2003年9月24日在重庆市渝中区曾家岩1号附1号公司总部二楼四会议室召开。会议由董事长张玉昌先生主持。应到董事9人,实到董事9人(其中董事贺雪琴先生书面委托董事长张玉昌先生代为出席并行使表决权)。公司监事1人及部分高管人员列席了会议。会议审议通过了关于聘任刘永贤先生公司为公司总经理(聘期三年)的议案。

(16)公司第四届董事会第十六次会议于2003年10月23日在重庆市渝中区曾家岩1号附1号公司总部二楼四会议室召开。会议由董事长张玉昌先生主持。会议应到董事9人,实到9人(其中董事贺雪琴先生书面委托董事长张玉昌先生,独立董事许明月先生书面委托张孝友先生代为出席并行使表决权),公司监事3人及部分高管人员列席了会议。会议审议通过了①公司2003年第三季度报告;②关于聘任张勋斌先生为公司常务副总经理的议案;③关于公司现任董事(除独立董事外)发放年度津贴的议案。

(17)公司第四届董事会第十七次会议于2003年12月24日以电话传真方式召开。会议审议通过了①关于公司嘉陵大厦项目转让的预案;②关于公司向兴业银行重庆分行南坪支行申请内部授信(金额为人民币4000万元,期限为一年)的预案;③关于赵旭先生辞去公司总经理助理(副总经理待遇)职务的议案。

(十)董事会对股东大会决议的执行情况

报告期内,公司董事会按照股东大会的决议和授权,严格认真履行职责,董事会对股东大会决议的执行情况如下:

(1)2003年度利润分配预案:

经重庆天健会计师事务所审定,本公司2003年度实现净利润17,442,677.22元,加期初未分配利润131,448,773.30元,本年度可供分配利润-114,006,096.08元,根据本公司生产经营及项目投资的实际情况,公司决定2003年度不进行利润分配,也不进行资本公积金转增股本。

此分配预案尚需提交公司2003年年度股东大会审议通过。

(十一)其它事项

1、报告期内,公司聘请的财务审计机构是重庆天健会计师事务所。

2、报告期内,公司选定的信息披露报纸为《证券时报》、《中国证券报》。

第七节　重要事项

(一)报告期内公司的重大诉讼,仲裁事项:

报告期内公司无重大诉讼、仲裁事项。

报告期前延续到报告期内的关于本公司与建设银行债务诉讼事项,即本公司于2003年5月28日收到中华人民共和国最高人民法院(以下简称最高人民法院)(2003)民二终字第49号《民事裁定书》,以本公司与市城投公司之间债权追偿权已转移,表明本公司自愿放弃债权追偿权为由。裁定驳回本公司上诉。对经协大厦和市财政局的债权追偿及法院最终判决结果的享有。据此,本公司与市城投公司按照《债务转让协议》确定的原则办理完毕相关转移手续(详2003年6月5日《证券时报》、《中国证券报》公告)。

(二)报告期内公司出售及收购资产情况

1、出售资产情况

(1)公司第四届董事会第四次会议于2002年3月6日审议通过了公司将子公司重庆敬业监理有限公司实施转让的议案;

本公司子公司(重庆渝开发物资实业公司持股90%,重庆川路塑胶销售有限责任公司持股10%)参股投资设立的重庆敬业建设监理有限责任公司(合并报表单位),注册资本100万元,经营范围为工程建设监理、工程技术咨询及服务。自1996年成立至今,由于行业管理逐渐规范,市场竞争相对激烈,加之该公司执业人数未达规定标准,公司资质一直偏低,经营较为艰难。据该公司截止2003年2月28日会计报表(未经审计)显示,总资产为49,876.31元,总债227,090.88元,净资产-177,214.57元。根据公司资产结构及产业结构调整的需要,本次会议审议通过将该公司实施转让,同时明确该公司的债权债务转由本公司承继。截止报告期末,上述股权转让已完成相关工商变更登记手续。

(2)本公司2003年12月24日以电话传真方式召开第四届董事会第十七次会议,审议通过了

关于公司转让嘉陵大厦项目的议案。

2003年12月25日本公司与重庆同聚福物业发展有限公司(以下简称同聚福物业)签订《嘉陵大厦项目转让协议》,本公司将位于重庆市江北区建北二支路1号嘉陵大厦34322平方米全部在建房屋的所有权及该大厦占用范围内面积为1012.4平方米的国有土地使用权转让给同聚福物业所有。

公司出售的嘉陵大厦资产经聘请的有证券从业资格的重庆康华会计师事务所进行评估,经评估嘉陵大厦资产在2003年11月30日估价时点的价值为79,256,593元(其中在建房产40,450,193元,土地使用权38,806,400元)。此次转让协议双方确认以转让标的现状并结合重庆康华会计师事务所估价报告结果,协议转让作价总价为人民币6755万元(协议转让总价未包括土地使用权属于江北区城乡建设开发公司的130.6平方米,属于江北区嘉陵公园管理处的157平方米及属于重庆市农村合作社城郊联合营业部所有656平方米土地以及整个项目转让前和转让后涉及的所有税费<由同聚福物业承担>)。转让价款采取分期付款方式。即同聚福物业在2003年12月31日前向本公司支付500万元人民币定金;2004年6月30日前向本公司支付转让价款3000万元人民币;2004年9月30日前向本公司支付全部转让价额。本公司于2004年1月15日将嘉陵大厦实物交付给乙方。在同聚福物业将转让款付清后三个工作日内,本公司配合同聚福物业办理转让标的相关权属变更手续。

本公司此次出售嘉陵大厦项目资产,旨在调整和优化资产结构,更好地维护本公司股东利益;本公司此次出售嘉陵大厦项目资产预计可获转让收益人民币500万元以上,对提升公司经营业绩、改善财务状况将产生积极的影响,此次交易将有利于本公司履行和实现股东利益与价值最大化的宗旨。本公司出售嘉陵大厦项目资产事项,经公司2004年2月13日召开的2004年第一次临时股东大会审议通过(详2004年1月13日《证券时报》、《中国证券报》公告)。

(3)2003年9月,公司与重庆鸿恩实业开发有限责任公司、重庆市城市建设投资公司、重庆高等级公路建设投资有限公司签订《协议书》,协议约定,公司将持有的重庆长江三峡路桥有限责任公司10%的股权转让给重庆高等级公路建设投资有限公司,作价200万元。股权转让后,公司持有重庆长江三峡路桥有限责任公司的股权由25%减至15%。截止报告期末,上述股权转让已完成工商变更登记手续。

(4)本公司所拥有的凤天锦园小区占地面积为58,576平方米,2003年12月19日,公司与沙坪坝区国土资源局签订《重庆市图书馆建设项目用地补偿协议》,协议约定:公司将尚未开发的沙坪坝区凤天路中段8-1和8-3号土地面积为7,485平方米(即凤天锦园占地面积58,576平方米中的一部分)的国有(出让)土地使用权按照市政府的要求,交给沙坪坝区国土资源局,作为拟修建的重庆市图书馆建设项目用地。沙坪坝区国土资源局同意支付本公司694.4万元土地补偿费。截止报告期末,上述协议尚未实际履行。

2、收购资产情况

2003年9月公司与重庆市农村信用合作社城郊联合营业部签订《嘉陵大厦转让协议》,协议约定:公司以6,000万元受让重庆市农村信用合作社城郊联合营业部依据重庆市第一中级人民法院(1998)渝一中民初执字第454号《民事裁定书》依法取得的位于重庆市江北区建北二支路1号的嘉陵大厦34,322平方米全部在建房屋的所有权及该大厦占用范围内面积为1,012.4平方米的国有土地使用权。截止2003年12月31日,公司已向重庆市农村信用合作社城郊联合营业部支付嘉陵大厦全部受让款6,000万元。有关产权过户手续正在办理过程中。(详2004年9月13日《证券时报》、《中国证券报》公告)。

(三)资产、股权出售及收购对公司业务连续性,管理层稳定性和财务状况的影响。

上述诸项资产、股权收购、出售事项,对公司调整资产结构,减少投资损失,改善财务状况产生了有利影响,确保了公司主营业务的连续性,对公司管理层的稳定性无任何影响。

(四)重大关联交易事项

经本公司于2003年9月11日第四届董事会第十四次会议审议通过,本公司于2003年9月12日与重庆市城市建设投资公司(本公司第一大股东,以下简称城投公司)签订《土地整治工程项目建设代理合同》。合同约定由本公司建设代理实施城投公司南岸茶园新区石庙片区土地整治工程项目。本公司代理实施的南岸区茶园新区石庙片区土地整治工程项目范围及内容为地块约533.6亩土地整治(平基土石方约96万m3)其中包括一横一纵道路(总长度约为1704m)及排水(排水管网长度约4597m,主排洪沟约500m)路灯、绿化工程(道路绿化面积约6953㎡);建设工期为180天;合同总价暂定为5300万元,最终将按造价咨询机构审定的初设概算总价实行包干结算。此外,本公司还将按合同总价的2%收取工程项目建设代理费。本公司建设代理实施茶园新区土地整治工程项目,对于调整公司的产业结构,提高持续经营能力和市场竞争力,进一步提升公司主营业绩,改善公司财务状况和经营成果,实现股东利益最大化都将产生有利的影响。本公司建设代理实施茶园新区土地整治工程项目构成的关联交易事项,经公司2004年2月13日召开的2004年第一次临时股东大会审议通过(详2004年1月13日《证券时报》、《中国证券报》公告)。

(五)重大合同及其履行情况

1、公司第四届董事会第四次会议于2002年3月6日审议通过了公司向交通银行申请贷款3亿元的议案;公司与交通银行重庆分行于2003年4月29日签订《借款合同》,向交通银行重庆分行渝中支行借款人民币3亿元。借款主要用于企业流动资金周转,借款期限为5年,即2003年4月29日至2008年4月29日。

2、公司第四届董事会第六次会议于2003年4月3日以传真方式召开,会议①审议通过了本公司向建设银行重庆分行申请贷款人民币3000万元的议案。②审议通过了本公司与重庆市南岸区茶园新区管理委员会签订的《茶园新区土地储备征地代理合同》。

3、公司第四届董事会第十次会议于2003年5月30日审议通过了公司向建设银行渝中支行申请办理中山二路商品房按揭贷款担保保证的议案。

4、2003年5月30日本公司2003年第二次临时股东大会审议通过了《关于公司向银行贷款人民币3亿元的议案》;公司于2003年4月15日与建设银行重庆分行渝中支行签订《借款合同》,向建设银行重庆分行渝中支行借款人民币3亿元。借款主要用于茶园新区土地征用,借款期限为1.5年,即2003年4月15日至2004年10月15日。

5、公司第四届董事会第十三次会议于2003年7月22日审议通过了公司向建设银行渝中区支行申请办理凤天锦园商品房按揭贷款担保保证的议案。

6、公司第四届董事会第十七次会议于2003年12月24日审议通过了关于公司向兴业银行重庆分行南坪支行申请内部授信(金额为人民币4000万元,期限为一年)的预案;公司于2003年12月23日与兴业银行重庆分行南坪支行签订《短期借款合同》,向兴业银行重庆分行南坪支行借款人民币4000万元。借款主要用于项目开发周转,借款期限为6个月,即2003年12月23日至2004年6月23日。

(六)其它有关事项

1、经查询重庆市工商行政管理局信息获知,报告期内,公司2002年度将持有的重庆市新城开发建设股份有限公司32.5%的股权计6500万股份先后三次分别以股权抵偿债务、股权转让等方式全部实施转让后的有关股份过户手续已经全部完成工商变更登记手续。

2、公司上市前的1991年,公司为完成政府交办的任务,承担渝中区中山二路旧城改造工程,工程分二期完成,由于中山二路旧城改造片区拆迁义务畸重,公司较好地完成了中山二路一期工程的拆迁工作,后公司无力承担中山二路二期工程的拆迁工作,遂形成历史遗留问题。报告期内,经重庆市渝中区人民政府批示,渝中区中山二路二期工程拆迁工作系历史遗留问题,应由政府统一纳入旧城改造投资范畴解决,批示明确公司不应再承担其拆迁工作,公司可以将原留存的准备安置中山二路二期工程的房屋转为商品房出售,用于补偿公司在上市前作为市属国有企业按照政府指令承担的渝中区中山二路滑坡治理工程的额外负担530万元。

(七)其它重大关联交易事项

1、报告期内公司无托管、承包、租赁其它公司资产或其它公司托管、承包、租赁本公司资产的情况。

2、报告期内,公司未发生重大担保事项,也未发生属于中国证监会证监发(2003)56号《关于规范上市公司与关联方资金往来及上市公司对外担保若干问题的通知》认定的违规担保和资金占用的情况。

重庆天健会计师事务所按照中国证监会证监发(2003)56号《关于规范上市公司与关联方资金往来及上市公司对外担保若干问题的通知》的规定,为公司出具了《关于重庆渝开发股份有限公司控股股东及其他关联方资金占用的专项说明》。截止报告期末,公司与其他关联方涉及资金占用的情况主要系公司参股的重庆长江三峡路桥有限责任公司、重庆川路塑胶销售有限公司和重庆力达物质贸易公司经营性和非经营性占用(占用原因主要系资金周转困难或未及时办理结算,占用方式主要系垫支期间费用和拆借)。

3、报告期内,公司未发生委托他人进行现金资产管理事项或委托贷款的事项。

(八)报告期内公司或持股5%以上的股东未在指定报刊及网站上披露过承诺事项

(九)聘请会计师事务所情况

报告期内,公司聘请重庆天健会计师事务所(原重庆华源会计师事务所)为本公司的财务审计机构,该事务所已为本公司提供服务的连续年限为6年。公司支付给该会计师事务所的报酬情况如下:

会计师事务所	2003年度		2003年中期	
	财务审计费用	专项审计费用	财务审计费用	其它费用
重庆天健会计师事务所	27万元	3万元	无	无

说明:本公司不承担会计师事务所为审计而发生的差旅等费用。

(十)报告期内,公司、公司董事会及董事受到中国证监会稽查行政处罚、通报批评、证券交易所公开谴责的情况

有关本公司2002年7月8日接受中国证监会对本公司自1998年~2000年间涉嫌虚假信息披露问题进行立案调查一事,本公司曾相继于2002年7月9日《证券时报》及《公司2002年年度报告》中进行了相应的披露。2003年6月10日中国证监会向本公司送达了法罚字(2002)第80-1号《行政处罚事先告知书》认为:公司1998年、1999年和2000年年报披露内容中含有虚假信息的行为。按照有关规定,本公司及相关董事随后于2003年6月26日参加了由中国证监会组织召开的听证会,就《行政处罚事先告知书》中认定事项提供了有关证据资料,并对有关事实进行了申辩和陈述。2003年9月22日本公司正式收到《中国证监会行政处罚决定书》(证监罚字(2003)18号),《中国证监会行政处罚决定书》认为:本公司违反了《股票发行与交易管理暂行条例》、《证券法》的有关规定。据此,中国证监会对各当事人作出如下决定:1、责令本公司改正上述虚假陈述违法行为;2、对本公司处以罚款40万元;3、对本公司上述虚假陈述行为的直接负责的主管人员官忠富处以警告并罚款30万元;对本公司上述虚假陈述行为的其他直接责任人员叶瑞进、刘景元、华渝生、王培林、许永光、张玉昌、敬相海和吴小玲分别处以警告并罚款3万元。本公司及相关董事认为,《中国证监会行政处罚决定书》认定并处罚所涉事项,大都发生在2000年以前,本公司在前两年已先后按有关规定妥善圆满地进行了处理和解决,未给公司及股东造成损害。为此,本公司及相关董事对《中国证监会行政处罚决定书》的有关认定和处罚持保留意见,并在规定时间内先缴纳了罚款,随即向中国证监会提出了行政复议申请。再后,鉴于各种因素,本公司及相关董事又分别向中国证监会提出撤销行政复议申请,表示接受中国证监会的行政处罚。至此,公司被中国证监会立案调查和行政处罚事项处理完结。

本公司董事会及现任公司管理层,将认真吸取教训,认真学习有关法律法规及中国证监会的相关文件,进一步规范公司的运作行为,按照证券法规要求,切实做好本公司的信息披露和投资者关系管理工作,努力推进公司房地产开发和搞好土地整治主业持续、健康、有序发展,力争以良好的经营业绩回报广大股东。

(十一)报告期后事项

1、公司第四届董事会第十八次会议于2004年1月12日召开。会议审议通过关于2004年2月13日召开公司2004年第一次临时股东大会的议案(详2004年1月13日《证券时报》、《中国证券报》公告)。

2、2004年2月13日召开公司2004年第一次临时股东大会,会议审议通过了以下议案:①《公司关于土地整治工程项目建设代理关联交易的议案》;②《公司关于嘉陵大厦项目转让的议案》;③《公司关于现任董事(除独董外)发放年度津贴的议案》(详2004年2月14日《证券时报》、《中国证券报》公告)。

3、公司第四届董事会第十九次会议于2004年2月24日以电话传真方式召开。审议通过关于公司拟参与重庆市晏家工业园生活区项目建设的议案(此次公司仅作为参与公示土地竞买单位之一,先预缴公示土地竞买报名保证金500万元)。

4、公司第四届董事会第二十次会议于2004年3月2日召开。会议审议通过了以下议案:①审议通过了公司关于提取资产减值准备的报告;②审议通过了公司关于华新广场前排土地减值准备冲回800万元的议案;③审议通过了公司2004年年度生产经营计划;④审议通过了公司2004年年度工资总额计划;⑤审议通过了公司关于收购江北区城乡建设发展公司持有的重庆市新城建设开发股份有限公司1040万股份(占总股份的12.84%)的议案(详2004年2月4日《证券时报》、《中国证券报》公告)。

5、2004年3月6日公司发布了《关于转回华新广场前排土地减值准备800万元的补充公告》(详2004年3月6日《证券时报》、《中国证券报》公告)。

6、2004年3月9日公司发布了《关于预计2003年度利润预增提示性公告》(详2004年3月9日《证券时报》、《中国证券报》公告)。

第八节　备查文件目录

(一)载有公司法定代表人、主管会计工作负责人、会计机构负责人签名并盖章的会计报表;

(二)载有会计师事务所盖章、注册会计师签名并盖章的审计报告原件;

(三)报告期内在中国证监会指定报纸上公开披露的所有公司文件的正本及公告的原稿。

重庆渝开发股份有限公司

董事长　张玉昌

二00四年三月十八日

宏源证券股份有限公司

宏源证券股份有限公司2003年年度报告

重要声明

本公司董事会及其董事保证本报告所载资料不存在任何虚假记载、误导性陈述或者重大遗漏,并对其内容的真实性、准确性和完整性承担个别及连带责任。

金立佐独立董事因工作原因,未能亲自出席公司第四届董事会第六次会议,书面委托刘慧勇独立董事代行表决。

本公司年度财务报告已经深圳鹏城会计师事务所和普华永道会计师事务所分别按照国内和国际审计准则审计,并出具了标准无保留意见审计报告。

本公司总经理刘丁平先生、财务总监许建平先生及财务会计部总经理张延强先生声明:保证本年度报告中的财务报告真实、完整。

第一章 公司基本情况简介

一、公司的法定中文名称:宏源证券股份有限公司

公司的法定英文名称:Hong Yuan Securities Co.,Ltd

缩写:宏源证券

二、公司法定代表人:田国立

公司总经理:刘丁平

三、公司董事会秘书:王重昆

证券事务代表:高丽娟

联系地址:新疆乌鲁木齐市建设路2号宏源大厦八楼

联系电话:0991-2301870

联系传真:0991-2301779

四、公司注册地址:新疆乌鲁木齐市建设路2号

公司办公地址:新疆乌鲁木齐市建设路2号宏源大厦八楼

邮编:830002

公司网址:http://www.ehongyuan.com

公司电子信箱:hyxtdshj@mail.xj.cninfo.net

五、公司选定的信息披露报刊:《证券时报》、《中国证券报》、《上海证券报》

登载公司年度报告的国际互联网网址:http://www.cninfo.com.cn

公司年度报告备置地点:公司董事会秘书处

六、公司股票上市交易所:深圳证券交易所

股票简称:宏源证券

股票代码:000562

七、公司注册资本:陆亿零捌佰柒拾肆万元

八、其他资料:

1.公司首次注册登记日期:1993年5月25日

地址:乌鲁木齐市新华北路2号

2.变更注册登记日期:1996年4月15日

地址:乌鲁木齐市文艺路2号

日期:1998年2月12日

地址:乌鲁木齐市建设路2号

日期:2000年9月21日

地址:乌鲁木齐市建设路2号

日期:2001年9月27日

地址:乌鲁木齐市建设路2号

日期:2003年12月5日

地址:乌鲁木齐市建设路2号

3.《企业法人营业执照》注册号码:6500001000031

4. 税务登记号码:国税字650102228593068

地税字650102228593068

5.公司聘请的境内会计师事务所:深圳鹏城会计师事务所

办公地址:深圳市罗湖区东门南路2006号宝丰大厦

公司聘请的境外会计师事务所:普华永道会计师事务所

办公地址:上海市浦东新区东昌路500号

第二章 会计数据和业务数据摘要

第一节 主要利润指标 单位:元

项目	境内审计	境外审计
1.利润总额	47,883,114.71	−88,174,000.00
2.净利润	20,095,268.16	−98,034,000.00
3.扣除非经常性损益后的净利润	15,988,842.87	−102,220,000.00
4.主营业务利润	144,436,221.06	96,981,000.00
5.其他业务利润	37,082,510.85	37,493,000.00
6.营业利润	47,598,243.37	−88,174,000.00
7.投资收益	68,688,341.19	42,506,000.00
8.补贴收入	−	−
9.营业外收支净额	284,871.34	−
10.经营活动产生的现金流量净额	151,463,632.76	−328,923,000.00
11.现金及现金等价物净增加额	421,527,603.89	182,143,000.00
11.现金及现金等价物净增加额	421,527,603.89	182,143,000.00

注:扣除非经常性损益的项目、涉及金额:

1.营业外收入:2,664,459.20元

2.营业外支出:2,379,587.86元

3.营业外收支净额所得税影响:42,303.39元

4.资产减值转回:3,863,857.34元

第二节 前三年主要会计数据和财务指标

一、按照中华人民共和国企业会计准则和制度编制,公司前三年主要会计数据和财务指标 单位:元

项目	2003年	2002年	调整后
1.主营业务收入	243,526,753.08	311,876,425.89	
2.净利润	20,095,268.16	39,589,276.10	
3.总资产	5,238,110,040.46	4,413,408,045.37	
4.股东权益	1,269,348,585.19	639,730,194.39	
5.每股收益(摊薄)	0.0330	0.0763	
6.每股收益(加权)	0.0349	0.0763	
7.每股净资产	2.085	1.233	
8.调整后的每股净资产	1.964	1.182	
9.每股经营活动产生的现金流量净额	0.249	−0.818	
10.净资产收益率%	1.58	6.19	
11.加权平均净资产收益率%	2.51	6.39	

		2001年	
项目	调整前	调整后	调整前
1.主营业务收入	311,876,426	325,458,736	321,320,708
2.净利润	39,589,276	37,545,149	44,942,881
3.总资产	5,846,009,383	5,728,281,281	5,728,281,281
4.股东权益	639,730,194	600,140,918	607,538,651
5.每股收益(摊薄)	0.0763	0.0724	0.0867
6.每股收益(加权)	0.0763	0.0724	0.0867
7.每股净资产	1.233	1.156	1.171
8.调整后的每股净资产	1.182	1.095	1.101
9.每股经营活动产生的现金流量净额	−0.817	−0.09	−0.09
10.净资产收益率%	6.19	6.26	7.40
11.加权平均净资产收益率%	6.39	6.46	7.68

二、按照国际通行会计准则编制,公司前三年主要会计数据和财务指标 单位:元

项目	2003年	2002年	2001年
1.主营业务收入	247,004,000	342,095,000	393,120,000
2.净利润	−98,034,000	−75,374,000	−75,934,000
3.总资产	5,745,727,000	3,852,675,000	3,616,448,000
4.股东权益	1,044,207,000	532,718,000	608,092,000
5.每股收益(加权)	−0.18	−0.15	−0.15
6.每股净资产	1.72	1.027	1.172
7.调整后的每股净资产	1.72	1.027	1.111
8.每股经营活动产生的现金流量净额	−0.54	−0.452	−0.339
9.净资产收益率%	−9.39	−14.15	−12.49
10.加权平均净资产收益率%	−15.41	−13.21	−11.53

第三节 境内、外重要财务数据差异调节表及差异原因

一、差异调节表

		净利润		净资产
	二〇〇三	二〇〇二	二〇〇三	二〇〇二
	人民币千元	人民币千元	人民币千元	人民币千元
法定会计报表金额	20,095	39,589	1,269,348	639,730
确认受托理财业务未实现损益(a)	(92,395)	(80,505)	(143,385)	(50,990)
部分无标价投资的会计处理(b)	(4,051)	(31,150)	(35,201)	(31,150)
债券投资按市值列示(c)	(15,640)	−	(15,640)	−
合并营业部范围引起的差异(d)	(2,567)	6,762	(14,296)	(11,729)
营业部筹建费用冲销(e)	(2,582)	−	(2,582)	−
其他	(894)	(10,070)	(14,037)	(13,143)
按国际财务报告准则金额	(98,034)	(75,374)	1,044,207	532,718

二、差异产生的原因

(a).确认受托理财业务未实现损益

法定会计报表下以受托资金购买的投资，以成本计量。其买卖差价确认在各客户的受托资金中,并于委托合同到期日将已实现的损益扣除按合同约定的应支付客户的利息后确认在利润表中,根据国际财务报告准则编制的财务报表,考虑有关合同的性质,受托资金根据本金及约定的利率在时间比例的基础上确认为利息支出，以受托资金购买的投资确认为集团自身的为交易而持有的投资,按公允值计价，其公允值的变动而引起已实现及未实现的盈亏均反映在当期的利润表中。

(b).部分无标价投资的会计处理

法定会计报表下部分无标价权益性投资与其它为交易而持有的投资一起列示，按成本与市价孰低法计量,而根据国际财务报告准则编制的财务报表,其作为可供出售的投资列示于长期资产,按成本减减值损失列示。

(c).债券投资按市价列示

法定会计报表下部分打算长期持有的债券投资按成本列示于长期债权投资并按面值与票面利率确认利息收入;国际财务报告准则上由于部分债券不符合持有至到期日的确认原则;按公允值列示于为交易而持有的投资。

(d).合并营业部范围引起的差异

法定会计报表按被收购营业部取得营业执照日作为合并日；而根据国际财务报告准则编制财务报表以实际取得控制权日作为合并营业部的日期。

(e).营业部筹建费用冲销

法定会计报表下营业部筹建费用于营业部开始经营当月一次性记入损益；而国际财务报告准则下营业部筹建费用在当期利润表中反映。

第四节 按8号编报规则计算的前三年主要会计数据和财务指标 单位:元

			2002年
项目	2003年	调整后	调整前
流动资产	4,309,988,842.68	3,819,231,595.34	5,251,832,932.97

代买卖证券款	2,154,381,472.66	1,920,695,873.07	1,920,695,873.07
受托资金	2,844,932,433.64	1,429,559,015.00	1,432,601,337.63
流动负债	3,868,737,455.27	3,613,677,850.98	5,046,279,188.61
净资本	856,127,390.45	229,180,576.10	229,180,576.10
营业收入	283,576,412.31	337,831,659.24	337,831,931.58
手续费收入	109,324,010.72	101,179,896.36	101,179,896.36
自营证券差价收入	24,483,368.68	47,795,916.37	47,795,916.37
证券发行收入	3,882,108.64	13,807,000.00	13,807,000.00
营业支出	304,666,510.13	320,815,018.57	304,444,484.85
净资产负债率%	142.94	289.65	289.65

	2001 年	
项目	调整后	调整前
流动资产	5,169,979,935.72	5,169,979,935.72
代买卖证券款	2,069,565,118.79	2,069,565,118.79
受托资金	1,548,478,534.21	1,548,478,534.21
流动负债	5,028,140,362.58	5,020,742,630.27
净资本	212,338,048.40	239,512,900.00
营业收入	332,124,290.22	331,963,101.49
手续费收入	101,912,587.61	101,912,587.61
自营证券差价收入	156,955,246.4	156,955,246.40
证券发行收入	6,188,000.00	6,188,000.00
营业支出	282,397,324.39	316,481,451.84
净资产负债率%	251.62	247.35

第五节　每股收益和净资产收益率

报告期利润	净资产收益率% 全面摊薄	加权平均	每股收益(元/股) 全面摊薄	加权平均
主营业务利润	11.38	18.01	0.2373	0.2512
营业利润	3.75	5.93	0.0782	0.0828
净利润	1.58	2.51	0.0330	0.0349
扣除非经常性损益后的净利润	1.26	1.99	0.0263	0.0278

注:计算公式如下:

(1)全面摊薄净资产收益率= 报告期利润÷ 期末净资产

(2)全面摊薄每股收益= 报告期利润÷ 期末股份总数

(3)加权平均净资产收益率(ROE)=P/EO+NP÷2+Ei×Mi÷MO−Ej×Mj÷MO

其中:P 为报告期利润;NP 为报告期净利润;EO 为期初净资产;Ei 为报告期发行新股或债转股等新增净资产;Ej 为报告期回购或现金分红等减少净资产;MO 为报告期月份数;Mi 为新增净资产下一月份起至报告期期末的月份数;Mj 为减少净资产下一月份起至报告期期末的月份数。

(4)加权平均每股收益(EPS)= P/SO+S1+Si×Mi÷MO−Sj×Mj÷MO

其中:P 为报告期利润;SO 为期初股份总数;S1 为报告期因公积金转增股本或股票股利分配等增加股份数;Si 为报告期因发行新股或债转股等增加股份数;Sj 为报告期因回购或缩股等减少股份数;MO 为报告期月份数;Mi 为增加股份下一月份起至报告期期末的月份数;Mj 为减少股份下一月份起至报告期期末的月份数。

第六节　报告期内股东权益变动情况　单位:元

项目	期初数	本期增加	本期减少
股本	518,745,150.00	90,000,000.00	--
一般风险准备	15,270,755.53	2,009,526.82	-
资本公积	14,041,433.68	519,523,122.64	-
盈余公积	12,825,158.44	2,009,526.82	-
法定公益金	20,996,877.82	1,004,763.41	-
未分配利润	57,850,818.92	20,095,268.16	5,023,817.05
股东权益合计	639,730,194.39	634,642,207.85	5,023,817.05

项目	期末数	变动原因
股本	608,745,150.00	新股增发
一般风险准备	17,280,282.35	净利润提取
资本公积	533,564,556.32	股本溢价
盈余公积	14,834,685.26	净利润提取
法定公益金	22,001,641.23	净利润提取
未分配利润	72,922,270.03	净利润增加
股东权益合计	1,269,348,585.19	

第七节　按证券公司年报编报准则要求披露的财务状况指标及经营成果指标

一、财务状况指标　表一

项目	年末数	年初数	增减比例%
资产负债率%	56.20	73.33	−23.36
净资产负债率%	128.32	274.97	−53.33
净资本比率%	52.56	13.03	303.38
流动比率%	116.08	107.97	7.51
自营权益类证券比例%	25.46	62.80	−59.46
长期投资比例%	38.84	32.61	19.10
固定资本比率%	31.24	54.00	−42.15

表二　单位:元

项目	年末数	年初数	增减比例%
银行存款	2,100,022,744.89	1,894,485,942.09	10.85
清算备付金	323,964,639.47	172,833,455.19	87.44
应收款项	126,815,455.59	198,783,565.13	−36.20
坏帐准备	37,976,917.03	27,774,896.73	36.73
自营证券	1,473,477,353.71	1,310,149,193.94	12.46
自营证券跌价准备	51,337,674.20	27,865,527.30	84.23
受托资产	2,844,932,433.64	1,429,559,015.00	99.01
长期资产	1,007,537,153.78	672,244,799.52	49.88
资产总额	2,898,176,592.12	2,398,847,496.39	20.82
代买卖证券款	2,154,381,472.66	1,921,713,401.14	12.11
受托资金	2,844,932,433.64	1,429,559,015.00	99.01
流动负债合计	1,628,804,006.93	1,599,117,302.00	1.86
负债总额	1,628,828,006.93	1,759,117,302.00	−7.41
净资本	856,127,390.45	229,180,576.10	281.70
实收资本	608,745,150.00	518,745,150.00	17.35
未分配利润	72,922,270.03	57,850,818.92	26.05

二、经营成果指标

单位:元

项目	2003 年	2002 年	增减比例%
营业收入	262,742,899.40	321,664,602.97	−18.32
手续费收入	109,324,010.72	101,179,896.36	80.49
证券发行收入	3,882,108.64	13,807,000.00	−71.88
自营证券差价收入	8,480,227.96	36,370,117.77	−76.68
受托投资管理收益	31,607,359.29	89,349,125.67	−64.62
营业费用	197,206,048.16	198,011,252.55	−0.41
营业税金及附加	11,009,124.78	16,171,110.27	−31.92
利润总额	50,922,343.30	60,791,951.26	−16.24
净利润	20,095,268.16	39,589,276.10	−49.24
净资产收益率%	2.51	6.39	−60.72
总资产收益率%	1.92	2.80	−31.43
自营证券收益率%	−4.03	2.83	−242.40
营业费用率%	75.06	61.55	21.95

注:(1)主要会计数据和财务指标的计算公式:

资产负债率=负债总额/资产总额×100%

流动比率=流动资产总额/流动负债总额

净资产负债率=负债总额/年末净资产×100%

净资本负债率=净资本/负债总额×100%

自营权益类证券比例=自营权益类证券帐面成本/年末净资产×100%

长期投资比例=长期投资帐面价值/年末净资产×100%

固定资本比例=(固定资产帐面价值+在建工程帐面价值)/年末净资产×100%

净资产收益率=报告期净利润/报告期加权平均净资产×100%

(报告期加权平均净资产按照证监发[2001]11 号《公开发行证券的公司信息披露编报规则第 9 号−净资产收益率和每股收益的计算及披露》第五条公式分母的规则计算)

营业费用率=营业费用/营业收入×100%

总资产收益率=利润总额/(年初资产总额+年末资产总额)/2×100%

(2)上述指标计算以母公司的报表数据为准,其中的帐面价值是指扣减折旧、减值(跌价)准备后的资产价值,其中的资产总额、负债总额、流动资产总额和流动负债总额是指扣除代买卖证券款和受托资金后的净额。

三、公司手续费收入分部报告　单位:元

地区	2003 年度	2002 年度	增减百分比(%)
代买卖证券手续费收入	106,472,636.47	97,579,993.12	9.11
其中:新疆片区(四家)	24,012,357.41	24,058,006.59	−0.19
北京片区(一家)	9,548,318.40	6,668,741.55	43.18
辽宁片区(三家)	12,269,652.89	14,976,015.21	−18.07
湖北片区(一家)	1,826,976.84	908,200.03	101.16
江苏片区(两家)	12,898,091.99	14,568,428.93	−11.47
上海片区(五家)	25,038,971.98	19,405,723.15	29.03
浙江片区(四家)	5,092,588.13	−	
广东片区(两家)	6,002,174.30	7,934,432.94	−24.35
海南片区(一家)	2,212,331.76	2,173,448.93	1.79
广西片区(三家)	7,571,172.77	6,886,995.79	9.93
其他手续费收入	2,851,374.25	3,599,903.24	−20.79
合计	109,324,010.72	101,179,896.36	8.05

第三章　股本变动及股东情况

第一节　股份变动情况

一、公司股份变动情况表　单位:股

	本次变动前	本次变动增减(+,−) 增发	其他	小计	本次变动后
一、未上市流通股份					
1.发起人股份	257,276,250				257,276,250
其中:					
国家持有股份					
境内法人持有股份	257,276,250				257,276,250
境外法人持有股份					
其他					
2.募集法人股份	109,008,900				109,008,900
3.内部职工股					
4.优先股或其他					
未上市流通股份合计	366,285,150				366,285,150
二、已上市流通股份					
1.人民币普通股	152,284,917	90,000,000	19,928	90,019,928	242,304,845
2.境内上市的外资股					
3.境外上市的外资股					
4.其他	175,083		−19,928	−19,928	155,155
已上市流通股份合计	152,460,000				242,460,000
三、股份总数	518,745,150				608,745,150

二、股票发行与上市情况

1.2003 年,中国证监会以证监发行字[2003]114 号文核准,同意公司增发不超过 12000 万股的 A 股股票。2003 年 9 月,公司采用网上与网下同时累计投标询价方式,向社会公开增发人民币普通股 9000 万股,每股发行价格为人民币 7.00 元。其中,向原社会公众股股东优先配售 4,530,771 股,扣除优先配售部分,网上向原社会公众股股东和其他社会公众投资者配售 10,035,581 股,网下发行数量 75,433,648 股。扣除发行费用,公司实际募集资金净额为 60,952.31 万元。经深圳证券交易所批准;本次增发的新股共计 9000 万股于 2003 年 10 月 13 日上市流通。增发完成后,公司股份总数为 608,745,150 股。

2.报告期内,无送股、转增股本等原因引起公司股份总数及结构变动。

3.已上市流通股份中其他类股份发生变动是因高管人员持股变化所致。

第二节　股东情况

一、报告期末股东总数为 97,494 位。

二、公司前十名股东情况　单位:股

序号	股东名称	年初持股	年末持股	持股比例	股份类别
1	中国信达资产管理公司	226,911,300	226,911,300	37.275%	法人股
2	新疆生产建设兵团	30,492,000	30,492,000	5.01%	法人股
3	新疆电力公司	27,951,000	27,951,000	4.59%	法人股
4	安徽华茂纺织股份有限公司	27,951,000	27,951,000	4.59%	法人股
5	广东中创科技设备租赁公司	13,975,500	13,975,500	2.296%	法人股
6	深圳市宏成电脑有限公司	13,975,500	13,975,500	2.296%	法人股

7	新疆资金融通中心	9,147,600	9,147,600	1.503%	法人股
8	新疆新达投资管理有限公司	0	4,990,000	0.82%	流通股
9	新疆金威有限公司	4,192,650	4,192,650	0.689%	法人股
10	中煤信托投资有限责任公司	0	3,059,811	0.503%	流通股

注:1.持股 5%以上的股东所持股份无质押或冻结情况。

2.公司前十名股东无关联关系。新疆新达投资管理有限公司和中煤信托投资有限责任公司均在 2003 年 9 月公司增发新股时成为公司前十名股东,增发股票于 2003 年 10 月 13 日上市流通。

三、公司第一大股东情况介绍

中国信达资产管理公司,是具有独立法人资格的国有独资金融企业,于 1999 年 4 月 20 日在北京正式成立。法定代表人:朱登山。注册资本:100 亿元人民币。经营范围:收购并经营中国建设银行和国家开发银行剥离的不良资产;追偿债务;对所收购的不良贷款形成的资产进行租赁或者以其他形式转让、重组;债权转股权,并对企业阶段性持股;资产管理范围内公司的上市推荐及债券、股票承销;发行金融债券,向金融机构借款;财务及法律咨询,资产及项目评估;收购中国建设银行剥离的外汇不良资产;外汇债权追收,对所收购的外汇不良资产形成的资产进行租赁或者以其他形式转让、重组;外汇债权转股权,并对企业阶段性持股;中国人民银行、中国证券监督委员会批准的其他业务活动。

四、公司前十名流通股股东情况 单位:股

序号	股东名称	年末持有流通股的数量	股份种类
1	新疆新达投资管理有限公司	4,990,000	A 股
2	中煤信托投资有限责任公司	3,059,811	A 股
3	隆元证券投资基金	2,258,600	A 股
4	上海东新国际投资管理有限公司	1,500,000	A 股
5	中国建设银行--博时裕富证券投资基金	1,303,779	A 股
6	乌鲁木齐天联实业有限公司	1,241,396	A 股
7	中船重工财务有限责任公司	1,200,000	A 股
8	普丰证券投资基金	562,604	A 股
9	冯惠彬	542,575	A 股
10	北京海玉兴业咨询服务有限公司	457,956	A 股

注:未知前十名流通股股东之间是否存在关联关系或属于《上市公司股东持股变动信息披露管理办法》规定的一致行动人。

第四章 董事、监事、高级管理人员和员工情况

第一节 董事、监事、高级管理人员情况

一、基本情况

1.董事基本情况

姓 名	职务	性别	年龄	任职起止日期	持股数量(股) 年初	年末
田国立	董事长	男	44	2003,6,30-2006,6,29	0	0
何加武	副董事长	男	50	2003,6,30-2006,6,29	0	0
陈维中	董事	男	50	2003,6,30-2006,6,29	0	0
陈玉华	董事	男	51	2003,6,30-2006,6,29	0	0
贾放	董事	男	51	2003,6,30-2006,6,29	0	0
许志超	董事	男	44	2003,6,30-2006,6,29	0	0
于新玲	董事	女	39	2003,6,30-2006,6,29	0	0
夏乾元	董事	男	57	2003,6,30-2006,6,29	0	0
华冠雄	董事	男	63	2003,6,30-2006,6,29	0	0
金立佐	独立董事	男	47	2003,6,30-2006,6,29	0	0
刘文华	独立董事	男	72	2003,6,30-2006,6,29	0	0
刘慧勇	独立董事	男	57	2003,6,30-2006,6,29	0	0
李成章	独立董事	男	62	2003,6,30-2006,6,29	0	0

2.监事基本情况

姓 名	职务	性别	年龄	任职起止日期	持股数量(股) 年初	年末
谢玉清	监事会召集人	男	53	2003,6,30-2006,6,29	0	0
冯丽英	监事	女	46	2003,6,30-2006,6,29	0	0
邓小刚	监事	男	42	2003,6,30-2006,6,29	0	0
高天仓	监事	男	72	2003,6,30-2006,6,29	32,966	32,966
王文学	监事	男	45	2003,6,30-2006,6,29	0	0
王德孝	职工监事	男	56	2003,6,30-2006,6,29	0	0
罗力生	职工监事	男	52	2003,6,30-2006,6,29	0	0

3.高级管理人员基本情况

姓名	职务	性别	年龄	任职起止日期	持股数量(股) 年初	年末
刘丁平	总经理	男	42	2003,7,1-2006,6,30	0	0
张小勇	副总经理	男	41	2003,7,1-2006,6,30	0	0
刘 东	副总经理	男	37	2003,7,1-2006,6,30	0	0
栗宏刚	副总经理	男	42	2003,7,1-2006,6,30	0	0
周 栋	副总经理	男	42	2003,7,1-2006,6,30	0	0
于 帆	副总经理	男	41	2003,7,1-2006,6,30	0	0
许建平	财务总监	男	47	2003,7,1-2006,6,30	0	0
王重昆	董事会秘书	男	33	2003,7,1-2006,6,30	0	0
阳 琍	总稽核	女	44	2003,7,1-2006,6,30	0	0

注:1.在股东单位任职的董事、监事

田国立,现任中国信达资产管理公司副总裁。

陈维中,现任中国信达资产管理公司资金财务部主任。

贾放,现任中国信达资产管理公司总裁办公室主任。

许志超,现任中国信达资产管理公司法律事务部主任。

于新玲,现任新疆生产建设兵团兵直事业单位会计核算中心主任。

夏乾元,现任新疆电力公司总会计师。

华冠雄,现任安徽华茂纺织股份有限公司董事长兼总经理。

谢玉清,现任中国信达资产管理公司资金财务部副主任。

冯丽英,现任中国信达资产管理公司人力资源部副主任。

邓小刚,现任新疆资金融通中心负责人。

高天仓,现任新疆金威有限公司监事。

王文学,现任华鑫证券有限责任公司董事长。

2.独立董事任职情况

刘文华,现任北京培黎大学校长,中国人民大学法学院教授、院学位委员会委员、经济法专业硕士生和博士生导师。

刘慧勇,现任中国投资学会副会长兼秘书长,中国金融学会副秘书长、常务理事,中国建设银行总行研究员、总经理级调研员,中国人民大学兼职教授。

李成章,现任(香港)创维数码控股有限公司 CFO。

金立佐,现任中和应泰顾问有限公司董事长。

3.公司经营班子成员未在控股股东单位担任任何职务。

二、年度报酬情况

1.董事、监事和高级管理人员的年度报酬,按照公司工资薪酬制度有关工资管理和等级标准的规定按月发放。

2.报告期内,公司董事、监事和高级管理人员的年度报酬总额为 265.06 万元。年度报酬在 20 万元以上的有 8 人,20 万元以下的有 3 人。

3.在公司领取报酬的董事的报酬总额为 32.1 万元。

4.金额最高的前三名高级管理人员的报酬总额为 82.8 万元。

5.按照公司《独立董事制度》的规定,公司独立董事津贴为每人每年不高于 5 万元。本年度尚未发放。

6.本年度未在公司领取报酬、津贴的董事、监事、高级管理人员有(按姓氏笔划排序):于新玲、田国立、许志超、华冠雄、陈玉华、陈维中、贾放、夏乾元;刘文华、刘慧勇、李成章、金立佐;冯丽英、谢玉清、高天仓、邓小刚、王文学。

三、报告期内董事、监事、高级管理人员离任及聘任情况

1.董事离任情况

(1)2003 年 4 月 10 日,公司 2003 年第一次临时股东大会同意汤世生先生辞去公司第三届董事会独立董事职务。(详见 2003 年 4 月 11 日《中国证券报》、《证券时报》和《上海证券报》)

(2)2003 年 6 月 30 日,公司 2002 年度股东大会进行了董事会换届选举,选举产生了第四届董事会。公司原第三届董事会董事张秉刚、邓小刚、高天仓、刘丁平、夏执东、夏军先生任期届满不再担任公司董事职务。(详见 2003 年 7 月 1 日《中国证券报》、《证券时报》和《上海证券报》)

2.监事离任情况

2003 年 6 月 30 日,公司 2002 年度股东大会进行了监事会换届选举,选举产生了第四届监事会。公司原第三届监事会监事顾建国、刘品、敬忠先生任期届满不再担任公司监事职务,迪力拜尔·艾买提女士任期届满不再担任公司职工委派监事。(详见 2003 年 7 月 1 日《中国证券报》、《证券时报》和《上海证券报》)

3.聘任高级管理人员情况

公司第四届董事会根据董事长提名,聘任刘丁平先生担任公司总经理;根据公司总经理提名,聘任张小勇、刘东、栗宏刚、周栋、于帆先生担任公司副总经理,聘任许建平先生担任公司财务总监;聘任王重昆先生担任公司董事会秘书。

(高管人员简要工作经历详见 2003 年 7 月 1 日《中国证券报》、《证券时报》和《上海证券报》)

第二节 公司员工情况

截止 2003 年底,公司共有员工 839 人。具体情况见下表:

	人员结构	人数(人)	占员工总数的比例(%)
年龄构成	35 岁以上	298	35
	35 岁以下	541	65
专业构成	业务人员	407	49
	财务人员	107	13
	管理人员	141	17
	工程技术人员	82	10
教育结构	研究生以上	139	17
	本科	354	42
	专科	256	30
	中专以下	90	11
	退休职工	5	

第五章 公司治理结构

第一节 公司治理情况

公司 1994 年 2 月在深圳证券交易所上市,2000 年 9 月正式改组为证券公司。公司严格遵照《公司法》、《证券法》和《上市公司治理准则》、《证券公司治理准则(试行)》等法律、法规的要求,按照上市证券公司的标准,完善公司治理,建立现代企业制度。经过多年的体制建设,公司形成了股东大会、董事会、监事会以及在董事会领导下的经营管理层各司其职、各行其责、相互协调、相互制衡的法人治理结构。良好的公司治理,确保了公司持续健康地发展。

报告期内,公司根据监管部门的有关规章,修订公司《章程》并报经中国证监会审核通过。按照《章程》的有关规定,合法有效地完成了公司董事会、监事会的换届选举工作。设立了董事会战略发展委员会、考核薪酬委员会和审计委员会,制订了董事会专门委员会实施细则,各专门委员会依照公司《章程》等相关规定有效地开展工作,发挥了积极作用。

报告期内,公司制定了《投资者关系管理制度》,具体明确了投资者关系管理工作的基本原则、工作内容与范围,把保护投资者的合法权益作为公司治理的一项重要工作。制定了《募集资金使用管理办法》,确保募集资金使用的合法有效。

第二节 独立董事履行职责的情况

按照公司《章程》的有关规定,公司 2002 年度股东大会选举刘文华、刘慧勇、李成章、金立佐先生担任公司第四届董事会独立董事。当选的独立董事任职之初,召开了独立董事座谈会,积极研讨如何有效地履行独立董事的职责,充分发挥独立董事作用切实维护公司整体利益,特别是维护中小股东的合法权益。报告期内,独立董事独立履行职责,参加了报告期内的董事会,参与公司重大事项的决策。

第三节 公司与控股股东"五分开"情况

公司与控股股东--中国信达资产管理公司在人员、资产、财务方面完全分开,在机构、业务方面完全独立。公司自主经营,独立核算,独立面向市场参与竞争,独立承担责任和风险。

一、人员方面

公司拥有独立完整的劳动、人事及工资管理体系。公司董事长与控股股东单位--中国信达资产管理公司法定代表人不是同一人担任。公司总经理、副总经理、财务总监、董事会秘书等高级管理人员均在公司工作,在公司领取报酬,没有在股东单位担任任何职务。公司控股股东没有超越股东大会、董事会任免公司董事、监事和高级管理人员,公司董事人选和总经理的聘任均严格按照《公司法》、《证券法》、公司《章程》的规定,通过合法程序进行,公司高级管理人员的任职资格已得到中国证监会批准。

二、资产方面

公司资产完整,不存在控股股东占用公司资产,不存在控股股东利用其控股地位损害公司、公司其他股东和公司客户合法权益的情况。公司依法独立经营管理公司资产,拥有业务经营所需的房产和经营设备,并合法拥有该资产的所有权和使用权,没有设置抵押、质押,确保全体股东权益的充实。

三、财务方面

公司财务完全独立,依法设立独立的财务部门,有健全的财务核算体系和规范独立的财务会计制度及对分公司、子公司的财务管理制度,能够独立作出财务决策。根据《证券公司管理办法》,公司设有独立于业务部门的稽核审计部门,实行内部稽核审计制度,配备专职稽核审计人员,负责对公司经营的合法合规性进行检查监督。公司独立在银行开户,独立依法纳税。

四、机构方面

公司董事会、监事会依法独立自主运行。公司拥有管理严密、运行高效、保障有力的业务经营管理体系。公司的组织机构体系、内部监控体系、资金管理体系、电子技术体系和研究咨询体系完全独

立于控股股东。

五、业务方面

公司按照《公司法》和公司《章程》的规定,根据中国证监会核准的经营范围依法独立自主地开展业务。公司拥有从事证券业务的多项资格,具有独立完整的业务体系和自主经营能力。公司与控股股东之间没有发生业务竞争。

第四节 高级管理人员考评及激励机制

为进一步建立健全公司董事、总经理及其他高级管理人员的考核和薪酬管理制度,公司董事会依据国家有关法律、法规设立了董事会考核薪酬委员会,负责拟订公司董事、公司总经理及其他高级管理人员的考核标准及薪酬政策与方案。新设立的董事会考核薪酬委员会积极探讨完善公司高管人员的考核薪酬体系。报告期内,召开董事会考核薪酬委员会第一次会议通过了《公司高级管理人员 2003 年度考核方案》,按照绩效为主,兼顾综合素质的考核方式对公司高级管理人员进行考核,将公司高管人员的薪酬与管理水平、经营业绩紧密挂钩。

第六章 董事会报告

第一节 公司经营成果及财务状况简要分析

2003 年度,公司实现利润总额 4788.31 万元,净利润 2009.53 万元,与上年同期相比,净利润下降了 1949.40 万元,下降幅度为 49.24%。净利润大幅度下降的主要原因在于证券市场持续低迷,公司主营业务收入中的自营证券差价收入和受托投资管理收益分别较上年度下降了 48.78%和 64.62%,对公司的生产经营活动形成了巨大的压力。2003 年度,公司现金净流量与上年度相比,有了极大的好转,年度现金净流量增加额为 42153 万元,每股经营活动产生的现金净流量为 0.249 元,比上年度净增加 1.067 元。公司 2003 年 9 月完成的增发新股工作进一步壮大了公司的资本实力,公司资产负债率年末为 58.84%,较上年下降了 20.85%,净资产负债率年末为 142.94%,较上年下降了 50.65%,流动比率 1.26,较上年增长了 12.13%,为公司今后在激烈的市场竞争中立于不败之地,奠定了坚实的基础。

第二节 公司经营情况

一、公司主营业务及经营状况

(一)公司的历史沿革和所处的行业及地位

公司 1994 年 2 月在深圳证券交易所上市,是新疆第一家上市公司。公司的前身是 1993 年以社会募集方式设立的新疆宏源信托投资股份有限公司。1997 年以来,公司加快了发展步伐,建立了完善的法人治理结构、健全高效的经营管理机制和较为完善的内控体系,确立了"规范管理、稳健经营、以人为本、不断创新、防范风险、提高效益"的方针和"立足新疆、走向全国、面向世界、稳步发展"的经营战略,保证了各项业务的持续健康发展。2000 年 9 月,中国证券监督管理委员会批准公司整体改组为宏源证券股份有限公司,获准开展综合类券商业务并取得主承销资格,公司成为中国第一家上市证券公司。

1994 年公司总股本 17,500 万股,1995 年,经实施每 10 股送 1 股,每 10 股配 1 股,公司总股本变更为 20,415 万股;1997 年,经实施每 10 股送 1 股,公司总股本变更为 22,456.5 万股;1998 年,经实施每 10 股送 1.5 股,资本公积金转增 3.5 股,公司总股本变更为 33,684.75 万股;1999 年,经实施每 10 股送 2.5 股,资本公积金转增 1.5 股,公司总股本变更为 47,158.65 万股;2000 年,经实施每 10 股送 1 股,公司总股本变更为 51,874.515 万股;2003 年,经中国证监会批准,公司增发人民币普通股 9000 万股,增发后公司总股本变更为 60,874.515 万股。

(二)公司主营业务范围及经营状况

公司主要经营证券(含境内上市外资股)的代理买卖;代理证券的还本付息、分红派息;证券代保管、鉴证;代理登记开户;证券的自营买卖;证券(含境内上市外资股)的承销(含主承销);客户资产管理;证券投资咨询(含财务顾问);受托投资管理;中国证监会批准的其他业务。

二〇〇三年是国民经济快速增长的一年,也是证券市场调整改革的一年。面对困难复杂的外部环境,公司坚持"规范管理,稳健经营"的方针,在控制风险的前提下,抓住市场机遇,取得了较好的经营业绩。

首先,公司成功地完成了增发新股工作,实现了公司继改组为上市证券公司之后的又一次重要飞跃,公司的综合竞争力和抗风险能力大大加强。第二,加大了各项业务的开拓和创新力度,其中经纪业务增收节支效果明显,全年实现盈利,市场份额有所扩大,营业网点转型工作初见成效;投资银行业务充分利用通道资源,4 个上报的 IPO 项目全部通过审核,开始构建"大投行"业务格局;证券投资业务加强总部统一领导和风险监控,根据市场进行仓位调整,取得了一定收益;资产管理业务积极应对不利的外部环境,完善内控机制,大力进行客户开发和培育。第三,坚持规范运作,加强自身建设,不断提高公司经营管理水平,管理、监控和后勤支持体系得到进一步完善。第四,以人为本,加强思想作风和企业文化建设,增强了公司对优秀人才的吸引力和凝聚力。

1.公司证券经纪业务经营情况

(1)代理买卖证券情况 单位:人民币亿元

上海证券交易所

		代理成交金额		市场份额%	
	品种	2003 年	2002 年	2003 年	2002 年
	A 股	355.58	208.5	0.87	0.64
股票 B 股	2.61	2.24	0.46	0.22	
基金	4.79	4.01	0.66	0.36	
债券	87.66	107.23	0.69	0.84	
国债回购	888.41	1102.27	0.85	2.26	
合计	1339.05	1424.25	0.84	1.48	

深圳证券交易所

		代理成交金额		市场份额%	
	品种	2003 年	2002 年	2003 年	2002 年
	A 股	208.65	130.97	0.97	0.60
股票	B 股	2.22	0.74	0.20	0.11
基金		3.65	4.45	0.57	0.37
债券		0.11	3.08	0.01	0.07
国债回购		0	0	0	0
合计		214.63	139.24	0.88	0.49

(2)报告期内,公司网上交易总量 147.30 亿元,占公司交易总量的 25.79 %。

(3)报告期内,公司未发生代理兑付债券业务。

(4)报告期内,公司代理保管证券未发生变动,也没有将代理保管证券抵押、回购或卖空的情况。

2.公司证券承销业务经营情况

(1)承销次数、承销金额和承销收入情况 单位:万元

					以前年度累计		
2003 年	类别	承销次数	承销金额	承销收入	承销次数	承销金额	承销收入
	主承销						
	副主承销	1	1900	7.6	4	140310	1909.63
首次发行	分销	3	9146.5	8.405	6	23184	89
	主承销				16	103959.73	119.28
	副主承销				3	23924.75	45
公募增	发分销	1	3600	2	2	13860.00	4
	主承销				1	26917.34	342.80
	副主承销	1	5072.4	8	1	8415	2
配股	分销				6	17822.17	17
	债券发行	7	404014.53	362.21	14	644000	944.7

(2)公司 2003 年度以余额承购包销方式承销 6 次,承销金额 19718.9 万元,承销收入 26.01 万元。

(3)2003 年度和以前年度累计担任承德钒钛和石岘纸业上市推荐人。承德钒钛上市推荐人收入已与主承销费在 2003 年同时收取,石岘纸业上市推荐人收入 15 万元,将于 2004 年收取。2003 年和以前年度,公司累计担任财务顾问(含独立财务顾问)和辅导 90 次,2003 年实现辅导和财务顾问(含独立财务顾问)收入 2442.3 万元。

3.公司证券自营业务情况

单位:万元

指标	2003 年	2002 年
自营证券规模	37,199.05	35,010.96
自营证券收益总额	−1,499.19	992.57
自营证券收益率%	−4.03	2.83

注:上述指标依据《证券公司年度报告内容与格式(2002 年修订)》的有关要求披露。

4.公司受托投资经营情况 单位:万元

指标	2003 年	2002 年
平均受托投资管理规模	194,006.00	110,327.00
受托管理资产增值额	−8,176.26	8,900
平均受托管理资产增值率%	−4.21	8.07

注:上述指标依据《证券公司年度报告内容与格式(2002 年修订)》的有关要求披露。

二、公司主要控股公司的经营情况及业绩

新疆宏源建信发展有限公司,注册资本为 1.9 亿元,系公司控股公司,主要经营金属材料、化工产品、机电产品(以上项目中国家有专项审批规定的产品除外)、建材的销售,高新技术开发、房地产开发经营、物业管理及相关领域的投资和咨询服务,房屋租赁,普通货物运输(本单位生产物资运输)。公司所在地:新疆乌市河南东路 16 号高新区创业大厦 9 层 909 室。截止本报告期末,该公司资产总额为 3.74 亿元,实现净利润−216.57 万元。

三、经营中出现的问题与困难、面临的风险及解决办法

2003 年,公司面临的整体经营环境十分严峻。证券市场的结构性调整日益深化,市场波动性明显增强,债券市场的系统性风险较为突出;证券行业竞争日趋激烈,行业平均利润率继续下降,公司面临较大的经营压力。此外,2003 年上半年发生的"非典"疫情对证券市场和公司的经营也造成了一定影响。针对以上问题,公司采取了一系列有针对性的措施。

1. 2003 年证券市场融资水平受证券市场低迷和政策调控影响仅与 2002 年持平,新股首发速度减缓,全行业通道总体周转率不足 50%,发行承销业务竞争激烈,券商股票承销收入大幅下降。投资银行承销项目周期较长,项目前期投入较多,新项目的开发受到影响。为适应不断变化的市场环境,公司适时调整投行业务策略,贯彻实施"大投行"战略,进一步理顺公司投行业务管理模式和运作流程,努力提高承销项目质量;调整业务结构,加大非承销业务收入比重,开展业务创新,实现业务收入多元化;完善激励机制,培养造就高素质的投行队伍。2003 年,公司投资银行业务在艰难环境中依然取得了显著的成绩,四个 IPO 通道项目均成功通过了中国证监会发审会的审核。

2. 2003 年,证券市场竞争主体增多,佣金浮动政策和新股发行方式改革等因素的后续影响,使证券经纪业务利润空间被大大压缩,市场整体佣金水平大幅下降,造成了多数券商经营困难。随着证券行业服务创新和营销创新的日益深入,经纪业务竞争的层次逐步提高,竞争手段多样灵活。诸多因素使得公司经纪业务受到较大的冲击。面对挑战,公司一方面加强内部管理,狠抓增收节支,强化业绩考核,控制经营风险,确保了经纪业务整体盈利和市场份额的提高;另一方面,狠抓证券营业网点转轨转型工作,压缩营业面积,完善证券交易技术设备的维护更新,大力推进向网上交易等非现场交易方式的转型;同时积极推行证券经纪人制度,努力提高客户服务质量。

2003 年公司代理沪、深市场 A 股基金交易总量 572.67 亿元,据沪深交易所统计,公司 2003 年总交易额在上交所排名第 29 位,股票基金交易量总额在上交所排名第 32 位,在深交所排名第 41 位。(详见上交所、深交所网站)

3.2003 年,证券市场继续处于系统性风险释放的过程中,市场投资理念的转变和股价结构性调整对公司原有的自营业务模式形成了挑战。在不利的市场环境中,公司自营业务坚持规范管理、理性投资的原则,建立完善了证券投资决策体系、调研体系、操作体系和管理制度,整合优化了运作部门,全面实行了投资经理负责制,根据市场及时调整了投资策略,合理调整股票仓位及股票品种,在规避市场风险的同时,获得了一定的投资收益。

4. 2003 年证券监管部门相继出台了关于证券公司受托投资管理业务的监管制度,如何防范风险,满足客户不同投资需求,实现投资者利益与公司效益的双赢,成为公司资产管理业务的重要课题。9 月央行宣布存款准备金率上调后,债市进入下跌轨道,公司的资产管理业务受到抑制,规模收缩。报告期内,公司对一些受托项目进行规范清理,给资产管理业务的开拓带来一定困难。对此,公司积极发挥上市证券公司的优势,从完善资产管理业务操作系统入手,建立完善的与客户收益共享、风险共担的收益分配机制和专户管理、专业化投资的风险防范机制;加强疆内证券网点受托业务的内控制度,建立疆外证券网点受托业务的销售平台;诚信为本,把握机遇,努力为客户创造最大的收益。

第三节 公司投资情况

一、报告期内,公司募集资金情况

1、公司资金募集情况

经中国证监会证监发行字[2003]114 号文核准,同意公司增发不超过 12000 万股的 A 股股票。公司于 2003 年 9 月 22 日至 24 日在深圳证券交易所以网上与网下同时累计投标询价方式发行。增发最终确定的发行价格为 7.00 元,发行总量为 90,000,000 股,发行募集资金总额为 63,000 万元,扣除发行费用 2,035.69 万元后,实际募集资金净额为 60,964.31 万元。经 2003 年度会计师事务所审计,调整增加发行费用--律师费 12 万元,实际募集资金净额调整为 60,952.31 万元。

经深圳鹏城会计师事务所验证并出具的深鹏所验字[2003]148 号《验资报告》确认,截止 2003 年 9 月 27 日,上述募集资金已全部到位。

2、募集资金的实际使用情况

(1)为扩大公司资金营运规模,提高公司业务拓展与风险承受能力,预计使用 5.59 亿元左右。2003 年实际投入 55,952.31 万元,补充公司流动资金,占该项计划使用募集资金投资额的 100%。

(2)为加强完善公司信息系统建设,预计使用 0.5 亿元左右。2003 年实际投入 1,493.42 万元,占该项计划使用募集资金投资额的 29.87%。

截止 2003 年 12 月 31 日,本公司实际以募集资金投入上述项目人民币 57,445.73 万元,占全部募集资金的 94.25%。尚未使用的募集资金 3,506.58 万元全部存放于银行。公司按照招股说明书披露项目的要求,结合实际情况投入使用募集资金,迄今为止,募集资金使用情况良好。

二、报告期内,公司非募集资金投资情况

报告期内,公司长期债券投资 3.14 亿元,其中长期国债投资 2.6 亿元,中央企业债券投资 0.54 亿元。

第四节 公司财务状况

一、公司经营成果

单位:元

指标名称	2003 年	2002 年	增减比例%
总资产	5,238,110,040.46	4,413,408,045.37	18.69
长期负债	100,024,000.00	160,000,000.00	−37.49

股东权益	1,269,348,585.19	639,730,194.39	98.42
主营业务利润	144,436,221.06	196,334,915.10	-26.43
净利润	20,095,268.16	39,589,276.10	-49.24
现金及现金等价物净增加额	421,527,603.89	-646,943,455.85	165.16

变动原因：净利润较去年下降了 1949.40 万元，下降幅度为 49.24%；净利润下降的主要原因在于证券市场持续低迷，公司主营业务收入中的自营证券差价收入和受托投资管理收益分别较上年度下降了 48.78%和 64.62%。

二、营业费用情况　单位：元

项目		2003 年	2002 年	增减比例%
1	职工工资	47,019,814.22	36,506,316.87	28.80
2	固定资产折旧	41,980,564.08	39,103,355.99	7.36
3	房屋租赁及物业管理费	21,024,669.15	26,206,187.20	-19.77
4	无形资产摊销	13,590,799.90	12,614,944.51	7.74
5	交易所设施使用费	8,695,396.25	7,107,810.45	22.34
6	业务招待费	6,342,297.49	6,121,009.71	3.62
7	劳动保险费	5,907,337.18	4,281,989.74	37.96
8	水电费	4,503,588.39	3,986,004.06	12.99
9	差旅费	3,957,422.80	4,671,572.60	-15.29
10	邮电通讯费	,734,669.86	3,826,687.18	-2.40

变动原因：公司规模扩大人员增加，使职工工资总额进一步增长。由于市场交投冷淡，公司采取了扩大网上交易业务、降低营业场所使用面积等具体措施，使房屋租赁及物业管理费进一步下降。

三、报告期内，公司没有表外负债、帐外资产和帐外经营等情况。

四、报告期末，公司资产负债表流动性状况、资产质量、负债状况分析

报告期内，公司资产流动性进一步增强，流动比率达到 1.26,比上年增长了 12.13%，资产负债率进一步下降，资产负债率比上一年降低 20.85%，固定资本比率比上年下降 42.80%。公司年末净资本 8.56 亿元，充分满足了对证券公司净资本的监管要求。

五、公司不存在尚未清理的柜台个人和机构债务。

六、公司的主要融资渠道、长短期负债结构

公司主要通过向银行借款、银行间同业拆借、卖出证券回购等方式进行对外融资。年末，短期借款 5.89 亿元，拆入资金 1.07 亿元，卖出回购证券款 7.11 亿元。向银行借款主要是信用借款，公司负债总额 39.69 亿元，其中长期负债仅 1 亿元，占公司总负债 2.52%。公司的主要借款银行为中国建设银行、中国工商银行、中国银行等商业银行。

七、客户资金安全情况

公司按照《客户交易结算资金管理办法》、《关于执行<客户交易结算资金管理办法>若干意见的通知》、《关于规范证券公司受托投资管理业务的通知》以及其他相关规定，完成对客户交易结算资金和受托资金的存管，不存在挪用问题，能保证客户资金的安全性。

八、公司现金流转情况

报告期内，公司现金及现金等价物净增加额为 4.22 亿元，其中，经营活动产生的现金净流量为 1.51 亿元，投资活动产生的现金净流量为-2.34 亿元，筹资活动产生的现金净流量为 5.04 亿元。投资活动现金流量为负数的主要原因是公司加大了长期国债及中央企业债券的投资。

九、报告期内，没有影响公司财务状况和经营成果的表外项目。

十、公司重大期后事项

关于国际置地诉公司案件，有关进展情况详见本报告"第九章重要事项"。

第五节　经营环境及宏观政策、法规对公司的重要影响

随着中国证券市场的调整和规范，市场出现大转折、实现大发展的条件已逐步成熟。中国经济的高速增长为资本市场的改革发展提供了极佳的外部环境。从证券市场自身来看，社会各界对市场发展重大问题的认识渐趋一致，相当一批上市公司所具备的投资价值逐渐被发掘，市场投资理念日趋成熟，投资者信心得到初步恢复。政策对规范稳定经营的券商的扶持力度在不断加大，从券商发债、客户资产管理业务和保荐制度到《证券公司治理准则》，券商的生存环境不断得到改善，支持证券公司规范发展的一系列政策措施也将陆续出台，这将为券商未来的发展指明方向。良好的发展机遇，将为公司做大做强、加快发展提供广阔的空间。

第六节　新年度的经营计划

公司 2004 年工作总的指导方针是"抓住机遇，多创利润，机制创新，转轨转型，提升服务"，力争使公司在经营业绩上取得新突破，在自身建设上再上新台阶。全年的工作计划主要包括以下几个方面：

一、在经营业绩上求突破：继续以效益为中心，抓好增收节支，确保公司盈利水平稳步增长。

二、在战略发展上求突破：全力抓好影响公司全局的几件大事，扩大公司净资本规模，为公司未来发展拓展空间。

三、在盈利模式转型上求突破：以客户为主导，以创新为动力，构建具有宏源自身特色的业务体系。

四、在管理机制再造上求突破：以机构整合为契机，完善经营布局、业务流程和风险监控，促进公司的可持续发展。

五、在人才队伍建设上求突破，提高人力资源管理水平，实施薪酬制度改革，抓好人才激励和班子队伍建设。

第七节　董事会日常工作情况

一、报告期内董事会会议情况及决议内容

报告期内，董事会共召开九次会议：

1. 第三届董事会第十七次会议

2003 年 3 月 9 日，以通讯方式召开公司第三届董事会第十七次会议，审议通过《关于召开公司 2003 年第一次临时股东大会时间、地点及议题的决议》。

会议决议公告刊登于 2003 年 3 月 11 日《中国证券报》、《证券时报》和《上海证券报》。

2. 第三届董事会第十八次会议

2003 年 4 月 10 日，在北京召开公司第三届董事会第十八次会议，审议通过如下决议：

(1)《董事会工作报告》；

(2)《总经理工作报告》；

(3)《公司 2002 年度财务决算报告》；

(4)《公司 2002 年度利润分配预案及 2003 年度利润分配政策》；

(5)《公司 2002 年年度报告》及年报摘要；

(6)《关于续聘境内会计师事务所的议案》；

(7)《关于聘请境外会计师事务所的议案》；

(8) 原则同意《董事聘任合同(范本)》；

(9)《关于延长公司增发新股决议有效期限的议案》；

(10)《关于申请发行不超过 10 亿元(人民币)债券的议案》；

(11)《关于公司董事会换届选举的议案》；

(12)《关于召开公司 2002 年度股东大会时间、地点及议题的议案》。

会议决议公告刊登于 2003 年 4 月 14 日《中国证券报》、《证券时报》和《上海证券报》。

3. 第三届董事会第十九次会议

2003 年 4 月 23 日，以通讯方式召开公司第三届董事会第十九次会议，审议通过《公司 2003 年一季度报告》。

会议决议公告刊登于 2003 年 4 月 25 日《中国证券报》、《证券时报》和《上海证券报》。

4. 第三届董事会第二十次会议

2003 年 5 月 23 日，以通讯方式召开公司第三届董事会第二十次会议，同意向上海国有资产经营有限公司转让本公司持有的国泰基金管理有限公司 20%的股权，并授权公司总经理签订股权转让合同，办理相关手续。

会议决议公告刊登于 2003 年 5 月 24 日《中国证券报》、《证券时报》和《上海证券报》。

5. 第三届董事会第二十一次会议

2003 年 6 月 11 日，以通讯方式召开公司第三届董事会第二十一次会议，审议中国信达资产管理公司关于增设副董事长并相应修改公司章程的股东大会临时提案，同意将此项提案作为股东大会议案，提请公司年度股东大会审议批准。

会议决议公告刊登于 2003 年 6 月 13 日《中国证券报》、《证券时报》和《上海证券报》。

6. 第四届董事会第一次会议

2003 年 6 月 30 日，在北京召开公司第四届董事会第一次会议，审议通过如下决议：

(1)《关于选举第四届董事会董事长、副董事长的议案》；

(2)《关于聘任总经理的议案》；

(3)《关于聘任副总经理、财务总监的议案》；

(4)《关于聘任董事会秘书及证券事务代表的议案》。

会议决议公告刊登于 2003 年 7 月 1 日《中国证券报》、《证券时报》和《上海证券报》。

7. 第四届董事会第二次会议

2003 年 7 月 16 日，以通讯方式召开公司第四届董事会第二次会议，审议通过《公司 2003 年半年度报告》及半年报摘要。

会议决议公告刊登于 2003 年 7 月 18 日《中国证券报》、《证券时报》和《上海证券报》。

8. 第四届董事会第三次会议

2003 年 10 月 23 日，以通讯方式召开公司第四届董事会第三次会议，审议通过《公司 2003 年三季度报告》。

公司 2003 年三季度报告刊登于 2003 年 10 月 25 日《中国证券报》、《证券时报》和《上海证券报》。

9. 第四届董事会第四次会议

2003 年 11 月 2 日，在北京召开公司第四届董事会第四次会议，审议通过如下决议：

(1) 同意《公司董事会专门委员会实施细则》；

(2) 同意董事会专门委员会组成人员：

发展战略委员会：主任委员：何加武

副主任委员：金立佐

委员：贾放、陈维中、夏乾元

考核薪酬委员会：主任委员：刘慧勇

副主任委员：陈玉华

委员：刘文华、许志超、华冠雄

特邀顾问：冯丽英

审计委员会：主任委员：李成章

副主任委员：陈维中

委员：于新玲

特邀顾问：谢玉清、阳琍

(3) 同意《公司募集资金使用管理办法》；

(4) 同意《公司投资者关系管理制度》。

会议决议公告刊登于 2003 年 11 月 4 日《中国证券报》、《证券时报》和《上海证券报》。

二、董事会对股东大会决议的执行情况

董事会在股东大会闭会期间，认真履行了股东大会决议事项，所通过的决议均已付诸实施和正在执行，确保了公司经营管理依法高效地运行。

1.根据增发工作的进展，董事会适时提请股东大会审议，延长公司增发新股决议的有效期限。经过不懈的努力，成功地完成了公司增发工作。

2.根据公司 2002 年度股东大会同意转让公司持有的国泰基金管理有限公司 20%的股权的有关决议，经中国证监会批准，相关手续已办理完毕。

3.公司 2002 年度股东大会作出申请发行不超过 10 亿元(人民币)债券的决议，董事会责成经理班子正按照国家有关证券公司发行债券的相关政策，积极开展工作。

第八节　利润分配

经深圳鹏城会计师事务所审计，公司 2003 年度税后利润 20095268.16 元，提取 10%的一般风险准备金 2009526.82 元，提取 10%的法定公积金 2009526.82 元，提取 5%的法定公益金 1004763.41 元，加上公司以前年度未分配利润，可供股东分配的利润为 72922270.03 元。公司第四届董事会第六次会议审议通过公司 2003 年度利润分配预案；2003 年度利润不进行分配，资本公积金不转增股本。上述方案将提交公司 2003 年度股东大会审议。

第九节　其他报告事项

一、董事会对深圳鹏城会计师事务所出具的内部控制评价报告的说明

深圳鹏城会计师事务所对公司内部控制制度的完整性、合理性、有效性出具了专项评价报告。

深圳鹏城会计师事务所认为公司管理当局结合公司实际情况，建立了较为健全的内部控制制度，并从六个方面对公司的内部控制制度发表了研究和评价意见：(1)环境控制方面，公司管理当局对控制环境本着从严、重实施效果的基本思想，采取逐级授权、分级管理、权责相统一的管理控制方法，建立了完整、有效的领导班子和经营管理机制，建立了有效的员工考核机制，业已完成了向综合类证券公司的转变；(2)业务控制方面，公司的经纪业务、投资银行业务、自营业务和受托投资管理业务等均建立了相应的规章制度，并基本落实实施，取得了良好的效果；(3)资金管理控制方面，公司已经实行了资金的统一清算，统一集中管理，统一调度，制定了严格的资金批准签报制度，健全了资金业务的风险评估与监测制度，建立了内部资金占用计息制度；(4)会计系统控制方面，公司严格按照国家的有关会计制度和财务制度制定了公司会计制度、财务制度、会计工作流程和会计岗位工作手册，并针对各个风险控制点建立了严密的会计控制系统，建立公司内各级机构会计部门的垂直领导和主管会计委派制度及严格的成本控制和业绩考核制度，制定了财务收支审批制度和费用报销管理办法，制订了完善的会计档案保管和财务交接制度，强化了财产登记保管和实物资产盘点制度，建立健全计提各项资产减值准备制度；(5)电子信息系统控制方面，公司根据国家法律法规的要求，遵循安全性、实用性、可操作性原则，严格制定了电子信息系统的管理规章、操作流程、岗位流程、岗位手册和风险控制制度，实行严格的电子信息系统的相互牵制制度，制定了严格的电子信息系统的安全和保密标准；(6)内部稽核控制方面，公司设有稽核一部、二部，独立于公司各业务部门和各分支机构以外，分别负责疆内、疆外各业务部稽核工作，就内部控制制度的执行、会计核算的规范化等情况独立地履行检查、评价、报告、建议职能，并对总经理负责。综上所述，公司业已建立了完善的内部控制制度，并已得到有效的运行。

公司董事会认为，深圳鹏城会计师事务所出具的内部控制评价报告是客观的，提出的意见是中肯的。

公司作为一家运作规范、经营稳健的上市证券公司，严格遵循《证券法》、《证券公司管理办法》和《证券公司内部控制指引》等法律法规，逐步建立了健全合理、制衡独立的内部控制机制。良好的内部控制体系保障了各项业务规章和操作流程的严格执行，提高了业务运作效率，加强了风险控制和防范能力，有力地推进了公司合规运作和稳定发展。

二、公司关联方资金往来和对外担保情况

1.公司关于关联方资金往来及对外担保情况的自查报告

根据中国证监会《关于规范上市公司与关联方资金往来及上市公司对外担保若干问题的通知》

(以下简称"通知")的要求，公司进行了认真自查，并向中国证监会乌鲁木齐特派办递交了自查报告，公司不存在《通知》中所述的关于关联方违规占用资金情况和对控股股东及其他关联方提供担保的情况。

2.深圳鹏城会计师事务所根据《通知》要求，出具了深鹏所特字[2004]193 号《关于宏源证券股份有限公司控股股东及其他关联方资金往来情况的专项说明》，具体情况如下：

(1)截至 2003 年 12 月 31 日止，与第一大股东中国信达资产管理公司资金往来明细：

项目	年初余额	本年增减变动 本年累计增加	本年累计减少	年末余额
应付款项	248,727,105.43	9,622,714.27	200,000,000.00	39,104,391.16

本年减少数系偿付 2002 年度向中国信达资产管理公司购国债结欠款项 200,000,000 元，已以银行存款归还。

本年增加数系代收回已剥离应收款项净额计 9,622,714.27 元，已以银行存款收到。

(2)截至 2003 年 12 月 31 日止，与持宏源证券 2.30%股权的股东广东中创科技设备租赁公司资金往来明细：

项目	年初余额	本年增减变动 本年累计增加	本年累计减少	年末余额
应付股利	1,138,775.00	–	–	1,138,775.00

(3)截至 2003 年 12 月 31 日止，与持宏源证券 0.50%股权的股东新疆维吾尔自治区石油总公司往来明细：

项目	年初余额	本年增减变动 本年累计增加	本年累计减少	年末余额
应付股利	152,460.00	–	–	152,460.00

(4)截至 2003 年 12 月 31 日止，与联营公司北海宏富典当拍卖行公司资金往来明细：

项目	年初余额	本年增减变动 本年累计增加	本年累计减少	年末余额
应收款项	33,309,876.66	5,000,000.00	1,500,000.00	36,809,876.66

本年增加数系宏源证券控股子公司新疆宏源建信发展有限公司支付的借款 500 万元，已以银行存款支付。

本年减少数系宏源证券控股子公司北海新宏源物业发展公司代收的抵债物资 150 万元。

(5)截至 2003 年 12 月 31 日止，与联营公司杭州宏富置业公司资金往来明细：

项目	年初余额	本年增减变动 本年累计增加	本年累计减少	年末余额
应收款项	565,000.00	–	–	565,000.00

(6)根据我们的审计，2003 年度未发现其他关联方占用公司资金的情况以及公司与控股股东及其他关联方资金往来的其他情况。

3.独立董事意见：截止 2003 年 12 月 31 日，公司不存在对外提供担保情况。

三、本报告期内公司选定信息披露报刊为《中国证券报》、《证券时报》和《上海证券报》。

第七章　重要事项

一、报告期内，公司重大诉讼、仲裁事项

报告期内，新疆国际实业股份有限公司子公司新疆国际置地房地产开发有限责任公司以合同违约纠纷为由向新疆维吾尔自治区高级人民法院提起民事诉讼，请求法院判令公司赔偿损失 56037551.1 元人民币，并承担本案全部诉讼费用。公司委托律师进行应诉，于 2003 年 6 月 3 日向新疆维吾尔自治区高级人民法院呈递了答辩状。2004 年 2 月 10 日，公司收到新疆维吾尔自治区高级人民法院(2003)新民二初字第 22 号《民事裁定书》，裁定如下：驳回国际置地公司的起诉；案件受理费 50 元，由国际置地负担。(详见 2003 年 6 月 6 日、2004 年 2 月 21 日《中国证券报》、《证券时报》和《上海证券报》)

二、收购及出售资产、吸收合并事项

报告期内，中国证监会证监机构字[2003]100 号文批复同意公司收购浙江省信托投资有限责任公司第一证券营业部、第二证券营业部、杭州浙大路证券营业部、第四证券营业部、上海康定路证券营业部。2003 年 7 月，公司已按照中国证监会的批复，完成了对 5 家证券营业部的收购，并相应变更为宏源证券股份有限公司杭州体育场路证券营业部、杭州莫干山路证券营业部、杭州浙大路证券营业部、杭州登云路证券营业部、上海康定路证券营业部。经中国证监会和浙江省、上海市工商行政管理局批准，上述 5 家证券营业部于 2003 年 7 月 18 日正式开业。(详见 2003 年 4 月 29 日、7 月 18 日《中国证券报》、《证券时报》和《上海证券报》)

经公司 2002 年度股东大会审议，同意公司转让所持国泰基金股权 2200 万元，并授权公司总经理签订股权转让合同，办理相关手续。报告期内，经中国证监会批准，相关转让手续已办理完毕。(详见 2003 年 5 月 24 日、6 月 20 日、7 月 1 日《中国证券报》、《证券时报》和《上海证券报》)

三、报告期内，公司没有重大关联交易。

四、重大合同及其履行情况

1.报告期内，公司没有发生托管、承包、租赁其他公司资产或其他公司托管、承包、租赁本公司资产并带来 10%以上年度利润的情况。

2.报告期内，公司没有重大担保和违规担保。

3.报告期内，公司没有发生委托他人进行现金资产管理事项。

4.报告期内，公司没有其他重大合同发生。

五、公司及持股 5%以上股东在报告期内及持续到报告期内的承诺事项

(1)公司改组过程中与中国信达资产管理公司签署了《资产剥离处置协议书》，以实现本公司非证券类资产的剥离。2002 年度，财政部批准，中国信达资产管理公司以其持有的祥龙电业等 12 家上市公司法人股按评估值冲抵公司对其的应收款。其中深鸿基法人股已用符合中国证监会和财政部规定的资产抵偿。根据证券公司经营管理的有关规定，对受让的 11 家上市公司法人股，公司承诺在本次受让后 3 年内转让，收回现金。目前，相关转让手续正在积极进行中。

(2)报告期内，公司实际经营成果的完成与公司增发 9000 万新股的招股说明书作出的净资产收益率不低于同期银行存款利率承诺基本一致，无重大差异。

六、聘任会计师事务所情况

1.深圳鹏城会计师事务所为公司 2002 年度财务审计机构，公司支付给该会计师事务所的审计费用为 35 万元。

普华永道会计师事务所按国际通行的审计准则对公司 2002 年度补充财务报告进行审计，公司支付给该会计师事务所的审计费用为 90 万元。

2.经公司 2002 年度股东大会审议通过，继续聘请深圳鹏城会计师事务所担任公司 2003 年度财务报告审计机构，费用 40 万元。目前，该会计师事务所已为公司连续审计 3 年。

公司 2002 年度股东大会，同意授权董事会根据证券监管机构的规定，决定聘请 2003 年度境外审计机构的有关事宜。公司第四届董事会第五次会议审议同意续聘普华永道会计师事务所担任公司 2003 年度财务报告审计机构，审计费用 80 万元。该会计师事务所连续为公司审计 2 年。

七、报告期内，公司、公司董事会及董事没有受到中国证监会稽查、中国证监会行政处罚、通报批评、证券交易所公开谴责的情形，也无财政、税务和审计部门处罚的记录。

八、公司单项业务资格情况

报告期内，公司单项业务资格未发生变化。

九、公司的组织机构情况

公司改组为证券公司后，按照管理功能、业务模块和利润单元构造组织机构，设置综合管理总部、资金财务总部、稽核审计总部、人事管理总部、机构管理总部、证券投资总部、投资银行总部、资产管理总部、国际业务总部、基金业务总部、研究发展中心、信息咨询中心、信息技术中心，并在上海、深圳、乌鲁木齐、南宁、武汉等地设立区域业务总部。目前已形成了管理严密、运行高效、保障有力的业务经营管理机构系统。

报告期内，经中国证监会上海证券监管办公室沪证机[2003]130 号《关于同意宏源证券股份有限公司上海四平路证券营业部迁出本市的批复》，该营业部已于 2003 年 12 月停止原址营业，完成迁址前的准备工作。2003 年上海四平路证券营业部市场份额为万分之三点二，占公司整体份额的 3.6%，该营业部迁址对公司经纪业务不构成重大影响。

截止报告期末，公司在全国 10 个省、直辖市及自治区的 17 个城市设立了 26 家证券营业部和 5 家证券服务部。详情见下表：

证券营业部(服务部)名称	地址
乌鲁木齐文艺路证券营业部	新疆乌市建设路 2 号宏源大厦
乌鲁木齐北京路证券营业部	新疆乌市北京南路 2 号环球大酒店
乌鲁木齐红山证券营业部	新疆乌市公园北街 2 号
克拉玛依友谊路证券营业部	新疆克拉玛依市友谊路 139 号
上海浦北路证券营业部	上海市浦北路 270 号
上海妙境路证券营业部	上海市川沙妙境路 399 号
上海四平路证券营业部	上海市四平路 2549 号
上海中山北一路证券营业部	上海市中山北一路 1230 号柏树大厦 B 区
深圳上步中路证券营业部	深圳市上步中路 1043 号深堪大厦 8 层
深圳八卦二路证券营业部	深圳市福田区八卦二路鹏益花园 2 幢 1 楼
海口龙昆北路证券营业部	海南省海口市龙昆北路 30 号
沈阳十一纬路证券营业部	辽宁沈阳市沈河区十一纬路 145 号
大连延安路证券营业部	辽宁大连中山区延安路 31 号
大连开发区证券营业部	辽宁大连开发区金马路科工贸大厦 2 号
桂林上海路证券营业部	广西桂林市上海路安新小区 135 栋
柳州解放南路证券营业部	广西柳州市解放南路 97 号
盐城解放北路证券营业部	江苏省盐城市解放北路 100 号
盐城大庆中路证券营业部	江苏省盐城市大庆中路 70 号
北京北洼路证券营业部	北京市海淀区北洼路 26 号
武汉东湖路证券营业部	湖北省武汉市武昌东湖路 76 号广苑大厦
南宁桃源路证券营业部	广西南宁桃源路 63 号
上海康定路证券营业部	上海市康定路 1568 号 1--4 层
杭州登云路证券营业部	浙江杭州登云路 25 号
杭州浙大路证券营业部	浙江杭州市浙大路 7--3 号
杭州体育场路证券营业部	浙江杭州体育场路 267 号
杭州莫干山路证券营业部	浙江杭州莫干山路 23 号
昌吉证券服务部	昌吉市建设路 10 号
哈密证券服务部	哈密市广东路 365 号
石河子证券服务部	石河子市北子午路 22 小区 123 号
琼山证券服务部	琼山市高登东路财政大厦
西站证券服务部	乌鲁木齐市西站前街 16 号

证券营业部(服务部)名称	成立时间	负责人	营运资金(万元)	联系电话
乌鲁木齐文艺路证券营业部	1996.3.18	张小宇	500	0991-2301330
乌鲁木齐北京路证券营业部	1997.3.18	惠建勇	500	0991-3836400
乌鲁木齐红山证券营业部	1994.9.25	费德军	500	0991-5801334
克拉玛依友谊路证券营业部	1995.11.8	赵克建	500	0990-6223574
上海浦北路证券营业部	1997.1.1	姚玮	500	021-64822778
上海妙境路证券营业部	1994.4.1	刘卫民	500	021-58986675
上海四平路证券营业部	1993.2.19	郁瑜	1000	021-55381033
上海中山北一路证券营业部	1994.5.10	郁瑜	500	021-55381033
深圳上步中路证券营业部	1995.2.1	胥奇生	1000	0755-83755390
深圳八卦二路证券营业部	1994.4.1	刘桐	1000	0755-82438401
海口龙昆北路证券营业部	1991.5.1	严莉萍	1000	0898-66795229
沈阳十一纬路证券营业部	1986.11.1	陈智	500	024-22709956
大连延安路证券营业部	1993.1.4	马红	500	0411-2816502
大连开发区证券营业部	1997.1.6	李文忠	500	0411-7623223
桂林上海路证券营业部	1995.5.8	袁超	924	0773-3843729
柳州解放南路证券营业部	1997.6.3	薛才春	500	0772-2808184
盐城解放北路证券营业部	1993.6.1	赵天朝	1000	0515-8321352
盐城大庆中路证券营业部	1994.10.1	崇侃	600	0515-8388991
北京北洼路证券营业部	2001.9.14	于建伟	3500	010-88511326
武汉东湖路证券营业部	2002.3.4	韩世坤	1000	027-87257101
南宁桃源路证券营业部	2003.6.17	秘喜华	500	0771-5305921
上海康定路证券营业部	1993.7	楼群	500	021-63209099
杭州登云路证券营业部	1998.11	刘泉	500	0571-88021345
杭州浙大路证券营业部	1995.11	黎剑勇	500	0571-87978582
杭州体育场路证券营业部	1992.10	潘悦	500	0571-85067917
杭州莫干山路证券营业部	1994.8	胡朗明	500	0571-88069517
昌吉证券服务部	2002.1.21	朱金成		0994-2359198
哈密证券服务部	2002.1.21	刘勇峰		0902-2357033
石河子证券服务部	2002.3.28	王锭		0993-2093399
琼山证券服务部	2002.4.8	杨燊		0898-65981091
西站证券服务部	2002.4.24	王献军		0991-7980698

十、其他重大事项

董事会于 2003 年 3 月 29 日在《中国证券报》、《证券时报》和《上海证券报》上发布对"美林证券公司通过收购公司法人股股权从而控股公司"传闻的澄清公告。

第八章　备查文件目录

一、载有公司负责人、财务总监、会计机构负责人签名并盖章的会计报表。

二、载有会计师事务所盖章、注册会计师签名并盖章的审计报告原件。

三、报告期内在中国证监会指定报刊上公开披露过的所有公司文件的正本及公告的原稿。

四、深圳鹏城会计师事务所出具的深鹏所特字[2004]193 号《关于宏源证券股份有限公司控股股东及其他关联方资金往来情况的专项说明》。

宏源证券股份有限公司董事会

二○○四年四月十五日

中国振华(集团)科技股份有限公司

中国振华(集团)科技股份有限公司2003年年度报告

重要提示

本公司董事会及其董事保证本报告所载资料不存在任何虚假记载、误导性陈述或者重大遗漏,并对其内容的真实性、准确性和完整性负个别及连带责任。

公司董事长陈清洁先生、总经理刘一凡先生、总会计师唐林先生声明:保证年度报告中财务报告的真实、完整。

中和正信会计师事务所有限公司为本公司出具了标准无保留意见的审计报告。

第一章　公司基本情况

一、法定中文名称:中国振华(集团)科技股份有限公司

名称缩写:振华科技

法定英文名称:CHINA ZHENHUA(GROUP) SCIENCE& TECHNOLOGYCO.,LTD

二、法定代表人:陈清洁

三、董事会秘书及证券事务代表

董事会秘书:邱三桃

证券事务代表:齐靖　周唯

联系地址:贵州省贵阳国家高新技术产业开发区新天大道150号

电话:(0851) 6301078 6302675;

(0755) 83266016

传真:(0851) 6302674 电子信箱:zhkj9@mail.guz.cei.gov.cn

四、注册地址:贵州省贵阳国家高新技术产业开发区新天大道150号

办公地址:贵州省贵阳国家高新技术产业开发区新天大道150号

邮政编码:550018

互联网网址:WWW.CZELEC.COM.CN

电子信箱:zhkj9@mail.guz.cei.gov.cn

五、选定的信息披露报纸:《证券时报》、《上海证券报》

刊登定期报告的中国证监会指定网站的网址:http:/www.cninfo.com.cn

年度报告备置地点:董事会秘书处

六、股票上市交易所:深圳证券交易所;

股票简称:振华科技;股票代码:000733

七、其他有关资料

(一)公司首次注册登记日期:1997年6月26日

地点:贵州省贵阳国家高新技术产业开发区新天大道150号

(二)最新变更注册登记日期:2001年5月23日

地点:贵州省贵阳国家高新技术产业开发区新天大道150号

(三)企业法人营业执照注册号:5200001202159

(四)公司税务登记号码:国税:520112214600036; 地税:520112160640002

(五)公司聘请的会计师事务所名称与办公地址:

名称:天一会计师事务所有限责任公司

(现分立重组为中和正信会计师事务所有限公司)

办公地址:北京市西城区金融街投资广场1804号

(分立重组后地址:北京市朝阳区东三环中路25号住总大厦E层)

第二章　会计数据和业务数据摘要

一、利润总额及其构成　单位:元

指标	金额
利润总额	36,333,321.14
净利润	32,096,537.52
扣除非经常性损益后净利润	23,777,254.09
主营业务利润	203,144,044.72
其他业务利润	10,416,610.62
营业利润	19,446,584.20
投资收益	16,801,030.92
补贴收入	43,105.48
营业外收支净额	42,600.54
经营活动产生的现金流量净额	97,003,423.98
现金及现金等价物净增加额	−8,962,518.93

注:按照《公开发行证券的公司信息披露规范问答第1号非经常性损益》(2004年修订)规定,本期扣除的非经常性损益项目及金额:

项目	金额
1.处置长期股权投资损益	−144,016.64
2.补贴收入	43,105.48
3.短期投资收益	8,316,150.00
4.营业外收支净额	42,600.54
5.各项资产减值准备转回	717,788.18
非经常性损益调整小计	8,975,627.56
减:所得税调整	656,344.13
合计	8,319,283.43

二、公司前三年主要会计数据和财务指标　单位:元

指标项目	2003年	2002年	2001年	
		调整后	调整后	调整前
主营业务收入	913,446,777.07	706,386,389.55	624,898,060.40	624,898,060.40
净利润	32,096,537.52	37,733,468.93	66,152,209.65	77,333,033.28
总资产	2,462,133,027.99	2,366,161,642.45	2,392,756,234.89	2,435,944,954.33
股东权益(不含少数股东权益)	1,822,045,532.39	1,788,888,241.87	1,761,271,153.00	1,795,911,063.62
每股收益	0.09	0.11	0.19	0.22
每股净资产	5.09	5.00	4.92	5.02
调整后的每股净资产	5.05	4.89	4.88	4.98
每股经营活动产生的现金流量净额	0.27	0.25	0.21	0.21
净资产收益率%	1.76	2.11	3.76	4.31
扣除非经常性损益后的净资产收益率%(加权平均)	1.32	1.98	3.22	3.84

三、利润表附表

按照证监会《公开发行证券的公司信息披露编报规则第九号》规定计算的净资产收益率和每股收益:　单位:元

	净资产收益率%		每股收益(元)	
报告期利润	全面摊薄	加权平均	全面摊薄	加权平均
主营业务利润	11.15	11.25	0.57	0.57
营业利润	1.07	1.08	0.05	0.05
净利润	1.76	1.78	0.09	0.09
扣除非经常性损益后的净利润	1.30	1.32	0.07	0.07

注:报告期至年报披露日,公司股本未发生变化。

四、股东权益变动情况

单位:元

项目	股本	资本公积	盈余公积
期初数	358,120,000.00	1,342,402,873.41	52,229,784.92
本期增加	0	1,064,613.49	6,418,535.40
本期减少	0	0	0
期末数	358,120,000.00	1,343,467,486.90	58,648,320.32

项目	法定公益金	未分配利润	其中:拟分配现金股利	股东权益合计
期初数	26,114,892.46	36,135,583.54	0.00	1,788,888,241.87
本期增加	3,209,267.70	32,096,537.52	0.00	33,157,290.52
本期减少	0	6,422,395.89	0.00	0
期末数	29,324,160.16	61,809,725.17	0.00	1,822,045,532.39

变动原因:

1. 盈余公积、法定公益金增加,为从利润中提取所致。

2. 未分配利润增加是本年度净利润转入所致。

第三章　股本变动及股东情况

一、股本变动情况

(一)股份变动情况表(截至2003年12月31日)　单位:股

	本次变动前	本次变动增减(+,−) 配股	送股	公积金转发
一、未上市流通部分				
1.发起人股份	180,120,000			
其中:				
国家持有股份				
境内法人持有股份	180,120,000			
境外法人持有股份				
其他				
2.募集法人股份				
3.内部职工股				
4.优先股或其他				
未上市流通股份合计	180,120,000			
二、已上市流通股份				
1.人民币普通股	178,000,000			
2.境内上市的外资股				
3.境外上市的外资股				
4.其他				
已上市流通股份合计	178,000,000			
三、股份总计	358,120,000			

	本次变动增减(+,−) 增发	其他	小计	本次变动后
一、未上市流通部分				
1.发起人股份				180,120,000
其中:				
国家持有股份				
境内法人持有股份				180,120,000
境外法人持有股份				
其他				
2.募集法人股份				
3.内部职工股				

4.优先股或其他	
未上市流通股份合计	180,120,000
二、已上市流通股份	
1.人民币普通股	178,000,000
2.境内上市的外资股	
3.境外上市的外资股	
4.其他	
已上市流通股份合计	178,000,000
三、股份总计	358,120,000

(二) 股票发行与上市情况

1. 报告期末前三年历次股票发行情况

经中国证券监督管理委员会证监公司字〔2000〕206 号文批准,本公司于 2000 年 12 月实施了公幕增发 A 股,发行价格每股 15.68 元,发行新股数量为 4,500 万股,增发工作于 2001 年 1 月 3 日结束。根据有关规定,经深圳证券交易所批准,上网定价发行的人民币普通股股票 1,500 万股于 2001 年 1 月 12 日上市流通;网下向证券投资基金发售的股票 13,043,477 万股于 2001 年 2 月 12 日上市流通;网下向证券投资基金以外的其他机构投资者发售的股票 1,695.6523 万股于 2001 年 4 月 12 日上市流通。实施公幕增发后总股本增至 35,812 万股,,法人股股东--中国振华电子集团有限公司持股比例由 57.52%变为 50.30%,社会公众持股由 42.48%变为 49.70%。

二、股东情况

(一) 报告期末股东总数为 93,581 户。

(二) 前十名股东持股情况(截止 2003 年 12 月 31 日):

名次	股东名称	本期末持股数(股)	占总股本比例(%)	股份性质
1	中国振华电子集团有限公司	180,120,000	50.30	国有法人股
2	国航集团财务有限责任公司	6,144,927	1.72	流通股
3	上海联合石油液化气发展有限公司	1,257,149	0.35	流通股
4	蒲世全	560,000	0.16	流通股
5	融通深证 100 指数证券投资基金	319,840	0.09	流通股
6	夏庆喜	279,000	0.08	流通股
7	三亚金泰实业发展有限公司	266,100	0.07	流通股
8	普丰证券投资基金	254,766	0.07	流通股
9	中纺投资发展股份有限公司	250,000	0.07	流通股
10	陈举栋	240,630	0.07	流通股

注:1. 持有本公司 5%以上股份的股东为中国振华电子集团有限公司,是贵州省人民政府的独资公司,为本公司控股股东,持有本公司 50.30%的股份,期末持股数为 180,120,000 股,所持股份类别为国有法人股。报告期内,其持有股份无增减变动,也未发生质押或冻结。

2. 本公司前 10 名股东持股相关情况说明:本公司前十名股东中,中国振华电子集团有限公司为国有法人股东,2-10 名为社会公众股东。前十大股东中,中国振华电子集团有限公司与其他股东之间尚无关联关系,也不属于《上市公司股东信息披露管理办法》规定的一致行动人;未知其它股东之间是否存在关联关系,也未知其它股东是否属于《上市公司股东信息披露管理办法》规定的一致行动人。

3. 公司前 10 名股东中,国航集团财务有限公司、上海联合石油液化气发展有限公司因认购公募增发新股成为本公司前 10 名股东。其所持股份于 2001 年 4 月 12 日上市流通。

(三) 控股股东情况

名称:中国振华电子集团有限公司

法人代表:陈清洁

成立日期:1984 年 9 月

注册资本:28,852 万元

经营范围:电子信息产品及服务;电子、机械产品及技术咨询、商贸。

(四) 前 10 名流通股股东情况(截止 2003 年 12 月 31 日)

名次	股东名称	持股数量(股)	股票种类
1	国航集团财务有限责任公司	6,144,927	A 股
2	上海联合石油液化气发展有限公司	1,257,149	A 股
3	蒲世全	560,000	A 股
4	融通深证 100 指数证券投资基金	319,840	A 股
5	夏庆喜	279,000	A 股
6	三亚金泰实业发展有限公司	266,100	A 股
7	普丰证券投资基金	254,766	A 股
8	中纺投资发展股份有限公司	250,000	A 股
9	陈举栋	240,630	A 股
10	陈爱英	214,750	A 股

注:本公司未知上述前 10 名流通股股东之间是否存在关系。

第四章 董事、监事、高级管理人员和员工情况

一、董事、监事、高级管理人员情况

(一) 基本情况

姓名	性别	年龄	职务	任职起止时间	年初持股数(股)	年末持股数(股)	增减
陈清洁	男	59	董事长	2003.4--2006.4	15,200	15,200	0
陈　中	男	48	副董事长	2003.4--2006.4	0	0	0
刘一凡	男	41	董事、总经理	2003.4--2006.4	0	0	0
车文申	男	54	董事、财务总监	2003.4--2006.4	0	0	0
张正明	男	54	董事	2003.4--2006.4	16,700	16,700	0
孙德生	男	64	独立董事	2003.4--2006.4	0	0	0
罗继荣	男	31	独立董事	2003.4--2006.4	0	0	0
邱三桃	男	55	董事会秘书	2003.4--2006.4	200	200	0
申自强	男	54	监事会主席	2003.4--2006.4	0	0	0
杨立棠	男	57	监事	2003.4--2006.4	0	0	0
谢满元	男	55	监事	2003.4--2006.4	1,000	1,000	0
傅兆坤	男	56	监事	2003.4--2006.4	0	0	0
钱克云	男	57	监事	2003.4--2006.4	10,458	10,458	0
付贤民	男	36	副总经理	2003.4--2006.4	666	666	0
黄才富	男	43	总经济师	2003.4--2006.4	0	0	0
马建华	男	40	总工程师	2003.4--2006.4	0	0	0
唐　林	男	35	总会计师	2003.4--2006.4	0	0	0

(二) 董事、监事在股东单位任职情况

姓名	职务	任职时间
陈清洁	中国振华电子集团有限公司董事局主席、总裁	2000 年 1 月至今
陈　中	中国振华电子集团有限公司董事局董事、副总裁	2001 年 7 月至今
申自强	中国振华电子集团有限公司董事局董事、副总裁	2000 年 1 月至今
刘一凡	中国振华电子集团有限公司董事局董事	2001 年 1 月至今
车文申	中国振华电子集团有限公司总会计师	2000 年 10 月至今

(三) 年度报酬情况

1. 本公司董事、监事和高级管理人员的薪酬按贵州省劳动厅的指导意见,实行岗位效益结构工资制。对董事(含独立董事)、监事的津贴按本公司 2002 年 5 月 20 日 2001 年度(第八次)股东大会审议并通过的《关于董事(独立董事)和监事津贴暂行办法》执行。对各分公司主要经营者的奖惩按董事会二届八次会议审议并通过的《关于实行总经理经营成果考核奖励暂行办法》执行,并一年定一次目标,在会计年度结束后,以中介机构审计后的数据为考核依据,兑现奖惩。

2. 在公司领取报酬的董事(不包括独立董事)、监事、高级管理人员共计 11 人,年度报酬总额为 61.38 万元。

3. 金额最高的前 3 名董事的报酬总额为 30.75 万元;金额最高的前 3 名高级管理人员的报酬总额为 17.27 万元。

4. 独立董事孙德生先生、罗继荣先生在公司领取独立董事津贴,津贴标准为年 2.4 万元/人。

5. 公司董事、监事、高级管理人员的年度报酬数额区间如下:

年度报酬区间	董事、监事、高级管理人员分布情况
10 至 12 万元	1 人
5 至 10 万元	7 人
3 至 5 万元	3 人

6. 不在公司领取报酬的董事、监事有:陈清洁先生、陈中先生、车文申先生、申自强先生,以上人员均在本公司控股股东中国振华电子集团有限公司领取报酬。独立董事孙德生、罗继荣在其工作单位领取报酬。

(四) 报告期内离任的董事、监事、高管人员情况

1. 离任的董事、监事情况:报告期内,由于年龄及工作原因,经 2002 年度(第九次)股东大会审议通过,史汉兴先生、傅荣德先生、吴德华先生、朱亨林先生、杨学政先生不再担任董事会董事;向性双先生、吴克发先生、汪祥华先生不再担任监事会监事。

2. 聘任和解聘高管人员情况:根据董事长提名,经三届一次董事会审议通过,聘刘一凡先生任总经理,车文申先生任财务总监,邱三桃先生任董事会秘书,以上人员任期三年。因年龄原因,史汉兴先生不再任总经理,傅荣德先生不再任副总经理,杨学政先生不再任董事会秘书。

根据总经理提名,聘付贤民先生任副总经理,黄才富先生任总经济师,马建华先生任总工程师,唐林先生任总会计师,任期与总经理相同。

二、员工情况:报告期末,公司员工共计 5,167 人,其中生产人员 3,306 人,销售人员 361 人,技术人员 1,054 人,财务人员 132 人,行政人员 314 人。具有大专及以上文化 1,271 人,中专文化 714 人,高中、技校文化 1,763 人,初中文化 1,419 人。

公司退休人员由贵州省社会保险事业局振华集团管理处统一管理并发放退休金,尚需企业承担补贴的离退休职工为 740 人。

第五章 公司治理结构

一、基本情况

为了进一步建立和完善现代企业制度,规范公司运作,董事会把加强公司治理作为 2003 年度的重点工作之一。根据中国证监会、国家经贸委颁发的《上市公司治理准则》,结合本公司实际,报告期内新制定了《公司治理暂行规定》和《控股股东行为规范》二个制度并经 2003 年 4 月 28 日公司第九次股东大会审议通过,加上过去已经制定并实施的《董事会工作暂行规定》等 15 个有关公司治理方面的基本制度和 26 个具体管理制度,我们已经形成了本公司比较完整的公司治理制度体系。按照公司治理制度,董事会比较好地把握了依法办事,规范运作,诚实守信的原则,能够正确处理董事会与监事会、与股东大会、与经理班子的关系,控股股东与上市公司的关系以及上市公司与投资者之间的关系。一年来没有发生任何纠纷和违规之处,保证了每位董事勤勉、尽责,保证了本公司诚信、守法;同时做到了控股股东与上市公司在人员、资产、财务、机构、业务方面严格分开,各自独立核算,独立承担责任和风险。控股股东没有直接或间接干预公司的决策及依法开展的生产经营活动,保证了本公司的独立性,公司具有独立的业务及自主经营能力。在关联交易、信息披露、绩效评价与激励约束机制等方面,也严格遵循了《上市公司治理准则》。一年来,公司规范运作,合法经营,没有发生违规违纪现象,符合《上市公司治理准则》的要求。

二、独立董事履行职责情况

公司落实《关于在上市公司建立独立董事制度的指导意见》,2003 年 5 月第九次股东大会选举孙德生、罗继荣继续担任本公司的独立董事。孙德生、罗继荣先生十分关心公司的发展,严格遵守公司制定的《独立董事制度》,认真履行其独立董事职责,对每次董事会会议议案他们都要提前审阅,会议中进一步参与集体审议,并就需要独立董事发表独立意见的事项发表了独立意见,表现了认真的工作态度和严谨的工作作风。

三、公司与控股股东在业务、人员、资产、机构、财务等方面分开情况

(一) 业务方面:公司拥有完全独立的生产系统、辅助生产系统、配套设施和供应、销售系统以及独立的生产经营、销售场所,并建立了自己的新产品研发机构、科研队伍,以保证自己的技术创新和领先地位。

(二) 人员方面:公司建立了独立的劳动、人事及工资管理制度,所有员工均与公司签定劳动合同;公司总经理、副总经理、董事会秘书及财务负责人均属专职,并在公司领取薪金,不在控股股东单位兼任实质性职务。

(三) 资产方面:公司拥有独立的生产设备、房屋建筑等固定资产及房屋所有权证,产权关系明确;采用租赁方式使用国有土地;振华集团无偿提供使用商标,无控股股东占用或混用资产现象。

(四) 机构方面:公司的机构设置及其职责由董事会批准,拥有独立的办公场所,不存在与控股股东混合经营和合署办公情况。

(五)财务方面:公司设有独立的财务会计部门,独立的会计核算体系,制定了公司的财务管理制度、子公司和分公司的财务管理规定及内部审计制度,费用开支报销、固定资产购置、借款还款、对外担保、对外投资等均作出了明确规定。

四、对高级管理人员的考评及激励机制

公司继续执行《总经理考核奖励暂行办法》、《董事(独立董事)和监事津贴暂行办法》以及对控股公司经营者实行年度经营目标考核的考评激励机制,同时扣除奖励基金的 30%作为风险抵押金,增强风险意识。

第六章 董事会报告

一、经营情况讨论与分析

2003 年,国际电子元器件产业受通讯和消费类电子产品需求增长的拉动,在下半年开始复苏,公司抓住机遇,加大市场开拓力度,努力扩大产品市场份额,实现主营业务收入 9.13 亿元,较上年同期增长 29.31%。但是,受日益激烈的市场竞争影响,产品价格逐步下跌,且原材料价格不断上涨,产品盈利空间受到挤压,对公司的经营状况产生了较大的影响,净利润较上年下降 14.94%。

二、经营情况

(一)主营业务的范围及其经营状况

公司主要从事电子信息产品的研制与生产经营。其主要产品有:以片式钽电容器、片式电阻器、片式电感器、片式二三极管、厚膜混合集成电路和高压真空开关管为代表的新型电子元器件;以程控交换机、电子电话机(CDMA 手机、无绳电话机、普通电话机)、卫星与微波、短波通信天线为代表的通信整机;以电力自动化控制系统、电子专用设备为代表的光机电一体化设备等。其主导产品在性能、质量、市场份额方面均保持国内同类产品先进水平。公司拥有并依托国家级技术中心和博士后科研工作站,借助国家实施西部大开发战略和"国家 863 计划成果产业化基地"建设历史机遇,按照"抢抓机遇,发挥优势,调整结构,求实求效"的发展思路,着力于规模化、系列化、国际化新型电子元器件和电子电话机基地建设,努力实现数字化技术、规模化经济、专业化生产和科学化管理,不断增强公司的经济实力和市场竞争力。

1.主营业务分行业或分产品情况

	主营业务收入		主营业务利润	
分行业或分产品	金额(万元)	比例(%)	金额(万元)	比例(%)
新型电子元器件	53,608	58.69	14,091	69.37
通信整机产品	32,040	35.07	4,495	22.13
机电一体化产品	5,490	6.01	1,610	7.93
其他	207	0.23	118	0.58
合计	91,345	100	20,314	100

2. 主营业务分地区情况

地区	主营业务收入		主营业务利润	
	金额(万元)	比例(%)	金额(万元)	比例(%)
一、国内	85,116	93.18	18,559	91.36
华南地区	30,062	32.91	3,152	15.52
西南地区	22,071	24.16	5,626	27.69
华东地区	13,626	14.92	3,395	16.71
华北地区	9,935	10.88	3,034	14.94
西北地区	5,968	6.53	2,064	10.16
华中地区	3,454	3.78	1,288	6.34
二、国外	6,229	6.82	1,755	8.64
合计	91,345	100	20,314	100

3. 占主营业务收入 10%以上的主要产品: 单位:万元

产品名称	所属行业	主营业务收入	主营业务成本	毛利率%
新型电子元器件	电子	53,608.00	39,323.00	26.65
通信整机产品	电子	32,040.00	27,509.00	14.14

(二)主要控股公司及参股公司的经营情况及业绩 单位:万元

企业名称	业务性质	主要产品及服务
中国振华(集团)新云电子元器件有限责任公司	工业生产	电子元器件开发生产销售
深圳市振华微电子有限公司	工业生产	厚薄膜集成电路开发生产销售
深圳市振华通信设备有限公司	工业生产	电子电话机开发生产销售
深圳市振华重大新电气有限公司	工业生产	电气智能控制设备开发生产销售
深圳市康力精密机械有限公司	工业生产	模具机箱机柜开发生产销售
京瓷振华通讯设备有限公司	工业生产	CDMA 手机研发生产

企业名称	注册资本	资产规模	净利润
中国振华(集团)新云电子元器件有限责任公司	20,170.98	40,030.02	1,525.13
深圳市振华微电子有限公司	6,810.00	11,311.54	595.33
深圳市振华通信设备有限公司	1,650.00	10,468.18	25.03
深圳市振华重大新电气有限公司	2,000.00	5,041.40	-354.00
深圳市康力精密机械有限公司	2,000.00	5,391.85	17.40
京瓷振华通讯设备有限公司	$1,489.16	63,660.46	-847.24

(三)主要供应商、客户情况

前五名供应商采购金额合计(万元) 34,252.00 占主营业务成本比重 48.40%

前五名销售商销售金额合计(万元) 28,173.00 占主营业务收入比重 30.84%

(四)经营中出现的问题与困难及解决方案

2003 年电子行业市场需求呈复苏性增长,产品降价放缓,但原材料价格上涨,行业利润率衰减的趋势仍未得到实质性改变。公司以基础电子元器件为主导产品,其行业特征更加显著,市场竞争压力更加明显,由此给公司经营带来较大影响。面对这种形势,公司切实加强技术创新和市场营销管理,着力培育新的经济增长点和客户群;加快产品结构调整,提高产品整体附加值;着实强化内部管理,建立健全提质降耗、增效的长效机制,保持生产经营持续、健康发展。

三、投资情况

(一)募集资金投资情况

1. 报告期内,公司无新募集资金。

2. 报告期之前募集资金的使用延续到报告期内的情况

公司于 2000 年实施了公募增发,募集资金总额 67,992.75 万元,至报告期内已累计使用募集资金 48,175.75 万元,尚未投入使用的资金 19,817 万元现存入银行。

募集资金投资情况如下表:

序号	承诺项目	变更后投资额(万元)	计划投入金额(万元)
1	片式钽电解电容器建设项目	未变更	19,991.00
2	表面贴装分立器件(SMD)后封装生产线技术改造	未变更	19,000.00
3	片式电阻器生产线技术改造	未变更	12,000.00
4	叠层式片式电感器生产线技术改造	未变更	4,900.00
5	片式钽电解电容器技术改造	改投 CDMA 手机项目	12,722.00
6	CDMA 手机项目	改投后项目	9,270.00
合计			68,613.00

序号	实际投入金	承诺进度	实际进度	报告期实现效益情况(万元)
1	7,750.91	2002 年 12 月	实施过程中	--
2	14,327.84	2002 年 12 月	该项目由于市场原因比项目计划进度推后一年半	--
3	11,452.00	2002 年 1 月	2001 年 12 月	46.2
4	5,375.00	2002 年 12 月	2001 年 12 月	-0.4
5	0			--
6				-254.17
合计	48,175.75			-208.37

注:1. 变更原因及变更程序说明:

投入"片式钽电解电容器生产线技术改造"项目的 12,722 万元调整为本公司与日本京瓷株式会社合资研发、生产、销售 CDMA 移动通信手机。变更原因是为了更合理的利用公募增发资金,提高资金的使用效率。该项目投资 9,270 万元,余 3,452 万元另寻其它项目。该项目经原国家计委批准可行性研究报告,外经贸部批准成立京瓷振华通信设备有限公司。改变募集资金投向已经本公司 2001 年度第八次股东大会审议通过,决议刊登在 2002 年 5 月 21 日的《证券时报》、《上海证券报》上。

2. 未达到计划进度和收益的说明:

(1) 片式钽电解电容器建设项目,计划总投资 19,991 万元,形成年新增 3 亿只片式钽电容器的生产能力。该项目经原国家计委批准立项,中国电子工业发展规划研究院编制可行性研究报告,2001 年 4 月 15 日原国家计委批准可行性研究报告。该项目的厂房装修、辅助设施建设已完成,处于实施过程中,此计划进度推后。至报告期止累计投入 7,750.91 万元。

(2) 表面贴装分立器件(SMD)后封装生产线技术改造,计划总投资 19000 万元,形成年产 10 亿只片式二、三极管的生产能力。该项目经原国家经贸委批准立项,信息产业部第十一设计研究院编制可行性研究报告,原国家经贸委授权委托贵州省经贸委于 2001 年 5 月 25 日批准可行性研究报告。该项目全线试生产已完成,由于市场原因比项目计划进度推后一年半。至报告期止累计投入金额 14,327.84 万元。

(3) 片式电阻器生产线技术改造,项目总投资 12,000 万元,形成年产 100 亿只片式电阻器的生产能力,是国家重点技术改造项目。该项目已竣工验收投产,实际累计投入金额 11,452 万元,符合项目计划进度,该项目未变更。2003 年实现利润总额 46.2 万元。由于市场竞争激烈,产品价格大幅度下降,未达到预计收益。

(4) 叠层式片式电感器生产线技术改造,项目总投资 4,900 万元,形成年产 4 亿只叠层片式电感器的生产能力。该项目已竣工验收投产,实际累计投入金额 5,375 万元,符合项目计划进度,该项目未变更。2003 年实现利润总额-0.4 万元,该项目未达到预计收益的主要原因:市场竞争激烈,产品价格大幅度下降。

(5) CDMA 手机项目,为了更合理使用公募增发资金,提高资金的使用效率,将拟投入"片式钽电解电容器生产线技术改造"项目的 12,722.00 万元调整为本公司与日本京瓷株式会社合资研发、生产、销售 CDMA 移动通信手机。该项目经原国家计委批准可行性研究报告,原外经贸部批准成立京瓷振华通信设备有限公司,主要生产经营 CDMA 手机等移动通讯设备。项目总投资 30,899.99 万元,本公司占 30%的股份,本公司实际投资 9,270 万元。该项目符合计划进度。2003 年实现利润总额-254.17 万元(按享有权益比例折算)。该项目未达到预计收益的主要原因:市场竞争激烈,CDMA 手机价格大幅下调,市场营销网络尚需完善。

(二)非募集资金投资情况

1. 投资振华(龙华)科技工业园一期工程。充分利用本公司在深圳市龙华镇的闲置土地,改善本公司在深圳地区的分公司、子公司多点分散的现状和解决厂房不足的困难,使各企业相对集中,节约管理费用,充分发挥投资效益,同时进一步提升本公司在深圳的整体形象。计划总投资 3,900 万元,实际完成投资 4,173 万元。该项目已竣工验收。

2.投资振华科技大厦。经 2002 年 12 月 12 日本公司二届十二次董事会审议通过,关于对"振华科技大厦"投资的方案,本公司以自有资金 6,746.91 万元投资建设振华科技大厦。目前大厦已完工并投入使用。

3.高压真空灭弧室生产线技术改造项目。该项目由原国家经贸委、原国家计委以国经贸投资[2002]548 号下达项目计划(第八批国债项目),并经原国家经贸委以投资函[2003]23 授权贵州省经贸委以黔经贸投资[2003]35 号批准项目可性研究报告。该项目已按国家下达的开工计划实施。于 2003 年 8 月 14 日本公司三届二次董事会审议通过对该项目的投资决议。项目计划总投资 8,500 万元,已完成投资 2,435 万元,项目进展顺利。

4. 经本公司 2003 年 8 月 14 日三届二次董事会审议通过,增加对深圳市振华通信设备有限公司投资人民币 1,388 万元。增资后该公司的注册资本变更为人民币 3,038 万元,本公司所占股份由原来的 59.3%增至 77.9%,振华集团深圳电子有限公司所占股份由原来的 40.7%减至 22.1%。

5. 在董事会授权范围内,经公司经理班子讨论通过,投资贵州科创新材料生产力促进中心有限公司人民币 10 万元,该公司注册资本为人民币 100 万元,本公司占 10%。该公司经营范围:新材料技术开发、推广;中介服务,项目咨询,创业投资服务;新材料销售等。

四、财务状况及经营成果分析 人民币元

项目	2003 年 12 月 31 日	2002 年 12 月 31 日	增减(%)
资产总额	2,462,133,027.99	2,366,161,642.45	4.06
股东权益(不含少数股东权益)	1,822,045,532.39	1,788,888,241.87	1.85
主营业务利润	203,144,044.72	170,367,876.28	19.24
净利润	32,096,537.52	37,733,468.93	-14.94
现金及现金等价物净增加额	-8,962,518.93	-123,610,616.35	

变动原因:

1. 主营业务利润较上年增长 19.24%,主要是加大市场开拓力度,扩大产品市场份额,使主营业务收入增加。

2. 净利润较上年下降 14.94%,主要受产品降价、原材料涨价及期间费用增加较大影响。

五、报告期内,公司无因生产经营环境及宏观政策、法规发生重大变化,已经、正在或将要对公司财务状况和经营成果产生重要影响的情况。

六、公司本年度由中和正信会计师事务所有限公司(原天一会计师事务所有限责任公司)出具了无保留意见的审计报告。

七、新年度经营计划

2004 年工作思路:以三个代表重要思想为指导,认真贯彻落实中央经济工作会议精神,以经济效益为中心,以结构调整为主线,以做大做强主产品为重点,以股东利益最大化为目标,依法经营,规范运作,强化管理,科学决策。坚持机制创新、管理创新、技术创新;狠抓以人为本管理,创低成本管理和资本增值管理;力促技术改造项目达产求效,不断增强公司竞争实力,努力实现营业收入和经济效益同步增长,维护股东利益。

主要工作措施:

1. 体制创新:在现行体制下,认真总结全年工作,分析公司面临的市场、产品、人才结构状况,扬长避短,制定切实可行的措施,保证企业的持续发展。选择企业试行对经营者使用新的激励模式,企业间相互参股,实施投资主体多元化。企业实行无亏损管理,对亏损企业在认真分析亏损原因的基础上,针对企业特点和实际情况,结合国家宏观政策和行业产品发展方向,统筹考虑组织结构和产品结构的调整,整合利用现有的各种资源,跨地域、跨产品改制重组,建立新的运行机制,对扭亏无望的企业及时依法清算,减少投资损失,消灭亏损源。

对于整合新组建企业,坚持:"三定"方针,实行全员合同制和高管人员聘用制。先设岗,再竞聘。推进用工制度、人事制度和分配制度的深化改革。

2. 科技创新:一是充分发挥技术中心开发本部和开发室的作用,加强产研的结合,开发高科技、高附加值的产品。各分、子公司根据自身的发展战略和规划目标,建立和完善适应市场机制和企业发展要求的技术开发体系和运行机制，提高对市场的应变能力，及时提供市场需求的产品。二是认真分析解决已完成技改项目中存在的工艺技术问题，达产求效，在避免出现新的亏损源的同时，稳步提高经济效益。

3. 管理创新：管理出效益，企业管理的成效一是体现创造低成本，二是实现利润最大化。重点是加强各项基础管理工作，特别是财务管理工作。进一步实行和完善主要经营者约束、激励机制及政策，降低成本，促进效益，加快资源利用和资金周转。加强内部审计工作，强化总部和分、子公司财务预算的监督、管理和控制，有效降低财务费用和管理费用。

4. 对营销资源进行整合，组建销售公司，以新的机制和灵活的政策使其逐步成为公司的利润中心。

八、董事会日常工作情况

（一）董事会的会议情况及决议内容

报告期内共召开四次董事会，会议情况及决议内容如下：

1. 二届十三次董事会于 2003 年 3 月 24 日在贵阳召开，由董事长陈清洁主持，应到董事 7 人，实到 7 人，全体监事和经理班子成员及相关部门负责人列席了会议。经审议，形成如下决议：

(1) 审议通过《董事会二 00 二年工作回顾和二 00 三年工作思路的报告》；

(2) 审议通过《总经理二 00 二年工作总结和二 00 三年工作计划的报告》；

(3) 审议通过《公司二 00 二年度报告及其摘要》；

(4) 审议通过《二 00 二年度财务决算报告》；

(5) 审议通过《二 00 二年度利润分配预案》；

(6) 审议通过《聘请二 00 三年度公司审计中介机构的议案》；

(7) 审议通过《关于中外合资企业计提减值准备的议案》；

(8) 审议通过《关于整体租赁经营中国振华集团永光电工厂资产的议案》；

(9) 审议通过《关于设立中国振华(集团)科技股份有限公司思美特分公司的议案》；

(10) 审议通过《关于出让所持贵州振华新天房地产开发有限公司部分股权的议案》；

(11) 审议通过《关于推荐第三届董事会候选人的议案》；

(12) 审议通过《关于召开 2002 年度(第九次)股东大会的议案》；

以上决议刊登在 2003 年 3 月 27 日《证券时报》、《上海证券报》上。

2. 三届一次董事会于 2003 年 4 月 28 日在贵阳召开，由董事长陈清洁主持，应到董事 7 人，实到 7 人，全体监事和经理班子成员及有关部门主要负责人列席了会议，经审议，形成如下决议：(1) 选举陈清洁为董事长、陈中为副董事长；

(2) 审议通过《关于聘任总经理、财务总监和董事会秘书的议案》；

(3) 审议通过《关于聘任副总经理、总会计师、总工程师和总经济师的议案》；

(4) 审议通过《公司 2003 年第一季度报告》；

以上决议刊登在 2003 年 4 月 29 日《证券时报》、《上海证券报》上。

3. 三届二次董事会于 2003 年 8 月 14 日在贵阳召开，由董事长陈清洁主持，应到董事 7 人，实到 7 人，全体监事和经理班子成员及有关部门主要负责人列席了会议，经审议，形成如下决议：

(1) 审议通过《2003 年半年度报告及其摘要》；

(2) 审议通过《关于对深圳市振华通信设备有限公司增加注册资本金的议案》；

(3) 审议通过《关于实施高压真空灭弧室生产线技术改造项目的议案》；

(4) 审议通过《关于聘用证券事务代表的议案》；

以上决议刊登在 2003 年 8 月 18 日《证券时报》、《上海证券报》上。

4. 三届三次董事会于 2003 年 10 月 27 日在贵阳召开，由董事长陈清洁主持，应到董事 7 人，实到 7 人，全体监事和经理班子成员及有关部门主要负责人列席了会议，经审议，形成如下决议：

(1) 审议通过《2003 年第三季度报告》；

(2) 审议通过《关于出让所持贵州振华新天房地产开发有限公司股权的议案》；

(3) 审议通过《关于与振华集团财务有限责任公司资金往来关联交易的议案》；

(4) 审议通过《关于对贵州振华同创信息产业有限公司进行清算的议案》；

以上决议刊登在 2003 年 10 月 29 日《证券时报》、《上海证券报》上。

（二）董事会对股东大会决议的执行情况

董事会认真贯彻落实股东大会确定的工作思路、经营方针、奋斗目标，及时决策，措施得力，较好地处理了国有资产保值增值与维护中小股东利益的关系，没有应执行而未执行的决议，也没有超越股东大会授权范围行使权力。

（三）利润分配预案或资本公积金转增股本预案

经中和正信会计师事务所有限公司(原天一会计师事务所有限责任公司)审计，公司 2003 年实现净利润 32,096,537.52 元。根据本公司章程规定，按税后利润的 10%分别提取法定盈余公积和法定公益金，各提 3,209,267.70 元；中外合资企业提取职工奖励及福利基金 3,860.49 元；结转 2002 年度未分配利润 36,135,583.54 元，2003 年度实际可供股东分配的利润为 61,809,725.17 元。鉴于目前本公司增发新股投资项目正逐项建成投产，流动资金需求增加，故 2003 年度不派发现金红利，也不进行资本公积转增。

（四）其他需要披露的事项

1. 注册会计师对公司控股股东及其他关联方占用资金情况的专项说明。

按照《关于规范上市公司与关联方资金往来及上市公司对外担保若干问题的通知》(证监发〔2003〕56 号)(以下简称通知)之规定，注册会计师对本公司控股股东及其他关联方占用资金情况作了专项说明，审计意见如下：

经对中国振华(集团)科技股份有限公司控股股东及其他关联方截止 2003 年 12 月 31 日占用贵公司资金情况的专项核查，贵公司所提供的关于控股股东及其他关联方占用资金情况与我们的审计结果一致。

2. 独立董事对公司累计和当期对外担保情况、执行前述通知情况的独立意见。

独立董事认为：中国振华(集团)科技股份有限公司于报告期内未发生违反通知所称的情形。

3. 对同创振华信息产业有限公司进行清算。贵州同创振华信息产业有限公司系本公司与香港同创科技有限公司共同投资设立的中港合资经营企业，该公司设立初期，曾为信息产业的发展和拉动地方经济做出了贡献，但由于多方原因，导致该公司经营状况严重恶化，虽经多方努力，但资运作资金枯竭，无法走出困境。为此本公司曾多次提出与香港同创公司协商解决该公司面临的问题，但均未得到对方的回应。鉴于香港同创公司已不能履行合营公司合同、章程规定的义务，致使合营公司无法继续经营，为维护股东的合法权益，减少投资损失，2003 年 10 月 27 日经三届三次董事会审议通过，对同创振华信息产业有限公司进行清算。

第七章 重要事项

一、本年度公司无重大诉讼、仲裁事项。

二、报告期内收购及出售资产、吸收合并事项

为了调整产品结构，突出本公司主业，减少关联交易，规范管理，进一步降低管理成本，经中国振华(集团)新云元器件有限责任公司 2003 年 6 月 20 日董事会研究决定，整体收购贵州振华新云器材厂资产。资产转让基准日为 2003 年 1 月 1 日，转让价格以 2002 年 12 月 31 日贵州振华新云器材厂评估后净资产为作价依据，在评估值的基础上下浮 9%。经天一会计师事务所有限责任公司评估，并报贵州省财政厅备案，该公司截止 2002 年 12 月 31 日资产总额为 15,108.63 万元，负债总额为 11,839.60 万元，净资产 3,269.03 万元。根据中国振华(集团)新云元器件有限责任公司与中国振华电子集团有限公司签署的《资产转让协议》，转让价格为 2,974.82 万元，此项收购未产生收益。该事项已于 2003 年 8 月 18 日在《证券时报》、《上海证券报》上公告。

三、报告期内发生的重大关联交易事项

（一）购销商品、提供劳务发生的关联交易

详见会计报表附注----关联方关系及其交易之(四)《关联交易情况表》。

（二）资产、股权转让发生的关联交易

1. 为了调整产业结构，突出主业，剥离辅业，集中精力做大做强电子信息产品，提高本公司的综合竞争实力，经 2003 年 3 月 24 日本公司二届十三次董事会审议通过，公司将持有的贵州振华新天房地产开发有限公司 90%股权的 50%转让给本公司控股股东中国振华电子集团有限公司，转让后本公司持有总股本的比例为 45%，本公司控股股东中国振华电子集团有限公司持有总股本的比例为 55%。

此次股份出让公告刊登在 2003 年 3 月 27 日《证券时报》、《上海证券报》上。

2. 2003 年 10 月 27 日公司三届三次董事会通过决议，将本公司所持贵州振华新天房地产开发有限公司 45%股权转让给中国振华电子集团有限公司(40%)和中国振华建筑工程公司(5%)。出让后，本公司不再持有贵州振华新天房地产开发有限公司股权。

此次股份出让公告刊登在 2003 年 10 月 29 日《证券时报》、《上海证券报》上。

（三）资金往来关联交易

2003 年 10 月 27 日公司三届三次董事会通过与振华集团财务公司资金往来关联交易议案，确定 2003 年末本公司在财务公司的存款余额不超过 1 亿元，贷款余额不超过 8,000 万元，提供担保余额不超过 1.5 亿元。今后本公司在财务公司每个年度日均存款余额不超过 2 亿元，贷款余额不超过 1.5 亿元，申请担保金额不超过 3 亿元。

此关联交易公告刊登在 2003 年 10 月 29 日《证券时报》、《上海证券报》上。

报告期末，本公司及各分、子公司在财务公司存款余额为 9,359.4 万元；振华集团财务公司为本公司各分、子公司提供了 6,830 万元的贷款；财务公司为本公司及子公司在银行贷款 8,095 万元提供了担保。

详见会计报表附注----关联方关系及其交易之(四)《关联交易情况表》

四、重大合同及其履行情况

（一）报告期内，公司托管、承包、租赁其他公司资产或其他公司托管、承包、租赁本公司资产的事项。

经 2003 年 3 月 24 日本公司二届十三次董事会审议通过，对中国振华集团永光电工厂净资产整体租赁经营，租赁期 3 年，以上董事会决议公告刊登在 2003 年 3 月 27 日的《证券时报》和《上海证券报》上。

（二）重大担保事项。

2002 年本公司为振华集团深圳电子有限公司申请的 3,000 万元银行综合授信额度提供的担保已于本报告期内到期并已解除。

截止报告期末，本公司为深圳市振华重大新电气有限公司、深圳市振华通信设备有限公司等 4 户控股子公司在银行的 5,900 万元贷款提供了担保。

详见会计报告附注--关联方关系及其交易之(四)《关联交易情况表》

报告期内本公司没有属于《关于规范上市公司与关联方资金往来及上市公司对外担保若干问题的通知》要求披露的违规担保的情况。

（三）报告期内，委托他人进行现金资产管理事项。

经 2002 年 6 月 26 日本公司二届九次董事会审议通过，并根据本公司章程，在股东大会和董事会的授权范围内，签订了如下委托理财协议：

1. 2002 年 7 月 16 日本公司与国海证券有限责任公司签订了《资产委托管理协议书》，委托管理资金 5,000 万元，投资范围为国债，托管期限自 2002 年 7 月 20 日至 2003 年 7 月 20 日，收益分配办法：受托方向本公司收取管理费，当委托管理资产年收益率小于 7%，受托方不收管理费；当委托管理资产年收益大于 7%时，受托方收取年收益率超过 7%以上部分的 80%作为管理费用。资金来源：自有资金。

本报告期内，委托管理本金 5,000 万元，收益 290 万元已全部收回

2. 2002 年 7 月 18 日本公司与大鹏证券有限责任公司签订了《受托投资国债管理协议书》，本金 4,000 万元，托管期限自 2002 年 7 月 18 日至 2003 年 7 月 18 日，无固定收益。受托方按委托管理资产的 1.5%收取管理费。资金来源：自有资金。

本报告期内，委托管理本金 4,000 万元，收益 170 万元已全部收回。

（四）报告期内，公司无其他重大合同。

五、公司或持股 5%以上股东承诺事项及履行情况：无

六、聘任、解聘会计师事务所情况

报告期内，经 2002 年度(第九次)股东大会审议通过，公司续聘天一会计师事务所有限责任公司为 2003 年度财务审计机构，聘期一年(2003 年，经其行业主管部门批准，天一会计师事务所有限责任公司分立重组为中和正信会计师事务所和大正会计师事务所。分立重组后的中和正信会计师事务所有限公司已在国家工商行政管理局核准登记，并经财政部、中国证监会批准，具有证券期货相关业务资格。分立后的中和正信会计师事务所承继的原天一会计师事务所贵州分所承办的上市公司客户，不属于变更会计师事务所事项。此事经中国证监会会计部同意并通知交易所)。

本公司在深圳市的控股公司由深圳市鹏城会计师事务所审计出具分报告。

支付报酬情况：

1. 审计费：报告期内支付天一会计师事务所有限责任公司 2002 年度审计费 50 万元；支付深圳市鹏城会计师事务所 2002 年度审计费 10 万元。

2. 评估费：支付天一会计师事务所有限责任公司资产评估费 7.12 万元。

本年度是天一会计师事务所有限责任公司(现中和正信会计师事务所有限公司)为本公司连续提供审计服务的第 3 年；深圳市鹏城会计师事务所提供连续服务的第 3 年。

六、报告期内，公司、公司董事会及董事没有受中国证监会稽查、中国证监会行政处罚、通报批评、深圳证券交易所公开谴责的情况。

七、报告期内，公司无其他该披露而未披露的重要事项。

第八章 备查文件目录

一、载有董事长签名的年度报告文本。

二、载有公司董事长、总会计师签名并盖章的会计报告。

三、载有会计师事务所盖章、注册会计师签名并盖章的审计报告原件。

四、报告期内在《证券时报》、《上海证券报》上公开披露过的所有文件文本。

五、公司章程。

六、其他相关材料。

中国振华(集团)科技股份有限公司

法定代表人签名：

二ＯＯ四年三月二十五日

云南铝业股份有限公司

云南铝业股份有限公司2003年年度报告

重要提示

本公司董事会及其董事保证本报告所载资料不存在任何虚假记载、误导性陈述或者重大遗漏,并对其内容的真实性、准确性和完整性承担个别及连带责任。

董事丁吉林先生因公务未能出席本次董事会,委托董事田永先生代为出席并表决;董事朱崇仁先生、周环先生委托董事代祖让先生出席并表决。

公司董事长陈智先生、总经理田永先生、总会计师谢孝华女士声明:保证年度报告中的财务报告真实、完整。

一、公司基本情况简介

1、公司名称:云南铝业股份有限公司

英文名称:YUNNAN ALUMINIUM CO., LTD.

2、公司法定代表人:陈智

3、董事会秘书:张文伟

联系地址:云南省昆明市呈贡县云南铝业股份有限公司证券部

联系电话:(0871)7455858　传真:(0871)7455605

电子信箱:stock@ylgf.com

4、公司注册地址:云南省昆明市呈贡县

办公地址:云南省昆明市呈贡县　邮政编码:650502

网址://www.ylgf.com

电子信箱:ylgf@public.km.yn.cn

5、公司选定的信息披露报纸:《中国证券报》、《证券时报》

登载公司年度报告的中国证监会指定国际互联网网址:http://www.cninfo.com.cn

公司年度报告备置地:公司证券部

6、公司股票上市交易所:深圳证券交易所

股票简称:云铝股份　股票代码:000807

7、其它有关资料

公司首次注册日期:1998年3月20日

注册登记地点:云南省昆明市呈贡县

企业法人营业执照注册号:5300001003782

税务登记号码:53012121658149X

公司聘请的会计师事务所:中和正信会计师事务所有限公司

会计师事务所办公地址:北京市朝阳区东三环中路25号住总大厦E层

二、会计数据与业务数据摘要

1、本年度主要利润指标情况(单位:人民币元)

利润总额:	193,616,019.82
净利润:	164,497,866.14
扣除非经常性损益后的净利润:	169,059,722.28
主营业务利润:	320,566,541.36
其他业务利润:	342,039.37
营业利润:	204,938,730.65
投资收益:	−3,119,072.83
补贴收入:	
营业外收支净额:	−8,203,638.00
经营活动产生的现金流量净额:	144,508,848.79
现金及现金等价物净增加额:	−157,615,730.70
注:扣除所得税影响后的非经常性损益项目及金额:	−4,561,856.14
其中:(1)营业外收入:	431,261.61
(2)营业外支出:	−5,573,633.17
(3)短期投资收益及处置股权投资收益:	580,515.42

2、主要会计数据和财务指标(合并报表,单位:人民币元)

项目	2003.12.31	2002.12.31	2001.12.31
主营业务收入	1,464,629,857.53	1,562,796,827.50	1,603,742,305.84
净利润	164,497,866.14	152,342,555.51	150,111,809.03
总资产	3,483,797,033.52	2,762,263,995.24	2,321,605,879.98
股东权益	1,489,470,468.10	1,433,772,601.96	756,959,658.72
每股收益	0.45	0.42	0.48
每股收益(按月加权法计算)	0.45	0.44	0.48
每股收益(扣除非经常性损益)	0.46	0.44	0.48
每股净资产(元)	4.09	3.94	2.79
调整后的每股净资产	4.08	3.93	2.79
每股经营活动产生的现金流量净额	−0.43	0.73	0.21
净资产收益率(%)	11.04	10.63	17.33
加权净资产收益率(%)	11.10	12.09	18.99

3、利润表附表

项目	金额(元)	净资产收益率(%)		每股收益(元/股)	
		全面摊薄	加权平均	全面摊薄	加权平均
主营业务利润	320,566,541.36	21.52	21.63	0.88	0.88
营业利润	204,938,730.65	13.76	13.83	0.56	0.56
净利润	164,497,866.14	11.04	11.10	0.45	0.45
扣除非经常性损益后的净利润	169,059,722.28	10.35	11.14	0.46	0.46

注:本公司技改财政贴息历年均有,故未按非经常性损益扣除。

4、报告期内股东权益变动情况(单位):人民币元

项目	期末数	本期增加	本期减少	期初数
股本	364,000,000	–	–	364,000,000
资本公积	856,850,087.46	400,000.00	–	856,450,087.46
盈余公积	147,103,763.92	49,349,359.84	–	97,754,404.08
其中:公益金	28,226,019.04	8,224,893.31	–	20,001,125.73
未分配利润	12,316,616.72	5,948,506.3		6,368,110.42
现金股利	109,200,000.00			109,200,000.00
股东权益合计	1,489,470,468.10	55,697,866.14		1,433,772,601.96

变动原因:(1)资本公积增加是获国家环保贷款豁免所致;

(2)盈余公积增加是本期从净利润提取所致;

(3)本期盈利分配后的剩余所致;

三、股本变动及股东情况

股本变动情况

(1)、股份变动情况表

公司股份变动情况　数量单位:股

项目	本次变动前	配股	送股	公积金转股	增发	其它	小计
一、尚未流通股份							
1.发起人股份	230,000,000						
其中:							
国家拥有股份	230,000,000						
境内法人持有股份							
外资法人持有股份							
其他							
2.募集法人股							
3.内部职工股							
4.优先股或其他							
尚未流通股份合计	230,000,000						
二、已流通股份							
1.人民币普通股	134,000,000						
2.境内上市的外资股							
3.境外上市的外资股							
4.其他							
已流通股份合计	134,000,000						
三、股份总数	364,000,000						

(表头"本次变动增减(+,−)"涵盖配股、送股、公积金转股、增发、其它、小计)

项目	本次变动后
一、尚未流通股份	
1.发起人股份	230,000,000
其中:	
国家拥有股份	230,000,000
境内法人持有股份	
外资法人持有股份	
其他	
2.募集法人股	
3.内部职工股	
4.优先股或其他	
尚未流通股份合计	230,000,000
二、已流通股份	
1.人民币普通股	134,000,000
2.境内上市的外资股	
3.境外上市的外资股	
4.其他	
已流通股份合计	134,000,000
三、股份总数	364,000,000

说明:公司董事、监事、高管人员持有的流通股73,968股已冻结。

(2)股票发行与上市情况

① 报告期末为止的前三年历次股票发行情况

发行股票的种类:人民币普通股(A股)

发行日期:2002年3月20日至2002年4月2日

每股发行价格:10.1元

发行数量:5400万股

上市日期:2002年4月11日

获准上市交易数量:5400万股

② 现存公司职工股发行日期:1998年2月25日至1998年2月27日

发行价格:4.9元/股

发行数量:800万股

2、股东情况介绍

(1)、本公司报告期末,公司在深圳证券交易所结算公司登记的股东共有50411户。

(2)、持有本公司5%(含5%)以上股份的股东和前十位股东持股情况。

前十名股东持股情况表

名次	股东名称	年末持股数(股)	占股本比例(%)
1	云南冶金集团总公司	230,000,000	63.19
2	上海申能资产管理有限公司	818,341	0.225
3	宁波大榭开发区投资控股有限公司	452,333	0.124
4	吉林天信投资管理有限公司	408,995	0.112
5	山东黄金集团有限公司	384,200	0.105
6	李进华	370,000	0.102

7	王多红	305,600	0.084
8	赵小龙	300,240	0.082
9	任再龙	295,600	0.081
10	武洪岩	290,600	0.08

说明:A、云南冶金集团总公司为本公司最大持股股东,代表国家持有本公司股份 23000 万股;

B、前 10 名股东中,国有法人股股东云南冶金集团总公司与其它股东之间不存在关联关系,也不属于《上市公司持股变动信息披露管理办法》中规定的一致行动人;其它流通股股东之间是否存在关联关系、是否属于《上市公司持股变动信息披露管理办法》中规定的一致行动人,本公司不清楚;

C、持有本公司 5%以上(含 5%)股份的股东仅有云南冶金集团总公司一家,本年度内其所持股份无增减变动情况,未发生质押或冻结的情况。

前十名流通股东持股情况表

名次	股东名称	年末持股数(股)	占股本比例(%)
1	上海申能资产管理有限公司	818,341	0.225
2	宁波大榭开发区投资控股有限公司	452,333	0.124
3	吉林天信投资管理有限公司	408,995	0.112
4	山东黄金集团有限公司	384,200	0.105
5	李进华	370,000	0.101
6	王多红	305,600	0.082
7	赵小龙	300,240	0.082
8	任再龙	295,600	0.081
9	武洪岩	290,600	0.08
10	汤翠云	287,272	0.079

(3)、公司控股股东情况介绍

控股股东名称:云南冶金集团总公司

法定代表人:陈智

成立日期:1989 年 2 月

注册资本:5.5119 亿元

股权结构:国有独资

经营范围:主营矿产品、冶金产品及副产品、延伸产品;兼营冶金生产建设所需材料及设备,冶金技术开发、转让及培训,农副产品,工艺美术品(不含金银首饰)。

报告期内本公司控股股东没有发生变更。

(4)公司没有其它持股 10%以上(含 10%)的法人股东。

四、董事、监事、高级管理人员和员工情况

1、董事、监事、高级管理人员情况

(1) 董事、监事、高级管理人员基本情况

姓名	姓别	出生年月	职务	任期起止日期	年初持股数(股)	增发新股增加(股)	年初持股数(股)
陈智	男	1947.8	董事长	2001.3--2004.3			
代祖让	男	1946.6	副董事长	2001.3--2004.3	5000	1500	6500
朱崇仁	男	1945.10	董事	2001.3--2004.3			
田永	男	1960.1	董事、总经理	2001.3--2004.3	5000	6668	11668
周昌武	男	1962.7	董事、党委书记	2001.12--			
丁吉林	男	1967.11	董事、副总经理	2001.3--2004.3			
武绍清	男	1952.7	董事	2001.3--2004.3	5000	1500	6500
段曰灿	男	1944.10	董事	2001.3--2004.3			
周环	男	1961.5	董事	2001.3--2004.3	5000	1500	6500
金恩淑	女	1967.10	独立董事	2002.4--2004.3			
孙振武	男	1948.12	独立董事	2002.4--2004.3			
庞锡钧	男	1944.9	独立董事	2003.5--2004.3			
江朝洋	男	1937.5	独立董事	2003.5--2004.3			
董英	男	1955.10	监事会召集人	2001.3--2004.3			
彭治平	男	1945.10	监事	2001.3--2004.3	4000	1200	5200
张自义	男	1964.9	监事	2001.3--2004.3	4000	1200	5200
郭天承	男	1949.11	监事	2001.3--2004.3	4000		4000
刘刚	男	1950.6	监事	2001.3--2004.3	3000		3000
董仕毅	男	1963.10	副总经理	2001.12--2004.3	5000	1500	6500
陈德斌	男	1966.11	副总经理	2001.12--2004.3	4900		4900
万多稳	男	1969.11	党委副书记	2001.12--2004.3			
谢孝华	女	1954.3	总会计师	2001.12--2004.3	5000	1500	6500
张文伟	男	1968.10	董事会秘书	2001.3--2004.3	1000		1000

说明:

① 董事长陈智先生在本公司控股股东云南冶金集团总公司任董事长、党委书记;

② 副董事长代祖让先生在本公司控股股东云南冶金集团总公司任副总经理、党委副书记;

③ 董事朱崇仁先生在本公司控股股东云南冶金集团总公司不担任实职(正厅级);

④ 监事会召集人董英先生在本公司控股股东云南冶金集团总公司任总经理、党委副书记;

⑤ 监事彭治平先生在本公司控股股东云南冶金集团总公司任副总经济师兼资产经营部主任;

⑥ 监事张自义先生在本公司控股股东云南冶金集团总公司任副总会计师兼财务部主任;

(2)董事、监事和高级管理人员年度报酬情况

① 报酬的决策程序:根据《公司章程》的有关规定,董事、监事的报酬由股东大会决定,高级管理人员的报酬由董事会决定;

② 报酬的确定依据:公司二届十次董事会审议通过的《关于 2003 年对领导班子实行年薪制及奖励办法的议案》;

③ 因对在公司领取报酬的 12 名现任董事、监事和高级管理人员实行绩效考核,目前考核还未结束,领取的年度报酬以其按档案工资预支的月薪计算,总额为 827,414 元;

④ 独立董事金恩淑女士、孙振武先生、庞锡钧、江朝洋的津贴为每月 1000 元,此外不再在公司领取其它报酬;

⑤ 董事长陈智先生、副董事长代祖让先生、董事朱崇仁先生、段曰灿先生、周环先生、监事会召集人董英先生、监事彭治平先生、张自义先生不在公司领取报酬,其中,董事长陈智先生、副董事长代祖让先生、董事朱崇仁先生、监事会召集人董英先生、监事彭治平先生、张自义先生在本公司控股股东云南冶金集团总公司领取报酬。

(3)报告期内离任的董事、监事及高级管理人员

报告期内,无董事、监事和高级管理人员离任的情况。

2、公司员工数量、专业构成、教育程度及退休职工人数情况

本公司现有职工 3149 人,其中:生产人员 2570 人,销售人员 33 人,技术人员 243 人,财务人员 31 人,行政人员 317 人,本科以上文化程度的人员 230 人,大专文化程度的人员 461 人,中专以上文化程度的人员 1125 人,无退休人员。

五、公司治理结构

1、公司治理情况

公司严格按照《公司法》、《证券法》和国家有关法律法规的规定,不断完善公司法人治理结构、建立现代企业制度、规范公司运作。报告期间内,公司按照《上市公司治理准则》、《股东大会规范意见》等要求,修改了《公司章程》。公司治理的实际情况与中国证券监督管理委员会发布的有关上市公司治理的规范性文件基本不存在差异。

2、独立董事履行职责情况

报告期间内,公司董事会根据中国证监会发布的《关于在上市公司建立独立董事制度的指导意见》中有关上市公司独立董事制度的规定要求,在 2003 年 4 月 17 日召开的二届十一次董事会上审议通过了《关于提名庞锡钧先生为公司独立董事候选人的议案》和《关于提名江朝洋先生为公司独立董事候选人的议案》;在 2003 年 5 月 20 日召开的 2002 年度股东大会上增选了庞锡钧先生、江朝洋先生为公司独立董事。至此,公司已有 4 位独立董事。新增选的二名独立董事参加了公司二届十二次、二届十三次董事会,原有二名独立董事参加了报告期内的历届董事会,并对公司关联交易发表了独立意见。

3、报告期内,本公司与控股股东在业务、人员、资产、机构、财务等方面分开的情况:

报告期内本公司业务独立、人员独立、资产完整、机构独立、财务独立,实行了与控股股东在业务、人员、资产、机构、财务上的分开;

业务方面:公司拥有独立的采购和销售业务部门;

人员方面:按公司法及有关法律法规的要求,本公司总经理、财务负责人、董事会秘书、财务人员均属专职,公司设有独立的劳动、人事及工资管理机构,总经理、副总经理及其它高级管理人员均在本公司领取报酬,未在股东单位担任职务;

资产方面:公司拥有独立的生产系统、辅助生产系统和配套设施;拥有独立的"云海"牌注册商标,拥有独立的自主知识产权;

机构方面:公司设立独立的行政管理部门;

财务方面:公司拥有独立的财务部门和财务人员,并建立了独立的会计核算体系和财务管理制度,开立有独立的银行帐户。

4、报告期内公司对高级管理人员的考评及激励机制、相关奖励制度:

公司二届十次董事会审议通过的《关于 2003 年对经营班子实行年薪制及奖励办法的议案》,规定了相关方面的内容,并已严格执行。

六、董事会报告

1、经营情况分析与讨论

本公司是中国国家有色金属协会确定的中国十三家重点铝企业之一。公司的主营业务是铝冶炼、铝加工产品、炭素及炭素制品的生产和销售。2003 年主要进行的是铝冶炼、铝加工产品的生产和销售。公司 2003 年实现电解铝产量 107,898 吨,较上年同期 125,168 吨减少 17,270 吨;实现主营业务收入 1,464,629,857.53 元,较上年同期 1,562,796,827.50 元下降 6.28%;实现主营业务利润 320,566,541.36 元,较上年同期 313,831,265.15 元增长了 2.15%;实现净利润 164,497,866.14 元,较上年同期 152,342,555.51 元增长 7.98%。

2、主营业务范围及经营情况

(1) 经营状况:.

A、按行业划分　单位人民币元

项目	主营业务收入		主营业务成本	
	2003.12.31	2002.12.31	2003.12.31	2002.12.31
铝锭	1,032,073,849.63	1,126,939,127.28	789,333,251.95	869,707,155.70
铝加工产品	432,556,007.90	435,857,700.22	352,678,756.79	377,968,768.30
合计	1,464,629,857.53	1,562,796,827.50	1,142,012,008.74	1,247,675,924.00

B、按地区划分　单位:人民币元

地区	行业	主营业务收入		主营业务成本	
		2003.1-12	2002.1-12	2003.1-12	2002.1-12
国内	铝锭	735,332,584.82	532,575,629.46	559,103,041.58	404,256,137.79
	铝加工产品	409,067,553.22	432,246,821.38	336,949,708.03	374,759,230.95
国外	铝锭	296,741,264.81	594,363,497.82	230,230,210.37	465,451,017.91
	铝加工产品	23,488,454.68	3,610,878.84	15,729,048.76	3,209,537.35
合计		1,464,629,857.53	1,562,796,827.50	1,142,012,008.74	1,247,675,924.00

(2)公司主要控股公司及参股公司的经营情况及业绩

根据公司 2003 年 1 月 22 日召开的二届十次董事会决议、云铝字[2003]1 号文《关于注销云南铝业股份有限公司装饰分公司的决定》和云铝字[2003]3 号文《关于注销云南铝厂上海经营部的决定》,公司在报告期内清算了云南铝业股份有限公司装饰分公司和云南铝厂上海经营部两个全资子公司,目前公司已无控股或参股公司。

公司无来源于单个参股公司的投资收益对公司净利润影响达到 10%以上的情况。

(3)主要供应商、客户情况:

本公司向前 5 名供应商合计的采购金额占年度采购总额 888,671,306.69 元的 47.33%;向前 5 名客户销售额合计占公司销售总额 1,464,629,857.53 元的 77.6%。

(4)在经营中出现的问题与困难及解决方案

报告期内,在经营中出现的问题与困难有:① 公司遵照国家有关产业政策的规定、并根据"第二电解分厂环境治理节能技术改造"工程的进度,于 6 月 30 日前淘汰并拆除了 60KA 电解槽,致使全年电解铝产量与上年同期相比下降了 17270 吨;② 按云计价格[2002]1472 号《云南省计委关于实施城乡用电同价相应调整省电网销售电价有关问题的通知》,公司 2003 年起用电价格调整为约 0.2556 元/kWh(不含税),比 2002 年上涨约 0.0206 元/kWh(不含税),根据生产经营计划,预计 2003 年因电价上涨因素导致公司生产总成本增加约 3000 万元左右;③主要原材料氧化铝价格大幅上涨,进口氧化铝现货价格年初约为 170 美元/吨,到年底已上涨到约 410 美元/吨。针对以上不利因素,公司进行了市场预测,抓好了原材料氧化铝的采购工作;同时进一步挖掘内部潜力,降低各项费用,调整产品结构,加大畅销产品的生产和销售力度,在很大程度上消化了由于不利因素导致生产成本的上升,取得了较好的经营业绩。

2、报告期内的投资情况

(1)前次募集资金承诺投资项目、进度与实际投资项目进度比较

承诺投资项目	第二电解分厂环境治理节能改造工程
实际投资项目	第二电解分厂环境治理节能改造工程
募集资金使用计划进度	100%
募集资金使用实际进度	100%

(2)报告期内,截止 2003 年 12 月 31 日,前次募集资金 524,970,387.73 已使用完毕,项目进展顺利,其中:炭素部分具备生产条件,已投入生产;电解部分新建段 84 台电解槽设备安装完毕;氧化铝储运及烟气净化系统也同步进入设备调试阶段;供电部分,变电整流设备安装调试完毕,于 12 月 20 日作了变压器冲击试验,一次冲击试验成功,表明工程质量优良,具备生产条件。

(3)报告期内,除前次募集资金外,公司还投入自筹资金 481,478,043.91 用于上述"第二电解分厂环境治理节能技术改造"工程建设。公司没有其它非募集资金投资的重大项目。

3、公司财务状况、经营成果的分析

项目	2003年12月31日(元)	2002年12月31日(元)	增减(%)
总资产	3,483,797,033.52	2,761,535,381.93	26.15
股东权益	1,489,470,468.10	1,433,772,601.96	3.89
	2003年(元)	2002年(元)	
主营业务利润	320,566,541.36	313,831,265.15	2.15
净利润	164,497,866.14	152,342,555.51	7.98
现金及现金等价物	-157,615,730,.70	264,343,356.75	-159.6

变动原因:(1)总资产增加，是本期盈利和技改工程项目投入增加所致；

(2)股东权益增加是本期净利润增加所致；

(3)现金及现金等价物减少是技改工程投入所致。

4、生产经营环境、宏观政策、法规的变化对公司产生的影响

①主要原材料氧化铝价格上涨后，将在2004年维持较高水平，这将大幅提高公司的生产成本，给公司生产经营带来一定压力；

②从2004年1月1日开始，电解铝出口退税率由15%下调至8%，将对国内市场价格产生一定负面影响；

③根据国务院办公厅国办法[2003]103号《国务院办公厅转发发展改革委等部门<关于制止电解铝行业违规建设盲目投资的若干意见的通知>》的规定，国家将加大对电解铝行业的整治力度，限制电解铝行业违规建设盲目投资。与此同时又加大对优势企业的扶持力度，使优势企业做强做优，云铝股份就是国家重点扶持的优势企业。十五"初期，云铝提出了进行"第二电解分厂环境治理、节能技术工程"项目建设的计划，采用300KA大型预焙阳极电解槽对第二电解分厂原有60KA自焙阳极电解槽进行改造，提高劳动生产率，从根本上解决环保问题，建成后可新增20万吨电解铝生产能力，该项目于2001年11月7日经国家经贸委国经贸投资〔2001〕1000号批准，被列入国家"双高一优"项目导向计划；2002年9月19日，经国经贸投资〔2002〕687号批准，该项目被列入国债项目；2003年5月14日，国家发展和改革委发改工业〔2003〕282号《国家发展改革委印发关于审批云南铝业股份有限公司大型预焙槽电解铝技术改造项目可行性研究报告的请示的通知》，该项目已经国务院批准，总投资为21.65亿元。2004年1月14日，根据云南省云经贸投资〔2004〕27号《关于转发<国家发展改革委、财政部关于下达2003年第二批企业技术进步和产业升级国债项目资金计划的通知>的通知》，该项目获国债资金1.4652亿元支持，是国家扶优扶强的"国债专项资金重点建设项目"，得到了国家政策和资金的大力支持。

5、新年度经营计划

(1)公司在稳定现有产能的基础上，将最大限度地发挥电解生产能力，增加加工产品的产销量；

(2)进一步挖掘内部潜力，提高产品的科技含量，降低生产成本；

(3)继续推进标准化管理，年内QS9000质量管理体系将通过认证，使公司的产品具备进入汽车制造业资格；推进ISO10015国际培训管理体系，促进和完善人力资源管理；

(3)在原材料采购和产品销售上继续实行务实的营销策略，在国内与国外、期货与现货市场上灵活调配，扩大盈利空间；

(4)继续加快"第二电解分厂环境治理节能技术改造工程"后半段建设进度，在抓好工期、质量和成本管理的基础上，力争早日投产，以较好的效益回报广大股东。

6、会计师事务所对本公司出具了无保留意见的审计报告；

7、董事会日常工作情况

(1)报告期内董事会共召开四次会议。

① 二届十次董事会于2003年1月22日召开，应到会董事11人，实到11人，会议讨论并一致通过了如下决议：

A、《2002年度利润分配预案》；

B、《2002年年度报告及摘要》；

C、《关于2003年利润分配政策的议案》；

D、《关于兑现2002年公司经营班子年薪的议案》；

E、《关于2003年对经营班子实行年薪制及奖励办法的议案》；

F、《关于续聘会计师事务所的预案》；

G、《关于续聘法律顾问的议案》；

H、《关于修改董事会议事规则的议案》；

I、《关于注销云南铝业股份有限公司装饰分公司的议案》；

J、《关于注销云南铝厂上海经营部的议案》；

K、《关于增发新股成功后对相关人员进行奖励的议案》；

以上决议公告刊登在2003年1月24日的《中国证券报》和《证券时报》上。

② 二届十一次董事会于2003年4月17日召开，应到会董事11人，实到7人，会议讨论并一致通过了如下决议：

A、《2003年一季度季度报告》；

B、《关于提议召开2002年度股东大会的议案》；

C、《关于修改〈公司章程〉的议案》；

(1)《公司章程》第一百零五条"董事会由十一名董事组成，其中独立董事二名，设董事长一人，副董事长一人"修改为"董事会由十三名董事组成，其中独立董事四名，设董事长一人，副董事长一人"。

(2)《公司章程》第一百二十七条"董事会会议应当由五名以上(含五名)的董事出席方可举行。每一董事享有一票表决权。董事会作出决议，必须经全体董事的过半数通过。"修改为"董事会会议应当由七名以上(含七名)的董事出席方可举行。每一董事享有一票表决权。董事会作出决议，必须经全体董事的过半数通过。"

(3)《公司章程》第一百二十五条"公司设两名独立董事，其中至少包括一名会计专业人士(会计专业人士是指具有高级职称或注册会计师资格的人士)。"修改为"公司设四名独立董事，其中至少包括一名会计专业人士(会计专业人士是指具有高级职称或注册会计师资格的人士)"。本议案须经公司下一次股东大会讨论通过。

D、《关于提名庞锡钧先生为公司独立董事候选人的议案》；

本议案须经公司下一次股东大会讨论通过。

E、《关于提名江朝洋先生为公司独立董事候选人的议案》；

本议案须经公司下一次股东大会讨论通过。

以上决议公告刊登在2003年4月19日的《中国证券报》和《证券时报》上。

③ 二届十二次董事会于2003年7月18日召开，应到会董事13人，实到11人，会议讨论并一致通过了如下决议：

A、《2003年半年度报告及摘要》；

以上决议公告刊登在2003年7月22日的《中国证券报》和《证券时报》上。

B、《关于前次募集资金使用情况的说明》；

C、《关于公司符合增发新股条件的议案》；

公司2000年、2001年、2002年加权平均净资产收益率分别为10.85%、18.99%、12.88%，三个会计年度平均为14.24%，对照中国证券监督管理委员会《上市公司新股发行管理办法》和《关于上市公司增发新股有关条件的通知》，认为公司已符合增发新股的有关要求。

D、《关于2003年申请增发新股(A股)的议案》；

该项决议尚须经股东大会表决后，报中国证券监督管理委员会核准。

E、《关于本次增发新股(A股)的发行方案的议案》；

F、《关于本次增发新股(A股)募集资金计划投资项目可行性的议案》；

G、《关于本次增发新股(A股)决议有效期的议案》；

H、《关于提请股东大会授权董事会决定本次增发新股(A股)相关事宜的议案》；

I、《关于本次增发新股(A股)完成前全部未分配利润由增发后的全体股东共同享有的议案》。

J、《关于召开2003年第一次临时股东大会的议案》；

K、《关于与中国工商银行订立借款合同的议案》。

④ 二届十三次董事会于2003年10月21日召开，应到会董事13人，实到8人，会议讨论并一致通过了如下决议：

A、《2003年第三季度报告》。

以上决议公告刊登在2003年10月22《中国证券报》和《证券时报》上。

(2)、董事会对股东大会决议的执行情况

①2002年度股东大会决议通过了以本公司总股本36400万股计算，10股派发现金红利3.0元(含税)，剩余利润留待以后年度分配，本年度不再进行资本公积金转增股本的方案。此方案公司董事会已于2003年7月16日实施。

②2003年第一次临时股东大会审议通过了有关增发新股的议案，此项工作正在进行中。

8、本次利润分配预案或资本公积金转增股本预案。

经中和正信会计师事务所有限责任公司(原天一会计师事务所有限责任公司)审计，本公司2003年度实现净利润164,497,866.14元，提取10%的法定盈余公积金16,449,786.61元、提取5%的法定公益金8,224,893.31元、提取15%的任意盈余公积金24,674,679.92元后，加期初未分配利润6,368,110.42元，2003年底可供股东分配的利润为121,516,616.72元。以公司总股本36400万股为基数，每10股派发现金红利3.0元人民币(含税)，共派发现金红利109,200,000元。剩余12,316,616.72元留待以后年度分配。

2003年度公司决定进行资本公积金转增股本，以公司2003年12月31日总股本36400万股为基数，向全体股东每10股转增5股，共转出资本公积金182,000,000元，转增后公司股份总数增至54600万股，资本公积金余额为674,850,087.46元。

9、报告期内，公司选定的信息披露媒体没有变更。

10、公司控股股东及其它关联方占用资金情况的专项说明

(1) 公司按照证监发[2003]56号《关于规范上市公司与关联方资金往来及上市公司对外担保若干问题的通知》的规定进行了自查，报告期内未发现控股股东及关联方占用公司资金的情况，公司也没有进行过任何形式的对外担保。

(2) 注册会计师对控股股东及其它关联方占用公司资金情况的专项说明

专项审计意见

云南铝业股份有限公司董事会：

我们接受云南铝业股份有限公司的委托，已于2004年2月19日完成了对该公司2003年度会计报表的审计工作，并出具了中和正信审字(2004)第(5)-2号《审计报告》。根据中国证券监督管理委员会上市部函(2003)13号《关于上报上市公司大股东及关联方资金占用和违规担保情况的通知》，我们已充分关注并充分披露了有关大股东及关联方资金占用和担保的情况。

一、关于大股东及关联方资金占用情况

截止2003年12月31日，该公司无大股东及关联方占用资金情况。

二、关于担保情况

该公司除了长期贷款中有4亿元技改贷款，由大股东云南冶金集团总公司提供担保外，该公司无为大股东及其它关联方提供担保的情况。

中和正信会计师事务所有限公司　中国注册会计师:魏勇

中国注册会计师:鲍琼　2004年2月19日

(3) 独立董事对控股股东及其它关联方占用公司资金情况的专项说明

独立董事对控股股东及其它关联方占用公司资金情况的专项意见认为，截止2003年12月31日，公司控股股东云南冶金集团总公司及其它关联方没有占用公司资金的情况；公司没有为控股股东及其它关联方提供担保的情况，公司的长期贷款中有4亿元技改工程贷款由控股股东云南冶金集团总公司提供担保。

七、重要事项

1、本年度公司无重大诉讼、仲裁事项。

2、本年度公司无收购及出售资产、吸收合并的事项。

3、重大关联交易事项

(1) 本公司进出口业务主要由云南冶金集团进出口有限公司代理，比照市场价格收取代理费。本公司与该公司签署委托代理协议，根据协议，本公司2003年1-12月共付给该公司进出口业务代理费为3,026,644.49元。

(2)根据2002年10月16日本公司与云南冶金集团总公司签定《补充协议》的规定，公司2003年1-12月已支付该公司880万元。

(3)本公司长期贷款中4亿元技改贷款，均由云南冶金集团总公司提供担保。

4、重大合同及履行情况

(1)本年度无托管、承包、租赁其他公司资产或其他公司托管、承包、租赁上市公司资产的事项。

(2)本年度公司无履行及尚未履行完毕的担保合同；

(3)本年度公司无委托他人进行现金资产管理事项，未来也没有委托理财计划；

5、报告期内或持续到报告期内，公司或持股5%以上的股东没有任何承诺事项。

6、报告期内，公司续聘中和正信会计师事务所有限责任公司(原天一会计师事务所有限责任公司)担任本公司的审计工作。公司最近两年内支付给会计师事务所的报酬如下：

2003年	2002年
年报审计费(万元)	年报审计费(万元)
30	30

注：该公司没有在本公司收取除财务审计费用外的其它任何费用。

报告期内，公司、公司董事会及董事、高级管理人员没有受监管部门处罚的情况。

其他重大事项：

(1)本公司套期保值业务的期货交易种类主要系铝锭。截止2003年12月31日尚未到期合约的持仓量为5708手，共计占用期货保证金22,786,977.50元；

(2)本公司国债项目电解铝技术改造技改贴息贷款已获总金额8.88亿元授信额度，上述贷款使用额度已签订借款合同，根据合同规定，借款额度使用在4亿元以内由云南冶金集团总公司担保，超过部份由本公司以固定资产抵押。截止2003年12月31日，上述贷款已到位7.2亿元；

(3)根据云财企[2003]92号文，经云南省人民政府同意，2003年省财政专项资金已拨付本公司国债项目电解铝技改贴息贷款资金3100万元；

(4)2004年1月14日，云南省经贸委、省财政厅下达了云经贸投资[2004]27号《关于转发<国家发展改革委、财政部关于下达2003年第二批企业技术进步和产业升级国债项目资金计划的通知>的通知》，公司"第二电解分厂环境治理节能技术改造"工程获国债贴息1.4652亿元支持。

八、备查文件目录

1、载有法定代表人、总会计师、会计机构负责人(会计主管人员)签名并盖章的会计报表。

2、载有会计师事务所盖章、注册会计师签名并盖章的审计报告原件。

3、报告期内在中国证监会指定报纸上公开披露过的所有公司文件的正本及公告的原稿。

云南铝业股份有限公司

2004年2月19日

辽河金马油田股份有限公司

辽河金马油田股份有限公司2003年年度报告

重要提示

1、本公司董事会及其董事保证本报告所载资料不存在任何虚假记载、误导性陈述或者重大遗漏,并对其内容的真实性、准确性和完整性承担个别及连带责任。

2、公司孙崇仁董事、贾亿民董事,武春友独立董事、赵选民独立董事因工作、出差等原因未能出席本次会议,授权王春鹏董事、付从飞董事、于洪坤董事、吴彤董事代行表决。

3、公司2003年度财务报告已经北京中兴宇会计师事务所有限责任公司审计并出具了标准无保留意见、无解释性说明的审计报告。

4、公司董事长王春鹏先生、财务总监赵成斌先生、财务负责人关雨伟先生声明:保证本年度报告中的财务报告真实、完整。

一、公司基本情况简介

(一)公司法定中文名称:辽河金马油田股份有限公司
中文缩写:辽河金马
公司法定英文名称:Liaohe Jinma Oilfield Company Limited
(二)公司法定代表人:王春鹏
(三)公司董事会秘书:李忠涛
公司证券事务代表:战丽
联系地址:辽宁省盘锦市兴隆台区振兴街邮编:124010
联系电话:0427-7298299
传　　真:0427-7298293
电子信箱:lhyt0817@sohu.com
(四)公司注册地址:辽宁省盘锦市兴隆台区振兴街
公司办公地址:辽宁省盘锦市兴隆台区振兴街迎宾路13号
邮政编码:124010
公司电子信箱:lhyt@vip.163.com
(五)公司选定的信息披露报纸名称:《中国证券报》、《证券时报》、《上海证券报》
登载公司年度报告的国际互联网网址:http://www.cninfo.com.cn
公司年度报告备置地点:公司董事会秘书处
(六)公司股票上市地:深圳证券交易所
股票简称:辽河油田
股票代码:000817
(七)其他有关资料
公司首次注册登记日期:1998年5月6日
公司注册登记地点:辽宁省盘锦市兴隆台区振兴街
公司法人营业执照注册号:24269446-3
公司税务登记号码:211103242694463
公司聘请的会计师事务所:
名称:北京中兴宇会计师事务所有限责任公司
办公地址:北京西长安街88号首都时代广场

二、会计数据和业务数据摘要

(一)公司本年度主要会计数据(单位:人民币元)

项目	金额
利润总额	800,355,172.35
净利润	538,107,586.92
扣除非经常性损益后的净利润*	556,977,895.12
主营业务利润	853,196,637.38
其他业务利润	
营业利润	819,225,480.55
投资收益	34,664,986.83
补贴收入	
营业外收支净额	-53,535,295.03
经营活动产生的现金流量净额	741,748,798.55
现金及现金等价物净增加额	545,786,086.32

*注:扣除非经常性损益的项目及涉及金额(单位:人民币元)

非经常性损益项目	2003年度
投资收益	34,664,986.83
营业外收入	180,000.00
营业外支出	53,715,295.03

(二)公司近三年的主要会计数据和财务指标(单位:人民币元)

项目	2003年	2002年调整前	2002年调整后
主营业务收入	1,386,904,678.36	1,205,891,777.40	1,205,891,777.40
净利润	538,107,586.92	397,864,408.74	397,864,408.74
总资产	3,215,832,848.77	2,938,754,016.74	2,938,754,016.74
股东权益	3,057,849,425.50	2,519,741,838.58	2,739,741,838.58
每股收益(元/股)	0.49	0.36	0.36
每股净资产(元/股)	2.78	2.29	2.49
调整后的每股净资产(元/股)	2.78	2.29	2.49
每股经营活动产生的现金流量净额	0.67	0.62	0.62
净资产收益率(%)	17.60	15.79	14.52
扣除非经常性损益后的净资产收益率	18.21	17.09	15.72

项目	2001年调整前	2001年调整后
主营业务收入	1,100,340,784.00	1,100,340,784.00
净利润	347,211,149.07	364,192,233.56
总资产	2,787,302,983.12	2,746,629,149.80
股东权益	2,342,539,688.91	2,561,865,855.59
每股收益(元/股)	0.32	0.33
每股净资产(元/股)	2.17	2.33
调整后的每股净资产(元/股)	2.17	2.33
每股经营活动产生的现金流量净额	0.53	0.53
净资产收益率(%)	14.57	14.22
扣除非经常性损益后的净资产收益率	16.18	15.71

(三)参照《公开发行证券的公司信息披露编报规则第九号》的规定计算的2003年度全面摊薄和加权平均净资产收益率及每股收益

2003年度利润	净资产收益率(%) 全面摊薄	净资产收益率(%) 加权平均	每股收益(元) 全面摊薄	每股收益(元) 加权平均
主营业务利润	27.90	29.43	0.78	0.78
营业利润	26.79	28.26	0.74	0.74
净利润	17.60	18.56	0.49	0.49
扣除非经营性损益后的净利润	18.21	19.21	0.51	0.51

(四)报告期内股东权益变动情况(单位:人民币元)

项目	股本	资本公积	盈余公积	法定公益金
期初数	1100000000	844092717.77	218405516.95	72801838.98
本期增加		80716138.04	26905379.35	
本期减少				
期末数	1100000000	844092717.77	299121654.99	99707218.33

项目	未分配利润	合计
期初数	577243603.86	2739741838.58
本期增加	237391448.88	318107586.92
本期减少		
期末数	814635052.74	3057849425.50

变动原因:

盈余公积金和法定公益金的增加是由本年利润按比例提取形成的。

未分配利润本期增加是由本年利润形成所致,其中包含利润分配每10股派现金2元,即220,000,000元股利。

三、股本变动及股东情况

(一)股本变动情况

	本次变动前	本次变动增减(+,-) 配股	送股	公积金转股	增发	其他	小计	本次变动后
一、未上市流通股份								
1、发起人股份	900,000,000							900,000,000
其中:								
国家持有股份	900,000,000							900,000,000
境内法人持有股份								
境外法人持有股份								
其他								
2、募集法人股份								
3、内部职工股								
4、优先股或其他								
其中:转配股								
未上市流通股份合计	900,000,000							900,000,000
二、已上市流通股份								
1、人民币普通股	200,000,000							200,000,000

2、境内上市的外资股		
3、境外上市的外资股		
4、其他		
已上市流通股份合计	200,000,000	200,000,000
三、股份总数	1,100,000,000	1,100,000,000

2、股票发行与上市情况

(1)本公司于1998年4月16日,经批准在深圳证券交易所上网定价向社会公众发行20000万股(A股),其中包括公司职工股2000万股,每股发行价格为3.86元,发行完成后于同年5月28日上市交易。报告期内,公司没有发生送股、配股、转增股本等引起股份总数及结构变动的情况。

(2)公司职工股2000万股于1998年9月30日获准上市交易,目前,公司无公司职工股。

(二)股东情况

1、截止报告期末,本公司股东总数为74298户。

2、持有公司5%以上股份的股东为中国石油天然气股份有限公司。2003年度内其所持股份无变动,年末持股数量为90000万股。

3、持有公司股票前10名股东情况(截止2003年12月31日):

序号	股东名单	持股数(股)	报告期增减
1	中国石油天然气股份有限公司	900,000,000	/
2	天元证券投资基金	3,146,921	+3,146,921
3	天华证券投资基金	3,139,325	+3,139,325
4	景福证券投资基金	2,600,000	+2,600,000
5	上海市企业年金发展中心	2,345,669	+2,345,669
6	普丰证券投资基金	2,166,455	+1,385,560
7	南方稳健成长证券投资基金	2,000,000	+2,000,000
8	金元证券投资基金	1,540,800	+1,540,800
9	渤海证券有限责任公司	1,502,400	+1,502,400
10	兴业证券投资基金	1,309,864	+1,309,864

序号	股东名单	持股比例(%)	股东性质
1	中国石油天然气股份有限公司	81.82	国有法人股
2	天元证券投资基金	0.29	社会公众股
3	天华证券投资基金	0.29	社会公众股
4	景福证券投资基金	0.24	社会公众股
5	上海市企业年金发展中心	0.21	社会公众股
6	普丰证券投资基金	0.20	社会公众股
7	南方稳健成长证券投资基金	0.18	社会公众股
8	金元证券投资基金	0.14	社会公众股
9	渤海证券有限责任公司	0.14	社会公众股
10	兴业证券投资基金	0.12	社会公众股

公司前十名流通股股东情况(截止2003年12月31日):

序号	股东名单(全称)	持股数(股)	持股比例(%)	股份种类
1	天元证券投资基金	3,146,921	0.29	A股
2	天华证券投资基金	3,139,325	0.29	A股
3	景福证券投资基金	2,600,000	0.24	A股
4	上海市企业年金发展中心	2,345,669	0.21	A股
5	普丰证券投资基金	2,166,455	0.20	A股
6	南方稳健成长证券投资基金	2,000,000	0.18	A股
7	金元证券投资基金	1,540,800	0.14	A股
8	渤海证券有限责任公司	1,502,400	0.14	A股
9	兴业证券投资基金	1,309,864	0.12	A股
10	中国建设银行-博时裕富证券投资基金	1,177,046	0.11	A股

注:(1)持有公司5%以上(含5%)的股东为本公司控股股东--中国石油天然气股份有限公司,其代表国家持有本公司股份90000万股,占公司总股本的81.82%,报告期内持股数量不变,亦无股份质押、冻结等情况。

(2)前10名股东中国有法人股股东中国石油天然气股份有限公司与其它股东之间不存在关联关系,也不属于《上市公司持股变动信息披露管理办法》中规定的一致行动人;未知其他流通股股东之间是否存在关联关系,也未知其他流通股股东是否属于《上市公司持股变动信息披露管理办法》中规定的一致行动人。

4、公司控股股东情况介绍

(1)公司控股股东情况

控股股东名称:中国石油天然气股份有限公司

持有本公司股份:81.82%

该公司法定代表人:马富才

成立日期:1999年11月5日

注册资本:175,824,176,000元

经营范围:陆上石油、天然气勘查、生产、销售;炼油、石油化工、化工产品的生产、销售;石油天然气管道运营等。

股权结构:总股本为175,824,176,000股,其中国家股158,241,758,000股,占总股本的90%;外资股(H股及美国存托股份)17,582,418,000股,占总股本的10%。

中国石油天然气股份有限公司辽河油田分公司受托代理行使该等股权。

报告期内本公司的控股股东未发生变更。

(2)公司实际控制人情况

中国石油天然气集团公司(英文缩写为CNPC)为中国石油天然气股份有限公司的控股股东,该公司是国家出资设立的国有独资公司、国家授权投资的机构,是集石油天然气上下游、内外贸、产销一体化,按照现代企业制度运作,跨地区、跨行业、跨所有制和跨国经营的综合性国家控股公司。

该公司法定代表人:马富才

成立日期:1998年7月

注册资本:1149亿元人民币

经营范围:石油、天然气资源的勘探开发、生产建设、油气储运及销售、油气综合利用和与油气共生及钻遇的其他矿藏开采经营业务;石油炼制、石油化工、合成纤维、合成橡胶、合成化肥、基本有机化工、有机化工原料等产品的生产和销售经营业务;原油、天然气、成品油和石油化工等产品的储运、营销和进出口业务;与石油、石化业务相关的技术、材料、设备的进出口,对外工程承包、招标采购、劳务输出等业务。

截止2003年12月31日,本公司控股股东和实际控制人未发生变化。

四、董事、监事、高级管理人员和员工情况

(一)董事、监事、高级管理人员

1、董事、监事、高级管理人员基本情况

(1)公司董事、监事及高级管理人员持股情况

(单位:股)

姓名	职务	性别	年龄	任期起止日期	年初持股数	年末持股数	年度报酬(元)
王春鹏	董事长	男	58	2001.4-2004.4	0	0	在股东单位领取薪酬
贾忆民	副董事长	男	43	2001.5-2004.4	0	0	在股东单位领取薪酬
付从飞	副董事长	男	56	2001.4-2004.4	0	0	在股东单位领取薪酬
于洪坤	董事、总经理	男	54	2001.4-2004.4	3000	3000	
孙崇仁	董事	男	54	2001.4-2004.4	5000	5000	在股东单位领取薪酬
刘俊荣	董事	男	58	2001.4-2004.4	3000	5000	在股东单位领取薪酬
王正江	董事	男	58	2001.4-2004.4	0	3000	在股东单位领取薪酬
谢文彦	董事	男	40	2001.4-2004.4	0	0	在股东单位领取薪酬
梁作利	董事	男	47	2001.4-2004.4	0	0	在股东单位领取薪酬
吴彤	董事	男	56	2001.4-2004.4	3000	3000	在股东单位领取薪酬
武春友	独立董事	男	59	2002.5-2004.4	0	0	
赵选民	独立董事	男	48	2002.5-2004.4	0	0	
马琳	独立董事	女	53	2003.5-2004.4	0	0	
费良成	独立董事	男	40	2003.5-2004.4	0	0	
许智慧	独立董事	女	41	2003.5-2004.4	0	0	
佟维礼	监事会主席	男	56	2001.4-2004.4	3000	3000	在股东单位领取薪酬
麻万林	监事	男	52	2001.4-2004.4	0	0	在股东单位领取薪酬
孙平	监事	男	50	2001.4-2004.4	0	0	在股东单位领取薪酬
史振祥	监事	男	39	2001.4-2004.4	0	0	在股东单位领取薪酬
赵建新	监事	男	38	2001.4-2004.4	0	0	
吴宝华	副总经理	男	41	2001.4-2004.4	2000	2000	
赵刚	副总经理	男	50	2001.4-2004.4	2000	2000	
赵成斌	财务总监	男	37	2001.4-2004.4	0	0	
蔡世龙	副总经理	男	41	2003.8-2004.4	0	0	
周鹰	总地质师	男	37	2003.8-2004.4	0	0	
李忠涛	董事会秘书	男	43	2001.4-2004.4	3000	3000	

以上董事、监事及高级管理人员年度内持股无变化。

(2)董事、监事在股东单位任职情况

董事长王春鹏在本公司控股股东中国石油天然气股份有限公司所属辽河油田分公司任总经理(任期起止日期:2000.7--);

副董事长贾忆民在本公司控股股东中国石油天然气股份有限公司任财务部副总经理(任期起止日期:2000.2--);

副董事长付从飞在本公司控股股东中国石油天然气股份有限公司所属辽河油田分公司任副总经理(任期起止日期:2000.7--);

董事孙崇仁在本公司控股股东中国石油天然气股份有限公司所属辽河油田分公司任党委书记兼工会主席、纪委书记(任期起止日期:2001.10--);

董事刘俊荣在本公司控股股东中国石油天然气股份有限公司所属辽河油田分公司任常务副总经理(任期起止日期:2001.12--);

董事王正江在本公司控股股东中国石油天然气股份有限公司所属辽河油田分公司任副总经理(任期起止日期:1999.9--);

董事谢文彦在本公司控股股东中国石油天然气股份有限公司所属辽河油田分公司任副总经理(任期起止日期:2000.7--);

董事梁作利在本公司控股股东中国石油天然气股份有限公司所属辽河油田分公司任副总经理(任期起止日期:2000.7--);

董事吴彤在本公司控股股东中国石油天然气股份有限公司所属辽河油田分公司任企业管理研究室主任(任期起止日期:1999.8--);

监事会主席佟维礼在本公司控股股东中国石油天然气股份有限公司所属辽河油田分公司任副总审计师兼审计处处长(任期起止日期:1999.8--);

监事麻万林在本公司控股股东中国石油天然气股份有限公司所属辽河油田分公司任纪委副书记兼监察处处长(任期起止日期:2001.7--);

监事孙平在本公司控股股东中国石油天然气股份有限公司所属辽河油田分公司任工会副主席(任期起止日期:2000.2--);

监事史振祥在本公司控股股东中国石油天然气股份有限公司任勘探与生产分公司财务处处长(任期起止日期:2000.1--)。

2、董事、监事及高管人员的年度报酬情况

2003年度在本公司领取报酬的董事、监事及高管人员的薪酬均依据中国石油天然气股份有限公司系统内的有关工资管理和等级标准规定按月发放,年末根据公司效益情况及考核结果发放年终效益奖。

现任董事、监事及高级管理人员在公司领取的年度报酬总额(包括基本工资、各项奖金、福利、补贴、住房津贴及其他津贴等)约为614,212元,其中在公司领取报酬的董事1人(不含独立董事),金额为97,652元,金额最高的前三名高级管理人员在公司领取的报酬总额为274,048元。

独立董事的津贴为:每人每年2万元。除独立董事津贴外,公司不再给予独立董事其他的利益,独立董事出席董事会、股东大会以及按有关规定行使职权所需费用由公司据实报销。

现任董事、监事、高级管理人员共26人,在公司领取报酬的8人,其中年度报酬总额在9万元以上的2人,在6-8万元之间的5人,在4-5万元之间的1人。

3、报告期内离任的董事、监事、高级管理人员的姓名及离任原因

(1)报告期内,按照证监会下发的《关于在上市公司建立独立董事制度的指导意见》要求,公司于2003年5月15日召开的2002年股东年会上,增选了马琳女士、费良成先生、许智慧女士为公司第二届董事会独立董事,同意李静女士、周国华先生、侯永久先生辞去第二届董事会董事职务。

2003年3月24日,公司二届八次董事会同意蓝子天先生因工作调离原因辞去公司副总经理的职务;2003年8月3日,公司二届十次董事会聘任蔡世龙先生为公司副总经理,聘任周鹰先生为公司总地质师,迟殿双先生因工作原因不再担任公司副总经理兼总地质师职务。

(二)公司员工情况

2003年12月31日,本公司在职员工总数为1500人。

1、按专业结构划分：

项目	生产人员	技术人员	财务人员	行政人员	合计
人数	1274	108	13	105	1500
比例	84.93%	7.20%	0.87%	7%	

2、按教育程度划分：

项目	本科以上	大专	中专	高中、技校	合计
人数	170	281	191	858	1500
比例	11.33%	18.73%	12.73%	57.21%	

3、公司现有退休职工6人。

五、公司治理结构

(一)公司治理情况

公司严格按照《公司法》、《证券法》、《上市公司治理准则》、《关于在上市公司建立独立董事制度的指导意见》和中国证监会有关法律、法规的要求，不断完善公司法人治理结构，建立现代企业制度，规范公司运作。公司治理情况基本上符合有关上市公司治理的规范性文件要求，主要体现在以下几个方面：

1、股东与股东大会：公司建立了《股东大会议事规则》，能够按照《上市公司股东大会规范意见》的要求召集和召开股东大会；能够确保所有股东，特别是中小股东享有平等地位和充分行使自己的权利；按规定聘请律师出席会议并见证；公司关联交易公平合理，并能按要求进行如实披露。

2、控股股东与上市公司：本公司控股股东行为规范，没有超越股东大会和董事会直接或间接干预公司的决策及生产经营活动；也没有利用其特殊地位谋取额外利益的情况；公司与控股股东在人员、资产、财务、机构和业务方面做到了"五独立"；公司董事会、监事会和内部机构能够独立运作。

3、董事与董事会：公司按照《公司章程》及《董事会议事规则》规定董事的选聘程序提名和选举董事；公司董事会的人数及人员构成符合相关法律、法规和《公司章程》的要求；公司董事能够以认真负责的态度出席董事会和股东大会，能够积极参加有关培训，熟悉有关法律、法规，了解董事的权利、义务和职责，能够忠实、诚信、勤勉地履行职责；公司将在适当的时候建立董事会专门委员会。

4、监事与监事会：公司监事会制定了《监事会议事规则》；监事会的人员及结构符合有关法律、法规的要求；公司监事熟悉相关法律、法规，能够认真履行自己的职责，本着对股东负责的精神，对公司财务、经营以及对董事和其他高级管理人员履行职责的合法、合规性进行独立有效的监督和检查。

5、利益相关者：公司能够充分尊重并维护银行及其他债权人、员工、消费者等其他利益相关者的合法权益，共同推动公司持续、健康的发展。

6、信息披露与透明度：公司指定董事会秘书负责信息披露工作，接待股东来访和咨询；能够严格按照法律、法规和《公司章程》的规定，真实、准确、完整、及时地披露有关信息，并确保所有股东平等获得信息。

(二)独立董事履行职责情况

根据中国证监会发布的《关于在上市公司建立独立董事制度的指导意见》的要求，本公司于2002年5月16公司2001年股东大会上选举武春友先生、赵选民先生为公司第二届董事会独立董事；2003年5月15日公司2002年股东大会选举马琳女士、费良成先生、许智慧女士为公司第二届董事会独立董事。独立董事人数已占董事人数的1/3。

独立董事当选后能够认真履行董事职责，参加报告期内的董事会，对董事会审议的重大事项能够认真审核，发表专业性意见，并对公司委托贷款、聘用高管人员等事项发表独立意见，切实维护了公司及广大股东的利益。

(三)公司与控股股东在业务、人员、资产、机构、财务等方面的分开情况

公司与控股股东中国石油天然气股份有限公司在业务、人员、资产、机构、财务上完全分开，做到了业务、人员、财务独立，资产、机构完整，具有自主经营能力。

1、在业务方面：控股股东行为规范，没有超越股东大会直接或间接干预公司的决策和经营活动，公司与控股股东存在着形式上的同业竞争。

2、人员方面：公司的董事和经理人选均符合法定程序，公司董事会、监事会和内部机构独立运作，公司高级管理人员均在本公司领取薪酬，且均未在股东单位担任除董事以外的的重要职务。

3、资产方面：控股股东在公司发起设立时注入公司的资产独立完整、权属清晰。与公司主营业务相关的钻井、测井、建筑安装、物资供应、供电供水等服务均通过招投标分别由辽河石油勘探局、辽河油田分公司提供。

4、机构方面：公司拥有独立的决策管理机构和完整的生产单位，与控股股东及其职能部门完全分开，各自独立运作。

5、财务方面：公司拥有独立的财务部门和财务人员，并按有关法律、法规的要求建立了财务、会计管理制度，独立核算，独立开立银行帐户，并独立依法纳税。

(四)高级管理人员的考评与激励机制

公司董事会对高级管理人员实行年度述职与业绩测评制度，年初根据公司全年的发展计划和生产经营指标确定高管人员的年度业绩指标和管理职责，实行量化考核，年末根据公司的实际业绩水平和高管人员的述职情况，由董事会指定专门机构对高管人员组织考评，进行奖罚。

六、董事会报告

(一)报告期内公司经营情况讨论与分析

2003年是公司自1998年上市以来，生产、销售、效益均取得较好成绩的一年。本年度，公司抓住国际油价上涨的机遇，加大产油措施，加快上产步伐，精心组织勘探，增储稳产降耗，以科技带动生产，以管理促进发展，克服了生产经营中诸多困难和非典灾害等不利影响，全面超额完成了年度预算目标，公司主要财务指标得到了进一步的优化，市场竞争力也有了显著增强。

公司全年生产原油97.5万吨，外供天然气5230万方，实现油气销售商品量92.07万吨；主营业务收入138,690万元，主营业务利润85,319万元，净利润53,810万元，同比增长15.01%、27.31%、35.25%。

(二)报告期内公司经营情况

1、公司主营业务范围及其经营状况

公司属能源基础行业，主营业务为石油、天然气的勘探、开发和销售。

(1)2003年主营业务收入、主营业务利润的构成情况

主营业务	销售收入(万元)	主营业务利润(万元)
石油及天然气	138,690.00	85,319.00

(2)2003年主营业务收入、主营业务利润按产品分类构成情况

产品	销售收入(万元)	比例(%)	主营业务利润(万元)	比例(%)
原油	136,676.00	98.55	83,982.00	98.43
天然气	2,014.00	1.45	1,337.00	1.57

(3)占公司主营业务收入10%以上的主要产品介绍：

产品	销售收入(万元)	销售成本(万元)	销售毛利率(%)
原油	136,676.00	49,845.00	63.53

2、本报告期内，公司无控股及参股公司。

3、主要供应商、客户情况

本公司向前五名供应商合计采购的金额占年度采购总额的45.26%，前五名客户销售额合计占公司销售总额的100%。

4、在经营中出现的问题与困难及解决方案

(1)公司生产经营主要存在以下几个方面的问题和困难：

①后备资源不足，资源接替紧张。公司所属老区探明程度高，勘探潜力小，新区扩边勘探成果不大，后备探区不足。

②公司辖区多为稠油区块，与常规稀油开采方式相比，需采蒸汽吞吐方式开采以及转变开采方式的试验，吨油成本较高，且随着吞吐轮次的逐年增加，油汽比下降，成本呈上升趋势。

③公司主营业务比较单一，主要产品为原油、天然气。国际原油市场价格的波动将对公司的效益产生较大影响。

(2)解决方案

①加强勘探增储和油气稳产工作。深化地质研究，提高部署质量，寻求新的突破，对不同区块采取有针对性的开发和措施，强化油田开发管理，努力减缓递减，提高综合治理水平。

②坚持低成本战略。公司通过对财务、概预算、投资、市场、合同、审计等环节进行科学管理，严格控制。优化资源配置，挖掘生产系统潜力，推进采油集输系统"关、停、并、转、减"工作。

③根据国际油价的变化趋势，有针对性地进行原油生产和销售的控制，力争把国际油价波动的负面影响减少到最低程度。

(三)公司投资情况

1、募集资金使用情况

报告期内，本公司无募集资金或报告期之前募集资金延续到报告期使用的情况。

2、非募集资金项目投资情况

报告期内，公司利用自有资金完成资本性支出23537万元。其中：产能建设支出19248万元；老区调整改造支出3258万元，装备投资1031万元。

(四)公司财务状况

以下指标经中兴宇会计师事务所审字(2004)3026号审计报告确认。

单位：元

指标项目	2003年末	2002年末
总资产	3,215,832,848.77	2,938,754,016.74
股东权益	3,057,849,425.50	2,739,741,838.58
主营业务利润	853,196,637.38	670,186,515.20
净利润	538,107,586.92	397,864,408.74
现金及现金等价物净增加额	545,786,086.32	611,222,007.65

指标项目	增长数额	增长比率(%)
总资产	277,078,832.03	9.43
股东权益	318,107,586.92	11.61
主营业务利润	183,010,122.18	27.31
净利润	140,243,178.18	35.25
现金及现金等价物净增加额	1,157,008,093.97	

变动原因：

1、总资产比上年增长9.43%，主要原因是本期新增利润所致。

2、股东权益比上年增长11.61%，主要原因是本期新增利润所致。

3、主营业务利润比上年增长27.31%，净利润比上年增长35.25%。主要原因是原油销售价格上涨，使主营业务收入增加18101万元所致。

4、现金及现金等价物净增加额较上年上升，主要是由于本年投资活动产生的现金流量净额因委托贷款到期收回而较上年大幅度增加所致。

(五)生产经营环境及宏观政策、法规的变化对公司经营产生的影响

2003年国际原油市场由于受到供求关系及战争等因素的影响，平均油价超过28美元/桶，使本公司赢利增加。2004年，据一些国际能源机构预测，如果不发生大的突发事件，国际油价将平均在26美元/桶左右。基于这种认识，我们认为，2004年国际油价波动对本公司业绩影响不大。

(六)本报告期，北京中兴宇会计师事务所出具了无保留意见的审计报告。

(七)2004年工作重点

1、抓好勘探增储工作，增强企业发展后劲。

2、抓好开发管理工作，确保油气产量稳定。

3、抓好科技增油工作，提高科技贡献率。

4、抓好降本增效工作，确保成本不超。

5、抓好安全、环保等基础工作，提升企业素质。

(八)董事会日常工作情况

1、报告期内董事会的会议情况及决议内容

报告期内公司董事会共召开了四次董事会。具体情况及决议内容如下：

(1)公司于2003年3月24日，在芳华宾馆五楼会议室召开二届八次董事会会议。会议审议并通过了如下决议。

--公司2002年年度报告及其摘要；

--公司2002年度董事会工作报告；

--公司2002年度总经理工作报告；

--公司2002年度财务决算报告；

--公司2003年度财务预算报告；

--公司2002年度利润分配预案；

--关于修改《公司董事会议事规则》的议案；

--关于调整公司部分高管人员的议案；

--关于修改《公司章程》的议案；

--关于独立董事候选人提名的议案；

--关于提交股东大会继续进行资金委托贷款的议案；

--关于执行财政部《企业会计制度》补提折旧追溯调整的议案；

--关于续聘中兴宇会计师事务所的议案；

--关于召开2002年度股东大会的议案。

本次会议决议公告刊登在2003年3月26日的《中国证券报》、《证券时报》、《上海证券报》上。

(2)2003年4月14日，在辽河油田分公司总调三楼会议室召开董事会二届九次会议。会议审

议并通过了如下决议：

--公司2003年第一季度报告。

本次会议决议公告刊登在2003年4月16日的《中国证券报》、《证券时报》上。

(3)2003年8月3日，在公司三楼会议室召开董事会二届十次会议，会议审议并通过了如下决议：

--公司2003年半年度报告及其摘要；

--关于公司部分高管人员调整的议案。

本次会议决议公告刊登在2003年8月5日的《中国证券报》、《证券时报》、《上海证券报》上。

(4)2003年10月22日，在辽河油田分公司三楼会议室召开董事会二届十一次会议，独立董事以传真方式进行表决，会议审议通过如下决议：

--公司2003年第三季度报告。

本次会议决议由于只有一项内容，按照深交所《关于做好上市公司2003年第三季度报告工作的通知》要求，可免于披露，故未做公告。

(2)董事会对股东大会决议的执行情况

报告期内，公司董事会按照股东大会的决议和授权，认真履行职责，圆满完成了股东大会交办的各项任务。董事会对股东大会决议的执行情况如下：

根据2002年年度股东大会决议，公司2002年度利润分配方案为每10股派发现金红利2元(含税)。公司确定的股权登记日为2003年6月16日，除息日为2003年6月18日，已按期全部实施完毕。公司派息公告分别刊登在2003年6月10日、6月13日的《中国证券报》、《证券时报》、《上海证券报》上。

(九)本次利润分配预案

公司本年度共实现净利润总额538,107,586.92元。

税后利润分配如下：

(1)提取10%法定盈余公积金计53,810,758.69元；

(2)提取5%法定公益金计26,905,379.35元。

本年度实现未分配利润457,391,448.88元，加期初未分配利润577,243,603.86元，减去本期分配上期股利220,000,000.00元，本次实际可供股东分配的利润为814,635,052.74元。董事会提议：以报告期末总股本110000万股为基数，向全体股东每10股派现金红利4元（含税）。剩余未分配利润374,635,052.74元结转下年度。此预案尚须提交本公司2003年度股东大会审议。

(十)其他报告事项：

1、公司关于关联方资金往来和对外担保情况的自查报告

根据中国证监会《关于规范上市公司与关联方资金往来及上市公司对外担保若干问题的通知》(证监发字[2003]56号)(以下简称"通知")要求，公司就与关联方的关联交易、资金占用以及对外担保等情况进行了认真的自查，发现公司8亿元委托贷款事宜存在与《通知》不符的情况，公司董事会按照《通知》要求，进行了如下整改：截止2003年末，收回8亿元委托贷款总额的30%，即2.4亿元；剩余5.6亿元委托贷款，待2004年合同到期时全部收回。并于2003年11月18日向沈阳证管办递交了自查整改报告。目前，公司已将2.4亿元委托贷款收回。

2、注册会计师对控股股东及关联方占用资金情况的专项说明(中兴审字[2004]3025号)

根据中国证监会证监发（2003)56号文关于规范上市公司与关联方资金往来及上市公司对外担保若干问题的通知的有关规定，我们对辽河金马油田股份有限公司（以下简称辽河金马）截止2003年12月31日控股股东及其他关联方占用资金及辽河金马对外担保情况说明如下：

根据我们的审计：

一、截止2003年12月31日，公司大股东中国石油天然气股份有限公司辽河油田分公司占用辽河金马资金情况如下：

1、通过应付销售货款形成的资金占用：

期初资金占用额：123,624,383.59元

期末资金占用额：128,492,445.87元

期末资金占用额基本上为一个月的销售货款额。

2、通过取得委托贷款形成的资金占用：

公司大股东中国石油天然气股份有限公司通过所属中油财务有限责任公司从辽河金马取得委托贷款8亿元，时间从2003年5月17日至2004年5月17日，年利率4.779%，本期支付给辽河金马贷款利息34,664,986.83元，2003年12月22日已收回委托贷款本金2.4亿元。

累计资金占用额：800,000,000.00元

期末资金占用额：560,000,000.00元

中国石油天然气股份有限公司为辽河金马的控股股东，以上资金占用方式均为现金。

未发现其他关联方占用辽河金马资金情况。

二、截止2003年12月31日，未发现辽河金马油田股份有限公司为中国石油天然气股份有限公司及其所属企业和其他非法人单位或个人提供担保。

3、独立董事对公司累计和当期对外担保情况、执行前述规定情况的专项说明及独立意见

对外担保方面：经核查，报告期内公司无累计和当期对外担保事项发生。

在与大股东及其他关联方占用资金方面：1、报告期末应收帐款128,492,445.87元主要为公司销售给辽河油田分公司12月份的原油销售款，属公司正常经营行为。2、公司8亿元委托贷款属于《通知》纠正事项，公司董事会已按照《通知》要求，进行了认真的整改，在本报告期已收回资金2.4亿元，并拟在2004年合同到期时收回剩余资金。

我们认为，公司董事会在执行《通知》规定方面，态度诚恳，措施积极，无损害公司及中、小股东利益的行为。

4、本公司选定的信息披露报纸为：《中国证券报》、《证券时报》、《上海证券报》。

七、重要事项

(一)报告期内公司无重大诉讼、仲裁事项。

(二)报告期内公司无收购及出售资产、吸收合并事项。

(三)报告期内重大关联交易事项

1、关联交易方

(1)存在控制关系的关联交易方

企业名称	注册地址	主营业务	与本公司关系
中国石油天然气股份有限公司	北京西城区六铺炕街6-8号	陆上石油天然气勘探、生产、销售等	控股母公司

企业名称	经济性质	法定代表人
中国石油天然气股份有限公司	股份公司	马富才

存在控制关系的关联方所持本公司股份

企业名称	年初数 金额	%	本期增加数 金额	%	本期减少数 额	%
中国石油天然气股份有限公司	9亿元	81.82				

企业名称	期末数 金额	%
中国石油天然气股份有限公司	9亿元	81.82

(2)不存在控制关系的关联方

企业名称	与本公司关系	持股比例
中国石油天然气股份有限公司辽河油田分公司	注	0%
中油天然气集团公司(辽河石油勘探局)	受控同一母公司	0%

2、关联方交易事项

(1)定价原则

①材料采购、接受劳务：执行辽河石油勘探局与中国石油天然气股份有限公司辽河油田分公司签订的关联交易协议价格。

②房屋租赁：按照本公司与关联交易单位签订的租赁合同结算。

③销售产成品：本公司原油全部销售给中国石油天然气股份有限公司辽河油田分公司，自2000年以来均执行国家计委公布的国际原油接轨价格，天然气按市场价格销售。

(2)材料采购、租赁及接受劳务

关联方单位	交易内容	本期发生额	上期发生额
辽河石油勘探局	材料费	8,831,158.39	6,950,003.46
辽河石油勘探局	劳务费	270,732,008.12	345,129,254.20
辽河石油勘探局	租赁费	968,743.59	1,486,270.00
中油股份辽河油田分公司	劳务费	18,289,375.78	26,250,286.61
中油股份辽河油田分公司	租赁费	607,230.00	575,880.80
合计		299,428,515.88	380,391,695.07

(3)销售货物、提供劳务及租赁

关联方单位	交易内容	本期发生额	上期发生额
中油股份辽河油田分公司	原油及天然气销售	1,386,904,678.36	1,205,891,777.40
中油股份辽河油田分公司	注汽劳务收入	10,370,070.10	12,314,265.82
中油股份辽河油田分公司	租赁费收入	2,247,863.25	1,601,205.48
合计		1,399,522,611.71	1,219,807,248.70

(4)其他关联事项-委托贷款

关联方单位	交易内容	上期发生数	本期发生数	期末余额
中油财务有限责任公司	委托贷款	800,000,000.00	800,000,000.00	560,000,000.00

委托贷款期初余额为8亿，2003年5月17日到期后又续签协议，时间从2003年5月17日至2004年5月17日，年利率4.779%。2003年12月22日收回本金240,000,000元。本期利息收入34,664,986.83元。

本期开户存款取得利息102,037.63元。

(5)关联方应收应付款项余额

项目	本期余额	上期余额
应收帐款		
中油股份辽河油田分公司	128,492,445.87	123,624,383.59
应付帐款		
辽河石油勘探局	406,830.00	4,915,344.27

本公司原油依照国家计委接轨价销售给中国石油天然气股份有限公司下属的辽河油田分公司。与公司主营业务相关的钻井、测井、建筑安装、物资供应、供电供水服务均通过招投标方式，执行辽河油田地区市场价格，由辽河石油勘探局、辽河油田分公司提供。本公司与辽河石油勘探局、辽河油田分公司存在关联交易是必要的，且在一段时间内仍将持续，这有助于降低本公司的生产经营成本，确保投资者效益最大化。

(四)重大合同及履行情况

1、本报告期内公司没有发生重大托管、承包、租赁事项。

2、本报告期内公司无对外担保事项。

3、委托贷款：2003年5月15日，公司2002年度股东大会审议通过了《关于资金委托贷款的议案》，系在2002年资金委托贷款成功运作的基础上继续进行。本次委托贷款金额8亿元，全部为公司自有资金，受托方为中油财务有限责任公司，指定借贷方为中国石油天然气股份有限公司，委托期限为2003年5月17日至2004年5月17日止，委托收益按中国人民银行公布的相同期限贷款利率下浮10%(即4.779%)并扣除2.4%手续费。本次委托贷款已按照有关规定履行了必要的程序，在通过该项议案的股东大会上，关联股东实施了回避表决。

2003年8月28日，中国证监会下发了《关于规范上市公司与关联方资金往来及上市公司对外担保若干问题的通知》(证监发字[2003]56号)(以下简称"通知")，按照《通知》要求，公司8亿元委托贷款属于整改事项，为此，公司董事会依照《通知》规定，作出如下整改：截止2003年末，收回8亿元委托贷款总额的30%，即2.4亿元；剩余5.6亿元委托贷款，待2004年合同到期时全部收回。目前，公司已将2.4亿元委托贷款收回。

本报告期，公司委托贷款投资收益为34,664,986.83元。

以上事宜公告刊登于2003年3月26日的《中国证券报》、《证券时报》及《上海证券报》上。

4、无其他重大事项

(五)报告期内公司及持股5%以上股东无承诺事项

(六)聘任、解聘会计师事务所的情况

公司聘任的会计师事务所为北京中兴宇会计师事务所，该事务所连续5年为本公司提供审计服务，2003年度审计费45万元。

(七)报告期内，公司、公司董事会及董事、高级管理人员没有受到中国证监会稽查、中国证监会行政处罚、通报批评、证券交易所公开谴责的情形。

八、备查文件目录

本公司董事会秘书处备有下列文件供股东查阅：

1、载有法定代表人、财务总监、会计机构负责人签名并盖章的会计报表原件。

2、载有会计师事务所盖章、注册会计师签名并盖章的审计报告原件。

3、报告期内在中国证监会指定报纸上公开披露过的所有公司文件的正本及公告的原稿。

辽河金马油田股份有限公司董事会

二〇〇四年三月十八日

云南铜业股份有限公司

云南铜业股份有限公司 2003 年年度报告

重要提示

本公司董事会及其董事保证本报告所载资料不存在任何虚假记载、误导性陈述或者重大遗漏,并对其内容的真实性、准确性和完整性承担个别及连带责任。

董事黄善富先生因为公务未能亲自出席本次董事会会议。

本公司董事长邹韶禄先生、总经理何云辉先生、财务总监钟亮先生、总会计师陈少飞先生声明:保证本年度报告中财务报告真实、完整。

第一节、公司基本情况简介

(一)公司法定中文名称:云南铜业股份有限公司

公司法定英文名称:YUNNAN COPPER CO.LTD

(二)公司法定代表人:邹韶禄

(三)公司董事会秘书:管弘

公司证券事务代表:翟华

联系地址:云南省昆明市人民东路 111 号

联系电话:0871-3126709 3125348 8390839

传真:0871-3138100

电子信箱:info@yunnan-copper.com

(四)公司注册地址:云南省昆明市国家高新技术产业开发区

公司办公地址:云南省昆明市西郊王家桥

公司邮政编码:650102

公司国际互联网网址:http://www.yunnan-copper.com

公司电子信箱:info@yunnan-copper.com

(五)公司选定的信息披露报纸名称:《证券时报》、《上海证券报》

登载公司年度报告的中国证监会指定国际互联网网址:

http://www.cninfo.com.cn

公司年度报告备置地点:公司证券部

(六)公司股票上市交易所:深圳证券交易所

股票简称:云南铜业 股票代码:000878

(七)其他有关资料

公司首次注册登记日期:1998 年 5 月 15 日

公司首次注册登记地点:云南省工商行政管理局

企业法人营业执照注册号:5300001006271

税务登记号码:530112709705745

公司聘请的会计师事务所名称、办公地址:

名称:云南亚太会计师事务所有限公司

办公地址:云南省昆明市拓东路 23 号

第二节、会计数据和业务数据摘要

(一)本年度利润总额及其构成(单位:人民币元)

利润总额	121,818,434.43
净利润	99,425,855.98
扣除非经常性损益后的净利润	100,241,891.17
主营业务利润	357,075,253.38
其他业务利润	1,166,799.20
营业利润	121,765,361.36
投资收益(含期货收益)	2,475,423.81
补贴收入	-
营业外收支净额	-2,422,350.74
经营活动产生的现金流量净额	353,262,586.15
现金及现金等价物净增减额	-155,665,224.86

注:扣除非经营性损益项目及涉及金额

a.营业外收支净额	-2,422,350.74 元
b.期货投资收益	1,467,030.65 元
c.所得税影响	139,284.90 元
合计:	816,035.19 元

(二)截至报告期末公司前三年主要会计数据和财务指标(单位:人民币元)

指标项目	2003 年(合并数)	2002 年(合并数)调整后	2002 年(合并数)调整前	2001 年(合并数)调整后	2001 年(合并数)调整前
主营业务收入	4,091,287,984.30	3,002,821,521.16	3,002,821,521.16	2,872,464,194.02	2,872,464,194.02
净利润	99,425,855.98	46,629,068.13	46,629,068.13	82,533,635.37	83,250,090.07
总资产	4,671,980,628.01	4,293,229,531.02	4,293,229,531.02	4,041,483,789.36	4,047,289,201.75
股东权益(不含少数股东权益)	1,944,468,102.44	1,818,519,928.73	1,778,585,488.73	1,771,850,072.61	1,777,655,485.04
每股收益(摊薄)	0.120	0.058	0.058	0.103	0.104
扣除非经常性损益后的每股收益	0.130	0.069	0.069	0.100	0.100
每股净资产	2.435	2.277	2.227	2.22	2.23
调整后的每股净资产	2.421	2.266	2.216	2.21	2.22
每股经营活动产生的现金流量净额	0.442	-0.347	-0.347	1.01	1.01
净资产收益率(%、摊薄)	5.11	2.56	2.62	4.68	4.68
净资产收益率(%、加权)	5.35	2.60	2.63	4.78	4.78
扣除非经常性损益后的净资产收益率(%)	5.39	3.21	3.14	4.51	4.60

(三)利润表附表

净资产收益率(%)

报告期利润	2003 年度 全面摊薄	2003 年度 加权平均	2002 年度 全面摊薄	2002 年度 加权平均
主营业务利润	18.36	19.20	14.72	14.59
营业利润	6.26	6.55	3.61	3.65
净利润	5.11	5.35	2.62	2.60
扣除非经常性损益后的净利润	5.16	5.39	3.09	3.06

每股收益(元/股)

报告期利润	2003 年度 全面摊薄	2003 年度 加权平均	2002 年度 全面摊薄	2002 年度 加权平均
主营业务利润	0.45	0.45	0.33	0.33
营业利润	0.15	0.15	0.08	0.08
净利润	0.12	0.12	0.058	0.058
扣除非经常性损益后的净利润	0.13	0.13	0.069	0.069

(四)报告期内股东权益变动情况及原因(单位:元)

项目	股本(股)	资本公积金	盈余公积金	股东权益合计
期初数	798,688,800.00	889,911,910.13	80,492,280.66	1,818,519,928.73
本期增加	0.00	66,456,757.73	21,166,435.05	165,882,613.71
本期减少	0.00	0.00	0.00	39,934,440.00
期末数	798,688,800.009	56,368,667.861	01,658,715.71	1,944,468,102.44

项目	法定公益金	现金股利	未分配利润
期初数	26,834,268.67	39,934,440.00	9,492,497.94
本期增加	7,072,963.29	79,868,880.00	0.00
本期减少	0.00	39,934,440.00	1,609,459.070
期末数	33,907,231.96	79,868,880.00	7,883,038.87

变动原因:

1、公司资本公积报告期内增加是因为:

①拨款转入 5,500,000.00 元系根据昆明市环境保护局、昆明市财政局联合下发昆环保[2002]440 号文对污染治理项目贷款资金给予豁免后转入。

②国家重点技改项目补助资金 60,000,000.00 元系依据云南省经济贸易委员会、云南省发展计划委员会、云南省财政厅联合下发的云经贸投资[2001]664 号文、云经贸投资[2001]126 号文、云财企[2001]41 号文,将铜冶炼节能降耗重点技改项目中央补助资金转入。

③其他资本公积系无法支付的应付款项转入。

2、公司盈余公积和法定公益金增加,系 2003 年度按净利润的 10%、5%提取比例提取所致.

3、现金股利增加是本期根据公司董事会决议拟分配现金股利所致,现金股利减少是本期支付上年度的现金股利所致。

4、未分配利润减少是因为分配利润后剩余数减少所致。

第三节、股本变动及股东情况

(一)股本变动情况

(1)公司股份变动情况表数量 单位:股

项目	本次变动前	本次变动增减(+、-) 配股	送股	公积金转股
一、未上市流通股份				
1、发起人股份	517888800	0	0	0
其中:				
国家持有股份				
境内法人持有股份	517888800	0	0	0
境外法人持有股份				
其他				
2、募集法人股份				
3、内部职工股				
高管股	77220	0	0	0
4、优先股及其他				
未上市流通股份合计	517966020	0	0	0
二、已上市流通股份				
1、人民币普通股	280722780	0	0	0
2、境内上市的外资股				
3、境外上市的外资股				
4、其他				
已上市流通股份合计	280722780	0	0	0
三、股份合计	798688800	0	0	0

项目	本次变动增减(+、-) 增发	其他	小计	本次变动后
一、未上市流通股份				
1、发起人股份	0	0	0	517888800
其中:				
国家持有股份				
境内法人持有股份	0	0	0	517888800
境外法人持有股份				
其他				
2、募集法人股份				
3、内部职工股				
高管股	0	0	0	77220
4、优先股及其他				0
未上市流通股份合计	0	0	0	517966020
二、已上市流通股份				0
1、人民币普通股	0	0	0	280722780
2、境内上市的外资股				
3、境外上市的外资股				
4、其他				
已上市流通股份合计	0	0	0	280722780
三、股份合计	0	0	0	798688800

注:本公司无基金配售股份、柜台交易公司内部职工股份、战略投资者配售股份、一般法人配售股份。

(2)股票发行与上市情况

①本公司于 1998 年 4 月 20 日首次向社会公开发行 120000000 股人民币普通股股票,发行价格为 6.26 元/股,其中 12000000 股为内部职工股。108000000 股于 1998 年 6 月 2 日获准在深圳证券交

易所上市交易,12000000股内部职工股也于1998年12月2日获准在深圳证券交易所上市交易。

②本公司于2001年实施完成了配股方案。配股比例为10:3,其中经国家财政部批准,大股东云南铜业集团有限公司以现金认购了应配数的2%,其余部分放弃。此次配股共发行67888800股,配股价格为6.60元/股,配股缴款起止日为2001年1月9日至2月5日,除大股东认购的股份和公司高级管理人员认购的被冻结外,其余股份已于2001年2月27日在深圳证券交易所上市流通。

③现存公司内部职工股仅有被冻结的公司高管人员所持有的77220股。

(二)股东情况介绍

(1)报告期末股东总数为146790户。

(2)报告期末公司前十名股东持股情况

名次	姓名(股东名称)	期末持股数量	所占比例%	持股(股份)性质
1	云南铜业(集团)有限公司	517,888,800	64.84	国有法人股
2	中国建设银行-博时裕富证券投资基金	1,709,898	0.21	社会公众股
3	岳治金	700,000	0.088	社会公众股
4	普丰证券投资基金	671,669	0.084	社会公众股
5	中国工商银行-融通深证100指数证券投资基金	609,455	0.076	社会公众股
6	黄旭波	408,022	0.051	社会公众股
7	刘欣豪	300,000	0.038	社会公众股
8	李伟娜	300,000	0.038	社会公众股
9	李　宪	290,000	0.036	社会公众股
10	汤优光	240950	0.030	社会公众股

前十名股东之间未发现有关联关系或《上市公司持股变动信息披露管理办法》规定的一致行动人情况。

(3)持股5%以上股东情况介绍

云南铜业(集团)有限公司年末持本公司股份517888800股,持股比例为64.84%,股份类别为国有法人股;报告期内所持股份未发生变动,也未进行任何质押和未被任何部门冻结。

(4)控股股东情况介绍:

本公司的控股股东为云南铜业(集团)有限公司。该股东单位的法定代表人为邹韶禄。注册资本10亿元人民币,成立于1996年4月。经营范围是:有色金属、贵金属的生产、销售、加工及开发;高科技产品;有色金属、贵金属的地质勘察、设计、施工、科研;机械动力设备的制作、销售;化工产品生产、加工、销售;建筑安装工程施工;进出口贸易;矿山开发;该公司是国有独资公司。

报告期内控股股东没有发生变更情况。

5、前10名流通股股东持股情况

股东名称	持股数(股)	持股比例(%)	持股种类
中国建设银行-博时裕富证券投资基金	1,709,898	0.21	社会公众股
岳治金	700,000	0.088	社会公众股
普丰证券投资基金	671,669	0.084	社会公众股
中国工商银行-融通深证100指数证券投资基金	609,455	0.076	社会公众股
黄旭波	408,022	0.051	社会公众股
刘欣豪	300,000	0.038	社会公众股
李伟娜	300,000	0.038	社会公众股
李　宪	290,000	0.036	社会公众股
汤优光	240,950	0.030	社会公众股
胡　强	230,015	0.029%	社会公众股

前十名流通股股东之间未发现有关联关系或一致行动人情况。

第四节、董事、监事、高级管理人员和员工情况

(一)现任董事、监事、高级管理人员基本情况

(1)基本情况

姓名	性别	年龄	任期	期初持股	期末持股	持股变动量	变动原因	本公司任职情况	在股东单位任职情况
邹韶禄	男	53岁	2001.5-2004.5	11700	11700	0		董事长	董事长
杨毓和	男	54岁	2001.5-2004.5	9360	9360	0		副董事长	副总经理
刘宣瑜	男	56岁	2001.5-2004.5	7020	7020	0		董事	副总经理
孔繁义	男	60岁	2001.5-2004.5	7020	7020	0		副董事长	无
余卫平	男	48岁	2001.5-2004.5	7020	7020	0		董事	副总经理
黄善富	男	37岁	2001.5-2004.5	7020	7020	0		董事	总经理助理
管　弘	男	39岁	2001.5-2004.5	7020	7020	0		董事/董秘/副总经理	无
马梦江	男	54岁	2001.5-2004.5	0	0	0		董事	人力部主任
虞海洋	男	54岁	2001.5-2004.5	0	0	0		董事	无
孙加林	男	46岁	2001.5-2004.5	0	0	0		独立董事	无
吴探学	男	65岁	2002.5-2004.5	0	0	0		独立董事	无
黄　河	女	34岁	2002.5-2004.5	0	0	0		独立董事	无
周　荣	男	41岁	2003.9-2004.5	0	0	0		独立董事	无
陈云祥	男	44岁	2001.5-2004.5	0	0	0		监事会主席	党委副书记
何云辉	男	46岁	2001.5-2004.5	0	0	0		总经理	无
王鹏飞	男	38岁	2001.5-2004.5	0	0	0		监事/党委书记	无
赵　玉	女	46岁	2001.5-2004.5	7020	7020	0		监事/工会主席	无
胡品芳	女	52岁	2001.5-2004.5	0	0	0		监事	无
钟　亮	男	52岁	2001.5-2004.5	7020	7020	0		财务总监	董事
史谊峰	男	40岁	2001.5-2004.5	7020	7020	0		副总经理	无
陈少飞	男	39岁	2001.5-2004.5	0	0	0		副总经理/总会计师	无
杨小琴	女	34岁	2001.5-2004.5	0	0	0		总工程师	无

(2)年度报酬情况

公司董事、监事津贴由股东大会确定,公司高级管理人员的年度报酬,由董事会根据公司的年度经营指标决定。

报告期内公司董事、监事和高级管理人员的年度报酬总额为230万元。其中:金额最高的前三名董事的报酬总额为64万元,金额最高的前三名高级管理人员的报酬总额为81.5万元,四名独立董事的年度津贴分别为3万元。

报告期内,在公司领取报酬的董事、监事及高级管理人员12人,其中,年度报酬总额本年度报酬总额在25-30万元的有2人,20-25万元的有7人,10万元的1人,10万元以下的2人。其中董事邹韶禄、杨毓和、刘宣瑜、马梦江、虞海洋,独立董事孙加林、吴探学、黄河、周荣,监事陈云祥在本公司仅领取津贴而未领取薪酬,他们分别在其工作单位领取薪酬。

(3)报告期内董事、监事和高级管理人员离任情况及原因

2003年4月15日公司二届董事会第十五次会议审议通过何天淳先生因工作变动(担任国家公务员)辞去公司独立董事的预案,该预案在公司2002年度股东大会上获得通过。2003年8月21日公司二届董事会第十八次会议审议通过提名周荣先生为公司独立董事候选人的预案,该预案在公司2003年度临时股东大会上获得通过。

2003年5月15日公司二届董事会第十六次会议审议通过余卫平先生因工作变动辞去公司副总经理的议案,该次会议审议通过聘任管弘先生、陈少飞先生为公司副总经理的议案。2003年11月17日公司二届董事会第二十次会议审议通过孔繁义先生因年龄原因辞去公司总经理的议案,审议通过聘任何云辉先生为公司总经理的议案。

2003年11月17日公司二届监事会第十一次会议审议通过了何云辉先生辞去公司监事的议案。

公司财务负责人、董事会秘书在报告期内没有发生变化。

(二)公司员工情况

截止报告期末,本公司在职员工2455人。其中:生产人员1870人,销售人员58人,财务人员34人,技术人员295人,行政人员190人。教育程度:大学及以上253人,大专471人,中专62人,高中(技校)956人,初中及以下713人。公司至报告期需承担费用的离退休人员121人。

第五节、公司治理结构

(一)公司治理状况

本公司从1998年改制上市起就严格按照《公司法》、《证券法》和国家有关法律、法规的要求建立了较为完善的法人治理结构、规范公司运作。报告期内,公司按照《上市公司治理准则》、《股东大会规范意见》、《关于规范上市公司与关联方资金往来及上市公司对外担保若干问题的通知》等要求,修改了《公司章程》,董事会中独立董事达到了四名,基本占到了董事会成员的三分之一。公司董事会已经成立了战略、审计、提名、薪酬与考核专门委员会。公司治理的实际情况与中国证券监督管理委员会发布的有关上市公司治理的规范性文件基本不存在差异,公司今后将继续认真按照有关要求不断完善。

(二)公司独立董事履职情况

报告期内公司董事会有四名独立董事,其中何天淳先生因工作变动(担任国家公务员)于2003年4月辞去公司独立董事职务,公司于2003年8月提名周荣先生为公司独立董事候选人并在公司2003年度临时股东大会上获得通过。这四名独立董事分别为技术专家、财务专家和法律专家,他们为公司董事监事及其高级管理人员的变更、公司关联交易等重大事项均发表了独立意见,为公司规范运作、投资决策等方面认真负责地履行了职责。

(三)公司与控股股东在业务、人员、资产、机构、财务上的"五分开"情况(公司与控股股东在业务、人员、资产、机构、财务方面做到了"五分开",公司具有独立完整的业务及自主经营能力)

(1)业务方面:本公司有独立的采购、销售机构,自主、独立开展业务。由于本公司主要从事铜的冶炼加工,而控股股东是云南省铜原料主要的生产和供应商,因此在原料供应方面与控股股东的关联交易比例较高,但其原料供应完全依据市场化进行,关联交易也严格按有关规定执行。本公司目前正积极采取措施建立自己的原料基地,在报告期内,已成立了原料采购子公司,但短时期内,此种局面难以完全改变。本公司在产品销售方面与控股股东也有一定比例的关联交易,但严格按同期可比市场价执行。目前本公司成立的营销子公司正在建立自己的营销网,关联交易比例将会逐步降低。

(2)人员方面:本公司在劳动、人事及工资管理等方面完全独立;公司总经理、副总经理、财务负责人、董事会秘书等高级管理人员在公司领取报酬;除本公司的董事长由控股股东的法人代表兼任外,其他没有与控股股东交叉任职的情况。

(3)资产方面:本公司拥有完全独立的生产经营系统及设施。无法避免的关联交易严格遵循有关规定进行。

(4)机构方面:本公司生产经营、财务、人事等均设立有自己的独立机构,与控股股东完全独立。

(5)财务方面:本公司设有独立的财会部门,有独立的会计人员;公司建立和制定了适合本公司实际、符合国家财务会计核算和管理制度的企业内部财务管理和会计核算制度,在银行独立开户;公司独立经营、独立核算、独立纳税。

(三)公司高级管理人员的考评和激励机制、相关奖励的建立及实施情况

本公司高级管理人员全部由董事会聘任。董事会每年制定公司的生产经营目标和年度预算,并依此与高级管理人员签定经营目标考核责任书,针对每年考核目标及完成情况进行相应的奖惩。

第六节、董事会报告

(一)公司经营情况

1、经营情况分析与讨论

本公司属于有色冶金行业,是以生产和销售电解铜及其加工品为主,工业硫酸、黄金、白银等附加产品为辅的专业化公司。是目前中国铜冶炼和铜加工规模最大的企业之一。公司克服2003年上半年"非典"的影响,围绕公司的生产经营目标,充分利用公司日趋完善的营销网络实行积极的经营扩张政策,利用公司多年来实施预算化管理的经验优势实施稳健的财务政策,2003年下半年抓住铜价上扬的时机,克服原料和能源紧缺及价格上涨带来的不利影响,2003年10月顺利完成了公司火法系统-期技改工程的验收,并建立了自己的原料采购子公司,进一步完善了自己的营销网络,取得了2003年主营业务收入、净利润大幅度上涨的经营业绩。公司合并后的销售收入历史性地突破40亿元大关,同时公司的主产品产量、销量均比去年有所增长,主产品综合产销率达到100%,公司合并后销售收入达到409129万元,比上年增加36.25%,其中出口额(白银)达到30061万元;实现主营业务利润35708万元,较上年增长36.37%;实现利润总额12182万元,较上年增长118.67%;实现净利润9943万元,较上年增加113.23%。

2、主营业务范围及经营情况

(1)报告期主营业务收入、毛利的构成情况

A、公司主营业务收入、毛利分产品情况

序号	产品	主营业务收入	主营业务利润
1	电铜	2,895,511,799.87	198,160,861.15
2	铜杆	445,844,791.21	24,802,599.54
3	硫酸	146,752,129.80	70,954,074.71
4	黄金	211,375,028.70	36,796,499.62
5	白银	362,922,302.48	34,258,180.91
6	其他	28,881,932.24	4,841,345.66
7	合计	4,091,287,984.30	369,813,561.59

B、铜产品地区销售比较

序号	地区	收入	2003年成本	毛利率
1	西南地区	1,195,044,410.50	1,115,946,871.96	6.62%
2	西北地区	188,767,387.03	176,350,717.48	6.58%
3	华南地区	534,763,137.74	499,242,469.21	6.64%
4	华东地区	531,377,740.96	495,011,761.64	6.84%
5	华北地区	742,381,219.59	692,534,836.92	6.71%
6	东北地区	149,022,395.26	139,306,473.18	6.52%
7	合计	3,341,356,291.08	3,118,393,130.39	6.67%

序号	地区	收入	2002年成本	毛利率
1	西南地区	836,263,490.78	784,296,114.19	6.21%
2	西北地区	117,513,485.55	109,760,218.97	6.60%
3	华南地区	317,076,541.40	296,913,757.69	6.36%
4	华东地区	512,742,016.10	477,075,383.11	6.96%
5	华北地区	557,323,803.34	520,057,729.19	6.69%
6	东北地区			
7	合计	2,340,919,337.17	2,188,103,203.15	6.53%

由上表可以看出,公司2003年铜产品平均毛利率比2003增长了0.14%,铜产品整体销售收入比2002年增长了42.74%,其中华东地区增长了3.63%,华北地区增长了33.20%,西北地区增长了60.63%,华南地区增长了68.65%,西南地区增长了42.90%。

(2)业务分类销售情况比较

序号	产品	收入	2003年成本	毛利
1	电铜	2,895,511,799.87	2,697,350,938.72	6.84%
2	铜杆	445,844,791.21	421,042,191.67	5.56%

序号	产品	收入	成本	毛利
3	硫酸	146,752,129.80	75,798,055.09	48.35%
4	黄金	211,375,028.70	174,578,529.08	17.41%
5	白银	362,922,302.48	328,664,121.57	9.44%
6	其他	28,881,932.24	24,040,586.58	16.76%
7	合计	4,091,287,984.30	3,721,474,422.71	9.04%

序号	产品	收入	2002年 成本	毛利
1	电铜	1,700,676,191.52	1,581,079,354.01	7.03%
2	铜杆	640,243,145.65	607,027,143.72	5.19%
3	硫酸	103,153,311.25	60,832,671.57	41.03%
4	黄金	213,430,276.67	166,313,373.96	22.08%
5	白银	272,009,548.31	237,245,911.97	12.78%
6	其他	28,948,422.21	35,040,546.58	-21.04%
7	合计	2,958,460,895.61	2,687,539,001.81	9.16%

报告期电铜、黄金、白银毛利率下降的原因主要是因为原料价格上涨所致。

(3)报告期内主营业务及其结构、主营业务盈利能力较前一报告期末发生较大变化。

3、主要控股公司及参股公司的经营情况及业绩

(1)控股子公司。

本公司于2002年2月5日出资27,000,000.00元,投资成立了云南铜业营销有限公司,本公司投资额占其股本的90%。云南铜业(集团)有限公司出资3,000,000.00元,占总股本的10%经营范围:有色金属材料,矿产品加工及销售(不含管理商品),化工原料及产品(化学危险品除外)、咖啡制品及农副产品的批发零销,代购代销,代储代运。2003年云南铜业营销有限公司实现净利润35,286,840.66元。

本公司于2002年5月22日出资8,909,130.88元,与古河电气工业株式会社共同投资成立了中外合资经营企业云南铜业古河电气有限公司,本公司投资额占总股本的60%。公司采用美国南方线材SCR连铸连轧设备生产的铜及铜合金线坯为原料,引进意大利SICTRA公司具有国际先进水平的精密异型铜材拉拔专用设备,依托日方的先进技术与科学管理,生产并销售高品质、高性能的铜及铜合金接触网材料及相关产品。2003年古河电气公司亏损139,043.80元。

本公司于2002年11月29日出资10,500,000.00元,投资成立了云南铜业原料有限公司,本公司投资额占总股本的52.50%。经营范围:金属矿产品、金属材料及制品、化工产品、钢材、建筑材料的批发零售、代购代销。云南铜业原料有限公司2003年实现净利润1,027,677.32元。

公司于2003年5月15日以设备及现金出资42,646,500.00元,投资组建云南铜业铜材有限公司,本公司投资占总股本的94.77%;昆明金辉房地产出资150万元,占3.33%;云南铜兴工贸有限公司出资50万元,占1.11%;其余个人出资35万元,占0.79%。公司经营范围:有色金属、贵金属的生产、加工、销售及设计、施工、科研开发。云南铜业铜材有限公司2003年亏损292,493.55元。

(2)参股公司。参股公司(损益合并)。云铜科技发展股份有限公司,本公司占有该公司35%的股份,2003年实现净利润115,229.80元;四川凉山矿业股份有限公司,本公司占有该公司20%的股份,2003年实现净利润4,506,735.96元;云晨期货经纪公司,本公司占有该公司40%的股份,2003年实现净利润208,964.67元。

4、主要供应商、客户情况

本公司的主要供应商为提供铜精矿以及粗铜、冷冰铜等原料的单位,报告期前五名供应商合计的采购金额占年度采购总额的71.68%。本公司的主要客户为使用电解铜以及其他副产品的单位,报告期前五名客户销售额合计占公司销售总额的30.29%。

5、在经营中出现的问题与困难及解决方案

①经营中出现的问题与困难:由于公司产品结构单一且附加值较低,使公司的经营风险较大而集中。随着公司生产规模的逐渐扩大,以及自身的生产工艺特点,特别是原料市场为卖方市场,原料短缺的现状难以解决,决定了公司必须随时保持一定规模的原料和在产品储备,这就造成占用公司大量资金。加上市场竞争激烈,铜市场价格波动较大,公司自己的原料基地尚在建设,短期内难以形成较大规模,这些都加大了公司原料供给的风险。由于能源市场价格的上涨,2004年电力供应紧张,电价上涨了0.0175元/kwh,公司的电费预计在2004年与2003年相比增加成本约800万元,煤炭等其他能源的涨价也将对公司的生产经营带来一定影响。

②解决方案:针对以上不利因素,公司进行认真的市场预测,加强与各大原料供应商的协调与合作,抓好原材料的采购工作;同时进一步挖掘内部潜力,降低各项费用,加强预算化管理,最大限度消化由于不利因素而导致的生产成本上升,争取较好的经营业绩。针对能源价格上涨电力供应紧张的局面,公司正在积极实施利用艾萨炉锅炉的余热发电项目,目前此项目正在做前期的可研工作,待项目建成后将在很大程度上有效缓解公司目前能源供应紧张的局面。

6、公司未公开披露过本年度盈利预测。

(二)投资情况

1、募集资金使用情况

⑴公司1998年4月通过公开发行12000万股普通股,募集资金73460万元。根据公司《招股说明书》的承诺,用于以下项目:

①、火法系统技改项目:该项目计划总投资74000万元,至2003年底累计完成投资87858.46万元,完成进度的118.73%。2003年10月公司火法系统改造的主体工程--艾萨炉,顺利完成了竣工验收,这大大提升了公司生产能力和技术能力。

②、加工分厂迁建改造项目:该项目计划总投资4530万元,至2003年底累计完成投资3264.47万元,完成进度的72.06%。

公司募集资金时承诺投资项目与实际投资项目没有发生变化。募集资金73460万元,实际投资至2003年底累计共100205.97万元。

⑵公司2001年2月通过配股募集资金43239万元。根据公司《配股说明书》的承诺,用于以下项目:

①、大红山二期工程开发项目:该项目计划总投资36972.89万元,至2003年底累计完成投资31969.78万元,完成进度的86.47%。进度达到预期目标。该项目达产后预计年产铜精矿含铜8000吨、含金59公斤、含银536公斤、副产铁精矿15.9万吨,税后财务内部收益率为11.77%。

②、公司营销网络建设项目:该项目计划总投资4984.22万元,至2003年底累计完成投资2898.55万元,完成进度的58.15%。项目建成投入使用后,将使公司营销信息系统得到极大的完善,为公司的经营提供可靠的保证。

公司募集资金时承诺投资项目与实际投资项目没有发生变化。募集资金43239万元,实际投资至2003年底累计共36148.33万元,尚未使用7090.67万元,全部存于银行。

2、报告期内非募集资金投资重大项目

⑴新建硫酸四系列:该项目计划总投资14864.2万元,至2003年底累计完成投资17573.69万元,完成进度的118.23%。

⑵硫酸二系列改造:该项目计划投资4500万元,至2003年底累计投资5483.07万元,完成进度的121.85%。

⑶铜电解技术改造项目:该项目计划总投资10000万元,至2003年底累计完成投资11833.66万元,完成进度的118.34%。

⑷银生产系统技术改造项目:该项目计划总投资4892.9万元,至2003年底累计完成投资3195.4万元,完成进度的65.31%。

⑸电解辅助设施改造:该项目计划总投资4931.97万元,至2003年底累计投资5247.47万元,完成进度的106.4%。

⑹硫酸尾气治理工程:该项目计划总投资2300万元,至2003年底累计完成投资2727.57万元,完成进度的118.59%。

⑺其他现有工艺调整完善工程:项目计划总投资2000万元,至2003年底累计投资2421.83万元,完成进度的121.09%

(三)公司财务状况及经营成果

成果项目	2003年(合并数)(元)	2002年(合并数)(元)	增减	增减(%)
总资产	4,671,980,628.01	4,293,229,531.02	378,751,096.99	8.82%
负债总额	2,699,396,670.57	2,453,932,918.33	245,463,752.24	10.00%
长期负债	119,337,000.00	260,500,000.00	-141,163,000.00	-54.19%
股东权益	1,944,468,102.44	1,818,519,928.73	125,948,173.71	6.93%
主营业务收入	4,091,287,984.30	3,002,821,521.16	1,088,466,463.14	36.25%
主营业务利润	357,075,253.38	261,854,428.69	95,220,824.69	36.36%
利润总额	121,818,434.43	55,713,294.56	66,105,139.87	118.65%
净利润	99,425,855.95	46,629,068.13	52,796,787.82	113.23%
经营活动产生的现金流量净额	353,262,586.15	-277,093,441.03	630,356,027.18	227.49%
现金及现金等价物净增加额	-155,665,224.86	-227,525,677.41	71,860,452.55	31.58%

1、财务状况及经营成果变动说明:

①总资产增加是因为公司固定资产和存货增加所致;

②负债总额增加是因为应付票据增加所致;

③长期负债减少是因为公司归还国债资金所致;

④股东权益增加是因为资本公积、盈余公积增加所致;

⑤主营业务收入、主营业务利润、利润总额、净利润、经营活动产生的现金流量净额、现金及现金等价物增加的原因是公司本期加大销售力度,同时价格上涨,销售收入增加所致;

2、报告期公司无重大资产损失情况,报告期公司无对外担保情况。

3、会计政策变更的说明:

根据财政部财会[2003]12号文"关于印发《企业会计准则--资产负债表日后事项》的通知"的规定将利润分配预案的现金股利列入"待分配股利"项目反映,相应调整年初数。本公司本年度对比较会计报表所属期间涉及现金股利分配采用追溯调整法,相应调减期初应付股利39,934,440.00元,调增期初现金股利39,934,440.00元。

除此之外会计政策、会计估计和核算方法无重大变化。

(四)公司预计生产经营环境以及宏观政策、法规没有重大变化。由于国内铜市场价格已逐步和国际市场接轨,因此不会对公司的经营产生重大影响。

(五)云南亚太会计师事务所有限公司为本公司出具了标准无保留意见的审计报告。

(六)董事会日常工作情况

1、报告期内董事会的会议情况及决议内容

报告期内公司共召开了八次董事会会议。

①2003年1月15日,公司召开二届董事会第十三次会议,会议审议通过了《公司总经理2002年度工作报告及2003年度生产经营计划安排》、《公司向铁峰派出所捐赠车辆的议案》。

②2003年2月26日,公司召开二届董事会第十四次会议,会议审议通过了《公司2002年度董事会工作报告》、《公司2002年度财务决算报告》、《公司2002年度利润分配预案》、《公司2002年度报告及摘要》、《公司续聘云南亚太会计师事务所的议案》、《公司关于召开2002年度股东大会的议案》。会议的内容刊登于2003年3月1日的《上海证券报》和《证券时报》。

③2003年4月15日,公司召开二届董事会第十五次会议,会议审议通过了《公司2003年第一季度季度报告》、《何天淳先生辞去独立董事职务的预案》、《修改公司章程的预案》、《公司关于召开2002年度股东大会的议案》。会议的内容刊登于2003年4月16日的《上海证券报》和《证券时报》。

④2003年5月15日,公司召开二届董事会第十六次会议,会议审议通过了《投资组建云南铜业铜材有限公司的议案》、《投资昆明西北沙河水库引水工程的议案》、《关于佘卫平先生辞去公司副总经理的议案》、《关于聘任公司副总经理的议案》、《关于聘任公司证券事务代表的议案》。会议的内容刊登于2003年5月22日的《上海证券报》和《证券时报》。

⑤2003年8月5日,公司召开二届董事会第十七次会议,会议审议通过了《公司2003年半年度报告正文及摘要》、《公司2003年半年度不进行利润分配、不进行公积金转增股本》。会议的内容刊登于2003年8月8日的《上海证券报》和《证券时报》。

⑥2003年8月21日,公司召开二届董事会第十八次会议,会议审议通过了《云南铜业股份有限公司募集资金使用管理制度》、《聘请周荣先生为公司独立董事候选人》、《修改公司章程》、《决定召开云南铜业股份有限公司2003年度临时股东大会》。会议的内容刊登于2003年8月23日的《上海证券报》和《证券时报》。

⑦2003年10月22日,公司召开二届董事会第十九次会议,会议审议通过了《云南铜业股份有限公司2003年第三季度报告》、《公司向关联方开具银行承兑汇票为其承担贴现利息的预案》、《修改公司章程的预案》、《决定召开云南铜业股份有限公司2003年度第二次临时股东大会》。会议的内容刊登于2003年10月28日的《上海证券报》和《证券时报》。

⑧2003年11月17日,公司召开二届董事会第二十次会议,会议审议通过了《孔繁义先生辞去公司总经理的议案》、《聘任何云辉先生为公司总经理的议案》、《黄善富先生辞去公司副总经理的议案》。会议的内容刊登于2003年11月17日的《上海证券报》和《证券时报》。

(2)董事会对股东大会决议的执行情况

报告期内公司董事会严格按照公司章程及有关法规履行职责,认真执行股东大会的各项决议,及时完成股东大会安排的各项工作。

2003年5月30日年度股东大会通过的利润分配决议和分红决议:2002年实现净利润按照公司章程规定分别计提4,823,165.92元和2,416,845.63元的法定盈余公积和法定公益金,加上年初未分配利润10,037,881.36元,共计可供股东分配利润49,426,937.94元(合并数),以现有股本79,866.88万股为基数,每10股派发现金0.50元(含税),共计分配39,934,440.00元,剩余9,492,497.94元结转至本年度,已在2003年6月完成。

(八)2003年度利润分配预案或资本公积金转增股本预案

经云南亚太会计师事务所审计,公司2003年完成主营业务收入4,091,287,984.30元(合并数),根据《公司法》及公司章程的规定,公司董事会二届二十一次会议提出2003年度的利润分配预案,决定以2003年度实现的净利润99,425,855.98元(合并数),按照公司章程规定分别计提14,093,471.76元和7,072,963.29元的法定盈余公积和法定公益金。加上年初未分配利润9,492,497.94元,共计可供股东分配利润87,751,918.87元,以现有股本798688800股为基数,每10股派发现金股利1.00元(含税),共计分配79,868,880.00元,余额7,883,038.87元结转以后年度分配。该议案待提交股东大会审议批准后实施。

本年度无资本公积金转增股本预案。

(九)其它事项

1、公司继续选定《证券时报》和《上海证券报》为信息披露报纸。

2、公司董事会拟继续聘请云南亚太会计师事务所有限公司为本公司2004年度审计机构,并提交公司2003年度股东大会审议。

3、根据中国证券监督管理委员会、国务院国有资产管理委员会证监发(2003)56号《关于规范上市公司与关联方资金往来及上市公司对外担保若干问题的通知》的要求,注册会计师对公司与其控股股东及关联方资金往来和对外担保情况的专项说明:

云南亚太会计师事务所对本公司与关联方资金往来及本公司的对外担保情况出具了专项审计说明《关于对云南铜业股份有限公司与其控股股东及关联方资金往来和对外担保情况的专项说明》,说明的主要内容如下:

(1)截止2002年12月31日本公司控股股东及关联方占用本公司资金总计570,436,458.44元,其中,购销交易占用542,505,912.72元,非购销交易占用27,930,545.72元(其中代垫费用15,930,545.72元,垫付周转金12,000,000.00元)。

(2)截止2003年12月31日本公司控股股东及关联方占用本公司资金总计333,190,730.57元,其中,购销交易占用260,681,513.70元,非购销交易占用72,509,216.87元(代垫费用32,509,216.87元,垫付周转金40,000,000.00元)。

(3)本年度,本公司控股股东及关联方减少资金占用237,245,727.87元,其中,购销交易减少资金占用281,824,399.02元,非购销交易新增的资金占用44,578,671.15

元(代垫费用 4,578,671.15 元,垫付周转金 40,000,000.00 元)。

本公司本年度没有代控股股东及关联方承担费用,本公司控股股东及关联方本年度没有代本公司承担费用

(4)贵公司对外担保情况

截止 2003 年 12 月 31 日,本公司无对外提供担保情况。

(5)贵公司纳入合并报表范围的控股子公司对外担保情况

截止 2003 年 12 月 31 日,本公司纳入合并报表范围的控股子公司无对外担保情况。

4、对外担保情况,报告期本公司及其本公司纳入合并报表范围的控股子公司均无对外提供担保。为维护广大股东的利益,尽量降低公司的经营风险,本公司及其控股子公司严格禁止相互担保和对外担保,同时已经修改公司章程增加严格禁止相互担保和对外担保的规定。

5、独立董事对公司累计和对外担保的专项说明及独立意见。

本公司独立董事孙加林、吴探学、黄河、周荣对公司累计和对外担保的情况进行了专项说明并发表了独立意见:截止 2003 年 12 月 31 日,本公司及其本公司纳入合并报表范围的控股子公司均无相互担保和对外提供担保。不会损害公司及中小股东的利益。

第七节、重要事项

(一)本年度公司无重大诉讼事项、仲裁事项。

(二)报告期内公司无出售资产、收购及吸收合并等事宜。

(三)重大关联交易事项

1、本公司关联交易的定价原则:

本公司关联交易的定价原则遵循商业化的原则,主要按市场定价,随行就市结算,若无市场价格按下列顺序:(1)若有国家物价管理部门规定的国家定价,则按国家定价执行;(2)若国家物价部门没有规定国家定价,相应的行业管理部门规定的行业定价的,按行业定价执行;(3)若既无国家定价亦无行业定价,则按实际成本价格加税金执行。

2、关联交易持续性和必要性的说明

虽然本公司保证了资产、机构、人员、业务、财务等完全独立,但充分利用各自的生产设施与装备以及技术、资源等优势,实现资源共享,优势互补,相互提供或接受工业品的供应或销售等,有利于减少重复投资及降低成本;本公司必须的社会化服务和公用设施、后勤服务等仍必须由关联方及时提供,特别是本公司的控股股东及其下属的矿山企业,主要是为本公司提供生产所需的原料,属于公司生产经营活动必然发生而自身不具备条件解决的经济事项。因此这种关联交易自本公司成立之日起就不可避免并持续进行。

我公司在商品销售和原料采购上与关联单位之间发生的贸易往来,一直坚持公平、公正、公开的原则,随着公司营销网络建设的逐步完善,公司在商品销售上的对关联单位的依赖程度已经大幅度减少,但公司的原料基地正在建设中,并且随着公司生产规模的逐步扩大,公司的主要进口原料一直由控股股东及其下属的进出口公司进行采购,公司在原料采购上依赖于关联方。

本公司的关联交易一贯严格遵循了关联交易制度,并经会计师事务所审计和独立董事审核,遵循了公平、公正、公开的原则,确保了中小股东的利益不受损害。

3、关联方交易

(1)本公司所销售的产品价格政策

根据本公司与云南铜业(集团)有限公司、云南铜业供销运输中心及各地经营部、云南冶炼厂和云南铜业科技发展股份有限公司签定的《电铜购销协议》(高纯阴极铜)、《高纯阴极铜购销合同》、《电工用铜线坯购销合同》、《白银购销合同》、《铜精矿供需合同》(含铜精矿加工条款)、《粗铜加工承揽合同》、《杂铜加工承揽合同》和《硫酸委托加工购销合同》等。本公司向云南铜业(集团)有限公司和云南铜业供销运输中心及各地经营部、云南冶炼厂、云南铜业科技发展股份有限公司销售电解铜、铜盘元、白银等产品,有关情况如下:

①本公司向云南铜业供销运输中心及各地经营部销售电解铜及铜盘元等铜产品,价格结算以供货日对应的上海金属交易所一个完整交易日的结算价的加权平均价为基础。

②本公司向云南铜业(集团)有限公司销售电解铜及白银,价格结算为"铁峰"牌高纯阴极铜价格由双方根据市场情况商定,白银含税价 1,200.00–1,320.00 元/kg。

③本公司代云南铜业(集团)有限公司和云南铜业供销运输中心及各地经营部加工粗杂铜。当市场电铜售价在 17,000.00 元/吨以内时,粗杂铜含铜品位在 80%以上按不同档次收取 900–1100 元加工费用;当市场电铜售价在 20000 元/吨以内时,粗杂铜含铜品位在 80%以上按不同档次收取 1200–2500 元加工费用。

④本公司向云南铜业供销运输中心销售铜盘元,价格由双方根据市场情况协商确定。

⑤本公司向云冶锌业股份公司销售白银,价格以市场价格确定。

⑥本公司向云南冶炼厂及昆明云冶锌业股份有限公司销售硫酸镍、硫酸烟尘等产品,价格政策为硫酸镍按 20000 元/吨(含税价)、硫酸烟尘按 400 元/吨结算。

⑦本公司代云冶锌业股份有限公司加工硫酸,加工费按 210 元/吨(含税价)进行结算。

⑧本公司向云南铜业科技发展股份有限公司销售硒渣,价格以市场价格确定。

⑨本公司为云南铜业集团公司供给本公司的部分铜精矿含金加工成黄金,加工费用按实际成本计算。

(2)销售货物

企业名称	2003 年度 金额	2003 年度 占年度销货比例%	2002 年度 金额	2002 年度 占年度销货比例%
云南铜业供销运输中心(含各地经营部)	243,345,914.19	5.95	748,215,482.41	24.92
云南铜业(集团)有限公司	190,385,687.05	4.65	248,715,391.56	8.28
云南冶炼厂	158,509.15	0	1,629,471.55	0.05
昆明云冶锌业股份有限公司	12,233,924.80	0.30	3,498,845.38	0.12
云南铜业科技发展股份有限公司	347,752.40	0.01		
合计	446,471,787.59	10.91	1,002,059,190.90	33.37

(3)采购货物

①原料采购

根据本公司分别与云南铜业(集团)有限公司、昆明云冶锌业股份有限公司、云南铜业供销运输中心及各地经营部签定的《原料采购合同》,云南铜业(集团)有限公司、昆明云冶锌业股份有限公司和云南铜业供销运输中心及各地经营部按本公司的需要供给铜精矿、冰铜等原料,价款结算按本公司铜原料基础价和原料品位为依据,随行就市进行结算。根据本公司与云南明晨进出口有限公司签定的《购销合同》,本公司向云南明晨进出口有限公司购进粗银,价格按交货前双方协商并以书面形式确定。

企业名称	2003 年度 金额	2003 年度 占年度原料采购比例%	2002 年度 金额	2002 年度 占年度原料采购比例%
云南铜业(集团)有限公司	2,231,152,560.63	63.00	1,217,786,786.83	58.84
易门矿务局	77,087,953.90	2.18	171,134,221.51	8.27
昆明云冶锌业股份有限公司	11,157,107.82	0.32	76,606,774.37	3.7
云南铜业供销运输中心(含各地经营部)	42,512,424.23	1.20	66,351,157.50	3.21
云南明晨进出口有限公司	150,690,571.12	4.26	1,531,878,940.21	74.02
云南铜业科技发展股份有限公司	292,000.00	0.01		
合计	2,512,892,617.70	70.97		

②商品采购

根据本公司与云南铜业供销运输中心、云南明晨进出口有限公司签定的《购销合同》,本公司向上述关联方购进电解铜,价格结算每月以上海期货交易所上一个完整交易月的结算价的加权平均值为基础,整数计价,若当月出现误差,则在次月或最后一批货物结算时进行调整(多退少补)。根据本公司与昆明云冶锌业股份公司签定的《购销合同》,本公司向昆明云冶锌业股份公司购进锌锭,价格以市场价格确定。

企业名称	2003 年度 金额	2003 年度 占年度商品采购比例%	2002 年度 金额	2002 年度 占年度商品采购比例%
云南铜业供运中心(含各地经营部)	14,167,515.66	0.50	20,598,302.90	67.05
云南明晨进出口有限公司	135,427,663.17	4.79		
云晨期货经纪有限公司	132,516,875.62	4.69		
昆明云冶锌业股份公司	25,023,232.33	0.88		
合计	307,135,286.78	10.86	20,598,302.90	67.05

(4)代理

①根据本公司与云南铜业(集团)有限公司签定的白银出口代理协议,本公司委托云南铜业集团有限公司代理出口白银 238.97 吨,每吨白银出口代理费为 1000.00 元,本年度应支付云南铜业(集团)有限公司白银出口代理费 238,972.94 元,已计入当期费用。

②根据本公司与云南铜业(集团)有限公司签定的代理进口协议,由云南铜业(集团)有限公司为其代理进口感应炉及备件,并向其支付按对外合同金额的 0.8%确定的代理进口手续费。本年度支付感应炉及备件款 11,025,000.00 元。

③根据本公司与云南明晨进出口有限公司签订的代理进口协议,本公司委托云南明晨进出口有限公司代理进口电解铜 8900 吨,代理费用按当地可比的市场价格确定。报告期支付代理费 90,000.00 元。

(5)接受劳务

根据本公司与云南冶炼厂签定的《综合服务协议》及补充协议,云南冶炼厂向本公司提供机修、电修、氧气、铁路运输服务,服务费用按国家物价部门规定价格或当地可比的市场价格确定。

关联公司	交易事项	2003 年度	2002 年度
	为本公司提供维修服务	3,734,633.10	3,555,064.63
	为本公司提供氧气	19,900,904.02	21,398,055.27
云南冶炼厂	为本公司提供铁路运输	10,691,825.40	9,347,856.09
	合计	34,327,363.52	34,300,975.99

(6)委托建设关联交易

根据本公司 2000 年 6 月 30 日"2000 年度第一次临时股东大会决议"通过的《关于 2000 年度实施配股的议案》,本公司计划使用配股募集资金 36,972.89 万元投资于大红山铜矿二期工程开发项目(该项工程的可行性研究报告已经国家计委计产业[2001]1695 号文件批准)。

本公司于 2001 年 3 月 19 日与易门矿务局签订了《大红山铜矿二期工程委托建设合同》。根据合同约定,易门矿务局应在总投资额 36,972.89 万元的范围内,为本公司建成新增 2400 吨/日采选规模,项目建成后年平均生产铜精矿含铜 8000 吨、含金 59 公斤、含银 536 公斤、副产品铁精矿 15.9 万吨的二期工程进行管理。另外,本公司在 2002 年 6 月 19 日又与易门矿务局签定了《大红山铜矿二期工程委托建设合同》的补充协议,规定"项目决算完成且尾款付清时,决算金额与预算数 36,972.89 万元的差额(节约部分),作为项目委托管理费由项目专账划入乙方(注:易门矿务局)账户"。

截止 2003 年 12 月 31 日,本公司累计支付大红山铜矿二期工程款 319,697,770.26 元,其中,本期支付工程款 26,080,000.00 元。

(7)向关联方开具银行承兑汇票为其承担贴现利息关联交易

①本项关联交易主要内容

本公司 2003 年 10 月 21 日与云南铜业(集团)有限公司、云南冶炼厂、易门矿务局、昆明云冶锌业股份有限公司四家关联企业,分别就交易双方以银行承兑汇票支付原料采购款并为卖方承担贴现利息的关联交易,签订《原料购销结算方式的补充协议》,该协议有效期为三年。此项关联交易已获 2003 年 12 月 2 日"2003 年度第二次临时股东大会决议"审议通过。

本公司向原料供应方支付的原料款,以半年不含息银行承兑汇票的方式支付。原料供应方需用资金时,可到银行办理汇票贴现,按照银行的贴现政策进行贴现,贴现利息由本公司负责承担。供应方向本公司结算贴现利息时,应于贴现后把贴现支付凭单交付本公司,经审查无误后,按贴现利息支付凭单向供应方支付利息。

②本项关联交易定价政策

本公司对关联方和非关联方企业在承担贴现利息方面处理方法是一致的,按照已贴现的银行利息支付给原料供应方。

③本年度向关联方开具银行承兑汇票为其承担贴现利息明细如下:

关联方	2003 年 承担贴息金额	2003 年 占总额比例%	2002 年 承担贴息金额	2002 年 占总额比例%
云南铜业(集团)有限公司	9,836,737.83	24.08	28,831,012.33	68.28
云南冶炼厂	83,533.33	0.20		
易门矿务局	304,495.83	0.75		
昆明云冶锌业股份有限公司				
云南明晨进出口有限公司	1,470,339.88	3.60		
合计	11,695,106.87	28.63	28,831,012.33	68.28

(8)根据本公司与云晨期货经纪有限公司签定的《设备租赁、维护及信息服务协议》,本公司为其提供接收信息所需的数据传输通道及服务器、工作站等硬件设备,并负责维护、保证设备的正常运行,同时提供所需信息数据。服务费用按国家物价部门规定价格或当地可比的市场价格确定。本年度收到的设备租赁、维护费用为 1,000,000.00 元,信息服务费用为 200,000.00 元。

(四)报告期内,本公司及其控股子公司无其他重大合同及担保事项。

根据中国证监会昆明特派办(昆证办[2003]159 号)转发中国证监会和国资委联合发的文件(证监发 [2003]56 号)《关于规范上市公司与关联方资金往来及上市公司对外担保若干问题的通知》的文件,2003 年 10 月 10 日至 10 月 20 日,公司对与控股股东及其他关联方已经发生的资金往来、资金占用以及对外担保情况进行了自查,于 10 月 21 日将自查报告上报中国证监会昆明特派办备案。

(五)报告期内,公司无委托他人进行现金资产管理事项。未来也无委托理财计划。

(六)承诺事项:报告期内公司及控股股东无其他承诺事项。

(七)聘任、解聘会计师事务所情况

本年度公司继续聘任云南亚太会计师事务所为本公司财务审计机构,该审计机构为本公司累计服务年限 7 年。根据公司与云南亚太会计师事务所签定的审计业务约定书,报告年度支付的审计费用为人民币 35 万元。

(八)本年度公司、公司董事会及董事无受证券监管部门处罚的情况。

(九)报告期公司会计政策、会计估计及其变更情况

根据财政部财会[2003]12 号文"关于印发《企业会计准则--资产负债表日后事项》的通知"的规定将利润分配预案的现金股利列入"待分配股利"项目反映,相应调整年初数。本公司本年度对比较会计报表所属期间涉及现金股利分配采用追溯调整法,相应调减期初应付股利 39,934,440.00 元,调增期初现金股利 39,934,440.00 元。

公司在报告期内无其它重大事件事项。

(十)报告期内本公司没有需要披露的其他重要事项。

第八节、备查文件目录

(一)载有董事长、总会计师、会计主管人员签名并盖章的会计报表。

(二)载有会计师事务所盖章,注册会计师签名并盖章的审计报告原件。

(三)报告期内在《证券时报》和《上海证券报》上披露过的所有公司文件的正本及公告的原稿。

董事长:邹韶禄

云南铜业股份有限公司董事会

2004 年 4 月 3 日

江苏法尔胜股份有限公司

江苏法尔胜股份有限公司 2003 年年度报告

第一节 重要提示

本公司董事会及其董事保证本报告所载资料不存在任何虚假记载、误导性陈述或者重大遗漏,并对其内容的真实性、准确性和完整性承担个别及连带责任。

独立董事赵连城先生因故未能出席董事会。

江苏公证会计师事务所为本公司出具了标准无保留意见的审计报告。

公司负责人董事长周建松先生、主管会计工作负责人总经理刘礼华先生、以及会计机构负责人财务总监张卫明先生声明:保证本年度报告中财务报告真实、完整。

第二节 公司基本情况简介

一.公司法定中文名称:江苏法尔胜股份有限公司

公司法定英文名称:Jiangsu Fasten Company Limited

英文缩写:FASTEN

二.公司法定代表人:周建松

三.董事会秘书:张越

证券事务代表:张文栋

联系地址:江苏省江阴市通江北路 203 号

联系电话:0510-6119890

传真:0510-6106634

电子信箱:zhang_yue@chinafasten.com

四.公司注册地址:江苏省江阴市通江北路 203 号

公司办公地址:江苏省江阴市通江北路 203 号

邮政编码:214433

公司国际互联网网址:http://www.chinafasten.com

公司电子信箱:info@chinafasten.com

五.公司选定的信息披露报刊:《证券时报》、《上海证券报》

刊登公司年度报告的中国证监会指定国际互联网网址:http://www.cninfo.com.cn

公司年度报告备置地点:公司董事会办公室

六.公司股票上市交易所:深圳证券交易所

股票简称:法尔胜

股票代码:000890

七.公司首次注册登记日期:1993 年 6 月 30 日

登记地点:江苏省工商行政管理局

企业法人营业执照注册号:3200001103376

税务登记号码:320281250377396

公司聘请的会计师事务所:江苏公证会计师事务所有限公司

办公地址:江苏省无锡市梁溪路 28 号

第三节 会计数据和业务数据摘要

一.年度主要财务指标情况 单位:元

指标名称	金额
利润总额	34,516,411.53
净利润	19,490,407.36
扣除非经常性损益后的净利润	18,222,821.85
主营业务利润	165,753,447.73
其他业务利润	7,678,048.88
营业利润	32,903,532.51
投资收益	1,194,475.11
补贴收入	---
营业外收支净额	418,403.91
经营活动产生的现金流量净额	42,083,123.72
现金及现金等价物净增加额	145,434,774.16

附:按照《公开发行证券的公司信息披露规范问答第 1 号-非经常性损益》的要求确定和 计算的非经常性损益项目是: 单位:元

项目	金额
资产置换损益	
临时性获得的补贴收入(政策有效期少于 3 年)	---
处理下属部门、被投资单位股权收益	---
比较财务报表中会计政策变更对以前期间净利润的追溯调整	---
流动资产盘盈、盘亏损益	---
支付或收取得资金占用费	1,545,538.68
委托投资受益	---
营业外收入	424,445.61
营业外支出有关项目	-193,934.59
其他公司正常经营损益之外的、一次性或偶发性损益	---
子公司权益法核算计入	---
税前合计	1,776,049.70
所得税	508,464.19
税后金额	1,267,585.51

二.至本报告期末前三年的主要会计数据和财务指标 单位:元、元/股

项目	2003 年度	2002 年度调整后
主营业务收入	930,980,828.37	665,225,913.69
净利润	19,490,407.36	34,197,452.11
总资产	2,678,102,739.85	1,976,580,246.06
股东权益(不含少数股东权益)	944,208,773.48	954,248,635.40
每股收益(摊薄)	0.07	0.12
每股收益(加权)	0.07	0.12
每股净资产	3.23	3.27
调整后的每股净资产	3.14	3.18
每股经营活动产生的现金流量净额	0.14	-0.12
净资产收益率	2.06%	3.58%

项目	2002 年度调整前	2001 年度调整后	2001 年度调整前
主营业务收入	665,225,913.69	353,135,088.62	1,054,502,734.87
净利润	34,197,452.11	64,659,944.74	64,659,944.74
总资产	1,976,580,246.06	1,592,910,518.17	2,022,902,001.26
股东权益(不含少数股东权益)	929,542,550.23	924,724,075.32	927,403,707.45
每股收益(摊薄)	0.12	0.22	0.22
每股收益(加权)	0.12	0.25	0.25
每股净资产	3.18	3.17	3.18
调整后的每股净资产	3.09	3.11	3.12
每股经营活动产生的现金流量净额	-0.12	0.10	0.10
净资产收益率	3.68%	6.99%	6.97%

三.按照《公开发行证券的公司信息披露编报规则第九号》计算的每股收益和净资产收益率

单位:元

报告期利润	净资产收益率 全面摊薄	净资产收益率 加权平均	每股收益 全面摊薄	每股收益 加权平均
主营业务利润	17.55%	17.37%	0.57	0.57
营业利润	3.48%	3.45%	0.11	0.11
净利润	2.06%	2.04%	0.07	0.07
扣除非经常性损益后的净利润	1.93%	1.91%	0.06	0.06

四. 报告期内的股东权益变动情况及原因

项目	股本	资本公积	盈余公积
期初数	292,032,000.00	557,767,224.52	51,851,580.18
本期增加	---	---	8,641,959.56
本期减少	---	---	---
期末数	292,032,000.00	557,767,224.52	60,493,239.74
变动原因	无	无	利润计提

项目	法定公益金	未分配利润	股东权益合计
期初数	13,660,457.77	52,597,830.70	954,248,635.40
本期增加	958,166.91	19,490,407.36	19,490,407.36
本期减少	---	38,171,928.84	29,530,269.28
期末数	14,618,624.68	33,916,309.22	944,208,773.48
变动原因	利润计提	本年度利润实现及分配	利润分配及两金计提

第四节 股本变动及股东情况

一、股本变动情况表 单位:股

项目	本次变动前	本次变动增减(±)	本次变动后
一、未上市流通股份			
1.发起人股份			
其中			
国家持有股份	+1,114,615★	1,114,615	
境内法人持有股份	119,246,400	-1,114,615★	118,131,785
境外法人持有股份			
其他			
2.募集法人股份	3,057,600	3,057,600	
3.内部职工股	389,192	-123,449★★	265,743
4.优先股或其他			
未上市流通股份合计	122,693,192	-123,449	122,569,743
二、已上市流通股份			
1.人民币普通股	169,338,808	+123,449★★	169,462,257
2.境内上市的外资股			
3.境外上市的外资股			
4.其他			
已上市流通股份合计	169,338,808	+123,449	169,462,257
三、股份总数	292,032,000	292,032,000	

股份变动情况说明:

★:本公司发起人之一山东枣庄橡胶厂持有的 1114615 股本公司股票被司法裁决转让给山东省国际信托投资有限公司;

★★:本公司前任董事唐菊芬、顾银芬、金根兴、和监事陈珍静、朱伟、林柄兴等六人在卸任六个月后,根据有关规定,持有的公司股票予以解冻,可以流通。

二、股票发行与上市情况

2000 年 12 月 13 日(除权日),根据本公司股东大会决议并经中国证券监督管理委员会证监公司字【2000】179 号文批准,本公司以 1999 年末总股本 14400 万股为基数,向全体股东每 10 股配售 3 股,但因法人股全部放弃配股权,实际配股数为 2304 万股,其中内部职工股配售 504 万股。配股完成后,公司总股本增至 22464 万股。2001 年 2 月 13 日配股的可流通部分上市交易。

2001 年 6 月 22 日(除权日),根据本公司股东大会通过的 2000 年度利润分配方案,按总股本 22464 万股为基数,每 10 股送红股 1 股,并以资本公积金每 10 股转赠 2 股,共计增加股本 6739.2 万股。送转股后公司总股本增至 29203.2 万股。2001 年 6 月 25 日本次转赠股本和所送红股的可流通部分上市交易。

根据中国证券监督管理委员会证监发字【1998】273 号文《关于江苏法尔胜股份有限公司申请公开发行股票的批复》,已托管的内部职工股自新股发行之日起满三年后,方可上市流通,截止 2001 年 11 月 2 日,公司内部职工股距 A 股发行之日已满三年,"法尔胜"内部职工股除高管股依据有关规定继续予以冻结外,其余内部职工股于 2001 年 11 月 5 日上市流通。

公司现存的内部职工股均为在职高级管理人员持有,其发行日期为 1993 年,发行价格为 2 元/股,发行时总数为 1200 万股。

三、报告期末股东总数

1. 截至本报告期末，公司股东总数为 43,132 户。

2. 持有 5%(以上)的股东是法尔胜集团公司，所持股份性质是法人股，报告期内持有股份未发生变化，期末持有本公司股票 114150400 股，该股东所持有的本公司股份未有质押和冻结情况。

3. 前十大股东(见下表)中第二大股东江阴金属制品研究所是第一大股东法尔胜集团的全资子公司。其他股东之间未知其关联关系或属于《上市公司股东持股变动信息披露管理办法》规定的一致行动人。

四、前十大股东持股情况

截至日期:2003 年 12 月 31 日

股东名称	持股数量(股)	占股本比例(%)	股份性质
法尔胜集团公司	114,150,400	39.088	国有法人股
江阴金属制品研究所	3,057,600	1.047	法人股
中国冶金进出口江苏公司	1,274,000	0.436	国有法人股
辽宁省五金矿产进出口公司	1,274,000	0.436	国有法人股
青岛第六橡胶厂	1,274,000	0.436	国有法人股
山东省国际信托投资公司	1,114,615	0.382	国有股
苏州工业园区资产管理有限公司	591,330	0.202	A 股
陈沛兰	544,823	0.186	A 股
王盼	501,100	0.172	A 股
张楠	401,867	0.138	A 股

五、持股 10%以上的法人股股东介绍

持有本公司 10%以上的法人股股东是法尔胜集团公司，该公司基本情况如下：

公司成立日期:1993 年 1 月 18 日

注册资本:10926.10 万元人民币(壹亿玖佰贰拾陆万壹仟元整)

法人代表:周建松先生

主要经营范围是:进出口钢丝，钢丝绳，预应力钢丝，钢绞线，各种桥梁用缆索，体外预应力索，各类锚夹具，模具工具，各类有色黑色金属制品及机械设备，制绳用各种辅助材料、仪器仪表、相关技术的进出口业务等，饮食，高新技术，信息咨询，技术转让，电子产品，玩具，承包境外冶金行业工程及境内国际招标工程及上述境外工程所需的设备，材料出口；对外派遣实施上述境外工程所需的劳务人员，开设特钢制品厂。

法尔胜集团公司的最终控制人是江阴市公有资产管理办公室。

六、前十大流通股股东持股情况

截至日期:2003 年 12 月 31 日

股东名称	持股数量(股)	比例(%)	股份性质
苏州工业园区资产管理有限公司	591,330	0.202	A 股
陈沛兰	544,823	0.186	A 股
王盼	501,100	0.172	A 股
张楠	401,867	0.138	A 股
陈涌	390,000	0.134	A 股
李建兰	362,800	0.124	A 股
任峰	339,880	0.116	A 股
王新春	314,656	0.108	A 股
曹红飞	301,600	0.103	A 股
融通深证 100 指数证券投资基金	298,046	0.102	A 股

前 10 大流通股股东之间未知其关联关系，或是否属于《上市公司股东持股变动信息披露管理办法》规定的一致行动人。

第五节　董事、监事、高级管理人员和员工情况

一、高级管理人员基本情况

姓　名	性别	职务	年龄	任期	年初	年末	增
				持股	持股		减
周建松	男	董事长	57	2002.5--2005.5	30940	30940	0
刘礼华	男	董事总经理	39	2002.5--2005.5	23205	23205	0
蒋纬球	男	董事副总经理	48	2002.5--2005.5	32487	32487	0
吴玉君	女	副总经理	50	2002.5--2005.5	20420	20420	0
梁乐天	男	副总经理	49	2002.5--2005.5	23514	23514	0
韩之俊	男	独立董事	61	2002.5--2005.5	0	0	0
陈良华	男	独立董事	41	2002.5--2005.5	0	0	0
赵连城	男	独立董事	66	2003.6--2005.5	0	0	0
马宗况	男	独立董事	65	2003.6--2005.5	0	0	0
张卫明	男	董事财务总监	39	2002.5--2005.5	9282	9282	0
张国春	男	董事总经理助理	39	2002.5--2005.5	31868	31868	0
周江益	男	董事	48	2002.5--2005.5	7735	7735	0
刘印	男	董事	34	2002.5--2005.5	3248	3248	0
陈秀网	男	监事会主席	57	2002.5--2005.5	26608	26608	0
王平	女	监事	49	2002.5--2005.5	20111	20111	0
陈炎	男	监事	45	2002.5--2005.5	18873	18873	0
唐福如	男	监事	42	2002.5--2005.5	11138	11138	0
吉方宇	男	监事	40	2002.5--2005.5	3094	3094	0
张越	男	董事会秘书	31	2002.5--2005.5	3216	3216	0

本公司高管人员在股东单位的兼职情况如下：

董事长周建松先生现任法尔胜集团公司董事长、总裁、党委书记；

董事周江益先生现任法尔胜集团公司总裁助理；

董事刘印先生现任法尔胜集团公司法律服务所主任；

监事会主席陈秀网先生现任法尔胜集团公司党委副书记；

监事王平女士现任法尔胜集团公司总裁助理；

二、高级管理人员年度报酬情况

本公司高级管理人员的薪酬采用年薪制，由公司的考核部门依据责任制指标考核确定报酬总额，经董事会下属的薪酬委员会讨论批准后执行。支付方式采取平时少量预支，年终考核兑现发放。

独立董事的津贴由董事会提议并报股东大会批准后执行。

在决定高级管理人员的薪酬水平时，主要参照下列因素：1)岗位的工作内容、工作量和所承担的责任；2)本地区和本行业的市场薪酬水平和变化状况；3)公司的总体经营状况和高级管理人员的年度考核评价结果。

报告期内公司九名董事、监事和高级管理人员的年度报酬总额为 86 万元。金额最高的前三位董事报酬总额为 35 万元。除董事外金额最高的前三名高级管理人员报酬总额为 37 万元。报告期内公司董事、监事和高级管理人员的年度报酬总额分布区间如下：

10-15 万元	6 人
6-10 万元	3 人

其中，公司副总经理梁乐天先生、监事陈炎先生、监事唐福如先生在本公司的控股子公司领取报酬，不在本公司直接领取报酬。

董事长周建松先生、董事周江益先生、董事刘印先生、监事会主席陈秀网先生、监事王平女士、监事吉方宇先生等在法尔胜集团公司及其其他子公司领取报酬，不在本单位领取报酬。

三、报告期内高管人员变动情况

报告期内，公司按照中国证监会《关于在上市公司建立独立董事制度的指导意见》的要求，于 2003 年 6 月 18 日召开 2002 年年度股东大会，审议通过了《关于增选公司独立董事的议案》，增选赵连城先生、马宗况先生为公司独立董事。目前公司董事会由 11 名董事组成，其中有 4 名独立董事，独立董事人数已达到三分之一，符合《关于在上市公司建立独立董事制度的指导意见》的要求。

报告期内公司没有高管人员离任。

四、员工情况

截至本报告期末，公司(包括控股子公司)共有在册职工 2790 人。

1.按工作类别划分：

工种	生产	技术	市场	财务	行政管理	总计
人数	2060	116	124	49	367	2716
比例	75.85%	4.27%	4.57%	1.80%	13.51%	100%

2.按年龄划分

年龄	30 岁以下	30 岁--40 岁	40 岁--50 岁	50 岁以上	总计
人数	936	1186	474	120	2716
比例	34.46	43.67	17.45	4.42	100%

3.按教育程度划分

教育程度	硕士及以上	本科及大专	中专及高中	高中以下	总计
人数	27	402	839	1448	2716
比例	0.99%	14.80%	30.89%	53.31%	100%

公司所有员工均参加社会养老保险，因而无需为离退休职工承担费用。

第六节　公司治理结构

一、公司治理情况

公司严格按照《公司法》、《证券法》、中国证监会有关法规规定以及《深圳证券交易所股票上市规则》的要求，建立现代企业制度，规范公司运作，不断完善公司法人治理结构。

公司实行股东大会、董事会和监事会构成的"三会"制度，并制定了《董事会议事规则》、《监事会议事规则》、《总经理工作细则》和《信息披露工作细则》，股东大会、董事会和监事会各尽其职，基本符合中国证监会和国家经贸委联合办法的《上市公司治理准则》的要求，主要体现在：

1. 关于股东和股东大会

公司严格按照《上市公司股东大会规范意见》及公司章程的要求召集、召开股东大会，并聘请具有证券从业资格的律师出席见证并出具法律意见书；会议召开地点和时间的选择上尽可能让更多的股东参加并形式表决权，以确保所有的股东，特别是中小股东享有平等的地位，充分行驶自己的权利。公司与股东方之间的关联交易公平合理，对关联交易的定价依据客观并充分披露，关联股东在表决时放弃表决权。

2. 关于控股股东和上市公司的关系

公司控股股东法尔胜集团公司通过股东大会行使出资人权利，不干预公司决策和生产经营活动；公司与控股股东在人员、资产、财务、机构和业务方面做到相互独立，公司董事会、监事会和管理机构独立运作。

3.关于董事和董事会

公司严格按照章程规定选举聘任董事，公司董事会人数和人员构成符合法律法规要求，独立董事比例已经超过三分之一；公司董事会制定了《董事会议事规则》，董事能以勤勉尽职的态度参与董事会和股东大会，能积极参加培训学习，熟悉有关法律法规，了解作为董事的权力、义务和责任。

4.关于监事和监事会

公司监事的选举严格按照章程规定，其人数和人员构成符合相关法律法规。公司监事会制定了监事会议事规则，公司监事能认真履行自己的职责，本着对股东负责的精神，对公司的规范运作、财务信息、高级管理人员的勤勉尽职进行监督并独立发表意见。

5.关于绩效评价和激励约束机制

公司积极建立公正透明的绩效评价和激励约束机制，经理人的聘任和免职公开、透明，符合法律法规和公司章程的规定。

6.关于利益相关者

公司充分尊重和维护银行及其他债权人、供应商、客户、员工及社区等利益相关者的合法权益，共同推动公司持续、健康的发展。

7.关于信息披露和透明度

公司建立并不断健全信息披露管理制度，制定了信息披露工作细则，制定董事会秘书和证券事务代表负责信息披露、接待股东来访和咨询工作；公司能严格按照法律、法规和公司章程的规定，真实、准确、完整、及时披露有关信息，并确保平等对待每位股东。

8.关于推行累积投票制度

公司已经在 2002 年度股东大会上选举独立董事时使用累积投票制度，更好地维护所有股东特别是中小股东的利益。

二、独立董事情况

公司已经聘请赵连城先生、韩之俊先生、马宗况先生、陈良华先生担任本公司第四届董事会独立董事，四位独立董事勤勉尽职，对公司的治理和发展贡献了宝贵的经验和建议，并在公司的重大事项发表了客观公正的独立董事意见。

三."三分开情况"

公司与控股股东在人员方面已经分开。公司独立于控股股东经营运作，公司设置有专门的劳动、安全、人事和公司投资财务管理机构，并制定了相应的管理制度；公司与控股股东在人员方面已经完全分开；公司的高级管理人员均在公司领取薪酬，未在股东单位担任任何职务及领取薪酬。

公司与控股股东在资产方面已经分开。公司资产完整，拥有独立的采购系统，独立的生产设施、辅助和配套设施以及独立的销售系统。公司的商标"法尔胜"虽然所有权属于控股股东，但根据本公司与控股股东之间的协议，本公司将无偿使用。

公司与控股股东在财务方面已经分开。公司拥有独立的财务部门，完善的会计核算体系和财务管理制度；公司拥有独立的银行帐号和税务登记证号，并依法取得营业收入
、独立纳税和享受政府补贴。

第七节　董事会报告

一、报告期内的经营情况

2003 年，公司面临着国内外的多重竞争压力，金属制品原材料价格持续大幅度上涨，光通信行业受国内厂家之间重复建设、恶性竞争和国外产品倾销的冲击，国家为控制投资从第四季度开始进行银根紧缩，都在不同程度上影响了公司整体利润的提高，使得公司的业绩较预期情况有所下降。但是在董事会、管理层和全体员工的共同努力下，公司仍取得了一定的成绩，主要表现在：

传统产业保持稳定，新投企业开始产出，新建项目进展顺利。公司在钢丝绳领域仍保持着强劲的势头，开发的高技术含量的胶带钢丝绳经过生产扩能，国内市场占有率达 85%以上，目前正向国外市场迅猛发展，2003 年出口胶带绳 5,601 吨，较 2002 年增长 298.65%；特钢制品、缆索、深圳快削钢项目已经开始正常经营并有良好效益产出；昆山快削钢项目近期正式投产；江阴快削钢项目、毅强、线材、住电、深圳中程按计划顺利进行，将逐步成为新的利润增长点。

加强科技创新和技术进步，提高企业核心竞争能力。各子公司围绕科技创新和技术进步，组织开展技术攻关，取得了一批科技成果，并将成果应用到生产，转化为效益。对于光通讯发展具有长期战略意义的光纤预制棒的大棒生产技术的研制取得成功，OVD 等关键设备实现国产化；光纤预制棒十五科技攻关项目、卢浦大桥超大规格拉索、润扬桥防渗水拉索等项目通过国家和省级鉴定、验收；钢塑复合管产品标准由国家建设部正式发布，大口径中空壁缠绕排水管技术被列为建设部重点

推广项目。

进一步加大了市场的开发力度。去年光子、缆索、特钢和金属制品等公司在市场方面花大力气加大开发力度并取得成效。光子公司在较短的时间内取得了国内市场占有率第二的地位，年产量已达 120 万芯公里，其出色的表现也得到了党和国家领导人的关注和充分肯定。光缆产品在入围选型方面取得重要突破。缆索公司保持了全国大桥缆索制品约 60%市场份额，圆满完成了润扬大桥主缆和卢浦大桥的生产供货合同。特钢公司在国内继续保持以胶带绳市场为主系列精细金属制品的领先地位，并在集团进出口公司的大力支持下，强攻国际市场，使胶带绳产品出口大幅增长，成为效益重要增长点。金属制品本部通过不断完善国内营销网络的建设，加强客户信用管理，在激烈的市场竞争中保持稳定增长，销售量和销售额均比上年增长 13.12%，应收帐款回笼率达到 100.5%。

报告期内公司共实现主营业务收入 930,980,828.37 元，较上年增长 39.95%；光通信方面，公司在"法尔胜"牌被国内市场所认可的同时加大营销力度，使光通信产品销售收入较上年增长 71.22%；新型材料产品在西气东输及各地开发区建设的大好形势下，销售收入有明显的提高，较去年同期销售增长 81.58%。以上这些原因造就了公司投资的子公司销售收入的增长，其中：深圳彰沅增加 9,342 万元、特钢制品增加 6,033 万元、光子增加 5,098 万元、新日制铁缆索增加 4,773 万元、新型管业增加 4,355 万元。

2003 年度公司实现主营业务利润 16,573 万元，较 2002 年的 10,962 万元增长了 52.21%。主要是公司加强了高附加值的胶带绳及快削钢产品的营销力度，同时也加强了内部的成本管理，在 2003 年金属制品原材料价格上涨直接增加 5,755 万元生产成本的情况下，经过公司全体员工的共同努力，金属制品类产品的毛利率仍达到 18.63%；2003 年公司光通信类产品在价格继续下跌的情况下，一方面加大规模型生产，另一方面注重产品成材率的提升，2003 年毛利率为 11.24%，较上年的 3.88%有明显的提高；新型材料方面，原料价格不断上涨增加了 352 万元生产成本，2003 年的毛利率 27.97%，较上年的 34.34%有所下降。

2003 年公司应收帐款周转率为 2.72，与 2002 年的 2.70 基本持平；存货周转率为 3.05，与 2002 年的 2.94 相比略有上升，说明公司的资产管理水平在上年的水平上有所提高。

2003 年公司强化经营活动现金流的管理，加强销售、信用管理及货款回收，2003 年实现经营活动现金净流入 4,208 万元，每股产生的现金流量净额达到 0.14 元，较好的保证了公司的日常资金流动。

(一)、主营业务的范围及其经营情况

公司主营范围为：钢丝、钢丝绳及其产品、普通机械、电线电缆、电子产品、光纤预制棒、光纤、光缆及光传感元器件、机电产品(压力容器除外)的制造和销售。

其中按产品结构分类如下：

产品	主营业务收入		主营业务利润		毛利率
	金额(元)	%	金额(元)	%	%
金属制品类产品	625,416.604.97	67.18	116,545,252.31	70.31	18.63
光通信类产品	216,708,282.41	23.28	24,355,741.55	14.69	11.24
新型材料及其他产品	88,855,940.99	9.54	24,852,453.87	14.99	27.97
合计	930,980,828.37	100	165,753,447.73	100	-

按地区分布如下：

产品	主营业务收入		主营业务利润		毛利率
	金额(元)	%	金额(元)	%	%
国内	670,755.301.65	72.05	117,467,969.97	70.87	17.51
国外	260,225,526.72	27.95	48,285,477.76	29.13	18.56
合计	930,980,828.37	100	165,753,447.73	100	---

(二)、主要控股公司及参股公司的经营情况和业绩

公司名称	拥有		主营收入
	权益%	2003	2002
江苏法尔胜特钢制品有限公司	60%	170,118,231.57	109,791,293.95
深圳法尔胜漳沅金属制品有限公司	51%	136,802.109.34	43,380,559.56
江苏法尔胜新型管业有限公司	75%	86,362,482.64	42,816,452.65
江苏法尔胜新日制铁缆索有限公司	75%	80,864,470.77	33,132,701.22
江阴法尔胜贝卡尔特光缆钢制品有限公司	70%	55,362,450.54	40,397,664.26
江苏法尔胜光子有限公司	70%	129,710.000.34	78,732,347.85
江阴法尔胜长兴光器件有限公司	75%	8,294,250.78	7,436,595.03
江苏法尔胜光通有限公司	75%	29,775,403.18	———
昆山通铭法尔胜金属制品有限公司	51%	36,398,507.03	———
江阴法尔胜智能设备有限公司	95%	4,579,976.10	6,112,305.17

公司名称	主营利润	会计报表	
	2003	2002	是否合并
江苏法尔胜特钢制品有限公司	45,285,004.28	33,552,422.11	是
深圳法尔胜漳沅金属制品有限公司	25,024,429.92	9,740,325.24	是
江苏法尔胜新型管业有限公司	22,956,248.63	14,193,225.24	是
江苏法尔胜新日制铁缆索有限公司	23,377,423.26	10,940,751.55	是
江阴法尔胜贝卡尔特光缆钢制品有限公司	10,795,445.39	8,828,526.51	是
江苏法尔胜光子有限公司	7,633,197.12	-4,232,364.07	是
江阴法尔胜长兴光器件有限公司	1,519,368.14	320,369.08	是
江苏法尔胜光通有限公司	4,407,730.90	———	是
昆山通铭法尔胜金属制品有限公司	,470,725.77	———	是
江阴法尔胜智能设备有限公司	-103,794.76	810,464.75	是

(三)、主要供应商和客户情况

本年度公司向前五名供应商的合计采购金额为 26182 万元，占总采购金额的 36.83%；本年度公司向前五名客户的合计销售金额为 20128 万元，占总销售金额的 21.62%；

(四)、经营中出现的问题与困难及解决方案

2003 年由于国民经济的快速发展，固定资产投资增速加快，汽车、机械、家电、房地产等钢铁下游行业的迅猛增长，对钢铁需求量增加，导致钢铁产品价格快速攀升，给本公司金属制品产业的经营和发展带来很大的困难。以本公司大量使用的金属盘条为例，该材料价格从 2003 年年初的 2670 元/吨持续上涨到年底的 3600 元/吨，涨幅接近 35%，原材料价格的上涨至少从两个方面对本公司的经营带来不利的影响：首先是直接增加公司的生产成本，降低了产品的盈利空间。本公司 2003 年生产销售各种金属制品超过 16 万吨，以每吨生产成本上升的平均幅度约 400 元计算，直接增加本公司生产成本约 5755 多万元；其次由于原材料的供应紧张状况，钢铁生产企业纷纷一改过去先交货，后付款(通常 3-6 月)的销售政策，变为带款提货甚至于全额预付款提货，导致本公司不得不大量增加流动资金，从而增加了公司的财务费用。面对严峻的经营环境，公司主要采取的措施一是扩大生产能力，通过增加规模来部分消化增加的生产成本；另一方面积极与下游客户沟通，争取客户理解，适当提高产品价格。同时公司开始统一协调原材料的采购，增强公司自身在与供应商谈判时的能力，改善自身的被动地位。

2003 年公司的光纤预制棒的生产和销售取得长足进展，首次实现产销光纤 125 万芯公里，占据全国光纤总需求的 10-12%，国内市场份额位居全国第二位。就全国性的光通信市场而言，尽管 2003 年依然保持了 20%的消费增长，但由于受到来自美国、日本和韩国的光纤倾销，光纤产品的售价仍在历史性的低位运行。2003 年 7 月本公司下属的江苏法尔胜光子有限公司联合武汉长飞光纤光缆有限公司，代表中国光纤制造行业对来自美日韩的光纤提起反倾销诉讼，并被中华人民共和国商务部正式受理立案。尽管截至本报告公布之日，该案件仍在调查中，但国内光纤市场已经出现一些积极的信号，主要表现为产品价格止跌企稳，进口光纤的倾销行为有所控制，这些都会对本公司光通信产业的发展带来积极的影响。

公司在新材料产业的进展不一。受惠于国内基础设施建设的需求增长，公司的新型管道材料，特别是大口径给排水材料产销两旺，继续延续了去年的高速增长的态势；全年实现销售收入 8636 万元，较上年增长 102%。公司在形状记忆合金产业的进展则相对缓慢，一方面新的投资方加入也影响了该项目的进展，另外公司预期的市场需求爆发期并没有到来，同时国内生产资料价格的上升，若按计划实施该项目可能导致项目投资超预算。因此本公司放慢了该项目的实施进度，截至到本报告期项目末，完成了预计投资总额的 22%。

同时公司董事会已经注意到：本公司的投资项目均采用独立法人的实施方式，这种方式会计核算方便清晰，管理制度明确，有利于考核和评价项目投资的成效，但也造成公司总体规模扩张，导致公司的管理费用增长过快，给公司的经营效益带来了一定的压力。

二、报告期内的投资情况

1. 截至到报告期末募集资金的使用情况　单位：万元

承诺投资项目	项目承诺投资额	实际投资项目	报告期内投资金额	实际投资金额累积	是否变更
年产 15000 套光器件项目	4100	年产 15000 套光器件项目	0	2071	是
JS-CIMS 系统及电子商务工程项目	4250	JS-CIMS 系统及电子商务工程项目	0	1015	是
ADSS 及带状光缆项目	4050	ADSS 及带状光缆项目	0	4050	否
钢塑复合管材管件项目	4910	钢塑复合管材管件项目	0	4910	否
钢丝生产流水线自动化技术改造项目	4700	钢丝生产流水线自动化技改项目	0	4700	否
镍钛合金形状记忆新材料项目	4800	镍钛合金形状记忆材料项目	0	1065	否
补充流动资金	4555	补流动资金		4555	否
江苏法尔胜彰沅金属制品有限公司项目	5264	江苏法尔胜彰沅金属制品有限公司项目	4654	4654	是

2.募集资金的收益情况

(1)尚未使用的配股募集资金存放在银行；

(2)钢丝生产流水线自动化技术改造项目：报告期实现主营收入 17012 万元，实现主营业务利润 4529 万元。

(3)钢塑复合管材管件项目：报告期实现主营收入 8636 万元，实现主营业务利润 2296 万元。

(4)ADSS 及带状光缆项目：报告期实现主营收入 2977 万元，实现主营业务利润 441 万元。

(5)年产 15000 套光器件项目：报告期实现主营收入 829 万元，实现主营业务利润 152 万元；

(6)JS-CIMS 系统及电子商务工程项目：报告期实现主营收入 146 万元，实现主营业务利润 69 万元；

(7)"镍钛形状记忆合金新材料项目"目前正处在工程建设过程中。

(8)江苏法尔胜彰沅金属制品有限公司项目：目前已经进入生产产调试阶段，预计 2004 年 10 月将正式投产。

3.募集资金的变更情况

2003 年 4 月 8 日，本公司召开第四届第八次董事会，会议审议通过关于变更部分募集资金用途的议案。董事会一致决定终止实施年产 15000 套光器件项目和 JS-CIMS 系统及电子商务工程项目，将上述两个项目的剩余募集资金 5264 万元转投江苏法尔胜漳沅金属制品有限公司项目。该议案在履行必要的审批和信息披露程序后，已经 2003 年 6 月 18 日召开的 2002 年度股东大会审议通过。详见本公司于 2003 年 4 月 10 日、6 月 19 日在《证券时报》和《上海证券报》上刊登的有关公告。

4.自有资金的投资情况

(1)深圳法尔胜中程科技有限公司：该公司系本公司与浙江中程兴达科技有限公司、深圳市金恒科实业有限公司合资设立，注册资本为 500 万元人民币，主要从事本公司产品在广东市场的销售。报告期内本公司投入人民币 200 万元，占注册资本的 40%。

(2)江阴法尔胜线材制品有限公司：该公司系本公司与加拿大康余克斯通讯技术公司合资设立，注册资本为 500 万美元人民币。本公司占注册资本的 75%，主要生产高档镀锌钢丝等。报告期内本公司投入人民币 3104 万元；

(3)昆山通铭法尔胜金属制品有限公司：该公司系本公司与台湾通铭企业有限公司合资设立，注册资本为 2180 万美元，本公司占有 51%股权。主要生产易切削钢棒、低碳钢丝等。报告期内本公司投入人民币 1553 万元，该公司 2003 年实现主营收入 3640 万元，实现主营业务利润 247 万元。

(4)江阴法尔胜毅强工程材料有限公司：该公司系本公司控股子公司江苏法尔胜新日制铁缆索有限公司与台湾毅强投资有限公司、新光投资有限公司、意大利艾尔格器械制造有限公司合资设立，注册资本为 180 万美元，主要生产预应力锚具、高速铁路支座等。其中江苏法尔胜新日制铁缆索有限公司占注册资本的 55%，报告期内投入 819 万元；

(5)江阴法尔胜住电新材料有限公司：该公司系本公司控股子公司江苏法尔胜新日制铁缆索有限公司与日本住友电工钢线株式会社合资设立，注册资本为 125 万美元，主要生产预应力环氧树脂钢绞线。其中江苏法尔胜新日制铁缆索有限公司占注册资本的 70%，报告期内已经投入 724 万元人民币；

(6)阜新环宇胶带有限公司：该公司系本公司控股子公司江苏法尔胜特钢制品有限公司与阜新橡胶(集团)有限公司、鞍山市炭黑厂、锦州三强工业有限公司合资设立，注册资本为 5000 万元人民币，主要生产非金属运输带，其中江苏法尔胜特钢制品有限公司占注册资本的 40%，报告期内已经投入 2000 万元；

(7)江阴巨福精密五金制造有限公司：该公司系本公司与台湾彰沅实业有限公司、香港巨福有限公司合资设立，注册资本为 210 万美元，主要生产计算机用轴棒，其中本公司占注册资本的 35.7%。报告期内本公司已经投入 186 万元人民币。

三、公司财务状况

1. 主要财务指标

主要财务指标	2003 年	2002 年	变动幅度
主营业务收入	930,980,828.37	665,225,913.69	39.95%
主营业务利润	165,753,447.73	109,624,155.25	51.20%
货币资金	568,456,358.52	423,021,584.09	34.38%
应收帐款	389,242,886.71	296,360,318.78	31.34%
存货	278,846,724.12	221,265,311.99	26.02%
负债	1,514,033,777.37	877,335,792.61	72.57%
净利润	19,490,407.36	34,197,452.11	-43.01%

2.财务指标变动说明

(1)主营业务收入增加主要是本公司大部分子公司处于经营的上升期，经营规模及市场产品不断扩大所致；

(2)主营业务利润增加主要是主营业务收入增加所致；

(3)货币资金增加主要是本公司各子公司经营规模扩大，增加货币储备及票据保证金所致；

(4)应收帐款增加主要是本公司大部分子公司业务量较上年大幅上涨而带来的应收帐款增加；

(5)存货增加主要是本公司建成投产的子公司增多及市场因素使本公司产销量增加，储备增加所致；

(6)负债增加主要是建成投产的子公司增多及市场因素使本公司产销量增加，流动资金需求增加所致；

(7)净利润减少主要原因是金属制品原材料价格上涨，以及公司规模扩大所导致的期间费用和成本增长所致。另外本报告期非经常性利润大幅减少也是公司净利润减少的主要原因之一。

四、新年度的经营计划

2004 年公司所在行业面临的经营环境并不会出现明显的改观，公司董事会和管理层已经做好的充分的准备以应对可能出现的各种困难和经营障碍，用心做事，控制投资，整合管理，狠抓产出，具体地公司拟采取的主要措施有：

1.严格控制新投项目，重点抓好已投项目得产出，对一些非主业、非战略性投资且长期不能盈

利的子公司进行清理，确保公司的利润。

2.成立专门的原料部，实现原料大采购，控制原料的波动幅度，确保原料供应。由于国内投资增幅较快，带动钢材需求较大幅度增加，同时由于铁矿石、焦炭等钢铁生产所需的原材料价格出现大幅度攀升，电力供应持续紧张，本公司预计原料的上涨趋势将会加剧，并会持续在高位运行。因此实现原料的集中采购，争取更多的价格和付款条件优惠，保证生产的平稳和连续，可以进一步巩固本公司的竞争力。

3.采取更为灵活的产品定价策略。原材料的快速上涨给本公司带来的一个积极影响是部分小规模的竞争对手已经退出竞争，市场的竞争环境得到了一定的改善，公司的部分产品已经出现供不应求的状况，因此本公司将抓住机会，将产品与原材料的供应状况挂钩，实施更灵活的销售价格和销售策略调整，进一步提高产品的盈利能力；

4.对部分财务结构不理想的控股子公司进行调整，通过引进新的投资者、补充资本金等手段，降低子公司的负债比率，为子公司盈利能力的提升创造良好的条件；

5.对国家在2004金融市场的发展趋势未雨绸缪，提前应对，提高公司资金的使用效率，强化公司现金流管理，控制公司总体的负债规模，进一步减少对控股子公司的资金担保，确保公司的财务风险始终在可控制的范围内。

6.继续强化管理和培训，重点完善管理体系、投资决策体制和激励机制，落实经营目标责任制，特别是控股子公司经营者的责、权、利及成效性。

五、董事会日常工作情况

(一)、报告期内董事会会议情况和决议内容

1.2003年4月8日召开第四届第八次董事会，会议审议并通过以下决议：

(1)2002年度报告正文及摘要；

(2)2002年度董事会工作报告；

(3)2002年度总经理工作报告；

(4)2002年度财务报告；

(5)关于续聘江苏公证会计师事务所的议案；

(6)关于续聘江苏世纪同仁律师事务所的议案；

(7)关于修改公司章程的议案；

(8)关于公司2002年度利润分配的议案；

(9)关于变更部分募集资金用途的议案；

(10)关于合资设立深圳法尔胜中程科技有限公司的议案；本次董事会决议刊登在2003年4月10日《证券时报》和《上海证券报》上。

2.2003年4月22日召开第四届第九次董事会，会议审议并通过以下议案：

(1)公司2003年第一季度报告；

(2)关于增补公司独立董事的议案；

(3)关于设立江阴法尔胜线材制品有限公司的议案；

(4)关于召开2002年度股东大会的议案；

本次董事会决议刊登在2003年4月24日的《证券时报》和《上海证券报》上。

3.2003年6月18日召开第四届第十次董事会，会议审议并通过以下议案：

(1)关于调整本公司对江阴法尔胜线材制品有限公司出资额及持股比例的议案；

4.2003年8月18日召开第四届第十一次董事会，会议审议并通过以下议案：

(1)2003年度中期报告及摘要；

本次董事会决议刊登在2003年8月22日的《证券时报》和《上海证券报》上。

5.2003年10月20日召开第四届第十二次董事会，会议审议并通过以下议案

(1)公司2003年度第三季度报告；

(2)《关于资金占用和对外担保的自查报告》的议案。

本次董事会决议刊登在2003年10月21日的《证券时报》和《上海证券报》上。

(二)、董事会对股东大会决议的执行情况

报告期内公司2003年6月18日召开的2002年度股东大会审议通过了2002年度利润分配方案为：以公司2002年12月31日的总股本29203.2万股为基数，向全体股东每10股派发现金红利1元(含税)。本次派息的股权登记日为2003年8月15日，除息日为2003年8月18日，派息已经实施完毕。

六、本次利润分配预案

公司2003年度实现净利润19,490,407.36元，加上2002年度未分配利润52,597,830.70元，根据公司章程规定计提法定公积金1,916,333.81元，计提法定公益金958,166.91元，公司控股的合资子公司提取职工奖励及福利基金327,069.28元，提取储备基金4,050,194.57元，提取企业发展基金1,716,964.27元，扣除应付普通股股利29,203,200.00元，实际可供投资者本次分配的利润为33,916,309.22元。根据公司发展需要，董事会决定以2003年12月31的总股本292032000股为基数，每10股派发现金0.5元(含税)。

上述分配预案尚需提交2003年度股东大会审议。

第八节　重要事项

一、重大诉讼、仲裁事项

本报告期内公司没有发生重大诉讼、仲裁事项。

二、其他重要事项

根据中国证券监督管理委员会和国务院国有资产监督管理委员会证监发[2003]56号文《关于规范上市公司与关联方资金往来及上市公司对外担保若干问题的通知》的规定，本公司报告期内控股股东及其他关联方占用资金及上市公司对外担保的情况如下：

1.资金往来的关联方关系如下：

关联单位名称	关联关系
法尔胜集团公司	母公司，持公司股份
法尔胜集团进出口有限公司	受同一公司控制
法尔胜集团公司宁波销售公司	受同一公司控制
江苏法尔胜技术开发中心	受同一公司控制
常熟中常光缆工业有限公司	参股公司

2.法尔胜与控股股东及其他关联方资金往来情况如下：(单位：人民币万元)

会计科目	关联方	年初数	借方发生数	贷方发生数	年末数
应收账款	法尔胜集团进出口有限公司	2,956	30,504	32,056	1,404
应收账款	常熟中常光缆工业有限公司	383	117	202	298
应收账款	法尔胜集团公司宁波销售公司	720	144	281	583
应收账款	江苏法尔胜技术开发中心	341	265	342	264
其他应收款	常熟中常光缆工业有限公司	1,167	1,741	1,406	1,502
应付账款	法尔胜集团公司	266	6,782	7,078	562
应付账款	常熟中常光缆工业有限公司	17	6	2	13
应付账款	江苏法尔胜技术开发中心	2	41	54	15
其他应付款	江苏法尔胜技术开发中心	68	--	--	68
其他应付款	法尔胜集团进出口有限公司	--	--	28	28

除本公司参股公司常熟中常光缆工业有限公司2003年12月31日占用本公司资金1787万元外，2003年度本公司的大股东及其他关联方无占用本公司资金的情形。

3.大股东及关联方担保问题

截至2003年12月31日止，本公司未向大股东及其关联公司提供任何担保。

截至2003年12月31日止，本公司为参股公司常熟中常光缆工业有限公司提供短期借款担保800.00万元，为参股公司无锡法尔胜实业有限公司提供承兑汇票担保112.50万元，

具体为：

企业名称	担保金额(万元)	担保期限
常熟中常光缆工业有限公司★	200.00	2003.11.18~2004.4.21
常熟中常光缆工业有限公司	600.00	2003.10.31~2004.4.30
无锡法尔胜实业有限公司	112.50	2003.12.25~2004.6.24
	912.50	

★法尔胜与常熟中常光缆工业有限公司签订了《国有土地使用权抵押合同》，以位于常熟市虞山镇报慈北路218号编号为常让国用(2002)字第172号《国有土地使用证》的土地使用权及该地块上的所有建筑物及其他附着物抵押给本公司，以此提供贷款担保的反担保，其中土地面积为8291.6平方米，地上建筑物的建筑面积为4513.84平方米，价值总计738万元。

4.为本公司控股子公司的担保情况

单位名称	贷款日期	到期日期	贷款额	贷款银行
江苏法尔胜	2003-5-27	2004-5-18	2000	浦发江阴支行
光子有限公司	2003-5-26	2004-5-26	3000	浦发江阴支行
	2003-9-4	2004-9-4	3000	浦发银行
	2003-10-23	2004-4-20	3000	省中行
小计			11000	
江苏法尔胜特钢制品	2003-7-20	2004-5-20	2000	工行二营
有限公司	2003-9-18	2004-3-17	1000	江阴农行
小计			3000	
江苏法尔胜新型管业	2003-5-6	2004-4-25	500	建行江阴市支行
有限公司	2003-8-3	2004-2-4	2000	无锡交行
	2003-12-8	2004-9-8	1000	招行江阴支行
	2003-12-11	2004-6-10	1000	光大银行
小计			4500	
江苏法尔胜新日制铁	2003-9-5	2004-9-5	1000	浦发江阴支行
缆索有限公司	2003-7-24	2004-7-24	1000	浦发江阴支行
小计			2000	
江阴法尔胜贝卡尔特	2003-11-21	2004-5-12	2000	交行无锡支行
光缆钢制品有限公司	2003-7-29	2004-1-28	500	建行江阴支行
小计			2500	
深圳法尔胜彰沅金属	2003-1-7	2004-1-7	2500	光大深圳莲花路支行
制品有限公司	2003-10-17	2004-11-17	1000	招商银行
	2003-11-10	2004-11-10	1000	招商银行
	2003-11-18	2004-5-18	2500	深发展南京支行
	2003-11-18	2004-11-18	1500	深发展南京支行
小计			8500	
合计			31500	

5.会计师对本公司控股股东及关联方资金占用和对外担保情况的专项核查意见

无锡公证会计师事务所有限公司根据证监发【2003】56号文有关规定，对本公司控股股东及关联方资金占用和对外担保情况进行了专项核查并发表意见如下：除法尔胜参股公司常熟中常光缆工业有限公司2003年12月31日占用法尔胜资金1787万元外，2003年度法尔胜的大股东及其他关联方无占用法尔胜资金的情形。2003年度法尔胜及法尔胜的控股子公司未发生向法尔胜的控股股东及控股股东下属企业提供担保的情形。

6.独立董事对公司累积和当期发生的对外担保情况发表的意见

依据公司的自查情况以及无锡公证会计师事务所有限公司发表的编号为苏公W【2004】E088号专项核查意见，独立董事认为：除法尔胜参股公司常熟中常光缆工业有限公司2003年12月31日占用法尔胜资金1787万元外，2003年度法尔胜的大股东及其他关联方无占用法尔胜资金的情形。2003年度法尔胜及法尔胜的控股子公司未发生向法尔胜的控股股东及控股股东下属企业提供担保的情形。

三、关联交易

1.销货及提供劳务

	2003年	
企业名称	金额	占销货总额%
法尔胜集团进出口有限公司	130,003,587.98	13.96
青岛橡胶六厂	14,699,215.82	1.58
山东安泰橡胶有限公司	--	--
法尔胜集团宁波销售公司	1,199,359.11	0.13
常熟中常光缆工业有限公司	995,102.56	0.11
法尔胜集团公司	887,903.31	0.09
	147,785,168.78	15.87

	2002年		
企业名称	金额	占销货总额%	定价政策
法尔胜集团进出口有限公司	78,003,419.73	11.73	协议作价 ★2
青岛橡胶六厂	12,191,799.74	1.83	市场价格 ★1
山东安泰橡胶有限公司	6,647,112.93	1.00	市场价格 ★1
法尔胜集团宁波销售公司	3,287,912.53	0.49	市场价格 ★1
常熟中常光缆工业有限公司	4,108,137.69	0.62	市场价格 ★1
法尔胜集团公司	--	--	市场价格 ★1
	104,238,382.62	15.67	

★1 该市场价格是指同类货物(材料或产品)的购销价格，参照同期与其他非关联方的交易价格制定，完全随行就市。

★2 本公司生产的出口产品通过法尔胜集团进出口有限公司销售，本公司视同内销。该产品销售价格，参照同类内销产品售价并考虑特殊的生产工艺技术和产品包装要求，双方均通过签定购销合同加以约定。

2.采购固定资产

企业名称	2003年	2002年	定价政策
法尔胜集团公司	14,804,333.19	--	市场价格
江苏法尔胜技术开发中心	3,653,373.00	--	市场价格
	18,457,706.19	--	

四、承诺事项

报告期内本公司无承诺事项。

五、会计师事务所

公司2003年度聘请的会计师事务所是江苏公证会计师事务所有限公司。

报告期内，本公司支付给江苏公证会计师事务所的审计费60万元，为会计师进行审计工作而承担的差旅费2万元。

第九节　备查文件目录

1.载有法定代表人、主管会计工作负责人、会计机构负责人签名并盖章的会计报表；

2.载有会计师事务所盖章、注册会计师签名并盖章的审计报告原件；

3.报告期内在中国证监会指定报纸上公开披露过的所有公司文件的正本及公告的原稿；

吉 林 炭 素 股 份 有 限 公 司

吉林炭素股份有限公司2003年年度年报告

重要提示

本公司董事会及董事保证本报告所载资料不存在任何虚假记载、误导性陈述或者重大遗漏,并对其内容的真实性、准确性和完整性负个别及连带责任。

北京中证国华会计师事务有限公司为本公司出具了标准无保留意见的审计报告。

公司董事长李勇智先生、总会计师庞志光先生、会计机构负责人王宏伟先生声明:保证年度报告中财务会计报告的真实、完整。

第一章　公司基本情况简介

一、公司的法定中、英文名称

1、中文名称:吉林炭素股份有限公司

2、英文名称:JiLin Carbon Co.,LTD

二、公司法定代表人:李勇智

三、公司董事会秘书的姓名、联系地址、电话、传真、电子信箱

1、公司董事会秘书:庞志光

2、联系地址:吉林省吉林市和平街九号

3、电话:0432-2749800

4、传真:0432-2749375

5、电子信箱:pzg000928@163.com

6、证券部电话:0432-2749376

四、公司注册地址、办公地址、邮政编码、国际互联网网址

1、公司注册地址:吉林省吉林市和平街九号

2、公司办公地址:吉林省吉林市和平街九号

3、邮政编码: 132002

4、互联网网址:www.jlts.cn

5、电子信箱:jlts000928@163.com

五、公司年度报告备置地点、登载公司年度报告的中国证监会指定国际互联网网址、选定的信息披露的指定报刊

1、年度报告备置地点:公司证券部

2、登载公司年度报告的中国证监会指定国际互联网网址:

http://www.cninfo.com.cn

3、公司信息披露的指定报刊:《证券时报》

六、公司股票上市交易所、股票简称和代码

1、公司股票上市交易所:深圳证券交易所

2、股票简称:吉林炭素

3、股票代码:000928

七、其他资料

1、公司变更注册登记日期:2002年12月31日

2、注册登记地点:吉林省吉林市和平街九号

3、企业法人营业执照注册号:2200001030127

4、税务登记号码:220202124539630

5、公司聘请的会计师事务所名称、办公地址

名称:北京中证国华会计师事务有限公司

办公地址:北京市西城区金融街23号平安大厦1215-1218号

第二章　会计数据和业务数据摘要

第一节　本年度公司主要经营数据

一、2003年度各项会计数据(单位:元)

项目	2003年
利润总额	520,049.76
净利润	785,786.83
扣除非经常性损益后的净利润	1,366,699.73
主营业务利润	116,653,394.44
其他业务利润	14,733,051.91
营业利润	2,055,536.87
投资收益	-268,944.13
补贴收入	143,382.00
营业外收支净额	-1,409,924.98
经营活动产生的现金流量净额	103,459,605.84
现金及现金等价物净增加额	127,482,970.29

"扣除非经常性损益后的净利润"中扣除的非经常性损益项目和涉及金额为:

项目	金额
营业外收入	77,928.35
补贴收入	143,382.00
营业外支出	1,487,853.33
转回存货跌价准备	399,508.80
所得税	286,121.28
合计	580,912.90

第二节　公司前三年主要会计数据及财务指标

截至报告期末公司前三年主要会计数据及财务指标

项目	单位	2003年	2002年	2001年
主营业务收入	人民币元	858,903,338.67	785,089,755.07	775,976,372.36
净利润	人民币元	785,786.83	-22,699,347.84	36,217,503.65
总资产	人民币元	3,177,402,730.64	2,872,358,344.74	2,492,185,818.29
股东权益	人民币元	1,005,032,660.67	1,004,246,864.69	1,033,671,953.19
每股收益	元/股	0.003	-0.080	0.128
每股收益(按月平均加权法计算)	元/股	0.003	-0.080	0.128
扣除非经常性损益后的每股收益	元/股	0.005	-0.065	0.137
每股净资产	元/股	3.553	3.55	3.65
调整后每股净资产	元/股	2.991	3.00	3.38
每股经营活动产生的现金流量净额	元/股	0.366	0.36	-0.10
净资产收益率%		0.080	-2.30	3.50

第三节　报告期内股东权益变动情况

项目	股本	资本公积	盈余公积
期初数	282,899,000.00	554,623,310.24	120,829,962.31
本期增加		9.15	482,041.90
本期减少			
期末数	282,899,000.00	554,623,319.39	121,312,004.21

项目	其中:公益金	未分配利润	股东权益
期初数	58,055,307.91	45,894,592.14	1,004,246,864.69
本期增加	241,020.95	785,786.83	785,795.98
本期减少		482,041.90	
期末数	58,296,328.86	46,198,337.07	1,005,032,660.67

变动原因:

1、本期资本公积增加系公司确认子公司吉林市松江炭素有限责任公司股权投资准备;

2、本期盈余公积增加系公司母公司及子公司按当期净利润10%分别提取法定公积金和公益金;

3、本期未分配利润增加主要是公司本期盈利所致;

4、本期股东权益增加主要是公司本期盈利所致。

第三章　股本变动及股东情况

第一节　股本变动情况

报告期内,公司股本结构无变化。

第二节　股东情况介绍

一、截止2003年12月31日,公司股东总数为56,369名。其中:境内法人股股东19名,社会公众股股东56,350名。

二、截止2003年12月31日,公司前十名股东持股表

前十名股东持股情况

序号	股东名称	持股数(股)	占总股本比例(%)	股份类别
1	吉林炭素集团有限责任公司	150,180,000	53.09	国有法人股
2	攀钢成都无缝钢管有限公司	2,000,000	0.71	境内法人股
3	本溪钢铁集团有限责任公司	1,500,000	0.53	境内法人股
4	天津钢管公司	1,000,000	0.35	境内法人股
5	龙建路桥股份有限公司	1,000,000	0.35	境内法人股
6	大连钢铁集团有限责任公司	1,000,000	0.35	境内法人股
7	无锡锡兴钢铁股份有限公司	1,000,000	0.35	境内法人股
8	四川川投长城特殊钢股份有限公司	1,000,000	0.35	境内法人股
9	杭州钢铁集团公司	600,000	0.21	境内法人股
10	吉林市银河投资顾问有限责任公司	500,000	0.18	境内法人股

前十名股东关联关系或一致行动的说明:公司前十名股东中,第一大股东与其余股东之间不存在关联关系、不属于《上市公司持股变动信息披露管理法》中规定的一致行动人。其余股东之间,公司未知是否存在关联关系或属于《上市公司持股变动信息披露管理办法》中规定的一致行动人。

持有5%以上(含5%)法人股东所持股份质押和冻结情况。

1、公司控股股东吉林炭素集团有限责任公司(以下简称"炭素集团")将5,000万股国有法人股(占公司总股本的17.67%),质押给上海浦东发展银行大连分行,为公司在上海浦东发展银行大连分行贷款8,000万元提供担保,于2003年7月25日在《证券时报》上公告,并在中国证券登记结算有限责任公司深圳分公司办理了股份质押登记。

2、公司控股股东炭素集团,将其持有的公司国有法人股15,018万股中的2,500万股(占公司总股本的8.84%),质押给广东发展银行沈阳分行五爱支行,为公司贷款6,000万元提供担保,并已在中国证券登记结算有限责任公司深圳分公司办理了股份质押登记。

炭素集团用于质押的国有法人股总计7,500万股,占公司总股本的26.51%。

三、持有公司股票5%(含5%)以上的股东情况:

截止报告期内,持有公司股票5%以上股份的股东为:吉林炭素集团有限责任公司,持有公司股份150,180,000股,占总股本的53.09%,为公司的控股股东。所持股份没有发生增减变动,其中的7,500万股股权已作质押,占公司总股本的26.51%。

注册资本:52,854万元

法定代表人:李勇智

企业类别:有限责任(国有独资)

经营范围:炭素及石墨制品的研究、开发、设计、生产、加工、技术服务;机械加工、维修;工业炉窑设计、施工、维修;汽车维修。

四、吉林炭素集团有限责任公司的实际控制人为:吉林省冶金国有控股有限责任公司

法定代表人:杨超

注册资本:20亿元

企业性质:有限责任(国有独资)

经营范围:营运国家投入的国有资产,铜镍矿产品的生产经营、冶金建筑;冶金机电制造、冶金产品购销;进出口业务。

公司概况:吉林省冶金国有控股有限责任公司是由吉林省人民政府于2000年1月26日出资设立的国有独资有限责任公司,属控股公司,是主要从事国有资产营运的企业法人。

五、前十名流通股股东持股情况

序号	股东名称	持股数(股)	种类(A、B、H股或其它)
1	许东	420000	A
2	兰勇	370000	A
3	强飞	320000	A

4	张书君	200290	A
5	贺玉芳	200000	A
6	张淑兰	191767	A
7	高黎	190000	A
8	王真	169418	A
9	高声甫	145000	A
10	袁友顺	144000	A

前十名流通股股东关联关系的说明：公司前十名流通股股东，公司未知是否存在关联关系或属于《上市公司持股变动信息披露管理办法》中规定的一致行动人。

第四章　董事、监事和高级管理人员和员工情况

一、董事、监事、高级管理人员情况　单位：股

姓　名	职务	性别	年龄	任期起止日期	年初持股数量	年末持股数量
李勇智	董事长	男	48	2001.10—2004.10	2,500	2,500
刘立成	副董事长	男	58	2001.10—2004.10	2,500	2,500
岳景樟	董事	男	50	2001.10—2004.10	2,500	2,500
姜伯涛	总经理、董事	男	50	2002.12—2004.10	2,500	2,500
庞国华	独立董事	男	53	2003.06—2004.10	0	0
徐传谌	独立董事	男	51	2002.06—2004.10	0	0
杜　婕	独立董事	女	49	2002.06—2004.10	0	0
郑元铎	监事会主席	男	58	2001.10—2004.10	2,500	2,500
薛德武	监事	男	54	2001.10—2004.10	0	0
侯宝惠	监事	男	49	2003.06—2004.10	0	0
张建华	副总经理	男	44	2002.12—2004.10	2,500	2,500
石德一	副总经理	男	45	2002.12—2004.10	0	0
谢治友	副总经理	男	41	2002.12—2004.10	0	0
温长英	副总经理	男	37	2002.12—2004.10	5,000	5,000
庞志光	总会计师、董秘	男	49	2003.4—2004.10	0	0
合计					20,000	20,000

二、在股东单位任职的董事、监事情况

姓名	股东单位职务	任职期间
刘立成	吉林炭素集团有限责任公司党委书记	2001.8-2004.8
李勇智	吉林炭素集团有限责任公司总经理	2001.8-2004.8
岳景樟	吉林炭素集团有限责任公司副总经理	2001.8-2004.8
郑元铎	吉林炭素集团有限责任公司工会主席	2001.8-2004.8

三、年度报酬情况

1、2003年度在公司领取薪酬的董事、监事、高级管理人员的年度报酬均依据国家有关工资管理和等级标准的规定按月发放。

2、现任董事、监事和高级管理人员，在公司领取的年度报酬总额为34.82万元。金额最高的前三名董事在公司领取的报酬总额为8.61万元。金额最高的前三名高级管理人员在公司领取的报酬总额为7.36万元。

3、公司现任董事、监事、高级管理人员共15人，均在公司领取报酬，其中：年度报酬金额在3万元以上有1人，年度报酬金额在3-2万元之间的13人，2万元以下1人。

4、独立董事的津贴及其他待遇：

独立董事的津贴费为：每人2万元人民币/年(含税)，独立董事出席董事会和股东大会的差旅费及按《公司章程》行使职权所需的合理费用据实报销。

四、报告期内离任和聘任董事、监事、高级管理人员情况

1、2003年5月28日召开的2002年度股东大会上聘任庞国华先生为公司独立董事职务。

2、2003年5月28日召开的2002年度股东大会上聘任姜伯涛先生为公司董事职务。

3、2003年5月28日召开的2002年度股东大会上聘任侯宝惠先生为公司监事职务。

4、2003年5月28日召开的2002年度股东大会上同意史景山、王德章先生辞去公司董事职务。

5、2003年5月28日召开的2002年度股东大会上同意庞志光先生辞去公司监事职务。

6、聘任或解聘公司经理、副经理、财务负责人、董事会秘书等高级管理人员情况

(1)2003年4月22日，公司第三届董事会第十二次会议同意潘宏伟先生辞去公司副总经理职务。

(2)2003年4月22日，公司第三届董事会第十二次会议聘任庞志光先生为公司董事会秘书、总会计师。

五、公司员工情况

截止2003年12月31日，公司共有员工3,222人，员工专业结构、受教育程度如下：

专业构成	人数	教育程度	人数
行政人员	40	研究生	9
财务人员	33	大学本科	276
技术人员	282	大学专科	318
销售人员	103	中专	160
生产人员	2,764	高中以下	2,459
合计	3,222	合计	3,222

公司离退休职工为1,281人。

第五章　公司治理结构

第一节　公司治理的实际情况

公司严格按照《公司法》、《上市公司治理准则》、《关于在上市公司建立独立董事制度的指导意见》等法律法规的要求，结合公司的实际情况，逐步完善公司法人治理结构，建立健全现代企业制度，规范公司的运作。

1、规章制度：公司制定了《董事会议事规则》、《监事会议事规则》、《股东大会议事规则》等一系列完善的规范性文件，确保全体股东享有合法的权利。

2、股东大会：运作规范，严格按照《股东大会规范意见》的要求召集、召开，并有专职律师到会监督并出具法律意见书，充分详细的披露股东大会的各项决议；建立了和股东沟通的有效渠道，及时、准确的回答股东的询问，使全体股东享有平等的知情权。

3、控股股东与公司：严格规范运作，未发生公司控股股东超越股东大会、董事会直接干预和间接干预公司的决策和经营行为，未发生要求公司为控股股东及他人提供担保事宜，公司完全独立运作，公司经理、董事会秘书和高级管理人员均在本公司领取报酬。

4、董事和董事会：公司严格按照《公司章程》的规定程序选聘、选举董事，公司已聘任了独立董事，并达到了占董事会三分之一规定的要求，董事会的人数和构成符合法律、法规的要求；全体董事能够恪尽职守，履行自己的职责，积极参与公司重大问题的研究和决策，注意维护公司和全体股东的合法利益，并熟悉掌握有关法律法规。

5、监事和监事会：监事会的人数和构成符合法律、法规的要求；全体监事能本着对股东高度负责的精神，认真履行自己的职责，对公司财务状况以及公司董事、经理和其他高级管理人员履行职责的合法合规性进行监督。

6、信息披露制度：公司严格按着有关法律、法规的规定，真实、准确、完整、及时地进行信息披露，指定董事会秘书及证券事务代表负责对外信息披露、接待股东来访、来电，确保公司对外公开电话畅通，加强与股东的沟通和交流。

第二节　与控股股东"五分开"情况

1、业务独立方面：公司主要从事炭素石墨制品的生产和销售。与控股股东之间不存在相同的业务，公司的生产、销售完全独立运行，且公司与控股股东之间签订了不进行同业竞争的协议。

2、人员分开情况：按照《公司法》、《公司章程》的有关规定，公司设立了股东大会、董事会、监事会、经理等相应的机构，不存在经理层交叉任职的现象，劳动人事及工资管理完全独立，并有一系列相关的管理制度。

3、资产完整方面：公司的资产完整，拥有独立的生产加工系统，有完整的资产权属和无形资产。

4、机构设置情况：公司的组织机构独立完整，有独立的办公机构和经营场所。

5、财务分开情况：公司财务完全独立，设有独立的财务部门，建立了独立的财务核算和管理制度，独立在银行开户，独立上缴税赋。

综上所述，公司与控股股东在人员、资产、财务、业务、机构等方面已做到了完全独立，形成了完整的生产及自主经营能力和开发能力。

第三节　独立董事履行职责情况

截至2003年底，公司现有独立董事3人，占董事会成员的三分之一，符合《关于在上市公司建立独立董事制度的指导意见》的要求。公司独立董事在工作中严格按照有关法律、法规的规定认真地履行职责，出席公司的股东大会、董事会会议，积极参与公司重大决策，从宏观经济和财务等诸多方面对公司的关联交易等重大事项，作出客观、公正的判断，发表了独立意见，对董事会的科学、客观决策，对公司的良性发展都起到了积极的作用，维护了公司和投资者特别是中小投资者的利益。

第四节　高级管理人员的考评及激励机制

在考评方面，公司对高级管理人员实行年初签约上岗、年度述职、年终职工评议的考评制度，根据公司三年发展战略和年度经营目标，确定当年各高级管理人员的年度经营业绩指标和管理职责。年末结合高级管理人员的述职和综合指标的完成情况，由公司董事会组织的考评委员会进行考评。

公司目前正在努力建立高级管理人员的考评及激励机制。

第六章　董事会报告

第一节　公司报告期的经营情况

一、报告期内公司整体经营情况分析

本报告期内，在市场环境好转的条件下，公司确定了符合实际、具有指导意义的"一年扭亏、二年盈利、三年有一个较大发展"的目标，通过采取积极有效的措施，抓住机遇，克难制胜，使公司走出了困境，生产和经营工作取得了较好的成绩。完成炭素制品总产量83,565吨，同比增长1.13%；石墨电极总产量69,489吨，同比增长15.24%，其中普通功率石墨电极26,539吨，同比增长9.33%，高功率石墨电极32,950吨，同比增长9.34%，超高功率石墨电极10,000吨，同比增长69.72%；实现销售收入85,890万元，同比增长9.41%；出口创汇4,050万美元；实现利润785,786.83元，同比增长103.46%，全年实现了扭亏为盈的目标，并为2004年发展打下了坚实的基础。

吉林炭素集团有限公司通过以资低债的方式，以其拥有的土地使用权和控股的吉林炭素有限责任公司96.43%股权、吉林炭素集团有限责任公司炭素纤维厂100%股权、以及部分房产、特种炭制造设备、石墨制造设备和运输设备等价值8,348万元的资产，抵偿所欠本公司等值的债务。从而减少了大股东的占用和关联交易，使公司形成了完整、独立生产系统，增强市场竞争能力和持续发展能力。

公司以现金3,641.49万元和44.99万元分别收购吉林市松江炭素厂持有的松炭公司25.90%股权及吉林市异型石墨制品厂持有松炭公司0.32%股权。使其与公司融为一体，并借助本公司的优势，实现炭素生产工序能力上的优势互补，进一步提高公司产品的规模优势、市场开发及竞争能力和经济效益。

二、主营业务范围及其经营情况

(1)主营业务范围：炭素及石墨制品的研制、开发、加工、生产、技术服务等。

(2)2003年主营业务、主营业务利润按照行业分类构成情况　(单位：元)

行业	销售收入	占总收入的比重(%)	主营业务利润	占主营业务利润的比重(%)
工业	545,911,055.64	63.56	93,596,066.52	80.23
商业	312,992,283.03	36.44	23,057,327.92	19.77
合计	858,903,338.67	100.00	116,653,394.44	100.00

(3)2003年主营业务、主营业务利润按照产品分类的构成情况　(单位：元)

产品名称	销售收入	占总收入的比重(%)	主营业务利润	占主营业务利润的比重(%)
高功率石墨电极	393,514,665.53	45.82	30,522,835.86	26.17
超高功率石墨电极	168,064,731.67	19.57	18,460,616.80	15.83
普通功率石墨电极	197,702,844.41	23.02	37,088,786.60	31.79
其他	99,621,097.06	11.59	30,581,155.18	26.21
合计	858,903,338.67	100.00	116,653,394.44	100.00

(4)2003年主营业务、主营业务利润按照地区分类构成情况　(单位：元)

地区	销售收入	占总收入的比重(%)	主营业务利润	占主营业务利润的比重(%)
国内	570,879,074.00	66.47	93,662,774.37	80.29
国外	288,024,264.67	33.53	22,990,620.07	19.71

(5)占主营业务收入或主营业务利润总额10%以上的主要产品　(单位：元)

产品名称	销售收入 本期	销售收入 同比增减(%)	产品销售成本 本期
高功率石墨电极	393,514,665.53	19.83	360,630,960.62
超高功率石墨电极	168,064,731.67	103.96	148,595,819.99
普通功率石墨电极	197,702,844.41	-11.80	159,427,950.74
其他	99,621,097.06	-33.65	68,442,270.73
合计	858,903,338.67	9.40	737,097,002.08

产品名称	产品销售成本 同比增减(%)	毛利率(%) 本期(%)	毛利率(%) 同比增减
高功率石墨电极	16.32	8.36	49.45
超高功率石墨电极	93.68	11.58	68.07
普通功率石墨电极	-14.36	19.36	14.26
其他	-40.94	31.30	37.17
合计	7.01	14.18	15.64

2003年度，公司实现主营业务收入为858,903,338.67元，与上年同期相比增加了9.40%，主要是因为公司采取积极的销售措施，增加了高附加值高功率石墨电极和超高功率石墨电极的销售，影响产品销售收入增加。本报告期公司主营业务盈利能力增加，主要是因为公司狠抓管理，充分挖掘公司内部潜力，严格控制成本费用支出；同时，公司产品产量增加及产品质量提高，促使产品制造成本下降。

三、主要控股公司及参股公司经营情况及业绩

1、吉林炭素进出口公司：公司的子公司，主要经营机电产品及相关技术的出口业务，与本企业生产、科研所需的原材料、机电设备等相关技术的进出口业务。注册资本为5,000万元。截至2003年底，公司的总资产为31,980.98万元，所有者权益7,609.99万元；实现销售收入31,299.23万元，净利润43万元。

2、吉林吉炭·尤卡炭素有限责任公司：是公司与美国尤卡炭素有限公司共同投资设立的中外合资企业，公司所占股权比例为75%，经营范围：生产、制造兼销售大规格超高功率石墨电极。注册资本为2,440万美元。截至2003年底，公司的总资产为19,649.12万元，所有者权益19,363.76万元；2003年度实现主营业务收入1,228.45万元，净利润-34.75万元。

3、吉林市松江炭素有限责任公司：是本公司的子公司，注册资本为15,863万元，主营业务范围：炭素及石墨制品的生产和来料加工。截至2003年底，公司的总资产为33,299.65万元，所有者权益13,719.53万元；实现主营业务收入10,697.75万元，净利润-721.24万元。

4、吉林炭素有限责任公司:是公司的控股子公司,占总股本的 96.43%,注册资本:5,600 万元。经营范围:炭素及石墨制品研究、开发、设计、生产、加工、营销、技术服务、技术加工、维修;炭素炉窑(不含锅炉及压力容器)设计、施工、维修等。截至 2003 年底,公司的总资产为 15,705.66 万元,所有者权益 4,568.26 万元。

5、吉林炭素集团有限责任公司炭素纤维厂:是公司的子公司,注册资本:829.4 万元,公司主营业务为炭纤维及其制品。截至 2003 年底,公司的总资产为 2467.72 万元,所有者权益 642.90 万元。

四、主要供应商、客户情况

公司生产使用的原材料及能源消耗主要是石油焦、针状焦、电、水、汽(气)等。报告期内,公司向前五名供应商合计采购额为 278,245,500.19 元,占年度采购总额的 41.64%;公司向前五名客户销售额合计金额为 129,127,474.17 元,占年度产品销售总额的 15.03%。

五、在经营中出现的问题与困难及解决方案

公司在 2003 年生产经营活动中出现的主要困难和不利因素,表现在以下几个方面:

1、市场竞争激烈,销售价格降低。

2、电、原材料价格继续上涨。

3、公司投资的子公司吉林市松江炭素有限责任公司由于市场销售价格降低、原材料涨价,出现了亏损,影响了公司整体的盈利水平。

针对上述问题和困难,公司采取了以下措施:

2003 年公司坚持"以人为本抓素质、以素质促管理、以管理促质量、以质量促市场、以市场促规模、以规模促效益、以效益促发展"的经营宗旨,强化管理,提升竞争能力,重点开展以下工作:

第一,强化三项制度改革,提高管理水平。领导干部签约上岗,员工实行竞聘上岗,通过精简机构、定岗定编来提高劳动生产率和工作效率,以岗定薪,加大分配力度,建立有效的激励机制。

第二,从严治厂,提高基础工作管理水平。开展"5S"管理活动和规章制度建设,依法治厂,科学管理,各项基础工作全面提高。

第三,以市场为导向,生产用户满意的产品。根据市场的需要调整产品结构,加大高附加值产品生产的比重,树立"产品即人品"的质量观念,实行严格的质量奖惩制度,有效地提升了产品的实物质量,各项指标达到和超过历史最好水平。

第四,实施科技兴企战略,为公司的发展奠定基础。根据产品的实际需要,调整和改善工艺技术,开发利用新原料,逐步用国产原料替代进口原料,降低生产成本,新产品开发和科研项目取得实质性的进展。

第五,以效益为中心,着重抓好营销工作。以"获得最大销量和最大市场份额"为中心,调整营销工作的思路,稳定主渠道,扩大销售区域,实行激励与约束机制的有效结合,充份调动相关人员的积极性,销售量和货款回收均创历史最好水平。

第六,加强资金和成本管理,提高企业的运行质量。

第二节 公司投资情况

一、募集资金的使用情况

公司募集资金项目共 12 项,计划总投资 77,283.3 万元,其中使用募集资金 54,810 万元,银行贷款和企业自筹 22,473.3 万元。截至 2003 年 12 月,项目完成投资 68,332 万元,其中募集资金 54,810 万元,企业自筹 13,522 万元。项目完成情况为:

1、引进内串石墨化炉改造工程。计划总投资 8,500 万元,其中使用募集资金 5,500 万元。到 2003 年底完成投资 6,586 万元,其中募集资金 5,500 万元。

项目完成情况为:主厂房及控制室建设完,石墨化炉砌筑,部分设备安装完。

2、超高功率石墨电极一次焙烧技术改造项目。计划总投资 5,428 万元,其中使用募集资金 3,438 万元。到 2003 年底完成投资 7,090 万元,其中募集资金 3,438 万元。

项目完成情况为:竣工投产。

3、超高功率石墨电极浸渍改造项目。计划总投资 4,500 万元,其中使用募集资金 2,500 万元。到 2003 年底完成投资 3,857 万元,其中募集资金 2,500 万元。

项目完成情况为:竣工试生产。

4、高功率石墨电极配料、混捏改造项目。计划总投资 5,043 万元,其中使用募集资金 2,000 万元。到 2003 年底完成投资 7,836 万元,其中募集资金 7,503.3 万元。

项目完成情况为:竣工投产。

5、高功率石墨电极一次焙烧技术改造项目。计划总投资 3,880 万元,其中使用募集资金 1,690 万元。到 2003 年底完成投资 2,230 万元,其中募集资金 1,690 万元。

项目完成情况为:竣工试生产。

6、引进高功率石墨电极一次焙烧新建项目。计划总投资 5,900 万元,其中使用募集资金 1,500 万元。到 2003 年底完成投资 2,476 万元,其中募集资金 1,500 万元。

项目进展情况为:焙烧炉砌筑完。

7、引进高功率石墨电极二次焙烧技术改造项目。计划总投资 5,706 万元,其中使用募集资金 1,800 万元。到 2003 年底完成投资 5,160 万元,其中募集资金 1,800 万元。

项目完成情况为:竣工投产。

8、引进石墨电极接头改造项目。计划总投资 2,743 万元,其中使用募集资金 1,450 万元。到 2003 年底完成投资 2,873 万元,其中募集资金 1,450 万元。

项目完成情况为:竣工投产。

9、天然气改造项目。计划总投资 2,000 万元,其中使用募集资金 1,348.7 万元。此项目到 2003 年底完成投资 2,144 万元,其中募集资金 1,348.7 万元。

项目完成情况为:竣工试运行。

10、偿还前期工程技术改造贷款。计划总投资 10,500 万元,其中使用募集资金 10,500 万元。到 2003 年底已偿还 10,500 万元。

11、参股投入松江炭素有限责任公司。计划总投资 12,083.3 万元,其中使用募集资金 12,083.3 万元。到 2003 年底已投入松江炭素有限责任公司 12,000 万元。

12、兼并长春耐火材料厂项目。计划总投资 11,000 万元,其中使用募集资金 11,000 万元。2003 年底完成投资 5,580 万元。

项目完成情况为:已完成兼并,并已偿还贷款,糊车间土建工程竣工,设备安装完。

截至 2003 年底,公司的募集资金已全部使用,公司的募集资金实际投入项目和公司承诺投入项目一致,其中变更的项目和程序合法。由于部分项目未完工,待公司项目全部竣工,将形成整体生产盈利能力。

二、其他项目投资情况:无。

第三节 公司财务状况

一、以下指标经北京中证国华会计师事务有限公司京中证审一审字(2004)第 185 号《审计报告》审计。

项目	2003 年	2002 年	增长率(%)
总资产	3,177,402,730.64	2,872,358,344.74	10.62
长期负债	163,321,807.77	258,268,576.38	−36.76
股东权益	1,005,032,660.67	1,004,246,864.69	0.08
主营业务利润	116,653,394.44	92,200,339.80	26.52
净利润	785,786.83	−22,699,347.84	103.46
现金及现金等价物净增加额	127,482,970.29	32,983,334.63	286.51

变动原因:1、总资产增加主要是本期大股东吉林炭素集团有限责任公司以资抵债后,合并范围增加了吉林炭素有限责任公司和吉林炭素集团有限责任公司炭素纤维厂等,以及其他应收款、固定资产等相应增加。

2、长期负债减少主要是长期借款、专项应付款减少。

3、股东权益增加主要是报告期内公司盈利所致。

4、主营业务利润增加主要是由于公司狠抓管理,充分挖掘公司内部潜力,严格控制成本费用支出,同时,产品产量增加及质量提高,促使产品制造成本下降;公司采取积极的销售措施,产品销售量增加,影响产品销售收入增加。

5、净利润增加主要是主营业务利润增加所致。

6、现金及现金等价物净增加额增加主要是公司回款增加,从而增加了经营活动产生的现金流量净额所致。

二、公司董事会对公司与关联方资金往来、资金占用事项的说明

根据深圳证券交易所《关于做好上市公司 2003 年度报告工作的通知》的要求,按照中国证监会证监发字[2003]56 号文的规定,北京中证国华会计师事务有限公司为公司出具了京中证审一审[2004]186 号《专项审计报告》。董事会说明如下:

公司大股东占用资金情况已向中国证监会吉林监管局做了自查报告,并经深圳证券交易所核准后在《证券时报》上披露。

(一)资金占用情况

1、截至 2003 年 12 月 31 日,公司大股东历年来占用资金情况如下。单位:万元

项目	改制前	1999 年	2000 年	2001 年
已披露资金占用额	13,700	10,468	8,059	7,302
未披露资金占用额	4,598	14,598	15,798	15,798
合计	18,298	25,066	23,857	23,100
项目	2002 年	2003 年	2003 年末9 月末	
已披露资金占用额	13,038	19,899	43,264	
未披露资金占用额	25,678	32,168	0	
合计	38,716	52,067	43,264	

2、公司本年度大股东占用资金发生额及占用内容如下。 单位:万元

会计科目	年初余额	本期增加	本期减少	年末余额	占用性质
其他应收款	13,038.38	98,036.04	66,687.16	44,387.26	往来占款
其他应付款		1,363.64		1,363.64	水电汽款
预付账款		240.37		240.37	往来占款

(二)具体措施

1、已采取的措施

a.本报告期末,炭素集团以其合法拥有的土地使用权和控股的吉林炭素有限责任公司 96.43% 股权、吉林炭素集团有限责任公司炭素纤维厂的 100%权益,以及部分房产、特种炭制造设备、石墨制造设备和运输设备等价值 8,348 万元的资产,抵偿所欠的债务。

b.本报告期末,炭素集团用 3,637 万元现金,偿还所欠的债务。

截至 2003 年底,炭素集团已偿还占用资金 11,985 万元,大股东占用资金额降到 43,264 万元

2、拟采取的措施

a.炭素集团将进一步采取措施,将应由社会承担的企业办社会相关职能单位剥离给社会,以减轻企业负担。

b.炭素集团继续以与公司生产经营相关的有效资产偿还所欠的债务。

c.炭素集团用炭素股份以后年度分配的股红利冲销所欠的债务。

d.炭素集团将结合东北老工业基地改造的契机,通过取得政府的支持和帮助,申请财政补贴来偿还所欠的债务。

炭素集团对公司资金的占用,有其历史和社会的原因,影响了公司资金良性运转,增加了公司生产经营的困难,公司董事会将认真吸取经验教训,杜绝今后此类事情的发生,加强公司运作的规范,实现公司健康发展,以维护投资者的合法权益。

第四节 公司生产经营环境以及宏观政策、法规变化情况

一、市场竞争激烈,产品供大于求。

二、国内其他炭素企业通过转换经营机制,改革力度很大,具备了相当的竞争能力,已成为行业内较强的竞争对手。

三、生产所需原材料的价格居高不下,制约公司的盈利能力。

第五节 董事会日常工作情况

一、报告期内董事会的会议情况及决议内容

报告年度内公司共召开了八次董事会会议。

(一)公司于 2003 年 4 月 6 日召开了第三届董事会第十一次会议,审议通过如下决议:

1、审议通过了公司 2002 年年度报告及摘要;

2、审议通过了《2002 年度董事会利润分配预案》;

本次会议决议公告于 2003 年 4 月 9 日刊登在《证券时报》。

(二)公司于 2003 年 4 月 22 日召开了第三届董事会第十二次会议,审议通过了如下决议:

1、审议通过了《公司 2003 年第一季度报告》;

2、审议通过了 2002 年度董事会工作报告;

3、审议通过了 2002 年度财务决算报告;

4、审议通过了史景山先生辞去公司董事会董事、王德章先生辞去公司董事会董事及董事会秘书的议案;

5、审议通过了提名姜伯涛先生担任公司董事会董事的议案;

6、审议通过了提名庞国华先生担任公司独立董事的议案;

7、审议通过了聘任庞志光先生为董事会秘书、公司总会计师的议案;

8、审议通过了潘宏伟先生辞去公司副总经理职务的议案;

9、关于召开 2002 年度股东大会通知的议案。

本次会议决议公告于 2003 年 4 月 24 日刊登在《证券时报》。

(三)公司于 2003 年 7 月 8 日召开了第三届董事会第十三次会议,会议审议通过了如下决议:

1、审议通过了关于聘用湖北中证会计师事务有限公司为公司 2003 年进行会计报表审计、净资产验证及相关的咨询服务等相关业务的议案;

2、审议通过了公司同吉林炭素集团有限公司签署了《综合服务协议》、同吉林炭素有限公司签署了《能源、铁路运输、计量服务协议》、同吉林市吉炭工程有限公司签署的《维修服务协议》、同吉林市吉炭汽车运输有限公司签署了《汽车运输服务协议》、同吉林炭素集团上海炭素厂签订了《产品购销协议》、同吉林炭素集团有限责任公司供销公司了《产品购销协议》、同吉林市炭素异型石墨制品厂签订了《产品购销协议》的议案;

3、审议通过了终止公司同吉林炭素集团有限责任公司签署的关于《绿化、消防协议》的议案;

4、公司清理对外担保情况,发现公司分别为吉林纸业股份有限公司借款额度不超过一亿元人民币和借款三千万元人民币进行的担保,未进行及时披露,决定进行补充公告;

5、审议通过了召开公司 2003 年第一次临时股东大会的议案。

本次会议决议公告于 2003 年 7 月 12 日刊登在《证券时报》。

(四)公司于 2003 年 8 月 6 日召开了第三届董事会第十四次会议,会议审议通过了如下决议:

1、审议并通过了公司 2003 年中期报告正文及摘要;

2、审议并通过了公司 2003 年中期利润分配方案。

本次会议决议公告于 2003 年 8 月 8 日刊登在《证券时报》。

(五)公司于 2003 年 10 月 22 日召开第三届董事会第十五次会议,会议审议并通过了公司 2003 年第三季度报告。

本次会议决议公告于 2003 年 10 月 24 日刊登在《证券时报》。

(六)公司于 2003 年 11 月 20 日召开了第三届董事会第十六次会议。会议审议通过了关于吉林炭素集团有限责任公司以其合法拥有的土地使用权和控股的吉林炭素有限责任公司 96.43%股权、吉林炭素集团有限责任公司炭素纤维厂 100%的权益以及部分房产、特种炭制造设备、石墨制造设备和运输设备等资产共计 8,347.53 万元抵偿吉林炭素股份有限公司债务的议案。

本次会议决议公告于 2003 年 11 月 27 日刊登在《证券时报》。

(七)公司于 2003 年 11 月 28 日召开了第三届董事会第十七次会议。会议审议通过了召开公司第二次临时股东大会的通知。

本次会议决议公告于 2003 年 11 月 29 日刊登在《证券时报》。

(八)公司于 2003 年 12 月 30 日召开了第三届董事会第十八次会议。会议审议并通过如下决

议：

1、审议通过了《公司2004年投资计划》的议案；

2、审议通过了《公司2004年财务预算》的议案；

3、审议通过提名庞志光先生为公司董事会董事候选人的议案；

4、审议通过了公司以3,686.48万元现金收购吉林市松江炭素厂所持有的吉林市松江炭素有限责任公司25.90%及吉林市炭素异型石墨厂持有的吉林市松江炭素有限责任公司0.32%股权的议案。

本次会议决议公告于2003年12月31日刊登在《证券时报》。

二、董事会对股东大会决议的执行情况

报告期内，公司董事会依据相关法律、法规和《公司章程》的规定，严格按照股东大会的决议和授权，认真贯彻、执行股东大会通过的各项决议内容。

第六节 本年度利润分配预案

经北京中证国华会计师事务有限公司审计，公司2003年度实现净利润785,786.83元，按10%分别提取法定盈余公积金241,020.95元、法定公益金241,020.95元，上年度留存未分配利润45,894,592.14元，实际可供股东分配的利润为46,198,337.07元。

经公司董事会审议，由于公司2003年度实现了扭亏，公司的生产经营对资金的需求量还很大，为使公司尽快步入良性运转的轨道，董事会决定：本年度不进行利润分配，也不实施资本公积金转增股本。

上述分配预案须经2003年年度股东大会审议通过。

第七节 其他报告事项

一、公司选定的信息披露报纸为《证券时报》

二、北京中证国华会计师事务有限公司出具的京中证审一审字[2004]186号《关于吉林炭素股份有限公司与关联方资金往来及对外担保的专项审计报告》，审计结果如下：

1、占用资金发生额及余额明细表

及余额明细表

会计科目	占用单位	年初余额
应收账款	吉林炭素集团有限责任公司	/
其他应收款	吉林炭素集团有限责任公司	130,383,764.58
预付账款	吉林炭素集团有限责任公司	
其他应付款	吉林炭素集团有限责任公司	

会计科目	本期增加	本期减少	年末余额	占用性质
应收账款	/	/	/	/
其他应收款	980,360,412.97	666,871,585.72	443,872,591.83	往来占款
预付账款	2,403,690.31		2,403,690.31	往来占款
其他应付款	13,636,376.33		13,636,376.33	水电气款

2、占用资金内容及本年变动情况：

截止2003年12月31日，吉林炭素无偿将资金432,639,905.81元借给控股股东吉林炭素集团有限责任公司。所占用的资金系为吉林炭素集团有限责任公司垫支的物业、医院、学校等非盈利性单位费用支出、部分人员生活费用，支付职工的集资款和相应的利息支出。2003年度净增加占用资金302,256,141.23元，其中以前年度吉林炭素集团有限责任公司以吉林炭素名义借入的短期借款156,680,000.00元，本期转入吉林炭素；本期吉林炭素集团有限责任公司以合法拥有的土地使用权和控股的吉林炭素有限公司96.43%的股权、吉林炭素集团有限公司炭素纤维厂100%的股权，以及部分固定资产等价值83,472,286.35元的资产抵偿所欠吉林炭素等值的债务。

3、对外担保情况：

吉林炭素为吉林炭素进出口公司银行借款人民币12,851万元，吉林市松江炭素有限责任公司银行借款人民币1,266万元提供担保。

截至本会计报表签发日，吉林炭素为吉林纸业股份有限公司外币借款3,624万美元、人民币借款13,000万提供担保，按中国银行公布的2003年12月31日美元兑人民币基准汇率8.2767折算3624万美元折算人民币为29,995万元。合计对外担保金额57,112万元，已超过2002年年末净资产50%(合并报表净资产额：100,425万元)。

另外，外币借款的保证合同约定：该贷款待项目建成后，由该设备抵押担保，同时解除保证人的保证合同；为了进一步确保该项保证合同的安全，吉林炭素于2002年4月3日同吉林纸业签订了用吉林纸业拥有的10#纸机及配套设备作为保证合同抵押物的反担保财产抵押合同。

三、公司独立董事关于大股东占用资金和对外担保事项的意见

根据中国证监会证监发字[2003]56号《关于规范上市公司与关联方资金往来及上市公司对外担保若干问题的通知》和深圳证券交易所《关于做好上市公司2003年度报告工作的通知》的要求，依据北京中证国华会计师事务有限公司出具的京中证审一审字[2004]186号《吉林炭素股份有限公司控股股东及关联方占用资金情况的专项审计报告》，我们作为公司的独立董事，发表相关说明的独立意见。

(一)关于公司大股东吉林炭素集团有限责任公司(以下简称"炭素集团")占用资金情况的专项说明及独立意见

吉林炭素股份有限公司根据中国证监会证监发(2003)56号文件要求，能够认真地学习文件精神，为规范公司的运作，本着实事求是的态度，认真、全面地自查了大股东占用资金的情况，按要求向中国证监会吉林监管局进行了报告，并经深圳证券交易所核准后在《证券时报》上公开披露。

截至2003年底，大股东占用资金额为43,264万元。

1、对于大股东占用的问题，公司董事会十分重视，本着实事求是的态度进行自查，如实地报告问题，并能及时上报和公告，完全按照中国证监会的要求执行。

2、公司和炭素集团能够积极主动地采取有效措施，通过以资抵债和用现金偿还等方式，减少大股东的资金占用。

3、炭素集团占用上市公司的资金，有其历史和社会的原因，但也有公司自身运作不规范的问题，应吸取经验教训；同时，应加强信息披露工作，规范运作，促进公司的健康发展。

4、公司应督促、配合炭素集团尽快按有关要求如期偿还占用的资金。

5、大股东占用公司的资金，影响了公司资金良性运转，增加了公司生产经营的困难，今后要坚决杜绝此类事情的发生，维护投资者的合法权益。

(二)关于公司对外担保事项的意见

1、截至本报告期末，公司没有为控股股东及本公司持股50%以下的其他关联方、任何非法单位或个人提供担保。

2、本报告期内，公司担保总额为57,112万元，其中：为子公司担保总额为14,117万元；对外担保总额为42,995万元，均为吉林纸业股份有限公司(以下简称"吉林纸业")提供的担保。

上述担保事项均经过董事会审议批准,并履行了信息披露义务,公司未发生上述担保以外的其他担保情形,也未违规担保。另外，外币借款的保证合同约定：该贷款待项目建成后，由该设备抵押担保，同时解除保证人的保证合同；为了进一步确保该项保证合同的安全，公司于2002年4月3日同吉林纸业签订了以吉林纸业拥有的10#纸机及配套设备作为保证合同抵押物的反担保财产抵押合同。

第七章　重要事项

一、报告期内公司无重大诉讼、仲裁事项。

二、报告期内公司收购及出售资产、吸收合并情况

1、公司控股股东吉林炭素集团有限责任公司以其合法拥有的土地使用权和控股的吉林炭素有限责任公司96.43%股权、吉林炭素集团有限责任公司炭素纤维厂100%的权益以及部分房产、特种炭制造设备、石墨制造设备和运输设备等资产抵偿所欠本公司债务，共计8,347.53万元。

2、公司以现金收购吉林市松江炭素厂所持有的吉林市松江炭素有限责任公司25.90%的股权及吉林市炭素异型石墨厂持有的吉林市松江炭素有限责任公司0.32%的股权，共计人民币3,686.48万元。

三、报告期内重大关联交易

公司购销商品、接受劳务发生的关联交易：

1、公司本年度向关联方采购货物　单位：元

企业名称	交易内容	定价原则	交易金额	占同类交易额的比重(%)	结算方式
吉林炭素集团有限责任公司	水、电、气(汽)、劳务	参照市场价格	44,635,609.22	6.68	按月结算
吉林炭素有限责任公司	水、电、气(汽)、劳务	参照市场价格	163,578,291.30	24.48	按月结算
吉炭集团公司上海炭素厂	产品	参照市场价格	20,552,915.00	3.08	按月结算
吉林市炭素异型石墨制品厂	材料、劳务	参照市场价格	1,021,284.95	0.15	按月结算
吉林市吉炭工程有限公司	材料、备件	参照市场价格	4,896,493.15	0.73	按月结算
吉林市特种炭有限责任公司	产品	参照市场价格	480,296.15	0.07	按月结算
吉林市吉炭汽车运输有限公司	劳务	参照市场价格	84,135.24	0.01	按月结算
合计			235,249,025.01	35.20	按月结算

2、销售货物

(1)销售材料

企业名称	交易内容	定价原则	交易金额	占同类交易额的比重(%)	结算方式
吉林特种炭有限责任公司	材料	参照市场价格	580,549.38	0.06	按月结算
吉林市吉炭汽车运输有限公司	材料	参照市场价格	101,641.81	0.01	按月结算
吉林炭素集团有限责任公司	材料	参照市场价格	12,774,055.49	1.30	按月结算
吉林市炭素异型石墨制品厂	材料	参照市场价格	9,177.72	0.00	按月结算
吉炭集团公司上海炭素厂	材料	参照市场价格	8,272,722.91	0.84	按月结算
吉林市吉炭工程有限责任公司	材料	参照市场价格	9,340,128.08	0.95	按月结算
吉林炭素有限责任公司	材料	参照市场价格	38,119,390.16	3.88	按月结算
吉林炭素集团公司炭纤维分厂	材料	参照市场价格	17,465.19	0.00	按月结算
合计			69,215,130.74	7.04	

(2)销售产品

企业名称	交易内容	定价原则	交易金额	占同类交易额的比重(%)	结算方式
吉林炭素集团供销公司	产品	参照市场价格	16,688,379.75	1.70	按月结算
吉林特种炭有限责任公司	产品	参照市场价格	88,888.20	0.01	按月结算
吉林炭素集团上海炭素厂	产品	参照市场价格	−833,212.61	−0.08	按月结算
吉林市炭素异型石墨制品厂	产品	参照市场价格	5,865,149.75	0.60	按月结算
合计			21,809,205.09	2.23	

3、接受劳务

项目	2003年度	2002年度
接受运输劳务	14,282,878.40	16,844,995.10
接受修理劳务	--	1,000,000.00
委托加工劳务	465,195.15	1,772,754.15
接受建筑施工劳务	20,691,664.20	26,951,160.66
合计	35,439,737.75	46,568,909.91

4、关联方应收应付款项余额：　单位：元

企业名称	2003年12月31日		2002年12月31日	
项目	金额	款项性质	金额	款项性质
其他应收款:				
吉林炭素集团有限责任公司	443,872,591.83	往来占款	130,383,764.58	往来占款
吉林炭素集团有限公司供销公司	8,469,406.05	货款	20,520,139.75	货款
吉林炭素集团长春有限公司	9,553,780.29	往来占款	6,280,788.00	往来占款
吉林炭素集团上海炭素厂	13,202,833.62	货款	6,903,425.02	货款
桂林市吉炭贸易有限公司应付票据；	2,821,389.35	货款	2,821,389.35	货款
吉林炭素集团有限责任公司	80,000,000.00	结算货款	13,000,000.00	结算货款
吉林炭素进出口公司	60,000,000.00	结算货款	62,000,000.00	结算货款
其他应付款；				
吉林炭素集团有限责任公司	13,636,376.33	水电气款	16,170,214.64	水电气款
吉林市吉炭工程有限责任公司	2,840,006.23	水电气款		
预付账款:				
吉林炭素集团有限责任公司	2,403,690.31	货款		

5、其它应披露事项：

公司同吉林炭素集团有限责任公司签署了《综合服务协议》、同吉林炭素有限责任公司签署了《能源、铁路运输、计量服务协议》、同吉林市吉炭工程有限责任公司签署了《维修服务协议》、同吉林市吉炭汽车运输有限责任公司签署了《汽车运输服务协议》；同吉林炭素集团上海炭素厂签署了《产品购销协议》、同吉林炭素集团有限责任公司供销公司签署了《产品购销协议》、同吉林市炭素异型石墨制品厂签署了《产品购销协议》。上述关联交易协议是炭素集团及其控股子公司向公司提供水电气、机械维修、汽车运输、产品购销、提供劳务等项服务。详见2003年8月16日《证券时报》。

四、重大合同及履行情况

1、报告期内公司无托管、承包、租赁其他公司资产及其他公司托管、承包、租赁上市公司资产的事项。

2、担保事项：

(1)对外担保情况

截至本报告期末，公司为吉林纸业股份有限公司外币借款3,624万美元、13,000万元提供担保。外币借款的保证合同约定：该贷款待项目建成后，由该设备抵押担保，同时解除保证人的保证合同。为了进一步取保该项保证合同的安全，公司于2002年4月3日同吉林纸业签订了用其拥有的10#纸机及配套设备为保证合同抵押物的反担保财产抵押合同。

(2)对控股子公司的担保

公司为吉林炭素进出口公司银行借款人民币12,851万元，吉林市松江炭素有限责任公司银行借款人民币1,266万元提供担保；吉林炭素进出口公司为吉林市松江炭素有限责任公司银行借款人民币670万元提供担保。

3、报告期内公司无委托理财事项。

五、报告期内没有公司或持股5%以上股东承诺事项

六、聘任、解聘会计师事务所情况

报告期内，公司新聘任的会计师事务所为北京中证国华会计师事务有限公司，2003年支付审计费用25万元。

七、报告期内公司、公司董事会及董事、高级管理人员无受到中国证监会稽查、中国证监会行政处罚、通报批评、证券交易所公开谴责的情形。

八、无其他重大事项。

第八章　备查文件

一、载有法定代表人、财务负责人签名并盖章的会计报表

二、载有会计师事务所盖章、注册会计师签名并盖章的审计报告原件。

三、报告期内在中国证监会指定报纸公开披露过的所有公司文件的正本及公告的原稿。

董事长：李勇智

吉林炭素股份有限公司董事会

2004年4月20日

山西西山煤电股份有限公司

山西西山煤电股份有限公司2003年年度报告

重要提示

本公司董事会及其董事保证本报告所载资料不存在任何虚假记载、误导性陈述或者重大遗漏,并对其内容的真实性、准确性和完整性承担个别及连带责任。

董事刘瑞林先生、张树茂先生分别委托董事李仪先生、张惠钧先生出席会议并代为行使表决权。独立董事冯立新先生因公未能出席会议。没有董事声明对年度报告内容的真实性、准确性、完整性无法保证或存在异议。

山西天元会计师事务所为本公司出具了标准无保留审计意见的审计报告。

本公司董事长李仪先生、主管会计工作负责人车树春先生、会计机构负责人李群先生声明:保证年度报告中财务报告的真实、完整。

一、公司基本情况简介

(一)公司法定名称(中文):山西西山煤电股份有限公司
(英文): Shanxi Xishan Coal and Electricity Power Co.,Ltd
(二)公司法定代表人:李仪
(三)公司董事会秘书:宁志华
联系地址:山西省太原市西矿街319号
联系电话:0351-6137052
联系传真:0351-6127434
公司董事会证券事务代表:王晶莹
联系地址:山西省太原市西矿街319号
联系电话:0351-6127434
电子信箱:xsstock@public.ty.sx.cn
(四)公司注册地址:山西省太原市西矿街319号
公司办公地址:山西省太原市西矿街319号　　邮政编码:030053
公司电子信箱:xishanco@public.ty.sx.cn
(五)公司指定信息披露报纸:《证券时报》、《上海证券报》
登载公司年报的中国证监会指定国际互联网网址:http://www.cninfo.com.cn
公司年度报告备置地点:公司证券部
(六)公司股票上市交易所:深圳证券交易所
股票简称:西山煤电
证券代码:000983
(七)其它有关资料:
公司变更注册登记日期:2002年1月11日
注册登记地点:山西省工商行政管理局
企业法人营业执照注册号:1400001007428(2-1)
税务登记号:140116713676510
公司聘请的会计师事务所:山西天元会计师事务所(有限公司)
办公地址:中国山西太原市水西门街67号国税大楼21层

二、会计数据和业务数据摘要

(一)本年度主要会计数据和业务数据　(单位:元合并报表)

利润总额	435,447,239.51
净利润	299,559,947.37
扣除非经常性损益后的净利润	294,364,893.74
主营业务利润	969,910,337.14
其他业务利润	12,133,406.63
营业利润	426,216,498.69
投资收益	14,462,933.76
补贴收入	2,367,478.42
营业外收支净额	-7,599,671.36
经营活动产生的现金流量净额	747,453,654.24
现金及现金等价物净增加额	530,099,414.54

注:扣除的非经营性损益项目和涉及金额

项目	
(1)投资收益	14,462,933.76
(2)存货跌价准备转回	890,548.99
(2)营业外收入	417,990.60
(3)营业外支出	8,017,661.96
(4)所得税影响数	2,558,757.76

(二)截止报告期末前三年的主要会计数据和财务指标(单位:元)

项目	2003年度	2002年度 调整后	2002年度 调整前
主营业务收入	2,848,284,561.77	2,097,067,772.52	2,097,067,772.52
净利润	299,559,947.37	203,101,040.53	204,332,664.54
总资产	5,395,107,814.87	4,514,110,709.51	4,514,110,709.51
股东权益(不含少数股东权益)	3,312,764,646.78	3,093,665,399.41	3,014,097,023.42
每股收益	0.37	0.25	0.25
每股净资产	4.10	3.83	3.73
调整后的每股净资产	4.02	3.81	3.72
每股经营活动产生的现金流量净额	0.93	0.39	0.39
净资产收益率(%)	9.04	6.57	6.78
扣除非经常性损益后的净资产收益率(%)	8.89	6.61	6.77

项目	2001年度 调整后	2001年度 调整前
主营业务收入	1,960,059,127.06	1,960,059,127.06
净利润	247,512,979.55	247,932,951.98
总资产	4,149,118,248.89	4,144,369,401.84
股东权益(不含少数股东权益)	2,965,362,136.38	2,962,679,471.21
每股收益	0.31	0.31
每股净资产	3.67	3.67
调整后的每股净资产	3.66	3.66
每股经营活动产生的现金流量净额	0.35	0.35
净资产收益率(%)	8.35	8.37
扣除非经常性损益后的净资产收益率(%)	8.06	8.09

根据中国证监会《公开发行证券公司信息披露编号细则(第9号)》要求计算的利润数据如下:

报告期利润	净资产收益率(%) 全面摊薄	净资产收益率(%) 加权平均	每股收益(元/股) 全面摊薄	每股收益(元/股) 加权平均
主营业务利润	29.28	30.28	1.20	1.20
营业利润	12.87	13.31	0.53	0.53
净利润	9.04	9.35	0.37	0.37
扣除非经常性损益后的净利润	8.89	9.19	0.36	0.36

(三)报告期内股东权益变动情况(单位:元)

项目	期初数	本期增加	本期减少
股本	808,000,000.00		
资本公积	1,779,507,396.03	339,300.00	
盈余公积	117,772,635.18	44,933,992.11	
法定公益金	39,257,545.06	14,977,997.37	
未分配利润	388,385,368.20	254,625,955.26	80,800,000.00
合计	3,093,665,399.41	299,899,247.37	80,800,000.00

项目	期末数	变动原因
股本	808,000,000.00	
资本公积	1,779,846,696.03	其他资本公积增加
盈余公积	162,706,627.29	利润计提
法定公益金	54,235,542.43	利润计提
未分配利润	562,211,323.46	利润增加、派息
合计	3,312,764,646.78	

三、股本变动及股东持股情况

(一)股本变动情况

1、公司股份变动情况表(数量单位:股)

项目	本次变动前	本期增减变动	本次变动后
一、尚未流通股份			
1、发起人股份	520,000,000	0	520,000,000
其中:		0	
国家持有股份		0	
境内法人持有股份	520,000,000	0	520,000,000
境外法人持有股份		0	
其它		0	
2、募集法人股		0	
3、内部职工股股份		0	
4、优先股或其它		0	
尚未流通股份合计	520,000,000	0	520,000,000
二、已上市流通股份		0	
1、人民币普通股	288,000,000	0	288,000,000
2、境内上市的外资股		0	
3、境外上市的外资股		0	
4、其它		0	
已上市流通股份合计	288,000,000	0	288,000,000

2、股票发行和上市情况

(1)本公司于2000年6月22日-7月14日首次向社会公开发行人民币普通股(A股)28,800万股,其中向法人配售17280万股,向一般投资者上网定价发行11520万股,发行价6.49元/股。向一般投资者发行的11520万股于2000年7月26日上市交易。向法人配售17,280万股,持股期限为12-19个月。已于2002年2月25日以前全部上市流通。

(2)本报告期内无送股、转增股本、配股、增发新股以及因其他原因引起公司股份总数及结构的变动。

(3)公司无内部职工股。

(二)股东情况

1、报告期末股东总数

截止2003年12月31日公司股东总数109378户,其中:未流通法人股股东5户,流通股股东109373户。

2、前十名股东、前十名流通股股东持股情况

截止2003年12月31日公司前十名股东持股情况如下:

股东名称	期末持股数(股)	占总股本比例(%)	股东性质
山西焦煤集团有限责任公司	509,530,000	63.06	国有法人股
华夏成长证券投资基金	16,919,473	2.09	流通股
泰和证券投资基金	6,903,200	0.85	流通股
兴华证券投资基金	5,810,947	0.72	流通股
北京首钢股份有限公司	5,634,750	0.70	流通股
太原市杰森实业有限公司	4,660,000	0.58	法人股
丰和价值证券投资基金	4,491,972	0.56	流通股
久嘉证券投资基金	4,084,536	0.51	流通股

太原西山劳动服务总公司	3,420,000	0.42	法人股
博时价值增长证券投资基金	3,000,000	0.37	流通股

说明：

①报告期末持有公司5%(含5%)以上股份的股东是山西焦煤集团有限责任公司，该公司是本公司的控股股东和主要发起人，其持股数量在报告期内未发生增减变动情况，也未发生质押或冻结情况。

②前十名股东中，除山西焦煤集团有限责任公司、太原市杰森实业有限公司、太原西山劳动服务总公司为本公司的发起人股东，股份尚未流通。第三大股东泰和证券投资基金和第七大股东丰和价值证券投资基金同为嘉实基金管理有限公司管理。未知其余5名社会公众股股东之间有无关联关系，也未知其相互间是否属于《上市公司持股变动信息披露管理办法》中规定的一致行动人。

截止2003年12月31日公司前十名流通股股东持股情况如下：

股东名称	年末持有流通股的数量	种类
华夏成长证券投资基金	16,919,473	A股
泰和证券投资基金	6,903,200	A股
兴华证券投资基金	5,810,947	A股
北京首钢股份有限公司	5,634,750	A股
丰和价值证券投资基金	4,491,972	A股
久嘉证券投资基金	4,084,536	A股
博时价值增长证券投资基金	3,000,000	A股
上海证券有限责任公司	2,755,304	A股
山西省电力公司	2,600,000	A股
博时裕富证券投资基金	2,455,937	A股

说明：流通股第二大股东泰和证券投资基金和第五大股东丰和价值证券投资基金同为嘉实基金管理有限公司管理。第七大股东博时价值增长证券投资基金和第十大股东博时裕富证券投资基金同为博时基金管理有限公司管理。除此之外，本公司未知其余流通股股东之间有无关联关系，也未知其相互间是否属于《上市公司持股变动信息披露管理办法》中规定的一致行动人。

3、公司控股股东情况介绍

控股股东名称：山西焦煤集团有限责任公司

法定代表人：杜复新

成立日期：2001年10月12日

注册资本：397172万元

公司类别：国有独资公司，授权经营

经营范围：煤炭开采、煤炭加工、煤炭销售、机械修造、批发零售钢材、轧制和锻造产品、化工(易燃、易爆、易腐蚀除外)、建材、公路货运、汽车修理、种植业、养殖业、煤炭技术开发与服务。

本报告期内公司的控股股东未发生变更。

四、董事、监事、高级管理人员和员工情况

(一)董事、监事、高级管理人员

姓名	性别	年龄	职务	任期	在控股股东单位任职情况
李仪	男	55	董事长	2002.4—2005.4	山西焦煤集团公司副董事长
薛山	男	56	副董事长	2002.4—2005.4	山西焦煤集团公司副董事长
车树春	男	53	副董事长、总经理	2002.4—2005.4	山西焦煤集团公司董事
刘瑞林	男	57	董事	2002.4—2005.4	山西焦煤集团公司董事
杨茂林	男	46	董事	2002.4—2005.4	山西焦煤集团公司副总经理
李建胜	男	43	董事	2002.4—2005.4	山西焦煤集团公司总工程师
张树茂	男	48	董事	2002.4—2005.4	山西焦煤集团公司总会计师
张惠钧	男	60	董事、副总经理	2002.4—2005.4	
宁志华	男	50	董事、董事会秘书	2002.4—2005.4	
王森	男	44	独立董事	2002.4—2005.4	
冯立新	男	40	独立董事	2002.4—2005.4	
张翼	男	33	独立董事	2003.4—2005.4	
赵利新	男	36	独立董事	2003.4—2005.4	
段锡三	男	57	监事会主席	2002.4—2005.4	山西焦煤集团公司纪委书记
姜贵良	男	51	监事	2002.4—2005.4	
夏苏萍	女	41	监事	2002.4—2005.4	
李小彦	男	43	监事	2002.4—2005.4	山西焦煤集团公司财务部长
王建祥	男	56	监事	2002.4—2005.4	
亢龙田	男	49	监事	2002.4—2005.4	
张进明	男	53	监事	2002.4—2005.4	
张能虎	男	42	副总经理	2002.12—2005.4	
汪潜峰	男	46	副总经理	2002.4—2003.8	
胡文强	男	35	副总经理	2002.4—2005.4	
闫福元	男	46	副总经理	2002.6—2005.4	
李群	男	47	财务负责人	2002.4—2005.4	

说明：至报告期末，以上董事、监事及高管人员均未持有本公司股票。上述在控股股东单位任职的董事、监事在控股股东山西焦煤集团公司的任职时间从2001年11月至今(其中，李小彦先生的任职时间从2003年12月至今)。

注：公司2003年4月9日召开的2002年年度股东大会选举张翼、赵利新先生为公司独立董事。

(二)董事、监事、高级管理人员年度报酬情况

2003年度在本公司领取薪酬的董事、监事、高管人员的年度报酬依据山西省有关工资管理和等级标准的规定确定，按月发放工资；年终依据所在部门的生产、经营、安全等指标完成情况经审计考核后，计发奖金。

下列人员在本公司领取报酬：

姓名	年度报酬总额(人民币元)
李仪	110977.80
车树春	108387.00
张惠钧	106078.20
宁志华	91924.77
王森(独立董事)	30000.00
冯立新(独立董事)	30000.00
张翼(独立董事)	30000.00
赵利新(独立董事)	30000.00
亢龙田	18160(1月-5月)
张进明	29182(1月-7月)
张能虎	100153.80
胡文强	87720.11
闫福元	89824.48
李群	27691.54
汪潜峰	38937.52(1月-5月)

在公司领取报酬的董事、监事、高级管理人员的年度报酬总额929027.22元；金额最高的前三名董事的报酬总额325443.00元；金额最高的前三名高级管理人员的报酬总额314619.00元；独立董事的津贴：每年3万元。

下列人员在山西焦煤集团西山煤矿总公司领取报酬：

薛山、杨茂林、刘瑞林、李建胜、张树茂、段锡三、姜贵良、夏苏萍、王建祥。

李小彦先生在在山西焦煤集团有限责任公司领取报酬。

(三)董事、监事、高级管理人员离任情况

因工作调整原因，副总经理汪潜峰先生在公司二届九次董事会上辞去公司副总经理职务。

(四)公司员工情况

截止2003年12月31日，公司职工总数21371人按职能分类为：

生产人员17337人，占81.12%；

管理人员1988人，占9.30%；

技术人员816人，占3.82%；

销售人员142人，占0.66；

财务人员188人，占0.88；

其中：职工总数中具有研究生学历的16人；具有本科学历的603人；专科学历的1826人；中专学历的1032人；技校及高中学历的5872人；高中以下学历的12022人。由公司承担费用的离退人数为0人。

五、公司治理结构

(一)公司治理情况

按照中国证监会发布的有关上市公司治理文件的规定，公司建立了较完善的法人治理结构，在资产、业务、机构、人员、财务方面独立于控股股东，公司治理的实际状况与中国证监会发布的有关上市公司治理的规范性文件基本不存在差异。2003年，公司对照《上市公司治理准则》的要求，对公司法人治理结构进一步进行完善。

1、根据《关于在上市公司建立独立董事制度的指导意见》的规定，于2003年4月9日2002年年度股东大会上修改了《公司章程》，并增选了两名独立董事，使公司独立董事人数达到4人，基本达到占公司董事总人数的三分之一；

2、董事会下设董事会战略、审计、提名、薪酬与考核委员会并制订了相应的实施细则；

3、对《公司章程》中有关董事会运用公司资产所作风险投资、收购、出售资产、使用自有资金对外投资、对外担保的权限进行了规定；

4、根据证监会太原特派办《限期整改通知书》的要求，公司从2003年1月起，实现了生产经营计划直接由公司下达、日常生产经营由公司统一调度，使公司真正做到了独立生产经营；

5、针对2002年公司与控股股东签订的入洗煤购销协议，在2003年4月9日重新与山西焦煤集团西山煤矿总公司签订了的《综合服务协议》，规范了关联交易。

6、完善了公司对股东大会、董事会、监事会的到会签名、会议记录签字工作，会议记录已做到详细、规范。

(二)独立董事履行职责情况

1、到会情况

报告期内公司共召开两次股东大会和七次董事会，公司现有四名独立董事，有一人两次未出席会议，其余独立董事均全部出席。

2、履行职责情况

公司独立董事在任职期间，能根据法律法规要求独立履行职责，积极参加董事会和股东大会；从行业发展、法律、财务角度对董事会的议案、生产经营和投资决策发表专业性的意见，并就公司的关联交易和其他重大事项发表独立意见，有效保证了董事会的科学决策、促进公司良性发展，切实维护了公司整体利益和广大中小投资者的利益。

(三)公司与控股股东在业务、人员、资产、机构、财务等方面实行分开，具有独立完整的业务及自主经营能力。

(四)高级管理人员的考评及激励机制

公司对高级管理人员依据公司建立的生产经营业绩考核办法进行考评和奖励，考核指标包括产量、利润、安全、资本保值增值率，公司将进一步建立健全高级管理人员的激励机制。

六、董事会报告

一、公司经营情况

(一)主营业务的范围及其经营情况

本公司主营业务是煤炭的生产、洗选加工、销售及发供电，在国内冶炼精煤供给方面具有重要地位，属采掘业。

2003年，国民经济持续增长，电力、冶金等用煤行业的快速增长带动了煤炭需求量强劲增长，煤炭行业整体出现了产销两旺的态势，价升量增，为公司发展创造了良好的外部环境。公司利用煤炭市场的有利时机，发挥现有矿井的生产能力，加快产业结构调整，实施对外扩张，努力做优做强。报告期原煤产量1201万吨，比上年增长11.73%；煤炭销售量1149万吨，同口径比上年增长6.42%，其中洗精煤809万吨，同口径较上年增加10.39%；煤炭出口量173万吨，比上年增长33.08%；实现销售收入284,828.46万元，同口径比上年增长22.45%；利润总额43544.72万元，比上年增长45.04%；综合煤价242.85元/吨，同比增长18.30%。

主营业务收入的构成：

产品	主营收入(元)		主营成本(元)	
	金额	占总收入比例(%)	金额	占总成本比例(%)
洗精煤	2,490,625,178.34	87.44	1,665,024,092.04	89.25
其中：出口	666,438,291.79	23.40	445,555,158.39	23.88
国内	1,824,186,886.55	64.05	1,219,468,933.65	65.37
洗混煤	112,159,347.06	3.94	86,814,717.90	4.65
原煤	219,320,440.33	7.70	88,619,123.31	4.75
煤泥	6,083,895.27	0.21	3,975,002.53	0.21
电力	20,095,700.77	0.71	21,060,510.62	1.13
合计	2,848,284,561.77	100.00	1,865,493,446.40	100.00

产品	销售毛利(元)		毛利率%
	金额	占总利润比例(%)	
洗精煤	825,601,086.30	84.01	33.15
其中：出口	220,883,133.40	22.48	33.14
国内	604,717,952.90	61.53	33.15
洗混煤	25,344,629.16	2.58	22.60
原煤	130,701,317.02	13.30	59.59
煤泥	2,108,892.74	0.21	34.66
电力	−964,809.85	−0.10	−4.80
合计	982,791,115.37	100.00	34.50

(二)主要控股公司及参股公司的经营情况及业绩

1、山西恩华能源有限责任公司(控股公司)。注册资本：500万元，法定代表人薛山，主营业务范围：山西古交电厂的筹备和建设，普通机械设备、电力设备及器材、建筑材料、煤矿机械设备及配件的批发零售。2002年期末资产总额为18570万元。

2003年2月11日，公司董事会临时会议审议通过将山西恩华有限责任公司承担的山西古交电

厂的筹备和建设工作转由新设的山西兴能发电有限责任公司承担。

2、山西兴能发电有限责任公司(控股公司)。因电力体制改革,古交电厂项目合作方已由山西省电力公司变更为山西和信电力发展有限责任公司。公司根据项目法人制和资本金制的要求,经协商,决定出资设立山西兴能发电有限责任公司,承担山西古交电厂的建设和运营任务。项目资本金总额50629万元,占一期总投资的20%。我公司出资比例为55%,山西和信电力发展有限责任公司出资比例为45%。注册资本分三次达到项目资本金的要求。截止2003年12月31日山西兴能发电有限责任公司注册资本30492万元;法定代表人:薛山;经营范围:电力开发,生产,发、供用电设备的经营与维修技术咨询服务,技术人员培训,发电副产品综合利用的建筑材料及机电设备配件。总资产82237.20万元,净资产30492.00万元。

3、山西西山热电有限责任公司(控股公司)。2003年5月,公司与母公司山西焦煤集团有限责任公司共同出资设立了山西西山热电有限责任公司,项目资本金为29751.56万元,注册资本分三次达到项目资本金的要求,双方出资比例为80%:20%。截止2003年12月31日山西西山热电有限责任公司注册资本:20000万元;法定代表人:李仪;经营范围:电力开发、生产及销售(按国家及有关部门批准文件经营);发、供电设备的经营与维修、技术咨询服务;发电副产品综合利用;建筑材料、普通机械产品及配件的批发、零售;总资产20017.88万元,净资产20000.00万元。

4、山西晋兴能源有限责任公司(控股公司)。2003年8月公司与山西省经济建设投资公司共同出资设立了山西西山晋兴能源有限责任公司,双方出资比例为90%:10%。注册资本:3000万元;法定代表人:李仪;经营范围:煤炭销售、洗选加工、发供电、矿山开发及设计施工、矿用及电力器材生产、经营、铁路运营等。

5、山西证券有限责任公司(参股公司)。公司投资3000万元参股山西证券,持股比例为2.93%。该公司注册资本10.25亿元,2003年末总资产340653万元,实现利润1913.18万元。

(三)主要供应商、客户情况

1、公司前五名供应商的情况:

公司前五名供应商采购金额合计6,934.64万元,占公司年度采购总额的比例为26.16%。

供应商名称	本期采购总额	占本期材料采购的比例
鞍山集团新钢铁有限责任公司	39,784,543.59	15.01%
太原华夏旺盛物资有限公司	9,806,668.82	3.70%
大连东北交通物资公司	7,300,603.90	2.75%
太原市荣兴达贸易有限公司	6,417,380.73	2.42%
天津市盛华软线销售公司	6,037,226.46	2.28%

2、公司前五名的客户的情况:

公司前五名客户销售额合计为112,263.66万元,占公司销售总额的比例为39.41%。

客户名称	本期销售总额	占本期销售收入的比例
中煤进出口总公司青岛分公司	334,754,926.12	11.75%
上海宝钢国际经济贸易有限公司	300,610,396.71	10.54%
鞍山集团新钢铁有限责任公司	188,418,678.61	6.62%
北京首钢股份有限公司	188,153,478.26	6.61%
中煤进出口总公司日照分公司	110,699,110.71	3.89%

(四)公司投资情况

截止2003年12月31日,公司长期投资余额为3000万元,本年未发生变化,余额为参股山西证券投资款。

1、募集资金使用情况

报告期内公司未募集资金,报告期内募集资金使用情况:

(1)募集资金项目(单位:万元)

承诺投资项目	承诺运用日期	实际投资项目	实际投资日期	项目总投资(万元)	完工情况
山西古交电厂一期工程	2000-09-01	山西古交电厂一期工程	2000-10-20	263107	建设中
		太原选煤厂技改	2001-09-30	3486.19	完工
		西铭洗选系统改造	2001-09-30	4963	缓建
		煤矸石综合利用电厂项目	2003-04-09	59503.12	建设中
		镇城底矿选煤厂洗选系统改造项目	2003-04-09	3055.26	完工
		西曲矿选煤厂洗选系统改造项目	2003-04-09	1997.07	完工
		马兰矿选煤厂洗选系统改造	2003-04-09	4829.90	完工
马兰矿补套	2000-08-01	马兰矿补套	2000-08-01	14000	完工

(2)延续至报告期的募集资金项目进度及收益

A、山西古交电厂一期工程项目。该项目2003年4月15日正式开工,主要工程全面实施,报告期内,主厂房已接顶,标志性建筑210米烟囱建设全部完成,主机和大部分附属设备均已完成招标定货,附属工程大部分开工。

报告期内,古交电厂二期2×600MW机组扩建工程初步可行性研究报告已上报国家发改委。

2003年完成项目投资32941.67万元,累计完成投资51061万元,其中:建安工程14201万元,设备完成10017万元,其它费用26843万元。

B. 马兰矿采掘能力补套项目。采掘能力补套中的引进刨煤机设备已于2003年7月底安装完毕,8月初开始试生产。

2003年完成投资3500万元,累计完成投资16800万元。

(3)延续至报告期的变更募集资金项目进度及收益

A、太原洗煤厂技术改造项目。太原选煤厂技改项目一期工程于2003年4月28日竣工并正式投入生产,完成总投资2485.65万元。二期工程于4月下旬开工,12月20日竣工并正式投入生产,完成投资3165.61万元。两期工程共累计完成投资5651.26万元。

B、西铭矿洗选系统改造项目

根据煤炭市场需求旺盛的现状,目前该矿原煤产品市场销路较好,西铭矿洗选系统适时而建。

(4)报告期变更募集资金项目进度及收益

变更原因:报告期,由于山西古交电厂项目厂址变更后投入减少以及合作对象及比例变更、采用项目融资的建设方式等原因,经公司2002年年度股东大会审议批准,对除项目资本金外的募集资金进行了变更,涉及资金33683.48万元,现仍有剩余资金需要变更。(具体见2003年3月8日《证券时报》、《中国证券报》)。变更项目进度情况如下:

A、煤矸石综合利用电厂项目。2003年5月,项目法人山西西山热电有限责任公司注册成立,公司注册资金2亿元。前期"四通一平"及主要设备招标工作已完成,第一批辅机招标也已完成。

截止报告期末,累计完成投资13577万元。

B、镇城底矿选煤厂洗选系统改造项目。于2003年8月6日开工,12月8日竣工。完成投资3311.85万元。

C、西曲矿选煤厂洗选系统改造项目。于2003年9月2日开工,11月28日竣工。完成投资2360万元。

D、马兰矿选煤厂洗选系统改造。于2003年5月18日开工,12月18日竣工。完成投资4916万元。

(4)尚未使用的募集资金去向

公司2002年委托新疆金新信托投资股份有限公司、中国银河证券有限责任公司、中煤信托投资有限责任公司、汉唐证券有限责任公司共3.5亿元投资国债的资金在报告期内先后收回,共取得投资收益14,462,933.76元,已分别予以公告。

公司与中诚资产管理有限公司签订的5000万元委托理财事项,截止报告期末,仍未收回。

尚未使用的56,106.18万元,按规定存于银行。

2、本年度非募集资金投资的重大项目

报告期公司收购兴县矿区斜沟和阳坪两矿井,并与山西省经济建设投资公司共同出资组建山西西山晋兴能源有限责任公司,注册资本3000万元,公司出资2700万元。晋兴公司人员已进驻斜沟扩建井,进行矿井恢复生产工作,正在抓紧编制和上报《斜沟煤矿改扩建工程初步可行性研究》的项目建议书。

(五)公司财务状况及经营成果

1、经营成果分析

项目	2003年1-12月	2002年1-12月	增减幅度(%)
主营业务收入	2,848,284,561.77	2,097,067,772.52	35.82%
主营业务利润	969,910,337.14	776,206,216.61	24.96%
其他业务利润	12,133,406.63	21,041,751.02	-42.34%
营业费用	268,547,553.26	290,267,427.58	-7.48%
管理费用	263,276,751.14	179,884,905.69	46.36%
财务费用	24,002,940.68	27,340,681.18	-12.21%
投资收益	14,462,933.76		
补贴收入	2,367,478.42	628,682.01	276.58%
营业外收支	-7,599,671.36	-167,900.76	4426.29%
净利润	299,559,947.37	203,101,040.53	47.49%
现金及现金等价物净增加额	530,099,414.54	-312,901,959.32	269.41%

注:①本期主营业务收入增加的主要原因:一是规范会计核算口径,将外购配煤由其他业务核算调整到主营业务核算,增加收入28048万元,二是煤价升高和销量增加增收47073万元,同比增长22.45%。

②本期主营业务利润增加的主要原因是主营业务收入增加。

③其他业务利润减少的主要原因是2003年公司规范会计核算口径,将外购配煤由其他业务核算调整到主营业务核算。

④本期营业费用减少的主要原因是发往港口煤炭路车增加,导致运费减少。

⑤管理费用增加的主要原因一是计提坏账准备比上年增加,二是系工资增长,工资及其附加费增加所致。

⑥本期财务费用降低的主要原因是本期货款回收较好,银行贷款减少,贷款利息支出减少。

⑦投资收益增加的原因是公司委托的3.5亿元国债投资收益本年收回。

⑧补贴收入:公司矸石电厂利用煤矸石发电享受增值税返还的优惠政策。

⑨净利润增加的主要原因是公司利润总额比上年增加。

⑩现金及现金等价物增加的原因一是公司本年货款回收好,二是投资国债3.5亿元本年收回。

2、公司财务状况分析

项目	2003年12月31日	2002年12月31日	增减幅度(%)
资产总额	5,395,107,814.87	4,514,110,709.51	19.52%
货币资金	1,556,266,949.38	1,026,167,534.84	51.66%
应收款项净额	385,275,749.82	608,922,319.91	-36.73%
存货净额	187,299,692.51	222,828,828.04	-15.94%
长期投资净额	30,000,000.00	30,000,000.00	0.00%
固定资产净值	1,772,565,730.88	1,484,289,478.83	19.42%
长期负债	670,600,000.00	273,400,000.00	145.28%
股东权益	3,312,764,646.78	3,093,665,399.41	9.91%

注:①公司资产总额增加的主要原因:一是因为新公司设立导致资产增加;二是经营过程中预付账款、固定资产及在建工程增加。

②货币资金增加的主要原因:一是公司2002年委托国债投资3.5亿元收回;经营过程中现金增加。

③应收款项减少的主要原因为煤炭销售形势好转,公司加大清欠力度,应收账款大幅降低。

④长期负债增加主要原因是新设立子公司长期借款增加。

⑤股东权益增加主要是公司经营利润增加。

3、重大会计估计变更的原因及影响

本公司由于煤炭产量大幅提高,开采强度和运输距离不断增加,生产设备的有形损耗相应增加。根据本公司第二届董事会第九次会议决议,从2003年1月1日起对固定资产折旧年限进行了调整,由于折旧年限变更影响本年利润减少31,150,233.80元。

4、生产经营环境及宏观政策的变化对本公司的影响

①在国民经济持续增长的拉动下,冶金行业投资和产量增幅较大,炼焦煤市场需求旺盛,价格上扬,公司运营环境大为改善。

②公司依赖的铁路运输通道长期处于饱和状态,产销量的增加受运力制约。

(六)新年度的经营计划

新年度的生产经营目标是原煤产量1106万吨,洗精煤产量680万吨,商品煤销量1019万吨(动力煤339万吨,洗精煤680万吨)。并做好以下几项主要工作:

1、抓好关键环节技术改造和技术运用,提高生产能力。加大多煤层的联合开采和选煤厂多煤种配洗力度,集中生产,以多元化产品满足市场需求。推广厚、中煤层的放顶煤技术和薄煤层开采技术,采用先进设备改造生产和运输环节,实现生产运输能力的匹配。加大安全装备投入,推行安全明细化管理,建立安全生产长效机制。

2、促进重点项目工程建设,培育新的经济增长点。加快古交电厂一期工程、西山热电工程建设速度,实现项目2005年的顺利投产,力争工期提前。抓紧古交电厂二期可研报告、斜沟矿井改扩建、矿区铁路建设及改造的立项报批工作。

3、推进公司规范运作,进一步提高公司质量。依据国家大力发展资本市场,支持优质上市公司利用资本市场加快发展,做优做强的融资政策,进一步完善法人治理结构的制度,强化董事和高管人员的诚信责任,规范运作,提升质量。

(七)董事会日常工作情况

1、报告期内董事会的会议情况及决议内容

报告期内公司董事会共召开了七次会议,其中三次是临时董事会,具体情况如下:

(1)2003年3月6日召开了二届七次董事会,会议审议通过了《2002年度董事会工作报告》、《2002年度总经理工作报告》、《2002年年度报告及摘要》、《2002年度财务决算方案与2003年度财务预算方案》、《2002年度利润分配预案及资本公积金转增股本预案》、《预计2003年度利润分配政策及资本公积转增股本政策的议案》、《关于续聘会计师事务所及支付有关报酬的议案》、《关于提名独立董事候选人的议案》、《关于修改<公司章程>的议案》、《关于变更部分募集资金投向的议案》、《关于<综合服务协议>的议案》、《关于投资建设煤矸石综合利用电厂的议案》、《关于召开2002年年度股东大会的议案》。

决议公告刊登于2003年3月8日的《证券时报》、《中国证券报》。

(2)2003年4月18日召开了二届八次董事会,会议审议通过了《山西西山煤电股份有限公司2003年第一季度报告》、《关于提名公司控股子公司董事人选的议案》、《关于董事会各专门委员会人员组成的议案》、《关于董事会战略、审计、提名、薪酬与考核委员会实施细则的议案》。

决议公告刊登于2003年4月19日的《证券时报》、《中国证券报》。

(3)2003年8月6日召开了二届九次董事会,会议审议通过了《关于调整折旧年限的议案》、《2003年半年度报告正文及摘要》、《关于汪潜峰先生辞去公司副总经理的议案》、《关于出资组建山

西西山晋兴能源有限责任公司的议案》、《关于推荐山西西山晋兴能源有限责任公司董事、监事人选的议案》、《关于修改<公司章程>的议案》、《关于召开2003年第一次临时股东大会的议案》。

决议公告刊登于2003年8月8日的《证券时报》、《上海证券报》。

(4)2003年10月21日召开了二届十次董事会，会议审议通过了《山西西山煤电股份有限公司2003年第三季度报告》、《关于公司与关联方资金往来及对外担保的自查报告》、《关于公司为山西兴能发电有限责任公司提供中/长期贷款担保的议案》、《关于公司为山西西山热电有限责任公司提供固定资产贷款担保承诺的议案》、《山西西山煤电股份有限公司投资者关系管理制度》。

决议公告刊登于2003年10月22日的《证券时报》、《上海证券报》。

2003年度召开的三次临时董事会情况如下：

(1)2003年2月11日召开了二届一次临时董事会，会议审议通过了《关于出资设立山西兴能发电有限责任公司的议案》。

决议公告刊登于2003年2月13日的《证券时报》、《中国证券报》。

(2)2003年5月12日召开了二届二次临时董事会，会议审议通过了《关于收购兴县斜沟煤矿和阳坪煤矿的议案》。决议、纪要已报深交所备案。

(3)2003年7月22日召开了二届三次临时董事会，会议审议通过了《设立山西西山晋兴能源有限责任公司出资协议书的议案》。决议、纪要已报深交所备案。

2、董事会对股东大会决议的执行情况

报告期内董事会严格执行股东大会通过的决议，圆满完成了各项任务：

(1)2002年度利润分配方案的执行情况

2003年4月9日召开的公司2002年年度股东大会审议通过了2002年度利润分配方案：以公司2002年12月31日的总股本80800万股为基数，向全体股东每10股派发现金1元(含税)。公司董事会于2003年6月2日分别在《证券时报》和《中国证券报》上刊登了分红派息公告，股权登记日为2003年6月6日，除息日为2003年6月9日。股利派发工作于2003年6月9日完成。

(2)修改《公司章程》的执行情况

董事会根据公司2002年年度股东大会决议和2003年第一次临时股东大会决议两次对公司章程部分条款进行了修正，增加了董事人数并明确了董事会运用公司资产进行风险投资、收购、出售资产、使用自有资金对外投资及对外担保的权限；

(4)全面实现了各项经营指标，实现利润总额43544.72万元。

(八)本年度利润分配预案和公积金转增股本预案

1、利润分配预案。经山西天元会计师事务所审计，期初未分配利润388,385,368.20元，2003年已分配股利80,800,000元，公司2003年度实现净利润299,559,947.37元，提取10%的法定盈余公积金和5%的法定公益金共计44,933,992.11元，期末留存可供分配的利润为562,211,323.46元，其中本次拟分配股利161,600,000.00元，剩余留存以后年度分配。

董事会拟以2003年12月31日的总股本80800万股为基数，向全体股东每10股派现金股利人民币2元(含税)，共计161,600,000.00万元，2003年无资本公积金转增股本预案。

以上预案需经股东大会审议通过后实施。

2、2004年利润分配政策。

公司拟对2004年的利润进行一次分配：公司2004年度的未分配利润用于股利分配的比例约为50%；分配采用派发现金的形式。

(九)其它报告事项

1、从2003年7月1日起，公司选定的信息披露报纸由《证券时报》、《中国证券报》改为《证券时报》、《上海证券报》。

2、注册会计师对公司控股股东及其他关联方占用资金情况的专项说明

山西天元会计师事务所(有限公司)对公司与关联方资金往来情况出具专项说明:"截至2003年12月31日止，山西西山煤电股份有限公司与关联方资金往来如下：

科目	关联方	2002.12.31	本年增加	本年减少	2003.12.31
应收账款	山西焦煤集团西山煤矿总公司	324,259.36	31,960,782.55	29,197,215.34	3,087,826.57
预付账款	59,721,030.14	742,525,257.84		801,834,456.99	411,830.99
其他应收款	16,583,555.37	30,459,989.44		36,838,256.93	10,205,287.88
其他应付款	4,291,973.31	47,005,872.71		36,963,719.47	14,334,126.55

其中：

(1)山西西山煤电股份有限公司及其纳入合并报表的子公司不存在为控股股东和其他关联方垫支工资、福利、保险和广告等期间费用及相互代为承担成本和其他支出的情况。

(2)山西西山煤电股份有限公司及其纳入合并报表的子公司不存在有偿或无偿地拆借公司资金给控股股东及其他关联方使用的情况。

(3)山西西山煤电股份有限公司及其纳入合并报表的子公司不存在通过银行或非银行金融机构向关联方提供委托贷款，以及委托控股股东及其他关联方进行投资活动的情况。

(4)山西西山煤电股份有限公司及其纳入合并报表的子公司不存在为控股股东及其他关联方开具没有真实交易背景的商业承兑汇票的情况。

(5)山西西山煤电股份有限公司及其纳入合并报表的子公司不存在代控股股东及其他关联方偿还债务的情况。

(6)无中国证券监督管理委员会认定的其他形式。"

3、独立董事对公司累计和当期对外担保情况、执行《关于规范上市公司与关联方资金往来及上市公司对外担保若干问题的通知》(证监发[2003]56号)规定情况的专项说明及独立意见

"作为山西西山煤电股份有限公司(以下简称"公司")独立董事，我们根据《关于规范上市公司与关联方资金往来及上市公司对外担保若干问题的通知》(证监发[2003]56号)和《公开发行证券的公司信息披露内容与格式准则第2号--年度报告的内容与格式》的有关规定，在对有关情况进行调查了解，并听取公司董事会、监事会和经理层有关人员的相关意见的基础上，就公司累计和当期对外担保情况、执行证监发[2003]56号文规定情况作如下专项说明和独立意见：

(1)专项说明

a、公司能够严格遵守相关法律法规的规定，没有为控股股东及本公司持股50%以下的其他关联方、任何非法人单位或个人提供担保；

b、公司已组织全体董事、监事及高级管理人员认真学习了证监发[2003]56号文等相关文件，公司二届十次董事会审议通过了《山西西山煤电股份有限公司关于公司与关联方资金往来、对外担保情况的自查报告》，并于2003年10月22日向中国证监会太原特派办提交了该报告书；

c、到目前为止，公司在对外担保事项上，未受到过监管部门的任何批评、遣责与处罚；

d、公司二届十一次会议已提出了修改《公司章程》的议案，拟在《公司章程》中增加对外担保的审批程序、规定被担保对象的资信标准等内容，待公司股东大会批准后即可施行。

(2)独立意见

a、公司与关联方之间发生的资金往来均为公司在日常销售、购买商品和接受劳务活动中的正常经营性资金往来，不存在公司为关联方垫支工资、福利、保险、广告等期间费用的情形，也不存在代关联方承担成本和其他支出的情形。

b、公司不存在下列将资金直接或间接地提供给关联方使用的情形：

(a)将公司的资金有偿或无偿地拆借给关联方使用；

(b)通过银行或非银行金融机构向关联方提供委托贷款；

(c)委托关联方进行投资活动；

(d)为关联方开具没有真实交易背景的商业承兑汇票；

(e)代关联方偿还债务。

c、公司不存在以超过正常结算期应收款等方式被关联方变相占用资金的情况。

d、公司的所有担保是为控股子公司提供的担保，不存在任何在《关于规范上市公司与关联方资金往来及上市公司对外担保若干问题的通知》中规定的违规担保情况。"

七、重要事项

(一)本年度公司无重大诉讼、仲裁事项。

(二)本年度公司无收购及出售资产、吸收合并事项。

(三)重大关联交易事项：

1.购货：

关联方单位名称	项目	内容	2003年度	2002年度	定价原则
山西焦煤集团西山煤矿总公司	材料	让售	22,243,491.06	81,024,283.21	市场价
山西焦煤集团西山煤矿总公司	入洗原料煤	让售	268,347,568.22	367,215,513.00	市场价
山西焦煤集团西山煤矿总公司	电力	让售	101,002,442.66	71,930,668.79	市场价
山西焦煤集团西山煤矿总公司	固定资产租赁	让售	13,126,672.30	15,929,636.65	协议价
山西焦煤集团西山煤矿总公司	精煤	让售	261,467,752.98	174,626,014.07	市场价
山西焦煤集团西山煤矿总公司	供热	服务		2,600,000.00	市场价
山西焦煤集团西山煤矿总公司	专维费	服务	19,807,193.10	21,561,061.31	协议价
山西焦煤集团西山煤矿总公司	土地租赁	服务	2,125,360.00	2,400,000.00	协议价
山西焦煤集团西山煤矿总公司	水费	让售	1,087,237.18	901,040.00	协议价
山西焦煤集团西	工程款	工程	3,718,559.04	2,425,780.81	协议价

2.销售：

关联单位名称	项目	内容	2003年度	2002年度	定价原则
山西焦煤集团西山煤矿总公司	材料	让售	25,984,158.31	4,774,412.33	市场价
山西焦煤集团西山煤矿总公司	租赁费	让售	50,020.70	1,896,245.52	协议价
山西焦煤集团西	转供电	让售	1,110,130.49	2,039,102.57	市场价
山煤矿总公司	精煤	让售	10,070,398.77	19,837,632.54	市场价
山西焦煤集团西山煤矿总公司					
山西焦煤集团西山煤矿总公司	混煤	让售	8,928,699.80	1,488,216.30	市场价
山西焦煤集团西山煤矿总公司	入选原料煤	让售	8,135,352.65	17,795,365.12	市场价

3.关联方往来款项余额：

关联方往来款项余额明细项目列示如下：

项目	关联方名称	2003.12.31	2002.12.31	占全部应收(付)款项余额的比重 2003.12.31	占全部应收(付)款项余额的比重 2002.12.31
应收账款	山西焦煤集团西山煤矿总公司	3,087,826.57	324,259.36	0.86%	0.06%
预付账款	山西焦煤集团西山煤矿总公司	411,830.99	59,721,030.14	0.16%	76.44%
其他应收款	山西焦煤集团西山煤矿总公司	10,205,287.88	16,583,555.37	18.92%	35.9%
其他应付款	山西焦煤集团西山煤矿总公司	14,334,126.55	4,291,973.31	3.86%	2.06%

(四)重大合同及履行情况

1、报告期内公司无重大托管、承包、租赁其他公司资产或其他公司托管、承包、租赁上市公司资产的事项。

2、报告期内公司对控股子公司担保事项。

2003年10月22日，公司与中国银行太原市北城支行签订了为控股子公司山西兴能发电有限责任公司向该行申请22000万元中/长期贷款提供担保的合同，担保期限为2003年8月21日至2012年8月20日，担保方式为连带责任担保。

报告期内公司无其他对外担保事项。

(五)委托资产管理事项

报告期末，公司与中诚资产管理有限公司5000万元委托理财事项已逾期，未收回。

(六)公司或持股5%以上股东承诺事项及履行情况

控股股东承诺2003年末不再占用上市公司资金，截止2003年12月31日，控股股东山西焦煤集团有限责任公司无占用上市公司资金情况。

(七)报告期内公司续聘山西天元会计师事务所有限公司为公司审计机构，该所已为公司提供审计服务5年。公司支付给会计师事务所的报酬情况：单位：万元

	2003年度	2002年度	2001年度
财务审计费用	100	80	70
其它费用	0	0	0

会计师事务所的差旅费由公司承担。

(八)报告期内公司没有受到中国证监会稽查，公司董事会及董事也未受到行政处罚、通报批评、证券交易所公开谴责的情形。

(九)其它重大事件

2003年3月22日及4月30日分别在《证券时报》、《中国证券报》上刊登公司委托国债投资和委托理财事项及收回委托国债投资公告。

八、备查文件目录

(一)载有公司法定代表人、会计机构负责人签名并盖章的会计报告。

(二)载有会计师事务所盖章、注册会计师签名并盖章的审计报告原件。

(三)报告期内在中国证监会指定报纸上公开披露过的所有公司文件的正本及公告原稿。

上述备查文件备置于公司证券部供投资者及有关部门查阅。

董事长：李仪

山西西山煤电股份有限公司董事会

二〇〇四年三月十六日

诚志股份有限公司

诚志股份有限公司2003年年度报告

第一节 重要提示

重要提示：本公司董事会及其董事保证本报告所载资料不存在任何虚假记载、误导性陈述或者重大遗漏，并对其内容的真实性、准确性和完整性承担个别及连带责任。

公司本年度报告已经中磊会计师事务所审计，并出具标准无保留意见的审计报告。

董事长荣泳霖先生、总裁龙大伟先生、财务总监晏早先生声明：保证公司本年度报告中财务报告真实、完整。

第二节 公司基本情况简介

一、公司法定中文名称：诚志股份有限公司有限公司
公司法定英文名称：CHENGZHI CO., LTD.
中文缩写：诚志股份有限公司
二、公司法定代表人：荣泳霖
三、董事会秘书：许晓阳
股证事务代表：徐惊宇
联系地址：江西省南昌市北京西路88号江信国际大厦21层
联系电话：0791-6304746
传真：0791-6304699
电子信箱：xyxu118@vip.sina.com、xujingyu@sohu.com
四、公司注册地址：江西省南昌市庐山中大道60号
公司办公地址：江西省南昌市北京西路88号江信国际大厦21层
邮政编码：330046
公司国际互联网网址：http://www.chengzhi.com.cn
公司电子信箱：chengzhi@chengzhi.com.cn
五、公司选定的信息披露报纸名称：《中国证券报》、《证券时报》，登载公司年度报告的中国证监会指定国际互联网网址：http://www.cninfo.com.cn，公司年度报告备置地点：公司证券事务部
六、公司股票上市交易所：深圳证券交易所
股票简称：诚志股份有限公司　股票代码：000990
七、其他有关资料：
公司首次注册登记日期：1998年10月9日
变更注册登记日期：2000年6月27日、2001年6月8日
注册登记地点：江西省南昌市庐山中大道60号
企业法人营业执照注册号：3600001131669(1-1)
税务登记号码：360107705508496
聘请会计师事务所名称：中磊会计师事务所有限责任公司
会计师事务所的办公地址：北京市西城区民丰胡同31号中水大厦

第三节 会计数据和业务数据摘要

一、公司本年度会计数据金额（单位：人民币元）

利润总额	76,097,134.24
净利润	56,007,164.93
扣除非经常性损益后的净利润	48,069,024.42
主营业务利润	206,268,983.47
其他业务利润	5,693,196.74
营业利润	68,643,000.87
投资收益	-1,364,011.14
补贴收入	9,412,166.29
营业外收支净额	-594,021.78
经营活动产生的现金流量净额	74,824,588.12
现金及现金等价物净增加额	11,629,283.50

☆扣除非经常性损益项目和涉及金额

项目	金额（单位：人民币元）
补贴收入	8,009,447.00
营业外收入、支出净额	-594,021.78
处置长期投资损益	-1,393,973.35
处置无形资产损益	1,450,250.00
资产减值准备冲回	315,792.43
所得税影响额	150,646.21
合计	7,938,140.51

二、公司近三年财务指标（单位：人民币元）

	2003年度	2002年度	2001年度
主营业务收入	1,456,117,906.65	811,060,652.86	438,710,671.40
净利润	56,007,164.93	55,302,387.39	45,050,235.83
总资产	1,592,470,856.82	1,410,216,315.08	923,182,426.04
股东权益(不含少数股东权益)	765,869,675.04	720,617,510.11	679,655,122.72
每股收益	0.312	0.309	0.25
扣除非经常性损益后的每股收益(摊薄)	0.268	0.253	0.23
每股净资产	4.27	4.02	3.79
调整后的每股净资产	4.24	3.99	3.75
净资产收益率(%)(摊薄)	7.31	7.67	6.63
扣除非经常性损益后的加权净资产收益率(%)	6.48	6.45	6.32
每股经营活动产生的现金流量净额	0.42	0.33	0.10

☆报告期利润表附表

	净资产收益率(%)		每股收益(元)	
2003年度利润	全面摊薄	加权平均	全面摊薄	加权平均
主营业务利润	26.93	27.80	1.15	1.15
营业利润	8.96	9.25	0.38	0.38
净利润	7.31	7.55	0.31	0.31
扣除非经营性损益后的净利润	6.28	6.48	0.27	0.27

注：利润表附表的利润数是按照中国证监会《公开发行证券公司信息披露编报规则(第9号)》要求计算的。

三、报告期内股东权益变动情况及其原因　单位：人民币元

项目	股本	资本公积	盈余公积
期初数	179,250,000	431,531,427.32	34,424,179.90
本期增加	0		11,201,432.98
本期减少	0		
期末数	179,250,000	431,531,427.32	45,625,612.88
项目	法定公益金	未分配利润	股东权益合计
期初数	17,212,089.95	75,411,902.89	720,617,510.11
本期增加	5,600,716.49	56,007,164.93	67,208,597.91
本期减少		21,956,432.98	21,956,432.98
期末数	22,812,806.44	109,462,634.84	765,869,675.04

变动原因：
1)盈余公积和法定公益金的增加数为本年提取；
2)未分配利润的增加数为本期实现净利润，减少数为派送股利及提取盈余公积；
3)股东权益的增加数为本期实现净利润，减少数为派送股利及提取盈余公积。

第四节 股本变动及股东情况

一、股份变动情况表单位：股

	本次变动前	本次变动增减(+、-)						本次变动后
		配股	送股	增发	公积金转股	其他	小计	
一、未上市流通股份								
1、发起人股份	107,250,000							107,250,000
其中：								
国家持有股份	68,101,950							68,101,950
境内法人持有股份	39,148,050							39,148,050
境外法人持有股份								
其他								
2、募集法人股份								
3、内部职工股								
4、优先股或其他								
未上市流通股份合计	107,250,000							107,250,000
二、已上市流通股份								
1、人民币普通股	72,000,000							72,000,000
2、境内上市的外资股								
3、境外上市的外资股								
4、其它								
已上市流通股份合计	72,000,000							72,000,000
三、股份总数	179,250,000							179,250,000

二、股票发行与上市情况

1、1998年10月9日，公司经江西省股份制改革联审小组以赣股(1998)04号文批准，由江西合成洗涤剂厂、江西草珊瑚企业(集团)公司、清华同方股份有限公司、江西省日用品工业总公司、南昌高新区建设开发有限责任公司五家企业共同发起设立的股份有限公司。

2000年6月9日16日，经中国证监会证监发行字(2000)69号文批准，采用上网定价发行和向法人投资者配售相结合的方式向社会公众发行4800万股A股，其中向战略投资者配售2400万股，上网发行2400万股；每股面值1.00元人民币普通股，发行价格9.9元/股。2000年7月6日，"诚志股份有限公司"A股股票(上网发行部分)在深圳证券交易所挂牌交易；2000年12月25日，向战略投资者配售的2400万股上市流通。

2、公司2000年度股东大会审议通过，向全体股东每10股送红股3股派现1.00元，并以每10股转增2股的比例实施公积金转增股本。2001年4月3日实施了分配方案，本次分配完成后，公司总股本增加了5975万股，总股本增至17925万股。

3、2002年3月6日，经中国证券监督管理委员会证监函[2002]28号文和财政部财企[2002]9号文批准，公司股东江西合成洗涤剂厂、江西草珊瑚企业(集团)公司分别将所持本公司国家股中的2599.125万股和国有法人股中的2599.125万股转让给北京清华大学企业集团。此次股权转让后，北京清华大学企业集团将持5198.25万股，占总股本的29%，成为公司的控股股东。

4、2002年6月，公司第三大股东江西合成洗涤剂厂，为建立现代企业制度，盘活国有资产存量，

将持有本公司的832.905万国家股(占总股份4.65%)无偿划转给鹰潭市经贸国有资产运营公司。股权划转后,鹰潭市经贸国有资产运营公司成为公司的第三大股东。

三、股东情况

1、本公司报告期末股东总户数:24309户。

2、公司前十名股东情况(单位:股)

股东名称(全称)	年度增减	年末持股数量	比例(%)	股份类别(已流通或未流通)
清华控股有限公司	0	51982500	29	未流通
清华同方股份有限公司	0	38611800	21.53	未流通
鹰潭市经贸国有资产运营公司	0	8329050	4.65	未流通
江西草珊瑚企业(集团)公司	0	7254150	4.05	未流通
罗来冰	未知	4643729	2.59	已流通
杨　谦	未知	1405090	0.78	已流通
赵　华	未知	1174910	0.66	已流通
王亦菲	未知	1134702	0.63	已流通
张金香	未知	813846	0.45	已流通
唐学成	未知	786156	0.44	已流通

股东名称(全称)	质押或冻结	股东性质(国有股东或外资股东)
清华控股有限公司	无	国有法人股
清华同方股份有限公司	无	境内法人股
鹰潭市经贸国有资产运营公司	无	国家股
江西草珊瑚企业(集团)公司	无	国有法人股
罗来冰	未知	流通股
杨　谦	未知	流通股
赵　华	未知	流通股
王亦菲	未知	流通股
张金香	未知	流通股
唐学成	未知	流通股

注:第一大股东清华控股有限公司与第二大股东清华同方股份有限公司存在关联关系,即清华同方股份有限公司是清华控股有限公司的控股子公司。

3、控股股东情况

注:第一大股东清华控股有限公司与第二大股东清华同方股份有限公司存在关联关系,即清华同方股份有限公司是清华控股有限公司的控股子公司。

3、控股股东情况

报告期内,公司控股股东北京清华大学企业集团更名为清华控股有限公司,持有本公司51982500股,占总股本的29%。清华控股有限公司是今年经国家工商总局审核批准成立的国有独资公司,以清华大学投入的全部国有经营性资产作为其法人资产,从事资产经营和管理;公司实行独立核算、自主经营、自负盈亏,独立承担经济和民事责任,清华大学行使其股东权益。清华控股有限公司法定代表人:荣泳霖;注册资本人民币20亿元;经营范围:资产管理;资产受托管理;实业投资管理;企业收购、兼并、资产重组的策划;科技、经济及相关业务的咨询人员培训。(北京清华大学企业集团更名公告已刊登在2003年12月19日《中国证券报》、《证券时报》上)

清华控股有限公司拥有清华同方、清华紫光、清华通力、清华阳光、清华创业投资等三十余家全资、控股和主要参股企业,主要的产业领域包括电子信息、环保与人工环境工程、民用核技术、通迅、新材料与新能源、生物工程等。

公司控股股东清华控股有限公司的实际控制人是清华大学。清华大学是我国重点支持的高校,重点为国家培养工程技术人才。她跻身世界一流大学行列,逐步成为当代中国一所著名的设有理、工、文、法、管理、艺术和医学等学科的综合性大学。

4、其他持股在10%以上的股东情况

清华同方股份有限公司是公司第二大股东,持有本公司38611800股,占总股本21.53%。于1997年6月25日在国家工商行政管理局登记注册成立,股票于1997年6月27日正式在上海证券交易所挂牌交易。注册地址:北京海淀区清华园清华同方大厦;注册资本:57461.20万元;法人代表:荣泳霖;主营范围为计算机技术服务和维修;互联网信息服务;跨省计算机信息网国际互联网业务;节能、大气与工业污染控制、废弃物处理与综合利用的工程和设备的设计、生产销售、承接工程安装及技术开发与服务;人工环境控制设备的生产、销售及工程安装;仪器仪表、光机电一体化产品;通信电子产品、微电子集成电路、金融电子产品的开发、生产和销售;交通工程;医疗仪器;建筑智能化及市政府工程机电设备的设计、生产销售、承接工程安装及技术开发与服务;社会公共安全设备及器材的设计、生产销售、承接工程安装及技术开发与服务;机房设备与装修;建筑环境工程;精细化工及生物制药产品的开发、生产销售。消防产品的销售;高科技项目咨询,高新技术的转让与服务;物业管理;自营和代理经核准的进出口商品目录内商品及技术的进出口业务(国家限定公司经营或禁止进出口的商品和计划除外);进料加工和"三来一补"业务;经营转口贸易和对销贸易;承包与出口自产成套设备相关的境外工程及境内国际招标工程;对外派遣实施上述境外工程所需的劳务人员。

5、公司前10名流通股股东的情况

序号	股东名称	年末持有流通股(股)	种类(A、B、H)股	是否存在关联关系
1、	罗来冰	4,643,729	A	否
2、	杨　谦	1,405,090	A	否
3、	赵　华	1,174,910	A	否
4、	王亦菲	1,134,702	A	否
5、	张金香	813,846	A	否
6、	唐学成	786,156	A	否
7、	陈　敏	761,286	A	否
8、	何文利	667,722	A	否
9、	陈宗永	666,018	A	否
10、	丰和价值证券投资基金	603,051	A	否

注:未知前十名流通股是否存在关联关系。

第五节　董事、监事、高级管理人员和员工情况

一、董事、监事、高级管理人员基本情况

姓　名	性别	职务	年龄	任期起止日期	持股数(股)	
					期初数	期末数
荣泳霖	男	董事长	57	2001.10-2004.10	0	0
龙大伟	男	副董事长、总裁	40	2001.10-2004.10	0	0
王锡清	男	董事	58	2001.10-2004.10	0	0
方博林	男	董事	63	2002.4-2004.10	0	0
徐孟洲	男	独立董事	53	2002.4-2004.10	0	0
张　蕊	女	独立董事	41	2002.4-2004.10	0	0
王建业	男	独立董事	46	2003.7-2004.10	0	0
廖　理	男	监事会召集人	37	2002.4-2004.10	0	0
孙　岷	男	监事	36	2001.10-2004.10	0	0
刘滇鸣	男	监事	46	2003.3-2004.10	0	0
李鸿鹰	男	监事	52	2001.10-2004.10	0	0
熊秋林	男	监事	36	2002.4-2004.10	0	0
杨邵愈	男	副总裁	50	2001.10-2004.10	0	0
顾思海	男	人事总监	40	2001.10-2004.10	0	0
晏　早	男	财务总监	39	2001.10-2004.10	0	0
徐　东	女	副总裁	39	2001.10-2004.10	4000	4000
苏家璜	男	副总裁	60	2001.10-2004.10	0	0
钟寿椿	男	副总裁	67	2003.1-2004.10	0	0
娄天春	男	专务副总裁	40	2003.1-2004.10	0	0
许晓阳	男	总裁助理、董秘	33	2001.10-2004.10	0	0
高建涛	男	总裁助理	39	2002.3-2004.10	0	0
彭　谦	男	总裁助理	33	2003.10-2004.10	0	0

说明:董事、监事、高级管理人员在股东单位任职情况:

1、董事长荣泳霖先生任清华控股有限公司及清华同方股份有限公司董事长,任职期:1998年至今。

2、董事王锡清先生任清华同方股份有限公司董事兼常务副总裁,任职期:2001年4月至今。

3、监事孙岷先生任清华同方股份有限公司董事会秘书,任职期:2001年4月至今。

4、监事刘滇鸣先生任鹰潭市经贸国有资产运营公司总经理,任职期:2001年6月至今。

二、年度报酬情况

1、董事、监事、高管人员领取薪酬的决策程序,主要是依据《诚志股份有限公司有限公司薪酬管理办法》、《诚志股份有限公司有限公司经营管理人员聘任、考核、奖惩管理办法》,以经济责任制的要求及权责利相结合的原则,实行薪金收入与绩效考核相挂钩,同时公司以"心诚志专"的企业文化教育引导高管人员保持廉洁自律、高效创新。

2、金额最高前三名董事的报酬总额44万元;金额最高的前三名高管人员的报酬总额64万元。

3、在公司领取报酬的董事、监事、高级管理人员,年度报酬数额区间如下:

(1)20.1-32万元年度报酬区间3人;

(2)16.1-20万元年度报酬区间3人;

(3)12.1-16万元年度报酬区间4人;

(4)10.1-12万元年度报酬区间3人。

4、独立董事徐孟洲先生、王建业先生、张蕊女士津贴为每年6万元。

5、报告期内,董事长荣泳霖先生、董事王锡清先生、董事方博林先生、监事召集人廖理先生、监事孙岷先生、董事刘滇鸣先生均不在公司领取报酬。荣泳霖、王锡清、孙岷、刘滇鸣在股东单位领取报酬和津贴;方博林、廖理未在关联单位领取报酬和津贴。

三、报告期内离任的董事、监事、高级管理人员

2003年5月25日,公司第二届董事会第十次会议决议,审议通过了王建业先生担任公司独立董事,王晶宇因工作原因,辞去董事职务。此议案提交2003年6月28日公司第一次临时股东大会审议通过。

报告期内,公司专务副总裁汤云柯先生因工作调动,辞去公司职务。

四、公司员工情况

1、员工人数及变化情况

截止2003年底,公司员工总人数为1670人,大专以上员工占53%,现有博士13人、硕士44人。其中经营管理人员176人,财务人员77人,研发人员182人,市场销售人员346人,生产制造人员889人。

2、公司实行全员聘用制,离退休职工由社保基金统筹解决。

第六节　公司治理结构

一、公司治理情况

报告期内,公司严格按《公司法》、《证券法》、《上市公司治理准则》等法律法规的要求,不断完善公司法人治理结构、规范公司运作。公司根据中国证监会颁布的《关于上市公司建立独立董事制度的指导意见》,修改了公司章程,使独立董事达到1/3,保证董事会决策的科学性和有效性,进一步提高了公司治理水平;为了全面提升公司投资者管理工作的水平,积极地制定了《诚志股份有限公司有限公司投资者关系管理制度》以及实施细则等规章制度,健全了公司的管理制度,完善了公司良好治理结构。具体情况如下:

1、关于股东与股东大会:公司能够确保所有股东,特别是中小股东享有平等地位,确保所有股东能够充分行使自己的权利,公司按照《股东大会规范意见》、《诚志股份有限公司股东大会议事规则》的要求召集、召开股东大会,保证让更多的股东能够参加股东大会,行使股东的权利。

2、关于股东与上市公司的关系:控股股东没有超越股东大会直接或间接干预公司的决策和经营活动;公司与控股股东在人员、资产、财务、机构和业务方面做到"五独立",公司董事会、监事会和内部机构均独立运作。

3、关于董事与董事会:公司严格按照《公司章程》规定的董事选聘程序选举董事;公司董事会的人数和人员构成符合法律、法规的要求;公司董事会制定了《董事会议事规则》、《独立董事制度》,董事能够依照规则认真履行职责,维护公司和全体股东的利益。

4、关于监事和监事会:公司监事会的人数和人员构成符合法律、法规的要求;公司监事会制定了《监事会议事规则》;公司监事能够认真履行自己的职责,本着对股东负责的精神,对公司财务以及公司高管人员履行职责的合法合规性进行监督。

5、关于绩效评价与激励约束机制:公司依照《公司经营管理人员聘任、考核、激励、管理办法》对经营管理人员进行绩效评价与约束机制;经营管理层人员的聘任公开、透明,符合有关法律法规的规定。

6、关于相关利益者:公司能够充分尊重和维护公司员工等相关利益者的合法权益,共同推动公司持续、健康地发展。

7、关于信息披露与透明度:公司制定了较完善的信息披露制度,并设立部门指定专人负责信息披露、接待股东来访和咨询工作;能够真实、准确、完整、及时地披露有关信息,并确保所有股东有平等的机会获得信息。

二、关于独立董事职责履行情况

根据中国证监会《关于上市公司建立独立董事制度的指导意见》的要求,2003年6月28日公司第一次临时股东大会审议通过,王建业先生担任公司独立董事,使独立董事占到公司董事会的1/3。

报告期内,公司独立董事能够认真履行董事职责,按时参加公司董事会,并对董事会审议的投资项目及重大事项进行认真审核,积极征询和听取公司董事、监事及高级管理人员的意见,并在公司董事会上发表独立见解。

三、公司在与控股股东业务、人员、资产、机构、财务等方面的分开情况

公司与控股股东清华控股有限公司在业务、人员、资产、机构、财务上完全分开,并具有独立完整的业务及自主经营能力。

1、业务独立情况:公司拥有独立的采购、销售和生产系统。在原材料供应、产品采购和销售、商标权方面独立于控制人;公司与控股股东不存在同业竞争,控股股东已承诺其自身及受其控制的任

何其他子公司或其他关联企业将不从事任何在商业上与本公司有直接竞争的业务活动，以避免同业竞争。

2、人员分开情况：公司设立了人力资源部专门负责管理公司劳动人事及工资工作，并制订了一系列规章制度对员工进行考核和奖惩。公司总裁、副总裁、财务总监、董事会秘书等高级管理人员在公司专职工作并领取薪酬。

3、机构独立情况：本公司设立了完整独立的组织机构，不存在与控股股东合署办公的情况。在机构设置上兼顾了完善职能架构和效率之间的平衡，形成了有效的分层级管理机制，各机构职责明确。控股股东及其职能部门与公司及其职能部门之间不存在上下级关系，亦未有控股股东以任何形式干预本公司生产经营活动的情况发生。

4、资产完整情况：公司拥有独立完整的生产系统、辅助生产系统和配套设施，以及土地使用权、工业产权、非专利技术等资产。不存在控股股东以任何形式违规占用公司资金、资产及其他资源。

5、财务独立情况：本公司设有独立的财务管理部门，并建立了相应的会计核算体系和财务管理制度，并根据上市公司有关会计制度的要求，独立进行财务决策，对分、子公司的财务实行垂直管理。公司拥有独立的银行帐户，依法进行纳税。公司没有为控股股东及其下属单位、其他关联企业提供担保的行为。

四、高级管理人员的考评及激励机制情况

目前，公司高级管理人员薪酬体系采用年薪制。年末根据公司制定的《公司经营管理人员聘任、考核、激励、管理办法》和年初制定的责任目标，对各级经营管理人进行绩效挂钩考核。

为适应现代化企业制度下科学规范的管理机制，今年全面推行"岗位责任、绩效考核、薪酬管理"的3P人力资源管理框架。3P管理强调的是目标层层分解、业绩层层考核的制度；强化了各级经营管理人员职责，提高公司的整体绩效。

第七节　董事会报告

一、公司经营讨论与分析

上市伊始，公司即开始了从传统日化行业向生命医药和信息转型的战略，目前已成功完成第一历史阶段转型期，步入第二阶段稳定发展期。报告期内，公司继续把生命医药产业、信息产业作为主要产业发展方向。

公司生命医药产业中的医药板块组建了医药集团公司，形成科工贸一体的管理模式，进一步提高营销能力、扩大规模；生物工程公司L-谷氨酰胺和D-核糖产品的发酵率、提取精制率均达到国际先进水平，已通过ISO9001:2000质量体系认证和美国0rthodox Union认证机构的KOSHER认证。公司的数码存储产品和制造业软件产品进一步强化核心竞争力，做出自己的特色，技术领先，服务一流，保持国内的领先水平。

今年公司在经营上采取了发展市场与发展产品结合，以市场带动产品的发展模式，采用自产与自营相结合的方式发展市场渠道，为发展自产产品的市场奠定了良好的基础。报告期内，公司经营状况良好，保持了持续稳定的健康发展态势。全年实现主营业务收入145,611.79万元，比上年增长79.53%；利润总额7,609.71万元，比上年增长18.28%。

二、报告期内，公司经营情况

1、主营业务的范围及其经营状况

公司经营范围：生命科技、生命保健、生物制药、中药制药、信息软件等产品的开发、销售、咨询服务；日用化学、专用化学、精细化工等产品的生产、批发、零售；提供物业管理等服务。

公司主营业务收入及主营业务利润按行业分布的构成情况　单位(万元)

类别	2003年度 主营业务收入	2003年度 主营业务利润	2002年度 主营业务收入	2002年度 主营业务利润
生命医药产品	69,045.60	8,735.68	45,910.43	7,187.77
信息产品	63,561.64	8,765.59	20,846.89	6,600.61
精细、日用化工产品	13,004.55	3,125.63	4,348.74	4,216.88
合计	145,611.79	20,626.90	81,106.06	18,005.26

公司主营业务收入及主营业务利润按地区分布的构成情况　单位(万元)

地区	2003年度 主营业务收入	2003年度 主营业务利润	2002年度 主营业务收入	2002年度 主营业务利润
江西地区	44,758.56	9,969.68	36,937.36	8,368.31
北京地区	66,588.79	9,040.21	27,837.60	9,104.49
广东地区	39,679.50	1,617.01	24,011.04	564.91
小计	151,026.85	20,626.90	88,786.00	17,947.71
公司内部抵消	5,415.06	--	7,679.93	-57.55
合计	145,611.79	20,626.90	81,106.07	18,005.26

公司上市以来，以高科技产业为中心发展方向，公司的生命医药、信息两大主营业务从无到有，并发展到今天在市场竞争中具备了一定优势。其中医药集团公司下属医药营销业务的销售收入从发行时不到2000万元达到2亿元左右，经营品种由99年的26个扩展到近期的3000个以上，市场营销网络遍及除西藏等少数地区以外的国内各省、市、区，在江西省药品销售领域名列前茅。

公司IT业务集中于控股子公司清华诚志科技发展有限公司及北京艾克斯特工业自动化技术公司，(1)北京艾克斯特工业自动化技术公司开发的CAPP和PDM软件多次中标国家863/CIMS工程和"十五"863制造业信息化重大项目且获得科技部创新基金的支持，公司产品获得国家科技部863重大目标产品评测第二名并先后列入北京市火炬计划、北京市重点科技成果转化计划、国家火炬计划、国家级重点新产品推广计划。是目前国内唯一能够为机械制造业提供CAD/CAPP/PDM/ERP解决方案的公司，并于2000年通过ISO9001认证，第一批通过"双软"认证，是科技部认证的第一批"863/CIMS系统集成及咨询服务企业"。

(2)清华诚志科技发展有限公司的网络存储业务在综合排名方面已经进入国内厂商前三名的地位。是目前为止联想唯一一家NAS产品金牌增值服务商(资料来源：赛迪咨询)，同时也是SNIA(全球网络存储工业标准协会)在中国的第一家授权培训中心。

占公司主营业务收入或主营业务利润10%以上的主要产品：　单位:万元

主要产品	销售收入	销售成本	毛利率
生命医药	69,045.60	60,032.66	13.05%
信息产品	63,561.64	54,362.42	14.47%
精细、日用化工产品	13,004.55	9,831.87	24.40%

2、主要控股公司及参股公司的经营情况及业绩

(1)江西诚志医药集团有限公司

江西诚志医药集团公司注册资本6,000万元，诚志股份有限公司持有其99.5%的股权，其经营范围包括：中成药、化学药制剂、抗生素；中药材、中药饮片、生物制品、医疗器械、生化药品的批发及营养保健品的批发、零售。报告期内，公司总资产为23,853万元，净利润为1,365万元。

(2)江西诚志生物工程有限公司

江西生物诚志生物工程有限公司注册资本3,000万元，诚志股份有限公司持有其98%的股权，江西省工业投资公司持2%的股权。其经营范围包括：生物化学制品、功能食品、食品添加剂、食品添加剂的科研、开发、制造、批发。目前主要业务为医药中间体"D核糖"、"L谷氨酰胺"的生产和销售。报告期内，公司总资产为5,249万元，净利润为335万元。

(3)诚志生命科技有限公司

诚志生命科技有限公司注册资本18,000万元，诚志股份有限公司持有其98.61%的股权，清华科技园发展中心持有1.39%的股权。其经营范围包括：生命科学、生物工程、医疗及医疗器械开发；保健品开发销售；生物化学，精细化工，环保节能产品开发、生产、销售；技术服务，技术转让，技术咨询(未取得专项许可的项目除外)。报告期内，公司总资产为24,716万元，净利润为292万元。

(4)北京清华诚志科技发展有限公司

北京清华诚志科技发展有限公司注册资本为20,000万元，诚志股份有限公司持有其95%的股权。其经营范围包括：技术开发、技术转让、技术培训、技术咨询、技术服务；自有房产的物业管理；销售开发后的产品、电子计算机及外部设备、通信设备(无线电发射设备除外)、五金交电、仪器仪表、包装食品、机械电器设备、化工产品、化学试剂、汽车零配件、车用油品添加剂、建筑材料、装饰材料、日用百货。目前主要业务为二维设计软件XTCAD、工艺设计软件XTCAPP、产品资源管理软件XTPDM、SPI的开发、咨询与销售；MicroNAS阵列服务器、MacroStor存储服务器的开发、生产与销售。报告期内，公司总资产为62,700万元，净利润为3,048万元。

(5)珠海诚志通发展有限公司

珠海诚志通发展有限公司注册资本为5,000万元，诚志股份有限公司持有其99.18%的股权。其经营范围为：批发、零售：日用化学品、化工原料、纸、纸制品、汽车零部件、电子产品、普通机械、建筑材料、五金交电、食油及制品；进出口业务。报告期内，公司总资产为12,869万元，净利润为660万元。

(6)江西诚志日化有限公司

江西诚志日化有限公司注册资本为1,000万元，诚志股份有限公司持有其99%的股权。其经营范围：日用化工产品、精细化工产品、聚氨酯发泡剂、化工助剂、牙膏、合成洗涤剂、洗涤用品、纸、纸制品、生产用纸、卫生巾系列产品、香精香料的研制、生产及销售、化工原料、化工产品、包装材料的批发零售(以上项目国家有专项规定的除外)。报告期内，公司总资产为4,437万元，净利润为448万元。

(7)江西京鹰汽车新技术有限公司

江西京鹰汽车新技术公司注册资本为1,900万元，诚志股份有限公司持有其77.89%的股权。其经营范围包括：汽车后视镜及相关的光学产品、电子产品、机械产品的科技开发、制造、批发、零售；咨询服务、新技术咨询服务；物业管理；机动车零配件销售；化工产品科技开发。目前主要产品：汽车后视镜总成及镜片的生产和销售。报告期内，公司总资产为3,778万元，净利润为2.4万元。

(8)北京诚志利华投资有限公司

北京诚志利华投资有限公司注册2,000万元，诚志股份有限公司持有其94.79%的股权。其经营范围包括：投资管理和科技开发。报告期内，公司总资产为14,708万元，净利润为-73万元。

(9)北京清华永昌化工有限公司

北京永昌化工有限公司注册资本为844.5万元，诚志股份有限公司持有其96%的股权。其经营范围为生产精细化工产品；销售自产品。主要产品：液体荧光增白剂系列产品、聚羧酸盐高分子系列产品的生产与销售。报告期内，公司总资产为7,619万元，净利润为-36.8万元。

3、主要供应商、客户情况

公司前五名供应商合计的采购金额为37,689万元，占公司年度采购总额的25.12%；前五名公司客户的销售收入合计为28,121万元，占公司销售收入的19.31%。

4、经营中出现的问题与困难及解决方案

⑴今年四、五月份全国遭受严峻"非典"疫情，公司部分控股子公司的正常经营受到影响。但在公司董事会的正确领导下，把损失控制到最低点。非典期间，公司药厂为满足市场的需求，加班加点生产防非典药品、营销公司购入大量防非典药品，但由于药材成本涨价，造成医药板块毛利率下降和增产不增利。

⑵为打开市场销售渠道，扩大市场占有率，公司在经营上采取了发展市场与发展产品相结合，以市场带动产品的发展模式，使公司主营业务收入得到快速增长，但因增速较快的自营产品毛利率偏低，因而公司主营业务利润未能形成与收入的配比增长。另本年度由于公司流动资金需求加大，导致银行借款增多利息负担加重，利润减少；同时从今年度起公司不再获得地方政府所得税返还，以至所得税费用加大，净利润下降。针对上述经营问题，公司将在今年逐步加大自有产品的销售份额，控制产品生产成本，提高综合毛利率，加强资金利用效率，尽力减少利息支出，为股东创造更高收益。

⑶公司进入第二阶段稳定发展时期，由于公司地域分散，分子公司较多，经营行业不同，给公司经营管理带来了一定的难度。健全各项内部管理体系成了今年工作重点，公司从现有的两套管理体系人力资源CRG管理体系、财务垂直管理体系，又新增了三套管理体系即运营监测体系、审计法务体系、投资论证体系。这五套管理体系的建立，使整个公司的内部管理上了一个新的台阶，更加科学化、专业化、规范化。

二、公司投资情况

1、报告期内，公司无新募集资金使用。

2、非募集资金投资情况

⑴报告期内，为更好地实施公司的发展战略，做大做强生命医药板块，经公司临时董事会审议通过公司用自有资金对控股子公司江西诚志医药营销公司增资5700万元，使其注册资本从原来的300万元增到6000万元。

今年七月经江西省工商行政管理局核准，以江西诚志医药营销有限公司为核心，包括江西诚志信丰药业、江西同方药业、江西诚志药业等四家药厂成立了江西诚志医药集团有限公司。该集团的成立有利于进一步发挥企业集团的整体优势，推行集约化经营和管理。

⑵报告期内，因公司控股子公司北京清华诚志科技发展有限公司业务快速发展的需要，经总裁办公会、董事会、股东大会一致通过，公司用自有资金对其增资1亿元人民币，使其注册资本达到2亿元人民币。

⑶报告期内，公司继续加大生物工程项目的投资。经总裁办公会一致通过，公司投资2500万元与菱花集团公司、山东菱花味精股份公司共同设立山东诚志菱花生物工程公司，经营氨基酸产品的研发、生产和销售。该公司已于今年8月份注册成立，诚志股份有限公司持50%的股份，菱花集团公司持25%的股份，山东菱花味精股份公司持25%的股份，预计明年将正式投产。

3、2004年度的经营计划

2004年，公司将运用好人力资源CRG管理体系、财务垂直管理体系、运营监测体系、审计法务体系、投资论证体系这五套体系，加强内部管理，提高资金使用率，控制成本和费用。使公司的销售收入和利润继续保持一定的增长势头。

三、报告期内的主要财务变动原因

公司财务状况简表如下单位:(人民币元)

名称	2003年	2002年
总资产	1,592,470,856.82	1,410,216,315.08
股东权益	765,869,675.04	709,862,510.11
主营业务收入	1,456,117,906.65	811,060,652.86
主营业务利润	206,268,983.47	180,052,620.31
净利润	56,007,164.93	55,302,387.39
现金及现金等价物净增加额	11,629,283.50	50,328,774.11
名称	增减额	增减比例
总资产	182,254,541.74	12.92%
股东权益	56,007,164.93	7.89%
主营业务收入	645,057,253.79	79.53%
主营业务利润	26,216,363.16	14.56%
净利润	704,777.54	1.27%
现金及现金等价物净增加额	-38,699,490.61	-76.89%

主营业务收入增加原因：公司今年在经营上采取了发展市场与发展产品结合，以市场带动产品的发展模式，采用自产与自营相结合的方式，扩大市场渠道，提高市场占有率，为发展自产产品的市

场奠定了良好的基础。

现金及现金等价物净增加额减少原因：公司加强了资金的统一管理，提高了资金的使用效率，使新增筹资额远小于去年同期，导致现金及现金等价物净增加额减少。

四、董事会日常工作情况

报告期内，公司董事会共召集七次董事会会议，其中两次临时董事会议。

1、第二届董事会第八次会议于2003年1月27日在北京清华科技园创新大厦B座诚志北京管理总部会议召开，应到董事7人，实到7人，全体监事和高级管理人员列席了会议。会议由董事长荣泳霖主持，并通过了如下决议：

(1)审议通过公司《2002年度董事会工作报告》；

(2)审议通过公司《2002年度总裁工作报告》；

(3)审议通过公司《2002年度报告(正文及摘要)》；

(4)审议通过公司《2002年度财务决算报告》；

(5)审议通过公司《2002年度利润分配预案》；

(6)审议通过公司《2003年度利润分配政策》；

(7)审议通过公司《关于续聘会计师事务所的议案》；

(8)审议通过公司《关于前次募集资金使用情况说明的议案》；

(9)审议通过公司《公司再融资方式由发行可转换债券改为配股的议案》；

(10)审议通过公司《关于2003年配股资格审查的议案》；

(11)审议通过公司《关于2003年配股具体发行方案的议案》；

(12)提请股东大会授权董事会办理相关事宜的议案；

(13)审议通过《关于公司2003年配股募集资金计划投资项目可行性的议案》；

(14)审议通过《公司聘任钟寿椿任公司副总裁，娄天春任专务副总裁的议案》；

(15)审议通过公司为下属子公司珠海诚志通向交行珠海分行申请人民币1.5亿综合授信额度提供担保事宜的议案；

(16)董事会定于2003年3月3日召开2002年度股东大会。

2、第二届董事会第九次会议于2003年4月16日在北京清华科技园创新大厦B座诚志北京管理总部会议室召开，应到董事7人，实到7人，部分监事和公司高管理人员列席了会议。会议由董事长荣泳霖主持，审议通过了以下议案：

(1)会议通过了公司2003年第一季度报告；

(2)会议通过公司为下属控股子公司北京清华诚志科技发展有限公司在中国光大银行北京首体支行申请4000万元贷款提供担保。

3、第二届董事会第十次会议于2003年5月25日在北京清华科技园创新大厦B座诚志北京清华科技园创新大厦B座诚志北京管理总部会议室和江西南昌江信国际大厦21楼公司会议室以视频会议形式召开，应到董事7人，实到7人，部分监事和公司高管人员列席了会议。会议由董事长荣泳霖先生主持，审议通过了以下议案：

(1)审议通过了王晶宇先生辞去我公司董事议案，审议通过了王建业先生担任我公司独立董事的议案；

(2)审议通过修改公司章程第一百一十九条："董事会由七名董事组成，其中独立董事二名"修改为"董事会由七名董事组成，其中独立董事三名"；

(3)审议通过了公司对下属子公司北京清华诚志科技发展有限公司增资1亿元人民币的议案；

(4)审议通过了对下属子公司担保事宜：为北京清华诚志科技发展有限公司向中国建设银行清华园支行申请1.7亿元综合授信额度提供担保；为江西诚志医药营销有限责任公司向中国建设银行南昌市阳明支行申请5000万元流动资金贷款提供担保；为诚志生命科技有限公司向中国建设银行南昌市阳支行申请5000万元流动资金贷款提供担保。

4、第二届董事第十一次会议于2003年7月23日上午9:00在北京清华科技园创新大厦B座诚志北京管理总部会议室召开。会议应到董事7人，实到董事6人，全体监事和部分高管列席了本次会议。会议由董事长荣泳霖先生主持，通过了以下议案：

(1)审议通过了《公司2003年半年度报告正文及摘要》；

(2)审议通过了《公司2003年半年度利润分配议案》。

5、第二届董事会第十二次会议于2003年10月21日上午9:00在北京清华科技园创新大厦B座诚志北京管理总部会议召开。会议应到董事7人，实到董事7人，全体监事和部分高管理人员列席了本次会议。会议由董事长荣泳霖先生主持，通过了以下议案：

(1)审议通过了《公司2003年第三季度报告》；

(2)审议通过了《公司投资者关系管理制度》。

6、公司董事会于2003年元月20日、2003年2月18日分别召开临时董事会，会议分别审议通过：(1)对江西诚志医药营销有限责任公司注册资本增资；(2)公司将所持诚志信丰药业90%股权、江西同方药业70%股权、江西诚志药业有限责任公司85%的股权分别转让给控股子公司江西诚志医药营销有限公司。

公司董事会按照《公司法》和《公司章程》的规定，严格执行股东大会决议和股东大会授权事项。

(1)董事会根据股东大会的授权，积极组织了向中国证监会申请配股的有关工作；

(2)2002年度利润分配方案，每10股派送现金红利0.6元，于2003年4月24日实施完毕。

(此公告已刊登在2003年4月17日《中国证券报》、《证券时报》上)

五、本次利润分配预案

经中磊会计师事务所审计，公司2003年度共实现净利润56,007,164.93元，提取10%的法定盈余公积金5,600,716.49元和提取10%的法定公益金5,600,716.49元，加年初未分配利润75,411,902.89元，实际可供全体股东分配利润为109,462,634.84元。

根据公司第二届董事会第十三次会议决议，本年度利润拟以2003年末股份总数179,250,000股为基数，向全体股东每10股派现金股利0.7元(含税)，派现金股利总额为:12,547,500元。(该议案还需股东大会审议通过)

六、其他事项

1、注册会计师对公司控股股东及其他关联方占用资金情况的专项说明：

经核查控股股东及其他关联方占用资金情况如下表：

资金占用方单位名称	与上市公司关系
清华控股有限公司	第一大股东
北京清华紫光制药厂	受同一控制人控制
清华科技园(江西)发展有限公司	参股公司
山东诚志菱花生物工程有限公司	参股公司

资金占用方单位名称	2003年初资金占用余额	2003年度新增占用资金	2003年度减少占用资金
清华控股有限公司	14,813,196.49	20,483,269.56	35,296,466.05
北京清华紫光制药厂-	11,400,000.00	2,900,000.00	
清华科技园(江西)发展有限公司	34,000,000.00	36,430,000.00	38,430.000.00
山东诚志菱花生物工程有限公司	-	854,177.00	15,000,000.00

资金占用方单位名称	2003年末资金占用余额	占用原因
清华控股有限公司	23,000.00	代垫费用
北京清华紫光制药厂	8,500,000.00	补充流动资金
清华科技园(江西)发展有限公司	32,000,000.00	委托工程建设款
山东诚志菱花生物工程有限公司	-14,145,823.00	调回闲置资金

经核查未发现诚志股份为控股股东及公司持股50%以下的其他关联方、任何非法人单位或个人提供担保。

2、独立董事对本公司与关联方资金往来及对外担保情况的专项说明及独立意见：

根据《关于规范上市公司与关联方资金往来及上市公司对外担保若干问题的通知》要求，我们对诚志股份有限公司作了审慎调查，现将该公司与关联方资金往来及对外担保情况作如下说明：

(1)截止报告期内，公司没有为控股股东及本公司持股50%以下的其他关联方、任何非法人单位或个人担保提供担保。公司为控股子公司担保累计余额31168.85万元。

(2)截止报告期内，公司为清华控股公司代垫费用2.3万元；公司为北京清华紫光制药厂补充流动资金850万元；公司向清华科技园(江西)发展有限公司委托建设工程资金3200万元；公司向山东诚志菱花生物工程有限公司调回闲置资金1414.58万元。

(3)独立董事将敦促公司按照证监会《关于规范上市公司与关联方资金往来及上市公司对外担保若干问题的通知》要求，在2004年尽量减少与关联方的资金往来，并及时清理、收回占用资金。

第八节　重要事项

一、本年度公司无重大诉讼、仲裁事项。

二、报告期内公司无重大收购资产、吸收合并事项。

三、报告期内，出售了部分下属公司股权。

为了更好地维护股东权益，调整战略布局，减少亏损隐患，控股子公司诚志生命科技发展有限公司出售了阳江清华科技发展有限公司52.9%的股权和北京诚志生命保健品有限公司70%的股权；控股子公司北京诚志利华投资有限公司出售了北京北方新基德科技有限公司80%的股权。

四、关联事项

1、本公司与江西草珊瑚企业(集团)公司签订《综合服务合同》，主要内容有：本公司与江西草珊瑚企业(集团)公司相互租赁对方房产，本公司与江西草珊瑚企业(集团)公司定期结算租金。

2、本公司与清华同方股份有限公司签订《委托租赁协议》，将本公司同方大厦的A座第六整层和第七整层，委托清华同方股份有限公司对外租赁，自2003年元月`1日至2004年12月31日，每月收取租金794,784元，同时按租金收入的8%支付给清华同方股份有限公司作为物业管理费用。

3、2003年元月公司与北京清华大学企业集团签署了《资产转让协议》，拟用2003年公司配股资金购买北京清华紫光制药厂(配股不成功不进行此项关联交易)，此议案已通过公司董事会、股东大会，并由福建省闽发证券有限公司出具《关于诚志股份有限公司有限公司收购北京清华紫光制药厂资产之关联交易的独立财务顾问报告》。此项关联交易公告刊登在2003年元月29日《中国证券报》、《证券时报》上。

五、重大合同及履行情况

1、报告期内，公司无对外担保事项。

2、报告期内，公司对控股子公司的提供担保余额31168.85万元，具体情况如下：

(1)经第二届董事会第八次会议审议通过，公司为下属控股子公司珠海诚志通发展有限公司向交行珠海分行申请人民币1.5亿元综合授信额度提供担保，担保期限一年；截止12月31日，担保余额为3,345.58万元。

(2)经第二届董事会第九次会议审议通过，公司为下属控股子公司清华诚志科技发展有限公司在中国光大银行北京首体支行申请4000万元贷款提供担保，担保期限一年；经第二届董事会第十次会议审议通过，公司为下属控股子公司北京清华诚志科技发展有限公司向中国建设银行清华园支行申请1.7亿元综合授信额度提供担保，担保期限一年；截止12月31日，担保余额为18,591.27万元。

(3)经第二届董事会第十次会议审议通过，公司为下属控股子公司江西诚志医药集团有限公司向中国建设银行南昌市阳明支行申请5000万元流动资金贷款提供担保，担保期限一年；截止2003年12月31日，担保余额为4232万元。

(5)第二届董事会第十次会议审议通过，公司为下属控股子公司诚志生命科技有限公司向中国建设银行南昌市阳明支行申请5000万元流动资金贷款提供担保，担保期限一年；截止2003年12月31日，担保余额为5000万元。

六、报告期内公司聘任会计师事务所情况

报告期内，公司续聘中磊会计师事务所担任本公司审计工作；本年度审计费用(包括中报、年报)为55万元；该会计师事务所从1998年开始已经连续服务6年。

七、报告期内，公司、董事会及董事未受中国证监会稽查、中国证监会行政处罚、通报批评、证券交易所公开谴责的情形。

八、其它事项

1、根据公司2002年股东大会通过的利润分配方案，公司向全体股东每10股派送现金股利0.6元(含税)。(此公告已刊登在2003年4月17日的《中国证券报》、《证券时报》上)

2、2003年6月28日公司召开2003年第一次临时股东大会，会议审议通过王建业先生担任公司独立董事的议案，并修改《公司章程》中部分条款。(此公告已刊登于2003年7月1日的《中国证券报》、《证券时报》上)

3、为适应公司发展形势的要求，今年公司推进以配股形式实现二次融资。配股材料从今年5月份报送中国证监会后，因受国内非典爆发、中国证监会发审委制度改革等原因一直未能上发审会，公司正积极等待发审会的召开。

4、控股子公司江西诚志医药集团有限公司于7月经江西省工商局注册成立。该医药集团是以江西诚志医药营销有限公司为核心，包括江西诚志信丰药业、江西同方药业、江西诚志药业。该集团的成立有利于进一步发挥企业集团的整体优势，推行集约化经营和管理。

5、为全面回顾公司发展历程、认真总结成功经验、深入探寻成长轨迹、积极展望美好前景，公司于十月份开展了诚志股份有限公司成立五周年庆祝系列活动。

6、控股子公司北京清华诚志科技发展有限公司下属北京艾克斯特工业自动化技术有限公司，推出超级设计工具PRO/E SUPERTOOLS，这是国内目前首套基于Pro/E平台，二次开发的三维国标件库工具集。

7、2003年12月，江西诚志生物工程有限公司在南昌举办D-核糖产品科技成果和新产品鉴定会。来自清华大学、南昌大学、江西师大、江西省科技厅等专家一致认为D-核糖工艺技术水平达到了国际先进、国内领先水平。

8、2003年度公司利润分配预案：根据第二届董事会第十三次会议决议，拟以2003年末股份总数179,250,000股为基数，向全体股东每10股派发现金股利0.7元(含税)，派发的现金股利总额为：12,547,500元。(此议案还需股东大会审议通过)

第九节、备查文件目录

1、载有法定代表人、主管会计工作负责人、会计机构负责人签名并盖章的会计报表；

2、载有会计师事务所盖章、注册会计师亲笔签名并盖章的审计报告原件；

3、报告期内在《中国证券报》、《证券时报》上公开披露过的所有公司文件的正文及公告原稿。

诚志股份有限公司

董事长：荣泳霖

二〇〇四年二月八日

浙江新和成股份有限公司

浙江新和成股份有限公司首次公开发行股票上市公告书

第一节 重要声明与提示

本公司董事会保证上市公告书的真实性、准确性、完整性,全体董事承诺上市公告书不存在虚假记载、误导性陈述或重大遗漏,并承担个别和连带的法律责任。

根据《公司法》、《证券法》等有关法律、法规的规定,本公司董事、高级管理人员已依法履行诚信和勤勉尽责的义务和责任。

证券交易所、中国证监会、其他政府机关对本公司股票上市及有关事项的意见,均不表明对本公司的任何保证。

本公司提醒广大投资者注意,凡本上市公告书未涉及的有关内容,请投资者查阅 2004 年 5 月 28 日刊载于《中国证券报》、《上海证券报》和《证券时报》的本公司招股说明书摘要,以及刊载于深圳证券交易所指定网站(http://www.cninfo.com.cn)的本公司招股说明书全文及相关附录。

第二节 概 览

股票简称:新和成
股票代码:002001
总股本:11,402 万股
可流通股本:3,000 万股
本次上市流通股本:3,000 万股
发行价格:13.41 元/股
上市地点:深圳证券交易所
上市时间:2004 年 6 月 25 日
股票登记机构:中国证券登记结算有限责任公司深圳分公司
保荐机构(上市推荐人):第一创业证券有限责任公司

本公司首次公开发行股票前股东所持股份的流通限制及期限:根据国家有关法律、法规规定和中国证监会证监发行字[2004]60 号《关于核准浙江新和成股份有限公司公开发行股票的通知》,本公司首次公开发行股票前股东法人股、自然人持有的未流通股份暂不上市流通。

本公司首次公开发行股票前第一大股东新昌县合成化工厂对所持股份自愿锁定的承诺:自本公司股票上市之日起 12 个月内,不转让所持有本公司的股份,也不会要求或接受本公司回购其所持有的股份。

第三节 绪 言

本上市公告书系根据《中华人民共和国公司法》、《中华人民共和国证券法》、《股票发行与交易管理暂行条例》、《公开发行股票公司信息披露实施细则》和《深圳证券交易所股票上市规则》等国家有关法律、法规的规定,并按照中国证监会《公开发行股票信息披露内容与格式准则第 7 号?股票上市公告书》的要求编制的,旨在向投资者提供有关浙江新和成股份有限公司(以下简称"本公司"和"发行人")和本次股票上市的基本情况。

经中国证监会证监发行字【2004】60 号文批准,本公司于 2004 年 6 月 2 日利用深圳证券交易所系统,以向深市、沪市二级市场投资者定价配售的方式成功发行了 3,000 万股每股面值 1.00 元的人民币普通股,发行价为每股人民币 13.41 元。

经深圳证券交易所深证上【2004】29 号《关于浙江新和成股份有限公司人民币普通股股票上市交易的通知》批准,本公司公开发行 3,000 万股社会公众股将于 2004 年 6 月 25 日起在深圳证券交易所挂牌交易。股票简称"新和成",股票代码为"002001"。

本公司已于 2004 年 5 月 28 日在《中国证券报》、《上海证券报》和《证券时报》上刊登了《浙江新和成股份有限公司首次公开发行股票招股说明书摘要》,《浙江新和成股份有限公司首次公开发行股票招股说明书》全文及其附录材料可在深圳证券交易所指定网站(http://www.cninfo.com.cn)上网,因招股说明书及其摘要的披露距今不足 3 个月,故与其重复的内容在此不再重述,敬请投资者查阅上述内容。

第四节 发行人概况

一、发行人的基本情况
发行人名称:浙江新和成股份有限公司
注册资本:11,402 万元
法定代表人:胡柏藩
成立日期 1999 年 4 月 5 日
注册地址:浙江省新昌县城关镇江北路 4 号
邮政编码:312500
经营范围:有机化工产品及饲料添加剂的生产、销售;经营进出口业务
主营业务:有机化工产品及饲料添加剂的生产、销售
所属行业:化学原料及化学制品制造业(C43)
联系电话:0575-6128136
联系传真:0575-6124975
互联网网址:http://www.cnhu.com
电子信箱:webmaster@cnhu.com nhu_zqb@cnhu.com
董事会秘书:陈晓晖

二、发行人的历史沿革及股权变动情况

本公司系经原浙江省人民政府证券委员会浙证委[1999]9 号文批准,以新昌县合成化工厂、张平一、袁益中、石程、胡柏剡、石观群、王学闻、石三夫、崔欣荣、王旭林等九名自然人共同发起设立的股份有限公司。本公司于 1999 年 4 月 5 日正式注册登记,领取了注册号为 3300001005563 的企业法人营业执照。

经中国证监会证监发行字[2004]60 号文核准,本公司于 2004 年 6 月 2 日在深圳证券交易所以向二级市场投资者定价配售方式成功发行了人民币普通股 3,000 万股,每股面值 1.00 元,每股发行价 13.41 元。此次发行完成后,本公司的总股本为 11,402 万股,注册资本为 11,402 万元。

本公司成立至本次发行前,本公司股权未发生变化。本次发行前后股权结构变化情况:

股份名称	发行前股本结构		发行后股本结构	
	持股数量(万股)	持股比例(%)	持股数量(万股)	持股比例(%)
1.发起人股:	8,402.00	100.00	8,402.00	73.69
2.社会公众股:	--	--	3,000.00	26.31
3.股本总额	8,402.00	100.00	11,402.00	100.00

三、发行人的主要经营情况

1、本公司主要业务构成

本公司主要从事有机化工产品及饲料添加剂的生产、销售。公司的主要产品为维生素 E 类、维生素 A 类和乙氧甲叉,主要用于饲料添加剂、保健品和原料药。

2、本公司的竞争优势和劣势

本公司的市场优势明显,在规模、技术、品牌等方面处于国内同行业领先地位。本公司的竞争劣势为:资金瓶颈限制明显;与国际知名品牌相比,新和成品牌的知名度、有效性和辐射性尚存在一定差距;公司仍然需要拓宽产品序列、深化产品种类。

3、主要财务指标

请参阅本上市公告书"财务会计资料"部分的相关内容。

4、主要知识产权、专利与非专利技术等无形资产

本公司拥有"新和成"商标注册证。

本公司及控股子公司目前拥有发明专利 8 项,实用新型专利 9 项,正在申请的发明专利 7 项,实用新型专利 3 项。有关公司专利权的详细内容请查阅本公司招股说明书,查阅地址为深圳证券交易所指定网站(http://www.cninfo.com.cn)。

本公司入账的专有技术包括芳樟醇专有技术和药品生产专有技术。

本公司拥有进出口企业资格证书,子公司拥有进出口企业资格证书、饲料添加剂生产许可证、添加剂预混合饲料生产许可证、兽药生产许可证、压力容器制造许可证、药品生产企业许可证等证书。

5、本公司享有的财政税收优惠政策

本公司目前适用的增值税率是 17%,出口货物享受"免、抵、退"税收政策,2001 年至 2003 年采用的出口退税率分别为 17%和 15%,2004 年采用的出口退税率为 13%。

本公司历年的所得税税率情况如下:2002 年度及 2003 年度本公司及控股子公司均按 33%的税率计缴。2001 年度本公司经浙江省地方税务局浙地税函[2002]26 号文批准免缴企业所得税,控股子公司按 33%的税率计缴。

第五节 股票发行与股本结构

一、本次股票上市前首次公开发行股票的情况
发行数量:3,000 万股
发行价格:13.41 元/股
募股资金总额
(未扣除发行费用):40,230.00 万元
发行方式:全部向二级市场投资者定价配售
发行对象:持有中华人民共和国居民身份证的公民及境内法人(国家法律、法规禁止购买者除外)
发行费用总额及项目:本次股票发行费用总额为 1871.12 万元,主要包括承销费用、审计费用、律师费用、发行手续费用、审核费用等项目。
每股发行费用:0.62 元

二、本次股票上市前首次公开发行股票的承销情况

本次公开发行的 3,000 万股社会公众股的配号总数为 70,791,328 个,中签率为 0.0423780721%;二级市场投资者认购了 29,569,658 股,其余 430,342 股由主承销商包销。

三、本次股票上市前首次公开发行股票所募集资金的验资报告

2004 年 6 月 9 日浙江天健会计师事务所有限公司为本次发行出具了浙天会验[2004]第 42 号《验资报告》,现摘录如下:

浙江新和成股份有限公司全体股东:

我们接受委托,审验了贵公司截至 2004 年 6 月 9 日止新增注册资本实收情况。按照国家相关法律、法规的规定和协议、章程的要求出资,提供真实、合法、完整的验资资料,保护资产的安全、完整是全体股东及贵公司的责任。我们的责任是对贵公司新增注册资本的实收情况发表审验意见。我们的审验是依据《独立审计实务公告第 1 号--验资》进行的,在审验过程中,我们结合贵公司的实际情况,实施了检查等必要的审验程序。

贵公司本次变更前注册资本和实收资本为人民币 84,020,000.00 元,根据贵公司有关股东大会决议和修改后章程(草案)的规定,贵公司申请通过向社会公开发行人民币普通股(A 股)增加注册资本人民币 30,000,000.00 元,变更后的注册资本为人民币 114,020,000.00 元。根据贵公司 2003 年第二次临时股东大会决议,并报经中国证券监督管理委员会证监发行字[2004]60 号文核准,同意贵公司向社会公开发行人民币普通股(A 股)30,000,000 股,每股面值人民币 1 元,每股发行价为人民币 13.41 元,可募集资金总额为 402,300,000.00 元。根据我们的审验,截至 2004 年 6 月 9 日止,贵公司实际已向社会公开发行人民币普通股(A 股)30,000,000 股,应募集资金总额 402,300,000.00 元,减除发行费用人民币 18,711,162.22 元后,募集资金净额为 383,588,837.78 元。其中,计入股本叁仟万元(¥30,000,000.00),计入资本公积 353,588,837.78 元。

同时,我们注意到,贵公司本次变更前的注册资本为人民币 84,020,000.00 元,已经新昌会计师事务所审验,并由其于 1998 年 12 月 31 日出具新会验字[1998]第 126 号《验资报告》。截至 2004 年 6 月 9 日止,变更后的累计注册资本实收金额为人民币 114,020,000.00 元。

本验资报告供贵公司申请变更登记及据以向股东签发出资证明时使用,不应将其视为是对贵公司验资报告日后资本保全、偿债能力和持续经营能力等的保证。因使用不当造成的后果,与执行本验资业务的注册会计师及会计师事务所无关。

附件:(一)注册资本、投入股本变更前后对照表;

(二)验资事项说明;

(三)本所的《企业法人营业执照》复印件;
(四)中国证券监督管理委员会《关于核准浙江新和成股份有限公司公开发行股票的通知》复印件;
(五)银行进账单、银行询证函等入资凭证复印件。
以上附件(三)、(四)、(五)仅送工商行政管理部门。
浙江天健会计师事务所有限公司　　中国注册会计师　王国海
中国-杭州　　中国注册会计师　叶兴林
报告日期:2004年6月9日
四、募股资金入帐情况
入账时间:2004年6月9日
入账金额:388,842,057.78元(募集资金扣承销费和上网发行费用后余额)
入账账号:33065663526336607
开户银行:中国建设银行新昌县支行
五、发行人上市前股权结构及各类股东的持股情况
1.本次上市前公司股权结构股份类别

股份名称	持股数量(万股)	占总股本比例(%)
1.发起人股	8,402.00	73.69
其中:法人股	7,878.00	69.09
自然人股	524	4.60
2.社会公众股	3,000.00	26.31
3.股本总额	11,402.00	100.00

2.本次上市前十名股东持股情况

序号	股东名称	持股数量(万股)	占总股本比例(%)
1	新昌县合成化工厂	7,878.00	69.09
2	张平一	120	1.05
3	袁益中	100	0.88
4	石程	100	0.88
5	胡柏剡	63	0.55
6	石观群	48.2	0.42
7	王学闻	44.3	0.39
8	华西证券有限责任公司	43.3342	0.38
9	南方证券有限公司	27.20	0.24
10	石三夫	22	0.19
	合计	8,446.0342	74.08

第六节　董事、监事、高级管理人员及核心技术人员

一、简历

1、董事

董事长胡柏藩,男,1962年生,绍兴师范专科学院化学系专科毕业,浙江大学工商管理专业研究生结业,高级经济师,中共党员,现任本公司董事长,并同时兼任本公司控股子公司浙江新和成进出口有限公司、浙江新东化工有限公司、新昌德力石化设备有限公司、新昌新和成维生素有限公司、安徽新和成皖南药业有限公司及新昌县合成化工厂的子公司绍兴越秀教育发展有限公司的董事长。曾获"浙江省优秀教育企业家"、"浙江省石化科技先进工作者"、"浙江省优秀企业经营者"等荣誉称号,并于1998年当选为绍兴市第四届人大代表。

董事张平一,男,1948年生,浙江师范学院数学专业专科,中教一级,中共党员。1999年2月任本公司董事、党委书记,并兼任本公司参股子公司浙江爱生药业有限公司董事长。

董事袁益中,男,1960年生,浙江师范学院化学专业学士,浙江大学工商管理专业研究生结业,高级工程师,2000年7月至2003年6月任本公司控股子公司新昌德力石化设备有限公司董事长。1999年2月起任本公司董事。

董事石程,男,1962年生,浙江师范学院化学专业学士,高级工程师,中共党员。2000年7月至2003年6月任本公司控股子公司新昌新和成维生素有限公司董事长。1999年2月起任本公司董事。

董事胡柏剡,男,1967年生,浙江大学精细化工专业专科,工程师,中共党员。2000年7月兼任本公司控股子公司新昌新和成维生素有限公司总经理、浙江新东化工有限公司总经理。

董事石观群,男,1971年生,高中,湖南大学会计系本科在读,助理会计师,中共党员。1999年2月起至今任浙江新和成股份有限公司董事、财务部经理。

董事王学闻,男,1969年生,中国纺织大学企业管理专业专科。1999年2月至今任本公司董事、供销部经理,2000年1月起至今任浙江新和成进出口有限公司总经理。

独立董事陈琦伟,男,1952年生,教授,博士生导师。2002年5月起任本公司独立董事。

陈琦伟先生,目前为亚洲研究所执行副董事长、中国经济体制改革研究会理事、中国世界经济学会理事、中国亚洲太平洋学会常务理事、中国社会科学院对外经济贸易研究中心特约研究员、中国社会科学院金融研究中心特约研究员、南开大学国际金融研究中心特约研究员、北京大学金融与证券研究所特约研究员、澳大利亚国立大学《亚太经济论丛》编委、亚洲开发银行咨询顾问、美国南加州大学商学院客座教授、中远发展股份有限公司独立董事。

独立董事蔡惠明,男,1945年生,浙江大学研究生学历,现为浙江国信控股集团有限公司董事长。2003年6月起任本公司独立董事。

独立董事胡幼善,男,1965年生,高级会计师。2002年5月起任本公司独立董事。胡幼善先生曾任杭州解百集团股份有限公司董事、中宝科控投资股份有限公司董事、现任中商股份有限公司董事、浙江省内审协会理事、浙江省商业会计学会常务理事。

独立董事陈劲,男,1968年生,管理工程博士,现任浙江大学教授、博士生导师、浙江大学创新与发展研究中心副主任,兼任中国科学学与科技政策研究会常务理事、中共浙江省委政策研究室特约研究员、《科研管理》、《系统工程学报》、《研究与发展管理》等杂志的编委、《R&DManagement》、《International Journal ofManpower》的客座编委;同时担任深圳金地、浙江传化、上海杰隆生物工程独立董事、浙大网络董事。2003年6月起任本公司独立董事。

2、监事

监事会主席石三夫,男,1963年生,高中。1999年2月至今任本公司监事会主席、公司办副主任。

监事崔欣荣,男,1964年生,经济师,杭州大学图书馆学专业大专。1999年2月至今任本公司监事、人力资源部经理。

监事王旭林,男,1963年生,浙江农业大学机械设计与制造专业本科,中共党员,工程师。1999年2月至今任本公司监事,兼任本公司控股子公司新昌德力石化设备有限公司总经理。

监事梁晓东,男,1971年生,郑州工学院化工机械专业学士,工程师,中共党员。现任本公司职工监事、工程部经理。

监事张晓波,男,1963年生,助理会计师,西南财经大学本科。1999年2月任本公司财务部资产管理科科长,现任本公司职工监事、财务部科长。

3、其他高级管理人员

总经理张方治,男,1951年生,大专。2000年12月任本公司总经理助理,2002年5月起任本公司总经理。

董事会秘书陈晓晖,男,1971年生,华南理工大学材料研究所硕士。2000年11月起任本公司董事会秘书。

4、核心技术人员

胡柏剡,简历见前,主持开发成功的科研项目有乙氧甲叉、β-紫罗兰酮、VA棕榈酸酯、β-胡萝卜素等产品研制。

袁益中,简历见前,主持开发成功的科研项目有异植物醇、三甲基氢醌等产品研制。

石程,高级工程师,主持开发成功的科研项目有香叶酯研制。

梁晓东,简历见前,主持开发成功的科研项目有烯炔醇研制。

上述董事、监事、高级管理人员、核心技术人员均为中国国籍,除胡柏藩与胡柏剡系兄弟关系外,其他人员之间任何两人均不存在配偶关系、三代以内直系和旁系亲属关系。

二、持有本公司及关联企业股份的情况

1、持有本公司股份的情况

张平一、袁益中、石程、胡柏剡、石观群、王学闻、石三夫持有本公司股份情况请见本上市公告书第五节;崔欣荣、王旭林分别持有本公司14.50万股、12.00万股,占公司本次发行后总股本的1.27%、1.05%。

2、持有本公司关联企业股份的情况

胡柏藩、张平一、袁益中、石程、胡柏剡、石观群、王学闻、石三夫、崔欣荣、王旭林分别持有本公司第一大股东新昌县合成化工厂38.43%、11.95%、8.50%、8.36%、2.66%、2.24%、1.97%、1.18%、0.92%、0.85%的股份。

崔欣荣同时持有本公司控股子公司新昌新和成维生素有限公司10%股份;王旭林同时持有本公司控股子公司新昌德力石化设备有限公司10%股份;胡柏剡、袁益中、张平一、石程、石观群、王学闻分别持有本公司参股公司浙江新赛科药业有限公司5%、3%、2%、2%、1%、1%股权。

三、所持股份锁定的情况及契约性安排

本公司股东及作为管理层的股东声明,所持有的发行人股票没有被质押,也不存在其他争议情况,本公司首次公开发行股票前的法人股、自然人持有的股份暂不上市流通。

第七节　同业竞争与关联交易

一、同业竞争

发行人的控股股东及其控制的其他法人与本公司不存在同业竞争的情况,并承诺今后也不从事与发行人相竞争的业务。

本次发行发行人律师、保荐机构认为:发行人的关联方与发行人之间不存在同业竞争,发行人所采取的避免同业竞争的措施是有效的。

二、关联方、关联方关系及关联交易

1、关联方及关联关系

本公司目前存在的关联方及关联关系请查阅刊载于深圳证券交易所指定网站(http://www.cninfo.com.cn)的本公司招股说明书全文。

2、主要关联交易

报告期内公司存在销售货物、采购、委托加工、居间服务、代理进口、经营租赁、资金往来、转(受)让固定资产、接受担保等关联交易。详细内容请查阅刊载于深圳证券交易所指定网站(http://www.cninfo.com.cn)的本公司招股说明书全文。

报告期内发行人的主要关联交易对财务状况和经营成果的影响如下:

(1)销售货物

本公司向关联方销售货物实现主营业务收入及占主营业务收入比例列示如下:

单位:人民币元

	2003年度		2002年度		2001年度	
公司名称	发生额(元)	比例(%)	发生额(元)	比例(%)	发生额(元)	比例(%)
新旅程	21,308,718.41	2.24	22,995,627.60	3.33	86,111,253.72	15.97
爱生药业	1,151,871.79	0.12	568,111.12	0.08	2,986,666.66	0.55
佳伟图	--	--	748,076.94	0.11	1,980,341.88	0.37
翔程商贸	427,521.37	0.04	262,905.98	0.04	—	—
新赛科药业	106,174.37 0.01					
新合成创业房地产	42,021.45 0.01					
合计	23,036,307.39	2.42	24,574,721.64	3.56	91,078,262.26	16.89

(2)采购

本报告期内公司及控股子公司向关联方购买货物及占主营业务成本比例如下:

	2003年度		2002年度		2001年度	
公司名称	发生额(元)	比例(%)	发生额(元)	比例(%)	发生额(元)	比例(%)
新旅程	644,188.03	0.09	1,695,241.37	0.32	-	-
爱生药业	-	-	1,237,606.83	0.23	-	-
佳伟图	-	-	293,119.66	0.05	-	-
翔程商贸	525,811.97	0.07	236,490.92	0.05	544,572.66	0.13
合计	1,170,000.00	0.16	3,462,458.78	0.65	544,572.66	0.13

3、中介机构和独立董事对关联交易的意见

公司独立董事、申报会计师、发行人律师及保荐机构均认为公司关联交易符合有关法律法规的规定,未有侵害公司及公司全体股东利益的情形。

第八节　财务会计资料

本公司截止2003年12月31日的财务会计资料,已于2004年5月28日在《中国证券报》、《上海证券报》和《证券时报》刊登的《招股说明书摘要》中进行了披露,投资者欲了解详细内容,请查阅上述报纸或刊登于深圳证券交易所指定网站(http://www.cninfo.com.cn)的本公司招股说明书全文。

一、注册会计师意见

本公司聘请浙江天健会计师事务所对本公司2001年12月31日、2002年12月31日、2003年12月31日的资产负债表和合并资产负债表,2001年度、2002年度和2003年度的利润及利润分配表和合并利润及利润分配表,以及2002年度和2003年度的现金流量表和合并现金流量表进行了审计,会计师已出具了标准无保留意见的审计报告。

以下引用的财务数据,除非特别说明,均引自经审计的合并财务报表。

二、简要会计报表

1、简要合并资产负债表

单位:人民币元

项目	2003 年 12 月 31 日	2002 年 12 月 31 日	2001 年 12 月 31 日
货币资金	158,686,110.72	86,264,304.60	146,292,761.36
短期投资	100,000.00		
应收票据	435,800.00	150,000.00	2,920,000.00
应收账款	180,383,493.99	152,400,753.54	160,364,511.05
其他应收款	2,468,051.05	947,906.33	14,013,472.11
预付账款	22,287,308.74	1,257,579.16	665,345.59
应收补贴款	67,515,873.34	67,409,557.08	36,853,467.47
存货	158,234,841.64	132,468,622.68	96,514,068.44
待摊费用	1,043,591.92	1,217,230.51	1,032,982.89
流动资产合计	591,155,071.40	442,115,953.90	458,656,608.91
长期股权投资	15,970,070.55	9,027,080.06	13,262,917.71
长期投资合计	15,970,070.55	9,027,080.06	13,262,917.71
固定资产原价	557,480,481.48	502,324,743.70	441,953,265.18
减:累计折旧	195,627,874.32	142,143,998.32	95,982,024.97
固定资产净值	361,852,607.16	360,180,745.38	345,971,240.21
减:固定资产减值准备	7,799,924.15	8,125,356.98	8,417,886.94
固定资产净额	354,052,683.01	352,055,388.40	337,553,353.27
在建工程	40,701,288.15	10,415,595.73	14,847,140.20
固定资产合计	394,753,971.16	362,470,984.13	352,400,493.47
无形资产	49,592,193.80	29,992,805.91	29,131,865.76
无形资产及其他资产合计	49,592,193.80	29,992,805.91	29,131,865.76
资产总计	1,051,471,306.91	843,606,824.00	853,451,885.85
短期借款	193,676,850.00	71,500,000.00	138,800,000.00
应付票据	32,090,000.00	45,500,000.00	100,900,000.00
应付账款	150,811,873.94	121,840,094.66	99,639,490.58
预收账款	796,075.47	2,160,465.60	2,082,585.77
应付工资	968,601.22	1,040,396.28	746,204.13
应付福利费	6,819,092.67	4,304,399.82	3,895,716.69
应交税金	20,115,427.11	10,342,011.63	10,552,469.65
其他应交款	675,413.18	611,959.90	736,561.01
其他应付款	9,962,910.28	7,601,232.23	9,673,139.61
预提费用	34,391,973.06	30,456,784.85	33,435,965.10
一年内到期的长期负债	175,196,900.00	33,059,070.00	88,283,897.62
流动负债合计	625,505,116.93	328,416,414.97	488,746,030.16
长期借款	66,060,940.00	204,030,341.50	109,982,194.83
专项应付款	3,162,500.00	250,000.00	
长期负债合计	69,223,440.00	204,280,341.50	109,982,194.83
负债合计	694,728,556.93	532,696,756.47	598,728,224.99
少数股东权益	35,789,076.90	34,017,313.78	33,324,739.55
股本	84,020,000.00	84,020,000.00	84,020,000.00
资本公积	5,740,532.67	5,740,532.67	1,093,678.57
盈余公积	40,655,793.37	30,618,181.02	22,461,512.98
其中:法定公益金	13,551,931.12	10,206,060.34	7,487,170.99
未分配利润	190,537,347.04	156,514,040.06	113,823,729.76
股东权益合计	320,953,673.08	276,892,753.75	221,398,921.31
负债和股东权益总计	1,051,471,306.91	843,606,824.00	853,451,885.85

2、简要合并利润及利润分配表　单位:人民币元

项目	2003 年度	2002 年度	2001 年度
一、主营业务收入	950,967,683.31	691,284,598.45	539,100,935.49
减:主营业务成本	746,822,468.03	533,115,993.13	424,886,949.54
主营业务税金及附加	851,951.50	1,977,052.85	2,572,986.68
二、主营业务利润	203,293,263.78	156,191,552.47	111,640,999.27
加:其他业务利润	1,483,903.06	1,492,815.21	780,755.72
减:营业费用	30,559,842.19	22,488,582.14	17,731,740.92
管理费用	60,029,919.65	43,979,004.81	33,596,625.08
财务费用	6,025,163.53	2,868,096.12	15,342,604.14
三、营业利润	108,162,241.47	88,348,684.61	45,750,784.85
加:投资收益	−5,057,009.51	−3,543,981.69	−2,141,439.88
补贴收入	8,863,524.26	1,961,162.00	1,896,579.00
营业外收入	463,318.74	1,748,906.08	9,498,583.42
减:营业外支出	2,451,167.85	3,604,295.94	2,441,198.88
四、利润总额	109,980,907.11	84,910,475.06	52,563,308.51
减:所得税	36,542,224.65	30,479,482.75	6,711,632.28
少数股东损益	4,171,763.13	3,584,013.97	3,575,586.86
五、净利润	69,266,919.33	50,846,978.34	42,276,089.37

3、简要合并现金流量表　单位:人民币元

项目	2003 年度	2002 年度
一、经营活动产生的现金流量:		
经营活动产生的现金流量净额	122,921,036.25	98,039,839.32
二、投资活动产生的现金流量:		
投资活动产生的现金流量净额	−116,055,135.65	−63,912,859.14
三、筹资活动产生的现金流量:		
筹资活动产生的现金流量净额	67,242,271.73	−94,178,827.27
四、汇率变动对现金的影响	−1,686,366.21	23,390.33
五、现金及现金等价物净增加额	72,421,806.12	−60,028,456.76

三、会计报表附注

本公司会计报表注释等内容,请查阅本公司招股说明书全文及其附录,查阅地址为深圳证券交易所指定网站(http://www.cninfo.com.cn)。

四、发行人主要财务指标

财务指标			2003 年	2002 年	2001 年
应收账款周转率(次)			5.27	4.08	3.04
存货周转率(次)			5.11	4.62	3.96
每股经营性活动现金流量(元)			1.46	1.17	1.19
每股净现金流量(元)			0.86	−0.71	1.41
流动比率			0.95	1.35	0.94
速动比率			0.69	0.94	0.74
资产负债率(母公司)(%)			66.05	61.16	68.55
净资产	净利润	全面摊薄	21.58	18.36	19.09
收益率		加权平均	23.26	20.57	19.91
(%)	扣除非经常性损益	全面摊薄	18.78	17.35	11.70
	后的净利润	加权平均	20.24	19.43	12.20
每股	净利润	全面摊薄	0.82	0.61	0.50
收益		加权平均	0.82	0.61	0.50
(元)	扣除非经常性损益	全面摊薄	0.72	0.57	0.31
	后的净利润	加权平均	0.72	0.57	0.31

注:表中每股收益指标所依据的股本总额均为 8,402 万股。

第九节　其他重要事项

一、本公司本次股票发行后至本公司上市公告书公告之日,本公司严格依照《公司法》、《证券法》等法律法规的要求规范运行,生产经营情况正常;所处行业、市场无重大变化;主要业务发展目标进展状况正常,投入、产出物供求及价格无重大变化。

二、本公司本次股票发行后至本公司上市公告书公告之日,本公司无重大对外投资、重大资产(股权)收购或出售行为;住所未发生变更。

三、本公司本次股票发行后至本公司上市公告书公告之日,本公司重大会计政策和会计师事务所没有发生变化。

四、本公司本次股票发行后至本公司上市公告书公告之日,本公司未发生新的重大负债或重大债项发生变化。

五、本公司本次股票发行后至本公司上市公告书公告之日,本公司董事、监事、高级管理人员没有尚未了结或可能发生的重大诉讼事项。

六、本公司本次股票发行后至本公司上市公告书公告之日,本公司未涉及任何重大诉讼事项或仲裁,亦无任何尚未了结或可能面临的重大诉讼或索赔要求。

七、根据本公司 2003 年度股东大会决议,自公司成立之日起至本次发行前形成的滚存未分配利润,由本次发行后的新老股东共享。

八、本公司公开发行股票前第一大股东新昌县合成化工厂承诺:自本公司股票上市之日起 12 个月内,不转让所持有本公司的股份,也不由本公司回购其所持有的股份。

九、本公司本次股票发行后至本公司上市公告书公告之日,没有其他应披露而未披露之重大事项。

十、根据《中小企业板块上市公司特别规定》,本公司承诺上市后三个月内在公司章程内载入如下内容:股票被终止上市后,公司股票进入代办股份转让系统继续交易,同时承诺不对公司章程中的前款规定作任何修改。

第十节　董事会上市承诺

本公司董事会承诺将严格遵守《中华人民共和国公司法》、《中华人民共和国证券法》、《股票发行与交易管理暂行条例》、《公开发行股票公司信息披露实施细则》、《深圳证券交易所股票上市规则》和《中小企业板块上市公司特别规定》等国家法律、法规和有关规定,并自股票上市之日起做到:

一、承诺真实、准确、完整、公允和及时地公布定期报告,披露所有对投资者有重大影响的信息,并接受中国证监会、证券交易所的监督管理;

二、承诺本公司在知悉可能对股票价格产生误导性影响的任何公共传播媒介中出现的消息后,将及时予以公开澄清;

三、本公司董事、监事、高级管理人员和核心技术人员将认真听取社会公众的意见和批评,不利用已获得的内幕消息和其他不正当手段直接或间接从事本公司股票的买卖活动;

四、本公司没有无记录的负债。

第十一节　上市推荐人及其意见

一、保荐机构(上市推荐人)情况

保荐机构:第一创业证券有限责任公司

地址:深圳市罗湖区笋岗路中民时代广场 B 座 25 层

法定代表人:刘学民

电话:0755−25832512

传真:0755−25831718

保荐代表人:孙迎辰、王岚

二、保荐机构(上市推荐人)意见

本公司的保荐机构(上市推荐人)第一创业证券有限责任公司认为本公司首次公开发行的股票符合上市条件,已向深圳证券交易所出具了《浙江新和成股份有限公司首次公开发行 A 股股票上市推荐书》。第一创业证券的推荐意见主要内容如下:

新和成的公司章程符合《公司法》等有关法律、法规和中国证监会的相关规定;按照《中华人民共和国公司法》和《中华人民共和国证券法》及《深圳证券交易所股票上市规则》等国家有关法律、法规的规定,保荐机构(上市推荐人)认为新和成股票已具备公开上市的条件。

保荐机构(上市推荐人)保证发行人的董事了解法律、法规、深圳证券交易所上市规则及股票上市协议规定的董事义务与责任,并协助发行人健全了法人治理结构、协助发行人制定了严格的信息披露制度与保密制度。

保荐机构(上市推荐人)已对上市文件所载的资料进行了核实,确保上市文件真实、准确、完整,符合规定要求。保荐机构(上市推荐人)保证发行人的上市申请材料、上市公告书没有虚假、严重误导性陈述或者重大遗漏,保证对其承担连带责任。

保荐机构(上市推荐人)与发行人不存在关联关系,并保证不利用在上市过程中获得的内幕信息进行内幕交易,为自己或他人谋取利益。

浙江新和成股份有限公司

二OO四年六月十八日

浙江伟星实业发展股份有限公司

浙江伟星实业发展股份有限公司首次公开发行股票上市公告书

第一节 重要声明与提示

浙江伟星实业发展股份有限公司(以下简称"本公司"、"公司"、"发行人"或"伟星股份")董事会保证上市公告书的真实性、准确性、完整性,全体董事承诺上市公告书不存在虚假记载、误导性陈述或重大遗漏,并承担个别和连带的法律责任。

根据《公司法》、《证券法》等有关法律、法规的规定,本公司董事、高级管理人员已依法履行诚信和勤勉尽责的义务和责任。

深圳证券交易所、中国证监会、其他政府机关对本公司股票上市及有关事项的意见,均不表明对本公司的任何保证。

本公司提醒广大投资者注意,凡本上市公告书未涉及的有关内容,请投资者查阅2004年6月1日刊载于《中国证券报》、《证券时报》和《上海证券报》上的本公司招股说明书摘要,以及刊载于深圳证券交易所指定网站(www.cninfo.com.cn)的本公司招股说明书全文及相关附录。

第二节 概 览

股票简称:伟星股份

深市股票代码:002003

沪市股票代码:609003

总股本:74,783,433股

可流通股本:21,000,000股

本次上市流通股本:21,000,000股

本次发行价格:7.37元/股

上市地点:深圳证券交易所

上市时间:2004年6月25日

股票登记机构:中国证券登记结算有限责任公司深圳分公司

保荐机构(上市推荐人):宏源证券股份有限公司

对本公司首次公开发行股票前股东所持股份的流通限制及期限:根据国家现有法律、法规规定和中国证监会证监发行字[2004]62号《关于核准浙江伟星实业发展股份有限公司公开发行股票的通知》,本公司的法人股、自然人持有的未流通股暂不上市流通。

首次公开发行股票前的第一大股东伟星集团有限公司对所持股份自愿锁定的承诺:自本公司上市之日起12个月内,不转让所持有的本公司股份,也不会要求或接受本公司回购其所持有的股份。

第三节 绪 言

本上市公告书系根据《中华人民共和国公司法》、《中华人民共和国证券法》、《股票发行与交易管理暂行条例》、《公开发行股票公司信息披露实施细则》和《深圳证券交易所股票上市规则》等国家有关法律、法规的规定,并按照中国证券监督管理委员会制定的《公开发行证券的公司信息披露内容与格式准则第7号--股票上市公告书》要求而编制,旨在向投资者提供浙江伟星实业发展股份有限公司基本情况和本次股票上市的有关资料。

经中国证券监督管理委员会证监发行字[2004]62号文核准,本公司已于2004年6月4日采用全部向二级市场投资者定价配售的方式成功发行了21,000,000股人民币普通股(A股),每股面值1.00元,每股发行价格7.37元。

经深圳证券交易所深证上[2004]31号《关于浙江伟星发展股份有限公司人民币普通股股票上市交易的通知》批准,本公司21,000,000股流通股将于2004年6月25日在深圳证券交易所上市交易。股票简称"伟星股份",股票代码为"002003"。

本公司已于2004年6月1日分别在《中国证券报》、《证券时报》和《上海证券报》上刊登了《浙江伟星实业发展股份有限公司首次公开发行股票招股说明书摘要》。《浙江伟星实业发展股份有限公司首次公开发行股票招股说明书》全文及其附录材料可在深圳证券交易所指定的网站(www.cninfo.com.cn)查阅。因招股说明书及其摘要的披露距今不足3个月,故与其重复的内容在此不再重述,敬请投资者查阅上述文件。

第四节 发行人概况

一、发行人基本情况

1.中文名称:浙江伟星实业发展股份有限公司

2.英文名称:Zhejiang Weixing industrial development Co., Ltd.

3.法定代表人:章卡鹏

4.公司设立时间:2000年8月31日

5.注册资本:本次股票发行前53,783,433元,发行后74,783,433元

6.住所:浙江省临海市花园工业区

7.经营范围:钮扣、拉链、塑胶工艺品及原辅料、服装辅料、树脂制品的生产、销售、技术开发、技术转让及咨询服务;实业投资,经营进出口业务。

8.所属行业:其他加工业

9.电话:0576-5125002

10.传真:0576-5125275

11.互联网网址:http://www.weixing.cn

12.电子信箱:wxdms@weixing.cn

13.董事会秘书:谢瑾琨

二、发行人历史沿革

本公司是经浙江省人民政府企业上市工作领导小组浙上市[2000]10号文批复同意,由临海市伟星塑胶制品有限公司整体变更设立的股份有限公司。2000年8月31日,经浙江省工商行政管理局核准登记注册。

三、发行人主要经营情况

(一)主营业务

本公司主营钮扣、拉链等服装辅料的制造和销售及电镀加工业务,现已形成钮扣30亿粒、拉链6,000万米、电镀加工38万平方米的年生产能力。

本公司是中国服装辅料行业公认的龙头企业。

(二)公司的竞争优势与劣势

1、公司的竞争优势

(1)市场营销优势

公司以服装集散地的重点省市为中心,建立了覆盖全国的国内同行中规模最大的营销网络和具有伟星特色的营销策略,在全国主要大中城市设立了30多个销售分公司或营销网点,发展了近百家特许经销商,庞大且运用灵活的营销网络,使公司产品能迅速输往全国各地。同时,公司通过特许经销商,在海外建立了以中东为集散地,辐射亚、美、欧、非以及大洋洲等五大洲的营销网络,产品畅销三十多个国家和地区。

公司设立了营销研究中心,人员不定期进行市场调研分析,以便全面搜集市场信息,及时调整营销战略并进行准确的品牌定位。

(2)技术优势

钮扣工业虽然不是高科技行业,但是现代钮扣工业不是手工作坊式的工业,而是机械化程度较高,材料加工深度较深、产品附加值较高的工业。本公司钮扣生产的主要装备均来自于欧洲,包括电脑控制的加工中心、激光雕刻中心、电脑仿形机、超声波清洗设备、高技术表面处理设备、高分子化合物的成形加工设备、现代染整设备等,至今在国内同行中是装备最为精良的钮扣专业企业。同时,要掌握这些复杂的设备和技术,还需要一支结构合理、素质较高的技术人员队伍和产品设计队伍。伟星公司拥有一支稳定的技术工人队伍、加上科学严格的质量保证体系从根本上保证了产品质量的稳定性,这是公司不可战胜的一大法宝,是使公司能生产出一流产品的根本保证。

公司的技术优势除了具有上述精良的设备和素质较高的职工队伍以外,还体现在各种钮扣的生产工艺和产品设计技术上。本公司的核心技术在国内同行中一直保持领先地位,这是本公司连续十多年来一直引导中国钮扣行业潮流的重要因素。

(3)产品研发优势

国内外服装的款式更新周期越来越短,对钮扣的材料要求越来越高,特别是发达国家对钮扣等辅料的环保要求近年来异常苛刻。这些市场变化对钮扣生产企业提出了更高的要求,使没有生产规模,技术开发能力差,实力弱的企业面临着生存的压力。本公司在多年的钮扣专业生产经营中,一直注重新产品设计、开发,目前建有国内唯一的钮扣产品研究开发中心,配备了先进的电脑设计设备,实现了产品设计和打样制作的电脑化和自动化。本中心有60多名产品设计与开发人员,开发人员的专业包括材料专业、工艺美术专业、机械及电子专业等,结构比较合理,并熟悉国外行业的发展趋势。公司设计开发人员经常参加国内外的服装或服装辅料专业研讨会,并深入市场,收集客户信息,把握市场潮流。各专业人员的良好合作,大大地促进了新产品的开发速度与效率。

(4)规模和品牌优势

公司经过近十多年的发展,已形成了著名钮扣品牌,"伟星"、"翠珠"成为国内同行的第一品牌,并被评为浙江省著名商标。公司是国内最大的钮扣生产企业,连续十年来,各种钮扣的产量、产值、销售额和效益一直遥居同行业首位。在综合实力方面,遥遥领先于各竞争对手。本公司2003年销售的中高档钮扣占全国中高档钮扣市场的14.5%以上。2003年本公司出口额居全国同行业前列。由于坚持严格的质量管理,本公司的产品形象十分过硬,取得了国内众多名牌服装厂商和国际各主要服装辅料企业的青睐。目前,公司的产品已出口到世界50多个国家和地区。世界许多著名的服装辅料钮扣经营商都与本公司建立了长期的业务合作关系。

(5)企业文化优势

公司的核心价值观是寻求和建立一套促进企业长期可持续发展的保证体系。公司的一切生产经营活动均围绕这一核心价值观展开,包括"以开发为先锋,以经营带动生产,以生产促进经营"的产业经营理念,开发、生产、销售呈"哑铃型"的企业结构以及"稳中求进,风险控制第一"的指导方针,"德才兼备、以德为先"的用人标准,"论功行赏、无功便是过"的激励机制等,均体现了可持续发展战略的内涵,从而保证了企业的稳健、快速发展,并形成了自己独具特色的企业文化。

一是亲和力文化。对人才的培育和留用,公司最舍得花时间和精力,也是公司在人力资源开发管理方面最具特色的地方。公司的人本管理理念是"以伟星事业凝聚人,以伟星文化培育人,以业绩考核人,以学习提高人"。围绕这一人本管理理念,公司还制定了"德才兼备、以德为先","解放思想、选好对象、加强培养","重表现、看发展、走群众路线"的用人思想,并竭力营造良好的工作环境,根据各类人才的不同特点,充分发挥他们的优势,为他们提供施才展技的广阔舞台和升迁发展的平台。公司被喻为"创业的家园,成才的沃土"。

二是创新文化。公司牢固树立"科学技术是第一生产力"的思路,大力推进研发创新。遵循"研制一代、储备一代、开发一代"的技术与产品研发思路。

三是制度文化。没有规矩,不成方圆。与许多民营企业相比,公司较早就开始注重现代企业制度的建立。遵循"管理思想现代化、管理组织高效化、管理方法科学化、管理技术电子化"的指导思想,到目前为止,公司已建立了一套比较适合公司发展的、较为全面的、系统的企业制度。特别是"论功行

赏,奖勤罚懒,优存劣汰"、"无功便是过"的竞争原则和360°的绩效测评方法,充分激发了员工的工作积极性和创造性,使公司内部始终充满着活力。

2、公司的主要竞争劣势

公司目前面临的主要竞争劣势是产品较为单一及应用领域相对集中。

公司从2001年开始,已经着手拉链等其他相关服装辅料的生产,并准备进一步扩大拉链的生产规模,提高产品质量,以避免产品单一和应用领域相对集中带来的不利影响。

(三)发行人主要财务指标

公司主要财务指标见本上市公告书"第八节 财务会计资料"。

(四)发行人的资产权属情况

1. 本公司拥有位于临海市尤溪镇面积为32,939.86平方米的土地使用权和18,829.66平方米房产。

2.本公司拥有"翠珠"、"DR.VOGT"以及第26类的"伟星"、"伟星图标"和"伟星图标、汉字拼音组合"等五项注册商标。

3.本公司拥有"尿醛树脂钮扣制造技术"和"树脂钮扣废料炼油技术"两项专有技术。

(五)发行享有的财政和税收优惠政策

本公司适用所得税率为33%。本公司控股的外商投资企业临海伟星优利雅钮扣有限公司2001年为企业所得税免税期,2002年和2003年为企业所得税减半征收期,所得税税率为13.2%;本公司控股的外商投资企业台州伟星服装辅料有限公司按26.4%税率计缴企业所得税;上海伟星钮扣有限公司(系由原温州伟星钮扣有限公司迁址至上海并更名而成,原温州伟星钮扣有限公司在2001年为企业所得税减半征收期,所得税税率为18%)经上海市奉贤区国家税务局金汇税务所确认为新办企业,从2002年开始,进入获利年度后享受"两免三减半"税收优惠政策。深圳分公司根据深圳市地方税务局龙岗分局深地税龙减免[2002]46号文批复,从2002年度开始享受"两免三减半"税收优惠政策,2002年度和2003年度均属于免税期。

第五节 股票发行与股本结构

一、本次股票上市前首次公开发行股票的情况

1.发行数量:2,100万股,占发行后总股本的28.08%。

2.发行价格:7.37元/股。

3.募集资金总额:本次发行募集资金总额为15,477万元,扣除发行费用958.87万元后,募集资金净额为14,518.13万元。

4.发行方式:全部向二级市场投资者定价配售。

5.配售对象:于本公司招股说明书摘要刊登日2004年6月1日持有深交所或上证所已上市流通人民币普通股(A股)股票的收盘市值总和(包括可流通但暂时锁定的股份市值)不少于10,000元的投资者。

6.发行费用:本次发行费用总计为958.87万元,主要包括承销费、注册会计师费、律师费、上网发行费等。每股发行费用为0.46元。

二、本次股票上市前首次公开发行股票的承销情况

本次向二级市场投资者公开发行2,100万股社会公众股的配号总数为65,180,526,中签率为0.0322182119%。其中,二级市场投资者认购20,776,386股,其余223,614股由主承销商组织的承销团包销。

三、本次上市前首次公开发行股票所募集资金的验资报告

浙江伟星实业发展股份有限公司全体股东:

我们接受委托,审验了贵公司截至2004年6月11日止新增注册资本实收情况。按照国家相关法律、法规的规定和协议、章程的要求出资,提供真实、合法、完整的验资资料,保护资产的安全、完整是全体股东及贵公司的责任。我们的责任是对贵公司新增注册资本的实收情况发表审验意见。我们的审验是依据《独立审计实务公告第1号--验资》进行的。在审验过程中,我们结合贵公司的实际情况,实施了检查等必要的审验程序。

贵公司本次变更前的注册资本为人民币53,783,433.00元。根据贵公司有关股东大会决议和修改后章程(草案)的规定,贵公司申请通过向社会公开发行人民币普通股(A股)增加注册资本人民币21,000,000.00元,变更后的注册资本为人民币74,783,433.00元。根据贵公司2001年度临时股东大会和2004年二届董事会第二次临时会议决议,并报经中国证券监督管理委员会证监发行字[2004]62号文核准,同意贵公司向社会公开发行人民币普通股(A股)21,000,000股,每股面值人民币1元,每股发行价为人民币7.37元,可募集资金总额为154,770,000.00元。经我们审验,截至2004年6月11日止,贵公司实际已发行人民币普通股(A股)21,000,000股,应募集资金总额154,770,000.00元,减除发行费用9,588,720.24元后,募集资金净额为145,181,279.76元。其中,计入股本人民币贰仟壹佰万元(¥21,000,000.00),计入资本公积124,181,279.76元。

同时,我们注意到,贵公司本次变更前的注册资本为人民币53,783,433.00元,已经浙江天健会计师事务所有限公司审验,并由该所于2000年7月18日出具浙天会验[2000]第133号《验资报告》。截至2004年6月11日止,变更后的累计注册资本实收金额为人民币74,783,433.00元。

本验资报告供贵公司申请变更登记及据以向股东签发出资证明时使用,不应将其视为是对贵公司验资报告日后资本保全、偿债能力和持续经营能力等的保证。因使用不当造成的后果,与执行本验资业务的注册会计师及会计师事务所无关。

附件:

(一) 注册资本、投入股本变更前后对照表;

(二) 验资事项说明;

(三) 本所的《企业法人营业执照》复印件;

(四) 中国证券监督管理委员会《关于核准浙江伟星实业发展股份有限公司公开发行股票的通知》复印件;

(五) 入资银行进账单、银行询证函复印件。

以上附件(三)、(四)、(五)仅送工商行政管理部门。

浙江天健会计师事务所有限公司 中国注册会计师 吕苏阳

中国注册会计师 葛 徐

中国·杭州 报告日期:2004年6月11日

四、本次发行募股资金入账情况

入账时间:2004年6月11日

入账金额:149,585,139.76元

入账账号:1207021109049065970

开户银行:中国工商银行临海市支行

五、本次上市前股权结构及前十大股东的持股情况

(一)本次上市前股权结构

股份类别	股数(万股)	占总股本的比例(%)
发起人社会法人股	3762.77	50.31
发起人自然人股	1615.57	21.6
社会公众股	2100.00	28.08
股本合计	7478.34	100

(二)本次上市前10大股东持股情况

序号	股东名称	持股数(万股)	持股比例(%)
1	伟星集团有限公司	3551.82	47.49
2	章卡鹏	810.87	10.84
3	张三云	536.83	7.18
4	谢瑾琨	267.87	3.58
5	香港威事达有限公司	210.95	2.82
6	宏源证券股份有限公司	22.36	0.3
7	南方证券有限公司	20.50	0.27
8	中国光大银行股份有限公司-巨田基础行业证券投资基金	3.1	0.04
9	国泰君安证券股份有限公司	1.6	0.02
10	国元证券有限责任公司	1.5	0.02

注:本公司第五大股东香港威事达有限公司的股权登记手续尚在办理之中,本公司承诺将在上市之日起三个月之内办妥该手续。

第六节 董事、监事、高级管理人员及核心技术人员简介

本公司董事、监事、高级管理人员基本情况及持股情况见下表:

姓名	职务	性别	年龄(岁)	简要经历	兼职情况	持有公司股份的数量(万股)
章卡鹏	董事长	男	39	曾任临海市有机玻璃厂厂长、浙江伟星集团有限公司副总经理	伟星集团有限公司总裁	810.8719 间接持有 173.7205
张三云	副董事长 总经理	男	41	曾任临海市有机玻璃厂副厂长、浙江伟星集团有限公司副总经理、伟星集团有限公司副总裁		536.8309 间接持有 164.5773
谢瑾琨	董事、董事会秘书 副总经理	男	37	曾任深圳联达钮扣有限公司总经理助理		267.8672 间接持有 85.5157
罗仕万	董事、副总经理	男	41	曾任临海市有机玻璃厂副厂长		间接持有 83.9022
朱立权	董事	男	44	曾任临海市有机玻璃厂财务科长、浙江伟星集团有限公司总经理助理	伟星集团有限公司总裁助理、财务部长	间接持有 81.7508
朱美春	董事	女	39	曾任临海市有机玻璃厂办公室副主任、企管科科长、浙江伟星集团有限公司总经理助理	伟星集团有限公司总裁助理、企管部部长	间接持有 82.8265
金雪军	独立董事	男	46	曾任浙江大学经济学院副院长,浙江省国际金融协会会长,中国国际金融协会常务理事,中国社会经济系统工程协会副理事长。		
孙维林	独立董事	男	46	曾聘为中国科技大学研究生院兼职教授、江苏理化测试中心顾问		
郑丽君	独立董事	女	41	曾先后在台州地区汽车运输公司、台州市汽车运输总公司交通物质供应公司负责财务管理工作		
叶立君	监事	男	34	曾任临海市有机玻璃厂厂长助理		间接持有 82.8265
郑福华	监事	男	42	曾任深圳联达钮扣有限公司副厂长、本公司生产部部长	临海市伟星电镀有限公司厂长	间接持有 82.8265
施加民	监事	男	39	曾任杭州伟星服装辅料有限公司经理		间接持有 82.8265
张祖兴	副总经理	男	40	曾任临海市有机玻璃厂		间接持有

				副厂长	82.8265
蔡礼永	副总经理	男	39	曾任临海市有机玻璃厂开发部部长、厂长助理	间接持有 84.4400
陈国贵	总工程师	男	45	曾任台州市农委秘书、临海市交通化工厂副厂长、临海市有机玻璃厂技术科科长、伟星集团有限公司总工程师	间接持有 81.7508
沈利勇	财务总监	男	35	曾任临海市有机玻璃厂财务科副科长、浙江伟星集团有限公司财务科副科长、伟星集团有限公司财务部副部长	间接持有 82.8265

本公司股东以及作为管理层的股东声明,所持有的发行人股票没有被质押,也不存在其他争议情况,将遵守《公司法》等法律法规的规定,在法律法规规定的时间内不会转让本公司股票。

第七节　同业竞争与关联交易

一、同业竞争

本公司与主要股东及其控制的法人之间,没有从事相同或相似的业务。公司的主要股东伟星集团、章卡鹏先生、张三云先生和谢瑾琨先生均承诺不直接或间接从事构成与本公司同业竞争的任何业务或活动

发行人律师、主承销商核查后均认为:发行人与主要股东及其控制的法人之间不存在同业竞争。

二、关联交易

本公司的关联交易主要包括:

(1)向广州联星服装用品有限公司等参股公司采购产品;

(2)向广州联星服装用品有限公司等参股公司销售产品;

(3)向伟星集团或其下属公司租赁房屋;

(4)为伟星集团下属公司提供电镀加工服务;

(5)截止 2003 年 12 月 31 日,伟星集团为本公司金额为 5,200 万元的银行借款提供了借款保证。

本公司最近三年关联交易占同类业务的比例如下表:单位:元

项　目		2001 年度	2002 年度	2003 年度
向关联	销售金额(元)	22,021,910.41	15,606,574.61	18,910,409.69
方销售	占营业收入的比例	13.75%	7.21%	7.21%
向关联	采购金额(元)	1,750,418.99	7,003,264.23	6,453,034.64
方采购	占采购总额的比例	2.10%	6.17%	5.92%

本公司已建立了独立董事制度,并在《公司章程》中规定独立董事应对关联交易发表独立意见。《公司章程》对关联交易决策权力与程序作了详细的规定。

本公司独立董事、律师和保荐机构(主承销商)认为:公司的关联交易合法有效,未有损害发行人及其他股东的利益。

第八节　财务会计资料

本公司 2001 年度、2002 年度和 2003 年度的财务会计资料已于 2004 年 6 月 1 日在《中国证券报》、《证券时报》和《上海证券报》上刊登的本公司招股说明书摘要中进行了披露。投资者欲了解详细内容,请查阅上述报纸或查阅刊载于深圳证券交易所指定网站(www.Cninfo.com.cn)的本公司招股说明书全文及附录。

一、注册会计师意见

浙江天健会计师事务所受本公司的委托,对本公司 2001 年度、2002 年度、2003 年度的会计报表进行了审计,注册会计师出具了标准无保留意见的审计报告。

二、简要会计报表

1.简要资产负债表

资产	2003 年 12 月 31 日	2002 年 12 月 31 日	2001 年 12 月 31 日
流动资产	139,991,562.45	125,703,002.50	115,615,199.82
固定资产	56,324,007.79	49,094,381.73	41,118,991.75
无形资产及其他资产	7,441,287.71	8,061,594.42	8,276,714.99
资产总计	224,989,005.01	188,748,226.84	170,968,847.28
流动负债	102,536,608.67	88,237,866.60	87,244,422.26
负债合计	122,536,608.67	88,237,866.60	87,988,769.06
股东权益合计	95,292,340.90	91,438,348.55	74,545,389.15
负债和股东权益总计	224,989,005.01	188,748,226.85	170,968,847.28

2.简要利润表

项目	2003 年度	2002 年度	2001 年度
主营业务收入	262,422,605.95	216,579,032.33	160,162,670.85
主营业务利润	77,493,219.19	63,799,582.73	49,934,920.60
营业利润	31,753,656.24	27,944,515.24	23,720,330.93
利润总额	32,224,400.72	27,642,773.39	24,227,048.61
净利润	19,904,320.95	16,717,383.97	13,986,594.43

3.简要现金流量表

项目	2003 年度
经营活动产生的现金流量净额	22,225,044.58
投资活动产生的现金流量净额	-25,288,046.86
筹资活动产生的现金流量净额	-3,097,662.26
现金及现金等价物净增加额	-6,160,664.54

三、会计报表附注

有关会计报表附注内容请投资者查阅本公司招股说明书附录部分(详见 www.cninfo.com.cn)。

四、主要财务指标

项目	2003 年	2002 年	2001 年
流动比率	1.37	1.42	1.33
速动比率	0.92	1.03	0.94
资产负债率(按母公司会计报表计算)(%)	56.95	51.46	53.18
应收账款周转率(次)	6.93	6.24	3.43
存货周转率(次)	4.34	4.21	3.42
每股净资产(元)	1.77	1.70	1.39
发行前每股收益(元)	0.37	0.31	0.26
发行前净资产收益率(%)	20.89	18.28	18.76
无形资产占净资产比例(土地使用权除外)(%)	0.93	1.16	1.65
研究与开发费占主营业务收入比例(%)	1.37	1.46	1.56
每股经营活动的现金流量(元)	0.41	0.47	0.16

第九节　其他重要事项

一、自本公司股票首次公开发行之日至本上市公告书公告之日,本公司严格依照《公司法》、《证券法》等法律法规的要求,规范运行,生产经营情况正常;所处行业和市场无重大变化;主要业务及发展目标的进展状况正常,主要投入、产出物供求及价格无重大变化。

二、自本公司股票首次公开发行之日至本上市公告书公告之日,本公司无重大对外投资、重大资产(股权)收购或出售行为;住所未发生变更。

三、自本公司股票首次公开发行之日至本上市公告书公告之日,本公司重大会计政策和会计师事务所没有发生变化。

四、自本公司股票首次公开发行之日至本上市公告书公告之日,本公司未发生新的重大负债或重大债项发生变化。

五、自本公司股票首次公开发行之日至本上市公告书公告之日,本公司董事、监事和高级管理人员未受到任何刑事起诉,也没有尚未了结或可能发生的刑事诉讼事项。

六、自本公司股票首次公开发行之日至本上市公告书公告之日,本公司未涉及任何重大诉讼事项或仲裁,亦无尚未了结或可能面临的重大诉讼或索赔要求。

七、根据《中小企业板块上市公司特别规定》,本公司已向深圳证券交易所承诺本公司上市后三个月内在公司章程内载入如下内容:股票被终止上市后,公司股票进入代办股份转让系统继续交易,且不对公司章程中的该款规定作任何修改。

八、本公司股票首次公开发行至本上市公告书公告之日,没有其他应披露而未披露之重大事项。

第十节　董事会上市承诺

本公司董事会承诺将严格遵守《中华人民共和国公司法》、《中华人民共和国证券法》、《股票发行与交易管理暂行条例》、《公开发行股票公司信息披露实施细则》、《深圳证券交易所股票上市规则》和《中小企业板块上市公司特别规定》等国家相关法律、法规和有关规定,并自股票上市之日起做到:

一、承诺真实、准确、完整、公允和及时地公布定期报告,披露所有对投资者有重大影响的信息,并接受中国证监会、证券交易所的监督管理;

二、承诺本公司在知悉可能对股票价格产生误导性影响的任何公共传播媒介中出现的消息后,将及时予以公开澄清;

三、本公司董事、监事、高级管理人员和核心技术人员将认真听取社会公众的意见和批评,不利用已获得的内幕消息和其他不正当手段直接或间接从事发行人股票的买卖活动;

四、本公司没有无记录的负债。

第十一节　保荐机构(上市推荐人)及其意见

一、保荐机构(上市推荐人)情况

保荐机构(上市推荐人):宏源证券股份有限公司

法定代表人:田国立

住所:新疆乌鲁木齐市建设路 2 号宏源大厦

电话:0755-83755913

传真:0755-83755759

联系人:石引泉、王旭、李金海

二、保荐机构(上市推荐人)意见

本公司保荐机构(上市推荐人)宏源证券股份有限公司已向深圳证券交易所出具了《浙江伟星实业发展股份有限公司股票上市推荐书》。保荐机构(上市推荐人)认为:本公司章程符合《中华人民共和国公司法》、《中华人民共和国证券法》及《深圳证券交易所股票上市规则》等法律、法规和中国证监会的有关规定;本次股票发行完全符合《中华人民共和国公司法》、《中华人民共和国证券法》及《深圳证券交易所股票上市规则》的法律、法规和中国证监会的有关规定,已具备了上市条件;本公司董事了解法律、法规、深圳证券交易所上市规则及股票上市协议规定的董事的义务与责任;本公司建立健全了法人治理结构、制定了严格的信息披露制度与保密制度。

保荐机构(上市推荐人)已对本公司上市文件所载的资料进行了核实,确认上市文件真实、准确、完整、符合规定要求,没有虚假记载、严重误导性陈述或重大遗漏,并对其承担连带责任。

保荐机构(上市推荐人)与本公司之间不存在关联关系,并且在上市推荐过程中,保证不利用获得的内幕信息进行内幕交易,为自己或他人谋取利益。

保荐机构(上市推荐人)同意推荐本公司的股票在深圳证券交易所上市交易。

浙江伟星实业发展股份有限公司

2004 年 6 月 18 日

重庆华邦制药股份有限公司

重庆华邦制药股份有限公司首次公开发行股票上市公告书

第一节 重要声明与提示

重庆华邦制药股份有限公司(以下简称"本公司"、"华邦制药"、"公司"或"发行人")董事会保证上市公告书的真实性、准确性、完整性,全体董事承诺上市公告书不存在虚假记载、误导性陈述或重大遗漏,并承担个别和连带的法律责任。

根据《公司法》、《证券法》等有关法律、法规的规定,本公司董事、高级管理人员已依法履行诚信和勤勉尽责的义务和责任。

深圳证券交易所、中国证券监督管理委员会、其他政府机关对本公司首次公开发行股票上市有关事项的意见,均不表明对本公司的任何保证。

本公司提醒广大投资者注意,凡本上市公告书未涉及的有关内容,请投资者查阅2004年6月2日刊载于《中国证券报》、《上海证券报》、《证券时报》上的本公司首次公开发行股票招股说明书摘要,及刊载于巨潮资讯网站(http://www.cninfo.com.cn)的本公司首次公开发行股票招股说明书全文。

第二节 概 览

一、股票简称:华邦制药

二、股票代码:002004;沪市代理代码:609004

三、股本总额:88,000,000.00股

四、可流通股本:22,000,000.00股

五、本次上市流通股本:22,000,000.00股

六、发行价格:9.60元/股

七、上市地点:深圳证券交易所

八、上市时间:2004年6月25日

九、股票登记机构:中国证券登记结算有限责任公司深圳分公司

十、保荐机构(上市推荐人):中信万通证券有限责任公司

十一、对本公司首次公开发行股票前股东所持股份的流通限制及期限:根据国家有关法律、法规规定和中国证监会证监发行字[2004]66号《关于核准重庆华邦制药股份有限公司公开发行股票的通知》,本公司的法人股和自然人持有的未流通股份暂不上市流通。

十二、本公司第一大股东对所持股份自愿锁定的承诺:本公司首次公开发行股票前第一大股东张松山承诺,自本公司股票上市之日起一年内,不转让其所持有的本公司股份,也不要求或接受本公司回购其所持有的本公司股份。

第三节 绪 言

本上市公告书是根据《中华人民共和国公司法》、《中华人民共和国证券法》、《股票发行与交易管理暂行条例》、《公开发行股票公司信息披露实施细则》和《深圳证券交易所股票上市规则》、《中小企业板块交易特别规定》等国家有关法律、法规的规定,并按照中国证券监督管理委员会《公开发行证券公司信息披露内容与格式准则第7号-股票上市公告书》而编制的,旨在向投资者提供有关本公司和本次股票上市的基本情况。

经中国证监会证监发行字[2004]66号文核准,本公司于2004年6月7日采取全部向深市、沪市二级市场投资者定价配售的方式成功发行了2,200万人民币普通股,每股面值1.00元,发行价为每股人民币9.60元。

根据深圳证券交易所《关于重庆华邦制药股份有限公司人民币普通股股票上市交易的通知》(深证上[2004]32号)批准,本公司2,200万股社会公众股将于2004年6月25日起在深圳证券交易所挂牌交易。股票简称"华邦制药",股票代码"002004"。

本公司已于2004年6月2日在《中国证券报》、《上海证券报》、《证券时报》上刊登了《招股说明书摘要》,招股说明书正文及其附录刊载于巨潮资讯网站(http://www.cninfo.com.cn),前述招股文件刊登距今不足三个月,故与其重复的内容不再重述,敬请投资者查阅上述文件。

第四节 发行人概况

一、发行人基本情况

1、公司名称:重庆华邦制药股份有限公司

2、英文名称:CHONGQING HUAPONT PHARM. CO., LTD

3、法定代表人:张松山

4、注册资本:8,800.00万元

5、设立日期:2001年9月19日

6、注册地址:重庆市歇台子南方花园科园四街55号(邮政编码:400041)

7、经营范围:生产、销售片剂、硬胶囊剂、小容量注射剂、软膏剂、乳膏剂、凝胶剂、月桂氮卓酮原料药、溶液剂、他扎罗汀、阿维A、喷昔洛韦原料药(以上经营范围按许可证核定期限从事经营),精细化工、生物化学、试剂产品开发及自销(国家法律法规规定需前置许可或审批的项目除外),药品研究,销售化工产品及原料(不含化学危险品)、香精、分析仪器、电子计算机及配件、日用百货、普通机械、建筑材料、装饰材料、五金、交电。

8、主营业务:研发、生产和销售皮肤科、结核科及肿瘤科化学药品

9、所属行业:医药制造业

10、联系电话:023-68695322

11、传真号码:023-68600738

12、互联网网址:http://www.huapont.com.cn

13、电子信箱:huapont@huapont.com.cn

14、董事会秘书:彭云辉

二、历史沿革

公司是经重庆市人民政府渝府[2000]144号文《重庆市人民政府关于授权市经委为股份有限公司审批机构的批复》,重庆市经济委员会渝经企指[2001]13号文《关于同意重庆华邦制药有限公司整体变更设立为重庆华邦制药股份有限公司的批复》批准,由原重庆华邦制药有限公司整体变更设立的股份有限公司。

经中国证监会证监发行字[2004]66号文核准,本公司于2004年6月7日在深圳证券交易所向深市、沪市二级市场投资者以定价配售的方式成功发行了2,200万股每股面值1.00元的人民币普通股,发行价为每股人民币9.60元。此次发行完成后,本公司的总股本为8,800.00万股,注册资本8,800.00万元。

三、发行人主要经营情况

本公司目前主营业务为研发、生产和销售皮肤科、结核科及肿瘤科化学药品。

(一)本公司的竞争优势及劣势

1、产品竞争优势和规模优势

本公司于2000年3月被国家科技部认定为全国重点高新技术企业,于2000年2月整体通过GMP认证,1999-2002年连续四年被重庆市政府列入"重庆工业企业50强"。公司目前可生产片剂、胶囊剂、软膏剂、凝胶剂等7种剂型以及原料药共37个品种,其中国家级新药有他扎罗汀、喷昔洛韦乳膏、阿维A胶囊、费安、费宁等14个品种。二类新药他扎罗汀及其凝胶剂项目,先后被国家科技部创新基金管理中心列入国家创新基金项目、被国家科技部列入国家新产品计划、被国家计委列入国家高技术产业化示范工程。

2、新产品储备的优势

目前正在开发、研制的新药共有28个,包括6个化学药品第一类、9个化学药品第三类、3个化学药品第五类、5个化学药品第六类、4个中药天然药物第五类、1个中药天然药物第六类,涉及银屑病药、抗角化异常性皮肤病药、抗真菌药、甾体激素类药、抗肿瘤药、抗结核药、降血脂药、胃肠动力药、镇静催眠药、免疫调节药物等多个品种或领域,这些新药为未来企业的发展做好了产品储备,有利于公司"现有产品多元化、后续产品多层次化"的研发和生产格局的形成。

3、生产技术优势

本公司在药品制剂生产的过程中运用了低温定向蛋白水解技术、环糊精包合技术、脂质体制备技术、超微粉碎技术、凝胶制剂技术、缓控释制剂、相转移催化、催化炔化等在内的许多核心技术(均为非专利技术)。上述技术均为本公司主要核心技术人员所研究开发,处于国内领先或国际先进水平,个别技术在国内处于独家享有的地位。

4、研发优势

公司拥有一批包括高工、博士、硕士在内的高素质研发队伍,自1992年公司成立伊始,便致力于研究维甲酸系列化合物的研究及其在医药领域中的应用,研制开发出第一代、第二代、第三代维甲酸类药物和其他皮肤科药物,并在结核科药物与肿瘤科药物方面扩大药品研发、生产范围。同时公司与众多的大学和科研院所建立了广泛的技术合作关系,为公司下一步发展储备了技术优势和产品优势。公司已先后自主、合作研制开发了14个国家级新药。

5、销售优势

经过10年的持续发展,本公司打造出一支专业性极强、业务水平很高的销售队伍,创新发展了处方药的营销模式,建立起一个覆盖全国的市场营销体系,与1,500多家商业机构建立了合作关系。目前,本公司正在进一步整合市场分销渠道,增强销售力量,满足销售收入快速增长的要求。

6、管理文化的优势

公司目前经营管理高层成员共6人,其中博士2名、拥有高级职称者3名,平均年龄38岁左右。高层管理者具有丰富的专业知识、管理经验,是一个团结敬业、精通专业的领导集体。多年来以"诚信为本,兴华夏之邦;科学立业,筑健康长城"为宗旨,并在此基础上确立了学习型和知识型企业的运营理念。

7、财务状况良好

本公司在发展过程中,始终注重对财务状况的监控,本着持续发展、财务稳健和提高抗风险能力的原则,使公司保持了良好的财务结构和较强的融资能力。2003年12月31公司资产负债率为35.45%(按母公司报表计算),资产负债结构适中;公司无任何资产对外担保的情况,资产的整体变现能力很强;公司拥有AAA级的资信等级和一定的银行授信额度,能满足突发的现金支出需求;同时公司生产经营活动产生的大量现金流也为公司偿还债务提供了有力的保障。

(二)本公司的竞争劣势

虽然公司在皮肤科、结核科和肿瘤科药品的细分市场中具有上述竞争优势,但与国内某些大型制药企业及跨国制药企业相比,所涉及的医药专科领域及药品品种较少,生产规模较小,抗风险能力相对较弱。

尽管本公司的研发能力、销售能力与现阶段的规模相匹配,但从长远发展角度考虑,要大幅度实现规模的扩张与核心竞争力的提高,现有研发费用、市场开发费用的投入均显不足,与跨国医药企业相比,公司在自主开发能力和营销管理等方面仍存在一定差距。

四、主要财务指标

公司近三年的主要财务指标见"第八节 财务会计资料"。

五、公司的知识产权和特许经营情况

(一)专利与专有技术

本公司目前无专利。公司分别于2002年9月9日、2002年10月9日、2002年12月6日、2002年12月6日向中华人民共和国国家知识产权局提交了包含酮康唑和盐酸萘替芬的组合物、含左西替利嗪和抗过敏药物溶液剂、依托泊甙肠溶缓释固体分散制剂及其制备方法、治疗银屑病的药物组合物专利申请,申请号分别为02129392.9、02130823.3、02153962.6、02153960.X,分别主要用于保护复方盐酸萘替芬乳膏、盐酸左西替利嗪口服液、依托泊苷缓释片、复方HB-16T乳膏等公司在研产品。公司于2003年2月26日向中华人民共和国国家知识产权局提交了"二苯乙烯衍生物有机胺盐及其制备方法、用途和药物组合物"的发明专利申请,申请号为03105355.6,主要用于保护公司在研产品(国家第一类新药,主要用于治疗银屑病)。

本公司拥有以下专有技术:低温定向蛋白水解技术、环糊精包合技术、脂质体制备技术、超微粉碎技术和凝胶制剂技术、缓控释制剂、相转移催化、催化炔化等非专利技术。

(二)特许经营权

原重庆华邦制药有限公司2000年2月整体通过GMP认证,取得了《药品GMP证书》,证书编号为D0241;本公司武隆分公司于2002年12月5日取得了《药品GMP证书》,证书编号为D1960。

2000年12月22日,原重庆华邦制药有限公司取得了重庆市药品监督管理局颁发的《药品生产企业许可证》,证号为渝Xyz20000017,有效期至2005年12月21日,本公司于2001年11月16日办理完毕变更手续。

有关知识产权、政府特许经营权等详细内容请查阅2004年6月2日刊载于巨潮资讯网站(www.cninfo.com.cn)的本公司招股说明书全文。

六、财政税收优惠政策

(一)税收优惠政策

公司所得税税率为15%,公司的分公司--华邦武隆分公司所得税法定税率为33%。

公司为注册于国家级高新技术产业开发区--重庆高新技术产业开发区内的国家级高新技术企业(已取得高新技术企业认证),根据财政部、国家税务总局财税字[1994]001号《关于企业所得税若干优惠政策的通知》,并经重庆市高新技术开发区地方税务局批复,公司所得税减按15%的税率征收。

根据国家税务局国税发[2000]13号《技术改造国产设备投资抵免企业所得税》有关规定，经重庆市地方税务局审核批准，公司2001年、2002年和2003年，国产设备投资分别抵免当期所得税82.17万元、61.35万元和58.10万元。

(二)财政优惠政策

2000年9月30日，公司与国家科技部科技型中小企业技术创新基金管理中心签订《科技型中小企业技术创新基金无偿资助项目合同》，根据合同，该中心为公司他扎罗汀及其凝胶剂项目无偿提供资金70万元。2000年9月，公司收到49万元；2002年7月，该项目通过验收，公司收到剩余款项21万元，合计70万元，一并冲减管理费用--产品研制费。

2002年11月4日，国家科学技术部、财政部联合下发国科发计字[2002]390号《关于下达2002年度第二批科技三项费用的通知》，下达2002年度第二批科技三项费用拨款项目名单，其中向本公司二类新药他扎罗汀凝胶项目拨款50万元。公司已于2002年12月收到此款项，并冲减管理费用--产品研制费。

2002年11月4日，国家计委与财政部联合下发计高科[2002]2486号《关于下达2002年国家高技术产业发展项目产业技术研究与开发资金经费指标计划的通知》。本公司于2003年4月30日收到由重庆市财政局拨付的国家二类新药他扎罗汀原料及制剂高技术产业化示范工程项目拨款300万元，并计入专项应付款。

2003年7月9日，公司与重庆市科学技术委员会签订《重庆市科技计划项目合同》，根据合同，重庆市科委为公司银屑病治疗新药HP-001的研究开发项目提供资金8万元。本年度公司收到该笔款项，计入专项应付款。

2003年根据国家计委计投资[2003]267号文件及财政部财企[2003]105号文件，由中国高新投资集团公司投入700万元，用于"国家二类新药他扎罗汀原料及制剂高技术产业化示范工程"建设，本公司于2003年下半年收到560万元，并计入专项应付款。

第五节　股票发行与股本结构

一、本次股票上市前首次公开发行股票的情况

1、股票种类：人民币普通股(A股)

2、每股面值：人民币1.00元

3、发行数量：2,200万股

4、每股发行价格：9.60元

5、募股资金总额：21,120万元

6、发行方式：全部向二级市场投资者定价配售

7、发行对象：于招股说明书摘要刊登当日(2004年6月2日)持有深圳证券交易所或上海证券交易所已上市流通人民币普通股(A股)股票的收盘市值总和(包括可流通但暂时锁定的股份市值)不少于10,000元的投资者(国家法律法规禁止购买者除外)，投资者同时持有的沪市、深市二级市场的股票市值不合并计算

8、发行费用总额：928.00万元(含承销费、审计费用、律师费、上网发行手续费、发行审核费等)

9、每股发行费用：0.42元

二、本次股票上市前首次公开发行股票的承销情况

本次公开发行的2,200万股社会公众股的配号总数为65,783,370个，中签率为0.0334431027%。其中，二级市场投资者认购21,742,276股，其余257,724股由主承销商包销。

三、本次上市前首次公开发行股票所募股资金的验资报告

(一)验资报告

四川华信(集团)会计师事务所有限责任公司为本次公开发行股票所募股资金出具的川华信验(2004)18号《验资报告》全文如下：

重庆华邦制药股份有限公司：

我们接受委托，审验了贵公司截至2004年6月14日止的新增注册资本实收情况。按照国家相关法律、法规的规定和协议、合同、章程的要求出资，提供真实、合法、完整的验资资料，保护资产的安全、完整是全体股东及贵公司的责任。我们的责任是对贵公司新增注册资本的实收情况发表审验意见。我们的审验是依据《独立审计实务公告第1号—验资》进行的。在审验过程中，我们结合贵公司的实际情况，实施了检查等必要的审验程序。贵公司原注册资本为人民币66,000,000.00元，根据中国证券监督管理委员会证监发行字[2004]66号文核准，公司于2004年6月7日公开发行2,200万股人民币普通股(A股)股票，发行价格9.6元/股。同时，根据贵公司2003年2月25日召开的2002年度股东大会决议和修改后的章程，贵公司申请增加注册资本人民币22,000,000.00元，变更后的注册资本为人民币88,000,000.00元。经我们审验，截至2004年6月14日止，贵公司应收到其股东投入的募集资金为人民币211,200,000.00元，扣除各项发行费用共计9,270,540.50元后，贵公司实际收到其股东投入现金净额为人民币201,929,459.50元，其中：记入股本为人民币22,000,000.00元，记入资本公积为人民币179,929,459.50元。

同时我们注意到，贵公司本次增资前的注册资本为人民币66,000,000.00元，已经四川华信(集团)会计师事务所有限责任公司以川华信验[2001]084号《验资报告》予以审验。截至2004年6月14日止，连同本次验证的注册资本实收金额人民币22,000,000.00元，变更后的累计注册资本实收金额为人民币88,000,000.00元。

(二)募股资金入账情况

入账时间：2004年6月14日

1、入账账号：0878521201003040127 42

开户银行：中国光大银行重庆分行学府路支行

入账金额：104,120,000.00元

2、入账账号：310002602902211406 0

开户银行：工商银行重庆市九龙坡区支行歇台子分理处

入账金额：100,000,000.00元

四、上市前股权结构及各类股东的持股情况

(一)本次上市前公司股权结构

股份类别	股数(万股)	比例(%)
一、未上市流通股份	6,600.00	75.00
1、发起人股份	6,600.00	75.00
国家持股份	--	--
境内法人持有股份	1,425.60	16.20
增外法人持有股份	--	--
自然人持有股份	5174.40	58.80
2、募集法人股	--	--
3、内部职工股	--	--
二、社会公众股	2,200.00	25.00
合计	8,800.00	100.00

(二)本次上市前十名股东持股情况

序号	股东名称	持股量(万股)	持股比例(%)
1	张松山	1,544.224	17.55
2	重庆渝高科技产业(集团)股份有限公司	1,425.600	16.20
3	潘明欣	1,070.432	12.16
4	杨维虎	483.648	5.50
5	黄维敏	205.920	2.34
6	黄维宽	205.920	2.34
7	李　强	197.120	2.24
8	陈敏鑫	191.664	2.18
9	吴必忠	191.664	2.18
10	陆　毅	158.400	1.80

第六节　董事、监事、高级管理人员及核心技术人员

一、董事、监事、高级管理人员与核心技术人员的简介

公司董事、监事、高级管理人员与核心技术人员均为中国国籍，相互之间不存在配偶关系、三代以内直系和旁系亲属关系。

(一)董事

姓名	性别	年龄	学历	职称	职务
张松山	男	43岁	博士	高级工程师	董事长
潘明欣	男	43岁	博士	高级工程师	董事、总经理
杨维虎	男	42岁	本科	工程师	董事
陈敏鑫	男	59岁	本科	高级工程师	董事
吴必忠	男	50岁	大专	高级会计师	董事
李　至	女	31岁	本科	会计师、经济师	董事、副总经理
孙芳城	男	40岁	硕士	教授	独立董事
程源伟	男	39岁	硕士	律师	独立董事
黄群慧	男	38岁	博士	副研究员	独立董事

(二)监事

姓名	性别	年龄	学历	职称	职务
谷川威	男	44岁	大专	高级经济师	监事
吴治淳	女	40岁	本科	高级工程师、执业药师	监事
于云健	男	37岁	本科	工程师	监事

(三)其他高级管理人员

姓名	性别	年龄	学历	职称	职务
吕立明	男	41岁	本科	工程师	副总经理
孟八一	男	48岁	硕士	主管药师	副总经理
彭云辉	女	39岁	本科	高级经济师	董事会秘书

(四)核心技术人员

姓名	性别	年龄	学历	职称	职务
张松山	男	43岁	博士	高级工程师	董事长
潘明欣	男	43岁	博士	高级工程师	董事、总经理
吕立明	男	41岁	本科	工程师	副总经理
饶中树	男	38岁	本科	工程师	新品部部长、天然药物研究室主任
李　娟	女	36岁	本科	工程师	新品部分析研究室主任
魏向阳	男	36岁	本科	工程师	新品部信息及GLP研究室主任
廖泽敏	女	35岁	本科	工程师	新品部注册及GCP研究室主任

二、持股情况说明

(一)公司董事、监事、高管及核心技术人员持股情况

姓名	本公司职务	持股数量(万股)	持股比例(%)
张松山	董事长	1,544.224	17.55
潘　明	董事、总经理	1,070.432	12.16
杨维虎	董事	483.648	5.50
陈敏鑫	董事	191.664	2.18
吴必忠	董事	191.664	2.18
李　至	董事、财务总监	89.408	1.02
孙芳城	独立董事	--	--
程源伟	独立董事	--	--
黄群慧	独立董事	--	--
谷川威	监事	23.760	0.27
吴治淳	监事	--	--
于云健	监事	20.768	0.24
吕立明	副总经理	70.400	0.80
孟八一	副总经理	--	--
彭云辉	董事会秘书	--	--
饶中树	新品部部长、天然药物研究室主任	--	--
李　娟	新品部分析研究室主任	--	--
魏向阳	新品部信息及GLP研究室主任	--	--
廖泽敏	新品部注册及GCP研究室主任	--	--

(二)董事、监事、高管及核心技术人员家属持股情况

公司董事长张松山先生与股东赵丹琳女士为配偶关系，股东黄维敏女士为股东赵丹琳女士的母亲，股东崔太安先生为股东赵丹琳女士的妹夫，股东黄维敏女士与股东黄维宽先生为姐弟关系，股东黄维宽先生与股东平伟女士为夫妻关系。如下图所示：

张松山　夫妻　赵丹琳　母女　黄维敏　姐弟　黄维宽　夫妻　平伟　妹夫　崔太安

上述人员持股情况如下表：

股东名称	持股量(万股)	持股比例(%)
黄维敏	205.920	2.34
黄维宽	205.920	2.34
赵丹琳	44.000	0.50
崔太安	28.512	0.32
平　伟	3.168	0.04

除上述亲属关系外，公司其他董事、监事、高管人员及核心技术人员与股东之间无其他关联关系。

本公司目前未安排认股权计划。

三、公司董事、监事、高管人员的承诺

本公司董事长张松山先生、董事兼总经理潘明欣先生、董事杨维虎先生、董事陈敏鑫先生、董事吴必忠先生、董事财务总监李至女士、副总经理吕立明先生、监事谷川威先生和监事于云健先生，均郑重承诺：自本公司股票上市交易之日起1年内以及担任本公司董事、监事及高级管理人员等相关职务期间及离职后半年内不转让所持有的本公司股票。

第七节　同业竞争与关联交易

一、同业竞争

本公司与各股东单位及其控股企业等关联方之间不存在同业竞争。

公司的前三大股东均已向公司出具了《避免同业竞争承诺函》。

发行人律师、保荐机构(主承销商)对本公司同业竞争情况发表了意见,认为本公司不存在同业竞争。

二、关联交易

(一)正在执行的关联交易

1、2002年2月,本公司向原重庆武隆县汇邦科技有限公司(现为重庆市汇邦旅业有限公司)出租1,200平方米办公用房,租金为2,500元/月,期限5年。

2、2002年5月,本公司控股子公司汉邦药业公司租赁重庆高科集团有限公司(渝高公司第一大股东)1,619平方米厂房,租赁价格为第一、二年5元/m2/月,第三年后15元/m2/月,期限10年。

3、2003年3月,本公司控股子公司汉邦药业公司租赁重庆高科集团有限公司(渝高公司第一大股东)1,619平方米房屋作仓库,租赁价格为10元/m2/月,期限一年。

4、2004年1月,本公司与控股子公司汉邦药业公司租赁重庆高科集团有限公司1,619平方米房屋作仓库,其中本公司租赁1000平方米,汉邦药业公司租赁619平方米,租赁价格为10元/m2/月,期限一年。

(二)报告期内执行完毕的关联交易

关联方名称	交易内容	交易年度及金额(元) 2003年度	2002年度
重庆市汇邦旅业有限公司	采购原材料	−	−
重庆市汇邦旅业有限公司	采购存货	−	−
重庆渝高科技产业(集团)股份有限公司	代建厂房	−	3,100.00
重庆华邦能源科技有限公司	资金借贷	−	400,000.00
张松山、潘明欣、杨维虎、李至等	对重庆汇邦旅业有限公司增资	−	−
熊伟、李至、郭铁	设立重庆汉邦天然药业有限公司	−	3,000,000.00
重庆汇邦旅业有限公司	设立重庆华邦酒店旅业有限公司	−	13,200,000.00

关联方名称	2001年度	2000年度	交易定价
重庆市汇邦旅业有限公司	40,640,222.21	25,199,145.29	协议价
重庆市汇邦旅业有限公司	6,126,039.94	−	协议价
重庆渝高科技产业(集团)股份有限公司	−	3,470,000.00	工程决算价
重庆华邦能源科技有限公司	400,000.00	400,000.00	协议价
张松山、潘明欣、杨维虎、李至等	3,188,000.00	−	−
熊伟、李至、郭铁	−	−	−
重庆汇邦旅业有限公司	−	−	−

(三)规范和减少关联交易措施

本公司已建立武隆分公司,由其取代重庆武隆县汇邦科技有限公司负责供应本公司生产所需的化学原材料;《公司章程(修正草案)》对关联交易决策权力与程序作了严格规定。

(四)有关中介机构和独立董事对关联交易发表的意见

本公司独立董事、发行人律师、保荐机构(主承销商)和发行人会计师对本公司的关联交易发表了意见,认为本公司的关联交易披露充分,相关决策程序合法有效,未损害非关联股东的利益。

公司关联交易的具体内容请查阅2004年6月2日刊载于巨潮资讯网站(www.cninfo.com.cn)的本公司招股说明书全文。

第八节 财务会计资料

公司截止2003年12月31日的财务会计资料已于2004年6月2日刊登于《中国证券报》、《上海证券报》、《证券时报》的本公司《招股说明书摘要》中。投资者欲了解详细内容,请查阅上述报纸或刊载于巨潮资讯网站(www.cninfo.com.cn)的本公司招股说明书全文及附录。

一、注册会计师意见

四川华信(集团)会计师事务所有限责任公司接受委托,审计了公司2001年12月31日、2002年12月31日、2003年12月31日的资产负债表,以及2001年度、2002年度、2003年度的利润表,2002年度、2003年度的现金流量表,并出具了川华信审[2004]综字066号《审计报告》,发表了标准无保留意见。审计意见摘录如下:

"我们认为,上述会计报表符合国家颁布的《企业会计准则》和《企业会计制度》的规定,在所有重大方面公允反映了华邦公司2001年12月31日、2002年12月31日、2003年12月31日的财务状况,以及2001年度、2002年度、2003年度的经营成果和2002年度、2003年度的现金流量。"

二、简要会计报表

(一)合并资产负债表主要数据

单位:万元

项目	2003.12.31	2002.12.31	2001.12.31
流动资产	8,529.75	13,990.05	8,645.88
长期投资	1,710.13	1,712.83	528.47
固定资产合计	5,198.23	4,817.65	4,079.20
无形资产及其他资产	7,135.30	188.61	87.37
资产合计	22,573.42	20,709.14	13,340.93
流动负债	6,071.09	10,431.29	3,983.55
长期负债	1928.00	60.00	609.00
负债总额合计	7,999.09	10,491.29	4,592.55
股东权益合计	14,457.67	10,065.50	8,748.38
负债和股东权益合计	22,573.42	20,709.14	13,340.93

(二)合并利润表主要数据

单位:万元

项目	2003年度	2002年度	2001年度
主营业务收入	24,044.28	20,022.39	17,405.43
主营业务利润	16,488.33	13,240.94	11,480.74
营业利润	4,738.59	4,515.78	3,579.64
利润总额	4,726.45	4,383.73	3,595.90
净利润	3,992.17	3,729.54	3,110.84

(三)合并现金流量表主要数据

单位:万元

项目	2003年度	2002年度
经营活动产生的现金流量净额	5,668.46	3,688.41
投资活动产生的现金流量净额	−2,681.51	−6,569.46
筹资活动产生的现金流量净额	−3,312.81	4,243.53
汇率变动对现金的影响	−	
现金及现金等价物净增加额	−325.87	1,362.48

三、会计报表附注

本公司会计报表附注等有关内容,请查阅2004年6月2日刊载于巨潮资讯网站(www.cninfo.com.cn)的本公司招股说明书全文与附录。

四、主要财务指标

本公司的主要财务指标如下表:

财务指标	单位	2003年度	2002年度	2001年度
流动比率		1.41	1.34	2.17
速动比率		1.12	.06	1.35
资产负债率[注]	%	35.45	51.00	34.42
存货周转率	次/年	3.02	2.06	2.19
无形资产占总资产的比例(不含土地使用权)	%	0.51	0.73	0.24
应收账款周转率	次/年	8.43	10.37	15.60
每股净资产	元	2.19	1.53	1.33
每股收益	元	0.60	0.57	0.47
研究开发与费用占主营业务收入的比例	%	5.06	3.63	3.57
每股经营活动的净现金流量	元	0.86	0.56	0.33

[注]资产负债率指标按母公司报表计算。

第九节 其他重要事项

一、自本公司股票首次公开发行之日至本公司上市公告书公告之日,本公司严格依照现行法律法规的要求规范运行,生产经营情况正常,本公司所处行业和市场无重大变化,主要业务发展目标的进展状况正常,主要产品价格无重大变化。

二、自本公司股票首次公开发行之日至本公司上市公告书公告之日,本公司没有进行重大对外投资,无重大资产(股权)收购、出售行为。

三、自本公司股票首次公开发行之日至本公司上市公告书公告之日,本公司的重大会计政策和会计师事务所没有发生变化。

四、自本公司股票首次公开发行之日至本公司上市公告书公告之日,本公司未涉及任何重大诉讼、仲裁或行政处罚案件,亦没有可能面临的重大诉讼和索赔要求。

五、自本公司股票首次公开发行之日至本公司上市公告书公告之日,本公司董事、监事和高级管理人员未受到任何刑事起诉,亦没有尚未了结或可能发生的刑事诉讼事项。

六、自本公司股票首次公开发行之日至本公司上市公告书公告之日,本公司住所没有发生变更,未发生新的重大负债,并且重大债项未发生变化。

七、自本公司股票首次公开发行之日至本公司上市公告书公告之日,本公司的税收政策未发生变化。

八、根据《深圳证券交易所股票上市规则》,本公司第一大股东张松山承诺,自本公司股票上市之日起一年内,不转让其所持有的本公司股份,也不要求或接受本公司回购其所持有的本公司股份。

九、根据《中小企业板块上市公司特别规定》,公司承诺上市后三个月内在《公司章程》内载入如下内容:

1.股票被终止上市后,公司股票进入代办股份转让系统继续交易。

2.公司不得修改公司章程中的前款规定。

十、自本公司股票首次公开发行之日至本公司上市公告书公告之日,没有其他应披露而未披露之重大事项。

第十节 董事会上市承诺

本公司董事会承诺将严格遵守《公司法》、《证券法》、《股票发行与交易管理暂行条例》、《深圳证券交易所股票上市规则》、《中小企业板块上市公司特别规定》和《证券发行上市保荐制度暂行办法》等法律、法规的有关规定,承诺自本公司股票上市之日起做到:

(一)本公司将真实、准确、完整、公允和及时地公布定期报告,披露所有对投资者有重大影响的信息,并接受中国证监会、证券交易所的监督管理。

(二)本公司在知悉可能对股票价格产生误导性影响的任何公共传播媒介中出现的消息后,将及时予以公开澄清。

(三)本公司董事、监事、高级管理人员如发生人士变动或持有本公司股票发生变化时,在报告中国证监会、深圳证券交易所的同时向投资者披露。

(四)本公司董事、监事、高级管理人员和核心技术人员将认真听取社会公众的意见和批评,不利用已获得的内幕消息和其他不正当手段直接或间接从事发行人股票的买卖活动。

(五)本公司没有无记录的负债。

依据《深圳证券交易所股票上市规则》,本公司全体董事、监事将按照有关规定,在本公司股票上市后两个月内签署《董事(监事)声明及承诺书》并送达深圳证券交易所备案。

第十一节 保荐机构(上市推荐人)及其推荐意见

一、保荐机构(上市推荐人)情况

1、名称:中信万通证券有限责任公司

2、法定代表人:史洁民

3、地址:青岛市东海西路28号

4、电话:0532−5023857

5、传真:0532−5023750

6、联系人:庞东、叶欣、丛龙辉

二、保荐机构(上市推荐人)意见

本公司保荐机构(上市推荐人)中信万通证券有限责任公司认为:发行人章程符合《公司法》、《证券法》等有关法律、法规和证券监督管理委员会的规定;发行人本次股票发行符合《公司法》、《证券法》、《深圳证券交易所股票上市规则》及《中小企业板块上市公司特别规定》等国家有关法律、法规的规定,已具备上市条件;发行人董事了解国家有关法律、法规、深圳证券交易所上市规则及股票上市协议规定的董事义务与责任;发行人建立健全了法人治理结构、制定了严格的信息披露制度与保密制度。

保荐机构(上市推荐人)已对上市文件所载的资料进行了核实,确保上市文件真实、准确、完整,符合规定要求,保证发行人的上市申请材料、上市公告书没有虚假、严重误导性陈述或重大遗漏,并保证对其承担相应的法律责任。保荐机构(上市推荐人)与本公司不存在关联关系。

保荐机构(上市推荐人)愿意推荐发行人的股票在深圳证券交易所上市交易,并保证不利用在上市过程中获得的内幕信息进行内幕交易,为自己或他人谋利益。

重庆华邦制药股份有限公司

2004年6月18日

广东德豪润达电气股份有限公司

广东德豪润达电气股份有限公司首次公开发行股票上市公告书

第一节 重要声明与提示

本公司董事会保证上市公告书的真实性、准确性、完整性,全体董事承诺上市公告书不存在虚假记载、误导性陈述或重大遗漏,并承担个别和连带的法律责任。

根据《公司法》、《证券法》等有关法律、法规的规定,本公司董事、高级管理人员已依法履行诚信和勤勉尽责的义务和责任。

证券交易所、中国证监会、其他政府机关对本公司股票上市及有关事项的意见,均不表明对本公司的任何保证。

本公司提醒广大投资者注意,凡本上市公告书未涉及的有关内容,请投资者查阅 2004 年 6 月 3 日刊载于《中国证券报》、《证券时报》和《上海证券报》的本公司招股说明书摘要,以及刊载于巨潮资讯网站:http://www.cninfo.com.cn 的本公司招股说明书全文及相关附录。

第二节 概 览

股票简称:德豪润达

深市股票代码:002005 沪市股票代理代码:609005

总股本:101,000,000 股 可流通股本:26,000,000 股

本次上市流通股本:26,000,000 股

本次发行价格:18.20 元/股

上市地点:深圳证券交易所 上市时间:2004 年 6 月 25 日

股票登记机构:中国证券登记结算有限责任公司深圳分公司

保荐机构(上市推荐人):华夏证券股份有限公司

对首次公开发行股票前股东所持股份的流通限制及期限:根据国家现有法律、法规规定和中国证券监督管理委员会证监发行字[2004]67 号《关于核准广东德豪润达电气股份有限公司公开发行股票的通知》,本公司法人股、自然人持有的未流通股暂不上市流通。

首次公开发行股票前的第一大股东珠海德豪电器有限公司对所持股份自愿锁定的承诺:自本公司上市之日起 12 个月内,不转让所持有的本公司股份,也不会要求或接受本公司回购其所持有的股份。

第三节 绪 言

本上市公告书系根据《中华人民共和国公司法》、《中华人民共和国证券法》、《股票发行与交易管理暂行条例》、《公开发行股票公司信息披露实施细则》和《深圳证券交易所股票上市规则》等国家有关法律、法规的规定,并按照中国证券监督管理委员会制定的《公开发行证券的公司信息披露内容与格式准则第 7 号-股票上市公告书》要求而编制,旨在向投资者提供广东德豪润达电气股份有限公司基本情况和本次股票上市的有关资料。

经中国证券监督管理委员会证监发行字[2004]67 号文核准,本公司已于 2004 年 6 月 8 日全部向二级市场投资者定价配售方式成功公开发行了 26,000,000 股人民币普通股(A 股),每股面值 1.00 元,每股发行价格 18.20 元。

经深圳证券交易所深证上[2004]33 号《关于广东德豪润达电气股份有限公司人民币普通股股票上市交易的通知》批准,本公司 26,000,000 股流通股股票将于 2004 年 6 月 25 日在深圳证券交易所上市交易,股票简称为"德豪润达",深市股票代码为"002005",沪市股票代理代码为"609005"。

本公司已于 2004 年 6 月 3 日分别在《中国证券报》、《证券时报》和《上海证券报》刊登了《广东德豪润达电气股份有限公司首次公开发行股票招股说明书摘要》。《广东德豪润达电气股份有限公司首次公开发行股票招股说明书》全文及其附录可在巨潮资讯网站:http://www. cninfo.com.cn 查阅。因招股说明书及其摘要的披露距今不足 3 个月,故与其重复的内容在此不再重述,敬请投资者查阅上述文件。

第四节 发行人概况

一、发行人基本情况

中文名称:广东德豪润达电气股份有限公司

英文名称:Elec-Tech International Co.,Ltd.

注册资本:101,000,000 元

法定代表人:王冬雷

住 所:广东省珠海市香洲区唐家湾镇金凤路 1 号

经营范围:开发、生产家用电器、电机、电子、轻工产品、电动器具、自动按摩设备、厨房用具、现代办公用品、通讯设备及其零配件(不含移动通信终端设备及需主管部门审批方可生产的设备);设计制造与上述产品相关的模具;上述产品相关的模具;上述产品的技术咨询服务;销售本公司生产的产品并进行售后服务。

主营业务:小家电系列产品的研究、开发、制造及销售

所属行业:电器机械及器材制造业(小家电产品)

电 话:0756-3390188、3390237 传 真:0756-3390238

互联网网址:http://www.gddhrd.com

电子信箱:hq.sd@eticn.com,dm@gddhrd.com

董事会秘书:王光平

二、发行人历史沿革

(一)发行人设立批准情况

经广东省人民政府办公厅 2001 年 8 月 6 日粤办函[2001]493 号文、广东省经济贸易委员会 2001 年 8 月 24 日粤经贸监督[2001]733 号文批准,广东德豪润达电气股份有限公司由珠海华润电器有限公司的 5 家股东即珠海德豪电器有限公司、珠海通产有限公司、深圳市百利安投资发展有限公司、王晟、胡长顺作为发起人,以珠海华润截止 2001 年 8 月 31 日的经信永中和会计师事务所有限责任公司审计的净资产额人民币 7,500 万元,按照 1:1 的比例折为 7,500 万股股份变更设立。

(二)整体变更设立情况

公司发起人为珠海德豪电器有限公司、珠海通产有限公司、深圳市百利安投资发展有限公司、王晟、胡长顺。本公司系整体变更设立的股份有限公司,发起人以珠海华润电器有限公司经审计的全部净资产投入。

三、主要经营情况

(一)发行人的主营业务、主要产品及其用途

1、公司主要业务为小家电系列产品的研究、开发、制造及销售。截止 2003 年底,公司小家电系列产品的生产和销售仍集中于厨房电器产品,居家护理、个人护理方面的产品已经开始有批量生产、销售。

2、公司的主要产品及其用途如下:

(1)面包机:可制作各种面包、蛋糕及果酱,还有"和面"、"烘烤"以及"解冻"等功能。具有微电脑控制、食物定色、预约面包制作时间等功能。

(2)烤箱:可烤制糕饼、面包、馒头、家禽、肉排、肉串、鱼类等。具有自动恒温、定时等功能。

(3)电炸锅:可以内部固化不同食物的最佳油炸问题,以及通过附带的食谱设置温度和时间,油炸各种食物。

3、2001 年至 2003 年公司主要产品的实际产量

产品名称	2003 年	2002 年	2001 年
面包机(万台)	215	97	73
烤箱(万台)	178	113	120
电炸锅(万台)	88	91	19

(二)发行人产品销售方式和渠道

公司主要业务为出口业务。公司设有市场部,组建有独立的销售队伍,并确立了以销售经理为基础的产品经理负责制。公司自 2003 年初开始实施的销售政策为采用公司向客户直接销售、通过控股子公司德豪润达国际(香港)有限公司销售、通过香港专业贸易商销售三种方式进行销售。

(三)发行人所需主要原材料

公司所需主要原材料包括电机、铝板、压铸件、钢板等,公司本部由其下设的采购控制中心负责采购。各生产经营性控股子公司分别设有独立的采购部门,自行采购。

(四)行业竞争情况

公司截止 2003 年底的主要业务为厨房用小家电系列产品的研究、开发、制造及销售,并且所生产产品的绝大部分销往美国或美洲市场。公司现有业务的主要竞争对手为从事 OEM/ODM 业务的众多小家电企业,其中能够对本公司构成竞争威胁的主要是数家台湾、香港小家电制造企业,墨西哥的竞争者除个别系列产品外几乎已丧失了竞争力。

四、业务及生产经营有关的资产权属情况

(一)土地使用权

本公司截至 2003 年底拥有位于珠海市高新区科技创新海岸的两宗土地使用权,面积分别为 126,095.308 平方米、110,968.780 平方米;本公司子公司中山威斯达目前拥有位于广东省中山市五桂山镇长命水村的四宗土地使用权,面积分别为 18,406.70 平方米、31,200 平方米、24,560 平方米、12,500 平方米。

(二)专利与非专利技术

本公司截至 2003 年底已获得 94 项国内专利、8 项国外专利,拥有 21 项非专利技术,这些专利、非专利技术的所有权均属本公司所有。

(三)房屋

本公司截至 2003 年底使用的经营性厂房包括自建及租赁取得。本公司拥有位于广东省珠海市高新区科技创新海岸的三处房产,建筑面积分别为 54,113.69 平方米、12,396.23 平方米、9,584.17 平方米,均为工业用途,有效使用期限为 2051 年。该等房产均系本公司自建形成,并已分别领取了由珠海市人民政府核发的粤房地证字第 2140517 号、第 2140518 号、第 2140519 号《房地产权证》。本公司从珠海经济特区南屏企业集团公司租赁厂房面积为 32,202.12 平方米,租赁期均为两年。本公司子公司中山威斯达拥有位于广东省中山市五桂山镇长命水村的三处房产,建筑面积分别为 37,302.29 平方米、17,311.91 平方米、12,032.37 平方米,均为工业用途,有效使用期限为 2048 年。

第五节 股票发行与股本结构

一、本次股票上市前首次公开发行情况

1、股票类型:人民币普通股(A 股)

2、每股面值:1.00 元/股

3、发行总量:26,000,000 股,占发行后总股本 25.74%

4、发行价格:18.20 元/股

5、发行市盈率:20 倍(按照 2003 年度每股收益计算)

6、发行方式:全部向二级市场投资者定价配售

7、发行对象:于 2004 年 6 月 3 日持有深圳证券交易所、上海证券交易所已上市流通人民币普通股(A 股)股票的收盘市值总和(包括可流通但暂时锁定的股份市值)不少于 10,000 元的投资者。

8、发行费用:2,400.02 万元。其中承销费用 1,419.6 万元,保荐费用 500 万元,审计费用 149 万元,律师费用 130 万元,审核费 20 万元,上网发行费用 165.62 万元,验资费用 8 万元,登记费用 7.8 万元。

9、募集资金额:首次公开发行募集资金总额 47,320 万元,扣除发行费用 2,400.02 万元,公司实际募集资金 44,919.98 万元。

二、本次股票上市前首次公开发行股票的承销情况

本次向社会公众投资者公开发行 2,600 万股人民币普通股股票的总有效申购户数为 11,472,285 户,总有效申购股数为 67,892,158,000 股,配号总数为 67,892,158 个,本次股票发行的中签率为 0.0382960282%。二级市场投资者认购了 25,530,138 股,其余 469,862 股由保荐机构(主承销商)包销。

三、本次上市前首次公开发行股票所募股资金的验资报告

广东德豪润达电气股份有限公司:我们接受委托,审验了广东德豪润达电气股份有限公司(以下简称"贵公司")于 2004 年 6 月公开发行 2600 万股人民币普通股("A 股")所增加注册资本的实收情况。按照国家相关法律、法规的规定和协议、章程的要求出资,提供真实、合法、完整的验资资料,保护资产的安全、完整是全体股东及贵公司的责任。我们的责任是对贵公司新增注册资本的实收情况发表审验意见。我们的审验是依据《独立审计实务公告第 1 号-验资》进行的。在审验过程中,我们结合贵公司的实际情况,实施了检查等必要的审验程序。

根据贵公司于 2002 年 12 月 16 日召开的临时股东大会通过的发行人民币普通股股票及上市决议,以及 2004 年 5 月 26 日中国证券监督管理委员会证监发行字[2004]67 号文的核准,贵公司获准发行 2,600 万股人民币普通股股票。贵公司原注册资本为人民币 75,000,000 元,业已经信永中和会计师事务所审验;根据修改后的章程,贵公司拟申请增加注册资本人民币 26,000,000 元,变更后的注册资本为人民币 101,000,000 元。

根据贵公司本次发行的招股说明书,贵公司此次向社会公开发售的人民币普通股股票每股面值为人民币 1 元,发行数量 2,600 万股,发行价格为每股人民币 18.20 元,募集资金总额为人民币 473,200,000.00 元,扣除本次发行费用人民币 24,000,200.00 元,募集资金净额为人民币 449,199,800.00 元。

经我们审验,截至 2004 年 6 月 14 日,贵公司已收到上述募集资金净额人民币 449,199,800.00 元,其中注册资本为人民币 26,000,000 元,资本公积为人民币 423,199,800.00 元。贵公司变更后的注册资本为人民币 101,000,000 元。

本验资报告仅供贵公司申请工商变更登记及申请 A 股上市使用,不应将其视为是对贵公司验资报告日后资本保全、偿债能力和持续经营能力等的保证,因使用不当造成的后果,与执行本验资业务的注册会计师及会计师事务所无关。

附件一验资事项说明; 附件二本次 A 股发行前后注册资本明细表

附件三发行费用明细表; 附件四本会计师事务所营业执照复印件

信永中和会计师事务所 中国注册会计师 张克 中国注册会计师 罗东先

2004 年 6 月 14 日

四、本次发行募股资金入账情况

入账时间	入账金额	入账账号	开户银行
2004 年 6 月 14 日	150000000 元	000902012011888888	交通银行珠海分行前山支行
2004 年 6 月 14 日	150000000 元	440648635012033881899	中国建设银行珠海分行海滨支行
2004 年 6 月 14 日	152347800 元	832308708108095001	中国银行珠海分行唐家支行

注:上述募集资金入账金额为扣除上网发行费用、承销费用、保荐费用后的余额,但尚未扣除审计费用、律师费用等费用。

五、上市前股权结构及各类股东的持股情况

(一)本次上市前股权结构

股份类别	股东名称	股数(万股)	发行后比例(%)
发起人股份		7500	74.26
竟内法人持有股份		6825	67.57
	珠海德豪电器有限公司	3825	37.87
	珠海通产有限公司	1650	16.34
	深圳市百利安投资发展有限公司	1350	13.37
自然人持有股份		675	6.68
	王晟	600	5.94
	胡长顺	75	0.74
	社会公众股	2600	25.74
合计		10100	100

(二)本次上市前十大股东情况

股东名称	持股数(股)	持股比例(%)	股份类别
珠海德豪电器有限公司	38,250,000	37.87	发起人股
珠海通产有限公司	16,500,000	16.34	发起人股
深圳市百利安投资发展有限公司	13,500,000	13.37	发起人股
王晟	6,000,000	5.94	发起人股
胡长顺	750,000	0.74	发起人股
华夏、证券有限公司	470,862		社会公众股
南方证券有限公司	219,000		社会公众股
中国工商银行一广发聚富开放式证券投资基金	64,000	0.06	社会公众股
中国光大银行股份有限公司一巨田基础行业证券投资基金	34,000	0.03	社会公众股
长江证券有限责任公司	19,000	0.02	社会公众股

本公司股东以及作为管理层的股东声明,所持有的发行人股票没有被质押,也不存在其他争议情况,将遵守《公司法》等法律、法规的规定,在法律、法规规定的时间内不会转让本公司股票。

第六节 董事、监事、高级管理人员及核心技术人员

一、董事

王冬雷 中国籍,男,40 岁,大学本科学历,工程师。历任中国船舶工业总公司工程师等职。现任本公司董事长、总经理,珠海瀚盛精密机械有限公司董事长。

崔海龙 中国籍,男,38 岁,大学本科学历,经济师。曾任海南通产公司总经理等职。现任本公司副董事长,珠海通产有限公司执行董事、总经理。

胡长顺 中国籍,男,65 岁,大学本科学历,高级经济师。曾任深圳宏昌公司业务经理等职。现任本公司副董事长,珠海金鑫集团公司总裁。

李华亭 中国籍,男,42 岁,大学本科学历。曾在中国华润总公司(香港)等任职。现任本公司董事、副总经理。

王晟 中国籍,男,37 岁,大专学历,工程师。曾任蚌埠热电厂工程师等职。现任本公司董事、采购控制中心经理,珠海市东部颖承精密压铸有限公司执行董事,珠海华润通讯技术有限公司董事。

王光平 中国籍,男,34 岁,硕士研究生学历,经济师。曾任福建闽发证券公司深圳业务部投行分部经理等职。现任本公司董事、董事会秘书、总裁助理,珠海华润通讯技术有限公司董事,德豪润达国际(香港)有限公司董事。

陈太一 中国籍,男,83 岁,硕士研究生学历,教授,中国工程院院士。曾任电信工程学院教授,南京通信工程学院教授等职。现任本公司独立董事,南京理工大学、华中科技大学教授。

张卓元 中国籍,男,71 岁,大学本科学历,研究员。曾任中国社会科学院财贸研究所所长、工业经济所所长、经济研究所所长等职。现任本公司独立董事,中国社会科学院经济研究所研究员、学术委员,全国政协委员,孙冶方经济科学基金会秘书长。

荆新 中国籍,男,47 岁,博士研究生学历,教授。曾任中国人民大学会计系教授,德勤国际会计公司研究员,美国密歇根州立大学访问高级学者等职。现任本公司独立董事,中国人民大学审计处处长、商学院教授,北京京都会计师事务所高级顾问,中国金融会计学会常务理事,中国青少年发展基金会理事。

二、监事

周煜生 中国籍,男,64 岁,大学本科学历,高级工程师。曾任江苏省常州航海仪器厂工程师、副厂长等职。现任本公司监事会召集人、公司研究所所长。

杨跃进 中国籍,男,44 岁,高中学历。曾任云南雷格尔公司会计主管等职。现任本公司监事,威斯达电器(中山)制造有限公司会计。

金雷 中国籍,男,41 岁,大学本科学历。曾任珠海格力机械有限公司工程师等职。现任本公司监事(职工代表监事)、办公室主任。

三、高级管理人员

总经理

王冬雷 (简历见前述)

副总经理

肖宇 中国籍,男,45 岁,大学本科学历,工程师。曾任职于北京北内集团总公司等。现任本公司常务副总经理,威斯达电器(中山)制造有限公司董事长。

李华亭 (简历见前述)

陈璐 中国香港居民,女,37 岁,硕士研究生学历。历任 USA Electronics HK Limited 营业工程师等职。现任本公司副总经理,德豪润达国际(香港)有限公司董事。

张浙东 中国籍,男,49 岁,专科学历,工程师。曾在安徽蚌埠印染厂等任职。现任本公司副总经理。

财务总监

王冬明 中国籍,男,34 岁,大学本科学历。曾任中国基建物资总公司财务副经理、深圳公司总经理等职。现任本公司财务总监,德豪润达国际(香港)有限公司执行董事。

董事会秘书

王光平 (简历见前述)

四、技术负责人及核心技术人员

王冬雷 本公司技术负责人(简历见前述)。王冬雷是公司全自动微电脑控制面包机及其他多项专利的发明人,个人曾获得广东省科学技术三等奖、珠海市科技突出贡献奖。公司主要产品全自动微电脑控制面包机曾经获得 1999 年国家重点新产品、广东省重点新产品,2002 年国家机械工业科技进步三等奖,2003 年获得广东省科学技术三等奖,2003 年获得珠海市科技突出贡献奖。

陈泽生 本公司核心技术人员。中国香港居民,男,44 岁,大学本科学历,工程师。历任捷和实业有限公司项目工程师等职。现任本公司总工程师。

周煜生 本公司核心技术人员(简历见前述)。

五、董事、监事、高管人员及核心技术人员持有公司股份情况

姓名	持股形式	持股数(万股)	上市前持股比例(%)	备注
王冬雷	法人持股	3,442.50	34.08	通过其控股的珠海德豪持有
崔海龙	法人持股	485.00	14.70	通过其控股的珠海通产持有
胡长顺	个人持股	75.00	0.74	直接持有 0.74%
	个人持股	982.50	9.73	直接持有 5.95%,其余部分通过
王 晟	法人持股			其参股的珠海德豪持有
杨跃进	法人持股	165.00	1.63	通过其参股的珠海通产持有

自 2001 年 10 月 31 日股份公司设立以来,上述人员的持股数量及比例未发生任何变动,上述人员所持本公司股份未进行质押或被冻结。上述人员所持本公司股份在国家有关法律、法规及政策禁止其转让的期间将予以锁定。

第七节 同业竞争与关联交易

一、同业竞争及解决措施

截至目前,本公司控股股东珠海德豪电器有限公司及本公司实际控制人王冬雷先生与本公司不存在同业竞争。本公司主要发起人及本公司实际控制人均向本公司出具了《避免同业竞争的承诺函》。

二、关联方

本公司关联方的相关信息,请参见在巨潮咨询网站(www.cninfo.com.cn)披露的招股说明书全文。

三、关联交易及解决措施

(一)2001-2003 年,本公司与关联方发生的关联交易包括:

1、本公司 2001 年度、2002 年度向珠海市东部颖承精密压铸有限公司(以下简称"东部颖承")采购压铸件等原材料,采购金额分别为 435 万元、2,039 万元。

2、为减少东部颖承与本公司、中山威斯达发生的经常性关联交易,规范公司运作,2002 年 8 月 3 日中山威斯达以人民币 330 万元受让关联方王晟持有的东部颖承 55%股权。

3、珠海德豪与公司于 2001 年 4 月 8 日签订《珠海华润通讯技术有限公司章程》,合资设立珠海华润通讯技术有限公司(以下简称"珠海华润通讯")。该公司的注册资本为人民币 1,000 万元,珠海德豪以货币 700 万元出资持有 70%股权,公司以货币 300 万元出资持有 30%股权。

(二)公司本次发行上市后将适用的《公司章程(草案)》、《关联交易制度》均对公司关联交易决策程序等问题进行了规定。

四、中介机构和独立董事对同业竞争和关联交易的意见

(一)发行人律师对同业竞争、关联交易的意见

发行人律师经核查后认为:

"德豪公司与发行人之间不存在同业竞争。通讯公司的业务范围与发行人的业务范围存在部分重合,通讯公司存在与发行人进行同业竞争的可能。"

"上述关联交易的合同内容合法,批准程序合规,且履行了关联交易的决策程序,关联交易定价公允,不存在损害发行人利益和中小股东利益的情形。"

"发行人已经对有关关联交易和解决同业竞争的承诺和措施进行了充分披露,没有重大遗漏或重大隐瞒,不会对本次发行上市造成实质性影响。"

(二)保荐机构对同业竞争、关联交易的意见

本次发行的保荐机构经核查后认为,发行人与其实际控制人及实际控制人控制的法人之间不存在同业竞争关系,并已采取了有效的避免同业竞争的措施;发行人披露的关联方、关联关系、关联交易不存在损害发行人及中小股东利益的情形,与关联方发生的关联交易,决策程序合法有效且不影响发行人生产经营的独立性。

保荐机构进一步对发行人近三年重大关联交易发表意见,认为"公司在报告期内发生的重大关联交易(公司与其关联方达成的关联交易总额高于人民币 3000 万元或高于最近经审计净资产值的 5%的关联交易)是在遵循市场化原则的基础上发生的,且关联交易对发行人财务状况和经营业绩的影响较小,此类关联交易不影响发行人生产经营的独立性。"

(三)独立董事对关联交易的意见

本公司独立董事认为,"公司在报告期内发生的重大关联交易(公司与其关联方达成的关联交易总额高于人民币 3,000 万元或高于最近经审计净资产值的 5%的关联交易) 是在遵循市场化原则的基础上发生的,上述关联交易具备公允性,并已履行法定批准程序。"

第八节 财务会计资料

本公司截至 2003 年 12 月 31 日的财务会计资料,已于 2004 年 6 月 3 日在《中国证券报》、《证券时报》及《上海证券报》刊登的《招股说明书摘要》进行了披露,投资者欲了解详细内容,请查阅上述报纸或查阅刊载于巨潮资讯网站:http://www.cninfo.com.cn 的本公司招股说明书全文及附录。

一、注册会计师意见

信永中和会计师事务所有限责任公司接受本公司全体股东的委托,审计了公司 2001 年 12 月 31 日、2002 年 12 月 31 日、2003 年 12 月 31 日母公司及合并资产负债表,2001 年度、2002 年度、2003 年度的母公司及合并利润及利润分配表,2003 年度母公司及合并现金流量表。信永中和会计师事务所有限责任公司于 2004 年 1 月 10 日出具了编号为"XYZH/A304007" 的标准无保留意见的审计报告,认为"上述会计报表符合国家颁布的企业会计准则和《企业会计制度》的规定,在所有重大方面公允地反映了贵公司 2001 年 12 月 31 日、2002 年 12 月 31 日、2003 年 12 月 31 日的财务状况和 2001 年度、2002 年度、2003 年度经营成果以及 2003 年度现金流量情况。"

二、简要合并会计报表

(一)最近三年公司合并资产负债表 (单位:元)

项目	2003 年 12 月 31 日	2002 年 12 月 31 日	2001 年 12 月 31 日
流动资产:			
贷币资金	114,711,274.24	109,193,366.23	33,085,122.77
短期投资	3,000,000.00	–	–
应收票据		–	–
应收股利		–	–
应收利息		–	–
应收账款	136,869,494.29	82,603,176.24	57,645,566.30
其他应收款	49,707,464.27	60,030,184.08	91,453,800.48
预付账款	33,348,752.54	23,748,209.49	4,609,662.55
应收补贴款	55,688,339.31	48,05,346.32	37,078,819.081
存货	165,962,357.86	75,443,038.07	61,833,884.29
待摊费用	15,172,833.29	6,636,037.69	5,285,377.11
一年内到期的长期债权投资		–	–
其他流动资产		–	–
流动资产合计	574,460,515.80	405,705,358.12	290,992,232.58
长期投资:			
长期股权投资	372,819.51	947,197.87	2,067,876.75
长期债权投资		–	–
长期投资合计	372,819.51	947,197.87	2,067,876.75
其中:合并价差	–537,177.27	–491,307.43	–550,086.45
固定资产:			
固定资产原价	419,887,967.52	216,071,842.51	202,309,989.32
减:累计折旧	108,084,118.27	76,418,819.21	54,169,415.65
固定资产净值	311,803,849.25	139,653,023.30	148,140,573.67
减:固定资产减值准备	180,746.79	–	

固定资产净额	311,623,102.46	139,653,023.30	148,140,573.67
工程物资			
在建工程	15,944,717.45	24,634,524.18	48,768.36
固定资产清理			
固定资产合计	327,567,819.9	164,287,547.48	148,189,342.03
无形资产及其他资产：			
无形资产	11,747,786.74	12,278,782.54	9,236,043.22
长期待摊费用	388,563.99		
其他长期资产			
无形资产及其他资产合计	12,136,350.73	12,278,782.54	9,236,043.22
递延税项：			
递延税款借项			
资产总计	914,537,505.95	583,218,886,01	450,485,494.58
流动负债：			
短期借款	207,416,055.04	164,500,000.00	69,500,000.00
应付票据	101,277,702.44	58,041,683.09	21,920,000.00
应付账款	246,290,487.27	135,495,558.86	121,563,996.12
预收账款	855,538.44	1,101,800.00	4,546,156.6
应付工资	13,686,854.68	]O,747,203.14	8,832,809.00
应付福利费	1,713,475.86	769,294.24	1,500,514.65
应付股利	202,129,94	202,129.94	8,743,853.15
应交税金	−12,669,654.42	−2,814,094.80	12,360,235.87
其他应交款	8,621.99		
其他应付款	37,603,373.17	19,945,648.90	25,235,841.66
预提费用	3,766,349.15	2,568,081.501	1,639,767.13
预计负债			
一年内到期的长期负债	−	60,000,000.00	
其他流动负债		56,716.10	
流动负债合计	600,150,933.56	390,614.020.97	335,843,174.19
长期负债：			
长期借款	49,867,115.31		
应付债券			
长期应付款			
专项应付款	710,700.00	200,000.00	200,000.00
其他长期负债			
长期负债合计	50,577,815.31	200,000.00	200,000.00
递延税项：			
递延税款贷项			
负债合计	650,728,748.87	390,814,020.97	336,043,174.19
少数股东权益：			
少数股东权益	24,033,623.23	21,617,076.75	15,506,208.21
股东权益：			
股本	75,000,000.00	75,000,000.00	75,000,000.00
资本公积	742,391.99		
盈余公积	24,911,535.30	14,826,883.46	4,151,743.03
其中：法定公益金	8,303,845.10	4,942,294.49	1,383,914.34
未分配利润	139,122,436.88	80,960,904.83	19,784,369.15
外币折算差异	−1,230.32	−	−
股东权益合计	239,775,133.85	170,787,788.29	98,936,112.18
负债和股东权益总计	914,537,505.95	583,218,886.01	450,485,494.58

（二）最近三年公司合并利润表 （单位：元）

项目	2003 年度	2002 年度	2001 年度
一、主营业务收入	1,095.322,884.57	573,955,574.64	426,011,298.49
咸：主营业务成本	856,491,946.90	409,536,353.46	317,604,590.70
主营业务税金及附加	213,715.56		
二、主营业务利润	238,617,222.11	164,419,221.18	108,406,707.79
加：其他业务利润	3,164,853.68	1,339,670.11	1,000.00
威：营业费用	15,090,481.85	11,966,229.65	5,176,157.15
管理费用	115,779,757.16	60,931,955.06	44,096,220.73
财务费用	16,152,106.53	8,812,317.73	8,822,035.19
三、营业利润	84,759,730.25	74,048,388.85	50,313,294.72
加：投资收益	−526,274.80	−1,180,457.90	−382,036.80
补贴收入			
营业外收入	1,048,802.88	77,084.55	47,197.95
减：营业外支出	770,407.98	90.320.87	3,648,783.65
四、利润总额	84,511,850.35	72,854,694.63	46,329,672.22
减：所得税	14,692,824.15	905,848.53	20,770.79
少数股东收益	1,401,693.31	97,169.99	125,524.80
五、净利润	68,417,332.89	71,851,676.11	46,183,376.63

（三）2003 年度公司合并现金流量表 （单位：元）

一、经营活动产生的现金流量：	
销售商品、提供劳务收到的现金	896,987,138.39
收到的税费返回	48,121,925.61
收到的其他与经营活动有关的现金	12,973,758.09
现金流入小计	958,082,822.09
购买商品、接受劳务支付的现金	652,064,510.31
支付给职工以及为职工支付的现金	118,471,748.53
支付的各项税费	9,391,937.08
支付的其他与经营活动有关的现金	79,619,423.89
现金流出小计	859,547,619.81
经营活动产生的现金流量净额	98,535,202.28
二、投资活动产生的现金流量：	
收回投资所收到的现金	
取得投资收益所收到现金	
处置固定资产、无形资产和其他长期资产所收回的现金净额	440,000.00
收到的其他与投资活动有关的现金	1,613,927.59
现金流入小计	2,053,927.59
购建固定资产、无形资产和其他长期资产所支付的现金	166,236,051.51
投资所支付的现金	8,352,932.56
其中：购买子公司所支付的现金	5,400,000.00
支付的其他与投资活动有关的现金	
现金流出小计	174,588,984.07
投资活动产生的现金流量净额	−172,535,056.48
三、筹资活动产生的现金流量：	
吸收投资所收到的现金	
借款所收到的现金	625,383,356.00
收到的其他与筹资活动有关的现金	
现金流入小计	625,383,356.00
偿还债务所支付的现金	534,173,858.19
分配胜利、利润或偿付利息所支付的现金	11,691,735.60
支付的其他与筹资活动有关的现金	
现金流出小计	545,865,593.79
筹资活动产生的现金流量净额	79,517,762.21
四、汇率变动对现金的影响	
五、现金及现金等价物净增加额	5,517,908.01

三、会计资料附注

有关会计资料附注内容请投资者查阅本公司招股说明书附录部分，请参见巨潮资讯网站：http：//www.cninfo.com.cn。

四、财务指标

财务指标	2003 年	2002 年	2001 年
流动比率	0.96	1.04	0.87
速动比率	0.68	0.83	0.68
应收账款款周转率	9.98	8.18	6.83
存货周转率	7.10	5.97	6.58
无形资产占总资产的比例(%)	0.0l	0.22	0.35
无形资产占净资产的比例(%)	0.05	0.75	1.59
资产负债率(%)	67.63	57.75	68.10
每股净资产(元)	3.20	2.28	1.32
研究与开发费用占主营业务收入比例(%)	2.88	3.17	3.07
每股经营活动的现金流量(元)	58.53	42.07	46.68
净资产收益率(全面摊薄)(%)	0.91	0.96	0.62

第九节　其他重要事项

一、自本公司股票首次公开发行之日至本上市公告书公告之日，本公司严格依照《公司法》、《证券法》等法律法规的要求，规范运行，生产经营情况正常；所处行业和市场无重大变化；主要业务及发展目标的进展状况正常，主要投入、产出物供求及价格无重大变化。

二、自本公司股票首次公开发行之日至本上市公告书公告之日，本公司无重大对外投资、重大资产(股权)收购或出售行为；住所未发生变更。

三、自本公司股票首次公开发行之日至本上市公告书公告之日，本公司重大会计政策和会计师事务所没有发生变化。

四、自本公司股票首次公开发行之日至本上市公告书公告之日，本公司未发生新的重大负债或重大债项发生变化。

五、自本公司股票首次公开发行之日至本上市公告书公告之日，本公司董事、监事和高级管理人员没有尚未了结或可能发生的刑事诉讼事项。

六、自本公司股票首次公开发行之日至本上市公告书公告之日，本公司未涉及任何新的重大诉讼事项或仲裁。

七、根据公司 2002 年度第一次临时股东大会决议，公司公开发行股票之日前的全部未分配利润，由股票公开发行实施后的新老股东共同享有。

八、根据《深圳证券交易所股票上市规则》，本公司第一大股东珠海德豪电器有限公司承诺："自德豪润达股票上市之日起 12 个月内，我公司不转让所持有的德豪润达股份，也不要求或接受德豪润达回购其所持有的德豪润达股份。"

九、根据《中小企业板块上市公司特别规定》，公司承诺上市后三个月内在公司章程内载入如下内容：1、股票被终止上市后，公司股票进入代办股份转让系统继续交易；2、不对公司章程中的前款规定作任何修改。

十、本公司股票首次公开发行至本上市公告书公告之日，没有其他应披露而未披露之重大事项。

第十节　董事会上市承诺

本公司董事会承诺将严格遵守《中华人民共和国公司法》、《中华人民共和国证券法》、《股票发行与交易管理暂行条例》、《公开发行股票公司信息披露实施细则》、《深圳证券交易所股票上市规则》和《中小企业板块上市公司特别规定》等国家相关法律、法规和有关规定，并自股票上市之日起做到：

一、承诺真实、准确、完整、公允和及时地公布定期报告，披露所有对投资者有重大影响的信息，并接受中国证监会、证券交易所的监督管理；

二、承诺本公司在知悉可能对股票价格产生误导性的消息后，将及时予以公开澄清；

三、本公司董事、监事、高级管理人员和核心技术人员将认真听取社会公众的意见和批评，不利用已获得的内幕消息和其他不正当手段直接或间接从事发行人股票的买卖活动；

四、本公司没有无记录的负债。

第十一节　保荐机构(上市推荐人)及其意见

一、保荐机构(上市推荐人)

名称：华夏证券股份有限公司　　法定代表人：周济谱

住所：北京市东城区朝内大街 188 号

联系人：李伟、乔晖、汤双定

电话：010−65178899　传真：010−65185227

二、保荐机构(上市推荐人)意见

保荐机构(上市推荐人)认为：发行人符合国家和证券监督管理部门关于首次公开发行股票及发行后上市的规定，华夏证券股份有限公司同意作为广东德豪润达电气股份有限公司首次公开发行股票的保荐人和上市推荐人。

保荐机构(上市推荐人)认为：发行人章程符合《中华人民共和国公司法》、《中华人民共和国证券法》及《深圳证券交易所股票上市规则》等法律、法规和中国证监会的有关规定；本次股票发行完全符合《中华人民共和国公司法》、《中华人民共和国证券法》及《深圳证券交易所股票上市规则》的法律、法规和中国证监会的有关规定，已具备了上市条件；发行人董事了解法律、法规、深圳证券交易所上市规则及股票上市协议规定的董事的义务与责任；发行人建立健全了法人治理结构、制定了严格的信息披露制度与保密制度。

保荐机构(上市推荐人)已对发行人上市文件所载的资料进行了核实，确认上市文件真实、准确、完整、符合规定要求，没有虚假记载、严重误导性陈述或重大遗漏，并对其承担连带责任。保荐机构(上市推荐人)与发行人之间不存在关联关系。

保荐机构(上市推荐人)愿意推荐发行人的股票在深圳证券交易所上市交易，并且在上市推荐过程中，保证不利用获得的内幕信息进行内幕交易，为自己或他人谋取利益。

广东德豪润达电气股份有限公司

二〇〇四年六月十七日

浙江精工科技股份有限公司

浙江精工科技股份有限公司首次公开发行股票上市公告书

第一节 重要声明与提示

浙江精工科技股份有限公司(以下简称"本公司"、"公司"、"股份公司"、"精工科技"或"发行人")董事会保证上市公告书的真实性、准确性、完整性,全体董事承诺上市公告书不存在虚假记载、误导性陈述或重大遗漏,并承担个别和连带的法律责任。

根据《中华人民共和国公司法》、《中华人民共和国证券法》等有关法律、法规的规定,本公司董事、高级管理人员已依法履行诚信和勤勉尽责的义务和责任。

证券交易所、中国证监会、其他政府机关对本公司股票上市及有关事项的意见,均不表明对本公司的任何保证。

本公司提醒广大投资者注意,凡本上市公告书未涉及的有关内容,请投资者查阅2004年6月4日刊载于《中国证券报》、《上海证券报》、《证券时报》和《证券日报》的《浙江精工科技股份有限公司首次公开发行股票招股说明书摘要》及刊载于巨潮网站(http://www.cninfo.com.cn)的《浙江精工科技股份有限公司首次公开发行股票招股说明书》及相关附件。

第二节 概 览

1、股票简称:精工科技

2、股票代码:002006

3、总股本:80,000,000股

4、可流通股本:30,000,000股

5、本次上市流通股本:30,000,000股

6、发行价格:7.72元/股

7、上市地点:深圳证券交易所

8、上市时间:2004年6月25日

9、股票登记机构:中国证券登记结算有限责任公司深圳分公司

10、保荐机构(上市推荐人):申银万国证券股份有限公司

11、本公司首次公开发行股票前股东所持股份的流通限制及期限:根据国家现有法律、法规和中国证券监督管理委员会(以下简称"中国证监会")证监发行字[2004]61号文《关于核准浙江精工科技股份有限公司公开发行股票的通知》,本公司发起人所持有的法人股和自然人持有的未流通股份暂不上市流通。

12、本公司第一大股东精功集团有限公司承诺,自本公司股票上市交易之日起1年内,不转让所持有的本公司股份,也不要求或接受本公司回购其所持有的股份。

第三节 绪 言

本上市公告书是根据《中华人民共和国公司法》、《中华人民共和国证券法》、《股票发行与交易管理暂行条例》、《公开发行股票公司信息披露实施细则》和《深圳证券交易所股票上市规则》等国家有关法律、法规的规定,并按照中国证监会制定的《公开发行证券的公司信息披露内容与格式准则第7号--股票上市公告书》的要求而编制,旨在向投资者提供有关本公司的基本情况和本次股票上市的有关资料。

经中国证监会证监发行字[2004]61号文核准,本公司已于2004年6月9日采用全部向二级市场投资者定价配售方式成功发行了每股面值1.00元的人民币普通股(A股)3,000万股,每股发行价格7.72元。

经深圳证券交易所深证上[2004]34号文批准,本公司公开发行的3,000万股人民币普通股将于2004年6月25日在深圳证券交易所上市交易。股票简称"精工科技",股票代码"002006"

本公司已于2004年6月4日分别在《上海证券报》、《证券时报》、《中国证券报》和《证券日报》上刊登了《浙江精工科技股份有限公司首次公开发行股票招股说明书摘要》;招股说明书正文及其必备附件刊载于巨潮网站(http://www.cninfo.com.cn)。因招股说明书及其摘要等刊载之日距今不足3个月,本上市公告书与之重复的内容不再重述,敬请投资者查阅上述文件。

第四节 发行人概况

一、发行人基本情况

1、发行人名称:中文名称:浙江精工科技股份有限公司

英文名称:ZHEJIANG JINGGONG SCIENCE & TECHNOLOGY CO.,LTD.

2、注册资本:80,000,000元人民币

3、成立日期:2000年9月10日

4、法定代表人:孙建江

5、经营范围:机电一体化产品、环保设备、能源设备、工程设备的科研开发、制造加工、销售、技术服务;经营本企业自产产品及技术的出口业务;经营本企业生产、科研所需的原辅材料、仪器仪表、机械设备、零配件及技术的进口业务(国家限定公司经营和国家禁止进出口的商品及技术除外);经营进料加工和"三来一补"业务。

6、主营业务:机电一体化的建筑、建材专用设备及轻纺专用设备的研制开发、生产制造、经营销售和技术服务

7、住所:浙江省绍兴县柯桥镇柯西工业区

8、电话:0575-4138692

9、传真:0575-4138692

10、互联网网址:www.jgtec.com.cn

11、电子邮箱:zjjgkj@jgtec.com.cn

12、董事会秘书:黄伟明

二、发行人的历史沿革

本公司系由原绍兴精工科技有限公司整体变更设立,原绍兴精工科技有限公司是由中外合资经营企业绍兴华源纺织机械有限公司经过多次增资、外资变内资、再增资等过程变化而来,具体变化情况如下:

	时间	事件	注册资本	股东情况
中外合资企业	1992年8月	公司成立	138万美元	绍兴经编机械总厂 华能综合利用开发公司 香港东源机械(中国)有限公司
	1995年12月	三方股东各增资10万美元	168万美元	绍兴经编机械总厂 华能综合利用开发公司 香港东源机械(中国)有限公司
	1999年6月	绍兴经编机械总厂将股权转让给精工集团;华能综合利用开发公司将股权分别转让给精工集团30万美元和韩国东明产业社15万美元。	168万美元	浙江精工集团有限公司 香港东源机械(中国)有限公司 韩国东明产业社
有限责任公司	1999年9月	精工集团增资60万美元	228万美元	浙江精工集团有限公司 香港东源机械(中国)有限公司 韩国东明产业社
	2000年6月	香港东源机械(中国)有限公司将其股权转让给自然人孙建江,韩国东明产业社退出合资公司,同时将合资公司变更为内资公司。	1,768万元	浙江精工集团有限公司 孙建江
	2000年7月	增资扩股:精工集团以其下属企业绍兴精工机械厂经评估后的全部经营性净资产,自然人邵志明、中国科技开发院浙江分院、浙江省科技开发中心以现金,共2276.7901万元按相同比例折价认购。	3,246.17万元 孙建江 邵志明	浙江精工集团有限公司 中国科技开发院浙江分院 浙江省科技开发中心
股份有限公司	2000年9月	有限责任公司变更为股份有限公司	5000万元 孙建江 邵志明	浙江精工集团有限公司(后于2002年12月26日更名为精功集团有限公司) 中国科技开发院浙江分院 浙江省科技开发中心

	时间	占注册资本额	所占比例
中外合资企业	1992年8月	68万美元	49.28%
		35万美元	25.36%
	35万美元	25.36%	
	1995年12月	78万美元	46.42%
		45万美元	26.79%
		45万美元	26.79%
	1999年6月	108万美元	64.28%
		45万美元	26.79%
	15万美元	8.93%	
有限责任公司	168万美元	73.68%	
	1999年9月	45万美元	19.74%
		15万美元	6.58%
	2000年6月	1,395万元	78.9%
		373万元	21.1%
	2000年7月	2,074.6123万元	63.91%
	373万元	11.49%	
	324.617万元	10%	
	311.6322万元	9.6%	
	162.3085万元	5%	
股份有限公司	2000年9月	3,195.5万元	63.91%
		574.5万元	11.49%
		500万元	10%
		480万元	9.6%
		250万元	5%

注:发行人历史沿革的详细内容请查阅刊载于巨潮网站(http://www.cninfo.com.cn)的本公司

招股说明书全文。

根据浙江省人民政府企业上市工作领导小组浙上市[2000]12 号文《关于同意设立浙江精工科技股份有限公司的批复》及《公司章程》的有关规定，公司由浙江精工集团有限公司(后于 2002 年 12 月 26 日更名为精功集团有限公司)、自然人孙建江、邵志明、中国科技开发院浙江分院、浙江省科技开发中心为股东的绍兴精工科技有限公司依法整体变更为股份有限公司，原绍兴精工科技有限公司 2000 年 7 月 31 日经审计后的净资产 5,000 万元，按 1:1 折为投入股份公司股本。2000 年 9 月 10 日，本公司正式领取了浙江省工商行政管理局注册号 3300001007111《企业法人营业执照》，注册资本为 5,000 万元。其中：精功集团有限公司持有 3,195.5 万股，占注册资本的 63.91%；孙建江持有 574.5 万股，占注册资本的 11.49%；邵志明持有 500 万股，占注册资本的 10%；中国科技开发院浙江分院持有 480 万股，占注册资本的 9.6%；浙江省科技开发中心持有 250 万股，占注册资本的 5%。

经中国证监会证监发行字[2004]61 号文核准，本公司于 2004 年 6 月 9 日采用全部向二级市场投资者定价配售的方式发行 3,000 万股人民币普通股股票，发行价为 7.72 元/股，本次发行后，本公司注册资本增加为 8,000 万元。

三、主要经营情况

(一)业务范围及主营业务

发行人主要经营机电一体化的建筑、建材专用设备及轻纺专用设备，从事高新技术产品的研制开发、生产制造、经营销售和技术服务。其产品主要为以新型钢结构建材专用设备为主的建材机械和以包覆丝机为主的纺织机械。

(二)本公司的竞争优势和劣势

1、发行人的竞争优势

(1)企业形象优势

公司属"国家重点高新技术企业"，主营产品是国家行业主管部门向国内外用户重点推荐产品。企业属中国建材机械工业协会、中国建筑金属结构协会、中国绝热隔音材料协会的会员单位，中国纺织机械工业协会成员单位；公司与同济大学、东华大学(中国纺织大学)、浙江大学等国内著名大学及北京机床研究所等科研院所进行密切的"产学研"合作，与此同时，公司还与北京理工大学合作成立了北京理工大学绍兴华能机电工程研究所，作为学校在浙江的"产学研"基地，致力于产品技术的开发和工艺研究。主营产品多次获得国家、省级科技进步奖和新产品奖。2001 年以来，公司与国际著名公司进行技术合作，使产品水平与国际同步，可为国内外用户提供各种不同档次的专用设备，是国内品种最齐全、规格档次最多的专用设备制造企业之一。

(2)品牌优势

公司主营产品使用的"精大"牌注册商标，在国内外具有相当的知名度。"精大"牌建筑、建材专用设备及"精大"牌轻纺专用设备产品覆盖全国二十多个省市，同时远销美国、德国、巴拿马、缅甸、蒙古共和国、巴基斯坦、印度尼西亚、新加坡及阿联酋等国家和地区，在国内外客户中具有良好形象。国外同行主动上门寻求合作就是最好证明。2004 年 1 月，公司拥有的"精大"牌注册商标被认定为浙江省著名商标。

(3)专业技术与产品规模优势

公司主营产品的专业技术来源于公司科研人员及公司上、下各级领导在公司产品领域不断钻研开发，并经过不懈的努力与开发创新，形成了公司专有的产品技术；在产品的不断更新换代进程中，使产品的专业技术综合实力始终处于同行业的领先地位，并为公司的不断发展壮大提供强有力的技术保障。公司长期以来不断开发新产品，在主要关键技术上形成具有自主知识产权的核心技术，已有 24 项技术取得国家知识产权局授予的专利证书。

2000 年 7 月企业荣获"国家重点高新技术企业"，2000 年 12 月，企业承担的 HKV141 型包覆丝机被列入科技型中小技术企业创新基金项目和浙江省技术创新资金项目，报告期内共计获得国家贴息 100 万元和浙江省贴息 10 万元，以鼓励公司不断创新，加快科技成果转化。2003 年 12 月，公司被浙江省经济贸易委员会评定为"浙江省技术创新优秀企业"。与此同时，公司在自主开发创新的基础上，积极与国际同行技术领先的公司进行技术合作，利用国外成熟的技术并结合自身的优势，做大市场。目前，公司已与美国、意大利、德国等国家的同行签订有关技术合作协议，开发生产具有国际先进水平的专用机械设备。

(4)市场及营销优势

公司是国家建筑、建材专用设备定点生产企业，是国内生产建筑、建材专用设备的龙头企业；轻纺专用设备从 1998 年以来一直成为中国纺织机械工业协会重点推荐产品，在国内同行中具有较高的质量优势、服务优势、性能价格比竞争优势。公司主营产品的生产和销售已具规模优势。

鉴于建筑、建材专用设备和轻纺专用设备共属机械产品大类，公司在营销组织结构上统一组建了营销网络，并根据细分产品的客户类型分别设置了两个销售系统，在产品信息、销售手段及方法上不断相互交流和支持。同时，公司还在全国各地成立了营销技术服务部，专门解决公司产品在售前、售中、售后服务的各种技术咨询及技术服务，并为客户提供并解决特殊产品工艺技术的完整方案。另外，公司在与国外公司技术合作中，分别签订了合作销售协议，把合作产品和非合作产品一起利用各自销售网络向全球销售，为客户提供各种不同档次的产品。

2、发行人的竞争劣势

(1)国内外厂家竞争

公司主导产品特别是(建筑钢结构)建筑、建材专用设备是国家新兴产业，一般专用设备技术含量较低的产品容易引起国内不规范假冒企业的劣质产品低价恶性竞争。而面对国外厂家的竞争，公司在产品的品种多样化上存在一定的差距。

(2)技术含量压力

虽然本公司现有生产技术和设备先进于国内同行，但随着国外竞争对手不断采纳新的生产技术，推出新的品种，使公司产品技术创新面临新的挑战。尤其是一些通用型产品由于技术含量和可靠性高于国内同行，相对成本也提高，但在国外市场中还具有明显的价格优势。

(三)主要财务指标

请参阅本公告书"财务会计资料"部分的相关内容。

(四)主要知识产权

本公司主要知识产权包括商标、专利和非专利技术等。

1、商标

序号	商标名称	注册证号	核准使用商品	保护状况	剩余保护年限
1	精大 EXCELL	1336945	织机、纺纱机、压型板加工机等	国内注册,受国家商标法保护	六年
2	EXCELL	1299441	农业机械;饲料粉碎机等	国内注册,受国家商标法保护	六年
3		1257550	织机、纺纱机、压型板加工机等	国内注册,受国家商标法保护	六年
4	EXCELL	1241428	织机,纺纱机、压型板加工机等	国内注册,受国家商标法保护	五年
5		1121065	毛纺机械,针织机械等	国内注册,受国家商标法保护	四年
6		1065404	金属切削机床,切削工具等	国内注册,受国家商标法保护	四年

2、专利

本公司拥有捻线机用空心锭子、单导柱冲孔装置、花式纱线机用起花控制装置、开卷机用液压组合制动阀、码垛机搬运装置、型钢焊接机焊枪头的定位及自动微调装置、弧线下调式三辊型弯机、捻线机用防压轮起槽装置、花式纱线假捻成型装置、花式捻线机用快速打结装置、一次冲多片百叶的冲模装置、薄板折弯机用绞链式折弯装置、摆杆式自动送料装置、檩条成型机用板型校正装置、钢板成型机用冲孔定位装置、钢板成型机用孔距可调式冲模装置、机械手自动送料装置、一种钢板加热装置、压型板成型机用冲孔成型装置、双带机侧机架的调节装置、双带机机架的上下位调节装置、全桥式刮吸泥机桥架装置、彩钢琉璃瓦压型板机成型装置、彩钢琉璃瓦共 24 项专利。上述专利均在国内注册，受国家专利法保护。

3、非专利技术

发行人独家拥有的机械包覆技术及成型技术、空气包覆技术及成型技术、花式捻线技术及成型技术、压型板技术、复合板技术、琉璃瓦成型技术等非专利技术主要用于产品的生产制造及应用过程中，由发行人自我保护，其价值未正式评估。

(五)享有的财政税收优惠政策

本公司法定所得税税率为 33%，增值税税率为 17%，营业税税率为 5%。

2001 年、2002 年及 2003 年，本公司分别收到各项政府补贴 756,920 元、1,201,000 元、593,800 元，计入当期损益的金额分别为 956,920 元、1,001,000 元、443,800 元，占同期净利润的比例为 7.85%、5.19%、1.97%。

第五节　股票发行与股本结构

一、首次公开发行股票的情况

1、股票种类：人民币普通股(A 股)

2、每股面值：1.00 元

3、发行数量：30,000,000 股，占发行后总股本 80,000,000 股的 37.50%

4、发行价格：7.72 元/股

5、市盈率：17.16 倍(按 2003 年度每股收益全面摊薄计算)

6、每股净资产：发行前每股净资产 2.03 元(按 2003 年 12 月 31 日经审计的数据计算)；发行后全面摊薄每股净资产 4.03 元(扣除发行费用，未考虑 2004 年盈利等因素的影响)

7、募集资金总额：23,160 万元；募集资金净额：22,081.14 万元

8、发行方式：全部向二级市场投资者定价配售

9、发行对象：2004 年 6 月 4 日收盘时持有深圳证券交易所或上海证券交易所已上市流通人民币普通股(A 股)股票的收盘市值总和(包括可流通但暂时锁定的股份市值)不少于 10,000 元的投资者(国家法律、法规禁止购买者除外)。

10、发行费用总额及项目：本次股票发行费用总额为 1,078.86 万元，包括承销费用 694.8 万元、审计师费用 180 万元、律师费用 120 万元、上网发行费用 81.06 万元和审核费用 3 万元；每股发行费用：0.360 元。

二、本次股票上市前首次公开发行股票的承销情况

本公司首次发行股票的保荐机构(主承销商)为申银万国证券股份有限公司。

本次向二级市场投资者定价配售发行的 3,000 万股社会公众股的配号总数为 70,931,626 个，中签率为 0.0422942511%；二级市场投资者实际认购 29,692,394 股，其余 307,606 股由保荐机构(主承销商)包销。

三、本次上市前首次公开发行股票所募股资金的验资报告及募集资金入账情况

(一)验资报告

浙江精工科技股份有限公司全体股东：

我们接受委托，审验了贵公司截至 2004 年 6 月 15 日止新增注册资本实收情况。按照国家相关法律、法规的规定和协议、章程的要求出资，提供真实、合法、完整的验资资料，保护资产的安全、完整是全体股东及贵公司的责任。我们的责任是对贵公司新增注册资本的实收情况发表审验意见。我们的审验是依据《独立审计实务公告第 1 号-验资》进行的。在审验过程中，我们结合贵公司的实际情况，实施了检查等必要的审验程序。

贵公司原注册资本为人民币 50,000,000 元。根据贵公司 2002 年度第一次临时股东大会决议，并经中国证券监督管理委员会以证监发行字[2004]61 号文《关于核准浙江精工科技股份有限公司公开发行股票的通知》核准，贵公司于 2004 年 6 月 9 日向社会公开发行人民币普通股(A 股)3,000 万股。发行方式为全部向二级市场投资者定价配售，每股发行价为人民币 7.72 元。经我们审验，截至 2004 年 6 月 15 日止，贵公司可募集资金为人民币 231,600,000.00 元，扣除上网发行手续费及承销手续费 7,758,600.00 元后，已缴入募集的股款为人民币 223,841,400.00 元。同时扣除贵公司为本次股票发行所支付的审核费、审计费、律师费等费用合计人民币 3,030,000.00 元，实际募集股款为 220,811,400.00 元，其中增加股本人民币 30,000,000.00 元，增加资本公积 190,811,400.00 元。变更后的注册资本为人民币捌仟万元(¥80,000,000.00 元)。

贵公司本次增资前的注册资本为人民币 50,000,000.00 元。业经浙江东方会计师事务所有限公司审验并于 2000 年 8 月 5 日出具浙东会验五[2000]字第 154 号《验资报告》。截至 2004 年 6 月 15 日止，变更后的累计注册资本实收金额为人民币 80,000,000.00 元。

本验资报告供贵公司申请变更登记及据以向股东签发出资证明时使用，不应将其视为是对贵公司验资报告日后资本保全、偿债能力和持续经营能力等的保证。因使用不当造成的后果，与执行本验资业务的注册会计师及会计师事务所无关。

附件：

1、注册资本、投入股本变更前后对照表

2、验资事项说明

浙江东方会计师事务所有限公司　　中国注册会计师：韩厚军

中国·杭州　　中国注册会计师：郑玲玲

报告日期：2004 年 6 月 16 日

(二)募集资金入账情况

入帐时间：2004 年 6 月 15 日

金额：223,841,400.00 元

开户银行：中国民生银行杭州分行

入帐帐号：6784160001919

四、上市前股权结构及股东持股情况

(一)本次上市前股本结构情况

股东名称	持有股数(万股)	持股比例(%)
发起人股	5000	62.5
其中:精功集团有限公司	3,195.5	39.94
孙建江	574.5	7.18
邵志明	500	6.25
中国科技开发院浙江分院	480	6.00
浙江省科技开发中心	250	3.13
社会公众股	3000	37.5
合计	8000	100

(二)股东持股情况

截至本上市公告书刊登之日,本公司前十名股东及其持股情况如下:

序号	股东名称	持有股数(万股)	持股比例(%)
1	精功集团有限公司	3,195.50	39.94
2	孙建江	574.50	7.18
3	邵志明	500.00	6.25
4	中国科技开发院浙江分院	480.00	6.00
5	浙江省科技开发中心	50.00	3.13
6	申银万国证券股份有限公司	30.86	0.39
7	南方证券有限公司	26.60	0.33
8	中国光大银行股份有限公司-巨田基础行业证券投资基金	4.20	0.05
9	国元证券有限责任公司	2.90	0.04
10	广发证券股份有限公司	2.90	0.04
11	国信证券有限责任公司	2.90	0.04
合计		50,703,606	63.38

第六节 董事、监事、高级管理人员及核心技术人员

一、董事会成员

孙建江,男,中国国籍,现年40岁,大专学历,高级工程师,中共党员。1986年至1995年12月历任绍兴经编机械总厂技术副厂长、分厂厂长等职;1996年1月至2000年8月任绍兴华源纺织机械有限公司、绍兴精工科技有限公司总经理。现任本公司董事长。

昌金铭,男,中国国籍,现年68岁,大学本科学历,高级工程师,中共党员。1963年9月至1972年9月在华东电力建设局送变电公司负责电气技术工作,任施工技术科科长;1972年10月至1997年10月在浙江省科技局、浙江省科学技术委员会工作,担任科技情报、科技管理工作,先后任处长、副主任等职;1997年10月至今任中国科技开发院浙江分院院长,现任本公司副董事长。

朱杭,男,中国国籍,现年57岁,大学本科学历,高级工程师,中共党员。1970年至1980年在山西省开源线材厂、山西省机械设计研究院任技术员;1980年至1988年在电子部计算机外部设备研究所任计划科技处处长;1988年至1990年任浙江省嵊县副县长;1990年至今在浙江省科技开发中心任主任,现任本公司副董事长。

金良顺,男,中国国籍,现年50岁,大专学历,高级工程师,中共党员。1983年至1995年12月历任绍兴经编机械总厂厂长、书记等职;1996年1月至今,任浙江精工集团有限公司、精功集团有限公司党委书记兼董事长、总经理,现任本公司董事。

邵志明,男,中国国籍,现年39岁,大专学历,工程师,中共党员。1982年8月至1994年历任绍兴经编机械总厂车间主任、生产部经理、机械分厂厂长等职;1995年至1997年任绍兴华源纺织机械有限公司副总经理;1997年3月至2000年8月先后任绍兴精工机械厂厂长、绍兴精工科技有限公司副总经理。现任本公司董事兼总经理。

胡晓明,男,中国国籍,现年41岁,大学本科学历,高级工程师。1985年7月至1987年7月在绍兴市工科院工作;1987年8月至1992年2月在浙江黄酒集团工作;1992年3月至1995年2月任浙江太平洋化学有限公司部经理;1995年3月至1998年8月任中国杉杉集团投资发展部经理;1998年9月至2002年2月任浙江精工集团有限公司总经理助理。现任本公司董事、副总经理、财务负责人。

马洪明,男,中国国籍,现年41岁,研究生学历,高级会计师,注册会计师,中共党员。1984年至1992年在绍兴兴虹化纤有限公司工作,1992年至1999年在绍兴市审计事务所工作,1999年至今在绍兴中兴会计师事务所任主任会计师,同时兼绍兴中兴资产评估公司总经理,现任本公司独立董事。

俞友根,男,中国国籍,现年40岁,大学本科学历,律师,中共党员。1982年9月至1990年1月在浙江有色地质勘察局工作,1990年1月至1994年7月在绍兴市律师事务所工作,1994年7月至今在浙江民仲律师事务所工作,任律师事务所主任,同时兼浙江省律师协会民事代理专业委员会委员和绍兴市仲裁委员会仲裁员,现任本公司独立董事。

张其林,男,中国国籍,现年42岁,研究生学历,博士学位,研究员职称。1988年5月至今在同济大学土木工程学院工作,从事教学和科研工作,2002年担任副院长。1994年9月至1996年11月作为洪堡学者在德国Braunschweig工业技术大学作访问研究,其间于1996年5月至9月在英国剑桥大学作访问学者;1999年1月至12月在荷兰Delft大学作高级研究员;2002年4月至6月在日本东京大学作高级访问学者。目前兼任中国钢结构协会理事、中国土木工程学会桥梁与结构分会理事、空间结构委员会委员、上海市土木工程学会常务理事、计算机应用委员会主任委员、全国轻型钢结构委员会委员、国际桥梁与结构协会钢木工作委员会委员,现任本公司独立董事。

上述各董事会成员任期均自2003年8月30日至2006年8月29日止。

二、监事会成员

方志明,男,中国国籍,现年40岁,研究生学历,工程师,中共党员。1985年至1988年8月在杭州船舶工业学校工作;1988年9月至1991年在浙江大学学习;1991年至今任浙江省科技开发中心副主任。现任本公司监事会主席。

马寒萍,女,中国国籍,现年39岁,大专学历,中共党员。1985年至1993年4月先后在绍兴师专、绍兴中等专业学校任教;1993年4月至1996年1月任绍兴千马时装有限公司总经理助理;1996年2月至今先后任浙江精工集团有限公司总经理助理、精功集团有限公司副总经理。现任本公司监事。

孙慧丽,曾用名孙卫利,女,中国国籍,现年34岁,中专学历,助理会计师。1988年至1994年在绍兴经编机械总厂从事会计工作,1995年至2000年8月担任绍兴华源纺织机械有限公司、绍兴精工科技有限公司主办会计。现任本公司监事。

李生校,男,中国国籍,现年42岁,研究生学历,法学硕士学位,副教授职称。1987年7月杭州大学研究生毕业后至今在绍兴文理学院从事教学和科研工作,1990年被浙江省教育工会评为省高级优秀青年教师,2000年被聘为副教授。现任绍兴文理学院经济与管理学院常务副院长。兼任的社会职务有:绍兴市金融学会副会长,绍兴市企业联合会常务理事。现任本公司独立监事。

上述各监事会成员任期均自2003年8月30日至2006年8月29日止。

三、其他高级管理人员和重要职员

金越顺,男,中国国籍,现年42岁,大专学历,工程师,中共党员。1979年6月至1992年4月在绍兴县钱清供销社工作;1992年5月至1994年在绍兴经编机械总厂工作;1995年至1996年任绍兴华能数控机床厂副厂长;1997年至2000年8月任绍兴华源纺织机械有限公司副总经理、绍兴精工科技有限公司副总经理。现任本公司副总经理。

王永法,男,中国国籍,现年40岁,大专学历,工程师,中共党员。1980年7月至1993年7月在绍兴经编机械总厂工作;1993年8月至1996年12月在绍兴纺织机械研究所工作;1997年至2000年8月任绍兴精工机械厂副厂长、绍兴精工科技有限公司副总经理兼销售部经理。现任本公司副总经理。

吴海祥,男,中国国籍,现年41岁,大专学历,工程师,中共党员。1980年3月至1994年12月在绍兴经编机械总厂工作;1995年1月至1995年12月任绍兴华能数控机床厂副厂长;1996年1月至2001年3月担任绍兴华源纺织机械有限公司、绍兴精工科技有限公司、杭州精工纺织机械有限公司副总经理。现任本公司副总经理。

冯林虎,男,中国国籍,现年46岁,大学本科学历,高级工程师,中共党员。1982年8月至1992年在山西大众机械厂第二研究所工作;1993年至1999年8月,任山西大众机械厂驻深圳总部总经理;1999年8月至2000年8月在绍兴华源纺织机械有限公司、绍兴精工科技有限公司工作。现任本公司总工程师。

黄伟明,男,中国国籍,现年32岁,大学本科学历。1994年8月至2000年8月先后在绍兴经编机械总厂、浙江精工集团有限公司从事财务工作。现任本公司董事会秘书。

上述各高级管理人员和重要职员任期均自2003年8月30日至2006年8月29日止。

四、核心技术人员

孙建江,男,中国国籍,现年40岁,大专学历,高级工程师,中共党员,现任浙江精工科技股份有限公司董事长,擅长于机电一体化高新技术产品的设计、开发、制造及新领域的拓展,先后主持完成二十多项国家、部、省、市级科研项目,研制成功系列技术性能处于国内领先水平的新型建筑、建材专用设备和轻纺专用设备,产品多次荣获国家、部、省、市、县级科技进步奖,个人也后荣获国家星火三等奖、国家级青年星火带头人、绍兴市、县十佳青年科技明星等称号。

冯林虎,男,中国国籍,现年46岁,大学本科学历,高级工程师,中共党员,现任本公司总工程师,擅长于机电一体化高新技术产品的设计、开发、制造。先后主持完成了多项国家、部、省、市级科研项目,研制成功系列技术性能处于国内领先水平的新型建筑、建材专用设备和轻纺专用设备,产品多次荣获国家、部、省、市、县级科技进步奖,

何平,男,中国国籍,现年46岁,大学本科学历,高级工程师,中共党员。1976年11月至1978年10月在绍兴嵊县油脂化工厂工作,后在浙江大学学习;1982年7月至1987年6月在新昌柴油机总厂工作;1987年7月至1998年在浙江锻压机床厂工作;1999年至2000年6月在绍兴精工机械厂任厂长助理。现任本公司副总工程师。从1999年至今,负责主持设计开发HG系列钢承楼面结构板机、HV系列彩钢压型板机等国家级重点新产品,产品多次荣获国家、部、省、市级科技进步奖。

王永法,男,中国国籍,现年40岁,大专学历,工程师,中共党员。现为本公司副总经理,擅长于机电一体化高新技术产品的设计、开发、制造。先后主持完成了国家"八五"重点攻关项目、国家级火炬计划项目、国家重点新产品试制项目等科研项目的实施工作,开发成功的产品多次荣获国家、部、省、市、县级科技进步奖,其中HKV141型系列包覆丝机获国家级重点新产品、HKV131型系列化纤倍捻机为中国纺机工业协会重点推荐产品。

夏荣祥,男,中国国籍,现年35岁,大专学历,工程师,中共党员。1986年11月至1995年12月在绍兴经编机械总厂技术科工作;1996年1月至1997年12月在浙江精工集团有限公司技术部工作;1998年1月至2000年6月在绍兴精工机械厂工作,任技术部经理。现任本公司建材机械事业部经理助理。先后参与完成了二十多项国家、部、省、市级科研项目,研制成功XBJ系列轻质隔热夹芯板复合机、HG系列钢承楼面结构板机、HV系列彩钢压型板机等国家级重点新产品,产品多次荣获国家、部、省、市、县级科技进步奖,其中HV系列彩钢压型板机以及在该机上开发成功的彩钢压型板分别获得了国家新型实用专利和外观设计专利。

上述各核心技术人员中,何平先生、夏荣祥先生任期均自2004年1月1日至2004年12月31日止,其余人员任期则自2003年8月30日至2006年8月29日止。

上述人员中,孙建江先生、金良顺先生、金越顺先生属于三代以内亲属关系,其他人员相互之间不存在配偶关系及三代以内亲属关系。

上述人员中,孙建江先生、邵志明先生作为本公司发起人分别持有本公司574.5万股、500万股。对于这部分股份,两人均已作出承诺:自本公司成立起三年内、担任本公司高级管理人员期间以及离职后二十四个月内均不转让所持股份。

第七节 同业竞争与关联交易

一、同业竞争

目前,精功集团有限公司及其下属企业不从事与公司经营范围相同或相似的业务,与本公司不存在同业竞争。

为进一步避免可能产生的同业竞争,本公司已于2000年12月5日与精功集团有限公司签署了《避免同业竞争协议》,精功集团有限公司承诺不得经营任何竞争业务或投资于经营任何竞争业务的企业;且亦有义务促使其下属关联企业(股份公司除外)不经营任何竞争业务或投资于经营任何竞争业务的企业。同时,本公司其他股东孙建江、邵志明、中国科技开发院浙江分院、浙江省科技开发中心亦于2002年3月8日分别出具了不竞争承诺函,承诺二十年内不从事或投资与股份公司经营范围具有竞争性的同类业务。

发行人律师北京星河律师事务所对公司的同业竞争情况进行了核查,认为:"股份公司已就其同业竞争的情况进行了充分披露,并已经最大限度地避免了同业竞争的可能性"。本次发行的保荐机构申银万国证券股份有限公司对公司的同业竞争情况进行了核查,认为:"发行人与其控股股东精功集团有限公司及下属企业之间目前不存在同业竞争,发行人制定的避免同业竞争措施是有效的"。

二、关联交易

(一)关联方及关联关系:详见本公司首次公开发行股票招股说明书全文。

(二)关联交易

本公司拥有独立的产、供、销系统,生产经营活动不依赖于关联方。但本公司与精功集团有限公司及其控股子公司、其他关联企业在销售、采购货物、厂房定作及安装施工、固定资产转让、房屋租赁、向本公司提供信贷保证、后勤服务、商标许可使用等方面存在关联交易。2001年至2003年关联交易总体情况如下:

单位:元

关联交易内容	2003年	2002年	2001年
销售货物	16,727,397.69	5,339,509.03	4,595,005.75
采购货物	507,644.49	892,582.91	666,896.97
厂房定作及安装施工	357,251.09	4,959,355	12,840,448.97
固定资产转让	–	–	1,129,517.89
办公房屋出租	–	150,000	150,000
办公房屋、厂房承租	240,000	–	–
向本公司提供信贷保证	最高额35,000,000元、实际保证担保5,000,000元		
后勤服务	53,968.30	20,681.05	25,524
支付主要管理人员薪酬	1,340,000	1,250,000	858,000
注册商标许可使用或转让	–	无偿转让	无偿许可使用

关联交易的详细内容请查阅刊载于巨潮网站(http://www.cninfo.com.cn)的本公司招股说明书全文。

(三)中介机构和独立董事对关联交易发表的意见

公司独立董事认为:公司与精功集团有限公司及其控股子公司、参股企业、其他关联企业所发生的关联交易是按照市场化原则进行的,体现了公平、公正、合理的原则,没有违反法律、法规和《公司章程(修订稿)》的规定,没有损害公司和非关联股东的利益。

发行人律师北京市星河律师事务所及保荐机构申银万国证券股份有限公司经核查后均认为,上述关联交易不存在损害发行人及中小股东利益的情形,关联交易决策程序合法有效,不会对发行人生产经营的独立性产生不利影响。浙江东方会计师事务所有限公司对本公司申报会计期间发生的重大关联交易对其财务状况和经营业绩的影响予以了重点关注,认为上述重大关联交易的会计处理符合《企业会计准则》、《企业会计制度》或《关联方之间出售资产等有关会计处理问题暂行规定》(财政部财会[2001]64号文)等有关规定。

第八节　财务会计资料

本公司截止2003年12月31日的财务资料,已于2004年6月4日在《上海证券报》、《证券时报》、《中国证券报》和《证券日报》刊登的《招股说明书摘要》中进行了披露。投资者欲了解详细内容,请查阅上述报纸或刊载于巨潮网站(http://www.cninfo.com.cn)的本公司招股说明书全文。

一、会计报表编制基准及注册会计师的意见

(一)、会计报表的编制基准及会计制度

1、公司于2001年1月1日起执行《企业会计准则》和《企业会计制度》及其补充规定。

2、公司于2002年5月与湖北建设机械股份有限公司新组建湖北楚天精工液压件有限责任公司,湖北楚天精工液压件有限责任公司的注册资本为500万元,公司出资275万元,占注册资本的55%。公司将湖北楚天精工液压件有限责任公司纳入合并范围,并将湖北楚天精工液压件有限责任公司成立后的经营业绩纳入合并利润及利润分配表。

申报会计师浙江东方会计师事务所有限公司已对发行人会计报表的编制基础是否符合《企业会计制度》和财会字[1995]11号文关于《合并会计报表暂行规定》等有关规定予以充分关注,认为:精工科技会计报表的编制基础符合《企业会计制度》和财会字[1995]11号关于《合并会计报表暂行规定》等有关规定。

(二)、注册会计师意见

公司已委托浙江东方会计师事务所有限公司对本公司于2003年12月31日及2002年12月31日的资产负债表和合并资产负债表、2001年12月31日资产负债表,2003年度及2002年度利润及利润分配表和合并利润及利润分配表、2001年度的利润及利润分配表和2003年度及2002年度现金流量表和合并现金流量表进行了审计。会计师已出具了浙东会审[2004]第88号标准无保留意见审计报告。

本公司详细的财务会计资料请参阅《招股说明书》及其附录一"审计报告"。

二、简要会计报表

简要资产负债表

编制单位:浙江精工科技股份有限公司　单位:元

		2003.12.31
资产	合并	母公司
流动资产:		
货币资金	45,606,451.64	45,250,242.61
应收票据	10,240,400.00	10,240,400.00
应收帐款	27,151,985.64	25,006,267.06
其他应收款	2,430,216.76	2,430,216.76
预付帐款	8,575,900.66	8,575,900.66
应收补贴款	476,946.49	476,946.49
存货	62,214,861.58	61,226,576.33
待摊费用	25,563.21	25,563.21
流动资产合计	156,722,325.98	153,232,113.12
长期投资:		
长期股权投资	2,582,302.84	6,024,591.39
长期投资合计	2,582,302.84	6,024,591.39
固定资产:		
固定资产原价	125,218,059.66	120,515,040.22
减:累计折旧	41,812,619.99	40,741,164.21
固定资产净值	83,405,439.67	79,773,876.01
减:固定资产减值准备	65,000.00	
固定资产净额	83,340,439.67	79,773,876.01
在建工程		
固定资产合计	83,340,439.67	79,773,876.01
无形及其他资产:		
无形资产	58,898.81	58,898.81
长期待摊费用	400,053.53	2,945.53
无形及其他资产合计	458,952.34	61,844.34
资产总计	243,104,020.83	239,092,424.86
流动负债:		
短期借款	57,190,000.00	57,190,000.00
应付票据	15,952,000.00	15,952,000.00
应付帐款	44,663,843.45	44,399,066.33
预收帐款	6,281,131.98	6,281,131.98
应付工资	31,065.00	
应付福利费	169,049.46	
应付股利	5,124,698.69	
应交税金	5,371,673.58	4,774,284.08
其他应交款	31,786.75	25,931.69
其他应付款	2,386,498.56	2,277,004.30
预提费用	338,227.15	324,971.03
一年内到期长期负债	6,000,000.00	6,000,000.00
流动负债合计	138,415,275.93	137,224,389.41
长期负债:		
长期借款		
专项应付款	350,000.00	350,000.00
长期负债合计	350,000.00	350,000.00
负债合计	138,765,275.93	137,574,389.41
少数股东权益:		
少数股东权益	2,816,417.90	
股东权益:		
股本	50,000,000.00	50,000,000.00
股本净额	50,000,000.00	50,000,000.00
资本公积	6,139,178.21	6,139,178.21
盈余公积	10,214,229.19	10,075,771.47
其中:法定公益金	2,588,171.73	2,518,942.87
未分配利润	35,168,919.60	35,303,085.77
股东权益合计	101,522,327.00	101,518,035.45
负债及股东权益合计	243,104,020.83	239,092,424.86

	2002.12.31	2001.12.31	
资产	合并	母公司	
流动资产:			
货币资金	32,087,581.38	31,974,284.30	15,447,797.59
应收票据	3,433,000.00	3,433,000.00	1,330,000.00
应收帐款	20,228,002.29	18,762,237.91	16,563,174.70
其他应收款	682,581.59	667,310.72	1,189,440.43
预付帐款	6,486,591.19	6,486,591.19	758,279.16
应收补贴款			
存货	26,293,264.21	25,029,978.47	16,752,234.95
待摊费用	82,402.56	82,402.56	215,170.01
流动资产合计	89,293,423.22	86,435,805.15	52,256,096.84
长期投资:			
长期股权投资	1,494,124.97	4,666,652.64	
长期投资合计	1,494,124.97	4,666,652.64	
固定资产:			
固定资产原价	117,191,790.35	112,712,555.81	101,354,712.54
减:累计折旧	34,572,929.29	34,039,792.76	28,365,068.02
固定资产净值	82,618,861.06	78,672,763.05	72,989,644.52
减:固定资产减值准备			
固定资产净额	82,618,861.06	78,672,763.05	72,989,644.52
在建工程	807,517.64	807,517.64	
固定资产合计	83,426,378.70	79,480,280.69	72,989,644.52
无形及其他资产:			
无形资产	66,113.10	66,113.10	1,830,239.58
长期待摊费用	457,345.94	20,618.73	38,291.93
无形及其他资产合计	523,459.04	86,731.83	1,868,531.51
资产总计	174,737,385.93	170,669,470.31	127,114,272.87
流动负债:			
短期借款	8,390,000.00	8,390,000.00	15,570,000.00
应付票据	9,930,000.00	9,930,000.00	10,000,000.00
应付帐款	30,150,497.28	29,891,836.86	22,168,578.55
预收帐款	4,745,086.74	4,745,086.74	2,586,229.49
应付工资	58,580.60		
应付福利费	399,669.30	324,405.65	232,316.89
应付股利			
应交税金	4,442,464.10	3,705,066.49	3,186,785.41
其他应交款	26,962.73	12,257.99	459,037.95
其他应付款	1,466,136.99	1,439,691.33	1,216,234.01
预提费用	361,331.26	60,172.78	40,455.13
一年内到期长期负债	7,000,000.00	7,000,000.00	
流动负债合计	66,970,729.00	65,498,517.84	60,584,336.12
长期负债:			
长期借款	26,000,000.00	26,000,000.00	7,000,000.00
专项应付款	200,000.00	200,000.00	
长期负债合计	26,200,000.00	26,200,000.00	7,000,000.00
负债合计	93,170,729.00	91,698,517.84	67,584,336.12
少数股东权益:			
少数股东权益	2,595,704.46		
股东权益:			
股本	50,000,000.00	50,000,000.00	50,000,000.00
股本净额	50,000,000.00	50,000,000.00	50,000,000.00
资本公积	6,068,535.58	6,068,535.58	5,915,517.02
盈余公积	5,664,988.93	5,580,483.39	1,722,883.95

其中:法定公益金	1,437,373.62	1,395,120.85	430,720.99
未分配利润	17,237,427.96	17,321,933.50	1,891,535.78
股东权益合计	78,970,952.47	78,970,952.47	59,529,936.75
负债及股东权益合计	174,737,385.93	170,669,470.31	127,114,272.87

简要合并利润表

编制单位:浙江精工科技股份有限公司 单位:元

		2003 年度
项目	合并	母公司
一、主营业务收入	207,764,040.94	197,049,462.91
减:主营业务成本	149,798,392.77	141,458,910.69
主营业务税金及附加	674,045.11	547,018.30
二、主营业务利润	57,291,603.06	55,043,533.92
加:其他业务利润	939,686.04	939,686.04
营业费用	6,358,025.11	6,309,247.54
管理费用	14,463,046.80	13,462,792.12
财务费用	2,537,930.62	2,538,919.79
三、营业利润	34,872,286.57	33,672,260.51
加:投资收益	−11,773.47	257,987.41
补贴收入	237,521.00	237,521.00
营业外收入	131,898.90	131,898.90
减:营业外支出	297,074.36	200,297.42
四、利润总额	34,932,858.64	34,099,370.40
减:所得税	12,231,413.30	11,622,930.05
少数股东损益	220,713.44	
五、净利润	22,480,731.90	22,476,440.35

		2002 年度	2001 年度
项目	合并	母公司	
一、主营业务收入	179,940,688.54	72,890,338.28	97,915,621.47
减:主营业务成本	128,499,563.10	123,327,677.31	66,364,344.44
主营业务税金及附加	772,059.42	728,804.20	754,716.39
二、主营业务利润	50,669,066.02	48,833,856.77	30,796,560.64
加:其他业务利润	708,011.77	708,011.77	797,063.59
营业费用	5,386,901.52	5,343,175.41	4,774,028.42
管理费用	13,372,922.81	12,840,789.76	6,989,173.64
财务费用	1,372,859.61	1,374,163.54	1,439,567.74
三、营业利润	31,244,393.85	29,983,739.83	18,390,854.43
加:投资收益	−5,875.03	416,652.64	
补贴收入	248,625.00	248,625.00	456,920.00
营业外收入	151,177.94	151,177.94	284,893.32
减:营业外支出	579,144.48	579,144.48	92,934.01
四、利润总额	31,059,177.28	30,221,050.93	19,039,733.74
减:所得税	11,425,475.66	10,933,053.77	6,843,559.98
少数股东损益	345,704.46		
五、净利润	19,287,997.16	19,287,997.16	12,196,173.76

简要合并现金流量表

编制单位:浙江精工科技股份有限公司 单位:元

		2003 年度
项目	合并	母公司
一、经营活动产生的现金流量净额	3,138,548.57	2,818,200.72
二、投资活动产生的现金流量净额	−9,101,270.32	−9,023,834.42
三、筹资活动产生的现金流量净额	19,458,690.62	19,458,690.62
四、汇率变动对现金的影响额	22,901.39	22,901.39
五、现金及现金等价物净增加额	13,518,870.26	13,275,958.31

		2002 年度
项目	合并	母公司
一、经营活动产生的现金流量净额	15,398,378.99	15,705,681.91
二、投资活动产生的现金流量净额	−11,287,547.34	−11,708,147.34
三、筹资活动产生的现金流量净额	12,528,952.14	12,528,952.14
四、汇率变动对现金的影响额		
五、现金及现金等价物净增加额	16,639,783.79	16,526,486.71

三、重要会计报表附注

本公司会计报表注释等内容，请查阅本公司招股说明书，查阅地址为巨潮网站(http://www.cninfo.com.cn)。

四、财务指标

指标名称	计算公式	2003 年	2002 年	2001 年
流动比率	流动资产/流动负债	1.13	1.33	0.86
速动比率	(流动资产−存货)/流动负债	0.68	0.94	0.59
应收账款周转率	主营业务收入/应收账款平均余额	8.77	9.78	5.34
存货周转率	主营业务成本/存货平均余额	3.38	5.97	3.54
无形资产(土地使用权除外)占总(净)资产的比例(%)	无形资产/总(净)资产	0.02(0.06)	0.04(0.08)	0(0)
研究与开发费用占主营业务收入比例(%)	研究发展费用/主营业务收入	1.16	1.26	1.14
母公司资产负债率(%)	负债总额/资产总额	57.54	53.73	53.17
每股净资产	期末净资产/期末股本总额	2.03	1.58	1.19
每股经营活动的现金流量	经营活动产生的现金流量净额/期末股本总额	0.06	0.31	0.61
发行前全面摊薄每股收益(元)	净利润/期末股本总额	0.450	0.386	0.244
发行前全面摊薄净资产收益率(%)	净利润/期末净资产总额	22.14	24.42	20.49

上表数据除资产负债率外，均以合并财务报表的财务数据为基础计算。

第九节 其他重要事项

1、自发行人股票首次公开发行起至本上市公告书公告之日，发行人严格依照《中华人民共和国公司法》、《中华人民共和国证券法》等法律法规的要求，规范运行，生产经营情况正常；所处行业、市场无重大变化；主要投入产出物供求及价格无重大变化；主要业务发展目标进展状况正常。

2、自本公司股票首次公开发行之日至本上市公告书公告之日，本公司无重大对外投资、重大资产(股权)收购或出售行为；住所未发生变更。

3、自本公司股票首次公开发行之日至本上市公告书公告之日，本公司重大会计政策和会计师事务所没有发生变化。

4、自本公司股票首次公开发行之日至本上市公告书公告之日，本公司未发生新的重大负债或重大债项发生变化。

5、自本公司股票首次公开发行之日至本上市公告书公告之日，本公司董事、监事和高级管理人员没有尚未了结或可能发生的刑事诉讼事项。

6、自本公司股票首次公开发行之日至本上市公告书公告之日，本公司未涉及任何重大诉讼事项或仲裁，亦无尚未了结或可能面临的重大诉讼或索赔要求。

7、根据《深圳证券交易所中小企业板块上市公司特别规定》的要求，本公司章程中应包含 "

(一)、股票被终止上市后，公司股票进入代办股份转让系统继续交易；

(二)、不对公司章程中的前款规定作任何修改"等内容。本公司已于 2004 年 6 月 15 日出具承诺函，承诺自本公司上市后 3 个月内在公司章程内载入上述内容。

8、发行人第一大股东精功集团有限公司承诺：在发行人股票上市交易之日起 1 年内，不转让所持有的本公司股份，也不要求或接受本公司回购其所持有的股份。本公司承诺：自本公司 A 股股票上市之日起 1 年内，不回购本公司发起人(即精功集团有限公司、孙建江、邵志明、中国科技开发院浙江分院、浙江省科技开发中心)持有的本公司股份，亦不接受上述发起人对本公司回购其持有的精工科技股份的要求。

9、根据公司 2003 年 8 月 30 日召开的 2003 年第一次临时股东大会《关于调整公司申请首次公开发行股票当年股利分配政策的议案》，公司若在 2004 年年底以前首次公开发行 A 股股票，则本次认购社会公众股的新股东将与原股东共同享有公司股票发行当年及以前年度产生的滚存利润。本次新股发行后第一个盈利年度的股利分配方案由新股发行后召开的首次年度股东大会审定批准，且公司上市后首次股利分配时间不晚于次年 6 月底。

10、其他应披露的重大事项

除本公司首次公开发行股票招股说明书及本上市公告书披露的事项外，发行人无其他应披露而未披露的重要事项。

第十节 董事会上市承诺

本公司董事会将严格遵守《中华人民共和国公司法》、《中华人民共和国证券法》、《股票发行与交易管理暂行条例》、《公开发行股票公司信息披露实施细则》、《深圳证券交易所股票上市规则》和《深圳证券交易所中小企业板块上市公司特别规定》等国家有关法律、法规的规定，自股票上市之日起承诺做到：

一、承诺真实、准确、完整、公允和及时地公布定期报告，披露所有对投资者有重大影响的信息，并接受中国证监会、证券交易所的监督管理；

二、承诺发行人在知悉可能对股票价格产生误导性影响的任何公共传播媒介中出现的消息后，将及时予以公开澄清；

三、发行人董事、监事、高级管理人员和核心技术人员将认真听取社会公众的意见和批评，不利用已获得的内幕消息和其他不正当手段直接或间接从事发行人股票的买卖活动；

四、发行人没有无记录的负债。

第十一节 保荐机构(上市推荐人)及其意见

一、保荐机构(上市推荐人)情况

名称：申银万国证券股份有限公司

法定代表人：王明权

地址：上海市常熟路 171 号

联系电话：(021)54033888

传真：(021)54047982

联系人：郑维雄 刘祥生 杨瑾

二、保荐机构(上市推荐人)意见

保荐机构(上市推荐人)认为：本公司章程符合《中华人民共和国公司法》、《中华人民共和国证券法》、《深圳证券交易所股票上市规则》等法律、法规和中国证监会有关公司章程的相关规定；本公司本次股票发行完全符合《中华人民共和国公司法》、《中华人民共和国证券法》、《股票发行与交易管理暂行条例》及《深圳证券交易所股票上市规则》等法律、法规和中国证监会的有关规定，已具备了上市条件。

保荐机构(上市推荐人)保证：本公司董事了解法律、法规、深圳证券交易所上市规则及股票上市协议规定的董事的义务与责任；本公司建立健全了法人治理结构、制定了严格的信息披露制度与保密制度。

保荐机构(上市推荐人)已对上市文件所载资料进行了核实，确保上市文件真实、准确、完整，符合规定要求，保证上市申请材料、上市公告书没有虚假记载、严重误导性陈述或者重大遗漏，并对其承担连带责任。

保荐机构(上市推荐人)与本公司不存在关联关系；保荐机构(上市推荐人)愿意推荐本公司的股票在深圳证券交易所上市交易，并且在上市推荐过程中，保证不利用获得的内幕信息进行内幕交易，为自己或他人谋取利益。

浙江精工科技股份有限公司

2004 年 6 月 18 日

华兰生物工程股份有限公司

华兰生物工程股份有限公司上市公告书

第一节 重要声明与提示

本公司董事会保证上市公告书的真实性、准确性、完整性，全体董事承诺上市公告书不存在虚假记载、误导性陈述或重大遗漏，并承担个别和连带的法律责任。

根据《公司法》、《证券法》等有关法律、法规的规定，本公司董事、高级管理人员已依法履行诚信和勤勉尽责的义务和责任。

证券交易所、中国证监会、其他政府机关对本公司股票上市及有关事项的意见，均不表明对本公司的任何保证。

本公司提醒广大投资者注意，凡本上市公告书未涉及的有关内容，请投资者查阅2004年6月7日刊载于《中国证券报》、《证券时报》、《上海证券报》和《证券日报》的本公司招股说明书摘要及刊载于深圳证券交易所指定网站(http://www.cninfo.com.cn)的本公司招股说明书全文。

第二节 概 览

1、股票简称：华兰生物

2、深市股票代码：002007，沪市代理股票代码：609007

3、总股本：6,700万股，其中，可流通股本：2,200万股，本次上市流通股本：2,200万股

4、发行价格：15.74元/股

5、上市地点：深圳证券交易所

6、上市时间：2004年6月25日

7、股票登记机构：中国证券登记结算有限责任公司深圳分公司

8、保荐机构(上市推荐人)：平安证券有限责任公司

9、对本公司首次公开发行股票前股东所持股份的流通限制及期限：根据有关法律、法规规定和中国证监会《关于核准华兰生物工程股份有限公司公开发行股票的通知》(证监发行字[2004]68号)，本公司的法人股暂不上市流通。

10、本公司第一大股东对所持股份自愿锁定的承诺：本公司公开发行股票前的第一大股东新乡市华兰生物技术有限公司向深圳证券交易所承诺，"在华兰生物工程股份有限公司股票上市之日起一年内，不转让所持有的华兰生物工程股份有限公司股份，也不要求或接受华兰生物工程股份有限公司回购该股份"。

第三节 绪 言

本上市公告书是根据《中华人民共和国公司法》、《中华人民共和国证券法》、《股票发行与交易管理暂行条例》、《公开发行股票公司信息披露实施细则》和《深圳证券交易所股票上市规则》等国家有关法律、法规的规定，并按照中国证券监督管理委员会《公开发行证券公司信息披露内容与格式准则第7号---股票上市公告书》和深圳证券交易所《中小企业板块上市公司特别规定》而编制的，旨在向投资者提供有关本公司和本次股票上市的基本情况。

经中国证监会证监发行字[2004]68号文核准，本公司于2004年6月10日采取全部向深市、沪市二级市场投资者定价配售的方式成功发行了2,200万人民币普通股，每股面值1.00元，发行价为每股人民币15.74元。

根据深圳证券交易所深证上[2004]38号文《关于华兰生物工程股份有限公司人民币普通股股票上市交易的通知》批准，本公司2,200万股社会公众股将于2004年6月25日起在深圳证券交易所挂牌交易。股票简称"华兰生物"，深市股票代码"002007"，沪市股票代理代码"609007"。

本公司已于2004年6月7日在《中国证券报》、《上海证券报》、《证券时报》和《证券日报》上刊登了《招股说明书摘要》，招股说明书正文及其附录刊载于深圳证券交易所指定网站(http://www.cninfo.com.cn)，前述招股文件刊登距今不足三个月，故与其重复的内容不再重述，敬请投资者查阅上述文件。

第四节 发行人概况

一、发行人的基本情况

1、中文名称：华兰生物工程股份有限公司

2、英文名称：HUALAN BIOLOGICAL ENGINEERING，INC.

3、法定代表人：安康

4、注册资本：6,700万元(正在办理变更手续)

5、成立日期：2000年9月27日

6、住所：新乡市华兰大道甲1号

7、经营范围：生产、销售自产的生物制品、血液制品。

8、主营业务：生产、销售自产的生物制品、血液制品。

9、所属行业：生物制品业

10、联系电话：0373-5056905

11、传真号码：0373-5056911

12、互联网网址：http://www.hualanbio.com

13、电子信箱：hualan@hualanbio.com

14、董事会秘书：范蓓

二、发行人的历史沿革

本公司的前身是1992年3月30日成立的河南华兰生物工程有限公司。经新乡市外经委(92)新经贸资字第026号《关于设立河南华兰生物工程有限公司的批复》及河南省人民政府外经贸豫府资字[1992]035号《中华人民共和国中外合资经营企业批准证书》批准，由卫生部兰州生物制品研究所驻新乡服务部(以下简称兰新服务部)、台胞安瑞麟先生和香港丰源贸易公司共同以现金出资，成立河南华兰生物工程有限公司。该公司为中外合资企业，经营范围包括研究、生产、销售各类生物制品及诊断制品和其它预防、医疗用生物技术、生化技术等高科技产品。注册资本500万元人民币，各方的出资额及股权比例为：

名称	出资额	股权比例(%)
兰新服务部	300万元	60
安瑞麟	20万美元	21.6
香港丰源贸易公司	17万美元	18.4
合计	500万元	100

至合营合同约定的六个月的缴付截止期，兰新服务部于1991年12月即开始垫付合资企业筹建费用，至1992年9月4日共缴付现金出资570万元人民币；丰源公司于1992年4月17日一次性缴付现金151万港元，安瑞麟在本次认缴期内没有缴付出资。

由于在本次认缴期内各方约定增加合资企业投资总额和注册资本并办理相应报批手续，本次认缴期内没有进行验资。

1、第一次增资

1993年1月19日，根据河南华兰生物工程有限公司1992年7月25日董事会第二次会议决议，经新乡市外经委(92)新经贸资字第201号《关于河南华兰生物工程有限公司追加投资的批复》及河南省人民政府外经贸豫府资字[1992]035号《中华人民共和国中外合资经营企业批准证书》批准，公司的注册资本由500万元增至1,155万元。此次增资后，各股东出资额及股权比例为：

名称	出资额	股权比例(%)
兰新服务部	855万元	74.02
安瑞麟	27.25万美元	12.99
香港丰源贸易公司	27.25万美元	12.99
合计	1,155万元	100

各股东具体出资情况为：兰新服务部本次应缴285万元人民币，1992年11月16日缴付现金30万元人民币，1994年6月1日至1994年11月29日共缴付现金260万元人民币；安瑞麟本次应缴相当于150万元人民币的外汇，(计27.25万美元，含合资企业设立时的应缴出资)，1992年11月21日缴付现金16.87万美元，1994年10月15日缴付现金10.4万美元；丰源公司本次应缴相当于85万元人民币的外汇，1992年11月21日缴付现金2.31万港元，1994年10月15日缴付现金7.19万美元。至1994年11月，各方实际缴付了本次增资的全部应缴出资。

本次增资后，合资企业完成了两次验资：1992年11月23日新乡会计师事务所对合资企业进行了第一次验资，并出具了(92)新会验外字第18号《验资报告》；1995年12月14日新乡会计师事务所进行了第二次验资，并出具了(1995)新会外验字第13号《验资报告》。

2、第二次增资

1996年3月18日，根据华兰生物工程有限公司(河南华兰生物工程有限公司于1994年7月21日更名)1996年3月8日董事会决议，经新乡市招商办公室新对外字(1996)第024号《关于华兰生物工程有限公司追加投资的批复》及河南省人民政府外经贸豫府资字[1992]035号《中华人民共和国台港澳侨投资企业批准证书》批准，公司的注册资本由1,155万元增加至1,500万元，此次增资后，各方出资额及股权比例为：

名称	出资额	股权比例(%)
兰新服务部	1,110万元	74
安瑞麟	32.65万美元	13
香港丰源贸易公司	32.65万美元	13
合计	1,500万元	100

各股东具体出资情况为：兰新服务部用债权转股权255万元，香港丰源贸易公司、安瑞麟先生分别用现汇方式增资5.4万美元。新乡会计师事务所于1997年2月25日出具了《验资报告》([1997]新会外验字第03号)，确认各方出资真实到位。

3、第三次增资

1997年12月31日，根据华兰生物工程有限公司1997年12月20日董事会决议，经新乡市招商办公室新对外字(1997)第163号《关于华兰生物工程有限公司追加投资的批复》及河南省人民政府外经贸豫府资字[1992]035号《中华人民共和国台港澳侨投资企业批准证书》批准，公司的注册资本由1,500万元增至3,200万元。此次增资后，各方出资额及股权比例为：

名称	出资额(万元)	股权比例(%)
兰新服务部	2,144	67
安瑞麟	416	13
香港丰源贸易公司	640	20
合计	3,200	100

各股东具体出资情况为：用经审计的1997年度可分配的股利转增981.56万元，其中兰新服务部709.74万元、香港丰源贸易公司135.91万元、安瑞麟先生135.91万元；追加现金563.18万元，其中兰新服务部追加现金167.3万元，香港丰源贸易公司追加现金309.94万元，安瑞麟先生追加现金85.94万元；兰新服务部用债权转股权155.3万元。新乡会计师事务所于1998年3月31日出具(1998)新会外验字第03号《验资报告》，确认各方出资真实到位。

4、第四次增资

1998年12月17日，根据华兰生物工程有限公司1998年11月19日董事会决议，经新乡市招商办公室新对外字(1998)第134号《关于华兰生物工程有限公司增加注册资本的批复》及河南省人民政府外经贸豫府资字[1992]035号《中华人民共和国台港澳侨投资企业批准证书》批准，公司的注册资本由3,200万元增加至4,376万元。本次增资中，经原审批部门和当地税务、外汇管理部门批准，外方用1998年度可分配的股利及公司储备基金、企业发展基金转增资本767.41万元，兰新服务部本次进行利润分配而不参加增资。此次增资后，各方出资额及股权比例为：

名称	出资额(万元)	股权比例(%)
兰新服务部	2,144	49
安瑞麟	569	13
香港丰源贸易公司	1,663	38
合计	4,376	100

各股东具体出资情况为：香港丰源按出资比例应分配利润314万元、"两金"151万元全部用于转增资本，借安瑞麟应分配利润149万元转增资本；香港丰源另外用债权359万元及现金50万元转

增资本;安瑞麟按出资比例应分配利润 204 万元,扣减借给香港丰源 149 万元后的余额 55 万元转增资本、按出资比例享有的"两金"98 万元亦转增资本。新乡会计师事务所于 1999 年 2 月 23 日出具了《验资报告》([1999] 新会外验字第 01 号),确认了各方出资真实到位。

5、第一次股权转让

1999 年 6 月 30 日,兰新服务部、安瑞麟先生、香港丰源贸易公司分别将各自持有的华兰生物工程有限公司 16.88%、13%、13%的股权转让给华兰技术,兰新服务部将其持有的华兰生物工程有限公司其余 32.12%的股权转让给兰州金康。本次股权转让已经各转让、受让方股东大会或董事会审议通过及华兰生物工程有限公司 1999 年 6 月 25 日董事会审议通过,并经新乡市外企服务局新外资审字(1999)62 号《关于华兰生物工程有限公司股权变更的批复》及河南省人民政府外经贸豫府资字[1992]A035 号《中华人民共和国台港澳侨投资企业批准证书》批准。此次股权转让后,兰新服务部不再持有华兰生物工程有限公司股权,各方出资额及股权比例为:

名称	出资额(万元)	股权比例(%)
华兰技术	1,876.43	42.88
兰州金康	1,405.57	32.12
香港丰源贸易公司	1,094	25
合计	4,376	100

6、第二次股权转让

2000 年 8 月 14 日,成都夸常以现金方式分别受让兰州金康以及华兰技术持有的华兰生物工程有限公司 3.52%和 1.48%的股权;东方世辰以现金方式受让华兰技术持有的华兰生物工程有限公司 8%的股权;香港科康受让香港丰源贸易公司持有的华兰生物工程有限公司 25%的股权。本次股权转让已经各转让、受让方股东大会或董事会审议通过及华兰生物工程有限公司 2000 年 8 月 5 日董事会审议通过,各方签订了股权转让协议,并经新乡市外企服务局新外资审字(2000)42 号《关于华兰生物工程有限公司股权变更的批复》及河南省人民政府外经贸豫府资字[1992]A035 号《中华人民共和国台港澳侨投资企业批准证书》批准。此次转让后,公司股东为华兰技术、兰州金康、香港科康、东方世辰和成都夸常。各方的出资额和股权比例如下:

名称	出资额(万元)	股权比例(%)
华兰技术	1,461.58	33.40
兰州金康	1,251.54	28.60
香港科康	1,094.00	25.00
东方世辰	350.08	8.00
成都夸常	218.80	5.00
合计	4,376.00	100

7、整体变更

为了进一步转换企业的经营机制,建立现代企业制度,完善公司的法人治理结构,增强公司的发展后劲,经华兰生物工程有限公司 2000 年 8 月 20 日董事会决议审议通过,并经河南省人民政府豫股批字[2000]40 号及外经贸部[2000]外经贸资二函字第 658 号文批准,华兰生物工程有限公司于 2000 年 9 月 27 日依法整体变更为华兰生物工程股份有限公司。

根据《公司法》的有关规定,本次改制将华兰生物工程有限公司截至 2000 年 8 月 31 日经河南华为会计师事务所审计的净资产 4,500 万元按 1:1 的比例折为 4,500 万股,每股面值 1 元。改制后公司的股本结构为:

股东名称	持股数量(万股)	比例(%)
华兰技术	1,503	33.40
兰州金康	1,287	28.60
香港科康	1,125	25.00
东方世辰	360	8.00
成都夸常	225	5.00
合计	4,500	100

三、发行人主要经营情况

本公司主要生产、销售自产的生物制品、血液制品。产品有人血白蛋白、静注丙球、肌注丙球、PCC、Ⅷ因子、人乙型肝炎免疫球蛋白等 8 个品种 27 个规格。

本公司是 1998 年 6 月在国内首家通过 GMP 认证的血液制品企业,具有技术、新产品开发、品种、人力资源等方面的优势;在国内首家将"指纹识别系统"应用于单采浆站的管理,国内首家采用全自动采浆机进行血浆采集,国内首家在人免疫球蛋白生产中增加可靠有效的"巴氏灭活病毒"工艺;拥有多条先进的德国 BOSCH 全自动隔离清洗灌装生产线、全自动装盒机、德国 STERIS GUMBH 冻干机、德国 SEITZ 公司压滤机、意大利 FEDEGARI 全自动胶塞清洗机和国际一流设备的质量检测实验室,采用国际先进的一次性预充式注射器包装制品。

本公司 2000 年 3 月被国家科学技术部火炬高新技术产业开发中心认定为"国家火炬计划重点高新技术企业",先后被河南省外经贸委、河南省科委、河南省高新技术产业发展领导小组办公室评定为"外商投资先进技术企业"、"河南省先进高新技术企业"、"火炬先进高新技术企业"、"河南省高新技术产业化项目实施单位"。2002 年被国家人事部批准成立"博士后流动工作站"等。

目前本公司年投浆量约 700 吨,在国内同行业中居于首位。主要产品人血白蛋白、静注丙球、肌注丙球、PCC、Ⅷ因子等 5 种产品均被认定为河南省高新技术产品,其中 PCC1999 年被列为国家火炬计划项目,河南省高新技术产业化重点项目;静注丙球为河南省高新技术产业化重点项目,曾获河南省火炬计划一等奖;人血白蛋白曾获河南省火炬计划二等奖。

(一)发行人竞争优势

相对于我国血液制品行业内其它企业,本公司具有显著的优势:

(1)技术优势

本公司自 1994 年 6 月试生产至今已有 10 年历史,在确保制品安全生产过程中,创下了行业内多个第一:首家通过血液制品企业 GMP 认证;首家实施机器自动化单采血浆;首家将巴氏灭活病毒工艺用于免疫球蛋白生产;首家采用双重病毒灭活工艺生产静注丙球、Ⅷ因子、PCC 等制品;首家使用德国 BOSCH 全自动清洗灌装生产线,在白蛋白和免疫球蛋白生产中,实现了完全管道化、操作自动化,制品温度及重量精确控制,缓冲液及乙醇滴加速度精确控制,工艺参数实时监控;具备国际一流设备的质量检测室,可以保证成品检定的准确性及可靠性。

结合低温乙醇法,采用现代先进的凝血因子生产方法如分子筛、离子交换层析、亲和层析及超滤技术与病毒灭活技术,本公司现已形成从同批量人血浆中连续分离白蛋白、球蛋白、凝血因子类制剂的生产工艺,血浆综合利用及开发已走到全国同行业前列。

(2)新产品开发优势

本公司血液制品的开发能力位于我国血液制品生产企业前列,创新能力强。近年来先后研制开发的品种有:①外科用冻干人纤维蛋白胶;②冻干人抗凝血酶Ⅲ浓缩物;③病毒灭活人全血清;④病毒灭活冻干人血浆;⑤静脉注射用人乙型肝炎免疫球蛋白⑥破伤风免疫球蛋白;⑦抗狂犬免疫球蛋白;⑧静脉注射用人纤维蛋白原;⑨冻干人凝血酶;⑩抗 T 淋巴细胞免疫球蛋白等。

(3)品种优势

本公司产品系列广、品种规格与剂型多,已拥有国家正式生产文号的产品有:人血白蛋白、肌注丙球、静注丙球、Ⅷ因子、PCC、纤维蛋白胶、乙肝免疫球蛋白、破伤风免疫球蛋白等 8 个品种 27 种规格。其中,25%规格人血白蛋白为国内首家生产,静注丙球在国内首家采用双重病毒灭活工艺。

(4)市场竞争优势

本公司内部管理完善,血浆综合利用度高,产品生产成本低,从而有较大的价格调整空间,保证了本公司在市场竞争中处于较有利的地位;本公司已建立起一个全国性的营销网络,分布均衡、合理,华东及沿海发达地区相对份额较大,华中、东北及西部地区也根据人口及经济状况占有适当的份额,没有过份依赖某个地区或某些客户,销售十分稳定。

(二)发行人的竞争劣势

本公司的竞争劣势主要体现在以下几个方面:

(1)产品结构相对单一。虽然本公司正致力于向诊断试剂、疫苗及基因工程产品等领域拓展业务,但本公司目前实际从事血液制品的生产,即以人血浆为原料,采用蛋白质分离技术制备人血浆蛋白制品,经营品种较少。而生物制药行业内的优势企业往往同时涉足血液制品、诊断试剂、疫苗及基因工程产品等多个领域,产品品种齐全。

(2)对高级人才的吸引力有待提高。本公司地处河南省新乡市,较之沿海发达地区,在员工的收入待遇、工作条件、科研条件等方面存在一定的差距,对人才的吸引力相对较弱,尤其是在内地人才日趋向发达地区流动的情况下,人才相对较为缺乏;同时,本公司所在地的生物和血液制品科研院所及大专院校相对较少,人才培育相对滞后;此外,在信息传播和交流方面,与沿海大中城市相比也存在较大差距,这些都在一定程度上不利于公司的长远发展。

四、主要财务指标

本公司近三年的主要财务指标见"第八节 财务会计资料"。

五、发行人的知识产权和特许经营情况

(一)发行人的知识产权情况

目前,本公司拥有自主知识产权的非专利技术如下表:

名称	用途	价值
加压过滤技术	各个血浆组份分离,包括人血白蛋白、免疫球蛋白、病毒灭活人全血清等产品的分离	代替了离心分离技术,降低了能耗及劳动强度,提高了生产规模及产品的收率
巴氏灭活技术	用于血液制品病毒灭活,包括白蛋白、免疫球蛋白、AT-Ⅲ、病毒灭活人全血清等产品	最为安全有效的病毒灭活工艺
干热灭活技术	用于冻干产品包括 PCC、Ⅷ因子、冻干血浆、凝血酶等产品的再次病毒灭活	增加了制品的安全性,使我公司的冻干产品都具有了双病毒灭活工艺
大规模层析技术	用于 PCC、抗凝血酶Ⅲ、免疫球蛋白的纯化	可极大选择性地纯化目标蛋白,减少污染,降低劳动强度

目前,本公司对静注丙球、病毒灭活冻干人血浆、冻干人纤维蛋白胶、病毒灭活人全血清、人血白蛋白、PCC、冻干人凝血酶等 7 种制品的特有生产工艺正在申请专利,国家专利局受理申请号分别为:02103826.0、02103960.7、02103825.2、0201166191.6、02138822.9、02138945.4、02117151.3。

(二)特许经营权

血液制品行业属国家特许经营的行业,我国《血液制品管理条例》第二十条规定:"新建、改建或者扩建血液制品生产单位,经国务院卫生行政部门根据总体规划进行立项审查同意后,由省、自治区、直辖市人民政府卫生行政部门依照药品管理法规审核批准。"本公司是国家定点生产血液制品的厂家,最近一期《药品生产企业许可证》于 2004 年 1 月 8 日获得,有效期至 2005 年 12 月 31 日,许可证号豫 Sz20010010。

(三)商标

本公司拥有四种"华兰牌"商标。商标注册号分别为 936622、964200、964151、968551,以上商标均未许可另一方使用,不存在纠纷。

六、财政税收优惠政策

(一)所得税:根据《中华人民共和国外商投资企业和外国企业所得税法》的有关规定,本公司 1997 年至 1998 年为所得税免税期,1999 年至 2001 年为减半征收期,减半征收期内所得税税率为 15%。上述优惠政策期满后,本公司根据河南省对外贸易经济合作厅豫外经贸资(2001)96 号文件《关于对河南新飞电器有限公司等五家先进技术企业进行年度考核的批复》被确认为先进技术企业,被新乡市国家税务局批准 2002、2003 年度继续享受减半征收外商投资企业所得税的优惠政策,减半征收期内企业所得税税率为 15%。

(二)其他税项:根据《河南省鼓励外商投资条例》及豫地税发[1996]131 号文,本公司成立以来享受免征城市房地产税和车船使用牌照税;公司作为外商投资企业,免交城市维护建设税及教育费附加。

第五节 股票发行与股本结构

一、本次股票上市前首次公开发行股票的情况

(一)股票种类:人民币普通股(A 股)

(二)每股面值:人民币 1.00 元

(三)发行数量:2,200 万股

(四)发行价格:15.74 元

(五)募股资金总额:34,628 万元

(六)发行方式:全部向二级市场投资者定价配售方式

(七)发行对象:于招股说明书摘要刊登当日 2004 年 6 月 7 日持有深圳证券交易所或上海证券交易所已上市流通人民币普通股(A 股)股票的收盘市值总和(包括可流通但暂时锁定的股份市值)不少于 10,000 元的投资者(国家法律法规禁止购买者除外)。投资者同时持有的深市、沪市二级市场的股票市值不合并计算。

(八)发行费用总额:1,642.77 万元(含承销费、审计、验资费、律师费、上网发行手续费、发行审核费等)

(九)每股发行费用:0.75 元

二、本次股票上市前首次公开发行股票的承销情况

本次公开发行的 2,200 万股社会公众股的配号总数为 64134462 个,中签率为 0.03430293%。其中,二级市场投资者认购 21601070 股,其余 398930 股由主承销商包销。

三、本次上市前首次公开发行股票所募股资金的验资报告

北京中洲光华会计师事务所有限公司为本次公开发行股票所募股资金出具的中洲光华(2004)验字第 012 号,《验资报告》全文如下:

验 资 报 告

中洲光华(2004)验字第 012 号

华兰生物工程股份有限公司:

我们接受委托,审验了贵公司截至 2004 年 6 月 16 日止新增注册资本实收情况。按照国家有关法律、法规的规定和协议、合同、章程的要求出资,提供真实、合法、完整的验资资料,保护资产的安全、完整是全体股东及贵公司的责任。我们的责任是对贵公司新增注册资本的实收情况发表审验意见。我们的审验是依据《独立审计实务公告第 1 号---验资》进行的。在审验过程中,我们结合贵公司的实际情况,实施了检查等必要的审验程序。

贵公司原注册资本为人民币 45,000,000.00 元,根据贵公司 2002 年第二次临时股东大会决议,贵公司申请向社会公开发行人民币普通股 22,000,000.00 股。经中国证券监督管理委员会证监发行字[2004]68 号文核准,贵公司于 2004 年 6 月 10 日向社会公开发行人民币普通股 2,200 万股,变更后的注册资本为人民币 67,000,000.00 元。经我们审验,截至 2004 年 6 月 16 日止,贵公司已实际发行人民币普通股 22,000,000.00 股,募集资金总额为 346,280,000.00 元,扣除发行费用 17,041,980.10 元,实际募集资金净额为 329,238,019.90 元。其中新增注册资本人民币 22,000,000.00 元,股本溢价人民币 307,238,019.90 元。

同时我们注意到,贵公司本次新增前的注册资本为人民币 45,000,000.00 元,已经河南华为会计师事务所审验,并出具了华为证验字(2000)第 304 号验资报告。截至 2004 年 6 月 16 日止,变更后的累计注册资本实收金额为人民币 67,000,000.00 元。

本验资报告供贵公司申请变更登记及据以向全体股东签发出资证明时使用,不应将其视为是对贵公司验资报告日后资本保全、偿债能力和持续经营能力等的保证。因使用不当造成的后果,与执行本验资业务的注册会计师及会计师事务所无关。

附件(一):新增注册资本实收情况明细表

附件(二):注册资本变更前后对照表

附件(三):验资事项说明

中国注册会计师

北京中洲光华会计师事务所有限公司　谢军民

中国·北京　　中国注册会计师

复兴门内大街 158 号远洋大厦　莫振辉

报告日期:2004 年 6 月 16 日

四、募股资金入账情况

入账时间:2004 年 6 月 16 日

入账金额:329,238,019.90 元(已扣除承销机构费用和上网发行费用)

入账账号:630202018118094001

开户银行:中国银行新乡分行胜利路支行

五、发行人上市前股权结构及各类股东的持股情况

1、本次上市前公司股权结构

股份类型	股数(万股)	比例(%)
发起人股	4,500	67.16
其中:社会法人股	3,375	50.37
外资法人股	1,125	16.79
社会公众股	2,200	32.84
总股本	6,700	100.00

2、本公司前十名股东持股情况

股东名称	持股数量(万股)	比例(%)
新乡市华兰生物技术有限公司	1,503.00	22.43
苏州金康工贸发展有限公司	1,287.00	19.21
香港科康有限公司	1,125.00	16.79
北京东方世辰生物技术有限公司	360.00	5.37
成都夺常科技有限公司	225.00	3.36
平安证券有限责任公司	39.89	0.60
南方证券有限公司	21.30	0.32
国元证券有限责任公司	2.30	0.03
中国光大银行股份有限公司-巨田基础行业证券投资基金	1.80	0.03
华泰证券有限责任公司	1.40	0.02

第六节　董事、监事、高级管理人员及核心技术人员

一、董事、监事、高级管理人员与核心技术人员简介

本公司的董事、监事、高级管理人员及核心技术人员中,安康先生与安颖女士为兄妹关系,其他人员不存在配偶关系、三代以内直系和旁系亲属关系。

(一)董事

安康先生,中国国籍,1949 年出生,毕业于河南师范大学生物系,大学文化,医学生物学高级工程师,河南省第六、七、八届政协委员。1974 年参加工作,历任新乡市地区卫生防疫站科长、兰州生物制品研究所处长、华兰生物工程有限公司总经理。曾先后获得全国科学大会奖、卫生部甲级成果奖、国家科技二等奖及省、市级科技奖。现任本公司董事长。

方泽沛先生,中国国籍,1937 年出生,毕业于河南农业大学,大学文化,研究员。1959 年参加工作,曾任新乡市科委科技开发中心主任、华兰生物工程有限公司董事长、本公司常务副总经理。现任本公司董事。

赵京生先生,中国国籍,1961 年出生,毕业于河南大学医学院,在读硕士研究生、高级工程师。1981 年参加工作,曾任河南省干部疗养院检验师、本公司物料部经理。现任华兰技术董事长、本公司董事。

邹方霖先生,中国国籍,拥有法国永久居留权,1956 年出生,法国巴黎北方大学化学博士、法国里尔第一大学应用经济学博士,曾任法国 CRTS 研究与开发实验室副主任、法国血浆分离与生物技术国家实验室新产品开发室主任、美国血液技术公司 HPPS 分公司中国部主任。现任本公司董事兼总经理。

刘文芳先生,中国国籍,1938 年出生,毕业于中国科学院林业土壤学院生物化学系,大学文化,研究员,博士生导师,享受国务院政府特殊津贴,卫生部生物制品标准化委员会委员,中国输血协会理事,中国医药生物技术协会理事。曾任中国医学科学院输血研究所副所长、华兰生物工程有限公司总工程师。现任本公司董事。

安颖女士,中国国籍,1957 年出生,大学文化,高级经济师,中共党员。1976 年参加工作,曾任山西大同口泉中学教师、河南新乡第一卫校教师;1993 年至今在中国政法大学人事处做经济管理工作。现任本公司董事。

李德富先生,中国国籍,1938 年出生,毕业于中国医科大学(沈阳)医学专业,大学文化、中国药品生物制品检定所研究员。曾任中国药品生物制品检定所副所长。现为 SDA 中国生物制品标准化委员会常务副主任委员,本公司独立董事。

于鸿君先生,中国国籍,1963 年出生,博士生导师、经济学博士、北京大学光华管理学院教授。现任北京大学光华管理学院党委副书记、院长助理,北京大学金融与证券研究中心副主任,本公司独立董事。

冯顺利先生,中国国籍,1962 年出生,江西财经大学经济学硕士,中国注册会计师。现任新乡中新会计师事务所所长,本公司独立董事。

(二)监事

穆学奎先生,中国国籍,1960 年出生,毕业于河南大学医学院,在读硕士研究生,医学生物学高级工程师。曾任新乡市卫生防疫站医师、华兰生物工程有限公司销售部经理。现任本公司监事会主席。

陈磊山先生,中国国籍,1971 年出生,毕业于河南师范大学生物系,大学文化,在读硕士研究生,工程师。现任本公司人力资源部副经理、本公司监事。

张宝献先生,中国国籍,1970 年出生,毕业于河南师范大学生物系,大学文化,在读硕士研究生,工程师。现任本公司生产部副经理、本公司监事。

杨保平女士,中国国籍,1971 年出生,毕业于华中师范大学化学系,大学文化,在读硕士研究生,工程师。现任本公司研究开发部副经理、本公司职工代表监事。

韩斌先生,中国国籍,1975 年出生,毕业于河南大学生物系,大学文化,助理工程师。现任本公司实验室化验员、本公司职工代表监事。

(三)高级管理人员

邹方霖先生,现任本公司总经理,见董事简历。

范蓓女士,中国国籍,1972 年出生,毕业于河南师范大学生物系,在读硕士研究生,医学生物学工程师。曾任华兰生物工程有限公司总经理办公室主任。现任本公司副总经理、董事会秘书。

潘若文女士,中国国籍,1968 年出生,毕业于华东理工大学生化系,大学文化,在读硕士研究生,医学生物学高级工程师。曾任华兰生物工程有限公司质保部经理。现任本公司副总经理。

王启平先生,中国国籍,1955 年出生,毕业于上海纺织工业大学会计专业,大专文化,会计师。曾任新乡市生物化工厂副总会计师、华兰生物工程有限公司财务部经理。现任本公司财务总监。

马小伟先生:中国国籍,1968 年出生,1993 年毕业于河南农业大学微生物专业,大学文化,在读硕士研究生,工程师。现任本公司生产总监。

(四)核心技术人员

潘若文女士:见高级管理人员简历。

潘女士参与了公司新产品静注丙球、PCC 的研制、开发,改进了产品的病毒灭活工艺和蛋白提纯工艺,1998 年被河南省科委评为实施火炬计划、发展高新技术产业工作一等奖;静注丙球 1998 年被新乡市人民政府评为科技进步一等奖;静注丙球、PCC1999 年分别被河南省科委评为高新技术产品;潘女士还参与了公司主导产品人血白蛋白的分离纯化工艺的完善工作,提高了人血白蛋白的回收率和该产品的质量,该项科研成果 1996 年被河南省科委评为实施火炬计划二等奖。

马小伟先生:见高级管理人员简历。

马先生参与了公司新产品静注丙球、PCC 的研制、开发,改进了产品的病毒灭活工艺和蛋白提纯工艺,1998 年被河南省科委评为实施火炬计划、发展高新技术产业工作一等奖;静注丙球 1998 年被新乡市人民政府评为科技进步一等奖;静注丙球、PCC1999 年分别被河南省科委评为高新技术产品;马先生还参与了人血白蛋白的分离纯化工艺的完善工作,该项工艺提高了人血白蛋白的回收率和该产品的质量,该项科研成果 1996 年被河南省科委评为实施火炬计划二等奖。

张宝献先生:简历见监事简历。

张先生参与了公司新产品静注丙球、PCC 的研制、开发,改进了产品的病毒灭活工艺和蛋白提纯工艺,1998 年被河南省科委评为实施火炬计划、发展高新技术产业工作一等奖;静注丙球 1998 年被新乡市人民政府评为科技进步一等奖;静注丙球、PCC1999 年分别被河南省科委评为高新技术产品。

二、董事、监事、高级管理人员与核心技术人员持有本公司股份情况

1、本公司董事、监事、高级管理人员及核心技术人员均没有直接持有本公司股份,也没有由其授权或指示他人代其直接持有本公司股份。

2、本公司董事、监事、高级管理人员及核心技术人员的家属也没有直接持有本公司股份。

3、本公司部分董事、监事、高级管理人员及核心技术人员通过本公司股东间接持有本公司的股份。具体如下:

姓　名	间接持股所通过的股东	间接持股数(股)	发行前占总股本的比例(%)	发行后占总股本的比例(%)
安　康	华兰技术、苏州金康、香港科康	19,747,500	43.88	26.33
邹方霖	香港科康、成都夺常	6,075,000	13.5	8.10
安　颖	东方世辰	373,371	0.83	0.50
方泽沛	华兰技术	280,000	0.62	0.37
赵京生	华兰技术	900,000	2.00	1.20
刘文芳	东方世辰	51,429	0.11	0.07
穆学奎	华兰技术、东方世辰	457,714	1.02	0.61
陈磊山	华兰技术	41,000	0.09	0.05
张宝献	华兰技术	306,000	0.68	0.41
范　蓓	东方世辰	966,857	2.15	1.29
潘若文	华兰技术	760,000	1.69	1.01
王启平	华兰技术	994,500	2.21	1.33
马小伟	东方世辰	550,286	1.22	0.73

上述人员间接持有的本公司股份不存在质押或冻结情况。

第七节　同业竞争与关联交易

一、同业竞争的情况

本公司与控股股东及其控股的法人不存在同业竞争。发行人律师及保荐机构均对此发表了意见认为本公司与控股股东及其控股的法人不存在同业竞争。

二、关联方和关联关系

(一)公司的关联方

1、安康先生、邹方霖先生等本公司的实际控制人;

2、本公司的股东;

3、本公司的董事、监事、高管人员及核心技术人员;

4、公司于 1998 年 9 月设立的广州分公司(2001 年 7 月注销)。

除上述企业和人员外,本公司不存在其他关联方。

(二)发行人与关联方近三年发生的关联交易如下：

1、1999年-2000年,本公司借用控股股东华兰技术1,000万元资金,系无偿借用。2001年6月29日,本公司全部归还了上述资金。

2、与成都夸常的非专利技术转让交易

(1)交易过程

①1998年11月25日,公司的前身华兰生物工程有限公司(下称"有限公司"或"合资企业")与法国HPPS(下称"HPPS")签定了《S/D病毒灭活人血浆、人全血清蛋白溶液、高纯Ⅷ因子制品技术转让合同》(下称"合同一")和《白蛋白、球蛋白回收率提高技术转让合同》(下称"合同二"),约定HPPS将其所有的上述专有技术许可有限公司使用,有限公司使用上述技术,依合同一应向HPPS支付的费用分为入门费和提成费两部分,其中,入门费分别为:S/D病毒灭活人血浆150万元人民币,人全血清蛋白溶液95万元人民币,高纯Ⅷ因子35万元人民币;提成费为按上述三种产品产值的3%提取。有限公司依合同二应向HPPS支付770156美元(含设备和耗材)。

根据合同一和合同二的约定,HPPS保证其拥有上述全部技术的所有权,并保证上述技术的转让不损害任何第三方的权益,同时保证在有限公司取得转让技术制品的新药证书前,不向任何第三方转让上述技术。有限公司在没有取得HPPS书面同意的前提下,不得向第三方转让上述技术,但在征得HPPS书面同意后,可将上述技术转至其控股的下属工厂。

②1999年6月9日,成都夸常科技有限公司(下称"成都夸常")与HPPS签定了《技术合作协议》约定：

A.双方合作进行技术改进,开发完全合乎中国工厂技术水平现状及中国国家标准现状的血浆制品生产技术和产率提高技术；

B.合作开发的血浆制品生产技术和产率提高技术及改进方案归双方共同拥有,双方均可在中国境内独立使用或将该技术转让给第三方使用,所得技术转让费归实际转让方所有；

C.HPPS在中国境内与华兰生物工程有限公司、北京天坛生物制品股份有限公司、上海生物制品研究所签定的合同由成都夸常负责实施,根据该等合同应由HPPS享有的全部权利和义务由成都夸常承继。

③1999年6月10日,HPPS书面通知有限公司,确认了HPPS已将与有限公司签定的技术转让合同中的全部权利义务转移给了成都夸常。

④2000年7月22日,有限公司与成都夸常签定了《技术转让支付合同》,确认：

A.根据有限公司与HPPS签定的合同一和合同二,有限公司尚未向HPPS支付的费用为350.5万元人民币,S/D病毒灭活人血浆、人全血清蛋白溶液、高纯Ⅷ因子制品的产值提成费一次性作价为475万元人民币。

B.上述两项合计825.5万元人民币,由有限公司分两次向成都夸常支付。

⑤2000年8月14日,成都夸常以现金方式分别受让兰州金康工贸发展公司和新乡市华兰生物技术有限公司股权,成为有限公司的股东,其持股比例占有限公司注册资本的5%。

⑥2000年9月27日,有限公司经河南省人民政府和中华人民共和国对外贸易经济合作部批准整体变更为股份有限公司(下称"股份公司"),2001年10月8日,股份公司与成都夸常就上述的技术许可使用和费用支付及相关问题签定了《确认书》确认：

A.上述技术转让合同为专有技术使用许可合同,成都夸常享有该等技术的所有权,股份公司取得永久使用权；

B.有限公司在前述所有合同项下的权利、义务、责任和法律地位均由股份公司取代和承继；

C.成都夸常在作为股份公司股东期间不再自行使用、许可他人使用上述技术,也不进行后续开发或以其他任何方式使用或运用上述技术而同股份公司发生竞争；

D.股份公司可以对上述技术进行后续开发并形成自主知识产权且进行相应的专利权、著作权和/或商标注册申请,股份公司在合法的范围内使用该等技术不受干涉和限制。

⑦2001年10月20日,HPPS作为上述技术的共有人对成都夸常和股份公司于2001年10月8日签定的《确认书》内容给予了确认。

(2)交易结算情况

截止2002年12月11日,上述款项已支付完毕。

第八节 财务会计资料

本公司截止2003年12月31日的财务会计资料已于2004年6月7日刊登于《中国证券报》、《上海证券报》、《证券时报》和《证券日报》的本公司招股说明书摘要中。投资者欲了解详细内容,请投资者查阅上述报纸或刊载于深圳证券交易所指定网站(www.cninfo.com.cn)的本公司招股说明书全文及附录。

一、注册会计师意见

本公司聘请了北京中洲光华会计师事务所有限公司对本公司2001年度、2002年度、2003年度的会计报表进行了审计,并出具了标准无保留意见的审计报告。

二、简要会计报表

以下内容摘自业经审计的公司财务报告。

(一)资产负债表主要数据 单位:万元

项目	2003年12月31日	2002年12月31日	2001年12月31日
总资产	34,852.32	24,156.41	19,511.56
负债总额	21,878.75	14,746.88	13,009.32
股东权益	12,973.56	9,409.53	6,502.23

(二)利润表主要数据 单位:万元

项目		2003年	2002年	2001年
主营业务收入		25,290.55	17,266.04	12,436.99
主营业务利润		9,001.81	5,836.20	3,822.53
营业利润		4,241.09	3,400.92	1,836.02
利润总额		4,175.64	3,373.45	1,805.00
净利润		3,549.03	2,885.14	1,544.96
每股收益(元)	全面摊薄	0.79	0.64	0.34
	加权平均	0.79	0.64	0.34
净资产收益率(%)	全面摊薄	27.36	30.66	23.76
	加权平均	31.71	36.24	28.12

(三)简要现金流量表 单位:万元

项目	2003年度
经营活动产生的现金流量净额	334.61
投资活动产生的现金流量净额	-3,279.59
筹资活动产生现金流量净额	4,889.81
现金及现金等价物净增加额	1,944.83

三、会计报表附注

本公司会计报表附注等有关内容,请查阅2004年6月7日刊载于深圳证券交易所指定网站(http://www.cninfo.com.cn)的本公司招股说明书全文与附录。

四、最近三年主要财务指标

项目	2003年	2002年	2001年
流动比率	1.62	1.93	2.49
速动比率	0.94	1.09	1.70
应收账款周转率(次)	3.58	3.50	2.80
存货周转率(次)	2.03	2.21	1.84
无形资产占净资产比例(%)	5.44	8.57	13.95
资产负债率(%)	62.78	61.05	66.67
每股净资产(元)	2.88	2.09	1.44
研究开发费用占主营业务收入的比例(%)	5.12	5.11	5.01
净资产收益率(摊薄)(%)	27.36	30.66	23.76
扣除非经常性损益后净资产收益率(摊薄)(%)	27.78	29.03	24.17
每股收益(元)	0.79	0.64	0.34
每股经营活动的现金流量(元)	0.07		

第九节 其他重要事项

一、自本公司股票首次公开发行之日至本上市公告书公告之日,本公司严格依照现行有关法律、法规和规定规范运行,生产经营情况正常,本公司所处行业和市场无重大变化,主要业务发展目标的进展情况正常,主要投入、产出物供求及价格无重大变化。

二、自本公司股票首次公开发行之日至本上市公告书公告之日,本公司没有进行重大对外投资,无重大资产(股权)收购、出售行为。

三、自本公司股票首次公开发行之日至本上市公告书公告之日,本公司住所未发生变更。

四、自本公司股票首次公开发行之日至本上市公告书公告之日,本公司未涉及任何重大诉讼、仲裁或行政处罚案件,并且董事会认为本公司未面临任何重大影响的诉讼和索赔要求;同时,本公司董事、监事和高级管理人员未受到任何刑事起诉,亦没有尚未了结或可能发生的刑事诉讼事项。

五、自本公司股票首次公开发行之日至本上市公告书公告之日,本公司重大会计政策和会计师事务所没有发生变化。

六、自本公司股票首次公开发行之日至本上市公告书公告之日,未发生新的重大负债、并且重大债项未发生变化。

七、本公司股票首次公开发行和股票上市前后税负无变化。

八、根据《深圳证券交易所股票上市规则》,本公司第一大股东新乡市华兰生物技术有限公司承诺:自本公司股票上市之日起12个月内,不转让其持有的本公司的股份,也不由本公司回购其所持有的股份。

九、根据《中小企业板块上市公司特别规定》,本公司承诺在上市后三个月内在公司章程内载入如下内容:本公司股票被终止上市后,本公司股票进入代办股份转让系统继续交易;本公司不对公司章程中的前款规定作任何修改。

十、自本公司股票首次公开发行之日至本上市公告书公告之日,本公司没有其他应披露而未披露之重大事项。

第十节 董事会上市承诺

本公司董事会承诺将严格遵守《公司法》、《证券法》、《股票发行与交易管理暂行条例》、《深圳证券交易所股票上市规则》、《中小企业板块上市公司特别规定》和《证券发行上市保荐制度暂行办法》等法律、法规的有关规定,承诺自本公司股票上市之日起做到：

(一)承诺真实、准确、完整、公允和及时地公布定期报告,披露所有对投资者有重大影响的信息,并接受中国证监会、证券交易所的监督管理；

(二)承诺在知悉可能对股票价格产生误导性影响的任何公共传播媒介中出现的消息后,将及时予以公开澄清；

(三)公司董事、监事和高级管理人员将认真听取社会公众的意见和批评,不利用已获得的内幕消息和其他不正当手段直接或间接从事公司股票的买卖活动；

(四)公司没有无记录的负债。

依据《深圳证券交易所股票上市规则》,本公司全体董事、监事将按照有关规定,在本公司股票上市后两个月内签署《董事(监事)声明及承诺书》并送达深圳证券交易所备案。

第十一节 上市推荐人及其意见

一、保荐机构(上市推荐人)情况

上市推荐人:平安证券有限责任公司

法定代表人:杨秀丽

住 所:广东省深圳市八卦三路平安大厦三层

联系电话:010-66210782

传真:010-66210782

联系人:林辉、罗腾子、徐波

二、保荐机构(上市推荐人)意见

本公司聘请的保荐机构(上市推荐人)平安证券有限责任公司(以下简称"平安证券")认为,本公司股票符合上市条件,并已向深圳证券交易所出具了正式的《华兰生物工程股份有限公司上市推荐书》。其主要推荐意见如下：

平安证券认为:发行人公司章程符合《公司法》、《证券法》等有关法律、法规和中国证券监督管理委员会的规定。发行人本次股票发行符合《公司法》、《证券法》、《深圳证券交易所上市规则》、《中小企业板块上市公司特别规定》等国家有关法律法规的规定,已具备上市条件。发行人董事了解国家有关法律、法规、深圳证券交易所上市规则及股票上市协议规定的董事的义务与责任,发行人建立健全了法人治理结构、制定了严格的信息披露制度与保密制度。

平安证券已对上市文件所载的资料进行了核实,确保上市文件真实、准确、完整,符合规定要求。平安证券保证发行人的上市申请材料、上市公告书没有虚假、严重误导性陈述或者重大遗漏,并保证对其承担相应的法律责任。平安证券与本公司不存在关联关系。平安证券愿意推荐本公司的股票在深圳证券交易所上市交易,并保证不利用在上市过程中获得的内幕信息进行内幕交易,为自己或他人谋取利益。

华兰生物工程股份有限公司

2004年6月17日

深圳市大族激光科技股份有限公司

深圳市大族激光科技股份有限公司首次公开发行股票上市公告书

第一节　重要声明与提示

深圳市大族激光科技股份有限公司(以下简称"本公司")董事会保证上市公告书的真实性、准确性、完整性,全体董事承诺上市公告书不存在虚假记载、误导性陈述或重大遗漏,并承担个别和连带的法律责任。

根据《公司法》、《证券法》等有关法律、法规的规定,本公司董事、高级管理人员已依法履行诚信和勤勉尽责的义务和责任。

证券交易所、中国证监会、其他政府机关对本公司股票上市及有关事项的意见,均不表明对本公司的任何保证。

本公司提醒广大投资者注意,凡本上市公告书未涉及的有关内容,请投资者查阅 2004 年 6 月 8 日刊载于《证券时报》、《中国证券报》、《上海证券报》和《证券日报》上的本公司招股说明书摘要,以及刊载于深圳证券交易所指定网站(www.cninfo.com.cn)的本公司招股说明书全文及相关附录。

第二节　概　览

股票简称:大族激光

股票代码:002008

总 股 本:107,016,000 股

可流通股本:27,000,000 股

本次上市流通股本:27,000,000 股

本次发行价格:9.20 元/股

上市地点:深圳证券交易所

上市时间:2004 年 6 月 25 日

股票登记机构:中国证券登记结算有限责任公司深圳分公司

保荐机构(上市推荐人):联合证券有限责任公司

对首次公开发行股票前股东所持股份的流通限制及期限:根据国家现有法律、法规规定和中国证监会证监发行字[2004]69 号《关于核准深圳市大族激光科技股份有限公司公开发行股票的通知》,本公司的国有法人股、法人股、自然人持有的未流通股暂不上市流通。

首次公开发行股票前的第一大法人股东深圳市大族实业有限公司和自然人股东高云峰对所持股份自愿锁定的承诺:自本公司上市之日起 12 个月内,不转让所持有的本公司股份,也不由本公司回购其所持有的股份。

第三节　绪　言

本上市公告书系根据《中华人民共和国公司法》、《中华人民共和国证券法》、《股票发行与交易管理暂行条例》、《公开发行股票公司信息披露实施细则》和《深圳证券交易所股票上市规则》等国家有关法律、法规的规定,并按照中国证券监督管理委员会制定的《公开发行证券的公司信息披露内容与格式准则第 7 号-股票上市公告书》要求而编制,旨在向投资者提供深圳市大族激光科技股份有限公司基本情况和本次股票上市的有关资料。

经中国证券监督管理委员会证监发行字[2004]69 号文核准,本公司已于 2004 年 6 月 11 日以全部向二级市场投资者定价配售方式成功公开发行了 27,000,000 股人民币普通股(A 股),每股面值 1.00 元,每股发行价格 9.20 元。

经深圳证券交易所深证上[2004]39 号文《关于深圳市大族激光科技股份有限公司人民币普通股股票上市交易的通知》批准,本公司 27,000,000 股流通股将于 2004 年 6 月 25 日在深圳证券交易所上市交易。股票简称"大族激光",股票代码为"002008"。

本公司已于 2004 年 6 月 8 日分别在《证券时报》、《中国证券报》、《上海证券报》和《证券日报》上刊登了《深圳市大族激光科技股份有限公司首次公开发行股票招股说明书摘要》。《深圳市大族激光科技股份有限公司首次公开发行股票招股说明书》全文及其附录材料可在深圳证券交易所指定的网站(www.cninfo.com.cn)查阅。因招股说明书及其摘要的披露距今不足 3 个月,故与其重复的内容在此不再重述,敬请投资者查阅上述文件。

第四节　发行人概况

一、发行人基本情况

中文名称:深圳市大族激光科技股份有限公司

英文名称:Han's Laser Technology Co.,Ltd.

注册资本:10,701.6 元

成立日期:2001 年 9 月 28 日

法定代表人:高云峰

住所:深圳市福田区燕南路桑达小区 405 栋厂房三楼西

经营范围:激光及相关产品、机电一体化设备的技术开发、销售;生产激光雕刻机、激光焊接机、激光器及相关元件(不含限制项目);国内商业、物资供销业(不含专营、专控、专卖商品);兴办实业(具体项目另行申报);进出口业务(具体按深贸进准字第[2001]0176 号文办)

主营业务:激光加工设备的研发、制造及销售

所属行业:其他电子设备制造业

电话:0755-83268759

传真:0755-83265154

互联网网址:http://www.hanslaser.com

电子信箱:bsd@hanslaser.com

董事会秘书:董英

二、发行人历史沿革

2001 年 9 月 28 日,本公司经深圳市人民政府深府股[2001]42 号文批准,由深圳市大族激光科技有限公司整体变更为深圳市大族激光科技股份有限公司。

三、主要经营情况

(一)发行人主营业务

本公司是国内最大的激光信息标记设备制造企业,具备年产 2010 台激光加工设备的生产能力。本公司 2001 年主营业务收入 10,576.45 万元、净利润 2,555.65 万元,2002 年主营业务收入 16,557.17 万元、净利润 3,282.49 万元,2003 年主营业务收入 28,008.94 万元、净利润 3,675.50 万元。根据中国工业经济联合会统计,本公司激光加工设备国内市场占有率 2001 年为 22.7%,2002 年为 27.2%,其中主导产品激光信息标记设备国内市场占有率 2001 年为 62.20%,2002 年为 71.96%,产品销售收入和产量均居国内第一名。

(二)主要产品

1.激光信息标记设备主要包括:灯泵浦 YAG 系列打标机、半导体泵浦通用打标机、半导体泵浦绿光打标机、CO2 系列激光雕刻机、LINDA 通用激光打标机、JETSTAR 激光喷码机、3D 三维激光内雕机、键盘镭射机、钮扣镭射机、CREATE 电子元件在线打标机等。可适用于各种材料及异型表面的的信息标记。

2.激光焊接机主要包括:YAG 系列激光焊接机、W50 激光点焊机等。可适用于金属材料的焊接,包括相同和不同金属材料间的焊接。

3.激光切割机主要包括:CUTTING-30/100 激光切割机、SCRATCH-50 激光划片机等。可适用于金属材料和非金属材料的切割。

4.PCB 钻孔机主要包括:激光钻孔机和机械钻孔机。激光钻孔机可适用于各种材料的钻孔,特别适用于精度小于 0.1mm 的孔。机械钻孔机可适用于各种材料的钻孔,主要适用于精度大于 0.1mm 的孔。

(三)产品销售方式和渠道

公司产品均采用直销方式进行销售。公司专设营销管理中心,并已在全国设立了 6 家分公司、49 家办事处,现有销售服务网络是激光加工设备制造企业在我国境内覆盖面最广、反应最及时的服务网络。公司利用自身销售服务网络借助多种营销方式进行销售。

(四)主要原材料

公司生产具有典型的高科技特性,各类生产所需原材料及配件主要为大功率半导体泵浦模块、高速扫描微电机、各种功率射频 CO2 激光器、各类高功率光学器件等。原材料均在国内外市场上采购,货源供应及产品价格稳定。

(五)行业竞争情况

激光信息标记设备制造行业中,本公司具有一定的行业垄断地位,2001 年本公司市场占有率达到 62.20%,2002 年本公司市场占有率达到 71.96%,且产销量居国内第一。本公司拥有国内先进水平的激光加工设备研究开发机构,研发装备、技术基础与科研能力在国内均处于领先水平。

四、业务及生产经营有关的资产权属情况

(一)发行人的商标

本公司现持有"大族"和"　　　　"两个注册商标。

(二)发行人的土地使用权

本公司拥有使用权的土地一宗,位于深圳市南山区北环路北,宗地面积为 10719.77 平方米,宗地号为 T401-0067,使用年限自 2003 年 1 月 9 日至 2053 年 1 月 8 日止。该宗土地使用权由本公司以出让方式取得,并于 2003 年 8 月 5 日领取证号为深房地字第 4000116473 号《房地产证》。该宗地为本公司生产及研发基地用地。

(三)发行人的专利与非专利技术

1.发行人的软件著作权

本公司共拥有十五项软件著作权,其中一项获深圳市科技进步奖,上述软件目前已经成为国内行业标准软件。公司下属控股子公司大族数控正在申请软件著作权的计算机软件共一项:Blaster 系列 PCB 数控钻铣机 Driller-255 控制系统软件(受理号:200314208)。

2.发行人的专利

本公司拥有国家知识产权局授权的实用新型专利和外观设计专利十九项美国专利一项;高效率、高功率三次谐波激光产生技术(ThirdHarmonic Laser System)(美国专利号为 US 6,690,692B2,该专利正在申请中国发明专利,中国专利申请号为 02134577.5)。此外,本公司正在申请的发明专利共一项:半导体泵浦激光打标机的激光电源(中国专利申请号:01130062.0);正在申请的外观设计专利共一项:首饰点焊机(W50)(申请号:03304224.1);正在申请的实用新型专利共一项:刻度环旋转打标工作台(申请号:03223666.2)。

本公司下属控股子公司大族数控正在申请的实用新型专利共四项:PCB 六头钻孔机(申请号:03247614.0)、断刀检测器调整装置(申请号:03247457.1)、PCB 钻孔机气动机械手(申请号:03247456.3)、PCB 钻孔机刀库(申请号:03247455.5)。

3.发行人的专有技术

本公司自主研究开发的专有生产技术共八项,此外,公司研究开发了高效率、高功率四倍频激光产生技术、高功率、高效率倍频固体绿光产生技术和高功率、倍频固体绿光刀和水刀切割技术,目前正在准备上述三项技术的项目评审资料。待上述三个项目评审完成后,公司将尽快申请国内外专利。

(四)发行人的特许经营权

公司拥有深圳市贸易发展局颁发的《中华人民共和国进出口企业资格证书》(进出口企业代码:4403708485648)。

公司下属控股子公司大族数控拥有深圳市贸易发展局颁发的《中华人民共和国进出口企业资格证书》(进出口企业代码:4403736293598)。

(五)发行人享有的财政税收优惠政策

1.本公司及控股子公司-深圳市大族数控科技有限公司设立在深圳经济特区,执行 15%的所得税税率。经深圳市地方税务局 2000 年 11 月 29 日深地税二函[2000]152 号文认定,本公司符合深圳市人民政府深府(1988)232 号文有关规定,是从事生产性行业的特区企业且经营期在 10 年以上的企业,1999 年度和 2000 年度免缴企业所得税,自 2001 年起开始享受三年内减半征收企业所得税。

2.经深圳市福田国家税务局深国税福征字[2001]30 号文批准,核定本公司 2001 年度地产地销减免税的销售比例为 50%,实际发生比例 14.18%;经深圳市福田国家税务局深国税福征字[2001]20 号文批准,核定本公司 2002 年度地产地销减免税的销售比例为 11%,实际发生比例 4.51%。该项政策于 2003 年 1 月 1 日取消。

3.根据国务院 2000 年 6 月 24 日国发[2000]18 号关于"鼓励软件产业和集成电路企业发展的若干政策"的精神,本公司的七种软件产品被认定为深圳市软件产品,本公司销售自行开发生产的软件产品,2010 年前按 17%的法定税率计缴增值税,对实际税负超过 3%的部分即征即退。

4.2001 年 2 月 12 日深圳市贸易发展局以深贸进准字[2001]0176 号文认定本公司为中华人民共和国进出口企业、本公司产品享受增值税"免、抵、退"的税收优惠政策。

第五节　股票发行与股本结构

一、本次股票上市前首次公开发行情况

1.股票类型:人民币普通股(A 股)

2.每股面值:1.00 元/股

3.发行总量:27,000,000 股,占发行后总股本 25.23%

4.发行价格:9.20 元/股

5.发行市盈率:按 2003 年税后利润 3,675.5 万元,发行前 8001.6 万股本计算的每股盈利 0.46 元,对应发行市盈率 20 倍

6.每股净资产:本次发行前截止到 2003 年 12 月 31 日每股净资产 1.557 元,本次发行后每股净资产 3.392 元

7.发行方式:全部向二级市场投资者定价配售

8.发行对象:中国境内自然人、法人和证券投资基金等投资者(法律、法规禁止购买者除外)

9.募集资金总额:首次公开发行募集资金 248,400,000 元,扣除发行费用 9,910,504.94 元,公司实际募集资金 238,489,495.06 元

10.发行费用:9,910,504.94 元,其中承销费用 7,452,000.00 元、审计费用 600,000.00 元、律师费用 800,000.00 元、上网发行费用 858,504.94 元、发行审核费用 200,000.00 元。每股发行费用 0.367 元(基于发行总股数 27,000,000 股)

二、本次股票上市前首次公开发行股票的承销情况

本次向社会公众投资者公开发行 2,700 万股流通股股票总有效申购户数为 11,425,855 户,总有效申购股数为 67,233,652,000 股,配号总数为 67,233,652 个,本次股票发行的中签率为 0.0401584611%。

三、本次上市前首次公开发行股票所募股资金的验资报告

深圳市大族激光科技股份有限公司:

我们接受委托,审验了贵公司截止 2004 年 6 月 17 日的新增注册资本的实收情况。按照国家相关法律、法规的规定和协议、章程的要求出资,提供真实、合法、完整的验资资料,保护资产的安全、完整是贵公司全体股东及贵公司的责任。我们的责任是对贵公司新增注册资本的实收情况发表审验意见。我们的审验是依据《独立审计实务公告第 1 号-验资》进行的。在审验过程中,我们结合贵公司的实际情况,实施了检查等必要的审验程序。

贵公司原注册资本和实收资本均为人民币 80,016,000.00 元。根据贵公司 2003 年度股东大会授权,贵公司 2004 年 6 月 8 日第一届董事会第十九次会议决议,同意贵公司向社会公众发行 2700 万人民币普通股股票(每股面值 1 元,以下简称"A 股"),变更后的注册资本为人民币 107,016,000.00 元。经中国证券监督管理委员会证监发行字[2004]69 号文核准,同意贵公司向社会公众公开发行 2700 万 A 股,每股面值 1 元。每股发行价人民币 9.2 元。

根据我们审验,截至 2004 年 6 月 17 日止,贵公司已收到社会公众股股东认缴的 2700 万 A 股认购款扣除保荐费用 12,000,000.00 元(含承销费 7,452,000.00 元)、认购手续费 858,504.94 元后的金额计人民币 235,541,495.06 元。其中实收股本 27,000,000.00 元;社会公众股股东均以货币资金出资。

同时我们注意到,贵公司本次增资前的注册资本为人民币 80,016,000.00 元,业经深圳南方民和会计师事务所"深南验字(2003)023 号"验资报告审验。截止 2004 年 6 月 17 日,变更后的累计注册资本实收金额为人民币 107,016,000.00 元。

本验资报告仅供贵公司申请变更登记及申请 A 股上市交易使用,不应将其视为是对贵公司验资报告日后资本保全、偿债能力和持续经营能力等的保证。因使用不当造成的后果,与执行本验资业务的注册会计师及会计师事务所无关。

附件:1、注册资本变更前后对照表

2、验资事项说明

3、银行进账单及银行询证函复印件

4、验证机构营业执照及执业许可证复印件

5、证券、期货相关业务执业许可证复印件

深圳南方民和会计师事务所有限责任公司

中国注册会计师　殷建民　　中国注册会计师　刘　明

中国．深圳　　2004 年 6 月 17 日

四、本次发行募股资金入帐情况

入帐时间:2004 年 6 月 17 日

入帐金额:235,541,495.06 元

入帐帐号:4000022119200139424

开户银行:中国工商银行深圳华强支行

五、上市前股权结构及各类股东的持股情况

1.本次发行前后股权结构

股本类别	发行前 股份数量(万股)	发行前 持股比例(%)	发行后 股份数量(万股)	发行后 持股比例(%)
发起人股				
国有法人股				
其中:红塔创新投资股份有限公司	640.128	8%	640.128	5.98%
深圳市高新技术投资担保有限公司	400.080	5%	400.080	3.74%
法 人 股				
其中:深圳市大族实业有限公司	2320.464	29%	2320.464	21.68%
海南洋浦华洋科技发展有限公司	800.160	10%	800.160	7.48%
大连正源企业有限公司	640.128	8%	640.128	5.98%
深圳市东盛创业投资有限公司	640.128	8%	640.128	5.98%
自然人股				
其中:高云峰	2320.464	29%	2320.464	21.68%
肖 虎	240.048	3%	240.048	2.24%
社会公众股	–	–	2700.000	25.23%
合 计	8001.600	100%	10701.600	100.00%

2.本次上市前 10 大股东持股情况

排名	股东名称	性质	持股数量(万股)	持股比例(%)
1	高云峰	自然人持有的未流通股	2,320.4640	21.68
2	深圳市大族实业有限公司	法人股	2,320.4640	21.68
3	海南洋浦华洋科技发展有限公司	法人股	800.1600	7.48
4	红塔创新投资股份有限公司	国有法人股	640.1280	5.98
5	大连正源企业有限公司	法人股	640.1280	5.98
6	深圳市东盛创业投资有限公司	法人股	640.1280	5.98
7	深圳市高新技术投资担保有限公司	国有法人股	400.0800	3.74
8	肖 虎	自然人持有的未流通股	240.0480	2.24
9	联合证券有限责任公司	流通股	33.8356	0.32
10	中国银行-嘉实成长收益型证券投资基金	流通股	1.2000	0.11
10	中国银行-华夏回报证券投资基金	流通股	1.2000	0.11

第六节　董事、监事、高级管理人员

本公司董事、监事、高级管理人员情况见下表:

姓名	职务	性别	年龄	任期	简要经历	兼职情况
高云峰	董事长	男	36	2001.9–2004.9	毕业于北京航空航天大学,曾任职于南京航空航天大学。	深圳市大族实业有限公司董事兼总经理、大族实业有限公司执行董事、深圳市大族数控科技有限公司董事长,深圳市大族电脑制版设备有限公司董事,深圳大学客座教授、深圳市光学光电子行业协会副会长、美国光学学会会员
王之江	副董事长	男	73	2002.8–2004.9	中国科学院院士,曾任上海光机所所长,上海激光技术研究所所长、长春光机所副所长。	未兼任其他单位职务
周复正	董事、总经理	男	62	2004.4–2004.9	大学本科学历,中科院正研究员,教授。先后在美国 Quantronix 激光公司、Lexel 激光公司和 AppliedHarmonics 激光公司工作。	未兼任其他单位职务
张建群	董事、副总经理	男	38	2003.1–2004.9	毕业于清华大学,曾任上海凯利公司通讯经营部经理。	深圳大族实业有限公司董事、深圳市大族数控科技有限公司监事
马胜利	董 事	女	38	2004.4–2004.9	中国人民大学经济信息管理系学士、香港公开大学工商管理硕士、中国人民大学商学院产业经济学博士在读。曾在中国长城计算机集团公司从事金融软件系统开发工作,后在中国长城计算机集团公司从事财务工作。	本公司董事,红塔兴业投资有限公司副总裁,红塔创新投资股份有限公司董事、副总裁。
汪　俊	董 事	男	33	2001.9–2004.9	大学本科学历,曾任湖南华菱管线股份有限公司证券部副主任、证券部经理。	湖南华菱管线股份有限公司董事会秘书、副总经理
王欣胜	董 事	男	46	2001.9–2004.9	硕士学历,深圳市高新技术投资担保有限公司投资部经理。	深圳市高新技术投资担保有限公司总经理助理、深圳市奥维迅科技股份有限公司监事会召集人
朱天培	独立董事	男	66	2001.9–2004.9	大学本科学历,曾任中国科学院长春应用化学所所学术委员;深圳市人民政府经济发展局总工程师、副局长。	深圳市方天通实业发展有限公司董事长
张宏文	独立董事	女	36	2001.9–2004.9	经济学硕士,曾任深圳鹏城会计师事务所审计部副经理。	世纪证券有限责任公司会计部经理
李家英	独立董事	男	67	2001.9–2004.9	大学本科学历,曾任中国科学院长春光机所研究室副主任;北京 608 厂总工程师、副厂长。	深圳市光学光电子行业协会会长,国家机械委仪器局照相机国际标准研究组组员,北京光学协会应用光学专业委员会副主任,中国光学学会、中国仪器协会会员
张鹏飞	独立董事	男	49	2003.5–2004.9	大学本科学历,曾任深圳市中级人民法院司法行政处处长、副局级助理巡视员,现已退休。	未兼任其他单位职务
富彦斌	监 事	男	39	2001.9–2004.9	硕士学历,曾任职于大连开发区新世界旅游公司。	大连正源企业有限公司董事长
杨敬强	监 事	男	31	2001.9–2004.9	大学本科学历,曾任深圳市霸菱实业发展有限公司经理、东立国际投资有限公司副总经理。	深圳市东盛创业投资有限公司董事长
刘守斌	监 事	男	39	2002.4–2004.9	博士学历,曾在山东工业大学(现山东大学)机械工程学院任教。	未兼任其他单位职务
张 静	监 事	女	27	2001.9–2004.9	大学本科学历,曾任职于北京国贸集团。	深圳市大族实业有限公司办公室主任
陈秀萍	监 事	女	28	2002.4–2004.9	大学本科学历,曾任深圳市华怡电脑机械有限公司网络打版部经理。	未兼任其他单位职务
周朝明	副总经理	男	37	2001.9–2004.9	现正攻读硕士学位,曾任江西吉安市新亚电子公司技术部	深圳市大族实业有限公司监事、深圳市大族数控科技有限公司监事经理。
杨朝辉	副总经理	男	28	2001.9–2004.9	大学本科学历曾任深圳市中兴通讯股份有限公司产品事业部质量部副部长。	深圳市大族数控科技有限公司董事及总经理
董 英	董事会秘书	女	33	2001.9–2004.9	工学硕士,曾任职于长春市中国旅行社、OMC 华南厂、富士康深圳公司。	未兼任其他单位职务
罗 平	财务负责人	女	41	2001.9–2004.9	大专学历,会计师,曾任四川石油管理局重庆仪器厂财务科经理、深圳市先科机械电子公司财务处经理。	未兼任其他单位职务

姓　名	薪酬	持有公司股份数量	与公司的其他利益关系

高云峰	–	2320.464 万股	无
王之江	–	无	无
周复正	22.58	无	无
张建群	28.36	无	无
马胜利	–	无	无
汪　俊	–	无	无
王欣胜	–	无	无
朱天培	3.00	无	无
张宏文	3.00	无	无
李家英	3.00	无	无
张鹏飞	–	无	无
富彦斌	–	无	无
杨敬强	–	无	无
刘守斌	8.97	无	无
张　静	–	无	无
陈秀萍		无	无
周朝明	16.43	无	无
杨朝辉	15.47	无	无
董　英	8.57	无	无
罗　平	12.97	无	无

本公司股东以及作为管理层的股东声明,所持有的发行人股票没有被质押,也不存在其他争议情况,将遵守《公司法》等法律法规的规定,在法律法规规定的时间内不会转让本公司股票。

第七节　同业竞争与关联交易

一、同业竞争

本公司的第一大股东-深圳市大族实业有限公司、本公司的实际控制人-高云峰及其控制的其他法人与本公司之间均不存在同业竞争的情况。同时上述股东以及所控制的法人已出具了《放弃竞争与利益冲突承诺函》。发行人律师和保荐机构经审查认为,发行人与股东、实际控制人及其所控制的公司不存在同业竞争情况。

二、关联交易

(一)关联方

1.存在控制关系的关联方

关联方名称	经济性质或类型	法定代表人	地址
高云峰	主要个人投资者	–	深圳
深圳市大族实业有限公司*1	有限责任公司	陈国华	深圳
深圳市高新技术投资担保有限公司*2	有限责任公司	曾石泉	深圳
深圳市大族数控科技有限公司	有限责任公司	高云峰	深圳
深圳市大族电脑制版设备有限公司	有限责任公司	胡湘衡	深圳

关联方名称	与本公司关系	主营业务
高云峰	公司第一大自然人股东	–
深圳市大族实业有限公司*1	公司第一大法人股股东	*3
深圳市高新技术投资担保有限公司*2	公司股东	*4
深圳市大族数控科技有限公司	控股子公司	*5
深圳市大族电脑制版设备有限公司	间接控股子公司	*6

*1 深圳市大族实业有限公司的控股股东为高云峰。

*2 深圳市高新技术投资担保有限公司在 2001 年 4 月 4 日前为控股股东,从 2001 年 4 月 4 日后变为非控股股东。

*3 大族实业主营业务为通过对外投资获得投资收益。

*4 投资开发,信息咨询;贷款担保。

*5 开发、销售数控设备、激光及其相关产品。

*6 数字化电脑制版设备、软件的技术开发(以上不含限制项目);数字化电脑制版设备、软件及相关耗材的销售;信息咨询。

2.不存在控制关系的关联方

关联方关系	持股比例	与本企业的关系
海南洋浦华洋科技发展有限公司	10%	本公司股东、派有董事
红塔创新投资股份有限公司	8%	本公司股东、派有董事
大连正源企业有限公司	8%	本公司股东、派有监事
深圳市东盛创业投资有限公司	8%	本公司股东、派有监事
深圳市高新技术投资担保有限公司	5%	本公司股东、派有董事
肖　虎	3%	本公司股东
大族实业有限公司(注册地为香港)		同受股东控制的关联方

(二)本公司与关联方报告期发生的关联交易情况:

1.担保

近三年,公司关联方为本公司借款提供担保情况如下:(金额单位:元)

担保股东名称	借款银行
深圳市高新技术投资担保有限公司	中国建设银行深圳分行
深圳市高新技术投资担保有限公司	中国建设银行深圳分行振兴支行
深圳市高新技术投资担保有限公司	深圳市福田区科技技术局
深圳市大族实业有限公司	中国建设银行深圳分行振兴支行
深圳市大族实业有限公司、高云峰	福建兴业银行深圳分行
深圳市高新技术投资担保有限公司	中国交通银行深圳分行红荔支行
深圳市大族实业有限公司	中国建设银行深圳分行振兴支行
深圳市大族实业有限公司、高云峰	中国交通银行深圳分行红荔支行
合 计	

担保股东名称	借款金额	借款期限
深圳市高新技术投资担保有限公司	10,000,000.00	2001.11.14–2002.11.13
深圳市高新技术投资担保有限公司	18,000,000.00	2002.12.27–2003.12.26
深圳市高新技术投资担保有限公司	2,000,000.00	2002.7.22–2003.7.21
深圳市大族实业有限公司	10,000,000.00	2002.12.11–2003.12.10
深圳市大族实业有限公司、高云峰	8,000,000.00	2002.9.29–2003.6.29
深圳市高新技术投资担保有限公司	10,000,000.00	2003.6.4–2004.6.4
深圳市大族实业有限公司	10,000,000.00	2003.5.15–2004.5.14
深圳市大族实业有限公司、高云峰	10,000,000.00	2003.12.18–2004.12.17
合 计	78,000,000.00	–

注:上述借款担保中,第一、二、三、四、五笔借款已经偿还,借款担保已经解除。

因深圳高新投资为本公司贷款提供担保,根据《担保协议》规定,本公司 2001 年度、2002 年度及 2003 年分别支付股东深圳高新投资担保费 190,000.00 元、342,000.00 元及 190,000.00 元。

2.关联方应收应付项余额

近三年,公司关联方应收应付项余额情况如下:(金额单位:元)

项 目	2003 年 12 月 31 日	2002 年 12 月 31 日
其他应收款		
深圳市高新技术投资担保有限公司	–	1,000,000.00
其他应付款		
深圳市大族实业有限公司	–	–

项 目	2001 年 12 月 31 日
其他应收款	
深圳市高新技术投资担保有限公司	–
其他应付款	
深圳市大族实业有限公司	1,733,650.00

(三)公司独立董事、保荐机构、发行人律师和申报注册会计师对报告期重大关联交易的意见

报告期内本公司未发生重大关联交易。

有关同业竞争与关联交易的详细内容请查阅刊载于深圳证券交易所指定网站(www.cninfo.com.cn)的本公司招股说明书全文。

第八节　财务会计资料

本公司截至 2003 年 12 月 31 日的财务会计资料,已于 2004 年 6 月 8 日在《证券时报》、《中国证券报》、《上海证券报》和《证券日报》上刊登的《深圳市大族激光科技股份有限公司首次公开发行股票招股说明书摘要》进行了披露,投资者欲了解详细内容,请查阅上述报纸或查阅刊载于深圳证券交易所指定网站(www.cninfo.com.cn)的本公司招股说明书全文及附录。

一、注册会计师意见

受本公司委托,深圳南方民和会计师事务所有限责任公司根据《企业会计制度》、《中国注册会计师独立审计准则》的规定,审计了公司 2003 年 12 月 31 日、2002 年 12 月 31 日、2001 年 12 月 31 日的资产负债表和合并资产负债表及 2003 年度、2002 年度、2001 年度的利润表和合并利润表以及 2003 年度、2002 年度的现金流量表和合并现金流量表,并出具了深南财审报字(2004)第 CA011 号标准无保留意见审计报告。

二、简要会计报表

(一)简要合并利润表(见附表 1)

(二)简要合并资产负债表(见附表 2)

(三)简要合并现金流量表(见附表 3)

三、会计资料附注

有关会计资料附注内容请投资者查阅本公司招股说明书附录部分(详见 www.cninfo.com.cn)。

四、财务指标

(一)主要财务指标

以下"主要财务指标表"根据经审计的财务报告提供的数据测算编制:

主要财务指标	2003 年	2002 年	2001 年
流动比率	2.12	1.86	2.70
速动比率	1.32	1.18	1.70
应收帐款周转率(次)	3.83	3.16	3.37
存货周转率(次)	2.24	1.77	2.42
无形资产(扣除土地使用权)占净资产比例	1.24%	1.25%	0.43%
无形资产(扣除土地使用权)占总资产比例	0.67%	0.59%	0.27%
资产负债率	42.63%	55.88%	36.77%
每股净资产(元/股)	1.557	1.906	1.249
研发费用占销售收入比例	3.25%	2.35%	2.74%
每股经营性现金流量(元)	0.25	–0.21	–0.05

以上财务指标中,资产负债率以母公司财务报告的财务数据为基础计算,其余指标以合并财务报告数据为基础计算,计算方法如下:

1.流动比率=流动资产÷流动负债

2.速动比率=速动资产÷流动负债

3.应收帐款周转率=主营业务收入÷应收帐款平均余额

4.存货周转率=主营业务成本÷存货平均余额

5.无形资产(土地使用权除外)占总(净)资产的比例=无形资产(土地使用权除外)÷总(净)资产

6.资产负债率=总负债÷总资产

7.每股净资产=期末净资产÷期末股份总数

8.研发费用占主营业务收入比例=研发费用÷主营业务收入

9.每股经营活动的现金流量=经营活动产生的现金流量净额÷期末股本总数

(二)净资产收益率及每股收益

按照证监会《公开发行证券公司信息披露编报规则第 9 号-净资产收益率和每股收益的计算及披露》,公司 2001 年度、2002 年度及 2003 年度的净资产收益率及每股收益如下:

报告期利润		净资产收益率(%)		每股收益(元)	
		全面摊薄	加权平均	全面摊薄	加权平均
主营业务利润	2001 年度	72.58	91.24	0.91	1.55
	2002 年度	75.13	90.75	1.43	1.43
	2003 年度	90.37	99.01	1.41	1.41
营业利润	2001 年度	33.57	42.19	0.42	0.72
	2002 年度	29.07	35.12	0.55	0.55
	2003 年度	25.17	27.58	0.39	0.39
净 利 润	2001 年度	40.90	51.42	0.51	0.87
	2002 年度	34.44	41.61	0.66	0.66
	2003 年度	29.51	32.33	0.46	0.46
扣除非经常性损益后的净利润	2001 年度	39.58	49.76	0.50	0.85
	2002 年度	33.48	40.45	0.64	0.64
	2003 年度	28.56	31.29	0.44	0.44

上述指标的计算方法如下:

1.全面摊薄净资产收益率=报告期利润÷期末净资产

2.全面摊薄每股收益=报告期利润÷期末股份总数

3.加权平均每股收益=P÷(S0+S1+Si×Mi÷M0–Sj×Mj÷M0)

其中:P 为报告期净利润;S0 为期初股份总数;S1 为报告期因公积金转增股本或股利分配等增加股份数;Si 为报告期因发行新股或债转股等增加股份数;Sj 为报告期因回购或缩股等减少股份数;M0 为报告期月份数;Mi 为增加股份下一月份起至报告期期末的月份数;Mj 为减少股份下一月份起至报告期期末的月份数。

4.加权平均净资产收益率=P÷(E0+NP÷2+Ei×Mi÷M0–Ej×Mj÷M0)

其中:P 为报告期利润;E0 为期初净资产;NP 为报告期净利润;Ei 为报告期发行新股或债转股等新增净资产;Ej 为报告期回购或现金分红等减少净资产;M0 为报告期月份数;Mi 为新增净资产下一月份起至报告期期末的月份数;Mj 为减少净资产下一月份起至报告期期末的月份数。

第九节 其他重要事项

一、自本公司股票首次公开发行之日至本上市公告书公告之日,本公司严格依照《公司法》、《证券法》等法律法规的要求,规范运行,生产经营情况正常;所处行业和市场无重大变化;主要业务及发展目标的进展状况正常,主要投入、产出物供求及价格无重大变化。

二、自本公司股票首次公开发行之日至本上市公告书公告之日,本公司无重大对外投资、重大资产(股权)收购或出售行为;住所未发生变更。

三、自本公司股票首次公开发行之日至本上市公告书公告之日,本公司重大会计政策和会计师事务所没有发生变化。

四、自本公司股票首次公开发行之日至本上市公告书公告之日,本公司未发生新的重大负债或重大债项发生变化。

五、自本公司股票首次公开发行之日至本上市公告书公告之日,本公司董事、监事和高级管理人员没有尚未了结或可能发生的刑事诉讼事项。

六、自本公司股票首次公开发行之日至本上市公告书公告之日,本公司未涉及任何重大诉讼事项或仲裁,亦无尚未了结或可能面临的重大诉讼或索赔要求。

七、自本公司股票上市之后三个月内在公司章程中载入如下内容:1.股票被中止上市后,公司股票进入代办股份转让系统继续交易;2.不对公司章程中的前款规定作任何修改。

八、本公司股票首次公开发行至本上市公告书公告之日,没有其他应披露而未披露之重大事项。

第十节 董事会上市承诺

本公司董事会承诺将严格遵守《中华人民共和国公司法》、《中华人民共和国证券法》、《股票发行与交易管理暂行条例》、《公开发行股票公司信息披露实施细则》、《深圳证券交易所股票上市规则》和《中小企业板块上市公司特别规定》等国家相关法律、法规和有关规定,并自股票上市之日起做到:

一、承诺真实、准确、完整、公允和及时地公布定期报告,披露所有对投资者有重大影响的信息,并接受中国证监会、证券交易所的监督管理;

二、承诺本公司在知悉可能对股票价格产生误导性影响的任何公共传播媒介中出现的消息后,将及时予以公开澄清;

三、本公司董事、监事、高级管理人员和核心技术人员将认真听取社会公众的意见和批评,不利用已获得的内幕消息和其他不正当手段直接或间接从事发行人股票的买卖活动;

四、本公司没有无记录的负债。

第十一节 保荐机构(上市推荐人)及其意见

一、保荐机构(上市推荐人)

名称:联合证券有限责任公司

法定代表人:马国强

住所:深圳市深南东路 5047 号发展银行大厦 10、24、25 楼

联系人:李源光、陈 鹏、王海鹏、王海龙、倪晋武

电话:010-68081382

传真:010-68085688

二、保荐机构(上市推荐人)意见

本公司的上市推荐人认为:本公司章程符合《中华人民共和国公司法》、《中华人民共和国证券法》及《深圳证券交易所股票上市规则》等法律、法规和中国证监会的有关规定;本次股票发行完全符合《中华人民共和国公司法》、《中华人民共和国证券法》、《深圳证券交易所股票上市规则》和《中小企业板块上市公司特别规定》的法律、法规和中国证监会的有关规定,已具备了上市条件;本公司董事了解法律、法规、深圳证券交易所上市规则及股票上市协议规定的董事的义务与责任;本公司建立健全了法人治理结构、制定了严格的信息披露制度与保密制度。

上市推荐人已对本公司上市文件所载的资料进行了核实,确认上市文件真实、准确、完整、符合规定要求,没有虚假记载、严重误导性陈述或重大遗漏,并对其承担连带责任。上市推荐人与本公司之间不存在关联关系。

上市推荐人愿意推荐本公司的股票在深圳证券交易所上市交易,并且在上市推荐过程中,保证不利用获得的内幕信息进行内幕交易,为自己或他人谋取利益。

深圳市大族激光科技股份有限公司

2004 年 6 月 19 日

附表 1:简要合并资产负债表 (金额单位:元)

资产	2003 年 12 月 31 日	2002 年 12 月 31 日	2001 年 12 月 31 日
流动资产:			
货币资金	23,542,718.83	43,684,183.53	10,188,694.68
应收票据	1,536,636.00	609,180.00	–
应收帐款	80,953,409.47	65,204,340.51	39,720,107.47
其他应收款	4,139,993.22	4,702,661.72	1,773,798.47
预付帐款	18,916,092.07	7,638,854.93	3,414,453.77
应收补贴款	–	–	4,776,502.90
存货	78,169,699.35	70,589,270.03	35,308,426.92
待摊费用	169,418.92	196,601.28	43,279.93
流动资产合计	207,427,967.86	192,625,092.00	95,225,264.14
长期投资:			
长期股权投资	828,184.00	–	–
长期债权投资	–	–	–
长期投资合计	828,184.00	–	–
固定资产:			
固定资产原值	20,436,256.88	9,753,259.60	3,612,295.08
减:累计折旧	4,245,554.72	1,665,794.31	879,576.32
固定资产净值	16,190,702.16	8,087,465.29	2,732,718.76
减:固定资产减值准备	–	–	–
固定资产净额	16,190,702.16	8,087,465.29	2,732,718.76
在建工程	5,428,525.27	–	–
固定资产合计	21,619,227.43	8,087,465.29	2,732,718.76
无形资产及其他资产:			
无形资产	1,544,360.31	1,188,152.05	270,665.01
长期待摊费用	805,283.63	901,421.25	584,943.88
其他长期资产	–	–	–
无形资产及其他资产合计	2,349,643.94	2,089,573.30	855,608.89
资产总计	232,225,023.23	202,802,130.59	98,813,591.79

负债及股东权益	2003 年 12 月 31 日	2002 年 12 月 31 日	2001 年 12 月 31 日
流动负债:			
短期借款	40,000,000.00	64,280,000.00	12,000,000.00
应付票据	4,615,220.90	–	–
应付帐款	30,850,468.23	26,683,862.83	11,936,913.00
预收帐款	3,274,504.54	3,678,026.25	845,900.00
应付工资	4,183,865.02	2,276,797.86	1,431,135.17
应付福利费	4,093,380.04	1,483,405.81	195,560.04
应付股利	2,775,555.00	–	–
应交税金	5,124,526.12	4,123,652.24	6,809,263.53
其他应付款	1,757,196.74	634,512.15	1,956,668.35
其他应交款	114,747.53	66,706.72	154,927.49
预提费用	1,253,696.51	412,240.37	–
流动负债合计	98,043,160.63	103,639,204.23	35,330,367.58
长期负债:			
专项应付款	4,000,000.00	3,000,000.00	1,000,000.00
其他长期负债	–	–	
长期负债合计	4,000,000.00	3,000,000.00	1,000,000.00
负债合计	102,043,160.63	106,639,204.23	36,330,367.58
少数股东权益	5,620,257.48	854,836.54	–
股东权益:			
股本	80,016,000.00	50,010,000.00	50,010,000.00
股本净额	80,016,000.00	50,010,000.00	50,010,000.00
资本公积	7,357.42	7,357.42	7,357.42
盈余公积	12,307,965.78	6,794,713.48	1,870,983.64
其中:法定公益金	4,102,655.26	2,264,904.49	623,661.21
未分配利润	32,230,281.92	30,994,518.92	10,594,883.15
现金股利	0.00	7,501,500.00	–
股东权益合计	124,561,605.12	95,308,089.82	62,483,224.21
负债及股东权益总计	232,225,023.23	202,802,130.59	98,813,591.79

附表 2:简要合并利润表 (金额单位:元)

	2003 年	2002 年	2001 年
一、主营业务收入	280,089,368.64	165,571,718.69	105,764,515.06
减:主营业务成本	166,740,020.21	93,477,126.74	59,935,199.19
主营业务税金及附加	788,163.51	494,303.01	480,893.91
二、主营业务利润	112,561,184.92	71,600,288.94	45,348,421.96
加:其他业务利润	2,991,354.61	1,615,041.79	812,113.89
减:营业费用	48,776,061.09	26,286,153.69	16,175,132.70
管理费用	32,496,906.32	17,686,816.67	8,714,483.36
财务费用	2,927,352.81	1,535,627.86	297,578.38
三、营业利润	31,352,219.31	27,706,732.51	20,973,341.41
加:投资收益	–	–	–
补贴收入	7,649,491.61	7,169,728.87	5,368,613.31
营业外收入	295,274.59	93,228.01	1,655,144.01
减:营业外支出	89,986.32	64,514.18	763,874.16
四、利润总额	39,206,999.19	34,905,175.21	27,233,224.57
减:所得税	2,866,562.95	2,125,473.06	1,676,753.56
减:少数股东损益	(414,579.06)	(45,163.46)	–
五、净利润	36,755,015.30	32,824,865.61	25,556,471.01

附表 3:简要合并现金流量表 (金额单位:元)

	2003 年	2002 年
一、经营活动产生的现金流量		
销售商品、提供劳务收到的现金	312,141,415.09	168,058,703.97
收到的税费返还	7,649,491.61	11,486,631.77
收到的其他与经营活动有关的现金	2,328,853.01	3,653,469.02
现金流入小计	322,119,759.71	183,198,804.76
购买商品、接受劳务支付的现金	200,732,353.21	130,263,449.39
支付给职工以及为职工支付的现金	47,204,724.92	21,864,545.94
支付的各项税费	22,775,781.53	17,973,598.01
支付的其他与经营活动有关的现金	31,121,273.77	23,437,865.57
现金流出小计	301,834,133.43	193,539,458.91
经营活动产生的现金流量净额	20,285,626.28	(10,340,654.15)
二、投资活动产生的现金流量		
收回投资所收到的现金	–	–
取得投资收益所收到的现金	–	–
处置固定资产、无形资产和其他长期资产所收回的现金净额	1,800.00	30,000.00
收到的其他与投资活动有关的现金	–	–
现金流入小计	1,800.00	30,000.00
购建固定资产所支付的现金净额	12,007,373.20	7,433,243.92
投资所支付的现金	828,184.00	–
支付的其他与投资活动有关的现金	–	–
现金流出小计	12,835,557.20	7,433,243.92
投资活动产生的现金流量净额	(12,833,757.20)	(7,403,243.92)
三、筹资活动产生的现金流量		
吸收投资所收到的现金	5,180,000.00	900,000.00
借款所收到的现金	40,000,000.00	85,000,000.00
收到的其他与筹资活动有关的现金	–	–
现金流入小计	45,180,000.00	85,900,000.00
偿还债务所支付的现金	64,280,000.00	32,720,000.00
分配股利、利润或偿付利息所支付的现金	7,943,333.78	1,598,613.08
支付的其他与筹资活动有关的现金	550,000.00	342,000.00
现金流出小计	72,773,333.78	34,660,613.08
筹资活动产生的现金流量净额	(27,593,333.78)	51,239,386.92
四、汇率变动对现金的影响	–	–
五、现金及现金等价物净增加额	(20,141,464.70)	33,495,488.85

江苏天奇物流系统工程股份有限公司

江苏天奇物流系统工程股份有限公司首次公开发行股票上市公告书

第一节 重要声明与提示

江苏天奇物流系统工程股份有限公司(以下简称"本公司"或"发行人")董事会保证上市公告书的真实性、准确性、完整性,全体董事承诺上市公告书不存在虚假记载、误导性陈述或重大遗漏,并承担个别和连带的法律责任。

根据《公司法》、《证券法》等有关法律、法规的规定,本公司董事、高级管理人员已依法履行诚信和勤勉尽责的义务和责任。

深圳证券交易所、中国证监会、其他政府机关对本公司股票上市及有关事项的意见,均不表明对本公司的任何保证。

本公司提醒广大投资者注意,凡本上市公告书未涉及的有关内容,请投资者查阅2004年6月9日刊登于《中国证券报》、《上海证券报》、《证券时报》、《证券日报》的本公司招股说明书摘要,及刊载于巨潮网网站(www.cninfo.com.cn)的本公司招股说明书全文及相关附录。

第二节 概 览

1、股票简称:天奇股份

2、深市股票代码:002009

沪市代理股票代码:609009

3、总股本:57,554,902股

4、可流通股本:25,000,000股

5、本次上市流通股本:25,000,000股

6、上市地点:深圳证券交易所

7、上市时间:2004年6月29日

8、股票登记机构:中国证券登记结算有限责任公司深圳分公司

9、保荐机构(上市推荐人):长城证券有限责任公司

10、对首次公开发行股票前股东所持股份的流通限制及期限:根据国家现有法律、法规规定和中国证监会证监发行字[2004]74号《关于核准江苏天奇物流系统工程股份有限公司公开发行股票的通知》,本公司的国有法人股、法人股、自然人持有的未流通股份暂不上市流通。

11、本公司第一大股东黄伟兴承诺:自本公司股票上市之日起一年内,不转让其所持有的发起人股份,也不由本公司回购其持有的本公司股份。

第三节 绪 言

本上市公告书是根据《中华人民共和国公司法》、《中华人民共和国证券法》、《股票发行交易管理暂行条例》、《公开发行股票信息披露实施细则》和《深圳证券交易所上市规则》等国家有关法律、法规的规定,并按照中国证监会《公开发行证券的公司信息披露内容与格式准则第7号---股票上市公告书》而编制,旨在向投资者提供有关本公司的基本情况和本次股票上市的有关情况。

经中国证监会证监发行字[2004]74号文核准,本公司已于2004年6月14日通过深圳证券交易所,以全部向二级市场投资者定价配售发行方式成功发行2,500万股人民币普通股(A股),股票面值1.00元,每股发行价6.89元。

根据深圳证券交易所深证上[2004]40号文《关于江苏天奇物流系统工程股份有限公司人民币普通股股票上市交易的通知》批准,本公司2,500万股社会公众股将于2004年6月29日起在深圳证券交易所挂牌交易。股票简称"天奇股份",深市股票代码"002009",沪市股票代理代码"609009"。

本公司已于2004年6月9日在《中国证券报》、《上海证券报》、《证券时报》、《证券日报》上刊登了招股说明书摘要,招股说明书全文及其附录刊载于巨潮网站 www.cninfo.com.cn。因前述招股文件刊登距今不足三个月,故与其重复的内容不再重述,敬请投资者查阅上述内容。

第四节 发行人概况

一、发行人概况

中文名称:江苏天奇物流系统工程股份有限公司

英文名称:Jiangsu Miracle Logistics System Engineering Co., Ltd.

法定代表人:白开军

董事会秘书:费新毅

成立日期:2000年11月14日

注册地址:江苏省无锡市惠山区洛社镇人民南路

办公地址:无锡市中山路343号东方广场9楼 邮政编码:214001

电话号码:(0510)2720289

传真号码:(0510) 2720289

互联网网址:http://www.chinaconveyor.com

电子信箱:feixy@21cn.com

经营范围:物流系统工程的设计、制造、安装和管理(国家有专项规定的办理专项审批手续后经营),光机电一体化及环保工程的设计、施工;机电产品制造及自产产品及相关技术的出口业务(国家限定公司经营或禁止出口的商品除外);经营本企业和本企业成员企业生产、科研所需的原辅材料、机械设备、仪器仪表、零配件及相关技术的进口业务(国家限定公司经营或禁止进口的商品除外),经营本企业的进料加工和"三来一补"业务。系统集成控制软件、工业控制软件及电子计算机配套设备开发、制造、销售。

所属行业:根据中国证监会《上市公司行业分类指引》,本公司属于专用设备制造业。

二、发行人历史沿革

本公司前身无锡南方天奇物流机械有限公司成立于1997年11月18日,注册资本602万元,黄伟兴占出资总额的50%,其他30名自然人占出资总额的50%。2000年5月,无锡南方天奇物流机械有限公司部分股东转让其所持有股权。银通创业投资有限公司受让9.0%的股权,无锡新伟博高技术咨询有限公司(2001年更名为无锡新伟博企业咨询有限公司)受让持有8.0%的股权,机械工业部第四设计研究院受让的7.0%的股权;白开军受让后增持3.9%的股权,深圳市鑫瑞森实业发展有限公司受让3.0%。上述转让于2000年5月23日完成相应工商变更手续。2000年经江苏省人民政府苏政复[2000]206号文批准,无锡南方天奇物流机械有限公司整体变更为江苏天奇物流系统工程股份有限公司,2000年11月14日完成变更登记,注册资本32,554,902元。

经中国证监会证监发行字[2004]74号文核准,发行人于2004年6月14日在深圳证券交易所以全部向二级市场投资者定价配售方式成功发行了人民币普通股2,500万股,每股面值1.00元,每股发行价6.89元。发行人于2004年6月18日办理验资手续,其中2,500万元计入发行人股本。此次发行完成后,发行人总股本为57,554,902股,流通股占总股本的比例为43.44%。

三、发行人主要经营情况

(一)发行人主要业务

公司主营业务为设计、制造、安装和管理物流输送系统和自动化仓储系统以及为上述两种产品提供技术支持的系统集成控制软件。公司的智能自动化系统主要服务于汽车、家电行业的生产物流过程中工业智能自动化的需求,也涉及到摩托车、内燃机、工程机械、冶金、烟草、化工等行业的输送、搬运及储存。

(二)发行人的竞争优势和劣势

美国、日本、德国是全球汽车产业的龙头,其工业智能自动化系统也居于全球领先地位。我国工业智能自动化系统行业从二十世纪九十年代初开始进入市场化阶段,伴随我国制造业的快速发展和产业结构的调整而发展。虽然起步较晚,但发展极为迅速。本公司注重工业智能自动化系统的单机产品的改进及新产品的开发,并较早地进入智能自动化系统总体规划、项目承包、控制软件开发、技术服务、国际合作和设备引进及提供自动化输送、仓储系统部分设备等业务。

国内工业自动化系统供应商具有单机设计能力的企业相对较多,而具有系统设计、集成能力的较少。具备自动化系统集成能力的企业主要为包括本公司在内的少数几家公司。本公司在国内主要竞争对手主要有承德输送机集团有限公司和山西东方智能物流股份有限公司等。竞争主要是在系统规划设计、工程管理、技术创新、专用设备制造、技术咨询服务、软件编制、系统集成、国际合作的能力等方面展开。

(三)主要财务指标

请参阅本上市公告书"财务会计资料"部分的相关内容。

(四)与发行人业务有关的资产权属情况

1、股份公司设立时的资产

因本公司是由有限公司以整体变更方式设立的股份公司,故原无锡南方天奇物流机械有限公司拥有的相关资产均由本公司承继。本公司目前拥有的办公楼、厂房和主要设备系1997年12月从江苏南方天奇集团公司(以下简称:资产出让方)受让取得,其中厂房和设备是资产出让方于1997年6月从合资公司无锡南方输送机有限公司(以下简称:原始资产出让方)取得的,办公楼为资产出让方自有房产。原始资产出让方出售资产是在未经中外双方股东达成一致的情况下作出的;在本次资产实际转让后也未对该事项进行账务处理;厂房产权按合同约定时间直接由原始资产出让方过户到无锡南方天奇物流机械有限公司(股份公司前身)名下。本次发行的主承销商、发行人律师及申报会计师对上述资产转让的真实性、合法性进行了专项核查,认定该资产转让行为合法、有效。

2、专利技术

本公司目前拥有与生产有关的使用新型专利技术共二十项。

3、土地

本公司拥有位于江苏省无锡市惠山区洛社镇312国道北宗地号622-20-065的国有土地使用权,面积为32,334.8平方米。

4、房产

本公司现拥有建筑面积为18,261.47平方米的厂房和1,268.8平方米的办公用房。上述厂房如前述系由江苏南方天奇集团公司转让给有限公司。2003年,本公司完成自建厂房8,000平方米,房屋所有权证正在办理中。2004年3月21日,无锡清华双峰环保工程系统有限公司与本公司签订《固定资产转让协议》,本公司受让该公司房屋、设备等固定资产,房屋建筑面积计6,803.23平方米,房屋所有权证的过户手续正在办理中。

5、注册商标

2001年,江苏南方天奇集团公司将其持有的"天奇"注册商标无偿转让给本公司。

6、特许经营权

本公司拥有《进出口企业资格证书》。

第五节 股票发行与股本结构

一、本次股票上市前首次公开发行股票情况

1、股票种类:人民币普通股(A股)

2、每股面值:1.00元

3、发行数量:2,500万股,占发行后总股本的43.44%

4、发行价格:6.89元/股

5、发行市盈率:10.44倍(按2003年的每股盈利0.66元计算)

6、每股净资产:本次发行前截止2003年12月31日每股净资产2.65元,本次发行后每股净资产

7、发行方式:全部向二级市场投资者定价配售

8、发行对象:中国境内自然人、法人和证券投资基金等投资者(法律、法规禁止购买者除外)

9、募股资金总额:首次公开发行募集资金总额172,250,000元,扣除发行费用7,632,956.02元,公司实际募集资金164,617,043.98元

10、发行费用:7,632,956.02元(其中包括承销费、审计费、律师费、上网发行费用、验资费、保荐费)。

二、本次股票上市前首次公开发行股票的承销情况

本次公开发行的2,500万股社会公众股的配号总数64,087,114个,中签率0.039009402%。二级市场投资者共认购24,689,171股,余股310,829股由主承销商长城证券有限责任公司包销。

三、本次股票上市前首次公开发行股票所募股资金的验资报告

本次上市前首次公开发行股票所募集的资金由深圳天健信德会计师事务所有限责任公司进行了审验,并出具了信德验资报字(2004)第20号《验资报告》。报告全文如下:

江苏天奇物流系统工程股份有限公司:

我们接受委托,审验了贵公司截至二零零四年六月十八日止新增注册资本的实收情况。按照国家相关法律、法规的规定和贵公司股东大会决议的要求出资,提供真实、合法、完整的验资资料,保护资产的安全、完整是全体股东及 贵公司的责任。我们的责任是对贵公司新增注册资本的实收情况发表审验意见。我们的审验是依据《独立审计实务公告第1号---验资》进行的。在审验过程中,我们结合贵公司的实际情况,实施了检查等必要的审验程序。

贵公司本次变更前注册资本和实收资本为32,554,902.00人民币元。根据贵公司二零零一年度股东大会决议、二零零二年度第三次临时股东大会决议,并报经中国证券监督管理委员会以证监发行字[2004]74号文核准,同意贵公司向社会公众公开发行境内上市内资股(A股)股票25,000,000.00股,增加注册资本计25,000,000.00人民币元,变更后的注册资本为57,554,902.00人民币元。

根据我们的审验,截至二零零四年六月十八日止,贵公司实际已向社会公开发行境内上市内资股(A股)股票计25,000,000.00股。根据贵公司《首次公开发行股票向二级市场投资者定价配售发行公告》,本次发行股票每股面值为1.00人民币元,发行价格为每股6.89人民币元,应募集资金总额为172,250,000.00人民币元,扣除发行费用计7,632,956.02人民币元后,募集资金净额为164,617,043.98人民币元。其中,计入股本计25,000,000.00人民币元(贰仟伍佰万人民币元整),计入资本公积计139,617,043.98人民币元。

贵公司本次变更前的注册资本为32,554,902.00人民币元,业经深圳天健信德会计师事务所审验,并由其于二零零零年十一月一日出具信德验资报字(2000)第23号《验资报告》。截至二零零四年六月十八日止,贵公司变更后的累计注册资本实收金额为57,554,902.00人民币元。

本验资报告系供贵公司申请变更登记及据以向全体股东签发出资证明时使用,不应将其视为是对贵公司验资报告日后资本保全、偿债能力和持续经营能力等的保证,因使用不当造成的后果,与执行本验资业务的注册会计师及会计师事务所无关。

附件:(一) 新增注册资本实收情况明细表;

(二) 注册资本变更前后对照表;

(三) 股票发行费用明细表;

(四) 验资事项说明;

(五) 中国证券监督管理委员会《关于江苏天奇物流系统工程股份有限公司公开发行股票的通知》复印件;

(六) 银行进账单和银行询证函复印件;

(七) 中国证券登记结算有限责任公司深圳分公司出具的《证券登记证明》复印件;

(八) 深圳天健信德会计师事务所《企业法人营业执照》及《会计师事务所证券、期货相关业务许可证》复印件。

深圳天健信德会计师事务所　　中国注册会计师:魏小珍

中国　深圳　　中国注册会计师:李渭华

二零零四年六月十八日

四、本次发行募股资金入帐情况

入帐时间:2004年6月18日

入帐金额:166,487,043.98元

入帐帐号:9935161741

开户银行:广东发展银行无锡支行

五、本次股票上市前发行人的股权结构及股东持股情况

1、本公司上市后股权结构情况:

	股份数额(股)	比例(%)
一、发起人股	32,554,902	56.56
其中:国有法人股	2,278,843	3.96
法人股	6,510,980	11.31
自然人股	23,765,079	41.29
二、社会公众股	25,000,000	43.44
三、股份总数	57,554,902	100.00

2、上市前前十大股东持有本公司股份的情况

股东名称	股权性质	股数(股)	比例(%)
黄伟兴	自然人股	16,277,451	28.28%
白开军	自然人股	5,339,004	9.28%
银通创业投资有限公司	法人股	2,929,941	5.09%
无锡新伟博高技术咨询有限公司	法人股	2,604,392	4.52%
机械工业部第四设计研究院	国有法人股	2,278,843	3.96%
杨雷	自然人股	2,148,624	3.73%
深圳市鑫瑞森实业发展有限公司	法人股	976,647	1.70%
长城证券有限责任公司	社会公众股	313,829	0.55%
南方证券有限公司	社会公众股	236,600	0.41%
中国光大银行股份有限公司-巨田基础行业证券投资基金	社会公众股	38,000	0.07%

注:长城证券持有的310,829股为本次发行包销余股。

第六节　董事、监事、高级管理人员及核心技术人员

一、董事、监事、高级管理人员与核心技术人员简介

(一)董事会成员

白开军:男,39岁,大专学历。1997年11月起任无锡南方天奇物流机械有限公司董事长、总经理,现任本公司董事长。

杨　雷:男,35岁,本科学历。1997年加入无锡南方天奇物流机械有限公司,任董事、副总经理,现任本公司总经理。

黄伟兴:男,45岁,大专学历。历任洛社镇模具厂厂长、江苏南方天奇集团公司总经理、无锡南方天奇物流机械有限公司副董事长。黄伟兴现任江苏南方天奇集团公司总经理、锡山市南方悬挂输送机厂厂长、无锡天奇车架有限公司法定代表人。

申昌明:男,62岁,本科学历,高级工程师、中国注册结构大师。历任机械工业部第四设计研究院技术员、工程师、室主任、党支部书记、院长助理、院长,现退休。

费新毅:女,31岁,大专学历。2000年8月加入无锡南方天奇物流机械有限公司,现任本公司董事会秘书。

张静洁:女,35岁,中专学历,会计师。2000年8月加入无锡南方天奇物流机械有限公司,负责财务管理工作。现任本公司财务负责人。

浦浩清:男,35岁,本科学历。2000年11月加入无锡南方天奇物流机械有限公司,主要负责技术开发及管理工作,并具体负责仓储物流及立体停车库的研究与开发。现任本公司副总经理、总工程师。

黄伟良:男,43岁,高中学历。1997年加入无锡南方天奇物流机械有限公司,任该公司董事,从事成本核算工作。

何中纲:男,41岁,初中学历。1997年进入无锡南方天奇物流机械有限公司,从事销售工作。

王　宏:男,37岁,硕士学历,现任银通创业投资有限公司副总裁。

黄文俊:独立董事,男,38岁,法学硕士。现任小耘律师事务所合伙人兼北京分所负责人,中国高级律师高级公证员培训中心教授。

吴清一:独立董事,男,68岁,现任北京科技大学物流研究所所长,教授,博士生导师,《物流技术与应用》杂志主编,中国物流与采购联合会副会长,中国机械工程学会物料搬运学会理事,东京工业大学客座研究员。

杜越新:独立董事,男,45岁,硕士,现任《管理现代化》杂志社社长,中国联合生物技术有限公司总经理。

彭砚苹:独立董事,女,41岁,在职博士,高级经济师,现任华夏证券有限公司研究所所长。

蔡桂如:独立董事,男,42岁,证券相关业务注册会计师,现任常州投资集团有限公司总裁。

(二)监事会成员

沈向东:监事会主席,男,33岁,高中学历。1997年加入无锡南方天奇物流机械有限公司,现负责物资采购工作。

黄瑞芬:监事,女,45岁,高中学历。现任江苏南方天奇集团公司财务负责人。

吴秋庭:监事(职工代表),男,33岁,高中学历。1997年加入无锡南方天奇物流机械有限公司,从事车间管理及生产计划工作,曾任车间主任。现任公司生产负责人。

(三)其他高级管理人员及核心技术人员

江一宇:副总经理,男,48岁,大专。1997年加入无锡南方天奇物流机械有限公司,现主要负责新产品研发工作。

上述董事、监事、高级管理人员与核心技术人员均为中国国籍,相互之间不存在配偶关系、三代以内的直系和旁系亲属关系。

二、董事、监事、高级管理人员与核心技术人员持有本公司股份的情况

本公司董事除黄伟兴、白开军、杨雷持有股份外,其他董事、监事、高级管理人员与核心技术人员未持有本公司的股份。

第七节　同业竞争与关联交易

一、同业竞争

(一)同业竞争

本公司与关联方之间未构成实质性的同业竞争,公司不存在与实际控制人及其控制的其他法人从事相同、相似业务的情况,不存在同业竞争。

发行人律师和保荐机构均发表意见,认为本公司不存在同业竞争。

二、关联交易

1、关联方与关联交易

请投资者查阅2004年6月9日刊载于巨潮网站(www.cninfo.com.cn)的本公司首次公开发行股票招股说明书全文。

2、关联交易

请投资者查阅2004年6月9日刊载于巨潮网站(www.cninfo.com.cn)的本公司首次公开发行股票招股说明书全文。

3、有关中介机构和独立董事对关联交易发表的意见

本公司独立董事、律师、主承销商均对关联交易发表了意见,认为:所发生的关联交易的价格公允,交易行为公正,未损害其他股东利益;关联交易履行了法定的批准程序;公司对有关关联交易和解决同业竞争的承诺或措施进行了充分披露。

第八节 财务会计资料

本公司2001年至2003年财务会计资料已于2004年6月9日在《中国证券报》、《上海证券报》、《证券时报》和《证券日报》上刊登的招股说明书摘要中进行了披露,投资者欲了解详细内容,请查阅上述报纸或刊载于巨潮网站(www.cninfo.com.cn)的招股说明书全文及其附录。

一、注册会计师意见

深圳天健信德会计师事务所有限责任公司对本公司2001年12月31日、2002年12月31日及2003年12月31日的资产负债表,2001年度、2002年度及2003年度的利润表和利润分配表及2003年度现金流量表进行了审计。会计师已出具了标准无保留意见的审计报告。

二、简要会计报表

1、简要利润表 单位:元

项目	2003年度	2002年度	2001年度
主营业务收入	200,303,534.68	140,381,155.02	93,470,383.62
减:主营业务成本	142,924,839.61	92,734,155.81	59,365,522.69
主营业务税金及附加	(108,590.82)	991,922.56	484,844.07
主营业务利润	57,487,285.89	46,655,076.65	33,620,016.86
加:其他业务利润	634,280.49	38,892.41	335,838.53
减:营业费用	2,190,099.26	1,851,231.50	2,423,538.34
管理费用	19,585,321.78	15,217,703.50	10,295,168.35
财务费用	2,559,169.18	2,228,944.07	1,561,195.49
营业利润	33,786,976.16	27,396,089.99	19,675,953.21
加:补贴收入	50,000.00	-	-
营业外收入	223,435.98	146,097.05	59,309.86
减:营业外支出	230,746.91	133,582.63	417,384.61
利润总额	33,829,665.23	27,408,604.41	19,317,878.46
减:所得税	12,376,834.27	10,028,686.34	7,825,654.96
净利润	21,452,830.96	17,379,918.07	11,492,223.50

2、简要资产负债表 单位:元

项目	2003.12.31	2002.12.31	2001.12.31
货币资金	19,489,286.53	29,804,502.99	16,473,103.48
应收票据	10,130,000.00	1,020,000.00	300,000.00
应收账款	75,211,268.96	45,676,572.79	45,901,508.81
其他应收款	5,056,647.05	3,830,010.46	4,669,087.27
预付账款	10,022,981.77	4,112,134.52	5,112,904.93
存货	118,092,065.12	72,340,648.48	15,354,374.23
流动资产合计	238,002,249.43	156,783,869.24	87,810,978.72
长期投资:			
长期股权投资	336,300.00	-	-
长期债权投资	-	-	-
长期投资合计	336,300.00	-	-
固定资产原价	41,742,732.76	29,153,241.38	27,747,375.06
减:累计折旧	11,165,468.07	8,304,287.43	6,229,172.74
固定资产净额	30,577,264.69	20,848,953.95	21,518,202.32
在建工程	-	5,407,796.63	
无形资产	4,655,143.67	4,753,196.00	—
资产总计	273,570,957.79	187,793,815.82	109,329,181.04
短期借款	45,200,000.00	41,200,000.00	21,190,000.00
应付票据	3,800,000.00	-	2,000,000.00
应付账款	27,742,420.82	25,045,595.03	9,489,061.55
预收账款	81,773,521.53	39,491,646.99	3,591,084.21
应付工资	5,081,892.30	4,952,268.25	5,124,507.70
应付福利费	2,053,428.27	1,452,521.62	646,418.60
应交税金	17,507,930.76	8,216,518.74	18,146,251.74
其他应交款	246,347.21	154,082.93	779,358.70
其他应付款	3,331,452.65	1,944,537.97	1,391,488.23
流动负债合计	186,736,993.54	122,457,171.53	62,358,170.73
专项应付款	440,000.00	440,000.00	
负债合计	187,176,993.54	122,897,171.53	62,358,170.73
股本	32,554,902.00	32,554,902.00	32,554,902.00
资本公积	1,700,881.30	1,656,392.30	1,110,676.39
盈余公积	8,083,475.72	4,865,551.08	2,258,563.37
其中:法定公益金	2,694,491.90	1,621,850.36	752,854.46
未分配利润	44,054,705.23	25,819,798.91	11,046,868.55
股东权益合计	86,393,964.25	64,896,644.29	46,971,010.31
负债和股东权益总计	273,570,957.79	187,793,815.82	109,329,181.04

3、简要现金流量表

单位:元

项目	2003年度
一、经营活动产生的现金流量净额	(6,256,582.09)
二、投资活动产生的现金流量净额	(5,478,306.86)
三、筹资活动产生的现金流量净额	1,419,672.49
四、现金及现金等价物净增加额	(10,315,216.46)

三、主要财务指标

财务指标	2003.12.31	2002.12.31	2001.12.31
流动比率	1.27	1.28	1.41
速动比率	0.64	0.69	1.16
应收帐款周转率	3.06	2.82	2.02
存货周转率	1.49	2.01	3.20
无形资产(土地使用权除外)占净资产比率	-	-	-
资产负债率(%)	68.42	65.44	57.04
每股净资产(元)	2.65	1.99	1.44
研发费用占主营业务收入比例(%)	2.07	2.71	2.89
净资产收益率(%)	24.83	26.78	24.47
每股收益(元)	0.66	0.53	0.35
每股经营活动的现金流量(元)	-0.19	0.07	0.62

第九节 其他重要事项

一、本公司首次公开发行股票后至本公司上市公告书公告之日,严格按照《公司法》、《证券法》等法律法规要求,规范运行,生产经营情况正常;所处行业或市场无重大变化,主要业务发展目标的进展状况正常,主要投入、产出物供求及价格无重大变化。

二、本公司首次公开发行股票后至本公司上市公告书公告之日,本公司无重大对外投资活动,无重大资产(股权)收购或出售行为。

三、本公司首次公开发行股票后至本公司上市公告书公告之日,本公司重大会计政策和会计师事务所没有发生变化。

四、本公司首次公开发行股票后至本公司上市公告书公告之日,本公司未涉及任何重大诉讼事项或仲裁,亦无尚未了结或可能面临的重大诉讼或赔偿要求。

五、本公司首次公开发行股票后至本公司上市公告书公告之日,本公司董事、监事和高级管理人员未受到任何刑事起诉,亦没有尚未了结或可能发生的刑事诉讼事项。

六、本公司首次公开发行股票后至本公司上市公告书公告之日,本公司住所未变更,本公司未发生新的重大负债;并且重大债项未发生变化。

七、根据《深圳证券交易所上市规则》,本公司第一大股东黄伟兴承诺,自本公司股票上市之日起一年内,不转让其持有的发起人股份,也不由本公司回购其持有的本公司股份。本公司承诺,自本公司股票上市之日起一年内不回购本公司发起人股东持有的本公司股份。

八、根据《中小企业板块上市公司特别规定》,本公司承诺在上市后三个月内在公司章程内载入如下内容:本公司股票被终止上市后,本公司股票进入代办股份转让系统继续交易;本公司不对公司章程中的前款规定作任何修改。

九、本公司首次公开发行股票后至本公司上市公告书公告之日,没有其他应披露而未披露之重大事项。

第十节 董事会上市承诺

本公司董事会承诺将严格遵守《公司法》、《证券法》、《股票发行与交易管理暂行条例》、《深圳证券交易所股票上市规则》、《中小企业板块上市公司特别规定》和《证券发行上市保荐制度暂行办法》等法律、法规的有关规定,承诺自本公司股票上市之日起做到:

1、真实、准确、完整、公允和及时地公布定期报告,披露所有对投资者有重大影响的信息,并接受中国证监会、证券交易所的监督管理;

2、本公司在知悉可能对股票价格产生误导性影响的任何公共传播媒介中出现的消息后,将及时予以公开澄清;

3、本公司董事、监事、高级管理人员和核心技术人员将认真听取社会公众的意见和批评,不利用已获得的内幕消息和其他不正当手段直接或间接从事发行人股票的买卖活动;

4、本公司没有无记录的负债。

依据《深圳证券交易所股票上市规则》,本公司全体董事、监事将按照有关规定,在本公司股票上市后两个月内签署《董事(监事)声明及承诺书》并送达深圳证券交易所备案。

第十一节 保荐机构(上市推荐人)及其意见

一、保荐机构(上市推荐人)情况

保荐机构(上市推荐人):长城证券有限责任公司

法定代表人:魏云鹏

注册地址:深圳市福田区深南大道6008号特区报业大厦16-17层

联系电话:0755-83516283

联系传真:0755-83516266

联系人:谷源、杨林、李伟、王磊、范文伟

二、保荐机构(上市推荐人)意见

本公司保荐机构(上市推荐人)认为:发行人公司章程符合《公司法》、《证券法》等有关法律、法规和中国证券监督管理委员会的规定。发行人本次股票发行符合《公司法》、《证券法》、《深圳证券交易所上市规则》、《中小企业板块上市公司特别规定》等国家有关法律法规的规定,已具备上市条件。发行人董事了解国家有关法律、法规、深圳证券交易所上市规则及股票上市协议规定的董事的义务与责任,发行人建立健全了法人治理结构、制定了严格的信息披露制度与保密制度。

本公司保荐机构(上市推荐人)已对本公司上市文件所载的资料进行了核实,确保上市文件真实、准确、完整,符合规定要求;保证本公司的上市申请材料、上市公告书没有虚假记载、误导性陈述或者重大遗漏,并保证对其承担连带责任。保荐机构(上市推荐人)与发行人不存在关联关系。保荐机构(上市推荐人)愿意推荐发行人的股票在深圳证券交易所上市交易,并保证不利用在发行上市过程中获得的内幕信息进行内幕交易,为自己或他人谋取利益。

江苏天奇物流系统工程股份有限公司

二〇〇四年六月二十四日

浙江传化股份有限公司

浙江传化股份有限公司首次公开发行股票上市公告书

第一节 重要声明与提示

浙江传化股份有限公司(以下简称本公司、公司或发行人)董事会保证上市公告书的真实性、准确性、完整性,全体董事承诺上市公告书不存在虚假记载、误导性陈述或重大遗漏,并承担个别和连带的法律责任。

根据《公司法》、《证券法》等有关法律、法规规定,本公司董事、高级管理人员已依法履行诚信和勤勉尽责的义务和责任。

深圳证券交易所、中国证券监督管理委员会、其他政府机关对本公司股票上市及有关事项的意见,均不表明对本公司的任何保证。

本公司提醒广大投资者注意,凡本上市公告书未涉及的有关内容,请投资者查阅2004年6月10日刊载于《证券时报》、《中国证券报》、《上海证券报》、《证券日报》的本公司招股说明书摘要及刊载于巨潮网站(http//www.cninfo.com.cn)的本公司招股说明书全文及附录。

第二节 概 览

一、股票简称:传化股份

二、深市股票交易代码:002010,沪市代理股票交易代码:609010

三、总股本:8,000万股

四、可流通股本:2,000万股

五、本次上市流通股本:2,000万股

六、对首次公开发行股票前股东所持股份的流通限制及期限

根据国家现行法律、法规和中国证监会证监发行字[2004]76号《关于核准浙江传化股份有限公司公开发行股票的通知》,本公司国有法人股、法人股、自然人持有的未流通股份暂不上市流通。

七、首次公开发行股票前股东对所持股份自愿锁定的承诺

本公司大股东、实际控制人徐传化、徐冠巨、徐观宝父子三人承诺:自本公司股票上市之日起12个月内,不转让其持有的本公司股份,也不会要求或接受本公司回购其所持有的股份。

八、发行价格:9.91元/股

九、上市地点:深圳证券交易所

十、上市时间:2004年6月29日

十一、股票登记机构:中国证券登记结算有限责任公司深圳分公司

十二、保荐机构(上市推荐人):东方证券股份有限公司

第三节 绪 言

本上市公告书是根据《中华人民共和国公司法》、《中华人民共和国证券法》、《股票发行与交易管理暂行条例》、《公开发行股票公司信息披露实施细则》和《深圳证券交易所股票上市规则》等国家有关法律、法规的规定,并按照中国证监会《公开发行证券的公司信息披露内容与格式准则第7号-股票上市公告书》的要求编制,旨在向投资者提供有关本公司的基本情况和本次股票上市的有关情况。

经中国证监会证监发行字[2004]76号文核准,本公司于2004年6月15日采用全部向二级市场投资者定价配售的方式成功发行了2,000万股人民币普通股(A股),每股面值1.00元,发行价为9.91元/股。

经深圳证券交易所深证上[2004]41号文批准,本公司公开发行的2,000万股社会公众股将于2004年6月29日起在深圳证券交易所挂牌交易。股票简称传化股份,深市股票交易代码"002010"、沪市代理股票交易代码"609010"。

本公司已于2004年6月10日在《证券时报》、《中国证券报》、《上海证券报》、《证券日报》上刊登了《浙江传化股份有限公司首次公开发行股票招股说明书摘要》,招股说明书全文及其附录刊载于巨潮网站(http//www.cninfo.com.cn),距今不足三个月,故与其重复的内容在此不再重述,敬请投资者查阅上述内容。

第四节 发行人概况

一、发行人基本情况

中文名称:浙江传化股份有限公司

英文名称:Zhejiang Transfar Co.,Ltd.

法定代表人:徐冠巨

注册资本:8,000万元

注册地址:杭州市萧山经济技术开发区

设立日期:2001年7月6日

董事会秘书:冯国祚

电　　话:0571-82872991

传　　真:0571-82871858

公司网址:www.tf-chem.com

电子信箱:ZQB@etransfar.com

邮政编码:311215

经营范围:机硅及有机氟精细化学品(不含危险品)、表面活性剂、纺织印染助剂、油剂及原辅材料的生产、加工、销售、经营进出口业务

主营业务:纺织印染助剂的生产、加工、销售

所属行业:专用化学产品制造业

二、发行人历史沿革

本公司是经浙江省人民政府企业上市工作领导小组浙上市[2001]40号文批准,由原杭州传化化学制品有限公司依法整体变更设立。公司于2001年7月6日在浙江省工商行政管理局依法登记注册(注册号:3300001007981),注册资本6,000万元。本次股票公开发行前,公司的股东及股权结构未发生变动。

经中国证监会证监发行字[2004]76号文核准,本公司于2004年6月15日采用全部向二级市场投资者定价配售的方式发行了2,000万股人民币普通股(A股)股票,发行价为9.91元/股。本次发行后,公司注册资本为8,000万元。本次发行前后公司股权变动情况如下:

股份类型	股东名称	发行前 股数(股)	发行前 比例(%)
自然人股	徐冠巨	19,666,667	32.78
法人股	浙江大学创业投资有限公司	12,000,000	20
自然人股	徐观宝	11,333,333	18.89
自然人股	徐传化	11,000,000	18.33
法人股	浙江航民实业集团有限公司	3,000,000	5
国有法人股	浙江省科技风险投资有限公司	3,000,000	5
社会公众股	社会公众	–	–
–	合计	60,000,000	100

股份类型	发行后 股数(股)	发行后 比例(%)
自然人股	19,666,667	24.58
法人股	12,000,000	15.00
自然人股	11,333,333	14.17
自然人股	11,000,000	13.75
法人股	3,000,000	3.75
国有法人股	3,000,000	3.75
社会公众股	20,000,000	25.00
–	80,000,000	100

三、发行人的主要经营情况

(一)主营业务、主要产品

本公司主要从事机硅及有机氟精细化学品(不含危险品)、表面活性剂、纺织印染助剂、油剂及原辅材料的生产、加工、销售、经营进出口业务。主要产品包括化纤油剂、前处理剂、染色助剂、后整理剂、防水防油剂、增白剂等六大系列产品。

(二)竞争优势

1、公司是我国纺织印染助剂行业的龙头企业之一,在国内同行业中无论产品品种、生产能力、市场份额、技术水平,还是销售收入、利润规模均处于领先地位,具有明显的规模优势和品牌优势;

2、公司建立了完善的营销管理体制及营销网络,创立了以技术服务和技术支持为依托的产品营销模式;拥有一支具有多年行业从业经历的营销队伍及为客户提供技术服务和技术支持的应用技术服务队伍,与客户形成了长期、稳定的业务合作关系;

3、公司被认定为浙江省高新技术企业和国家火炬计划重点高新技术企业,拥有生产过程中形成的特殊配方等专有技术,形成了一支优秀的专业技术人才队伍,具有核心技术优势;

4、公司生产过程中采用的复配增效技术和微乳化技术等,在国内同行业中处于领先水平;

5、公司拥有先进的技术装备和检测手段,能够保证产品的质量稳定性;

6、公司在行业内首家通过ISO9002质量管理体系认证,并于2001年通过ISO9001:2000版质量管理体系认证,具有独特的管理优势。

(三)竞争劣势

1、虽然在国内行业内,公司生产技术、产品档次均处于领先水平,但对于目前国内急需的专用助剂防水防油剂仍然不能独立完成全部工艺流程,在技术以及原料供应方面存在对于公司外部力量的依赖。

2、尽管公司在近年来加大了技术改造的力度,但公司多数装备的技术性能仍比较落后,在设备大型化、助剂的合成自动化、运用电子计算机进行反应操作的单机程控和联动程控方面,与国外先进技术还有较大差距,公司的技术改造任务较繁重。

(四)主要财务指标

本公司主要财务指标请参见本上市公告书"财务会计资料"。

(五)知识产权和特许经营情况

本公司拥有的知识产权主要为注册在第1类核定使用商品上的"传化"、"TransFar"、"CHUANHUA傳化""CPS"注册商标;拥有的非专利技术主要有产品生产过程中形成的特殊配方等专有技术,近年来本公司通过技术鉴定的科技成果达到国内领先的产品有18项,国内先进的产品1项。

本公司目前生产的防水防油剂产品使用日本大金工业株式会社无偿提供的调配技术(包括选择调配剂)、稀释技术和填充技术以及产品的质量管理技术,并使用其在中国注册的"UNIDYNE"商标。

第五节 股票发行与股本结构

一、本次股票上市前首次公开发行股票的情况

1、股票类型:人民币普通股

2、发行数量:2,000万股,占发行后总股本的比例为25%

3、发行价格:9.91元/股

4、募集资金总额:19,820万元

5、发行方式:全部向二级市场投资者定价配售

6、发行对象:在《招股说明书摘要》刊登当日,持深交所或上交所流通股票(包括可流通股票但暂时锁定的股票)的收盘市值总和不少于10,000元的投资者(深交所或上交所流通股票单独计算其市值总和)。

7、发行费用:发行费用总额为926万元。其中:保荐承销费用594.6万元,注册会计师费用180万元,律师费用80万元,上网发行手续费68.4万元,审核费3万元。

8、每股发行费用:0.46元

二、本次股票上市前首次公开发行股票的承销情况

本次向社会公开发行2,000万股社会公众股的配号总数为59,905,414,中签率为0.0333859641%。二级市场投资者认购19,725,987股,其余274,013股由主承销商东方证券股份有限公司包销。

三、本次股票上市前首次公开发行股票所募股资金的验资报告

浙江天健会计师事务所有限公司为本次发行出具了浙天会验[2004]第50号《验资报告》,全文如下:

浙江传化股份有限公司全体股东:

我们接受委托，审验了贵公司截至2004年6月22日止新增注册资本实收情况。按照国家相关法律、法规的规定和协议、章程的要求出资，提供真实、合法、完整的验资资料，保护资产的安全、完整是全体股东及贵公司的责任。我们的责任是对贵公司新增注册资本的实收情况发表审验意见。我们的审验是依据《独立审计实务公告第1号--验资》进行的，在审验过程中，我们结合贵公司的实际情况，实施了检查等必要的审验程序。

贵公司本次变更前注册资本和实收资本为人民币60,000,000.00元，根据贵公司有关股东大会决议和修改后章程的规定，贵公司申请通过向社会公开发行人民币普通股(A股)增加注册资本人民币20,000,000.00元，变更后的注册资本为人民币80,000,000.00元。根据贵公司2002年度第二次临时股东大会决议和2003年度第二次临时股东大会决议，并报经中国证券监督管理委员会证监发行字[2004]76号文核准，同意贵公司向社会公开发行人民币普通股(A股)20,000,000股，每股面值人民币1元，每股发行价为人民币9.91元，可募集资金总额为198,200,000.00元。经我们审验，截至2004年6月22日止，贵公司实际已向社会公开发行人民币普通股(A股)20,000,000股，应募集资金总额198,200,000.00元，减除发行费用9,260,257.95元后，募集资金净额为188,939,742.05元，其中计入股本贰仟万元(¥20,000,000.00)，计入资本公积168,939,742.05元。

同时，我们注意到，贵公司本次变更前的注册资本为人民币60,000,000.00元，已经浙江天健会计师事务所有限公司审验，并由其于2001年6月18日出具浙天会验[2001]第70号《验资报告》。截至2004年6月22日止，变更后的累计注册资本实收金额为人民币80,000,000.00元。

本验资报告供贵公司申请变更登记及据以向股东签发出资证明时使用，不应将其视为是对贵公司验资报告日后资本保全、偿债能力和持续经营能力等的保证。因使用不当造成的后果，与执行本验资业务的注册会计师及会计师事务所无关。

附件：(一)注册资本、投入股本变更前后对照表；

(二)验资事项说明；

(三)本所的《企业法人营业执照》复印件；

(四)中国证券监督管理委员会《关于核准浙江传化股份有限公司公开发行股票的通知》复印件；

(五)银行进账单、银行询证函等入资凭证复印件。

浙江天健会计师事务所有限公司

中国注册会计师　王国海

中国·杭州　中国注册会计师　叶兴林

报告日期：2004年6月22日

四、本次股票上市前首次公开发行股票所募股资金的入帐情况

入帐时间：2004年6月22日

入帐金额：191,569,742.05元

入帐银行：中国农业银行杭州市萧山开发区支行

入帐帐号：082301040007661

五、公司上市前股权结构及各类股东的持股情况

1、本公司上市前股权结构如下：

股份类型	股数(股)	比例(%)
发起人股份	60,000,000	75.00
社会公众股	20,000,000	25.00
合计	80,000,000	100

2、本公司前十名股东持股情况

序号	股东名称	股数(股)	比例(%)
1	徐冠巨	19,666,667	24.5833
2	浙江大学创业投资有限公司	12,000,000	15.0000
3	徐观宝	11,333,333	14.1667
4	徐传化	11,000,000	13.7500
5	浙江航民实业集团有限公司	3,000,000	3.7500
6	浙江省科技风险投资有限公司	3,000,000	3.7500
7	东方证券股份有限公司	274,013	0.3425
8	南方证券股份有限公司	198,000	0.2475
9	中国光大银行股份有限公司-巨田基础行业证券投资基金	36,000	0.0450
10	广发证券股份有限公司	15,000	0.0188
	华泰证券有限责任公司	15,000	0.0188

第六节　董事、监事、高级管理人员及核心技术人员

一、公司董事

徐冠巨先生：中国国籍，1961年出生，研究生学历，高级经济师，现任全国政协委员、浙江省政协副主席、全国工商联常委、浙江省工商业联合会会长，本公司董事长、河北宝硕股份有限公司董事、传化集团总裁等。

徐观宝先生：中国国籍，1957年出生，大专文化，现任本公司董事、传化集团副董事长等。

应天根先生：中国国籍，1961年生，大专文化，现任本公司董事、总经理。

朱国英女士：中国国籍，1957年生，硕士学历，现任浙大创投董事、总经理、浙江浙大海纳科技股份有限公司副总裁、本公司董事。

王宝桂先生：中国国籍，1937年生，高中文化，高级会计师，现任本公司董事、财务负责人、财务部经理。

戴猷元先生：中国国籍，1945年生，博士，教授，现任北京清华工业开发研究院院长，本公司独立董事。

童本立先生：中国国籍，1950年生，硕士学历，教授、注册会计师，现任浙江财经学院院长、浙江省财政学会副会长、浙江省会计学会副会长、浙江省审计学会副会长，本公司独立董事。

陈劲先生：中国国籍，1968年生，博士，教授、博士生导师，现任浙江大学创新与发展研究中心副主任、浙江大学管理学院高级管理教育中心主任，本公司独立董事。

刘今强先生：中国国籍，1948年5月出生，博士，教授、硕士生导师，中共党员。中国纺织工程学会委员，中国化学学会会员，美国染色家和纺织化学家协会资深会员，现任浙江工程学院实验与设备管理处处长，本公司独立董事。

二、公司监事

钟春水先生：中国国籍，1963年生，大专文化，现任本公司监事会召集人、传化集团审计部经理。

朱志根先生：中国国籍，1956年生，中专文化，高级会计师，现任杭州萧山稀贵金属冶炼有限公司总经理。

汪泓女士：中国国籍，1963年生，大学本科文化，高级工程师，现任浙江科投总经理助理。

吴严明先生：中国国籍，1974年生，大学本科文化，工程师，现任本公司办公室主任，职工代表监事。

周家海先生：中国国籍，1975年生，大专文化，现任本公司化纤油部经理，职工代表监事。

三、其它高级管理人员

傅幼林先生：中国国籍，1967年生，大专文化，现任本公司副总经理。

冯国祥先生：中国国籍，1956年生，研究生学历，经济师，现任本公司董事会秘书。

四、核心技术人员

李盈善先生：中国国籍，1936年生，中共党员，大学本科文化，教授，现任本公司总工程师，兼任中国科技研究交流中心特约研究员、世界华人交流协会及浙江省总工程师研究会员等职。

林洪升先生：中国国籍，1949年生，大学本科文化，高级工程师，现任本公司技术中心研发部经理。

李远忠先生：中国国籍，1936年生，大学本科文化，高级工程师，现在本公司从事新产品科研开发工作。

罗巨涛先生：中国国籍，1961年出生，研究生学历，高级讲师，现任本公司总经理助理，技术中心主任，兼任中国纺织工程学会染整专业委员会委员、英国皇家染色家协会会员、浙江印染专业委员会副主任、《染整技术》编委。

王胜鹏先生：中国国籍，1969年出生，研究生学历，现任本公司技术部经理。

瞿少敏先生：中国国籍，1963年生，高级工程师，大学本科文化，高级工程师，现任本公司涂层皮化项目组副组长。

五、相关事项说明

1、上述人员除徐冠巨、徐观宝持有发行人及关联企业的股份，朱国英持有浙大创投的部分股份外，其他上述董事、监事、高级管理人员、核心技术人员在发行前未以个人持股、家属持股、法人持股等形式持有发行人及关联企业的股份。

2、上述人员除徐冠巨、徐观宝系兄弟关系外，其他上述人员相互之间不存在配偶关系、三代以内直系和旁系亲属关系。

第七节　同业竞争与关联交易

一、同业竞争

本公司的实际控制人为徐传化父子3名自然人，与本公司之间不存在同业竞争，徐传化父子所控制的企业与本公司之间不存在同业竞争关系。本公司的实际控制人徐传化父子已向本公司出具了《避免同业竞争承诺函》。

二、关联方及关联关系

请查阅刊载于巨潮网站(http//www.cninfo.com.cn)的本公司首次公开发行股票招股说明书全文。

三、关联交易

单位	交易内容	2003年
杭州传化华洋化工有限公司	纺织用增白剂原料	11,024,014.68
杭州传化日用化工有限公司	洗涤用品等	---
传化集团有限公司	防水防油剂原液、D4	---
宁波峙岭化工有限公司	纯碱、元明粉等	---
浙江传化集团大榭有限公司	化工原料	---
采购货物合计		11,024,014.68
杭州传化储运有限公司	支付运费	9,077,003.38
接受劳务合计		9,077,003.38
传化集团有限公司	支付商标使用费	---
商标许可合计		---
传化集团有限公司	支付使用费	---
资金让渡合计		---
杭州传化华洋化工有限公司	出售固定资产	---
出售固定资产合计		---
传化集团有限公司	增白剂硅油等	---
传化集团海城化学有限公司	乳化剂	---
萧山市盈丽贸易有限公司	防水剂	---
销售商品合计		---
传化集团有限公司	股权转让	---
传化集团有限公司	债权转让	---
浙江传化物流基地有限公司	租赁	241,474.50
传化集团有限公司	接受担保	---

单位	2002年	2001年
杭州传化华洋化工有限公司	13,777,955.93	11,523,652.65
杭州传化日用化工有限公司	---	1,403,668.18
传化集团有限公司	3,315,462.97	75,170,182.35
宁波峙岭化工有限公司	873,274.58	534,319.34
浙江传化集团大榭有限公司	---	4,715,990.04
采购货物合计	17,966,693.48	93,347,812.56
杭州传化储运有限公司	7,991,518.12	2,737,511.66
接受劳务合计	7,991,518.12	2,737,511.66
传化集团有限公司	3,793,918.68	9,078,177.93
商标许可合计	3,793,918.68	9,078,177.93
传化集团有限公司	---	148,362.50
资金让渡合计	---	148,362.50
杭州传化华洋化工有限公司	---	426,116.23
出售固定资产合计	---	426,116.23
传化集团有限公司	---	1,503,324.25
传化集团海城化学有限公司	---	324,213.65
萧山市盈丽贸易有限公司	---	8,205.13
销售商品合计	---	1,835,743.03
传化集团有限公司	449,481.82	---
传化集团有限公司	---	563,000.90
浙江传化物流基地有限公司	---	---
传化集团有限公司	16,500,000.00	---

3、本公司独立董事认为："公司的关联交易决策程序合法有效，交易公允合理，不存在损害公司及其他股东特别是中小股东和非关联股东利益的情况。"

4、保荐机构(主承销商)认为："公司已对关联方、关联关系、关联交易予以充分的披露，公司与其关联方目前存在的关联交易均签订了相关协议，决策程序合法有效，所有交易均由双方按自愿、平等、等价、有偿的原则协商一致，交易公允合理，不存在损害公司和其他股东利益的情况，不会对公司生产经营的独立性产生重大影响。"

5、申报会计师认为："重大关联交易符合《企业会计准则》、《企业会计制度》或《关联方之间出售资产等有关会计处理问题暂行规定》(财政部财会[2001]64号文)等有关规定。"

6、发行人律师认为："公司(包括原制品公司)与关联方发生的关联交易合法。公司与关联方发生的关联交易定价方式、交易内容公允、合理，未损害公司利益。公司的关联交易决策程序是合法有

效的。公司已对关联交易问题进行了充分披露，无重大遗漏或重大隐瞒。"

第八节　财务会计资料

本公司截止 2003 年 12 月 31 日的财务会计资料已披露于刊登在 2004 年 6 月 10 日《证券时报》、《中国证券报》、《上海证券报》、《证券日报》上的《浙江传化股份有限公司首次公开发行股票招股说明书摘要》中。投资者欲了解详细内容，请查阅上述报刊或刊载于巨潮网站(http//www.cninfo.com.cn)上的本公司招股说明书全文与附录。

一、注册会计师意见

本公司已聘请浙江天健会计师事务所有限公司对 2001 年 12 月 31 日、2002 年 12 月 31 日、2003 年 12 月 31 日的资产负债表，2001 年度、2002 年度、2003 年度的利润及利润分配表，以及 2002 年度和 2003 年度的现金流量表进行了审计。浙江天健会计师事务所有限公司均出具了标准无保留意见的审计报告。

二、简要会计报表

1、简要资产负债表　单位：元

资产	2003 年 12 月 31 日	2002 年 12 月 31 日	2001 年 12 月 31 日
货币资金	72,190,454.55	62,242,085.71	28,374,191.96
应收票据	22,970,986.11	21,818,611.81	13,058,450.20
应收账款	54,837,693.40	53,262,518.54	47,188,308.76
其他应收款	549,742.52	731,341.73	686,041.53
预付账款	7,319,784.98	991,715.04	335,661.68
应收补贴款	78,517.57	–	–
存货	28,659,618.08	26,783,735.92	24,013,069.41
待摊费用	106,273.69	140,026.58	–
流动资产合计	186,713,070.90	165,970,035.33	113,655,723.54
长期股权投资	–	–	417,387.37
长期投资合计	–	–	417,387.37
固定资产原价	53,395,701.81	41,902,042.56	37,655,496.42
减：累计折旧	22,822,481.39	17,827,389.76	15,061,611.46
固定资产净值	30,573,220.42	24,074,652.80	22,593,884.96
减：固定资产减值准备	433,517.19	344,721.59	115,759.18
固定资产净额	30,139,703.23	23,729,931.21	22,478,125.78
在建工程	453,960.00	234,890.00	57,900.00
固定资产合计	30,593,663.23	23,964,821.21	22,536,025.78
资产总计	217,306,734.13	189,934,856.54	136,609,136.69
短期借款	–	–	10,000,000.00
应付账款	30,314,679.87	32,089,115.63	21,760,083.73
预收账款	3,222,593.22	1,061,616.93	2,696,228.99
应付工资	1,645,228.90	1,536,593.65	1,149,588.45
应付福利费	3,141,326.77	2,753,106.28	2,195,558.01
应交税金	3,496,249.84	6,173,107.19	4,211,915.93
其他应交款	43,752.71	142,427.70	487,182.10
其他应付款	11,021,009.91	11,453,080.00	11,753,762.35
预提费用	9,942,485.43	14,095,577.76	10,931,155.36
流动负债合计	62,827,326.65	69,304,625.14	65,185,474.92
长期借款	16,500,000.00	16,500,000.00	–
专项应付款	330,000.00	–	–
负债合计	79,657,326.65	85,804,625.14	65,185,474.92
股本	60,000,000.00	60,000,000.00	60,000,000.00
股本净额	60,000,000.00	60,000,000.00	60,000,000.00
资本公积	246,485.20	81,277.07	–
盈余公积	12,960,438.36	7,057,343.16	1,713,549.27
其中：法定公益金	4,320,146.12	2,352,447.72	571,183.09
未分配利润	64,442,483.92	36,991,611.17	9,710,112.50
股东权益合计	137,649,407.48	104,130,231.40	71,423,661.77
负债和股东权益总计	217,306,734.13	189,934,856.54	136,609,136.69

2、简要利润表　单位：元

项目	2003 年度	2002 年度	2001 年度
一、主营业务收入	465,393,228.13	364,865,308.22	302,605,930.79
减：主营业务成本	341,940,270.04	254,433,641.74	216,234,656.20
主营业务税金及附加	1,607,079.90	1,675,901.74	1,261,262.02
二、主营业务利润	121,845,878.19	108,755,764.74	85,110,012.57
加：其他业务利润	572,369.97	578,624.65	907,190.64
减：营业费用	38,558,518.51	35,549,793.48	33,491,405.70
管理费用	25,218,261.95	20,941,077.17	19,295,742.30
财务费用	2,902,895.19	1,023,236.05	361,612.17
三、营业利润	55,738,572.51	51,820,282.69	32,868,443.04
加：投资收益	–	32,094.45	91,716.05
补贴收入	2,989.00	185,900.00	1,200,000.00
营业外收入	186,035.00	105,193.16	86,238.99
减：营业外支出	813,552.00	741,626.13	965,456.16
四、利润总额	55,114,044.51	51,401,844.17	33,280,941.92
减：所得税	15,760,076.56	15,776,551.61	11,940,836.91
五、净利润	39,353,967.95	35,625,292.56	21,340,105.01

3、简要现金流量表　单位：元

项目	2003 年度	2002 年度
一、经营活动产生的现金流量：		
经营活动产生的现金流量净额	29,316,070.51	34,917,121.68
二、投资活动产生的现金流量：		
投资活动产生的现金流量净额	−9,849,247.71	−4,005,646.67
三、筹资活动产生的现金流量：		
筹资活动产生的现金流量净额	−9,518,431.25	2,956,547.50
四、汇率变动对现金的影响	−22.71	−128.76
五、现金及现金等价物净增加额	9,948,368.84	33,867,893.75

公司会计报表附注等有关内容，请查阅 2004 年 6 月 10 日刊载于巨潮网站(http//www.cninfo.com.cn)上的本公司招股说明书全文及其附录。

三、主要财务指标

主要财务指标			2003 年	2002 年	2001 年
流动比率			2.97	2.39	1.74
速动比率			2.52	2.01	1.38
资产负债率(%)			36.66	45.18	47.72
应收账款周转率			8.06	6.82	4.51
存货周转率			12.23	9.96	9.89
每股净资产(元)			2.29	1.74	1.19
每股经营活动的现金流量(元)			0.49	0.58	0.17
净资产收益率(%)	净利润	全面摊薄	28.59	34.21	29.88
		加权平均	30.76	41.29	35.13
	扣除非经常性收益后的净利润	全面摊薄	28.62	34.21	28.79
		加权平均	30.80	41.29	33.85
每股收益(元)	净利润	全面摊薄	0.66	0.59	0.36
		加权平均	0.66	0.59	0.55
	扣除非经常性收益后的净利润	全面摊薄	0.66	0.59	0.34
		加权平均	0.66	0.59	0.53
	发行后预计每股净资产(元)		4.08		

第九节　其他重要事项

一、自本公司股票首次公开发行之日至本上市公告书公告之日，本公司严格依照《中华人民共和国公司法》、《中华人民共和国证券法》等法律法规的要求，规范运行，生产经营情况正常；所处行业、市场无重大变化；主要业务发展目标进展状况正常，主要投入产出物供求及价格无重大变化。

二、自本公司股票首次公开发行之日至本上市公告书公告之日，本公司无重大对外投资、重大资产(股权)收购或出售行为；住所未发生变更。

三、自本公司股票首次公开发行之日至本上市公告书公告之日，本公司重大会计政策和会计师事务所没有发生变化。

四、自本公司股票首次公开发行之日至本上市公告书公告之日，本公司未发生新的重大负债或重大债项发生变化。

五、自本公司股票首次公开发行之日至本上市公告书公告之日，本公司董事、监事和高级管理人员没有尚未了结或可能发生的刑事诉讼事项。

六、自本公司股票首次公开发行之日至本上市公告书公告之日，本公司未涉及任何重大诉讼事项或仲裁，亦无尚未了结或可能面临的重大诉讼或索赔要求。

七、根据《深圳证券交易所中小企业板块上市公司特别规定》的要求，本公司章程中应包含"(一)、股票被终止上市后，公司股票进入代办股份转让系统继续交易；(二)、不对公司章程中的前款规定作任何修改"等内容。本公司已出具承诺函，承诺自本公司上市后 3 个月内在公司章程内载入上述内容。

八、根据公司 2002 年度股东大会决议，同意截止 2002 年 12 月 31 日的滚存未分配利润和 2003 年 1 月 1 日以后产生的净利润由本次股票公开发行完成后的新老股东共享。

九、本公司大股东、实际控制人徐传化、徐冠巨、徐观宝父子三人承诺：自本公司股票上市之日起 12 个月内，不转让其持有的本公司股份，也不会要求或接受本公司回购其所持有的股份。

十、自本公司股票首次公开发行之日至本上市公告书公告之日，没有其他应披露而未披露的重要事项。

第十节　董事会上市承诺

本公司董事会承诺将严格遵守《公司法》、《证券法》、《股票发行与交易管理暂行条例》、《深圳证券交易所股票上市规则》、《中小企业板块上市公司特别规定》和《证券发行上市保荐制度暂行办法》等法律、法规的有关规定，承诺自本公司股票上市之日起做到：

一、承诺真实、准确、完整、公允和及时地公布定期报告，披露所有对投资者有重大影响的信息，并接受中国证监会、证券交易所的监督管理；

二、承诺发行人在知悉可能对股票价格产生误导性影响的任何公共传播媒介中出现的消息后，将及时予以公开澄清；

三、本公司董事、监事、高级管理人员和核心技术人员将认真听取社会公众的意见和批评，不利用已获得的内幕消息和其他不正当手段直接或间接从事发行人股票的买卖活动；

四、本公司没有无记录的负债。

依据《深圳证券交易所股票上市规则》，本公司全体董事、监事将按照有关规定，在本公司股票上市后两个月内签署《董事(监事)声明及承诺书》并送达深圳证券交易所备案。

第十一节　保荐机构(上市推荐人)及其意见

一、保荐机构(上市推荐人)

东方证券股份有限公司

法定代表人：肖时庆

住所：上海市浦东大道 720 号

电话：021-50367888

传真：021-50366340

联系人：陈龙晖、孙茂峰、杨峰、何英、易春蕾

二、保荐机构(上市推荐人)意见

本公司聘请的保荐机构(上市推荐人)东方证券股份有限公司(以下简称"东方证券")认为，本公司股票符合上市条件，并已向深圳证券交易所出具了正式的《浙江传化股份有限公司上市推荐书》。其主要推荐意见如下：

东方证券认为：发行人公司章程符合《公司法》、《证券法》等有关法律、法规和中国证券监督管理委员会的规定。发行人本次股票发行符合《公司法》、《证券法》、《深圳证券交易所上市规则》、《中小企业板块上市公司特别规定》等国家有关法律法规的规定，已具备上市条件。发行人董事了解国家有关法律、法规、深圳证券交易所上市规则及股票上市协议规定的董事的义务与责任，发行人建立健全了法人治理结构、制定了严格的信息披露制度与保密制度。

东方证券已对上市文件所载的资料进行了核实，确保上市文件真实、准确、完整，符合规定要求。东方证券保证发行人的上市申请材料、上市公告书没有虚假、严重误导性陈述或者重大遗漏，并保证对其承担相应的法律责任。东方证券与本公司不存在关联关系。东方证券愿意推荐本公司的股票在深圳证券交易所上市交易，并保证不利用在上市过程中获得的内幕信息进行内幕交易，为自己或他人谋取利益。

浙江传化股份有限公司

二〇〇四年六月二十四日

浙江盾安人工环境设备股份有限公司

浙江盾安人工环境设备股份有限公司首次公开发行股票上市公告书

第一节 重要声明与提示

浙江盾安人工环境设备股份有限公司(以下简称"本公司" 或"盾安环境")董事会保证上市公告书的真实性、准确性、完整性,全体董事承诺上市公告书不存在虚假记载、误导性陈述或重大遗漏,并承担个别和连带的法律责任。

根据《中华人民共和国公司法》、《中华人民共和国证券法》等有关法律、法规的规定,本公司董事、高级管理人员已依法履行诚信和勤勉尽责的义务和责任。

证券交易所、中国证监会、其他政府机关对本公司股票上市及有关事项的意见,均不表明对本公司的任何保证。

本公司提醒广大投资者注意, 凡本上市公告书未涉及的有关内容, 请投资者查阅 2004 年 6 月 11 日刊载于《中国证券报》、《上海证券报》、《证券时报》和《证券日报》的《浙江盾安人工环境设备股份有限公司首次公开发行股票招股说明书摘要》及刊载于巨潮网站(http://www.cninfo.com.cn)的《浙江盾安人工环境设备股份有限公司首次公开发行股票招股说明书》及相关附件。

第二节 概 览

1、股票简称:盾安环境

2、深市股票代码:002011

沪市代理股票代码:609011

3、总股本:71,181,865 股

4、可流通股本:28,000,000 股

5、本次上市流通股本:28,000,000 股

6、发行价格:11.42 元/股

7、上市地点:深圳证券交易所

8、上市时间:2004 年 7 月 5 日

9、股票登记机构:中国证券登记结算有限责任公司深圳分公司

10、保荐机构(上市推荐人):国元证券有限责任公司

11、本公司首次公开发行股票前股东所持股份的流通限制及期限:根据国家现有法律、法规和中国证券监督管理委员会(以下简称"中国证监会")证监发行字[2004]79 号文《关于核准浙江盾安人工环境设备股份有限公司公开发行股票的通知》,本公司发起人所持有的法人股和自然人持有的未流通股份暂不上市流通。

12、本公司第一大股东盾安控股集团有限公司(以下简称:盾安集团)承诺,自本公司股票上市交易之日起 1 年内,不转让所持有的本公司股份,也不要求或接受本公司回购其所持有的股份。

第三节 绪 言

本上市公告书是根据《中华人民共和国公司法》、《中华人民共和国证券法》、《股票发行与交易管理暂行条例》、《公开发行股票公司信息披露实施细则》和《深圳证券交易所股票上市规则》等国家有关法律、法规的规定,并按照中国证监会制定的《公开发行证券的公司信息披露内容与格式准则第 7 号??? 股票上市公告书》的要求而编制,旨在向投资者提供有关本公司的基本情况和本次股票上市的有关资料。

经中国证监会证监发行字[2004]79 号文核准,本公司已于 2004 年 6 月 16 日采用全部向二级市场投资者定价配售方式成功发行了每股面值 1.00 元的人民币普通股(A 股)2,800 万股,每股发行价格 11.42 元。

经深圳证券交易所深证上[2004]46 号文批准,本公司公开发行的 2,800 万股人民币普通股将于 2004 年 7 月 5 日在深圳证券交易所上市交易。股票简称"盾安环境",股票代码"002011"。

本公司已于 2004 年 6 月 11 日分别在《中国证券报》、《证券时报》、《上海证券报》和《证券日报》上刊登了《浙江盾安人工环境设备股份有限公司首次公开发行股票招股说明书摘要》,招股说明书正文及其必备附件刊载于巨潮网站 (http://www.cninfo.com.cn)。因招股说明书及其摘要等刊载之日至今不足 3 个月,本上市公告书与之重复的内容不再重述,敬请投资者查阅上述文件。

第四节 发行人概况

一、发行人基本情况

1、发行人名称:

中文名称:浙江盾安人工环境设备股份有限公司

英文名称:ZHEJIANG DUN'AN ARTIFICIAL ENVIRONMENT EQUIPMENT CO.,LTD.

2、注册资本:71,181,865 元人民币

3、成立日期:2001 年 12 月 19 日

4、法定代表人:姚新义

5、经营范围:中央空调主机及末端设备的研究开发、制造、销售;中央空调机组、风机盘管、末端部件、暖通器材、空气净化和处理系统及人工环境设备的研究开发、销售;经营本企业自产产品及技术的出口业务;经营本企业生产、科研所需的原辅材料、机械设备、仪器仪表、零配件及技术的进口业务(国家限定公司经营和国家禁止进出口的商品及技术除外);经营进料加工和"三来一补"业务。

6、主营业务:电制冷式中央空调主机及末端设备的研究开发,制造、销售和技术服务。

7、住所:浙江省诸暨市店口工业区

8、电话:0571-87826722

9、传真:0571-87802255

10、互联网网址:http://www.dunan.net

11、电子邮箱:dazq@dunan.net

12、董事会秘书:刘云晖

二、发行人的历史沿革

1998 年 10 月 21 日,盾安集团与自然人周月红共同出资 600 万元发起设立浙江盾安三尚机电有限公司(以下简称:三尚机电),其中盾安集团出资 420 万元,占注册资本的 70%,周月红出资 180 万元,占注册资本的 30%。

2000 年 11 月 30 日,盾安集团与合肥通用机械研究所、浙江盾安机械有限公司、周学军、王涌、曹俊、林成培等 6 个新股东对三尚机电进行了一次增资,公司注册资本由 600 万元增至 2,255 万元,新增注册资本 1,655 万元。原股东自然人周月红未参加此次增资。此次增资后,盾安集团合计出资 1,443.6 万元,占注册资本的 64.02%;合肥通用所出资 225.5 万元,占注册资本的 10%;盾安机械出资 225.5 万元,占注册资本的 10%;周学军出资 67.65 万元,占注册资本的 3%;曹俊出资 45.10 万元,占注册资本的 2%;王涌出资 45.10 万元,占注册资本的 2%;林成培出资 22.55 万元,占注册资本的 1%。

2001 年 7 月 9 日,三尚机电股东浙江盾安机械有限公司、周月红作为出让方与受让方王涌、周学军、曹俊、唐黎明、方建良、王世华、林成培、刘云晖、黄毅飞、蒋家明、何学平签订了《出资转让协议》。根据该协议的约定, 盾安机械和周月红分别向上述人员转让其持有的三尚机电 10%和 7.98%的出资份额,其中方建良、唐黎明各受让 3.5%,王涌、王世华各受让 2%,曹俊受让 1.5%,刘云晖、黄毅飞、蒋家明、何学平各受让 1%,林成培受让 0.98%,周学军受让 0.5%。

2001 年 11 月 26 日,经浙江省人民政府企业上市工作领导小组浙上市[2001]99 号《关于同意变更设立浙江盾安人工环境设备股份有限公司的批复》批准,同意以三尚机电截止 2001 年 9 月 30 经华证会计师事务所有限公司审计的净资产按 1:1 的比例折股,变更设立浙江盾安人工环境设备股份有限公司,同意本公司的注册资本为 43,181,865 元。

2001 年 12 月 19 日,本公司在浙江省工商行政管理局注册登记,注册号为:3300001008357,注册资本为 43,181,865 元。

经中国证监会证监发行字[2004]79 号文核准,本公司于 2004 年 6 月 16 日采用全部向二级市场投资者定价配售的方式发行 2,800 万股人民币普通股票,发行价为 11.42 元/股,本次发行后,本公司注册资本增至 71,181,865 万元。

三、主要经营情况

(一)公司的业务与产品

发行人主要经营电制冷式中央空调主机和空气处理末端设备, 主要产品有商用中央空调机组、户用中央空调机组、末端、换热器、特种空调等。上述产品主要用于宾馆、影剧院、体育馆、商业大厦、写字楼等舒适性场合,以及电子、仪器仪表、通讯、医药、食品等行业的工艺性场合。

(二)本公司的竞争优势和劣势

1、发行人的竞争优势

(1)技术优势。本公司十分注重技术投入和技术创新,逐步形成和强化了公司的核心技术,使公司的技术水平在同行业中处于领先地位。公司建立了中央空调研究院,通过与高等院校和科研院所合作,共同研究开发变频变容量等高新技术,并将其逐步应用到公司开发的新产品上,使公司产品技术参数和稳定运行性能达到和接近国际先进水平。目前,本公司已拥有中央空调设计、制造方面较完整的自主知识产权和核心技术体系,拥有专利技术 21 项。

(2)产品优势。本公司生产的产品以电力作为驱动机组主机的能源,又称电制冷式中央空调机组,随着我国电力行业垄断局面的打破以及发电量的快速增长,暂时的供电紧张局面将逐步改善,从长期看电价将呈下降趋势。同时本公司十分重视产品性能的提高,相继开发出一系列节能、环保的新产品,随着产品制造水平的不断提高,电制冷式中央空调设备的使用成本和购置成本将逐步下降。因此,电制冷式中央空调具有明显的市场适应性和环境适应性,具有明显的优势。

(3)人才优势。本公司始终高度重视人才的培养与引进,经过几年的努力,已经初步形成了年富力强、结构合理的人才队伍,公司现有大专以上学历的专业技术人才 283 人,占职工总数的 50.8%,其中大学本科以上人员 130 人,具有中高级职称的人员 42 人,高级工程师 8 人。根据公司的人才扩充计划,自 2003 年起,每年新引进 50 名具有大学本科以上学历的应届毕业生,以不断充实公司的人才队伍。大批拥有丰富产品设计与实践经验的优秀人才的加盟,为公司的技术创新和长远发展提供了可靠的人才保证。由于在人才引进和管理方面具有明显优势,公司被浙江省人事厅确定为博士后科研工作站试点单位,为本公司进一步引进尖端人才创造了良好的外部条件。

2、公司的竞争劣势

虽然公司在国内同行业中具有较强的竞争优势,但与国外知名大公司相比,在品牌、资金、技术和管理等方面都存在一定差距。公司自成立以来,由于重视新产品开发工作,使产品品种规格迅速增加,到目前为止已有五大类十六个系列三百多种规格品种,但是部分规格的产品产量较小,是一种小批量、多批次、多规格的生产模式,重点产品不突出。由于我国气候条件复杂,对中央空调的需求也呈多样性的特征,对于中央空调制造企业来说,拥有众多的产品品种规格是做精做强产品的基础。今后,公司将根据市场需求和公司优势,优化产品结构,逐步形成拳头产品。

由于公司进入中央空调行业只有六年的时间,公司正处在快速成长期,虽然"盾安牌"中央空调是浙江省名牌产品,但是与国外知名品牌相比,本公司的品牌知名度尚有一定差距,在中央空调品牌竞争越来越重要的情况下,对本公司的竞争实力有一定影响。另外,本公司的规模偏小,往往导致本公司在与国际知名品牌竞争时处于不利地位。

(三)主要财务指标

请参阅本上市公告书"财务会计资料"部分的相关内容。

(四)主要知识产权

本公司拥有的知识产权包括专利、注册商标和非专利技术。

1、本公司拥有的专利及已受理的专利申请

序号	专利名称	专利号/申请号	专利类型	申请日	剩余保护年限
1	蓄能装置 Z	ZL 00259435.8	实用新型	2000/12/4	6 年
2	节能型制冷循环装置	ZL 01278831.7	实用新型	2001/12/20	7 年
3	多功能净化型空气处理机组	ZL 01278832.5	实用新型	2001/12/20	7 年
4	多系统风管送风式热泵机除霜装置	ZL 01278829.5	实用新型	2001/12/20	7 年
5	多系统风管送风式热泵机除霜方法	01144615.3	发明专利	2001/12/20	已受理
6	内框式无冷桥净化空调箱体	ZL 01278833.3	实用新型	2001/12/20	7 年
7	无冷桥隔热板	ZL 01278830.9	实用新型	2001/12/20	7 年
8	智能型户用中央空调机组	ZL 02346382.1	外观设计	2002/08/23	8 年
9	可提供热水的燃气空调机	ZL 02266524.2	实用新型	2002/08/23	8 年
10	智能网络控制方法	03114733.X	发明专利	2003/01/6	已受理
11	风冷热泵机组热气旁通除霜装置	ZL 03227974.4	实用新型	2003/01/6	9 年
12	中央空调凝结水排放水封装置	ZL 03227975.2	实用新型	2003/01/6	9 年
13	带过冷器的空气换热器	ZL 03227973.6	实用新型	2003/01/6	9 年
14	均分型干式蒸发器	ZL 03227972.8	实用新型	2003/01/6	9 年
15	风机盘管中央空调专用多功能混合箱	03232029.9	实用新型	2003/06/10	已受理
16	新型高效除霜装置	03210116.3	实用新型	3003/08/28	已受理
17	一种风冷热泵系统的除霜方法及其除霜装置	03150609.7	发明专利	2003/08/28	已受理
18	一种分体式低噪声冷热水机组室内机	200420020298.4	实用新型	2004/02/20	已受理
19	卡式双吹风机盘管机组"U"形换热器	200420020297.X	实用新型	2004/02/20	已受理
20	一种新型防冻裂换热器	200420020299.9	实用新型	2004/02/20	已受理
21	节能型低噪声卡式双吹风机盘管机组	200420020300.8	实用新型	2004/02/20	已受理

2、注册商标

本公司拥有注册商标包括：

(1)"DUNAN"商标：注册证号 1487224。

(2)"盾安"图文商标：注册证号 1487294。

3、非专利技术

截止 2003 年末,公司自主开发的非专利技术有：

技术名称	使用对象
模糊控制技术应用于温度和湿度组合调节控制	空气处理设备等
模糊控制技术应用于除霜控制	风冷热泵机组
环保型自动排水水封	空气处理设备
基于 internet 远程实时监控智能控制系统	商用中央空调机组
中央空调设备监控管理软件	商用中央空调机组
中央空调电话远程开关机	户用中央空调机组
多点控制技术	户用中央空调机组
紫外线定时杀菌	空气处理设备
恶劣环境自适应控制技术	风冷热泵机组
环保制冷工质的替代应用	商用中央空调机组

(五)享有的财政税收优惠政策

本公司法定所得税税率为 33%,增值税税率为 17%,营业税税率为 5%。

2001 年、2002 年及 2003 年，本公司分别收到各项政府补贴 2,074,809.35 元、340,000.00 元和 330,000.00 元。

第五节 股票发行与股本结构

一、首次公开发行股票的情况

1、股票种类：人民币普通股(A 股)

2、每股面值：1.00 元

3、发行数量：28,000,000 股,占发行后总股本 71,181,865 股的 39.94%

4、发行价格：11.42 元/股

5、市盈率：19.03 倍(按 2003 年度每股收益全面摊薄计算)

6、每股净资产：发行前每股净资产 2.10 元(按 2003 年 12 月 31 日经审计的数据计算)；发行后全面摊薄每股净资产为 5.53 元(扣除发行费用,未考虑 2004 年盈利等因素的影响)

7、募集资金总额：31,976 万元；募集资金净额：30,270.84 万元

8、发行方式：全部向二级市场投资者定价配售

9、发行对象：2004 年 6 月 11 日收盘时持有深圳证券交易所或上海证券交易所已上市流通人民币普通股(A 股)股票的收盘市值总和(包括可流通但暂时锁定的股份市值)不少于 10,000 元的投资者(国家法律、法规禁止购买者除外)。

10、发行费用总额及项目：本次股票发行费用总额为 1,705.16 万元,包括承销、保荐费 1,350 万元、审计费 100 万元、律师费用 50 万元、上网发行费用 110.16 万元、审核费用 20 万元、路演及推荐费 75 万元；每股实际发行费用 0.61 元。

二、本次股票上市前首次公开发行股票的承销情况

本公司首次公开发行股票的保荐机构(主承销商)为国元证券有限责任公司。

本次向二级市场投资者定价配售发行的 2,800 万股社会公众股的配号总数为 65,586,758 个,中签率为 0.0426915445%；二级市场投资者实际认购 27,561,428 股,其余 438,572 股由保荐机构(主承销商)包销。

三、募股资金的验资报告及入账情况

(一)验资报告

浙江盾安人工环境设备股份有限公司全体股东：

我们接受委托,审验了浙江盾安人工环境设备股份有限公司(以下简称"贵公司")截止 2004 年 6 月 23 日止的新增注册资本实收情况。按照国家相关法律、法规的规定和协议、章程的要求出资,提供真实、合法、完整的验资资料,保护资产的安全、完整是贵公司及其出资者的责任。我们的责任是对贵公司新增注册资本的实收情况发表审验意见。我们的审验是依据《独立审计实务公告第 1 号？验资》进行的。在审验过程中,我们结合贵公司的实际情况,实施了检查等必要的审验程序。

贵公司原注册资本为人民币 43,181,865.00 元,根据贵公司修改后的公司章程的规定,贵公司申请增加注册资本人民币 28,000,000.00 元；经中国证券监督管理委员会"关于核准浙江盾安人工环境设备股份有限公司公开发行股票的通知"(证监发行字〔2004〕号 79 文)核准,贵公司向社会公开发行人民币普通股股票 2800 万股增加注册资本,变更后的注册资本为人民币 71,181,865.00 元。贵公司已于 2004 年 6 月 16 日向社会公开发行了人民币普通股股票 2,800 万股,每股面值 1.00 元,实际发行价格为每股人民币 11.42 元。

经我们审验,截止 2004 年 6 月 23 日止,贵公司已收到证券承销机构划转的社会公众股东认缴股款人民币 305,158,369.51 元(已直接扣除了承销费用、保荐费用和发行手续费 14,601,630.49 元),公司尚需扣除其他合同费用 2,450,000.00 元,余额 302,708,369.51 元中转入股本 28,000,000.00 元,转入资本公积 274,708,369.51 元。

贵公司本次增资前的注册资本为人民币 43,181,865.00 元，已经华证会计师事务所验证，并于 2001 年 10 月 31 日出具验资报告(华会财审字(2001)第 B179B 号)。经本次增资变更后,公司累计注册资本为人民币 71,181,865.00 元。

本验资报告供贵公司申请变更登记及据以向股东签发出资证明时使用，只能合理保证贵公司投资者在报告日的出资到位情况,不应将其视为是对贵公司验资报告日后资本保全、偿债能力和持续经营能力等的保证。因使用不当所造成的后果,与执行本验资业务的注册会计师及会计师事务所无关。

附件：

1、新增注册资本实收情况明细表;

2、注册资本变更前后对照表;

3、验资事项说明

华证会计师事务所有限公司

中国注册会计师：马静 吕勇军 刘要红

中国.北京 报告日期：2004 年 6 月 23 日

(二)募集资金入账情况

入账时间：2004 年 6 月 23 日

入账金额：305,158,369.51 元

开户银行：浙江省农业银行诸暨市店口支行

入账账号：532101040000674

四、上市前股权结构及股东持股情况

(一)本次上市前股本结构情况

股份性质	持股数量(股)	持股比例(%)
一、发起人股	43,181,865	
其中：国有法人股	4,318,187	6.06
法人股	27,645,034	38.84
自然人股	11,218,644	15.76
二、社会公众股	28,000,000	39.34
合计	71,181,865	100.00

(二)前十大股东持股情况

截至本上市公告书刊登之日,本公司前十名股东及其持股情况如下：

序号	股东名称	股数(股)	比例(%)
1	盾安控股集团有限公司	27,645,034	38.84
2	合肥通用机械研究所	4,318,187	6.06
3	王 涌	1,727,274	2.43
4	方建良	1,511,365	2.12
5	曹 俊	1,511,365	2.12
6	唐黎明	1,511,365	2.12
7	周学军	1,511,365	2.12
8	王世华	863,637	1.21
9	林成培	855,001	1.20
10	国元证券有限责任公司	438,572	0.62
	合计	41,893,165	58.84

第六节 董事、监事、高级管理人员及核心技术人员

一、董事会成员

1、姚新义,男,中国国籍,1964 年 11 月生,在读研究生,盾安集团的创始人,浙江省第十届人大代表,浙江省企业家协会理事,浙江省民营经济研究会副理事长。现任盾安集团董事长兼总裁、本公司董事长。

2、王涌,男,中国国籍,1960 年 7 月生,大学本科学历。现任中共盾安集团党委书记、盾安控股集团有限公司董事、副总裁,本公司副董事长,浙江诸暨盾安换热器有限公司董事长,合肥通用制冷设备有限公司董事,湖北帅力化工有限公司及安庆向科化工有限公司董事长。

3、史敏,女,中国国籍,1960 年 3 月生,西安交通大学制冷及低温技术专业本科毕业,教授级高级工程师。曾任合肥通用机械研究所制冷空调分所所长,浙江盾安三尚机电有限公司副董事长,中国机械工程学会流体工程学会第四届理事会理事。现任合肥通用机械研究所环境公司总经理、本公司副董事长。曾获机械部科技进步二等奖一次、安徽省科学技术一等奖一次。

4、方建良,男,中国国籍,1966 年 10 月生,上海理工大学制冷设备与低温技术专业本科毕业,工程师,浙江省制冷学会理事。现任本公司董事、总经理,盾安控股集团有限公司董事、浙江诸暨盾安换热器有限公司董事、合肥通用制冷设备有限公司董事。曾获杭州市科技进步一等奖一次,浙江省科技进步二等奖一次。

5、曹俊,男,中国国籍,1962 年 5 月生,合肥工业大学机械系本科毕业,西安交通大学制冷专业本科毕业,工程师。现任本公司董事、浙江盾安精工机械集团有限公司董事、副总裁。

6、王行,男,中国国籍,1961 年 6 月出,大专学历,经济师职称。现任盾安集团总裁助理兼办公室主任、党委副书记、工会主席,本公司董事。

7、隋永滨,男,中国国籍,1941 年 11 月生,本科学历,教授级高级工程师。曾任国家机械工业局副总工程师,机械工业部装备司副司长,规划处处长等职。现任中国机械工业联合会专务委员,哈尔滨空调股份有限公司独立董事,本公司独立董事。

8、邢以群,中国国籍,1964年1月生,管理学博士,浙江大学管理学院教授,浙江大学组织管理与战略研究所副所长,浙江众成企业管理咨询公司首席管理咨询顾问,本公司独立董事。

9、邱学文,男,1963年8月生,经济学硕士,浙江财经学院会计学教授,上海财经大学会计学硕士生导师,杭州永浩会计师事务所兼职顾问,本公司独立董事。

二、监事会成员

1、蒋家明,男,中国国籍,1962年1月生,浙江大学数学专业本科毕业,工程师。曾任三尚机电总工程师、监事会主席。现任本公司监事会主席、营销总工程师。

2、楼 英,女,中国国籍,1977年6月生,浙江海洋学院制冷专业专科毕业。现任本公司工会委员、监事。

3、周迎春,女,中国国籍,1973年3月生,中专学历。现任本公司监事。

4、周学军,男,中国国籍,1970年1月生,中专学历,经济师。现任本公司监事、浙江盾安精工机械集团有限公司董事、宁波大榭开发区华安机械有限公司董事长。

5、冯 枫,男,中国国籍,1967年12月生,大学学历,工程师职称。现任本公司监事。

三、公司其他高级管理人员

1、何学平,男,中国国籍,1967年3月生,工程师,哈尔滨工业大学机械制造专业本科毕业。现任本公司副总经理。

2、唐黎明,男,中国国籍,1962年10月生,高级工程师,浙江大学化机专业本科毕业,浙江省委党校经济学研究生毕业。现任本公司副总经理。

3、景荣根,男,中国国籍,1948年11月生,大学专科学历。现任本公司副总经理。

4、刘云晖,男,中国国籍,1962年6月生,华南理工大学机械系本科毕业,浙江大学管理学院硕士研究生毕业,经济师。现任本公司董事会秘书。

5、袁建军,男,中国国籍,1966年3月生,大学专科学历,高级会计师。现任本公司财务负责人。

四、核心技术人员

1、唐黎明,本公司副总经理、简历见"公司其他高级管理人员"部分。

2、方建良,本公司总经理,简历见"董事会成员"部分。

3、葛方根,男,中国国籍,1963年7月生,浙江大学本科毕业,中国科学技术大学硕士研究生,高级工程师。现任总工程师。

4、蒋家明,本公司监事会主席,简历见"监事会成员"部分。

5、仇健林,男,中国国籍,1968年3月生,大学本科学历,高级工程师。现任副总工程师。

6、李建军,男,中国国籍,1970年4月生,大学学历,工程师。现任中央空调研究院副院长。

7、张光玉,男,中国国籍,1969年月10月生,博士学位。现任中央空调研究院院长助理。

8、董志明,男,中国国籍,1970年11月生,浙江大学本科毕业,工程师。现任盾安中央空调研究院户用机室主任,负责户用机和单元机的开发工作。

五、董事、监事、高级管理人员及核心技术人员的持有本公司股份情况

直接持有本公司股份的董事、监事、高级管理人员和核心技术人员情况如下表:

持有本公司股份情况

姓 名	本公司任职	持股数量(股)	比例
王 涌	副董事长	1,727,274	2.43%
曹 俊	董事	1,511,365	2.12%
方建良	董事、总经理	1,511,365	2.12%
蒋家明	监事会主席	431,818	0.61%
周学军	监事	1,511,365	2.12%
何学平	副总经理	431,818	0.61%
唐黎明	副总经理	1,511,365	2.12%
刘云晖	董事会秘书	431,818	0.61%

本公司其他董事、监事、高级管理人员和核心技术人员不直接持有本公司股份。

上述人员的家属,即父母、配偶或子女不存在持有本公司股份的情况。持有本公司股份的董事、监事、高级管理人员和核心技术人员所持本公司股份不存在质押或冻结的情况。

六、董事、监事、高级管理人员和核心技术人员股份锁定情况

在本公司担任董事、监事、高级管理人员和核心技术人员的全部自然人股东,已就其在本公司任职期间和离职后六个月内锁定其持有本公司的股份作出书面承诺。

第七节 同业竞争与关联交易

一、同业竞争

目前,本公司控股股东盾安集团是一家控股型集团公司,目前主要从事资本运作和对下属子公司进行投资管理,其所属的其他子公司主要从事家用房间空调器配件、水暖阀门等产品的生产与销售,均没有从事与本公司中央空调制造业相同或相似的业务。本公司第二大股东也没有从事与中央空调制造业相同或相似的行业,因此本公司与主要股东之间不存在同业竞争的情况。

公司董事会认为:公司与各股东之间不存在同业竞争;公司两个法人股东已经出具《避免同业竞争承诺函》,避免与本公司进行同业竞争。

发行人律师在审查了本公司与各股东的经营范围和主营业务后认为:"发行人与直接或间接控制发行人或有重大影响的自然人或法人及其控制的法人单位之间不存在同业竞争。"

保荐机构(主承销商)核查后认为:公司与各股东之间不存在同业竞争;两个法人股东均已做出书面承诺,不开展与公司相同或相似的业务。发行人与控制人所属子公司的业务性质不同,属于不同的市场,分别面向不同的销售对象,实际控制人所属子公司的业务发展状况及其所处市场的变化状况对发行人的业务没有客观影响,因此,发行人与控制人盾安集团所属子公司之间不存在同业竞争。

二、关联交易

(一)关联方及关联关系:详见本公司首次公开发行股票招股说明书全文。

(二)关联交易

1、关联交易的原则

对业已存在的关联交易,公司遵循了市场公开、公平、公正的原则,保证公司和中小股东的利益不受损害。

2、近三年重大关联交易对财务状况和经营成果的影响

项目	2001年		2002年	
	金额(万元)	比例(%)	金额(万元)	比例(%)
向关联方采购	1,017.9	19.13%	---	---
股权转让	---	---	---	---

项目	2003年	
	金额(万元)	比例(%)
向关联方采购	---	---
股权转让	---	---

2002年和2003年本公司未发生重大关联交易。2001年本公司委托盾安集团采购材料合计1,017.9万元,由于该委托采购均按市场价进行,因此对本公司的财务状况与经营成果无实质影响。

关联交易的详细内容请查阅刊载于巨潮网站(http://www.cninfo.com.cn)的本公司招股说明书全文。

(三)独立董事和中介机构对关联交易发表的意见

公司独立董事就本公司与关联方之间发生的关联交易发表了独立意见,一致认为本公司与关联方之间发生的关联交易对发行人有益或不可避免,关联交易行为均履行了必要的法定程序,所发生的关联交易都依照市场规则,公平、公正地进行交易。

发行人律师北京市竟天公诚律师事务所在详细审查上述关联交易后发表如下法律意见:"发行人重大关联交易不存在损害发行人和其他股东的利益,关联交易决策的程序符合有关法律、法规和合规性文件的规定,是合法、有效的。""发行人已对关联交易和解决同业竞争的承诺进行了充分披露,无重大遗漏或重大隐瞒。"

本次发行的申报会计师认为,发行人的重大关联交易已按《企业会计制度》、《企业会计准则—关联方关系及其交易》的有关规定予以反映。

本次发行的保荐机构(主承销商)认为,报告期内发行人的关联交易定价客观公允,未发现有损害发行人及中小股东利益的情形存在;关联交易事项的决策程序合法有效。

第八节 财务会计资料

本公司截止2003年12月31日的财务资料,已于2004年6月11日在《中国证券报》、《证券时报》、《上海证券报》、和《证券日报》刊登的《招股说明书摘要》中进行了披露。投资者欲了解详细内容,请查阅上述报纸或刊载于巨潮网站(http://www.cninfo.com.cn)的本公司招股说明书全文及其附录。

一、会计报表编制基准及注册会计师的意见

(一)会计报表编制基础

本公司是2001年12月由浙江盾安三尚机电有限公司整体变更设立的股份有限公司。本公司于2000年12月受让了盾安集团持有的盾安换热器74%的股权,因此,自2001年1月1日起将其纳入合并范围。

本公司2002年10月与杭州华东工贸公司及三个自然人投资设立杭州赛富特设备有限公司,本公司占出资总额的51%,从2002年起将其纳入合并范围。

本公司2003年4月与合肥通用研究所及十个自然人投资设立合肥通用制冷设备有限公司,本公司持有其46%的股权,但本公司股东王涌、方建良分别拥有该公司2.14%、2.86%的股权,形成本公司实质控制该公司,因此,自2003年起将其纳入合并范围。

(二)会计制度

本公司执行《企业会计准则》和《企业会计制度》。由于本公司是由浙江盾安三尚机电有限公司整体变更设立的,变更前原公司执行《工业企业会计制度》,变更后执行《企业会计制度》,在编制比较会计报表时,已按《企业会计制度》对以前年度进行了追溯调整。

(三)注册会计师审计意见

本公司已聘请华证会计师事务所有限公司对本公司及控股子公司2001年度?2003年度三年会计报表进行了审计,并出具了标准无保留意见的审计报告。

二、简要会计报表

1、简要合并资产负债表主要数据 单位:元

资产类	2003.12.31	2002.12.31	2001.12.31
流动资产:			
货币资金	23,825,595.21	21,309,491.99	4,976,933.39
应收票据	8,744,753.24	605,000.00	1,170,000.00
应收账款	83,679,772.37	64,143,340.63	50,371,150.69
其他应收款	7,154,450.24	7,135,830.60	16,741,770.03
预付账款	3,640,268.87	2,282,726.76	3,782,254.10
存货	31,956,874.27	36,106,193.28	32,817,535.86
待摊费用	774,866.92	347,752.59	78,316.30
流动资产合计	159,776,581.12	131,930,335.85	109,937,960.37
长期投资:			
长期股权投资	140,164.64	161,144.74	249,085.44
长期投资合计	140,164.64	161,144.74	249,085.44
其中:股权投资差额	140,164.64	161,144.74	249,085.44
固定资产:			
固定资产原值	55,842,622.83	48,160,717.59	40,840,275.70
减:累计折旧	14,990,283.31	10,662,808.95	7,208,900.64
固定资产净值	40,852,339.52	37,497,908.64	33,631,375.06
固定资产净额	40,852,339.52	37,497,908.64	33,631,375.06
在建工程	5,721,155.26	2,859,227.97	828,370.60
固定资产合计	46,573,494.78	40,357,136.61	34,459,745.66
无形资产及其他资产:			
无形资产	11,071,557.41	10,568,323.57	10,808,481.97
开办费		–	–
长期待摊费用	163,555,57	248,888.89	107,930.38
无形资产及其他资产合计	11,235,112.98	10,817,212.46	10,916,412.35
资产总计	217,725,353.52	183,265,829.66	155,563,203.82
负债及股东权益类:	2003.12.31	2002.12.31	2001.12.31
流动负债:			
短期借款	8,100,000.00	14,800,000.00	40,650,000.00
应付票据	16,690,312.71	17,940,000.00	30,011,472.26

应付账款	34,183,660.17	22,052,976.95	17,830,293.12
预收账款	6,560,398.55	7,924,469.51	2,655,854.66
应付工资	360,107.39	239,517.54	204,577.59
应付福利费	3,070,517.06	1,556,504.86	1,154,266.48
应付股利	–	–	6,656,137.27
应交税金	5,002,552.83	2,769,597.76	1,865,386.32
其他应交款	426,930.87	367,894.47	1,290,829.20
其他应付款	4,916,424.02	2,736,690.76	4,316,215.99
预提费用	283,759.17	218,314.28	516,559.33
应付利息	64,583.75	73,810.00	–
一年内到期的长期负债	15,000,000.00	–	–
流动负债合计	94,659,246.52	70,679,776.13	107,151,592.22
长期负债:			
长期借款	20,000,000.00	40,000,000.00	–
长期负债合计	20,000,000.00	40,000,000.00	
负债合计	114,659,246.52	110,679,776.13	107,151,592.22
少数股东权益	12,348,111.99	7,677,844.16	4,951,208.17
股东权益:			
股本	43,181,865.00	43,181,865.00	43,181,865.00
股本净额	43,181,865.00	43,181,865.00	43,181,865.00
资本公积	7.21	7.21	7.21
盈余公积	8,404,259.58	4,220,816.91	723,656.10
其中:法定公益金	2,801,419.86	1,406,938.97	241,218.70
未分配利润	39,131,863.22	17,505,520.25	−445,124.88
股东权益合计	90,717,995.01	64,908,209.37	43,460,403.43
负债及股东权益总计	217,725,353.52	183,265,829.66	155,563,203.82

2、简要合并利润及利润分配表　单位:元

项目	2003 年度	2002 年度	2001 年度
一.主营业务收入	235,368,284.24	175,275,981.76	121,023,974.29
主营业务收入净额	235,368,284.24	175,275,981.76	121,023,974.29
减:主营业务成本	142,756,211.11	103,919,549.81	73,539,628.32
主营业务税金及附加	2,885,209.36	2,074,469.39	1,172,037.41
二.主营业务利润	89,726,863.77	69,281,962.56	46,312,308.56
加:其他业务利润	1,576,772.15	1,069,282.03	1,052,213.37
减:营业费用	30,276,519.70	20,723,514.32	16,813,219.68
管理费用	18,032,591.34	14,257,796.91	11,472,948.73
财务费用	2,319,795.61	2,883,011.54	1,304,373.98
三.营业利润	40,674,729.27	32,486,921.82	17,773,979.54
加:投资收益	−20,980.10	−20,980.10	−27,676.16
补贴收入	330,000.00	340,000.00	2,074,809.35
营业外收入	187,838.15	392,637.99	135,005.80
减:营业外支出	164,444.66	194,940.19	672,124.90
四.利润总额	41,007,142.66	33,003,639.52	19,283,993.63
减:所得税	14,307,089.19	10,791,308.02	5,084,097.91
少数股东损益	890,267.83	764,525.56	1,641,243.25
五.净利润	25,809,785.64	21,447,805.94	12,558,652.47
加:年初未分配利润	17,505,520.25	−445,124.88	2,447,575.83
其他转入	–	–	–
六.可供分配利润	43,315,305.89	21,002,681.06	15,006,228.30
减:提取法定盈余公积	2,788,961.78	2,331,440.54	1,710,449.53
提取法定公益金	1,394,480.89	1,165,720.27	855,224.77
七.可供股东分配的利润	39,131,863.22	17,505,520.25	12,440,554.00
转作股本的普通股股利	–	–	12,885,678.88
八.未分配利润	39,131,863.22	17,505,520.25	−445,124.88

3、简要合并现金流量表　单位:元

项目	2003 年度
经营性现金流入	253,425,607.38
经营性现金流出	228,859,134.17
经营活动产生的现金流量净额	24,566,473.21
购建固定资产、无形资产和其他长期资产	11,840,603.18
投资活动产生的现金流量净额	−11,840,603.18
筹资活动产生的现金流入	56,010,633.67
筹资活动产生的现金流出	66,220,400.48
筹资活动产生的现金流量净额	−10,209,766.81
现金及现金等价物净增加额	2,516,103.22

三、重要会计报表附注

本公司会计报表注释等内容，请查阅本公司招股说明书，查阅地址为巨潮网站(http://www.cninfo.com.cn)。

四、主要财务指标

公司主要财务指标	2003 年	2002 年	2001 年
流动比率	1.69	1.87	1.03
速动比率	1.35	1.35	0.72
应收账款周转率(次)	3.18	2.92	3.92
存货周转率(次)	4.19	3.02	2.64
无形资产(土地使用权除外)占总资的比例	0.34%	0	0
资产负债率(母公司)	50.74%	63.30%	70.56%
每股净资产(元)	2.10	1.50	1.01
研发费用占主营业务收入的比例	1.73%	1.55%	3.03%
全面摊薄净资产收益率	28.45%	33.04%	28.90%
每股收益(元)	0.60	0.497	0.291

第九节　其他重要事项

1、自发行人股票首次公开发行起至本上市公告书公告之日,发行人严格依照《中华人民共和国公司法》、《中华人民共和国证券法》等法律法规的要求,规范运行,生产经营情况正常;所处行业、市场无重大变化;主要投入产出物供求及价格无重大变化;主要业务发展目标进展状况正常。

2、自本公司股票首次公开发行之日至本上市公告书公告之日,本公司无重大对外投资、重大资产(股权)收购或出售行为;住所未发生变更。

3、自本公司股票首次公开发行之日至本上市公告书公告之日,本公司重大会计政策和会计师事务所没有发生变化。

4、自本公司股票首次公开发行之日至本上市公告书公告之日,本公司未发生新的重大负债或重大债项发生变化。

5、自本公司股票首次公开发行之日至本上市公告书公告之日,本公司董事、监事和高级管理人员没有尚未了结或可能发生的刑事诉讼事项。

6、自本公司股票首次公开发行之日至本上市公告书公告之日,本公司未涉及任何重大诉讼事项或仲裁,亦无尚未了结或可能面临的重大诉讼或索赔要求。

7、根据《深圳证券交易所中小企业板块上市公司特别规定》的要求,本公司章程中应包含

"(一)、股票被终止上市后,公司股票进入代办股份转让系统继续交易;(二)、不对公司章程中的前款规定作任何修改"等内容。本公司已于 2004 年 6 月 10 日出具承诺函,承诺自本公司上市后 3 个月内在公司章程内载入上述内容。

8、本公司第一大股东盾安控股集团有限公司承诺:在本公司股票上市交易之日起 1 年内,不转让所持有的本公司股份,也不要求或接受本公司回购其所持有的股份。本公司承诺:自本公司 A 股股票上市之日起 1 年内,不回购本公司发起人(即盾安控股集团有限公司、合肥通用机械研究所、王涌、方建良、曹俊、唐黎明、周学军、王世华、林成培、黄毅飞、蒋家明、何学平、刘云晖)持有的本公司股份,亦不接受上述发起人对本公司回购其持有的盾安环境股份的要求。

9、根据公司 2004 年 3 月 5 日召开的 2003 年度股东大会通过的《关于公司 2004 年度利润分配政策的议案》,若公司在 2004 年度内股票发行上市成功,则公司发行前的全部滚存未分配利润由本次发行后公司全体新老股东共同享有，公司将在 2004 年 12 月 31 日前进行上市后的第一次利润分配,具体数额由公司股东大会另行决定。

10、其他应披露的重大事项

除本公司首次公开发行股票招股说明书及本上市公告书披露的事项外，发行人无其他应披露而未披露的重要事项。

第十节　董事会上市承诺

本公司董事会将严格遵守《中华人民共和国公司法》、《中华人民共和国证券法》、《股票发行与交易管理暂行条例》、《公开发行股票公司信息披露实施细则》、《深圳证券交易所股票上市规则》和《深圳证券交易所中小企业板块上市公司特别规定》等国家有关法律、法规的规定,自股票上市之日起承诺做到:

一、承诺真实、准确、完整、公允和及时地公布定期报告,披露所有对投资者有重大影响的信息,并接受中国证监会、证券交易所的监督管理;

二、承诺发行人在知悉可能对股票价格产生误导性影响的任何公共传播媒介中出现的消息后,将及时予以公开澄清;

三、发行人董事、监事、高级管理人员和核心技术人员将认真听取社会公众的意见和批评,不利用已获得的内幕消息和其他不正当手段直接或间接从事发行人股票的买卖活动;

四、发行人没有无记录的负债。

第十一节　保荐机构(上市推荐人)及其意见

一、保荐机构(上市推荐人)情况

名称:国元证券有限责任公司

法定代表人:凤良志

住　　所:合肥市寿春路 179 号国元大厦

联系电话:(0551)2634400--2604

传　　真:(0551)2672806

联 系 人:傅贤江　万士清　杜振宇

二、保荐机构(上市推荐人)意见

保荐机构(上市推荐人)已为本公司股票上市向深圳证券交易所出具了《股票上市推荐书》,认为:发行人章程符合《中华人民共和国公司法》、《中华人民共和国证券法》、《深圳证券交易所股票上市规则》等法律、法规和中国证监会有关公司章程的相关规定;发行人本次股票发行符合《公司法》、《证券法》、《深圳证券交易所股票上市规则》、《深圳证券交易所中小企业板块上市公司特别规定》等法律、法规和中国证监会的有关规定,已具备了上市条件。

保荐机构(上市推荐人)保证:本公司董事了解法律、法规、深圳证券交易所上市规则及股票上市协议规定的董事的义务与责任;本公司建立健全了法人治理结构、制定了严格的信息披露制度与保密制度。

保荐机构(上市推荐人)已对上市文件所载资料进行了核实,确保上市文件真实、准确、完整,符合规定要求,保证上市申请材料、上市公告书没有虚假记载、严重误导性陈述或者重大遗漏,并对其承担连带责任。

保荐机构(上市推荐人)与本公司不存在关联关系;保荐机构(上市推荐人)愿意推荐本公司的股票在深圳证券交易所上市交易,并且在上市推荐过程中,保证不利用获得的内幕信息进行内幕交易,为自己或他人谋取利益。

浙江盾安人工环境设备股份有限公司

2004 年 6 月 29 日

湖北中航精机科技股份有限公司

湖北中航精机科技股份有限公司首次公开发行股票上市公告书

第一节　重要声明与提示

湖北中航精机科技股份有限公司(以下简称"本公司"、"公司"、"股份公司"、"中航精机"或"发行人")董事会保证上市公告书的真实性、准确性、完整性,全体董事承诺上市公告书不存在虚假记载、误导性陈述或重大遗漏,并承担个别和连带的法律责任。

根据《中华人民共和国公司法》、《中华人民共和国证券法》等有关法律、法规的规定,本公司董事、高级管理人员已依法履行诚信和勤勉尽责的义务和责任。

证券交易所、中国证监会、其他政府机关对本公司股票上市及有关事项的意见,均不表明对本公司的任何保证。

本公司提醒广大投资者注意,凡本上市公告书未涉及的有关内容,请投资者查阅 2004 年 6 月 15 日刊载于《中国证券报》、《上海证券报》和《证券时报》的《湖北中航精机科技股份有限公司首次公开发行股票招股说明书摘要》及刊载于巨潮网站(http://www.cninfo.com.cn)的《湖北中航精机科技股份有限公司首次公开发行股票招股说明书》及相关附件。

第二节　概　览

1、股票简称:中航精机
2、深市股票代码:002013　　沪市代理股票代码:609013
3、总股本:50,000,000 股　　4、可流通股本:20,000,000 股
5、本次上市流通股本:20,000,000 股
6、发行价格:6.12 元/股　　7、上市地点:深圳证券交易所
8、上市时间:2004 年 7 月 5 日
9、股票登记机构:中国证券登记结算有限责任公司深圳分公司
10、保荐机构(上市推荐人):长江巴黎百富勤证券有限责任公司
11、本公司首次公开发行股票前股东所持股份的流通限制及期限:根据国家现有法律、法规和中国证券监督管理委员会(以下简称"中国证监会")证监发行字[2004]84 号文《关于核准湖北中航精机科技股份有限公司公开发行股票的通知》,本公司发起人所持有的法人股和自然人持有的未流通股份暂不上市流通。
12、本公司第一大股东中国航空救生研究所承诺,自本公司股票上市交易之日起 1 年内,不转让所持有的本公司股份,也不要求或接受本公司回购其所持有的股份。

第三节　绪　言

本上市公告书是根据《中华人民共和国公司法》、《中华人民共和国证券法》、《股票发行与交易管理暂行条例》、《公开发行股票公司信息披露实施细则》和《深圳证券交易所股票上市规则》等国家有关法律、法规的规定,并按照中国证监会制定的《公开发行证券的公司信息披露内容与格式准则第 7 号??? 股票上市公告书》的要求而编制,旨在向投资者提供有关本公司的基本情况和本次股票上市的有关资料。

经中国证监会证监发行字[2004]84 号文核准,本公司已于 2004 年 6 月 18 日采用全部向二级市场投资者定价配售方式成功发行了每股面值 1.00 元的人民币普通股(A 股)2,000 万股,每股发行价格 6.12 元。

经深圳证券交易所深证上[2004]48 号文批准,本公司公开发行的 2,000 万股人民币普通股将于 2004 年 7 月 5 日在深圳证券交易所上市交易。股票简称"中航精机",股票代码"002013"

本公司已于 2004 年 6 月 15 日分别在《中国证券报》、《上海证券报》和《证券时报》上刊登了《湖北中航精机科技股份有限公司首次公开发行股票招股说明书摘要》;招股说明书正文及其必备附件刊载于巨潮网站(http://www.cninfo.com.cn)。因招股说明书及其摘要等刊载之日距今不足 3 个月,本上市公告书与之重复的内容不再重述,敬请投资者查阅上述文件。

第四节　发行人概况

一、发行人基本情况
1、发行人名称:
中文名称:湖北中航精机科技股份有限公司
英文名称:Hubei Aviation Precision Machinery Technology Co., Ltd.
2、注册资本:50,000,000 元人民币
3、成立日期:2000 年 12 月 5 日
4、法定代表人:朱熙成
5、经营范围:座椅精密调节装置、各类精冲制品、精冲模具的研究、设计、开发、制造和销售;救生系统工程技术开发和应用;经营本企业自产产品及技术的出口业务;经营本企业生产所需的原辅材料、仪器仪表、机械设备、零配件及技术的进口业务(国家限定公司经营和国家禁止进出口的商品及技术除外);经营进料加工和"三来一补"业务。主要产品为高、中档汽车座椅调节机构和各类精冲制品。
6、主营业务:座椅精密调节装置、各类精冲制品、精冲模具的研究、设计、开发、制造和销售。
7、住所:湖北省襄樊市高新技术开发区江山南路
8、电话:0710-3345012　　9、传真:0710-3345024
10、互联网网址:www.hapm.cn
11、电子邮箱:auto@hapm.cn
12、董事会秘书:邵光兴

二、发行人的历史沿革

本公司 2000 年 11 月 22 日经中华人民共和国国家经济贸易委员会[国经贸企改(2000)1110 号]文批准,以中国航空救生研究所作为主发起人,联合东风汽车股份有限公司、安伟机械厂、汉江机械厂和湖北华光新材料有限公司等 4 家法人单位及刘跃珍等 16 位自然人采用发起设立方式设立,2000 年 12 月 5 日在湖北省工商行政管理局登记注册,注册资本 3000 万元,公司名称为湖北中航救生科技股份有限公司。

2004 年 4 月 26 日经公司 2004 年度第一次临时股东大会审核通过,公司名称变更为湖北中航精机科技股份有限公司。

经中国证监会证监发行字[2004]84 号文核准,本公司于 2004 年 6 月 18 日采用全部向二级市场投资者定价配售的方式发行 2,000 万股人民币普通股票,发行价为 6.12 元/股。本次发行完成后,本公司的总股本为 5,000 万元。

三、主要经营情况

公司经营范围为座椅精密调节装置;各类精冲制品;精密冲压模具的研究、设计、开发、制造和销售;救生系统工程技术开发和应用;经营本企业自产产品及技术的出口业务;经营本企业生产所需的原辅材料、仪器仪表、机械设备、零配件及技术的进口业务(国家限定公司经营和国家禁止进出口的商品及技术除外);经营进料加工和"三来一补"业务。

公司的主营业务为汽车座椅调角器及各类精冲制品;精冲模具的研究、设计、开发、制造和销售。主要生产座椅精密调节装置和精冲制品,产品主要有座椅调角器、增高机构和导轨以及各类精冲制品。

公司的专利产品"TJL11 调角器"1998 年 11 月被国家科技部、税务总局、外经贸部、国家技术监督局和国家环保总局联合认定为"国家重点新产品";"TJL11 捷达车座椅调角器"和"TJL13 富康车座椅调角器"分别被原国家经济贸易委员会认定为 1998 年度和 1999 年度"国家级新产品";"TJL11 轿车座椅靠背调角器的研制与开发"项目 1999 年获湖北省人民政府颁发的"科学技术进步二等奖";公司生产的汽车座椅调角器 2000 年 11 月被法国科技质量监督评价委员会推荐为高质量产品;TJB1 板簧式靠背调角器 2002 年获中国汽车工业科学技术进步三等奖;TJL13 调角器获得 2002 年中国机械工业科技进步三等奖。2001 年 7 月,公司被湖北省科学技术厅认定为高新技术企业。2002 年 4 月,公司取得生产企业自营进出口权。

公司近三年主营业务结构如下:　单位:万元

	2003 年度		2002 年度		2001 年度	
主要产品	销售收入	占总收入	销售收入	占总收入	销售收入	占总收入
调角器	7530.77	80.27%	5131.46	86.48%	3643.94	91.05%
精冲制品	245.01	2.61%	209.53	3.53%	117.74	2.94%
工装模具	18.80	0.20%	277.69	4.68%	0.00	--
滑轨及增高机构	1586.30	16.91%	0.00	--	0.00	--
设计开发	1.00	0.01--	310.32	5.23%	151.9	3.8%
其他	0.00	--	4.54	0.08%	88.51	2.21%
合计	9381.88	100%	5933.54	100%	4002.09	100%

公司主导产品座椅调角器的市场占有率 2001 年、2002 年和 2003 年分别为 27.55%、27.42%和 24.56%。

(一)本公司的竞争优势和劣势

●研发优势

(1)高素质的研发队伍及先进的设计水平

公司拥有一支专业化、高素质的研发队伍,共有研发人员 65 人,其中研究员 1 人、高级工程师 8 人、工程师 21 人。目前已取得实用新型专利 6 项,其中日本实用新型专利 1 项;还有 1 项发明已被国家知识产权局受理。

(2)先进的核心技术

精冲技术是座椅调节机构的核心技术,该项技术集精冲材料技术、精冲模设计与制造技术、精冲控制技术、精冲设备的维护和操作技术等诸多新技术于一体的系统工艺技术。本公司通过与 FEINTOOL 公司长期合作,拥有了精冲技术并不断提高精冲技术水平,已具备自行设计和制造复杂连续精冲模具的能力

(3)功能强大的产品试验检测能力

座椅调节机构作为轿车重要安全件,整车厂对其提出较一般零部件更为严格的安全性、可靠性指标,所采用标准直接来自各跨国公司,须国外的或其认可的试验机构进行试验。公司设立后投入大量资金建立了自己的试验室,在研发和生产过程中进行产品试验和检测。此外,由于本公司控股方--研究所是国内唯一从事航空救生装备研究、开发、设计、生产的科研机构,建设了一整套生命安全系统试验、验证设施,而且综合试验室已经通过上海通用汽车有限公司评审,授予从事汽车座椅调节机构各项试验的资格,美国通用公司乃至国外跨国汽车公司对该试验室出具的试验报告均认可。公司控股股东这些设施为座椅调节机构的研发提供了得天独厚的技术保障,公司应用研究所的试验检测设备按《综合服务协议》支付费用。

●产品优势

公司 TJL 系列手轮式调角器取得国家专利,该产品替代进口,填补国内空白,并获得国家级、省级新产品称号;

TJB 系列板簧式调角器,吸收了手轮式调角器强度高的优点,改变了国内同类产品只能实行椅背单边锁定的缺点,实现了双边锁定,同步开锁;设计结构简单、调节速度快、手感轻,产品质量达到世界先进水平;

TJW 系列无间隙调角器是引进 KEIPER 公司 T2000 专利和专有技术研制开发的高档产品,是目前国内主流轿车新车型普遍采用的产品,与新一代座椅处于同一技术平台,性能优越,具有较长的市场周期。

高档座椅导轨、升降机构与调角器同属调节机构,设计思想相通、试验方法相似,具有易与主车厂集成配套的优势。

●技术装备优势

公司拥有 4 套代表国际先进水平的自动精冲设备(瑞士进口),总吨位达 1400 吨,是国内较大的精冲生产基地。公司还拥有采用日本先进技术的预抽真空碳氮共渗多用炉热处理设备、慢走丝线切割机(瑞士进口)和低温焊机(德国进口)、焊接机器人(日本进口)等关键生产设备,有多套国外引进和自主开发的多工步连续精冲模具等,国际先进技术装备总值超过公司主要技术装备总值的 80%。

●客户资源优势

公司已拥有稳定的优质客户群体。产品用户包括一汽大众、神龙公司、风神汽车、上海通用、上汽奇瑞、长安福特、上汽通用五菱、江铃汽车、华晨金杯、三江雷诺、江苏南亚和哈飞汽车等国内主流整车厂。

●质量保证

公司于 2002 年 5 月 25 日取得了由瑞士 SGS-ICS 公司认证、德国 DAR 国家认可委颁发的 ISO9001:2000、QS9000 和 VDA6.1 国际质量标准体系证书,并建立了相应的质量管理体系。

●管理优势

公司拥有优秀的经营管理群体,董事、监事和经理班子中有 3 名研究员(其中 2 名享受国家政府津贴);1 名院士、1 名博士,2 名硕士,公司的 4 名独立董事分别为中国科学院院士、注册会计师、博士和工商管理硕士。公司高层管理人员具备丰富的专业知识和管理经验,致力于公司向"专、新、特、精"的科技型企业发展。公司自成立始即按照现代企业制度的要求,建立健全法人治理结构,实行规范化运作,建立了各项规范的管理制度,实现了人员、资产、业务、财务、机构的独立运作。

公司在发展过程中的劣势主要表现在:与国外同行业大型企业相比,公司经营规模相对较小,发展资金不足。根据目前汽车行业的特点,货款结算期一般为 2-3 个月左右,随着公司业务量的持续增长,垫付资金的压力相应增大,流动资金不足的问题日益突出。从公司目前的业务和现金流量来看,公司业务发展所需资金主要通过银行贷款和自有资金解决,这一定程度上影响了公司业务的快速发展和生产规模的进一步扩大。

(二)主要财务指标　请参阅本公告书"财务会计资料"部分的相关内容。

(三)主要知识产权

1、专利技术

公司目前拥有 6 项自创的实用新型专利和正在申请 1 项发明专利:

序号	专利名称及类型	设计人	专利号	专利申请日	专利证书号	剩余保护年限
1	座椅角度调节器	黄天森、黄剑波、陶巍	ZL94213191.6	1994/05/26	第 195604 号	2 年
2	座椅靠背角度调节器	王廷江、黄正坤、	ZL99237065.5	1999/01/18	第 356242 号	6 年

		朱熙成				
3	板簧式座椅角度调节器核心传动装置；	黄正坤、罗贤虎、张建洲、佘协民	ZL99237062.0	1999/01/18	第 361461 号	6 年
4	座椅角度调节器核心传动装置	黄正坤、罗贤虎	ZL01250171.9	2001/07/24	第 497205 号	8 年
5	座椅角度调节器核心传动装置(日本专利)	黄正坤、罗贤虎	2002-004436	2002/07/17	登录第 3091505 号	5 年
6	座椅角度调节器核心传动装置	罗贤虎、黄正坤	ZL02284153.9	2002/11/09	第 579034 号	9 年

2、公司引进的特许权

公司从德国 KEIPER 公司引进 T2000 座椅调角器专利和专有技术,德国专利号为 301304,中国专利号为 95106044.9 和 95106045.7。

(四)享有的财政税收优惠政策

公司位于湖北襄樊市高新技术产业开发区内(国家级高新区),2001 年 7 月 11 日被湖北省科学技术厅认定为高新技术企业。根据襄樊市国家税务局[襄国税函(2001)131 号]文批复,同意公司从 2001 年起,减按 15%的税率征收企业所得税并享受免征企业所得税 2 年的优惠政策。根据上述所得税优惠政策,2001 年、2002 年公司享受免税政策,从 2003 年起公司按 15%税率交纳所得税。

根据财政部、国家税务总局《关于贯彻落实<中共中央国务院关于加强技术创新,发展高科技,实现产业化的决定>有关税收问题的通知》[财税字(1999)273 号]的规定,并经湖北省地方税务局《省地方税务局关于湖北中航救生科技股份有限公司取得技术开发收入免征营业税的批复》[鄂地税函(2002)125-2 号]批准,公司的 500 万元技术开发收入免征营业税。

第五节　股票发行与股本结构

一、首次公开发行股票的情况

1、股票种类:人民币普通股(A 股)

2、每股面值:1.00 元

3、发行数量:20,000,000 股,占发行后总股本 50,000,000 股的 40%

4、发行价格:6.12 元/股

5、市盈率:14.93 倍(按照 2003 年每股盈利计算)

6、每股净资产:发行前每股净资产 2.45 元(2003 年 12 月 31 日);发行后全面摊薄每股净资产 3.74 元(已扣除发行费用,不含新增利润)

7、募集资金总额:12,240 万元;募集资金净额:11,360.125 万元

8、发行方式:全部向二级市场投资者定价配售

9、发行对象:2004 年 6 月 15 日收盘时持有深圳证券交易所或上海证券交易所已上市流通人民币普通股(A 股)股票的收盘市值总和(包括可流通但暂时锁定的股份市值)不少于 10,000 元的投资者(国家法律、法规禁止购买者除外)。

10、发行费用总额及项目:本次股票发行费用总额为

879.875 万元,包括承销费用 490 万元、保荐费用 200 万元、审计师费用 50 万元、律师费用 50 万元、土地评估费用 8 万元、资产评估费用 19 万元、上网发行费用 42.875 万元和审核费用 20 万元;每股发行费用:0.44 元。

二、本次股票上市前首次公开发行股票的承销情况

本公司首次发行股票的保荐机构(主承销商)为长江巴黎百富勤证券有限责任公司

本次向二级市场投资者定价配售发行的 2,000 万股社会公众股的配号总数为 58,925,949 个,中签率为 0.0339409044%;二级市场投资者实际认购 19,768,529 股,其余 231,471 股由保荐机构(主承销商)包销。

三、本次上市前首次公开发行股票所募股资金的验资报告及募集资金入账情况

(一)验资报告

湖北中航精机科技股份有限公司全体股东:我们接受委托,审验了贵公司截至 2004 年 6 月 25 日止新增注册资本实收情况。按照国家相关法律、法规的规定和协议、章程的要求出资,提供真实、合法、完整的验资资料,保护资产的安全、完整是全体股东及贵公司的责任。我们的责任是对贵公司新增注册资本的实收情况发表审验意见。我们的审验是依据《独立审计实务公告第 1 号?验资》进行的。在审验过程中,我们结合贵公司的实际情况,实施了检查等必要的审验程序。

贵公司原注册资本为人民币 30,000,000.00 元,根据贵公司 2002 年第三次临时股东大会决议和 2002 年第一届董事会第七次会议决议,并经中国证券监督管理委员会证监发行字[2004]84 号文核准,贵公司于 2004 年 6 月 18 日向社会公开发行人民币普通股 2,000 万股,每股面值 1 元,每股发行价格 6.12 元,变更后的注册资本为人民币 50,000,000.00 元。经我们审验,截至 2004 年 6 月 25 日止,贵公司募集资金总额为人民币 122,400,000.00 元,扣除发行费用 8,793,441.92 元,实际募集资金净额为 113,606,558.08 元,其中新增注册资本人民币 20,000,000.00 元,资本公积 93,606,558.08 元。

同时我们注意到,贵公司本次增资前的注册资本为人民币 30,000,000.00 元,业经湖北万信有限责任会计师事务所审验,并于 2000 年 11 月 21 日出具鄂万信验字[2000]040 号验资报告。截至 2004 年 6 月 25 日止,变更后的累计注册资本为人民币 50,000,000.00 元。

本验资报告供贵公司申请变更登记及据以向出资者签发出资证明时使用,不应将其视为是对贵公司验资报告日后资本保全、偿债能力和持续经营能力等的保证,因使用不当所造成的后果,与执行本验资业务的注册会计师及本会计师事务所无关。

附件:1.注册资本变更情况明细表

(1)新增注册资本实收情况明细表(表 1) (2)注册资本变更前后对照表(表 2)

2.验资事项说明

中勤万信会计师事务所有限公司　　注册会计师　　张金才　　黄继宗

中国?北京　2004 年 6 月 25 日

(二)募集资金入账情况

入帐时间:2004 年 6 月 25 日　　入帐金额:115,076,558.08 元

入帐帐号:1804004029035009613

开户银行:中国工商银行襄樊市长征路支行

四、上市前股权结构及股东持股情况

(一)本次上市前股本结构情况

股份类型	股数(万股)	比例(%)
发起人股	3000	60.00
其中:国有法人股	2730	54.60
法人股	200	4.00
自然人股	70	1.40
社会公众股	2000	40.00
总股本	5000	100.00

(二)股东持股情况

截至本上市公告书刊登之日,本公司前十名股东及其持股情况如下:

排名	股东名称	性质	持股数量(万股)	持股比例(%)	备注
1	中国航空救生研究所	国有法人股	2530.00	50.60	
2	东风汽车股份有限公司	法人股	200.00	4.00	
3	中国航空工业总公司宏伟机械厂	国有法人股	100.00	2.00	
4	中国航空工业总公司汉江机械厂	国有法人股	50.00	1.00	
	湖北华光新材料有限公司	国有法人股	50.00	1.00	
5	长江巴黎百富勤证券有限责任公司	社会公众股	23.1471	0.46	
6	朱熙成	自然人持有的未流通股	8.00	0.16	注 1
7	邵光兴	自然人持有的未流通股	7.00	0.14	
8	李金章	自然人持有的未流通股	5.00	0.10	注 2
9	卢　锋	自然人持有的未流通股	2.00	0.04	注 3
10	广发证券股份有限公司	社会公众股	1.70	0.03	

注 1:自然人刘跃珍、王承海和黄正坤分别各自持有公司 8 万股股票,与朱熙成同为公司第六大股东。

注 2:自然人刘国建、雷自力分别各自持有公司 5 万股股票,与李金章同为公司第八大股东。

注 3:自然人张光剑、汪新德、苏炳君、华振杰、张彭斌、徐文源、詹祖盛分别各自持有公司 2 万股股票,与卢锋同为公司第九大股东。

第六节　董事、监事、高级管理人员及核心技术人员

一、董事

1.朱熙成先生,公司董事长,现年 61 岁,大学学历,研究员。长期从事民品开发工作,为汽车座椅调角器国产化的主要领导者之一。曾任研究所一车间主任兼党支部书记、研究所副所长,江汉公司党委副书记,江汉公司副总经理兼任研究所生产试制部总工程师、主任、党委书记,江汉公司副总经理兼嘉利分厂总经理、党委书记,江汉公司副总经理兼研究所副所长等职,曾获"湖北省科技进步二等奖","省部级有突出贡献的中青年专家"等荣誉称号,享受政府特殊津贴。

2.罗群辉先生,公司董事,现年 42 岁,南京航空航天大学经济与管理学院管理科学与工程专业在读博士。

1982 年 7 月毕业于南昌航空工业学院,历任宏伟机械厂三〇一车间工艺员、室主任、技术科副科长、技术处处长、副总工程师、总工程师、厂长、江汉公司总经理。现任航宇公司董事长兼总经理、中国航空救生研究所所长兼宏伟机械厂厂长。

3.王承海先生,公司董事,现年 53 岁,大学学历,高级工程师。

具有丰富的市场开发经验。曾任研究所六室党支部书记、经营技术开发办公室副主任、经营计划开发处副处长、审计监察处副处长、处长,民品开发处处长、汽车座椅公司筹备组组长、民品发展部部长兼嘉利分厂副总经济师、企划部经理、嘉利分厂党委副书记兼副总经理、总经济师等职。现任公司总经理。

4.邵光兴先生,公司董事、董事会秘书,现年 39 岁,硕士,高级会计师。

长期从事企业管理工作,具有扎实的现代管理理论基础和丰富的财务证券管理工作经验。曾任研究所财务部副部长、嘉利分厂财务部经理、副总会计师、总会计师、副总经理等职。现任公司副总经理、财务负责人。

5.秦洪元先生,公司董事,男,38 岁,大学,高级工程师。

曾任宏伟机械厂室主任、工具处副处长兼党支部书记、民品副总工程师兼座椅所党支部书记、厂长助理、副厂长。现任航宇公司董事兼副总经理。

6.孙继兵先生,公司董事,现年 38 岁,大学学历,高级工程师。

曾任中国航空工业总公司资产经营管理局资产经营处副处长、处长。现任中国航空工业第一集团公司资产管理和集团工作部副部长和北京蓝天航空科技有限责任公司董事。

7.卢锋先生,公司董事,现年 36 岁,大学学历,高级经济师。

曾任东风汽车公司经营管理研究所副所长、证券财务部部长、企划部经理。现任东风汽车股份有限公司副总经理、董事会秘书、襄樊市维海信息咨询有限公司董事长、东风襄樊旅行车有限公司董事和上海嘉华投资有限公司董事长。

8.熊有伦先生,公司独立董事,现年 64 岁,中国科学院院士。

现为华中科技大学教授、博士生导师,国家重点实验室"制造系统"学术委员会主任,湖北省科协常委、湖北计量测试学会理事长,湖北省政府咨询委员。曾任香港科技大学、香港城市大学客座教授。

9.彭翰先生,公司独立董事,男,42 岁,大学学历,中国注册会计师。

现任航天科技集团公司四院四十二所经济财务处处长。

10.沈体雁先生,公司独立董事,男,33 岁,博士。

现为北京大学政府管理学院副教授,首都发展研究院助理院长,中国区域经济研究中心副主任,中国区域科学协会理事、空间信息系统专业委员会主任,国土资源部信息化专家小组成员。

11.曾军先生,公司独立董事,男,35 岁,北京大学光华管理学院工商管理硕士。

曾任深圳中航集团研究发展部副经理,深圳中航实业股份有限公司(香港上市公司,简称"深圳中航",代码 HK0161)董事会秘书。现任深圳市凯地投资管理有限公司董事总经理。

二、监事

1.李金章先生,公司监事会召集人,现年 61 岁,大学学历,研究员。

曾任中国航空救生研究所第六研究室副主任、主任、纪委书记、副所长、党委副书记、党委书记和江汉公司党委书记等职。现任航宇公司顾问。期间完成 4 个救生型号的光测任务,发表 3 份论文,2 份作国际交流,1 份发表于航空科技文献;曾获省部级科研成果二等奖 2 项,在美国留学期间完成多篇论文,荣获中国航空工业总公司优秀回国人员称号,获"省部级有突出贡献的中青年专家"荣誉称号,为政府特殊津贴享受者;在从事党务工作期间,成绩显著,被授予湖北省优秀党务工作者,中航第一集团公司优秀领导干部。

2.施爱琳先生,公司监事,男,现年 39 岁,研究生,中国注册会计师。

曾任江汉公司审计处审计员、江汉公司财务部副处级审计员,江汉公司财务部副处级审计员、江汉公司、研究所财务部副部长,现任研究所审计监察办公室主任。

3.杨圣军先生,公司监事,现年 32 岁,大学学历,会计师。

曾任中国航空工业总公司财务局副主任、中国航空工业第一集团公司财审部副处长等职,曾参与编写《新编财务会计、税收实务》及《现代企业管理制度全书》等书。现任中国航空工业第一集团公司财务部副部长。

4.黄昭惠先生,公司监事,现年 40 岁,大学学历,工程师。

历任研究所嘉利分厂团委书记兼机关党支部书记、经理部经理。现为公司经理部经理。

5.张忠林先生,公司监事,现年 47 岁,中专学历。

现任公司物资供应部外协调度。

上述董事、监事任期均自 2003 年 11 月 22 日至 2006 年 11 月 21 日止。

三、其他高级管理人员

1.黄正坤先生,现年 41 岁,硕士,研究员。

长期从事技术开发工作,公司核心技术带头人,公司 4 项专利主要设计者。曾任研究所嘉利分厂副总工程师、工程部经理、副总经理兼工程部经理等职。期间曾获中国航空工业总公司"有突出成绩的中国博士、硕士学位获得者","研究所"优秀干部标兵","湖北省国防科技工业系统劳模",首届湖北省"五四青年奖章获得者",人事部、国防科技工业委员会"劳动模范",2001 年度全国"五一"劳动奖章获得者等荣誉称号。现任公司副总经理。

2.刘国建先生,现年 37 岁,大专学历,工程师。

有丰富的生产管理经验。曾任研究所四车间副主任,五车间副主任,八车间主任、主任兼党支部书记,嘉利分厂副总经理等职。期间多次被上级评为"先进工作者"和"优秀干部"荣誉称号,为手轮式调角器的国产化工作的主要参与者,该项目获湖北省科技进步二等奖及汽车行业科技进步三等奖。现任公司副总经理。

3.雷自力先生,现年 33 岁,大学学历,硕士在读,高级经济师。

长期从事市场开发工作。曾任研究所嘉利分厂企划部副经理、经理、副总经理兼市场部经理等职。期间曾获研究所优秀共产党员、模范干部、团中央和中国航空工业第一集团公司联合授予的"营销创新奖"等荣誉称号。现任公司副总经理兼市场部经理。

上述各高级管理人员任期均自 2003 年 11 月 22 日至 2006 年 11 月 21 日止。

四、核心技术人员

1.王承海,简历同前。 2.黄正坤,简历同前。 3.刘国建,简历同前。

4.崔庆先生,现年 34 岁,大学学历,硕士在读,高级工程师。

长期从事工艺、工装设计和产品设计等技术工作。曾任武汉汽车车身附件总厂工艺员、技术员,研究所精机所技术员,研究所嘉利分厂技术员。期间主持初样手轮式调角器的研制,TJL11 捷达调角器主要研制人员,TJL13 富康调角器核心传动部件主管设计师,TJW1 无间隙调角器主管工艺师等,在精冲技术工作方面,参与公司自行设计的第一付连续精冲模;双联齿轮/偏心轮连续精冲模的设计工作,成功将第四力添加于精冲模,该项技术具有国内领先水平。现任公司产品技术研究部经理。

5.张小冰先生,现年38岁,大学学历,硕士,高级工程师。

长期从事焊接工艺和调角器工装设计等技术工作。曾经参与国家重点工程"亚洲第一轨"--火箭撬导轨工程的建设,设计出检验导轨气压焊焊缝质量的大型试验设备--落锤试验机;研究的QU100A(加工)轨气压焊焊缝质量的无损检测--超声波检测(UT)技术(导轨建设3大课题之一),获得铁道部科学研究院院级三等奖。在调角器方面,主持参加了对TJL系列调角器生产线的技术改造,使生产线自动化程度及生产效率大大提高;设计出靠背调角器疲劳试验机,能为产品性能提供直接可靠的数据。曾经在《航空精密制造技术》杂志上发表《弧焊机器人在调角器装配中的应用》等文。现任公司产品技术研究部副经理。

6.张建洲先生,现年41岁,大学学历,硕士在读,高级工程师。

长期从事弹射救生座椅的试验工作,并担任多个型号调角器的主任设计师,现主要从事调角器的产品设计工作,公司一项专利的主要设计者之一。曾任研究所精密技术研究所副所长,研究所嘉利分厂工程部设计组长。担任手轮式调角器的主任设计师,手轮式调角器国产化项目获湖北省科技进步二等奖及汽车行业科技进步三等奖,曾作为主要参加人之一,到国外参加精冲技术的交流活动。现任公司项目经理。

7.张家安先生,现年42岁,大学学历,硕士在读,高级工程师。

长期从事模具设计工作。曾任汉江机械厂技术科主管工艺员、工装设计员,研究所精密技术研究所设计员、技术主任,研究所嘉利分厂工程部设计组长。现任公司总装车间副主任。

8.罗贤虎先生,现年34岁,大学学历,高级工程师。

长期从事调角器的产品设计工作。曾任研究所精密技术研究所产品设计员、研究所嘉利分厂工程部主管设计师。先后承担TJL12、TJB1、TJB1A、TJB2、TJB2A调角器的产品开发研制工作,其中TJB1靠背调角器获得国家专利,并获得2002年度中国汽车工业科学技术进步奖三等奖;TJB2A靠背调角器核心传动装置获得国家和日本专利。现任公司产品技术研究部核心件主管设计师。

第七节 同业竞争与关联交易

一、同业竞争

公司的主营业务为座椅精密调节装置、各类精冲制品、精冲模具的研究、设计、开发、制造和销售;救生系统工程技术开发和应用。

公司控股股东中国航空救生研究所及其控制的企业目前未从事与公司相同和相似的业务,与公司之间不存在同业竞争。

公司的其它关联企业均不从事与公司构成同业竞争的业务。

2002年5月17日,为避免潜在的同业竞争,公司与研究所和汉江公司三方签署了《关于国债项目转移的协议书》,决定将国债技改项目"汽车座椅调角器生产线技术改造项目"的承办单位调整为公司,该协议在公司2002年第二次临时股东大会上表决通过,中国航空工业第一集团公司于2002年5月20日下发[航民(2002)229号]文件,同意将前述技改项目的承办单位调整为公司。

为避免同业竞争,除了调整存在潜在同业竞争的有关项目外,公司控股股东研究所于2000年9月27日出具了《关于放弃竞争和利益冲突的承诺函》,承诺研究所目前不存在、将来也不从事与股份公司有同业竞争的业务。如因研究所未履行上述承诺给股份公司造成损失的,研究所将赔偿股份公司由此造成的一切损失。

公司法律顾问和保荐机构就同业竞争发表的意见

公司法律顾问对避免同业竞争发表的意见:"经调查,公司的控股股东研究所与公司之间不存在同业竞争关系。"

保荐机构经核查后认为:"湖北中航精机科技股份有限公司与其控股股东--研究所之间不存在同业竞争。公司与其他关联方之间也不存在同业竞争。"

二、关联交易

(一)关联方及关联关系:详见本公司首次公开发行股票招股说明书全文。

(二)关联交易

公司对控股股东及其下属企业不存在依赖关系,具有独立完整的生产经营系统。但公司在综合服务、房屋土地租赁、在建项目转移、委托购买调角器等方面与研究所存在关联交易。

公司成立后,公司与关联方之间发生的关联的详细内容请查阅刊载于巨潮网站(http://www.cninfo.com.cn)的本公司招股说明书全文。

(三)独立董事和中介机构对关联交易发表的意见

公司独立董事对3项重大关联交易分别发表了独立意见,均认为"本次关联交易合理而且客观公允,没有损害公司及公司股东利益的内容和情形"。

公司法律顾问认为:"我们认为,公司与其关联企业之间存在的上述关联交易的条件和内容本着公平、公正、公开原则已通过有关各方签定的合同或其他法律文件加以确定,前述协议的签定已取得了公司内部的授权,独立董事也发表了意见,其决策程序是合法、有效的。不存在由于发行人与关联企业的关系而影响发行人重大合同履行的可能,不存在损害发行人及其股东利益的内容,也不会影响发行人此次股票的发行、上市。发行人关联交易已作了充分披露"

承担公司审计业务的会计师事务所认为:"经审计,以上重大关联交易的会计处理符合《关联方之间出售资产等有关会计处理问题的暂行规定》。"

保荐机构认为:"我公司经核查认为:(1)上述3项重大关联交易严格按照公司章程规定进行,运作规范。(2)对公司财务状况和经营成果影响较小。(3)截止2003年12月31日,3项重大关联交易均已履行完毕。上述关联交易不影响股份公司生产经营的独立性。

第八节 财务会计资料

本公司截止2003年12月31日的财务资料,已于2004年6月15日在《中国证券报》、《上海证券报》和《证券时报》刊登的《招股说明书摘要》中进行了披露。投资者欲了解详细内容,请查阅上述报纸或刊载于巨潮网站(http://www.cninfo.com.cn)的本公司招股说明书全文。

一、会计报表编制基准及注册会计师的意见

公司自2001年1月1日起按照《企业会计制度》及修订后的具体会计准则进行会计核算、编制会计报表。

申报会计师中勤万信会计师事务所有限公司受托对公司2001年12月31日、2002年12月31日和2003年12月31日的资产负债表,2001年度、2002年度和2003年度的利润表及利润分配表,2002年度和2003年度的现金流量表进行了审计,并出具了标准无保留意见的[勤信审字(2004)第002号]《审计报告》。

二、简要会计报表

公司简要资产负债表如下:单位:元

资产	2003/12/31	2002/12/31	2001/12/31
流动资产合计	80,013,142.88	50,547,991.06	39,146,613.92
固定资产合计	55,897,574.45	50,461,807.75	29,432,258.65
无形资产及其他资产合计	4,804,197.95	6,748,945.85	3,410,460.43
资产总计	140,714,915.28	107,758,744.66	71,989,333.00
短期借款	20,400,000.00	4,000,000.00	2,000,000.00
流动负债合计:	50,861,512.23	20,979,801.71	16,075,760.78
长期负债合计	16,290,000.00	21,750,000.00	0.00
负债合计	67,151,512.23	42,729,801.71	16,075,760.78
股东权益合计	73,563,403.05	65,028,942.95	55,913,572.22
负债及股东权益总计	140,714,915.28	107,758,744.66	71,989,333.00

公司简要利润表如下:单位:元

项目	2003年度	2002年度	2001年度
主营业务收入	93,818,811.91	59,335,431.36	40,020,829.41
主营业务利润	31,577,394.60	23,987,862.90	18,525,493.82
营业利润	14,517,674.85	12,361,002.23	10,138,273.12
利润总额	14,465,787.61	12,188,599.84	10,050,150.23
净利润	12,284,460.10	12,188,599.84	10,050,150.23

公司简要现金流量表如下:单位:元

项目	2003年度	2002年度
经营活动产生的现金流入小计	106,736,652.43	59,548,125.03
经营活动产生的现金流出小计	99,638,523.31	44,690,176.56
经营活动产生的现金流量净额	7,098,129.12	14,857,948.47
投资活动产生的现金流入小计	60,500.00	2,884.62
投资活动产生的现金流出小计	12,317,535.37	8,105,746.32
投资活动产生的现金流量净额	−12,257,035.37	−8,102,861.70
筹资活动产生的现金流入小计	35,446,262.75	4,470,824.09
筹资活动产生的现金流出小计	30,899,553.18	9,398,177.68
筹资活动产生的现金流量净额	4,546,709.57	−4,927,353.59
现金及现金等价物净增加额	−612,196.68	1,827,733.18

三、会计报表附注

本公司会计报表注释等内容,请查阅2004年6月15日在《中国证券报》、《上海证券报》和《证券时报》刊登的《招股说明书摘要》以及刊登于巨潮网站(http://www.cninfo.com.cn)的本公司招股说明书全文。

四、财务指标

公司近3年的有关财务指标见下表:

项目指标	2003年度	2002年度	2001年度
1.流动比率	1.57	2.41	2.41
2.速动比率	0.92	1.94	1.76
3.应收账款周转率(次/年)	3.69	2.76	2.42
4.存货周转率(次/年)	2.89	3.39	2.62
5.无形资产占总资产的比例	3.41%	5.83%	4.65%
6.无形资产占净资产比例	6.53%	10.25%	7.08%
7.资产负债率	47.72%	39.65%	22.33%
8.研发费用率	9.89%	10.84%	5.3%
9.每股净资产	2.45	2.17	1.86
10.每股经营活动产生的现金流量净额	0.25	0.50	0.23

第九节 其他重要事项

1、自发行人股票首次公开发行起至本上市公告书公告之日,发行人严格依照《中华人民共和国公司法》、《中华人民共和国证券法》等法律法规的要求,规范运行,生产经营情况正常;所处行业、市场无重大变化;主要投入产出物供求及价格无重大变化;主要业务发展目标进展状况正常。

2、自本公司股票首次公开发行之日至本上市公告书公告之日,本公司无重大对外投资、重大资产(股权)收购或出售行为;住所未发生变更。

3、自本公司股票首次公开发行之日至本上市公告书公告之日,本公司重大会计政策和会计师事务所没有发生变化。

4、自本公司股票首次公开发行之日至本上市公告书公告之日,本公司未发生新的重大负债或重大债项发生变化。

5、自本公司股票首次公开发行之日至本上市公告书公告之日,本公司董事、监事和高级管理人员没有尚未了结或可能发生的刑事诉讼事项。

6、自本公司股票首次公开发行之日至本上市公告书公告之日,本公司未涉及任何重大诉讼事项或仲裁,亦无尚未了结或可能面临的重大诉讼或索赔要求。

7、根据《深圳证券交易所中小企业板块上市公司特别规定》的要求,本公司章程中应包含"(一)、股票被终止上市后,公司股票进入代办股份转让系统继续交易;(二)、不对公司章程中的前款规定作任何修改"等内容。本公司已于2004年6月14日出具承诺函,承诺自本公司上市后3个月内在公司章程内载入上述内容。

8、发行人第一大股东中国航空救生研究所承诺:在发行人股票上市交易之日起1年内,不转让所持有的本公司股份,也不要求或接受本公司回购其所持有的股份。

9、自本公司股票首次公开发行之日至本上市公告书公告之日,本公司没有其他应披露而未披露的重要事项。

第十节 董事会上市承诺

本公司董事会将严格遵守《中华人民共和国公司法》、《中华人民共和国证券法》、《股票发行与交易管理暂行条例》、《公开发行股票公司信息披露实施细则》、《深圳证券交易所股票上市规则》和《深圳证券交易所中小企业板块上市公司特别规定》等国家有关法律、法规的规定,自股票上市之日起承诺做到:

一、承诺真实、准确、完整、公允和及时地公布定期报告,披露所有对投资者有重大影响的信息,并接受中国证监会、证券交易所的监督管理;

二、承诺发行人在知悉可能对股票价格产生误导性影响的任何公共传播媒介中出现的消息后,将及时予以公开澄清;

三、发行人董事、监事、高级管理人员和核心技术人员将认真听取社会公众的意见和批评,不利用已获得的内幕消息和其他不正当手段直接或间接从事发行人股票的买卖活动;

四、发行人没有无记录的负债。

第十一节 保荐机构(上市推荐人)及其意见

一、保荐机构(上市推荐人)情况

名称:长江巴黎百富勤证券有限责任公司　　法定代表人:李格平

地址:上海浦东新区世纪大道88号金茂大厦4901室

联系电话:021-38784899　　传真:021-50495603

联系人:施伟、彭朝晖、胡小娥、彭波、徐峰

二、保荐机构(上市推荐人)意见

本公司聘请的保荐机构(上市推荐人)

认为本公司股票符合上市条件,并已向深圳证券交易所正式出具了《湖北中航精机科技股份有限公司股票上市推荐书》。其主要推荐意见如下:

保荐机构(上市推荐人)认为:发行人的公司章程符合《中华人民共和国公司法》、《中华人民共和国证券法》、《深圳证券交易所股票上市规则》等法律、法规和中国证监会有关公司章程的相关规定;发行人本次股票发行完全符合《中华人民共和国公司法》、《中华人民共和国证券法》、《股票发行与交易管理暂行条例》及《深圳证券交易所股票上市规则》等法律、法规和中国证监会的有关规定,已具备了上市条件。

保荐机构(上市推荐人)保证:发行人的董事了解法律、法规、深圳证券交易所上市规则及股票上市协议规定的董事的义务与责任;发行人建立健全了法人治理结构、制定了严格的信息披露制度与保密制度。

保荐机构(上市推荐人)已对上市文件所载资料进行了核实,确保上市文件真实、准确、完整,符合规定要求,保证上市申请材料、上市公告书没有虚假记载、严重误导性陈述或者重大遗漏,并对其承担连带责任。

保荐机构(上市推荐人)与发行人不存在关联关系;保荐机构(上市推荐人)愿意推荐本公司的股票在深圳证券交易所上市交易,并且在上市推荐过程中,保证不利用获得的内幕信息进行内幕交易,为自己或他人谋取利益。

湖北中航精机科技股份有限公司

2004年6月29日

黄山永新股份有限公司

黄山永新股份有限公司首次公开发行股票上市公告书

第一节 重要声明与提示

本公司董事会保证上市公告书的真实性、准确性、完整性,全体董事承诺上市公告书不存在虚假记载、误导性陈述或重大遗漏,并承担个别和连带的法律责任。

根据《公司法》、《证券法》等有关法律、法规的规定,本公司董事、高级管理人员已依法履行诚信和勤勉尽责的义务和责任。

证券交易所、中国证监会、其他政府机关对本公司股票上市及有关事项的意见,均不表明对本公司的任何保证。

本公司提醒广大投资者注意,凡本上市公告书未涉及的有关内容,请投资者查阅 2004 年 6 月 16 日刊载于《证券时报》和《上海证券报》的本公司招股说明书摘要,以及刊载于巨潮网站(www.cninfo.com.cn)的本公司招股说明书全文及相关附录。

第二节 概 览

一、股票简称:永新股份

二、股票代码:002014

沪市代理股票交易代码:609014

三、总股本:9,340 万股

四、可流通股本:2,340 万股

五、本次上市流通股本:2,340 万股

六、对首次公开发行股票前股东所持股份的流通限制及期限

根据国家现行法律、法规规定和中国证监会证监发行字[2004]82 号《关于核准黄山永新股份有限公司公开发行股票的通知》,本公司的法人股暂不上市流通。

七、首次公开发行股票前股东对所持股份自愿锁定的承诺

本公司首次公开发行股票前的第一大股东黄山永佳(集团)有限公司承诺:"自黄山永新股份有限公司股票上市之日起一年内,本公司不转让或者委托他人管理本公司所持有的黄山永新股份有限公司股份,本公司亦不要求或接受黄山永新股份有限公司回购本公司持有的股份。"

八、上市地点:深圳证券交易所

九、上市时间:2004 年 7 月 8 日

十、股票登记机构:中国证券登记结算有限责任公司深圳分公司

十一、保荐机构(上市推荐人):东方证券股份有限公司

第三节 绪 言

本上市公告书系根据《中华人民共和国公司法》、《中华人民共和国证券法》、《股票发行与交易管理暂行条例》、《公开发行股票公司信息披露实施细则》和《深圳证券交易所股票上市规则》等国家有关法律、法规的规定,并按照中国证监会《公开发行股票信息披露内容与格式准则第 7 号-股票上市公告书》的要求编制的,旨在向投资者提供有关本公司的基本情况和本次股票上市的有关情况。

经中国证监会证监发行字【2004】82 号文批准,本公司于 2004 年 6 月 21 日采用全部向二级市场投资者定价配售的方式成功发行了 2,340 万股每股面值 1.00 元的人民币普通股,发行价为每股人民币 8.63 元。

经深圳证券交易所深证上【2004】50 号《关于黄山永新股份有限公司人民币普通股股票上市交易的通知》批准,本公司公开发行 2,340 万股社会公众股将于 2004 年 7 月 8 日起在深圳证券交易所挂牌交易。股票简称"永新股份",股票代码为"002014"。

本公司已于 2004 年 6 月 16 日在《证券时报》和《上海证券报》上刊登了《黄山永新股份有限公司首次公开发行股票招股说明书摘要》,招股说明书全文及其附录载于巨潮网站(www.cninfo.com.cn),距今不足 3 个月,故与其重复的内容在此不再重述,敬请投资者查阅上述内容。

第四节 发行人概况

一、发行人的基本情况

中文名称:黄山永新股份有限公司

英文名称:HUANGSHAN NOVEL CO.,LTD

注册资本:9,340 万元

成立日期:2001 年 9 月 28 日

法定代表人:江继忠

注册地址:安徽省黄山市徽州区徽州东路 188 号

董事会秘书:方洲

电 话:0559-3517878

传 真:0559-3516357

公司网址:www.novel.com.cn

电子信箱:7878@novel.com.cn

邮政编码:245061

经营范围:生产经营真空镀膜、塑胶彩印复合软包装材料、生产和销售自产的新型药品包装材料、精细化工产品等高新技术产品。

主营业务:彩印复合包装产品和真空镀铝膜产品的生产和销售。

所属行业:塑料软包装制品行业

二、发行人的历史沿革及股权变动情况

本公司是经中华人民共和国原对外贸易经济合作部外经贸资二函 (2001)820 号文和外经贸资审 A 字[2001]第 0059 号批准证书批准,由黄山永新装饰包装材料有限公司整体变更设立的外商投资股份有限公司,并于 2001 年 9 月 28 日在中华人民共和国工商行政管理总局办理了工商变更登记,注册号为企股国字第 000887 号。

经中华人民共和国原对外贸易经济合作部外经贸资二函(2002)1272 号文批准,本公司第一大股东黄山永佳(集团)有限公司于 2002 年 12 月将其持有股份公司的 52.50 万股转让给星霸公司,将其持有股份公司的 52.50 万股转让给善孚公司。

经中国证监会证监发行字[2004]82 号文核准,本公司于 2004 年 6 月 21 日在深圳证券交易所以全部向二级市场投资者定价配售方式成功发行了人民币普通股 2,340 万股,每股面值 1.00 元,每股发行价 8.63 元。本次发行完成后,公司注册资本为 9,340 万元。本次发行前后股权变动情况如下:

股东	股份性质	发行前 股数 (万股)	发行前 比例 (%)	发行后 股数 (万股)	发行后 比例 (%)
黄山永佳(集团)有限公司	境内法人股	4,028.15	57.545	4,028.15	43.13
大永真空科技股份有限公司	外资法人股	1,438.15	20.545	1,438.15	15.40
美佳粉末涂料有限公司	外资法人股	700.00	10.00	700.00	7.50
永新华东投资有限公司	外资法人股	623.70	8.91	623.70	6.68
合肥神鹿集团公司	国有法人股	105.00	1.50	105.00	1.12
黄山市星霸房地产有限责任公司	境内法人股	52.50	0.75	52.50	0.56
黄山市善孚化工有限公司	境内法人股	52.50	0.75	52.50	0.56
社会公众	社会公众股	0	0	2,340.00	25.05
合计		7,000.00	100.00	9,340.00	100.00

三、发行人的主要经营情况

(一)主要业务及产品

本公司经营范围为生产经营真空镀膜、塑胶彩印复合软包装材料、生产和销售自产的新型药品包装材料、精细化工产品等高新技术产品。主要产品包括彩印复合包装产品和真空镀铝膜产品两大类,其中彩印复合包装产品主要包括食品包装、洗涤用品包装、医药品包装、农药及其他包装产品,真空镀铝膜产品主要包括镀铝 PET 薄膜、镀铝 CPP 薄膜、镀铝 PE 薄膜、镀铝 BOPP 薄膜等。

(二)竞争优势

1、本公司目前在行业排名位居前三名,具有年产 1.70 万吨彩印复合包装产品和年产 5100 吨镀铝膜产品的生产能力,达到了一定的规模效应,在行业竞争中具有较强的规模优势。

2、作为国家火炬计划重点高新技术企业和安徽省高新技术企业,公司具有较强的自主开发和技术创新能力。公司独立自主开发出多项技术水平均处于国际或国内先进水平的技术工艺或诀窍。2001 年公司技术中心被认定为安徽省企业技术中心。同时公司通过与国外跨国公司进行技术合作以及从美国、日本、韩国等地引进具有国际领先水平的生产线和检测设备等方式,迅速提升公司技术水平,使公司在技术、设备及质检方面与国内其他同行业企业相比具有较明显的优势。

3、目前公司所有产品执行的企业质量标准,均高于现有国家标准或行业标准;公司建立了一套完整的质量管理办法并拥有国内一流的质检设备,确保出厂产品质量。公司的"永新"图形商标及"永新"牌产品多次被评为"安徽省著名商标"、"安徽省名牌产品"。公司产品在同行业中具有一定的质量和品牌优势。

4、公司已按照现代企业制度要求建立了完善的公司治理结构,全面实施 ERP(企业资源计划管理),全面提升了公司的管理水平。公司承继徽商"诚信义"的这一优秀经营思想,并把它与公司本身的市场特点、企业的实际情况以及国内外先进的管理经验融合起来,赋予徽商文化以新的内涵。目前公司已逐步形成了一整套企业文化理念体系,增强了公司的凝聚力和向心力。

5、由于本公司为外商投资企业,享受外商投资企业的各项优惠政策,同时公司地处中西部地区,享受国家关于中西部地区开发的各项优惠政策。

(三)竞争劣势

1、公司地处中西部地区,属于国内经济欠发达地区,在吸引人才和信息方面受到一定的限制。

2、公司现有生产能力相对有限,产品无法最大限度满足客户需求。

3、与公司每年快速增长相比较,公司运营资金略显欠缺,获得资金的渠道有限。

(四)主要财务指标

请参阅本上市公告书"财务会计资料"部分的相关内容。

(五)知识产权、非专利技术情况

本公司拥有的知识产权主要为""、""等 2 个图型注册商标及""文字注册商标。

本公司的非专利技术主要包括高阻隔真空镀铝薄膜技术、激光全息防伪塑料复合软包装材料工艺技术、液体农药软包装材料生产工艺技术、宽幅多通道医药自动包装膜生产技术、宽幅建材专用聚乙烯镀铝膜工艺技术、无苯印刷复合工艺技术、等离子表面处理技术、多层共挤复合膜、多模头一次成型复合工艺技术、二步法等多种工艺技术。

(六)财政税收优惠政策

根据国家税务总局国税发[1999]172 号《关于实施对设在中西部地区的外商投资企业给予三年减按 15%税率征收企业所得税的优惠的通知》的规定,经安徽省国家税务局皖国税函[2002]45 号文批准,本公司自 2002 年至 2004 年享受减按 15%税率缴纳企业所得税的税收优惠。

第五节 股票发行与股本结构

一、本次股票上市前首次公开发行股票的情况

1、股票类型:人民币普通股(A 股)

2、发行数量:2,340 万股

3、发行价格:8.63 元/股

4、募股资金总额:201,942,000.00 元

5、发行方式:全部向二级市场投资者定价配售

6、发行对象:于 2004 年 6 月 16 日持有深圳证券交易所或上海证券交易所已上市流通人民币普通股(A 股)股票的收盘市值总和(包括可流通但暂时锁定的股份市值)不少于 10,000 元的投资者(国家有关法律、法规禁止购买者除外)。

7、发行费用总额及项目:本次发行费用总额为 1,205.62 万元,其中承销费用 605.83 万元、保荐费用 350.00 万元、审计费用 80.00 万元、律师费用 80.00 万元、发行手续费用 69.79 万元、审核费 20.00 万元。

8、每股发行费用:0.52 元

二、本次股票上市前首次公开发行股票的承销情况

本次公开发行的 2,340 万股社会公众股的配号总数为 62,339,183 个,中签率为 0.0375365843%。二级市场投资者认购了 23,104,388 股,其余 295,612 股由主承销商东方证券股份有限公司包销。

三、本次股票上市前首次公开发行股票所募股资金的验资报告

安徽华普会计师事务所为本次发行出具了会事验字(2004)第 0578 号《验资报告》,全文如下:

黄山永新股份有限公司全体股东:

我们接受委托,审验了黄山永新股份有限公司(以下简称"贵公司")截至 2004 年 6

月 28 日止新增注册资本的实收情况。按照国家相关法律、法规的规定和贵公司章程的要求出资,提供真实、合法、完整的验资资料,保护资产的安全、完整是全体股东和贵公司的责任。我们的责

任是对贵公司新增注册资本的实收情况发表审验意见。我们的审验是依据《独立审计实务公告第1号？验资》进行的。在审验过程中,我们结合贵公司的实际情况,实施了检查等必要的审验程序。

贵公司变更前的注册资本为人民币70,000,000.00元,根据2002年度股东大会决议及第一届董事会第八次(临时)会议决议的规定,贵公司申请向社会公开发行人民币普通股并增加注册资本人民币23,400,000.00元,变更后的注册资本为人民币93,400,000.00元。经中国证券监督管理委员会证监发行字[2004]82号文核准,同意贵公司向社会公开发行人民币普通股2340万股,每股面值1.00元,每股发行价为人民币8.63元,可募集资金总额为201,942,000.00元。经我们审验,截至2004年6月28日止,贵公司采用全部向二级市场投资者定价配售的发行方式实际发行人民币普通股2340万股,募集资金总额为人民币201,942,000.00元,扣除券商承销费、保荐费、股票发行审计费及上网发行手续费等的发行费用概算为人民币12,056,199.78元后,募集资金净额为人民币189,885,800.22元,其中实收股本人民币23,400,000.00元,资本公积人民币166,485,800.22元。

同时我们注意到,贵公司本次增资前的注册资本为人民币70,000,000.00元,已经安徽华普会计师事务所审验,并于2001年9月20日出具会事验字(2001)第449号验资报告。截至2004年6月28日止,贵公司变更后的累计注册资本实收金额为人民币93,400,000.00元。

本验资报告仅供贵公司申请变更登记及据以向出资者签发出资证明时使用,不应将其视为是对贵公司验资报告日后资本保全、偿债能力和持续经营能力等的保证。贵公司及其他第三方因使用本验资报告不当所造成的后果,本所和执行本次验资业务的注册会计师不承担任何责任。

附件:

1、新增注册资本实收情况明细表;

2、注册资本变更前后对照表;

3、验资事项说明。

安徽华普会计师事务所
中国注册会计师:朱宗瑞
中国.合肥　中国注册会计师:张居忠
2004年6月28日

四、募股资金入帐情况

入账时间:2004年6月28日

入账金额:191,685,800.22元

入账账号:498404811808091001

开户银行:中国银行黄山分行

五、发行人上市前股权结构及各类股东的持股情况

1、本次上市前公司股权结构

股份类型	股数(万股)	比例(%)
一、未上市流通股	7,000.00	74.95
1、发起人股	6,895.00	73.8
国有法人股	105.00	1.12
境内法人股	4,028.15	43.13
境外法人股	2,761.85	29.57
2、定向法人股	105.00	1.12
境内法人股	105.00	1.12
二、社会公众股	2,340.00	25.05
合计	9,340.00	100.00

2、本次上市前十名股东持股情况

股东名称	股数(万股)	比例(%)
黄山永佳(集团)有限公司	4,028.15	43.13
大永真空科技股份有限公司	1,438.15	15.40
美佳粉末涂料有限公司	700.00	7.50
永新华东投资有限公司	623.70	6.68
合肥神鹿集团公司	105.00	1.12
黄山市星霸房地产有限责任公司	52.50	0.56
黄山市善孚化工有限公司	52.50	0.56
东方证券股份有限公司	29.5612	0.32
南方证券有限公司	26.30	0.28
广发证券股份有限公司	1.90	0.02

第六节　董事、监事、高级管理人员及核心技术人员

一、董事、监事、高级管理人员与核心技术人员简介

(一)董事

1、江继忠:中国国籍,男,42岁,研究生,高级工程师,现任本公司董事长。

2、杨贻谋:中国台湾,男,57岁,台湾海洋大学轮机系毕业,日本商船学院造船科主修,现任黄山永新股份有限公司副董事长。

3、余根基:中国国籍,男,63岁,中共党员,大学文化,高级工程师,现任本公司董事。

4、鲍祖本:中国国籍,男,39岁,中共党员,研究生,高级工程师,现任本公司董事、总经理。

5、高敏坚:中国香港,男,51岁,经济学学士学位,现任本公司董事。

6、陈大公:中国国籍,男,68岁,大学本科,高级工程师,现任本公司董事。

7、吴明华:英国国籍,男,54岁,硕士研究生,现任本公司独立董事。

8、韦　伟:中国国籍,男,48岁,中共党员,经济学博士,博士生导师、教授,现任本公司独立董事。

9、李晓玲:中国国籍,女,45岁,经济学硕士,教授,现任本公司独立董事。

(二)监事

1、王志强:中国国籍,男,61岁,中共党员,大学本科,高级工程师,现任本公司监事会主席。

2、江文斌:中国国籍,男,40岁,中共党员,研究生,现任本公司监事。

3、陈世邑:中国台湾,42岁,大专,现任本公司监事。

4、江天宝:中国国籍,男,41岁,研究生,职工代表监事,现任本公司监事、销售部副经理。

5、许善军:中国国籍,男,49岁,大学本科,高级工程师,职工代表监事,现任本公司监事、生产总调度。

(三)其他高级管理人员

1、方　洲:中国国籍,男,38岁,中共党员,研究生,高级工程师,现任本公司董事会秘书。

2、叶大青:中国国籍,男,39岁,中共党员,研究生,经济师,现任本公司副总经理。

3、方秀华:中国国籍,女,46岁,中共党员,研究生,高级会计师,现任本公司财务负责人。

(四)核心技术人员

1、许善军:简历见上。

2、章卫东:中国国籍,男,36岁,大学本科,高级工程师,现任本公司技术中心副主任,主持技术中心工作。

上述人员相互之间不存在配偶关系、三代以内直系和旁系亲属关系。

二、董事、监事、高级管理人员与核心技术人员持有发行人股份的情况

本次上市前,董事、监事、高级管理人员与核心技术人员未持有本公司股份。

第七节　同业竞争与关联交易

一、同业竞争

本公司不存在与控股股东永佳集团及其子公司从事相同、相似业务的情况,不存在同业竞争。为了避免可能存在的同业竞争,本公司的控股股东永佳集团出具了《黄山永佳(集团)有限公司关于避免同业竞争的非竞争承诺书》。

本公司律师在为发行人本次发行、上市出具的《法律意见书》和《律师工作报告》中指出:"黄山永新与关联方之间不存在同业竞争。"

保荐机构认为:"发行人与发行人控股股东及其子公司不存在同业竞争;发行人控股股东就避免同业竞争问题向发行人所做的书面承诺,是为了避免将来可能发生于发行人与控股股东及其子公司之间的同业竞争,截止目前,不存在发行人控股股东有违反该承诺的情形。"

二、关联方及关联关系

请查阅刊载于巨潮网站(www.cninfo.com.cn)的本公司招股说明书全文。

三、关联交易

公司与永佳集团及其下属企业、永佳集团股东黄山市化工总厂发生原材料采购、房屋租赁、综合服务等方面的关联交易,具体情况如下:

1、原材料购买

关联方	购买品种	2003年度 金额(万元)	2003年度 占主营业务成本比例(%)	2002年度 金额(万元)	2002年度 占主营业务成本比例(%)
黄山市新力油墨化工厂	油墨	1,932.94	5.71	1,818.90	6.44
黄山诚信贸易有限公司	聚乙烯	497.42	1.47	244.90	0.87
黄山市华新塑料厂	PE片膜	1,093.79	3.23	1,573.17	5.56
黄山精工凹印制版有限公司	凹印版辊	584.08	1.72	653.82	2.31
合计		4,108.23	12.13	4,290.79	15.18

关联方	2001年度 金额(万元)	2001年度 占主营业务成本比例(%)
黄山市新力油墨化工厂	1,212.59	6.09
黄山诚信贸易有限公司	288.75	1.45
黄山市华新塑料厂	1,793.51	9.00
黄山精工凹印制版有限公司	531.50	2.67
合计	3,826.36	19.21

注:新力油墨、诚信贸易为永佳集团控股企业,华新塑料、黄山精工为永佳集团参股企业。

2、租赁

本公司以租赁方式使用黄山市化工总厂的部分厂房及配套设施,本公司2003年度、2002年度、2001年度实际向黄山市化工总厂支付租金分别为631,965.24元、637,317.36元、684,004.14元。

本公司租赁永佳集团的上海市商城297号申金大厦2506室。本公司2003年度、2002年度、2001年度实际向永佳集团支付租金分别为85,068.00元、85,068.00元和85,068.00元。

3、综合服务

本公司2002年1-2月份、2001年度、2000年度接受永佳集团提供的包括安全保卫、绿化保洁、工作服清洗、浴室、车辆、工作餐供应以及基建维修和道路维护等综合服务。2002年1-2月份、2001年度、2000年度本公司实际支付给永佳集团综合服务费分别为656,876.95元、2,554,132.40元、1,957,688.35元。

自2002年3月份起,上述综合服务由永佳集团控股的黄山市信旺物业管理有限公司继续提供。本公司2003年度、2002年3-12月份实际支付给黄山市信旺物业管理有限公司综合服务费分别为2,786,287.82元、2,311,815.37元。

有关本公司关联交易的详细情况,请查阅刊载于巨潮网站(www.cninfo.com.cn)的本公司招股说明书全文。

四、中介机构和独立董事对关联交易的意见

本公司独立董事认为:"公司与关联方之间发生的各项重大关联交易履行了必要的法定程序,相关关联股东或董事履行了回避程序,相关决策程序符合有关规定;各项重大关联交易均按照等价有偿、公允市价的原则,没有违反公开、公平、公正的原则,不存在损害公司和中小股东利益的行为"。

本公司监事会认为:"公司与关联方之间的各项重大关联交易的协议是公平的,定价是合理、公允的,不存在侵害公司及中小股东利益的情形"。

发行人律师认为:"1、上述关联交易合同业经黄山永新的董事会及股东大会批准,且关联董事、关联股东回避了相关表决。监事会对关联交易的公允性作出了决议。独立董事对上述关联交易的合法性、公允性发表了独立意见。上述关联交易符合黄山永新的长远利益,没有违反法律法规、公司章程的规定。2、上述关联交易公允,不存在损害黄山永新及其股东利益的内容。3、黄山永新已通过建立关联股东回避制度,保证关联交易不损害黄山永新及其他股东的利益;关联股东亦已就规范关联交易,保护其他股东利益作出承诺。4、黄山永新已在《章程》、《章程(修订案)》和股东大会议事规则、董事会议事规则、独立董事制度、关联交易决策制度中明确了关联交易决策程序。5、黄山永新在《招股说明书》中已对关联交易和解决同业竞争的承诺或措施进行了充分的披露,经核查,未发现有虚假、严重误导性陈述或者重大遗漏"。

注册会计师认为:"上述关联交易符合《企业会计准则》、《企业会计制度》和《关联方之间出售资产等有关会计处理问题暂行规定》及有关规定,符合有关合同的规定,交易定价公允"。

保荐机构认为:"1、发行人拥有独立完整的供应、生产、销售系统,独立开展业务,不依赖股东或其他任何关联方,发行人在报告期内存在的重大关联交易不会影响发行人生产经营的独立性;2、发行人已通过《公司章程》、《股东大会议事规则》、《董事会议事规则》、《内部关联交易决策制度》等制度明确了关联交易的决策权利和决策程序;3、发行人已发生的各项重大关联交易的决策履行了必要的法定程序,关联交易定价公允,不存在侵害发行人及其中小股东利益的情形;4、招股说明书已就关联交易进行了充分披露,不存在重大遗漏或重大隐瞒"。

第八节　财务会计资料

本公司截止2003年12月31日的财务会计资料已于2004年6月16日在《证券时报》、《上海证券报》上刊登的《黄山永新股份有限公司招股说明书摘要》中进行了披露,投资者欲了解详细内容,请查阅上述报纸或载于巨潮网站(www.cninfo.com.cn)的本公司招股说明书全文与附录。

一、注册会计师意见

本公司聘请安徽华普会计师事务所对本公司2001年12月31日、2002年12月31日、2003年12月31日的资产负债表,2001年度、2002年度和2003年度的利润及利润分配表,以及2002年度和2003年度的现金流量表进行了审计,会计师已出具了标准无保留意见的审计报告。

二、简要会计报表

(一)简要利润表　金额单位:元

项目	2003年度	2002年度	2001年度
一、主营业务收入	431,003,451.01	358,588,085.89	247,075,434.04
减:主营业务成本	338,635,839.17	282,613,438.63	199,159,432.42

二、主营业务利润	92,367,611.84	75,974,647.26	47,916,001.62
加:其他业务利润	641,700.94	10,192.14	-156,986.50
减:营业费用	22,527,745.92	20,392,676.01	14,826,416.74
管理费用	17,233,518.64	14,740,915.92	9,579,073.82
财务费用	2,754,431.08	1,161,952.29	-383,635.18
三、营业利润	50,493,617.14	39,689,295.18	23,737,159.74
加:投资收益		-1,800,000.00	100,000.00
补贴收入	718,000.00	230,000.00	
营业外收入	176,256.08	441,560.93	742,174.47
减:营业外支出	409,102.65	94,700.82	84,100.20
四、利润总额	50,260,770.57	38,954,155.29	24,725,234.01
减:所得税	7,499,743.26	3,613,595.29	3,454,935.11
五、净利润	42,761,027.31	35,340,560.00	21,270,298.90
加:年初未分配利润	20,119,230.06	579,754.06	13,658,865.00
六、可供分配利润	62,880,257.37	35,920,314.06	34,929,163.90
减:提取法定盈余公积	4,276,102.73	3,534,056.00	2,127,029.89
提取法定公益金	2,138,051.37	1,767,028.00	1,063,514.95
七、可供股东分配的利润	56,466,103.27	30,619,230.06	31,738,619.06
减:应付普通股股利(其他)	35,000,000.00	10,500,000.00	17,500,000.00
转作股本的普通股股利	13,658,865.00		
八、未分配利润	21,466,103.27	20,119,230.06	579,754.06

(二)简要资产负债表

金额单位:元

项目	2003年12月31日	2002年12月31日	2001年12月31日
流动资产:			
货币资金	39,174,362.35	18,778,851.03	18,528,201.55
应收票据	2,450,747.50	6,471,612.08	4,102,127.15
应收账款	48,119,295.85	39,089,844.26	21,224,681.84
其他应收款	364,753.47	68,942.62	1,271,921.74
预付账款	1,979,056.20	1,195,232.87	355,966.90
存货	39,824,824.89	27,268,372.78	33,568,152.16
待摊费用	100,000.00	-	-
流动资产合计	132,013,040.26	92,872,855.64	79,051,051.34
长期投资:			
长期股权投资	200,000.00	200,000.00	2,000,000.00
长期投资合计	200,000.00	200,000.00	2,000,000.00
固定资产:			
固定资产原价	191,105,861.90	174,606,983.34	148,413,480.33
减:累计折旧	70,237,682.50	54,302,753.39	42,428,499.58
固定资产净值	120,868,179.40	120,304,229.95	105,984,980.75
工程物质	398,000.00	1,080,000.00	
在建工程	6,817,766.29		
固定资产合计	121,266,179.40	128,201,996.24	105,984,980.75
无形资产及其他资产:			
长期待摊费用	1,132,155.65	119,439.57	295,488.75
无形资产及其他资产合计	1,132,155.65	119,439.57	295,488.75
资产总计	254,611,375.31	221,394,291.45	187,331,520.84
流动负债:			
短期借款	4,500,000.00	3,000,000.00	10,000,000.00
应付票据	12,848,707.26	8,614,568.78	7,089,500.00
应付账款	47,863,959.01	63,113,426.60	54,869,434.01
预收账款	1,068,911.39	893,845.14	4,908,249.61
应付工资	5,173,622.39	4,973,882.79	5,440,215.97
应付福利费	555,832.50	638,540.02	683,764.99
应交税金	2,380,912.72	4,127,635.22	3,424,573.48
其他应付款	11,601,584.49	7,753,597.40	8,144,931.94
预提费用	151,997.95	13,989.45	
一年内到期的长期负债	8,930,057.54		
流动负债合计	95,075,585.25	93,129,485.40	94,560,670.00
长期负债:			
长期借款	14,989,022.00	15,979,065.30	
专项应付款	760,000.00		
长期负债合计	14,989,022.00	16,739,065.30	
负债合计	110,064,607.25	109,868,550.70	94,560,670.00
股东权益:			
股本	70,000,000.00	70,000,000.00	70,000,000.00
股本净额	70,000,000.00	70,000,000.00	70,000,000.00
资本公积	3,174,881.85	2,414,881.85	1,500,551.94
盈余公积	14,905,782.94	8,491,628.84	3,190,544.84
其中:法定公益金	4,968,594.32	2,830,542.95	1,063,514.95
未分配利润	21,466,103.27	20,119,230.06	579,754.06
现金股利	35,000,000.00	10,500,000.00	17,500,000.00
股东权益合计	144,546,768.06	111,525,740.75	92,770,850.84
负债和股东权益总计	254,611,375.31	221,394,291.45	187,331,520.84

(三)简要现金流量表

金额单位:元

报表项目	2003年度	2002年度
一、经营活动产生的现金流量:		
经营活动产生的现金流量净额	49,348,774.79	38,659,183.29
二、投资活动产生的现金流量:		
投资活动产生的现金流量净额	-25,294,940.39	-29,394,793.01
三、筹资活动产生的现金流量:		
筹资活动产生的现金流量净额	-3,658,323.08	-9,013,740.80
四、汇率变动对现金的影响		
五、现金及现金等价物净增加额	20,395,511.32	250,649.48

公司会计报表附注等有关内容,请查阅2004年6月16日刊载于巨潮网站(www.cninfo.com.cn)上的本公司招股说明书全文及其附录。

三、主要财务指标

指标名称			2003年	2002年	2001年
流动比率			1.39	1.00	0.84
速动比率			0.97	0.70	0.48
应收帐款周转率			9.39	11.30	9.02
存货周转率			10.01	9.21	7.45
无形资产(土地使用权除外)占总(净)资产的比例(%)			0	0	0
资产负债率(%)			43.23	49.63	59.82
每股净资产(元/股)			2.06	1.44	1.07
研发费用占主营业务收入比例			2.83%	2.75%	3.57%
每股经营活动的现金流量(元/股)			0.705	0.552	0.263
净资产收益率(%)	净利润	全面摊薄	29.58	31.69	22.93
		加权平均	32.17	32.00	25.90
	扣除非经常性收益后的净利润	全面摊薄	28.97	30.60	21.64
		加权平均	31.51	30.90	24.44
每股收益(元)	净利润	全面摊薄	0.61	0.50	0.30
		加权平均	0.61	0.50	-
	扣除非经常性收益后的净利润	全面摊薄	0.60	0.49	0.29
		加权平均	0.60	0.49	-
	发行后预计每股净资产(元)		3.581		

第九节 其他重要事项

一、自本次股票发行后至本上市公告书公告之日,本公司严格依照《公司法》、《证券法》等法律法规的要求,规范运行,生产经营情况正常;所处行业、市场无重大变化;主要业务发展目标进展状况正常,投入、产出物供求及价格无重大变化。

二、自本次股票发行后至本上市公告书公告之日,本公司无重大对外投资、重大资产(股权)收购或出售行为;住所未发生变更。

三、自本次股票发行后至本上市公告书公告之日,本公司未涉及任何重大诉讼事项或仲裁,亦无任何尚未了结或可能面临的重大诉讼或索赔要求。

四、自本次股票发行后至本上市公告书公告之日,本公司董事、监事、高级管理人员没有尚未了结或可能发生的重大诉讼事项。

五、自本次股票发行后至本上市公告书公告之日,本公司重大会计政策和会计师事务所没有发生变化。

六、自本次股票发行后至本上市公告书公告之日,本公司未发生新的重大负债或重大债项发生变化。

七、根据公司2003年第一次临时股东大会决议,公司发行股票完成前滚存利润由新老股东共享。

八、本公司首次公开发行股票前的第一大股东黄山永佳(集团)有限公司承诺:"自黄山永新股份有限公司股票上市之日起一年内,本公司不转让或者委托他人管理本公司所持有的黄山永新股份有限公司股份,本公司亦不要求或接受黄山永新股份有限公司回购本公司持有的股份。"

九、根据《深圳证券交易所中小企业板块上市公司特别规定》,本公司承诺上市后三个月内在公司章程内载入如下内容:"(一)股票被终止上市后,公司股票进入代办股份转让系统继续交易;(二)不对公司章程中的前款规定作任何修改"。

十、本公司承诺,自本公司股票上市之日起三个月内,本公司保证完成工商登记变更手续。

十一、自本次股票发行后至本上市公告书公告之日,本公司没有其他应披露而未披露之重大事项。

第十节 董事会上市承诺

本公司董事会承诺将严格遵守《中华人民共和国公司法》、《中华人民共和国证券法》、《股票发行与交易管理暂行条例》、《公开发行股票公司信息披露实施细则》、《深圳证券交易所股票上市规则》和《深圳证券交易所中小企业板块上市公司特别规定》等国家有关法律、法规和有关规定,并自股票上市之日起做到:

一、承诺真实、准确、完整、公允和及时地公布定期报告,披露所有对投资者有重大影响的信息,并接受中国证监会、证券交易所的监督管理;

二、承诺本公司在知悉可能对股票价格产生误导性影响的任何公共传播媒介中出现的消息后,将及时予以公开澄清;

三、本公司董事、监事、高级管理人员和核心技术人员将认真听取社会公众的意见和批评,不利用已获得的内幕消息和其他不正当手段直接或间接从事本公司股票的买卖活动;

四、本公司没有无记录的负债。

依据《深圳证券交易所股票上市规则》,本公司全体董事、监事将按照有关规定,在本公司股票上市后两个月内签署《董事(监事)声明及承诺书》并送达深圳证券交易所备案。

第十一节 上市推荐人及其意见

一、保荐机构(上市推荐人)情况

保荐机构(上市推荐人):东方证券股份有限公司

法定代表人:肖时庆

注册地址:上海市浦东大道720号20楼

电　话:021-50367888

传　真:021-50367888

联系人:车达飞、于力、潘俊

二、保荐机构(上市推荐人)意见

本公司的保荐机构(上市推荐人)东方证券股份有限公司认为,本公司首次公开发行的股票符合上市条件,并已向深圳证券交易所出具了《黄山永新股份有限公司上市推荐书》。其主要推荐意见如下:

发行人公司章程符合《公司法》、《证券法》等有关法律、法规和中国证监会的规定;发行人本次股票发行符合《公司法》、《证券法》、《深圳证券交易所股票上市规则》、《深圳证券交易所中小企业板块上市公司特别规定》等国家有关法律、法规的规定,已具备公开上市的条件。发行人董事了解法律、法规、深圳证券交易所上市规则及股票上市协议规定的董事义务与责任,发行人建立健全了法人治理结构、制定了严格的信息披露制度与保密制度。

本保荐机构(上市推荐人)已对上市文件所载的资料进行了核实,确保上市文件真实、准确、完整,符合规定要求。保荐机构(上市推荐人)保证发行人的上市申请材料、上市公告书没有虚假、严重误导性陈述或者重大遗漏,保证对其承担连带责任。

本保荐机构(上市推荐人)与发行人不存在关联关系,愿意推荐发行人的股票在深圳交易所上市交易,并保证不利用在上市过程中获得的内幕信息进行内幕交易,为自己或他人谋取利益。

黄山永新股份有限公司

二OO四年七月二日

广东威尔医学科技股份有限公司

广东威尔医学科技股份有限公司首次公开发行股票上市公告书

第一节　重要声明与提示

广东威尔医学科技股份有限公司(以下简称"本公司"、"公司"、"股份公司"、"威尔科技"或"发行人")董事会保证上市公告书的真实性、准确性、完整性,全体董事承诺上市公告书不存在虚假记载、误导性陈述或重大遗漏,并承担个别和连带的法律责任。

根据《公司法》、《证券法》等有关法律、法规的规定,本公司董事、高级管理人员已依法履行诚信和勤勉尽责的义务和责任。

深圳证券交易所、中国证监会、其他政府机关对本公司股票上市及有关事项的意见,均不表明对本公司的任何保证。

本公司提醒广大投资者注意,凡本上市公告书未涉及的有关内容,请投资者查阅 2004 年 6 月 18 日刊载于《中国证券报》、《证券时报》和《上海证券报》的本公司招股说明书摘要,以及刊载于巨潮资讯网站:http://www.cninfo.com.cn 的本公司招股说明书全文及相关附录。

第二节　概　览

1、股票简称:威尔科技
2、深市股票代码:002016
3、沪市代理股票代码:609016
4、总股本:55,083,000 股
5、可流通股本:25,000,000 股
6、本次上市流通股本:25,000,000 股
7、本次发行价格:7.50 元/股
8、上市地点:深圳证券交易所
9、上市时间:2004 年 7 月 8 日
10、股票登记机构:中国证券登记结算有限责任公司深圳分公司
11、保荐机构(上市推荐人):华欧国际证券有限责任公司
12、对首次公开发行股票前股东所持股份的流通限制及期限:根据国家现有法律、法规规定和中国证券监督管理委员会证监发行字[2004]75 号《关于核准广东威尔医学科技股份有限公司公开发行股票的通知》,本公司法人股、自然人持有的未流通股暂不上市流通。
13、首次公开发行股票前的第一大股东珠海威尔发展有限公司对所持股份自愿锁定的承诺:自本公司上市之日起 12 个月内,不转让所持有的本公司股份,也不会要求或接受本公司回购其所持有的股份。

第三节　绪　言

本上市公告书系根据《中华人民共和国公司法》、《中华人民共和国证券法》、《股票发行与交易管理暂行条例》、《公开发行股票公司信息披露实施细则》和《深圳证券交易所股票上市规则》等国家有关法律、法规的规定,并按照中国证券监督管理委员会制定的《公开发行证券的公司信息披露内容与格式准则第 7 号? 股票上市公告书》要求而编制,旨在向投资者提供广东威尔医学科技股份有限公司基本情况和本次股票上市的有关资料。

经中国证券监督管理委员会证监发行字[2004]75 号文核准,本公司已于 2004 年 6 月 23 日全部向二级市场投资者定价配售方式成功公开发行了 25,000,000 股人民币普通股 (A 股),每股面值 1.00 元,每股发行价格 7.50 元。

经深圳证券交易所深证上[2004]52 号《关于广东威尔医学科技股份有限公司人民币普通股股票上市交易的通知》批准,本公司 25,000,000 股流通股股票将于 2004 年 7 月 8 日在深圳证券交易所上市交易,股票简称为"威尔科技",股票代码为"002016"。

本公司已于 2004 年 6 月 18 日分别在《中国证券报》、《证券时报》和《上海证券报》刊登了《广东威尔医学科技股份有限公司首次公开发行股票招股说明书摘要》。《广东威尔医学科技股份有限公司首次公开发行股票招股说明书》全文及其附录可在巨潮资讯网站:http://www.cninfo.com.cn 查阅。因招股说明书及其摘要的披露距今不足 3 个月,故与其重复的内容在此不再重述,敬请投资者查阅上述文件。

第四节　发行人概况

一、发行人基本情况
1、发行人名称
中文名称:广东威尔医学科技股份有限公司
英文名称:Guangdong Well Medicine Science & Technology Co.,Ltd.
2、注册资本:55,083,000 元
3、法定代表人:周曙光
4、住所:广东省珠海市南屏南湾大道西侧北山变电站北侧威尔生产办公楼
5、经营范围:生产医疗器械(在《医疗器械产品注册证》核定的范围内生产)。销售本企业自产医疗器械,仪器仪表,电器机械及器材。经营本企业自产产品及技术的出口业务;经营本企业生产业务(国家限定公司经营和国家禁止进出口的商品除外);经营进料加工和"三来一补"业务。洁净手术室工程项目。开发、销售医疗软件。
6、主营业务:生殖健康领域医疗器械的开发、生产、销售、服务以及医用洁净系统工程项目
7、所属行业:医疗器械制造业
8、电　话:0756-8681601、8682336
9、传　真:0756-8681882
10、互联网网址:http://www.china-well.com
11、电子信箱:well@china-well.com
12、董事会秘书:周先玉

二、发行人历史沿革
本公司是经广东省人民政府办公厅粤办函[2000]675 号文及广东省经济贸易委员会粤经贸监督[2000]1056 号文批准,于 2000 年 12 月 28 日由珠海威尔医疗器械有限公司整体变更设立的股份有限公司。

三、发行人主要经营情况
(一)发行人的主营业务及主要产品
本公司主营生殖健康领域医疗器械的开发、生产、销售、服务以及医用洁净系统工程项目,主要包括超声诊断及网络设备、妇女健康设备、医用洁净系统工程项目三大系列产品或项目。超声诊断及网络设备主要包括超声诊断仪和远程网络医疗设备,妇女健康设备主要包括红外乳腺诊断仪、妇科治疗仪、红外光治疗仪、周氏仿生扩宫仪等。
(二)发行人竞争优势和劣势
1、竞争优势
与国外竞争者相比,公司产品定位为中端产品,从而避开与国外公司高端产品的直接竞争;其次,公司开发的产品符合中国实际需要,适用性强,产品价格和实施费用相对较低,具有产品本地化优势;再有,公司的全国销售和服务网络建立早、规模大、基础强,这是与国外公司竞争的重要优势。
与国内同行相比,公司以下特点较为突出:
(1)技术优势
公司拥有国内同行中规模较大的医疗器械研究开发中心,研发力量雄厚。公司与中山大学软件研究所、国防科技大学电子对抗实验室、北京航空航天大学、中科院自动化研究所等科研院所通过研发合作项目建立战略联盟,使公司的研发能力得到补充和延伸,再加上公司自有的研发力量,公司形成了良好的技术创新机制和技术创新优势,从而保证公司产品技术水平在行业内一直处于领先地位。
(2)成本优势
公司采取"两头大,中间小"的国际上通行的高科技企业运作模式,即研发和市场投入大,生产相对投入少,这种模式有利于公司降低生产和经营成本。公司位于珠海经济特区,地处我国电子产品加工基地,采购成本相对较低,同时公司产品部件采取灵活的委托加工方式,大大降低了人工成本,使公司整体产品的成本处于国内同行业较低的水平,与同行业其他企业相比,公司产品的价格性能比比较高。
(3)营销优势
公司在全国建立了 16 个销售和服务大区,销售和服务网络覆盖了全国大部分地区,公司拥有一批高素质的销售队伍,并与一批大客户包括计生系统单位、卫生系统单位、军队系统单位和一些政府部门建立了良好关系。公司的网络资源和客户资源,是公司的核心竞争力之一。
(4)品牌优势
公司产品方案先进,产品线较为完整,公司产品例如 WEUT-70X 系列台车式 B 超、周氏仿生扩宫仪、电脑妇科治疗仪等被列入计划生育系统和国家卫生系统的采购目录中,在行业内影响较大,公司产品在政府采购中多次中标,中标率较高,特别是公司 WE-9508 线阵超声诊断仪 1999 年、2000 年连续两年在卫生部组织的世界银行贷款项目政府招标中中标,WEUC-60X 系列凸阵超声诊断仪在 2002 年屡次中标,在行业内产生巨大影响,奠定了公司在行业内的知名品牌地位。品牌优势已成为公司核心竞争力之一。
(5)管理优势
公司现已建立健全内部管理和控制制度,通过了 ISO9001 质量体系认证和严格的行业标准 CMD 认证,使公司的经营状况和管理成效处于同行业先进水平。
2、竞争劣势
与国际先进公司相比,公司在高档超声诊断仪技术方面还有一定差距。另外,公司新进入洁净手术室工程项目业务,公司该业务竞争力的提高需要一段时间。
(三)发行人主要财务指标
公司主要财务指标请参阅本公告书"财务会计资料"部分的相关内容。
(四)主要知识产权
1、商标　本公司拥有 966894 号(10 类)注册商标,有效期限 1997 年 3 月 21 日??? 2007 年 3 月 20 日。
2、专利
本公司拥有超声诊断仪器、全自动仿生扩宫仪、仿生扩宫仪(1)、仿生扩宫仪(2)、治疗电极夹、妇科治疗仪电极(1)-(9)、阴道探头、WEUT-70X 超声诊断仪、红外热辐射治疗仪仓盖启闭机构、热辐射源热疗仪、医用台车、医用摄像头、热疗仪及其专用出风管、一种多功能超声诊断装置共 22 项专利。上述专利均在国内注册,受国家专利法保护。
3、专有技术
公司拥有 10 项专有技术,分别是双幅 B 超、线阵 B 超、凸阵 B 超、三合一超声诊断仪、多功能红外光治疗仪、多功能红外乳腺诊断仪、胎儿监护仪、电脑痔疮治疗仪、电脑妇科治疗仪、细胞免疫图象分析系统。这些专有技术主要用于产品的生产制造及应用过程中,由发行人自我保护,其价值未正式评估。
(五)享有的财政税收优惠政策
公司地处经济特区之一广东省珠海市,目前适用的企业所得税率为 15%。依据珠海市地方税务局珠地税三检函[2002]2 号文、珠地税函(2002)191 号文以及广东省地税局粤地税函(2002)523 号文的批准,2001 年度公司享受了企业所得税免征的优惠政策。
2002 年 4 月 15 日,本公司经广东省信息产业厅认定为软件企业,凸阵 B 超控制软件等 11 个产品认定为软件产品。根据财政部财税[2000]25 号文规定,本公司销售上述软件产品缴纳增值税享受实际税负超过 3%的部分实行即征即退优惠政策。2002 年度本公司实际收到的软件产品缴纳增值税享受实际税负超过 3%的部分增值税返还款 231.85 万元,2003 年度本公司实际收到的软件产品缴纳增值税享受实际税负超过 3%的部分增值税返还款 395.21 万元。

第五节　股票发行与股本结构

一、本次股票上市前首次公开发行情况
1、股票类型:人民币普通股(A 股)

2、每股面值:1.00 元/股

3、发行总量:25,000,000 股,占发行后总股本 45.39%

4、发行价格:7.50 元/股

5、发行市盈率:17.44 倍(按照 2003 年度每股收益计算)

6、发行方式:全部向二级市场投资者定价配售

7、发行对象:于 2004 年 6 月 18 日持有深圳证券交易所、上海证券交易所已上市流通人民币普通股(A 股)股票的收盘市值总和(包括可流通但暂时锁定的股份市值)不少于 10,000 元的投资者。

8、发行费用:1,012.17 万元。其中承销费用 562.50 万元,保荐费 280 万元,发行手续费 64.97 万元,其他发行费用 104.70 万元。

9、募集资金额:首次公开发行募集资金总额 18,750 万元,扣除发行费用 1,012.17 万元,公司实际募集资金 17,737.83 万元。

二、本次股票上市前首次公开发行股票的承销情况

本次向社会公众投资者公开发行 2,500 万股人民币普通股股票的总有效申购户数为 11,118,811 户, 总有效申购股数为 62,844,706,000 股, 配号总数为 62,844,706 个, 本次股票发行的中签率为 0.0397805982%。二级市场投资者认购了 24,750,883 股,其余 249,117 股由保荐机构(主承销商)包销。

三、本次上市前首次公开发行股票所募股资金的验资报告

广东威尔医学科技股份有限公司全体股东:

我们接受委托,审验了广东威尔医学科技股份有限公司(以下简称"贵公司")截至 2004 年 6 月 29 日止新增注册资本实收情况。按照国家相关法律、法规的规定和协议、章程的要求出资,提供真实、合法、完整的验资资料,保护资产的安全、完整是全体股东及贵公司的责任。我们的责任是对贵公司新增注册资本的实收情况发表审验意见。我们的审验是依据《独立审计实务公告第 1 号-验资》进行的。在审验过程中,我们结合贵公司的实际情况,实施了检查等必要的审验程序。

贵公司本次变更前的注册资本和实收资本为人民币 30,083,000.00 元, 根据贵公司股东大会决议和修改后章程的规定,贵公司申请通过向社会公开发行人民币普通股(A 股)增加注册资本人民币 25,000,000.00 元,变更后的注册资本为人民币 55,083,000.00 元。根据贵公司股东大会通过的股票发行并上市的决议,并于 2004 年 6 月 1 日报经中国证券监督管理委员会证监发行字[2004]75 号文的核准,贵公司获准发行人民币普通股股票(A 股)25,000,000 股。根据贵公司本次发行的招股说明书,贵公司此次向社会公开发售的人民币普通股股票每股面值为人民币 1 元, 发行数量 25,000,000 股,发行价格为每股人民币 7.5 元, 募集资金总额为人民币 187,500,000.00 元, 扣除本次发行费用人民币 10,121,710.84 元,募集资金净额为人民币 177,378,289.16 元。经我们审验,截至 2004 年 6 月 29 日止,贵公司已收到上述募集资金净额人民币 177,378,289.16 元,其中注册资本为人民币 25,000,000.00 元,资本公积为人民币 152,378,289.16 元。

同时我们注意到,贵公司本次增资前的注册资本为人民币 30,083,000.00 元,已经广东恒信德律会计师事务所有限公司审验,并由其于 2001 年 10 月 12 日出具(2001)恒德珠验 97 号验资报告。截至 2004 年 6 月 29 日止,变更后的累计注册资本实收金额为人民币 55,083,000.00 元。

本验资报告供贵公司申请变更登记及据以向股东签发出资证明时使用,不应将其视为是对贵公司验资报告日后资本保全、偿债能力和持续经营能力等的保证。因使用不当造成的后果,与执行本验资业务的注册会计师及会计师事务所无关。

附件:

1、新增注册资本实收情况明细表

2、注册资本变更前后对照表

3、验资事项说明

广东恒信德律会计师事务所有限公司

中国注册会计师:程银春、余东红

2004 年 6 月 29 日

四、本次发行募股资金入账情况

入账时间:2004 年 6 月 29 日

入账金额:178,425,289.16 元(募集资金扣除承销费、上网发行费、保荐费后的余额)

入账账号:000096018000967668

开户银行:中国交通银行珠海分行吉大支行

五、上市前股权结构及各类股东的持股情况

(一)本次上市前公司股权结构

股份名称	持股数量(万股)	占总股本比例(%)
1、发起人股	3008.30	54.61
其中:法人股	2587.138	46.97
自然人股	421.162	7.64
2、社会公众股	2500	45.39
3、股本总额	5508.30	100.00

(二)本次上市前十大股东情况

序号	股东名称	持股数(万股)	持股比例(%)	股份类别
1	珠海威尔发展有限公司	1804.980	32.77	发起人股
2	周先玉	270.747	4.92	发起人股
3	北京安策科技有限公司	270.747	4.92	发起人股
4	湖南省远通科贸发展有限公司	180.498	3.28	发起人股
5	广东省科技创业投资公司	150.415	2.73	发起人股
6	李斌	150.415	2.73	发起人股
7	洋浦海鑫隆投资发展有限公司	120.332	2.18	发起人股
8	中国中小企业投资有限公司	60.166	1.09	发起人股
9	南方证券有限公司	25.500	0.46	社会公众股
10	华欧国际证券有限责任公司	24.912	0.45	社会公众股

本公司股东以及作为管理层的股东声明,所持有的发行人股票没有被质押,也不存在其他争议情况,将遵守《公司法》等法律、法规的规定,在法律、法规规定的时间内不会转让本公司股票。

第六节　董事、监事、高级管理人员及核心技术人员

一、董事

周曙光,女,38 岁,新加坡国立大学工商管理硕士,任本公司董事长兼总经理。周曙光除担任本公司董事长外,还兼任珠海市女企业家协会副会长,珠海市妇联第五届执委等。曾获 1996 年、1998 年广东省优秀女企业家、1997 年珠海市"巾帼创新业"十大标兵、珠海市第二届"十大杰出青年"、1998 年广东省三八红旗手、全国三八红旗手。

周向明,又名周靖人,男,46 岁,大学本科,历任珠海威尔发展有限公司董事长等职,拥有多项发明专利。现任本公司董事。

吴国强,男,49 岁,工商管理硕士,历任湖南益阳汽车运输总公司总经理、党委书记等职。现兼任本公司董事、副总经理。

周先玉,男,39 岁,高级工程师,新加坡国立大学工商管理硕士,曾任珠海华丰塑料包装材料有限公司董事长兼总经理、新加坡上市公司 AFP 副总裁等职。曾在国家级科技杂志发表论文十余篇。现任本公司董事、董事会秘书兼副总经理。

朱伟,男,34 岁,硕士,历任广东省粤科风险投资集团有限公司资产管理部总经理等职。现任本公司董事。

刘东,男,31 岁,毕业于南开大学,获物理学/金融学双学士学位。曾先后就职于华夏银行、北京证券等公司。现任本公司董事。

黄忠国,男,37 岁,高级会计师。曾任华银会计师事务所金融审计项目部主任、华寅会计师事务所董事、总审计师等职。现任本公司独立董事。

李深,男,58 岁,大学本科,曾任空军指挥学院院长、武警卫生部部长、中国老年保健协会会长。现任本公司独立董事。

张二震,男,49 岁,经济学硕士,1992 年获国务院特殊津贴,1997 年被国家教育部、人事部评为优秀回国人员,现为中国世界经济学会常务理事,江苏省世界经济学会副会长,江苏资本论学会副会长,南京市政府咨询委员,南京大学国际经济贸易系主任,教授,博士生导师。现任本公司独立董事。

二、监事

李斌,男,34 岁,大学本科,历任珠海倍能电子有限公司董事长等职。现为本公司监事会主席。

魏卓,男,42 岁,大学本科,曾任珠海欧美迪医疗设备有限公司生产部经理兼结构工程师、珠海真科感光材料公司工程技术部经理等职。现为本公司监事兼人力行政管理中心经理。

富斌,女,37 岁,硕士,曾任珠海宏海实业有限公司董事长秘书、珠海中燃阿吉普石油有限公司总经理秘书。现任本公司监事兼净化工程项目部经理。

三、高级管理人员

总经理

周曙光 (简历见前述)

副总经理

吴国强 (简历见前述)

周先玉 (简历见前述)

财务总监

戴法奎,男,39 岁,大专,注册会计师。曾任深圳一飞会计师事务所项目经理、珠海威尔发展有限公司财务经理。现任本公司财务总监。

董事会秘书

周先玉 (简历见前述)

四、核心技术人员

杨桂祥,男,40 岁,本科,计算机应用专业工程师。曾任上海证券大厦筹建处设备工程部任弱电工程管理负责人、南京万讯通电子公司技术负责人。曾获国家医药管理局个人一等奖。现任本公司总工程师。

本公司董事、监事、高管人员及核心技术人员均为中国国籍,无境外的永久居留权。其中,周曙光女士与周向明先生是兄妹关系,副总经理吴国强先生是周曙光女士和周向明先生的姐夫。

五、董事、监事、高管人员及核心技术人员持有公司股份情况

周先玉持有本公司 270.747 万股,占公司本次发行后总股本的 4.92%;李斌持有本公司 150.415 万股,占公司本次发行后总股本的 2.73%。

周曙光、周向明分别持有本公司第一大股东珠海威尔发展有限公司 42%和 58%的股份。

公司主要股东珠海威尔发展有限公司以及周先玉先生、李斌先生分别承诺,在《公司法》规定的对股份公司股东持有股份转让限制的期限内,不转让持有的本公司股份。

第七节　同业竞争与关联交易

一、同业竞争及解决措施

截至目前, 本公司控股股东珠海威尔发展有限公司及本公司实际控制人周向明先生与本公司不存在同业竞争。本公司主要发起人及本公司实际控制人均向本公司出具了《避免同业竞争的承诺函》。

二、关联方

本公司关联方的相关信息,请参见在巨潮咨询网站(www.cninfo.com.cn)披露的招股说明书全文。

三、关联交易及解决措施

(一)2001-2003 年,本公司与关联方发生的关联交易包括:

1、2001 年 10 月 8 日,本公司购买威尔发展公司位于威尔科技园内综合楼的 42 套房间,根据《房地产估价报告》的评估值 1610.00 元/平方米共计支付购房款 558.22 元。

2、2002 年 4 月 1 日,公司租赁控股股东威尔发展公司生产办公楼,租赁期 10 年,租金按每月每平方米人民币 8.072 元计算。

3、截止 2003 年 12 月 31 日,控股股东威尔发展公司为本公司的 5 笔银行贷款提供了担保,担保贷款金额合计 3000 万元。

(二)公司本次发行上市后将适用的《公司章程(草案)》、《关联交易制度》均对公司关联交易决策程序等问题进行了规定。

四、中介机构和独立董事对同业竞争和关联交易的意见

公司申报会计师、发行人律师及保荐机构均认为公司关联交易符合有关法律法规的规定,未有侵害公司及公司全体股东利益的情形。

第八节　财务会计资料

本公司截至 2003 年 12 月 31 日的财务会计资料,已于 2004 年 6 月 18 日在《中国证券报》、《证券时报》和《上海证券报》刊登的《招股说明书摘要》进行了披露,投资者欲了解详细内容,请查阅上述报纸或查阅刊载于巨潮资讯网站:http://www.cninfo.com.cn 的本公司招股说明书全文及附录。

一、注册会计师意见

广东恒信德律会计师事务所有限公司接受本公司全体股东的委托,对公司 2001 年 12 月 31 日、2002 年 12 月 31 日及 2003 年 12 月 31 日的资产负债表,自 2001 年 1 月 1 日至 2003 年 12 月 31 日止三个会计年度的利润及利润分配表与 2002 年度、2003 年度的现金流量表进行了审计, 注册会计师出具了标准无保留意见的(2004)恒德珠审 219 号审计报告,认为"上述会计报表符合国家颁布的企业会计准则和《企业会计制度》的规定,在所有重大方面公允地反映了贵公司 2001 年 12 月 31 日、2002

年12月31日、2003年12月31日的财务状况和2001年度、2002年度、2003年度经营成果以及2003年度现金流量情况。"

二、简要会计报表

(一)简要资产负债表 单位:元

资产	2003年12月31日	2002年12月31日	2001年12月31日
流动资产:			
货币资金	43,282,792.94	34,774,609.43	9,854,985.15
应收帐款	25,948,570.25	20,164,538.47	11,898,169.17
其他应收款	5,158,489.37	4,028,146.19	3,469,684.16
预付帐款	5,530,629.85	5,336,683.96	2,691,875.54
存货	17,807,434.06	15,166,242.50	12,489,712.87
流动资产合计	97,727,916.47	79,470,220.55	40,404,426.89
固定资产:			
固定资产原价	11,439,546.01	10,686,631.25	9,447,283.95
减:累计折旧	3,340,315.57	2,425,136.09	1,645,280.34
固定资产净值	8,099,230.44	8,261,495.16	7,802,003.61
减:固定资产减值准备	-	-	-
固定资产净额	8,099,230.44	8,261,495.16	7,802,003.61
在建工程	-	-	-
固定资产合计	8,099,230.44	8,261,495.16	7,802,003.61
无形资产及其他资产:			
无形资产	1,511,666.73	2,025,413.35	2,520,000.00
长期待摊费用	861,460.24	1,121,611.60	218,391.86
无形资产及其他资产合计	2,373,126.97	3,147,024.95	2,738,391.86
资产总计	108,200,273.88	90,878,740.66	50,944,822.36
流动负债:			
短期借款	25,000,000.00	20,000,000.00	5,000,000.00
应付帐款	8,890,748.67	11,116,626.75	6,898,027.38
预收帐款	1,434,705.22	433,717.22	963,928.70
应付工资	605,358.05	495,380.40	347,353.00
应付福利费	946,720.05	1,202,100.57	1,028,535.66
应交税金	1,362,515.20	1,285,247.23	-1,446,108.81
其他应交款	32,783.35	28,740.57	11,456.47
其他应付款	1,911,142.15	1,210,783.20	930,002.64
一年内到期的长期负债	2,520,000.00	-	-
流动负债合计	42,703,972.69	35,772,595.94	13,733,195.04
长期负债:			
长期借款	2,480,000.00	5,000,000.00	-
长期负债合计	2,480,000.00	5,000,000.00	-
负债合计	45,183,972.69	40,772,595.94	13,733,195.04
所有者权益(或股东权益):	-	-	-
实收资本(或股本)	30,083,000.00	30,083,000.00	30,083,000.00
资本公积	111.38	111.38	111.38
盈余公积	6,084,928.48	4,148,405.01	2,214,227.40
其中:法定公益金	2,028,309.49	1,382,801.67	738,075.80
未分配利润	26,848,261.33	15,874,628.33	4,914,288.54
股东权益合计	63,016,301.19	50,106,144.72	37,211,627.32
负债和或股东权益总计	108,200,273.88	90,878,740.66	50,944,822.36

(二)简要利润表 单位:元

项目	2003年度	2002年度	2001年度
一、主营业务收入	70,058,027.83	67,755,004.47	48,091,546.51
减:主营业务成本	33,643,010.65	29,551,692.03	16,515,712.04
主营业务税金及附加	998,046.85	1,082,352.91	546,284.39
二、主营业务利润	35,416,970.33	37,120,959.53	31,029,550.08
加:其他业务利润	171,123.33	129,512.81	59,745.77
减:营业费用	13,246,550.15	13,919,328.58	12,379,120.55
管理费用	11,037,039.14	9,730,265.56	7,063,474.79
财务费用	780,125.06	842,282.59	203,859.46
三、营业利润	10,524,379.31	12,758,595.61	11,442,841.05
加:投资收益	-	-	-
补贴收入	4,872,143.08	2,318,458.56	600,000.00
营业外收入	11,395.85	3,540.20	9,379.80
减:营业外支出	568,653.67	138,720.04	27,869.28
四、利润总额	14,839,264.57	14,941,874.33	12,024,351.57
减:所得税	1,929,108.10	2,047,356.93	-
五、净利润	12,910,156.47	12,894,517.40	12,024,351.57

(三)简要现金流量表

单位:元

项目	2003年	2002年
一、经营活动产生的现金流量:		
经营活动产生的现金流量净额	5,761,255.27	7,340,668.43
二、投资活动产生的现金流量:		
投资活动产生的现金流量净额	-815,204.76	-1,538,353.79
三、筹资活动产生的现金流量:		
筹资活动产生的现金流量净额	3,562,133.00	19,117,309.64
四、现金及现金等价物净增加额	8,508,183.51	24,919,624.28

三、会计资料附注

有关会计资料附注内容请投资者查阅本公司招股说明书附录部分,请参见巨潮资讯网站:http://www.cninfo.com.cn。

四、财务指标

财务指标	2003年	2002年	2001年
流动比率	2.29	2.22	2.94
速动比率	1.87	1.80	2.03
应收账款周转率(次数)	2.85	4.23	4.20
存货周转率(次数)	1.99	2.08	1.37
无形资产占净资产比例(%)	2.40	4.04	6.77
资产负债率(%)	41.76	44.86	26.96
每股净资产(元)	2.09	1.67	1.24
研究及开发费用占主营业务收入比例(%)	5.81	5.63	5.09
每股经营活动现金流量(元)	0.19	0.24	0.22
净资产收益率(%)	20.49	25.73	32.31
每股收益(元)	0.43	0.43	0.40

第九节 其他重要事项

一、自本公司股票首次公开发行之日至本上市公告书公告之日,本公司严格依照《公司法》、《证券法》等法律法规的要求,规范运行,生产经营情况正常;所处行业和市场无重大变化;主要业务及发展目标的进展状况正常,主要投入、产出物供求及价格无重大变化。

二、自本公司股票首次公开发行之日至本上市公告书公告之日,本公司无重大对外投资、重大资产(股权)收购或出售行为;住所未发生变更。

三、自本公司股票首次公开发行之日至本上市公告书公告之日,本公司重大会计政策和会计师事务所没有发生变化。

四、自本公司股票首次公开发行之日至本上市公告书公告之日,本公司未发生新的重大负债或重大债项发生变化。

五、自本公司股票首次公开发行之日至本上市公告书公告之日,本公司董事、监事和高级管理人员未受到任何刑事起诉,亦无尚未了结或可能发生的刑事诉讼事项。

六、自本公司股票首次公开发行之日至本上市公告书公告之日,本公司未涉及任何重大诉讼事项或仲裁,亦无尚未了结或可能面临的重大诉讼或索赔要求。

七、根据公司2004年度第一次临时股东大会决议,公司公开发行股票之日前的全部未分配利润,由股票公开发行实施后的新老股东共同享有。

八、根据《深圳证券交易所股票上市规则》,本公司第一大股东珠海威尔发展有限公司承诺:"自威尔科技股票上市之日起12个月内,不转让或者委托他人管理所持有的威尔科技股份,也不要求或接受威尔科技回购其所持有的威尔科技股份。"

九、根据《深圳证券交易所中小企业板块上市公司特别规定》,公司已向深圳证券交易所承诺本公司上市后三个月内在公司章程内载入如下内容:股票被终止上市后,公司股票进入代办股份转让系统继续交易,且不对公司章程中的该款规定作任何修改。

十、本公司股票首次公开发行至本上市公告书公告之日,没有其他应披露而未披露之重大事项。

第十节 董事会上市承诺

本公司董事会承诺将严格遵守《中华人民共和国公司法》、《中华人民共和国证券法》、《股票发行与交易管理暂行条例》、《公开发行股票公司信息披露实施细则》、《深圳证券交易所股票上市规则》和《深圳证券交易所中小企业板块上市公司特别规定》等国家相关法律、法规和有关规定,并自股票上市之日起做到:

一、承诺真实、准确、完整、公允和及时地公布定期报告,披露所有对投资者有重大影响的信息,并接受中国证监会、证券交易所的监督管理;

二、承诺本公司在知悉可能对股票价格产生误导性影响的任何公共传播媒介中出现的消息后,将及时予以公开澄清;

三、本公司董事、监事、高级管理人员和核心技术人员将认真听取社会公众的意见和批评,不利用已获得的内幕消息和其他不正当手段直接或间接从事发行人股票的买卖活动;

四、本公司没有无记录的负债。

第十一节 保荐机构(上市推荐人)及其意见

一、保荐机构(上市推荐人)

名称:华欧国际证券有限责任公司

法定代表人:陈学荣

住所:上海市浦东银城东路139号华能联合大厦1层

电话:021-38784818

传真:021-68865411

联系人:钟建春、钟新、冯浩、江岚、郁浩

二、保荐机构(上市推荐人)意见

本公司的保荐机构(上市推荐人)华欧国际证券有限责任公司认为本公司符合国家和证券监督管理部门关于首次公开发行股票及发行后上市的规定,并已向深圳证券交易所出具了正式的《广东威尔医学科技股份有限公司上市推荐书》。华欧国际证券有限责任公司同意作为广东威尔医学科技股份有限公司首次公开发行股票的保荐人和上市推荐人。

保荐机构(上市推荐人)认为:发行人章程符合《中华人民共和国公司法》、《中华人民共和国证券法》及《深圳证券交易所股票上市规则》等法律、法规和中国证监会的有关规定;本次股票发行完全符合《中华人民共和国公司法》、《中华人民共和国证券法》及《深圳证券交易所股票上市规则》的法律、法规和中国证监会的有关规定,已具备了上市条件;发行人董事了解法律、法规、深圳证券交易所上市规则及股票上市协议规定的董事的义务与责任;发行人建立健全了法人治理结构、制定了严格的信息披露制度与保密制度。

保荐机构(上市推荐人)已对发行人上市文件所载的资料进行了核实,确认上市文件真实、准确、完整、符合规定要求,没有虚假记载、严重误导性陈述或重大遗漏,并对其承担连带责任。保荐机构(上市推荐人)与发行人之间不存在关联关系。

保荐机构(上市推荐人)愿意推荐发行人的股票在深圳证券交易所上市交易,并且在上市推荐过程中,保证不利用获得的内幕信息进行内幕交易,为自己或他人谋取利益。

广东珠海威尔医学科技股份有限公司

二00四年七月二日

安徽华星化工股份有限公司

安徽华星化工股份有限公司上市公告书

第一节　重要声明与提示

本公司董事会保证上市公告书的真实性、准确性、完整性,全体董事承诺上市公告书不存在虚假记载、误导性陈述或重大遗漏,并承担个别和连带的法律责任。

根据《公司法》、《证券法》等有关法律、法规的规定,本公司董事、高级管理人员已依法履行诚信和勤勉尽责的义务和责任。

证券交易所、中国证监会、其他政府机关对本公司股票上市及有关事项的意见,均不表明对本公司的任何保证。

本公司提醒广大投资者注意,凡本上市公告书未涉及的有关内容,请投资者查阅 2004 年

6 月 22 日刊载于《中国证券报》、《证券时报》和《上海证券报》的本公司招股说明书摘要及刊载于深圳证券交易所指定网站(http://www.cninfo.com.cn)的本公司招股说明书全文。

第二节　概　览

1、股票简称:华星化工

2、深市股票代码:002018,沪市代理股票代码:609018

3、总股本:6,500 万股,其中,可流通股本:2,000 万股,本次上市流通股本:2,000 万股

4、发行价格:8.55 元/股

5、上市地点:深圳证券交易所　　6、上市时间:2004 年 7 月 13 日

7、股票登记机构:中国证券登记结算有限责任公司深圳分公司

8、保荐机构(上市推荐人):平安证券有限责任公司

9、对本公司首次公开发行股票前股东所持股份的流通限制及期限:根据有关法律、法规规定和中国证监会《关于核准安徽华星化工股份有限公司公开发行股票的通知》(证监发行字[2004]93号),本公司的国有法人股、法人股及自然人持有的未流通股份暂不上市流通。

10、本公司第一大股东对所持股份自愿锁定的承诺:本公司公开发行股票前的第一大股东庆祖森先生向深圳证券交易所承诺,"在安徽华星化工股份有限公司股票上市之日起一年内,不转让所持有的安徽华星化工股份有限公司股份,也不要求或接受安徽华星化工股份有限公司回购该股份"。

第三节　绪　言

本上市公告书是根据《中华人民共和国公司法》、《中华人民共和国证券法》、《股票发行与交易管理暂行条例》、《公开发行股票公司信息披露实施细则》和《深圳证券交易所股票上市规则》等国家有关法律、法规的规定,并按照中国证券监督管理委员会《公开发行证券公司信息披露内容与格式准则第 7 号??? 股票上市公告书》和《深圳证券交易所中小企业板块上市公司特别规定》而编制的,旨在向投资者提供有关本公司和本次股票上市的基本情况。

经中国证监会证监发行字[2004]93 号文核准,本公司于 2004 年 6 月 25 日采取全部向深市、沪市二级市场投资者定价配售的方式成功发行了 2,000 万人民币普通股,每股面值 1.00 元,发行价为每股人民币 8.55 元。

根据深圳证券交易所深证上[2004]59 号文《关于安徽华星化工股份有限公司人民币普通股股票上市交易的通知》批准,本公司 2,000 万股社会公众股将于 2004 年 7 月 13 日起在深圳证券交易所挂牌交易。股票简称"华星化工",深市股票代码为"002018"。

本公司已于 2004 年 6 月 22 日在《中国证券报》、《证券时报》和《上海证券报》上刊登了《招股说明书摘要》,招股说明书正文及其附录刊载于深圳证券交易所指定网站(http://www.cninfo.com.cn),前述招股文件刊登距今不足三个月,故与其重复的内容不再重述,敬请投资者查阅上述文件。

第四节　发行人概况

一、发行人的基本情况

1、中文名称:安徽华星化工股份有限公司

英文名称:ANHUI HUAXING CHEMICAL INDUSTRY CO., LTD.

2、法定代表人:庆祖森

3、注册资本:6,500 万元(正在办理变更手续)

4、成立日期:1998 年 2 月 13 日

5、住所及邮政编码: 安徽省和县乌江镇　238251

6、电话及传真:(0565)5393908　5393908

7、互联网网址:http://www.huaxingchem.com

8、电子信箱:hxinfo@huaxingchem.com

9、经营范围:农药(凭许可证经营)、化工产品(不含危险品)生产、销售,本企业自产产品及相关技术出口,本企业生产、科研所需原辅材料、机械设备、仪器仪表、零配件及技术进口。

10、主营业务:研发、生产和销售杀虫双、杀虫单以及精恶唑禾草灵、草除灵乙酯、苄嘧磺隆等高效低残留农药产品。

11、所属行业:化学原料及化学制品制造业

12、董事会秘书:李辉

二、发行人的历史沿革

本公司系经安徽省人民政府皖府股字[1998]第 1 号《安徽省股份有限公司批准证书》批准,由和县农药厂及其职工庆祖森、盛学龙等 263 名自然人于 1998 年 2 月 13 日共同发起设立的股份有限公司。2001 年 4 月 20 日,经职工代表大会决议通过,并经和县人民政府和政秘[2001]35 号及和县乌江镇人民政府乌政字[2001]第 71 号文批准,和县农药厂将所持公司的 385.5 万股股份全部量化予庆祖森等职工,不再持有本公司股份;同年 9 月 14 日,经公司第七次股东大会审议通过,部分股东转让所持股份,公司股东变更为 17 位自然人。

2001 年 12 月 30 日,经安徽省经贸委皖经贸企改函[2001]815 号文批复、安徽省人民政府皖政股[2001]第 16 号文批准,股份公司实施增资扩股:(1)以公司截止至 2001 年 10 月 31 日经审计的未分配利润向截止 2001 年 10 月 31 日登记在册的股东按 10:23.73 的比例送红股 2,391.984 万股,送股后公司每股净资产为 1.17 元;(2)增加股本 1100.016 万股,原股东认购 600.016 万股;引入新股东认购 500 万股,其中安徽省科技产业投资有限公司 300.00 万股、江苏省高科技产业投资有限公司 200.00 万股;上述新老股东均按每股 1.17 元以现金认购新增股份。增资扩股后公司股本总额为 4500 万元。

经中国证券监督管理委员会证监发行字[2004]93 号文核准,本公司于 2004 年 6 月 25 日在深圳交易所以全部向二级市场投资者定价配售方式成功发行了人民币普通股 2,000 万股,每股面值 1.00 元,发行价为每股人民币 8.55 元。此次发行后公司总股本 6,500 万股,流通股占总股本的比例为 30.77%。

三、发行人主要经营情况

本公司是安徽省最大的农药生产企业,是华东地区主要农药供应厂商之一,国内最大的杀虫双/单生产基地和出口基地,根据中国农药工业协会和安徽省农药工业协会的统计资料,公司 2002 年综合实力在国内农药行业中排名在前 13 位,2000 年~2002 年各项经济指标连续三年位居安徽省行业第一位。公司于 2000 年 5 月被安徽省科学技术厅认定为省级高新技术企业,于 2003 年 4 月经国家科学技术部认定为国家火炬计划重点高新技术企业。公司产品包括杀虫剂、杀菌剂和除草剂三大系列 9 个原药 32 个品种,其中,主要产品杀虫双、杀虫单国内生产量、销量第一。公司产品 18%杀虫双撒滴剂、50%华星麦保可湿性粉剂、10%精恶唑禾草灵乳油和普净 10%EC 精恶唑禾草灵分别被认定为 1999 年度、2000 年度、2001 年度国家重点新产品或国家级重点新产品。公司技术中心于 2000 年度被认定为省级企业技术中心,并经国家人事部国人部发[2003]74 号批准建设博士后科研工作站。

(一)发行人竞争优势

相对于我国农药行业内其它企业,本公司具有显著的优势:

1、竞争优势

公司主营业务突出,销售收入全部来源农药,为安徽省最大的农药生产企业,2002 年农药生产量及利润总额分别为全行业第 11 位、第 10 位;公司经营高效、低残留农药,以杀虫双(单)等沙蚕毒系列为核心产品,是我国最大的杀虫双(单)生产基地和出口基地,具有一定的专业与规模优势。

(1)具有较强竞争力的核心产品及可持续发展的产品结构

①公司主营产品均为高效、低残留、无公害农药,符合国家农药产业政策发展方向,不存在强制淘汰或受政策限制的风险;②核心产品杀虫双(单)是国内防治水稻虫害的最主要的农药品种,系国内自主研发, 具有性价比较高的的竞争优势,2003 年农业部撤销甲胺磷等高毒农药登记以及国内进一步推动粮食生产为杀虫双(单)创造了更大的市场空间,确保公司 2003 年主营业务较大增长;由于国家限制该品种生产工艺出口,因而出口前景较好。③公司形成了可持续发展的产品结构,在杀虫双(单)基础上开发生产杀螟丹,形成沙蚕毒系列,同时生产氟虫腈等高效杀虫剂与草除灵乙酯、精恶唑禾草灵、苄嘧磺隆等除草剂,形成杀虫剂、除草剂、杀菌剂协同发展,产品结构得到不断优化,符合国家农药发展方向,也有利于公司长期保持竞争优势。④公司杀虫剂与除草剂均主要服务于水稻等粮食生产,面临国家扶持粮食生产政策所带来的机遇。

(2)技术优势

①公司技术实力较强,先后于 2000 年、2003 年被认定为安徽省高新技术企业、国家火炬计划重点高新技术企业,公司建立了省级技术中心,并成立了农药研究所,经国家人事部国人部发[2003]74 号批准建设博士后科研工作站,公司与沈阳化工研究院、贵州化工研究院、山东农药研究所、南京大学等科研院所建立了良好的技术合作交流体系。②公司现有产品杀虫单(双)原药及制剂、草除灵乙酯、精恶唑禾草灵等的生产技术水平均国内领先,收率高于同行业水平,其中杀虫单出粉率达到 60%以上,比国内平均水平高出 12 个百分点,杀虫单原药纯度在国内第一个超过 98%。公司通过引进与创新储备了一批技术,包括 1 个国家高新技术产品、4 个国家级重点新产品、6 个国家专利产品、2 个"双高一优"导向计划、1 个国债贴息项目、2 个国家星火计划项目、2 个国家火炬计划项目、"八五"与"九五"科技攻关项目 1 项,能满足未来几年产品结构调整与持续发展的要求。③公司具备较强的农药剂型自主开发能力,一直坚持以用户及市场为导向,不断拓宽农药用途并改进施药方法,开发出包括水乳剂、悬浮剂、颗粒剂、撒滴剂、水分散粒剂等技术含量高、环境相容性好的新剂型,公司最先将苄嘧磺隆通过加工应用于小麦田防治阔草杂草,将精恶唑禾草灵扩大到大豆、花生、油菜、水稻等。

(3)稳定的核心市场与健全的市场网络

①由于区域便利、进入较早、定位较准等原因,国内最大的水稻产区长江中下游地区为公司稳定的核心市场,占每年收入的 60%以上,确保公司具有较强的抗风险能力,为主营业务的增长奠定了基础,而国家扶持粮食主产区将创造了更大的市场空间。②公司拥有规模较大的销售队伍,建立了全国性的销售网络,公司先后开发了东北、华北、华中、西南、华南等区域市场,报告期在华南、东北、华北等收入及市场份额上升明显。③经营机制较好。公司坚持以市场为导向,重视市场开发与技术改进结合,通过田间药效实验、改变施药方式及扩大农药用途,维持并创造市场;公司通过加大投入、提高服务质量、加强客户的维护与管理,建立了健全的客户关系管理体系,为每一终端客户制作了客户信息卡,建立了相对稳固的分销网络。

(4)盈利能力较强

公司运用定向催化合成、非光气法合成、液膜萃取、粘稠物专用吸附剂吸附分离、变频调控、远红外加热及微电子控制等新技术改造生产工艺,提高了产品技术含量和质量,降低了生产成本;公司注重提升服务水平,提高产品附加值,农户及分销商对公司品牌具有较高的品牌认同度;同时严格管理,制定了比较完备的管理制度、管理目标和考核制度,并实施企业资源计划管理系统 ERP,覆盖了公司所有的生产经营环节,报告期销售毛利率及利润率均稳定在较高水平。

(5)质量及品牌优势

农药的终端用户是农户,受农技推广及教育水平等因素的制约,农户对农药的了解与选择主要依赖于长期的用药经验,在建立信任后不易改变对品牌的忠诚度。公司进入市场较早,一直把品牌建设列入企业战略目标,实行"重质量、创名牌、守信誉、增效益"的质量方针,制定了"全力实现向用户交付 100%的合格产品;提供迅捷优质的销售服务,保证交付准时率 100%;保质期内,产品质量合格率 100%"的质量目标,并细化到各部门和各生产岗位,严格控制产品质量,杜绝不合格产品进入市场。公司已通过 ISO9001 质量体系认证;"禾乐牌 18%杀虫双水剂、撒滴剂"1999 年被评为安徽省质量免检产品。"华星"牌系列农药合格率为 100%,2000 年获"安徽省质量管理奖","禾乐"牌商标被认定为安徽省著名商标,"华星"牌为中国农药工业协会推荐的农药品牌和商标。

(二)发行人的竞争劣势

目前本公司生产经营规模较小, 且因本公司正逐步从生产高效低残留的杀虫剂产品向以高效、低毒、低残留、无公害农药产品为主的方向发展,力争使公司杀虫剂、除草剂和杀菌剂的比例更贴近市场需求,这需要较大的资金投入进行产品的开发和技术更新,因此融资渠道和资金规模是约束本公司持续发展和提高竞争力的重要因素。

四、主要财务指标

请参阅本上市公告书"第八节　财务会计资料"。

五、知识产权、非专利技术情况

(一)商标　本公司拥有的注册商标如下:

(二)非专利技术

本公司拥有的非专利技术主要有精喹禾灵生产技术、苯氧菌酯生产技术、K3ERP 系统、多功能可调式节能变压技术、微电子 PH 自动控制技术、液膜萃取技术、右旋对羟基苯氧基丙酸酯的定向合成技术等多项技术。

六、财政税收优惠政策

根据财政部、国家税务总局联合发出的《关于若干农业生产资料征免增值税政策的通知》(财税[2001]113 号)规定,公司产品杀虫双、杀虫单、草除灵、精恶唑禾草灵、苄嘧磺隆、精喹禾灵等享受免征增值税政策。除上述产品外,公司其他产品执行 13%的增值税税率,化工中间体执行 17%增值税税率。

根据财政部、海关总署、国家税务总局财税字[2003]186 号《关于农药税收政策的通知》,自 2004 年 1 月 1 日起,上述农药生产免征增值税的优惠政策停止执行,依据税收法律法规,公司原免征增值税产品适用 13%的税率。

第五节　股票发行与股本结构

一、本次股票上市前首次公开发行股票的情况

(一)股票种类:人民币普通股(A 股)　　(二)每股面值:人民币 1.00 元

(三)发行数量:2,000 万股　　(四)发行价格:8.55 元

(五)募股资金总额:17,100 万元　　(六)发行方式:全部向二级市场投资者定价配售方式

(七)发行对象：于招股说明书摘要刊登当日2004年6月22日持有深圳证券交易所或上海证券交易所已上市流通人民币普通股(A股)股票的收盘市值总和(包括可流通但暂时锁定的股份市值)不少于10,000元的投资者(国家法律法规禁止购买者除外)。投资者同时持有的深市、沪市二级市场的股票市值不合并计算。

(八)发行费用总额：18,898,562.43元(含承销费15,000,000元、审计、验资费用1,800,000元、律师费用1,200,000元、上网发行费598,562.43元、发行审核费200,000元、评估费用100,000元)

(九)每股发行费用：0.94元

二、本次股票上市前首次公开发行股票的承销情况

本次公开发行的2,000

万股社会公众股的配号总数为59,818,150个,中签率为0.0334346682%。其中,二级市场投资者认购19,737,853股,其余262,147股由保荐机构(主承销商)包销。

三、本次上市前首次公开发行股票所募股资金的验资报告

安徽华普会计师事务所为本次公开发行股票所募股资金出具了华普验字[2004]0581号《验资报告》,全文如下：

安徽华星化工股份有限公司全体股东：

我们接受委托,审验了安徽华星化工股份有限公司(以下简称贵公司)截至2004年7月1日止新增注册资本的实收情况。按照国家相关法律、法规的规定和贵公司章程的要求出资,提供真实、合法、完整的验资资料,保护资产的安全、完整是全体股东及贵公司的责任。我们的责任是对贵公司新增注册资本的实收情况发表审验意见。我们的审验是依据《独立审计实务公告第1号？验资》进行的。在审验过程中,我们结合贵公司的实际情况,实施了检查等必要的审验程序。

贵公司原注册资本为人民币45,000,000.00元,根据贵公司第二届董事会第十五次会议及2003年度第一次临时股东大会决议和修改后的公司章程规定,申请向社会公开发行人民币普通股(A)股增加注册资本人民币20,000,000.00元,变更后的注册资本为人民币65,000,000.00元。经中国证券监督管理委员会证监发行字[2004]

93号文核准,同意贵公司向社会公开发行人民币普通股(A)股20,000,000.00股,每股面值1.00元,每股发行价为人民币8.55元,可募集资金总额为171,000,000.00元。根据我们的审验,截至2004年7月1日止,贵公司采用全部向二级市场投资者定价配售的发行方式实际已发行人民币普通股(A)股20,000,000.00股,募集资金总额为人民币171,000,000.00元,扣除券商承销佣金、上市推荐费及上网发行手续费等发行费用概算为人民币18,898,562.43元后,募集资金净额为152,101,437.57元,其中实收股本人民币20,000,000.00元(人民币贰仟万元整),资本公积人民币132,101,437.57元。

同时我们注意到,贵公司本次增资前的注册资本为人民币45,000,000.00元,业经安徽华普会计师事务所会事验字[2001]第563号验资报告验证。截至2004年7月1日止,变更后的累计注册资本实收金额为人民币65,000,000.00元。

本验资报告仅供贵公司申请变更登记及据以向股东签发出资证明时使用,不应将其视为是对贵公司验资报告日后资本保全、偿债能力和持续经营能力等的保证。因使用本验资报告不当造成的后果,与执行本次验资业务的注册会计师及会计师事务所无关。

附件：1.注册资本变更情况明细表

(1)新增注册资本实收情况明细表(附件1-1)(2)注册资本变更前后对照表(附件1-2)

2.验资事项说明

安徽华普会计师事务所　　　中国注册会计师：方长顺

中国？合肥　　　　　　　　中国注册会计师：翟大发

报告日期：2004年7月1日

四、募股资金入账情况　入账时间：2004年7月1日

入账金额：155,401,437.57元(已扣除承销机构费用和上网发行费用)　入账账号：2880130110001

开户银行：招商银行合肥五里墩支行

五、发行人上市前股权结构及各类股东的持股情况

1、本次上市前公司股权结构

2、本公司前十名股东持股情况

第六节　董事、监事、高级管理人员及核心技术人员

一、董事、监事、高级管理人员与核心技术人员简介

(一)董事

庆祖森：男,中国国籍,1949年8月出生,大专文化,高级经济师,现任本公司董事长,国家农业部农药检定所《农药科学与管理》理事会副理事长、安徽省农药工业协会副理事长、巢湖学院兼职教授。

谢平：男,中国国籍,1968年10月出生,MBA在读硕士,高级工程师,安徽省乡镇企业优秀专业技术工作者,现任本公司董事兼总经理。

周玉生：男,中国国籍,1952年7月出生,大专文化,高级工程师,现任本公司董事。

李辉：男,中国国籍,1966年11月出生,MBA在读硕士,高级会计师,现任本公司董事兼董事会秘书、财务负责人。

卜炜：男,中国国籍,1970年5月出生,澳大利亚北澳大学商学院硕士,澳大利亚注册会计师协会会员(ASCPA),现于江苏省高科技产业投资有限公司投资银行部工作。现任本公司董事。

李真：女,中国国籍,1967年3月出生,大学文化,高级会计师,注册会计师,注册评估师,现于安徽科技产业投资公司项目投资部工作,兼任安徽英科智控股份有限公司财务总监、董事会秘书,合肥三晶电子有限公司董事。现任本公司董事。

张建设：本公司独立董事,男,中国国籍,1968年11月出生,大专文化,注册会计师,现任武汉众环会计师事务所有限公司副总经理兼上海分所所长。

杨春河：本公司独立董事,男,中国国籍,1956年4月出生,大连理工大学基本有机化工专业工学学士,教授级高工,现任沈阳化工研究院农药研究所所长。

孙国正：本公司独立董事,男,中国国籍,1964年9月出生,复旦大学经济系硕士,副教授,任教于安徽大学工商管理学院工商管理系。

(二)监事

盛学龙：男,中国国籍,1965年10月出生,大专文化,高级工程师。历任和县农药厂生产车间主任、本公司办公室主任、基建科科长,现任本公司监事会主席。

武学元：男,中国国籍,1953年1月出生,经济师。历任和县农药厂会计、本公司供销科长、供销处副处长,现任本公司监事(职工代表)。

朱婷红：女,中国国籍,1969年3月出生,工商管理硕士,现于安徽科技产业投资公司企业策划部工作。现任本公司监事。

(三)高级管理人员

吴江鹰：男,中国国籍,1968年11月出生,在读工程硕士,高级工程师,现任本公司副总经理兼技术中心主任。

纪祖焕：男,中国国籍,1970年7月出生,在读工程硕士,高级工程师,现任公司副总经理。

刘元声：男,中国国籍,1963年1月出生,大学文化,高级工程师,现任公司副总经理。

(四)核心技术人员

吴江鹰：简历见上。纪祖焕：简历见上。

熊惠文：男,中国国籍,1967年12月出生,毕业于中国科大应用化学系应用化学专业,高级工程师(被列入"中国国家工程师名录"),现任本公司生产部经理。

吴秀华：女,中国国籍,1941年11月出生,毕业于合肥工业大学化工系,现任本公司技术中心专题组组长。

吴启运：男,中国国籍,1942年4月出生,毕业于安徽大学化学系,工程师,副研究员,现任本公司技术中心专题组组长。

刘元声：简历见上。

上述人员中,本公司董事长庆祖森与总经理谢平为翁婿关系,除此之外,公司董事、监事、高级管理人员、核心技术人员之间均不存在直系、配偶、三代以内直系或旁系亲属关系的情况。

二、董事、监事、高级管理人员与核心技术人员持有本公司股份情况

本公司董事、监事、高级管理人员、核心技术人员持有本公司股份情况如下：

除上述持股情形外,本公司董事、监事、高级管理人员、核心技术人员不存在其他个人持股或家属持股,也不存在通过其近亲属能够直接或间接控制的法人持股的情形,也不存在持有发行人关联企业股份的情形。

本公司所有持有公司股份的董事、监事、高级管理人员、核心技术人员承诺,所持有的公司股份在法律、法规规定不允许转让期间以及在公司股公开发行并上市后两年内将不予转让。

第七节　同业竞争与关联交易

一、同业竞争的情况

本公司实际控制人与本公司不存在同业竞争情形。本公司律师及保荐机构均对此发表了意见认为本公司与控股股东及其控股的法人不存在同业竞争。

二、关联方和关联关系

请查阅2004年6月22日刊载于深圳证券交易所指定网站(http://www.cninfo.com.cn)的本公司招股说明书全文。

三、关联交易

请查阅2004年6月22日刊载于深圳证券交易所指定网站(http://www.cninfo.com.cn)的本公司招股说明书全文。

本公司律师及保荐机构均对关联交易发表了意见,认为：本公司对关联交易已作充分披露,关联交易决策程序合法,定价公允,不存在损害发行人及中小股东利益的情形。

本公司本次募股资金投资项目不存在关联交易。

第八节　财务会计资料

本公司截止2003年12月31日的财务会计资料已于2004年6

月22日刊登于《中国证券报》、《上海证券报》和《证券时报》的本公司招股说明书摘要中。投资者欲了解详细内容,请投资者查阅上述报纸或刊载于深圳证券交易所指定网站(www.cninfo.com.cn)的本公司招股说明书全文及附录。

一、注册会计师意见

本公司聘请了安徽华普会计师事务所对本公司2001年度、2002年度、2003年度的会计报表进行了审计,并出具了标准无保留意见的审计报告。

二、简要会计报表(附后)

本公司会计报表附注等有关内容,请查阅2004年6月22日刊载于深圳证券交易所指定网站(http://www.cninfo.com.cn)的本公司招股说明书全文与附录。

三、近三年主要财务指标

第九节　其他重要事项

一、自本公司股票首次公开发行之日至本上市公告书公告之日,本公司严格依照现行有关法律、法规和规定规范运行,生产经营情况正常,本公司所处行业和市场无重大变化,主要业务发展目标的进展情况正常,主要投入、产出物供求及价格无重大变化。

二、自本公司股票首次公开发行之日至本上市公告书公告之日,本公司没有进行重大对外投资,无重大资产(股权)收购、出售行为。

三、自本公司股票首次公开发行之日至本上市公告书公告之日,本公司住所未发生变更。

四、自本公司股票首次公开发行之日至本上市公告书公告之日,本公司未涉及任何重大诉讼、仲裁或行政处罚案件,并且董事会认为本公司未面临任何重大影响的诉讼和索赔要求;同时,本公司董事、监事和高级管理人员未受到任何刑事起诉,亦没有尚未了结或可能发生的刑事诉讼事项。

五、自本公司股票首次公开发行之日至本上市公告书公告之日,本公司重大会计政策和会计师事务所没有发生变化。

六、自本公司股票首次公开发行之日至本上市公告书公告之日,未发生新的重大负债、并且重大债项未发生变化。

七、本公司股票首次公开发行和股票上市前后税负无变化。

八、根据《深圳证券交易所股票上市规则》,本公司第一大股东庆祖森先生承诺：自本公司股票上市之日起12个月内,不转让其持有的本公司的股份,也不由本公司回购其所持有的股份。

九、根据《深圳证券交易所中小企业板块上市公司特别规定》,本公司承诺在上市后三个月内在公司章程内载入如下内容：本公司股票被终止上市后,本公司股票进入代办股份转让系统继续交易;本公司不对公司章程中的前款规定作任何修改。

十、自本公司股票首次公开发行之日至本上市公告书公告之日,本公司没有其他应披露而未披露之重大事项。

第十节　董事会上市承诺

本公司董事会承诺将严格遵守《公司法》、《证券法》、《股票发行与交易管理暂行条例》、《深圳证券交易所股票上市规则》、《深圳证券交易所中小企业板块上市公司特别规定》和《证券发行上市保荐制度暂行办法》等法律、法规的有关规定,承诺自本公司股票上市之日起做到：

(一)真实、准确、完整、公允和及时地公布定期报告,披露所有对投资者有重大影响的信息,并接受中国证监会、证券交易所的监督管理;

(二)在知悉可能对股票价格产生误导性影响的任何公共传播媒介中出现的消息后,将及时予以公开澄清;

(三)本公司董事、监事和高级管理人员将认真听取社会公众的意见和批评,不利用已获得的内幕消息和其他不正当手段直接或间接从事公司股票的买卖活动;

(四)本公司没有无记录的负债。

依据《深圳证券交易所股票上市规则》,本公司全体董事、监事将按照有关规定,在本公司股票上市后两个月内签署《董事(监事)声明及承诺书》并送达深圳证券交易所备案。

第十一节　上市推荐人及其意见

一、保荐机构(上市推荐人)情况

上市推荐人：平安证券有限责任公司　　法定代表人：杨秀丽

住　所：广东省深圳市八卦三路平安大厦三层

联系电话：(0755)82262888-2603或(021)62078613

传真：(0755)82434614或(021)62078900

联系人：罗腾子、王雯、薛荣年

二、保荐机构(上市推荐人)意见

本公司聘请的保荐机构(上市推荐人)平安证券有限责任公司(以下简称"平安证券")认为,本公司股票符合上市条件,并已向深圳证券交易所出具了正式的《安徽华星化工股份有限公司上市推荐书》。其主要推荐意见如下：

发行人公司章程符合《公司法》、《证券法》等有关法律、法规和中国证券监督管理委员会的规定。发行人本次股票发行符合《公司法》、《证券法》、《深圳证券交易所上市规则》、《深圳证券交易所中小企业板块上市公司特别规定》等国家有关法律法规的规定,已具备上市条件。发行人董事了解国家有关法律、法规、深圳证券交易所上市规则及股票上市协议规定的董事的义务与责任,发行人建立健全了法人治理结构、制定了严格的信息披露制度与保密制度。

平安证券已对上市文件所载的资料进行了核实,确保上市文件真实、准确、完整,符合规定要求。平安证券保证发行人的上市申请材料、上市公告书没有虚假、严重误导性陈述或者重大遗漏,并保证对其承担相应的法律责任。平安证券与本公司不存在关联关系。平安证券愿意推荐本公司的股票在深圳证券交易所上市交易,并保证不利用在上市过程中获得的内幕信息进行内幕交易,为自己或他人谋取利益。

安徽华星化工股份有限公司

二〇〇四年七月七日

浙江鑫富生化股份有限公司

浙江鑫富生化股份有限公司首次公开发行股票上市公告书

第一节　重要声明与提示

浙江鑫富生化股份有限公司(以下简称"本公司"、"公司"、"股份公司"或"发行人")董事会保证上市公告书的真实性、准确性、完整性,全体董事承诺上市公告书不存在虚假记载、误导性陈述或重大遗漏,并承担个别和连带的法律责任。

根据《公司法》、《证券法》等有关法律、法规的规定,本公司董事、高级管理人员已依法履行诚信和勤勉尽责的义务和责任。

证券交易所、中国证监会、其他政府机关对本公司股票上市及有关事项的意见,均不表明对本公司的任何保证。

本公司提醒广大投资者注意,凡本上市公告书未涉及的有关内容,请投资者查阅 2004 年 6 月 23 日刊载于《中国证券报》、《上海证券报》、《证券时报》及《证券日报》的本公司招股说明书摘要,以及刊载于深圳证券交易所指定网站(http://www.cninfo.com.cn)的本公司招股说明书全文及相关附录。

第二节　概　览

一、股票简称:鑫富股份(相关,行情,个股论坛)

二、股票代码:002019

三、沪市代理股票代码:609019

四、股本总额:5,250 万股

五、可流通股本:1,500 万股

六、本次上市流通股本:1,500 万股

七、发行价格:12.57 元/股

八、上市地点:深圳证券交易所

九、上市时间:2004 年 7 月 13 日

十、股票登记机构:中国证券登记结算有限责任公司深圳分公司

十一、保荐机构(上市推荐人):申银万国证券股份有限公司

十二、对本公司首次公开发行股票前股东所持股份的流通限制及期限:根据有关法律、法规规定和中国证券监督管理委员会(简称"中国证监会")证监发行字[2004]103 号《关于核准浙江鑫富生化股份有限公司公开发行股票的通知》,本公司的法人股、自然人持有的未流通股份暂不上市流通。

十三、本公司第一大股东杭州临安申光贸易有限责任公司对所持股份自愿锁定的承诺:自本公司股票上市之日起 12 个月内,不转让其持有的本公司股份,也不会要求或接受本公司回购其持有的本公司股份。

第三节　绪　言

本上市公告书是根据《中华人民共和国公司法》、《中华人民共和国证券法》、《股票发行与交易管理暂行条例》、《公开发行股票公司信息披露实施细则》和《深圳证券交易所股票上市规则》等国家有关法律、法规的规定,并按照中国证监会《公开发行证券公司信息披露内容与格式准则第 7 号---股票上市公告书》而编制的,旨在向投资者提供有关本公司和本次股票上市的基本情况。

经中国证监会证监发行字[2004] 103 号文核准,本公司于 2004 年 6 月 28 日采用全部向二级市场投资者定价配售的方式成功发行了 1,500 万股人民币普通股(A 股),每股面值 1.00 元,发行价格为每股 12.57 元。

根据深圳证券交易所深证上[2004]60 号《关于浙江鑫富生化股份有限公司人民币普通股股票上市交易的通知》,本公司 1,500 万股社会公众股将于 2004 年 7 月 13 日起在深圳证券交易所挂牌交易。股票简称"鑫富股份(相关,行情,个股论坛)",股票代码"002019"、沪市代理股票代码"609019"。

本公司已于 2004 年 6 月 23 日分别在《中国证券报》、《上海证券报》、《证券时报》及《证券日报》上刊登了《浙江鑫富生化股份有限公司首次公开发行股票招股说明书摘要》,《浙江鑫富生化股份有限公司首次公开发行股票招股说明书》全文及其附录刊载于深圳证券交易所指定网站(http://www.cninfo.com.cn),前述招股文件距今不足 3 个月,故与其重复的内容不再重复,敬请投资者查阅上述文件。

第四节　发行人概况

一、发行人基本情况

1、中文名称:浙江鑫富生化股份有限公司

2、英文名称:Zhejiang Xinfu Biochemical Co.,Ltd.

3、注册资本:5,250 万元

4、法定代表人:过鑫富

5、住所:浙江省临安市玲珑经济开发区

6、经营范围:从事精细化工(不含危险品)产品、泛酸钙的加工、销售;经营进出口业务。

7、主营业务:精细化工产品的研制、生产、销售及服务

8、所属行业:化学原料及化学制品制造业

9、联系电话:0571-63759205

10、传真:0571-63759225

11、互联网网址:www.xinfubiochem.com

12、电子信箱:xfhhs@163.com

13、董事会秘书:华海松

二、发行人历史沿革

公司前身为杭州临安申光化学有限公司,由杭州临安申光电缆工业公司(后依次更名为"浙江临安申光电缆化学总厂" 和" 杭州临安申光贸易有限责任公司")、自然人过鑫富和林关羽共同于 1994 年 11 月 25 日出资设立,注册资本 120 万元。

1996 年 7 月 24 日,经临安县工商行政管理局批准,杭州临安申光化学有限公司更名为杭州临安生物化学有限公司。

1996 年 12 月 16 日,杭州临安生物化学有限公司股东会决议通过,将公积金、滚存利润转增股本至 1,000 万元。

1997 年 12 月 10 日,杭州临安生物化学有限公司股东会决议通过,同意过鑫富分别与浙江临安申光电缆化学总厂、吴彩莲、股杭华、陈光良和汪军签署《股权转让协议书》,由浙江临安申光电缆化学总厂、吴彩莲、股杭华、陈光良和汪军分别受让过鑫富持有的杭州临安生物化学有限公司 48%、12%、3%、1%和 1%的股权。至此,过鑫富不再直接持有杭州临安生物化学有限公司的股权。

1999 年 9 月 18 日,经杭州临安生物化学有限公司全体股东同意,浙江临安申光电缆化学总厂与浙江临安生物化工研究所(后依次更名为"浙江工业大学临安生物技术研究所"和"临安博联生物技术有限公司")签署了《股权转让协议书》,浙江临安申光电缆化学总厂将其持有的杭州临安生物化学有限公司 5%的股权转让给浙江临安生物化工研究所。

至此,杭州临安生物化学有限公司的股权结构变更为:浙江临安申光电缆化学总厂、林关羽、吴彩莲、浙江临安生物化工研究所、股杭华、陈光良和汪军分别持有 53%、25%、12%、5%、3%、1%和 1%的股权。

2000 年 10 月 30 日,经浙江省企业上市工作领导小组浙上市[2000]37 号文批准,杭州临安生物化学有限公司以 2000 年 9 月 30 日经审计的净资产 2,190 万元以 1:1 的折股比例整体变更为浙江鑫富生化股份有限公司,注册资本 2,190 万元。其中浙江临安申光电缆化学总厂持有 1,160.7 万股,占总股本的 53%;林关羽持有 547.5 万股,占总股本的 25%;吴彩莲持有 262.8 万股,占总股本的 12%;浙江工业大学临安生物技术研究所持有 109.5 万股,占总股本的 5%;股杭华持有 65.7 万股,占总股本的 3%;陈光良持有 21.9 万股,占总股本的 1%;汪军持有 21.9 万股,占总股本的 1%。

2002 年 3 月 6 日,经浙江省人民政府企业上市工作领导小组浙上市[2002]12 号文批准,公司以截止 2001 年 12 月 31 日的未分配利润中的 1,560 万元转增股本,注册资本由 2,190 万元增至 3,750 万元,各股东持股比例不变。

经中国证监会证监发行字[2004] 103 号文批准,本公司于 2004 年 6 月 28 日采取全部向二级市场投资者定价配售的方式成功发行了 1,500 万股人民币普通股,每股面值 1.00 元,发行价格为每股 12.57 元。本次发行后,公司总股本变更为 5,250 万股,其中,流通股占总股本的比例为 28.57%。

三、公司主要经营情况

(一)本公司主营业务及经营情况

公司主营业务是精细化工产品的研制、生产、销售及服务。公司主要产品为 D-泛酸钙和 D-泛醇。D-泛酸钙是 B 族维生素,作为添加剂大量应用于饲料行业和食品行业,特别是在饲料行业用途广泛,在国际维生素类饲料添加剂市场上的产销量仅次于烟酸而居第二位。D-泛醇是泛酸的同效物、辅酶 A 的前驱物质,亦称维生素原 B5,广泛用于化妆品、医药、食品与饲料添加剂等行业。

2003 年,公司的 D-泛酸钙产量已达到 2,586 吨,是全国第一、世界第二大的 D-泛酸钙生产商;D-泛醇产量达 185 吨,是国内唯一能生产该产品的企业。

(二)公司的竞争优势与劣势

1、公司的竞争优势

(1)生产技术优势

由于公司采用具有自主知识产权的"D-泛解酸内酯的微生物酶法制备方法" 生产泛酸系列产品,工艺水平先进,产品质量稳定,生产成本低,从而使得公司生产的 D-泛酸钙和 D-泛醇产品在国内外市场上具有很强的竞争优势。鉴于此,德国巴斯夫公司在 2001 年与公司签订了三年购货框架合同,约定从公司采购 D-泛酸钙;罗氏维生素公司也与公司洽谈过进一步扩大对公司 D-泛酸钙产品采购事宜。

(2)生产成本优势

经过历次技术改造,公司 2003 年 D-泛酸钙的产量扩大为 2,586 吨,位居国内第一、世界第二,规模化的生产大大降低了生产成本,特别是公司成功研发并采用生物技术拆分 DL-泛解酸内酯的技术,不再使用叔丁醇和甲醇钠等原料,甲醇、丙烯晴和液氨等其它原料消耗也有明显下降,从而大幅度降低了生产成本(与采用化学诱导法相比,采用生物法生产能降低成本 15%以上)和三废治理成本。生产 D-泛醇产品的原料之一三胺基丙醇目前从日本和德国进口,价格较高,公司技术人员通过一年多的技术攻关,解决了生产三胺基丙醇的难题。公司计划在 2004 年二季度自行生产三胺基丙醇,届时原料成本将大幅下降。因此,与国内外同行业相比,公司的 D-泛酸钙和 D-泛醇产品在成本上具有明显的优势。另外,与国际巨头相比,公司在劳动力成本和土地使用成本方面有明显优势。

(3)产品开发优势

公司一直遵循"人无我有,人有我优"的原则建立在细分市场中的优势地位,以"生产一代,储备一代,研制一代,规划一代"的方针制定研发计划;公司成立了研发部,聘有 35 名专职研发人员,并配备了先进的仪器设备;公司按具体项目拨付研发经费,一般占年销售收入的 2~4%;公司聘请江南大学和浙江工业大学的专家担任研发部顾问,具体指导研发工作的开展。因此,公司与国内同行业相比,有较强的技术开发能力。

(4)市场营销优势

公司拥有进出口自营权,经过多年的努力,公司已初步建立起自己的客户群和销售网络,并在比利时设立了办事处,公司派驻两名常驻人员负责欧洲地区的销售工作,另聘请外籍专业人士协助欧洲地区的客户服务工作。

(5)产品质量优势

公司结合我国和世界主要国家的标准制定了高于我国和世界主要国家标准的企业标准[Q/XF02-(8.1-8.15)-2002],并根据客户的具体要求,分别按国标 GB7299-87、英国 BP98 标准或美国 USP24 标准组织生产" 鑫富" /"XINFU" 牌 D-泛酸钙和 D-泛醇,公司的整个生产过程严格执行 ISO14001 和 ISO9001 的有关规定。

2、公司的竞争劣势

与同行业国际巨头相比,公司的竞争劣势主要体现在资金和研发力量上。虽然公司的研发水平在国内同行业中已位居前列,但与国外同行业巨头相比,在产品的系列开发上还存在相当的差距。日本、美国、欧洲的企业用 D-泛醇、D-泛酸钙和泛硫乙胺为原料开发成医药产品近百种,而我国在这一领域中几乎是空白,因此,加大对泛酸系列产品研发和资金投入是当务之急。此外,迅速扩大的市场需要更多的高级销售人员提供更多优质的服务,当前公司高级销售人才仍然缺乏。

(三)公司主要财务指标

公司主要财务指标见本上市公告书"第八节 财务会计资料"。

(四)与生产经营有关的资产权属情况

1、知识产权

(1)发明专利

公司已获专利"D-泛解酸内酯的微生物酶法制备方法 (专利号 ZL01104070.X)";公司分别于 2002 年 1 月 29 日和 2002 年 7 月 22 日申请专利"微生物酶法制备 D-泛醇的方法"和"一种黑曲霉菌及用其生产香草酸和香草醛的微生物转化方法"。

(2)商标

公司共拥有4个注册商标：在中国国家工商行政管理局商标局注册商标"鑫富"，在香港、美国和欧共体注册商标均为"XINFU"。

2、土地使用权

公司目前拥有总面积为61,177.65平方米的三宗土地使用权，其中52,231.2平方米的土地使用权通过国有土地出让方式获得，8,946.45平方米的土地使用权通过向安徽省安庆曙光化工(集团)有限公司租赁获得。在8,946.45平方米的土地上，公司现有五项在建工程，建筑面积约计2,073.9平方米，目前，公司正在办理在建工程的《建筑工程施工许可证》、《建设工程规划许可证》和《建设用地规划许可证》。

3、房产

公司拥有7宗房产，建筑面积分别为2,885.83平方米、2,115.84平方米、2,080.66平方米、3,021.14平方米、2,031.62平方米、2,943.08平方米和1,334.48平方米，均已取得房屋所有权证。

(五)公司享有的财政和税收优惠政策

2001年、2002年及2003年公司分别享受福利企业所得税减征八成、六成、五成的优惠政策。

本公司扩产400吨/年D-泛酸钙技术改造项目和年产300吨D-泛醇技术改造项目准予享受国产设备投资抵免企业所得税的优惠政策。

第五节　股票发行与股本结构

一、本次股票上市前首次公开发行股票的情况

(一)发行数量：1,500万股，占发行后总股本的28.57%。

(二)发行价格：12.57元/股。

(三)募股资金总额：本次发行募股资金总额为188,550,000.00元，扣除实际发生发行费用12,268,706.42元后，募集资金净额为176,281,293.58元。

(四)发行方式：全部向二级市场投资者定价配售。

(五)配售对象：于本公司招股说明书刊登日2004年6月23日收盘时持有深圳证券交易所或上海证券交易所已上市流通人民币普通股(A股)股票的收盘市值总和(包括可流通但暂时锁定的股份市值)不少于1万元的投资者。

(六)发行费用总额及项目：本次公开发行股票实际发生发行费用总计12,268,706.42元，包括：承销费5,656,500.00元、上网发行手续费648,906.42万元、发行审核费200,000.00元、审计费用1,800,000.00元、验资费用100,000.00元、律师费用850,000.00元、保荐费用2,000,000.00元、资产评估费用150,000.00元、路演费145,000.00元、信息公告费718,300.00元。

(七)每股发行费用：0.818元。

(八)关于发行费用的说明：本公司申报发行费用总额为9,116,425.00元，实际发生发行费用总额为12,268,706.42元。

二、本次股票上市前首次公开发行股票的承销情况

本次向二级市场投资者定价配售发行的1,500万股社会公众股的配号数为54,000,577个，中签率为0.0277774810%，其中，二级市场投资者认购14,748,459股，其余251,541股由主承销商西北证券有限责任公司包销。

三、本次上市前首次公开发行股票募股资金的验资报告

浙江天健会计师事务所有限公司为本次发行出具了浙天会验[2004]第56号《验资报告》，全文如下：

浙江鑫富生化股份有限公司全体股东：

我们接受委托，审验了贵公司截至2004年7月5日止新增注册资本实收情况。按照国家相关法律、法规的规定和协议、章程的要求出资，提供真实、合法、完整的验资资料，保护资产的安全、完整是全体股东及贵公司的责任。我们的责任是对贵公司新增注册资本的实收情况发表审验意见。我们的审验是依据《独立审计实务公告第1号--验资》进行的。在审验过程中，我们结合贵公司的实际情况，实施了检查等必要的审验程序。

贵公司本次变更前的注册资本为人民币37,500,000.00元。根据贵公司有关股东大会、董事会决议和修改后章程(草案)的规定，贵公司申请通过向社会公开发行人民币普通股(A股)增加注册资本人民币15,000,000.00元，变更后的注册资本为人民币52,500,000.00元。根据贵公司2002年度第五次临时股东大会和2003年首届董事会第十八次会议决议，并经中国证券监督管理委员会证监发行字[2004]103号文核准，同意贵公司向社会公开发行人民币普通股(A股)15,000,000股，每股面值人民币1元，每股发行价为人民币12.57元，可募集资金总额为188,550,000.00元。经我们审验，截至2004年7月5日止，贵公司实际已发行人民币普通股(A股)15,000,000股，应募集资金总额188,550,000.00元，减除发行费用12,268,706.42元后，募集资金净额为176,281,293.58元。其中，计入股本人民币壹仟伍佰万元(¥15,000,000.00)，计入资本公积161,281,293.58元。

同时，我们注意到，贵公司本次变更前的注册资本为人民币37,500,000.00元，已经浙江天健会计师事务所有限公司审验，并由该所于2002年3月7日出具浙天会验[2002]第14号《验资报告》。截至2004年7月5日止，变更后的累计注册资本实收金额为人民币52,500,000.00元。

本验资报告供贵公司申请变更登记及据以向股东签发出资证明时使用，不应将其视为是对贵公司验资报告日后资本保全、偿债能力和持续经营能力等的保证。因使用不当造成的后果，与执行本验资业务的注册会计师及会计师事务所无关。

附件：

(一)注册资本、投入股本变更前后对照表

(二)验资事项说明

浙江天健会计师事务所有限公司 中国注册会计师 吕苏阳

中国·杭州 中国注册会计师 葛 徐

报告日期：2004年7月5日

四、募股资金入账情况

(一)入账时间：2004年7月5日

(二)入账金额：182,244,592.58元(扣除承销费和上网发行费用后)

(三)开户银行：中国农业银行临安支行

(四)入账账号：866055101040004566

五、本公司上市前股权结构及前十大股东持股情况

(一)本公司上市前股权结构

股份类别	股数(万股)	占总股本的比例(%)
发起人法人股	2,175.00	41.43
发起人自然人股	1,575.00	30.00
社会公众股	1,500.00	28.57
合计	5,250.00	100.00

(二)本次上市前公司前十大股东持股情况

序号	股东名称	持股数(万股)	持股比例(%)
1	杭州临安申光贸易有限责任公司	1,987.5	37.8571
2	林关羽	937.5	17.8571
3	吴彩莲	450	8.5714
4	临安博联生物技术有限公司	187.5	3.5714
5	股杭华	112.5	2.1429
6	陈光良	37.5	0.7143
7	汪军	37.5	0.7143
8	西北证券有限责任公司	25.1541	0.4791
9	南方证券有限公司	18.2	0.3467
10	国元证券有限责任公司	1.1	0.0210

第六节　董事、监事、高级管理人员及核心技术人员

一、董事、监事、高级管理人员及核心技术人员简介

(一)董事

过鑫富先生，曾用名过生富，公司实际控制人，42岁，汉族，工程师，浙江大学研究生结业。1984年至1994年历任临安县东天目横溪塑料厂厂长、临安县勤工化工厂副厂长、临安县助剂化工厂副厂长等职。1994年至2000年任杭州临安生物化学有限公司董事长、总经理，2000年11月至今担任浙江鑫富生化股份有限公司董事长。现担任的社会职务有：中国乡镇企业研究员、杭州市政协法制委员会特约委员。曾获得的主要荣誉有：1996年"杭州市第四届优秀青年乡镇企业家"、1998年"浙江省星火二等奖"、"九七年度临安市优秀厂长(经理)"、"1997-1998年度杭州市优秀科技工作者"、1999年度"临安市十佳青年企业家"、2001年杭州市"爱企业爱职工优秀厂长(经理)"，2004年2月被杭州市委、市政府评选为杭州市非公有制人士"先进社会主义事业者"。

林关羽先生，42岁，汉族，助理工程师，浙江大学研究生结业。曾任杭州临安磷肥厂副厂长，杭州临安申光电缆工业公司副总经理、杭州临安生物化学有限公司副董事长、总经理等职。1998年获得浙江省星火二等奖。现任本公司副董事长。

股杭华先生，39岁，汉族，工程师，大专学历，毕业于杭州市化工系统职工大学。1989年至1995年就职于临安化工厂，1995年6月加入杭州临安申光化学有限公司，曾任董事、总经理。期间，1992年主持"偶氮染料车间技术改造项目"实施，获临安县1993年科技进步二等奖；1993年开发了中间体临氯对硝基苯胺，还原漂蓝BC等；1994年开发了酸性黑10B、弱酸性红3B等产品；1995年开发实施"D-泛酸钙"项目，并通过1996年国家星火项目验收，获杭州市科技进步二等奖。现任本公司董事、总经理。

陈光良先生，39岁，汉族，工程师，大专学历。曾就职于临安化工厂，1995年6月加入杭州临安申光化学有限公司工作。曾荣获浙江省星火二等奖、杭州市科技进步二等奖。现任本公司董事、副总经理。

叶子骐先生，36岁，汉族，本科学历。曾就职于江苏省农药研究所和江苏信诺医药对外贸易有限公司。1999年4月加入杭州临安生物化学有限公司。现任本公司董事、外贸部经理。

汪钊先生，44岁，汉族，教授，本科学历，毕业于无锡轻工业学院。1982年至今在浙江工业大学任教。曾获金华市1998年科技进步奖，浙江省教育厅2000年科技进步奖。现任本公司董事。

高益民先生，42岁，汉族，注册会计师，注册资产评估师，浙江大学在读研究生。曾任临安县食品公司统计员、财务科长。现就职于临安钱王会计师事务所，本公司独立董事。

田信桥先生，41岁，汉族，副教授，浙江大学法学院在读研究生。曾任浙江林学院法律教研室主任。现任浙江林学院法律系主任、环境法学研究所所长、本公司独立董事。

朱永法先生，39岁，汉族，教授，北京林业大学经济管理学院在读博士。曾任浙江林学院经济管理系工商管理学科负责人。现任浙江林学院恒星管理研究所所长、浙江省企业管理研究会常务理事、中国管理科学研究院特约研究员、本公司独立董事。

(二)监事

黄卫钧先生，41岁，汉族，助理经济师，高中学历。曾任临安玲珑彩印厂副厂长、临安县凹凸彩印厂办公室主任。1996年3月加入杭州临安申光化学有限公司，曾任企管部主任。现任本公司监事会主席(职工代表)。

陶玉泉先生，31岁，汉族，助理工程师，高中学历。曾任职于临安化工厂，1995年8月加入杭州临安申光化学有限公司。现任本公司监事(职工代表)。

王观娟女士，57岁，汉族，会计师，大专学历。曾就职于临安於潜区中心小学、福建连城百货公司，临安电缆总厂财务科，已退休。现任本公司监事。

吴彩莲女士，41岁，汉族。曾就职于临安横畈化工厂、杭州临安电缆工业公司、浙江临安申光电缆化学总厂。现任本公司监事。

许学才先生，50岁，汉族，经济师，大专学历。曾任中国农业银行临安支行营业部主任。曾任杭州海通纺织科技有限公司总经理、浙江天信丝绸有限公司副总经理。2003年2月加入本公司。现任本公司投资发展部经理、监事。

(三)高级管理人员

股杭华先生，总经理。(简历见前述董事介绍)

陈光良先生，副总经理。(简历见前述董事介绍)

汪军先生，副总经理。32岁，汉族，工程师，职高学历。曾就职于杭州临安化工厂，1995年12月加入杭州临安申光化学有限公司，先后担任车间主任、化验室主任、技术科长和研发部经理等职。曾先后获得1998年度浙江省星火二等奖、1999年度杭州市技术开发优秀工作者等荣誉。

寿晓梅女士，52岁，汉族，会计师，大专学历。曾任浙江临安化肥厂财务科长、副厂长和浙江忠义集团副总裁。1998年2月加入杭州临安生物化学有限公司。现任本公司财务负责人。

华海松先生，37岁，汉族，经济师，大专学历。曾任中国农业银行临安市支行天目营业所、城中分理处副主任、营业场副经理。2001年4月加入本公司，现任本公司董事会秘书。

(四)核心技术人员

汪军先生(简历见前述高级管理人员介绍)

白彦兵先生，39岁，硕士，高级工程师。曾任吉林化学工业公司研究院化学工程研究所副所长、所长兼党支部书记、院科研处处长兼科协秘书长等职。2002年9月加入本公司。现任本公司总工程师兼技术部主任。

刘锦涛先生，60岁，本科学历，工程师。曾任浙江临安化肥厂副厂长、厂长等职。1997年7月加入杭州临安生物化学有限公司。现任本公司设备动力部经理，负责工程技术改造等工作。

二、董事、监事、高级管理人员及核心技术人员持有发行人股份情况说明

公司首次公开发行股票前后本公司董事、监事和高级管理人员及其家属持股情况：

姓名	股份公司任职	公司设立时 数额(万股)	比例(%)	增资后(发行前) 数额(万股)	比例(%)	本次发行后 数额(万股)	比例(%)
林关羽	副董事长	547.50	25.00	937.50	25.00	937.50	17.86
股杭华	董事、总经理	65.70	3.00	112.50	3.00	112.50	2.15
陈光良	董事、副总经理	21.90	1.00	37.50	1.00	37.50	0.71
吴彩莲	监事	262.80	12.00	450.00	12.00	450.00	8.57
汪　军	副总经理、核心技术人员	21.90	1.00	37.50	1.00	37.50	0.71

除董事长过鑫富先生之配偶吴彩莲女士持有公司450万股股份外，不存在公司其他董事、监事、高级管理人员或核心技术人员的家属直接或间接持有本公司股份的情况。

上述人员持有的公司股份均不存在质押或被冻结情况。

三、认股权计划说明

公司目前未安排认股权计划。

四、所持股份锁定的情况及契约性安排

上述持有公司股份的董事、监事、高级管理人员及核心技术人员为了避免损害公司及股东的合法利益，保证公司存续的稳定性、延续性，已分别做出如下股份锁定承诺：作为公司的发起人之一，自公司设立之日起三年内及向社会公众公开发行人民币普通股(A股)并上市后一年内不转让所持股份；作为公司董事、监事、高级管理人员及核心技术人员，在担任上述职务及辞去上述职务六个月内，不转让所持公司股份。

第七节　同业竞争与关联交易

一、同业竞争

公司实际控制人过鑫富、控股股东杭州临安申光贸易有限责任公司、法人股东临安博联生物技术有限公司及控股股东控制的其它法人与公司之间不存在同业竞争和潜在同业竞争。同时，公司实际控制人过鑫富先生、公司控股股东杭州临安申光贸易有限责任公司及其他股东向公司和全体股东作出了放弃竞争和利益冲突的承诺，承诺不会以任何方式直接或间接地进行或参与进行与股份公司相竞争的任何业务活动。

二、关联交易

(一)关联方和关联关系

请查阅刊载于深圳证券交易所指定网站(http://www.cninfo.com.cn)的本公司招股说明书全文。

(二)关联交易情况

2001年~2003年公司发生的关联交易如下：

1、关联采购

2001年公司向临安向阳化工有限公司采购γ-丁内酯1,129.23吨，计16,793,302.75元，单价为14,871.46元/吨。定价策略为略高于成本价。

2、关联销售

2001年，公司向杭州临安申光贸易有限责任公司销售可用于进一步加工以供其出口的D-泛酸钙15.99吨，计959,400.00元，单价为60,000.00元/吨。定价策略为成本加15%。

3、其他关联交易

(1)2002年2月28日，公司与杭州临安申光贸易有限责任公司签订《关于转让机器设备的协议书》，按2001年11月30日的评估值，并调减2个月的折旧后的净值1,509,818.49元从杭州临安申光贸易有限责任公司购买生产γ-丁内酯的生产设备。

(2)2002年2月28日，公司与临安向阳化工有限公司签订了《关于转让机器设备的协议书》，按2002年1月31日的评估值692,676.00元从临安向阳化工有限公司购买生产γ-丁内酯的生产设备，从而彻底解决了公司从临安向阳化工有限公司购买γ-丁内酯而产生的关联交易问题。

(3)2003年4月22日本公司和上海浦东发展银行杭州分行临安支行签订长期贷款合同，本公司向其借款3,000万元用于D-泛酸钙项目技术改造，借款期限2003年4月28日至2006年4月27日。上述借款的条件为：由杭州临安申光贸易有限责任公司、过鑫富提供连带责任保证，用公司帐面原值为267万元的土地使用权提供抵押，用帐面原值为1,070万元的房屋及建筑物、2,530万元的机器设备提供抵押。

(4)公司于2003年7月21日、10月28日、11月25日与中国建设银行浙江省分行营业部分别签定了金额为900万元、500万元、500万元的短期流动资金借款合同，借款期限均为一年，公司股东杭州临安申光贸易有限责任公司为本公司的上述借款提供连带责任保证。

(5)2002年、2001年公司控股股东杭州临安申光贸易有限责任公司及其前身浙江临安申光电缆化学总厂占用公司资金，其中2002年平均占用349万元，2001年平均占用659万元，均未计息。自2003年1月1日起，杭州临安申光贸易有限责任公司未再占用本公司资金。

有关本公司关联交易的详细情况，请查阅刊载于深圳证券交易所指定网站(http://www.cninfo.com.cn)的本公司招股说明书全文。

三、中介机构和独立董事关于同业竞争和关联交易的意见

发行人律师经核查后认为：(1)发行人发生的采购和销售货物的关联交易不存在由于发行人与控股股东的关联关系而损害中小股东利益的情况及影响发行人重大合同履行的可能，也不会影响发行人本次股票发行、上市。(2)发行人股东杭州临安申光贸易有限责任公司曾占用发行人资金，上述关联交易不会影响发行人本次股票发行、上市。(3)发行人发生的其他关联交易合同的条件和内容符合公平、公正、公开原则，定价完全遵循市场原则。(4)发行人针对其与控股股东及其它关联方存在的关联交易采取的措施，保护了中、小股东的权益，为避免不正当交易提供了适当的法律保障。(5)发行人在招股说明书中对目前已经存在的关联交易和有关的合同、协议进行了充分的披露。(6)发行人与关联方不存在同业竞争关系。

主承销商经核查后认为：发行人已全面披露了同业竞争及关联方、关联关系、关联交易等事项。发行人在2001年发生的采购和销售货物的关联交易并没有损害公司其他中小股东的利益以及影响公司生产经营的独立性，也不会影响公司本次股票发行、上市。发行人控股股东杭州临安申光贸易有限责任公司2001年、2002年曾占用发行人资金，但自2003年1月1日起，未发生上述情况，该关联交易不会影响发行人本次股票发行、上市；同时，杭州临安申光贸易有限责任公司已承诺，保证今后不再发生类似情况。发行人在报告期内发生的其它关联交易均履行了法定的批准程序，合同的条件和内容是本着公平、公正、公开原则签订的，定价遵循市场原则。

独立董事认为，公司2001年与临安向阳化工有限公司发生了采购货物的交易，但当时公司没有把临安向阳化工有限公司作为公司的关联方来理解，因此未履行相关关联交易决策的程序，2002年初，浙江天健会计师事务所在对本公司进行审计时，把临安向阳化工有限公司作为公司的关联方予以披露。公司发生的上述关联交易并没有损害公司其他中小股东的利益以及影响公司重大合同的履行能力，也不会影响公司本次股票发行、上市。2001年和2002年，公司控股股东杭州临安申光贸易有限责任公司及其前身浙江临安申光电缆化学总厂分别平均占用了股份公司资金659万元和349万元(均未计息)，上述关联交易对本次发行上市不构成实质性障碍。发行人的其它关联交易均履行了法定的批准程序，合同的条件和内容是本着公平、公正、公开原则签订的，定价遵循市场原则。

第八节　财务会计资料

本公司截止2003年12月31日的财务会计资料已于2004年6月23日在《中国证券报》、《上海证券报》、《证券时报》及《证券日报》刊登的本公司招股说明书摘要中进行了披露。投资者欲了解详细内容，请查阅上述报纸或刊载于深圳证券交易所指定网站(http://www.cninfo.com.cn)的本公司招股说明书全文及其附录。

一、注册会计师意见

本公司聘请了浙江天健会计师事务所有限公司审计了本公司2003年12月31日、2002年12月31日、2001年12月31日的资产负债表，2003年度、2002年度、2001年度的利润及利润分配表，2003年度的现金流量表。注册会计师出具了标准无保留意见的审计报告。

二、最近三年经审计简要会计报表

(一)简要资产负债表(单位：元)

项目	2003年12月31日	2002年12月31日	2001年12月31日
流动资产合计	79,930,316.36	67,055,701.36	45,264,522.29
固定资产合计	118,080,855.36	64,008,180.98	41,145,620.72
无形资产及其他资产合计	1,024,282.51	897,235.99	957,689.47
资产总计	199,035,454.23	131,961,118.33	87,367,832.48
流动负债合计	73,879,251.72	52,528,581.92	35,054,448.37
长期负债合计	30,846,000.00	--	--
负债合计	104,725,251.72	52,528,581.92	35,054,448.37
股东权益合计	94,310,202.51	79,432,536.41	52,313,384.11
负债及所有者权益合计	199,035,454.23	131,961,118.33	87,367,832.48

(二)简要利润表(单位：元)

项目	2003年度	2002年度	2001年度
一、主营业务收入	176,767,037.40	130,946,997.64	91,335,360.06
二、主营业务利润	54,709,311.94	42,576,611.47	36,079,335.78
三、营业利润	29,499,642.64	24,979,465.84	25,671,323.97
四、利润总额	31,875,622.33	29,868,589.20	25,326,395.38
五、净利润	25,877,666.10	26,066,551.94	24,721,419.10

(三)简要现金流量表(单位：元)

项目	2003年度
经营活动产生的现金流量净额	12,654,654.08
投资活动产生的现金流量净额	-49,279,614.35
筹资活动产生的现金流量净额	23,841,808.51
现金及现金等价物净增加额	-12,783,151.76

三、会计报表附注

本公司会计报表附注等有关内容，请查阅刊载于深圳证券交易所指定网站(http://www.cninfo.com.cn)的本公司招股说明书全文及其附录。

四、近三年主要财务指标

第九节　其他重要事项

一、自本公司股票首次公开发行之日至本上市公告书公告之日，本公司严格依照现行有关法律、法规规定规范运作，生产经营情况正常，本公司所处行业和市场无重大变化，主要业务发展目标进展状况正常，主要产品价格无重大变化。

二、自本公司股票首次公开发行之日至本上市公告书公告之日，本公司没有进行重大对外投资、无重大资产(股权)收购、出售行为。

三、自本公司股票首次公开发行之日至本上市公告书公告之日，本公司住所未有变更。

四、自本公司股票首次公开发行之日至本上市公告书公告之日，本公司重大会计政策和会计师事务所没有发生变化。

五、自本公司股票首次公开发行之日至本上市公告书公告之日，本公司未涉及任何重大诉讼、仲裁或行政处罚案件，并且本公司董事会认为公司未面临任何有重大影响的诉讼和索赔要求。

六、自本公司股票首次公开发行之日至本上市公告书公告之日，本公司董事、监事和高级管理人员未受到任何刑事起诉，亦无尚未了结或可能发生的刑事诉讼事项。

七、自本公司股票首次公开发行之日至本上市公告书公告之日，本公司未发生新的重大负债，并且重大债项未发生变化。

八、根据《深圳证券交易所股票上市规则》，本公司第一大股东杭州临安申光贸易有限责任公司承诺，自本公司股票上市之日起12个月内，不转让其所持有本公司的股份，也不由本公司回购其持有的本公司股份。

九、根据《深圳证券交易所中小企业板块上市公司特别规定》，本公司承诺上市后三个月内在公司章程内载入如下内容：股票被终止上市后，公司股票进入代办股份转让系统继续交易；同时承诺不对公司章程中的前款规定作任何修改。

十、本公司本次股票发行后至本公司上市公告书公告之日，没有其他应披露而未披露的重大事项。

第十节　董事会上市承诺

本公司董事会承诺严格遵守《中华人民共和国公司法》、《中华人民共和国证券法》、《股票发行与交易管理暂行条例》、《公开发行股票公司信息披露实施细则》、《深圳证券交易所股票上市规则》、《深圳证券交易所中小企业板块上市公司特别规定》和《证券发行上市保荐制度暂行办法》等国家法律、法规和有关规定，并自本公司股票上市之日起做到：

一、真实、准确、完整、公允和及时地公布定期报告，披露所有对投资者有重大影响的信息，并接受中国证监会和深圳证券交易所的监督管理；

二、在知悉可能对股票价格产生误导性影响的任何公共传播媒介中出现的消息后，将及时予以公开澄清；

三、本公司董事、监事、高级管理人员和核心技术人员将认真听取社会公众的意见和批评，不利用已获得的内幕消息和其他不正当手段直接或间接从事公司股票的买卖活动；

四、本公司没有无记录的负债。

第十一节　保荐机构(上市推荐人)及其推荐意见

一、保荐机构(上市推荐人)情况

名称：申银万国证券股份有限公司

法定代表人：王明权

联系地址：上海市常熟路171号

联系电话：021-54033888

传真：021-54047982

保荐代表人：张宏斌 金碧霞

二、保荐机构(上市推荐人)的推荐意见

本公司保荐机构(上市推荐人)认为：本公司章程符合《中华人民共和国公司法》、《中华人民共和国证券法》等有关法律、法规和中国证监会关于公司章程的相关规定；本公司本次股票发行完全符合《中华人民共和国公司法》、《中华人民共和国证券法》、《股票发行与交易管理暂行条例》、《深圳证券交易所股票上市规则》和《深圳证券交易所中小企业板块上市公司特别规定》等国家有关法律、法规的规定，已具备上市条件；本公司董事了解法律、法规、深圳证券交易所上市规则及股票上市协议规定的董事的义务与责任；本公司建立健全了法人治理结构，制定了严格的信息披露制度与保密制度。

保荐机构(上市推荐人)已对上市文件所载的资料进行了核实，确保上市文件真实、准确、完整、符合规定要求；保证本公司的上市申请资料、上市公告书没有虚假、严重误导性陈述或者重大遗漏，并对其承担连带责任。

保荐机构(上市推荐人)与本公司不存在关联关系，保荐机构(上市推荐人)愿意推荐本公司的股票在深圳证券交易所上市交易，并保证不利用在上市过程中获得的内幕信息进行内幕交易，为自己或他人谋取利益。

浙江鑫富生化股份有限公司

二〇〇四年七月七日

中捷缝纫机股份有限公司

中捷缝纫机股份有限公司首次公开发行股票上市公告书

第一节 重要声明与提示

中捷缝纫机股份有限公司(以下简称"本公司"或"中捷股份")董事会保证上市公告书的真实性、准确性、完整性,全体董事承诺上市公告书不存在虚假记载、误导性陈述或重大遗漏,并承担个别和连带的法律责任。

根据《中华人民共和国公司法》、《中华人民共和国证券法》等有关法律、法规的规定,本公司董事、监事、高级管理人员已依法履行诚信和勤勉尽责的义务和责任。

证券交易所、中国证监会、其他政府机关对本公司股票上市及有关事项的意见,均不表明对本公司的任何保证。

本公司提醒广大投资者注意,凡本上市公告书未涉及的有关内容,请投资者查阅2004年6月25日刊载于《中国证券报》、《上海证券报》、《证券时报》和《证券日报》的《中捷缝纫机股份有限公司首次公开发行股票招股说明书摘要》及刊载于巨潮网站(http://www.cninfo.com.cn)的《中捷缝纫机股份有限公司首次公开发行股票招股说明书》及相关附件。

第二节 概 览

1、股票简称:中捷股份

2、深市股票代码:002021

沪市代理股票代码:609021

3、总股本:8,600万股

4、可流通股本:2,600股

5、本次上市流通股本:2,600股

6、发行价格:9.93元/股

7、上市地点:深圳证券交易所

8、上市时间:2004年7月15日

9、股票登记机构:中国证券登记结算有限责任公司深圳分公司

10、保荐机构(上市推荐人):光大证券有限责任公司

11、本公司首次公开发行股票前股东所持股份的流通限制及期限:根据国家现有法律、法规和中国证券监督管理委员会(以下简称"中国证监会")证监发行字[2004]86号文《关于核准中捷缝纫机股份有限公司公开发行股票的通知》,本公司发起人所持有的法人股和自然人持有的未流通股份暂不上市流通。

12、本公司第一大股东蔡开坚承诺,自本公司股票上市交易之日起1年内,不转让所持有的本公司股份,也不要求或接受本公司回购其所持有的股份。

第三节 绪 言

本上市公告书是根据《中华人民共和国公司法》、《中华人民共和国证券法》、《股票发行与交易管理暂行条例》、《公开发行股票公司信息披露实施细则》和《深圳证券交易所股票上市规则》等国家有关法律、法规的规定,并按照中国证监会制定的《公开发行证券的公司信息披露内容与格式准则第7号股票上市公告书》的要求而编制,旨在向投资者提供有关本公司的基本情况和本次股票上市的有关资料。

经中国证监会证监发行字[2004]86号文核准,本公司已于2004年6月30日采用全部向二级市场投资者定价配售方式成功发行了每股面值1.00元的人民币普通股(A股)2,600万股,每股发行价格9.93元。

经深圳证券交易所深证上[2004]64号文批准,本公司公开发行的2,600万股人民币普通股将于2004年7月15日在深圳证券交易所上市交易。股票简称"中捷股份",股票代码"002021"。

本公司已于2004年6月25日分别在《中国证券报》、《证券时报》、《上海证券报》和《证券日报》上刊登了《中捷缝纫机股份有限公司首次公开发行股票招股说明书摘要》,招股说明书正文及其必备附件刊载于巨潮网站(http://www.cninfo.com.cn)。因招股说明书及其摘要等刊载之日至今不足3个月,本上市公告书与之重复的内容不再重述,敬请投资者查阅上述文件。

第四节 发行人概况

一、发行人概况

发行人名称:中捷缝纫机股份有限公司

英文名称: ZoJe Sewing Machine co.,Ltd

注册资本: 6,000万元

法定代表人:蔡开坚

成立日期: 2001年8月9日

注册地址: 浙江省玉环县珠港镇陈屿北山村

经营范围: 缝纫机、缝纫机配件制造,经营本企业自产产品、相关技术的出口业务,经营本企业生产、科研所需的原辅材料、机械设备、仪器仪表、备品备件、零配件及技术的进出口(国家实行核定公司经营的14种进口商品除外);开展本企业中外合资经营、合作生产及"三来一补"业务。

主营业务: 中、高档工业缝纫机的开发、生产和销售。

所属行业: 专用设备制造

邮政编码: 317604

电　　话: 0576-7338207

传　　真: 0576-7338900

网　　址: http://www.zoje.com

电子信箱: ssy@zoje.com

董事会秘书:单升元

二、发行人的历史沿革

本公司历史沿革最早可追溯至1985年成立的玉环县陈屿电子仪器厂,在先后经历玉环县仪器厂、玉环县中大工业缝纫机厂、浙江中捷缝纫机有限公司(以下简称"有限公司"或"浙江中捷")等几个发展阶段后,于2001年8月由有限公司整体变更设立。

本公司前身有限公司成立于1994年8月,是由玉环县中大工业缝纫机厂、蔡开坚、蔡昌文、李瑞元、沈招荣和姚文献等六位股东设立的,分别持有公司61.00%、35.50%、1.16%、0.78%、0.78%和0.78%的股权。有限公司注册资本为508万元,法人代表蔡开坚,主营业务为工业缝纫机的生产和销售。

2001年8月,经浙江省人民政府企业上市工作领导小组出具的《关于同意变更设立中捷缝纫机股份有限公司的批复》(浙上市[2001]48号文)批准,有限公司的6位股东共同作为发起人,以2001年5月31日为基准日、经上海立信长江会计师事务所有限公司信长会师报字(2001)第21338号《审计报告》审计的净资产,按1:1的折股比例折成6,000万股,将有限公司整体变更为股份公司,股本总额6,000万元,变更后股东持股数及股权比例如下:

中捷股份设立后,至今为发生过股权变动。

三、主要经营情况

(一)公司的业务与产品

本公司目前主要业务为研制、生产和销售工业缝纫机系列产品,生产平缝、曲折缝、包缝、绷缝、套结、厚料、钉扣、链缝等八大系列100多个品种,年生产能力达到23万台,产品销往国内各省、市、自治区,并远销拉美、欧美和非洲部分国家和地区。公司产品通过了欧洲CE安全认证和国际权威认证机构德国莱茵公司ISO9001质量体系认证,"中捷"牌工业缝纫机还被中国国际贸易促进会和法国科技质量监督评价委员会联合列为向欧盟市场推荐产品。自2001年起公司连续三年被全国轻工业联合会授予"全国轻工业质量效益型先进企业"。

本公司产品主要用于服装行业,并大量应用于鞋帽、玩具、箱包、运动器械、皮革、军工、航天、化工、室内装饰等需要重叠缝合和装饰的领域。

(二)本公司的竞争优势和劣势

1.产品优势

本公司的产品定位于科技含量与附加值较高的中、高速平缝机和包缝、绷缝、曲折缝等工业缝纫机产品,能够生产八大系列、100多个品种的工业缝纫机。公司研制开发的多项产品填补国内空白,获得多项国家级、省级荣誉和专利证书,其中GK9003型手提封包机获得国家级新产品称号;ZJ5580-D3三自动高速平缝机等14项新产品获得浙江省新产品认定证书;ZJ457A125高速曲折缝机等2项产品被评为"2002年中国缝制机械优秀新产品",并被列入"国家火炬计划"和"国家重点新产品计划"。

公司产品通过了的ISO9001:2000质量体系认证和CE安全认证;被中国国际贸易促进会和法国科技质量监督评价委员会联合列为"向欧盟市场推荐产品",还被中国技术监督情报协会列为"质量过硬放心产品"。

2.技术优势

公司有各类技术人员112名,其中研发人员65人,拥有省级技术开发中心,为公司进行技术创新和新产品开发奠定了坚实基础。同时,公司还不断加强与大专院校和国外著名缝制设备生产公司的技术合作,通过提高研发水平,不断开发出适应市场发展趋势的高科技含量和高附加值产品,2003年就推出了45个新产品。2001年,公司被浙江省科学技术厅认定为省级高新技术企业。

3.营销优势

公司建立了科学的营销组织框架,确立了整体营销观念。公司营销网络主要通过经销商制完成,即通过总经销商、特约经销商、指定经销商向国内外销售,在国内市场已形成30多家总经销商、200多家特约经销商、指定经销商。同时,公司将股份公司经营理念推广至各级经销商,树立"中捷"品牌的良好形象,不断完善了营销体系。

4.区域化优势

公司所在的台州地区是我国最重要的缝纫机生产基地之一,区域化的生产为公司缝纫机产品生产的配套、协作以及熟练技工的输送创造了条件;同时公司地处服装业最发达的江浙地区,用户的区域化降低了公司产品的销售和服务成本。

5.设备优势

公司主要生产设备如加工中心设备等从日本引进,自动化程度高;还拥有国内仅有的两条机壳自动加工流水线中的一条,机壳加工、涂装与装配流水线的装备均达到了国际先进水平。

但公司在自身发展过程中也存在一些劣势,主要表现在融资渠道的限制。由于公司目前融资渠道较为单一,主要依靠银行贷款,公司技术改造实施难度较大,这对公司进一步扩大规模和长期发展产生了一定的影响。上市后,公司将克服融资渠道限制的弊端,加快发展速度,提高核心竞争能力。

(三)主要财务指标

请参阅本上市公告书"财务会计资料"部分的相关内容。

(四)主要知识产权

公司拥有53个国内商标、14个国外商标和20项专利,商标均取得了国家工商行政管理总局颁发的《商标注册证》,专利也取得了国家专利局颁发的《专利证书》,其中对公司有重大影响的商标、实用新型专利和外型设计专利如下表:

(五)享有的财政税收优惠政策

本公司法定所得税税率为33%,增值税税率为17%,营业税税率为5%。

2001年、2002年及2003年,本公司分别收到各项政府补贴1,272,892.00元、8,137,154.00元和3,552,956.00元。

第五节 股票发行与股本结构

一、首次公开发行股票的情况

1、股票种类:人民币普通股(A股)

2、每股面值:1.00元

3、发行数量:2,600万股,占发行后总股本8,600万股的30.23%

4、发行价格:9.93元/股

5、市盈率:19.86倍(按2003年度每股收益全面摊薄计算)

6、每股净资产:发行前每股净资产2.15元(按2003年12月31日经审计的数据计算);发行后全面摊薄每股净资产为4.30元(扣除发行费用,未考虑2004年盈利等因素的影响)

7、募集资金总额:25,818万元;募集资金净额:24,038万元

8、发行方式:全部向二级市场投资者定价配售

9、发行对象:2004年6月25日收盘时持有深圳证券交易所或上海证券交易所已上市流通人民币普通股(A股)股票的收盘市值总和(包括可流通但暂时锁定的股份市值)不少于10,000元的投资者(国家法律、法规禁止购买者除外)。

10、发行费用总额及项目:本次股票发行费用总额为1,780万元,包括承销费1,197万元、审计费278万元、律师费用135万元、上网发行费用140万元、审核费用20万元、股权登记费10万元;每股实际发行费用0.69元。

二、本次股票上市前首次公开发行股票的承销情况

本公司首次公开发行股票的保荐机构(主承销商)为光大证券有限责任公司。

本次向二级市场投资者定价配售发行的2,600万股社会公众股的配号总数为62,809,240个,中签率为0.0413951833%;二级市场投资者实际认购25,646,796股,其余353,204股由保荐机构(主承销商)包销。

三、募股资金的验资报告及入账情况

(一)验资报告

我们接受委托,审验了贵公司截至2004年7月7日止新增注册资本实收情况。按照国家相关法律、法规的规定和协议、章程的要求出资,提供真实、合法、完整的验资资料,保护资产的安全、完整是全体股东及贵公司的责任。我们的责任是对贵公司新增注册资本的实收情况发表审验意见。我们的审验是依据《独立审计实务公告第1号-验资》进行的。在审验过程中,我们结合贵公司的实际情况,实施了检查等必要的审验程序。

贵公司原注册资本为人民币6,000万元,根据贵公司2002年度第一次临时股东大会决议,贵公司申请通过向社会公开发行人民币普通股(A股)增加注册资本人民币2,600万元,变更后的注册资本为人民币8,600万元。经我们审验,截至2004年7月7日止,贵公司实际已发行人民币普通股(A股)2,600万股,募集资金总额为人民币25,818万元,扣除发行费用人民币1,780万元,实际募集资金净额为人民币24,038万元。其中新增注册资本贰仟陆佰万元(人民币2,600万元),资本溢价人民币21,438万元。

同时我们注意到,贵公司本次增资前的注册资本为人民币6,000万元,已经上海立信长江会计师事务所有限公司审验,并出具信长会师报字(2001)第21339号验资报告。截至2004年7月7日止,变更后的累计注册资本实收金额为人民币8,600万元。

本验资报告供贵公司申请变更登记及据以向股东签发出资证明时使用,不应将其视为是对贵公司验资报告日后资本保全、偿债能力和持续经营能力等的保证,因使用不当造成的后果,与执行本验资业务的注册会计师及会计师事务所无关。

附件:

1、新增注册资本实收情况明细表

2、注册资本变更前后对照表

3、验资事项说明

上海立信长江会计师事务所有限公司 中国注册会计师:孟荣芳 孙冰

报告日期:2004年7月7日

(二)募集资金入账情况

入账时间:2004年7月7日

入账金额:24,531.86万元

开户银行:中国农业银行玉环县支行

入账账号:935101040027472

四、上市前股权结构及股东持股情况

1、本次上市前股本结构情况

2、前十大股东持股情况

截至本上市公告书刊登之日,本公司前十名股东及其持股情况如下:

第六节 董事、监事、高级管理人员及核心技术人员

一、董事

蔡开坚,董事长,男,41岁,大专学历,经济师,中国国籍,曾就读于浙江江南理工学院(企业管理专业)、复旦大学(中国企业家创业投资高级研修班)。蔡先生目前还兼任玉环中捷星海广告有限公司、台州中捷进出口有限公司、上海中捷缝纫机有限公司执行董事;台州中捷进出口有限公司总经理;中国缝制机械协会副理事长;浙江省缝纫机协会常务副理事长;玉环县人民对外友好协会副会长等职。

李瑞元:副董事长兼总经理,男,34岁,大专学历,经济师职称,中国国籍,曾就读于浙江经济管理职工大学,现正攻读中国人民大学工商管理硕士学位。1999年至2001年8月担任浙江中捷副董事长兼副总经理,2001年8月至2002年7月担任股份公司副董事长兼副总经理。2002年7月起担任公司副董事长兼总经理。

蔡开善:副总经理,男,36岁,大专学历,经济师职称,中国国籍,曾就读于浙江江南理工学院。2000年至2001年8月担任浙江中捷副总经理,2001年8月至今担任公司副总经理。蔡先生另兼任兴业公司董事。

单升元:董事会秘书兼财务总监,男,33岁,经济学学士,会计师,中国国籍,1993年毕业于华东交通大学经济管理系会计学专业,现正攻读浙江大学金融学硕士学位。1997年至2001年8月任浙江中捷财务部经理,2001年8月起担任公司董事会秘书兼财务总监。单先生另兼任兴业公司副董事长。

徐仁舜:副总经理,男,30岁,大专学历,经济师职称,中国国籍,曾就读于浙江工业大学企业管理专业、复旦大学中国企业家创业投资高级研修班,现正攻读美国檀香山大学工商管理硕士。2000年至2002年7月任浙江中捷和本公司总经理助理,2002年7月起任公司副总经理。徐先生另兼任兴业公司董事。

林义相:男,39岁,博士学位,中国国籍。1983年获北京大学经济学学士学位,1989年获法国巴黎第十大学经济学博士学位。1993年至1996年中国证券监督管理委员会高级专家、研究信息部副主任、证券交易监控系统负责人,1996年至2001年任华夏证券有限公司副总裁,2000年至今中国证券业协会证券分析师专业委员会主任,2001年3月起任天相投资顾问有限公司董事长兼总经理。

董辅礽:独立董事,男,76岁,中国国籍。1950年毕业于武汉大学,1957年在莫斯科国立经济学院攻读研究生,并获副博士学位。1982年至1985年任中国科学院经济研究所所长、《经济研究》主编,1988年后任该所名誉的所长。1981年至1987年中国经济学团体联合会秘书长,1988年至1998年第七、八届全国人大代表、全国人大常务委员会委员、全国人大财政经济委员会副主任委员,第九届全国政协委员、全国政协经济委员会副主任。

徐端夫:独立董事,男,69岁,院士,中国国籍。1956年毕业于北京大学化学系。中国科学院化学研究所研究员、中国工程院院士、高分子化学和高分子材料科学专家。致力于化学、生态科学、应用生命科学等研究,获国家级奖项16项。

范富尧:独立董事,男,32岁,经济学学士,会计师职称,中国国籍。1993年毕业于华东交通大学经济管理系会计学专业,现正攻读上海交通大学工商管理硕士学位,具有证券期货相关业务从业资格的中国注册会计师、中国注册资产评估师资格、中国注册房地产估价师资格。1993年至1997年上海铁路局工务工厂主办会计,同时任上海铁闵储运有限公司财务部经理,1997年至今在上海万隆众天会计师事务所工作,任该所证券审计部经理。

二、监事

金启祝,监事会主席,职工代表,男,54岁,大学学历,中国国籍。1977年参加工作,先后任玉环县福山公社党委组织委员、玉环县古顺乡党委书记、主任、玉环县陈屿区区委书记、区长、玉环县大麦屿经济开发区党组书记、陈屿镇党委书记。1993年起任玉环县人事劳动局局长、党组书记、调研员,2000年退去公职后任公司总顾问。金启祝先生另兼任兴业公司董事。

许玉妹,监事,蔡开坚之妻,41岁,高中学历,中国国籍。2001年至今任桑耐丽公司董事长。

崔国英,监事,职工代表,女,30岁,大专学历,会计师职称,中国国籍。1995年中南财经大学毕业后就职于湖北咸宁赛恩斯曲木家俱有限公司工作,任财务部经理,1996年进入湖北赤壁蔺通税务师事务所,从事税务代理工作。2001年就职于公司财务部,2002年8月起任公司仓储管理部经理。

三、高管人员

李瑞元,总经理,简历见上。

蔡开善,副总经理,简历见上。

单升元,董事会秘书兼财务总监,简历见上。

徐仁舜,副总经理,简历见上。

徐胜平,技术总监,男,58岁,大专学历,高级工程师职称,中国国籍。毕业于江南工学院机械制造专业,并于1983-1984年就读于北京外国语大学,曾获意大利利满地技术委员会(即意大利外贸部)颁发的优秀工程师证书。1965年进入兵器工业部江南机器厂,担任设计员、设计室主任。后又进入江南-利满地工业缝纫机厂,先后担任技术副厂长、厂长、江南-利满地合资公司董事。2001年进入公司工作,任技术中心经理。2002年7月被聘为公司技术总监。

除董事长蔡开坚先生持有本公司2880万股股份外,本公司其他董事、监事、高级管理人员和核心技术人员不直接持有本公司股份。

上述人员的家属,除蔡开坚先生之女蔡冰持有本公司980万股外,其他高管人员父母、配偶或子女不存在持有本公司股份的情况。

蔡开坚先生所持本公司股份不存在质押或冻结情况。

在本公司担任董事、监事、高级管理人员和核心技术人员的全部自然人股东,已就其在本公司任职期间和离职后六个月内锁定其持有本公司的股份作出书面承诺。

第七节 同业竞争与关联交易

1.同业竞争

本公司与持有公司5%以上股份的股东之间不存在同业竞争情况。2位自然人股东和3家法人股东均已出具书面不竞争承诺。发行人律师和保荐机构(主承销商)对公司同业竞争情况发表了意见,认为公司与股东之间不存在同业竞争。

发行人律师关于同业竞争的意见:

"发行人与其法人股股东之间不存在与发行人构成同业竞争的业务,发行人对可能发生的同业竞争已采取了必要的解决措施;

发行人本次募集资金投向不涉及与关联企业之间的关联交易和同业竞争"。

保荐机构(主承销商)意见:

"发行人与股东之间不存在同业竞争,公司已通过必要手段防止股东与公司之间构成同业竞争情况的出现"。

2.关联交易

根据中国证监会证监发[2001]41号文规定的范围,本公司目前存在的关联方和关联关系如下表:

注:公司历史沿革中的玉环县仪器厂与关联交易中的玉环县仪器厂不是同一企业法人。公司前身玉环县仪器厂存在于1986-1992年间,1992年6月变更为玉环县中大工业缝纫机厂时名称已自然灭失,变更前注册资本为104万元;关联交易中的玉环县仪器厂成立于1994年9月30日,是由蔡志方、李陈桂和李爱芬三人合资成立的,注册资金50万元,法定代表人蔡志方,主营油墨检测仪器的制造。

本公司目前存在的关联交易有:(1)向玉环县仪器厂采购零部件;因控股子公司台州中捷进出口公司代理桑耐丽公司出口部分货物而产生的对桑耐丽公司货物采购;(2)向玉环县仪器厂和桑耐丽公司提供厂房租赁;(3)2001年12月,公司受让许玉妹持有的台州中捷进出口有限公司35%的股权;(4)截止2003年12月31日,桑耐丽公司为本公司1,700万元银行贷款和4,000万元银行承兑汇票提供担保;(5)控股子公司上海中捷缝纫机有限公司在2001年8月1日至2006年7月31日期间,按协议无偿使用本公司"中捷"牌商标,每年限定其生产的10万台工业缝纫机;(6)2003年度控股子公司玉环中捷星海广告有限公司向桑耐丽公司提供劳务获得5.27万元收入。

关联交易对公司财务状况的影响见货物采购关联交易占营业成本的比例如下:单位:万元

本公司采取以下措施减少关联交易:(1)充分发挥3名独立董事的作用;(2)公司制定了《关联交易制度》;(3)严格按照《公司章程》和《关联交易制度》的规定来规范关联交易并尽可能避免关联交易。

发行人律师意见:

"本所律师认为发行人与关联方之间的上述关联交易对发行人无重大不利影响,不存在损害发行人及非关联股东利益的情形。发行人不存在其他应披露而未披露的关联交易。

发行人已在公司章程中明确规定了关联交易的公允决策程序"。

保荐机构(主承销商)意见:

"发行人对公司的关联企业、关联关系、关联交易均作了充分的披露;发行人关联交易符合市场交易的公允性原则,未发现损害公司中小股东和公司利益的情形"。

申报会计师意见:

"我们注意到,中捷股份2003年度向玉环县仪器厂采购货物占中捷股份2003年12月31日经审计的净资产值的4.35%。

我们认为:1.上述交易属向关联方采购,其会计处理不适用《关联方之间出售资产等有关会计处理问题暂行规定》(财会【2001】64号)的规定。2.中捷股份2003年度向玉环县仪器厂采购货物占中捷股份2003年度采购总额的2.38%,中捷股份向玉环县仪器厂的采购价格参照采购当时的同类产品的市场价格确定。因此,上述关联交易对中捷股份的2005年12月31日的财务状况及2003年度经营业绩不构成重大影响。"

独立董事意见:

"(1)货物采购的关联交易中,公司向玉环县仪器厂采购零件561.64万元,占2003年度采购额的2.38%。采购定价参照同类货物市场价格,关联交易价格公允,未发现有损害公司及非关联股东利益的情形;

(2)货物销售的关联交易为公司控股子公司玉环中捷星海广告有限公司向浙江桑耐丽铜业有限公司提供劳务5.27万元,关联交易价格公允,未发现有损害公司及非关联股东利益的情形;

(3)房屋租赁的关联交易为公司向玉环县仪器厂和浙江桑耐丽铜业有限公司出租闲置的厂房,租赁定价参考周边厂房的租赁价格,关联交易价格公允,未发现有损害公司及非关联股东利益的情形;

(4)担保事项为浙江桑耐丽铜业有限公司为公司短期借款提供1,700万元担保以及为公司开具的银行承兑汇票4,000万元提供担保,未发现有损害公司及非关联股东利益的情形。"

关联交易的详细内容请查阅刊载于巨潮网站(http://www.cninfo.com.cn)的本公司招股说明书全文。

第八节、发行人简要财务会计信息

一、会计报表编制基准及注册会计师的意见

本公司截止2003年12月31日的财务资料,已于2004年6月25日在《中国证券报》、《证券时报》、《上海证券报》、和《证券日报》刊登的《招股说明书摘要》中进行了披露。投资者欲了解详细内容,请查阅上述报纸或刊载于巨潮网站(http://www.cninfo.com.cn)的本公司招股说明书全文及其附录。

本公司是于2001年8月由浙江中捷整体变更设立。整体变更设立期间,公司未进行资产剥离,故2001年7月前以浙江中捷会计报表为基础,2001年8月起以本公司会计报表为基准。

上海立信长江会计师事务所有限公司对本公司2003年12月31日、2002年12月31日和2001年12月31日的资产负债表和合并资产负债表,2003年度、2002年度和2001年度的利润及利润分配表和合并利润及利润分配表以及2003年度的现金流量表和合并现金流量表进行了审计,会计师出具了标准无保留意见的信长会师报字(2004)第20035号《审计报告》。

二、简要财务会计报表

1.简要合并利润表

单位:元

2.简要合并资产负债表(附后)

3.简要合并现金流量表(附后)

三、重要会计报表附注

本公司会计报表注释等内容,请查阅本公司招股说明书,查阅地址为巨潮网站(http://www.cninfo.com.cn)。

四、主要财务指标

第九节 其他重要事项

1、自发行人股票首次公开发行起至本上市公告书公告之日,发行人严格依照《中华人民共和国公司法》、《中华人民共和国证券法》等法律法规的要求,规范运行,生产经营情况正常;所处行业、市场无重大变化;主要投入产出物供求及价格无重大变化;主要业务发展目标进展状况正常。

2、自本公司股票首次公开发行之日至本上市公告书公告之日,本公司无重大对外投资、重大资产(股权)收购或出售行为;住所未发生变更。

3、自本公司股票首次公开发行之日至本上市公告书公告之日,本公司重大会计政策和会计师事务所没有发生变化。

4、自本公司股票首次公开发行之日至本上市公告书公告之日,本公司未发生新的重大负债或重大债项发生变化。

5、自本公司股票首次公开发行之日至本上市公告书公告之日,本公司董事、监事和高级管理人员没有尚未了结或可能发生的刑事诉讼事项。

6、自本公司股票首次公开发行之日至本上市公告书公告之日,本公司未涉及任何重大诉讼事项或仲裁,亦无尚未了结或可能面临的重大诉讼或索赔要求。

7、根据《深圳证券交易所中小企业板块上市公司特别规定》的要求,本公司章程中应包含"(一)、股票被终止上市后,公司股票进入代办股份转让系统继续交易;(二)、不对公司章程中的前款规定作任何修改"等内容。本公司已于2004年7月7日出具承诺函,承诺自本公司上市后3个月内在公司章程内载入上述内容。

8、本公司第一大股东蔡开坚先生承诺:在本公司股票上市交易之日起1年内,不转让所持有的本公司股份,也不要求或接受本公司回购其所持有的股份。本公司承诺:自本公司A股股票上市之日起1年内,不回购本公司发起人(即)持有的本公司股份,亦不接受上述发起人对中捷股份回购其持有的本公司股份的要求。

9、根据公司2004年4月20日召开的2003年度股东大会通过的《关于公司2004年度利润分配政策的议案》,本公司公开发行股票前一年末和发行当年经审计的累计未分配利润由新老股东享有。公司本次公开发行股票当年不进行股利分配,预计首次股利分配在公开发行股票下一年度进行,具体时间由股东大会决定。

10、其他应披露的重大事项

除本公司首次公开发行股票招股说明书及本上市公告书披露的事项外,发行人无其他应披露而未披露的重要事项。

第十节 董事会上市承诺

本公司董事会将严格遵守《中华人民共和国公司法》、《中华人民共和国证券法》、《股票发行与交易管理暂行条例》、《公开发行股票公司信息披露实施细则》、《深圳证券交易所股票上市规则》和《深圳证券交易所中小企业板块上市公司特别规定》等国家有关法律、法规的规定,自股票上市之日起承诺做到:

一、承诺真实、准确、完整、公允和及时地公布定期报告,披露所有对投资者有重大影响的信息,并接受中国证监会、证券交易所的监督管理;

二、承诺发行人在知悉可能对股票价格产生误导性影响的任何公共传播媒介中出现的消息后,将及时予以公开澄清;

三、发行人董事、监事、高级管理人员和核心技术人员将认真听取社会公众的意见和批评,不利用已获得的内幕消息和其他不正当手段直接或间接从事发行人股票的买卖活动;

四、发行人没有无记录的负债。

第十一节 保荐机构(上市推荐人)及其意见

一、保荐机构(上市推荐人)情况

名称:光大证券有限责任公司

法定代表人:王明权

住 所:上海浦东南路528号证券大厦南塔20层

联系电话:(021)68816000--1843

传 真:(021)68817787

联 系 人:崔岩峰 张婧

二、保荐机构(上市推荐人)意见

保荐机构(上市推荐人)已为本公司股票上市向深圳证券交易所出具了《股票上市推荐书》,认为:发行人章程符合《中华人民共和国公司法》、《中华人民共和国证券法》、《深圳证券交易所股票上市规则》等法律、法规和中国证监会有关公司章程的相关规定;发行人本次股票发行符合《公司法》、《证券法》、《深圳证券交易所股票上市规则》等法律、法规和中国证监会的有关规定,已具备了上市条件。

保荐机构(上市推荐人)保证:本公司董事了解法律、法规、《深圳证券交易所股票上市规则》及上市协议规定的董事的义务与责任;本公司建立健全了法人治理结构、制定了严格的信息披露制度与保密制度。

保荐机构(上市推荐人)已对上市文件所载资料进行了核实,确保上市文件真实、准确、完整,符合规定要求,保证上市申请材料、上市公告书没有虚假记载、严重误导性陈述或者重大遗漏,并对其承担连带责任。

保荐机构(上市推荐人)与本公司不存在关联关系;保荐机构(上市推荐人)愿意推荐本公司的股票在深圳证券交易所上市交易,并且在上市推荐过程中,保证不利用获得的内幕信息进行内幕交易,为自己或他人谋取利益。

中捷缝纫机股份有限公司

2004年7月9日

苏宁电器连锁集团股份有限公司

苏宁电器连锁集团股份有限公司首次公开发行股票上市公告书

第一节 重要声明与提示

本公司董事会保证上市公告书的真实性、准确性、完整性,全体董事承诺本上市公告书不存在虚假记载、误导性陈述或重大遗漏,并承担个别和连带的法律责任。

根据《公司法》、《证券法》等有关法律、法规的规定,本公司董事、高级管理人员已依法履行诚信和勤勉尽责的义务和责任。

深圳证券交易所、中国证监会、其他政府机关对本公司股票上市及有关事项的意见,均不表明对本公司的任何保证。

本公司提醒广大投资者注意,凡本上市公告书未涉及的有关内容,请投资者查阅 2004 年 7 月 2 日刊载于《中国证券报》、《证券时报》、《上海证券报》和《证券日报》的本公司《招股说明书摘要》,以及刊载于深圳证券交易所指定网站(http://www.cninfo.com.cn)的本公司招股说明书全文及相关附录。

第二节 概 览

股票简称:苏宁电器

股票代码:002024

沪市代理股票代码:609024

总股本:9,316 万股

可流通股本:2,500 万股

本次上市流通股本:2,500 万股

发行价格:16.33 元/股

上市地点:深圳证券交易所

上市时间:2004 年 7 月 21 日

股票登记机构:中国证券登记结算有限责任公司深圳分公司

保荐机构(上市推荐人):天同证券有限责任公司

根据国家有关法律、法规的规定,以及中国证监会证监发行字[2004]97 号《关于核准苏宁电器连锁集团股份有限公司公开发行股票的通知》,本公司首次公开发行股票前的法人股、自然人持有的未流通股份暂不上市流通。

本公司首次公开发行股票前第一大股东张近东承诺:自本公司股票上市之日起 12 个月内,不转让所持有本公司的股份,也不会要求或接受本公司回购其所持有的股份。

第三节 绪 言

本上市公告书系根据《公司法》、《证券法》、《股票发行与交易管理暂行条例》、《公开发行股票公司信息披露实施细则》和《深圳证券交易所股票上市规则》等有关法律、法规的规定,并按照中国证监会《公开发行股票信息披露内容与格式准则第 7 号?股票上市公告书》的要求编制的,旨在向投资者提供有关苏宁电器连锁集团股份有限公司(以下简称"股份公司"、"本公司"、"发行人"或"苏宁电器")和本次股票上市的基本情况。

经中国证监会证监发行字[2004]97 号文批准,本公司于 2004 年 7 月 7 日利用深圳证券交易所系统,以向深市、沪市二级市场投资者定价配售的方式成功发行了 2,500 万股每股面值 1.00 元的人民币普通股(A 股),发行价为每股人民币 16.33 元。

经深圳证券交易所深证上[2004]69 号《关于苏宁电器连锁集团股份有限公司人民币普通股股票上市交易的通知》批准,本公司公开发行的 2,500 万股社会公众股将于 2004 年 7 月 21 日起在深圳证券交易所挂牌交易。股票简称"苏宁电器",股票代码为"002024"。

本公司已于 2004 年 7 月 2 日在《中国证券报》、《证券时报》、《上海证券报》和《证券日报》上刊登了《苏宁电器连锁集团股份有限公司首次公开发行股票招股说明书摘要》,《苏宁电器连锁集团股份有限公司首次公开发行股票招股说明书》全文及其附录材料可在深圳证券交易所指定网站(http://www.cninfo.com.cn)查阅。因招股说明书及其摘要的披露距今不足 3 个月,故与其重复的内容在此不再重述,敬请投资者查阅上述文件。

第四节 发行人概况

一、发行人基本情况

二、发行人的历史沿革

股份公司原名"江苏苏宁交家电有限公司",设立于 1996 年 5 月 15 日,江苏苏宁交家电有限公司由南京苏宁实业总公司及自然人张近东、刘辉、张桂民、张国庆、艾苏芬、刘晓萌、卢锦文、王益、陆勤、曾军等共同出资成立,注册资本 1,200,000.00 元。

2000 年 7 月 28 日,江苏苏宁交家电有限公司经江苏省工商行政管理局批准更名为江苏苏宁交家电集团有限公司。2000 年 8 月 30 日,经国家工商行政管理局批准更名为苏宁交家电(集团)有限公司。

2001 年 6 月 28 日,经江苏省人民政府苏政复[2001]109 号文批准以苏宁交家电(集团)有限公司 2000 年 12 月 31 日经审计的净资产为基础,按 1:1 比例折价,整体变更为苏宁电器连锁集团股份有限公司,股本总额 68,160,000.00 元,于 2001 年 6 月 29 日领取营业执照,注册号为:3200002100433。

股份公司设立至今未进行过重大资产重组。

股份公司设立至今未进行股权转让和利润分配。

经中国证监会证监发行字[2004]97 号文核准,本公司于 2004 年 7 月 7 日在深圳证券交易所以向二级市场投资者定价配售方式成功发行了人民币普通股 2,500 万股,每股面值 1.00 元,每股发行价 16.33 元。此次发行完成后,本公司的总股本为 9,316 万股,注册资本为 9,316 万元。

三、发行人的主要经营情况

1、本公司主营业务

本公司的经营范围为"家用电器、电子产品、办公设备、通讯产品(卫星地面接收设施除外)及配件的连锁销售和服务;计算机软件开发、销售、系统集成;互联网信息服务(按许可证规定的范围经营);百货、自行车、电动助力车、摩托车、汽车(小轿车除外)的连锁销售;实业投资;场地租赁;柜台出租;国内商品展览服务;企业形象策划;经济信息咨询服务;人才培训;商务代理(国家有专项规定的除外)"。

本公司的主营业务为:综合家用电器的连锁销售和服务。其销售收入和利润均占公司销售收入和利润的 100%。

截至 2003 年年底,公司已在南京、北京、上海、广州、杭州、西安、深圳、扬州、淮安、南通、徐州、常州、无锡、苏州等地设有 22 家直(间)接控股子公司(共拥有直营连锁店 41 个),并在合肥和镇江等地还设有 6 家参股公司(拥有 2 个连锁店);此外,公司在华东、华北、东北、西南等地区初步发展了部分特许连锁店。公司连锁体系主要经营空调、彩电、冰箱、洗衣机、小家电、电脑、手机、数码等多品牌、多规格和不同型号的家电产品。

2、本公司资产权属情况

本公司使用的位于江苏省南京市建邺区兴隆街道河南村的土地一宗和房产两处,土地面积共 23,653.1 平方米,地号为:05-006-501-002-3,房屋建筑面积共计为 16,408.15 平方米。公司以出让方式取得了上述土地的使用权

[宁建国用(2002)字第 09809 号],并已取得相应的房地产权证[宁房权证建初字第 202268 号]和[宁房权证建初字第 202355 号]。

本公司租用江苏苏宁电器有限公司位于南京市淮海路 68 号苏宁电器大厦,含商业和办公用房,合计为 12019 平方米。

本公司拥有"苏宁"、"??"、"NS"、"苏宁"&"NS"、"苏宁"&"NS"&"SUNING"组合等系列注册商标。

第五节 股票发行与股本结构

一、本次股票上市前首次公开发行股票的情况

二、本次股票上市前首次公开发行股票的承销情况

经中国证券监督管理委员会证监发行字[2004]97 号文核准,本公司于 2004 年 7 月 7 日首次向社会公开发行人民币普通股(A 股)股票 2,500 万股。本次股票发行由保荐机构(主承销商)天同证券有限责任公司(以下简称"天同证券")通过深圳证券交易所和上海证券交易所交易系统,采用全部向二级市场投资者定价配售的方式进行。

本次股票发行的深市、沪市二级市场投资者配号总数为 62,590,314 个,中签率为 0.0399422824%。其中,二级市场投资者实际认购总量为 24,457,383 股,由天同证券包销的余股数量为 542,617 股。

三、本次股票上市前首次公开发行股票所募集资金的验资报告

2004 年 7 月 13 日,江苏天衡会计师事务所有限公司出具了天衡验字(2004)

31 号《验资报告》,对苏宁电器本次股票发行募集资金到位后的资本金情况进行了验证。现摘录如下:

苏宁电器连锁集团股份有限公司全体股东:

我们接受委托,审验了贵公司截至 2004 年 7 月 13 日止新增注册资本的实收情况。按照国家相关法律、法规的规定和协议章程的要求出资,提供真实、合法、完整的验资资料,保护资产的安全、完整是全体股东和贵公司的责任。我们的责任是对贵公司新增注册资本的实收情况发表审验意见。我们的审验是依据《独立审计实务公告第 1 号-验资》进行的。在审验过程中,我们结合贵公司的实际情况,实施了检查等必要的审验程序。

贵公司原注册资本为人民币 68,160,000.00 元,根据贵公司股东大会决议和修改后的章程规定,贵公司申请向社会公开发行人民币普通股股票 2,500 万股,增加注册资本人民币 25,000,000.00 元,变更后的注册资本为人民币 93,160,000.00 元。经中国证券监督管理委员会证监发行字[2004]

97 号文"关于核准苏宁电器连锁集团股份有限公司公开发行股票的通知"核准,贵公司于 2004 年 7 月 7 日公开发行人民币普通股股票 2,500 万股,每股面值人民币 1.00 元,每股发行价人民币 16.33 元。根据我们的审验,截至 2004 年 7 月 13 日止,贵公司已发行人民币普通股股票 2,500 万股,募集资金总额为人民币 408,250,000.00 元,扣除发行费用人民币 13,647,936.90 元后,实际募集资金净额为人民币 394,602,063.10 元,其中:新增注册资本人民币 25,000,000.00 元;资本公积人民币 369,602,063.10 元。

同时我们注意到,贵公司本次增资前的注册资本为人民币 68,160,000.00 元,已经江苏文汇华彭会计师事务所有限公司审验,并于 2001 年 6 月 28 日出具苏文会审一(2001)160 号《验资报告》。截至 2004 年 7 月 13 日止,变更后的累计注册资本实收金额为人民币 93,160,000.00 元。

本验资报告仅供贵公司申请变更登记及据以向股东签发出资证明时使用,不应将其视为是对贵公司验资报告日后资本保全、偿债能力和持续经营能力等的保证。因使用不当造成的后果,与执行本验资业务的注册会计师及会计师事务所无关。

附件

1:注册资本变更情况明细表

(1)新增注册资本实收情况明细表(表 1)

(2)注册资本变更前后对照表(表 2)

附件 2:验资事项说明

江苏天衡会计师事务所有限公司

法定代表人:余瑞玉

中国?南京

中国注册会计师:郭澳

中国注册会计师:林捷

报告日期:2004 年 7 月 13 日

四、募股资金入帐情况

入账时间:2004 年 7 月 13 日

入账金额:396,852,063.10 元(扣承销费、上网发行费用后余额)

入账账号:04403020165445809400l

开户银行:中国银行南京市城北支行

五、发行人上市前股权结构及各类股东的持股情况

1、本次上市前公司股权结构及股份类别

2、本次上市前公司前十名股东持股情况

第六节 董事、监事、高级管理人员及核心技术人员

一、董事、监事、高管人员与核心技术人员简介

本公司董事、监事、高级管理人员与核心技术人员均为中国国籍,无境外永久居留权,相互之间不存在配偶关系、三代以内直系和旁系亲属关系。

1、公司董事会成员

张近东,中国国籍,男,汉族,1963 年 3 月出生,本科学历,曾任江苏苏宁交家电有限公司董事长兼总经理,现任苏宁电器连锁集团股份有限公司董事长、中华全国工商业联合会常委、中国人民政治协商会议第十届全国委员会委员。

孙为民,中国国籍,男,汉族,1963 年 10 月出生,硕士学历,曾在南京理工大学执教,曾任苏宁交家电(集团)有限公司副总裁,现任苏宁电器连锁集团股份有限公司董事兼总裁、中国连锁经营协会副会长、北京苏宁电器有限公司法人代表、陕西苏宁电器有限责任公司法人代表、深圳市苏宁电器有限公司法人代表。

金明,中国国籍,男,汉族,1971 年 2 月出生,本科学历,曾任苏宁交家电(集团)有限公司营销管理中心总监,现任苏宁电器连锁集团股份有限公司董事兼副总裁。

丁遥,中国国籍,男,汉族,1969 年 5 月出生,双专科学历,曾任浙江苏宁交家电有限公司总经理,现任苏宁电器连锁集团股份有限公司董事、连锁发展中心总监。

任峻,中国国籍,男,汉族,1977 年 5 月出生,本科学历,现任苏宁电器连锁集团股份有限公司董事、董事会秘书。

谢俊元,中国国籍,男,汉族,1961 年 8 月出生,研究生学历,曾在南京大学计算机科学与技术系执教,现任苏宁电器连锁集团股份有限公司董事,南京大学计算机科学与技术系教授、博士生导师,南京大学计算机软件工程中心副主任;南大苏富特软件股份有限公司副总裁;中国软件行业协会理事;江苏省电子学会常务理事。

赵曙明,中国国籍,男,汉族,1952 年 12 月出生,公司独立董事,博士学历,曾任南京大学外事办公室副主任,现任南京大学商学院院长。

吴远,中国国籍,女,汉族,1950 年 10 月出生,研究生学历,公司独立董事,现任河海大学副校长、河海大学出版社社长、马克思主义理论与思想政治教育学科主任、政协江苏省第八届委员会委员。

黄丽洁,中国国籍,女,汉族,中国注册会计师,

1958 年 10 月出生,研究生学历,公司独立董事,曾任职于江苏兴惠会计师事务所,现任南京理工大学财务科科长。

2、公司监事会成员

朱华,中国国籍,女,汉族,1965 年 10 月出生,大专学历,曾任中外合作乐富来实业有限公司财务部经理,现任公司监事会召集人。

尚雪峰,中国国籍,男,汉族,1961 年 3 月出生,大学学历,曾在国营玉河机器厂总师办任职,现任公司职工代表监事,苏宁电器连锁集团股份有限公司信息系统中心副总监。

李建颖,中国国籍,女,汉族,1968 年 5 月出生,大专学历,曾在南京市紫金无线电厂任职,现任公司监事,苏宁电器连锁集团股份有限公司结算管理中心总监助理。

3、其他高级管理人员

孙为民,见"(一)董事会成员"部分。

金　明,见"(一)董事会成员"部分。

孟祥胜,中国国籍,男,汉族,1972 年 4 月出生,本科学历,曾任海尔药业浙江市场部经理,南京东方置业管理咨询顾问公司管理顾问,现任苏宁电器连锁集团股份有限公司副总裁。

陈世清,中国国籍,男,汉族,1953 年 5 月出生,大专学历,会计师,曾任南京市工业电子局财务科科长和公司财务管理中心经理,现任公司财务负责人。

任　峻,见"(一)董事会成员"部分。

2004 年 6 月 12 日, 公司 2004 年第二次临时股东大会及第二届第一次董事会通过了对上述董事、监事的换届选举以及对高管人员的任命,董事、监事和高管人员未发生任何变化。

二、董事、监事、高管人员的特定协议安排

截至目前,上述公司董事、监事和高级管理人员未与公司签订任何的借款、担保等协议。

三、本公司董事、监事和高级管理人员持股情况

1、本公司董事、监事和高级管理人员本次上市前在本公司的持股情况

上述股份不存在质押和冻结,也不存在任何争议。

2、本公司董事、监事和高级管理人员在公司关联股东江苏苏宁电器有限公司的持股情况

张近东:持有本公司的股东单位江苏苏宁电器有限公司 28%的股权。

孙为民:持有本公司的股东单位江苏苏宁电器有限公司 18%的股权。

除上述人员以外的本公司董事、监事、高级管理人员未持有公司关联企业的股份。

3、公司董事、监事和高级管理人员持有本公司股份的锁定安排

《公司章程》第三十条规定:董事、监事、总裁以及其他高级管理人员应当在其任职期间内,定期向公司申报所持有的本公司股份;在其任职期间以及离职后六个月内不得转让其所持有的本公司股份(国家法律另有规定的按规定执行)。

第七节　同业竞争与关联交易

一、同业竞争

发行人的控股股东及其控制的其他法人与本公司不存在同业竞争的情况, 并承诺今后也不从事与发行人相竞争的业务。

本次发行的发行人律师认为:公司与主要股东之间不存在同业竞争。公司经营范围尤其是主营业务与主要股东的现有业务没有重复交叉之处。

本次发行的保荐机构认为:保荐机构经核查,发行人与主要股东之间不存在同业竞争;发行人股东单位及股东直接控制的公司与发行人的主营业务不构成同业竞争;并且所有持有公司 5%以上股份的股东已明确出具《不竞争承诺函》。

二、关联方、关联方关系及关联交易

1、关联方及关联关系

本公司目前存在的关联方及关联关系请查阅刊载于深圳证券交易所指定网站(http://www.cninfo.com.cn)的本公司招股说明书全文。

2、主要关联交易

公司正在或将要执行的关联交易:(1)本公司和第二大股东江苏苏宁电器有限公司于 2002 年 3 月 28 日签订《房屋租赁合同》,合同约定:本公司向江苏苏宁电器有限公司租赁目前位于南京市淮海路 68 号苏宁电器大厦,含商业和办公用房,合计 12,019 平方米(其中,商业用房 6827 平方米,办公用房 5192 平方米),租期 10 年,自 2002 年 1 月 1 日起至 2011 年 12 月 31 日止。租金为商业用房每年每平方 1208.00 元/平方米,办公用房每年每平方 722.70 元/平方米,2002 年租金总额共计 1200 万元,以后每年租金递增 2%,即 2003 年为 1224 万元,第三年为 1248 万元,依次类推;(2)江苏苏宁电器有限公司为公司部分银行借款提供担保。

发行人在最近三年还存在以下关联交易:(1) 股份公司与江苏苏宁电器有限公司之间的商品购销;(2)股份公司与江苏苏宁电器有限公司之间的资金往来;(3)2001 年 12 月股份公司与江苏苏宁电器有限公司之间的非经营性往来的清理。

3、中介机构和独立董事对关联交易的意见

公司独立董事、申报会计师、发行人律师及保荐机构均认为公司关联交易符合有关法律法规的规定,未有侵害公司及公司全体股东利益的情形。

第八节　财务会计资料

本公司截止 2003 年 12 月 31 日的财务会计资料,已于 2004 年 7 月 2 日在《中国证券报》、《证券时报》、《上海证券报》和《证券日报》刊登的《招股说明书摘要》中进行了披露,投资者欲了解详细内容,请查阅上述报纸或刊登于深圳证券交易所指定网站(http://www.cninfo.com.cn)的本公司招股说明书全文及其附录。

一、注册会计师意见

江苏天衡会计师事务所有限公司接受了本公司的委托,审计了本公司 2003 年 12 月 31 日、2002 年 12 月 31 日、2001 年 12 月 31 日的母公司及合并资产负债表,2003 年度、2002 年度、2001 年度母公司及合并利润表和利润分配表以及 2003 年度母公司及合并现金流量表。江苏天衡会计师事务所有限公司出具了标准无保留意见的审计报告。

以下引用的财务数据,除非特别说明,均引自经审计的合并财务报表。

二、简要会计资料

1、简要合并资产负债表

资产负债表(一)　单位:元

资产负债表(二)　单位:元

2、简要合并利润表　单位:元

3、简要合并现金流量表　单位:元

4、重要财务指标

三、会计报表附注

本公司会计报表注释等内容,请查阅本公司招股说明书全文及其附录,查阅地址为深圳证券交易所指定网站(http://www.cninfo.com.cn)。

第九节　其他重要事项

1、本公司本次股票发行后至本公司上市公告书公告之日,本公司严格依照《公司法》、《证券法》等法律法规的要求规范运行,生产经营情况正常;所处行业、市场无重大变化;主要业务发展目标进展状况正常,投入、产出物供求及价格无重大变化。

2、本公司本次股票发行后至本公司上市公告书公告之日,本公司无重大对外投资、重大资产(股权)收购或出售行为;住所未发生变更。

3、本公司本次股票发行后至本公司上市公告书公告之日,本公司重大会计政策和会计师事务所没有发生变化。

4、本公司本次股票发行后至本公司上市公告书公告之日,本公司未发生新的重大负债或重大债项发生变化。

5、本公司本次股票发行后至本公司上市公告书公告之日,本公司董事、监事、高级管理人员没有尚未了结或可能发生的重大诉讼事项。

6、本公司本次股票发行后至本公司上市公告书公告之日,本公司未涉及任何重大诉讼事项或仲裁,亦无任何尚未了结或可能面临的重大诉讼或索赔要求。

7、2001~2003 年度,公司未对公司股东进行股利分配。根据 2004 年 1 月 16 日公司 2004 年第一次临时股东大会决议:公司拟定于 2004 年度向社会公开发行 2,500 万股 A 股。如公司本次公开发行 A 股在 2004 年完成,则截至本次发行前所形成的滚存利润由本次发行后的新老股东共同享有。

8、本公司公开发行股票前第一大股东张近东承诺:自本公司股票上市之日起 12 个月内,不转让所持有本公司的股份,也不由本公司回购其所持有的股份。

9、本公司本次股票发行后至本公司上市公告书公告之日,没有其他应披露而未披露之重大事项。

10、根据《深圳证券交易所中小企业板块上市公司特别规定》,本公司承诺上市后三个月内在公司章程内载入如下内容:股票被终止上市后,公司股票进入代办股份转让系统继续交易,同时承诺不对公司章程中的前款规定作任何修改。

第十节　董事会上市承诺

本公司董事会承诺将严格遵守《中华人民共和国公司法》、《中华人民共和国证券法》、《股票发行与交易管理暂行条例》、《公开发行股票公司信息披露实施细则》、《深圳证券交易所股票上市规则》和《深圳证券交易所中小企业板块上市公司特别规定》等国家法律、法规和有关规定,并自股票上市之日起做到:

1、承诺真实、准确、完整、公允和及时地公布定期报告,披露所有对投资者有重大影响的信息,并接受中国证监会、证券交易所的监督管理。

2、承诺本公司在知悉可能对股票价格产生误导性影响的任何公共传播媒介中出现的消息后,将及时予以公开澄清。

3、本公司董事、监事、高级管理人员和核心技术人员将认真听取社会公众的意见和批评,不利用已获得的内幕消息和其他不正当手段直接或间接从事本公司股票的买卖活动。

4、本公司没有无记录的负债。

第十一节　保荐机构(上市推荐人)及其意见

一、保荐机构(上市推荐人)情况

保荐机构:天同证券有限责任公司

地址:山东省济南市泉城路 180 号

负责人:段虎

保荐代表人:岳远斌、何黎辉

联系人:孙向阳、敖云峰

电话:021-68867776

传真:021-68867216

二、保荐机构(上市推荐人)意见

本公司的保荐机构(上市推荐人)天同证券有限责任公司认为本公司首次公开发行的股票符合上市条件,已向深圳证券交易所出具了《苏宁电器连锁集团股份有限公司首次公开发行股票上市推荐书》。保荐机构的推荐意见主要内容如下:

苏宁电器的公司章程符合《公司法》等有关法律、法规和中国证监会的相关规定;按照《中华人民共和国公司法》和《中华人民共和国证券法》及《深圳证券交易所股票上市规则》等国家有关法律、法规的规定,保荐机构认为苏宁电器股票已具备公开上市的条件。

保荐机构保证发行人的董事了解法律、法规、深圳证券交易所上市规则及股票上市协议规定的董事义务与责任,并协助发行人健全了法人治理结构、协助发行人制定了严格的信息披露制度与保密制度。

保荐机构已对上市文件所载的资料进行了核实,确保上市文件真实、准确、完整,符合规定要求。保荐机构保证发行人的上市申请材料、上市公告书没有虚假、严重误导性陈述或者重大遗漏,保证对其承担连带责任。

保荐机构与发行人不存在关联关系, 并保证不利用在上市过程中获得的内幕信息进行内幕交易,为自己或他人谋取利益。

苏宁电器连锁集团股份有限公司

2004 年 7 月 16 日

广州七喜电脑股份有限公司

广州七喜电脑股份有限公司首次公开发行股票上市公告书

第一节 重要声明与提示

本公司董事会保证上市公告书的真实性、准确性、完整性,全体董事承诺本上市公告书不存在虚假记载、误导性陈述或重大遗漏,并承担个别和连带的法律责任。

根据《公司法》、《证券法》等有关法律、法规的规定,本公司董事、高级管理人员已依法履行诚信和勤勉尽责的义务和责任。

深圳证券交易所、中国证监会、其他政府机关对本公司股票上市及有关事项的意见,均不表明对本公司的任何保证。

本公司提醒广大投资者注意,凡本上市公告书未涉及的有关内容,请投资者查阅2004年7月15日刊载于《中国证券报》、《证券时报》、《上海证券报》和《证券日报》的本公司《招股说明书摘要》,以及刊载于深圳证券交易所指定网站(http://www.cninfo.com.cn)的本公司招股说明书全文及相关附录。

第二节 概 览

1、股票简称:七喜股份
2、股票代码:002027;沪市代理股票代码:609027
3、总股本:11,197.5969万股
4、可流通股本:2,900万股
5、本次上市流通股本:2,900万股
6、发行价格:10.56元/股
7、上市地点:深圳证券交易所
8、上市时间:2004年8月4日
9、股票登记机构:中国证券登记结算有限责任公司深圳分公司
10、保荐机构(上市推荐人):广发证券股份有限公司
11、本公司首次公开发行股票前股东所持股份的流通限制和期限:根据国家有关法律、法规的规定,以及中国证监会证监发行字[2004]85号《关于核准广州七喜电脑股份有限公司公开发行股票的通知》,本公司首次公开发行股票前的法人股、自然人持有的未流通股份暂不上市流通。
12、本公司首次公开发行股票前的第一大股东易贤忠承诺:自本公司股票上市交易之日起12个月内,不转让所持有的本公司股份,也不会要求或接受本公司回购其所持有的股份。

第三节 绪 言

本上市公告书系根据《公司法》、《证券法》、《股票发行与交易管理暂行条例》、《公开发行股票公司信息披露实施细则》和《深圳证券交易所股票上市规则》等有关法律、法规的规定,并按照中国证监会《公开发行股票信息披露内容与格式准则第7号??? 股票上市公告书》的要求编制的,旨在向投资者提供有关广州七喜电脑股份有限公司(以下简称"股份公司"、"本公司"、"发行人"或"七喜股份")和本次股票上市的基本情况。

经中国证监会证监发行字[2004]85号文批准,本公司于2004年7月20日利用深圳证券交易所系统,以向深市、沪市二级市场投资者定价配售的方式成功发行了2,900万股每股面值1.00元的人民币普通股(A股),发行价格为每股人民币10.56元。

经深圳证券交易所深证上[2004]76号《关于广州七喜电脑股份有限公司人民币普通股股票上市交易的通知》批准,本公司公开发行的2,900万股社会公众股将于2004年8月4日起在深圳证券交易所挂牌交易。股票简称"七喜股份",股票代码为"002027"。

本公司已于2004年7月15日在《中国证券报》、《证券时报》、《上海证券报》和《证券日报》上刊登了《广州七喜电脑股份有限公司首次公开发行股票招股说明书摘要》,《广州七喜电脑股份有限公司首次公开发行股票招股说明书》全文及其附录材料可在深圳证券交易所指定网站(http://www.cninfo.com.cn)查阅。因招股说明书及其摘要的披露距今不足3个月,故与其重复的内容在此不再重述,敬请投资者查阅上述文件。

第四节 发行人概况

一、发行人基本情况
1、发行人名称:中文名称:广州七喜电脑股份有限公司
英文名称:HEDY? Computer? Co.,?Ltd.
2、注册资本:111,975,969元
3、成立日期:2001年3月15日
4、法定代表人:易贤忠
5、经营范围:研制、开发、生产、加工计算机及配件、电子产品、通讯设备(无线部分除外)、传真机(生产、加工项目不得在公司住所内,另设分支机构生产经营);计算机技术服务、计算机软件开发;经营本企业自产产品及技术的出口业务和本企业所需的机械设备、零配件、原辅材料及技术的进口业务,但国家限定公司经营或禁止进出口的商品及技术除外;场地出租(芳村区信义路13号,黄埔区埔南路63号一号厂房、天河北路908号601-608、701-708房)。
6、主营业务:本公司主要从事电脑及其配件的生产和制造,同时还代理销售SONY电脑周边设备(软驱光驱)和三星硬盘等产品。本公司既经营自有品牌的"HEDY"PC整机和"大水牛"电脑配件,也从事配件代理销售,是我国少数同时在PC整机市场和DIY(电脑配件)市场运作的企业之一。
7、住所:广州市天河区天河北路908号高科大厦B栋七层
8、电话号码:(020)82253777
9、传真号码:(020)82058139
10、公司网址:http://www.hedy.com.cn
11、电子信箱:hedy@hedy.com.cn
12、董事会秘书:沈前程
二、发行人的历史沿革
本公司前身广州七喜电脑有限公司成立于1997年8月26日。2001年3月15日,经广州市体改委穗改股字[2001]2号文批准,广州七喜电脑有限公司整体变更为广州七喜电脑股份有限公司,广州市人民政府以穗府函[2002]51号文予以确认,工商注册号:4401012007318。本公司的发起人包括十三名自然人和两名企业法人(自然人发起人中,毛骏飙、李年青、田广乾、庾冰、李兴亮已分别将其所持有的发行人的全部股份予以转让,目前已不再是本公司的股东)。上述发起人全部是以原广州七喜电脑有限公司的股权作为投入资产内容。
广州七喜电脑有限公司自成立及改制为股份公司以来,共进行过四次增资和股权转让、一次整体变更资产重组。股份公司设立至今未进行过利润分配。
经中国证监会证监发行字[2004]85号文核准,本公司于2004年7月20日在深圳证券交易所以向二级市场投资者定价配售方式成功发行了人民币普通股2,900万股,每股面值1.00元,每股发行价10.56元。此次发行完成后,本公司的总股本为11,197.5969万股,注册资本为11,197.5969万元。
三、发行人的主要经营情况
(一)本公司主营业务

本公司主要从事电脑及其配件的生产和制造,同时还代理销售其他品牌的电脑配件产品。公司主要产品包括:"HEDY"台式系列电脑整机、笔记本电脑、系列通用及专用服务器、"大水牛"系列电脑配件等。发行人还是SONY牌电脑周边设备(软驱光驱)和三星硬盘的全国代理商。发行人获得了国家质量监督检验检疫总局颁发的计算机生产许可证,产品通过中国质量认证中心强制性产品认证和ISO9001(2000版)质量体系认证,是国家信息产业部认定的全国电子百强企业之一,是广州市科委认定的"广州市高新技术企业"和"广州市民营科技企业"。

本公司已经成为全国十大品牌电脑厂商,并且,本公司在代理销售电脑配件方面也取得了较大进展,目前是SONY电脑周边设备(软驱光驱)中国代理商和三星硬盘的中国区域唯一总代理商。

(二)主要财务指标
2003年,本公司销售收入174,373万元,净利润5,632万元,全面摊薄每股收益0.68元/股,截至2003年12月31日的资产负债率为55.22%。其他指标请参见本上市公告书"财务会计资料"中的相关内容。

(三)本公司知识产权、非专利技术以及政府特许经营权情况
本公司目前拥有9个商标,分别为:HEDY、HEDY、(图形商标)、快乐天使、大水牛、喜笛、两极风、SoundStation、闪,上述商标全部归本公司所有,产权已全部变更到本公司名下。
本公司无专利技术、专有技术以及其他非专利技术。
本公司的PC产品获得了国家质量监督检验检疫总局颁发的《全国工业产品生产许可证》(产品名称:微型计算机),有效期至2007年5月12日。本公司的代理产品属于普通贸易产品和行为,不需要国家有关部门的销售许可。
(四)发行人税收优惠政策
本公司注册地址为广州市天河高新技术产业开发区,该开发区属于国务院批准的高新技术产业开发区,并且,本公司是广州市高新技术企业,符合《企业所得税若干优惠政策的通知》(财税字[94]001号文)的规定,所以本公司目前的企业所得税率减按15%征收。

第五节 股票发行与股本结构

一、本次股票上市前首次公开发行股票的情况
1、股票种类:人民币普通股(A股);
2、每股面值:人民币1.00元;
3、发行数量:2,900万股,占发行后总股本11,197.5969万股的25.90%。
4、发行价格:10.56元/股;
5、市盈率:15.55倍(按2003年每股收益全面摊薄计算);
6、每股净资产:发行前每股净资产为2.44元(按2003年12月31日经审计的数据计算),发行后全面摊薄每股净资产4.38元(扣除发行费用,未考虑2004年盈利等因素的影响);
7、募集资金总额:30,624万元;募集资金净额:28,768.38万元
8、发行方式:全部向二级市场投资者定价配售
9、发行对象:2004年7月15日收盘时持有深圳证券交易所或上海证券交易所已上市流通人民币普通股(A股)股票的收盘市值总和(包括可流通但暂时锁定的股份市值)不少于10,000元的投资者(国家法律、法规禁止者除外)。
10、发行费用总额及项目:本次股票发行费用总额为1855.62万元,包括承销费用1309万元、注册会计师费用(含审计、验资等费用)48万元、律师费用30万元、上市推荐费用29万元、保荐费用100万元、上网发行费用105.74万元、路演推介费用230.88万元、审核费用3万元。每股发行费用:0.64元。
二、本次股票上市前首次公开发行股票的承销情况
经中国证券监督管理委员会证监发行字[2004]85号文核准,本公司于2004年7月20日首次向社会公开发行人民币普通股(A股)股票2,900万股。本次股票发行由保荐机构(主承销商)广发证券股份有限公司(以下简称"广发证券")通过深圳证券交易所和上海证券交易所交易系统,采用全部向二级市场投资者定价配售的方式进行。
本次股票发行的深市、沪市二级市场投资者配号总数为63,592,583个,中签率为0.0456028025%。其中,二级市场投资者实际认购总量为28,609,601股,由广发证券包销的余股数量为390,399股。
三、本次股票上市前首次公开发行股票所募集资金的验资报告
2004年7月27日,广州羊城会计师事务所有限公司出具了【2004】羊验字第3328号《验资报告》,对七喜股份本次股票发行募集资金到位后的资本金情况进行了验证。现摘录如下:
广州七喜电脑股份有限公司:我们接受委托,审验了广州七喜电脑股份有限公司(以下简称贵公司)截至2004年7月26日止新增注册资本的实收情况。按照国家相关法律、法规的规定和协议、章程的要求出资,提供真实、合法、完整的验资资料,保护资产的安全、完整,是贵公司全体股东及贵公司的责任。我们的责任是对贵公司募集资金的实收情况发表审验意见。我们的审验是依据《独立审计实务公告第1号?验资》进行的。在审验过程中,我们结合贵公司的实际情况,实施了检查等必要的审验程序。
贵公司原注册资本和实收股本均为人民币82,975,969.00元,根据贵公司股东大会决议和修改后的章程规定,贵公司申请向社会公开发行人民币普通股股票2900万股,增加注册资本人民币29,000,000.00元,变更后的注册资本为人民币111,975,969.00元。经中国证券监督管理委员会证监发行字[2004]85号文批准,贵公司于2004年7月20日向社会公众发行人民币普通股2,900万股,每股面值人民币1.00元,每股发行价人民币10.56元。根据我们的审验,截至2004年7月26日止,贵公司已发行人民币普通股股票2900万股,募集资金总额为人民币306,240,000.00元,扣除与发行相关的费用人民币18,556,210.87元后,实际募集资金净额为人民币287,683,789.13元。其中新增注册资本人民币29,000,000.00元,资本公积人民币258,683,789.13元。
同时我们注意到,贵公司本次增资前的注册资本和实收股本均为人民币82,975,969.00元,业经广州羊城会计师事务所有限公司(2001)羊验字4264号验资报告予以验证。
本验资报告仅供贵公司申请变更登记及据以向出资者签发出资证明时使用,不应将其视为是对贵公司验资报告日后资本保全、偿债能力和持续经营能力等的保证,因使用不当所造成的后果,与注册会计师及本会计师事务所无关。
附件一 注册资本、投入股本变更前后对照表　附件二 验资事项说明
广州羊城会计师事务所有限公司　中国注册会计师:黄伟成
中国注册会计师:吴震　中国广州 2004年7月27日
四、募股资金入帐情况
入账时间:2004年7月26日
入账金额:290,802,589.13?元(扣除保荐费、上市推荐费、承销费以及上网发行手续费后的余额)
入账账号:2180038810001
开户银行:招商银行股份有限公司广州开发区支行
五、发行人上市前股权结构及各类股东的持股情况
1、本次上市前公司股权结构及股份类别
2、本次上市前公司前十名股东持股情况

第六节 董事、监事、高级管理人员及核心技术人员

一、董事、监事、高管人员与核心技术人员简介

本公司董事、监事、高级管理人员与核心技术人员均为中国国籍,除独立董事项兵先生拥有香港永久居留权以外,其他人员无境外永久居留权。

(一)公司董事会成员

本公司现有董事8名,其中包括独立董事3名,详细情况如下:

易贤忠先生,董事长,男,1959年出生,本科学历,毕业于华南理工大学计算机系。历任广州白云山企业集团下属企业技术员、技术科长、广州康聪电子有限公司副总经理、香港CHATHAY电脑有限公司中国区总经理、广州七喜电脑有限公司总经理、广州七喜电脑股份有限公司董事长。现任本公司董事长。

李迅先生,董事,1965年出生,本科学历,经济师,1988年毕业于天津南开大学,获经济学学士学位。历任广州白云山集团公司职员、广州七喜电脑有限公司副总经理,广州七喜电脑股份有限公司董事、副总经理、总经理。目前任本公司董事、总经理。

陈舟先生,董事,男,1969年出生,本科学历,1992年毕业于广东工业大学,获工学学士学位。历任广州白云山制药厂助理工程师、广州七喜电脑有限公司副总经理、广州七喜电脑股份有限公司董事、副总经理。目前任本公司董事、副总经理。

柳四龙先生,董事,男,1975年出生,大专学历,1995年毕业于长沙铁道学院。历任广州太极电子公司店面经理、广州七喜电脑有限公司销售经理、广州七喜数码有限公司总经理。目前任本公司董事、广州七喜数码有限公司总经理。

马银良先生,董事,男,1963年出生,研究生学历,高级工程师,1990年毕业于解放军信息工程学院通信与电子系统专业。历任解放军信息工程学院教师、广州市水利科学研究所副所长、广州七喜电脑有限公司副总经理、广州七喜电脑股份有限公司副总经理、董事。目前任本公司董事、副总经理。

王乘先生,独立董事,男,现年46岁,教授,华中科技大学工程力学本科毕业,获美国波士顿大学航空及机械工程博士学位、美国麻省理工大学宇航工程博士学位。历任华中理工大学、美国依里诺斯大学博士研究员、华中科技大学讲师、副教授、教授、博士生导师、研究院副院长、校长助理、副校长。现任本公司独立董事、华中科技大学副校长、赛尔网络有限公司副董事长。

陈嘉雯女士,独立董事,现年35岁,暨南大学本科学历,会计师、中国注册会计师、中国注册评估师。历任广州市东方会计师事务所有限公司副所长、工会主席。现任本公司独立董事、广州市东方会计师事务所有限公司副所长。

项兵先生,独立董事,现年42岁,加拿大ALBERTA大学管理学博士学位。历任香港科技大学、上海中欧国际工商学院、北京大学光华管理学院EMBA和EDP(高层管理短期课程)的创办主任和博士生导师、长江商学院教授和创办院长。现任本公司独立董事,长江商学院院长。

(二)公司监事会成员

谭震宇先生,监事会召集人,1971年出生,本科学历,工程师,1995年毕业于浙江大学材料科学与工程专业。历任东莞金芙电业制品有限公司车间主任、广州七喜电脑有限公司品管科长、广州七喜电脑股份有限公司电脑厂厂长、职工代表监事,监事会召集人。目前任本公司电脑厂厂长、监事会召集人。

易贤明先生,监事,现年44岁。历任湖北潜江市幸福中学教师、深圳赛格市场经营电子部经理、上海联盛科技有限公司法定代表人和总经理、广州七喜电脑股份有限公司监事。目前任本公司监事、上海联盛科技有限公司法定代表人和总经理。

陈海霞女士,监事,现年29岁,本科学历,1998年毕业于天津商学院电脑信息工程系,获工学学士学位。历任广州太平洋影音公司行政主管、广州七喜电脑有限公司商务部经理、广州七喜电脑股份有限公司HEDY品牌产品事业部下属商务部经理、监事。目前任本公司监事、HEDY品牌产品事业部下属商务部经理。

(三)其他高级管理人员

李迅先生,总经理,简历参见本节"(一)公司董事"部分的相关内容。

陈舟先生,副总经理,简历参见本节"(一)公司董事"部分的相关内容。

马银良先生,副总经理,简历参见本节"(一)公司董事"部分的相关内容。

关玉贤女士,财务负责人,1972年出生,本科学历,1993年毕业于广东商学院金融管理专业。历任中国建设银行广东省分行职员、广州七喜电脑有限公司销售部经理、广州七喜电脑股份有限公司财务负责人。目前任本公司财务负责人(财务总监)。

沈前程先生,董事会秘书,1965年出生,本科学历,经济师,1987年毕业于兰州商学院。历任广州市南方面粉厂办公室副主任、企管部经理、销售经理、市场部经理、广州市南方面粉股份有限公司监事会主席、党委委员、香港科荣管理顾问公司培训经理、广州七喜电脑股份有限公司董事会秘书。目前任本公司董事会秘书。

(四)核心技术人员

卫海龙先生,研究院经理,1972年出生,本科学历,助理工程师,1995年毕业于中国科技大学。历任深圳长城计算机股份有限公司PC事业部测试工程师、测试部经理及产品部经理、广州七喜电脑股份有限公司PC研发部经理,研究院经理。目前任本公司研究院经理。

二、董事、监事、高管人员的特定协议安排

截至目前,上述公司董事、监事和高级管理人员未与公司签订任何的借款、担保等协议。

三、本公司董事、监事和高级管理人员持股情况

(一)本公司董事、监事和高级管理人员本次上市前在本公司的持股情况

本次上市前,上述人员直接持有本公司股份情况如下:

除上表外,易贤明间接持有本公司股份。易贤明是持有本公司2.99%股份的法人股东上海联盛科技有限公司的法定代表人,易贤明持有上海联盛科技有限公司90%的股份,他通过该公司间接持有本公司2.69%的股份。

上述股份不存在质押和冻结,也不存在任何争议。

(二)本公司董事、监事和高级管理人员在公司关联方的持股情况

本公司董事、监事、高级管理人员与核心技术人员中有两人持有关联企业股份:

除上述人员以外的本公司董事、监事、高级管理人员以及核心技术人员未持有公司关联企业的股份。

(三)公司董事、监事和高级管理人员持有本公司股份的锁定安排

本公司董事、监事以及其他高级管理人员将遵守《公司法》等法律、法规的规定,在法律、法规规定的时间内不会转让本公司股票。

第七节　同业竞争与关联交易

一、同业竞争

本公司的控股股东及其控制的企业、持股5%以上的股东以及其他关联方与本公司不存在同业竞争的情况,本公司持股5%以上的股东已经承诺今后不在中国境内外以任何形式从事与广州七喜电脑股份有限公司主营业务、主要产品相竞争或者构成竞争威胁的业务活动。本次发行的发行人律师认为:发行人与关联方目前不存在同业竞争,并且,针对本次申请发行、上市,发行人在《招股说明书》中对同业竞争问题已作出详尽披露,相关股东亦对同业竞争事宜作出了承诺,发行人不存在隐瞒同业竞争情况的情形。发行人和上述各公司对同业竞争问题所采取的有效措施,避免和解决了同业竞争的问题。本次发行保荐机构(主承销商)认为:发行人与实际控制人及其控制的法人之间目前不存在同业竞争情况,并已采取有效措施避免同业竞争。

二、关联方、关联方关系及关联交易

(一)关联方及关联关系

本公司目前存在的关联方及关联关系请查阅刊载于深圳证券交易所指定网站(http://www.cninfo.com.cn)的本公司招股说明书全文。

(二)主要关联交易

报告期内,本公司与六家关联方发生过销售关联交易,2001年、2002年、2003年关联交易总额占本公司销售总额的比例分别为23.69%、12.90%、7.16%。关联方广州七喜数码有限公司还为本公司5,490万元人民币银行授信额度提供了担保。

(三)中介机构和独立董事对关联交易的意见

本公司独立董事、申报会计师、发行人律师及保荐机构均认为本公司关联交易都已经履行了法定审批程序,符合有关规定,不存在损害小股东利益的情形。

第八节　财务会计资料

本公司截止2003年12月31日的财务会计资料,已于2004年7月15日在《中国证券报》、《证券时报》、《上海证券报》和《证券日报》刊登的《招股说明书摘要》中进行了披露,投资者欲了解详细内容,请查阅上述报纸或刊登于深圳证券交易所指定网站(http://www.cninfo.com.cn)的本公司招股说明书全文及其附录。

一、注册会计师意见

本公司已聘请广州羊城会计师事务所有限公司对本公司2001年12月31日、2002年12月31日和2003年12月31日的公司和合并资产负债表,2001年度、2002年度和2003年度的公司和合并利润表及利润分配表,以及2002年度和2003年度的公司和合并现金流量表进行了审计。会计师已出具了标准无保留意见的审计报告。以下引用的财务数据,除非特别说明,均引自经审计的合并财务报表。

二、简要会计资料

(一)简要合并资产负债表(附后)

(二)简要合并利润表(单位:人民币元)

(三)简要合并现金流量表(单位:人民币元)

三、会计报表附注

本公司会计报表注释等内容,请查阅本公司招股说明书全文及其附录,查阅地址为深圳证券交易所指定网站(http://www.cninfo.com.cn)。

四、发行人报告期内财务指标

上述数据除资产负债率采用母公司报表数据以外,其他均以合并财务报表的财务数据为基础计算。

第九节　其他重要事项

1、本公司本次股票发行后至本公司上市公告书公告之日,本公司严格依照《公司法》、《证券法》等法律法规的要求规范运行,生产经营情况正常;所处行业、市场无重大变化;主要业务发展目标进展状况正常,投入、产出物供求及价格无重大变化。

2、本公司本次股票发行后至本公司上市公告书公告之日,本公司无重大对外投资、重大资产(股权)收购或出售行为;住所未发生变更。

3、本公司本次股票发行后至本公司上市公告书公告之日,本公司重大会计政策和会计师事务所没有发生变化。

4、本公司本次股票发行后至本公司上市公告书公告之日,本公司未发生新的重大负债或重大债项发生变化。

5、本公司本次股票发行后至本公司上市公告书公告之日,本公司董事、监事、高级管理人员没有尚未了结或可能发生的重大诉讼事项。

6、本公司本次股票发行后至本公司上市公告书公告之日,本公司未涉及任何重大诉讼事项或仲裁,亦无任何尚未了结或可能面临的重大诉讼或索赔要求。

7、根据《深圳证券交易所中小企业板块上市公司特别规定》,本公司章程中应包含:"(一)、股票被终止上市后,公司股票进入代办股份转让系统继续交易;(二)、不对公司章程中的前款规定做任何修改"等内容。本公司已经于2004年7月20日承诺:自本公司上市后三个月内在公司章程内载入上述内容。

8、本公司第一大股东易贤忠承诺:自发行人股票上市交易之日起12个月内,不转让所持有的本公司股份,也不要求或接受本公司回购其所持有的股份。本公司承诺:自本公司股票上市交易之日起12个月内,不回购本公司发起人持有的本公司股份,亦不接受本公司发起人回购其持有的本公司股份的要求。

9、2001-2003年度,公司未对公司股东进行股利分配。根据本公司2004年2月17日召开的2003年度股东大会决议,如本公司股票发行上市,则本公司2001年度、2002年度、2003年度产生的未分配利润由本公司公开发行后的新老股东共享,2004年1月1日至股份公司上市日形成的未分配利润由公开发行后的新老股东共享。

10、本公司本次股票发行后至本公司上市公告书公告之日,没有其他应披露而未披露之重大事项。

第十节　董事会上市承诺

本公司董事会承诺将严格遵守《中华人民共和国公司法》、《中华人民共和国证券法》、《股票发行与交易管理暂行条例》、《公开发行股票公司信息披露实施细则》、《深圳证券交易所股票上市规则》和《深圳证券交易所中小企业板块上市公司特别规定》等国家法律、法规和有关规定,并自股票上市之日起做到:

1、承诺真实、准确、完整、公允和及时地公布定期报告,披露所有对投资者有重大影响的信息,并接受中国证监会、证券交易所的监督管理。

2、承诺本公司在知悉可能对股票价格产生误导性影响的任何公共传播媒介中出现的消息后,将及时予以公开澄清。

3、本公司董事、监事、高级管理人员和核心技术人员将认真听取社会公众的意见和批评,不利用已获得的内幕消息和其他不正当手段直接或间接从事本公司股票的买卖活动。

4、本公司没有无记录的负债。

第十一节　保荐机构(上市推荐人)及其意见

一、保荐机构(上市推荐人)情况

名称:广发证券股份有限公司

法定代表人:王志伟

注册地址:珠海市吉大海滨南路光大国际贸易中心26楼2611室

联系地址:广州市天河北路183号大都会广场38楼

电话:020-87555888

传真:020-87553583

联系人:刘哲、蔡铁征、周郑屹、叶勇

二、保荐机构(上市推荐人)意见

本公司的保荐机构(上市推荐人)广发证券股份有限公司认为本公司首次公开发行的股票符合上市条件,已向深圳证券交易所出具了《广州七喜电脑股份有限公司首次公开发行股票上市推荐书》。保荐机构的推荐意见主要内容如下:

七喜股份的公司章程符合《公司法》等有关法律、法规和中国证监会的相关规定;按照《中华人民共和国公司法》和《中华人民共和国证券法》及《深圳证券交易所股票上市规则》等国家有关法律、法规的规定,保荐机构(上市推荐人)认为七喜股份股票已具备公开上市的条件。

保荐机构(上市推荐人)保证七喜股份的董事了解法律、法规、深圳证券交易所上市规则及股票上市协议规定的董事义务与责任,并协助七喜股份健全了法人治理结构、协助发行人制定了严格的信息披露制度与保密制度。

保荐机构(上市推荐人)已对上市文件所载的资料进行了核实,确保上市文件真实、准确、完整,符合规定要求。保荐机构(上市推荐人)保证七喜股份的上市申请材料、上市公告书没有虚假、严重误导性陈述或者重大遗漏,保证对其承担连带责任。

保荐机构(上市推荐人)与七喜股份不存在关联关系,保荐机构(上市推荐人)愿意推荐发行人的股票在深圳证券交易所上市交易,并且在上市推荐过程中,保证不利用在上市过程中获得的内幕信息进行内幕交易,为自己或他人谋取利益。

广州七喜电脑股份有限公司

2004年7月29日

丽江玉龙旅游股份有限公司

丽江玉龙旅游股份有限公司首次公开发行人民币普通股股票上市公告书

第一节 重要声明与提示

本公司董事会保证上市公告书的真实性、准确性、完整性,全体董事承诺上市公告书不存在虚假记载、误导性陈述或重大遗漏,并承担个别和连带的法律责任。

根据《公司法》、《证券法》等有关法律、法规的规定,本公司董事、高级管理人员已依法履行诚信和勤勉尽责的义务和责任。

证券交易所、中国证监会、其他政府机关对本公司股票上市及有关事项的意见,均不表明对本公司的任何保证。

本公司提醒广大投资者注意,凡本上市公告书未涉及的有关内容,请投资者查阅 2004 年 8 月 5 日刊载于《中国证券报》、《证券时报》和《上海证券报》的本公司招股说明书摘要,以及刊载于巨潮资讯网站:http://www.cninfo.com.cn 的本公司招股说明书全文及相关附录。

第二节 概 览

股票简称:丽江旅游　　深市股票代码:002033
沪市股票代理代码:609033　　总股本:99,323,048 股
可流通股本:25,000,000 股　　本次上市流通股本:25,000,000 股
本次发行价格:6.90 元/股　　上市地点:深圳证券交易所
上市时间:2004 年 8 月 25 日
股票登记机构:中国证券登记结算有限责任公司深圳分公司
保荐机构(上市推荐人):华夏证券股份有限公司

本公司首次公开发行股票前股东所持股份的流通限制及期限:根据国家有关法律、法规的规定和中国证券监督管理委员会证监发行字[2004]125 号《关于核准丽江玉龙旅游股份有限公司公开发行股票的通知》,本公司首次公开发行股票前的国有法人股股东及法人股股东持有的未流通股暂不上市流通。

本公司首次公开发行股票前的第一大股东云南省丽江玉龙雪山省级旅游区旅游开发总公司对所持股份自愿锁定的承诺:自本公司上市之日起 12 个月内,不转让所持有的本公司股份,也不会要求或接受本公司回购其所持有的股份。

第三节 绪 言

本上市公告书系根据《中华人民共和国公司法》、《中华人民共和国证券法》、《股票发行与交易管理暂行条例》、《公开发行股票公司信息披露实施细则》和《深圳证券交易所股票上市规则》等国家有关法律、法规的规定,并按照中国证券监督管理委员会制定的《公开发行证券的公司信息披露内容与格式准则第 7 号-股票上市公告书》要求而编制,旨在向投资者提供丽江玉龙旅游股份有限公司(以下简称"丽江旅游"、"发行人"、"本公司"或"公司")基本情况和本次股票上市的有关资料。

经中国证券监督管理委员会证监发行字[2004]125 号文核准,本公司已于 2004 年 8 月 10 日利用深圳证券交易所系统,以向深市、沪市二级市场投资者定价配售的方式成功发行了人民币普通股(A 股)2,500 万股,每股面值 1.00 元,每股发行价格为 6.90 元。

经深圳证券交易所深证上[2004]85 号《关于丽江玉龙旅游股份有限公司人民币普通股股票上市交易的通知》批准,本公司 2,500 万股流通股股票将于 2004 年 8 月 25 日在深圳证券交易所上市交易,股票简称为"丽江旅游",股票代码为"002033"。

本公司已于 2004 年 8 月 5 日分别在《中国证券报》、《证券时报》和《上海证券报》刊登了《丽江玉龙旅游股份有限公司首次公开发行股票招股说明书摘要》。《丽江玉龙旅游股份有限公司首次公开发行股票招股说明书》全文及其附录可在巨潮资讯网站:http://www.cninfo.com.cn 查阅。因招股说明书及其摘要的披露距今不足 3 个月,故与其重复的内容在此不再重述,敬请投资者查阅上述文件。

第四节 发行人概况

一、发行人基本情况

中文名称:丽江玉龙旅游股份有限公司
英文名称:LiJiang YuLong Tourism Co.,LTD.
注册资本:99,323,048 元　　法定代表人:王云
住　　所:云南省丽江市大研镇福慧路丽江宾馆民族院(邮编:674100)
经营范围:经营旅游索道及其他相关配套服务;对旅游、房地产、酒店、交通、餐饮等行业投资、建设和经营。
主营业务:主要从事旅游索道的经营、管理。
所属行业:旅游行业
电　　话:0888-5105981、0871-3160890
传　　真:0888-5105981、0871-3175175
互联网网址:http://www.yulongtour.com
电子信箱:company@yulongtour.com
董事会秘书:杨学禹

二、发行人历史沿革

本公司前身是丽江玉龙雪山旅游索道有限公司(以下简称"雪山索道公司"),该公司是于 1995 年 12 月 14 日经云南省人民政府外经贸滇胞字[1995]177 号《中华人民共和国台港澳侨投资企业批准证书》批准设立的中外合资经营企业,注册资本为 303.50 万美元。云南省丽江玉龙雪山省级旅游区旅游开发总公司(以下简称"丽江总公司")、昆明鑫泰旅游发展有限责任公司(以下简称"昆明鑫泰")、香港云港机械有限公司(以下简称"云港机械")分别持有 40%、30%和 30%的股权。

1997 年 3 月 20 日,昆明鑫泰将其持有的 20%的雪山索道公司出资额转让给丽江总公司,另外 10%的出资额转让给云港机械。1998 年 11 月 30 日,雪山索道公司将注册资本增加至 607 万美元。2001 年 4 月 8 日,云港机械将其持有雪山索道公司的 40%股份全部转让给云南机械进出口股份有限公司(以下简称"机械股份"),雪山索道公司由中外合资企业变更为内资有限责任公司。

经雪山索道公司于 2001 年 6 月 5 日召开的股东会审议通过,丽江总公司将其持有的雪山索道公司的部分股份分别转让给昆明宝汇投资有限公司(以下简称"宝汇公司")863.5809 万股、云南协力工贸有限公司(以下简称"协力公司")188.0075 万股、丽江摩西风情园有限责任公司(以下简称"摩西风情园")95.4265 万元、丽江白鹿国际旅行社有限公司(以下简称"白鹿旅行社")62.6691 万股,转让溢价比例均为 1:1.5。

经雪山索道公司于 2001 年 6 月 5 日召开股东大会审议通过,雪山索道公司以现金 374.88 万元收购丽江总公司持有的云杉坪索道公司 17.6409%股权。经雪山索道公司 2001 年 6 月 5 日召开股东大会审议通过,雪山索道公司与丽江雪花山庄签订资产收购协议,由雪山索道公司以现金 1500 万元收购丽江雪花山庄"一期工程"资产。

经雪山索道公司于 2001 年 6 月 6 日召开股东大会审议通过,2001 年 6 月 7 日丽江总公司、机械股份与摩西风情园签订了《增资扩股协议》,摩西风情园以其持有的云杉坪索道公司 25%的股权所对应的净资产评估值 531.2650 万元按 1:1 的比例对雪山索道公司进行增资;丽江总公司以其持有的云杉坪索道公司 32.3591%的股权所对应的净资产评估值 687.650 万元按 1:1 的比例对雪山索道公司增资,至此,雪山索道公司共计持有云杉坪索道公司 75%的股权。

经云南省经贸委云经贸企改【2001】526 号文《关于变更设立丽江玉龙旅游股份有限公司的批复》批准,雪山索道公司以经审计的 2001 年 6 月 30 日帐面净资产 74,323,048 元,按 1:1 的比例折为 74,323,048 股,整体变更为股份有限公司。

昆明宝汇投资有限公司原为本公司第三大股东,持有本公司 1024.1716 万股。因宝汇公司未能按时偿还对昆明龙丰投资管理有限公司 1200 万元的欠款,根据昆明市中级人民法院(2002)昆民执字第 236 号《民事裁定书》和(2002)昆民执字第 236 号《协助执行通知书》,公司于 2004 年 2 月 25 日召开了股东大会,审议通过了昆明宝汇投资有限公司所持有的公司股份变更为昆明龙丰投资管理有限公司持有,公司股东变更的登记手续已于 2004 年 3 月 9 日办理完毕。

三、主要经营情况

(一)发行人的主营业务

本公司目前的收入主要来源于玉龙雪山索道、云杉坪索道及牦牛坪索道的运输收入和本公司提供从甘海子游客服务中心到达本公司索道下部站的大巴客运收入,同时本公司也通过向游客提供出售热饮、氧气、旅游商品和防寒服租赁等业务取得收入。

(二)与发行人业务及生产经营有关的无形资产权属情况

1、土地使用权及房屋所有权情况

公司及控股子公司拥有土地 7 宗,土地使用权证号分别为丽国用(2002)字第 047 号、丽国有(2001)字第 200 号、丽国有(2002)字第 0113 号、丽国用(2001)字第 0103 号、丽国土[2001]字 185 号、丽国土[2001]字 101 号和丽国土[2001]字 102 号。

公司及控股子公司共拥有房产 8 处,房产证号分别为丽字第 013097 号、丽字第 013098 号、古城字第 16925 号、古城字第 016924 号、古城字第 G16923 号、丽字第 G12892、玉字第 00067 号和玉字第 00068 号。

2、特殊行业经营权证

本公司持有设备编号为 9021-533200-199901-1163 的《客运索道安全检验合格证》(有效期自 2003 年 9 月 15 日至 2006 年 9 月 14 日);持有丽江地区交通运政管理处颁发的云运丽字【2003】第 20000108 号《道路运输经营许可证》;持有丽江地区行政公署发展计划委员会颁发的滇价丽地证字【2003】第 J062001 号《云南省经营服务性收费许可证》。

本公司控股子公司云杉坪索道公司持有编号为 9024-533200-200109-3060 的《云南云杉坪索道客运索道安全检验合格证》(有效期自 2001 年 9 月 20 日至 2004 年 9 月 19 日);持有丽江地区交通运政管理处颁发的云运丽字[2003]第 20000109 号《道路运输经营许可证》;持有丽江地区物价局颁发的滇价丽地经证字[1999]第 11 号《云南省经营服务性收费许可证》。

本公司控股子公司牦牛坪索道公司持有国家客运架空索道安全监督检验中心分发的编号为 9024-533200-200001-1203 的《客运索道安全检验合格证》;持有丽江地区交通运政管理处颁发的云运丽字【2003】第 20000026 号《道路运输经营许可证》;持有丽江市发展计划委员会颁发的滇价费丽市证字【2003】第 J062042 号《云南省经营服务性收费许可证》。

(三)行业背景及发行人竞争地位

旅游业是指从事旅游经营和为游客提供吃、住、行、游、娱、购等各种服务和商品的行业。旅游业主要经济活动领域包括旅行社业、饭店业、旅游交通业和旅游景观业。目前,国内旅游行业竞争主要来自于国内和国外两个市场。由于我国国内游与出境游相比存在着比较明显的成本优势,因此我国旅游行业的竞争大部分来自于国内市场。目前全国有 24 个省份把旅游业作为支柱产业培育,云南省的 17 个地州市中,有 10 个把旅游业作为支柱产业,6 个作为重点产业或先导产业。

丽江所处的滇西北地区是云南省旅游资源最为富集的地方之一。"中国香格里拉生态旅游区"、"三江并流区域"、"茶马古道"均是世界知名的精品旅游区。据丽江行署旅游局统计资料,1995~2001 年间,丽江接待的海内外游客从 84.05 万人次增长到 322.1 万人次,年均增长 38.4%。进入玉龙雪山旅游景区的游客人数则从 6.39 万人次增长到 109.7 万人次,7 年间增长了 17.17 倍。丽江地区是我国旅游资源最为富集的地区之一,"十五"期间,丽江旅游行业仍将保持良好的发展态势,预计到 2005 年,丽江地区将接待海内外游客 400 万人次左右。

本公司地处旅游资源富集的滇西北地区,本公司借助"丽江古城"、"三江并流"、"茶马古道"和玉龙雪山等高品位的旅游资源,依托云杉坪森林公园、玉龙雪山冰川公园、牦牛坪山地公园等著名景点,公司建设和收购了云杉坪索道、玉龙雪山索道、牦牛坪索道。随着以上景点的知名度和旅游服务程度的日益成熟,公司所经营的旅游索道线路也发展成为丽江最有代表性的名牌旅游线路。

第五节 股票发行与股本结构

一、本次股票上市前首次公开发行情况

1、股票类型:人民币普通股(A 股)

2、每股面值:1.00 元/股

3、发行总量:25,000,000 股,占发行后总股本 25.17%

4、发行价格:6.90 元/股

5、发行市盈率:19.17 倍(按预测发行当年全面摊薄每股收益计算)

6、发行方式:全部向二级市场投资者定价配售

7、发行对象:于 2004 年 8 月 5 日持有深圳证券交易所或上海证券交易所已上市流通人民币普通股(A 股)股票的收盘市值总和(包括可流通但暂时锁定的股份市值)不少于 10,000 元的投资者(国家法律、法规禁止购买者除外)。两市投资者均可参加本次新股发行的配售。配售时,投资者分别使用其所持有的深、沪两市的股票市值。

8、承销方式:承销团采用余额包销方式承销

9、本次发行股份上市流通:2004 年 8 月 25 日起,本次公开发行的股份在深圳证券交易所上市流通。公司其余股份按照国家有关规定暂不流通。

10、发行费用:1,243.38 万元。其中承销费用 690 万元,保荐费用 310 万元,审计费用 73 万元,律师费用 50 万元,评估费用 30 万元,审核费 20 万元,上网发行费用 60.38 万元,验资费用 10 万元。

11、募集资金额:首次公开发行募集资金总额 17,250 万元,扣除发行费用 1,243.38 万元,公司实际募集资金 16,006.62 万元。

二、本次股票上市前首次公开发行股票的承销情况

本次向社会公众投资者公开发行 2,500 万股人民币普通股股票的总有效申购户数为 10,971,839 户,总有效申购股数为 61,407,739,000 股,配号总数为 61,407,739 个,本次股票发行的中签率为 0.0407114810%。二级市场投资者认购了 24,630,164 股,其余 369,836 股由保荐机构(主承销商)包销。

三、本次上市前首次公开发行股票所募股资金的验资报告

验 资 报 告

亚太验 D 字(2004)第 73 号

丽江玉龙旅游股份有限公司全体股东:

我们接受委托,审验了丽江玉龙旅游股份有限公司(以下简称"贵公司")截至 2004 年 8 月 17 日止新增注册资本实收情况。按照国家相关法律、法规的规定和协议、章程的要求出资,提供真实、合

法、完整的验资资料，保护资产的安全、完整是全体股东及贵公司的责任。我们的责任是对贵公司新增注册资本的实收情况发表审验意见。我们的审验是依据《独立审计实务公告第1号--验资》进行的。在审验过程中，我们结合贵公司的实际情况，实施了检查等必要的审验程序。

贵公司原注册资本为人民币74,323,048.00元，根据贵公司股东大会决议和修改后章程的规定，贵公司申请增加注册资本人民币25,000,000.00元。经中国证券监督管理委员会"证监发行字[2004]125号"《关于核准丽江玉龙旅游股份有限公司公开发行股票的通知》批准，贵公司于2004年8月10日按每股6.90元的发行价格，以"向二级市场投资者定价配售"的方式向社会公开发行面值为人民币1元的普通股股票25,000,000股。经我们审验，截至2004年8月17日止，贵公司已收到社会公众股股东认缴的新增注册资本合计人民币25,000,000.00元(人民币贰仟伍佰万元整)，各股东均以货币资金出资。本次发行共募集资金172,500,000.00元，扣除发行费用后贵公司实际募股资金净额为160,066,200.00元，其中折为股本25,000,000.00元，资本公积135,066,200.00元。

同时我们注意到，贵公司本次增资前的注册资本为人民币74,323,048.00元，业经云南亚太会计师事务所有限公司审验，并出具"亚太验D字(2001)第80号"验资报告。截至2004年8月17日止，贵公司变更后的累计注册资本实收金额为人民币99,323,048.00元。

本验资报告仅供贵公司申请变更登记及据以向出资者签发出资证明时使用，不应将其视为是对贵公司验资报告日后资本保全、偿债能力和持续经营能力等的保证。因使用不当造成的后果，与执行本验资业务的注册会计师及会计师事务所无关。

附件：1、注册资本变更情况明细表

(1)新增注册资本实收情况明细表(表1)；(2)注册资本变更前后对照表(表2)

2、验资事项说明

亚太中汇会计师事务所有限公司　　中国注册会计师：杨守任

中国·北京　　中国注册会计师：龙云刚

二〇〇四年八月十七日

四、本次发行募股资金入账情况

入帐时间：2004年8月17日

入帐金额：16,189.62万元（扣除承销费、保荐费、上网发行费用后余额）

入帐帐号：140501040000406

开户银行：中国农业银行丽江市分行市政广场分理处

五、上市前股权结构及各类股东的持股情况

(一)本次上市前股权结构

股份类别	股份(万股)	比例(%)
一、发起人股份	7432.3048	74.83
其中：国有法人股份	2972.9219	29.93
境内其他法人股份	4459.3829	44.90
二、社会公众股份	2500	25.17
合计	9932.3048	100

(二)本次上市前十大股东情况

序号	股东名称	持股数(股)	持股比例(%)	股份类别
1	云南省丽江玉龙雪山省级旅游区旅游开发总公司	29,729,219	29.93	发起人股
2	云南机械进出口股份有限公司	23,946,886	24.11	发起人股
3	昆明龙丰投资管理有限公司	10,241,716	10.31	发起人股
4	丽江摩西风情园有限责任公司	7,432,305	7.48	发起人股
5	云南协力工贸有限公司	2,229,692	2.24	发起人股
6	云南丽江白鹿国际旅行社有限公司	743,230	0.748	发起人股
7	华夏证券股份有限公司	369,836	0.372	流通股
8	南方证券有限公司	260,000	0.262	流通股
9	广发证券股份有限公司	18,000	0.018	流通股
10	中信证券股份有限公司	16,000	0.016	流通股

第六节　董事、监事、高级管理人员及核心技术人员

一、董事、监事、高级管理人员与核心技术人员简介

本公司董事、监事、高级管理人员及核心技术人员均为中国国籍，无国外永久居留权，相互之间不存在配偶关系、三代以内直系和旁系亲属关系。

1、公司董事会成员

王云先生：1959年生，研究生学历，中国籍。现任本公司董事长、丽江云杉坪旅游索道公司、牦牛坪旅游索道公司的董事长。王云先生1982年毕业于云南农大水利系水利水电工程建筑专业，获学士学位；1983年到同济大学进修一年后在丽江地区行署建委设计处，从事建筑设计工作。历任丽江地区建委建筑规划科科长、建委主任助理、丽江地区建委副主任、丽江地区行署玉龙雪山开发办公室主任、丽江地区旅游事业管委会常务副主任、丽江玉龙雪山省级旅游区旅游开发总公司总经理。

陈方先生：1966年生，本科学历，中国籍。现任本公司副董事长、云南省机械进出口公司总经理、云南机械进出口股份有限公司董事长、昆明滇池高尔夫有限公司董事长。陈方先生1988年毕业于北京理工大学，毕业后到云南省机械进出口公司，历任业务员、部门经理，云南机械进出口有限公司派驻缅甸环球公司总经理；云南省机械进出口公司副总经理。

刘晓华先生：1970年生，大专学历，中国籍。现任本公司董事、总经理、丽江云杉坪旅游索道公司的董事。刘晓华先生1991年毕业于云南省公安专科学校。毕业后历任丽江县公安局拉市派出所干警、丽江县公安局刑警队干警、丽江县公安局巡警队副队长、丽江玉龙雪山旅游开发区管委会招商办主任、丽江玉龙雪山旅游滑雪场副总经理、丽江玉龙雪山旅游开发总公司副总经理。

何希文先生：1954年生，大专学历，高级经济师，中国籍。现任本公司董事、云南协力工贸有限公司董事长、云南省机械进出口公司董事、丽江云杉坪旅游索道公司的董事。何希文先生于1970年参加工作，历任云南汽车厂动力设备科工人、云南广播电视大学汽车分校学生、云南省机械厅职工大学教师。1986年-1988年在西南交通大学自动控制专业助教进修班修读硕士研究生课程；1988年起历任云南省机械进出口公司业务员、香港云港机械有限公司总经理。

谢晓峰先生：1969年生，大专学历，中国籍。现任本公司董事、丽江玉龙雪山省级旅游区旅游开发总公司财务审计科科长，丽江摩西风情园有限公司法定代表人。谢晓峰先生于1991年云南省财经学校毕业，历任丽江地区审计事务所审计员、1993年-1996年云南大学成人教育学院进修、丽江玉龙雪山旅游开发总公司财务审计科科长、丽江博识乐旅游产品开发公司总经理。

张耀南先生：1962年生，大学学历，高级工程师，中国籍。现任本公司董事、云南澜沧江投资控股有限公司总经理、昆明龙丰投资管理有限公司董事长。张耀南先生曾就职于云南小龙潭发电厂副厂长、云南省电力工业局多种产业管理局副局长、云南滇能(集团)控股有限公司副总经理。

陈朝行先生：1953年生，大学学历，经济师，中国籍。现任本公司独立董事、深圳市朝向高尔夫管理有限公司董事长、香港高尔夫球会有限公司董事。陈朝行先生于1977年中山大学中文系毕业，中国作家协会广东分会会员。历任韶关钢铁厂宣传部新闻干事；深圳市市长秘书；深圳经济特区发展(集团)公司办公室副主任；深圳发展中心有限公司总经理；深圳高尔夫俱乐部有限公司常务董事副总经理。

杨苍先生：1957年生，研究生学历，高级经济师、高级会计师、中国注册会计师、中国注册资产评估师，中国籍。现任本公司独立董事、昆明制药股份有限公司独立董事、云南汇通会计师事务所主任会计师。杨苍先生历任昆明农药厂财务科科长、昆明市财政局商业处副处长、国有资产管理处副处长；昆明市会计师事务所负责人，云南会计师事务所资产评估部主任、股份证券部业务主任、所长助理；云南旅游(集团)股份有限公司财务总监。

张曜晖先生：1971年生，研究生学历，中国籍。现任本公司独立董事、科建集团(香港)股份有限公司执行董事、副总裁，中国达门中小企业国际合作有限公司执行董事、副总裁。张曜晖先生曾任中国国际期货经纪有限公司上海公司分析员、出市代表。

2、公司监事会成员

杨志昆先生：1952年生，中国籍。现任本公司监事、云南机械进出口股份有限公司副总经理、云南机械进出口公司党委副书记。杨志昆先生曾在云南省政法干校、云南经济管理干部学院学习，曾在云南国营农场孟定总场、云南省金马柴油机总厂工作。

张丽宏先生：1970年生，大专学历，中国籍。现任本公司监事、丽江白鹿国际旅行社有限公司董事长、总经理、丽江宏略发展有限公司董事长。张丽宏先生于1986年在丽江电化厂化验室工作，1994年起在丽江白鹿国际旅行社有限公司工作。

丁宇亮先生：1963年生，中专学历，中国籍。现任本公司监事，丽江玉龙雪山省级旅游区旅游开发总公司副总经理。丁宇亮先生1984年丽江地区财贸学校"企业管理"专业毕业，后在云南省大研农场、丽江地区物资总公司工作并任分队长、主办会计、财务科长等职。

杨灿军先生：1976年生，中专学历，中国籍，现任本公司监事，营销部经理。杨灿军先生曾在云南省机械工业学校计算机专业学习，后曾在云南机床厂办公室、丽江总公司信息部工作。

王霞女士：1974年生，大专学历，中国籍，现任本公司监事、索道经营分公司办公室副主任。王霞女士曾在云南民族学院旅游管理专业学习，后曾在昆明文达实业公司、丽江佳美宾馆、丽江玉龙雪山索道有限公司办公室工作。

3、高级管理人员、核心技术人员

总经理刘晓华：见董事简历介绍。

财务总监兼董事会秘书杨学禹先生：1970年生，大学学历，会计师，中国籍。杨学禹先生于1992年厦门大学财政金融系毕业，历任云南云华光学有限公司财务部会计、云南恒丰集团股份有限公司发展部职员、云南恒丰期货经纪有限公司出市代表、海南营业部负责人、交易部主管；昆明博闻证券投资咨询有限责任公司企业顾问部经理、北方光电科技股份有限公司财务副总监兼证券部副经理。

副总经理王捷先生：1962年生，大学学历，中国籍。王捷先生1984年于复旦大学毕业，后历任广州省第一工业厅科员、广州经济技术开发区商业服务总公司秘书科科员、调研科副科长、秘书科科长、业务科科长及总经理秘书等职。1991年始历任港资迅达投资企业公司项目发展经理、香港金马房产集团开发部部长、拓展及股份事务部部长、餐饮娱乐公司经理、总裁助理等职。1995年始历任香港宣嘉企业集团董事长助理、西南地区业务主管，1996年起长驻昆明，期间兼任集团广东湛江合资公司外方代表、董事副总经理，昆明和贵阳分公司总经理，云南合资公司外方代表，董事副总经理。

副总经理杨新德先生：1964年生，中专学历，中国籍。现兼任玉龙雪山索道经营分公司总经理。杨新德先生于1983年毕业于云南楚雄州粮食学校后在丽江地区粮食局工作，1994年任丽江云杉坪旅游索道有限公司总经理，1999年始任丽江玉龙雪山旅游索道有限公司总经理。

副总经理史云波先生：1968年生，大专学历，中国籍。史云波先生曾在中国电子科技大学(原成都电讯工程学院)计算机应用专业学习，后曾任云南省机械进出口公司进出口三部经理、昆明星震科技有限公司总经理、云南机械进出口股份有限公司总经理秘书。

总经理助理文继恒先生：1949生，中专学历，中国籍。文继恒先生于1969年毕业后历任玉溪地区峨山氮肥厂技术科长、云南省石化厅金属结构厂厂长、中外合资云南明华橡胶公司副总经理、昆明鑫泰旅游发展有限公司总经理。

核心技术人员杨正彪先生：1974年生，大学本科学历，中国籍，现任本公司索道经营分公司安全技术部主任。杨正彪先生1992年至1996年在中南林学院机械工程系就读，1996年7月至1997年5月在昆船集团西南东光机械厂307车间工作，1997年6月起丽江玉龙雪山旅游索道有限公司工作，历任索道站副站长、索道站站长、本公司索道经营分公司安全技术部副主任。

二、董事、监事、高级管理人员及核心技术人员的特定协议安排

截至目前，上述公司董事、监事、高级管理人员及核心技术人员未与公司签订任何的借款、担保等协议。

三、董事、监事、高管人员及核心技术人员持股情况

1、本公司的董事、监事、高级管理人员和核心技术人员不存在直接持有本公司股份的情况。

2、本公司的董事、监事、高级管理人员和核心技术人员及其家属、近亲属通过持有本公司股东股份间接持有本公司股份的情况如下表：

姓　名	持有公司名称	持股比例	间接持有本次发行前本公司股份比例	与公司有关人员的关系
史云波	机械股份	12.38%	3.99%	本公司副总经理
	机械公司	1.10%	0.13%	
陈　方	机械公司	20.00%	2.32%	本公司副董事长
刘晓军	摩西风情园	17.54%	1.75%	本公司董事长王云的配偶
杨新德	摩西风情园	7.26%	0.73%	本公司副总经理
刘耀华	摩西风情园	10.53%	.05%	本公司总经理刘晓华的胞姐
陈云萍	摩西风情园	2.35%	0.24%	本公司副总经理杨新德的配偶
和玉华	摩西风情园	9.93%	0.99%	本公司董事谢晓峰的配偶
	摩西风情园	1.05%	0.11%	
张丽宏	白鹿旅行社	60.05%	0.60%	本公司监事
	协力公司	17.94%	0.54%	
何希文	机械公司	0.30%	0.03%	本公司董事
	协力公司	14.72%	0.44%	
杨志昆	机械公司	1.50%	0.17%	本公司监事

注：上表所列示间接持有本公司股份比例中，股东单位之间相互持股形成的间接持有本公司股份的部分忽略不计。

第七节　同业竞争与关联交易

一、同业竞争及解决措施

本公司目前与各股东及其控制的下属企业之间不存在同业竞争。

公司第一大股东丽江总公司已于2002年10月20日作出《关于放弃同业竞争及避免利益冲突的承诺函》，承诺在作为发行人的控股股东期间，丽江总公司及其控股子公司不从事任何与发行人构成或可能构成竞争的业务，不利用控股股东的地位从事任何有损于发行人利益的生产经营活动，并愿意对违反上述承诺而给发行人造成的经济损失承担赔偿责任。

公司第二大股东机械股份已于2002年11月20日作出《关于避免同业竞争的承诺函》，该公司及其控股子公司承诺不在云南省丽江地区从事与发行人相同或相似的业务，并愿意对违反上述承诺而给发行人造成的经济损失承担赔偿责任。

公司其他股东也作出了《放弃同业竞争及避免利益冲突的承诺函》，承诺目前及未来不从事或发展与公司经营业务相同或相似的业务。

本公司律师及承销商认为："发行人与第一大股东丽江总公司、第二大股东机械股份及其他各股东之间不存在同业竞争，发行人与其他关联企业之间也不存在同业竞争。"

二、关联方、关联方关系及关联交易

(一)关联方及关联关系

本公司目前存在的关联方、关联关系的相关信息，请查阅2004年8月5日刊登于巨潮咨询网站(www.cninfo.com.cn)披露的本公司的招股说明书全文。

(二)主要的关联交易

报告期内主要的关联交易如下：

1、股份公司设立前发生的关联交易

(1)受让股权

经丽江玉龙雪山旅游索道有限公司于2001年6月6日召开的股东大会审议通过，2001年6月7日，丽江玉龙雪山旅游索道有限公司与丽江总公司签订《股权收购协议书》，该协议决定由丽江玉龙雪山旅游索道有限公司以现金374.88万元收购丽江总公司持有的丽江云杉坪旅游索道有限公司17.6409%股权(根据乾聚评报字【2001】第8号《资产评估报告书》，该部分股权的净资产评估值为374.88万元)。关联股东在本次股东大会上履行了回避表决的程序。

(2)收购资产

经雪山索道公司于2001年6月5日召开的股东大会审议通过，2001年6月10日，雪山索道公

司与丽江雪花山庄签订资产收购协议,该协议决定由雪山索道公司以现金1500万元收购丽江雪花山庄"一期工程"资产(根据乾聚评报字【2001】第7号《资产评估报告书》,净资产评估值为1499.41万元)。因丽江雪花山庄系丽江总公司下属企业(丽江雪花山庄已于2002年3月26日注销),故关联股东在本次股东大会上履行了回避表决的程序。

本次关联交易规模超过公司最近经审计净资产值的5%,构成了公司报告期内重大关联交易,公司独立董事、申报会计师、律师和保荐机构(主承销商)对此次关联交易分别发表了意见。

2、股份公司设立后的关联交易

(1)持续性销售交易

本公司及控股子公司每年与白鹿旅行社签署一次《玉龙雪山旅游索道收费及配套服务收费协议》,约定当年白鹿旅行社所带旅游团队游览玉龙雪山乘坐玉龙雪山旅游索道和云杉坪索道的索道票价、大巴车运输费、保险票及配套服务执行政府有关部门批准的收费标准,同时,公司按照给予第三方的条件,约定白鹿旅行社享受的团体优惠政策。2003年度因玉龙雪山索道票价于2003年4月1日起执行上调后的收费标准,故本公司与白鹿旅行社按新的索道票价标准签订了新的《玉龙雪山旅游索道收费协议》。2001年2月15日本公司控股子公司云杉坪索道公司与白鹿旅行社签署《旅行社签单协议书》。

上述关联交易协议已经公司第一届七次董事会审议通过,关联董事履行了回避表决的程序。根据亚太中汇会计师事务所有限公司(原云南亚太会计师事务所有限公司)出具的亚太审D字(2004)第466号审计报告,该项关联交易在报告期内发生规模及占同类销售收入比例的情况如下:单位:万元

关联方	2004年1-6月		2003年度		2002年度		2001年度关联方	
	金额	比例	金额	比例	金额	比例	金额	比例
白鹿旅行社	185.48	4.12%	243.77	3.98%	392.11	4.92%	263.31	4.55%

截至2004年6月30日,公司应收账款余额中,应收白鹿旅行社982,821.10元,占全部应收账款余额的16.26%,该款项系依照双方签订的《玉龙雪山旅游索道收费协议》,在正常经营中尚未结算的索道票款。

(2)委托进口代理

本公司因索道运营设备需要更新,于2002年11月13日与云南机械进出口股份有限公司签订《委托代理协议》,由机械股份代理进口瑞士FATZER公司架空索道钢绳一根,价值102,611.00欧元(折合人民币861,573.00元)。该货物已于2003年3月在本公司玉龙雪山索道下部站交卸货。

2002年8月15日召开的公司第一届六次董事会审议了公司委托云南机械进出口股份有限公司代理进口备用钢绳事项及双方签订的《委托代理进口协议》,公司关联董事履行了回避程序。

公司本次发行上市后将适用的《公司章程》及关联交易制度等均对公司关联交易决策程序等问题进行了规定。

三、中介机构和独立董事对关联交易的意见

(一)发行人律师对关联交易的意见

云南海合律师事务所经核查后认为:"公司披露的关联方、关联关系及报告期内发生的关联交易真实、准确、完整,无遗漏或隐瞒。关联交易均真实有效、合法合规、不存在纠纷或潜在风险,也没有损害中小股东的利益。"

(二)保荐机构对关联交易的意见

保荐机构(主承销商)认为:"公司已在《招股说明书》中充分披露了报告期内与关联方发生的关联交易,所披露的关联方、关联关系和关联交易真实、准确、完整,无遗漏或隐瞒,关联交易价格公允,决策程序合法有效,不存在损害发行人及中小股东利益的情形。"

保荐机构进一步对发行人近三年一期重大关联交易发表意见,认为"公司在报告期内发生的重大关联交易(公司与其关联方达成的关联交易总额高于人民币3000万元或高于最近经审计净资产值的5%的关联交易)是在遵循市场化原则的基础上发生的,且关联交易对发行人财务状况和经营业绩的影响较小,此类关联交易不影响发行人生产经营的独立性。"

(三)发行人会计师对关联交易意见

亚太中汇会计师事务所有限公司认为:"公司披露的关联方、关联关系和关联交易真实、准确、完整,无遗漏或隐瞒。公司2001年度、2002年度、2003年度及2004年1-6月与关联方之间发生的关联交易的会计处理方法符合《企业会计制度》及《关联方之间出售资产等有关会计处理问题暂行规定》的有关规定,并已按《企业会计准则-关联方关系及其交易的披露》进行充分披露,在所有重大方面公允地反映了对公司的财务状况和经营成果的影响。"

亚太中汇会计师事务所有限公司进一步对发行人近三年一期重大关联交易发表意见,认为"公司在报告期内发生的重大关联交易(公司与其关联方达成的关联交易总额高于人民币3000万元或高于最近经审计净资产值的5%的关联交易)是在遵循市场化原则的基础上发生的,且关联交易对发行人财务状况和经营业绩的影响较小,关联交易的会计处理符合《关联方之间出售资产等有关会计处理问题暂行规定》的要求。"

(四)独立董事对关联交易的意见

本公司独立董事认为,"公司在报告期内发生的重大关联交易(公司与其关联方达成的关联交易总额高于人民币3,000万元或高于最近经审计净资产值的5%的关联交易)是在遵循市场化原则的基础上发生的,上述关联交易具备公允性,并已履行法定批准程序。"

第八节　财务会计资料

本公司截至2004年6月30日的财务会计资料,已于2004年8月5日在《中国证券报》、《证券时报》及《上海证券报》刊登的《招股说明书摘要》进行了披露,投资者欲了解详细内容,请查阅上述报纸或刊登于深圳证券交易所指定信息披露网站(http://www.cninfo.com.cn)的本公司招股说明书全文及其附录。

一、注册会计师意见

亚太中汇会计师事务所有限公司接受本公司全体股东的委托,对公司2001年12月31日、2002年12月31日、2003年12月31日、2004年6月30日资产负债表和合并资产负债表,2001年度、2002年度、2003年度、2004年1-6月份利润及利润分配表和合并利润及利润分配表,2003年度、2004年1-6月份现金流量表和合并现金流量表进行了审计,并出具了编号为亚太审D字【2004】第466号标准无保留意见的审计报告。

二、简要合并会计报表

(一)报告期合并资产负债表　单位:人民币元

资产	2004年6月30日	2003年12月31日
流动资产:		
货币资金	48,721,237.67	78,749,289.36
应收帐款	6,043,341.40	4,326,727.68
其他应收款	9,787,606.43	10,604,922.91
预付帐款	8,730,619.07	124,026.52
存货	2,787,381.16	2,421,504.99
待摊费用	1,027,159.51	894,117.99
流动资产合计	77,097,345.24	97,120,589.45
长期投资:		
长期股权投资	19,207,184.14	5,161,654.19
长期投资合计	19,207,184.14	5,161,654.19
其中:合并价差	19,207,184.14	5,161,654.19
固定资产:		
固定资产原价	122,261,078.44	101,968,100.54
减:累计折旧	50,305,366.96	42,187,142.03
固定资产净值	71,955,711.48	59,780,958.51
固定资产净额	71,955,711.48	59,780,958.51
在建工程	3,746,243.75	3,357,998.75
固定资产合计	75,701,955.23	63,138,957.26
无形资产及其他资产:		
无形资产	8,633,259.75	6,754,605.10
长期待摊费用	1,354,059.91	989,917.18
无形资产及其他合计	9,987,319.66	7,744,522.28
资产总计	181,993,804.27	173,165,723.18
资产	2002年12月31日	2001年12月31日
流动资产:		
货币资金	48,932,625.83	23,747,652.41
应收帐款	4,751,770.30	5,759,761.80
其他应收款	1,709,161.15	4,140,648.58
预付帐款	1,806,181.50	106,707.82
存货	2,320,370.46	2,981,064.92
待摊费用	555,178.21	619,556.70
流动资产合计	60,075,287.45	37,355,392.23
长期投资:		
长期股权投资	5,857,607.63	6,553,561.07
长期投资合计	5,857,607.63	6,553,561.07
其中:合并价差	5,857,607.63	6,553,561.07
固定资产:		
固定资产原价	97,116,059.99	95,697,929.65
减:累计折旧	35,159,797.69	26,631,432.89
固定资产净值	61,956,262.30	69,066,496.76
固定资产净额	61,956,262.30	69,066,496.76
在建工程	253,724.60	3,500.00
固定资产合计	62,209,986.90	69,069,996.76
无形资产及其他资产:		
无形资产	6,979,189.88	7,203,774.66
长期待摊费用	2,019,735.24	1,539,139.10
无形资产及其他合计	8,998,925.12	8,742,913.76
资产总计	137,141,807.10	121,721,863.82
负债及所有者权益	2004年6月30日	2003年12月31日
流动负债:		
短期借款	5,000,000.00	19,000,000.00
应付帐款	345,138.41	305,525.58
预收帐款	293,697.50	590,103.70
应付工资	970,667.55	2,903,756.55
应付福利费	1,339,201.16	1,773,029.16
应交税金	7,185,180.20	4,483,453.23
其他应交款	5,120,155.23	284,948.27
其他应付款	2,186,946.30	2,072,992.71
预提费用	24,347.27	347.27
一年内到期的长期负债	–	4,000,000.00
流动负债合计	22,465,333.62	35,414,156.47
长期负债:		
长期借款	21,000,000.00	21,000,000.00
长期负债合计	21,000,000.00	21,000,000.00
负债合计	43,465,333.62	56,414,156.47
少数股东权益	11,215,861.73	7,738,585.90
股东权益:		
股本	74,323,048.00	74,323,048.00
资本公积	1,000.21	1,000.21
盈余公积	12,483,230.44	11,974,289.79
其中:法定公益金	3,450,790.46	3,241,865.94
未分配利润	18,643,974.26	–
现金股利	21,861,356.01	22,714,642.81
股东权益合计	127,312,608.92	109,012,980.81
负债及股东权益合计	181,993,804.27	173,165,723.18
负债及所有者权益	2002年12月31	2001年12月31
流动负债:		
短期借款	–	12,000,000.00
应付帐款	432,888.28	1,116,788.08
预收帐款	282,985.10	91,244.00
应付工资	2,984,511.31	66,972.66
应付福利费	1,322,750.64	2,264,233.04
应交税金	7,275,669.59	6,756,613.02
其他应交款	315,288.91	131,339.77
其他应付款	3,298,459.59	2,699,228.31
预提费用	347.27	–
一年内到期的长期负债	2,000,000.00	–
流动负债合计	17,912,900.69	25,126,418.88
长期负债:		
长期借款	4,000,000.00	6,000,000.00
长期负债合计	4,000,000.00	6,000,000.00
负债合计	21,912,900.69	31,126,418.88
少数股东权益	5,528,417.09	4,441,702.12
股东权益:		
股本	74,323,048.00	74,323,048.00
资本公积	1,000.21	0.21
盈余公积	8,927,416.06	2,682,308.43
其中:法定公益金	2,226,241.36	591,534.73
未分配利润	5,449,025,05	–
现金股利	21,000,000.00	9,148,386.18
股东权益合计	109,700,489.32	86,153,742.82
负债及股东权益合计	137,141,807.10	121,721,863.82

(二)报告期合并利润表　单位:人民币元

项目	2004年1-6月	2003年度
一、主营业务收入	45,034,872.94	61,236,368.70
减:主营业务成本	7,144,610.37	12,434,495.62
主营业务税金及附加	2,401,816.83	449,293.39
二、主营业务利润	35,488,445.74	48,352,579.69
加:其他业务利润	3,557,125.56	2,879,169.14
减:营业费用	1,600,847.97	2,609,092.01
管理费用	6,319,401.05	11,801,784.24
财务费用	938,686.78	958,211.48
三、营业利润	30,186,635.50	35,862,661.10

加:投资收益	−1,105,529.40	−695,953.44
营业外收入	108,655.81	46,551.80
减:营业外支出	10,036.23	550,704.67
四、利润总额	29,179,725.68	34,662,554.79
减:所得税	6,892,612.16	9,512,538.00
子公司提取职工奖励及福利基金	−	841,308.75
少数股东收益	3,134,198.61	3,996,216.55
五、净利润	19,152,914.91	20,312,491.49
六、可供分配的利润	19,152,914.91	25,761,516.54
七、可供股东分配的利润	18,643,974.26	22,714,624.81
八、未分配利润	18,643,974.26	0.00

项目	2002年度	2001年度
一、主营业务收入	79,706,331.50	57,826,421.00
减:主营业务成本	13,850,246.79	14,098,288.71
主营业务税金及附加	2,520,049.45	1,812,484.78
二、主营业务利润	63,336,035.26	41,915,647.51
加:其他业务利润	5,316,397.72	2,704,483.27
减:营业费用	2,438,885.99	2,689,796.98
管理费用	6,471,259.42	6,181,828.73
财务费用	438,708.85	974,182.58
三、营业利润	59,303,578.72	34,774,322.49
加:投资收益	−695,953.44	−405,972.84
营业外收入	38,120.00	12,327.45
减:营业外支出	1,381,437.50	383,628.19
四、利润总额	57,264,307.78	33,997,048.91
减:所得税	19,697,919.69	11,749,815.15
子公司提取职工奖励及福利基金	536,395.09	305,030.90
少数股东收益	4,335,860.32	1,448,896.76
五、净利润	32,694,132.68	20,493,306.10
六、可供分配的利润	32,694,132.68	20,493,306.10
七、可供股东分配的利润	26,449,025.05	17,810,997.67
八、未分配利润	5,449,025.05	-

（三）报告期合并现金流量表　单位:人民币元

项目	2004年1-6月	2003年度
一、经营活动产生的现金流量:		
销售商品、提供劳务收到的现金	53,033,914.96	66,050,941.17
收到的其他与经营活动有关的现金	7,824,679.84	747,988.42
现金流入小计:	60,858,594.80	66,798,929.59
购买商品、接受劳务支付的现金	7,683,729.81	3,919,882.50
支付给职工以及为职工支付的现金	6,329,811.97	8,163,359.86
支付的各项税费	7,688,172.16	12,821,102.77
支付的其他与经营活动有关的现金	13,572,174.81	16,328,165.98
现金流出小计	35,273,888.75	41,232,511.11
经营活动产生的现金流量净额	25,584,706.05	25,566,418.48
二、投资活动产生的现金流量		
处置固定资产、无形资产和其他长期资产所收回的现金净额	120,000.00	12,000.00
现金流入小计:	120,000.00	12,000.00
购建固定资产、无形资产和其他长期资产所支付的现金	3,284,242.86	9,678,845.68
投资所支付的现金	19,800,000.00	−
现金流出小计	23,084,242.86	9,678,845.68
投资活动产生的现金流量净额	−22,964,242.86	−9,666,845.68
三、筹资活动产生的现金流量		
借款所收到的现金	5,000,000.00	40,000,000.00
现金流入小计	5,000,000.00	40,000,000.00
偿还债务所支付的现金	32,500,000.00	2,000,000.00
分配股利、利润或偿付利息所支付的现金	5,148,514.88	24,082,909.27
其中:子公司支付少数股东的股利	7,180,524.16	
现金流出小计	37,648,514.88	26,082,909.27
筹资活动产生的现金流量净额	−32,648,514.88	13,917,090.73
五、现金及现金等价物净增加额	−30,028,051.69	29,816,663.53

（四）会计资料附注

本公司会计报表注释等内容,请查阅本公司招股说明书全文及其附录,查阅地址为深圳证券交易所指定网站:http://www.cninfo.com.cn。

（五）简要盈利预测

项目	2002年已审数	2003年已审数
主营业务收入	79,706,331.50	61,236,368.70
减:主营业务成本	13,850,246.79	12,434,495.62
主营业务税金及附加	2,520,049.45	449,293.39
主营业务利润	63,336,035.26	48,352,579.69
加:其他业务利润	5,316,397.72	2,879,169.14
减:营业费用	2,438,885.99	2,609,092.01
管理费用	6,471,259.42	11,801,784.24
财务费用	438,708.85	958,211.48
营业利润	59,303,578.72	35,862,661.10
加:投资收益	−695,953.44	−695,953.44
营业外收入	38,120.00	46,551.80
减:营业外支出	1,381,437.50	550,704.67
利润总额	57,264,307.78	34,662,554.79
减:所得税	19,697,919.69	9,512,538.00
子公司提取职工奖励及福利基金	536,395.09	841,308.75
按15%所得税率计算	2,986,568.71	1,051,587.08
按30%所得税率计算	6,741,008.67	
按33%所得税率计算	12,956,911.02	6,525,969.29
少数股东权益	4,335,860.32	3,996,216.55
净利润	32,694,132.68	20,312,491.49

项目	2004年1-6月	2004年预测数已审实现数
主营业务收入	45,034,872.94	98,100,000.00
减:主营业务成本	7,144,610.37	14,077,401.47
主营业务税金及附加	2,401,816.83	5,901,000.00
主营业务利润	35,488,445.74	78,121,598.53
加:其他业务利润	3,557,125.56	5,482,257.87
减:营业费用	1,600,847.97	3,927,614.57
管理费用	6,319,401.05	14,106,422.36
财务费用	938,686.78	4,680,550.00
营业利润	30,186,635.50	60,889,269.47
加:投资收益	−1,105,529.40	−2,195,994.94
营业外收入	108,655.81	0.00
减:营业外支出	10,036.23	500,000.00
利润总额	29,179,725.68	58,193,274.53
减:所得税	6,892,612.16	15,828,509.38
子公司提取职工奖励及福利基金	−	982,658.12
按15%所得税率计算	4,097,299.67	
按30%所得税率计算		
按33%所得税率计算	5,841,025.08	11,731,209.71
少数股东权益	3,134,198.61	6,093,573.71
净利润	19,152,914.91	35,288,533.32

三、财务指标

财务指标	2004年中期	2003年	2002年	2001年
流动比率	3.43	2.74	3.35	1.49
速动比率	3.31	2.67	3.22	1.37
应收账款周转率(次)	8.69	13.49	15.16	13.02
存货周转率(次)	2.74	5.74	5.23	7.30
主营业务毛利率(%)	84.14	79.69	82.62	75.62
无形资产占总资产的比例(%)	4.74	4.47	6.56	7.18
无形资产占净资产的比例(%)	6.78	7.10	8.20	10.14
资产负债率(母公司)(%)	25.43	32.77	13.83	24.27
每股净资产(元)	1.71	1.47	1.48	1.16
每股经营活动的现金流量(元)	0.34	0.34	0.67	0.46
净资产收益率(全面摊薄)(%)	15.05	18.63	29.80	23.79
每股收益(全面摊薄)(元)	0.26	0.27	0.44	0.28

第九节　其他重要事项

一、自本公司股票首次公开发行之日至本上市公告书公告之日,本公司严格依照《公司法》、《证券法》等法律法规的要求,规范运行,生产经营情况正常;所处行业和市场无重大变化;主要业务及发展目标的进展状况正常,主要投入、产出物供求及价格无重大变化。

二、自本公司股票首次公开发行之日至本上市公告书公告之日,本公司无重大对外投资、重大资产(股权)收购或出售行为;住所未发生变更。

三、自本公司股票首次公开发行之日至本上市公告书公告之日,本公司重大会计政策和会计师事务所没有发生变化。

四、自本公司股票首次公开发行之日至本上市公告书公告之日,本公司未发生新的重大负债或重大债项发生变化。

五、自本公司股票首次公开发行之日至本上市公告书公告之日,本公司董事、监事和高级管理人员没有尚未了结或可能发生的刑事诉讼事项。

六、自本公司股票首次公开发行之日至本上市公告书公告之日,本公司未涉及任何重大诉讼事项或仲裁,亦无任何尚未了结或可能面临的重大诉讼或索赔要求。

七、根据2004年5月19日召开的公司2004年第二次临时股东大会决议,2003年12月31日以前滚存的未分配利润全部由老股东享有,并以现金股利形式分配。2004年1月1日至发行前所产生的可供股东分配的利润,由发行后的新老股东共享,截至2004年6月30日可供新老股东分配的利润为18,643,974.26元。

八、根据《深圳证券交易所股票上市规则》,本公司第一大股东云南省丽江玉龙雪山省级旅游区旅游开发总公司承诺:"自丽江旅游股票上市之日起12个月内,我公司不转让所持有的丽江旅游股份,也不要求或接受丽江旅游回购本公司所持有的丽江旅游股份。"

九、根据《深圳证券交易所中小企业板块上市公司特别规定》,公司承诺上市后三个月内在公司章程内载入如下内容:1、股票被终止上市后,公司股票进入代办股份转让系统继续交易;2、不对公司章程中的前款规定作任何修改。

十、本公司股票首次公开发行至本上市公告书公告之日,没有其他应披露而未披露之重大事项。

第十节　董事会上市承诺

本公司董事会承诺将严格遵守《中华人民共和国公司法》、《中华人民共和国证券法》、《股票发行与交易管理暂行条例》、《公开发行股票公司信息披露实施细则》、《深圳证券交易所股票上市规则》和《深圳证券交易所中小企业板块上市公司特别规定》等国家相关法律、法规和有关规定,并自股票上市之日起做到:

一、承诺真实、准确、完整、公允和及时地公布定期报告,披露所有对投资者有重大影响的信息,并接受中国证监会、证券交易所的监督管理;

二、承诺本公司在知悉可能对股票价格产生误导性影响的任何公共传播媒介中出现的消息后,将及时予以公开澄清;

三、本公司董事、监事、高级管理人员和核心技术人员将认真听取社会公众的意见和批评,不利用已获得的内幕消息和其他不正当手段直接或间接从事发行人股票的买卖活动;

四、本公司没有无记录的负债。

第十一节　保荐机构(上市推荐人)及其意见

一、保荐机构(上市推荐人)

名称:华夏证券股份有限公司

法定代表人:周济谱

住所:北京市东城区朝内大街188号

联系人:何继兵、王姝、何海凝

电话:010-65178899-81013、81022　传真:010-65185227

二、保荐机构(上市推荐人)意见

保荐机构(上市推荐人)认为:发行人符合国家和证券监督管理部门关于首次公开发行股票及上市的规定,华夏证券股份有限公司同意作为丽江玉龙旅游股份有限公司首次公开发行股票的保荐人和上市推荐人。

保荐机构(上市推荐人)认为:发行人章程符合《中华人民共和国公司法》、《中华人民共和国证券法》及《深圳证券交易所股票上市规则》等法律、法规和中国证监会的有关规定;本次股票发行完全符合《中华人民共和国公司法》、《中华人民共和国证券法》及《深圳证券交易所股票上市规则》等法律、法规和中国证监会的有关规定,并具备了上市条件;发行人董事了解法律、法规、深圳证券交易所上市规则及股票上市协议规定的董事的义务与责任;发行人建立健全了法人治理结构、制定了严格的信息披露制度与保密制度。

保荐机构(上市推荐人)已对发行人上市文件所载的资料进行了核实,确认上市文件真实、准确、完整、符合规定要求,没有虚假记载、严重误导性陈述或重大遗漏,并对其承担连带责任。保荐机构(上市推荐人)与发行人之间不存在关联关系。

保荐机构(上市推荐人)愿意推荐发行人的股票在深圳证券交易所上市交易,并且在上市推荐过程中,保证不利用获得的内幕信息进行内幕交易,为自己或他人谋取利益。

丽江玉龙旅游股份有限公司

二〇〇四年八月二十日

浙江美欣达印染集团股份有限公司

浙江美欣达印染集团股份有限公司首次公开发行股票上市公告书

第一节 重要声明与提示

浙江美欣达印染集团股份有限公司(以下简称"本公司"、"公司"、"股份公司"或"发行人")董事会保证上市公告书的真实性、准确性、完整性,全体董事承诺上市公告书不存在虚假记载、误导性陈述或重大遗漏,并承担个别和连带的法律责任。

根据《中华人民共和国公司法》、《中华人民共和国证券法》等有关法律、法规的规定,本公司董事、高级管理人员已依法履行诚信和勤勉尽责的义务和责任。

证券交易所、中国证监会、其他政府机关对本公司股票上市及有关事项的意见,均不表明对本公司的任何保证。

本公司提醒广大投资者注意,凡本上市公告书未涉及的有关内容,请投资者查阅2004年8月6日刊载于《证券时报》、《中国证券报》及《上海证券报》的《浙江美欣达印染集团股份有限公司首次公开发行股票招股说明书摘要》,及刊载于巨潮网站(http://www.cninfo.com.cn)的《浙江美欣达印染集团股份有限公司首次公开发行股票招股说明书》全文及相关附件。

第二节 概 览

1、股票简称:美欣达
2、股票代码:002034
3、沪市代理股票代码:609034
4、总股本:67,600,000股
5、可流通股本:21,600,000股
6、本次上市流通股本:21,600,000股
7、发行价格:12.00元/股
8、上市地点:深圳证券交易所
9、上市时间:2004年8月26日
10、股票登记机构:中国证券登记结算有限责任公司深圳分公司
11、保荐机构(上市推荐人):天同证券有限责任公司
12、本公司首次公开发行股票前股东所持股份的流通限制及期限:根据国家现有法律、法规和中国证券监督管理委员会(以下简称"中国证监会")证监发行字[2004]129号文《关于核准浙江美欣达印染集团股份有限公司公开发行股票的通知》,本公司的法人股、自然人持有的未流通股份暂不上市流通。
13、本公司第一大股东单建明承诺,自本公司股票上市之日起12个月内,不转让所持有的本公司股份,也不要求或接受本公司回购其持有的本公司股份。

第三节 绪 言

本上市公告书是根据《中华人民共和国公司法》、《中华人民共和国证券法》、《股票发行与交易管理暂行条例》、《公开发行股票公司信息披露实施细则》和《深圳证券交易所股票上市规则》等国家有关法律、法规的规定,并按照中国证监会《公开发行证券公司信息披露内容与格式准则第7号---股票上市公告书》而编制,旨在向投资者提供有关本公司的基本情况和本次股票上市的有关资料。

经中国证监会证监发行字[2004]129号文《关于核准浙江美欣达印染集团股份有限公司公开发行股票的通知》核准,本公司于2004年8月11日采用全部向二级市场投资者定价配售的方式成功发行了2,160万股人民币普通股(A股)股票,发行价格为每股12.00元,每股面值为1.00元。

经深圳证券交易所深证上[2004]86号《关于浙江美欣达印染集团股份有限公司人民币普通股股票上市交易的通知》批准,本公司公开发行的2,160万股人民币普通股将于2004年8月26日在深圳证券交易所挂牌交易。股票简称"美欣达",股票代码"002034"。

本公司已于2004年8月6日分别在《证券时报》、《中国证券报》及《上海证券报》上刊登了《浙江美欣达印染集团股份有限公司首次公开发行股票招股说明书摘要》,《浙江美欣达印染集团股份有限公司首次公开发行股票招股说明书》全文及其必备附件刊载于巨潮网站(http://www.cninfo.com.cn)。因招股说明书及其摘要等文件刊载之日距今不足3个月,故本上市公告书与之重复的内容不再重述,敬请投资者查阅上述文件。

第四节 发行人概况

一、发行人基本情况
1、发行人名称:
中文名称:浙江美欣达印染集团股份有限公司
英文名称:ZHEJIANG MIZUDA PRINTING&DYEINGGROUP CO.,LTD.
2、注册资本:6,760万元
3、成立日期:1998年7月7日
4、法定代表人:单建明
5、住所:浙江省湖州市凤凰路888号
6、经营范围:经营进出口业务(详见外经贸部批文);各类纺织品、服装的印染、制造、加工、销售;房屋租赁。
7、主营业务:全棉灯芯绒、纱卡的印染及后整理
8、所属行业:纺织业
9、联系电话:(0572)2125388
10、传真:(0572)2107543
11、公司网址:http://www.mizuda.com
12、电子信箱:mxd@mizuda.net
13、董事会秘书:朱伟

二、发行人历史沿革

本公司是经浙江省人民政府证券委员会浙证委[1998]52号文批准,由单建明、鲍凤娇、许瑞珠等20名自然人和湖州经济建设开发总公司作为发起人,以发起方式设立的股份有限公司。1998年7月7日,公司在浙江省工商行政管理局办理了设立注册登记,注册资本为3,600万元,工商注册登记号为3300001001668。

2002年11月20日,公司临时股东大会通过决议,吸收湖州美欣达丝绸有限公司(现名浙江美欣达实业有限公司)和航天中汇集团股份有限公司(现名航天通信控股集团股份有限公司)作为股东,将公司注册资本由3,600万元增加到4,600万元。2002年12月23日,浙江省人民政府企业上市工作领导小组就本次增资扩股事宜出具《关于同意浙江美欣达印染集团股份有限公司增资扩股的批复》(浙上市[2002]98号)。2002年12月31日,公司在浙江省工商行政管理局办理了本次增资扩股的工商变更登记手续。

经中国证监会证监发行字[2004]129号文核准,本公司于2004年8月11日采取全部向二级市场投资者定价配售的方式成功发行了2,160万股人民币普通股股票,发行价格为每股12.00元。本次发行后,本公司总股本增加为6,760万股,其中,流通股占总股本的比例为31.95%。

三、主要经营情况

(一)公司的主营业务及经营情况

公司主营业务为全棉灯芯绒、纱卡的印染及后整理,主要产品是各类全棉灯芯绒、纱卡。按销售收入构成划分,灯芯绒占60%左右,纱卡占37%左右,其他产品占3%左右。根据中国印染行业协会和中国纺织工业协会的统计,2002年度和2003年上半年,在我国全棉灯芯绒企业中,公司销售收入和出口创汇均排名第一。

(二)公司的竞争优势与劣势

有关公司的竞争优势和劣势的详细内容请查阅刊载于巨潮网站(http://www.cninfo.com.cn)的《浙江美欣达印染集团股份有限公司首次公开发行股票招股说明书》全文。

(三)公司主要财务指标

有关公司主要财务指标的情况,请参阅本上市公告书"第八节财务会计资料"部分的相关内容。

(四)主要知识产权

本公司主要知识产权包括商标、特许经营权和非专利技术

1、商标

公司拥有"美欣达"及相关图形的商标,"美欣达"及相关图形的商标注册证号为第1236804号,"MIZUDA"的商标注册证号为第1240633号商标,上述商标同时获得美国注册,注册号分别为Reg. No.2,420,985和Reg.No. 2,423,011。

2、特许经营权

公司拥有《中华人民共和国进出口企业资格证书》(进出口企业代码为3300704206605,批准文号为[1999]外经贸政审函字第268号);公司控股子公司湖州美欣达印染有限公司拥有《中华人民共和国进出口企业资格证书》(进出口企业代码为3300256378218,批准文号为[1992]外经贸管体函字第838号);公司控股子公司湖州久久纺织印染有限公司拥有《中华人民共和国进出口企业资格证书》(进出口企业代码为330074984474X,批准文号为省厅[2003]登记制1080号)。

3、非专利技术

公司拥有雕印印花技术、冷轧堆染色技术、不停车印花技术、多功能面料涂层整理技术、湿蒸染色技术、"印染工艺生产信息化管理工程"生产技术、"纯棉灯芯绒的活性染料拔染活性染料印花工艺"生产技术、"亚麻/粘胶混纺印染织物"产品技术、"防水防油防污全棉弹力纱卡"产品技术及"全棉轻磨毛抗皱免烫纱卡"产品技术等非专利技术。

(五)享有的财政税收优惠政策

1、1998年10月27日,湖州市就业管理服务局出具湖就字[1998]30号"关于同意浙江美欣达印染集团股份有限公司为劳动就业服务企业的批复",本公司被批准为劳动就业服务企业。根据企业所得税法的规定,经浙江省地方税务局和湖州市地方税务局以浙地税函[2000]29号文、浙地税函[2001]29号文、浙地税函[2002]91号文和湖地税政[2003]33号文批复批准,母公司享受免征1998年度、1999年度和2000年度100%企业所得税,减征2001年度和2002年度50%企业所得税的优惠政策。

2、2001年12月24日,浙江省经济贸易委员会出具浙经贸投(2001)0847号"符合国家产业政策的技术改造项目确认书",确认公司"年产1,000万米高档服装面料生产线技术改造项目"符合国家产业政策,享受技术改造国产设备投资抵免企业所得税的优惠政策。

3、2002年5月9日,湖州市就业管理服务局出具湖就[2002]13号"关于同意湖州美欣达印染有限公司为劳动就业服务企业的批复",公司控股子公司湖州美欣达印染有限公司被批准为劳动就业服务企业。根据企业所得税法的规定,经湖州市地方税务局以湖地税政[2003]33号文批准,湖州美欣达印染有限公司享受免征2002年度企业所得税的优惠政策。

2003年12月26日经湖州市地方税务局以湖地税政[2003]103号文批准,湖州美欣达印染有限公司享受免征2003年度企业所得税的优惠政策。

4、公司控股子公司湖州美欣达印染有限公司于2002年11月25日与湖州市土地储备中心签订"国有土地使用权收回补偿合同",湖州美欣达印染有限公司所拥有的以出让方式取得的湖州经济开发区1号地块和湖州经济开发区凤凰路999号地块之土地使用权由湖州市土地储备中心收回进行储备。经湖州市地方税务局批准,公司未对该交易计提企业所得税和土地增值税。

5、2003年6月11日,浙江省经济贸易委员会出具浙经贸投(2003)430号"符合国家产业政策的技术改造项目确认书",确认发行人控股子公司织造公司"年产600万米各类弹力灯芯绒布生产线技术改造项目"符合国家产业政策,享受技术改造国产设备投资抵免企业所得税的优惠政策。

6、2003年7月10日,浙江省经济贸易委员会出具浙经贸投(2003)550号"符合国家产业政策的技术改造项目确认书",确认发行人控股子公司久久纺织"新增氯漂水洗机等设备技术改造项目"符合国家产业政策,享受技术改造国产设备投资抵免企业所得税的优惠政策。

第五节 股票发行与股本结构

一、本次股票上市前首次公开发行股票的情况
1、股票种类:人民币普通股(A股)
2、每股面值:1.00元
3、发行数量:2,160万股,占发行后总股本的31.95%
4、发行价格:12.00元/股
5、发行市盈率:17.91倍(按照2003年度实现的每股盈利计算)
6、每股净资产:发行前每股净资产为3.30元(按照2004年6月30日经审计的净资产数据计算);发行后全面摊薄每股净资产为5.88元(扣除发行费用且不考虑期间变化)

7、募股资金总额：本次发行募集资金总额25,920万元，扣除实际发行费用1,326.45万元后，募集资金净额为24,593.55万元

8、发行方式：全部向二级市场投资者定价配售

9、发行对象：2004年8月6日收盘时持有深圳证券交易所或上海证券交易所已上市流通人民币普通股(A股)股票的收盘市值总和(包括可流通但暂时锁定的股份市值)不少于1万元的投资者(国家法律、法规禁止购买者除外)

10、发行费用总额及项目：本次公开发行股票实际发生发行费用总计1,339万元，包括：承销费1,000万元、审计费用(含验资复核费用)130万元、律师费用80万元、发行手续费88.97万元、登记托管费7.48万元、发行审核费20万元。每股发行费用：0.62元。

11、关于发行费用的说明：本公司申报发行费用总额为1,339万元，实际发行费用总额为1,326.45万元。

二、本次股票上市前首次公开发行股票的承销情况

公司首次公开发行股票的保荐机构(主承销商)为天同证券有限责任公司。

本次向二级市场投资者定价配售发行的2,160万股社会公众股的配号总数为58,018,951个，中签率为0.0372292150%；二级市场投资者实际认购21,182,561股，其余417,439股由保荐机构(主承销商)天同证券有限责任公司包销。

三、本次上市前首次公开发行股票募股资金的验资报告

2004年8月18日，安永大华会计师事务所有限责任公司为本次发行出具了安永大华业字(2004)第951号《验资报告》，现摘录如下：

浙江美欣达印染集团股份有限公司：

我们接受委托，审验了贵公司截至2004年8月18日止新增注册资本实收情况。按照国家相关法律、法规的规定和协议、章程的要求出资，提供真实、合法、完整的验资资料，保护资产的安全、完整是全体股东及贵公司的责任。我们的责任是对贵公司新增注册资本的实收情况发表审验意见。我们的审验是依据《独立审计实务公告第1号-验资》进行的。在审验过程中，我们结合贵公司的实际情况，实施了检查等必要的审验程序。

贵公司原注册资本为人民币46,000,000.00元，根据贵公司2003年第二次临时股东大会决议，并于2004年8月4日经中国证券监督管理委员会以证监发行字[2004]129号文《关于核准浙江美欣达印染集团股份有限公司公开发行股票的通知》核准，贵公司向社会公开发行人民币普通股股票2,160万股。发行方式为全部向二级市场投资者定价配售，每股发行价为人民币12.00元。经我们审验，截至2004年8月18日止，贵公司募集资金总额为人民币259,200,000.00元，扣除交易所发行手续费及券商承销费用10,889,667.61元后，已缴入募集的股款为人民币248,310,332.39元。同时扣除贵公司为本次股票发行所支付的审计费、律师费等费用合计人民币2,374,800.00元，实际募集股款为人民币245,935,532.39元，其中增加股本人民币21,600,000.00元，增加资本公积人民币224,335,532.39元。变更后的注册资本为人民币陆千柒佰陆拾万元。

贵公司本次增资前的注册资本为人民币46,000,000.00元，历经湖州会计师事务所和安永大华会计师事务所有限责任公司审验，并分别于1998年4月18日和2002年11月27日出具湖会验(98)137号和安永大华业字(2002)第201号验资报告。截至2004年8月18日止，变更后的累计注册资本实收金额为人民币67,600,000.00元。

本验资报告供贵公司申请变更登记及据以向股东签发出资证明时使用，不应将其视为是对贵公司验资报告日后资本保全、偿债能力和持续经营能力等的保证。因使用不当造成的后果，与执行本验资业务的注册会计师及会计师事务所无关。

附件：1.注册资本变更情况明细表；2.验资事项说明

安永大华会计师事务所有限责任公司　中国注册会计师　周渭明　朱蕾

2004年8月18日

四、募股资金入帐情况

入帐时间：2004年8月17日

入帐金额：248,310,332.39元(扣除承销费、保荐费和上网发行费用后)

开户银行：中国工商银行湖州市分行

入帐帐号：1205210009049051925

五、上市前股权结构及前十大股东持股情况

(一)本次上市前股权结构情况

股份类别	股数(股)	比例(%)
一、自然人发起人股	36,000,000	53.25
二、境内法人股	10,000,000	14.79
三、社会公众股	21,600,000	31.95
合计	67,600,000	100.00

(二)本次上市前十大股东持股情况

序号	股东名称或姓名	持股数量(股)	持股比例(%)
1	单建明	28,814,730	42.63
2	浙江美欣达实业有限公司	5,400,000	7.99
3	航天通信控股集团股份有限公司	4,600,000	6.80
4	鲍凤娇	4,438,800	6.57
5	许瑞珠	1,208,890	1.79
6	潘玉根	512,600	0.76
7	沈建军	459,980	0.68
8	天同证券有限责任公司	417,439	0.62
9	南方证券有限公司	236,000	0.35
10	许瑞林	105,000	0.16
11	王仲明	105,000	0.16
12	郭林林	105,000	0.16
	合计	46,403,439	68.64

第六节　董事、监事、高级管理人员及核心技术人员

一、董事、监事、高级管理人员及核心技术人员简介

(一)董事

单建明，男，中国国籍，44岁，董事长，本科学历。曾任湖州市印染厂财务会计和业务经理、湖州市绒布厂厂长、湖州市灯芯绒总厂厂长、浙江美欣达印染集团股份有限公司总经理、浙江美欣达实业有限公司、湖州美欣达房地产开发有限公司和巢湖美欣达房地产开发有限公司董事长、湖州南太湖热电有限公司执行董事，现兼任浙江美欣达实业有限公司董事、湖州美欣达房地产开发有限公司董事、湖州南太湖热电有限公司董事、巢湖美欣达房地产开发有限公司董事、湖州美欣达印染有限公司董事、湖州久久纺织印染有限公司执行董事和总经理、湖州美欣达服装有限公司执行董事和经理。单建明现为浙江省十届人大代表、湖州市五届人大常委、中国印染行业协会理事、浙江省企业家协会理事、湖州市劳动模范，并当选第三届浙江省创业企业家。

沈建军，男，中国国籍，41岁，董事、总经理，大学学历。曾任湖州市印染厂技术副科长、湖州市灯芯绒总厂部长助理、浙江美欣达印染集团股份有限公司副总经理。

徐伟峰，男，中国国籍，32岁，董事，大专学历。曾任湖州市印染厂财务主管、湖州市灯芯绒总厂贸易部长、浙江美欣达印染集团股份有限公司副总经理，现兼任湖州美欣达房地产开发有限公司监事。

冯丽萍，女，中国国籍，32岁，董事、财务总监(财务负责人)，大学学历。曾任湖州进出口公司吴兴分公司会计、北京嘉铭企业集团湖州嘉宝纸制品公司财务经理、浙江美欣达印染集团股份有限公司财务经理，现兼任湖州美欣达房地产开发有限公司董事。

许瑞林，男，中国国籍，57岁，董事，中专学历，经济师。曾任湖州市印染厂设备科长、厂长助理、副厂长、厂长，现兼任浙江美欣达印染集团股份有限公司项目部部长、湖州美欣达印染机械有限公司执行董事和总经理、湖州美欣达房地产开发有限公司监事。

王仲明，男，中国国籍，52岁，董事，中专学历，经济师。曾任湖州市航运总公司总调度、湖州市绒布厂副厂长，现兼任湖州美欣达印染有限公司董事长、经理。

赵建平，男，中国国籍，49岁，独立董事，大学学历，副教授，苏州市首批跨世纪高级人才。曾任苏州工学院染化系副主任，现任苏州大学材料学院副院长、中国丝绸学会染整分会秘书长。

俞建亭，男，中国国籍，52岁，独立董事，大专学历，会计师。曾任湖州市经委财务科科长、企管处处长、副主任，现任湖州东方企业清算服务有限责任公司董事。

张凯，男，中国国籍，31岁，独立董事，管理学硕士。曾任华夏证券有限责任公司证券分析师、中大会计师事务所副总经理，现任天相投资顾问有限公司副总裁。

董事会成员中，许瑞林为单建明之舅舅，王仲明为单建明妻子鲍凤娇之姨夫。

(二)监事

朱雪花：女，中国国籍，31岁，监事会召集人，大专学历。曾任湖州市绒布厂财务科长，现兼任巢湖美欣达房地产开发有限公司董事、湖州美欣达织造有限公司监事、浙江美欣达实业有限公司和湖州美欣达房地产开发有限公司财务科长。

王鑫，男，中国国籍，33岁，监事，大学学历。曾任湖州针织厂业务员、湖州市灯芯绒总厂业务经理，现兼任湖州美欣达印染有限公司监事、浙江美欣达印染集团湖州进出口有限公司执行董事和经理。

刘建明，男，中国国籍，38岁，职工监事，大专学历。曾任湖州钢铁股份有限公司劳资科科长、湖州大亨玻璃制品有限公司管理部主管，现兼任浙江美欣达印染集团股份有限公司人力资源部部长、湖州美欣达印染有限公司董事、浙江美欣达印染集团湖州进出口有限公司监事。

(三)其他高级管理人员

朱伟，男，中国国籍，41岁，董事会秘书，大专学历。曾任嘉兴地区人民银行会计科副科长、工商银行湖州市分行信贷科长、浙江美欣达印染集团股份有限公司仓储科长和财务部副部长。

(四)核心技术人员

马建中，男，中国国籍，36岁，大专学历。曾任江苏乐祺纺织印染公司技术生产主管，现任浙江美欣达印染集团股份有限公司生产调度和生产部长，兼任浙江美欣达实业有限公司董事。

上述人员中，赵建平、俞建亭任职起止日期为2003年5月至2005年5月，张凯任职起止日期为2003年10月至2005年5月，其他人员的任职起止日期为2002年2月至2005年5月。

二、董事、监事、高级管理人员及核心技术人员持有公司股份情况

姓　名	发行前 持股数量(股)	持股比例(%)	发行后 持股数量(股)	持股比例(%)
单建明	28,814,730	62.64	28,814,730	42.62
沈建军	459,980	1.00	459,980	0.68
徐伟峰	20,000	0.04	20,000	0.03
许瑞林	105,000	0.23	105,000	0.16
王仲明	105,000	0.23	105,000	0.16
朱雪花	10,000	0.02	10,000	0.01
王　鑫	5,000	0.01	5,000	0.01

上述人员持有的公司股份均不存在质押或被冻结情况。

三、认股权计划说明

目前，公司未安排认股权计划。

四、董事、监事、高级管理人员及核心技术人员持有公司股份的锁定安排

为了避免损害公司及股东的合法利益，保证公司存续的稳定性、延续性，2003年11月12日，单建明、沈建军、徐伟峰、许瑞林、王仲明、朱雪花、王　鑫已分别做出如下股份锁定承诺：作为公司的发起人之一，自公司向社会公众公开发行人民币普通股(A股)并上市后一年内不转让所持股份；作为公司董事、监事、高级管理人员及核心技术人员，在担任上述职务及辞去上述职务六个月内，不转让所持公司股份。

第七节　同业竞争与关联交易

一、同业竞争

本次发行前，单建明直接持有发行人62.64%的股份，是发行人控股股东，此外，单建明还持有实业公司90%的股权。实业公司主要从事实业投资，电子产品、建材的研发、批发零售，没有从事与发行人主营业务相同或相类似的业务，与发行人不构成业务范围交叉。控股股东单建明与发行人不存在同业竞争。

实业公司是发行人第二大股东，主要从事实业投资，电子产品、建材的研发、批发零售。航天通信是发行人第三大股东，主要从事通信产业投资、通信产品开发和通信工程。发行人法人股股东与发行人不存在同业竞争。

发行人其他自然人股东目前没有在与发行人及其控股子公司所从事的相同相近的行业进行投资、任职。发行人其他自然人股东与发行人不存在同业竞争。

(一)避免同业竞争的措施

1、为避免同业竞争，2003年6月5日，本公司控股子公司织造公司与实业公司签订《资产转让协议》，织造公司购买了实业公司的剑杆织机等织布设备。为避免潜在的同业竞争，2004年4月9日，织造公司与实业公司签订《资产转让协议》，织造公司收购了实业公司所有与丝绸生产有关的设备和存货。上述收购完成后，实业公司不再从事棉坯布、丝绸的生产经营，实业公司与本公司不存在现实的及潜在的同业竞争。

2、2003年11月8日，持有本公司5%以上股份的自然人股东--单建明和鲍凤娇--向本公司出具了《不竞争承诺函》，承诺不直接或间接对任何与发行人可能发生同业竞争的公司或项目进行投资。

3、2003年11月18日，实业公司与本公司签署了《不竞争协议》。实业公司承诺若实业公司今后业务发展与股份公司发生或可能发生同业竞争时，将把其所持有的可能发生的同业竞争的业务或公司股权进行转让，以使不可能对股份公司构成业务上的同业竞争；实业公司除对股份公司的投资以外，将不在任何地方以任何方式投资或自营从事股份公司已经开发、生产或经营的产品或相类似的产品，或在功能上具有替代作用的产品。

4、2003年11月18日，航天通信向本公司出具了《避免潜在同业竞争的承诺》，航天通信承诺如果未来航天通信与发行人构成竞争方关系，航天通信将严格按照有关规定要求，制定切实可行的措

施避免同业竞争,减少利益冲突。

(二)独立董事、律师和保荐机构(主承销商)对同业竞争的意见

1、发行人独立董事认为:发行人和控股股东及其控制的法人之间不存在同业竞争。

2、发行人聘请的国浩律师集团(杭州)事务所律师经核查后认为:发行人之主要发起人、控制人单建明以及受单建明控制的发行人之股东实业公司与发行人不存在同业竞争。发行人目前之全体股东于2003年10月31日书面承诺在发行人股票上市后,将不投资或从事与发行人所从事的业务相同或类似的业务。

3、本次发行保荐机构(主承销商)天同证券有限责任公司经核查后认为:发行人和控股股东及其控制的法人之间不存在同业竞争。为避免潜在的同业竞争发生,发行人与法人股东已签订书面协议,主要自然人股东已向发行人作出书面承诺,该等避免同业竞争的措施合法、有效;发行人对避免同业竞争的承诺或措施已作出披露,没有重大遗漏或重大隐瞒。

二、关联交易

(一)关联方和关联关系

请查阅刊载于巨潮网站(http://www.cninfo.com.cn)的本公司招股说明书全文。

(二)最近三年又一期的关联交易情况

请查阅刊载于巨潮网站(http://www.cninfo.com.cn)的本公司招股说明书全文。

三、中介机构和独立董事对关联交易发表的意见

公司独立董事赵建平、俞建亭、张凯在出具的《关于公司近三年关联交易的独立董事核查意见》中认为:公司对近三年的关联交易已进行了充分披露。公司的关联交易遵循了客观、公正、公平的交易原则,没有损害到公司和其他非关联方股东的利益。

发行人律师国浩律师集团(杭州)事务所对关联方、关联交易进行了审慎核查,发表如下意见:发行人之控股子公司湖州美欣达、久久纺织在2003年向实业公司购买棉坯布的交易属于重大关联交易,该重大关联交易是合法交易;发行人存在的股东占用资金之行为将不会对发行人本次申请公开发行股票形成实质性法律障碍。发行人律师没有发现发行人之股权转让、房屋租赁、资产收购、担保或抵押、货物买卖、委托加工的关联交易存在损害发行人及其他股东利益的情况。

发行人会计师安永大华会计师事务所有限责任公司发表意见如下:未发现发行人2001、2002、2003年度及2004年1-6月的申报会计报表中自财会[2001]64号文生效日起至2004年6月30日期间内的关联交易的会计处理在重大方面不符合财会[2001]64号文规定的情况。

发行人保荐机构(主承销商)天同证券有限责任公司对关联方、关联交易进行了审慎核查,发表如下意见:发行人对关联方、关联关系、关联交易已作了充分披露,关联交易不影响发行人生产经营的独立性。关联交易没有背离可比较的市场价格,不存在损害发行人及中小股东利益的情况。

第八节　财务会计资料

2004年8月6日,本公司在《证券时报》、《中国证券报》及《上海证券报》刊登的本公司招股说明书摘要中对截止2004年6月30日的财务会计资料进行了披露。投资者欲了解详细内容,请查阅上述报纸或刊载于巨潮网站(http://www.cninfo.com.cn)的本公司招股说明书全文及附录。

一、注册会计师意见

本公司已聘请安永大华会计师事务所有限责任公司对本公司过去三年及最近一期的资产负债表、利润表及利润分配表和最近一年又一期的现金流量表进行了审计。注册会计师出具了标准无保留意见的审计报告。

二、过去三年及最近一期的简要会计报表

1、简要合并资产负债表

单位:元

项目	2004年6月30日	2003年12月31日
流动资产合计	260,229,098.80	219,654,309.47
长期投资合计	10,939,205.51	11,541,363.59
固定资产合计	229,774,061.43	189,696,489.77
无形资产及其他资产合计	5,144,286.91	5,881,643.61
资产总计	506,086,652.65	426,773,806.44
流动负债合计	277,656,799.05	274,752,664.93
长期负债合计	68,862,180.49	15,487,789.58
负债合计	346,518,979.54	290,240,454.51
股东权益合计	151,821,092.15	131,446,900.90
负债和股东权益合计	506,086,652.65	426,773,806.44
项目	2002年12月31日	2001年12月31日
流动资产合计	169,661,029.93	105,913,302.92
长期投资合计	12,745,679.75	572,724.71
固定资产合计	87,354,254.65	44,329,968.23
无形资产及其他资产合计	29,190,703.35	28,924,197.28
资产总计	298,951,667.68	179,740,193.14
流动负债合计	181,651,439.49	122,480,947.89
长期负债合计	21,615,163.92	
负债合计	203,266,603.41	122,480,947.89
股东权益合计	94,695,363.75	55,283,452.89
负债和股东权益合计	298,951,667.68	179,740,193.14

2、简要合并利润表

单位:元

项目	2004年1-6月	2003年度	2002年度	2001年度
一、主营业务收入	444,314,865.28	548,167,371.97	387,905,160.82	268,518,570.01
二、主营业务利润	64,140,797.55	77,304,553.42	58,143,626.07	36,481,923.14
三、营业利润	31,496,127.85	36,426,873.60	27,483,141.75	20,912,930.66
四、利润总额	31,336,837.55	34,929,547.28	27,741,332.35	19,856,428.93
五、净利润	20,373,841.82	30,976,311.28	22,400,069.03	16,258,813.45

3、简要合并现金流量表

单位:元

项目	2004年1-6月	2003年度
经营活动产生的现金流量净额	52,918,406.94	19,436,135.45
投资活动产生的现金流量净额	-49,862,961.58	-69,009,911.66
筹资活动产生的现金流量净额	769,371.99	53,622,919.43
现金及现金等价物净增加额	3,773,973.61	4,047,427.81

三、会计报表附注

投资者欲了解本公司会计报表附注等有关内容,请查阅刊载于巨潮网站(http://www.cninfo.com.cn)的本公司招股说明书全文及附录。

四、过去三年及最近一期主要财务指标

财务指标	2004年1-6月	2003年度	2002年度	2001年度
流动比率	0.94	0.80	0.93	0.86
速动比率	0.50	0.41	0.65	0.63
应收帐款周转率(次)	6.91	13.91	15.75	18.57
存货周转率(次)	3.35	5.98	8.23	7.54
资产负债率(%)	52.48	51.94	61.07	62.53
每股净资产(元/股)	3.30	2.85	2.05	1.54
研发费用占主营业务收入的比例(%)	2.70	2.88	2.95	2.86
无形资产(土地使用权除外)占总(净)资产的比例(%)	0.00	0.00	0.00	0.00
每股经营活动现金流量(元/股)	1.15	0.42	0.02	0.46
全面摊薄净资产收益率(%)	13.42	23.57	23.65	29.41
扣除非经常性损益后的全面摊薄净资产收益率(%)	13.07	23.60	22.76	30.63

第九节　其他重要事项

1、自本公司股票首次公开发行之日至本上市公告书公告之日,本公司严格依照《中华人民共和国公司法》、《中华人民共和国证券法》、《深圳证券交易所股票上市规则》等法律、法规的要求,规范运作,生产经营情况正常,本公司所处行业和市场无重大变化,主要投入产出物供求及价格无重大变化,主要业务发展目标进展状况正常。

2、自本公司股票首次公开发行之日至本上市公告书公告之日,本公司没有进行重大对外投资、无重大资产(股权)收购、出售行为。

3、自本公司股票首次公开发行之日至本上市公告书公告之日,本公司住所未发生变更。

4、自本公司股票首次公开发行之日至本上市公告书公告之日,本公司重大会计政策和会计师事务所没有发生变化。

5、自本公司股票首次公开发行之日至本上市公告书公告之日,本公司未涉及任何重大诉讼、仲裁或行政处罚案件,并且本公司董事会认为公司未面临任何有重大影响的诉讼和索赔要求。

6、自本公司股票首次公开发行之日至本上市公告书公告之日,本公司董事、监事和高级管理人员未受到任何刑事起诉,亦无尚未了结或可能发生的刑事诉讼事项。

7、自本公司股票首次公开发行之日至本上市公告书公告之日,本公司未发生新的重大负债,并且重大债项未发生变化。

8、本公司第一大股东单建明承诺:自本公司股票上市之日起12个月内,不转让其所持有本公司的股份,也不要求或接受本公司回购其持有的本公司股份。

9、根据《深圳证券交易所中小企业板块上市公司特别规定》的要求,本公司承诺,自本公司股票上市后3个月内在公司章程内载入如下内容:"(一)股票被终止上市后,公司股票进入代办股份转让系统继续交易;(二)不对公司章程中的前款规定作任何修改"。

10、截止2004年6月30日,本公司合并报表未分配利润为65,041,100.91元。经2003年10月20日召开的本公司2003年度第二次临时股东大会审议通过,本次股票发行前形成的滚存利润由股票发行后的全体股东共享。公司拟在本次股票发行后2005年上半年派发股利,派发对象为本公司全体股东。

11、本公司本次股票发行后至本公司上市公告书公告之日,没有其他应披露而未披露的重大事项。

第十节　董事会上市承诺

本公司董事会将严格遵守《中华人民共和国公司法》、《中华人民共和国证券法》、《股票发行与交易管理暂行条例》、《公开发行股票公司信息披露实施细则》、《深圳证券交易所股票上市规则》、《深圳证券交易所中小企业板块上市公司特别规定》和《证券发行上市保荐制度暂行办法》等国家法律、法规的规定,自本公司股票上市之日起承诺做到:

1、真实、准确、完整、公允和及时地公布定期报告,披露所有对投资者有重大影响的信息,并接受中国证监会和深圳证券交易所的监督管理;

2、在知悉可能对股票价格产生误导性影响的任何公共传播媒介中出现的消息后,将及时予以公开澄清;

3、本公司董事、监事、高级管理人员和核心技术人员将认真听取社会公众的意见和批评,不利用已获得的内幕消息和其他不正当手段直接或间接从事公司股票的买卖活动;

4、本公司没有无记录的负债。

第十一节　保荐机构(上市推荐人)及其推荐意见

一、保荐机构(上市推荐人)情况

名称:天同证券有限责任公司

法定代表人:段虎

联系地址:山东省济南市泉城路180号

联系电话:021-68867776-6569

传真:021-68867216

保荐代表人:贾广华　周忠军

项目主办人:张红军

二、保荐机构(上市推荐人)意见

本公司保荐机构(上市推荐人)认为:发行人公司章程符合《中华人民共和国公司法》、《中华人民共和国证券法》、《深圳证券交易所股票上市规则》等法律、法规和中国证监会关于公司章程的相关规定;发行人本次股票发行完全符合《中华人民共和国公司法》、《中华人民共和国证券法》、《股票发行与交易管理暂行条例》及《深圳证券交易所股票上市规则》等法律、法规和中国证监会的有关规定,已具备上市条件。

保荐机构(上市推荐人)保证:发行人董事了解法律、法规、深圳证券交易所上市规则及股票上市协议规定的董事的义务与责任;发行人建立健全了法人治理结构,制定了严格的信息披露制度与保密制度。

保荐机构(上市推荐人)已对上市文件所载的资料进行了核实,确保上市文件真实、准确、完整、符合规定要求;保证发行人的上市申请资料、上市公告书没有虚假、严重误导性陈述或者重大遗漏,并对其承担连带责任。

保荐机构(上市推荐人)与发行人不存在关联关系,保荐机构(上市推荐人)愿意推荐发行人的股票在深圳证券交易所上市交易,并保证不利用在上市过程中获得的内幕信息进行内幕交易,为自己或他人谋取利益。

浙江美欣达印染集团股份有限公司

二○○四年八月二十一日

宁波宜科科技实业股份有限公司

宁波宜科科技实业股份有限公司首次公开发行股票上市公告书

第一节 重要声明与提示

宁波宜科科技实业股份有限公司(以下简称"本公司"、"公司"、"股份公司"、"宜科科技"或"发行人")董事会保证上市公告书的真实性、准确性、完整性,全体董事承诺上市公告书不存在虚假记载、误导性陈述或重大遗漏,并承担个别和连带的法律责任。

根据《中华人民共和国公司法》、《中华人民共和国证券法》等有关法律、法规的规定,本公司董事、高级管理人员已依法履行诚信和勤勉尽责的义务和责任。

证券交易所、中国证监会、其他政府机关对本公司股票上市及有关事项的意见,均不表明对本公司的任何保证。

本公司提醒广大投资者注意,凡本上市公告书未涉及的有关内容,请投资者查阅2004年8月14日刊载于《证券时报》、《中国证券报》和《上海证券报》的《宁波宜科科技实业股份有限公司首次公开发行股票招股说明书摘要》及刊载于巨潮网站(http://www.cninfo.com.cn)的《宁波宜科科技实业股份有限公司首次公开发行股票招股说明书》及相关附件。

第二节 概 览

(一)股票简称:宜科科技

(二)深市股票代码:002036;沪市代理股票代码:609036

(三)总股本:83,230,000股

(四)可流通股本:30,000,000股

(五)本次上市流通股本:30,000,000股

(六)本公司首次公开发行股票前股东所持股份的流通限制及期限:根据国家现有法律、法规和中国证券监督管理委员会(以下简称"中国证监会")证监发行字[2004]133号文《关于核准宁波宜科科技实业股份有限公司公开发行股票的通知》,本公司发起人所持有的未流通股份暂不上市流通。

(七)本公司第一大股东宁波市鄞州新华投资有限公司承诺,自本公司股票上市交易之日起1年内,不转让所持有的本公司股份,也不要求或接受本公司回购其所持有的股份。

(八)上市地点:深圳证券交易所

(九)上市时间:2004年9月3日

(十)股票登记机构:中国证券登记结算有限责任公司深圳分公司

(十一)保荐机构(上市推荐人):国盛证券有限责任公司

第三节 绪 言

本上市公告书是根据《中华人民共和国公司法》、《中华人民共和国证券法》、《股票发行与交易管理暂行条例》、《公开发行股票公司信息披露实施细则》和《深圳证券交易所股票上市规则》等国家有关法律、法规的规定,并按照中国证监会制定的《公开发行证券的公司信息披露内容与格式准则第7号——股票上市公告书》的要求而编制,旨在向投资者提供有关本公司的基本情况和本次股票上市的有关资料。

经中国证监会证监发行字[2004]133号文核准,本公司已于2004年8月19日采用全部向二级市场投资者定价配售方式成功发行了每股面值1.00元的人民币普通股(A股)3,000万股,每股发行价格6.42元。

经深圳证券交易所深证上[2004]88号文批准,本公司公开发行的3,000万股人民币普通股将于2004年9月3日在深圳证券交易所上市交易。股票简称"宜科科技",股票代码"002036"。

本公司已于2004年8月14日分别在《证券时报》、《中国证券报》、《上海证券报》上刊登了《宁波宜科科技实业股份有限公司首次公开发行股票招股说明书摘要》;招股说明书正文及其必备附件刊载于巨潮网站(http://www.cninfo.com.cn)。因招股说明书及其摘要等刊载之日距今不足3个月,本上市公告书与之重复的内容不再重述,敬请投资者查阅上述文件。

第四节 发行人概况

一、发行人基本情况

1、发行人名称:

中文名称:宁波宜科科技实业股份有限公司

英文名称:NingBo YAK Technology Industrial CO.,LTD. (缩写YAK)

2、注册资本:83,230,000元人民币

3、成立日期:1998年4月22日

4、法定代表人:石东明

5、经营范围:服装辅料、服饰的研究、开发、制造、加工,服装辅料、服饰技术咨询,服装原辅材料、化工原料(除化学危险品)的批发、零售、代购代销,汽车货运服务,实业项目投资,公司生产的服装辅料、黑炭衬、粘合衬、配套胸衬的出口,公司生产、科研所需的原辅材料、机械设备、仪器仪表及零配件(国家实行核定公司经营的进口商品除外)的进口。

6、主营业务:本公司主要从事黑炭衬和粘合衬等服装辅料产品的研制、开发、生产和销售。

7、住所:宁波市鄞州区雅源南路501号

8、电话号码:0574-88251123

9、传真号码:0574-88253567

10、公司网址:http://www.yakgroup.com

11、电子信箱:hrm@yakgroup.com

12、董事会秘书:穆 泓

二、发行人的历史沿革

本公司系由宁波牦牛服装辅料有限公司整体变更设立。2001年6月7日,经宁波市人民政府甬政发[2001]84号文批准,根据《公司法》第99条之规定,宁波牦牛服装辅料有限公司以2001年3月31日经大华会计师事务所有限公司华业字[2001]第798-1号《审计报告》审计确认的净资产额(总计53,232,593.43元)中的53,230,000元,按1:1的比例折成53,230,000股,整体变更为宁波宜科科技实业股份有限公司,尚余的2,593.43元计入资本公积帐户。整体变更过程中,原牦牛辅料的股本结构及股东出资比例不变。2001年6月17日,大华会计师事务所有限公司出具华业字[2001]第954号《验资报告》,对上述整体变更后的注册资本进行了验证确认。2001年6月27日,公司在宁波市工商行政管理局获得注册登记(注册登记证号为:3302001004440)。公司发起人为宁波市鄞州新华投资有限公司、宁波振华科技投资有限公司、雅戈尔集团股份有限公司、宁波市鄞州英华服饰有限公司和张国君、钱锡坤、马镜跃、王宗臻等4位自然人。

发行人历史沿革的详细内容请查阅刊载于巨潮网站(http://www.cninfo.com.cn)的本公司招股说明书全文。

经中国证监会证监发行字[2004]133号文核准,本公司于2004年8月19日采用全部向二级市场投资者定价配售的方式发行3,000万股人民币普通股股票,发行价为6.42元/股,本次发行后,本公司注册资本增加为83,230,000元。

三、主要经营情况

(一)业务范围及主营业务

发行人主营业务为黑炭衬和粘合衬等服装辅料产品的研制、开发、生产和销售。

(二)本公司的竞争优势和劣势

发行人竞争优势和劣势的详细内容请查阅刊载于巨潮网站(http://www.cninfo.com.cn)的本公司招股说明书全文。

(三)主要财务指标

请参阅本公告书"财务会计资料"部分的相关内容。

(四)主要知识产权

本公司主要知识产权包括商标、专利和特许经营权等。

1、商标

本公司目前拥有国家工商行政管理局商标局核准的主要注册商标权如下:"牦牛(YAK)"注册商标(第24类,注册证号分别为第879649号YAK及图案;第609909号牦牛、YAK及图案;第75928号牦牛、YAK及图案)。

2、专利技术

本公司目前拥有或申报中的专利情况如下:

本公司的高透气性黑炭衬布被国家知识产权局授予实用新型专利权,证书号:505792;本公司的全能配伍粘合衬及其制造方法和防静电粘合衬及其制造方法已经申报发明专利,已进入实质审查阶段,申请号分别是01132317.5和01132318.3。

3、特许经营权

公司拥有中华人民共和国对外贸易经济合作部颁发的《中华人民共和国进出口企业资格证书》,批准文号为:(1999)外经贸政审函字第1439号,经营范围为:经营本企业自产产品的出口业务和本企业所需的机械设备、零配件、原辅材料的进口业务,但国家限定公司经营或禁止进出口的商品及技术除外。

(五)享有的财政税收优惠政策

本公司下属控股子公司宁波市鄞州莱龙服装衬布有限公司系依法批准的福利企业,且自成立起每年经宁波市民政局、宁波市国家税务局、宁波市地方税务局年检合格,根据财政部、国家税务总局《关于企业所得税若干优惠政策的通知》(财税字[94]001号)、国家税务总局《关于民政福利企业征收流转税问题的通知》(国税发[94]155号)、财政部、国家税务总局《关于福利企业有关税收政策问题的通知》(财税字[2000]35号)等国家和地方有关法规和政策,莱龙公司享受所得税减免和增值税返还的优惠政策。

本公司下属控股子公司宁波宜科旭阳纺织品有限公司和宁波宜科服饰辅料有限公司系中外合资企业,自2003年1月1日起享受企业所得税两免三减半的优惠政策。

根据《财政部、国家税务总局关于进一步推进出口货物实行免抵退办法的通知》(财税[2002]7号)、《国家税务总局关于印发〈生产企业出口货物免抵退税管理操作规范〉(试行)的通知》(国税发[2002]11号)、《财政部、国家税务总局关于调整出口货物退税率的通知》(财税[2003]222号)等文件,本公司及下属控股子公司宁波宜科旭阳纺织品有限公司和宁波宜科服饰辅料有限公司享受出口退税的政策。

第五节 股票发行与股本结构

一、首次公开发行股票的情况

1、股票种类:人民币普通股(A股)

2、每股面值:1.00元

3、发行数量:3,000万股,占发行后总股本8,323万股的36.04%。

4、发行价格:6.42元/股。

5、市盈率:20倍(按2003年度扣除非经常性损益后的每股收益全面摊薄计算)

6、每股净资产:发行前每股净资产1.97元(按2004年6月30日经审计的数据计算);发行后全面摊薄每股净资产3.41元(扣除发行费用,未考虑2004年6月30日后盈利等因素的影响)

7、募集资金总额:19,260万元;募集资金净额:17,931.67万元

8、发行方式:全部向二级市场投资者定价配售

9、发行对象:2004年8月16日收盘时持有深圳证券交易所或上海证券交易所已上市流通人民币普通股(A股)股票的收盘市值总和(包括可流通但暂时锁定的股份市值)不少于10,000元的投资者(国家法律、法规禁止购买者除外)。

10、发行费用总额及项目:本次股票发行费用总额为1,328.33万元,包括承销费用567万元、保荐费用560万元、审计师费用80万元、律师费用56万元、上网发行费65.33万元等。每股发行费用0.443元。

二、本次股票上市前首次公开发行股票的承销情况

本公司首次发行股票的保荐机构(主承销商)为国盛证券有限责任公司。

本次向二级市场投资者定价配售发行的3,000万股社会公众股的配号总数为61,304,638个,中签率为0.0489359386%;二级市场投资者实际认购29,072,190股,其余927,810股由保荐机构(主承销商)国盛证券有限责任公司包销。

三、本次上市前首次公开发行股票所募股资金的验资报告及募集资金入账情况

(一)验资报告

2004年8月25日,安永大华会计师事务所有限责任公司为本次发行出具了安永大华业字[2004]第960号《验资报告》,现摘录如下:

宁波宜科科技实业股份有限公司:

我们接受委托,审验了贵公司截至2004年8月25日止新增注册资本实收情况。按照国家相关法律、法规的规定和协议、章程的要求出资,提供真实、合法、完整的验资资料,保护资产的安全、完

整是全体股东及贵公司的责任。我们的责任是对贵公司新增注册资本的实收情况发表审验意见。我们的审验是依据《独立审计实务公告第1号-验资》进行的。在审验过程中,我们结合贵公司的实际情况,实施了检查等必要的审验程序。

贵公司原注册资本为人民币53,230,000.00元,根据贵公司2003年12月12日召开的第二次临时股东大会决议,并于2004年8月12日经中国证券监督管理委员会以证监发行字[2004]133号文《关于核准宁波宜科科技实业股份有限公司公开发行股票的通知》核准,贵公司向社会公开发行人民币普通股股票3000万股。发行方式为全部向二级市场投资者定价配售,每股发行价为人民币6.42元。经我们审验,截至2004年8月25日止,贵公司募集资金总额为人民币192,600,000.00元,扣除交易所发行手续费及券商承销费用人民币11,923,252.17元后,已缴入募集的股款为人民币180,676,747.83元。同时扣除贵公司为本次股票发行所支付的审计费、律师费等费用合计人民币1,360,000.00元,实际募集股款为人民币179,316,747.83元,其中增加股本人民币30,000,000.00元,增加资本公积人民币149,316,747.83元。变更后的注册资本为人民币捌仟叁佰贰拾叁万元。

贵公司本次增资前的注册资本为人民币53,230,000.00元,历经鄞县会计师事务所、鄞县开诚会计师事务所和大华会计师事务所有限公司审验,并分别于1998年4月20日、2001年3月27日和2001年6月27日出具鄞会验字(1998)079号、鄞开会外验(2001)039号和华业字(2001)第954号验资报告。截至2004年8月25日止,变更后的累计注册资本实收金额为人民币83,230,000.00元。

本验资报告仅供贵公司申请变更登记及据以向股东签发出资证明时使用,不应将其视为是对贵公司验资报告日后资本保全、偿债能力和持续经营能力等的保证。因使用不当造成的后果,与执行本验资业务的注册会计师及会计师事务所无关。

附件:1.注册资本变更情况明细表

1.1 新增注册资本实收情况明细表

1.2 注册资本变更前后对照表

2.验资事项说明

安永大华会计师事务所有限责任公司

中国注册会计师 吕秋萍 赵桃 中国 上海 昆山路146号

2004年8月25日

(二)募集资金入账情况

入帐时间:2004年8月25日

入帐金额:180,676,747.83元

开户银行:中国建设银行宁波市第三支行

入帐帐号:33101983836050500705

四、上市前股权结构及股东持股情况

(一)本次上市前股本结构情况

股份种类	股份数量(股)	比例(%)
发起人股	53,230,000	63.96
其中:境内法人股	49,195,200	59.11
自然人股	4,034,800	4.85
社会公众股	30,000,000	36.04
股本总额	83,230,000	100.00

(二)本次上市前十大股东的持股情况

	股东名称	股份数量(股)	占总股本比例(%)
1	宁波市鄞州新华投资有限公司	18,630,500	22.38
2	宁波振华科技投资有限公司	17,257,200	20.73
3	雅戈尔集团股份有限公司	10,646,000	12.79
4	宁波英华服饰有限公司	2,661,500	3.20
5	张国君	2,118,500	2.55
6	国盛证券有限责任公司	927,810	1.11
7	钱锡坤	745,200	0.90
8	马镜跃	638,800	0.77
9	王宗臻	532,300	0.64
10	南方证券有限公司	300,000	0.36

第六节 董事、监事、高级管理人员及核心技术人员

一、董事会成员

石东明先生,中国国籍,男,1950年6月出生,大专文化,中共党员。历任鄞县新乐公社、丽水公社、茅山公社党委书记,鄞县横溪镇党委书记,鄞江区委书记,鄞县计委副主任,雅戈尔集团股份有限公司董事,雅戈尔置业有限公司董事。现任本公司董事长。任期自2004年6月26日起至2007年6月25日止。

张国君先生,中国国籍,男,1960年5月出生,大学文化,工程师,中共党员。历任浙江牦牛服装辅料(集团)公司生产副厂长、副总经理、总经理,宁波牦牛服装辅料有限责任公司总经理。现任本公司董事兼总经理。任期自2004年6月26日起至2007年6月25日止。

王宗臻先生,中国国籍,男,1962年5月出生,大学文化,工程师,中共党员。历任石家庄衬布总厂车间技术员、车间技术主任、技术处副处长、衬布分厂厂长、总厂技术开发中心主任、总厂厂长助理、总厂副厂长,宁波牦牛服装辅料有限责任公司副总经理。现任本公司董事兼副总经理,主管本公司生产技术,系本公司核心技术人员。任期自2004年6月26日起至2007年6月25日止。

马镜跃先生,中国国籍,男,1958年3月出生,大学文化,工程师,中共党员。历任南通海盟有限公司生产技术部长、副总经理,宁波牦牛服装辅料有限责任公司营销副总经理。现任本公司董事兼副总经理,主管本公司产品的市场营售。任期自2004年6月26日起至2007年6月25日止。

张飞猛先生,中国国籍,男,1956年12月1日出生,大专文化,会计师。历任集仕港财税所财税专管员,宁波市鄞县财税局税政科副科长、稽查科科长、涉外税科科长,鄞县国税局涉外税科科长,宁波雅戈尔服饰有限公司董事兼财务副总经理。现任本公司董事,雅戈尔集团股份有限公司董事、常务副总经理。任期自2004年6月26日起至2007年6月25日止。

吴幼光先生,中国国籍,男,1961年4月出生,大学文化,助理会计师。历任宁波雅戈尔制衣有限公司财务部副经理、经理,雅戈尔集团股份有限公司财务部经理。现任本公司董事,雅戈尔集团股份有限公司副总经理、财务部经理。任期自2004年6月26日起至2007年6月25日止。

王曾敬先生,中国国籍,男,1933年出生,研究生学历,历任长春大学、中国人民大学、哈尔滨工业大学教师、北京轻工业局副局长、国家经委、国家计委司长,国家纺织工业部副部长、第八届全国人大财经委委员。现任中国中小企业国际合作协会副会长、中国流行色协会会长、经纬纺织机械股份公司、华纺股份有限公司、安徽华茂纺织股份有限公司独立董事,本公司独立董事。任期自2004年6月26日起至2007年6月25日止。

俞启明先生,中国国籍,男,1957年8月出生,大学文化,中国注册会计师、中国注册税务师、高级会计师,民革党员。历任宁波床单厂财务会计、财务科副科长,宁波纺织工业局财务处会计、中国包装进出口公司宁波公司内部审计员,宁波保税区东方贸易公司财务负责人。现任宁波金穗税务师事务所董事、代理一部经理,本公司独立董事。任期自2004年6月26日起至2007年6月25日止。

沈成德先生,中国国籍,男,1963年生,经济学硕士,高级会计师,中共党员。沈先生1984年毕业于江西财经学院,获经济学学士;1989年毕业于上海财经大学,获经济学硕士。先后任职于宁波财政税务局副股长,宁波轻工业局副处长,宁波国际信托投资公司财务处处长、办公室主任。沈先生现任宁波大红鹰实业投资股份有限公司副总经理兼总会计师,并被宁波维科精华集团股份有限公司聘任为独立董事。本公司独立董事。任期自2004年6月26日起至2007年6月25日止。

二、监事

陈菊芳女士,中国国籍,女,1952年11月出生,高中文化,工程师,中共党员。历任浙江牦牛服装辅料(集团)公司车间主任、副厂长、副总经理等职务。现任本公司监事会召集人,宁波振华科技投资有限公司法定代表人。监事任期自2004年6月26日起至2007年6月25日止。

庄立平先生,中国国籍,男,1966年11月出生,中专文化。历任浙江牦牛服装辅料(集团)公司厂长秘书、分厂厂长等职务。现任本公司职工代表监事。监事任期自2004年6月26日起至2007年6月25日止。

钱海芸女士,中国国籍,女,1974年11月出生,大专文化,会计师。历任雅戈尔制衣有限公司财务部会计,雅戈尔实业有限公司财务部会计,雅戈尔服饰有限公司财务部会计,鄞州新华投资有限公司财务部会计,现任鄞州英华服饰有限公司财务部副经理,本公司监事。监事任期自2004年6月26日起至2007年6月25日止。

三、其他高级管理人员

穆泓女士,中国国籍,女,1966年10月出生,大学文化。历任职中国机械设备进出口公司管理部员工,北京顺美服装股份有限公司公关信息部经理、总经理办公室主任、副总经理。现为宁波市鄞州区人大代表。现任本公司副总经理兼董事会秘书。

张令华先生,中国国籍,男,1964年12月出生,大学文化,会计师。历任鄞县泉生酒厂财务科长,浙江牦牛服装辅料集团公司财务科员、财务科副科长、财务部经理。现任本公司财务负责人兼财务部经理。

四、核心技术人员

王宗臻先生,本公司核心技术人员,服装衬布业专家,详见前述"董事会成员"简历。

钟定龙先生,中国国籍,男,1967年8月出生,大学文化,工程师。本公司核心技术人员,服装衬布业专家。历任浙江牦牛服装辅料集团公司技术员、车间主任、技术开发部经理、工程中心主任。现任本公司工程技术中心主任。钟定龙先生先后参与了低醛防缩毛衬、双点全能配伍粘合衬、无纺双点粘合衬、防静电粘合衬和水洗型黑炭衬的开发研制,其中"双点全能配伍粘合衬"被国家科技部列入国家火炬计划项目、"低醛防缩毛衬"被国家经贸委列入国家重点新产品、"全能配伍粘合衬及其制造方法"和"防静电粘合衬及其制造方法"已进入专利申请的实质性审核程序。2002年度,钟定龙先生被宁波市经济委员会授予宁波市第二届工业系统优秀科技人员荣誉称号。

五、董事、监事、高级管理人员及核心技术人员持有公司股份情况

1、石东明先生通过持有振华科技6.53%的股份,从而间接持有本公司1.35%的股份。

2、张国君先生直接持有本公司2.55%的股份;其弟张帅君持有振华科技3.40%的股份,从而间接持有本公司0.70%的股份;其弟张国赛持有振华科技0.92%的股份,从而间接持有本公司0.19%的股份。

3、王宗臻先生直接持有本公司0.64%的股份,通过持有振华科技3.08%的股份,间接持有本公司0.64%的股份,从而合并持有本公司1.28%的股份。

4、马镜跃先生直接持有本公司0.77%的股份,通过持有振华科技3.70%的股份,间接持有本公司0.77%的股份,从而合并持有本公司1.54%的股份。

5、陈菊芳女士通过持有振华科技3.08%的股份,从而间接持有本公司0.64%的股份。

6、庄立平先生通过持有振华科技3.08%的股份,从而间接持有本公司0.64%的股份。

7、穆泓女士通过持有振华科技1.23%的股份,从而间接持有本公司0.25%的股份。

8、张令华先生通过持有振华科技1.11%的股份,从而间接持有本公司0.23%的股份。

9、钟定龙先生通过持有振华科技0.92%的股份,从而间接持有本公司0.19%的股份。

六、董事、监事、高级管理人员及核心技术人员持有本公司股份的锁定安排

上述董事、监事、高级管理人员及核心技术人员直接或间接持有本公司股份,并郑重承诺在其任期内将不出售其所持公司股份,包括由于公司送配股而增加的股份。在购买公司股份后两个工作日内报告证券交易所并申请冻结,并定期向公司申报其所持有的本公司股份。在离职六个月后方可出售所持有的公司股份。

第七节 同业竞争与关联交易

一、同业竞争

本公司主要从事黑炭衬和粘合衬系列产品的生产与销售。目前,本公司与股东(包括实际控制人)及其他关联方之间的业务具有相互不可替代性,不存在任何同业竞争的情况。

(一)发行人为避免同业竞争采取的措施

1、本公司全体发起人股东于2003年12月5日出具《非竞争承诺函》,承诺:截止本承诺函出具之日,全体发起人及其所控制的子公司、分公司、合营或联营公司及其他任何类型的企业未从事任何在商业上对发行人或其所控制的子公司、分公司、合营或联营公司构成直接或间接竞争的业务或活动。并保证将来亦不从事并促使全体发起人及其所控制的子公司、分公司、合营或联营公司及其他任何类型的企业从事任何在商业上对发行人或其所控制的子公司、分公司、合营或联营公司构成直接或间接竞争的业务或活动。

2、本公司实际控制人盛达发展于2003年12月5日出具《避免同业竞争承诺函》,承诺:截止本承诺函出具之日,本公司并未以任何方式直接或间接从事与发行人相竞争的业务,并未拥有从事与发行人可能产生同业竞争企业的任何股份、股权或在任何竞争企业有任何权益;将来不会以任何方式直接或间接从事与发行人相竞争的业务,不会直接或间接投资、收购竞争企业,亦不会以任何方式为竞争企业提供任何业务上的帮助。

3、本公司股东雅戈尔的控股子公司英伦服装于2003年12月5日出具《避免同业竞争承诺函》,承诺:为避免与发行人的业务发展构成同业竞争,本公司保证在维持现有的经营模式外,不进行里布产品的生产、不扩大里布产品的现有销售范围。

4、本公司章程(修订草案)》第一百条规定:董事应当遵守法律、法规和公司章程的规定,严格遵守其公开作出的承诺,忠实履行职责,维护公司利益。当其自身的利益与公司和股东的利益相冲突时,应当以公司和股东的最大利益为行为准则。并保证:

(1)在其职责范围内行使权利,不得越权;

(2)除经公司章程规定或者股东大会在知情的情况下批准,不得同本公司订立合同或者进行交易;

(3)不得利用内幕信息为自己或他人谋取利益;

(4)不得自营或者为他人经营与公司同类的营业或者从事损害本公司利益的活动;

(5)不得利用职权收受贿赂或者其他非法收入,不得侵占公司的财产;

(6)不得挪用资金或者将公司资金借贷给他人;

(7)不得利用职务便利为自己或他人侵占或者接受本应属于公司的商业机会;

(8)未经股东大会在知情的情况下批准,不得接受与公司交易有关的佣金;

(9)不得将公司资产以其个人名义或者以其他个人名义开立帐户储存;

(10)不得以公司资产为本公司的股东或者其他个人债务提供担保;

(11)未经股东大会在知情的情况下同意,不得泄漏在任职期间所获得的涉及本公司的机密信

息;但在下列情形下,可以向法院或者其他政府主管机关披露该信息:法律有规定;公众利益有要求;该董事本身的合法利益有要求。

(二)律师对发行人是否存在同业竞争所发表的意见

发行人律师经审查后认为:发行人与关联企业间不存在同业竞争;发行人采取的避免同业竞争的措施是有效的;发行人对有关避免同业竞争的承诺进行了充分披露,无重大遗漏或重大隐瞒。

(三)保荐机构(主承销商)对发行人是否存在同业竞争所发表的意见

本公司保荐机构(主承销商)国盛证券有限责任公司经核查后认为:发行人按照法律、法规以及监管机构的要求规范运作,目前不存在与股东单位及其他关联方的同业竞争;发行人对有关同业竞争的情况已进行了充分披露;全体发起人股东、实际控制人及其他关联方均已作出避免同业竞争的书面承诺;发行人避免同业竞争的措施是有效的。

二、关联交易

(一)关联方及关联关系:详见本公司首次公开发行股票招股说明书全文。

(二)关联交易2001年、2002年、2003年及2004年1-6月公司发生的主要关联交易:详见本公司首次公开发行股票招股说明书全文。

(三)中介机构和独立董事对关联交易发表的意见

本公司独立董事认为:本公司关联交易决策符合《公司章程》及《关联交易决策制度》的规定,交易价格公允,并已履行相应批准程序,交易行为真实、有效,不存在损害本公司及中小股东利益的情况。

本公司监事会认为:本公司与关联方的关联交易均由双方按自愿、平等、等价有偿的原则协商一致,交易价格采用市场公认的合理价格,不存在损害本公司及中小股东利益的情况。

本公司律师认为:发行人关联交易决策符合《公司章程》及《关联交易决策制度》的规定,在董事会、股东大会审议表决关联交易提案时,关联董事、关联股东均严格履行回避义务,关联交易决策程序合法有效;关联交易的定价政策均以市场价格为基础,经当事人各方充分协商确定,交易价格及内容公允,不存在损害发行人及其他股东利益的情况。招股说明书已经充分披露了发行人的关联方关系和关联交易,不存在遗漏和隐瞒。

本公司申报会计师认为:不存在发行人申报会计报表中自财会[2001]64号文生效日起至2004年6月30日期间内的关联交易的会计处理在重大方面不符合财会[2001]64号文规定的情况。

保荐机构(主承销商)认为:发行人与股东在业务、资产、人员、机构、财务等方面均完全分开,具有独立的生产、供应和销售系统,能够自主经营,并独立运作;报告期发生的关联交易是公司正常经营行为,发行人已全面披露了关联方、关联关系及关联交易,不存在遗漏和隐瞒。这些关联交易均严格履行了《公司章程》及《关联交易决策制度》的规定,决策程序合法有效,关联交易定价公开、公平,对公司报告期内的财务状况及经营成果并没有造成重大影响,不存在有损害公司其他股东利益和影响发行人生产经营独立性的情况。公司建立了较为完善的制度有效地保障了关联交易的公允性。

第八节 财务会计资料

本公司截止2004年6月30日的财务资料,已于2004年8月14日在《证券时报》、《中国证券报》和《上海证券报》刊登的《招股说明书摘要》中进行了披露。投资者欲了解详细内容,请查阅上述报纸或刊载于巨潮网站(http://www.cninfo.com.cn)的本公司招股说明书全文。

安永大华会计师事务所有限责任公司审计了本公司2004年6月30日、2003年12月31日、2002年12月31日、2001年12月31日的资产负债表,2004年1-6月、2003年度、2002年度、2001年度的利润及利润分配表,2004年1-6月、2003年度的现金流量表,并出具了标准无保留意见的审计报告。

一、简要合并资产负债表(单位:元)

资产	2004年6月30日	2003年12月31日
流动资产:		
货币资金	25,893,384.97	37,975,534.72
应收票据	3,137,822.91	5,801,819.85
应收账款	41,935,258.72	37,722,644.67
其他应收款	2,972,225.30	2,073,995.11
预付账款	1,138,449.82	147,706.38
应收补贴款		484,411.74
存货	24,886,215.22	25,077,929.87
待摊费用	244,288.34	258,877.25
流动资产合计	100,207,645.28	109,542,919.59
长期投资:		
长期股权投资	−278,882.80	−297,474.99
长期投资合计	−278,882.80	−297,474.99
固定资产:		
固定资产原价	129,518,280.62	121,142,807.70
减:累计折旧	20,720,319.71	17,404,311.98
固定资产净值	108,797,960.91	103,738,495.72
减:固定资产减值准备		
固定资产净额	108,797,960.91	103,738,495.72
工程物资		
在建工程		365,883.87
固定资产合计	108,797,960.91	104,104,379.59
无形资产及其他资产:		
无形资产	13,620,346.77	13,816,949.91
长期待摊费用	13,266.90	36,226.86
无形资产及其他资产合计	13,633,613.67	13,853,176.77
递延税款:		
递延税款借项		
资产总计	222,360,337.06	227,203,000.96
流动负债:		
短期借款	21,045,322.00	25,000,000.00
应付票据	6,080,000.00	2,400,000.00
应付账款	19,053,084.26	17,718,331.26
预收账款	622,034.21	812,384.63
应付工资	984,364.51	1,066,658.51
应付福利费	1,090,372.08	1,170,870.72
应交税金	1,316,515.95	1,861,154.58
应付股利	335,428.24	335,428.24
其他应交款	66,391.39	63,341.61
其他应付款	10,539,892.03	15,231,353.59
预提费用	95,656.81	99,265.00
流动负债合计	61,229,061.48	65,758,788.14
长期负债:		
长期借款	40,000,000.00	40,000,000.00
长期负债合计	40,000,000.00	40,000,000.00
负债合计	101,229,061.48	105,758,788.14
少数股东权益	16,064,011.78	16,498,562.16
股东权益:		
股本	53,230,000.00	53,230,000.00
资本公积	142,155.25	133,184.94
盈余公积	15,229,498.04	14,903,715.08
其中:法定公益金		4,967,905.03
未分配利润	36,465,610.51	36,678,750.64
股东权益合计	105,067,263.80	104,945,650.66
负债及股东权益合计	222,360,337.06	227,203,000.96

资产	2002年12月31日	2001年12月31日
流动资产:		
货币资金	15,238,621.67	3,028,260.59
应收票据	1,621,160.22	2,700,000.00
应收账款	33,565,201.09	28,366,107.59
其他应收款	1,533,507.68	2,493,759.67
预付账款	41,429,175.91	24,568,100.29
应收补贴款	887,069.62	
存货	24,583,007.42	24,636,557.54
待摊费用	126,573.25	531,645.59
流动资产合计	118,984,316.86	86,324,431.27
长期投资:		
长期股权投资	−334,659.36	380,547.10
长期投资合计	−334,659.36	380,547.10
固定资产:		
固定资产原价	43,410,742.06	39,908,682.61
减:累计折旧	21,736,852.53	17,845,212.94
固定资产净值	21,673,889.53	22,063,469.67
减:固定资产减值准备		
固定资产净额	21,673,889.53	22,063,469.67
工程物资	19,709.01	
在建工程	25,851,359.51	40,800.00
固定资产合计	47,544,958.05	22,104,269.67
无形资产及其他资产:		
无形资产	5,480,154.03	4,661,717.00
长期待摊费用	136,526.76	238,655.40
无形资产及其他资产合计	5,616,680.79	4,900,372.40
递延税款:		
递延税款借项	5,524,458.39	5,524,458.39
资产总计	177,335,754.73	119,234,078.83
流动负债:		
短期借款	34,000,000.00	21,000,000.00
应付票据	4,600,000.00	
应付账款	10,602,715.22	9,374,023.74
预收账款	21,358,951.92	13,366,366.10
应付工资	1,887,142.82	1,372,565.91
应付福利费	1,166,041.21	362,334.44
应交税金	2,806,817.85	1,677,820.55
应付股利	1,441,115.53	1,941,437.37
其他应交款	41,179.13	73,675.03
其他应付款	5,355,507.24	2,368,717.86
预提费用	54,029.25	44,850.00
流动负债合计	83,313,500.17	51,581,791.00
长期负债:		
长期借款		
长期负债合计	–	–
负债合计	83,313,500.17	51,581,791.00
少数股东权益	13,346,494.33	1,006,340.50
股东权益:		
股本	53,230,000.00	53,230,000.00
资本公积	121,067.20	87,521.58
盈余公积	10,278,809.57	5,081,895.67
其中:法定公益金	3,426,269.86	1,693,965.23
未分配利润	17,045,883.46	8,246,530.08
股东权益合计	80,675,760.23	66,645,947.33
负债及股东权益合计	177,335,754.73	119,234,078.83

二、简要合并利润表(单位:元)

项目	2004年1-6月	2003年度
一、主营业务收入	77,567,906.33	138,326,543.94
减:主营业务成本	58,112,494.96	101,129,441.61
主营业务税金及附加	128,178.75	241,609.84
二、主营业务利润	19,327,232.62	36,955,492.49
加:其他业务利润	17,445.93	126,940.60
减:营业费用	1,464,554.59	4,406,888.84
管理费用	6,147,253.21	8,929,167.24
财务费用	1,717,428.15	2,762,070.97
三、营业利润	10,015,442.60	20,984,306.04
加:投资收益	18,592.19	37,184.37
补贴收入	987,430.65	5,062,013.53
营业外收入		15,656,526.20
减:营业外支出	200.00	221,497.58
四、利润总额	11,021,265.44	41,518,532.56
减:所得税	999,621.33	8,454,303.04

少数股东损益	1,707,312.64	3,483,456.83
五、净利润	8,314,331.47	29,580,772.69
加:年初未分配利润	36,678,750.64	17,045,883.46
六、可供分配的利润	44,993,082.11	46,626,656.15
减:提取法定公积金	325,782.96	3,083,270.34
提取法定公益金	———	1,541,635.17
提取职工奖励及福利基金(合并报表填列)	217,188.64	
七、可供股东分配的利润	44,450,110.51	42,001,750.64
减:应付优先股股利	——	
提取任意盈余公积金	——	
应付普通股股利	7,984,500.00	5,323,000.00
转作资本的普通股股利	——	
八、未分配利润	36,465,610.51	36,678,750.64
	2002 年	2001 年
一、主营业务收入	143,471,750.45	112,829,210.45
减:主营业务成本	106,262,742.99	80,094,060.32
主营业务税金及附加	280,758.94	255,875.01
二、主营业务利润	36,928,248.52	32,479,275.12
加:其他业务利润	279,382.99	299,744.00
减:营业费用	3,964,515.23	2,939,181.75
管理费用	8,916,365.32	12,156,992.23
财务费用	1,672,696.46	1,003,127.95
三、营业利润	22,654,054.50	16,679,717.19
加:投资收益	37,184.37	248,323.49
补贴收入	2,601,695.72	3,824,198.31
营业外收入	51,744.34	1,500.00
减:营业外支出	189,090.70	386,513.77
四、利润总额	25,155,588.23	20,367,225.22
减:所得税	3,980,670.8	2,149,059.03
少数股东损益	1,727,878.19	2,125,126.33
五、净利润	19,447,039.21	16,093,039.86
加:年初未分配利润	8,246,530.08	1,867,265.24
六、可供分配的利润	27,693,569.29	17,960,305.10
减:提取法定公积金	3,464,609.27	3,521,917.67
提取法定公益金	1,732,304.63	1,760,958.84
提取职工奖励及福利基金(合并报表填列)	127,771.93	
七、可供股东分配的利润	22,368,883.46	12,677,428.59
减:应付优先股股利		
提取任意盈余公积金		
应付普通股股利	5,323,000.00	
转作资本的普通股股利		4,430,898.51
八、未分配利润	17,045,883.46	8,246,530.08

三、简要合并现金流量表(单位:元)

项目	2004 年 1-6 月	2003 年度
一、经营活动产生的现金流量:		
销售商品、提供劳务收到的现金	77,389,469.16	122,864,095.74
收到的税款返回	1,443,538.26	4,120,338.08
收到的其他与经营活动有关的现金	3,286,275.28	2,921,052.12
经营活动现金流入小计	82,119,282.70	129,905,485.94
购买商品、接受劳务支付的现金	48,125,588.33	73,692,504.44
支付给职工以及为职工支付的现金	6,523,455.18	12,625,381.23
支付的各项税费	4,411,802.69	8,805,236.75
支付的其他与经营活动有关的现金	5,386,545.94	9,148,218.00
经营活动现金流出小计	64,447,392.14	104,271,340.42
经营活动产生的现金流量净额	17,671,890.56	25,634,145.52
二、投资活动产生的现金流量:		
收回投资所收到的现金		
处置固定资产、无形资产和其他长期资产所收回的现金		5,582,718.44
收到的其他与投资活动有关的现金		9,978,616.00
投资活动现金流入小计	0.00	15,561,334.44
购建固定资产、无形资产和其他长期资产所支付的现金	14,002,430.72	39,265,391.62
投资所支付的现金		
支付的其他与投资活动有关的现金		905,442.54
投资活动现金流出小计	14,002,430.72	40,170,834.16
投资活动产生的现金流量净额	-14,002,430.72	-24,609,499.72
三、筹资活动产生的现金流量:		
吸收投资报收到的现金		
借款所收到的现金	40,045,603.00	122,700,000.00
筹资活动现金流入小计	40,045,603.00	122,700,000.00
偿还债务所支付的现金	44,000,000.00	91,700,000.00
分配股利、利润或偿付利息所支付的现金	11,774,645.87	9,244,698.73
其中:支付少数股东的权利	2,144,853.12	1,441,115.53
筹资活动现金流出小计	55,774,645.87	100,944,698.73
筹资活动产生的现金流量净额	-15,729,042.87	21,755,301.27
四、汇率变动对现金的影响	-22,566.72	-43,034.02
五、现金及现金等价物净增加额	-12,082,149.75	22,736,913.05

四、重要会计报表附注

本公司会计报表注释等内容,请查阅本公司招股说明书附录,查阅地址为巨潮网站(http://www.cninfo.com.cn)。

五、财务指标

主要财务指标	2004 年 1-6 月	2003 年度	2002 年度	2001 年度
流动比率	1.64	1.67	1.43	1.67
速动比率	1.23	1.28	1.13	1.20
资产负债率(%)(按母公司报表计)	47.89	50.00	60.00	41.06
应收帐款周转率(次)	1.95	3.88	4.63	4.03
存货周转率(次)	2.33	4.07	4.32	3.78
无形资产(土地使用权除外)占净资产的比例(%)	1.56	1.66	2.34	-
研究与开发费用占主营业务收入的比例(%)	7.72	9.05	5.06	3.84
每股净资产(元)	1.97	1.97	1.52	1.25
每股经营活动现金流量(元)	0.33	0.48	0.47	-

注:2004 年 1-6 月、2003 年、2002 年、2001 年的数据除资产负债率以外均按合并报表口径计算。

第九节 其他重要事项

1、自发行人股票首次公开发行起至本上市公告书公告之日,发行人严格依照《中华人民共和国公司法》、《中华人民共和国证券法》、《深圳证券交易所股票上市规则》等法律法规的要求,规范运行,生产经营情况正常;所处行业、市场无重大变化;主要投入产出物供求及价格无重大变化;主要业务发展目标进展状况正常。

2、自本公司股票首次公开发行之日至本上市公告书公告之日,本公司无重大对外投资、重大资产(股权)收购或出售行为;住所未发生变更。

3、自本公司股票首次公开发行之日至本上市公告书公告之日,本公司重大会计政策和会计师事务所没有发生变化。

4、自本公司股票首次公开发行之日至本上市公告书公告之日,本公司未发生新的重大负债或重大债项发生变化。

5、自本公司股票首次公开发行之日至本上市公告书公告之日,本公司董事、监事和高级管理人员没有尚未了结或可能发生的刑事诉讼事项。

6、自本公司股票首次公开发行之日至本上市公告书公告之日,本公司未涉及任何重大诉讼事项或仲裁,亦无尚未了结或可能面临的重大诉讼或索赔要求。

7、根据《深圳证券交易所中小企业板块上市公司特别规定》的要求,本公司章程中应包含"(一)、股票被终止上市后,公司股票进入代办股份转让系统继续交易;(二)、不对公司章程中的前款规定作任何修改"等内容。本公司已于 2004 年 8 月 25 日出具承诺函,承诺自本公司上市后 3 个月内在公司章程内载入上述内容。

8、本公司第一大股东宁波市鄞州新华投资有限公司承诺:在发行人股票上市交易之日起 12 个月内,不转让所持有的本公司股份,也不要求或接受本公司回购其所持有的股份。本公司承诺:自本公司 A 股股票上市之日起 1 年内,不回购本公司发起人(即宁波市鄞州新华投资有限公司、宁波振华科技投资有限公司、雅戈尔集团股份有限公司、宁波市鄞州英华服饰有限公司和张国君、钱锡坤、马镜跃、王宗臻)持有的本公司股份,亦不接受上述发起人对本公司回购其持有的宜科科技股份的要求。

9、经公司 2003 年年度股东大会决议,公司截至 2003 年 12 月 31 日的剩余未分配利润 35,318,471.25 元(按母公司报表计算),连同 2004 年 1 月 1 日以后产生的净利润由首次公开发行股票完成后的新老股东共享。公司拟在 2005 年上半年进行首次公开发行股票上市后的第一次股利分配。

10、除本公司首次公开发行股票招股说明书及本上市公告书披露的事项外,发行人无其他应披露而未披露的重要事项。

第十节 董事会上市承诺

本公司董事会将严格遵守《中华人民共和国公司法》、《中华人民共和国证券法》、《股票发行与交易管理暂行条例》、《公开发行股票公司信息披露实施细则》、《深圳证券交易所股票上市规则》和《深圳证券交易所中小企业板块上市公司特别规定》等国家有关法律、法规的规定,自股票上市之日起承诺做到:

一、承诺真实、准确、完整、公允和及时地公布定期报告,披露所有对投资者有重大影响的信息,并接受中国证监会、证券交易所的监督管理;

二、承诺发行人在知悉可能对股票价格产生误导性影响的任何公共传播媒介中出现的消息后,将及时予以公开澄清;

三、发行人董事、监事、高级管理人员和核心技术人员将认真听取社会公众的意见和批评,不利用已获得的内幕消息和其他不正当手段直接或间接从事发行人股票的买卖活动;

四、发行人没有无记录的负债。

第十一节 保荐机构(上市推荐人)及其意见

一、保荐机构(上市推荐人)情况

名称:国盛证券有限责任公司

法定代表人:管荣升

住所:江西省南昌市永叔路 15 号

联系地址:上海市天钥桥路 216 号 408 室

电话:(021)64647283

传真:(021)54255773

联系人:孙盛良、林新正、陈骅、张勇、徐奕、张希青

二、保荐机构(上市推荐人)意见

保荐机构(上市推荐人)认为:发行人章程符合《中华人民共和国公司法》、《中华人民共和国证券法》、《深圳证券交易所股票上市规则》等法律、法规和中国证监会有关公司章程的相关规定;发行人本次股票发行完全符合《中华人民共和国公司法》、《中华人民共和国证券法》、《股票发行与交易管理暂行条例》、《深圳证券交易所股票上市规则》和《深圳证券交易所中小企业板块上市公司特别规定》等法律、法规和中国证监会的有关规定,已具备了上市条件。

保荐机构(上市推荐人)保证:发行人董事了解法律、法规、深圳证券交易所上市规则及股票上市协议规定的董事的义务与责任;发行人建立健全了法人治理结构、制定了严格的信息披露制度与保密制度。

保荐机构(上市推荐人)已对上市文件所载资料进行了核实,确保上市文件真实、准确、完整,符合规定要求,保证上市申请材料、上市公告书没有虚假记载、严重误导性陈述或者重大遗漏,并对其承担连带责任。

保荐机构(上市推荐人)与发行人不存在关联关系;保荐机构(上市推荐人)愿意推荐发行人的股票在深圳证券交易所上市交易,并且在上市推荐过程中,保证不利用获得的内幕信息进行内幕交易,为自己或他人谋取利益。

宁波宜科科技实业股份有限公司

2004 年 8 月 28 日

上海浦东发展银行股份有限公司

公司概况

公司名称	上海浦东发展银行股份有限公司	股票代码	600000
注册地址	上海市浦东新区浦东南路 500 号	邮政编码	200002
法人代表	张广生	董秘	沈思
电话	021-63611226	传真	021-63230807
主营业务	吸收存款,发放贷款,国内国际结算		
总股本	391500.00	流通 A	90000.00
流通 B		流通 H	
审计单位	安永大华会计师事务所	审计意见	标准无保留

主要财务指标

年度	2004.6	2003	2002
每股收益 / 扣除后(元)	0.2138	0.3920	0.3530
每股经营现金流量(元)		1.0220	0.8580
每股净资产 / 调整后(元)	3.1800	3.0650	2.1990
每股公积金(元)	1.2438	1.2438	0.7427
净资产收益率(%)	7.0100	13.0400	16.1500
总资产(万元)	41388952.00	37105668.00	27930072.00
股东权益(万元)	1245371.87	1201092.25	796047.62
未分配利润(万元)	92672.18	48392.61	3766.44
主营收入(万元)	423029.66	1202723.75	815645.87
资本公积金(万元)	486939.56	486939.56	268503.72
主营利润(万元)	339562.91	519909.75	350559.09
其他业务利润(万元)			
营业利润(万元)	341100.16	519909.75	352970.69
投资收益(万元)	15373.00		129867.58
补贴收入(万元)			
营业外收支(万元)	3859.02	−882.98	−4.05
利润总额(万元)		234377.37	186675.30
净利润(万元)	87344.57	156608.81	128530.88

十大股东

序号	股东名称	股份性质	持股数(万股)	比例(%)
1	上海国际信托投资有限公司	国有法人股	27450.00	7.01
2	上海上实(集团)有限公司	国有法人股	19050.00	4.87
3	上海国有资产经营有限公司	国家股	19005.00	4.85
4	花旗银行海外投资公司	外资法人股	18075.00	4.62
5	上海国际集团有限公司	国有法人股	17635.00	4.50
6	上海久事公司	国有法人股	15720.00	4.02
7	申能股份有限公司	境内法人股	7500.00	1.92
8	东方国际(集团)有限公司	国有法人股	7500.00	1.92
9	上海实业发展股份有限公司	国有法人股	6150.00	1.57
10	上海上实国际贸易(集团)有限公司	国有法人股	6000.00	1.53

股东人数

2004.6	2003.12	2003.6	2002
270538	253718	265110	253718

近年分配	近年配股 / 增发
2004 年 5 月 20 日 10 派 1.10	

重大事项

根据中国银监会银监复[2004]51 号《中国银行业监督管理委员会关于上海浦东发展银行募集次级定期债务的批复》,公司与中国人寿保险(集团)有限公司、中国人寿保险股份有限公司等 8 家机构分别签订了总额为 60 亿元人民币次级定期债务合同,本次次级定期债务发行期限为 5 年零 1 个月,利率为浮动利率,初始利率为 4.60%,每年付息一次。

二〇〇三年以来市场表现

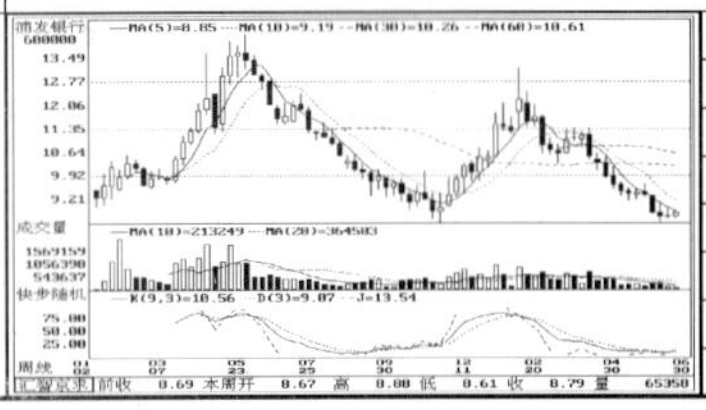

2003 年涨跌幅(%)	7.98
2003 年最高(元)	13.99
2003 年最低(元)	8.39
2003 年换手率(%)	339.76
2004.06 涨跌幅(%)	−15.64
2004.06 最高(元)	13.07
2004.06 最低(元)	8.51
2004.06 换手率(%)	110.96

邯郸钢铁股份有限公司

公司概况

公司名称	邯郸钢铁股份有限公司	股票代码	600001
注册地址	河北省邯郸市复兴路 232 号	邮政编码	056015
法人代表	刘如军	董秘	李卜海
电话	0310-6071006	传真	0310-6074190
主营业务	冶炼、钢坯		
总股本	148663.48	流通 A	49008.18
流通 B		流通 H	
审计单位	河北华安会计师事务所	审计意见	标准无保留

主要财务指标

年度	2004.6	2003	2002
每股收益 / 扣除后(元)	0.3120	0.4210	0.3220
每股经营现金流量(元)	0.2564	0.6100	0.4800
每股净资产 / 调整后(元)	5.1900	4.8700	4.4200
每股公积金(元)	2.1672	2.1429	2.0945
净资产收益率(%)	5.9700	8.6300	8.0000
总资产(万元)	1837146.50	1658721.75	986135.50
股东权益(万元)	776108.50	726107.62	660640.87
未分配利润(万元)	205979.33	159622.41	118835.65
主营收入(万元)	896789.06	1273189.12	787547.81
资本公积金(万元)	322187.16	318551.37	311351.37
主营利润(万元)	91113.08	136502.69	95860.94
其他业务利润(万元)	951.16	789.56	19.28
营业利润(万元)	69813.54	107085.90	85161.31
投资收益(万元)	−392.17	−4275.53	2786.07
补贴收入(万元)			
营业外收支(万元)	−38.77	−4823.03	104.77
利润总额(万元)	69382.60	97987.33	78841.76
净利润(万元)	46356.93	62647.39	52864.91

十大股东

序号	股东名称	股份性质	持股数(万股)	比例(%)
1	邯郸钢铁集团有限责任公司	国有法人股	97212.31	65.39
2	河北省经济贸易投资有限公司	国有法人股	2443.00	1.64
3	德盛稳健证券投资基金	流通 A 股	703.63	0.47
4	国海证券有限责任公司	流通 A 股	651.37	0.44
5	博时裕富证券投资基金	流通 A 股	307.36	0.21
6	黎建华	流通 A 股	211.12	0.14
7	南通永芳贸易有限公司	流通 A 股	160.23	0.11
8	戴令军	流通 A 股	150.08	0.10
9	湘财证券有限责任公司	流通 A 股	143.27	0.10
10	周启俊	流通 A 股	141.66	0.10

股东人数

2004.6	2003.12	2003.6	2002
188488	201821	210328	217484

近年分配	近年配股 / 增发

重大事项

公司严格按照《公司法》、《证券法》、中国证监会有关规定和《上海证券交易所股票上市规则》的要求,不断完善法人治理结构。制订了投资者关系管理制度,对公司对外担保暂行规定进行了修改并在公司章程中增加了相应的条款,按期进行了董、监事会换届。为减少管理环节,提高工作效率,根据公司生产经营的需要,对公司部分内设机构进行整合,将炼铁厂和烧结厂合并,组建炼铁部;将质量管理部和科技环保部合并,组建技术中心。

二〇〇三年以来市场表现

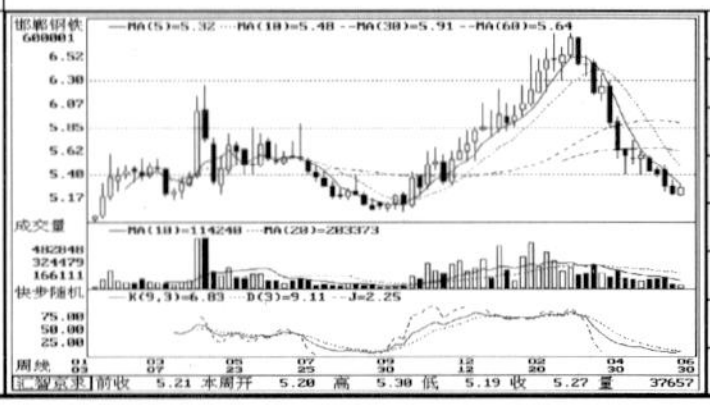

2003 年涨跌幅(%)	18.85
2003 年最高(元)	6.14
2003 年最低(元)	4.84
2003 年换手率(%)	149.18
2004.06 涨跌幅(%)	−9.14
2004.06 最高(元)	6.75
2004.06 最低(元)	5.19
2004.06 换手率(%)	109.00

中国石化齐鲁股份有限公司

公司概况						
公司名称	中国石化齐鲁股份有限公司			股票代码	600002	
注册地址	山东省淄博市高新技术产业开发区			邮政编码	255086	
法人代表	张瑞生		董秘	李凤安		
电话	0533-3583728		传真	0533-3583718		
主营业务	石油化工产品					
总股本	195000.00	流通 A	35000.00	流通 B		流通 H
审计单位			审计意见	未审计		

主要财务指标 年度	2004.6	2003	2002
每股收益 / 扣除后(元)	0.4125	0.3900	0.0230
每股经营现金流量(元)	0.3900	0.5600	0.6200
每股净资产 / 调整后(元)	2.9000	2.5800	2.2100
每股公积金(元)	1.1483	1.1423	1.1397
净资产收益率(%)	14.2600	12.5400	0.9700
总资产(万元)	855218.87	721454.31	666176.12
股东权益(万元)	564921.19	502689.50	439139.19
未分配利润(万元)	110298.10	49235.20	-1499.10
主营收入(万元)	556912.87	945990.00	716948.69
资本公积金(万元)	223920.20	222751.41	222244.20
主营利润(万元)	143529.91	170274.20	58240.90
其他业务利润(万元)	-2257.00	-990.30	-6.98
营业利润(万元)	94526.40	94389.30	6848.80
投资收益(万元)			
补贴收入(万元)			
营业外收支(万元)	141.60	-24327.00	-2.14
利润总额(万元)	94668.00	70062.30	6636.20
净利润(万元)	80562.90	63043.10	4262.80

十大股东 序号	股东名称	股份性质	持股数(万股)	比例(%)
1	中国石油化工股份有限公司	国有法人股	160000.00	82.05
2	博时价值增长证券投资基金	流通 A 股	1902.85	0.98
3	景福证券投资基金	流通 A 股	1895.64	0.97
4	博时精选股票证券投资基金	流通 A 股	1080.50	0.55
5	开元证券投资基金	流通 A 股	881.37	0.45
6	南方避险增值基金	流通 A 股	843.02	0.43
7	华安创新证券投资基金	流通 A 股	827.05	0.42
8	天华证券投资基金	流通 A 股	723.42	0.37
9	久嘉证券投资基金	流通 A 股	660.52	0.34
10	安顺证券投资基金	流通 A 股	600.89	0.31

股东人数	2004.6	2003.12	2003.6	2002
	38769	80057	134166	157794

近年分配	2004 年 6 月 18 日 10 派 1.00	近年配股/增发	

重大事项

2004 年前三季度，公司根据乙烯二轮改造工程进展的需要，共从银行贷款 178,081 万元，其中：国家开发银行 24,000 万元；中国建设银行 60,000 万元；淄博商业银行 4,500 万元；中国民生银行美元贷款 3,400 万元(折人民币 28,181 万元)；深圳发展银行 10,000 万元；中国农业银行 5,000 万元；中国石化集团财务公司临时结算性人民币贷款(随借随还)46,400 万元。

二〇〇三年以来市场表现

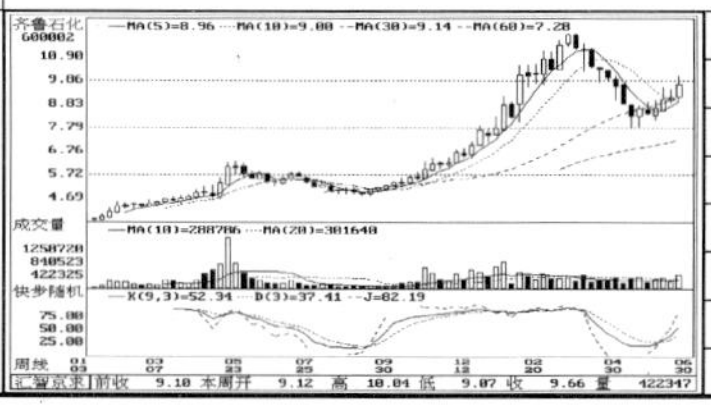

2003 年涨跌幅(%)	93.46
2003 年最高(元)	7.75
2003 年最低(元)	3.55
2003 年换手率(%)	392.62
2004.06 涨跌幅(%)	36.06
2004.06 最高(元)	11.83
2004.06 最低(元)	7.06
2004.06 换手率(%)	238.37

东北高速公路股份有限公司

公司概况						
公司名称	东北高速公路股份有限公司			股票代码	600003	
注册地址	吉林省长春市高新技术产业开发区硅谷大街 4000 号			邮政编码	130033	
法人代表	张晓光		董秘	戴琦		
电话	0431-4639168,4622168		传真	0431-4653168		
主营业务	公路经营管理收费					
总股本	121320.00	流通 A	30000.00	流通 B		流通 H
审计单位			审计意见	未审计		

主要财务指标 年度	2004.6	2003	2002
每股收益 / 扣除后(元)	0.0631	0.0609	0.1405
每股经营现金流量(元)	0.0530	0.1508	0.2416
每股净资产 / 调整后(元)	0.0531	2.6853	2.5014
每股公积金(元)	1.1306	1.1306	1.1304
净资产收益率(%)	1.3100	5.6021	3.9891
总资产(万元)	551700.69	514256.09	527808.00
股东权益(万元)	331419.50	327078.28	305152.09
未分配利润(万元)	53138.74	48797.54	30184.58
主营收入(万元)	27220.11	55805.54	40325.50
资本公积金(万元)	137168.00	137168.00	137139.41
主营利润(万元)	18238.72	31160.10	28454.66
其他业务利润(万元)	136.58	66.35	4.42
营业利润(万元)	10574.28	16243.96	16991.09
投资收益(万元)	-3407.47	349.52	-4680.11
补贴收入(万元)		10631.50	-845.27
营业外收支(万元)	-33.75	3024.38	-0.50
利润总额(万元)	7133.06	30249.35	21620.82
净利润(万元)	4341.20	18323.33	12172.68

十大股东 序号	股东名称	股份性质	持股数(万股)	比例(%)
1	黑龙江省高速公路公司	国有法人股	36610.00	30.18
2	吉林省高速公路公司	国有法人股	30327.00	25.00
3	华建交通经济开发中心	国有法人股	24383.00	20.10
4	博时裕富	流通 A 股	173.13	0.14
5	益民信息	流通 A 股	140.00	0.12
6	陈国强	流通 A 股	61.36	0.05
7	嘉实服务	流通 A 股	50.00	0.04
8	兴和基金	流通 A 股	44.18	0.04
9	王雪峰	流通 A 股	41.58	0.03
10	世纪英才	流通 A 股	39.50	0.03

股东人数	2004.6	2003.12	2003.6	2002
	147269	152349	157989	158766

近年分配		近年配股/增发	

重大事项

公司子公司黑龙江省哈松公路大桥有限责任公司的收费公路桥松花江公路大桥因哈尔滨行政区化的改变，原呼兰县、松北新区均划为哈尔滨市的行政区，由此松花江大桥成为市内桥。黑龙江省交通厅根据省委会议精神，于 2004 年 6 月 10 日厅长办公会议决定：撤销松北收费站，择时停止松花江公路大桥的过桥收费，并收购东北高速持有的哈松公司的股份。

二〇〇三年以来市场表现

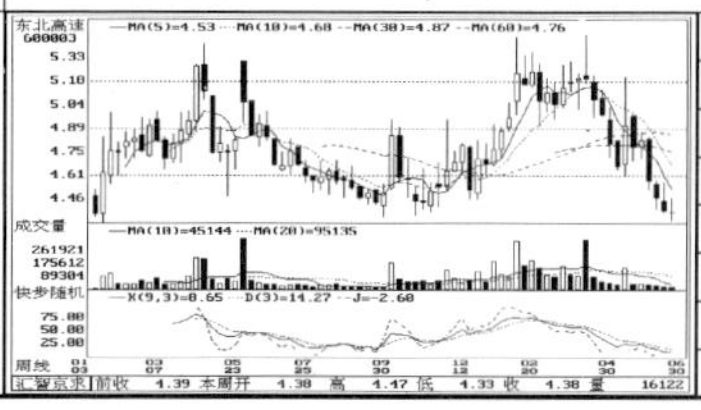

2003 年涨跌幅(%)	3.99
2003 年最高(元)	5.41
2003 年最低(元)	4.32
2003 年换手率(%)	106.18
2004.06 涨跌幅(%)	-6.61
2004.06 最高(元)	5.47
2004.06 最低(元)	4.33
2004.06 换手率(%)	86.99

广州白云国际机场股份有限公司

公司概况

公司名称	广州白云国际机场股份有限公司			股票代码	600004		
注册地址	广州市机场路 282 号			邮政编码	510403		
法人代表	刘子静			董秘	徐光玉		
电话	020-86130701			传真	020-86128086		
主营业务	旅客过港,交通运输						
总股本	100000.00	流通 A	40000.00	流通 B		流通 H	
审计单位				审计意见	未审计		

主要财务指标

年度	2004.6	2003	2002
每股收益 / 扣除后(元)	0.2255	0.3000	0.4800
每股经营现金流量(元)	0.1980	0.3800	0.4700
每股净资产 / 调整后(元)	3.9900	3.7700	2.2100
每股公积金(元)	2.1836	2.1826	0.3000
净资产收益率(%)	5.5800	7.8400	21.32
总资产(万元)	464764.47	431657.72	166809.17
股东权益(万元)	400360.75	377939.00	134461.01
未分配利润(万元)	57561.66	35241.38	20673.14
主营收入(万元)	71428.86	106185.11	93965.56
资本公积金(万元)	218362.91	218261.44	29997.83
主营利润(万元)	47417.77	64940.57	54107.13
其他业务利润(万元)		1285.30	195.48
营业利润(万元)	35221.03	46938.94	37197.43
投资收益(万元)	-87.51	125.37	-208.07
补贴收入(万元)			
营业外收支(万元)	339.25	-940.18	-1.22
利润总额(万元)	34794.28	46124.13	36881.02
净利润(万元)	22320.28	29614.38	28668.03

十大股东

序号	股东名称	股份性质	持股数(万股)	比例(%)
1	广东省机场管理集团公司	国有法人股	57600.00	57.60
2	嘉实服务增值行业证券投资基金	流通 A 股	1718.96	1.72
3	银河银泰理财分红证券投资基金	流通 A 股	789.01	0.79
4	国元证券有限责任公司	流通 A 股	716.13	0.72
5	广东证券股份有限公司	流通 A 股	640.67	0.64
6	中国民航杨场建设总公司	国有法人股	600.00	0.60
7	广州白云国际机场有限公司	国有法人股	600.00	0.60
8	中国国际航空公司	国有法人股	600.00	0.60
9	广州交通投资有限公司	国有法人股	600.00	0.60
10	华宝兴业多策略增长证券投资基金	流通 A 股	599.00	0.60

股东人数	2004.6	2003.12	2003.6	2002
	81778	97621	125254	

近年分配	2004 年 7 月 13 日 10 派 1.00	近年配股 / 增发	

重大事项

2004 年 6 月 2 日,公司 2003 年度股东大会批准的利润分配方案是:按 0.1 元/股(含税)派发现金股利,合计分配利润 1 亿元。2004 年 7 月 20 日,公司已向全体流通股东发放完现金红利,法人股股东的红利发放工作也已经完成。

二〇〇三年以来市场表现

2003 年涨跌幅(%)	0.00
2003 年最高(元)	9.58
2003 年最低(元)	7.69
2003 年换手率(%)	420.05
2004.06 涨跌幅(%)	-7.07
2004.06 最高(元)	10.41
2004.06 最低(元)	7.88
2004.06 换手率(%)	209.27

武汉钢铁股份有限公司

公司概况

公司名称	武汉钢铁股份有限公司			股票代码	600005		
注册地址	武汉市青山区沿港路 3 号			邮政编码	430080		
法人代表	刘本仁			董秘	施军		
电话	027-86306023,86807873			传真	027-86807873		
主营业务	冷轧薄板、镀锌板						
总股本	391900.00	流通 A	94800.00	流通 B		流通 H	
审计单位	安永华明会计师事务所			审计意见	标准无保留		

主要财务指标

年度	2004.6	2003	2002
每股收益 / 扣除后(元)	0.1777	0.2300	0.2850
每股经营现金流量(元)	0.5000	0.3880	0.6140
每股净资产 / 调整后(元)	3.8000	2.3400	2.4690
每股公积金(元)	2.4544	0.8453	0.9477
净资产收益率(%)	4.7300	9.7000	11.5400
总资产(万元)	2776989.75	770810.94	698205.25
股东权益(万元)	1490734.62	587050.69	516204.72
未分配利润(万元)	71016.48	529.13	51648.91
主营收入(万元)	524767.62	680686.00	675814.06
资本公积金(万元)	961893.81	212042.42	198122.42
主营利润(万元)	110515.28	100900.53	100959.67
其他业务利润(万元)	44.00	2.15	0.02
营业利润(万元)	103989.08	90281.15	89133.95
投资收益(万元)	765.00	1175.50	1055.46
补贴收入(万元)			
营业外收支(万元)	-74.06	-4647.33	-15.86
利润总额(万元)	104679.79	86809.32	89004.19
净利润(万元)	70487.35	56925.96	59590.20

十大股东

序号	股东名称	股份性质	持股数(万股)	比例(%)
1	武汉钢铁(集团)公司	国有法人股	297100.00	75.81
2	长江证券有限责任公司	流通 A 股	6605.70	1.69
3	红塔证券股份有限公司	流通 A 股	5585.96	1.43
4	鹏华中国 50 开放式证券投资基金	流通 A 股	3290.12	0.84
5	天华证券投资基金	流通 A 股	2581.41	0.66
6	国联安德盛小盘精选证券投资基金	流通 A 股	2184.64	0.56
7	中信信托投资有限责任公司	流通 A 股	1975.09	0.50
8	银华保本增值证券投资基金	流通 A 股	1700.00	0.43
9	银华优势企业(平衡型)证券投资基金	流通 A 股	1220.89	0.31
10	开元证券投资基金	流通 A 股	1200.00	0.31

股东人数	2004.6	2003.12	2003.6	2002
	73127	91688	139456	133200

近年分配	2004 年 4 月 22 日 10 派 2.30	近年配股 / 增发	

重大事项

公司决定以 2003 年末股本总数 2,508,576,000 股为基数,向全体股东每 10 股派现金红利 2.3 元(含税),合计分配现金 5.77 亿元,未分配利润余额为 0.05 亿元。另外,不进行资本公积金转增股本,若公司今年上半年完成新股增发和钢铁主业收购,拟进行中期分配,分配方案另行制定。

二〇〇三年以来市场表现

2003 年涨跌幅(%)	69.55
2003 年最高(元)	6.94
2003 年最低(元)	3.77
2003 年换手率(%)	71.25
2004.06 涨跌幅(%)	-2.10
2004.06 最高(元)	8.84
2004.06 最低(元)	5.85
2004.06 换手率(%)	66.60

东风汽车股份有限公司

公司概况	公司名称	东风汽车股份有限公司		股票代码	600006
	注册地址	湖北省襄樊市高新技术开发区春园西路4号		邮政编码	441004
	法人代表	苗圩		董秘	卢锋
	电话	0710-3396805		传真	0710-3396809
	主营业务	汽车、汽车发动机			
	总股本	200000.00	流通A	60000.00	流通B　　流通H
	审计单位			审计意见	未审计

主要财务指标	2004.6	2003	2002
每股收益/扣除后(元)	0.1203	0.5900	0.6200
每股经营现金流量(元)	0.2510	0.7912	1.9400
每股净资产/调整后(元)	2.0340	4.0253	3.3742
每股公积金(元)	0.3123	1.3238	1.3063
净资产收益率(%)	5.9300	15.6400	18.2700
总资产(万元)	702837.75	651772.94	661323.44
股东权益(万元)	407067.19	402846.59	337485.06
未分配利润(万元)	107778.24	133637.87	79573.83
主营收入(万元)	290204.62	585143.81	700058.81
资本公积金(万元)	62455.98	132375.73	130633.49
主营利润(万元)	49806.00	104336.26	137481.08
其他业务利润(万元)	799.41	890.47	26.41
营业利润(万元)	28861.06	68182.60	78559.21
投资收益(万元)	-1676.61	534.13	-1137.56
补贴收入(万元)		36.35	36.35
营业外收支(万元)	-5.79	-237.09	2.91
利润总额(万元)	27178.66	68515.99	76061.83
净利润(万元)	24140.37	62985.39	61643.04

十大股东

序号	股东名称	股份性质	持股数(万股)	比例(%)
1	东风汽车有限公司	国有法人股	140000.00	70.00
2	中国银河证券有限责任公司	流通A股	4986.42	2.49
3	上海市企业年金发展中心银河平衡	流通A股	1479.28	0.74
4	宏源证券股份有限公司	流通A股	899.25	0.45
5	张涛	流通A股	680.00	0.34
6	朱瑞鹤	流通A股	584.36	0.29
7	蔡平根	流通A股	459.78	0.23
8	张正才	流通A股	448.73	0.22
9	冯植伟	流通A股	415.94	0.21
10	何春权	流通A股	413.73	0.21

股东人数	2004.6	2003.12	2003.6	2002
	34051	15958	16288	10666

近年分配	2004年6月11日10派2.00	近年配股/增发	2004年6月11日10送3转7

重大事项

报告期内,本公司与东风汽车公司签订《关于租赁位于襄樊汽车产业经济技术开发区车城大道1号的面积为629,042.90平方米宗地土地使用权的协议书》,本公司租赁东风汽车公司位于湖北省襄樊市汽车产业经济技术开发区车城大道1号的面积为629,042.90平方米的土地的使用权。租赁期自二〇〇四年一月一日起至二〇四八年五月二十六日止。租赁费用为每年每平方米人民币16.62元,即每年总的租赁费用为人民币10,454,692.998元整。本公司于每年的十二月三十一日前向东风汽车公司支付该等租赁费用。

二〇〇三年以来市场表现

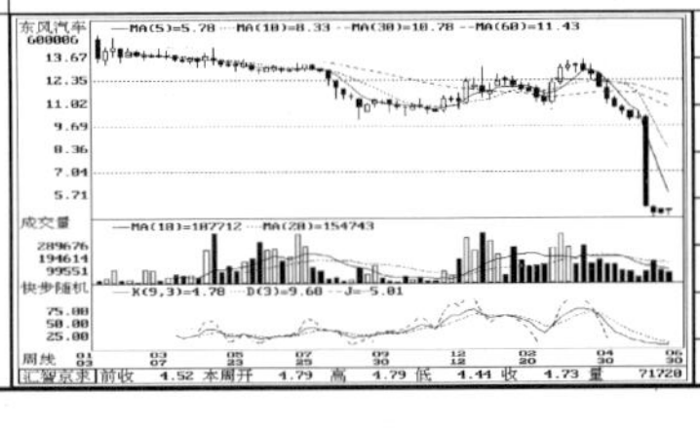

2003年涨跌幅(%)	-17.07
2003年最高(元)	7.30
2003年最低(元)	4.92
2003年换手率(%)	98.02
2004.06涨跌幅(%)	-22.40
2004.06最高(元)	6.65
2004.06最低(元)	4.38
2004.06换手率(%)	66.77

中国国际贸易中心股份有限公司

公司概况	公司名称	中国国际贸易中心股份有限公司		股票代码	600007
	注册地址	北京市建国门外大街一号		邮政编码	100004
	法人代表	杨文生		董秘	吴荣柯
	电话	010-65052288		传真	010-65053862
	主营业务	商务服务设施的投资			
	总股本	80000.00	流通A	16000.00	流通B　　流通H
	审计单位			审计意见	未审计

主要财务指标	2004.6	2003	2002
每股收益/扣除后(元)	0.1374	0.2600	0.2200
每股经营现金流量(元)	0.2460	0.4700	0.4700
每股净资产/调整后(元)	2.7870	2.7900	2.4900
每股公积金(元)	1.1515	1.1515	1.1530
净资产收益率(%)	4.4900	8.6300	7.8200
总资产(万元)	458338.31	439276.81	380245.81
股东权益(万元)	243412.20	244874.91	223889.70
未分配利润(万元)	49251.00	50709.80	32752.50
主营收入(万元)	33699.40	64677.30	65198.80
资本公积金(万元)	92120.40	92120.40	92242.60
主营利润(万元)	18617.20	35877.10	35435.10
其他业务利润(万元)			
营业利润(万元)	15948.70	30801.60	30376.30
投资收益(万元)	316.20	446.10	-529.70
补贴收入(万元)			
营业外收支(万元)	-74.50	258.20	-2.41
利润总额(万元)	16190.40	31505.90	26720.40
净利润(万元)	10941.20	21126.40	17504.10

十大股东

序号	股东名称	股份性质	持股数(万股)	比例(%)
1	中国国际贸易中心有限公司	境内法人股	64000.00	80.00
2	中国建设银行-博时裕富证券投资	流通A股	73.65	0.09
3	中国建设银行-嘉实服务增值行业证券	流通A股	46.16	0.06
4	兴和证券投资基金	流通A股	27.03	0.03
5	联通国脉通信股份有限公司	流通A股	26.00	0.03
6	中国商银行-华安上证180指数增	流通A股	25.17	0.03
7	招商银行股份有限公司-长城久泰	流通A股	23.17	0.03
8	中国银行-天同180同指数证券投资基金	流通A股	22.88	0.03
9	陈昌贵	流通A股	22.00	0.03
10	常乐	流通A股	21.15	0.03

股东人数	2004.6	2003.12	2003.6	2002
	83398	87493	91060	89685

近年分配	2004年6月11日10派1.55	近年配股/增发	

重大事项

2004年1月1日,公司与控股股东国贸中心续签《二期物业中心委托经营管理协议》,国贸中心继续委托公司经营管理双方共同所有的二期物业中心,期限为一年。报告期内,该协议所涉关联交易金额为人民币1,051千元。

二〇〇三年以来市场表现

2003年涨跌幅(%)	-7.42
2003年最高(元)	7.78
2003年最低(元)	5.51
2003年换手率(%)	117.94
2004.06涨跌幅(%)	-2.95
2004.06最高(元)	7.45
2004.06最低(元)	5.58
2004.06换手率(%)	110.83

北京首创股份有限公司

公司概况

公司名称	北京首创股份有限公司	股票代码	600008
注册地址	北京市海淀区双榆树知春路76号翠宫饭店写字楼15层	邮政编码	100028
法人代表	刘晓光	董秘	郭鹏
电话	010-64689035	传真	010-64689030
主营业务	公用基础设施的开发		

总股本	110000.00	流通A	30000.00	流通B		流通H	
审计单位		审计意见	未审计				

主要财务指标

年度	2004.6	2003	2002
每股收益/扣除后(元)	0.0208	0.3626	0.4187
每股经营现金流量(元)	0.2320	0.4663	0.4706
每股净资产/调整后(元)	3.8070	4.0356	3.6450
每股公积金(元)	2.4596	2.4612	2.4362
净资产收益率(%)	5.6240	9.0800	11.4800
总资产(万元)	663998.44	516303.25	598194.56
股东权益(万元)	419151.19	444255.16	401148.78
未分配利润(万元)	12292.53	35150.20	858.44
主营收入(万元)	13906.88	23420.46	20319.04
资本公积金(万元)	270554.16	270733.84	267979.09
主营利润(万元)	9034.12	15516.13	14227.98
其他业务利润(万元)	201.85	72.77	0.87
营业利润(万元)	-1096.94	4150.35	3320.85
投资收益(万元)	2907.29	-4639.49	2470.68
补贴收入(万元)	21304.51	42365.02	-14670.34
营业外收支(万元)	-28.61	-74.31	-2.42
利润总额(万元)	23086.24	41801.57	46513.86
净利润(万元)	23573.33	40351.61	46051.71

十大股东

序号	股东名称	股份性质	持股数(万股)	比例(%)
1	北京首都创业集团有限公司	国有法人股	79856.42	72.60
2	中国经济技术投资担保有限公司	流通A股	800.00	0.73
3	裕阳证券投资基金	流通A股	636.67	0.58
4	江苏弘业股份有限公司	流通A股	500.00	0.45
5	中国纺织物资集团总公司	流通A股	489.00	0.44
6	北京高校房地产开发总公司	流通A股	356.90	0.32
7	中国银行-嘉服务增值行业证券	流通A股	327.84	0.30
8	博时价值增长证券投资基金	流通A股	290.63	0.26
9	交通银行-易方达50指数证券投资	流通A股	289.32	0.26
10	中国航天机电集团公司	流通A股	258.54	0.24

股东人数	2004.6	2003.12	2003.6	2002
	92219	91421	95264	93550

近年分配	2004年6月1日10派3.15	近年配股/增发	

重大事项

经公司2004年度第二次临时董事会审议，同意公司将人民币4亿元的资金以信托方式交予北京国际信托投资有限公司进行管理，委托期从2004年3月16日至2004年12月16日，期限为9个月。

二〇〇三年以来市场表现

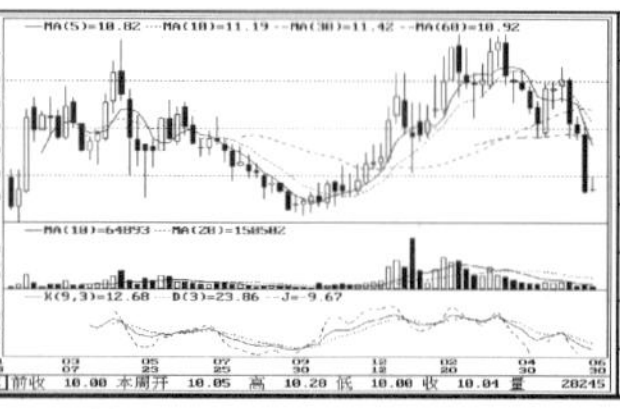

2003年涨跌幅(%)	14.51
2003年最高(元)	11.89
2003年最低(元)	8.84
2003年换手率(%)	127.72
2004.06涨跌幅(%)	-11.03
2004.06最高(元)	12.35
2004.06最低(元)	9.98
2004.06换手率(%)	144.87

上海国际机场股份有限公司

公司概况

公司名称	上海国际机场股份有限公司	股票代码	600009
注册地址	上海市浦东新区启航路900号	邮政编码	201202
法人代表	俞吾炎	董秘	黄晔
电话	021-68341609	传真	021-68341615
主营业务	国内外航空运输		

总股本	192695.87	流通A	75695.84	流通B		流通H	
审计单位		审计意见	未审计				

主要财务指标

年度	2004.6	2003	2002
每股收益/扣除后(元)	0.3012	0.2900	0.4290
每股经营现金流量(元)	0.2980	0.5160	0.7090
每股净资产/调整后(元)	3.6930	3.3090	3.7830
每股公积金(元)	1.3321	1.0940	1.3857
净资产收益率(%)	8.6700	10.4800	11.3300
总资产(万元)	767449.31	708952.31	673700.19
股东权益(万元)	711937.69	614464.19	534804.19
未分配利润(万元)	187599.19	144438.56	135716.87
主营收入(万元)	109269.75	177728.34	137097.22
资本公积金(万元)	256682.80	209432.69	195741.59
主营利润(万元)	58119.86	92439.05	72590.39
其他业务利润(万元)			
营业利润(万元)	55957.94	71474.23	70084.71
投资收益(万元)	14325.48	2731.48	1925.65
补贴收入(万元)		2213.99	2213.99
营业外收支(万元)	-80.22	46.44	-0.43
利润总额(万元)	112188.90	76466.14	71518.64
净利润(万元)	61723.91	64378.99	60568.10

十大股东

序号	股东名称	股份性质	持股数(万股)	比例(%)
1	上海机场集团有限公司	国家股	117000.00	60.72
2	易方达平稳增长证券投资基金	流通A股	2452.67	1.27
3	易方达50指数证券投资基金	流通A股	2436.09	1.26
4	科瑞证券投资基金	流通A股	2171.13	1.13
5	广发聚富开放式证券投资基金	流通A股	1692.01	0.88
6	华夏回报证券投资基金	流通A股	1653.04	0.86
7	易方达策略成长证券投资基金	流通A股	1611.33	0.84
8	华夏成长证券投资基金	流通A股	1550.01	0.80
9	安顺证券投资基金	流通A股	1500.91	0.78
10	银丰证券投资基金	流通A股	1500.06	0.78

股东人数	2004.6	2003.12	2003.6	2002
	61826	88095	142514	200576

近年分配	2004年7月22日10派0.96	近年配股/增发	

重大事项

公司起诉上海杰英广告有限公司，请求法院判令其偿付合同欠款5,132.2万元。2003年9月5日本案于上海市第一中级人民法院开庭审理，报告期内尚未判决。该诉讼事项对公司当期财务状况和经营成果未造成重大影响。

二〇〇三年以来市场表现

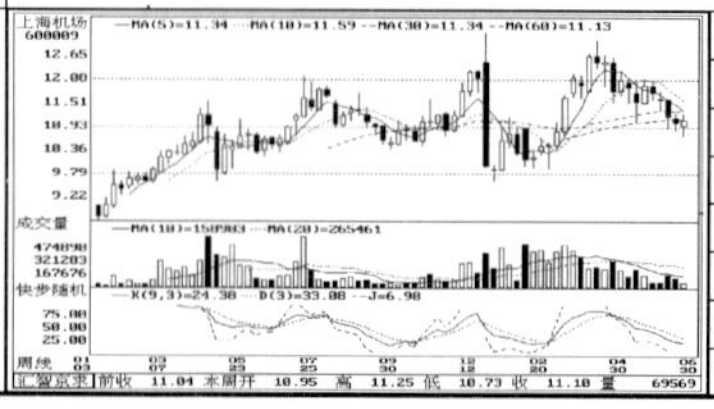

2003年涨跌幅(%)	47.74
2003年最高(元)	10.31
2003年最低(元)	6.50
2003年换手率(%)	122.34
2004.06涨跌幅(%)	11.22
2004.06最高(元)	13.02
2004.06最低(元)	9.76
2004.06换手率(%)	89.33

内蒙古包钢钢联股份有限公司

公司概况

公司名称	内蒙古包钢钢联股份有限公司			股票代码	600010
注册地址	内蒙古自治区包头市昆区河西工业区			邮政编码	014010
法人代表	曹中魁		董秘	郭景龙	
电话	0472-2319990		传真	0472-2105006	
主营业务	重轨、大型工槽钢				
总股本	125000.00	流通 A	35000.00	流通 B	流通 H
审计单位		审计意见	未审计		

主要财务指标

年度	2004.6	2003	2002
每股收益/扣除后(元)	0.3492	0.4500	0.2500
每股经营现金流量(元)	0.5610	2.4600	1.0900
每股净资产/调整后(元)	3.5800	3.3300	2.8700
每股公积金(元)	1.5300	1.5300	1.5300
净资产收益率(%)	9.6500	13.6000	8.5000
总资产(万元)	923703.12	973932.87	826682.69
股东权益(万元)	447263.47	415733.91	359178.62
未分配利润(万元)	105241.41	76655.63	28583.62
主营收入(万元)	778276.75	1071983.00	640478.12
资本公积金(万元)	191244.52	191244.52	191244.52
主营利润(万元)	58706.94	127694.69	76641.11
其他业务利润(万元)	120.74	596.06	10.19
营业利润(万元)	48398.77	85334.22	44852.13
投资收益(万元)	245.62	420.07	-129.22
补贴收入(万元)			
营业外收支(万元)	-545.84	-819.22	-52.41
利润总额(万元)	48098.56	84935.07	44008.24
净利润(万元)	43154.40	56555.30	30543.33

十大股东

序号	股东名称	股份性质	持股数(万股)	比例(%)
1	包头钢铁集团有限责任公司	国有法人股	88778.00	71.02
2	山西焦煤集团有限责任公司	国有法人股	650.00	0.52
3	云南世博投资有限公司	流通 A 股	429.69	0.34
4	黑龙江省铁力市财政证券交易公司	流通 A 股	203.68	0.16
5	中国钢铁炉料华北公司	国有法人股	195.00	0.16
6	中国第一重型机械集团公司	境内法人股	195.00	0.16
7	包头市鑫垣机械制造有限责任公司	国有法人股	182.00	0.15
8	中国建设银行-博士裕富证券投资基金	流通 A 股	174.71	0.14
9	重庆市水务控股集团有限公司	流通 A 股	159.35	0.13
10	哈尔滨哈里实业股份有限公司	流通 A 股	145.21	0.12

股东人数	2004.6	2003.12	2003.6	2002
	123958	124495	123855	121262

近年分配	2004 年 6 月 8 日 10 派 2.50	近年配股/增发	

重大事项

根据公司 2004 年 2 月 24 日召开的第二届董事会第八次会议决议，本期集团公司供应本公司的原材料钢坯、铁水价格自 2004 年 1 月 1 日起进行了调整，该次价格调整的合法性、合理性、公平性由华龙证券有限责任公司于 2003 年 2 月 24 日出具独立财务顾问报告，并经本公司 2004 年 3 月 31 日召开的 2003 年度股东大会通过，调整前后钢坯、铁水价格已在上表中分别列示，调整后价格从 2004 年 1 月 1 日起执行。

二〇〇三年以来市场表现

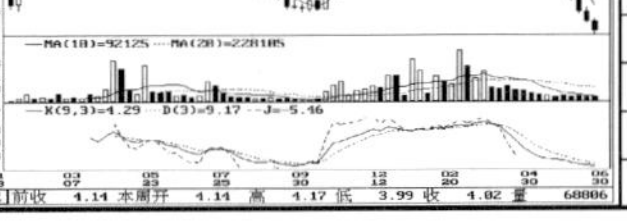

2003 年涨跌幅(%)	18.29
2003 年最高(元)	5.33
2003 年最低(元)	3.88
2003 年换手率(%)	218.64
2004.06 涨跌幅(%)	-17.11
2004.06 最高(元)	6.03
2004.06 最低(元)	3.99
2004.06 换手率(%)	178.76

华能国际电力股份有限公司

公司概况

公司名称	华能国际电力股份有限公司			股票代码	600011
注册地址	北京市西城区复兴门南大街丙 2 号			邮政编码	100031
法人代表	李小鹏		董秘	黄龙	
电话	010-66491999		传真	010-66491888	
主营业务	电力生产和经营				
总股本	1205536.29	流通 A	50000.00	流通 B	流通 H 305536.29
审计单位		审计意见	未审计		

主要财务指标

年度	2004.6	2003	2002
每股收益/扣除后(元)	0.2097	0.9200	0.6800
每股经营现金流量(元)	0.3410	1.6900	1.3000
每股净资产/调整后(元)	2.8400	5.7600	4.8500
每股公积金(元)	0.7130	1.7259	1.7101
净资产收益率(%)	7.3800	15.6900	14.0000
总资产(万元)	5820630.00	5327696.50	4809875.50
股东权益(万元)	3430435.25	3478710.00	2916947.75
未分配利润(万元)	1048482.50	1398153.12	948870.37
主营收入(万元)	1304028.87	2347964.75	1872534.12
资本公积金(万元)	859503.19	1040322.94	1026083.06
主营利润(万元)	351635.09	774411.31	615860.19
其他业务利润(万元)	1305.48	3057.46	-37.86
营业利润(万元)	306393.12	677350.19	528551.50
投资收益(万元)	7985.85	13388.57	-4613.90
补贴收入(万元)			
营业外收支(万元)	-311.67	-13330.72	-34.24
利润总额(万元)	314067.28	677408.06	521207.94
净利润(万元)	253096.45	545714.25	408235.06

十大股东

序号	股东名称	股份性质	持股数(万股)	比例(%)
1	华能国际电力开发公司	国有法人股	516968.00	42.88
2	河北省建设投资公司	国有法人股	90450.00	7.50
3	福建投资企业公司	国有法人股	66970.00	5.56
4	江苏省国际信托投资公司	国有法人股	62475.00	5.18
5	辽宁能源投资(集团)有限责任公司	国有法人股	45937.00	3.81
6	大连市建设投资公司	国有法人股	45225.00	3.75
7	南通市投资管理中心	国有法人股	13575.00	1.13
8	Newton Investment Management,Ltd.	流通外资股	4659.64	0.39
9	汕头电力发展股份有限公司	境内法人股	3800.00	0.32
10	广东省汕头市电力开发公司	国有法人股	3300.00	0.27

股东人数	2004.6	2003.12	2003.6	2002
	31167	16996	25449	41423

近年分配		近年配股/增发	

重大事项

华能国际电力股份有限公司于 2004 年 4 月 16 日在北京分别与中国华能集团公司(以下简称"华能集团")签署了《中国华能集团公司与华能国际电力股份有限公司关于转让中国华能集团公司在河北邯峰发电有限责任公司、井冈山华能发电有限责任公司的权益的转让协议》及与华能国际电力开发公司("华能开发")签署了《华能国际电力开发公司与华能国际电力股份有限公司关于转让华能国际电力开发公司在华能湖南岳阳发电有限责任公司、华能重庆珞璜发电有限责任公司的权益及华能国际电力开发公司营口分公司资产的转让协议》。此外，本公司与江西省投资公司签署了《江西省投资公司与华能国际电力股份有限公司关于转让江西省投资公司在井冈山华能发电有限责任公司的权益的转让协议》(三份协议统称"转让协议")。

二〇〇三年以来市场表现

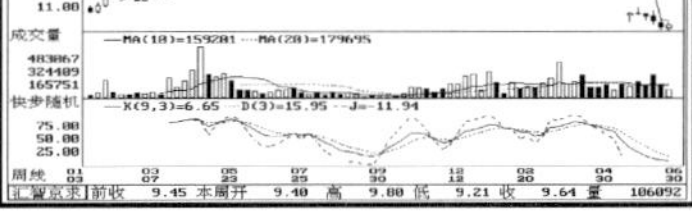

2003 年涨跌幅(%)	59.94
2003 年最高(元)	8.99
2003 年最低(元)	4.86
2003 年换手率(%)	122.03
2004.06 涨跌幅(%)	13.08
2004.06 最高(元)	11.84
2004.06 最低(元)	8.31
2004.06 换手率(%)	87.37

安徽皖通高速公路股份有限公司

公司概况

公司名称	安徽皖通高速公路股份有限公司			股票代码	600012		
注册地址	安徽省合肥市长江西路669号			邮政编码	230088		
法人代表	王水			董秘	谢新宇		
电话	0551-5338681			传真	0551-5338696		
主营业务	高等级公路建设、设计						
总股本	165861.00	流通A	25000.00	流通B		流通H	49301.00
审计单位				审计意见	未审计		

主要财务指标

年度	2004.6	2003	2002
每股收益/扣除后(元)	0.1084	0.1720	0.1600
每股经营现金流量(元)	0.2237	0.3300	0.3000
每股净资产/调整后(元)	2.3600	2.3100	2.1400
每股公积金(元)	0.7108	0.7108	0.7094
净资产收益率(%)	4.5900	7.3800	7.2700
总资产(万元)	626768.19	621488.50	506220.37
股东权益(万元)	391803.94	383786.06	355219.97
未分配利润(万元)	76787.78	68769.89	47621.01
主营收入(万元)	56475.16	89655.40	75162.75
资本公积金(万元)	117898.60	117898.60	117658.95
主营利润(万元)	28381.48	44521.99	39798.92
其他业务利润(万元)	369.91	1343.10	-7.85
营业利润(万元)	23291.16	36775.12	32503.66
投资收益(万元)	6.88	88.81	1.99
补贴收入(万元)			
营业外收支(万元)	-21.67	-176.28	-0.29
利润总额(万元)	23276.38	36687.64	32480.59
净利润(万元)	17969.54	28326.45	25839.26

十大股东

序号	股东名称	股份性质	持股数(万股)	比例(%)
1	安徽省高速公路总公司	国家股	53874.00	32.48
2	HKSCC COMINEES LTD(代理人)	流通H股	48465.79	29.22
3	华建交通经济开发中心	国有法人股	37686.00	22.72
4	华宝兴业多策略增长证券投资基金	流通A股	890.06	0.54
5	ARSENTON NOMINEES LTD(代理人)	流通H股	480.20	0.29
6	全国社保基金一零八组合	流通A股	444.22	0.27
7	嘉实服务增值行业证券投资基金	流通A股	357.87	0.22
8	国联安德盛小盘精选证券投资基金	流通A股	269.61	0.16
9	博时精选股票证券投资基金	流通A股	257.52	0.16
10	景阳证券投资基金	流通A股	255.09	0.15

股东人数	2004.6	2003.12	2003.6	2002
	69491	73953	69861	137499

近年分配	2004年6月18日10派0.60	近年配股/增发	

重大事项

本公司与总公司签署一项收购协议，以人民币1,180,000千元的代价收购连霍公路安徽段，以A股募集的全部资金支付上述收购款项，不足部分由公司自筹。 二OO三年一月，本公司以A股发行募集资金净额人民币526,960千元向总公司支付连霍公路安徽段的收购款，收购双方完成了连霍公路安徽段交付手续。

二〇〇三年以来市场表现

2003年涨跌幅(%)	0.00
2003年最高(元)	6.26
2003年最低(元)	4.02
2003年换手率(%)	962.59
2004.06涨跌幅(%)	-4.10
2004.06最高(元)	6.52
2004.06最低(元)	4.95
2004.06换手率(%)	220.71

华夏银行股份有限公司

公司概况

公司名称	华夏银行股份有限公司			股票代码	600015		
注册地址	北京市西城区西单北大街111号			邮政编码	100005		
法人代表	刘海燕			董秘	赵京学		
电话	010-85239938			传真	010-85239605		
主营业务	吸收人民币存款、发放贷款等业务						
总股本	420000.00	流通A	120000.00	流通B		流通H	
审计单位				审计意见	未审计		

主要财务指标

年度	2004.6	2003	2002
每股收益/扣除后(元)	0.1361	0.2700	0.3300
每股经营现金流量(元)	-0.4800	-2.3500	8.8300
每股净资产/调整后(元)	2.0400	2.3200	1.2400
每股公积金(元)	0.8952	1.2742	
净资产收益率(%)	5.4500	9.2900	19.59
总资产(万元)	26564396.00	24682878.00	17814649.50
股东权益(万元)	908742.69	862707.69	360136.90
未分配利润(万元)	63139.28	17104.30	93616.40
主营收入(万元)	500455.00	847881.69	622460.94
资本公积金(万元)	375961.97	445962.00	
主营利润(万元)	226784.30	152849.05	127544.22
其他业务利润(万元)			
营业利润(万元)	87703.57	152849.05	127544.22
投资收益(万元)	56941.09		
补贴收入(万元)			
营业外收支(万元)	-7808.47	-15329.50	-627.56
利润总额(万元)	79895.11	137519.55	115124.35
净利润(万元)	49534.97	80158.85	70553.37

十大股东

序号	股东名称	股份性质	持股数(万股)	比例(%)
1	首钢总公司	国有法人股、流通A股	60000.96	14.29
2	山东电力集团公司	国有法人股	48000.00	11.43
3	玉溪红塔烟草(集团)有限责任公司	国有法人股	42000.00	10.00
4	联大集团有限公司	国有法人股	36000.00	8.57
5	北京三吉利能源股份有限公司	国有法人股	18000.00	4.29
6	上海健特生物科技有限公司	境内法人股	16800.00	4.00
7	信远产业控股集团有限公司	境内法人股	13800.00	3.29
8	包头华资实业股份有限公司	国有法人股	12000.00	2.86
9	上海建工(集团)总公司	国有法人股	9000.00	2.14
10	中国进口汽车贸易中心	国有法人股	9000.00	2.14

股东人数	2004.6	2003.12	2003.6	2002
	344602	344084		

近年分配		近年配股/增发	

重大事项

报告期内，中国银行业监督管理委员会银监复〔2004〕84号《中国银行业监督管理委员会关于华夏银行募集次级定期债务的批复》，同意本公司募集42.5亿元人民币次级定期债务，补充附属资本。

二〇〇三年以来市场表现

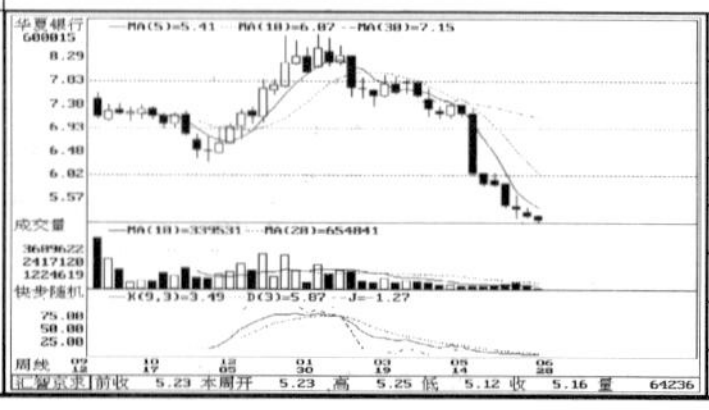

2003年涨跌幅(%)	0.00
2003年最高(元)	6.53
2003年最低(元)	5.22
2003年换手率(%)	288.70
2004.06涨跌幅(%)	-18.84
2004.06最高(元)	7.28
2004.06最低(元)	5.12
2004.06换手率(%)	208.74

中国民生银行股份有限公司

公司概况

公司名称	中国民生银行股份有限公司		股票代码	600016	
注册地址	北京市东城区正义路四号		邮政编码	100016	
法人代表	经叔平		董秘	毛晓峰	
电话	010-58560807		传真	010-58560881	
主营业务	吸收公众存款				
总股本	518160.00	流通 A 156020.78	流通 B	流通 H	
审计单位			审计意见	未审计	

主要财务指标

年度	2004.6	2003	2002
每股收益/扣除后(元)	0.2111	0.3800	0.3400
每股经营现金流量(元)	0.2480	6.9400	13.6800
每股净资产/调整后(元)	2.2300	2.5600	2.2200
每股公积金(元)	0.9533	0.7846	0.9789
净资产收益率(%)	9.1500	14.4200	14.8500
总资产(万元)	40588064.00	36106440.00	24628086.00
股东权益(万元)	1194560.75	965020.37	600381.00
未分配利润(万元)	135974.80	149404.41	62485.10
主营收入(万元)	824188.37	1203711.37	721367.69
资本公积金(万元)	493508.81	406173.00	253212.30
主营利润(万元)	152801.00	196767.09	121539.90
其他业务利润(万元)			
营业利润(万元)	152800.50	196767.09	
投资收益(万元)	106491.20		118634.30
补贴收入(万元)			
营业外收支(万元)	-149.40	-2655.70	-3.19
利润总额(万元)	152651.09	194111.41	121902.80
净利润(万元)	109279.40	139125.20	89154.00

十大股东

序号	股东名称	股份性质	持股数(万股)	比例(%)
1	新希望投资有限公司	境内法人股	36212.65	6.99
2	中国泛海控股有限公司	境内法人股	34108.43	6.58
3	东方集团股份有限公司	境内法人股	34108.43	6.58
4	中国船东互保协会	境内法人股	28860.98	5.57
5	中国中小企业投资有限公司	境内法人股	26258.24	5.07
6	厦门福信集团有限公司	境内法人股	25004.10	4.83
7	中国煤炭能源集团公司	境内法人股	23613.53	4.56
8	上海健特生物科技有限公司	境内法人股	19431.31	3.75
9	四川南方希望实业有限公司	境内法人股	17048.97	3.29
10	中国有色金属建设股份有限公司	境内法人股	16053.53	3.10

股东人数	2004.6	2003.12	2003.6	2002
	323930	178475	267481	178475

近年分配	2004年4月19日 10派1.20	近年配股/增发	2004年4月19日 10送2转1.5

重大事项

2004年1月，根据中国银行业监督管理委员会银监复(2003)123号文件批复和香港金融管理局的批准，本公司获准设立香港代表处。该事项已公告于2004年2月4日《中国证券报》、《上海证券报》、《证券时报》。

二〇〇三年以来市场表现

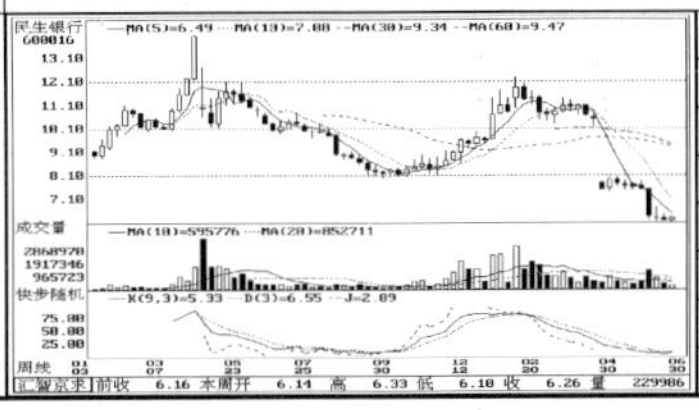

2003年涨跌幅(%)	35.17
2003年最高(元)	9.32
2003年最低(元)	4.89
2003年换手率(%)	199.15
2004.06涨跌幅(%)	-9.42
2004.06最高(元)	8.98
2004.06最低(元)	6.10
2004.06换手率(%)	166.08

上海港集装箱股份有限公司

公司概况

公司名称	上海港集装箱股份有限公司		股票代码	600018	
注册地址	上海市浦东新区港华路1299号		邮政编码	200438	
法人代表	陈戌源		董秘	陆卫国	
电话	021-56443578		传真	021-56443574	
主营业务	国际集装箱装卸				
总股本	180440.00	流通 A 42000.00	流通 B	流通 H	
审计单位			审计意见	未审计	

主要财务指标

年度	2004.6	2003	2002
每股收益/扣除后(元)	0.3108	0.5700	0.8628
每股经营现金流量(元)	0.5480	0.9495	1.6063
每股净资产/调整后(元)	3.4290	3.2775	5.4576
每股公积金(元)	1.1301	1.1300	2.9496
净资产收益率(%)	9.0520	16.7964	15.6295
总资产(万元)	1319813.87	1106321.75	825410.62
股东权益(万元)	621921.31	594621.69	498062.03
未分配利润(万元)	169363.30	142082.70	89975.96
主营收入(万元)	194919.16	342947.12	259006.50
资本公积金(万元)	203922.69	203903.66	266116.87
主营利润(万元)	105559.96	190867.98	143359.27
其他业务利润(万元)	1919.74	426.40	8.80
营业利润(万元)	88839.05	161149.53	122791.27
投资收益(万元)	3074.42	677.92	3882.03
补贴收入(万元)	23.00		
营业外收支(万元)	210.37	325.11	-2.46
利润总额(万元)	95146.85	162152.55	125685.24
净利润(万元)	56297.28	99875.19	77844.84

十大股东

序号	股东名称	股份性质	持股数(万股)	比例(%)
1	上海国际港务集团有限公司	国家股	135680.00	75.19
2	嘉实服务增值行业证券投资基金	流通A股	1742.33	0.97
3	UBS LIMITED	流通A股	1471.04	0.82
4	东方国际集团有限公司	流通A股	1191.71	0.66
5	丰和价值证券投资基金	流通A股	801.42	0.44
6	上海外轮理货有限公司	境内法人股	692.20	0.38
7	上海交通投资集团有限公司	境内法人股	692.20	0.38
8	中国上海外轮代理公司	境内法人股	692.20	0.38
9	博时价值增长证券投资基金	流通A股	685.71	0.38
10	上海起帆科技股份有限公司	境内法人股	683.40	0.38

股东人数	2004.6	2003.12	2003.6	2002
	85180	78286	87860	68821

近年分配	2004年7月13日 10派1.50	近年配股/增发	

重大事项

2000年7月28日和2000年11月3日，本公司收购的上海港外高桥港区二期工程的前业主上海国际港务(集团)有限公司(原上海港务局)所属的"上海外高桥国际集装箱码头有限公司(筹)分别向上海振华港口机械(集团)股份有限公司签署合同购买2台和3台岸边集装箱起重机，因价格纠纷，上海振华港口机械(集团)股份有限公司于2003年6月27日向上海市第一中级人民法院起诉本公司，要求本公司增加支付6,621,840元和9,935,280元，并承担案件诉讼费。上海振华港口机械(集团)股份有限公司于2004年3月25日撤销了以上诉讼，但于2004年5月8日以索取增值税为由向上海市第一中级人民法院再次起诉本公司，要求本公司增加支付10,374,193.39元和15,623,227.80元，并承担案件诉讼费。2004年6月28日上海市第一中级人民法院开庭进行了第一次审理。目前该项诉讼仍在审理过程中。

二〇〇三年以来市场表现

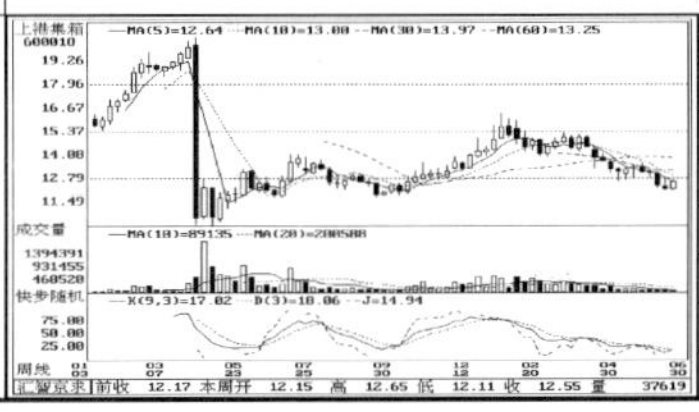

2003年涨跌幅(%)	73.17
2003年最高(元)	14.96
2003年最低(元)	7.51
2003年换手率(%)	343.16
2004.06涨跌幅(%)	-11.62
2004.06最高(元)	16.34
2004.06最低(元)	12.10
2004.06换手率(%)	137.90

宝山钢铁股份有限公司

公司概况

公司名称	宝山钢铁股份有限公司		股票代码	600019	
注册地址	上海市宝山区富锦路果园		邮政编码	201900	
法人代表	谢企华		董秘	陈缨	
电话	021-26647000		传真	021-26646999	
主营业务	高档钢材				
总股本	1251200.00	流通 A	187700.00	流通 B	流通 H
审计单位	安永华明会计师事务所		审计意见	标准无保留	

主要财务指标

年度	2004.6	2003	2002
每股收益 / 扣除后(元)	0.3830	0.5600	0.3400
每股经营现金流量(元)	0.7610	1.1700	0.8600
每股净资产 / 调整后(元)	2.9700	2.8300	2.2500
每股公积金(元)	0.9595	0.9586	0.9342
净资产收益率(%)	12.9100	19.6700	15.1600
总资产(万元)	6226500.00	6091757.50	6148919.50
股东权益(万元)	3714200.00	3546609.75	2818506.50
未分配利润(万元)	824442.50	653701.69	171473.45
主营收入(万元)	2854692.50	4446037.00	3387660.50
资本公积金(万元)	1200463.37	1199454.12	1168923.37
主营利润(万元)	852052.19	1327265.50	915157.75
其他业务利润(万元)	3191.01	6383.99	–29.59
营业利润(万元)	716138.06	1004927.06	611321.56
投资收益(万元)	519.10	3963.09	145.79
补贴收入(万元)	0.40	15.00	15.00
营业外收支(万元)	–1496.68	–16045.36	2584.00
利润总额(万元)	715160.87	992859.81	594175.31
净利润(万元)	479353.22	697572.50	427193.25

十大股东

序号	股东名称	股份性质	持股数(万股)	比例(%)
1	上海宝钢集团公司	国有法人股	1663500.00	85.00
2	华安证券有限责任公司	流通 A 股	3023.84	0.24
3	安顺证券投资基金	流通 A 股	3021.00	0.24
4	易方达 50 指数证券投资基金	流通 A 股	2851.30	0.23
5	申万巴黎盛利精选证券投资基金	流通 A 股	2742.93	0.22
6	南方稳健成长证券投资基金	流通 A 股	2491.88	0.20
7	中信经典配置证券投资基金	流通 A 股	2423.23	0.19
8	兴华证券投资基金	流通 A 股	2417.48	0.19
9	华夏证券投资基金	流通 A 股	2406.50	0.19
10	华安创新证券投资基金	流通 A 股	2250.00	0.18

股东人数	2004.6	2003.12	2003.6	2002
	200281	208585	305404	385326

近年分配	2004 年 6 月 21 日 10 派 2.50	近年配股 / 增发	

重大事项

收购上海宝钢益昌薄板有限公司(以下称益昌薄板)全部股权 2003 年 9 月 11 日公司第二届董事会第三次会议,2003 年 10 月 29 日公司 2003 年第一次临时股东大会审议通过了公司收购益昌薄板全部股权的议案。

二〇〇三年以来市场表现

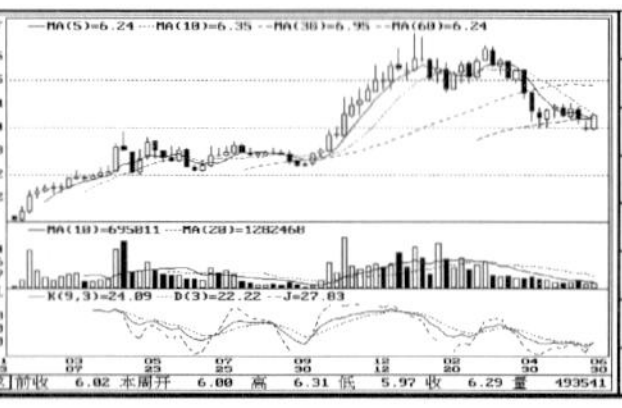

2003 年涨跌幅(%)	85.83
2003 年最高(元)	7.47
2003 年最低(元)	3.56
2003 年换手率(%)	394.36
2004.06 涨跌幅(%)	–7.77
2004.06 最高(元)	7.81
2004.06 最低(元)	5.76
2004.06 换手率(%)	205.78

河南中原高速公路股份有限公司

公司概况

公司名称	河南中原高速公路股份有限公司		股票代码	600020	
注册地址	河南省郑州市中原路 93 号		邮政编码	450052	
法人代表	宋春雷		董秘	继中锋	
电话	0371-7717696		传真	0371-7436333	
主营业务	高等级公路、大型桥梁等的经营				
总股本	105000.00	流通 A	28000.00	流通 B	流通 H
审计单位			审计意见	未审计	

主要财务指标

年度	2004.6	2003	2002
每股收益 / 扣除后(元)	0.2323	0.2558	0.3980
每股经营现金流量(元)	0.3160	0.4490	0.6381
每股净资产 / 调整后(元)	3.6530	3.4051	2.0063
每股公积金(元)	1.7734	1.7734	
净资产收益率(%)	6.1400	7.2400	17.56
总资产(万元)	494237.87	474018.25	325295.31
股东权益(万元)	399110.84	374622.25	174742.10
未分配利润(万元)	91219.38	66730.79	45029.71
主营收入(万元)	52806.17	80269.73	68165.91
资本公积金(万元)	186208.77	186208.77	41454.96
主营利润(万元)	38204.87	48457.83	45363.23
其他业务利润(万元)	103.41	–59.25	–0.07
营业利润(万元)	36437.69	41614.75	37432.40
投资收益(万元)	–30.24	73.82	
补贴收入(万元)			
营业外收支(万元)	142.67	399.47	–0.65
利润总额(万元)	36550.14	42088.04	37488.56
净利润(万元)	24488.59	27126.34	30691.94

十大股东

序号	股东名称	股份性质	持股数(万股)	比例(%)
1	河南高速公路发展有限责任公司	国有法人股	53512.75	50.96
2	华建交通经济开发中心	国家股	23389.74	22.28
3	嘉实服务增值行业证券投资基金	流通 A 股	853.67	0.81
4	国海证券有限责任公司	流通 A 股	840.89	0.80
5	全国社保基金一零二组合	流通 A 股	647.76	0.62
6	全国社保基金一零八组合	流通 A 股	600.43	0.57
7	华宝兴业多策略增长证券投资基金	流通 A 股	539.30	0.51
8	博时精选股票证券投资基金	流通 A 股	348.17	0.33
9	招商证券股份有限公司	流通 A 股	288.22	0.27
10	南方稳健成长证券投资基金	流通 A 股	288.11	0.27

股东人数	2004.6	2003.12	2003.6	2002
	68163	78220		

近年分配	2004 年 7 月 9 日 10 派 5.00	近年配股 / 增发	

重大事项

根据交通部及河南省交通厅关于高速公路养护管理体制改革的精神,2004 年 3 月 29 日,公司第一届董事会第二十三次会议同意转让公司所持控股子公司河南中原高速路泰公路工程有限责任公司(简称"路泰公司")股权。报告期内,公司将所持路泰公司 35%股权转让给河南路桥发展建设总公司(与公司不存在关联关系)。根据湖北大信资产评估有限公司(具有证券从业资格)出具的资产评估报告(基准日为 2004 年 3 月 31 日),本次转让股权的资产评估值为人民币 14,349,050.02 元,实际转让价格为人民币 14,419,050.02 元。上述股权转让、评估报告备案等事项已按有关规定履行程序。2004 年 6 月 18 日,路泰公司在河南省工商行政管理局完成了变更登记手续。此次股权转让后,公司及河南路桥发展建设总公司分别持有路泰公司 45%的股权。

二〇〇三年以来市场表现

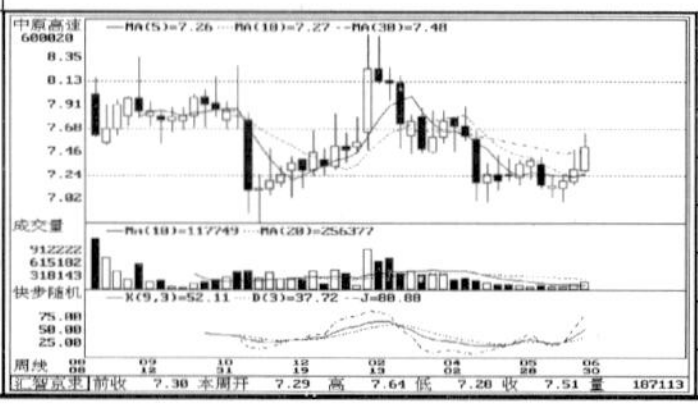

2003 年涨跌幅(%)	0.00
2003 年最高(元)	8.35
2003 年最低(元)	6.80
2003 年换手率(%)	262.29
2004.06 涨跌幅(%)	2.88
2004.06 最高(元)	8.57
2004.06 最低(元)	6.99
2004.06 换手率(%)	251.82

上海电力股份有限公司

公司概况

公司名称	上海电力股份有限公司	股票代码	600021
注册地址	上海市浦东新区浦东南路1888号	邮政编码	200025
法人代表	丁中智	董秘	唐勤华
电话	021-6420799,64720000	传真	021-64723798
主营业务	从事火力发电厂的运营		

总股本	156350.50	流通A	24000.00	流通B		流通H	
审计单位		审计意见	未审计				

主要财务指标

年度	2004.6	2003	2002
每股收益/扣除后(元)	0.1393	0.2573	0.3131
每股经营现金流量(元)	0.2990	1.0047	0.8488
每股净资产/调整后(元)	3.8530	3.8957	3.5227
每股公积金(元)	2.4433	2.4433	2.0424
净资产收益率(%)	3.8100	6.5900	8.8800
总资产(万元)	1190638.75	1082546.75	953354.83
股东权益(万元)	602686.75	609673.56	466530.84
未分配利润(万元)	35455.85	12518.14	69.91
主营收入(万元)	276986.94	544763.06	534800.40
资本公积金(万元)	382016.25	382016.25	270309.50
主营利润(万元)	44892.36	97945.43	105362.74
其他业务利润(万元)	1321.75	2946.19	-186.64
营业利润(万元)	25506.63	53526.33	69071.11
投资收益(万元)	13007.90	21560.83	-1590.70
补贴收入(万元)			
营业外收支(万元)	-26.10	-6356.02	4466.64
利润总额(万元)	38488.42	68731.13	60966.55
净利润(万元)	22937.71	40175.30	41439.36

十大股东

序号	股东名称	股份性质	持股数(万股)	比例(%)
1	中国电力投资集团公司	国有法人股	100945.50	64.56
2	上海华东电力发展公司	国有法人股	31405.00	20.09
3	中国工商银行银河银泰理财分红证券投资基金	流通A股	405.00	0.26
4	国泰君安建行香港上海汇丰银行有限公司	流通A股	240.99	0.15
5	黑龙江省华富电力投资有限公司	流通A股	178.90	0.11
6	博时裕富证券投资基金	流通A股	161.69	0.10
7	招商证券渣打ING BANK N.V.	流通A股	98.00	0.06
8	华鑫证券有限责任公司	流通A股	80.00	0.05
9	重庆路桥股份有限公司	流通A股	71.00	0.05
10	周军	流通A股	69.66	0.04

股东人数	2004.6	2003.12	2003.6	2002
	88213	88263		

近年分配	2004年6月21日10派0.16	近年配股/增发	

重大事项

为支持公司发展本公司控股股东中国电力投资集团公司将其持有的上海吴泾发电有限责任公司50%的股权转让给公司转让价格以经国务院国有资产监督管理委员会备案的资产评估后的净资产值作为基础经双方协商确定最终交易价格为48,500万元该关联交易公告已刊登于2004年4月16日的中国证券报上海证券报证券时报。

二〇〇三年以来市场表现

2003年涨跌幅(%)	0.00
2003年最高(元)	11.22
2003年最低(元)	8.19
2003年换手率(%)	415.24
2004.06涨跌幅(%)	-19.60
2004.06最高(元)	12.22
2004.06最低(元)	8.31
2004.06换手率(%)	297.03

济南钢铁股份有限公司

公司概况

公司名称	济南钢铁股份有限公司	股票代码	600022
注册地址	山东省济南市工业北路21号	邮政编码	250101
法人代表	陈启祥	董秘	迟才功
电话	0531-8865480	传真	0531-8865265
主营业务	钢铁及钢铁延伸产品生产销售		

总股本	94000.00	流通A	22000.00	流通B		流通H	
审计单位		审计意见	未审计				

主要财务指标

年度	2004.6	2003	2002
每股收益/扣除后(元)	0.4118		
每股经营现金流量(元)	0.9420		
每股净资产/调整后(元)	3.2100		
每股公积金(元)	1.6065		
净资产收益率(%)	21.3600		
总资产(万元)	1020946.75		
股东权益(万元)	302035.03		
未分配利润(万元)	38768.97		
主营收入(万元)	764446.25		
资本公积金(万元)	151011.39		
主营利润(万元)	100389.05		
其他业务利润(万元)	4664.27		
营业利润(万元)	63033.12		
投资收益(万元)			
补贴收入(万元)	35.00		
营业外收支(万元)	-451.10		
利润总额(万元)	62617.03		
净利润(万元)	38285.81		

十大股东

序号	股东名称	股份性质	持股数(万股)	比例(%)
1	济南钢铁集团总公司	国有股	71084.31	75.62
2	南方证券股份有限公司	社会公众股	671.45	0.71
3	莱芜钢铁集团有限公司	国有股	327.03	0.35
4	科汇证券投资基金	社会公众股	313.90	0.33
5	山东黄金集团有限公司	国有股	196.32	0.21
6	山东金岭铁矿	国有股	196.22	0.21
7	山东省耐火原材料公司	国有股	196.22	0.21
8	易方达策略成长证券投资基金	社会公众股	190.60	0.20
9	北京海银科医药技术有限公司	社会公众股	150.10	0.16
10	光大证券有限公司	社会公众股	112.10	0.12

股东人数	2004.6	2003.12	2003.6	2002
	190603			

近年分配		近年配股/增发	

重大事项

因生产经营需要,公司与有关关联方签订了《产品互供协议》、《综合服务协议》、《关于提供动能服务协议(一)》、《关于提供动能服务协议(二)》以及上述协议的补充协议,《土地使用权租赁合同》、《进出口买卖协议》等,经2002年第一次临时股东大会和2003年度股东大会批准生效。

二〇〇三年以来市场表现

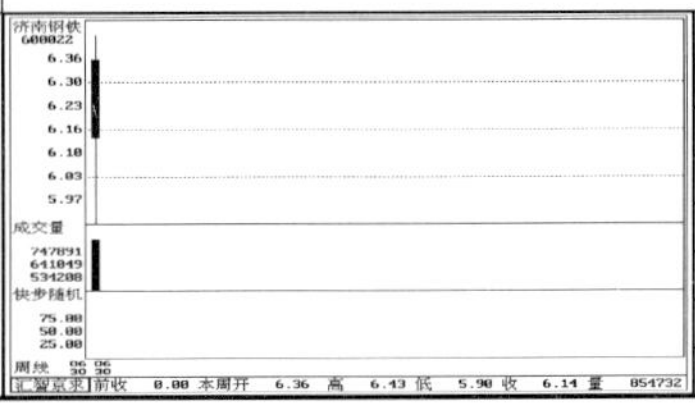

2003年涨跌幅(%)	0.00
2003年最高(元)	0.00
2003年最低(元)	0.00
2003年换手率(%)	0.00
2004.06涨跌幅(%)	0.00
2004.06最高(元)	6.43
2004.06最低(元)	5.90
2004.06换手率(%)	38.85

中海发展股份有限公司

公司概况

公司名称	中海发展股份有限公司		股票代码	600026	
注册地址	上海市浦东新区源深路168号		邮政编码	200080	
法人代表	李绍德		董秘	姚巧红	
电话	021-65967160		传真	021-65966160	
主营业务	海洋货物运输				
总股本	332600.00	流通A	35000.00	流通B	
		流通H	129600.00		
审计单位	上海众华沪银会计师事务所		审计意见	标准无保留	

主要财务指标

年度	2004.6	2003	2002
每股收益/扣除后(元)	0.2738	0.2915	0.1720
每股经营现金流量(元)	0.3840	0.5800	0.5200
每股净资产/调整后(元)	2.2500	2.1300	1.8400
每股公积金(元)	0.6175	0.6175	0.6175
净资产收益率(%)	11.9000	13.7700	9.3000
总资产(万元)	1038999.19	958454.62	900240.12
股东权益(万元)	752790.25	713115.75	614909.37
未分配利润(万元)	170040.02	130357.27	52086.75
主营收入(万元)	312469.97	517663.91	432579.59
资本公积金(万元)	205372.06	205372.06	205372.06
主营利润(万元)	118978.96	145426.05	111868.42
其他业务利润(万元)	1233.54	2367.71	307.13
营业利润(万元)	105210.62	113430.37	79982.30
投资收益(万元)	1247.89	533.00	-11733.20
补贴收入(万元)	71.20	416.15	-26.23
营业外收支(万元)	-1836.77	1045.97	-2.02
利润总额(万元)	104692.94	115425.50	68356.17
净利润(万元)	89572.75	98204.88	57191.86

十大股东

序号	股东名称	股份性质	持股数(万股)	比例(%)
1	中国海运集团总公司	国有法人股	168000.00	50.51
2	HKSCC NOMINEES LIMITED	流通H股	127199.63	38.24
3	兴华证券投资基金	流通A股	2263.96	0.68
4	中国银行-华夏回报证券投资基金	流通A股	1825.67	0.55
5	中国银行-海富通收益增长基金	流通A股	1384.13	0.42
6	招商银行股份有限公司-中信经典配置证券投资基金	流通A股	1053.44	0.32
7	国信证券有限责任公司	流通A股	925.35	0.28
8	中国光大银行股份有限公司-巨田基础行业证券投资基金	流通A股	869.21	0.26
9	博时价值增长证券投资基金	流通A股	793.46	0.24
10	交通银行-易方达50指数证券投资基金	流通A股	679.74	0.20

股东人数	2004.6	2003.12	2003.6	2002
	42651	57693	125460	113819

近年分配	2004年6月21日10派1.50	近年配股/增发	

重大事项

2003年12月30日,中海总公司与中国石化销售有限公司("中石化")合资组建的中石化中海船舶燃料供应有限公司("中石化中海")在上海正式开业,该公司注册资本87666万元,双方各占50%的出资比例。因此,原由中海总公司全资附属公司中海供贸有限公司("中海供贸")向本公司提供的相关海运物料和服务供应项目,自2004年1月1日起,将由中石化中海提供。且本公司与中海总公司就此签订补充协议,同时建议中国海运(集团)总公司向本公司提供的海运物料和服务供应2004至2006年度交易额占公司各相关年度营业额比例维持原上限,上述关于补充协议和交易额维持上限的议案在2004年1月8日召开的2004年第一次董事会上通过,并经2004年3月9日召开的2004年第一次临时股东大会批准生效。

二〇〇三年以来市场表现

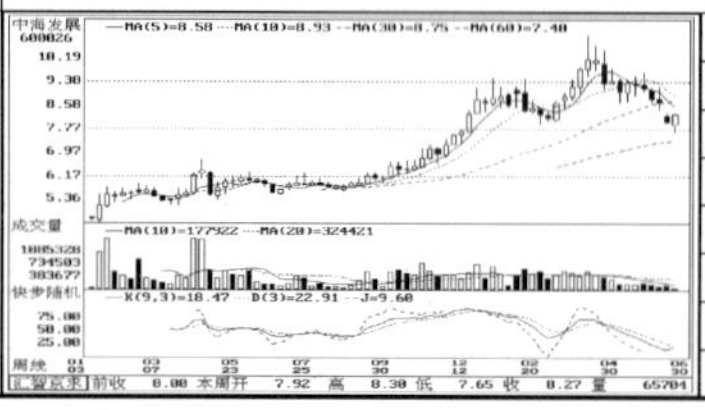

2003年涨跌幅(%)	89.46
2003年最高(元)	9.02
2003年最低(元)	4.31
2003年换手率(%)	610.07
2004.06涨跌幅(%)	-2.13
2004.06最高(元)	10.84
2004.06最低(元)	7.65
2004.06换手率(%)	234.62

中国石油化工股份有限公司

公司概况

公司名称	中国石油化工股份有限公司		股票代码	600028	
注册地址	北京市朝阳区惠新东街甲六号		邮政编码	100029	
法人代表	陈同海		董秘	陈革	
电话	010-64990060		传真	010-64990022	
主营业务	石油、天然气勘探				
总股本	8670244.00	流通A	280000.00	流通B	
		流通H	1678048.75		
审计单位	毕马威华振会计师事务所和毕马威会计师事务所		审计意见	标准无保留	

主要财务指标

年度	2004.6	2003	2002
每股收益/扣除后(元)	0.1884	0.2570	0.1680
每股经营现金流量(元)	0.2500	0.7430	0.6930
每股净资产/调整后(元)	1.9610	1.8500	1.6760
每股公积金(元)	0.4250	0.4250	0.4220
净资产收益率(%)	8.7300	11.6670	9.6380
总资产(万元)	42292500.00	39021300.00	36837500.00
股东权益(万元)	17227600.00	16294600.00	14651500.00
未分配利润(万元)	2680400.00	1997500.00	736700.00
主营收入(万元)	26570900.00	41719100.00	32418400.00
资本公积金(万元)	3685200.00	3685200.00	3658800.00
主营利润(万元)	5183500.00	8071600.00	6115000.00
其他业务利润(万元)	61600.00	85600.00	18166.38
营业利润(万元)	2835300.00	3550900.00	2281700.00
投资收益(万元)	51600.00	54800.00	50500.00
补贴收入(万元)			
营业外收支(万元)	-477100.00	-604200.00	-1668.04
利润总额(万元)	2409800.00	3001500.00	2201200.00
净利润(万元)	1503900.00	1901100.00	1412100.00

十大股东

序号	股东名称	股份性质	持股数(万股)	比例(%)
1	中国石油化工集团公司("中国石化集团公司")	国家股	4774256.00	55.06
2	香港(中央结算)代理人有限公司	流通H股	1667624.37	19.23
3	国家开发银行	国家股	877557.00	10.12
4	中国信达资产管理有限公司	国家股	872065.00	10.06
5	中国东方资产管理公司	国家股	129641.00	1.50
6	国泰君安证券股份有限公司	国有法人股	58676.00	0.68
7	青岛港务局	流通A股	6000.00	0.07
8	易方达50证券投资基金	流通A股	5190.60	0.06
9	兴华证券投资基金	流通A股	4819.00	0.06
10	兴和证券投资基金	流通A股	4614.90	0.05

股东人数	2004.6	2003.12	2003.6	2002
	302856	334867	455532	522550

近年分配	2004年6月7日10派0.60	近年配股/增发	

重大事项

中国石化首届董事会第二十二次会议批准了在巴斯夫提供股权质押的同等条件下,中国石化为扬子-巴斯夫项目贷款提供相应股权质押的议案。会议还批准了中国石化为岳阳中石化壳牌煤气化有限公司提供担保的议案,担保金额为人民币3.77亿元。

二〇〇三年以来市场表现

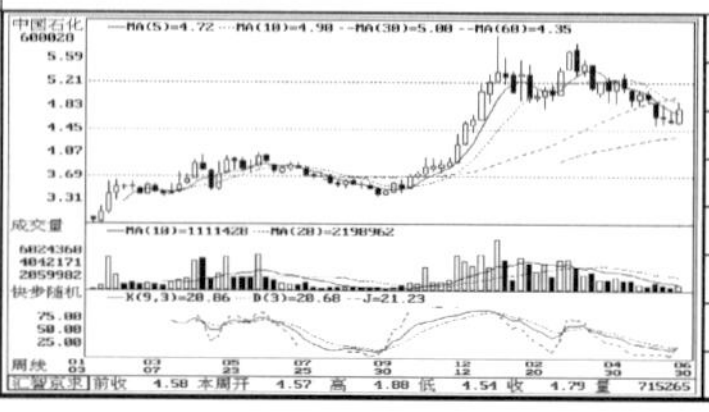

2003年涨跌幅(%)	70.98
2003年最高(元)	5.11
2003年最低(元)	2.78
2003年换手率(%)	321.81
2004.06涨跌幅(%)	-2.04
2004.06最高(元)	5.91
2004.06最低(元)	4.51
2004.06换手率(%)	229.67

中国南方航空股份有限公司

公司概况

公司名称	中国南方航空股份有限公司	股票代码	600029
注册地址	广东省广州市经济技术开发区	邮政编码	510405
法人代表	颜志卿	董秘	苏亮
电话	020-86124737	传真	020-86659040
主营业务	航空运输		
总股本	437417.81	流通 A	100000.00
流通 B		流通 H	117417.80
审计单位		审计意见	未审计

主要财务指标

年度	2004.6	2003	2002
每股收益/扣除后(元)	0.0717	-0.1200	0.1590
每股经营现金流量(元)	0.3460	0.6500	1.4200
每股净资产/调整后(元)	2.6600	2.5900	2.5700
每股公积金(元)	1.3263	1.3263	1.8912
净资产收益率(%)	2.8400	0.1300	
总资产(万元)	4380768.00	3937220.50	3747011.30
股东权益(万元)	1188292.75	1154984.87	889459.40
未分配利润(万元)	109706.40	76398.50	77446.60
主营收入(万元)	1116699.25	1735100.62	1880551
资本公积金(万元)	580134.50	580134.50	416057.80
主营利润(万元)	207309.20	268755.69	436377
其他业务利润(万元)	9450.30	32594.90	40300.32
营业利润(万元)	48866.40	-39480.30	105311.70
投资收益(万元)	2881.90	6167.60	1047.30
补贴收入(万元)			
营业外收支(万元)	2333.80	-2839.70	284.19
利润总额(万元)	54082.10	-36152.40	103168.60
净利润(万元)	33307.90	1448.80	51334.50

十大股东

序号	股东名称	股份性质	持股数(万股)	比例(%)
1	中国南方航空集团公司	国家股	220000.00	50.30
2	HKSCC NOMINEES LIMITED	流通 H 股	115215.60	26.34
3	中国银行-华夏回报证券投资基金	流通 A 股	5561.42	1.27
4	华夏成长证券投资基金	流通 A 股	3513.40	0.80
5	兴华证券投资基金	流通 A 股	3412.56	0.78
6	招商银行股份有限公司--中信经典配置证券投资基金	流通 A 股	2336.71	0.53
7	博时价值增长证券投资基金	流通 A 股	2246.64	0.51
8	长盛成长价值证券投资基金	流通 A 股	2050.29	0.47
9	中国建设银行-华宝兴业多策略增长证券投资基金	流通 A 股	1913.29	0.44
10	银丰证券投资基金	流通 A 股	1912.53	0.44

股东人数	2004.6	2003.12	2003.6	2002
	138996	152747	2842	

近年分配		近年配股/增发	

重大事项

本公司目前涉及一宗民事诉讼(香港高等法院 2001 年第 515 宗民事诉讼("诉讼")。根据诉讼的诉状请求,原告新联国际顾问有限公司(NEW LINK CONSULTANTSLIMITED)索偿的根据是数份证据证明华联航材系统有限公司("华联公司")与各被告订立了协议,独家采购华联公司寄售的航材。因被告没有履行协议,"华联公司"有权向本集团作为其中一名被告索偿;而"华联公司"已被破产清盘,其索偿的所有权利和利益已转让给原告,故本公司作为其中一名被告被诉因违约须支付原告无固定金额的赔偿。本公司已就管辖权问题提出异议,要求法院将案件转到境内法院审理。2004 年 5 月 3 日,法院裁决本公司管辖权异议胜诉。现原告已提起上诉。

二〇〇三年以来市场表现

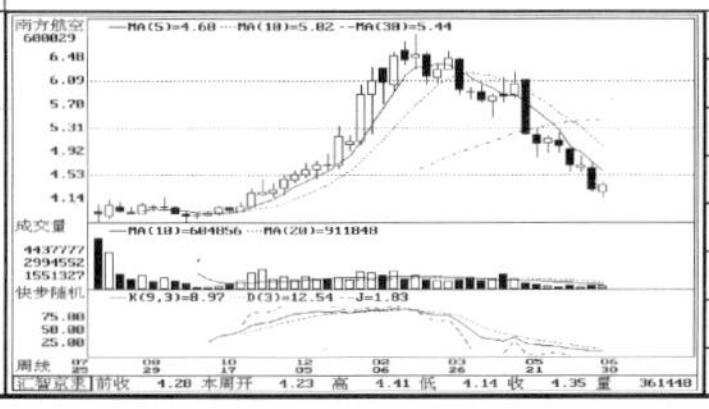

2003 年涨跌幅(%)	0.00
2003 年最高(元)	5.34
2003 年最低(元)	3.75
2003 年换手率(%)	341.58
2004.06 涨跌幅(%)	-12.12
2004.06 最高(元)	6.87
2004.06 最低(元)	4.14
2004.06 换手率(%)	239.47

中信证券股份有限公司

公司概况

公司名称	中信证券股份有限公司	股票代码	600030
注册地址	深圳市罗湖区湖贝路 1030 号海龙王大厦	邮政编码	100004
法人代表	王东明	董秘	程博明
电话	010-84864818-63682	传真	010-84865894
主营业务	证券的代理买卖		
总股本	248150.00	流通 A	40000.00
流通 B		流通 H	
审计单位		审计意见	未审计

主要财务指标

年度	2004.6	2003	2002
每股收益/扣除后(元)	0.0225	0.1500	0.0400
每股经营现金流量(元)	0.0310	-0.7800	-2.6700
每股净资产/调整后(元)	2.0700	2.1700	2.0600
每股公积金(元)	0.8123	0.8123	0.8123
净资产收益率(%)	1.0740	6.6700	2.1500
总资产(万元)	1374604.00	1181045.00	1863985.25
股东权益(万元)	526476.25	548120.69	511572.87
未分配利润(万元)	5849.42	27493.63	81.93
主营收入(万元)	48691.99	81618.18	82638.16
资本公积金(万元)	201582.14	201582.14	201582.14
主营利润(万元)	39483.00	30345.64	11212.77
其他业务利润(万元)			
营业利润(万元)	23795.67	30345.64	11212.77
投资收益(万元)	10104.92	12804.60	3485.68
补贴收入(万元)			
营业外收支(万元)	98.02	-296.65	-13.64
利润总额(万元)	23893.69	41353.31	14452.77
净利润(万元)	5652.30	36548.93	11007.58

十大股东

序号	股东名称	股份性质	持股数(万股)	比例(%)
1	中国中信集团公司	国有法人股	80280.00	32.35
2	雅戈尔集团股份有限公司	境内法人股	20000.00	8.06
3	中信国安集团公司	国有法人股	20000.00	8.06
4	南京扬子石化炼化有限责任公司	境内法人股	12500.00	5.04
5	中国粮油食品进出口(集团)有限	国有法人股	10000.00	4.03
6	柳州两面针股份有限公司	境内法人股	9500.00	3.83
7	中国运载火箭技术研究院	国有法人股	6250.00	2.52
8	中国石化集团新星石油有限责任公司	国有法人股	6000.00	2.42
9	中国石化集团北京燕山石油化工有限公司	国有法人股	5000.00	2.01
10	上海工业投资(集团)有限公司	国有法人股	5000.00	2.01

股东人数	2004.6	2003.12	2003.6	2002
	71761	89412	94166	266390

近年分配		近年配股/增发	
	2004 年 6 月 11 日 10 派 1.10		

重大事项

2004 年 5 月 10 日,公司与渤海证券有限责任公司书面解除了双方于 2003 年 11 月 18 日签署的关于转让长盛基金管理有限公司 25%股权的《股权转让协议》。2004 年 5 月 11 日,公司与安徽省创新投资有限公司签署了《股权转让协议》,拟将本公司持有的长盛基金 25%的股权全部转让给安徽省创新投资有限公司,截止报告期末,未办理完相关权益转让的法律手续。

二〇〇三年以来市场表现

2003 年涨跌幅(%)	0.00
2003 年最高(元)	9.17
2003 年最低(元)	4.70
2003 年换手率(%)	1093.14
2004.06 涨跌幅(%)	-9.61
2004.06 最高(元)	10.56
2004.06 最低(元)	6.60
2004.06 换手率(%)	311.43

三一重工股份有限公司

公司概况

公司名称	三一重工股份有限公司			股票代码	600031	
注册地址	湖南省长沙市经济技术开发区			邮政编码	410100	
法人代表	梁稳根		董秘	赵想章		
电话	0731-4031555		传真	0731-4031777		
主营业务	工程机械产品开发生产销售					
总股本	24000.00	流通 A	6000.00	流通 B		流通 H
审计单位			审计意见	未审计		

主要财务指标

年度	2004.6	2003	2002
每股收益/扣除后(元)	0.8733	1.3430	1.16
每股经营现金流量(元)	–0.7890	0.2950	0.3900
每股净资产/调整后(元)	7.4100	7.0450	2.6080
每股公积金(元)	3.5219	3.5206	0.0025
净资产收益率(%)	11.4500	19.1000	44.53
总资产(万元)	378727.91	268147.84	115342.52
股东权益(万元)	178507.31	170043.39	47128.47
未分配利润(万元)	60839.21	52405.61	24465.52
主营收入(万元)	156633.42	208801.23	98456.24
资本公积金(万元)	84524.88	84494.54	59.62
主营利润(万元)	49503.81	84849.30	49618.92
其他业务利润(万元)	358.50	1509.84	–2.39
营业利润(万元)	24278.93	38926.21	22737.83
投资收益(万元)	–1067.06	50.31	4.74
补贴收入(万元)	130.45	255.17	–0.02
营业外收支(万元)	302.32	–124.31	–0.67
利润总额(万元)	23644.64	39107.38	22891.68
净利润(万元)	20433.60	32479.99	20985.54

十大股东

序号	股东名称	股份性质	持股数(万股)	比例(%)
1	三一集团有限公司	境内法人股	17380.93	72.42
2	鸿阳证券投资基金	流通 A 股	374.10	1.56
3	湖南高科技创业投资有限公司	国有法人股	334.64	1.39
4	鹏华行业成长证券投资基金	流通 A 股	318.04	1.33
5	同盛证券投资基金	流通 A 股	228.58	0.95
6	盛利精选证券投资基金	流通 A 股	226.73	0.94
7	普丰证券投资基金	流通 A 股	224.33	0.93
8	景博证券投资基金	流通 A 股	193.95	0.81
9	锡山市亿利大机械有限公司	境内法人股	167.33	0.70
10	华安创新证券投资基金	流通 A 股	115.74	0.48

股东人数	2004.6	2003.12	2003.6	2002
	7941	11774	56290	

近年分配	2004 年 5 月 11 日 10 派 5.00	近年配股/增发	

重大事项

经公司 2003 年度股东大会审议通过，公司 2003 年度利润分配方案为：以现有总股本 24000 万股为基数，向全体股东每 10 股派发现金红利 5 元(含税)。

二〇〇三年以来市场表现

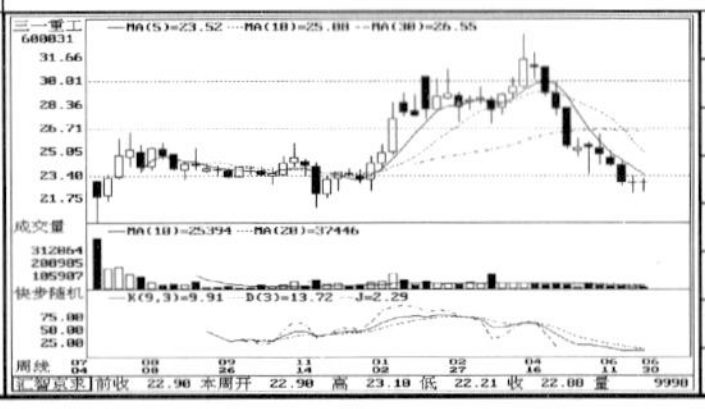

2003 年涨跌幅(%)	0.00
2003 年最高(元)	25.88
2003 年最低(元)	19.60
2003 年换手率(%)	276.28
2004.06 涨跌幅(%)	–5.61
2004.06 最高(元)	32.81
2004.06 最低(元)	22.10
2004.06 换手率(%)	175.49

福建发展高速公路股份有限公司

公司概况

公司名称	福建发展高速公路股份有限公司			股票代码	600033	
注册地址	福建省福州市东水路 18 号福建交通综合大楼 26 层			邮政编码	350001	
法人代表	唐建辉		董秘	蒋建新		
电话	0591-7077366		传真	0591-7077266		
主营业务	高速公路的投资					
总股本	98640.00	流通 A	28800.00	流通 B		流通 H
审计单位			审计意见	未审计		

主要财务指标

年度	2004.6	2003	2002
每股收益/扣除后(元)	0.1789	0.2875	0.3436
每股经营现金流量(元)	0.3500	0.6842	0.6320
每股净资产/调整后(元)	3.0120	3.5034	3.7562
每股公积金(元)	1.3761	1.6514	1.9816
净资产收益率(%)	7.2100	10.6500	10.1100
总资产(万元)	564832.06	563170.12	556374.19
股东权益(万元)	297077.75	287980.50	257320.69
未分配利润(万元)	34406.98	41749.50	33989.75
主营收入(万元)	54105.05	88182.35	70267.83
资本公积金(万元)	135743.20	135743.45	135740.41
主营利润(万元)	38952.27	59450.92	47204.37
其他业务利润(万元)	–33.36	–38.26	–0.16
营业利润(万元)	34860.19	50220.56	37883.38
投资收益(万元)	–102.36	–89.31	608.65
补贴收入(万元)	5000.00	10000.00	10000.00
营业外收支(万元)	648.96	661.89	345.02
利润总额(万元)	40406.79	60793.15	49160.05
净利润(万元)	21427.48	30656.79	26014.25

十大股东

序号	股东名称	股份性质	持股数(万股)	比例(%)
1	福建高速公路有限责任公司	国有法人股	46833.14	47.48
2	华建交通经济开发中心	国有法人股	22771.60	23.09
3	海通证券有限公司	流通 A 股	1750.00	1.77
4	华宝兴业多策略增长证券投资基金	流通 A 股	1054.37	1.07
5	上海宝钢集团公司	流通 A 股	530.08	0.54
6	嘉实服务增值行业证券投资基金	流通 A 股	444.46	0.45
7	博时精选股票证券投资基金	流通 A 股	190.62	0.19
8	张趁义	流通 A 股	164.25	0.17
9	博时裕富证券投资基金	流通 A 股	140.33	0.14
10	全国社保基金一零八组合	流通 A 股	129.80	0.13

股东人数	2004.6	2003.12	2003.6	2002
	65439	52344	49070	59006

近年分配	2004 年 6 月 3 日 10 派 1.50	近年配股/增发	2004 年 6 月 3 日 10 送 2

重大事项

经公司 2003 年度股东大会审议通过，公司 2003 年度利润分配方案为：以 2003 年末总股本 822,000,000 股为基数，向全体股东每 10 股送 2 股红股并派发现金红利 1.50 元(均为含税)，共计分配股利 287,700,000 元。至本报告期末，除未支付国家股股东华建交通经济开发中心红利 28,464,504.45 元(已在 2004 年 7 月支付)外其他股东的红股和红利均已支付。

二〇〇三年以来市场表现

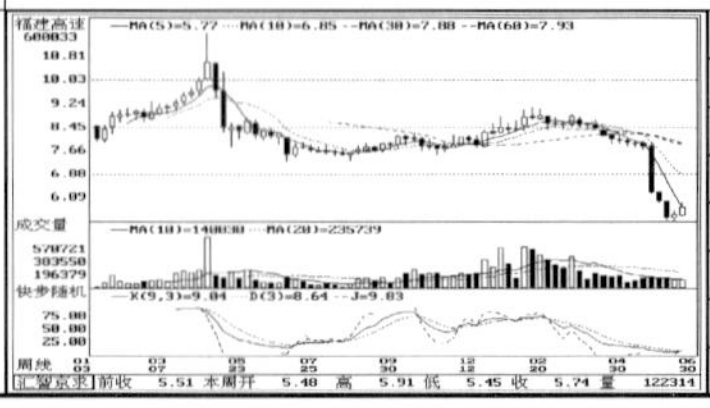

2003 年涨跌幅(%)	16.69
2003 年最高(元)	7.90
2003 年最低(元)	5.35
2003 年换手率(%)	290.73
2004.06 涨跌幅(%)	–15.18
2004.06 最高(元)	7.45
2004.06 最低(元)	5.30
2004.06 换手率(%)	231.78

湖北楚天高速公路股份有限公司

公司概况

公司名称	湖北楚天高速公路股份有限公司		股票代码	600035	
注册地址	湖北省武汉市汉阳区龙阳大道9号		邮政编码	430051	
法人代表	贺长松		董秘	逯英劲	
电话	027-84636878-733		传真	027-84863942	
主营业务	交通基础设施项目投资、经营管理				
总股本	93165.25	流通A 28000.00	流通B	流通H	
审计单位			审计意见	未审计	

主要财务指标

年度	2004.6	2003	2002
每股收益/扣除后(元)	0.0752	0.1800	0.1500
每股经营现金流量(元)	0.0773	0.3300	0.3200
每股净资产/调整后(元)	2.2100	2.6400	2.6400
每股公积金(元)	0.9443	0.3808	0.3808
净资产收益率(%)	3.4000	9.9000	9.05
总资产(万元)	227555.55	141917.19	138848.18
股东权益(万元)	205912.47	118409.69	106684.43
未分配利润(万元)	17253.03	10248.26	1454.31
主营收入(万元)	17132.59	29590.29	25387.60
资本公积金(万元)	87978.68	35480.68	35480.68
主营利润(万元)	11121.09	19059.77	16589.12
其他业务利润(万元)	2.00	18.86	18.86
营业利润(万元)	10470.25	17727.03	14865.61
投资收益(万元)			0.13
补贴收入(万元)			
营业外收支(万元)	-15.37	-132.05	-0.58
利润总额(万元)	10454.89	17594.98	14825.27
净利润(万元)	7004.78	11725.26	9657.96

十大股东

序号	股东名称	股份性质	持股数(万股)	比例(%)
1	湖北省高速公路集团有限公司	国有法人股	41434.43	44.47
2	华建交通经济开发中心	国有法人股	23633.32	25.37
3	华宝兴业多策略增长证券投资基金	流通A股	311.53	0.33
4	裕阳证券投资基金	流通A股	189.28	0.20
5	嘉实服务增值行业证券投资基金	流通A股	152.80	0.16
6	全国社保基金一零一组合	流通A股	94.10	0.10
7	景福证券投资基金	流通A股	94.07	0.10
8	山东省国际信托投资公司	流通A股	90.00	0.10
9	焉昭	流通A股	63.70	0.07
10	杨振华	流通A股	58.83	0.06

股东人数	2004.6	2003.12	2003.6	2002
	109965			

近年分配		近年配股/增发	

重大事项

根据公司与第一大股东湖北省高速公路集团有限公司(以下简称"集团公司")分别于2001年5月27日、2002年10月17日签署的《国有土地使用权租赁协议》和《关于修订<国有土地使用权租赁协议>中部分条款的协议》,公司向集团公司租赁汉荆段高速公路7宗总面积为8,658,220平方米的土地使用权,租赁期限为29年6个月。自2001年5月30日至2002年12月31日,按0.1元/年平方米支付租金;自2003年1月1日至2030年11月21日,按0.3元/年平方米支付租金。报告期公司已计提租金1,298,733.00元。

二〇〇三年以来市场表现

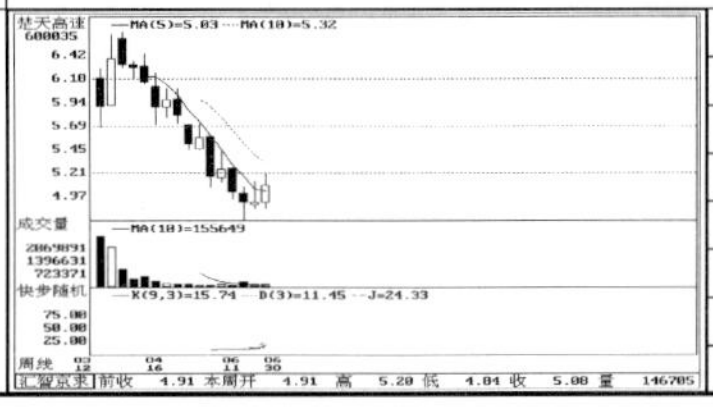

2003年涨跌幅(%)	0.00
2003年最高(元)	0.00
2003年最低(元)	0.00
2003年换手率(%)	0.00
2004.06涨跌幅(%)	0.00
2004.06最高(元)	6.66
2004.06最低(元)	4.73
2004.06换手率(%)	309.02

招商银行股份有限公司

公司概况

公司名称	招商银行股份有限公司		股票代码	600036	
注册地址	深圳市福田区深南大道7088号		邮政编码	518040	
法人代表	秦晓		董秘	兰奇	
电话	0755-83198888		传真	0755-83195109	
主营业务	吸收公众存款;发放贷款;办理结算				
总股本	684818.19	流通A 180000.00	流通B	流通H	
审计单位	毕马威华振会计师事务所和毕马威会计师事务所		审计意见	标准无保留	

主要财务指标

年度	2004.6	2003	2002
每股收益/扣除后(元)	0.2435	0.3900	0.3000
每股经营现金流量(元)		4.8100	5.9600
每股净资产/调整后(元)	2.7400	3.1000	2.7000
每股公积金(元)	1.1870	1.6242	1.6243
净资产收益率(%)	8.6900	12.2100	10.8200
总资产(万元)	53886244.00	50389280.00	37165992.00
股东权益(万元)	1942638.00	1826143.75	1603182.12
未分配利润(万元)	348696.31	232305.70	53912.90
主营收入(万元)	978742.31	1358605.25	1179614.00
资本公积金(万元)	812896.69	926929.50	926958.81
主营利润(万元)	261710.41	558533.31	254538.59
其他业务利润(万元)			
营业利润(万元)	400119.81	558533.31	254838.59
投资收益(万元)	127544.20		222681.91
补贴收入(万元)			
营业外收支(万元)	2116.90	111.90	1.17
利润总额(万元)		344528.41	257027.00
净利润(万元)	168893.00	222991.00	173427.00

十大股东

序号	股东名称	股份性质	持股数(万股)	比例(%)
1	招商局轮船股份有限公司	国有法人股	122958.13	17.95
2	中国远洋运输集团总公司	国有法人股	58961.30	8.61
3	广州海运集团有限公司	国有法人股	39016.91	5.70
4	友联船厂有限公司	外资法人股	21848.16	3.19
5	上海汽车工业有限公司	国有法人股	17292.13	2.53
6	上海港湾建设集团总公司	国有法人股	13457.05	1.97
7	秦皇岛港务集团有限公司	国有法人股	12142.77	1.77
8	山东交通开发投资公司	国有法人股	12142.77	1.77
9	广东省公路管理局	国家股	12142.77	1.77
10	中国海运集团总公司	国有法人股	12142.77	1.77

股东人数	2004.6	2003.12	2003.6	2002
	180508	160917	153740	135879

近年分配	2004年5月11日10派0.92	近年配股/增发	2004年5月11日10转2

重大事项

报告期内,本公司经中国银监会批准,发行了35亿元人民币次级定期债务,并计入附属资本。有关事项刊登于2004年4月10日和2004年6月14日的《中国证券报》、《证券时报》和《上海证券报》。

二〇〇三年以来市场表现

2003年涨跌幅(%)	35.19
2003年最高(元)	11.21
2003年最低(元)	6.51
2003年换手率(%)	331.58
2004.06涨跌幅(%)	-5.06
2004.06最高(元)	10.47
2004.06最低(元)	8.20
2004.06换手率(%)	144.09

北京歌华有线电视网络股份有限公司

公司概况

公司名称	北京歌华有线电视网络股份有限公司	股票代码	600037
注册地址	北京市海淀区花园北路35号东门	邮政编码	100083
法人代表	卢东涛	董秘	王奇之
电话	010-62035573	传真	010-62035573
主营业务	广播电视网络		
总股本	35100.00	流通A	10400.00
流通B		流通H	
审计单位	北京京都会计师事务所	审计意见	标准无保留

主要财务指标

年度	2004.6	2003	2002
每股收益/扣除后(元)	0.2315	0.5600	0.4000
每股经营现金流量(元)	0.4980	1.3200	0.8100
每股净资产/调整后(元)	5.4700	5.3100	4.8900
每股公积金(元)	3.3222	3.3222	3.3199
净资产收益率(%)	4.1300	12.6200	8.6700
总资产(万元)	370341.37	235240.44	213432.36
股东权益(万元)	192889.25	187056.33	172687.02
未分配利润(万元)	25949.15	20116.22	8798.83
主营收入(万元)	30895.80	66977.18	46927.69
资本公积金(万元)	116609.57	116609.57	116528.68
主营利润(万元)	13942.02	30631.33	21521.64
其他业务利润(万元)	15.25	124.11	-1.54
营业利润(万元)	9842.62	22945.26	16756.68
投资收益(万元)	-400.40	1710.46	214.56
补贴收入(万元)		2860.00	2860.00
营业外收支(万元)	-5.43	-41.50	0.46
利润总额(万元)	9436.80	27474.22	16490.75
净利润(万元)	7957.12	23611.28	14963.66

十大股东

序号	股东名称	股份性质	持股数(万股)	比例(%)
1	北京歌华文化发展集团	国有法人股	23335.21	66.48
2	博时价值增长证券投资基金	流通A股	667.92	1.90
3	中国银行-嘉实服务增值行业证券	流通A股	495.49	1.41
4	北京青年报业总公司	国有法人股	426.49	1.22
5	北京广播发展总公司	国有法人股	341.20	0.97
6	北京有线全天电视购物有限公司	国有法人股	341.20	0.97
7	中国工商银行-融通蓝证券投资基金	流通A股	298.89	0.85
8	中国工商银行-融通蓝证券成长证券	流通A股	262.66	0.75
9	北京出版社	国有法人股	255.91	0.73
10	中国银行-易方达平稳增长证券投	流通A股	246.80	0.70

股东人数	2004.6	2003.12	2003.6	2002
	28132	32370	32764	36181

近年分配	近年配股/增发
2004年6月21日10派1.50	

重大事项

本公司使用控股大股东北京歌华文化发展集团155,381,231.59元的委托贷款已到期，按照《委托贷款协议》相关条款的规定，本公司已偿还该笔款项。

二〇〇三年以来市场表现

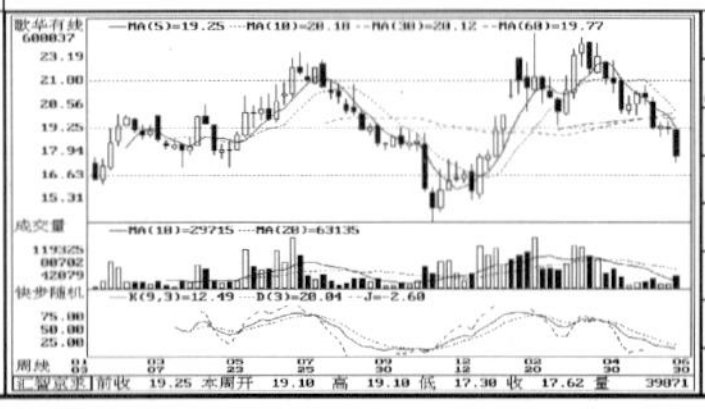

2003年涨跌幅(%)	-0.75
2003年最高(元)	23.10
2003年最低(元)	13.85
2003年换手率(%)	220.37
2004.06涨跌幅(%)	2.03
2004.06最高(元)	24.35
2004.06最低(元)	16.88
2004.06换手率(%)	160.56

哈飞航空工业股份有限公司

公司概况

公司名称	哈飞航空工业股份有限公司	股票代码	600038
注册地址	哈尔滨市高新技术开发区集中开发区34号楼	邮政编码	150066
法人代表	王斌	董秘	侯月明
电话	0451-86528350	传真	0451-86586144
主营业务	航空产品		
总股本	33735.00	流通A	14820.00
流通B		流通H	
审计单位		审计意见	未审计

主要财务指标

年度	2004.6	2003	2002
每股收益/扣除后(元)	0.0330	0.2556	0.2500
每股经营现金流量(元)	-0.5290	0.5600	0.1000
每股净资产/调整后(元)	4.0300	4.0700	3.0100
每股公积金(元)	2.4099	2.4099	1.5927
净资产收益率(%)	1.2000	6.4400	8.3000
总资产(万元)	156159.84	138875.83	107648.08
股东权益(万元)	104810.47	106142.70	73045.43
未分配利润(万元)	10976.58	9713.81	6841.00
主营收入(万元)	23287.19	82118.05	53402.21
资本公积金(万元)	62536.61	62536.61	38224.11
主营利润(万元)	2900.02	11789.93	8619.77
其他业务利润(万元)	92.13	254.09	6.41
营业利润(万元)	988.92	8016.87	5843.14
投资收益(万元)	45.55	-565.83	
补贴收入(万元)	319.28	204.54	3.18
营业外收支(万元)	131.86	238.80	-13.29
利润总额(万元)	1485.61	7894.38	6600.36
净利润(万元)	1262.77	6834.77	6059.90

十大股东

序号	股东名称	股份性质	持股数(万股)	比例(%)
1	哈尔滨飞机工业集团有限责任公司	国有法人股	14462.00	42.87
2	南方证券有限公司	流通A股	10269.81	30.44
3	上海南证财务顾问有限公司	流通A股	50.28	0.15
4	哈尔滨乂龙航空公司	境内法人股	24.00	0.07
5	中国飞龙专业航空公司	国有法人股	24.00	0.07
6	中国航空工业供销总公司	国有法人股	24.00	0.07
7	石玉芹	流通A股	17.70	0.05
8	中国航空技术进出口合尔滨公司	国有法人股	16.00	0.05
9	何宠利	流通A股	15.80	0.05
10	肖力	流通A股	15.68	0.05

股东人数	2004.6	2003.12	2003.6	2002
	6149	4441	2498	3981

近年分配	近年配股/增发
2004年7月14日10派1.00	2004年7月14日10送3

重大事项

公司2003年度利润分配情况：每10股派发现金红利1元，送红股3股。该利润分配方案在2004年7月实施，具体实施方案刊登在2004年7月8日的《上海证券报》和《中国证券报》上。

二〇〇三年以来市场表现

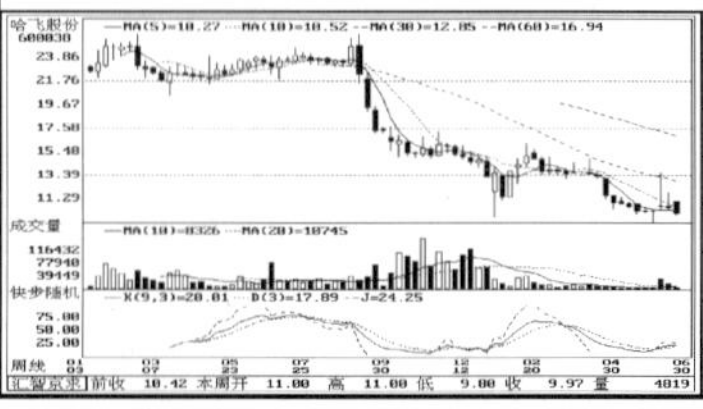

2003年涨跌幅(%)	-32.49
2003年最高(元)	24.23
2003年最低(元)	14.00
2003年换手率(%)	155.91
2004.06涨跌幅(%)	-31.90
2004.06最高(元)	16.21
2004.06最低(元)	9.20
2004.06换手率(%)	21.03

四川路桥建设股份有限公司

公司概况

公司名称	四川路桥建设股份有限公司	股票代码	600039
注册地址	成都市高朋大道11号科技工业园F-59号	邮政编码	610041
法人代表	孙云	董秘	曹川
电话	028-85068045	传真	028-85085853
主营业务	公路、桥梁、隧道工程施工		
总股本	30000.00	流通A	12000.00
流通B		流通H	
审计单位		审计意见	未审计

主要财务指标

年度	2004.6	2003	2002
每股收益/扣除后(元)	0.0047	0.1900	0.4300
每股经营现金流量(元)	-0.6390	-0.4400	0.6100
每股净资产/调整后(元)	3.3000	4.0000	3.0000
每股公积金(元)	1.9704	2.5645	0.3026
净资产收益率(%)	0.2200	4.6100	15.14
总资产(万元)	306849.31	265993.31	166294.66
股东权益(万元)	99165.85	100193.44	45188.58
未分配利润(万元)	2242.11	3269.71	16157.55
主营收入(万元)	82383.16	215566.45	276503.28
资本公积金(万元)	59111.59	64111.59	7565.39
主营利润(万元)	4130.92	18367.74	21665.72
其他业务利润(万元)	-85.07	414.74	-2.32
营业利润(万元)	48.25	5637.03	7776.72
投资收益(万元)	275.32	-10.27	-1.89
补贴收入(万元)			
营业外收支(万元)	94.88	-98.93	-0.04
利润总额(万元)	418.46	5527.83	7778.87
净利润(万元)	222.40	4616.21	6842.98

十大股东

序号	股东名称	股份性质	持股数(万股)	比例(%)
1	四川公路桥梁建设集团有限公司	国有法人股	17680.94	58.94
2	四川九寨黄龙机场建设开发有限责任公司	境内法人股	79.76	0.27
3	四川嘉陵资产经营管理有限责任公司	境内法人股	79.76	0.27
4	北京科卓通信科技有限公司	境内法人股	79.76	0.27
5	四川贵通建设集团有限公司	境内法人股	79.76	0.27
6	刘静	流通A股	54.00	0.18
7	陈敬喜	流通A股	45.50	0.15
8	马建	流通A股	43.83	0.15
9	金泰和	流通A股	32.15	0.11
10	邢慧	流通A股	30.00	0.10

股东人数	2004.6	2003.12	2003.6	2002
	47713	47713	51601	

近年分配	2004年6月8日10派0.50	近年配股/增发	2004年6月8日10转2

重大事项

经2003年度股东大会审议批准,公司以2003年末总股本25,000万股为基数,向全体股东按每10股派发现金红利0.5元(含税);同时以总股本25,000万股为基数,用资本公积金向全体股东按每10股转增2股,共计转增股本5,000万股。股权登记日为2004年6月7日,除权(除息)日为2004年6月8日,新增可流通股上市日为2004年6月9日,现金红利发放日为2004年6月14日。

二〇〇三年以来市场表现

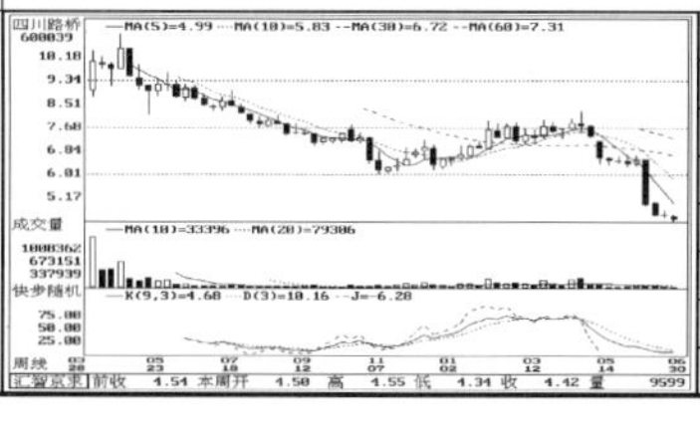

2003年涨跌幅(%)	0.00
2003年最高(元)	9.13
2003年最低(元)	4.97
2003年换手率(%)	439.93
2004.06涨跌幅(%)	-17.12
2004.06最高(元)	6.83
2004.06最低(元)	4.34
2004.06换手率(%)	170.47

中国联合通信股份有限公司

公司概况

公司名称	中国联合通信股份有限公司	股票代码	600050
注册地址	上海市世纪大道88号金茂大厦40楼	邮政编码	200121
法人代表	王建宙	董秘	劳建华
电话	021-50477288	传真	021-50471778
主营业务	电信业		
总股本	1969659.62	流通A	500000.00
流通B		流通H	
审计单位		审计意见	未审计

主要财务指标

年度	2004.6	2003	2002
每股收益/扣除后(元)	0.0759	0.1200	0.1000
每股经营现金流量(元)	0.7200	1.2600	0.6600
每股净资产/调整后(元)	1.7400	1.6300	1.4100
每股公积金(元)	0.7219	0.7216	0.7213
净资产收益率(%)	3.9100	5.9000	5.3000
总资产(万元)	14681700.00	15005456.00	14994910.00
股东权益(万元)	4010614.50	3922524.25	3672116.00
未分配利润(万元)	543504.69	455970.19	243588.83
主营收入(万元)	3535768.00	5979847.50	3947760.75
资本公积金(万元)	1421878.25	1421322.62	1420774.75
主营利润(万元)	1778793.75	3021566.00	1726316.37
其他业务利润(万元)	-15772.04	-5613.31	-6.29
营业利润(万元)	395656.91	702479.06	623799.87
投资收益(万元)	-6050.35	-59573.05	2407.95
补贴收入(万元)			
营业外收支(万元)	3877.18	-60649.80	-79.18
利润总额(万元)	393483.75	582256.19	619196.37
净利润(万元)	156637.80	232703.06	194785.30

十大股东

序号	股东名称	股份性质	持股数(万股)	比例(%)
1	中国联合通信有限公司	境内法人股	1469399.62	74.60
2	嘉实服务增值行业证券投资基金	流通A股	5080.38	0.26
3	兴和证券投资基金	流通A股	5079.20	0.26
4	易方达50指数证券投资基金	流通A股	4871.65	0.25
5	银丰证券投资基金	流通A股	4769.79	0.24
6	普惠证券投资基金	流通A股	4491.60	0.23
7	中信经典配置证券投资基金	流通A股	3862.16	0.20
8	汉兴证券投资基金	流通A股	3689.87	0.19
9	国泰君安证券股份有限公司	流通A股	3638.26	0.18
10	金鑫证券投资基金	流通A股	3610.88	0.18

股东人数	2004.6	2003.12	2003.6	2002
	623713	427322	450469	641361

近年分配	2004年6月25日10派0.35	近年配股/增发	

重大事项

CDMA网络租赁费支出30.47亿元　分别根据联通运营公司、联通新世纪、联通新世界与联通集团和其全资子公司联通新时空签订的CDMA网络租赁协议,联通新时空同意将其在30省市的CDMA移动通信网络容量租赁予联通运营公司、联通新世纪、联通新世界,并向其按协议标准收取网络容量租赁费。

二〇〇三年以来市场表现

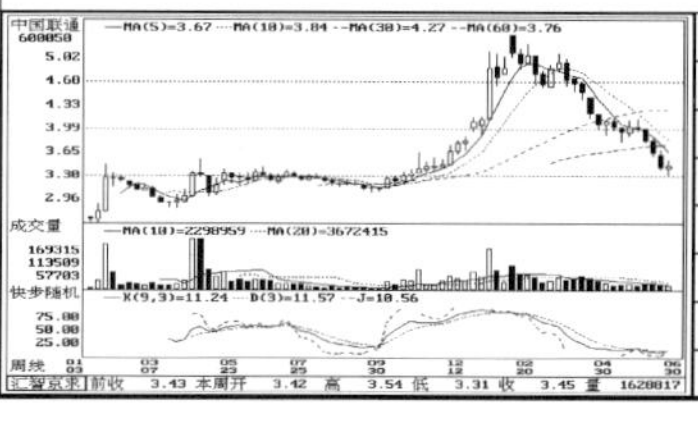

2003年涨跌幅(%)	48.72
2003年最高(元)	4.11
2003年最低(元)	2.55
2003年换手率(%)	340.31
2004.06涨跌幅(%)	-11.42
2004.06最高(元)	5.32
2004.06最低(元)	3.31
2004.06换手率(%)	176.60

宁波联合集团股份有限公司

公司概况

公司名称	宁波联合集团股份有限公司			股票代码	600051		
注册地址	宁波开发区东海路1号联合大厦			邮政编码	315803		
法人代表	何大元			董秘	朱德昌		
电话	0574-86222320			传真	0574-86221320		
主营业务	基础设施建设、房地产						
总股本	30240.00	流通A	8539.79	流通B		流通H	
审计单位				审计意见	未审计		

主要财务指标

年度	2004.6	2003	2002
每股收益/扣除后(元)	0.0413	0.1313	0.1400
每股经营现金流量(元)	0.8630	-0.2600	-0.6000
每股净资产/调整后(元)	2.6800	2.8600	2.6500
每股公积金(元)	1.3192	1.3192	1.3191
净资产收益率(%)	0.7500	3.8300	5.2100
总资产(万元)	354182.91	360009.22	272874.87
股东权益(万元)	82195.60	87091.86	83925.38
未分配利润(万元)	-4022.98	194.47	-1699.01
主营收入(万元)	196148.97	522243.37	398782.84
资本公积金(万元)	39891.72	39891.72	39888.82
主营利润(万元)	12981.56	37909.92	29595.81
其他业务利润(万元)	185.13	347.05	-11.16
营业利润(万元)	2416.06	9117.41	7404.07
投资收益(万元)	370.84	241.63	363.32
补贴收入(万元)			
营业外收支(万元)	-712.71	-818.11	-4.16
利润总额(万元)	2074.20	8540.93	8621.77
净利润(万元)	619.90	3333.34	4375.07

十大股东

序号	股东名称	股份性质	持股数(万股)	比例(%)
1	宁波经济技术开发区控股公司	国家股、境内法人股	11623.15	38.44
2	五矿发展股份有限公司	境内法人股	7459.04	24.67
3	中国机械进出口集团有限公司	境内法人股	2618.03	8.66
4	兴和证券投资基金	流通A股	37.45	0.12
5	林海文	流通A股	20.04	0.07
6	应国平	流通A股	18.91	0.06
7	黄寅钊	流通A股	16.29	0.05
8	广东南邮电信工程发展有限公司	流通A股	16.03	0.05
9	李洪	流通A股	12.40	0.04
10	吴建国	流通A股	12.02	0.04

股东人数	2004.6	2003.12	2003.6	2002
	43570	45673	45882	44462

近年分配	2004年6月17日 10派1.60	近年配股/增发	

重大事项

本公司与控股子公司宁波戚家山俱乐部有限公司存在其他应收款1,443,578.24元，年初数为3,093,675.69元，本期归还1,650,097.45元，形成的原因系本公司的分公司宁波联合集团股份有限公司戚家山宾馆为其代垫的酒店设备及用具采购等款项。

二〇〇三年以来市场表现

2003年涨跌幅(%)	-28.39
2003年最高(元)	7.73
2003年最低(元)	4.60
2003年换手率(%)	121.35
2004.06涨跌幅(%)	-1.39
2004.06最高(元)	6.34
2004.06最低(元)	4.80
2004.06换手率(%)	84.70

浙江广厦股份有限公司

公司概况

公司名称	浙江广厦股份有限公司			股票代码	600052		
注册地址	浙江省东阳市吴宁西路21号			邮政编码	310013		
法人代表	楼江跃			董秘	张霞		
电话	0571-87969988-1221			传真	0571-85125355		
主营业务	房地产开发、销售						
总股本	48363.35	流通A	25552.80	流通B		流通H	
审计单位				审计意见	未审计		

主要财务指标

年度	2004.6	2003	2002
每股收益/扣除后(元)	-0.0476	-0.0200	0.2100
每股经营现金流量(元)	-0.1900	0.7200	0.7800
每股净资产/调整后(元)	3.2030	3.2500	3.1300
每股公积金(元)	1.6037	1.6037	1.6034
净资产收益率(%)	-1.5300	2.8000	6.6000
总资产(万元)	453081.37	431975.50	374699.34
股东权益(万元)	155105.28	157478.48	152971.30
未分配利润(万元)	17131.95	19505.17	15851.90
主营收入(万元)	20295.71	64444.95	91400.90
资本公积金(万元)	77561.14	77561.14	77546.50
主营利润(万元)	8154.16	22982.57	38883.37
其他业务利润(万元)	68.62	134.02	-0.92
营业利润(万元)	-823.13	2937.26	23397.21
投资收益(万元)	-824.66	5379.80	3597.35
补贴收入(万元)	6.08	196.00	196.00
营业外收支(万元)	-12.55	-283.23	-0.96
利润总额(万元)	-1654.25	8229.83	26922.62
净利润(万元)	-2373.22	4409.76	10101.90

十大股东

序号	股东名称	股份性质	持股数(万股)	比例(%)
1	广厦建设集团有限责任公司	境内法人股	8642.45	17.87
2	东阳市泰恒投资有限公司	境内法人股	3260.25	6.74
3	浙江万福建材有限公司	境内法人股	1875.29	3.88
4	杭州股权管理中心	境内法人股	1579.02	3.26
5	深圳市腾宇实业发展有限公司	流通A股	499.06	1.03
6	浙江广厦自应力压力管厂	境内法人股	437.39	0.90
7	浙江广厦装璜材料公司	境内法人股	425.25	0.88
8	浙江广厦白云建筑工程公司	境内法人股	421.20	0.87
9	浙江广厦第一建材厂	境内法人股	411.07	0.85
10	东阳市房地产开发有限公司	境内法人股	389.84	0.81

股东人数	2004.6	2003.12	2003.6	2002
	85657	101314	106127	107125

近年分配		近年配股/增发	

重大事项

公司持续披露的诉广东《亚太经济时报》社委托合同纠纷一案，经广州市中级人民法院一审、广东省高级人民法院二审判决公司胜诉，被告广东《亚太经济时报》社不服，提出再审申请，广东省高级人民法院裁定再审，并发回广州市中级人民法院重审。2002年6月28日，广州市中级人民法院以(2002)穗中法民二重字第4号立案再审(《亚太经济时报》追加个人江家友为共同被告)，2002年11月8日本案开庭审理，2004年6月23日，广州市中级人民法院下发民事判决书，判决被告江家友于判决发生法律效力之日起一个月内一次性向我公司返还2434068元和相应利息，被告亚太经济时报社对上述款项承担补充清偿责任。在上诉期内，被告不服判决，已提出上诉。

二〇〇三年以来市场表现

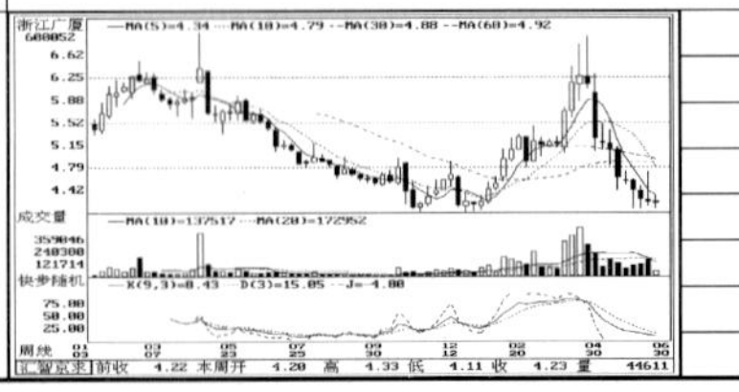

2003年涨跌幅(%)	-25.63
2003年最高(元)	6.98
2003年最低(元)	4.06
2003年换手率(%)	99.50
2004.06涨跌幅(%)	2.67
2004.06最高(元)	6.90
2004.06最低(元)	4.09
2004.06换手率(%)	151.45

黄山旅游发展股份有限公司

公司概况

公司名称	黄山旅游发展股份有限公司	股票代码	600054
注册地址	安徽省黄山市黄山风景区温泉	邮政编码	242709
法人代表	江山	董秘	黄慧敏
电话	0559-5561113	传真	0559-5561110
主营业务	旅游接待、旅游商品开发		
审计单位		审计意见	未审计

总股本	流通 A	流通 B	流通 H
30290.00	5200.00	10400.00	

主要财务指标

年度	2004.6	2003	2002
每股收益/扣除后(元)	0.0564	-0.1900	0.1000
每股经营现金流量(元)	0.2650	0.0800	0.4100
每股净资产/调整后(元)	2.3300	2.3000	2.3200
每股公积金(元)	0.8438	0.8437	0.8437
净资产收益率(%)	2.4000	-8.9000	3.4000
总资产(万元)	92100.90	90325.78	99587.20
股东权益(万元)	70613.61	68915.87	75036.69
未分配利润(万元)	4396.00	2859.44	9202.97
主营收入(万元)	19786.09	29523.52	45680.16
资本公积金(万元)	25557.06	25557.06	25557.06
主营利润(万元)	7391.99	8493.05	16097.36
其他业务利润(万元)	62.31	293.70	10.20
营业利润(万元)	2909.42	-1736.07	5604.73
投资收益(万元)	69.33	63.55	466.29
补贴收入(万元)			
营业外收支(万元)	-1.05	-2712.36	-4.99
利润总额(万元)	2977.69	-4384.89	5648.86
净利润(万元)	1697.75	-6120.82	2550.79

十大股东

序号	股东名称	股份性质	持股数(万股)	比例(%)
1	黄山旅游集团有限公司	国有法人股	14690.00	48.50
2	刘胜	流通 B 股	223.40	0.74
3	王光惠	流通 B 股	140.20	0.46
4	刘如霖	流通 B 股	115.86	0.38
5	NAITO SECURITIES CO., LTD	流通 B 股	114.49	0.38
6	HKSBCSB S/A HSBC (NOM) S/A ABN	流通 B 股	80.00	0.26
7	TOYO SECURITIES AISA LTD.A/C	流通 B 股	67.70	0.22
8	安徽信托投资公司	流通 B 股	63.60	0.21
9	宝来证券(香港)有限公司	流通 B 股	58.59	0.19
10	蔡守德	流通 B 股	55.84	0.18

股东人数	2004.6	2003.12	2003.6	2002
	57172	41505	62197	61800

近年分配		近年配股/增发	

重大事项

2004 年 5 月 16 日，公司召开三届一次董事会、三届一次监事会，会议审议并通过了公司高级管理人员选举聘任事宜。2004 年 5 月 18 日，公司发布《黄山旅游发展股份有限公司三届一次董事会决议公告》及《黄山旅游发展股份有限公司三届一次监事会决议公告》。

二○○三年以来市场表现

2003 年涨跌幅(%)	-31.18
2003 年最高(元)	10.24
2003 年最低(元)	5.90
2003 年换手率(%)	121.43
2004.06 涨跌幅(%)	10.49
2004.06 最高(元)	8.87
2004.06 最低(元)	6.18
2004.06 换手率(%)	84.66

北京万东医疗装备股份有限公司

公司概况

公司名称	北京万东医疗装备股份有限公司	股票代码	600055
注册地址	北京市朝阳区酒仙桥路 5 号	邮政编码	100022
法人代表	许家驹	董秘	张丹石
电话	010-65682598	传真	010-65682598
主营业务	医用诊断 X 射线机		
审计单位		审计意见	未审计

总股本	流通 A	流通 B	流通 H
14430.00	5070.00		

主要财务指标

年度	2004.6	2003	2002
每股收益/扣除后(元)	0.0678	0.3100	0.3000
每股经营现金流量(元)	0.1440	0.2600	0.4600
每股净资产/调整后(元)	2.7400	3.6200	3.2900
每股公积金(元)	1.0964	1.6253	1.5980
净资产收益率(%)	2.4900	8.4500	9.1700
总资产(万元)	75308.94	66270.01	59524.42
股东权益(万元)	40030.84	40366.79	36670.67
未分配利润(万元)	5629.14	7075.08	4487.58
主营收入(万元)	20282.29	47220.04	38786.41
资本公积金(万元)	15821.36	18041.36	17737.82
主营利润(万元)	6893.43	15245.09	11615.17
其他业务利润(万元)	89.38	73.44	1.04
营业利润(万元)	1220.62	4089.59	3972.41
投资收益(万元)	96.53	280.73	136.12
补贴收入(万元)			
营业外收支(万元)	21.02	-35.81	-0.39
利润总额(万元)	1338.16	4334.52	4089.76
净利润(万元)	996.05	3412.89	3362.97

十大股东

序号	股东名称	股份性质	持股数(万股)	比例(%)
1	北京万东医疗装备公司	国有法人股	9360.00	64.86
2	景阳证券投资基金	社会公众股	157.59	1.09
3	章俐	社会公众股	22.00	0.15
4	罗中明	社会公众股	15.55	0.11
5	谢仁国	社会公众股	14.49	0.10
6	李捷	社会公众股	13.56	0.09
7	江新	社会公众股	13.44	0.09
8	吴海燕	社会公众股	13.30	0.09
9	李宁	社会公众股	13.27	0.09
10	谢瑞富	社会公众股	13.26	0.09

股东人数	2004.6	2003.12	2003.6	2002
	13606	12546	12461	10471

近年分配	2004 年 6 月 14 日 10 派 1.20	近年配股/增发	2004 年 6 月 14 日 10 送 1 转

重大事项

根据北京市经济委员会[2001]京经企改字第 833 号《关于批准北京博奥生物芯片有限责任公司与北京万东医疗装备公司重组的通知》规定，北京博奥生物芯片有限责任公司(以下简称"博奥公司")采取吸收合并方式对万东公司进行整体吸收合并，博奥公司目前正在办理股权过户手续。

二○○三年以来市场表现

2003 年涨跌幅(%)	-27.47
2003 年最高(元)	10.35
2003 年最低(元)	5.14
2003 年换手率(%)	218.69
2004.06 涨跌幅(%)	10.65
2004.06 最高(元)	9.18
2004.06 最低(元)	5.52
2004.06 换手率(%)	145.11

中技贸易股份有限公司

公司概况

公司名称	中技贸易股份有限公司			股票代码	600056		
注册地址	北京市海淀区西三环北路21号久凌大厦公寓楼			邮政编码	100089		
法人代表	韩本毅			董秘	齐建西		
电话	010-68404720			传真	010-68476727		
主营业务	机电产品进出口						
总股本	20856.00	流通A	6240.00	流通B		流通H	
审计单位	信永中和会计师事务所			审计意见	标准无保留		

主要财务指标

年度	2004.6	2003	2002
每股收益/扣除后(元)	0.0751	0.0294	0.3462
每股经营现金流量(元)	0.3950	-0.4194	-1.0000
每股净资产/调整后(元)	2.8910	2.9808	4.4600
每股公积金(元)	1.1619	1.1619	2.4590
净资产收益率(%)	0.3460	6.7905	7.7520
总资产(万元)	93682.73	92076.63	100173.72
股东权益(万元)	60586.78	62462.49	58220.95
未分配利润(万元)	9759.33	11677.01	8283.78
主营收入(万元)	108245.67	267069.59	230710.70
资本公积金(万元)	24232.60	24232.60	32053.60
主营利润(万元)	2933.53	3972.21	6595.06
其他业务利润(万元)	7.00	133.97	-10.62
营业利润(万元)	1745.42	-343.81	2719.66
投资收益(万元)	-1265.07	5051.45	2390.83
补贴收入(万元)		140.48	-0.04
营业外收支(万元)		0.58	-0.00
利润总额(万元)	480.35	4848.70	5114.11
净利润(万元)	209.89	4241.54	4513.28

十大股东

序号	股东名称	股份性质	持股数(万股)	比例(%)
1	中国通用技术(集团)控股有限责任公司	国有法人股	14616.00	70.08
2	赵艳红	流通股	35.76	0.17
3	曹文军	流通股	29.50	0.14
4	江苏天乐	流通股	26.50	0.13
5	叶逢春	流通股	25.59	0.12
6	孙基	流通股	19.00	0.09
7	王新	流通股	18.06	0.09
8	蔡小荣	流通股	16.25	0.08
9	郑国南	流通股	14.40	0.07
10	郁玉生	流通股	14.07	0.07

股东人数

2004.6	2003.12	2003.6	2002
24803	25967	25244	25400

近年分配	2004年5月25日10派1.00	近年配股/增发	

重大事项

公司收购中国通用技术(集团)控股有限责任公司所持海南通用三洋药业有限公司65%股权,交易金额为9788.41万元人民币。 通用技术集团系本公司和三洋药业的控股股东,因此,本次收购构成关联交易。董事会审议本项关联交易时,关联董事朱立南、杜岩、卿虹已按有关规定回避表决。三名独立董事和一名非关联董事参与表决并通过此预案。

二〇〇三年以来市场表现

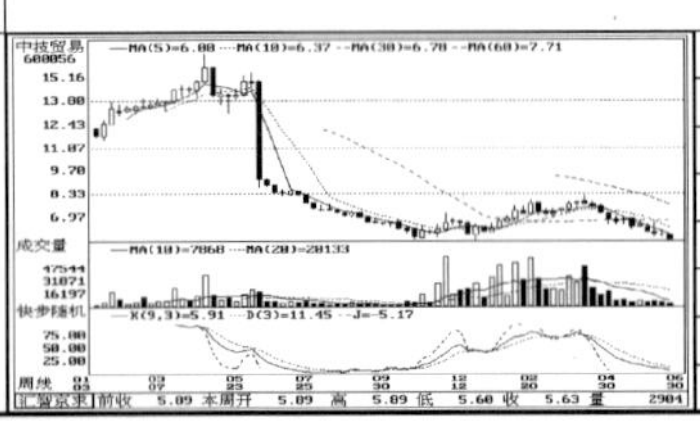

2003年涨跌幅(%)	-19.73
2003年最高(元)	10.17
2003年最低(元)	5.50
2003年换手率(%)	85.19
2004.06涨跌幅(%)	-5.54
2004.06最高(元)	8.10
2004.06最低(元)	5.60
2004.06换手率(%)	89.46

厦新电子股份有限公司

公司概况

公司名称	厦新电子股份有限公司			股票代码	600057		
注册地址	厦门市体育路45号			邮政编码	361012		
法人代表	柳学宏			董秘	吕东		
电话	0592-5058123-3500			传真	0592-5051631		
主营业务	数字化电子产品						
总股本	42984.00	流通A	17280.00	流通B		流通H	
审计单位				审计意见	未审计		

主要财务指标

年度	2004.6	2003	2002
每股收益/扣除后(元)	0.2036	1.4316	1.5800
每股经营现金流量(元)	-1.3100	1.1700	2.7100
每股净资产/调整后(元)	3.2800	3.3900	2.4400
每股公积金(元)	0.6995	0.6995	0.8373
净资产收益率(%)	6.1400	41.9800	68.2500
总资产(万元)	382433.94	434778.03	276200.16
股东权益(万元)	141222.42	146313.17	88924.89
未分配利润(万元)	50855.33	55946.08	14570.71
主营收入(万元)	269716.81	681713.87	448669.59
资本公积金(万元)	30066.34	30066.34	29990.48
主营利润(万元)	65232.94	231661.70	167636.44
其他业务利润(万元)	86.90	993.03	-5.84
营业利润(万元)	10906.80	82052.69	70636.87
投资收益(万元)	2.89	128.58	49.98
补贴收入(万元)	11.31	111.31	111.31
营业外收支(万元)	-114.36	-1546.77	68.37
利润总额(万元)	10806.63	80745.80	68661.67
净利润(万元)	8664.13	61424.66	60693.85

十大股东

序号	股东名称	股份性质	持股数(万股)	比例(%)
1	夏新电子有限公司	境内法人股	24235.20	56.38
2	深圳中航实业股份有限公司	流通A股	1081.41	2.52
3	中国电子信息产业集团公司	法人股	514.08	1.20
4	江南证券有限责任公司	流通A股	505.31	1.18
5	深圳市腾宇实业发展有限公司	流通A股	440.66	1.03
6	厦门电子仪器厂	法人股	417.51	0.97
7	厦门电子器材公司	法人股	380.05	0.88
8	厦门国际信托投资有限公司	流通A股	174.75	0.41
9	深圳市飞精精密光学仪器制造有限公司	流通A股	113.95	0.27
10	深圳天虹商场有限公司	流通A股	112.77	0.26

股东人数

2004.6	2003.12	2003.6	2002
51365	44261	32824	27240

近年分配	2004年6月11日10派3.20	近年配股/增发	

重大事项

公司首次实施业绩股票激励,根据2003年12月19日公司第三次临时股东大会审议通过的《夏新电子业绩股票激励实施办法》的相关规定,以及2004年5月27日召开的2003年年度股东大会决议,公司与厦门国际信托投资有限公司签订业绩股票激励股权信托合同,由厦门国际信托投资公司通过开设的专户从二级市场购入业绩股票激励基金相应数额的股票,并按照《实施办法》使用。目前,实施的业绩股票共计1747515股,根据《实施办法》,这些业绩股票自律锁定至2006年7月1日。

二〇〇三年以来市场表现

2003年涨跌幅(%)	8.26
2003年最高(元)	14.36
2003年最低(元)	10.13
2003年换手率(%)	252.15
2004.06涨跌幅(%)	-21.06
2004.06最高(元)	17.00
2004.06最低(元)	8.45
2004.06换手率(%)	268.33

五矿发展股份有限公司

公司概况

公司名称	五矿发展股份有限公司	股票代码	600058
注册地址	北京市海淀区三里河路5号B座	邮政编码	100044
法人代表	苗耕书	董秘	高勇
电话	010-68494208	传真	010-68494207
主营业务	国内外贸易		
总股本	55131.53	流通A	15600.00
流通B		流通H	
审计单位	北京中洲光华会计师事务所有限公司	审计意见	标准无保留

主要财务指标

年度	2004.6	2003	2002
每股收益/扣除后(元)	0.6381	0.4800	0.4502
每股经营现金流量(元)	-2.6450	-8.1827	4.5870
每股净资产/调整后(元)	4.5540	4.0016	4.4491
每股公积金(元)	1.6317	1.6075	2.3846
净资产收益率(%)	13.9540	13.8512	9.3682
总资产(万元)	2137433.50	2128771.75	950740.87
股东权益(万元)	252450.80	221524.61	190323.53
未分配利润(万元)	87513.35	58901.70	31248.66
主营收入(万元)	3242370.25	5212274.50	2833329.50
资本公积金(万元)	89958.13	88621.34	101129.99
主营利润(万元)	130145.11	120646.48	89044.23
其他业务利润(万元)	2401.96	615.33	20.53
营业利润(万元)	60229.65	41714.41	27858.36
投资收益(万元)	155.49	2473.75	1660.75
补贴收入(万元)	72.08	222.97	-11.60
营业外收支(万元)	117.97	-7.72	0.08
利润总额(万元)	60575.20	44403.42	29376.30
净利润(万元)	35227.43	30683.79	17829.92

十大股东

序号	股东名称	股份性质	持股数(万股)	比例(%)
1	中国五矿集团总公司	国有法人股	39531.53	71.70
2	大鹏证券有限责任公司	流通A股	1246.22	2.26
3	黑龙江省中部引嫩工程管理处	流通A股	428.97	0.78
4	全国社保基金一零一组合	流通A股	248.04	0.45
5	招商股票投资基金	流通A股	200.00	0.36
6	云南红河金田电力有限责任公司	流通A股	166.85	0.30
7	上海市企业年金发展中心	流通A股	149.50	0.27
8	南方宝元债券型基金	流通A股	129.02	0.23
9	张阿旭	流通A股	37.80	0.07
10	胡登艳	流通A股	35.16	0.06

股东人数	2004.6	2003.12	2003.6	2002
	15911	14804	14619	9572

近年分配	2004年6月14日10派1.20	近年配股/增发	

重大事项

2004年3月22日,公司第三届董事会第六次会议审议通过了收购贵州清镇铁合金有限公司部分资产的议案。本公司控股子公司五矿贸易有限公司以自有资金1,800万元,收购贵州清镇铁合金有限公司持有的五矿贵州铁合金有限公司40%的股份及其所有的相关土地使用权。该项收购完成后,本公司直接和间接全资持有五矿贵州铁合金有限公司100%的股权。

二〇〇三年以来市场表现

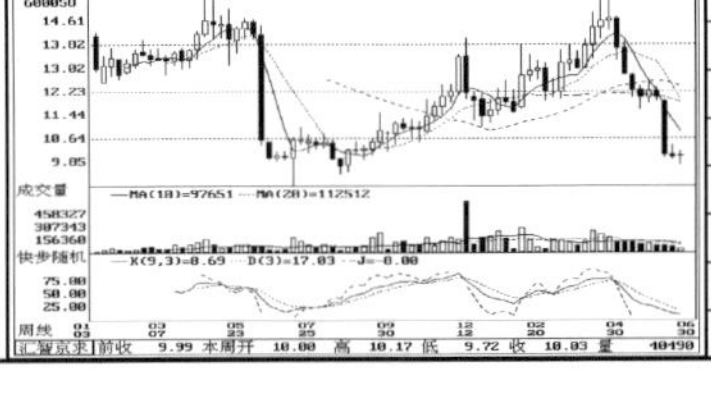

2003年涨跌幅(%)	5.86
2003年最高(元)	13.89
2003年最低(元)	8.93
2003年换手率(%)	206.99
2004.06涨跌幅(%)	-11.47
2004.06最高(元)	15.26
2004.06最低(元)	9.72
2004.06换手率(%)	127.97

浙江古越龙山绍兴酒股份有限公司

公司概况

公司名称	浙江古越龙山绍兴酒股份有限公司	股票代码	600059
注册地址	浙江省绍兴市北海桥	邮政编码	312000
法人代表	傅建伟	董秘	周娟英
电话	0575-5158435,5176000	传真	0575-5166884
主营业务	黄酒、白酒、果酒		
总股本	23280.00	流通A	10647.00
流通B		流通H	
审计单位		审计意见	未审计

主要财务指标

年度	2004.6	2003	2002
每股收益/扣除后(元)	0.0902	0.2240	0.2730
每股经营现金流量(元)	0.0760	0.5900	0.4980
每股净资产/调整后(元)	5.0100	5.1100	4.8700
每股公积金(元)	3.0350	3.0350	3.0320
净资产收益率(%)	1.9400	4.5700	5.6800
总资产(万元)	210819.16	204814.56	188990.23
股东权益(万元)	116906.09	119298.23	113868.21
未分配利润(万元)	13672.57	16063.18	11770.17
主营收入(万元)	26438.13	52310.95	48314.30
资本公积金(万元)	70654.24	70654.24	70583.98
主营利润(万元)	8242.48	18617.54	17130.23
其他业务利润(万元)	66.12	214.08	5.22
营业利润(万元)	3149.16	7881.42	8933.48
投资收益(万元)	75.00	-96.29	349.49
补贴收入(万元)		12.60	0.61
营业外收支(万元)	247.91	222.74	-0.67
利润总额(万元)	3472.07	8020.47	9349.85
净利润(万元)	2265.39	5457.43	6462.92

十大股东

序号	股东名称	股份性质	持股数(万股)	比例(%)
1	中国绍兴黄酒集团	国有法人股	12633.00	54.27
2	海富通收益增长证券投资基金	社会公众股	460.15	1.98
3	海富通精选证券投资基金	社会公众股	444.00	1.91
4	海通证券股份有限公司	社会公众股	193.00	0.83
5	南方宝元债券型基金	社会公众股	80.90	0.35
6	国联安德盛小盘精选证券投资基金	社会公众股	65.37	0.28
7	何秀英	社会公众股	53.77	0.23
8	蒋德勇	社会公众股	40.28	0.17
9	西宁市华仁进出口贸易有限公司	社会公众股	39.00	0.17
10	何爱珍	社会公众股	37.02	0.16

股东人数	2004.6	2003.12	2003.6	2002
	29922	32955	24447	26105

近年分配	2004年7月6日10派2.00	近年配股/增发	

重大事项

本公司为参股子公司浙江古越龙山电子科技发展有限公司向银行贷款壹仟伍佰万元人民币提供保证,借款期限自2003年4月30日至2004年7月18日。

二〇〇三年以来市场表现

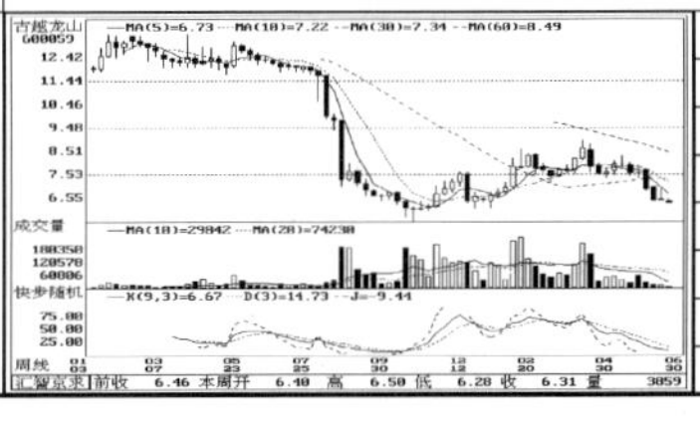

2003年涨跌幅(%)	-45.80
2003年最高(元)	13.20
2003年最低(元)	5.57
2003年换手率(%)	233.61
2004.06涨跌幅(%)	-1.25
2004.06最高(元)	8.95
2004.06最低(元)	6.13
2004.06换手率(%)	184.19

青岛海信电器股份有限公司

公司概况

公司名称	青岛海信电器股份有限公司	股票代码	600060
注册地址	青岛经济技术开发区团结路18号	邮政编码	266071
法人代表	于淑珉	董秘	盛强
电话	0532-3889556	传真	0532-3878888-8315
主营业务	电视机、电冰箱		
总股本	49376.78	流通A	20384.00
流通B		流通H	
审计单位		审计意见	未审计

主要财务指标

年度	2004.6	2003	2002
每股收益/扣除后(元)	0.0324	0.0720	0.0710
每股经营现金流量(元)	-0.1180	-0.1900	0.1740
每股净资产/调整后(元)	4.7100	4.6900	4.6450
每股公积金(元)	2.9864	2.9864	2.9861
净资产收益率(%)	0.6900	1.7600	1.5200
总资产(万元)	390772.31	391174.56	397091.06
股东权益(万元)	236496.55	234875.78	230721.94
未分配利润(万元)	25038.19	23417.42	20717.11
主营收入(万元)	284479.47	573440.44	562355.00
资本公积金(万元)	147459.16	147459.16	147445.48
主营利润(万元)	39095.10	85797.86	76552.00
其他业务利润(万元)	1166.71	1375.30	-179.35
营业利润(万元)	2515.71	5872.92	4473.34
投资收益(万元)	-386.95	0.17	-649.73
补贴收入(万元)	15.66	33.44	0.91
营业外收支(万元)	8.82	-97.66	-0.89
利润总额(万元)	2153.24	5808.87	4975.74
净利润(万元)	1620.77	4140.18	3505.95

十大股东

序号	股东名称	股份性质	持股数(万股)	比例(%)
1	海信集团有限公司	国有法人股	28992.78	58.72
2	宋普琴	流通股	99.99	0.20
3	中国纸张纸浆进出口公司	流通股	97.61	0.20
4	交通银行-融通行业景气证券投资基金	流通股	75.00	0.15
5	赵永祥	流通股	50.00	0.10
6	交通银行-久富证券投资基金	流通股	48.00	0.10
7	中国工商银行-华安上证180指数增强型证券投资基金	流通股	41.38	0.08
8	周文笔	流通股	38.00	0.08
9	中国银行-天同180指数证券投资基金	流通股	36.50	0.07
10	招商银行股份有限公司-长城久泰中信标普300指数证券投	流通股	36.24	0.07

股东人数	2004.6	2003.12	2003.6	2002
	114887	121640	122997	124466

近年分配		近年配股/增发	

重大事项

2004年4月19日,公司与海信集团有限公司签署资产转让协议,受让集团公司数字显示研究所固定资产及LCOS投影技术无形资产,经公司三届五次董事会审议同意,并经公司2003年年度股东大会决议通过,公司以账面净值价格49.5857万元收购数显所的固定资产,以评估价格260万元收购"高清晰度多媒体LCOS投影技术"无形资产。

二〇〇三年以来市场表现

2003年涨跌幅(%)	-4.49
2003年最高(元)	8.75
2003年最低(元)	5.60
2003年换手率(%)	200.27
2004.06涨跌幅(%)	28.85
2004.06最高(元)	8.79
2004.06最低(元)	6.10
2004.06换手率(%)	260.56

中纺投资发展股份有限公司

公司概况

公司名称	中纺投资发展股份有限公司	股票代码	600061
注册地址	上海市浦东商城路738号胜康廖氏大大厦1804室	邮政编码	200052
法人代表	常俊传	董秘	鲍勍飞
电话	010-64958201	传真	010-64958201
主营业务	锦纶单丝、涤纶长丝		
总股本	37311.56	流通A	12168.00
流通B		流通H	
审计单位		审计意见	未审计

主要财务指标

年度	2004.6	2003	2002
每股收益/扣除后(元)	-0.0011	0.0110	0.0040
每股经营现金流量(元)	-0.0970	0.2300	-0.0200
每股净资产/调整后(元)	1.3040	1.3000	1.2900
每股公积金(元)	0.1661	0.1661	0.1650
净资产收益率(%)	0.3300	0.8800	0.2800
总资产(万元)	82254.90	82778.34	89887.09
股东权益(万元)	48670.16	48511.17	48047.80
未分配利润(万元)	841.45	682.46	480.10
主营收入(万元)	37438.08	83251.16	75000.70
资本公积金(万元)	6195.70	6195.70	6158.20
主营利润(万元)	2675.15	6310.86	4944.09
其他业务利润(万元)	-30.51	55.76	-0.08
营业利润(万元)	-48.13	127.33	217.56
投资收益(万元)	101.12	175.80	-185.10
补贴收入(万元)	110.38	113.91	-0.64
营业外收支(万元)	-26.78	211.15	-3.35
利润总额(万元)	136.59	628.19	202.09
净利润(万元)	158.99	428.76	136.61

十大股东

序号	股东名称	股份性质	持股数(万股)	比例(%)
1	中国纺织物资(集团)总公司	国有法人股	16449.37	44.09
2	中国丝绸物资进出口公司	国有法人股	4029.48	10.80
3	澳大利亚CTRC股份有限公司	外资法人股	4029.48	10.80
4	陕西纺织工业供销公司	国有法人股	635.23	1.70
5	钟芳菊	流通A股	29.00	0.08
6	章建成	流通A股	27.98	0.07
7	付军	流通A股	27.00	0.07
8	倪壮	流通A股	27.00	0.07
9	李宇生	流通A股	26.37	0.07
10	李卫佩	流通A股	25.21	0.07

股东人数	2004.6	2003.12	2003.6	2002
	29713	30719	30777	32930

近年分配		近年配股/增发	

重大事项

截止2004年6月30日,公司已使用募集资金8020万元,占全部募集资金的90.87%,项目建设已经基本完成。剩余部分资金除了尚需对部分项目进行填平补齐之外,将用于补充项目正常经营所需的流动资金。

二〇〇三年以来市场表现

2003年涨跌幅(%)	-22.50
2003年最高(元)	5.68
2003年最低(元)	3.40
2003年换手率(%)	125.12
2004.06涨跌幅(%)	-6.18
2004.06最高(元)	4.90
2004.06最低(元)	3.44
2004.06换手率(%)	92.54

北京双鹤药业股份有限公司

公司概况

公司名称	北京双鹤药业股份有限公司	股票代码	600062
注册地址	北京市朝阳区望京利泽东二路1号	邮政编码	100102
法人代表	卫华城	董秘	朱大成
电话	010-64742227	传真	010-64398086
主营业务	制剂药品		

总股本	44107.57	流通A	18586.62	流通B		流通H	
审计单位				审计意见	未审计		

主要财务指标

年度	2004.6	2003	2002
每股收益/扣除后(元)	0.0556	0.1314	0.3819
每股经营现金流量(元)	0.6120	0.3377	0.3188
每股净资产/调整后(元)	3.3410	3.3095	2.9792
每股公积金(元)	1.3535	1.3534	1.3013
净资产收益率(%)	1.1400	4.3300	12.0000
总资产(万元)	418043.22	425786.81	361646.47
股东权益(万元)	150912.16	149180.27	140419.62
未分配利润(万元)	30626.45	28901.53	24428.97
主营收入(万元)	233689.23	424921.12	368632.12
资本公积金(万元)	59700.25	59693.28	57395.69
主营利润(万元)	54758.05	113030.87	111725.71
其他业务利润(万元)	-530.09	3079.84	-107.73
营业利润(万元)	3438.43	16819.80	20414.26
投资收益(万元)	132.84	-5148.53	410.56
补贴收入(万元)	961.57	1673.79	-35.99
营业外收支(万元)	-1735.52	-2721.31	-28.54
利润总额(万元)	2797.31	10623.75	20559.35
净利润(万元)	1724.92	6463.06	16844.21

十大股东

序号	股东名称	股份性质	持股数(万股)	比例(%)
1	北京万辉药业集团	国有法人股	22859.20	51.83
2	北京永好科技发展有限责任公司	境内法人股	1267.50	2.87
3	北京医药集团有限责任公司	国有法人股	760.50	1.72
4	北京道和投资管理有限公司	境内法人股	304.20	0.69
5	福建省闽发证券有限公司	流通A股	300.45	0.68
6	北京科梦嘉生物技术开发有限责任公司	境内法人股	177.45	0.40
7	南方证券股份有限公司	境内法人股	152.10	0.34
8	张建新	流通A股	81.73	0.19
9	南通琼宇工贸有限公司	流通A股	74.49	0.17
10	蒋全兴	流通A股	52.39	0.12

股东人数	2004.6	2003.12	2003.6	2002
	12080	6895	8333	10063

近年分配		近年配股/增发	

重大事项

司接苏州市昆山药品监督管理局(昆)药罚先告[2004]27号《行政处罚事先告知书》,对我公司控股子公司昆山双鹤药业有限责任公司(以下简称昆山双鹤)违法生产、销售复方氨酚烷胺片("清朗")事件,依据《中国人民共和国药品管理法》第七十四条、第七十五条、《中华人民共和国药品管理法实施条例》第六十四条、《中华人民共和国行政处罚法》第二十七条第一款第(一)项的规定,进行行政处罚。

二〇〇三年以来市场表现

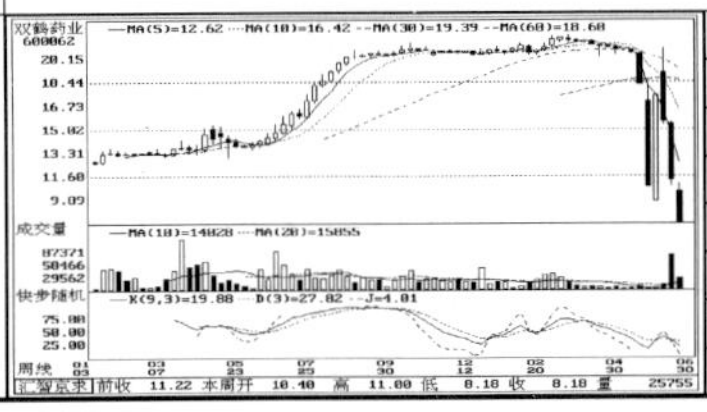

2003年涨跌幅(%)	61.71
2003年最高(元)	21.27
2003年最低(元)	12.41
2003年换手率(%)	83.75
2004.06涨跌幅(%)	-60.39
2004.06最高(元)	21.86
2004.06最低(元)	8.18
2004.06换手率(%)	19.53

安徽皖维高新材料股份有限公司

公司概况

公司名称	安徽皖维高新材料股份有限公司	股票代码	600063
注册地址	安徽省巢湖市北郊巢维路56号	邮政编码	238002
法人代表	陈信生	董秘	汤华章
电话	0565-2317280	传真	0565-2317447
主营业务	聚乙烯醇		

总股本	25290.00	流通A	9900.00	流通B		流通H	
审计单位				审计意见	未审计		

主要财务指标

年度	2004.6	2003	2002
每股收益/扣除后(元)	0.0666	0.1520	0.1040
每股经营现金流量(元)	0.2410	0.1590	0.4840
每股净资产/调整后(元)	2.5100	2.6100	2.3390
每股公积金(元)	1.2963	1.2963	1.1922
净资产收益率(%)	2.4200	5.8600	7.0700
总资产(万元)	199436.22	174131.41	146542.27
股东权益(万元)	64731.50	66959.41	62781.77
未分配利润(万元)	1973.59	408.01	2929.84
主营收入(万元)	67102.71	121038.10	74269.36
资本公积金(万元)	32784.53	32784.53	30150.10
主营利润(万元)	7979.99	15000.65	12359.40
其他业务利润(万元)	66.96	188.33	-6.37
营业利润(万元)	2219.39	5722.53	7023.92
投资收益(万元)	20.32	426.10	278.69
补贴收入(万元)	573.71	336.51	-1.00
营业外收支(万元)	-175.32	-395.34	-0.38
利润总额(万元)	2638.11	6089.79	7344.47
净利润(万元)	1565.58	3926.20	4441.46

十大股东

序号	股东名称	股份性质	持股数(万股)	比例(%)
1	安徽皖维集团有限责任公司	国有法人股	15390.00	60.85
2	高洪	流通A股	26.00	0.10
3	邱永华	流通A股	16.45	0.07
4	吕金铎	流通A股	13.00	0.05
5	王献臣	流通A股	13.00	0.05
6	余世荣	流通A股	12.00	0.05
7	万东山	流通A股	11.20	0.04
8	丁瑞祥	流通A股	10.50	0.04
9	赵成兰	流通A股	10.06	0.04
10	王志娟	流通A股	9.92	0.04

股东人数	2004.6	2003.12	2003.6	2002
	54483	56632	59141	58307

近年分配	2004年6月2日10派1.50	近年配股/增发	

重大事项

公司董事会三届五次会议决定出资300万元人民币,受让安徽皖维集团有限责任公司持有的安徽皖维高山水泥有限责任公司(以下简称:高山公司)10%的权益;有关本次受让事项的董事会公告刊登于2004年3月6日《上海证券报》,至2004年5月28日本次权益受让已实施完毕,本公司持有高山公司100%的权益,公司已办理了对高山公司吸收合并的相关手续并依法注销了高山公司。

二〇〇三年以来市场表现

2003年涨跌幅(%)	-28.13
2003年最高(元)	8.72
2003年最低(元)	4.85
2003年换手率(%)	140.19
2004.06涨跌幅(%)	3.59
2004.06最高(元)	7.08
2004.06最低(元)	4.96
2004.06换手率(%)	97.09

南京新港高科技股份有限公司

公司概况

公司名称	南京新港高科技股份有限公司	股票代码	600064
注册地址	南京经济技术开发区内	邮政编码	210038
法人代表	徐益民	董秘	何金耿
电话	025-85800728	传真	025-85800720
主营业务	市政基础设施建设		

总股本	34414.59	流通 A	15548.76	流通 B		流通 H	
审计单位				审计意见	未审计		

主要财务指标

年度	2004.6	2003	2002
每股收益／扣除后(元)	0.0862	0.2270	0.2390
每股经营现金流量(元)	0.5310	0.8840	–0.0340
每股净资产／调整后(元)	3.7400	3.6800	3.5200
每股公积金(元)	1.6427	1.6427	1.6377
净资产收益率(%)	2.3100	6.2900	6.7200
总资产(万元)	307794.59	301417.12	289353.53
股东权益(万元)	129868.68	127450.96	122211.12
未分配利润(万元)	23711.57	18580.84	14167.64
主营收入(万元)	61958.10	110067.10	84023.88
资本公积金(万元)	56533.56	56533.56	56361.23
主营利润(万元)	9213.30	20763.35	21106.10
其他业务利润(万元)	1070.66	1861.26	–58.75
营业利润(万元)	283.17	2537.88	3221.43
投资收益(万元)	1783.78	3618.74	4900.55
补贴收入(万元)	12.81		
营业外收支(万元)	70.39	204.06	–1.09
利润总额(万元)	2150.15	6360.69	7937.56
净利润(万元)	3002.96	8012.62	8214.24

十大股东

序号	股东名称	股份性质	持股数(万股)	比例(%)
1	南京新港开发总公司	国有法人股	16067.05	46.69
2	南京港口经济发展总公司	法人股	2695.12	7.83
3	金陵石化华隆工业公司	法人股	103.66	0.30
4	胡良玉	流通股	89.24	0.26
5	国海证券有限公司	流通股	50.73	0.15
6	李虹雪	流通股	26.00	0.08
7	晋中福联工贸有限公司	流通股	24.15	0.07
8	刘晓峰	流通股	23.00	0.07
9	诸葛晗	流通股	20.00	0.06
10	杨淮农	流通股	18.08	0.05

股东人数	2004.6	2003.12	2003.6	2002
	94235	96777	99714	101890

近年分配		近年配股／增发	

重大事项

2004年上半年公司新增对外担保额6,800万元,其中为控股子公司南京臣功制药有限公司提供贷款担保2,000万元,为控股子公司南京新港医药有限公司提供贷款担保2,500万元,为控股公司南京新港联合制药有限公司提供贷款担保400万元。公司从支持华诚走出困境,实现华诚超市整合,释放风险出发,为控股子公司江苏华诚新天投资管理有限公司及其子公司南京华诚超市有限公司贷款续贷提供担保1,900万元。

二〇〇三年以来市场表现

2003 年涨跌幅(%)	–21.74
2003 年最高(元)	9.06
2003 年最低(元)	5.59
2003 年换手率(%)	86.79
2004.06 涨跌幅(%)	–1.31
2004.06 最高(元)	8.30
2004.06 最低(元)	6.01
2004.06 换手率(%)	98.34

大庆联谊石化股份有限公司

公司概况

公司名称	大庆联谊石化股份有限公司	股票代码	600065
注册地址	黑龙江省大庆市林源南街5号	邮政编码	163852
法人代表	李秀军	董秘	柴铭
电话	0459-6717944	传真	0459-6717944
主营业务	石油炼制、石油开采		

总股本	19200.00	流通 A	6000.00	流通 B		流通 H	
审计单位				审计意见	未审计		

主要财务指标

年度	2004.6	2003	2002
每股收益／扣除后(元)	–0.1271	–0.3043	0.0256
每股经营现金流量(元)	0.0660	0.0688	0.0167
每股净资产／调整后(元)	2.0740	2.3497	3.7243
每股公积金(元)	2.4052	2.4052	2.4044
净资产收益率(%)	–6.1100	–47.4200	0.6743
总资产(万元)	91102.91	92355.10	118341.62
股东权益(万元)	46607.35	49456.47	72894.69
未分配利润(万元)	–28571.80	–25722.68	–2269.17
主营收入(万元)	17161.96	61442.84	69324.28
资本公积金(万元)	46179.19	46179.19	46163.91
主营利润(万元)	303.79	753.17	4322.29
其他业务利润(万元)	45.44	156.96	4.02
营业利润(万元)	–2845.49	–21289.55	566.31
投资收益(万元)	–0.23	–0.23	–0.64
补贴收入(万元)			
营业外收支(万元)	–4.98	–2140.11	–1.07
利润总额(万元)	–2850.70	–23429.90	463.36
净利润(万元)	–2849.12	–23453.51	491.59

十大股东

序号	股东名称	股份性质	持股数(万股)	比例(%)
1	黑龙江大庆联谊石油化工总厂	境内法人股	9679.20	50.41
2	大庆市油脂化工厂	境内法人股	2200.80	11.46
3	大庆市大同区林源建材公司	境内法人股	480.00	2.50
4	大庆高新区联谊润滑油调合厂	境内法人股	420.00	2.19
5	大庆联谊劳动服务站	境内法人股	240.00	1.25
6	大庆市联谊石化宾馆	境内法人股	180.00	0.94
7	陈星亮	流通 A 股	72.47	0.38
8	岳国忠	[illegible]	39.80	0.21
9	汪洋	流通 A 股	22.98	0.12
10	王素琴	流通 A 股	22.66	0.12

股东人数	2004.6	2003.12	2003.6	2002
	33178	37116	38290	39832

近年分配		近年配股／增发	

重大事项

公司第三届董事会第八次会议于2004年5月28日召开,会议审议通过了以下决议:公司拟以988万元转让240辆自备铁路罐车。

二〇〇三年以来市场表现

2003 年涨跌幅(%)	–13.40
2003 年最高(元)	8.68
2003 年最低(元)	4.50
2003 年换手率(%)	244.53
2004.06 涨跌幅(%)	–9.91
2004.06 最高(元)	7.70
2004.06 最低(元)	4.93
2004.06 换手率(%)	191.99

郑州宇通客车股份有限公司

公司概况

公司名称	郑州宇通客车股份有限公司	股票代码	600066
注册地址	郑州市高新技术开发区重阳街 70 号	邮政编码	450016
法人代表	汤玉祥	董秘	徐建生
电话	0371-6806316	传真	0371-6899123
主营业务	大中型客车的生产		
总股本	20508.55	流通 A	14058.47
流通 B		流通 H	
审计单位		审计意见	未审计

主要财务指标

年度	2004.6	2003	2002
每股收益 / 扣除后(元)	0.1575	0.9200	0.7611
每股经营现金流量(元)	–0.1915	0.9600	2.0000
每股净资产 / 调整后(元)	5.2830	8.0650	7.0070
每股公积金(元)	2.8702	3.2026	4.6850
净资产收益率(%)	3.8600	11.6300	10.8600
总资产(万元)	203540.80	233490.56	173327.94
股东权益(万元)	109056.89	110294.40	95844.76
未分配利润(万元)	20856.54	22113.70	11212.06
主营收入(万元)	148674.98	325364.97	268504.94
资本公积金(万元)	58863.18	65679.71	64055.53
主营利润(万元)	24992.93	58220.51	49142.33
其他业务利润(万元)	604.58	647.27	14.09
营业利润(万元)	6606.24	18669.56	18795.01
投资收益(万元)	118.35	–48.64	84.02
补贴收入(万元)	62.20	19.10	19.10
营业外收支(万元)	–230.00	–197.50	2.26
利润总额(万元)	6556.79	18442.52	17155.91
净利润(万元)	4211.78	12825.46	10405.80

十大股东

序号	股东名称	股份性质	持股数(万股)	比例(%)
1	郑州宇通集团有限责任公司	境内法人股	3879.33	18.92
2	中原信托投资有限公司	境内法人股	1790.75	8.73
3	兴业证券股份有限公司	流通 A 股	941.55	4.59
4	华夏成长证券投资基金	流通 A 股	797.80	3.89
5	中国公路车辆机械总公司	境内法人股	780.00	3.80
6	裕元证券投资基金	流通 A 股	776.23	3.78
7	安信证券投资基金	流通 A 股	740.92	3.61
8	海富通精选证券投资基金	流通 A 股	460.00	2.24
9	安顺证券投资基金	流通 A 股	300.00	1.46
10	华安创新证券投资基金	流通 A 股	298.48	1.46

股东人数	2004.6	2003.12	2003.6	2002
	20936	25646	27105	28651

近年分配	2004 年 4 月 15 日 10 派 4.00	近年配股 / 增发	2004 年 4 月 15 日 10 转 5

重大事项

拟以 2003 年末总股份 136,723,661 股为基数，每 10 股派发现金股利 4 元（含税），共计派发 54,689,464.40 元。剩余未分配利润 166,447,519.40 元，滚存下年度分配；拟以公积金转增股本，每 10 股转增 5 股。 股权登记日为 2004 年 4 月 14 日；除权(除息)日为 2004 年 4 月 15 日；新增可流通股上市流通日为 2004 年 4 月 16 日；现金红利发放日为 2004 年 4 月 21 日。

二〇〇三年以来市场表现

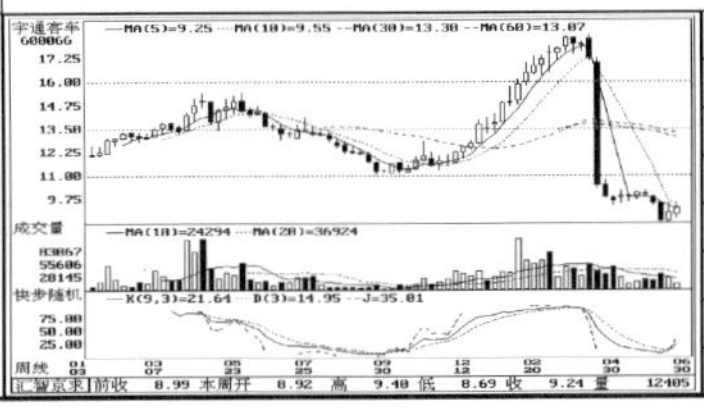

2003 年涨跌幅(%)	10.53
2003 年最高(元)	10.02
2003 年最低(元)	7.13
2003 年换手率(%)	87.23
2004.06 涨跌幅(%)	4.76
2004.06 最高(元)	12.07
2004.06 最低(元)	8.50
2004.06 换手率(%)	67.74

冠城大通股份有限公司

公司概况

公司名称	冠城大通股份有限公司	股票代码	600067
注册地址	福建省福州市开发区快安延伸区创新楼	邮政编码	350005
法人代表	韩国龙	董秘	林思雨
电话	0591-3353338	传真	0591-3350026
主营业务	特种漆包线		
总股本	26882.98	流通 A	17388.61
流通 B		流通 H	
审计单位		审计意见	未审计

主要财务指标

年度	2004.6	2003	2002
每股收益 / 扣除后(元)	0.1226	0.3000	0.1150
每股经营现金流量(元)	–0.0380	–1.5600	0.0800
每股净资产 / 调整后(元)	1.4600	2.1900	1.7500
每股公积金(元)	0.0927	0.5476	0.5466
净资产收益率(%)	8.5000	18.3300	8.0200
总资产(万元)	216413.30	224000.95	94586.29
股东权益(万元)	39979.73	37518.33	30647.63
未分配利润(万元)	5636.46	5664.78	1607.87
主营收入(万元)	77765.89	97507.87	37401.99
资本公积金(万元)	2491.78	9201.28	9184.40
主营利润(万元)	11171.13	16558.09	6561.71
其他业务利润(万元)	101.48	254.43	–4.36
营业利润(万元)	5837.27	8703.31	2966.71
投资收益(万元)	0.52	635.48	1513.11
补贴收入(万元)	59.10	26.63	–0.00
营业外收支(万元)	–18.31	1853.39	–6.52
利润总额(万元)	5878.58	11218.81	3479.84
净利润(万元)	3332.05	6876.63	2459.46

十大股东

序号	股东名称	股份性质	持股数(万股)	比例(%)
1	福州盈榕投资有限公司	法人股	7064.62	26.28
2	福州景科投资有限公司	法人股	540.67	2.01
3	福州市信托投资公司	法人股	458.75	1.71
4	福州建银贸易公司	法人股	409.60	1.52
5	中国建设银行福建省分行直属支行	法人股	401.41	1.49
6	福州市福保贸易公司	法人股	270.34	1.01
7	神州第一化工厂	法人股	188.42	0.70
8	杭州冠海贸易有限公司	流通股	73.87	0.27
9	王秀伶	流通股	56.47	0.21
10	福州锅炉厂	法人股	53.25	0.20

股东人数	2004.6	2003.12	2003.6	2002
	11105	12991	15687	16247

近年分配	2004 年 5 月 27 日 10 派 0.50	近年配股 / 增发	2004 年 5 月 27 日 10 送 2 转 4

重大事项

根据中国证监会上市公司监管部《关于推动上市公司加强投资者关系管理工作的通知》，及福建省监管局《关于加强投资者关系管理工作的通知》要求，公司进一步加强投资者关系管理工作，并制定了《公司投资者关系管理制度》。

二〇〇三年以来市场表现

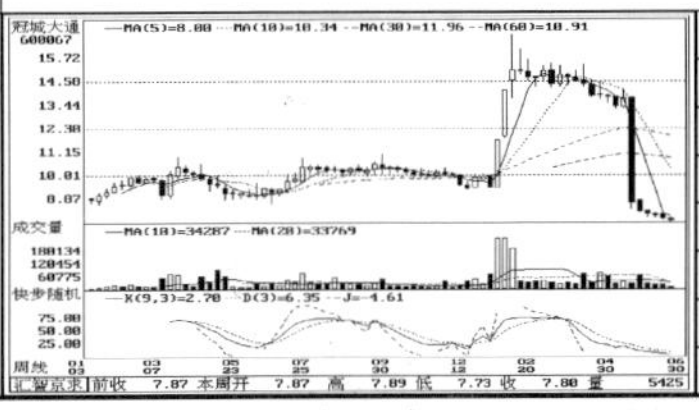

2003 年涨跌幅(%)	8.76
2003 年最高(元)	6.85
2003 年最低(元)	5.34
2003 年换手率(%)	96.72
2004.06 涨跌幅(%)	27.22
2004.06 最高(元)	10.51
2004.06 最低(元)	5.83
2004.06 换手率(%)	101.63

葛洲坝股份有限公司

公司概况

公司名称	葛洲坝股份有限公司	股票代码	600068
注册地址	湖北省武汉市解放大道558号葛洲坝大酒店15层	邮政编码	430033
法人代表	杨继学	董秘	彭立权
电话	0717-83790455	传真	0717-83790721
主营业务	建筑工程承包施工		

总股本	70580.00	流通A	34580.00	流通B		流通H	

审计单位		审计意见	未审计

主要财务指标

年度	2004.6	2003	2002
每股收益/扣除后(元)	0.0189	0.0980	0.1170
每股经营现金流量(元)	-0.0180	0.1840	0.1530
每股净资产/调整后(元)	4.8060	4.7870	4.7100
每股公积金(元)	2.8602	2.8602	2.8585
净资产收益率(%)	0.4300	1.4890	2.4800
总资产(万元)	839662.56	785598.50	484425.12
股东权益(万元)	339767.62	338307.62	333149.34
未分配利润(万元)	53055.94	51595.93	47312.49
主营收入(万元)	92604.14	143284.25	189700.98
资本公积金(万元)	201871.70	201871.70	201751.44
主营利润(万元)	13049.01	28654.00	32155.99
其他业务利润(万元)	584.00	1845.40	-9.99
营业利润(万元)	1643.52	7485.78	9661.94
投资收益(万元)	176.26	596.97	1072.86
补贴收入(万元)	750.77	2439.42	-760.75
营业外收支(万元)	-54.17	-2962.56	104.30
利润总额(万元)	2516.37	7559.62	8879.29
净利润(万元)	1460.01	5038.00	8271.93

十大股东

序号	股东名称	股份性质	持股数(万股)	比例(%)
1	中国葛洲坝水利水电工程集团有限公司	国有法人股	27276.42	38.65
2	交通银行海南分行	境内法人股	6000.00	8.50
3	中国高科集团股份有限公司	境内法人股	1552.14	2.20
4	海南宝生经济贸易公司	境内法人股	427.00	0.60
5	西安高科集团公司	境内法人股	389.96	0.55
6	中国建设银行-博时裕富证券投资基金	流通A股	160.54	0.23
7	武汉商业银行	境内法人股	120.49	0.17
8	交通银行武汉分行	境内法人股	107.00	0.15
9	中国工商银行湖北分行	境内法人股	79.21	0.11
10	于宁军	流通A股	56.00	0.08

股东人数	2004.6	2003.12	2003.6	2002
	208514	220810	227735	229768

近年分配		近年配股/增发	

重大事项

2003年公司为持股40%的子公司贵州江电葛洲坝水泥有限责任公司4,066万元贷款提供了担保，此项担保是公司根据投资协议按出资比例对该公司的项目建设所需资金提供的担保，发生在《通知》发布之前，我们认为此项担保产生或有负债的可能性很小。为了严格执行56号文，我们已建议公司要求所有未提供反担保的借款人提供反担保或在适当时候采取措施解除担保。

二〇〇三年以来市场表现

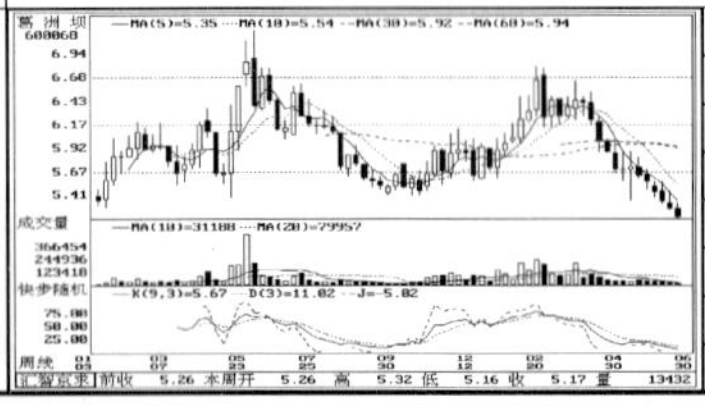

2003年涨跌幅(%)	4.03
2003年最高(元)	7.19
2003年最低(元)	5.28
2003年换手率(%)	94.65
2004.06涨跌幅(%)	-8.98
2004.06最高(元)	6.80
2004.06最低(元)	5.16
2004.06换手率(%)	60.92

河南银鸽实业投资股份有限公司

公司概况

公司名称	河南银鸽实业投资股份有限公司	股票代码	600069
注册地址	河南省漯河市人民东路95号	邮政编码	462000
法人代表	杨松贺	董秘	张军力
电话	0395-2355681,2355611	传真	0395-2355302
主营业务	制浆、造纸、产热		

总股本	37160.00	流通A	14560.00	流通B		流通H	

审计单位		审计意见	未审计

主要财务指标

年度	2004.6	2003	2002
每股收益/扣除后(元)	0.0671	0.0800	0.0400
每股经营现金流量(元)	0.2260	0.1400	0.3100
每股净资产/调整后(元)	1.1900	1.1300	1.0600
每股公积金(元)	0.3692	0.3692	0.3688
净资产收益率(%)	5.5800	7.1900	0.0400
总资产(万元)	131434.61	113842.10	87001.30
股东权益(万元)	45101.90	42585.81	39508.26
未分配利润(万元)	-9150.90	-11666.96	-14728.44
主营收入(万元)	36494.02	49515.39	37985.86
资本公积金(万元)	13719.26	13719.26	13703.19
主营利润(万元)	5650.65	7685.47	5467.07
其他业务利润(万元)	52.98	78.82	16.45
营业利润(万元)	2624.19	3030.53	988.00
投资收益(万元)		11.90	560.32
补贴收入(万元)			
营业外收支(万元)	23.25	55.66	1.99
利润总额(万元)	2647.44	3098.09	1624.51
净利润(万元)	2516.09	3061.48	1624.51

十大股东

序号	股东名称	股份性质	持股数(万股)	比例(%)
1	漯河银鸽实业集团有限公司	国家股	14588.80	39.26
2	许继集团有限公司	法人股	3685.52	9.92
3	漯河经济发展投资总公司	法人股	2467.68	6.64
4	辽阳造纸机械股份有限公司	法人股	1858.00	5.00
5	张燕	流通股	50.79	0.14
6	杨宁	流通股	40.42	0.11
7	王丽君	流通股	30.96	0.08
8	蒋金才	流通股	26.20	0.07
9	韩敏	流通股	23.92	0.06
10	于连军	流通股	22.42	0.06

股东人数	2004.6	2003.12	2003.6	2002
	65095	65942	63883	67811

近年分配		近年配股/增发	

重大事项

部分原公司职工状告公司侵占股权案，漯河市源汇区人民法院2003年8月7日作出判决，公司胜诉。上述职工于2003年11月8日上诉于河南省漯河市中级人民法院。目前，此案尚未宣判。

二〇〇三年以来市场表现

2003年涨跌幅(%)	-8.40
2003年最高(元)	7.00
2003年最低(元)	3.81
2003年换手率(%)	223.03
2004.06涨跌幅(%)	-6.71
2004.06最高(元)	6.00
2004.06最低(元)	4.13
2004.06换手率(%)	153.77

浙江富润股份有限公司

公司概况

公司名称	浙江富润股份有限公司	股票代码	600070
注册地址	浙江省诸暨市安平路 42 号	邮政编码	311800
法人代表	赵林中	董秘	陈黎伟
电话	0575-7222043	传真	0575-7223018
主营业务	针纺织品、绢纺		
总股本	10271.16	流通 A	4867.20
流通 B		流通 H	
审计单位		审计意见	未审计

主要财务指标

年度	2004.6	2003	2002
每股收益/扣除后(元)	0.0761	0.2800	0.2900
每股经营现金流量(元)	0.1890	0.2200	0.6600
每股净资产/调整后(元)	3.7100	4.5300	4.2400
每股公积金(元)	2.2213	2.6655	2.6625
净资产收益率(%)	2.1000	6.2700	6.9200
总资产(万元)	73851.10	61036.29	55320.27
股东权益(万元)	38399.78	38875.49	36411.94
未分配利润(万元)	2841.54	5029.10	2965.13
主营收入(万元)	15750.58	32835.42	23483.58
资本公积金(万元)	22814.86	22814.86	22789.13
主营利润(万元)	2447.97	4832.34	4598.92
其他业务利润(万元)	530.74	1054.89	-92.32
营业利润(万元)	1494.86	2883.43	3486.28
投资收益(万元)		60.00	63.00
补贴收入(万元)		35.00	35.00
营业外收支(万元)	27.22	-26.65	-0.09
利润总额(万元)	1522.08	2951.77	3542.37
净利润(万元)	808.19	2437.82	2520.95

十大股东

序号	股东名称	股份性质	持股数(万股)	比例(%)
1	富润集团有限公司	国有法人股	3607.42	35.12
2	浙江诸暨绢纺研究所	境内法人股	320.83	3.12
3	诸暨电力实业总公司	境内法人股	288.00	2.80
4	诸暨地毯工贸公司	境内法人股	258.91	2.52
5	诸暨鹰龙制衣有限公司	境内法人股	204.00	1.99
6	浙江鑫盛黄金有限公司	境内法人股	151.20	1.47
7	杭州青春工贸有限公司	境内法人股	84.00	0.82
8	河南现代电子有限公司	流通 A 股	73.67	0.72
9	张九二	流通 A 股	70.80	0.69
10	上海佳隆科技股资管理有限公司	境内法人股	60.00	0.58

股东人数

2004.6	2003.12	2003.6	2002
14070	11507	11880	13378

近年分配		近年配股/增发	

重大事项

经公司 2003 年度股东大会批准,按浙江勤信资产评估有限公司出具的评估报告为基准,公司按评估价将丝绸印花厂、华发精纺呢绒厂、丝织印染厂的设备资产和存货转让,在三家公司的厂房建设未完成前,原使用的场地、房产租赁给浙江富润印染有限公司、浙江富润纺织有限公司、浙江富润海茂纺织布艺有限公司。

二〇〇三年以来市场表现

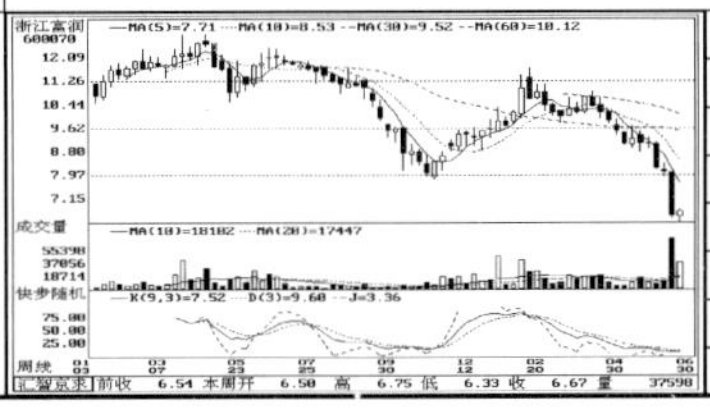

2003 年涨跌幅(%)	-13.46
2003 年最高(元)	10.51
2003 年最低(元)	6.38
2003 年换手率(%)	101.06
2004.06 涨跌幅(%)	-14.76
2004.06 最高(元)	9.63
2004.06 最低(元)	6.33
2004.06 换手率(%)	92.29

凤凰光学股份有限公司

公司概况

公司名称	凤凰光学股份有限公司	股票代码	600071
注册地址	江西上饶市光学路 1 号	邮政编码	334000
法人代表	王熙晏	董秘	邹建伟
电话	0793-8259547	传真	0793-8259547
主营业务	光学镜头、照相器材		
总股本	23747.25	流通 A	10745.02
流通 B		流通 H	
审计单位		审计意见	未审计

主要财务指标

年度	2004.6	2003	2002
每股收益/扣除后(元)	0.0715	0.1200	0.1200
每股经营现金流量(元)	0.0590	0.1000	0.1200
每股净资产/调整后(元)	1.9200	1.9600	1.8400
每股公积金(元)	0.4639	0.4640	0.4640
净资产收益率(%)	3.7500	6.0400	4.4400
总资产(万元)	99883.55	84880.09	67339.54
股东权益(万元)	46420.25	47054.31	44343.78
未分配利润(万元)	6438.52	7072.58	5037.11
主营收入(万元)	30640.76	53137.13	34043.79
资本公积金(万元)	11017.57	11017.57	11017.57
主营利润(万元)	5512.76	10403.28	7097.13
其他业务利润(万元)	48.61	184.21	-19.72
营业利润(万元)	1947.85	2843.82	1934.90
投资收益(万元)	389.41	714.26	648.26
补贴收入(万元)	76.56	96.54	-0.43
营业外收支(万元)	-10.34	-81.15	-0.05
利润总额(万元)	2403.49	3573.47	2607.69
净利润(万元)	1740.66	2842.85	1968.25

十大股东

序号	股东名称	股份性质	持股数(万股)	比例(%)
1	凤凰光学控股有限公司	国有法人股	13002.23	54.75
2	泰和证券投资基金	流通 A 股	378.79	1.60
3	融通新蓝筹证券投资基金	流通 A 股	298.00	1.25
4	中国银行-嘉实增长开放式证券投资基金	流通 A 股	297.01	1.25
5	通乾证券投资基金	流通 A 股	277.75	1.17
6	通宝证券投资基金	流通 A 股	185.85	0.78
7	太原威廉企业策划设计有限公司	流通 A 股	181.53	0.76
8	交通银行-湘财合丰价值优化型证券投资基金	流通 A 股	174.46	0.73
9	景福证券投资基金	流通 A 股	146.10	0.62
10	中国银行-兴安证券投资基金	流通 A 股	140.62	0.59

股东人数

2004.6	2003.12	2003.6	2002
28674	43066	43334	41690

近年分配	2004 年 5 月 12 日 10 派 1.00	近年配股/增发	

重大事项

经第二届董事会第七次会议审议通过,公司同意为控股子公司上海凤凰光学有限公司在 2001 年 12 月 14 日至 2004 年 12 月 14 日向中国工商银行上海市虹口支行借款提供最高金额为人民币 3000 万元的连带责任保证担保。在报告期内,该担保事项已提前解除。

二〇〇三年以来市场表现

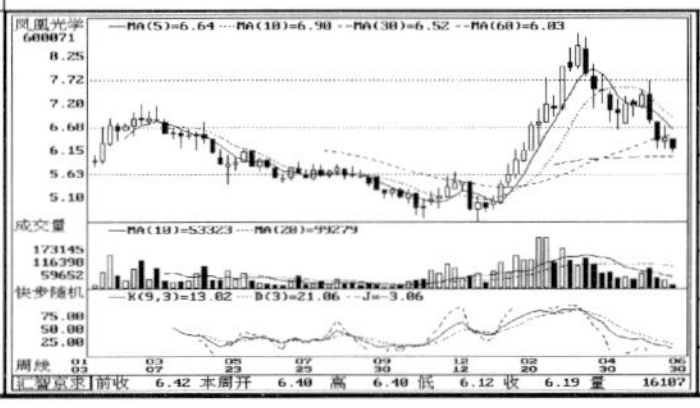

2003 年涨跌幅(%)	-20.07
2003 年最高(元)	7.07
2003 年最低(元)	4.48
2003 年换手率(%)	210.24
2004.06 涨跌幅(%)	31.70
2004.06 最高(元)	8.67
2004.06 最低(元)	4.70
2004.06 换手率(%)	222.67

江南重工股份有限公司

公司概况				
公司名称	江南重工股份有限公司		股票代码	600072
注册地址	上海市上川路 361 号		邮政编码	200023
法人代表	陈金海		董秘	施卫东
电话	021-53023456-672		传真	021-63141103
主营业务	大型钢结构			
总股本	36244.66	流通 A 16473.60	流通 B	流通 H
审计单位			审计意见	未审计

主要财务指标 年度	2004.6	2003	2002
每股收益/扣除后(元)	0.0155	0.0100	0.0350
每股经营现金流量(元)	0.0540	0.0800	0.1410
每股净资产/调整后(元)	2.7610	2.7400	2.9500
每股公积金(元)	1.3468	1.3468	1.5737
净资产收益率(%)	0.6230	0.7300	3.0630
总资产(万元)	128085.30	123285.87	112010.90
股东权益(万元)	100544.54	99918.62	98931.70
未分配利润(万元)	9115.50	8489.57	7952.01
主营收入(万元)	20317.40	132883.64	47681.36
资本公积金(万元)	48815.00	48815.00	51851.60
主营利润(万元)	1450.40	2224.91	4271.06
其他业务利润(万元)	400.98	1037.04	-1.41
营业利润(万元)	561.22	649.89	1512.03
投资收益(万元)	148.01	241.53	2186.58
补贴收入(万元)			
营业外收支(万元)	28.90	-0.11	-0.00
利润总额(万元)	738.13	891.30	3717.54
净利润(万元)	625.92	728.55	3029.97

十大股东 序号	股东名称	股份性质	持股数(万股)	比例(%)
1	江南造船集团有限责任公司	国有法人股	19771.07	54.55
2	中国银行-嘉实服务增值行业证券投资基金	流通 A 股	218.00	0.60
3	姚莉	流通 A 股	51.94	0.14
4	夏银娣	流通 A 股	40.88	0.11
5	车宏	流通 A 股	39.00	0.11
6	文行道	流通 A 股	38.62	0.11
7	中国银行-华夏回报证券投资基金	流通 A 股	37.09	0.10
8	田万良	流通 A 股	34.35	0.09
9	黄于飞	流通 A 股	33.00	0.09
10	陈卫国	流通 A 股	31.70	0.09

股东人数	2004.6	2003.12	2003.6	2002
	66864	68964	69717	67863

近年分配		近年配股/增发	

重大事项

公司在 2004 年中期向江南造船(集团)有限责任公司(以下简称:"集团公司")以协议价方式销售货物共计 16,658,674.01 元,占本期总销售额的 8.20%,所销售货物主要为船舶配件产品。

二〇〇三年以来市场表现

2003 年涨跌幅(%)	-20.57
2003 年最高(元)	8.16
2003 年最低(元)	5.00
2003 年换手率(%)	290.69
2004.06 涨跌幅(%)	-2.79
2004.06 最高(元)	7.32
2004.06 最低(元)	5.20
2004.06 换手率(%)	265.75

上海梅林正广和股份有限公司

公司概况				
公司名称	上海梅林正广和股份有限公司		股票代码	600073
注册地址	上海市浦东新区川桥路 1501 号		邮政编码	200082
法人代表	吕永杰		董秘	钟耀
电话	021-65419725		传真	021-65123609
主营业务	电子商务,信息采集、食品			
总股本	32400.00	流通 A 12000.00	流通 B	流通 H
审计单位			审计意见	未审计

主要财务指标 年度	2004.6	2003	2002
每股收益/扣除后(元)	0.0322	-0.0520	0.0330
每股经营现金流量(元)	0.0928	-0.1200	0.1300
每股净资产/调整后(元)	2.4800	2.4600	2.4300
每股公积金(元)	1.3542	1.3542	1.3494
净资产收益率(%)	1.4100	0.2900	1.3200
总资产(万元)	176124.58	154502.91	145521.23
股东权益(万元)	81249.20	80099.32	79834.21
未分配利润(万元)	2512.15	-263.64	-159.88
主营收入(万元)	39141.89	67181.97	63187.77
资本公积金(万元)	43876.31	43874.52	43719.73
主营利润(万元)	5324.99	19713.54	18426.86
其他业务利润(万元)	115.44	548.97	24.96
营业利润(万元)	-2250.04	-481.41	-320.29
投资收益(万元)	3249.36	1853.56	2911.81
补贴收入(万元)	10.40		
营业外收支(万元)	-2.93	123.47	-0.25
利润总额(万元)	1006.79	1495.62	2567.91
净利润(万元)	1148.09	231.28	1055.37

十大股东 序号	股东名称	股份性质	持股数(万股)	比例(%)
1	上海梅林正广和集团有限公司	国有法人股	20400.00	62.96
2	烟台开发区金海花园有限责任公司	法人股	73.30	0.23
3	卢冠泉	自然人股	34.11	0.11
4	秦春霞	自然人股	24.11	0.07
5	邱伦	自然人股	21.37	0.07
6	深圳市泽琳实业发展有限公司	法人股	20.40	0.06
7	元伟	自然人股	19.37	0.06
8	中国银行-天同 180 指数证券投资基金	法人股	18.89	0.06
9	北京中新联光盘有限责任公司	法人股	15.39	0.05
10	张永江	自然人股	14.35	0.04

股东人数	2004.6	2003.12	2003.6	2002
	81777	83312	87435	90539

近年分配		近年配股/增发	

重大事项

本公司出资人民币 1530 万元(其中自有资金 840 万元、募集资金 690 万元)控股 51%组建衢州梅林正广和食品有限公司;本公司出资人民币 2750 万元控股 55%组建上海梅林(荣成)食品有限公司;本公司对光明食品有限公司增资人民币 2500 万元。

二〇〇三年以来市场表现

2003 年涨跌幅(%)	-10.45
2003 年最高(元)	12.65
2003 年最低(元)	5.47
2003 年换手率(%)	443.86
2004.06 涨跌幅(%)	7.42
2004.06 最高(元)	14.10
2004.06 最低(元)	8.61
2004.06 换手率(%)	452.19

江苏中达新材料集团股份有限公司

公司概况

公司名称	江苏中达新材料集团股份有限公司	股票代码	600074
注册地址	南京经济技术开发区高新技术工业园	邮政编码	214443
法人代表	石纪闵	董秘	万文山
电话	0510-6684039,6686352	传真	0510-6684039,6686352
主营业务	生产销售双向拉伸聚酯薄膜		
总股本	34128.00	流通 A	17496.00
流通 B		流通 H	
审计单位		审计意见	未审计

主要财务指标

年度	2004.6	2003	2002
每股收益/扣除后(元)	0.1664	0.3390	0.2440
每股经营现金流量(元)	0.2730	0.7420	0.5700
每股净资产/调整后(元)	3.3780	3.3260	2.9970
每股公积金(元)	1.5438	1.5438	1.5438
净资产收益率(%)	4.7460	10.0500	8.0700
总资产(万元)	345008.84	307254.34	251043.41
股东权益(万元)	117041.34	114898.99	103388.14
未分配利润(万元)	23950.88	18395.73	11928.48
主营收入(万元)	83333.68	139836.83	76233.01
资本公积金(万元)	52687.58	52687.58	52687.58
主营利润(万元)	17817.42	33336.19	24273.34
其他业务利润(万元)	128.05	274.70	-6.65
营业利润(万元)	8496.36	20064.25	12680.32
投资收益(万元)	-39.15	-29.15	1.53
补贴收入(万元)	22.15	171.56	-3.39
营业外收支(万元)	-168.29	-390.24	-3.09
利润总额(万元)	8311.06	19816.43	12621.64
净利润(万元)	5555.16	11547.17	8348.51

十大股东

序号	股东名称	股份性质	持股数(万股)	比例(%)
1	申达集团公司	境内法人股	9995.11	29.29
2	江阴瀛寰资产投资有限公司	境内法人股	5892.55	17.27
3	国联证券有限责任公司	流通 A 股	995.86	2.92
4	国联安德盛小盘精选证券投资基金	流通 A 股	802.14	2.35
5	无锡市国联发展(集团)有限公司	国有法人股	684.07	2.00
6	华宝兴业多策略增长证券投资基金	流通 A 股	386.24	1.13
7	光大证券有限责任公司	流通 A 股	311.61	0.91
8	泰和证券投资基金	流通 A 股	237.46	0.70
9	大成价值增长证券投资基金	流通 A 股	145.76	0.43
10	博时价值增长证券投资基金	流通 A 股	94.76	0.28

股东人数	2004.6	2003.12	2003.6	2002
	30290	25681	26053	28332

近年分配	2004年7月23日10派1.00	近年配股/增发	

重大事项

2004年4月22日,公司第三届董事会第十一次会议审议通过了《关于注销上海申连等公司的议案》,同意公司注销上海申连包装材料有限公司、西安中达新材料有限公司、南京申宁包装材料有限公司三家以营销业务为主的控股子公司及注销江阴亚包投资发展有限公司,同时授权公司经营班子就上述事项办理相关手续,截至报告期末,注销手续正在办理之中。

二〇〇三年以来市场表现

2003年涨跌幅(%)	5.16
2003年最高(元)	7.55
2003年最低(元)	5.92
2003年换手率(%)	97.33
2004.06涨跌幅(%)	-3.83
2004.06最高(元)	8.66
2004.06最低(元)	6.05
2004.06换手率(%)	183.71

新疆天业股份有限公司

公司概况

公司名称	新疆天业股份有限公司	股票代码	600075
注册地址	新疆石河子市经济技术开发区北三东路36号	邮政编码	832000
法人代表	郭庆人	董秘	沈明
电话	0993-2623118	传真	0993-2623163
主营业务	塑料制品、节水器材		
总股本	22680.00	流通 A	9720.00
流通 B		流通 H	
审计单位	深圳大华天诚会计师事务所	审计意见	标准无保留

主要财务指标

年度	2004.6	2003	2002
每股收益/扣除后(元)	0.0703	0.1600	0.2000
每股经营现金流量(元)	0.3210	-0.1700	1.5000
每股净资产/调整后(元)	5.0000	4.9100	4.8600
每股公积金(元)	2.8623	2.8623	2.8614
净资产收益率(%)	1.8400	5.2100	4.0900
总资产(万元)	336178.75	337181.37	281204.34
股东权益(万元)	113567.63	113586.02	110889.90
未分配利润(万元)	17225.61	15135.46	16591.45
主营收入(万元)	132419.52	185969.56	144193.91
资本公积金(万元)	64916.80	64916.80	64896.29
主营利润(万元)	14188.44	33761.61	27395.94
其他业务利润(万元)	187.80	1457.06	38.34
营业利润(万元)	3769.72	6872.51	5682.96
投资收益(万元)	-188.34	778.60	108.37
补贴收入(万元)	337.08	388.52	-4.89
营业外收支(万元)	-165.99	-377.67	11.63
利润总额(万元)	3752.46	7661.96	5439.09
净利润(万元)	2090.16	5921.18	4457.85

十大股东

序号	股东名称	股份性质	持股数(万股)	比例(%)
1	新疆天业集团有限公司	国家股	12960.00	57.14
2	卢其华	流通 A 股	28.10	0.12
3	谢红君	流通 A 股	22.86	0.10
4	田树棣	流通 A 股	20.00	0.09
5	胡青	流通 A 股	19.00	0.08
6	赵敏	流通 A 股	17.38	0.08
7	江阴市电力发展中心	流通 A 股	17.20	0.08
8	黄鹏飞	流通 A 股	17.07	0.08
9	周勇洋	流通 A 股	16.66	0.07
10	郝永利	流通 A 股	16.08	0.07

股东人数	2004.6	2003.12	2003.6	2002
	39363	45929	48558	48892

近年分配	2004年6月30日10派1.00	近年配股/增发	

重大事项

经公司2004年第一次临时董事会会议审议通过,出资960万元投资组建江苏天业新型建材有限公司,该公司注册资金为2000万元,主营业务为:塑料型材、铝塑复核型材、塑料管材等制品的生产、销售。本公司出资比例为48%。

二〇〇三年以来市场表现

2003年涨跌幅(%)	-8.14
2003年最高(元)	8.08
2003年最低(元)	5.44
2003年换手率(%)	136.98
2004.06涨跌幅(%)	8.37
2004.06最高(元)	7.70
2004.06最低(元)	5.82
2004.06换手率(%)	74.82

潍坊北大青鸟华光科技股份有限公司

公司概况

公司名称	潍坊北大青鸟华光科技股份有限公司	股票代码	600076
注册地址	潍坊市高新技术产业开发区北宫东街6号	邮政编码	261061
法人代表	周燕军	董秘	刘世祯
电话	0536-2991601	传真	0536-8865200
主营业务	数字程控交换系统		

总股本	25321.60	流通 A	12480.00	流通 B		流通 H	
审计单位				审计意见	未审计		

主要财务指标

年度	2004.6	2003	2002
每股收益/扣除后(元)	-0.1862	0.0300	0.0700
每股经营现金流量(元)	-1.9920	-0.0600	-0.8366
每股净资产/调整后(元)	3.3350	3.6400	3.8200
每股公积金(元)	2.1642	2.1642	2.1578
净资产收益率(%)	-0.0490	0.9400	0.2800
总资产(万元)	617377.94	205085.45	187568.22
股东权益(万元)	97268.60	102062.55	99408.79
未分配利润(万元)	8751.71	13545.66	11586.47
主营收入(万元)	13784.01	23919.59	33691.52
资本公积金(万元)	54801.61	54801.61	54639.62
主营利润(万元)	4493.09	14248.92	21325.37
其他业务利润(万元)	171.00	98.47	1.21
营业利润(万元)	-5391.69	-5.85	-345.31
投资收益(万元)	-6134.38	-732.60	-763.84
补贴收入(万元)	244.05	2389.11	404.94
营业外收支(万元)	-78.73	-392.16	11.03
利润总额(万元)	-11360.76	1258.50	784.96
净利润(万元)	-4793.95	959.29	277.65

十大股东

序号	股东名称	股份性质	持股数(万股)	比例(%)
1	北京天桥北大青鸟科技股份有限公司	境内法人股	4488.32	17.73
2	北京北大青鸟有限责任公司	境内法人股	1953.28	7.71
3	海南省海口市万志贸易有限公司	境内法人股	781.30	3.09
4	中国信息信托投资公司	境内法人股	456.13	1.80
5	北京环太平洋经贸公司	境内法人股	321.60	1.27
6	潍坊广发工贸公司	境内法人股	296.00	1.17
7	潍坊鸢都电子商场	境内法人股	280.00	1.11
8	潍坊协和贸易公司	境内法人股	272.00	1.07
9	山东计算机系统工程公司	境内法人股	268.80	1.06
10	潍坊市信托投资公司	境内法人股	254.08	1.00

股东人数	2004.6	2003.12	2003.6	2002
	46863	45102	43341	37531

近年分配		近年配股/增发	

重大事项

公司于2004年5月27日召开了2003年度股东大会，审议通过了《公司2003年度利润分配预案》：2003年度不进行利润分配，也不进行资本公积金转增股本。

二〇〇三年以来市场表现

2003年涨跌幅(%)	-15.57
2003年最高(元)	10.91
2003年最低(元)	6.86
2003年换手率(%)	404.29
2004.06涨跌幅(%)	-13.46
2004.06最高(元)	10.20
2004.06最低(元)	6.30
2004.06换手率(%)	226.52

辽宁国能集团(控股)股份有限公司

公司概况

公司名称	辽宁国能集团(控股)股份有限公司	股票代码	600077
注册地址	沈阳市和平区三好街55号沈阳信息产业大厦1707号	邮政编码	110014
法人代表	刘树元	董秘	卢勇敏
电话	024-22702620	传真	024-22702793
主营业务	电子通讯产品		

总股本	12681.91	流通 A	4654.07	流通 B		流通 H	
审计单位				审计意见	未审计		

主要财务指标

年度	2004.6	2003	2002
每股收益/扣除后(元)	-0.0564	-0.0837	-0.3780
每股经营现金流量(元)	-0.0930	0.2570	-0.1300
每股净资产/调整后(元)	2.2100	2.1700	2.2900
每股公积金(元)	1.6820	1.6820	1.6788
净资产收益率(%)	-2.5300	-3.3400	-15.0500
总资产(万元)	37048.79	49920.68	50379.32
股东权益(万元)	28326.05	29041.53	30450.28
未分配利润(万元)	-7341.83	-6626.35	-5221.80
主营收入(万元)	5191.76	13071.37	18581.65
资本公积金(万元)	21331.05	21331.05	21290.87
主营利润(万元)	1283.53	3956.96	4994.47
其他业务利润(万元)	296.35	771.74	-6.46
营业利润(万元)	-479.24	-301.06	-4408.83
投资收益(万元)	-181.95	-670.67	-888.61
补贴收入(万元)		19.89	0.22
营业外收支(万元)	-1.22	-0.50	-0.00
利润总额(万元)	-662.42	-952.33	-5116.85
净利润(万元)	-715.48	-971.26	-4581.67

十大股东

序号	股东名称	股份性质	持股数(万股)	比例(%)
1	辽宁节能投资控股有限公司	国有法人股	6790.40	53.54
2	铁岭市国有资产管理局	国有法人股	659.20	5.20
3	沈阳中成新技术开发有限公司	境内法人股	318.24	2.51
4	铁岭市奖金管理局	国有法人股	208.00	1.64
5	李世卿	流通A股	56.64	0.45
6	王玮	流通A股	22.01	0.17
7	孙月靓	流通A股	15.97	0.13
8	福州唯达贸易有限公司	流通A股	14.79	0.12
9	刘绍林	流通A股	13.50	0.11
10	缪萍亚	流通A股	12.89	0.10

股东人数	2004.6	2003.12	2003.6	2002
	21985	25643	26572	27279

近年分配		近年配股/增发	

重大事项

2004年3月29日国能集团2004年第1次临时股东大会审议通过了《辽宁能源投资(集团)有限责任公司与辽宁国能集团(控股)股份有限公司资产置换协议》，公司将持有的河北亚澳92.36%权益对应的长期股权投资及公司对河北亚澳部分其他应收款，与辽宁能源持有的华能国际部分国有法人股等额置换。

二〇〇三年以来市场表现

2003年涨跌幅(%)	-36.57
2003年最高(元)	9.87
2003年最低(元)	4.52
2003年换手率(%)	125.74
2004.06涨跌幅(%)	-0.19
2004.06最高(元)	8.72
2004.06最低(元)	5.27
2004.06换手率(%)	210.26

江苏澄星磷化工股份有限公司

公司概况

公司名称	江苏澄星磷化工股份有限公司			股票代码	600078		
注册地址	江苏省江阴市花山路 208 号			邮政编码	214432		
法人代表	周忠明		董秘	陈永勤			
电话	0510-6281316-431,432		传真	0510-6281884			
主营业务	精细磷化工系列产品						
总股本	39989.00	流通 A	17231.95	流通 B		流通 H	
审计单位			审计意见	未审计			

主要财务指标

年度	2004.6	2003	2002
每股收益/扣除后(元)	0.0982	0.2169	0.3100
每股经营现金流量(元)	0.1660	0.3900	–0.1900
每股净资产/调整后(元)	2.4100	2.3100	3.8000
每股公积金(元)	0.6568	0.6568	1.7376
净资产收益率(%)	4.3100	11.6600	7.9800
总资产(万元)	154188.73	153172.16	124045.49
股东权益(万元)	96864.55	92691.12	68921.61
未分配利润(万元)	20165.09	15991.66	10603.38
主营收入(万元)	52932.89	104304.72	77101.46
资本公积金(万元)	26264.75	26264.75	31288.18
主营利润(万元)	9356.79	17413.76	14099.80
其他业务利润(万元)	476.33	1002.22	36.99
营业利润(万元)	6413.77	12997.37	8088.54
投资收益(万元)	–72.75	–135.87	–139.38
补贴收入(万元)	16.82	2176.13	–15.12
营业外收支(万元)	–10.89	–28.94	–0.25
利润总额(万元)	6346.95	15008.69	9051.02
净利润(万元)	4173.43	10809.04	5503.14

十大股东

序号	股东名称	股份性质	持股数(万股)	比例(%)
1	江阴澄星实业集团有限公司	境内法人股	11550.00	28.88
2	江苏红柳床单集团公司	境内法人股	7175.05	17.94
3	江阴市澄江镇投资有限公司	境内法人股	3456.00	8.64
4	上海国际信托投资有限公司	流通 A 股	773.36	1.93
5	上海培明电讯厂	流通 A 股	518.28	1.30
6	中国银行–华夏回报证券投资基金	流通 A 股	447.10	1.12
7	上海科技投资股份有限公司	境内法人股	330.00	0.83
8	上海华泉贸易仓储有限公司	流通 A 股	330.00	0.83
9	上海证券股份有限公司	流通 A 股	300.00	0.75
10	上海华明汽修总厂	流通 A 股	282.66	0.71

股东人数	2004.6	2003.12	2003.6	2002
	20762	25309	19836	22237

近年分配		近年配股/增发	

重大事项

2004 年 3 月 2 日召开的公司 2003 年度股东大会审议通过了公司发行 7.2 亿元人民币可转换公司债券等相关议案。

二〇〇三年以来市场表现

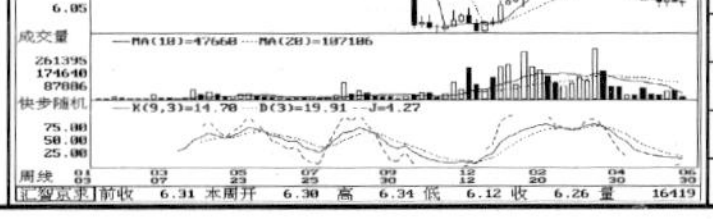

2003 年涨跌幅(%)	11.57
2003 年最高(元)	6.09
2003 年最低(元)	4.64
2003 年换手率(%)	99.92
2004.06 涨跌幅(%)	15.93
2004.06 最高(元)	8.15
2004.06 最低(元)	5.42
2004.06 换手率(%)	174.86

武汉人福高科技产业股份有限公司

公司概况

公司名称	武汉人福高科技产业股份有限公司			股票代码	600079		
注册地址	湖北省武汉市洪山区关山街鲁磨路 369 号			邮政编码	430074		
法人代表	艾路明		董秘	余磊			
电话	027-87597232		传真	027-87597232			
主营业务	生物医药工程						
总股本	20333.04	流通 A	11688.04	流通 B		流通 H	
审计单位			审计意见	未审计			

主要财务指标

年度	2004.6	2003	2002
每股收益/扣除后(元)	0.0641	0.1500	0.1400
每股经营现金流量(元)	0.0820	0.2400	–0.4800
每股净资产/调整后(元)	2.5000	2.4800	3.2600
每股公积金(元)	1.0373	1.0344	1.7382
净资产收益率(%)	2.7900	6.0200	5.0900
总资产(万元)	174503.05	168624.33	142698.05
股东权益(万元)	51473.32	50995.97	47782.32
未分配利润(万元)	4587.80	3152.69	3202.34
主营收入(万元)	27631.84	57181.64	55880.17
资本公积金(万元)	21091.77	21032.87	25244.65
主营利润(万元)	11101.39	20279.51	20765.29
其他业务利润(万元)	47.27	22.16	0.25
营业利润(万元)	3463.35	6285.73	5548.61
投资收益(万元)	–68.24	–165.80	–345.24
补贴收入(万元)		9.45	9.45
营业外收支(万元)	–31.17	–6.97	–0.07
利润总额(万元)	3363.93	6122.41	5489.01
净利润(万元)	1435.11	3068.35	1926.19

十大股东

序号	股东名称	股份性质	持股数(万股)	比例(%)
1	武汉当代科技产业集团股份有限公司	境内法人股	5833.38	28.69
2	武汉仁军投资咨询有限责任公司	境内法人股	1436.82	7.07
3	武汉奥兴高科技开发有限公司	境内法人股	700.00	3.44
4	武汉高科国有控股集团有限公司	境内法人股	674.80	3.32
5	黎红	流通 A 股	35.20	0.17
6	孙承彬	流通 A 股	30.00	0.15
7	潘杰	流通 A 股	27.72	0.14
8	吴智良	流通 A 股	24.26	0.12
9	李建民	流通 A 股	22.00	0.11
10	王丽川	流通 A 股	20.58	0.10

股东人数	2004.6	2003.12	2003.6	2002
	43235	32124	31748	25347

近年分配		近年配股/增发	
	2004 年 6 月 22 日 10 派 0.50		

重大事项

2004 年 2 月 15 日，天津三九乳胶有限公司召开股东会，审议通过了天津三九进行转股增资的议案。根据该决议，中生三九药具发展有限公司向我公司转让其持有天津三九 55% 的股权。2004 年 2 月 16 日，公司召开第四届董事会第二十一次会议，会议审议通过《关于同意我公司投资控股天津三九的议案》，并签署《天津三九乳胶有限公司转股增资协议》。

二〇〇三年以来市场表现

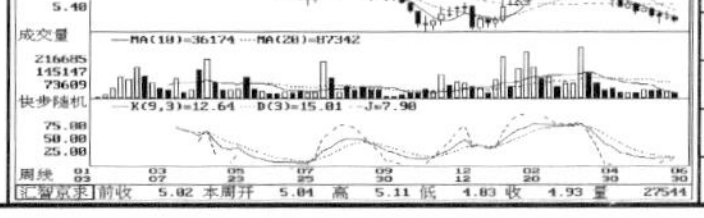

2003 年涨跌幅(%)	–16.70
2003 年最高(元)	7.92
2003 年最低(元)	4.52
2003 年换手率(%)	276.64
2004.06 涨跌幅(%)	5.34
2004.06 最高(元)	6.64
2004.06 最低(元)	4.62
2004.06 换手率(%)	197.47

金花企业(集团)股份有限公司

公司概况

公司名称	金花企业(集团)股份有限公司	股票代码	600080
注册地址	西安高新技术产业开发西区高新3路	邮政编码	710075
法人代表	吴一坚	董秘	孙明
电话	029-88404118	传真	029-88404468
主营业务	生物制药、旅游开发		
总股本	23083.52	流通A	9984.00
流通B		流通H	
审计单位		审计意见	未审计

主要财务指标

年度	2004.6	2003	2002
每股收益/扣除后(元)	0.0291	0.0660	0.0860
每股经营现金流量(元)	0.0480	0.3400	0.2500
每股净资产/调整后(元)	3.6700	3.6200	3.5600
每股公积金(元)	1.2057	1.2057	1.2012
净资产收益率(%)	1.0300	1.6500	3.0000
总资产(万元)	180515.69	146402.97	133316.22
股东权益(万元)	87454.67	86553.14	85023.66
未分配利润(万元)	30463.84	29562.42	28350.73
主营收入(万元)	37362.02	52774.36	18202.83
资本公积金(万元)	27832.51	27832.40	27728.43
主营利润(万元)	3158.59	9476.59	10668.93
其他业务利润(万元)	26.12	2.60	−0.01
营业利润(万元)	783.88	1826.89	3086.09
投资收益(万元)	206.22	−38.06	23.47
补贴收入(万元)			
营业外收支(万元)	−4.00	−118.89	−0.13
利润总额(万元)	986.11	1669.94	3124.33
净利润(万元)	901.42	1425.51	2549.08

十大股东

序号	股东名称	股份性质	持股数(万股)	比例(%)
1	金花投资有限公司	境内法人股	10283.52	44.55
2	北京粮油食品进出口公司	国有法人股	1060.00	4.59
3	陕西建银实业总公司	境内法人股	640.00	2.77
4	陕西金润物业发展公司	境内法人股	384.00	1.66
5	上海龙圣科技发展有限公司	境内法人股	237.00	1.03
6	上海創立投资管理有限公司	境内法人股	200.00	0.87
7	北京金正资产投资经营公司	国有法人股	164.22	0.71
8	杭州迅达规划咨询服务有限公司	境内法人股	60.00	0.26
9	中华巾帼实业开发总公司	国有法人股	55.78	0.24
10	胡柏君	流通A股	20.33	0.09

股东人数

2004.6	2003.12	2003.6	2002
67110	71082	73593	75617

近年分配		近年配股/增发	

重大事项

公司2004年6月18日召开的2003年度股东大会审议通过了《关于投资濮范高速公路项目的提案》。由本公司与金花投资有限公司成立濮阳濮范高速公路投资有限公司，共同投资建设河南省濮阳市濮范高速公路项目。合资公司的注册资本为15000万元人民币，其中公司出资8250万元，占注册资本的55%。金花投资有限公司出资6750万元，占注册资本的45%。濮阳市濮范高速公路项目投资概算总额为22亿元人民币，其中项目资本金7.7亿元由投资双方按持股比例投入，公司投入4.235亿元，金花投资有限公司投入3.465亿元。其余部分通过银行贷款解决。

二〇〇三年以来市场表现

2003年涨跌幅(%)	−26.12
2003年最高(元)	9.58
2003年最低(元)	5.03
2003年换手率(%)	124.52
2004.06涨跌幅(%)	−9.39
2004.06最高(元)	7.04
2004.06最低(元)	4.90
2004.06换手率(%)	105.51

东风电子科技股份有限公司

公司概况

公司名称	东风电子科技股份有限公司	股票代码	600081
注册地址	上海市浦东新区新金桥路828号	邮政编码	200063
法人代表	欧阳洁	董秘	天涯
电话	021-62033003-52	传真	021-62032133
主营业务	发动机电喷系统部件、ABS		
总股本	31356.00	流通A	7839.00
流通B		流通H	
审计单位		审计意见	未审计

主要财务指标

年度	2004.6	2003	2002
每股收益/扣除后(元)	0.0742	0.1700	0.2928
每股经营现金流量(元)	0.0086	−0.0100	0.5700
每股净资产/调整后(元)	1.7120	2.0802	1.8704
每股公积金(元)	0.0586	0.3762	0.3555
净资产收益率(%)	3.8300	10.2200	15.4500
总资产(万元)	108809.34	103684.89	100640.36
股东权益(万元)	53402.22	51359.54	45715.56
未分配利润(万元)	13927.51	12293.36	8177.90
主营收入(万元)	39052.58	74261.41	73490.46
资本公积金(万元)	1838.08	9074.08	8574.44
主营利润(万元)	7019.31	15750.13	15647.14
其他业务利润(万元)	130.39	2701.26	−43.12
营业利润(万元)	2139.40	6162.27	7339.44
投资收益(万元)	384.32	1308.20	1277.39
补贴收入(万元)	50.88	3.53	−0.05
营业外收支(万元)	40.77	493.03	−1.00
利润总额(万元)	2615.38	7967.03	8493.29
净利润(万元)	2042.68	5247.96	7061.46

十大股东

序号	股东名称	股份性质	持股数(万股)	比例(%)
1	东风汽车有限公司	国有法人股	23517.00	75.00
2	金通证券股份有限公司	流通A股	304.99	0.97
3	交通银行-金鹰中小盘精选证券投资基金	流通A股	110.81	0.35
4	浙江中汇(集团)股份有限公司	流通A股	105.53	0.34
5	周天秀	流通A股	66.56	0.21
6	朱彩霞	流通A股	43.13	0.14
7	产凤伢	流通A股	29.39	0.09
8	李杰	流通A股	20.87	0.07
9	李华付	流通A股	20.15	0.06
10	任广能	流通A股	19.16	0.06

股东人数

2004.6	2003.12	2003.6	2002
5353	2560	2456	2427

近年分配		近年配股/增发	2004年5月25日10转3

重大事项

2002年1月30日，公司(受托方)与襄樊东风汽车电气有限责任公司(标的)的股东东风汽车有限公司(现东风汽车工业投资有限公司)、东风汽车悬架弹簧有限公司(委托方)签定《委托经营协议》。该协议已获公司2002年度第一次临时股东大会决议通过，自2002年1月31日起公司正式托管上述公司。

二〇〇三年以来市场表现

2003年涨跌幅(%)	−15.74
2003年最高(元)	14.99
2003年最低(元)	9.69
2003年换手率(%)	69.40
2004.06涨跌幅(%)	−19.88
2004.06最高(元)	11.46
2004.06最低(元)	7.60
2004.06换手率(%)	52.75

天津海泰科技发展股份有限公司

公司概况

公司名称	天津海泰科技发展股份有限公司			股票代码	600082	
注册地址	天津新技术产业园区华苑产业区			邮政编码	300384	
法人代表	王卫东			董秘	温健	
电话	022-23078880-205			传真	022-23078889	
主营业务	商业零售					
总股本	26816.54	流通 A	14253.88	流通 B		流通 H
审计单位	天津五洲联合会计师事务所			审计意见	标准无保留	

主要财务指标

年度	2004.6	2003	2002
每股收益/扣除后(元)	0.0793	0.2800	0.1820
每股经营现金流量(元)	-0.1010	0.3800	-0.0930
每股净资产/调整后(元)	1.5470	2.6740	2.3290
每股公积金(元)	0.2808	1.1041	1.1001
净资产收益率(%)	5.7900	12.8200	7.9900
总资产(万元)	79889.87	75946.90	52229.31
股东权益(万元)	41595.80	39914.86	34740.11
未分配利润(万元)	4481.23	5054.16	1799.74
主营收入(万元)	18737.07	24701.88	12187.24
资本公积金(万元)	7529.43	16449.13	16390.11
主营利润(万元)	5328.58	8834.34	5474.96
其他业务利润(万元)	153.82	2.78	2.78
营业利润(万元)	3629.60	7793.71	4136.21
投资收益(万元)	-261.00	-145.08	-0.02
补贴收入(万元)	333.23	153.49	-0.99
营业外收支(万元)	0.71	-1.07	-0.00
利润总额(万元)	3702.55	7801.05	4196.25
净利润(万元)	2406.69	5115.74	2775.26

十大股东

序号	股东名称	股份性质	持股数(万股)	比例(%)
1	天津海泰控股集团有限公司	国有法人股	5990.54	22.34
2	渤海证券有限责任公司	境内法人股,流通A股	638.14	2.38
3	申银万国证券股份有限公司	境内法人股	235.17	0.88
4	山东永兴集团有限公司	流通A股	178.19	0.66
5	上海浦东新区银益劳动服务部	境内法人股	117.00	0.44
6	云南金旅信托投资有限公司	境内法人股	117.00	0.44
7	湖州市供销贸易有限公司	境内法人股	117.00	0.44
8	英大国际信托投资有限责任公司	境内法人股	117.00	0.44
9	刘鱼儿	流通A股	87.89	0.33
10	吕桃富	流通A股	71.72	0.27

股东人数	2004.6	2003.12	2003.6	2002
	18533	22519	24006	28332

近年分配	2004年6月16日10派0.50	近年配股/增发	2004年6月16日10送2转6

重大事项

2004年4月19日召开的2003年度股东大会通过2003年度利润分配方案为：以2003年末总股本148,980,783股为基数，每10股送红股2股，派现金0.5元(含税)。2003年度公积金转增股本方案为：以2003年末总股本148,980,783股为基数，每10股转增6股。

二〇〇三年以来市场表现

2003年涨跌幅(%)	-4.74
2003年最高(元)	6.79
2003年最低(元)	4.41
2003年换手率(%)	67.49
2004.06涨跌幅(%)	24.06
2004.06最高(元)	8.50
2004.06最低(元)	4.77
2004.06换手率(%)	62.62

成都博讯数码技术股份有限公司

公司概况

公司名称	成都博讯数码技术股份有限公司			股票代码	600083	
注册地址	四川省成都市科华北路58号亚太广场五楼			邮政编码	523077	
法人代表	刘国真			董秘	宋静远	
电话	0769-2906116			传真	0769-2906119	
主营业务	彩色显像管玻壳、偏转线圈					
总股本	23000.00	流通 A	13573.06	流通 B		流通 H
审计单位				审计意见	未审计	

主要财务指标

年度	2004.6	2003	2002
每股收益/扣除后(元)	-0.0200	-0.0090	0.0500
每股经营现金流量(元)	0.1713	0.0480	-0.0350
每股净资产/调整后(元)	0.0600	0.0780	0.0480
每股公积金(元)	0.1052	0.1052	0.1052
净资产收益率(%)	-33.2400	8.9200	60.4100
总资产(万元)	19780.42	23150.72	20794.30
股东权益(万元)	1383.62	1842.48	1341.82
未分配利润(万元)	-24036.31	-23577.44	-24078.10
主营收入(万元)	8657.38	21488.04	17931.06
资本公积金(万元)	2419.92	2419.92	2419.92
主营利润(万元)	2039.80	7771.63	5749.73
其他业务利润(万元)	4.94	3.07	-0.03
营业利润(万元)	-460.26	2569.18	2232.64
投资收益(万元)		-10.69	-9.37
补贴收入(万元)		385.00	385.00
营业外收支(万元)	0.31	-2779.15	-24.46
利润总额(万元)	-459.96	164.34	810.64
净利润(万元)	-459.96	164.34	810.64

十大股东

序号	股东名称	股份性质	持股数(万股)	比例(%)
1	广东福地科技总公司	国家股	7961.82	34.62
2	东莞证券有限责任公司	流通A股	160.00	0.70
3	郭小艳	流通A股	110.95	0.48
4	田德荣	流通A股	108.97	0.47
5	海通证券大连分公司	境内法人股	80.00	0.35
6	林山海	流通A股	68.30	0.30
7	刘永生	流通A股	64.47	0.28
8	李淑君	流通A股	57.27	0.25
9	达川地区通达实业公司	境内法人股	52.00	0.23
10	杨秀金	流通A股	50.62	0.22

股东人数	2004.6	2003.12	2003.6	2002
	43783	44143	41875	43977

近年分配		近年配股/增发	

重大事项

2004年1月，公司与福地总公司签订《厂房租赁协议》，租赁福地总公司厂房6078.5平方米，年租金83.15万元，租期五年，该项租赁保证了公司稳定的生产经营场所；

二〇〇三年以来市场表现

2003年涨跌幅(%)	-31.81
2003年最高(元)	7.46
2003年最低(元)	3.33
2003年换手率(%)	293.17
2004.06涨跌幅(%)	2.51
2004.06最高(元)	5.15
2004.06最低(元)	3.37
2004.06换手率(%)	161.09

新天国际经贸股份有限公司

公司概况

公司名称	新天国际经贸股份有限公司	股票代码	600084
注册地址	新疆乌鲁木齐市红山路 40 号	邮政编码	830002
法人代表	贾伯炜	董秘	查勇
电话	0991-8882439	传真	0991-8882439
主营业务	国内、国际贸易		
审计单位		审计意见	未审计

总股本	流通 A	流通 B	流通 H
47036.08	17846.40		

主要财务指标

年度	2004.6	2003	2002
每股收益 / 扣除后(元)	0.0434	0.2300	0.3300
每股经营现金流量(元)	0.4840	–1.6300	–0.3400
每股净资产 / 调整后(元)	1.6500	3.2300	3.0400
每股公积金(元)	0.0149	0.9299	0.9298
净资产收益率(%)	2.6100	7.0900	10.5000
总资产(万元)	487683.59	540002.69	248112.80
股东权益(万元)	80106.04	78604.27	73032.47
未分配利润(万元)	24725.37	24987.45	21876.38
主营收入(万元)	120167.08	251519.28	126321.11
资本公积金(万元)	702.29	21868.52	21868.07
主营利润(万元)	14981.09	34065.84	22254.77
其他业务利润(万元)	761.99	855.20	15.06
营业利润(万元)	4321.39	7415.76	8377.78
投资收益(万元)	–652.77	–235.78	970.64
补贴收入(万元)	106.33	114.01	–0.45
营业外收支(万元)	–59.14	–9.75	0.12
利润总额(万元)	3715.81	7284.25	9312.68
净利润(万元)	2089.72	5571.34	7664.87

十大股东

序号	股东名称	股份性质	持股数(万股)	比例(%)
1	新天国际经济技术合作集团有限公司	国有法人股	23660.00	50.30
2	中国成套设备进出口集团总公司	境内法人股	2220.66	4.72
3	新疆北中房地产开发有限公司	境内法人股	2220.66	4.72
4	新疆生产建设兵团投资中心	境内法人股	1088.36	2.31
5	张国利	流通 A 股	70.56	0.15
6	黄亚平	流通 A 股	58.19	0.12
7	孙贵才	流通 A 股	50.78	0.11
8	简丽	流通 A 股	46.34	0.10
9	徐炎	流通 A 股	45.36	0.10
10	栾步开	流通 A 股	43.55	0.09

股东人数	2004.6	2003.12	2003.6	2002
	18531	17606	19869	21947

近年分配	近年配股/增发
2004 年 6 月 29 日 10 派 0.25	2004 年 6 月 29 日 10 送 1 转 9

重大事项

上年度利润分配方案、公积金转增股本方案及其执行情况：公司 2003 年利润分配方案（每 10 股送 1 股派发现金股利 0.25 元（含税），资本公积金转增股本每 10 股转增 9 股）经 2004 年 5 月 21 日召开的 2003 年年度股东大会审议通过。

二○○三年以来市场表现

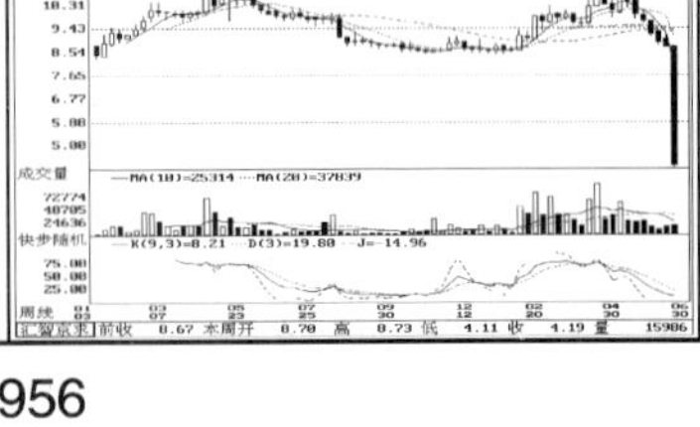

2003 年涨跌幅(%)	-0.44
2003 年最高(元)	5.39
2003 年最低(元)	4.09
2003 年换手率(%)	39.68
2004.06 涨跌幅(%)	-1.71
2004.06 最高(元)	5.59
2004.06 最低(元)	4.11
2004.06 换手率(%)	47.09

北京同仁堂股份有限公司

公司概况

公司名称	北京同仁堂股份有限公司	股票代码	600085
注册地址	北京市北京经济技术开发区宏达北路 10 号商务大楼	邮政编码	100062
法人代表	殷顺海	董秘	张生瑜
电话	010-67020018	传真	010-67020018
主营业务	中成药		
审计单位		审计意见	未审计

总股本	流通 A	流通 B	流通 H
33179.99	9961.66		

主要财务指标

年度	2004.6	2003	2002
每股收益 / 扣除后(元)	0.4659	0.6950	0.7530
每股经营现金流量(元)	0.7140	0.8740	0.7550
每股净资产 / 调整后(元)	4.9430	4.7850	4.0750
每股公积金(元)	1.7877	1.7877	1.7818
净资产收益率(%)	9.1200	14.6400	17.9200
总资产(万元)	295196.41	274631.19	245918.91
股东权益(万元)	169032.31	163566.20	139423.23
未分配利润(万元)	51161.06	46212.25	28070.32
主营收入(万元)	140634.62	216908.55	199184.58
资本公积金(万元)	59315.21	59315.21	59120.45
主营利润(万元)	61895.50	100071.86	85755.00
其他业务利润(万元)	191.00	456.41	–1.48
营业利润(万元)	23523.18	36949.65	33151.66
投资收益(万元)	40.95	32.56	129.98
补贴收入(万元)			
营业外收支(万元)	–48.84	–279.62	–31.88
利润总额(万元)	23515.30	36702.59	33022.18
净利润(万元)	15415.42	23952.91	24987.74

十大股东

序号	股东名称	股份性质	持股数(万股)	比例(%)
1	中国北京同仁堂集团有限责任公司	国有法人股	23218.33	69.98
2	丰和价值证券投资基金	流通 A 股	480.54	1.45
3	申万巴黎盛利精选证券投资基金	流通 A 股	408.64	1.23
4	嘉实服务增值行业证券投资基金	流通 A 股	360.02	1.09
5	通乾证券投资基金	流通 A 股	278.86	0.84
6	南方稳健成长证券投资基金	流通 A 股	278.50	0.84
7	中信经典配置证券投资基金	流通 A 股	258.72	0.78
8	易方达平稳增长证券投资基金	流通 A 股	246.91	0.74
9	同益证券投资基金	流通 A 股	231.24	0.70
10	科瑞证券投资基金	流通 A 股	224.51	0.68

股东人数	2004.6	2003.12	2003.6	2002
	17209	24651	21522	30998

近年分配	近年配股/增发
2004 年 6 月 11 日 10 派 3.00	

重大事项

本公司向中国北京同仁堂（集团）有限责任公司提供资金余额中有 90.59 万元为代垫款，向北京同仁堂珠海有限公司提供资金余额中有 3.84 万元为押金，向北京同仁堂连锁药店总部提供资金余额为押金。中国北京同仁堂（集团）有限责任公司向本公司提供资金余额中有 148.46 万元为科研拨款，北京同仁堂太丰制药有限公司提供资金的余额 214.84 万元为租用厂房的租金。

二○○三年以来市场表现

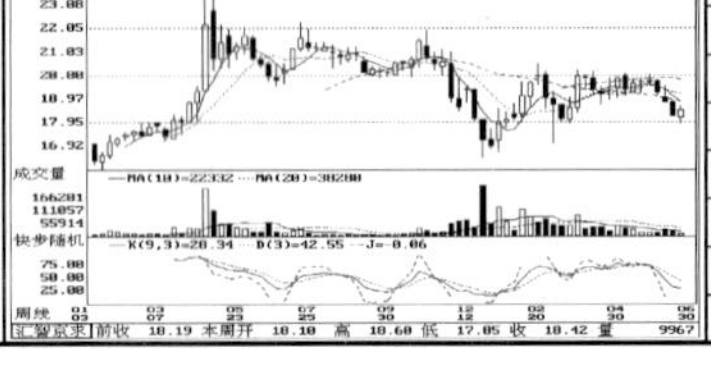

2003 年涨跌幅(%)	2.30
2003 年最高(元)	23.50
2003 年最低(元)	15.30
2003 年换手率(%)	118.19
2004.06 涨跌幅(%)	8.99
2004.06 最高(元)	20.19
2004.06 最低(元)	16.31
2004.06 换手率(%)	84.61

湖北多佳股份有限公司

公司概况

公司名称	湖北多佳股份有限公司	股票代码	600086
注册地址	湖北省鄂州市武昌大道298号	邮政编码	430074
法人代表	赵兴龙	董秘	朱一波
电话	027-87592138	传真	027-87592144
主营业务	纺织品生产销售		
审计单位		审计意见	未审计

总股本	流通A	流通B	流通H
35228.17	12822.01		

主要财务指标

年度	2004.6	2003	2002
每股收益/扣除后(元)	-0.0078	-0.0320	0.0470
每股经营现金流量(元)	-0.0619	-0.1020	0.0970
每股净资产/调整后(元)	1.4140	1.4250	1.4510
每股公积金(元)	0.1359	0.1171	0.1171
净资产收益率(%)	-0.7000	-1.9600	2.9200
总资产(万元)	87524.35	87087.80	80923.95
股东权益(万元)	50526.59	50218.13	51201.98
未分配利润(万元)	6664.33	7019.17	8003.02
主营收入(万元)	4183.12	6013.35	9328.59
资本公积金(万元)	4786.85	4123.54	4123.54
主营利润(万元)	2272.38	3806.11	4323.92
其他业务利润(万元)			
营业利润(万元)	446.20	277.75	2422.48
投资收益(万元)	-79.68	-28.07	-147.48
补贴收入(万元)			
营业外收支(万元)		2.00	-0.02
利润总额(万元)	366.52	251.68	2263.52
净利润(万元)	-354.84	-983.86	1493.49

十大股东

序号	股东名称	股份性质	持股数(万股)	比例(%)
1	湖北多佳集团实业有限公司	境内法人股	8894.60	25.25
2	西安开元科教控股有限公司	境内法人股	7750.20	22.00
3	鄂州市民康企业有限公司	境内法人股	2510.30	7.13
4	海南裕泽源投资有限公司	境内法人股	1610.00	4.57
5	鄂州市建设投资公司	境内法人股	1176.95	3.34
6	湖北工商银行	境内法人股	266.13	0.76
7	宋容华	流通A股	71.06	0.20
8	佳淳商贸	境内法人股	60.00	0.17
9	良迪贸易	境内法人股	60.00	0.17
10	鄂服公司	境内法人股	57.97	0.16

股东人数	2004.6	2003.12	2003.6	2002
	33474	8728	9950	13305

近年分配		近年配股/增发	

重大事项

2004年6月6日,公司与伊果控股再次签订了《资产置换协议书》,拟置出三家教育类公司的股权及部分其他应收款与西安伊果投资控股有限公司拥有的深圳市东方金钰珠宝实业有限公司98%的股权进行置换。

二〇〇三年以来市场表现

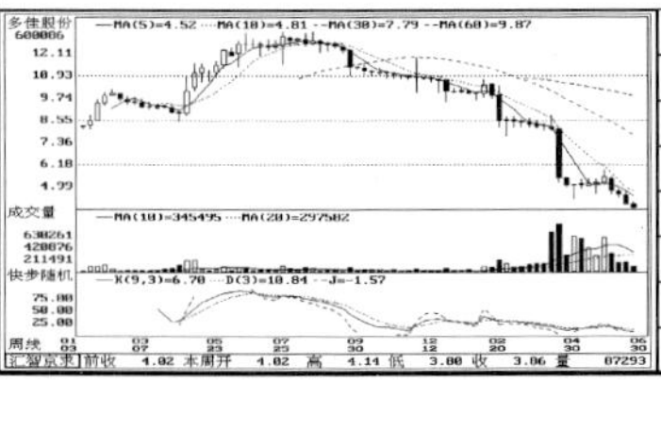

2003年涨跌幅(%)	22.55
2003年最高(元)	13.30
2003年最低(元)	8.08
2003年换手率(%)	186.05
2004.06涨跌幅(%)	-61.82
2004.06最高(元)	10.70
2004.06最低(元)	3.80
2004.06换手率(%)	476.45

南京水运实业股份有限公司

公司概况

公司名称	南京水运实业股份有限公司	股票代码	600087
注册地址	南京经济技术开发区新港大道82号金融楼东1幢2楼	邮政编码	210008
法人代表	刘锡汉	董秘	曾善柱
电话	025-83283904	传真	025-83283939
主营业务	石油		
审计单位	南京永华会计师事务所	审计意见	标准无保留

总股本	流通A	流通B	流通H
51569.75	18331.46		

主要财务指标

年度	2004.6	2003	2002
每股收益/扣除后(元)	0.1847	0.3100	0.4900
每股经营现金流量(元)	0.3890	0.4200	0.5200
每股净资产/调整后(元)	2.4300	2.2700	3.4900
每股公积金(元)	0.6679	0.5638	1.6618
净资产收益率(%)	7.5500	13.7500	14.9900
总资产(万元)	172910.87	147763.44	128018.25
股东权益(万元)	125553.50	114347.76	83620.45
未分配利润(万元)	23501.56	13912.71	7076.95
主营收入(万元)	37840.16	68656.84	52120.42
资本公积金(万元)	34441.44	28963.12	39771.25
主营利润(万元)	13178.69	20526.12	16051.67
其他业务利润(万元)	267.28	369.98	-1.33
营业利润(万元)	11110.81	17563.74	13650.58
投资收益(万元)	70.00	728.88	1290.37
补贴收入(万元)			
营业外收支(万元)	-39.44	-42.97	0.66
利润总额(万元)	11141.37	18249.65	14813.14
净利润(万元)	9513.19	15726.12	12536.81

十大股东

序号	股东名称	股份性质	持股数(万股)	比例(%)
1	南京长江油运公司	国有法人股	19777.28	38.35
2	中国工商银行重庆市分行	国有法人股	1149.71	2.23
3	中国石化集团长岭炼油化工有限责任公司	国有法人股	1021.96	1.98
4	中国石化集团九江石油化工总厂	国有法人股	1021.96	1.98
5	中国石化集团安庆石油化工总厂	国有法人股	1021.96	1.98
6	国信证券有限责任公司	流通股	849.30	1.65
7	中国石化集团武汉石油化工厂	国有法人股	830.34	1.61
8	中国农业银行-银河稳健证券投资基金	流通股	699.68	1.36
9	中国石化集团荆门石油化工总厂	国有法人股	638.73	1.24
10	中国石化集团金陵感化有限责任公司	国有法人股	638.73	1.24

股东人数	2004.6	2003.12	2003.6	2002
	55334	42259	31837	32285

近年分配	近年配股/增发
2004年6月21日10派1.00	

重大事项

该合同由本公司与大连造船重工有限责任公司于2003年4月26日签署,合同的主要内容为:大连造船重工有限责任公司为公司建造两艘7万吨级原油轮,合同价格为5,876万美元,该合同正在履行之中,本公司已累计支付造船进度款2,350.4万美元。

二〇〇三年以来市场表现

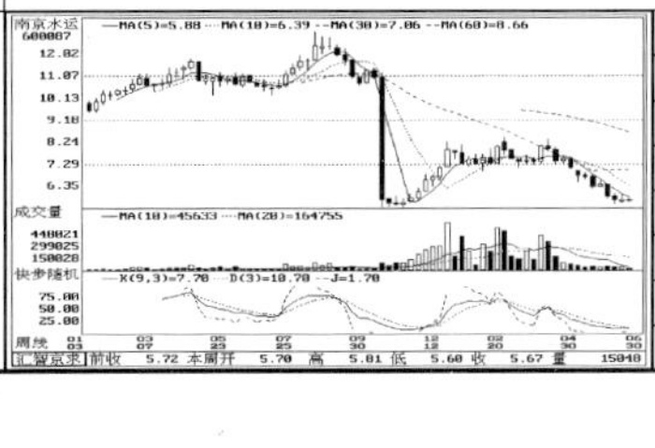

2003年涨跌幅(%)	61.78
2003年最高(元)	8.10
2003年最低(元)	4.46
2003年换手率(%)	189.63
2004.06涨跌幅(%)	-25.59
2004.06最高(元)	8.35
2004.06最低(元)	5.45
2004.06换手率(%)	253.02

中视传媒股份有限公司

公司概况

公司名称	中视传媒股份有限公司	股票代码	600088
注册地址	上海市浦东新区福山路450号新天国际大厦17层A座	邮政编码	200122
法人代表	高建民	董秘	卢芳
电话	021-68765168	传真	021-68763868
主营业务	影视拍摄基地开发		

总股本	23673.00	流通A	7800.00	流通B		流通H	
审计单位		审计意见	未审计				

主要财务指标

年度	2004.6	2003	2002
每股收益/扣除后(元)	0.0001	-0.0500	0.0100
每股经营现金流量(元)	-0.1910	0.1300	0.3100
每股净资产/调整后(元)	3.0800	3.0500	3.0300
每股公积金(元)	1.7541	1.7541	1.7541
净资产收益率(%)	0.9000	0.4300	0.3100
总资产(万元)	94031.10	94561.07	91014.96
股东权益(万元)	73504.18	72841.05	72527.98
未分配利润(万元)	25987.78	1935.65	1700.84
主营收入(万元)	19718.27	31068.69	31237.72
资本公积金(万元)	41525.02	41525.02	41525.02
主营利润(万元)	2611.95	5461.40	9927.76
其他业务利润(万元)	202.09	134.03	1.90
营业利润(万元)	166.64	-1033.76	972.86
投资收益(万元)	312.52	466.04	-641.15
补贴收入(万元)	594.12	1453.30	-6.62
营业外收支(万元)	-194.88	-281.95	-1.62
利润总额(万元)	878.40	603.62	681.65
净利润(万元)	663.13	313.08	225.38

十大股东

序号	股东名称	股份性质	持股数(万股)	比例(%)
1	无锡太湖影视城	国有法人股	15093.00	63.76
2	中国国际电视总公司	国有法人股	234.00	0.99
3	北京中电高科技电视发展公司	国有法人股	234.00	0.99
4	北京未来广告公司	国有法人股	234.00	0.99
5	北京荧屏汽车租赁公司	国有法人股	78.00	0.33
6	中国工商银行-融通蓝筹成和证券	流通A股	64.20	0.27
7	张宏伟	流通A股	51.80	0.22
8	上海市出租汽车算管理中心	流通A股	50.43	0.21
9	严波	流通A股	46.60	0.20
10	张永根	流通A股	45.00	0.19

股东人数	2004.6	2003.12	2003.6	2002
	35050	32966	26233	23603

近年分配		近年配股/增发	

重大事项

根据沪财企二(94)36号文规定，经上海市浦东新区国家税务局第三分局同意，上海中视国际广告有限公司从2003年1月起减按15%所得税税率计征企业所得税；上海中视国际广告有限公司从2003年1月1日起至2004年12月31日止免征企业所得税2年。

二〇〇三年以来市场表现

2003年涨跌幅(%)	1.09
2003年最高(元)	12.38
2003年最低(元)	6.42
2003年换手率(%)	484.63
2004.06涨跌幅(%)	-4.32
2004.06最高(元)	14.09
2004.06最低(元)	8.39
2004.06换手率(%)	393.39

新疆特变电工股份有限公司

公司概况

公司名称	新疆特变电工股份有限公司	股票代码	600089
注册地址	新疆昌吉市延安南路52号	邮政编码	831100
法人代表	张新	董秘	郭俊香
电话	0994-2724766	传真	0994-2724766
主营业务	变压器、电线电缆		

总股本	25949.02	流通A	13041.60	流通B		流通H	
审计单位		审计意见	未审计				

主要财务指标

年度	2004.6	2003	2002
每股收益/扣除后(元)	0.2580	0.4032	0.3340
每股经营现金流量(元)	0.5430	1.0500	1.0200
每股净资产/调整后(元)	4.0100	3.7900	3.3800
每股公积金(元)	1.6156	1.5977	1.4147
净资产收益率(%)	6.6800	10.7200	9.8100
总资产(万元)	552448.56	490372.56	270832.56
股东权益(万元)	106168.35	100895.60	89340.98
未分配利润(万元)	29773.90	22523.88	20000.23
主营收入(万元)	162951.06	232438.14	176174.56
资本公积金(万元)	41922.07	41459.70	36710.93
主营利润(万元)	34987.96	46364.43	37051.26
其他业务利润(万元)	1115.47	813.25	-31.75
营业利润(万元)	10598.47	13194.81	12721.31
投资收益(万元)	1737.51	2430.67	1300.45
补贴收入(万元)	393.46	71.90	-0.49
营业外收支(万元)	112.08	205.04	-0.51
利润总额(万元)	12983.39	16339.63	13952.48
净利润(万元)	7095.65	10819.87	8763.04

十大股东

序号	股东名称	股份性质	持股数(万股)	比例(%)
1	新疆天山投资有限责任公司	境内法人股	4198.40	16.18
2	上海宏联创业投资有限公司	境内法人股	3512.67	13.54
3	昌吉电力实业总公司	境内法人股	1694.72	6.53
4	上海鼎丰科技发展有限公司	境内法人股	1576.12	6.07
5	新疆维吾尔自治区投资公司	境内法人股	1213.82	4.68
6	湘财证券有限责任公司	流通A股	474.21	1.83
7	裕阳证券投资基金	流通A股	290.11	1.12
8	交通银行-安顺证券投资基金	流通A股	280.00	1.08
9	新疆巴州自力多种经营开发总公司	境内法人股	256.00	0.99
10	全国社保基金-零三组合	流通A股	203.48	0.78

股东人数	2004.6	2003.12	2003.6	2002
	67184	75886	82769	84638

近年分配	2004年6月14日10派1.00	近年配股/增发	

重大事项

报告期内公司从关联企业—新疆特变机电设备制造有限公司购买货物及劳务（变压器油箱）9,358,470.81元，此项交易占公司采购油箱总金额的23.27%，交易价格按招标价格执行，结算方式为银行支票或承兑汇票，截止2004年6月30日预付帐款1,470,000.00元，应付票据1,650,000.00元，应付帐款2,967,250.77元。

二〇〇三年以来市场表现

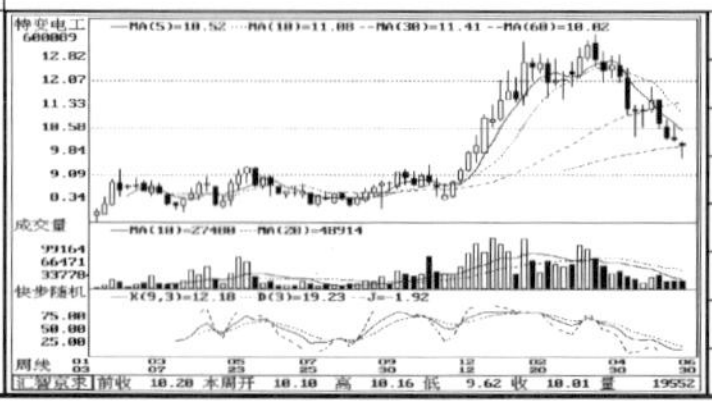

2003年涨跌幅(%)	41.11
2003年最高(元)	11.19
2003年最低(元)	7.40
2003年换手率(%)	94.56
2004.06涨跌幅(%)	-6.54
2004.06最高(元)	13.46
2004.06最低(元)	9.62
2004.06换手率(%)	80.04

新疆啤酒花股份有限公司

公司概况

公司名称	新疆啤酒花股份有限公司			股票代码	600090
注册地址	乌鲁木齐市解放北路17号酒花大厦			邮政编码	830002
法人代表	艾克拉木·艾沙由夫			董秘	舒群
电话	0991-2835219			传真	0991-2833517
主营业务	啤酒花、啤酒花制品				
总股本	36791.66	流通A	17412.10	流通B	流通H
审计单位				审计意见	未审计

主要财务指标

年度	2004.6	2003	2002
每股收益/扣除后(元)	–0.0494	–3.3040	0.1047
每股经营现金流量(元)	0.0510	–0.6480	–0.0940
每股净资产/调整后(元)	–2.5490	–2.6000	1.5340
每股公积金(元)	0.1016	0.1016	0.0535
净资产收益率(%)	1.8800	841.9900	8.4300
总资产(万元)	106454.83	107958.61	212224.05
股东权益(万元)	–90431.24	–88402.28	59532.81
未分配利润(万元)	–121498.53		2215.26
主营收入(万元)	13842.73	48628.87	72579.87
资本公积金(万元)	3738.23	3738.23	1970.14
主营利润(万元)	4804.69	7453.35	18135.99
其他业务利润(万元)	301.47	2195.39	–23.76
营业利润(万元)	–1905.01	–99573.57	2730.55
投资收益(万元)	8.36	–140.59	326.08
补贴收入(万元)	109.81	0.66	0.01
营业外收支(万元)	16.56	–53638.65	–16.97
利润总额(万元)	–1770.28	–153352.16	4938.87
净利润(万元)	–1683.15	–121539.23	4813.98

十大股东

序号	股东名称	股份性质	持股数(万股)	比例(%)
1	新疆恒源投资有限责任公司	境内法人股	9789.44	26.61
2	新疆维吾尔自治区轻工业供销总公司	境内法人股	7168.00	19.48
3	深圳市卢堡工贸有限公司	境内法人股	819.81	2.23
4	中科金投资有限公司	境内法人股	378.89	1.03
5	深圳祥源印刷包装有限公司	境内法人股	242.88	0.66
6	上海财政证券公司	流通A股	191.11	0.52
7	北京恒泰国信科技发展有限公司	流通A股	140.03	0.38
8	新疆和硕县清水河农场供销公司	境内法人股	93.39	0.25
9	李换平	流通A股	87.73	0.24
10	北京神州靓码科技发展有限公司	流通A股	81.86	0.22

股东人数	2004.6	2003.12	2003.6	2002
	22259	28715	9500	9813

近年分配		近年配股/增发	

重大事项

公司为上海天瑞投资有限公司(以下简称天瑞公司)委托理财3180万元向光大证券有限责任公司乌鲁木齐市证券营业部(以下简称光大证券)出具的担保纠纷一案,2004年3月24日已经上海市第一中级人民法院以(2003)沪一中民三(商)初字第254号民事判决书判决:光大证券对本金损失部分即2243.19万元自行承担10%责任,天瑞公司承担90%责任即2018万元,我公司就天瑞公司不能赔偿部分的三分之一对光大证券承担赔偿责任。对光大证券其他主张不予支持。上海市第一中级人民法院判决后,原被告均未上诉,该判决已生效。根据上海市第一中级人民法院的上述判决,我公司承担的民事责任将不超过673万元。

二〇〇三年以来市场表现

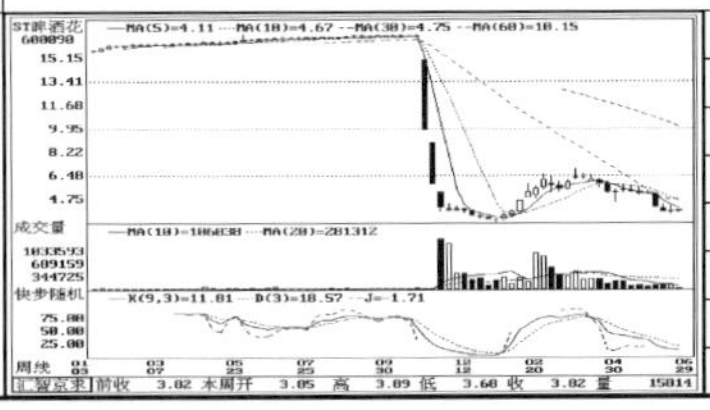

2003年涨跌幅(%)	–79.34
2003年最高(元)	16.88
2003年最低(元)	3.21
2003年换手率(%)	279.61
2004.06涨跌幅(%)	17.90
2004.06最高(元)	6.93
2004.06最低(元)	3.02
2004.06换手率(%)	379.54

包头明天科技股份有限公司

公司概况

公司名称	包头明天科技股份有限公司			股票代码	600091
注册地址	包头稀土高新技术产业开发区曙光路22号			邮政编码	014030
法人代表	程东胜			董秘	关明
电话	0472-2207058			传真	0472-2207059
主营业务	烧碱,聚氯乙烯树脂				
总股本	33652.60	流通A	20620.00	流通B	流通H
审计单位	大连华连会计师事务所有限公司			审计意见	标准无保留

主要财务指标

年度	2004.6	2003	2002
每股收益/扣除后(元)	0.0873	0.2300	0.2290
每股经营现金流量(元)	0.1820	0.3500	0.4200
每股净资产/调整后(元)	5.5400	5.4200	5.2300
每股公积金(元)	3.9297	3.6297	3.6297
净资产收益率(%)	2.0800	4.3800	4.3400
总资产(万元)	267769.84	276857.22	249905.30
股东权益(万元)	189837.41	185888.11	177750.05
未分配利润(万元)	24867.71	20918.42	14849.14
主营收入(万元)	36201.24	88185.79	71889.47
资本公积金(万元)	122150.18	122150.18	122150.18
主营利润(万元)	5096.07	12380.59	12870.76
其他业务利润(万元)	454.62	66.24	0.70
营业利润(万元)	2245.10	4972.80	7174.89
投资收益(万元)	1758.72	3010.18	163.17
补贴收入(万元)	126.49	542.88	–6.08
营业外收支(万元)	–2.45	–151.94	–0.71
利润总额(万元)	4127.86	8373.91	7574.47
净利润(万元)	3949.29	8138.06	7713.36

十大股东

序号	股东名称	股份性质	持股数(万股)	比例(%)
1	包头北普实业有限公司	境内法人股	5600.00	16.64
2	包头北大明天资源科技有限公司	国有法人股	4048.60	12.03
3	浙江恒际实业发展有限公司	境内法人股	3384.00	10.06
4	中国银行-天同180指数证券投资基金	流通A股	35.51	0.11
5	绍兴柯岩旅游有限公司	流通A股	31.00	0.09
6	宋丹阳	流通A股	30.70	0.09
7	满恒才	流通A股	29.42	0.09
8	浙江华粮贸易有限公司	流通A股	27.81	0.08
9	贾静	流通A股	25.70	0.08
10	林举元	流通A股	25.30	0.08

股东人数	2004.6	2003.12	2003.6	2002
	86008	89464	88875	93702

近年分配		近年配股/增发	

重大事项

公司为包头华资实业股份有限公司向中国工商银行包头市东河区支行1亿元人民币借款提供担保,担保期限一年,现还在担保期内。

二〇〇三年以来市场表现

2003年涨跌幅(%)	–9.16
2003年最高(元)	8.78
2003年最低(元)	6.24
2003年换手率(%)	203.37
2004.06涨跌幅(%)	–5.49
2004.06最高(元)	8.96
2004.06最低(元)	6.29
2004.06换手率(%)	164.96

陕西精密合金股份有限公司

公司概况

公司名称	陕西精密合金股份有限公司	股票代码	600092
注册地址	西安高新技术产业开发西区高新一路19号	邮政编码	710077
法人代表	赵岗	董秘	葛熙富
电话	029-84610536	传真	029-84620414
主营业务	研制、生产精密合金		
总股本	26119.62	流通A	13309.92
流通B		流通H	
审计单位		审计意见	未审计

主要财务指标

年度	2004.6	2003	2002
每股收益/扣除后(元)	–0.0650	–0.1475	0.0105
每股经营现金流量(元)	–0.1020	0.2144	–0.3180
每股净资产/调整后(元)	2.3600	2.4200	2.5900
每股公积金(元)	0.9643	0.9643	0.9643
净资产收益率(%)	–2.7400	–6.0500	0.4700
总资产(万元)	100903.93	103717.72	109338.53
股东权益(万元)	61960.17	63656.92	67621.97
未分配利润(万元)	7001.99	8699.00	12663.78
主营收入(万元)	1045.61	7279.24	13417.76
资本公积金(万元)	25186.13	25186.13	25186.13
主营利润(万元)	–201.44	2230.63	4813.70
其他业务利润(万元)	79.02	116.46	–2.90
营业利润(万元)	–1722.70	–4084.12	590.46
投资收益(万元)	2.88	5.76	5.76
补贴收入(万元)			
营业外收支(万元)	–0.33	–0.90	0.01
利润总额(万元)	–1720.16	–4079.26	549.91
净利润(万元)	–1696.75	–3849.04	318.51

十大股东

序号	股东名称	股份性质	持股数(万股)	比例(%)
1	深圳天华电力投资有限公司	国有法人股	7665.30	29.35
2	上海涌金实业有限公司	境内法人股	535.00	2.05
3	新疆乌鲁木齐将军制锁厂	境内法人股	396.34	1.52
4	中国阳光投资集团有限公司	境内法人股	306.00	1.17
5	深圳深业(集团)物业管理公司	境内法人股	270.00	1.03
6	陕西西北信托投资公司	境内法人股	180.00	0.69
7	南通市通银经贸公司	境内法人股	180.00	0.69
8	河北中兴科技开发总公司	境内法人股	180.00	0.69
9	深圳市政工程公司	境内法人股	180.00	0.69
10	新疆宏远信托投资有限公司	境内法人股	162.00	0.62

股东人数

2004.6	2003.12	2003.6	2002
73771	75695	79074	81523

近年分配		近年配股/增发	

重大事项

公司控股子公司数码西部信息技术有限公司在8月12日收到西安市莲湖区人民法院应诉通知书，因数码西部公司于2002年6月与中国建筑第四工程公司签订"西安信息技术专业孵化器2号楼工程"合同，由中国四建公司承建孵化器2号楼工程，总价款32741943元，因数码西部公司未按合同约定完成的工程进度支付工程款，中国四建公司诉至西安市莲湖区人民法院，请求判令数码西部公司支付拖欠的工程款3672861.20元和终止履行合同。

二〇〇三年以来市场表现

2003年涨跌幅(%)	–29.46
2003年最高(元)	7.07
2003年最低(元)	3.86
2003年换手率(%)	108.77
2004.06涨跌幅(%)	–3.10
2004.06最高(元)	5.34
2004.06最低(元)	3.96
2004.06换手率(%)	143.10

四川禾嘉股份有限公司

公司概况

公司名称	四川禾嘉股份有限公司	股票代码	600093
注册地址	四川省成都市高新技术产业开发区九兴大道3号	邮政编码	610041
法人代表	夏朝嘉	董秘	樊平
电话	028-85155498	传真	028-5155498
主营业务	农副产品深加工		
总股本	28687.50	流通A	11475.00
流通B		流通H	
审计单位		审计意见	未审计

主要财务指标

年度	2004.6	2003	2002
每股收益/扣除后(元)	0.0154	0.0100	0.0690
每股经营现金流量(元)	–0.0380	0.2600	–0.3600
每股净资产/调整后(元)	1.4100	1.3900	2.0300
每股公积金(元)	0.1379	0.1332	0.4562
净资产收益率(%)	1.1000	2.1100	4.0700
总资产(万元)	109771.52	105434.78	98166.78
股东权益(万元)	42616.05	41938.80	40802.88
未分配利润(万元)	6392.17	5850.30	9608.88
主营收入(万元)	14946.09	22541.04	24334.41
资本公积金(万元)	3956.62	3821.24	8724.96
主营利润(万元)	3861.51	7476.82	8450.95
其他业务利润(万元)	60.75	94.73	–0.13
营业利润(万元)	983.87	1702.31	2828.01
投资收益(万元)	–66.88	–11.89	–29.18
补贴收入(万元)		10.00	10.00
营业外收支(万元)	–6.65	53.95	–0.27
利润总额(万元)	910.33	1754.37	2745.51
净利润(万元)	468.13	884.52	1658.81

十大股东

序号	股东名称	股份性质	持股数(万股)	比例(%)
1	四川禾嘉实业集团有限公司	境内法人股	14940.45	52.08
2	成都市武侯区百花洲娱乐世界	境内法人股	757.35	2.64
3	四川禾嘉房地产开发公司	境内法人股	757.35	2.64
4	北海海利实业公司	境内法人股	378.68	1.32
5	四川星火食品研究院	境内法人股	378.68	1.32
6	上海华展企业发展有限公司	流通A股	48.60	0.17
7	上海新家园物业管理有限公司	流通A股	32.25	0.11
8	闫利	流通A股	32.10	0.11
9	孙元贵	流通A股	30.16	0.11
10	李艳波	流通A股	29.26	0.10

股东人数

2004.6	2003.12	2003.6	2002
35976	26885	6797	6628

近年分配		近年配股/增发	

重大事项

公司第三届董事会第一次会议选举出董事长、副董事长，聘任了公司总经理、副总经理、财务总监、董事会秘书和证券事务代表。

二〇〇三年以来市场表现

2003年涨跌幅(%)	–34.83
2003年最高(元)	8.65
2003年最低(元)	3.88
2003年换手率(%)	394.57
2004.06涨跌幅(%)	–3.89
2004.06最高(元)	6.18
2004.06最低(元)	3.89
2004.06换手率(%)	450.51

上海华源股份有限公司

公司概况

公司名称	上海华源股份有限公司	股票代码	600094
注册地址	上海浦东新区陆家嘴东路161号招商局大厦31楼	邮政编码	200120
法人代表	吴云生	董秘	张乐生
电话	021-58799888	传真	021-58825887
主营业务	聚酯产品、化纤、棉毛纺织品		
审计单位		审计意见	未审计

总股本	流通A	流通B	流通H
49175.40	11040.00	20700.00	

主要财务指标

年度	2004.6	2003	2002
每股收益/扣除后(元)	0.0539	0.0230	0.0600
每股经营现金流量(元)	0.0770	0.2430	0.4100
每股净资产/调整后(元)	3.1760	3.1510	2.9600
每股公积金(元)	1.5039	1.5039	1.5029
净资产收益率(%)	2.0750	3.8520	2.9700
总资产(万元)	608971.06	561560.87	447991.34
股东权益(万元)	158536.05	156617.45	147457.70
未分配利润(万元)	14015.11	10725.34	6836.49
主营收入(万元)	221838.41	383365.91	230450.42
资本公积金(万元)	73953.59	73953.59	73906.41
主营利润(万元)	22442.55	37560.58	26546.09
其他业务利润(万元)	1430.83	3252.33	-64.01
营业利润(万元)	3357.48	3516.98	6391.54
投资收益(万元)	2525.73	4545.46	1395.39
补贴收入(万元)	366.98	292.28	-7.85
营业外收支(万元)	-105.50	2154.21	-8.74
利润总额(万元)	6144.68	10508.93	8618.19
净利润(万元)	3289.77	6032.33	4380.30

十大股东

序号	股东名称	股份性质	持股数(万股)	比例(%)
1	中国华源集团有限公司	国有法人股	15493.20	31.51
2	锡山市长苑丝织厂	法人股	1015.20	2.06
3	江苏秋艳集团公司	法人股	927.00	1.89
4	SKANDIA GLOBAL FUNDSPLC	流通B股	201.94	0.41
5	卓武军	流通A股	84.92	0.17
6	吴杨天香	流通B股	81.93	0.17
7	DEBORAH WANG LIN	流通B股	70.95	0.14
8	NAITO SECURITIES CO., LTD.	流通B股	58.25	0.12
9	HKIT S/A 006-113039-431	流通B股	46.30	0.09
10	奚建梁	流通B股	45.00	0.09

股东人数

2004.6	2003.12	2003.6	2002
90761	58215	59489	90999

近年分配		近年配股/增发	

重大事项

上海华源股份有限公司常州化纤公司于2002年与常州钟楼经济开发区管理委员会签订了土地出让合同,受让区内土地387亩,合同总价3,870万元。截止2004年6月30日,已支付3,500万元,尚需支付370万元。2003年公司与常州市北港建筑工程公司签订关于建造仓库、车间的土建工程合同,合同总价510万元。截止2004年6月30日,已支付410万元,尚需支付100万元。截止2004年6月30日,公司尚需支付的价款共计470万元。

二○○三年以来市场表现

2003年涨跌幅(%)	-19.03
2003年最高(元)	8.19
2003年最低(元)	4.75
2003年换手率(%)	160.26
2004.06涨跌幅(%)	-1.39
2004.06最高(元)	6.42
2004.06最低(元)	4.87
2004.06换手率(%)	98.44

哈尔滨高科技(集团)股份有限公司

公司概况

公司名称	哈尔滨高科技(集团)股份有限公司	股票代码	600095
注册地址	哈尔滨开发区迎宾路集中区天平路2号	邮政编码	150078
法人代表	杨登瑞	董秘	范林业
电话	0451-84348062	传真	0451-84348057
主营业务	粮豆深加工和制药		
审计单位		审计意见	未审计

总股本	流通A	流通B	流通H
26156.00	15106.60		

主要财务指标

年度	2004.6	2003	2002
每股收益/扣除后(元)	-0.0041	-0.0216	0.0231
每股经营现金流量(元)	-0.1940	0.0760	0.1440
每股净资产/调整后(元)	2.0750	2.2150	2.1180
每股公积金(元)	1.3861	1.3839	1.3834
净资产收益率(%)	0.0340	1.0300	1.0800
总资产(万元)	96258.78	91998.61	145271.98
股东权益(万元)	60206.74	60128.71	60188.87
未分配利润(万元)	-5362.80	-5383.34	-6273.30
主营收入(万元)	15801.46	28757.96	22732.84
资本公积金(万元)	36254.00	36196.51	36185.27
主营利润(万元)	2523.24	7724.04	6496.88
其他业务利润(万元)	319.70	732.85	-3.90
营业利润(万元)	-252.08	1296.20	533.22
投资收益(万元)	271.46	266.54	-42.71
补贴收入(万元)			
营业外收支(万元)	2.76	-77.00	-0.59
利润总额(万元)	22.13	1485.74	775.40
净利润(万元)	20.54	620.85	650.25

十大股东

序号	股东名称	股份性质	持股数(万股)	比例(%)
1	哈尔滨高新技术产业开发区房屋建设开发总公司	国有法人股	7056.94	26.98
2	哈尔滨火炬高新技术开发总公司	国有法人股	2750.73	10.52
3	哈尔滨高新技术产业开发区对外贸易公司	国有法人股	1241.73	4.75
4	黄桂通	流通A股	31.81	0.12
5	谢丽英	流通A股	25.08	0.10
6	张落馀	流通A股	24.56	0.09
7	曹立文	流通A股	23.36	0.09
8	袁党	流通A股	18.59	0.07
9	陈开民	流通A股	18.40	0.07
10	徐志豪	流通A股	16.15	0.06

股东人数

2004.6	2003.12	2003.6	2002
100947	106108	109904	110791

近年分配		近年配股/增发	

重大事项

公司于2004年2月向子公司哈尔滨高科技集团房地产开发有限公司增资4000万元,6月又增资4000万元。经两次增资后,哈高科持有哈尔滨高科技集团房地产开发有限公司97.78%的股权,哈尔滨万通会计师事务所有限公司为此做了验证。

二○○三年以来市场表现

2003年涨跌幅(%)	-26.50
2003年最高(元)	7.56
2003年最低(元)	4.33
2003年换手率(%)	101.24
2004.06涨跌幅(%)	-1.11
2004.06最高(元)	6.25
2004.06最低(元)	4.31
2004.06换手率(%)	77.60

云南云天化股份有限公司

公司概况

公司名称	云南云天化股份有限公司			股票代码	600096		
注册地址	云南省水富县			邮政编码	657800		
法人代表	李如岗			董秘	刘和兴		
电话	0870-8664318			传真	0870-8664319		
主营业务	尿素、合成氨等						
总股本	36907.75	流通A	10089.57	流通B		流通H	
审计单位	亚太中汇会计师事务所有限公司			审计意见	标准无保留		

主要财务指标

年度	2004.6	2003	2002
每股收益/扣除后(元)	0.5757	0.5600	0.4132
每股经营现金流量(元)	0.8485	1.1595	0.8193
每股净资产/调整后(元)	4.3690	3.7890	3.2170
每股公积金(元)	1.4811	1.4602	1.4485
净资产收益率(%)	13.0300	14.2300	12.7100
总资产(万元)	372597.12	337349.37	242046.55
股东权益(万元)	162588.48	140546.36	120436.36
未分配利润(万元)	36779.23	18763.95	2304.42
主营收入(万元)	87060.82	136653.87	97861.38
资本公积金(万元)	54532.95	53772.89	53332.06
主营利润(万元)	37598.65	45474.35	30773.88
其他业务利润(万元)	44.50	488.65	–29.89
营业利润(万元)	26438.94	24640.59	17772.58
投资收益(万元)	–260.40	–280.38	–598.53
补贴收入(万元)	40.86	75.07	0.78
营业外收支(万元)	–100.00	–51.65	–0.10
利润总额(万元)	26119.41	24383.64	18735.87
净利润(万元)	21192.50	20006.64	15304.82

十大股东

序号	股东名称	股份性质	持股数(万股)	比例(%)
1	云天化集团有限责任公司	境内法人股	26818.18	72.66
2	海富通精选	流通A股	480.00	1.30
3	中信经典	流通A股	472.63	1.28
4	泰和基金	流通A股	351.36	0.95
5	华夏回报	流通A股	310.17	0.84
6	德盛小盘	流通A股	272.58	0.74
7	社保基金106组合	流通A股	227.01	0.62
8	海富通收益	流通A股	198.57	0.54
9	社保基金104组合	流通A股	172.58	0.47
10	景顺优选	流通A股	171.30	0.46

股东人数

2004.6	2003.12	2003.6	2002
33227	43845	48761	51181

近年分配		近年配股/增发	

重大事项

报告期内，公司第三届董事会第六次会议审议通过公司以所持有的大鹏证券有限责任公司3,500万元股权、广东发展银行4,240万元股权和现金3,960,445.20元置换云天化集团的年产3万吨甲醇装置、年产6.6万吨甲醛装置和年产5,000吨的乙醛装置及相关资产。

二○○三年以来市场表现

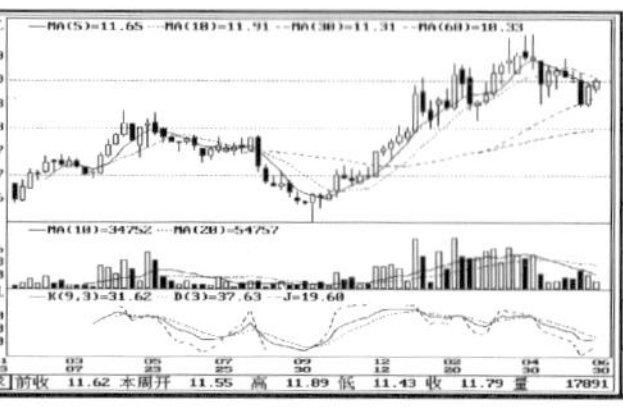

2003年涨跌幅(%)	21.51
2003年最高(元)	10.49
2003年最低(元)	7.56
2003年换手率(%)	74.92
2004.06涨跌幅(%)	15.93
2004.06最高(元)	13.20
2004.06最低(元)	10.08
2004.06换手率(%)	90.50

浙江华立科技股份有限公司

公司概况

公司名称	浙江华立科技股份有限公司			股票代码	600097		
注册地址	浙江省杭州市西湖区西斗门路18号			邮政编码	310012		
法人代表	汪力成			董秘	马三光		
电话	0571-88471777			传真	0571-88741666		
主营业务	电力自动化系统、电子电力设备						
总股本	11544.99	流通A	3500.00	流通B		流通H	
审计单位				审计意见	未审计		

主要财务指标

年度	2004.6	2003	2002
每股收益/扣除后(元)	0.0388	0.0800	0.0900
每股经营现金流量(元)	–0.1540	0.9600	0.3200
每股净资产/调整后(元)	1.3200	1.2800	1.2000
每股公积金(元)	2.1071	2.1071	2.1068
净资产收益率(%)	3.0900	6.4100	7.2900
总资产(万元)	49252.35	47387.88	40961.94
股东权益(万元)	15365.09	14890.78	13944.32
未分配利润(万元)	–21587.35	–22062.87	–23004.61
主营收入(万元)	12993.04	23641.60	20848.29
资本公积金(万元)	24325.96	24325.96	24322.44
主营利润(万元)	2575.97	6335.08	5617.73
其他业务利润(万元)	52.35	131.37	–9.41
营业利润(万元)	318.21	1034.68	1101.79
投资收益(万元)	13.97	–9.06	–44.48
补贴收入(万元)	11.76	7.16	0.24
营业外收支(万元)	0.21	–32.10	–0.26
利润总额(万元)	344.15	1000.68	1052.77
净利润(万元)	474.31	954.95	1016.79

十大股东

序号	股东名称	股份性质	持股数(万股)	比例(%)
1	华立产业集团有限公司	法人股	3300.00	28.58
2	海南恒泰集团有限公司	法人股	2251.04	19.50
3	浙江国际信托投资有限责任公司	法人股	1740.94	15.08
4	海南银泰建设投资开发公司	法人股	341.11	2.95
5	海南富华房地产开发公司长沙公司	法人股	241.35	2.09
6	海南国信实业发展有限公司	法人股	170.55	1.48
7	李桂军	流通A股	23.50	0.20
8	宋继明	流通A股	15.59	0.14
9	王海涛	流通A股	13.20	0.11
10	缪雅君	流通A股	13.10	0.11

股东人数

2004.6	2003.12	2003.6	2002
14974	14991	14022	13451

近年分配		近年配股/增发	

重大事项

华立产业集团有限公司为本公司的银行短期借款8000万元和应付票据11061万元提供保证方式的担保，分别占短期借款余额的57.14%和应付票据余额的84.68%。

二○○三年以来市场表现

2003年涨跌幅(%)	–36.21
2003年最高(元)	11.55
2003年最低(元)	5.80
2003年换手率(%)	147.44
2004.06涨跌幅(%)	–1.63
2004.06最高(元)	9.60
2004.06最低(元)	6.56
2004.06换手率(%)	185.15

广州发展实业控股集团股份有限公司

公司概况

公司名称	广州发展实业控股集团股份有限公司	股票代码	600098
注册地址	广州市东山区东风中路509号27、29楼。	邮政编码	510045
法人代表	杨丹地	董秘	吴旭
电话	020-83606539	传真	020-83606693
主营业务	能源、交通、通讯		

总股本	125280.00	流通 A	23400.00	流通 B		流通 H	
审计单位				审计意见	未审计		

主要财务指标

年度	2004.6	2003	2002
每股收益/扣除后(元)	0.2972	0.6380	0.5760
每股经营现金流量(元)	0.0830	1.1200	1.3200
每股净资产/调整后(元)	4.8070	4.8330	4.1870
每股公积金(元)	1.0182	1.0182	1.0163
净资产收益率(%)	6.7330	13.2900	15.6900
总资产(万元)	963204.62	1014308.56	1074651.12
股东权益(万元)	602385.25	605675.00	524953.94
未分配利润(万元)	175851.39	179141.09	153902.55
主营收入(万元)	206505.31	351824.28	407076.31
资本公积金(万元)	127565.05	127565.05	127321.35
主营利润(万元)	69337.67	134549.45	164026.77
其他业务利润(万元)	519.94	1912.04	-20.12
营业利润(万元)	63740.87	117535.93	144527.16
投资收益(万元)	7189.08	7880.11	-5297.07
补贴收入(万元)			
营业外收支(万元)	1054.78	-148.00	-1.42
利润总额(万元)	71984.73	125268.05	143626.86
净利润(万元)	40558.29	80477.32	82348.84

十大股东

序号	股东名称	股份性质	持股数(万股)	比例(%)
1	广州发展集团有限公司	国有法人股	101880.00	81.32
2	华宝信托投资有限责任公司	流通A股	3697.59	2.95
3	中国工商银行-银河银泰理财分红证券投资基金	流通A股	952.52	0.76
4	银丰证券投资基金	流通A股	754.72	0.60
5	上海凯运福工贸实业公司	流通A股	447.46	0.36
6	中国建设银行-华宝兴业多策略增长证券投资基金	流通A股	309.56	0.25
7	宝钢集团上海五钢有限公司	流通A股	306.00	0.24
8	中国建设银行-宝康消费品证券投资基金	流通A股	275.50	0.22
9	长江证券有限责任公司	流通A股	179.82	0.14
10	中国人民建设银行信托投资公司	流通A股	132.40	0.11

股东人数	2004.6	2003.12	2003.6	2002
	64692	76528	83871	82011

近年分配	2004年4月13日10派3.50	近年配股/增发	

重大事项

公司于2004年3月30日召开的2003年年度股东大会上审议通过了2003年度利润分配方案：公司以2003年年底股本12.528亿股为基数，每10股派现红利3.5元(含税)，支付现金438,480,000.00元。

二〇〇三年以来市场表现

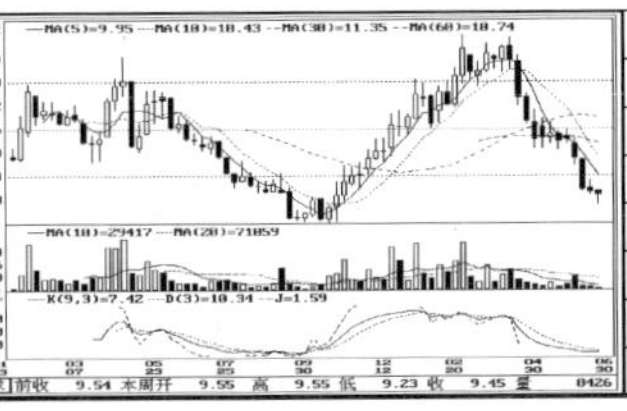

2003年涨跌幅(%)	6.05
2003年最高(元)	12.13
2003年最低(元)	8.47
2003年换手率(%)	185.80
2004.06涨跌幅(%)	-12.98
2004.06最高(元)	12.95
2004.06最低(元)	9.23
2004.06换手率(%)	86.04

林海股份有限公司

公司概况

公司名称	林海股份有限公司	股票代码	600099
注册地址	江苏省泰州市泰九路14号	邮政编码	225300
法人代表	陆海民	董秘	栾月明
电话	0523-6551888-2228	传真	0523-6551403
主营业务	小型内燃机、摩托车		

总股本	21912.00	流通 A	9120.00	流通 B		流通 H	
审计单位				审计意见	未审计		

主要财务指标

年度	2004.6	2003	2002
每股收益/扣除后(元)	0.0175	0.0220	0.0150
每股经营现金流量(元)	-0.0390	0.1100	0.0400
每股净资产/调整后(元)	2.0500	2.0300	2.0200
每股公积金(元)	0.9214	0.9214	0.9214
净资产收益率(%)	0.7800	1.0400	0.6800
总资产(万元)	53812.39	52560.03	51332.32
股东权益(万元)	45961.20	45601.36	45126.66
未分配利润(万元)	2276.49	1916.65	1560.62
主营收入(万元)	20056.28	27600.38	15853.25
资本公积金(万元)	20190.76	20190.76	20190.76
主营利润(万元)	1445.97	2511.07	802.44
其他业务利润(万元)	89.66	218.68	-3.78
营业利润(万元)	526.85	506.22	275.95
投资收益(万元)	20.19	64.28	41.31
补贴收入(万元)			
营业外收支(万元)	-19.92	-37.60	-0.17
利润总额(万元)	527.13	532.90	305.29
净利润(万元)	359.84	474.70	305.29

十大股东

序号	股东名称	股份性质	持股数(万股)	比例(%)
1	中国福马林业机械集团有限公司	国有股	12792.00	58.38
2	吕莉	流通A股	334.17	1.53
3	姜方泽	流通A股	107.48	0.49
4	郭西亮	流通A股	89.97	0.41
5	吴筱菁	流通A股	68.83	0.31
6	陈利华	流通A股	66.64	0.30
7	刘玉兰	流通A股	55.00	0.25
8	张颖	流通A股	52.23	0.24
9	周秀梅	流通A股	50.00	0.23
10	于霞	流通A股	48.10	0.22

股东人数	2004.6	2003.12	2003.6	2002
	17105	16949	19678	21935

近年分配		近年配股/增发	

重大事项

报告期内公司与关联方因购销业务往来存在应收账款事项，其中江苏林海雅马哈摩托有限公司为64.98万元，江苏苏美达林海动力机械有限公司为305.86万元，江苏林海动力机械集团公司为577.36万元，江苏林海奔腾动力机械有限公司为1573.25万元。

二〇〇三年以来市场表现

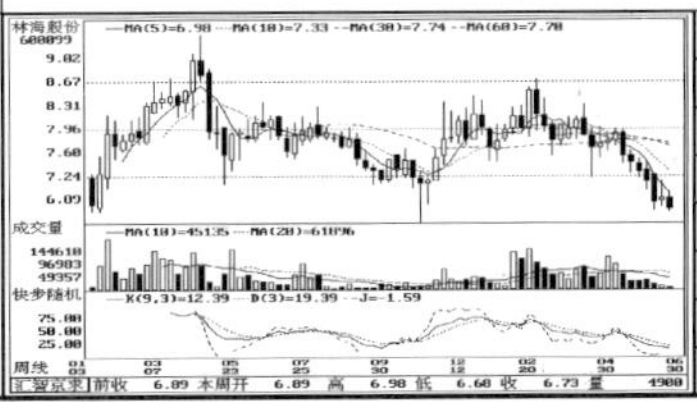

2003年涨跌幅(%)	12.08
2003年最高(元)	9.38
2003年最低(元)	6.53
2003年换手率(%)	282.13
2004.06涨跌幅(%)	-16.60
2004.06最高(元)	8.70
2004.06最低(元)	6.68
2004.06换手率(%)	157.18

清华同方股份有限公司

公司概况

公司名称	清华同方股份有限公司		股票代码	600100	
注册地址	北京海淀区清华园清华同方大厦		邮政编码	100083	
法人代表	荣泳霖		董秘	孙岷	
电话	010-82399888		传真	010-82399765	
主营业务	发展高新技术产业				
总股本	57461.20	流通 A	27303.05	流通 B	流通 H
审计单位			审计意见	未审计	

主要财务指标

年度	2004.6	2003	2002
每股收益/扣除后(元)	0.1044	0.1550	0.3200
每股经营现金流量(元)	0.0330	0.3100	0.2130
每股净资产/调整后(元)	4.9900	4.8800	4.7080
每股公积金(元)	2.7216	2.7197	2.6888
净资产收益率(%)	1.9900	3.9200	6.6500
总资产(万元)	821960.81	752973.50	627632.06
股东权益(万元)	295355.47	289382.22	276263.72
未分配利润(万元)	53124.24	47257.95	38190.81
主营收入(万元)	322408.44	669374.12	543966.81
资本公积金(万元)	156387.11	156280.14	154498.94
主营利润(万元)	43587.47	87118.48	79544.23
其他业务利润(万元)	1532.85	3632.97	-50.16
营业利润(万元)	8446.86	16638.48	22278.02
投资收益(万元)	608.97	2970.84	1138.77
补贴收入(万元)	466.18	1060.61	20.10
营业外收支(万元)	-113.68	-614.74	-2.96
利润总额(万元)	9408.32	20055.20	25414.94
净利润(万元)	5866.28	11333.93	18359.51

十大股东

序号	股东名称	股份性质	持股数(万股)	比例(%)
1	清华控股有限公司	国有股	28962.52	50.40
2	江西清华科技集团公司	法人股	597.83	1.04
3	易方达 50 指数投资基金	流通股	283.72	0.49
4	北京实创高科技发展总公司	法人股	199.28	0.35
5	北京沃斯泰酒店设备安装公司	法人股	199.28	0.35
6	北京首都创业集团	法人股	199.28	0.35
7	融鑫证券投资基金	流通股	126.87	0.22
8	博时裕富证券投资基金	流通股	120.12	0.21
9	普华证券投资基金	流通股	96.24	0.17
10	科讯证券投资基金	流通股	95.00	0.17

股东人数	2004.6	2003.12	2003.6	2002
	169855	185253	188363	190489

近年分配	2004 年 7 月 9 日 10 派 1.00	近年配股/增发	

重大事项

2004 年 4 月 11 日，经公司第二届董事会二十三次会议审议，通过了《关于修改公司章程的议案》和《关于制定对外担保管理办法的议案》，其中《关于修改公司章程的议案》已经 2004 年 5 月 19 日召开的 2003 年年度股东大会审议通过。

二〇〇三年以来市场表现

2003 年涨跌幅(%)	-3.81
2003 年最高(元)	18.83
2003 年最低(元)	12.30
2003 年换手率(%)	289.61
2004.06 涨跌幅(%)	-2.85
2004.06 最高(元)	20.30
2004.06 最低(元)	13.51
2004.06 换手率(%)	198.82

四川明星电力股份有限公司

公司概况

公司名称	四川明星电力股份有限公司		股票代码	600101	
注册地址	四川省遂宁市明月路 88 号		邮政编码	629000	
法人代表	周益明		董秘	蒋青	
电话	0825-2210076		传真	0825-2210017	
主营业务	经营电力生产供应				
总股本	20376.65	流通 A	11400.49	流通 B	流通 H
审计单位			审计意见	未审计	

主要财务指标

年度	2004.6	2003	2002
每股收益/扣除后(元)	0.1552	0.4520	0.4760
每股经营现金流量(元)	1.1620	1.0700	0.7750
每股净资产/调整后(元)	5.7500	6.5600	5.8800
每股公积金(元)	2.5996	3.2195	3.1726
净资产收益率(%)	2.8300	9.0400	7.6400
总资产(万元)	289103.66	229433.84	142535.94
股东权益(万元)	116935.53	114164.98	103043.98
未分配利润(万元)	22651.21	21578.72	15384.16
主营收入(万元)	27084.42	40887.76	32541.34
资本公积金(万元)	52970.56	54668.61	53871.87
主营利润(万元)	9676.37	18970.79	16671.10
其他业务利润(万元)	292.88	704.25	-5.54
营业利润(万元)	4264.43	10127.43	9405.89
投资收益(万元)	161.73	2711.59	-76.44
补贴收入(万元)		272.83	272.83
营业外收支(万元)	-44.79	-1.97	0.02
利润总额(万元)	4381.36	13109.89	9114.94
净利润(万元)	3279.96	10324.27	7872.68

十大股东

序号	股东名称	股份性质	持股数(万股)	比例(%)
1	深圳市明伦集团有限公司	境内法人股	5733.60	28.14
2	遂宁兴业资产经营公司	国有法人股	1628.93	7.99
3	遂宁金源科技发展	境内法人股	1613.64	7.92
4	国盛证券有限责任公司	流通 A 股	480.30	2.36
5	江西省江信国际装璜广告工程有限公司	流通 A 股	292.81	1.44
6	夏似梅	流通 A 股	56.51	0.28
7	王艳萍	流通 A 股	46.14	0.23
8	余晓庆	流通 A 股	38.54	0.19
9	蒋刘蜜	流通 A 股	30.69	0.15
10	刘志强	流通 A 股	29.62	0.15

股东人数	2004.6	2003.12	2003.6	2002
	32047	32802	39122	45039

近年分配	2004 年 6 月 15 日 10 派 0.30	近年配股/增发	2004 年 6 月 15 日 10 送 1 转 1

重大事项

经公司第六届董事会第六次会议审议、批准，公司与上海浦东发展银行深圳分行罗湖支行签订的《最高额保证合同》，为深圳市明星康桥投资有限公司在上海浦东发展银行深圳市分行罗湖支行的 5000 万元承兑汇票和 5000 万元贷款，合计 10000 万元提供担保。本次担保为连带责任担保，保证期限为 2003 年 12 月 21 日至 2004 年 12 月 21 日。

二〇〇三年以来市场表现

2003 年涨跌幅(%)	25.37
2003 年最高(元)	10.81
2003 年最低(元)	7.92
2003 年换手率(%)	121.38
2004.06 涨跌幅(%)	-10.59
2004.06 最高(元)	11.64
2004.06 最低(元)	9.10
2004.06 换手率(%)	42.35

莱芜钢铁股份有限公司

公司概况

公司名称	莱芜钢铁股份有限公司	股票代码	600102
注册地址	山东省莱芜市钢城区	邮政编码	271104
法人代表	李名岷	董秘	丁志刚
电话	0634-6820601,6820011	传真	0634-6821094,6822102
主营业务	生铁、钢锭、钢坯		

总股本	92227.31	流通 A	20280.00	流通 B		流通 H	
审计单位				审计意见	未审计		

主要财务指标

年度	2004.6	2003	2002
每股收益 / 扣除后(元)	0.4266	0.6520	0.4390
每股经营现金流量(元)	0.1840	0.7900	0.7800
每股净资产 / 调整后(元)	4.6800	4.7400	4.1200
每股公积金(元)	1.4590	1.4590	1.4530
净资产收益率(%)	9.5200	13.0800	10.1300
总资产(万元)	895866.87	826530.81	705637.00
股东权益(万元)	433203.03	438059.62	380230.94
未分配利润(万元)	145518.97	104263.64	105856.96
主营收入(万元)	835531.62	1089685.37	601464.37
资本公积金(万元)	134557.77	134556.03	134009.22
主营利润(万元)	85708.28	153365.16	98264.57
其他业务利润(万元)	403.77	2483.99	-13.00
营业利润(万元)	55947.08	87667.43	60889.87
投资收益(万元)	43.60	55.82	7.79
补贴收入(万元)			
营业外收支(万元)	-486.49	-4281.08	-93.83
利润总额(万元)	55504.19	83442.18	57937.53
净利润(万元)	41255.33	57281.85	38503.74

十大股东

序号	股东名称	股份性质	持股数(万股)	比例(%)
1	莱芜钢铁集团有限公司	国有法人股	70847.31	76.82
2	山东省经济开发投资公司	国有法人股	1100.00	1.19
3	海通证券有限责任公司	流通 A 股	1093.16	1.19
4	东莞证券有限责任公司	流通 A 股	139.60	0.15
5	博时裕富证券投资基金	流通 A 股	87.61	0.09
6	李明舒	流通 A 股	58.76	0.06
7	骆秀英	流通 A 股	56.70	0.06
8	山西证券有限责任公司	流通 A 股	51.00	0.06
9	华鑫证券有限责任公司		50.00	0.05
10	沈阳建业股份有限公司	流通 A 股	40.00	0.04

股东人数	2004.6	2003.12	2003.6	2002
	79532	83191	86152	89307

近年分配	2004 年 4 月 20 日 10 派 5.00	近年配股 / 增发	

重大事项

按照山东省人民政府鲁政办字[2002]68 号文件精神，控股股东莱钢集团公司拟将持有公司的 1100 万股国有法人股划转给山东省经济开发投资公司，2004 年 3 月国家国资委下发了批复文件（国资产权[2004]132 号），同意进行股权划转，至 4 月 16 日办理完股权划转的全部手续。

二〇〇三年以来市场表现

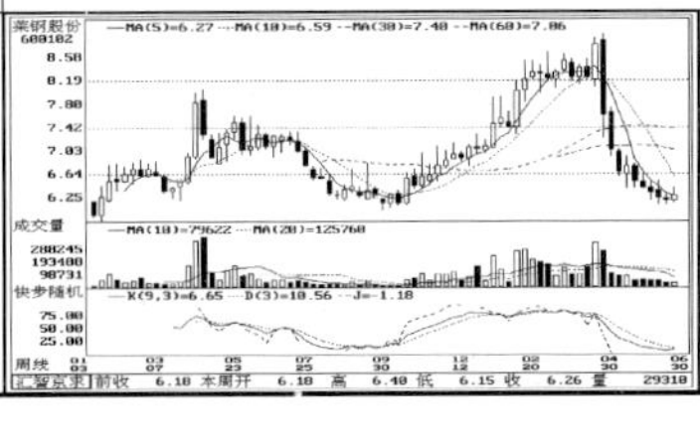

2003 年涨跌幅(%)	20.78
2003 年最高(元)	7.29
2003 年最低(元)	5.11
2003 年换手率(%)	171.89
2004.06 涨跌幅(%)	-3.84
2004.06 最高(元)	8.47
2004.06 最低(元)	6.12
2004.06 换手率(%)	157.30

福建省青山纸业股份有限公司

公司概况

公司名称	福建省青山纸业股份有限公司	股票代码	600103
注册地址	福建省马尾经济技术开发区君竹路	邮政编码	350005
法人代表	刘天金	董秘	郑震
电话	0591-3367773	传真	0591-7110973
主营业务	纸、浆、卡系列纸品		

总股本	70630.00	流通 A	44626.90	流通 B		流通 H	
审计单位				审计意见	未审计		

主要财务指标

年度	2004.6	2003	2002
每股收益 / 扣除后(元)	0.0209	0.0090	0.0164
每股经营现金流量(元)	0.0630	0.1750	0.3200
每股净资产 / 调整后(元)	2.2250	2.1950	2.1860
每股公积金(元)	0.5193	0.5193	0.5193
净资产收益率(%)	0.9170	0.5100	0.8780
总资产(万元)	224205.98	218204.97	226640.05
股东权益(万元)	157897.62	156448.94	155891.14
未分配利润(万元)	30631.20	29182.50	28735.92
主营收入(万元)	58311.32	109350.40	85761.22
资本公积金(万元)	36674.88	36674.88	36675.31
主营利润(万元)	10593.04	18307.21	15291.24
其他业务利润(万元)	375.84	849.30	-9.90
营业利润(万元)	3128.24	3914.70	5154.49
投资收益(万元)	-616.78	213.14	-353.86
补贴收入(万元)	102.21	23.40	0.36
营业外收支(万元)	67.40	-1571.47	-17.20
利润总额(万元)	2681.07	2579.77	4041.18
净利润(万元)	1448.70	804.99	1369.28

十大股东

序号	股东名称	股份性质	持股数(万股)	比例(%)
1	福建青州造纸厂	国有法人股	7140.00	10.11
2	福建南纸股份有限公司	国有法人股	7000.00	9.91
3	国投机轻有限公司	国有法人股	5844.00	8.27
4	福建金皇贸易公司	国有法人股	2400.00	3.40
5	福建轻纺(控股)有限责任公司	国有法人股	1860.00	2.63
6	福建华兴信托投资公司	国有法人股	1338.00	1.89
7	永安林业(集团)股份有限公司	境内法人股	400.00	0.57
8	裴云明	流通 A 股	44.80	0.06
9	耿金良	流通 A 股	38.48	0.05
10	夏伟玮	流通 A 股	36.56	0.05

股东人数	2004.6	2003.12	2003.6	2002
	225484	229850	235146	244484

近年分配		近年配股 / 增发	

重大事项

公司控股子公司深圳恒宝鼎投资有限公司与民生证券有限责任公司(原黄河证券)因 1,000 万元备用金纠纷案，广东省深圳市中级人民法院一审裁定我司胜诉，目前此案正在进一步审理中。

二〇〇三年以来市场表现

2003 年涨跌幅(%)	-12.40
2003 年最高(元)	4.34
2003 年最低(元)	3.14
2003 年换手率(%)	78.20
2004.06 涨跌幅(%)	-3.31
2004.06 最高(元)	4.82
2004.06 最低(元)	3.18
2004.06 换手率(%)	112.31

上海汽车股份有限公司

公司概况

公司名称	上海汽车股份有限公司			股票代码	600104		
注册地址	上海市浦东张江高科技园区碧波路 25 号			邮政编码	201203		
法人代表	胡茂元			董秘	张锦根		
电话	021-50803808			传真	021-50803780		
主营业务	汽车制造业						
总股本	327599.91	流通 A	98279.98	流通 B		流通 H	
审计单位				审计意见	未审计		

主要财务指标

年度	2004.6	2003	2002
每股收益 / 扣除后(元)	0.4302	0.5660	0.4250
每股经营现金流量(元)	0.1640	0.1550	0.3090
每股净资产 / 调整后(元)	3.3020	3.8750	3.2650
每股公积金(元)	1.5148	1.9678	1.9543
净资产收益率(%)	13.2000	15.4800	12.9400
总资产(万元)	1374094.87	1209206.00	1070045.87
股东权益(万元)	1085025.62	979728.31	827529.12
未分配利润(万元)	146715.44	118118.76	2410.21
主营收入(万元)	418777.09	689151.81	476923.97
资本公积金(万元)	496256.62	495891.09	492483.69
主营利润(万元)	112477.84	163208.17	114131.06
其他业务利润(万元)	1686.15	6859.98	-109.74
营业利润(万元)	29513.25	31293.82	43596.61
投资收益(万元)	121474.26	131736.98	71504.06
补贴收入(万元)	1.28	213.45	-0.01
营业外收支(万元)	175.95	2721.93	-3.02
利润总额(万元)	151164.75	165966.19	114762.16
净利润(万元)	143221.89	151680.83	107044.04

十大股东

序号	股东名称	股份性质	持股数(万股)	比例(%)
1	上海汽车工业(集团总公司)	国有法人股	229319.91	70.00
2	博时价值增长证券投资基金	流通 A 股	2955.78	0.90
3	南方稳健成长证券投资基金	流通 A 股	2502.41	0.76
4	裕隆证券投资基金	流通 A 股	2080.00	0.63
5	天元证券投资基金	流通 A 股	2046.07	0.62
6	普惠证券投资基金	流通 A 股	1718.81	0.52
7	中信经典配置证券投资基金	流通 A 股	1576.55	0.48
8	裕元证券投资基金	流通 A 股	1550.76	0.47
9	海富通收益增长证券投资基金	流通 A 股	1362.48	0.42
10	开元证券投资基金	流通 A 股	1261.00	0.38

股东人数	2004.6	2003.12	2003.6	2002
	51816	55232	85131	189214

近年分配		近年配股/增发	

重大事项

经 2004 年 4 月 19 日召开的公司 2003 年度股东大会批准,公司 2003 年度利润分配方案为:按 2003 年底总股本 2,519,999,300 股为基数,每 10 股送 3 股红股、派发现金红利 1.50 元(含税)。公司于 2004 年 6 月 3 日刊登"派息、送股实施公告",扣除所得税后每 10 股派发 1.20 元红利,股权登记日为 2004 年 6 月 8 日,除权、除息日为 6 月 9 日,新增可流通股份上市日为 6 月 10 日。

二〇〇三年以来市场表现

2003 年涨跌幅(%)	114.82
2003 年最高(元)	11.27
2003 年最低(元)	4.68
2003 年换手率(%)	298.74
2004.06 涨跌幅(%)	-18.68
2004.06 最高(元)	12.67
2004.06 最低(元)	7.94
2004.06 换手率(%)	91.20

江苏永鼎股份有限公司

公司概况

公司名称	江苏永鼎股份有限公司			股票代码	600105		
注册地址	江苏省吴江市芦墟镇			邮政编码	215211		
法人代表	莫林弟			董秘	彭美娥		
电话	0512-63272395,63272489			传真	0512-63271866		
主营业务	通信光缆、电缆						
总股本	27211.05	流通 A	9750.00	流通 B		流通 H	
审计单位				审计意见	未审计		

主要财务指标

年度	2004.6	2003	2002
每股收益 / 扣除后(元)	0.0561	0.1700	0.2310
每股经营现金流量(元)	-0.0830	-0.2400	0.7400
每股净资产 / 调整后(元)	3.6400	3.6700	3.4600
每股公积金(元)	1.9052	1.9049	1.9035
净资产收益率(%)	2.4900	6.0300	6.6600
总资产(万元)	231172.12	216367.31	151837.75
股东权益(万元)	99977.64	100402.50	94534.37
未分配利润(万元)	8993.63	9222.89	4422.06
主营收入(万元)	58645.80	132636.61	103099.36
资本公积金(万元)	51841.85	51835.29	51796.64
主营利润(万元)	9094.17	20249.19	16939.59
其他业务利润(万元)	111.16	637.78	-0.83
营业利润(万元)	1390.48	4293.40	6926.52
投资收益(万元)	1324.01	2695.51	1514.39
补贴收入(万元)	202.40	528.05	-4.26
营业外收支(万元)	-30.91	-188.75	-0.88
利润总额(万元)	2885.98	7328.20	8842.47
净利润(万元)	2491.85	6059.10	6297.20

十大股东

序号	股东名称	股份性质	持股数(万股)	比例(%)
1	永鼎集团有限公司	境内法人股	12446.05	45.74
2	吴江市芦墟镇集体资产经营公司	境内法人股	743.21	2.73
3	国泰君安证券股份有限公司	流通 A 股	678.57	2.49
4	苏州鼎欣房地产有限责任公司	境内法人股	560.00	2.06
5	天津电话器材公司	境内法人股	464.95	1.71
6	北京电信器材公司	境内法人股	442.00	1.62
7	北京畅捷通讯有限公司	境内法人股	400.00	1.47
8	北京红帆通信总公司	境内法人股	400.00	1.47
9	上海电话发展总公司	境内法人股	340.00	1.25
10	上海富欣通信技术发展公司	境内法人股	340.00	1.25

股东人数	2004.6	2003.12	2003.6	2002
	52474	53769	54595	54653

近年分配	2004 年 7 月 5 日 10 派 1.00	近年配股/增发	

重大事项

2004 年 5 月 10 日,公司 2003 年度股东大会审议通过了 2003 年利润分配方案:公司以 2003 年 12 月 31 日的总股本 272110462 股为基数,向全体股东每 10 股派发现金红利 1 元(含税),共计分配 27211046.20 元。

二〇〇三年以来市场表现

2003 年涨跌幅(%)	-21.68
2003 年最高(元)	9.43
2003 年最低(元)	5.60
2003 年换手率(%)	96.90
2004.06 涨跌幅(%)	-2.14
2004.06 最高(元)	8.51
2004.06 最低(元)	6.33
2004.06 换手率(%)	112.20

重庆路桥股份有限公司

公司概况

公司名称	重庆路桥股份有限公司	股票代码	600106
注册地址	重庆市南坪经济技术开发区丹龙路1号	邮政编码	400060
法人代表	江津	董秘	张漫
电话	023-62803632	传真	023-62909387
主营业务	建设承包路桥		
总股本	31000.00	流通 A	9000.00
流通 B		流通 H	
审计单位		审计意见	未审计

主要财务指标

年度	2004.6	2003	2002
每股收益 / 扣除后(元)	0.1311	0.2149	0.1655
每股经营现金流量(元)	0.0930	0.1600	0.2800
每股净资产 / 调整后(元)	3.3100	3.3000	3.0400
每股公积金(元)	1.3485	1.3485	1.3485
净资产收益率(%)	2.9900	7.6200	7.4400
总资产(万元)	194758.31	202156.09	148328.56
股东权益(万元)	104089.21	104074.69	96215.27
未分配利润(万元)	21414.19	21399.67	15126.94
主营收入(万元)	8378.68	17589.11	23847.21
资本公积金(万元)	41803.67	41803.67	41803.67
主营利润(万元)	5355.53	9986.94	8090.15
其他业务利润(万元)	114.47	83.28	1.51
营业利润(万元)	4047.91	6874.35	4956.71
投资收益(万元)	–508.88	2174.78	3263.02
补贴收入(万元)			
营业外收支(万元)	13.87	122.12	–0.04
利润总额(万元)		9171.24	8215.16
净利润(万元)	3114.52	7933.40	7158.95

十大股东

序号	股东名称	股份性质	持股数(万股)	比例(%)
1	重庆国际信托投资有限公司	国家股	22000.00	70.97
2	袁辉	流通A股	37.39	0.12
3	叶长斌	流通A股	28.53	0.09
4	李秀兰	流通A股	24.50	0.08
5	赵薇	流通A股	23.96	0.08
6	朱佩兰	流通A股	17.52	0.06
7	潘静芳	流通A股	17.16	0.06
8	杨艳	流通A股	16.88	0.05
9	张晓磊	流通A股	16.21	0.05
10	傅庆久	流通A股	16.00	0.05

股东人数	2004.6	2003.12	2003.6	2002
	46166	46751	47400	48189

近年分配	2004年4月19日 10派1.00	近年配股/增发	

重大事项

报告期内,公司2003年度股东大会审议通过了公司2003年度的利润分配方案,其利润分配方案为:以公司2003年末总股本31,000万股为基数,按每10股派发现金红利1元(含税)向全体股东进行分配。

二〇〇三年以来市场表现

2003年涨跌幅(%)	–20.79
2003年最高(元)	9.03
2003年最低(元)	5.40
2003年换手率(%)	102.34
2004.06涨跌幅(%)	–1.84
2004.06最高(元)	9.74
2004.06最低(元)	5.75
2004.06换手率(%)	187.83

湖北美尔雅股份有限公司

公司概况

公司名称	湖北美尔雅股份有限公司	股票代码	600107
注册地址	湖北省黄石市消防路29号	邮政编码	435003
法人代表	杨闻孙	董秘	许雷华
电话	0714-6360298	传真	0714-6360298
主营业务	服装系列产品		
总股本	36000.00	流通 A	13320.00
流通 B		流通 H	
审计单位		审计意见	未审计

主要财务指标

年度	2004.6	2003	2002
每股收益 / 扣除后(元)	–0.0230	–0.0300	–0.9860
每股经营现金流量(元)	0.0240	0.0950	0.0180
每股净资产 / 调整后(元)	0.8550	0.9700	0.7400
每股公积金(元)	0.4460	0.6713	0.6711
净资产收益率(%)	–16.4500	1.8700	–72.2600
总资产(万元)	79386.68	79624.70	89717.94
股东权益(万元)	37009.94	43099.40	46469.24
未分配利润(万元)	–17554.39	–25723.85	–22928.03
主营收入(万元)	8265.56	15543.19	15051.39
资本公积金(万元)	16057.08	24165.56	24159.52
主营利润(万元)	2415.56	4515.97	3184.12
其他业务利润(万元)	167.31	339.57	5.66
营业利润(万元)	30.30	1647.82	–14517.08
投资收益(万元)	25.08	19.51	–379.68
补贴收入(万元)			
营业外收支(万元)	–5888.42	–258.79	2.65
利润总额(万元)	–5833.05	1408.54	–33075.98
净利润(万元)	–6089.46	807.45	–33576.43

十大股东

序号	股东名称	股份性质	持股数(万股)	比例(%)
1	湖北美尔雅集团	国家股、社会法人股	14172.87	39.37
2	中国东方资产管理公司	社会法人股	2362.50	6.56
3	黄石南天经贸有限公司	社会法人股	2025.00	5.63
4	武汉聚鑫科技发展有限公司	社会法人股	1923.50	5.34
5	黄石电力集团有限公司	社会法人股	720.00	2.00
6	湖北中兴实业有限公司	社会法人股	684.00	1.90
7	武汉万鸿集团股份有限公司	社会法人股	506.25	1.41
8	黄石市玉成商贸有限公司	社会法人股	160.00	0.44
9	邱庆峰	流通股	114.95	0.32
10	湖北省黄石美崎电子技术有限公司	社会公众股	92.81	0.26

股东人数	2004.6	2003.12	2003.6	2002
	69550	74640	76740	79941

近年分配		近年配股/增发	

重大事项

2003年12月31日公司五届董事会十三次会议审议通过的《关于湖北美尔雅集团有限公司持有相关公司股权抵偿占用湖北美尔雅股份有限公司资金的议案》即美尔雅集团有限公司用持有美尔雅进出口公司75%的股权抵偿对本公司的部分欠款于2004年元月上报中国证监会，因受国家有关政策的影响,公司上报的上述股权抵债方案尚未批复实施。

二〇〇三年以来市场表现

2003年涨跌幅(%)	–24.80
2003年最高(元)	5.64
2003年最低(元)	3.30
2003年换手率(%)	116.09
2004.06涨跌幅(%)	–3.49
2004.06最高(元)	5.33
2004.06最低(元)	3.50
2004.06换手率(%)	146.82

甘肃亚盛实业(集团)股份有限公司

公司概况

公司名称	甘肃亚盛实业(集团)股份有限公司	股票代码	600108
注册地址	兰州市张掖路 219 号基隆大厦 20 层	邮政编码	730030
法人代表	周长生	董秘	周文萍
电话	0931-8471961	传真	0931-8483195
主营业务	饮料、印染、农业		
总股本	93756.78	流通 A	49374.78
流通 B		流通 H	
审计单位		审计意见	未审计

主要财务指标

年度	2004.6	2003	2002
每股收益/扣除后(元)	0.0639	0.1470	0.1280
每股经营现金流量(元)	0.0940	0.3100	0.0690
每股净资产/调整后(元)	1.6900	2.4100	2.2900
每股公积金(元)	0.1812	0.7718	0.7696
净资产收益率(%)	3.7620	6.1000	5.6000
总资产(万元)	258096.58	256804.06	249690.87
股东权益(万元)	158434.72	152474.67	143028.95
未分配利润(万元)	34336.23	29416.70	21801.06
主营收入(万元)	51770.87	103356.35	83222.95
资本公积金(万元)	16989.07	48241.33	48101.06
主营利润(万元)	10194.84	16206.63	15489.52
其他业务利润(万元)	127.48	307.82	-3.22
营业利润(万元)	6491.82	9279.09	8794.10
投资收益(万元)	-21.67	922.33	89.44
补贴收入(万元)		37.28	1.73
营业外收支(万元)	-46.80	40.00	-0.25
利润总额(万元)	6423.35	10278.70	8865.39
净利润(万元)	5960.05	9305.46	8006.16

十大股东

序号	股东名称	股份性质	持股数(万股)	比例(%)
1	甘肃亚盛盐化工工业集团有限责任公司	国有法人股	21108.44	22.51
2	山东龙喜集团	境内法人股	7878.00	8.40
3	甘肃金塔恒盛农业发展有限责任公司	境内法人股	7784.48	8.30
4	甘肃金盛实业有限公司	境内法人股	4024.57	4.29
5	甘肃宏泰农业发展有限公司	境内法人股	2062.48	2.20
6	甘肃国营生地湾双丰化工厂	境内法人股	1524.04	1.63
7	中国银行--金鹰成份股优选证券投资基金	流通 A 股	268.50	0.29
8	迟玉虹	流通 A 股	164.00	0.17
9	张勇	流通 A 股	90.00	0.10
10	吕松	流通 A 股	84.08	0.09

股东人数	2004.6	2003.12	2003.6	2002
	129926	130323	130475	137915

近年分配		近年配股/增发	2004 年 6 月 4 日 10 转 5

重大事项

公司第三届董事会九次会议拟定收购甘肃宏泰农业科技有限责任公司土地使用权及地上附着物和收购甘肃亚盛房地产经纪有限公司位于兰州市城关区广武门秦安路 81 号整栋大楼(含土地使用权)两项议案。

二〇〇三年以来市场表现

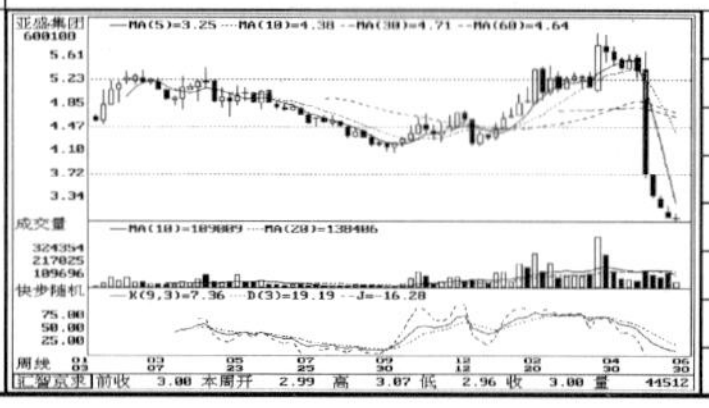

2003 年涨跌幅(%)	-6.98
2003 年最高(元)	3.57
2003 年最低(元)	2.70
2003 年换手率(%)	48.99
2004.06 涨跌幅(%)	5.63
2004.06 最高(元)	3.99
2004.06 最低(元)	2.83
2004.06 换手率(%)	78.61

成都城建投资发展股份有限公司

公司概况

公司名称	成都城建投资发展股份有限公司	股票代码	600109
注册地址	四川省成都市青羊区小河街 12 号	邮政编码	610015
法人代表	张思冰	董秘	彭秋锦
电话	028-86139010	传真	028-86139018
主营业务	批发,零售,代购,代销百货		
总股本	7098.27	流通 A	2750.00
流通 B		流通 H	
审计单位		审计意见	未审计

主要财务指标

年度	2004.6	2003	2002
每股收益/扣除后(元)	0.0678	0.1800	0.0850
每股经营现金流量(元)	-1.1210	-0.3060	0.1930
每股净资产/调整后(元)	2.7820	2.7080	2.5350
每股公积金(元)	1.6558	1.6557	2.2978
净资产收益率(%)	2.4300	6.5200	4.6900
总资产(万元)	53963.83	34343.27	31997.40
股东权益(万元)	19827.11	19345.10	18083.10
未分配利润(万元)	901.24	420.17	-5325.92
主营收入(万元)	11014.23	30979.94	59109.65
资本公积金(万元)	11753.46	11752.52	16310.75
主营利润(万元)	1517.23	3479.36	4031.60
其他业务利润(万元)		3.30	0.03
营业利润(万元)	461.47	1306.98	567.19
投资收益(万元)			89.88
补贴收入(万元)			
营业外收支(万元)	-1.98	-63.73	-0.47
利润总额(万元)	459.50	1243.24	849.03
净利润(万元)	481.07	1260.63	848.49

十大股东

序号	股东名称	股份性质	持股数(万股)	比例(%)
1	成都市国资局	国家股	3348.27	47.17
2	上海一百(集团)有限公司	境内法人股	220.00	3.10
3	中国光大国际信托公司	境内法人股	160.00	2.25
4	成都博瑞传播股份有限公司	境内法人股	70.00	0.99
5	上海金诚船务有限公司	境内法人股	60.00	0.85
6	上海延成贸易有限公司	境内法人股	50.00	0.70
7	吉林轻工集团股份有限公司	境内法人股	40.00	0.56
8	成都彩虹电器(集团)股份有限公司	境内法人股	40.00	0.56
9	上海佳事达贸易有限责任公司	境内法人股	40.00	0.56
10	四川舒卡特种纤维股份有限公司	境内法人股	40.00	0.56

股东人数	2004.6	2003.12	2003.6	2002
	10353	8436	8183	7160

近年分配		近年配股/增发	

重大事项

公司于 2002 年 9 月 24 日与成都市民用建筑统一建设办公室签订《委托代办拆迁工程协议》,代办实施成都市蜀都大道以南,府河以西,东大街以北,红星路以东位置约 181.2106 亩的危旧房拆迁改造工程。因情势变更,该协议暂停履行,至今,该协议仍不能执行,经协商,双方于 2004 年 3 月 15 日解除上述《委托代办拆迁工程协议》。

二〇〇三年以来市场表现

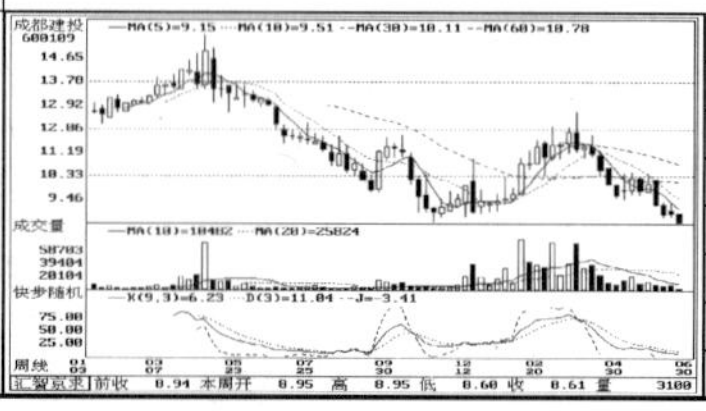

2003 年涨跌幅(%)	-30.71
2003 年最高(元)	15.51
2003 年最低(元)	8.65
2003 年换手率(%)	160.28
2004.06 涨跌幅(%)	-6.92
2004.06 最高(元)	12.66
2004.06 最低(元)	8.60
2004.06 换手率(%)	238.83

中科英华高技术股份有限公司

公司概况

公司名称	中科英华高技术股份有限公司				股票代码	600110	
注册地址	吉林省长春市高新技术开发区火炬路286号				邮政编码	130012	
法人代表	陈远			董秘	黄宝育		
电话	0431-5161088			传真	0431-5161071		
主营业务	热缩、冷缩材料，铜箔、覆铜板						
总股本	33412.38	流通A	13767.63	流通B		流通H	
审计单位				审计意见	未审计		

主要财务指标

年度	2004.6	2003	2002
每股收益/扣除后(元)	0.0835	0.1236	0.1530
每股经营现金流量(元)	0.0370	0.1121	0.1646
每股净资产/调整后(元)	1.9300	1.8300	1.7200
每股公积金(元)	0.5443	0.5443	0.5435
净资产收益率(%)	4.1480	6.7300	8.6000
总资产(万元)	95318.66	92440.78	85820.22
股东权益(万元)	65656.93	63601.60	59297.96
未分配利润(万元)	8272.68	6217.29	3235.79
主营收入(万元)	16657.48	26322.19	21708.28
资本公积金(万元)	18185.57	18185.57	18160.85
主营利润(万元)	5562.02	9529.46	9718.12
其他业务利润(万元)	-5.88	11.37	0.12
营业利润(万元)	3655.90	4901.35	5630.54
投资收益(万元)	-4.19	148.90	-179.92
补贴收入(万元)	23.08		
营业外收支(万元)	-2.42	-52.49	-0.16
利润总额(万元)	3672.37	4997.76	5473.50
净利润(万元)	2723.64	4278.91	5100.08

十大股东

序号	股东名称	股份性质	持股数(万股)	比例(%)
1	杉杉集团	法人股	9936.86	29.74
2	华创合润投资公司	法人股	5760.00	17.24
3	中国科学院长春应用化学科技总公司	国有法人股	3947.88	11.82
4	周裕明	流通A股	141.15	0.42
5	国泰国华	流通A股	68.16	0.20
6	林美花	流通A股	57.00	0.17
7	李进庆	流通A股	44.50	0.13
8	李小莲	流通A股	43.95	0.13
9	王爱兵	流通A股	38.90	0.12
10	邓蔚贵	流通A股	36.70	0.11

股东人数	2004.6	2003.12	2003.6	2002
	42495	27428	19806	21562

近年分配	2004年6月17日10派0.20	近年配股/增发	

重大事项

经公司于2004年3月21日召开的第四届董事会第十一次会议审议通过，公司拟收购上海科润创业投资有限公司持有的上海润星网络科技有限公司875万股权，占润星网络总股本的35%。收购价格为2.5元/股，总值为2,187.50万元

二〇〇三年以来市场表现

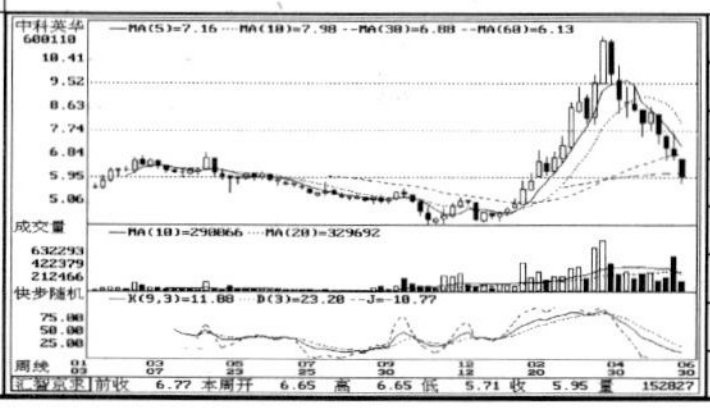

2003年涨跌幅(%)	-21.47
2003年最高(元)	6.83
2003年最低(元)	4.15
2003年换手率(%)	206.78
2004.06涨跌幅(%)	35.54
2004.06最高(元)	11.28
2004.06最低(元)	4.26
2004.06换手率(%)	531.79

内蒙古包钢稀土高科技股份有限公司

公司概况

公司名称	内蒙古包钢稀土高科技股份有限公司				股票代码	600111	
注册地址	内蒙古包头稀土高新技术产业开发区				邮政编码	014030	
法人代表	崔臣			董秘	张日辉		
电话	0472-2207525,2207799,2207788			传真	0472-2207788		
主营业务	稀土精矿、稀土						
总股本	40367.40	流通A	14560.00	流通B		流通H	
审计单位				审计意见	未审计		

主要财务指标

年度	2004.6	2003	2002
每股收益/扣除后(元)	0.0310	0.0910	0.1610
每股经营现金流量(元)	0.1525	0.0580	0.1250
每股净资产/调整后(元)	2.5570	2.5240	2.4880
每股公积金(元)	1.1540	1.1531	1.1522
净资产收益率(%)	1.1280	3.4330	6.1200
总资产(万元)	204378.12	200867.34	140172.94
股东权益(万元)	111630.89	110334.31	106513.27
未分配利润(万元)	15905.34	14646.65	11734.73
主营收入(万元)	39973.81	50111.03	30302.49
资本公积金(万元)	46583.78	46545.89	46512.70
主营利润(万元)	7062.59	10644.93	9127.49
其他业务利润(万元)	12.74	144.60	-2.63
营业利润(万元)	1698.45	3707.13	6540.51
投资收益(万元)	19.71	-50.41	-16.22
补贴收入(万元)	161.64	646.54	-6.28
营业外收支(万元)	8.56	-7.16	0.09
利润总额(万元)	1888.36	4296.11	6805.47
净利润(万元)	1258.69	3787.86	6518.98

十大股东

序号	股东名称	股份性质	持股数(万股)	比例(%)
1	包头钢铁集团有限公司	国有法人股	19170.57	47.49
2	嘉鑫有限公司(香港)	外资法人股	4900.00	12.14
3	包钢综合企业集团有限公司	境内法人股	1736.83	4.30
4	陈惠丽	流通A股	23.41	0.06
5	招商银行股份有限公司-长城久泰中信标普300指数证券投	流通A股	21.41	0.05
6	莫海	流通A股	20.14	0.05
7	苏树芬	流通A股	19.11	0.05
8	周跃军	流通A股	17.87	0.04
9	邱敏玲	流通A股	16.75	0.04
10	史建华	流通A股	15.50	0.04

股东人数	2004.6	2003.12	2003.6	2002
	97223	102235	103371	105283

近年分配		近年配股/增发	

重大事项

根据2002年9月13日公司二届十一次董事会通过的决议，公司为控股子公司内蒙古稀奥科贮氢合金有限公司、内蒙古稀奥科镍氢电池极板有限公司、内蒙古稀奥科镍氢动力电池有限公司向银行贷款提供担保，担保方式为连带责任保证，担保金额为人民币10,100万元，保证期限为18个月。

二〇〇三年以来市场表现

2003年涨跌幅(%)	-14.04
2003年最高(元)	10.25
2003年最低(元)	6.36
2003年换手率(%)	90.69
2004.06涨跌幅(%)	-15.95
2004.06最高(元)	9.27
2004.06最低(元)	6.40
2004.06换手率(%)	74.80

贵州长征电器股份有限公司

公司概况

公司名称	贵州长征电器股份有限公司			股票代码	600112		
注册地址	贵州省遵义市上海路100号			邮政编码	563002		
法人代表	潘琦			董秘	魏学军		
电话	0852-8622952			传真	0852-8626701		
主营业务	高低压电器元件						
总股本	17200.00	流通A	5200.00	流通B		流通H	
审计单位				审计意见	未审计		

主要财务指标

年度	2004.6	2003	2002
每股收益/扣除后(元)	0.0726	-0.0319	-1.0432
每股经营现金流量(元)	-0.1170	0.0790	-0.0826
每股净资产/调整后(元)	1.5570	1.4760	1.4800
每股公积金(元)	1.4486	1.4486	1.4486
净资产收益率(%)	4.4070	1.3070	-70.2700
总资产(万元)	51820.86	46916.61	47621.25
股东权益(万元)	29668.28	28360.89	27990.22
未分配利润(万元)	-13936.60	-15243.99	-15614.66
主营收入(万元)	10160.48	15020.69	13660.64
资本公积金(万元)	24915.97	24915.97	24915.97
主营利润(万元)	3855.10	5028.10	4147.29
其他业务利润(万元)	103.71	174.94	-1.25
营业利润(万元)	1379.05	-465.41	-12076.66
投资收益(万元)	48.32	860.47	-5866.43
补贴收入(万元)			
营业外收支(万元)	15.68	-24.39	0.25
利润总额(万元)	1443.06	370.67	-19668.37
净利润(万元)	1307.39	370.67	-19668.37

十大股东

序号	股东名称	股份性质	持股数(万股)	比例(%)
1	广西银河集团有限公司	法人股	4644.00	27.00
2	北海银河科技电气有限责任公司	法人股	3816.30	22.19
3	成都财盛投资有限公司	法人股	3539.70	20.58
4	杨凤英	流通A股	49.12	0.29
5	朱新宝	流通A股	44.69	0.26
6	刘素云	流通A股	37.00	0.22
7	杜正坤	流通A股	35.02	0.20
8	傅培浩	流通A股	27.90	0.16
9	钟前云	流通A股	26.40	0.15
10	吕木才	流通A股	25.49	0.15

股东人数	2004.6	2003.12	2003.6	2002
	18130	20938	23027	28669

近年分配		近年配股/增发	

重大事项

2004年5月28日,公司与公司第一大股东广西银河集团有限公司签署资产转让协议,公司将部分资产转让给广西银河集团有限公司,转让价格为8,393.74万元,是以具有证券从业资格的中和正信会计师事务所有限公司贵州分公司对资产的评估价值为作价依据。

二〇〇三年以来市场表现

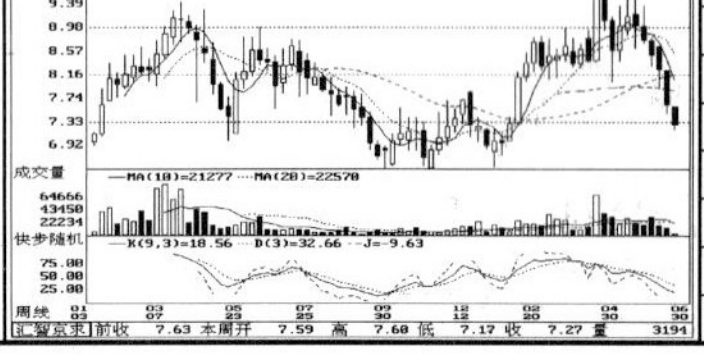

2003年涨跌幅(%)	-0.71
2003年最高(元)	9.41
2003年最低(元)	6.51
2003年换手率(%)	189.93
2004.06涨跌幅(%)	3.86
2004.06最高(元)	9.80
2004.06最低(元)	6.53
2004.06换手率(%)	98.65

浙江东日股份有限公司

公司概况

公司名称	浙江东日股份有限公司			股票代码	600113		
注册地址	浙江省温州市矮凳桥92号			邮政编码	325003		
法人代表	郑念鸿			董秘	陈琦		
电话	0577-88852188			传真	0577-88822336		
主营业务	实业投资,市场租赁经营						
总股本	11800.00	流通A	4000.00	流通B		流通H	
审计单位				审计意见	未审计		

主要财务指标

年度	2004.6	2003	2002
每股收益/扣除后(元)	0.0451	0.0500	0.0300
每股经营现金流量(元)	0.1130	0.5700	0.3100
每股净资产/调整后(元)	3.1300	3.0900	3.0200
每股公积金(元)	1.8310	1.8310	1.8310
净资产收益率(%)	1.4450	1.5500	1.2500
总资产(万元)	50871.37	49224.08	40994.19
股东权益(万元)	36958.08	36424.13	35860.30
未分配利润(万元)	1681.46	1147.51	695.60
主营收入(万元)	3867.82	9150.54	4152.97
资本公积金(万元)	21605.68	21605.68	21605.68
主营利润(万元)	976.61	2150.75	1878.42
其他业务利润(万元)		0.32	0.00
营业利润(万元)	736.40	905.47	830.61
投资收益(万元)	0.73	-13.87	-27.27
补贴收入(万元)			
营业外收支(万元)	-0.60	-179.89	-3.19
利润总额(万元)	736.53	711.71	687.54
净利润(万元)	533.95	563.83	447.98

十大股东

序号	股东名称	股份性质	持股数(万股)	比例(%)
1	浙江东方集团公司	境内法人股	7800.00	66.10
2	李强	流通A股	19.91	0.17
3	张莉萍	流通A股	15.18	0.13
4	王心贵	流通A股	14.16	0.12
5	罗建红	流通A股	12.00	0.10
6	吕梅芳	流通A股	12.00	0.10
7	杜建呀	流通A股	12.00	0.10
8	潘爱群	流通A股	12.00	0.10
9	王步胤	流通A股	11.46	0.10
10	黄自强	流通A股	10.31	0.09

股东人数	2004.6	2003.12	2003.6	2002
	21427	22312	22919	23147

近年分配		近年配股/增发	

重大事项

2004年4月20日公司董事会审议通过了《关于受让浙江东方集团房地产开发有限公司股权关联交易的议案》。会议同意公司出资人民币1,972,446.12元受浙江东方集团公司持有的浙江东方集团房地产开发有限公司90%的股权,同意公司控股子公司浙江东日科技教育发展有限公司出资人民币219,160.68元受让浙江东方集团房地产开发有限公司10%的股权。

二〇〇三年以来市场表现

2003年涨跌幅(%)	-36.61
2003年最高(元)	11.02
2003年最低(元)	5.81
2003年换手率(%)	80.45
2004.06涨跌幅(%)	7.18
2004.06最高(元)	8.43
2004.06最低(元)	6.08
2004.06换手率(%)	116.41

宁波东睦新材料股份有限公司

公司概况

公司名称	宁波东睦新材料股份有限公司			股票代码	600114		
注册地址	浙江省宁波市江东南路147号			邮政编码	315041		
法人代表	小山星儿			董秘	曹阳		
电话	0574-87841061			传真	0574-87831133		
主营业务	设计、生产销售各种粉末冶金制品						
总股本	11500.00	流通A	4500.00	流通B		流通H	
审计单位				审计意见	未审计		

主要财务指标

年度	2004.6	2003	2002
每股收益/扣除后(元)	0.1314		
每股经营现金流量(元)	-0.2300		
每股净资产/调整后(元)	5.2000		
每股公积金(元)	3.4038		
净资产收益率(%)	2.5700		
总资产(万元)	90423.01		
股东权益(万元)	59752.55		
未分配利润(万元)	7552.99		
主营收入(万元)	15441.07		
资本公积金(万元)	39143.84		
主营利润(万元)	4469.43		
其他业务利润(万元)	126.10		
营业利润(万元)	2235.52		
投资收益(万元)	-6.85		
补贴收入(万元)	47.70		
营业外收支(万元)	-21.30		
利润总额(万元)	2255.07		
净利润(万元)	1537.28		

十大股东

序号	股东名称	股份性质	持股数(万股)	比例(%)
1	睦特殊金属工业株式会社	外资法人股	4200.00	36.52
2	宁波保税区金广投资有限公司	境内法人股	2100.00	18.26
3	宁波友利投资有限公司	境内法人股	630.00	5.48
4	海通证券投资股份有限公司	流通A股	68.00	0.59
5	宁波东方机械设备进出口有限公司	境内法人股	35.00	0.30
6	宁波水表股份有限公司	境内法人股	35.00	0.30
7	华宝信托投资有限责任公司	流通A股	27.30	0.24
8	张德森	流通A股	27.18	0.24
9	吴庆祥	流通A股	20.50	0.18
10	刘高潮	流通A股	20.00	0.17

股东人数	2004.6	2003.12	2003.6	2002
	26173			

近年分配		近年配股/增发	

重大事项

公司与日本YOSHIZUKA INDUSTRIES公司于2004年2月20日签订了《设备采购合同》。合同约定,公司向卖方采购500吨压机2台、210吨压机2台,总价22,628万日元。截止2004年6月30日,公司尚未支付该设备款,卖方亦尚未交付设备。

二〇〇三年以来市场表现

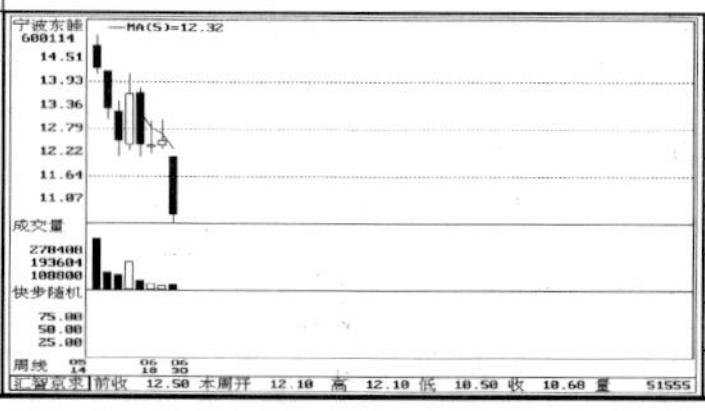

2003年涨跌幅(%)	0.00
2003年最高(元)	0.00
2003年最低(元)	0.00
2003年换手率(%)	0.00
2004.06涨跌幅(%)	0.00
2004.06最高(元)	15.08
2004.06最低(元)	10.50
2004.06换手率(%)	233.38

中国东方航空股份有限公司

公司概况

公司名称	中国东方航空股份有限公司			股票代码	600115		
注册地址	上海市浦东国际机场机场大道66号			邮政编码	200335		
法人代表	叶毅干			董秘	罗祝平		
电话	021-62686268			传真	021-62686116		
主营业务	客运业务、货邮运输						
总股本	486695.00	流通A	30000.00	流通B		流通H	156695.00
审计单位				审计意见	未审计		

主要财务指标

年度	2004.6	2003	2002
每股收益/扣除后(元)	0.0770	-0.2069	0.0155
每股经营现金流量(元)	0.3980	0.8300	0.7300
每股净资产/调整后(元)	1.1390	1.0001	1.2103
每股公积金(元)	0.2425	0.2357	0.2583
净资产收益率(%)	9.9700	-15.8000	1.9800
总资产(万元)	3760240.00	3668748.00	3142619.75
股东权益(万元)	584207.06	522691.34	628406.56
未分配利润(万元)	-32413.87	-90592.81	10081.90
主营收入(万元)	917059.19	1399905.87	1339064.62
资本公积金(万元)	118045.40	114708.66	125710.98
主营利润(万元)	158654.86	192706.66	243432.27
其他业务利润(万元)	36456.84	40983.48	1594.36
营业利润(万元)	48396.03	-63627.91	18363.64
投资收益(万元)	1174.79	4380.43	2125.86
补贴收入(万元)	5299.95	8789.45	-148.06
营业外收支(万元)	19054.46	9445.75	-2.68
利润总额(万元)	73925.23	-41012.27	26230.60
净利润(万元)	58246.61	-82597.18	12425.95

十大股东

序号	股东名称	股份性质	持股数(万股)	比例(%)
1	中国东方航空集团公司	国有股	300000.00	61.64
2	HKSCC NOMINEES LIMITED	流通H股	147876.73	30.38
3	海富通收益基金	流通H股	2432.84	0.50
4	华夏回报	法人股	1322.45	0.27
5	HSBC NOMINEES (HONG KONG) LIMI	流通H股	340.40	0.07
6	德盛小盘	流通H股	310.61	0.06
7	HSBC NOMINEES(HONG KONG)LIM	流通H股	300.00	0.06
8	宝盈鸿利	流通H股	298.39	0.06
9	HSBC NOMINEES (HONG KONG LIMITED A/C BR-43)	流通H股	225.60	0.05
10	HSBC NOMINEES(HONG KONG)LIMITED A/C BR-41	流通H股	212.20	0.04

股东人数	2004.6	2003.12	2003.6	2002
	107703	131823	136103	121616

近年分配		近年配股/增发	

重大事项

公司于2004年4月28日与独立第三方签订《24台备用发动机出售合同》和《17台备用发动机租赁合同》。本公司将24台备用发动机出售给独立第三方,出售合同的交易金额约为7.45亿元人民币,备用发动机出售后本公司以经营租赁的方式回租其中十七台,其中一台租期为四年,其它十六台租期为七年。

二〇〇三年以来市场表现

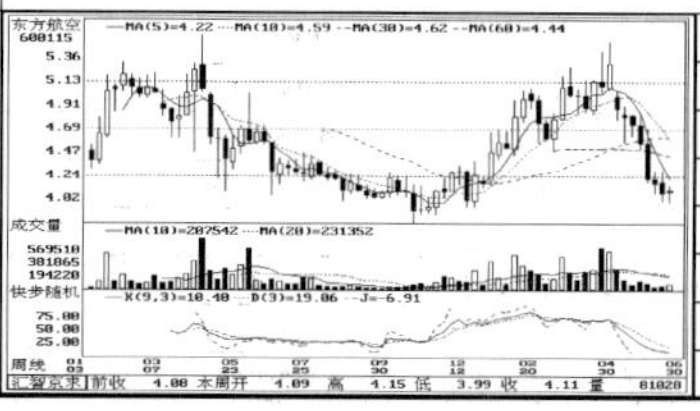

2003年涨跌幅(%)	-8.19
2003年最高(元)	5.58
2003年最低(元)	3.80
2003年换手率(%)	262.27
2004.06涨跌幅(%)	-0.96
2004.06最高(元)	5.51
2004.06最低(元)	3.99
2004.06换手率(%)	193.30

重庆三峡水利电力(集团)股份有限公司

公司概况

公司名称	重庆三峡水利电力(集团)股份有限公司				股票代码	600116	
注册地址	重庆市万州区鸽子沟72号				邮政编码	404000	
法人代表	胡成培			董秘	陈丽娟		
电话	023-63801161			传真	023-63801165		
主营业务	发电、供电						
总股本	17476.80	流通A	5799.20	流通B		流通H	
审计单位				审计意见	未审计		

主要财务指标

年度	2004.6	2003	2002
每股收益/扣除后(元)	0.0589	-0.6700	0.0500
每股经营现金流量(元)	0.1660	0.5600	0.6000
每股净资产/调整后(元)	1.9800	2.0100	2.4200
每股公积金(元)	1.1559	2.1117	1.5466
净资产收益率(%)	2.5500	-58.5600	1.5900
总资产(万元)	117846.87	116708.71	118049.40
股东权益(万元)	39810.02	38599.32	51487.38
未分配利润(万元)	855.83	-19009.16	3766.16
主营收入(万元)	16593.58	35154.28	33328.19
资本公积金(万元)	20201.90	36905.57	27028.80
主营利润(万元)	5956.72	11612.73	11404.77
其他业务利润(万元)	115.82	203.94	-15.11
营业利润(万元)	1458.77	-9899.51	2069.82
投资收益(万元)	-129.67	-492.85	-570.14
补贴收入(万元)	9.55	6.91	6.91
营业外收支(万元)	-14.97	-11612.68	-1.14
利润总额(万元)	1323.68	-21998.13	1387.14
净利润(万元)	1016.66	-22603.64	820.91

十大股东

序号	股东名称	股份性质	持股数(万股)	比例(%)
1	重庆市水利电力产业(集团)有限责任公司	国有法人股	3698.20	21.16
2	水利部经济管理局	国有法人股	3273.60	18.73
3	长江水利水电开发总公司	境内法人股	1100.00	6.29
4	重庆三峡水利电力集团职工持股会	境内法人股	996.16	5.70
5	北京恒丰兆业投资有限公司	境内法人股	770.00	4.41
6	中国灌排技术开发公司	境内法人股	369.60	2.11
7	长春永顺经贸有限公司	境内法人股	354.09	2.03
8	四川长平机械厂	境内法人股	110.00	0.63
9	重庆市万渝水电发展有限公司	境内法人股	110.00	0.63
10	德阳市狮龙旅游出租汽车有限公司	境内法人股	68.20	0.39

股东人数	2004.6	2003.12	2003.6	2002
	34182	36165	37414	29005

近年分配		近年配股/增发	

重大事项

本公司于2004年2月29日在重庆市拍卖中心以2172万元的价格竞得重庆市万州区鱼背山水库溢洪道和引水工程两部分资产。

二〇〇三年以来市场表现

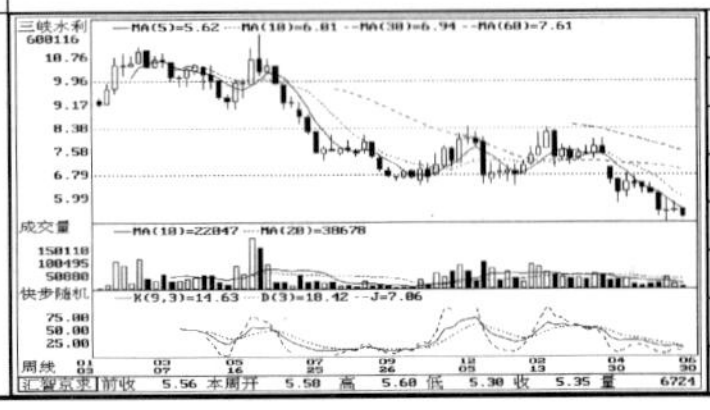

2003年涨跌幅(%)	-27.52
2003年最高(元)	11.55
2003年最低(元)	6.40
2003年换手率(%)	391.92
2004.06涨跌幅(%)	-20.97
2004.06最高(元)	8.37
2004.06最低(元)	5.20
2004.06换手率(%)	156.76

西宁特殊钢股份有限公司

公司概况

公司名称	西宁特殊钢股份有限公司				股票代码	600117	
注册地址	青海省西宁市				邮政编码	810005	
法人代表	刘克林			董秘	杨凯		
电话	0971-5299089			传真	0971-5218389		
主营业务	特殊钢冶炼及压延						
总股本	63013.71	流通A	20791.71	流通B		流通H	
审计单位				审计意见	未审计		

主要财务指标

年度	2004.6	2003	2002
每股收益/扣除后(元)	0.0791	0.1455	0.1881
每股经营现金流量(元)	0.1840	0.2800	0.2100
每股净资产/调整后(元)	2.3470	2.0334	1.9800
每股公积金(元)	1.2044	0.8765	0.9463
净资产收益率(%)	2.9620	6.9600	9.3900
总资产(万元)	384252.44	335445.72	295228.31
股东权益(万元)	160483.80	130142.75	121082.23
未分配利润(万元)	13027.79	8274.49	573.05
主营收入(万元)	96036.46	160669.64	135404.41
资本公积金(万元)	75893.49	55097.45	55097.45
主营利润(万元)	15838.70	27508.35	25238.23
其他业务利润(万元)	-303.99	291.07	4.87
营业利润(万元)	5899.42	10322.53	12806.30
投资收益(万元)		13.39	
补贴收入(万元)			
营业外收支(万元)	-268.78	362.18	-0.07
利润总额(万元)	5630.65	10698.10	12813.34
净利润(万元)	4753.30	9060.53	11369.04

十大股东

序号	股东名称	股份性质	持股数(万股)	比例(%)
1	西宁特殊钢集团有限责任公司	国有法人股	40832.00	64.80
2	青海创业集团公司	境内法人股	510.00	0.81
3	吉林铁合金公司	境内法人股	200.00	0.32
4	包头钢铁设计研究院	境内法人股	170.00	0.27
5	吉林炭素股份公司	境内法人股	170.00	0.2[illegible]
6	兰州炭素有限公司	境内法人股	170.00	0.[illegible]
7	青海铝业有限责任公司	境内法人股	170.00	[illegible]
8	郭登明	流通A股	73.16	0.12
9	上海世博网络信息服务有限公司	流通A股	40.00	0.06
10	北京洲通投资技术研究所	流通A股	37.45	0.06

股东人数	2004.6	2003.12	2003.6	2002
	100838	90580	93318	93805

近年分配		近年配股/增发	

重大事项

公司根据生产经营和技术改造资金的需要，先后向银行申请办理短期借款和开具承兑汇票。截止2004年4月27日累计金额达到21,100万元，构成重大借贷合同事项。

二〇〇三年以来市场表现

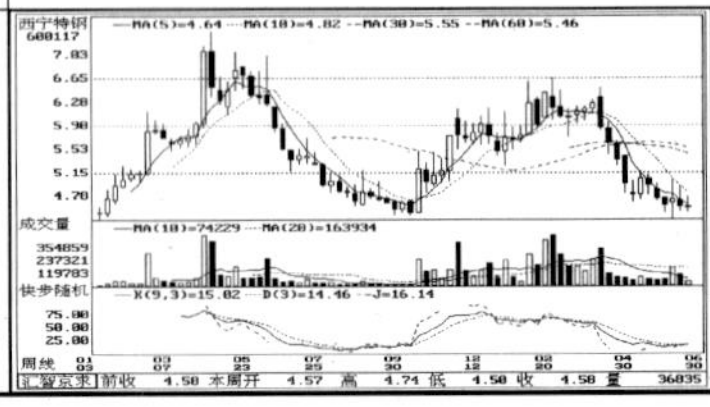

2003年涨跌幅(%)	33.50
2003年最高(元)	6.88
2003年最低(元)	3.88
2003年换手率(%)	292.42
2004.06涨跌幅(%)	-16.12
2004.06最高(元)	6.64
2004.06最低(元)	4.40
2004.06换手率(%)	245.61

第十届全国人大代表、全国劳动模范、公司董事长：李建新先生

Pajero CK车下线仪式

长丰汽车上市鸣锣

诚者无疆 信者无畏
选择东方 选择安全
东方证券股份有限公司是注册在上海的全国性综合类证券公司，公司注册资本金为21.39亿元人民币（含1500万美元），员工800余人，现有37家分支机构和营业网点。
东方证券资产质量优良，业务品种齐全、经过六年的稳健发展，公司已建立了完善的风险控制体系和高效的营销团队，凝聚了一批优秀的专业人才和一流的客户群体，为公司创新业务的开展和跨越式发展奠定了坚实的基础。
2004年，东方证券通过了创新试点评审；主发起设立的汇添富基金管理公司正式成立；与美国雷曼兄弟公司正式签署了有关QFII投资代理协议；公司上海地区27家营业部实现集中交易。东方证券将致力于发展成为一家由资产管理、基金管理、投资银行、经纪、期货、研究所等子公司组成的金融控股集团。
东方证券股份有限公司
ORIENT SECURITIES COMPANY LIMITED

根深叶
栖身
中国工商银行
INDUSTRIAL AND COMMERCIAL BANK OF CHINA

中国建设银行基金托管部
2004年，中国建设银行坚持“精品战略”，积极争取基金托管优质客户，大力拓展委托资产托管业务，不断挖掘QFII客户资源，加快托管业务产品研发工作，托管核心业务操作水平跃上新台阶，托管规模和托管收益大幅增长。到2004年底，我行已托管26只基金，托管基金资产总净值已达到502亿元。同时，委托资产托管业务稳步发展，各类资产托管余额达到133亿元，形成了种类齐全的资产托管系列产品。2004年，我行新增QFII托管客户两家，托管余额2.5亿美元，QFII托管客户数量和托管规模继续保持中资银行领先地位。2005年，中国建设银行将加强产品创新，及时开拓新的托管业务；严格履行基金托管人职责，确保基金清算、核算质量，提高基金投资运作监督水平。中国建设银行托管业务将朝着全球托管银行方向进一步迈进。
地址：北京市西城区金融大街25号
邮编：100032
咨询电话：010-6759 8382

诚实信用　严守秘密
勤勉尽责　开拓进取

中国农业银行证券投资基金托管部全体员工将本着诚实信用，严守秘密，勤勉尽责，开拓进取的精神，脚踏实地的工作，为广大投资者和基金管理公司提供优质高效的服务。
中国农业银行
AGRICULTURAL BANK OF CHINA
证券投资基金托管部
地址：中国北京西三环北路100号金玉大厦 电话：6842 4199 邮编：100037

地址：上海市银城中路1888号
邮编：200120
电话：021-58781234
传真：021-85408826
客户服务热线：95559

www.bankcomm.com

先进的技术平台　一流的客户服务

优秀的业务团队　广泛的国际合作

强大的创新能力　良好的风险控制

经中国政府批准，中国长城资产管理公司于1999年10月18日在北京成立，是具有独立法人资格的国有独资金融企业，公司注册资本100亿元人民币。在全国设有30个办事处，拥有3007名从业人员；拥有国内领先的内部信息管理系统。

经营管理体制

中国长城资产管理公司实行"一级法人，授权经营"的经营管理体制。总裁为公司法人代表，对公司经营管理负全面责任。公司总部为公司系统的经营管理中心、资金调度中心和决策指挥中心，并设有经营决策委员会、资金财务审查委员会、资产处置审查委员会、资产评估审查委员会，负责重大经营决策、财务支出、资产处置和资产评估事项。办事处根据总裁授权开展业务，不具有法人资格。

内部运行机制

拥有铁规章、铁账本、铁档案的"三铁"运行机制，以"铁"的灵魂--"铁"的意志、"铁"的执行、"铁"的过程、"铁"的结果，形成了具有长城资产管理公司特色的内部运行机制，内部基础管理牢固，运作规范，运行高效、服务诚信，确保内部业务运作经得起国家政策和法规的检验，经得起市场的检验，经得起社会监督的检验，经得起历史的检验，经得起客户的检验。

中国长城资产管理公司

CHINA GREAT WALL ASSET MANAGEMENT CORPORATION

总裁：汪兴益

广发证券 投资银行
中国优秀的具有专业
特色的投资银行
积极进取：全国首批注册保荐机构，注册保荐人数全国第一；
连续十年进入全国十大券商行列。
服务客户：2002年股票发行家数排名全国同业第一，承销金额排名第二，发行股数排名第三。
截至2003年末，累计完成主承销102家次，累计筹集资金354.19亿元。
服务过的客户包括：中创信测、中信证券、西山煤电、申能股份、福建高速、厦门钨业、国电南自、粤电力、粤高速、五粮液、宝丽华……
求实创新：1994年，在星湖股份(600866)发行中首创“全额预缴、比例配售”网下发行方式；
1999年，在科龙电器(000921)发行中率先引用发行路演；
2002年，在闽东电力(000993)发行中首次采用荷兰式竞标发行方式……
MGS
KANGMEI
XTC
中创信测
金地集团
GOLDFIELD INDUSTRIES
savings
广州
广州市天河北路183号
大都会广场38/F,36/F.
TEL：020-87555888转
FAX：020-87553583
上海
上海浦东南路528号上海
证券大厦北塔17/F.
TEL：021-68690215
FAX：021-68690214
北京
北京市西城区月坛北街2号
月坛大厦18/F.
TEL：010-68083328转
FAX：010-68083351

全职军师
天王星
中国银河证券
天王星智能分析决策软件
免费咨询：8008201868

不断推进资本市场改革开放和稳定发展

2004年，影响资本市场发展的诸多因素正在发生积极变化，资本市场正面临十分重要的发展机遇。2005年要以加强市场基础性制度建设为主线，围绕推进资本市场的改革和发展、加强市场监管、扩大对外开放和强化自身建设等工作重点，逐步解决市场存在的深层次问题和结构性矛盾。

2004年，证券期货市场改革的力度很大，是出台重大改革和发展政策措施最多的一年，是贯彻落实《国务院关于推进资本市场改革开放和稳定发展的若干意见》的第一年，是在社会主义市场经济体制下对资本市场重要性、规律性认识进一步深化的一年，是资本市场基础性制度建设积极推进的一年，是资本市场改革、创新取得重大进展的一年。围绕贯彻《若干意见》，在发行制度改革、上市公司持续监管、维护社会公众股股东合法权益、规范证券公司运作、发展机构投资者、市场建设、产品创新等诸多方面，推出了一系列改革措施，保持了市场的平稳运行，证券期货市场的改革和发展都取得了显著成效。

一是认真学习和深入领会《若干意见》精神，努力推动《若干意见》的贯彻落实。二是多层次市场体系建设迈出重要步伐，品种创新取得新进展。三是发行制度改革不断深化，市场约束进一步加强。四是进一步规范市场主体行为，切实保护投资者合法权益。五是稳妥处置市场风险，积极维护市场和社会稳定。六是狠抓大案要案急案调查，严厉打击违法违规活动。七是全面推进依法行政，法制诚信建设取得新进展。八是着力夯实期货市场发展基础，期货市场功能进一步显现。九是全面整合证券期货监管系统资源，进一步增强监管合力。十是加大与相关部门的协调力度，改善市场发展的外部环境。十一是对外开放逐步深入，国际交流不断拓展。

从2004年的市场情况看，虽然受宏观调控、金融政策调整、历史积累的风险相对集中释放等多方面因素的影响，市场出现了一些波动，但证券市场总体上保持了平稳运行的态势。全年境内市场共有133家企业发行股票，16家企业发行可转债和公司债，境内市场筹资866.6亿元，增长5.28%，新增上市公司97家，上市公司总数已达1377家。发行证券投资基金55只，募集金额1862.5亿元，同比增长168.7%，基金发行规模超过了过去历年的总和。期货市场稳步发展，规模进一步扩大，呈现较好的发展态势，市场交易量继续保持增长，全年总成交金额14万亿元，交易手数2.77亿手，同比分别增长了45%和12.7%。

2004年取得的成绩得益于牢固树立和认真落实科学发展观，不断提高对社会主义市场经济体制下发展资本市场重要性及其规律的认识，坚持不懈地推进《若干意见》的落实。目前，贯彻落实《若干意见》已经有了良好的开端，但这只是一个起步，全面贯彻落实《若干意见》是一个长期的过程，任务还十分艰巨，必须做坚持不懈的努力。

当前，我国资本市场的改革和发展正处于一个关键时期，影响市场发展的诸多因素正在发生积极变化，资本市场正面临十分重要的发展机遇。

首先，证券期货市场的重要作用已得到社会各界的广泛认同，大力发展资本市场并全面发挥其功能已成为全社会的共识。第二，国民经济持续快速健康发展，证券期货市场发展的宏观环境良好，为证券期货市场的进一步发展奠定了扎实的基础。第三，金融改革、投资体制改革、国有企业改革不断深入，大力发展资本市场已成为改革的客观需要。第四，各类社会资金保值增值的需求不断扩大，为证券期货市场的发展提供了广阔的资源。第五，中国经济在全球的地位和作用日益凸显，资本市场吸引力进一步提升，为我们综合利用境内外市场和资源促进资本市场发展，提供了良好的机遇。

资本市场的改革发展还面临着法制建设和执法环境不配套、市场主体运作不规范、市场结构仍需完善以及监管工作有待进一步加强和改善等方面的挑战。资本市场改革发展的形势是机遇与挑战并存，把握机遇关键在于夯实基础。近几年，证监会坚持不懈地狠抓市场基础性建设，特别是全面贯彻落实《若干意见》，影响市场发展的一些关键因素正在发生积极变化：投资产品在丰富，上市公司结构在改善，投资者结构在优化，合规资金入市渠道在拓宽，市场秩序在规范，投资者权益保护在加强。市场基础建设所取得的这些成绩，为市场功能的进一步发挥打下了坚实的基础。总之，对当前资本市场的发展形势要有一个科学和全面的认识，既要看到存在的问题，更要看到面临的机遇。只要坚定信心，坚持不懈地狠抓基础性建设，市场运行的效率就会不断提高，市场的结构就会逐步改善，市场优化资源配置的作用就会日益增强，市场的发展就会越来越健康。

2005年，证券期货监管工作要贯彻这样的指导思想：以邓小平理论和“三个代表”重要思想为指导，全面贯彻党的十六大、十六届三中、四中全会和中央经济工作会议精神，坚持求真务实，牢固树立科学发展观，全面落实《若干意见》，要以加强市场基础性制度建设为主线，围绕推进资本市场的改革和发展、加强市场监管、扩大对外开放和强化自身建设等工作重点，逐步解决市场存在的深层次问题和结构性矛盾，促进资本市场持续稳定健康发展。

2005年资本市场各方面要重点做好以下工作：

一是要深入学习领会《若干意见》，做好2005年落实《若干意见》的工作安排。二是要继续推进多层次市场体系建设，完善市场功能。三是要深化发行制度改革，提高市场融资效率。四是要推动上市公司完善法人治理结构，维护公众股东合法权益。五是要促进证券公司规范发展，做好高风险证券公司的处置工作。六是要大力发展机构投资者，加快投资者结构改善步伐。七是要推动期货市场健康发展，提高市场运行质量。八是要加强法制建设，进一步提高稽查办案水平。九是要稳步扩大对外开放，积极开展国际交流与合作。十是要加强自律管理，发挥自律组织的功能与作用。

总之，我们要要深入贯彻落实中央经济工作会议和国务院的指示精神，扎扎实实地做好资本市场各方面的工作，努力开创证券期货市场改革开放和稳定发展的新局面。

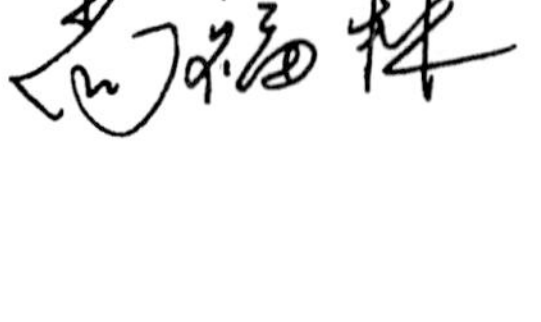

2004

中國證券業年鑒

CHINA SECURITIES YEARBOOK

下

总第十二期

总编辑 陈乃进 朱从玫 张育军
上海证券交易所 深圳证券交易所
天津中新药业集团股份有限公司
中国证券业年鉴编辑委员会
新华出版社

图书在版编目(CIP)数据

中国证券业年鉴. 2004 年/《中国证券业年鉴》编辑委员会 编.
—北京:新华出版社，2005.4
ISBN 7-5011-6913-6

Ⅰ.中… Ⅱ.中… Ⅲ.证券市场—中国—2004—年鉴 Ⅳ.F832.51-54

中国版本图书馆 CIP 数据核字(2004)第 127825 号

责任编辑:吕仙珽　陈洁

中國證券業年鑒(2004·总第十二期)

中国证券业年鉴编辑委员会编

新华出版社出版发行
新华书店经销
上海中证鉴广告有限公司数据植字
上海出版印刷有限公司承印
开本:850mm×1168mm　1/16　印张:180　插页:360　字数:6800 千字
2005 年 2 月第一版　　2005 年 2 月第一次印刷
ISBN 7—5011—6913—6/F·996

总定价:人民币 780 元　港币 780 元　美元 120 元

编辑说明

《中国证券业年鉴》是一部全面反映我国证券市场发展史的大型史料性年刊。自1993年创刊以来,《中国证券业年鉴》已逐渐成为一个展示公司业绩、总结市场成就、记录证券业历史、促进我国证券市场对外交流与合作的重要窗口。《中国证券业年鉴》每年出版一次,国内外公开发行。

《中国证券业年鉴》主要反映上一年度中国证券、期货、基金、保险、金融、债券市场及企业制度建设和发展方面的情况和最新动态,供海内外有关机关、社团、学校、研究部门、企事业单位及社会各界人士做进一步研究参考使用。为推动中国证券业的规范化和国际化、建设有中国特色的社会主义市场经济服务。

《中国证券业年鉴》(2004.总第十二期)共分十编,内容设置专论、中国证券市场、中国金融市场、中国期货市场、中国基金市场、中国保险市场、中国债券市场、政策与法规、市场统计资料、中国证券业人物等部分。另有彩色图片1230幅。

《中国证券业年鉴》的资料直接来源于公司的公告和报告、国务院有关部委及各省、市相关单位提供的材料,保证了《年鉴》的权威性和准确性。《中国证券业年鉴》(2004)在基本保持上一期的内容和体例的基础上作了较大的改版。整合了原有的编章,同时重点充实了中小企业板、投资银行、非银行金融机构、保险市场等部分内容,突出反映了2004年我国证券市场的整体发展状况。但由于中国证券业仍处于发展阶段,加上各地区的发展不平衡以及我们的水平有限,难免出现一些疏漏,敬请读者谅解和指正。

《中国证券业年鉴》由中国证券业年鉴编辑部组织编辑,由新华出版社出版,在编辑出版过程中得到了国务院有关部门及中国证券监督管理委员会、各省、直辖市、自治区证券监管机构、中国证券报社、上海证券交易所、深圳证券交易所、证券界有关领导、专家的指导和支持,在此我们表示最诚挚的感谢。

中国证券业年鉴编辑部

中国证券业年鉴顾问委员会

名誉顾问：刘鸿儒　于光远　厉以宁　肖灼基

主　　任：尚福林　中国证券监督管理委员会　主　席

副 主 任：屠光绍　中国证券监督管理委员会　副主席
耿　亮　上海证券交易所　理事长
陈东征　深圳证券交易所　理事长
庄心一　中国证券监督管理委员会　副主席

顾　　问：	张新文	中国证券监督管理委员会北京监管局	局长
	张　宁	中国证券监督管理委员会上海监管局	局长
	窦汝广	中国证券监督管理委员会天津监管局	局长
	唐昌放	中国证券监督管理委员会重庆监管局	局长
	张云东	中国证券监督管理委员会深圳监管局	局长
	黄有根	中国证券监督管理委员会湖北监管局	局长
	左　红	中国证券监督管理委员会江苏监管局	局长
	欧阳昌琼	中国证券监督管理委员会广东监管局	副局长
	何渭滨	中国证券监督管理委员会江西监管局	副局长
	胡伏云	中国证券监督管理委员会云南监管局	局长
	宿　庸	中国证券监督管理委员会辽宁监管局	局长
	张慎峰	中国证券监督管理委员会山东监管局	局长
	陈自强	中国证券监督管理委员会海南监管局	局长
	侯苏庆	中国证券监督管理委员会河南监管局	局长
	高卫兵	中国证券监督管理委员会河北监管局	局长
	王宝桐	中国证券监督管理委员会浙江监管局	局长
	杨晓嘉	中国证券监督管理委员会湖南监管局	局长
	杨勇平	中国证券监督管理委员会四川监管局	局长
	侯丽春	中国证券监督管理委员会新疆监管局	局长
	申志杰	中国证券监督管理委员会山西监管局	局长
	蔡运兴	中国证券监督管理委员会贵州监管局	副局长
	贾永哲	中国证券监督管理委员会内蒙古监管局	局长
	吕逸君	中国证券监督管理委员会宁波监管局	局长
	岳仁华	中国证券监督管理委员会福建监管局	局长
	杨代刚	中国证券监督管理委员会西藏监管局	局长
	江连海	中国证券监督管理委员会吉林监管局	局长
	方俊文	中国证券监督管理委员会安徽监管局	局长
	杨志华	中国证券监督管理委员会广西监管局	局长
	薛文石	中国证券监督管理委员会陕西监管局	局长
	丁若鹏	中国证券监督管理委员会黑龙江监管局	局长

	陆建新	中国证券监督管理委员会厦门监管局	局长
	方向瑜	中国证券监督管理委员会甘肃监管局	局长
	丁文奇	中国证券监督管理委员会大连监管局	局长
	夏业成	中国证券监督管理委员会宁夏监管局	局长
	毕恩元	中国证券监督管理委员会青岛监管局	局长
	王建军	中国证券监督管理委员会青海监管局	局长
	洪　磊	中国证券监督管理委员会基金监管部	副主任
特别顾问：	唐棣华	中国银行基金托管部	总经理
	周月秋	中国工商银行资产托管部	总经理
	江先周	中国建设银行基金托管部	总经理
	张军洲	中国农业银行基金托管部	总经理
	谢红兵	交通银行证券投资基金托管部	总经理
	田　源	中国国际期货经纪有限公司	董事长
	庄东辰	上海申银万国证券研究所有限公司	董事长
	王　纯	中央国债登记结算有限责任公司	董事长
	解植春	光大证券有限责任公司	总　裁
	潘鑫军	东方证券股份有限公司	总　裁
	高　钟	华安证券有限责任公司	总　裁
	刘锡汉	长江交通科技股份有限公司	董事长
	刘新来	中国经济技术投资担保有限公司	董事长
特邀顾问：	王忠民	中诚信托投资有限责任公司	董事长
	张　钢	中国科技证券有限责任公司	董事长
	周有道	上海国际信托投资有限公司	董事长
	王鸿茂	广州科技风险投资有限公司	总经理
	祖　煜	天治基金管理有限公司	总经理
	蔡　咏	国元证券有限责任公司	总　裁
	徐根雪	浙江金迪期货经纪有限公司	总经理
	蒋永明	财富证券有限责任公司	董事长
	王　艺	金诚国际信用管理有限公司	董事长
	安保和	西部证券股份有限公司	总经理
	王梓木	华泰保险股份有限公司	董事长
	陈剖建	天安保险股份有限公司	董事长
	林义相	天相投资顾问有限公司	董事长
	李　康	上海金信证券研究所有限公司	董事长兼总经理
	林传辉	广发基金管理有限公司	总经理
	李刚剑	上海远东证券有限公司	董事长兼总经理
	陆景蝰	万联证券有限责任公司	董事长
	田仁灿	海富通基金管理有限公司	总　裁
	田国立	宏源证券股份有限公司	董事长

姜国方	申万巴黎基金管理有限公司	总　裁
吕　涛	中信基金管理有限公司	总经理
胡柏藩	浙江新和成股份有限公司	董事长
张松山	重庆华邦制药股份有限公司	董事长
张近东	苏宁电器连锁集团股份有限公司	董事长
单建明	浙江美欣达印染集团股份有限公司	董事长
高云峰	深圳市大族激光科技股份有限公司	董事长
杨胜利	贵州久联民爆器材发展股份有限公司	董事长
章卡鹏	浙江伟星实业发展股份有限公司	董事长
孙建江	浙江精工科技股份有限公司	董事长
姚新义	浙江盾安人工环境设备股份有限公司	董事长
江继忠	黄山永新股份有限公司	董事长
蔡开坚	中捷缝纫机股份有限公司	董事长
苏显泽	浙江苏泊尔炊具股份有限公司	董事长兼总经理
于在青	江苏琼花高科技股份有限公司	董事长
王冬雷	广东德豪润达电气股份有限公司	董事长兼总经理
安　康	华兰生物工程股份有限公司	董事长
白开军	江苏天奇物流系统工程股份有限公司	董事长
徐冠巨	浙江传化股份有限公司	董事长
王白浪	浙江凯恩特种材料股份有限公司	董事长
朱熙成	湖北中航精机科技股份有限公司	董事长
赵方平	江苏霞客环保色纺股份有限公司	董事长
周曙光	广东威尔医学科技股份有限公司	董事长兼总经理
周忠国	东信和平智能卡股份有限公司	董事长兼总经理
庆祖森	安徽华星化工股份有限公司	董事长
过鑫富	浙江鑫富生化股份有限公司	董事长
吕　钢	浙江京新药业股份有限公司	董事长兼总经理
唐伟国	上海科华生物工程股份有限公司	董事长
李再春	四川海特高新技术股份有限公司	董事长兼总经理
曹　军	贵州航天电器股份有限公司	董事长
易贤忠	广州七喜电脑股份有限公司	董事长
董增平	上海思源电气股份有限公司	董事长
周连期	福建七匹狼实业股份有限公司	董事长
何蕴韶	中山大学达安基因股份有限公司	董事长
吴潮忠	广东巨轮模具股份有限公司	董事长
王　云	丽江玉龙旅游股份有限公司	董事长
黄文枝	中山华帝燃具股份有限公司	董事长
石东明	宁波宜科科技实业股份有限公司	董事长
徐明波	北京双鹭药业股份有限公司	董事长
杨桂模	山东威达机械股份有限公司	董事长
何清华	湖南山河智能机械股份有限公司	董事长兼总经理

王国斌	东方基金管理有限公司	总经理
傅思福	重庆天健会计师事务所有限责任公司	总经理
郑文捷	云晨期货经纪有限公司	董事、总经理
廖　一	太平洋证券有限责任公司	执行总裁
王永禄	北京国友大正资产评估有限公司	董事长
孙忠仁	北斗星律师事务所	主　任
冯　刚	海南中力信资产评估有限公司	董事长

特邀顾问：投资银行业

王珠林	西南证券有限责任公司	副总裁
王晋勇	兴业证券股份有限公司	副总裁兼投行总监
张桂庆	国信证券有限责任公司	副总裁兼投行总裁
张郁平	招商证券股份有限公司	副总裁
姜长龙	华西证券有限责任公司	副总裁
桂水发	东方证券股份有限公司	副总裁
梁　斌	华林证券有限责任公司	副总裁
彭世平	江南证券有限责任公司	副总裁

中国证券业年鉴编辑委员会

黄伟明	浙江精工科技股份有限公司	董事会秘书
刘继斌	浙江盾安人工环境设备股份有限公司	董事会秘书
方　洲	黄山永新股份有限公司	董事长助理、董事会秘书
单升元	中捷缝纫机股份有限公司	董事、财务总监、董事会秘书
叶继德	浙江苏泊尔炊具股份有限公司	董事会秘书
嵇雪松	江苏琼花高科技股份有限公司	副总经理、董事会秘书
王光平	广东德豪润达电气股份有限公司	董事、董事会秘书
范　蓓	华兰生物工程股份有限公司	副总经理、董事会秘书
费新毅	江苏天奇物流系统工程股份有限公司	董事、董事会秘书
冯国祚	浙江传化股份有限公司	副总经理、董事会秘书
赵　健	浙江凯恩特种材料股份有限公司	副总经理、董事会秘书
邵光兴	湖北中航精机科技股份有限公司	董事、副总经理、董事会秘书
朱　瑜	江苏霞客环保色纺股份有限公司	副总经理、董事会秘书
周先玉	广东威尔医学科技股份有限公司	董事、副总经理、董事会秘书
张晓川	东信和平智能卡股份有限公司	副总经理、董事会秘书
李　辉	安徽华星化工股份有限公司	董事、副总经理、财务总监、董事会秘书
袁　峰	浙江鑫富生化股份有限公司	董事会秘书
徐小明	浙江京新药业股份有限公司	董事会秘书
单　莹	上海科华生物工程股份有限公司	董事会秘书
郑德华	四川海特高新技术股份有限公司	董事、总工程师、董事会秘书
王　磊	贵州航天电器股份有限公司	总经理助理、董事会秘书
廖　健	广州七喜电脑股份有限公司	董事会秘书
林　凌	上海思源电气股份有限公司	副总经理、董事会秘书
杨鹏慧	福建七匹狼实业股份有限公司	董事会秘书
吴军生	中山大学达安基因股份有限公司	副总经理、董事会秘书
杨传楷	广东巨轮模具股份有限公司	董事、董事会秘书
杨学禹	丽江玉龙旅游股份有限公司	财务总监、董事会秘书
吴　刚	中山华帝燃具股份有限公司	董事会秘书
穆　泓	宁波宜科科技实业股份有限公司	副总经理、董事会秘书
梁淑洁	北京双鹭药业股份有限公司	董事会秘书
宋战友	山东威达机械股份有限公司	董事会秘书
马传健	湖南山河智能机械股份有限公司	总经理助理、董事会秘书

中国证券业年鉴编辑部

地　　址：上海市浦东南路 1550 号 5 号楼 1003 室
邮　　编：200122
电　　话：021—68670009
传　　真：021—58206180

目　录

第一编　专　论

第二编　中国证券市场

第一章　中国证券市场概况

第二章　证券监管与经营机构

第三章　上市公司

第一节　上市公司/业绩报告

第二节 深圳证券交易所中小企业板块上市公司/上市公告书

第三节 上海证券交易所上市公司/财务报表

第四节 深圳证券交易所上市公司/财务报表

第四章　证券业中介服务机构

第六章 证券业大事记

第三编 中国金融市场

第一章 中国金融市场概况

第二章　报告与统计数据

第三章　金融管理机构

第四章　商业银行

第五章　非银行金融机构

第四编　中国期货市场

第一章　中国期货市场概况

第二章　统计数据

第三章　期货交易机构

第四章　期货经纪公司

第五编　中国基金市场

第一章　中国基金市场概况

第二章　基金托管机构

第三章　基金管理公司

第六编　中国保险市场

第一章　中国保险市场

第二章　保险经营机构

第七编　中国债券市场

第八编　政策与法规

第九编　中国证券市场统计资料

第一章　上海证券市场统计资料

第二章　深圳证券市场统计资料

第十编　中国证券业人物

插页目录

上　册

中 册

下 册

深圳证券交易所中小企业板块上市公司专栏

证券公司、投资银行专栏

中国证券业人物成就展

中国证券业人物成就展

历史性一刻

中小企业板扬帆起航

5月27日下午“中小企业板块启动仪式”在深圳五洲宾馆隆重举行。中小企业板块的启动，标志着分步推进创业板市场建设迈出了实质性的步伐，意味着中国证券市场制度创新翻开了新的历史篇章。

全国人大常委副委员长成思危，全国政协常委、民革中央副主席程诒青，国家发改委副主任李子彬，科技部副部长邓楠，国务院法制办副主任宋大涵，全国社保基金理事会副理事长高西庆，国家外汇管理局副局长马德伦；中国证监会主席尚福林，证监会副主席范福春，屠光绍，证监会前主席刘鸿儒、周道炯，中国证券登记结算公司董事长陈耀先，上海证券交易所理事长耿亮，银河证券总裁朱利，香港证监会主席沈联涛；广东省委副书记、省长黄华华，省委副书记、深圳市委书记黄丽满，省委常委、深圳市市长李鸿忠，副省长宋海以及深圳市老领导厉有为等出席了启动仪式。

陈东征理事长主持了启动仪式。陈东征理事长在演讲嘉宾发言后，一一作了点评。他多次强调，建设中小企业板责任重大，深交所将全力以赴，不遗余力地投入到创业板市场建设中去。张育军总经理在答谢辞中表示，深交所将始终以如临深渊、如履薄冰的姿态，以高度的责任感和使命感，为中小企业板块平稳启动和健康发展扎扎实实地做好各项工作。

地　　址：深圳市深南东路5045号
邮政编码：518010
电　　话：0755—82083333
网　　址：www.szse.cn
电子邮件：cis@szse.cn

▪理事长 陈东征

深圳证券
SHENZHEN STOC

STOCK

深圳证券交易所地处中国深圳市，成立于1990年12月1日，是不以营利为目的，实行自律性管理的法人。深交所致力于创造 公开、公平、 公正的市场环境，保证证券市场的正常运行。主要职能包括：提供证券交易的场所和设施；制定本所业务规则；接受上市申请、安排证券上市；组织监督证券交易；对会员和上市公司进行监管；管理和公布市场信息；中国证监会许可的其他职能。

作为中国大陆两大证券交易所之一，深交所与中国证券市场共同成长。13年来，深交所成功地突破了地域的限制和观念的束缚，探索出一条在现代技术条件下建设证券市场的新路，在一个新兴城市建成了辐射全国的证券交易中心，并牢固地确立了全国性证券交易中心的地位。13年间，深交所累计为国民经济筹资3390多亿元，对建立现代企业制度、推动经济结构调整、优化资源配置、传播市场经济知识，起到了十分重要的促进作用。

与时俱进　开拓创新
振奋精神　勤奋工作

交易所
EXCHANGE

■ 总经理　张育军

EXCHANGE

经国务院同意，中国证监会批准，今年5月起深交所在主板市场内设立中小企业板块。设立中小企业板块，是分步推进创业板市场建设迈出的一个重要步骤，是党中央、国务院从促进经济的可持续发展和促进经济结构调整的大局出发做出的重要决策，也是贯彻落实十六届三中全会以及《国务院关于推进资本市场改革开放和稳定发展的若干意见》精神的一项具体部署。深交所将在中国证监会的正确领导下，在各级领导的关怀下，在社会各界的大力支持和帮助下，始终以如临深渊、如履薄冰的姿态，以高度的责任感和使命感，努力拼搏，不断创新，把中小企业板块建设好，为开辟中国多层次资本市场谱写新篇章！

历史性一刻

中小企业板

深圳证券交易所
SHENZHEN STOCK EXCHANGE
中小企业板块首次上市仪式

深圳证券交易所
SHENZHEN STOCK EXCHANGE
中小企业板块首次上市仪式

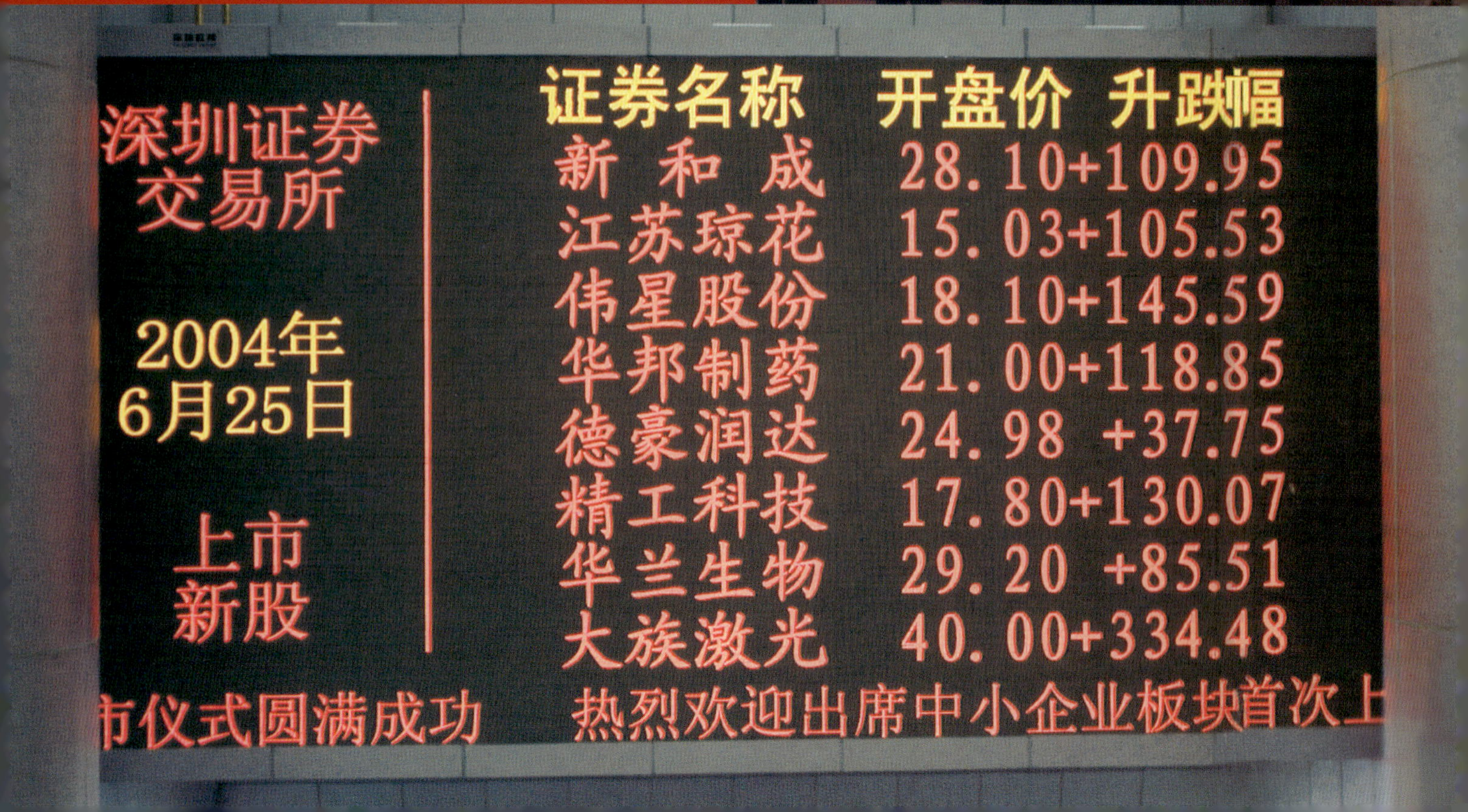
深圳证券交易所
2004年
6月25日
上市
新股
证券名称 开盘价 升跌幅
新 和 成 28.10+109.95
江苏琼花 15.03+105.53
伟星股份 18.10+145.59
华邦制药 21.00+118.85
德豪润达 24.98 +37.75
精工科技 17.80+130.07
华兰生物 29.20 +85.51
大族激光 40.00+334.48
市仪式圆满成功 热烈欢迎出席中小企业板块首次上

扬帆起航

中小企业板扬帆起航

○ 厂区一角

○ 自动化装置

○ 科研

○ 董事会成员

○ 工业园鸟瞰图

NHU 浙江新和成

公司战略目标是：

企业发展成为国内一流、国际上著名的化工医药大型跨国集团，成为“化工、医药的专家”和“营养健康的使者”；

把“新和成、NHU”塑造成为国际驰名品牌；

企业文化建设达到与经济指标相对应的、具有鲜明个性的大型跨国集团企业文化。

董事长：胡柏藩

浙江新和成股份有限公司始创于1988年11月，是一家高科技、高成长、高效益的国家级重点高新技术企业。公司现有总资产15亿多元，员工1200多人。主要从事医药中间体、饲料添加剂、食品添加剂、香精香料、营养保健品、药品、化工机械等七大系列50多个产品的生产和销售。公司下辖德力石化设备有限公司、浙江爱生药业有限公司、安徽新和成皖南药业有限公司等多个子（分）公司。公司作为国内中小企业板块第一股已在深圳证券交易所上市。

公司被评为国家火炬计划重点高新技术企业，全国化学药品原料制造业效益十佳企业，全国重合同、守信誉企业，全国饲料科技进步先进集体，浙江省“五个一批”重点骨干企业，浙江省医药行业十佳优秀企业，纳税超亿元企业，连续七年被银行评为AAA级信誉企业，现已通过ISO9001质量管理体系认证、ISO14001环境管理体系认证和GMP认证。在2003年中国化工500强排序中，公司居第226位、中国化工民营企业百强第5位、中国化工药品原药与制剂及生物制品企业50强第8位。2003公司实现销售9.5亿元，上缴税金1.17亿元，出口创汇8700万美元，自营出口额多年居绍兴市第一位、浙江省第五位。

公司技术中心系绍兴市首家国家级企业技术中心，技术中心设有博士后科研工作站。公司现有国家级新产品九个，省级新产品二十多个，并已成功实施了八个国家火炬计划项目。公司已成为世界第三大维生素生产企业、世界最大乙氧甲叉生产企业、全国最大维生素饲料添加剂生产企业。

公司形成了具有“老师文化”特色的企业文化，确立了“创造财富，造福社会”的企业宗旨；“创新、人和、竞成”的价值观；“科技为先，以人为本”的经营管理哲学；“求实、求新、求质、求效”的企业精神，显示出雄厚的人文理念和鲜明的企业风貌。

中小企业板块第一股

股份有限公司

伟星股份
WEIXING CO., LTD.

地址：中国浙江省临海市花园工业区　　邮编：317025
传真：0576-593 0018　　电话：0576-593 0009
网址：www.weixing.cn

本公司是中国服装辅料行业的龙头企业，世界最大的钮扣生产企业之一，也是中国钮扣和拉链行业目前唯一的上市公司。公司主营钮扣、拉链等服装辅料的制造和销售。是最高人民法院、检察院、中国电信、移动通信等单位制服钮扣、拉链等服装辅料的定点生产厂家，也是中国服装协会服装辅料专业委员会副主任委员和专家组组长单位。

浙江伟星实业发展股份有限公司

服装辅料

董事长：章卡鹏

总经理：张三云

制造专家

本公司是中国服装辅料行业依靠技术进步发展产业的翘楚。公司拥有当今世界先进的生产技术装备和生产流水线，目前的技术水平在国内同行业中处于领先地位。产品曾先后获得过国家星火技术奖、国家科技进步奖、浙江省技术进步奖，并连续多次被评为“浙江省名牌产品”和“浙江省著名商标”。同时，快捷高效的营销服务，使公司产品辐射亚、美、欧、非以及大洋洲五大洲，畅销五十多个国家和地区。

立足长远，不断创新与超越。伟星股份将以市场需求为导向，以生产经营和资本经营为手段，以机制创新和技术创新为动力，实施公司规模、市场、品牌的全球性扩张，致力于把公司发展成为具有国际影响力的服装辅料专业化企业！

重庆华邦制药股份有限公司位于重庆市高新技术开发区，公司于2004年6月在深交所发行上市，目前拥有员工500多名，总资产数亿元，是一家独具特色的高新技术制药企业。

重庆华邦制药股份有限公司，是重庆市首家全厂通过国家药品监督局GMP认证企业；2000年被国家科技部认定为全国重点高新技术企业；2003年荣获“全国五一劳动奖状”；连续五年被评为“重庆市工业企业五十强”；连续七年被评为“重庆市高新技术开发区优秀企业”。

作为国家重点高新技术企业，华邦制药自成立之初，就认准了“科学立业”的目标，把科研和新药开发作为企业安身立命的根本，将高科技、高水准、专业化作为企业应对挑战的核心竞争力。经过十年的不懈努力，华邦在皮肤病治疗领域、结核病治疗领域树立了良好的企业品牌形象，成为开发、生产、销售维甲酸类药物的专业厂家。

诚信为本 兴华夏之邦

科学立业 筑健康长城

公司厂区

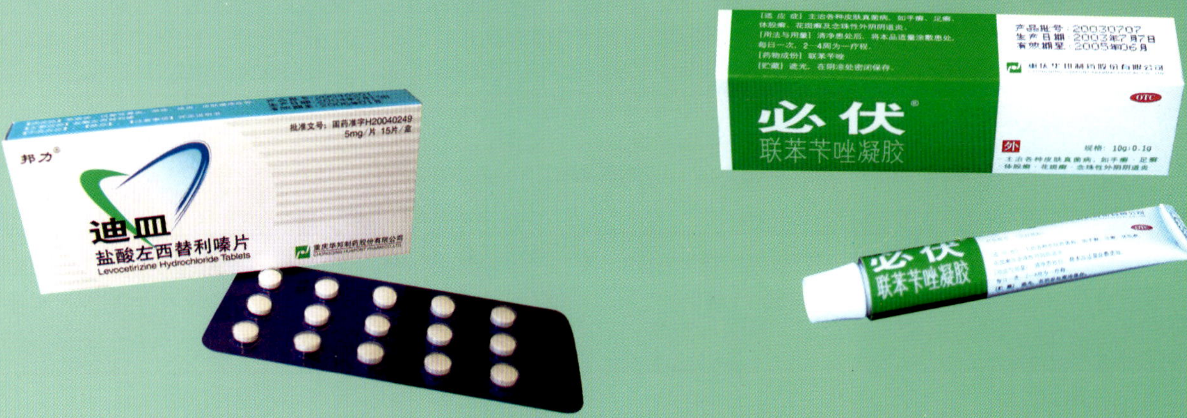

重庆华邦制药股份有限公司

CHONGQING HUAPONT PHARM CO., LTD.

近年来，华邦选定“小领域、大市场”的发展战略，将自身定位为专业化生产企业，选择了以皮肤类、结核类药品市场为主，逐渐向其他品类拓展的战略定位。公司凭借高科技优势，不断研发出新特药品。目前，公司的在研项目有20个，上报项目达12个。

华邦制药的企业宗旨是：诚信为本，兴华夏之邦；科学立业，筑健康长城。团结、公正、诚信、敬业则是华邦的企业精神。

华邦制药在向制药业相关多元化发展过程中，实施以制药业为基础，以产业链为纽带，以市场为先导，以科技为支撑，以人才为根本，以产品经营和资本经营为依托的高水准发展战略，构筑企业核心竞争力。目前，华邦制药相继以控股与参股的方式涉足旅游业、能源业、制药业，投资兴建武隆原料药厂、汉邦中药厂、汇邦旅业公司、华邦酒店旅业、华邦能源，从而迈开了公司“同心多元、发展未来”的战略步伐。

我们用诚信、用信心铸就华邦品牌。

HUAPONT PHARM

地址：重庆市歇台子科园四街55号
邮编：400041
电话：023-6863 6363/6869 5322
传真：023-6869 5322

CHONGQING HUAPONT PHARM

ELEC-TECH

董事长、总裁：王冬雷

广东德豪润

广东德豪润达电气股份有限公司成立于1996年5月，2004年6月在深圳证券交易所发行上市，股票代码002005，注册资本10100万元。公司是国家火炬计划重点高新技术企业、广东省高新技术企业。

公司主要从事智能化家用电器产品的开发、设计、制造和销售。主要产品包括：全自动电脑控制面包机、电烤箱、电炸锅、咖啡壶等多个系列、200多个品种和型号的智能化家用电器产品；产品以其卓越的品质、优异的性能和新颖的设计而畅销国际市场，部分产品在美国的市场占有率超过50%。

公司现有员工1万余人，拥有一家近300人的产品技术研究所，它是广东省科技厅批准的“广东省智能小家电工程技术研究开发中心”，也是行业内最具创新能力的研发机构之一。

公司目前已形成了从芯片程序设计、PCB线路板、注塑、冲压、压铸、表面处理、电机制造、精密模具的设计制造、产品装配等完整的纵向一体化的综合制造加工能力，拥有UL、GS等国际认可的标准实验室。并通过了德国莱茵TüV公司颁发的ISO-9001国际质量体系认证，2003年被莱茵技术监督服务（广东）有限公司评为“德国莱茵TüV广东2002年度杰出合作伙伴”。

公司以国际市场的要求作为企业经营的标准，在技术标准、生产流程、品质管理、环境卫生、劳动用工等方面，都通过了GE、WAL-MART等国际顶尖客户的严格审核和现场验收。截至2004年底，公司共获得729项产品安全认证，其中UL认证224项、CUL认证198项、GS认证123项、CE标志认证95项、EMC认证72项，CCC认证14项、CSA认证3项。

经过多年的励志耕耘，公司以创新能力、全球销售能力、大规模的制造能力、成本领先等竞争优势逐步在国际市场建立了自己的优势地位；截至2004年9月30日，公司资产总额已超过人民币17.4亿元，净资产额达到人民币7.35亿元，已成为国际小家电行业内最具创造力和规模最大的专业性公司之一。2003年以来公司年出口创汇均在1亿美元以上，成为珠海市成长最快、最重要的出口创汇企业之一。2003年至今，公司先后被评为“广东省优秀民营企业”、“2003年度广东省百强民营企业”、“国家火炬计划重点高新技术企业”和“中国优秀民营科技企业”。

达电气股份有限公司

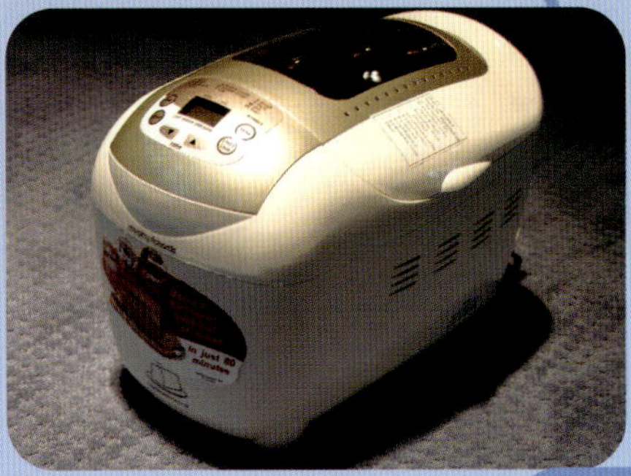

面包机

咖啡机

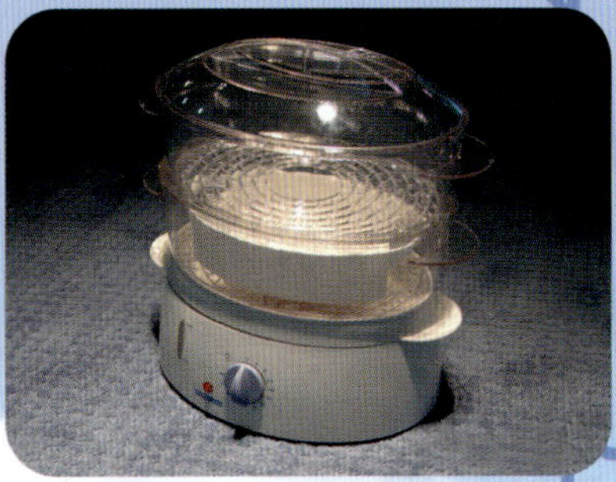

电蒸笼

电烤箱

建筑专用设备生产车间

建材专用设备生产车间

轻纺专用设备生产车间

浙江精工科技股份有限公司
ZHEJIANG JINGGONG SCIENCE & TECHNOLOGY CO., LTD.

董事长孙建江先生、总经理邵志明先生与外商在生产现场合影留念

浙江精工科技股份有限公司创建于1992年，2000年8月经浙江省人民政府批准整体变更设立，主要从事建筑、建材专用设备及轻纺专用设备等高新技术产品的研制开发、生产制造、经营销售和技术服务，是国内规模最大、效益最好的钢结构建材专用设备及包覆丝机系列轻纺专用设备生产企业。2004年6月25日公司在深圳证券交易所中小企业板块成功上市（股票代码：002006，股票简称：精工科技），开创了国内新型钢结构专用设备制造企业上市公司的先河。

公司自2000年改制以来，在核心团队的领导下，稳健经营，规范运作，在构建产权明晰、权责明确、权力制衡、独立运行的公司法人治理结构体系的同时，一直引领着国内钢结构建筑、建材专用设备和轻纺专用设备制造领域的创新与发

生产厂区全景

董事长孙建江先生在上市仪式上致辞

展，充分利用自身的技术优势和机制优势，实施“内联外合”的产业发展战略，在与国内著名院校开展“产学研”合作的基础上，与国际多家知名公司保持着良好的技术合作关系，不断提升公司核心竞争力，实现主导产业的扩张和延伸，实现企业与国际的接轨。目前，公司主营产品新型钢结构建材专用设备和以包覆丝机为主的纺织机械主要技术指标比肩国际同类产品先进水平，多次填补国内空白，已有30多项技术获得国家专利，多次荣获国家、部、省、市、县科技进步奖、国家星火奖和国家级重点新产品、行业名牌产品，是国家行业主管部门向国内外用户重点推荐的产品，市场份额雄居国内首位，并勇拓海外市场，产品远销欧洲、美洲、东南亚等国家和地区，明显的综合竞争优势使企业在国内同行业中脱颖而出，公司先后被命名为国家重点高新技术企业、全国CAD应用工程示范企业、浙江省技术创新示范企业、浙江省专利示范企业等。

未来几年，公司将在立足自身优势的基础上，以上市为契机，以做精主业、做大产业、做强企业为目标，通过资本经营与产业发展的良性互动，在巩固、提升国内新型建材机械、钢结构成套设备、轻纺专用设备行业龙头地位的基础上，把公司打造成为国际知名公司。

地　址：浙江省绍兴市柯桥金柯桥大道112号精功大厦5层
电　话：0575-413 8692/413 8689
传　真：0575-413 8692/413 8800
邮　编：312030
网　址：http//www.jgtec.com.cn

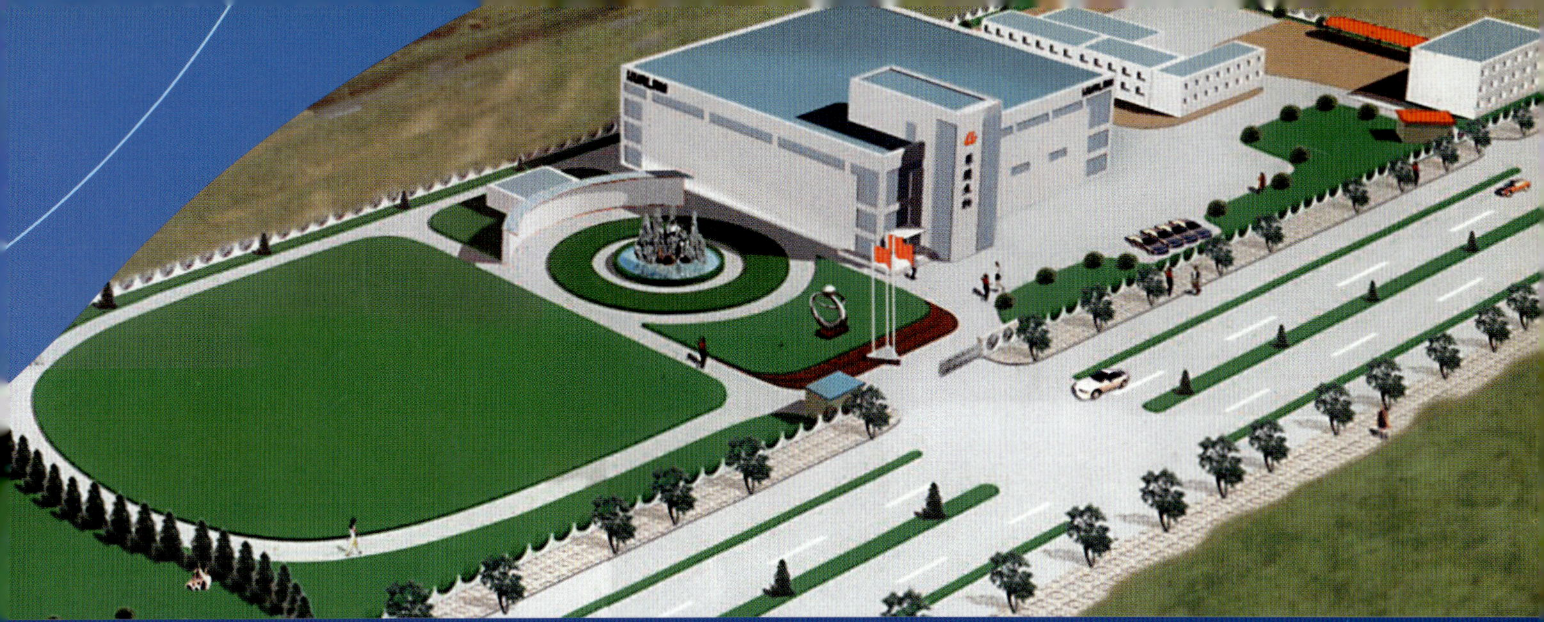

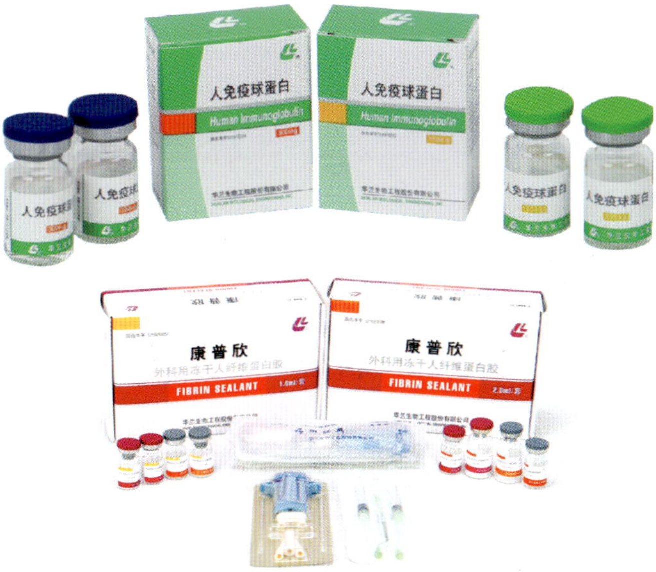

公司药品

伴随着关爱生命和以人为本的文明进程，华兰生物拥有人血蛋白、静注丙球、肌注丙球、冻干人凝血酶原复合物、外科用冻干人纤维蛋白胶等以“华兰”为品牌的血液制品。这些制品的“华兰”商标已成为中国血浆制品行业的著名名牌。华兰生物心怀人民健康，依靠技术进步与管理进步，将产品的质量视为企业的生命，坚持不懈地研发和生产安全、高效、可靠的制品，一个以高科技为特征的华兰生物必将在新的世纪里创造更光辉的业绩，谱写着“一切为了人类的健康”的优美篇章。

车间照片

董事长高云峰先生在上市仪式上致辞

大族激光是亚洲最大、世界知名的激光加工设备生产厂商，深圳市高新技术企业，深圳市重点软件企业，深圳国家科技成果推广示范基地重点推广示范企业，国家规划布局内重点软件企业，主要科研项目被认定为国家级火炬计划项目。

大族激光为国内外客户提供一整套激光加工解决方案及相关配套设施，产品包括激光打标机系列、激光焊接机系列、激光切割机系列、绿激光演示系列、PCB激光钻孔机系列、CTP激光制版机等多个系列四十余种工业激光设备。广泛应用于电子电路、集成电路、仪器仪表、印制电路、计算机制造、手机通讯、汽车配件、精密器械、建筑建材、服装服饰、城市灯光、金银首饰、工艺礼品、食品药品外包装等行业。

大族激光研发实力雄厚，具有自主知识产权的美国专利一项、实用新型专利六项、外观设计专利十三项、软件著作权五项和专有技术八项，多项核心技术处于国际领先水平，是世界上仅有的几家拥有“紫外激光专利”的公司之一。

大族激光依据ISO9001质量控制体系，对已定型产品在其来料、加工过程、整机、出货各个环节严格把关，确保出货产品的性能和质量。

大族激光专门成立了营销管理中心，在全国设立6家分公司、49家办事处，常驻技术服务人员，为客户提供全方面的售前、售中、售后支持和服务。

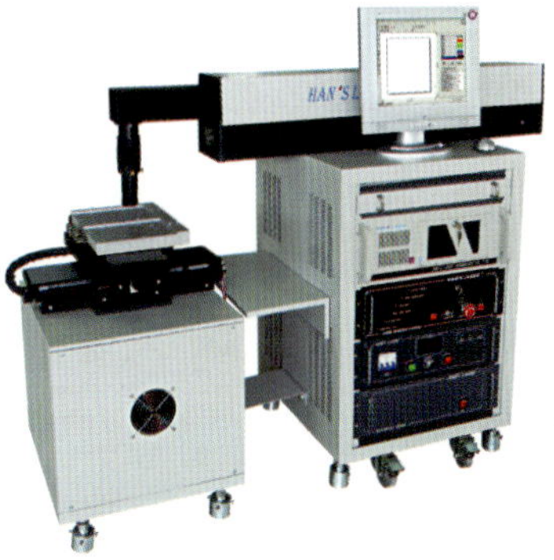

S0302-50激光划片机

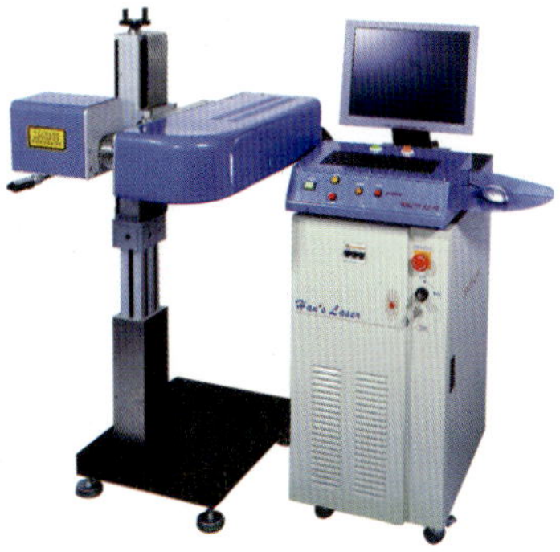

co2-f30激光飞行打标机

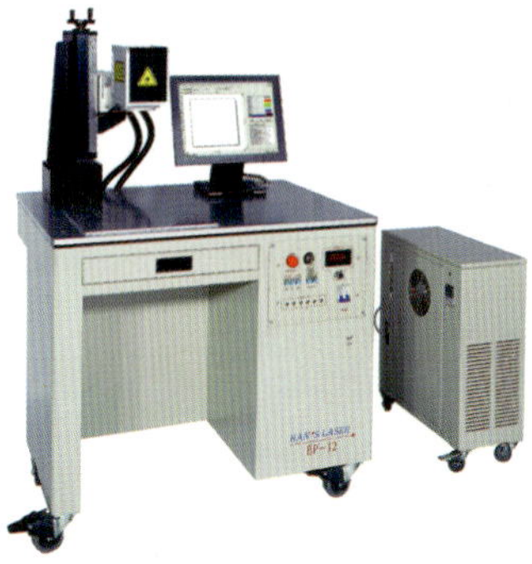

ep-12半导体侧面泵浦固体激光打标机

天奇股份
MIRACLE LOGISTICS

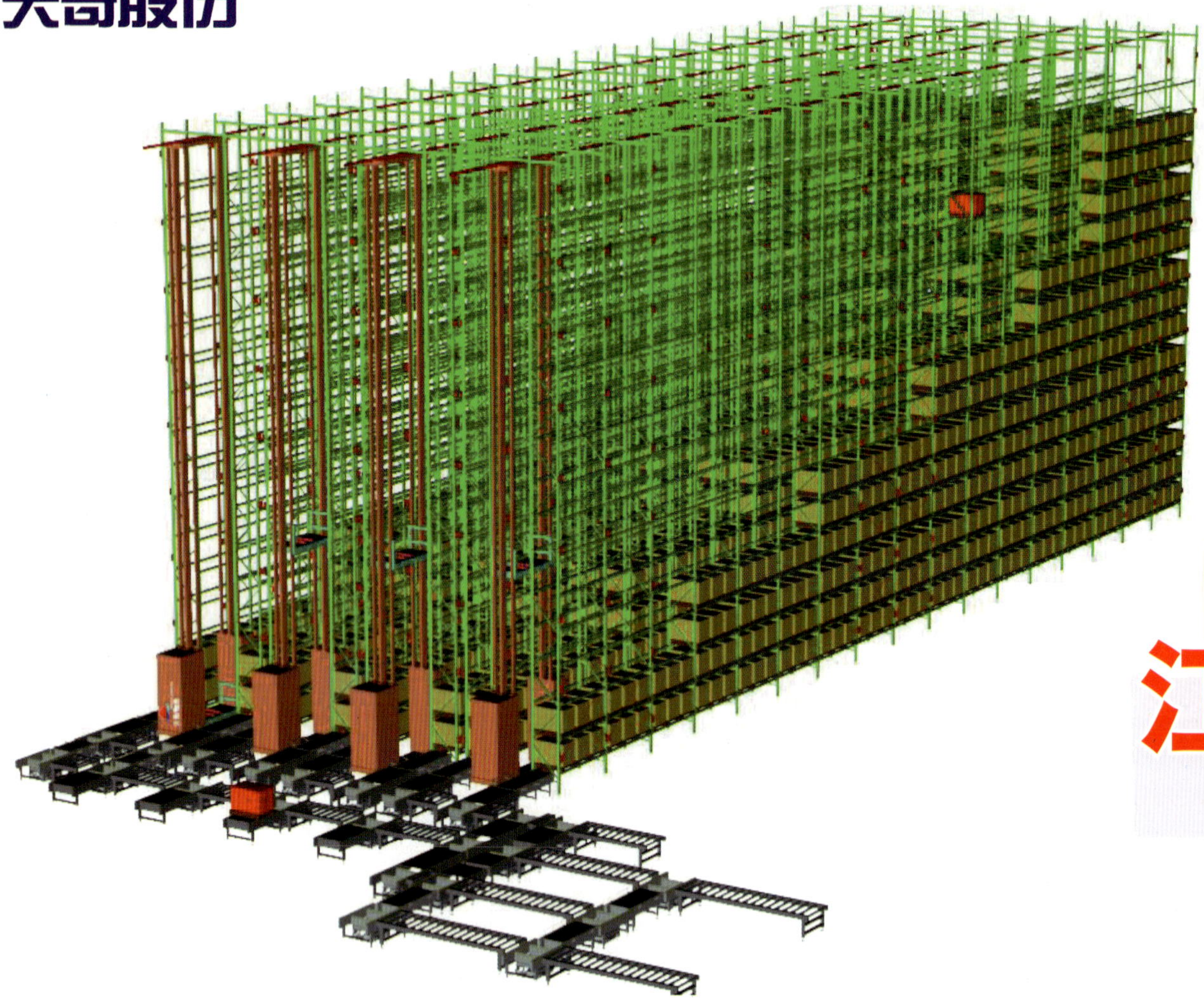

江苏

江苏天奇物流系统工程股份有限公司，位于江南名城无锡，是中国最著名的生产经营现代物流系统设备的现代化企业，也是国内工业智能自动化系统整体解决方案的最大供应商。公司在引进和独创的基础上，不断提升自身科技实力与核心竞争力，在工程技术应用、工程管理、新技术研发领域积累了丰硕的成果。从1997年创办至今，天奇的产品与服务广泛应用于汽车、家电、烟草、化工、机场等众多行业，天奇品牌盛誉海内外市场，被业内赞为“南方第一家”。

公司以市场为导向，以技术创新为动力，以规模效益为目标，立足长远、共同发展，在技术创新、产品研发、市场营销、内部管理、资本运作等方面均衡发展，取得了令人瞩目的成绩。李鹏、乔石、王光英等国家领导人先后莅临视察，新加坡资政李光耀先生题词盛赞公司“一个独创企业的出色典范”。

董事长：徐冠巨

传化 Transfar 浙江传化

浙江传化股份有限公司位于杭州市萧山经济技术开发区，其前身是成立于1988年的杭州传化化学制品有限公司。2001年7月6日公司经浙江省企业上市工作领导小组浙上市[2001]40号文件批准整体变更为浙江传化股份有限公司。2004年6月15日，公司正式通过深圳证券交易所和上海证券交易所的交易系统向社会公开发行人民币普通股（A股）2000万股，并于2004年6月29日在深圳证券交易所中小企业板块挂牌上市。

公司的长远目标是：追求以提升纺织化学品的卓越表现来改善人类的生活质量，实现企业与顾客、股东、员工和社会的共荣共长。公司将坚持围绕印染助剂这一主业，积极稳妥地推进产业链延伸和产品结构优化的发展路线；以客户为中心，经营专家式的技术和服务，塑造公司“纺织化学品专家”这一品牌形象；有效利用技术资源、营销资源和资本资源，重点培育营销、研发、生产、人力资源、财务、投资发展、信息、组织流程等能力；通过企业上市，积极稳妥地实施资本经营，快速发展壮大企业；努力成为中国纺织印染行业最优秀、规模最大的产品和服务提供商。

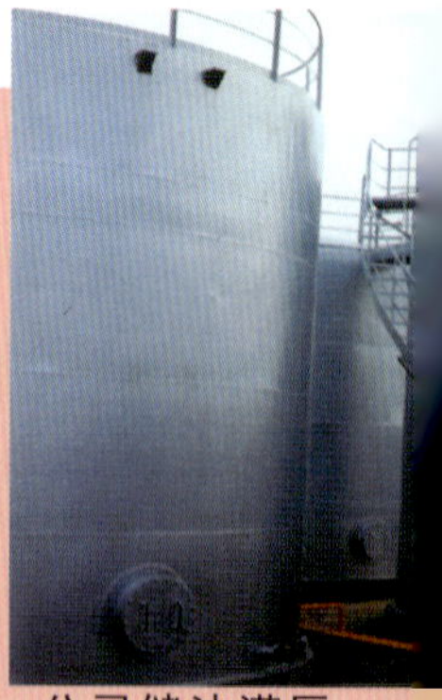

公司储油灌区

公司外景

股份有限公司

总经理：应天根

公司的主营业务为纺织印染助剂、油剂的生产、加工、销售，以及自营进出口业务，是我国生产纺织印染助剂产品和有机硅、有机氟精细化学品的行业龙头企业。公司多年来一直致力于纺织印染助剂的研究、开发及应用，从前处理剂，到各种染色助剂、后整理剂、特种整理剂以及化纤油剂和其他染色助剂等，共八大系列二百多个品种，形成了较为齐全的纺织印染助剂体系。在国内许多地方，尤其是在纺织印染业最为集中、发达的江浙地区已经形成了稳固的客户群，并有部分产品出口国际市场。目前公司产品的市场份额及科研技术水平在全国同行业中位居前列。

公司技术部

地址：浙江省杭州市萧山经济技术开发区
电话：0571-8287 2991
传真：0571-8287 1858
电邮：zqb@etransfar.com
网址：www.tf-chem.com

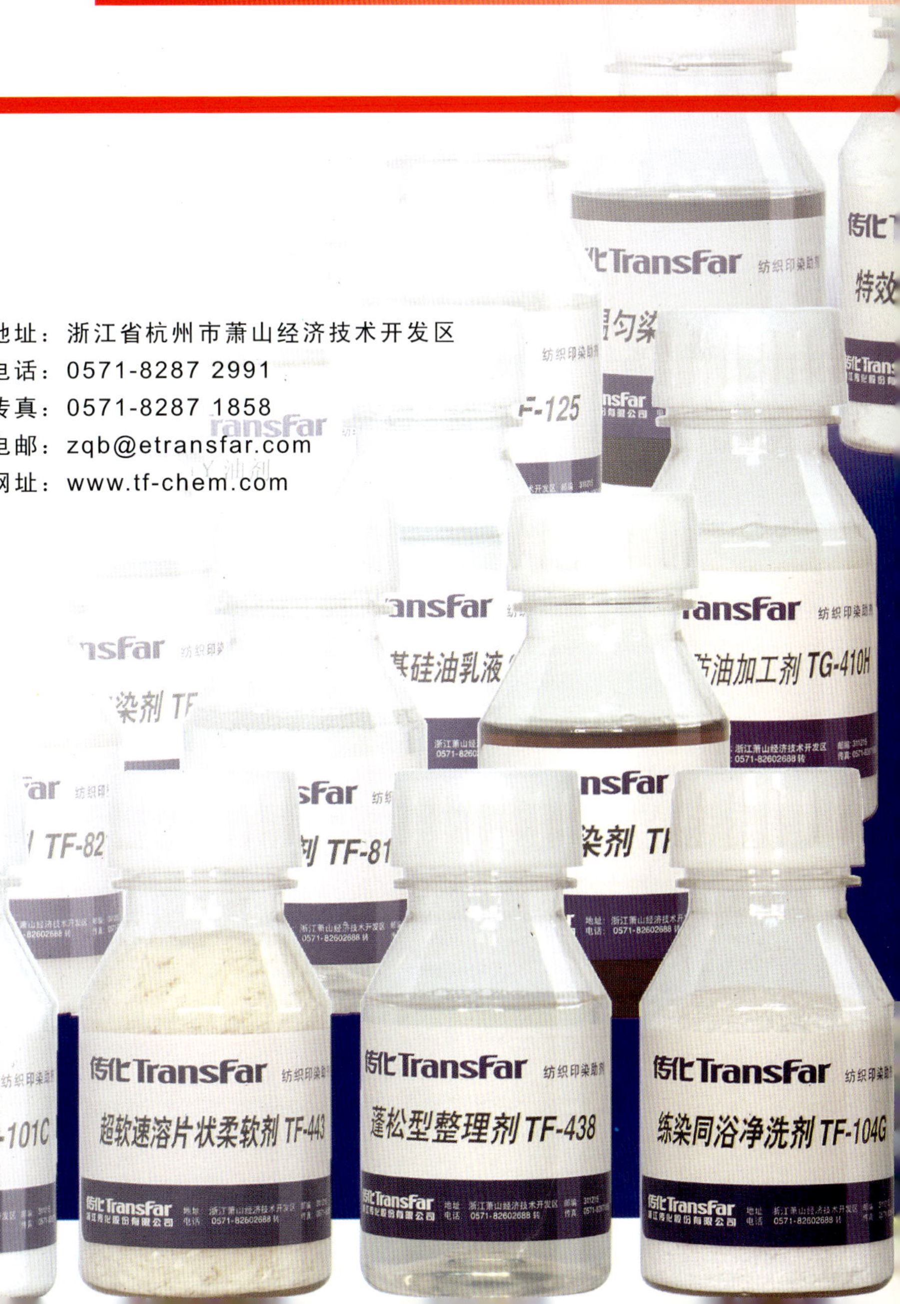

董事长：姚新义　　　　总经理：曹俊

浙江盾安人工环境设备股份有限公司是一家专业生产各种电制冷式中央空调主机及末端设备的上市公司（股票简称：盾安环境；股票代码：002011），是中央空调国家标准起草单位，国家重点高新技术企业、国家火炬计划项目实施单位及浙江省专利示范企业，浙江省重点高新技术研发中心。公司通过了ISO9001:2000国际质量体系认证、ISO14001环境管理体系认证及产品CCC认证。生产的中央空调产品（生产许可证号：XK06-135-00018）被国家权威机构认定为国家重点新产品、国家高新技术产品和浙江省名牌产品，获多项国家专利。目前，公司已拥有商用机、户用机、末端设备等二十一大系列五百多种规格的产品，并已全面开发和应用了智能控制、节能、环保、网络远程控制功能等高新技术。

公司创立伊始，即投巨资从美国、日本、意大利等国引进了世界一流技术和设备。并与合肥通用机械研究院合作，建成了获国家压缩机制冷设备质量监督检验中心认可的，具国家级水准的全性能测试线。全面设立中央空调研究院、产品开发设计中心、产品性能测试中心三大研发、设计及检测机构，其中盾安中央空调研究院与浙江大学等著名高校进行科研和技术合作，并设立了博士后科研工作站。

2004年7月5日“盾安环境”在深圳证券交易所中小板隆重上市

“盾安环境”网上路演现场

湖北中航精机科技股份有限公司是一家以研制、生产、销售轿车精密调节装置、各类精冲制品、精密冲压模具和其它汽车零部件的科技型企业。

公司主要产品为：TJL、TJB、TJW、TJWD（电动）系列轿车座椅调角器，HGS系列轿车座椅滑轨及各类精冲零件和精冲模具，其中座椅调角器已与一汽大众捷达、宝来，神龙公司富康、爱丽舍，上汽奇瑞，上海通用别克君威、赛欧，江苏南亚帕里奥、西耶那，长安福特嘉年华，华晨金杯中华轿车，风神汽车蓝鸟等主流轿车全份额配套，并出口远销到东南亚和北美。

公司坚持“顾客至上，精益求精，不断创新，追求第一”的质量方针，遵从“对产品终身服务，对产品安全性负责，让顾客满意”的质量承诺，愿与国内外广大朋友共创未来。

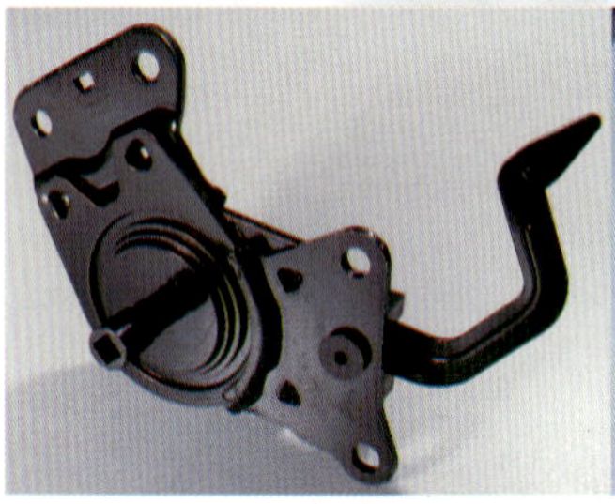
调角器

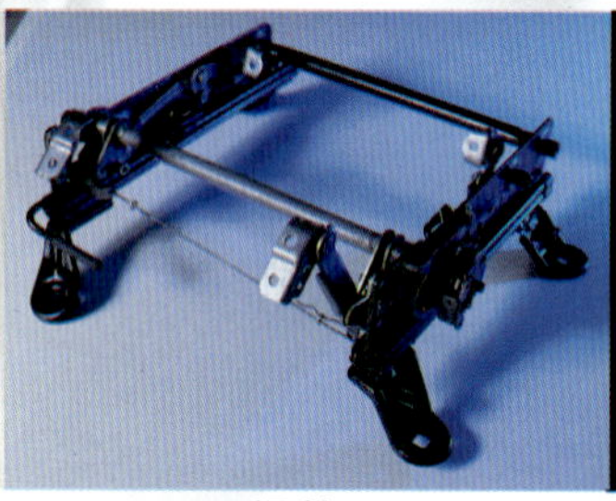
滑轨

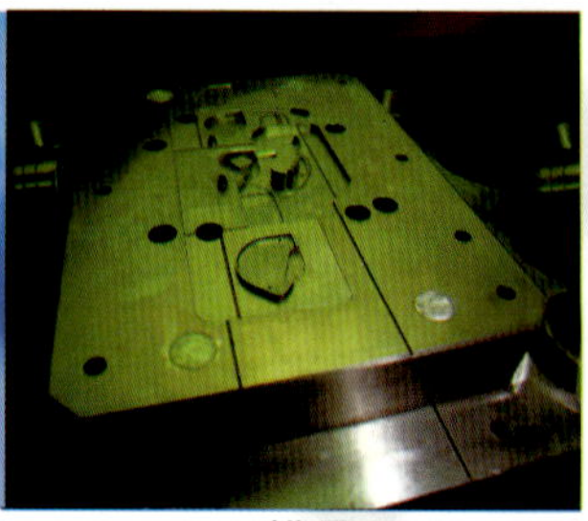
模具

2001年7月被湖北省科技厅认定为高新技术企业

2002年5月25日取得由瑞士SGS-ICS公司认证，德国DAR国家质量认可委颁发的ISO9001：2000/QS9000/VDA6.1国际质量标准体系证书，拥有5项国内实用新型专利和1项日本实用新型专利

2004年7月5日在深圳证券交易所中小板上市

董事长：江继忠

黄山永新股份有限公司成立于1992年5月，其前身是黄山永新装饰包装材料有限公司，2001年9月经国家外经贸部批准，整体变更为外商投资股份有限公司，公司注册资本9340万元人民币，主要生产经营真空镀铝薄膜、塑胶彩印复合软包装材料、新型药品包装材料及精细化工产品等高新技术产品，是全国规模最大、实力最强、知名度最高的绿色环保软包装生产基地之一，被国家科技部确认为“国家火炬计划优秀高新技术企业”。

公司成立十多年来，始终以“创名牌包装、树百年永新”为己任，坚持“永恒创新、追求卓越”的经营理念，以人为本，科技兴企，不断进行技术创新、管理创新、机制创新和思维创新，促进了企业的持续快速稳定发展。目前公司拥有员工600余人，其中大中专以上学历人员占职工总数70%以上，公司占地面积10万多平方米，拥有亚洲一流的彩印生产线5条，真空镀铝膜生产线3条，制膜生产线5条，年生产彩印包装制品能力17000吨，真空镀铝膜5100吨。公司无论是在产品规模、技术设备、质量品牌、管理创新，还是在销售收入、盈利能力、增长速度方面均具有显著的综合优势和较强的核心竞争力，公司各项经济指标连续多年名列全国塑料复合软包装行业前三名。公司先后荣获“全国五一劳动奖状”、“国家火炬计划优秀高新技术企业”、“中国包装产品定点生产企业”、“全国先进包装企业”、“全国医药包装优秀单位”等多项荣誉称号。2003年12月，公司被国家人事部批准建立博士后科研工作站。

NOVEL

创名牌包装
树百年永新

2004年7月8日，公司正式在深圳证券交易所挂牌上市，股票简称：永新股份，股票代码：002014，是国内第一家在深圳证券交易所中小企业板块上市的外商投资股份制企业和软包装生产企业。上市后，公司将以进入资本市场为契机，积极进行兼并、控股、合资等多种方式集约化经营、低成本扩张，进一步把企业做大做强，将公司建成世界一流、国内第一的绿色环保软包装生产基地。

总经理：鲍祖本

黄山永新股份有限公司
HUANGSHAN NOVEL CO., LTD

广东威尔医学科技股份有限公司

GUANGDONG WELL MEDICAL SCIENCE AND TECHNOLOGY CO., LTD

广东威尔医学科技股份有限公司于2000年12月28日以整体变更方式设立。公司主营生殖健康领域医疗器械的开发、生产、销售、服务以及医用洁净系统工程项目，主要包括超声诊断及网络设备、妇女健康设备、医用洁净系统工程三大系列产品或项目。

公司是将传统医疗器械与计算机技术、网络技术、医学影像技术相结合进行开发生产的高新技术企业。公司致力于医疗器械产品的智能化、集成化、网络化、便携化和操作简易化，推动医疗保健工作从各级医院向乡镇、社区、家庭延伸。

公司产品历年来获得国内外多个奖项：1996年开发的电脑妇科治疗仪获国家级新产品称号，并在2000年国家知识产权局主办的“中国专利十五年成就展”中评为最佳项目；1998年开发的周氏仿生扩宫仪获广东省医药科技进步二等奖，并在2000年国家知识产权局主办的“中国专利十五年成就展”中评为最佳项目；1998、1999年开发的胎儿监护仪、便携式线阵超声诊仪、多功能红外乳腺诊断仪获广东省医药科技进步三等奖。2001年6月，公司被广东省科学技术厅认定为广东省高新技术企业；截止2003年12月31日，公司共获国家专利22项，新受理的专利有5项。

“威尔股份”网上路演

以诚待人

以情感人

以质服人

以人为本
科技兴业
产业报国

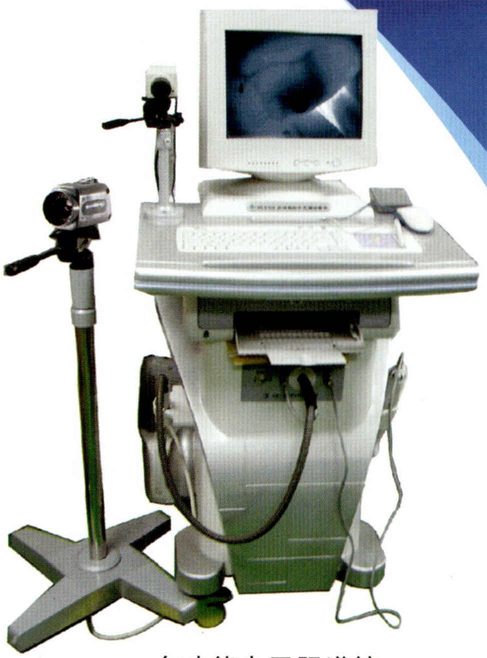

多功能电子阴道镜
（含红外乳腺）

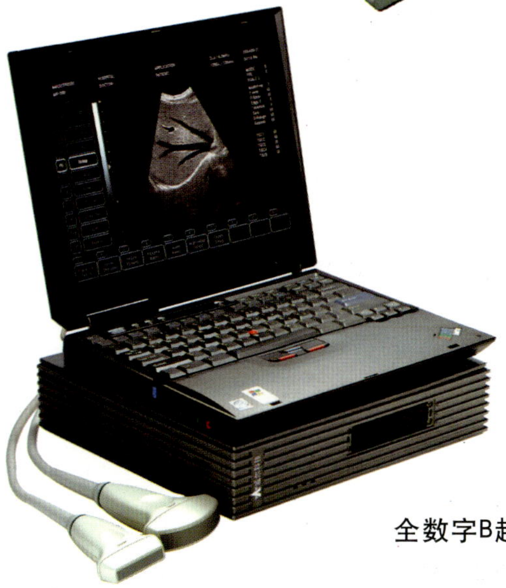

全数字B超

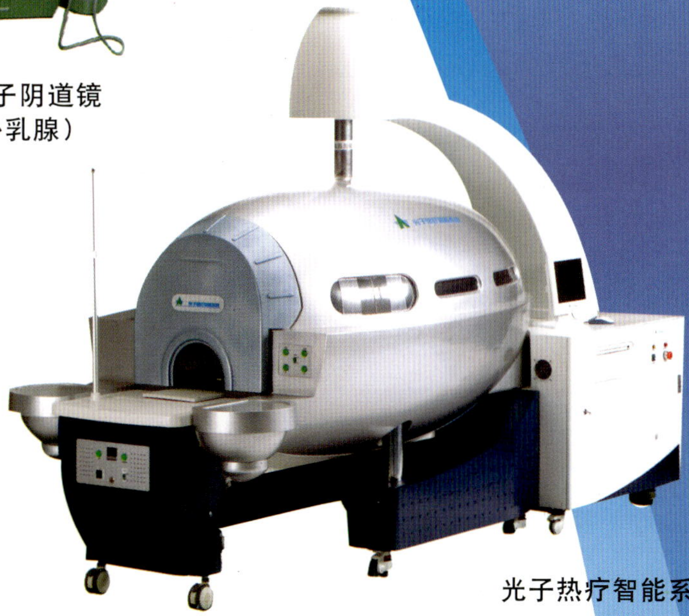

光子热疗智能系统

董事长：庆祖森

总经理：谢平

安徽华星化工股份有限公司是1998年2月13日由和县农药厂改制而成。企业始建于1984年，现已发展成为国家级重点高新技术企业，综合实力在中国农药工业骨干企业排名前13位，安徽省民营企业50强，连续多年被国家工商总局等十部委联合授予全国“重合同守信用”企业和银行“AAA”级资信企业。公司拥有自营进出口权，通过了ISO9001质量管理体系和ISO14001环境管理体系认证，成功导入了CIS战略、实施了ERP项目及OA办公等系统，全面建成并使用了管理信息系统。

公司占地面积328亩，现有资产3.8亿元，员工612人，其中大中专以上学历287人，中高级职称91人。企业拥有1个省级企业技术中心，自建1个企业博士后科研工作站和2个农药研究所，技术力量雄厚，工艺装备先进。

公司是安徽省最大的农药生产企业，是华东地区主要农药供应厂商之一，国内最大的杀虫双/单生产基地和出口基地。公司产品包括杀虫剂、杀菌剂和除草剂三大系列十多个原药五十个品种，畅销全国，出口十多个国家。公司产品18%杀虫双撒滴剂、50%华星麦保可湿性粉剂、10%精骠（精恶唑禾草灵+安全剂）乳油和10%普净（精恶唑禾草灵）乳油分别被认定为1999年度、2000年度、2001年度国家重点新产品或国家级重点新产品；精恶唑禾草灵项目被列入国家“星火计划项目”和“火炬计划项目”；苯氧菌酯原药被列入国家第二批“双高一优”导向计划和国家第七批国债贴息项目。公司“禾乐”牌商标是安徽省著名商标中唯一的农药品牌。

华星化工以“安全、规范、满意、旋进”的质量观为保障，向客户提供最优秀的产品，华星化工将坚持“绿色、人本、多元化、国际化”的发展方向，一如既往地致力于全球植保事业，为世界农业发展和社会的进步作出积极贡献。

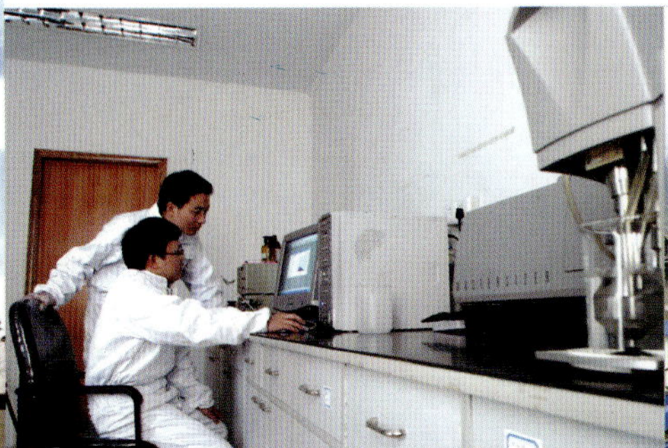

科研所

厂区一角

污水处理

• 地址：安徽省和县乌江镇 • 邮编：238251 • 电话：0565-5391218 • 传真：0565-5392858 • 电邮：hxinfo@huaxingchem.com

浙江鑫富生化

ZHEJIANG XINFU BIOCHEMICAL

上市敲钟仪式，中间为公司董事长

公司董事长过鑫富先生和副董事长林关羽先生的合影

浙江鑫富生化股份有限公司成立于2000年11月10日，公司主营业务为精细化工产品的研制、生产、销售及服务，是国际饲料行业协会会员、浙江省高新技术企业，公司的主要产品D-泛酸钙和D-泛醇被浙江省科技厅评定为高新技术产品，广泛用于饲料添加剂、医药、食品和化妆品等行业。公司已成为中国第一、世界第一大D-泛酸钙生产商，中国唯一的D-泛醇生产企业。

精细化工是未来化工行业发展的重点。发达国家正在大力推进将生物技术应用于传统化工行业，从而使化工生产过程向更天然、更健康以及低污染等方向发展。我国大力发展精细化工产品的产业政策支持和快速增长的市场消费空间为鑫富股份的快速发展奠定了坚实基础。

鑫富股份将抓住我国加入WTO的机遇，大力实施市场营销战略、生产经营战略、研究开发战略、资本战略和品牌战略，努力扩大产品的出口地区和出口量，提高国际市场占有率，在不断提升公司核心竞争力和企业经济效益的同时，走可持续发展之路，为铸就鑫富百年基业进一步夯实基础。

公司倡导“以人为本、素质取胜”的企业文化，培养人人讲贡献，人人负责任的工作态度，增强员工责任心和企业凝聚力；同时积极营造开拓创新的企业文化氛围，加大吸引人才、凝聚人才、激励人才的人才机制，为企业的可持续发展注入永恒的生机和活力。

百舸争流，千峰竞秀。锐意进取的“鑫富人”将以进入资本市场为契机，创新发展，超越自我，向着世界更高水平迈进！

地址：浙江省临安市玲珑经济开发区　电话：0571-6375 9205　传真：0571-6375 9225/6375 9502

网址：http://www.xinfubiochem.com　董秘信箱：yuan@xinfubiochem.com

股份有限公司

CO., LTD.

董秘：袁峰

董事长：过鑫富

中捷缝纫

ZOJE SEWIN

ZOJE
中捷

"中捷股份"网上路演嘉宾照

"中捷股份"网上路演现场直播

1994年，浙江中捷缝纫机有限公司正式成立，2001年组建无区域中捷缝纫机股份有限公司，注册资金6000万元，主要业务为研制、生产和销售中、高档工业缝纫机系列产品，生产平缝机、曲折缝机、包缝机、绷缝机、厚料机和裁剪机等八大系列100多个品种，年生产能力23万台，产品主要销往广东、浙江、福建、江苏、山东等国内服装主要生产地区和拉美、东南亚、非洲等主要服装生产国家和地区。

公司2000年被中国工商业联合会评为"全国民营企业500强"；同年产品通过了ISO9001：2000质量体系认证和CE安全认证；2001年："中捷"牌工业缝纫机被中国国际贸易促进会和法国科技质量监督评价委员会联合列为"向欧盟市场推荐产品"，同年被中国技术监督情报协会列为"质量过硬放心产品"，还被浙江省人民政府认定为"浙江省著名商标"；自2001年起连续三年被全国轻工业联合会授予"全国轻工业质量效益型先进企业"。2003年8月，公司"中捷"牌产品被国家质量监督检验检疫总局授予"中国名牌产品"称号。

公司于2004年6月30日公开发行人民币普通股股票2600万股，并于2004年7月15号在深圳证券交易所上市。

苏宁电器连锁
SUNING APPLIANCE CHAINS

苏宁电器连锁集团股份有限公司

SUNING APPLIANCE CHAIN STORE(GROUP) Co., LTD.

苏宁电器连锁集团股份有限公司的前身是江苏苏宁交家电有限公司，2001年经江苏省人民政府批准整体变更为股份有限公司。2004年7月7日公司成功实现首次公开发行A股，7月21日公司股票在深圳证券交易所上市交易。公司主要从事综合电器的销售和服务，致力于在全国发展专业连锁。经营范围涉及空调、冰箱、洗衣机、彩电、音响、碟机、小家电等传统家电，以及手机、电脑、办公设备、数码等信息家电，涵盖数300个品牌，10万种规格型号的3C电器产品，为广大消费者提供充足的选择和专业的服务。

截至2004年9月底，公司在南京、北京、上海、广州、杭州、西安、深圳、合肥、福州、长沙等地设有36家子公司、建立68家直营连锁店。此外，公司在华东、华北、东北、西南等地区发展了部分特许连锁店。2003年年度公司销售规模达到60.34亿，2004年1-9月实现销售66亿。

公司在多年的经营管理中，先后荣获许多荣誉和表彰。2002年被中华全国工商业联合会、国家税务局联合评为"诚信纳税"企业。2003年荣获江苏省委统战部、劳动和社会保障厅、工商联合会授予的"江苏省就业先进单位"称号，1998年-2004年荣获江苏省工商行政管理局授予的"江苏省著名商标"。2004年6月，苏宁以63.62亿入选全球五大品牌价值评估机构之一的世界品牌实验室（WBL）评选的中国500最具价值品牌，荣登中国家电连锁第一品牌。

公司在发展过程中，始终把捐资社会、公益社会当作自己应尽的职责。2003年公司先后为抗击非典、社会福利事业捐资500多万元。

股票简称：苏宁电器

股票代码：002024

地址：江苏省南京市山西路8号金山大厦1-5层

邮政编码：210009

电话：86-025-84418888

传真：86-025-84467008

网址：http://www.cnsuning.com

苏宁电器连锁集团股份有限公司董事长张近东
荣获“中国青年五四奖章”

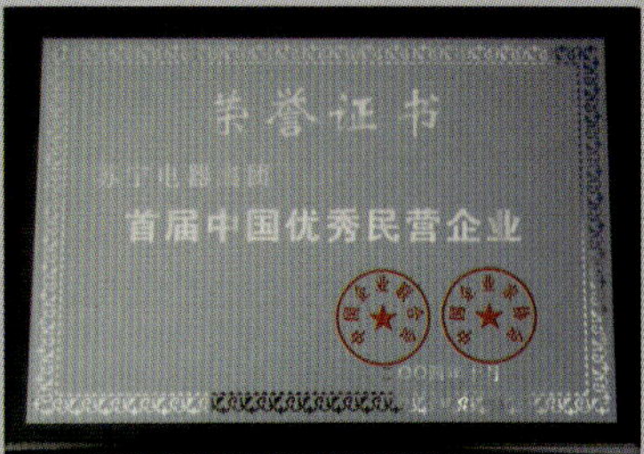

中国优秀民营企业

中国500最具价值品牌

南京新街口总店

苏宁企业基本法

以市场为导向，持续增强企业盈利能力，
多元化、连锁化、信息化，
追求更高的企业价值；

以顾客为导向，持续增强企业控制能力，
重目标、重执行、重结果，
追求更高的顾客满意。

矢志不移、持之以恒，
打造中国最优秀的连锁网络服务品牌。

苏宁电器连锁

股票简称：七喜股份
股票代码：002027

高管合影

董事长：易贤忠

董事长致辞

"七喜已经走过了七个年头，这七年来，我们从小到大，一年一个新台阶，每一步我们都迈得非常的稳健，七喜之所以取得这样高速健康的成长，得益于她健康的企业文化，务实的经营理念，成功的成本控制以及与合作伙伴的良好关系。诚信是我们的核心价值观，人才是我们的致胜之本，我们将始终尊重人的价值，建立相应的用人机制，追求盈利，保持公司健康、持续、稳定的发展，我们责无旁贷。为此，我们将坚持加强对外合作，构筑相适应的营运体系；我们将扬长避短，充分发挥自身优势，做大做强自己的优势产业；我们将以市场为先导，坚持成本领先，客户满意，合作共赢的原则，用3－5年的时间，将七喜发展成为一个卓越的3C产品供应商。"

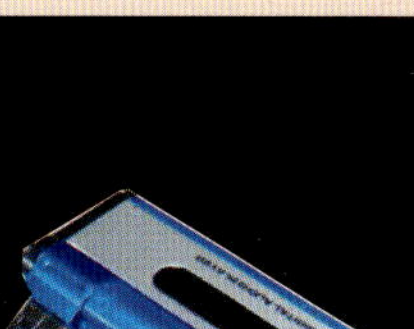

玉龙雪山索道

冰川公园风光

云杉坪风光

董事长：王云

总经理：刘晓华

丽江玉龙旅游股份有限公司

LIJIANG YULONG TOURISM CO., LTD.

丽江玉龙旅游股份有限公司成立于2001年10月18日，由原丽江玉龙雪山旅游索道有限公司整体变更设立。丽江旅游是丽江地区最早从事旅游业开发和经营的企业，也是区内旅游行业的龙头企业，多年来保持着市场占有率第一的位置。目前主要从事为观光旅游者提供景区运送服务和其它配套服务，具体业务为提供景区游览和餐饮、旅游商品销售服务，按旅游六大要素细分，为以“游”为主，兼有“行”、“食”、“购”。公司目前运营着玉龙雪山景区内的三条索道，分别为玉龙雪山索道、云杉坪索道和牦牛坪索道，三条索道分别将游客带到冰川公园、云杉坪森林公园和牦牛坪山地公园，公司在玉龙雪山景区的旅游服务中具有特色产品优势。2003年公司共接待游客91.76万人次，实现主营业务收入6,123.64万元，实现净利润2,031.25万元。2004年前三季度，公司实现主营业务收入7,720.79万元，实现净利润3,276.4,2万元，继续保持着快速增长的趋势。

丽江旅游多年来致力于从事美的创造、美的发现和美的维护。未来公司将立足于旅游行业，借助资本市场平台，加大投资力度，引进和吸收国内外行业先进管理经验，巩固公司在行业中的地位；建立一个集旅游行业“食、住、行、游、购、娱”六大要素为一体的综合性旅游公司。

牦牛坪风光

旷古冰雪 遗世人文

丽江玉龙 梦想之旅

牦牛坪索道

云杉坪索道

地址：丽江市福惠路丽江宾馆民族院　　邮编：674100
电话：+86-888-510 5981　　传真：+86-888-510 5981
网址：www.yulongtour.com

2004年8月26日“美欣达”在深圳证券交易所中小板隆重上市

股份有限公司

浙江美欣达印染集团股份有限公司是经浙江省人民政府证券委员会批准，以发起方式设立的股份有限公司，注册资本为6760万元。公司位于太湖南岸的湖州经济开发区，主营业务为纺织品的印染、销售和印染产品的研发，主导产品为灯心绒、纱卡、亚麻等天然纤维类面料以及后整理功能性面料，是中国印染行业十佳企业、国家火炬计划重点高新技术企业，美欣达商标为中国驰名商标。

公司坚持以技术为依托，以市场为动力，不断加强新产品和新工艺的研发和应用，推行清洁生产和严格的质量控制，先后通过了ISO:9001、ISO:14001、Oeko-Tex Standard 100认证，使我们的产品在短短几年里远销欧盟、美国等国家和地区，并成为国内外一批国际知名企业的供应商和合作伙伴。

美欣达将一如既往地恪守“团队奋斗、创业创新、真诚守信、追求双赢”的企业精神，走专业化、规模化、高档化的纺织印染之路，把公司建设成为全国质量最优、技术最精、综合实力最强的印染业制造基地之一。

样品间

样品展示厅

特别系列

地址：浙江省湖州市凤凰路888号
电话：0572-212 5388
传真：0572-2107543
网址：http://www.mizuda.com
电子信箱：mxd@mizuda.net

華帝

感受创意生活

中山华帝燃具股份有限公司

中山华帝燃具股份有限公司创建于1992年，2001年11月经广东省人民政府批准整体变更设立，主营灶具、热水器、抽油烟机三大系列产品的生产、销售。公司拥有年产200万台燃气灶具的生产能力，是当今国内乃至亚洲最大的灶具专业生产企业。也是行业内唯一实现灶具、热水器、抽油烟机三大类产品均衡发展的厂家。2004年9月1日，公司股票在深圳证券交易所中小企业板块挂牌上市，股票简称：华帝股份，股票代码：002035。

董事长：黄文枝

公司自2001年改制以来，在董事会的领导下，规范运作，建立健全内部控制制度，建立了产权清晰、权责明确、独立运行的法人治理结构。

公司拥有省级企业技术中心，与国内多家燃烧专业高等院校及德国、意大利等国内外同行进行长期的技术合作。公司以雄厚的技术优势，研制出世界先进水平、中国首批最高档次的环保安全玻璃面板、陶瓷面板、钛金钛银系列嵌入式灶具；公司首创使用离子感应式意外熄火保护技术，被定为灶具国家安全标准；低排放氮氧化物燃烧技术被列为“国家级火炬计划项目”。

上市仪式

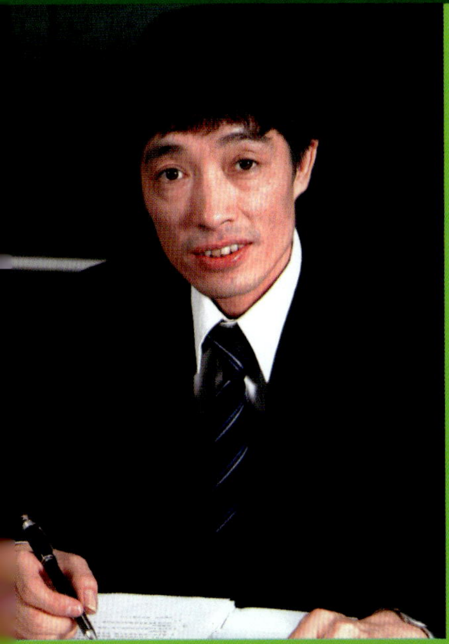

总裁：黄启均

公司灶具、燃气热水器被评为“中国名牌产品”；抽油烟机产品被评为“国家免检产品”。公司是中国质量检验协会认定的首家售后服务符合国家标准的企业，是全国产品质量售后服务双达标先进企业。

公司立体的企业文化内涵有效的发挥了凝聚、推动、约束、激励和辐射作用。“诚信、责任、创新、共赢”的公司价值理念打造了一流企业、一流品牌；形成了知识创新与技术创新共同发展；员工利益与企业利益共享共存；客户与消费者真情拥戴的多赢格局，使公司品牌由优秀走向卓越。

未来公司将以发展燃气应用技术为核心，稳步拓展整体厨卫，家用、工商业用燃气供暖供热设备领域；构建以“诚信、责任、创新、共赢”为价值核心的华帝利益共同体；建立与高速发展相适应的企业组织架构，确保企业以市场为导向，高效、均衡发展，凭借专业优势和“高品质、高技术、高档次”发展模式，“创造精品，服务社会”，为用户奉献超值享受，努力成为中国厨卫行业的领导品牌。

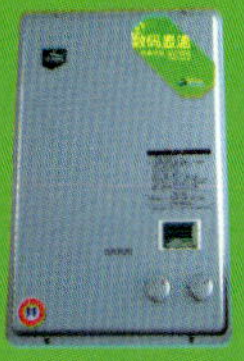

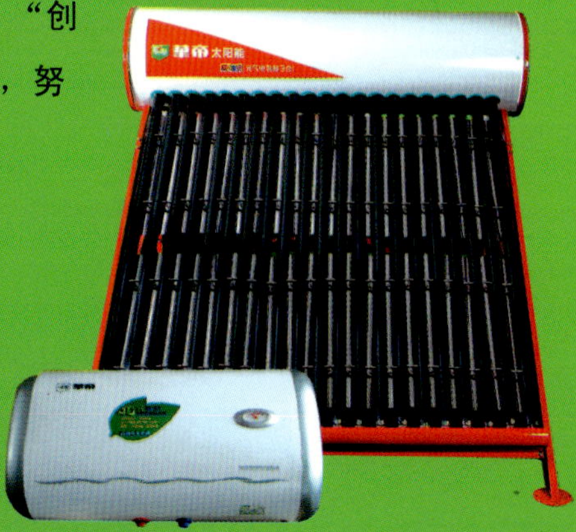

yak

宜科科技

YAK TECHNOLOGY

地址：浙江省宁波市鄞州区石碶街道雅源南路501号　　邮编：315153

电话：0574—88251123　　传真：0574—88253567　　网址：www.yakgroup.com

董事长：石东明

宁波宜科科技实业股份有限公司始创于1956年，是中国第一家生产黑炭衬的企业，是著名服装辅料生产厂家之一。公司拥有国际先进水平机器设备，年产各类衬布3000万米，以及配套胸衬、肩衬、腰衬、树脂衬、口袋布等系列近百个品种，3000万套服装辅料的生产能力，成为国内衬布行业唯一进入中国服装行业双百强的企业，国家级高新技术企业，并取得了自营进出口权，通过ISO9001国际质量体系认证。公司以服装辅料的生产营销为主，研究开发高科技纺织材料为发展方向，主要产品"牦牛"牌黑炭衬和粘合系列衬布，获得了中国环境标志产品认证证书，成为中国衬布行业第一个"绿色"品牌，被法国科技质量监督评价委员会评定为向欧盟推荐的高质量科技产品。2003年10月，公司已经整体搬迁至新落成的宜科国际服装辅料工业园内，形成以黑炭衬生产厂、中外合资粘合衬生产公司及配套辅料公司为主体的服装辅料生产基地。并通过与众多配套辅料卫星企业密切合作，不断完善全方位的辅料配套服务能力，更好的满足客户的需求。未来五年内，公司将发展成为拥有国际领先水平的高科技品研发中心、国际标准化大型生产基地、现代化配套辅料物流中心三位一体的大型产业集团。

山河智能
SUNWARD

修身治业

董事长：何清华

湖南山河智能机械股份有限公司，成立于1999年8月，由中南大学智能机械研究所所长、博士生导师何清华教授领衔创办，是一家产、学、研相结合的先进制造企业。

公司以技术为基础，白手起家，诚信经营，增长速度在工程机械行业处于领先地位。占地面积16万㎡、建筑面积8万㎡的山河智能产业园同步发展。至今，一个颇具规模的现代产业化基地已蔚然形成。

公司在自主研发、精益制造、诚信经营三方面已具有比较优势，由此形成综合核心竞争力，并以良好的发展前景和开放诚信的态度吸引来自全国各地的工程技术与管理人员。尤为不同的是，公司拥有一批博士、硕士生导师以及由导师培养、不断更替的多学科博士、硕士群体，在前期基础研究、跟踪高新技术方面发挥了独到的作用。公司致力于用现代高新技术改造、提升传统装备制造业，建立由自我创新、集成创新、开放创新组成的创新体系，多次承担“863”划等国家重大项目，获得国家科技进步奖等奖励。现主营产品涵盖桩工机械、挖掘机械、现代凿岩设备三大领域。

公司创立以来，被授予：中国最具竞争力高新技术企业100强、中国机械500强、中国工程机械企业综合指数排名第7、“863”计划成果产业化基地等。

作为公司技术与管理核心的何清华教授，有着超强的事业心和人格魅力，成为全司员工做人与做事的典范。公司“修身治业 兴企强国”的文化核心，正引导山河智能实现更高的跨越，为创建中国产、学、研一体化标志性企业而努力。

湖南山河智能机械股份有限公司

武汉三特索道集团股份有限公司

成立于1989年，自1993年开始涉足旅游业以来，一直以旅游客运观光索道和旅游景区开发为主要产业发展方向。目前在旅游客运索道拥有数量、资产总量、技术能力、盈利能力、管理水平上均居全国前列，是国际索道协会（OITF）会员，中国索道协会的副理事长单位。10年来投资、建设、经营了6条索道、3条滑道、2个极限运动中心、一条有轨缆车、一条自动扶梯、2个风景区，正在规划建设的有贵州梵净山、湖北神农架、福建武夷山景区及索道。截至2004年，公司经营的索道和景区接待游客近2000万人次。

公司积极向旅游业上下游拓展，收购了包括旅行社、旅游酒店等其他旅游企业。至此，公司已涉足旅游交通、旅行社、旅游酒店及旅游地产等旅游相关产业，形成了比较完善的公司旅游产业链。

经过十年来的打造，武汉三特索道集团股份有限公司已经形成一个在旅游开发与经营上成熟的管理团队。公司在索道及旅游资源开发、风景区建设管理、索道设备安全维护等方面积累了丰富经验，并以此为基础，建立了规范的管理系统，形成了成熟的市场运作模式，建设了覆盖国内大部分地区的旅游营销网络，在旅游客运索道建设管理、旅游资源开发、旅游市场营销等方面都具备国内领先的能力。

陕西华山索道

江西庐山三叠泉缆车

贵州黄果树自动扶梯

海南猴岛

Sante 三特

武汉三特索道集团股份有限公司

wuhan sante cableway group co.,ltd.

地址：武汉市武昌黄鹂路88号1号楼　　邮编：430077

电话：027-86776205　传真：027-86776201

http: //www.sante.com.cn

第六章 证券业大事记

2003年中国十大证券新闻

一、尚福林出任中国证监会主席

今年初，尚福林正式出任中国证券监督管理委员会第五任主席。他在履新之初提出要“正确处理改革、发展、稳定的关系，把改革的力度、发展的速度和市场可承受的程度统一起来。”

二、监管层推出支持券商规范发展若干举措

5月22日，中国证监会发布“关于证券公司从事集合性受托投资管理业务有关问题的通知”，明确表示正在加紧制定规范证券公司集合性受托投资管理业务的管理办法。12月19日，证监会正式出台《证券公司客户资产管理业务试行办法》，对券商从事资产管理业务的形式、资金投向、信息披露等方面进行规范。《证券公司债券管理暂行办法》和与此配套的5个文件也在年中相继出台，证券公司经批准可以向社会公开发行或向合格机构投资者定向发行债券，券商融资渠道进一步拓宽。

三、QFII正式入市

5月26日，中国证监会批准瑞士银行有限公司、野村证券株式会社两家机构合格境外机构投资者(QFII)资格。此后，先后有12家境外机构获得QFII牌照，经批准的入市资金达17亿美元。

四、周正毅被逮捕

6月3日，上海市政府确认上海农凯发展(集团)有限公司法定代表人周正毅被调查。7月17日，由农凯系控股的富友证券董事长毛和平被刑事拘留。9月5日，周正毅因涉嫌虚报注册资本罪和操纵证券交易价格罪被上海市公安机关依法逮捕。

五、十六届三中全会提出大力发展资本市场

10月中旬，十六届三中全会审议通过了《中共中央关于完善社会主义市场经济体制若干问题的决定》，《决定》提出了完善社会主义市场经济体制的目标和任务，并在第五部分特别强调，要大力发展资本和其他要素市场，积极推进资本市场的改革开放和稳定发展，扩大直接融资。

六、证券投资基金法获通过

10月28日，在十届全国人大常委会第五次会议上，《中华人民共和国证券投资基金法》以高票表决通过，将于2004年6月1日起施行。

七、股票发审委制度重大改革

12月11日，中国证监会发布《中国证券监督管理委员会股票发行审核委员会暂行办法》和《中国证券监督管理委员会股票发行审核委员会工作细则》，旨在提高发审委工作的透明度，加大发审委委员的审核责任。

八、全流通再次成为关注焦点

股权分置问题成为今年理论界和市场参与各方关注的热点，经过长达半年的大讨论，“统一规则，分散决策”成为解决方案的主流设计思想。

九、可转债筹资额大增推动股市融资回升

2003年，上市公司掀起发行可转债高潮。全年共有15只可转债发行，募集资金181.5亿，超过前12年发行额的总和。可转债市场的发展使证券市场融资额在经过两年下降之后出现回升，全年融资约816.7亿元。

十、经济快速发展带动市场重大结构性变化

经济快速发展、物价指数由负转正带动市场重大结构性变化。受投资快速增长的拉动，投资品价格上涨，股市核心资产类股票持续大幅走高；大宗生产资料价格的不断上升也带动了期货市场的火爆，全年期货市场成交额超过10万亿元，创10年来新高；由于物价的走高，改变了长期利率预期，国债市场结束了长达7年的牛市，出现大幅度下跌。

2003年中国证券市场十大新闻

由上证报与新浪网联手推出的2003年中国证券市场十大新闻评选结果日前产生。根据新浪网网上投票结果，QFII入市等十大新闻从备选的二十余条新闻中脱颖而出，成为投资者心目中最热门的话题。

根据新浪网对参加此次评选的网上投票比例统计排名，2003年证券市场十大新闻依次为：

1、QFII入市

2003年5月末，瑞士银行、野村证券株式会社成为首批取得证券投资业务许可证的合格境外机构投资者(QFII)。7月初，瑞士银行在A股市场下了第一单，买进宝钢股份等四只个股，标志着QFII这支生力军进入全面运作阶段。

2、八成股票创下“5·19”以来新低深证成份B指创两年来新高

沪市大盘自2245点下调到2003年11月13日的低点1307点，在历时两年半的大调整期间，两市凸显“二八现象”，即两市共有八成股票创下1999年”5·19“行情以来的新低；与此同时，深证成份B指触及1118点后一路上扬，累积涨幅逾七成，并创出两年来新高。

3、十六届三中全会为资本市场发展指明方向

2003年10月中旬，中共十六届三中全会在北京召开。

会议通过了《中共中央关于完善社会主义市场经济体制若干问题的决定》。《决定》中关于"大力发展资本和其他要素市场"的论述，具有很强的针对性和指导性，为资本市场的发展指明了方向。

4、全流通问题再受关注

今年下半年，理论界及市场人士再次对全流通问题进行思考。国资委有关人士指出，全流通政策在没有找到各方面都能接受的方案之前绝对不会出台，最终出台也要有利于股市的健康发展。

5、招行百亿转债计划遭基金狙击

招商银行的百亿转债计划8月底刚出台就遭到市场的强烈抵制。众多基金空前团结，联手狙击。

6、全国社保基金入市

2003年6月9日，全国社保基金理事会以战略投资者身份持有中国石化A股，并将该股正式委托给博时和华夏两家基金公司运作，发出了委托两家基金公司来操作中国石化股票的协议。全国社会保障基金理事会副理事长高西庆还透露，社保基金对保险产品很有兴趣，鉴于目前总量1330多亿元的社保基金真正入市的还不到5%，后续空间还很大。

7、央行5号令收紧券商银根

央行5号令全称是《人民币银行结算帐户管理办法》，该办法从2003年9月1日起施行。其中有关证券交易结算专用帐户的规定引起券商的高度紧张，证券市场资金面一度吃紧，令一批股票跳水。

8、证券法修改直指敏感问题

2003年下半年，证券法修改大幕拉开。证券法修改对证券市场的健康发展具有重大意义。证券法修改涉及证券市场的一系列敏感话题如"允许做空"、"券商融资"、"投资者利益保护"、"建立和发展多层次证券市场体系"等。10月中旬，证券法修改取得阶段性成果。

9、证券投资基金法颁布

2003年10月末，《中华人民共和国证券投资基金法》由十届人大常委会第五次会议表决通过。证券投资基金法共12章103条，自2004年6月1日起施行。

10、四家证券公司"退市"

自4月份起，先后有大连证券、富友证券、佳木斯证券、新华证券4家证券公司被依法关闭、撤销或勒令停止经营。

2003中国证券市场十大瞩目事件

一. QFII正式实施

事件回放：5月25日，瑞银华宝、野村证券获中国证监会颁发证券投资业务许可证，成为首批合格的境外机构投资者(QFII)。这标志着我国QFII制度正式启动。截至目前，已有10家境外投资机构获QFII资格，累计获批投资额度达17亿美元。

二. 十六届三中全会召开

事件回放：11月，中共十六届三中全会在北京召开。全会通过的《中共中央关于完善社会主义市场经济体制若干问题的决定》为资本市场发展指明方向：大力发展资本和其他要素市场。积极推进资本市场的改革开放和稳定发展，扩大直接融资。建立多层次资本市场体系，完善资本市场结构，丰富资本市场产品。规范和发展主板市场，推进风险投资和创业板市场建设。积极拓展债券市场，完善和规范发行程序，扩大公司债券发行规模。大力发展机构投资者，拓宽合规资金入市渠道。建立统一互联的证券市场，完善交易、登记和结算体系。加快发展土地、技术、劳动力等要素市场。规范发展产权交易。积极发展财产、人身保险和再保险市场。稳步发展期货市场。

三. 非典袭击中国

事件回放：4月29日，中国证监会新闻发言人发表谈话指出，经中国证监会同意，上海证券交易所、深圳证券交易所、上海期货交易所、大连商品交易所和郑州商品交易所研究决定，将原定2003年5月1日至5月5日的休市安排改为2003年5月1日至5月9日休市，5月12日开市。

这是自中国开办证券市场十余年的历史中，从来没有的先例。而导致延长休市时间的原因就是非典的肆虐。

2003年春节过后，一种烈性病毒首先在国内局部区域传播，随后迅速蔓延，三四月份已经犹如一个幽灵徘徊在东南亚乃至世界各地，造成了极大的恐慌。这就是非典型肺炎，也称严重急性呼吸道症候群(SARS)。非典的肆虐打乱了正常的社会、生活生产秩序，也极大地考验着十届人大刚刚产生的新一届政府的执政能力。为此，全民动员，举国上下展开了声势浩大的抗非战役。经过各方不懈的努力，到6月份非典在中国得到有效遏制。

四. 券商北京峰会

事件回放：8月12日至13日，中国证监会召集全国130家券商董事长和总经理聚首北京京西宾馆，召开了中国证券市场有史以来规模最大的一次券商峰会。

尽管此次座谈会的大背景是加强金融监管，但低迷的市场环境给此次座谈会增添了不少另类色彩：国债回购事件和央行"5号令"的严查使证券公司度日如年，二级市场持续低迷使券商的亏损日益加重。所以，不少人将此次会议看作是"救市"会议，希望能借此打破政策面的沉默，刺激市场发展。

证监会主席尚福林在会上的讲话围绕规范和监管的主基调展开，即在发展中规范，规范将不会牺牲发展。这被认为是此次会议最为激动人心的声音。而对此前给券商雪上加霜的央行5号令，此次会议透露的精神是，5号令将不会很快细节性地全面在券商中实施。此外，券商发债的具体办法国务院也会考虑在较短时间内推出。

五. 社保基金入市

事件回放：6月9日，全国社保基金理事会与南方、博时、华夏、鹏华、长盛、嘉实6家基金管理公司签订授权委托协议，媒体披露受托投资证券市场的社保资金约为150亿元。已公开披露的信息显示，从6月9日正式入市后的三个月建仓时间内，社保基金从二级市场买入了十多只股票，并先后参与新潮实业、民丰特纸、华联控股和九芝堂的增发，还参与了桂冠转债、国电转债等可转债品种的申购。11月，参与长江电力的战略配售，获配4000万股。

入市数月来，社保基金的投资收益并不理想。据统计，社保基金在二级市场投资的10只股票的市值至11月16日收市价已较6月30日收盘价账面缩水887余万元，缩水幅度约为8.34%。凡是参与的增发均"闻增即跌"，社保基金屡次被套。然而，12月10日中国石化(600028)创下了上市以来的收盘新高4.51元后，使苦候了两年多的社保基金终于解套了，社保基金屡遭责难的窘状有了些许改善。

六．长江电力上市

事件回放：10月28日，长江电力公布《招股说明书》，拟向社会公开发行23.26亿股A股，每股发行价格4.30元。11月18日，超级大盘股长江电力正式登陆A股。长江电力首发融资额100亿元，融资计划持续5年，总额将达400亿元；未来5年，三峡每年都会有发股或者发债的融资行为，直到2008年。对此，投资者还真是买账，长电首日上涨达43.72%，共成交46.94亿元，吸引了市场大部分资金。

尽管长江电力股份公司由2002年9月成立至上市不足一年，进入辅导期也不过9个月，但7月18日长江电力即顺利过会，随后，招股说明书就堂而皇之地登在三大证券报上。作为三峡工程建设的上市融资项目，长江电力的改制、发行和上市工作一直高速运行在"绿色通道"中。

七．央行出台5号令

事件回放：4月10日，中国人民银行公布了(2003)第5号令，即《人民币银行结算帐户管理办法》。根据该办法，存款人可以申请开立专用存款帐户，但证券交易结算资金、期货交易保证金和信托基金专用存款帐户不得支取现金。

央行5号令的用意在于通过加强结算帐户管理，达到反洗钱的目的。而券商的柜台和结算功能将被取消，股票"实名制"也将真正得以实行。对于早已告别"暴利时代"，面临生存危机的券商来说，央行5号令犹如晴天霹雳，使传统的证券经纪业务受到强烈冲击；中小投资者也经历"城池失火，殃及池鱼"之痛。

八．存款准备金率提高

事件回放：8月23日，中国人民银行网站发布消息：经国务院批准，中国人民银行决定从2003年9月21日起，提高存款准备金率1个百分点，即存款准备金率由原来的6%调高至7%。

1998年以来，央行三次调整法定准备金率。前两次调整，分别是从13%调低到8%，再从8%调低到6%，而这次调整，却是从6%调高到7%。现在提高存款准备金率1个百分点，将冻结商业银行1500亿元的超额准备金。对此，央行有关新闻发言人解释："这是一个清晰、温和的信号"。

九．证券投资基金法颁布

事件回放：10月28日，《中华人民共和国证券投资基金法》获十届全国人大常委会第五次会议审议通过，第一次对证券投资基金作了系统的全面的法律规范。《基金法》将基金持有人的利益保护作为立法的核心，首次从制度层面上保障了基金持有人的话语权和利益。相比1997年出台的《证券投资基金管理暂行办法》，《基金法》将促进发展与加强监管放在同等重要的地位。《基金法》放宽了对基金投资运作的限制，取消了基金公司20%投资债市、80%投资股票的局限，为基金创新和发展拓宽空间。本着务实的态度，《基金法》对一些事关基金发展前景却尚未有定论的问题，如私募基金、开放式基金的短期融资等，暂不作规定，预留出今后的发展空间。

十．发审委改革

事件回放：12月5日，中国证监会公布《中国证券监督管理委员会股票发行审核委员会暂行办法》，11日又发布《中国证券监督管理委员会股票发行审核委员会工作细则》。备受关注的发审委改革正式开场。

证监会有关部门负责人介绍说，为提高审核质量，《暂行办法》中作出了很多重大改进，其中包括取消了原来的发审委委员身份必须保密的规定、将发审委投票表决方式由无记名投票改为记名投票，强化委员的审核责任、将委员人数由80人减至25人，并设部分专职委员，提高审核工作质量和效率、将原来的二审制改为一审制等。总之，本次改革的中心思想是全力提高发审委工作的透明度，加大发审委委员的审核责任，将发审委工作置于社会监督之下。

令人关注的是，新的《暂行办法》中的一些条款出现了"保荐代表人"和"保荐机构"字样。对此，证监会有关部门负责人表示，这些条款与日后出台的保荐制度密切相关，保荐制度的相关文件近期可以出台。今后，券商和责任人将对其承销发行的股票负有一定的持续性连带担保责任。

2003中国证券市场十大风云人物

1、尚福林"尚氏新政"讲"三度"

"我国的证券市场的定位还存在问题，不是被定位于融资工具，就是被定位于社会稳定器。证券市场成立都十几年了，股市定位还如此模糊，有问题。"2003年初，上任伊始的证监会主席尚福林这样评价中国股市。

处在转轨时期的中国证券市场到底应该如何定位？这个问题在近十年间并未得到解决。尚福林履新之际，正值我国股市熊市一年半，市场参与各方均叫苦不迭的时期。因此，人们期望中的"尚氏新政"首先需要解决的就是股市稳定的问题。稳定股市，恢复投资者信心已经成为各方的共识。

对此，在年初的全国证券期货工作会议上，尚福林提出了"要把证券期货市场的发展放到整个国民经济发展的大局中考虑，要形成证券市场与国民经济的良性互动"，以及发展证券期货市场要坚持把"改革的力度、发展的速度与市场的承受度相结合"的"三度"主张。此举被视作"尚氏新政"的主基调，而"三度"也成为今年股市颇为时髦的流行语。

未来有很多的难题等待尚福林去面对，但是现在摆在面前的首要问题还是前任遗留下来的国有股减持问题，这是目前投资者关注的头等大事。虽然去年6月停止了国有股通过国内证券市场减持，但是中国证券市场正在一步步开放，国有股减持的问题最终还是要解决。对于尚福林来说，虽然不能凭一己之力将这一问题付诸解决，但在压力日益增大的情况下，不进行实质性表态怕是不行了。

2、周小川主席改称行长

2002年底，原中国证监会主席周小川被任命为新一任中国人民银行行长。由一位曾经主管过证券市场的证监会主席出任央行行长这在中国还是第一次，周小川职务上的变化被认为是央行开始正视中国股市对于金融市场和金融机构的正面意义，开始全面把握直接和间接融资的关系比例。

果然，周小川履新之后立即一改其前任央行行长相对低调的作风，接连出台了一系列对中国金融资本市场影响巨大的法规和改革措施，其中，2003年对证券市场影响最大的政策莫过于央行于4月份出台的以反洗钱为核心内容的5号令。

简单来说，为了防止洗钱活动发生，券商的资金柜台和结算功能被取消了，以后要想往股市存取资金，只能通过在银行开设的个人银行结算帐户。对券商而言，资金柜台和结算功能被取消将直接导致其相应利差收入的消失，这对于本已处境艰难的券商们来说无疑是个雪上加霜的坏消息，甚至有券商指出，5号令出台后，券商行业将出现比2002年更为严重的全行业大规模亏损。

对于券商们的埋怨，央行有关人士出面解释说，"5号令"并没有改变现行的做法。"5号令"只是要求将以券商名义在银行开立的主帐户————证券保证金结算帐户纳入专用存款帐户管理，并未对存款的计息等问题作出规定。

业内人士指出，央行5号令短期的影响就要看是否会造成券商保证金的流失，至于长期影响的程度则要看执行过程中的监管力度。即使券商并未失去息差收入，5号令仍然可能引起券商保证金的流失及部分庄股资金的撤离，对市场资金面仍将带来严峻考验。

由此看来，离开证监会主席一职的周小川仍将在相当长的一段时间内对中国股市起到举足轻重的影响。

3、成思危创业板开张核心人物

目前开设二板市场条件还不成熟，可以先在深圳股市开设科技板块，成熟时再设创业板。成思危年内对发展创业板市场大胆建言建策，最受市场关注。

作为全国人大常委会副委员长，成思危一直关注如何完善我国证券法律法规体系，在年内人大审议通过《证券投资基金法》以及着手修改《证券法》的过程中，成思危均担纲重要角色。而与此同时，成思危对建设多层次资本市场、发展创业板市场的公开言谈，更为市场瞩目。

年内在多个重要场合，成思危均强调，从建设多层次资本市场的高度出发，我国主板市场日趋发展壮大的同时，还要积极慎重地推进二板市场建设。他认为，上证所与深交所都应有自己的发展目标模式。上证所现在的目标已比较明确，就是一个主板市场，类似纽约证券交易所。深交所的发展模式可考虑参考那斯达克的模式，建立一个多层次的市场体系。

但成思危亦明确表态，深圳推进二板市场必须慎重，目前马上推出创业板的条件并不成熟悉，因此他不赞成目前马上推出创业板。他认为，创业板市场门槛较低，在中国股市这种过度投机的气氛下，二板的推出会加重过度投机，监管也更加困难，难以保障广大投资者的合法权益。

不仅因为人大常委会副委员长的身份，亦因为作为风险投资和创业板市场的主要倡导者，成思危的观点和思路已在一定程度上影响了政府的决策。事实上，今年内，深圳创业板的开设已处于冷冻状态，而"深圳重发新股、以中小科技企业为主"的传闻不时出现。可以预计，随着市场呼声日高，深圳推出科技板块的日子会越来越近。与此同时，区域性和全国性产权交易网络的建设进程亦在进一步加快当中。

4、李荣融国资委首任掌门人

"国有股减持和流通是两个概念，无论是减持还是流通，基本的出发点应该对所有的投资者一视同仁"，11月11日，国资委主任李荣融在记者招待会上如是表示。原意只是重申监管层不想触发国有股减持这一证券市场的"重磅炸弹"，但却被市场误读为国有股减持重新开张。11月12日，深沪股市大跌，沪综指创出1307点的3年新低。

作为今月3月刚组建的国资委的首任主任，李荣融掌控的国资委代表着7.13万亿元国有资产的出资人，直接担负起国有资产保值增值的重任；而国有控股上市公司约占全部上市公司70%。因此，李荣融的一言一语自然对证券市场的影响非同小可。履新后李荣融之所以对证券市场产生如此巨大影响力，是与国资委今年启动的国有经济战略调整和国资改革密切相关。

6月2日，李荣融表示，力争用较短的时间，将国有产权交易全部纳入市场交易。6月4日，国资委公布《企业国有资产监督管理暂行条例》，与此同时《企业国有产权转让暂行规定》、《上市公司国有股转让暂行办法》等亦列入了国资委的立法计划。12月15日，国资委公布《关于规范国有企业改制工作的意见》，规定：上市公司国有股转让价格在不低于每股净资产的基础上，参考上市公司盈利能力和市场表现合理定价。

在11月11日的公开言谈中，李荣融明确提出国有股减持和流通的基本出发点，就是对所有投资者一视同仁。应该说，李荣融的观点与以前管理层更多地强调保护国有资产的保值增值，防止国有资产流失相比，有不小的改进。实际上，国资委掌控国有股减持方案的生杀大权，可以预见，李荣融今后的言行仍然极其牵动证券市场的神经。

5、项怀诚财长接手社保基金

2003年前，每每提及积极财政政策利弊纷争，项怀诚的名字总是难以回避的。而从今年5月起，这个名字开始和社保基金联在一起了。

1998年，项怀诚上任财长时，面对的是内需不振、出口下降、投资增长乏力、增长速度回落，他领军实施了积极财政政策，四年来，在亚洲爆发金融危机以及全球经济明显放缓的形势下，中国经济迅速走出瓶颈状态，而且还以每年7.7%的速度大幅扩张。2003年，项怀成履新社保基金理事长，面对的是社保资金投资效率低、盈利模式单一、资金来源渠道狭窄，社保基金疲弱状况能否由此改观，人们拭目以待。

3月18日，新任国务院总理温家宝在接受中外记者采访时指出："本届政府要解决好三个重大的经济问题，第一个问题是就业和社会保障。"然而，解决社会保障的资金状况却难以令人乐观。有数据显示，截至2002年底，全国社保基金理事会管理的社会保障基金资产规模仅为1242亿元，其中近900亿元来自财政拨款；社保基金的收益水平为2.75%，仅与3年期银行存款利率相当。规模小、资金来源渠道单一、收益水平低下，严重制约着社保基金功能的发挥。

有市场人士憧憬，在项怀诚任职后，可望逐步解决资金短缺问题；而且，有前证监会副主席高西庆作搭档，社保基金投资低效率的局面将有可能得以扭转。项怀诚的经历将有利于协调好资金来源问题，而高西庆的优势在于投资运作，此番合作，为社保基金带来诸多期望。

6、阚治东南方证券一猛人

阚治东重出江湖的日子仍不平静。在1997年6月17日因对申银证券操纵陆家嘴股票负有领导责任而不得不离开证券界的阚治东在2002年担任南方证券总裁之后又一次引起媒体关注。阚治东掌管南方证券的初衷就是为了把南方证券从亏损破产的边缘拉回，但显然这一努力到目前为止还没有收到明显成效。

从 2003 年 10 月 23 日开始，一则关于南方证券正在申请破产的消息开始以各种渠道传播。传言主要内容如下："上周，南方证券董事会作出了申请南方证券破产的报告，该报告已经递交给深圳市政府。深圳市政府已经表示，将按市场化操作。南方证券的亏损额达到 120 亿元之巨，其中国债欠库就达 40 亿元，还大量挪用客户保证金。目前已经由工商银行代为支付保证金。紧接着将停止南方证券的 B 股营业牌照，是否停止其 A 股营业牌照还未定。南方证券今年的 A 股自营也是亏损。"同时，针对阚治东的传言也同时流传，传言说：阚同时准备离开南方证券，已经第四次递交辞呈。

"南方证券的问题，与我个人去留是两回事。"阚治东正面回应，外界总是将他本人与南方证券联系起来是错误的，"绝对不是外界所说的闹得都不管了。不过我认为南方证券应该形成一个坚强的领导核心。"

业内人士从来没有怀疑过阚治东在金融圈中的能量。在离开证券界的几年中，阚治东曾经担任过香港一家公司的中国总代表，也担任过深圳发展银行上海分行的高级顾问。2000 年，阚治东来到深圳，担任深圳市创新科技投资有限公司副董事长兼总经理。而最终又被临危任命为南方证券的总裁。

7、马蔚华改革先锋遭遇集体砸盘

美国东部时间今年 6 月 2 日晚，在金融房地产门类的"21 世纪贡献大奖"决赛提名名单中，首次出现了一个中国企业的名字——招商银行。招行的掌舵人便是被誉为"马不停蹄的革新者"马蔚华。

马蔚华是招商银行的第二任行长，拥有博士的头衔，美国南加州大学荣誉博士、西南财大经济学博士、高级经济师、中国金融学会常务理事。他担任过人民银行的官员，曾因为处理海南发展银行的问题而声名远扬。

就是这样一个银行界风云人物，他在今年 100 亿元债转股中，却遭遇了市场各方的"集体抵制"，发行 100 亿可转债方案使他成为众矢之敌。在基金经理看来在首次发行股票募集资金尚未用完的情况下，招商银行的行为是彻底的再度"圈钱"。

招商银行于今年 8 月 26 日公布了拟发行不超过 100 亿元可转债融资方案，引发了市场各方的广泛关注，其中机构投资者的反应尤其激烈。市场在不久以后就传出招行公布可转债方案后遭到基金经理进行"集体砸盘"的说法。

"集体砸盘"和"改革先锋"看似是两条不可能有交点的平行线，但它却同时出现在招行的身上，因此有业内人士感慨说，马蔚华和他领导的招行点燃了一部分人对于中国商业银行改革的希望；但同时他们也在熄灭另一部分人对改革带来市场繁荣的希望。

对于马蔚华来说，本月 11 日银监会发出的《关于作出将次级定期债务计入附属资本的通知》无疑是给予了解决的重要途径。不过，据业内人士分析，他要使 100 亿债转股的愿望如愿以偿，马蔚华还要继续做很多工作，或许他将继续发挥其"金融改革急先锋"的作用，设计出许多目前人们想像不到的办法来。

8、许小年千点"梦想"成真

真的被许小年说中了。不管愿不愿意接受，许小年对于中国股市的很多论断真的被验证了。

在股市 2000 多点的时候，许小年大唱千点论。不知是因为理论相左，还是触动了某些既得利益者的权益，许小年被国内同行骂得体无完肤。但从现在看来，股市的走势正好按照许小年的预想进行。如果剔除新股增发以及大盘股的影响，今年上证指数最低位 1307 点已经在千点之下了。

任何事情，意气用事总是容易失败，只有实事求是，才可能心平气和地追求较高的境界。虽然当初许小年鼓吹"千点论"和"推倒论"，受到了全国同行的口诛笔伐，但是，对一个人观点的批评，不可以过分"由此及彼"，应该用一种尽可能客观的态度来对待。

2003 年 11 月份，当中国股市在 1300 点附近徘徊的时候，许小年又一次站出来讲话了。11 月 4 日，许小年就中金公司一位客户提出的市场会否继续下跌的问题表示，"下跌点位虽然不好估计，但近期 A 股市场出现了很好的苗头，股价的结构调整中已经存在盈利机会"。许小年认为，股市已经进入了投资价值区域。对此，市场最近也确实做了正面的验证，特别是以宝钢为首的蓝筹股屡创新高，而追逐者依然众多。虽然很多人怀疑许小年所代表的利益集团可能已经在这类股票里赚得流油，但毕竟，他的说法确实代表了一种新的投资理念。

而对于自己的这段经历，许小年则表示，"股市推倒重来"和"千点论"其实并不是自己的原话，他只是说过当时中国上市公司的基本面难以支撑那么高的股价，主要是有些媒体和个人非常不严肃，把他说过的话不负责任的随便演绎。这也反映了中国的文化中还有一些东西是与市场经济的发展不相适应的，市场经济需要多元化的文化，需要容忍各种观点的存在。

9、周正毅上海首富黯然落马

5 月 28 日起，香港媒体突然瞄准福布斯中国富豪周正毅。当时市场传闻是，周在中银香港的一笔私人贷款业务上出现了严重违规，已被上海警方逮捕。而同时，中银香港前副董事长兼总裁刘金宝突然被宣布调回北京，不再担任中银香港任何职务。9 月 5 日，经上海市人民检察院第一分院批准，上海农凯发展（集团）有限公司法定代表人周正毅被上海市公安机关依法予以逮捕。据称，周正毅涉嫌虚报注册资本罪和操纵证券交易价格罪。

周正毅，42 岁，2002 年度福布斯中国富豪榜第 11 名，资产 3.2 亿美元。20 世纪 80 年代后期，他曾去日本和美国淘金，后回到上海，在股市积累起了巨大财富。周及其夫人毛玉萍旗下曾有 4 家上市公司，即上海商贸（HK1104）、上海地产（HK0067），以及英雄股份（600844）。

如果仅从时间上看，1989 到 1997 年刘金宝在中国银行上海分行期间，正是周正毅和他的农凯集团开始创业的时期。1997 年 10 月，周正毅创建农凯集团，并由此进入上海房地产行业。

周正毅案尚未完结，但已在上海等地引发出一系列诸如对民企惜贷和催收贷款等新现象。而且，该案也在监管层面、在银行系统的风险内控机制建设方面提出了许多新的课题。从金融业务发展角度看，周正毅"问题贷款"案对中国的银行业相当於一剂泻药，它敦促那些风险内控机制不健全的银行加速进行制度建设，提醒监管当局想方设法去弥补监管真空。

周正毅案对证券市场的影响也不可小视。上世纪的 90 年代，正好是中国证券市场崛起与发展的大好时候，周正毅利用证券市场和房地产行业的巧妙结合不但淘到第一桶金，而且构筑起了相当规模的“农凯系”，对证券市场的影响是牵一发而动全身。周正毅的最终倒台已经给目前仍在证券市场上呼风唤雨的各种“股票系”大亨们敲响警钟。

10、艾克拉木啤酒花老板神秘失踪

11月4日，连续两天跌停的啤酒花(600090)发布重大事项公告称，鉴于公司无法与董事长艾克拉木·艾沙由夫取得联系，其已无法正常履行董事长职责，经11月2日召开的董事会讨论，全体到会董事一致同意由公司副董事长姚荣江暂时代行董事长职责。而仅在两周之前，艾克拉木·艾沙由夫刚刚登上胡润推出的富豪排行榜。

伴随着董事长的失踪，啤酒花先前不为人所知的大量对外担保却开始浮出水面。据称，截至今年11月3日，公司已披露的贷款担保总额为79980万元，其中对控股子公司贷款担保总额35480万元；公司因故未按规定履行信息披露义务的对外担保决议总额为98786万元。上述对外担保和做出对外担保决议的金额总计178766万元

截至目前，在媒体上几乎看不到任何有关艾克拉木早期发家的文字。事实上，媒体只是注意到他担任啤酒花董事长以后的事情，对他用来控制啤酒花的资金来源，外界却一无所知。

公开资料披露，艾克拉木曾任中国人民银行新疆维吾尔自治区分行金融管理处处长、银行处处长，1997年后创办新疆恒宇发展有限公司，在啤酒花定向募集增资扩股中，出资购买啤酒花182万股法人股，以第7大股东的身份，成为啤酒花副董事长。1999年，艾克拉木完全掌控啤酒花。

失踪公告发布后，啤酒花(600090)接连15天跌停，打破了银广夏11个跌停的纪录，也迅速蒸发了20多亿的流通市值，成为今年市场上最受关注的个股。

中国2003十大经济新闻

一、国资委出台重要措施规范国企改制

11月30日出台国务院国有资产监督管理委员会《关于规范国有企业改制工作的意见》，在总结经验的基础上对国有企业改制全过程进行了规范，对改制涉及的主要环节和方面提出了明确的政策要求。国资委有关负责人指出，《关于规范国有企业改制工作的意见》是贯彻落实党的十六届三中全会精神，继续深化国有企业改革的一个重要文件，对规范、有序、健康地推进国有企业改制工作具有重要意义。

二、国务院召开农业和粮食工作会议国务院

10月28日在北京召开农业和粮食工作会议，中共中央政治局常委、国务院总理温家宝发表重要讲话强调，继续推进农业和农村经济结构的战略性调整，深化粮食流通体制改革，加强对粮食主产区和种粮农民的支持，切实保护耕地，加大投入力度，加强粮食综合生产能力建设，千方百计增加农民收入，确保国家粮食安全。会议要求各地要高度重视和切实抓好明年的粮食生产，进一步采取有效措施，鼓励和引导农民扩大粮食种植面积，增加生产投入，加强田间管理，努力争取明年有更好的收成，为促进国民经济持续稳定发展打下坚实基础。

三、国务院决定改革现行出口退税机制

国务院10月13日发布关于改革现行出口退税机制的决定，对现行出口退税机制进行改革。决定强调，按照“新账不欠，老账要还，完善机制，共同负担，推动改革，促进发展”的原则，对历史上欠退税款由中央财政负责偿还，确保改革后不再发生新欠，同时建立中央、地方共同负担的出口退税新机制，推动外贸体制深化改革，优化出口产品结构，提高出口效益，促进外贸和经济持续健康发展。调整后的出口退税率为17％、13％、11％、8％、5％五档，自2004年1月1日起实行。按现行出口结构，出口退税率的平均水平将降低3个百分点左右。

四、启动振兴东北战略

国务院总理温家宝9月10日主持召开国务院常务会议，研究实施东北地区等老工业基地振兴战略问题，提出了振兴东北地区等老工业基地的指导思想和原则、主要任务及政策措施。会议指出，支持东北地区等老工业基地加快调整改造，是党的十六大提出的一项重大战略决策。目前，实施这项战略条件具备、时机成熟。要抓住机遇，积极推进东北地区等老工业基地的振兴，努力将东北地区等老工业基地调整、改造、发展成为结构合理、功能完善、特色明显、竞争力强的新型产业基地，逐步成为国民经济新的重要增长区域。会议强调，要全面贯彻统筹区域经济社会协调发展的战略布局，坚定不移地实施西部大开发战略，振兴东北地区等老工业基地，继续鼓励东部地区加快发展、有条件的地方率先实现现代化，实行东西互动，带动中部，促进区域经济协调发展。

五、福布斯富豪杨斌被判、上海首富周正毅被捕

9月7日，辽宁省高级人民法院对杨斌及相关单位犯合同诈骗、伪造金融票证、虚报注册资本、非法占用农用地等罪案作出终审裁定：驳回上诉，维持原判。有期徒刑18年并罚230万元。9月5日，经上海市人民检察院第一分院批准，上海农凯发展(集团)有限公司法定代表人周正毅被上海市公安机关依法予以逮捕。周正毅涉嫌虚报注册资本罪和操纵证券交易价格罪。据上市公司年报资料显示，到去年为止，周正毅旗下共有4家上市公司，其中两家在香港(上海商贸控股和上海地产控股)，两家在上海(英雄股份和海鸟发展)。农凯集团去年的销售收入达5.4亿美元，纳税0.12亿美元，有4000名员工。“问题富豪”现象引起社会强烈关注。

六、人民币不升值

国务院总理温家宝8月5日在会见美国花旗集团董事长鲁宾、候任首席执行官普林斯时表示，保持人民币汇率基本稳定，不仅有利于中国经济和金融持续稳定发展，而且有利于周边国家和地区的经济和金融稳定发展，从根本上说，也有利于世界经济和金融的稳定发展。温家宝阐述了中国政府关于人民币汇率的政策说。我们注意到一个时期以来国际上对人民币汇率的关注。中国政府对这个问题一贯持十分慎重、负责的态度。1997年亚洲金融危机时，在周边许多国家货币大幅度贬值的情况下，我们坚持人民币不贬值，保持汇率稳定，对亚洲乃至世界金融和经济的稳定作出了应有的贡献。

七、煤炭市场不准借机乱加价乱收费

国家发展改革委官员12月9日说，绝不容许一些地方、部门和垄断企业借煤炭市场供需趋紧之机，在煤炭供应过程

中乱加价、乱收费。发改委决定从即日起至年底在全国范围开展煤炭价格和涉煤收费检查，整顿和规范煤炭市场经营秩序，以确保国民经济和人民生活需要。入冬以来，中国能源紧缺的“瓶颈”效应凸显：电力紧张趋势愈演愈烈，成品油特别是柴油货源紧俏，就连多年来备受冷落的煤炭也走俏起来。一些地方、部门和垄断企业借机乱加价、乱收费的行为有所抬头，扰乱了煤炭市场秩序，加剧了供需矛盾。故此，发改委日前发出《关于开展煤炭价格和涉煤收费专项检查的紧急通知》，要求各地价格主管部门立即对煤炭产、供、运、销各环节的价格和收费行为进行专项检查。

八、内地香港建立更紧密经贸关系

6 月 29 日，国务院总理温家宝乘专机抵达香港访问并出席《内地与香港关于建立更紧密经贸关系的安排》签署仪式和香港回归祖国 6 周年庆祝活动。据此，从 2004 年 1 月 1 日起，香港货物进入内地将分阶段实现零关税，至少 16 个以上服务性行业受益。温总理代表中央政府给经济艰难复苏中的香港，带来了一份充满关爱与支持的大礼。

九、三峡工程蓄水、通航相继实现

6 月 1 日起，随着蓄水和通航目标的相继实现，举世瞩目的三峡工程正在实现从单纯的建设投入期向“边建设边收益”的收获期转变。三峡工程的通航、发电效益，为中国经济发展注入新活力。

三峡工程蓄水的一个重要功能就是全面渠化川江，改变川江航运条件，使长江上下游航道的运力顺利对接，构成名副其实的“黄金水道”。工程建成后，水库回水直抵重庆，川江航道平均水深达 70 米，最大水深达 170 米，水库平均宽度约 1100 米，比建库前航道宽度拓展约 1 倍，河道流速减少 70%。船舶每马力拖载量因此而增至 7—10 吨，是原来的 10 倍；外运货物单向年通过能力增至 5000 万吨，达到原来的 5 倍；船舶运行周期将缩短一半，运输成本可降低 30%—40%。三峡工程给中国电网带来的历史性变革，无疑将揭开“西电东送”工程崭新的一页。这些水能资源的全部开发利用，对于中国的可持续发展和环境保护的意义，对于中华民族维持一个相对比较高的水平上的生存和发展，无论怎么估计都不过分。

十、“非典”没有撼动我国经济发展总体态势

4 月份在全国大面积爆发的非典疫情没有影响我国经济发展总体态势。今年我国经济增长将达到 8.5%。据此测算，今年我国国内生产总值将突破 11 万亿元人民币，我国综合国力再上新台阶。2003 年一季度，我国经济增长速度达到 9.9%，创下 1997 年以来同期增长最高纪录。二季度，受非典疫情和自然灾害等不利因素影响，我国经济增长 6.7%。到三季度，我国经济基本恢复到了非典疫情发生前的增长水平，同比增长 9.1%。

2003 年中国期货市场十大新闻

刚刚过去的 2003 年是令中国期货业振奋和鼓舞的一年。党的十六届三中全会把“稳步发展期货市场”写入会议决议、市场交易额创出历史新高……在中国期货市场的发展史上，2003 年书写下了浓重的一页。在广泛征求各方意见的基础上，期货日报评出了 2003 年中国期货市场十大新闻。

一、党的十六届三中全会把“稳步发展期货市场”写入会议决议

2003 年 10 月中旬，中国共产党召开十六届三中全会，“稳步发展期货市场”写入全会通过的《中共中央关于完善社会主义市场经济体制若干问题的决定》，这是有关期货市场发展方针首次写入党的会议决议。2001 年 3 月，全国人大批准的“十五”规划第一次提出“稳步发展期货市场”，为我国期货市场长达 7 年的规范整顿划上了句号。时隔两年半之后，在完善社会主义市场经济体制和建设更具活力、更加开放经济体系的宏伟框架下，“稳步发展期货市场”被赋予了新的内涵和高度。

二、交易额创历史新高

2003 年，国内期市 3 家交易所共计成交金额 10.84 万亿元，成交合约 2.80 亿手，成交额创出历史新高。国内期市成交额曾于 1995 年达到 10.06 万亿元的高点，随后连续 5 年下滑，2000 年跌至 1.60 万亿元低位。而 2001 年、2002 年市场恢复性增长，分别成交 3.01 万亿元和 3.95 万亿元，今年则取得历史性突破。

在交易额快速增长的同时，市场功能得到进一步发挥，期货市场对我国市场经济发展的贡献得到进一步肯定和认同。

三、优质强筋小麦期货合约上市

根据中国证监会的有关批复和郑商所五届理事会一次会议的决定，优质强筋小麦期货合约于 2003 年 3 月 28 日在郑商所上市交易。近一年来的运行实践表明，优质强筋小麦期货的上市，在促进我国农业生产、稳步发展期货市场以及推动郑州期货市场发展等方面都有着重要的现实意义。

四、《最高人民法院关于审理期货纠纷案件若干问题的规定》出台

为了正确审理期货纠纷案件，最高人民法院根据有关法律、行政法规的规定，制定并于 2003 年 6 月 23 日公布了《最高人民法院关于审理期货纠纷案件若干问题的规定》，自 2003 年 7 月 1 日起施行。它的发布实施对于规范期货市场的运行、强化期货市场参与主体的自我约束机制、完善期货市场法制具有重要作用。

五、用市场手段防范和化解风险，市场抗击风险和化解风险的能力明显提高

在现货价格以及全球商品期货价格上涨的背景下，2003 年国内商品期货价格全面上涨，多数品种期货价格创出 6 年来的新高。在市场运行过程中，行情波动明显加剧，天胶、小麦、大豆等品种相继出现不同程度的交易或交割风险。面对考验，3 家交易所都选择了较为恰当的市场化的手段，有效地化解了市场运行过程中出现的各种风险，市场驾驭风险的能力明显提高。根据市场价格的波动情况，3 家交易所自 2003 年 11 月 5 日结算时起，暂时将天胶、小麦、大豆、豆粕等品种的交易保证金标准由 5%提高至 7%。

六、《期货从业人员执业行为准则》颁布实施

2003 年 7 月 1 日起正式实施的《期货从业人员执业行为准则》，是国内期货业第一部行业性的从业人员行为规范，是对期货从业人员的执业品德、执业纪律、专业胜任能力及职业责任等方面的基本要求和规定，是期货从业人员在执业过程中必须遵守的行为规范，是中国期货业协会对期货从业人员进行纪律处分的依据。《期货从业人员执业行为准则》的颁布实施，对于促进期货市场诚信体系的建立和行业文化建设，维护市场的正常运行秩序等意义重大。

七、市场诚信建设走向深入

树立诚信理念，弘扬诚信文化，是近年来期货市场规范发展过程中贯穿始终的一条主线。《最高人民法院关于审理期货纠纷案件若干问题的规定》的出台、《期货从业人员执业行为准则》的颁布实施等，更进一步地将期货市场的诚信文化建设从理念的宣传深入到法制与信用机制建设的层面。2003年8月，中国证监会在山西太原召开的"期货市场信用机制建设及高管人员管理座谈会"进一步指出，诚信文化建设是在期货市场实践"三个代表"重要思想的具体体现，是期货市场健康发展的重要基础性工作，市场的诚信文化建设需要持之以恒、长抓不懈。

八、全面清理闲置编码，健全开户资料

根据中国证监会《关于加强期货交易编码管理工作的通知》精神，3家交易所于12月中旬开始对闲置交易编码和投资者开户资料进行清理和完善。此举是健全市场报告制度、落实交易实名制、促进市场规范发展的一项基础性工作，对于确保市场"三公"原则的实现，提高市场的公信力具有重要意义。

九、中国证监会发布《关于期货经纪公司接受出资有关问题的通知》，非银行金融机构参股期货经纪公司的限令被解除

2003年1月，中国证监会发布了《关于期货经纪公司接受出资有关问题的通知》。它取消了非银行金融机构和外商投资企业参股期货经纪公司的限制，有利于期货经纪公司建立健全法人治理结构，扩大公司规模，壮大实力，促进期货市场的规范发展。

十、对外交流与合作取得新进展，中国期货市场引起国际市场瞩目

2003年，国内期货市场各层面与国际同行的交流与合作更趋频繁深入。上海期交所3月份与NYMEX、CME签署了合作备忘录，8月份加入了期货与期权协会(FOA)。大商所5月份成为国际信息共享谅解备忘录(MOU)的成员，9月份加入美国期货业协会(FIA)，11月份分别与CBOT、TGE签署了合作谅解备忘录和合作意向书。郑商所在小麦期权的研究与市场培训中也与国际同行进行了广泛的交流与合作。顺应经济全球化趋势，国内期货市场的国际化取向更加明确。中国期货市场的全面活跃，引起了国际市场的瞩目，一些国际性的会议选择在中国召开，一些国外期货机构纷纷在中国设立代表处。

2003年度中国股市的十个瞬间

1、岁首上证综指创三年半新低

事件：2003年第一个交易日，上证综指击穿2001年1月29日前期低点

时间：2003年1月2日，星期四

股市反应：当日，上证综指以1347.43点跳低开盘，大盘呈现单边下行走势，尾市股指下探全天最低点1317.46点，收盘较上个交易日下跌37.02点，跌幅2.72%，收盘指数为三年半以来新低。深证成指报收于2689.49点，下跌69.8点，跌幅2.52%。两市个股下跌家数超过1250家，只有部分网络股和ST个股逆势上涨。

2、卫生部召开非典新闻发布会

事件：4月18日，卫生部举行新闻发布会公布非典情况。卫生部常务副部长高强介绍了防治非典的有关情况。截至4月18日，全国累计报告非典型肺炎病例1807例。

时间：2003年4月21日，星期一

股市反应：当日，沪深股市低开，并一路走低。至收盘时，上证综指和深证综指分别较上一交易日下跌了1.96%和1.59%。

3、社保基金入市试水二级市场

事件：自6月9日起，6家基金公司管理的社保基金已经开始在二级市场购买股票及有关债券，全国社会保障基金正式进入证券市场运作。由于社保基金委托投资组合的初始投资期只有3个月。因此，从6月9日起3个月内，这6家基金公司管理的社保基金可能会有一个比较大的建仓动作。按有关要求，在初始投资期结束后，其股票持仓市值要达到投资组合总市值的80%以上。

时间：2003年6月11日，星期二

股市反应：当日，沪深股市放量上涨，收盘时，上证指数收报1565.84点，上涨27.08点，涨幅为1.76%。深证综合指数收于431.81点，上涨6.84点，涨幅为1.61%。两市共成交148亿元，较前日放大6成以上。

4、QFII第一单 瑞银拔得头筹

事件：7月9日上午10时15分，瑞士银行通过申银万国QFII业务专用席位投下第一笔买单，目标指向宝钢股份、上港集箱、外运发展和中兴通讯。上午10时18分，瑞银第一笔A股交易完成。市场期待已久的QFII业务进入了实质性的操作阶段。

时间：2003年7月9日，星期三

股市反应：当日，沪深股市震荡走低，上证综合指数盘中一度跌破1500点，终盘较前下跌了8.71点，跌幅为0.58%。深证综指当日下跌了0.59%，报收于411.10点。市场交投明显萎缩，两市总计成交77.41亿元。QFII昨日购入的四只股票走势领先大盘。收盘时，中兴通讯、上港集箱、宝钢股份有不同程度的上涨，而外运发展则微跌了0.14%。

5、券商峰会百位老总期聚北京

事件：8月12日，中国证监会召集全国130家券商董事长和总经理聚首北京京西宾馆，这是中国证券市场有史以来规模最大的一次券商峰会。此次峰会的主要议题是证券公司的规范与发展。在此次峰会上，中国证监会主席尚福林全面论述了对券商的尚八点意见，即机遇与挑战；规范与发展；操守准则；在规范、健康、稳定中发展证券市场；加强高管人员的管理和建设；研究的保荐人制度；证券公司分类管理；发挥自律组织作用。

时间：2003年8月12日，星期一

股市反应：当日，沪深股市的投资者交投谨慎，以等待相关券商会议消息的进一步明朗化。沪深两地市场共计成交

58.54亿元，再创近期以来的地量。上证综合指数以1473.99点开盘后，围绕前收盘点位窄幅整理。自后市起，股指在部分券商重仓股的拉动下快速上行，上证综合指数最高上摸至1485点附近，终盘报收于1479.28点，较前上涨0.33%。深证成指以3304.64点开盘，收于3318.66点，较前上涨0.41%。当日，沪市共计成交34.15亿元，较前日减少2.7亿元，深市成交则增加了约1亿元。

6、**招商银行百亿可转债大融资**

事件：招商银行(600036)董事会审议通过公司《关于发行可转换公司债券的议案》。公告称，公司认为符合发行可转换公司债券的有关规定，现提出发行可转换债券方案：发行规模不超过人民币100亿元，每张面值人民币100元，期限为5年，债券利率为建议年利率第1年为1.0%，逐年递增0.375%，最后1年2.5%。

时间：2003年8月26日，星期二

股市反应：当日，上证综指开盘1420点，最高1428点，最低1417点，收报1425.21点，涨3.04点；深综指报收于392.29点，涨1.22点。两市成交约62亿元。

7、**央行10号令 解救房地产商**

事件：国务院发布《国务院关于房地产市场持续健康发展的通知》(又称“10号令”)后，赢得了业界一片称赞。与央行121号文件相比，国务院10号令的发布确实是一个房地产商们期盼已久的利好消息。因为自6月13日央行发布121号文件以来，虽然没有出台具体细则，实际各商业银行已经对房贷严加防范，甚至对于正常的房地产开发贷款也采取了严厉的控制措施，使得房地产界人心惶惶，千方百计地搞“突围”。然而，国务院10号令中有关房地产信贷的规定与央行政策稍有不同，10号令“对符合条件的房地产开发企业和房地产项目要继续加大信贷支持力度。同时要加强房地产开发项目贷款审核管理，严禁违规发放房地产贷款”，“妥善处理过去违规发放或取得贷款的项目，控制和化解房地产信贷风险，维护金融稳定”。廖廖几句，让近来一直绷紧神经的房地产商吃了一颗定心丸。

时间：2003年9月1日，星期一

股市反应：当日，沪深股市走出强劲反弹行情。上证综指和深证成指分别劲升1.95%和1.78%，成交约107亿元。上证综指以1423.35点开盘，在探低1420.12点后股指逐级上扬，最终以全天最高点1449.81点报收，成交75.84亿元。深证成指报收于3249.19点，上涨56.82点，成交31.76亿元。

8、**H股超过A股　偶然还是必然**

事件：10月8日，青岛啤酒H股大涨12.58%，收盘报8.5港元，折合人民币9.1元，较青岛啤酒A股股价高出0.16元。这是自1996年以来，同股同权的同一上市公司的H股股价第一次高出A股。有业内人士认为，联系港股、红筹股乃至H股的整体表现来看，这一现象并非偶然。

时间：2003年10月8日，星期三

股市反应：当日是“十一”国庆长假后的第一个交易日，继节前止跌之后，两市股指盘稳后小幅走高。收盘时，各主要股指均收出阳线。其中，深市股指表现稍强，深证成指上涨1.01%，报收于3085点。深证综指上涨0.57%，报收于376点。上证综指上涨0.33%，以1371点报收。

9、**历时四年 投资基金法通过**

事件：历史最终定格在2003年10月28日15时03分。历经四个多春秋、跨越两届人大、经过三次审议的证券投资基金法终于盼来了它最为庄严神圣的时刻。面对这一刻的到来，证券投资基金法起草工作组副组长朱少平掩视不住内心的激动，他说：“经过大家的辛勤劳动，终于在今天看到了证券投资基金法的成果。”

时间：2003年10月28日，星期一

股市反应：当日，沪深股市冲高回调，至收盘上证综指与前基本持平，深证成指则上涨0.64%。上证综合指数前市一度上摸至1382.6点，但由于后续接盘乏力，股指终盘报收于1369.33点，较前下跌0.01%。深证成指昨以3168.17点开盘，收于3194.71点，较前上涨0.64%。两地市场共计成交103.17亿元，较前增约14亿元。

10、**李荣融谈国有股流通与减持**

事件：在国务院新闻办公室举行的记者招待会上，李荣融表示，国有股减持和国有股流通是两个概念。无论减持还是流通，基本的出发点都应该对所有的投资者一视同仁，给予保护。李荣融也表示，目前还没有找到能为大家接受的国有股减持办法。

时间：2003年11月11日，星期二

股市反应：当日，沪深股市继续维持震荡整理走势，尾市略收高。上证综指收盘报1343.61点，比上一交易日上涨3.51点，涨幅为0.26%。深证综合指数报收于359.84点，上涨1.23点，涨幅为0.34%。成交量与上日基本持平。

2003中国十大经济新闻

由经济参考报和中国移动通信集团公司联合主办，首都15家新闻单位的总编辑、副总编辑与国内知名经济学家、企业家联合评选的2003年中国十大经济新闻，按新闻发生时间顺序排列，当选的十大经济新闻依次是：

1、4月份在全国大面积爆发的非典疫情没有影响我国经济发展总体态势。今年我国经济增长速度将达到8.5%，国内生产总值(GDP)将突破11万亿元。

2、5月，瑞士信贷第一波士顿银行、野村证券株式会社成为首批取得证券投资业务许可证的合格境外机构投资者(QFII)。这标志着我国证券市场的流通股正式向外资开放。

3、6月1日起，三峡工程先后实现蓄水、通航、发电，为中国经济注入新活力。

4、6月29日，中央政府与香港特区政府签署《内地与香港关于建立更紧密经贸关系的安排》。10月17日，中央政府与澳门特区政府签署《内地与澳门关于建立更紧密经贸关系的安排》。内地与港澳经济将加快融合，共创繁荣。

5、今年下半年以来，全国大部分地区出现电力、煤炭、油品等供应紧张。持续快速发展的中国经济再次遭遇能源“瓶颈”。

6、8月5日，温家宝总理会见美国花旗集团董事长鲁宾等人时，就人民币汇率问题正式表态，指出保持人民币汇率基本稳定，不仅有利于中国的而且有利于世界的经济和金融稳定发展。

7、9月10日，国务院常务会议研究实施东北地区等老工业基地振兴战略，提出了振兴东北的指导思想、原则、任务和政策措施。

8、10月11日至14日举行的中共十六届三中全会通过了《中共中央关于完善社会主义市场经济体制若干问题的决定》。

9、12月中旬，国家出台重要措施规范国企改制行为，落实国有资产经营责任，189户中央企业将加快股份制改革步伐。

10、12月21日，劳动和社会保障部宣布：今年是我国把就业和再就业纳入国民经济和社会发展宏观调控目标的第一年，全国就业目标为800万人。超过400万下岗失业人员重新上岗，城镇登记失业率低于4.5%，全年就业和再就业目标全面实现。

中国证券报评出2003十大国际财经新闻

一、美伊战争引发国际金融市场大幅波动 2003年3月20日，美国宣布对伊拉克军事打击行动开始，标志着美伊战争正式拉开序幕，由此引发美元汇率、原油价格、黄金价格出现大幅波动。

二、H股股指创出六年新高 4月上旬，国际游资大幅增持中石油等香港国企股(H股)股份，带动H股全线上扬。全球游资开始大量汇集香港，H股股指翻番，12月底已站上4600点，创1997年以来新高。

三、人民币汇率问题成为国际焦点今年下半年开始，以美国为首的西方发达国家不断向中国施加压力，要求人民币升值，并希望我国政府放松人民币汇率的浮动范围。我国领导人对此表示，保持人民币汇率在合理、均衡水平上基本稳定，既有利于中国经济的稳定与发展，也有利于地区和世界经济的稳定与发展。中国将根据经济发展水平、经济运行状况和国际收支状况在深化金融改革中进一步探索和完善人民币汇率形成机制。

四、纽约证交所主席格拉索因薪酬问题被迫辞职

8月27日，美国纽约证券交易所主席格拉索的薪酬情况被公开，根据合同规定，他退休时将得到约1.4亿美元的薪酬。此事立刻在华尔街引起轩然大波，遭到各界人士广泛指责。9月18日，格拉索被迫辞职。花旗集团前CEO里德以1美元薪酬出任临时主席，并开始在纽交所内推进各项监管改革计划。

五、美国共同基金黑幕被揭开一角 9月初，美国纽约地方司法部门开始对几家共同基金公司提出违规操作指控，揭开了对共同基金市场进行治理整顿的序幕。随着调查的深入，许多有影响的共同基金公司受到指控和处理，一批基金公司高级主管纷纷落马。

六、美元汇率全面下跌，欧元兑美元创出历史新高

9月22日，在西方7国财长会议(G7会议)上，各国就相互采取更加有弹性的汇率政策达成共识。此后，受多种因素影响，美元兑其他货币全面下跌。12月以来，欧元兑美元更是创出历史新高。

七、俄首富被捕 10月25日，俄罗斯首富霍多尔科夫斯基因涉嫌偷漏巨额税款、诈骗等罪名被俄司法机关逮捕。他旗下的尤克斯石油公司与西伯利亚石油公司合并后组成世界第四大石油公司的计划，也因多种原因在12月中旬被迫搁浅。

八、美国经济复苏势头明显 10月底，美国商务部公布第三季度美国国内生产总值(GDP)增长达8.2%，为20年来最高。下半年来，股市大幅反弹、美元贬值、消费持续增长以及投资活跃等因素，使得美国经济复苏势头明显。

九、国际金价持续上涨今年以来，受地缘政治等因素影响，国际黄金价格持续走高，12月中旬金价已刷新1996年2月7日以来的纪录。

十、“中国概念”吸引全球投资者，中国人寿成为今年IPO“世界冠军”

12月17、18日，中国人寿分别于美国、香港两地挂牌，受到全球投资者的热烈追捧。其融资规模达到35亿美元，创造了本年度全球资本市场筹资额的最高纪录。

上海证券报2003十大国际财经新闻

1.伊拉克战争使全球金融市场动荡加剧

伊拉克战争引起全球能源和黄金市场一系列连锁反应。在伊拉克战争开始前夕，国际市场金价一举突破了400美元/盎司大关，原油价格也一度涨至两年来的新高。

与此同时，伊拉克战争以及国际恐怖主义的蔓延令大批国际资本流出美国，转向发展中国家。

2.非典影响世界经济

今年上半年一度在中国及东南亚等地肆虐的非典疫情使世界经济受到影响。中国第二季度的GDP增长率降至6.7%，其他国家和地区的经济增长也因此受到不同程度的影响。尽管如此，世界经济在2003年总体表现仍可圈可点。

3.美元跌势加剧

由于受到巨额赤字、恐怖袭击等影响，加上有迹象显示美国政府有意改变自1995年以来实行的强势美元政策，美元在国际市场上被大举抛售。美元兑各主要货币的汇率连续下滑，兑欧元更是创下了历史新低。

4.美国与各国贸易战升级

尽管在欧盟及中国、日本、韩国等国的压力下，美国政府

12月份宣布取消执行了近20个月的“201条款”。但美国政府年初以来一直实行的贸易保护主义政策并没有发生根本改变,从而也导致欧盟及日本、中国等国与美国的贸易摩擦不断升级。

5.人民币汇率成关注焦点

受到美元持续走弱、中美贸易逆差的影响,人民币汇率一时间成为全球关注焦点。中国重申,保持人民币汇率基本稳定,有利于周边国家和地区的经济和金融稳定发展。国际上主要的货币组织和权威人士也认为,没有证据表明人民币被低估,目前人民币升值并不可取。

6.WTO坎昆会谈无果而终

2003年9月,世贸组织部长级会议在墨西哥坎昆举行,围绕着农业改革和出口补贴等焦点问题,发达成员和发展中成员分歧严重。这是世贸组织近4年来的又一次没有成果的会议。

7.新一轮加息周期到来

澳大利亚和英国央行11月份先后宣布加息,这是近年来全球范围内的首度加息。在此之前,美国联邦基金利率6月份降至1958年以来的最低点后,预示着宽松货币政策的时代行将结束,新一轮加息周期即将到来。

8.道指重返万点大关

受经济复苏预期鼓舞,道指12月份重返万点大关。全球其他主要股市,尤其是亚太股市今年的表现也很强劲。

9.跨国公司丑闻和金融欺诈不断

继去年美国爆发“安然事件”之后,今年以来跨国公司仍是丑闻不断。荷兰零售业巨头阿霍德公司、美国飞机制造商波音公司以及全球最大液态奶生产商意大利帕玛拉特公司纷纷卷入财务丑闻。在金融业,美国司法和金融监管部门加大对基金业欺诈活动的调查力度引起了各方关注。另外,纽约证券交易所主席理查德·格拉索则因1.4亿美元的巨额薪酬曝光而被迫辞职。

10.俄罗斯首富霍多尔科夫斯基被捕

10月25日,俄罗斯最大石油公司尤科斯公司总裁、俄罗斯首富霍多尔科夫斯基因涉嫌诈骗、逃税等7项罪名被俄罗斯司法机关逮捕。该消息直接导致俄两大石油公司的合并破裂。

2003年证券市场十大官司

1、ST东方虚假陈述民事赔偿案审理

关注度★★★★★

今年1月下旬,ST东方原三位高管被判刑。2月8日,曹小妹等7位投资者最早起诉了ST东方并为青岛中院受理。2月27日,ST东方在答辩期内提出了《管辖异议申请书》。4月24日,青岛中院作出了管辖权的裁定,并于5月14日向原、被告送达书面裁定。ST东方提出了上诉。山东省高级人民法院于7月31日作出维持原裁定的最终裁决。9月23日,青岛中院终于开庭审理了此案,当日由于交换证据时间过长,该案被延后开庭。之后,青岛中院又数次开庭审理了此案。

该案是最高人民法院发布《关于审理证券市场因虚假陈述引发的民事赔偿案件的若干规定》之后,撞到枪口上的第一起案件,所以被人们高度关注,也被寄予了厚望。然而,随着时间的推移,失望被慢慢堆积了起来。人们认识到,不仅此司法解释局限性很大,而且司法实践更是弊端四溢,审理过程更像是对受害人的精神折磨,能获赔多少不说,何时能审结遥遥无期。

同时期同类的案件还有大庆联谊案、PT红光案、ST天颐案、ST同达案、ST银广夏案等,要么还在漫长的审理中,要么暂停受理。时至今日,对这些案件,我们已无话可说。

2、上港集箱托管国债“失踪”纠纷

关注度★★★★

上港集箱2月18日发布的公告,该公司托管在西南证券上海定西路营业部的1.47亿国债没了下落。此事立即引起了广泛的关注,并产生诸多猜测,最多的就是关于国债回购这一灰色融资渠道所隐含的问题,不久,证监会出台措施治理国债回购违规行为。上港集箱与西南证券的纠纷提交了仲裁,上海仲裁委8月1日作出裁决,认定双方所签的《国债托管合同》无效,西南证券应向上港集箱返还托管款。

本案实质上是有关委托理财的纠纷。而委托理财纠纷的焦点主要是关于保底收益的问题,即约定的保底收益有没有效。而本案更隐藏着国债回购的问题,以及是否存在“台面一张合同、台下一张合同”的规避法规的行为,说法多多,众人注目。

3、兰州“证券黑市案”主犯被判重刑

关注度★★★

兰州市中级人民法院4月20日公开审理了徐继兰、徐继峰集资诈骗案,并当庭做出一审宣判,以集资诈骗罪判处被告无期徒刑、有期徒刑等。之前的4月15日,邓琼等4人、王伟等4人、严德东等3人集资诈骗案也已进行了集中审理,并于4月19日进行了一审判决。备受全国关注的兰州集资系列诈骗案已有4宗一审判决,涉案的13名人员均受到了法律的严厉惩罚。

徐继兰等人1998年底成立甘肃省永盛商贸有限公司,从事非法股票交易业务。徐继兰以收取手续费、融资利息及强行平仓等非法手段,非法占有150余名被害人人民币704万余元。

本案被告人以非法占有为目的,以提供电脑、高比例融资为诱饵,采用虚假融资、秘密设立虚拟股票交易系统的手段,非法募集他人资金,骗取不特定多数人财产,是一种诈骗行为,且很具典型性,在证券界很轰动。本案宣判不仅震慑了利用证券黑市交易进行的犯罪活动,也激醒了投资者交易安全的警惕。

4、兰生股份陷“琼胶风波”诉讼自救

关注度★★★★

今年9月,兰生股份挟6亿多元人民币进入海南橡胶中心批发市场,做多大量订购天然橡胶,却遭到空方狙击,琼胶行情出现剧烈波动。交锋后,被平仓的兰生股份账面损失近3亿元,此即轰动一时的“琼胶风波,兰生股份不甘心受损,以海南橡胶批发市场为第一被告、其全资子公司兰生股份上海公司为第二被告，提起诉讼。上海市高级人民法院受理了此案，并冻结了海南橡胶批发市场保证金帐户。

本案有两大争议点：一是，上海的法院该不该受理本案，本案是不是应由海南的法院审理更好；二是，法院有没有权冻结非争议一方的第三方的财产——海南橡胶批发市场客户的资金。

5、啤酒花董事长失踪引发担保问题

关注度★★★★★

11月4日，ST啤酒花发布公告称，公司无法与董事长艾克拉木取得联系，其已无法正常履行董事长职责。公告同时称，公司经过对自身经营情况自查发现，公司因故未按规定履行信息披露义务的对外担保决议总额为98786.07万元，对外担保和做出对外担保决议金额总计178766.07万元。事发后依有关方面申请，法院冻结了啤酒花大量股权。

啤酒花董事长失踪的背后是个巨大的担保黑洞，在事件发生后连锁反应立即显现。从11月3日开始，啤酒花股价出现连续13个跌停。

6、＊ST民丰二股东起诉大股东“虚假出资”

关注度★★★

＊ST民丰7月初发布公告称，公司第二大股东金礼发展有限公司向司法机关递交诉状，起诉第一大股东十印厂在1998年配股过程中虚假出资获取公司股份，请求法院判令核减十印厂在公司实施配股和资本公积金转增股本方案中获取的1101.4467万股股份。

＊ST民丰两大股东为了争夺控制权，燃起战火和硝烟。到11月，金礼发展公司撤了诉，大股东之间恩怨在共同的利益面前似得以平息。但是，期间的10月20日，ST民丰原董事长、曾被称为“上海滩女首富”的孙凤娟因犯虚报注册资本罪、抽逃出资罪，被判处有期徒刑4年。一幕又一幕“荒唐”事，给民丰的投资带来一次又一次的灾难和阵痛，＊ST民丰厄运难转。

7、中科创业、亿安科技操纵股价刑事案宣判

关注度★★★★★

证券市场首例股票操纵案——中科创业案，今年又有新的进展。7月16日，“职业操盘手”朱水祥因操纵证券交易价格罪，被北京市第二中级人民法院一审判处两年有期徒刑及罚金、没收财产。之前，北京市二中院曾于2002年6月对丁福根等7名被告人进行审理。今年4月1日，法院以操纵证券交易价格罪分别判处丁福根、董沛霖、何宁一、李芸、边军勇、庞博等6名被告人四年至两年零两个月有期徒刑，并对丁福根、边军勇、庞博分别判处罚金；判处刘雷窝藏罪，但因罪行较轻，免于刑事处罚。

“亿安科技”股价操纵案9月25日在广州市中级法院作出一审判决，因犯操纵证券交易价格罪，原广东亿安集团副总裁兼财务总监李鸿清被判刑3年6个月；原广东亿安新地投资发展有限公司职员罗健梓被判刑3年6个月，并处罚金；原广东亿安集团资本运营监管部经理程冰芳被判2年9个月；原广东亿安集团资本运营监管部职员何新祥、王琦分别被判刑2年3个月。

两大操纵股价案审结，远没当初开庭审理时那么令人关注，甚至，还挺让人失望。许多人问：“判这么几年就交待了？”没辙，刑法就这么规定的。问题是，操纵者的民事责任尚没法追究。

8、周正毅被捕掀起轩然大波

关注度★★★★★

9月5日，经上海市人民检察院第一分院批准，上海农凯发展(集团)有限公司法定代表人周正毅被上海市公安机关依法予以逮捕。此事立即在全国掀起轩然大波。

周正毅涉嫌虚报注册资本罪和操纵证券交易价格罪。早年周正毅曾经开过点心店、服装店、KTV歌厅。80年代后期他去日本和美国淘金，回到上海后，他在股市里积累起了巨大的财富，到去年为止他旗下有4家上市公司，其中两家在香港(1104上海商贸控股和0067上海地产控股)，两家在上海(600844英雄股份和600634海鸟发展)。事发后，农凯系股票大幅跳水，引发股市又一轮下跌。

9、＊ST长控被虚假重组诈骗鸣警钟

关注度★★★★

10月24日，成都市中级人民法院下达《刑事判决书》，对＊ST长控原重组单位四川港泰实业(集团)有限公司及刘邦成、汤建海等涉嫌犯罪案进行了刑事判决，本案被告犯合同诈骗罪、内幕交易罪等分别被判处有期徒刑和罚金。

本案被告以非法占有银行贷款为目的，采取以四川港泰、西藏天科虚假重组长江控股的方式，控制和利用长江控股，使长江控股在违背其真实意思的情况下为四川港泰等在多家银行贷款提供担保，骗取了大量国家钱财。

像本案被告这样利用虚假重组榨取上市公司钱财的事例，这几年时有发生。恶意重组者为什么会屡屡得手呢？此事引起了深入的讨论。

10、中鲁B、ST春都状告大股东占用巨资

关注度★★★

今年2月底，中鲁B接到法院受理案件通知书，决定立案审理公司状告控股股东山东省水产企业集团总公司欠款纠纷一案。水产集团长期占用公司的资金不还，为维护公司的合法权益，现仅就水产集团自2000年11月至2002年8月间占用资金共计5023.2114万元提起诉讼，请求判令被告立即偿还拖欠的款项。

而在今年初，ST春都董事会决定通过法律手段追回公司大股东——洛阳春都集团欠款。到2月27日，该公司公告披露了洛阳春都集团有限责任公司关于对ST春都资金占用问题的解决方案：根据有关法院裁定，春都集团将变卖其拥有的郑州春巨新包装材料有限公司的49%股权等资产给ST春都抵偿其所欠相应债务。春都集团还将把洛阳春都制药公司的经营权及部分资产1309.36万元及洛阳春都实业有限公司价值7589.89万元的固定资产抵偿给ST春都。

大股东占用上市公司资金之不良现象存在已久，中鲁B、ST春都打响了上市公司向大股东“清欠”的战役，其影响可谓深远。(编辑：玉米)

2003年保险业十个精彩瞬间

1、修改后的保险法元旦起正式实施

2003年1月1日实施的新《保险法》是我国保险法制建

设的一件大事，它顺应了我国保险业快速发展和加入世界贸易组织后内、外部环境发生的深刻变化，在强调诚实信用、保护被保险人利益、加强和改善保险监管等方面总结吸引了实践中的许多新鲜经验，体现了与时俱进的精神。新《保险法》的实施，必将促进为我国保险业的持续健康发展提供强大的法律保障。

2、全国保险工作会提出发展新思路

2003年全国保险工作会议确定了当年保险业总体任务："贯彻实施新修订的《保险法》，以国有保险公司股份制改革为重点，大力推进各项市场取向改革，继续扩大对外开放，调整结构，加强和改善保险监管，防范风险，在保持保险业快速发展的同时，实现速度和结构、质量、效益的统一，更好地为全面建设小康社会服务。"中国保监会主席吴定富提出了保险业发展新思路："牢牢把握发展这个主题，以改革促发展，以开放求发展，以结构调整实现可持续发展，以加强和改善监管促进健康发展。"

3、新航空意外险对外销售

2003年3月1日起，消费者可以在各大机场和绝大部分地区具有保险兼业代理资格的航意险代理点购买到电脑打印的航意险保单。航空意外险改革后，每张中国保监会提醒消费者购买时认清保单真伪，以防假冒。中国保监会早先发布公告，3月1日起，各保险公司停止使用以前的航意险统颁条款，代之以由各家公司设计的条款或者行业指导性条款。同时，保险公司也须利用电脑出单方式销售新保单。

4、保险公司热卖"非典"保险

自2003年非典在北京爆发以来，疫情，中国保险监督管理委员会发布了多项通告，要求保险公司严格履行其保险条款的承诺。保险公司也很快做出了反应。保险公司提供的一些保险产品和服务得到了消费者的欢迎，有的地方甚至还出现了消费者排队购买新险种的情形，所谓"针对非典的保险新产品和服务"也成为出现频率相当高的一个词汇。应当说，在这次抗击"非典"的战役中，保险监管部门负起了其应有的督促管理的责任，保险公司也表现出较强的市场意识。

5、健康分红型保险叫停

2003年年中，中国保监会发布的《人身保险新型产品精算规定》。《规定》明确规定提出："分红保险可以采取终身寿险、两全保险或年金保险的形式。保险公司不得将其他产品形式设计为分红保险。"这一规定意味着在市场上热销的健康分红产品将根据精算标准的要求在7月份以前逐步淡出中国市场，而6月份各家保险公司的分红业绩将陆续推出。分红健康险谢幕之后，保险公司亦将进入一个新的竞技平台。

6、中国人保股改重组顺利完成

2003年7月，经国务院同意，中国保监会批准，中国人民保险公司正式更名为中国人保控股公司，并发起设立中国人民财产保险股份有限公司和中国人保资产管理有限公司。

其中，中国人保资产管理有限公司是我国内地首家保险资产管理公司。中国保监会主席吴定富在庆典仪式上为人保这三家公司揭牌。吴定富在揭牌仪式上表示，这是中国保险企业顺应国际潮流创新体制的积极举措，也是我国保险业进入新的发展时期的一个重要标志。

7、中国人寿入选《财富》500强

2003年7月，美国《财富》杂志对2002年全球500强企业的排名已定，中国人寿保险公司首次入列，排名第290位。在进入《财富》500强的中国11家企业中，中国人寿排名第7位。排名前6位的企业依次是中国石油天然气集团、中国石油化工集团、中国移动通讯集团、中国工商银行、中国化工进出口总公司、中国电信集团。在进入《财富》500强企业的亚洲12家保险公司中，中国人寿排名第6位。排名前5位的保险公司是日本生命、日本第一生命、日本住友生命、日本明治生命和韩国三星人寿。

8、中国人寿重组顺利完成

8月28日，经国务院同意，中国保险监督管理委员会批准，中国人寿保险公司重组为中国人寿保险(集团)公司和中国人寿保险股份有限公司。王宪章出任集团公司和股份有限公司董事长和总经理。这家全国最大的寿险企业的改革重组，被业界视为国有保险公司股份制改造进程中的重大事件。中国人寿经过50年的发展已经成为一家具有国际影响力的大型国有保险公司。到2002年，该公司保费收入达到1287亿元，占全国寿险市场份额的57%。

9、2003年中国人保在香港上市

11月6日，中国人民财产保险股份有限公司(人保财险，股票代码2328)在香港召开新闻发布会。董事长唐运祥宣布，人保财险成功在香港挂牌上市。至此，中国内地保险业期盼并忙碌了多年的"保险第一股"终于在港股牛市的氛围中诞生。

10、中国人寿在海外募股

2003年12月，中国人寿在海外募股，并拟定17、18日在美国、香港同步上市。备受瞩目的中国人寿保险海外IPO，到11日中午已截止在香港的认购。业内人士普遍认为，中国人寿认购成绩应该理想。花旗环球金融亚洲区主席梁伯韬透露："目前国际配售部分已获超额认购逾10倍，单是国际配售部分的认购金额已超过300亿美元，市场估计国寿在港公开招股部分亦可望获得逾100倍超额认购，冻结资金逾1000亿美元。"

2003中国期货市场十件大事

2003年即将过去，中国期货市场经历了不平凡的一年。期间有困惑、有迷茫，但更多的是喜悦和期盼。这其中的十件大事，足以载入今年期货市场发展史册。

一、党的十六届三中全会把"稳步发展期货市场"写入会议决议。

2001年3月，全国人大批准的"十五"规划第一次提出"稳步发展期货市场"，为我国期货市场长达七年的规范整顿划上了句号。时隔两年半之后，今年召开的十六届三中全会再次明确提出"稳步发展期货市场"。

点评：把"稳步发展期货市场"写入党的会议通过的纲领性文件中，这是最高决策层对期货市场的肯定，有利于避免期货市场"边缘化"倾向。发展期货市场，也是为"更大程度地发挥市场在资源配置中的基础性作用"。党的方针既定，各方将按步骤落实，期货市场发展的黄金季节已经到来。

二、中国期货市场进入高速发展期，交易规模创10年来新记录。

经过近几年的努力，期货市场已经呈现出良好的发展势头，市场交易量逐步回升。2000年全年市场成交额为1.6万亿元，2001年恢复到3万多亿元，去年达到4万亿元。截至2003年12月11日，国内期货市场总成交金额已超过10万亿元，打破了1995年创下的历史记录。

点评：2003年中国经济中出现了三个11万亿概念：国内生产总值11万亿；居民储蓄额11万亿；期货市场成交额近11万亿。这些数据表明了中国经济在迅速发展，中国期货市场不仅在规模方面取得历史性突破，而且在质量方面也有了明显提高，期货市场对国家经济发展的作用日益提高。

三、商品期货价格整体上扬，期货市场功能受到正面评价。

步入2003年的期货市场，可谓火爆异常；进入10月份，几乎所有期货品种都是全线飘红。上海期货交易所铜、天然橡胶，大连商品交易所黄大豆、豆粕，郑州商品交易所强筋小麦、硬质小麦全部出现连续涨停板现象。

点评：此次国内期货价格的上涨，即反映了国际同类商品价格走势，又提前预期了国内商品供求规律。期货市场的价格发现功能，不仅提前反映了现货市场供求关系变化，更成为中央宏观决策的重要依据，提高了政府宏观决策的效率。

四、系统性风险平稳化解，期货市场稳步发展。

10月14日，大连商品交易所以调整涨跌停板方式提前防范化解市场风险，对此市场反应积极。在大幅减仓之后，大豆、豆粕期货各合约价格涨跌互现，交易量放大，持仓又恢复增势，市场风险平稳化解，大豆、豆粕期货顺利通过突发风险的考验。期间农产品期货保证金比例上调至7.5%，上海期交所、郑州商品交易所也都提前采取措施预防市场风险，这标志着国内三家期货交易所交易规则日趋健全和完善，期货市场稳步发展。

点评：期货市场以百亿资金管理着数万亿的现货风险，如果不能打开品种扩容的“瓶颈约束”，随着资金的不断流入，则期货市场的系统性风险将不可避免累积，期货市场发展将受到重大影响。三家交易所依据期货规则，化解市场风险，表明期货市场监管水平的提高和进一步成熟。

五、中国期货市场引起全球瞩目，国际期货公司未雨绸缪，抢滩中国市场。

随着中国期货市场的全面活跃，大连非转基因大豆、上海天然橡胶逐渐成为全球定价中心，引起国际市场瞩目。2003年12月16日，美国最大的农产品期货公司福四通（FCS-TONE）北京代表处正式挂牌，为将来中国开放期货市场后全面进军国内市场抢得先机。

点评：先进的国际期货公司介绍崭新的期货理念，对于克服国内期货市场建设短视、急功近利的思想，发挥套期保值基本功能具有积极意义。中、外期货机构将进一步加强战略合作，追求“双赢”，共同服务投资者。

六、期货监管与合作的国际化趋势明显加快。

2003年11月15日，世界最大的三家农产品期货交易所聚首北京。大连商品交易所分别与芝加哥期货交易所（CBOT）、东京谷物商品交易所（TGE）签署了合作谅解备忘录和合作意向书，约定合作双方在信息共享、市场开发等方面开展广泛合作。这是建所十周年的大连商品交易所走向国际化的第一步，上海期货交易所和郑州商品交易所也纷纷亮相国际期货舞台。

点评：随着我国农产品生产结构调整步伐的加快，我国农产品供求对于世界农业发展作用越来越大。随着中国期货市场的迅速崛起，其在世界期货领域必将占有一席之地。经济全球化势不可挡，期货国际化即将来临。

七、《关于审理期货纠纷案件若干问题的规定》出台。

最高人民法院《关于审理期货纠纷案件若干问题的规定》于2003年5月16日，由最高人民法院审判委员会第1270次会议通过，2003年7月1日起正式施行。

点评：从5个月前期货纠纷案件司法解释颁布至今，已经有十余起案件过堂。司法解释开始在审理期货纠纷案件中发挥作用。马拉松式的期货诉讼程序，因为各地适用法律条款不同，就会产生迥异的结果。统一的司法解释为期货市场运作节省了大量诉讼成本，现在的期货纠纷案件不再像以前那样难于审理。

八、新国大期货案件审理完毕。

1998年7月，震动京城的“新国大”集资诈骗案案发，该公司在京疯狂进行集资诈骗活动，短短一年内骗取3000余名客户5亿余元人民币，并通过隐秘途径将大部分资金转移境外，造成3亿余元无法追回。经过艰苦调查，一长串的来自工商、银行等部门的渎职受贿官员暴露出来，“新国大”系列案已尘埃落定。

点评：作为中国期货市场绝无仅有的恶性经济案件，暴露出期货监管部门还有很多细致的监管工作要做；同时也提醒广大投资者“没有免费的午餐”，从事期货交易还是要到资本雄厚、信用好的期货公司开户交易。

九、2003年度期货从业人员资格考试引人关注。

本年度期货从业人员资格考试成绩揭晓，本次考试中《期货基础知识》通过率为30.71%，《期货法律法规》通过率为41.54%；本次报考《期货基础知识》的总人数为10414，参考率为71.97%，通过人数为2302；《期货法律法规》报考总人数为10008，参考率69.99%，通过人数为2910。

点评：今年考题体现出超前性，期权和金融期货知识点多。而两门通过率相当于比较严格的注册会计师考试比率，对于缺乏人才的期货市场，适当降低门槛，或许更有利于期货人才培养。

十、中国国际期货公司进行大规模改制与重组，打造期货业“旗舰”。

经过最新一轮的增资扩股后，中国国际期货公司注册资本金达6亿元，市场份额达到了全国市场的12%，并已连续十一个年头保持全国第一。同时，中国国际期货公司以旗下深圳中期为载体，进行股份制改造，组建中国国际期货股份有限公司，争取3年内上市。中期公司将成为由中期期货、中期证券、中期保险、中期金融投资顾问公司等组成的大型金融服务集团，为客户提供多元化金融服务。

点评：中国国际期货公司大规模整合目标是瞄准世界先

进水平，做大做强。作为中国期货业的“旗舰”，中期货公司的动向在某种意义上预示着中国期货业的未来。励志十年后的中期公司扬帆远航，国际金融海洋上驶来“中国号”舰队，将给国人更多期待和惊喜。

2003中国基金市场十大事件

1、《证券投资基金法》正式出台

2003年10月26日，《证券投资基金法》经全国人大通过十届全国人大常委会第五次会议表决通过，2004年6月1日正式实施。证券投资基金是适应市场发展和社会对专业化理财服务日益增长的需求而产生的，是在证券市场的长期实践中逐步演化形成的，反映了社会经济发展的必然趋势。事实上，我国证券投资基金的发展历程表明，基金的发展与壮大，有利于推动证券市场的健康稳定发展和金融体系的健全完善。

《证券投资基金法》以法律形式确认了基金业在资本市场以及社会主义市场经济中的地位和作用，构建了基金业的发展的制度框架，为基金业的发展创造了广阔的空间，对资本市场的健康发展和社会主义市场经济的完善产生深远的影响。

《证券投资基金法》的颁布和实施，是中国基金业和资本市场发展历史上的又一个重要里程碑，标志着我国基金业进入了一个崭新的发展阶段，必将对中国基金业以及资本市场和金融业的健康发展带来深远的影响。

2003年，基金通过价值投资将理性投资理念演绎的淋漓尽致，初步展现专业化投资的巨大威力。最近，证监会尚福林主席将基金业的发展提高到代表先进理财文化的高度。实践已经表明，基金以其专业理财优势、理性投资行为和规模经济效应，对我国资本市场全面发展中承担着重要的历史使命。

2、准货币市场基金破茧而出

2003年12月，两批5只准货币市场基金发行。证券监管部门为了满足分业经营与分业管理的需要，目前暂不采用货币市场基金的名称，而采取“现金”、“流动”、“现款”、“短期债券”等类似术语。货币市场基金首先是基金，虽然它的风险比股票基金、债券基金低很多，但仍然存在一定的风险，基金管理公司不保证本金，也不能承诺收益与承担损失。这一点与目前的储蓄存款仍然有巨大和本质的区别。

由于货币市场基金的收益率高于储蓄利息收益，使得货币市场基金对于基金业的影响基本是正面的，对于银行业有一定的冲击和影响。货币市场基金实际上扮演“蓄水池”的功能。首先，为现有从股票型基金、债券型基金或平衡型基金中赎回的资金提供一个“蓄水池”，使其仍然停留在基金管理公司体系内，而不必回到储蓄存款上。其次，为储蓄资金或短期资金进入基金业也提供一个“停车泊位”。另外，储蓄资金或社会短期资金对股票市场和债券市场也有一个熟悉适应的过程，可以在货币市场基金这个“停车泊位”里先熟悉和适应基金业，等到股票基金和债券基金出现投资机会时可以迅速介入。

从试点的角度看，基金业先行一步未尝不可，但如果要大面积铺开又面临基础市场的制约。基础市场的广度与深度不足以支撑货币市场基金的大规模发展，短期债券市场和货币市场发育并不成熟。目前货币市场基金的投资工具主要是银行的产品，基金业仍然要受制于银行，而证券市场方面所能提供的短期流动性强的低风险的投资工具又很少。

3、封闭转开放风波迭起

2003年银丰基金的封闭转开放风波迭起。封闭转开放是让封闭式基金持有人免受长期贴水煎熬的重大保护性措施，将抑制空头的非理性打压。

封闭式基金转型是中性概念。涉及是否转型、如何转型等基金的任何重大事项只能在法律范畴内依法由基金持有人经由合法程序决定。转型过程应保护持有人的利益并坚持程序优先的原则。所有持有人的意愿应得到充分表达，避免留下法律纠纷。

在基金业发展战略上，刻意的“重开放轻封闭”对封闭式基金是不公平的。如果说现在对封闭式基金采取的“放任自流、自生自灭”的思路，是为了加速封闭式基金转型为开放式基金，那么倒不如推动封闭式基金转型，或许会让持有人利益得到最大限度的保护。当然在转型过程中，应充分尊重持有人的意愿。

封闭转开放的决定权在持有人手上。市场与基金业内应进行理性探讨和分析，避免赋予太多的价值判断，不能违背大多数持有人的意愿。持有人通过持有人大会做出的决定，只要合法合规，我们均应支持。虽然不同的持有人和丰富多彩的市场评论对封闭式基金转型问题的立场与观点各不相同，背后的动机与利益需求也千差万别，但所有的分歧均应在约束在法规与契约框架之内，按法规与程序办事。

我们既不能单方面满足个别持有人的转型要求，也不能片面的情绪化反对转型。政策和其他当事人均不能代替全体持有人的决定。

4、基金主导价值投资年

如果要用一句话对2003年的中国股市进行概括的话，那就是：基金主导的价值投资年。A股市场已经从群雄并起的江湖草莽阶段向专业化的符合现代投资组合理念的运作方式转变。基金作为其中最重要的力量，正推动着A股专业化投资的进程。

任何所谓的占据市场主流地位的投资理念或投资策略，背后无不以巨额资本作为后盾。再先进的投资策略如果没有与资本的结合，那往往是“纸上谈兵”。基金在2003年凭借1000亿股票市值的实力主导了A股的价值投资行情。基金核心资产成为市场主流热点。基金学习借鉴QFII的“全球视野审视下的A股价值投资”，遵循“合理价值基础上的成长”，挖掘了以宝钢股份为代表的一批具备绝对投资价值的股票。2004年A股市场处于从熊到牛的过渡期，市场预期与信心增强，随着股票型基金发行的升温，资金将持续流入基金体系，基金对股票市场的影响力越来越大，预计到2004年底基金持有的股票市值将达到1500亿元，占A股流通市值比例将达到10%。基金巨额资金的结构性分布，将深刻地改变A股市场的格局。

但从资本市场宏观角度考察，价值投资已经显示出结构性失衡特征。基金的核心资产支配和占用了A股的主要资源，对非核心资产产生严重的排挤效应。整个社会的资金过度集中于极少数股票，不利于股票市场资源配置功能的发挥，在一定程度上也不利于资本市场协调稳定发展。

5、基金公司与产品空前发展

2003年是中国基金业突飞猛进大发展的一年。基金产品与基金管理公司数量均获得空前大发展。2月10日，第一只标准指数基金——天同180指数基金发行，拉开2003年基金产品发行序幕。全年共有39只开放式基金发行，首发规模678.45亿元，远远超过2001年117亿元(3只)、2002年448亿元(14只)。基金的产品线正在逐步完善，从股票基金到债券基金，再到保本基金、准货币市场基金，基金的产品贯穿高中低风险各个系列，为社会大众提供了更加广泛的选择。截至2003年12月31日，国内共有基金110只，4只准货币市场基金正在发行中。

2003年基金管理公司也以前所未有的数量在发展。全年共有29家基金管理公司开业或获准筹备，超过过去4年的21家基金管理公司数量。截至2003年12月31日，基金管理公司的总数已达50家。50家基金管理公司中，37家为中资公司，13家为中外合资基金管理公司，中外合资基金管理公司占基金管理公司总数的26%。

只有基金管理公司的数量必获得较大的发展，才能迎来基金业的快速发展。发行通道和行业资源过多地向老基金管理公司倾斜，新基金管理公司压力和处境颇为艰难。老基金管理公司凭借过去几年的行政保护，实质是封闭式基金提供的资源，而在新一轮竞争中占据优势。如果我国的基金管理公司数量太少，将不利于竞争，且易形成寡头垄断。因此，建议对新基金管理公司的第一只产品实行“绿色通道、优先审批”。

6、伞型基金与保本基金引发争议

2003年3月，招商安泰系列基金与湘财合丰系列基金发行。但这两只系列基金关于持有人大会以及基金治理结构的安排，却存在较大争议。10月份，《证券投资基金法》出台，伞型结构的系列基金不受基金法的支持。系列基金不是实质性创新，仅仅是销售创新或捆绑销售一组基金。南方避险增值虽然获得热销，但其在担保、投资组合约定等方面也给市场留下争议。

基金行业是智慧与诚信支撑的行业。智慧体现的是管理人的投资管理水平与能力；诚信体现的是管理人的信用。基金行业不是一个拼资本金的行业，这是该行业的底线。它无法取代银行业，也无法象银行那样保证储蓄本金与收益。越过这条底线的所谓创新就不是创新了，而是挑战基金业的生存基础，就是要革基金业的“命”。

当前基金业已经出现恶性竞争与不正当竞争的苗头或端倪。老牌的几家基金管理公司凭借封闭式基金提供固定管理费的优势和前几年政策保护(如新股配售)特许经营时积累的财力，试图以雄厚实力进入需要资本金支撑的所谓新品种，迫使新的基金管理公司无法与其在智慧与诚信上展开竞争。这些现象应引起我们的高度重视。如果在此阶段不对若干重要问题有清醒的认识，可能影响基金业的发展进程。基金创新的依据是什么？如何辨别真“伪”创新？如何区分创新与越界？如何科学评价基金的创新？基金是“专业理财”，那到底是理什么“财”？这些尖锐的问题摆在我们面前。

7、基金联盟发难招行发债

2003年9月，国内部分基金管理公司公开《反对股权分裂下的掠夺性融资》一文，集体反对招商银行发行100亿元转债。基金如此激烈的反应大大出乎市场的意料，但仔细思考却是必然之举。

中国基金业无法承受股权分裂之重。A股市场的主要矛盾越来越清晰，那就是股权分裂。在股权分裂的大背景下，所有流通市场的参与者都受到非流通股东的不公正对待，不仅中小投资者，包括券商基金也如此。

当非流通股股东以1元不到的成本准备继续高溢价融资时，市场彻底明白了所有A股投资者都是失败者。以基金为代表的流通股已经密切关注到当前内地证券市场再融资方面的奇特现象，即提出再融资的非流通股东一方并不拿出盐真金白银增资，反对再融资的流通股东却要被迫付出真金白银，从而导致“请客的不买单，被请的却买单”。

在股权分裂的情况下，向A股投资者的高溢价融资，都是对A股投资者的掠夺。以前的融资是几亿，现在这些“大家伙”一出手就是100亿，并且每年融资规模随基数扩大都在递增。不是基金和股民不支持国有企业，不支持资本市场，而是必须在具备起码公平的基础上才能支持资本市场的发展。因此，基金代表流通股股东第一次为维护自身权益而进行的联合行动就具有重要意义。它意味着A股市场的股权分裂已经到了刻不容缓必须解决的地步。

8、封闭式基金继续被边缘化

与基金价值投资大放异彩不同的是，2003年虽然基金的业绩大幅度提高，但封闭式基金作为一个交易品种仍然被市场所忽视。2003年对封闭式基金而言是令人尴尬的折价年。截止2003年底，封闭式基金的平均折价率为22%。

封闭式基金持续大比例折价严重损害基金行业的长期发展并沉重打击持有人的信心。但今年折价率问题并没有得到任何解决。封闭式基金依然成为“被遗忘的角落”。封闭式基金折价是由各种因素所导致，既有流动性损耗因素，也有市场交易与供求因素，还包括其他政策或特定特征所带来的影响。除上述这些因素外，结合国内基金业实际情况来看，边缘化也是导致封闭式基金持续大比例折价的重要原因。

基金管理公司内部资源向开放式基金倾斜。由封闭式基金持有人提供的巨额管理费被大量消耗于开放式基金发行及运作体系上。从1998至2003的5年中，封闭式基金持有人为基金管理公司贡献了40多亿元的管理费。正是这些巨额管理费为基金管理公司的进一步发展奠定坚实的物质基础。大量的人、财、物资源被消耗在开放式基金上，封闭式基金正常运作所需的保障被削弱。有的基金管理公司在发行中公开宣称优先扶持开放式基金，并将此做为开放式基金的“卖点”之一。虽然监管部门开展了基金管理公司内控大检查，也引进第三方进行内控评价。但基金管理公司没有受到来自封闭式基金持有人的直接压力。基金业发展重点转移，开放式基金成为基金业发展的主流，但为保证开放式基金主流地位而采取的“重开放轻封闭”思路却让封闭式基金付出沉重的代价。

9、“1＋1”引发基金公司股权大调整

“1＋1”政策形成于2002年7月中旬公布的《中国证监会发言人就基金管理公司(含外资参股基金管理公司)设立问题的谈话》一文。在答复“一家机构可以参股几家基金管理公司?”这个问题时，中国证监会发言人的答复是：在当前和今后一段时间内，我们鼓励基金管理公司的发起人和股东着力搞好一家基金管理公司。无论内资或外资参股基金管理公司，一家机构参股的基金管理公司不超过两家，其中，控股(包括绝对控股和相对控股)的基金管理公司不超过一家。这样就形成“控股一家、参股一家”的“1＋1”政策。

“1+1”政策出台的背景主要是防止同业竞争，即一家大券商同时参股或控股两家及两家以上基金管理公司，与上市公司及其控股公司的关系是一样，在不同基金管理公司之间存在同业竞争与利益协调的问题。按照“1+1”政策的要求，大多数基金管理公司在2003年均面临大范围的股权大调整，力度之大，牵涉面之广，负面影响不可忽视。如果配套措施未及时跟进，基金管理公司可能处于集体性股权调整的动荡旋涡。

由股权转让热潮而引发的基金资产控制权问题，对持有人来说是无奈的，自己的资产成为他人交易的“筹码”。现在应该设计一套机制和程序让持有人能保卫自己的资产不受非法侵犯。持有人应该有挑选基金管理人的权利。持有人无法最终决定自己资产的安全与稳定，从法理、道义和逻辑上都是讲不通的。当前关于股权转让的讨论，应将引导到如何保护持有人资产安全这个方向上去。

10、**明确76个风险防范最低标准**

2003年中国证监会对基金管理公司开展为期4个月的首次内控大检查，重点对基金公司“人力资源管理控制情况”、“投资和交易风险控制情况”、“关联交易控制情况”三方面的76个环节进行评估，基金管理公司内控检查和整改落实过程的表现将作为批准公司基金产品的重要依据。

2004年将开始要求基金公司聘请会计师事务所对其内部控制进行专项评价，评价结果将会影响公司各项业务的资格。2000年10月，《基金黑幕》一文对基金的运作提出质疑。随后中国证监会公布了调查报告。从那以后，基金管理公司通过在中央交易室设置预警系统等措施限制明显的关联交易，基金之间的关联交易趋向隐蔽与迂回。但管理规模较大的10多家基金管理公司旗下基金之间或多或少都存在关联交易。

在风险防范的最低标准中，最核心的内容当属投资和交易风险控制。其评估点几乎包括了所有的投资流程，从投资研究、投资授权、投资决策、交易的执行一直到基金股权收入的确认、基金风险分析和业绩评估。这其中，研究工作受到基金经理不当干预导致研究缺乏独立性；没有根据每只基金的特征建立和维护基金股票池；资产的配置决策违反基金契约的规定；基金经理直接向交易员下达投资指令；没有及时对交易员进行有效考核等都同样属于风险责任。比照这些具体的量化指标，基金公司内部可以形成较好的防火墙体系，以确保有效防范可能出现的道德风险。

2003中国证券市场大事记

1月1日

●香港股市低迷恒指年跌18%国企股表现一枝独秀

在刚刚过去的2002年，香港股市低迷，恒生指数连续第三年下挫，下跌2076点，跌幅为18.2%。在大市下挫的情况下，国企股表现一枝独秀，逆市年升13%。纵观全年，国企指数曾升穿2000点关口，在6月高见2259点，其后虽辗转收在2000点以下，但全年仍累积上升13%。在国企指数成份股中，以上海石化表现最为突出，全年累积升68%，其次为北京燕化和镇海炼油，升幅分别为56%和42%。

●注协要求严格遵循独立审计准则关注上市公司审计变更

为了提高2002年度上市公司年报审计质量，日前中国注册会计师协会发出《关于做好2002年度上市公司年报审计工作的通知》，要求各具有从事证券、期货相关业务许可证会计师事务所在对2002年上市公司年报审计中，严格遵循独立审计准则，建立健全内部质量控制制度，强化职业道德教育，提高风险意识、责任意识，谨慎执业。要密切关注注册会计师变更的行为。

●基金设立审核更透明

为积极稳妥推进证券投资基金审核制度的改革，规范基金设立行为，日前中国证监会发布《关于证券投资基金设立审核有关问题的通知》。

●券商编制年报有新要求为了进一步规范证券公司财务行为，提高证券公司财务信息的透明度和质量，适应证券市场发展的需要，结合近年各项政策法规和市场环境的变化，中国证监会最近对《证券公司年度报告内容与格式准则》进行了修订。

●纽约股市连续三年下跌在经济复苏缺乏力度、公司丑闻频频暴光、恐怖袭击阴云笼罩和美国威胁对伊拉克动武等因素的打击下，2002年纽约股市连续第三年下跌。

1月2日

●上证国债指数今发布

上证国债指数今正式发布，这标志着交易所国债市场的投资者终于拥有了反映债券市场价格整体动态演变的风向标。

1月3日

●香港股市2002年招股创新高比上年大增三成

在刚刚过去的2002年，处于低迷状态的香港股市招股却创新高：新上市公司数量为117家，比上年的88家增加了29家，增幅达32.95%。

●QFII托管行尚未敲定央行之后还需证监会批准

中国人民银行已初步确定三家中资银行为QFII托管行，而证监会尚未有审批结果。但有关人士表示，此事将在近几天水落石出。

●从事证券法律业务将有规范

中华全国律师协会正在制订的律师从事证券法律业务规范，有望近期内出台。据悉，业务规范将包括律师从事证券法律业务的基本要求、对律师进行尽职调查的基本要求、对律师编制招股说明书及出具法律意见书的基本要求等方面内容。

1月5日

●沪市证券帐户数据揭秘

截至2002年11月底，在3452万个沪市A股帐户中，持有股票的帐户为1466万个，其中，市值低于10万元的帐户超过9成，市值超过100万元的帐户只有53293个。一年内曾持有股票的帐户大致在1900万个。

●网易去年列纳斯达克涨幅榜首

2002年纽约股市连续第三年下跌，但是仍有不少公司股价大幅扬升，其中中国网易公司股价飙升16倍以上，名列纳斯达克市场榜首。昨日，网易再度上扬5.68%，收报12.10美元。

●股价再度逼近每股净资产

伴随着市场的下跌，目前沪市又有一批公司股价逼近其每股净资产。以1月3日收盘价计算，四川长虹、邯郸钢铁、神马实业股价仅比其每股净资产高出10%左右，而沱牌曲酒、鲁北化工、赣粤高速、东方集团、莱钢股份、新疆天业、葛洲坝、八一钢铁等股价也仅比每股净资产高出20%至50%。

1月6日

●香港将采取措施提高证券市场素质加强投资吸引力

香港特区政府财经事务及库务局局长马时亨6日表示，香港将继续确保监管水平与国际水准看齐，通过提高证券市场素质，加强香港上市公司对国际投资者的吸引力。

●律师孙炜撤回对中国证监会的起诉

北京市第一中级人民法院6日宣布，这家法院已对律师孙炜起诉中国证券监督管理委员会、中华人民共和国司法部行政处罚一案作出准许孙炜撤回起诉的行政裁定。

●证监会期货部负责人透露境外期货交易有望扩军

证监会期货部副主任叶春和日前透露，证监会正会同国家经贸委，审批更多企业从事境外期货交易。

●深市上市公司年报披露时间表已排定

深市上市公司2002年年报披露时间表已经排定。日前深圳证券交易所在巨潮资讯网（www.cninfo.com.cn）公布的一份时间表显示，深市首份年报公布时间为本月10日，公司为韶钢松山。随后，宝丽华、华西村等14家公司将在本月底前公布。从春节后的2月10日起白云山等其余公司陆续公布年报，从3月中下旬起进入本次年报披露高峰期，至4月26日广聚能源等公司公布后结束。

1月7日

中金公司抢得2002年股票承销新霸位

据中国证券报信息数据中心统计，2002年中国内地券商股票市场承销业务总量为778.4亿元，较2001年缩水30%，但中金公司独占总承销的三分之一，抢得2002年中国内地券商头牌。

●台湾证券交易中心董事长换人前“财长”李庸三接任

台湾证券交易中心今天上午举行新、卸任董事长交接典礼，在交易中心监察人赖源河主持下，前“财政部长”李庸三接下印信正式接任台湾证券交易中心董事长职务。

●新版年报准则发布

为进一步提高上市公司信息披露质量，中国证监会最近对《公开发行证券的公司信息披露内容与格式准则第2号＜年度报告的内容与格式＞》再次作了修订。

1月8日

●港证券业有望取消最低佣金制

香港政府财经事务及库务局局长马时亨日前透露，港府将向香港交易所董事局明确建议，取消最低佣金制，但具体的实施日期则由该所董事局根据市场环境自行决定。

●证券民事赔偿审理规定有望1月9日出台

一直盛传要在2002年底前问世的《关于审理证券市场虚假陈述的民事赔偿案件的规定》将在1月9日出台。

●尚福林考察沪深证交所

中国证监会主席尚福林近日分别考察了上海和深圳证券交易所并进行市场调研。在两个证券交易所召开的会员座谈会上，尚福林认真听取了来自证券公司和基金管理公司管理层代表对当前市场情况的分析以及下一步市场发展的意见和建议，并就如何落实党的十六大精神、推进资本市场改革开放和稳定发展与大家进行了交流。考察调研期间，尚福林还听取了上海证券交易所、深圳证券交易所、上海证管办、深圳证管办、上海期交所等单位的工作汇报。

1月9日

●继续跑赢港股大盘国企指数创近半年新高

今年开市至今，香港国企股指数连续4天上涨，昨日涨势有所加速，收报2088点，创近半年来新高，当天涨幅1.17%，成交较前期明显增加。

●债市有全国统一指数

首个全国统一的债券市场指数诞生。经过一年的设计、开发，中央国债登记结算有限责任公司日前推出了一只基于全市场角度衡量国内债券价格总水平的指标一中国债券指数。

●证券民事案司法解释将出台有关证券市场民事侵权诉讼问题的司法解释有望近期出台，这将是对去年年初出台的“1·15”通知的有效补充。法律界人士普遍认为，即将亮相的司法解释将解决证券民事赔偿案在具体操作上的难题，对于建立和完善证券市场民事侵权责任制度具有非常重要的意义。同时，对保护投资者权益、规范证券市场，将起到积极的推动作用。

1月10日

●上证所交易制度发生重大变革：大宗交易业务出台

上海证券交易所交易制度发生重大变革，大宗交易业务1月10日正式出台。

●最高人民法院副院长李国光告诫投资者：对诉讼风险应有心理准备

最高人民法院副院长李国光昨天在向媒体介绍了审理证券民事赔偿案件司法解释的主要内容后称，作为原告的投资者在承担证券市场风险的同时，也要承担因虚假陈述提起民事诉讼的诉讼风险，即承担即使案件胜诉但却因原告破产、又无其他共同被告而难以执行的风险。他表示，人民法院并不能保证审结的案件全部能够执行，因此作为原告的投资者对可能发生的诉讼风险应有一定的心理准备。

●审理证券民事案司法解释出台

最高人民法院昨天举行新闻发布会，公布了经2002年12月26日最高法院审判委员会会议通过的《关于审理证券市场因虚假陈述引发的民事赔偿案件的若干规定》。该规定自2003年2月1日起实施。

●证监会推进股权激励改革

中国证监会规划发展委员会办公室主任李青原日前在“博鳌二十一世纪经济论坛”上称，中国证监会将继续关注股权激励机制的进一步发展状况，并将适时采取积极措施以推进激励机制的改革，提高我国上市公司质量。目前，证监会上市公司监管部正在草拟《上市公司股权激励规范意见》，以期规范上市公司股权激励机制。

1月12日

●浦发集团债券获准发行 总额15亿元期限10年

上海1月12日电上海浦东发展（集团）有限公司（简称“浦发集团”）与国家开发银行12日在沪签署协议，国家开发银行将作为主承销商，承销将于1月13日正式发行的2003年浦发集团债券。这是今年国内发行的首只公司债券。浦发集团此次发行的债券总额达15亿元，期限10年，利率4.29%。国家开发银行提供不可撤销连带责任保证。债券信用级别为AAA级。债券拟在发行结束后申请上市交易。

1月13日

●统计显示去年上海期货市场交易金额突破1.6万亿元

来自上海期货交易所的最新统计显示，2002年上海期货市场成交金额突破1.6万亿元，较上年增长九成。

●证监会首席会计师：我国将强制实行注会定期轮换制

中国证监会首席会计师张为国在日前召开的第七届（2003年度）中国资本市场论坛上指出，我国近一两年内将强制实行注册会计师的定期轮换制，以加强对会计师事务所更换的监督。他是针对如何完善我国上市公司信息透明度而说这番话的。

●尼迈尔出任美证交会要职

日前，美国证券交易委员会正式宣布任命查尔斯·尼迈尔(CharlesNiemeier)为新设立的会计监督委员会代理主席。有关方面评论说，这是布什政府为结束企业不法行为监管部门的混乱局面而迈出的重要一步。

1月14日

●九家商业银行获准开办QFII境内证券投资托管业务

经中国人民银行批准，9家商业银行获准开办QFII境内证券投资托管业务。这9家商业银行是：中国工商银行、中国银行、中国农业银行、交通银行、中国建设银行、招商银行以及渣打银行、汇丰银行和花旗银行三家外资银行的上海分行。

1月15日

●港交所董事会决定4月1日如期撤销最低佣金制

港交所(0388)董事会今日(15日)举行会议后表示，确认较早前作出决定，有关最低佣金收费规定将如期于4月1日失效，由当日起，经纪将可与其客户自由商议佣金收费。

●上交所专家：中国上市公司治理面临三大问题

上海证券交易所研究中心总监胡汝银今天出席“中国国有企业国家股权管理国际研讨会”时称，中国上市公司治理面临三大问题，需认真对待。

胡汝银表示，中国上市公司治理目前主要有三大问题。首先，公司所有权和控制权分离，上市公司委托代理人往往不能按照所有者最大利益行事；其次，一些政府、家族所有企业在控制公司运营时，大股东和重要股东之间容易矛盾激化，大股东为实现自身利益，甚至会通过交易套空公司；第三，国家控股上市公司仍习惯以国家政治代替市场为基础的董事会治理公司，这表现为以政治目标代替商业目标，以政治决策代替商业决策，以政治机制代替商业机制。

1月16日

●上海外汇帐户余额三倍于沪市B股流通市值

据国家外汇管理局上海市分局最新统计，2002年，上海外汇帐户(包括个人外汇储蓄和企事业单位外汇存款)余额比上年末增加

1月17日

●国际金融报：期货公司高管推行责任制

日前从证监会传出消息，对期货公司高级管理人员的管理，证监会期货部正在探索建立以责任制度为核心的监管体系，同时辅助以诚信档案为基础的信用约束制度和以资格公示为手段的社会监督机制。

●美证交会放宽财务专家资格限制

美国证券交易委员会中的一些委员日前表示，证交会将修订一款监督公司审计委员会的法律中的“财务专家”一词的含义，从而使公司可以从更多的人选中寻找中意者。

1月19日

●财政部计划2003年继续发行长期建设国债1400亿

国家计委和财政部计划2003年继续发行长期建设国债1400亿元，这笔资金将重点用于五个领域。

一是继续支持社会公共基础设施建设，确保重大项目的投入和建设。在2003年国债的投向上，国债投资首先要确保重大项目的投入和建设。在国债投资的支持下，南水北调、青藏铁路、西气东输、西电东送以及一批水电枢纽工程，将进入全面建设阶段。

二是改善农村生产生活条件。在2003年的国债投资中，国家将增加对农村公共品投资，解决农村公共投资严重不足的问题。

三是促进技术进步和企业技术改造。2003年，国家将在国债的使用上，增加对企业的技改投入，积极支持企业特别是国有企业的技术改造。

四是继续为加快西部地区经济发展创造条件。2003年，在西部开发中，国债资金的投入重点将以基础设施和生态环境保护为主，侧重于解决西部开放中面临的交通、能源、通讯、农业、水利等方面重大基础设施项目投资不足的问题，优化投资硬环境，化解区位劣势。

五是加快实施退耕还林，促进可持续发展。

1月20日

●港交所要求上市公司至少有3名独董

香港交易及结算所有限公司上周五发表了企业管治谘询意见总结，提高了对上市公司独立董事人数的规定，并限定了配股折让幅度。

香港交易所称，将要求上市公司至少有3名独立董事，目前上市规定要求为2名。另外，通过配售发行股票的价格折让不得超过20%，现行条例只限定，公司通过配股增加的资本每次不得超过20%，但对配股定价和次数并无限制。这些规定，计划在今年下半年前施行。

●深交所第六次调整成份股

深圳证券交易所今日对深证成份股指数样本作第六次调整：剔除了鲁泰、丽珠集团、燕京啤酒三家公司，新增加粤高速、深科技、招商局三家样本公司。

●鹏华长城上季末轻仓

鹏华基金管理公司和长城基金管理公司今日公布了旗下基金2002年四季度投资组合。至此，已有6家基金管理公司公布了投资组合。结果表明，减仓是基金管理公司去年四季度的主旋律。

●分析显示：两类新股被大资金相中

通过对2002年发行新股的总体分析，可以发现，有一些公司的质地还是相当不错的，而值得投资者重点关注的是以下两类个股：大资金相中的“海归”股及定位偏低的中小盘股。

●美伊战争阴云引起国际市场动荡

近日，美国和伊拉克领导人的态度趋于强硬，战争阴云越来越浓。受此影响，石油和黄金价格涨至近年来最高水平，国际外汇市场和主要股市也出现动荡。

1月21日

●社保基金将逐步进入资本市场

劳动和社会保障部副部长刘永富透露，中央政府筹集的社保基金预计40%左右将进入股票市场，个人帐户基金及200多亿元的企业年金基金也将逐步进入资本市场综合新华社消息，我国社会保障基金将有计划、分步骤地进入资本市场，以实现社会保障基金的保值增值，这是劳动和社会保障部副部长刘永富20日透露的。

●沪市第一笔股票大宗交易昨产生

继1月10日完成首笔债券大宗交易之后，沪市昨日又产生了首笔股票大宗交易。上海证交所有关负责人指出，该笔股票大宗交易的达成，标志着投资者开始全面利用上证所大宗交易的渠道，降低交易成本，提高大宗股票买卖的成交效率。

据悉，该笔大宗交易的证券品种是浦发银行，卖方为光大证券，买方为申银万国，成交数量875万股，成交金额8750万元。浦发银行昨日成交价格介于9.48元至10.08元之间，大

宗交易成交价为10.00元，遵循了沪市大宗交易规则中“大宗交易成交价格由买卖双方在当日竞价市场已成交的最高和最低成交价格之间”的规定。

●去年四季度投资组合公布完毕封闭式基金整体减仓7%

随着11家基金管理公司旗下基金今日公布投资组合，所有基金去年第四季度的投资组合已披露完毕。统计发现，封闭式基金上季末整体减仓约7%，但嘉实、博时和宝盈基金公司采取了较为果断的股票增仓策略。在被新调整入重仓股序列的个股中，中国联通成为众基金的首选。今天公布组合的各只基金中，基金景业和基金金元的减仓幅度较大，其中前者的股票仓位较去年三季度末时大幅减少了近40%。从各公司来看，华安基金管理公司旗下基金的调整幅度相对最小，其他公司的股票仓位总体调整幅度均在10%以上。

●沪市基金最小报价单位将由分改为厘

为适应基金业务需要，上海证券交易所决定将基金申报价格最小变动单位由人民币0.01元调整为人民币0.001元。

上证所昨日发出《关于做好调整基金申报价格最小变动单位相关技术准备工作的通知》。通知要求各会员单位按照上证所数据接口规范的要求，做好相关的技术准备工作，确保自身电脑系统能够支持基金报价最小变动单位为人民币0.001元的申报正确写入接口库，并能支持正确的行情揭示。

1月22日

●国泰君安一份研究报告认为QFII将产生四大市场效应

日前央行公布了获得QFII托管业务资格的9家商业银行名单，按程序，相关银行的QFII托管人资格目前正在审批过程之中，相信不久将“浮出水面”。应该说，QFII在我国境内证券市场上正式“登台亮相”将指日可待。那么，QFII制度究竟会给我国证券市场带来什么样的影响？今日证券时报刊登的由国泰君安证券研究所许运凯撰写的一份研究报告认为，QFII政策作为开放市场、活跃市场的一项制度，它必将对我国资本市场造成积极的、深远的和全方位的影响。报告指出，根据“证券时报与东方证券对相关QFII的联合调查”，大部分境外机构表示不会积极介入公司治理，而只会通过被动的个股选择来干预公司治理，这预示着那些公司治理结构完善的上市公司会受到QFII的青睐。

●上海久事拟发债40亿

2003上海轨道交通建设债券日前获国家计委批准，拟于近期发行。该债券发行人为上海久事公司，发行额度40亿，发行期限15年，票面利率4.51%，债信评级AAA级，由中国建设银行上海市分行担保。债券发行结束后即申请在上海证券交易所上市交易。据本期债券主承销商之一的银河证券有关人士介绍，本期债券发行路演将于2月中下旬举行。

●上海市副市长杨晓渡表示大力推进上海资本市场发展

在昨日举行的“全球公司治理改革：机遇与挑战”国际研讨会上，上海市副市长杨晓渡表示，上海市政府将努力为企业提供一个规范、有序的市场环境，进一步完善市场运作机制，维护市场竞争秩序，让市场主体在更大范围内、更深层次上发挥其应有的作用。为此，上海将加大力度推进五方面的工作。

1月23日

●投资期货公司政策松绑中国证监会发布相关通知

为了规范期货经纪公司接受出资的行为，促进期货市场规范发展，中国证监会发出《关于期货经纪公司接受出资有关问题的通知》，其中取消了对非银行金融机构、外资企业参股期货公司的限制

●期货业迎来发展良机

近日，中国证监会下发了《关于期货经纪公司接受出资有关问题的通知》。比照1996年12月23日中国证监会发布的《关于规范期货公司接受出资若干问题的通知》，《通知》对投资期货公司的政策有重要的调整，这对于期货公司建立健全法人治理结构，扩大公司规模，壮大实力，促进期货市场的规范发展，无疑会发挥积极的作用。

●三大因素撑起上市公司业绩

2002年上市公司业绩同比增长已被市场所预期，那么业绩增长的动因究竟来自何方？申银万国证券研究所的一份研究报告显示，去年上市公司主营业务收入的快速增长、管理费用增长率的明显下降和营业外支出的大幅缩减是利润提升的直接原因。报告对1000多家上市公司2002年前三季季报与2001年年报利润表各项目进行了比较。从统计和估算结果来看，2002年前三季上市公司的平均主营业务收入为110307.2万元，占2001年全年的82.3%，依此简单推算，2002年上市公司主营业务收入同比的增幅有望接近10%，将比2001年的增幅翻一番，平均主营业务利润的增幅则大约在11.7%左右。

●中国人民银行有关人士澄清多方委托贷款政策并未改变

针对有关多方委托贷款暂停的传言以及媒体的相关报道，记者昨天采访了中国人民银行银行监管二司的有关人士。据介绍，央行对于委托贷款包括多方委托贷款的政策并没有改变。记者又向最早推行该项业务的民生银行总行询问，得到的答复是，民生银行并没有暂停该业务的推行。尽管委托贷款政策并未改变，但也有金融人士认为，考虑到该品种蕴藏的风险正在逐步显现，因此有必要对其中的一部分加强监管和规范，以保证这一金融创新品种的顺利推行。

1月24日

●黄金交易价格连续三日上扬国内金价反超国际金价

受国际黄金市场走势影响以及国内需求推动，近三个交易日上海黄金交易所黄金交易价格出现加速上行的态势。近三个交易日，上海黄金交易所黄金交易价格放量上攻，两个品种的收盘价接连刷新开业以来新高，其中Au99.95金昨日以97.61元/克报收，Au99.99金报收于97.70元/克，三个交易日分别上涨1.78元和1.81元，涨幅分别达到1.85%和1.88%。因国际市场投资者感到美国对伊拉克已经失去耐心，战争阴霾笼罩，致使国际金价稳步上涨。而国内因临近春节，北京、上海等大城市各大商场都在尽力组织黄金货源，保证春节市场供应，需求量很大，造成国内金价出现了反超国际金价的局面。

●保本增值基金将面市

从南方基金管理公司了解到，该公司计划推出一种可以保证本金安全的全新基金品种一南方保本增值基金。据了解，南方保本增值基金将通过改进后的投资组合保险技术，为投资者提供100%的期初投资金额保证，并在此基础上力争基金资产的稳定增值。该基金的运作方式与现有的开放式基金有所区别。如基金成立后三年内一般不接受申购申请，赎回业务每周办理一次；采用分红政策；保本周期期满后投资者可以选择赎回基金单位、基金间转换或转入基金管理人提供的下一期保本服务。

●上海期交所天然橡胶连连创出天量期市出现新龙头

昨天，上海期交所天然橡胶合约成交、持仓双双再创天

量，成交金额更占据全国期货市场近半份额，显示该品种已成为期市新龙头。沪胶昨天成交量达231724手，成交金额达148.41亿元，总持仓量达131804手，均创该品种天量。而且，当日沪胶的成交金额，较居于第二位的大连大豆高一倍多，在全国期货市场313.58亿元的总成交额中，市场份额高达47.33%。本周以来，沪胶成交金额持续超过老牌龙头品种大连大豆，行情亦跌宕起伏，显示沪胶已成为近期国内期货市场交易最为活跃的新龙头品种。

●东方电子财务造假者被判刑

震惊全国的"东方电子"财务造假一案近日在山东一审终结，公司董事长兼总经理隋元柏等三名主要犯罪分子，被以提供虚假财会报告罪分别判处有期徒刑。

法院审理查明，原"东方电子"董事长兼总经理隋元柏、原董事会秘书高峰、原总会计师方跃，自1997年4月至2001年6月，先后利用公司购买的1044万股内部职工股的股票收益和投入资金6.8亿元炒股票的收益，共计17.08亿元，通过虚开销售发票、伪造销售合同等手段，将其中的15.95亿元计入"主营收入"，虚构业绩。

1月25日

●信达与长城现金回收力度加大

信达去年回收现金105亿，长城今年将回收现金60亿从信达资产管理公司近日召开的2003年工作会议上获悉，去年公司现金回收力度进一步加大，共回收现金105亿元。截至去年底，信达公司累计回收现金266亿元，连续两年回收现金超过100亿元。去年，信达的资产处置率(包括债转股)达到53.3%，高出同业平均水平11.3个百分点；现金回收率(不包括债转股)达到26.3%，高出同业平均水平7.4个百分点；处置资产变现率(不包括债转股)达到79.3%，高出同业平均水平13.8个百分点。

●21记帐式七期国债将付息债权登记日为1月27日

2001年记帐式(七期)国债将从1月29日起支付半年利息。

上证所和中国证券登记公司上海分公司及深交所就此发出的通知显示，本期国债为固定利率附息债，利息每半年支付一次，期限20年，年利率为4.26%。本期国债的债权登记日为1月27日，凡于当日闭市后仍持有本期国债的投资者，为本期利息的最终所有者。本期利息支付日为1月29日，每百元面值的利息为2.13元。

本期国债付息的除息基准日为1月31日，1月28日停牌一天。因本期国债提前兑息，为保证投资者利益，1月29日继续停牌一天，2月10日以除息价复牌交易。

●上海金融机构贷款余额首破1万亿

从人行获悉，截至2002年末，上海市中外资金融机构本外币各项贷款余额首次突破1万亿元大关，同比增长20.2%，高于全国4.8个百分点，占全国比重由2001年的6.4%上升到7.5%。与此同时，上海市中资金融机构的本外币不良贷款率已降至6.81%，为全国各省市最低。上海市金融机构信贷业务得以快速增长，主要基于以下四点原因：一是上海市国民经济持续高速发展的大背景提供了空间；二是存款等负债业务为贷款等资产业务的快速增长提供了强大的资金保障；三是货币政策传导机制不断完善，促进了信贷的有效增长；四是资本市场低迷使企业直接融资难度加大，对信贷资金需求增加。

●我国保险业发展势头迅猛

在昨日举行的2003年全国保险工作会议上，中国保监会主席吴定富透露，去年全国保费收入增长超四成，总金额逾3000亿元在昨天举行的"2003年全国保险工作会议"上，中国保监会主席吴定富指出，2002年我国保险业改革开放成绩显著，全行业继续保持了快速健康发展的势头，全国保费收入3053.1亿元，同比增长44.7%，是近年来增长最快的一年。

1月28日

●首个追踪中国市场基金有望在美上市

新华富时指数公司中国区总裁朱闪先生昨日说，1月23日，巴克莱国际投资管理公司(BGI)已经向美国证券交易委员会递交申请，将"I股新华富时香港中国25指数基金"增至其国际交易所买卖基金(ETF)名单中，若获准，这将是首个可供美国投资者追踪中国市场的交易所买卖基金产品。朱闪表示，根据美国证券交易委员会对基金审批进行备案制管理的有关规定，此次申请很有可能获准，并将在今年7月左右择机上市交易。

●天同180指数基金将发行

国内首只标准指数基金一天同180指数证券投资基金将于2月10日至3月3日在全国近6300个银行网点和证券营业部发行。基金管理和托管费率分别为1.0%和0.20%，低于绝大多数开放式基金的费用。天同180指数基金采用被动式的指数化投资方法，以不少于基金资产净值的70%投资于组成上证180指数的成份股票，力求基金的股票组合收益率拟合上证180指数增长率。

●ST嘉宝虚假陈述案结案

16位原告与嘉宝实业等15位被告签订和解协议书，获赔61973.66元历时一年之久的ST嘉宝虚假陈述证券民事赔偿案终于全部结案。昨天，上海市第二中级人民法院依法公开审理了此案，16位原告与嘉宝实业等15位被告签订和解协议书，被告当庭向原告代理人给付赔偿款合计人民币61973.66元。此案是今年1月9日最高人民法院公布《关于审理因虚假陈述引起的民事赔偿案件的若干规定》之后，第一例由法院参照此规定审结，且原告方获得赔偿的虚假陈述民事赔偿案。

●尚福林在证券业协会第三届常务理事会第二次会议上指出：资本市场很有发展前景

1月26日，中国证券业协会第三届常务理事会第二次会议在北京召开。中国证监会主席尚福林出席会议与代表们座谈，并发表了重要讲话。会议由中国证券业协会会长庄心一主持。尚福林在听取了代表们关于证券市场发展与行业自律的意见、建议后指出，党中央、国务院对于中国资本市场发展论述得非常清楚，江泽民同志在去年全国金融工作会议上的讲话，党的十六大报告，以及温家宝副总理在全国银行、证券、保险工作会议上的讲话，都强调了金融在现代经济中的核心作用，强调了金融在资源配置、防范金融风险和国民经济建设上发挥杠杆作用的重要性，其中包含了要发展资本市场的重要内容。

1月29日

●上证综指站上1500点

沪深两市昨日继续震荡盘升，各主要股指均以小阳线报收。继前日盘中跃过1500点之后，昨日上证综指最终在1500点上方收盘。截至收盘时，上证综指较前上涨0.29%，以1500.63点报收；上证180指数较前上涨0.36%，以2790.99点报收。深证综指以426.99点报收，涨幅为0.24%；深证成指以3044.03点报收，涨幅为0.41%。昨日两市B指也有小幅上扬。收盘时，上证B指与深证B指较前分别上涨0.31%和0.67%,以127.93和208.76点报收。值得一提的是,由于今日是农历马年的最后一个交易日,因而大盘今日走势对马年年K线的影响较为明显。如果今日大盘不出现深幅下跌,则沪市马年的年K线基本以一根带长上下影线的十字星K线报收。今日上证综指若能上涨6点以上,则沪市大盘将在蛇年全年收盘点之上收盘。

●深圳国企改革实现重大突破

首批五家试点国企国际招标改革工作进入"收官"阶段,上市公司华能国际以23.9亿元收购深圳市能源集团有限公司25%股权,其余四大国企的招标结果将在本季揭晓深圳新一轮国有企业产权多元化改革已实现重大突破。在历时数月,通过国际招标这一资本转让方式,在世界范围内寻找战略投资伙伴和经营者,有序地出售部分国有股股权的探索中,华能国际电力股份有限公司以其雄厚的实力,从十几家国内外潜在的投资者中脱颖而出,被选为深圳市能源集团有限公司的战略投资者。

●华能国际披露竞标细节

华能国际今日就签署《关于深圳市能源集团有限公司股权买卖及股本认购协议》事宜发布公告。公告称,华能国际以人民币9.56亿元认购深能集团的新增注册资本,即占深能集团增资后注册资本的10%的权益,同时以人民币14.34亿元受让深圳市投资管理公司持有的深能集团增资后的15%的权益。本次交易的最终完成还有待于取得有关政府部门的批准。此次交易完成后,华能国际共持有增资后的深能集团25%的权益,并通过深能集团间接持有在深能源13.82%的股份;以及通过深能集团及其一家下属公司间接持有深南电6.83%的股份。

2月10日

●今年将适度增加货币供应量

中国人民银行货币政策委员会2003年第一季度例会日前在北京召开。会议认为,2003年是我国全面建设小康社会的第一年,要认真贯彻党的十六大和中央经济工作会议精神,继续执行稳健的货币政策,保持政策的连续性和稳定性,疏通货币政策传导机制,适度增加货币供应量,合理引导贷款投向,更好地支持经济发展。

●中注协关注年报审计

为加强上市公司年报审计中变更会计师事务所的监管工作,日前,中注协发布了"关于报告2002年度上市公司年报审计变更会计师事务所情况的通知"。

通知要求,如果上市公司2002年报审计期间发生变更事务所的情况,包括不再续聘2001年年报审计的事务所,前、后任事务所均应即时向中国注册会计师协会和所在地注册会计师协会予以报告,并说明上市公司变更事务所的原因。

●深市企业债指数将发布

深圳证券信息有限公司将于2月17日起发布企业债指数。该指数以2002年12月31日为基准日,基日指数为100,指数简称为企债指数,行情代码为399481,随深市行情一起实时动态发布。深圳证券信息有限公司有关人士表示,企债指数的正式发布,填补了交易所企业债券指数的空白,为衡量企业债券市场整体风险收益提供了一个标尺,为企业债券市场投资绩效评估提供了一个基准,将提高投资者投资效率,为机构投资者指数产品创新拓展了空间。

●赛格三星国有股向外资转让

赛格三星国有股股东深圳市赛格集团有限公司1月28日与三星康宁(马来西亚)有限公司共同签署《股份转让协议》。

根据今天发布的赛格三星股东持股变动报告书,本次持股变动为赛格集团向三星马来西亚转让其持有的赛格三星股份。变动性质为国有股减持,国有股变为社会法人股,转让股份数量为110749679股,变动例为14.09%。转让股份的每股转让价格为人民币2.1415元,转让价款总额为人民币237170438元。

2月11日

●首期记账式国债将于下周发行

2003年度记账式国债发行揭开序幕。据财政部日前公布的今年部分国债发行计划时间表显示,2月19日将发行首期记账式国债,该期国债为跨市场品种,期限七年。3月19日将在银行间市场发行十年期记账式国债。

此次财政部共公布了6期记账式国债发行时间,分别在今年的2月、3月、5月、8月、9月和11月,发行期限则以中、长期国债为主,其中4期为七年期国债,2期为十年期国债。

一批券商获准开展网上证券委托业务

●中国证监会日前又核准国都证券有限责任公司等十六家证券公司开展网上证券委托业务资格。

这十六家获此资格的证券公司是:国都证券、河北财达证券、华创证券、红塔证券、江南证券、健桥证券、金通证券、金信证券、深圳市金牛证券、天元证券、万联证券、西北证券、中国民族证券、众成证券、亚洲证券、成都证券。中国证监会对开展此项业务提出了具体要求。

●玉米期货上市准备就绪

经过三年多时间的广泛深入调研,大连商品交易所现已完成了玉米期货合约与规则设计及相关技术准备工作。昨天,大商所发布了玉米合约和相关交易规则以及论证报告,向社会公开征集意见。此次大商所发布玉米期货合约征集意见,显示玉米极有可能成为中国期货市场五年来首次推出的新品种之一。

2月12日

●公开市场操作变脸

央行在每周例行的公开市场操作中,停止了执行7周的逆回购,改用正回购方式从市场回笼100亿元资金。当日,央行正回购品种为91天,中标利率为2.32%。此前,央行已连续7周以逆回购方式向市场投放了约900亿元资金。其中,春节前最后一次公开市场操作时的逆回购量达250亿元。从历年操作情况看,央行在春节前后的公开市场操作通常以逆回购为主,以保证春节期间的货币供应量和市场资金的宽松度。因此,即使春节过后,央行逆回购操作往往还要持续数周。此次央行采用正回购方式回笼资金后,将改变目前债市资金状况,可能会对下周新债的招标利率产生影响。

●投资者纷纷撤诉

今年1月9日,最高人民法院颁布了《关于审理证券市场因虚假陈述引发的民事赔偿案件的若干规定》(简称"1·9规定"),为证券市场因虚假陈述引发的民事赔偿案的审理和判决提供了法律依据。然而谁也没想到,紧接着频频传来的是原告因不符合"1·9规定"中有关因果关系认定的条件而纷纷撤诉的消息。

●退市公司重组升温"郑百文"模式成新宠

退市公司重组正在升温,深中浩和银山化工两家退市公司近日先后发布公告,拟对公司进行重组。但最值得注意的是,两家公司不约而同地效仿了此前曾在中国股市引起轩然大波的"郑百文"模式一老股东无偿出让部分股权成为重组方案的前置条件。一直被业内人士视作特殊案例的“郑百文”模式有了普遍化的趋势。

●首批企业债发行规模确定

2003年首批企业债券的发行规模确定，有关部门已批准总额为70亿元的6只企业债券发行。

这6只企业债券分别是30亿元的铁路债券、6亿元的华远集团债券、6亿元的江苏悦达债券、10亿元的东北高速债券、8亿元的科技部下属12个高新技术开发区债券、10亿元苏州工业园区债券。

2月14日

●证券市场监管费收费实施新标准

国家计委、财政部最近重新核定了证券市场监管费收费标准。新标准自2003年1月1日起执行，有效期为3年。

根据国家计委、财政部核定的标准，证券交易监管费调整为：对股票由按年交易额的0.045‰收取降低为按年交易额的0.04‰收取证券交易监管费；对证券投资基金按年交易额的0.04‰收取证券交易监管费；对债券（不包括国债回购交易）按年交易额的0.01‰收取证券交易监管费。

●深交所确定今年工作思路

深交所日前召开员工大会，理事长陈东征作讲话。会议确定今年将重点做好防范风险，全力维护市场安全运行；强化一线监管，提高监管工作的质量和效率；积极推进创业板市场的筹备等八方面工作。

●证券市场监管费收费实施新标准

国家计委、财政部最近重新核定了证券市场监管费收费标准。新标准自2003年1月1日起执行，有效期为3年。根据国家计委、财政部核定的标准，证券交易监管费调整为：对股票由按年交易额的0.045‰收取降低为按年交易额的0.04‰收取证券交易监管费；对证券投资基金按年交易额的0.04‰收取证券交易监管费；对债券（不包括国债回购交易）按年交易额的0.01‰收取证券交易监管费。

●资产重组法律问题亟待完善

上证联合研究计划一项课题对此进行详细分析研究上证联合研究计划（法制系列）最近完成一项名为《上市公司资产重组与股份转让若干法律问题研究》的课题。该课题针对上市公司资产置换、股权转让、控制权变化等涉及的上市公司重组现象，选择中国上市公司资产重组中的五个重要法律问题进行了分析研究。该课题对规范我国上市公司资产重组及完善相关立法具有参考意义。

2月16日

●今年工业运行主要目标确定

昨日，国家经贸委推出了《2003年经济运行工作指导意见》。《指导意见》明确表示，按照中央经济工作会议总体要求和全国经贸工作会议具体部署，2003年工业经济运行的主要预期目标是：全国规模以上工业企业增加值增长10%左右；工业出口交货值增长8%以上；工业企业实现利润增长5%左右，其中国有及国有控股企业实现利润不低于上年水平；工业结构继续优化，工业经济运行质量与效益继续提高。

●第二家中外合资基金公司开业

华宝兴业基金管理有限公司称，已完成首只基金产品的开发并上报证监会，目前正积极准备基金发行工作经中国证监会批准，由华宝信托投资有限责任公司和法国兴业资产管理有限公司作为发起人的华宝兴业基金管理有限公司2月13日获准正式开业。这是我国第二家获准开业的中外合资基金管理公司，也是我国第一家由信托投资公司发起设立的中外合资基金管理公司。

●基金净值涨跌互现

受沪深股市震荡走势的影响，本周沪深两市53只证券投资基金净值涨跌互现。

基金开元、基金金泰、基金普惠、基金汉盛、基金金鑫、基金同智等近半数基金的单位净值小幅上扬，银丰和泰和持平，其余半数基金的净值则均有不同程度的下跌。截至本周末，累计净值排名前三位的基金依次为基金安信2.1327元；基金兴华1.9667元；基金裕阳1.8598元。

●羊年开市大吉

羊年开市大吉，尽管首个交易日上证综指出现深幅回调，但之后大盘稳步上攻。羊年第一个交易周最终以红盘报收，上证综指也初步站稳1500点关口。在短信概念股、通信股、医药板块、北京本地板块、房地产板块轮番走强的带动下，市场人气比较活跃，成交也有一定放大。

众多板块的轮番启动，为市场龙头板块的形成提供了较好的基础。从市场表现看，以中国联通、中信证券为代表的低价指标股以及以上海科技、厦门信达、海虹控股为代表的电信增值板块（也就是通常所说的短信概念）更有成为龙头的可能。

2月17日

●陈良宇昨日指出：上海将加快国际金融中心建设

上海未来五年的发展蓝图已经绘就，国际金融中心轮廓日趋清晰。上海市市长陈良宇昨日在上海市第十二届人民代表大会第一次会议上作政府工作报告时指出，今后五年上海将进一步加强国内金融中心地位，加快向国际金融中心迈进。

陈良宇说，根据中央批准的上海新一轮城市总体规划，到2020年上海要建成社会主义现代化国际大都市和国际经济、金融、贸易、航运中心之一。按照中央的要求，上海要充分发挥经济中心城市配置资源的集聚和辐射作用。

●效仿“郑百文”模式危害极大

两年多前，郑百文重组模式在中国证券市场引起了轩然大波，但谁也没有想到效仿者会这么快出现。近日上证报对深中浩和银山化工两家退市公司重组方案的连续报道引起了不少法律专家的高度关注，在与记者的交谈中他们最为一致的观点是，效仿“郑百文”模式不仅对证券市场的健康发展不利，更是对公民财产权和法律的践踏，社会危害极大。

中融融华债券型基金将发行

中融融华债券型证券投资基金日前获中国证监会批准，即将发行。该基金是中融基金管理有限公司推出的第一只开放式基金，也是中国光大银行托管和销售的第一只开放式基金。据中融基金管理有限公司有关负责人介绍，中融融华债券型基金的投资目标是“以债券投资为主，稳健收益型股票为辅，追求低风险的稳定收益”；投资对象为国债、金融债、高品质企业债（含可转换债券）和稳健收益型股票；资产配置比例为债券投资不低于基金净值的40%，稳健收益型股票最高不超过基金净值的40%。

●深交所考评上市公司信息披露

深圳证券交易所2002年度上市公司信息披露考评工作日前结束。在510家上市公司中，考评结果为优秀的有40家，良好239家，及格198家，不及格33家。与上年相比，考评结果优秀和良好的上市公司的数量有较明显的增长，增幅分别达33%和19%，这从一个侧面表明深市上市公司信息披露行为和质量正在逐步改善。

2月18日

●伞型基金登陆基金市场

昨日，接中国证监会批复，湘财合丰三只行业类别基金获准发行。这是中国证监会首次批准三只基金一次性同时发行。业内人士认为，这意味着市场讨论多时的伞型基金登陆中国内地基金市场。

据悉，湘财合丰行业类别基金由价值优化型成长类、周期类、稳定类等三只基金组成。这三只行业基金均为契约型开放式基金，适用一个基金契约和招募说明书，由同一基金发起人发起，同一基金管理人管理，同一基金托管人托管。三只基金间可互相转换。在产品设计过程中，借鉴了许多海外的经验，尤其是美国的系列基金和欧洲的伞形基金。

●600 亿凭证式国债将发

日前，财政部决定发行 2003 年凭证式(一期)国债，发行总额 600 亿元，其中 3 年期 300 亿元，票面年利率 2.32%；5 年期 300 亿元，票面年利率 2.63%。

本期国债发行期为 2003 年 2 月 20 日至 2003 年 3 月 31 日，采取分段发行方式，其中 2 月 20 日至 3 月 3 日发行 360 亿元，3 月 4 日至 3 月 31 日发行 240 亿元。

本期国债面向社会公开发行，投资者可到工商银行、农业银行、中国银行、建设银行等 2003 年凭证式国债承销团成员的营业网点购买。记账式国债利率 2.66%沪深证交所就分销事宜发出通知 2003 年记账式(一期)国债昨日竞标踊跃。在 82 家机构的角逐下，本期国债获得 3.45 倍的超额认购，发行利率确定为 2.66%。本期国债发行总额为 350 亿元，招标总量为 250.5 亿元。在 82 家投标机构中，建设银行力拔头筹，中标 30 亿元，合计认购金额为 32 亿元，占了本期国债发行总量的 9.14%。此外，中国银行中标 25.8 亿元，排名第二；海通证券中标 18.9 亿元，排名第三，在券商中排名首位。居民储蓄余额直逼 10 万亿。

●近来年，我国城乡居民储蓄存款突飞猛进。

中国人民银行 17 日发布的报告表明，2003 年 1 月末我国城乡居民本外币储蓄存款余额达到 9.81 万亿元，同比增长 20%，增幅是 1998 年以来最高的；当月储蓄存款新增 3716 亿元，同比多增 2400 亿元。针对这种加速增长的态势，有关专家认为，我国应继续采取措施，合理、适度地对居民储蓄存款进行分流。储蓄高增长意味着居民消费和投资会在一定程度受到抑制，对扩大内需有不利影响，合理引导、分流显得越来越迫切。

2 月 19 日

●上证所理事长耿亮表示：上证所努力为上海国际金融中心建设作贡献

在正在召开的上海市十二届人大一次会议上，上海加快向国际金融中心迈进成为人大代表们讨论最多的议题。新当选为人大代表的上海证券交易所党委书记、理事长耿亮在发言中表示，一般地讲，建设国际金融中心需要金融机构集聚、金融市场完善、金融交易活跃以及基础设施完备等四个条件，上海证券交易所作为资本市场的组织者之一，应该为上海的国际金融中心建设做好服务工作。

●杭州士兰微将发股

经中国证监会核准，杭州士兰微电子股份有限公司将于 2 月 24 日公开发行 2600 万股 A 股，全部向二级市场投资者定价配售，发行价为每股 11.60 元。

该公司是一家集成电路设计与制造企业，目前已成为国内最具规模的集成电路设计公司之一。

●基金业关注 MBO

上证报昨刊发的《基金公司不妨试行 MBO》一稿，受到基金业的关注。上海一家基金公司主管认为，基金业要真正推行 MBO，目前可能还有些难度，但这个思路却值得借鉴。由于所有制不同，由于国情的不同，在基金业要完全试行管理层收购计划难度颇大。但是条件允许的话，可以试行员工持股计划。让基金公司员工适当持有本公司的股权，有助于基金公司稳定发展。

●基金最小报价单位 3 月 3 日起由分改厘

为适应基金市场的变化，推动基金市场的发展，沪深证券交易所决定自 2003 年 3 月 3 日起，基金申报价格最小变动单位由目前的 0.01 元调整为 0.001 元。沪深证交所今日就此分别发布通知，并要求各会员单位做好相关的技术准备工作。

对于此次基金申报价格最小变动单位调整的必要性，沪深证交所有关部门负责人表示，调整封闭式基金报价单位，将增强基金交易价格与基金净值的相关性，更好地反映基金单位净值的波动。调整到 0.001 元后，交易价格更接近基金的真实价值，降低投资者的交易成本，增大投资者的获利机会，也可以改善目前基金市场交易不旺的状况。另外，此次调整将消除基金交易中因某些原因出现的“夹板”现象，有效保护中小投资者的利益。

2 月 20 日

●中国保监会副主席吴小平认为：保险资金运用主要在资本市场

昨天，在此间举行的“中国保险发展论坛 2003 年会”上，中国保监会副主席吴小平在主题发言中强调，保险业与资本市场的关系已经不是需要研究的理论问题，而是迫切需要解决的现实问题。他说，保险业发展到今天，如果不能处理好与资本市场的关系问题，将会影响整个保险业的健康发展。中国证券业协会副会长庄东辰称：保险资金直接入市关键是风险控制昨天，在此间召开的“中国保险发展论坛 2003 年会”上，中国证券业协会副会长庄东辰表示，目前，拓宽保险资金运用的关键是如何解决直接入市的问题。其中，保险公司如何和现有的证券经营机构合作、如何有效地解决风险控制问题又成为重要环节。

●高派现引发各方关注

西宁特钢近期推出的 2002 年度大比例利润分配预案引起市场各方的瞩目。一些投资者表示，欢迎有真实业绩作为支撑、有持续经营能力作为后盾的上市公司实行高派现，但对此类公司此后的再融资行为也应特别关注。提高上市公司分红能力将增强证券市场的总体投资价值，也使立足于投资价值的市场盈利模式得到强化。不过，结合西宁特钢此前各类公告看，公司推出高派现预案背后的真正动机值得分析。

●券商去年业绩相差悬殊

全国银行间同业拆借中心 19 家证券公司成员 2002 年年报(未审计)显示，去年盈利公司共 12 家，净利润共计 1.6 亿多元；亏损公司共 7 家，亏损约 8.8 亿元。这 19 家证券公司去年平均净利润—3771 万元。其中，业绩最好的一家公司年终净利润是 7134 万元，股本规模是 10 亿元，净资产收益率是 6.67%。业绩最差的一家证券公司净资产收益率是—67%，净利润是—3.3 亿元。

2 月 21 日

民生银行发 40 亿可转债

民生银行将发行 40 亿元可转债。据该公司今日公布的可转债募集说明书，本次发行的债券期限为 5 年，年利率为 1.5%，转股价格为 10.11 元，转股起止日期为 2003 年 8 月 27 日至 2008 年 2 月 27 日。

●今后五年科技投入大增

徐冠华估计总量有6至7千亿科技部部长徐冠华昨日表示，五年来科技投入取得历史性突破，科技工作的环境和条件得到明显改善。徐冠华是在国务院新闻办召开的有关新闻发布会上作上述表示的。他说，五年来，国家财政用于科技的投入累计2670亿元，比前五年增加了一倍。全国研究与实验开发经费从509亿元增加到1043亿元，占国内生产总值的比重从0.64%提高到1.1%，实现了历史性的突破。中央财政还较大幅度地增加了国家863计划、自然科学基金、知识创新工程等专项投入，科技投入成为国家创新的基础条件和实施科教兴国战略、推动科学技术跨越发展的重要保证。

●郑百文上市申请获受理

PT郑百文2月19日收到上海证券交易所通知，该所决定受理其恢复股票上市的申请。根据有关规定，上海证券交易所将在受理恢复上市申请后的30个交易日内作出是否核准的决定，在此期间，要求公司提供补充材料的时间不计入这一期限。郑百文恢复上市的申请若在规定期限内未能获得上海证券交易所的核准，该公司股票将被终止上市。央行货币政策分析小组提出：今年要大力发展货币市场中国人民银行货币政策分析小组昨天发布了2002年《中国货币政策执行报告》。报告提出，2003年要继续执行稳健的货币政策，保持政策的连续性和稳定性，加强预调和微调，充分发挥金融支持经济增长的重要作用，稳步推进利率市场化改革。

2月22日

●居民消费价格1月份同比上涨0.4%

国家统计局统计，今年1月份，全国居民消费价格总水平比去年同月上涨0.4%。其中，城市上涨0.4%，农村上涨0.3%。但因春节和气候寒冷等因素，当月CPI的变化具有一定的不可比性。分类别看，消费品价格与去年同月持平，服务项目价格上涨1.6%。其中，食品价格比去年同月上涨2.4%，但粮食价格下降0.5%；交通和通信类价格比去年同月下降1.3%，其中通信工具价格下降16.6%。但柴油、汽油价格分别上涨31.9%和30.6%；娱乐教育文化用品及服务类价格上涨0.9%；居住类价格上涨1%。

●我国黄金产量利润去年均创历史最好水平

2002年我国黄金产量达到189.8吨，实现利润15.8亿元，均创历史最好水平。据国家经贸委黄金管理局局长成辅民介绍，2003年我国黄金行业计划完成黄金产量190吨，力争完成200吨，以巩固我国作为世界主要产金国之一的地位。

近年来，我国黄金行业的结构调整工作取得了重要进展，过去那种小矿林立的格局已有所改变，一批较大规模的黄金企业迅速崛起。黄金企业积极有效地开展市场开放的应对工作，初步实现了新旧体制的转变。

●东方电子赔偿案开庭日期确定

从上海闻达律师事务所律师宋一欣处了解到，他已经于昨日收到青岛市中级人民法院传票，称曾小妹等7人诉东方电子民事赔偿案将在今年4月7日至14日之间开庭。由于是单独诉讼，故造成分开开庭的局面。不过宋律师同时透露，他已经向青岛中院立案庭致函，要求今后同类投资者诉东方电子案中，实施共同诉讼，以提高诉讼效率，因为大庆联谊案已经有先例。

●十六届二中全会将于24日召开

中共中央政治局召开会议，决定2月24日至26日在北京召开中国共产党第十六届中央委员会第二次全体会议。中共中央总书记胡锦涛主持会议。会议讨论了《关于深化行政管理体制和机构改革的意见》。会议认为，深化行政管理体制和机构改革，是推进政治体制改革的重要内容，是完善社会主义市场经济体制的客观需要，也是贯彻落实十六大精神的重要举措。要适应社会主义市场经济发展和我国加入世贸组织的新形势，继续推进行政管理体制和机构改革，抓住重点，解决行政管理体制中的一些突出矛盾和问题，为促进改革开放和现代化建设提供组织保障。

2月24日

●沪深证交所决定扩大临时公告事后审核范围

沪深证券交易所决定，调整扩大上市公司临时公告的事后审核范围。沪深证交所今日分别就此发布通知。根据通知精神，此次调整扩大了事后审核公司的覆盖面，在此基础上，再针对公告类型和内容进行分类处理，根据有关规定和监管需要，对事后审核公司的一些重要公告仍实行事前审核。此外，深交所曾于2000年6月及12月共确定192家上市公司进行临时报告事后审核的试点。根据试点情况，深交所对事后审核的试点范围进行了调整及扩大，重新确定了454家公司进行临时报告的事后审核试点。

●社保基金直接投资运作制度初步建立

全国社会保障基金理事会第一届理事大会第二次会议2月21日在北京召开。国务院总理朱楮基在对会议作出的批示中指出，全国社会保障基金，是国家财政的重要储备，类似国家外汇储备，是国民经济发展和社会稳定的重要保证，一定要把这项有深远意义的工作切实搞好。全国社会保障基金理事会理事长刘仲藜在会上指出，今年，理事会将继续以邓小平理论和“三个代表”重要思想为指导，认真贯彻落实党的十六大精神，在党中央、国务院的领导下，集中精力搞好全国社会保障基金的管理和运营。在继续探索提高直接投资收益办法和途径的同时，稳步开展委托投资，努力实现投资目标。

●上证国债指数今起动态发布

从上海证券交易所获悉，上证国债指数今日起正式动态发布，指数简称为国债指数，指数代码为000012。上证国债指数自今年1月2日起开始发布，初期为静态发布，通过上证所网站和报刊公布每日收盘指数。

上证国债指数以2002年12月31日为基日，基日指数100点。

●朱镕基强调：进一步完善对国企国资监督管理制度

朱镕基指出，这几年，国有重点大型企业和国有重点金融机构改革不断深化，整体实力和竞争力显著增强。中央金融工委、中央企业工委和国家经贸委做了大量卓有成效的工作。他说，国有企业监事会制度建立以来，监事会的同志们不辱使命，依法履行职责，深入监督检查，为加强国有企业和国有资产监督管理，发挥了重要作用。实践证明，建立国有企业监事会制度，是发展社会主义市场经济、加强国有企业监督和实现国有资产保值增值的一个重要举措，这项改革的成效是显著的。朱镕基强调，要贯彻落实党的十六大精神，认真总结经验，不断深化改革，积极探索有效的监督管理方式，进一步完善对国有企业和国有资产的监督管理制度。

2月25日

●三天引来1600亿元上海轨道交通债卖疯了

2003年上海轨道交通建设债券卖疯了。从主承销商银河证券了解到，此次债券发行共引来逾1600亿元的名义认购资金，认购倍率达到约42.1倍，与新股认购不相上下。上海轨道交通建设债发行规模为40亿元，其中约有38亿元面向机构投资者发售，最终配售金额由主承销商根据簿记建档等情况确定。据了解，从 2 月 19 日至 2 月 20 日间的短短三天内，主承销商共收到逾 160 亿元的机构定金，按 10% 的定金比例计，名义认购资金超过 1600 亿元。

●融华债券型基金今起发行

中融融华债券型基金今日起正式发行，发行期一个月。投资者可以到中国光大银行、中国农业银行、中国民生银行、福建兴业银行以及华夏、国泰君安、国信、海通、联合等 5 家证券公司指定网点购买。昨日，中融基金管理公司和中国光大银行就此联合召开新闻发布会。中融融华债券型基金首次认购费仅为 0.6%，具有收益稳、风险小和费率低等特点；模拟测算显示，融华债券型基金预期年收益率达到 5% 的概率为 84%。中国光大银行将以托管和代销中融融华债券型基金为契机，大力发展基金托管业务和代销业务，培育更多新的利润增长点。

●首期记账式国债明日起上市交易沪深证交所就此发出通知

2003 年记账式(一期)国债将于 2 月 26 日在沪深证券交易所上市交易。沪深证交所今日就此发出通知称，本期国债为固定利率附息债，期限 7 年，票面利率为 2.66%，起息日为 2003 年 2 月 19 日。本期国债交易数量以手为单位(1 手＝1000 元面值)。本期国债上市开盘采用集合竞价方式。交易方式为现券买卖和回购，上市后用于国债回购标准券折算比率为 1∶1。

2 月 26 日

●吴敬琏论防泡沫

一直对资本市场予以关注的著名经济学家吴敬琏昨日指出，国家防范和消灭泡沫不能采用关闭和限制市场的方法，而是应采取有效措施，建立使交易更加便利、让人们有更多的机会、更广泛、更自由参与的市场。吴敬琏是在此间举办的“中国金融：走向理性繁荣一建立开放条件下的金融新秩序”主题会议上提出此观点的。吴敬琏认为，在存在泡沫的情况下，希望通过泡沫继续膨胀让大家赚钱是没有希望的。因为泡沫会破，广大投资者会有损失。所以，对付泡沫，第一要防其形成，第二当它一旦形成以后，就要采取稳妥的办法尽量减少对经济的冲击和对小投资者的损害。

●市场资金面仍显宽裕央行昨公开市场操作继续回笼资金

昨日，央行公开市场操作仍然以正回购交易方式从市场回笼资金。此次正回购品种为 182 天，招标数量为 150 亿元，中标利率为 2.31%。上周，央行针对 182 天回购品种进行正回购交易，招标数量为 260 亿元，中标利率为 2.32%。

从这次中标结果看，中标利率水平比上周下降一个基点，表明市场资金面仍然较为宽裕，预计本周四公开市场操作的基调不会发生太大变化。近期，央行共连续进行了三次正回购，累计回笼资金为 510 亿元。

●人民银行研究局局长谢平说：银行不良资产比例能控制

中国人民银行研究局局长谢平昨日表示，国有商业银行不良资产比例能够控制。谢平认为，我国银行不良资产的情况还是可以控制的，目前来讲，情况已有所好转。首先，因为现在国有商业银行可以冲销呆帐的数字比例大幅度增加，而且可以用所有的收入和利润冲销不良资产。这两年银行贷款的增长幅度比较大，去年全年发放贷款达 18000 亿，贷款数额增加使整个基数加大，不良资产比重自然降低了。同时存贷利差也很高，有三个百分点的利差，银行可以用利差收入来冲销不良资产。银行营业税的下降也有利于不良资产率的降低。一些专家学者认为：降低印花税正当其时适时降低证券交易成本已成为市场关注的话题。

●一些研究机构的专家、学者近日撰文认为，降低证券交易印花税正当其时

此举不仅能增强投资者的信心，更能进一步提高市场效率。目前过高的证券交易印花税加大了证券市场的交易成本，降低了投资者的预期收益。在股市上涨时，投资者为收回投资成本加大了价格波动范围，反而引起市场更大的波动；在股市低迷时，则极大地限制了交易，抑制了交易的活跃程度。另外，过高的证券交易印花税也间接地提高了资本成本，加大了资本市场的资金外流，制约着资本的形成。

2 月 27 日

●国务院机构改革方案将提交人大审议

中国共产党第十六届中央委员会第二次全体会议，于 2003 年 2 月 24 日至 26 日在北京举行。全会审议通过了《关于深化行政管理体制和机构改革的意见》。全会强调，行政管理体制和机构改革是推进政治体制改革的重要内容，是推动我国上层建筑更好地适应经济基础的一项重要的制度建设和创新，也是建立和完善社会主义市场经济体制的客观需要。要充分认识行政管理体制和机构改革的重要性和必要性，按照十六大提出的要求深化改革，进一步转变政府职能，改进管理方式，改进工作作风，提高行政效率，努力形成行为规范、运转协调、公正透明、廉洁高效的行政管理体制，更好地为改革开放和社会主义现代化建设服务。

●基金业发展要“阳光化”

证券投资基金业宣传工作座谈会昨日在京召开

经过五年的超常规发展，中国证券投资基金业取得了长足进步，但目前整个基金业还处于起步阶段。基金业在中国的发展仍然是潜力很大，同时也是形势逼人、任重道远。因此在当前时期对于基金业来说怎样强调发展都不过分。这是昨天在北京召开的证券投资基金业宣传工作座谈会上与会者达成的共识。

●中国证监会主席助理汪建熙在郑商所会员大会上说：期货市场前景非常光明

郑州商品交易所第五届会员大会昨日召开，148 位会员代表参加了此次大会。中国证监会主席助理汪建熙在大会上说，过去两年中国期货市场已实现较好的增长，今年仍会进一步增长，甚至可能超过去年的增长幅度，期货市场的发展前景非常光明，中国证监会将积极支持和认真监管期货市场的发展。

●日凌将干扰信息传递

上证所日前发出《关于日凌现象影响上证所卫星信息传输的通知》。通知称，自 2003 年 2 月 25 日起至 3 月 17 日止，上证所的卫星通信网络将不同程度地受到春分日凌的干扰，干扰的起止日期及每天受干扰的持续时间，与各地球站的地理位置、天线口径等因素有关。通知说，在受干扰期间，卫星通信可能会中断，请不要开关任何设备和不必要的操作，等干扰过后，通信会自动恢复。

2 月 28 日

●首批 QFII 托管人亮相

从中国证监会获悉，中国工商银行、中国银行、中国农业银行、中国交通银行、中国建设银行 QFII 托管人资格日前已获中国证券监督管理委员会批准。其他商业银行 QFII 托管人资格的申请材料正在审理中。

●浦发集团投融资创新

作为浦东新区授权的国资管理经营主体和基础设施建设投融资平台，浦发集团围绕以国资战略调整和投融资多元化为核心的改革，不断创新资产经营模式和资本运作手段，取得了引人瞩目的成效。在长期的实践中，浦发集团正摸索一套市场化运作的操作方法，即充分利用国有资本聚集的优势，吸纳社会投资者共同组建项目法人，实施股权性和债务性融资，对项目进行投资，实现政府资金的放大，进入滚动投资、持续发展的良性循环。此外，浦发集团还采用多种手段借力资本市场，通过发行企业债、利用信托融资方式以及外国政府贷款等形式多方筹措资金。

●外资受让基金公司股权将出现实质性突破

荷兰银行拟参股湘财合丰外资参股已有基金管理公司有望出现实质性突破。昨日，湘财合丰基金管理公司和荷兰银行共同宣布，将向有关部门提交荷兰银行通过股权受让方式参股湘财合丰的申请。如果获准，湘财合丰基金公司有望成为首家向外资转让股权的基金管理公司。

●推动证券业健康发展

《上海证券交易所会员自律准则》和《上海证券交易所会员业务规范指引》经上证所理事会批准今日正式推出，这是上证所为进一步强化会员自律意识，规范会员的业务行为，加强证券行业诚信建设推出的一项重要举措，也是上证所不断健全监管职能，完善监管方式，提高监管效率的一次有益尝试。它对进一步促进证券行业的规范发展，保护投资者权益，维护证券市场秩序，提升证券行业的社会形象将产生十分积极的影响。

3月4日

●中国证监会：将视市场情况决定是否再降印花税

据《中国证券报》报道，对于有政协委员提出降低证券交易成本以提高证券市场竞争力的建议，中国证监会在答复时表示，将视市场情况决定是否再降印花税。

●优质强筋小麦期货合约将于3月28日在郑商所上市

优质强筋小麦期货合约将于3月28日在郑州商品交易所上市，这是中国期货市场治理整顿之后，五年来首次推出的新品种。

●市场呼唤石油期货

上海石油交易所重张有望原上海石油交易所所长杨景民近日一直奔走于北京与上海之间。他的主要任务是筹建恢复已暂停多年的上海石油交易所。中东地区日益密布的战争阴云使国际油价一路疯涨，上周纽约商品交易所的原油价格曾以每桶39.99美元的新高直逼海湾战争时的价格。国际原油价格飙升累及国内多个与石油相关行业，航空、汽车、玩具、服装加工等多种行业均表示由于成本上升，面临盈利压力。这给了恢复石油交易所一个非常现实的理由。中国石油企业协会秘书长刘学实告诉记者，目前中国石油协会已与上海市政府敲定，由中石化、中石油、中海油三大石油巨头和上海市政府共同筹建恢复上海石油交易所。

●民建中央建议：发行社保基金国债

民建中央在向全国政协十届一次会议提交的关于加强我国社保资金筹集管理的提案中建议，为促进社保基金保值增值，国家可考虑发行利率比同期国债稍高的社保基金国债，专供社保基金投资。

●首次公开发行股票的公司专项复核的审核要求颁布

中国证监会日前颁布《股票发行审核标准备忘录第16号一首次公开发行股票的公司专项复核的审核要求》。备忘录规定，证监会发行监管部在审核首次公开发行股票的公司的申请文件时，如发现其申报财务会计资料存在重大疑问，或其财务会计方面的内部控制制度有可能存在重大缺陷、并由此导致申报资料存在重大问题时，可以要求发行人另行委托一家具备证券执业资格、信誉良好的会计师事务所对申报财务会计资料的特定项目进行专项复核。

3月9日

●四大商业银行获黄金进出口权央行放下“重担”中国人民银行近日已经全面放下了进出口黄金的担子，由中国工商银行、中国银行、中国农业银行和中国建设银行担当黄金进出口代理行，即从事黄金寄售业务的银行。

●亿安科技案疑犯被批捕

曾经震惊全国的“亿安科技股票操纵案”有了新的进展。记者日前从广州市检察院举行的新闻通报会上获悉，该案的主要犯罪嫌疑人王琦等人已被正式批捕，被控罪名是操纵证券交易价格罪。

●中国证监会主席尚福林表示会认真研究关于创业板的议案

中国证监会主席尚福林昨日表示，证监会对全国人大、政协交给中国证监会的议案、提案非常重视，并明确指出，会认真研究《关于尽快推出创业板市场》的议案。

●中国保监会主席吴定富称保险公司改制上市进展顺利中国保监会主席吴定富昨日在人民大会堂接受本报记者独家采访时表示，国内保险公司的股份制改造和申请发行上市工作抓得比较紧，进展顺利。但他没有透露国内保险公司申请发行上市的具体情况。

3月10日

●中国创业环境不容乐观在37个国家中排名第23位

2002年，中国在全球的创业活动中处于活跃状态，全员创业活动指数在37个GEM参与国家和地区中排名第9位。然而，中国的创业环境不容乐观，排名第23位。

●外资有望4月杀入A股

随着QFII托管银行最终确定，QFII就要成为现实。在京参加两会的德意志银行中国区总经理张红力透露，德意志银行上周已向证监会递交了QFII的申请，一旦证监会审批完成，德意志银行首批进入A股市场的5000万美元资金就将进入实际操作。

●四大商业银行获黄金进出口权

中国人民银行近日已经全面放下了进出口黄金的担子，由中国工商银行、中国银行、中国农业银行和中国建设银行担当黄金进出口代理行，即从事黄金寄售业务的银行。

●让投资者恢复信心周正庆谈证券市场发展

再次当选为全国人大财政经济委员会副主任委员的前中国证监会主席周正庆，日前接受记者采访时指出，全面建设小康社会，需要进一步发挥资本市场的功能。目前股市持续低迷与我国GDP持续快速增长严重背离，很不正常，当务之急，要统一思想，树立发展我国资本市场的信心。要努力消除近年来一直扰乱投资者思想的种种错误舆论的误导，努力改善投资环境，切实把保护投资者，特别是中小投资者的合法权益作为主要目标。任何改革开放措施的出台，都要考虑中小投资者的承受能力，使广大投资者恢复参与资本市场的信心。

3月11日

●刘纪鹏认为：深交所A股停发局面须尽快打破

首都经贸大学公司研究中心主任刘纪鹏日前撰文指出，创业板问题三年来一直为人们所关注，这不仅影响了深圳经济的发展，而且下一步将会对珠江三角洲需要深圳这样一个金融龙头来带动产生阻碍。

同时，中国资本市场必须实现来自竞争的繁荣，所以深交所创业板没有开，A股停发的局面必须尽快结束，必须把深交所市场的重新开通放在整个中国资本市场发展的大战略中考虑。

●央行行长周小川称：落实QDII很有希望

中国人民银行行长周小川10日表示，我国一直在研究推出合格境内投资者（QDII）制度一事，他认为落实QDII是很有希望的。

●中国银行间本币市场现券日交易量首破100亿元

来自全国银行间同业拆借中心的最新统计显示，3月10日银行间本币市场现券成交161笔，成交量达到102.2亿元。

3月12日

●人大代表彭镇秋建议：国有股退出应重视中小股东利益

全国人大代表彭镇秋此次向大会提交了多份建议，内容大多与证券市场相关。他建议，上市公司国有股退出应重视中小投资者利益、允许采用以特定资产定向回购的方式改善上市公司质量，及从多个方面推进我国会计师事务所的健康发展等。

●肖扬在最高院工作报告中说：五年审结金融案292万件

最高人民法院院长肖扬、最高人民检察院检察长韩杼滨昨天分别向十届全国人大一次会议作工作报告。肖扬在最高人民法院工作报告中说，五年里人民法院审结借款、股票、债券等案件292万件，比前五年上升39%，推动了资本市场的健康发展。

●中外合资基金开花结果招商安泰系列基金17日发售

首家中外合资基金管理公司招商基金公司，即将推出全新的基金产品一招商安泰系列开放式证券投资基金。这是国内市场上首只由合资基金公司发行的基金，同时也是外资登陆中国基金市场后首次亮相的基金产品。该基金产品将于3月17日正式发售，发行期40天。招商基金公司将以招商银行、招商证券为核心销售渠道进行市场推广，同时依托华夏证券、国泰君安证券、申银万国证券等渠道发行招商安泰基金。

3月13日

●连豆持仓量锐减

昨日，在大连商品交易所发布加强监管的有关通知之后，大连大豆期货合约持仓量锐减114352手，市场风险水平迅速降低。

●记账式10年债缓发

日前，财政部下发通知，原定于2003年3月19日通过银行间债券市场发行的10年期记账式国债因故推迟发行，具体发行时间以届时的发行通知为准。

3月14日

●三家外资银行QFII托管人资格获中国证监会批准

日前，汇丰银行上海分行、花旗银行上海分行、渣打银行上海分行QFII托管人资格已获中国证券监督管理委员会批准。其他商业银行QFII托管人资格的申请材料正在审理中。

●华鼎调查显示：投资者刚回升信心重新跌落

根据周四人气调查数据比较发现，散户的看涨比例为23%，较上一个交易日减少16%，看跌比例为48%，较上一个交易日增加21%，看平的比例为29%，较上一个交易日减少5%；大户看涨比例为16%，较上一个交易日减少23%，看跌比例为54%，较上一交易日增加28%，看平的比例为30%，较上一个交易日减少5%。昨日大盘继续下探，市场气氛非常悲观，投资者刚有所回升的信心重新跌落，特别是大户投资者看涨比例连两成都不到，从人气变化来看，几天内变化较大，市场心态非常浮躁。

●华融不良资产出售完成首家合资资产公司问世

中华工商时报消息，由摩根士丹利和中国华融资产管理公司合资组建的资产管理公司日前完成工商注册登记，将于近期挂牌。至此，从华融购买总额108亿人民币的一笔不良资产的交易获得监管机构最终批准。该宗不良资产由摩根士丹利牵头的财团和华融公司组成的合资公司收购。此次交易是中国迄今为止最大宗的不良资产出售项目。

●上海黄金交易所获准年内开设铂金现货交易

上海黄金交易所日前已获准于今年年内开设铂金现货交易。此举将有助于铂金价格与国际市场接轨。

●南航有望上半年国内上市

中国最大的航空公司中国南方航空股份有限公司董事长颜志卿近日在京表示，南航申请发行A股的工作已基本就绪，如股市条件具备，南航争取在今年上半年发行上市。据悉，南航是于去年才开始办理上市申请的，并于去年5月完成了发行A股的辅导验收工作。南航准备在上海股票交易所挂牌，发行10亿元A股，集资额约40亿元人民币。南航董秘苏亮在接受本报记者采访时表示，目前南航上市的一切法律程序的办理过程都很顺利，但目前还没有具体上市时间表。

●最新披露的数据显示：上月股市筹资额大增

中国证监会网站最新披露的数据显示，今年2月份，证券市场筹资金额达到101.78亿元，较上月的69.32亿元增加32.46亿元，增长幅度达到46.83%。今年2月份，我国证券市场股票成交额达到1620.86亿元，流通市值达到18218.03亿元，投资者开户数为6904.01万户，印花税收入为6.49亿元。

3月16日

●三家外资银行获QFII托管人资格

日前，经中国证监会批准，汇丰、花旗和渣打三家外资银行的上海分行获得QFII托管人资格。这是第二批成为QFII托管人的商业银行。

●财政部会计司司长刘玉廷指出强化对注会业行政监管

今年将强化对注册会计师行业的行政监管、加大会计准则、会计制度的建设与实施力度，将发布一些会计准则和金融企业会计制度。这是财政部会计司司长刘玉廷日前透露的。

●上期所调整一天胶交割仓库存放地点

上海期货交易所13日发出通知，决定在上海期晟储运有限公司天然橡胶的总库容量15000吨不变前提下，对存放地点进行调整。这次具体调整为，1.存放地为上海市闵行区剑川路2280号，原存放量5000吨调整为8000吨；2.存放地为上海市闵行区江川路2009号，原存放量10000吨调整为3800吨；3.新增存放地上海市闵行区江川路1688号，存放量为3200吨。

●首募近20亿天同180指数基金成立

今年首只发行的开放式基金天同180指数基金，以近20亿元的首发业绩，今日正式成立。

3月17日

●49家上市公司发布贷款公告贷款行为逐渐升温

据统计，今年头两个月，共有49家上市公司发布贷款公告，贷款总计为60.3亿元，而去年头两个月有44家公司发布贷款公告，贷款总计 39.3 亿元，也就是说今年头两个月发布公告的上市公司贷款比去年同期增加 50%。尽管这样比较不太准确，因为去年和今年发布贷款公告的公司不尽相同，但一个基本的判断是，贷款公告表明，上市公司贷款比去年明显活跃得多。

●有关专家建议：尽快建立股东代表诉讼制

在 3 月 15 日全国消费者维权日这一天，“投资者维权论坛暨 2003 年证券市场前瞻报告会”在深圳举行。会上，资深律师、广东知明律师事务所主任汪腾锋认为，为弥补上市公司治理结构缺陷，进一步保障和维护投资者权益，我国应尽快建立股东代表诉讼制度。

●QFII 投资我国证券市场的品种范围可望扩大

多方消息表明，QFII 投资我国证券市场的品种可望扩大。除《合格境外机构投资者境内证券投资管理暂行办法》中已明确规定的“可投资于在证券交易所挂牌交易的 A 股股票、国债、可转换债券、企业债券”外，境外投资者应还可参与新股申购、购买基金，参与配股和增发等。

3 月 18 日

●有关人士表示：华夏银行上市计划照常进行

有消息称，华夏银行 A 股发行计划再度推迟。来自华夏银行总行的消息则表示，该行上市计划仍按既定程序推进，发行价格尚未确定。

●上期所对外开放迈新步：与芝加哥商业交易所签订合作备忘录

日前，上海期货交易所首次以期货业协会（FIA）会员的身份，参加了在美国博卡·拉顿召开的“FIA2003 年会“。会上，上海期交所与芝加哥商业交易所（CME）签订了合作备忘录，这是北美地区交易所首次与中国的交易所签订合作协议。

●央行行长周小川表示逐步推进利率市场化

中国人民银行行长周小川 17 日在人民大会堂接受记者采访时表示，利率市场化改革一般来说不需要时间表，总的方向是有力度地逐步推进。

●启动 QFII 近在咫尺

日前，3 家外资银行正式获得 QFII 托管人身份，这样，目前就有 8 家境内外商业银行获准从事 QFII 托管业务。然而，有迹象表明，监管部门目前还并未正式受理 QFII 的申请材料。对此，有专家指出，这主要是由于有关具体规定还有待明确，一旦对 QFII 进入的相关内容作出进一步的详细规定，监管部门就可以正式受理 QFII 的申请。

●上海黄金交易所已获准于今年年内开设铂金现货交易

据中国黄金网消息，上海黄金交易所日前已获准于今年年内开设铂金现货交易。此举将有助于铂金价格与国际市场接轨。上海金交所目前仅开展纯度为 99.99%和 99.95%两个标准金品种的交易，专家估计，金交所将在年内上市交易铂金品种。

●上海市副市长冯国勤表示：全力支持证券期货市场发展

冯国勤副市长指出，近年来在大家共同努力下，上海证券期货市场取得了长足的进步，市场规模不断扩大，发展环境逐步优化，资源配置作用逐渐显现，市场主体进一步完善，有力地促进了上海经济发展和城市建设，推进了上海产业结构调整和国有企业改革。在中国证监会的领导下，上海证管办作为一线监管部门，做了大量扎实有效的工作，成绩是显著的。上海要贯彻实施好建设国际金融中心这一国家战略，离不开中央和全国各方的大力支持，也需要自身的不断努力。目前上海离国际金融中心的差距是十分明显的，今后几年将是建设国际金融中心打基础、筑框架的关键阶段，任重道远，要抓紧做好建设规划等工作。上海证券期货市场还有很大的发展潜力，它的持续健康发展对建设国际金融中心意义重大，上海将全力支持证券期货市场进一步发展。上海将继续支持上海证券、期货交易所做大规模、增加品种、活跃市场和提高监管能力、改善服务水平，进一步通过购并重组、优化结构提高上海上市公司质量，进一步支持证券期货经营机构增强竞争能力，进一步创造公平环境、提供一流服务，欢迎证券期货经营机构到上海来发展。上海市政府也将继续与监管部门密切协作，努力防范化解各类风险，确保证券期货市场平稳运行。

3 月 19 日

●中国保险业资产总额达 6616 亿投资增长近五成

中国保监会统计资料显示，截至今年 1 月底，中国保险业资产总额超过 6616.5 亿元，同比增长 43.63%，比去年 12 月份增加 122.45 亿元。保险资金银行存款 2986.68 亿元，同比增长 44.16%，但比去年底减少了 39.59 亿元；国债投资 1114.45 亿元，同比增长 38.91%，比去年底仅增 6.6 亿元；投资于证券投资基金 305.84 亿元，同比增长 63.6%。

●上交所胡汝银博士：国有股应优先向个人股东转让

胡汝银认为，对推动整个市场基本制度建设和基本机能完善而言，最佳的做法就是向社会公众股股东按净资产转让国有股。

3 月 20 日

●中国证监会发言人透露 QFII 买基金不设上限中国证监会发言人昨日就合格境外机构投资者（即 QFII）境内证券投资管理有关问题发表谈话。该发言人透露，证监会对 QFII 投资开放式和封闭式基金不设投资比例限制。

3 月 21 日

●代办股份转让信息将在网上集中披露

“代办股份转让信息披露平台”于近日起试运行。该平台是统一集中披露代办股份转让业务信息的网站。

●证券业协会与深交所实时监控代办股份转让系统

为加强对代办股份转让系统的监控工作，近日中国证券业协会与深圳证券交易所签署了代办股份转让系统实时监控备忘录。

●上海证券交易所大宗交易日趋活跃

近日来，上海证券交易所大宗交易市场日趋活跃。继 3 月 14 日成交两笔大宗交易之后，3 月 18 日又成交一笔大宗交易。该笔大宗交易成交券种为民生转债（100016），成交价 99.80 元，成交数量为 10 万手。这样，在上证所 1 月 10 日颁布《上海证券交易所大宗交易实施细则》后，至今已经成交了 6 笔大宗交易，成交品种包括股票、国债以及可转换公司债券。

●首家中外合资产业投资基金公司成立

以国家开发银行为发起人，由开行与瑞士联邦对外经济事务秘书处共同出资建立的中瑞创业投资基金管理有限公司日前在京成立。这是国内首家成立的中外合资产业投资基金管理公司，开辟了利用外资支持中国企业发展的新途径。

●又一家中外合资证券公司长江巴黎百富勤获批

近日，由长江证券有限责任公司和法国巴黎银行共同出资组建的中外合营证券公司一长江巴黎百富勤证券有限责任公司正式获中国证监会批准设立。

●信托产品首破地域限制

民生银行将在北京、重庆两地为重庆国际信托投资公司股权信托计划代理信托资金收付记者从民生银行获悉，该行将在北京、重庆两地为重庆国际信托投资公司股权信托计划代理信托资金收付，这是国内首例通过银行在两地同时进行资金收付的信托产品。

3 月 24 日

●2 月再融资额较 1 月下降八成

中国证监会最新月度统计数据显示，今年 2 月份，我国证券市场再融资额(仅包括配股与增发)仅为 7.75 亿元，较上月下降 81%，与去年同期相比，下降了 40%。

●刘明康执掌银监会

国务院机构改革方案的出台将银监会推到了聚光灯下，由此，争论了两年的"央行要不要分拆"也尘埃落定。刘明康，这位 57 岁的资深银行家，已于近日被国务院任命为银监会主席。他此前的职务是中国银行董事长、行长。

3 月 25 日

●深交所为证监会派出机构提供监管信息服务

为加强证券交易所与中国证监会各派出机构的沟通和交流，提高联合监管水平及保护投资者权益，深交所于 3 月初首次向中国证监会 36 个派出机构发出《深圳证券交易所上市公司监管信息》。

●银行券商联手试水私募基金招商尝试驱赶储蓄资金入市

受托理财对于证券公司而言已不是个新业务，但是证券公司与银行联手共同尝试受托理财业务，这在证券业内还是新鲜事。

日前，招商银行与招商证券联手推出了一种介于银行存款和开放式基金之间新的理财品种一招商受托理财计划。这预示着银行券商开始联手尝试私募基金业务。

3 月 26 日

●棉花期货有望年中上市

郑州商品交易所副总经理汤庆荣日前在"郑州优质强筋小麦期货合约上市推介会"上透露，继强筋小麦期货后，今年第二个新品种棉花期货的一切准备工作已经就绪。郑商所将在下月上报中国证监会申请上市，在获得国务院批准后，郑商所两个月内即可将棉花期货挂牌上市。汤庆荣估计，郑商所今年推进新品种上市的计划是二季度上市棉花期货，三季度要上市白糖期货，以后还要上市油菜籽期货。

●南航总经理王昌顺表示：南方航空 A 股有望上市

南方航空总经理王昌顺近日表示，南航 A 股上市计划已准备就绪，可望获得政府批准，在上半年完成发行工作。上市所得资金将用于更新飞机、广州白云国际机场总部建设和减少债务。

●国家电力监管委员会正式挂牌

国家电力监管委员会今天在北京举行的首次新闻发布会宣布，国家电力监管委员会已于 3 月 20 日正式挂牌运行。本着勤俭节约、简朴务实的原则，国家电力监管委员会挂牌时没有举行任何仪式。

●基金亏损年报亮相久嘉、久富去年净收益均为负值

证券投资基金 2002 年年度报告开始亮相。今天，长城基金管理公司旗下的基金久嘉、基金久富公布了年报。年报显示，这两只基金去年净收益均为负值，两基金合计亏损额达到约 7853 万元。

3 月 27 日

●证券责任险有望推出：大鹏证券与人保全面合作

大鹏证券有限公司和中国人民保险公司深圳分公司日前签订了全面合作协议，后无论是保险客户还是证券客户都可望在一方获得保险和证券双方的信息以及服务，双方还表示要针对市场需求，推出新产品，如推出证券责任保险。

●郑商所负责人表示强麦价格发现需要过程

郑州商品交易所与中证网昨日联合举办优质强筋小麦期货上市交易网上路演。郑商所负责人表示，强麦与国际市场会有联动，但是变化不一定完全一致。强麦的价格需要一个发现的过程。

●全国人大财经委副主任周正庆表示：银行保险资金入市时机成熟

全国人大财经委副主任、前证监会主席周正庆日前接受有关媒体采访时表示，现在是创造条件让银行、保险资金"合规"进入资本市场的时候了。

●刘仪舜透露：国资经营将获特殊授权

全国人大财经委《国有资产法》起草工作组组长刘仪舜日前

透露，在新的国有资产管理体制下的各级国有资产投资(经营)管理公司，在未来经营运作中将被授予一些特殊权限。但这些特殊权力，必须等《国有资产法》出台后依法行使。

3 月 28 日

●统计数据显示：企业发债首次多过发股

据最新统计，今年 1～2 月，我国资本市场企业债券、可转债的融资总额总计达到 111 亿元，为同期股权融资额的 1.66 倍。这表明我国资本市场长期以来过分依赖股权融资的现象，有望在今年得到转变。

●财政部国税局：对股权转让不征收营业税

财政部、国家税务总局日前明确规定，对股权转让不征收营业税。另外，以无形资产、不动产投资入股，与接受投资方利润分配，共同承担投资风险的行为，不征收营业税。此规定已于 1 月 1 日起实行。此前，有关这个问题一直没有明确的规定。

●上市公司退市机制进一步完善

中国证监会昨天发布《关于执行＜亏损上市公司暂停上市和终止上市实施办法(修订)＞的补充规定》。补充规定给予因财务会计报告追溯调整而面临退市问题的上市公司以充分揭示风险的时间，要求面临退市风险的上市公司董事会对暂停上市后申请恢复上市、终止上市后保障股东权益，应当提前作出制度安排。

4 月 1 日

●深交所今天颁布《深圳证券交易所服务体系建设纲要》。深交所有关负责人表示，要以纲要的颁布实施为契机，近期着力推动五项具体工作。一是开设客户服务中心，为办事客户提供标准化、规范化服务；二是对现行工作流程、服务指引进行全面清理，修订办事指引手册；三是推行客户评价制度，对各部门服务工作实行客户满意度评估，每半年一次；四是创新投资者教育材料，不定期编发《投资者教育咨询报告》；五是完善投资者状况及需求调查体系，建设投资者状况信息库。

●商务部有关部门负责人认为外资并购将提升公司质量

《外国投资者并购境内企业暂行规定》将于 4 月 12 日起施行。日前，国家商务部外资司有关负责人从 26 个方面对此进行详细的解答。这位人士在解答中称，暂行规定的发布实施，将有利于国有企业的改革，有利于外资参与我国上市公司资产重组，提升我国上市公司的整体质量。

●沪深证交所部署季报工作

沪深证券交易所今日就做好2003年第一季度报告向各上市公司发出通知。通知要求,本次季报应当在4月30日前完成披露工作。上市公司本次季报披露时间不得早于2002年年度报告的披露时间。对于上市公司不能在4月30日前披露本次季报的,公司应及时向证交所提交书面说明,并公布未能如期披露季报的原因和延迟披露的最后期限。证交所自5月1日起对其股票实行停牌,直至其公布本次季报。

●屠光绍指出:证券信息系统安全很重要

中国证监会副主席屠光绍同志在致辞中指出,中国证监会高度重视行业信息系统的安全和发展,因为它是证券市场的重要基础,它的稳定性、可靠性和实时性对实现公开、公平、公正原则至关重要。

4**月**2**日**

●260亿记账式国债将发

日前,财政部决定在全国银行间债券市场发行2003年记账式(二期)国债,发行总额260亿元,期限10年,票面利率按竞争性招标中标利率确定。据悉,本期国债于2003年4月8日进行招标,4月9日开始发行,4月15日结束。4月18日开始,在全国银行间债券市场同时以现券和回购的方式流通。

●证监会取消第二批27项行政审批项目

中国证监会公布了被取消行政审批项目有关的后续管理方式和衔接工作,并决定改变7项行政审批项目的管理方式,将其分别移交给中国证券业协会、中国期货业协会行使自律管理。中国证监会表示,第二批行政审批项目取消及部分行政审批项目改变管理方式后,中国证监会将根据审慎监管的原则,通过制定管理规范和标准,完善监管手段,加大事中检查、事后稽查处罚力度等措施,进一步加强对投资者的保护和有关业务活动的监督和管理。

●中国股市第一案一审宣判

北京市第二中级人民法院昨天对有"中国股市第一案"之称的"中科创业"操纵证券交易价格案进行了一审公开宣判。去年6月,北京市第二中级人民法院开始对"中科创业"案开庭审理。由于案情复杂、被告众多,原定3天的庭审进行了4天才结束。近10个月后,法院才对该案进行了一审宣判。此间法律人士认为,该案审理过程如此之长,一方面是此案涉案金额多、影响大所致,另一方面也表明了法院面对此类新型案件,既要打击犯罪,又要兼顾稳定股市的谨慎心理。

●券商改善盈利模式必须创新

3月31日至4月1日,中国证券业协会经纪业委员会在上海举办了"证券公司经纪业务发展与创新研讨会"。屠光绍副主席在讲话中指出,经纪业务是券商的主要业务,面对市场发展与环境变化,经纪业务必须创新。只有创新才能拓宽客户基础,推动市场规模的持续扩大;同时通过创新改善自身的盈利模式,形成良性互动。

4**月**3**日**

●人民银行确定三项工作重点

中国人民银行行长周小川说,人民银行将紧紧围绕推进金融改革、支持经济增长和提高人民银行工作水平三个重点开展工作。周小川说,人民银行要围绕三项重点,努力做好以下几方面工作:做好机构改革和职能调整工作;分析今年以来我国经济金融运行情况以及货币政策执行效果,密切关注国内外经济金融动态,及时研究应对措施;稳步推进利率市场化改革,改进货币政策操作手段,理顺货币政策传导机制,保持货币信贷总量适度增长等。

●海富通基金获准开业

经中国证监会批准,由海通证券股份有限公司与欧洲富通基金管理公司共同发起设立的海富通基金管理有限公司,近日正式获得中国证监会开业批准。目前,海富通基金管理公司正在进行首只开放式基金产品的开发和报批工作。成立后的海富通基金管理有限公司注册资本为1亿元人民币,其中海通证券股份有限公司持有67%的股份,富通基金管理公司持有33%的股份。

●华宝兴业将推首只基金产品

昨日,华宝兴业基金管理有限公司以一场中外合资基金业务发展研讨会的方式,首次在众多投资机构和媒体面前亮相。该公司董事长郑安国在会上透露,华宝兴业首只基金产品准备工作已基本到位。据介绍,华宝兴业将推出的基金产品也是伞形基金,其中包括股票型基金,也包括债券型基金。为了确保基金持有人利益高于股东利益,华宝兴业将对基金资产实行灵活配置,虽然这会影响管理费的提取,但可以最大程度地规避国内股市"牛短熊长"的风险。

●完善发股方式利于稳定市场

在近期进行的民生转债发行、海虹控股增发过程中,投资者申购踊跃,海虹控股增发取得了超过100倍的超额认购。同时,再融资板块走势颇为良好,参与认购的投资者大多获得了一定的收益。业内人士分析这一现象认为,上市公司在进行增发等再融资过程中,采取了网上与网下相结合的发行方式,兼顾了新老股东的利益,在发行定价等方面也考虑到市场承受能力,因而得到投资者尤其是机构投资者的响应。同时也表明,目前的确有不少场外资金正在寻找有效的投资途径。

●银监会三定规定获原则通过

国务院总理温家宝4月2日主持召开国务院常务会议,研究非典型肺炎防治工作,讨论《国务院2003年工作要点》和中国银行业监督管理委员会"三定"(定职责、定机构、定编制)规定,审议《中华人民共和国中医药条例(草案)》。会议讨论并原则通过了中国银行业监督管理委员会"三定"规定。新设立的中国银行业监督管理委员会将根据授权统一监督管理银行、金融资产管理公司、信托投资公司及其他存款类金融机构。

4**月**4**日**

●中国保监会重点办理扩大保险资金运用渠道提案

中国保监会共收到全国政协十届一次会议交办的委员提案22份,十届全国人大一次会议交办的代表建议5份。根据提案和建议的内容,中国保监会将有关保险资金运用问题和有关个人代理人管理的两个政协提案作为重点办理的提案,报全国政协提案办公室。中国保监会主席吴定富对做好政协委员提案和人大代表建议的办理工作非常重视,要求"保证质量,认真办理"。

●警示退市风险将启用 * ST标记

为保护投资者合法权益,降低市场风险,上海和深圳证券交易所日前发布《关于对存在股票终止上市风险的公司加强风险警示等有关问题的通知》。该通知从今年5月8日起执行。通知称,存在股票终止上市风险的公司,交易所对其股票交易实行"警示存在终止上市风险的特别处理",以充分揭示其股票可能被终止上市的风险。"退市风险警示"的具体措施是在公司股票简称前冠以"* ST"标记,以区别于其他公司股票。在退市风险警示期间,股票报价的日涨跌幅限制为5%。公司在特别处理期间的权利和义务不变。

●深交所谴责深天马

深交所今日发布公告,对深天马A予以公开谴责。经查，该公司于 2001 年 2 月 27 日与大连证券签订《购买国债协议》，将募集资金 1.5 亿元委托大连证券购买国债，固定收益率为 11.5%，期限为一年。2002 年 3 月 7 日，公司与大连证券签订了《购买国债延期兑付补充协议》，将上述委托投资合同延期半年，至 2002 年 9 月 8 日，固定收益率调整为 10%。

●沪市排定季报披露时间表首份季报明日亮相

沪市公司 2003 年第一季度报告披露日期已经排定，宝钛股份将于 4 月 5 日率先刊登季报。根据预约情况，本次季报披露高峰将出现在 4 月下旬。上证所网站日前公布了 2003 年第一季度报告预约结果。宝钛股份成为首家刊登季报的上市公司，刊登日期确定为 4 月 5 日。凌钢股份和北大荒将在 4 月 8 日刊登季报，4 月 12 日将有复星实业、昆明制药等 8 家上市公司的季报披露。从预约的季报披露日期来看，由于第一季度报告披露时间规定不得早于公司 2002 年年报披露时间，因此，多数上市公司将季报披露日期定在 4 月中下旬。其中，约有 90 家左右的上市公司计划在 4 月 30 日披露季报。

4 月 5 日

●国务院任命国家工作人员

国务院近日审议通过了国务院国有资产监督管理委员会、中国银行业监督管理委员会两个新设正部级机构的主要职责、内设机构和人员编制规定。同时，决定将中国保险监督管理委员会调整为国务院直属正部级事业单位。国务院任命李荣融为国务院国有资产监督管理委员会主任、刘明康为中国银行业监督管理委员会主席、吴定富为中国保险监督管理委员会主席。

●战争进展推动股市上扬

随着美英军队兵临巴格达城下，全球股市 4 日再度上扬，美元对各主要货币进一步巩固强势，国际金价和油价则继续回落。4 日，美国股市克服了不利经济数据的影响，开盘小幅上扬。道指开盘报 8240.59 点，纳指开盘报 1400.97 点。当地分析人士认为，尽管美英军队在伊拉克战场上的进展暂时推动了股市上扬，但投资者迟早要重新开始关注经济基本面和公司盈利方面的状况。截至北京时间 24:00，道指报 8225.75 点，下跌 14.63 点；纳指报 1384.27 点，下跌 12.31 点，较开盘略有回调。

大连证券被责令关闭

由于大连证券有限责任公司违法违规行为严重，并且公司已资不抵债，不再具备继续经营的条件，中国证监会根据《证券法》第 201 条“证券公司在证券交易中有严重违法行为，不再具备经营资格的，由证券监督管理机构取消其证券业务许可，并责令关闭”的规定，日前作出了取消大连证券的证券业务许可并责令其关闭的行政处罚决定。大连证券成为第一家被中国证监会作出取消证券业务许可并责令关闭的证券经营机构。

●宝钛股份揭开季报序幕

沪深两市首份季报于今日亮相，宝钛股份今年一季度业绩不俗，每股收益 0.084 元，同比增幅达 25.37%，实现净利润 1686.14 万元，比去年同期增长 78.36%。该份季报是按照中国证监会近期发布的经修订的新《季报规则》编制的，更突出业绩数据等重点信息，强化披露投资者关心的信息，在延续了季报简明格式的同时还增加披露了“重要提示”。

4 月 7 日

●国资管理新框架初现

国务院国有资产监督管理委员会已于日前挂牌。新的国资委作为运作国有资产的代表，在实际工作中将充分体现“三不”原则，即不得直接干预企业经营决策活动；不要成为婆婆加老板；不能把企业管死。通过积极有效的工作，完成投资体制的改革。来自人大财经委、财政部有关权威部门的信息显示，随着国资管理的基本法一《国有资产法》的起草完成，国资管理原则、管理机构的确定等，国有资产管理新体制的基本框架已经初现。《国有资产法》的起草完成，将可以保证国有资产的管理有一个基本规律和基本原则可依，使国有资产的形成、取得、使用、经营、流转、收益、处置等有一个基本的法律规范。这个法的即将出台，也预示着新的国资管理体系即将进入实质操作。

●招商模式引来仿效

招商银行与招商证券联手推出的招商受托理财计划亮相后，引起了业内的极大关注。已有多家银行与券商频频接洽，力争在近期推出类似的金融理财计划。动作最快的可能是总部设在南方的一家股份制商业银行，近期这家银行的业务人员已经开始在上海推销其理财计划。

从了解的情况看，这份计划与招商受托理财计划相比，一是起点更低，每份 5 万元起；二是承诺受益更高，保底收益达到 5%左右。不过，该理财计划并没有摆上这家银行的柜台，而是通过业务人员直接与客户联系。

●中国经济步入新一轮增长周期

尽管今年第一季度全国经济运行的各项统计指标尚未完全披露，但经济向好的种种市场讯号已是纷至沓来：今年 1 至 2 月份，全国居民消费价格总水平累计平均比去年同期上涨 0.3%，基本扭转了物价指数连续 20 多个月下滑的局面；从去年 11 月开始，华中电网多个城市缺电。今年以来，西北电网及南方多个省区也开始拉闸限电；钢材价格继 2002 年第四季度继续上涨后，今年第一季度钢材各类品种价格依然稳健上扬，创下近年新高。综合各方面看来，有关专家认为，中国经济目前日渐升温，呈现良好的增长态势，种种迹象表明，中国经济开始步入新一轮增长周期。

4 月 8 日

●证监会期货部主任杨迈军认为推玉米期货利于市场发展

中国证监会期货部主任杨迈军昨日在大连商品交易所第二届会员大会上说，恢复玉米期货交易可以增加期货市场的厚度，分流一部分过分集中的资金。杨迈军希望大商所认真做好新品种的开发和现有品种的活跃工作，做好市场规范发展的基础性工作。他说，大商所一直致力于恢复玉米期货交易，证监会也高度重视这项工作。恢复玉米期货交易，不仅可以改变目前大商所一豆独大的局面，增加市场厚度，同时对于分流一部分过分集中的资金，也有非常直接的作用。

●期市发展要服务和服从大局

中国证监会副主席范福春昨日在大连商品交易所第二届会员大会上指出，要认真坚持期货市场的发展必须服务和服从于国民经济发展全局的方针，促进期货市场与国民经济保持良性互动，使期货市场在为国民经济提供良好服务的同时，求得自身的健康发展。范福春说，期货市场是社会主义市场经济体系的重要组成部分。发展和完善期货市场，是社会主义市场经济发展的客观需要，是贯彻落实十六大精神的一项重要工作，我们要认真坚持期货市场的发展必须服务和服从于国民经济发展全局的方针。促进期货市场与国民经济保持良性互动，使期货市场在为国民经济提供良好服务的同时，求得自身的健康发展。

4 月 9 日

●白云机场将发 4 亿新股

广州白云国际机场股份有限公司即将发行 4 亿股 A 股，发行价人民币 5.88 元，预计发行市盈率(按 2002 年全面摊薄每股收益计算)12.25 倍。据悉，白云机场本次募集资金将用于新机场航站楼项目的建设。发行将全部向二级市场投资者定价配售，发行股数占发行后总股本的 40%，发行日期定为本月 14 日，发行后拟于上海证券交易所上市。

●成思危副委员长认为证券投资基金法年内难出台

全国人大常委会副委员长成思危昨天表示，按照我国人大的立法程序，以及受人大刚刚换届等因素的影响，《证券投资基金法》年内不一定能出台。成思危称，按照我国人大立法程序，一个法律草案至少要经过“三读”，而在第三读之前，须先消化第二读的争议；如果“三读”争议还很大，也有“四读”的先例。同时，人大刚刚换届，新委员对《证券投资基金法》还有一个认识、了解的过程。

●260 亿新国债下周发行

发行总额 260 亿元、期限 20 年、票面年利率 3.40% 的 2003 年记账式(三期)国债，将于 2003 年 4 月 17 日开始发行并计息，4 月 22 日发行结束，4 月 25 日开始在上海证券交易所和深圳证券交易所同时以现券和回购的方式上市流通。本期国债将以招标方式发行.

4 月 10 日

●工业生产增幅创 8 年来最高

今年以来，我国工业生产全面提速。一季度，全国规模以上工业企业累计完成增加值 8343 亿元，比上年同期增长 17.2%，达到 1995 年以来最高水平。今年以来，固定资产投资增长 30% 以上，对能源、重工业起到了直接拉动作用，成为工业增长的主要动力。一季度，重工业完成增加值 5322 亿元，比上年同期增长近 20%，占整个工业增加值的一半以上。

●金交所将推大宗交易

日前举行的上海黄金交易所第一届理事会第四次会议传出信息，今年上海金交所即将推出窗口交易业务。据金交所有关人士介绍，该新业务即为大宗交易，通过询价方式进行，双方自主报价，协商成交。该业务可以降低交易成本，并提高大宗黄金买卖的成交效率。此外，为确保交割安全，今年上海金交所还将调整指定仓库的分布，按照实际交割量的大小对指定仓库网点分布进行合理整合，使会员提取实物更为安全和便利。为降低会员各项运营成本，金交所新的调运方案即将出台。同时为平衡商业银行利益角度考虑，争取解决仓储费的计收问题等。

●7 家券商成为拆借市场成员

近日，中国人民银行批准东吴证券有限责任公司、金信证券有限责任公司、上海证券有限责任公司、民生证券有限责任公司、恒泰证券有限责任公司、第一创业证券有限责任公司、申银万国证券股份有限公司共 7 家券商成为全国银行间同业拆借市场成员，从事同业拆借业务。

●全球主要股市走弱

经过多日的震荡，国际金融市场对伊拉克战局的兴趣似乎逐渐消退，投资者转而开始关注世界经济并不乐观的基本面。受此影响，9 日，全球股市涨跌互现，美元兑各主要货币汇率略有下跌，国际金价和油价则出现小幅反弹。美国股市 9 日在略微高开后震荡上行。

4 月 11 日

●沪深股市放出巨量

昨天，沪深股市走出放量震荡行情。两市股指开盘承接前日的强势跳空高开，后在中国联通等大盘蓝筹股和医药股板块的带动下轮番上攻。尽管盘中出现阻力，但两市股指最终都收出了一根带上影线的小阳线。与此同时，沪深两市昨日双双创出 1311 点反弹以来的天量，且为仅次于去年“6·24”行情以来的次天量。其中，沪市成交金额达到 252.8 亿元，深市达到 128.6 亿元，两市累计达 381.4 亿元。

●大成债券基金将发行

大成基金管理有限公司旗下的首只债券基金一大成债券投资基金将于 4 月 15 日开始正式发行。投资者可到大成基金公司的直销网点申购，也可到农业银行、交通银行、民生银行营业网点及广东证券、国泰君安证券、华夏证券、国信证券、兴业证券、长江证券、中信证券、中国银河证券等八家券商的代销网点进行申购。大成基金公司还将推出“买基金送保险”活动。

●保监会强化偿付能力监管

日前，中国保监会主席吴定富在此间强调，要密切跟踪市场对保监会新颁布实施的《保险公司偿付能力监管额度指标管理规定》的执行情况和反映，切实强化偿付能力监管工作。吴定富是在保监会召开的传达学习温家宝总理在国务院第一次全体会议和国务院廉政工作会议上的重要讲话精神的会议上，作上述表示的。他同时强调，上市不是国有保险公司体制改革的最终目的，改革的目的是完善国有保险公司的法人治理结构。另外，要按照行政审批制度改革的要求，跟踪检查前两批行政审批取消项目的落实情况，做好有关后续监管工作；要积极探索中介监管体制改革，不断拓宽资金运用渠道等。

●国资委掌管净资产 3 万亿元

有关方面权威人士日前在接受采访时首次透露，新成立的国务院国有资产监督管理委员会管理的资产是隶属于中央的 3 万亿元国有净资产；市场关注的国资委的三定方案终稿将于下周出台。国有资产监督管理委员会作为国务院新设立的机构，其本身就有很多令人关注的地方。职责和任务是：由国务院授权代表国家履行出资人职责，监管国有资产，确保国有资产保值增值，进一步搞好国有企业。

4 月 12 日

●基金净值全线上扬

受沪深大盘震荡上扬的影响，本周证券投资基金资产净值全线上涨，又有多家基金净值重新站上面值。本周封闭式基金净值普遍涨幅较大，截至周五，开元、安信、裕阳、同益、裕隆、天元、裕华、景阳等 12 家基金的单位净值重返面值以上，至此单位净值在面值之上的基金已增至 20 家。本周单位净值列前三甲的依次为：基金兴华 1.1758 元，基金融鑫1.1123 元，基金兴和 1.0798 元。

4 月 14 日

●上证所通知 02 国债(3)周五付息

通知称，本期国债为固定利率附息债，挂牌名称为“02 国债(3)”，期限 10 年，年利率为 2.54%。本期国债的债权登记日为 4 月 16 日，利息支付日为 4 月 18 日，每百元面值利息为 2.54 元。本次国债付息的除息基准日为 4 月 18 日，4 月 17 日停牌一天，4 月 18 日以除息价复牌交易。

●石油期货上市渐行渐近

日前，上海期货交易所与香港交易及结算所有限公司宣布，双方合作研究建立亚洲能源衍生产品市场，原油期货合约有望成为该市场的首个产品。这是迄今为止，中国筹备石油期货最为实质性的举措，中国石油期货上市的脚步又近了。

目前，有关部门对推出石油期货的态度比较积极。今年2月28日，中国证监会主席助理汪建熙在“第十三届亚太期货研究论坛”上表示，中国证监会将推动成立品种上市审核委员会，为石油期货等新产品的推出提供制度保障。此前，中国证监会期货部主任杨迈军也说，要全力推动新品种上市，推动期货交易所开展燃料油期货的研究开发。

●ST幸福和ST中西存在终止上市可能

ST幸福今日发布风险提示性公告称，财政部发布的对因担保事项所发生的预计负债的确认和计量问题作了进一步解释，该解释对公司有重大影响。公司将因此从2002年度应补提预计负债1.08亿元。如果补提的预计负债计入当期损益，将可能导致公司去年出现较大数额亏损，并因此而直接终止上市。ST中西称，为避免退市风险，公司仍尽力推进重组，但仍未取得实质性进展，如果上述状况未获得根本性的改观，则2003年上半年公司将继续亏损，并因此而终止上市。

4月15日

●招股书摘要简明扼要

为进一步提高信息披露质量，降低信息披露成本，中国证监会最近对《公开发行证券的公司信息披露内容与格式准则第1号——招股说明书》、《公开发行证券的公司信息披露内容与格式准则第11号一上市公司发行新股招股说明书》及《公开发行证券的公司信息披露内容与格式准则第13号一可转换公司债券募集说明书》作了修订。

●金鹰基金下周一发行该基金以两市成份股为重点投资对象

金鹰基金管理公司发起设立和管理的金鹰成份股优选证券投资基金定于21日正式向全国发行。该基金是以上证180指数成份股和深证100指数成份股为重点投资对象，兼顾债券、拟入选成份股股票的投资和新股申购、股票增发申购的基金。

●外资企业发股有望零突破

由日本国睦特殊金属工业株式会社拥有60%股权的宁波东睦新材料股份有限公司有望成为首家在中国A股市场获得公开募股资格的外资控股企业。如果发行成功，外资公司在A股市场发行股票将实现零的突破。

4月16日

●棉花期货方案基本完成

受到广泛关注的棉花期货，目前上市准备工作已经基本完成。郑州商品交易所昨日开始就棉花期货合约及相关制度公开征求意见，并有望于不久之后上报有关部门，等待上市批复。根据郑商所发布的征求意见稿，棉花期货合约的基准交割品为328B级国产锯齿细绒白棉（符合GB1103－1999）；交易单位为5吨/手（公定重量）；最小变动价位为5元/吨；每日涨跌停板为上一交易日结算价的±3%；合约交割月份为1月、3月、5月、7月、9月、11月；最低交易保证金为合约价值的5%；交易手续费为8元/手（含风险准备金）。

●易方达平稳增长收益7.1%

易方达市场总监陈国祥昨日透露，易方达平稳增长基金自去年8月成立以来，至今年的4月11日，在不到八个月的时间内，已经为投资者实现7.1%的收益，远远超过了同期的储蓄存款和国债收益率，超过基金的比较基准上证A指达13个百分点。陈国祥是在易方达平稳增长基金首场中小客户交流会上说这番话的。会上，易方达平稳增长基金经理江作良详尽地介绍了自成立以来该基金的运作情况，并与投资者进行了深入的交流。

●商业重组启动上海国资改革

今年第一季度，上海国民经济实现“开门红”，全市实现GDP1325.86亿元，比去年同期增长11.8%，其增幅达到了近五年来同期最好水平。在各行业的统计数字中，上海商业倍受关注。今年1——3月份，全市实现社会消费品零售总额553.44亿元，其中2月份实现零售总额186.20亿元，创单月销售额历史新高。上海商业今年一季度销售还实现了“双超”，一是超额完成进度要求，二是超额完成了计划增长目标。从一系列统计数字不难看出，商业在上海经济中所占据的举足轻重的地位，也正是其所具有的行业特征和竞争环境使之成为上海国资改革中的重头戏。

4月17日

●金融机构可分享年金市场

昨天，在“中国首届企业年金与保险发展论坛”上，劳动和社会保障部社会保险基金监督司司长孙建勇表示，企业年金市场与货币市场、资本市场、保险市场密切相关，它的发展将促进相关金融业务的共同繁荣。孙建勇说，各类金融机构均可参与企业年金市场活动，并提供专业化服务。投资公司、证券公司、保险公司等将来都是重要的企业年金管理人。其中，保险公司要凸现自己的比较优势。

●期货市场酝酿推出期权交易

国内商品期权的上市交易准备工作进展顺利，昨日，郑州商品交易所向社会发布《期权交易管理办法》和《期权做市商管理办法》征求意见稿，并将进行大规模的期权模拟交易。此次征求意见的郑商所《期权交易管理办法》，已经是第二十六次修订稿。该办法在附件中提供了小麦和棉花两种期权合约的具体内容。其中，小麦期权合约规定，交易单位为一手10吨的小麦期货合约；涨跌停板与小麦期货合约相同（即上一交易日结算价±3%）。棉花期权合约规定，交易单位为一手5吨的棉花期货合约；涨跌停板与棉花期货合约相同（即上一交易日结算价±3%）。

●保险资金入市大增

中国保监会3月份统计资料显示，截至3月底，保险资金投资于证券投资基金近315亿元，同比增长52.1%。

统计资料显示，1至3月份，全国保费收入1141.7亿元，同比增长32.8%，其中，财产险收入逾212.5亿元，同比增长12.7%，寿险收入近870.3亿元，同比增长37.7%。截至3月底，保险资金银行存款近3188.6亿元，同比增长56.8%；投资2916.1亿元，同比增长45%，其中，国债投资1168.4亿元，同比增长28.8%。

4月19日

●汽车业重组力度将加大

国家发展和改革委员会经济运行局局长马力强表示，国家将推进汽车产业政策的制定、发布和实施，深化车辆产品管理制度改革，加大整顿、规范、重组的力度，鼓励自主开发，促进汽车工业的健康发展。

●半数封闭式基金单位净值超面值

随着本周沪深股市继续走强，证券投资基金净值几乎全部上扬，其中单位净值在面值以上的封闭式基金家数达到约27家，占了总数的一半。继上周基金开元等12只基金站到面值上以后，本周又有基金普惠、基金金鑫、基金同盛等7家基金的单位净值重返面值之上。其中，单位净值突破1.1元关口的基金共有4只，基金兴华以1.1967元居于首位。

●国资委三定方案已经下达

权威人士日前向上证报记者透露，新成立的国资委三定方案已经下达，本周正式任命了18个专业局的正职，下属的处室设置还有待进一步明确。国资委的领导框架基本形成。由于国有资产监督管理委员会作为改革新设立的机构，其本身就有很多令人关注的地方。专家分析，国资委的工作很具有挑战性和探索性，工作起来难度很大。毕竟，这是完全崭新的，没有任何借鉴的经验。

4月21日

●保险市场要与资本市场实现互动发展

中国保监会主席吴定富昨天在“中国金融改革与发展高级论坛”上指出，必须加强对保险市场与资本市场内在关系的研究，尽快提出切实可行的政策建议，积极为保险市场与资本市场的互动发展创造条件。他说，保险监管部门要研究制定对保险资金实行比例管理的原则及具体办法，建立风险预警制度，加强资产与负债匹配监管，及时评价资金运用风险，动态监控保险公司的偿付能力，严格控制风险。要按照集中统一和专业化管理的要求，不断完善保险资金管理体制，建立健全投资决策、投资操作、风险评估与内控监督相互制约的管理机制。要将承保业务与资金运用业务相互分离，有条件的公司可以成立保险资产管理公司。

●基金股票投资集中度提高

随着华夏基金管理公司和长城基金管理公司旗下基金的投资组合今日亮相，71只基金的一季度投资组合全部披露完毕。从投资组合来看，一季度基金整体增加了股票仓位，股票市值占其净值的56.75%，其中开放式基金的增仓迹象比封闭式基金更为明显。一季度基金重点增仓金融业和金属、非金属业类股票。

●证券市场发展面临良好机遇

中国证监会主席尚福林昨天在“中国金融改革与发展高级论坛”上发表演讲时指出，当前我国证券市场的发展面临良好的机遇和条件。当前和今后一个时期，推动资本市场改革开放和稳定发展要着重解决好以下四个问题：一是进一步统一认识、坚定信心；二是强化市场建设的基础工作；三是积极推动证券市场改革开放；四是坚持推进资本市场的稳定发展，妥善化解历史问题和风险隐患.

4月22日

●农产品期货大幅下挫

昨日农产品期货中，天然橡胶、大豆、豆粕等品种主力合约出现跌停。连豆昨日遭到恐慌性抛售，收盘跌停。豆粕走势与大豆类似，也以全线跌停收盘。沪胶则在多重利空因素的作用下，5、7、8、9月合约跌停。业内人士指出，由于非典型肺炎流行，部分农产品出口有可能停顿，而饲料的需求也将受到疫情的影响而下滑。

●居民消费价格上涨

3月份，受鲜菜、燃料、水电和部分服务项目价格上涨影响，全国居民消费价格总水平比去年同月上涨0.9%。

国家统计局21日发布的统计报告显示，3月份，城市居民消费价格上涨1%，而农村上涨0.8%。一季度累计平均，全国居民消费价格总水平比去年同期上涨0.5%。分地区看，在全国31个省、自治区、直辖市中，26个居民消费价格总水平上涨，上海、贵州、西藏、江西、新疆等地下降。

4月23日

●上证所开发交易所交易基金

上海证券交易所近日在南京召开了交易所交易基金(ETFs)研讨会。上证所副总经理刘啸东在会上表示，解决交易品种单一化，开发新产品，特别是开发满足投资机构需求的新产品，是深化市场、完善市场结构的需要。他同时指出，新产品的开发在当前阶段应该遵循三个原则：一是要符合现行法规；二是风险低；三是有市场需求。ETFs符合上述三个原则，上证所目前正积极开发ETFs。此次会议的重要目的就是进一步了解和挖掘市场需求。

●记账式三期国债本周五上市交易

2003年记账式(三期)国债将于4月25日在上证所和深交所上市交易。两交易所昨日分别发出通知。根据通知，该期国债为固定利率附息债，期限为20年，票面利率为3.40%，利息每半年支付一次。该期国债起息日为2003年4月17日。每年4月17日和10月17日支付利息。本期国债上市后用于国债回购标准券折算比率为1∶1。

●央行增强资金回笼力度

为加大资金回笼力度，央行昨日在公开市场操作过程中，以价格招标方式贴现发行了6个月期的中央银行票据。

本次中央银行票据的发行总量为50亿元，中标价格为98.91元，收益率为2.198%。与此同时，央行仍照例在银行间债券市场，以利率招标方式对91天品种进行了正回购交易，正回购量为30亿元，中标利率为2.15%。至此，本周二央行共计从市场回笼80亿元资金，比上周二增加了30亿元。

●B股交易结算资金后续监管措施出台

国家外汇管理局日前发布公告，明确了对去年11月及今年3月取消的包括“证券公司在境内外资银行B股保证金帐户的开立、变更和撤销的审批”项目等26项行政审批项目的后续监管和衔接措施。

根据该公告，证券公司开立、变更B股交易结算资金帐户，按照国家外汇局今年4月1日发布的《国家外汇管理局关于取消部分资本项目外汇管理行政审批后过渡政策措施的通知》第三条规定执行。

4月24日

●首季财政收入大增

国家统计局最新统计显示，今年一季度，我国财政收入5205亿元，同比增长了36.7%。这一增幅创近十年来最高纪录。相对于去年同期财政收入增长3.4%的严峻情况，今年首季的财政形势无疑成为我国经济生活中的一大亮点。财政高收入得益于经济高增长。1到3月份，我国经济增长达到9.9%，比去年同期加快了2.3个百分点，创下6年来同期经济增长的新纪录。这一增长速度出人预料。此间经济界人士分析认为，首季财政收入形势好从一个侧面反映了经济的增长速度与结构、质量、效益相统一的突出特点。

●广发华福证券获准成立

经国家工商行政管理局核准和中国证监会批准，广发华福证券有限责任公司获准成立。根据中国证监会的批复及国家工商行政管理总局企业名称核准通知，福建省华福证券公司将在三个月内完成增资改制并更名为广发华福证券有限责任公司。增资改制后的公司注册资本增至5.5亿元人民币，过渡期六个月，过渡期内业务范围比照综合类证券公司。

●260亿国债将发行

财政部昨日在全国银行间债券市场进行了2003年记账式(四期)国债的发行招投标。本期国债为5年期固定利率附息债，利息每年支付一次，发行总额260亿元。经投标确定的票面年利率为2.45%。本期国债2003年4月24日开始发行并计息，4月29日发行结束。发行对象为进入全国银行间债券市场的机构投资者，不向社会发售。5月12日开始，在全国银行间债券市场同时以现券和回购的方式上市流通。

4 月 25 日

●券商理财计划纷纷亮相

自招商受托理财计划亮相后，证券公司通过银行网点发行私募基金已成业内潮流。近期，国泰君安证券公司与工商银行上海分行联手推出的“上海安丹理财计划”又在沪上热卖，这已是华东地区 1 个月来公开出现的第三宗“银券合作”的理财计划。在此之前，海通证券与福建兴业银行合作，无锡国联证券与农行无锡分行、建行无锡分行合作都已推出类似理财计划。

●上证所编写完成通信网络技术白皮书

为规范证券通信网络建设与运行管理，保障通信安全，上海证券交易所日前编写完成《上海证券交易所通信网络技术白皮书》。该《白皮书》将在征求各会员单位意见并经修改后正式发布实施。《白皮书》共分总则、引用标准、成熟的通信技术和系统简介、交易业务系统及接入网络的体系结构、上海证券交易所采用的通信技术和系统、通信网络接入方式、网络安全与管理和用户环境要求等八个章节。

4 月 26 日

●央行公布《人民币银行结算帐户管理办法》

中国人民银行昨日公布了《人民币银行结算帐户管理办法》(以下简称办法)，办法将从 9 月 1 日起施行。人民币银行结算帐户按存款人分为单位银行结算帐户和个人银行结算帐户，单位银行结算帐户按用途又分为基本存款帐户、一般存款帐户、专用存款帐户、临时存款帐户。个体工商户凭营业执照以字号或经营者姓名开立的银行结算帐户，纳入单位银行结算帐户管理。个人因投资、消费使用各种支付工具，包括借记卡、信用卡在银行或邮政储蓄机构开立的银行结算帐户，纳入个人银行结算帐户管理。

●首家中外合资证券公司成立

入世后首家中外合资证券公司一华欧国际证券有限责任公司昨日在北京宣布正式成立。湘财证券董事长陈学荣与法国里昂证券董事长 GaryCoull 在人民大会堂正式签署了合资证券公司的运营协议。

华欧国际证券由湘财证券与法国里昂证券合资组建，是中国入世后的首家中外合资证券公司，这也是中国证券公司与欧洲投资银行的首次合资。公司 2002 年 12 月 18 日获中国证券监督管理委员会批准设立。湘财证券拥有 67%的股权，里昂证券占 33%的股权。公司的业务范围主要包括股票(包括人民币普通股、外资股)和债券(包括政府债券、公司债券)的承销业务、外资股的经纪业务以及中国证监会批准的其他业务，注册地为中国上海。

●吴定富表示保监会鼓励中外农业保险合作

中国保监会主席吴定富 25 日在此间表示，中国将合理运用 WTO 规则，促进中国农业保险的发展，加强同法国这样在农业保险领域有先进经验的国家的合作。吴定富是在当天的中法农业保险论坛上做出上述表示的。他说，促进中国农业保险的发展，建立政策性和商业性相结合的农业保险制度是中国完善农业保护体系，提高中国农业的生产经营水平和国际竞争力的必要措施。

4 月 28 日

●国债首次引入增发

国债发行将出现增发。日前，财政部公布了对 2003 年记帐式(一期)国债增发的讨论方案，这是国债发行历史上首次引入增发模式。据讨论方案显示，该期国债拟采用对 2003 年记账式(一期)国债续发行的方式，起息日、还本付息日、票面利率及工作代码等均与 2003 年记账式(一期)国债相同。增发后，该期国债拟定于 5 月 22 日在银行间和证交所市场与 2003 年记账式(一期)国债合并上市。该期国债的招投方式为多种价格招标，即美国式招标方式。投标时间拟定于 5 月 19 日，分销期为 5 月 20 日至 5 月 21 日。值得注意的是，该期国债拟不进行挂牌分销，同时分销价格则由各承销机构自主确定。

●恒生电子有关人士称争取及早恢复发行

4 月 25 日，杭州恒生电子股份有限公司刊登暂停发行公告。公司有关人士昨日就暂停发行一事接受记者采访时表示，暂停发行是为了保护投资者利益。起诉杭州恒生电子股份有限公司侵犯其注册商标专用权的北京恒升(远东)电子计算机集团，是在上月首次对公司提出了商标专用权的异议。当时根据证监会的要求，公司会同中介机构就此异议事项可能对公司经营的影响，进行了初步的评估，中介机构就此向证监会有关部门提交了专项报告。

4 月 29 日

●上市公司“外财”缩水

已披露的 2002 年年报显示，上市公司“外财”收入大幅度缩水。也就是说在其利润构成中，诸如投资收益、补贴收入等非主营业务收入在总体规模上逐步减少。特别是投资收益的大幅减少，引起了市场的关注。据上海财华信息技术有限公司统计，截至 4 月 24 日披露年报的公司中，投资收益正向缩水(即投资收益减少但并未出现亏损)50%以上的公司达 181 家，浦发银行、宝钢股份、莱钢股份、鲁抗医药等公司投资收益的同比下降幅度都在 90%以上。投资收益由 2001 年盈利转为 2002 年亏损的公司则达 168 家。值得注意的是，尽管“外财”有所减少，但不少公司的净利润并未同比缩水，相反还实现同比增长。这意味着上市公司的利润结构趋于优化，主业经营得到重视。

●中国银监会昨日挂牌

与此前已经挂牌的国务院其他新设机构一样，中国银行业监督管理委员会也选择了低调出场的方式。昨天一大早，银监会的牌子悄然挂上了其分别位于北京工体西路原中央金融工委所在地和金融街中国人民银行对面的两处办公地。据了解，银监会人员编制为 400 人，包括原中央金融工委的 120 人，原中国人民银行 5 个司的 200 人。人民银行原来的银行监管一司、二司、非银司、合作司和银行管理司进行了重新整合。成立之后的银监会将从人民银行手中接过金融监管大权，成为与人民银行并列的国务院正部级机构，两者各司其职、互相补充，没有隶属关系。今后，人民银行将着力确保货币政策的实施，而银监会的职责则是监管和维护商业银行的利益。

●公开市场操作今起暂停正回购央行改发票据回笼资金

公开市场正回购交易今日起被暂停。昨日央行发出公告称，将于 4 月 29 日起暂停每周二和周四的正回购操作，近期固定于每周二发行中央银行票据。公告显示，央行将通过中国人民银行债券发行系统向公开市场业务一级交易商招标发行央行票据。招标时间为每周二上午 9 点至 10 点。招标方式为荷兰式，招标标的为价格。央行票据将在银行间债券市场上市流通，交易方式为现券交易和回购，同时作为央行公开市场业务回购操作工具。

4 月 30

●2002 年报披露工作基本结束上市公司整体业绩回升

2002 年度上市公司一举扭转上一年度整体业绩大滑坡

的局面，驶入盈利增长的上升通道。据上海证券信息有限公司统计，截至今日，沪深两市共有1236家股票上市公司如期披露年报，按加权平均法计算，平均每股收益0.143元，平均净资产收益率5.7172%，同比分别增长9.49%和7.71%。上市公司实现主营业务收入合计超过1.9万亿元，相当于去年我国GDP总量的19%。

●合资基金管理公司首个基金产品诞生

首家合资基金管理公司招商基金管理公司旗下首个基金一招商

安泰系列基金28日宣布正式成立，募集总规模达到了45.14亿份。其中，债券基金认购踊跃，占此次招商安泰系列基金募集总额的57%。在40天的发行期中，招商安泰系列基金募集份额为45.14亿份基金单位，开户总数为33467户。其中，招商安泰债券基金共募集25.86亿份基金单位，有效认购户数为15245户；招商安泰平衡型基金共募集8.99亿份基金单位，有效认购户数为11315户；招商安泰股票基金共募集10.29亿份基金单位，有效认购户数为10604户。

●上国投携手摩根富林明

双方将共同组建合资基金管理公司在正式宣布与华安基金管理公司终止合资谈判后仅两个月，摩根富林明资产管理公司找到了新的联姻对象。华安基金管理公司的第一大股东上海国际信托投资有限公司与摩根富林明昨日正式宣布，双方已经签署了合资协议，将携手在中国拓展基金管理业务。有关筹建合资基金管理公司的申请已于4月28日正式递交到了中国证监会。

据悉，合资公司的注册资本将为1.5亿元人民币。摩根富林明最初将以4950万人民币出资33%。未来在法律允许的情况下，摩根富林明将把股权比例增持到49%。合资双方期待能在今年年底发出合资公司的第一只基金。

5月11日

●中国政府增拨八亿余元专项投资抗击“非典”

在抗击“非典”正酣之际，中国政府决定适时调整国债资金投向，在已安排专项投资十五点五亿元人民币用于全国疾病预防控制网络建设的基础上，再增加投资八点一二五亿元，加快“非典”防治设施建设，以改善医疗机构的收治能力，有效遏制疫情向农村蔓延。

●内部审计每年为我国创造价值近千亿元

我国内部审计工作近年来取得新进展，内审机构不断健全，全国内审机构每年通过审计为企事业单位、行政部门查处违纪违规，减少损失浪费，增加经济效益近千亿元。

5月12日

●台股今年跌幅全球第二大

台湾股市今年以来的表现名列全球主要股市倒数第二名，大盘指数至今的跌幅达4.68%，仅次于日本股市的4.97%。

●一季度医药行业业绩居首

在刚刚结束的沪深上市公司2003年第一季度报告的披露中，医药行业的业绩居其他行业之首。

●中国证券监督管理委员会加强国际合作

中国证监会与加拿大证券监管机构初始参与成员（阿尔伯塔、不列颠哥伦比亚、安大略、魁北克省证券委员会）日前签署了《证券期货监管合作谅解备忘录》。

5月13日

●工商银行前4月经营利润150亿

记者从中国工商银行获悉，该行1至4月份经营业绩大幅攀升，资产质量继续改善，各项业务发展平稳。

据统计，今年前4个月，工行共实现经营利润150.89亿元，比去年同期增加64.2亿元，增长74.07%；同时该行“一逾两呆”口径不良贷款率降至21.21%，比年初下降1.33个百分点；1至4月份新增贷款1867亿元，同比多增1292亿元，新增存款2555亿元，同比翻了一番，呈现出存贷两旺的良好局面。

●昨日国债回购成交量创下历史新高

在资金需求的推动下，交易所国债回购市场节后首个交易日成交634.91亿元，创下历史新高。其中，以28天回购为代表的中期品种增幅显著。

●银华优势企业基金推出高分红方案

银华优势企业基金今日刊登分红预告，每10份基金单位拟分红0.40元，创我国开放式基金单次分红最高水平。

5月14日

●物价总水平将继续保持正增长

中国人民银行14日发布的2003年第一季度货币政策执行报告预计，我国物价总水平在今后一段时间将继续保持正增长。

●今年7%经济增长目标可实现

中国人民银行14日发布的2003年第一季度货币政策执行报告预计，今年3月十届全国人大一次会议通过的全年7%左右的经济增长计划可以实现。

●《企业国有资产监督管理暂行条例（草案）》获原则通过

国务院总理温家宝5月13日主持召开国务院常务会议。会议审议并原则通过了《企业国有资产监督管理暂行条例（草案）》、《中华人民共和国文物保护法实施条例（草案）》。

5月15日

●1至4月固定资产投资7265亿元

今年前4个月，国有及其他经济类型固定资产投资7265亿元，同比增长30.5%，增幅高于去年同期3.4个百分点，但比一季度放慢1.1个百分点。

●一季度净回笼基础货币1464亿元

北京5月14日讯中国人民银行今天公布的一季度货币政策执行报告披露，一季度央行通过16次公开市场业务操作，累计回笼基础货币2990亿元，累计投放基础货币1526亿元，净回笼基础货币1464亿元。虽然基础货币增速有所回落，但金融机构的头寸仍然充足。

●分流储蓄大力发展直接融资

中国人民银行14日发布的2003年第一季度货币政策执行报告提出，我国融资格局中贷款形式的间接融资比重过高，股票、债券融资等直接融资方式比重过低；今后要增加投资渠道，分流部分储蓄，大力发展直接融资。

●4月份经济增长8.9%

国家统计局的有关统计显示，4月份我国经济增长率达到8.9%，继续保持较高的增长速度。

●保险业要打赢抗非硬仗

日前，中国保监会主席吴定富在保监会召开的会议上要求，保险业既要打赢抗击非典的硬仗，又要努力实现持续快速健康发展。

●上市公司首季业绩大增平均净利润达到去年全年的36.9%

2003年一季度中国经济高速增长的态势，在上市公司身上得到充分显现。据上海证券信息有限公司统计，截至4月30日，已披露季报的1235家上市公司总计实现主营收入近

5300亿元，相当于一季度GDP总量的22.5%，而2002年这一比例为19%。上市公司2003年一季度业绩已经由2002年报所表现出的整体回升发展到大幅度增长，尤其是盈利能力显著提升。统计显示，2003年首季，上市公司平均实现净利润2528.52万元，平均实现主营收入4.28亿元，两项指标分别达到去年全年的36.9%和27.8%。1235家公司加权平均每股收益为0.05298元，加权平均净资产收益率为2.08411%，相当于去年全年的37%和36.5%。

●定期报告未披露最多停牌两个月

上证所有关负责人解释，根据《上海证券交易所股票上市规则》有关规定，交易所决定自5月12日起对未按时披露2002年年度报告的内蒙古宁城老窖生物科技股份有限公司、大盈现代农业股份有限公司、重庆万里蓄电池股份有限公司的股票实施停牌，直至定期报告披露。但这并不意味着只要这些公司不披露定期报告，其股票就可以无限期停牌。前不久，沪深两地交易所已发布了《关于对存在股票终止上市风险的公司加强风险警示等有关问题的通知》，该《通知》第二条第(4)项和第六条规定，上市公司在法定期限内未依法披露年度报告或者半年度报告的，自法定披露期限结束之日起，交易所对其股票及其衍生品种停牌两个月。在停牌期间上市公司应当至少发布三次风险提示公告。自法定披露期限结束之日起两个月内，公司仍未能披露定期报告的，交易所自到期次日起对其股票复牌并实行退市风险警示。该负责人称，根据上述规定，上述三家上市公司应当在今年6月30日之前披露其2002年年度报告，否则交易所将把这些公司列为存在股票终止上市风险的公司，对其股票实施强行复牌并对其交易实行“警示存在终止上市风险的特别处理”，即戴上“*ST”的“帽子”。

5月16日

●非典难撼香港联系汇率

香港特区政府财政司司长梁锦松15日在回应国际评级机构穆迪投资对香港的评级时强调指出，特区政府没有计划改变联系汇率制度，香港有足够能力和财政状况抵御非典造成的冲击。

●中石化中石油两巨头联手稳定油市

记者今天从中国石油和化学工业协会了解到，中石化和中石油两大集团联合下发《关于联合做好稳定市场工作的紧急通知》，联手稳定油市秩序。

据了解，在国家发改委下调汽油和柴油零售中准价各每吨二百九十元和每吨二百六十元后，两大集团高层领导经过协商达成共识，并以发出联合通知的形式，统一稳价信心、共同维护市场秩序。

●上市公司高管年薪大幅增长

由上海荣正投资咨询公司一年一度发布的上市公司高管持股状况及薪酬排行榜揭晓。相关统计数字表明，从总体平均值来看，2002年全国上市公司高管的年薪平均值处于15至16万元的水平，比上年12至13万元的水平有大幅提高，增长了24%。2002年独立董事的薪酬略有上升，而高管持股市值则有大幅下滑。

●上月主要经济指标继续保持较高增速

国家统计局月度统计数据显示，4月份，我国主要经济指标继续保持高速增长的态势。

●上海证券交易所续发行今年记账式(一期)国债

2003年记账式(一期)国债将于5月19日起在上海证交所续发行(分销)。

●上海证券交易所推出2天期国债回购

为完善国债回购市场的品种结构，更好地满足市场参与者的需求，进一步促进国债市场的发展，上海证券交易所将于5月19日向市场推出2天期国债回购新品种，这也是上证所落实“进一步发展债券市场方案”的又一具体举措。

5月18日

●预计2003年中国经济增长可达7.4%

据中华工商时报报道，摩根大通发布最新经济研究报告指出，根据北京、上海两地四五月份的经济发展态势，再加上中央政府已出台8项措施确保经济增长，他们相信中国今年第2季度的经济增长仍能达到7%的乐观预期，预计2003年全年经济增长也能达到7.4%。

●上海国投推出海港新城信托计划

上海又将有信托产品面市。记者昨获悉，上海国际信托投资公司将推出海港新城信托计划。

上海国际信托投资公司将充分发挥其信托功能，有效地聚集社会资金，全力支持国家级重大工程一洋山深水港的开发建设，其中第一步先瞄准洋山深水港三大配套工程之一的海港新城的建设，将向上海海港新城投资开发有限公司提供人民币1.5亿元的信托贷款。

据了解，海港新城信托计划募集资金规模为1.5亿元人民币，信托期限为1年，预期年收益率为3.5%，到期时投资者可一次收回本金和预期的收益。但规定的个人最低认购额达到了50万元，比前几个信托计划的5万元，大大提高了门槛。机构最低认购额为500万元。

●个人黄金业务方案不久就将正式出台

个人黄金业务离投资者已越来越近。据来自中国农业银行的最新消息，个人黄金业务具体实施方案正在紧锣密鼓地进行最后讨论，不久就将正式出台。

5月19日

●深圳证券交易所进行样本股调整

深圳证券交易所决定于5月19日对深证成份指数样本股进行调整。本次调整更换3家样本股，调整后成份股样本数量不变。调出：四环生物、泰山石油、中关村，调入：韶钢松山、扬子石化、吉电股份。新成份股样本(同时包含A股和B股)为：深发展A、万科、深宝安A、南玻科控、深康佳、深科技A、招商局、深能源A、中集集团、中兴通讯、长城电脑、华侨城A、盐田港A、深圳机场、石油大明、粤高速、晨鸣纸业、粤美的A、粤电力、佛山照明、江铃汽车、威孚高科、长安汽车、唐钢股份、韶钢松山、鲁能泰山、本钢板材、新兴铸管、一汽轿车、太钢不锈、中信国安、五粮液、扬子石化、吉电股份、鞍钢新轧、电广传媒、华菱管线、中原油气、首钢股份、西山煤电。

深圳证券信息有限公司也同期发布公告，将于5月26日对深证100指数样本进行调整。根据深证100指数编制规则，对深证100指数样本进行定期调整，本次调整方案为：增加吉电股份、韶钢松山、长丰通信、华东科技、晨鸣纸业、草原兴发、贵糖股份、金融街、经纬纺机，剔除中关村、ST夏利、ST鸿基、海王生物、ST星源、秦川发展、ST美雅、丰乐种业、ST珠江。

●深圳证券交易所评选研究成果

深交所第五届会员、基金管理公司研究成果评选日前揭榜。海通、广发等20家证券公司以及国泰、华安等5家基金管理公司报送的35篇研究成果获奖。

●中国上市公司2002年度经营业绩100强揭晓

日前，中联财务顾问有限公司和中联资产评估有限公司组织有关专家借鉴财政部等有关部门联合颁布的企业效绩评价体系，结合上市公司的特点，根据公开披露的财务报表对1211家上市公司（不包括金融企业）的经营业绩进行评价，评出了中国上市公司2002年度经营业绩100强。其中，位于前10名的公司分别是伊利股份、华菱管线、东风汽车、中海发展、武钢股份、华能国际、山东基建、外运发展、安阳钢铁、深能源A。

●中航二集团已完成股改

我国十大军工集团之一的中国航空工业第二集团公司，企业改革重组取得重大进展。由中航二集团为主成立的中国航空科技工业股份有限公司（中航科工）于18日在京正式挂牌成立。此举标志着中航二集团成为我国第一家主营业务完成股份制改造的大型军工企业集团。

●一季度券商收入减少近两成

上证报3月份券商综合业务价值量排名显示，受3月份券商业务增长乏力影响，今年一季度券商综合业务价值量较去年同期缩水近两成，整个券业的名义收入量从去年同期的69.02亿元减少到55.83亿元。

●郑商所将简化标准仓单注册手续

日前，郑州商品交易所发布通知，为了简化标准仓单注册手续，提高工作效率，经研究决定，疫情期间，货物卖方对检验合格的交割商品结清入库费用后，由交割仓库直接在网上提出注册申请，不再向货物卖方开具仓单领取证明。会员单位接到交割仓库通知后持相关证件或证明，到交易所领取《标准仓单注册表》和新的《标准仓单持有凭证》，并交回原《标准仓单持有凭证》。

5月20日

●银证合作理财将定规矩

据消息灵通人士透露，目前证券监管部门正在加紧制定规范证券公司集合性受托投资管理业务的管理办法。

●2003年记帐式（一期）国债增发昨顺利完成

2003年记帐式（一期）国债昨日在银行间市场和交易所市场顺利完成增发。至此，一期国债发行总量达到700亿元，成为有史以来我国国债市场上发行量最大的一只国债，为国债市场交易品种创新做好了前期铺垫。

●保监会支持保险公司开发针对非典新产品

为更好发挥保险的保障功能，日前，中国保监会对保险公司开发针对非典新产品工作提出指导意见。指导意见强调，中国保监会及各保监办将积极支持保险公司开发新产品，按照特事特办的方法处理非典新产品的备案或审批手续。

●保监会发布《人身保险新型产品精算规定》

为加强对人身保险新型产品的监管，规范人身保险新型产品精算工作，日前，中国保监会发布了《人身保险新型产品精算规定》。《规定》自2003年7月1日起执行。

●国内首只保本型基金将于日前发行

国内首只保本型基金一南方避险增值基金将于5月23日至6月25日发行。

●央行今发行两期票据回笼资金200亿元

央行将于今日同时在银行间市场发行第五期和第六期央行票据，共计回笼资金200亿元，与上周持平。其中，第六期央行票据发行总量为100亿元，期限3个月。起息日为2003年5月21日，到期日为2003年8月21日；第七期央行票据发行总量为100亿元，期限为6个月，起息日为2003年5月21日，到期日为2003年11月21日。

5月21日

●人民银行累计放开归并取消114种利率管理

中国人民银行自1996年以来累计放开、归并或取消本外币利率管理种类114种，目前仍在管理的本外币利率种类共34种。

●证券交易佣金价格同盟现身广州

在我国证券交易佣金实行浮动制一周年之际，券商佣金价格同盟日前

在广州出现。记者昨日从广东证券业协会了解到，从本周开始，广州地区证券营业部的佣金下限一律为：场内不低于2.5‰，网上不低于1.8‰，银证通等不低于1.5‰。据估计，如果该规定得到严格执行，将使广州半数的证券营业部调高目前的佣金收费标准。

●全力支持抗击非典央行出台七项措施

受非典疫情影响较大的行业、地区、企业和个人将获得贴息贷款、较低贷款利率等强有力货币信贷政策支持。中国人民银行20日公布七项货币信贷措施，全力支持抗非典，降低非典对经济的不利影响。

●减轻非典对财政经济负面影响财政部酝酿新政策

据新华社报道，财政部部长金人庆在接受记者采访时称，根据国务院要求，财政部正在会同有关部门一起积极研究加快出口退税步伐，增加出口退税指标，完善出口退税机制，逐步解决出口退税欠账问题的政策和方案。这将既有利于刺激和鼓励出口，又有利于稳定制造业等第二产业；既有利于减轻非典对财政经济的负面影响，又有利于促进和扩大就业。

5月22日

●四月股票成交额激增

据中国证监会最新统计，截至4月底，我国共有上市公司（A、B股）1243家。4月股票成交金额达5716.69亿元，同比增长90.13%，与上月相比激增174.80%；与之对应，4月投资者交纳印花税22.83亿元，较上月劲增174.39%。

●证监会发布要约收购相关通知

为充分保护广大中小投资者的合法权益，中国证监会根据《公司法》、《证券法》及《上市公司收购管理办法》的相关规定，昨天发布了《关于要约收购涉及的被收购公司股票上市交易条件有关问题的通知》

●沪深证券交易所改革会员联络制度

沪深证券交易所正在着手对会员联络制度进行改革，并在近日分别发布了相关通知。通知要求，会员应设会员业务代表1名、会员业务联络员或授权代表1至3名，沪深证交所今后不再接受上述两类人员以外的人员办理有关会员业务。

●前4个月券商沪市交易排名揭晓

今年前4个月的券商沪市交易排名日前揭晓：中国银河、海通、南方证券分别名列总交易金额前三位。

●长沙也有证券交易佣金最低标准

从6月1日起，长沙地区证券营业部的佣金最低标准一律为：现场交易不低于0.28%，非现场交易不低于0.22%

5月23日

●个人黄金业务将正式出台

个人黄金业务离投资者已越来越近。据来自中国农业银行的最新消息，个人黄金业务具体实施方案正在紧锣密鼓地进行最后讨论，不久就将正式出台。

●中行不良资产率降至20.56%

中国银行集团境内机构和海外机构资产质量进一步改善。今年前4个月，按五级分类口径，中国银行集团不良资产余额下降120亿元，不良资产率降至20.56%，比年初下降1.81个百分点，同比多降1.25个百分点。

●上海金交所成交逾百吨

记者5月22日从上海黄金交易所获悉，自去年10月30日开业以来，成交量累计已突破100吨黄金。黄金价格创出两个月来新高，Au99.95金以每克97.47元收盘比开业收盘83.55元上涨13.92元；Au99.99金以每克97.79元收盘比开业收盘83.52元上扬14.27元。

●国资管理体制改革进入新阶段

昨日，国务院国有资产监督管理委员会主任李荣融22日在国务院新闻办举行的记者招待会上说，国资委已经成立，《企业国有资产监督管理暂行条例》即将公布施行，这标志着我国国有资产管理体制改革取得重大突破，进入了新的阶段。

●佣金价格同盟是一种垄断

上证报昨日刊登的《佣金价格同盟会否蔓延》一文引起广泛关注。不少法律界专家和学者在接受记者采访时认为，券商佣金价格同盟破坏了价格在合理配置资源方面发挥作用，不符合优胜劣汰的市场法则，是一种广义的垄断行为。

●深交所债券市场0301券成交异动

昨日，跨市场品种0301券在深圳证券交易所债券市场突然爆出天量，换手率高达22786%以上，成交金额为139.21亿元。创下了国债市场成立以来，单只券种单日成交量之最。业内人士认为，这一现象应引起有关方面关注，切莫使国债市场的功能发生异化。

●国际收支经常项目顺差将减少

国家外汇管理局在22日公布的《2002年中国国际收支状况分析》中预计，2003年我国国际收支经常项目顺差将有所减少。

5月25日

●南方避险增值基金销售火爆

填补国内"保本+收益"投资产品空白的南方避险增值基金昨日开始销售，各地中国工商银行、深圳发展银行网点及券商营业部出现了近期内基金销售难得的热销局面。

●首只保底外汇信托产品面世

中国民生银行济南分行携手山东国际信托和英大国际信托，在山东推出的具有保底收益的"安心理财"外汇信托计划，近日开始向投资者预约发售。据悉，该产品是《信托法》出台以后人民银行批准的首个投资外汇市场的集合资金信托产品。

●银监会即将成立国际咨询委员会

据新华社报道，中国银行业监督管理委员会将成立一个非盈利性的国际咨询委员会，邀请国际知名银行监管人士及相关专业人士，对中国银行业监管的发展和长期战略等问题提供咨询，为加快中国银行业监管体系的建设和发展提供建议。

5月26日

●大商所将上市两新合约

日前，大连商品交易所发布公告，从2003年5月26日起，交易者便可进行黄大豆1号0411合约及豆粕0405合约交易。其黄大豆1号0411合约的挂盘基准价为2500元/吨，豆粕0405合约的挂盘基准价为1960元/吨。

●三家QFII将正式获批

记者日前从有关方面获悉，瑞银华宝、野村证券、德意志银行三家外资机构将获得合格的境外机构投资者(QFII)资格，被颁发证券投资业务许可证。

●2002年中国上市公司白皮书发布

我国上市公司正成为推动国民经济增长的中坚力量，其盈利水平和成长性明显高于全国水平。这是今日发布的《2002上市公司年报报告》传递出的一个重要结论。

这份被称为中国上市公司"白皮书"的上市公司年报报告，是由上证报和国家信息中心联合发布的。该报告从去年开始，每年度发布一次，是目前国内唯一一份将上市公司置于国内外宏观经济背景下全面考察的权威报告。报告旨在帮助投资者全面、客观、准确地认识上市公司，并促进上市公司进一步完善治理结构，提升公司质量。今日发布的《2002上市公司年报报告》，以1200余份上市公司2002年年报为基础，分八个主题对中国上市公司在国民经济运行中的地位和作用进行了客观评析，全文约7万字。

●《期货从业人员执业行为准则》出台

为规范期货从业人员执业行为，促使其提高职业道德和业务素质，维护期货市场秩序，中国期货业协会制定了《期货从业人员执业行为准则》。该准则已经中国期货业协会第一届理事会第四次会议审议通过，并经中国证监会核准，日前公布并将于今年7月1日起施行。

5月27日

●瑞士银行、野村证券获得首批QFII入市牌照

记者从中国证监会获悉，瑞士银行有限公司、野村证券株式会社日前已获得中国证券监督管理委员会批准，成为首批取得证券投资业务许可证的合格境外机构投资者(QFII)。其它境外机构QFII资格申请材料正在审理中。

●大成价值增长创开放式基金分红新高

伴随开放式基金发行热的升温，开放式基金的单次分红纪录也被一次次的刷新。今天大成价值增长证券投资基金公布分红公告：每10份基金单位派发现金0.60元，再创开放式基金单次分红新高。

●工业企业利润大增

国家统计局月度形势报告显示，今年1至4月份，工业经济效益继续保持较高水平，但增幅比一季度有所回落，企业产成品资金和应收帐款增长也较快。工业经济效益综合指数137.2，比上年同期提高18.6点。

●央行首发一年期票据

央行将于今日的公开市场操作中再度贴现发行第8和第9两期央行票据。引人注目的是第9期央行票据的期限为一年，这是央行首次发行期限超过半年以上的票据。

●保险非典理赔211万中国保监会最新公布的统计数字显示，截至5月26日上午9时，全国寿险公司共接受非典索赔401例，已经赔付212例，总赔付金额为211.39万元，其中身故赔付148.30万元，住院医疗赔付63.09万元。

●《关于银行外币卡管理有关问题的通知》发布为了规范和鼓励银行外币卡业务的发展，国家外汇管理局根据《中华人民共和国外汇管理条例》及其他有关规定，结合我国银行外币卡业务的特点，发布了《关于银行外币卡管理有关问题的通知》。《通知》将于2003年6月1日起施行。

●一季度十大行业持续回升《中国行业景气分析报告》日前在京推出2003年一季度版。报告预计，汽车、医药、能源与电力、高技术将继续保持高速增长，而房地产、交通运输、石油石化、钢铁受内外在因素的影响，将出现一定波动。该报告由国家发改委经济所中国经济形势与政策研究中心与北京新华在线联合开发。

5月28日

●今年北京经济增长仍可达6%—7%

北京市经济与社会发展研究所报告称，初步判断北京

SARS疫情可在6月中旬得到基本控制,7月中下旬得到全面控制。以全年GDP预计增长10%为前提,SARS对全年北京经济总体影响大体为3至4个百分点,预计全年仍可实现经济增长6%至7%。

●人大有关人士表示尚未因非典考虑调整财政预算

全国人大常委会有关部门负责人日前表示,目前没有迹象表明全国人大常委会将进行预算调整,是否要调整预算要看下半年非典疫情的发展,可以肯定的是,今后在制定预算时会加大对公共卫生的投入。

●五次未按时送日报一级交易商资格将被取消

中国人民银行公开市场业务操作室日前重申,公开市场业务一级交易商如在一年内累计五次未按时报告流动性日报,则取消其公开市场业务一级交易商资格。

●保险业要抓机遇促发展

昨日,中国保监会主席吴定富在平安人寿保险公司北京分公司和中国人寿保险公司海淀支公司调研时指出,在抗击非典的斗争中,保险业要认真贯彻落实党中央、国务院的一系列方针政策,充分发挥保险业的经济补偿和社会管理职能,抓住机遇促进行业发展。

●银监会检查四大银行非信贷类资产

记者从中国银行业监督管理委员会获悉,银监会近期部署对四家国有独资商业银行的非信贷类资产进行检查,此举旨在全面了解分析工、农、中、建四家银行不良资产的总体风险状况,加强对非信贷类资产的监管。

5月29日

●银监会将会同保监会、证监会全方位覆盖监管对象

国务院新闻办今天举行记者招待会。中国银监会主席刘明康在会上说,银监会不监管证监会和保监会的金融机构。但他也表示,将会同保监会、证监会对监管对象进行全方位覆盖。

●扶持受非典影响企业农行将下浮贷款利率

中国农业银行将适当下浮贷款利率,积极向部分有市场但因非典影响暂时出现经营困难的企业提供短期流动资金贷款。据农行副行长杨明生介绍,从5月上旬的数据看,农行业务经营继续保持良好的发展势头,非典影响在部分地区已显现,但总体影响不大。

●广发证券被授予从事代办股份转让主办券商业务资格

日前,广发证券被授予从事代办股份转让主办券商业务资格。英国《金融时报》28日公布了该报评出的2003年全球企业500强名单,其中微软公司排名第一,同时因伊拉克战争因素的影响,在排名中新增了一些能源公司。

5月30日

●交易所调整天胶五合约涨跌停板

29日收盘后,上海期交所发布交易提示,由于昨日ru0306、ru0307、ru0308、ru0309、ru0310合约出现第一个停板,按照交易规则当日交易保证金调整为7%(其中ru0306保证金为15%),而今日上述合约的涨跌停板则调整为6%。

●银行市场准入管理方式和程序将调整

中国银行业监督管理委员会将取消对中资商业银行开展部分业务的审批,调整银行高级管理人员任职资格核准方式及银监会新设分支机构审批权限。

●商务部内贸四机构及职能确定

国务院日前正式批准了《商务部主要职责内设机构和人员编制规定》。该规定首次明确了涉及内贸管理的四大机构及其具体职能。据了解,新组建的商务部共设立25个司,行政编制860名,其中司局级领导104名(含部长助理5名)。涉及内贸管理的机构共有4个,分别是:市场体系建设司、商业改革发展司、市场运行调节司(国家茧丝绸协调办公室)、全国整顿和规范市场经济秩序领导小组办公室。

6月2日

●社保基金近期可望入市

全国社保基金近期可正式进入证券市场。日前,全国社保基金理事会的相关授权委托协议已经下发到南方、博时、华夏、鹏华、长盛、嘉实6家基金管理公司。

●沪深证交所2002年年报事后审核工作结束

日前,上海证券交易所完成已披露年报的事后审核工作。上市公司刊登了80余份年报补充及更正公告。从年报编制和披露的总体情况来看,上市公司2002年年报基本贯彻了证监会新修订的年报准则精神,年报披露的整体质量稳步提高。从形式上看,年报摘要的表格化披露取得了预期效果。上市公司因遗漏重要内容而刊登年报补充公告的情况大为减少;在摘要篇幅得到有效控制的同时,摘要的格式也进一步趋于统一。从内容上看,上市公司基本都能根据年报准则的要求,增加披露诸如"管理层讨论与分析"、"高管人员承诺"、"会计师聘用期限"等内容,年报可读性增加。

6月3日

●企业债市场新增资金700亿

《保险公司投资企业债券管理暂行办法》的出台,使企业债券市场一下子新增了700亿元资金。业内人士表示,这一新的规定,在提高保险经营机构资金运作效率的同时,将进一步促进企业债券交易向市场化方向发展。截至今年4月底,保险公司总资产已达到7429.46亿元,按照20%上限计,保险公司进入企业债券市场的资金总量在理论上将达到1485.89亿元,比原先新增700多亿元。

●社保基金入市紧锣密鼓

4家基金公司昨日正式与社保基金理事会签署相关授权协议从已得知的信息看,此次社保基金入市总额度约有140亿元。首批获得社保基金管理人资格的6家基金公司正陆续签署全国社保基金理事会拟定的相关授权协议。仅昨天就有4家基金公司确认已经正式与社保基金理事会签约。

●《金融许可证管理办法》下月施行

中国银监会正式公布了这一新的《金融许可证管理办法》。中国银监会有关负责人指出,自1994年实施金融许可证制度以来,凡经营金融业务的机构,均按有关规定领取了"金融机构法人许可证"或"经营金融业务许可证"。近几年随着金融体制改革的深化,现行金融许可证管理方式已不适应金融改革与发展的需要。

6月4日

●上海市政府发言人证实农凯集团经营中确有问题

上海市政府发言人焦扬3日在此间举行的新闻发布会上证实,周正毅事件目前正在调查之中。

据上市公司年报资料显示,到去年为止周正毅旗下共有4家上市公司,其中两家在香港(上海商贸控股和上海地产控股),两家在上海(英雄股份和海鸟发展)。到目前为止,周正毅大多数的业务都在上海,包括农业、房地产、高速公路、贸易以及金融。农凯集团去年的销售收入达5.4亿美元,纳税0.12亿美元,有4000名员工。此前一些媒体的报道,有"上海首富"之称的周正毅因涉及问题贷款正在上海接受调查。

●"农凯系"异动

连日来,"农凯系"的三只A股均呈现持续异动的态势,

与此同时，"农凯系"中的海鸟发展今日发布关于股东股权质押的公告。大盈股份自5月21日复牌后的走势像是"过山车"，先是连续涨停，近四天又持续回落。海鸟发展自今年4月中下旬平台破位后调整幅度已超过20%。昨日，大盈股份与海鸟发展分别列沪市跌幅排名的前两位，跌幅达到5.27%3和4.61%。而深市老庄股徐工科技近两日连续跌停，重仓持有徐工科技的正是"农凯系"旗下的大通证券。徐工科技连续跌停被市场认为是"农凯系"资金链面临断裂的信号。

●上海本地股重组悄然转型

近期，上海本地上市公司又掀起了一轮重组高潮：上实联合拟实施战略性调整、ST国嘉将终止原重组方案并着手进行新的重组、ST自仪与大股东进行资产置换等等。上海本地公司的重组成为年报披露完毕以后市场关注的又一大焦点。

2003年上海仍将全力支持资本市场发展，目标已经根据城市功能定位，服务于城市建设。为此，上海市政府出台了新的重组政策，将对本地上市公司实施创新的重组战略。市场人士预计，在上海各行业广泛开展的重组，在促使本地企业通过产业集聚获取竞争优势的同时，将催生出一个新的生机勃发的"上海本地股板块"。

6月6日

●《上市公司》50强揭晓

由《人民日报》华东分社和上海证券交易所合办的《上市公司》杂志日前评出2002年度"《上市公司》50强"。名列50强前十位的公司依次是中国石化、中国联通、宝钢股份、华能国际、招商银行、上海石化、浦发银行、民生银行、兖州煤业、扬子石化。在今年入围的前10名公司中最突出的是两家去年新上市公司中国联通、招商银行，分别位居第2、第5位。

●证券公司实力座次排定

中国证券业协会公布2002年度证券公司经营业绩排名，中金公司、海通证券、广发证券、银河证券包揽七个单项第一。中国证券业协会近日完成了2002年度证券公司经营业绩排名工作。在7个单项排名中，中金公司获得股票主承销金额(359.17亿元)、利润总额(2.04999亿元)和人均利润总额(82万元)三项第一，海通证券获得净资产(89.562627亿元)和净资本(72.459996亿元)两项第一，广发证券获得主承销家数(8家)第一，银河证券获得股票基金交易总金额(3875.83亿元)第一。

●汇丰银行委任建行托管其中国QFII投资

从中国建设银行获悉，5月30日，汇丰银行向建行发来传真，正式委任建行担任其中国QFII投资的托管银行。至此，历时一个多月的激烈竞标终于尘埃落定，建行在竞争中胜出，标志着首家中资银行进入全球托管业，开辟了中资银行全球托管业务的新领域。

●徐工科技卷入"农凯系"

今日发布公告称，一项投资与"农凯系"有关，存在不确定的风险徐工科技昨日继续跌停，这是该股自6月2日以来的连续第4个跌停。该公司今日发布公告称，公司目前经营情况正常。公告披露，公司持有上海高校科技创新投资有限公司15%的股权，投资金额16920637.7元。上海高校科技创新投资有限公司的第一大股东为上海高校科技产业(集团)有限公司，持有45%的股权；第二大股东为上海东宏实业投资有限公司，持有35%的股权。

6月8日

●首批QFII投资者的3.5亿美元即将入市

6月6日，记者从国家外汇管理局了解到，国家外汇管理局已正式批准瑞士银行有限公司3亿美元的QFII投资额度，批准野村证券株式会社5000万美元QFII投资额度，首批QFII投资者的3.5亿美元即将入市。

●证券公司明年起执行《金融企业会计制度》日前，财政部发布了《证券公司执行〈金融企业会计制度〉有关问题衔接规定》，同时通知要求上市证券公司和外商投资证券公司以外的证券公司应当自2004年1月1日起执行《金融企业会计制度》，并鼓励其按照《金融企业会计制度》编制2003年年度财务报告并进行相应会计处理。

●国资委主任李荣融日前表示：管理层收购需要规范

国资委主任李荣融日前接受记者采访，在谈到市场关注的管理层收购(MBO)时表示，管理层收购有些地方做得还好，有的是变相侵吞国有资产，而问题出在不规范上，没有规范就无法推广。国资委目前正在抓紧制定与国资监管条例相配套的法规规章和规范性文件，逐渐实现从条例到法律的转变。

●美大公司领导人看淡美国股市前景狂抛股票

洛杉矶6月6日电美国一些著名大公司的领导人近来掀起了抛售自己所持的本公司股票的热潮，抛售数量创下10个月来的最高纪录。美经济分析家对此现象表示担忧，认为这表明大公司领导人看淡今后1年内美国股市的前景。

6月9日

●国资委：管理层收购需规范个人可购买国有股

国资委主任李荣融表示，管理层收购(MBO)有些地方做得还好，有的是变相侵吞国有资产，而问题出在不规范上，没有规范就无法推广。对于未来个人能否购买国有股权，李荣融作出肯定回答，并认为时间不会太久。他续称，现在个人受让国有股权很多地方已经在进行，只是问题出在不规范，规范后就不怕乱也不会乱。

●**证监会又批准两家QFII**

中国证监会日前又批准了摩根士丹利国际有限公司、花旗环球金融有限公司的合格境外机构投资者(QFII)资格。

●社保基金试水二级市场

全国社保基金理事会以战略投资者身份持有的中石化A股股票，已正式委托给博时和华夏两家基金公司运作。理事会有关负责人称，委托两家基金公司来操作中石化股票的协议已经发出。

●上证所发布企业债指数

上海证券交易所从今日起正式对外发布企业债指数。上海证券交易所企业债指数是按照科学客观的方法，从国内交易所上市企业债中挑选了满足一定条件的具有代表性的债券组成样本，按照债券发行量加权计算的指数。指数基日为2002年12月31日，基点为100点，指数代码为000013，指数简称企债指数。

●华尔街丑闻频出SEC对债信评级机构加强监管

美国证交会(SEC)周五宣布，正在考虑加强对华尔街债信评级机构的监管。当前美国的债信评级业主要由标准普尔(S&P)和穆迪投资(Moody's)两家国际评级机构所把持。SEC表示考虑是否应取消当前的债信评级机构官方认证制度，允许更多的机构进入债信评级行业。华尔街当前只有4家官方认证的评级机构。自2001年12月美国第7大企业破产案安然(Enron)案发生以来，监管部门对评级行业加强了监管。

6月10日

●5月份中国工业生产增长减缓

受“非典”等因素的影响，5月份全国工业生产增长减缓，各经济类型企业生产增速均程度不同地有所回落。国家统计局报告显示，5月份，全国规模以上工业企业完成增加值3190亿元，比上年同月增长13.7%，增速比上月减慢1.2个百分点。1—5月累计，共完成工业增加值14730亿元，比上年同期增长15.9%。

●黄菊要求认真贯彻企业国资管理条例

中共中央政治局常委、国务院副总理黄菊近日在湖北考察时强调，要以国有资产管理体制改革为契机，开创国有企业改革和发展的新局面。

●申万成为国内首家被QFII选定的境内证券投资代理商

昨日，申银万国证券股份有限公司与瑞银华宝正式签署《合格境外机构投资者境内证券投资代理协议》，从而成为国内首家被QFII选定的境内证券投资代理商。

●上海国有资产管理体制改革又出重大举措

上海国有资产管理体制改革又出重大举措，继“商业航母”百联集团组建后，昨日，大型旅游企业集团锦江国际（集团）有限公司举行揭牌仪式，上海市委书记陈良宇为锦江国际集团揭牌。

●美国证交会严管评级机构V美国证交会宣布，正在考虑加强对华尔街评级机构的监管，允许更多的机构进入评级行业。华尔街当前只有4家官方认证的评级机构，但是主要由标准普尔和穆迪投资两家国际评级机构所把持。

6月11日

●全国社会保障基金正式进入证券市场运作

全国社会保障基金正式进入证券市场运作。记者从有关权威渠道获悉，自6月9日起，6家基金公司管理的社保基金已经开始在二级市场购买股票及有关债券。

●二级市场举牌收购又燃战火宝钢集团举牌爱建股份

沉寂已久的二级市场举牌收购如今又燃战火，著名国企宝钢集团举牌沪市老牌上市公司爱建股份。

●五月份企业商品价格较上月下降0.5%

中国人民银行监测的5月份企业间商品批发价格变动情况显示，由于受到季节性价格下降因素和消费需求减弱的双重影响，企业商品价格总水平较上月下降0.5%，较上年同期上升1%，同比增幅较上月回落了0.6个百分点。

6月12日

●社保基金席位锁定12家券商相关协议正在签署中

为社保基金运作资金的六家基金公司已经和数家券商签订了席位租用协议。被社保基金和六家基金管理公司选中的券商分别为：国泰君安、湘财、申万、银河、光大、中金、华夏、金信、汉唐、海通、中信、招商等。

●外资并购境内企业可以享受税收优惠

国家税务总局日前发布《关于外国投资者并购境内企业股权有关税收问题的通知》。

根据《通知》精神，外国投资者按照有关规定并购境内企业股东的股权，或者认购境内企业增资使境内企业变更设立为外商投资企业。凡变更设立的企业的外国投资者的股权比例超过25%的，可以依照外商投资企业所适用的税收法律、法规缴纳各项税收。外国投资者通过股权并购变更设立的外商投资企业，如符合《外商投资企业和外国企业所得税法》及其实施细则等有关规定条件的，可享受税法及其有关规定所制定的各项企业所得税税收优惠政策。

●中国证监会严控基金公司内部风险

中国证监会日前明确了基金公司内部风险控制的76个最低标准，其中涉及投资决策与交易的风险防范点就有48个。这表明市场所关注的基金公司可能存在的道德风险已经引起了管理层的高度重视。

●沪深两市的第一起要约收购正式开始实施

令市场普遍关注的南钢股份要约收购事件有了实质性进展，今日，收购人南京钢铁联合有限公司正式披露《南钢股份要约收购报告书》。报告书中明确表示，本次要约收购的有效期限为发布报告书之日后一工作日即6月13日起的30个自然日，同时南钢联合还就如何维持南钢股份的上市地位提出具体方案。这意味着沪深两市的第一起要约收购正式开始实施.

6月13日

●李荣融：3到5年构建新国资管理体制的框架

国务院国有资产监督管理委员会主任李荣融今天在这里表示，国资委当前及今后几年的工作重点是推进国有资产管理体制建设，力争用3到5年时间，构建起新的国有资产管理体制的基本框架，初步做到权利、义务和责任相统一，管资产和管人、管事相结合，实现国有资产保值增值。

●保险资金入市同比大增

中国保监会统计，截至5月底，投资于证券投资基金的保险资金超过313.6亿元，同比增长29.8%。

●深圳证券交易所规范会员集中报盘

为规范会员单位的证券交易行为，有效控制交易风险，维护市场公平，深圳证券交易所昨就会员集中报盘管理有关事项发出通知，要求实行集中报盘的会员保证其技术系统的可靠性，并按照规定的程序办理申请手续。

●全国票据报价系统建立

我国票据市场发展将迈上新台阶。昨天，中国货币网公布了中国人民银行办公厅日前“关于银行间市场票据报价服务事宜的批复”，同意建立“中国票据报价系统”，即中国票据网，为金融机构之间的票据转贴现和回购业务提供报价、报价查询等信息服务。

●美退休基金资产缩水千亿

威尔希尔同仁咨询公司日前发布的研究报告显示，对于美国企业固定收益的退休基金计划来说，2002年是一个最为糟糕的年份。有关方面在对标准普尔500家公司中的320家进行调查后发现，这些公司的退休基金资产去年缩水了1060亿美元。

6月15日

●前5个月全国税收收入同比大增

今年前5个月我国税收收入形势总体较好。全国共入库税收8639亿元，同比增长25.5%，增收1755亿元，完成年度计划的45.7%。

●五月份股票交易额锐减

中国证监会网站公布的最新统计数据显示，受“五一”休市时间延长等因素的影响，5月份沪深两市股票总成交金额达3158.33亿元，比上月减少2258.36亿元，减幅为44.75%。

●大豆期货交易手续费下调

大连商品交易所昨日下发《关于优惠收取大豆期货交易手续费的通知》，决定自2003年6月16日至9月30日，对在大豆期货交易中当日完成同一合约开仓和平仓双向交易的客户给予优惠，按其双向交易部分减半收取交易手续费。

●中注协拟成立惩戒、申诉、维权三个委员会

为加快行业自律管理体制建设，提高行业自律管理水平，

中注协正加快建立和完善专门委员会制度。日前，中注协就首批拟成立的惩戒、申诉、维权等三个委员会的工作规程，发布了征求意见稿，向广大会员、执业机构及地方协会征求意见。

6 月 16 日

●浙江上市公司竞相试行股权激励机制

股权激励正在浙江省上市公司中不断推行。近期，先后有中大股份、小商品城等近 10 家上市公司试水股权激励，并通过在现行法律框架下的创新，开创了独具特色的产权改革模式一“浙江模式”。

●上证 180 指数调整样本股 18 只股票 7 月 1 日起调进

上海证券交易所指数专家委员会日前召开工作例会，审议上证 180 指数样本股调整事宜，决定更换 18 只样本股，并于 7 月 1 日起正式生效。根据指数编制规则，上证 180 指数每半年调整一次样本股。本次调整是上证 180 指数继今年 1 月 2 日更换 18 只样本股之后的第二次样本调整。

●260 亿国债将发行

北京消息日前，财政部决定发行 2003 年记账式(五期)国债，本期国债为固定利率附息债，计划发行面值总额为 260 亿元，期限 3 年，票面年利率为 2.32%。

●社会保障基金现身新潮实业增发

社保基金自 6 月 9 日开始在二级市场买股票及有关债券的消息引起了市场各方的关注。6 月 10 日，社保基金在一级市场也开始动手了。新潮实业日前发布的增发 A 股发行结果公告显示，社保基金参与了此次增发，其动用的资金约为 6.2 亿元，最终获配 732591 股，约占新潮实业此次增发总数的 1.2%。

6 月 17 日

●H 股今年升幅达 33%

日前，联华超市 H 股国际配售部分的第一天路演就获足额认购。业内人士认为，这与整个香港 H 股行情逐浪走高、涨势如虹有很大关系。据统计，从去年 10 月 11 日到今年 6 月 16 日，香港 H 股指数累计涨幅达 51.59%，其中今年以来上涨 33%。

●保险公司上市获突破保险第一股将花落新华

本月 4 日，中国保险监督管理委员会首肯“新华人寿保险股份有限公司公开发行股票并上市”。新华人寿成为保监会放行直接进入股票市场的首家保险公司。虽然按照程序，新华人寿成功上市还要再过证监会一关，但业界普遍认为，保险第一股花落新华已基本成为定局。

●外资并购税收可优惠国税总局发布相关通知

国税总局发布了《关于外国投资者并购境内企业股权有关税收问题的通知》。通知明确，外国投资者通过股权并购变更设立的外商投资企业，如符合《外商投资企业和外国企业所得税法》及其实施细则等有关规定条件的，可享受税法及其有关规定所制定的各项企业所得税税收优惠政策。

●沪胶交割量创沪胶交割的新纪录

作为今年上海天然橡胶期货合约火爆行情的领军者，6 月合约今天开始交割。在昨日结束的最后一天交易中，该合约以涨停收盘，持仓量为 32156 手，这对应着 8 万多吨的交割量，将创下沪胶交割的新纪录。

●证券法修订草案年内将进行审议

全国人大常委会确定今年立法计划，其中包括审议证券法修订草案和证券投资基金法草案。

●国务院最近任命了货币政策委员会新一届组成人员

中国人民银行行长周小川任货币政策委员会主席。委员会成员包括：国务院副秘书长尤权，国家发展和改革委员会副主任朱之鑫，财政部副部长金立群，中国人民银行副行长吴晓灵、李若谷，国家统计局局长李德水，国家外汇管理局局长郭树清，中国银行业监督管理委员会主席刘明康、中国证券监督管理委员会主席尚福林，中国保险监督管理委员会主席吴定富，中国银行业协会会长、中国银行行长肖钢，中国社会科学院金融研究所所长李扬。

6 月 18 日

●邱晓华：非典影响有限今年增长不低于 7%

国家统计局副局长邱晓华 17 日表示，非典“没有影响到中国经济的总体发展”，它“只是对经济的危机，而不是经济的危机”。

●中国 4 月财政收入增幅大减

今年 4 月份，受进口减速、关税减少及非典疫情爆发较早地区企业营业税、所得税减少等因素的影响，中国财政收入增长大幅减慢。4 月份中国财政收入增长 15.5%，增幅比一季度大降 21.2 个百分点。财政支出增长 16.6%，比一季度提高 5.7 个百分点。

●证券法修订稿不久可望提交到全国人大

证券法修订工作已被列入全国人大常委会今年立法计划的消息，受到业界的普遍关注。记者昨日从权威部门获悉，在经过中国证监会广泛征求业界看法和起草修订意见后，证券法修订稿不久可望提交到全国人大有关专门委员会或常委会相关办事机构。

●中国银监会确定下半年工作重点

中国银监会新闻发言人透露，为了进一步完善监管规则，实现依法监管，银监会将根据市场发展变化需求陆续出台《商业银行服务价格管理暂行办法》、《汽车金融公司管理暂行办法》、《金融机构衍生产品交易业务管理暂行办法》等多个重要监管规章。银监会将陆续对近年来的监管规章制度进行深入全面的清理和修订。

●上海商贸申请委任接管人

上海商贸控股有限公司昨日发布公告称，该公司将向香港高等法院申请委任接管人。

6 月 19 日

●QFII 的境内市场第一单有望在近期诞生

QFII 正式进场仅剩一步之遥。瑞士银行有关人士昨日在接受记者采访时称，公司已经汇出资金，并在等待证券帐户的开立。如果一切顺利，QFII 的境内市场第一单有望在近期诞生。

●德盛稳健证券投资基金获准发行

中德合资的国联安基金管理有限公司旗下首只基金一德盛稳健证券投资基金日前正式获准发行。

●上海商贸昨被接管中银香港(控股)中期业绩将审计

根据上海商贸昨日发布的公告，法院已于当日委任均富会计师行两位人士作为公司的接管人及经理人。

6 月 20 日

●人行年报提出加强公开市场业务操作

中国人民银行日前公布的 2002 年年报提出，今年要继续加强公开市场业务操作，并表示将与中国银监会建立更密切的联系机制。

●证券投资基金法二审稿更充实严谨

全国人大法工委有关人士表示，即将提交二审的《证券投资基金法》(草案)，内容将更充实，规范将更严谨。对基金管理公司及其高管人员的条件、资质,以及基金财产的运用,都会作更严格的要求。

●基金业应厉行强制淘汰

“流水不腐,户枢不蠹”。针对基金业严进不出的现状,业内人士呼吁,应软约束基金管理公司发起设立者资格,实行有进有出的市场化机制,对违法违规者强制淘汰。

●深圳B股证券帐户号码升至十位

中国证券登记结算有限责任公司深圳分公司定于6月23日起对深圳B股证券帐户号码进行升位。

B股证券帐户号码由8位升至10位,升位后新开立的B股证券帐户号码统一按新编码规则进行配号。B股证券帐户升位的同时,将启用新版证券帐户卡。投资者持有的原证券帐户卡仍然有效,不必办理换卡手续。

●东京股市连续三日刷新高

东京股市日经股指19日连续第3个交易日刷新今年最高记录,当天收盘时日经225种股票平均价格指数比上一交易日上涨了17.54点,达到9110.5点。这也是自去年12月3日以来日经指数首次突破9100点大关。

6月22日

●国有股转让仍由国资委审批

上市公司国有股权转让的审批职能目前是否全部由国资委承担?国务院国资委有关人士日前明确指出,上市公司国有股权转让将延续以前的有关规定,属于地方的上市公司国有股权转让审批权限目前依然在国资委。

●中国QFII初期规模达15亿美元

国家外汇管理局日前批准了花旗环球金融有限公司合格境外机构投资者(QFII)投资额度7500万美元。

此前,国家外汇管理局已经批准瑞士银行有限公司(UBSLimited)QFII投资额度3亿美元,批准野村证券株式会社(NomuraSecuritiesCo.,Ltd)QFII投资额度5000万美元。据此间专家推测,加上摩根士丹利国际有限公司、德意志银行、瑞士信贷第一波士顿、高盛等正在等待批准的十余家机构,QFII初期资金规模将达到十五亿美元左右。

●银监会在系统内约法三章

为规范监管行为,树立和维护监管人员廉洁从业、公正执法的良好形象,日前中国银监会党委向各级领导干部和工作人员“约法三章”,要求在履行法定职责实施监管过程中,不得超越职权干预被监管单位授信、资产处置、项目投资等业务活动,不得违反规定插手被监管单位人事安排和建设工程、物资采购招投标等事项,不得接受被监管单位公款支付的宴请、高消费娱乐(健身)活动、旅游度假和现金、有价证券、支付凭证、贵重礼品等。

●全年经济走势依然乐观

受非典疫情影响,5月份国民经济增速有所趋缓。国家统计局新闻发言人姚景源在接受记者采访时指出,虽然5月份工业生产增长和市场销售增长滑坡,到6、7月份非典的滞后影响可能还会体现,但固定资产投资和进出口增长依然强劲,消费增长的潜力还在,从全年来说经济走势还是乐观的。

●证监会修订《股票发行审核标准备忘录》

中国证监会发行部日前新修订了《股票发行审核标准备忘录第4号》,对拟发行公司在申请文件中申报的财务资料做出若干新要求。与原稿相比,修订稿更加明确了发行人在申请文件中对近三年及最近一期纳税情况进行说明时应提交的各种材料。

●纽约股市大幅下跌

由于投资者担心近来股市上涨过猛,纷纷采取获利回吐操作,19日纽约股市三大股指均告下跌。

尽管最新公布的经济数据显示,美国上周新申领失业救济的人数有所下降,而且5月份先行经济指数的涨幅也超过预期,预示美国经济正在好转,但是华尔街投资者仍感到近来股市升幅过高,因而纷纷采取谨慎操作,回吐部分股票以获利,导致当日纽约股市主要股指全线收低。

6月23日

●证券投资基金法草案今提交二审

北京消息备受人们关注的《证券投资基金法》(草案)今日将提交十届全国人大常委会第三次会议二审。

●期货从业人员资格考试周四起报名

中国期货业协会近日发出期货从业人员资格考试的第二号公告。公告称,自6月26日开始,考生可登录中国期货业协会网站(www.cfachina.org)考试网页进行网上报名,报名时间自6月26日始至8月6日止,历时40天。

6月24日

●前5个月中国工业经济效益增幅较前4月回落1.9点

国家统计局今日发布的最新统计显示,今年前5月中国工业企业产品销售收入和利润增幅比1—4月份略有回落,企业产成品资金和应收帐款增幅继续上升。1—5月份,工业经济效益综合指数138.5,比上年同期提高16.7点,但增幅比1—4月份回落1.9点。

●证券投资基金法草案作较大变动基金公司入场门槛抬高

受市场人士广泛关注的证券投资基金法草案,23日再次提交十届全国人大常委会第三次会议审议。与2002年7月提请全国人大常委会审议的原草案相比,再次提交审议的证券投资基金法草案作出了较大的改动。令人瞩目的是,草案新增规定更加严谨规范,并抬高了基金公司入场门槛,缩减了基金管理和基金托管资格的范围。与此同时,本次会议还将就一些基金投资运作、能否为开放式基金进行短期融资等焦点问题进行深入讨论。

●央行货币政策委员会强调加强贷款风险监测

中国人民银行货币政策委员会2003年第二季度例会日前在北京召开。会议强调,要注意防范货币信贷较快增长时在房地产和低水平重复建设中潜在的金融风险,加强贷款风险预警和监测,进一步优化贷款结构,防范新的贷款风险,加快国有商业银行改革。

●最高人民法院公布期货纠纷案件司法解释

为了正确审理期货纠纷案件,最高人民法院根据有关法律、行政法规的规定,制定并于23日公布《最高人民法院关于审理期货纠纷案件若干问题的规定》,自2003年7月1日起施行。

6月25日

●济南上市公司纷纷重组求新生

近期一系列信息显示,备受关注的济南上市公司已纷纷踏上重组之旅,并在引入战略投资者、清理遗留问题和资源整合等方面取得初步进展。

●期货纠纷案件司法解释全面界定交易行为责任

最高人民法院日前发布《最高人民法院关于审理期货纠纷案件若干问题的规定》的消息引起了业界人士的强烈关注。该文件除对无效合同责任、强行平仓责任、侵权行为责任等作出规定外,尚有许多重要内容值得关注,如对承担责任主体、透支交易责任、实物交割责任、保证合约履行责任、举证责任等都作了详细的司法解释。

●深圳证券交易所增加债券回购品种

深交所今日向各会员单位发出通知，拟自6月30日起增加四个债券回购品种，分别为一天期国债回购、两天期国债回购、一天期企业债回购和两天期企业债回购。

●拉美证券市场资金回流趋势明显

墨西哥《宇宙报》24日援引美国新兴市场证券投资咨询公司的最新报告说，截至今年5月21日，拉美证券市场回流资金总额高达19.5亿美元，是去年全年该地区证券市场投资总额的3倍。

6月26日

●证监会表示“新股打包发行”没有确切时间表

近期，市场有关“新股打包发行”的讨论颇受关注。更有消息称，新股打包发行相关的前期准备工作已经就绪，只等证监会的一纸批文了。昨天，证监会有关部门向记者表示，新股打包发行并没有确切的时间表。但有业内人士分析，这一全新的新股发行方式极有可能在今年下半年推出。

●中国2002年财政赤字达3096亿低于预算

财政部部长金人庆25日指出，2002年中央财政总收入11026.6亿元，总支出14123.47亿元，收支相抵赤字3096.87亿元，比九届全国人大五次会议批准的赤字数额减少1.28亿元。

●非典对财政影响已显现

财政部部长金人庆25日在十届全国人大常委会第三次会议上说，虽然前5个月我国财政收入情况良好，但是非典疫情对财政的影响目前已经初步显现，今年可能出现财政收入增长前高后低、财政支出增长前低后高的局面，非典疫情对财政的滞后影响不容忽视。

●财政五方面问题需迫切解决

财政部部长金人庆在十届全国人大常委会第三次会议上表示，我国财政工作还存在以下五个方面需要迫切解决：一是中央预算管理有些方面还需进一步规范，一些部门财政资金使用效益不理想，预算执行不严肃，甚至挤占挪用、隐瞒收入；二是有些专项转移支付分配管理仍不规范，要求地方配套较多；三是一些中央部门和单位未严格落实深化“收支两条线”管理改革的规定；四是部分地区和部门在收入征管工作中违规减免和监管不力；五是一些国债项目重复安排、配置不合理、损失浪费等。

●日本股市走出泡沫低靡连续20天成交超10亿股

日本共同社消息，25日的东京股市，日经平均股价(225种)小幅反弹。从泡沫经济时期的1989年至今约14年来，首次出现连续20个交易日成交量超过10亿股。

●美联储降息0.25个百分点至45年来最低水平

由于担心美国经济在伊拉克战争结束后仍缺乏复苏动力，美国联邦储备委员会6月25日将联邦基金利率下调0.25个百分点至1%，降至45年来的最低水平，以刺激消费和商业投资，并表示将采取一切必要措施，来终止经济的低迷状态。由于降息幅度低于市场普遍预期，美国股市当天收盘走低。

6月27日

●数十家内地企业下半年赴港上市

港交所日前决定，上市委员会每季将举行特别会议，讨论有关上市政策及上市规则的修订。港交所行政总裁周文耀则透露，今年下半年将有60—70家公司在香港上市，其中大部分为内地企业。

●证券从业人员资格管理细则出台

北京消息经中国证监会核准，日前，中国证券业协会颁发《证券业从业人员资格管理实施细则(试行)》，自7月1日起对证券业从业人员试行资格管理。

●中注协将严惩执业不规范的事务所

日前，中注协有关部门负责人在接受记者采访时表示，目前，天津海运、宁城老窖、本钢板材等3家上市公司推迟披露年报，中注协将密切关注公司的审计情况。同时，中注协将组织分析事务所2002年业务报备材料，对迎合上市公司、不顾后果接业务的事务所的审计质量进行检查，对违反职业道德、执业不规范的事务所予以惩戒。

●上市公司半年度报告披露实行表格化

北京消息为了进一步简化上市公司半年度报告披露内容，同时实现半年报摘要的表格化披露，中国证监会最近对《公开发行证券的公司信息披露内容与格式准则第3号＜半年度报告的内容与格式＞》(以下简称《半年报准则》)作了修订。修订后的《半年报准则》不再要求公司详细披露控股股东及实际控制人的情况，也不再要求公司对下半年的经营计划作出说明。

●国内首个不良资产处置信托项目出炉

北中国华融资产管理公司与中信信托投资有限责任公司26日推出一种新型投资品种，不具有资产管理专业能力的投资者自此将有机会参与巨额不良资产处置。这是目前国内首个不良资产处置信托项目。

●美国股票债券大跌

美联储降息25个基点后，立即引发了美国国债市场新一轮大规模卖盘。两年期国债对货币政策的预期最为敏感，且在降息决策公布前1小时又有250亿美元的新发行国债入市，两年期国债成为领跌品种。基准十年期国债价格跌1.0625至102.125，收益率为3.37%，较利率决策公布前高11个基点。30年期国债价格跌1.75至114.90625，收益率为4.44%。

6月29日

●对基金行业从严管理保护投资者利益至上

全国人大常委会组成人员27日下午在人民大会堂对证券投资基金法草案进行了分组审议。不少委员对再次提请审议的这部草案评价较高，并希望证券投资基金法早日出台，以促进基金业发展，并确保基金中小投资者的利益。

●上海证券交易所利斧砍“繁文”

为规范运作和便于市场适用，日前上海证券交易所完成了对建所13年来业务规则的全面清理工作。上证所今日以公告形式公布了已明令废止、自行失效或应予废止的第一批共132个业务规则目录。这是上证所坚持“依法办所”，努力建设一流交易所的重要举措。

●南方避险增值基金募集近52亿

南方避险增值基金日前正式宣告成立，同时刷新了中国基金业多个纪录：单只基金发行规模最大，达51.93亿元；单只基金持有人数最多，达14.81万户；单只基金中个人持有者所占比例近7成，在已发行基金中最高；代销银行销售量最高，达41亿元。

●中国票据网将于6月30日正式启用

由中国外汇交易中心暨全国银行间同业拆借中心承建的“中国票据”网(http://www.chinacp.com.cn)将于6月30日正式启用。这标志着全国统一的票据市场服务平台浮出水面，票据市场“条块”分割的局面将成为过去。

6 月 30 日

●国资委要求中央企业领会国资监管条例精神实质

国务院国有资产监督管理委员会办公厅近日发出通知，要求各中央企业认真学习贯彻《企业国有资产监督管理暂行条例》，依法推进国有资产经营管理的各项工作。

●温家宝：全年经济增长 7%有把握

国务院总理温家宝 29 日在香港礼宾府出席了《内地与香港关于建立更紧密经贸关系的安排》签署仪式，关于内地经济形势，温家宝指出，今年上半年，中国经济经受了非典疫情的严峻挑战和考验。党中央、国务院采取"两手抓"的方针，一手抓防治非典这件大事不松劲，一手抓经济建设这个中心不动摇。他指出，非典疫情使二季度经济增速减缓，但从整体上看，影响是暂时的、局部的，没有伤害中国经济肌体的基本面，没有改变经济较快增长的势头。初步预计，上半年国内生产总值增长 8%以上。现在看，实现全年经济增长 7%的预定目标是有把握的。

●投资者关注上市公司年报五大问题

投资者最关心年报信息披露中存在的哪些问题？上证报与东吴证券公司联合举办的"东吴证券杯"我看年报有奖征文活动给出了答案。对本次征文活动收到的 200 多篇来稿作出的统计分析表明，年报披露时间跨度太长、年报相关信息提前泄露、业绩预告出现缺陷、信息披露不够充分、年报诚信度不高等五大问题，成为中小投资者最关注的焦点。

7 月 1 日

●社保基金入市谨慎

社保基金入市将近一月，从目前公开信息看，社保基金入市十分谨慎：仅参与新股增发和国债招投标，对在二级市场建仓，并不积极。

●国资委将逐步建立国有资本预算体系

国资委将逐步建立国有资本预算体系，使国有企业的经营者真正实现国有资产的保值增值。

●2002 年度上市公司 50 强揭晓长虹等蓝筹股锋芒依旧

2002 年度"《上市公司》50 强"经《上市公司》杂志评选于日前揭晓，根据年报截止日公布年报的沪深两市共 1236 家上市公司有关数据，对于至 2002 年 12 月 31 日已经上市的沪深两地上市公司，该杂志统计出的 2002 年度"《上市公司》50 强"中在上海证券交易所上市的公司有 35 家，中国石化、四川长虹、宝钢股份等著名蓝筹股依旧高居排行榜前列，其余 15 家为在深圳证券交易所上市的公司。其中倍受关注的中国家电类上市公司中上榜的共有四家，依次是四川长虹、青岛海尔、粤美的 A 及厦新电子。

●周小川：人民币汇率将继续保持稳定

中国人民银行行长周小川说，面对经济金融新形势，我国将继续保持人民币汇率稳定。周小川说，今年以来，我国对外贸易基本是平衡的，外汇储备的大幅增加主要是资本净流入。以往我国在资本项目管制下仍有不少资本外流，现在这一趋势已发生变化，部分资本逐步回流，对我国资本帐户管理提出新的挑战。面对这种新形势，我国将不断完善人民币汇率形成机制。

7 月 2 日

●夏斌：巨额不良贷款严重影响经济增长

由国务院发展研究中心金融所所长夏斌主持撰写的一份研究报告称，几年来银行体系平均惜贷 6 个百分点；当前货币政策调控仍然必须重视贷款指标；巨额不良贷款已经严重影响到经济的增长；应进一步扩大对中小企业贷款的浮动幅度。

●周正庆：应允许开放式基金短期融资

全国人大财经委副主任委员、原中国证监会主席周正庆表示，应当允许开放式基金根据情况需要，按照中国人民银行的有关规定，向商业银行申请短期融资。

●上海期交所铝锭交割标准调整

1 日，上海期货交易所发出《关于修改铝期货合约有关条款的通知》。《关于修改铝期货合约有关条款的通知》（下称《通知》）说，新的重熔用铝锭国家标准（GB/T1196——2002）已于 2003 年 3 月 1 日正式实施。为了与新国家标准保持一致，经中国证监会审批同意，上海期交所决定将《上海期货交易所铝标准合约》交割等级标准品铝锭的质量标准修改为：铝锭，符合国标 GB/T1196——2002 标准中 AL99.70 规定，其中铝含量不低于 99.70%。

●二季度股市融资 161.08 亿

尽管"非典"对我国证券市场已产生一定影响，特别是 5 月份，股市筹资额创出今年新低，但二季度股市融资仍比一季度有所增加。据本报数据中心统计，今年二季度市场筹资 161.08 亿元，比第一季度略微增加 7.39%；其中，有 16 家公司在 A 股首发中共筹资 87.21 亿元，比今年首季增加了 74.07%；7 家公司配股，筹资额达 15.37 亿元，比首季增加近 2.5 倍；可转债发行明显增速，筹资 43 亿元。

7 月 3 日

●上海技术产权交易火爆半年成交 703 亿

高新技术转化、国有资产调整、民营资本活跃，成为今年上半年上海技术产权交易火爆的三大"亮点"。上半年上海技术产权、股权交易交易量不断创出新高，共完成交易 1590 宗，成交金额 703 亿元，分别是去年同期的 1.39 倍和 2.04 倍，较去年同期双双创出新高。

●深交所重发新股仍存悬疑

"内部流传着两种说法，一种认为年内可能会发新股，不过目前没什么实质性进展；另一种认为不可能"，6 月 11 日，深交所的一位知情人透露说。他对记者强调，此事正处于极度敏感阶段，部分媒体关于 10 月份重开新股的报道"完全是猜测"。

●企业债发行额度敲定

2003 年企业债券发行额度已经基本确定，21 家企业获得了总计 418 亿元的发行额度。

●上海拟扩大企业出资者范围

上海试行扩大出资者范围、允许在职人员成为企业股东，是拓宽民间资本投资渠道的一个重要途径。据悉，到去年年底，上海居民储蓄余额已达 4100 亿元。如果有合适的投资渠道和良好心理预期，部分储蓄余额完全可能转化为企业资本。

7 月 4 日

●二季度企业家信心指数明显回落

国家统计局全国企业景气调查结果显示：在一季度企业家信心指数创下历史新高后，受"非典"疫情影响，自四月份起企业家信心大幅回落，二季度企业家信心指数跌至 115.4，比一季度和上年同期分别下跌 17.1 和 4.7 点。

●周小川：扩大直接融资改善储蓄构成

中国人民银行行长周小川表示，近期中国金融体制改革的重点之一是，采取有效措施发展资本市场，扩大直接融资渠道，以改善储蓄构成。

●深交所有望恢复新股发行

中国证监会已原则同意深圳证券交易所恢复新股发行，方案已上报国务院，国务院批准之后即可实施。

●社保基金入市后首次现身二级市场

刚刚完成配股的亚泰集团今日刊登的股份变动公告显示，社保基金持有亚泰204.961万股流通股。由于配股是向老股东配售股份，所以可以推断，不管是否参与了此次配股，社保基金均于此前从二级市场买入了亚泰流通股。

7月6日

●外币拆借利率靠拢国际价格

中国外汇交易中心昨日称，通过交易中心达成的外币拆借利率已趋近于国际市场价格。截至6月底，交易中心外币拆借交易量已达7.2亿美元。

●国家信息中心预测上半年GDP增逾8.2%

据国家信息中心经济预测部估算，尽管受到非典疫情的冲击，今年上半年我国经济增长率仍保持在8.2%到8.5%之间，继续沿着稳定快速增长的轨道前进。

●开发行将发200亿金融债

国家开发银行表示，将于7月9日同时发行两期金融债，发行总量为200亿元。

●大商所修订交易规则炒"豆"门槛降低

大连商品交易所昨日发出通知，决定自2003年7月7日起，实施新修订的《大连商品交易所交易细则》等业务细则。根据新细则，黄大豆1号合约持仓量超过40万手后，才开始增收交易保证金，且持仓量60万手以上时，保证金也仅10%。

●上半年外币拆借中介业务逾7亿美元

据中国外汇交易中心最新统计，截至6月底，交易中心外币拆借中介业务量共71689.79万美元。

7月7日

上海证券交易所卫星广播系统全面升级继上月底全面建成"天地备份"通信网络之后，上海证券交易所最近又建成了新的单向卫星数字广播系统，即宽带广播系统。自7月7日起，上证所下属上海证券通信公司开始对所有单向卫星数字广播系统进行全面升级。

●高盛公司QFII资格获中国证监会批准

美国高盛公司合格境外机构投资者(QFII)资格日前已获中国证券监督管理委员会批准。

●南航10亿A股全按市值配售

继去年9月超级大盘股中国联通登陆国内股市之后，已在香港发行H股的又一只大盘股一南方航空将于7月10日在深沪市场公开发行A股。南方航空此次发行数量高达10亿股，发行价格2.70元/股，发行市盈率18倍，全部向二级市场投资者定价配售。值得注意的是，自去年6月恢复市值配售以来，全部向二级市场配售发行的都是一些中小盘公司，流通股本较大的公司，如中国联通和中信证券，均采取网下发行和网上配售相结合的发行方式。由于发行规模庞大，毫无疑问，南方航空市值配售中签率将创出继中国联通之后的第二个高点。

●大商所新细则正式实施

大连商品交易所发出通知决定，新修订的《大连商品交易所交易细则》、《结算细则》等五个业务细则今起正式实施。

●国有股的减持和转让必须做

国务院国有资产监督管理委员会主任李荣融近日指出，国有股的减持和转让必须做，但是现在存在很多不规范的问题。所以，要先采取措施规范产权市场和产权交易。国有资产的流动、重组要既谨慎又积极。

●《上海证券交易所业务规则制定办法》今起施行

日前召开的上证所三届理事会16次会议审议通过了《上海证券交易所业务规则制定办法》。该《办法》今日发布并开始施行。

7月8日

●券商上半年交易决出高低

上半年券商交易排名日前揭晓，银河证券、海通证券、南方证券名列前三。

根据有关统计数据，名列前三位的银河证券、海通证券和南方证券上半年完成沪深各类证券交易分别为5598.96亿元、4559.76亿元和4393.12亿元。国泰君安和华夏证券分别以4192.22亿元和4055.96亿元，排名第四和第五。排在第六至第八位的券商分别是中信证券、申银万国证券和广发证券。

●上半年期市成交金额突破4万亿元

中国期货业协会最新统计资料表明，2003年上半年全国期货市场交易规模较去年同期有了显著增长，上半年的交易额已超过2002年全年的交易总额。天然橡胶、小麦、豆粕等品种的活跃成为新的交易量增长点。

7月9日

●中国经济上半年增长可超8%

中国国家统计局总经济师姚景源透露，中国经济今年上半年虽然受到SARS影响，但增长率应仍在8%以上，全年的数字预料也可保持在这一水平。

●可转债半年筹资近百亿

中国证监会最新统计显示，我国证券市场可转债发行明显提速，到6月末，今年可转债发行已筹资99亿元，超过前12年发行额的总和。自1991年至今可转债发行总额达187.50亿元。

●196家中央企业不会进行私有化

国务院国有资产监督管理委员会主任李荣融8日说，国资委不会对其监管的196家中央企业进行私有化，下一步的主要任务是建立现代企业制度，完善法人治理结构，逐步实行股权多样化，进一步增强控制力、带动力和影响力。

●国债现货市场资金面正在趋向宽松

近日，一度快速下挫的国债现货市场重拾升势，而回购利率也摆脱了高企的局面而下跌至正常水平。行情走势表明，曾经一度紧张的市场资金面正在趋向宽松。

7月10日

●国企股是港股十年来最佳投资品

香港交易所行政总裁周文耀8日说，港交所在过去10年间推出的投资产品中，以国企(H)股、红筹股以及备兑认股证产品的发展最为成功。目前，港交所正为交易无纸化和投资者户口参与模式等工作进行咨询。

●国资委明年与中央企业签合同全面启动目标管理

国有资产监督管理委员会副主任邵宁今天在此间表示，鉴于其直接监管的一百九十六家中央所属企业没有经营目标要求的现状，国资委明年将全面启动目标管理。

●QFII第一单

瑞银集团昨日早上10时15分发出指令，通过其境内证券代理商申银万国购入了宝钢股份、上港集箱、外运发展以及中兴通讯。据瑞银集团中国证券部主管袁淑琴介绍，瑞银是替客户作出上述买卖的，但她没有透露具体的买入价格和数量。

●吴定富：积极探索保险资金直接入市

在昨天举行的全国保险工作座谈会上，中国保监会主席吴定富对保险行业下半年工作作出部署，强调要在严格坚持防范风险、保证资金安全的基础上，继续拓宽保险资金运用渠道。

吴定富指出，随着保险行业的快速发展，保险资金积累量日趋巨大，需要进一步拓宽保险资金运用渠道，以提高保险资金运用效率，化解行业风险。他说，今年下半年在拓宽保险资金运用渠道方面要着重推进以下工作：进一步研究扩大保险资金投资企业债券的比例；积极探索保险资金参与国家重点基础设施建设投资途径的可行性；积极探索研究保险资金直接进入股票市场的问题。

7月11日

●胡祖六：QDII对A股市场冲击有限

在昨天举行的“QDII与国际资本市场的投资机会”论坛上，高盛（亚洲）有限责任公司董事总经理胡祖六预计，一年内QDII的有关制度起草有望初步完成。他认为，QDII不会给A股市场带来过度冲击。

●PT郑百文将于7月18日在上证所恢复上市

历经800余天的苦苦等待之后，PT郑百文的中小流通股股东终于迎来公司股票恢复上市的日子一7月18日PT郑百文将在上证所恢复上市。这也意味着，历时三年之久、备受社会各方关注的郑百文重组宣告结束。

●国开行将发200亿元短期债

国家开发银行将于16日招标发行两期金融债，总量200亿元。其中，第十一期金融债为采用价格招投标方式发行的9个月期债券，发行总量为100亿元。缴款日为7月18日，兑付日为2004年4月18日。第十二期国开行金融债为第十一期的增发债券，发行总量为100亿元，缴款日为10月20日，兑付日为2004年4月18日。

●QFII撬动大盘拉长阳沪深综指昨分别上涨1.9%、1.69%瑞银集团介入的4只股票成了昨日市场的明星股，上港集箱、外运发展、中兴通讯、宝钢股份盘中涨幅都曾超过6%。受此影响，沪深综指昨日都收出久违的长阳线，上证综指涨幅1.9%，深证综指涨幅1.69%，市场做多情绪重新凝聚。

●上市公司国有股转让办法列入国资委今年立法计划

在昨天召开的中央企业负责人会议上，国资委政策法规局局长张德霖透露，《企业国有产权转让暂行办法》已经通过讨论，争取在8月份出台。《上市公司国有股转让暂行办法》也已经列入国务院和国资委2003年立法计划。

7月13日

●金融运行出现四大变化

中国人民银行昨天发布的最新统计数据显示，今年上半年我国各项金融运行指标出现显著变化：货币供应量增长较快，各项贷款增长幅度较大，各项存款增加较多，国家外汇储备继续增加。

●货币供应量处于较高水平

据中国人民银行最新统计显示，今年上半年，各项金融运行指标出现显著变化：货币供应量增长较快，M2、M1增幅均在20%以上；各项贷款增长幅度较大，增幅达22.9%；各项存款增加较多，6月末城乡居民储蓄存款余额为9.8万亿元；国家外汇储备继续增加，6月末已达3465亿美元。

●第二个获QFII人民币特殊帐户花旗即可下单入市

国家外汇管理局批准花旗环球金融有限公司在渣打银行上海分行开立合格境外机构投资者（QFII）人民币特殊帐户。这是我国实施QFII制度后获准开立的第二个人民币特殊帐户。

7月14日

●我国今年上半年经济增速将达8%以上

尽管受到非典、伊拉克战争以及自然灾害等不利因素影响，上半年我国经济继续保持了快速增长的良好势头。权威经济部门预计，上半年经济增长速度将达到8%以上，比去年同期有所加快。新一轮增长周期并未因非典被打破。

●六大券商共同研讨市场走势平衡市格局难打破

昨日，银河证券、海通证券、国泰君安、申银万国、湘财证券、南方证券聚首上海，共同分析下半年宏观经济形势和证券市场走势。他们普遍认为，下半年市场将继续演绎谨慎偏多的平衡市走势。

●明年全面推行贷款五级分类制度

银监会近日分别召开国有独资商业银行、股份制商业银行行长工作会议。据透露，贷款五级分类制度明年起将全面推行。

●记账式（五期）国债质押券可变更北日前，财政部下发通知，对记账式（五期）国债质押的有关事宜进行规定。

通知称，各中标机构缴付的国债质押券已进入质押程序，为方便出质人债务管理，减少质押券的流动性风险，经研究决定，允许出质人在质押期内有条件地变更质押券。出质人可向国债登记公司提出变更质押券申请，明确提出拟解除质押及申请质押国债的名称及金额。

●上半年股票承销排名落定

今年上半年股票市场承销业绩决出胜负。海通证券以42.31亿元拔得承销总额头筹，光大证券和华夏证券紧随其后。去年承销霸主中金公司暂居第四，但因揽得一只大盘股一白云机场23.52亿元的新股发行，列首发总额单项第一。

●史美伦：监管目的是要保持市场健康发展

中国证监会副主席史美伦日前接受中央电视台采访时表示，监管的目的是要保持市场的健康发展，因此任何对市场健康发展不利的事情，监管者都希望尽量来纠正，不允许不规范、欺诈的行为存在于市场中。

7月15日

●贷款快速增长引起央行高度重视

中国人民银行党委书记、行长周小川昨天在人民银行工作座谈会上部署下半年工作任务时指出，要深入分析和高度重视目前贷款快速增长的原因以及可能引发的风险。

●保险资金运用下半年将有新突破

上周在京召开的全国保险工作座谈会得到了业内的极大重视。保险公司资金运用方面的有关专家预计，下半年保险资金运用渠道的拓宽速度将有明显提升，资金运用形式将更为灵活，更能适应行业发展和经济发展形势的需要。

●我国证券市场首只混合型基金将发行

经中国证监会批准，华夏回报证券投资基金日前获准发行，这是证券市场公开发行的首只混合型基金。

据悉，华夏回报基金把追求每年较高的绝对回报作为投资目标，在分红政策上推出国内第一个“到点分红”的新概念，以一年期存款利率1.98%为参照指标，实现收益每达到这一标准，即可分红。而且每年分红不限定次数，追求多次分红。

在资产配置方面，该基金契约规定，股票投资比例为0至80%，债券投资比例为20%至100%，现金比例为0至20%。

●上交所在其网站上推出退市公司信息查询服务

上海证券交易所日前在其网站（www.sse.com.cn）上推出退市公司信息查询服务，以方便投资者获取准确、权威、及时的退市公司信息。

7月16日

●《上市公司国有股权转让暂行办法》已形成初稿

国资委有关人士透露，以《企业国有资产监督管理暂行条例》第23条为核心，《上市公司国有股权转让暂行办法》目前已经形成初稿，经内部讨论后，将征询财政部、证监会及其它相关部委的意见和建议。

●四大券商研究机构认为：下半年股市资金不吃紧

兵马未动，粮草先行。资金是推动股市行情发展的“粮草”，研判2003年下半年股市行情的发展，自然少不了对资金面的分析。近日，南方、国泰君安、海通、银河等四大券商的研究机构对下半年股市资金面分析后普遍认为，资金吃紧的局面不会出现。

●基金开始披露今年二季度投资组合

招商安泰系列基金今日公布投资组合，从而拉开了基金二季度投资组合披露的序幕，而这也是伞型基金的首份投资组合。

截至6月30日，招商股票基金的股票仓位为48.10%，招商平衡基金的股票仓位为32.33%。从组合来看，港口类股票成为该基金最偏爱的股票类资产。

●深证成份B指昨日收盘时创下了近两年来的新高

深市B股昨日继续走强，深证成份B指收盘时创下了近两年来的新高。

自年初下探至B股对境内居民开放以来的最低点后，深证成份B指走出了逐级上行的牛市行情，7月以来上升速度更呈加快之势。该指数昨报收于1643.37点，上涨28.21点，涨幅1.74%，已是连续5日收阳。

●花旗QFII昨下单

继瑞银集团之后，花旗环球金融昨日也正式下场“试水”。

这也是该公司首次以QFII身份，在境内A股、可转债及国债市场展开投资。此前，瑞银集团已于7月9日投下了QFII第一单。

7月17日

●银行业刮起“监管旋风”审计署派员进入工行

由审计署组成的300名审计员日前悄然进入了中国最大的国有银行一中国工商银行。经济日报报道说，这是继去年审计署审计建设银行和农业发展银行后，又一家将被审计的国有银行。

●国民经济发展有6大特征

国家统计局从六个方面总结了上半年国民经济和社会发展情况：一，“非典”确实给二季度国民经济带来较大冲击；二，上半年国民经济仍然保持快速增长；三，农业基本平稳工业保持较快增长；四，投资、出口增势强劲，利用外资增长较快，消费增长有所放缓；五，经济运行质量进一步提高；六，市场物价保持稳定。

●李荣融：国资委明年起考核中央企业利润和成本

国有资产监督管理委员会主任李荣融日前强调，明年开始对中央企业的考核，既要考核企业的利润，也要考核企业的成本，要促进企业努力降低成本，从根本上提高市场竞争能力。

●国家统计局研究指出：证券业立法应加快

日前，国家统计局普查中心公布了对第二次全国基本单位金融服务业普查资料的分析报告。报告认为，我国在加入WTO后，证券业要尽快建立和完善与证券市场发展相适应的多重交易制度和交易规则；要加快立法，并加强执法力度，规范市场主体的从业行为，从而形成完善的金融监管体系。

●券商关注即将于9月1日起实施的央行5号令

即将于9月1日起实施的央行5号令中有关“证券交易结算资金专用存款帐户不得支取现金”的规定，引起了券商的强烈关注。一些券商认为，5号令将与先前实施的佣金浮动制、金融企业会计制度一起，给其经营带来严峻考验。

7月18日

●农凯系曾向上海农信社贷巨款

周正毅旗下香港上市公司上海地产(00067)昨日公告显示，上海市农村信用合作联合社曾向农凯系企业贷出两笔共6.5亿元人民币，而其中绝大部分已被转移，有近半贷款不知去向。

●受深市B股连创新高刺激沪市B股昨日放量大涨

受深市B股连创新高刺激，沪市B股昨日大幅反弹。上证B股指数全天上涨2.69%，收盘报116.01点，成交由前天的6300万元放大至2.53亿元。

●基金经理青睐周期性资产

美林证券最新一期的全球基金经理调查显示，全球的基金经理似乎已经看到，自2001年1月开始的降息周期已经结束。随着全球经济的复苏和公司盈利预期创出了2002年上半年以来的最高水平，那些业绩表现受经济周期影响较大的周期性资产取代了主要消费品行业，受到了全球基金经理的普遍青睐。

7月21日

●基金作为市场主流投资力量的地位正进一步得到确认

基金作为市场主流投资力量的地位正进一步得到确认。截至6月30日，基金持有的股票市值近720亿元，在A股流通市值中的比例已经达到了约6%，其重仓参与的五大行业正成为市场共同认可的投资热点。

●中国人民保险公司完成股改重组

经国务院同意、中国保监会批准，中国人民保险公司更名为中国人保控股公司，并发起设立中国人民财产保险股份有限公司和中国人保资产管理有限公司。三家新公司19日在北京揭牌，这意味着中国人保的重组改制工作已经完成。

●存在三大问题亟待央行着手解决

日前，央行发布了关于我国上半年金融运行情况的信息简报，透过货币供应、贷款、存款及外汇储备等各项金融统计数据看，目前存在着三大问题亟待央行去着手解决。

7月22日

●国资委：国有股流通不在当前立法计划中

日前有关《上市公司国有股流通暂行办法》即将出台并旨在对国有股流通的方式、方法进行规定的消息引起了市场广泛关注。但记者昨日从国资委有关负责人处了解到，目前国资委正在着手进行《上市公司国有股转让暂行办法》的制定，而《上市公司国有股流通暂行办法》则不在国资委当前的立法计划之中。

●央行加大货币回笼力度目前市场资金面仍较为宽松

今日，中国人民银行将贴现发行两期总计300亿元央行票据，这个数量较上周的200亿元增加了100亿元，显示央行回笼货币力度有所加强。

据了解，此前央行货币回笼速度曾一度放缓，7月8日和15日中国人民银行在例行的公开市场操作中将票据发行数量减少到100亿元和200亿元，而债券市场回购利率持续降低；银行间金融债券发行利率也连续四期处于相对较低的水平。市场人士认为，目前市场资金面仍处于较为宽松的状态。

7月23日

●香港H股今日刚好满10周岁十年集资1520亿港元

10年来，在港上市的H股已发展到61家，总筹资逾1520亿港元。不少H股公司通过上市完善了机制，业绩连年增长，优质H股已成为各类投资者追捧的对象，股神巴菲特入股亚洲最赚钱公司之一的中石油，使H股更令人刮目相看。H股的成功，不仅使国企实现了走出去与国际接轨，而且是外商投资中国的最快快捷方式，更成为香港市场的生力军。现在，H股公司类型已由最初的国有企业，扩展到包括乡镇企业和民企等。

●徐宏源：国有股不一定要全流通

国家信息中心宏观预测部副主任徐宏源日前指出，国有股减持问题很复杂，并且目前市场对此极为敏感，减持或流通不是一时半时能解决的。去年国务院颁布的"6·24"文件继续有效，管理层也再三强调政策的稳定性和连续性，因此，任何猜测都是没有意义的，在可以预测的将来国有股减持不具备现实性，"三三制"也没有可行性。

他指出，其实，国有股不一定全流通，更不一定在二级市场流通(如可以在产权市场流通)，将来国有股也不一定是全部减持。国外就有很多国家的上市公司股票不流通，比如美国的航空等工业持股并不是全流通，国家也保持控股地位。

●四资产管理公司回收现金800亿

4家金融资产管理公司运用多种手段处置不良资产。据银监会统计，今年上半年，4家公司累计阶段性处置不良资产3618.41亿元(不含政策性债转股)，回收现金792.29亿元，占阶段性处置不良资产的21.90%。

●吴敬琏敲警钟参股银行没大钱可赚

在5家民营银行即将形成的最终报批方案中，记者发现了多家上市公司的身影。昨天在北京召开的"金融制度创新研讨会"上传出信息，我国首批民营银行有可能从这5家报批的民营银行方案中产生。不过，以吴敬琏为代表的专家们警告，参股银行没有丰厚的回报。

●投资银行业两个行业自律准则将出台

《中国证券业协会投资银行业执业准则》和《投资银行业从业人员执业守则》两个行业规则已经获原则通过。

●国税总局发布通知投资企业债不免利息税

日前，国税总局发布了《关于加强企业债券个人所得税代扣代缴工作的通知》，规定企业债券利息个人所得税统一由各兑付机构在向持有债券的个人兑付利息时负责代扣代缴，就地入库。

7月24日

●马建堂：国有股减持方案不会贸然推出

国资委副秘书长、新闻发言人马建堂昨日表示，在稳妥和各方可接受的方案没最终形成以前，国资委与有关部门不会贸然推出国有股减持方案。

●证券法修改大幕拉开部分内容受到共同关注

北京消息在全国人大财经委成立《证券法》修改起草工作机构的会上，一些人士提出，对《证券法》中有关中国证券市场融资制度的建立、发行和交易制度的建立、坐市商制度的建立等几个方面内容进行修改，得到了不少与会人士的认同。

●深圳证券交易所将扩大买卖盘揭示范围

深圳消息10月中旬以后，投资者将有望在深市行情的最高和最低买卖盘中看到五个价位。深交所今就此向各会员单位及相关行情用户发出通知。

●我国境内第一笔美元债券将发行

国家开发银行7月22日发出通知称，经报请国务院批准，国家开发银行将在境内银行间市场发行5亿美元债券，发行对象是银行间债券市场的金融机构。据了解，这将是我国境内发行的第一笔美元债券。

●券商经纪业务今年难有起色

国泰君安的一项研究表明，自1997年以来，沪深股市每年的下半年成交金额均明显低于上半年。一些业内人士据此推断，已经持续6年的"上半年篷头未起，下半年高潮难现"的情况，今年同样可能出现，最终导致全年股票交投难有太大起色，进而给证券公司带来严峻的挑战。

●中科创业案又有新进展

曾引起社会各方广泛关注的"中科创业"操纵证券交易价格案又有了新进展。为案件主犯之一的朱焕良融资2.6亿元、实施操纵股票价格4亿多元的原深圳市英特泰投资有限公司工作人员、深圳市信资星投资有限公司法定代表人朱水祥23日受到法律惩处。

7月25日

●下半年股市扩容提速发行规模将超500亿

今年上半年，国内共发行36只A股，筹资额为184.09亿元，同比减少50.27%。值得一提的是，去年全年的首发融资额为560亿元，已经属于1999年以来的最低，预示着今年下半年的融资将会出现较大幅度的回升。一级市场的扩容，成为影响市场走势的最主要因素之一。预计下半年的首发规模至少将在400亿至500亿元以上，才能与去年维持接近的水平。说明下半年的扩容规模将是上半年的3至4倍。如市场要消化这500亿元的首发规模，则二级市场需要700亿至900亿元的资金来承接，明显大于开放式基金、社保基金的新入市额度。

●吕福源说：中国将保持人民币稳定

中国商务部长吕福源说，稳定货币，不使币值大起大落，关系到经济发展和广大人民的根本利益，目前中国仍然要保持人民币的稳定。

●券商投行业务收费立规矩

在日前召开的中国证券业协会投资银行委员会第二次会议上，原则通过了《中国证券业协会投资银行业执业准则》和《投资银行业从业人员执业守则》两个行业规则。记者了解到，其中《中国证券业协会投资银行业执业准则》将对券商的投资银行业务收费标准进行规范，并对部分业务实施行业最低限价。

7月27日

●银监会出台商业银行服务价格管理办法讨论稿

近日银监会向辖内各商业银行等金融机构陆续下发了《商业银行服务价格管理暂行办法实施细则》(草稿)。该草稿中对于人们关注的"大额取款"、"零钞清点"都做出一定界定。昨天，记者从权威部门获悉，该草稿目前正在各家商业银行征求意见，完全有可能根据各商业银行的反馈做出修改，《实施细则》内容尚没有最终确定。目前可以肯定的是，《商业银行服务价格管理暂行办法》10月1日起实施，相关《实施细则》预计在八九月间出台。

●中央拟允许香港试营人民币具体时间表尚未确定

香港行政长官董建华昨天透露，中央与特区政府在加快落实"更紧密经贸关系安排"(CEPA)方面已取得进展，中央政府同意优先考虑在香港开办人民币离岸业务中心，并积极研究允许香港银行试办个人人民币业务。

●中国工商银行担任QFII托管银行

瑞士信贷第一波士顿(CreditSuisseFirstBoston/CSFB)7月24日正式委任中国工商银行作为其QFII境内证券托管银行,中国工商银行由此跻身全球托管人行列。

●广东期货保证金全部实行封闭管理

昨天,中国证监会广州证管办和广东工行签订《期货交易结算资金监管协作备忘录》,广东期货保证金的监管手段得到进一步强化。

广州证管办副主任冯玉华在签字仪式上说,《备忘录》的签订是在前期辖区内所有期货经纪公司与银行签订保证金封闭管理协议的基础上取得的又一成果,是保护投资者利益的重要措施,也是促进期货公司规范经营的一种创新手段。

据介绍,截至6月底,广州证管办辖区内期货公司全部与银行签订了保证金封闭管理协议,建立了封闭管理系统,比证监会的要求提前了半年。

7月28日

●周小川:增强金融宏观调控的前瞻性和科学性

人民银行党委书记、行长周小川日前在总行机关兴起学习贯彻“三个代表”重要思想新高潮学习班上强调,要充分认识在全党兴起学习贯彻“三个代表”重要思想新高潮的重大意义,认真实践“三个代表”重要思想,不断增强制定和执行货币政策,实施金融宏观调控的前瞻性和科学性,全面提高中央银行工作水平。

●吴敬琏:国资委应切实推进公司化改制

经济学家吴敬琏日前就国资委成立后国有经济改革问题表示,国资委应切实加快国有企业的公司化改制,把绝大多数原有国企改造成多元持股的公司制企业。同时,国资委应建立所有者与经营者之间的制衡关系。

●卖大户,开放式基金自酿赎回苦果

这是一组令人尴尬的数据:二季度25只开放式基金被净赎回91.88亿,其中股票投资方向的基金被赎回84.32亿份,债券投资方向的基金被赎回7.56亿份。换句话说,如果将这25只基金与其首次发行规模相比,则已被净赎回216.64亿元。

从已公布的数据来看,开放式基金应该是赢得了投资人的满意。那么基金为何遭遇巨额赎回呢?原因当然是多方面的,这其中既有投资者对后市缺乏信心,也有部分投资者用短线的心态做基金差价。但据业内人士分析,更大的原因是基金发行时过于偏重机构投资者。

●上半年券商收入下降一成

上证报6月份券商综合业务价值量数据显示,今年上半年券商收入较去年下降10.2%,除国债回购外,上半年券商在股票、基金、债券和承销上的收入均低于去年同期水平。

7月29日

●“*ST公司”退市后将直接上三板

多家有代办股份转让资格的券商近日都收到了管理层的一个“内部发文”,该文的主要内容是,如戴“*ST”公司重组后今年仍不能扭亏,将直接上“三板”交易。

●外管局批准高盛QFII投资额5000万美元

国家外汇管理局今日发布公告称,批准高盛公司(GoldmanSachs)合格境外机构投资者(QFII)投资额度5000万美元。

●新股首发融资额设定上限

监管部门日前已对新股发行时的融资规模作出明确限定,不少券商和拟上发审会企业也已接到通知,要求送审企业融资额度不得超过审核前一年公司净资产的两倍。根据这一通知精神,净资产两倍和市盈率20倍的“双二指标”将成为今后新股发行中的两项硬指标。

●山东推进上市公司国有股转让

山东省将大力度推进上市公司资产重组工作,及时化解金融风险,同时积极培育壮大骨干企业,优化全省经济结构。山东省委常委、常务副省长林廷生在昨天召开的全省上市公司工作会议上提出,上市公司重组要围绕优化国有企业股权结构,提高上市公司效益的目标展开,可通过向外商、民营企业、混合所有制企业以及公司经营管理者和员工转让国有股等各种形式,推进上市公司投资主体多元化与合理化,进一步全面提高上市公司的质量和水平。

●上市保险公司高管任职须审核

北京消息为适应保险业快速发展的需要,吸引更多优秀管理人才参与保险业的建设和发展,日前,中国保监会发布今年第2号主席令,对《保险公司高级管理人员任职资格管理规定》进行了修改。值得注意的是,上市保险公司董事会组成人员的任职资格将纳入审核范围。

7月30日

●统计显示:676家上市公司被大股东占资金达966.69亿

最近一组统计数字令人触目惊心:去年下半年以来,1175家上市公司中,有57.53%的上市公司(676家)存在被大股东占用巨额资金的现象,被占用资金合计高达966.69亿元,超过2002年市场一年的首发新股融资额度560亿,平均每家被占用资金1.43亿元。

●证券业协会负责人:退市即上“三板”不准确受有关“*ST”公司退市后将直接上“三板”交易的消息影响,昨日两市“*ST”股成为最风光的板块。但中国证券业协会有关负责人昨日在接受记者采访时强调,退市公司上“三板”并无新政策,该协会近来也未下发有关文件。一些主办券商的有关负责人则明确表示,没有收到和看到某报所说的“内部发文”。

●各路券商纷纷加紧寻找对策应对央行5号令

备受券业注目的央行5号令实施在即,各路券商纷纷加紧寻找对策。记者日前了解到,一些诸如票据提现、证券银行、银行授权营业部代理收取资金等建议开始跃入业界视野并受到关注。

7月31日

●中国近期应灵活减压保持人民币汇率稳定

日美等国家导引的“向人民币升值施压”的舆论,使人民币汇率再次成为全球瞩目的焦点。最新一期《瞭望》新闻周刊文章援引中国专家观点指出,为维护国家利益,中国近期应顶住压力,适当调整,灵活减压,保持人民币汇率稳定。

●铂金交易昨日试水上海黄金交易所

国内金市期待已久的交易新品种铂金,昨天在上海黄金交易所成功进行了首日试交易。昨日挂牌交易的品种为Pt99.95铂金,这也是继Au99.99金和Au99.95金之后,上海金交所推出的第三个交易品种。业内人士认为,铂金交易品种的推出满足了首饰加工企业的需求,也将有利于平衡国内铂金与国际铂金的价格,使国内铂金价格与国际接轨。

8月1日

●富强调:保险业首要任务是加快发展

中国保监会党委书记、主席吴定富昨天在此间表示,保险业学习贯彻“三个代表”重要思想,要紧紧围绕党和国家的中心任务开展工作。联系保险业的实际,关键是要解决好保险业的发展水平与国民经济和社会发展需求不相适应这个主要矛盾，把加快发展作为当前保险业的首要任务。

●信息披露例行停牌将取消

日前，沪深证交所正着手对股票上市规则进行修订。修改后的股票上市规则将取消目前沪深两市上市公司披露年报、半年报、季报或临时公告的例行停牌一个交易小时的规定。

●业内人士呼吁 9 家退市公司尽快申请到三板市场挂牌

至日前，有 9 家公司在沪深股市退市后，并没有到代办股份转让系统（三板市场）挂牌转让。业内人士就此呼吁，退市公司应多为投资者着想，尽快申请到代办股份转让系统挂牌转让。

根据中国证券业协会 2001 年 6 月发布的《证券公司代办股份转让服务试点办法》和 2001 年 11 月发布的《股份转让公司信息披露实施细则》，从沪深两个市场上摘牌的公众公司，通过具有从事代办股份转让资格的证券公司，到代办股份转让系统上挂牌转让，没有任何障碍。

8 月 4 日

●央行有关人士认为：市场人士误解了“5 号令”

“证券市场对央行 5 号令有所误解。”中国人民银行支付结算管理中心有关人士昨天对记者如是说。

实际上，按照央行有关人士的说法以及部分法律、证券界人士的分析，央行 5 号令不会影响券商资金收支业务的正常运行，因此，证券市场各方担忧的种种问题不会对券商的经营活动产生实质性的影响，更不会对证券市场的发展产生危害。如何加强银行的结算帐户功能的监督、遏制与杜绝洗钱行为，才是央行 5 号令实施后各金融机构需要切实关注的课题。

●中国产业发展景气报告今日发布

当前由一批高增长产业带动的经济高速增长，顺应了我国产业结构升级的基本趋势，是可持续的和健康的，并不是短期的、难于持续的经济过热。这是今天发布的《中国产业发展景气报告》传递出的重要信息。

●第 6 家 QFII 获得批准

德意志银行合格境外机构投资者（QFII）资格日前已获中国证监会批准。至此，已有 6 家境外机构的 QFII 资格获中国证监会的批准。

●推动证券市场发展要有全局观念

上海证券报全国证券咨询机构总裁联席会暨首届研讨会日前在大连召开。与会者一致认为，证券市场的规范发展是一项系统工程，它关系到千千万万投资者的切身利益，牵涉面广，涉及的利益关系复杂；其中的局部失误，都有可能产生全局性的负面影响。因此，业内的各方人士、业外的相关部门都要树立全局观念，加强沟通与合作，形成合力，推动证券市场的规范发展。

8 月 5 日

●周正庆：证券投资基金法有望年内出台

全国人大常委会委员、全国人大财经委副主任委员周正庆昨日在全国人大财经委召开的证券投资基金法第四次国际研讨会上表示，争取年内完成证券投资基金法的立法。

●外企年内有望直接登陆 A 股市场

继宁波东睦新材料股份有限公司之后，浙江国祥制冷工业股份有限公司近期也获证监会发审委通过。业内人士预计，按目前的上市节奏，境内 A 股市场年内有望迎来首家通过 IPO 方式直接挂牌的外商投资企业。

●企业债市场发展强劲

今年以来，企业债券市场呈现出强劲发展势头，融资额迅速攀升，成交量成倍放大，参与的投资者不断增多。作为资本市场的重要组成部分，企业债券市场所占的份量正在逐步加重。

8 月 6 日

●光大银行决定内地整体上市具体进程尚未排定

中国光大银行副行长单建保 8 月 5 日表示，光大银行的管理层已经达成了共识，光大银行决定要在内地证券市场上实现上市融资，但目前还没有排定具体的上市进程。

●央行发行票据回笼资金逾 3000 亿

央行以价格招标方式贴现发行了 2003 年第 27 期和第 28 期央行票据，至此，央行票据发行总量突破 3000 亿元，达到 3350 亿元。业内人士预计，由于上半年货币投放的速度较快，央行票据发行仍将持续较长时间。

●港交所报告称内企占港上市公司 24%集资额占 57%

中新网 8 月 6 日电香港港交所昨日在广州向当地企业介绍香港的上市程序，当中披露了多个数据。截至今年 7 月 28 日，在港交所上市的公司共 1010 间，当中内地企业占 242 间（广东企业占 23 间），占总数 24%。但内地企业的集资金额自 98 年至今年 7 月 28 日，累积高达 5469 亿元，占香港同期的总集资额 57%，反映内地企业对资金的需要远高于香港企业。

●温家宝：稳定汇率利于世界

国务院总理温家宝 5 日表示，保持人民币汇率基本稳定，不仅有利于中国经济和金融持续稳定发展，而且有利于周边国家和地区的经济和金融稳定发展，从根本上说，也有利于世界经济和金融的稳定发展。

●央行：加强贷款风险预警和监测

中国人民银行昨天发布的第二季度货币政策执行报告提出，今年下半年央行将坚持执行稳健的货币政策，保持货币信贷稳定增长，同时注意防范货币信贷较快增长时潜在的金融风险，加强贷款风险预警和监测。

●传媒业开始大举进军资本市场

在中国传媒业重镇上海，越来越多的媒体开始与上市公司牵手。近日，青鸟华光披露与上海《青年报》展开合作，而 * ST 金帝股权则被上海解放传媒投资有限公司拍得。

8 月 7 日

●银行业监督管理法草案已获原则通过

国务院总理温家宝 8 月 6 日主持召开国务院常务会议。会议讨论并原则通过《中华人民共和国中国人民银行法修正案（草案）》、《中华人民共和国商业银行法修正案（草案）》和《中华人民共和国银行业监督管理法（草案）》；审议并原则通过《中央储备粮管理条例（草案）》；研究加强城市快速轨道交通建设管理等工作。

●咄咄怪事：股票刚上市大股东急抽身

最近一段时间以来，上市公司控制权的变更“提速”，一些公司上市不久大股东便要出让股权抽身而退，频频发生的这一现象已经引起有关方面的关注。

●香港上海汇丰银行有限公司 QFII 资格获批

香港上海汇丰银行有限公司合格境外机构投资者（QFII）资格日前已获中国证监会批准。至此，已有 7 家境外机构的 QFII 资格获批。

●证券公司经营许可证将统一换发

为加强对证券公司业务活动的管理，规范证券公司经营证券业业务许可证上经营范围的表述，中国证监会决定统一换发各证券公司的经营证券业务许可证。

8 月 8 日

●上海期交所修订业务实施细则

上海期货交易所日前发布通知，宣布该所《风险控制管理办法》等九个业务实施细则的修正案已经第二届理事会第二次会议审议通过，并报中国证监会备案，将自2003年9月1日起开始实施。

●刘明康：2006年后我暂不实施新巴塞尔协议

中国银监会主席刘明康7月31日致信巴塞尔银行监管委员会主席卡如纳先生，表示至少在十国集团2006年实施新巴塞尔协议的几年后，我国仍将继续执行1988年的老协议。新协议有可能对发展中国家的资本流动产生一定负面影响，还可能会使新兴市场国家的银行处于不利的竞争地位。

●统计显示基金持股市值近720亿元

据统计，截至6月30日，基金持有的股票市值近720亿元，在A股流通市值中的比例约占6%，其重仓参与的五大行业正成为市场共同认可的投资热点。

●境内银行资产质量提高

来自中国银监会的消息说，今年上半年，境内银行业主要金融机构在贷款快速增加的情况下，贷款质量相应提高，不良贷款余额和比率出现"双下降"，但化解风险、降低不良贷款余额和比率的任务仍然艰巨。上半年，境内银行业主要金融机构贷款风险分类结构出现良性变化。据中国银监会统计，6月末，主要金融机构各项贷款余额为12.95万亿元，比年初增加1.56万亿元。不良贷款余额和不良贷款率出现"双下降"。6月末，主要金融机构不良贷款合计为2.54万亿元，比年初减少934亿元，占全部贷款的比例为19.60%，比年初下降3.51个百分点。

8月11日

●304家上市公司公布半年报业绩呈上升趋势

截至8月7日，深沪两市共有304家上市公司公布了半年报，占到了应公布半年报公司总数的23.86%。这304家公司上半年实现的加权平均每股收益为0.1859元，这一数字较这些公司去年同期的0.1221元大幅上升了52.25%。即使是考虑到业绩较好公司率先披露半年报的因素，上市公司整体业绩仍然呈上升趋势。

●成思危：让股市恢复本色

全国人民代表大会常务委员会副委员长成思危8月11日在中国证券报发表文章，论述了调整期的中国股市，提出应让股市恢复本色。他认为：股市的本色是有效的投资及融资场所；监管的重点应当放在信息披露上，要采取切实有效措施，防止虚假包装上市，避免上市公司随意改变集资投向；促使证券公司向现代投资银行转变，规范发展其他中介机构。

●马凯：部分行业盲目投资严重

国家发展和改革委员会主任马凯日前指出，去年以来，在市场需求拉动下，钢铁、建材、有色金属、汽车、纺织等行业快速增长，但由于竞争秩序不规范，优胜劣汰机制不能得到有效发挥，这些行业无序竞争、盲目投资、低水平重复建设的现象十分严重。

●上市公司股权转让过户有新规

上市公司非国有股协议转让，只限于转让股数占上市公司总股本5%以上，且仅限于法人之间"一对一"转让国有股东用于质押的国有股数量不得超过其所持该公司国有股数量总额的50%

中国证券登记结算公司深圳分公司发布四个通知，进一步明确了深市公司非流通股转让过户和质押登记的新要求。

●限期解决山东上市公司五大问题

中共山东省省委常委、常务副省长林廷生日前强调，对上市公司存在的大股东占用资金、违规担保、出资不到位、关联交易以及"五分开'不彻底等五大问题，要限期解决。

●李毅中：中央企业投资增长适当

国务院国有资产监督管理委员会副主任李毅中说，上半年中央企业投资的增长速度适当，有利于中央企业做强做大。

8月12日

●刘明康指出银行不应搞差别对待

中国银监会主席刘明康日前撰文指出，并不认同个别银行对客户实行差别对待的做法，银行监管尤其要注意银行内部的风险控制和管理。

●央行票据发行期数和发行总量创单周新高

央行加大票据发行量，今日将集中发行三期央行票据，总量为500亿元，较上周猛增67%，并在发行期数和发行总量上创下单周新高。业内人士预计，由于央行前期公开市场操作中遗留下的正回购和央行票据将在八、九月份集中到期，近期央行票据的发行量仍可能再破记录。

●货币供应量增长仍偏快

中国人民银行公布的最新统计数据显示，今年7月份，我国金融运行总体平稳。主要特点为：货币供应量增长较快，金融机构贷款同比继续增多，各项存款持续增加，银行间市场交易活跃，人民币汇率继续保持稳定。

8月13日

●前7个月全国吸收外商直接投资增长26%

来自商务部的最新统计显示，今年1月至7月，全国新批设立外商投资企业22245家，比去年同期增长19.30%；合同外资金额591.71亿美元，同比增长33.96%；实际使用外资金额333.54亿美元，同比增长26.63%。

截至2003年7月底，全国累计批准设立外商投资企业446441个，合同外资金额8872.31亿美元，实际使用外资金额4813.20亿美元。

●资本市场如何推动上市公司加快发展

通过中国资本市场打造世界级企业，通过资本市场进一步支持优秀上市公司做大做强，这不仅是目前中国经济快速发展的需求，也是一批大型蓝筹和绩优成长上市公司的强烈愿望。从宏观到微观传递出的信号表明，资本市场应该深刻转变机制，为优质上市公司提供更广阔的发展空间。

●全国社保基金再度现身亏损股

社保基金近来频频露脸。继日前在上半年亏损的北京巴士现身后，全国社保基金107组合又买进了上半年同样亏损的中体产业。此外，全国社保基金108组合和102组合日前参与了福耀玻璃的增发网下申购，分别获配336846股和2528391股。

●460亿国债将发行

日前，财政部决定发行2003年记账式(七期)国债，本期国债发行总额460亿元，将通过全国银行间债券市场、证券交易所市场及试点商业银行柜台面向社会各类投资者发行。

●7月份证券筹资额大增

中国证监会公布的最新统计数据显示，今年7月份，证券筹资额达110.88亿元，比去年同期增长123.39%。其中，A股筹资74.32亿元，同比增长179.08%；H股筹资0.07亿美元，下降96.16%；A股配股筹资15.94亿元，增长128.78%；可转债筹资20亿元。

8月14日

●港交所上半年利润跌逾两成

香港交易所13日公布的中期业绩数据表明,受非典等因素的影响,今年上半年港交所经营利润为2.46亿港元,较去年同期3.15亿港元下跌22%。

●推动券商朝现代金融企业方向发展

"证券公司规范发展座谈会"在京召开尚福林作重要讲话尚福林指出:证券公司正面临着大有可为的发展机遇。证券监管部门要在保护投资者合法权益、防范系统性风险的同时,为证券公司的发展、壮大积极创造条件。

范福春指出:证监会的工作到位主要体现在:监管到位、服务到位、为改善证券公司外部环境的努力到位。证券公司的工作到位主要体现在:一是建立现代企业制度到位,要在思想观念、制度建设和工作方式方法上做出深刻的转变,核心是完善公司治理中的权利制衡机制;二是深化改革加强管理到位,要把深化改革作为企业立足于市场的首要任务,使企业运行机制适应市场变化。管理到位要做到风险管理到位、成本管理到位和人力资源管理到位;三是诚信建设和客户服务到位。

李小雪指出:证券公司必须遵守三条铁的纪律,即严禁挪用客户交易结算资金,严禁挪用客户委托管理的资产,严禁挪用客户托管的债券",这是全行业行为最基本的要求。

8月15日

●开创证券行业规范发展的新局面

中国证券业协会举行第三届理事会第二次会议尚福林接见与会代表并讲话庄心一作工作报告尚福林表示,中国证监会将一如既往地支持协会工作,为协会创造充分发挥作用的空间庄心一指出,证券业协会下一阶段具体要做好以下工作:第一、建立诚信体系制度框架和诚信信息管理系统;第二、稳步推进从业人员资格管理工作;第三、继续加大培训工作力度;第四、改革和完善从业资格考试制度;第五、大力开展调查研究工作;第六、继续完善代办股份转让系统工作

●借鉴巴塞尔新协议提升监管水准

中国银监会有关负责人14日表示,巴塞尔新资本协议正在给中国银行业带来崭新的面貌和机遇,银监会将从我国实际出发,积极借鉴新协议,进一步提升国内银行业监管水准。据悉,中国银监会结合新资本协议,已经起草了我国新的《商业银行资本充足率管理办法》,并已在业内两次征求意见,预计将于今年下半年正式出台。该管理办法在力争与1988年资本协议保持一致的基础上,借鉴了巴塞尔新资本协议的三大支柱。

●上市公司对外咨询电话要畅通

上海证券交易所日前发出通知,重申并强调上市公司应当进一步做好接受投资者信息查询,确保对外咨询电话畅通。

●巴曙松表示:把握QFII实施进程中五个关系

昨日,国务院发展研究中心金融研究所巴曙松博士在"QFII面面观"国际研讨会上表示,QFII制度在中国内地证券市场上的正式实施,引发了一系列值得我们关注的重要问题,其中许多问题需要在QFII实施的进程中不断跟踪观察。在这个过程中,应该把握五个关系。

8月18日

●萧灼基建议推出金融期货品种引入期货投资基金

日前,由广东证券期货培训中心、北京大学经济学院、上海期货交易所、长城伟业期货经纪有限公司联合举办的"2003中国(广州)夏季期货投资论坛"在广州举行。在会上,全国政协委员、著名经济学家萧灼基作了精彩演讲。他认为,我国期货市场发展潜力很大,但问题也很多。目前期货市场存在的主要问题是交易品种过少,机构数量不多,相关法规建设滞后。他建议,中国期货市场发展的步子可以迈大一点,尽快推出金融期货品种,引入期货投资基金,加强相关法规建设。

●上证所大宗交易系统将正式运行

历经十月左右的持续努力,上证所大宗交易系统将于8月20日起正式运行。修改后的《大宗交易实施细则》也将于明天正式对外公布。

●高西庆强调社保基金投资必须安全至上

高西庆是在昨日召开的"中国社会科学院金融研究所IFB基金评级体系研讨会"上做上述表示的。高西庆指出,基金评级最重要的是基准的选择,而不同的主体有不同的评级基准要求。社保基金是风险厌恶型投资者,社保投资不只是安全第一,而是安全至上。因此,社保理事会一直压力很大,如履薄冰。

●券商佣金投行收费将有变化

据悉,中国证监会正着手草拟《经纪佣金管理办法》,不久可望向业内征求意见。作为此前的铺垫,证券业协会经纪委员会日前已提交初步对证券公司经营成本测算、营业部盈亏平衡点测定的系列方案。在佣金制度改革的实施过程中,前一阶段证券业内出现无视经营成本、降低交易佣金吸引客户的现象,引起了监管部门和证券业协会的高度重视。为加强佣金自律管理,相关部门委托协会经纪业委员会研究交易佣金保本比率的调研测算方案。日前提交的方案以各证券公司2002年与经纪业务相关的主要经营数据实际发生额为统计指标,根据样本的地区性差异,确定了六种统计口径,较为系统地提出了调研并测算证券公司维持正常经营的最低平均佣金标准的统计方法。此外,在投行业务方面,证券业协会投行业委员会向监管部门提交的"关于规范和完善投行业务收费的建议"已获原则同意。这项建议的内容包括:证券承销业务收费参照其他国家的做法,放宽收费调整幅度;根据财务顾问业务的工作量大小,明确重大资产重组等财务顾问业务的最低收费标准等。

●上海证管办试行券商高管任前考试

日前,上海证管办对6位拟任上海远东证券有限公司高管的人员进行了任前考试。考试内容涉及证券法律法规、信息系统技术管理规范、法人治理结构以及内部控制制度等方面。该办有关人士表示,将总结经验,不断完善高管人员任前考试制度,进一步发挥任前考试的积极作用。

●办股份转让基本文件将修订

据悉,根据监管部门的总体部署和代办股份转让业务发展的实际情况,今年中国证券业协会将研究修订《证券公司代办股份转让业务试点办法》和《股份转让公司信息披露实施细则》两个基本文件,继续完善代办股份转让系统。

8月19日

●上海证券交易所发布大宗交易新规则8月20日起施行

上海证交所将于8月20日起正式使用大宗交易系统办理大宗交易业务。为此,上证所日前发出关于修订《上海证券交易所大宗交易实施细则》及大宗交易系统正式运行事项的通知。

●尚福林表示通过有效监管提高上市公司质量

由上海证券交易所主办的"资本市场与企业发展:上海证券交易所上市公司CEO论坛"昨天在沪举行。中国证监会主席尚福林、上海市市长韩正出席会议并讲话。来自上市公司、基金管理公司、证券公司、QFII等机构的负责人共200余人

参加了此次论坛。中国证监会主席尚福林在论坛开幕致词中表示，中国证监会作为市场的监管者，在经济体制转轨过程中承担着推动市场健康发展的责任，要使我们的监管工作及时、到位、适度，同时对资本市场发展提供有力支持。他指出，资本市场是配置生产要素最具凝合力的平台，资本的有效性使得资本市场更具有辐射力。资本的配置不仅要实现资金配置，而且要使资源有效地发挥作用。中国证监会始终把提高上市公司质量，作为推动证券市场规范发展的重要任务之一，证监会将进一步改革和完善发行制度，并通过有效的监管促进上市公司质量的提高，保护投资者权益，同时积极促进提升上市公司经营水平。他表示，在我国资本市场的现阶段，要建设稳定的基本制度、合理的市场结构及产品结构、服务优良的中介机构和有效的监管，以吸引最有效益、最具活力的企业进入资本市场。

●应加快多层次资本市场建设大力发展 OTC 市场

北京消息昨天，“中小企业融资暨多层次资本市场建设高级论坛”在此间举行。与会的政府官员、专家学者一致认为，中小企业发展的问题已经触及到中国经济体制转型和国民经济可持续发展的许多根本性问题，应当加快多层次资本市场的建设，以适应中小企业融资发展需要。

●巴曙松认为发展直接融资是创新重点

国务院发展研究中心金融研究所巴曙松博士昨天在“中小企业融资暨多层次资本市场建设高级论坛”上表示，中小企业融资创新的重点应在直接融资的发展上。

●上市公司应有效运用两个市场

中国证监会上市公司监管部主任杨华昨日在沪出席“上海证券交易所上市公司 CEO 论坛”时表示，上市公司应该有效运用资本市场和商品市场的组合工具和技术，使两者有效对接，从而达到做实做强做大公司的目的。

8 月 20 日

●投资者开户数首次负增长

中国证监会 19 日公布的数据显示，我国股票市场投资者开户数出现了历史上第一次下降：截至今年 7 月底，沪深两市投资者开户数 6971.07 万户，比上月底的数字锐减 96.51 万户。

●央行新发票据收益率普涨

19 日，央行在银行间市场成功发行 600 亿元票据。招投标结果显示，新发央行票据收益率较前一周明显上升。其中，300 亿元 3 月期央行票据确定的发行价格为 99.41 元，参考收益率为 2.3546%，较前一周 3 月期央行票据 2.2743%的收益率上升了 8.03 个基点；150 亿元 6 月期央行票据发行价格为 98.80 元，参考收益率约为 2.4093%，较前一周 2.3686%的收益率上升了 4.07 个基点；150 亿元 1 年期央行票据昨日确定的发行价格为 97.63 元，参考收益率为 2.4275%，较前一周 2.417%的收益率上升了 1.05 个基点。

●上海证券交易所今日正式启用大宗交易系统

上海证券交易所今日正式启用大宗交易系统办理大宗交易业务。

据了解，上证所大宗交易系统启用后，大宗交易将采用远程信息交互模式，通过互联网，以电子交易方式接受大宗交易申请，买卖双方达成大宗交易协议后，委托会员通过大宗交易系统进行报价，由系统确认成交。每日大宗交易结束后，参与大宗交易的会员或代理客户可通过上证所大宗交易电子系统操作界面获取当日成交的交易纪录，也可通过上证所宽带广播系统接受当日成交的交易纪录。

●《外国投资者并购境内企业暂行规定》解析条款将出台

国家商务部条法司司长张玉卿昨日在北京透露，为了解析今年 4 月出台的《外国投资者并购境内企业暂行规定》，商务部将推出长达 21 页的以回答问题形式的解读条款。这将进一步推动我国开展外资并购活动的实施。

●QFII 出手开放式基金

市场广为关注的 QFII 将出手投资国内开放式基金的话题如今已有结果。记者昨日从博时基金管理公司获悉，一家合格境外机构投资者（QFII）近日已在博时公司开立了基金帐户，并正式下单认购了公开发行即将结束的博时裕富指数开放式基金。

●花旗二级市场猛吃转债

QFII 在二级市场大量买入可转债。渣打银行上海分行今天发布的公告显示，截至昨天收盘，花旗环球金融有限公司持有山鹰转债 54319 手，占山鹰转债发行总量的 21.7%。

●高盛公司获准开立 QFII 人民币特殊帐户

外汇局日前已批准高盛公司（GoldmanSachs&Co.）在汇丰银行上海分行开立一个 QFII 人民币特殊帐户。此前，高盛公司 QFII 投资额度 5000 万美元已获外汇局批准。

8 月 21 日

●7 月份我国经济保持快速增长

7 月份，我国经济保持快速增长，大多数宏观经济指标的增长率稳定在上月水平，而没有继续加速。宏观经济运行态势能否稳定在目前状态，仍需密切关注。

●上证所大宗交易系统启用首日

昨日下午 3 点 01 分 36 秒，上证所主机房大宗交易监控界面跃出“010301 券，20000 手，99.90 元，已成交”的字样，这标志着上证所大宗交易系统启用首日的第一笔交易诞生。

●多家券商已做好发债准备只待政策出台

从几家已做好发债准备的券商处了解到，目前券商发债期限大都锁定为 3 年至 5 年。其中，既有非公开定向发行债券，也有公开发行债券。非公开发债的对象多为证券投资基金、综合类证券公司、信托投资公司、保险公司以及其他依法设立的金融组织。募集资金主要用于补充流动资金。据悉，除北京、广东外，上海两家全国性证券公司近期也提出了发债计划，规模分别为 100 亿元和 30 亿元。券商青睐发债，原因是多方面的。首先，与上市相比，券商发债的难度要小很多，而且发行过程短，融入资金规模大，有利于改善券商的财务结构。其次，经过多次降息，我国利率水平已到历史低位，从而使债权融资成本大大降低。不过，并不是每家券商都有发债的可能。据估计，截至去年底，在我国 124 家券商中，约有 40 家券商净资产达到 10 亿元以上。而根据券商 2002 年整体经营状况推断，该年度盈利的券商约占总数的三分之一。因此，目前符合发债条件的券商可能不到 20 家。

●中国银行金融机构存款大幅增长

今年上半年，中国银行克服证券市场持续低迷、同业竞争激烈、SARS 疫情等多种不利因素影响，积极拓展金融机构业务，使金融机构存款出现了强劲的增长势头，除外币金融机构存款连续两个季度提前完成全年新增计划近 170%外，人民币金融机构存款也大幅增长，存款余额逼近千亿元。

8 月 22 日

●外资并购我国企业出资比例可低于 25%

商务部条法司司长张玉卿日前在此间举行的 2003 外资并购境内企业高层论坛上指出，国家近期出台的政策对外国投资者并购我国境内企业时出资比例可低于 25%作出了明确规定，这打破了原先规定的外资出资比例必须高于25%否则不予审批的限制，但这类外商投资企业将不能享受到一些优惠政策。

●个人结算帐户也可存取款

“个人结算帐户和已经开立的具有代缴、转账功能的储蓄帐户没有本质的区别，个人储户没必要担心。”8月21日央行营业管理部相关负责人对记者说。他还表示，银行一样会对结算帐户支付利息。

●金交所9月1日起代收仓储费

上海黄金交易所的消息将于9月1日起开始代收指定仓库仓储费。仓储费计收系统将于8月25日正式上线，由于系统上线需要相关技术方面的调整，因此8月25日会员申请提货时间将会延迟至下午4:15以后。

●300只A股昨成交均不足10万股

21日深沪股市交投清淡，有300只A股全天成交不足10万股，其中有11只A股成交不足1万股。

●华夏银行将发行10亿股A股上网定价发行方式重新启动

新股发行方式又有新动作，上网定价发行方式重新启动。今天华夏银行公布招股说明书，其新股发行将采用向二级市场投资者定价配售和上网定价发行相结合的方式。这意味着，“摇新大军”将又有用武之地。

自2002年5月，中国证监会发布新股配售补充通知之后，上网定价发行方式就在证券市场“销声匿迹”。一年多来，新股发行多采用全额配售方式发行，对于超级大盘股则辅以网下申购的方式。此次，华夏银行部分采用上网定价方式发行新股，或许意味着上网定价发行方式又重获认同。

华夏银行招股说明书显示：华夏银行此次共发行10亿股A股，每股发行价格为人民币5.6元，发行市盈率为19.86倍。上网定价发行缴款申购日为8月26日，二级市场投资者配售申购日为8月28日。

根据证监会发布的新股配售补充通知规定，发行公司及其主承销商采用向二级市场投资者配售方式发行新股的，其基本原则是优先满足市值申购部分，在此前提下，配售比例应在50%至100%之间确定。据了解，华夏银行此次发行将向二级市场投资者定价配售5.5亿股，上网定价发行4.5亿股，最终发行数量将取决于申购后回拨机制的执行情况。

●统计显示：证券公司“死帐户”急升

沪深两市6000多万个投资者帐户真正参与投资的有多少？一项调查统计显示，受各种因素影响，去年以来长期不做股票交易也不参与新股配售的客户数量急剧上升。在许多经纪业务排前的证券公司里，“死帐户”数量已经赶上甚至超过了“活帐户”数量。

8月25日

●央行上调存款准备金率9月21日起由现行的6%调高至7%

中国人民银行决定，从2003年9月21日起，提高存款准备金率1个百分点，即存款准备金率由现行的6%调高至7%。中国人民银行有关负责人表示，出台这项政策措施旨在防止货币信贷总量过快增长，为国民经济持续健康快速发展提供稳定的货币、金融环境。这次存款准备金率调整的金融机构范围是国有独资商业银行、股份制商业银行、城市商业银行、农村商业银行（农村合作银行）、中国农业发展银行、信托投资公司、财务公司、金融租赁公司、有关外资金融机构等。农村信用社和城市信用社暂缓执行7%的存款准备金率，仍执行现行6%的存款准备金率。

●国债二级市场发展提速开放式回购和远期交易有望推出

从此间举行的“国债流通市场创新与发展研讨会”上获悉，目前开放式回购与远期交易已经进行了大部分前期准备，原则性问题基本统一，有望年底之前在市场推出。财政部国库司有关权威人士在研讨会上表示，财政部已将推动国债二级市场发展列入未来几年的重点工作内容。为此，财政部将从完善法规、提高市场效率、培养机构投资者、完善国债期限结构与推出国债衍生品种等五方面着手，加快国债二级市场的发展进程。他还表示，市场关注的开放式回购和远期交易，将争取年底前在市场推出。

●三大银行法提请人大常委会审议两高官作说明

十届全国人民代表大会常委会第四次会议24日召开。《人民银行法》和《商业银行法》的修正案草案，以及《银行业监督管理法》草案，在此次会议上首次提请审议。中国人民银行行长周小川在会上作了关于《中华人民共和国中国人民银行法修正案〈草案〉》的说明。该草案共20条，通过修改明确了人民银行的有关职责。中国银监会主席刘明康就两个草案作了说明。《商业银行法修正案（草案）》共25条。本次修改主要是为了适应金融监管体制改革的需要，明确规定由银监会履行对商业银行的监管职责，并保留了人民银行的部分监管职责。

8月26日

●外资银行监管核心是风险监管

昨天，中国银监会在上海召开在华外资银行负责人会议。银监会主席刘明康、副主席史纪良到会，并就中国加入世界贸易组织后外资银行在华发展的机遇、外资银行监管面临的挑战、以及外资银行监管的基本框架发表讲话。刘明康主席表示，外资银行监管要强化以风险监管为核心，实现五个方面的转变，即：合规监管向风险监管转变、“头尾分割”式监管向法人整体风险监管转变、“一次性”监管向持续性监管转变、业务监管向法人治理结构和内控有效性监管转变、定性监管为主向定性监管与定量监管相结合转变。

●500亿国债下月起发行

日前，财政部决定发行2003年凭证式（三期）国债。本期国债发行总额500亿元，其中3年期250亿元，票面年利率2.32%；5年期250亿元，票面年利率2.63%。

本期国债发行期为2003年9月1日至2003年11月30日，采取按月分段发行方式，其中9月1日至9月30日发行200亿元，10月1日至10月31日发行200亿元，11月1日至11月30日发行100亿元。

●央行重新启动逆回购减发央行票据

今天，央行将进行公开市场业务逆回购操作，这是4个月来央行首次进行逆回购。

央行此次逆回购期限为7天，招标量为600亿元，采用固定利率数量招标，招标利率为2.24%。央行表示，逆回购操作是为适应近日银行体系临时性的流动性需要，保持货币市场利率的相对稳定。今年4月22日至8月19日，央行共发行央行票据34期，回笼资金4250亿元。

●我国12家企业进入世界500强

我国有12家企业进入2003世界企业500强，比去年增加1家。这12家企业是：中国石油天然气集团公司、中国石油化工集团公司、中国移动通信集团公司、中国工商银行、中国化工进出口总公司、中国电信集团公司、中国第一汽车集团公司、中国人寿保险公司、中国银行、中国建设银行、中国粮油食品进出口(集团)有限公司和中国农业银行。

●世界银行计划在我国内首次发行人民币债券

日本媒体报道,世界银行在中国国内首次发行人民币债券的计划正在进行中。

据悉,中国将利用世界银行的良好信誉,在拥有丰富储蓄的中国国内筹集资金,向推动经济发展的企业和大型工程计划提供融资。关于该计划,世界银行希望在1年内与中国政府达成一致。

8月27日

●华夏发行撬动回购市场短期回购品种涨幅惊人

昨天交易所回购市场继续全线暴涨,短期回购品种涨幅更是惊人。R001涨幅达881.734%,R002涨幅也达到453.259%,RC001的涨幅更是高达1138.39%。R003继上个交易日大涨510.59%之后,昨天最高涨幅也曾达到246.82%。回购市场为何如此暴涨?从市场反馈的信息看,近期回购市场暴涨主要是因为机构在利用回购融资的做法拆入资金,以参与华夏银行的定价发行。

●期铝交易手续费大幅下调下降幅度超过80%

上海期货交易所日前发出通知,大幅下调了期铝品种的交易手续费。据了解,自今年9月1日至2004年6月30日期间,期铝交易手续费将由原来的按合约价值万分之二计收的标准,大幅下降至按每手5元计收,下降幅度超过80%。并且,在此基础上,对会员单位再每手免收3元,即实际按每手2元收取。此外,会员在进行期铝交易时的其它优惠措施将同时有效。

●证券法修订研讨会在京召开

周正庆:此次证券法修改要解决的首要问题就是如何更好地推进我国证券市场的改革开放和稳定健康发展。修改后的证券法既要有利于防范风险,又要有利于促进市场发展;既要有利于发挥证券市场各项功能,又要有利于有效维护广大投资者的合法权益.

尚福林:通过修改证券法,调整证券市场的制度框架,将为市场的发展和创新提供空间,进一步完善市场主体的约束机制,强化对投资者的法律保护,完善监管机构的执法机制和手段,提高证券监管的权威和效率,从而有力地促进证券市场的稳定发展.

●人民币升值论存在三个误区

中国社科院金融研究所副所长王国刚撰文表示,看待人民币汇率问题需要弄清楚三个基本问题,一是经济主权问题,应该走出人民币汇率“唯市场决定论”的误区,二是汇率机制问题,应该走出人民币汇率调整“运用行政机制”的误区,三是应该走出人民币汇价“实际购买力”的误区。

8月28日

●证券法修改聚焦八大议题

在日前由中国证监会主办的证券法修订研讨会上,与会者畅所欲言,各抒己见,围绕着证券法的适用范围与调整对象、证券发行审核制度的改革与完善、证券市场自律管理体系的建立和发展、上市公司收购兼并法律机制的完善、证券公司分类管理与业务模式的创新、建立和发展多层次证券市场体系、证券立法与投资者保护、进一步推进证券市场的开放等八个方面的专题进行了深入的讨论,为证券法的修改献计献策。

●基金对债市兴趣浓厚

大成、富国、宝盈三家基金管理公司旗下的3只开放式基金、11只封闭式基金中报今天集中亮相。这14家基金管理人普遍认为,下半年市场会呈现平衡偏弱特征。而在看淡股票市场的同时,他们却对债券市场特别是可转债发生了浓厚的兴趣。

●新华富时与银河证券宣布合作

昨日,中国独立指数编制公司新华富时指数有限公司与中国银河证券公司共同宣布,双方将合作完善银河证券的综合指数、行业指数及地区指数。所有银河证券的指数将由新华富时负责运算和管理,品牌也将重新定位为新华富时银河证券指数。这项合作也是中国境内首例指数间的收购兼并。

8月29日

●71只基金中报全部亮相基金下半年分红能力有限

华安、华夏、南方、博时等基金管理公司旗下的55只基金公布2003年中期报告。至此,54只封闭式基金、17只开放式基金2003年中报已全部亮相。虽然基金在上半年净值增长表现较为突出,但是数据统计显示基金的后期分红能力比较有限。

●3614亿元“摇”华夏银行市值参与新股配售比例创新高

华夏银行今天发布向二级市场投资者定价配售及上网定价发行中签率公告。

公告显示,一级市场的有效申购资金只有约3614亿元,而二级市场参与配售的市值却高达9254亿元,约占计算日(8月25日)两市A股流通总市值的75.3%,创下市值参与新股配售比例的新高。原先的纪录是由中国联通保持的,当时参与中国联通配售的市值约为9998亿元,约占计算日两市流通A股总市值的72.9%。

●市场资金紧缺债券一级市场发行利率倒挂

随着市场资金利率水平的攀升,新债发行利率也水涨船高。昨日发行的国开行3个月短期金融债的发行价为99.34元,参考收益率升至2.6648%,竟然比日前发行的7年期记账式(七期)国债还高出0.48个基点。

8月31日

●中国证监会公布《证券公司债券管理暂行办法》

8月29日,中国证监会主席尚福林签署证监会令,公布了《证券公司债券管理暂行办法》,规定证券公司经批准可以向社会公开发行或向合格机构投资者定向发行债券。该办法自2003年10月8日起施行。

●《商业银行集团客户授信业务风险管理指引》公布

中国银监会日前公布了即将颁布实施的《商业银行集团客户授信业务风险管理指引》,公开征求社会各界意见。

●连续7个交易日跌停郑商所对硬麦9月合约强行平仓

昨日,郑州商品交易所对出现下跌单边市的硬麦WT309合约采取强行平仓措施。

郑州商品交易所在专门为此次强行平仓而发出的通知中称,为降低交割风险对市场的影响程度,按照交易规则第100条的规定,根据8月28日理事会决议,决定8月29日闭市后对WT309合约采取强行平仓措施。

●尾市急拉0301券并未奏效七期国债上市将破面值

昨日尾市的急拉,还是没有使七年期跨市场品种0301券的走势出现奇迹。该券最终报收于99.57元,年收益率为2.739%,较同类新债记帐式(七期)国债的发行利率高出近8个基点。随着该券价格的节节下跌,将于下周一上市的七期国债定价不容乐观。

9月1日

●港交所重点放内地:中国指数期货年内推出

香港证券交易所在三年策略发展报告中，制订发展内地市场为重点内容，冀成为内地上市集资中心。

港交所在未来两月内向董事会提交的3年策略发展计划当中，除了包括改善交易平台、结算系统、产品质素及市场国际标准化研究及上市监管等的内容外，港交所行政总裁周文耀近日表示，其中最重要的是如何发展内地市场。

除了吸引企业来港上市，港交所亦计划在年底前推出与内地企业挂钩的中国指数期货产品，透过供货商提供产品设计，涵盖香港上市的中国内地公司，当中亦会借鉴外国成功衍生产品的成功经验。

●基金销售成绩突然拉出了一根长阳线

炎热的夏天难挡投资者购买开放式基金的热情。进入8月之后，基金销售成绩突然拉出了一根长阳线。德盛稳健、海富通精选、博时裕富首发规模一路攀高，而且都超过了36亿份，如果再算上前期首发规模近52亿份的南方避险增值，基金销售几乎出现了井喷行情。

9月2日

●中国证监会日前发布证券公司发行债券操作细则

中国证监会日前发布了与《证券公司债券管理暂行办法》相配套的五个文件，从而使证券公司发行债券工作有了可操作的规范框架。将于今年10月8日起施行的这五个配套文件分别是：《公开发行证券的公司信息披露内容与格式准则第20号——证券公司发行债券申请文件》、《公开发行证券的公司信息披露内容与格式准则第21号一证券公司公开发行债券募集说明书》、《公开发行证券的公司信息披露内容与格式准则第22号——证券公司债券上市公告书》、《证券公司定向发行债券信息披露准则》和《资信评级机构出具证券公司债券信用评级报告准则》。

●央行有关专家指出调整准备金率影响股市结构

中国人民银行金融研究所专家在上证报撰文指出，对股票市场来说，存款准备金率的调整有五大效应，即宣示效应、货币供应量效应、市场利率效应、股价指数效应和市场结构效应，并从五个方面影响股票市场的均衡点及市场结构。

●央行仍将向市场投放资金

央行本周仍将向市场投放资金。据昨日央行发布的公告显示，本周公开市场操作继续采取正、反并用的手法，在发行50亿央行票据的同时，进行逆回购操作，向市场投放400亿元资金。与上周相比，央行本周发行的央行票据和逆回购量均有所下降。其中，央行票据的期限与上周相同，仍为3个月，但招标量比上周减少一半，为50亿元；央行逆回购的期限仍为7天，招标量比上周减少三分之一，为400亿元。由于本周央行将有约280亿元的正回购和央行票据到期，因此，本周央行实际将向市场投放630亿元的资金。

9月3日

●金人庆：明年要争取全面取消农业特产税

中国财政部长金人庆在接受由中共中央党校主办的《学习时报》的采访时指出，城市要反哺农村、工业要反哺农业，中国明年争取全面取消农业特产税。

●湖南上市公司国有股权将全部招商

湖南省政府正准备推出一项更为开放的招商举措，即湖南省把所有上市公司的国有股权拿到即将于10月份召开的“2003年湖南(深圳)投资洽谈会”上，与符合条件的国内外资本进行招商合作。

●保荐人资格认定办法正在起草

市场期待已久的发行制度改革中的保荐人制之所以至今尚未推出，是因为需要出台有关认定保荐人资格的办法。监管部门目前正在起草相关规则。

●炒作境外证券指数都属非法

中国证监会太原特派办专家、期货管理处处长张文杰日前接受“新华视点”记者采访时指出，国内炒作境外任何金融证券指数都是非法的，这些活动往往涉嫌诈骗。

9月4日

●国家信息中心报告预计三季度GDP增长8.2%

国家信息中心经济预测部专供本报的三季度经济形势报告预计，三季度我国经济扩张趋势将进一步延续，GDP增长将达到8.2%，投资、出口和工业生产保持高增长态势，消费需求迅速反弹。

●周小川：近期能否推出QDII尚在讨论

中国人民银行行长周小川近日表示，央行还会进一步增加货币政策的工具来应付国际“热钱”造成货币供应量增长的局面。他还指出，现在来评价、认定人民币币值是低估还是高估恐怕为时过早。周小川透露，目前正在做十件事来调整国际收支平衡，其中包括QDII；QDII政策能不能近期实现，还要看大家讨论的结果。周小川9月1日在欢迎国际货币基金组织总裁科勒先生午餐会上讲话时指出，由于良好的国际收支状况和充足的外汇储备，我国已连续多年成为基金组织的净出资国。

●中国将进一步探索完善汇率形成机制

国务院总理温家宝3日在中南海紫光阁会见了美国财政部长斯诺，双方就中美关系和世界经济形势以及人民币汇率等问题友好、坦诚地交换了意见，增进了理解。温家宝指出，目前中美关系总体发展顺利。实践证明，中美领导人从战略的高度来审视和处理双边关系，是两国关系得以顺利发展的保证。双方在经贸、反恐、朝核等问题上进行的富有成效的合作进一步说明，中美有许多共同利益，不断密切彼此关系有利于维护世界和平与促进全球经济发展。希望双方求同存异，排除干扰，使中美关系继续得到改善和发展。温家宝强调，经贸关系是中美关系的重要基础。按照平等互利的原则发展中美经贸合作，有助于两国关系长期稳定发展。中国作为负责任的国家，已经并将继续履行加入世贸组织的承诺。温家宝应询向客人介绍了中国政府对人民币汇率的政策。他说，中国实行的是以市场供求为基础的、单一的、有管理的浮动汇率制度，这既考虑中国实际情况，又体现了对国际社会的高度负责。中国将根据经济发展水平、经济运行状况和国际收支状况，在深化金融改革中进一步探索和完善人民币汇率形成机制。保持人民币汇率在合理均衡水平上的基本稳定，符合中美两国的共同利益。

●周小川：“热钱”投机失败可能性很大

中国人民银行行长周小川昨日在回答记者提问时表示，现在评价、认定人民币币值是低估还是高估恐怕为时过早，据此对人民币进行调整就更不明智。如果想在这方面投机，失败的可能性很大。

●证监会通报批评违规公司及中介

中国证监会最近根据审计署2002年对16家具有证券相关业务许可证的会计师事务所2002年完成的对上市公司2001年度会计报表审计业务质量的检查情况，分别对违规的4家上市公司、4家会计师事务所及相关注册会计师和1家会计师事务所的有关注册会计师予以通报批评。

●新股业绩大滑坡成焦点

根据已公布半年报，今年上市新股的加权平均每股收益仅 0.0026 元。各方人士呼吁，为稳定市场，稳步推进市场健康发展，必须高度重视新上市公司质量，把好证券市场准入关。

●上证所企业债市场迅猛扩容

随着上海轨道交通企业债券今日上市，上海证券交易所在短短 8 个月内，新增的企业债券托管量已达到 138 亿元，超过去年年底的累计托管量，增长速度为近年来所罕见。

9 月 5 日

●开放式证券投资基金首发规模突破 1000 亿份

今天华夏回报证券投资基金宣布正式成立，该基金共顺利募集基金份额 37.97 亿，这也意味着国内开放式基金首发规模已突破 1000 亿份，达到 1013.57 亿份。即使考虑赎回因素，开放式基金份额也首次超过了封闭式基金。

●上市公司难以割舍委托理财

委托理财似乎已经成了上市公司难以割舍的投资行为。根据上海财华信息技术有限公司统计，目前上市公司及其控股子公司尚未到期的理财资金仍然将近 48 亿元。

●新股业绩大面积滑坡凸现当前发行体制存在的弊端

新股、次新股业绩大面积滑坡影响了投资者的信心，而业内人士指出，这种现象的出现与当前新股发行体制存在的弊端不无关系。

●上海证券交易所初步建立要约收购市场运作体系

随着南钢股份和成商集团要约收购的顺利实施，上海证券交易所初步建立了要约收购的市场运作体系，完善了要约收购制度，提高了上市公司收购活动的透明度。上证所有关人士表示，随着要约收购案例的增多，上证所将结合市场情况和监管要求，进一步完善相关业务规则和业务流程，以保护投资者的利益。

9 月 7 日

●货币资本保险三大市场要协调发展

中国人民银行副行长李若谷日前撰文指出，中央银行要加强优化金融资源配置的战略研究。特别是中国加入世界贸易组织后，金融业对外开放不断扩大，要站在国家利益的高度综合研究制定金融业发展规划，促进银行、证券、保险三大行业的协调对外；研究相应的宏观调控政策，促进货币市场、资本市场和保险市场的协调发展。

●QFII 德意志、汇丰额度获批

国家外汇管理局日前分别批准德意志银行（Deutsche-BankAG）和香港上海汇丰银行有限公司（TheHongkongandShanghaiBankingCorporationLimited）合格境外机构投资者（QFII）投资额度各 5000 万美元。至此，共有七家境外机构的 QFII 投资额度获得批准，总投资额度达 8.75 亿美元。

●华夏银行 10 亿股 A 股将于 9 月 12 日在上证所上市华夏银行股份有限公司今天发布上市公告书。华夏银行 10 亿股 A 股将于 9 月 12 日在上海证券交易所上市交易。沪市股票代码为 600015，深市代理股票代码为 003015。

●农凯集团法定代表人周正毅被公安机关依法逮捕

9 月 5 日，经上海市人民检察院第一分院批准，上海农凯发展（集团）有限公司法定代表人周正毅被上海市公安机关依法予以逮捕。周正毅涉嫌虚报注册资本罪和操纵证券交易价格罪。目前，公安机关正在依照法律程序对此案开展进一步的侦查。

9 月 8 日

●证监会、国资委：限制大股东占用上市公司资金

上市公司不得有偿或无偿地拆借公司的资金给控股股东及其他关联方使用上市公司全体董事应当审慎对待和严格控制对外担保产生的债务风险，并对违规或失当的对外担保产生的损失依法承担连带责任上市公司应自通知发布之日起一个月内，按照通知规定，对上市公司与控股股东及其他关联方已经发生的资金往来、资金占用以及对外担保情况进行自查

●深交所将于 9 月 15 日对成份指数样本股进行调整

深交所决定于 9 月 15 日对深圳成份指数样本股进行第八次调整。本次调整更换 2 家样本股，调整后成份股样本数量不变。调出的股票为 ST 板材和粤美的 A，调入的股票为新钢钒和辽河油田。

9 月 9 日

●证监会首次表态不排除深港“一板两市”可能香港文汇报刊登发自厦门的报道说，中国证监会规划发展委办公室主任李青原近日对深圳社科院提出的深港“一板两市”的提议作出响应表示：深、港交易所之间以“合作、竞争、互补”为原则，不排除合作的可能。

●国债开放式回购业务管理办法开始征求意见

日前从权威人士处得知，《国债开放式回购管理办法（征求意见稿）》已下发到证券公司、保险公司、基金公司等国债协会的会员单位征求意见。征求意见稿中主要包括开放式回购的定义、交易和结算方法、风险管理、监督检查、交易所、登记托管机构等内容。业内人士指出，今年年底该办法有可能正式推出。

●韩志国：中国需要积极的股市政策

上证报关于股市为什么缺乏吸引力的大讨论引起了经济学家的高度关注。今日，韩志国在给上证报的来稿中提出，中国股市是一个能够引起经济体制与经济增长方式发生根本改变的巨大变量，实施积极的股市政策是最佳的现实选择。韩志国称，实施积极的股市政策，将从根本上改变中国经济的运行格局，加速经济体制模式与经济发展模式的转换进程，促进整个国民经济逐步走向良性循环。

●央行公开市场操作变脸将发行 250 亿元票据

继连续两周向市场投放资金后，本周央行公开市场操作将变脸，不再进行逆回购，同时将发行 250 亿元央行票据。

●券商 21 项事项按规上报

中国证监会网站日前公布了《机构部审核事项报送材料汇总表》，对证券公司的筹建、证券公司的开业、证券公司的增资扩股等 21 项审核事项中需要证券公司报送的材料分别列表予以明确。

●证券登记结算公司启动研究计划

中国证券登记结算公司近日正式启动“证券登记结算重大法律课题研究计划”，对我国证券登记结算领域的重大法律问题进行大规模研究。

●上市公司信用状况堪忧最高级 AAA 级的仅 3 家

中国上市公司信用等级究竟有多高？日前，国内一家具有专业认证资格的资信评级机构对中国 160 家具有一定代表性的上市公司进行了资信评级。结果显示，截至今年 7 月，信用等级为 BBB 级的公司约有 50 家，占到总数的 30%；被评为最高级 AAA 级的仅 3 家，被评为最低级别 C 级的有 5 家。这份由新华远东中国资信评级机构作出的报告还对 160 家上市公司的短期信用等级进行了评估，处于最高级 S—1 级的上市公司仅 37 家，而处于最低级 S—4 的上市公司达 65 家。这说明上市公司短期偿债能力欠佳，致使短期信用等级水平较低。

9 月 10 日

●吴仪强调：整顿规范市场秩序营造良好市场环境

中共中央政治局委员、国务院副总理吴仪 9 月 8 日在福建厦门主持召开了外商投资企业座谈会。她强调指出，中国政府高度重视规范市场秩序和保护知识产权，努力营造一个统一开放、公平竞争、诚信有序的市场环境，为在中国的外商投资企业提供良好的投资环境。

●《证券公司发行债券监管意见书申报表》公布

券商发债开始进入准备阶段。中国证监会日前通过网站公布《证券公司发行债券监管意见书申报表》，要求申请发债证券公司认真填写后上报证监会。中国证监会在该表前的“重要提示”中要求，申请公司须对填报要求进行认真、仔细的阅读，并确认所填报内容真实、准确、完整，无任何虚假记载、误导性陈述或重大遗漏，如填报内容存在虚假记载、误导性陈述或重大遗漏，申请公司及其法人代表和有关责任人将承担相应法律责任。该表的内容分三个部分：公司法人治理情况、公司内部控制情况和其他需要说明的问题。

●荷兰银行获准通过股权受让方式参股湘财合丰昨日，中国证监会正式批复同意荷兰银行通过股权受让方式参股湘财合丰基金管理公司。由此，湘财合丰基金管理公司成为首家外资通过受让原有股东股权而实现中外合资的基金管理公司。

●面值总额为 240 亿元的记账式（八期）国债将发行日前，财政部决定通过证交所市场发行 2003 年记账式（八期）国债。本期国债发行面值总额 240 亿元，期限 10 年，票面年利率为 3.02%。

●金交所黄金价格创下开业以来的新高

昨天，在国际金价继续走高的推动下，上海黄金交易所黄金价格终于在尾市冲破百元整数关口，再度创下金交所开业以来的新高。Au99.95 金以当日最高价每克 100.30 元收盘，比上一交易日上涨 0.68 元，涨幅为 0.68%；Au99.99 金以每克 100.36 元报收，比上一交易日上涨 0.66 元，涨幅为 0.66%。

9 月 11 日

●银监会将对国有独资商业银行开展全面现场检查

中国银行业监督管理委员会有关负责人 11 日表示，银监会对国有独资商业银行的现场检查将于 9 月 15 日全面展开，检查内容涵盖了国有独资商业银行的主要业务。

●证券投资基金编报规则基本完成

据权威人士透露，证券投资基金编报规则已基本完成，可望在近期出台。证券投资基金编报规则的完成，意味着拟议中的证券投资基金信息披露大纲一证券投资基金信息披露基本准则开始进入实质性操作阶段。

9 月 12 日

●8 月份货币供应量增幅刷新六年记录

中国人民银行日前公布的最新金融运行统计数据显示，今年 8 月份，货币供应量增长继续加快，增幅是 1997 年 5 月份以来最高的。

●蒙代尔：人民币升值会使世界经济黯淡

被誉为“欧元之父”的诺贝尔经济学奖得主罗伯特·蒙代尔教授日前在上海发表演讲时表示，要求中国调高人民币汇率是一个重大错误，人民币稳定对世界有利。人民币升值将会使目前世界经济中的亮点变得黯淡。

●银监会将对国有独资商业银行开展全面现场检查

银监会对国有独资商业银行的现场检查将于 9 月 15 日全面展开，检查内容涵盖了国有独资商业银行的主要业务。

9 月 14 日

●中国金融机构将于 9 月 19 日首次发行境内外币债券国家开发银行将于 9 月 19 日在银行间市场发行 5 亿美元金融债券，这是中国由金融机构发行的第一只境内外币债券。本次发债募集的外汇资金将用于支持国有企业调整债务结构，降低财务成本，置换已有的高成本外债。业内人士认为，本次发债将为国有企业在境内筹集外汇资金开辟新的渠道。

●中国证监会主席尚福林阐述资本市场发展新理念

中国证监会主席尚福林昨天在第六届北京科博会“高成长企业与金融市场国际论坛”上发言时指出，必须按照协调发展、全面发展和持续发展的观点全方位认识资本市场。妥善地解决好资本市场发展中的矛盾和问题，更好地保护投资者的利益，使市场更具吸引力，是当前推进资本市场改革开放和稳定发展的重要任务。资本市场具有筹集资金、优化资源配置、为投资者提供增加财富的机会、促进提高企业经营水平、创造就业机会等基本功能。

●中国证监会拟限制首次发行上市企业的筹资额

中国证监会发行监管部副主任王林昨天在第六届北京科博会“中国上市公司峰会”上演讲时透露，中国证监会拟逐步提高对上市公司独立性的要求，向市场传达鼓励整体改制上市的政策导向，逐步使拟上市公司的改制工作走向规范化。

王林还透露，在逐步提高对上市公司独立性要求的同时，中国证监会拟限制首次发行上市企业的筹资额，抑制企业的盲目筹资行为，引导其按照资金需求筹集资金，督促其提高募集资金使用效率。

●周小川：应健全金融机构激励机制

中国人民银行行长周小川昨天在第六届北京科博会“高成长企业与金融市场国际论坛”上，作《对金融机构的激励机制》的主题发言时指出，应建立和完善激励机制，给金融机构施加一定的压力，从而激发他们的内在动力，促进金融创新，有效加强金融机构风险控制能力。

●吴敬琏：市场经济须建在法治基础上

经济学家吴敬琏昨天在第六届北京科博会“高成长企业与金融市场国际论坛”上作《建立法治的市场经济》的主题发言时表示，高科技产业发展和经济的发展，不应该只强调技术，还应该注重法治环境。用法治来规范人们的行动，使人们的积极性和创造性变成为一种合力，推动高新技术产业的向前发展。

9 月 15 日

●尚福林：使证券投资基金成为市场中坚

基金业发展座谈会暨第二十六次联席会 9 月 13 日至 14 日在珠海召开，中国证监会主席尚福林在会上发表了讲话。他指出，要从更高的层面，以更广阔的视野认识和理解发展证券市场的必要性和迫切性，坚定不移地推进证券市场的改革开放和稳定发展，妥善解决我国证券市场存在的问题和矛盾，更好地保护投资者合法权益，使市场更具吸引力。基金业要以“三个代表”重要思想为指导，抓住全面建设小康社会的历史机遇，坚持以发展为中心，大力促进证券投资基金规范发展，努力使证券投资基金成为证券市场的中坚力量。

●央行有关负责人表示要合理调控货币供应量

针对今年前 8 个月我国的货币供应量增长继续加快，贷款增加较多的情况，中国人民银行有关负责人表示，将继续实行稳健的货币政策，保持货币政策的稳定性和持续性，调控货币供应量。

●山东省日前再次推出了国有股权向外商转让项目

在近日举办的第七届中国投资贸易洽谈会上，山东省推出了 20 个国有股权向外商转让项目，其中与上市公司相关的有 5 个，涉及晨鸣集团、山东海化、鲁抗医药、莱钢集团、兖州矿业集团。

去年以来，山东陆续向外商推出了一批国有股权出让项目，今年，转让步伐进一步加快。据了解，这 20 个项目的相关公司均是山东大型骨干企业，资产总额达 400 余亿元。本次转让包括了国有股权部分转让和整体转让，按照企业不同类型，外商可以采取独资、参股、控股、合资、合作等多种形式参与。

9 月 16 日

●ING 银行 QFII 资格获中国证监会批准

日前，ING 银行合格境外机构投资者（QFII）资格已获中国证券监督管理委员会批准。

●中国证监会发布证券投资基金信息披露编报规则

中国证监会最近对证券投资基金信息披露规范进行了修订，形成了新的信息披露规范体系。日前，中国证监会发布了《基金信息披露编报规则第 1 号＜基金财务指标的计算与披露＞》和《基金信息披露编报规则第 2 号＜基金净值表现的编制与披露＞》两个“编报规则”。基金信息披露体系中的“基本准则”及五个“内容与格式准则”将在近期陆续发布。

●2003 年记帐式（八期）国债昨在证交所市场流标

国债一级市场再度出现流标现象。昨日，2003 年记账式（八期）国债在证交所市场招标，50 家承销团成员的实际投标总额仅为 97.3 亿元，占竞争性招标额的 56%；发行价格定为本期国债的招标下限 98 元。此前，0214 券发行招标时也曾出现流标现象。

●我国国债市场建立做空机制为期不远

昨日，央行发布《全国银行间债券市场债券买断式回购业务管理规定》征求意见稿。此前，财政部也推出了《国债开放式回购业务管理方法》的征求意见稿。这标志着国债市场建立做空机制为期不远了。

●共话增强股市吸引力

中国证监会主席尚福林日前有关“更好地保护投资者的利益，使市场更具吸引力”的论述一经发表，立即得到了包括证券公司和基金管理公司在内的证券业界的广泛认同和热烈欢迎。许多券商和基金公司老总表示，将增强股市吸引力作为当前资本市场一个重要任务来抓，反映了监管部门对资本市场未来发展的深层次思考和对当前形势的科学判断，切中了市场发展的关键和要害，具有鼓舞和恢复市场人气的作用，将会对市场发展将产生深远的积极影响。

●山东省常务副省长林廷生：山东 ST 公司两年内摘帽

昨日，山东省政府召开了一次“特别会议”，召集 ST 公司和亏损上市公司负责人及大股东代表进行座谈。山东省常务副省长林廷生强调，要找准问题，加大力度，力争绝大多数亏损公司在今年实现扭亏，两年内摘掉 ST 帽子。

●央行继续回笼资金将发行 400 亿元央行票据

央行将于本周继续回笼资金。据央行昨日发布的公告称，本周将发行 400 亿元央行票据，发行量较上周增加 150 亿元。在这 400 亿元央行票据中，期限为 3 个月的央行票据发行量为 300 亿元，期限为 6 个月的央行票据发行量为 100 亿元。

9 月 17 日

●科技部部长徐冠华：积极为创业板推出创造条件

科学技术部部长徐冠华在昨天召开的记者招待会上表示，推出创业板对中国高新技术产业化的发展至关重要，也是不可替代的。因此，要积极地为创业板推出创造条件。

●证监会日前批准 ING 银行合格境外机构投资者资格

记者从中国证监会获悉，ING 银行合格境外机构投资者资格日前已获中国证监会批准。至此，已有 8 家境外机构取得 QFII 资格，它们是：瑞士银行有限公司、野村证券株式会社、花旗环球金融有限公司、摩根士丹利国际有限公司、高盛公司、香港上海汇丰银行有限公司、德意志银行和 ING 银行。

●深交所今日公布废止一批共 122 个业务规则目录

深交所日前完成了建所以来第三次业务规则的全面清理。今日该所公布了已明令废止、自行失效以及根据业务发展不再适用而需废止的第一批共 122 个业务规则目录。

●上海天然橡胶成为中国期货市场最活跃的交易品种

只用了短短一年多的时间，上海天然橡胶就一跃成为中国期货市场上最为活跃的交易品种。数据显示，今年 1 至 8 月，天胶的交易量达 3427.84 万手，交易金额达 21336.54 亿元，分别占全国期货市场的 20.36%和 36.10%。

9 月 18 日

●央行货币政策委员会提出努力防范新的贷款风险

中国人民银行货币政策委员会在近日召开的 2003 年第三季度例会上提出，商业银行要努力防范新的贷款风险。

●庄心一：协会工作面临前所未有发展机遇

由中国证券业协会主办的 2003 年度证券业协会工作交流会于 16 日在杭州召开。来自全国 32 个省市地方证券业协会的代表出席了此次会议，中国证监会机构部、派出机构协调办、杭州特派办、上海证管办等有关部门领导出席了会议。

中国证券业协会会长庄心一在会上发言时指出，证券业协会工作面临前所未有的发展机遇，从事协会工作的同志们要以高度的责任感和紧迫感，抓住机遇，积极承担起我国证券市场和证券业发展赋予行业自律组织的现实职责。在谈到如何做好协会工作时，他说，协会是行业的代表，应当把行业利益最大化作为工作的立足点，以行业诚信建设作为切入点，以加快行业规范发展为目标。要坚持服务意识、行业意识、全局观念、效率意识；坚持工作的规范化、程序化、透明化；坚持做到看问题要准、办事要稳、工作要实，充分发掘证券业协会的优势，增强公信力，全心全意为会员服务。真正成为会员整体利益的代表，成为监管机关和证券经营机构之间沟通的桥梁，成为行业自律管理的组织者。庄心一还表示，中国证券业协会与各地方协会之间是相互协商、平等合作的关系，双方在各自独立的基础上，今后要不断拓宽合作渠道和层次，实现资源共用、优势互补、成果共享，共同推动我国证券行业自律体系建设，促进我国证券行业的健康发展。

●2003 年记账式（九期）国债停止发行

财政部昨天通知，由于近期市场短期利率异动，经研究决定，原定于 9 月 18 日进行招投标的 2003 年记账式（九期）国债停止发行。《财政部关于 2003 年记账式（九期）国债发行工作有关事宜的通知》相应废止。

●上证综指再次失守 1400 点关口

沪深股市昨日走势低迷，上证综指再次失守 1400 点关口，收盘指数创下 1 月 13 日以来新低。

昨日上证综指以 1406.24 点开盘后，呈逐级下跌态势，尾市股指在下探全天最低位 1386.78 点后，最终报收于 1389.82 点，下跌 16.28 点，跌幅 1.15%，成交 46.4 亿元。当日深证成指报收于 3093.6 点，下跌 35.29 点，跌幅 1.12%，成交

24.42 亿元。深证综指收盘报 382.39 点,下跌 4.28 点。

ST 幸福等部分 ST 个股涨幅居前。

9 月 19 日

●央行将大力推动货币市场发展

我国货币市场将有突破性发展。据中国人民银行货币政策司副司长穆怀朋透露,央行今后将从重点发展货币市场基金和债券市场基金,力争年内推出债券买断式回购,考虑允许国际开发性金融机构在中国内地发行人民币债券等方面推动货币市场发展。

●花旗银行获准参股浦发银行成为公司第四大股东

备受关注的花旗银行受让浦发银行股权案尘埃落定。浦发银行今日公告称,9 月 18 日公司接股东上海国有资产经营有限公司、上海久事公司通知,国务院国资委已同意上海国有资产经营有限公司、上海久事公司与花旗银行海外投资公司签署的股权转让协议。这是 A 股市场首例外资成功受让银行上市公司股权案。

●银监会、证监会、保监会建立监管协调合作机制

为适应我国金融改革发展的需要,加强三家金融监管机构协调配合,提高监管效率,实现对金融机构及其从事的金融业务持续有效的监管,保证金融业安全高效稳健运行,中国银监会、中国证监会、中国保监会于今年 6 月初成立了专门工作小组,起草了《中国银行业监督管理委员会、中国证券监督管理委员会、中国保险监督管理委员会在金融监管方面分工合作的备忘录》,并于 9 月 18 日召开了第一次监管联席会议,讨论通过了该《备忘录》。

●上证所通知 9 月 22 日起沪市行情买卖盘将设五档

上证所昨日发出《关于进行调整买卖盘揭示范围技术调试的通知》。通知称,上证所将自 9 月 22 日起,调试性发送五个最优买卖盘档位的即时行情,简称“五档”行情,已做好技术准备工作的会员可以在交易时段接收,适时进行技术调试,如有异常,请及时反馈上证所。通知同时要求各会员精心组织调试工作,防范可能出现的技术和法律风险。

9 月 21 日

●上海证券报“股市为什么缺乏吸引力”大讨论综述

上证报开展“股市为什么缺乏吸引力”大讨论至今的一个月里,已收到各地读者(包括专家学者)来信和电子邮件 500 篇,大讨论的专版已刊出 11 期,许多知名网站和报刊对大讨论进行转载和连续报道,其社会影响之大,远超出我们的预计。这充分表明,股市,已成为人们经济生活中的重要部分,它的一举一动,牵动着许多人和家庭的敏感神经。

来稿中虽然有一些偏激之辞,但更多的人提出的乃是建设性的观点和见解,正如一些读者所说,“我们讨论股市为什么缺乏吸引力,最终是为了增强股市的吸引力。”在来稿中我们发现,投资者对目前股市最为关心的问题主要集中在五个方面。

●巴曙松:应当尽快建立证券公司退出机制

国务院发展研究中心金融研究所副所长巴曙松昨日表示,当前中国的证券公司面临的最大风险往往是那些不能准确衡量的风险。从风险管理的角度考虑,应当尽快建立证券公司退出机制,避免风险的传染。

●沪深股市再度考验 1311 点

本周市场仍是跌。上证综指周五收于 1391.37 点,周跌幅达 1.26%;深证综指收于 382.57 点,周跌幅达 1.15%。两市合计成交金额约为 288 亿元,比上个交易周萎缩逾二成。

综指周 K 线图组合显示,目前深证综指距年内低点 378.89点仅一步之遥,而上证综指也直逼 1311.68 点的年内低点。市场人士认为,深证综指创新低看来已是指日可待,市场关心的是上证综指是否会再度考验 1311 点?

●三板市场本周继续探底前期抗跌高价股跌幅明显

受沪深股市连续下跌的拖累,三板市场(代办股份转让系统)多数股票本周继续探底。前期抗跌的高价股本周跌幅明显。

9 月 22 日

●“股市为什么缺乏吸引力”专家学者座谈会在沪举行

中国证监会市场监管部主任谢庚 20 日在出席“股市为什么缺乏吸引力”专家学者座谈会时强调,增强市场吸引力要着眼治本。此次座谈会是由上证报主办的。上证报组织此次座谈会是为了借助专家学者的“外脑支持”,为增强中国股市的吸引力建言立论,献计献策,进一步提升上证报开展的“股市为什么缺乏吸引力”大讨论的水准。座谈会的举行也意味着“股市为什么缺乏吸引力”的大讨论将进入一个新高潮。

●东亚暨大洋洲证交所联合会年会 19 日在上海召开由上海证券交易所主办的东亚暨大洋洲证券交易所联合会第 22 届年会 9 月 19 日在上海召开。来自东亚和太平洋地区 13 个交易所的主席(CEO)和会员交易所有关官员共 40 多人出席了本届年会。上海市副市长冯国勤、中国证监会副主席屠光绍专程出席了开幕式,对会议的召开表示热烈祝贺。

●中国证监会进一步提高新股发行门槛

为提高股票首次发行上市公司的质量,促进证券市场结构调整,中国证监会发布了《关于进一步规范股票首次发行上市有关工作的通知》。《通知》规定,自 2004 年 1 月 1 日起,发行人申请首次公开发行股票并上市,应当自设立股份有限公司之日起不少于三年。

●《证券业从业人员培训纲要(试行)》发布

北证券业协会发布《证券业从业人员培训纲要(试行)》公告。公告称,《证券业从业人员培训纲要(试行)》经中国证券业协会第三届常务理事会第二次会议审议通过,并予以公布。自 2003 年 10 月 1 日起试行。

9 月 23 日

●上证国债指数昨创单日最大跌幅

昨天是 7%的存款准备金率正式实施后的首个交易日。尽管这一债券市场最大“利空”已经出尽,但是债市并未出现预期中的止跌迹象,上证国债指数昨创单日最大跌幅。

●财政部央行为市场输血

财政部昨日发出公告称,由于近期市场资金较紧,请相关机构在 9 月 23 日中午 12 点前,将 2003 年记账式(五期)国债缴款有效凭证传真至财政部的机构,财政部将于当日为其办理解押手续。据央行昨日发布的公告显示,到国庆节前,央行将通过公开市场操作向市场投放 100 亿元的资金。

●证券市场全程监管模式初现

相比这两年我国在证券市场上重点采用的事后监管方式,中国证监会今年以来推出的一系列措施,有望使我国证券市场监管由重事后查处转向事前、事中、事后三个阶段并重,从而实现全程监管,提高我国股市的运行质量。

●基金管理公司治理准则拟就

中国证监会近日拟订了《基金管理公司治理准则》,并开始征询业内意见和建议。准则是根据基金业 5 年多的发展实践,参照公司治理的一般原则制订的,旨在规范基金公司经营运作,指导公司完善治理水平,更好地保护基金持有人的利益。

●券商沪市交易排名银河、南方、海通获前三今年前8个月券商沪市交易排名日前揭晓：中国银河、南方证券、海通证券分别获得前三名。根据上证所信息中心统计数据显示，今年1至8月，中国银河证券共实现各类证券交易6510.2亿元，在所有券商中名列第一。南方证券和海通证券分别以5250亿元和5209亿元位居第二和第三。其他列第四至第十名的分别是，华夏证券、国泰君安、中信证券、申银万国、广发证券、大鹏证券和湘财证券，交易金额分别从5140.3亿元至2184.6亿元。

9月24日

●上药集团44亿元资产转让项目昨挂牌上海产交所由上海医药(集团)有限公司、上海产权交易所和上海市人民政府合作交流办公室共同举办的上药集团大型专场项目推介会昨日下午在上海产交所举行。在这次推介会上，上药集团推出了总价值达44亿元的资产转让项目，引起了各方的广泛关注。

●沪、深证券交易所部署今年三季度报告披露工作

沪、深证券交易所今日发出《关于做好上市公司2003年第三季度报告工作的通知》，要求上市公司在10月31日前完成本次季报的披露工作。为避免上市公司季报过于集中披露，本次季报实行预约披露。根据均衡披露的原则，上证所原则上每日安排不超过90家上市公司披露季报。深交所每日最多安排50家上市公司公布季度报告。第三季度财务报告可以不经审计，但中国证监会或交易所另有规定的除外。

●金人庆：中国经济处于新的上升阶段

中国财政部长金人庆23日在迪拜说，目前中国经济正处于一个新的上升阶段，经济的内在活力明显增强，汽车和房地产等一些新的经济增长点正在形成。同时，对外开放也进入了新阶段，进一步拓展了经济增长的空间。

9月25日

●国台办：大陆已批准首家台资企业发行A股

国台办发言人李维一二十四日在例行新闻发布会上证实，首家台资企业已获批准在祖国大陆发行A股并将很快上市。在此间发布会上，有记者求证大陆是否已批准台资企业一国祥制冷上市。李维一说，祖国大陆自2001年底开始，允许台资企业在祖国大陆发行A股并上市，一些台资企业也希望借此方式筹资扩大生产。他证实，浙江国祥制冷股份有限公司已获准发行A股股票，并将很快挂牌上市。

●国家信息中心权威报告：明年GDP增长8.5%为宜国家信息中心为中国证券报提供的一份权威报告指出，明年国内生产总值增长速度在8.5%左右为宜，同时，保持1000亿元建设国债规模，广义货币和狭义货币供应量增长率维持在17%左右。

●央行今日继续向市场输血央行今日继续向市场输血，将通过公开市场现券买入交易系统，提前赎回200亿元的央行票据。央行称此举主要为配合存款准备金率上调政策实施。

●兰生深陷琼胶市“准期货市场”监管问题引起关注目前所有迹象表明，兰生股份已深陷海南胶市。该公司本周二公告中所称的“在海南采购天然橡胶的业务活动”，原来就是海南橡胶中心批发市场的“准期货”交易。

兰生股份今日就橡胶采购事件发布补充公告称，公司业绩有可能因此受到较大影响。公告没有提及资金损失的具体情况。

●QFII首度出手债券基金

二级市场债券价格正在进行的调整丝毫没有影响QFII对国内债券市场的投资热情，QFII首次出手债券基金。记者日前从长盛基金管理公司获悉，QFII已正式下单购买该公司正在发行的长盛债券基金。这也是QFII继购买博时裕富指数基金后，介入的国内第二只开放式基金。

9月26日

●券商可承销买卖境内第一只美元金融债券

国家开发银行9月19日利用中国人民银行债券发行系统招标发行5年期美元金融债券5亿美元。国家外汇管理局日前明确了证券公司承销和购买本期美元金融债券的条件。

●股民保证金余额降至3000亿元

综合各方信息，去年以来，我国股民保证金余额呈现急剧下降态势。今年来，存在证券公司内的股民保证金余额已经减少至3000亿元的水平，只相当于2000年高峰时7000亿元的45%水平。

●海南胶市交易的合法性遭质疑

兰生股份深陷海南橡胶中心批发市场的信息披露之后，昨日，有关人士向上证报提供了一份《大宗商品电子交易规范》(2003年修订版)。该规范实际上禁止批发市场从事变相期货交易，从而令海南胶市交易的合法性引起关注。

●国家发改委：更大范围推进国企改制与重组

国家发改委有关人士日前在接受采访时表示，国有资产监管体制改革仍是下半年工作重点之一。其中一项具体改革措施是，在更大范围整体推进国有企业的改制与重组，加大引入民营资本和外资的力度，加快国有企业建立现代企业制度的步伐，使国有企业真正成为适应市场的法人实体和竞争主体。

●上海证券交易所将进行全网测试

为保证节后交易的正常进行，上证所将于10月7日进行交易系统全网测试。

上证所日前向各会员单位、基金管理公司发出通知，将于该日提供交易系统联调测试环境。测试内容包括：进行正常的交易申报测试；大宗交易系统用户进行正常的交易业务测试；宽带广播系统用户进行五档行情数据文件接收及相关测试。

9月28日

●尚福林：采取积极措施不断增强市场信心

中国证监会派出机构工作座谈会9月25日至26日在京召开。证监会党委书记、主席尚福林在讲话中指出，要全面贯彻党的十六大提出的推进资本市场改革开放和稳定发展的战略部署，使证券市场在全面建设小康社会的历史进程中发挥更大的作用。要以“三个代表”重要思想为指导，采取积极措施，致力于抓好市场的基础性建设工作，不断增强市场信心。要进一步整合监管资源，增强监管合力，提高监管效率，努力提高监管系统的工作水平和应变能力，开创证券期货监管工作新局面。

●再融资建议书送达招行

世纪证券高层将一份《关于招商银行股份有限公司再融资建议书》正式送达招商银行董事会。这份建议书提出，从我国证券市场现状和招商银行发展的实际情况出发，从保护中小投资者尤其是流通股股东的利益出发，将发行100亿可转换债券再融资方案修改为分两步走的再融资方案。

●琼胶市场指称兰生股份超量采购

海南橡胶中心批发市场(简称琼胶市场)昨日授权律师发出声明，对“琼胶风波”作出回应，该市场有关人士并指称兰生

股份超量采购。琼胶市场这份律师声明不点名指责部分资金大举介入，超大规模买卖，导致市场价格暴涨暴跌。声明称，该市场有关措施化解了风险，恢复了正常的交易秩序。

9月29日

●统计显示：A股平均股价创4年来新低

根据9月26日最新收盘数据计算，沪深两市1248只A股加权平均股价为7.17元，低于上证指数1月6日创出年内新低的7.70元，创出两年多调整行情以来的新低，并且已远低于5·19行情启动前的8.01元。而与5·19行情沪市创出新高的2001年6月13日相比，更不可同日而语。2001年6月13日1095只A股加权平均股价为14.37元，今昔相比落差幅度已过半。为了更好揭示这一问题，剔除5·19以来上市和退市股票的影响，对可比的841只A股的进一步统计表明，5·19行情启动前加权平均股价为8.03元，2001年6月13日为13.71元，2003年9月26日为7.09元。由此可见，5·19以来上市新股对A股市场平均股价下移的贡献是微乎其微的。

●三年期以下的短期国债将成今年第四季度发行重点

从日前召开的财政部第四季度筹资分析会上传出信息，今年的国债发行计划仍将照常进行，但在细节上有所调整，发行品种偏重于三年期以下的短期国债，发行的市场主要在银行间市场。

●樊纲：需要建立多层次多种形式的资本市场

金融体制改革的滞后已经成为制约我国改革整体进程的瓶颈，我国需要通过建立多层次多种形式的资本市场和发展民营金融机构来突破这一瓶颈，这是中国经济体制改革研究会副会长、著名经济学家樊纲日前在沪上举行的“中国改革高层论坛”上发表演讲时提出的观点。

●亚洲股票发行总额创2001年以来最高

今年第三季度，亚洲的股票发行和首次公开募股（IPO）的数量达到2001年第一季度以来的最高额，同时今年前9个月债券发行也比去年同期有所增长。以上初步数据是由调查公司Dealogic提供。

9月30日

●王国刚：以市场化取向解决股市根本性问题

多层次多样化的市场体系是中国股票市场的发展目标；要实现这一目标，中国股市必须以市场化为取向，对计划机制进行全面改革。这是社科院金融研究所王国刚教授在最新完成的一份研究报告里提出的观点。

●统计表明近九成股票跌破上市日收盘价

据中国证券报信息数据中心统计，以9月29日最新收盘价还权计算，有348只股票跌破上市首日收盘价，占1999年5月19日以来上市的403只A股的86.35%。另有20只股票的收盘价与上市当日收盘价相比升幅不足10%，升幅超过80%的股票仅有两只。

●券商发债进入“一级战备”

“十一”长假后的第一个交易日（即10月8日），是《证券公司债券管理暂行办法》正式开始实施的日子，为了让符合条件的券商在《办法》实施后做好发债工作，中国证券业协会日前在京举办了证券公司发行债券培训会。

10月7日

●社科院专家预测：2003年中国GDP增长将达到8.2%

今年上半年，虽然中国遭受SARS的影响，但中国经济仍然保持了8.2%的增长速度。今天，中国社科院专家预计，2003年中国GDP增长将达到8.2%；2004年中国经济继续向好，经济增长率将达到8.4%。

●深圳6家国企国有股退出经营者和员工将持股

29日，深圳市东部开发（集团）有限公司、深圳市建筑装饰（集团）有限公司、深圳市西湖企业发展公司、深圳市中南实业股份有限公司、深圳市水产公司、深圳市文华房地产公司等6家市属一级国有企业，分别同各自的控股母公司签定了股权转让合同。据此，国有股权将从这6家公司整体退出，经营者和员工将全员持有各自公司的全部或绝大部分股权。

●首例换股合并案诞生 TCL集团吸收合并TCL通讯

TCL通讯（000542）的控股股东TCL集团股份有限公司今日发布公告，公司以吸收合并方式合并TCL通讯，双方9月29日签署《合并协议》。公司董事会已决定于10月31日召开临时股东大会会议。

10月8日

●国企投资应由出资人和企业决定

国资委主任李荣融日前表示，依法享有投融资权，对国有企业真正成为法人实体和市场主体具有极其重要的意义，应加快投融资体制改革，由出资人和企业决定企业投资项目。

●金融业实行混业经营尚需时日

中国银监会有关人士日前明确指出，我国目前实行严格的分业经营制度。混业经营有许多先决条件，需要认真去实现。目前实现这些先决条件尚需假以时日。

●保险公司可做境内外币拆借业务

中国保险监督管理委员会和国家外汇管理局决定自10月1日起允许保险公司开办境内外汇同业拆借业务。

●温家宝：全年实现经济增长7%有把握

国务院总理温家宝昨天在印度尼西亚巴厘岛出席首届东盟商业与投资峰会时表示，从目前的趋势看，中国全年实现经济增长7%左右的预期目标是有把握的。

10月9日

●证监会否认给券商发过深交所年内发新股的通知

针对媒体有关深交所将在年内发行新股的报道，中国证监会新闻处负责人在接受道琼斯通讯社电话采访时表示，证监会没有给券商发过这样的通知；对于深交所是否会在年内发行新股，她表示，不能用“深交所将恢复发行新股”这样的说法，证监会正在研究“多层次市场体系”，目前还没有结果。据《粤港信息日报》报道，证监会通知券商作好准备，深交所将在年内发行新股。

●权威人士指出：《证券投资基金法》有望本月出台

权威人士指出，按照此前计划，备受各方关注的《证券投资基金法》将于10月下旬提交全国人大常委会进行三审。由于目前对一些有争议的问题已基本取得共识，因此，《证券投资基金法》极有可能在本月底正式出台。相关部门已准备以此为契机，组织一系列宣传活动，提高基金社会认知度。

●有多部规范金融领域的法律法规本月起开始实施

自本月起，有多部规范金融领域的法律法规开始实施。

在这些法律法规中，最引人注目的是中国证监会发布的《关于进一步规范股票首次发行上市有关工作的通知》，从10月1日起施行。该通知对拟上市公司的业绩计算、独立性和融资额等提出了更严格的要求。另一项重要法规是10月8日起施行的《证券公司债券管理暂行办法》及五个配套文件。从理论上讲，券商从昨日起可发债融资了。

●券商降成本试水大集中交易

券商强化风险控制、降低经营成本又有新突破。日前，中富证券经过一年的准备，实现下属分支机构交易系统的集中化管理,在核心数据,法人报盘、法人清算上实现彻底集中,成为业内首家建立大集中交易系统的券商。

●摩根大通银行 QFII 资格获批准

摩根大通银行合格境外机构投资者(QFII)资格日前已获中国证监会批准。至此,已有 9 家境外机构取得 QFII 资格,它们是:瑞士银行有限公司、野村证券株式会社、花旗环球金融有限公司、摩根士丹利国际有限公司、高盛公司、香港上海汇丰银行有限公司、德意志银行、ING 银行和摩根大通银行。

10 月 10 日

●中国银监会公布有关规定入股农村商业银行有章可循

依据中国银监会日前公布并施行的有关规定,农民、农村工商户、企业法人和其它经济组织可入股设立农村商业银行或农村合作银行。

●深交所提醒:上市公司再融资要听听中小投资者意见

在日前由深交所组织、80 余家上市公司的 100 多名代表参加的再融资培训班上,深交所提醒上市公司要树立正确的再融资理念,在融资计划的决策中,应注重市场和投资者尤其是中小投资者的意见和反应,使公司的再融资计划能够得到市场和投资者的认同。

●H 股指数创五年半新高

10 月 9 日,香港 H 股指数继续攀升,当日最高涨幅超过 4.2%,达 3615.34 点,破了 1998 年以来的最高记录,创下 5 年半来的新高。红筹股指数最高涨 2.1%,创出 16 个月来的新高。

●上海产交所第三季度交易创历史记录

根据记者从上海产权交易所获得的最新数据,今年第三季度,该所成交各类产权交易 1090 宗,交易金额达 560.64 亿元,同比分别增长 12.37%、125.45%。该所第三季度月均成交产权交易 363 宗,月均交易额 187 亿元,均创出历史最好水平。

●上市公司景气水平高位攀升

全国企业景气调查结果显示:三季度上市公司景气水平高位攀升,分别比二季度和去年同期提高 27.4 点和 9.4 点。三季度,全国企业景气指数为 133.0,分别比二季度和去年同期提高 16.4 和 4.3 点,已恢复至非典前的水平,企业生产经营呈恢复性较快增长,基本摆脱非典疫情的影响。国家重点企业、试点企业集团和上市公司景气水平高位攀升,其景气指数分别比二季度提高 29.2、33.6 和 27.4 点,比去年同期提高 10.3、7.7 和 9.4 点;乡镇企业景气也有明显提升,分别比二季度和去年同期提高 14.0 和 4.2 点。

10 月 12 日

●深交所拟推中小企业板块中央有关部门正在研究

深圳证券交易所拟推出中小企业板块,为高新技术企业和其他高成长中小企业的发展创造良好的环境,加快经济增长。第五届高交会组委会副主任、深圳市常务副市长李德成昨日表示,国务院领导很关心深交所的发展,中央及其有关部门目前正研究在深交所推出中小企业板块的议题。李德成是在高交会新闻发布会上回答有关深交所是否恢复 A 股上市的提问时作出上述表示的。他认为,在深交所推出中小企业板块将能充分发挥深圳的优势。他说,深圳目前集中了全国近一半的创业投资基金,深圳金融业也发展旺盛,其贡献已占到深圳国内生产总值的 12%左右。

●温家宝强调要确保出口退税改革顺利进行

国务院 10 日在北京召开出口退税机制改革工作座谈会。中共中央政治局常委、国务院总理温家宝在讲话中指出,改革出口退税机制,是党中央、国务院作出的重要决策。各地区、各部门要从战略和全局的高度充分认识这项改革的重要意义,正确处理局部利益与全局利益、当前利益与长远利益的关系,确保改革平稳顺利实施。

●深市行情买卖盘将设五档

深市行情买卖盘揭示范围将调整为五档。深圳证券交易所日前发出通知,将进行调整买卖盘揭示范围等业务的联网测试。

●国债指数失守 99 点关口

国债市场昨日跌幅加剧。除部分老券外,各品种普遍遭受打压。至收盘,上证国债指数破位 99 点关口。

●企业家信心指数回升

国家统计局 10 日发布的全国企业景气调查结果显示,三季度企业家信心指数为 129.6,分别比二季度和去年同期提高 14.3 点和 7.3 点,接近一季度创下的近年最好水平。

10 月 13 日

●深圳银监局官员透露:香港银行经营人民币业务已提上议事日程

中国银监会深圳银监局筹备组组长于学军日前透露,香港银行经营人民币业务已提上议事日程。但对于目前市场传言该业务开放时间将在一年以内的说法,于学军认为很难证实,并有许多细节问题需要深入研究,据他所知,目前还难以排出具体实施时间表。

●周正庆认为“监管监管再监管”提法错误

全国人大常委、财经委员会副主任委员周正庆在“2003'资本市场国际化高级论坛”上指出,要加深对我国证券市场重要性的认识。只有对这个问题有了正确的认识和判断,《证券法》的修改才能有一个良好的基础。只有具备了这样一个基础,《证券法》修改才能在许多方面达成共识。

周正庆指出,这次修改《证券法》的工作要以党的十六大精神为指导,进一步推动资本市场的改革开放和进一步发展,保护广大投资者合法利益,从实际出发解决证券市场存在的问题。发展是硬道理,规范和监管是手段,只有通过发展才能解决市场中存在的问题,这也是市场经济必然的要求。因此,此次《证券法》修改首要问题就是如何促进我国证券市场的稳定和发展。周正庆认为,“监管、监管、再监管”的提法是错误的,新修改的《证券法》既要防范风险又要促进市场发展,既要有利于完善市场的各项功能,又要有利于维护广大投资者的合法权益。现行《证券法》关于监管方面的规定比较全面,但对促进发展条款考虑不够,所以对不适合的条款要考虑删除和修改。

●朱少平强调保护持有人利益至关重要

全国人大财经委法案室主任、证券投资基金法起草工作组组长朱少平昨天在参加由中国法学会商法学研究会主办的“基金持有人权利保护高层研讨会”上强调,立法机关向来重视基金持有人利益的保护,基金法的一、二审稿都有这方面的规定。保护基金持有人的利益是投资基金立法的首要目的,这一点已经成为立法者的共识。相信在即将进行的草案三审中,立法机关会在充分考虑各方面意见的基础上,使相关内容更加完善。

●张文魁表示应建立国有资产经营预算体系

北京消息国务院发展研究中心企业研究所副所长张文魁近日在北京接受了上证报记者的专访,他表示,为了与财政部所辖的公共财政预算体系相区别,国资委应该针对国有资产建立相对独立的国有资产经营预算体系。

●李德成透露中小企业板块问题正在研究中

在10月11日举行的高交会新闻发布会上回答记者"深交所何时上新股"的有关问题时，深圳市常务副市长李德成表示，如果中小企业板块能在深交所上市，对深圳的金融业发展将有更多好处。这个问题的解决，对深圳的经济发展，以及高新技术产业的更好发展，将有很大的推动作用。不过，他同时表示，这是个很敏感的问题，属于中央有关部门权限范围，作为地方政府负责人，很难回答这个问题。

李德成称，有关中小企业板块的问题得到了国务院领导的关心，有关方面正就此研究。

10月14日

●央行有关官员称银行不良贷款率已到顶中国人民银行有关官员昨日在"中国银行业治理结构国际研讨会"上表示，目前我国的不良贷款率在数量上已达到顶峰，未来几年银行的不良资产率会降低。

●国务院决定改革现行出口退税机制

为认真贯彻党的十六大精神，促进外贸体制改革，保持外贸和经济持续健康发展，国务院13日发布关于改革现行出口退税机制的决定，对现行出口退税机制进行改革。决定强调，按照"新账不欠，老账要还，完善机制，共同负担，推动改革，促进发展"的原则，对历史上欠退税款由中央财政负责偿还，确保改革后不再发生新欠，同时建立中央、地方共同负担的出口退税新机制，推动外贸体制深化改革，优化出口产品结构，提高出口效益，促进外贸和经济持续健康发展。财政部、商务部、国家税务总局负责人昨在答记者问时称，调整后的出口退税率为17%、13%、11%、8%、5%五档，自2004年1月1日起实行。按现行出口结构，出口退税率的平均水平将降低3个百分点左右。

●中国政府鼓励证券经营机构进入欧盟

中国政府13日发表《中国对欧盟政策文件》，阐述了中国对欧盟的政策目标和今后5年的合作措施。

在金融合作方面，中国政府明确，建立健全中欧金融高层对话机制，扩大中欧央行间的政策交流，深化在防范金融危机、反恐融资和反洗钱方面的合作。中方欢迎欧盟成员国银行拓展对华业务，希望妥善解决中国金融机构在欧盟的市场准入问题。加强证券立法、市场监管、投资运作合作，鼓励更多的欧盟成员国证券经营机构、基金管理机构以及其他机构投资者进入中国市场，也鼓励中国证券经营机构在条件成熟时进入欧盟证券市场，同时积极支持中国企业进入欧盟证券市场融资。

10月15日

●中共十六届三中全会在京举行

中国共产党第十六届中央委员会第三次全体会议，于2003年10月11日至14日在北京举行。

全会由中央政治局主持。中央委员会总书记胡锦涛作了重要讲话。全会听取和讨论了胡锦涛受中央政治局委托作的工作报告，审议通过了《中共中央关于完善社会主义市场经济体制若干问题的决定》，审议通过了《中共中央关于修改宪法部分内容的建议》并决定提交第十届全国人民代表大会常务委员会审议。吴邦国、温家宝分别就《建议(讨论稿)》和《决定(讨论稿)》向全会作了说明。

●上期所、大商所发出通知注意防范期市风险

近期商品期货市场各主要交易品种持续暴涨引起了各交易所的关注。上海期货交易所和大连商品交易所日前分别发出通知，要求加强风险防范。

●刘鸿儒认为应构建多层次市场体系

在昨日举行的第五届高交会"创业投资与多层次资本市场体系"论坛上，中国证监会首任主席、资本市场研究会主席刘鸿儒表示，解决中小企业融资难的问题已经不容回避，为满足市场经济发展的要求，要分步推出创业板市场，积极构建多层次资本市场体系。

●吴晓求称股权结构流动性分裂导致市场信心的缺乏

中国人民大学金融证券研究所所长吴晓求昨日在高交会举行的"企业家成功之路暨中国首届最具竞争力企业高峰论坛"上表示，股权结构流动性的分裂是导致我国证券市场信心缺乏和预期紊乱最重要的原因。只有解决这一问题，才能从制度上保证全体股东利益的一致，清除中国市场成长的结构性障碍。

10月16日

●上半年我国资本和金融项目顺差达444亿美元

我国国际收支中的资本和金融项目顺差上半年大幅上升，达到444亿多美元，同比增加263%。

●我国城乡居民人民币储蓄存款首次突破10万亿

中国人民银行16日发布的三季度统计数据表明，我国城乡居民人民币储蓄存款余额9月末首次突破10万亿元，达到10.1万亿元。

●前三季实际利用外资逾400亿美元

北京10月15日讯 今年前三季度，全国新批外商投资企业29539家，同比增长18.59%；合同外资金额792.07亿美元，同比增长35.97%；实际使用外资金额402.38亿美元，同比增长11.85%。截至今年9月底，全国累计批准设立外商投资企业453735家，合同外资金额9072.67亿美元，实际使用外资金额4882.04亿美元。

●证券发行上市保荐制度即将出台

中国证监会昨天公布了《证券发行上市保荐制度暂行办法》的征求意见稿，向投资者及社会各界公开征求修改意见。

●券业诚信信息管理暂行办法发布

《中国证券业协会会员诚信信息管理暂行办法》今日发布，自2004年1月1日起施行。

10月17日

●国家统计局：中国今年前三季度经济增长8.5%

今天上午在国务院新闻办新闻发布会上，国家统计局副局长邱晓华向中外记者介绍我国今年第三季度国民经济运行情况时透露，据初步测算，中国今年前三季度国内生产总值完成79114亿元，按可比价格计算，同比增长8.5%，比去年同期加快了0.6个百分点。

●前三季中国外汇储备新增千亿达到3839亿美元

中国央行今天公布统计资料显示，今年一至九月，中国国家外汇储备累计增加九百七十五亿美元，同比多增加五百一十亿美元。截至今年九月末，中国国家外汇储备余额为三千八百三十九亿美元。

●货币供应量增幅回落

中国人民银行最新公布的今年第3季度金融统计资料显示，截至9月末，广义货币供应量(M2)余额同比增长20.7%，较上月21.6%的增幅略有回落。

●上证所与纽交所签署谅解备忘录

日前，上海证券交易所和纽约证券交易所在纽约签署了谅解备忘录。双方约定在信息交流、市场合作、产品开发、人员培训等方面开展合作与交流。这是上证所在加快国际化进程中的又一重要举措。

●琼胶市场将对兰生讼案提异议

兰生股份起诉海南橡胶中心批发市场有限公司的公告发布之后，昨日，海南橡胶市场发表公告表示，将向受理法院提起管辖和查封异议。

10 月 19 日

●邱晓华把脉中国经济新老问题提出进行综合改善

今年前三季度，中国 GDP 保持了百分之八点五的高速增长，但中国经济也在经历着是否过热等一系列问题的考验。国家统计局副局长邱晓华说，当前中国经济要用微调、深化改革和结构调整的方法进行综合改善，保证经济持续、稳定、健康发展。

●中国保监会：条件成熟时将设立专业健康保险公司中国保监会主席吴定富在“中国健康保险发展论坛”上表示，各保险公司应积极开发符合市场需求的健康保险产品，条件成熟时广泛吸收社会资本设立专业健康保险公司，走专业化发展之路。

●任志刚强调香港联系汇率制不变人民币无须升值

香港金融管理局总裁任志刚 18 日表示，实施了二十年的联系汇率，非常适合香港。他强调，联汇亦有缺点，但相信目前没有一个更好的制度可取代联汇。

任志刚 18 日出席一电台节目时表示，实施了二十年的联系汇率制度，对稳定汇率有帮助，虽然有缺点，但对香港是很合适的制度。他不赞成让联汇自由浮动去解决通缩问题，因为不可能无止境将港元贬值。任志刚又谈到人民币升值的问题。他认为，人民币无需升值，有人提出这个要求，出于政治考虑，多于经济因素。他指出，内地的经常帐目，相比国内生产总值的顺差，低于百分之一，而随着中国加入世贸组织，这个顺差将越来越少，人民币实无理据升值。

●前三季度 GDP 增长 8.5%

前三季度我国经济保持了持续快速健康发展的良好态势，工业生产、固定资产投资、进出口快速增长，投资者、消费者的预期趋好，微观经济自主增长的动力增强，整体形势是近年来最好的。前三季度 GDP 完成 79114 亿元，按可比价格计算，比去年同期增长 8.5%，比去年同期加快 0.6 个百分点。其中，第三季度增长 9.1%。这是国家统计局副局长邱晓华在国务院新闻办昨日举办的新闻发布会上，介绍前三季度经济运行情况时表示的。

10 月 20 日

●中国银监会所有省级分支机构组建完毕挂牌运行

中国银监会透露，到今天为止，银监会所有省级分支机构已经全部组建完毕，并挂牌运行。

●胡锦涛表示中国将保持人民币汇率基本稳定

中国国家主席胡锦涛 19 日在泰国首都曼谷举行的 2003 年亚太经合组织工商领导人峰会上发表重要演讲。他指出，实现经济发展，提高生活水平，是各国人民共同追求的目标。在当前全球经济增长缓慢的情况下，我们应该充分发挥亚太经合组织的作用，促进各成员实现经济持续发展。

在这篇题为“携手努力，促进亚太经济持续增长”的演讲中，胡锦涛说，今年全球经济增长预计比去年略有提高，但也必须看到，全球经济仍处于调整阶段，回升态势缓慢。在这一背景下，如何采取有效的政策措施，改善经济发展环境，推动经济持续增长，是摆在各国政府和工商界领导人面前的一个重要课题。胡锦涛在演讲中扼要介绍了中国经济的发展情况和未来趋势。在谈到国际社会关注的人民币汇率问题时，胡锦涛说，中国实行以市场供求为基础的、单一的、有管理的浮动汇率制度，这是同当前中国的经济发展阶段、金融监管水平和企业承受能力相适应的。在这一制度基础上，保持人民币汇率基本稳定，有利于中国经济的正常运行，也符合亚太地区和全球经济的发展要求。1997 年亚洲金融危机爆发时，在周边许多国家货币大幅贬值的情况下，中国本着负责任的态度，坚持人民币不贬值，保持汇率稳定，为维护亚洲乃至全球金融和经济稳定作出了贡献。我们将继续本着这种负责任的态度来处理人民币汇率问题。我们将保持人民币汇率在合理、均衡水平上的基本稳定，同时在深化金融改革中进一步探索和完善人民币汇率形成机制。

●专家强调中国经济已具备走出通货紧缩条件

自从 1997 年中国经济经历总需求疲软以来，通货紧缩就一直如影随形般地伴随着国内经济的发展。但是，2002 年下半年至今的种种迹象表明，中国经济已经具备了在中期内稳定走出通货紧缩的基础。

●海通、申万、国泰君安等三大券商提交首批发债申请

海通证券与申银万国、国泰君安等大券商日前已经分别向证监会提交了申请，拟向合格投资者定向发行债券。这是在 10 月 8 日证监会颁发的《证券公司债券管理暂行办法》正式实施以来，第一批正式上报申请的券商。

●人保有望于 11 月 6 日在香港挂牌上市

中国保监会主席吴定富在日前召开的“中国健康保险发展论坛”上透露，如果一切顺利，中国人保股份公司将于 11 月 6 日在香港挂牌上市。与会的中国人保控股公司有关人士也证实，目前人保股份公司正在进行上市前的路演工作。另据有关媒体披露，中国人保的每股定价上限为 1.7 港元，最高募资额将逾 50 亿港元，有望成为香港今年以来最大规模的 IPO。

10 月 21 日

●周小川强调多管齐下调控货币信贷增长

中国人民银行党委书记、行长周小川昨天在人民银行分支行行长座谈会上说，党的十六届三中全会是我国社会主义市场经济建设和发展进程中又一次具有里程碑意义的重要会议。全会通过的《关于完善社会主义市场经济体制若干问题的决定》，是进一步深化经济体制改革，促进经济和社会发展的纲领性文件。对深化金融企业改革、健全金融调控机制和完善金融监管体制等提出了明确的目标、任务和要求，为人民银行在新的形势下更好地履行中央银行职责指明了方向。周小川说，人民银行当前和今后一个时期，要继续执行稳健的货币政策，研究综合运用多种货币政策工具，调控货币信贷增长，引导投资需求，同时要加大结构性调整的力度，研究进一步扩大消费需求的政策措施。要做好以上工作，一是进一步加大公开市场操作力度，继续进行必要的窗口指导，保持贷款和货币供应量的适度增长。二是综合研究运用各项货币政策工具，引导市场利率，维护货币市场利率基本稳定。稳步推进利率市场化，逐步建立健全由市场供求决定的利率形成机制。三是完善人民币汇率形成机制，保持人民币汇率在合理、均衡水平上的基本稳定。四是认真研究进一步促进消费增长的有关政策措施。

周小川指出，人民银行要大力强化与制定和执行货币政策有关的职能，不仅要加强对货币市场、外汇市场、黄金市场等金融市场的规范、监督与监测，还要从金融市场体系有机关联的角度，密切关注其他各类金融市场的运行情况和风险状况，综合、灵活运用利率、汇率等各种货币政策工具实施金融宏观调控。

●长期国债暴跌上证国债指数跌破97点

在长期新债即将发行之际，昨日交易所国债市场长期国债品种出现历史上罕见的暴跌行情，0107券在短短的一天之内竟下跌3.05%，市值蒸发7.32亿元。受长期国债下跌的拖累，上证国债指数破位97点整数关，报收于96.91点。自8月20日以来，国债市场在两个月内的累计跌幅已接近5%。

●深交所发布投资者关系管理指引

深圳消息深圳证券交易所日前发布了《深圳证券交易所上市公司投资者关系管理指引》，旨在推动上市公司进一步完善治理结构，规范上市公司投资者关系管理工作。

●清华系上市公司将告别清华品牌

清华大学有关负责人昨日透露，实现校、企分开的清华校办企业改制已基本完成，学校将逐步取消“清华同方”“清华紫光”等控股、参股公司名称中的“清华”字样。但校、企分开并不是校、企脱钩，清华仍然是校办企业的股东。

10月22日

●前三季度全社会固定资产投资增长30.5%

前三季度，全社会固定资产投资34351亿元，同比增长30.5%，比上年同期加快8.7个百分点。分经济类型看，国有及其他经济类型投资26513亿元，增长31.4%（如扣除房地产开发投资中的集体和个体投资则完成24774亿元，增长30.6%）；集体经济投资4934亿元，增长36.0%；个体经济投资4643亿元，增长24.7%。各种经济类型投资增速均快于上年同期。

●我国粮价近6年来首次全面上扬供求关系转变

近日，安徽省秋粮开磅收购，秋粮价格高于去年同期约10%。今年上半年以来，我国农产品价格全面上涨，是近6年来首次全面上扬。有关人士分析指出，粮食供求关系开始发生重大转变，持续多年的卖粮难将不复存在，粮食产业开始升温。

●党中央高度重视发展资本市场

《中共中央关于完善社会主义市场经济体制若干问题的决定》，对我国证券期货市场、国企改革、现代产权制度、金融改革和监管等财经领域诸多敏感和难点问题，作出了明确和充满新意的阐述，为我们今后的深化改革指明了方向，为进一步解放和发展生产力，促进经济发展和社会全面进步注入了强大的动力。《决定》第十五条明确指出，要大力发展资本和其他要素市场。积极推进资本市场的改革开放和稳定发展，扩大直接融资。建立多层次资本市场体系，完善资本市场结构，丰富资本市场产品。规范和发展主板市场，推进风险投资和创业板市场建设。积极拓展债券市场，完善和规范发行程序，扩大公司债券发行规模。大力发展机构投资者，拓宽合规资金入市渠道。建立统一互联的证券市场，完善交易、登记和结算体系。加快发展土地、技术、劳动力等要素市场。规范发展产权交易。积极发展财产、人身保险和再保险市场。稳步发展期货市场。

●发改委官员称应尽快推出创业板

国家发展改革委员会中小企业司司长苏波昨日在出席“新风险投资中国项目投资论坛”作主题演讲时表示，应该尽快推出创业板，因为这是为中小企业融资提供的最佳通道之一，是帮助中小企业健康发展的重要举措。

●证券法修改起草取得阶段性成果

深受社会各界普遍关注的证券法修改起草工作取得阶段性成果，草案经全国人大财经委员会审议后将提请十届全国人大常委会审议。根据十届全国人大常委会2003年立法规划，全国人大常委会将于12月准备对最后提交的证券法修正案草案进行审议。证券法起草组20日举行第三次全体会议，研究证券法修改的有关重点、难点和热点问题。证券法修改起草工作小组向领导小组和顾问小组汇报了前一阶段证券法修改工作的进展情况，并对证券法修改的具体内容作了说明。全国人大财经委副主任委员、证券法修改起草领导小组组长周正庆主持会议。

与会人员对证券法修改工作取得的阶段性成果给予充分肯定，并一致认为，刚刚结束的党的十六届三中全会关于促进和发展我国资本市场的论述，不仅为我国资本市场的发展指明了方向，也为成功修改证券法奠定了坚实的基础。大家表示，在这次证券法修改过程中一定要体现党的十六届三中全会精神，解放思想，实事求是，与时俱进，高质量完成证券法修改起草工作。

10月23日

●深入学习《决定》精神尚福林提出八项工作重点

十六届三中全会结束后，中国证监会党委立即召开党委会，传达、学习会议精神，并进行了认真讨论。随后，会党委又组织全体局级干部学习会议精神。在《中共中央关于完善社会主义市场经济体制若干问题的决定》（以下简称《决定》）发表当天，证监会召开会机关及在京单位处以上干部大会，深入学习十六届三中全会《决定》精神。中国证监会党委书记、主席尚福林在会上做了重要讲话，要求证监会系统全面学习、深入领会三中全会《决定》精神，以“三个代表”重要思想为指导，积极推动我国证券期货市场的改革开放和稳定发展。尚福林强调，下一步全系统要继续深入学习“三个代表”重要思想，认真贯彻三中全会精神，重点落实好以下几方面的工作：要在重点规范和发展主板市场的基础上，根据各方面条件的成熟情况，分步推进创业板市场建设，逐步积累经验，为高成长性中小企业和创业型企业增加融资渠道；要在发展中解决我国资本市场存在的一些结构性问题，切实保护投资者的合法权益，促进市场的健康稳定发展；要建立由市场主导的创新机制，把拓展债券市场作为扩大直接融资的重要途径；要拓宽合规资金入市渠道，使机构投资者逐步成为我国资本市场的主导力量；要进一步完善和规范发行程序，改革发审委制度，实行保荐人制度，以市场主体约束逐步取代行政约束；要结合多层次资本市场建设和债券市场的发展，建立统一互联的证券市场，逐步创造上市证券跨市场交易和结算的条件；要稳步发展期货市场，在完善法律法规、切实防范风险的基础上，审慎扩大交易品种，使期货市场更好地发挥价格发现和套期保值功能；要推动证券中介机构加快完善治理结构，采取多种措施鼓励经营规范的证券中介机构加快发展，促进其成为具有较强竞争力的现代金融企业。

10月24日

●基金法有望三审通过证券投资基金法三审稿昨天起提交十届人大常委会第五次会议审议。据统计，三审稿对二审稿作了大小五六十处的修改，其中主要的修改有十余处，包括基金公司出资人的条件、基金从业人员进行证券交易、基金之间互相投资、基金份额持有人的法律保护、基金公司受托进行证券投资、法律责任等的相关规定，都在反复研究协调的基础上进行了修改。

全国人大法律委员会副主任委员王以铭昨天在报告证券投资基金法草案审议结果时说，这部法律经过常委会审议、修改，内容基本可行，建议本次常委会会议审议通过。

●周道炯认为中国基金业发展潜力很大

中国证监会前主席、投资基金法起草领导小组副组长周道炯昨天在第三届中国基金市场系列国际研讨会上指出，当前中国金融业发展中一个比较突出的问题就是直接融资的比重过低。大力发展投资基金是扩大直接融资比重的重要途径。周道炯指出，基金是组合投资，是直接融资中最具影响力的一种工具。它具有资本集中、专家管理、风险分散、收益较高、成本较低等特征和优势。

他说，大力发展中国基金业的潜力很大，不仅需要，而且可能。目前城乡储蓄已超过10万亿元，城乡居民个人金融资产存入银行的比例为84.5%，只有15%左右是投在股票、基金、债券、社保等方面。美国居民金融资产中银行存款只占23.6%，英国21.5%，德国37%，意大利35.7%，日本也只有52.1%。

●基金股票仓位整体上升核心资产重仓地位稳定

从今日公布的易方达、长盛等基金公司的三季度投资组合来看，截至9月30日，基金的股票仓位整体又有上升，核心资产的重仓地位依旧稳定。

●郑杨表示QFII资格条件将适度调整

国家外汇管理局资本项目管理司副司长郑杨昨天在第三届中国基金市场系列国际研讨会上表示，今后，我们将考虑根据证券市场发展状况、国际收支形势以及资本市场开放等情况，对QFII资格条件、额度控制和汇兑限制等进行适度调整，力争促进我国QFII制度稳步实施，以期为我国资本市场开放和资本项目的可兑换积累宝贵经验。

●记账式(九期)国债招标成功

财政部昨日在全国银行间债券市场进行了2003年记账式(九期)国债的发行招投标。本期国债为15年期固定利率附息债，利息每半年支付一次，发行总额220亿元。经投标确定的票面年利率为4.18%。

●德意志银行成QFII托管行

记者从德意志银行获悉，该行在中国获得了合格境外机构投资者(QFII)托管银行资格。在获得该资格之前，德意志银行一直在香港为沪深两市的B股公司提供托管服务。如今，德意志银行能够在上海提供境内QFII托管服务。

10月26日

●夏斌：目前中国经济并未过热

国务院发展研究中心金融所所长夏斌昨天在谈到当前的货币形势时指出，2003年我国货币贷款量高速增加，但总体上，还不能简单地得出经济过热的结论，目前在宏观调控方面，应通过结构调整来达到总量平衡。

●保险市场全面开放格局形成

全球最大再保险公司一德国慕尼黑再保险公司北京分公司24日正式成立，从而成为第一家在中国挂牌的外资再保险公司，并已取得在中国全国范围经营寿险及非寿险再保险业务的许可。这标志着，中、外资保险公司之间的竞争已从寿险、财产险直接保险市场扩大到再保险市场，中国保险市场全面开放的格局已初步形成。此前，中国再保险(集团)公司是国内惟一的专业再保险公司。

●申请破产传言纯属子虚乌有

南方证券昨日针对有关传言发布郑重声明。公司表示，市场近日流传有关公司正在申请破产等不实传言。对此，公司认为在当前证券市场形势下，个别单位和个人为了达到别有用心的不正当目的，非法制造及传播谣言，动摇股民信心和市场稳定，严重影响了证券市场的稳定和发展，严重损害了公司的声誉和利益。对此公司郑重声明：有关公司正在申请破产的传言纯属子虚乌有。

●任期内五种情形难做券商高管

证监会发布《证券公司高级管理人员和分支机构负责人任职管理办法》(征求意见稿)中国证监会最近制定了《证券公司高级管理人员和分支机构负责人任职管理办法》(征求意见稿)，并于日前在中国证监会网站公开刊登以征求修改意见。《证券公司高级管理人员和分支机构负责人任职管理办法》正式颁布实施之后，原先的相关规定将同时废止。根据征求意见稿规定，证券公司选聘高管人员和分支机构负责人，应当事先通过中国证监会和证券公司分支机构所在地中国证监会派出机构的任职资格审查。未取得任职资格的人员不得担任高管人员和分支机构负责人，且不得行使相应职权。征求意见稿详细规定了高管人员和分支机构负责人申请任职资格应当具备的条件。规定了高管人员和分支机构负责人应当遵守的基本行为准则。征求意见稿规定，高管人员和分支机构负责人有下列情况之一的，中国证监会可以认定其为不适当人选：在一年内多次被中国证监会或其派出机构提醒的；在一年内多次被中国证券业协会或证券交易所谴责的；有证据证明其缺乏专业胜任能力、管理不善或未尽诚信义务的；向中国证监会提供虚假信息、隐瞒重大事项的；拒绝向中国证监会或其派出机构提供相关的监管信息及其他不配合监管的情形。中国证监会在取得确切证据后，以书面方式认定有关人员为不适当人选，并具体说明原因。高管人员或分支机构负责人任职期间被认定为不适当人选的，中国证监会可建议证券公司解除其职务并停止其行使相应的职权。

征求意见稿还对监管措施与法律责任作了规定，如高管人员或分支机构负责人提供虚假申请材料或以欺诈手段取得任职资格的，中国证监会撤销其任职资格并处以3万元以下罚款，三年内不再受理其任职资格申请。

●国开行将发两期浮动债

国家开发银行将在银行间市场发行两期10年期浮动利率金融债券。这两期金融债分别为2003年第二十四、二十五期金融债券，发行量各为100亿元，发行日期分别为10月30日和10月31日。第二十五期债券上市后将与第二十四期债券合并交易。

10月27日

●基金立法留有空间是一大进步

正在进行的十届人大五次会议昨天上午对证券投资基金法草案三审稿进行了分组讨论。全国人大常委会副委员长成思危在分组讨论时说，从证券投资基金法草案三审稿看，多处规定为基金业的发展留下了空间，这是立法的一大进步。

●基金上季大多增加股票仓位

博时、南方、华安等10余家基金管理公司旗下的基金三季度投资组合今日集中公布，增仓仍是主基调，其中博时、华夏等公司基金的股票仓位达到了70%左右的高位。

10月28日

●央行报告认为：信贷增长偏快趋势开始得到控制

中国人民银行27日发布的今年第三季度货币政策执行报告认为，总体来看，货币信贷增长偏快的趋势开始得到控制；并提出关注房地产贷款在新增中长期贷款中比重过高的态势。

●长江电力发行谜底终于揭开

中国长江电力股份有限公司首次公开发行股票申请获得中国证监会批准。今天公布的招股说明书显示，此次发行股本为23.26亿股，每股发行价4.30元，募集资金总额超过100

亿元，创年内新高，发行后每股净资产 2.34 元，预计 2004 年公司全面摊薄每股盈利将达到 0.332 元。

●基金法草案今交付表决

北京消息证券投资基金法草案历时 4 年半的起草、修改工作即将结束。按照十届人大常委会第五次会议的日程，这部法律草案将于今天下午正式交付表决。

●上证所发布中国公司治理报告

由上证所发布的国内第一份上市公司治理年度报告—《中国公司治理报告(2003)》近日出版。该书对近年来中国公司治理状况进行了系统总结，认为中国上市公司治理存在的多种问题，已经严重影响到上市公司下一步的良好发展，必须从根本问题入手，多管齐下，才能有效地完善中国上市公司治理机制。

●三季度货币政策报告公布

中国人民银行货币政策分析小组昨天发布了今年第三季度货币政策执行报告。报告指出，要积极推进货币市场发展，扩大货币市场融资功能，大力推动货币市场工具创新，适时发展货币市场基金。报告认为，目前我国宏观经济发展出现四种不均衡；货币信贷增长趋势开始得到控制，贷款结构逐步优化。报告说，人民银行将开辟多种融资方式支持房地产开发。

●基金总体股票仓位 62.37%

随着最后 12 只基金组合今天亮相，基金三季度的投资组合已全部披露完毕。统计显示，除债券类基金外，基金目前的总体股票仓位为 62.37%。

10 月 29 日

●人大财经委建议：期货法继续列入十届人大立法计划

十届人大常委会第五次会议 28 日审议通过了“人大财经委关于十届人大一次会议主席团交付审议的代表提出的议案的审议结果的报告”。报告指出，尽快制定期货法、国有资产管理法的议案，人大财经委建议将其继续列入十届人大立法计划，争取条件成熟时出台。

●商务部：中国今年进出口总额有望达到八千亿美元

国家商务部规划财务司副司长李灿荣 10 月 28 日下午在广州透露，初步预计中国今年的进出口可增长百分之二十五以上，规模可突破七千八百亿美元，有望达到八千亿美元，在全球的贸易排位将上升到第四位。

●全国人大通过证券投资基金法 2004 年 6 月 1 日起实施

见证了无数法律诞生的人民大会堂常委会会议厅，昨天下午迎来了证券市场另一部基本大法—证券投资基金法的出台。

十届全国人大常委会第五次会议昨天下午对证券投资基金法草案进行了表决。这部规范证券投资基金运作，与证券市场及广大投资者息息相关的法律，最终以 146 票赞成、1 票反对、1 票弃权的表决结果，高票获得了通过。

随即，国家主席胡锦涛签署第 9 号主席令，公布了这部法律，并自 2004 年 6 月 1 日起实施。

●周正庆认为对股市适当干预是必要的

针对目前股市持续低迷与我国 GDP 持续快速增长严重背离的状况，全国人大常委、财经委副主任委员周正庆昨日在“2003 国际金融论坛”上建议，要在十六届三中全会精神的指引下，尽快扭转股市持续低迷的现状，确保其持续健康发展。

周正庆说，目前股市持续低迷与我国 GDP 持续快速增长严重背离的状况极不正常，当务之急要统一认识，树立发展我国资本市场的信心。要努力消除近年来一直扰乱投资者思想的种种错误舆论的误导，切实改善投资环境，保护投资者的合法权益，使广大投资者恢复参与资本市场的信心。

周正庆指出，要为资本市场创造良好的发展环境，首先要针对资本市场发展存在的问题，采取必要的政策措施。当前要着重落实以下措施：拓宽合规资金入市的渠道，保持市场供需平衡，要扩大直接融资首先要扩大资金供给，有了比较充足的资金入市，必然会激活资本市场；要大力发展机构投资者，改变我国股票市场以个人投资者为主的局面，适度增加保险资金、社保基金进入股票市场的比重，加快发展证券投资基金；要在提高上市公司质量，完善治理结构方面下真功夫，切实解决大股东掏空和信息披露不实等突出问题。周正庆呼吁建立资本市场应急机制。他说，资本市场运行中受到多种复杂因素的影响，对有些因素必须采取必要的应急措施，维护资本市场的稳定运行。成熟资本市场的实践经验证明，适当的干预是必要的，单纯强调市场自由化，不准进行必要干预的观点是片面的，难以解决市场自由发展中出现的“缺陷”和“失真”现象。

●范福春提出六个方面推进资本市场发展

中国证监会副主席范福春在昨日举行的“2003 国际金融论坛”上指出，虽然存在着一些新兴市场不可避免的问题，但中国资本市场有着巨大的发展潜力。结合我国的实际情况，要从六个方面为资本市场的发展创造条件。

●傅志寰表示证券法修正案争取年内审议

北京消息全国人大财经委主任委员傅志寰日前在向十届人大常委会第五次会议作关于十届人大一次会议主席团交付审议的代表提出的议案审议结果的报告时说，证券法的修改工作已有明确的进度安排，财经委负责的组织起草工作已正式启动。他表示，财经委将按照立法计划的要求，争取年内完成修正案草案的起草工作，并提请全国人大常委会审议。

●开放式基金告别整体赎回潮

股票基金出现增持，债券基金赎回严重。最新公布的基金三季度投资组合显示，开放式基金已经初步告别了整体赎回潮，净申购的基金数超过了 10 只。

10 月 30 日

●基金业将迎来重大发展机遇

深圳证管办昨天召开证券投资基金法研讨会，来自深交所、深圳金融服务办公室、深圳地区基金管理公司、托管银行等数十家单位的负责人出席了此次会议。深圳证管办主任张云东在座谈会上表示，投资基金法的出台是我国证券市场的一件大事，为我国基金业的规范发展提供了法律保障，对规范证券基金投资活动、保护投资人合法权益、促进证券市场发展有重要积极意义，也标志着我国基金业从此走上了规范化、法制化的轨道。基金法将给基金行业带来重大发展机遇。

●股票换手率和潜在收益成反比

中国人民大学财经学院汪昌云教授最新研究发现，成交量大的股票，投资收益要比成交量小的股票来得低。

●中国会计准则将与国际趋同

财政部部长助理冯淑萍昨日在参加“上海国家会计学院论坛”发表主题演讲时指出，随着中国经济融入世界经济体系步伐的加快，中国会计的国际化进程也随之明显加快。从长远来看，中国会计准则的未来发展方向将是努力实现与国际财务报告准则的趋同，而趋同的步伐和进程则取决于中国市场经济发展的步伐和进程。

●银行要严控集团授信风险

中国银监会日前发布《商业银行集团客户授信业务风险管理指引》，对商业银行对集团客户的授信行为进行规范，强化其信用风险管理。

10 月 31 日

●证监会官员首次提出 积极稳妥解决全流通

证监会规划发展委员会办公室主任李青原博士 30 日在“中国改革论坛”上发言表示，要使资本市场稳定和发展，必须积极稳妥地解决历史遗留问题。业内专家指出，这是证监会官员首次提出要积极稳妥解决全流通问题。

●证券期货主审会计师须定期轮换

为了维护证券期货相关机构审计工作的独立性，提高其经审计财务资料的质量，中国证监会、财政部最近联合下发了《关于证券期货审计业务签字注册会计师定期轮换的规定》。该规定将于 2004 年 1 月 1 日起施行。

●中日证券登记结算机构加强合作

中国证券登记结算公司与日本证券结算托管公司昨日签署合作谅解备忘录，以期建立二者之间的交流合作关系。在谅解备忘录中，双方同意就运行和运行连接方面进行研究探讨，在培训项目上进行人员培训和信息交流，就结算系统的改进进行信息交流。

●汇丰 QFII 投资额度达 1 亿美元

国家外汇管理局日前批准香港上海汇丰银行有限公司增加 QFII 投资额度 5000 万美元。至此，香港上海汇丰银行的 QFII 投资额度已达 1 亿美元。

另据透露，国家外汇管理局日前批准荷兰商业银行在渣打银行上海分行开立一个 QFII 人民币特殊帐户。

●首家中国大型军工企业在香港上市

中国航空科技工业股份有限公司 30 日在香港联合交易所主板正式挂牌交易，成为中国第一家主营业务完成股份制改造并成功在境外上市的大型军工企业集团。

●孙杰表示应建立证券投资基金评级机制

2003 年中国基金评估业发展研讨会昨日在此间举行。中国证监会基金监管部主任孙杰在会上表示，作为证券投资基金市场体系的重要组成部分，应该建立基金评级机制。

●沪深两市季报如期披露上市公司业绩大幅增长

2003 年第三季度季报披露工作今日落下帷幕，沪深两市 1278 家上市公司如期披露季报，其中沪市 771 家，深市 507 家。

统计数据验证了市场人士此前的预测：在中国宏观经济形势喜人的背景下，上市公司业绩继续保持大幅增长的势头。据上证所和深交所统计，截至 31 日，沪市 771 家上市公司加权平均每股收益为 0.159 元，加权平均净资产收益率为 6.18%；深市 507 家上市公司加权平均每股收益为 0.152 元，加权平均净资产收益率为 5.85%。

据上海证券信息有限公司统计，截至 10 月 30 日，已披露季报的 1138 家上市公司总计实现主营收入 15629.22 亿元，相当于前三季度国内生产总值的 20%。前三季度，平均实现净利润 7864.09 万元，平均实现主营收入 137581.17 万元，同比分别增长 37.3%和 34%；加权平均每股收益为 0.1585 元，同比增长 29.85%，加权平均净资产收益率为 6.0688%。分行业来看，30 日前披露季报的钢铁、电力、汽车、工程机械、金融、石化等行业，整体业绩持续增长。从每股收益来看，电力、煤气及水的生产供应业的整体每股盈利能力居行业排行榜之首，金融、保险业位居第二，采掘业、制造业则紧随其后。

11 月 2 日

●银监会要求严控不良贷款反弹

中国银监会日前要求，第四季度各国有商业银行要积极探索新的不良贷款处置方式，控制不良贷款反弹，严格控制新增贷款质量。此外，还要重视控制关联交易和关系人贷款的风险，防止盲目的、不计成本的金融创新。

●桂敏杰对基金运作提四点要求

中国证监会主席助理桂敏杰指出，证券投资基金法的颁布，充分体现了社会各界对基金业取得的成绩的肯定，体现了对基金业在国民经济中的作用和地位的肯定，也表明了国家加快推进基金业和证券市场规范发展的决心和信心。他还对深入学习、贯彻落实证券投资基金法，提升基金运作水平提出了要求。第一要坚持诚信为本。第二要坚持以创新求发展。第三监管机关要依法行政。第四监管机关要切实加强监管，保护投资者合法权益。证监会将根据证券投资基金法的要求，尽快建立一套完善、规范、公开和透明的监管机制，加大对市场监管和对违法违规人员的处罚力度，确保行业的良性发展。

●吴定富强调保险业发展要找准突破口

中国保监会主席吴定富近日在上海调研时强调，十六届三中全会的《决定》具有重大的现实意义和深远的历史意义，中央提出完善社会主义市场经济体制，对于保险业发展来说是极为难得的机遇。必须抓住机遇，加快发展，做大做强中国保险业。吴定富指出，十六届三中全会通过的《决定》对保险业的发展提出了很高的要求，充分强调了保险在完善社会主义市场经济体制中的作用，这为保险业的改革和发展指明了方向。他说，要找到保险业做大做强的突破口，积极发展责任保险、企业年金保险、健康保险等业务，为稳定社会造福人民做出新的贡献。要按照三中全会精神，努力把保险公司建设成资本充足、内控严密、运营安全、服务和效益良好的现代金融企业，促进保险市场与货币市场、资本市场的有机结合和协调发展。

●一批股票跌破发行价

新股、次新股接二连三地跌破发行价，成为近期行情下跌过程中一个令人关注的现象。根据广东证券顺德管理总部的统计，截至昨天收盘，有 7 只新股、次新股复权价后的收盘价低于上市发行价。另有 13 只近两年实施增发的股票，跌破了增发价。

●《外币代兑机构管理暂行办法》实行

中国人民银行于 10 月 17 日发布的《外币代兑机构管理暂行办法》今天起施行。

11 月 3 日

●证监会有关人士提出：并购重组不再以绩差上市公司为中心

2 日在清华大学法学院举办的“21 世纪商法论坛”上，中国证监会上市公司监管部副主任张新发表演讲时提出，并购的立法和监管必须走中国特色的道路，要通过立法和监管积极创造条件，从外部环境和内部机制两方面着手，使并购重组走出以绩差上市公司为中心、以价值转移和再分配为主要方式的死胡同，形成以实质性资产重组为主，以产业整合为特征的战略性并购重组的新格局。

●四大行不良贷款率下降近 5 个百分点

四大国有独资商业银行境内机构截至 9 月末五级分类不良贷款率比年初下降 4.83 个百分点，不良贷款余额比年初减少 888.76 亿元。按四级分类，截至 9 月末，四大国有独资商业银行境内机构不良贷款率比年初下降 3.35 个百分点，不良贷款余额比年初下降152亿元。到去年底，四大国有独资商业银行不良贷款比例加权平均后为26.12%。今年一季度末，这个数字降至24.13%，不良贷款余额与年初相比减少271亿元。

●三大期交所联手给期市降温

为控制市场风险，自11月5日起，国内商品期货市场天然橡胶、大豆、豆粕、强麦、硬麦等主要品种的交易保证金将由5%提高到7%。

●郑商所修改《风险控制管理办法》

郑州商品交易所日前发布关于《风险控制管理办法》的修改说明，向广大投资者、会员单位、专家学者等征集意见。

●基金法配套规则明年6月前完成

据权威人士透露，为配合证券投资基金法的颁布，强化监管措施，提高监管水平，与该法律相关的主要配套规则措施将在明年6月1日证券投资基金法正式实施前完成。

●易纲表示货币政策要支持资本市场发展

中国人民银行货币政策司司长易纲在此间表示，目前直接融资比例不适应中国社会主义市场经济的要求，所以人行将在货币政策上体现支持直接融资增长、支持资本市场发展的意图。这个意图将会长期贯彻下去。

11月4日

●统计显示：三季度户均持股同比增加逾一成

据中国证券报信息数据中心统计，上市公司平均股东数自今年初以来呈逐季下降趋势。截至9月30日，2003年以前上市的可比的1221家上市公司的平均股东户数，2002年末为52294户，今年一季度末为51376户，二季度末为50411户，三季度末为49558户。三季度末较2002年末平均持股户数减少了2736户，减幅为5.2%。

●成思危提出建设全国性产权交易网络

全国人大常委会副委员长成思危日前在为《中国产权市场年鉴》(2003)所做的序中指出，我国产权市场在全面建设小康社会的过程中将会发挥越来越重要的作用。对于如何进一步推动我国产权交易体系的建设，成思危指出，首先要通过立法来规范交易所、买卖方等市场主体的行为，规范市场主体之间的基本关系和市场竞争秩序。其次要加强交易所建设，改进交易方式，降低交易成本，扩大交易规模。再次要加强区域合作，逐渐形成一个能够覆盖全国的产权交易网络。

●上证综指昨日告别黑色星期一

在连续遭遇了七个"黑色星期一"之后，昨天上证综指终于收出了阳线，告别"黑色星期一"。

昨天，两市大盘不失时机地发动了新一轮攻势并取得不错战果。截至收盘，上证综指上涨1.16%，报收于1364点，上证180指数上涨1.04%，报收于2619点；深证综指上涨1.2%，报收于369点，深证成指上涨2.2%，报收于3237点。特别值得注意的是，昨天两市基金指数终于向上发起攻击，涨幅分别达到2.7%和2.52%，而成交金额则较前猛增2.97倍。

●香港股市昨日创27个月新高

香港股市周一在汇控和中移动带领下再度越过12300点关口，恒生指数报收于12386.81点，成交163.9亿港元。当日，恒生指数一度上涨222点，冲破12400点，最终恒生指数收市升196.71点，涨幅1.6%，连续第6个交易日上涨，创27个月新高。国企指数报收于3881.85点，上涨19.41点，港中企业指数收盘报1392.03点，上涨45.93点。

●央行投放400亿元缓解市场资金压力

今日，央行将进行公开市场短期逆回购操作，向市场投放200亿元的资金。由于本周同时将有200亿元央行票据到期，因此央行总计向市场投放400亿元的资金。

11月5日

●郭树清透露：近中期国际收支试行双向合格机构投资者制度中国人民银行副行长、国家外汇管理局局长郭树清近日发表署名文章指出，近中期在国际收支领域可能推出的改革措施中，包括拓宽利用外资渠道，试行双向的"合格机构投资者"制度。

●B股市场融资重新启动

时隔多年，B股市场扩容重新启动。上工股份今日刊登招股说明书，将向特定的境外机构投资者配售不超过1亿股B股。

●上证所公开谴责神龙发展

上海证交所昨日对福建省神龙发展股份有限公司及公司现任董事陈克根等、独立董事潘超然等和原董事陈克恩等给予公开谴责。

●市场短期资金进一步趋紧

昨日，央行在公开市场对7天品种进行逆回购交易，结果加权平均中标利率为3.7561%。这一利率不仅创下了央行公开市场操作以来的最高记录，而且还反超二级市场收益率，为近年来所罕见。央行公开市场逆回购操作的主要目的是增加市场资金供给，平抑资金收益率水平。从近年历史记录上看，其收益率往往低于二级市场。业内人士认为，此次公开市场逆回购收益率与二级市场倒挂，显示出银行间市场资金供需不平衡，短期资金进一步趋紧。

11月6日

●屠光绍指出进一步完善证券登记结算体系

中国证监会副主席屠光绍昨天在证券登记结算法律国际研讨会上表示，党中央、国务院对发展资本市场非常重视，使得我们对下一步的发展充满了信心。他同时还表示，要进一步完善证券登记结算体系。

●上半年券商代销基金国泰君安第一

近日，中国证券业协会对2003年证券公司代销基金情况进行了统计。统计显示，截至2003年6月30日，具有基金代销资格的证券公司共28家，2003年1至6月，18家证券公司开展了基金代销业务，基金代销净额总规模为26.87亿份。其中，国泰君安以代销11.55亿元的基金净额，列代销榜首。招商证券和湘财证券位居第二和第三名。

●长江电力配售创新高

中国长江电力股份有限公司今天发布向二级市场投资者定价配售情况及中签率公告。公告显示，参与长江电力配售的市值为8923亿元，占计算日两市A股流通总市值的77.6%，创下市值参与新股配售比例的新高。原先的纪录是由华夏银行保持的，当时参与华夏银行配售的市值约为9254亿元，约占计算日两市流通A股总市值的75.3%。

●产权交易累计交易额逾六千亿元

根据由长江流域产权交易共同市场理事会组织实施的第一次涵盖中国大陆地区和香港特别行政区的产权市场调研的结果，截至2002年年底，我国全国各地产权交易机构累计交易金额已逾6000亿元。

11月7日

●外资银行人民币业务扩大

我国将从12月1日起向外资金融机构进一步开放人民币业务。中国银行业监督管理委员会有关负责人6日说，根据加入世贸组织承诺，我国在加入世贸组织后两年内，将外资金融机构经营人民币业务的地域扩大到济南、福州、成都、重庆，并在已开放人民币业务的地域允许外资金融机构向中国企业提供人民币服务。

●1302家机构竞购长江电力

长江电力首次网上公开发行股票摇号仪式昨天上午在上海证券交易大厦举行。上海市公证处派公证员到摇号现场，对摇号过程进行公证。据统计，长江电力网下有效申购的机构投资者数为1302家，预计中签率在1.176%左右。网上中签率为1.4337%，有效申购数量为892.296亿股。长江电力总经理李永安在摇号仪式上称，长江电力将通过稳健、高效、持续的资本运作，改善资产结构，实现规模和效益的同步快速扩张，以优秀的业绩回报投资者。

●高西庆称社保基金入市空间还很大

全国社会保障基金理事会副理事长高西庆在接受记者采访时透露，社保基金对保险产品很有兴趣。他说，社保基金理事会正在建议有关方面修改相关规则，以打破目前社保基金不能投资保险产品的现状。他再次重申，目前社保基金运作时间尚短，要对基金公司的运作水平进行一个客观公正的评价，还需要时间。高西庆承认，从6月初委托基金公司正式进行投资管理以来，对社保基金的运作就一直是社会各界关注的焦点。目前的运作结果不是很理想，有些基金公司的运作风格也与当初向社保基金理事会介绍的有差异，但这都很正常。而对社保基金会否加大入市比例的问题，高西庆表示，社保基金的入市上限是40%，而目前总量达1330多亿的社保基金现在真正入市的还不到5%，后续空间还很大。

●多层次全方位金融法律框架形成

我国已初步形成以金融法律为核心，法规、规章和规范性文件相配套的多层次全方位金融法律框架。中国人民银行副行长李若谷6日在《中国金融法律(活页版)》首发式上作出上述表示。

●中国人保昨日在香港上市

国内保险公司中首家以H股形式上市的中国人保昨日在香港登场，在大市回软的情况下，逆市大涨了50%。

昨日香港股市的大量资金集中流向当天新挂牌的中国人保，该股曾一度上摸2.725港元，最终收于2.7港元，较招股价上升50%。成交金额高达42.13亿港元。

11月9日

●三大金融监管部门勾划信用体系

在昨天举行的世界经济发展与企业信用论坛上，中国银监会主席刘明康、中国保监会主席吴定富、中国证监会副主席屠光绍纵论市场信用体系建设。银监会主席刘明康表示，良好的社会信用是防范金融风险的根本条件之一。保监会主席吴定富表示，建立健全由法制、监督和信用评价体系组成的保险信用体系。证监会副主席屠光绍表示，建立以保护广大投资者合法权益为重心的市场信用体系。

●李荣融表示支持国有大中型企业重组上市

国务院国资委主任李荣融昨在世界经济发展与企业信用论坛上发表演讲时表示，将用三年或者更多一点的时间，构建起新的国有资产管理体制的基本框架，重点解决国有资产出资人到位和有效监管的问题。他同时表示，将支持具备条件的国有大中型企业，通过重组上市、中外合资等多种形式，实现股份制改革，实现投资主体的多元化，使股份制成为我国公有制的主要实现形式。

●工商联副主席：中国民营经济规模达2.3万亿

中华全国工商业联合会副主席孙晓华7日在这里说，中国民营经济总产值去年达到23305亿元，占中国国内生产总值23%。

●国内首个票据价格指数昨发布

中国工商银行昨天在上海正式发布了由其编制的“工银票据价格指数”。这是迄今为止我国编制的第一个票据价格指数。该指数将及时反映票据市场中票据交易的总体价格水平和变化趋势，为央行和各商业银行、票据业务机构提供票据利率走势信息，为票据市场实现集中交易迈出了重要一步。

11月10日

●全国人大副委员长蒋正华：今年GDP增长将超过8%

9日上午，2003中国经济增长论坛在苏州会议中心开幕。全国人大常委会副委员长蒋正华在论坛上指出，今年虽然受到非典疫情的影响，但中国全年GDP增长将继续保持在8%以上，保持了去年以来的高速增长水平。中国仍是全球GDP增长最快的国家之一。在主题为“中国经济与世界经济的双赢”的演讲中，蒋正华介绍，据经济学家预测，2003年世界GDP平均增长为3.2%，美国增长2.6%，日本增长2.0%，欧元经济区增长0.5%，而预计中国的GDP增长将超过8%，仍处于增长最多的国家之列。

●证监会再辟谣：国有股减持“尚无时间表”

对于有关证监会将在本周推出国有股减持试点的传闻，近日证监会有关人员向记者证实，并没有接到国有股减持推出时间已经确定的通知。上周，沪深股指走出了大幅震荡的行情。上证指数一度反弹到1412点的近期高位，随后在周四、周五又迅速走出暴跌的走势，上证指数创出调整以来的新低—1323点。市场分析人士认为，大盘股指的上蹿下跳与近日市场国有股减持的传闻有一定关系。据传，证监会此次制定了国有股将按净资产定价减持的方案，即股权定价会根据上市公司的具体情况确定，此举意在对非流通股股东和流通股股东将采取一视同仁的态度。对此，人大金融与证券研究所李教授在接受记者采访时表示，如果真像传闻所说按照净资产定价方式减持，表面上看，对于流通股和非流通股股东不偏不倚，但对于一些业绩比较好的上市公司的非流通股股东来说，其利益会受到一定程度的影响。无论国有股减持能否在短期内实施，这一问题始终是我国资本市场绕不过去的一道重要关口。据权威人士透露，在证监会目前正在着手准备出版的白皮书当中，将对国有股减持问题做进一步阐述。

●深证100指数样本将第二次调整

根据深证100指数编制规则，深圳证券信息公司对深证100指数样本进行第二次调整，本次调整方案将于11月24日正式实施。在本次调整中，将新增华联控股、沈阳机床、桂柳工A、泸州老窖、韶能股份、盐湖钾肥、华工科技，剔除深赛格、中成股份、吉林化纤、渝钛白、泰达股份、贵糖股份、中科三环。

●不良贷款“双降”有望在年底实现

中国银行业监督管理委员会副主席史纪良昨天在此间参加2003中国经济增长论坛时透露，预计到今年底，银行业“双降”目标，即不良贷款比例下降和不良贷款余额下降的目标可以实现。

●社保基金增资A股市场

全国社保基金开始增资A股。今日公布的长江电力网下向法人投资者定价配售结果公告显示：全国社保基金501组合成为长江电力战略投资者，获配4000万股，锁定期为18个月。

●李德水称当前经济通胀和通缩因素并存

国家统计局局长李德水昨日在苏州开幕的中国经济增长论坛上说，当前中国经济发展形势总的看非常好，增长强劲，基本摆脱了通缩压力，又没有产生通胀情况，人民币汇率也保持了基本稳定的态势。但是各种影响因素处于胶着状态，经济仍然存在一些不确定因素。李德水说，中国经济的这一轮扩张，与10年前的情形大不相同。如今市场配置资源的作用大大增强了，资源配置更加国际化了，总供给能力相当充足，基本上由卖方市场转向了买方市场。而且，就总量而言，前三季度的增长速度尚未达到改革开放以来9.4%的年均水平。因此，不能对当前经济运行总体上做出"过热"的简单判断。前些年中国经济一直存在着通缩压力，如今通胀又成为人们议论的话题。李德水说，当前中国经济通胀和通缩因素并存。

11月11日

●央行着手调控货币市场利率

央行公开市场操作出微调。今日央行将贴现发行两期央行票据，但在发行方式上由原来的利率招标改为数量招标，以加强公开市场操作对货币市场利率的指导作用。据央行票据发行公告显示，今天发行的两期票据的期限分别为三个月和六个月，发行量各为100亿元。其中三个月的央行票据的招标价格确定为99.3元，对应收益率为2.7968%；六个月的央行票据招标价为98.53元，收益率为2.9921%。

●10月份工业生产大增

国家统计局月度统计报告显示，10月份，全国规模以上工业完成增加值3753亿元，比上年同月增长17.2%。1至10月累计，共完成工业增加值32728亿元，比上年同期增长16.7%。

●李若谷称中国金融改革将从三方面入手

人行副行长李若谷日前在中国经济增长论坛上说，中国金融改革将从三个方面入手。这三个方面的内容包括：金融机构的改革，金融体制改革和金融调控和监管体制的改革与完善。

●中国经济进入新的快速增长期

国家统计局副局长邱晓华10日在此间表示，中国经济已经结束了1997年亚洲金融危机爆发以来的调整恢复期，进入一个新的快速增长期，经济增长的支撑力量有了根本变化。

11月12日

●前10月个税增收193亿元

国家税务总局最新统计显示，今年前10个月个人所得税收入继续保持稳定增长，全国共征收个人所得税1192亿元，比上年同期增长19%，增收193亿元。

●人行金融稳定局局长谢平：存贷款利率应保持基本稳定

在近日北京举办的"2004年证券市场投资环境与机会"专题报告会上，中国人民银行金融稳定局局长谢平指出，目前我国自然均衡利率基准在走高，从物价上看，存贷款利率应该基本保持稳定。

●李荣融表示国有股减持应对所有投资者一视同仁

国务院国资委主任李荣融昨日在国务院新闻办记者招待会上表示，国有股减持和国有股流通是两个概念，不是一个概念。但无论是减持还是流通，基本出发点都应该对所有投资者一视同仁，给予保护。

●唐双宁表示国家可对四大银行进行适当扶持

中国银监会副主席唐双宁昨日在京表示，四大银行在股份制改造和上市安排上，根据各行的条件，有的可能早一些，有的可能晚一些。国家要进行适当扶持，包括采取直接或间接的方式向银行注资，增强四大银行的损失消化能力和抗风险能力，降低银行的不良资产。

●国资委主任李荣融指出：我国将迎来并购重组高潮

国务院国有资产监督管理委员会主任李荣融在11日国务院新闻办记者招待会上说，我国将迎来一次并购重组的高潮，国有经济布局必将逐步趋于合理，国有经济产业结构必将得到真正的优化，国有经济必将焕发新的生机与活力。

11月13日

●证监会规划委负责人："白皮书"不会马上问世

据市场人士分析，引起昨日深沪股市大幅下挫的一个重要因素是，有传闻称内含国有股流通或减持利空内容的证券市场发展"白皮书"将于本周五亮相。中国证监会规划委主任李青原昨日在接受记者采访时，对上述说法断然予以否定，并强调流通和减持是两个不同的概念。李青原称，有关中国证券市场长远发展的"白皮书"并不会马上面世。至于具体什么时候出来，她也不清楚。她说，作为证监会研究中国证券市场发展问题的部门，肯定要涉及国有股流通的问题。但流通问题是指非流通股有流通的权力，和减持并不是一个概念。因此，不要一谈到流通，就想到出售、减持。

●统计数据显示：国有净资产评估累计10.89万亿元

统计数据显示，截至2003年9月，经财政(国资)部门审核确认的国有资产评估项目累计达40.74万项，国有资产评估价值(净资产)累计达10.89万亿元。

●GDP核算和数据发布将改进

据新华社北京11月12日电国务院总理温家宝12日主持召开国务院常务会议，研究部署全国经济普查和海洋管理工作，审议并原则通过《建设工程安全生产管理条例(草案)》。会议听取了国家统计局关于开展第一次全国经济普查和改进我国GDP核算与数据发布制度意见的汇报。会议认为，开展经济普查，对于研究制定国民经济和社会发展规划，优化经济结构，改进宏观调控，完善国民经济核算制度，是十分必要的。会议决定，在2004年开展第一次全国经济普查。会议要求，各地区、各部门要按照"全国统一领导、部门分工协作、地方分级负责、各方共同参与"的原则，认真做好宣传动员和组织实施工作，保证普查数据的真实性。会议原则同意进一步改进我国GDP核算和数据发布制度，并授权国家统计局具体组织实施。会议强调，GDP核算和数据要提高透明度和可信度，并逐步采用国际通用办法，确保数据的权威性。

●上市公司实施MBO条件不成熟

国务院国资委在答复一位政协委员的提案时明确表示，目前我国上市公司自我约束机制和外部监管机制尚不健全，实施管理层收购(MBO)的条件很不成熟。

●QFII投资额度已达13亿美元

国家外汇管理局日前分别批准花旗环球金融有限公司和德意志银行增加QFII投资额度1.25亿美元和1.5亿美元。至此，两家银行的QFII投资额度均增至2亿美元。此前，国家外汇局批准了香港上海汇丰银行有限公司增加QFII投资额度5000万美元的申请，汇丰银行的QFII投资额度由此增加至1亿美元。截至目前，外汇局共批准了8家QFII的投资额度共计13亿美元。

11月14日

●600亿凭证式国债20日起发行

日前，财政部、中国人民银行决定从11月20日开始发行总额600亿元的2003年凭证式(四期)国债，12月20日发行结束。

●保险业投资证券投资基金 449 亿

中国保监会最新统计资料显示，截至 10 月末，保险行业资产总额为 8319.23 亿元，同比增长 37.93%；与上月末数字相比略有下降。统计资料显示，截至 10 月末，保险行业银行存款为 3974.88 亿元，同比增长 43.03%；各类投资合计 3800.52 亿元，同比增长 67.51%，其中国债投资 1426.18 亿元，同比增长 37.81%，投资于证券投资基金 449.43 亿元，同比增长 50.29%，但比上月减少了 6 亿元。统计资料显示，今年 1 至 10 月份，保费收入 3228.04 亿元，同比增长 29.86%；其中，财产险保费收入 730.10 亿元，同比增长 11.75%，人身险保费收入 2497.94 亿元，同比增长 36.32%。

●中集集团增发不超过 1.2 亿 A 股

中集集团今天刊登招股意向书摘要，增发不超过 1.2 亿 A 股，占发行后总股本的 19%。

●华夏银行否认近期内二次融资

据华夏银行今日公告，针对有关媒体报道华夏银行酝酿再融资方案的文章，该公司发布了澄清声明。

公司称，公司正探讨制定五年至十年中长期发展战略规划，其中必然涉及再融资问题，董事长刘海燕在有关会议上所讲的再融资构想是指长期设想。按照股份制商业银行的特点和巴塞尔协议的有关规定，该公司将建立有效而顺畅的资本补充机制来保证其长期可持续发展。因此，再融资问题将作为该公司长期发展战略的一部分进行探讨。公司同时表示，由于 9 月份刚刚挂牌上市，按照规定，不可能在近期内实现公司的二次融资。

11 月 16 日

●中国长江电力股份有限公司获 33.5 亿银团贷款

中国长江电力股份有限公司 15 日正式获得由我国跨地区 10 家金融机构共同提供的银团贷款，贷款总额达 33.5 亿元。这些资金将主要用于收购三峡首批投产的发电机组。

●标准普尔分析报告认为中国公司治理水平整体提高

日前，国际权威金融分析机构标准普尔首次对中国公司治理的宏观环境发布分析报告。这份名为《中国的公司治理》的报告称，从 2001 年至今的两年时间，中国在公司治理方面取得了长足进步，但也存在一些不容忽视的问题。

●深石化原老总陈涌庆遭谴责

深圳市国资管理部门日前公开谴责深圳石化集团原老总陈涌庆，指其在任期间经营决策存在重大失误。深圳市还正式颁布实施《深圳市国有企业领导人经营决策行为十条禁令》，明令国企领导有乱担保、虚报利润、作假账等行为将被免职。

11 月 17 日

●四大行之一可能于明年初在港上市

香港文汇报从北京发回的报道说，港交所主席李业广在北京透露，内地四大国有商业银行的其中一家可能于明年初来港上市。

●中国前 10 月财政收入实现 18150 亿同比增长 21%

财政部部长金人庆 15 日在北京举行的“中国财税论坛 2003”上表示，尽管受到非典疫情及重大自然灾害的冲击和影响，今年中国财政收入仍然保持了大幅增长势头。1——10 月份，中国财政收入达到 18150 亿元，比去年同期增长 21%。

●邱晓华表示不能动辄以“过热”来评判经济

国家统计局副局长邱晓华 15 日针对有些人“中国经济过热”的观点指出，六年来，我们实行积极的财政政策和稳健的货币政策，发行了 8000 亿元的特别国债，目的就是带动投资需求，促进持续走低的价格出现回涨，因此，对投资需求和价格的上涨，没有害怕的理由，不能动辄以“过热”来评判宏观经济。

●财政部专家认为积极财政政策需相机进行调整

财政部财政科学研究所所长贾康 15 日在“中国财税论坛 2003”上表示，鉴于中国经济的回升、民间投资趋于活跃，以及世界经济的转暖，已经运行五年多的积极财政政策在考虑必要的连续性的同时，需要相机进行调整，其代表内容就是长期建设国债应该在保持一定规模的前提下，对绝对数量进行审时度势、酌情的逐步调减。

●社保基金可入市资金规模约 50 亿

全国社保基金理事会理事长项怀诚日前在接受记者采访时说，国内股市情况不好，社保基金进入股市会很谨慎。目前，50 亿的可入市资金没有全部进入股市。

11 月 18 日

●尚福林：内地证券市场一定能够妥善解决各种问题

中国证监会主席尚福林昨天在“内地企业香港上市十年回顾与展望”论坛上致辞时表示，境外上市作为我国吸引外资的一项长期政策，是我国深化改革和扩大开放政策的一个重要内容。今后，将一如既往地支持境内国有企业、民营企业及其他所有制形式的企业，根据其自身发展的需要，进入境外资本市场融资。

尚福林最后表示，未来 20 年是我国经济发展的关键时期，将为内地证券市场的稳定发展创造良好的发展机遇。中国证监会将抓住这一重要历史机遇，搞好内地市场的基础建设，积极推进市场的改革开放和稳定发展。他表示相信，经过不懈的努力，内地证券市场一定能够妥善解决各种问题，保持健康稳定发展。未来中国经济的快速增长，也必将为香港证券市场的发展提供更有力的支持，香港证券市场的前景一定更加美好。

●邵宁透露中央企业将实行经营者年薪制

国务院国有资产监督管理委员会副主任邵宁昨天在此间透露，从明年开始，国资委所监管的中央企业将全面实行经营者年薪制。

●刘鸿儒指出发展 H 股市场具有重要意义

中国证监会前主席刘鸿儒昨天在“内地企业香港上市十年回顾与展望”论坛上指出，当前我国国民经济发展势头良好，与世界经济的融合不断加快，党的十六届三中全会又作出了完善社会主义市场经济体制的决定，在这种情况下，今后继续做好内地企业海外上市工作，稳步发展 H 股市场具有重要意义。

●内地企业在港融资逾 7530 亿港元

过去 10 年，内地企业在港融资额超过 7530 亿港元，占香港市场总融资额的 51%。

●香港交易所北京代表处揭牌

香港交易所北京代表处揭牌仪式昨天下午在北京举行，国务委员唐家璇出席仪式并为香港交易所北京代表处揭牌。

●世界三大农产品期交所牵手

世界最大的三家农产品期货交易所日前聚首一大连商品交易所

分别与芝加哥期货交易所、东京谷物商品交易所在北京签署了合作谅解备忘录和合作意向书，这是大连商品交易所发展触角伸向国际化的第一步，对国际农产品期货市场格局的形成意义深远。

11 月 19 日

●香港银行试办个人人民币业务

香港特区政府行政长官董建华 18 日下午宣布，中国人民银行同意为香港银行试行办理个人人民币业务提供清算安排。董建华在 18 日举行的新闻发布会上透露，将于 2004 年元旦前后在香港银行试行办理的个人人民币业务的范围包括人民币存款、兑换、汇款和银行卡业务。业务范围先只限于方便个人消费，不涉及投资等资本项目的安排。

●银行股再融资合法不合理

中国人民大学金融与证券研究所所长吴晓求日前在接受记者采访时表示，股权分裂现象的存在，使中国股市有一种与生俱来的制度性缺陷。这种缺陷使得包括银行股发行可转债等再融资行为合法但不合理，从而招致投资者的反感和抛弃。

●财政收入保持大幅增长势头

今年以来，尽管受到非典疫情及重大自然灾害的冲击和影响，我国财政收入仍然保持了大幅增长势头，前 10 个月全国财政收入已经接近去年全年财政收入。记者从财政部获悉，今年 1 至 10 月份，我国财政收入达到 18150 亿元，比去年同期增长 21%，接近 2002 年全年 18914 亿元的财政收入水平。

●中国证监会立案调查啤酒花

已经连续十几个跌停的啤酒花今日发布公告，收到中国证监会立案调查通知书，中国证监会决定对公司"因涉嫌重大事项信息披露不实"事项立案调查。

●9 家 QFII 投资额度达 16.5 亿美元

国家外汇管理局日前批准瑞士银行有限公司（UBSLimited）增加 QFII 投资额度 3 亿美元。至此，瑞士银行的 QFII 投资额度已达 6 亿美元。截至目前，9 家 QFII 的投资额度已达 16.5 亿美元。

11 月 20 日

●第十家境外机构获 QFII 资格

瑞士信贷第一波士顿合格境外机构投资者（QFII）资格日前已获中国证监会批准。至此，已有 10 家境外机构的 QFII 资格获中国证监会批准，它们是：瑞士银行有限公司、野村证券株式会社、花旗环球金融有限公司、摩根士丹利国际有限公司、高盛公司、香港上海汇丰银行有限公司、德意志银行、荷兰商业银行、摩根大通银行和瑞士信贷第一波士顿。

●李扬和巴曙松认为中国股市不缺资金缺信心

在经济学家眼中，困扰目前中国股市的因素不是资金问题，而主要是投资者对市场缺乏信心。著名经济学家李扬和巴曙松昨天在此间参加"长城证券财富论坛"发表演讲时表示了同样的看法。

●外资并购瞄准上市公司

国务院国资委主任李荣融昨日在京指出，目前外资并购中国企业出现了一些新特点，即外资正在越来越多地关注中国上市公司。随着中国加入世贸组织过渡期的逐步结束和中国涉外经济体制改革的深化，外国资本进入中国的领域和范围将更宽广，政策将更宽松。

11 月 21 日

●银监会主席刘明康要求：防范控制多头连环担保风险

中国银监会主席刘明康日前要求，要切实防范和控制关联交易、集团客户授信、多头连环担保风险，切实防止通过借新还旧、非实质性重组等手段变相降低不良贷款余额。

●上证所规范交易大厅管理

为加强交易大厅管理，维护交易大厅正常秩序，上海证券交易所日前发布施行《上海证券交易所交易大厅管理细则》。

●邯郸钢铁将发 20 亿可转债

邯郸钢铁可转换公司债券发行已获证监会核准。该公司本次发行总额为 20 亿元，转债期限 5 年，票面年利率第 1 年 1.0%，第 2 年 1.3%，第 3 年 1.7%，第 4 年 2.3%，第 5 年 2.7%。其发行首日为 2003 年 11 月 26 日，主承销商是国泰君安。

11 月 24 日

●货币市场基金正在论证

中国证监会基金部主任孙杰日前表示，货币市场基金因其低成本和低风险，正在广受关注，目前有关方面正在对其进行论证。作为基金的监管部门，证监会基金部在密切关注这种基金的同时，也希望有关主体在设计该基金产品时注重防范风险，在宣传中注意避免误导，尽可能地完善各种服务。

●公开市场操作力度将加大

中国人民银行将进一步加大公开市场操作力度，适度收回市场过多资金。人民银行近日发布的报告说，外汇占款仍然是目前增加金融系统流动性的主要因素。人民银行将密切关注国际收支变化，保持必要对冲操作力度，适度收回市场过多资金；研究进一步开展对冲操作的政策措施，将基础货币增长控制在适度水平，防止贷款过快增长。今年以来，人民银行主要通过发行中央银行票据及正回购交易对冲因外汇占款投放的基础货币。从 4 月 22 日至 9 月 30 日，人民银行共发行 42 期央行票据，发行总量为 5450 亿元。前 9 个月，人民银行通过债券公开市场业务回笼基础货币 3346 亿元，通过外汇公开市场业务投放基础货币 6505 亿元；投放、回笼相抵，人民银行通过公开市场业务净投放基础货币 3159 亿元。

●上证所规范债券市场发展

日前，上海证交所召开了第三届理事会第十八次会议。会议审议通过了《上海证券交易所债券交易实施细则》。

●券商十月份收入继续上扬

继 9 月份出现小幅反弹后，券商 10 月份的综合业务价值量继续上扬，达到 14.7 亿元，较 9 月份上涨了 12.21%。其中，投行业务价值量的大幅增长起到了重要拉动作用。

11 月 25 日

●中央经济工作会议近期召开

中共中央政治局 24 日召开会议，分析当前经济形势，研究明年经济工作；讨论进一步加强人才工作、实施人才强国战略问题。中共中央总书记胡锦涛主持会议。会议强调，谋划好明年我国经济社会发展，对于保持国民经济持续快速协调健康发展，保证"十五"计划全面实现，具有十分重要的意义。明年我国仍然具备较快发展的良好条件。要坚持以邓小平理论和"三个代表"重要思想为指导，全面贯彻十六大和十六届三中全会精神，树立和落实全面、协调、可持续的科学发展观，按照稳定政策、适度调整，深化改革、扩大开放，把握全局、解决矛盾，统筹兼顾、协调发展的思路安排好明年经济工作。要继续坚持扩大内需的方针，实施积极的财政政策和稳健的货币政策，适时适度调整政策的力度和重点，保持经济平稳增长。要努力增加农民收入，稳定和提高粮食综合生产能力；深化各项改革，整顿市场秩序，提高对外开放水平；推进产业结构调整，促进区域经济协调发展，加快发展科教文卫事业；实施积极的就业政策，进一步扩大居民消费，不断改善群众生活，切实维护社会稳定。会议指出，形势越好，越要保持清醒头脑。我国经济发展中还存在农业基础薄弱，农民收入增长缓慢，就业压力加大，部分行业盲目投资、低水平重复建设比较明显，信贷投放偏快，经济社会发展不够协调等困难和问题。对此要高度重视，加强引导，积极调控，抓紧解决。会议决定近期召开中央经济工作会议和全国人才工作会议，就相关工作进行研究部署。

●央行票据发行利率大幅下降

今日，央行仍以固定利率数量招标的方式在公开市场发行两期央行票据，但定价均较上周下降了近 30 个基点。本周央行票据的发行量共计为 450 亿元，其中 3 个月的央行票据发行量为 200 亿元，6 个月的央行票据发行量为 250 亿元。这两期央行票据的期限分别是 3 个月和 6 个月。其中，3 个月的央行票据发行利率为 2.435%，6 个月的央行票据的发行利率为 2.6209%，而这一价位几乎与公布存款准备金率上调前的央行票据发行水平相当。而在上周，3 个月和 6 个月的央行票据的发行利率分别为 2.7163% 和 2.9095%。业内人士认为，今日两期央行票据利率大幅下降与银行间债券市场利率大幅走低不无关系，目前银行间 7 天回购加权平均收益率为 2.19%。

●风险资本看好中国内地市场

德勤企业财务等最近组织的一项有关科技、传媒和电讯（TMT）行业的风险投资信心调查显示，风险资本家对未来经济环境持乐观态度，相比两个季度前对经济状况的信心有了大幅提升。在亚太区内，中国内地仍然是最具吸引力的新投资热土。

11 月 26 日

●夏斌提出：将深交所作为中小企业上市试验场所

国务院发展研究中心金融研究所所长夏斌在南京召开的江苏“创业投资与中小企业发展论坛”上，作了《中国中小企业融资政策创新思考》演讲。他认为内地建立中小企业股票交易市场的时机已经成熟，呼吁尽快修订、出台《企业债权管理规定》，提出将深交所作为中小企业上市试验场所。

●证监会高层人士透露：货币市场基金已陷入僵局

近日，证监会某高层人士内部透露，货币市场基金遭遇了较大的阻力，今年出台的可能性已经不大。国联安高层人士也证实，货币市场基金已经陷入僵局。

●国有银行上市全面启动央行欲向四大银行注资

25 日，中国人民银行的工作人员向记者表示，央行的有关工作人员目前正在研究向工行、农行、建行、中国银行四大国有银行注资的计划。同日，工行、建行总行的工作人员向记者表示，这两家银行已经向中国银监会递交了“综合改革计划书”。从央行、银监会以及四大国有银行近期透露出的种种迹象显示，四大国有银行的上市工作已经全面启动。

●恒生电子发股下月重新启动

因被诉侵犯商标专用权而暂停发行 A 股的杭州恒生电子股份有限公司获准下月重新发行，发行规模 1700 万股，发行价每股 15.53 元。

11 月 27 日

●国资委：国有股全流通早解决好

国资委有关人士日前表示，国有股全流通问题早解决比晚解决好，真正考虑全流通问题要站在整个改革和发展的大局通盘考虑，制定大的原则可能更好一些。关于全流通的问题有关部门应加快政策协调，广泛听取各方面的意见，共同协商解决。

●今年国内生产总值将突破 11 万亿

新华社北京 11 月 26 日电经受严峻考验的中国经济今年将以不平凡的业绩载入史册。国家统计局权威人士 26 日表示，今年我国经济有望增长 8.5%。据此测算，今年我国国内生产总值将突破 11 万亿元人民币，我国综合国力再上新台阶。

●深交所又将进行全网测试

深交所昨向各会员及相关单位发出通知，计划于 11 月 29 日组织第三次全网测试。本次测试包括买卖盘揭示范围调整为五档，即主要检验行情发布、行情接收、行情揭示与分析及相关技术系统的正确性等。

●券商主承销业务竞争加剧

A 股市场上的主承销业务竞争已经出现新成立的中外合资证券公司的身影。昨日正式开业的长江巴黎百富勤宣称其首个 A 股主承销项目有望在 3 个月内开花结果，而先期成立的华欧国际据称也已经签署了一批项目合同。

11 月 28 日

●最新权威统计显示券商前三季累计亏损 34 亿

最新权威统计显示，证券公司全行业亏损目前仍在持续，今年前三季度累计亏损额已达到 34 亿元。如果第四季度市场行情仍旧低迷的话，那么证券公司今年的亏损额可能会超过去年。

●中国稳步推进银行业对外开放

中国银行业监督管理委员会副主席唐双宁 27 日在北京说，中国在银行业对外开放方面一直采取稳步推进的政策，外资银行已成为中国银行体系的重要组成部分。

●深市行情买卖盘揭示将设五档

深交所将从 12 月 8 日起正式将买卖盘揭示范围从实时最高三个价位买入申报价和数量、实时最低三个价位卖出申报价和数量调整为实时最高五个价位买入申报价和数量、实时最低五个价位卖出申报价和数量。

11 月 30 日

●南方证券赴港推介 B 股

由南方证券组织的优秀 B 股上市公司与境外机构投资者面对面推介活动，日前在香港交易广场举行。据介绍，此种形式的推介活动为国内券商首创。

●货币市场基金欲另辟蹊径

面对政策障碍，一些已上报相关货币市场基金方案的基金公司并没有轻易放弃。据了解，招商、华安、博时三家基金公司目前正另辟蹊径寻求突破：一是修改现行方案，二是回避“货币市场基金”的字眼。

●代理保险成为银行新利润增长点

国有四大商业银行 2003 年前 9 个月的中间业务收入中，代理保险业务仅次于银行卡收入，成为银行业新的利润增长点。仅中国建设银行一家前 9 个月代理保险业务就实现手续费收入 2.75 亿元，比去年同期增长 120%。

●内地企业赴港上市要提升透明度

香港交易及结算所高层人士 27 日在此间接受记者采访时表示，内地的民营企业具备在香港上市条件的已有不少，但是一些民营企业在透明度上与国际标准还有距离。

12 月 1 日

●中国网通发行 50 亿企业债今年以来发行规模最大的企业债券一2003 年中国网络通信集团公司企业债券将于 12 月 4 日开始发行。网通公司今日发布债券发行公告。该期债券分为 40 亿元 10 年期固定利率债券和 10 亿元 10 年期浮动利率债券两个品种，并由中国人民银行提供无条件不可撤销的连带责任担保。经中诚信国际信用评级有限公司综合评定，该期债券的信用级别为 AAA 级。

●张新认为要从制度上防止内幕交易发生

中国证监会上市公司监管部副主任张新日前在“行为金融学与资本市场”学术研讨会上指出，对待上市公司内幕交易，需要遵循标本兼治和综合治理的原则，通过改革公司治理和激励机制，改变目前上市公司内部人控制、高代理成本和管理层激励不足的局面。对重大的、容易引起内幕交易的事件，要系统改革，改善证券市场环境，鼓励正常的并购重组活动。

●推进上市公司规范运作

深圳证管办在上周末召开的上市公司治理规范工作会议上，针对深圳上市公司的具体情况及其所面临的当前证券市场的形势，提出规范运作必须正确处理好的五大关系以及十项具体要求。该办曾于去年11月召开监管工作会议，针对深圳上市公司在治理运作方面存在的问题，提出了九个方面的要求。一年来，深圳上市公司的治理结构和规范运作情况得到了进一步改善，辖区上市公司治理运作情况在朝着好的方向发展。

12月2日

●跨年度行情有望形成

在经过上周末缩量整理后，周一沪深股市放量上行，上证综指和深证成指分别报收于1432.7点和3343.73点，上涨35.47点和75.79点，创下近三个月来新高。两市成交放大至186.5亿元，较上周五猛增61亿元。反弹空间日渐放大过去两周内，上证综指累计上涨130点，沪市单日成交迅速上升到百亿的水平。由此，不少市场人士开始重新调整对此次行情的判断。昨日接受采访的市场人士中，更多人倾向这样的判断：此次行情可能是市场普遍预期的明年年初行情的提前爆发，很有希望成为一次跨年度行情。

12月3日

●商业银行咬定货币市场基金

就在基金公司发行货币市场基金遭遇较大阻力的同时，商业银行业对发起成立货币市场基金的热情却在不断升温。近日记者从南京商业银行了解到，该行正在着手货币市场基金的前期研究和准备工作。

●郭树清表示我国将放松资本项目限制

国家外汇管理局局长郭树清近日在接受新华社记者专访时说，根据我国经济发展和改革开放的客观需要，可有选择、分步骤放宽对跨境资本交易活动的限制，将那些对促进经济增长和提高对外开放水平有积极作用、与之相伴的消极影响可控的资本项目挑选出来，先行试点，逐步扩大。

12月4日

●周小川圈定下一步利率市场化改革三大着力点

中国人民银行行长周小川昨天在此间表示，央行下一步将加大利率市场化改革的力度，要扩大贷款利率的浮动范围，特别是向上的浮动范围；允许存款利率向下浮动；进一步扩大利率放开的品种，形成基准收益率曲线。

●中行力争后年整体上市

中国银行副行长华庆山昨天在中国银行、欧洲货币、汇丰银行联合举办的2003年“中国会议”上说，中行在处理不良贷款方面有许多成功经验，目前正力争成为首批试点改革的国有商业银行。他表示，希望在后年，中国银行能成为一家在国内上市的商业银行。华庆山说，目前相当多的企业在上市采取分拆方式，但是金融企业与其他企业有很大不同。对于中行而言，主要还是考虑整体上市。

●银监会严查票据违规

中国银监会日前发出通报，要求各银行要按照贷款“三查”制度规定，认真办理商业汇票承兑业务，采取切实有效措施防止关联企业利用银行承兑汇票骗取银行资金，同时加强对票据业务的内部审计工作。

●股市行情买卖盘设五档

沪深证券交易所将于12月8日起调整买卖盘揭示范围，投资者可收看到五个最优买卖盘档位的即时行情，即五档行情。

●银监会确定明年监管工作

中国银监会党委昨天召开会议，强调要按照十六届三中全会《决定》和中央经济工作会议提出的深化金融体制改革的要求，积极谋划和部署明年银行业监管工作。据了解，此次会议确定的明年工作的总要求是：深化改革，扩大开放，完善金融监管体制；进一步加强银行业监管，把完善公司治理机制和建立健全风险内控制度为始终不懈的目标任务；提高银行业金融机构的整体风险控制能力和市场竞争力，确保我国银行业的稳健运行，支持国民经济持续快速发展；重点抓好国有独资商业银行的综合改革试点，认真落实“管法人、管内控、管风险、增强透明度建设”的现代监管理念等。

●农村金融体制改革须把握五原则

中国银监会副主席李伟日前在由银监会与世界银行合作举办的首期合作金融高级监管人员培训班上指出，鉴于农村金融机构的复杂性和各类机构的差异性，农村金融体制改革必须把握五项原则。这五项原则是：统筹规划，区别对待，分类指导，不搞“一刀切”；政策设计的理念要体现“多予、少取、放活”的原则；政策设计的重点要放在资金投入和风险补偿方面；要充分考虑到农村金融的复杂性和各方面可承受的程度，区别轻重缓急，分步实施；改革的目标是增强服务功能，提高服务水平，适应和满足“三农”发展的需要。

12月5日

●股市筹资额三年来首次增长

尽管距离2003年结束还有20个交易日，但今年股市筹资额同比增长已成定局。统计数据同时表明，这也是自2000年以来股票市场筹资额首次出现年度增长。综合上海证券信息中心和国泰君安证券公司的统计数据，截至11月底，今年沪深股市筹资总额近790亿元，这一数据已超越了2002年沪深股市全年746.6亿元的筹资总额。

●刘明康强调银行业改革不能孤立进行

中国银监会主席刘明康昨天在2003年“中国会议”上发表英文演讲时表示，银行业改革是我国金融市场有效运行的关键问题之一。银行业的改革与经济金融领域其他方面的改革密切相关，不能孤立进行。他同时强调，平衡包括银行业在内的各领域的改革进度，是监管者目前面临的一大挑战。

●新股发行节奏放缓

第四季度以来，股票市场的融资节奏明显放缓。不仅今年6月份以来形成的“一周发两只，上两只”的新股发行节奏，已被“一周发一只，上一只”取代，而且沪深股市的配股、增发或可转债发行等再融资项目也从原来的每月7次减少为3至4次。

12月7日

●50亿债券仅解燃眉之急网通谋划明年上市

12月4日，中国网通集团正式对外发售总额为50亿元人民币的10年期国内企业债券。据了解，此次企业债券募集到的资金，将用于中国网通省际长途网改造、省内长途网增容扩建以及本地网建设项目。这些工程项目的总投资达454亿元。有关人士认为，面对企业改革与通信网络建设的巨大资金缺口，区区50亿元的债券只能解燃眉之急，上市融资已经成为网通必然的选择。

●新关税条例明年元旦起执行

新修订的《中华人民共和国进出口关税条例》已由国务院公布，并将于2004年1月1日起施行。专家表示，新修订的进出口关税条例更贴近WTO规则，并增加了企业资产重组的缴税办法。

●内地香港互认从业资格办法确定

为落实《内地与香港关于建立更紧密经贸关系的安排》（以下简称《安排》）中关于证券业的一项承诺——简化香港专业人员在内地申请证券期货从业资格的相关程序，中国证监会与香港证监会经协商，已就如何落实承诺的具体安排达成一致意见。

●财政部为跨市场国债转托管立规

日前，财政部颁布了《国债跨市场转托管业务管理办法》。根据管理办法的定义，跨市场国债为财政部在中国境内发行并核准可跨市场交易的国债。管理办法明确，财政部是国债托管及转托管业务的主管部门，负责国债托管及转托管业务的政策制定和监督管理。中央国债登记结算有限责任公司，应为财政部对各托管机构国债托管和转托管业务的日常监管提供必要的协助，并定期向财政部报告。

●整个经济格局依然是供大于求

国家统计局总经济师姚景源昨日在京表示，2003年是中国经济辉煌的一年，预计全年国内生产总值会达到8.5%以上，国内生产总值的总量会突破11万亿。但是，全社会整个经济格局依然是供大于求。即便如此，对中国经济也不要轻言过热，不能踩刹车，更不能踩急刹车，要具体问题具体解决。

12月8日

●李荣融透露企业国有产权交易正在立规

国资委主任李荣融日前在国有经济结构调整与产权市场发展高级研讨会上指出，我国国有经济布局和结构调整正处于一个关键时期。深化国有企业改革，加快国有经济结构调整，必须规范产权交易市场。国务院国资委成立后，已将企业国有产权交易制度的建设作为一项重要工作，近期正在组织对包括《企业国有产权转让管理暂行办法》在内的有关企业国有产权交易监管制度的起草工作。

●桂敏杰指出基金业发展质量明显改善

中国证监会主席助理桂敏杰昨日在深圳举行的2003中国基金论坛上指出，基金业发展质量明显改善。中国证监会还将从九个方面开展工作，保护基金持有人利益，推动基金业的进一步发展。桂敏杰认为，基金业发展质量的改善十分明显。一方面，基金管理公司发起人范围的放宽极大地促进了基金业的发展，基金行业创新不断，新的基金品种不断涌现，基金管理水平和素质也不断提高。另一方面，基金对资本市场发展的积极作用得到有效体现。基金业的发展不仅使价值投资理念得到较为广泛的认同，引起了股市价格结构的调整，还促进了资本市场投资者结构的转变，吸引了社保基金、保险基金等机构投资者进入股市，并不断提高投资比重。在今年以来几次市场行情大的波动中，基金都发挥了稳定股市和活跃股市的作用。桂敏杰称，证监会正在根据证券投资基金法的有关规定，制定和完善各种具体规定，以充分保护投资者利益。他指出，对基金业而言，一是要完善市场准入标准；二是要评估基金业发展各个环节存在的风险，推动基金管理公司、托管银行制定具体的防范措施；三是证监会、证券交易所和托管银行之间分别建立快速反应机制，充分发挥交易所和托管银行的监控作用；四是通过完善基金从业人员资格管理和行为规范，加强对基金高管人员和从业人员的监管，培育高素质的从业人员队伍；五是要研究和探索对基金管理公司进行分类监管的方式，加强日常监管；六是进一步健全和完善基金管理公司的治理结构和内控制度；七是要完善股权变动规则，积极稳妥地解决基金管理公司股权调整所带来的问题，维护行业稳定发展；八是要完善基金信息披露体系，促进信息披露质量的提高；九是要加强基金销售监管，制止不正当竞争行为。

●货币市场基金将很快面世

备受关注的货币市场基金在经历了曲折之后即将修成正果。在昨日于深圳举行的中国基金论坛上，中国证监会主席助理桂敏杰和博时基金管理公司总经理肖风共同证实了这一消息。

12月9日

●温家宝在美表示完善人民币汇率形成机制

中国国务院总理温家宝7日晚在纽约下榻的饭店会见了美国著名专家和学者，同他们就中美经贸关系、人民币汇率、两岸关系等问题深入交换了看法。温家宝阐明了中国政府对发展中美建设性合作关系的积极态度。他强调指出，总结中美关系半个世纪的历程，可以得出的基本结论是，和则两利、斗则两伤，不断扩大和深化中美关系已成为两国的共识。中方将同美方共同努力，建立新的磋商机制，妥善处理磨擦和矛盾，开创两国经贸合作新局面。温家宝介绍了当前台湾海峡两岸关系情况，并重申中国政府将继续坚持“和平统一，一国两制”的基本方针，但绝不会容忍任何人图谋把台湾从祖国分裂出去。温家宝还表示，中国将在推进金融体制改革进程中，进一步完善人民币汇率形成机制。

●外资入股中资金融机构开闸

中国银监会主席刘明康昨天签署第6号令，发布了《境外金融机构投资入股中资金融机构管理办法》，并自今年12月31日起实施。

●中央企业今年利润有望破3000亿

国资委党委书记李毅中日前表示，1至10月份，中央企业实现利润2626亿元，到年底有希望突破3000亿元，而去年是2405亿元，同比增长25%。

●中国人寿8日起在香港招股

来自中国人寿保险股份有限公司的消息说，该公司在香港发行的H股8日开始招股，并于本月18日在香港主板挂牌，代码为2628，预计发售64.7亿股，集资总额约23.7亿美元。

12月10日

●国家统计局：11月份全国工业生产同比增长17.9%

11月份，全国规模以上工业（注）完成增加值3966亿元，比上年同月增长17.9%，增速在上月加快0.9个百分点的基础上，又提高0.7个百分点，剔除春节因素的影响，达到今年以来工业生产的最高增速。1－11累计，共完成工业增加值36694亿元，比上年同期增长16.8%。

●商业银行补充资本渠道拓宽

中国银监会近日发出《关于将次级定期债务计入附属资本的通知》，决定增补商业银行的资本构成，将符合规定条件的次级定期债务，计入银行附属资本。

●国家统计局官员：中国仍将面临通货紧缩压力

国家统计局国际统计信息中心主任李晓超昨日表示，现在谈论防止通货膨胀还为时尚早，中国经济在相当长时期内仍将面临通货紧缩压力。

●长城汽车创H股发行最高价

长城汽车日前成功发行，并创下了H股发行价的最高记录。

据悉，此次由法国巴黎百富勤作为全球协调人和主承销商承销的长城汽车已经非常圆满地于英国伦敦时间12月8日晚上19时顺利完成其H股上市的全球发行，共计发行11400万股(未计超额配售选择权)，最终定价13.30港元，接近定价区间最高价，是历史上每股价格最高的H股发行。预期行使超额配售权之后，集资额将超过17亿港币。

●银行股再融资另辟蹊径

民生银行昨日发布公告称，该公司准备在香港联交所发行H股，发行计划于2004年内完成，发行方式以香港公开发售及国际配售相结合。发行成功后，民生银行将成为第一家在海外上市的内地银行，也是第一家在国内发行A股后再到香港发行H股的国内企业。

12月11日

●证监会有关人士透露：保荐制度近期将正式出台

中国证监会有关人士11日透露，保荐制度相关文件近期可以出台，证监会目前正在积极推动建立这项制度的工作。

●中央企业负责人经营业绩考核暂行办法出台

国务院国有资产监督管理委员会近日出台《中央企业负责人经营业绩考核暂行办法》，用量化指标约束国有资产经营者，按经营业绩领取薪酬。这一《办法》将于明年1月1日起在189户中央企业全面实施。

●央行扩大贷款利率浮动区间

经国务院批准，中国人民银行决定，从2004年1月1日起，扩大金融机构贷款利率浮动区间。

央行同时决定，从2003年12月21日起，将金融机构在人民银行的超额准备金存款利率由1.89%下调至1.62%。法定准备金存款利率保持不变，仍为1.89%。

●证监会改革发审委制度

经国务院批准，中国证监会今日发布《中国证券监督管理委员会股票发行审核委员会暂行办法》。《暂行办法》取代了原有的《中国证券监督管理委员会股票发行审核委员会条例》，自公布之日起施行。

●三只货币市场基金曲线登场

备受关注的货币市场基金终于有了结果。三只按照货币市场基金模型设计的基金一华安现金富利投资基金、招商现金增值基金和博时现金收益基金率先获得了发行批文。

●证券标准化技术委员会成立

中国证券标准化技术委员会昨日在北京成立。这个委员会由来自中国证监会、证券交易所及其通信公司、期货交易所、中国登记结算公司、中国证券业协会、中国期货业协会、证券公司、基金管理公司、期货经纪公司及主要商业银行技术负责人等40余人组成。

12月12日

●混业经营有望获立法支持

权威人士日前向记者透露，即将提请人大常委会审议的《商业银行法》修正草案三审稿，有望在关键性条款的修改中，为业内关注并呼吁的混业经营留下一定的法律空间。

据悉，草案三审稿将对《商业银行法》第43条的两款内容进行修改，取消对商业银行混业经营的全面禁止性规定，允许其在一定条件下从事混业活动。如果此次修改能够顺利获得通过，制约混业经营的法律障碍将因此被突破。

●发审委工作细则出台

为确保发审委制度改革的基本精神能够在日常具体工作中得到充分体现，中国证监会根据《暂行办法》的相关规定，制定并于昨天发布了《中国证券监督管理委员会股票发行审核委员会工作细则》，就发审委会议前的准备工作、发审委会议的规程、发审委会议后相关事项的处理规则、发审委会议纪律等作出更加细致的规定。

●商务部致力全国统一市场建设

商务部部长助理黄海昨天在京透露，明年商务部将致力于全国统一市场的建设，并争取会同有关部门尽快起草完成反垄断法。

●解决全流通需进一步明确思路

京城一些专家学者昨在“北京大学中国金融政策研究中心成立大会暨学术研讨会”上表示，解决全流通问题是中国证券市场的必修课，目前，全流通改革已经成功破题，为保证证券市场健康平稳发展，相关部门应进一步明确思路，抓住有利时机，乘势而上、趁热打铁，一举解决这个问题。

12月14日

●亚行预测中国2004年经济增长7.9%

亚行日前发表《亚洲经济监测》称，2003年中国的GDP在强劲的固定资产投资、稳定的私人消费和蓬勃的出口驱动下预计将增长8.5%。这比7月份的预测足足高了一个百分点；2004年，中国的经济增长率预计是7.9%。

●周小川指出公司债市场要发展机构投资者

中国人民银行行长周小川昨日指出，发展公司债券市场要研究如何发展机构投资者，同时还需要配套的整体金融设施建设。

●债券期货交易基本条件已具备

中国证监会期货监管部主任杨迈军昨日表示，期货市场经过多年的清理整顿，市场运作基本规范，监管能力明显提高，已经具备了推出债券期货交易的一些基本条件，应在规范的期货交易所开展债券期货交易试点。

●11月份外汇贷款持续增长

中国人民银行最新统计显示，11月外汇存款保持稳定，贷款持续增长。

据统计，截止11月末，境内金融机构(含外资)外汇各项存款余额为1505亿美元，比去年同期增长1.4%。外汇贷款余额为1306亿美元，比去年同期增长30.2%。1至11月份，外汇贷款比去年末累计增加281亿美元，同比多增加215亿美元。其中短期贷款余额为448亿美元，比去年同期增长45.6%；中长期贷款余额为466亿美元，比去年同期增长32.3%。当月各项贷款增加24亿美元，同比多增19亿美元。

12月15日

●长城汽车15日在香港正式挂牌交易

12月15日上午9点半，内地最大的民营汽车企业一长城汽车将在香港正式挂牌交易。这是内地的民营汽车企业首次在境外上市，长城汽车股票最终定价每股13.3港元，融资15亿多元。据悉，长城汽车在香港公开招股期间，反响空前热烈，香港市民认购之踊跃远远超过市场预期，公众超额认购683倍；同时，其国际配售部分是1997年北京控股招股以来反应最热烈的新股，共募集资金15亿港元以上。

●国家信息中心徐宏源预计：明年国有股问题难有突破

日前，国家信息中心徐宏源在深圳提出，由于市场各方分歧较大，解决国有股问题的方案短期内很难出台，这一问题在2004年也很难有任何进展。他还认为，目前QFII在投资选股时有一定的地域性倾向。

●周正庆指出证券市场需要积极的政策支持

12月13日，在此间举行的“第一届中国保险业发展改革论坛暨现代保险功能研讨会”上，全国人大常委、人大财经委员会副主任委员周正庆在主题发言中指出，政府采取适当的措施支持证券市场的发展，既是国际上通行的做法，也是目前形势下的必然要求。

●吴定富表示要发挥保险的社会管理功能

12月13日，在中国保监会和湖北省人民政府共同举办的“首届中国保险业发展改革论坛暨现代保险功能研讨会”上，中国保监会主席吴定富指出，保险的社会管理功能包含了社会保障管理、社会风险管理、社会关系管理、社会信用管理等内涵；要努力发挥现代保险的社会管理功能，为促进保险业持续快速健康发展、促进经济社会和人的全面发展服务。

●两机构QFII资格获批

记者从中国证监会获悉，渣打银行香港分行、日兴资产管理有限公司合格境外机构投资者(QFII)资格日前已获中国证监会批准。至此，已有12家境外机构的QFII资格获中国证监会批准。

12月16日

●黄菊要求加快推进国资管理体制改革

中共中央政治局常委、国务院副总理黄菊对15日召开的中央企业负责人会议作出批示，要求加快推进国有资产管理体制改革，落实国有资产经营责任；深化国有企业改革，加快推进中央企业的改革和发展。

●中央企业要建立市场化薪酬制度

在昨日召开的中央企业负责人会议上传出信息，明年中央企业改革和发展的步伐要加快，国有资产管理体制改革需要继续深化，特别是要逐步建立与市场机制全面接轨的中央企业负责人薪酬制度。

●上证180指数第三次调整样本股

上海证券交易所指数专家委员会日前召开工作例会，审议上证180指数样本股调整事宜，决定更换18只样本股，并于2004年首个交易日起正式生效。本次调整是上证180指数发布以来的第三次样本调整。根据市场发展状况和实际需求，上证所指数专家委员会对上证180指数的选样标准进行了研究，决定将原来的“上市时间不低于三个月”修改为“上市时间一般不低于三个月，除非该股票日均流通市值排在沪市前18位”。据此规则，长江电力、华夏银行在本次样本调整中进入指数样本。本次样本更换后，上证180指数的总市值覆盖率由原来的61.2%提高到64.8%，流通市值覆盖率由原来的51.4%提高到54.4%，今年以来的成交额覆盖率由原来的53.2%提高到63.2%，指数的市场代表性显著增强。本次调整后，上证180指数市盈率为33倍，较市场平均水平低10%。

●证券公司破产案司法解释将制订

最高人民法院院长肖扬昨天在全国高级法院院长会议上表示，最高法院将进一步加强涉及金融市场纠纷案件的调研和审判工作，尤其是加强对审理金融电子化服务、证券公司以及信托投资公司破产等新型案件适用法律的研究，抓紧制定相关的司法解释。

●央行减小公开市场操作力度

央行昨天发布的今年第32号央行票据发行公告显示，本周央行公开市场操作力度有所减小，但发行票据仍然保持了数量招标的方式，招标价格与上周相同。今天中国人民银行将贴现发行2003年第五十九期、第六十期央行票据，计划发行总量100亿元，与上周的300亿元比较，减少了200亿元。

12月17日

●央行公开市场操作成效显著

本周，央行公开市场操作继续以数量招标的方式发行央行票据。至此，从今年2月10日起，央行连续采取了正回购、发行央行票据等公开市场操作方式，累计净回笼资金约3000多亿元，基本达到了稳定市场的目的。

中国人民银行货币政策司司长易纲日前也表示，公开市场操作已达到稳定货币供应量、稳定市场利率等多项目标。

●上证报新浪合推十大证券新闻评选

2003年中国证券市场波澜起伏，焦点事件影响至深。值此辞旧迎新之际，上证报与新浪网联手推出2003年中国证券市场十大新闻评选活动，请您投上一票。相关投票选题已于昨天公布在新浪网首页和财经纵横上。

12月18日

●国有控股股东须恪守“四不准”

监管部门日前提出，今后国有控股股东处理与上市公司的关系要切实做到四个不准：不准越过法定程序任免上市公司董事、经理人员或干预上市公司生产经营，不准利用关联交易侵占上市公司利益，不准违规占用上市公司资金和资产，不准操纵上市公司搞虚假信息披露。

●证券法修订列入人大立法规划

记者从昨日举行的全国人大立法工作会议上了解到，十届全国人大常委会立法规划已正式出台，证券法和公司法的修订被列入其中。

●企业国有产权转让办法将发布

由国资委起草的《企业国有产权转让管理暂行办法》近日将由国资委会同财政部发布，这标志着企业国有产权交易制度的建设正在形成和完善。

●国资委负责人表示：管理层收购适合于中小企业

国资委负责人17日就《关于规范国有企业改制工作的意见》答记者问时指出，管理层收购可能适合于中小企业，但对大企业来说，改制的方向应该是通过规范上市或吸引战略投资者实现投资主体多元化，促进所有权与经营权分离，推进经营层的市场化配置。

●外资金融机构看上农信社

中国金融业的对外开放程度日益提高，先是外资金融机构纷纷参股商业银行，现在外资又盯上了农村信用社。上海市农村信用合作社联社(简称“上海农信社”)可能改制为地方性商业银行，而澳新银行有望作为第一家入股中国农村信用合作社的外资机构成为其股东。

●上证所今启用新场外报盘程序

上海证券交易所技术人员经过精心设计、测试，成功开发了支持通信链路自动切换的新场外报盘程序，并将于今日正式启用。这个报盘程序充分利用上证通信网络“天地互备”的高可靠性，对场外报盘的实时备份程序作了进一步完善，将大大提高交易数据的安全性和数据处理的效率。

12月19日

●国家税务总局局长：今年中国税收可望突破2万亿

国家税务总局局长谢旭人18日说，今年中国税收总收入可望突破20000亿元，增收3000亿元以上。

●券商集合资产管理业务解冻

中国证监会主席尚福林昨天签署第17号证监会令，公布了《证券公司客户资产管理业务试行办法》。自2004年2月1日起施行。其中最引人注目的是，券商将可从事集合资产管理业务。

●上证50指数明年初发布

上海证券交易所将于2004年初发布上证50指数。指数基日为2003年12月31日,基点为1000点。

上证50指数从上证180指数成份股中选取规模和成交金额排名靠前的50只股票作为样本。指数编制方法和首期样本股名单,将在上证50指数发布之前正式发布。

●上海联合产权交易所成立

为构筑统一规范的产权交易平台而组建的上海联合产权交易所昨日正式宣告成立。这是上海建立多层次资本市场、提升国际金融中心地位,进一步实施“科教兴市”战略的一项重大举措。

●中国人寿在香港成功上市

中国人寿保险股份有限公司18日正式在香港交易所挂牌交易,盘初跳涨24%至4.45港元。

作为内地首家在美国和香港两地同时上市的金融企业,中国人寿此次共发行64.7亿股H股,超额配售前融资规模为30亿美元,超额配售后达35亿美元,成为今年全球新股之冠。中国人寿是内地最大的寿险公司,2002年保费收入达1287亿元人民币,占全国寿险市场份额的57%。截至今年6月30日,共拥有4400万份个人与团体保单、年金合同及长期健康险合同。

12月21日

●中国国务院决定在明年进行第一次全国经济普查

国务院发出通知,决定在明年进行第一次全国经济普查,标准时点为2004年12月31日,时期资料为2004年度。

●短期国债发行重新启动

日前,财政部决定在全国银行间债券市场发行2003年记账式(十三期)国债。期限3个月,以低于票面金额的价格贴现发行,计划发行面值总金额为100亿元。

●内部职工股能否上市有新规

中国证监会最近对《股票发行审核标准备忘录第11号—关于定向募集公司申请公开发行股票有关问题的审核要求》作修订。修订稿主要对内部职工股处理标准作修订。

12月22日

●邱晓华:明年经济仍将保持快速发展势头

“明年中国经济仍将保持快速发展的良好势头”,国家统计局副局长邱晓华在20日举行的“观察家年会”上作出如上预测。高盛(亚洲)有限责任公司董事总经理胡祖六则更大胆预测:中国经济可在中长期继续保持高速增长,并且经济规模将在2050年超过美国,一跃成为全球最大的经济体。

●预测未来十年:中国保险市场将保持年增长10%

“从2003年到2012年的十年间,中国保险市场发展的年增长率将超过10%。”日前,瑞士再保险公司首席执行官约翰·库博在瑞士再保险北京分公司的开业仪式上发布了对中国保险市场未来走势的预测。其中,他预测中国寿险的年增长率将达到12%,而非寿险业务则在9.6%左右。

●明年国资改革确立四大重点

国资委副主任邵宁在日前举行的“观察家年会:2004的中国—崛起的中国与世界”论坛上透露,推进地方国资监督管理机构的工作、完善改革措施、加快中央企业建立现代企业制度的步伐、探索完善国有资产监督管理体系,将是明年国资委深化国有资产管理体制改革的四大重点。

●证券公司发债脚步临近

为适应证券公司债券管理的需要,中国证券登记结算有限责任公司最近制定了证券公司债券登记结算业务办理规则。该规则将从中国证监会批准之日起实施。该规则适用于定向发行的证券公司债券的登记结算业务。公开发行证券公司债券的登记结算业务,则按照证券交易所挂牌证券登记结算业务有关规定办理。中国证券登记结算公司根据合格投资者委托的证券公司的申请,办理证券公司债券发行转让过程中涉及的登记、托管、结算以及其他相关业务。

12月23日

●三部银行业法律草案昨天提请三审

银行业三部法律昨天提请十届全国人大常委会第六次会议进行三审。根据修改草案三审稿对《商业银行法》第四十三条的修改,商业银行从事信托投资和股票业务将有法律空间。另外,根据常委会委员的建议,《中国人民银行法》修改草案三审稿将增加建立金融监管协调机制的规定,具体办法将由国务院规定。

●中共中央建议修改宪法部分内容

十届全国人大常委会第六次会议22日在人民大会堂开始举行。在吴邦国委员长的主持下,会议听取了关于中共中央关于修改宪法部分内容的建议的说明。中共中央的建议将在本次会议讨论后,由全国人大常委会依照法定程序提出宪法修正案议案,提请十届全国人大二次会议审议。中共中央提出的关于修改宪法部分内容的建议共有十四条。

●央行货币政策委员会:积极推进三大市场协调发展

日前举行的中国人民银行货币政策委员会2003年第四季度例会在研究下一步货币政策取向和措施时提出,要着力调整信贷结构,控制信贷资金流向盲目投资、低水平重复建设的行业,鼓励和引导商业银行加大对中小企业、扩大消费、增加就业方面的贷款支持。积极推进货币市场、资本市场和保险市场的协调发展。

●朱从玖表示上证所要推出更多交易平台

上海证券交易所总经理朱从玖昨天在上证180指数高级论坛上表示,证券市场需要通过创新来支持其稳定快速发展,今后上海证券交易所将进一步推进市场创新。

他说,作为市场的组织者,上海证券交易所起着承上启下的作用,考虑到市场各方参与者差异性比较大,上证所有义务与各方共同开发完善这个市场,为市场提供更多的服务和产品,有条件也有责任将市场各种创新推进下去。

●港交所明年与内地加强合作

香港交易及结算所集团行政总裁周文耀昨日在2003年香港交易所市场回顾报告中指出,与上海期货交易所探讨推出原油期货产品及与深圳证券交易所寻求业务合作将成为香港交易所2004年的重点工作。

●央行本周净投放200亿元资金

今日,央行继续采用数量招标的方式发行两期央行票据,发行总量为100亿元,仍与上周相同。

这两期央行票据的期限分别为3个月和6个月,同时央行票据的定价与前四期继续保持一致。其中,3个月央行票据定价为99.39元,6个月央行票据定价为98.71元。由于本周同时有300亿元的央行票据到期,因此,央行实际上将在本周净投放200亿元资金。

12月24日

●我国财政收入突破2万亿元预计全年增收2600亿元

尽管遭遇非典疫情以及旱、涝、地震等自然灾害的冲击和影响,我国今年财政收入依然保持了较快增长。截至目前,全国财政收入已经突破2万亿元,预计全年可增收2600亿元左右。

●上海期铜市场跃居全球第二

最新的统计数据和研究结果显示，上海期货交易所已成为仅次于伦敦金属交易所(LME)的全球第二大铜期货市场，而且上海期铜市场已经逐步摆脱影子市场的从属地位，与LME形成互为引导的态势。

●前十大流通股股东须现身年报

中国证监会最近对《公开发行证券的公司信息披露内容与格式准则第2号＜年度报告的内容与格式＞》(2002年修订)的相关条款进行了修订。修订稿第二十五条增加了“(五)公司前10名流通股股东的名称全称、年末持有流通股的数量和种类(A、B、H股或其它)。如前十名流通股股东之间存在关联关系的，应予以说明。”

●混业“松绑”渐走渐近

按照日程安排，十届全国人大常委会第六次会议昨天下午对三部银行法草案或修改草案进行了分组讨论。委员们根据对草案的研读和理解，将关注的焦点对准了三个草案所确立的职能分工、协调机制、风险防范等诸多方面。但是法律能否为金融业开展混业经营打开空间，仍然是其中最为炙手可热的话题。从委员的发言中可以看出，为金融业开展混业经营预留空间已达成共识，最终表决通过有关的修改内容，让法律为金融业混业经营“松绑”，已是众望所归。

●证监会第四批废止证券期货规章

中国证监会最近根据《规章制定程序条例》的规定，在废止前三批规章和规范性文件(以下统称“规章”)的基础上，对成立以来至2003年6月30日期间公布的证券类和期货类部门规章进行了再次清理。其中，应予废止、已明令废止或者自行失效的证券类规章30件，期货类规章16件。

12月25日

●人大常委会委员呼吁增条款减少对外贸易无序竞争正在此间审议中国外贸法修订草案的部分人大常委会委员认为，在大幅度放宽对外贸易经营权和外贸经营主体多元化的情况下，新的外贸法应增加相应条款来避免和减少在对外贸易中已然存在的无序竞争情况。

●温家宝强调切实解决当前经济运行中突出问题

国务院总理温家宝24日主持召开国务院常务会议，分析当前经济运行情况，研究进一步贯彻落实中央经济工作会议精神的措施。会议认为，当前经济形势总体上是好的。经济较快增长，效益继续提高，改革开放有序推进，就业和社会保障工作得到加强，人民生活不断改善，社会保持稳定，年初确定的经济和社会发展预期目标可以实现。同时，经济运行中存在一些突出矛盾和问题，主要是投资规模偏大，部分行业盲目扩张、低水平重复建设未得到有效遏制，一些地区煤电油运供求矛盾突出等。对这些问题必须高度重视，并采取切实措施加以解决。

●尚福林指出证券发审最终要过渡到注册制

中国证券监督管理委员会第六届股票发行审核委员会成立大会昨天在北京人民大会堂举行。

中国证监会主席尚福林到会并讲话。他指出，党的十六大提出推进资本市场改革开放和稳定发展的战略目标，十六届三中全会进一步明确了大力发展资本市场的任务。这对我国资本市场的发展具有重要指导意义。大力发展资本市场，需要不断加强市场的基础建设。中国证监会深化发行监管体制改革的方向和目标就是要逐步强化市场的约束机制，进一步减少乃至消除行政力量对选择证券发行人的干预，最终实现证券发行审核从核准制向注册制过渡。发审委制度的改革以及证券发行上市保荐制度都是中国证监会建立健全市场约束机制，推进发行体制改革的重要措施。

●三部银行法草案表决通过时机成熟

十届全国人大常委会组成人员24日上午在分组审议银行业监督管理法草案、中国人民银行法修正案草案和商业银行法修正案草案时表示，这三部法律的制定和修改满足了我国金融监管体制改革的需要，有利于加强对银行业金融机构的监督管理，经过两次审议和修改后，三部银行法草案已基本可行，表决通过的时机已经成熟。

12月26日

●国家开发银行两百多亿授信中煤集团

国家开发银行与中国中煤能源集团公司日前在北京签署了合作协议。2003年到2007年期间，国家开发银行将向中国中煤能源集团公司提供信用合作额度二百二十亿元人民币。

●中国证监会公布第六届发审委委员身份

中国证监会昨天公布了第六届股票发行审核委员会委员的基本情况。以往带有神秘色彩的发审委，从此揭开了面纱，被置于公众的监督之下。第六届发审委委员共25名，其中女性委员3人，他们中年龄最大的为56岁，最小的为33岁，25名委员平均年龄为41.48岁。25名委员都是经过层层推荐和筛选程序选拔出来的精英。从专业背景来看，会计和法律方面的为最多，分别为9人和7人，占36%和28%；从学历、学位来看，博士7人、博士生2人、硕士10人。这25名委员中，中国证监会会内委员5名，首席律师、首席会计师为兼职委员，3名专业人员为专职委员。会外兼职委员10名，其中国家发展和改革委员会1名，国务院国有资产监督管理委员会1名，北京大学1名，上海证券交易所和深圳证券交易所各1名，证券公司1名，基金公司2名，合格的境外机构投资者1名和香港专家1名。专职委员10名，全部为会计师事务所、资产评估机构和律师事务所的资深合伙人，其中注册会计师5名、注册资产评估师1名和律师4名。

●国资委所辖中央企业减至186家

国务院国资委所辖中央企业将从189家缩减为186家。来自国资委企业改革局的消息，国资委近日以国资改革[2003]122号文下发通知，同意中国铁路工程总公司与中国海外工程总公司、中国卫星通信集团公司与中国四维测绘技术总公司、中国国际旅行社总社与中国免税品(集团)总公司重组，重组后中国海外工程总公司、中国四维测绘技术总公司、中国免税品(集团)总公司分别成为中国铁路工程总公司、中国卫星通信集团公司、中国国际旅行社总社的全资子公司。通知要求参与重组的企业抓紧研究具体重组方案并于2004年1月31日前报国资委审批后实施。

12月28日

●混业经营相关条款再作修改

全国人大法律委员会日前根据委员的审议意见，对银行业三部法律草案进行了审议。法律委表示，三部银行法草案基本可行，建议表决通过。法律委员会主任委员杨景宇昨天向常委会组成人员报告了对三部法律草案进一步的修改意见。关于《商业银行法》修改草案第四十三条，杨景宇说，有的常委委员认为，草案三审稿对这一条的表述，在混业经营问题上可能引起放得过开或卡得过死的误解。法律委经同全国人大财经委、国务院法制办共同研究，并由国务院法制办报国务院领导同意，建议将此条修改为商业银行“不得从事信托投资和证券经营业务，不得向非自用不动产投资或者向非银行金融机构和企业投资，但国家另有规定的除外。”关于《银行业监督管理法》草案第三十七条对银行业金融机构违反审慎规则的处罚，杨景宇说，有的常委委员提出，对于违反该原则，严重危及金融机构稳健运行、损害存款人和其他客户合法权益的，不宜再给它改正期，监管机构应当有权直接采取措施。据此，法律委建议将这一条修改为：违反有关规则将被区别情形，采取下列措施：(一)责令暂停部分业务、停止批准开办新业务；(二)限制分配红利和其他收入；(三)限制资产转让；(四)责令控股股东转让股权或者限制有关股东的权利；(五)责令调整董事、高级管理人员或者限制其权利；(六)停止批准增设分支机构。

●新一届发审委下周二开张

改革后新成立的发审委将于本月30日召开首次工作会议，审核两家公司的新股发行申请。与以往截然不同的是，中国证监会首次将参会发审委委员名单、发审委会议审核的发行人名单、会议时间、发行人承诺函等全部公之于众，彻底撩开了发审委会议的神秘面纱。

12月29日

●今年我国进出口总额可达8400亿美元

商务部副部长于广洲28日在全国商务工作会议上称，今年全国进出口总额预计可达8400亿美元。

●上证50指数明年起正式发布

上证50指数将于2004年1月2日正式对外发布，指数简称上证50，指数代码000016，基日为2003年12月31日，基点为1000点。上证50指数是根据科学客观的方法，从上证180指数样本中挑选出规模大、流动性好的50只股票组成样本股，综合反映上海证券市场最具市场影响力的一批优质大盘股的整体状况。

●证券发行上市保荐制度出台

中国证监会主席尚福林昨天签署中国证监会第十八号令，发布了《证券发行上市保荐制度暂行办法》。酝酿已久的证券发行上市保荐制度终于出台，保荐机构和保荐代表人的责任从此有了明确规定，对保荐机构和保荐代表人施行责任追究的监管机制也从此建立。

●三大银行法公布

十届全国人大常委会第六次会议12月27日下午，分别以152票赞成、1票反对、3票弃权，154票赞成、2票弃权，150票赞成、6票弃权的表决结果，通过了银行业监督管理法、全国人大常委会关于修改中国人民银行法的决定、全国人大常委会关于修改商业银行法的决定等三部法律。随后，国家主席胡锦涛分别签署第11、12、13号主席令，公布了这三部法律，并于2004年2月1日起施行。

12月30日

●2003年中国工业利润预计突破8000亿元

2003年工业经济作为国民经济的主要支柱表现突出，全年规模以上工业企业实现利润预计突破8000亿元，比上年增加2400亿元左右。工业总体效益状况明显改善。

●沪深证交所部署今年年报披露工作

沪深证交所日前就做好上市公司2003年年度报告工作发出通知。

●12月央行净投放资金超过500亿

2003年最后一期央行票据将于今日发行，发行量为100亿元。至此，在12月间央行公开市场操作总体表现为向市场投放资金，累计净投放的资金量超过500亿元。

●上证所启用704XXX交易代码

为“配债”业务的开展，上海证交所今日决定，自2004年1月1日起，正式启用新交易代码区间“704XXX”用于“配债”业务。上证所为此向各会员单位发出通知，要求及时做好相关准备工作。

●三公司获准筹建汽车金融公司

中国银监会日前批准上汽通用汽车金融有限责任公司、丰田汽车金融(中国)有限公司和大众汽车金融(中国)有限公司进行筹建。这是《汽车金融公司管理办法》及《汽车金融公司管理办法实施细则》颁布后，首批获准筹建的汽车金融公司。

12月31日

●年报审核反映上市公司存在七大问题

中国证监会今天表示，2002年年报事后审核中发现，上市公司主要存在七大类问题。

2003—2004年中国基金业大事记

2002年12月19日，南方、博时、华夏、鹏华、长盛、嘉实等六家基金公司，被全国社保基金理事会首批选定为社保基金管理资格的基金公司。

2003年3月3日，因清理最后一只老基金而设立的基金管理公司——巨田基金管理有限公司获准开业。

2003年4月28日，第一只由中外合资基金管理公司管理的基金，也是我国第一只系列基金一招商安泰系列基金成立。

2003年6月23日，全国人大法律委员会向十届人大常委会第三次会议提交证券投资基金法草案的二审稿。

2003年9月22日，《人民日报》发表中国证监会主席尚福林署名文章：《大力发展证券投资基金培育证券市场中坚力量》。

2003年10月23日，全国人大法律委员会向十届人大常委会第五次会议提交证券投资基金法草案的三审稿。

2003年10月28日，十届人大常委会第五次会议以146票赞成、1票反对、1票弃权的结果，表决通过证券投资基金法。至此，历时近4年的证券投资基金法制订工作获得圆满成功。

2004年3月，海富通收益增长与中信经典配置基金的首发规模双双超过100亿份。我国证券投资基金的规模首超2000亿份。

2004年6月1日，《中华人民共和国证券投资基金法》正式施行。

2003年中国保险业大事记

中国保监会升格为正部级单位 2003年3月，中共中央决定中国保监会改为国务院直属正部级事业单位，成立中国保监会党委，吴定富任党委书记、主席。

保险业夺取抗非典、促发展双赢截至2003年5月26日，中国保监会共批准24个保险公司(包括寿险和产险公司)的51项针对非典的新产品或服务项目。截至2003年6月30日上午9时，全国寿险公司因非典赔付416.98万元。

中国人寿入选《财富》全球500强 2003年7月，中国人寿保险公司首次入选美国《财富》杂志全球500强，排名2002年第290位。

三大国有保险公司全部重组改制中国人民保险公司更名为中国人保控股公司，并发起设立中国人民财产保险股份有限公司和中国人保资产管理有限公司。三家公司于2003年7月19日正式揭牌。

中国人寿保险公司重组为中国人寿保险(集团)公司和中国人寿保险股份有限公司。2003年8月28日，两家公司正式揭牌。

中国再保险公司重组为中国再保险(集团)公司，并以投资人和主发起人的身份控股设立中国财产再保险股份有限公司、中国人寿再保险股份有限公司、中国大地财产保险股份有限公司。大地财险于2003年10月20日在上海挂牌，其余三家于2003年12月22日在北京挂牌。

保险公司经营区域限制放宽 2003年10月1日起，保险公司经营区域限制得以放宽：凡是在省、自治区、直辖市设有分支机构的，在加强管理、控制风险、保证服务的前提下，可以通过专业保险中介公司或者设立营销服务部的方式在该省、自治区或直辖市的行政辖区内开展业务。

中国人保、中国人寿成功境外上市 2003年11月6日，中国人民财产保险股份有限公司股票在港交所成功挂牌交易。

2003年12月17日，中国人寿保险股份有限公司股票在纽约证券交易所上市，2003年12月18日在港交所正式挂牌交易。

2003年中国期市大事记

1月

1月2日，大连商品交易所举办的“豆粕期货模拟交易大奖赛”开赛。

1月2日，上海期货交易所在北京召开北京地区会员座谈会。

1月3日，中国证监会公布2001年度第三批期货经纪公司高管人员年检名单。

1月3日，中国期货业协会发布关于第四季度资格申请的通知。

1月11日，中国证监会期货部有关负责人透露，2003年将在期货市场建立实时监控系统，在中国期货市场不断发展的同时加强各项监控手段。

1月11日，上海期货交易所举行新闻媒体恳谈会，就加强期货市场正面宣传、树立正确舆论导向等话题进行了讨论。

1月13日，北京地区2002年度期货年检暨工作会议召开，北京证管办对2002年度期货经纪公司、营业部和高管人员的年检工作进行部署。

1月14日，郑州商品交易所表彰2002年交易量前20名的会员。

1月14日，交通银行上海分行分别与上海证管办、上海地区的5家期货经纪公司签署相应的协议书，标志着上海地区期货保证金封闭运行拉开序幕。

1月15日，上海期货交易所举行2002年铜、铝、天然橡胶品种交易20强表彰会。

1月16日，中国期货业协会公布2002年全国期货行业代理排名情况，深圳中期、建证期货、长城伟业位列代理额前三名；深圳中期、格林期货、建证期货位列代理量前三名。

1月16日，香港期市监管专家应邀在上海期货交易所作专题报告。

1月18日，郑州粮食批发市场和郑州商品交易所在北京召开了一年一度的顾问专家座谈会，推进“郑州市场”再上新台阶。

1月20日，中国证监会广州证管办就做好年检内控评价报告发出通知，要求辖区期货公司积极配合会计师事务所工作。

1月21日，中国证监会郑州特派办召开辖区期货经纪机构年检工作会议，以年检为契机提高整体素质。

1月22日，中国证监会发布《关于期货经纪公司接受出资有关问题的通知》，被业内视为促进期市发展的重大政策突破。

1月22日，“2002年度上海地区期货经纪机构年检工作会议”在上海召开。

1月23日，中国证监会发布《关于2001年度期货经纪公司高级管理人员年检结论的通知》。

1月24日—26日，全国证券期货监管工作会议在北京召开，会议要求推进证券期货市场的改革开放和稳定发展，今年监管工作要重点抓好五点：一是继续加强证券期货法治工作；二是大力推动诚信建设；三是防范和化解市场风险；四是提高上市公司规范化运作水平；五是要不断改善市场结构。

1月26日，上海期货交易所行情短信播报服务系统投入试运行，用手机短信来播报即时期货行情，在国内尚属首次。

1月26日，中国证监会武汉证管办召开辖区期货经纪公司年检工作会议。

1月中下旬，上海期货交易所、郑州商品交易所、大连商品交易所分别举行学习十六大精神交流会。

2月

2月10日，中国证监会广州证管办向辖区期货经纪公司转发由中国证监会期货部制定的《风险揭示函》。

2月11日，大连商品交易所开始广泛征集对玉米期货合约及相关规则的意见，确保合约上市后能够健康稳定地发展。

2月11日，中国证监会广州证管办举办“期货经纪公司2002年度年检暨财务管理培训班”。

2月12日，中国农业银行被批准成为期货结算银行，成为中国证监会批准的第四家期货结算银行。

2月13日，中国证监会下发《关于转发〈国家计委、财政部关于重新核定证券市场监管费收费标准及有关问题的通知〉的通知》，期货市场的监管费用不变。

2月13日，中国证监会正式批准中国银行办理期货交易所结算银行资格。

2月13日，工商银行大连市支行与大连商品交易所联手推出新的期货结算电子银行转账交易系统，简称大商所企业银行系统。

2月18日，针对天然橡胶价格上涨的形势，中国橡胶工业协会向政府有关部门提交报告，吁请国家采取有效措施，抑制胶价的上涨。

2月18日，为满足客户对天然橡胶交割的需求，上海期货交易所下发了《关于调整部分指定天然橡胶交割仓库库容的通知》。

2月19日——21日，中国期货业协会就期货经纪业务手续费恶性竞争问题组织专题工作组赴大连开展工作。

2月24日，中国证监会就进一步加强期货经纪公司变更核准和备案工作，向证监会各派出机构下发通知，对期货经纪公司拟参股股东的条件、派出机构对股权转让或增资申报的受理、期货经纪公司股权转让或增资的合同内容、期货经纪公司依法变更的承诺书等方面作了具体规定和要求。

2 月 24 日，中国期货业协会下发《关于加强“两会”期间核心交易系统网络与信息安全的紧急通知》。

2 月 25 日，郑州商品交易所第四届理事会第七次会议在郑州召开。

2 月 26 日，郑州商品交易所第五届会员大会第一次会议召开。

2 月 26 日，美国谷物协会一行访问大连商品交易所。

2 月 27 日—28 日，上海期货交易所、芝加哥期货交易所、香港交易所及结算所有限公司、香港浸会大学共同在上海举办“第十三届亚太期货研究论坛”。

2 月 27 日、28 日，日本东京工业品交易所一行分别访问了中国期货业协会、大连商品交易所。

2 月，中国证监会各地派出机构组织学习贯彻全国证券期货监管工作会议精神。

3 月

3 月 5 日—18 日，两会期间，人大代表朱玉辰畅谈期货市场与国民经济发展，提出要让期货市场融入产业经济发展，并在会议期间提交修改《条例》、制定《期货法》议案和利用期货市场为国民经济建设服务等方面的建议，他还呼吁要建立新品种上市机制，尽快推出期货新品种。人大代表胡平西建议，应加快金融期货的研究与开发。全国政协委员龚立群、林乃基建议，尽快批准棉花白糖等农产品期货上市，上市棉花期货意义重大。中国国民党革命委员会提交了《关于建立我国石油期货市场的建议》的提案。

3 月 6 日，大连商品交易所召开 2002 年度交割工作总结会。

3 月 8 日——9 日，中国期货业协会第一届理事会第四次会议在北京召开，会议在维护行业长远利益、促进行业健康发展和鼓励行业良性竞争等问题上达成一致意见。

3 月 9 日，湖南期货业联席会成立。

3 月 10 日，大连商品交易所在北京举办首批进站博士后开题评审会。

3 月 12 日，大连商品交易所在北京召开北京地区会员座谈会。

3 月 12 日—15 日，上海期货交易所以会员的身份参加 FIA2003 年年会，并在年会期间，与芝加哥商业交易所、纽约商业交易所分别签订合作备忘录。

3 月 17 日，芝加哥期货交易所一行访问大连商品交易所北京发展中心。

3 月 18 日，中国证监会上海证管办、上海证券交易所和上海期货交易所联合举办“党风廉政建设报告会”。

3 月 20 日，北京期货商会召开理事会，全面落实中国期货业协会加强手续费管理的决定。

3 月 20 日，工行上海分行与上海地区部分期货公司签署期货保证金封闭运行合作协议。

3 月 20 日，“2003 农产品期货市场投资论坛”在大连举行。

3 月 22 日，中国证监会大连特派办召开“大连辖区 2003 年期货监管工作会议”，几家期货公司发出倡议书，支持维护期货市场秩序，反对行业恶性竞争。

3 月 25 日，中国期货业协会分别在广州、深圳和上海召开座谈会，与会期货公司达成共识，坚决制止手续费的恶性竞争。

3 月 25 日，中国证监会期货部在海口召集海南辖区期货公司座谈，探讨期货交易保证金封闭管理的问题。

3 月 27 日，上海期货交易所第一届理事会第六次会议召开。

3 月 28 日，上海期货交易所第三次会员大会召开。

3 月 28 日，优质强筋小麦期货合约在郑州商品交易所挂盘上市。此前，郑州商品交易所举办了一系列推介活动，并举办了优质强筋小麦期货培训班；为了活跃交易，郑商所还发布了优质强筋小麦期货交易的优惠措施；3 月 26 日，郑商所通过其网站进行了网上路演，为优质强筋小麦的上市“热身”。

3 月 28 日，《郑州商品交易所交易规则》实施细则及办法发布实施。

3 月 29 日，上海期货交易所召开第二届理事会第一次会议。

3 月中下旬，中国证监会各地派出机构组织召开辖区工作会议，确定今年的工作重点和监管思路。

4 月

4 月 1 日，中国证监会发布通知，改变“期货从业人员资格核准”、“期货经纪合同文本核准”、“期货投资咨询人员从业资格核准”行政审批项目的管理方式，由审批改为核准，移交中国期货业协会行使自律管理。

4 月 1 日，包括中国铝业、中国航空油料公司在内的 10 家国内企业获得从事境外期货交易的资格。

4 月 1 日—3 日，上海期货交易所代表团出席第二届世界铜业大会，并与 LME、NYMEX 一同应邀在会上作专题演讲。

4 月 3 日，中国证监会上海证管办“2003 年度期货监管工作会议”在上海召开。

4 月 6 日，中国证监会广州证管办要求辖区期货公司在今年 6 月以前全面实行保证金封闭管理。

4 月 7 日，大连商品交易所第二届会员大会在大连召开。

4 月 8 日，大连商品交易所第二届理事会召开第一次会议。

4 月 9 日，上海期货交易所发出通知，天胶近月三个合约暂停交易一天。

4 月 9 日，中国期货业协会向期货经纪公司及营业部发出风险提示函（中期协函字[2003]11 号），提示公司应理性分析市场形势，加强风险控制和合规自律。

4 月 10 日，中国期货业协会在杭州、宁波地区召开会员代表座谈会，就坚决制止手续费恶性竞争问题进行讨论。

4 月 10 日，在规则框架内，采用市场化运作的创新方式，成功化解天胶期货交易风险，实现了软着陆和平稳过渡。

4 月 11 日，上海期货交易所与香港交易及结算所有限公司签署谅解备忘录，就能源衍生产品领域开展合作。

4 月 11 日，由本报主办的旨在探讨期货行情、交流市场信息的“北京期货沙龙”在北京开始举办。

4 月 12 日，中国期货业协会“2003 年第一期后续职业培训——营业部经理培训班”在上海举行。

4 月 14 日，深圳辖区期货保证金封闭运行正式启动。

4 月 15 日；郑州商品交易所开始广泛向市场征求对棉花期货合约及相关规则的意见或建议。

4 月 18 日，由大连商品交易所等单位共同举办的“21 世纪中国大豆产业发展研讨会”在北京召开。

4 月 18 日，郑州商品交易所在会员单位中全面推广资金管理电子化系统。

4月23日,吉林省辖区期货公司保证金封闭运行全面启动。

4月24日,郑州商品交易所为五家结算银行举办期货培训班。

4月24日,中国证监会郑州特派办与郑州市政府签署合作备忘录。

4月28日,由上海市金融服务办公室和上海期货交易所联合主办的"国际金融中心建设和金融衍生品市场发展国际研讨会"在上海召开。4月中旬至5月份,中国证监会各派出机构和三家期货交易所积极加强"非典"的预防工作。

5月

5月8日,中国证监会召开证券监管系统视频会议,贯彻落实国务院常务会议精神,做到一手抓"非典"防治,一手抓市场监管。

5月9日,中国证监会主席尚福林视察中粮期货"非典"防治工作时,要求期货行业千方百计把"非典"的影响降到最低限度。

5月17日,由武汉华中、河南中期、中粮等期货中自发组织并举办的棉花期货合约、交割细则及管理办法征求意见讨论会在郑州举行。

5月19日,由大连商品交易所、世华信息公司和新浪网财经频道共同主办的第二届豆粕模拟交易赛开赛。

5月21日,中国期货业协会向会员单位发出《转发全国防治非典型肺炎指挥部办公室关于加强宣传认真贯彻公众预防传染性非典型肺炎指导原则等文件的通知》。

5月23日,中国期货业协会向各期货经营机构发出通知,要求相关机构组织期货从业人员学习《期货从业人员执业行为准则》并督促从业人员遵照执行。

5月28日,郑州商品交易所召开推出期货合约十周年座谈会。

5月28日,郑州商品交易所和境外同行联合举办"国际期权模拟交易竞赛"。

5月30日,中国期货业协会发布《关于报送期货经纪合同文本的通知》(中期协字[03]24号),对期货公司的期货经纪合同进行备案审查。

5月,在"非典"期间,期货交易并未受到太大影响,而此期间,网上交易显示出强大的优势,非现场交易有了较大发展。

6月

6月6日,中国期货业协会正式启动"中期协联合研究计划"项目,公开进行课题招标。

6月10日,中国证监会与瑞士联邦银行委员会签署《证券期货监管合作谅解备忘录》,至此,瑞士联邦银行委员会成为与中国证监会签署备忘录的第22个境外证券期货监管机构。

6月13日,大连商品交易所下发《关于优惠收取大豆期货交易手续费的通知》。

6月17日,中国证监会济南证管办分别与郑州特派办、郑州商品交易所签署《期货经纪机构联动监管备忘录》、《期货市场协作监管备忘录》。

6月25日,最高人民法院和中国证监会在北京联合召开《关于审理期货纠纷案件若干问题的规定》座谈会,《规定》的颁布实施是我国期货市场法制建设的又一可喜进步。

6月26日,2003年度期货从业人员资格考试报名工作开始进行。

6月,各地期货经营机构和高管人员的年检工作初步完成。

7月

7月1日,上海期货交易所调整铝锭交割标准。

7月2日,中国建设银行大连分行与大连地区期货公司签订《期货经纪公司客户保证金封闭管理协议》,这标志着期货交易保证金封闭管理系统在大连正式启动。

7月7日,中国证监会北京证管办组织辖区期货经营机构召开"北京地区期货经纪公司保证金封闭运行动员大会",北京期货保证金封闭管理全面启动。

7月7日,大连商品交易所开始实施新修订的《大连商品交易所交易细则》等业务细则。

7月8日,中国期货业协会统计资料显示,2003年上半年全国期货市场交易规模较去年同期显著增长,上半年的交易额已超过2002年全年的交易总额。

7月8日,上海期货交易所博士后科研工作站揭牌。

7月17日,中国期货业协会在北京举办期货分析师规范管理座谈会。

7月22日,上海期货交易所第二届理事会第二次会议召开。

7月23日,中国期货业协会联合研究计划(第一期)立项单位确定,最终确定由16家单位承担本期的12个课题。

7月26日,"2003年夏季中国粮油饲料市场论坛"在北京举办。

7月28日—30日,2003年度第一期期货经纪公司高管人员培训在长沙举行。

7月30日,统计数据显示,上半年国内期货公司代理业务增势明显,深圳中期、浙江永安、建证期货、金鹏期货、安徽安泰分列期货经纪公司代理额排行榜的前五名。

7月,中国证监会各派出机构和三家期货交易所分别组织学习领会《最高人民法院关于审理期货纠纷案件若干问题的规定》。

8月

8月6日,上海期货交易所正式被世界衍生品行业的权威性同业组织——期货与期权协会(FOA)批准成为该协会会员。

8月7日,上海期货交易所修订了包括《上海期货交易所风险控制管理办法》在内的9个业务实施细则。

8月12日—14日,中国期货业协会在新疆举办"2003年期货从业人员第二期后续职业培训班"。

8月19日,深圳地区期货经纪机构签署《深圳地区期货交易居间人自律管理规则》,它的实施为全国期货行业居间人的规范管理开了先河。

8月20日,芝加哥期货交易所一行访问大连商品交易所。

8月23日,由中国证监会北京证管办、北京期货商会共同主办的"北京地区期货业电子化交易研讨会"在北京召开。

8月26日,上海期货交易所下发通知,大幅下调期铝交易手续费。

8月30日,中国证监会期货部在太原召开"期货市场信用机制建设及高管人员管理座谈会"。

8月30日,郑州商品交易所召开第五届理事会临时会议,进一步化解WT309合约交割风险。

8月至10月,上海期货交易所先后在上海、浙江、北京、四川、广东等会员集中的地区召开了一系列的会员座谈会。

9 月

9 月 4 日，由最高人民法院主办、中国证监会期货部和上海期货交易所协办的“期货、证券司法解释高级研修班”在上海开课。

9 月 5 日，上海期货交易所参加在瑞士举行的“第 24 届国际衍生品会议”。

9 月 9 日，“欧元之父”蒙代尔访问上海期货交易所，对上海国际金融中心建设前景看好。

9 月 19 日，中国证监会北京证管办、北京期货商会在北京举办“北京期货业信用管理体系”座谈会。

9 月 22 日，金融期货创始人梅拉梅德访问上海期货交易所。

9 月 23 日，中国期货业协会发布了关于 2003 年期货从业人员资格考试的第 4 号公告，明确“期货基础知识”和“期货法律法规”的考试分别在 10 月 25 日和 26 日进行。

9 月 25 日—26 日，中国证监会派出机构工作座谈会在北京召开。

9 月 28 日，中国棉花协会在北京召开成立大会，郑州商品交易所当选为协会常务理事单位。

10 月

10 月 12 日，汉城金融论坛代表团访问上海期货交易所。

10 月 13 日，大连商品交易所召开第二届理事会第二次会议，决定缩小大豆、豆粕期货涨跌停板幅度，提前防范市场风险。

10 月 13 日，上海期货交易所总经理姜洋、理事长王立华带队深入江西铜业公司考察生产经营情况，并就企业利用期市做大做强的实践进行调研。

10 月 14 日，上海期货交易所向会员单位下发《关于做好市场风险控制工作的通知》，以警示风险。

10 月 15 日，农业部副部长范小建在视察郑州商品交易所时指出，期市要在推进粮改和确保粮食安全上发挥积极作用。

10 月 16 日，郑州商品交易所向会员单位下发《关于做好市场风险控制工作的通知》，以警示风险。

10 月 21 日，郑州商品交易所下发《关于小麦期货交易优惠措施的通知》。

10 月 21 日，上海期货交易所向会员印发了新修订的《上海期货交易所章程》和《上海期货交易所交易规则》。

10 月 22 日，大连商品交易所向会员单位发出《关于调整黄大豆 1 号合约替代品升贴水标准》的通知，以降低大豆期货交割成本，更好地为大豆产业服务。

10 月 25 日——26 日，由中国期货业协会组织的 2003 年度期货从业人员资格考试在全国 35 个城市同时举行，该次考试的各个环节基本都依靠智能化考试平台进行，在推行一天多场次考试的探索中取得了较为理想的效果。

10 月 30 日，郑州商品交易所举行廉政监督员座谈会。

10 月 31 日，根据市场新情况，借鉴国际成熟经验，三家期货交易所同时下发通知，决定暂时将天胶、强麦、硬麦、大豆和豆粕等 5 个期货品种合约的交易保证金标准进行调整。

11 月

11 月初，三家期货交易所党委组织学习贯彻三中全会决定精神。

11 月上旬，三家期货交易所及时组织干部职工学习《中共中央关于完善社会主义市场经济体制若干问题的决定》有关精神。

11 月 1 日，新疆期货保证金封闭管理工作进入实施阶段。

11 月 3 日，由上海期货交易所主办的“第一届沪铝期货模拟交易大奖赛”正式开始。

11 月 4 日，中国期货业协会向全体会员单位发出风险提示函（中期协函字[2003]29 号），提示会员单位要切实把防范市场风险和保护投资者利益放到首要地位。

11 月 4 日，上海期货交易所召开新一代交易业务模型系统咨询项目签约和启动仪式，在对现有系统进行技术升级改造的同时，拉开了筹备构建新系统的序幕。

11 月 6 日，郑州商品交易所新修订的风险控制管理办法开始实施。

11 月 6 日，上海期货交易所启动合作研究计划，打造一流的金融衍生品研究中心。

11 月 8 日，中国证监会主席尚福林在解析《中共中央关于完善社会主义市场经济体制若干问题的决定》时表示，要积极推进资本市场改革开放和稳定发展，认为我国期货市场初步具备了进一步发展的基础。

11 月 10 日，中国证监会哈尔滨特派办与郑州商品交易所在郑州签署期货市场协作监管备忘录。

11 月 10 日，上海期货交易所在广州召开燃料油市场研讨会，中国证监会期货部有关负责人出席了会议。

11 月 11 日，主题为“虚拟经济与实体经济关系”的“前进发展论坛”第一届研讨会在长沙举行。

11 月 13 日——16 日，2003 年第三期期货从业人员后续职业培训班——财务管理专题在成都举办。

11 月 15 日，大连商品交易所分别与芝加哥期货交易所、东京谷物商品交易所签署合作谅解备忘录和合作意向书，约定合作双方在信息共享、市场开发等方面开展广泛合作。这是大商所发展触角伸向国际化的第一步，对国际农产品期货市场格局的形成意义深远。

11 月 15 日，大连商品交易所十年庆典在北京举行。

11 月 15 日，“2003——2004 年期货市场发展与行情研讨会”在上海举行。

11 月 15 日，由国务院发展研究中心农村部与大连商品交易所共同举办的“中国粮食高层论坛”在北京召开。

11 月 17 日，香港交易所北京代表处挂牌。

11 月 18 日，“世界期货市场创新与发展”报告会在大连举行。

11 月 18 日，中国证监会北京证管办与北京期货商会组织进行“加强期货经纪公司法人治理结构建设”的专题培训。

11 月 19 日，中国期货业协会召开第一届理事会第五次会议，会议重点审议了关于解决手续费恶性竞争问题的方案和“董辅礽期货研究发展基金”管理委员会委员名单，并就我国期货市场形势进行了分析和讨论。

11 月 20 日，中国证监会武汉证管办结合期货保证金封闭运行管理、期货公司年检整改及市场风险防范等三项工作，对辖区内期货公司进行现场综合检查。

11 月 21 日，由英国《期货期权世界》杂志主办、上海期货交易所协办的“国际金融衍生产品及证券研讨会”在上海举行。

11 月 24 日，海南辖区期货保证金封闭管理工作正式启动。

11 月 25 日，上海期货交易所召开“所内课题总结与交流研讨会”，上海期交所要一手抓现有品种交易制度的完善与风险管理，一手抓新品种开发。

11月27日，中国证监会主席助理汪建熙在视察北京地区保证金封闭运行工作时指出，要做好保证金封闭运行，夯实期市发展基础。

11月29日，中国期货业协会完成对网站的第三次改版，并正式启用新版网站。

12月

12月7日，为健全市场监察沟通协调机制，有效遏制违规行为的进一步发生，上海期货交易所召开"市场监察情况通报会"。

12月9日，上海期货交易所领导赴北京就进一步推动燃料油期货上市走访监管机关和有关部门。

12月12日，中国证监会期货部主任杨迈军表示，期货市场经过多年的清理整顿，市场运作基本规范，监管能力明显提高，已经具备了推出债券期货交易的一些基本条件，应在规范的期货交易所开展债券期货交易试点。

12月12日——14日，中国期货业协会在广州举办"2003年期货从业人员第四期后续职业培训——金属分析师研讨培训班"。

12月15日，上海期货交易所理事会交易委员会考察海南农垦电子商务交易中心。

12月16日，美国最大的农产品期货公司 FCSTONE 北京代表处正式挂牌。

12月23日，中国证监会废止第4批证券期货规章，其中废止的期货类规章有16件。

12月30日，中国证监会期货部重申，期货经纪公司股权变更必须照章行事。

中国创业板市场建设大事记

1998

1998年3月，民建中央向九届政协会议提出《关于借鉴国外经验，尽快发展我国风险投资事业的提案》。此提案被列为"一号提案"。

1998年12月，国家计划发展委员会向国务院提出"尽早研究设立创业板块股票市场问题"，国务院要求中国证监会提出研究意见。

1999

1999年1月15日，深交所向中国证监会正式呈送了《深圳证券交易所关于进行成长板市场的方案研究的立项报告》，并附送了实施方案。

1999年3月2日，中国证监会第一次明确提出"可以考虑在沪深证券交易所内设立高科技企业板块"。

1999年8月20日，中共中央、国务院出台《关于加强技术创新，发展高科技，实现产业化的决定》称，要培育有利于高新技术产业发展的资本市场，逐步建立风险投资机制，适当时候在现有的上海、深圳证券交易所专门设立高新技术企业板块。

1999年12月25日，全国人大常委会通过了《关于修改＜中华人民共和国公司法＞的决议》，决议指出：根据高新技术股份有限公司的特点，其上市交易的股票将在现有的证券交易所内单独组织交易系统进行交易。这次会议还对《中华人民共和国公司法》作了修改，在《公司法》第二百二十九条中增加一款作为第二款："属于高新技术的股份有限公司，发起人以工业产品和非专利技术作价出资的金额占公司注册资本的比例，公司发行新股、申请股票上市的条件，由国务院另行规定。"

1999年12月29日，全国人大常委会对《公司法》做了一处修改，即：高新技术企业，可以按照国务院新颁布的标准在国内股票市场上市；同时通过了一个拟建单独的高科技股票交易系统的决议。

2000

2000年2月21日，深圳证券交易所高新技术板工作小组成立，以做好高新技术企业板的各项准备和建设工作。

2000年4月下旬，中国证监会向国务院报送了《关于支持高新技术企业发展设立二板市场有关问题的请示》，就二板市场的设立方案、发行上市条件、上市对象、股票流通以及风险控制措施等问题提出了意见。

2000年5月16日，国务院讨论中国证监会关于设立二板的请示，原则同意中国证监会意见，将二板市场定名为创业板市场。

2000年6月30日，深交所第二交易结算系统正式启用。

2000年9月15日，中联重科（0157）在深交所上网发行后，深交所已停止在主板市场新股发行。

2000年9月18日，深圳证券交易所设立创业板市场发展战略委员会、国际专家委员会两个专门委员会和发行上市部等八个职能部门，标志着创业板市场的组织体系基本建立。

2000年10月18日，深交所通过巨潮网首次正式发布了《创业板市场规则咨询文件》，面向社会各界广泛征求意见和建议。

2000年10月20日，深交所向各会员单位发出《关于创业板系统全网测试的通知》。10月28日，深圳证券交易所组织全部会员单位顺利完成了创业板技术系统全网测试。

2001

2001年11月7日，朱镕基总理在文莱表示，吸取香港与世界其他市场的经验，把主板市场整顿好后，才推出创业板市场。在证券市场未整顿好之前，如果贸然推出创业板市场，担心会重复出现主板市场的错误和弱点。

2001年11月22日，全国人大常委会副委员长成思危在香港出席"新经济与中国21世纪的发展"研讨会时表示，内地创业板短期内不会推出。他说，应先整顿主板市场、建立风险投资基金，再推出创业板。

2002

2002年6月29日，九届全国人大常委会第28次会议通过了《中华人民共和国中小企业促进法》。其中第十六条规定：国家采取措施拓宽中小企业的直接融资渠道，积极引导中小企业创造条件，通过法律、行政法规允许的各种方式直接融资。第十七条规定：国家通过税收政策鼓励各类依法设立的风险投资机构增加对中小企业的投资。

2002年11月28日，深圳证券交易所在给中国证监会《关于当前推进创业板市场建设的思考与建议》的报告中，建议采取分步实施的方式推进创业板建设。

2003

2003年3月5日，全国人大代表、广东省副省长宋海领衔向十届全国人大一次会议大会提交了《关于尽快推出创业板市场的议案》，提出了两点建议：一、国家抓紧出台创业板市场相关法规，尽快推出创业板；二、采取分步实施方式，推进创业板市场建设。在不改变现有证券市场法规、上市标准、发行审核程序和市场规则的前提下，将具有成长性及科技含量的中小企业流通股集中到深交所发行上市，作为深圳现有市场的一个板块单独监控、独立运作。

2003 年 10 月 14 日，党的十六届三中全会通过《中共中央关于完善社会主义市场经济体制若干问题的决定》，明确提出："建立多层次资本市场体系，完善资本市场结构，丰富资本市场产品。规范和发展主板市场，推进风险投资和创业板市场建设。"

2004

2004 年 2 月 1 日《国务院关于推进资本市场改革开放和稳定发展的若干意见》颁布。《意见》提出，分步推进创业板市场建设，完善风险投资机制，拓展中小企业融资渠道。

2004 年 2 月 14 日，深交所进行配售新股测试，市场认为深市新股发行进入实质性技术准备阶段。

2004 年 5 月 17 日中国证监会同意深交所设立中小企业板块。

QFII 大事记

2000 年，时任证监会首席顾问的梁定邦提出，实施 QFII 制度，开启外资投资中国 A 股市场的大门。

2002 年 11 月 7 日，中国证监会和中国人民银行联合发布《合格境外机构投资者境内证券投资管理暂行办法》，自 2002 年 12 月 1 日起正式施行。该办法指出，合格境外机构投资者是指符合办法规定的条件，经中国证监会批准投资于中国证券市场，并取得国家外汇管理局额度批准的中国境外基金管理机构、保险公司、证券公司以及其他资产管理机构。合格投资者应委托境内商业银行作为托管人托管资产，委托境内证券公司办理在境内的证券交易活动。

2002 年 11 月 28 日，国家外汇管理局制定发布了《合格境外机构投资者境内证券投资外汇管理暂行规定》，规定包括托管人管理、投资额度管理、帐户和汇兑管理以及监督管理等内容。《暂行规定》共分七章三十四条，于 2002 年 12 月 1 日起施行。

2002 年 11 月 30 日，证监会发布《合格境外机构投资者境内证券投资申请表》、《合格境外机构投资者托管人申请表》。

2002 年 12 月 1 日，《合格境外机构投资者境内证券投资管理暂行办法》正式实施，对申请人的资产规模、投资额度、投资品种、托管人资格等作出具体规定。根据《暂行办法》相关规定，上海证券交易所和深圳证券交易所发布了各自的《合格境外机构投资者证券交易实施细则》，并于发布之日起实施。《实施细则》对合格投资者的投资运作管理进行了细化规定，明确了违反《实施细则》的处理方式。

2003 年 1 月中旬，人民银行批准工、中、农、交、建、招行及渣打、汇丰、花旗 3 家外资银行的上海分行从事 QFII 境内证券投资托管业务。

2003 年 2 月 27 日，中国工商银行、中国银行、中国农业银行、中国交通银行、中国建设银行 QFII 托管人资格获得中国证监会批准。

2003 年 3 月 14 日，汇丰银行上海分行、花旗银行上海分行、渣打银行上海分行三家外资银行 QFII 托管人资格获得中国证监会批准。

2003 年 3 月 19 日，证监会以发言人谈话形式进一步明确 QFII 制度实施细则，放宽了申请人范围和投资品种范围。投资人范围从境外基金管理公司、保险公司、证券公司扩展到境外信托机构和政府投资机构 I；投资品种从证券交易所挂牌交易的 A 股股票、国债、可转换债券、企业债券等扩展到基金且无比例限制，还可参与股票增发、配股、新股发行和可转换债发行的申购。

2003 年 3 月 21 日，瑞银华宝证实，该公司已经通过其托管银行向中国证监会正式递交了 QFII 资格申请，成为首家 QFII 申请者。

2003 年 3 月 25 日，日资券商野村控股称，公司已经向中国证监会正式递交 QFII 资格申请。

2003 年 5 月 26 日，瑞士银行有限公司、野村证券株式会社合格境外机构投资者(QFII)资格获中国证监会批准。

2003 年 5 月 30 日，香港上海汇丰银行正式委任中国 4 大国有商业银行之一的中国建设银行担任其中国 QFII 投资的托管银行，中资银行由此开始涉足全球托管业务，并第一次与外资银行共享 QFII 盛宴。

2003 年 6 月 24 日，国家外汇管理局批准瑞士银行有限公司在其托管人花旗银行上海分行处开立一个 QFII 人民币特殊帐户，这也是 QFII 中的第一个人民币特殊帐户。

2003 年 7 月 9 日，瑞士银行有限公司通过申银万国证券公司，买进宝钢股份、上港集箱、外运发展、中兴通讯等四支股票，完成了 QFII 第一单。

2003 年 7 月 23 日，国电转债申购结果显示，花旗环球金融有限公司动用 1.2 亿元申购，获配 1044 手。瑞士银行有限公司动用 5.556 亿元申购，获得 4835 手的份额。这是 QFII 首次现身债市，同时证明 QFII 第一单可能投向可转债的传闻并非空穴来风。

2003 年 8 月 15 日，中国工商银行网站称，日本大和证券 SMBC 公司已正式发函确认该行作为后者的 QFII 托管行，该行因此获得继 7 月 24 日瑞士信贷第一波士顿之后的第二家托管和清算业务，成为中资银行中唯一获得两家 QFII 托管业务的银行。

2003 年 9 月 9 日，中国建设银行与香港上海汇丰银行 9 月 9 日签署了 QFII 托管协议，正式确定了双方在 QFII 业务领域的合作关系，这也是我国推行 QFII 投资制度以来，中资银行与境外 QFII 机构签署的第一份托管协议。

2003 年 10 月 23 日，德意志银行宣布获得 QFII 托管银行资格，从而使在中国境内进行 QFII 业务的托管银行达到 12 家。

2003 年 12 月 12 日，渣打银行香港分行、日兴资产管理有限公司的 QFII 资格获证监会批准，这使得可进入我国证券市场投资的 QFII 增至 12 家，投资总额达到 17 亿美元。

2003 年中国货币政策大事记

1 月 29 日，中国人民银行货币政策委员会召开了 2003 年第一季度例会。会议提出，根据国内外经济金融形势，当前应继续保持人民币利率和汇率政策的稳定。同时，在总结经验的基础上，稳步推进利率市场化改革，优化金融资源配置。要进一步提高金融服务水平，积极引导商业银行完善经营机制，加大对农村、小企业和服务业的支持力度。会议强调，在经济景气趋好的形势下，要继续处理好防范金融风险和支持经济增长的关系，进一步加强信贷管理，提高贷款质量，把降低不良贷款率的工作扎扎实实地持续抓好。要密切关注一些地区房地产投资与贷款增长过快的问题，严格执行房地产信贷业务的有关规定，防范房地产信贷的潜在风险。

2月9日，与财政部、国家经贸委联合上报国务院《财政部国家经贸委中国人民银行关于全国中小企业信用担保调查情况的报告》(财金[2003]18号)，报告中小企业信用担保调研情况。

2月9日，向全国人大财经委员会报告2002年货币政策执行情况和2003年货币信贷工作安排。

2月21日，发表2002年年度《中国货币政策执行报告》。

2月25日，公开市场业务交易日由每周二一个交易日调整为每周二、周四两个交易日。

2月25日，建立公开市场业务一级交易商流动性日报制度，加强对公开市场业务一级交易商流动性的监测分析，提高公开市场业务操作的准确性。

3月5日，新增哈尔滨市商业银行、合肥市商业银行、贵阳市商业银行为中国人民银行公开市场业务一级交易商，公开市场业务一级交易商增至43家。

3月14日，与对外贸易经济合作部、财政部联合下发《关于支持我国企业带资承包国外工程的若干意见》(外经贸合发[2003]65号)，加强银贸合作，支持企业实施“走出去”战略。

3月25日，简化银行间债券市场债券上市审批程序，对于在全国银行间债券市场发行的国债、政策性金融债，中国人民银行不再逐期审批其上市。

4月10日，建立人民币实际有效汇率监测分析体系，监测与分析人民币汇率贸易加权指数和双边实际汇率。

4月10日，上报国务院《中国人民银行2002年助学贷款工作报告》(银发[2003]87号)，总结2002年助学贷款工作，并提出2003年助学贷款工作安排。

4月17日，向全国人大财经委员会报告2003年第一季度货币政策执行情况。

4月22日，开始在全国银行间债券市场连续滚动发行中央银行票据。

5月15日，发表2003年第一季度《中国货币政策执行报告》。

6月5日，印发了《中国人民银行关于进一步加强房地产信贷业务管理的通知》(银发[2003]121号)，要求商业银行进一步落实房地产信贷政策，防范房地产信贷风险，促进房地产金融健康发展。

6月11日，与财政部、劳动保障部联合下发《财政部中国人民银行劳动和社会保障部关于印发〈下岗失业人员从事微利项目小额担保贷款财政贴息资金管理办法〉的通知》(财金[2003]70号)，完善下岗失业小额担保贷款政策。

6月19日，中国人民银行货币政策委员会召开了2003年第二季度例会。会议深入分析了当前国际国内经济金融形势，讨论了下一阶段货币政策应采取的措施，认为应坚持扩大内需的方针，继续执行稳健的货币政策，保持货币政策的连续性和稳定性，灵活运用多种货币政策工具，加大公开市场业务操作力度，保持货币供应量的稳定增长，维护经济金融发展的良好势头。会议强调，要注意防范货币信贷较快增长时在房地产和低水平重复建设中潜在的金融风险，加强贷款风险预警和监测，进一步优化贷款结构，切实防范出现新的贷款风险，加快国有商业银行改革。会议认为，根据当前国内外经济形势，应继续保持人民币存贷款利率及人民币汇率的稳定，稳步推进利率市场化改革。

6月27日，印发《关于建立下岗失业人员小额担保贷款临时统计制度的通知》(银办发[2003]119号)，建立下岗失业人员小额担保贷款统计制度。

7月2日，下调美元等外币小额存款利率，其中1年期存款利率由0.8125%下调到0.5625%；放开了境内英镑、瑞士法郎、加拿大元的小额存款利率管理，由各商业银行自行确定并公布。

7月15日，向全国人大财经委员会报告2003年上半年货币政策执行情况和下半年工作安排。

7月16日，与财政部、国家发展和改革委员会、劳动和社会保障部联合下发《关于〈下岗失业人员小额担保贷款管理办法〉有关问题的通知》(银发[2003]134号)，进一步完善下岗失业人员小额担保贷款政策。

7月18日，人民银行召开窗口指导会议，要求金融机构注意防止资本充足率下降，防范各类信贷及流动性风险，改进和健全内部考核制度，适度控制贷款总量。

7月24日，中国人民银行转发了《国务院关于印发深化农村信用社改革试点方案的通知》(国发(2003)15号)，要求各分行认真学习文件精神，全面准确掌握国务院关于农村信用社改革指导思想、总体要求、主要内容和组织安排，成立农村信用社改革试点资金支持工作小组。

7月30日，改革人民币出口卖方信贷利率形成机制，即出口卖方信贷利率在国债收益率平均水平基础上加点确定。

8月1日，改革邮政储蓄资金运用方式，下调新增邮政储蓄转存款利率，8月1日以后新增的邮储转存款利率按照准备金利率执行。

8月5日，完成新的公开市场业务买入现券交易系统的开发。

8月6日，发表2003年第二季度《中国货币政策执行报告》。

8月11日，人民银行再次召开窗口指导会议，要求金融机构防范各类信贷及流动性风险。

8月12日，在试点的基础上，统一同业拆借市场中证券公司信息披露规范，指导同业拆借中心修订信息披露操作规则。

8月14日，扩大开办记账式国债柜台交易业务范围，增加了交易的券种，并将开办柜台交易的地区扩大为北京、上海、江苏、浙江、福建、广东等六省市。

8月23日，经国务院批准，中国人民银行宣布从2003年9月21日起，将金融机构存款准备金率由原来的6%调高至7%，城市信用社和农村信用社暂时执行6%的存款准备金率不变。

8月23日，为通报提高存款准备金率的决定，进一步研究当前宏观经济和金融形势以及下一阶段货币政策，中国人民银行货币政策委员会召开了“宏观经济与货币政策专家座谈会”，向专家通报了提高存款准备金的决定以及回答了相关问题，各位专家对提高存款准备金率和当前宏观经济和金融形势发表了意见和看法。

9月3日，中国人民银行印发《农村信用社改革试点专项中央银行票据操作办法》和《农村信用社改革试点专项借款管理办法》的通知(银发(2003)181号)，明确人民银行资金支持具体操作办法。

9月12日，人民银行第三次召开窗口指导会议，要求金融机构防范各类信贷及流动性风险。

9月17日，印发《中国人民银行办公厅关于征求〈贷款通则〉(征求意见稿)的函》(银办函[2003]478号)，征求有关部委和金融机构的意见。

9月19日，组织国家开发银行发行了国内第一只美元债券，总额5亿美元，并相应地解决了美元债券的登记托管等技术问题。

9月25日，为配合存款准备金政策的顺利实施，按有关条件进行赎回少量央行票据操作。

10月8日，建立人民币汇率压力监测指标，定期分析人民币汇率压力情况。

10月15日，向全国人大财经委员会报告2003年1－3季度货币政策执行情况。

10月18日，中国人民银行货币政策委员会召开了2003年第三季度例会。会议分析了当前国际国内经济金融形势，一致认为，要维护经济金融发展的良好势头。虽然目前经济运行中出现的新现象还有待进一步观察，但货币信贷增长明显偏快。货币信贷的过快增长会助长经济的低水平扩张，加剧结构性矛盾，影响经济的持续健康发展。会议提出，商业银行要努力防范出现新的贷款风险，进一步优化贷款结构，加强流动性管理，稳步推进各项改革，完善内控机制，建立现代金融企业制度。要大力推动资本市场的发展，丰富市场产品，进一步健全货币政策传导机制。会议研究了下一步货币政策取向和措施，认为应继续执行稳健的货币政策，灵活运用多种货币政策工具，保持前一阶段货币政策的调控力度，促进货币信贷总量稳定增长。根据当前国内外经济形势，应继续保持人民币存贷款利率的基本稳定，稳步推进利率市场化改革；保持人民币汇率的基本稳定，完善汇率形成机制，促进国际收支平衡。

10月28日，发表2003年第三季度《中国货币政策执行报告》。

11月7日，允许国家邮政局邮政储汇局与中资商业银行、农村信用社办理期限为3年期以上(不含3年)，最低起存金额为3000万元的协议存款业务。邮政储蓄协议存款的利率水平、存款期限、结息和付息方式、违约处罚标准等由双方协商确定。

11月20日起，放开金融机构外币小额存款利率下限。金融机构法人可以人民银行公布的外币小额存款利率为上限，自主确定外币小额存款利率。

12月10日，经国务院批准，中国人民银行决定自2004年1月1日起再次扩大金融机构贷款利率浮动区间。其中，商业银行、城市信用社贷款利率浮动区间扩大到[0.9，1.7]，农村信用社贷款利率浮动区间扩大到[0.9，2]。

12月19日，中国人民银行货币政策委员会召开了2003年第四季度例会。会议深入分析了国际国内经济金融形势和物价变动情况，认为要全面贯彻中央经济工作会议精神，保持宏观经济政策的连续性和稳定性，增强调控的科学性、预见性和有效性。会议研究了下一步货币政策取向和措施，认为应继续执行稳健的货币政策，保持人民币存贷款利率的基本稳定，稳步推进利率市场化改革；进一步完善人民币汇率形成机制，保持人民币汇率在合理、均衡水平上的基本稳定，促进国际收支平衡。会议提出，要着力调整信贷结构，控制信贷资金流向盲目投资、低水平重复建设的行业，鼓励和引导商业银行加大对农业、中小企业、扩大消费、增加就业方面的贷款支持。要积极推进货币市场、资本市场和保险市场的协调发展。

12月21日，下调超额存款准备金利率，金融机构在人民银行的超额存款准备金利率由现行年利率1.89%下调到1.62%，法定存款准备金利率维持1.89%不变。

12月27日，十届全国人大常委会第六次会议通过了《全国人民代表大会常务委员会关于修改＜中华人民共和国中国人民银行法＞的决定》，在原《中国人民银行法》第十二条增加了一款“中国人民银行货币政策委员会应当在国家宏观调控、货币政策制定和调整中，发挥重要作用。”第一次在法律层面明确货币政策委员会在国家宏观调控、货币政策制定和调整中发挥作用，将《中国人民银行货币政策委员会条例》对中国人民银行货币政策委员会职能的规定上升至法律层次；将货币政策委员会发挥作用的领域延伸至国家宏观经济调控。同时，明确了中国人民银行对银行间同业拆借市场和银行间债券市场的监管职责。

12月29－30日，中国人民银行召开有关分支行农村信用社改革试点资金支持工作及培训会议，全面部署实施农村信用社改革试点资金支持方案，拉开人民银行支持农村信用社改革的序幕。

2003年度银行、保险大事记

2月14日，经国务院和中国保监会批准，中国平安保险股份有限公司正式完成了分业重组，更名为中国平安保险(集团)股份有限公司，集团控股设立的中国平安人寿保险股份有限公司、中国平安财产保险股份有限公司也同时挂牌。同一天，中国平安财产保险公司独家承保了目前国内投资额最大的中外合资项目——中海壳牌石化项目的一揽子保险，总保险金额超过31亿美元，保费1900万美元，创下了国内最大的安装工程险保单纪录。

5月14日，深圳人寿保险公司理赔人员将一笔39.9万元的保险赔偿金送到了家住深圳蛇口的一位因非典死亡投保人的家属手里。据悉，这是深圳市保险公司首例因非典死亡的理赔案件，也是迄今为止全国最大宗因非典引起的保险赔偿案。

6月1日，招商银行信用卡在我国率先推出“境外消费人民币还款”新业务。通过该服务，持卡人在国外使用招行信用卡无论是刷卡消费，还是提取外币现金，只要能出具由招行提供的外币卡项下交易账单，就可以通过免费服务热线，授权招行信用卡中心使用人民币购汇还款。

7月1日起，《中国人民银行假币收缴鉴定管理办法》正式实施。此举使一直以来缺乏清晰操作程序的反假币活动获得了科学的界定。今后，各银行临柜人员收缴假币也要持证上岗，而广大市民则可以理直气壮地对所有消费场所试图没收“假币”的行为说“不”。

8月28日，我国首家专业汽车保险公估公司一民太安汽车保险公估公司正式落户深圳，并与深圳太平洋产险公司签订了车险合作协议，此举标志着我国汽车保险引入与国际惯例接轨的全新理赔服务模式。

9月8日，深圳首家获准成立的中外合资寿险公司一招商信诺人寿保险有限公司开业。招商信诺人寿保险公司是由美国信诺北美人寿保险公司与深圳市鼎尊投资咨询有限公司共同组建的合资公司，双方各占50%股份，招商信诺寿险公司注册资本达2亿元人民币。

9月16日，“深圳市人民政府金融发展服务办公室”正式挂牌。新成立的市金融办为市政府直属行政事务机构，按正局级建制，内设综合处和金融处。其主要职能就是服务和协调，围绕巩固和强化区域金融中心这一战略目标，制定规划和政策措施，为我市重点金融机构提供便利直通车服务，促进发展，协助监管，防范和化解风险。

11月1日，为了提高我市对保险业的监管效率，促进保险市场的健康发展，八个检验深圳保险监管工作成败的标准正式出台，深圳市保险监管部门并征求保险公司的意见与建议，共同谋求加快深圳保险业发展。

11月17日，深港两地银行将正式开通"美元支付结算实时到账业务"。依托此业务，深港两地的企业在办理美元资金划转时，资金可以瞬间到账。目前，深圳所有17家国内商业银行都是该系统直接参与者，深圳的外资银行也有4家直接参与。

11月18日，由深圳市金融电子结算中心联合各家银行开发的"柜面通"业务上线运行。借助该网络，市民持一家入网银行的储蓄存折在其它入网银行可以办理存、取款和转账业务，从而实现了跨行的"通存通兑"。首批入网的银行为深圳发展银行和民生银行深圳分行。

2003—2004保荐制度大事记

2003年1月，在中国证监会召开的全国证券期货监管工作会议上，逐步建立上市保荐制度被列为工作重点之一。

2003年7月1日，证监会向国内10余家大型券商发放了《公开发行和上市证券保荐管理暂行办法》征求意见稿。

2003年7月4日、7月16日，证监会先后召集券商主管投资银行业务的负责人，就实施保荐制广泛征求意见，商讨具体细节。

2003年12月28日，中国证监会发布第18号主席令，正式公布《证券发行上市保荐制度暂行办法》。

2004年1月4日，中国证监会就实施《证券发行上市保荐制度暂行办法》有关事项发出通知。通知明确规定首批保荐代表人参加胜任能力考试的资格标准，3类人员将有资格参加考试。

2004年2月1日《证券发行上市保荐制度暂行办法》正式实施，2月6日，中国证监会召开了"实施保荐制度证券公司沟通会"，会议就实施保荐制度向业内进行动员和沟通，中国证监会有关部门、证券业协会有关负责人参加了会议。会议期间，有关负责人还就与会代表关心的问题进行了现场解答，并就有关具体政策进行了说明。

2004年2月9日，中国证券业协会通知称，首次保荐代表人胜任能力考试将于2004年3月13日举行。

2004年3月2日，中国证券业协会补充通知，首次保荐代表人胜任能力考试时间延后至2004年3月20日举行。

2004年3月20日，首次保荐代表人胜任能力考试在京、沪、深三地同时举行，共有1549名投行人员参加考试。

2004年3月25日，首次保荐代表人胜任能力考试成绩揭晓，来自全国81家机构的614人成绩合格。共有26家报名参加考试的机构成绩合格人数少于2人，面临无法注册保荐机构的局面。

2004年5月10日，中国证监会公布了首批保荐机构和保荐代表人名单，共有67家机构和609人被分别注册登记为保荐机构和保荐代表人。

2004年5月17日，江西洪城水业股份有限公司向社会公开发行5000万股A股，汉唐证券担任保荐机构，这是券商作为保荐机构首次亮相新股发行市场。

2003年投资者维权大事记

1月9日最高人民法院颁布《关于审理证券市场因虚假陈述引发的民事赔偿案件的若干规定》，并于2月1日正式施行。

1月19日—1月20日上证报投资者维权志愿团走进山东为当地投资者提供维权咨询服务，作为嘉宾参与录制的《聚焦证券民事赔偿》特别节目在山东卫视播出。

1月21日、22日因不符合起诉条件，齐军亮等5人诉ST同达案和姚贵元等6人诉三九医药案相继向上海市一中院和深圳中院申请撤诉。

1月27日由国浩律师集团(上海)事务所宣伟华律师代理的107位投资者诉大庆联谊虚假陈述案，率先被哈尔滨中院以共同诉讼的方式立案受理。此案成为《1·9规定》正式生效后的第一例共同诉讼案件。也是我国司法史上首例由诉讼代表人代为行使全体原告诉讼权利的"代表人诉讼案件"。2月17日，由该所代理的第二例274人的共同诉讼案件也被哈尔滨中院正式受理。

1月27日历时1年之久的嘉宝集团虚假陈述民事赔偿案在上海市二中院全部审结，16名原告股民以和解方式获得6万多元赔偿，《1·9规定》被该案提前借鉴。

2月8日宋一欣律师代理的ST东方案在青岛中院立案，这是在最高人民法院《1·9规定》生效后第一时间内被法院受理的证券民事赔偿案，该案也是第一个以刑事判决书生效作为前置条件进行起诉的。

2月9日投资者诉ST锦港B股案为沈阳市中院受理，该案是率先以财政部行政处罚决定为前置条件起诉的案件，也是第一个涉及B股公司及B股投资者、第一次以境外机构为被告的证券民事赔偿案件。7月，该案进行了第一次证据交换。

3月3日全国人大代表于建敏建议将每年12月29日设立为投资者权益保护日。

3月15日由上海证交所、上海证券报主办的3·15证券投资者维权大型义务咨询活动在全国十城市同时进行。

3月16日由福建建达、福建元一、福建大佳3家律师事务所的12名律师联合组成的福建证券维权律师团成立，率先在福建乃至全国采取律师团的形式开展证券维权案件的律师业务协作。

4月1日北京二中院对中科创业股价操纵案丁福根等人处以刑事判决。

4月8日三九医药一邵姓小股东代表上市公司向深圳市福田区法院提起诉讼，要求该公司董事长就关联企业占用资金及证监会罚款事宜承担赔偿责任。

4月16日在沈阳中院，两位原告股民与沈阳新开(原黎明股份)达成和解，按起诉标的2.7万元的70%获得赔偿。

4月17日因不符合条件，杨建飞等诉天颐科技(原活力28)案向武汉中院申请撤诉。

4月20日兰州市中院公开审理了徐继兰、徐继峰集资诈骗案，并当庭判决。至此，备受关注的兰州证券黑市案已有4宗一审判决，涉案的13名人员均受到法律惩罚。

7月2日由上海证券交易所、济南证管办和上海证券报共同主办的推进上市公司投资者关系管理大型巡讲首站活动在山东潍坊展开，首个全国性的投资者关系管理巡讲活动从此拉开帷幕。

8月9日业界首个“中国证券民事赔偿交流协作团”在石家庄成立，全国近10个省市的15家律师事务所的几十名律师代表在此平台上共同商讨虚假陈述案件诉讼代理课题，标志着证券民事赔偿案件的探讨与实践由个人努力走向了共同合作。

8月18日《上海证券报》刊登了一封读者来信，提出了“股市为什么缺乏吸引力”的问题，在市场中引发了热烈的大讨论，短短一个月时间收到来信和邮件500多封。9月20日，上海证券报专门邀请京沪两地专家学者共商证券市场发展良策。

8月25日由国浩律师集团（北京）事务所郭锋、赵清律师代理的大庆联谊证券民事赔偿案，在哈尔滨中院正式开庭审理，法院合并审理了多个由20人组成的共同诉讼案件，表明我国证券民事赔偿案的共同诉讼实践又向前迈出了一大步。至9月中旬，大庆联谊民事赔偿案所有案件在哈尔滨中院审理完毕。其中8月26日，大庆联谊案出现了第一例调解结案，原告获赔6千元。

9月16日ST银广夏虚假陈述案李有强等人被银川中院刑事判决。

9月23日、11月25日曹小妹、陈鸿君等8位投资者诉ST东方民事赔偿案相继进行了第一次庭前交换证据。

9月25日广州中院对李鸿清等人*ST亿安股价操纵案作出刑事判决。

10月28日《证券投资基金法》在十届全国人大常委会第五次会议以高票额获得通过，强调了以保护投资者的利益为主的立法宗旨。

10月郑州中院受理了近10起投资者诉三联商社（原郑百文）案件。

11月1日“银广夏虚假陈述案诉讼代理研讨会”在北京召开，与会律师呼吁尽快启动该案的诉讼程序，并联名致信最高人民法院和最高人民检察院，希望最高人民法院督促银川市中院依法受理此案，希望最高人民检察院能对此启动民事监督程序。

11月11日北京市第一中级人民法院公开开庭审理原中经开总经理姜继增操纵ST东方股价案。

11月3日、12月24日基金持有人王源新两次向某封闭式基金要求召开基金持有人大会，以根据基金契约实施封闭转开放。

2003年中国人民银行大事记

1月

3日中国人民银行发布2003年1号令，颁布《金融机构反洗钱规定》。

中国人民银行发布2003年2号令，颁布《人民币大额和可疑支付交易报告管理办法》。

中国人民银行发布2003年3号令，颁布《金融机构大额和可疑外汇资金交易报告管理办法》。

23日中国人民银行2003年工作会议在北京召开。中国人民银行行长周小川作工作报告，总结了2002年中国人民银行工作，部署了2003年的总体任务。

29日中国人民银行货币政策委员会2003年第一季度例会在北京召开。会议由中国人民银行行长、货币政策委员会主席周小川主持。会议分析了2002年我国货币政策执行情况，重点讨论了2003年我国宏观经济金融形势和货币政策取向。

30日为了规范商业银行中间业务统计信息的收集和报送工作，中国人民银行发布《商业银行中间业务统计制度》。

2月

9日中国人民银行行长周小川出席在悉尼召开的国际清算银行亚太地区中央银行特别行长会议。周小川行长表示，作为促进亚洲债券市场发展的第一步，亚洲债券基金将对推动亚洲金融合作发挥积极作用，中国支持设立亚洲债券基金。

13日根据《中国人民银行内审工作制度》（银发〔1999〕196号）和《中国人民银行计算机信息系统内审监督检查工作暂行规定》（银办发〔2001〕333号）等有关规章制度，发出关于加强计算机信息系统内部审计工作的指导意见。

3月

16日中国人民银行行长周小川在北京会见了俄罗斯联邦中央银行行长伊格纳季耶夫。

24日中国人民银行行长周小川在北京会见了前来中国出席“中国发展高层论坛”2003年年会的亚洲开发银行行长千野忠男一行。

28日国务院决定，免去阎海旺、史纪良、肖钢的中国人民银行副行长职务。

4月

1日中国人民银行行长周小川在北京会见了英格兰银行候任行长莫文·金。

9日中国人民银行发布2003年4号令，颁布《中国人民银行假币收缴、鉴定管理办法》。

10日中国人民银行发布2003年5号令，颁布《人民币银行结算帐户管理办法》。

25日根据第十届全国人民代表大会第一次会议批准的国务院机构改革方案和《国务院关于机构设置的通知》（国发〔2003〕8号），设立中国银行业监督管理委员会，将中国人民银行对银行业金融机构的监管职责划入中国银行业监督管理委员会，中国人民银行不再承担金融监管职能。

为保证中央银行会计集中核算系统安全运行，防范资金风险，中国人民银行发布《中央银行会计集中核算系统管理办法（试行）》。

5月

1日国务院决定，任命李若谷为中国人民银行副行长。

19日中国人民银行制定《关于应对非典型肺炎影响，全力做好当前货币信贷工作的意见》。

6月

5日中国人民银行行长周小川出席在俄罗斯圣彼得堡举行的第12届国际银行业大会，介绍中国经济发展的最新形势，中国金融业的改革进程，货币政策的演变及对经济增长的支持作用。

为了进一步落实房地产信贷政策，防范金融风险，促进房地产金融健康发展，中国人民银行发布《关于进一步加强房地产信贷业务管理的通知》。

7日中国人民银行行长周小川率团出席在泰国曼谷举行的第八届东亚及太平洋中央银行行长会议，并介绍中国经济和金融的发展形势、非典型肺炎疫情对中国经济的影响以及近期中国金融改革的重要领域。

8日为加强中国人民银行电子邮件系统管理，明确各单位职责，确保系统安全、稳定的运行，中国人民银行发布《中国人民银行电子邮件系统管理暂行办法》。

19 日中国人民银行货币政策委员会 2003 年第二季度例会在北京召开。会议由中国人民银行行长、货币政策委员会主席周小川主持。会议强调，要注意防范货币信贷较快增长时在房地产和低水平重复建设中潜在的金融风险，加强贷款风险预警和监测，进一步优化贷款结构，切实防范出现新的贷款风险，加快国有商业银行改革。继续保持人民币存贷款利率及人民币汇率的稳定，稳步推进利率市场化改革。

27 日中国人民银行行长周小川出席在瑞士巴塞尔召开的国际清算银行第 73 届年会，并在会上就中国经济形势和汇率政策作了发言，表示中国将适应国内国际变化的新形势，不断完善汇率形成机制，继续保持人民币汇率稳定。

30 日中国人民银行副行长李若谷在俄罗斯圣彼得堡与俄罗斯联邦中央银行梅尔尼科夫副行长共同主持了中俄银行合作分委会第四次会议。经国务院批准，中国人民银行发布关于调整美元等外币小额存款利率的通知。从 2003 年 7 月 2 日起调整美元、欧元、港币、英镑和瑞士法郎等外币小额存款利率。

7 月

14 日中国人民银行分支行行长座谈会在北京召开。会议的主要任务是：贯彻落实胡锦涛总书记在“三个代表”重要思想理论研讨会上的讲话精神，组织动员在系统内学习贯彻“三个代表”重要思想；总结中国人民银行上半年工作，安排部署下半年任务。

21 日中国人民银行行长周小川在北京会见了国际清算银行总经理奈特，并向客人介绍了上半年中国宏观经济、金融运行情况，银行监管职能从中国人民银行分离出来的有关情况，货币政策委员会的职能，当前中国货币市场的发展及货币政策的执行情况等。

24 日中国人民银行转发《国务院关于印发深化农村信用社改革试点方案的通知》。

中国人民银行行长周小川在北京会见了来访的缅甸中央银行行长吴觉貌、日本银行政策委员会审议委员植田和男和日本银行理事平野英治。

8 月

8 日中国人民银行副行长李若谷出席在菲律宾举行的中日韩财政央行非正式副手会及 10＋3 财政央行副手会。

9 日中国人民银行行长周小川在北京会见了越南国家银行行长黎德水。

31 日国务院总理温家宝在北京会见了国际货币基金组织总裁科勒，中国人民银行行长周小川参加了会见。

9 月

1 日经国务院批准，中国人民银行发布《关于邮政储蓄转存款利率有关问题的通知》。

3 日国务院总理温家宝在北京会见了美国财政部部长斯诺，中国人民银行行长周小川陪同会见。

中国人民银行发布《农村信用社改革试点专项中央银行票据操作办法》和《农村信用社改革试点专项借款管理办法》。

4 日中国人民银行副行长吴晓灵出席在瑞士巴塞尔举行的国际清算银行行长例会，并顺访拉脱维亚和欧洲中央银行。

6 日中国人民银行副行长李若谷出席在伦敦召开的国际货币与金融委员会副手级秋季会议。

16 日中国人民银行货币政策委员会在北京召开了 2003 年第三季度例会。会议由中国人民银行行长、货币政策委员会主席周小川主持。

18 日中国人民银行行长周小川出席香港金融管理局举办的第六届“卓越人士讲座”，做“渐进式改革与中国汇率机制演变”的专题演讲。

19 日中国人民银行行长周小川出席在迪拜举行的基金——世行年会并顺访巴林和卡塔尔中央银行。

23 日中央机构编制委员会发布《关于中国人民银行主要职责内设机构和人员编制调整意见的通知》（以下简称《通知》）。该《通知》根据第十届全国人民代表大会第一次会议批准的国务院机构改革方案和《国务院关于机构设置的意见》（国发〔2003〕8 号），将中国人民银行主要职责内设机构和人员编制进行了调整。

10 月

8 日中国人民银行发布 2003 年 6 号令，颁布《外币代兑机构管理暂行办法》。

13 日中国人民银行副行长李若谷在北京会见了乌克兰中央银行副行长施拉普克。双方共同签署了《中乌关于在反洗钱和打击恐怖主义融资领域开展合作的协定》。

14 日中国人民银行行长周小川在北京会见了来访的非洲开发银行行长卡巴伊。

16 日中国人民银行副行长刘廷焕在北京会见了越南国家银行副行长冯刻计，双方共同签署了修订后的《中越结算与合作协定》。

中国人民银行与非洲开发银行在北京联合举办了“中非经济改革与发展战略高级研讨会”。中国人民银行行长周小川主持了研讨会，副行长吴晓灵、郭树清、李若谷等参加会议。

18 日中国人民银行发布《大额支付系统业务处理办法》、《大额支付系统业务处理手续》及《大额支付系统运行管理办法》。

20 日中国人民银行分支行行长座谈会在北京召开。会议的主要任务是：学习贯彻党的十六届三中全会精神，分析当前的经济金融形势，研究落实中国人民银行“三定”工作和加强干部人才队伍建设的措施，部署四季度的主要工作。

24 日中国人民银行行长周小川在北京会见了日本银行行长福井俊彦，并向客人介绍了当前中国宏观经济、金融运行情况。

25 日中国人民银行行长周小川出席在墨西哥举行的 20 国集团部长级会议，并顺访古巴中央银行。

11 月

5 日为进一步加强中国人民银行会计业务“四集中”管理，规范操作，中国人民银行发布《中国人民银行会计业务“四集中”管理办法》。

9 日中国人民银行行长周小川出席在泰国举行的国际清算银行行长例会。

11 日中国人民银行行长周小川出席哈萨克斯坦中央银行举办的庆祝哈萨克斯坦货币坚戈出台 10 周年研讨会，并就中国的养老金体制和金融改革做了发言。

12 日中国人民银行行长周小川在北京会见了加拿大中央银行副行长詹肯斯。

17 日中国人民银行行长周小川在北京会见了西班牙中央银行行长卡罗纳。

19 日中国人民银行行长周小川陪同国务院副总理黄菊在北京会见了香港财政司司长和香港银行公会代表团，并出席了中国人民银行与香港金管局合作备忘录的签字仪式。

26 日中国金融学会和俄罗斯银行协会联合主办的第二届中俄金融合作论坛在北京举行。中国人民银行副行长李若谷出席并发表了题为《全球化环境下的中俄经济合作》的主题报告，提出在全球化环境下加强中俄经济合作，实现两国经济的互补发展构想。

30日国务院决定，任命苏宁为中国人民银行副行长。

12月

3日中国人民银行副行长李若谷主持国际货币基金组织第四条款中期磋商开幕式，并就中国宏观经济形势和政策做了发言。

4日中国人民银行行长周小川和副行长李若谷出席了韩国银行驻北京代表处的开业仪式。

16日中国人民银行行长周小川在北京会见了吉尔吉斯共和国国家银行行长萨尔巴诺夫，双方就共同关心的问题进行了友好的交谈。

19日中国人民银行货币政策委员会2003年第四季度例会在北京召开。会议由中国人民银行行长、货币政策委员会主席周小川主持。会议的主题是：全面贯彻中央经济工作会议精神，总结和评价2003年我国货币政策执行情况，分析当前宏观经济、金融形势，重点研究2004年货币政策取向和措施。

23日中国人民银行行长周小川和副行长李若谷出席了日本银行驻北京代表处的开业仪式。

24日中国人民银行发布2003年7号令，颁布《中国人民银行残缺污损人民币兑换办法》。

中国人民银行发布公告，根据《中国人民银行关于为香港银行办理个人人民币业务提供清算安排的公告》(〔2003〕第16号)确定的选择香港银行个人人民币业务清算行的原则和标准，经过对申办清算行业务的香港银行进行全面评审，并商香港金融管理局，中国人民银行决定授权中国银行(香港)有限公司作为香港银行个人人民币业务清算行。

27日第十届全国人民代表大会常务委员会第六次会议通过了《全国人民代表大会常务委员会关于修改〈中华人民共和国中国人民银行法〉的决定》，并于当日颁布修改后的《中华人民共和国中国人民银行法》。

30日中国人民银行行长周小川与印度尼西亚银行行长阿卜杜拉在北京钓鱼台签署了中国人民银行与印度尼西亚银行双边货币互换协议。根据此项协议，中国人民银行可在必要时向印度尼西亚银行提供最多达10亿美元的信贷资金，作为其接受国际金融机构援助资金的补充，以支持印度尼西亚解决国际收支困难和维护金融稳定。

2003年上海证券市场大事纪要

1月

2日　上证国债指数正式发布，填补了我国证券市场债券指数的空白。

10日　上海证券交易所大宗交易业务正式开展。

12日　国内首家中外合资基金管理公司—招商基金管理有限公司开业。

21日　中国证监会、上海证券交易所和全球公司治理论坛主办“全球公司治理改革：挑战和机遇”研讨会。

2月

18日　湘财合丰基金公司三只行业类别基金获准一次性同时发行，伞型基金开始登陆中国基金市场。

3月

3日　沪深证交所基金交易单位的最小报价单位由“分”改为“厘”。

15日　上海证券交易所在全国10大城市同时举行“3.15维权大型义务咨询活动”。

20日　上海证券交易所与韩国证券交易所签署合作谅解备忘录。

4月

1日　北京市第二中级人民法院对有“中国股市第一案”之称的“中科创业”操纵证券交易价格案进行了一审公开宣判。

4日　沪深证券交易所发布《关于对存在股票终止上市风险的公司加强风险警示等有关问题的通知》，存在终止上市风险的特别处理公司股票前冠以“*ST”标记。

5日　财政部暂停审批管理层收购。因违法违规行为严重，大连证券公司成为首家被中国证监会取消证券业务许可并责令关闭的证券经营机构。

9日　南钢股份新老大股东发布持股变动报告书和要约收购报告书，中国证券市场首例要约收购产生。

14日　上证所信息网络有限公司正式宣告成立。

25日　首家中外合资证券公司—华欧国际证券有限责任公司宣布正式成立，该公司由湘财证券与法国里昂证券合资组成。

5月

19日　上海证券交易所向市场推出2天期国债回购新品种，从而基本完成了7天期以内短期回购品种的期限结构布局。

22日　中国证监会发出《关于要约收购涉及的被收购公司股票上市交易条件有关问题的通知》。

23日　上海证券交易所依法作出决定，湖北江湖生态农业股份有限公司股票自即日起终止上市。

26日　瑞士银行、野村证券获中国证监会批准，成为首批取得证券投资业务许可证的合格境外机构投资者。

28日　加拿大BMO金融集团旗下的BMO蒙特利尔银行参股富国基金管理公司的申请或中国证监会批准，这是内地首例外资通过认购已成立基金公司股权形式完成中外合资的案例。

6月

9日　全国社会保障基金正式进入证券市场运作，为中国证券市场增添了新的资金来源，也为社会保障基金开拓了保值增值的渠道。

27日　证券从业人员资格管理细则出台。

7月

1日　上海证券交易所再度调整上证180指数样本股，中国联通、中信证券等一批新近上市的行业龙头企业进入180样本股行列。

7日　上海证券交易所建成宽带广播系统。

8月

19日　上海证券交易所举办“资本市场与企业发展：上市公司CEO论坛”。

20日　上海证券交易所大宗交易系统启用。

30日　中国证监会公布《证券公司债券管理暂行办法》。

9月

1日　上海证券交易所研究中心主编的《2003：中国公司治理报告》正式出版。

8日　中国证监会与国务院国有资产监督管理委员会联合发出《关于规范上市公司与关联方资金往来及上市公司对

外担保若干问题的通知》。

19 日　中国证监会干部《关于进一步规范股票首次发行上市有关工作的通知》。

22 日　ST 国嘉股票终止上市。

30 日　TCL 集团发布拟吸收合并 TCL 通讯并整体上市的公告，这是中国证券市场上首例吸收合并整体上市的案例。

10 月

9 日　H 股价格升幅创新高，青岛啤酒 H 股股价超过 A 股。

28 日　《中华人民共和国证券投资基金法》获得通过，并将于 2004 年 6 月 1 日起施行。

11 月

3 日　沪深两市 B 股大幅上扬，上证 B 股指数大涨 5.8%，深圳成分 B 股涨幅达 4.61%创年内新高。

5 日　长江电力发行，并与 11 月 18 日在上海证券交易所上市。上工股份有限公司获准定向增发不超过 1 亿股境内上市外资股，这是近三年来在 B 股市场首次获准进行的再融资行为。

18 日　武钢股份公告称，公司增发方案将定向增发国有法人股与增发流通股相结合，进而实现集团主业资产整体上市，这一金融创新模式在国内尚属首例。

20 日　上证综指上涨 2.81%，为下半年单日最大涨幅，50 余只股票涨停。

12 月

8 日　上海证券交易所调整买卖盘揭示范围，通过宽带广播系统、SDH 提供 5 个最优买卖盘档位的即时行情数据库。

11 日　中国证监会发布《中国证券监督管理委员会股票发行审核委员会暂行办法》，并与次日发布该委员会的工作细则。

18 日　中国证监会颁布《证券公司客户资产管理业务试行办法》。

25 日　中国证监会颁布《证券公司治理准则（试行）》，发布经修订的《证券公司内部控制指引》及《关于加强证券公司营业部内部控制若干措施的意见》。

26 日　沪深两市基金市场放量走高，上证基金指数时隔近半年后首次跃上 1000 点。

28 日　中国证监会发布《证券发行上市保荐制度暂行办法》。

2003 年深圳证券交易所大事记

1 月

▲2 日，深圳证券地面通信网基本建成，实现卫星和地面通信“天地自动实时互备”。新版网站正式启用。开展网上赠书活动，向投资者免费发放《投资者服务丛书》。

▲6 至 11 日，举行第 2 期独立董事培训班。

▲7 日，中国证监会主席尚福林来所考察并进行市场调研。考察调研期间，尚福林主席听取了深交所、深圳证管办等单位的工作汇报，并与深圳市证券公司、基金管理公司的代表进行了座谈。

▲13 日，在互联网站“会员之家”栏目开设“席位转让信息”专栏，为会员单位提供席位供求信息发布服务。

▲15 日，与东京证券交易所签署合作谅解备忘录。

▲16 日，召开 2002 年度总结暨表彰大会。总结 2002 年工作，部署 2003 年工作，表彰 2002 年优秀部门和“十佳员工”。

▲20 日，第六次调整深证成份股指数样本。

2 月

▲10 日，深圳证券信息公司发布企业债券指数编制方案。该指数以 2002 年 12 月 31 日为基准日，基日指数为 100，指数简称为企债指数，行情代码为 399481，于 2 月 17 日起随深市行情一起实时动态发布。

▲10 日，新版会员业务指引上网，新指引对现行会籍、席位审批业务流程进行了修订完善。

▲我所上市公司 2002 年度信息披露考核工作结束。在 510 家上市公司中，考评结果为优秀的有 40 家，良好 239 家，及格 198 家，不及格 33 家。

▲19 日，陈东征理事长会见来访的全国人大副委员长成思危一行。

▲24 日，调整并扩大上市公司临时报告事后审核的试点范围，扩大到 454 家。

▲24—28 日，举行第 3 期独立董事培训班。

▲25 日，举行 2003 年度部门目标责任书签字仪式。

▲25 日，公开谴责珠海鑫光集团股份有限公司。

▲27 日，公开谴责山东省中鲁远洋渔业股份有限公司及相关人员。

3 月

▲3 日，基金申报价格的最小变动单位由 0.01 元人民币调整为 0.001 元人民币。

▲4 日，召开员工竞聘上岗动员大会，正式启动员工竞聘上岗工作。29 日，举行员工竞聘上岗面试评审活动，80 多名员工参加了面试。

▲6 日，与中国证券业协会签订“代办股份转让系统实时监控合作备忘录”。同日，“代办股份转让信息披露平台”启用。

▲7—9 日，在广州举办第 6 期上市公司董事培训班。

▲11 日，召开“军民共建，绿化沙漠”国情教育和锻炼项目动员大会。4 月 7 日，首批参加项目的员工赴内蒙古阿拉善进行了为期一周的植树治沙义务劳动。

▲14 日，启动证监会派出机构监管信息服务，向 36 家证监会派出机构发送第一期监管信息。

▲15 日，深圳证券信息公司主办“投资者维权论坛暨 2003 年证券市场前瞻报告会”，庆祝股民呼叫中心开通一周年。

▲19 日，与韩国证券交易所（KSE）签署合作谅解备忘录。

▲20 日，与韩国科斯达克股票市场（KOSDAQ）签署合作谅解备忘录。

▲22 日，在北京主办“第二届中国企业债券市场发展与创新研讨会”。

▲23 日，举行第四批博士后研究人员招聘笔试。

▲23—27 日，举办第 4 期独立董事培训班。

▲26 日，公开谴责深圳天马微电子股份有限公司。

▲26、27 日，中国证监会党委副书记、副主席范福春一行来所作市场调研，分别听取了我所和深圳地区部分证券公司、基金公司和上市公司代表关于证券市场发展的意见和建议。

▲28 日，召开第三届理事会十四次会议。会议听取了张育军总经理关于深交所 2002 年工作总结和 2003 年工作思路

的报告，审议通过了深交所2002年度财务决算及2003年度预算报告。会议通过了加强深圳证券信息公司管理、壮大公司实力以及严格固定资产管理等决议。

▲28—30日，在海口举办第7期上市公司董事培训班。

4月

▲1日，颁行《深圳证券交易所服务体系建设纲要》。

▲5日，深圳证券信息公司完成巨潮“市场强度指数”、“投资者信心指数”的研发工作，新指数产品开始试运行。

▲11日至14日，在厦门举办第8期上市公司董事培训班。

▲16日，公开谴责四川天歌科技集团股份有限公司及有关人员。

▲18日，召开员工大会，传达学习国务院领导同志讲话精神，总结员工竞聘上岗工作，通报“军民共建、绿化沙漠”国情教育与锻炼项目实施情况。

▲19日至22日，在郑州举办第9期上市公司董事培训班。

▲29日，发出《关于修改债券回购品种有效竞价范围的通知》，自5月12日起，在我所挂牌的债券回购品种的有效竞价范围将统一调整为“每笔回购委托价格(以每百元债券面值应计利息额表示)不超过前笔成交价的上下20元”。

▲2002年年度报告和2003年第一季度报告披露工作基本完成。除未能如期披露年报和季报的本钢板材、ST中侨以外，507家上市公司2002年平均净利润3751.42万元，加权平均每股收益为0.1071元，加权平均每股经营活动产生的现金流量净额为0.414元，加权平均净资产收益率为4.23%，与去年同期相比，分别增长119.06%、78.5%、43.3%、108.78%。

5月

▲5月9日，发出《关于调整实时行情中的指数成交量(额)统计口径的通知》，属于指数样本的证券，不管当日是否纳入指数计数，其成交量(额)都统计至相关的指数成交量(额)中。

▲12日，开始实施退市风险警示制度，对存在股票终止上市风险的公司股票交易实行“警示存在终止上市风险的特别处理”，在其股票简称前冠以“*ST”字样。

▲17日，第五届会员、基金管理公司研究成果评选揭榜。本届评选活动共收到参选研究成果238篇，经过专家评审委员会网上初审和交叉复审，海通、广发等20家证券公司以及国泰、华安等5家基金管理公司报送的35篇研究成果获奖。

▲22日，发布《关于设立深圳证券交易所会员代表的通知》，明确各会员单位须设立会员代表一名，并对会员代表的任职资格、工作职责及其管理作了具体规定。

▲24日，公开谴责本钢板材股份有限公司、中国石化茂名炼油化工股份有限公司及有关人员。

▲26日，第七次调整深圳成份指数样本股。深圳证券信息公司第一次调整深证100指数样本。

▲30日，发出《关于调整部分上市公司行业类属的通知》，从6月2日起调整深达声等42家上市公司的行业类属。

深圳市中侨发展股份有限公司终止上市。

▲31日，中心数据库项目正式上线运行。

▲我所上市公司2002年年报事后审查工作完成。总体来看，上市公司业绩大幅上升、利润结构更趋合理、利润分配政策趋更理性、担保风险显著降低，但同时也存在业绩分化加剧、业绩波动增大、业绩预测准确性较低等问题。

6月

▲8日，网站英文版全面更新。

▲9日，公开谴责合肥丰乐种业股份有限公司及相关人员。

▲12日，开展停牌改革民意调查，系统了解社会各界对现行停牌制度的意见和修改建议，为停牌改革提供参考。

▲13日，发出《关于深圳证券交易所会员集中报盘管理有关事项的通知》，要求实行集中报盘的会员保证技术系统的可靠性，并按照规定的程序办理申请手续。

▲17日，与证券业协会签署工作合作备忘录，主要包括建立联席会议和联系人制度、定期沟通和交流会员管理信息、合作开展会员培训、共同开展证券市场调研工作以及进一步改进和完善代办股份转让系统等内容。

▲20日，公开谴责大同水泥股份有限公司及有关人员。

▲23日，深圳证券市场新版B股结算系统正式启用，B股证券帐户号码由8位升至10位。

▲24日，发出《关于增加债券回购品种的通知》，自6月30日起增加一天期国债回购、两天期国债回购和一天期企业债回购、两天期企业债回购4个债券回购品种。

7月

▲9日，广东省副省长宋海一行来所工作调研。

▲10日，举办第二批博士后出站报告会。

公开谴责江苏江淮动力股份有限公司及有关人员。

▲11日，公开谴责锦化化工集团氯碱股份有限公司及相关人员。▲18日，会同中国结算深圳分公司发布《关于发布〈上市公司要约收购业务指引〉的通知》，规范要约收购业务办理流程。

公开谴责沈阳特种环保设备制造股份有限公司及相关人员。

▲23日，发出《关于做好调整买卖盘揭示范围相关技术准备工作的通知》，要求会员和相关单位抓紧进行调整买卖盘揭示范围的技术准备工作。

▲25日，公开谴责吉林轻工集团股份有限公司及相关人员。

▲27日，举办第5期上市公司独立董事培训班。

▲30日，国家发改委和国务院研究室调研组来所调研。

8月

▲1日，在西宁市举办第14期上市公司董秘培训班。

▲2日，举办广东地区会员授权代表培训班。

▲4日，以香港特区政府财经事务及库务局局长马时亨为团长的香港财经界人士代表团一行35人来访。

▲6日，深圳证券信息公司开发的投资者信心指数正式对外发布。

▲11日，公开谴责湖南酒鬼酒股份有限公司及相关人员。

▲14日，在银川举办第10期上市公司董事培训班。

▲18日，02广核债在我所成功挂牌上市。

▲20日，深圳市代市长李鸿忠来所考察并进行工作调研。

公开谴责光明集团家具股份有限公司及有关人员。

▲22日，中国证监会主席尚福林来所考察并进行工作调研，听取我所的工作汇报并与中层干部座谈。

▲25日，公布并实施修订后的《深圳证券交易所大宗交易实施细则》，新细则适用范围将涵盖所有在深交所上市交易品种，包括A股、B股、基金、债券和债券回购的大宗交易。

▲30 日，我所综合研究所与香港大学中国金融研究中心、国泰君安证券研究所联合举办了“2003 中国证券价值分析与理性投资国际研讨会”。

▲31 日，我所 508 家上市公司全部按规定如期披露了 2003 年半年度报告。508 家上市公司上半年平均净利润 3700.55 万元，加权平均每股收益为 0.101 元，加权平均净资产收益率为 3.94%，加权每股净资产为 2.566 元，与去年同期相比分别提高 41.62%、33.63%、33.34%、0.22%。

9 月

▲1 日，公开谴责四川湖山电子股份有限公司及有关董事。

▲4 日，在西安举办第 15 期上市公司董秘培训班。

▲9 日，作出同意吉林化学工业股份有限公司股票恢复上市和长春北方五环实业股份有限公司股票终止上市的决定。

▲12 日，在深举办第 11 期上市公司董事培训班。

▲16 日，对外公布已明令废止、自行失效以及根据业务发展不再适用而需废止的第一批共 120 个业务规则目录。

▲18 日，与澳大利亚交易所（ASX）签署合作谅解备忘录。

▲22 日，在长春举办第 12 期上市公司董事培训班。

▲26 日，公开谴责重庆东源产业发展股份有限公司及有关人员。

10 月

▲9 日，举办第一期再融资培训班。

▲21 日，发布《深圳证券交易所上市公司投资者关系管理指引》。

▲22 日，举办“投资者关系：市场各方的责任”高级研讨会。

▲23 日，陈东征理事长主持召开第三届理事会第 15 次会议。

▲24 日，作出同意襄阳汽车轴承股份有限公司股票恢复上市的决定。

▲27 日，作出同意昆明百货大楼（集团）股份有限公司和国投原宜实业股份有限公司股票恢复上市的决定。

▲31 日，举办学习“三个代表”重要思想、贯彻十六届三中全会决定、推进创业板市场建设研讨会。

11 月

▲6 日，召集深圳市基金管理公司座谈《证券投资基金法》。

▲7 日，在长沙举办第 13 期上市公司董事培训班。

▲10 日，承办由中国商务部和中国证监会举办的“中美商贸法律交流研讨会——公司治理与证券法”。

▲13 日，组织 2003 年记账式（十一期）国债在本所的发行工作。

▲15 日，在南昌举办第 16 期上市公司董秘培训班。

▲21 日，启动第六届会员单位与基金管理公司研究成果评选活动。

▲28 日，中国证监会屠光绍副主席来所视察工作。

▲29 日，在杭州举办第 14 期上市公司董事培训班。

12 月

▲4 日，和中国证监会上市公司监管部联合召开“＊ST”公司退市风险防范工作会议。

▲8 日，正式调整买卖盘揭示范围，将买卖盘揭示范围从实时最高三个价位买入申报价和数量、实时最低三个价位卖出申报价和数量调整为实时最高五个价位买入申报价和数量、实时最低五个价位卖出申报价和数量。

作出同意大唐高鸿数据网络技术股份有限公司股票恢复上市的决定。

▲12 日，启动第五批博士后研究人员招收工作。

▲13 日，在安徽省合肥市举办第 15 期上市公司董事培训班。

▲20 日，举办第四批博士后开题报告会。

▲24 日，组织大宗交易联网测试。

▲28 日，我所行政服务有限公司举行揭牌仪式。

证券公司 投资银行 专栏

中信证券	东方证券	国海证券	科技证券
广发证券	北京证券	北方证券	渤海证券
泰阳证券	申银万国证券	兴业证券	国元证券
天一证券	东海证券	西部证券	宏源证券
银河证券	金通证券	长城证券	联合证券
健桥证券	国信证券	世纪证券	招商证券
南方证券	财富证券	西南证券	平安证券
方正证券	华欧国际证券	河北证券	东北证券
民生证券	亚洲证券	光大证券	华西证券
中原证券	金元证券	华林证券	万联证券
西北证券	巨田证券	第一创业证券	国联证券
华泰证券	南京证券	远东证券	新时代证券
新疆证券	华安证券	江南证券	广东证券

董事长：王明权

总裁：解植春

光大证券有限责任公司

Everbright Securties Co., Ltd.

公司前台

光大证券有限责任公司创建于1996年，是由中国光大（集团）总公司投资控股的全国综合类证券公司。1998年，光大证券进行股份制改造，实现在香港市场间接上市，其中光大（集团）总公司控股51%，中国光大控股有限公司（0165.HK）持股49%。2001年，经中国证监会和国家工商总局批准，公司正式注册成为第一家中外合资证券公司。目前，公司注册资本26亿元，增资扩股及股份制改造工作正在进行。公司现有证券营业部46家，遍布全国大中城市，构成覆盖广泛、布局合理的营业网络。

公司成立八年来，秉承“提升客户价值、造就员工未来”的核心价值观和“诚信、创新、卓越、共享”的经营理念，积极投身于国内外资本市场，各项业务迅速发展，形成了涵盖证券承销、证券经纪、资产管理、证券投资、基金管理、财务顾问、投资咨询和国际业务等多层次、多领域的综合业务体系，现代投资银行雏形基本形成。公司各项业务均在业内保持着优势地位，营业指标、业务规模、盈利水平稳居国内十大券商之列。

证券大厦外景&团队

证券大厦全景&光大证券

2003年，在社会各界的大力支持和全体员工的共同努力下，公司克服经营环境持续不利的困难局面，保持了公司各项业务的持续平稳发展。公司全年共实现收入4.6亿元，实现利润5,066万元。截止到2003年底，公司资产总额98.7亿元，行业排名第12位；净资产28.5亿元，行业排名第9位。

光大证券全年共实现股票、基金交易量1,213亿元，市场占有率为1.91%，行业排名第10位；完成6个主承销项目，主承销家数行业排名第3位；帮助企业筹集资金53.2亿元，行业排名第5位，其中，浦发银行增发募集资金超过25亿元；公司全年共承销国债15.3亿元、金融债券1.5亿元，完成了“苏州工业园”等四家企业债副主承销。

面对近两年持续低迷的市场环境，光大证券在做细、做精传统业务巩固优势的同时，加大创新业务的研究及拓展力度，寻求新的业务品种和盈利增长点。2003年，公司成功获得了“三板业务资格、社保基金综合服务商资格”，签定了首个三板上市推荐项目。网上经纪在全国开通了近1000个银证通网点。公司成立了国际业务部和并购部，全年共完成“浙大海纳”等11个并购重组及财务顾问项目；黑龙江省聘请我司作为政府财务顾问，为该省国企改制、产权转让、招商引资等提供全面金融服务；公司帮助福建“紫金矿业”在香港主板市场成功上市，实现了国际配售13倍和公开发行750倍的超额认购，融资额达13亿港元，上市首日涨幅73%，实现了香港市场主承销业务“零的突破”，在海内外产生了巨大反响。光大证券控股的光大保德信基金管理公司也已正式开业运营，即将发行第一只基金产品。

2004年，光大证券将认真贯彻十六届三中全会精神，团结一致，锐意进取，开拓创新，为广大客户提供更优质的服务，与客户携手共创财富，一起增长，一起分享。

华泰证券 投资银行

华泰证券副总裁张海波先生

华泰证券投资银行业务主要包括：

发行和代理发行各种有价证券、企业重组、收购与兼并、财务顾问等。

华泰证券投资银行事业部内设北京投行业务部、上海投行业务部、深圳投行业务部、南京投行业务部、项目运作部、业务管理部及综合管理部，形成了遍布国内主要市场的业务网络体系和完整的管理体系。

华泰证券主承销项目组成员与企业路演嘉宾合影

华泰证券有限责任公司

HUATAI SECURITIES CO., LTD.

经过多年的发展，华泰证券现拥有一支由80余人组成的经验丰富、规范严谨、业务水平高的投资银行业务队伍，其中保荐代表人22名。所有投资银行业务人员均具有大学本科以上学历，其中拥有博士、硕士学位人员占90%以上。业务人员专业范围涵盖了金融、投资、经济、贸易、财务、会计、法律和管理等多学科和领域，并大都具有注册会计师、会计师、经济师、律师等专业技术职称，其中三分之二以上人员具有5年以上的投资银行业务实践经验，在以往的业务中，以严谨的态度、良好的工作质量和优质的服务赢得了企业、管理部门和投资者的赞誉，树立了良好的公司形象。

华泰证券早在1993年就曾担任了江苏省首家公开发行上市的“无锡太极”A股发行的主承销商。近十年来，公司作为主承销商成功地完成近40多家公司股票发行工作，并完成了近百家公司股票上市的推荐、副主承销工作。2002年，完成发行主承销项目6家，主承销金额达20亿元，发行家数并列全国第三，首发项目完成家数并列全国第二，通道周转率达100%，与少数几家公司并列全国第一；2003年，华泰证券投资银行业务再创佳绩，完成高淳陶瓷、山鹰纸业（可转债）、华光锅炉、置信电气、新疆城建合计5家公司的主承销工作，发行家数再居全国第三，同时非通道业务完成8家公司财务顾问项目。2004年3月在全国首次保荐人资格考试中，华泰证券有22人通过考试，并列全国第6，通过率在国内主要券商中并列第一。

华泰证券主承销项目上市仪式

长城证券有限责任公司成立于1995年，是中国最早的八家综合类证券公司之一，拥有24家营业部，下设长城基金及景顺长城（合资）两家基金管理公司。公司秉承“规范发展、做精做强”的经营理念，以其规范稳健的经营作风及优质服务赢得了客户的长期信任。长城证券资产优良、经营规范，成为首批发行公司债的3家证券公司之一。

长城证券投行主承销业务始于1995年，2001年实施通道制后拥有6条通道，2004年5月注册登记为首批保荐机构，14名员工通过首次保荐代表人胜任能力考试并注册登记为首批保荐代表人。长城证券投行经过多年发展，积极探索出一条“以重点行业形成特色经营、做优质项目打造公司品牌”的经营思路，长期致力于中国基础行业的价值再发现，擅长为企业提供包括改制重组、股票融资、债券融资、行业整合、收购兼并等一揽子金融服务。同时长城证券投行在管理上不断创新，经过多次的改革与创新，管理模式逐步与国际接轨，并形成完善有效的风险控制机制。近年来实现股票承销、债券承销、收购兼并三大业务的协同发展。

- **股票承销业务创佳绩，行业优势凸显**

2004年上半年主承销家数排名第一、IPO筹资金额排名第二、总筹资金额排名第五（证券时报统计）。立足于基础行业，在电力、煤炭、有色金属、港口、公路、建材等行业积累了丰富的运作经验。

- **企业债承销业务跻身六强**

2003年长城证券企业债承销业务全国排名第六位（彭博资讯），在证券公司中排名第四位。

- **财务顾问业务具有与国际投行合作经验，在电力行业收购兼并领域具备竞争优势**

在电力行业收购兼并领域积累了丰富的实战经验，在2004年华能集团出售45.13亿元电力资产及权益，2003年华能集团出售5.5亿元电力资产及权益中担任卖方财务顾问，运用华尔街通用的估值技术与方法对出售资产及权益进行估值。参与上述收购兼并活动的还包括美林集团、摩根大通、巴黎百富勤、洛希尔父子（香港）等国际投行。

- **管理体制不断创新，逐步与国际接轨**

根据市场形势变化，管理体制上不断改革与创新，包括推行事业部体制、组织架构调整、引入委员会运作模式、制定系列业务操作规程与指引、完善风险控制及考核评价体系，进行员工职业生涯规划等等，使长城投行在管理模式上逐步与国际接轨，成为一个管理先进、运作规范、工作高效、富于创新的工作团队。

- **“以人为本”的企业文化打造高水平的专业团队**

多年来形成以人为本的企业文化，注重员工培训，不断提升员工价值，精心培育了一支团结协作、经验丰富的投行团队，拥有财务、法律、行业、产品、区域等多方面专业人士，硕士学历以上的人员为80%，70%员工从业年限在4年以上，具备丰富的投行业务经验。

东方证券是一家于1998年3月9正式成立的全国性综合类证券公司，并于2003年9月改制为股份有限公司，注册资本为21.4亿元人民币。公司总部设在上海，现有员工近八百人。公司下辖三十七家证券交易营业部，在北京、广州、成都、杭州、深圳、抚顺、长沙等地设有分支机构，形成了依托上海、立足中心城市、辐射全国的大型证券公司的业务网络。

东方证券股份有限公司
ORIENT SECURITIES COMPANY LIMITED

投资银行

投行业务

股票承销：通过对融资成本、融资效率的综合把握，大力拓展IPO、股权再融资、债权融资、公募等承销业务，并将非上市公司的私募作为公司投行业务的发展重点。

■ 企业股份制改造及辅导--为企业量身定做资产重组和股份制改造方案，指导企业建立完善的公司治理结构。根据上市前后的需要，东方投行将为企业股份制的建立及运作规范、公司治理结构提供完善的专业辅导服务。

■ 企业A股首发及后续融资--协助企业选择优势项目，设计个性化、系统化、科学化、国际化的融资方案，制作申报材料报送中国证监会。制定完善的上市推荐方案，发挥与证券交易所的良好关系，为企业进行高质量的宣传、推广。

财务顾问--以多种形式参与企业的购并和资产重组活动，制定购并和资产重组整体方案及策略性的谈判方案。涵盖的业务包括国资重组、定向增发、国有股减持、外资购并、MBO收购、政府企业财务顾问、管理咨询等领域。

九芝堂路演现场

光明乳业路演现场

地址：上海市浦东大道720号国际航运金融大厦20层　　邮编：200120
电话：021-5036 7888　　传真：021-5036 6868　　网址：www.dfzq.com.cn

东方证券总裁潘鑫军先生（左三）和副总裁桂水发先生（左四）出席中小企业板上市仪式

承销业绩

公司成立五年来，先后担任了复星实业、新大陆、南京中商、交大昂立、烽火通信、卧龙科技、光明乳业、浙江传化、黄山永新9家新股，通宝能源、九芝堂2家增发，以及新希望配股、吴江丝绸可转债和大众交通定向增发的主承销商，募集资金77.88亿元。在业务承做过程中，亦在市场中确立了以为民营经济和高科技企业的服务意识及品牌。

投行承诺

■ 公司投资银行业务始终恪守"诚信、规范、创新"的理念，实施人才发展战略，以卓越的专业水准和诚信的服务精神，提升客户价值，赢得了社会认同，实现自身发展。

■ 诚信是本：投资银行业务市场化的准入条件就是诚信。我们为企业提供高质量服务的同时，自始至终把诚信摆在首位。

■ 规范的业务运作体制：东方证券已经建立起完备的投资银行业务流程及规范，层层监督实施，确保为客户提供规范、全面、高效、持续的专业服务。

创新能力：在发展传统投资银行业务外，将以金融创新为业务突破口，以投资银行业务的国际化发展趋势为研究方向，根据企业的实际情况，探索为市场接受的切入点，以经验和智慧设计开创性的方案。

华安

总裁：高钟

地址：安徽省合肥市阜南路166号
邮编：230061
电话：0551－516 1666
传真：0551－516 1600
网址：http://www.huaans.com.cn
邮箱：bgs@mail.huaans.com.cn

证券有限责任公司

华安证券有限责任公司是经中国证监会核准于2001年1月8日注册成立的综合类证券公司。公司前身是1991年1月经中国人民银行总行批准并于1991年5月成立的安徽省证券公司。公司注册资本金17.05亿元，总部设在安徽省合肥市阜南路166号润安大厦。汪永平任公司董事长、法定代表人，高钟任公司总裁。

经营范围：证券（含境内上市外资股）的代理买卖；代理证券的还本付息、分红派息；证券代保管、鉴证；代理登记开户；证券的自营买卖；证券（含境内上市外资股）的承销（含主承销）；证券投资咨询（含财务顾问）；受托投资管理；中国证监会批准的其他业务。

经中国证监会批准，公司现在北京、上海、广州、深圳和安徽省内各市设有26家证券营业部，在安徽省内还设有43家证券服务部。

公司另有控股子公司2家，即华富基金管理有限公司和安徽新兴证券投资咨询有限责任公司。

截至2003年末，公司共有职工803人。从学历上划分，博士占0.25%，硕士占9.84%，大学本科学历占25.28%，大专以下占64.6%；从专业上划分，财经类占56.91%，会计类占14.32%，计算机、工程类占10.34%，法律类占1%，其他占17.43%。经过培养和锻炼，公司已经建成一支年轻化、专业化，并具有凝聚力、战斗力和发展潜力的员工队伍。2004年，在备受业内关注的全国首次证券发行保荐代表人考试中，公司的通过人数和通过率均居同业前列，较好地体现出公司员工的素质水平。

经过多年艰辛拼搏和深厚积淀，公司已经发展为一家资产状况良好、业务品种齐全、市场地位稳固、管理规范稳健，并具有较强竞争能力和较大发展潜力的证券经营机构。

十多年来，公司与我国证券市场一起成长。总资产增长130多倍，由1991年的0.38亿元增长到2003年的50亿元；净资产增长90多倍，由1991年的0.22亿元增长到2003年的18亿元。

根据中国证券业协会公布资料，我公司多项经营指标近年来一直位居同业前列。2001年，参加排名的证券公司106家，我公司净资产、净资本、利润总额和人均利润四项指标分别排名第14位、第10位、第15位、第14位。2002年，参加排名的证券公司112家，我公司净资产、净资本、利润总额和人均利润四项指标分别排名第17位、第14位、第33位、第40位。2003年，参加排名的证券公司122家，我公司净资产、净资本、利润总额和人均利润四项指标分别排名第20位、第14位、第8位、第7位。

由于坚持规范经营的原则，也没有涉足其他风险投资领域，公司经受了我国证券市场历次风波的考验，资产流动性较强，资产质量优良，一直保持着持续稳定发展的良好势头。

华安证券与我国证券业共同成长和壮大，走过了十多年不平凡的岁月。十多年来，华安证券的资本规模不断扩大，业务开拓势头良好，内部管理日渐成熟，整体竞争力日益增强，走出了一条具有特色的发展道路。

当前，我国资本市场已经步入规范化、市场化、国际化的发展道路，证券公司既面临着前所未有的挑战，也具有极其广阔的发展前景。自信，自律，自我完善，勇敢地迎接挑战，是每一个华安员工义不容辞的责任。华安证券将坚持“法制，监管，自律，规范”的方针，以改革创新为动力，以集约经营为途径，以强化管理为基础，以防范风险为保障，以“诚信、稳健、专业、和谐”为理念，以“发展市场、回报股东、奉献社会”为使命，努力实施“规范化、集团化、国际化”的发展战略，不断增强公司的核心竞争能力，以期实现持续稳定的发展，从而为我国证券市场的繁荣做出更大贡献。

企业精神
团结
敬业
求实
创新
经营理念
诚信为本
规范运作
客户至上
优质高效
http://www.gyzq.com.cn

中国科技证券

CHINA SCI-TECH SECURITIES

中国科技证券有限责任公司是由中国科技国际信托投资有限责任公司作为主发起人，联合多家公司出资发起设立的综合类证券公司，是我国首批获得保荐机构资格的证券公司之一。公司注册资本为10.56亿元，截止2003年底，公司总资产为46.7亿元。公司总部设在北京，下设十四个部门，辖有23家证券营业部和8家证券服务部，主要分布在北京、上海、深圳等省会城市及其它具有地域影响力的大中城市。

董事长：张钢

公司以“具有科技特色的一流投资银行”为战略发展目标，秉承“人才为本、团队创新、诚信第一、客户至上”的经营理念，坚持科技与金融相结合，以图强民族科技和经济为己任，全力服务客户、回报社会。

得益于原信托公司证券业务近十年的发展与积累，目前公司各项业务保持稳步发展。

经纪业务：面对2003年依然严峻的市场挑战，公司成立了客户服务委员会，注重由“坐商”向“行商”的转变，整合各部门资源，进行业务创新，大力推广FC制度和标准化服务，取得了显著效果。公司网上交易亦借助新的电子商务平台取得了长足发展。

固定收益业务：公司是交易所国债市场承销团成员，2003年承销国债总量达32.3亿元，名列同业前茅。企业债亦是公司的优势业务，自1998年以来，公司已先后主承销了13家企业债券，并保持着所有到期债券全部成功兑付的优良记录。

投行业务：秉承原信托公司的业务积累，依托强大的科技背景和丰富的资本运作经验，科技证券为数十家高科技及成长型企业提供了全方位的优质金融服务，业务范围遍及股权融资、债务融资、兼并收购、债务重组、科技财务顾问等。公司曾辅导20多家公司通过高科技企业“双高”评审，在高科技行业有着良好的口碑。

高层领导

公司前台

洽谈室

科 / 技 / 创 / 造 / 财 / 富
研究咨询：以客户服务为中心，本着创“科技”品牌的原则，除了一般的研究外，公司研究所重点对高科技行业进行了深入的研究，并在行业享有较好声誉。
电子商务：电子商务是公司科技特色的重要体现之一。公司的集中交易核心系统、HTS系统、经纪人系统、短信项目等在业内处于领先地位。中心机房建设项目、虚拟中心项目、短信项目及广域网项目工程已投入使用，集中交易系统已完成试点，后续如IP电话、网络视频会议以及CRM与决策支持系统都在有条不紊的进行中，所有这些都为公司的快速发展及创科技品牌奠定了坚实的技术基础。
地址：北京朝阳区安立路101号名人广场28-30层
电话：010-84836688 传真：010-84838454
网址：www.cstsc.com

国际平台 专注中国

臻于至善 长久承诺

长江巴黎百富勤是一家既专注中国市场，亦复纵横于国际平台的全面性投资银行。中国经济的崛兴，需要与经验丰富、值得依赖的投资银行，共同成长。成为中国最杰出的投资银行，臻于至善，既是长江巴黎百富勤的使命，亦是我们的承诺。

长江巴黎百富勤是提供全面性业务的投资银行，核心成员来自长江证券和法国巴黎百富勤的专业人士，由企业融资部、债券部、资本市场部、研究分析部等部门所组成。长江巴黎百富勤引进法国巴黎银行集团具有国际水平的风险管理程序和制度，同时结合中国的有关法律和法规，建立起一套完善的风险管理体系。目前从事的具体业务范围是：

1. 股票发行
a. A、B股首次公开招股
b. A、B股上市公司增发
c. A、B股上市公司配股

2. 固定收益品种发行
a. 国债
b. 金融债
c. 企业债
d. 可换股债

3. 财务顾问
a. 上市公司并购、重组财务顾问
b. 未上市公司投资和收购财务顾问

4. 与法国巴黎银行及法国巴黎百富勤之合作关系
a. H股发行
b. 外国直接投资/策略投资
c. 合格境外投资者
d. 兼并及收购
e. 其它

副总裁：王珠林

西南证券有限责任公司成立于1999年12月28日，是在重庆市原四家证券经营机构基础上，经资产重组和增资扩股而组建成的全国性大型综合类证券公司。西南证券是国内首家通过ISO9000国际质量管理体系认证的券商，目前注册资本金为16.3亿元，投资银行业务是西南证券的核心业务之一，核准制下始终保持着国内最多的8条通道。在2004年3月举行的首次保荐代表人能力考试中，西南投行又把握住历史的发展机遇，争取到22名保荐代表人的领先优势。

自2000年西南证券投资银行总部正式成立以来，西南投行始终坚持走集约经营、专业化投行的发展之路。西南投行依托强大的公司实力，秉承“大投行”运作理念，恪守“诚信、稳健、创新、求精”原则，坚持“以客户为中心、质量为核心”，不断开拓创新，以优质的专业服务和旺盛的创新能力为广大客户提供诚实、客观、周全、卓有成效的融资服务。

历经股市的跌宕起伏和风风雨雨，西南投行已经取得主承销三十余家、募集资金超过200亿元的佳绩，自成立以来连续四年保持综合排名全国前十，实力和业绩一直稳居业界前列，根据中国证券业协会完成的2003年度证券公司会员经营业绩排名，西南投行主承销家数全国第三，承销金额39.39亿元，排名全国第七。西南证券在投行业树立了规范经营、稳健发展的企业形象，并在不断向更高的目标前进。

平安证券有限责任

华芳纺织股份有限公司新股发行网上路演(平安证券主承销)

平安证券有限责任公司投资银行事业部以行业研究、财务分析、法律调查等为技术手段，以分支机构为市场前沿，采取专业分工、团队协作的运作模式，最大程度集合公司整体资源满足市场及客户的各种需求。

亨通光电股份有限公司答谢会(平安证券主承销)

公司投资银行事业部

作为中国证监会1999年批准的首批9家具有主承销资格的券商和首批创业板企业保荐人之一，我们一直秉承“诚信第一、效率第一、客户至上、服务至上”的服务宗旨，近年来取得了不俗的经营业绩，并 身于国内同行前列。先后承担了深 万科、湘计算机、深招港、丰原生化、巢东股份、山鹰纸业、明天科技、三佳模具、山东药玻、华阳科技、方兴科技、华芳纺织、亨通光电、好当家、合肥三洋、华兰生物、华星化工、福州大通、浙江广厦等数十家公司的新股发行、再融资主承销及上市推荐工作，并为中通客车、江苏悦达、洞庭水殖、八一钢铁、四川路桥等近百家企业担任了A、B股上市推荐人及财务顾问等。

我们的服务内容主要包括但不限于：A股和B股发行，A股和B股再融资，国债承销，企业债券发行，境外发行上市，投资财务顾问，收购兼并顾问，管理咨询顾问，证券业务培训和资本市场信息服务。

- 首批注册登记保荐机构
- 2001年获全国“信誉主承销商”评比第一名
- 2003年承销家数全国第一名
- 2003年，被《新财富》评为“最佳投行团队”，“市场化投行”，“挖掘中小项目第一名”

国信证券有限责任公司

GUOSEN SECURITIES CO., LTD

投资银行

国信证券有限责任公司（以下简称“国信证券”或“公司”）是在深圳市注册的全国类大型综合类证券公司，注册资本为20亿元人民币。据中国证券业协会公布的数据，公司是2003年度6家利润总额过亿元的券商之一，利润总额排全行业第2位。国信证券在长期经营发展中，形成了具有自身特色的“国信文化”，即以“一流的业务、一流的管理、一流的人才、一流的绩效”作为公司的整体发展目标，秉承“创造价值、成就你我”的理念，不断将国信各个业务做优做强。

公司是我国最早开展投资银行业务的券商及首批保荐机构的券商之一，也是国内八家创新试点券商之一。公司自1989年起开始从事股票承销业务，1991年成为首批有资格从事B股承销和代理买卖的券商；2004年5月，公司注册登记为首批保荐机构，目前共有保荐代表人20名，通过保荐代表人胜任能务考试的员工20名。

主承销业务连创佳绩

1998年至2000年，公司连续三年名列全国主承销总家数排名前3名；

2001年名列全国承销总家数排名前4名；

2002年名列全国承销总家数排名前3名；

2003年承销家数排名第1名。

1998年至2000年连续三年名列主承销金额全国排名前5名；

2001年名列主承销金额全国排名前3名；

2002年名列主承销金额全国排名前5名；

2003年承销金额全国排名前8名。

1997年至2004年上半年，国信证券共完成股票和可转换公司债券发行主承销项目110余家，筹集资金近400亿元。其中A股股票首次发行主承销38家；上市公司配股主承销62家，上市公司增发主承销9家，可转换公司债券发行主承销2家。

2001年，公司获得全国"信誉主承销商"积分第一名；2003年，在《新财富》杂志组织的2003年度投行业评比中，公司被评为"市场化投行"和"挖掘中小项目第一名"，公司投行团队被评为"最佳投行团队"。

管理体制不断创新

国信证券在业内率先推行投资银行业务事业部制管理，投资银行事业部成为负责公司投资银行业务开展的责任单位，内部以业务管理为核心，实行部门总经理负责制；在制度建设方面，国信证券根据保荐制度要求，制订了系列内控体系和内控制度，较好地适应了保荐制度对于投行业务新的要求。

专业团队人才济济

公司投资银行事业部目前拥有一支90多人的高素质投资银行业务队伍，其中保荐代表人近20名；业务人员全部具有本科以上学历，具有硕士以上学历的人员占业务人员总数的70%以上，并有10%员工具有海外学习经历。经过多年业务的磨练，大部分业务人员具有丰富的投资银行业务经验，能熟练运用投资银行业务法律、法规，95%以上的业务人员具有从事证券代理发行业务的资格。

创新业务蓬勃发展

2002年以来，国信证券大力发展非股票承销业务，初步建立了上市公司资产重组及购并类财务顾问业务、企业债券承销业务、国际业务三项业务发展平台，三大业务是公司下一步投行业务发展的重点。

财务顾问业务：2003年，公司已启动近十个上市公司资产重组及购并类财务顾问项目，成功完成赣南果业、一致药业、西南化机等公司重大资产重组及并购业务；2004年，被深圳市政府聘为"国有控股公司重大资产重组特别财务顾问"。

企业债券承销：投资银行事业部设有专门的债券业务部门。在国务院批准的2002年首批中央级企业债券中，国信证券参加了包括中国移动、中石油在内的6只企业债券的承销，成为当年度介入企业债券承销工作的主要券商之一，目前，公司正在承做一些大型企业集团的企业债主承销工作。

国际业务：投资银行事业部正在拓展以香港为中心的境外市场，加强与境外机构的联系，为境内企业赴境外上市创造机会。

典型案例

2000年，公司完成风华高科增发项目，率先采用了"网上、网下累计投标询价"以及"老股东享有优先认购权"市场化发行定价方式，为上市公司增发新股的市场化定价作出了有益探索，被有关部门作为典型案例推广。

2001年，公司完成中兴通讯增发项目，该项目采用了完全市场化的发行方式，中小投资机构与大型投资机构投资机会平等，市场认同程度较高。

2001年，公司完成江西铜业H股增发A股项目，该项目是H股上市公司第一次在A股市场完成增发。

2002年，公司以18倍的超额认购倍率完成江苏阳光可转换公司债券主承销工作，该项目是上市公司可转换债券发行规范后，上市公司发行可转换债券第一家。

2003年，公司率先修改雅戈尔可转债发行条款，在市场引起较强反响，并以199倍的超额认购倍数完成雅戈尔可转债主承销业务，创下上市公司再融资市场认购倍数的最高纪录之一。

GUOSEN 国信证券

国信证券投资银行事业部

国信证券有限责任公司
GUOSEN SECURITIES CO., LTD
地址：深圳市红岭中路国信证券大厦20楼
电话：0755-8213 0631
传真：0755-8213 0620
邮编：518001

迅速成长的

作为国内新生代券商的典型代表，世纪证券在2001年增资重组后，制订了“一三五发展战略”，即“一年全面整合、三年快速发展，五年跻身一流”；目前已全面完成了内外部整合，建立了科学、规范的决策和管理体系，打造了一支具有强大资源整合能力、专业特色突出的团队，创造了领先市场的盈利模式和综合业务平台；据中国证券业协会的统计，按2003年利润总额排名，世纪证券在全国122家券商中列第16位，人均利润第9位，在证券行业内引起了巨大反响。

世纪证券的投资银行业务，秉承“诚信服务客户、专业实现价值、创新塑造品牌”的理念，致力于为行业主导型企业提供个性化融资及增值服务。依靠行之有效的运作机制和团结拼搏的投行团队，世纪投行在业界迅速崛起，成为中国投资银行界的新锐力量。

世纪投行针对企业个性化的融资和金融服务需求，确立了以股权融资、并购咨询和债券发行等三项业务为核心的“大投行”体系，为客户提供综合性的专业化融资服务；并通过系统的投行业务，使客户享受到包括价值评估、战略重塑和行业咨询在内的延伸增值服务，促使其价值链升级。

为高效推进投行各项业务，世纪投行分设投资银行总部、收购兼并总部和债券业务总部、综合管理部等核心业务单元。投资银行总部负责股票发行承销、企业上市辅导、推荐及保荐，上市公司配股和增发承销，风险资本筹资顾问以及海外上市等业务；收购兼并总部负责政府与国有企业改制顾问，企业资产重组、收购兼并财务顾问，以及企业战略策划、管理咨询等业务；债券业务总部负责企业债券和可转换公司债券项目的开发承揽承做及长期客户资源的维护，同时负责国债理财等相关业务；综合管理部负责投行业务中承销风险的控制，并通过建立投行客户网络开展产品的销售工作。

通过项目的历练和战略性的人才储备，世纪投行建立了一支高素质的专业人才队伍，其中核心业务骨干超过20人。投行从业人员中90%以上具有硕士以上学历，在金融、证券、法律、财务、企业管理等方面富有经验，所有业务人员均具有证券发行从业资格。面对国内投资银行业实行保荐制度的新形势，世纪投行制定了“以事业召唤人、以文化感染人、以业绩激励人”的人才战略，打造了一支包括多名保荐代表人在内的核心业务团队，为投资银行业务的跨越式发展提供了有力的人才保障。

通过投行团队的不懈努力，世纪证券投行业务取得了令人瞩目的业绩。在传统股票承销业务获得实质进展的同时，世纪投行充分发挥新兴券商的后发优势和专业化服务精神，通过实施“核心客户战略”，在并购咨询和债券承销业务方面取得了突破，在业内树立起世纪证券投资银行业务的良好品牌。

泰陽证券有限责任公司
SUN SECURITIES CO., LTD.

基本情况

泰陽证券有限责任公司创建于1988年，前身为湖南省证券公司，是经中国人民银行批准成立的全国首批证券公司之一。2001年，经中国证券监督管理委员会批准为综合类证券公司，增资扩股至12.05亿元人民币，具有证券经纪、投资银行、债券承销、证券投资、受托理财等齐全的业务资格。同年，公司正式更名为泰陽证券。

截止2003年底，公司总资产达60亿元，所有者权益为12.72亿元。拥有证券营业部28家，形成立足湖南，辐射全国的网点布局，实现了由区域性券商向全国性券商的转变。公司拥有一支高素质的员工队伍，在900多名员工当中，大学学历以上的占60%以上，研究生学历以上的占总数的20%以上，而且90%的员工通过考试获得了证券从业资格。

主要业绩

1993年起公司开始担任"湘中意"、"湘火炬"社会公开发行股票的主承销商，实现了湖南上市公司零的突破；2000年，泰陽证券成为中国证监会核定的全国26家具有主承销资格的券商之一；2002年，投行四条发行通道完成过会项目7家、发行项目5家，"通道过会周转率"为175%，"通道发行使用率"达到125%，创造了两项全国同行业第一； 2003年，公司投行业务保持了"黄金通道"的美誉，担任了长电科技、力元新材、欣网视讯等3家新股上市主承销。2004年5月，公司获得国内首批保荐机构资格，并有10位员工取得保荐人代表资格，在湘籍券商中名列第一。同时公司担任了"宁波热电"新股上市主承销。泰陽网站连续几年被评为全国最受股（网）民喜爱的优秀证券网站，2003年荣获"中国优秀证券网站"第一名和"最佳个性化服务网站"的称号，2004年再次荣获此称号。公司网上交易相对份额达到47.1%，超出全国平均水平近四倍，在全国同行中名列第一。2004年公司获评"湖南十大国有诚信企业"。

主要工作经验

1、始终秉承"诚信务实、规范发展"的经营理念，坚持"成本最小化，利润最大化"的经营原则。

2、拥有一支忠诚团结、经验丰富、勇于创新的团队，为客户提供全方位、差异化、高品质服务，使客户资产保值、增值。

3、实行事业部制，加强事业部之间资源共享，提高管理和决策的科学化水平。

4、成立发展战略委员会、薪酬与考核委员会、风险管理委员会、审计委员会等多个专门委员会，由独立董事担任召集人。

5、坚持"以人为本"管理理念，建立公平、公开、公正的晋升机制，公司启动了"双百"人才培养选拔系统工程，各选拔100名管理和技术后备人才，建立人才储备和竞争淘汰制度。

发展战略与目标

公司致力于建设一个"法人治理完善、内部控制严密、风险管理有效、经营行为规范、市场信誉良好"的现代金融企业，不断增强公司核心竞争力。泰陽，如鲲鹏展翅，开始了新的腾飞！

联系方式

电话：0731-538 2258 / 538 2235
席位号（沪）X51
席位号（深）230300　230200
公司地址：湖南长沙新建西路1号
邮编：410007
网址：www.sunsc.com.cn

泰陽证券大厦

金元证券有限责任公司
GOLDSTATE SECURITIES CO., LTD.

坚持做有特色的新型券商

董事长：郑辉

总裁：彭振明

实力源自专业　合作提升价值
服务体现细节　诚信铸就利益

金元证券有限责任公司成立于2002年8月，是经中国证监会批准，由首都机场集团公司作为核心股东出资设立的一家综合类证券公司，注册资本5亿元人民币。公司总部设在深圳，在北京、上海、成都等全国各中心城市均设有分支机构。公司具备主承销商业务资格、保荐机构资格、受托投资管理业务资格、证券自营业务资格、网上证券委托业务资格、经营外汇业务资格、证券投资咨询资格等各项证券业务资格。公司拥有一支从业经验丰富、业务素质优良的保荐代表人队伍。

深圳市深南大道4001号时代金融中心大厦17层
电话：0755-8302 5666
传真：0755-8302 5511
邮编：518034

北京市海淀区新街口外大街19号
北京师范大学国际学术交流中心6层
电话：010-6220 4230
传真：010-6220 0521　邮编：100875

宏源证券股份有限公司

2003年6月，公司依法换届产生了第四届董事会，聘任了新一届经营领导班子。在严峻的证券市场形势下，公司根据可持续发展的需要，进一步深化改革，确立了“做大做强做出特色”的发展战略，提出了“一个中心，两个加强，三条标准”的基本原则。即：“一个中心”是紧紧抓住利润这个中心不动摇；“两个加强”是大力加强业务开拓创新和风险防范；“三条标准”是按照是否有利于提高经营效益和工作效率，是否有利于提高全体员工的积极性和创造性，是否有利于促进公司持续健康发展这三条标准来衡量各项工作和制度。

2003年，公司总资产达到52.38亿元，股东权益12.69亿元，每股净资产2.0852元，净资本增至8.75亿元。在全行业亏损的情况下，公司全年实现税后净利润2009.53万元，实现每股收益（加权平均）0.0349元，加权平均净资产收益率为2.51%，净利润和净资产收益率指标在行业内排名保持在20名上下。这来之不易的经营业绩，对公司生存发展起到了关键性的作用。

公司在未来发展中，继续发扬“以人为本”的精神，努力打造宏源证券的企业文化品牌，真正把宏源证券办成学习型、创造型的现代金融企业。

宏源证券
HONGYUAN SECURITIES

CHINA EAGLE SECURITIES
CES
大鹏证券
CHINA EAGLE SECURITIES
高瞻遠矚
顾问理财
成就大鹏
未来所在
客户服务热线：400-888-8999
Http://www.chinaeagle.com

华林证券有限责任公司

CHINALION SECURITIES CO.,LTD

公司部分领导和投行业务人员在双鹭药业首发上市仪式上

梁斌副总裁在双鹭药业新股发行网上推介会上致辞

公司概况

华林证券系经中国证监会批准，由江门证券增资扩股并更名的综合类证券公司，注册资本为8.07亿元，经营范围为证券承销和上市推荐、证券经纪、证券自营、证券投资咨询、资产管理、财务顾问等综合类证券业务。公司总部设在深圳。

华林证券资产质量优良，2002年公司净资产收益率在全国百余券商中排名前10位，2003年公司人均利润总额在全国122家券商中排名第30位。

华林证券海纳百川，吸引了一批证券业精英的加盟，拥有一支素质高、懂管理、从业经验丰富、对中国证券市场有深刻认识和前瞻视野的专业化管理团队。

华林证券着力打造“中国美林”，秉承诚信、稳健、创新的经营理念，坚持“智为上、信为本、勤为力”的企业精神，实施专业化、特色化、国际化的发展战略，致力于以稳健创新的金融运作、战略性的资源整合与职业经理人的专业知识和智慧为客户开启财富之门，在证券市场上不断创造华林的特色品牌和核心竞争力。

投资银行业务部门概况

华林证券有限责任公司是中国首批保荐机构。公司按照国际化、科学化的模式整合了投资银行业务，业务部门由投资银行部、融资并购部组成，并下设质量总监室、资本市场部、综合部等职能部门，体现了专业化分工和全方位服务的优势。

投资银行部、融资并购部作为公司投资银行业务的业务管理部门，致力于与中国优秀企业建立战略伙伴关系，为客户提供从IPO、再融资等主承销业务，到项目融资、股权私募、收购兼并、财务咨询、企业重组、国企改制、管理咨询等全方位深层次服务。

欣欣向荣的中国经济为企业发展提供了无数的机遇和挑战，我们将利用我们的专业水平和庞大的客户网络资源，针对企业客户的不同发展阶段，为他们的发展壮大提供专业服务。

华林投资银行业务的主要优势

卓越、高效的投行精英团队——是您成功的保证

华林证券以灵活高效的投资银行业务运作机制和打造“中国美林”的激情，从各大券商中吸引了一批高水平的资深投行专业人士，博取各家之长，形成了有自己独特风格的投行精英团队。 团队中的大部分成员都是证券市场的早期开拓者和行业中坚力量，经历了证券市场的发展与起伏，不仅业务精通，更具备丰富的市场经验与良好的心理素质，其五年以上的投行工作经验、丰富的专业知识，将成为贵公司股份制改造、股票发行、收购兼并等业务成功的有力保证。

出色的公共沟通能力
——是您顺利推进的润滑剂

华林证券投资银行业务从取得“承销通道”到成功推荐企业首发上市申报，仅用了短短9个月时间，创造了证券市场的“**华林速度**”（见下）。与各相关部门间出色的公共沟通能力可谓是其成功的重要因素，这也将成为顺利推进今后企业股份制改制及上市过程中减少中间环节，高效率、高质量地完成发行上市工作的润滑剂。

* 2003年4月21日，公司正式取得增资扩股后的新营业执照；
* 2003年5月20日，公司取得经营证券业务许可证；
* 2003年11月24日，公司取得主承销资格；
* 2004年1月19日，公司取得“承销通道”；
* 2004年1月20日，公司向证监会正式申报企业首发申请材料；
* 2004年5月，公司成为中国首批保荐机构。
* 2004年9月9日，公司保荐首家主承销项目双鹭药业在深交所中小企业板挂牌上市。

强大的立体研究能力
——是您把握政策与市场脉络的指南针

华林证券每一单投资银行业务都有研究部门的全力配合，对与项目相关的经济、市场、政策、行业等因素和企业长远发展进行深入细致的研究，为企业的长远发展指明方向。

华林证券在成立之初就把研究所定位为公司的重要支柱部门，目前研究所拥有各类研究人员大多为硕士以上学历，大多数的研究人员具有高级工程师、教授等职称以及具有注册会计师和律师等资格。

研究所是一个开放的体系，除不断加强自身研究能力外，特别重视利用外界各种智力资源，与国内外许多著名专家院校、科研机构和政策决策部门建立了长期稳定的合作关系。

研究所将为客户提供全方位、立体的研究服务，包括各类信息的收集与处理；国民经济运行趋势研究、产业政策咨询；金融品种的创新与开发；企业策划与财务顾问等等。

华林证券有限责任公司

地址：深圳市振华路21号航天立业大厦三、四楼　邮编：518028
电话：0755-83749725，83749741　传真：0755-83749653

江南证券有限责任公司
投资银行事业部

精英团队

副总裁：彭世平

精诚团结　锐意进取

江南证券有限责任公司是经中国证券监督管理委员会批准设立的综合类证券公司，控股股东为深圳中航集团（中国航空技术进出口深圳公司）。目前，公司在全国设有17家证券营业部、9个证券服务部。

江南证券一直高度重视发展投资银行业务。2003年6月，为建立更有效的运作机制，促进投行业务快速发展，江南证券公司决定，投资银行部门在运作机制上，实行独立核算、独立考核，保持运作的相对独立性。在人员集中并引进优秀人才加盟的基础上，江南证券投行确立了总部集中的大投行模式。

2004年5月，江南证券登记注册为首批保荐机构，在2004年的两次保荐代表人胜任能力考试中，江南证券投资银行事业部共有8人通过考试。目前，江南证券投资银行事业部拥有6名保荐代表人。

2004年9月，经江南证券公司运营委员会研究决定，江南证券设立投资银行事业部，下设综合管理部、深圳业务部、北京业务部、上海业务部、并购业务部和资本市场部六个部门，员工共计32人，其中10%拥有博士学位，65%拥有硕士学位。

江南证券投行事业部注重项目开发，积极利用各种优势，大力开拓华东和华南市场。2004年12月，江南证券保荐的安徽山鹰纸业股份有限公司增发项目顺利发行。地处上海、深圳、中山、南京、杭州等地一些上市辅导项目、首次公开发行项目及上市公司再融资项目在积极推进。地处浙江、山东等地的并购项目和财务顾问项目取得阶段性突破。

江南证券投资银行事业部全体员工精诚团结，积极进取，争创一流。在中国经济、中国资本市场快速发展的历程中，江南证券投资银行事业部正在与中国经济、中国资本市场共成长，铸辉煌。

江南证券
www.scstock.com

江南证券投行事业部地址及联系方式：
地址：深圳市深南中路3024号航空大厦29/30层
邮编：518031
电话：0755－83688421/83688206
传真：0755－83688517

广东证券股份有限公司

GUANGDONG SECURTIES CO., LTD.

投资银行总部

董事长：钟伟华

广东证券股份有限公司是广东省内成立最早的专业证券公司和国内首批注册登记的保荐机构之一，现为国内具有较强实力和影响力的综合类证券公司，尤以优质高效的精品服务在投资银行业务领域树立了良好的品牌形象。

目前，广东证券投资银行总部拥有一支以40多名博士、硕士为主体的专业人才队伍，并成为中国证券市场里最富活力、最具创新意识的投资银行业务团队之一。同时，根据业务发展的需要，广东证券投资银行总部已建立了科学的组织架构、严谨的业务管理体系和完善的风险控制体系，并形成以广州投资银行总部为核心，北京、上海、深圳等投资银行分部为区域中心，覆盖全国政治、经济重镇的业务网络。

广东证券投资银行总部时刻以前瞻性的目光，注视国内外金融环境的变化和国家金融政策的演变趋势，为客户提供高水准、专业化的服务，业务范围广泛，包括：证券发行与承销、上市公司再融资、企业改制重组、公司并购、财务顾问、风险投资服务、企业激励机制设计、证券人才培训、发行方式创新设计和其它策略性服务。

面对历史，没有骄傲；
面对未来，充满信心。

"诚信为本、追求卓越"，
邀您携手，励志进取，
积极开拓，共创美好未来！

地址：广州市解放南路123号2701室　传真：020-8327 0485　邮编：510120

电话：020-8327 0485　020-8327 0523

Email：weisuh@263.net / fwhong@21cn.com

專業 誠信 勤勉 團隊
PROFESSIONAL SINCERE DILIGENT TEAM
打开金融新天地
20年来，中银万国投资银行始终以成为"企业最好的金融顾问"为目标，通过不断的经验积累和客户培养形成了我们突出的核心竞争力：企业资本运作的服务能力（产品设计能力、协调沟通能力、业务衍生能力、研究咨询能力等）；证券的承销与配售能力（拥有国内券商最具实力的配售网络）和境内外业务的协同开发能力（领先的境内外分支机构设置）。我们愿以百倍的努力，助企业在资本市场乘风破浪，打造一片新天地。
申银万国投资银行为您提供以下服务：
帮助国内各类企业进行股份制重组与改造，提供股份制改组咨询与策划
为企业IPO、配股、增发、可转债等融资活动提供保荐及承销服务
为各类企业发行债券、融资券
担任企业收购与反收购财务顾问
为企业担任产权转让的中介服务
各种金融创新工具的研发
各类专业化的咨询服务
SYWG 申银万国投资银行
INVESTMENT BANKING
申银万国在线 | HTTP: // WWW.SYWG.COM.CN

2004年5月11日，由本公司主承销的“宁波东睦”在上海证券交易所隆重挂牌上市

国联证券有限责任公司地处中国最富经济活力和最具发展潜力的地区--长江三角洲经济区。其前身是无锡证券有限责任公司，成立于1992年9月。2002年增资扩股完成后，注册资本10亿元人民币，公司在管理体制、经营手段、业务拓展等领域进行了全方位的改革和创新。2003年度证券交易总额441亿元人民币，实现利润10546万元人民币。根据上海证券交易所的行业统计信息显示，公司2003年营业利润率排名第一位、净利润排名第七位、净资产收益率排名第七位。

经营业绩

2002年10月，公司获得主承销业务资格

2002年11月，获得两条主承销“通道”

2003年3月31日，国联证券担任主承销的宁波东睦新材料股份有限公司通过发审会审核

2003年9月，与中国移动（集团）有限公司签署财务顾问协议

2003年11月，与成都报业集团签署财务顾问协议

2004年3月，国联证券担任主承销的江苏霞客环保色纺股份有限公司通过发审会审核

2004年3月20日，4名投资银行高级经理通过保荐代表人胜任能力考试

2004年4月14日，宁波东睦（600114）顺利发行

2004年5月11日，宁波东睦在上交所上市交易

2004年6月22日，霞客环保（002015）顺利发行

2004年7月8日，霞客环保在深交所中小企业板上市交易

人才结构

员工均具有证券从业资格，平均年龄28岁左右，博士占15%；硕士以上学历者占60%；具有注册会计师资格的员工占20%；具有律师资格的员工占20%。

承销业绩

宁波东睦新材料股份有限公司	主承销
江苏霞客环保色纺股份有限公司	主承销
安徽长江装备股份有限公司	副主承销
浙江卧龙科技股份有限公司	副主承销
黑牡丹（集团）股份有限公司	副主承销
无锡商业大厦股份有限公司	副主承销
河南中孚实业股份有限公司	副主承销
安源实业股份有限公司	副主承销
天津天士力制药股份有限公司	副主承销
北京燕京啤酒股份有限公司可转债	副主承销

国联证券有限责任公司

投资银行总部

南方证券股份有限公司
CHINA SOUTHERN SECURITIES CO., LTD.

投资银行业务总部

南方证券股份有限公司投资银行业务总部（以下简称“CSSCIB”）自成立以来，业务不断扩展，形成了覆盖全国31个省、自治区、直辖市的投资银行业务服务网络和完善的服务体系，拥有一大批重点核心客户。CSSCIB下设深圳、北京、上海三个分部、资本市场部、兼并收购部、综合部，目前在职员工95人,其中平均从业时间在5年以上，97%拥有证券代理发行从业资格，具有硕士以上学位者占53%，具有博士学位者占5%。

业务范围

证券发行承销、企业重组、兼并收购、财务顾问及其他策略性服务等资本市场中介业务。

我们的理念

以客户至上为核心的南方证券投资银行文化，建立在团队精神之上，始终关注销售网络和客户资源建设。

- 完善合理的投资银行业务体系；
- 为客户提供360° 全方位服务；
- 与行业龙头企业紧密合作，崇尚与客户的长期合作，崇尚创新的投资银行；
- 完善的业务支撑体系：研究所、经纪业务、国际业务、资产管理业务。

主要业绩及所获荣誉

在各项业务排名均名列前茅。截止2004年上半年，完成主承销219家。其中A股首发66家，B股首发17家，增发15家，配股109家，可转换债券3家，企业债券9家。完成上市推荐145家，财务顾问42家。历年承销总金额共计970.70亿元人民币；历年承销总股数共计123.864亿股。

2002年，成为业内首家通过ISO9001国际质量管理体系认证和美国注册认可委员会认可证书（RAB）。

地址：深圳市嘉宾路4028号太平洋商贸大厦22楼
电话：0755-82138888-201、205
传真：0755-82138274，82138227
电子信箱：csscib@email.sostock.com.cn

创新与发展中的兴业投资银行

公司副总裁、投资银行总监：王晋勇

http://www.xyzq.com.cn

兴业证券投资银行业务始于1991年。经过10余年的稳步发展，兴业投行已经成为国内知名的投资银行，业务遍布全国各地，各项业务指标名列前茅（全国前十名），树立了稳固的市场地位。

2000年投行业务重心实施战略转移，业务范围向全国拓展，在江浙地区树立了品牌优势。

近3年投行业务迅猛发展，承销业务市场占有率持续上升。

2003年8月兴业证券投资银行部通过了ISO9001认证。

十多年来，兴业投资银行担任一百多家股票发行的承销商，累计完成主承销与上市推荐项目超过74家，为企业筹集资金逾190亿元。

2002年主承销家数和金额分别为第3名和第10名，是唯一一家首发、增发、配股全部进入前10名的券商。

2003年主承销家数和金额分别为第7名和第11名。其中IPO主承销金额排名第7。

兴业投行视“专业化”为生存发展的关键、“规范化”为持续经营的前提、“市场化”为推动组织进步的动力。

兴业投行业务开展始终坚持“稳健经营”原则，以力求公司“长远发展”，做金融服务业的百年老店。

兴业证券股份有限公司

INDUSTRIAL SECURITIES CO.,LTD.

太平洋证券
PACIFIC SECURITIES

营业部开业现场

太平洋证券有限责任公司是在云南省人民政府和山东泰安市人民政府的关心和支持下，2003年12月经中国证监会批准，2004年1月在云南省昆明市注册成立的综合类证券公司。

公司股东包括中国对外经济贸易信托投资有限公司、山东泰安泰山投资控股有限公司等大型中央国有和地方企业、民营科技企业和投资企业。多元化的股东构成使太平洋证券具有灵活合理的现代经营机制。公司经营以市场为目标驱动，以研发为指导，以风险管理为保障，以高效稳定的技术为基础支持，以共同成长的激励约束机制为动力，最终追求成为有明显业务特色、可持续、高成长、高度专业化的综合型证券公司。

秉承“诚信、规范、扎实、用心”的经营理念，在市场严峻、竞争激烈的环境中，太平洋证券以诚信为本，确立与客户持久合作的伙伴关系；以规范为尺，对内协调团队的专业化运作，并控制风险，对外沟通客户、建立信任关系；以扎实的态度，全身心地投入对客户的服务，力求细致深入，尽善尽美。

公司大楼

太平洋证券在11个省市的25个城市设立了17家营业部和12家服务部，形成了辐射全国的营销网点黄金链。以一流的设备和高质稳定的技术为基础，建立了公司极大区域集中式电子交易系统，支持多品种的网上交易、银证通等多种交易形式。公司的业务骨干均拥有十余年的从业经历，涉及到经纪业务、投资咨询、发行承销、并购业务等各个领域，对中国资本市场运作有着深入独到见解和丰富实际经验。这些都将帮助太平洋证券成为客户最值得信赖的投资理财顾问。

太平洋证券280多名员工郑重承诺，我们将以高效、专业、扎实、用心的工作为您提供多品种、全方位的资本市场服务，为您的成功添砖加瓦！

竭诚为客户服务

公司首家营业部开业

SITICO
上海國際信托投資有限公司
SHANGHAI INTERNATIONAL TRUST&INVESTMENT CORPORATION LIMITE
上海国际信托投资有限公司是由上海国际集团有限公司控股的非银行金融机构，成立于1981年，注册资本25亿元人民币，位居全国地方信托投资机构前列。
长期以来，公司在证券、基金、基础设施和房地产等领域积聚了丰富的投资经验，致力于为企业、个人提供专业的理财方案和诚信的理财服务。
受托经营资金信托、财产信托
受托经营公益信托
从事投资基金业务
经营企业资产重组、购并、担任财务顾问
承销国债、企业债券
管理、运用与处分代理财产
提供信用见证、资信调查及经济咨询
以自有财产提供担保
代保管业务
笃实诚信
专业理财
稳健成长
开拓创新
地址：九江路111号 邮政编码：200002
电话：63231111（总机）
网址：HTTP：//WWW.SITICO.COM.CN

第三编

中国金融市场

2222/2356

本栏目由以下单位协办(排名不分先后)

★ 中国长城资产管理公司
★ 中国证券登记结算有限公司
★ 中央国债登记结算有限公司
★ 中国经济技术投资担保有限公司
★ 中国外汇交易中心
★ 瑞士信贷第一波士顿
★ 交通银行上海分行
★ 广州科技风险投资有限公司
★ 上海国际信托投资有限公司
★ 中投信用担保有限公司

第一章　中国金融市场概况

2003年中国银行业概况

2003年我国继续实行稳健的货币政策，货币供应量增长速度有所加快，货币环境较为宽松。

2003年12月末，全部金融机构本外币各项存款余额为22万亿元，比上年末增长20.2%。人民币各项存款余额为20.8万亿元，比上年末增长21.7%。财政存款、农业存款、机关团体存款、居民活期储蓄存款等增长较快，增长幅度达到25%—47%；全部金融机构本外币各项贷款余额为17万亿元，比上年末增长21.4%。人民币各项贷款余额为15.9万亿元，比上年末增长21.1%。农业贷款、中长期贷款增长较快。

2003年银行及信用社累计发放贷款17.1万亿元，增长40.4%，贷款周转次数为1.03次，比上年加快0.14次；贷款周转天数为354天，比上年加快60天。金融机构贷款周转速度也有所加快。

2003年我国银行资产质量提升，不良贷款下降。截至2003年末，银行业金融机构（本外币）不良贷款余额2.4万亿元，比年初下降1574亿元；不良贷款率15.19%，比年初减少4.69个百分点。

2003年，随着央行及银监会各项政策的陆续推出，我国银行业改革进入实质性阶段。这些政策包括央行存款准备金率变动、超额存款准备金利率变动、商业银行贷款利率浮动、结算帐户管理、服务价格管理、将次级定期债务计入附属资本、对国有银行注资以及鼓励外资金融机构投资入股、修订三大银行法等等。政府积极采取措施增强国内银行（特别是四大国有商业银行）的竞争力。

2004年宏观经济增长和产业结构调整将推动银行业保持快速发展，国有商业银行受益最多，上市银行也将分享行业成长带来的益处。银行业的改革力度不断加大，表现为利率市场化进程加快、多种渠道补充国有商业银行资本金、混业经营出现端倪等。同时外资银行进入步伐明显加快，作为战略投资者参与国内银行业的发展。2004年将是我国银行业吐故纳新的一年，银行业机遇与挑战并存，其发展将受到来自货币信贷政策"趋紧"、人民币升值预期、银行监管加强以及对外资银行进一步开放所带来的挑战。

一、政策回顾：加强监管成为主流

1、三大法实施

2003年12月27日，十届全国人大常委会第六次会议通过了银行业监督管理法、全国人大常委会关于修改中国人民银行法的决定、全国人大常委会关于修改商业银行法的决定等三部法律。这三部法律已于2004年2月1日起施行。

银监法吸收了巴塞尔银行监管委员会制定的《有效银行监管核心原则》，明确规定银行业金融机构应当严格遵守审慎经营规则。修订后的中国人民银行法重新明确了监管职能分离后中央银行的职责，规定中央银行的职责是"制定和执行货币政策，防范和化解金融风险，维护金融稳定"。修改后的商业银行法第43条规定：商业银行不得从事信托投资和证券经营业务，不得向非自用不动产投资或者向非银行金融机构和企业投资，但国家另有规定的除外。这一突破性的修改，被认为为混业经营留下了法律空间。

2、《商业银行资本充足率管理办法》出台

2004年2月27日，中国银监会颁布《商业银行资本充足率管理办法》，旨在强化对商业银行资本的有效监管，提高银行体系的稳健性。《办法》自2004年3月1日开始实施，而对商业银行资本充足率最后达标期限规定为2007年1月1日。

《办法》实施将对银行业产生深远影响。短期来看，银行的资本充足率大幅降低，将直接制约银行贷款业务的进一步拓展：(1)大幅降低银行现有的资本充足率，减缓银行规模扩张的速度；(2)银行业发债融资将掀高潮；(3)对资本充足率较低银行的利润分配形成一定的制约；(4)引入战略投资者，尤其是与外资合作将成为银行业一大亮点。

中长期来看，有利于银行业强化风险管理，转变经营模式，加快金融创新：(1)促使银行进一步提高风险定价和管理技术，改进资产质量；(2)促使银行由目前的粗放式增长转向内涵式增长模式；(3)推动银行金融创新和业务多元化发展。

3、差别存款准备金率制度实施降低银行业风险

2004年3月24日，中国人民银行决定从2004年4月25日起实行差别存款准备金率制度，金融机构适用的存款准备金率与其资本充足率、不良贷款比率、内控机制状况、发生重大违规及风险情况等指标挂钩。此次将资本充足率低于一定水平的金融机构存款准备金率提高0.5个百分点，执行7.5%的存款准备金率，其他金融机构仍执行现行7%存款准备金率。

该制度的执行范围暂限于股份制商业银行和城市、农村商业银行。从短期来看，本次差别存款准备金率制度的实施所产生的宏观货币紧缩效应非常有限，货币紧缩的规模约为145亿元；从中长期来看，该制度的实施将有助于完善货币调控机制；有助于降低银行系统风险；有助于扶优汰劣，加快银行之间的分化。该制度对银行业最重要的影响在于：为银行未来中长期发展指出了"差别准备金率"的方向，特别是为那些尚未成为实施对象，资本充足率、资产质量有一定差距或隐患的银行追加巨大的压力。

此外，央行还决定实行再贷款浮息制度，即央行在国务院授权的范围内，可根据宏观经济金融形势，在再贷款（再贴现）基准利率基础上，适时确定并公布央行对金融机构贷款利率加点幅度，对货币供应、贷款投放产生一定的紧缩效应。再贷款浮息制度的实施将有助于加快利率市场化的进程；

4、《商业银行次级债券发行管理办法出台》助力商业银行补充资本

2004年6月23日，央行和银监会公布商业银行次级债券发行管理办法，以对商业银行发行次级债券行为进行规范，促进商业银行资产负债结构的改善和自我发展能力的提高。

办法规定，商业银行次级债券是指商业银行发行的本金和利息的清偿顺序列于商业银行其他负债之后、先于商业银

行股权资本的债券。办法的出台,使得商业银行发行次级债有了清晰而明确的规则可循,有利于商业银行拓宽资本筹集渠道,有利于加强对商业银行的市场约束、提高监管效率,也有利于银行加强自我风险管理。

5、小节

未来两年银行业市场化改革进入攻坚阶段,在保证金融安全的前提下推进银行业市场化与经济发展互动改革将是未来2—3年金融改革的主要问题。四大国有银行不良贷款历史包袱的问题,以及通过提升监管技术推动银行规范经营的问题,将成为银行业改革成败的关键。

二、银行业发展机遇

宏观经济持续增长为银行业的稳定发展奠定了坚实的基础

2000年以来,我国GDP增长速度基本上都保持在7.5%以上,2003年达到9.1%,2004年一季度更是高达9.8%。随着GDP的增长,银行存贷款幅度都保持了较快程度的增长,为银行业的良好发展奠定宏观基础。

携手外资银行有利于提升竞争力

入世后外资大举介入,金融准入门槛逐步降低,加速了银行购并重组的步伐。

2002年末,上海浦东发展银行和花旗银行签订战略性参股协议;2003年12月31日,上海浦东发展银行获准发行引进花旗银行管理和技术的浦发银行信用卡,这是中国首张由外资银行参与管理和技术合作、在全国发行的双币种联名信用卡;2004年6月,中国人民银行同意NewbridgeAsiaAIVⅢ,L. P. 新桥)受让深发展34810.33万股权,占深发展17.89%的股权,成为第一大股东;2004年7月,国际金融公司(IFC)受让民生银行5604.39万股股权,占公司总股本的1.08%。

外资的介入,将有助于商业银行提高管理水平,提升银行的市场形象。

宏观调控对优质银行的负面影响有限

为防止经济过热,央行自去年9月份开始实施一系列紧缩的货币政策,特别是今年4月份以来国家加强宏观调控,收缩部分行业的信贷规模,部分盲目信贷扩张的商业银行受此影响,不良资产将快速增加;而管理健全、经营稳健的部分银行,如招商银行、民生银行等,在房地产、钢铁、电解铝等行业的贷款规模较小,受影响的幅度较小。

利率有望进入上升通道

目前国内利率处于低位,美国已于6月30日、8月10日两次加息,而此前美国联邦基金利率仅1%,已创下46年来的新低,扣除通胀因素后,该基准利率已连续两年为负数。

由于国内、国际目前的利率水平均处于低位,预计利率将逐年提高,进入上升通道。预计2004—2005年利率温和上升0.2—0.6%,到2008年利率共上升1—1.5%。2006年之前,存款利率上限管制仍存在,上市银行贷款收益率保持前3年的水平并略有提升。2006—2008年,预计存款利率上限逐步放开,平均利差水平下降。

利率上调,虽然会降低贷款规模,但也会导致存贷利差增加,相应增加银行业的收益。

三、银行业风险因素分析

1、四大行改制上市带来冲击

四大行改制上市,带来的冲击包括业务冲击与上市比价效应的冲击。在业务竞争上,资本实力、经营网点、技术和人才等方面拥有明显优势的国有银行一旦改制上市成功,无疑会加剧银行业的竞争,对现有上市银行业务扩张构成新的挑战。国有银行上市时,无论是境内、境外或多地同时同价上市,其比价效应都有可能拖低现有上市银行价格中枢,促使现有上市银行的股价下跌。

2、资本充足率新办法将影响银行业务扩张

五家上市银行按新《办法》估算的资本充足率情况

	2003年	按新《办法》估算	下降幅度
招商银行	9.49%	6.8%	28.35%
浦发银行	8.62%	4.89%	43.40%
民生银行	8.64%	6.47%	25.0%
华夏银行	10.32%	6.88%	33.33%
深发展	6.96%	3.72%	46.55%

5家上市银行的资本充足率下降幅度均在25%以上,且无一例外地低于监管要求。政策要求在2007年之前改进,目前还有喘息时间。但显然会限制银行业的扩张速度。

3、上市银行的融资需求将降低机构投资者的评级

招商银行、华夏银行已经分别获准募集65亿元、42.5亿元的次级定期债务,民生银行董事会也已通过发行60亿元次级债的议案。如此密集的融资要求,将增大机构投资者的资金压力,从而降低机构投资者对银行板块的评级。

4、长期债券可能造成损失

商业银行在低利率时期认购了大量曾被认为是优质资产的长期债券,而随着宏观经济形势的转变,这些长期债券已经出现了大幅下跌,给商业银行造成相当损失。以银行间债券市场的02国债05为例:这是一只期限为30年的长期债券,这只债券的市场价近几年一直在面值以下运行,最低时的净价大致在70元左右,远远低于当初发行时的100元面值。

2003年年底,招商银行持有300亿元利率在4%以下的中长期债券,民生银行持有近百亿利率在3%以下的中长期债券,而这些债券的价格如今几乎毫无例外地大幅下跌。根据《金融企业会计制度》第五十条规定,对长期投资可以根据几种迹象来判断是否应当计提减值准备,而其中的第一条就表明,市价持续两年低于帐面价值。目前我国商业银行普遍没有计提这样的准备金,如果考虑文件行按照规定计提长期投资减值准备的话,将会对银行利润产生重大影响。

四、结论

总体而言,需求环境持续向好和经济结构转型为银行业提供了一个比较好的发展机遇,银行业存在较大的发展机会。2006年银行业将向外资全面开放,质地较差的上市银行如果不能成为尽快改进资产质量、提升运营能力,有可能会持续走下坡路,投资者注意区分。优秀的银行将向金融业大鳄的方向发展,甚至挑战四大国有商业银行的地位。

2003年我国金融运行平稳

2003年,中国人民银行在党中央、国务院的正确领导下,继续实行稳健的货币政策,切实加强和改进金融宏观调控,努力提高货币政策的科学性、前瞻性和有效性,综合运用多种货币政策工具,有效调节货币供应,取得明显效果。整体看,全年金融运行平稳,促进了国民经济持续、快速、协调、稳定增长。

一、货币供应量增长速度加快,货币环境较为宽松

2003年12月末,广义货币供应量(M2)余额为22.1万亿元,比上年末增长19.6%,增幅比上年末加快了2.8个百分

点;狭义货币供应量(M1)余额为8.4万亿元,比上年末增长18.7%,增幅比上年末加快了1.9个百分点;市场货币流通量(M0)余额为2万亿元,比上年末增长14.3%,增幅比上年末加快了4.2个百分点。全年投放现金2468亿元,比上年多投放现金879亿元。M2和M1的增长幅度均将大大高于2003年国内生产总值GDP的增长幅度,货币环境较为宽松。

二、金融机构各项存款快速增长,银行资金较为充裕

12月末,全部金融机构本外币各项存款余额为22万亿元,比上年末增长20.2%,全年增加3.7万亿元,比上年多增8351亿元。人民币各项存款余额为20.8万亿元,比上年末增长21.7%,增幅比上年加快了2.8个百分点;全年增加3.7万亿元,比上年多增9399亿元。其中:企业存款余额为7.2万亿元,比上年末增长20.8%,全年增加1.3万亿元,比上年多增3013亿元;城乡居民储蓄存款余额为10.4万亿元,比上年末增长19.2%,增幅比上年末提高1.4个百分点,全年增加1.7万亿元,比上年多增3399亿元,其中:定期储蓄存款增加9675亿元,比上年多增2243亿元,活期储蓄存款增加6957亿元,比上年多增1156亿元,在新增储蓄存款中,定期储蓄存款占58%,比上年末上升了2个百分点,保持了较强的稳定性。外汇各项存款余额为1487亿美元,比上年末下降1.3%,其中:企事业单位存款余额为519亿美元,比上年末增长1%;储蓄存款余额为855亿美元,比上年末下降4.3%。

三、金融机构各项贷款增加较多,贷款周转速度加快

12月末,全部金融机构本外币各项贷款余额为17万亿元,比上年末增长21.4%,全年贷款增加3万亿元,比上年多增1.1万亿元。人民币各项贷款余额为15.9万亿元,比上年末增长21.1%,增幅比上年末提高5.3个百分点,当年贷款增加2.77万亿元,比上年多增9177亿元。从贷款投向上看,短期贷款增加9496亿元,比上年多增1741亿元,其中,工业贷款增加2574亿元,比上年少增138亿元,农业贷款增加1531亿元,比上年多增354亿元,建筑业贷款增加249亿元,比上年少增636亿元,其他各类贷款增加5143亿元,同比多增2161亿元;中长期贷款增加1.4万亿元,比上年多增6040亿元,其中,基本建设贷款增加6373亿元,比上年多增3199亿元,个人中长期消费贷款增加4784亿元,比去年多增1265亿元,票据融资增加3403亿元,比去年多增1171亿元。外汇贷款余额为1302亿美元,比上年末增长26.7%,全年增加276亿美元,比上年多增185亿美元,其中:短期贷款余额为451亿美元,比上年末增长45.2%,全年增加142亿美元,比上年多增100亿美元;中长期贷款余额为465亿美元,比上年末增长24.6%,全年增加91亿美元,比上年多增46亿美元。从贷款增加的投向上看,农业贷款、基本建设贷款、个人消费贷款和票据融资增加较多。

贷款周转速度加快。2003年银行及信用社累计发放贷款17.1万亿元,比上年多发放4.9万亿元,增长40.4%,贷款周转次数为1.03次,比上年加快0.14次;贷款周转天数为354天,比上年加快60天。

四、外汇储备增加较多,人民币汇率保持稳定

截至12月末,国家外汇储备余额达4033亿美元,同比增长40.8%,增长幅度比上年末提高了6.8个百分点,全年累计增加1168亿美元,同比多增426亿美元,年末,人民币汇率为1美元兑8.2767元人民币,比上年末上升了6个基本点,人民币汇率继续保持稳定。

金融机构本外币信贷收支表

2003年12月　　单位:人民币亿元

来源方项目	余额	运用方项目	余额
一、各项存款	220363.53	一、各项贷款	169771.00
1.企业存款	76784.87	1.短期贷款	87397.88
(1)活期存款	53585.88	2.中长期贷款	67251.74
(2)定期存款	23198.99	3.委托及信托贷款	2473.00
2.储蓄存款	110695.26	4.票据融资	9233.59
(1)活期储蓄	36218.17	5.其它类贷款	3414.79
(2)定期储蓄	74477.09	二、有价证券及投资	37490.62
3.委托及信托存款	2572.30	三、金银占款	337.24
4.其他存款	30311.10	四、财政借款	
二、对国际金融机构负债	482.57	五、在国际金融机构资产	873.40
三、其他	−12373.85		
资金来源总计	208472.26	资金运用总计	208472.26

注:本表统计口径包括人民银行、政策性银行、国有独资商业银行、其他商业银行、城市商业银行、城市信用社、农村信用社、农村商业银行、信托投资公司、财务公司、租赁公司、邮政储蓄机构、外资金融机构。

金融机构人民币信贷收支报表

2003年12月　　单位:亿元

来源方项目	余额	运用方项目	余额
一、各项存款	208055.59	一、各项贷款	158996.23
1.企业存款	72487.05	1.短期贷款	83661.15
2.财政存款	5126.94	(1)工业贷款	22756.00
3.机关团体存款	6727.65	(2)商业贷款	17994.41
4.城乡储蓄存款	103617.65	(3)建筑业贷款	3002.14
(1)活期储蓄	35118.98	(4)农业贷款	8411.35
(2)定期储蓄	68498.67	(5)乡镇企业贷款	7661.55
5.农业存款	4898.33	(6)三资企业贷款	2569.41
6.信托类存款	2458.10	(7)私营企业及个体贷款	1461.59
7.其他类存款	12739.87	(8)其他短期贷款	19804.70
二、金融债券	2226.27	2.中长期贷款	63401.40
三、流通中现金	19745.99	3.信托类贷款	2281.32
四、对国际金融机构负债	482.57	4.其他类贷款	9652.36
五、其他	−5197.17	二、有价证券及投资	30259.47
		三、金银占款	337.24
		四、外汇占款	34846.92
		五、财政借款	
		六、在国际金融机构资产	873.40
资金来源总计	225313.26	资金运用总计	225313.26

注、本表统计口径包括人民银行、政策性银行、国有独资商业银行、邮政储蓄机构、其他商业银行、城市商业银行、城市信用社、农村信用社、信托投资公司、财务公司、租赁公司、外资金融机构。

金融机构外汇信贷收支表

2003年12月　　单位:亿美元

来源方项目	余额	运用方项目	余额
一、各项存款	1487.06	一、各项贷款	1301.77
1.企业存款	519.26	1.短期贷款	451.44
2.储蓄存款	855.14	2.中长期贷款	465.20
3.委托及信托存款	13.80	3.委托及信托贷款	23.16
4.境外存款	26.14	4.境外筹资转贷款	195.47
5.其他类存款	72.72	5.票据融资	7.59
二、境外筹资	214.33	6.其他类贷款	158.91
三、外汇买卖	178.88	二、有价证券及投资	873.68
四、境外同业往来	126.29	三、境外同业往来	513.74
五、其他	682.63		
资金来源总计	2689.19	资金运用总计	2689.19

国家银行人民币信贷收支报表

2003年12月　　单位:亿元

来源方项目	余 额	运用方项目	余 额
一、各项存款	134650.27	一、各项贷款	106155.93
1.企业存款	41594.94	1.短期贷款	47987.46
(1)活期存款	31504.35	(1)工业贷款	17639.07
(2)定期存款	10090.59	(2)商业贷款	15168.83
2.财政存款	5083.45	(3)建筑业贷款	1938.17

3.机关团体存款	5593.99	(4)农业贷款	1271.81
4.城镇储蓄存款	75834.83	(5)乡镇企业贷款	1680.49
(1)活期储蓄	25944.22	(6)三资企业贷款	1679.67
(2)定期储蓄	49890.61	(7)私营企业及个体贷款	539.70
5.农业存款	463.28	(8)其他短期贷款	8069.72
6.其他类存款	6079.78	2.中长期贷款	53141.15
二.金融债券	5429.75	3.其他类贷款	5027.32
三.同业往来	4757.27	二.有价证券及投资	21860.55
四.流通中现金	19745.99	三.同业往来	731.53
五.对国际金融机构负债	482.57	四.金银占款	337.24
六.其他	－541.97	五.外汇占款	34565.24
		六.财政借款	0.00
		七.在国际金融机构资产	873.40
资金来源总计	164523.89	资金运用总计	164523.89

注、本表统计口径包括人民银行、政策性银行、国有独资商业银行、邮政储蓄机构。

其他银行人民币信贷收支报表

2003 年 12 月　　单位:亿元

来源方项目	余额	运用方项目	余额
一.各项存款	30621.18	一.各项贷款	22367.56
1.企业存款	18522.86	1.短期贷款	13974.59
(1)活期存款	12054.63	(1)工业贷款	3575.32
(2)定期存款	6468.23	(2)商业贷款	1675.66
2.城镇储蓄存款	5851.47	(3)建筑业贷款	662.17
(1)活期储蓄	2616.84	(4)农业贷款	31.73
(2)定期储蓄	3234.63	(5)乡镇企业贷款	19.97
3.农业存款	15.93	(6)三资企业贷款	798.28
4.其他类存款	6230.92	(7)私营企业及个体贷款	450.57
二.发行金融债券	39.31	(8)其他短期贷款	6760.89
三.向中央银行借款	26.02	2.中长期贷款	5897.44
四.同业往来	1644.53	3.其他类贷款	2495.53
五.其他	377.09	二.有价证券及投资	5039.76
		三.缴存准备金存款	4549.42
		四.同业往来	751.39
资金来源总计	32708.13	资金运用总计	32708.13

注:本表统计口径包括交通银行、中信实业银行、光大银行、华夏银行、民生银行、广东发展银行、深圳发展银行、招商银行、上海浦东发展银行、兴业银行、恒丰银行。

货币供应量统计表

2003 年 12 月　　单位:亿元

	余额	余额比同期增长%
货币和准货币(M2)	221222.82	19.58
货币(M1)	84118.57	18.67
流通中现金(M0)	19745.99	14.28
活期存款	64372.58	20.09
准货币	137104.25	20.13
定期存款	20940.39	27.42
储蓄存款	103617.65	19.22
其他存款	12546.21	16.38

注:货币和准货币(M2)含证券公司客户保证金

汇率、黄金和外汇储备报表

2003 年 12 月　　单位:亿元

项目	二〇〇三年		
	十月	十一月	十二月
汇率:			
一特别提款权单位折合			
人民币元(期末数)	11.8504	11.9157	12.2989
一美元折合人民币			
(期末数)	8.2767	8.2772	8.2767
一美元折合人民币			
(平均数)	8.2767	8.2769	8.2770
黄金储备(万盎司)	1929	1929	1929
国家外汇储备(亿美元)	4009.92	4203.61	4032.51

世界经济金融回顾与展望

2003 年的世界经济在崎岖的复苏之路上艰难前行,在岁末年初之际已经曙光渐现。受经济强国政策刺激与结构调整相结合的影响,全球经济复苏在下半年明显加快。同时经济全球化的争议进一步扩大,刺激经济金融区域化的步伐加快发展,国际经济关系也由此形成多角度的变化,挑战与竞争愈加激烈。去年的国际金融市场更是动荡的一年,价格的跌宕起伏,既有投机因素的推波助澜,也有投资方向不确定引发的连锁效应。而今年的世界经济与国际金融既有风险,更有机遇。如何看待今年国际金融市场的跌宕起伏,市场看法不一,不过以谨慎乐观的态度去迎接挑战却是全球投资者的共识。

与 2001 年至 2002 年经济持续低迷的情况大相径庭,从去年上半年的颠簸前行到下半年的加速复苏,去年世界经济增长速度已明显超过上两年的水平。经济复苏的原因可以概括为“四低三高”。“四低”为伊拉克战争持续时间低于预期、SARS 疫情影响低于预期、恐怖事件严重低于预期、石油价格涨势低于预期;“三高”为宏观经济政策高强力度、投资热情高涨导致全球股市转暖、银行业高难调节以适应动荡的经济金融环境。上述这些因素形成了对世界经济复苏的有利支持,但不确定性并没有因此而消失。

复苏呈不均衡态势

总体看,世界经济 2003 年能出现 3.2%左右的增长,经济增长水平好于 2002 年、2001 年的 3%和 2.4%的增长水平。其中美日出现较好的增长态势,欧元区则处于下行区间,三大主要经济体复苏不均衡较为突出。发展中国家亚洲增长趋势看好,预计为 5—6%;拉美相对较弱仅有不足 2%的增长;非洲继续保持温和增长 3%的水平;转轨经济体则略显高涨,经济增长为 3—4%。

由于全球地区与国别经济发展水平具有较大差异,经济政策又普遍触底,未来金融市场将面临相当的风险压力。

突发因素影响低于预期

去年第一季度的伊拉克战争,战争前被认定是持久战的预测较多,结果却是速战速决。战后的局势并不平稳,美国的军费也因此大增,并成为美国经济复苏的直接刺激性因素。美国经济在其第一、二季度经济增长 1.4%、3.3%后,第三季度增长幅度达到 8.2%,成为美国近 20 年来的最高水平,预计美全年经济增长为 3.6%。根据统计显示,此轮经济增长的 44%来自于国防贡献,伊拉克战争促使美国国防开支增加了 15.9%,国防预算总额也增加了 870 亿美元。

另一个在去年影响世界经济的重要因素就是非典疫情,虽然使全球航空、旅游等相关产业受到很大影响,然而事后来看,非典对 2003 年全年的世界经济复苏并没有构成严重威胁,实际冲击远低于预期。

此外,去年国际反恐也取得了阶段性成果,也没有类似“9·11”的严重影响经济进程和投资信心的事件出现。虽然在恐怖主义的阴影笼罩下,但世界经济并没有受到实质的冲击。

人们对于世界经济复苏的信心在不断增强,例如国际货币基金组织对 2003 年世界经济的预期在去年上半年下调后,下半年又重新将其上调,重要原因就是以上负面因素的影响逐渐减弱,对经济的干扰性也在不断弱化。

政策刺激监管加强

去年世界经济的复苏还直接得益于主要经济强国实施的宏观经济政策。为了促使经济尽快复苏,去年内各主要国家继续执行刺激经济增长的财政货币政策。例如，美国采取强力刺激经济增长的财政政策和货币政策，在连续两年财政赤字增长后，本财年赤字再增加至4750亿美元；美联储今年6月再次降低利率到1%，达到45年来的历史性低点；美国政府还在下半年主动令美元走软以扩大出口。而日本在财政赤字已达GDP的150%的同时，继续实行放松的货币政策，每月购买1.2万亿日本国债支持日本国债市场，从而将长期利率维持在一个极低的水平。欧洲中央银行在2002年降息基础上，去年年中两次降息。中国以及东南亚国家则采取了扩大内需、促进出口的经济政策，也都取得了显著的效果。

同时主要国家(地区)对于货币政策操作和金融监管措施的取向更加注重秩序规范和风险防范，使得国际金融市场在震荡中显得相对稳定有序。各国对于规范金融市场的意识明显加强，如日本央行连续干预汇率，截至2003年10月底，日本央行干预汇市资金总额为17.8万亿日元；泰国和韩国央行也出手干预汇率上升；美国司法部门则对共同基金行业大力整顿，揭露了诸多涉嫌非法交易的美国共同基金公司和大银行，这说明经历了近年来一系列金融危机之后的各国金融监管当局已经具有较好的风险防范意识，在努力保证金融市场相对稳定。

油价稳中见高

各国能源政策的应对也比较得当。2003年国际石油价格相对平稳中高企，国际协调比较得当，但全年油价的波动直接受到美元贬值的影响。全年国际石油市场没有达到“将达到40至80美元每桶的超高位”这些危言耸听观点的预测，欧佩克(OPEC)适时宣布了稳定价格区间，引导油价走向的政策，使油价波动中显得相对稳定，为世界经济增长提供了相应的基础条件。

去年下半年，国际石油价格明显受到美元货币政策与经济基本面的影响，价格在27—28美元每桶处盘整，并多次达到30美元以上水平，最高曾达37.83美元每桶；但总体看年平均水平在28美元每桶上下，位于OPEC目标区的上限高端水平。接近年底时，OPEC出台了调高油价的政策，即从目前的22至25美元调高至28至30美元。但OPEC努力以减产和限制产量维持相对油价的稳定，使油价基本稳定。与此同时，美元进一步疲软导致国际油价不断攀升，进而出现OPEC可能“抛弃”美元，转以欧元作为计价货币进行石油交易的舆论传言。自2000年10月份以来，美元兑欧元已经贬值了49%。美元持续走软，导致以美元计价的油价持续上升，过去OPEC规定的价格浮动区间，目前似乎已经不能客观地反映世界石油的供需状况。美元汇率下滑和欧元汇率的上扬可能会成为OPEC选择欧元的理由，毕竟欧元区也是OPEC出口的重要地区。改用欧元计价，能避免美元波动的冲击，并真实反映世界石油供求。但此举也存在一些负面效应，如会导致国际石油价格的波动性增强，并不利于世界经济环境的稳定。

汇市大波动股市强复苏

国际外汇市场动荡是去年国际金融动荡的集中代表，主要货币汇率价格尤其是美元兑欧元的大幅变动成为动荡中市场的焦点。综观全年汇率走势，美元兑欧元、英镑、澳元和加元的跌幅分别为19.84%、10.80%、34%和17.54%，兑瑞郎和兑日元则跌幅较小，分别为10.2%和9.63%。美欧经济一明一暗，两种货币却一弱一强，外汇价格变动背离了两种货币依存的宏观经济基本面。这首先说明市场投机力度加大，超出了经济基本面的基础作用。其次，美国没有出手干预外汇市场，说明美国政府的政策是想借美元走软刺激出口，缩小美国贸易逆差。同时，美元相对欧元和日元贬值起到了无形变相下调美元利率的作用，有利于美国提高企业效益和降低产品价格，推进美国经济复苏。第三是汇市技术周期因素的影响。欧元岁末年初之际的大幅上涨走势，背离了美欧双方的经济水平，明显由市场技术性主导。第四是利率、汇率预期不确定的影响。美联储连续13次的降息和欧洲央行的3次降息效果甚微，日本长期维持零利率政策，说明利率对资金调节和经济刺激作用明显弱化，导致三大主要经济体利率政策基本失灵。尽管美国当局口头强调强势美元仍旧是美国坚持的货币政策，但又强调应该由市场决定美元汇率，加大了汇率灵活性，也扩大了美元的波动幅度。

去年国际金融市场另一特点就是投资和投机者利用价格交叉、产品交叉、市场交叉以及地域交叉等多角度、多领域的相互影响的特点，翻炒金融产品、趋利避险。在汇市大幅波动的情况下，致使以美元为主线的金价和油价交替动荡、股市与债市交错上升。其中黄金价格突破400美元关口，达到8年来金价的最高水平；石油价格则达到38美元较高水平；国际债市在低利率环境的影响下，上半年持续走高，下半年在股市上扬的背景下，则频频走低，资金流出扩大。

去年全球资本市场最为抢眼的是股市的复苏。从第二季度开始，全球股市普遍上升，第三季度全球股票指数更是累计上涨16.4%，创下了1987年以来最大涨幅。年底前，美国道琼斯指数冲上万点，创下近两年来的新高。欧洲、日本股市同时呈现明显的上涨趋势；亚洲主要股市更是一路走高，拉美股市也随同上涨。2003年全球股票市场变化的状况，一方面来自经济氛围的影响，经济周期的自然磨合给予股市调整契机，企业调整重组出现利好迹象；另一方面新经济周期的快速调整与磨合，也拉动股市投资的信心。

银行业保障世界经济复苏

在世界经济艰难复苏中，必然含有国际银行业的保障作用。国际银行业努力克服了去年因战争、非典疫情、恐怖事件和银行业丑闻的不利影响，继续保持相对稳定的趋势，不但没有出现1997年金融危机中的银行倒闭或亏损严重的局面，而且效益好转，并购活动还有所增加。美洲银行并购富力波士顿金融公司，成为仅次于花旗的全美第二大银行；汇丰银行并购百慕大；法国信托银行与储蓄银行合并，成为法国第三大银行。尤其是美国的商业银行近年一直积极调整经营战略与策略，大力拓展零售业，开发与拓展高科技、多元化金融产品，加大金融风险管理与监控，在经济大环境不稳定和不确定中，继续保持稳健经营，使得盈利水平显著提高。

美欧银行体系的主导性和积极面的不断强化，成为国际金融领域规避风险的重要港湾。英国《银行家》杂志2003年7月最新公布的全球1000家大银行排名显示，美欧银行业绩状况良好，不仅为经济宏观调控带来稳定的保障，更在不稳定的经济环境中支持了金融信心。2003年7月公布的全球1000家大银行中，美欧大银行的利润额贡献率为92%。其中美国有210家入围，并创下1241亿美元的利润额，占1000家利润总额的49%，比上年增加25.8%，平均资本收益率也从20.14%提高到23.06%；欧洲285家入围，利润收入也占到43%。在经济环境不稳定的条件下，这种结果显得更为重要，说明了国际银行业在动荡逆境中顺利行进，更表明了美欧银行素质与水平的提升，以及其对经济复苏和国际金融运行的利好影响。

从银行业的规范与发展前景上看，信心稳定正在发挥重要作用。各国在刺激经济增长的同时，对金融市场的价格波动，作出了正确的反应，努力保持金融市场和体系的稳定。各国金融体制和银行体制的不懈改革，为各国经济发展提供了稳定的基础；国际金融规则的不断建立和改进，也为未来金融体系的稳定创造了可以遵循的“路线图”。例如美国对公司丑闻的反应迅速果断；韩国以向外资出售银行股份解决银行坏帐问题，都为经济增长显著改善了市场基础。

从全球贸易看，其增长相对平稳，格局发生变化。世界贸易组织预计2003年全球贸易增长将不超过3%，增幅与2002年持平。经济全球化的趋势虽然不可逆转，但这种趋势将会明显放慢。世界贸易组织坎昆会议的失败，使贸易全球化受阻。而区域经济的联系却在不断加强，区域贸易的发展势头也随之兴旺。如东亚区域贸易的加强、日本与东盟贸易自由化、中日韩等东亚双边与多边贸易的加强、拉美地区双边与多边贸易合作的出现，显示全球双边和区域自由贸易的新趋势愈加明显，并将成为世界经济今后的发展道路和国际金融拓展所依赖的经济增长点。

区域化合作带动竞争 2003年世界经济和国际金融中最大的亮点就是区域化的进展。欧元区已经走在前列，欧盟以及欧元货币的诞生，使欧洲整体效应显现；北美自由贸易区也在加快向整个美洲扩展；亚洲作为世界经济第三大经济区域，对世界经济具有重要影响。

在世界经济前景乐观和不确定性仍严重存在的环境下，亚洲经济稳步复苏，前景乐观向上，无论对发达国家和世界整体，都具有重要影响和积极意义。特别是亚洲金融合作的成效显著，金融合作已经开始由理论探讨、方案设计阶段进入到实质性合作阶段。2003年6月2日，东亚及太平洋地区中央银行行长会议组织正式启动亚洲债券基金；6月22日第二届“亚洲合作对话”通过《清迈宣言》，表明亚洲债券市场建设达成共识；同时东盟10＋3和10＋1合作机制、中日韩银行合作的启动也是金融合作效益的体现，并对亚洲金融合作具有实际性的支持作用。

而从国际竞争角度看，美欧日贸易摩擦有所扩大，贸易保护主义有所抬头，经济金融领域的竞争更为激烈。美国经济金融的昌盛不衰面临日本潜在经济复苏的竞争；欧盟和欧元区的经济压力和金融风险，不利于欧元区域化的稳定发展，更面临美国金融竞争的挑战。美欧日三大经济体和货币格局的调整态势与竞争趋势，将使世界经济和国际金融具有潜在的动荡压力。

不确定性依然存在

当前世界经济已经出现明显的复苏趋势。从2004－2005年全球的通货膨胀率与失业率看，将基本保持稳定趋向，且不会对世界经济增长构成更大的威胁。全球2003－2005年经济增长预期分别为3.3%、4.1%和4.1%。如果不发生大的突发事件和严重的政治、贸易摩擦，世界经济将保持逐步增长的态势。我们希望未来世界经济的航船乘风破浪正常航行，从而为我国的经济发展创造良好的环境。

但应该注意的是，尽管当前世界经济已经出现明显的复苏趋势，但不确定性依然存在。这主要表现在：一、全球通货紧缩趋势虽然有所缓和，但主要国家和地区消费和投资不振依然存在，自主性增长因素依然薄弱。美国使足力气刺激经济增长，但明年也许难以为继。二、美欧日经济2004年可能继续复苏，但发展不均衡会依然存在。三、国际金融市场经过深度调整，具备了稳健发展的基础，但投资信心不足和金融风险依然存在。四、国际外汇市场经过大起大落后渐趋稳定，但国际货币体制的动荡根源和不公平问题依然存在。（景学成 谭雅玲）

中国金融业2003年回顾与2004年展望

2003年，在中国经济取得强劲增长的同时，金融改革也呈现加速的趋势，把握这种金融改革的趋势，对于总结2003年的金融改革进展，并对2004年的金融市场动向进行前瞻，具有十分重要的意义。

一金融监管体制改革

（一）金融监管由原来强调行政审批的合规型监管，正在逐步转向以市场和法规为导向的风险型监管

中国加入世贸之后，金融市场的开放程度不断提高，同时覆盖银行、证券和保险的监管机构已经建立，客观上为监管体制和监管理念的转变提供了动力。这主要表现在金融监管由原来强调行政审批的合规型监管，正在逐步转向以市场和法规为导向的风险型监管，这一点在银行、证券和保险的监管中都有不同程度的体现。

中国银监会明确提出四个监管理念：一是管法人，将银行机构作为一个法人整体进行监管；二是管风险，增强银行机构识别、监测和控制风险的能力；三是管内控，严格监管银行机构内控制度建设和执行情况，培养银行防范风险的自律意识；四是提高透明度，通过真实披露信息，约束经营者的行为。

而证监会对证券市场的监管，从过度依靠政府管理转变为倡导市场自律，从习惯于监管市场转变为接受市场监督，从竭力强化手中的审批权转变为向市场“放权让利”。中国保监会“以偿付能力为中心”的监管思路正逐渐清晰。当前，我国保险市场发展相对滞后，加快发展是保险业的第一要务，因此保险业监管部门开始强调由管制型监管向服务型监管转变，主要精力转到主动为市场主体也就是保险公司服务和为保险业发展创造良好发展环境上来，切实保护被保险人利益，以保证保险业高速、健康发展，以偿付能力为监管重心，转变监管方式和手段，对市场该管的一定要管好，不该管的坚决不管。

另外，与行政性监管存在有主观性、滞后性和非公平性的缺陷相比，法律监管手段则具有强制性、规范性、稳定性、可预测性的优点；及时根据新的金融市场环境变化调整金融市场游戏规则，也是金融监管改革的一个重要内容。

2004年我国金融法制建设进入高峰期。《中国人民银行法》修正案草案、《中国银行业监督管理法》、《商业银行法》修正案草案有望在2004年通过；继《证券投资基金法》在2003年通过之后，预计2004年《证券法》修正案也有望出台。保险法规方面，随着《保险违法行为处罚办法》、《保险公司管理规定》、《外资保险公司管理条例》（细则）、《外资保险机构驻华代表机构管理办法》、《保险保障基金管理办法》等诸多法规的陆续出台，也将推动保险业更加稳步向前发展。

（二）不同监管机构之间的协调机制有待进一步完善

当前，以机构监管、分业监管为基本的分工思路，中国的银行、证券和保险的监管部门已经建立起来，这对于提高监管效率可能会发挥一定的积极的作用，但是，随着中国金融市场的快速发展、以及不同领域的金融机构向其他领域的渗透，不同监管机构之间的协调机制有待进一步完善。

首先，是中国人民银行作为央行为实施货币政策所需要进行的货币监管与银行、证券和保险监管部门、特别是银行监管部门的协调。

其次，是中国人民银行为履行其金融稳定的职能，而与银行、证券和保险监管机构所进行的协调。

当前，不同领域的金融机构在市场竞争的推动下向相关

领域的业务渗透和业务交叉十分活跃，同时，横跨多个领域的金融控股公司也成为金融市场发展的一个显著趋势，这必然会对现有的分业监管和机构监管格局提出更高的要求。

（三）香港离岸人民币业务会有较快发展，并对内地金融改革形成推动作用

2003年11月，中央政府与香港特别行政区在“更紧密经贸关系的安排”框架下，允许香港银行业从事人民币的存款、汇兑、结算和信用卡业务，这是人民币离岸业务在香港的重要起步。随着有关制度框架的进一步明晰，香港开办离岸人民币业务的规模会迅速扩大，进而可能会对内地的金融改革形成推动。

人民币离岸业务对中国内地的积极意义显而易见。首先，香港人民币离岸业务的发展与人民币国际化的大方向是一致的，中国能够从人民币的国际化中获得可观的铸币税收益，可以扩大中国在亚洲地区的经济政治影响，这符合中国进一步对外开放的总体战略。其次，在香港建立人民币离岸市场，可以形成一个市场化的人民币利率和汇率指标，为内地的利率体制和汇率体制的改革提供一个参照，同时在也事实上会形成其进行改革的动力。

实际上，任何货币的离岸市场的发展，往往是针对货币发行国利率管制、资本项目管制的逃避而兴起的，因此自然会对货币发行国的一些金融管制措施形成一定的冲击和放松管制的动力。当前内地正处于利率市场化和放松资本管制的改革推进阶段，香港离岸人民币业务的发展实际上也从外部提供了一个深化改革的动力。

二宏观金融政策领域的改革

（一）在保持稳健的基调下，货币政策需要在政策工具、适应开放经济环境等方面进行新的探索

十六届三中全会明确了财政政策和货币政策的分工。其中，财政政策的目标被定位在经济增长、结构调整、调节收入分配三个方面；而货币政策目标则是稳定币值、保持总量平衡、维护金融稳定、防范系统性风险，“稳定”是首要取向。这表明，和过去同时强调“币值稳定”和“经济增长”的目标不同，今后的货币政策目标将更多地强调币值稳定。

2003年的货币政策操作，较好地适应了经济发展的客观要求，同时又能够及时地对局部行业（如房地产）的过热倾向进行了调整，取得了良好的政策效果。在这一趋势下，预计当前和今后一个时期，稳健将继续是货币政策的基调。

在稳定的基调下，金融市场的发展也对2004年的货币政策提出了新的要求。首先，是在开放经济条件下，如何应对通过购买外汇储备被动投放基础货币与保持货币供应量的基本稳定的矛盾。其次，2003年下半年的信贷紧缩，在一定程度上是在四大国有银行保持较高的超额准备金的前提下、通过窗口指导等方式进行的，那么，是否有更为市场化的货币政策实施方式值得思考。第三，市场利率的相对稳定是稳健的货币政策的一个重要内容，2003年下半年的紧缩政策导致市场利率的波动，对于金融市场形成了一定的冲击，那么，在市场预期利率趋升的背景下，央行如何恰当地引导市场利率走向，将成为一个挑战；第四，央行票据作为新引入的货币政策工具，是否存在一个扩张的边界？对金融市场的影响如何？都是有待观察的重大问题；第五，央行提出货币政策要加大结构性调整力度，研究进一步扩大消费需求的政策措施，而作为总量政策，货币政策如何实施结构性调整，还是一个新的课题。

（二）利率市场化改革会有实质性的推进

利率市场化的实质，就是实施市场化的融资活动的风险定价机制。经过前几年的探索，预计2004年利率市场化改革会有实质性的推进，一个信号是央行决定，从2004年1月1日起，金融机构贷款利率浮动区间在下限保持不变的前提下，提高上限。而根据央行的有关表态，存款利率将在条件成熟时实行上限管理，允许商业银行存款利率向下浮动，贷款利率则准备逐步实施下限管理。

从目前的情况看，利率市场化推进的主要制约因素，首先是金融机构的风险定价能力，长期以来，金融机构被动地依赖央行的利率政策来决定存贷款的利率，缺乏根据风险收益确定资产价格的经验，目前也可以说还仅仅处于起步阶段；其次是目前金融市场的发育比较幼稚，缺乏一个市场化的、可供参考的基准利率。

（三）资本管制会在具备条件的前提下有逐步放松的趋势.

基于当前人民币强大的升值压力和汇率形成机制改革的方向，在当前较好的市场环境下，资本管制有条件进一步放松，如放松乃至取消现行强制性结售汇制度，放松资本流出管制和居民持有外汇的限制，放松企业其它非贸易购付汇限制等，同时进一步发展和完善外汇市场体系，包括增加市场交易主体、品种，健全交易方式。

三金融机构的改革

（一）以国有银行上市为阶段性目标，2004年国有银行改革会有新的进展

国有银行上市，一直成为2003年以来国有银行改革的重要关注热点之一。实际上，上市只是国有银行改革的一种方式之一，降低银行的不良资产比率、提高资本充足率、改善国有银行的内部治理才是主要的目标。

（二）农信社改革全面铺开，农村金融体制整体改革开始实施

随着国有商业银行改革逐步从农村退出，农村金融服务出现一些空白地带，传统的农信社由于产权不清，经营落后，常常难以满足农民的信贷要求。另外，农村金融市场的交易手段的落后和农业保险的濒临消失也是农村正规金融市场萎缩的表现。

农村金融的深化首先必须对农信社进行改革。已经开始试点的农村信用社改革，预计在2004年将会进一步扩大。在农村信用社产权改革试点方面，试点省市将按照股权结构多样化、投资主体多元化原则，根据不同地区情况，分别进行股份制、股份合作制和完善合作制的试点。在管理体制方面，全国3万多家农村信用社的管理工作将逐步交由省级人民政府。

但农村金融体制改革是一项涉及广泛的系统工程，除了进行农村信用社改革外，还必须继续完善和发展农村政策性金融服务、推进邮政储蓄体制改革、发展农业保险、大宗农产品期货等，分散农村信贷风险；探索建立农村存款保险机制，保障农户存款与农村金融机构的可持续发展；逐步放开县及县以下贷款利率，确保农村金融机构的利差能抵补成本和风险等。没有这些改革措施的协同推进，孤军深入的农信社改革可能依然难以有效解决农村金融的现状。

（三）保险市场结构进一步健全，并继续推进发展模式从“数量扩张型”向“效益优先型”转轨

2003年以来，中国保险市场正在出现重要的变化，在继续保持快速扩张的同时，经营效益得到更多的关注。从目前的发展趋势看，预计2004年中国保险业总资产将首次突破1万亿元大关，而在发展模式上，由‘数量扩张型’向“效益优先

型"转轨的过程还继续会继续。

从保险市场发展的趋势看,"效益优先"必定会使市场各主体按照不同的需求走集约化、专业化、差异化发展道路,而市场与消费者将从中得到更多、更好的保险产品。随着我国保险市场从目前的卖方市场向买方市场的转变,可以预计,2004年我国的保险产品在种类和质量上将会有更大的发展。市场细分、产品专业化程度加大,专业健康险公司有望在2004年出现。

2003年是保险中介机构高速发展的一年,1至10月份,中国保监会审批开业的保险代理公司达348家,保险经纪公司48家,保险公估机构82家,而2004年这些中介机构的分支机构的设立将大面积展开。在一些地区,保险中介机构的数量已经超过了保险公司数量。但是,我国的保险中介仍然面临着遭到保险公司对抗、消费者排斥以及市场秩序混乱、缺乏高素质人才等困难,中介市场的未来发展空间不可避免地受到这些因素的制约。

(四)证券经营机构将更为强调内部治理,证券投资基金将继续快速发展,包括证券公司和证券投资基金在内的机构投资者将确立其证券市场的主导地位

在2003年证券公司继续出现亏损之后,2004年证券公司将更为强调内部的治理,强调总结近年来的粗放扩张带来的经营压力的教训。与此形成对照的是,证券投资基金在完成了基金产品线的构建之后,基金新产品创新的压力减弱,为新公司的全面发展提供了良好的条件。在此趋势下,包括证券公司和证券投资基金在内的机构投资者将进一步确立其证券市场主导的地位。因为机构投资者属于专业投资者,具有专业知识专业技能和分析信息的优势,2003年以来,证券投资基金品种和数量会不断增多,中外合作基金公司的进入、QFII的引入,都为基金市场引入了新的活力,其倡导"价值发现"和"价值挖掘"理念,带动投资围绕具有高成长和投资价值的行业和企业展开,引导股市向更为健康地的方向发展。

从目前的趋势看,社保基金入市的步伐将更加稳健。另外,截止到2003年底中国证监会已经批准了13家QFII,预计2004年QFII进入中国股市并增加投资额度的步伐将进一步加快。在放松对外投资的基调下,社保基金对外投资、以及QDII在2004年成为现实的可能性较大。

(五)不同金融机构之间的业务交叉将更为活跃,金融控股公司的发展挑战现有监管体制

2003年以来,银行、证券、保险、信托等不同金融机构之间的业务交叉十分活跃,预计这一趋势在2004年会继续保持,这些交叉创新的发展会很快触及分业经营的底线,特别是金融控股公司的大量涌现,对现有的机构监管和分业监管提出了新的挑战。

四金融市场改革

(一)债券市场会进一步在改革中得到发展

债券市场作为连接货币市场与资本市场的重要通道,将得到进一步发展,以丰富和完善我国的直接融资手段,并为中央银行开展公开市场业务做好充分的准备。从目前的趋势看,延续2003年的趋势,2004年债券发行机制将积极稳妥地进行改革,其基本的发展方向,应当是让更多的一般企业能够自主的发行债券,并通过建立信用评级机构来对债券的信用风险进行分类;进一步增强债券二级市场的流动性,进一步完善做市商制度,推动债券经济业务的开展,适时推出债券衍生产品;进一步增加债券市场的供应,实现信贷资产证券化,允许商业银行发行金融债券、大额可转让存单;债券托管和结算体系更加完善。

在此背景下,预计国债市场统一进程将加快,目前交易所债券市场和银行间债券市场的分割状态阻碍了中国债券市场的发展。近年来中国国债市场已取得较大进展,如利率区间逐步扩大;国债期限结构也进一步调整。预计2004年商业银行的柜台国债交易系统有望实行,从而为个人投资者提供新的交易场所。

企业债券市场将加快发展,从而解决企业的多渠道融资问题。目前企业债券市场发展滞后对于金融结构调整、货币政策传导、金融机构经营和投资者的投资选择等方面形成严重制约。从目前的趋势看,2004年《证券法》的修改也有望增加有关公司债券的内容。日前《证券公司债券管理暂行办法》的出台为证券公司融资提供了新的渠道。基金公司进入银行间债券市场,债券市场基金进一步发展,对推动债券市场也会发挥积极的作用。

货币市场的改革与发展也是整个金融市场改革的重要内容,从目前的趋势看,扩大发行主体的问题目前已经提到议事日程,如国际开发性金融机构在中国内地发行人民币债券已获几个主管部门的原则同意,利用银行间市场发行企业债券等问题也正在进行研究,近期也可望有所突破;同时,应适时推出债券新品种等,加强对票据市场的研究。

(二)保险资金运用渠道将进一步拓宽,但矛盾依然比较突出

现代保险业的金融中介职能已突破单纯服务型的商业化管理方式,开始向金融型经营模式过渡。作为金融企业,保险公司开始形成其独特的、互相联系和互相制约的负债和资产业务。执行分散风险、组织经济补偿职能活动的是其负债业务;而利用负债业务形成的保险后备基金进行融通资金活动是其资产业务。融通资金职能的形成和完善,造成了保险资金良性循环的运动过程。

我国的保险法对于保险资金的运用渠道一直有严格规定,只允许投资于银行存款、国债、金融债、部分企业债和证券投资基金。2003年中国保监会先后批准了中国人保和中国人寿设立资产管理公司,另外发布《保险公司投资企业债券管理暂行办法》,拓宽保险资金运用渠道。

从目前的发展趋势看,预计2004年春季,我国保险业总资产将达到1万亿元,保险资金运用余额将达到9000亿元。保险资金运用渠道的问题进一步突出。从目前的趋势看,2004年保险资金投资有望在城市建设、国家重点工程项目上实现突破。此外,各家保险公司也在积极备战被国内外普遍看好的年金市场。这些举措对保险企业海外上市给予了有力的政策支持。

(三)股权分裂是制约中国证券市场发展的最大制度障碍,但是这一问题的化解进程取决于相关部门的协调进程

当前,中国股市的最为典型的制度特征,就是大约三分之二的国有股、法人股占控股地位且不能流通;由于国有股代表"一股独大",中小投资者很难"用手投票",公司内部比较普遍的存在"内部人"控制问题,公司治理结构存在显著缺陷。国有股大部分按面额折股,而社会公众股则按高比例溢价购股,在公司进行配股或者增发股票时,国有股可以放弃配股或认股但分享高比例溢价收入,侵蚀了社会公众股东的权益。股权分裂是所带来的一系列问题昭然揭示于市场投资者面前,使投资者的信心受到严重打击。因此,解决股权分裂这个痼疾,国有股减持并实现流通是大势所趋。但是,其具体的进程则取决于证监会、国资委等机关的协调进程。

(四)深交所一直着手筹备的创业板将可能改以中小企业板的形式,重新启动

近几年,深圳证券交易所停止发行新股,转而重点为筹备创业板作准备,而国际范围内出现的创业板调整浪潮,增大了国内对于创业板的反对声浪,导致创业板的开立一推再推。当前,中小企业的融资问题、特别是缺乏规范的股权融资渠道问题引起广泛关注,深交所原来一直筹办的创业板,将可能改以中小企业板的形式,重新启动,从而为中小企业融资提供新的渠道,同时也会改变近年来证券市场形成的已有格局。

2003 年我国国际收支状况分析

2003 年,面对非典疫情、多种自然灾害和复杂多变的国际形势带来的严峻困难和挑战,我国实现国民经济较快发展,对外贸易快速增长,外商来华直接投资继续保持较大规模。在此背景下,我国国际收支经常项目、资本和金融项目继续保持顺差。其中,经常项目实现顺差 459 亿美元,同比增长了 30%;资本和金融项目顺差 527 亿美元,同比增长了 63%;在经常项目、资本和金融项目双顺差的推动下,外汇储备大幅增长 1168 亿美元,外汇储备增幅为历史最高水平。2003 年我国国际收支主要特点如下:

一、经常项目顺差规模快速增长

货物项下顺差规模与 2002 年基本持平。根据国际收支统计口径,2003 年,我国货物贸易顺差 447 亿美元,同比仅增长 1%,其中出口 4383 亿美元,进口 3936 亿美元,同比分别增长 35%和 40%。2003 年我国出口实现高速增长得益于我国宏观经济的快速发展和出口企业产品竞争力的不断提高,以及出口政策的调整;另一方面,我国国内需求旺盛,关税水平逐步降低,使 2003 年进口继续保持较高增长。与上年情况不同,2003 年进口增速超过了出口增速,使得货物贸易顺差规模同比增幅较小。

服务贸易规模进一步增长,逆差有所扩大。随着我国服务领域的对外开放以及人员、经济往来的日益密切,服务贸易规模逐年扩大。2003 年我国服务项下的收入与支出分别达到 467 亿美元和 553 亿美元,同比分别增长 18%和 19%。服务项下逆差仍呈现扩大趋势,达到 86 亿美元,同比增长 26%。从具体构成看,运输仍是服务项目逆差的主要因素;旅游收支和其他商业服务均为顺差,但旅游顺差有所下降,降幅达 56%,其中旅游收入同比下降 15%,支出同比下降 1%。此外,我国在计算机和信息服务、专有权利使用费、咨询项下的支出增长迅速,逆差明显上升。

收益项下收支规模均增长,逆差规模小于去年同期水平。2003 年,我国收益项下收入 161 亿美元,同比增长 93%,收益支出 239 亿美元,同比增长 3%。2003 年,外国来华直接投资以境外的资本金汇入和设备为主,境内外资企业的利润再投资规模上升较缓,收益项下支出增长较小。收益项下收入大增和支出缓慢增长使 2003 年收益项下逆差缩小到 78 亿美元,逆差同比下降 48%。

经常转移顺差增幅较大。2003 年,经常转移顺差规模达到 176 亿美元,同比增长 36%,大大高于往年水平。我国居民个人来自境外的侨汇收入增长,是经常转移呈现大幅顺差的主要原因。

二、资本和金融项目顺差规模大幅上升

2003 年资本和金融项目实现顺差 527 亿美元,较上年 323 亿美元的顺差规模增长 63%。该项下的主要特点是:

外商来华直接投资流入稳定。我国 2003 年实际吸引外商来华直接投资达到 535 亿美元,同比增长了 1%。我国直接投资流入的小幅增长表明,在 2003 年世界经济不景气情况下,我国经济结构的不断改善和经济保持高速发展,仍吸引了世界各国大量的新增资金。

证券投资项下由逆差转为顺差。证券投资项下在 2003 年呈现顺差 114 亿美元。2003 年,我国金融机构改变了近年来不断增持境外证券的做法,纷纷将资金调回国内,满足国内日增的贷款需求。金融机构这种减持境外证券,调整境内外资产匹配的行为,改变了我国证券投资项下自 1998 年以来持续较大逆差的状况。同时,我国企业境外筹资和我国吸引外资来华进行证券投资步伐加快,也是证券投资项下呈现顺差的重要原因。

其它投资逆差规模有所上升。2003 年其它投资项下逆差 59 亿美元,上年该项下为逆差 41 亿美元。2003 年我国部分金融机构在减少拆放境外资产的同时,增持了其它类型的外汇资产,导致整个其它投资项目呈现逆差。

三、储备资产增长较大

在经常项目、资本和金融项目双顺差的推动下,2003 年我国国际储备快速增长,其中,特别提款权和在基金组织的储备头寸分别增加 0.90 亿美元和 0.89 亿美元,外汇储备增加 1168 亿美元,增加额创历史最高水平。截至 2003 年末,我国外汇储备规模达到 4032.5 亿美元。

四、净误差与遗漏出现在贷方

在国际收支平衡表编制方法基本不变的情况下,2003 年的净误差与遗漏出现在贷方,为 184.22 亿美元,相当于国际收支口径的货物贸易进出口总额的 2.21%,在国际公认的合理范围之内。

从我国历年国际收支平衡表数据来看,贸易、经常转移和直接投资项下保持多年顺差,并成为我国国际收支保持整体顺差的主要因素;而服务和收益项下均呈现逆差,但规模远远小于贸易、经常转移和直接投资项下的顺差规模;证券投资项目近年来持续较大逆差,但 2003 年出现较大顺差;其它投资项目在不同年份顺差和逆差经常出现转换。

2004 年,我国经济发展的外部环境好于 2003 年,经济增长势头良好。预计 2004 年我国贸易进出口仍将保持较快增长,对外贸易将保持基本平衡,服务和收益项目为逆差,但经常转移仍保持顺差。外商来华直接投资将保持较大规模增长。预计 2004 年我国仍将维持经常项目和资本项目双顺差局面,人民币汇率保持稳定。

中国国际收支平衡表

2003 年 1—12 月　单位:千美元

项目	差额	贷方	借方
一.经常项目	45,874,812	519,580,386	473,705,574
A.货物和服务	36,078,977	485,003,217	448,924,239
a.货物	44,651,625	438,269,595	393,617,970
b.服务	—8,572,648	46,733,622	55,306,270
1.运输	—10,326,425	7,906,408	18,232,833
2.旅游	2,218,728	17,406,000	15,187,272
3.通讯服务	211,026	638,410	427,384
4.建筑服务	106,416	1,289,655	1,183,239
5.保险服务	—4,251,432	312,784	4,564,216
6.金融服务	—80,565	151,955	232,519
7.计算机和信息服务	66,363	1,102,176	1,035,812
8.专有权利使用费和特许费	—3,441,148	106,979	3,548,127
9.咨询	—1,564,592	1,884,945	3,449,537
10.广告、宣传	28,380	486,261	457,881

11.电影、音像	−36,092	33,443	69,535
12.其它商业服务	8,591,991	15,055,828	6,463,837
13.别处未提及的政府服务	−95,299	358,779	454,078
B.收益	−7,838,360	16,094,693	23,933,053
1.职工报酬	162,362	1,282,594	1,120,233
2.投资收益	−8,000,722	14,812,098	22,812,820
C.经常转移	17,634,195	18,482,477	848,282
1.各级政府	8,038	113,774	105,736
2.其它部门	17,626,157	18,368,703	742,546
二.资本和金融项目	52,725,942	219,630,612	166,904,671
A.资本项目	−48,083	0	48,083
B.金融项目	52,774,024	219,630,612	166,856,588
1.直接投资	47,228,993	55,507,117	8,278,125
1.1我国在外直接投资	152,274	2,002,117	1,849,844
1.2外国在华直接投资	47,076,719	53,505,000	6,428,281
2.证券投资	11,426,757	12,306,682	879,925
2.1资产	2,983,121	3,000,162	17,041
2.1.1股本证券	0	0	0
2.1.2债务证券	2,983,121	3,000,162	17,041
2.1.2.1(中)长期债券	2,983,121	3,000,162	17,041
2.1.2.2货币市场工具	0	0	0
2.2负债	8,443,636	9,306,520	862,884
2.2.1股本证券	7,729,000	7,729,000	0
2.2.2债务证券	714,636	1,577,520	862,884
2.2.2.1(中)长期债券	716,785	1,530,569	813,784
2.2.2.2货币市场工具	−2,149	46,951	49,100
3.其它投资	−5,881,725	151,816,813	157,698,538
3.1资产	−17,921,516	51,985,576	69,907,092
3.1.1贸易信贷	−1,464,991	0	1,464,991
长期	0	0	0
短期	−1,464,991	0	1,464,991
3.1.2贷款	13,927,400	21,700,806	7,773,406
长期	−693,000	0	693,000
短期	14,620,400	21,700,806	7,080,406
3.1.3货币和存款	−6,552,105	662,871	7,214,976
3.1.4其它资产	−23,831,820	29,621,899	53,453,719
长期	−45,000,000	0	45,000,000
短期	21,168,180	29,621,899	8,453,719
3.2负债	12,039,790	99,831,237	87,791,446
3.2.1贸易信贷	4,720,304	4,720,304	0
长期	0	0	0
短期	4,720,304	4,720,304	0
3.2.2贷款	6,614,306	78,874,342	72,260,037
长期	−5,355,881	17,499,275	22,855,155
短期	11,970,186	61,375,068	49,404,881
3.2.3货币和存款	742,441	8,795,060	8,052,619
3.2.4其它负债	−37,259	7,441,531	7,478,790
长期	−1,015,799	3,930,130	4,945,930
短期	978,540	3,511,401	2,532,861
三.储备资产	−117,023,100	0	117,023,100
3.1货币黄金	0	0	0
3.2特别提款权	−90,000	0	90,000
3.3在基金组织的储备头寸	−89,000	0	89,000
3.4外汇	−116,844,100	0	116,844,100
3.5其它债权	0	0	0
四.净误差与遗漏	18,422,347	18,422,347	0

2003年中国票据市场

作为货币市场的子市场之一，票据市场在2003年内颇不平静。市场的活跃程度显著提高、参与主体迅速增加、票据周转频率加快、新产品创新层出不穷，票据市场已成为我国金融市场中成长最快的子市场。

有业绩记载：2003年，市场融资额突破1万亿元。事实上，近3年以来，国内票据市场规模平均以每年50%以上的速度迅猛增长，去年交易规模首次突破2万亿元，已进入新一轮加速建设和发展的轨道。

今年6月30日，由中国外汇交易中心承建的“中国票据”网正式启用，标志着在全国范围内架构统一票据市场服务平台的目标已经实现。11月7日，由中国工商银行编制推出了迄今为止我国第一个票据价格指数，表明我国的票据市场在日后的运行过程中具有了权威性的数据参照系。

应当说，今天的票据市场对建立我国社会信用体系、拓宽企业融资渠道、扩大商业银行业务空间、完善货币政策的传导机制发挥出的重要作用已愈加得到社会的承认。

市场规模不断扩大

进入2003年，票据市场承接上年的发展势头，着力拓展市场规模，年终回眸，票据的融资额、交易量和利息收入等各项重要指标均创历史新高。

最新统计数据显示：截至11月末，全国票据承兑余额约13400亿元，比年初的7347亿元增加了约6053亿元，增长幅度为82%；贴现和转贴现余额9675亿元，比年初的5758亿元增加了3917亿元，增长幅度为68%；特别是受今年9月份央行调高存款准备金率等因素影响，严重萎缩的再贴现业务峰回路转，再贴现余额上升到550亿元，比年初的68亿元增加了482亿元，增长幅度为708.8%。这一系列数据，不仅充分说明今年的票据业务实现了令人瞩目的增长，同时也确立了其在货币市场和宏观经济中的重要地位。

市场建设持续提速

2003年，票据市场的发展既有量的扩张，又在交易主体、交易品种以及制度建设上凸现了质的变化。

当前，我国已基本确立了两种模式的票据市场中介机构，即以工商银行为代表设立的全国性的票据营业部和以各股份制商业银行为代表设立的票据贴现业务窗口，各家商业银行已基本实现了全国范围内票据业务专业化经营和垂直管理的接轨。据记者了解，目前中国银行、建设银行和农业银行三家国有商业银行的全国性票据营业部也正在紧锣密鼓地筹备设立之中。

“中国票据”网自启用以来，交易成员涵盖了四大国有商业银行、股份制商业银行、城市商业银行、城市信用社、农村信用社联社、商业银行授权分行和外资(合资)银行(分行)及财务公司在内的883家金融机构。截至11月30日，报价合计1621笔，总量达7768.31亿元，其中，回购报价993笔，金额4955.42亿元；转贴现628笔，金额2812.89亿元。在提供票据转贴现和票据回购报价、查询等信息服务的同时，“中国票据”网还开发了在线业务洽谈、市场财经信息、政策法规、银行间拆借市场和债券市场行情以及网站可以承载的其他细化服务项目。实践证明，“中国票据”网的开通，大大提高了票据市场效率，不仅有利于防范市场风险，推进利率市场化进程，而且改进了监管手段，提高了监管效率，对票据市场深入发展极具推动力。

今年11月11日，《金融时报》首次对外发布“工银票据价格指数”后，引起了市场同业的高度关注。据悉，各商业银行不仅通过指数获取票据市场价格信息，还把它作为制定票据交易利率的重要参考依据之一，同时“工银票据价格指数”也间接影响了企业商票贴现的价格水平。目前，中国工商银行票据营业部已连续七周在《金融时报》公布了“工银票据转贴现价格指数”。工行票据营业部表示，他们目前正在研究票据一级市场(贴现)价格指数编制的可行性和具体方案，力争早日推出“工银票据贴现价格指数”，为市场各方提供及时、准确、透明的贴现价格信息，以此促进票据贴现市场的逐步完善和良性发展。

票据市场回归理性

近年来,风险较低、收益稳定的票据业务不仅逐渐成为各行竞争的焦点,而且呈现出白热化趋势,今年票据业务竞争也曾一度走向畸形。首先是各行竞相压价,盈利空间迅速缩小。年初,一些地区票据直贴利率曾经跌破再贴现利率,转贴现利率曾经跌破债券回购利率。恶性竞争造成了商业汇票功能扭曲,一些银行为争揽票源,甚至无视票据质量、贸易背景和银行资信,市场上流通的一些票据已经背离了真实贸易背景下结算工具的性质,成为一种名副其实的融资手段。

恶性竞争最终酿成苦果。今年下半年,票据市场上的两件大事,极大地触动了商业银行。一是央行提高存款准备金率,使得市场资金骤然吃紧,票据流动性骤然下降,市场利率快速走高,一些银行低价吃进的票据出现利率倒挂,使有些银行不得不折价变现,造成巨大亏损;二是票据市场接连发生数起大案,所涉票据几乎都没有贸易背景,涉案银行因而蒙受惨痛损失。

痛定思痛,四季度票据市场开始向理性回归。首先,市场价格理性回升。起初,市场利率的回升是由央行调高存款准备金率导致资金面吃紧引起的,11月份以后,市场资金面逐渐趋于宽松,货币市场利率连续下降,逐渐回到准备金率提高之前的水平,但是票据市场利率一直居高不下,这其中固然有年末银行控制贷款规模和拨备资产等因素的影响,但各商业银行开始理性报价也是重要原因。其次,违规操作明显减少。各行普遍加大了票据业务的风险防范力度,对票据承兑人的资信审查非常严格,国有银行和股份制银行承兑的票据受到市场追捧。对贸易背景的审查也"苛刻"起来,有些银行明确要求提供贸易合同和增值税发票原件。这种市场环境有效地保障了票据业务的安全运营,还原了票据业务低风险的本质。

综上所述,目前的票据市场正处于发展的关键时期,需要人民银行、监管机构、商业银行、理论界共同努力,客观分析票据市场面临的问题,找出解决的办法,提出发展思路,共同促进票据市场健康、稳健发展。机遇总是伴随着挑战,在未来的日子里,无论是中央银行金融宏观调控,还是商业银行自身发展,或是企业筹措资金的需要,都将推动我国票据市场不断发展。有理由相信,我国的票据市场将在宏观经济继续向好的大背景下稳步前行。

中国的金融改革:现状及未来发展

导　言

从80年代初开始,中国的金融改革就在不断进行,至今大约经历了四个阶段。

1984—1990年为第一阶段。1984年,中国人民银行开始专门行使中央银行的职能,其一般的存贷款业务和结算业务分给了当时陆续新设的四大国有专业银行。可以说,从这一年开始,传统的中国金融体系受到了最初的冲击。

1991—1993年为第二阶段。以上海证券交易所和深圳证券交易所在1990年末相继设立为标志,中国的证券市场开始迅速发展,并成为金融体系不可或缺的组成部分。

从1994年开始,中国的金融改革进入了第三阶段。这一年,中国对中央银行体系、金融宏观调控体系、金融组织体系、金融市场体系、以及外汇管理体系进行了全面改革。同时,规范中国银行行为和金融活动的基本法规——《中国人民银行法》、《商业银行法》、《票据法》、《保险法》等等,也于1993年以来相继通过。可以说,这一系列改革措施的推行和金融法规的颁行,标志着与社会主义市场经济相适应的中国现代金融体系的框架已见雏形。

进入21世纪以来,中国的金融改革进入了一个崭新的时期。推动这一时期改革的动力主要来自两个方面。一方面,中国于2001年底加入了WTO,并承诺了按照市场经济的原则推动国内经济体制的改革;另一方面,中国共产党于2003年召开了十六届三中全会,并通过了一项以市场为导向、涉及几乎所有领域的有关完善市场经济体制改革的决定。这两项重大发展,为中国确立了全面建立市场化和现代化的金融体系并逐步融入全球金融体系的改革方向。

一、银行体系的改革

2001年12月中国加入WTO,标志着中国银行体系改革进入了一个新的时期。根据监管当局的规划,在此后5年或者稍长一点时间内,中国将逐步接受WTO规定的各项国际标准,努力建设一个现代化的银行体系。

1、国有独资商业银行的改革

国有商业银行将积极探索股份制改造的途径,进行必要的业务或机构分立重组,建立和完善法人治理结构,推进激励约束机制。

(1)在条件尚不成熟的情况下,通过发行中长期债券来筹集次级资本,提高资本充足率,使其基本达到1988年巴塞尔协议规定的8%的水平,保障银行业务的正常运转。

(2)在条件逐步成熟的情况下,通过改制为股份有限公司,增资扩股,吸收民间资本和外资入股,改善国有商业银行的股权结构,在此基础上,建立符合《公司法》要求的股东大会、董事会和监事会等制度,完善银行的内部治理结构。

(3)在股份有限公司进入正常运行之后,通过转让国有股份,降低国有股在股权结构中的比重,逐步改变国有控股的格局。同时,通过向社会公众公开发行股票,实现国有独资商业银行向公众公司方向转变。

2、股份制商业银行、地方商业银行和农村信用社的改革

股份制商业银行也要继续完善法人治理结构。除此之外,此类机构的一个十分特殊的任务,就是要处理好相关利益者的关系。因为,对于此类银行来说,处理好大小股东、经理层、员工、客户和社区等相关利益集团的关系常常居于绝对重要的地位。在业务发展战略上,股份制商业银行应当坚持集约化发展的道路,应保持适度的经营规模,防止盲目扩张,要在管理技术和业务创新上积极探索,率先实现经营管理信息的公开化、透明化,尽快成长为具有较强核心竞争力的银行业骨干力量。

城市商业银行将进行资本重组,鼓励民间资本以市场方式介入。地方政府应逐步退出股权,放弃对它们的控制。从发展方向上看,这些银行应当形成针对地方中、小客户,为他们提供高效服务的区域性商业银行。由于城市商业银行的数量众多,单个规模较小,且覆盖面较大,可能容纳各种形式的机构同时存在并展开竞争,因此,将允许各类投资者比较自由地进入。自然地,充分利用自己在地方上的信息优势,努力服务于中、小客户的需要,大力开拓针对社区、个人的特色服务,是城市商业银行生存和发展的基础。

农村信用社的发展将立足于农业和农村经济发展以及城市化战略的大背景来统筹规划。其主要任务是支持乡镇企业发展、支持农业产业化,并以小城镇建设为依托,和农村发展银行、农业银行相配合,从明晰产权入手,加强管理,规范经营,利用国家赋予的更加灵活、宽松的金融政策,力争成为支

持农村经济发展的主要力量。

3、关键在于建立有效的公司治理结构

中国各类银行机构改革的核心任务，都是要建立有效的公司治理结构；国有、股份、非国有，概莫能外。客观地说，在公司治理概念刚刚传入中国时，人们常常简单地将它等同于公司的产权制度。在这种理念的指导下，过去几年关于商业银行公司治理结构改革的探讨，基本上集中于产权制度的变更方面；诸如引进战略投资者、吸引民间资本进入、募股上市等等，吸引了多数人的注意力。然而，近年来，随着对公司治理结构的研究的深化，特别是，随着我国商业银行改革的深化，人们逐渐认识到，公司治理是一个涵盖内容极广的概念。在这里，多元化的产权安排固然重要，完善银行的外部竞争环境、完善银行内部的业务治理结构，同样不可或缺。简言之，在今后，中国银行体系公司治理结构进一步改革的重点将集中在如下三个方面，即：创造一个有效的市场竞争环境、稳步推进产权制度改革、加快完善银行的内部业务治理结构。

在这里，当局特别强调积极引进市场竞争对于商业银行尤其是国有独资商业银行改革的重要意义。这是因为，在竞争激烈的市场上，任何银行都将面临生与死的选择。在这个压力面前，不管银行的产权归属如何，它们要想生存，就得不断改善治理机制，特别是完善业务治理结构。因此，在产权没有或不能立即变动之前，市场竞争也能通过影响内部治理结构（特别是业务治理结构）来影响效率。因此，监管当局将通过大力发展多样化的金融机构、大力发展资本市场、以及积极引进国外竞争者等多样化的手段来努力创造这种竞争环境。

二、金融市场的改革

1、发展金融市场的必要性

加快金融市场的创新与发展步伐，无论对提高金融资源的配置效率，还是对于促进金融体系的稳定，都起着关键作用。

我们清楚地认识到，随着我国加入世界贸易组织过渡期的结束，国内金融业将全面对外开放，因此，竞争压力的增强、金融全球化的深入发展，都将促进国内金融市场加快发展，这是一个不可避免的趋势。

来自金融体系稳定的压力也迫使当局认真考虑加速金融市场发展的问题。统计显示，2003年中国全社会固定资产投资来源中，银行的中长期贷款比重高达50%以上。由于银行体系的资金来源是高度短期化的存款，这一融资结构便蕴藏了很大的不稳定性；简单说来，就是银行资产负债表的“短资长用”的流动性风险逐渐加大。国外的经验显示，要缓解这一压力，必须大力发展金融市场。

来自企业融资的压力也要求金融市场有一个较快的发展。2003年，中国企业的外部融资来自银行贷款的比重高达90%以上。这一畸形的融资结构不仅不利于金融体系稳定，而且也不利于企业形成多元化的融资结构，特别是，它非常不利于企业筹集资本金，从而不利于改变资产负债率过高这一传统痼疾。

最后，要建设一个市场化的宏观调控体系，也需要金融市场迅速发展。理论和实践显示，只有在发达的金融市场的基础上，货币政策的传导机制才可能是有效的。

2、大力发展基础性金融市场

从中国的现实情况来看，中国在进一步的金融改革过程中首先需要发展的，是服务于企业直接融资需要的基础性金融市场，即股票市场、债券市场与商业票据市场。鉴于中国的股票市场和票据市场均有了一定程度的发展，因此，在未来的改革中，发展债券市场更应成为金融市场改革和发展的重点。

中国的债券市场特别是企业债券市场的发展是相当缓慢的。这主要是因为，使得债券市场得以发展的一系列制度条件，在中国并不完全具备。从国际经验看，一个成熟的债券市场的发展，所需要具备的基本条件至少包括利率市场化、评级机构的公信力、完善的公司治理结构以及对投资者的有效保护机制等。无庸讳言，上述条件在中国并不可能在短期内完全具备。

中国监管当局认识到，在债券市场的风险约束机制尚不完善的情况下，加快这一市场发展的现实途径，就是在逐步放开利率的前提下，让机构投资者去主导市场的发展。众所周知，机构投资者在风险识别与承受风险能力上通常具有优势，借助这一优势，债券市场风险约束机制的不足的缺陷能够得到弥补。我们看到，在欧美成熟的资本市场上，公司债一般以机构投资者为主；并且，公司债的评级越低，风险越高，机构投资者的比重越大。这表明，公司债的供给与需求在风险结构上是一致的。

培育债券市场上的机构投资者，关键在于放松管制。一是放开对利率的管制。这样做的目的，一方面是为债券的定价提供合理的基础，另一方面则是要增强投资者的动力。二是放开对银行等金融机构投资企业债的限制。在我国间接金融主导型的金融结构下，银行其实是最重要的机构投资者。三是为机构投资者提供企业债交易的多层次市场。国际经验表明，多层次的企业债市场是保证其流动性的重要条件。例如在美国，企业债按照发行主体的差异，形成了包括交易所市场、场外柜台市场以及投资者之间直接交易的市场等至少三个层次。借鉴这一经验，中国应在完善交易所市场的同时，大力发展多种形式的企业债场外市场。这里的重点在于，监管当局除了应将一部分优质企业债推向银行柜台交易，形成企业债的零售市场之外，重点是培育银行、保险公司、企业年金、社保基金等企业债的机构投资者，并以此为基础，将企业债纳入银行间市场发行与交易，以形成企业债发行与投资的功能强大的批发市场。

与此同时，还应建立企业债市场的债权收购和退市机制，应特别强化债权人对企业的约束，防止道德风险蔓延。我们认为，只有在利率放开，企业债市场存在足够多的机构投资者的前提下，企业债才能形成稳定的市场需求，企业债的供给也才有条件逐渐扩大。甚至在发行方式适当创新的条件下，中小企业也能利用企业债手段融资。

3、发展多层次股权市场，为中小企业股权融资创造条件

与债券融资一样，企业的股权融资同样属于基础性金融市场的重要部分，毋庸讳言，这也正是我国金融市场的一个薄弱环节。目前在中国，除在上海、深圳两地上市的1000多家企业外，其它企业实际上没有正规的股权融资渠道，这与我国经济总量大、企业层次多和企业数量巨大的现实显然不符。因此，发展多层次的股权融资市场，已成为完善我国金融市场体系的一个重要方面。

首先在认识上要打破设立股份公司与发行股票及股票公开上市之间的必然联系。借鉴我国台湾地区以及欧美一些国家的经验，首先要降低设立股份公司的门槛，这是促进企业股权融资以及建立多层次资本市场的先决条件。比如在我国台湾地区，要设立股份公司，除极少数类似汽车制造这样的资本密集型行业外，最低注册资本只需300万新台币（不足100万人民币），到2002年7月底，我国台湾地区股份公司的数量高达15.9万家。而大陆公司法将设立股份公司的最低标准设定为1000万元人民币，因此工业领域现有股份公司数量仅

5700家。

其次要建立分层次的股权融资市场。仍以我国台湾地区为例。那里的股权融资市场之所以能覆盖大多数中小企业，根本原因就在于其层次性。我国台湾地区的股权融资市场分为四个层次，一是公开集合竞价的交易所市场——台交所，1996年我国台湾地区公开发行股票的公司1571家，不到股份公司总数的1%。其中在台交所上市的仅382家，申报辅导上市的320家。二是由柜台交易中心发展而来的兴柜市场，可视为台交所主管的一个特殊板块，1996年这一板块约91家。绝大多数未公开发行的中小企业股票，是通过第三层次的柜台买卖中心和第四层次的盘商市场交易的。柜台买卖中心是以电子网络相联接的场外市场，在这一市场交易的股票约数千家。“盘商市场”是指未经当局许可的、分散的、以撮合中小企业股权交易为主要功能的场外经纪人市场。据估计，约数万家中小企业的股票或股权通过“盘商”撮合交易。比较而言，大陆的企业数量远超台湾，但沪、深两个交易所的上市公司才2000家左右，这种市场结构远远不能满足成千上万家企业的股权融资和交易的需要。

有必要指出的是，对中小企业股权融资而言，创业板市场或二板市场，如现在的深圳市场已推出的中小企业板块市场，仅仅是中小企业股权融资的一种形式——公开上市方式。如同上海和深圳的A股和B股市场一样，能够在这一市场上市的只是极少数的企业，因此，中小企业板推出之后，绝大多数中小企业仍然是筹资无门。

从国际经验看，绝大多数中小企业的股权融资主要依赖各种形式的非公开募集——私募，私募股权主要借助各种形式的柜台交易市场(OTC市场)流通。因此，相对于创业板市场或中小企业板市场而言，公司制度的改革，特别是对私人权益资本的有效保护，以及场外柜台市场建设，对解决中小企业股权融资的意义更为重大，覆盖面也更广，理应得到更多的重视与关注。

三、积极推进利率市场化

1、已经取得的进展

中国的利率市场化进程，最早是在非国有经济之内以及非国有经济部门和国有经济部门的结合部上，以非正规金融的形式展开的。从历史上看，同业拆借和债券回购，是其最主要的形式。

在正规金融体系内，虽然从1978年开始就不断在对利率的水平及其结构进行调整，但是，强调定价机制变化的利率市场化改革是从上个世纪90年代初期开始的。

若干事件构成了中国的利率市场化过程。1992年的国债承购包销；1996年6放开银行间同业拆借利率；1997年6月债券回购和现券交易利率的放开；1998年3月贴现和转贴现利率管制的放松；1998年9月政策性银行金融债券利率的自由化，以及1999年9月国债利率招标的重新采行；1999年10大额长期存款利率市场化的试点；2000年境内外币利率管理体制的改革；2002年初全国8个县的农村信用社的存贷款利率市场化改革等等，都是一些具有标志性的事件。

与融资过程中的利率市场化进程相配合，中央银行的宏观调控从行政性调控为主向市场化调控为主的转变进程也取得了长足的进展。1998年信贷规模管制的寿终正寝以及准备金率、再贴现率和公开市场操作成为央行的主要调控手段等等，是其中的标志性事件。

综合起来看，迄今为止，包括国债市场、金融债券市场和企业债券市场等在内的我国的全部金融市场的利率已经基本实现了市场化；包括银行同业拆借市场、银行间债券市场、贴现、转贴现和再贴现市场等在内的货币市场，其利率也已基本实现市场化；外币市场利率的市场化已经基本到位；存款金融机构贷款的利率浮动幅度，已经逐渐达到了基本上对银行的利率选择不构成严格约束的程度。剩下尚未被市场化浪潮触及的，主要就是银行(特别是国有商业银行)的存款利率了。

因此，进一步扩大银行贷款的利率浮动范围并最终实现贷款定价的自主化，逐步推动银行存款利率的市场化并最终实现自由浮动，是我国今后利率市场化的主要内容。

在中国，由于体制的特殊性，利率市场化的推进可能遇到一些颇具“中国特色”的特殊障碍。其中，实体经济部门特别是国企改革和政府机制改革的不到位，国有商业银行治理结构的缺陷，中央银行的各项政策调控活动对存款的稳定性的高度依赖，市场化的基准利率在短时间内较难形成等四个方面，是其中最突出者。

2、进一步改革的重点

在市场上，扩大金融市场和货币市场利率市场化的成果，深化银行贷款利率市场化的成果，稳步推动银行存款利率的市场化；在宏观调控领域，积极推动中央银行货币政策调控模式从调控货币供应向调控利率转变，是我国下一阶段利率市场化改革的重点。

中国利率市场化将是一个相当长的过程。这是因为，一方面，由于情况非常复杂，利率市场化在各个领域的进展不容冒失；另一方面，由于利率涉及我们经济生活的所有方面，我们必须让所有经济主体都逐步熟悉市场化利率的运作机制及其各方面影响，从而保证利率市场化能够产生积极的作用。因此，在今后的改革中，我们必须完成如下任务：

(1)完善服务于利率市场化的经济环境。主要是要积极推动国企制度改革和政府体制改革，为利率市场化提供经济环境保证，同时，为市场化的利率发挥稳定市场、引导资源有效配置的作用创造经济制度条件。

(2)完善商业银行特别是国有商业银行的改革，使之成为利率市场化的积极参与者。同时，鼓励商业银行进行金融创新，主动参与资本市场活动，努力发展非存贷款业务，进而促进其存贷款利率的市场化。

(3)以大力发展债券市场为立足点来正面推动利率市场化改革。

(4)继续发展货币市场，通过不断增加市场参与者，增加交易品种、扩大交易规模、建立统一的支付清算体系的途径，将之培养成中央银行能够有效调控，又能对其他市场的利率产生直接影响的市场。

(5)继续完善以公开市场操作为核心的央行市场化政策调控体系，提高央行对利率的敏感性。

当前，由准备金利率、再贴现率、再贷款利率、公开市场操作利率为主构成的中央银行利率结构存在着重大扭曲，应当着力进行调整。其中，准备金利率应当在5年或稍长的一点时期内下降至零，从而为全社会的利率结构创造一个合理有效的底线；再贴现利率必须下降至与公开市场操作比较接近的水平，以收促进票据市场发展之效。

四、人民币汇率制度调整

1、中国目前的汇率制度

中国目前的汇率制度，是以市场供求为基础的，单一的，有管理的浮动汇率。

就“市场供求”而言，一方面，由于实行强制结售汇制度，外汇的供应缺乏弹性；另一方面，由于实行资本项目管制，对外汇的需求也受到限制，所以，这里的“市场供求”要大打折扣。

这里所谓的“有管理”，指的是央行对人民币汇率实行调控和监管，并通过吞吐外汇频繁干预外汇市场。

这里的所谓“浮动”，指的是央行每日公布的市场汇率是浮动的，外汇指定银行的挂牌汇率可以在规定的幅度内变动。但是，由于央行频繁地进入外汇市场，并有目的地买卖外汇，所以，人民币汇率的浮动也是有限的。

总之，尽管没有被国际组织排在汇率严格管制国家之列，我国的外汇市场和外汇汇率事实上是受到比较严格之管理的。

根据上文的分析，中国汇率制度进一步改革的方向，就在于提高人民币汇率生成机制的市场化程度，改革的重点也十分清楚：就是要逐步解除上述约束汇率自由形成的诸因素。

首先要使“市场供求”名实相符：在供应一方，应当逐步解除结售汇的强制性，实行意愿结汇；在需求一方，则是要通过资本项目的逐步开放，让居民和非居民都能充分实现其对外汇的需求。其次是要改变货币当局在对外汇市场中的角色，它不再应那么频繁地进入市场，亦不应以维持汇率稳定作为其决定外汇买卖的主要因素。最后是要允许汇率自由浮动，若非因国家宏观经济运行的稳定受到严重威胁或是其他绝对必要的原因，当局一般不去干预汇率的走势。

2、人民币汇率的战略考虑

关键问题在于我们是否要积极推动人民币汇率生成机制的市场化程度。这就要看诸种决定汇率制度更为自由化的的各项条件是否具备。一般而言，经济的规模、对外开放的程度、以及国内经济自由化程度，是决定汇率制度选择的主要因素。对照这些因素来看，中国实行更具弹性的汇率制度已经有了条件。

在促进人民币汇率制度向更具弹性的方向改革的过程中，人民币汇率水平的走势应当引起高度关注。发展到今天，认为人民币应当贬值的意见日渐稀少，而认为人民币应当升值的意见逐渐增多。

这是一个关乎国家地位和发展利益的大事情，必须认真对待。

首先应当清楚，对于一个自主性经济体而言，特别是对于一个大国而言，其国内经济的稳定和增长从来都是第一位的，我们根本不应因别的国家说了些什么而去变动汇率。在多数情况下，汇率政策只是国家庞大的政策体系中需要考虑的诸种经济变量之一，而且可能并非最重要的经济变量。

那些通过各种模型计算出来的汇率也不堪信任。应当清楚地看到：汇率的决定是一个非常复杂的过程。迄今为止，我们还未能完全把握它的决定因素、诸因素的相互关系、以及作用过程。简言之，在相当的程度上，汇率的决定至今还是一个“黑箱”。

那么，怎样的汇率水平是适当的呢？我们认为，对于中国这种大国来说，判断汇率制度是否合适的主要标准是国内经济状况，关键是看国内经济在这种汇率制度和汇率水平下的运行状态和经济发展的可持续性。如果国内经济的运行是理想的，我们就没有任何理由去变动汇率水平。目前，我们就处于这种没有理由变动汇率的境况中。

然而，汇率水平一成不变肯定也不符合事物发展的规律；关键是要根据变化了的情况“与时俱进”。鉴于我国出口竞争能力逐渐增强，鉴于我国一直保持着较高的经济增长率和稳定的物价水平，鉴于国内存在大量收益丰厚的投资机会和外国外资本的大量流入，我们认为，作为长期趋势，我们应更多关注人民币升值问题。

五、资本项目可兑换

中国于1996年底实现经常项目可兑换后，资本项目可兑换问题便被提上议事日程。经过6年的发展，中国离开资本项目可兑换的目标接近了很多；加入WTO，则进一步加速了这一进程。

1、已经取得的进展

人们通常将中国大陆划在对资本项目实行严格管制的一类国家中。这种看法是不确实的。客观地说，从管理力度上看，我国资本项目汇兑管制“名紧而实松”，就是说，在名义上，我国对资本项目仍然保持着较为严格的管制，但在实际上，对资本项目下的大部分子项目的管制，已经有相当程度的放松。

众所周知，国际收支中的资本项目共有几十个。如果剔除长期、短期分开考虑的因素，这些项目可合并为30个。再剔除“其他投资”项目下的“其他”等2个性质判断不清的项目，比较有分析意义的项目共计28个左右。对这28个项目的分析显示：其中，管制较严的项目为5项，占18%；主要是对外直接投资项目下的流出、居民对外股本证券投资、居民对外发行债券、居民在境外购买债券和居民借用外债。管制较松的项目共11个，占39%，主要是外商在华直接投资、居民在境外发行股票、居民对外借款的还本、贸易信贷流入等。基本没有管制的（包括尚未有管制规定的）12项，占42%，主要是外商在华直接投资流出、非居民股本证券投资（B股）的流出入、现钞流入管理等。从流量分析看，管制较严的项目的资本流量占资本总流量的18.2%，管制较松的占71%，基本没有管制的占10.8%。

十分明显的是，我国对于资本跨境流动的管制是比较宽松的。我国资本流出方共涉及14个子项目，其中，存在购汇限制的，既交易主体能够汇出自有外汇，但购汇受到限制或须经批准的，共有5项。这些项目包括：境外直接投资、境内投资者在境外购买股票或在境内购买外资股、境内投资者在境外购买债券、境内机构对外借款还本、一年期以上的延期付款和远期信用证的偿还。但是，禁止资本流出的子项目还一个没有。这就是说，只要符合一定的条件，实现资本的汇出是没有问题的。

同样明显的是，对于本外币之间的兑换，我国的管制较为严格。在几乎所有的项目下，购汇都是需经严格审查，并须经过批准。

2、改革的条件

一般认为，实现资本项目可兑换的进程必须与下述四个基本条件的成熟程度相匹配。这些条件是，第一、宏观经济的规模和质量必须达到一定要求，其中包括较高的人均国内生产总值、适度的经济增长、逐步提高的要素生产率、稳定的物价水平、良好的财政状况、经常项目稳定和国际收支盈余等等。第二、健全和完善的微观经济基础。要建立自主经营、自负盈亏、权责明确、管理科学的现代企业制度，企业竞争能力不断提高。第三、应当有健全的金融机构和健康的金融市场。第四、汇率机制和利率机制必须是健全与完善的。

应当认为，对照上述条件，在我国实现资本项目可兑换并不象人们想象的那么遥不可及。我们相信，经过几年的过渡期，这些条件将获得根本性改善。

3、进一步改革的步调

加入世界贸易组织以后，随着市场准入的扩大，中国的金融、保险等服务贸易行业将对外开放。这必然伴随着大量的资本流动，由此会对资本项目开放提出更高的要求。可以预计，在入世5年过渡期以后，中国对资本项目中的绝大多数项目的管制均将放松。根据不十分严格的定义，我们认为，如果不发生意外，在5年过渡期后，中国将基本具备实现资本项目下可兑换的主要条件。

在今后几年中，中国的资本项目可兑换将实行逐步推进的策略。资本项目的开放与资本项目汇兑限制的取消，应当分步实施。

对于资本项目汇兑管制要体现出明确的政策取向。汇兑管制应主要通过限制和控制资金流动的流向、流量与流速实行，将根据不同阶段、不同项目、不同政策侧重点以及平衡国际收支的需要，灵活调整限制与放开的重点。

当前，在资金流向方面将继续实行鼓励流入和限制流出的措施，在资金流量方面则更须注重流入资金的质量而非流入资金的数量；在资金的流速方面，将鼓励长期资本流入而限制短期资本流入。

(1)服务于我国“走出去”战略，对国家鼓励在外直接投资的企业或项目，在境内发行股票或债券，以筹集外汇资金，满足境外直接投资的需要。

(2)推行和完善QDII机制。可以组织国内的投资基金吸收居民外汇储蓄，投资境外资本市场，使我国居民和机构投资者在全球范围内分散投资，赚取更高回报，同时为发展我国资本市场和基金管理服务。

(3)完善QFII机制。可以先从鼓励和支持境外合格投资机构进入中国的股票市场和基金管理市场起步，然后，逐步发展到鼓励境外合格投资机构进入中国债券市场，通过发行人民币定值债券或外币定值债券来在中国内陆筹集外币或人民币资金。

总之，我们认为，QFII和QDII机制是一种有效的机制，可以使得中国的资本项目自由化在可以控制的条件下进行。因此，在近期，我们的工作重点应当放在实施和完善这些制度方面。

中国金融结构调整的路径选择

在全球范围内，金融结构的演变具有某些共性，但在不同的国家其个性化发展的空间也足够宽广：数种具有显著差别的金融结构模式可以被清晰地界定出来。金融结构模式选择的多样性，以及中国正在推进金融结构调整的现实，向我们提出了两个重大命题：一是中国应该选择什么样的金融结构模式？二是如果现有的模式与理想中的最优模式存在差距，如何进行调整以实现最优化模式？

中国金融结构特征的实证分析

第一，金融机构多元化：“全套金融机构”已经形成

过去20年中，体现中国金融结构多元化发展成就的最重要事实是中国基本上形成了“全套的金融机构”，而“全套金融机构”是现代金融的基本特征。中国金融机构多元化的线索是：20世纪80年代初期开始的银行体系的建立。80年代中后期，保险机构开始发展。支撑证券市场运行的机构体系，大规模发展始于90年代初期，最重要的是沪深两大证券交易所的组建。2000年以后，信托机构向“受人之托，代人理财”的业务模式回归。信托机构的发展是金融机构多元化在近两年中的一个重要线索。

第二，金融工具结构：间接金融工具为主，直接金融工具比例上升

金融工具结构分析有存量分析和流量分析的差别。存量考察的是未清偿的金融工具数量，流量考察的是金融工具新发行额。分析中，间接金融工具计算银行贷款，直接金融工具计算国债、股票和企业债券三类金融工具。

金融工具结构：流量分析。20世纪90年代，直接金融工具的新发行额稳定增长，其增长速度快于银行贷款的增加额。到了2000年，这一比例已经提高到了31.85%的水平。

金融工具结构：存量分析。需要说明的是：由于股票存量可以累积增加，即使保持直接金融工具新增发行额的比例不变，直接金融工具的存量比例也将保持“稳定增长”的趋势，在较短的时间内超过流量比例。

第三，直接金融工具发展不平衡直接金融工具结构：流量分析。在三类直接金融工具新发行中，国债所大多数年份都占到三分之二以上的份额；股票新增发行量的比例自1997年以后维持在20%左右；企业债券的比例从1992年57%的历史最高水平逐年下降。

直接金融工具结构：存量分析。对直接金融工具结构进行存量分析，股票所占的比例显著上升，在三类直接金融工具的余额总量中，股票从1996年开始的各年份即已在直接金融工具余额总量中占到了40%以上的比例。

第四，非金融企业部门与政府部门融资结构分析

非金融企业部门外源融资结构。我国非金融企业部门的外源融资结构有以下特点：贷款所占比例呈现出了有波动的下降趋势；国际资本所占比例高于大多数国家；股票融资整体上保持了增长势头；债券融资基本上处于可有可无的状态（见表1）。

表1：非金融企业部门外源融资结构（%）

年份	贷款	债券	股票	国际资本	合计
1992	73.2	7.6	3.4	15.8	100.0
1993	72.9	0.9	2.0	24.2	100.0
1994	66.4	0.3	0.4	32.9	100.0
1995	67.1	—0.2	0.2	32.9	100.0
1996	73.4	0.4	1.5	24.7	100.0
1997	66.2	0.2	8.6	25.0	100.0
1998	74.9	0.3	6.2	26.7	100.0
1999	69.9	0.8	7.1	24.5	100.0
2000	63.4	0.7	14.3	21.6	100.0
2001	65.0	1.0	8.6	25.3	100.0

数据来源：根据《中国金融年签》(1994，1998，2002)中历年中国资金流量表计算政府部门融资结构。随着我国财政体制和中央银行体制的改革，政府部门融资结构显著变化，开始转向主要依靠国债发行。从1997年开始，国债发行几乎成为政府融资唯一的手段（表2）。

表2：政府部门融资结构（%）

年份	贷款	债券	国际资本	合计
1992	25.6	49.3	25.1	100
1993	38.1	30.9	31	100
1994	7.3	52	40.7	100
1995	—7.7	73.9	33.8	100
1996	0	78.9	21.1	100
1997	0.02	97.5	2.5	100
1998	0	102.1	—1.6	100
1999	8.5	89.4	—0.8	100
2000	7.7	93.2	0.7	100
2001	4.4	91.6	2.3	100

数据来源：同表1第五，居民户的金融资产选择结构的变化储蓄存款在居民户金融投资组合中的比例的变化没有表现

出可以把握的显著趋势。通货持有比例的下降趋势是可以确认的,下降可归因于支付结算体系的改变和支付结算效率的提高;股票、保险(主要是人寿保险)持有比例呈上升势头;债券(主要是国债)持有比例1999年前维持在较高水平,此后开始大幅度下降(见表3)。

表3:住户部门金融投资结构(%)

年份	通货	存款	债券	股票	保险	合计
1992	19.3	60.5	15.1	3.9	1.2	100.0
1993	22.4	66.6	5.9	3.9	1.2	100.0
1994	13.7	79.5	5.6	0.5	0.7	100.0
1995	5.0	87.1	6.6	0.3	1.0	100.0
1996	7.1	77.5	11.4	2.8	1.2	100.0
1997	10.9	67.0	11.9	7.7	2.5	100.0
1998	6.8	73.6	11.2	6.1	2.4	100.0
1999	15.3	59.6	13.2	7.2	4.7	100.0
2000	9.0	59.7	6.3	13.8	11.3	100.0
2001	6.3	71.7	5.5	8.2	8.3	100.0

数据来源:同表1第六,证券市场的分层结构没有展开过去的10余年中,中国证券市场发展的主线是规模扩张和适度的多元化,纵向的分层化没有展开。90年代初,STAQ、NET的出现可以被理解为分层的尝试,但这两个市场最终都失败了。以武汉证券交易中心(即汉柜市场)、成都红庙子市场为代表的一批区域性证券市场的出现,是分层化发展的表现,但这批市场最终在治理整顿中停业。

当前我国金融结构合理性判断报告从以下三个方面对中国当前金融结构合理性进行了判断。

第一,中国金融结构选择与金融体系稳定性与大多数发展中国家和经济转型的前社会主义国家相比,中国金融体系的稳定性可圈可点。关于中国金融稳定性的成因,综合国内外已有研究成果,可以获得以下认识:

银行主导的支付结算体系的稳定是金融体系稳定最重要的支柱(ECU,2000)。中国所拥有的一个嫁接了国家信用的银行体系可能是世界上信用级别最高的银行体系,这是中国金融稳定的支柱。

中国金融业的市场化进程滞后,金融运行处于严厉的政府管制下。这造成了一定的效率损失,但收获的是金融体系的稳定性。

中国的金融体系至今仍高度封闭,国际"输入型"不稳定因素少,保持金融体系稳定性容易操作。以上三点与我们所选择的金融结构布局没有直接联系。

基于此,报告认为发展直接金融不会对金融稳定性形成威胁。在发展直接金融的条件下,上述三大金融体系稳定手段仍然是可以实施的。在间接金融之外,直接金融发展带来的多样化效应可以降低系统性金融风险。发展直接金融也就意味着发展金融市场(与金融中介相对应),而金融市场风险主要是针对投资者而言的,它对于整个金融体系稳定性实际上并不构成显著威胁。惟其如此,国外一些研究者将从宏观稳定层面来考察的金融市场危机称为"伪危机"。

第二,目前的金融结构是否有利于经济增长:两个简单事实的陈述

过去的近50年中,理论界积累了大量研究金融发展与经济增长关系的文献。但是,已有研究成果提供的确定认识也许只有一个:这方面还没有确定的认识。本研究从两种分析视野出发陈述两个简单的事实:(1)现有金融结构下,有效投资形成存在障碍;(2)现有金融结构下,新企业的出现与发展壮大没有获得足够的金融支持。

金融结构选择与投资形成:一个基于新古典经济增长理论的考察。新古典经济增长理论中,投资形成是经济增长最重要的解释性变量。金融结构选择在两个方面影响到投资形成:一国的金融结构是否有利于储蓄形成;储蓄流能否有效地被转化为实体经济意义上的投资。中国的储蓄率显著高于其他国家,我们没有理由怀疑现有的金融结构不利于国民储蓄的形成。但现有金融结构布局下,存在两个问题:储蓄转化率下降。根据中国人民银行与西南财经大学联合课题组的统计分析,国内1978—2000年储蓄转化率为0.9694,其中1981—1990年为0.9842,1991—2000年为0.9455,1991—2000年的平均储蓄转化率比1981—1990年下降了2.39个百分点;

民营经济和中小企业所获得的金融支持力度与其在国民经济中的地位不相符是一个不争的事实;换言之,储蓄流分配效率受损。

以上两方面因素合在一起不利于有效投资形成,在这个意义上,我们认为现存的金融结构体系在促进经济增长方面仍然存在较大的改进空间。

金融结构是否有利于企业出现和成长:基于新经济史观的考察。将新经济史观的某些观点引申,可以认为企业的形成和成长是解释经济增长最重要的因素;毕竟,投资的主体、经济增长的微观基础是企业。Levin(1997)等也曾直截了当地指出:金融发展促进经济增长主要是通过促生企业实现的。

报告认为当前中国金融结构布局在促进企业形成和成长方面,尤其是高科技企业的形成与成长方面存在缺陷。

第三,银行体系与股票市场的最优制度边界问题讨论

理论上,可以在宏观上和微观上构建不同金融部门实现了最优制度边界的竞争均衡模型(此处省略了相关讨论),但这种方法用于观察现实问题的可操作性不强。报告通过简单的国别比较方法对这个问题进行了讨论。

银行贷款余额占GDP比例的国际比较。表5提供了1980—2000年10个国家各年银行贷款余额占当年GDP比例的数据,10个国家分布在五大洲,有发展中国家,也有发达国家,样本是有代表性的。数据表明两点:

大多数国家银行贷款占GDP的比例都有一个持续上升的趋势,反映出银行体系在整个经济中的渗透程度加深了。基于国际比较,以及"发达国家向发展中国家展示了其发展前景"这一朴素认识,我们认为中国的银行体系规模还将继续扩张。

没有证据表明存在一个明显的最优边界:日本是银行主导型的金融结构,该比例显著高于其他国家,但同为银行主导型的德国,该比例比市场主导型的美国要低,与同为市场主导型的英国相当。

表5:银行贷款占GDP比例的国别比较(%)

年份	中国	日本	美国	德国	英国	意大利
2000	132.73	310.45	161.72	147.54	136.14	98.52
1998	121.8	301.2	150.45	145.24	123.59	91.57
1996	97.85	289.11	131.17	134.87	127.22	93.07
1994	92.18	279.09	116.68	122.72	116.91	101.13
1992	91.97	264.89	114.7	110.31	116.05	102.46
1990	89.98	259.66	110.91	103.37	121.44	89.44
1988	77.28	251.13	114.7	95.41	104.8	86.12
1986	77.84	229.97	113.85	94.73	58.99	87.43
1984	62.95	216.43	98.39	95.31	52.02	86.98
1982	57.54	204.01	93.18	93.09	45.7	88.33
1980	53.62	188.11	94.44	86.22	36.61	91.15
年份	马来西亚	墨西哥	比利时	阿根廷		
2000	66.22	25.39	7.31	34.36		
1998	58.37	34.32	7.48	32.5		
1996	54.23	27.09	7.99	28.22		
1994	50.61	46.46	8.32	26.58		
1992	46.05	39.25	8.31	22.48		

1990	45.48	36.57	8.61	32.42		
1988	27.28	37.72	8.02	42.67		
1986	18.92	63.5	57.46	32.87		
1984	13.16	48.86	7.33	41.75		
1982	13.46	64.33	7.12	46		
1980	10.98	43.76	6.15	32.96		

数据来源:《世界经济年鉴》(2002),载中经网《中国经济统计数据库》

股票市场市值与GDP比例的国别比较。表6提供了1990—2000年10个国家股票市值与GDP比例各年度数据。基于比较,报告认为中国股票市场发展的空间与发达国家相比,甚至与发展中国家相比都十分广阔。如果用流通股市值与GDP的比例来考察,2000年我国股票市场流通股市值与GDP的比例不足20%,想象空间就更大了。

表6:股票市值与GDP比例的国别比较(%)

年份	中国	日本	美国	德国	英国	意大利	马来西亚
2000	53.8	65.21	153.54	67.82	182.18	71.54	130.4
1998	24.44	63.34	154.1	50.87	168.34	47.62	136.5
1996	13.93	65.78	109.46	28.15	147.53	20.94	304.5
1994	8.02	77.3	72.46	22.49	116.71	17.57	267.5
1992	4.37	63.09	71.63	17.23	86.86	10.49	158.9
1990	—	95.6	53.2	21.03	85.95	13.49	110.4
年份	墨西哥	比利时	阿根廷				
2000	21.79	80.5	58.28				
1998	22.04	98.1	15.16				
1996	32.06	44.5	16.42				
1994	30.95	36.1	14.32				
1992	38.24	28.3	8.14				
1990	12.46	33.1	2.31				

数据来源:《世界经济年鉴》(2002),载中经网《中国经济统计数据库》

中国金融结构调整:帕累托改进的空间

第一,金融结构帕累托改进式调整及前提条件帕累托改进式调整(或改革)的特点是在其他群体的利益不受损的条件下,调整可以增加某一群体的利益。结构调整即相对规模的调整,"此消彼长"是基本特点,在这个意义上结构调整不存在帕累托改进的空间。但从绝对规模考察,结构调整仍然有两种方式展开的可能性:

各部门相对规模此消彼长,但各部门的绝对规模都可以扩张,即调整以帕累托改进的方式进行,不会遇到过多的阻力;

各部门相对规模此消彼长,同时一些部门的绝对规模开始收缩,即调整以非帕累托改进的方式进行,展开就比较困难,既得利益群体的利益刚性使调整面临多种阻力。

帕累托改进式调整最容易在增量调整中实现。即原有的存量(它对应着各种既得利益)不用变化,而对增量进行重新分配。各种金融服务的增量需要直接决定了金融结构调整的空间大小。

第二,中国金融结构调整具备帕累托改进的空间

从整体上考察中国金融结构调整可获得的增量空间,两个事实可以支持乐观的判断。

实体经济增长促生了大量金融服务需求。1978年—2002年间,中国GDP的平均年增长率高达9.4%,为同期全球最高水平。今后,中国将长期保持7%—8%左右的高速增长,这是一个共识。实体经济的增长促生的金融服务需求将拉动金融业在规模上的膨胀,这为金融结构的调整提供了最重要的增量空间。

对金融相关比率的重新估计。金融相关比率通过某一时点上金融资产总额与国民财富(实物资产总额与对外净资产的和)的比例来测度。戈德史密斯归纳了40余个国家100年的统计数据,发现以下规律:随着金融的发展,金融相关比率上升,但金融相关比率不会无止境地上升,大多数发达国家稳定在1.5倍左右。不少学者认为我国金融相关比率从90年代中期以后即已上升到1.5倍左右(彭兴韵,2003;等)。事实上,大多数学者在计算金融相关比率时,分母采用了GDP或GNP这两个流量指标,从而夸大了中国的金融相关比率。樊纲、姚枝仲(2002)提供了2000年底我国国内资本总额的估计值,该值为38.5万亿元。他们估计的"国内资本"在国民经济核算上接近于戈德史密斯的计算金融相关比例时使用的"国民财富"概念。如果他们的估计正确,以2000年底我国由通货、银行存款、股票、债券等金融资产大约23万亿元的数据来计算,则我国的金融相关比率实际上大致在0.5—0.6之间。

报告认为这个数据能更客观地反映出金融在中国国民经济中渗透的现实情况。事实上,只要认识到我国绝大多数国有资产仍然没有证券化,缺少虚拟经济层面上的对应物时,我们也就能较从容地接受较低的金融相关比率的判断了。从金融结构调整所需要的增量空间看,0.5—0.6的金融相关比率意味着即使中国不存在经济增长(现实中二者是不可分的),金融相关比率上升到150%就可以为金融发展提供几乎一倍的增长空间。

第三,各金融部门共同的主题:提升向国民经济渗透的能力

基于上述分析,我们认为中国金融发展的空间是十分广阔的,金融结构调整有足够的空间以负面影响较小的帕累托改进方式展开。无论是从间接金融与直接金融关系,还是从银行业内部结构,以及直接金融的内部结构看,各种金融机构、金融工具、金融市场都会受惠于中国经济增长与中国经济货币化、金融化带来的好处,获得绝对规模拓展的空间。但是,各金融部门之间的竞争替代仍然存在。关键的问题是各金融部门是否能在这个过程中通过有效的金融工具创新、金融服务创新、金融市场创新以及其他制度创新来吸引和发掘潜在的金融服务需求,提升向国民经济渗透的能力。

金融结构调整需求驱动因素的确认

驱动金融结构变化的金融服务需求因素可以分为三类:(1)风险管理需求;它可以进一步分为价格风险转移的需求和信用风险转移的需求;(2)流动性增强需求;(3)储蓄投资转化需求。这三类需求目前在国内都有了新的变化。

第一,储蓄投资转化的需求细化居民户储蓄选择的多样化偏好增强,但结构单一的储蓄选择渠道已经无法满足有居民户优化储蓄选择结构的要求。

如何为中小企业提供一个安全高效的融资平台,是储蓄投资转化机制发展到现在提出的一个细化要求。

大型企业的融资渠道仍然比较单一,其融资结构最优化的目标难以实现。

一批具有特殊风险收益偏好的投资者正在形成,如社保基金,保险基金,以及其他机构投资者等开始出现。为这类机构投资者提供一个符合其风险收益匹配特殊要求的投资平台,是储蓄投资转化机制细化的另外一个需求。

第二,流动性增强需求强化国有资产流动性增强的要求。中国拥有11万亿元的国有资产(2000年底),其中负债6万亿元左右,所有者权益部分为5万亿元左右,目前进入资本市场的为3000亿元左右,占所有者权益部分的6%左右。国有资产的流动性需求将在相当长的时期内成为影响中国金融结构选择的因素。

银行资产流动性增强需求。通过证券化等方式提升银行资产的流动性，虽然目前在国内还没有大规模展开的需求压力，但这方面的潜力不容忽视。

一些新的金融工具近些年已经被开发出来，尤其是信托业中开发出的一些新金融工具值得我们关注，它们的二级市场流通问题正变得日益突出。

第三，风险管理需求强化随着经济的发展，风险管理需求，尤其是各种短期头寸风险管理的需求已经开始显现。尽管目前还难以断言这方面的需求足以支持一个健康的衍生金融产品市场的出现，但这方面的需求是值得我们关注的，并且它的发展一定会在将来促生出新的金融市场来。

中国金融结构调整路径总结以上四部分内容，关于中国金融结构调整的路径，我们可以得出初步结论：中国金融结构需要进行调整，调整的目的是满足细化的储蓄投资转化需求、流动性增强需求以及风险管理需求，更有效地促进经济增长；在间接金融发展已经相对成熟，且间接金融功能自身有限的条件下，上述目的的实现可依靠的主要手段是发展直接金融；推进直接金融工具的多元化和金融市场的分层化，是构建功能更为强大，向实体经济渗透力更强的直接金融体系的必由之路，这也是中国金融结构调整的主线；纯粹服务于风险管理需求的衍生类金融工具及其市场目前也初步具备了被考虑的条件。

第一，银行体系发展银行体系的绝对规模还有很大的发展空间，根据前20年银行贷款余额的增长情况，简单地以外推法进行预测，银行贷款绝对规模可以保持每年10%左右的增幅。银行体系的发展主要体现在两个方面：内部结构调整及其整体效率的提高；通过金融创新，为直接金融发展提供多方面服务（如组织一些直接金融工具的场外交易市场，等等），并从中获取发展空间。报告认为，基于金融业务创新，银行可以获得多个向直接金融渗透的渠道，而传统意义上的间接金融与直接金融的分界线也可能会因此模糊。

第二，直接金融的发展中国金融结构调整的主线是发展壮大直接金融。从直接金融工具的角度考察，发展将在以下几条线索上展开。一是“积极的财政政策”下国债市场稳步发展的空间。到2001年底，我国国债余额与GDP的比例不足10%。该比例与国际公认的60%的警戒线还有相当大的距离，这意味着国债发行在国内还有很大的空间。即使这一比例限定在相对保守的40%的水平（国家计委宏观研究院，2002），国债市场仍然有相当大的发展空间。至于这一空间被开发到什么程度，取决于多方面因素。报告认为在未来相当长的时期里，“积极的财政政策”仍将作为政府宏观调控的主要手段被使用，这意味着国债市场将会保持稳定增长的态势。

二是支持股票市场发展的存量与增量空间。股票市场不可能被“边缘化”，它可以从两个方面获得巨大的发展空间。首先是存量空间。如上所述，目前进入股票市场的国有资产中的所有者权益不到6%的比例。通过建立现代企业制度改造国有企业，提升国有资产流动性，为股票市场发展提供了巨大的存量空间。其次是增量空间。对股票市场的增量需求主要来自于中小企业发展的股权融资需求，以及企业自身壮大规模的需求。

三是推动企业债券市场发展的有利条件已经出现。目前我国已具备企业债券市场发展的有利条件：20年的经济发展打造了一个实力雄厚的企业群体，企业债券市场发展可利用的企业资源是令人乐观的；在早期，企业债券市场发展中缺少一个在资金支持、市场流动性的保持、技术支持，以及市场交易组织、市场信息系统建设等方面能起中流砥柱作用的机构。而现在，无论是银行来主导企业债券市场的发展，还是券商来主导其发展，这些条件已经基本具备。

四是短期内可开发的新的直接金融工具。开发具备新的风险收益特征的金融工具，是提升直接金融向实体经济渗透能力的重要环节。报告认为，以下几类直接金融工具的创新值得关注。

新的股权类工具。股权工具的背后是企业的产权问题，而产权的可分解性和可灵活组合的特点正是开发更为灵活多样的新的股权类工具的基础。本报告没有提供新的股权类工具开发的具体方案，但认为这应该是我们解决国有股问题，以及满足股票市场投融资双方多种风险收益匹配偏好的思路之一。

新的集合投资工具。在集合投资工具中，产业投资基金可以作为今后直接金融工具开发的一个方向。报告认为新的集合投资工具在今后的规范发展，以及二级市场的流动性是值得关注的问题。

证券化产品。自1992年海南省三亚市进行了国内首次证券化产品开发的尝试后，证券化这一发端于美国，经欧洲和日本发扬光大的金融技术就一直受到国内关注。整体上看，对一个缺乏信托传统的国家，证券化产品开发在国内还存在多方面的障碍，但其发展前景仍然是值得乐观的。

第三，金融市场的分层化直接金融是与间接金融对应的一个表述方式，直接金融发展另外一个表述方式是金融市场的发展。金融市场分层可以满足投融资主体细化的金融服务需求、更清晰地进行风险揭示、降低金融体系的系统性风险、提高监管效率、提升金融市场向实体经济渗透的能力。中国金融市场目前的功能有限，重要的原因是没有形成多层次的金融市场体系。为此，报告认为中国金融结构调整，或说推动中国直接金融发展的一个重要方向就是：尽快形成沪深两大交易所的明确分工，以两大交易所为龙头，形成中国金融市场的分层体系。

第四，衍生金融工具市场的发展衍生金融工具市场不具有储蓄投资转化功能，而前20年中国国民经济发展对金融业发展的功能性需求主要是表现在储蓄投资转化渠道上的。如前文分析的，随着风险管理需求逐步强化，谨慎发展衍生金融工具市场目前已具备条件。

（深圳证券交易所博士后工作站　阙紫康）

中国国有银行的改革、发展与治理结构

一、国有商业银行改革稳步推进

从上世纪八十年代初期开始，中国开始坚定不移地推进改革开放，并取得了巨大成就，已经初步建立起社会主义市场经济体制。中国还将继续采取稳健的渐进式改革方式，进一步探索适合自己国情的发展道路。渐进式改革的一个显著特征就是，在设计大的框架下，改革先在不同地区、不同部门进行试点，在取得经验的基础上，逐步推广。选择这种改革模式对于中国十分重要，因为建立社会主义市场经济尚无前例，国际上可借鉴的经验也十分有限。

在经济改革开放的大潮中，中国银行业也渐渐发生了变化，建立了以国有商业银行为主体，各类金融机构分工合作、公平竞争的银行体系。2003年末，中国各类银行业金融机构资产总额27.6万亿元，占全国全部金融机构资产总额的

90%以上。在中国银行业多元化发展过程中,四家国有商业银行在整个银行业的市场份额有所下降,但仍然是中国银行业的主体。截至2003年底,四家国有商业银行资产总额达15万亿元,占银行业总资产的55%,承担着全社会80%左右的支付结算量。长期以来,国有商业银行为促进国民经济发展、支持经济体制改革、维护社会稳定作出了重要贡献,在金融资源配置中发挥了至关重要的作用。作为中国银行业的主体,四家国有商业银行改革与发展直接关系到中国经济和金融发展全局。为解决国有商业银行不良贷款比例高、资本金不足和公司治理缺陷,提高其市场竞争能力,在国有企业改革取得实质性进展的同时,中国政府决定加快推进国有商业银行改革。去年底,中国政府决定先行对中国银行与中国建设银行进行股份制改造试点,用三年左右的时间将其改造成为符合现代企业制度要求的、具有国际水准的股份制商业银行。这是一项非常关键而又艰难的全新改革实践。国务院决定动用450亿美元国家外汇储备为中国银行、中国建设银行补充资本金,这充分表明了中国政府进一步推进金融改革的坚强决心。

需要强调的是,这次国家注资与1998年发行2700亿元特别国债补充四家银行资本金和1999年剥离1.3万亿元不良贷款有很大的不同。前两次注资主要是化解金融风险,对银行自身存在的体制和机制性问题触及较少。这主要是因为对国有银行存在问题的复杂性和成因的认识有一个深化的过程,银行监管的审慎手段也相对缺乏。我们记得,1998年贷款五级分类制度还在酝酿试点之中,贷款损失准备指引2002年才正式出台,审慎的资本充足率管理办法今年初才颁布实施。鉴于中国商业银行资本充足率现状,银监会提出"提高贷款五级分类的准确性——提足拨备——做实利润——资本充足率达标"的监管思路,要求主要的银行类金融机构通过一段时间的努力最终到2007年要达到资本充足的审慎监管目标。同前两次注资相比,这次注资只是两家试点银行总体改革的一个步骤,目的在于改善其资产负债状况,从而为加快股份制改革创造条件。加快深化内部改革,建立良好公司治理结构,切实转换经营机制才是这次商业银行改革的关键。要求两家试点银行必须坚持改革与管理并重,加快处置不良贷款,并防范其中的道德风险;精心选择和引进国内外战略投资者,吸收新鲜血液;积极创造条件在境内外上市,使公司治理在外部和市场监督下不断进步。只有通过综合采取这些措施,即抓紧建立现代公司治理结构、加强内部控制和外部监管,才能保障国家新注入资本金的安全并获得合理回报,达到花钱买到一个好机制的改革预期目标。对四家国有商业银行改革整体进程而言,只是在国家注资上有先后之别。除中国银行、建设银行外,要求工商银行、农业银行也要参照有关改革要求,加快推进内部改革,完善公司治理,为下一步股份制改造积极创造条件。我们希望,这次改革能使国有商业银行有一次脱胎换骨的变化,推动建设健康而富有竞争力的中国银行体系。

二、国有商业银行的公司治理

公司治理问题的产生是与现代公司制度的发展紧密联系在一起的。与国有企业相似,中国国有银行目前各种问题的根本症结在于产权和治理结构存在缺陷。巴塞尔银行监管委员会1999年9月发布了《健全银行机构的公司治理》指导性文件,提出"有效的银行监管必须建立在商业银行良好的公司治理的基础上"。基于上述认识,正如前面谈到的,我们确定这次国有商业银行改革的核心内容是建立良好的公司治理机制,在财务重组的基础上要求国有商业银行加大公司治理机制改革力度,对治理结构、管理体制、经营机制进行彻底的、规范的改造。为此,银监会最近制定并颁布了中国银行、中国建设银行公司治理改革与监管指引,具体包括十条标准,即建立规范的股东大会、董事会、监事会,建立对高级管理层授权经营的目标和问责制度;精心选择、引进境内外战略投资者,改变单一股权结构,提升经营管理水平和服务水准;制定清晰明确的发展战略;建立科学的决策体系、内部控制机制和风险管理体制;实行机构扁平化和业务垂直化管理;建立市场化人力资源管理体制和有效的激励约束机制;实施审慎的会计制度,加强财务管理和信息披露;加强信息科技建设,全面提升综合管理与服务功能;实施金融人才战略,加强人才引进和员工培训;充分发挥中介机构的专业优势,稳步推进重组上市进程。

在我看来,公司治理结构的关键是建立健康负责的董事会。董事会是银行最重要的治理机构。为协助其有效地开展工作,董事会应建立三个以上的功能委员会,如审计委员会、风险管理委员会、薪酬委员会。实际上,重要的决定应由各有关委员会集体做出,而不是依赖于个人。另外,银行要有意吸收新鲜血液,即引进管理专业人才,上述各主要委员会的成员最好有来自发达金融市场的高素质外部人才,审计委员会主席应由独立董事担任。

当然,建立良好的公司治理机制,非一朝一夕即可完成,需要一个过程。以中国11家股份制商业银行为例,这些银行在完善公司治理方面做了大量的工作,已初步建立起公司治理结构的基本架构。但是,在诸如有效发挥董事会的决策和监督作用、保护小股东和其它利益相关者的权益、真实可靠的披露信息方面仍程度不同地存在一些问题,董事会的独立性、公平性、专业性和有效性急需提高。实践证明,选聘外部独立董事和选好非执行董事是解决或杜绝这类问题的有效措施之一。这也说明,要真正落实国有商业银行公司治理改革和监管指引确定的要求并不是一件容易的事,特别考虑到国有银行的改革才刚刚起步,这个过程会十分艰难。因此,我们要求国有商业银行在统一的指引下,按照一行一策的要求,设计和建设好各自的公司治理结构,有效地解决上述普遍存在的问题。

三、国有商业银行改革展望

目前,中国银行和建设银行改革工作正在全面展开,总体进展顺利。为确保改革成功,银监会参照国际上前100家大银行的先进经验和先进指标,确定了国内外能够普遍认同的改革考核目标,要求两家试点银行经过股份制改造,在经营绩效、资产质量、审慎经营等主要方面,达到并保持国际排名前100家银行中等以上的水平。具体确定了总资产净回报率、股本净回报率、成本收入比、不良资产比率、资本充足率、大额风险集中度和不良贷款拨备覆盖率等三类七项考核指标,并提出了明确的时间表。由于整个改革工作刚刚启动,各项改革措施正在落实之中,具体描述中国国有商业银行改革前景一时还比较困难,也为时过早。但我们可以预期改革后的中国银行体系将会更加稳健,竞争力将会不断提高。

首先,国有商业银行不可能仍像过去那样依靠政府,必须按照市场机制依靠自身力量独立经营。市场参与者和金融消费者将会用市场标准评定国有商业银行信用等级。中国银行业市场化程度将得到极大改善。

其次,国有商业银行具有许多自身优势,在相当长的一段时期内仍将是中国银行业的主体。国有商业银行将遵循并实施符合新巴塞尔协议要求的内部评级体系,对信用风险、市场风险和操作风险等各类风险管理应该更加成熟,并尽可能成

为国内同业内的排头兵。(中国银行业监督管理委员会主席刘明康)

努力实现国际收支平衡 促进国民经济协调发展

2003年无论是对国内经济还是涉外经济来说，都是非常特殊的一年。国民经济增长达到了1997年以来的最高速度。对外贸易的扩大超出了所有预测，资本的流入流出空前活跃。国家外汇储备净增加的数额等于2000年以前几十年累积的规模。外汇管理已经经历了而且还将继续面临着极不寻常的形势。现在是我们回顾过去，展望将来，做好准备，迎接新的历史性转折的关键时刻。下面，我讲五个问题。

一、2003年外汇管理工作的基本情况

过去一年，外汇管理系统坚决贯彻党中央、国务院关于经济工作的决策和部署，认真落实周小川行长代表人民银行党委提出的任务和要求，努力完成年初工作会议的各项计划和安排，取得了显著成绩。概括起来，主要做了以下工作：

第一，继续完善进出口收付汇核销管理，推进贸易便利化。建立逐笔核销、批量核销和总量核销三种监管模式，尝试出口核销分类管理；设计、开发和推广使用“出口收汇核报系统”，提高出口核销业务的准确性、及时性；规范全国边境贸易外汇管理，扩大结算及核销的币种范围，引导边贸结算进入银行体系；进一步取消部分进口备案类别，提高凭保函办理的预付货款项下购付汇限额，便利企业经营。

第二，放宽部分外汇帐户限额和外汇资金运用限制，进一步扩大企业外汇收支的自主性。允许国际承包工程等特殊企业全额保留外汇。研究制定提高企业外汇帐户限额的新方案，拟在今年一季度择机出台。在跨国公司地区总部集中的北京、上海、深圳三地进行非贸易外汇管理改革试点，帮助跨国公司解决由于境外代垫或分摊产生的非贸易费用支付问题。个案批准三家跨国企业对外委托贷款，累计达4.2亿美元。

第三，规范居民和非居民个人外汇收支，切实满足个人经常项目合理用汇需求。提高境内居民个人因私出境购汇指导性限额和携带外钞出入境的限额，扩大供汇范围，允许外币信用卡境外消费后购汇偿还，规范外币代兑机构管理。研究起草了加强对居民和非居民个人外汇管理的政策措施，今年将适时推出。

第四，继续完善境外投资外汇管理，推动实施“走出去”战略。简化境外投资项目资金来源审查手续，取消外汇风险审查，取消境外投资主体缴纳汇回利润保证金的要求，并清退已缴利润保证金。境外投资外汇管理改革试点由原来的6个省(市)，增加到14个省(市)，试点地区境外投资购汇总额度达19亿美元。自11月起，允许试点地区投资主体经核准后向境外汇出项目前期资金。

第五，有选择分步骤地开放证券投资，拓宽资金流出流入渠道。规范境外合格机构投资者制度(QFII)的外汇管理操作，密切跟踪，及时调控。到去年底，会同证监会共批准境内11家商业银行为托管人，批准10家境外机构投资额度共17亿美元，到今年1月13日累计汇入金额12.28亿美元。继续深化对境内合格机构投资者制度(QDII)的研究，重点探索了社保基金、保险公司等机构对外证券投资，以及引进境外金融机构在境内发行人民币债券等问题。

第六，开展收汇、结汇专项大检查，进一步整顿规范外汇市场秩序。首次在全国范围内开展了对外汇指定银行收汇、结汇业务合规性的专项检查，及时处理了违规操作，对投机性资金起到了威慑作用。通过检查，为全面掌握外汇资金流入的真实情况，完善相关管理政策提供了依据。正式实施大额和可疑外汇资金交易报告制度，初步建立了外汇领域反洗钱工作机制。与公安等部门联合，查处了一批大案要案，在重点地区开展了集中整治行动，捣毁有组织的“地下钱庄”和外汇黑窝点，严厉打击了非法外汇交易活动。

第七，改进国际收支统计申报和监测预警体系，积极培育银行间外汇市场。缩短国际收支涉外收入申报时限，开展国际收支申报核查。正式运行国际收支风险预警系统，按季对当前我国国际收支风险状况进行分析评估。扩大远期结售汇业务试点银行和业务范围，延长银行间外汇市场交易时间，允许双向交易。正式编制人民币多边和双边汇率指数，建立出口换汇成本监测制度，规范和完善边贸和外汇黑市监测，进一步健全汇率调控机制。

第八，外汇储备经营管理经受了考验，取得了较好的成绩。去年国际债券市场利率走低且波动剧烈，美元大幅贬值，而央行购汇逐月增加，储备经营压力显著增大。对此，我们严格执行授权，按投资基准采取积极的经营措施。适时提出优化储备货币结构方案，拓展投资领域，加大投资分散力度。以投资基准管理为核心，完善决策体系。健全风险管理组织机构，落实风险管理责任。完善内部管理制度，建设灾难备份系统，提高信息化水平，为储备经营提供各种强有力的保障。去年，储备经营收益超过了国务院和人民银行批准的考核指标，储备资产保持了安全、优质和充分的流动性。

第九，支持香港银行试行办理个人人民币业务，引导在港人民币有序回流。从2001年开始，我们就进行调研、论证和准备工作。经国务院批准，去年11月中国人民银行宣布，从今年起为在香港办理个人人民币存款、兑换、银行卡和汇款业务的有关银行提供清算安排。这对于便利两地经贸和人员往来，促进经济相互融合，引导人民币有序回流，维护香港金融的繁荣稳定都具有重要意义，受到香港各界普遍欢迎。

第十，顺利完成外汇储备向试点银行的注资工作，为国有独资商业银行股份制试点创造有利条件。国务院决定中国银行和中国建设银行实施股份制改造试点，并动用450亿美元外汇储备和黄金储备为其补充资本金。去年底，通过资产划拨、一次到位的办法，完成了向两家试点银行的注资，对储备经营及国内外金融市场都没有造成任何负面影响。由于前期准备充分，宣传到位，各界反映总体积极。两家试点银行在国家注资后，全面启动了财务重组和内部改革，机制转换的步伐明显加快。

回顾过去一年的工作，我们不仅要看到成绩，同时也不能忽视存在的问题。例如，尽管做了很多努力，但由于种种原因，实现国际收支平衡仍然面临着非常艰巨的任务。一些违法违规活动尚未得到及时的打击和查处，“地下钱庄”的活动仍然十分猖獗。对合法但异常的资金流入缺乏有效的调控手段，亟待研究解决。有些审批手续仍然过分繁琐，某些方面的服务也有待进一步改进。总之，外汇管理与当前改革开放和经济发展形势的要求相比，仍然存在着许多不相适应的地方，与建成完善的社会主义市场经济体制的目标相比，还有较大差距。

二、当前的经济金融和外汇形势

世界经济正在步履蹒跚地走出衰退。美国、日本和欧洲经济都出现了不同程度的复苏。发展中国家经济形势也渐次好转。世界通胀水平较低，主要国家财政金融政策持续宽松。国际货币基金组织预测今年世界经济增长率将从上年的3.2%升至4.1%。然而，人们普遍不敢特别乐观。美国日益膨胀的财政和贸易赤字问题正成为全球经济复苏的一大威胁。过去两年里，美元兑欧元、英镑和日元分别贬值了29.3%、18.5%和18.2%。去年日本银行为阻止日元升值耗资20兆日元干预市场，远超过1999年创记录的7.64兆日元，今年日本央行入市干预力度可能会更大。在欧元区，过去两年欧元不断走强令其经济增长受到压抑，欧洲对此越来越感到忧虑。

国际环境对今年我国经济发展总体有利。国际市场容量扩大，有利于我增加出口；全球产业结构调整，有利于我传统产业改造和升级；全球化和区域化的发展，进一步增强了许多国家和地区与我进行经贸合作的愿望。但是，全球生产能力过剩使国际竞争更为激烈，我国面临贸易摩擦和纠纷的可能增加。世界经济复苏将分流部分国际资本，我国吸收外资的难度可能加大。一些国家为缓和国内矛盾，有可能用中国问题来转移视线。尤其今年是美国大选年，美国一些政治势力可能会继续挑起中美贸易和汇率问题的争端。

尽管遭受了非典疫情和其他自然灾害的影响，2003年我国经济增长仍高达9.1%，消费物价增长1.2%，外贸进出口总额突破8500亿美元，实际利用外商直接投资535亿美元。财政收入、企业利润和居民收入都有较大幅度提高。中国正成为拉动世界经济复苏的一股重要力量。中国钢铁、水泥、煤炭、玻璃的使用量占到世界全部产量的三成左右，石油消费首次超过日本，成为世界第二大石油消费国。我国从日本、东盟的进口同比分别增长38.7%和51.7%，对其贸易逆差分别增加1.93倍和1.15倍；从美国、欧盟进口分别增长24.3%和37.7%，中国成为美欧增长最快的出口市场。世界各国普遍看好中国经济。但是，我国经济仍然存在着一些深层次结构问题。例如，消费需求的扩大远远落后于投资需求的扩大，二者内部的构成也颇不合理。过度依赖工业增长，服务业占GDP的比重仍然偏低，十多年来一直停留在32%左右。城乡差距、地区差距拉大，收入分配不合理的矛盾比较突出。综合经济效益仍处于较低水平，高库存问题尚未得到彻底解决。即使产销率达到98%左右，仍然意味着每年的新增库存达3000亿元左右。技术创新能力弱，产品附加价值低。去年我国出口鞋50.3亿双，但价值不过125亿美元，平均出口价格仅为2.5美元。

2003年的货币金融规模扩张达到了近些年罕见的高速度。广义货币供应(M2)和狭义货币供应(M1)分别增长19.6%和18.7%，增速均大大高于经济增长速度与物价上涨幅度之和。在较为宽松的货币环境下，去年全部金融机构本外币各项贷款增加3万亿元，比上年多增1.1万亿元。货币信贷规模的迅速扩大支持了国民经济的高速增长，改变了通货紧缩趋势。但与此同时，通货膨胀已开始反弹，资产泡沫问题也越来越令人担心。自去年下半年起，国内物价转为正增长，12月份消费物价指数陡增3.2%。全国房屋销售、土地交易和房屋租赁价格分别增长4.8%、8.3%和1.9%。一些城市商品房价格的平均涨幅超过了20%。沿海某特大城市的投资性购房比例已达到16.6%，接近20%的国际公认的泡沫临界点。同样值得注意的是，去年直接融资进一步下降，间接融资重新占到极高比例。在目前的社会信用、政府行为和银行机制条件下，新增贷款的相当部分有可能形成新的呆坏帐，从而进一步增加系统性的金融风险。

国际收支和外汇收支继续呈现净流入态势。到去年底，外汇储备余额4033亿美元，比上年末增加1168亿美元，增长40.7%，是我国外汇储备增加最多的一年。如果把向试点银行注资的因素考虑进来，去年国家外汇储备增加将近1600亿美元。人民币汇率继续保持稳定。去年美元对人民币汇率平均为1比8.2770，与上年基本持平。

过去三年里，国际收支顺差逐年大幅增加，主要是因为人民币利率水平相对较高，市场预期人民币升值，企业和个人减持外币资产，过去滞留境外的资金大量回流。由于企业把一部分人民币负债转换为外汇负债，去年一举改变了外债净减少的局面。前三季度新增外债156亿美元，其中短期外债增加144亿美元，占到92.3%，而由提前收汇、推迟付汇引起的贸易信贷增加额就达61亿美元。由于企业积极结汇和用汇，目前经常项目外汇帐户余额仅占总限额的三成左右。为满足国内外汇贷款业务发展的需要，境内金融机构当年从境外调回及拆入资金净额达308亿美元。居民个人也踊跃结汇，持汇和购汇意愿减弱。

在这样的国际国内经济形势下，加之一些国家国内政治的原因，人民币汇率一时成为全球关注的一个热点问题。但是，总体而言，人民币汇率的作用显然被过分夸大了。从理论上讲，汇率贬值会刺激出口、抑制进口。但去年人民币平均汇率水平走低，而我国进出口同时加速，而且进口增长高出出口增长达5.3个百分点，贸易顺差下降15.9%。这主要是因为，影响进出口的因素很多，汇率的作用有可能被其他因素所抵销。另一方面，汇率变化很难迅速全部反映到进出口价格上，而且进出口之间也有密切的依赖关系，有利于一方并非不利于另一方。资本流动更不是汇率可以完全影响的。所以，不能简单用人民币汇率变化来解释或预测国际收支差额的变化。

我国是一个发展中的大国，处于经济高速增长和体制转轨时期，不确定因素较多。外汇储备充足，人民币汇率稳定，有利于增强国际清偿能力，维护国家和企业的对外信誉，提高海内外对中国经济和中国货币的信心；有利于应对突发事件，防范金融风险，维护国家经济安全。国际收支持续逆差具有很大的危险性，历史上有许多国家，包括发达国家都曾深受其害，直到上世纪90年代一些拉美和亚洲国家由于持续的逆差发生了严重的债务危机和货币危机。但国际收支持续顺差同样会带来负面影响。

2004年，按照中央经济工作会议部署，我国经济增长速度的预期目标是7%，外贸进出口总额增长8%左右，居民消费价格总水平上涨2%左右。预计，今年货币供应量增幅和新增贷款应低于去年水平，广义货币和狭义货币供应分别增长17%和16%，全年新增人民币贷款2.4万亿元左右。据我们初步分析，如果国际国内经济没有特殊的变化，较多的资金流入仍然是货币政策和外汇管理面临的基本形势。实现货币供应的适度增长和国际收支平衡，都会遇到新的较大挑战。对此，我们必须要有充分的认识和清醒的估计。

三、实现平衡的指导方针和政策措施

党的十六大明确将经济增长、增加就业、稳定物价和国际收支平衡作为我国宏观经济调控的主要目标。这四个方面的目标有着内在的一致性。只有协调统一，才能使经济运行的质量和效益最好，才能实现可持续的健康快速增长。在开放经济条件下，国内均衡和对外均衡之间存在着密切的相互决定、相互影响的关系。如果增长、就业和物价没有达到均衡状态，必然会反映到国际收支上来；如果国际收支很不平衡，就不可能真正充分利用两个市场、两种资源，也就不可能真正扩大就业，促进经济社会协调发展。

党中央、国务院非常重视国际收支平衡问题。十六届三中全会提出要树立全面、协调、可持续的科学发展观，统筹兼顾五个方面的关系，其中之一就是要统筹国内发展与对外开放。胡锦涛总书记在去年底的中央经济工作会议上，进一步强调要坚持对外开放，充分利用两个市场、两种资源。温家宝总理在谈到今年宏观调控主要预期目标时，也明确提出国际收支基本平衡的要求。我们一定要坚定不移地贯彻中央经济工作会议的精神，从实际出发，制定稳妥的措施和办法，逐步实现国民经济的内外均衡。

在国际收支问题上，我们历来都有明确的政策目标。这就是，基本平衡，略有盈余。诚然，在过去经济开放度较低的情况下，所谓国际收支平衡主要就是对外贸易平衡。在引进外资规模越来越大，对外投资也开始起步的形势下，国际收支的总体平衡状况就不一定和贸易收支平衡状况完全一致。但是，国际收支基本平衡，略有盈余的原则仍然应当继续坚持，这与充分利用国际国内两个市场和两种资源的原则也是完全一致的。十六届三中全会提出统筹国内发展与对外开放，从战略的高度强调了国内经济与涉外经济之间协调的重要性。解决目前的国际收支失衡也应当统筹兼顾，配套协调，分步实施，循序渐进。这些都应当成为我们维护国际收支平衡的指导方针。

我们必须充分认识改善国际收支平衡的重要性和紧迫性。国际经验表明，一国出现较大顺差如同出现较大逆差一样，调整起来都十分困难。而且由于顺差过大所带来的危害开始时并不明显，人们的认识滞后，加上其他因素的作用，从较大顺差恢复到基本平衡往往要拖延更长时间。我们应当引以为戒，避免重复其他国家的失误。

我们还要充分认识实现国际收支平衡的复杂性和艰巨性。我国目前的国际收支顺差积累时间较长，有着深刻的国际国内原因，是在世界经济全球化和我国改革开放的背景下发生的一个特殊现象。现阶段我国出现国际收支较大顺差并不是偶然的。首先，我国是一个高储蓄国家。如果国内发展不平衡，出现较严重的供给结构不合理和有效需求不足，导致投资小于储蓄，就一定会产生经常项目顺差。其次，在全球产业结构调整中，国外企业普遍看好我巨大市场潜力和低廉劳动力成本，大举转移生产基地，而我国对外直接投资能力在相当长时期内难以达到相近的规模，这必然造成较大的资本净流入。第三，涉外部门与对内部门的发展不平衡。由于涉外部门特别是出口相关部门受政策支持较多，在国际竞争中机制转变较快，使用的技术、设备和管理比较先进，因此较有竞争力，而主要为国内提供产品和服务的部门在这些方面相对落后。第四，长期以来，我国涉外经济政策的基本点是扩大出口、限制进口，鼓励外资流入、限制资本流出，调整转变需要时日。第五，国际货币体系缺乏真正的最后贷款人，发展中国家为防范金融风险不得不大量积累外汇储备。10年前，发展中国家的外汇储备在全球仅占1/3，现在占比已达2/3。从这个角度来看，在一段时期内保持较大的顺差和较多的外汇储备增长，在我国也有充分的合理性。解决国际收支不平衡问题是一项全局性的战略性的工作，不是局部的、地区的或部门的具体日常工作。这是因为，首先，这取决于国内经济结构的调整，确切地说，是两者之间互为条件，互相作用。比如提高第三产业比重、加快城市化进程、缩小内陆与沿海差距、提高出口产品科技含量和附加价值，等等。第二，这涉及诸多方面的体制改革。结构问题在很大程度上是体制问题，城乡分割、国企困难、地区封锁、行业垄断都有深刻而广泛的体制基础，在财税、金融、投资、外贸等领域仍然遗留着大量的改革任务。而改革又意味着需要进行广泛的利益关系调整。第三，这涉及我们自己思维定式的转变。例如，以出口创汇为中心的观念、片面强调出口忽视进口的思想、只重视价格竞争力不重视非价格竞争力的习惯，等等，根深蒂固，影响久远。第四，面临着国内外预期变化和投机的压力。存在国际收支形势逆转的可能。如果放松管制不当，一旦市场情况逆转，管理失控，就有可能酿成危机。

改善国际收支平衡，一方面要加快国内经济结构调整，合理利用经济资源，另一方面涉外经济政策也应发挥积极的配合作用。按照经济学原理，减少国际收支顺差可供选择的政策主要有：增加进口、调整出口、扩大资本流出、减少资金流入、增加汇率弹性等。从理论上来说，这几个方面都是有效的、可行的。但是，在实际中，这些措施的限制条件是不同的，其发挥作用后可能带来的后果是复杂的，因此，需要具体分析。

上述几个方面的对策措施并非只是理论构想。可以说，几乎所有遇到国际收支顺差的国家和地区都不同程度、不同方式地采取了类似的做法。但是，效果很不一样。总结这些国家的经验教训，有以下几点值得汲取：一是要及早认识国际收支不平衡对经济可持续发展的影响，主动调整较被动调整效果要好，早调整比晚调整更为有效；二是要从本国经济发展的长远的根本利益出发，不能只计一时得失，否则付出的代价更大；三是不能过分依赖管制政策，要避免造成各种市场扭曲，特别要避免增加新的市场扭曲；四是既不能忽视汇率的作用，也不能过分依赖汇率的功效，需要国内经济部门与对外经济部门采取综合配套的措施。

从我国的现实出发，合理、可行的对策选择，可能是一个相对灵活的组合。主要有以下内容：加快出口产品结构的调整，提高技术含量和附加值，培育民族品牌，增强综合竞争力，减少缺乏比较优势的产品出口；鼓励适当扩大进口，优化进口商品结构，推进重要战略物资和关键技术进口来源多元化；加强对资本流入的管理；特别要限制与人民币发生交易的短期资本流入；在有效防范风险前提下，有选择分步骤地放宽对资本流出的限制，鼓励和支持有条件的企业"走出去"，更多更好地利用国外资源和国际市场；坚持市场供求为基础的、有管理的浮动汇率制度，在保持汇率水平基本稳定的前提下，完善人民币汇率形成机制。

为了在新的形势下实现国民经济的内外均衡，外汇管理本身必须进行根本性的调整。这涉及三个方面，一是改变"宽进严出"的管理模式，建立健全对资金流入的监控体系，逐步使资金双向流动的条件和环境趋于一致。二是调整"内紧外松"的管理格局，逐步减少对内资外资的区别管理，创造公平竞争环境，促进多种经济主体共同发展。三是转变"重公轻私"的管理观念，按照同等对待法人和自然人的原则，规范居民个人和非居民个人外汇收支的管理，堵塞目前存在的各种漏洞。

四、2004年外汇管理工作的主要任务

根据中央经济工作会议的决策和部署，今年的外汇管理工作面临着十分艰巨的任务。为配合国家宏观经济政策实施，推动经济持续、快速、协调、健康发展，今年外汇管理工作要以十六大和十六届三中全会精神为指导，以促进国际收支平衡为目标，进一步便利对外贸易和投资活动，加强对短期资金流入和结汇的管理，稳步推进资本项目可兑换，完善人民币汇率形成机制，充分利用“两个市场、两种资源”，促进国内发展和对外开放迈上新的台阶。

周小川行长刚才已经对今年的外汇管理工作作了统一部署，本次会议也专门印发了《2004年外汇管理工作要点》，会上要认真讨论。这里，我主要强调以下几项工作。

第一，加强资金流入和结汇管理，有效控制短期资本流入流出。对所有资本流入都要加强监测。对没有实际贸易和直接投资背景的资本，未经许可的证券投资资金，要禁止其流入。对所有合规入境的资金，在结汇环节都要加强真实需要的审核，从严控制外汇资金与人民币之间的交易活动。出口提前收汇、进口延期付汇、出口押汇和打包贷款等，虽然与贸易活动有关，但都是融资活动。随着对外贸易往来日益频繁，相应的资金流动规模不断扩大。非居民人民币存款规模近几年也在迅速增长。要在去年工作的基础上，拿出更切实有效的管理办法和措施。加强经常项目与资本项目外汇管理工作的协调，健全资本项目数据统计监测体系，尽快建立对贸易融资和非居民存款项目的监测。统一中外资银行的外债管理办法，对境内外资金融机构举借外债实行总量控制，严格控制短期外债特别是贸易融资规模的增长，研究适当控制外汇贷款过快增长的可行措施。研究在不影响正常贸易和投资情况下，对出口和外商直接投资收汇及结汇加强真实性审核的有效政策。

第二，简化手续，放宽限制，进一步推进贸易和投资便利化。外汇管理部门是一个服务部门，必须寓管理于服务之中。一是继续做好进出口核销工作。核销在企业资金跨境流动的真实性贸易背景审核方面发挥了重要作用。目前的关键是要不断提高技术手段，加大网络系统的运用和普及，实现按企业等级分类管理，方便合规守法企业办理业务。二是进一步加快外汇帐户管理体制改革，增强企业运用外汇资金的自主性。近期重点要做好提高企业经常项目外汇帐户限额的前期准备工作。三是有选择地拓宽资本流出渠道。加强对境外投资管理政策的协调，鼓励有实力的企业开展跨国经营，重点支持企业在海外发展加工装配、承包工程、开发战略资源。根据国家统一部署，研究推出引入境外机构在境内发行人民币债券，适当允许移民和继承财产的个人合法资产对外转移，境内合格机构对外证券投资等措施。

第三，加快非现场监管体系建设，加强对外汇指定银行业务的监管。在继续将越来越多的外汇管理业务授权银行办理，推进直接管理向间接管理模式转变的同时，外汇管理部门一定要加强对包括银行、证券、保险在内的各类金融机构的外汇收支活动监管，严格执行违规退出惩戒机制。切实要求商业银行在从事外汇业务的同时承担起监管的职责，加强对贸易融资项下、资本金项下等资金结汇的真实性检查，及时反映资金流动的异常变化。同时，要从技术上实现突破，探索实现从银行业务系统中获取信息的有效途径，加快推进银行与外汇管理部门的联网，形成有效的非现场监管体系。

第四，坚持标本兼治，整顿和规范外汇市场秩序。要在全面总结去年专项大检查的基础上，适时开展外资银行、保险公司和证券公司外汇业务的专项检查。努力摸清非正常资金流动的目的、规模、环节和渠道，有针对性地加以管理和调控，重点查处无实际贸易和投资背景的短期资本套利行为。要加快基础制度建设，落实反洗钱的各项制度、措施。将证券公司、保险公司等非银行金融机构逐步纳入大额和可疑外汇资金交易报告体系。完善大额和可疑外汇资金交易数据的电子化采集和筛选分析工作，全面提高反洗钱工作质量。要在继续严厉打击各种非法外汇交易的同时，加快外汇市场信用体系建设。配合企业信用分级管理等措施，制定相关信用评价标准和指标体系，初步建立以事后监管和间接管理为主的信用管理模式。

第五，理顺外汇供求关系，完善人民币汇率形成机制。进一步放宽购汇限制，满足个人、企业、事业单位以及银行等金融机构一切正常的合理的用汇需求。扩大银行结售汇周转头寸浮动区间，适当增加银行制定挂牌价格的权限。规范远期结售汇业务，开展掉期等金融产品的研究和设计，探索境内外币套期保值衍生工具的推出时机和方式。尝试建立外汇市场做市商制度。继续进行国内发行外币债券试点，增加金融机构和企业在银行间市场发行外汇债券的规模和数量。完善人民币汇率形成机制，使汇率在合理均衡水平上保持基本稳定。

第六，完善外汇储备经营管理体制，提高储备经营水平。今年外汇储备经营难度可能会继续加大。按照“安全、流动、盈利”原则，完善投资基准管理体系和投资决策程序，落实货币结构优化方案，研究资产结构优化方案，积极运用各种投资渠道和工具，增加储备资产收益。要强化储备经营风险管理，加强对主要交易对手和投资对象的风险分析、跟踪和评估，完善市场风险的管理，结合系统建设调整充实储备经营管理的规章制度，完成备份中心建设，建立应急机制，完善并演练有关的应急方案。

第七，加快行政许可制度改革，继续推进外汇管理职能调整。贯彻实施《行政许可法》是今年外汇管理工作的重中之重。按照国务院部署，今年外汇局将对外汇管理行政许可项目及其法律依据进行一次全面清理，再取消一批行政许可项目。对确有需要保留而法律依据不足的许可项目，通过制定行政法规或者以国务院决定形式等提升其法律依据。全局上下一同梳理现行法律法规和业务操作流程，严格按照《行政许可法》规定，规范流程，改进程序。在清理废止一批审批项目的同时，对可能产生的管理空白点要有所警惕，努力运用市场手段加以引导和解决，切实做到平稳过渡、有序开放。

第八，加大宣传工作力度，合理引导市场预期。金融调控意在影响市场活动，减少市场波动，因此引导人们的预期和偏好十分重要。在成熟市场经济国家，中央银行和金融监管当局通常把新闻宣传作为贯彻货币政策、传递监管意图的主要渠道和基本手段。当前我们应抓住国内外普遍关心的一些热点问题，例如国际“热钱”流入问题、违反外汇法规的危害问题、人民币汇率问题、外汇储备保值增值问题和动用外汇储备向试点银行注资问题等开展宣传，释疑解惑、澄清事实。要经常地不断地宣传外汇市场和汇率风险问题，提高公众的理解度和承受力。

五、做好今年工作的几点要求

做好外汇管理工作，必须继续认真学习和实践“三个代表”重要思想，把这一重要思想落到实处，切实做到执政为民，提高外汇管理工作水平。周小川行长对人民银行的要求，同样适合外汇管理系统，我们必须逐一落实。这里，我再结合外汇管理实际补充几点意见。

一是加强学习，把握全局。当今国际政治、经济形势正在发生新的深刻变化，我国经济也面临许多新情况、新问题，各方面改革与发展的任务都非常繁重。只有不断加强学习，全面提高理论素养、知识水平和业务本领，才能适应形势发展的需要，更好地履行国家和人民赋予我们的职责。要加强政治理论学习，从贯彻落实“三个代表”的高度，提高对完善社会主义市场经济体制重要性和紧迫性的认识，正确认识国内外经济金融形势，不断提高全局观念与大局意识。要尽快学习和掌握现代金融理论和实务，加强法律、外语等知识的学习，熟悉与外汇管理相关的各项贸易、投资业务，真正明确管什么，为什么管，以及怎么管。

二是加强调查研究。各分局要紧密结合今年的工作任务，突出重点，勇于创新探索，按照总局布置的调研提纲深入了解实际情况，分析异常现象，反馈政策的执行效果。要处理好业务与调研的关系，通过调研促进业务的发展，重大课题可采取分片合作调研的方式。总局要及时总结分局的经验和建议，适时调整政策，积极改进工作。要特别重视面向服务对象的调查研究和提高服务质量方面的调查研究，及时解决企业、银行、事业单位和居民非居民个人的困难和问题，切实降低他们在外汇收支交易中的成本。

三是充分运用信息管理技术。电子化手段在外汇管理工作中发挥着重要作用，但目前外汇管理信息系统建设统筹规划不够，存在各自为政、重复建设等问题，急需尽快加以解决。要从战略高度认识信息化建设问题，把运用电子手段改进外汇管理看成落实改革思路，提高管理效率的基本保障。认真执行总局制定的《信息化建设发展规划》，全面整合现有统计数据，建立数据关联，实现信息共享。建立统一数据采集管理、符合信息安全保障要求的外汇收支信息管理体系。

四是加强纵向与横向沟通协调。维护国际收支平衡是一项系统工程，需要各方面协调配合。要加强与相关经济部门、金融监管部门及当地政府的联系，主动向他们介绍国际收支平衡的情况和问题，了解相关部门的改革措施及其对外汇收支和国际收支的影响。要加强与各类金融机构的联系，了解他们执行外汇管理政策法规的情况和建议，了解外汇新业务的发展趋势及其对外汇监管提出的要求，及时完善相关政策法规。要加强总局与分局之间的联系沟通，形成及时高效的信息传递网络，保证政策的上传下达，信息的及时传输反馈。

五是抓好人才培养和使用。中央人才工作会议提出，要把人才问题作为关系党和国家事业发展的关键问题加以重视。我们要紧紧抓住培养、吸引、用好人才三个环节，坚持德才兼备原则，把品德、知识、能力和业绩作为衡量人才的主要标准，不唯学历，不唯职称，不唯资历，不唯身份，不拘一格选人才。要宣传人人都可以成才的观点，引导和鼓励大家自觉提高，相互激励，共同进步。开展多层次、形式多样的培训，加强政治学习和业务学习，进一步提高干部队伍素质。创造有效机制，多渠道引进人才，选拔人才，大胆启用人才，通过事业留人、感情留人和一定的待遇留人。

六是加强廉政建设。目前外汇管理方面还有近 70 项审批核准业务，系统内的干部提拔、人员招聘、政府采购、工程招标等，也涉及到人财物的方方面面。我们要把勤政廉洁建设落到实处：一是依法办事，严格按各项法规政策办理业务，制定详细的业务操作规程，通过严格的流程管理和相应的审核权限，杜绝权力的滥用。二是政策透明，各级外汇管理机关都要自觉听取企业、银行和个人的意见，与其他兄弟部门保持密切的联系，主动接受舆论和社会的监督。三是亲友回避，在业务审批、干部提拔、人事招聘等方面主动实行亲属和朋友回避制度。四是岗位交流，对一些重要部门、重点岗位实行轮岗交流，从源头上遏制腐败，铲除其滋生的土壤。（国家外汇管理局局长　郭树清）

中国银行业现状、发展前景及监管任务

银行业在一个国家的经济中起着至关重要的金融中介作用。在过去几年里，由于经济的高速增长以及宽松的货币政策，中国银行业维持了高速扩张的势头。但是在资产质量、经营管理和风险控制等方面还存在许多问题，许多银行面临沉重的历史包袱，如果处理不当，银行系统可能成为中国经济持续发展的障碍，甚至影响整个经济的稳定。本文对中国银行业的现状作一些分析，并在此基础上对今后几年的发展轨迹作几点推断和建议。

一、中国银行业的现状

目前中国银行业包括四大国有商业银行、11 家股份制商业银行、众多的城市商业银行和信用合作社，以及已经进入或准备进入中国的外资金融机构。此外，还有政策性银行在特定的领域内发挥其职能。在这些银行中，四大国有商业银行在规模和品牌等方面明显处于领先地位。到 2003 年 6 月底，四大国有商业银行吸收了 65%的居民储蓄，承担着全社会 80%的支付结算服务，贷款则占全部金融机构贷款的 56%。另一方面，股份制商业银行的市场份额则在过去几年里大幅度增长，到 2003 年 6 月底，已占中国各类金融机构总资产的 13.6%。四大国有商业银行另一个重要优势是隐含的政府担保。随着银行业竞争加剧和储户风险意识的提高，银行的资信水平将日益重要。经过近年来的努力，中国银行业的资产质量已有很大的改进，经营管理和内部控制也有显著的提高，不少银行已初步完成管理决策、IT 信息系统上的总行集中化控制。但是不可否认，中国许多银行还背着沉重的历史包袱，不良资产情况仍十分严重。据银监会统计，到 2003 年底，中国银行业金融机构不良贷款合计为 2.4 万亿元，占全部贷款的 15.19%。其中，国有独资商业银行不良贷款为 1.59 万亿元，不良率达 16.86%；股份制商业银行不良贷款也有 1540 亿元，不良率为 6.50%。而且上述不良率的水平，已经包含了近几年各银行贷款高速增长所带来的稀释作用。在这种情况下，中国银行的资产充足率普遍较低。中国银行在内部管理、资信评估能力和授信体制、风险控制能力等各方面都还有很多缺陷，员工队伍素质和知识技能结构有待提高，管理信息系统也还远未完善。而且，中国银行在信贷工作中还往往受到种种外在压力和行政干扰，授信决策并不完全建立在资信因素上。扶持地方经济、帮助国营企业脱困、发展重点产业等等还经常是影响授信决策的重要因素。此外，由于历史的原因，四大国有商业银行的网点和人员队伍过于庞大，造成经营上的巨大压力，在管理运营上也还失于低效迟缓。中国银行的人民币存贷款的利率仍受到控制。在存款方面，除了保险公司五年及 3 亿元以上的存款允许由双方自主决定利率外，其余各项人民币存款利率均由人行统一规定。在贷款方面，人行也规定必须在一个范围内浮动。这两方面就决定了银行人民币存贷款的利差收入幅度。中国银行所面对的许多企业客户的经营不够规范，财务报告不够健全可信，有关个人客户的资信信息也相当匮乏，使得银行很难准确地衡量贷款人的资信水平和还贷能力。这就导致中国贷款市场缺乏层次感：一方面，由于许多企业财务报告上的问题，银行难以准确地评估其资信水平；另一方面，由于利率管制，银行也无法根据客户的资信水平充分调整利率。所以，银行业务往往集中在少量优质企业上，争夺这些客户的竞争十分激烈。

二、银行业的市场空间

世界金融市场的经验表明，公司客户（尤其是大型公司客户）所能带来的盈利日益趋薄，以大型公司业务为主的银行普遍面临生存危机。以美国为例，在 20 世纪 80 年代直至 90 年代初，以纽约为基地、主要面向公司客户的几家大银行，包括

ManufacturerHanoverBank、ChemicalBank、BankersTrustCo.和 MorganGuarantyBank,在 1990 年还都名列全美十大银行之中。但短短十来年之后,经过了一系列的购并整合,这些银行均被吞并,不再独立存在。这是因为,公司客户具有多种融资和投资渠道,比如在融资方面可以发行债券和商业票据,在投资方面也有多种的金融品种。所以,向公司客户提供服务的银行与其它金融机构之间的竞争异常激烈,从而使银行在公司业务上的定价能力和盈利水平不断削弱,生存空间萎缩。在中国银行业内争夺优质大客户的激烈竞争中,这种情况已经有所表现。相比之下,面向个人客户的银行在世界各国仍具有强大的生命力。与公司业务相比,个人业务上收入和盈利较为稳定,规模经济和网络作用也更为显著。但一家银行只有在网点覆盖率达到了一定程度,才能有效地吸引个人用户,降低综合资金成本。对网络的要求很大程度上提高了个人业务的门槛,也相应地限制了个人业务上的竞争。银行个人业务重要性的一个很好的反映,就是最近在美国连续发生的两宗重大银行购并事件:先是 2003 年 10 月美洲银行(BankofAmerica)宣布以 400 多亿美元购并 FleetBostonFinancialCorp.,短短三个月后,摩根大通银行(J. P. MorganChase&Co.)2004 年 1 月宣布以 500 多亿美元购并 BankOneCorp.。这两次购并都是出于发展个人业务的考虑和网络互补的要求。在此之前,这几家银行都曾尝试过重点发展其它业务(如公司业务和投资银行业务),但事实证明,个人业务盈利较好、增长较快且较稳定。所以,这几家银行都逐步把重心重新放回到个人业务上来。如这两宗购并都完成,将重新调整美国银行业的格局:在总资产上,花旗、摩根大通和美洲银行将分列全美前三位;在信用卡业务上,花旗与摩根大通旗鼓相当,美洲银行较落后;但在网点数量上美洲银行遥遥领先,是摩根大通的两倍多,更是花旗银行的七倍多。在银行个人业务中,值得专门一提的是住房按揭业务和信用卡业务。从 1997 年开始城市住房体制改革以来,中国的住房按揭市场已经有了巨大的发展,到 2002 年按揭贷款总额已达到了 8000 多亿元。但是按揭贷款仍只占中国国民生产总值的 8%、贷款总额的 5.9%。相比之下,这两项比例在中国台湾分别是 35%和 29%,在韩国是 38%和 30%,在香港是 50%和 35%,而在新加坡更是高达 65%和 49%。可见按揭贷款在中国尚有巨大的发展空间,在一段时间里可望是我国银行业务及盈利增长的重要动力。而且,与其它贷款种类相比,住房按揭贷款在世界各国都是风险较低的。即使在高失业率(如 2002 年的美国和香港)、房产价格大跌导致房产市值低于按揭贷款余额(如 20 世纪 90 年代的日本和 1997 年后的香港)等不利条件下,按揭贷款的坏帐率和损失率也普遍较低。比如,据香港金融管理局 2002 年的一项统计,香港当时 24%的住房按揭贷款的余额已超过房产市值;尽管如此,香港住房按揭贷款的坏帐率一直维持在 1.5%左右。当然也应该看到,住房按揭贷款在中国还面临着一些特定的风险。中国的住房二手市场还刚刚起步,有关抵押物业处置和债权人保护的法律及其执行也尚待完善,这些因素都将增加住房按揭贷款的风险。信用卡业务在中国也还处于发展初期。由于法律、个人资信信息和消费习惯等方面的条件尚待完善,比起按揭贷款来其发展会有所滞后。但是,从国际经验上看,当人均收入达到每年 2000 美元~4000 美元后,信用卡市场就会起步。而中国已有若干城市的人均年收入已进入了这个区间,具备了信用卡市场起飞的条件。当然,银行个人业务的高增长、高盈利和低风险的特性,是以审慎原则为前提的,丝毫也没有取代或降低信贷风险控制的需要。在这方面,近来韩国所面临的信用卡信贷危机就是一个很好的前车之鉴。

三、中国银行业的市场前景

随着经济的进一步发展,中国银行业的高速扩张可望持续相当一段时期。大量的居民储蓄和人民币资本帐户不可兑换将在一段时间内为我国银行消化历史问题提供良性的外部环境。但另一方面,随着 WTO 时间表的推进,中国银行业将逐步放开,竞争将日益激烈。所以,我国银行面临着一个与时间赛跑的任务,需要在银行业完全放开、外资银行全面进入之前,打下基础,消化历史包袱。笔者认为,中国银行业在今后几年的发展中会有以下几个特点:

1.对公业务、尤其是针对优质大客户的业务竞争会日趋激烈。由于其规模、网络和品牌等方面的优势,四大国有银行在对公业务中占据有利的地位。但另一方面,在利率管制的条件下,对公业务竞争中的一个重要因素是银行的产品创新能力。银行必须能深刻理解客户的商业模式和业务需要,为客户量身订做整体资金解决方案,从而既全面地满足客户多方面的需要,也可以从票据、外币、中间业务等费率放开的业务上间接地向客户让利,降低客户的总体资金成本。产品创新的能力离不开银行内部机制的灵活性,也对银行管理信息系统的整体水平(包括准确、实时衡量资金成本和风险水平的能力)提出了更高的要求。与四大国有银行相比,一些较优秀的股份制商业银行在这方面占有一定优势。根据中国 WTO 协议,从 2003 年底开始,外资银行已可以在许多大城市进行人民币对公业务,2007 年后更可以全面进入各项业务。外资一旦进入,一开始最容易争夺的是大客户,这当然也会加剧对公业务上的竞争。

2.相比之下,个人业务,尤其是住房按揭、信用卡业务将会成为我国银行利润的重要增长点。如上所述,住房按揭业务和信用卡业务在中国都尚处于发展初期,将面临一个十年左右的高速发展阶段。按揭和信用卡业务的发展,还会促进我国银行管理信息系统的建设和完善。四大国有银行由于其规模、品牌以及政府的隐含担保,在个人业务的竞争中同样占有优势。但个人业务市场的扩张也将为中小商业银行的发展提供契机。个人业务所需要的网点覆盖率,主要是指在一定地域内的网络密度。在中国,经济发达地区相对集中,银行的网络建设在今后一段时期内也会集中在经济较发达的地区。所以中小银行可以把网络建设集中在经济较发达的地区,从而以较有限的投入弥补其在网络上的不足。发展住房按揭、信用卡业务,对于中小商业银行的业绩会有更明显的作用。这一方面是因为,这些银行规模较小、历史包袱较轻,同样规模的业务起的作用更明显;另一方面,按揭贷款和信用卡业务将集中在经济较发达的地区,且对网络覆盖率要求较低,这些银行尤其是其中的全国性股份制商业银行得以在相对平等的起跑线上与四大国有商业银行竞争。部分股份制商业银行可望完成经营模式上的转型,成为公司、个人业务并重,甚至以个人业务为主的银行。住房按揭业务和信用卡业务虽然对网络覆盖率的要求较低,但同样需要大量的前期投资。住房按揭是典型的成本置前、回报置后的业务。对于信用卡业务来说,该项业务的引入在各国都需要有大量的前期投资,用于建立基本的 IT 处理系统、打造品牌、形成收卡网点规模等等。而且在信用卡业务上,用户往往倾向于只使用少数信用卡,使该项业务有明显的“首发者优势”(first-moveradvantage),所以更增加了对前期投资的要求。

3.混业经营将在中国银行业逐渐起步,保险和基金产品的销售代理、理财服务等方面的中间业务收入将会增加。在一些成熟市场经济的国家里，中间收入往往是银行收入的重要部分，也是提高银行各项产品综合竞争力的重要手段。可是，中国对银行的混业经营仍有许多的限制，从中国银行业现有的经营水平和监管水平来说，这种限制是合理的，但是银行中间业务的发展自然会因此而受到限制。

另外，中国客户对中间业务收费的认同度普遍较低；而且由于现阶段的利率管制，银行存贷利差较大，着重争夺存贷款业务是这种条件下的理性商业行为，从而使银行有可能会把中间业务作为争夺存贷款的筹码而免费或低价提供。而且，中间业务收入的增加（如保险和基金产品推广），往往也意味着现有客户投融资渠道的扩展，可能会冲击银行的现有业务。综上所述，中间业务收入在近期内不会成为银行业务和利润的重要增长点。

4. 中国银行业的继续增长主要反映在规模的扩大，资产收益率在一段时间内不会有显著的提高。四大国有银行的平均资产收益率约为 0.18%，而根据五家上市的股份制商业银行公开的信息，其资产收益率大约在 0.3%到 0.7%之间。

我国银行资产收益率偏低有多方面的原因。第一，利率管制和中间业务发展上的种种困难，制约了银行在一定资产规模下的利润增长空间。第二，银行的税收负担相当沉重，其中包括 5%的营业税、按总收益缴纳的附加费和 33%的所得税。此外，银行对呆帐的核销也受到税务部门的严格控制，从而间接地提高了税率。第三，四大国有银行和许多中小银行需要消化大量不良资产，中小银行还普遍要在网点等方面大量投资。另外，我国银行在公司治理结构和资本约束力方面还普遍不足，资本回报的观念还不够。追求规模、过度竞争是中国许多行业的普遍问题，这种倾向在银行业也同样存在，低资产收益率便是其自然后果。上述因素在近期内不会有根本性的改变，仍将限制我国银行的总资产收益率水平。

四、中国银行业的监管

银行业监管的目的在于促使银行业健康运行，发挥其金融中介有效配置资源的作用，防范系统性风险，保护储户的利益。

自从 1995 年《商业银行法》和《中国人民银行法》颁布以来，中国银行业的监管有了长足的进步。2003 年 4 月中国银行业监督管理委员会成立。2003 年 12 月 27 日通过了《中华人民共和国银行业监督管理法》，并对《商业银行法》和《中国人民银行法》作了修改，明确了银监会的监督权限和职责，从法律上把银行业监管从中央银行的职责中分离出来，形成了银行、证券、保险三个系统分业监管的体制。

中国银行业监管工作近年来的重点是，加强我国银行的内部管理和风险控制，提高透明度，降低不良贷款率。监管上形成了现场检查和非现场监管相结合的方式，对银行的管理、资产状况及其它多项指标进行考核、监控或检测。从 2002 年开始，监管部门在中国银行业推行国际上常用的贷款五级分类制度，而且从 2004 年开始，将取消国有商业银行和股份制银行原来的贷款四级分类制度，全面推行五级分类制度。这对于提高我国银行的透明度、增加市场信心有着重要的意义。中国已实行 1988 年的巴塞尔协议，在五级分类的基础上，规定了银行在资本充足率上必须满足的要求。

今后，中国银行业监管的工作重点仍将是加强银行的公司治理结构、内部管理和风险控制，降低不良贷款率，提高资本充足率。对于四大国有商业银行来说，要满足资本充足率的标准、消化不良资产包袱，只依靠银行自身的盈利在近期内是很难实现的，在很大程度上还要靠政府的支持。政府近日对中国银行和建设银行的 450 亿美元的注资就是一例。随着我国银行资产规模的高速增长，必须相应地增加资本，才能满足资本充足率的要求。所以，从监管上就必须为银行提供规范可行的融资渠道，包括有关银行如何在国内或海外市场公开或私募发行股票等等的法规。最近，银监会发布了《境外金融机构投资入股中资金融机构管理办法》，为银行引入境外战略投资者提供了明确的法律依据。几乎同时，银监会还发出通知，明确规定符合一定条件的银行次级定期债务可以计入其附属资本。这种用次级债来充实附属资本的方式，在各国银行业中是常见的。

中国银行业监管的另一个重要方面是利率。近年来，中国一直在实行利率制度的改革，逐步放宽了银行贷款利率上浮的幅度。2003 年 12 月 10 日，中国人民银行宣布从 2004 年 1 月 1 日起进一步放宽金融机构贷款利率浮动的上限，在人行制定的相应的贷款基准利率基础上，商业银行贷款利率可以上浮到基准利率的 1.7 倍。放宽贷款利率浮动上限，将增加银行根据风险、资信情况调节利率的空间，鼓励银行提高其资信评估能力，也将有助于改善中国中小企业普遍存在的贷款难的问题。

人民银行制定的利率市场化改革规划是分步进行，先本币后外币，先贷款后存款，存款中先大额长期后小额短期。最近这次人行放宽贷款利率浮动上限，并没有同时改变贷款利率浮动的下限。这种渐进的策略是明智的。我国银行目前在内部管理机制上还存在许多缺陷，资本的约束力普遍较低，而且部分金融机构资产质量差、流动性不足，有高息揽储的可能。在这种条件下，放开存款利率上限或贷款利率下限需要相当慎重，否则可能出现恶性竞争的现象，对银行系统产生巨大的冲击。

但是，从长远来看，放开利率势在必行。即使在近期，放开利率的步伐还会受到种种外在因素的影响。比如最近已有基金管理公司获准开始发行货币市场基金。这些货币市场基金已在流动性上达到相当程度，随着公众认知度的提高，势必会对银行存款产生压力。以美国为例，在 20 世纪 70 年代货币市场基金出现后，引起银行和储蓄贷款协会(Savings&LoansAssociation)存款的大量流出，这种冲击促使政府放开了一直受到控制的存款利率。利率的放开则进一步引起了存款上的恶性竞争，成为 80 年代末 90 年代初美国储蓄贷款协会行业危机的一个重要原因。

近期内，中国银行业监管的另一个重要工作将是执行加入 WTO 有关银行业开放的承诺，根据 WTO 时间表，逐步放开现有的对外资金融机构在业务和地域等方面的限制。在执行这项工作时，监管部门应该明确其根本目标还是要在中国银行业建立一个健康有序、公平竞争的市场环境，发挥银行作为金融中介在资源配置上的作用。外资的进入，将为中国银行业增加新的竞争主体，有助于达到这个目标。

五、结语

在今后几年中，国有商业银行的市场份额将会继续逐步减少，股份制商业银行的份额会逐步增加，但是在短期内中国银行业的基本结构和市场份额不会发生根本性的改变。国有商业银行在今后几年中的主要任务仍然是进一步消化不良资产、裁减人员和网点，提高经营管理和风险控制水平。经过业务和公司结构重组，在资本充足率方面达到一定要求以后，上市融资。由于国有商业银行的历史包袱，只靠其自身的盈利很难在短时间内完全消化不良资产，所以国家的支持必不可少。

国有商业银行近期的这些迫切任务给股份制商业银行的发展提供了机会。一些优秀的股份制商业银行有望利用这个时机和银行业务高速增长的市场空间，在部分业务上达到与四大国有银行相匹敌的实力。但是，这个时间上的窗口不会持续很长，随着国有商业银行逐步缓解其历史问题，加上市场开放后外资的进入，中国银行业的竞争将日趋激烈。而且，利率一旦放开，国有商业银行的规模以及隐含的政府担保将使它们在资金成本上有很大优势。届时，现在这样有十几家全国性银行的状况很难长时间维持下去，合并、购并在所难免，许多银行将面临严峻的生存危机。

股份制银行要为那一天做准备，就必须利用这个短暂的时间窗口，在品牌、规模和网络上打基础，发展个人业务尤其是按揭和信用卡业务，建设完备的管理信息系统和客户服务系统，健全各项风险控制体系，并提高资产质量和资本充足率。而要这样做，需要大量的资金投入，靠银行本身盈利的积累往往是不够的。要么长大，要么缩小规模走专业化或社区银行的道路，这是中国中小银行普遍面临的挑战。股份制银行近期的一系列融资活动，很大程度上正是反映了这种战略要求。（北京大学中国经济研究中心客座教授　李俊杰）

国家信用和银行业监管的新趋势

近金融市场出现的三件重要事情都与银行业有关，一件是民营银行究竟能不能在金融市场上占有一席之地，并取得国民待遇；另一件是货币市场基金究竟是银行业的补充，还是银行业的竞争者？第三件事情是银监会允许次级债务可以记入银行附属资本；实际上，我们猜测，还有一件事情与次级债务有关，那就是央行透漏利率可以较大幅度得浮动。三件事情都与银行业有关可能只是事情的表象，其实质，是我们将怎样看待国家信用，如果现行银行体系需要透支国家信用来获得支撑，这种透支是必要的吗？

一、关联贷款是否构成民营银行准入的真实障碍

围绕民营银行的准入问题，徐滇庆谈过很多理由，并且强调5家试点银行会用各种方法迎合监管人的偏好，解除他们的担忧。但试点银行仍然没有出现，理论上可以说的通的观点只有一个，就是民营银行的出现将带来信贷市场系统风险的增加，其中最引人注目的风险是民营银行的出资人有可能向自己的银行贷款，因为出资人总是可以控制银行管理层的行为，因而，只要他愿意，关联贷款似乎就不能避免；在徐滇庆主持的民营银行研究方案中，有一个办法是专门针对关联贷款这个问题的，即每家出资人所拥有的股份不能超过该民营银行总股本的8%，直观地看，一个只有8%股份的出资人不能经由银行内部会议制度，获得银行提供的关联贷款。但这个方法也还是有漏洞的，因为假设我们遇到的出资人全是坏人，通过串谋，他们仍然可以集中超过半数甚至3/4的表决权，迫使民营银行的管理层向他们提供条件优惠的贷款。这个道理，与股票市场上控制性股东占用上市公司的募集资金一样让人不能容忍，据此，民营银行的准入问题遇到阻力似乎可以有个交待，但我们知道，这个解释是不完全的。

让我们首先从技术层面上讨论针对关联贷款的治理，如同股票市场上治理控制性股东占用上市公司募集资金的行为一样，关联贷款本身并不是市场绝对反对的行为，只要贷款条件公允，与市场交易中实际应该发生的条件一致，银行为什么不能给自己的股东贷款？问题只在于恶意关联贷款的防范，出资人利用对民营银行的控制权，配合虚假信息，强迫民营银行就范，这是真正的风险。但仔细分析一下，它也就是一种风险罢了，并没有巨大到让我们因噎废食的地步。一家真正以营利为目标的银行，利益主体并不局限在出资人一方身上，其他主体，如债权人、管理层甚至客户，也会关注银行的行为，他们的关注会通过各种压力机制，促使出资人行为规范。对关联贷款的过分担心，是由于人们对民营银行治理结构的威力了解得不深所致，人们过分低估了生活在市场化空气里的银行职业经理的谈判能力，只要我们不要用过多的法律规则代替银行内部治理，经过市场化选择的银行治理结构，在科学合理的法律规则框架下，本身能够解决这个问题的一大部分。

进一步，用关联贷款这样一个技术问题，阻拦民营银行的进入是缺乏境界的。中国要不要民营银行，关键点是我们怎样对待国家信用支撑的银行业垄断租金。首先，金融服务是一个高增长的行业，允许哪个主体进入这个领域，意味着它可以分享金融服务的成长性收益。反对更多的资本以民间资本的面目进入金融市场，结果的本质是为现有银行体系设置垄断租金。由于存在垄断，国有银行在普遍的资本金不足和政策性亏损巨大的情形下，才能存活了这么多年；也由于垄断，国有银行缺乏创新激励，对成本和经营风险不敏感，核心竞争力弱，提供的服务无差异，但投资人和金融服务的消费者别无选择；更由于垄断，大家都很有积极性维持现状，都很有积极性说服监管人（或者用系统风险吓唬监管人）维持现状。其次，垄断租金的保底力量是国家信用，我们知道，银行提供的金融服务是一个依靠声誉资产和责任能力谋求生存的领域，正常情况下，声誉资产取决于银行的专业化理财能力，要是银行提供的服务无差异，声誉资产的积累，就会普遍地缺乏个性，就会基本上依靠国家信用维持一个整体的声誉，而这应该是目前我们面临的最大系统风险。责任能力方面的问题更直接一些，责任能力需要资本支持，如上述，银行资金普遍缺乏，既是国家信用过早介入银行经营的表现，也是银行依靠国家信用谋生的结果。但从这一点，我们就能得出支持民营银行进入市场的依据。

二、货币市场基金的制度角色和资本市场的责任分担

货币市场基金的尴尬之处在于它在货币市场和资本市场的边缘地带谋求利润：从出资人构成看，它更像是一个资本市场工具，通过向不特定的投资人发行基金单位，获得理财能力。从投资方向看，它又像是一个货币市场工具，投资范围设定在现金、银行定期存款、协议存款或大额存单、期限在一年以内的债券回购、中央银行票据、银行承兑汇票、经银行背书的商业承兑汇票等几个领域。除现金外，其余业务均与银行的传统业务有关，尤其是与票据业务有关。目前主流的讨论集中在两点上：(1)关于货币市场基金的监管存在规则冲突。按照现行规定，货币市场基金是基金的一种，基金的投资范围只能是股票、债券和债券回购，票据业务落在了基金投资范围之外。规则冲突进一步带来监管主体的含混，如果强调出资人构成和货币市场基金的集中交易功能，它应属证券监管的范畴，如果强调货币市场基金所从事业务的构成，为了防范货币市场系统风险，它应属银行业监管和货币政策管辖范畴。(2)货币市场基金的发起人应该圈定在哪些主体上。被圈进来的主体可以分享货币市场和资本市场边缘地带的利润，没有全进来的主体当然就失去了这个大家普遍看好的商业机会。因此，主体选择的实质，还是个资源分配问题。直观地看，有了货币市场基金，银行在票据业务上的利润被分走了一大块，这样说，是因为票据业务的总量并没有因为货币市场基

金的出现而增加，但参与主体却增加了；另一方面，债券和债券回购业务因为本身具有开放性，没有很多人会关心新增的参与主体回来争夺份额。单纯从这一点来分析，银行是有理由担忧的。

两个争论中，第一个焦点是一个错觉，通过一个简单的文件会签机制就能解决规则冲突问题，其间带来的交易成本提高是分业监管制度选择的预料中事，只要有权管辖的机构，最终发现货币市场基金的出现对几个市场的风险防范都有好处就可以。这个共识的达成是有可能的，因为，货币市场基金本身并没有增加市场风险，相反它增加了风险责任的承受主体，比如，在票据业务中，目前最大的风险是银行票据缺乏真实的商业交易背景，但货币市场基金在专营票据业务时，会比传统的银行更有积极性调查银行票据的商业背景，否则造成的损失无法向投资人交待。这说明，货币市场基金至少在防范银行票据风险上为监管人多提供了一道防火墙。

第二个焦点具有实质性的意义，货币市场基金的低风险性质，迎合了大多数国内投资人或者居民的风险偏好，如果我们把银行存款也简单地看作是一种投资行为（实际上它就是一种投资行为），那么货币市场基金的出现无疑和银行存在竞争关系。在这个阶段，要是货币市场基金主要由银行发起，则银行会比较喜欢，而且，运用货币市场基金，银行还多了一种筹资渠道，如果不是由银行发起，或者主要不是由银行发起，银行会比较烦恼。在利润来源方面，货币市场基金看中了票据业务，而票据业务是近两年银行的主要利润源泉之一。2002年，票据业务还为证券市场“贡献”了比较多的资金来源，要是不作为主要发起人，银行会更加烦恼。相比于银行的烦恼，券商和基金管理人在没有习惯于被动资产管理理念之前，对推动货币市场基金出现的热情，不会高于发掘一只黑马股票的热情：大多数券商和基金管理人到现在为止，仍然坚信他们可以做得比市场更好，因而比较固定和微薄的利润，在他们看来是不能体现自己的理财水平的。两个原因加在一起，造成货币市场基金的出现可能要比市场预期的晚一些。

我们不必过分关心银行的烦恼。问题的重点是，有可能被货币市场基金分走的利润是从哪里产生出来的。众所周知，票据业务的利润是几个不同的市场主体分割原有票据上载明的利息。我们把一张票据看作是一份标准合同，这份合同上载明借款人和出借人约定的初始利息，因为出借人可能要提前增加流动性，因而，它必须放弃一部分利息，把票据变现。尽管货币市场的一些子市场利率已经放开，但因为通过银行存贷款，依然是利息产生的主流因素，因而票据上载明的利息不可能偏离法定利息太远。这样，投资于票据市场的问题，就变成了很多市场主体，通过票据往来分割法定利息空间的一种操作手法。这个手法之所以可行，利息空间是至关重要的。利息空间有两个确定办法，一个是资金在同商业机会结合的时候，创造要素收益，因为来自实体经济，因而是合乎市场化理性的，在这个空间里寻找利润分割机会，是一种正常的经营活动。另一个确定办法是用法律确定一个利息空间，资金可以不经过与实体经济的结合，直接分享法定利息。至少在国内目前的情形中，第二个确定办法很普遍，由于实体经济中风险很大，或者银行观察到的风险很大，银行更愿意把资金直接投放在金融机构间的票据市场上，资金短距离周转就成为必然。这同前几年没有票据业务的时候，银行会有巨额的超额存款准备是一样的。

银行监管没有实现比较理想的市场化模式之前，法定利息空间的存在，必须有一个强有力的支撑，这个支撑不是别的，正是国家信用。

三、银行次级债券的投资人和国家信用转移

为了增补商业银行的资本构成，解决一贯困扰银行的资本金不足问题，监管人最近允许商业银行向特定投资人发行次级债券，这是一个切中肯綮的做法。具体规定与1988年《巴塞尔协议》的修正案思想很吻合，按照这个修正案，银行资本除了股东出资和资本公积组成的核心资本外，还可以包括未公开的储备、一般贷款损失准备金、债务性资本工具和次级长期债券组成的从属资本。因为该修正案还规定，核心资本不得低于总资本的50%，因而监管人规定，国内商业银行发行的次级债券在总资本中所占比重不得高于50%，可见，次级债券的发行的确是为了解决银行资本金不足问题的。让我们估计一下谁有可能成为银行次级债券的投资人，首先是财政，财政很有积极性，但是能力有限，给定国债规模较大的现状，财政组织一定规模的资金借给银行，然后至少在5年后才能拿回本金，这种做法被财政采用的可能较小，除非特别必要。其次是银行，也是有可能的。银行完全可以把那些期限超过5年的存款集中起来，投资在另外一家银行。因为次级债券不提供担保，而且清偿级别较低，因而利息补偿会比较大，用这些利息补偿储蓄利息绰绰有余。第三个可能的借款人是大型企业集团和控股公司，它们可以用闲散资金出借，但因为期限很长，除非是关联交易，有借有贷，否则可能性很小。还有一个办法是把利息分割成现金流，让一些基金用这些现金流去吸引不特定投资人，然后定向投资在银行次级债券上，但这个办法会遇到货币市场基金同样的问题，短期内操作性较差。看来，银行间相互投资是最容易出现的操作手法，接下来最有可能的是企业集团和控股公司。

总体说来，商业银行都需要次级债券来充实资本金。但最需要的银行主体应该依次是：1）希望尽快上市的银行，没有次级债券，股票市场准入会很麻烦；2）对创新业务有较大依赖的银行，创新业务意味着银行观察到的商业机会需要头寸来实现，同时创新业务，意味着出资人以前预计到的风险，有增大的可能，需要次级债券来对一般负债增加一个缓冲地带，提高银行吸纳普通债务的谈判能力。

如果次级债券只是在银行间相互发行，或者通过关联交易，由企业集团和控股公司投资，这等同于把国家信用转嫁给了普通投资人。首先，由于银行资本金不足是一个普遍问题，用所有者权益来投资的可能很小，银行只能通过组织长期负债来投资，这个操作手法更可能是推迟了风险的暴露时间，尤其是资本金不足导致的风险暴露时间，对减少风险总量的贡献较少；风险暴露时间的改变，也就是责任分配格局的改变：现在由国家信用支持的责任能力，将来被替换为普通投资者。其次，银行之所以有能力组织到这样的长期负债，是因为国家信用的存在，并非是由于人们对银行理财能力的认同，回想前面的讨论，银行提供的服务基本是无差异的服务，次级债券更高的风险，所需要的更高的风险贴水，其中并不包括关于银行经营能力的很多有价值信息：次级债券仍然需要国家信用来做最终支持。这样的，我们说国家信用的成本在上述两个意义上被转嫁到了投资人身上。

四、国家信用的本质和信用成本

支撑国有银行运行、并使其能够获得垄断租金的国家信用，其本质包括两层含义，一是投资人对未来经济增长具有稳定的和良好的预期，这个预期使投资人对国内各种商业机会产生一种信念，认为资产市场会升水；如果把这种预期放在国际资产市场来考察，问题就更加清晰，如果投资人与其国内经济增长会保持相当长的时间，尤其是他们预期国内经济增长会高于世界上其他地区，国家信用甚至还能获得投资价值意义上的内涵。二是关于投资中产生的责任风险，投资人具有强烈的信念，认为政府会成为这些责任的最终承受人。尽管政府是非生产性的，它的责任能力最终要依靠国民生产总值的一部分来支持。换言之，政府成为投资中责任风险的最终承受者，仅仅意味着财富从一部分人手中转移到另一部分人手中，或者从下一代人手中转移到这一代人手中。但对于每一个投资人来说，他们不会这样思考问题，他们关心个人的投资前景，超过关心国民财富的转移，这个幻觉的存在，实际上还破坏了政府宏观调控能力的培育，因为那些被政府动员起来、原本可以用来提升整个社会福利的财产，现在被用来承受一些市场主体的责任。

国家信用的第二个本质是如此得重要，以至于我们需要经常性地检查责任分担机制的效率性和正义性。具体到银行业中，银行经营中出现的责任问题是金融市场系统风险的主要来源，防范这种风险的方式，或者说银行监管模式有很多种，但总结起来不外乎两种，一种是依靠法律规则，一种是依靠银行内部治理。更重要的是，法律规则和银行内部治理之间有一定的替代关系，如果政府在责任分担方面表现出更强的好恶，投资人会在银行内部方面表现出更少的关心，因为更强的好恶一般要匹配更强的责任追究机制，此时，投资人会倾向于不关心银行内部治理：他们坚信，自己遭受的损失要么会有国家代为追回，要么法律的严厉程度足以防范责任风险，我们看到，这中间，起决定作用的因素，是投资人对国家信用具有很强的信赖甚至依赖。正是出于这个原因，理想的银行责任风险防范机制，尽管表现的具体形态会各个不同，但基本架构是一样的，即法律规则提供一个最低要求，内部治理解决日常的、复杂的责任分担问题。由于从长期看，银行内部治理实际上是银行内部各个参与主体的权利义务分配契约，市场化的选择过程，能够帮助这样的契约实现责任的优化配置。

既然国家信用的本质是财富转移，并且这种转移并一定是恶意的，我们应该慎重使用国家信用。财富转移的本质说明，国家信用是一种资源，从节约资源的角度讲，要尽可能依靠市场机制，把那些本应该有市场主体承受的责任切实分配到市场主体身上。这也进一步证明，培育责任主体的任务在当前更加紧迫一些。比如理清所有权结构，优化内部治理，等等，其重要性要超过对垄断租金的维护。具体到银行风险的防范，就是要依靠银行参与主体，通过市场化选择的过程，化解系统风险。一味地透支国家信用，成本会十分高昂。考虑到这些成本最终会被转嫁到投资人身上，透支行为同时还不合乎监管终极目标。（王连洲　杨如彦）

四大国有银行改革之路不平坦

关于国有银行改革涉及到的许多问题中，以下几个一些非常值得讨论。中国银行业改革为什么要选择四大国有银行的改革作为起点？国有银行改革又为什么要选择股份制改造和上市的方式来推进？上市之后国有银行的发展方向是什么？今后中国银行业应该是一个什么样的格局等等。

为什么四大银行还能平稳运作

虽然四大国有商业银行积存了大量的不良资产，但一个可观察到的现象是，四大国有银行非但没有出现流动性问题，反而还能保持盈利，这多少有点令人感到困惑。但仔细研究后会发现，造成这种现象的主要原因是政府对银行业的管制。

首先，由于金融当局依然控制着银行的存、贷款利率（尤其是存款利率），从而使其他商业银行无法通过价格（利率）竞争手段来争夺四大银行的存、贷款市场份额。目前我国商业银行的利润在很大程度上是依靠利率管制（尤其是对存款利率的管制）来维持的（基准贷款利率5.31％，基准存款利率1.98％，基准利差高达3.33个百分点）。由于股份制商业银行的不良资产规模较小，所以，它们能比四大商业银行获得更高的超额回报。设想一下，如果取消利率的管制，情况将会怎样？可以肯定的是，那些资产质量更好，公司治理机制更为健全的股份制银行必然会通过提高存款利率和（或）降低贷款利率的办法来蚕食四大商业银行的存贷款市场份额。如果真是这样，那么只可能出现两种情况：第一种情况，四大商业银行死保市场份额，与股份制银行展开非理性竞争，但必须付出严重亏损的代价。其原因是四大商业银行保持盈利的利差空间要比股份制商业银行小得多，当存贷款利差被充分压缩之后，可能股份制商业银行还在盈亏平衡点之上，而四大商业银行已经要发生严重亏损了。第二种情况是，四大银行维持盈利的利差水平，但代价是失去大块的存贷款市场。从长期来看，无论是出现哪一种情况，四大国有银行都会出现流动性危机：在第一种情况里，流动性危机是因它的资本金不断缩水而引发的；在第二种情况里，则是由于其新增存款不断减少，直至不能覆盖其坏帐损失，最终也会引发流动性危机。

其次，银行业的准入也受到政府的严格管制，大量的民营资本和外国资本被屏蔽在银行业之外，从而造成行业内的竞争并不充分。在这种情况下，四大银行完全可以通过大量吸收新增存款的方式来隐蔽坏帐损失，保证其流动性。

那么，为什么存款人还愿意把存款源源不断地存入资产质量并不是太好的四大商业银行呢？为了回答这个问题，我们有必要对存款人的存款动机进行深入的剖析。实际上，存款人在选择开户银行时主要考虑三个方面的问题：一是存款是否安全，这是个首要前提；二是能不能在保证安全的前提下获得最大收益；三是服务是否优良、交易是否便利。

由此看来，存款人最为关注的不是开户银行资产质量的优劣，他们首要关注的是存款是否安全，即开户银行是否会破产。可以肯定地说，目前老百姓已对四大商业银行形成了比较稳固的预期：即使四大国有银行资不抵债，政府也不会对它们实施破产。所以说，在存款人的观念里，存款到四大银行不会出现任何安全性问题。

再来看收益方面。虽然我国的利率市场化改革已经开始启动，外汇贷款利率和银行间货币市场利率基本上已经放开，人民币贷款利率的浮动范围也从2004年1月1日起由最高是基准利率的1.3倍调高到最高为基准利率的1.7倍。但是，人民银行对存款利率的管制却依然是铁板一块，没有任何浮动的余地。各商业银行所提供的存款产品虽然在期限结构和存款条件上略有不同，但在价格上却没有任何差别。所以，收益性对存款人的开户决策也没有太大影响。

由此可见，目前商业银行在吸收存款方面唯一可使用的竞争手段就是交易的便利性和服务的优良程度了。综合起来讲，应该说四大商业银行在这方面并不存在劣势。和一些银行相比，它们甚至还有不小的优势，尤其是在网点分布上，它们要远远优于外资银行、股份制银行，抑或是城市商业银行。所以，在缺乏更多投资选择的情况下，公众更愿意把节余的资金存入网点较多、存取款更为便利的四大商业银行。

正是因为四大国有银行受到了政府一系列管制条款的严

格保护，所以它们在存、贷款，尤其是吸收存款方面还依然保持着强大的优势。虽然其资本金已经被大量不良资产严重侵蚀，有的甚至已经为负，但由于每年各行的新增存款完全可以覆盖掉这块损失，所以，四大银行的流动性至今未出现太大问题（2003 年各类金融机构新增存款 3.71 万亿，其中居民储蓄存款净增加 1.7 万亿）。这也是为什么目前四大银行虽然潜伏了很高的风险，但还能平稳运行甚至还能保持盈利的主要原因。

可以预见的是，只要四大国有银行不发生流动性问题，那么存款人就不会对它进行挤提，其潜在风险也就不会马上暴露出来。同样可以预见的是，一旦四大银行因市场条件发生变化（如放松利率管制或市场准入限制）而出现流动性问题，挤提将会立即发生并将迅速蔓延（即使政府仍然承诺不对四大银行进行破产清算），其情形应该类似于当前因流动性出现困难而发生挤兑的证券公司。

为什么金融领域改革的逻辑起点是四大国有银行

政府依靠管制的办法来维持四大银行的平稳运行是以牺牲整个经济的效率为代价的。同时，如果四大国有银行的历史积存问题不解决，那么金融业的很多改革举措也无法展开。

首先，四大银行问题的存在使得政府不能完全放开利率的市场管制，从而使资金的价格信号失真，严重扭曲了金融资源的配置效率。

其次，四大银行问题的存在也使得政府不敢向银行业大规模引入民间资本（包括外资）来提高银行业的竞争性，这不但造成我国金融领域的效率低下，而且现有的融资体系已根本无法满足国内非金融部门对资金和金融服务的巨大需求，从而使我国经济增长的巨大潜力无法得到充分的发挥（据相关研究称，我国经济的潜在增长率按保守估计大概在 12%左右，而目前则基本维持在七上八下的低水平上徘徊）。经济增长受到压抑的最直接后果是就业水平低下和居民收入水平增长缓慢。

第三，如果我们因四大银行的原因而不能大力发展地方性、社区性中小民营银行，那么中小企业的融资难问题就无法得到根本的解决，而地方中小企业的发展又是中国加速城市化进程、解决就业和三农问题、以及促进社会稳定的关键所在。

自 1997 年以来，由于金融当局关闭了大量农村金融机构，并且四大商业银行的地方支行也开始有选择地从一些县域经济撤退，加上大银行的总行和分支行在央行紧缩银根时大量从县以下营业部抽调资金到大城市，造成合法的金融机构在农村地区所提供的金融服务已经远远不能满足需求。这种供需矛盾在沿海民营经济发达的省份最为突出，其结果是在这些地区涌现了大批地下金融组织。据专家估计，在浙江、江苏、福建和广东等民营经济发达的省份，农村地区的地下金融所提供的资金规模大致占到总的融资额的 1/3。所以说，通过放松民营资本的准入限制，大力发展中小地方性民营银行已是大势所趋。

除此之外，银行企业的退出问题、金融创新问题、资本帐户的开放问题，等等，都是我国金融领域的一些迫切需要尽快解决的问题，但因为要顾忌到四大商业银行的安全性，金融当局只能无限期地推迟对这些领域的改革进程。这就是为什么我国金融领域的市场化改革必须以四大商业银行的改革作为逻辑起点的原因所在。

怎样核销四大商业银行的历史坏帐

笔者一直认为，解决四大商业银行问题的关键点不在于“存量”而在于“增量”。2003 年底，银监会公布的四大国有银行的不良资产总额是 2.4 万亿，但这仅是存量，而更为关键的不良资产的增量却没有公布。如果严格按照 5 级分类法和国际通用的会计制度进行核算，四大银行在 2003 年新增的不良资产应该不是一个小数目。

“增量”问题本质上是一个效率问题，所以，四大商业银行的改革必须始终以提高企业效率为依归。具体地说，就是要通过引入战略投资者，在银行内部建立起完善的法人治理结构，并最终实现其内部治理机制的有效。相反，那种企图通过上市圈钱来解决四大银行不良资产存量问题的想法最终只会将中国金融业引向灾难。

但是，在四大国有银行建立规范的法人治理结构的过程中，我们又不得不面对四大银行的不良资产存量的核销问题。因为无论是对这四大国有银行进行股份制改造，还是公开上市，都必须按照《公司法》的规定对其资产进行清理和评估，所有应收帐款和不良资产都必须按照会计制度的要求计提坏帐准备，冲销自有资本。以目前四大银行的资产质量状况而言，资产清理的结果很可能会损失大部分的资本金，有的甚至可能会变为负值。所以在改制之前，必须对它们进行大规模的注资，以弥补其不良资产所对应的实际损失。

在核销四大国有银行的坏帐问题上，理论界和政府普遍存在一种虚幻的期望，试图经过精心的财务设计，使政府逃避已经形成的坏帐核销责任。1998 年成立的四大资产管理公司和同期推出的“债转股”方案就是这种观念的具体反映，但事后看来并不成功。和其他企业不同的是，银行企业在处理不良资产时，会面临一个很强的约束条件，即不良资产不能和债务一齐剥离。除非破产，银行在一般情况下只能操作资产项。所以，在坏帐核销问题上，银行根本没有太多回旋余地。最多是通过拍卖或资产证券化的方式把不良资产出售出去，然后再用资本金或利润去补齐差额。而那种直接把债权转为股权（即所谓“债转股”）的纯粹做帐式核销方法无异于“掩耳盗铃”，因为这时的不良资产只是换了一个名称，而其内容并没有发生任何实质性的变化。

由于四大国有银行的坏帐损失本质上是政府对存款人的隐性负债，所以，在处置它们的不良资产时除了可以采用拍卖变现的方式之外，还可以依靠政府对其注资的方式来解决。由此我们可以把核销四大银行不良资产的可行方法归纳为以下几种：(1)将不良资产拍卖变现；(2)动用坏帐准备核销；(3)直接动用银行资本金或利润核销；(4)财政直接注资；(5)发行特别国债对四大银行注资；(6)借助央行再贷款来冲销不良资产；(7)用央行外汇资产对四大银行注资；(8)先剥离，完成上市后减持股份，再用变现的资金对剥离出的不良资产进行核销（但单纯剥离不良资产的做法并不是核销不良资产的可行办法）。

根据目前的情况，前三种方法正在为四大国有银行所采用，但远水救不了近火，由于其核销坏帐的规模有限，所以这几种方式根本无法在短期内彻底解决四大银行的坏帐问题。考虑到我国财政的现状以及中央银行的宏观调控职能，第四和第六种方法目前基本上也不可用。而第八种方法则需要和前面的 4～7 种方法相配合才具有可操作性。由此看来，目前只有第五种（发行特别国债）、第七种（外汇注资）方法对解决四大银行的历史坏帐问题比较现实可行。但是，考虑到动用外汇资产直接注资有变相增发基础货币之嫌，所以，这种方法也不能被无限制地使用。如果按此推理，最终真正可以用来解决四大银行坏帐核销问题的方法可能只有发行特别国债这一条了。

四大国有银行的改革路径

通过以上分析，我们可以勾勒出一条清晰的四大国有银行的改革路径。

首先,通过注资、调低银行利润率等手段来加大四大银行历史坏帐的核销力度,提高资本充足率,以满足《公司法》对股份制银行的资本金要求。其次,通过股份制改造和公开上市来完善四大银行的治理结构,并引进真正关心银行风险的战略投资者。第三,上市之后,政府应选择合适时机,逐步减少国家对上市银行的持股比例,以求达到进一步改善上市银行的股权结构和内部治理机制的目的。

总的来说,国有银行改革的最终目标定位应该是民营化。对四大国有银行进行股份制改造并公开上市只是一个建立现代企业制度的初始步骤,而不是改革的终结。当这个步骤完成后,虽然在银行内部形成了一个规范的公司治理结构,但这并不意味着银行的激励机制和监督机制就一定是有效的。因为在一个董事会、监事会、股东大会和管理层级结构都很完善的企业,仍有可能出现大股东缺位、大股东的代理人对企业实行内部人控制等公司治理问题。所以,当四大银行完成上市之后,国有资本应该选择合适的时机从中逐渐退出。这一方面是为了进一步改善银行的股权结构,让一些真正关心银行盈利和风险状况的中外战略投资者成为银行的大股东;另一方面,政府也可利用减持所获资金来核销从四大银行剥离的历史坏帐。(国务院发展研究中心金融研究所　范建军)

中国各省市金融保险业及证券市场概况

北京市　金融保险业为我市第三产业中的第一大行业。全年金融保险业增加值达513.8亿元,比上年增长8.5%,占全市生产总值的比重为14.2%。金融业务进一步扩大。年末,北京市中资金融机构各项人民币存款余额18321.9亿元,比年初增加2929.4亿元,增量比上年下降7.3%。其中企业存款余额9986.4亿元,比年初增加1423.7亿元,增量比上年下降23.4%;居民储蓄余额5293.5亿元,比年初增加903.8亿元,增量比上年增长5.9%。金融贷款余额11343.3亿元,比年初增加2131.7亿元,增量比上年增长23.6%。消费贷款余额1646.3亿元,比年初增加484亿元,增量比上年增长12.3%。全年金融机构现金收入14480.4亿元,现金支出14389.8亿元,收支相抵回笼现金90.5亿元。

保险市场快速发展。保费收入282.5亿元,比上年增长20.7%。其中,财产险保费收入51.9亿元,增长13.3%;人身险保费收入230.6亿元,增长22.5%。产、寿险各项赔款给付支出48.0亿元,比上年增长2.3%。

证券市场发展迅速。全年证券市场各类证券成交额23369.8亿元,比上年增长86.0%;其中股票成交额5041.4亿元,比上年增长33.1%。全市发行A股上市企业76家,当年上市企业6家,通过股票市场筹资241.9亿元。

天津市　金融保险服务力度显著加大。全市金融保险业实现增加值91.81亿元,比上年增长24.7%。年末全市各类金融机构达2837家,其中银行类机构1594家,非银行类机构1243家。渤海银行获国家批准筹建。年末金融机构从业人员达4.7万人。

金融业对外开放步伐加快。花旗银行在津设立分行,截至年末,在津外资银行分行15家,外资银行代表处4家,获准经营人民币业务的外资银行有8家,其中6家已经开展业务。总部设在天津的外资保险公司2家,外资保险驻津代表处3家。

当年新增存贷款创历史最高水平。截止2003年末,全市中外金融机构本外币存款余额达到4362.6亿元,比上年末增长29.9%,净增额为1003.77亿元,比上年净增额多增503.74亿元;本外币贷款余额达到3791.22亿元,比上年末增长32.1%,净增额为920.31亿元,比上年净增额多增537.63亿元.其中,中长期贷款余额1573.93亿元,比上年末增长64.3%。个人消费贷款增长加快,年末余额达到261.42亿元,比上年末增长29.8%,其中住房贷款余额218.84亿元,比上年末增长28.6%。

证券市场平稳。截止2003年末,本市共有境内上市股票23只,其中当年上市1只。各类证券成交额1322亿元,比上年增长12.1%,其中股票交易额1123亿元,增长8.8%。全年调剂外汇总额13亿美元,比上年增长41.9%。

保险业务规模不断扩大。全年保费收入75.31亿元,比上年增长16.0%,其中财产险保费收入15.56亿元,增长8.0%,人身险保费收入59.75亿元,增长18.0%,。支付各项赔款给付17.36亿元,比上年增长51.0%,其中财产险赔款10.11亿元,增长48.0%;人身险给付7.25亿元,增长56.0%。年内太平保险天津分公司和恒安标准人寿保险公司相继开业。至年末,全市有各类保险公司14家,其中财产保险公司7家,人身险保险公司7家。保险中介机构17家,其中保险代理公司12家,保险经纪公司2家,保险公估公司3家。

河北省　金融存贷款增加较多。年末金融机构各项存款余额7969.8亿元,比年初增加1117.8亿元,比上年多增367.2亿元。其中企业存款1732.4亿元,比年初增加257.5亿元;城乡居民储蓄存款5457.0亿元,比年初增加645.7亿元。各项贷款余额5654.8亿元,比年初增加621.3亿元,比上年多增63.3亿元。其中短期贷款3335.5亿元,比年初增加217.6亿元;中长期贷款1603.3亿元,比年初增加305.2亿元。现金收支相抵净投放货币271.1亿元。

保险事业较快发展。保险机构保费收入167.1亿元,比上年增长48.3%。其中,财产险保费收入31.6亿元,寿险保费收入126.3亿元,健康险和意外伤害险收入9.2亿元,分别增长12.0%、58.7%和87.9%。赔付金额28.3亿元。其中,财产险赔款金额18.0亿元,健康险和意外伤害险赔付3.6亿元,分别增长20.6%和44.4%,寿险赔付金额6.7亿元,下降28.7%。

山西省　年末全省金融机构各项存款余额达到4751.6亿元,比年初增加974.5亿元,增长25.8%。其中企业存款1273.6亿元,增长30.6%;城乡居民储蓄存款2835.4亿元,增长20.2%。各项贷款余额3630.7亿元,比年初增加649亿元,增长21.8%。其中短期贷款增长18.4%,中长期贷款增长22.4%,票据融资贷款增长59.7%。全年全省金融机构现金收入10952.78亿元,现金支出11049.81亿元,收支相抵净投放现金97亿元,比上年增加20.23亿元,增长26.3%。

保险事业快速发展。全年全省保费收入90.51亿元,比上年增长30.3%。其中,财产险保费收入20.19亿元,增长21.3%;人身险保费收入70.32亿元,增长33.2%。在财产险保费收入中,机动车辆保险实现保费收入15.57亿元,增长30.8%。在人身险保费收入中,寿险保费收入66.2亿元,比上年增长31.8%;健康险保费收入1.83亿元,增长97.2%;意外伤害险保费收入2.29亿元,增长38.4%。保险深度为3.8%,比上年增加0.34个百分点;保险密度为273.09元,比上年增加61.4元。全年全省支付各类赔款及给付15.7亿元,比上年增长34.3%。其中,财产险赔款9.85亿元,增长13.2%;人身险赔款及给付5.85亿元,增长96.3%。

内蒙古自治区　金融机构存贷款规模进一步扩大。年末全区金融机构各项人民币存款余额2090.98亿元，比上年末增加355.82亿元，增长20.5%。其中企业存款余额544.24亿元，比上年末增加121.68亿元，增长28.8%；储蓄存款余额1355.66亿元，比上年末增加217.35亿元，增长19.1%，储蓄存款增速比上年回升3.5个百分点。年末全区金融机构各项人民币贷款余额1924.13亿元，比上年末增加273.64亿元，增长16.6%。其中，短期贷款余额982.99亿元，比上年末增加76.34亿元，增长8.5%；中期流动资金贷款余额81.41亿元，比上年末增加0.20亿元；中长期贷款余额794.75亿元，比上年末增加162.18亿元，增长25.7%；居民消费贷款继续较快增长，年末个人消费贷款余额143.29亿元，比上年末增加30.85亿元，增长27.6%，占同期各项新增贷款总额的比重为11.3%。全年金融机构现金收入7539.70亿元，现金支出7733.61亿元，分别比上年增长28.8%和28%，收支相抵，货币净投放193.91亿元，增长2.7%。

保险事业快速发展。全年保险业保费收入42.31亿元，比上年增长24.7%。其中，财产险收入10.65亿元，增长9.7%；人寿险收入28.23亿元，增长28.9%；健康险和意外伤害险收入3.43亿元，增长47.7%。全年保险业赔付额9.42亿元，增长10.6%。其中，财产险赔付5.54亿元，增长16.7%；寿险赔付2.67亿元，增长3%；健康险和意外伤害险赔付1.21亿元，增长2.5%。

辽宁省　金融机构存贷款规模扩大。年末全省金融机构各项存款余额8942.6亿元，比年初增加1355.4亿元。其中，企业存款余额2426.6亿元，增加278.0亿元；储蓄存款余额5434.7亿元，增加767.6亿元。金融机构各项贷款余额7222.3亿元，比年初增加958.9亿元。其中，短期贷款余额4341.8亿元，增加411.5亿元；中长期贷款余额2191亿元，增加441.1亿元。全年全省金融机构现金收入21649.9亿元，比上年增长16.2%，现金支出21706.7亿元，增长16.5%。累计现金净投放56.7亿元。

证券市场有所发展。到年末，通过发行、配售股票共筹集资金354.4亿元。发行A股(包括增发及可转债)56只，配股涉及28家上市公司，A股和配股共筹集资金304.4亿元，增长8.5%；发行B股、H股共8只。年末，全省共有上市公司58家，其中境内上市公司57家；股票市价总值1591.3亿元，比上年末增长5.1%。

保险业务快速发展。全年实现保费收入183.2亿元，比上年增长19.9%。其中，寿险收入143.3亿元，增长25.8%；财产险收入39.8亿元，增长2.6%。全年支付各类赔款总额39亿元，比上年下降1.9%。其中，寿险赔付16.8亿元，下降0.6%；财产险赔付22.2亿元，下降2.9%。**吉林省**　金融运行平稳，对全省经济的支撑保障作用明显增强。2003年末，金融机构本外币(人民币与外币)各项存款余额3446.9亿元，比年初增加414.7亿元。其中，企事业存款余额765.8亿元，增加60.3亿元；城乡居民储蓄存款余额2285.0亿元，增加265.3亿元。金融机构本外币各项贷款余额3422.4亿元，比年初增加211.9亿元。其中，短期贷款余额2116.9亿元，中长期贷款余额1159.3亿元。现金收支相抵净投放货币134.7亿元。

保险事业进一步发展。全年保费收入67.4亿元，比上年增长32.3%。其中，财产险保费收入12.2亿元，增长1.2%；人身险保费收入55.2亿元，增长41.9%。财产险赔款金额9.6亿元；人身险给付金额7.5亿元。

黑龙江省　金融形势稳定。年末金融机构各项存款余额4810亿元，比年初增加573.4亿元。其中，企业存款1172.5亿元，增加117.9亿元；储蓄存款3342.4亿元，增加426.8亿元。金融机构各项贷款余额3981.3亿元，比年初增加352.1亿元。其中，短期贷款2534.4亿元，增加32.7亿元；中长期贷款1226.8亿元，增加236.8亿元。个人消费贷款余额292.4亿元，增加121.9亿元。年末货币累计净投放65.7亿元。

证券业继续发展。年末共有境内外上市公司37家、上市股票38只，其中发行A股股票33只，B股股票1只，在香港发行上市H股1只，红筹股3只。37家上市公司在证券市场累计募集资金204.5亿元，其中2003年融资11.5亿元。

保险事业快速发展。全年保费收入118.7亿元，比上年增长38.6%，其中，财产险收入16.2亿元，下降0.4%；寿险收入94.4亿元，增长46.2%；健康险和意外伤害险收入8.1亿元，增长69.5%。支付各类赔款19.9亿元，比上年增长20.9%。其中财产险赔付金额9.5亿元，增长14.7%；寿险赔付金额7.9亿元，增长28.1%；健康险和意外伤害险赔付金额2.5亿元，增长24.6%。

上海市　金融业加强服务创新，市场规模进一步扩大。全年实现金融业增加值629.08亿元，比上年增长7.6%。

金融市场对外开放继续加快。至年末，在沪经营性外资金融机构达到89家，其中，银行及财务公司62家(含11家同城支行)，保险机构19家，证券机构8家。在沪经营的62家外资银行及财务公司资产总计达到274.29亿美元。其中获准经营人民币业务的有47家，人民币资产总额达到525.96亿元。有24家在沪外资银行被其总行确定为中国境内业务的主报告行。

中外资银行各类营运中心的集聚态势初步显现。年内建设银行、招商银行在上海设立了总行直属的“信用卡中心”；工商银行在上海设立了南方数据中心和软件开发中心；中国银行上海分行在上海设立了华东数据中心；汇丰银行在上海设立了数据处理中心；4家外资银行在上海设立了总代表处。

金融存贷款业务量继续增加。至年末，全市金融机构各项存款余额17318.38亿元，当年新增3325.82亿元；贷款余额13168.05亿元，当年新增2582.51亿元。其中中长期贷款增加1781.58亿元，占新增贷款的69%。个人消费贷款余额1930.03亿元，当年新增734.4亿元，其中住房按揭贷款余额1709.13亿元，当年新增622.43亿元。金融机构资产质量进一步提高，不良贷款率进一步降低。全市中资金融机构不良贷款率为4.79%，比年初下降2.39个百分点。全年金融机构现金收入15378.63亿元，现金支出15730.94亿元，收支相抵现金净投放352.31亿元。

资本市场稳步发展。全年上海证券交易所各类证券成交额8.28万亿元，比上年增长70.6%。其中，股票成交额2.08万亿元，增长22.8%；债券成交额6.16万亿元，增长98.6%；基金成交额362.16亿元，比上年下降35%。证券市场证券品种不断增加。至年末，上市证券数914只，比上年增加88只，其中股票824只，增加65只。全年筹资689.86亿元，比上年增长10.2%。其中，发行新股筹资453.51亿元，比上年下降12.3%；再次发行(增发、配股和国有股配售)筹资107.45亿元，比上年增长10.4%；发行可转换公司债券128.9亿元，增长10倍。全年中国外汇交易中心外汇成交额1511.3亿美元，比上年增长55.5%。银行间同业拆借市场成交金额17.2万亿元，比上年增长45.4%。

保险业收入迅速增长。至年末，全市有各类保险公司41

家，比上年增加5家；保险中介机构59家，增加45家。全年保费收入289.93亿元，比上年增长22%。其中，财产险保费收入57.43亿元，增长29.6%；人身险保费收入232.49亿元，增长20.3%。在全年保费收入中，中资保险公司保费收入252.09亿元，比上年增长21.6%；外资保险公司保费收入37.84亿元，增长24.9%。全年支付各类保险赔款及给付61.97亿元，比上年增长24%。其中，财产险27.1亿元，增长25.5%；人身险34.87亿元，增长22.8%。

江苏省　金融运行总体平稳。年末广义货币供应量(M2)余额、狭义货币供应量(M1)余额和流通中现金(M0)余额分别为17441.2亿元、7055.1亿元和2260.2亿元，比上年末分别增长27.0%、29.7%和20.8%。年末全省金融机构本外币存款余额16183.4亿元，比上年末增加3513.9亿元；其中储蓄存款8046.0亿元、企业存款6065.0亿元，分别增加1344.8亿元和1473.8亿元。年末全省金融机构本外币贷款余额12042.4亿元，比上年末增加3396.2亿元。

证券市场在规范中发展。全年全省境内上市公司在上海、深圳证券交易所筹集资金48.7亿元，比上年减少5.1亿元。其中通过发行股票筹集资金42.9亿元，比上年增加21.7亿元。全年证券经营机构证券交易量6710亿元，期货经营机构代理交易量8157亿元，分别比上年增长25.3%和2.8倍。年末全省境内上市公司(A、B股)由上年末的68家增加到81家。上市公司总股本319.4亿股，比上年末增长12.7%；市价总值2490.8亿元，增长2.4%。年末共有证券营业部182家；期货经纪公司营业部15家；证券从业人员4111人，期货从业人员422人。

保险事业较快发展。全年保费收入383.2亿元，比上年增长34.8%。其中财产险收入61.7亿元，寿险收入296.7亿元，健康险和意外伤害险收入24.8亿元，分别增长10.2%、37.6%和95.7%。赔付额79.9亿元，比上年增长49.7%。其中财产险和短期人身险赔付43.3亿元，增长31.2%；寿险赔付51.5亿元，增长1.5倍。

浙江省　金融机构存贷款较大幅度增加。年末金融机构本外币各项存款余额15416亿元，比上年末增长29.6%。其中人民币存款余额增长31.3%。本外币各项贷款余额12419亿元，比上年末增长41.3%，其中人民币贷款余额增长39.5%。年末城乡居民本外币储蓄存款余额6889亿元，比上年末增加1189亿元。

证券市场继续发展。年末全省企业直接上市73家，上市股票74只。其中，A股64只，B股3只，H股7只。累计通过证券市场募集资金367.2亿元。全年新增上市公司10家，其中7家企业A股首发上市，募集资金21.8亿元，比上年增长92%；2家在香港上市，募集资金3.2亿港币；还有1家A股上市企业迁入浙江。

保险事业进一步发展。全年保费收入260.3亿元，比上年增长23.7%。其中财产险保费收入71.8亿元，增长16.8%；人身险保费收入188.5亿元，增长26.6%。各项赔款和给付支出60.0亿元，增长33.3%，其中财产险赔款支出增长28.9%，人身险赔款支出增长41.0%。

安徽省　金融机构存贷款增加较多。年末全省金融机构人民币存款余额4190.2亿元，比上年末增长21.8%。其中，企业存款1234.2亿元，增长26.2%；城乡居民储蓄存款2475.8亿元，增长20.9%。金融机构人民币贷款余额为3374.6亿元，比上年末增长14.7%。其中，短期贷款2078.2亿元，增长7.8%；中长期贷款975.2亿元，增长32.6%。

企业上市工作继续加强。全年在上海、深圳证券交易所发行新股3只(A股)，增发1只(H股)，可转换公司债券3只，共筹集资金30.9亿元。到2003年底全省上市公司已达36家。

保险业发展加快。全省保险系统保费收入103.9亿元，比上年增长51%，其中财产险保费收入20.5亿元，人身险保费收入83.4亿元。赔款和给付20.9亿元，增长31.5%，其中财产险业务赔款支出13.9亿元，人身险业务赔款和给付支出7亿元。

福建省　金融运行安全稳健。年末金融机构人民币各项存款余额5178.29亿元，比年初增加927.13亿元，增长21.8%，其中，企业存款余额1561.01亿元，比年初增加299.01亿元，增长23.7%；城乡居民储蓄存款余额2924.65亿元，比年初增加494.94亿元，增长20.4%。金融机构人民币各项贷款余额3837.51亿元，比年初增加730.05亿元，增长23.5%，其中，短期贷款余额2039.25亿元，比年初增加230.61亿元，增长12.8%；中期流动资金贷款125.86亿元，比年初增加16.18亿元；中长期贷款余额1422.42亿元，比年初增加357.52亿元，增长33.6%。个人消费贷款规模迅速扩大，年末个人消费贷款余额573.28亿元，比年初增加148.86亿元，增长35.1%，其中，个人住房贷款余额418.75亿元，增长31.4%；个人汽车贷款余额53.58亿元，增长73.3%。现金投放基本正常，全年现金净投放51.30亿元，比上年多投放5.62亿元。外汇收支形势继续向好，银行累计净结汇117.42亿美元，增长18.1%。

证券市场继续发展。全年在上海、深圳证券交易所新发行A股2只，共发行1.03亿股，筹资8.10亿元。年末境内上市公司由上年末的41家增加到43家，其中，A股42家，B股1家，通过股票发行和增发新股累计筹集资金21.94亿元。全年股票、基金交易量达2159.00亿元，比上年增长7.0%，截止年底，我省股民资金开户数为164.73万户。

保险事业快速发展。全省保险业实现各项保费收入123.66亿元，比上年增长25.8%，其中，财产险保费收入31.36亿元，增长14.4%；人身险保费收入92.30亿元，增长30.3%。在人身险保费收入中，健康险和意外伤害险收入11.28亿元。全年财产险赔款支出16.00亿元，比上年增长12.2%，赔付率为51.1%，比上年提高2.1个百分点。人身险各项给付支出8.70亿元，比上年增长14.0%，其中，年金及满期给付7.19亿元，增长14.5%；死伤医疗给付1.51亿元，增长11.9%。

江西省　金融与经济加速互动。年末全省金融机构各项存款余额为3239.58亿元，比上年末增加531.62亿元，增长16.4%，其中：企业存款余额为862.91亿元，比上年末增加160.45亿元，增长22.8%；城乡居民储蓄存款余额达2015.45亿元，比上年末增加308.28亿元，增长15.3%。全省金融机构各项贷款余额2545.28亿元，比上年末增加407.76亿元，增长19.1%，其中短期贷款余额为1504.72亿元，增长10.5%；中长期贷款余额为902.46亿元，增长42.4%。个人消费贷款规模迅速扩大，年末全省个人消费贷款余额153.53亿元，比年初增加55.43亿元，增长56.5%。现金投放基本正常，全年金融机构现金收入8927.05亿元，增长27.2%，金融机构现金支出8744.25亿元，增长28.1%，收支相抵，净回笼货币182.8亿元，比上年减少5.9亿元。

保险事业继续发展。全年全省保费收入69.77亿元，增长47.4%，其中：财产险保费收入13.95亿元，下降1.1%；人身险保费收入55.82亿元，增长66.5%。全年支付各类赔款总额16.06亿元，比上年增长25.9%，其中：财产险赔款金额8.42亿元，增长25.0%；人身险短期赔款和给付金额7.64亿元，增长26.9%。参加社会保险职工人数增加，年末全省已有350.95万名在职职工和离退休人员参加了社会养老保险，比上年增加11.17万人。

山东省 存贷款余额双过万亿元。年末金融机构各项存款余额12438.2亿元，比年初增加2190.6亿元。其中，企业存款余额3396.6亿元，比年初增加662.5亿元；居民储蓄存款余额6768.3亿元，比年初增加960.1亿元。居民持卡用卡意识增强，全年新增银行卡备付金和保证金存款26.3亿元，余额达到68.8亿元。年末金融机构各项贷款余额10467.1亿元，比年初增加1908.8亿元。短期贷款比年初增加899.2亿元；其中，新增工业短期贷款292.7亿元，新增农业贷款249.1亿元。中长期贷款比年初增加705.9亿元。年末个人消费信贷余额828.2亿元，比年初增加316.2亿元。

资本市场和证券市场稳步发育。全年有1家公司在境内上市，2家公司增发股票，1家公司配股，2家公司在香港上市，1家公司在香港市场发行可转债，共融资49.8亿元。截止年底，全省有证券公司3家，省内有证券营业部137家，共有境内上市公司69家，境外上市公司9家(其中三家同时在境内上市)，上市股票82只，上市公司累计融资已达569.0亿元。

保险业健康发展。已有13家全国性保险公司在我省设立分支机构，已营业的各类专业保险中介机构43家，从业人员18.0万人。全省保险公司合计资产总额为456.1亿元，比上年增长51.5%。实现保费收入283.8亿元，增长26.8%。其中，财产险保费收入59.1亿元，增长6.9%；人身险保费收入224.7亿元，增长33.3%。财产险和人身险的比重分别为20.8%与79.2%。全年保险业共支付各项赔款和给付56.9亿元，增长24.6%。

河南省 金融机构存贷款规模继续扩大。年末全省金融机构各项存款余额7618.03亿元，比上年增长18.1%。其中，企业存款余额1827.48亿元，增长16.7%；城乡居民储蓄存款余额4919.09亿元，增长17.0%。年末全省金融机构各项贷款余额6422.66亿元，比上年增长15.6%。其中，短期贷款余额4025.08亿元，增长9.6%；中长期贷款余额1871.53亿元，增长28.1%。贷款结构继续改善，贷款主要投向基本建设、工业、农业和个人消费等方面，年末余额分别比上年增长28.1%、18.3%、18.0%和41.0%。全省农村信用社贷款余额1009.24亿元，比上年增长19.3%。金融机构个人消费贷款余额287.67亿元，其中个人住房贷款余额达184.21亿元，比上年增长40.2%。

企业上市工作稳步推进。2003年底，全省共有上市公司33家，上市股票34只，其中A股31只，H股3只。全年新上市公司3家。全年通过股票市场发行、配股共募集资金28.87亿元，年末上市公司A股流通股市价总值330亿元。

保险业务继续扩大。全年保费收入166.74亿元，比上年增长32.1%。其中，财产险保费收入25.94亿元；人寿险保费收入140.80亿元。全年赔付额28.00亿元。其中，财产险赔付额14.00亿元，人寿险赔付额14.00亿元。

湖北省 年末全省金融机构各项存款余额5986.36亿元，比年初增加965.21亿元。其中：城乡居民储蓄存款余额3296.52亿元，增加542.08亿元。金融机构各项贷款余额4999.55亿元，比年初增加685.91亿元。其中：短期贷款余额2465.72亿元，增加133.91亿元；中长期贷款1943.93亿元，增加383.87亿元。

全年保费收入106.26亿元，增长16.3%。其中，财产险保费收入22.81亿元，增长1.5%，寿险保费收入83.45亿元，增长21.1%。支付各类赔款及给付29.50亿元，其中，财产险赔款及给付13.7亿元，寿险赔款及给付15.8亿元。

湖南省 金融机构存贷款快速增长，对经济的支持力度加大。年末全省金融机构各项存款余额4774.8亿元，新增747.4亿元，同比多增141.2亿元，其中城乡居民储蓄存款余额3120.8亿元，新增457亿元，同比多增53.7亿元；企业存款余额1185.3亿元，新增242.8亿元。金融机构各项贷款余额3900.6亿元，新增589.2亿元，同比多增164.5亿元。中长期贷款余额1524.4亿元，新增332.2亿元，同比多增130.1亿元，其中基建和技改贷款两项新增187.3亿元，同比多增70亿元，占全部新增贷款的33%，比上年高6个百分点。个人消费贷款余额220.8亿元，新增90.9亿元，同比多增36.2亿元，其中个人住房贷款余额136.2亿元，新增50.1亿元，同比多增15.8亿元；个人汽车贷款余额27.7亿元，新增14.9亿元，同比多增5亿元。

证券市场融资功能不断增强。年末全省共有境内上市公司39家，比上年增加3家，其中增发新股一家，境外上市公司2家；年末股票市价总值859亿元，比上年增加3.9%；全年通过证券市场募集资金57.7亿元，增长94.2%。

保险事业快速发展。全年保费收入103.9亿元，比上年增长21%，其中财产险保费收入20.1亿元，增长8.1%；人身意外伤害险保费收入4亿元，增长34.5%。各项赔付支出21.5亿元，增长4.9%，其中人身意外伤害险赔款1.8亿元，增长21.7%；财产险赔款10.7亿元，增长12.4%。

广东省 金融机构存贷款增长较快。全省金融机构年末本外币存款余额29640.83亿元，比上年末增长16.9%。其中企业存款余额9684.01亿元，增长14.9%；城乡居民储蓄存款余额15590.68亿元，增长16.6%。年末本外币各项贷款余额20126.24亿元，比上年末增长20.0%。其中短期贷款余额10000.80亿元，增长10.0%；中长期贷款余额8180.54亿元，增长27.9%。全年现金净投放1020.24亿元，比上年多投放108.24亿元。

证券市场不断规范与发展。全年全省(不含深圳，下同)上市公司筹集资金65.64亿元，比上年增长4.5倍。年末全省境内上市公司64家，上市股票68只，其中A股62只，B股6只。总股本321.18亿股，比上年增长25.3%；流通A股105.95亿股，增长26.8%。上市公司股票市价总值2147.53亿元，流通市值777.99亿元。全年证券市场交易金额8241.75亿元，增长55.7%；投资者开户数496.05万户，增长4.9%。

保险业务迅速增长。全年保费收入378.22亿元，比上年增长19.9%。其中财产险保费收入123.56亿元，增长12.5%；人身险保费收入254.66亿元，增长23.8%。各类保险赔款、给付(退保)支出96.50亿元，增长18.4%。其中财产险赔款支出61.97亿元，人身险给付(退保)支出34.53亿元，分别增长21.1%和13.7%。

广西壮族自治区 金融机构存贷款规模扩大，金融运行平稳。年末，全区金融机构人民币各项存款余额3175.34亿元，比年初增长14.1%。其中，企业存款余额791.00亿元，比年初增长16.4%；城乡居民储蓄存款余额1971.66亿元，比年初增长13.6%。金融机构人民币各项贷款余额2320.66亿元，比年初增长19.5%。其中，短期贷款1087.88亿元，比年初增长 8.2%；中长期贷款 1072.43 亿元，比年初增长 33.3%；个人消费贷款 255.80 亿元，增长 62.3%。

证券业继续发展。年末全区 A 股上市公司已达 21 家。上市公司股票市价总值达 353.54 亿元。全年通过发行、配售股票共筹集资金 12.18 亿元。

保险事业快速发展。全年保费收入 57.41 亿元，增长 18.4%。其中，财产险保费收入 16.84 亿元，增长 12.4%；寿险保费收入 34.49 亿元，增长 16.2%；健康险和意外伤害险保费收入 6.08 亿元，增长 58.8%。全年赔付额 13.13 亿元，增长 8.9%，其中，财产险赔款 7.84 亿元，增长 17.4%；寿险给付 3.31 亿元，增长 12.8%；健康险和意外伤害险给付 1.98 亿元，增长 24.7%。

海南省 金融信贷增长较快。年末全省金融机构本外币存款余额 1050.45 亿元，比年初增加 166.45 亿元，增长 18.8%。其中，企事业单位存款余额 330.22 亿元，增长 32.9%；城乡居民储蓄存款余额 581.96 亿元，增长 11.4%。年末金融机构本外币贷款余额 874.76 亿元，比年初增加 114.08 亿元，增长 15.0%。其中，短期贷款 301.57 亿元，增长 9.1%，中长期贷款 507.43 亿元，增长 24.2%。

证券市场运作活跃。全年全省上市公司通过发行、配售股票筹措资金 5.46 亿元，比上年增长 13.8%；全年证券和期货交易总额 2676.18 亿元，增长 279.6%。

保险事业发展较快。全年承保保险业务保险金额(责任限额)2469.42 亿元，比上年增长 19.9%；实现保费收入13.56 亿元，增长 30.4%。全年各项赔款和给付金额 3.10 亿元，增长 20.6%。其中财产险赔付增长 50.3%，寿险赔付下降 26.1%，健康和意外伤害险赔付增长 26.3%。

重庆市 金融机构存贷款持续增长。截止 2003 年底，全市金融机构各项人民币存款余额 3438.61 亿元，比年初增加 617.58 亿元，增长 21.9%。其中，新增城乡居民储蓄存款 301.55 亿元，增长 18.9%。全市金融机构各项人民币贷款余额 2774.81 亿元，比年初增加 526.81 亿元，增长 23.4%。其中，新增中长期贷款 254.32 亿元，增长 33.6%；新增短期贷款 186.56 亿元，增长 15.6%；新增个人消费贷款 70.93 亿元，增长 37.5%。

截止 2003 年末，全市共有上市公司 29 家，其中境内上市公司 27 家，股票流通市值 164.14 亿元，总市值为 564.30 亿元。全年通过股市募集资金 3.74 亿元。

保险业持续发展。2003 年，全市营业性保险分公司和保险中介机构有 13 家，保险从业人员 2.41 万人，比上年减少 0.12 万人。全年保费收入 57.94 亿元，比上年增长 25.5%。其中，财产险保费收入 15.24 亿元，增长 14.6%；人身险保费收入 42.69 亿元，增长 29.9%。全年各保险分公司共赔付各类保险金 14.53 亿元，比上年增长 2.3%，其中财产险赔款 8.56亿元，增长 13.0%；各项人身险给付 5.97 亿元，下降 10.0%。

四川省 金融存贷款规模扩大，金融运行平稳。年末，金融机构各项存款余额 7235.8 亿元，比上年末增加 1179.5 亿元，增长 19.1%。其中，企业存款余额 2016.9 亿元，增加 354.2 亿元，增长 21.2%。各项贷款余额 5910.6 亿元，增加 761.2 亿元，增长 14.6%。其中，短期贷款余额 3045.3 亿元，增加 262.1 亿元，增长 8.9%；中长期贷款余额 2298.8 亿元，增加 428.7 亿元，增长 23.4%。

全年金融机构现金收入 16860.4 亿元，现金支出 16843.2 亿元，货币净回笼 17.2 亿元。

年末，全省有上市公司 68 家，其中发行 H 股 4 家，发行 A 股 65 家，2003 年发行新股 1 家，全年共筹集资金 22.9 亿元。

保险事业快速发展，保费收入大幅提高。全年保费总收入 143.7 亿元，比上年增长 34.0%。其中，财产险收入 38.4 亿元，增长 18.5%；人身险收入 105.2 亿元，增长 40.7%。全年处理各项赔款和给付金额 33.5 亿元。其中，财产险赔付金额 18.8 亿元，人身险赔付金额 14.8 亿元。

贵州省 金融运行平稳。年末全省金融机构本外币各项存款余额为 1917.38 亿元，人民币各项存款余额为 1898.62 亿元，比年初增加 345.6 亿元，同比多增 133.19 亿元。其中，城乡居民储蓄存款余额为 912.84 亿元，比年初增加 153.87 亿元，同比多增 36.33 亿元。贷款投入力度加大。年末全省金融机构本外币各项贷款余额为 1726.95 亿元，人民币各项贷款余额为 1714.04 亿元，比年初增加 309.87 亿元，同比多增 121.59 亿元，其中中长期贷款余额为 882 亿元，比年初增加 226.86 亿元，同比多增 115.79 亿元。

证券市场平稳发展。全年股票交易额为 449.7 亿元，年末股票资金开户数为 19.68 万户，比上年增加 0.37 万户。

保险业快速发展。全省保险部门保费收入为 29.81 亿元，比上年增长 19.6%。其中，财产险保费收入 10.18 亿元，增长 9.5%；寿险保费收入 16.81 亿元，增长 23.2%。全年保险赔付金额为 8.85 亿元，比上年增长 13.9%。其中，财产险赔付金额 5.64 亿元，增长 16.7%；寿险赔付金额 2.06 亿元，比上年增长 4.9%。

云南省 年末金融机构人民币存款余额达 3747.46 亿元，比年初增加 625.42 亿元，增长 20%，净增额为历史新高。在金融机构存款中，企业存款余额 1344.7 亿元，比年初增加 237.93 亿元，增长 21.5%。信贷投放力度继续加大，基本满足了经济发展的资金需要。年末全省金融机构人民币各项贷款余额达 2955.57 亿元，比年初增加 534.14 亿元，增长 22.1%，净增额为历史新高。其中短期贷款余额 1414.4 亿元，比年初增加 112.63 亿元，增长 8.7%；中长期贷款余额 1213.07 亿元，比年初增加 343.99 亿元，增长 36.9%。贷款主要支持了农业、工业、建筑业、三资企业等正常资金需要。现金投放适度。全年全省金融机构现金收入 7702.96 亿元，现金支出 7736.03 亿元。

保险业稳步发展。全省各种保费收入 73.75 亿元，比上年增长 33.4%；其中：财产险保费收入 21.99 亿元，增长 2.9%；寿险保费收入 44.85 亿元增长 56.9%。赔付额 20.35 亿元，比上年增长 6.9%；其中：财产险和意外伤害寿险赔付额 11.89 亿元，下降 0.4%；寿险赔付额 5.03 亿元，增长 5.5%；健康险赔款和给付 3.43 亿元，增长 47.2%。

西藏自治区 金融机构存贷款增加较多。全部金融机构本外币各项存款余额 322.23 亿元，比上年末增长 13.3%，其中城乡居民储蓄存款 92.87 亿元，增长 30.0%。全部金融机构本外币各项贷款余额 145.04 亿元，增长 19.1%。金融机构累计现金收入 385.31 亿元，增长 37.2%；累计现金支出 426.14 亿元，增长 36.1%。现金净投放 40.84 亿元，比上年多投放 8.52 亿元。

保险事业进一步发展。全年保险公司保费收入 1.07 亿元，比上年增长 23.1%。其中：财产险保费收入 1.03 亿元，比上年增长 18.8%；新开设了短期健康险、意外伤害险等寿险业务，实现保费收入 410 万元。全年共支付各类赔款 4539 万元。

陕西省 金融机构认真贯彻国家货币政策，及时调整货币信贷结构，有效地维护了金融市场的稳定，为促进全省国民经济的发展做出了贡献。2003年末，全省金融机构各项存款余额为4593.10亿元，比上年末增长21.1%，其中，企业存款余额1455.34亿元，增长19.1%；城乡居民储蓄存款余额2519.93亿元，增长19.6%。金融机构各项贷款余额3549.60亿元，比上年末增长20.3%，其中，短期贷款1715.18亿元，增长14.9%；中长期贷款1357.46亿元，增长30.3%。

证券市场进一步发展。2003年末，全省境内有各类证券公司4家，证券营业部65家(含外地公司在陕的营业部)。

保险事业快速发展。全省各类保险公司2003年保险业务收入74.90亿元，比上年增长21.2%，其中，财产险收入17.67亿元，寿险收入57.22亿元。全省各类保险公司2003年赔付额14.30亿元，比上年增长6.8%，其中，财产和短期人身险赔付8.70亿元，寿险赔付5.60亿元。

甘肃省 金融机构存贷款规模继续扩大。年末全省金融机构本外币各项存款余额2173.65亿元，比上年增长17.23%。全省金融机构人民币各项存款余额2129.61亿元，比上年增长17.91%。其中，企业存款余额699.07亿元，增长20.06%；城乡居民储蓄存款余额1217.39亿元，增长16.79%。年末全省金融机构本外币各项贷款余额1753.42亿元，比上年增长17.22%。年末全省金融机构人民币各项贷款余额1727.71亿元，比上年增长17.32%。其中，短期贷款余额917.12亿元，增长13.57%；中长期贷款余额677.13亿元，增长20.70%。农村信用社贷款189.03亿元，增长20.03%。消费贷款余额89.68亿元，增长46.38%，其中个人住房贷款54.70亿元，增长32.06%。

证券市场在规范中发展。年末全省共有境内股票上市公司18家，股票市价总值为307.29亿元，比上年增长12.31%。

保险业发展较快。全年保费收入40.93亿元，比上年增长22.18%。其中：财产险保费收入10.37亿元，增长6.03%；寿险保费收入27.64亿元，增长28.02%；健康险和意外伤害险保费收入2.92亿元，增长37.09%。全年赔付额9.97亿元，比上年增长15.53%。其中：寿险赔付3.22亿元，增长9.90%；健康险赔款和给付0.11亿元，增长22.22%；财产险和意外伤害险赔付6.64亿元，增长18.36%。

青海省 金融保持稳健运行。年末金融机构人民币各项存款余额538.58亿元，比年初增加71.37亿元。其中，企业存款187.83亿元，增加20.60亿元；城乡居民储蓄存款260.50亿元，增加37.51亿元。金融机构各项贷款余额564.84亿元，比年初增加83.95亿元。其中，短期贷款204.53亿元，增加18.85亿元；中长期贷款309.73亿元，增加60.95亿元。发放个人消费贷款0.83亿元，增加0.07亿元。

保险事业不断进步。全年全省获得保费收入7.61亿元，比上年增长15.61%，其中财产险收入2.84亿元，增长9.72%，寿险收入4.77亿元，增长19.45%，各类保险造福于社会的功能增强。

宁夏回族自治区 金融形势运行平稳，稳健的货币政策促进了社会经济的健康发展。2003年末，金融机构各项存款余额746.4亿元，比年初增长28.7%。其中，企业存款余额247.7亿元，比年初增长28.1%。金融机构各项贷款余额681.6亿元，比年初增长29.9%。其中，短期贷款余额288.0亿元，比年初增长24.8%；中长期贷款余额327.9亿元，比年初增长32.7%。

2003年末，金融机构现金收入1871.1亿元，现金支出1893.2亿元，收支相抵净投放现金22.2亿元。

2003年末，全区上市公司11家。证券交易营业部12家，全年交易额357.5亿元，比上年增长10.4%。

保险事业快速发展。保险险种增加，保险收入大幅度提高。全年保费收入10.7亿元，同比增长22.4%。其中，财产险收入2.9亿元，增长25.6%；人身险收入7.8亿元，同比增长22.6%。全年共支付共赔款及给付2.4亿元，增长4.5%。其中，财产险赔付金额1.3亿元，人身险赔款及给付金额1.1亿元(含退保金额)。

新疆维吾尔自治区年末金融机构各项存款余额2661.65亿元，比年初增加415.79亿元，其中企业存款余额763.49亿元，增加57.66亿元；城乡居民储蓄存款余额1371.59亿元，增加233.81亿元。各项贷款余额2099.09亿元，比年初增加296.48亿元，其中短期贷款增加76.49亿元，中长期贷款增加167.98亿元。

全区已有上市公司26家，总市值584.49亿元，总股本72.62亿股，累计募集资金104.39亿元。

全区保费收入62.18亿元，比上年增长20.2%；其中财产险19.10亿元，增长16.0%；人身意外伤害险1.50亿元，下降11.0%；健康险5.51亿元，增长60.3%；寿险36.07亿元，增长19.7%。各项赔款和给付总额17.46亿元，其中财产险9.71亿元，人身意外伤害险0.55亿元，健康险2.13亿元，寿险5.07亿元。

中国金融业改革

金融监管体制改革

2003年3月10日十届全国人大一次会议通过《关于国务院机构改革方案的决定》。国务院机构改革的重点之一是：健全金融监管体制，设立中国银行业监督管理委员会。4月26日，全国人大常委会审议通过了有关议案，中国银行业监督管理委员会将暂时行使原由中国人民银行行使的金融监督管理职权。4月28日，中国银行业监督管理委员会正式挂牌成立。12月27日第十届全国人民代表大会常务委员会第六次会议表决通过了《中华人民共和国银行业监督管理法》(简称《银行业监督管理法》)、《全国人大常委会关于修改〈中华人民共和国中国人民银行法〉的决定》、《全国人大常委会关于修改〈中华人民共和国商业银行法〉的决定》。

中国银监会是国务院直属事业单位，将行使原由中国人民银行行使的对银行、金融资产管理公司、信托投资公司和其他存款类金融机构的监督管理职权及相关职权。其主要职能是负责制定有关银行业金融机构监管的规章制度和办法；草拟有关的法律和行政法规，提出制定和修改的建议；审批银行业金融机构及分支机构的设立、变更、终止及其业务范围；对银行业金融机构实行现场和非现场监管，依法对违法违规行为进行查处；审查银行业金融机构高级管理人员任职资格；负责统一编制全国银行数据、报表，并按照国家有关规定予以公布；会同有关部门提出存款类金融机构紧急风险处置的意见和建议；负责国有重点银行业金融机构监事会的日常管理工作；承办国务院交办的其他事项。

中国人民银行不再承担对银行业金融机构的监管职能后，除继续履行好货币发行、外汇管理、经理国库、支付清算、金融法制建设、调查统计等职责外，最大的变化集中表现为“一个强化、一个转换、两个增加”。

“一个强化”，即强化与制定和执行货币政策有关的职能，进一步提高制定和执行货币政策的水平，灵活运用利率、汇率等各种货币政策工具实施宏观调控；加强对货币市场规则的研究和制定，加强对货币市场、外汇市场、黄金市场等金融市场的监督与监测，密切关注货币市场与房地产市场、证券市场、保险市场之间的关联渠道、有关政策和风险控制措施，疏通货币政策传导机制。

“一个转换”，即转换实施对金融业宏观调控和防范与化解系统性金融风险的方式。由过去主要是通过对银行业金融机构的设立审批、业务审批、高级管理人员任职资格审查和监管指导等直接调控方式，转变为防范和化解系统性金融风险，维护国家经济金融安全；转变为综合研究制定金融业的有关改革发展规划和对外开放战略，促进银行、证券、保险三大行业的协调发展和开放，提高金融业的国际竞争力，维护国家利益；转变为加强与外汇管理相配套的政策研究与制订工作，防范国际资本流动的冲击。

“两个增加”，即增加反洗钱和管理信贷征信业职能。承担组织协调全国的反洗钱工作，和反洗钱的资金监测职责。承担信贷征信业的管理，推动社会信用体系建设。

此外，中国人民银行与国家发展改革委员会、财政部和各金融监管机构之间按照相互配合、相互促进的原则，建立信息实时共享机制。

国有独资商业银行改革试点方案正式启动

2003年12月30日，国务院决定动用外汇储备向中国银行、中国建设银行注资450亿美元，国有独资商业银行股份制改革试点工作正式启动。

此次国有独资商业银行股份制改革试点的总体目标是：按照“产权清晰、权责明确、政企分开、管理科学”的原则，通过财务重组、内部改革和严格外部监管，真正建立现代金融企业制度，健全法人治理结构，转换经营机制，加强内部管理，实现可持续发展，成为资本充足、内控严密、运行安全、服务和效益良好、具有国际竞争力的现代商业银行。创造条件并选择有利时机在境内外上市，实现公众持股。

这两家国有独资商业银行实施股份制改造的主要内容是：按照现代商业银行要求，建立规范的公司治理结构和严明的内部权责制度，形成良好的财务约束和内在风险防范机制，同时要进行相应的财务重组，加快处置不良资产、充实资本金，建立良好的财务基础和严格的财务标准。

加快深化内部改革，建立良好公司治理结构，转换经营机制，是这次国有独资商业银行股份制改造的关键。在改革过程中，试点银行必须坚持改革与管理并重，加大内部改革力度，建立规范的股东大会、董事会、监事会制度，引进国内外战略投资者，实现投资主体多元化，加快改进公司治理结构，实行科学的、现代化管理。

动用外汇储备向试点银行注资，是化解系统性金融风险的手段之一，也是中央银行维护金融稳定职能的具体体现。所投资金是中央银行一种资产的运用形式。新注入的资本不得用于冲销坏帐，为此在新的资本金注入后，要对试点银行实行更加严格的外部监管和考核，确保新注入资本金的安全并获得合理回报。

农村信用社改革试点工作在八省(市)展开

2003年7月2日，国务院下发了《深化农村信用社改革试点方案》，8月18日，深化农村信用社改革试点工作正式启动。各有关省市按照国务院文件精神和中国人民银行、中国银行业监督管理委员会等有关配套文件的要求，在省(市)党委、政府的高度重视和直接领导下，着手制定各地改革试点的具体实施方案。11月下旬，国务院先后批准了吉林、浙江、山东、江西、贵州、陕西、重庆和江苏8省(市)实施方案。

深化农村信用社改革的指导思想是：以服务农业、农村和农民为宗旨，按照“明晰产权关系、强化约束机制、增强服务功能、国家适当支持、地方政府负责”的总体要求，加快农村信用社管理体制和产权制度改革，把农村信用社逐步办成由农民、农村工商户和各类经济组织入股，为农民、农业和农村经济发展服务的社区性地方金融机构，充分发挥农村信用社农村金融主力军和联系农民的金融纽带作用，更好地支持农村经济结构调整，帮助农民增加收入，促进城乡经济协调发展。

深化农村信用社改革遵循以下原则：一是按照市场经济规则，明晰产权关系，促进农村信用社法人治理结构的完善和经营机制转换，使农村信用社真正成为自主经营、自我约束、自我发展、自担风险的市场主体。二是按照为“三农”服务的经营方向，改进服务方式，完善服务功能，使农村信用社真正成为农村金融主力军和联系农民的金融纽带。三是按照因地制宜、分类指导原则，积极探索和分类实施股份制、股份合作制、合作制各种产权制度，建立与各地经济发展、管理水平相适应的组织形式和运行机制。四是按照责权利相结合原则，充分发挥各方面积极性，明确农村信用社监督管理体制，落实对农村信用社的风险防范和处置责任。

为帮助农村信用社解决历史遗留问题，国家除给予8省(市)部分农村信用社保值储蓄利息贴补，并在税收政策上给予适当优惠外，对8省(市)农村信用社将给予380亿元人民币资金扶持(包括中央银行专项票据和专项借款)，以帮助农村信用社消化历史包袱，转换经营机制，逐步走上良性循环轨道。与此同时，各地方政府也结合实际提出了资金支持、资产置换、清收不良资产、打击逃废债等扶持措施，从而上下联动，形成合力，共同促进农村信用社在改革中发展。

证券业改革

发行制度日趋市场化 2003年底，证监会发布了《证券发行上市保荐制度暂行办法》、《股票发行审核委员会暂行办法》和《股票发行审核委员会工作细则》，这为保荐制度的正式启动做好了法规准备。所谓保荐制即指由保荐人(券商)负责对发行人的上市推荐和辅导，核实公司发行文件与上市文件中所载资料是否真实、准确、完整，协助发行人建立严格的信息披露制度，并承担风险防范责任。2004年1月1日，保荐制度正式启动。

发行制度的第二项改革是调整了发行审核委员会。2003年底颁布了《股票发行审核委员会暂行办法》和《股票发行审核委员会工作细则》。新规则调整了发行审核委员会的组成，委员人数为25名，部分委员为专职。新的发行审核委员会委员在专业背景、执业经历和工作时间等方面都更能满足发行审核的要求；同时加强了对发行审核委员会的监督。不仅向社会公布发行审核委员会的组成人员，而且还要公布发行审核委员会会议时间、参会委员名单、审核企业名单及审核结果，此外还建立了委员的问责机制和监督机制。

改善证券公司的治理结构 2003年底《证券公司治理准则(试行)》的颁布，理清了股东大会、董事会、监事会及经理层之间的关系，对证券公司内部各主体行为的规范有利于在证券公司内部建立完善的权力制衡机制，避免出现内部人控制和大股东追逐短期利益、直接干预证券公司日常经营或者通过不公平交易向自身输送利益、侵害客户合法权益和小股东利益的行为。该《准则》规范了董事会的运作，加强了对证券公司经理层的监管。

财政部发布了《证券公司执行〈金融企业会计制度〉有关问题衔接规定》，同时通知要求上市证券公司和外商投资证券公司以外的证券公司自2004年1月1日起执行《金融企业会计制度》，并鼓励其按照《金融企业会计制度》编制2003年年度财务报告并进行相应会计处理。

《证券公司内部控制指引》的发布，旨在引导证券公司规范经营，完善内部控制，增强其自我约束能力。《指引》在经纪业务、自营业务、投资银行业务、受托投资管理业务、研究咨询业务、业务创新、分支机构管理、财务管理、信息系统、人力资源管理、监督检查及评估等七个方面，提出了明确要求。

拓宽券商融资渠道 2003年9月，中国证监会发布《证券公司客户资产管理业务试行办法》，规定符合条件的券商可开展集合资产管理业务。公司既可以为多个客户办理集合理财业务，也可以为单一客户办理定向理财业务，从事客户资产管理的门槛比较低，客户资产管理的对象也比较广。该《试行办法》还为券商开展专项资产管理业务预留了空间。8月《证券公司债券管理暂行办法》以及《公开发行证券的公司信息披露内容与格式准则第20号——证券公司发行债券申请文件》、《公开发行证券的公司信息披露内容与格式准则第21号——证券公司公开发行债券募集说明书》、《公开发行证券的公司信息披露内容与格式准则第22号——证券公司债券上市公告书》、《证券公司定向发行债券信息披露准则》、《资信评级机构出具证券公司债券信用评级报告准则》等与此配套的5个文件的颁布，使证券公司经批准可以向社会公开发行或向合格机构投资者定向发行债券。

基金运作更加规范《证券投资基金法》的起草始于1999年4月，2003年10月终于颁布。这部法将保护投资者合法权益作为立法基本思想，对基金管理公司进行了严格的规范，对基金管理人、基金托管人、基金的募集、基金份额的交易、基金份额的申购与赎回、基金的运作与信息披露，基金合同的变更、终止与基金财产的清算、基金份额持有人权利及其行使、监督管理和法律责任等均分章作了规定。此外，证监会还发布了《基金管理公司治理准则(征求意见稿)》、《证券投资基金信息披露编报规则第1号〈主要财务指标的计算及披露〉》和《证券投资基金信息披露编报规则第2号〈基金净值表现的编制及披露〉》。

以自律为基础的证券市场秩序化沪、深两个交易所分别发布了《上市公司投资者关系自律公约》，上海证券交易所还推出《上海证券交易所会员自律准则》和《上海证券交易所会员业务规则指引》，为了维护证券期货相关机构审计工作的独立性，提高其经审计财务资料的质量，中国证监会、财政部2003年10月联合下发了《关于证券期货审计业务签字注册会计师定期轮换的规定》。2003年6月，中国证券业协会颁发《证券业从业人员资格管理实施细则(试行)》；7月中国证券业协会投资银行业委员会第二次会议原则通过了《中国证券业协会投资银行业执业准则》和《投资银行业从业人员执业守则》两个行业规则；10月，颁发《中国证券业协会会员诚信信息管理暂行办法》。

对投资者权益的民事保护明显增强 2003年1月最高人民法院颁布了《关于审理证券市场因虚假陈述引发的民事赔偿案件的若干规定》。这一规定是这个审判领域中第一部比较系统的司法解释，对现有的原则性证券法律规定进行了细化，填补了司法实践适用法律的空白。

资本市场开放加快 2003年1月12日，国内首家中外合资基金管理公司——招商基金管理有限公司在深圳正式开业；2月18日，湘财荷银基金公司三只行业类别基金获准一次性同时发行，伞型基金开始登陆中国；4月25日，首家中外合资证券公司——华欧国际在北京宣布成立；5月27日，瑞士银行、野村证券成为首批QFII(合格境外机构投资者)；7月9日，瑞士银行率先下单，标志着QFII正式入市。2003年末共有10家QFII，17亿美元资金获准入市。

保险业改革

保险公司改革取得重大突破中国人民保险公司、中国人寿保险公司和中国再保险公司三家国有保险公司重组改制工作基本完成。2003年7月，中国人民保险公司正式更名为中国人保控股公司，并发起设立了中国人民财产保险股份有限公司和中国人保资产管理有限公司。8月，中国人寿保险公司正式重组为中国人寿保险(集团)公司和中国人寿保险股份有限公司。11月，中国人民财产保险股份有限公司在香港联交所以H股挂牌上市，成为我国第一家在境外上市的国有重点金融企业，随后12月17、18日中国人寿保险股份有限公司成功在纽约和香港两地同步上市，创造了2003年全球资本市场首次公开发行融资额的最高记录。通过上市，两家国有保险公司共筹集资本金折合人民币354亿元，提高了偿付能力和抵御风险的能力，优化了股权结构。

费率市场化改革进展顺利从2003年1月1日起开始实施的新的《机动车辆保险条款费率管理制度改革指引》、《关于加强航空意外保险管理有关问题的通知》规定，中国保险监督管理委员会不再制订统一的车险和航空意外险条款费率，由各保险公司总公司自主制订、修改和调整车险、航空意外险条款费率，报保监会审批后，向公众公布实施。车险、航空意外险管理制度改革以后，各保险公司可根据不同消费者的保险需求，提供个性化、多样化的保险产品，广大消费者有了更广阔的选择空间。车险、航空意外险管理制度的改革，有力地推动了保险市场的发展，全年车险保费收入544.62亿元人民币，比上年同期增长14.09%，高于财产保险增幅2.38个百分点。

产品创新力度进一步加大各保险公司积极开发个性化和多样化保险产品，努力满足市场需求，特别是针对“非典”疫情，保险公司开发了相关的健康险产品，使健康及意外险业务得到大幅增长。2003年健康及意外险保费收入341.5亿元，比上年同期增长69.7%。在经济补偿方面，2003年各保险公司共支付赔款和给付841亿元，比上年增长19%，在灾后重建、恢复正常生产和生活秩序方面发挥了积极作用。在非典时期，保险业共向313例非典患者赔付500多万元，向社会捐款1000多万元，向医护人员捐赠保险保额超过2亿元。

保险公司逐步从粗放型向集约型经营转变各保险公司按照2003年保监会提出的“保险业实现速度和结构、质量、效益相统一”的要求，在加快业务发展的同时，积极调整经营策略、强化内部管理和优化险种结构，效益观念和协调发展观念明显增强，一些保险公司逐步从粗放型向集约型经营转变。

中国金融稳定工作

2003年，中国对金融管理体制进行改革，对中国人民银行作为中央银行的职能进行了调整，中国人民银行维护金融稳定的职能得以明确和加强。

修改后的《中华人民共和国中国人民银行法》更加强调了中国人民银行维护金融稳定的职责，明确了可采取的各种法律手段《中国人民银行法》从防范和化解系统性金融风险角度，设计了近十个条文，赋予中国人民银行维护金融稳定的职能，明确中国人民银行为维护金融稳定可以采取的各种法律手段。

●明确中国人民银行及其分支机构负有维护金融稳定的职能。

●要求中国人民银行维护支付、清算系统的正常运行，为监测金融体系的正常运行、防范和化解系统性支付风险、维护金融稳定提供良好的技术环境。

●要求中国人民银行监测金融市场的运行情况，对金融市场实施宏观调控，促进其协调发展。金融市场稳定是金融稳定的重要条件。

●规定中国人民银行为维护金融稳定可采取的手段，如必要时向金融机构提供再贷款化解金融风险，有权要求银行业金融机构报送有关财务会计、统计报表和资料，对出现支付困难而有可能引发金融风险的银行业金融机构进行检查监督等。

●要求中国人民银行与金融监督管理机构建立监管信息共享机制，为中国人民银行维护金融稳定提供信息基础。

为适应职能调整的需要，中国人民银行在总行和分支行设立专门的金融稳定职能部门

为了适应中国金融管理体制改革的需要，更好地履行中央银行维护金融稳定职责，经国务院批准，中国人民银行在总行和分支行增设了金融稳定职能部门。中国人民银行总行增设金融稳定局，分支行增设金融稳定处。总行金融稳定局的主要职责是：研究银行、证券和保险业协调发展问题，会同有关部门综合研究金融业改革发展规划；评估金融系统风险，研究实施防范和化解系统性金融风险的政策措施；协调风险处置中财政工具和货币工具的选择；实施对运用中央银行最终支付手段机构的复查，并参与有关机构市场退出的清算或重组工作；负责金融控股公司和交叉性金融工具的监测；承办涉及运用中央银行最终支付手段的金融企业重组方案的论证和审查工作；管理中国人民银行与金融风险处置或金融重组有关的资产。分支行金融稳定处的职责是：负责与所辖区金融监管机构及有关部门的协调沟通；监测、评估省辖金融系统风险，研究实施系统性金融风险防范和化解的政策措施；根据总行有关规定，参与有关风险的处理和其他涉及金融稳定的事项。

从 2003 年底开始，中国人民银行总行和分支行金融稳定职能部门陆续开始开展工作，使得中国人民银行维护金融稳定的职能有了组织机构上的保证。

国务院批准中国人民银行组织有关部门开始对中国进行全面的金融稳定自评估

基于国际货币基金组织不断在成员国中推广“金融部门评估规划(FSAP)”这一情况以及维护金融稳定的客观需要，根据国务院的指示精神，中国人民银行于 2003 年 7 月牵头组织国家发改委、财政部、国家统计局、国务院研究室、银监会、证监会、保监会、国家外汇管理局等单位组成跨部门小组，开始对中国进行首次金融稳定自评估。自评估领导小组组长由中国人民银行周小川行长担任，李若谷副行长任副组长，各单位有关同志为领导小组成员。

这次金融稳定自评估的目的是要对中国金融体系的稳健性以及蕴含的风险做出全面、客观的评估，提出相应政策措施建议，防范和化解系统性金融风险，维护中国金融稳定和金融安全，为经济改革与发展创造良好的金融环境；同时根据自评估结果，对中国参加国际货币基金组织“金融部门评估规划(FSAP)”的必要性和可能性提出建议。自评估借鉴目前国际上通行的国际货币基金组织评估框架，采用金融稳健指标、压力测试和遵守国际标准与准则情况评估等方法，并结合中国具体国情进行。

金融稳定是一个广义概念，不仅仅涉及到金融部门，还与国家宏观经济政策和社会保障体系建设等密切相关。因此，此次金融稳定自评估所包含的内容相当广泛，主要包括宏观经济环境对金融稳定的影响，金融部门的会计和审计制度，银行业、证券业、保险业的稳健性和脆弱性，支付清算体系的运行和风险管理，金融市场的稳定状况，金融系统的流动性安排、安全网的建设，金融机构的公司治理状况，跨部门、跨市场金融风险的分析与防范，财政政策和社会保障体系与金融稳定的相互作用等等。自评估还将对中国金融业各个主要领域遵守国际标准与准则的情况做出评价。

2003 年，金融稳定自评估工作在自评估领导小组的部署下顺利进行。自评估借鉴了香港特区的评估经验，并请国际货币基金组织专家对评估方法做了详细介绍。在经过启动阶段、方案设计和论证阶段之后，这项工作已进入分报告的撰写和审定阶段。自评估小组将在各分报告的基础上，形成中国第一份金融稳定评估报告。自评估工作目前已初见成效，一是建立起了金融稳定评估的跨部门组织架构；二是初步熟悉并掌握了国际上最新的金融稳定评估的方法和工具；三是培养了第一批金融稳定评估的业务骨干。自评估工作的完成将为中国形成一个系统的、与国际接轨的、机制化的金融稳定评估框架奠定基础。

2004 年，中国人民银行将继续切实履行职能，采取各项措施维护中国的金融稳定。主要内容包括：继续实行稳健的货币政策，努力保证人民币汇率稳定，为金融稳定创造良好的宏观经济环境；积极推进金融体制改革，提高金融机构运行的稳健性；加强金融稳定的基础设施建设，如加强支付体系和征信体系建设、建立和完善金融风险预警系统；加强中国人民银行与金融监管机构之间的信息交流和政策协调；完成金融稳定自评估工作，对中国金融体系稳健性做出整体判断，提出防范和化解金融风险的政策建议。

中国金融市场发展

2003 年，中国金融市场继续保持快速稳健发展，各类市场交易主体大量增加，交易量快速增长。金融市场逐渐成为配置资源的重要场所。

2003 年金融市场运行基本情况

1. 债券发行情况良好

全年记帐式国债、政策性金融债和中央银行票据共发行 15325.6 亿元。记帐式国债发行 3778.8 亿元，其中，期限在 5—10 年(包括 5 年，不包括 10 年)的中期国债所占比重为 54%，5 年以下(不包括 5 年)的国债发行比重为 22.1%；政策性金融债发行 4320 亿元，其中国家开发银行债(简称“国开债”)发行 4000 亿元，占比 92.6%，进出口债 320 亿元，占比 7.4%。中央银行发行票据 7226.8 亿元，期限以 3 个月和 6 个月为主，所占比重为 87.5%。

表 1　2003 年记帐式债券发行情况

单位:亿元

记帐式国债					政策性金融债		中央银行	
时间	银行间	跨市场	交易所	柜台市场	国开债	进出口债	票据	合计
2002 年	2997.4	340	864	260	2500	575	1937.5	9473.9
					4461.4			3075
2003 年	1835	1370	423.8	150	4000	320	7226.8	15325.6
					3778.8			4320

与国债相比,政策性金融债发行的期限结构特点是以长期和短期为主,其中期限在 10 年以上(主要是 10 年)所占比重为 39.4%,1 年以下(包括 1 年)所占比重为 25.5%。

截至年末,中央国债公司托管的债券达到 33623.4 亿元,较年初增长 31.73%。

2. 银行间拆借市场和债券市场交易活跃

全年全国银行间同业拆借与债券交易累计达到 17.2 万亿元,其中同业拆借交易量 2.4 万亿元,比上年增长 106.6%;现券交易 3.1 万亿元,比上年增长 6 倍;回购交易 11.7 万亿元,比上年略有增长(表 4)。

表 2　银行间市场交易情况

单位:亿元

年份	拆借	回购	现券	合计
1997	8298	307	9.66	8614.66
1998	1978	1021	33.21	3032.21
1999	3291	3949	75.3	7315
2000	6728	15782	683	23193
2001	8082	40133	840	49055
2002	12107	101885	4412	118404
2003	24113.4	117203.4	30848.4	172165.2

从期限看,同业拆借和债券回购中 7 天以下品种的交易量均超过 80%。其中 1 天隔夜拆借量、1 天回购交易量增幅较大,分别比上年同期增长 216%、104.8%;1 个月以上的交易略显清淡,4 个月期拆借量比上年同期下降 76.4%,4 个月期回购交易量比上年同期下降 59.1%;1 年期回购全年无成交。

从机构看,工、农、中、建四大国有商业银行资金融出量占到整个市场资金融出量的 57.12%;股份制商业银行和城市商业银行资金融出基本与上年同期持平,但资金融入大幅增长,资金净融入比上年增长 139.51%;证券公司仍是资金净融入方,全年融入资金 11779 元,资金净融入较上年同期增长 72.9%(资金融出仅 413 亿元);保险公司的资金融入明显减少,净融入较上年同期减少 79.15%(见表 3)。

表 3　2003 年银行间市场机构融资情况①

单位:亿元

	融入	占比	同比增长	融出	占比	同比增长	净融入	同比增长
		(%)	(%)		(%)	(%)		(%)
国有商业银行③	6599.47	4.67	−40.90	80714.20	57.12	35.04	−74114.73	52.49
其他商业银行④	93229.38	65.97	41.17	49056.79	34.71	3.07	44172.60	139.51
其他金融机构⑤	25814.95	18.27	−0.16	8412.42	5.95	31.0917	402.52	−10.48
证券及基金⑥	11779.23	8.34	77.61	412.60	0.29	607.96	11366.63	72.90
保险公司	3186.50	2.25	−20.61	2376.93	1.68	1718.47	809.58	−79.15
外资机构	707.02	0.50	149.95	344.12	0.24	1811.78	362.90	37.01
总计②	141317.55	100	23.97	141317.06	100	23.97	−0.30	—

注:

①这里"融资"包括回购与拆借;

②总计的数字差额是由计算中的四舍五入引起的;

③国有商业银行包括工商银行、农业银行、中国银行和建设银行;

④其他商业银行包括股份制商业银行、城市商业银行;

⑤其他金融机构包括政策性银行、农村信用社、城市信用社、财务公司、信托投资公司;

⑥证券及基金包括证券公司、证券投资基金。

3. 市场利率稳中有升,市场参与者日趋丰富

2003 年,同业拆借加权平均利率为 2.24%,比上年同期上涨 3.44%,其中 7 天品种的加权平均利率 2.24%,比上年上涨 3.69%;7 天回购加权利率 2.35%,比上年上涨 12.62%,其中 7 天品种的加权平均利率 2.33%,比上年上涨 12.01%。

截至年末,同业拆借市场成员 616 家,较年初增加 80 家;债券市场成员 2895 家,较年初增加 1944 家。商业银行结算代理对象由金融机构扩大到非金融机构法人后,企业的开户数不断增加,全年共增加 1692 家,市场成员类型丰富(见表 4、表 5)。

表 4　银行间同业拆借市场成员

单位:家

类型	2002 年末	2003 年末
银行	263	289
证券公司	41	56
财务公司	25	32
农联社	202	228
城信社	4	10
其他 *	1	1
总计	536	616

注:*"其他"为中国国际金融公司。

表 5　银行间债券市场参与者

单位:家

类型	2002 年末	2003 年末
银行	188	204
证券公司	64	90
基金管理公司	3	5
基金	70	109
保险公司	24	61
信托公司	26	34
财务公司	36	44
租赁公司	2	6
信用社	492	600
其他 *	9	13
非金融机构法人	37	1729
总计	951	2895

注:*"其他"包括中国人民银行、财政部、国家开发银行、中国进出口银行、中国农业发展银行、中国国际信托投资公司、上海证券交易所、深圳证券交易所、中小学幼儿基金、厦门红十字基金、清华教育基金会、晋驹教育基金会、浦东社会发展基金会。

4. 外汇市场成交量创历史纪录,人民币兑美元汇率基本稳定

2003 年银行间外汇市场共进行 251 场交易,市场累计成交折合 1511.31 亿美元,创历史最高纪录;日均成交量 6.02 亿美元,与上年相比,日均成交量增长了 54.26%(见表 6)。

表 6　2003 年银行间外汇市场各币种成交情况

币种	美元	港币	日元	欧元
成交量(亿元)	1477.44	186.32	761.58	2.97
同比(%)	54.1	69.9	3.4	—

美元兑人民币汇率小幅整理。年初美元兑人民币加权平均价为 1 美元兑 8.2770 人民币,期间加权平均价最高 8.2776,最低 8.2765,波幅为 11 点。港币兑人民币汇率冲高回落。年初港币兑人民币加权平均价为 1 港币兑 1.0610 人民币,9 月下旬港币开始大幅攀升,国庆"黄金周"后第一个交易日港币兑人民币加权平均价最高上升到 1.0714,与全年的最

低价 1.0607 相比,波幅为 107 点。日元兑人民币汇率振荡上扬。年初日元兑人民币加权平均价为 100 日元兑 6.9549 人民币,期间最低价 6.8258,年底以全年最高价 7.7410 报收。欧元兑人民币汇率稳步走高。年初欧元兑人民币加权平均价为 1 欧元兑 8.6744 人民币,年底加权平均价 10.4036 是全年最高价。

5.黄金市场规模进一步扩大,价格持续上涨,投资功能开始显现

2003 年,中国黄金交易市场的交易金额为 245.50 亿元,共成交黄金 235.35 吨,黄金的日均交易量为 960.59 公斤,比上年增长 103.46%。国际黄金价格一路上涨,中国黄金市场价格和国际市场保持了极高的联动性,黄金主力品种 Au99.95 年初价为 92.62 元/克,年底达到 111.11 元/克,期间,最高价 111.18 元/克,最低价 85.70 元/克,加权平均价 98.06 元/克。

金融类会员的交易份额明显增加。商业银行黄金自营买卖总量为 140.70 吨,占黄金买卖总量的 29.89%,较上年升高 16 个百分点,商业银行承担黄金市场造市商的作用开始显现,调节了市场供求余缺。

2003 年,交易所黄金交割量与交易量之比为 63%,较上年下降了 8 个百分点。随着美元的一路走软和金价的持续走高,国内黄金市场投资业务出现较快增长,主要表现在市场参与者数量明显增加和盈利模式更加多样。客户数量从上年的 140 家增加到 480 家,客户的结构已不仅局限于首饰和产金企业,工业用金类客户和投资类客户成为市场重要的组成部分,交易主体的多元化促进了代理业务的进一步扩大。从市场的盈利模式看,有的银行以获取国内外黄金市场的价差为主,一些商业银行、投资公司和一些产金、用金企业在市场的价格波动中赚取差价,部分可提供标准金锭企业通过收购非标金加工成标准金锭赚取非标金和标准金间的价差。

6.票据市场迅速发展

2003 年,企业累计签发商业汇票 24623 亿元,比上年增加 10698 亿元;累计票据贴现和再贴现 41924 亿元,比上年增加 22172 亿元。12 月末,已签发的未到期商业汇票余额为 12406 亿元,比上年增加 4522 亿元;票据贴现和再贴现余额 9383 亿元,比上年增加 3468 亿元。商业票据市场的快速发展促进了资金的有效配置,对缓解中小企业融资难发挥了积极作用。

7.股票市场运行平稳

2003 年,股票市场交易量有所增加,沪、深股市累计成交 32115 亿元,比上年增加 3308 亿元,增长 10.3%;其中 A 股累计成交 31269 亿元,比上年增加 4127 亿元,增长 13.2%。

沪、深股指在波动中上扬。12 月末,上证综指收于 1497 点,比上年末上涨 140 点,上涨 9.35%;深证综指收于 378.63 点,比上年末下跌 10 点,下跌 2.64%。

2003 年金融市场各项政策措施

1.扩大记帐式国债柜台交易的试点范围

从 2002 年 6 月开始,经国务院批准,记帐式国债柜台交易通过国有独资商业银行的部分营业网点进行试点。为了进一步推动记帐式国债柜台交易业务的发展,2003 年 8 月,人民银行扩大了开办记帐式国债柜台交易业务范围,方便了广大居民投资人买卖记帐式国债,为投资人提供了新的金融产品。目前开办柜台交易的地区为北京、上海、江苏、浙江、福建、广东。

2.简化银行间债券市场债券上市审批程序

2003 年 4 月,为了简化行政审批程序,增强市场透明度,对于在全国银行间债券市场发行的国债、政策性银行债券,中国人民银行不再逐期审批其在全国银行间债券市场上市交易,授权中央国债登记公司和全国银行间同业拆借中心公布每期债券的上市日期。

3.规范证券公司信息披露工作

从 2002 年开始,中国人民银行对加入银行间同业拆借市场的证券公司进行信息披露的试点。2003 年 7 月,在总结证券公司信息披露工作的基础上,中国人民银行发布关于统一同业拆借市场中证券公司信息披露规范的文件,要求经批准成为全国银行间同业拆借市场成员的证券公司,向同业拆借市场披露必要的信息,并保证披露信息的真实性。

4.组织国内第一只美元债券发行

为了用好国内的外汇资金,组织国家开发银行在国内发行了 5 亿美元债券,并相应解决了美元债券的登记托管等技术问题。

中国货币政策

2003 年,金融宏观调控面临复杂局面。中国人民银行对经济、金融运行状况密切监测,并积极与有关宏观经济管理部门沟通和协调,继续执行稳健的货币政策,对货币信贷过快增长的趋势及时进行“预调”和“微调”,取得了积极成效,货币信贷增长偏快的趋势得到有效控制,为国民经济持续快速协调健康发展提供了稳定的金融环境。

2003 年货币政策操作

1.灵活运用公开市场操作,保持基础货币平稳增长和货币市场利率相对稳定

2003 年,中国人民银行根据货币信贷总体规划,通过公开市场操作保持基础货币稳定增长。针对外汇占款投放基础货币大幅增长的情况,人民银行通过发行央行票据等方式,加大基础货币回笼力度。一方面坚持对冲操作的大方向;另一方面也根据市场的变化,适时进行灵活操作,满足金融机构短期流动性需求。

从 4 月 22 日至 12 月底,中国人民银行共发行 63 期中央银行票据,发行总量为 7226.8 亿元,发行余额为 3376.8 亿元。全年共开展 59 次公开市场操作,通过公开市场债券交易累计回笼基础货币 13186 亿元,累计投放基础货币 10492 亿元,投放、回笼相抵,净回笼基础货币 2694 亿元。外汇占款投放基础货币 11459 亿元,外汇、人民币公开市场操作相抵,净投放基础货币 8765 亿元。银行间具有代表性的 7 天期回购利率,虽因新股发行引起一些波动,但在公开市场操作的引导下,11 月下旬以来一直稳定在 2.15%左右。

2.上调存款准备金率,适度调低超额存款准备金利率

为配合公开市场操作“对冲”基础货币过快增长,减轻发行中央银行票据回收流动性的压力,有效控制货币信贷过快扩张,经国务院批准,中国人民银行从 2003 年 9 月 21 日起,将存款准备金率由 6%调高至 7%。这次存款准备金率调整提前一个月宣布,给金融机构流动性管理提供了缓冲的时间,并在总量适当收紧的同时,对有短期流动性困难的金融机构及时给予必要的资金支持。在政策实施过程中,金融运行和货币市场利率走势总体平稳。

中国人民银行从 2003 年 12 月 21 日起还将金融机构在中国人民银行的超额存款准备金利率由 1.89%下调至 1.

62%。法定存款准备金利率仍为1.89%。

3.扩大贷款利率浮动区间，稳步推进利率市场化进程

2003年12月10日，经国务院批准，中国人民银行决定自2004年1月1日起再次扩大金融机构贷款利率浮动区间。商业银行、城市信用社贷款利率的浮动区间上限扩大到中国人民银行制定的贷款基准利率的1.7倍，农村信用社贷款利率的浮动区间上限扩大到贷款基准利率的2倍，金融机构贷款利率的浮动区间下限保持为贷款基准利率的0.9倍不变。扩大金融机构贷款利率浮动区间，有利于营造公平竞争的市场环境，支持中小企业发展和扩大就业。

与此同时，中国人民银行还对一些利率管理制度进行了改革。一是放开人民币各项贷款的计、结息方式，由借贷双方协商确定；二是放开了境内英镑、瑞士法郎、加拿大元的小额存款利率管理，由各商业银行自行确定并公布，同时对美元、日元、港币、欧元小额存款利率实行上限管理，商业银行可根据国际金融市场利率变化，在不超过上限的前提下自主确定；三是改革邮政储蓄转存款利率计息办法，明确自2003年8月1日起，邮政储蓄新增存款转存中国人民银行的部分，按照金融机构准备金存款利率(年利率为1.89%)计息，此前的邮政储蓄老转存款暂按原转存款利率计息(年利率为4.131%)，同时允许邮政储蓄新增存款由邮政储蓄机构在规定的范围内自主运用。

4.密切监测房地产贷款状况，对商业银行贷款进行必要的窗口指导

针对部分地区房地产信贷投放过快、隐含风险加大的情况，2003年6月，中国人民银行发布了《中国人民银行关于进一步加强房地产信贷业务管理的通知》(银发[2003]121号)，对房地产信贷进行了风险提示，对开发商贷款、建筑业流动资金贷款、个人多套住房贷款和高档住房贷款制定了比较原则性的限制措施，进一步规范房地产信贷市场发展。

同时，针对贷款投放过快的情况，中国人民银行及时对商业银行进行了窗口指导。年初，中国人民银行组织商业银行认真分析贷款多增的趋势，认真把握贷款进度。7月份以后，中国人民银行三次召开窗口指导会议，对商业银行进行了必要的风险提示，要求金融机构注意防止资本充足率下降，防范各类信贷及流动性风险，改进和健全内部考核制度，适度控制贷款总量。

5.积极支持农村信用社体制改革试点

为促进农村信用社健康发展，改进对农村经济的金融服务，国家决定出资支持试点地区农村信用社的改革。根据国务院部署，2003年下半年，农村信用社改革试点在山东、吉林、浙江、贵州、江西、陕西、江苏、重庆八个省市全面展开。根据国发(2003)15号文件精神，中国人民银行按2002年底实际资不抵债数额的50%，发放专项再贷款或专项中央银行票据，帮助试点地区农村信用社化解历史包袱，目的是使改革后的农村信用社能做到产权明晰、财务状况良好、治理结构完善。为此，中国人民银行制定了《农村信用社改革试点专项中央银行票据操作办法》和《农村信用社改革试点专项借款管理办法》，在手续和条件的设计上坚持切实促进改革到位并真正达到“花钱买机制”的效果。

6.加强货币市场制度建设，积极推动货币市场发展

一是扩大记帐式国债柜台交易的试点范围，开办柜台交易的地区扩大到北京、上海、江苏、浙江、福建、广东；二是简化银行间债券市场债券上市审批程序，对于在全国银行间债券市场发行的国债、政策性银行债券，中国人民银行授权中央国债登记公司和全国银行间同业拆借中心公布每期债券的上市日期；三是规范证券公司信息披露工作，规定凡经批准成为全国银行间同业拆借市场成员的证券公司，应向同业拆借市场披露必要的信息，并保证披露信息的真实性；四是组织国家开发银行在国内发行了第一只美元债券，发行额为5亿美元，并相应地解决了美元债券的登记托管等技术问题。

7.保持人民币汇率基本稳定，促进国际收支平衡

2003年，中国人民银行采取了一系列深化外汇管理体制改革、保持人民币汇率稳定、促进国际收支平衡的措施：一是完善经常项目管理，便利企业和个人外汇收支，切实满足企业、个人合理的经常项目用汇需求；二是稳步推进资本项目对外开放，放宽企业购汇限制，实施境外投资外汇管理改革试点，逐步拓展资本流出渠道，支持“走出去”战略的实施；三是扩大远期结售汇业务试点，允许开办外债项下的远期业务，加快外汇市场建设，逐步完善人民币汇率形成机制。

8.加强货币政策同其他宏观经济政策的协调配合

2003年，面对经济运行中出现的一些新情况和新问题，中国人民银行在分析宏观经济形势和趋势的同时，积极与其他宏观经济部门沟通和协调。在对宏观经济进行调控的过程中，注意加强与计划、财政等其他宏观调控手段的协调配合，以充分发挥宏观经济政策协调配合的综合效应。

总体看，2003年货币信贷调控取得了积极成效，信贷增长偏快的势头在第四季度得到了有效控制年末，广义货币M2余额22.1万亿元，比上年增长19.6%。5—11月份，广义货币增长都在20%以上，年末略有回落。

金融机构贷款前三季度增加较多，第四季度得到有效控制年末，全部金融机构(含外资，下同)本外币贷款余额17万亿元，比年初增加3万亿元，比上年同期多增1.1万亿元。其中，人民币贷款比年初增加2.8万亿元，比上年同期多增0.9万亿元；外汇贷款比年初增加276亿美元，比上年多增185亿美元。上半年人民币贷款月均增加2965亿元，第三季度月均增加2300亿元，第四季度月均增加979亿元。

人民币存款增长较快，外汇存款有所下降年末，金融机构本外币存款余额22万亿元，比上年末增加3.7万亿元，比上年同期多增8351亿元。其中，人民币存款增加3.7万亿元，比上年同期多增9399亿元；外汇存款减少19.2亿美元，上年为增加107.2亿美元。

基础货币增速较高，金融机构流动性基本正常年末，中国人民银行基础货币余额为5.23万亿元，比上年增长16.7%，增幅比上年末提高4.9个百分点。金融机构超额准备金率为5.38%。其中，国有独资商业银行超额准备金率为4.12%，股份制商业银行和农村信用社超额准备金率分别为8.33%和8.11%。

人民币存贷款利率水平保持稳定自2002年2月21日降息后，金融机构一年期存款利率为1.98%，处于改革开放二十年来的最低水平，一年期贷款利率为5.31%，法定存款准备金利率为1.89%，一年期再贷款利率为3.24%。2003年四季度，商业银行人民币协议存款(期限在五年以上、单笔金额在3000万元以上)利率集中在3.6%—3.7%区间，比年初提高0.5个百分点，略有上升。

境内外币存、贷款利率受国际市场利率变化影响先降后升2003年上半年，伦敦同业市场美元等利率一路下行，7月2日，中国人民银行下调了境内美元等外币小额存款利率。此后，外币存、贷款利率水平随国际市场利率有所回升。12月，商业银行1年期大额美元(300万美元以上)存款加权平均利

率为 0.9919%，1 年期美元贷款固定利率加权平均水平为 2.5612%，浮动利率加权平均水平为 2.193%，与年初基本持平（见下表）。

2003 年境内大额美元存款与美元贷款平均利率表

单位：%

	大额存款			贷款		
期限	3 个月以内	3—6 个月	6—12 个月	1 年	1 年（固定利率）	1 年（浮动利率）
1 月	0.9748	0.9552	1.0132	1.0532	3.0915	2.2361
2 月	1.0052	0.9827	1.0167	1.0946	3.1509	2.1816
3 月	0.9669	0.9413	1.0237	1.0251	2.9310	1.8614
4 月	0.9341	0.9456	0.9543	1.0826	2.4339	2.3610
5 月	0.9362	0.9274	0.9055	0.9619	2.6846	2.2841
6 月	0.8047	0.8198	0.7528	0.8341	2.5959	1.9538
7 月	0.8571	0.8399	0.8590	1.0073	2.4739	2.2618
8 月	0.8750	0.8603	0.9712	1.1477	2.5024	2.3563
9 月	0.8868	0.9226	0.9653	1.2902	2.5139	2.1416
10 月	0.8513	0.9873	0.8849	0.9825	3.1369	2.2167
11 月	0.7336	0.9986	0.8548	1.2822	2.5082	2.2086
12 月	0.8935	1.2632	1.3829	0.9919	2.5612	2.1930

货币市场利率在出现短期波动后趋于平稳 12 月，全国银行间市场 7 天品种的同业拆借和债券回购月加权平均利率分别为 2.24 和 2.14，分别与上年同期持平和下降 0.15 个百分点。

外汇储备大幅增加，人民币汇率稳定 2003 年末，国家外汇储备 4032.5 亿美元，比年初增加 1168.4 亿美元，是我国外汇储备增加最多的一年。年末人民币汇率为 1 美元兑8.2767 元人民币，继续保持稳定。

2004 年货币政策展望

2004 年是建国 55 周年，也是我国经济改革和发展十分关键的一年，加强和改善宏观调控是经济工作的一项重大任务。预计 2004 年我国国民经济仍将保持良好的增长势头，但经济金融运行中的一些问题值得高度关注。如果部分行业和地区盲目投资、低水平重复建设的趋势得不到有效遏制，2004 年固定资产投资仍可能过快增长，能源和部分原材料等资源约束的矛盾可能进一步加剧，加大通货膨胀压力。这些问题在货币方面反映为货币信贷增长的压力较大。另外，由于各种原因形成的人民币升值预期并未完全缓解，外汇流入可能继续增加，金融调控的任务会比较艰巨。中国人民银行将继续执行稳健的货币政策，做好对经济金融运行特别是物价走势、社会资金流动和重点行业贷款的监测，综合运用多种货币政策工具，适度控制货币信贷规模，实现经济平稳较快增长，防止大起大落，高度重视防止通货膨胀。考虑到 2003 年货币信贷增长过快的滞后效应，2004 年货币供应量增幅和新增贷款规模应低于 2003 年的实际水平。预计 M2 和 M1 分别增长 17%左右，人民币贷款增加 2.6 万亿元。

1. 进一步增强货币政策的前瞻性和科学性，保持货币信贷总量平稳增长

针对当前经济运行中存在的问题，中国人民银行将综合运用多种货币政策工具，继续控制货币信贷总量，既要防止货币信贷增长过快，又要保证经济稳定增长的合理资金需要，促进经济平稳运行。中国人民银行将继续加强宏观经济形势和趋势分析，加大公开市场操作力度，适时调节流动性；加强再贷款和再贴现管理，灵活运用存款准备金、利率、信贷政策、窗口指导等多种货币政策手段，保持货币信贷总量平稳增长。同时考虑从制度性建设方面完善货币政策传导机制，使各种货币政策工具更好地发挥作用。

2. 稳步推进利率市场化进程，进一步发挥利率调控作用

根据国内外经济金融形势，当前应继续保持人民币存贷款利率的基本稳定，稳步推进利率市场化改革。密切监测货币市场利率走势，加强与有关部门协调，保持货币市场利率基本稳定。进一步完善利率结构。通过运用货币政策工具调控和引导市场利率，使市场机制在金融资源配置中发挥基础性作用。

3. 保持人民币汇率在合理、均衡水平上的基本稳定

完善人民币汇率形成机制，保持人民币汇率在合理、均衡水平上的基本稳定。在有效防范风险前提下，有选择、分步骤放宽对跨境资本交易活动的限制。密切观察分析国际收支和金融市场变化的新形势，协调本外币政策，改进现行结售汇制度，积极培育外汇市场，促进国际收支平衡。

4. 着力调整信贷结构，促进产业结构调整

进一步加强信贷运行监测，逐步建立钢铁、汽车、电力、房地产等重点行业与基础产业的信贷风险预警体系，加强信息和政策引导。引导商业银行着力调整信贷结构，对盲目投资、低水平重复建设行业的建设项目强化信贷风险管理。鼓励和引导商业银行加大对农业、中小企业、扩大消费、助学、增加就业方面的贷款支持，促进产业结构的调整和优化。完善下岗失业人员小额担保贷款管理，支持扩大就业。

5. 加快发展金融市场，扩大直接融资

按照《国务院关于推进资本市场改革开放和稳定发展的若干意见》的要求，继续支持资本市场改革开放和稳定发展，扩大直接融资渠道，改变直接融资比重过低、融资结构不合理的状况，建立统一互联的证券市场，完善交易登记和结算体系。加快发展货币市场，推动货币市场基金发展，实现货币市场与资本市场的良性互动。建立健全各类市场有机结合、协调发展的机制，积极推进货币市场、资本市场和保险市场的协调发展。加强对货币市场、外汇市场和黄金市场的动态监管，监测各类金融市场的运行状况，防范跨市场风险，促进金融市场有序健康发展。

6. 加快推进国有商业银行股份制改造，做好农村信用社改革资金支持工作

国有商业银行综合改革，是整个金融改革的重点。2004 年 1 月，国务院决定中国银行和中国建设银行实施股份制改造试点，动用 450 亿美元国家外汇储备等为其补充资本金，并要求将注资与深化银行内部改革和完善公司治理结构结合起来。中国人民银行将与中国银行业监督管理委员会等有关部门密切配合，按照改革与管理并重的原则，严格监督两家银行各项内部改革措施的落实情况，切实转换经营机制，确保实现此次股份制改革的各项预期目标。同时，按照国务院的部署，严格把关，服务至上，认真做好农村信用社改革的资金支持工作。完善农村金融服务体系，全面推进其他金融企业的微观机制改造。

中国宏观经济

2003 年，面对复杂多变的国际形势、缓慢复苏的世界经济、突如其来的“非典”疫情和频繁发生的自然灾害，中国经济呈现出增长快、效益好、活力强的发展态势，国民经济继续保持持续、快速、健康增长。

2003 年经济运行的主要特点

1. 经济增长速度处于 1997 年以来的最快时期

中国经济增长速度自 2002 年年中开始快速增长。2003 年一季度 GDP 增长 9.9%，二季度受“非典”影响增长 6.7%，

但“非典”疫情缓解后，增长迅速反弹，三季度增长9.1%。全年GDP总量116694亿元，增长9.1%。其中，第一产业增加值为17247亿元，增长2.5%；第二产业增加值为61778亿元，增长12.5%；第三产业增加值为37669亿元，增长6.7%。中国经济已经进入快速增长的上升期（见表1）。

表1　1998—2003年GDP增长情况

单位：比上年同期增长%

年份	1998	1999	2000	2001	2002	2003
1季度	7.2	8.3	8.1	8.1	7.6	9.9
1—2季度	7.0	7.6	8.2	7.9	7.8	8.2
1—3季度	7.2	7.4	8.2	7.6	7.9	8.7
1—4季度	7.8	7.1	8.0	7.3	8.0	9.1

2.物价水平呈整体上升态势

2003年全国居民消费价格总水平比上年上涨1.2%，其中，城市上涨0.9%，农村上涨1.6%。2003年物价形势发生了较大变化：(1)物价水平呈整体上升之势。居民消费价格指数(CPI)、商品零售价格指数、原材料购进价格指数等，全部进入上涨阶段；初级、中间、最终三个层次的产品价格几乎是同步由负增长转变为正增长。(2)与投资相关性较大的价格指数领先上涨。(3)上下游产品价格涨幅差异较大，上游产品价格涨幅大大高于下游产品价格涨幅。(4)食品价格上涨是带动CPI上涨的主要力量。据测算，2003年剔除食品后的CPI仅上涨0.1%。(5)第四季度CPI涨势趋快，12月份全国居民消费价格总水平较上年同期上升3.2%，是1997年下半年以来的最高值。

3.农业产业结构进一步调整

2003年，农业区域布局调整和优质农产品生产有了新的进展。粮食、棉花、油料、糖料等大宗农产品减产，蔬菜、水果在调整品种、优化品质的基础上稳定增长。

4.工业生产增速达到9年来新高

2003年全国规模及规模以上工业完成增加值41045亿元，比上年增长17%，增速比上年加快4.4个百分点，为1995年以来增长最快的一年。其中，重工业对工业增长的拉动作用明显增大，对工业增长的贡献率为65.5%，拉动工业增长11.1个百分点。电子通信设备制造业、交通运输设备制造业、电气机械及器材制造业、冶金和化学工业这四大行业是带动工业快速增长的主要力量，对工业增长的贡献率达50.9%，拉动工业增速8.7个百分点。工业产销衔接水平稳定提高，三分之二以上的行业产销率比上年有不同程度提高。

5.企业经济效益大幅提高

工业经济效益综合指数144.67，比上年提高13.78点，是1992年以来最高水平。其中，成本费用利润率6.24%，提高0.66个百分点；总资产贡献率11.13%，提高1.27个百分点。国有及国有控股企业实现利润3784亿元，比上年增加1178亿元，增长45.2%。全国工业亏损企业亏损额1072亿元，比上年下降1.9%。全国工业企业税金总额7295亿元，增长19.6%，提高7.1个百分点，其中，国有及国有控股工业企业税金总额4615亿元，增长17.8%，提高5.6个百分点。

6.固定资产投资高速增长

2003年投资增速处于改革以来的最快时期。全年国有及其他经济类型工业企业累计完成固定资产投资42643亿元，增长28.4%。其中，基本建设投资22729亿元，增长28.7%；更新改造投资8444亿元，增长25.1%；房地产开发投资10106亿元，增长29.7%。各类投资占当年固定资产投资总额的比重分别为53%、20%、24%。

为防止投资增长过快，中国政府采取了控制开发区规模、制止生产能力过剩产品的重复建设、加强信贷管理等一系列措施，投资增速有所下降。前8个月投资增速一直保持在30%以上，自9月以后，回落到30%以下。

7.消费呈现快速恢复性增长

2003年4、5月，受“非典”疫情的影响，消费需求出现大幅度下滑。5月份，社会消费品零售总额增长速度仅为上年同期增速的一半，增长4.3%，为1991年以来的最低水平，其中餐饮业销售呈现负增长(—16%)。进入6月份以后消费增长开始回升，下半年全社会消费品零售总额增长高于上年同期水平。全年社会消费品零售总额45842亿元，比上年增长9.1%。其中城市消费品零售额29777.3亿元，增长10.3%；县及县以下消费品零售额16064.7亿元，增长6.8%。另外，消费结构升级加快，居民消费结构由家用电器为主提升为以汽车、住房、通讯为主的新型消费，新的消费热点带动了相关产业的发展。

8.对外贸易首次突破8000亿美元大关

2003年，中国外贸进出口总值达8512.1亿美元，比上年净增2304亿美元，增长37.1%，为1980年以来增速最快的一年。其中，出口4383.7亿美元，增长34.6%；进口4128.4亿美元，增长39.9%；累计实现贸易顺差255.3亿美元。其主要特点：(1)出口增长强劲，规模大幅攀升。特别是受出口退税政策下调3个百分点的影响，自9月份起单月出口规模连续4个月突破400亿美元大关。(2)在一般贸易中，进口增速高于出口。(3)加工贸易占当年外贸进出口总值的47.6%。(4)外商投资企业进出口占我国外贸进出口总值的55.5%。(5)集体、私营及其他企业进出口贸易增长远高于平均水平，全年进出口984.4亿美元，增长85%。(6)与主要贸易伙伴双边贸易实现全面快速增长。

9.金融运行总体平稳

2003年广义货币供应量增长较快，但9月份起增速开始回落；金融机构贷款增长偏快，至第四季度这种势头得到一定控制；金融机构国外资产大量回流，而上年是净流出。2003年末，外汇储备达4033亿美元，比上年增长40.8%，增幅比上年加快6.8个百分点。尽管存在对外贸易大幅增长、外汇储备大量增加、美元汇率大幅贬值等多重影响，中国政府审时度势，继续保持人民币汇率稳定。12月末，人民币汇率为1美元兑8.2767元人民币。

10.财政收支形势良好

全年全国财政收入20253亿元，比上年增长20%，增幅比上年高7.1个百分点；财政支出19684亿元，比上年增长13%。其中，中央财政支出5885亿元，地方财政支出13799亿元。

当前经济增长中存在的突出问题

1.固定资产投资规模过大，新一轮重复建设问题严重

2003年，一些地区和行业新一轮重复建设问题严重。主要表现在：(1)汽车、钢铁、水泥、电解铝等行业投资增长过快。以电解铝为例，2003年底全国生产能力超过700万吨，比2002年底增长28.2%。(2)重复建设问题再度出现。在一些地区，以电子信息、软件开发、新材料、生物医药等为代表的“高新”项目遍地开花。许多城市的“十五规划”中排在前四位的支柱产业都是电子信息、汽车、新材料、生物医药工程，趋同率达70%。(3)各种开发区过多、过滥，大量的土地被圈占荒废，部分城市房地产价格过高，房地产开发结构不合理。

2.经济增长中的“瓶颈”制约再度出现

经济增长中多年不见的“瓶颈”制约再度显现，如煤炭、电

力、石油、运输和粮食等均出现了较大的供需缺口。(1)煤价上涨。受市场需求增加的影响，煤价在上年高价位基础上仍呈小幅上升趋势。(2)电力紧张。继上年全国12个省级电网出现拉闸限电现象后，2003年缺电范围进一步扩大，缺电问题已经从部分地区夏季高峰或枯水期电力短缺转变为全年持续性缺电和随机性缺电。(3)油品短缺。2003年下半年，尤其是进入11月份以来，中国不少地方出现了建国以来少有的柴油供应紧张问题，限量销售和排队购油现象再度出现。(4)粮食涨价。受连续三年粮食减产和全国粮食库存量大幅下降以及国际粮食市场价格上涨等多种因素影响，粮价6年来首次全面上扬。从10月份开始，粮、油、肉、蛋价格全面上涨，带动了食品价格上涨，从而推动了居民消费价格上涨。

3. 货币供应量和信贷投放依然偏快

自2002年下半年开始，贷款投放加快，2002年新增人民币贷款18475亿元，远远超过年初规划的贷款规模，而2003年人民币贷款累计增加27652亿元，比上年多增加9177亿元。

4. 就业形势依然严峻

2003年，经济快速增长并没有缓解就业压力，到年底城镇下岗和失业人员有1400万人。目前有三大群体难以就业：城镇下岗职工、失地或少地的农民工、大学毕业生。造成就业压力增大的原因主要有：新增就业人员过多；第三产业发展滞后严重制约了就业吸纳能力提高；一些政策不到位，如再就业资金不足、再就业税费减免政策不落实等。

5. 农民收入增长放缓

2003年粮食价格全面上涨，但粮食主产区和种粮农户增收困难，一些纯农户收入减少；一些地方违法违规批地和乱占耕地严重，导致无地、无业、生活无保障的农民增多。

2004年经济发展趋势展望

1. 世界经济复苏有可能加快

2004年，美国经济在财政政策和货币政策的双重作用下，经济增长速度将有所加快；日本经济在长达10年低迷增长后已出现复苏迹象；亚洲新兴市场国家和地区在加快产业结构调整的同时，经济增长恢复强劲。但2004年世界经济不确定因素较多，如美、欧、日三大经济体之间的矛盾有所加深，主要货币和汇率的波动性较强，国际短期资本投机性增加。

世界经济逐步回升和结构调整加快，将有利于中国外贸进出口的增长，进一步推动中国传统产业改造和升级，增进中国与世界各国的区域合作和双边合作；但同时也使中国面临新的挑战，如全球生产能力过剩将使中国面临贸易摩擦和纠纷的压力，世界经济复苏将导致中国吸收外资的难度加大，大国汇率调整和国际金融市场波动也将使人民币汇率稳定面临较大压力。

2. 中国宏观经济政策的调整

党的十六届三中全会和中央经济工作会议，提出要牢固确立和认真落实全面、协调、可持续的发展观，2004年宏观经济政策将更加注重“协调”发展。

(1)转变经济增长方式。加快由粗放经营方式向集约经营方式的转变，改变单纯追求GDP增长，倡导“绿色GDP”。(2)调整和优化产业结构，遏制部分行业存在的盲目扩大投资、低水平重复建设倾向。(3)解决好“三农”问题，千方百计增加农民收入。继续调整农业结构，坚持制止乱占耕地现象；加大政府投入，加强农村基础设施建设；深化粮食流通体制改革和农村税费改革；加快城镇化步伐，积极引导农业富余劳动力有序转移。(4)大力促进就业再就业，完善社会保障体系。把财政资金、信贷支持、税费减免等支持就业政策落到实处，拓宽就业再就业领域和渠道，完善就业服务体系。(5)赋予“稳健的货币政策和积极的财政政策”新的内涵。2004年，国债投资的重点应从过去主要防止速度下滑、拉动经济增长转到更加注重结构调整、促进协调发展上来。重点向“三农”倾斜，向西部大开发地区和东北等老工业基地倾斜，向生态建设和环境保护倾斜，向扩大就业、完善社会保障体系和改善困难群众生活倾斜。加快推进税制改革，统一内外资企业所得税，择机开征“物业税”等。稳健的货币政策将进一步控制货币、信贷投放的过快增长；继续实行有管理的浮动汇率制度，逐步完善汇率形成机制，保持汇率在合理、均衡水平上的基本稳定。加快债券市场和资本市场的发展步伐，优化企业融资格局。

3. 2004年中国经济基本预测

2004年，中国经济将继续保持健康稳定的增长态势。预计GDP增长7%左右，居民消费价格总水平涨幅为3%左右。

2004年推动中国经济持续增长的有利因素是：一是中国经济已进入一个新的增长周期。这是由经济结构变化和工业化的发展阶段决定的。居民消费结构升级(向高档耐用消费品)、产业结构升级(向重化工业化和高附加值化)、社会结构转型(农村向城市化、城市向现代化)将成为推动经济增长的巨大动力。二是经济主体活跃程度增强，内需增长较旺。三是政策的持续性、结构调整的深入、各项改革的有序推进将为经济增长提供有利的环境。不过，在转变经济增长方式的思想指导下，中国经济增长将不会过分强调速度而是更多注重效益，更多注重经济与环境、社会的协调发展。

2004年固定资产投资增长仍将保持较快的增势。因为，较高的经济增长将产生旺盛的投资需求，以住房和汽车为代表的新的消费层次出现将形成新的投资热点，且已开工项目的后续投资将带动投资需求；但在适当控制固定资产投资规模，坚决遏制部分行业和地区盲目投资、低水平重复建设，防止经济出现大起大落的宏观调控政策作用下，在煤电油等原料和原材料供给短缺的约束下，投资增幅将受到制约。

2004年居民消费增长率将高于上年。其一，新的消费热点将持续推动消费增长。其二，减免农业税，保护价收购粮食等一系列政策的逐步实施，农民收入将有所增加，这将有利于扩大消费需求。其三，就业问题将有一定的缓解。因为2004年将进一步落实已经确定的财政、信贷支持和税费减免等各项措施，大力发展第三产业，充分发挥劳动密集型产业、中小企业和非公有制经济对扩大就业的作用。

2004年出口将继续保持较高增长，但增幅低于上年。受国内需求回升和加入世界贸易组织等因素的影响，今后几年进口增长较快，预计2004年进口增长率将高于出口增长率。

2004年居民消费价格指数(CPI)将比上年有较明显的上涨。因为影响价格上升的因素多于影响价格下降的因素，如上年的翘尾因素、新涨价因素、政策性调价因素。另外，还有一些难以量化的价格上行压力，如经济和投资的快速增长、上年货币信贷高增长的滞后影响。2004年我国物价也存在下行的压力，主要表现为汽车、家用电器、药品等价格仍继续保持下降的态势。总体上，2004年保持物价稳定，防止价格上涨过快，是确保宏观经济平稳健康运行的关键。

支付结算

规范人民币银行结算帐户管理遵循既有利于搞活市场经济、促进商业银行改革和业务创新，又有利于规范银行帐户管理的原则，中国人民银行对1994年制定的《银行帐户管理办法》进行全面修改和完善，制定并颁布《人民币银行结算帐户管理办法》(简称《办法》)。《办法》放宽银行结算帐户的开立条件，取消异地开立银行结算帐户的限制，企事业单位、个体工商户可以根据其经济活动和财务管理的需要，自主选择银行开立各类结算帐户；增设个人银行结算帐户，通过该帐户不仅可以转帐支付工资、水、电、煤气、物业管理等费用，而且可以使用汇兑、支票等支付工具进行消费和投资。《办法》强调开户银行对存款人开户资料真实性的审核，确保存款人以实名开立银行帐户；实行开户登记证制度，在基本存款帐户登记证上记录存款人所有帐户的开立情况，便于债权银行和司法机关核查有关信息；强化现金管理，防止“公款私存”、套取现金和洗钱等违法违规行为。

为配合《办法》的实施，中国人民银行组织、开发、建设全国统一银行结算帐户管理系统。该系统以基本存款帐户为龙头，存贮存款人的所有帐户信息，并与银行的支付清算系统联接，对银行帐户的开立和使用实施有效的监控和管理，及时发现和纠正违规开立和使用帐户的行为，为异常开销户和异常支付交易的监测提供信息，以利于防范逃废债务和打击洗钱犯罪活动。

中国人民银行配合财政部制定《行政事业单位预算外资金帐户管理规定》和《中央预算单位银行帐户管理暂行办法》，并与监察部、审计署、财政部共同对中央预算单位银行帐户进行清理整顿，纠正大量违规开立和使用银行帐户的行为。

加快现代化支付系统建设 2003年4月14日和21日，上海等11个城市大额支付系统分两批成功推广上线运行；2003年12月1日，石家庄等19个城市切换上线取得成功。至此，大额支付系统已覆盖到所有省会(首府)城市，成功实现32个城市大额支付系统和其他城市电子联行系统的混合运行。

目前，大额支付系统平均每天处理支付业务25万笔，金额3700多亿元，其往帐业务量占异地跨行总业务量的43%，往帐业务金额占异地跨行业务总金额的72%。业务处理正确，资金清算无误，系统运行稳定。随着大额支付系统推广到位，即可实现全国跨行支付清算的每日零在途。2003年12月31日，支付系统经受住业务量峰值处理压力的考验，年终决算日安全稳定运行。

中国人民银行制定并下发关于系统运行管理和结算风险管理的一系列制度规定，加大对商业银行流动性情况的监测力度，加强对清算帐户头寸的监视和管理，有效防范了支付清算风险。

实施对人民币大额和可疑支付交易的监测 制定《人民币大额和可疑支付交易报告管理办法》，组织开发支付交易监测系统。对可疑支付信息进行认真分析和甄别，并将可疑支付信息报告公安部门。

推广使用信用支付工具鼓励转帐结算，组织商业汇票的使用，允许符合条件的城市商业银行、农村信用社办理商业汇票的承兑和贴现，并审核批准商业银行开办买方付息票据；推行代理制，解决城市商业银行和农村信用社开办银行汇票难的问题，允许符合准入条件的城市商业银行和农村信用社签发、兑付银行汇票；在一些大中城市及经济比较发达的小商品市场推行银行本票；鼓励个体经济户和个人使用支票，分别建立以北京、上海、广州为中心覆盖其周边地区的区域性票据中心，扩大支票的使用范围；鼓励和规范商业银行开办网上支付等创新支付结算业务。

规范支付密码的推广应用 组织部分城市试点使用支付密码；制定《支付密码器系统业务需求》，统一支付密码业务标准；协同国家密码管理委员会制定《支付密码器系统技术规范》，统一支付密码技术标准；制定并下发《支付密码器系统业务管理指引》，对支付密码在支付结算领域的推广应用和防范支付风险发挥了积极作用。

有关香港银行办理人民币业务的准备工作 依据中国人民银行[2003]第16号公告，制定香港清算行接入支付系统和实现业务监督控制的方案及业务需求，并组织实施。

征信管理

2003年征信管理工作回顾

成立征信管理局 根据国务院批复的中国人民银行“三定”方案，2003年11月中国人民银行正式成立了征信管理局，管理信贷征信业，推动建立社会信用体系。主要承担信贷征信管理工作，拟定信贷征信业发展规划、管理办法和有关风险评价准则，宣传普及有关金融知识等。

制定全国企业和个人征信体系总体方案 2002年国务院决定成立的由中国人民银行牵头、17个部委和5家商业银行组成“建立企业和个人征信体系专题工作小组”。2003年6月增加了商务部、银监会等单位为小组成员，9月份就《建立全国企业和个人征信体系总体方案专题报告》征求成员单位意见，11月份根据十六届三中全会精神对此方案进行了重要修改。

企业银行信贷登记咨询系统的影响逐步扩大 人民银行从1998年开始建设的企业银行信贷登记咨询系统，在2002年底已实现了全国联网查询，并通过科技成果鉴定，获得2003年度银行科技发展一等奖。2003年该系统运行稳定，系统录入的借款人近400万户，录入的人民币贷款13万亿元左右，超过全部金融机构贷款的80%；各地积极开展信贷业务的数据上报和查询，金融机构月均查询达110万次，日均查询最高达7万次。

推动个人信用信息系统建设 人民银行批准试点的上海个人信用信息服务系统，在2003年运转正常，继续发挥作用。同时，加强对全国银行个人信用信息系统建设的前期研究工作，整理业务需求书，研究设计总体技术方案及进行原型系统的开发研究。

调查征信市场，为加强征信市场管理作准备 为了解全国征信市场的情况，在2003年11月份对征信市场做了专题调查。据不完全统计，全国大多数省市都有征信机构，截至10月底，全国共有专门征信机构近200家，此外还有其他类中介机构从事部分征信业务的约1000多家。全国从业人员约5000人。从初步调查的情况看，这些机构的特点：一是征信机构规模较小，服务水平较低。这些机构的注册资金从几万元至上亿元不等，多数在300万元以下。二是从事的业务范围种类多。例如，企业资信调查、消费者信用调查、资信评级、担保等。三是投资主体多元化。有民间投资的征信机构、外资征信机构及国家有关部门和地方政府推动建立的有关机构等。

2004年征信业及征信管理展望

总体看，目前我国征信工作取得了重要进展，但仍处于起步阶段，征信业发展也存在一些亟待解决的问题：一是征信法制建设滞后，尚属空白；二是基础信用信息系统建设滞后，缺乏覆盖全社会的企业和个人信用信息基础数据库；三是缺乏对企业和个人身份的查验系统，企业、个人信用记录的完整性和真实性缺乏保证；四是社会对征信业的重要性缺乏认识，利用征信服务防范信用风险的意识不强；五是对征信市场缺乏必要的监管，征信市场存在一定程度的混乱。

中国共产党十六届三中全会通过的《关于完善社会主义市场经济体制若干问题的决定》指出：要“建立健全社会信用体系”，“按照完善法规、特许经营、商业运作、专业服务的方向，加快建设企业和个人信用服务体系”。企业和个人征信体系建设在未来几年内要完成以下五项任务：一是尽快出台征信法规，并制定有关配套的实施办法，使征信业发展和管理有法可依；二是在一、二年内基本建成全国统一的企业和个人征信基础信息系统，首先满足商业银行信用查询的基本需要，逐步为企业信用评级、个人信用评分等业务提供基础数据；三是形成少数采集保存全国信用信息资源的大型征信机构和若干提供信用信息评估等信用增值服务的征信服务公司并存，既有分工、又有市场竞争、运行高效的社会征信机构体系；四是初步建立包括政府部门监管、行业自律管理在内的较为完整的市场监督管理体系；五是制定征信行业关键技术标准和实施统一技术标准的制度办法，促进信息共享和市场发展。

2004年征信业管理的主要工作国务院将组织有关部门制定征信业发展规划，建立健全适合我国特点的征信机构体系和监管体制。研究制定有关征信机构管理、信用信息披露、企业资信评估、个人信用服务的有关法规，制定征信业有关行业技术标准、风险评价和征信企业内控指引，建立规范的现场检查和非现场监管制度。研究制定鼓励使用信用信息服务产品及培育征信市场的政策措施。加快中央基础信用信息系统建设，年内实现在若干城市主要商业银行个人信用信息联网查询，加强银行信贷登记咨询系统的维护、管理和升级改造，加强对系统数据的整合和挖掘，加强系统对关联企业动态监测、信用风险预警及宏观经济金融分析等专题研究。抓紧完成征信管理部门的队伍建设，大力开展征信的宣传教育工作，提高全民信用意识。

信息化建设

银行卡联网通用

2003年，在巩固银行卡联网通用“314”目标成果的基础上，银行卡跨地区、跨行联网通用的范围逐步扩大，实现联网通用的地级以上城市348个，经济发达县336个。截至年底全国发卡机构达92家，发卡总量6.48亿张。全年跨行交易总量达11.99亿笔，交易金额3801亿元，分别比上年增长90.2%和111.9%。银行卡同城跨行交易成功率达88.22%，异地跨行交易成功率达81.19%，超过年初制定的平均80%的指标。

银行卡受理环境得到明显改善。截至年底，全国特约商户总数为23.8万户，比上年增加6.5万户，POS机具35万台，比上年增加约6万台，ATM机具6万多台，比上年增加1万台。同时，银行卡消费占社会商品零售总额的比例也有了突破性增长，北京、深圳等城市目前已分别达到10%和18%。

银行卡ATM跨行转帐以及外卡信息转接等持卡人需求较为集中的服务取得了新进展。年初，在中国人民银行的支持下，中国银联在北京组织召开了(ATM)跨行转帐业务开通仪式。截至年底，通过北京等5个试点城市开通跨行转帐业务的入网机构共有38家，广州、厦门等15个城市中有24家商业银行的44个分支机构开展了外卡信息转接业务。

信息系统建设

2003年，中国人民银行对业务系统进行更新改造，进一步推进中央银行管理业务信息化。全年共有22个系统批准立项，其中12个项目投入运行，10个项目正在建设中。

●12月1日，全国所有省会城市及深圳市运行了大额实时支付系统，12月31日支付系统年终决算顺利完成。

●中央银行会计集中核算系统已在32个省会城市以上分、支行推广使用，并将逐步取代原会计核算系统。

●国库会计核算系统在全国推广使用，加快了库款的报解和入库速度，有效防范了国库资金风险。

●“银行信贷登记咨询系统”实现全国联网，为信贷征信工作打下良好基础。截至年底该系统全国查询用户达4.4万户，最高日查询量超过5万次。

政务信息化建设

●电子邮件系统担负着中国人民银行绝大多数业务系统的数据和文件的传输与交换，以及人民银行系统内工作人员之间办公业务信息的传输，并支持电子公文传输系统、总行和各分支行办公自动化系统以及20多个业务系统和60多个应用系统的运用。正常投入运行的服务器823台，注册用户4万多人，运行1160个函件收集数据库。

●公文传输系统在保证系统正常运行的情况下，完成了公文传输系统2.0接口制订和编写工作，为下一步进行办公自动化系统、公文传输系统和电子档案管理系统的连接打下基础。

●办公自动化系统已在全行所有司局应用，同时与总行部分直属单位连接。11月1日该系统在总行机关推广应用，效果良好。

●电子档案管理系统已进行升级，建立了统一的档案文件数据库，集中保存中国人民银行总行党、政、工、团等在各项工作中形成的应归档保存的发文文件材料，包含了自1948年以来的10万余份档案文件，96万余页。

●综合信息服务系统的推广力度加大。截至年底系统已有注册用户3万多人，行内办公信息每日更新。

●通过ISDN技术，中国人民银行电视会议系统增加了点对点国际电视会议功能；增设了总行电视会议行长会议室及两个分会场，开展了桌面电视会议系统的试点工作。

中国人民银行网络建设

2003年，根据中国人民银行计算机网络总体规划，从应用角度将中国人民银行网络规划为涉密网、业务网和国际互联网，并开展了相应的网络建设和规范化工作。

●针对涉密网设备老化、速度低、故障率高的问题，5月开始，分阶段启动了涉密网改造工作。加密机和网络传输线路更新工作已顺利完成，废止了原X.25线路，使涉密网传输速率和性能大幅度提高。

●中国人民银行业务网包括内联网、支付系统专用网络和金融卫星网。

2003年，对内联网进行了升级扩容二期工程，更新了各地市节点的核心交换机，提高了内联网的传输速率和性能。为规范内联网与外部金融机构网络的网间互联，制定了中国人民银行网络与其他金融机构网络网间互联的技术与安全规范(金融行业标准)、研制了平台化的网间互联综合前置系统，并在上海、连云港两个城市进行了财、税、库、行横向联网应用的示范工程；支付系统专用网络已建成连接中国人民银行全国32个副省级城市节点的网络规模，并根据需要，与香港中银实现了网络互联，为人民币业务在香港地区开展做好了网络接入准备工作。

为确保电子联行在相当一段时期的稳定运行，中国人民银行进行了卫星网的C波段改造等工作。

●对中国人民银行的国际互联网进行较大规模的调整。更新与更换基础网络设备，提升网络的整体性能和用户容量；增加防火墙、入侵检测系统、带宽管理系统等设备，提高互联网安全性；对国际互联网网站进行改版，更新硬件设施、增加信息内容、重新设计版面；对国际互联网电子邮件系统进行升级改造，增强了邮件系统的稳定性，增加了用户邮箱容量并实现了短信功能。

信息安全保障工作

在《中国人民银行信息安全保障体系框架》的基础上，进一步完善《中国人民银行信息系统安全总体技术框架》，并配套制定14个工程技术指南。组织进行中国人民银行内联网入侵检测系统和漏洞扫描系统建设。

完成"十五"科技攻关项目《银行信息系统安全测评与防护指引》及《银行及金融机构密码技术应用规范》的研制工作，并已通过专家验收，《银行信息安全战略研究》工作也已基本完成。

金融标准化工作

为积极应对金融国际化竞争的挑战，加快采用国际标准和国外先进标准的步伐，2003年中国人民银行进一步推进采用金融国际标准和国外先进标准工作，加强对金融国际标准化动态的研究与跟踪。已完成对ISO银行与相关金融服务标准化技术委员会TC68发布的75项标准的研究工作，并对其中36项国际标准进行了分析、翻译，在此基础上申请列入了2003年国家标准工作计划。

此外，"十五"金融科技攻关项目进展顺利，"金融信息化关键技术开发与示范工程"项目中的"金融信息化发展战略研究"等32个专题、36个子专题验收工作已基本结束。

金融科技"十五"攻关项目中的《银行集中式数据中心体系规范》、《金融业网间互联技术规范》、《金融业网间互联安全规范》、《期货交易所数据交换协议》等行业标准已通过审查和验收。

外汇管理

2003年，外汇管理以推进贸易和投资便利、促进国际收支平衡为目标，加大外汇政策调整力度，加强国际收支监测，大力发展和规范外汇市场，加强外汇金融监管，切实防范国际金融风险，促进了国民经济健康发展。全年国际收支继续保持经常项目与资本项目"双顺差"，外汇储备增长迅速，年末国家外汇储备达4033亿美元，比上年末增加1168亿美元，是我国外汇储备增加最多的一年。人民币汇率继续保持稳定，年末人民币汇率为8.2767元人民币兑1美元，比上年末上升了6个基本点。

进一步推进贸易和投资便利化一是继续完善进出口收付汇核销管理，建立逐笔核销、批量核销和总量核销三种分类监管模式，推广使用"出口收汇核报系统"。二是规范全国边境贸易外汇管理，扩大结算及核销的币种范围，引导边贸结算进入银行体系。三是进一步取消部分进口备案类别，提高凭保函办理的预付货款项下购付汇限额，便利企业经营。四是扩大境外投资外汇管理改革试点地区。截至年末，境外投资外汇管理改革试点由原来的6个省(市)增加到14个省(市)，试点地区境外投资购汇总额度达19亿美元。五是有选择分步骤开放证券投资，规范境外合格机构投资者制度(QFII)外汇管理操作。截至年末，国家外汇管理局会同中国证监会共批准境内11家商业银行为境外合格机构投资者托管人，批准10家境外机构投资额度共17亿美元。

规范企业和个人外汇收支，切实满足经常项目合理用汇需求一是允许国际承包工程、国际劳务等特殊企业全额保留经常项目外汇收入，适应企业外汇资金运作需要。二是在跨国公司地区总部集中的北京、上海、深圳三地进行非贸易外汇管理改革试点，帮助跨国公司解决由于境外代垫或分摊产生的非贸易费用支付问题。三是提高境内居民个人因私出境购汇指导性限额和携带外钞出入境的限额，扩大供汇范围。四是规范银行外币卡管理，允许外币信用卡境外消费后购汇偿还。五是规范外币代兑机构管理，方便个人办理外币兑换业务。

开展收汇、结汇专项大检查，进一步整顿规范外汇市场秩序一是首次在全国范围内开展对外汇指定银行收汇、结汇业务合规性的专项检查，及时处理违规操作，对投机性资金起到了威慑作用。二是正式实施大额和可疑外汇资金交易报告制度，初步建立了外汇领域反洗钱工作机制。三是加强与公安等部门联合，查处了一批大案要案，在重点地区开展了集中整治行动，捣毁有组织的"地下钱庄"和外汇黑窝点，严厉打击了外汇非法交易活动。四是制定外汇市场信用体系建设五年工作方案，促进外汇市场信用体系建设。

改进国际收支统计监测体系，积极培育银行间外汇市场一是实现国际收支涉外收入申报由10个工作日缩短为5个工作日。二是修订并颁布《国际收支统计申报办法实施细则》，完善国际收支统计制度建设。三是正式运行国际收支风险预警系统，按季对当前我国国际收支风险状况进行分析评估。四是扩大远期结售汇业务试点银行和业务范围，延长银行间外汇市场交易时间，允许双向交易。五是正式编制人民币多边和双边汇率指数，建立出口换汇成本监测制度，规范和完善边贸和外汇黑市监测，进一步健全汇率调控机制。

提高外汇储备经营管理水平 2003年，国际金融市场变动加剧，美元大幅贬值。外汇储备经营管理以投资基准为核心，积极实施货币结构优化，合理调整资产结构和期限结构，拓展投资领域，加大投资分散力度，在安全、流动的基础上取得了较好的收益。同时，进一步完善决策体系，健全风险管理组织机构，完善内部管理制度，提高信息化水平，为储备经营提供各种有力保障。

支持香港银行试行办理个人人民币业务研究制定由中国人民银行为香港银行在港办理个人人民币存款、兑换、银行卡和汇款业务提供清算安排，便利两地经贸和人员往来，促进经济相互融合，引导人民币有序回流。

顺利完成动用外汇储备向试点银行的注资工作国务院决定中国银行和中国建设银行实施股份制改造试点，并动用450亿美元外汇储备等为其补充资本金。年底，通过资产划拨、一次到位的办法，完成向两家试点银行的注资，对储备经营及国内外金融市场都没有造成任何负面影响。两家试点银行在国家注资后，全面启动了财务重组和内部改革，机制转换的步伐明显加快。

第二章 报告与统计数据

2004 年第一季度中国货币政策执行报告

内容摘要

2004 年一季度全球经济增长开局良好，越来越多的国家和地区加入经济恢复和增长行列。我国经济继续快速增长，一季度国内生产总值增长 9.7%，城乡居民收入、企业利润和财政收入均有较大幅度提高，农业生产向好的方向发展，对外贸易增势强劲。

3 月末，广义货币 M2 余额 23.2 万亿元，同比增长 19.1%。一季度金融机构实际增加贷款 8351 亿元，占全年预期目标 2.6 万亿的 32%，同比多增 247 亿元；金融机构"短存长贷"现象隐含的系统性风险也应给予关注。3 月末，金融机构本外币各项存款余额为 23.3 万亿元，增长 19.6%。人民银行基础货币余额为 5.05 万亿元，比年初减少 1788 亿元。金融机构超额准备金率平均为 4.28%，比上年同期低 0.84 个百分点。3 月末，国家外汇储备达 4398 亿美元，比去年底增加 365 亿美元；人民币汇率为 1 美元兑换 8.2771 元人民币，继续保持稳定。

2004 年一季度，按照中央经济工作会议的部署，人民银行不断加强和改进金融调控，综合运用多种货币政策手段，对货币信贷总量及结构进行调控，高度重视防止通货膨胀，同时抓紧金融调控制度性建设：一是加大公开市场操作力度，基本全额对冲外汇占款放出的流动性。二是普遍提高存款准备金率 0.5 个百分点。三是建立正向激励机制，实行差别存款准备金率制度。四是建立再贷款浮息制度，理顺中央银行和借款人之间的资金利率关系，将各档次再贷款利率上浮 0.63 个百分点，再贴现利率上浮 0.27 个百分点。五是加强对商业银行贷款的窗口指导，促进优化贷款结构。六是支持"三农"经济发展，加快推进农村信用社改革。七是积极推动货币市场发展，加强货币市场的管理和服务工作。八是保持人民币汇率在合理、均衡水平上的基本稳定，促进国际收支平衡。

总体看，2003 年以来采取的调控措施取得了成效，并正在发挥作用。在充分看到经济社会发展取得新成就的同时，还必须清醒地看到目前经济运行中出现的一些新的矛盾和问题，突出表现在固定资产投资规模过大，导致信贷投放增长偏快。

2004 年我国宏观调控预期目标为经济增长率 7%左右，居民消费价格总水平涨幅 3%左右。值得注意的是，GDP 增长和 CPI 涨幅在二季度会保持比较高的水平，下半年将有所回落。主要有两点原因：一是受基期因素的影响，2003 年二季度受"非典"影响 GDP 增长仅 6.7%，因此，2004 年二季度 GDP 同比增长会比较高。考虑翘尾因素、季节因素，预计同比 CPI 在 4 月以后会有所爬升，第三季度开始回落。二是宏观调控政策发挥作用有一个传导过程，2003 年以来采取的政策措施，其效应会在 2004 年下半年更明显地显现出来。

人民银行将按照中央经济工作会议精神和《政府工作报告》的要求，牢固树立并坚决落实科学的发展观，把中央各项部署落到实处。根据经济金融形势变化采取有针对性的调控措施，适度控制货币信贷增长，完善货币政策传导机制，预计年初确定的货币信贷调控目标是可以实现的，即广义货币 M2 和狭义货币 M1 增长 17%左右，全部金融机构新增人民币贷款在 2.6 万亿元左右。下一阶段稳健货币政策的取向是适度从紧，要防止急刹车，避免大起大落，促进经济平稳发展。一是适当收紧金融体系流动性，控制货币信贷过快增长；二是密切关注物价走势变化，稳步推进利率市场化改革；三是加强结构调整，防止"一刀切"；四是积极推动金融市场发展，扩大直接融资；五是保持人民币汇率在合理、均衡水平上基本稳定；六是做好农村信用社改革试点资金支持工作，推动农村信用社转换经营机制。

第一部分 货币信贷概况

今年一季度，我国国民经济继续保持较快增长的势头，但经济运行中固定资产投资过快增长等矛盾没有得到有效缓解，通货膨胀压力加大，外汇流入继续增加，货币信贷增长仍然偏快，金融调控任务艰巨。

一、货币供应量仍在高位运行

3 月末，广义货币 M2 余额 23.2 万亿元，同比增长 19.1%，增速比上年同期高 0.6 个百分点，比上年末低 0.5 个百分点。狭义货币 M1 余额 8.6 万亿元，同比增长 20.1%，增速与上年同期持平，比上年末高 1.4 个百分点。流通中现金 M0 余额 1.9 万亿元，同比增长 12.8%。一季度累计回笼现金 449 亿元，同比多回笼 277 亿元。

二、金融机构新增贷款同比多增，期限匹配问题值得关注

一季度，金融机构（含外资，下同）本外币贷款增加 9131 亿元，同比多增 596 亿元。其中，人民币贷款增加 8351 亿元，同比多增 247 亿元；外汇贷款增加 94 亿美元，同比多增 42 亿美元。

3 月末，金融机构本外币贷款余额 17.9 万亿元，同比增长 20.7%，增速比上年同期高 1.2 个百分点，比上年末低 0.7 个百分点；其中，人民币贷款余额 16.7 万亿元，同比增长 20.1%，增速比上年同期高 0.2 个百分点，比上年末低 1 个百分点；外汇贷款余额 1402 亿美元，同比增长 29.9%，增速比上年同期高 17.3 个百分点，比上年末高 3.2 个百分点。

从贷款投向看，人民币贷款同比多增的主要有短期贷款中的农业贷款以及基建等中长期贷款，同比减少的主要是票据贴现贷款。一季度，农业贷款增加 1203 亿元，同比多增 352 亿元。其中，农村信用社农业贷款增加 1158 亿元，同比多增 334 亿元。今年以来，随着农民收入的改善、农村信用社体制及邮储改革的深入，农村信用社出现存贷两旺的局面，农村信用社在满足春耕资金需要、增加农业投入方面的作用进一步增强。受固定资产投资持续快速增长拉动，金融机构基建贷款等中长期贷款继续多增。基建贷款增加 1700 亿元，同比多增 337 亿元。其他中长期贷款增加 1887 亿元，同比多增加 362 亿元。值得注意的是，1998 年以来，中长期贷款的比重不断提高，2004 年 3 月末金融机构中长期贷款占各项贷款比重已达 40%，比 1997 年末提高 20 个百分点。与此相反，金融机构资金来源中定期存款比重不断下降。期限匹配问题应该给予关注。

分机构看，人民币新增贷款同比减少的主要是国有独资商业银行，其他各类金融机构贷款普遍多增。一季度，农村信用社贷款增加 1739 亿元，同比多增加 514 亿元；股份制商业银行增加 1602 亿元，同比多增加 273 亿元；城市商业银行增加 450 亿元，同比多增 189 亿元；政策性银行贷款增加 297 亿元，同比多增加 108 亿元；国有独资商业银行贷款增加 3999 亿元，同比少增加 984 亿元。

分地区看，一季度，人民币新增贷款额前五位的省市分别是江苏、浙江、广东、上海和山东，共新增贷款约 4000 亿元，占全部人民币新增贷款的 47%；贷款增长速度前五位的分别是天津、浙江、江苏、宁夏和贵州。

三、各项存款增加较多，企业存款快速增长

一季度，金融机构本外币各项存款增加 1.23 万亿元，同比多增 1087 亿元。其中，人民币各项存款增加 1.25 万亿元，同比多增 1128 亿元；人民币储蓄存款增加 8246 亿元，同比多增 664 亿元；人民币企业存款增加 2003 亿元，同比多增 284 亿元。

3 月末，金融机构本外币各项存款余额为 23.3 万亿元，同比增长 19.6%。其中，居民储蓄余额为 11.87 万亿元，同比增长 16.4%，企业存款余额 7.93 万亿元，同比增长 20.7%。

四、基础货币净回笼，金融机构超额存款准备金率下降

3 月末，人民银行基础货币余额为 5.05 万亿元，比年初减少 1788 亿元。金融机构超额准备金率平均为 4.28%，比上年同期低 0.84 个百分点。其中，国有独资商业银行为 3.75%，比上年同期低 1.47 个百分点；农村信用社为 4.75%，与上年同期基本持平；股份制商业银行超额准备金率为 6.33%，比上年同期高 0.88 个百分点。

专栏 1：基础货币的定义和统计

基础货币，也称货币基数(MonetaryBase)，因其具有使货币供应总量成倍放大或收缩的能力，又被称为高能货币(High—poweredMoney)。根据国际货币基金组织《货币与金融统计手册》(2000 年版)的定义，基础货币包括中央银行为广义货币和信贷扩张提供支持的各种负债，主要指银行持有的货币(库存现金)和银行外的货币(流通中的现金)，以及银行与非银行在货币当局的存款。

各国对基础货币的定义及统计不尽相同，即使是在一个国家之内，根据基础货币的分析用途不同，可能有几种基础货币的定义。我国基础货币的定义和统计也经历了一个逐步演化的过程。

1994 年，我国开始进行基础货币统计。当时对基础货币的统计定义为：基础货币＝金融机构库存现金＋流通中现金＋金融机构准备金存款＋金融机构特种存款＋邮政储蓄转存款＋机关团体在人民银行的存款。其中，金融机构库存现金包括商业银行、政策性银行、城乡信用社、财务公司所持有的现金；金融机构特种存款是人民银行为了吸收农村信用社多余的流动性设立的特别账户，通常账户余额很小，并且不活跃。

2002 年 1 月起，人民银行对“货币当局资产负债表”的内容进行了调整，同时采用了“储备货币”口径，并对外公布。这里的“储备货币”理论上与基础货币是同一概念，包括中国人民银行所发行的货币、各金融机构在人民银行的准备金存款，邮政储蓄存款和机关团体存款。将全部的邮政储蓄存款纳入储备货币统计范围是与当时邮政储蓄无资产运用的能力和渠道、只相当于中央银行吸收居民和企业存款从而回笼货币的特定存款机构这一性质相符的。

2003 年 8 月，邮政储蓄资金管理体制开始改革，邮政储蓄部门自主投资、委托理财的渠道开通，其负债方吸收的全部储蓄存款与资产方存放在中央银行的转存款之间的差距越来越大。因此，储备货币中统计邮政部门的存款应用“邮政储蓄在中央银行的转存款”更为合适，2004 年 1 月以后，我国储备货币的统计据此进行了调整。自此，基础货币统计数字与《中国人民银行统计季报》公布的储备货币统计数字一致。

五、市场利率基本平稳

自 2002 年 2 月 21 日降息后，金融机构一年期存款利率为 1.98%，处于改革开放二十年来的最低水平；一年期贷款利率为 5.31%；法定存款准备金利率为 1.89%。从 3 月 25 日起，人民银行实行再贷款浮息制度，小幅上调对金融机构的流动性再贷款利率，其中 20 天以内再贷款利率为 3.33%，上调 0.63 个百分点；再贴现利率为 3.24%，上调 0.27 个百分点。一季度，商业银行人民币协议存款(单笔金额在 3000 万元以上)利率略有上升。其中 61 个月期利率集中在 3.6%—3.8%的区间，比年初提高 0.2 个百分点，37 个月期利率集中在 3.6%—3.7%的区间，比年初提高 0.5 个百分点。

境内外币贷款利率受国际市场利率影响有所下降。3 月份，商业银行 1 年期大额美元(300 万美元以上)存款加权平均利率为 1.39%，比年初上升 0.4 个百分点；1 年期美元贷款固定利率加权平均水平为 2.44%，浮动利率加权平均水平为 2.17%，比年初分别下降 0.11 和 0.03 个百分点。年初，香港同业市场利率一路下行，1 月 19 日，各商业银行同步下调了境内小额港币存款利率，其中一年期存款利率由 0.5%下调到 0.1%，下降 0.4 个百分点。

六、人民币汇率稳定

3 月末，国家外汇储备达 4398 亿美元，比去年底增加 365 亿美元；人民币汇率为 1 美元兑换 8.2771 元人民币，继续保持稳定。

第二部分　货币政策操作

2004 年以来，按照中央经济工作会议的部署，人民银行不断加强和改进金融调控，综合运用多种货币政策手段，对货币信贷总量及结构进行调控，高度重视防止通货膨胀，同时抓紧金融调控制度性建设。

一、加大公开市场操作力度，基本全额对冲外汇占款放出的流动性

今年一季度，人民银行通过外汇公开市场操作投放基础货币 2916 亿元，通过债券公开市场操作回笼基础货币 2810 亿元，投放、回笼相抵，全部公开市场业务净投放基础货币 106 亿元，基本全额对冲外汇占款投放的基础货币。在完成对冲目标的同时，保持了货币市场利率的平稳。一季度共发行 28 期央行票据，发行总量为 4352 亿元，其中 3 个月期 1312.7 亿元，6 个月期 1439.7 亿元，1 年期 1599.6 亿元。3 月末央行票据余额为 6154.5 亿元。

一季度债券公开市场操作分为两个阶段。第一阶段是元旦至春节，这一时期针对商业银行季节性的支付流动性需求开展防御性操作，以缓解商业银行短期流动性紧张状况。在保持央行票据适当发行规模的同时，主要通过开展 14 天期逆回购操作向商业银行融出短期资金。这一时期债券公开市场操作投放基础货币 1273 亿元。第二阶段是春节至 3 月末，这一时期针对外汇占款持续增长、现金回笼增加、商业银行流动性总体宽松的情况，通过加大发行央行票据力度开展主动性操作，并相应延长央行票据发行期限，吸收市场过多的流动性。这一时期债券公开市场操作回笼基础货币 4083 亿元。

为增加公开市场业务影响的广度和深度，进一步提高公开市场操作的有效性，人民银行还在一季度根据金融机构的市场交易情况、资产规模、管理水平以及财务状况，新增 2 家证券公司、4 家保险公司、2 家农村信用合作联社和 1 家城市商业银行为公开市场业务一级交易商，同时建立了对一级交易商的年度考评调整机制。

二、防止货币信贷过快增长，普遍提高存款准备金率 0.5 个百分点

鉴于公开市场业务作为日常性、短期性和灵活性的操作工具，对冲外汇占款持续刚性增长存在局限性，经国务院批准，中国人民银行决定从 2004 年 4 月 25 日起，提高存款准备金率 0.5 个百分点，即存款准备金率由现行的 7%提高到 7.5%。此次存款准备金率提高 0.5 个百分点，主要是为了防止货币信贷总量过快增长，保持国民经济平稳快速健康发展。提高存款准备金率后，金融机构将一次性减少可用资金 1100 亿元左右。目前，金融机构在人民银行的存款准备金和超额存款准备金余额 2 万多亿元，并持有 3 万多亿元流动性较高的国债、金融债券和中央银行票据等资产。提高存款准备金率后，商业银行仍可以保持正常的支付清算水平并具有平稳增加贷款的能力。

三、建立正向激励机制，实行差别存款准备金率制度

经国务院批准，中国人民银行决定从 2004 年 4 月 25 日起实行差别存款准备金率制度。主要内容是，金融机构适用的存款准备金率与其资本充足率、资产质量状况等指标挂钩。金融机构资本充足率越低、不良贷款比率越高，适用的存款准备金率就越高；反之，金融机构资本充足率越高、不良贷款比率越低，适用的存款准备金率就越低。差别存款准备金率制度与资本充足率制度是相辅相成的，有利于完善货币政策传导机制。这是依据中国金融体制现状的一项专门制度设计。

专栏 2：差别存款准备金率制度

差别存款准备金率制度，是基于我国金融运行实际情况做出的制度安排，主要包括以下四方面内容。一是确定差别存款准备金率的主要依据。包括：金融机构资本充足率，金融机构不良贷款比率，金融机构内控机制状况、发生重大违规及风险情况，金融机构支付能力明显恶化及发生可能危害支付系统安全的风险情况。二是差别存款准备金率制度实施对象。差别存款准备金率制度采取统一框架设计和分类标准，实施对象为存款类金融机构。考虑到我国各类金融机构改革进程的差异，尚未进行股份制改革的国有独资商业银行和城市信用社、农村信用社暂缓执行差别存款准备金率制度。随着这些金融机构改革深入和取得阶段性成果，它们都要纳入差别存款准备金率制度的实施范围。三是确定差别存款准备金率的方法。根据资本充足率等指标对金融机构质量状况进行分类；根据宏观调控的需要，在一定区间内设若干档次，确定各类金融机构所适用的差别存款准备金率。四是调整存款准备金率的操作。人民银行定期根据银监会统计的金融机构法人资本充足率和不良贷款比率等指标，对金融机构存款准备金率进行调整。在个别金融机构出现重大违规、风险问题以及支付清算问题时，人民银行将会商银监会，及时调整其存款准备金率。

实行差别存款准备金率制度，有利于促进我国金融平稳运行和健康发展。差别存款准备金率制度的整体框架和扶优限劣的激励机制将为金融企业改革提出明确的方向和可操作的标准，金融机构特别是实行较高存款准备金率的机构将在此制度约束下保持不断改进的动力。同时，也为完善货币政策传导机制，提高货币政策的有效性奠定了基础。

有评论认为逐步取消金融机构存款准备金制度已成为一种国际趋势，但事实是存款准备金制度和资本充足率要求是多数国家中央银行和金融监管当局对金融机构普遍实施的金融制度。存款准备金率是中央银行调节货币供应总量的工具，也是促进金融机构稳健运行、防范支付风险的有效手段。目前只有部分国家如英国、加拿大等不对金融机构的存款准备金率作强制性规定，但包括美国、日本、欧洲中央银行在内的大多数中央银行，仍实行非常有效的存款准备金制度。从当前我国宏观经济和金融的运行状况来看，在未来一段时期内还需要充分发挥存款准备金政策的作用。此外，目前绝大多数国家金融当局都规定存款类金融机构严格遵守最低资本充足率 8%的要求。对资本充足率低于 8%的金融机构，金融当局及时校正，要求其补充资本金，或实行兼并，甚至强制清算。在这种激励机制下，资产负债状况良好的金融机构资产扩张较快，而资产负债状况较差的金融机构扩张将受到限制。目前，我国相当部分金融机构的历史包袱问题尚未解决，难以达到 8%的最低资本充足率要求。在资本充足率监管尚未有效实施的情况下，缺乏对金融机构区别对待的正向激励机制，因此实行差别存款准备金率制度十分必要。

四、建立再贷款浮息制度，理顺中央银行和借款人之间的资金利率关系

为完善中央银行利率形成机制，逐步提高中央银行引导市场利率的能力，理顺中央银行和借款人之间的资金利率关系，提高再贷款管理的科学性、有效性和透明度，经国务院批准，人民银行决定从 2004 年 3 月 25 日起实行再贷款浮息制度。主要内容是：中国人民银行在国务院授权的范围内，根据宏观经济金融形势，在再贷款（再贴现）基准利率基础上，适时确定并公布中央银行对金融机构贷款（贴现）利率加点幅度。同时决定，将期限在 1 年以内、用于金融机构头寸调节和短期流动性支持（流动性再贷款）的各档次再贷款利率，在现行再贷款基准利率基础上统一加 0.63 个百分点，再贴现利率在现行再贴现基准利率基础上统一加 0.27 个百分点。金融机构申请流动性再贷款、办理再贴现统一按加点后的利率执行。

专栏 3：再贷款浮息制度

再贷款浮息制度是指中国人民银行在国务院授权的范围内，根据宏观经济金融形势，在再贷款（再贴现）基准利率基础上，适时确定并公布中央银行对金融机构贷款（贴现）利率加点幅度的制度。

再贷款浮息制度是稳步推进利率市场化的又一重要步骤。总体来看，利率市场化包括金融机构存贷款利率的市场化和中央银行利率调控由直接向间接方式转变两个过程。2004 年 1 月 1 日，经国务院批准，人民银行扩大了金融机构贷款利率浮动区间，金融机构贷款利率的市场化程度显著提高，但中央银行对金融机构贷款利率的确定方式还不能适应货币政策预调和微调的需要，不能充分发挥货币政策工具协调配合的综合效应。以 2003 年为例，受上调法定存款准备金率和大盘股发行等因素影响，自 8 月 28 日至 11 月 13 日，货币市场 7 天期回购加权平均利率均高于 20 天以内再贷款利率，导致同期商业银行增加借用短期再贷款。再贷款利率低于货币市场利率导致基础货币投放，背离了货币政策调控的总方向，不利于货币政策意图的全面贯彻。

为完善中央银行利率形成机制，逐步提高中央银行引导市场利率的能力，理顺中央银行和借款人之间的资金利率关系，提高再贷款管理的科学性、有效性和透明度，经国务院批准，人民银行决定建立再贷款浮息制度，以增强中央银行根据经济金融形势，适时调整再贷款（再贴现）利率的能力。综合考虑当前经济金融形势和支持中小企业融资的需要，人民银行决定用于金融机构头寸调节和短期流动性支持的再贷款利率统一加 0.63 个百分点，再贴现利率加 0.27 个百分点。金融机构申请流动性再贷款、办理再贴现统一按加点后的利率执行。

由于本次再贷款（再贴现）利率的加点幅度较小，且再贷款（再贴现）在金融机构外部融资中占比较小，因此对市场利率和金融机构的流动性影响不大。本次政策出台的意图主要是完善货币政策间接调控制度体系，为货币政策调控打好制度基础，合理引导市场预期，促使金融机构通过贷款定价等方式主动调节资产总量和结构，并将市场作为解决其临时流动性需要的主渠道。此外，当市场发生剧烈波动时，再贷款、再贴现将发挥安全阀的作用，为市场提供短期流动性支持，使货币市场短期利率在合理的范围内波动。

目前发达市场经济国家主要采取在公开市场操作目标利率基础上加点的方式确定再贷款（再贴现）利率。例如，美联储再贴现窗口（即附抵押品的再贷款）的最高档利率为联邦基金目标利率（美联储确定并定期公布的公开市场操作目标利率水平）加 150 个基点，欧洲央行贷款便利利率为公开市场操作最低投标利率加 100 个基点，中央银行隔夜再贷款（再贴现）利率构成货币市场短期利率的上限。由于目前我国货币政策中介目标为货币供应量，因此，再贷款浮息制度设计采取在再贷款（再贴现）基准利率基础上加点的方式确定再贷款（再贴现）利率。

五、加强对商业银行贷款的窗口指导，促进优化贷款结构

2004 年一季度，人民银行按月召开经济金融形势分析会，针对部分地区和行业投资增长速度过快的情况，加强对商业银行风险提示，要求商业银行强化资本约束的经营理念，坚持稳健经营、持续发展的原则，合理安排贷款进度。根据国务院精神，人民银行于 1 月 18 日下发通知，要求商业银行积极采取有效措施，严格控制对钢铁、电解铝、水泥等“过热”行业的贷款，建立健全对重点地区、重点行业和重要产业的信贷风险预警控制制度。3 月 23 日，人民银行召集各商业银行专门就当前的经济金融形势进行分析，要求商业银行建立起依据自身风险控制能力和资本金充足状况约束贷款规模的机制。

在控制信贷资金流向盲目投资、低水平重复建设行业的同时，积极鼓励和引导商业银行加大对中小企业、扩大消费、增加就业方面的贷款支持。一是继续加强企业信贷登记咨询体系和个人征信体系建设，积极完善促进消费信贷规范发展的法律法规；二是进一步完善下岗失业人员小额担保贷款管理办法，简化贷款担保和审批手续，鼓励银行对符合条件、新增就业岗位吸纳下岗失业人员达到一定比例的劳动密集型小企业加大信贷支持；三是进一步完善国家助学贷款风险补偿机制，推动国家助学贷款的可持续发展；四是高度关注禽流感疫情动态，认真贯彻落实国务院政策指示，积极做好重点疫苗生产企业金融服务工作和禽流感疫区家禽养殖业恢复生产经营的资金帮扶工作。

六、支持“三农”经济发展，加快推进农村信用社改革

认真贯彻落实中央 1 号文件精神，促进农民增加收入。2004 年初，通过地区间调剂，人民银行对粮食主产区增加再贷款 40 亿元，支持春耕生产。3 月份对农村信用社单独安排增加 50 亿元再贷款，专门用于支持 13 个粮食主产区资金不足的农村信用社发放农户贷款。截止 3 月末，人民银行对农村信用社安排再贷款共计 1288 亿元，其中 90%用于粮食主产区和西部地区。这些措施改善了农村信用社的资金和资产状况，使之服务于“三农”的功能进一步得到增强。3 月 11 日，印发《中国人民银行办公厅关于做好当前春耕、备耕农资资金供应相关金融服务工作的通知》，要求相关金融机构采取多种有效方式，积极支持农民春耕、备耕，不误农时。

农村信用社改革试点央行资金支持方案的实施进展顺利。2004 年年初，人民银行制定并下发了《农村信用社改革试点资金支持方案实施与考核指引》，进一步明确了资金支持方案实施与考核的组织、操作程序、考核要求及日程安排。目前，人民银行已对改革试点的 8 个省（市）政府分别出具了专项票据发行承诺书，共有 302 个县（市）农村信用社向人民银行提出了首期专项票据发行申请；已会同银监会完成了对首期农村信用社改革试点专项中央银行票据的发行审核工作，有 272 个县（市）农村信用社基本具备了专项中央银行票据发行条件，首期专项票据按预定的时间如期正式发行。

七、积极推动货币市场发展，加强货币市场的管理和服务工作

一是积极推动货币市场基金发展，支持基金管理公司进行品种创新，开办货币市场基金业务；二是加强同业拆借市场的信息披露管理，完成了同业拆借市场中 57 家证券公司 2003 年度主要财务信息的披露工作，同时在 7 家财务公司披露 2003 年度主要财务信息的基础上，将试点范围扩大到 10 家财务公司；三是做好同业拆借市场的管理和服务工作，2004 年一季度，人民银行调整了 117 家商业银行和 3 家财务公司的同业拆借限额，批准了 4 家外资银行分行和 2 家中资银行一级分行成为同业拆借市场成员。

八、保持人民币汇率在合理、均衡水平上的基本稳定，促进国际收支平衡

进一步理顺外汇供求关系，完善人民币汇率形成机制。主要有：继续推进贸易和投资便利化；调整经常项目外汇账户限额核定标准，进一步提高境内机构经常项目外汇账户保留外汇的比例；加强资金流入和结汇管理、控制短期资本流入；加强金融机构外汇监管，规范金融机构外汇业务经营行为；进一步规范外汇市场秩序、积极培育银行间外汇市场。

第三部分　金融市场分析

一、货币市场成交额快速增长

2004 年一季度，银行间市场债券回购成交 2.48 万亿元，同比下降 0.9%。银行间市场债券回购交易月加权平均利率走势呈明显先爬高后回落态势。1 月份银行间市场债券回购利率为 2.43%，比上年 12 月份上升 0.26 个百分点，2 月份起持续回落，3 月份债券回购利率为 1.93%。

一季度，银行间同业拆借市场成交额继续增加，累计成交 4337 亿元，同比增长 19.4%。本季拆借市场最活跃的品种是 7 天品种，累计成交 3028 亿元，占全部拆借成交额的 69.8%，比重比上年同期上升 6.7 个百分点，上升幅度较大。

从同业拆借市场资金融出、融入情况看，国有独资商业银行仍然是最大的资金净融出部门，净融出比重同比上升较大。

资金净融入方主要是证券及基金公司。

表1:2004年一季度金融机构同业拆借资金融出、融入情况表

单位:亿元

	2004年一季度1	2003年一季度1
国有独资商业银行	-1820	-898
其他商业银行2	-750	-762
其他金融机构	2484	1531
其中:证券及基金公司	2222	1578
外资金融机构	86	130

注:1.负号表示净融出,正号表示净融入。

2.其他商业银行包括股份制商业银行及城市商业银行。

资料来源:中国人民银行《中国金融市场统计月报》

受春节前金融机构资金需求增大的影响,银行间市场同业拆借交易月加权平均利率由2003年12月份的2.17%升至2004年1月份2.38%,上升了0.21个百分点,7天品种的拆借日平均利率最高时达3.46%,为2000年以来最高水平。节后因资金大量回流和金融机构资金来源增加较多,拆借市场利率明显回落。2月份为2.24%,3月份为2.07%。

二、债券市场有所调整

(一)债券一级市场发行利率同比有所上升

2004年一季度,国债累计发行832亿元,同比下降12.5%,其中,凭证式国债发行450亿元,同比下降25%;记账式国债发行382亿元,同比增长9.1%;政策金融债累计发行600亿元,同比增长50%;企业债累计发行55亿元,同比下降15.4%。

一季度,国债和政策金融债发行利率均比去年同期有所上升。本季发行的3年期和5年期凭证式1期国债利率比去年同期均上升0.2个百分点;国开行第2期10年期浮动利率债券利率为3.51%,比去年同期同品种利率上升0.12个百分点。

表2:2004年一季度国债和政策金融债券发行情况简表

	期限(年)	利率(%)	发行额(亿元)		期限(年)	利率(%)	发行额(亿元)
国债发行累计			831.6	政策金融债发行累计			600
凭证式国债			450	国开行1期	3	2.99	100
凭证式国债1期:				国开行2期	10	3.51	200
三年期	3	2.52	315	国开行3期	10	2.74	150
五年期	5	2.83	135	国开行4期	10	2.74	150
记帐式国债							
1期	1	2.35	381.6				

——资料来源:中国人民银行《中国金融市场统计月报》

专栏4:银行间债券市场债券发行创新

1997年6月银行间债券市场正式启动以来,人民银行采取了一系列措施推动银行间债券市场的发展,其中一个重要方面就是推动国债、金融债的市场化发行。目前银行间债券市场上,债券的发行基本通过公开招标的方式进行。发债主体在招标方式和债券品种上进行了不断的创新。发行方式先后采用了数量招标、价格招标、利率招标、收益率招标及利差招标;在中标方式上采用了等比数量中标、统一价位中标和多重价位中标的方式;债券品种包括贴现债、付息债等;债券发行的透明度也不断提高,发行主体定期向承销团及市场交易主体公布发债计划。通过市场化发行改革创新,银行间债券市场的发行更加公开、公正和公平,大大降低了发债成本,有力地保证了国债和政策金融债的顺利发行,也为债券流通创造了良好条件。

近两年银行间债券市场上的发行创新主要有:

投资人选择权债券——在规定的时点上,投资人有选择提前兑付的权利,给投资人持有长期债券提供了一个释放风险的机会,可以增强投资人持有长期债券的信心。

发行人选择权债券(可提前赎回债券)——在原设计期限内的一定时期,发行人有选择提前赎回的权利(赎回期权)。一般在发行次级债券时采用此种债券形式。由于次级债券存续期不足5年时,其作为附属资本的效力要逐年递减20%,发行人一般在此时选择提前赎回,重新发行新的次级债券,以保证在保持资本充足率的同时,不增加发行成本。

本息拆离债券——债券发行后,按照每笔付息和最终本金的偿还拆分为若干笔的零息债券。拆分后的利息和本金均有单独的代码,可以作为单独的债券进行交易和持有。该种债券本息分离后形成的零息债券形成了重要的市场工具。多期本息分离债券的出现可以方便地计算远期、即期收益率,为产品的定价提供了工具。同时,相同期限的本金可以合并交易,有力地提高了债券的流动性,活跃了二级交易市场。

远期债券——目前的形式为债券发行日与缴款日相距较远(一般在一个月以上),债券发行后承销商和认购人可以通过分销和转让的方式进行债券定价。这种债券对于发行人来讲,可以锁定利率,减少未来利率上升的影响,控制筹资成本。同时这种债券具有价格发现功能,随着远期券种的丰富和交易的活跃,将为投资者提供更完整的收益率曲线,从而使市场的交易进一步活跃。

含利率掉期期权债券——目前的形式为债券发行时是浮动利率(或固定利率),同时约定在未来某一时点或多个时点可以按照约定的价格调换成固定利率(或浮动利率)。该种债券为投资人提供一种既满足即期收益又能够在一定程度上规避市场风险的债券品种,同时也为推出债券利率掉期工具奠定了基础。

2002年以来,银行间债券市场上出现了债券增发的新形式,即对已发行的债券进行再次招标发行,其发行条件与原债券完全相同,采用价格招标的形式。通过增发可以提高老券的流动性。

在市场化发行过程中,财政部还采用了跨市场发行的方式,通过中央债券发行系统在银行间和交易所两个市场同时招标发行国债。招标结束后,承销团成员可选择在银行间债券市场或者交易所市场注册,并可进行转托管,加强了两个市场的连通。

(二)债券市场指数有所下降

2004年一季度,银行间债券市场债券现券成交0.70万亿元,同比增长1.4倍。交易所国债累计成交6978亿元,同比减少41.2%。3月末,上海证券交易所国债指数收盘为97.68点,比2003年末下降1.71点。

今年年初以来,特别是4月份以来,交易所债券市场价格出现了较大幅度的下跌,4月30日上海证券交易所国债指数收盘为92.17点,比上年末下跌7.22个点,下跌幅度为7.26%(同期银行间市场债券总指数跌幅为2.62%)。

三、票据市场业务在规范中稳步发展

2004年一季度,企业累计签发商业汇票7366.1亿元,同比增长47.8%;累计票据贴现和再贴现1.02万亿元,同比增长20.2%。3月末,已签发的未到期商业汇票余额为1.3万亿元,同比增长57.2%;票据贴现和再贴现余额9727亿元,同比增长50.1%。

票据业务发展呈现出以下特点:一是票据业务持续发展,

市场规模迅速扩大;二是票据本身的融资功能被逐步发现,票据融资已成为中小企业重要的短期直接融资渠道,有助于以市场方式缓解中小企业融资难问题;三是票据业务在各金融机构之间发展不平衡,中小金融机构及股份制商业银行占有的市场份额较大;四是票据业务集约化经营进一步加强,跨地区交易明显增加,转贴现的异地交易趋势使各地的转贴现利率趋于一致,基本维持在略高于同业拆借市场利率的水平,并随同业拆借市场利率同向波动。

发展票据市场应与拓宽企业融资渠道、改善金融服务、促进商业银行转变经营方式、健全社会信用制度和完善货币政策传导机制的需要相适应,在发展中规范,以规范促发展。把发展具有贸易背景的票据市场作为加强货币市场建设的重要政策措施,加快票据市场基础设施建设,提高票据交易效率。同时,要进一步完善票据法规制度,整顿票据交易秩序,切实防范票据业务风险,查处票据违规行为。要实行通报制度、退出交易制度和责任追究制度,以扶优限劣,保障票据市场规范、健康、可持续发展。

四、股票市场交易活跃

2004 年一季度股票市场交易活跃。当季,沪、深股市累计成交 16416 亿元,日均成交 293.1 亿元,同比增长均近 1.5 倍。其中 A 股累计成交 16104 亿元,同比增长近 1.5 倍;日均成交 264 亿元,同比增长 1.3 倍。

一季度沪、深股指在波动中上扬。上证综指在 3 月份最高升至 1760 点,为 2002 年以来最高;深证综指最高升至 459 点,为 2002 年 11 月份以来最高。3 月末,上证综指和深证综指分别收盘于 1742 点和 458 点,比上年 12 月末分别上升 245 点和 79 点,上涨 16.3%和 21.1%。

一季度股票市场 A 股和 H 股融资同比增加较多。A 股筹资(包括发行、增发和配股)130 亿元,同比增长 29.1%;H 股发行筹资 8.33 亿美元,同比增长 85.9%。本季没有可转债,去年同期发行可转债 68 亿元。当季股票市场累计融资 199 亿元,同比下降 3.4%。

一季度,国内非金融机构部门(包括住户、企业和政府部门)以贷款、股票(可流通上市股票的筹资部分)、国债和企业债这四种方式新增融入的资金总计为 9733 亿元(本外币合计),同比增长 8%。国内非金融机构部门贷款、国债、企业债和股票融资的比重为 93.8:3.6:0.6:2。

表 3:国内非金融机构部门融资情况表

	融资量(亿元人民币)		比重(%)	
	2004 年一季度	2003 年一季度	2004 年一季度	2003 年一季度
国内非金融机构部门融资总量	9733	9009	100	100
贷款	9131	8513	93.8	94.5
国债	348	225	3.6	2.5
企业债	55	65	0.6	0.7
股票	199	206	2.0	2.3
其中:可转债	0	68	0.0	0.8

资料来源:中国人民银行调查统计司

五、保险业资产增长较快,投资于证券投资基金的保险资金上升较多

今年一季度,保险业保费收入 1200 亿元,同比增长 5.1%,增幅同比低 27.7 个百分点,主要因为寿险保费收入同比下降 3.9%。如果按照标准保费计算,一季度标准保费 508.2亿元,同比增加 100.9 亿元,增幅为 24.8%。一季度趸缴业务大幅减少,续期业务和新单期缴业务保费收入同比分别增长 21.4%和 58.9%。结构调整在短期内降低了保费规模,但为今后的规模增长奠定了基础。一季度,保险业累计赔款、给付 225 亿元,同比增长 27%,比上年同期高 6.2 个百分点,继续充分发挥保险的经济补偿作用。

3 月末,保险公司的总资产达到 9980 亿元,比上年末增长 9.4%,同比增长 38.6%,继续保持较快的增长速度。其中,银行存款占总资产中比重最大,达到 48.5%;证券投资基金投资增长较快,比上年末增长 30.5%,占比达到 6.1%,比上年末上升 1 个百分点,这主要由于股票市场行情向好,带动基金业绩上升,保险公司从基金投资中受益,增持动力强。由于通货膨胀压力加大,市场升息预期增强,债券市场行情下跌,国债投资占比比上年末下降 0.2 个百分点。

表 4:主要保险资金运用表

	余额(亿元人民币)		占资产总额比重(%)	
	2004 年 3 月末	2003 年末	2004 年 3 月末	2003 年末
资产总额	9980	9123		
其中:银行存款	4844	4550	48.5	49.9
投资	4361	3829	43.7	42.0
国债	1516	1407	15.2	15.4
证券投资基金	604	463	6.1	5.1

资料来源:中国人民银行《中国金融市场统计月报》

六、外汇市场交易量继续显著增加

一季度,银行间外汇市场交易量继续显著增加,各币种累计成交折合美元 413 亿美元,同比多成交 118 亿美元;日均成交 6.77 亿美元,同比增长 37.9%。其中,美元品种成交 404 亿美元,日均成交 6.62 亿美元,同比增长 37.9%。

第四部分　宏观经济分析

一、全球经济复苏进一步增强,主要经济体继续实行宽松货币政策

(一)2004 年一季度全球经济增长开局良好

进入 2004 年,世界各主要经济体需求旺盛,能源、原材料价格上涨,企业和消费者信心增强,投资活跃,进出口贸易快速反弹,越来越多的国家和地区加入经济恢复和增长行列。其中,美国和亚洲主要经济体增长尤其强劲。据国际货币基金组织 2004 年 4 月最新预测,2003 年全球经济实际增长 3.9%,较 2002 年高出 0.9 个百分点。2003 年全球商品和服务贸易量在 2002 年增长 3.1%的基础上继续增长 4.5%。国际市场石油平均价格上涨 15.8%,按出口权重计算,粮食、原材料等非能源商品价格上涨 7.1%。

美国经济增长稳固,通货紧缩压力降低。2004 年一季度,美国 GDP 环比折年率增长 4.2%;未经季节调整的 CPI 同比增长 1.7%;失业率仍然处于 5.6%的较高水平上。

欧元区经济继续缓慢复苏。2003 年欧元区 GDP 增长 0.4%,2004 年一季度同比增长 0.6%,消费信心指数延续了去年下半年以来的回升趋势;一季度综合消费价格指数(HC-PD)同比增长 1.7%;但失业率仍保持 8.8%高位,部分国家财政状况继续恶化。

日本经济稳步回升。2003 年日本经济增长 2.7%,2004 年一季度继续稳步回升,企业开工率上升,设备订单一季度同比增长 7.5%。但通货紧缩的局势没有改变,扣除新鲜食品的同比 CPI 一直在零左右,失业率保持在 5%的水平。

新兴市场和主要发展中国家继续保持强劲经济增长势头。2004 年以来,亚洲发展中国家继续保持强劲增长态势,其中东盟主要四国 2003 年总体增长 5%,今年一季度增势不减,印尼等国增长超过 4%;不包括日本的亚洲新兴工业化经

济体增速加快，台湾地区等部分经济体今年一季度增长达5%；拉美地区 2003 年总体增长 1.6%，今年呈加速势头，一季度墨西哥等国同比增长超过 2%。

（二）股票市场继续反弹

2004 年一季度全球主要股市继续上扬。日本银行加大力度直接购买商业银行所持股票，科技股业绩增强，日经指数一季度末较 2003 年底上涨 10%。受技术、通信等股的带动，欧元区 STOXX50 指数今年一季度涨幅最高点较上年末上涨7.2%，美国 S&P500 指数上涨 4.1%，但近期涨势有所减缓。

2004 年 3 月底，美元兑欧元较 2003 年平均水平跌幅超过 7%。从 2003 年以来，日本银行为阻止日元升值不断加强干预力度，但一季度日元继续升值，美元相对贬值趋势不变。日元兑美元已从 2003 年 4 月初的 120 日元/美元升值至 2004 年 3 月底的 103.8 日元/美元。

（三）主要经济体继续保持宽松货币政策

美联储维持 2003 年 6 月以来 1%的联邦基金利率；欧洲央行也继续维持 2003 年 6 月份以来 2%的再融资利率；日本银行在 3 月份的货币政策委员会例会上表示，由于物价尚未从通货紧缩中摆脱出来，仍实行宽松的货币政策，一季度继续维持零利率水平。英格兰银行考虑到产出增长较快和房地产市场趋热，在今年 2 月份将回购利率上调 0.25 个百分点至 4%。

二、我国经济继续快速增长，投资出现过热

今年以来，我国经济继续快速增长，城乡居民收入、企业利润和财政收入均有较大幅度提高，农业生产向好的方向发展，对外贸易增势强劲，利用外资保持较高水平。但同时也出现了投资需求膨胀过快，煤、电、油、运全面紧张，通货膨胀压力加大等问题。2004 年一季度，我国国内生产总值增长 9.7%；固定资产投资处于 1994 年以来的最高水平，国内需求的增长致使进口大增，对外贸易出现逆差。

（一）固定资产投资过快增长，必须采取总量政策坚决遏制

固定资产投资需求增长一直是我国经济快速增长的主要拉动力，但今年一季度表现出明显的过热迹象。一是投资增长过快。扣除价格因素的实际投资已接近 1992－1993 年的经济过热时期。2004 年一季度，全社会固定资产投资同比增长 43%，比上年同期加快 15.2 个百分点，其中城镇投资增长 48%，农村投资增长 26%。在城镇投资项目中，房地产开发投资增长 41%。二是新开工项目过多。全国新开工 50 万元以上的项目近 2 万个，比去年同期增长 31%，新开工计划总投资增长 67%。三是在建规模过大。2003 年在建规模已高达 16 万亿，相当于当年固定资产投资完成额 5.4 万亿元的 3 倍。今年一季度施工项目计划总投资已高达 7.2 万亿元。四是投资结构不合理。某些行业和地区盲目投资和低水平重复建设问题相当严重。

从城镇投资各种分类看，今年一季度固定资产投资过快增长主要源于五个方面。一是地方项目投资。地方项目投资增长 60.2%，中央项目投资只增长 4.8%。二是工业和建筑业的投资。对工业投资增长了 66.1%，特别是工业投资中制造业的投资增长了 76%，对建筑业投资增长 82.8%，但对农业的投资却只增长 0.4%。三是私营和外企的投资。私营企业、外商投资企业和港澳台企业投资分别增长 89%、78.1%和 58.7%。四是其他采矿业、黑色金属矿采选业、文教体育用品制造业、金属制品业、有色金属矿采选业、家具制造业、水上运输业、电气机械及器材制造业的投资，这些行业的投资增长均在 120%以上。五是部分省市的投资，江苏、广东、浙江、山东、上海固定资产投资完成额居全国前五位，占全国的 48%；内蒙古、安徽、河南、河北、江苏投资增长居全国前五位，均在 65%以上。

固定资产投资增长过快，会对经济和社会发展造成十分不利的影响。一是加剧了煤电油运供求矛盾。固定资产投资的迅猛增长导致对钢铁、电解铝、水泥等高耗能行业的巨大需求，而这些高耗能行业的过度扩张使已经绷得很紧的煤电油运供求形势更加严峻，造成瓶颈制约。二是影响了经济结构的调整优化。从投资和消费的比例关系看，投资的增速比消费快近 33 个百分点，二者之间的比例关系严重失衡。三是加大了通货膨胀压力。在投资迅猛增长的带动下，投资品价格高位运行。四是增大了经济运行的潜在风险。固定资产投资规模偏大、增速过猛与货币信贷投放偏多相互推动、互为因果。如果任凭这种情况发展下去，势必导致产能过剩、企业生产经营困难，银行呆坏账增加，金融风险加大，下岗失业人员增多等问题，影响经济运行和社会稳定。

专栏 5：坚决遏制过度投资

2003 年，我国全社会固定资产投资名义增长 26.7%，扣除价格因素后实际增长 24.5%，仅次于 1992 和 1993 年经济过热时期全社会固定资产投资实际增长 29.1%和 35.2%的水平。2003 年，我国资本形成占 GDP 的比重（也称作投资率）为 42.7%，仅次于 1993 年 45.3%的最高水平。占比之高，在世界上其他国家几乎找不到，而且爬升速度也很快，表明增加单位 GDP 所需的投资越来越多，经济增长越来越依赖资源投入而非技术进步基础上的劳动生产率的提高。今年一季度，我国全社会固定资产投资同比名义增长 43%，比上年同期加快 15.2 个百分点；实际增长 35.5%，比上年同期加快 8.5 个百分点，表现出明显的过热迹象。

判断投资总体是否过热可以看三个方面，一是看房地产价格和固定资产投资价格，2004 年一季度，全国土地交易同比上涨 7.5%，房屋销售价格上涨 7.7%；与投资相关的固定资产投资价格同比上涨 7.5%，比上年同期涨幅扩大 6.7 个百分点；二是看资源的承受能力，如果国家现有的资源能够承担并维持目前经济发展速度，那就可以说是“不热”；但是，如果这个发展速度受到了资源的制约，也就是说这个速度超出了资源的承受能力，那就是“热”了。2004 年一季度，我国能源、运输和重要原材料的供求形势依然紧张，相当数量的企业对煤、钢材、成品油等主要原材料的消费上升、库存减少、购进价格明显提高。三是看投资消费的比例是否协调，如果这些投资（主要是固定资产投资）形成的生产能力，不能与未来的消费相匹配，就会导致产能过剩，造成资源的巨大浪费。如果投资主要来源于银行贷款，则可能产生大量新增不良资产甚至酿成金融危机。与世界其他国家相比，我国的经济增长过于依赖投资的拉动，消费需求亟待提高。根据国际货币基金组织《国际金融统计》，发达国家最终消费支出占 GDP 的比例平均在 80%左右，发展中国家平均约为 74%，亚洲发展中国家该比例总体偏低，但也在 69%左右，而我国目前还不到 60%。

造成当前投资过热的原因很多，一是一些地方在经济发展思路上还没有完全摆脱盲目和片面追求经济增长速度的思维模式，地区之间互相攀比，特别是地方政府换届后投资热情很高，不少地方政府仍然用一年一变样，三年大变样的精神发展地方经济；二是国有企业投资预算的软约束；三是地方政府给予私营和外资企业过于优惠的土地、税收等优惠政策，造成

这些企业投资成本低估。投资过度的根源是相当深刻的，要遏制它不仅要治标，更重要的是治本。治标就是采取总量政策，先把过高的投资压下来，缓解各种瓶颈制约；治本就是加快推进政府职能转变和投融资体制改革。

在固定投资过快增长的同时，消费需求略有启动。一季度，社会消费品零售总额1.3万亿元，同比增长10.7%。扣除价格因素，实际增长9.2%，与去年同期大体持平。城市消费品零售总额增长12.3%；县及县以下增长7.6%。批发零售贸易业、餐饮业分别增长10.2%和16.6%。

进出口强劲增长，贸易条件恶化值得关注。今年一季度我国进出口总值达2398亿美元，比去年同期增长38.2%，其中出口1157亿美元，进口1241亿美元，分别增长34.1%和42.3%；累计贸易逆差84亿美元。导致我国今年一季度进出口贸易逆差的主要原因，一是贸易条件恶化，出口产品价格下降，进口产品价格上升；二是我国经济保持持续快速增长态势，原材料及能源紧缺，对国际商品尤其是初级产品的需求大增，进口增速明显高于出口增速。

（二）经济效益有所改善，需进一步树立和落实科学的发展观

企业实现利润继续大幅增长。一季度，规模以上工业盈亏相抵后实现利润总额2348亿元，比上年同期增长44.2%，新增利润719亿元。各种经济类型企业实现利润均有较大增长，在39个工业大类行业中，有36个行业利润比上年同期增长。新增利润最多的五个行业是：黑色金属冶炼及压延加工业，化学原料及化学制品制造业，石油加工、炼焦及核燃料加工业，非金属矿物制品业，电力、热力的生产和供应业。以上五个行业共新增利润387亿元，占整个工业新增利润的53.8%。

城乡居民收入增长加快。一季度，城镇居民人均可支配收入2639元，同比增长12.1%，扣除价格因素，实际增长9.8%。农村居民人均现金收入834元，同比增长13.2%，扣除价格因素，实际增长9.2%。城乡居民人均收入的实际增幅分别比去年同期加快1.4和1.7个百分点。

财政收入大幅增长。一季度全国财政收入累计完成6944亿元，同比增长33.4%；财政支出4502亿元，同比增长15.7%；收支相抵，收大于支2442亿元，同比增加1129亿元。

专栏6：增长、外部性与科学的发展观

经济发展需要一定的增长速度，特别是作为发展中的大国更需要长期保持较快的速度，但也不能片面追求速度。符合科学发展观的经济增长，应是速度与结构、质量、效益相统一的增长。目前，我国的经济增长主要还是依靠增加投入、扩大投资规模，资源环境的代价很大。因此，即使经济增长了，利润增加了，也并不意味着全面、协调、可持续的发展。如果经济增长是建立在过度消耗资源、降低消费及损害生活环境的基础上，则这种经济增长就是有“增长”而无“发展”。

2004年2月，我国资金利润率最高的10个行业分别为烟草制品业（83%）、石油和天然气开采业（42%）、黑色金属矿采选业（24%）、石油加工炼焦及核燃料加工业（23%）、饮料制造业（18%）、黑色金属冶炼及压延加工业（17%）、其他采矿业（13%）、有色金属矿采选业（13%）、交通运输设备制造业（12%）和医药制造业（12%）。这些行业资金利润率高，有的是注重依靠科技进步和提高劳动力素质，但也有不少是粗放经营，靠的是对自然资源的大量消耗和对环境的破坏。受高额利润的驱动，2003年，我国钢铁、水泥和电解铝的投资分别增长96.6%、121.9%和92.9%，今年一季度又分别增长107.2%、101.4%和39.3%，这些高耗能产业的过快增长，使我国电力供应全面紧张，并造成大面积环境污染。目前我国二氧化硫和二氧化碳的排放量分别居世界第一和第二位，水污染使饮用水安全遭受威胁。

在经济学中，生产活动对他人产生有利或不利的影响但不需要他人对此支付报酬或进行补偿的活动，被称作外部性。对他人产生有利影响的外部性称外部经济；对他人产生不利影响的外部性称外部不经济。外部不经济的一个典型的例子就是环境污染。作为以利润最大化为目标的厂家，往往通过比较边际收益和边际成本决定控制污染的数量。在我国，很多企业在生产经营活动中不太考虑外部不经济，也不对自身制造的污染付成本，因此往往低估生产成本而进行过度投资。对付外部不经济的最有效方法是制定政府的反污染计划，通过直接控制或财政激励来引导厂商校正外部性。一是制定技术标准、环保标准，控制污染法令强制企业实行；二是要求企业支付更高的排放费，即要求企业支付其造成外部危害等额税款。这两种方法都可以增加企业实现环保目标的成本，从而抑制过度投资。

总之，要树立和落实科学的发展观和正确的政绩观，要全面看待经济增长，既要看增长速度，还要看增长的结构、投入产出效益以及资源和环境的代价。要按照科学发展观的要求，加快推进经济增长方式的根本性转变和经济结构的调整，要不断深化投融资体制改革，打破行业垄断和地区封锁，完善价格形成机制，形成各类市场主体平等竞争、自主决策的市场环境。

（三）各类价格指数上升趋势明显，注重防止通货膨胀

CPI保持上升趋势。2004年一季度，我国CPI累计同比上涨2.8%，比上年一季度高2.3个百分点，比上年四季度高0.1个百分点。3月份CPI同比上涨3%，其中食品类影响CPI上涨2.6%，非食品类影响CPI上涨0.4%；环比CPI出现0.3%的正增长，高于过去三年3月平均－0.8%的水平。核心价格指数稳中有升。3月份扣除食品的CPI同比上涨0.5%，与上年末持平；扣除鲜菜鲜果的CPI同比上涨3.8%（鲜菜价格同比绝对下降），比上年末提高1.1个百分点。3月份原材料购进价格和农业生产资料的价格上涨继续加快，达到8%左右。中国人民银行监测的企业商品价格变动情况也显示，3月份企业商品价格总水平同比上涨8.3%，已连续16个月上涨。

受多种因素影响，我国通货膨胀压力继续加大。判断我国目前通货膨胀压力的一个重要途径是看价格的传导过程。价格传导过程是指价格从初级产品到中间产品再到最终产品的传导，也就是从生产价格（PPI）到消费价格（CPI）的传导。PPI的上涨虽然有可能因为劳动生产率提高和市场竞争加剧而被企业吸收，但也有相当一部分会传导到CPI上去，如研究表明，美国PPI的上涨有50%能传导到CPI上去。因此，要密切监测价格传导过程，高度防止通货膨胀。

从价格的传导过程看，目前我国的价格上涨具有明显的初级产品高于中间产品、中间产品又高于最终产品的特征，通货膨胀压力很大，具体表现在以下三个方面：

一是从农业生产资料→农产品→CPI的传导看，农业生产资料和农产品的涨幅均高于CPI的上涨。2004年一季度，农业生产资料价格上涨6.2%，比上年同期加快4.9个百分点；全国农产品生产价格总指数上涨13.8%，粮食生产价格上涨20.7%。目前，农业生产资料价格的上涨总体上还未超过农产品价格的上涨，但农业生产资料价格的过快上涨，不利

于增加粮食供给和农民收入，需密切关注。

二是从工业原材料→工业品→CPI来看，购进价格涨幅高于出厂价格、生产资料价格涨幅高于消费资料价格。今年一季度，原材料、燃料、动力购进价格同比上涨8.3%，工业品出厂价格上涨3.7%，两者之差为4.6%，大大高于上年同期1%的差额，企业利润空间缩小，竞争压力增大。在工业品出厂价中，生产资料涨幅高于生活资料。今年3月份，生产资料出厂价格同比上涨5.1%，生活资料出厂价格同比仅上涨0.9%。

三是从进口价格→CPI看，进口价格涨幅远高于CPI。2003年进口价格上涨6.4%，比上年加快1.5个百分点。大宗原材料、能源和中间产品尤为明显，如原油上涨18.3%、铁矿砂上涨32%、金属加工机床上涨28.2%，钢材上涨6.1%，集成电路上涨15.2%。

三、主要产业运行正常，结构有待进一步调整

2004年一季度，第一产业增加值增长4.5%，比上年同期加快1个百分点；第二产业增长11.6%，比上年同期减慢0.9个百分点；第三产业增长7.7%，比上年同期加快0.1个百分点。第一产业和第二产业增加值在GDP中比重分别比上年同期增加0.6和0.7个百分点，但第三产业增加值在GDP中比重降低1.3个百分点。目前，经济正处于新一轮增长周期的上升期，必须抓住这个有利时机进一步推进产业结构调整。

(一)农业生产出现好势头

农业生产在向好的方面发展，中央支持农业和粮食生产的政策措施正在落实，农民种粮积极性逐渐提高。粮食播种面积有所恢复，主要经济作物的播种面积继续增加，畜牧业和渔业生产稳定增长。一季度，肉类和水产品产量同比分别增长3%和3.2%。

(二)工业生产持续快速增长

今年以来，我国工业增长仍然保持2003年以来高速增长的态势。一季度规模以上工业累计完成增加值1.1万亿元，同比增长17.7%，其中3月当月增长19.4%。工业占同期GDP的比重为41.8%，而2003年该比重为35.2%。

一季度工业生产主要有三大特点。一是重工业生产增长速度明显快于轻工业。一季度轻重工业增加值同比分别增长14.9%和20.1%；二是“三资”和股份制企业的生产高速增长。一季度外商及港澳台商投资企业完成增加值同比增长21.1%，股份制企业增长18.1%，国有及国有控股企业增长14.5%，均高于上年同期水平；三是电子、冶金、交通运输设备制造、电力、化工和电气机械行业六大行业是带动工业生产较快增长的主要力量。一季度电子行业拉动工业增长2.2个百分点，冶金行业拉动工业增长1.9个百分点。

(三)第三产业有很大的发展潜力和发展空间

2004年一季度，我国第三产业所占比重为35%，是近年来同期比重最低的年份。第三产业对资源的依赖性较第二产业要小，且能够提供大量的就业岗位，加快发展第三产业有利于扩大就业、优化产业结构、提高国民经济整体效益。我国第三产业的发展是薄弱环节，但这恰恰意味着我国第三产业有着巨大的发展空间，巨大的潜力。大多数发达国家第三产业的占比是60－80%，与我国发展水平近似的印度也达到51%，而我国在2003年仅为32%。第三产业占比不是短期就能提高的，要经历一个漫长的增长过程。如果我国的第三产业以明显高于GDP的平均速度增长，有10－20年的高速成长期，这将给我国经济发展提供一个非常大的发展空间，并在一定程度上解决经济增长方式转变所面临的问题。

(四)行业预警：钢铁、水泥、电解铝

2003年，我国钢铁、水泥、电解铝行业的投资分别增长96.6%、121.9%、92.9%，2004年一季度又分别增长107.2%、101.4%、39.3%。可以预计，在建项目全部建成后，供给将大大超出市场需求，不仅造成巨大的浪费，还会加大金融风险。2004年3月，中国人民银行对钢铁、水泥、电解铝等行业投融资情况进行了一次快速调查，结果显示截至今年2月末，钢铁、水泥、电解铝三个行业的投资项目中，42%资金来自银行贷款，其中30%直接来自银行贷款，另有12%通过企业自筹间接来自银行贷款。此外，这三个行业的资产负债率均在45%以上。

表5:2004年2月投资项目资金来源构成情况表

单位:%

	钢铁	水泥	电解铝
资金来源合计	100	100	100
国家预算内资金	1.7	4.1	0.0
国内贷款	29.4	27.3	32.2
债券	0.0	0.2	0.0
利用外资	2.4	8.3	2.3
企业自筹	53.7	57.6	61.2
其他资金	12.9	2.5	4.2
初步估算银行贷款占资金来源比例	37.8	39.2	47.8
资产负债率	45.8	50.8	53.6

资料来源:2004年3月中国人民银行对钢铁等行业投融资情况专项调查

钢铁行业：截至到2003年，我国已连续7年成为世界第一产钢大国。2003年，我国钢产量2.22亿吨，增长21.2%；钢材产量2.36亿吨，增长21.5%；进口钢材3717万吨，增长51.8%。2003年，我国钢材消费量2.71亿吨，增长28.6%，其中13.7%的钢铁需求依赖进口解决。预计到2005年底我国将形成3.3亿吨钢铁生产能力，大大超过2005年市场需求。目前，钢铁行业资产负债率为46%，投资项目中有38%来自银行贷款。

水泥行业：2003年我国水泥产量8.13亿吨，增长16.8%；水泥消费8.36亿吨，增长15.3%。到2005年，水泥产量将达到10亿吨以上，明显超出市场需求。目前，水泥行业资产负债率为51%，投资项目中有39%来自银行贷款。

电解铝行业：目前我国是世界上最大的电解铝生产国。2003年底，全国电解铝生产能力超过700万吨，比2002年底增长28.2%。按目前发展趋势，2005年底电解铝生产能力将超过900万吨，远远超过2005年全国电解铝预计消费需求量600万吨水平。目前，电解铝行业资产负债率为54%，投资项目中有48%来自银行贷款。

第五部分　预测和展望

一、2004年国际经济金融趋势展望

从一季度形势看，预计2004年全球经济恢复增长面将从美国和亚洲进一步扩大到欧洲、南美和非洲，全球增长速度将继续提高。4月份国际货币基金组织预计，2004年全球经济增长4.6%，较2003年提高0.7个百分点。其中，美国增长4.6%，较2003年加快1.5个百分点；欧元区增长1.7%，较2003年加快1.3个百分点；日本增长3.4%，大大高于此前预测；经济发展中国家和主要新兴市场将继续保持上年6%的强劲增长。IMF还表示，随着国际贸易的急剧反弹，实际增长幅度还可能高于这一预期。此外，IMF和联合国均预测2004年全球商品和服务贸易量增长将随全球经济增长面的

扩大进一步加快，价格将继续上涨。国际货币基金组织预计全球贸易量增长6.8%，联合国预测增长7.5%。石油、粮食、原材料等商品价格也将随着全球经济增长和需求的扩大而强劲上涨。

国际金融市场将继续保持稳定，但全球性贸易失衡加剧对长期金融稳定潜藏威胁。美国的巨额经常账户逆差和财政赤字持续扩大，对美元走势产生负面影响。随着经济复苏加快和通货膨胀预期的变化，部分经济体可能调高利率水平。

2004年我国经济发展外部环境总体良好，世界经济复苏步伐加快有利于我国扩大出口；一些主要经济体可能提高利率水平，使国内外利差减小，有利于本外币政策的协调。但也存在一些不确定性因素。一是我国资源、能源对外依存度加大，2003年原油、铁矿石、氧化铝、镍和天然橡胶的对外依存度分别达35%、36.2%、47.6%、55.4%和68.2%。从我国资源和生产能力看，今后我国钢铁、铝、铜、石油等资源需求增加量还需要通过进口加以解决，国际市场波动对我国企业生产成本及进口总额的影响越来越大。二是2003年9月坎昆部长级会议未取得实质性进展，各国的贸易政策在利益集团的压力下可能更趋保守，针对中国的各种贸易保护主义行为呈上升态势，对我国出口贸易发展产生不利影响。

二、2004年我国宏观经济展望

2004年我国宏观调控预期目标为经济增长率7%左右，居民消费价格总水平涨幅3%左右。从消费需求看，随着中央支持农业和粮食生产政策措施的落实到位以及经济的快速增长，城乡居民收入在2004年可望稳步提高，这将有助于增加消费需求。根据中国人民银行一季度储蓄问卷调查，城镇居民当期收入感受指数比上年同期提高0.2，未来收入信心指数比上年同期提高2.1。从投资需求看，目前新的投资规模依然居高不下，而投资项目一旦开工，必须完工后才能发挥全部经济效益，未完成的投资项目一般具有不可压缩的刚性，因此预计下一阶段固定资产投资仍可能保持较快的增长速度。从净出口需求看，由于我国经济保持持续快速增长态势，原材料及能源紧缺问题突出，对国际商品尤其是初级产品的需求巨大，再加上进口关税降低和非关税措施的进一步取消，这些都会导致进口大增；但国际贸易保护主义、出口退税政策的调整将影响我国的出口；2004年我国净出口需求有可能进一步减弱。

通货膨胀形势依旧不容乐观。由于目前我国经济运行中的一些矛盾还没有得到有效缓解，粮食价格预计还会进一步上升。扣除食品以外的核心CPI，上行压力主要来自居住和娱乐教育文化用品及服务，下行压力主要来自衣着、家庭设备用品及维修服务，以及交通和通讯。目前，公众对通货膨胀的预期比较稳定。据中国人民银行2004年一季度全国城镇储户问卷调查，31.4%的储户认为下季物价上涨将上升，60.3%的储户认为下季物价基本不变，8.3%的储户认为下季物价将下降。

分阶段看，GDP增长和CPI涨幅在二季度会保持比较高的水平，下半年将有所回落。主要原因有两点：一是受基期因素的影响，由于2003年二季度受“非典”影响GDP增长仅6.7%，2004年二季度GDP同比增长会比较高。考虑翘尾因素、季节因素，预计同比CPI在4月以后会有所爬升，第三季度开始回落。二是宏观调控政策发挥作用有一个传导过程，2003年以来采取的政策措施，其效应会在2004年下半年更明显地显现出来。

专栏7：进一步加强和改善宏观调控，防止经济大起大落

投资过热常常伴随着信贷过热，过热之后往往是大量不良资产形成和经济增长速度大幅下降。投资和信贷过热不一定通过CPI表现出来，如80年代的日本。过热行业受巨大需求的拉动，其产品生产价格猛涨、企业利润大增，企业资产负债表上的各项财务指标好转，企业的借款能力随之增强，银行也据此大量发放贷款。然而一旦某个链条断裂或经济进入调整阶段，上述机制反向作用，企业资产负债表状况恶化，借款能力降低，银行收紧信贷，企业状况进一步恶化，银行形成大量不良贷款。

目前，我国经济形势总体是好的，但也出现了钢铁、水泥、电解铝等行业过热、煤电油运供求全面紧张的状况。钢铁、水泥、电解铝行业的快速扩张，表面上看是结构性问题，实际上是投资的总体过热。任何总体的过热，都不是所有行业和地区都过热，总是要从某些行业、某些地区率先表现出来。1992—1993年的过热主要表现在房地产和部分地区，这次过热主要表现在钢铁、水泥、电解铝等行业。根据经济学中的“木桶定律”，木桶的实际容量取决于最短的那条板，那些高出最短木条的部分是无效部分。由于我国人口众多，资源相对不足，所以高消耗行业的迅速扩张必然导致重要原材料供求紧张，导致经济在不协调的状态下增长，制约总体效益的提高。

对投资过热的治理必须采取总量政策，同时注意调控方式。改革开放至今已经20多个年头，随着社会主义经济体制的初步建立，利益主体日益多元化、企业自我调节能力不断增强、商业银行经营机制发生了深刻变革，宏观调控方式也已逐步从直接调控走向间接调控，经济杠杆调节的作用越来越强。1993年，党的十四届三中全会明确提出“建立社会主义市场经济体制”。2003年，党的十六届三中全会进一步提出“更大程度地发挥市场在资源配置中的基础性作用”，强调要“完善国家宏观调控体系”。因此，对我国当前经济中出现的一些问题，还是要通过加强和改善宏观调控、充分发挥市场机制的作用来解决。

中国人民银行从2003年起，加强了对宏观经济的“预调”和“微调”，及时采取了必要的调控措施：如发行中央银行票据，加大公开市场“对冲”力度；及时对房地产信贷进行风险提示，将金融机构存款准备金率由6%上调为7%，下调超额存款准备金利率。2003年上半年新增人民币贷款1.8万亿元，下半年减少到不到1万亿元，全年新增人民币贷款2.77万亿元，货币政策效应初步显现。受惯性和基数的影响，2004年一季度，货币信贷继续高位运行，人民银行继续加大公开市场操作力度，再次上调存款准备金率。预计到2004年3季度，这些以间接调控为主的适度从紧的货币政策效果会初步显现。值得注意的是在惯性和基数的影响下，2004年第二季度GDP、CPI和货币信贷都将会有较高增长，这是在预料之中的，并不能证明货币政策无效。初步预计，上述指标在三季度以后会有所回落，年初确定的货币信贷调控目标基本上可以实现，即广义货币M2和狭义货币M1增长17%左右，全部金融机构新增人民币贷款在2.6万亿元左右。2004年2.6万亿的新增贷款水平虽然低于2003年，但也是历史第二高，比第三高年份高出7500亿元，不会造成硬着陆。

三、稳健货币政策的近期取向：适度从紧

当前国民经济形势总体上是好的。经济继续快速增长，经济效益进一步提高。同时，必须清醒地看到，经济运行中出现的一些突出矛盾进一步显现，有些问题还在发展。集中表现在固定资产投资过快增长，一些行业和地区的低水平重复建设没有得到有效遏止，资源的瓶颈约束加剧，通货膨胀压力

加大。反映在货币信贷上,是货币信贷增长仍然偏快。今年一季度金融机构实际增加贷款8351亿元,已占全年预期目标2.6万亿的32%,同比多增247亿元。

人民银行将按照中央经济工作会议精神和《政府工作报告》的要求,牢固树立并坚决落实科学的发展观,把中央各项部署落到实处。根据经济金融形势变化采取有针对性的调控措施,适度控制货币信贷增长,完善货币政策传导机制,预计年初确定的货币信贷调控目标是可以实现的,即广义货币M2和狭义货币M1增长17%左右,全部金融机构新增人民币贷款在2.6万亿元左右。下一阶段稳健货币政策的取向是适度从紧,但要防止急刹车,避免大起大落,促进经济平稳发展。

(一)适当收紧金融体系流动性,控制货币信贷过快增长

综合运用多种货币政策工具,加强预调和微调,引导货币信贷适度增长。根据外汇占款等流动性增长趋势,采取更加灵活的方式,继续加大公开市场对冲操作。加强再贷款、再贴现管理,发挥货币政策工具协调配合作用,将商业银行超额准备金率控制在一定水平,适当控制货币信贷增长。

(二)密切关注物价走势变化,稳步推进利率市场化改革

密切观察二季度物价形势变动情况,根据宏观经济调控的需要,研究运用价格杠杆等货币政策工具组合进行预调和微调的最优策略。稳步推进利率市场化、赋予金融机构更大的贷款利率定价自主权,引导金融机构能够根据货币政策导向和贷款风险等因素,合理确定贷款利率水平。

(三)加强结构调整,防止"一刀切"

指导、督促金融机构切实加强和改进信贷管理,优化信贷投向。加大窗口指导力度,要求金融机构严格控制对过度投资行业的贷款,高度重视宏观部门的行业风险提示,严格控制对国家限制行业的授信;对不符合市场准入条件的项目一律不予贷款;用好用活贷款利率上浮政策,加大对国家限制行业中技术和环保标准不高的企业的风险溢价。督促金融机构通过自身资产负债结构调整,合理控制资产规模扩张的速度,保持适当的流动性水平。继续加大对农业、扩大消费、中小企业、增加就业和助学等经济发展重点领域的贷款支持。

(四)积极推动金融市场发展,扩大直接融资

按照《国务院关于推进资本市场改革开放和稳定发展的若干意见》的要求,加强与有关部门的协调和配合,积极推动并加快研究通过制度创新、产品创新扩大直接融资渠道的措施。通过推动住房资产证券化和信贷资产证券化等增加债券市场交易品种,进一步推动公司债券市场的发展,积极培育合格的机构投资人,发展、完善债券市场做市商制度,完善债券托管和结算体系。研究引导合规资金进入股市的具体办法,提高金融资源配置效率,促进金融市场平稳协调发展。

(五)保持人民币汇率在合理、均衡水平上基本稳定

密切观察、分析国际收支和金融市场变化的新形势,协调本外币政策,促进国际收支平衡;进一步完善人民币汇率形成机制;稳步推进人民币可兑换进程,逐步放松外汇管制,改进现行结售汇制度,积极培育外汇市场,保持人民币汇率在合理、均衡水平上基本稳定。

(六)做好农村信用社改革试点资金支持工作,推动农村信用社转换经营机制。

进一步做好专项票据的发行和兑付、专项借款发放的考核工作,对达到条件的农村信用社,确保资金支持及时到位。采取有效措施,在帮助农村信用社消化历史包袱的同时,推动农村信用社转换经营机制,促进农村信用社走上可持续发展的良性循环轨道,提高支持"三农"的金融服务水平。

2004年第二季度中国货币政策执行报告

内容摘要

2004年上半年,全球经济持续复苏,通货膨胀风险加大,部分央行货币政策重点转向防止通货膨胀。我国宏观调控各项措施逐步落实并见到成效,经济中的不稳定、不健康因素得到遏制,国民经济保持了较快增长,呈现出速度比较快、效益比较好、活力比较强的发展态势。上半年,国内生产总值同比增长9.7%。

6月末,广义货币M2余额23.8万亿元,同比增长16.2%,增幅比上年同期低4.6个百分点。全部金融机构人民币贷款增加1.43万亿元,同比少增3536亿元,比2002年同期多增6000亿元。人民币各项存款增加2.17万亿元,同比少增1784亿元。基础货币余额为5.13万亿元,增长19.2%,增幅比上年末提高2.4个百分点。国家外汇储备为4706亿美元,比上年末增加674亿美元;人民币汇率为1美元兑换8.2766元人民币,继续保持稳定。

人民银行认真贯彻落实党中央、国务院关于经济金融工作一系列方针政策,继续执行稳健的货币政策,主要运用经济手段加强总量调控,同时积极配合国家产业政策加强信贷投向引导,促进信贷结构调整,保持国民经济健康发展。一是灵活开展公开市场操作,调控金融体系流动性;二是再次提高法定存款准备金率;三是建立再贷款浮息制度和差别存款准备金率制度;四是稳步推进利率市场化改革;五是加强窗口指导,引导优化贷款结构;六是大力发展金融市场;七是支持金融企业财务重组,加快推进金融企业改革;八是促进国际收支平衡,保持人民币汇率在合理、均衡水平上的基本稳定。

2004年下半年,人民银行将根据党中央、国务院的部署,牢固树立和认真落实科学的发展观,进一步落实中央确定的各项宏观调控政策措施,实施稳健货币政策,并根据经济金融运行的变化适时加以完善。密切观察经济金融形势的发展变化,落实好已出台的货币政策措施,准确把握力度和节奏,认真做好货币信贷工作,合理控制货币信贷增长,优化信贷结构。引导商业银行正确判断市场风险,及时为有市场、有效益、有利于增加就业的企业提供正常流动资金支持,切实支持符合国家产业政策和市场准入条件的项目建设。坚持以间接手段为主适时适度调控,提高金融调控的科学性、前瞻性和有效性。推进经济结构调整、体制改革和增长方式转变,保持经济平稳较快增长。一是灵活运用数量型工具,适度调节金融体系流动性。二是稳步推进利率市场化,更大程度地发挥市场在资源配置中的基础作用。三是加强窗口指导,优化信贷结构和产业结构。四是加快金融市场建设,提高货币政策传导效率。五是推进金融企业改革,促进金融业可持续发展。六是保持人民币汇率在合理、均衡水平上的基本稳定。

第一部分　货币信贷概况

2004年以来,我国国民经济保持了良好的发展势头。金融宏观调控已见成效,货币信贷增幅逐季回落,人民币汇率稳定,金融平稳运行。

一、货币供应量增幅继续回落

6月末,广义货币M2余额23.8万亿元,同比增长16.2%,增幅比上年同期低4.6个百分点,比上年末低3.4个百分点。广义货币增速已连续4个月回落。狭义货币M1余额8.9万亿元,同比增长16.2%,比上年同期低4个百分点,比

上年末低 2.5 个百分点。6 月份货币增速回落较快与去年 6 月基数高有关。流通中现金 M0 余额 1.9 万亿元,同比增长 12.2%。上半年累计回笼现金 728 亿元,同比多回笼 407 亿元。

二、金融机构贷款增势明显减缓

上半年,全部金融机构(含外资,下同)本外币贷款增加 1.56 万亿元,同比少增 3451 亿元。其中,人民币贷款增加 1.43万亿元,同比少增 3536 亿元,比 2002 年同期多增 6000 亿元;外汇贷款增加 156 亿美元,同比多增 10 亿美元。

6 月末,金融机构本外币贷款余额 18.1 万亿元,同比增长 16.7%,其中,人民币贷款余额 16.99 万亿元,同比增长 16.3%,贷款增速同比明显减缓既与宏观调控见效有关,也与去年 6 月份贷款投放集中有关,去年 6 月份是历史上贷款投放最多的一个月。

从贷款投向看,上半年人民币中长期贷款和农业贷款增加较多。农业贷款增加 1713 亿元,同比多增 282 亿元;中长期贷款增加 7310 亿元,同比多增 717 亿元,其中,基建贷款增加 3383 亿元,同比多增 478 亿元。人民币贷款同比少增的主要是短期贷款和票据贴现。短期贷款增加 5448 亿元,同比少增 1677 亿元;票据贴现增加 1223 亿元,同比少增 2195 亿元。在国家实施宏观调控,固定资产高速增长势头得到抑制后,6 月份基建贷款首次出现同比少增。6 月份基建贷款增加 805 亿元,同比少增加 186 亿元。

分机构看,上半年国有独资商业银行贷款增加 6686 亿元,同比少增 3374 亿元,股份制商业银行贷款增加 2900 亿元,同比少增 888 亿元,农村信用社贷款增加 2565 亿元,同比多增 350 亿元。

三、储蓄存款增速减缓

上半年,金融机构本外币存款增加 2.18 万亿元,同比少增 1661 亿元。人民币各项存款增加 2.17 万亿元,其中,企业存款增加 6335 亿元,同比少增 384 亿元;储蓄存款增加 1.02 万亿元,同比少增 522 亿元。储蓄存款已经连续 5 个月同比少增。今年以来居民储蓄存款增速逐月减缓,储蓄存款增幅由年初 1 月末 20.5%下降到 6 月末 16.5%;从储蓄存款构成看,定期储蓄存款比重不断下降。定期储蓄存款增量占全部储蓄存款增量的比重一季度为 62%,二季度为 31%。

6 月末,全部金融机构本外币各项存款余额为 24.22 万亿元,同比增长 17.1%。其中,居民储蓄存款余额为 12.04 万亿元,同比增长 14.5%,企业存款余额为 8.41 万亿元,同比增长 18.7%。

四、基础货币增长较快

6 月末,基础货币余额为 5.13 万亿元,增长 19.2%,增幅比上年末提高 2.4 个百分点。6 月末,金融机构超额存款准备金率 3.75%,比 5 月末回升 0.43 个百分点。其中,国有独资商业银行超额存款准备金率为 3.27%,股份制商业银行为 6.5%,农村信用社为 4.32%。

五、市场利率基本平稳

二季度,商业银行人民币协议存款(单笔金额在 3000 万元以上)利率略有上升。其中 61 个月期的加权平均利率为 3.78%,与上季持平;37 个月期邮政储蓄协议存款加权平均利率为 3.78%,比上季提高 0.1 个百分点。

受国际金融市场利率上升影响,境内外币贷款、大额存款利率水平略有上升。4 月以来,随着美联储加息预期的增强,伦敦同业市场美元利率一路上行,6 月 15 日,一年期美元 LIBOR 已升至 2.5%,达到 24 个月以来的高点。6 月,商业银行 1 年期美元大额存款(300 万美元以上)利率加权平均水平为 1.43%,比上月上升 0.17 个百分点;1 年期美元贷款固定利率加权平均水平为 3.04%,比上月上升 0.27 百分点。(表 1)

表 1:2004 年 1—6 月大额美元存款与美元贷款平均利率表

单位:%

期　限	1月	2月	3月	4月	5月	6月
一、大额存款						
3 个月以内	0.8663	0.9201	0.9834	0.8849	0.9195	1.0218
3—6 个月	1.0327	1.1892	1.3757	1.0156	1.5208	1.4672
6—12 个月	0.9862	0.7948	1.0253	0.9604	1.4403	1.5963
1　年	1.0271	0.9606	1.3929	1.1958	1.2603	1.4288
二、贷款						
1 年(固定利率)	2.5417	2.3818	2.4414	2.5307	2.7716	3.0413
1 年(浮动利率)	1.8069	2.3647	2.1672	2.3858	2.7481	2.4205

数据来源:商业银行外币利率备案表

上半年,货币市场利率回落后有所回升。4 月下旬以来,受节日和货币政策调控措施等因素影响,货币市场利率略有上升,4、5 两月的银行间 7 天回购月度加权平均利率分别为 2.06%和 2.18%。6 月的 7 天同业拆借和债券回购加权平均利率分别升至 2.4%和 2.41%,分别比上月回升了 0.16%和 0.23%,比去年同期提高了 0.3%和 0.25%。

六、人民币汇率稳定

6 月末,国家外汇储备为 4706 亿美元,比去年底增加 674 亿美元;人民币汇率为 1 美元兑换 8.2766 元人民币,继续保持稳定。

第二部分　货币政策操作

2004 年以来,人民银行认真贯彻落实党中央、国务院关于经济金融工作一系列方针政策,继续执行稳健的货币政策,主要运用经济手段加强总量调控,同时积极配合国家产业政策加强信贷投向引导,促进信贷结构调整。在调控方式和力度的掌握上,注意区别对待,有控有保,不搞"一刀切",保持国民经济健康发展。

一、灵活开展公开市场操作,调控金融体系流动性

今年以来,人民银行始终注意根据外汇占款和金融机构流动性情况,灵活调节公开市场对冲操作,适时调整中央银行票据发行数量和发行利率,保证商业银行正常的支付清算和合理的贷款资金需求,保持货币市场利率的基本稳定。

上半年,公开市场操作总体上是净投放基础货币,其中,外汇公开市场操作投放基础货币 5160 亿元;债券公开市场对冲操作回笼基础货币 2978 亿元,全部公开市场业务累计净投放基础货币 2222 亿元。其中,一季度,本币累计回笼 2809 亿元,外币累计投放 2821 亿元,本外币合计净投放 12 亿元,基本全额对冲了外汇占款增长。二季度,为实现"软着陆",在其他宏观调控措施集中到位、财政存款上升较快的情况下,适当减缓了对冲操作力度,本外币合计净投放 2041 亿元。上半年,公开市场操作共发行央行票据 6742 亿元,6 月末央行票据余额为 6029 亿元。

二、再次提高法定存款准备金率

经国务院批准,中国人民银行在 2003 年 9 月提高存款准备金率 1 个百分点后,于 2004 年 4 月 25 日再次提高法定存款准备金率 0.5 个百分点,即由 7%提高到 7.5%。为支持农业贷款发放和农村信用社改革,农村信用社和城市信用社暂缓执行,仍执行 6%的存款准备金率。这次提高法定存款准备金率,主要是为了控制货币信贷总量过快增长,保持国民经济平稳快速健康发展。本次法定存款准备金率提高的幅度不大，商业银行仍可以保持正常的支付清算水平并具有平稳增加贷款的能力。

三、实行再贷款浮息制度和差别存款准备金率制度

经国务院批准，中国人民银行决定分别从3月25日和4月25日起实行再贷款浮息制度和差别存款准备金率制度。

再贷款浮息制度是指中国人民银行在国务院授权的范围内，根据宏观经济金融形势，在再贷款(再贴现)基准利率基础上，适时确定并公布中央银行对金融机构贷款(贴现)利率加点幅度的制度。综合考虑当前经济金融形势和支持中小企业融资的需要，人民银行决定将用于金融机构头寸调节和短期流动性支持的再贷款利率统一加0.63个百分点，再贴现利率加0.27个百分点。为支持农村经济发展，对农村信用社再贷款浮息分三年逐步到位，且到位后加点幅度减半执行。再贷款浮息制度是稳步推进利率市场化的又一重要步骤，有利于完善中央银行利率形成机制，理顺中央银行和借款人之间的资金利率关系，并逐步提高中央银行引导市场利率的能力。

差别存款准备金率制度的主要内容是，金融机构适用的存款准备金率与其资本充足率、资产质量状况等指标挂钩。金融机构资本充足率越低、不良贷款比率越高，适用的存款准备金率就越高；反之，金融机构资本充足率越高、不良贷款比率越低，适用的存款准备金率就越低。对尚未进行股份制改革的国有独资商业银行和农村信用社、城市信用社暂缓执行差别存款准备金率制度。对金融机构实行差别存款准备金率制度，有利于抑制资本充足率较低且资产质量较差的金融机构盲目扩张贷款，防止金融宏观调控中出现“一刀切”，有利于促进我国金融平稳运行和健康发展，也为完善货币政策传导机制，提高货币政策的有效性奠定了基础。

四、加强窗口指导，引导优化贷款结构

今年以来，中国人民银行在主要运用经济手段加强总量调控的同时，认真贯彻落实国务院“区别对待、有控有保”的方针，积极配合国家产业政策加强对贷款投向的引导。

一是按月召开经济金融形势分析会，有针对性地对商业银行加强“窗口指导”和风险提示，提请商业银行合理把握贷款投放的进度和节奏，合理调整贷款审批权限和系统内利率，加强系统内资金调度，不断优化资金配置。

二是认真贯彻国务院精神，配合国家发改委等部门对重点地区和重点企业进行监督检查，并积极配合做好固定资产项目清理工作。但同时强调，各商业银行在授信总量内对符合市场准入条件、环保指标和技术指标好的企业，要按照信贷原则积极提供信贷支持。

三是引导金融机构加大对农业、中小企业、扩大消费、增加就业等方面的贷款支持。在农业方面，要求商业银行积极做好与农资资金供应相关的金融服务工作。同时积极推进农村信用社改革试点。在促进扩大就业方面，人民银行联合财政部、劳动保障部专门下发通知，完善下岗失业人员小额担保贷款管理办法，简化贷款担保和审批手续。在助学贷款方面，进一步完善了国家助学贷款风险防范补偿机制。

专栏1：宏观调控中的“区别对待”

宏观经济调控的主要目的是“熨平”经济运行中的波动，促进经济平稳增长。但在经济运行中，无论在经济增长的高涨还是回落时期，不同行业和不同企业的市场需求、盈利能力、发展前景和融资环境等情况都不尽相同，宏观调控对其产生的影响也会有所差别。成熟的市场经济体系具有相对完善的“区别对待”的调节机制。比如，利率体系充分市场化，金融机构针对不同风险的企业贷款可以确定不同的利率风险溢价，有利于资金实现有效配置；市场上存在多种类型的金融机构，既能够为大企业提供全面服务，也可以对小企业服务进行融资支持；金融监管机制比较成熟有效，在资本充足要求下，质量较差的商业银行会主动控制其资产增长，有利于正向激励金融机构业务发展。

我国由于市场经济体系的发展还不成熟，不同产业发展还不很协调，各项经济改革进程也不完全一致。宏观调控中要综合把握总量控制、结构调整和机制建设等任务，在宏观调控方式和力度的掌握上，要注意区别对待，有控有保，不搞“一刀切”。2003年以来，人民银行继续执行稳健货币政策，主要运用经济手段加强总量调控，综合运用多种货币政策工具，区别对待、灵活有效地进行货币信贷调控。

一是根据不同时期市场流动性变化，灵活调整公开市场操作力度。2004年初，在商业银行短期流动性紧张时期，通过开展逆回购专场交易向商业银行融出短期资金，满足商业银行支付需要。二月中旬到4月份，针对外汇占款增加较多的状况，人民银行及时加大中央银行票据发行和公开市场操作力度，收回市场过多流动性。对由外汇占款投放的流动性大体进行了全额对冲。6月份，人民银行则相对减少了公开市场的对冲数量。

二是对不同金融机构实施区别对待。在2003年9月和2004年4月两次上调存款准备金率时，为支持农业贷款发放和农村信用社改革，均暂缓上调了农村信用社和城市信用社的存款准备金率。从2004年3月份起实施的再贷款浮息制度，对农村信用社再贷款浮息是分三年逐步到位，且到位后加点幅度减半执行。

三是不断完善区别对待的调控机制。从2004年4月起，实行差别存款准备金率制度，对质量较差金融机构实行相对较高的存款准备金率要求，建立健全正向激励机制。对尚未进行股份制改革的国有独资商业银行和农村信用社、城市信用社暂缓执行差别存款准备金率制度。从2004年1月起，进一步扩大了金融机构贷款利率的浮动区间，给商业银行实施贷款风险溢价以更大的自主权，有利于解决中小企业贷款难问题。

四是在引导信贷结构调整中注意有控有保。一方面，针对年初以来货币信贷增长较快的形势，有针对性地对商业银行加强“窗口指导”和风险提示，提请商业银行既要重视和防止货币信贷过快增长，也要防止“急刹车”，合理把握贷款进度，优化资金配置。并强调，各商业银行在授信总量内对符合市场准入条件、环保和技术指标好的企业贷款，要按照信贷原则提供正常信贷支持。另一方面，引导金融机构加大对农业、中小企业、扩大消费、增加就业等方面的贷款支持。在支持农业发展方面，2004年上半年，人民银行对13个粮食主产区调增再贷款40亿元的基础上，又单独安排50亿元再贷款，用于支持在春耕生产时发放农户贷款。截止6月末，对农村信用社共计安排再贷款1068亿元，其中90%用于粮食主产区和西部地区。在促进扩大就业方面，人民银行加强与财政部、劳动保障部等部门的协调，完善下岗失业人员小额担保贷款管理办法，简化贷款担保和审批手续，鼓励银行对符合贷款条件、新增就业岗位吸纳下岗失业人员达到一定比例的劳动密集型小企业加大信贷支持，进一步推广“小额贷款＋创业培训”的再就业模式。在助学贷款方面，人民银行会同教育部、财政部、银监会及时研究制定了《关于进一步完善国家助学贷款工作的若干意见》，制定了《国家助学贷款招投标管理办法》、《国家助学贷款风险补偿专项资金管理办法》等专项办法，进一步完善了国家助学贷款风险防范补偿机制，引导和推动国家助学贷款健康可持续发展。

五、稳步推进利率市场化改革

经国务院批准，中国人民银行决定自 2004 年 1 月 1 日起扩大金融机构贷款利率浮动区间。商业银行、城市信用社贷款利率的浮动区间上限扩大到中国人民银行制定的贷款基准利率的 1.7 倍，农村信用社贷款利率的浮动区间上限扩大到贷款基准利率的 2 倍，金融机构贷款利率的浮动区间下限保持为贷款基准利率的 0.9 倍不变。同时推出一系列扩大商业银行贷款定价自主权的措施：放开贷款计、结息方式，由银企双方协商确定；人民币中、长期贷款利率由原来的“一年一定”，改为由借贷双方按商业原则确定，可在合同期间按月、按季、按年调整，也可采用固定利率的确定方式；人民币 5 年期以上档次贷款利率，由金融机构参照人民银行公布的五年期以上贷款利率自主确定。

扩大商业银行贷款利率浮动区间和自主定价权，大大提高了贷款利率市场化程度和信贷风险的补偿能力，通过金融机构建立健全利率定价机制和内部风险控制制度，加强了商业银行的风险管理，对推进金融机构改革和落实好加入世界贸易组织的承诺，营造公平竞争的市场环境，提高商业银行对中小企业贷款积极性都有积极作用。

专栏 2：用合理的贷款自主定价为经济结构优化服务

贷款定价是商业银行经营管理体系的核心组成部分，也是实现宏观经济间接调控的重要微观基础。贷款利率涵盖商业银行承担的风险、成本，是合理贷款定价的基本原则。当贷款利率不能弥补贷款风险成本和支出时，银行将无法充分计提各项损失准备，信贷资产的损失会直接侵蚀银行资本，威胁其持续经营。

管制利率时期，金融机构缺乏贷款定价的自主权。金融机构缺乏信贷风险价格补偿机制，是其各项损失准备和资本不足的重要原因。与此同时，管制利率扭曲了信贷资金市场的供求机制——当管制利率低于市场均衡利率水平时，资金需求受到鼓励，而资金供给受到抑制，信贷市场供不应求，利率的僵化导致资金供求矛盾长期存在，并直接造成信贷市场的寻租行为，信贷资产的安全也受到威胁。

近年来，我国利率市场化改革取得了长足进展，自 2004 年 1 月 1 日起，金融机构贷款利率已经可以以人民银行公布的贷款基准利率为基础，在[0.9，1.7]的浮动系数范围内按照商业原则自主确定。人民银行近期的统计数据显示，金融机构已开始运用新的贷款利率浮动区间为弥补贷款风险、进行合理定价服务。贷款利率定价权的不断扩大为金融机构进行合理的贷款定价创造了条件。在利率市场化过程中，金融机构普遍建立了利率风险定价和贷款授权授信制度，贷款定价必需的基础信息系统也逐步投产，金融机构按照风险收益对称原则定价的制度和技术基础不断完善。

有观点认为，利率上浮增加了中小企业和农户贷款的成本。事实上，信贷资金投放是由供求双方的共同行为决定的。只有赋予金融机构通过风险溢价覆盖高风险贷款损失的权利，才能使金融机构对中小企业、农业贷款有积极性。如果将贷款利率控制在低于均衡利率的水平上，中小企业、农户反而借不到钱。在现行贷款利率浮动区间内，即使利率上浮，其水平也比民间借贷利率低很多。

市场经济的供求关系客观上决定了每个借款项目风险大小的不同，因此成为贷款定价重要的风险预警指标。将借款人（项目）的个体风险纳入国家产业政策的大环境下综合考查，并据此制定相应的利率水平，充分利用贷款利率浮动区间赋予金融机构的贷款定价权，以价格手段筛选信贷资产，才能综合实现信贷资产的安全性、收益性和流动性。风险与收益对称的贷款定价原则保证了宏观调控和结构优化的政策导向以价格信号的形式向微观经济传导，从而有利于避免宏观调控和结构调整中可能出现的“一刀切”和“急刹车”。

六、稳步发展金融市场

一是推出债券买断式回购业务。为提高债券市场流动性，推动债券结算代理业务的开展，加大债券市场创新力度，并为债券借贷和远期交易等利率衍生品的推出创造市场条件，中国人民银行借鉴国外发达债券市场经典回购的基本原则和经验，设计了债券买断式回购的基本业务框架，并通过多种方式广泛征求市场参与者和相关部门的意见，对业务规定进行了完善。

二是加强银行间债券市场法规建设。为适应银行间债券市场的快速发展，特别是新交易工具不断出现的需要，中国人民银行加强了银行间债券市场的法规建设。主要包括：起草、修改和发布《债券买断式回购业务管理规定》；组织同业拆借中心、中央结算公司和市场参与者制定行业自律性文件一《债券买断式回购主协议》，解决买断式回购业务的法律适用问题；制定银行类金融机构企业年金进入银行间债券市场的审核规则及应履行的程序；缩短短期债券从发行到上市交易的等待时间，提高市场效率。

三是统一债券收益率的计算标准。中国人民银行参考国际发达债券市场的通行做法，结合我国银行间债券市场的实际情况，对现行收益率计算办法进行了修改，决定将“实际天数/365”日计数基准作为我国银行间债券市场的计算基准，并按此基准统一到期收益率和应计利息的计算方法。这一方面保证了我国债券市场基本计算规则与国际市场接轨，另一方面也有利于促进我国债券市场收益率曲线的合理形成。

四是建立市场成员不良记录登记制度。密切监测银行间债券市场日常运行状况，加强对债券市场违规行为的监测和跟踪调查，对于可能存在的关联交易、虚假交易和价格操纵等行为，中国人民银行通过同业中心和中央结算公司进行了认真调查，并对个别当事人进行了必要劝诫，建立市场成员不良记录登记制度。

此外，还批准中国农业发展银行发行政策性金融债券。近日，中国农业发展银行已在全国银行间债券市场首期发行政策性金融债券 80 亿元。

七、支持金融企业财务重组，加快推进金融企业改革

继续支持农村信用社改革。按照国务院批准的改革方案，上半年对八个试点省（市）506 个县（市）的农村信用社共发行专项票据 266 亿元，从而改善了农村信用社资金和资产状况，增强了农信社服务“三农”的功能。

按照国务院批准的中行、建行、交行股份制改革方案，支持中行、建行、交行做好股份制改革中有关财务重组工作。经国务院批准，商业银行通过发行次级债补充资本的工作已经启动，中行、建行将分别发行总额为 600 亿元、400 亿元次级债券。这些措施将使改革试点银行资产质量得到明显改善，资本充足水平进一步提高，从而有力推进了商业银行股份制改革的进程。

专栏 3：商业银行次级债券

商业银行次级债券是指商业银行发行的、本金和利息的清偿顺序列于商业银行其他负债之后、先于商业银行股权资本的债券。2004年2月，银监会出台了《商业银行资本充足率管理办法》，明确规定附属资本包括长期次级债务，为商业银行发行次级债券补充附属资本提供了重要法律依据。

2004年6月23日，经国务院批准，人民银行和银监会共同颁布了《商业银行次级债券发行管理办法》，为商业银行通过发行次级债券补充附属资本以及商业银行发行次级债券的行为制定了规范准则。该办法共7章46条，围绕债券发行的申请和审批以及债券发行、登记托管、兑付、信息披露等几个方面，对监管部门、发行主体、市场参与者的权利和责任进行划分，明确了各自的义务，增加了行政执法的透明度，是促进业务开展、健全法律、法规的重要环节。

人民银行在制定《商业银行次级债券发行管理办法》的过程中，认真总结近年来我国债券市场发展的经验，充分考虑我国债券市场的现状，借鉴国外比较成熟的经验和做法，强调通过提高市场透明度保护投资者权益，充分发挥市场配置资源的作用，注重相关政策的可操作性。

我国商业银行发行次级债券补充附属资本意义重大：

首先，发行次级债券有利于商业银行拓宽资本筹集渠道，推动商业银行改革。总体上看，我国商业银行资本充足率偏低，筹集资本金的渠道较少，缺乏高效的补充附属资本的融资工具。通过发行次级债券补充商业银行附属资本，优化资本结构，提高资本充足率，有力的推动了商业银行股份制改革。

其次，发行次级债券有利于加强对商业银行的市场约束，提高监管效率。发行次级债券的商业银行必须定期向市场公布其经营状况，并接受债券评级，因此提高了商业银行经营的透明度，有助于加强外部监管。此外，二级市场上次级债券收益率的变动直接体现发债银行的经营状况，从而使发债银行处于市场的持续监督和约束之中，这显然有利于银行加强自我风险管理。

第三，商业银行发行次级债券有利于改善商业银行资产负债结构，增加新的金融产品。目前，商业银行资金来源短期化而资产运用长期化的问题较为突出。通过发行长期次级债券，可以缓解商业银行资产负债结构不匹配的矛盾。

目前，商业银行发行次级债券补充附属资本的工作已经启动，中国银行和建设银行于7月份完成了第一期债券发行。

八、促进国际收支平衡，保持人民币汇率在合理、均衡水平上的基本稳定

完善人民币汇率形成机制，进一步理顺外汇供求关系。继续推进贸易和投资便利化；改革外汇账户管理，扩大企业灵活使用外汇的自主权；加强资金流入和结汇管理、控制短期资本流入；加强金融机构外汇监管，规范金融机构外汇业务经营行为；进一步规范外汇市场秩序，积极培育银行间外汇市场。

第三部分　金融市场分析

一、货币市场运行平稳

（一）债券回购成交额略有下降

2004年上半年，银行间债券市场累计成交5.92万亿元，比上年同期下降2.3%，日均成交481.4亿元，日均成交比上年同期下降3.1%，市场流动性有所下降，主要是质押式债券回购成交同比下降较多所致。上半年银行间债券市场质押式债券回购累计成交4.70万亿元，同比减少3455亿元；5月20日开始的买断式债券回购累计成交110亿元。交易所国债回购累计成交2.26万亿元，同比减少2.8%，日均成交同比减少4.5%。

上半年，银行间市场质押式债券回购月加权平均利率呈"V"字型运行。前3个月金融机构资金头寸较宽松，质押式债券回购利率持续回落，由1月份的2.43%降至3月份的1.93%；4月份起受央行调整法定准备金率等因素影响，质押式债券回购利率稳步回升，6月份为2.41%。此外，5月份开始的买断式债券回购月平均利率当月为2.35%，6月份上升至2.59%，比同期质押式债券回购利率高0.18个百分点。

从银行间债券回购市场资金融出、融入情况看，国有独资商业银行仍然是最大的资金净融出部门，上半年净融出资金2.4万亿元；其他商业银行、其他金融机构是主要的资金净融入部门，分别融入资金1.6万亿元和6226亿元。

（二）同业拆借市场成交额有所回落

2004年上半年，银行间同业拆借市场累计成交8154亿元，比上年同期下降25.3%，日均成交66.3亿元，日均成交比上年同期下降25.9%。其中成交最活跃的是7天品种，累计成交5691亿元，占全部拆借成交额的69.8%，比重比去年同期上升9.4个百分点，上升幅度较大。银行间市场同业拆借交易月加权平均利率走势与质押式债券回购利率走势一样，由2004年1月份的2.38%，持续回落至3月份的2.07%；4月份起稳步回升，6月份回升至2.4%。

从同业拆借市场资金融出、融入情况看，国有独资商业银行仍然是最大的资金净融出部门，但所占比重同比下降较多。资金净融入方主要是证券及基金公司。

表1：2004年上半年金融机构同业拆借资金融出、融入情况表

单位：亿元

	2004年上半年1	2003年上半年1
国有独资商业银行	−2747	−2962
其他商业银行2	−1767	−1499
其他金融机构	4359	4199
其中：证券及基金公司	3999	3930
外资金融机构	155	262

注：1.负号表示净融出，正号表示净融入。

2.其他商业银行包括股份制商业银行及城市商业银行。

资料来源：中国人民银行《中国金融市场统计月报》

二、债券市场调整后逐步企稳

（一）债券二级市场收益率明显上升

上半年，银行间债券市场现券交易累计成交1.2万亿元，同比增加1967亿元，日均成交98亿元，同比增长18.4%。交易所国债现券成交1496亿元，比去年同期减少1532亿元，日均成交12.2亿元，同比减少51%。

债券指数连续下行后小幅回升。银行间市场中国债券总指数从1月2日本年度最高点104.91点，逐渐下行，在4月29日达到本年度最低点99.98点。之后，触底反弹，6月30日报收于101.62点。前4个月上海证券交易所国债指数持续回落，4月末收盘于92.17点，比上年末下跌7.26%；5月起有所反弹，6月末收盘于94.27点，比4月末上升2.29%。

债券市场收益率曲线逐渐变陡，中长期债券收益率上升反映了市场通货膨胀预期。与去年同期相比，2004年6月末银行间市场7天回购利率上升了约18个基点，而同期剩余期限为7年的国债收益率约上升了200个基点。作为基准利率，国债收益率的上升也带动其他债券品种二级市场收益率和发行利率的普遍上升。

（二）债券市场发行状况总体较好，发行利率明显上升

2004年上半年，国债累计发行3860亿元，同比增长22.9%，其中，凭证式国债发行2207亿元，同比增长57.6%；

记账式国债发行1653亿元，同比下降5%；政策金融债累计发行1900亿元，同比增长37.7%；企业债累计发行85亿元，同比增长30.8%。

国债和政策金融债发行利率均比去年同期明显上升。上半年财政部发行的5年期记账式3期国债和7年期记账式4期国债利率分别比去年同期上升1.97和2.23个百分点，发行的3年期和5年期凭证式1期、2期国债利率比去年同期均上升0.2个百分点；国开行发行的第6期10年期浮动利率债券比去年同期同品种利率上升0.81个百分点，第11期3年期固定利率债券比去年同期同品种利率上升1.79个百分点。

表2:2004年上半年国债和政策金融债券发行情况简表

	期限（年）	利率（%）	发行额（亿元）		期限（年）	利率（%）	发行额（亿元）
国债发行累计			3860.4	政策金融债发行累计			1900
凭证式国债			2206.8	国开行1期	3	2.99	100
凭证式国债1期：				国开行2期	10	3.51	200
三年期	3	2.52	315	国开行3期	10	2.74	150
五年期	5	2.83	135	国开行4期	10	2.74	150
凭证式国债2期：				国开行5期	10	3.50	100
三年期	3	2.52	1067.4	国开行6期	10	3.28	100
五年期	5	2.83	452.4	国开行7期	0.5	2.80	150
凭证式国债3期				国开行8期	7	3.51	200
二年期	2	2.40	237	国开行9期	2	3.80	200
记帐式国债			1653.6	国开行10期	1	3.40	200
1期	1	2.35	381.6	国开行11期	3	4.20	200
2期	3	3.2	267.6	进出口行1期	2	3.82	150
3期	5	4.4164	304.6				
4期	7	4.89	367.5				
5期	2	3.27	332.3				

资料来源：中国人民银行《中国金融市场统计月报》

三、票据市场业务在规范中稳步发展

2004年上半年，各商业银行自觉规范票据业务经营和管理，票据市场运行平稳。企业累计签发商业汇票1.6万亿元，同比增长29%；累计票据贴现和再贴现2.2万亿元，同比增长14.9%。6月末，已签发的未到期的商业汇票余额为1.36万亿元，同比增长27.1%；票据贴现和再贴现余额1.08万亿元，同比增长17.6%，增速比上年同期显著减缓。

票据业务发展呈现出以下几个特点：一是票据业务量增势减缓，票据承兑、贴现发生额的波动显著。二是票据转贴现业务日渐活跃，成为金融机构融通资金、增加收益、改善资产结构、调节信贷规模的有效工具。三是票据市场的价格形成机制市场化程度进一步加深。主要体现在，贴现利率随着市场资金供求状况和市场参与主体心理预期的变化波动，转贴现利率地区差异逐渐缩小，票据市场利率对再贴现利率的敏感度降低。四是票据市场工具呈现多样化，商业承兑汇票业务占比有所上升。票据业务品种创新步伐加快，已成为各家商业银行开拓票据业务的重要手段。五是中小金融机构（尤其是股份制商业银行）交易活跃，票据市场竞争主体多元化格局已经形成。

四、股票市场融资金额大幅度增长

2004年上半年，股票市场成交十分活跃。上半年，沪、深股市累计成交26037亿元，同比增加8009亿元；日均成交225亿元，为2001年以来最高水平，同比增长41.9%。其中A股累计成交25537亿元，同比增加7870亿元；日均成交220亿元，同比增长42.1%。

1月至4月上旬沪、深股指在波动中上扬。上证综指在4月7日最高升至1783点，为2002年以来最高；深证综指最高升至472.18点，为2002年10月份以来最高。4月7日，上证综指和深证综指分别收盘于1775点和471点，比上年12月末分别上涨18.5%和24.3%。6月末，上证综指和深证综指分别收盘于1399点和355点，比4月7日收盘时分别下降376点和116点，下降21.2%和24.6%。

上半年，股票市场融资金额大幅度增长，主要是H股和A股融资增加较多。A股筹资（包括发行、增发和配股）335亿元，同比增长57.7%；H股发行筹资55.8亿美元，同比增长7倍多，主要是中国电信增发135亿港元，平安保险首发143亿港元，中海集装首发77亿港元；发行可转债40.3亿元，同比下降59.3%。1—6月份股票市场累计融资858亿元，为历史最高水平，同比增长近1.3倍。

2004年上半年，国内非金融机构部门（包括住户、企业和政府部门）以贷款、股票（可流通上市股票的筹资部分）、国债和企业债这四种方式新增融入的资金总计为18886亿元（本外币合计），同比下降11.2%，主要是贷款融资下降17.9%。国内非金融机构部门贷款、国债、企业债和股票融资的比重为82.7:12.3:0.4:4.6。贷款融资比重有所下降，国债和股票融资比重明显上升。

表3:上半年国内非金融机构部门融资情况简表

	融资量（亿元人民币）		比重（%）	
	2004年	2003年	2004年	2003年
国内非金融机构部门融资总量	18886	21272	100	100
贷款	15623	19033	82.7	89.5
国债	2320	1824	12.3	8.6
企业债	85	65	0.4	0.3
股票	858	350	4.6	1.6
其中：可转债	40	99	0.2	0.5

资料来源：中国人民银行调查统计司

五、保险业继续保持良好发展势头

上半年，保险业保费收入2374亿元，同比增长10.2%，增幅同比低23.8个百分点。其中，财产险保费收入586亿元，同比增长23%；人身险保费收入1787亿元，同比增长6.5%，增幅低于财产险16.5个百分点，改变了2001年以来人身险保费收入增长明显快于财产险的状况。主要因为寿险保费收入同比增长6%，增幅同比下降30.8个百分点，增长放缓。上半年，保险业累计赔款、给付477亿元，同比增长25.5%，增幅比上年同期高15.3个百分点，发挥了灾害事故“减震器”的作用。

随着保险业深度和广度的不断扩大，保险资产继续保持较快增长速度，总资产于4月份突破万亿元大关。6月末，保险公司的总资产达到1.08万亿元，同比增长38.8%，比上年末增长18.4%。从构成看，银行存款占比重最大，达到48.1%；其次为国债投资，达到16.7%；证券投资基金投资增长较快，同比增长89.2%，增幅比上年同期上升20.1个百分点；占比上升到6.4%，比上年同期上升1.7个百分点，比上年末上升1.3个百分点。

表4:主要保险资金运用表

	余额（亿元人民币）		占资产总额比重（%）	
	2004年6月末	2003年末	2004年6月末	2003年末
资产总额	10806	9123		
其中：银行存款	5194	4550	48.1	49.9
投资	4538	3829	42	42.0
国债	1805	1407	16.7	15.4
证券投资基金	692	463	6.4	5.1

资料来源：中国人民银行《中国金融市场统计月报》

六、外汇市场交易量继续显著增加

上半年，银行间外汇市场交易量继续显著增加，各币种累计成交折合美元793亿美元，同比多成交202亿美元；日均成交6.45亿美元，同比增长33.3%。其中，美元品种成交773亿美元，日均成交6.28亿美元，同比增长32.8%。

专栏4：香港银行个人人民币业务情况

随着内地与香港经贸关系的日趋紧密，人民币在港流通和使用已形成一定规模。为密切两地经贸关系，便利两地居民互访和旅游消费，引导人民币有序回流，经国务院批准，中国人民银行于2003年11月19日发布《中国人民银行公告[2003]第16号》(以下简称《公告》)，宣布人民银行将为香港银行办理个人人民币业务提供清算安排。自2004年2月25日起，香港银行开始为香港居民办理个人人民币的存款、兑换和汇款三项业务。从4月底开始，香港银行推出人民币银行卡服务。此外，自2004年1月18日起，内地银行发行的印有银联标识的人民币卡也可在香港使用。

一、清算安排内容

人民银行为香港银行办理个人人民币各项业务所设计的清算条件与安排如下：

人民币存款业务。人民银行接受清算行的存款并支付利息，该存款应为其接受参加行所吸收的持香港居民身份证个人(以下简称香港居民个人)的人民币存款。

人民币兑换业务。清算行可作为中国外汇交易中心的会员，办理人民币与港币兑换业务的平盘。同时，人民银行授权清算行为参加行符合下述条件的人民币与港币兑换业务提供平盘服务。这些条件包括：个人每人每次不超过等值6000元人民币的现钞兑换，或通过存款户每人每天不超过等值2万元人民币的兑换；在香港提供购物、餐饮、住宿等个人旅游消费服务的指定商户收取的人民币现钞兑换港币。

人民币汇款业务。允许内地银行接受经清算行汇入的香港居民个人人民币汇款，该汇款的收款人须为汇款人，每人每天的人民币汇款最高限额为5万元。内地银行按有关规定办理汇款的解付手续。未提用的人民币汇入款经审核后可汇回香港。

人民币银行卡业务。由清算行和内地银行卡联合组织(即中国银联股份有限公司)办理人民币卡的清算事宜。允许两地银行或其附属机构发行的个人人民币卡在内地或香港用于消费性支付，或在自动取款机上提取现钞。

二、基本情况

截至5月底，香港已有37家银行及参加机构正式开办个人人民币业务(包括中银香港、汇丰、渣打、恒生、东亚、东京三菱、法国巴黎等银行)，并与清算行签定了清算协议。

存款。随着基数的扩大，存款增速减慢至较常规水平。清算行在人民银行深圳中支清算帐户余额由2月底的3.07亿元增加到6月底的66.7亿元；存款增速在4月、5月和6月份别为32.26%、12.29%和6.26%。截止6月底，清算行累计净缴存现钞19.2亿元，其中3月至6月回流量分别为8.23亿元、5亿元、4亿元及2.14亿元，回流量逐渐减少。这表明过去沉淀的人民币现钞集中回流后，回流量趋于平缓，并进入正常状态。

兑换。目前，香港居民持有人民币存款的主要目的是满足日常消费需要和资金保值，因此，兑换业务发展平衡，尚未出现将港币大量兑换成人民币进行炒作的现象。

汇款。根据人民银行深圳中支的统计，截止6月底，香港银行共汇入内地7756万元，内地银行汇入香港350万元，净汇入内地7406万元。人民币卡。"北卡南用"(内地银行发行的银联标识人民币卡在香港使用)反应较好，截至7月24日，在香港总交易额为10.8亿港元，折合人民币11.5亿元。"南卡北用"(香港银行发行的人民币卡在内地使用)在4月底已经开通，但暂时只有中银香港办理，截止6月底，累计清算金额为297万元人民币。

人民币存款利率。根据人民银行确定的清算行人民币转存款利率(年息0.99%)，香港参加行自行确定存款利率。目前几家主要参加行的活期存款利率为0.51%(年息)，1周和1个月的定期存款利率为0.57%，3个月定期存款利率为0.58%，个别银行对较长期的定期存款提供高利率，如中银香港及汇丰银行对6个月的大额定期人民币存款利率提高至0.8%。

总之，2月25日至今，香港银行办理个人人民币业务进展平稳、有序，人民币存款量稳步增长，现钞回流效果明显，人民币与港元汇率稳定，银行卡交易量持续上升，资金清算渠道通畅，香港各参加行均能遵守清算协议及相关规定，香港各界反应良好，未出现不正常的人民币跨境流动。

第四部分　宏观经济分析

一、全球经济持续复苏，通货膨胀风险加大

2004年上半年，全球经济复苏和增长势头加强，经济形势不断好转的区域由美国和东亚扩展到日本、欧元区和南美。主要经济体中，美国经济继续强劲增长，日本经济复苏步伐加快，欧元区经济有所改善，发展中国家继续保持稳定增长态势。随着经济持续复苏，主要经济体的通货膨胀压力有所抬头，部分国家中央银行已改变中性的货币政策，将反通货膨胀作为主要政策目标。石油价格、能源安全以及地缘政治紧张是近期影响世界经济稳步增长的风险因素，这些因素也在一定程度上加剧了通货膨胀压力。2004年5月石油价格高企，其后短暂回落。6月30日，布兰特石油价格为每桶33.5美元。进入夏季用油高峰后，市场对石油供给能力的担心使油价再次上扬。

(一)主要经济体经济状况良好

美国经济强劲增长，中期通货膨胀压力加大。2004年一季度，实际GDP季节调整折年率后增长3.9%，二季度继续以较强劲的态势增长。二季度各月未经季节调整的同比CPI分别为2.3%、3.1%和3.3%，平均为2.9%，比一季度高1.2个百分点，中长期通货膨胀压力有所增加。今年1—6月各月失业率虽然明显低于上年同期，但持续保持在5.6%的较高水平。贸易逆差创历史新高，一季度，美国商品与服务贸易逆差约为1311亿美元，比2003年同期多增了96亿美元，预计二季度进口增长仍会快于出口，贸易逆差将进一步增大。

欧元区经济继续改善，短期通货膨胀压力加大。2004年一季度，实际GDP季节调整后环比增长0.6%，同比增长1.3%，均快于2003年四季度。二季度各月综合消费价格指数(HICP)分别为2.0%、2.5%和2.4%，平均为2.3%，比一季度高0.6个百分点。失业率略有上升，从一季度的8.9%上升到5月份的9.0%。对外贸易继续保持顺差，5月份出口环比增长高达10%，进口环比增长5%。

日本经济继续复苏，但仍未摆脱通货紧缩的困扰。2004年第一季度，实际GDP季节调整后环比增长1.5%，同比增长5.6%，是1991年以来最强劲的增长。但通货紧缩局势还没有消除，2004年以来同比CPI一直为负，其中5月份为—0.5%。就业形势有所改善，5月份季节调整后的失业率为4.

6%，低于1、2月份的5.0%，处于2001年以来最低水平。贸易顺差继续扩大，5月份出口环比增长7.3%，进口月环比分别增长1.5%，贸易顺差比上年同期增长35.5%。

主要发展中国家继续保持增长的势头。在全球经济、贸易复苏，特别是美国和中国进口需求加大背景下，亚洲地区主要经济体经济增长强劲，继续成为全球经济增长的亮点。欧盟东扩和俄罗斯经济增长加快对东欧国家经济和贸易增长起到拉动作用。受益于美国经济强劲增长，拉美新兴市场经济体工业生产和进出口贸易也在快速恢复增长之中。

（二）美元微幅升值，主要经济体长期国债收益率上升

年初以来，美元略有回升，日元则在政府的大规模干预下略有贬值。6月30日，纽约汇市上1欧元兑1.2149美元（相当于美元兑欧元0.823欧元），与2003年年末水平相比美元回升了约3.2%；美元兑日元收于108.19日元，较2003年年末水平回升了约0.82%。

主要经济体长期国债收益率上升。与今年一季度长期国债收益率普遍下降形成鲜明对比，二季度美、欧国债市场的收益率曲线持续回升。6月30日，十年期美国政府债券收益率回升至4.7%，欧元区长期政府债券收益率为4.4%。4、5月份，日本十年期国债收益率变化不大，但6月份上涨了约30个基点，6月30日达到1.8%，恢复到了2000年末的水平。国债收益率上扬的主要原因是经济前景看好，同时市场对通货膨胀预期较一季度有所上升。

上半年，经济增长和企业收益前景好转支持股市上扬，但石油价格上涨对股票市场负面影响较大，引起股市波动。6月30日，道·琼斯指数收于10435.48点，比一季度末上涨0.75%，纳斯达克指数较一季度末上涨2.7%；道·琼斯EUROSTOXX指数收于2792点，较一季度末下降1.17%；日经225平均股指11236点，较第一季度末上涨1.8%。

（三）部分央行货币政策重点转向防止通货膨胀

随着全球经济复苏，主要经济体通货膨胀压力加大，部分国家中央银行已改变中性的货币政策，将反通货膨胀作为主要政策目标。2004年5月6日、6月10日和8月5日，英格兰银行三次将回购利率提高25个基点，目前回购利率达到4.75%。6月30日，美联储公开市场委员会决定将联邦基金目标利率调高0.25个百分点至1.25%。

2003年6月至今，欧央行理事会各次例会决定维持利率水平不变，即隔夜拆入利率、短期再贷款利率和隔夜拆出利率分别为1%、2%和3%。日本银行继续实行宽松的货币政策，将商业银行在中央银行结算账户的余额继续保持在今年1月下旬例会确定的30—35万亿日元左右的水平上，以确保向市场提供充足的流动性。

二、我国经济平稳较快增长，宏观调控已见成效

2004年以来，我国宏观调控各项措施逐步落实并见到成效，经济中的不稳定、不健康因素得到遏制，国民经济保持了较快增长，呈现出速度比较快、效益比较好、活力比较强的发展态势。粮食生产扭转了连续几年下滑的局面，某些过热行业投资和生产增速明显回落。目前宏观调控还处在关键阶段，取得的成效是初步的、阶段性的，基础还不巩固，固定资产投资扩张和生产资料价格上涨的压力依然很大，煤电油运供求仍然紧张，造成经济运行中突出矛盾和问题的体制性、机制性弊端没有消除。上半年，国内生产总值5.9万亿元，同比增长9.7%，比去年同期提高0.9个百分点。其中，第一、二季度分别增长9.8%和9.6%。

（一）投资需求过快增长势头得到初步遏制，消费需求趋旺

上半年，随着宏观调控各项措施逐步落实到位，固定资产投资过快增长势头得到遏制，某些过热行业投资和生产增长速度明显回落；消费需求趋旺；对外贸易持续快速增长，进出口逆差缩小。

固定资产投资增速回落。上半年，全社会固定资产投资同比增长28.6%，同比回落2.5个百分点，比一季度回落14.4个百分点。其中，城镇固定资产投资同比增长31%，比一季度回落16.8个百分点。城镇固定资产增速在1—2月份曾高达53%，之后逐月快速回落，6月当月增幅为仅为23%。上半年，全社会固定资产投资扣除固定资产投资价格上涨的实际增长率为21.8%，为2003年以来最低。

专栏5：存货与流动资金

在企业财务中，流动资产包括存货、应收账款等短期资产，流动负债包括短期借款、应付账款等短期负债。存货大致分为三类，一是原材料存货，二是在制品存货，三是产成品存货。很多原因可以导致存货上升，而存货上升一定会导致流动资金占用增加，一些企业会因此感到流动资金紧张。企业对于存货上升导致的资金紧张，一般的融资方式可以是从银行借款，也可以进行票据贴现等。短期贷款很多是无抵押的，但有的企业也常用存货或应收账款做抵押从金融机构借款。

一般说来，在市场经济条件下，企业进行存货管理，存货表现出顺周期特征，即在经济景气好时，存货上升，从而使经济景气更好；在经济萧条时，存货下降，使存货需求更低。今年以来，我国产成品资金占用不断攀升，6月末，规模以上工业产成品资金9530亿元，同比增长19.9%，增幅比上年同期上升9.5个百分点。中国人民银行5000户企业调查也显示，今年以来工业企业存货快速增长，并呈逐月攀升势头，目前已达1996年以来的最高水平。截止2004年6月末，企业存货同比增长22%。其中原材料存货增长25%，产成品存货增长16%，原材料存货增长高出产成品存货增长9个百分点。存货占流动资产比重已接近30%。但是，在存货增加的同时，销售形势也比较好，存货的增长速度低于销售收入的增长，存货对销售的比率保持了稳中略降的态势（各年同月比较），存货周转率逐渐加快。

随着存货的增加，企业应及时地调整自己的资产负债结构，或是减少其他的流动资产，或是相应地增加流动负债。但在宏观紧缩环境下，一些企业和银行宁愿削减流动贷款也不愿放弃长期投资项目，导致流动资金紧张。中国人民银行5000户企业调查显示，2004年上半年，企业长期投资增长11%，比上年同期加快9个百分点。与此同时，我国短期贷款同比少增1684亿元，票据融资少增2128亿元。由于流动资金紧张，企业应收账款不断上升，6月末，国家统计局统计的全部国有工业企业和年产品销售收入500万元以上的非国有工业企业应收帐款净额达到2万多亿元，增长18.7%，增幅比上年同期上升9个百分点。

从整个宏观和金融结构来看，我国由银行向企业提供的流动资金是相当多的。长期以来，我国对企业流动资金实行银行“供给制”，只要企业有生产，银行就供给流动资金贷款。1997年末，金融机构流动资金贷款余额为5.9万亿元，与GDP比例为80%；2003年末金融机构流动资金贷款余额为10.2万亿元，与GDP比例为88%。2004年6月末金融机构流动资金贷款余额为10.6万亿元，与上半年GDP比例折年率为90%。金融机构流动资金贷款与GDP比例一直呈上升趋势。与其他国家相比，我国这一比例是最高的，很多国家的

同一比例都在10%以下(如马来西亚只有5%)。由于企业经营过度依赖银行贷款,加上企业单位产出所占用的流动资金不断增加,造成流动资金贷款规模不断扩大。总的说来,目前我国流动资金紧张主要是我国融资结构和企业资产负债结构不合理造成的,但这种不合理状况有其历史原因,并不是短期就能改变的。要解决流动资金短缺问题,企业要不断加强对短期财务的管理,特别是对存货的管理;金融机构也要积极主动地为有市场、有效益、有利于增加就业的企业提供正常流动资金贷款。

全社会消费需求继续增加,消费市场稳中趋旺。上半年社会消费品零售总额同比增长12.8%,剔除价格因素,实际增长10.2%。其中一季度增长10.7%,二季度增长14.9%。4月、5月和6月分别增长13.2%、17.8%和13.9%。

进出口保持快速增长,贸易差额由负转正。上半年,进出口总额5230亿美元,同比增长39.1%。其中,出口2581亿美元,增长35.7%;进口2649亿美元,增长42.6%。进出口相抵,逆差68亿美元,其中,一季度贸易逆差84亿美元,二季度贸易顺差16亿美元。4月、5月和6月贸易差额分别为-22.6亿美元、21亿美元和18.4亿美元。

(二)工农业生产快速增长,经济效益进一步改善

工业生产继续保持快速增长。上半年规模以上工业增加值2.5万亿元,同比增长17.7%,比上年同期高1.5个百分点。工业产销衔接水平进一步提高,上半年工业产销率为97.2%,比上年同期高0.2个百分点。夏粮丰收已成定局。今年夏粮生产扭转了自2000年以来连续4年的减产局面,总产量达到10105万吨,增产4.8%。

居民收入、企业利润和财政收入大幅提高。上半年,城镇居民人均可支配收入4815元,同比增长11.9%,扣除价格因素,实际增长8.7%,增幅比去年同期提高0.3个百分点。农村居民人均现金收入1345元,同比增长16.1%,扣除价格因素,实际增长10.9%,同比加快8.4个百分点,是1997年以来增收形势最好的一年。规模以上工业企业盈亏相抵后实现利润总额5199亿元,比上年同期新增1527亿元,增长41.6%。上半年,全国财政收入14307亿元,同比增长30.6%,是近年来同期增收最多,增幅最大的。

(三)各类价格指数继续攀升

居民消费价格(CPI)继续保持快速上涨态势。上半年,CPI同比上涨3.6%,其中一季度同比上涨2.8%,二季度同比上涨4.4%,6月份上涨高达5%。

生产和投资价格指数继续攀升。6月份,工业企业原材料购进价格指数同比上涨11.8%,工业品出厂价格同比上涨6.4%;农业生产资料价格同比上涨10.8%,农产品生产价格同比上涨10.9%,上半年,固定资产投资价格同比上涨6.8%。

主要商品价格继续上涨。6月份,原油上涨20.9%,汽油上涨13.2%,柴油上涨20.6%,煤油上涨18.1%;原煤出厂价格比去年同月上涨18.2%。钢材价格在4月和5月连续两月下降后出现明显回升。国际航运市场从今年第二季度后也逐渐好转,反映干散货(主要指铁矿石、煤炭和粮食)运费价格的"波罗的海综合运价指数"(BDI指数)从6月中旬2700点的低位开始恢复性上扬,7月16日,BDI指数回升至3900点左右。

三、产业结构有所改善,瓶颈制约未根本缓解

2004年上半年,产业结构有所改善,第一产业增长4.9%,比上年同期加快2.2个百分点;第二产业增长11.5%,比上年同期减慢0.1个百分点;第三产业增长8%,比上年同期加快2个百分点。

(一)工业结构调整取得积极进展

部分行业过度扩张的势头回落。按照国务院统一部署,各地区、各部门和有关单位全面开展了对钢铁、电解铝、水泥等行业投资项目的清理,加强对项目的审批和用地管理。上半年,钢铁、有色金属、水泥行业投资增幅逐月回落。6月份,粗钢产量增速由一季度的26.4%回落到13.8%,电解铝、水泥产量增幅分别比一季度回落9.2和10.6个百分点。

煤电油运供给稳定增加。上半年,全国原煤产量达到7.43亿吨,同比增长14.9%。发电量9909亿千瓦时,增长15.8%。原油产量8571万吨,进口量6102万吨,分别增长1.9%、40.3%。铁路货运量10.6亿吨,增长8.7%,其中煤炭运量4.81亿吨,增长12.3%。煤电油运供给均处于多年以来较高增长水平。但煤电油运瓶颈制约尚未根本缓解。电力短缺问题仍然十分严重,20多个省(市)出现不同程度的拉闸限电现象。此外,由于部分公路运输需求向铁路转移,加剧了铁路运输紧张状况,全国铁路货物运输满足率只有35%左右。

(二)房地产宏观调控效果显著

金融机构房地产贷款增速出现下降。根据对高档商品房、别墅、商业用房贷款风险的提示,商业银行在继续加大对经济适用住房开发、购房贷款支持的同时,严格控制豪华别墅及用于投资的购房贷款。截至2004年6月末,商业性房地产贷款余额达到2.1万亿元,同比增长36.1%,增幅比上月回落5.3个百分点。其中,房地产开发商贷款同比增长26.3%,贷款余额比上月减少161亿元,首次出现余额下降情况。

全国土地开发面积增幅下降。据国家统计局最新公布的统计数字,上半年,全国完成开发土地面积7920万平方米,同比增长11.5%,比去年同期下降28.5个百分点,土地购置面积1.5亿平方米,同比增长2.8%。

房地产投资增幅回落。上半年,全国累计完成房地产开发投资4924亿元,增长28.7%,增幅比去年同期回落5.3个百分点。其中,商品住宅完成投资3362亿元,同比增长29.7%;办公楼投资245亿元,增长38.3%;商业营业用房投资614亿元,增长33.6%。

开、竣工面积增速明显放缓。上半年,全国累计新开工房屋面积2.8亿平方米,增长15.2%,增幅比上年同期回落15.8个百分点;销售面积1.1亿平方米,增长26.3%;竣工面积9553万平方米,增长15.6%,增幅比上年同期回落24.8个百分点。

值得注意的是,随着房地产开发投资、新开工面积增速的继续回落,可能导致供需矛盾进一步加剧的预期,推动价格上涨。国家统计局全国三十五个大中城市房地产市场调查显示,二季度我国房屋销售价格比去年同期上涨10.4%,土地交易价格上涨11.5%,房屋租赁价格上涨1.0%。二季度与一季度相比,房屋销售价格上涨2.3%,土地交易价格上涨4.1%,房屋租赁价格持平。因此,必须高度关注房地产价格,要加强对大中城市房地产市场的形势分析,针对不同情况采取不同的政策措施,促进房地产业持续、健康发展。

第五部分　预测和展望

一、2004年国际经济、金融趋势预测

2004年第一季度以后,全球经济复苏和增长势头进一步加强。预计2004年全年世界经济总体将继续稳步增长。据

2004年4月国际货币基金组织预测，2004年全球经济增长4.6%，较2003年9月的预测提高0.6个百分点。其中美国增长4.6%，欧元区增长1.7%，日本增长3.4%；发展中国家增长6%，其中亚洲增长7.4%，中东欧增长4.5%，拉美增长3.9%。IMF对今年全球经济增长所作的预测是基于油价每桶30美元，若原油价格持续高于此假设价5美元，则环球经济增长将会降低0.3%。但IMF还表示，随着国际贸易的反弹，实际增长幅度还可能高于这一预期。随着世界经济形势的好转，国际金融市场总体将保持稳步增长的态势。近期的风险仍在于石油价格和能源安全问题。

由于世界经济持续恢复，主要经济体的货币政策可能维持不变。美联储认为，导致近几个月来价格水平上涨的部分因素是暂时性的，同时中长期通胀压力有所上升。即便联邦基金利率提高25个百分点以后，货币政策态势仍然是较宽松的。鉴此，在下半年的四次例会上，美联储仍可能适时、适度调整联邦基金目标利率。在全球经济持续复苏，欧元区内需出现实质性增长的情况下，下半年欧元区复苏迹象将渐趋明朗。如果年内欧元区出现明显复苏，美联储连续升息，汇率保持相对稳定，欧央行有可能考虑升息。在没有彻底摆脱通货紧缩之前，日本银行将继续维持宽松的货币政策。

二、2004年下半年我国宏观经济展望和货币政策趋势

下半年，国内国际环境仍将为经济持续协调健康发展创造有利条件。预计三季度经济增长速度可能略有回落，全年将保持平稳较快增长；三季度消费物价同比上涨幅度可能还会有所扩大，四季度物价涨势有可能趋缓。考虑基数等因素的影响，货币供应量增速在三季度会处于相对较低水平，预计全年可达到预期目标。

专栏6：理性预期与宏观经济政策

经济学中的理性预期是经济活动者对经济变量(如价格、利率、利润或收入等)在未来变动幅度的一种有根据的预测。预期从本质上讲是主观的，但经济活动者作出预期并不是凭空想象的，出于谋求利益最大化的目的，他们会充分运用所能获得的各种信息和知识，对其进行综合分析，从而对未来作出判断。人们对宏观经济走势和货币政策选择的预期影响着他们对未来收益和风险的判断，并进一步通过财富效应、替代效应、资产负债效应等途径，作用于信贷、利率和资产价格等变量，进而影响货币政策的传导及其效果。

西方经济学家对预期的关注由来已久，20世纪60年代美国经济学家约翰·穆斯总结过去经济学家对预期的各种论述，将预期归纳为静态预期、外推型预期和适应性预期三种。以价格预期为例，所谓静态预期就是把上一期的实际价格看作为现期的预期价格；外推型预期则将过去的实际价格变动当成是今后也将出现的情况；适应性预期更关注过去预期可能出现的误差，并根据以往的预期误差调整对今后的预期。不过，这三种预期都假定人们只能根据过去的经验对未来作出判断，而把当前可供利用的信息以及人们对政府政策效应的判断统统排除在预期形成机制之外。20世纪70年代，以罗伯特·卢卡斯为代表的理性预期学派以"理性人"假定出发，提出经济活动者为谋取最大利益，总是设法利用过去、现在以及未来一切可获得的信息，对所关心的经济变量在未来的变动状况作出尽可能准确的预测，并认为这种预期才是合乎理性的。该学派还建立了一套数学模型对各种经济变量进行预测，从而将预期在经济学中的重要性大大推进了一步。

理性预期之所以越来越受到国内经济决策者和经济学家的普遍关注，主要是因为它不仅连接着经济事物的现在和未来，而且连接着微观经济和宏观经济。一方面，理性预期会直接影响经济主体的微观决策。从消费者行为看，如果消费者预期通货膨胀率会高于银行存款利率，消费者有可能将货币财富转化为物质财富，抛出货币而购进实物，从而实现对已持有货币财富的保值，避免因通货膨胀而造成的损失；从生产者行为看，当生产者预期通货膨胀率上升时，考虑到职工增加工资以及原材料价格上涨的压力，生产者可能会按预期的通货膨胀率来提高其生产产品的价格。特别是当银行贷款利率低于生产者的通货膨胀预期时，生产者有可能多争取贷款，抢购原材料。与通货膨胀伴随出现的消费者抢购风潮以及生产者囤积生产原料的行为都是经济活动者基于对通货膨胀的理性预期而相应采取的对策。另一方面，理性预期也会影响政府经济政策的宏观效果。当一项经济政策出台时，各种微观经济主体会立即根据可能获得的多种信息预测政策的后果，从而很快地作出反应。如果政府政策的信用度高、说服力强，那么有理性的企业和公众就会顺着政府的意图调整各自的经营策略，寻求自己的最大化利益。理性预期的一个重要结论为，公众的预期平均说来是正确的；虽然每一个市场主体的预期不一定正确，但公众预期汇总后得到的平均值是正确的。

目前宏观调控还处在关键阶段，取得的成效是初步的、阶段性的，基础还不巩固。人民银行将继续全面、正确、积极地贯彻落实中央的方针政策和工作部署，牢固树立和认真落实科学的发展观，按照"稳定政策，冷静观察；巩固成果，防止反复；区别对待，调整结构；深化改革，加强法治；统筹兼顾，远近结合；统一思想，形成合力"的原则，进一步落实中央确定的各项宏观调控政策措施，实施稳健货币政策，并根据经济金融运行的变化适时加以完善。密切观察经济金融形势的发展变化，落实好已出台的货币政策措施，准确把握力度和节奏，认真做好货币信贷工作，合理控制货币信贷增长，优化信贷结构。坚持以间接手段为主适时适度调控，提高金融调控的科学性、前瞻性和有效性。合理控制货币信贷总量，优化信贷结构。引导商业银行正确判断市场风险，及时为有市场、有效益、有利于增加就业的企业提供正常流动资金支持，切实支持符合国家产业政策和市场准入条件的项目建设。推进经济结构调整、体制改革和增长方式转变，促进经济持续快速协调健康发展。

(一)灵活运用数量型工具，适度调节金融体系流动性

根据金融体系流动性状况，灵活调节公开市场对冲操作，保证金融机构正常的支付清算和合理的贷款资金需求，保持货币市场利率基本稳定。加强存款准备金、再贷款和再贴现管理，注意货币政策工具的协调配合，合理控制货币信贷总量。

(二)稳步推进利率市场化，更大程度地发挥市场在资源配置中的基础作用

价格型工具的优势在于赋予微观主体根据宏观调控信号调整行为的权利，运用利率等价格杠杆进行调控对银行体系和实体经济可以产生渐进式影响。稳步推进利率市场化，引导金融机构根据货币政策取向和贷款风险等因素，合理确定贷款利率。支持商业银行主动负债和自主定价，提高竞争能力。协调本外币利率政策，促进资本有序流动。

(三)加强窗口指导，优化信贷结构和产业结构

研究与国家产业政策相适应的信贷政策及其实现方式，充分发挥微观主体在信贷结构优化和经济结构调整中的作用。指导商业银行进一步增强风险意识，提高贯彻落实国家产业政策的自觉性和有效性，防止产生新的不良资产，保持可

持续的盈利能力。继续引导金融机构加大对煤电油运、农业、高新技术产业、装备制造业和助学等方面的贷款支持,积极主动地为有市场、有效益、有利于增加就业的中小企业提供正常流动资金贷款;继续做好符合国家产业政策和市场准入条件项目的信贷支持工作;认真及时总结消费信贷实践经验,规范发展消费信贷,促进投资与消费的均衡发展。

(四)加快金融市场建设,提高货币政策传导效率

继续认真贯彻落实国务院《关于推进资本市场改革开放和稳定发展的若干意见》,抓紧制定我国金融市场发展规划,研究金融市场改革与创新的工作思路,密切跟踪市场工具运用对货币政策和金融稳定的影响。研究允许商业银行开办基金业务的时机和形式。不断完善金融市场规则,加快金融市场的发展和金融产品创新,增强商业银行在金融市场上灵活调整资产和对市场价格及时反应的能力。研究、引导、促进市场新产品、新工具的开发和运用。更好地发挥金融市场在配置资源、风险管理方面的作用,维护金融市场的基本稳定,促进直接融资和间接融资协调发展。

(五)推进金融企业改革,促进金融业可持续发展

加快国有商业银行改革进度,推动中国银行、建设银行完成股份制改造工作。同时,支持交通银行深化股份制改革,尽快完成财务重组等工作。继续研究工商银行、农业银行股份制改革方案。根据国务院统一部署,扩大农村信用社改革试点范围,继续做好农村信用社改革专项资金支持工作。

(六)保持人民币汇率在合理、均衡水平上的基本稳定

观察分析国际经济形势发展趋势和主要国家中央银行货币政策动态,完善人民币汇率形成机制,加强和改进外汇管理,保持人民币汇率在合理、均衡水平上的基本稳定。

2004年第三季度中国货币政策执行报告

内容摘要

2004年以来,全球经济保持了较为强劲的增长势头。我国经济平稳快速增长,效益提高。宏观调控取得了阶段性成效,固定资产投资增长过快势头得到初步遏制,货币信贷运行继续向金融调控预期的方向发展。前三季度国内生产总值9.3万亿元,同比增长9.5%,比上年同期加快0.6个百分点。

根据党中央、国务院的统一部署,中国人民银行继续执行稳健的货币政策,加强和改进金融调控,合理控制货币信贷增长,着力优化信贷结构,抓紧完善金融宏观调控制度性建设,加快推进金融企业改革。一是灵活开展公开市场操作;二是再次提高法定存款准备金率;三是上调金融机构存贷款基准利率;四是进一步推进利率市场化改革;五是实行再贷款浮息制度和差别存款准备金率制度;六是加强对商业银行的"窗口指导",促进优化贷款结构;七是大力发展金融市场;八是积极推动金融企业改革;九是促进国际收支平衡,保持人民币汇率在合理、均衡水平上的基本稳定。

总体看,金融运行健康平稳。9月末,广义货币M2余额24.4万亿元,同比增长13.9%,增幅比上月末提高0.3个百分点,比上年同期低6.7个百分点。前三季度,全部金融机构人民币贷款增加1.8万亿元,同比少增6697亿元,但比2002年同期多增4399亿元。信贷结构进一步改善,基本建设等固定资产贷款继续得到控制,流动资金贷款逐步多增。货币市场利率基本平稳。9月末,国家外汇储备余额IV5145亿美元,人民币汇率为1美元兑换8.2766元人民币,继续保持稳定。

当前,宏观调控仍处于关键阶段,要继续密切关注各类价格指数的走势,注意防止投资反弹,努力巩固和发展宏观调控的成果。下一阶段,中国人民银行将继续执行稳健的货币政策,按照改进和加强金融调控的要求,合理控制货币信贷总量,着力优化信贷结构,进一步发挥好金融在宏观调控中的重要作用。一是灵活运用多种货币政策工具,保持货币信贷合理增长;二是适时进行"窗口指导",引导商业银行着力优化信贷结构;三是稳步推进利率市场化,优化利率期限结构;四是加快推进金融企业改革,增强竞争力;五是进一步推进金融市场发展,优化资源配置;六是保持人民币汇率在合理、均衡水平上的基本稳定。

第一部分　货币信贷概况

2004年前三季度,我国国民经济继续保持较快增长势头。金融宏观调控取得成效,金融平稳运行。货币信贷适度增长,信贷结构进一步改善。货币信贷运行总体上继续向金融宏观调控预期的方向发展。

一、货币供应量适度增长

广义货币总量增速在连续6个月下降后小幅回升。9月末,广义货币M2余额24.4万亿元,同比增长13.9%,增幅比上月末提高0.3个百分点,比上年同期低6.7个百分点。狭义货币M1余额9.0万亿元,同比增长13.7%,增幅比上年同期低4.8个百分点。流通中现金M0余额2.1万亿元,同比增长12.1%。

二、储蓄存款同比少增加

9月末,全部金融机构(含外资金融机构,下同)本外币各项存款余额24.8万亿元,同比增长15.3%,比年初增加2.8万亿元,同比少增4219亿元。其中,人民币各项存款余额23.5万亿元,比年初增加2.7万亿元,同比少增4989亿元;外汇存款余额1559亿美元,比年初增加67.6亿美元,同比多增93.2亿美元。9月末,人民币企业存款余额8.1万亿元,比年初增加7523亿元,同比少增2624亿元,比2002年同期多增1119亿元,余额同比增长14.9%,高于广义货币总量增长速度。人民币储蓄存款余额11.6万亿元,比年初增加1.18万亿元,同比少增2070亿元。在利率水平较低、物价水平较高的情况下,居民储蓄意愿降低,储蓄存款已经连续8个月同比少增加,增速逐月减缓,同比增幅由1月末的20.5%下降到9月末的14.4%。从储蓄存款期限结构看,定期储蓄存款所占比重下降,存款短期化趋势较为明显。前三季度定期储蓄存款增量占全部储蓄存款增量的比重同比降低了8个百分点。

三、贷款增量稳步回升,新增贷款结构进一步改善

9月末,金融机构本外币各项贷款余额18.5万亿元,同比增长13.7%,比年初增加1.9万亿元,同比少增7360亿元。其中,人民币贷款余额17.4万亿元,同比增长13.6%,比年初增加1.8万亿元,同比少增6697亿元,但比2002年同期多增4399亿元。金融机构人民币贷款5月份开始少增,8月份出现企稳迹象,9月份稳步回升。9月份,金融机构人民币贷款增加2502亿元,同比少增455亿元,但比1998—2002年同期平均水平多增730亿元,比8月份多增1346亿元。从投向看,在贷款总量少增的同时,新增贷款结构进一步改善。9月份人民币短期贷款增加1148亿元,同比多增305亿元,进一步加大了对企业流动资金需求的支持力度。票据融资增加123亿元,同比少增139亿元,少增势头减缓。中长期贷款进

一步得到控制，9 月份增加 1259 亿元，同比少增 499 亿元；其中基建贷款增加 410 亿元，同比少增 554 亿元。消费贷款增加 419 亿元，同比仅少增 61 亿元，比 8 月份多增 111 亿元，继续保持较强的增长势头。分机构看，前三季度国有独资商业银行人民币贷款增加 8295 亿元，同比少增 4363 亿元；股份制商业银行贷款增加 3684 亿元，同比少增 1991 亿元；农村信用社贷款增加 2946 亿元，同比少增 202 亿元。

在全部新增人民币贷款中，国有独资商业银行所占份额为 46%，同比下降 5 个百分点；股份制商业银行占 21%，同比下降 2 个百分点；农村信用社占 16%，同比提高 4 个百分点。

9 月末，外汇贷款余额 1346 亿美元，同比增长 15.8%，比年初增加 158.3 亿美元，同比少增 80.2 亿美元。外资金融机构在新增外汇贷款中所占份额提高，前三季度，外资金融机构外汇贷款增加 73.4 亿美元，占全部新增外汇贷款的 46%，同比提高 37 个百分点。

专栏 1：当前流动资金贷款满足情况调查与分析

针对目前一些地方和企业反映流动资金紧张的问题，中国人民银行组织 9 家分行和 2 家营业管理部就 2004 年 4 月至 8 月流动资金贷款、中小企业贷款、非公有制企业贷款情况，分别选择当地国有独资商业银行省分行、股份制商业银行分行和城市商业银行各一家进行了调查，调查的贷款总数为：流动资金贷款 48864 笔，金额 4007 亿元；中小企业贷款 30870 笔，金额 1743 亿元；非公有制企业贷款 28819 笔，金额 2100 亿元。

调查结果显示，上述三类贷款的满足率都在 80%以上。其中，流动资金贷款按照笔数计算的满足率平均为 87%，按照金额计算的满足率平均为 83%。中小企业贷款笔数满足率平均为 86%，金额满足率平均为 80%；非公有制企业贷款笔数满足率平均为 85%，金额满足率平均为 81%。需要指出的是，上述满足率是在提交贷款申请的范围内来计算的，不包括资金紧张但未提交贷款申请的企业。由于银行是在风险控制制度、信贷管理制度和贷款审批程序等基础上来决定是否发放贷款的，企业只有达到银行贷款条件才能获得贷款。

部分贷款需求未能得到满足的原因，一是商业银行加大结构调整力度，提高信贷发放标准，但从长远看，这有利于银行贷款质量的提高和金融体系的稳定。二是部分申请贷款的企业资产负债率较高，盈利能力差，缺乏规范的财务报表。三是中小企业融资属于高风险、高成本的融资类型，在国外约 60—70%的小企业主要靠股权融资来解决资金问题；而在我国长期以来主要通过银行信贷来解决。在商业银行加强风险控制时，信息披露不充分、担保体系不完善的中小企业相对难以获得贷款。

近期企业反映的流动资金紧张问题与投资规模过大密切相关。一是部分企业在控制投资过热的背景下不愿意压缩投资，而是挪用流动资金进行项目建设；二是企业库存增加占压了流动资金；三是在贷款真实利率为负的情况下，企业不断增加中长期贷款需求，中长期贷款在银行贷款余额中的占比持续上升；四是银行流动资金贷款到期容易收回，而中长期贷款合同期限较长，银行很难违约停止贷款。

从实际情况看，在金融机构贷款同比少增的同时，企业通过其他渠道获得的资金有所增加。一是企业通过结汇、出口退税和发行股票、企业债等渠道筹集资金增多；二是企业签发的商业汇票也明显多于 2003 年；三是民间借贷趋于活跃，部分企业通过民间借贷市场筹集了较多的资金。但不规范的民间借贷可能会产生一些负面影响，需要加强监督和规范。

满足企业开展正常经营活动所需的合理流动资金需求需要各方面的共同努力。经国务院批准，中国人民银行于 10 月 29 日上调了金融机构存贷款基准利率，放宽人民币贷款利率上浮区间，可使金融机构更好地根据贷款风险确定利率水平，促进金融机构增加对中小企业的金融支持，抑制高利贷行为。商业银行在遵循市场经济规律，遵守效益性、安全性和流动性原则的条件下，要改进金融服务，积极发放流动资金贷款。企业要顺应经济金融形势的发展，转变融资观念，努力寻求多种途径解决融资问题。此外，应大力促进商业票据、企业债券和股票等多种融资形式的发展，鼓励金融创新，拓宽企业融资渠道。

四、基础货币增幅回落

9 月末，基础货币余额 5.32 万亿元，同比增长 14.4%，增幅比上年同期回落 2.4 个百分点。金融机构超额存款准备金率为 3.64%。其中，国有独资商业银行超额存款准备金率为 3.42%，股份制商业银行为 4.85%，农村信用社为 4.57%。

五、货币市场利率基本平稳

第三季度，商业银行一年期固定利率人民币贷款加权平均利率为 6.28%，为基准利率的 1.18 倍，比上季提高 0.58 个百分点。单笔金额在 3000 万元以上的人民币协议存款利率略有上升，其中 61 个月期协议存款加权平均利率为 4.1%，比上季提高 0.32 个百分点；37 个月期协议存款加权平均利率为 3.95%，比上季提高 0.17 个百分点。2004 年以来，受美联储连续加息、国际金融市场利率上升影响，境内外币贷款、大额存款利率水平上升。9 月份，商业银行 1 年期美元大额存款（300 万美元以上）利率加权平均水平为 2.01%，比 1 月份上升 0.98 个百分点；1 年期美元贷款固定利率加权平均水平为 3.36%，贷款浮动利率加权平均水平为 2.67%，分别比 1 月份上升 0.82 和 0.86 个百分点。

表 1：2004 年前三季度大额美元存款与美元贷款加权平均利率表

单位：%

期限	1 月	2 月	3 月	4 月	5 月	6 月	7 月	8 月	9 月
一、大额存款									
3 个月以内	0.87	0.92	0.98	0.88	0.92	1.02	1.14	1.12	1.21
3—6 个月	1.03	1.19	1.38	1.02	1.52	1.47	1.42	1.88	2.16
6—12 个月	0.99	0.79	1.03	0.96	1.44	1.60	1.15	1.77	1.71
1 年	1.03	0.96	1.39	1.20	1.26	1.43	1.73	1.97	2.01
二、贷款									
1 年（固定利率）	2.54	2.38	2.44	2.53	2.77	3.04	3.13	3.10	3.36
1 年（浮动利率）	1.81	2.36	2.17	2.39	2.75	2.42	2.50	2.52	2.67

数据来源：商业银行外币利率备案表

9 月份，7 天同业拆借和质押式债券回购加权平均利率分别为 2.26%和 2.12%，比上月分别回落了 0.08 和 0.16 个百分点，比上年同期分别降低了 0.42 和 0.74 个百分点。2004 年以来货币市场利率一直保持在较低水平，表明金融机构资金比较充裕。

六、外汇储备继续增加，人民币汇率保持稳定

9 月末，国家外汇储备余额 5145 亿美元，比上年末增加 1112 亿美元，比上年同期多增 137 亿美元。人民币汇率为 1 美元兑换 8.2766 元人民币，继续保持稳定。

第二部分　货币政策操作

2004 年以来，中国人民银行按照党中央、国务院的统一部署，继续执行稳健的货币政策，综合运用多种货币政策工具，加强货币信贷总量调控，引导商业银行优化信贷结构，抓紧完善金融宏观调控制度性建设，加快推进金融企业改革。

一、加强流动性分析预测，灵活开展公开市场操作

2004年以来，人民银行实时监测外汇占款增长和财政在央行账户存款的变化情况，进一步加强对金融体系流动性的分析和预测，按照总量适度、结构合理、变化平缓的原则，灵活开展公开市场对冲操作，适时适度调控金融体系流动性。第一季度，针对金融机构贷款快速增长、外汇占款持续增加的情况，人民银行贯彻适度从紧的操作思路，加大央行票据发行力度，并相对延长央行票据的发行期限，基本上实现了本、外币操作的全额对冲。第二季度，在各项宏观调控措施集中到位、财政存款上升较快的情况下，人民银行适当调减央行票据的发行规模，保证商业银行正常支付清算和合理贷款增长的资金需求。第三季度，人民银行合理把握对冲操作的节奏和力度，进一步增加操作频率，丰富操作期限品种，总体上满足了金融体系的合理流动性需求，保持了基础货币的平稳增长和货币市场利率的基本稳定。前三季度，人民银行通过外汇公开市场操作投放基础货币8523亿元，通过债券公开市场操作回笼基础货币2988亿元；投放、回笼相抵，全部公开市场业务净投放基础货币5535亿元。截至9月底，人民银行共发行76期央行票据，发行总量为9731.5亿元，其中3个月期3689.7亿元，6个月期1639.7亿元，1年期4382.1亿元。9月末，央行票据余额为6232亿元。

专栏2：流动性管理与公开市场操作

银行体系的流动性由银行类金融机构在中央银行的超额准备金与商业银行的库存现金构成，是银行类金融机构创造货币的基础。中央银行通过市场化的货币政策工具来控制央行自身的资产负债表，并通过市场机制向商业银行和金融市场传导中央银行的货币政策。中央银行货币政策间接调控的基础是要有一个竞争充分、信息畅通、富有效率的货币市场，核心是央行要准确控制银行体系流动性，主要手段是完全市场化的公开市场操作。影响银行体系流动性供求的因素有很多，从中央银行是否具有直接影响力的角度，通常可分为货币政策因素和外生因素两种类型，前者主要包括央行的公开市场操作、再贴现、再贷款；后者主要包括央行外汇资产、财政在央行账户存款以及流通中现金。中央银行通过改变货币政策因素来影响流动性的供求，实现流动性目标。为有效控制流动性，中央银行必须要准确、及时地掌握除公开市场操作之外影响银行体系流动性的各项因素，科学预测分析银行体系流动性。从各国的实践看，尽管各国的货币政策操作目标有所不同，但流动性分析预测都是实现操作目标的最关键环节之一。美联储以联邦基金利率作为操作目标，为了保持利率的稳定，联储每天都要对银行体系的流动性供给与需求进行全面分析预测，通过改变流动性供求来实现操作目标。韩国央行在20世纪90年代一直以商业银行准备金作为唯一操作目标，特别重视对银行准备金的外生因素进行实时预测，主要对外汇市场干预情况、政府收支及政府债券发行与偿还情况以及流通中货币的变动规律等影响流动性供给的因素进行分析。在英国、新西兰等英联邦国家，鉴于财政部在央行账户的变化会立即对银行准备金产生作用，而且不易被央行及时掌握，这些国家的中央银行与财政部签订协议，建立了双方每日、每月、每季在不同层面的信息沟通机制。与发达国家相比，影响我国银行体系流动性的外生因素较多，央行外汇资产、财政存款和现金三个外生因素数量较大，波动比较剧烈，对中央银行准确控制银行体系流动性构成了挑战。自1998年恢复公开市场操作以来，中国人民银行一直致力于加强对金融体系流动性的分析与预测，并于2004年6月正式建立了流动性预测分析体系。目前，中国人民银行根据货币政策调控的年度目标制订流动性的年度和季度规划，在此基础上制订月度和每周的规划，按日对流动性进行分析、预测和监控。中国人民银行已与52家公开市场业务一级交易商建立了流动性日报制度，通过电子系统收集各一级交易商的流动性实际情况、流动性需求和流动性缺口数据；同时，还从有关部门收集现金、财政收支等方面情况，运用这些数据每日进行流动性分析，估算当日银行体系流动性缺口，根据要实现的流动性目标，得出流动性的操作目标。通过每周四场的公开市场操作，调控每日的银行体系流动性供求，实现流动性目标。目前，中国人民银行的流动性预测和管理上了一个新的台阶，在保持流动性总量适度、结构合理、变化平缓，保持货币市场利率相对稳定方面发挥了重要作用。

二、再次提高法定存款准备金率

经国务院批准，中国人民银行在2003年9月提高存款准备金率1个百分点之后，于2004年4月25日再次提高金融机构存款准备金率0.5个百分点，以控制货币信贷总量过快增长，保持国民经济平稳、快速、健康发展。

三、上调金融机构存贷款基准利率

经国务院同意，中国人民银行决定从2004年10月29日起上调金融机构存贷款基准利率。金融机构一年期存款基准利率上调0.27个百分点，由现行的1.98%提高到2.25%；一年期贷款基准利率上调0.27个百分点，由现行的5.31%提高到5.58%。其他各档次存、贷款利率也相应调整，中长期存贷款利率上调幅度大于短期。

四、进一步推进利率市场化改革

经国务院批准，中国人民银行决定从2004年1月1日起进一步扩大金融机构贷款利率浮动区间。其中，商业银行、城市信用社贷款利率的浮动区间上限扩大到贷款基准利率的1.7倍，下限为0.9倍；农村信用社贷款利率的浮动区间上限扩大到贷款基准利率的2倍，下限为0.9倍。专栏3：贷款利率浮动情况调查

2004年10月对金融机构贷款利率浮动情况的调查显示，2004年三季度金融机构发放的全部贷款中，实行下浮利率的贷款占全部新发生贷款的20.8%，比上半年下降4个百分点；实行基准利率的贷款占29.1%，比上半年下降3.4个百分点；实行上浮利率的贷款50.1%，比上半年上升7.4个百分点。在2004年增加的贷款利率浮动区间内即商业银行贷款利率在(1.3，1.7]、农村信用社贷款利率在(1.5，2]的贷款占比为12.5%，比上半年上升1.3个百分点，较好地贯彻了货币政策意图。从各类金融机构看，在商业性金融机构中，国有商业银行贷款实行基准利率的占比最高；股份制商业银行贷款利率下浮占比最高，利率上浮占比最低；区域性商业银行贷款利率上浮占比较高；农村信用社贷款利率上浮占比最高。

表2：2004年三季度各利率浮动区间贷款占比表

单位：%

	合计[0.9,1)1			上浮水平			
				小计	(1,1.3]	(1.3,1.5]	(1.5,1.7/2]
合计	100	20.8	29.1	50.1	30.5	9.2	10.4
国有独资商业银行	100	24.3	40.0	35.7	31.7	3.4	0.6
股份制商业银行	100	32.0	34.8	33.2	32.0	0.9	0.3
区域性商业银行	100	15.1	18.6	66.3	44.1	9.3	12.9
农村信用社	100	2.4	4.5	93.1	15.5	32.9	44.7
政策性银行	100	53.3	46.7	0.0	0.0	0.0	0.0

数据来源：2004年三季度商业银行贷款利率备案表

从借款对象看，2004 年前三季度国有商业银行、股份制商业银行和政策性银行对大、中、小型企业发放的贷款在各贷款利率浮动区间内均有分布。其中：2004 年三季度，对大型企业贷款利率下浮的占比为 38.5%，中、小企业贷款利率实行上浮的占比分别为 39.5%和 55.5%。

表 3：2004 年三季度分企业类型人民币贷款利率浮动区间占比表

单位：%

浮动区间	[0.9,1)	1	(1,1.3]	(1.3,1.7]	合计
大型企业	38.5	38.7	20.2	2.6	100
中型企业	21.0	39.5	37.3	2.2	100
小型企业	11.9	32.6	50.2	5.3	100

数据来源：2004 年三季度商业银行贷款利率备案表

总体看，扩大贷款利率浮动区间达到了预期的政策目的，取得了良好的效果。一是扩大贷款利率浮动区间并未带来贷款利率的全面上升，金融机构按照贷款风险成本差别定价的格局进一步显现；二是金融机构能够贯彻贷款利率浮动政策的要求，根据企业的信誉、风险等因素确定合理的贷款利率浮动系数，拓展客户范围，增加对中小企业的金融支持；三是金融机构灵活运用贷款定价方式满足客户的多样化需求，加强自身利率风险管理。同时，根据客户需要灵活采用了多种贷款再定价频度，金融服务意识进一步增强。但调查中也发现，区域性商业银行和农村信用社贷款定价机制不健全、定价系统不完善等问题比较突出，存在潜在的利率风险，需要进一步改进。在上述改革基础上，经国务院同意，中国人民银行决定从 10 月 29 日起进一步放宽金融机构贷款利率浮动区间，同时允许存款利率下浮。金融机构（不含城乡信用社）的贷款利率原则上不再设定上限，贷款利率下限仍为基准利率的 0.9 倍。对金融竞争环境尚不完善的城乡信用社贷款利率仍实行上限管理，最高上浮系数为贷款基准利率的 2.3 倍。所有存款类金融机构对其吸收的人民币存款利率，可在不超过各档次存款基准利率的范围内浮动。存款利率不能上浮。

专栏 4：利率市场化改革迈出重要一步十六届三中全会提出，“稳步推进利率市场化，建立健全由市场供求决定的利率形成机制，中央银行通过运用货币政策工具引导市场利率”。2004 年以来，根据党中央、国务院的统一部署，中国人民银行灵活运用利率杠杆进行金融调控，以循序渐进的方式推进利率市场化改革，主要分为三个阶段。一是从 1 月 1 日起商业银行、城市信用社贷款利率的浮动区间扩大为贷款基准利率的[0.9,1.7]；农村信用社贷款利率的浮动区间扩大为贷款基准利率的[0.9,2]。金融机构不再根据企业规模和所有制性质，而是根据企业的信誉、风险等因素确定合理的贷款利率，逐步形成了按照贷款风险成本差别定价的格局。二是从 3 月 25 日起实行再贷款浮息制度，即中国人民银行在国务院授权的范围内，根据宏观经济金融形势，在再贷款（再贴现）基准利率基础上，适时确定并公布中央银行对金融机构贷款（贴现）利率加点幅度。该制度的建立理顺了中央银行和借款人之间的资金利率关系，提高了再贷款管理的科学性、有效性和透明度，加强了中央银行引导市场利率的能力。同时考虑当时经济金融形势和支持中小企业融资的需要，将用于金融机构头寸调节和短期流动性支持的再贷款利率统一加 0.63 个百分点，再贴现利率加 0.27 个百分点。三是从 10 月 29 日起放开金融机构（城乡信用社除外）人民币贷款利率上限并允许人民币存款利率下浮。同时，上调金融机构存贷款基准利率，以进一步缓解通货膨胀压力、防止投资反弹，防止企业过多占压资金，缓解部分企业流动资金紧张状况，减少资金体外循环。与以往的措施相比，本次政策措施特点突出，意义重大。第一，经济手段在资源配置和宏观调控中的作用得到进一步发挥。党的十六届四中全会强调“正确处理市场机制和宏观调控的关系，坚持按市场经济规律办事，更大程度地发挥市场在资源配置中的基础性作用，加强和改善国家宏观调控”。在党中央、国务院的正确领导下，本轮宏观调控综合运用经济手段、法律手段和必要的行政手段，取得了良好的效果。运用利率等经济手段符合四中全会的方向，充分体现了中央政府将继续致力于提高经济增长的质量，密切关注经济运行中总量和结构变化，更注重运用市场化的手段，对经济发展中的失衡因素进行适时、适度的调节。

第二，利率调整的信号作用进一步增强。央行利率调整除了对经济主体的财务状况产生效应以外，还发挥着重要的信号作用。通过利率水平的调整，中央银行向市场参与者和投融资主体传递货币政策信号，表明对当前经济金融运行状况的判断，引导各经济主体预期和调整微观主体行为。本次基准利率上调 0.27%，幅度虽然不大，但信号作用强烈。加息当日，国内外金融市场均受影响。与此同时，国内外机构、经济学家、网民、各大媒体也对加息予以广泛关注，充分体现了利率调整的信号作用。

第三，放开金融机构（城乡信用社除外）人民币贷款利率上限并允许人民币存款利率下浮是稳步推进利率市场化改革迈出的重要一步。放开人民币贷款利率上限为各经济主体创造了有效参与金融市场的平等机会，加强了对各经济主体的市场约束。同时，随着利率市场化程度的提高，各种金融工具价格联系将更加紧密，金融资产价格的变化对实体经济的影响将得以加强。允许金融机构下浮存款利率，赋予金融机构根据货币政策导向、资本充足率要求和自身流动性状况决定存款利率是否下浮的自主权，有利于完善货币政策传导的微观机制；有利于金融机构按照资本充足率要求进行主动负债和自主定价，提高金融机构的竞争力，防范金融风险；有利于增加资本市场的资金来源，鼓励金融投资渠道的多元化发展。放开金融机构（城乡信用社除外）人民币贷款利率上限并允许人民币存款利率下浮不同于一般的利率调整，而是一项重要的制度安排，将在未来我国经济生活中长期发挥作用。

五、实行再贷款浮息制度和差别存款准备金率制度

经国务院批准，中国人民银行决定分别从 2004 年 3 月 25 日和 4 月 25 日起实行再贷款浮息制度和差别存款准备金率制度。前者是稳步推进利率市场化的又一重要步骤，有利于完善中央银行利率形成机制，理顺中央银行和借款人之间的资金利率关系，并逐步提高中央银行引导市场利率的能力。后者有利于抑制资本充足率低且资产质量差的金融机构盲目扩张贷款，防止金融宏观调控中出现“一刀切”，有利于促进我国金融平稳运行和健康发展，也为完善货币政策传导机制、提高货币政策有效性奠定了基础。

六、加强对商业银行的“窗口指导”，促进优化贷款结构

2004 年以来，中国人民银行认真贯彻国务院“区别对待、有控有保”的方针，积极配合国家产业政策加强对贷款投向的引导。一是按月召开经济金融形势分析会，有针对性地对商业银行加强“窗口指导”和风险提示，提请商业银行既要重视和防止货币信贷过快增长，也要防止“急刹车”，合理把握贷款进度，优化资金配置。二是认真贯彻国务院精神，协调督促各商业银行采取有效措施适度控制对钢铁、电解铝、水泥等“过热”行业的授信总量。同时强调，各商业银行在授信总量内对符合市场准入条件、环保和技术指标好的企业贷款，要按照信贷原则提供正常信贷支持。三是引导金融机构加大对农业、增加就业和助学等方面的贷款支持。在农业方面，要求商业银行积极做好“三农”金融服务工作，并对13个粮食主产区单独安排再贷款，用于支持发放农户贷款。在扩大就业方面，会同财政部、劳动和社会保障部、中国银行业监督管理委员会(以下简称银监会)等四个部委联合召开电视电话会议，进一步部署和落实小额担保贷款工作。在助学贷款方面，与银监会共同发布通知，要求商业银行切实改进金融服务，推动国家助学贷款工作健康发展。

四是大力发展消费信贷，努力扩大消费需求。中国人民银行与银监会共同发布了《汽车贷款管理办法》，对个人汽车贷款、经销商汽车贷款、机构汽车贷款等三种汽车贷款业务以及汽车贷款的利率、期限、用途以及各类比例限制作出了明确规定，进一步规范汽车贷款业务健康发展。

七、大力发展金融市场

一是加强金融市场法规建设。中国人民银行联合中国证券监督管理委员会，在充分借鉴国际经验的基础上，结合中国金融市场实际需求和现实条件，制订和发布了《货币市场基金管理暂行规定》。该规定的出台，有利于货币市场基金的顺利推出和规范发展，提升货币市场流动性，增加市场投资工具和丰富金融市场层次。

二是增加金融市场交易品种。中国人民银行首次批准商业银行在银行间债券市场发行次级债券，并实现次级债券在银行间债券市场的交易流通。批准铁路建设债券进入银行间市场交易流通，改变以往企业债券只能在交易所场内市场上市交易的状况，拓宽了企业债流通渠道，提升了企业债的流动性，有利于降低企业债发行成本、推动企业债市场发展。

三是引进更多的市场参与者。中国人民银行新批准哈尔滨商业银行等四家金融机构开办债券结算代理业务，以方便广大中小投资者进入银行间债券市场进行债券交易。至此，银行间债券市场债券结算代理机构增加至40家。此外，还首次批准证券公司为银行间债券市场做市商，改变了银行间债券市场做市商机构类型单一、需求趋同的状况，增加了银行间债券市场做市商数量，活跃了债券市场报价，提升了银行间债券市场的流动性。

四是鼓励金融创新。中国人民银行召集部分商业银行召开座谈会，讨论商业银行发展基金业务和设立基金管理公司的问题，推动商业银行发展基金业务以及设立基金管理公司。召开信贷资产证券化试点方案论证会，邀请专家对住房抵押贷款证券化、信贷资产证券化试点方案进行研究和论证，推动银行业开展资产证券化业务试点。

专栏5：推动商业银行设立基金管理公司

目前，我国直接融资比例过低，间接融资比重过高，全社会的融资风险过度集中在银行体系。要改善这种融资结构，允许商业银行发展基金业务和设立基金管理公司，是当前的现实选择。允许商业银行设立基金管理公司符合国务院《关于推进资本市场改革开放和稳定发展的意见》的精神，有利于促进资本市场长期稳定健康发展；有利于提高直接融资比重，促进直接融资与间接融资协调发展；有利于稳步推进商业银行改革，保持金融整体稳定，优化资源配置。国际经验表明，在传统的分业经营模式下，商业银行依然可以通过银行控股公司的形式，由附属证券机构从事证券业务。经历了三十年代大萧条以后，发达国家虽然不断对商业银行从事证券业务可能带来的风险进行审视和检讨，但并没有因此禁止商业银行从事证券业务，而是逐渐适应经济金融发展变化，在分业经营的框架下允许商业银行通过控股公司等多种变通方式，间接从事证券业务。基金业务，一般被视为商业银行的金融工具创新。在美国颁布《1999年金融服务现代化法》从法律上确立金融机构的混业经营模式之前，在20世纪70年代，随着共同基金的发展，美国的商业银行在很大程度上从事了共同基金的发起、管理和受托业务。1991年由银行主管的基金管理公司约1100家，所管理的基金占所有基金总数的37%。1996年美国商业银行在共同基金的资产已经达到了40%。从我国目前情况看，允许商业银行发展基金业务和设立基金管理公司是可行的。从法律角度看，商业银行设立基金管理公司不存在法律障碍。近期颁布实施的《中华人民共和国证券投资基金法》和《中华人民共和国商业银行法》都为商业银行发起设立基金管理公司留下了法律空间。商业银行投资设立的基金管理公司独立运行，商业银行只是基金管理公司的出资人，行使股东权利和分享收益。

从监管角度看，监管部门可以通过监管协调对商业银行设立的基金管理公司实施有效监管，可根据经济金融形势的发展需要，对商业银行设立基金管理公司的市场规模、发展速度以及实施步骤等进行适时调控，通过审慎性监管控制风险，促进其健康发展。从发展趋势看，我国资本市场发展空间广阔，市场规模将不断扩大，交易品种也将更加丰富，商业银行设立基金管理公司可以有效分流储蓄，开辟投资型资金进入资本市场的正规渠道，促进资本市场发展，而资本市场发展也为商业银行发展基金业务和设立基金管理公司创造了良好的市场条件和发展空间。

八、积极推动金融企业改革

在2003年底向中国银行、中国建设银行注资的基础上，2004年中国人民银行继续推进了股份制改革试点银行的财务重组工作。三季度，根据国务院批准的中国银行、中国建设银行、交通银行股份制改革方案，中国人民银行分别制定办法，对三家银行发行中央银行专项票据，专项处置其有关不良资产。商业银行通过发行次级债补充资本的工作也已经启动，中国银行和中国建设银行通过发行次级债券筹集资金373.7亿元。上述措施不仅使改革试点银行资产质量得到明显改善，资本充足率水平进一步提高，而且保证了国有银行股份制改造试点工作按既定的时间表推进。加快推进农村信用社改革步伐，努力促进农村信用社健康可持续发展。截止8月末，中国人民银行会同银监会按照规定条件和程序严格审查考核，共批准583个试点县(市)农村信用社分三批认购中央银行专项票据346亿元。先行试点地区农村信用社的历史包袱得到明显化解，总体经营状况有所好转；支农金融服务功能有所增强；增资扩股进度较快，资本充足率迅速提高。8月18日，国务院决定进一步深化农村信用社改革试点，批准北京、天津、河北等21个省(市、区)列入农信社改革试点地区范围，国家对上述地区农信社给予扶持的政策总体上仍按原试点方案的规定执行，个别政策进行微调。

专栏6：国有商业银行改革取得重大进展

国有商业银行在我国经济和社会发展中居于举足轻重的地位，维系着国民经济命脉和经济安全。对国有独资商业银行进行股份制改造，建立现代银行制度是党中央、国务院作出的重大决策。国有商业银行改革的目标，就是要按照“产权清晰、权责明确、政企分开、管理科学”的要求，把国有商业银行改造成治理结构完善,运行机制健全,经营目标明确,财务状况良好,具有较强国际竞争力的现代金融企业。

近年来,我国国有商业银行的改革一直在稳步推进。1998年,针对国有独资商业银行资本充足率低、不良贷款比率高的情况,国务院决定通过财政发行2700亿特种国债,补充国有独资商业银行资本金;1999年,先后组建四家金融资产管理公司,剥离了国有独资商业银行的部分不良资产,为改革的进一步深化创造了条件。2003年底以来,国有商业银行改革步伐明显加快,取得了重大进展:

一是经国务院批准,2003年12月16日注册成立的中央汇金投资有限责任公司于2003年底向中国银行、中国建设银行共注资450亿美元,并代表国家对中国银行、中国建设银行行使出资人的权利和义务,支持中国银行、中国建设银行落实各项改革措施,完善公司治理结构。

二是2003年年底至2004年上半年,中国银行和中国建设银行进一步加大不良资产处置力度,动用原有的资本金、2003年的利润和原有的拨备对损失类资产进行核销,用市场化的方式将可疑类资产出售给资产管理公司,余下少量的次级类资产按一定标准计提了拨备。6月底,两家银行的资本充足率均超过了8%,不良资产比率下降到6%以下。三是2004年8月26日和9月21日,中国银行股份有限公司和中国建设银行股份有限公司分别成立。两家银行按照现代公司治理结构规范设置了股东大会、董事会、监事会;成立各专门委员会,科学设计经营管理制度和风险控制制度;取消员工行政级别,实行市场化的人力资源定价机制。这两家股份公司的成立,标志着具有历史意义的国有商业银行改革取得了阶段性成果。同时,中国工商银行和中国农业银行的改革也在有序推进。转换经营机制是这次国有商业银行改革的实质和核心,各家银行还应不断完善公司治理结构,健全内控制度,切实转换经营理念和经营机制,强化资本约束,改进金融服务,提高经营效益。

九、促进国际收支平衡,保持人民币汇率在合理、均衡水平上的基本稳定

完善人民币汇率形成机制,进一步理顺外汇供求关系。简化经常项目可兑换操作手续,放宽限额;拓宽资本流出渠道,允许保险外汇资金投资境外,支持企业"走出去";积极培育和发展外汇市场,增加银行间外汇市场交易品种,扩大远期结售汇业务试点银行和业务范围,开展双向报价交易;加强对资本流动的监测与管理,防范短期资本流动冲击。

第三部分　金融市场分析

一、货币市场继续保持健康平稳运行

(一)债券回购利率基本平稳

前三季度,银行间债券回购市场累计成交7.21万亿元,比上年同期下降18%;日均成交381.3亿元,比上年同期下降17.6%,市场流动性有所下降,主要是第三季度质押式债券回购成交萎缩较多所致。前三季度银行间债券市场质押式债券回购累计成交7.15万亿元,同比减少1.65万亿元,其中第三季度成交2.45万亿元,同比减少1.30万亿元;5月20日开始的买断式债券回购累计成交604亿元。交易所国债回购累计成交3.43万亿元,同比减少9.0%。

银行间市场质押式债券回购月加权平均利率走势基本平稳。前3个月金融机构资金头寸较宽松,质押式债券回购利率持续回落,由1月份的2.43%降至3月份的1.93%;4月份开始稳步回升,6月份达到2.41%后;自7月份起持续稳步回落至9月份的2.20%。此外,5月份开始的买断式债券回购月平加权均利率当月为2.35%,6月份上升至2.59%,9月份回落为2.28%。三季度债券回购利率的回落,表明市场资金较为宽松。从银行间债券回购市场资金融出、融入情况看,国有独资商业银行仍是最大的资金净融出部门,前三季度净融出资金3.50万亿元;其他商业银行①、其他金融机构②是主要的资金净融入部门,分别融入资金2.22万亿元和1.25万亿元。

(二)同业拆借市场成交额有所回落

2004年前三季度,银行间同业拆借市场累计成交1.15万亿元,比上年同期下降36.7%,日均成交60.7亿元,比上年同期下降36.4%,主要是第三季度拆借总成交额同比下降54%所致。前三季度同业拆借成交主要集中在7天和隔夜这两个短期品种上,其中7天品种占全部拆借成交额的70.8%,比重较上年同期上升8.1个百分点,升幅较大;隔夜品种占全部拆借成交额的20.5%。

①其他商业银行包括股份制商业银行和城市商业银行。

②其他金融机构包括政策性银行、农信社联社、财务公司、信托投资公司、保险公司、证券公司及基金公司。

银行间市场同业拆借交易月加权平均利率走势与质押式债券回购利率走势基本相同,由2004年1月份的2.38%,持续回落至3月份的2.07%;4月份起稳步回升至6月份的2.40%;7月份再次回落,9月份为2.30%。从同业拆借市场资金融出、融入情况看,国有独资商业银行仍是最大的资金净融出部门,但所占比重同比下降较多。资金净融入方主要是证券公司。

表4:2004年前三季度金融机构同业拆借资金融出、融入情况表

单位:亿元

	2004年前三季度1	2003年前三季度1
国有独资商业银行	−3774	−6456
其他商业银行	−2213	−805
其他金融机构	5701	6877
其中:证券公司	5404	6291
外资金融机构	286	384

注:1.负号表示净融出,正号表示净融入。

数据来源:中国人民银行《中国金融市场统计月报》

二、债券市场运行总体平稳

(一)债券指数呈"V"字型走势

前三季度,银行间债券市场现券交易累计成交1.80万亿元,同比减少4574亿元,日均成交95.3亿元,同比下降19.8%,主要是2003年第三季度现券交易量增加较多,基数大,造成2004年第三季度银行间市场现券交易量同比下降了52.6%;交易所国债现券成交2223亿元,比2003年同期减少1946亿元,日均成交12.2亿元,同比减少47.3%。

受市场预期变化等因素影响,债券指数呈"V"字型走势。银行间市场中国债券总指数从1月2日本年度最高点104.91点逐渐下行,于4月29日达到本年度最低点99.98点。此后,指数在波动中持续上升,9月30日报收102.19点,比4月29日上涨2.2%。上海证券交易所国债收盘指数由1月2日年内最高点99.21点,逐渐回落至4月29日本年最低点91.24点后,波动上升,于9月30日收盘于95.14点,比4月29日上升4.3%。

(二)债券市场发行状况总体较好,发行利率继续上升前三季度,国债累计发行5164亿元,同比增长19.5%,其中,凭

证式国债发行2315亿元，同比增长36.2%；记账式国债发行2849亿元，同比增长8.7%；政策金融债累计发行2860亿元，同比下降7.7%；企业债累计发行185亿元，同比增长24.2%。7月份起，商业银行次级债开始在银行间市场发行，中行和建行累计分别发行次级债140.7亿元和233亿元。国债和政策金融债发行利率继续上升。三季度发行的5年期凭证式国债利率为3.00%，比上半年同档次1期、2期利率高0.17个百分点。国开行第13期2年期债券利率为3.90%，比上半年同档次利率上升0.1个百分点。

表5：2004年前三季度国债和政策金融债券发行情况简表

	期限（年）	利率（%）	发行额（亿元）		期限（年）	利率（%）	发行额（亿元）
国债发行累计			5163.6	政策金融债发行累计			2860
凭证式国债			2314.7	国开行1期	3	2.99	100
凭证式国债1期				国开行2	期10	3.51	200
三年期	3	2.52	315	国开行3	期10	2.74	150
五年期	5	2.83	135	国开行4	期10	2.74	150
凭证式国债2期				国开行5	期10	3.50	100
三年期	3	2.52	517.4	国开行6	期10	3.28	100
五年期	5	2.83	452.4	国开行7	期0.5	2.80	150
凭证式国债3期				国开行8	期7	3.51	200
二年期	2	2.40	237	国开行9	期2	3.80	200
凭证式国债4期				国开行10	期1	3.40	200
三年期	3	2.65	350	国开行11	期3	4.20	200
五年期	5	3.00	150	国开行12	期2	3.81	200
凭证式国债5期				国开行13	期2	3.90	100
二年期	2	2.40	158	国开行14	期5	4.70	100
记账式国债			2848.9	国开行15	期3	4.36	200
1期	1	2.35	381.6				
2期	3	3.2	267.6	进出口行1	期2	3.82	150
3期	5	4.4164	304.6	进出口行2	期3	4.22	120
4期	7	4.89	367.5				
5期	2	3.27	332.3	农发行1	期1	3.46	80
3期（续发）	5	4.42	337	农发行2	期1	3.46	80
6期	10	4.86	242.4	农发行3	期1	3.46	80
7期	7	4.71	312.9				
5期（续发）	2	3.27	303				

数据来源：中国人民银行《中国金融市场统计月报》

三、票据市场业务平稳运行

前三季度，企业累计签发商业汇票2.45万亿元，同比增长23%；累计票据贴现3.25万亿元、再贴现201亿元，同比分别增长67%和下降34%。到9月末，已签发的未到期商业汇票余额为1.42万亿元，同比增长16%；票据贴现、再贴现余额分别为9544亿元和52亿元。2004年以来，票据业务发展呈现以下特点：一是票据业务发展有效缓解了企业流动资金紧张。前三季度，企业累计签发的商业汇票明显多于上年同期，同比多签发3217亿元。二是再贴现余额逐步下降，金融机构对中央银行资金依赖减少。三是银行承兑汇票仍是票据市场的最主要工具。前三季度，银行承兑汇票累计签发量、当月签发量、未到期余额均占商业汇票总额的97%以上。四是中小金融机构票据交易日趋活跃，前三季度其他商业银行银行承兑汇票累计发生额占票据市场累计发生总额的50%，比上年增加5个百分点。

四、股票市场交易活跃，H股筹资金额大幅增加

前三季度，沪、深股市累计成交3.44万亿元，同比增加1.09万亿元；日均成交188.9亿元，同比增长44.8%。其中A股累计成交3.37万亿元，同比增加1.08万亿元；日均成交185.4亿元，同比增长45.3%。1月至4月上旬沪、深股指在波动中上扬。上证综指在4月7日最高升至1783点，为2002年以来最高；深证综指最高升至472.18点，为2002年10月份以来最高。4月7日，上证综指和深证综指分别收盘于1775点和471点，比上年12月末分别上涨18.5%和24.3%。此后，上证综指和深证综指在波动中持续下滑，9月13日分别收盘于1259点和315点，创沪、深两市1999年6月以来新低。9月末，上证综指和深证综指分别收于1397点和355点。前三季度，股票市场累计融资1149.5亿元，同比增长74.7%，主要是H股融资增加较多。前三季度，H股发行筹资58.4亿美元，同比增长4.7倍；A股筹资（包括发行、增发和配股）579.3亿元，同比增长29.8%；B股筹资3.28亿美元；可转债筹资60.3亿元。证券投资基金快速发展，前三季度共增加57只，9月末基金资产净值3180亿元，比上年末增长87.1%。前三季度，国内非金融机构部门（包括住户、企业和政府部门）以贷款、股票（可流通上市股票的筹资部分）、国债和企业债这四种方式新增融入的资金总计为23746亿元（本外币合计），同比下降20.1%，主要是贷款融资同比下降27.9%。国内非金融机构部门贷款、国债、企业债和股票融资的比为81.1:13.3:0.8:4.8。贷款融资比重下降，国债和股票融资比重明显上升。

表6：2004年前三季度国内非金融机构部门融资情况简表

	融资量（亿元人民币）		比重（%）	
	2004年前三季度	2003年前三季度	2004年前三季度	2003年前三季度
国内非金融机构部门融资总量	23746.3	29733.8	100.0	100.0
贷款	19249.6	26687.3	81.1	89.8
国债	3162.2	2239.7	13.3	7.5
企业债	185.0	149.0	0.8	0.5
股票	1149.5	657.9	4.8	2.2
其中：可转债	60.3	127.0	0.3	0.4

数据来源：中国人民银行调查统计司

五、保险业资产保持快速增长势头

前三季度，保险业实现保费收入3340亿元，同比增长12.5%，增幅同比降低18.7个百分点，其中第三季度保费收入为966亿元，同比增长18.7%，增幅比上半年提高8.5个百分点，主要是三季度财险保费收入和寿险保费收入分别比上年同期多增加80亿元和57亿元所致。前三季度，保险业累计赔款、给付727亿元，同比增长22.4%。保险业总资产在4月份突破万亿元大关后，三季度继续保持快速增长态势。9月末，保险公司的总资产达到1.13万亿元，同比增长35.8%，比上年末增长24%。从构成看，银行存款占比较上年末下降5.3个百分点，国债投资和证券投资基金投资占比较上年末分别上升4.9和1.5个百分点，国债投资占比上升较多。经国务院批准，中国保险监督管理委员会联合中国证券监督管理委员会于10月24日正式发布了《保险机构投资者股票投资管理暂行办法》，为保险资金投资股票市场奠定了制度基础，有利于保险业拓宽资金运用渠道，分散资金运用风险。

表7：2004年9月末主要保险资金运用余额及占比情况表

	余额（亿元人民币）		占资产总额比重（%）	
	2004年9月末	2003年末	2004年9月末	2003年末
资产总额	11308	9123		
其中：银行存款	5049	4550	44.6	49.9
投资	5114	3829	45.2	42.0
国债	2294	1407	20.3	15.4
证券投资基金	744	463	6.6	5.1

数据来源：中国人民银行《中国金融市场统计月报》

六、外汇市场交易量继续显著增加

前三季度，银行间外汇市场交易量继续显著增加，各币种累计成交折合美元1243亿美元，同比多成交281亿美元；日均成交6.58亿美元，同比增长30%。其中，美元品种成交1210亿美元，日均成交6.4亿美元，同比增长29.6%。

第四部分　宏观经济分析

一、全球经济继续强劲增长，原油价格高企致使不稳定因素增加

2004年以来，全球经济保持较为强劲的增长势头。主要经济体中，美国就业状况持续改善，但GDP增长低于预期。欧元区继续缓慢复苏，四季度经济增长有望进一步加快。日本经济继续增长，但尚未摆脱通货紧缩的困扰。第三季度以来，石油价格不断走高，加剧了通胀压力并抑制经济增长势头，是近期影响世界经济稳步增长的最主要风险因素。10月12日，英国布伦特原油首次突破50美元/桶。美国原油期货甚至一度超过55美元/桶。随着石油价格上涨和经济持续复苏，通货膨胀压力不断加大，主要经济体的央行正密切关注石油价格上涨所造成的影响，将防止通货膨胀作为货币政策重点。

（一）主要经济体经济继续复苏

美国经济增长势头有所放缓，通货膨胀压力逐渐增加。2004年前三个季度，美国GDP环比折年率后分别增长4.5%、3.3%和3.7%。上半年，经常项目赤字达到创纪录的1662亿美元，占GDP的5.7%。财政赤字占GDP的比重从一季度的4.3%上升到二季度的4.5%。就业状况持续改善，失业率已从2003年年中的6.2%逐步降低到2004年9月份的5.4%。前三个季度消费价格同比上涨分别为1.8%、1.9%和2.7%。欧元区经济继续改善，短期内通货膨胀压力加大。自2003年下半年以来，欧元区经济因外部需求拉动缓慢复苏。2004年前两个季度GDP同比增长分别为1.3%和2%。贸易盈余从一季度的281亿欧元升至二季度的341亿欧元。2004年平均财政赤字占GDP的比重很可能略高于2003年2.7%的水平。失业率略有上升，4月份以来失业率一直保持在9%，比一季度的8.9%提高0.1个百分点。综合消费价格指数（HICP）有所上升，前三个季度分别为1.7%、2.3%和2.3%。日本经济继续复苏，通货紧缩压力有所缓解。2004年前两个季度，日本GDP同比增长分别为5.9%和4.2%。2004财政年度上半期（2004年4月至9月），日本的国际收支经常项目顺差9.37万亿日元，同比增长12.9%。就业状况持续改善，8月份未经季节调整的失业率为4.8%，远低于上年同期水平。通货紧缩压力有所缓解，8月份消费价格指数同比下降0.2%，上年同期为同比下降0.3%。主要发展中国家继续保持强劲增长势头。在全球经济、贸易复苏的背景下，亚洲地区主要经济体保持较快增长，欧盟东扩和俄罗斯经济增长加快对东欧国家经济和贸易增长起到拉动作用。受益于美国经济强劲增长，拉美新兴市场经济体工业生产和进出口贸易也在快速恢复增长之中。

（二）美元略有升值，债市利率呈上浮趋势

美元先升后贬，总体比2003年末略有升值。2004年前5个月，美元相对欧元有较大幅度恢复性升值；5月份以后，美元略有贬值。9月30日，1欧元兑1.242美元，美元比2003年年末升值约1.5%；当天，美元兑日元收于110.215日元/美元，较2003年年末水平升值约2.8%。2004年前三个季度，尽管经济复苏保持强劲，但石油价格上涨对股票市场负面影响较大。9月30日，道·琼斯工业指数收于10080.27点，比年初下跌0.75%；道·琼斯EUROSTOXX指数收于2726点，较年初下降1.2%；日经225平均股指收于10824点，较年初小幅上扬1.4%。主要经济体长期国债收益率微幅上升，短期利率呈上浮趋势。9月30日，美国10年期国债收益率从年初最低点不足4%微幅升至4.09%，3个月国库券利率从年初的不足1%升至1.68%；9月份，欧元区10年期政府债券收益率和欧元3个月LIBOR利率分别为4.11%和2.12%。

（三）部分央行货币政策重点转向防止通货膨胀

随着全球经济复苏，主要经济体通货膨胀压力加大，部分国家中央银行将防止通货膨胀作为货币政策重点。英格兰银行于2004年5月6日、6月10日和8月5日，分三次分别提高官方利率0.25个百分点，目前官方利率为4.75%。美联储于6月30日、8月10日、9月21日和11月10日，分四次分别提高联邦基金目标利率0.25个百分点，目前联邦基金目标利率为2%。2003年6月至今，欧央行理事会各次例会决定维持利率水平不变，主要再融资利率为2%，存款便利和贷款便利的利率分别为1%和3%。日本银行继续实行宽松的货币政策，将商业银行在中央银行结算账户的余额继续保持在2004年1月下旬例会确定的30—35万亿日元左右的水平上，以确保向市场提供充足的流动性。

二、我国经济平稳较快增长，继续向宏观调控预期目标发展

2004年以来，我国经济平稳快速增长，效益提高。全年粮食产量可以超过预期目标；固定资产投资增长过快势头得到初步遏制；对外贸易持续大幅度增长，利用外资继续增加。但当前经济生活中仍存在不少矛盾和问题，农业基础还不稳固，固定资产投资规模仍然偏大，物价上涨面临较大压力。前三季度，国内生产总值9.3万亿元，同比增长9.5%，比上年同期加快0.6个百分点；居民消费价格同比上涨4.1%，比上年同期加快3.4个百分点。

（一）投资需求过快增长势头得到初步遏制，消费需求稳中趋旺，净出口由负转正

固定资产投资增长过快的势头得到初步遏制。前三季度，全社会固定资产投资4.5万亿元，同比增长27.7%，分别比一季度和上半年回落15.3和0.9个百分点。其中，城镇固定资产投资3.8万亿元，同比增长29.9%。钢铁、水泥、铝业、房地产开发等部分过热行业投资增速均有明显回落。但目前投资在建规模依然很大，前8个月累计新开工项目9.4万个，比上年同期增加6494个，未来一段时间投资仍将维持在一个较高的水平，存在反弹的基础。存货增加。中国人民银行5000户企业的调查显示，2004年以来企业存货一直呈上升态势。从存货构成看，原材料存货上升的速度明显高于产成品存货。到9月末，原材料存货同比增长29.4%，高于产成品存货增长10.3个百分点，在一定程度上反映了企业的通胀预期。产成品库存增加的部分原因是销售形势较好，企业主动增加库存，但也有一部分原因是产成品库存积压，占用了企业流动资金，应当引起注意。

居民收入增长较快，消费需求稳中趋旺。前三季度，城镇居民人均可支配收入7072元，剔除价格因素，实际增长7%。农民人均现金收入2110元，实际增长11.4%，增幅比上年同期提高7.6个百分点。

前三季度，社会消费品零售总额3.8万亿元，同比增长

13%，剔除价格因素，实际增长9.7%，比上年同期加快0.6个百分点。中国人民银行2004年三季度储户问卷调查显示，居民的消费意愿继续谨慎回升。在当前物价和利率水平下，认为"更多消费(包括借债消费)"最合算的居民占32%，较上季略有提高。净出口由负转正。前三季度，进出口总额8285亿美元，同比增长36.7%。其中，出口4162亿美元，增长35.3%；进口4123亿美元，增长38.2%。进出口相抵，顺差39亿美元，改变了2004年2月份以来累计贸易逆差的局面。其中，9月份贸易顺差为49.9亿美元，是2004年以来月度顺差的最高值。

(二)工农业生产快速增长

前三季度，第一产业增加值增长5.5%，同比加快2.7个百分点；第二产业增加值增长10.9%，同比减缓1.5个百分点；第三产业增加值增长8.5%，同比加快3.1个百分点。粮食生产出现重要转机，粮食供求矛盾得到一定缓解。2004年我国粮食播种面积出现恢复性增长，全年将超过15亿亩，扭转了连续5年下滑的势头。夏粮产量2021亿斤，增产4.8%；早稻产量达到642亿斤，增长8.8%；秋粮面积扩大，也将获得好收成。全年粮食将比上年明显增产，完全可以实现9100亿斤的预定目标。但我国农业发展的基础还很不巩固，国家仍需要加大对农业的投入，保障我国的粮食安全和社会稳定。工业生产增长较快。前三季度，全国规模以上工业完成增加值3.9万亿元，同比增长17%，比上年同期加快0.5个百分点。全国规模以上工业实现利润8088亿元，同比增长39.8%；工业产销率达到97.8%，同比提高0.1个百分点。中国人民银行5000户工业企业财务统计和季度问卷调查显示，企业总体经营状况良好，产销增幅略有回升。企业家对当前企业总体经营状况普遍持乐观态度。有88%的企业认为总体经营状况"良好"和"一般"，比上季略有提高。煤电油运供给较大幅度增加，但紧张状况尚未根本改变。前三季度，全国原煤产量11.4亿吨，同比增长15.8%；发电量1.56万亿千瓦小时，增长14.5%；铁路、公路和水路货运量分别增长9%、12.6%、19.2%，但煤电油运紧张状况尚未根本改变。

(三)通货膨胀压力尚未得到明显缓解

居民消费价格(CPI)保持快速上涨态势，从1月份的3.2%升至9月份的5.2%。前三季度，CPI同比上涨4.1%，其中9月份上涨5.2%。在9月份5.2%的上涨中，2.6个百分点源于去年的翘尾因素，2.6个百分点源于今年的新涨价因素。食品价格上涨是推动本轮CPI上涨的直接因素。前三季度，食品价格上涨10.9%，其中粮食价格上涨28.4%；居住价格上涨4.4%；烟酒日用品和娱乐教育文化用品及服务价格分别上涨1.3%和1%；而衣着、家庭设备用品及服务、医疗保健及个人用品、交通和通信等商品和服务价格则略有下降。2003年以来粮食价格大幅度上涨主要集中在2003年11月和2004年3月。2004年5月以后，我国粮食价格基本保持平稳，同比涨幅稳定在32%左右，影响CPI上涨1个百分点；但肉禽及其制品价格开始"补涨"，涨势高于粮价，创近年新高。9月份当月肉禽及其制品价格同比涨幅达到22.4%，影响CPI上涨1.7个百分点。

非食品价格上涨呈上升趋势。受能源价格上涨的直接影响和食品价格上涨向非食品价格扩散的间接影响，9月份，非食品价格上涨已达1.3%，为近年来最高。

原材料购进价格23个月持续攀升。2002年11月，工业原材料购进价格由负转正，至今已连续23个月保持正增长。2004年前三季度，工业原材料、燃料、动力购进价格同比上涨10.8%，其中9月份同比上涨13.7%。工业品出厂价格在原材料价格大幅上涨的推动下，呈现不断上升的趋势，表明通货膨胀已经开始从上游向下游传导。前三季度，我国工业品出厂价格同比上涨5.5%，其中9月份上涨7.9%。农业生产资料价格同比上涨14.6%，其中9月份上涨9.8%。

实际工资增长超过GDP增长。一季度和二季度，城镇单位就业人员的平均劳动报酬比上年同期分别增长12.5%和14.1%，剔除同期城镇居民消费价格上涨因素，实际增长分别为10.4%和10.2%，均超过GDP的实际增长。

进口价格大幅上涨。前三个季度进口价格同比上涨分别为1.6%、9.8%和15.5%。其中第三季度为近年来最高，仅次于2003年二季度14.7%的水平。此外，反映干散货(主要指铁矿石、煤炭和粮食)运费价格的"波罗的海综合运价指数"(BDI指数)从6月中旬2700点的低位开始上扬，到10月14日，BDI指数回升至4522点左右。进口价格和BDI指数的再次高涨，表明国内需求仍很旺盛，煤电油运等瓶颈行业紧张、资源约束突出的状况可能会继续。

名义GDP增长率与实际GDP增长率之差为6.8%。前三季度，我国名义GDP增长率为16.3%[1]，实际GDP增长率为9.5%，两者之差达到6.8%，大大高于2003年全年2.2%的水平，通货膨胀压力加大。

三、主要行业运行正常，利润大幅度增加

前三季度，规模以上工业企业(全部国有企业和年产品销售收入500万元以上的非国有企业，下同)实现利润8088亿元，比上年同期增长39.8%。新增利润前五大行业分别是石油开采、化工、钢铁、电子通信、石油加工，占整个工业新增利润的50.3%。其中，石油和天然气开采业实现利润1269亿元，同比增长30.2%；钢铁行业699亿元，同比增长61.1%；有色金属行业197亿元，增长72.7%；建材行业272亿元，增长76.3%。

(一)房地产行业

2004年以来，国家采取的抑制房地产投资过热的宏观调控措施初见成效，房地产投资增长和房地产贷款增幅减缓，但房屋价格与土地价格持续上涨。由于我国房地产业各个环节所需资金有相当部分来自银行，如房地产开发贷款、流动资金贷款、施工企业贷款、住房抵押贷款等，房地产的市场风险极易转变为银行的信贷风险。要注意防范房地产金融风险，促进房地产业持续稳定健康发展。房地产开发投资回落，特别是土地投资得到抑制。从投资额看，前三季度，房地产开发投资8357亿元，同比增长28.3%，比上年同期下降4.5个百分点。从开发和投资面积看，前三季度，新购置土地面积、土地开发面积、施工面积和竣工面积同比分别增长3.8%、8.1%、23.3%和9.5%，分别比上年同期回落41、31、4.5和25.4个百分点。房地产价格持续上涨。前三季度，土地交易价格、房屋销售价格、房屋租赁价格同比分别上涨11.6%、9.9%和2.1%；其中，9月份分别上涨10.2%、9.4%和1.2%。商品房上涨8.5%，其中普通住宅销售价格上涨9.2%，豪华住宅上涨8.4%。分地区看，在35个大中城市中，土地交易价格同比涨幅超过10%的城市有7个，分别是南昌、沈阳、成都、上海、天津、厦门和福州；房屋销售价格同比涨幅超过10%的城市有9个，分别是沈阳、南京、重庆、上海、天津、兰州、青岛、宁波和杭州。房地产信贷扩张幅度减缓。一是土地开发贷款增幅下降，除1月份和7月份分别增

1 见国家统计局2004年10月《中国经济景气月报》。国家统计局对2003年1—3季度国内生产总值及增长速度进行了修订。

加404亿元和102亿元外，其它月份的增量均在50亿元以下，5月份甚至出现净下降。二是商业性房地产开发贷款增长率持续下降，从2003年8月末的54.9%降到2004年9月末的20.6%；但8月份出现了增量回升势头；三是住房抵押贷款增幅减缓，从2003年年初的51.1%降至2004年9月末的38.4%，降低了12个百分点。

(二)石油行业

2004年，国际原油价格不断攀升，在10月份达到每桶55美元左右的历史高点，比年初上升了60%，各国央行和国际组织都在密切关注油价上涨的影响。国际货币基金组织在9月份发表的《世界经济35展望》中用大量篇幅分析原油及商品价格上涨对宏观经济的影响，指出原油价格每上涨5美元将会影响全球经济下降0.3%。伴随着原油价格的上涨，各国的通货膨率都将不可避免地上升，而且2004年包括美国在内的很多国家剔除能源的核心价格指数也都在上涨。中央银行应当警惕原油价格上涨对通货膨胀的影响，防止原油价格与工资水平轮番上涨所导致的价格水平的普遍上涨。我国是石油净进口国。国际原油价格上涨对我国经济有一定影响。2003年，我国原油生产量为1.7亿吨，消费量为2.5亿吨，进口量为0.9亿吨，进口原油占国内原油消费量的比重为36%。2004年前三季度，随着经济的快速增长，我国原油及其制品需求不断攀升，原油和成品油进口大幅度增长。前三季度，国内原油加工量2.0亿吨，同比增长15%；进口原油0.9亿吨，同比增长34%；汽油、煤油、柴油产量1.2亿吨，同比增长16.4%；进口成品油2780万吨，同比增长28.6%。9月份，我国汽油、柴油和液化石油气的价格上涨均超过了20%，影响CPI上涨0.3个百分点左右。国际原油价格上涨对世界经济和我国经济的影响值得进一步关注。

第五部分　预测和展望

一、2004年国际经济金融展望

预计全球经济将继续稳步增长。9月份，国际货币基金组织预测2004年全球经济增长将达5.0%，是近30年来最强劲的增长，较4月份的预测提高0.3个百分点。其中，美国增长4.3%，较4月份预期下调0.3个百分点。欧元区增长2.2%，日本增长4.4%，分别较此前预测上调0.4和1.1个百分点。发展中国家和主要新兴市场预计增长6.6%。需要指出的是，国际货币基金组织这一预测的前提是2004年平均油价为37.25/桶。国际贸易增长强劲，既是经济增长的结果，也是带动全球经济复苏的重要动力。国际货币基金组织预计2004年世界商品和服务贸易额增长8.8%，较4月份的预期上调了2个百分点。随着世界经济形势的好转，国际金融市场总体将保持良好态势。近期的风险主要是石油价格和能源安全问题。货币政策方面，美联储表示将以适当的步伐改变宽松的货币政策态势，欧洲中央银行表示要谨慎关注中期价格上涨的风险。日本银行则表示，在CPI(剔除新鲜食品价格)未连续保持零或零以上水平之前，将继续维持宽松的货币政策。

二、我国宏观经济展望

预计四季度，我国经济运行将继续向宏观调控预期的方向发展，经济增长速度会有所回落，消费物价涨幅将趋于稳定，国民经济总体上仍呈较快平稳增长态势。从消费需求看，居民对未来我国经济发展前景看好，收入预期提高，将支持未来消费支出增加。中国人民银行三季度全国城镇居民储蓄问卷调查结果显示，城镇居民的未来收入信心指数为17.4，较上季提高1.8，较上年同期提高1.4。从投资方面看，国家发展与改革委员会公布的对固定资产投资项目清理的结果显示，停建、暂停及限期整改、取消立项的项目总投资规模仅占全部清理项目总投资的4.9%，停建、取消立项的项目投资金额仅占全部清理项目投资总规模的1%，目前各地扩大投资的积极性仍然很高，固定资产投资存在反弹的可能性。根据前三季度的外贸形势，预计2004年我国对外贸易将首次突破万亿美元，进出口大致保持平衡。价格方面，随着粮食供给的增加，粮食价格将保持平稳，在没有新的外部冲击下，第四季度消费价格涨势有可能趋缓。但粮食价格上涨所造成的影响仍将持续一段时间，相当部分的PPI上涨最终会以成本推动形式传导到CPI中去。考虑到前三季度CPI同比增长已经达到4.1%、第四季度环比CPI为负的可能性很小，初步推断全年同比CPI将在4.1%左右。此外，居民通货膨胀预期提高值得关注。中国人民银行三季度全国城镇储户问卷调查显示，40.6%的居民认为下季物价上涨，认为物价上涨的人数占比较上季提高1个百分点，只有6.7%的居民认为下季物价将下降。

随着固定资产项目清理工作取得阶段性成果，商业银行和企业的行为及预期将趋于稳定，货币信贷增长将继续趋于比较合理的水平。预计四季度贷款可能比2003年同期多增加，2004年全年新增人民币贷款和货币供应量将趋于预期调控目标。

三、货币政策趋势

当前，宏观调控仍处于关键阶段，要继续密切关注各类价格指数的走势，注意防止投资反弹，努力巩固和发展金融宏观调控的成果。下一阶段，中国人民银行将继续执行稳健的货币政策，按照改进和加强金融调控的要求，合理控制货币信贷总量，按照有保有压的原则，着力优化信贷结构，进一步发挥好金融在宏观调控中的重要作用。

(一)灵活运用多种货币政策工具，保持货币信贷合理增长

根据宏观经济形势的变化，灵活运用公开市场操作等多种货币政策工具，保证金融机构正常的支付清算和合理的贷款资金需求，保持货币信贷合理增长，保持货币市场利率基本稳定。巩固宏观调控的效果，努力避免大起大落。完善间接调控机制，稳定微观主体预期，促进经济平稳发展。

(二)适时进行“窗口指导”，引导商业银行着力优化信贷结构引导商业银行继续加大对符合国家产业政策和市场准入条件项目的支持，继续增加对农业、中小企业、扩大消费、助学和就业的信贷投入，促进经济社会薄弱环节的发展，促进信贷结构和产业结构调整；控制中长期贷款过快增长，支持企业合理流动资金需求。引导商业银行按照市场化原则改革贷款审批制度，完善风险管理制度。加强和提高自主审贷的能力，树立市场风险、信用风险等各类风险的意识，提高风险识别和评估能力，健全风险控制机制，不断增强优化信贷结构的自觉性。

(三)稳步推进利率市场化，优化利率期限结构

发挥利率杠杆在优化资源配置中的作用，巩固宏观调控成果。引导金融机构充分运用利率浮动政策，进一步建立和完善风险定价制度，根据货币政策取向和贷款风险等因素，合理确定贷款利率，提高信贷资金的配置效率。引导商业银行加强主动负债管理，发行长期负债工具增加长期资金来源，推动中长期贷款证券化试点，以改善资产负债期限错配的状况，优化利率期限结构，提高货币政策传导效率。

专栏7：优化信贷期限结构

近年来，无论是总量指标还是结构指标都表明，商业银行资产长期化、负债短期化趋势明显。全部金融机构活期储蓄存款余额和定期储蓄存款余额的比例从2000年的39.4%上升到2004年9月末的54.4%，上升了15个百分点；与此同时，中长期贷款余额和全部贷款余额的比例则从2000年的23.7%上升到2004年9月末的38.1%，上升了14.4个百分点。导致信贷期限结构变化的原因是多方面的。首先，直接融资渠道狭窄，无论是企业融资还是国家重点建设项目融资都过度依赖银行贷款。其次，商业银行从降低不良贷款比例、增加贷款利息收益等因素考虑，更愿意发放中长期贷款。第三，人民收入水平提高，消费需求发生变化，个人住房和汽车等中长期消费贷款快速增长以及商业银行实施信贷集中战略等多种因素都导致了中长期贷款比例持续上升。上述信贷期限结构的错配隐藏较大风险。首先，由于中长期贷款依靠短期资金来源支撑，一旦银行银根紧缩，储蓄分流加剧，商业银行就会面临流动性风险。其次，商业银行积累了大量的中长期资产利率正缺口，潜藏着较大的利率风险。第三，全社会的中长期资金主要由银行来配置，长期风险过度集中于银行体系。第四，不利于形成合理的收益率曲线。我国目前的收益率曲线是在通货紧缩状态下形成的，长期收益率较低。而短期贷款少增，导致短期资金利率相对偏高；中长期贷款多增，带动中长期资金利率下行，这样的利率期限结构会给出鼓励中长期投资的信号，使投资缺乏成本约束，成为投资盲目扩张的重要原因之一。不合理的收益率曲线会进一步加剧金融机构资产负债期限结构不合理的趋势，反过来又进一步导致收益率曲线的扭曲，加剧长短期利率结构不合理的趋势。当前，要尽快解决信贷期限结构错配问题，在供需两个方面均衡引导金融市场向纵深方向发展，优化利率期限结构。要实行中长期贷款比例管理，加大商业银行资产负债比例管理的监管压力；允许商业银行发行长期负债工具，增加长期资金来源，提高主动负债的能力；推动中长期贷款证券化试点，有效降低中长期贷款比例；发展长期信用机构，通过发行长期债务工具筹集资金；培育更多的合格机构投资者，促进中长期债务工具以及资产支持证券的市场交易。

（四）加快推进金融企业改革，增强竞争力

继续推进国有商业银行改革，深化股份制银行改革。稳步推进农村信用社改革工作，扩大改革试点范围，加大对农村信用社资金的支持力度，促进农村信用社切实转换经营机制。根据市场化改革进程，进一步研究政策性银行的职能定位。研究建立存款保险制度，建立及时、有效的金融机构退出机制，防范道德风险和逆向选择，保证金融体系整体稳定。

（五）进一步推进金融市场发展，优化资源配置

加强银行间债券市场法规和制度建设，逐步推出新的业务品种。继续大力培育金融市场的机构投资者群体，积极推进商业银行设立基金管理公司。丰富金融市场工具，满足市场参与者的多样化需求。加强市场基础设施建设，提高市场运行效率。

（六）保持人民币汇率在合理、均衡水平上的基本稳定

观察分析国际经济形势发展趋势和主要国家中央银行货币政策动态，完善人民币汇率形成机制，加强和改进外汇管理，保持人民币汇率在合理、均衡水平上的基本稳定。

2003年信托产品创新的归类分析

与去年相比，信托业的发展不仅体现在产品绝对数量以及产品类型的增加，信托所涉及的经济领域也得到了极大地拓宽。从下图可以看出，与去年相比，2003年信托产品运用的范围有了显著的扩大，除了传统的基础设施建设项目和房地产项目开发的资金运用以外，在证券投资，资本运作、企业融资以及外汇投融资等各个领域推出了各种产品，即使对于基础设施建设和房地产项目的开发，由于政策环境的变化也于去年出现了一定的差异，而这种运用领域的扩张以及运用方式与以前的差异正体现了信托投资公司作为市场主体，敏锐地把握住了2003年特定时期出现的经济环境和政策变化的机会，创新性的推出了不同类型的信托产品满足了市场的潜在需求，而在这一过程中，信托产品所具有的独特优越性也逐步被各方认可，推动了信托行业在经济生活中的渗透能力显著增强。下面我们就以信托投资公司如何通过信托产品创新性的满足各领域市场需求为线索，对各种创新信托产品产生的背景和创新的特征进行简要地分析。

基础设施建设的项目由于具有一定的自然垄断性，通常具有收益稳定，现金流充足的特征，而且由于基础设施项目关系到国家和地区社会经济发展的全局，基础设施的建设也能够得到政府的有力支持和政策优惠，从而进一步强化了基础设施建设项目的高收益，低风险的特征，所以这一领域也就自然成为了众多信托投资公司产品开发的重点领域。据统计，2003年信托产品资金用途分布于基础设施领域的共计有28项，融资规模高达44。38亿元，占整个信托当年融资比例的27.4%，位居首位。

目前信托公司信托业务的拓展重点主要集中在利用政府信用为城市基础设施建设筹集资金上，尤其是解决项目公司的资本金或前期启动资金问题，减轻政府在市政建设方面的财政压力，实现融资方式多元化，在促进政府投融资机制改革与创新并降低项目实施主体融资成本同时，使当地投资者享受到一定的投资收益。

所以信托投资公司在利用信托资金进行基础设施投资的同时，根据不同项目的特征，采取了多种方式，主要的运用方式包括以下几种：

1、利用信托贷款方式，弥补资金缺口，降低融资成本

尽管城市基础设施建设有多个融资来源，银行贷款始终是城市基础设施建设的主要来源，但是作为一个有益的补充，信托融资作为一个新的融资渠道，也以其特定的优势成为了城市基础设施建设资金来源的一部分，最直接的方式就是以信托贷款的方式向建设项目提供资金。而这种方式最明显的优势就是融资成本低。

以重庆国际信托投资公司开发的重庆弹广公路信托贷款资金信托计划为例。作为重庆市规划建设中的一条经济干线，总投资规模为3.1个亿，工程1999年6月动工，预计2004年5月竣工，目前剩余工程为纳溪沟至峡口段，资金缺口大约为2亿元。如果采取常规的银行贷款，2年期的融资成本为5.49%，而采取信托贷款的方式，融资成本为4.85%，按照贷款2亿元的规模，意味着每年可以节约融资成本2*（5.49%—4.85%）=128万元，两年节约的利息成本为256万元，从这个角度而言，信托融资具有一定的优势。

2、利用股权信托方式，充实项目公司资本，实现融资规模的放大

除了直接发挥信托的融资功能以外，针对银行债务融资是城市基础设施建设的来源，充分利用信托资金投资的多样性特征，可以发挥信托资金的引导放大功能，拉动城市基础设施建设的资金规模。这一方面最典型的案例就是爱建信托开发的上海复兴东路隧道资金信托计划。

为上海市城市建设规划的重点项目，预计于 2004 年 12 月竣工，原定工程总投资 12.59 亿元，由于涉及原设计更改，总投资规模增加到 15.79 亿元，截至 2003 年 5 月已完成投资 7.3 亿元，到最终投入还面临着资金缺口 8.49 亿元。对于项目公司——上海复兴隧道建设发展有限公司，投资规模的变更直接导致了原有项目公司的自有资本不足以支持项目额外需要的资金，特别是自有资本金不足导致了公司资产负债比较高，其利用债务资金的能力受到了限制，而上海市政府由于各种原因在短期内筹措数亿元的资金注入项目公司恢复公司的债务融资能力也是心有余而力不足，在这种情况下，爱建信托发行的资金信托所筹集的信托资金，以股本金的形式受让了上海市政府在项目公司原有的股权并对项目公司进行增资，使其项目公司自有资金达到了 5 亿元的规模，这一举措实现了参与各方的双赢。爱建信托对项目公司的增资，使得公司资产负债率下降恢复了债务融资的能力，按照项目公司 5 亿元的资本金，根据自有资金不低于项目总投资 30%的安全比例的估算，可以获得的债务融资总额为 11 亿元，两者相加为 16 亿元，基本可以满足工程总投资的资金需要，从而保证了上海市重点建设的如期实现。对上海市政府而言，一方面通过向爱建信托转让项目公司的股权，实现了原有资金的盘活，可以将这笔资金用于其它领域的建设项目之中去，另一方面在保证项目顺利如期完成的前提下，通过分期支付，而不是一次性投入资金对项目进行补贴的方式，减轻了政府的财政压力，也一定程度上降低了融资成本。爱建信托这一财务安排充分体现了自身的实力。

3、存量资产变现，通过资金再循环扩大资金运用规模

城市基础设施的建设，由于规模大，期限长，在特定的时间内，可以获得的新的融资渠道和融资规模可能受到一定的限制，利用现有的存量资产，通过资产性质的改变，变固化资产为流动性资产无疑是多方面拓展资金来源的一个思路，上海复兴东路隧道项目中，上海市政府通过转移股权的方式，盘活了资产，达到了资金再运用的目的，就是这种思路的一个例证。但是对于其他一些案例，项目所有人看好项目的前景，不愿意放弃项目的控制权，但由于多种原因，项目所有人又需要资金进行新的投资。在这种两难选择的情况下，信托投资公司又通过创新的方式解决了这一问题，在苏州信托开发的“苏嘉杭高速公路股权信托资金计划”的案例中可以看出。

苏嘉杭高速公路北起常熟董浜，经常熟、相城区、苏州工业园区、吴中区、吴江，在吴江盛泽与浙江嘉兴段相接，全长 100 公里，是连接苏南与浙江经济热点地区的交通大动脉，根据车流量测算及收费标准的估计，项目建成正常经营后静态投资回报率预计 10%左右。这一项目无疑具有高收益、低风险的特征。但是作为该高速公路项目公司的股东苏州高速公路有限公司和苏州国际发展集团有限公司，由于多种原因需要短期内筹集资金用于其它领域的投资，但又不想因此而丧失对该项目的所有权。尽管可以采取质押贷款的方式获取资金，但按照银行抵押比 7 折的惯例，两家公司价值 3 亿元的股权只能获得 2.1 亿元的贷款额，而且这部分资金的成本为年利率 5.49%，采取信托的方式不仅支付的资金折扣率较低，为 1－(2.6/3)＝13%，而且融资成本也可以降低为 5%。但更关键的问题是，股权质押贷款获得的资金作为负债，会影响公司整体的资产负债率以及限制资金运用的方式（如银行贷款不能进行股权投资的限制），通过信托筹集的资金在目前的财务处理上存在空白，如果信托筹集的资金不算作公司负债的话，那么这种融资方式无疑对改进公司财务结构具有突出的意义，而且在资金运用过程中不存在股权投资的限制，这意味着如果采取项目公司股权投资的方式在一定的资产负债比的情况下将会进一步得到债务融资的支持从而达到了放大资金规模的目的。

尽管采取信托融资的方式具有如此的优势，但采取何种信托方式也是值得考虑的。一种方式是直接以股权作为信托财产设置股权信托，投资者购买信托支付相应的对价，两公司通过转让股权的方式实现了融资，信托到期后以回购的方式重新获得这笔股权，这种方式与设置自益信托，向投资者转让受益权的方式所取得的最终效果是一致的，但股权信托涉及股权过户的交易成本以及在合同存续期间需要将这笔优良资产从两公司的账面上剔除，两公司不拥有名义上的所有权将导致其在项目公司的利益不能直接表达，出于种种考虑，在信托的设置方面采取了转让受益权的方式，根据融资方的实际情况，灵活运用各种手段，满足融资方的需求，在这一过程中，信托的创新得到了充分发挥（孟辉）

2003 年度货币概览

单位:亿元

报表项目	2003.01	2003.02	2003.03	2003.04	2003.05	2003.06
国外净资产	32897.66	33497.52	33906.07	34231.34	34656.17	35056.26
国内信贷	172042.54	173146.28	176577.01	177928.64	180582.24	186322.61
对政府债权(净)	12587.4	12520.34	11929.77	11475.42	11018.27	11670.20
对非金融部门债权	134701.18	135787.17	139446.28	141540.63	144319.77	149493.49
对特定存款机构的债权	8964.55	8951.42	9086.07	8905.37	8947.24	9193.68
对其他金融部门债权	15789.41	15887.35	16114.89	16007.22	16296.96	15965.24
货币和准货币	188918.38	188444.37	192832.44	194476.98	197811.96	203071.74
货币	72406.05	69757.05	71439.21	71321.54	72778.15	75923.52
流通中现金	21245.12	17937.58	17106.89	17441.44	17115.34	16957.18
活期存款	51160.93	51819.47	54332.32	53880.10	55662.81	58966.34
准货币	116512.33	118687.32	121393.23	123155.44	125033.81	127148.22
定期存款	16906.53	16776.52	17377.09	18203.26	18544.84	18869.84
储蓄存款	90677.63	92824.21	94567.84	95194.12	96351.67	97674.57
其他存款	8928.17	9086.59	9448.30	9758.06	10137.30	10603.81
外币存款	12040.99	12026.12	11958.89	11939.14	11993.71	12097.14
债券	205.31	205.82	246.04	193.05	144.87	145.37
央行债券	0.00	0.00	0.00	0.00	0.00	0.00
实收资本	7624.98	7584.56	7438.03	7826.16	7843.28	7832.74
其他(净)	−3849.46	−1617.07	−1992.32	−2275.35	−2555.41	−1768.12

报表项目	2003.07	2003.08	2003.09	2003.10	2003.11	2003.12
国外净资产	35409.63	36337.94	37099.03	38399.04	39487.21	37990.935
国内信贷	187529.90	191352.87	193805.35	194284.74	195248.09	201274.75
对政府债权(净)	11573.99	11385.62	11637.88	11185.15	11147.67	13131.47
对非金融部门债权	150617.11	153591.75	156287.88	156897.66	157999.01	158741.37
对特定存款机构的债权	9354.14	9828.64	9845.12	10092.71	10164.07	10039.02
对其他金融部门债权	15984.66	16546.86	16034.47	16109.22	15937.34	19362.89
货币和准货币	204381.10	208692.40	211611.5	212505.4	214358.84	219226.81
货币	76153.04	77033.30	79164.14	80267.37	80815.22	84118.81
流通中现金	17362.40	17607.08	18306.62	18250.94	18439.85	19746.23
活期存款	58790.64	59426.22	60857.52	62016.43	62375.37	64372.58
准货币	128228.06	131659.10	132447.36	132238.03	133543.62	135108
定期存款	19118.75	19592.84	21261.13	20388.73	20658.55	20940.39
储蓄存款	98590.90	99255.58	100888.6	101381.89	102235.44	103617.65
其他存款	10518.41	12810.68	10297.63	10467.41	10649.63	10549.96
外币存款	12028.18	11984.19	11852.73	11997.98	12019.47	11838.01
债券	95.29	44.78	44.15	45.74	41.23	55.16
央行债券	0.00	0.00	0	0	0	0.00
实收资本	7915.34	7929.31	7890.73	7970.25	8020.65	9502.06
其他(净)	−1480.38	−959.87	−494.73	164.41	295.11	−1356.355

2003年度银行概览

单位:亿元

报表项目	2003.01	2003.02	2003.03	2003.04	2003.05	2003.06
国外净资产	32730.15	33312.38	33764.13	34139.11	34623.07	35014.31
国内信贷	175431.28	176628.97	180260.36	181886.01	184609.91	190670.26
对政府债权(净)	12623.54	12566.16	11978.61	11530.63	11071.00	11719.67
对非金融部门债权	145970.68	147136.91	151125.87	153312.03	156206.27	161952.89
对其他金融部门债权	16837.06	16925.9	17155.88	17043.35	17332.64	16997.70
货币和准货币	190545.05	190108.41	194487.30	196130.13	199505.19	204907.42
货币	72405.66	69756.64	71438.82	71321.24	72777.84	75923.23
流通中现金	21244.73	17937.17	17106.50	17441.14	17115.03	16956.89
活期存款	51160.93	51819.47	54332.32	53880.10	55662.81	58966.34
准货币	118139.39	120351.77	123048.48	124808.89	126727.35	128984.19
定期存款	16906.53	16776.52	17377.09	18203.26	18544.84	18869.84
储蓄存款	90677.63	92824.21	94567.84	95194.12	96351.67	97674.57
其他存款	10555.23	10751.04	11103.55	11411.51	11830.84	12439.78
外币存款	12075.50	12061.99	11996.03	11975.48	12059.73	12165.33
债券	9778.06	9978.61	10051.97	9922.17	10130.67	10319.09
央行债券	0.00	0.00	0.00	0.00	0.00	0.00
实收资本	9005.57	9021.31	8875.25	9265.47	9282.39	9272.07
其他(净)	−13242.75	−11228.97	−11386.06	−11268.13	−11745.00	−10979.34
报表项目	2003.07	2003.08	2003.09	2003.10	2003.11	2003.12
国外净资产	35241.13	36132.11	36896.72	38202.33	39280.82	37732.92
国内信贷	191859.25	195550.23	198449.05	198847.68	199755.54	206283.64
对政府债权(净)	11615.53	11430.34	11688.67	11239.51	11198.02	13178.51
对非金融部门债权	163221.16	166492.44	169659.95	170448.7	171585.99	172700.24
对其他金融部门债权	17022.56	17627.45	17100.43	17159.47	16971.53	20404.89
货币和准货币	206193.07	210591.90	213567.13	214469.36	216351.73	221222.82
货币	76152.77	77032.98	79163.88	80267.1	80814.93	84118.57
流通中现金	17362.13	17606.76	18306.36	18250.67	18439.56	19745.99
活期存款	58790.64	59426.22	60857.52	62016.43	62375.37	64372.58
准货币	130040.30	133558.92	134403.25	134202.26	135536.8	137104.25
定期存款	19118.75	19592.84	21261.13	20388.73	20658.55	20940.39
储蓄存款	98590.90	99255.58	100888.6	101381.89	102235.44	103617.65
其他存款	12330.65	14710.50	12253.52	12431.64	12642.81	12546.21
外币存款	12063.75	12021.20	11894.88	12042.07	12066.86	11884.29
债券	10574.35	10563.28	10986.54	11329.96	11544.46	11653.96
央行债券	0.00	0.00	0	0	0	0.00
实收资本	9305.88	9340.80	9305.73	9396.01	9458.13	10949.09
其他(净)	−11036.67	−10834.84	−10408.51	−10187.39	−10384.82	−11693.61

2003年末中国对外债务简表

单位：千美元

债务人/债务类型	外国政府贷款	国际金融组织贷款	国外银行及其它金融机构贷款	买方信贷	向国外出口商、国外企业或私人借款	对外发行债券	延期付款	海外私人存款	国际金融租赁	补偿贸易中用现汇偿还的债务	贸易信贷	其它	合计
国务院部委	19,416,737.9	25,939,481.6	456,581.2			6,838,400.0	114,636.3						52,765,837.0
中资银行	5,766,435.5		13,633,407.6	9,851,521.6	115,483.2	2,677,682.4	543,470.8	733,347.5				12,860.0	33,334,208.6
中资非银行金融机构	187,629.7		1,723,953.0	55,249.8	62,551.9	1,650,856.1	30,386.6	2,912.0	6,528.9			569,226.3	4,289,294.3
外商投资企业	43,679.4	527,107.6	7,253,884.7	1,223,026.0	26,850,399.7		107,045.2		1,331,017.0	403.4		458,775.6	37,795,338.6
中资企业	5,820.8		485,938.7	122,759.5	264,048.1		96,264.8		6,294,431.9	91,643.0		263,693.2	7,624,600.0
外资银行			18,581,811.3		15,452.9		318,555.2	1,732,955.0				34,302.6	20,683,077.0
外资非银行金融机构			217,651.7		10,125.0		26,286.7	3,957.2	3,615.2			3,290.8	264,926.6
其它			49,311.7		170,643.6		1,910.0		78,292.3			2,791.6	302,949.2
贸易信贷											36,574,000.0		36,574,000.0
合计	25,420,303.3	26,466,589.2	42,402,539.9	11,252,556.9	27,488,704.4	11,166,938.5	1,238,555.6	2,473,171.7	7,713,885.3	92,046.4	36,574,000.0	1,344,940.1	193,634,231.3

2003年度货币当局资产负债表

单位：亿元

报表项目	2003.01	2003.02	2003.03	2003.04	2003.05	2003.06	2003.07	2003.08	2003.09	2003.10	2003.11	2003.12
国外资产	24474.47	24714.34	25222.19	25786.06	26484.27	27151.36	27946.72	28904.92	29944.86	31249.25	32576.25	31141.85
外汇	23323.69	23553.02	24062.32	24630.64	25310.95	25983.47	26781.67	27647.50	28670.20	29982.19	31292.14	29841.80
货币黄金	337.24	337.24	337.24	337.24	337.24	337.24	337.24	337.24	337.24	337.24	337.24	337.24
其他国外资产	813.54	824.08	822.63	818.18	836.08	830.65	827.81	920.18	937.42	929.82	946.87	962.81
对政府债权	2863.79	2863.79	2863.79	3007.23	3007.23	3007.23	3007.24	3007.24	3058.59	2926.11	2926.11	2901.02
其中：中央政府	2863.79	2863.79	2863.79	3007.23	3007.23	3007.23	3007.24	3007.24	3058.59	2926.11	2926.11	2901.02
对存款货币银行债权	9882.95	9505.26	9548.71	9562.81	9605.26	9626.68	9621.16	10430.09	10685.69	10737.08	10163.67	10619.47
对特定存款机构债权	2305.31	2330.66	2270.66	2041.44	1939.29	1773.03	1769.72	1791.31	1664.29	1774.20	1664.39	1363.34
对其他金融机构债权	7244.73	7250.91	7268.43	7280.47	7280.29	7283.76	7282.91	7283.85	7284.11	7284.02	7283.73	7255.95
对非金融机构债权	206.70	206.65	206.57	206.56	206.51	206.49	206.38	206.38	206.38	206.29	206.29	206.25
其他资产	5358.60	5307.23	5426.82	6810.05	5220.98	5242.11	5250.28	5119.66	5104.64	5228.19	5148.80	8516.19
总资产	52336.55	52178.84	52807.17	54694.62	53743.83	54290.66	55084.41	56743.45	57948.56	59405.14	59969.24	62004.06
储备货币	46091.51	45032.69	44111.31	42952.48	42408.50	43205.96	43800.89	44682.09	46730.40	48099.13	48670.68	52841.36
货币发行	23277.91	19400.72	18675.97	18837.43	18474.69	18485.14	18695.96	19108.53	19987.97	19722.90	20006.63	21240.48
金融机构存款	15324.07	17829.89	17426.67	16042.04	15728.14	16323.71	16519.48	16801.48	17944.84	19552.77	19694.99	22558.04
存款货币银行	15196.46	17543.00	17171.32	15915.03	15573.11	16143.93	16314.93	16531.57	17767.23	19113.22	19356.22	22274.41
特定存款机构	122.38	277.64	246.24	121.52	149.86	176.75	201.78	248.46	173.93	230.88	337.26	280.31
其他金融机构	5.23	9.25	9.11	5.49	5.17	3.03	2.77	21.45	3.68	208.67	1.51	3.32
非金融机构存款	7489.53	7802.08	8008.67	8073.01	8205.67	8397.11	8585.45	8772.08	8797.59	8823.46	8969.06	9042.84
活期存款	54.62	54.48	46.60	64.38	78.84	104.94	121.41	141.37	105.42	99.88	145.82	58.41
储蓄存款	7434.91	7747.60	7962.07	8008.63	8126.83	8292.17	8464.04	8630.71	8692.17	8723.58	8823.24	8984.43
发行债券	950.00	950.00	450.00	598.92	1389.95	2379.70	3019.09	4103.56	4398.16	3950.08	3758.06	3031.55
国外负债	433.83	451.54	433.47	436.82	443.13	440.21	440.21	451.99	450.25	471.10	457.58	482.58
政府存款	3736.57	4005.79	4494.01	5581.38	6261.34	5802.93	5882.45	6048.14	5996.02	6371.37	6601.61	4954.71
其中：中央政府	1730.82	1729.03	2283.31	2993.27	3617.75	3095.48	2823.52	2945.30	3099.84	2878.78	3236.87	2624.37
自有资金	219.75	219.75	219.75	219.75	219.75	219.75	219.75	219.75	219.75	219.75	219.75	219.75
其他负债	904.89	1519.07	3098.63	4905.27	3021.16	2242.11	1722.02	1237.92	153.98	293.71	261.56	474.11
总负债	52336.55	52178.84	52807.17	54694.62	53743.83	54290.66	55084.41	56743.45	57948.56	59405.14	59969.24	62004.06

2003年末我国外债数据

截止2003年12月末，我国外债余额折合1936.34亿美元（不包括香港特区、澳门特区和台湾地区对外负债，下同），比上年末增加222.78亿美元，上升13%。其中：中长期外债余额为1165.90亿美元，占外债余额的60.21%，比上年末增加10.28亿美元；短期外债余额为770.44亿美元，占外债余额的39.79%，比上年末增加212.50亿美元。

在1936.34亿美元外债余额中，登记外债余额为1570.60亿美元，贸易信贷余额为365.74亿美元。在登记的1570.60亿美元外债余额中，国务院部委借入的主权债务余额为527.66亿美元，占33.60%；中资金融机构债务余额为376.23亿美元，占23.95%；外商投资企业债务余额为377.95亿美元，占24.06%；中资企业债务余额为76.25亿美元，占4.85%；境内外资金融机构债务余额为209.48亿美元，占13.34%；其他机构债务余额为3.03亿美元，占0.20%。

2003年1—12月，我国新借入外债（不含贸易信贷）金额为1015.44亿美元，还本929.06亿美元，付息52.21亿美元，汇率差及调整数使外债余额增加33.89亿美元。

2003年，我国外债余额和新借入外债均有较大幅度的增长，主要原因在于我国经济的快速增长，利用外资环境不断优化。同时本外币利差也是导致外债增长的一个因素。由于我国外汇储备充足，国际清偿能力很强，外债的增长不会对我国外债安全构成根本影响。据初步测算，2003年末，我国债务率（外债余额与货物和服务贸易外汇收入之比）为39.9%，负债率（外债余额与GDP之比）为13.74%，短期外债与外汇储备的比约为19%，各项指标均处于国际安全线之内。

2003年银行业金融机构境内总资产与总负债

2003年12月31日

	总资产		总负债	
	（亿元）	比重（%）	（亿元）	比重（%）
金融机构合计	276394.5	100.0	265741.0	100.0
政策性银行	21247.0	7.7	20290.5	7.6
国有商业银行	151940.6	55.0	145762.0	54.9
股份制商业银行	38169.7	13.8	36831.0	13.9
城市商业银行	14621.7	5.3	14122.5	5.3
农村商业银行	384.8	0.1	380.1	0.1
城市信用社	1468.3	0.5	1464.3	0.6
农村信用社	26509.2	9.6	26646.2	10.0
非银行金融机构	9100.0	3.3	7682.6	2.9
邮政储汇局	8984.4	3.3	8984.4	3.4
外资金融机构	3969.0	1.4	3577.3	1.3

注：1、表中金融机构合计包括政策性银行、国有商业银行、股份制商业银行、城市商业银行、农村商业银行、城市信用社、农村信用社、非银行金融机构、邮政储汇局和外资金融机构。

2、表中政策性银行包括国家开发银行、进出口银行和农业发展银行；国有商业银行包括中国工商银行、中国农业银行、中国银行、中国建设银行；股份制商业银行包括交通银行、中信实业银行、中国光大银行、华夏银行、深圳发展银行、广东发展银行、招商银行、上海浦东发展银行、中国民生银行、福建兴业银行、恒丰银行；非银行金融机构包括企业集团财务公司、信托投资公司、金融租赁公司。

3、邮政储汇局所报数据仅为储蓄数，其资产主要是存放中央银行款项。

4、本表中数据均为有关机构境内本、外币合并后数据。

2003年主要银行业金融机构贷款五级分类情况表

单位：亿元、%

	余额	占全部贷款比例
正常贷款	112728	82.2
其中：正常类贷款	96267	70.2
关注类贷款	16461	12.0
不良贷款	24406	17.8
其中：次级类贷款	3342	2.5
可疑类贷款	14316	10.4
损失类贷款	6747	4.9

注：主要银行业金融机构包括国有商业银行、政策性银行和股份制商业银行。

2004年总资产、总负债（境内本外币合计）

1. 银行业金融机构季末主要指标　　单位：亿元、%

2004年	第一季度	第二季度	第三季度	第四季度
总资产	288406.4	297450.0		
比上年同期增长率	17.3	14.7		
总负债	277594.2	286530.4		
比上年同期增长率	17.7	15.1		

注：1. 银行业金融机构包括政策性银行、国有商业银行、股份制商业银行、城市商业银行、农村商业银行、城市信用社、农村信用社、邮政储汇局、外资银行和非银行金融机构。

2. 国有商业银行季末主要指标　　单位：亿元、%

2004年	第一季度	第二季度	第三季度	第四季度
总资产	158893.4	160984.6		
比上年同期增长率	13.0	9.8		
占银行业金融机构比例	55.1	54.1		
总负债	152363.2	154484.6		
比上年同期增长率	13.2	10.0		
占银行业金融机构比例	54.9	53.9		

注：国有商业银行包括中国工商银行、中国农业银行、中国银行和中国建设银行。

3. 股份制商业银行季末主要指标　　单位：亿元、%

2004年	第一季度	第二季度	第三季度	第四季度
总资产	40940.8	43317.9		
比上年同期增长率	34.3	26.8		
占银行业金融机构比例	14.2	14.6		
总负债	39476.6	41977.7		
比上年同期增长率	34.5	27.2		
占银行业金融机构比例	14.2	14.7		

注：股份制商业银行包括交通银行、中信实业银行、光大银行、华夏银行、广东发展银行、深圳发展银行、招商银行、上海浦东发展银行、兴业银行、民生银行、恒丰银行；

4. 城市商业银行季末主要指标　　单位：亿元、%

2004年	第一季度	第二季度	第三季度	第四季度
总资产	14605.9	15278.0		
比上年同期增长率	25.4	18.1		
占银行业金融机构比例	5.1	5.1		
总负债	14094.2	14750.0		
比上年同期增长率	25.7	18.2		
占银行业金融机构比例	5.1	5.1		

5. 其他类金融机构季末主要指标　　单位：亿元、%

2004年	第一季度	第二季度	第三季度	第四季度
总资产	73966.3	77869.5		
比上年同期增长率	17.0	18.8		
占银行业金融机构比例	25.6	26.2		
总负债	71660.2	75318.1		
比上年同期增长率	18.0	19.5		
占银行业金融机构比例	25.8	26.3		

注：其他类金融机构包括政策性银行、农村商业银行、外资金融机构、城市信用社、农村信用社、企业集团财务公司、信托投资公司、金融租赁公司和邮政储汇局。

1985—2003 年中国外债与国民经济、外汇收入

单位:亿元

项目/年度	1985	1986	1987	1988	1989	1990	1991	1992	1993	1994	1995	1996	1997	1998	1999	2000	2001	2002	2003
外债余额(10 亿美元)	15.83	21.48	30.20	40.00	41.30	52.55	60.56	69.32	83.57	92.81	106.59	116.28	130.96	146.04	151.83	145.73	170.11	171.36	193.63
比上年增长(%)	30.9	35.7	40.6	32.5	3.3	27.2	15.2	14.5	20.6	11.1	14.8	9.1	12.6	11.5	4.0	−4.0	—	0.73	13.0
国内生产总值(10 亿元人民币)	896.44	1020.22	1196.25	1492.85	1690.92	1854.79	2161.78	2663.81	3463.44	4675.94	5847.81	6788.46	7477.24	7955.30	8205.40	8940.40	9593.30	10239.8	11669.4
比上年增长(%)	13.5	8.8	11.6	11.3	4.1	3.8	9.2	14.2	13.5	12.6	10.5	9.6	8.8	7.8	7.1	8.0	7.3	8	7
负债率(%)	5.2	7.3	9.4	10.0	9.2	13.5	14.9	14.4	13.9	17.1	15.2	14.2	14.5	15.2	15.3	13.5	14.7	13.85	13.74
外汇收入(10 亿美元)	28.25	29.78	39.17	45.91	47.82	57.37	65.90	78.82	86.56	118.93	147.24	171.68	207.24	207.42	220.96	279.56	299.41	365.40	485.00
比上年增长(%)		5.4	31.5	17.2	4.2	20.0	14.9	19.6	9.8	37.4	23.8	16.6	20.7	0.09	6.5	26.5	7.1	22.04	32.73
债务率(%)	56.0	72.1	77.1	87.1	86.4	91.6	91.9	87.9	96.5	78.0	72.4	67.7	63.2	70.4	68.7	52.1	56.8	46.90	39.92

注:

1、从 1998 年开始,原使用的"国民生产总值"数据调整为"国内生产总值"数据,以前年份数据均按《中国统计提要 1998》中公布数据进行了调整。计算负债率时按当年年平均汇率折美元。

2、第四行"比上年增长"是按不变价格计算。

3、从 1998 年开始,本报告中的外汇收入指国际收支口径的货物和服务收入,以前年份的数据均按此国际规范口径进行了调整,据此计算的债务率也进行了相应的调整。

4、自 2001 年起,我国按照国际标准对原外债口径进行了调整,由于新口径外债数据与 2000 年外债数据(原口径)不具可比性,故未计算 2001 年外债余额"比上年增长项。

2004 年 1—7 月货币当局资产负债表

单位:亿元

报表项目	2004.01	2004.02	2004.03	2004.04	2004.05	2004.06	2004.07
国外资产	32188.60	32973.48	33981.27	34894.69	35375.84	36419.14	37325.20
外汇	30977.215	31750.47	32758.19	33677.72	34160.36	35198.36	36107.17
货币黄金	337.24	337.24	337.24	337.24	337.24	337.24	337.24
其他国外资产	874.14	885.77	885.84	879.73	878.24	883.54	880.79
对政府债权	3023.11	3007.02	3007.02	3007.02	3007.02	3007.02	3007.02
其中:中央政府	3023.11	3007.02	3007.02	3007.02	3007.02	3007.02	3007.02
对存款货币银行债权	11088.67	10217.69	10071.60	9924.24	9743.53	9814.24	9803.02
对特定存款机构债权	1372.34	1342.30	1298.48	1306.93	1311.31	1319.36	1338.78
对其他金融机构债权	7272.19	7276.60	7266.65	7265.38	7286.20	8891.03	8890.46
对非金融机构债权	186.93	206.23	206.22	205.81	205.79	149.07	148.90
其他资产	9001.06	8620.07	8739.88	10037.21	8676.34	9265.17	9189.04
总资产	64132.89	63643.38	64571.11	66641.27	65606.02	68865.02	69702.41
储备货币	53304.76	51691.66	50461.59	50921.75	49894.06	51305.77	50502.95
货币发行	24890.39	21622.30	20981.83	21538.14	20665.96	20695.17	20978.85
金融机构存款	28348.97	30003.45	29417.73	29309.70	29153.01	30531.87	29394.44
存款货币银行	28195.63	29832.32	29234.66	28836.62	28888.56	30270.01	29091.42
特定存款机构	150.15	169.03	181.09	204.13	259.40	257.32	297.77
其他金融机构	3.19	2.10	1.98	268.95	5.05	4.54	5.25
非金融机构存款	65.40	65.91	62.03	73.91	75.09	78.73	129.66
活期存款	65.40	65.91	62.03	73.91	75.09	78.73	129.66
储蓄存款	0.00	0.00	0.00	0.00	0.00	0.00	0.00
发行债券	3250.07	4175.01	5957.08	6098.74	6159.70	7476.11	7636.76
国外负债	482.58	493.16	517.67	518.65	518.65	524.91	525.13
政府存款	5332.91	5808.15	6423.33	6780.09	7345.59	7755.59	9050.32
其中:中央政府	2569.83	2800.24	3416.03	3502.25	3873.80	4361.56	5130.08
自有资金	219.75	219.75	219.75	219.75	219.75	219.75	219.75
其他负债	1542.82	1255.65	991.69	2102.29	1468.27	1582.89	1767.5
总负债	64132.89	63643.38	64571.11	66641.27	65606.02	68865.02	69702.41

2004年1—7月货币概览

单位:亿元

报表项目 2004.01	2004.02	2004.03	2004.04	2004.05	2004.06	2004.07	
国外净资产	40225.97	40922.94	41739.51	42394.58	42875.73	45284.24	43132.16
国内信贷	202800.38	204506.80	207930.72	209843.72	209303.40	209251.13	209304.32
对政府债权(净)	12834.80	12589.91	12270.43	12068.85	11503.35	11195.43	12733.89
对非金融部门债权	163218.29	165528.53	168947.50	171007.35	171007.33	169121.95	169121.06
对特定存款机构的债权	10428.38	10811.18	10802.70	10986.00	10990.38	11313.88	11598.09
对其他金融部门债权	16318.91	15577.18	15910.09	15781.52	15802.34	17619.87	15851.28
货币和准货币	223229.16	225149.20	229726.91	231684.46	232897.23	236242.28	236199.28
货币	83806.09	83556.62	85815.79	85603.94	86780.65	88627.45	87982.45
流通中现金	22287.62	19893.63	19297.65	19878.70	19048.71	19017.89	19409.32
活期存款	61518.47	63662.99	66518.14	65725.24	67731.94	69609.56	68573.13
准货币	139423.07	141592.58	143911.12	146080.52	146116.58	147614.83	148216.83
定期存款	20920.59	20924.84	21645.35	23298.88	22836.18	23542.04	23447.20
储蓄存款	109232.65	110646.38	111872.18	112175.44	112610.18	113792.47	114253.24
其他存款	9269.83	10021.36	10393.59	10606.20	10670.22	10280.32	10516.39
外币存款	12037.18	11604.54	11662.03	11694.39	11694.39	11949.07	12163.69
债券	47.70	40.86	39.06	62.85	62.85	326.45	575.29
央行债券	0.00	0.00	0.00	0.00	0.00	0.00	0.00
实收资本	9558.50	9584.48	9662.13	9719.38	9719.38	10009.48	10040.51
其他(净)	—1846.19	—949.34	—1419.91	—922.79	—2194.73	—3991.92	—6542.30

2004年1—7月银行概览

单位:亿元

报表项目	2004.01	2004.02	2004.03	2004.04	2004.05	2004.06	2004.07
国外净资产	39873.08	40566.76	41388.95	42031.85	42507.72	44919.38	42781.60
国内信贷	207355.79	208726.85	212393.88	214218.83	213749.06	213923.99	212972.09
对政府债权(净)	12880.24	12633.26	12313.71	12115.45	11548.22	11239.12	12777.17
对非金融部门债权	177125.86	179492.43	183133.56	185292.50	185365.39	184029.85	183307.12
对其他金融部门债权	17349.69	16601.16	16946.61	16810.88	16835.45	18655.02	16887.80
货币和准货币	225101.93	227050.72	231654.60	233627.86	234842.40	238427.49	238126.97
货币	83805.90	83556.43	85815.57	85603.64	86780.37	88627.14	87982.23
流通中现金	22287.43	19893.44	19297.43	19878.40	19048.43	19017.58	19409.10
活期存款	61518.47	63662.99	66518.14	65725.24	67731.94	69609.56	68573.13
准货币	141296.03	143494.29	145839.03	148024.22	148062.03	149800.35	150144.74
定期存款	20920.59	20924.84	21645.35	23298.88	22836.18	23542.04	23447.20
储蓄存款	109232.65	110646.38	111872.18	112175.44	112610.18	113792.47	114253.24
其他存款	11142.79	11923.07	12321.50	12549.90	12615.67	12465.84	12444.30
外币存款	12078.49	11643.52	11700.99	11736.38	11739.92	12009.02	12202.65
债券	11597.26	11850.57	11804.23	11975.31	12123.38	12542.40	12340.46
央行债券	0.00	0.00	0.00	0.00	0.00	0.00	0.00
实收资本	10649.75	10674.88	10761.83	10819.02	10819.01	11109.57	11140.21
其他(净)	—12198.57	—11926.085	—12138.83	—11907.90	—13267.94	—15245.12	—18056.61

第三章　金融管理机构

中国人民银行

中国人民银行是1948年12月1日在华北银行、北海银行、西北农民银行的基础上合并组成的。1983年9月，国务院决定中国人民银行专门行使国家中央银行职能。1995年3月18日，第八届全国人民代表大会第三次会议通过了《中华人民共和国中国人民银行法》，至此，中国人民银行作为中央银行以法律形式被确定下来。

根据第十届全国人民代表大会审议通过的国务院机构改革方案的规定，将中国人民银行对银行、金融资产管理公司、信托投资公司及其他存款类金融机构的监管职能分离出来，并和中央金融工委的相关职能进行整合，成立中国银行业监督管理委员会。

随着社会主义市场经济体制的不断完善，中国人民银行作为中央银行在宏观调控体系中的作用将更加突出。根据2003年12月27日第十届全国人民代表大会常务委员会第六次会议修正后的《中华人民共和国中国人民银行法》规定，中国人民银行的主要职责为：

（一）起草有关法律和行政法规；完善有关金融机构运行规则；发布与履行职责有关的命令和规章。

（二）依法制定和执行货币政策。

（三）监督管理银行间同业拆借市场和银行间债券市场、外汇市场、黄金市场。

（四）防范和化解系统性金融风险，维护国家金融稳定。

（五）确定人民币汇率政策；维护合理的人民币汇率水平；实施外汇管理；持有、管理和经营国家外汇储备和黄金储备。

（六）发行人民币，管理人民币流通。

（七）经理国库。

（八）会同有关部门制定支付结算规则，维护支付、清算系统的正常运行。

（九）制定和组织实施金融业综合统计制度，负责数据汇总和宏观经济分析与预测。

（十）组织协调国家反洗钱工作，指导、部署金融业反洗钱工作，承担反洗钱的资金监测职责。

（十一）管理信贷征信业，推动建立社会信用体系。

（十二）作为国家的中央银行，从事有关国际金融活动。

（十三）按照有关规定从事金融业务活动。

（十四）承办国务院交办的其他事项。

人民银行的历史，可以追溯到第二次国内革命战争时期。1931年11月7日，在江西瑞金召开的"全国苏维埃第一次代表大会"上，通过决议成立"中共苏维埃共和国国家银行"（简称苏维埃国家银行），并发行货币。从土地革命到抗日战争时期一直到中华人民共和国诞生前夕，人民政权被分割成彼此不能连接的区域。各根据地建立了相对独立、分散管理的根据地银行，并各自发行在本根据地内流通的货币。1948年12月1日，以华北银行为基础，合并北海银行、西北农民银行，在河北省石家庄市组建了中国人民银行，并发行人民币，成为中华人民共和国成立后的中央银行和法定本位币。

中国人民银行成立至今的五十多年，特别是改革开放以来，在体制、职能、地位、作用等方面，都发生了巨大而深刻的变革。

一、中国人民银行的创建与国家银行体系的建立（1948—1952年）

1948年12月1日，中国人民银行在河北省石家庄市宣布成立。华北人民政府当天发出布告，由中国人民银行发行的人民币在华北、华东、西北三区的统一流通，所有公私款项收付及一切交易，均以人民币为本位货币。1949年2月，中国人民银行由石家庄市迁入北平。1949年9月，中国人民政治协商会议通过《中华人民共和国中央人民政府组织法》，把中国人民银行纳入政务院的直属单位系列，接受财政经济委员会指导，与财政部保持密切联系，赋予其国家银行职能，承担发行国家货币、经理国家金库、管理国家金融、稳定金融市场、支持经济恢复和国家重建的任务。

在国民经济恢复时期，中国人民银行在中央人民政府的统一领导下，着手建立统一的国家银行体系：一是建立独立统一的货币体系，使人民币成为境内流通的本位币，与各经济部门协同治理通货膨胀；二是迅速普建分支机构，形成国家银行体系，接管官僚资本银行，整顿私营金融业；三是实行金融管理，疏导游资，打击金银外币黑市，取消在华外商银行的特权，禁止外国货币流通，统一管理外汇；四是开展存款、放款、汇兑和外汇业务，促进城乡物资交流，为迎接经济建设做准备。到1952年国民经济恢复时期终结时，中国人民银行作为人民共和国的国家银行，建立了全国垂直领导的组织机构体系；统一了人民币发行，逐步收兑了解放区发行的货币，全部清楚并限期兑换了国民党政府发行的货币，很快使人民币成为全国统一的货币；对各类金融机构实行了统一管理。中国人民银行充分运用货币发行和货币政策，实行现金管理，开展"收存款、建金库、灵活调拨"，运用折实储蓄和存放款利率等手段调控市场货币供求，扭转了新中国成立初期金融市场混乱的状况，终于制止了国民党政府遗留下来的长达二十年之久的恶性通货膨胀。同时，按照"公司兼顾、劳资两利、城乡互助、内外交流"的政策，配合工商业的调整，灵活调度资金，支持了国营经济的快速成长，适度地增加了对私营经济和个体经济的贷款；便利了城乡物资交流，为人民币币值的稳定和国民经济的恢复与发展做出了重大贡献。

二、计划经济体制时期的国家银行（1953——1978年）

在统一的计划体制中，自上而下的人民银行体制，成为国家吸收、动员、集中和分配信贷资金的基本手段。随着社会主义改造的加快，私营金融业纳入了公私合营银行轨道，形成了集中统一的金融体制，中国人民银行作为国家金融管理和货币发行的机构，既是管理金融的国家机关又是全面经营银行业务的国家银行。

与高度集中的银行体制相适应，从1953年开始建立了集中统一的综合信贷计划管理体制，即全国的信贷资金，不论是资金来源还是资金运用，都由中国人民银行总行统一掌握，实行"统存统贷"的管理办法银行信贷计划纳入国家经济计划，成为国家管理经济的重要手段。高度集中的国家银行体制，为大规模的经济建设进行全面的金融监督和服务。

中国人民银行担负着组织和调节货币流通的职能，统一经营各项信贷业务，在国家计划实施中具有综合反映和货币监督功能。银行对国有企业提供超定额流动资金贷款、季节性贷款和少量的大修理贷款，对城乡集体经济、个体经济和私营经济提供部分生产流动资金贷款，对农村中的贫困农民提供生产贷款、口粮贷款和其他生活贷款。这种长期资金归财政、短期资金归银行，无偿资金归财政、有偿资金归银行，定额资金归财政、超定额资金归银行的体制，一直延续到 1978 年，期间虽有几次变动，基本割据变化不大。

三、从国家银行过度到中央银行体制(1979——1992 年)

1979 年 1 月，为了加强对农村经济的扶植，恢复了中国农业银行。同年 3 月，适应对外开放和国际金融业务发展的新形势，改革了中国银行的体制，中国银行成为国家指定的外汇专业银行；同时设立了国家外汇管理局。以后，又恢复了国内保险业务，重新建立中国人民保险公司；各地还相继组建了信托投资公司和城市信用合作社，出现了金融机构多元化和金融业务多样化的局面。

日益发展的经济和金融机构的增加，迫切需要加强金融业的统一管理和综合协调，由中国人民银行来专门承担中央银行职责，成为完善金融体制、更好发展金融业的紧迫议题。1982 年 7 月，国务院批转中国人民银行的报告，进一步强调"中国人民银行是我国的中央银行，是国务院领导下统一管理全国金融的国家机关"，以此为起点开始了组建专门的中央银行体制的准备工作。

1983 年 9 月 17 日，国务院作出决定，由中国人民银行专门行使中央银行的职能，并具体规定了人民银行的 10 项职责。从 1984 年 1 月 1 日起，中国人民银行开始专门行使中央银行的职能，集中力量研究和实施全国金融的宏观决策，加强信贷总量的控制和金融机构的资金调节，以保持货币稳定；同时新设中国工商银行，人民银行过去承担的工商信贷和储蓄业务由中国工商银行专业经营；人民银行分支行的业务实行垂直领导；设立中国人民银行理事会，作为协调决策机构；建立存款准备金制度和中央银行对专业银行的贷款制度，初步确定了中央银行制度的基本框架。

人民银行在专门行使中央银行职能的初期，随着全国经济体制改革深化和经济高速发展，为适应多种金融机构，多种融资渠道和多种信用工具不断涌现的需要，中国人民银行不断改革机制，搞活金融，发展金融市场，促进金融制度创新。中国人民银行努力探索和改进宏观调控的手段和方式，在改进计划调控手段的基础上，逐步运用利率、存款准备金率、中央银行贷款等手段来控制信贷和货币的供给，以求达到"宏观管住、微观搞活、稳中求活"的效果，在制止信贷膨胀"、"经济过热"、促进经济结构调整的过程中，初步培育了运用货币政策调节经济的能力。

四、逐步强化和完善现代中央银行制度(1993 年至今)

1993 年，按照国务院《关于金融体制改革的决定》，中国人民银行进一步强化金融调控、金融监管和金融服务职责，划转政策性业务和商业银行业务。

1995 年 3 月 18 日，全国人民代表大会通过《中华人民共和国中国人民银行法》，首次以国家立法形式确立了中国人民银行作为中央银行的地位，标志着中央银行体制走向了法制化、规范化的轨道，是中央银行制度建设的重要里程碑。

1998 年，按照中央金融工作会议的部署，改革人民银行管理体制，撤销省级分行，设立跨省区分行，同时，成立人民银行系统党委，对党的关系实行垂直领导，干部垂直管理。

2003 年，按照党的十六届二中全会审议通过的《关于深化行政管理体制和机构改革的意见》和十届人大一次会议批准的国务院机构改革方案，将中国人民银行对银行、金融资产管理公司、信托投资公司及其他存款类金融机构的监管职能分离出来，并和中央金融工委的相关职能进行整合，成立中国银行业监督管理委员会。同年 9 月，中央机构编制委员会正式批准人民银行的"三定"调整意见。12 月 27 日，十届全国人民代表大会常务委员会第六次会议审议通过了《中华人民共和国中国人民银行法(修正案)》。

有关金融监管职责调整后，人民银行新的职能正式表述为"制定和执行货币政策、维护金融稳定、提供金融服务。"同时，明确界定："中国人民银行为国务院组成部门，是中华人民共和国的中央银行，是在国务院领导下制定和执行货币政策、维护金融稳定、提供金融服务的宏观调控部门。"这种职能的变化集中表现为"一个强化、一个转换和两个增加"。

"一个强化"，即强化与制定和执行货币政策有关的职能。人民银行要大力提高制定和执行货币政策的水平，灵活运用利率、汇率等各种货币政策工具实施宏观调控；加强对货币市场规则的研究和制定，加强对货币市场、外汇市场、黄金市场等金融市场的监督与监测，密切关注货币市场与房地产市场、证券市场、保险市场之间的关联渠道、有关政策和风险控制措施，疏通货币政策传导机制。

"一个转换"，即转换实施对金融业宏观调控和防范与化解系统性金融风险的方式。由过去主要是通过对金融机构的设立审批、业务审批、高级管理人员任职资格审查和监管指导等直接调控方式，转变为对金融业的整体风险、金融控股公司以及交叉性金融工具的风险进行监测和评估，防范和化解系统性金融风险，维护国家经济金融安全；转变为综合研究制定金融业的有关改革发展规划和对外开放战略，按照我国加入 WTO 的承诺，促进银行、证券、保险三大行业的协调发展和开放，提高我国金融业的国际竞争力，维护国家利益；转变为加强与外汇管理相配套的政策的研究与制订工作，防范国际资本流动的冲击。

"两个增加"，即增加反洗钱和管理信贷征信业两项职能。今后将由人民银行组织协调全国的反洗钱工作，指导、部署金融业反洗钱工作，承担反洗钱的资金监测职责，并参与有关的国际反洗钱合作。由人民银行管理信贷征信业，推动社会信用体系建设。

这些新的变化，进一步强化了人民银行作为我国的中央银行在实施金融宏观调控、保持币值稳定、促进经济可持续增长和防范化解系统性金融风险中的重要作用。随着社会主义市场经济体制的不断完善，中国人民银行作为中央银行在宏观调控体系中的作用将更加突出。面对更加艰巨的任务和更加重大的责任，中央银行在履行新的职责过程中，视野要更广，思路要更宽，立足点要更高。特别是要大力强化与制定和执行货币政策有关的职能，不仅要加强对货币市场、外汇市场、黄金市场等金融市场的规范、监督与监测，还要从金融市场体系有机关联的角度，密切关注其他各类金融市场的运行情况和风险状况，综合、灵活运用利率、汇率等各种货币政策工具实施金融宏观调控。要从维护国家经济金融安全，实现和维护国家利益的高度，研究、规划关系到我国整个金融业改革、发展、稳定方面的重大战略问题。目前，我国经济市场化程度越来越高、货币政策决策面临的环境日趋复杂，金融业长期积累的金融风险仍然较重、改革与重组任务十分艰巨。在此情况下，中央银行要更善于擅于准确把握影响经济金融发展全局的因素，注意研究新情况、开发新工具、探索新方法、解决新问题，并创造性地开展工作，努力做到识大局、讲宏观、懂技术、胆识兼备，充分发挥中央银行在宏观调控中的突出作用。

中国银行业监督管理委员会

【概况】根据第十届全国人民代表大会第一次会议通过的《关于国务院机构改革方案的决定》，国务院决定设立中国银行业监督管理委员会(简称中国银监会)。中国银监会根据第十届全国人大常委会第二次会议通过的《关于中国银行业监督管理委员会履行原由中国人民银行履行的监督管理职责的决定》，统一监督管理银行、金融资产管理公司、信托投资公司及其他存款类金融机构，维护银行业的合法、稳健运行。中国银监会自2003年4月28日起正式履行职责。

中国银监会是国务院直属事业单位，负责制定有关银行业金融机构监管的规章制度和办法；草拟有关的法律和行政法规，提出制定和修改的建议；审批银行业金融机构及分支机构的设立、变更、终止及其业务范围；对银行业金融机构实行现场和非现场监管，依法对违法违规行为进行查处；审查银行业金融机构高级管理人员任职资格；负责统一编制全国银行数据、报表，并按照国家有关规定予以公布；会同有关部门提出存款类金融机构紧急风险处置的意见和建议；负责国有重点银行业金融机构监事会的日常管理工作；承办国务院交办的其他事项。

根据职权，银监会下设15个部门：办公厅、政策法规部(研究局)、银行监管一部、银行监管二部、银行监管三部、非银行金融机构监管部、合作金融机构监管部、统计部、财务会计部、国际部、监察局、人事部、宣传工作部、群众工作部、监事会工作部。其中：银行监管一部负责承办对国有商业银行及资产管理公司等的监管工作；银行监管二部负责承办对股份制商业银行、城市商业银行的监管工作；银行监管三部负责承办对政策性银行、邮政储蓄机构以及外资银行等的监管工作；非银行金融机构监管部负责承办对非银行金融机构(证券、期货和保险类除外)的监管工作；合作金融机构监管部负责承办对农村和城市存款类合作金融机构的监管工作；其他部门也将按规定各司其职。

当前，中国银监会正在按照国务院的部署和要求，统一思想，转变观念，本着与时俱进的精神，在监管理念、制度、方式、技术、手段等方面努力有所规划，有所创新，以稳步实现金融监管专业化、现代化和国际化。中国银监会将与中国人民银行、中国证监会、中国保监会以及其他各有关部门建立密切的联系磋商机制，共同做好防范和化解金融风险的工作。积极为形成现代、有效的金融监管体系，保障我国金融安全，为增强市场信心做出努力，为全面建设小康社会做出贡献。

银监会监管工作目的

通过审慎有效的监管，保护广大存款人和消费者的利益；通过审慎有效的监管，增进市场信心；通过宣传教育工作和相关信息披露，增进公众对现代金融的了解；努力减少金融犯罪。

银监会监管工作标准

良好监管要促进金融稳定和金融创新共同发展；要努力提升我国金融业在国际金融服务中的竞争力；对各类监管设限要科学、合理，有所为，有所不为，减少一切不必要的限制；鼓励公平竞争、反对无序竞争；对监管者和被监管者都要实施严格、明确的问责制；要高效、节约地使用一切监管资源。

银监会监管工作所遵循的主要工作经验

必须坚持法人监管，重视对每个金融机构总体风险的把握、防范和化解；必须坚持以风险为主的监管内容，努力提高金融监管的水平，改进监管的方法和手段；必须注意促进金融机制风险内控机制形成和内控效果的不断提高；必须按照国际准则和要求，逐步提高监管的透明度。

国家外汇管理局

外汇管理，是指一国政府授权国家货币金融管理当局或其他国家机关，对外汇收支、买卖、借贷、转移以及国际间的结算、外汇汇率和外汇市场等实行的管制措施。

改革开放以前，中国实行高度集中的计划经济体制，由于外汇资源短缺，中国一直实行比较严格的外汇管制。1978年实行改革开放战略以来，中国外汇管理体制改革沿着逐步缩小指令性计划，培育市场机制的方向，有序地由高度集中的外汇管理体制向与社会主义市场经济相适应的外汇管理体制转变。1996年12月中国实现了人民币经常项目可兑换、对资本项目外汇进行严格管理，初步建立了适应社会主义市场经济的外汇管理体制。建国以来，中国外汇管理体制大体经历了计划经济时期、经济转轨时期和1994年开始建立社会主义市场经济以来三个阶段。

一、计划经济时期的中国外汇管理体制(1953—78年)

新中国成立初期，即国民经济恢复时期，中国实行外汇集中管理制度，通过扶植出口、沟通侨汇、以收定支等方式积聚外汇，支持国家经济恢复和发展。当时私营进出口商在对外贸易中占很大的比重，国内物价波动较大，中国采取机动调整人民币汇率来调节外汇收支。人民币汇率政策以出口商品国内外价格的比价为主，同时兼顾进口商品国内外价格的比价和侨汇购买力平价，逐步调整，起到鼓励出口，奖励侨汇，兼顾进口的作用。1953年起，中国实行计划经济体制，对外贸易由国营对外贸易公司专管，外汇业务由中国银行统一经营，逐步形成了高度集中、计划控制的外汇管理体制。国家对外贸和外汇实行统一经营，用汇分口管理。外汇收支实行指令性计划管理，一切外汇收入必须售给国家，需用外汇按国家计划分配和批给。国际收支平衡政策“以收定支，以出定进”，依靠指令性计划和行政办法保持外汇收支平衡。实行独立自主、自力更生的方针，不借外债，不接受外国来华投资。人民币汇率作为计划核算工具，要求稳定，逐步脱离进出口贸易的实际，形成汇率高估。

二、经济转型时期的中国外汇管理体制(1979—93年)

(一)实行外汇留成制度

为改革统收统支的外汇分配制度，调动创汇单位的积极性，扩大外汇收入，改进外汇资源分配，从1979年开始实行外汇留成办法。在外汇由国家集中管理、统一平衡、保证重点的同时，实行贸易和非贸易外汇留成，区别不同情况，适当留给创汇的地方和企业一定比例的外汇，以解决发展生产、扩大业务所需要的物资进口。外汇留成的对象和比例由国家规定。留成外汇的用途须符合国家规定，有留成外汇的单位如本身不需用外汇，可以通过外汇调剂市场卖给需用外汇的单位使用。留成外汇的范围和比例逐步扩大，指令性计划分配的外汇相应逐步减少。

（二）建立和发展外汇调剂市场

在实行外汇留成制度的基础上，产生了调剂外汇的需要。为此，1980 年 10 月起中国银行开办外汇调剂业务，允许持有留成外汇的单位把多余的外汇额度转让给缺汇的单位。以后调剂外汇的对象和范围逐步扩大，开始时只限于国营企业和集体企业的留成外汇，以后扩大到外商投资企业的外汇，国外捐赠的外汇和国内居民的外汇。调剂外汇的汇率，原由国家规定在官方汇率的基础上加一定的幅度，1988 年 3 月放开汇率，由买卖双方根据外汇供求状况议定，中国人民银行适度进行市场干预，并通过制定“外汇调剂用汇指导序列”对调剂外汇的用途（或外汇市场准入）加以引导，市场调节的作用日益增强。

（三）改革人民币汇率制度

1、实行贸易内部结算价和对外公布汇率双重汇率制度

汇率高估，不利于对外贸易的发展，因此，1981 年，中国制定了一个贸易外汇内部结算价，按当时全国出口商品平均换汇成本加 10%利润计算，定为 1 美元合 2.8 元人民币，适用于进出口贸易的结算，同时继续公布官方汇率，1 美元合 1.5元人民币，沿用原来的“一篮子货币”计算和调整，用于非贸易外汇的结算。两个汇率对鼓励出口和照顾非贸易利益起到了一定作用，但在使用范围上出现了混乱，给外汇核算和外汇管理带来不少复杂的问题。随着国际市场美元汇率的上升，我国逐步下调官方汇率，到 1984 年底，官方汇率已接近贸易外汇内部结算价。1985 年 1 月 1 日取消内部结算价，重新实行单一汇率，汇率为 1 美元合 2.8 元人民币。

2、根据国内外物价变化调整官方汇率

改革开放以后，中国物价进行改革，逐步放开，物价上涨，为使人民币汇率同物价的变化相适应，起到调节国际收支的作用，1985—90 年根据国内物价的变化，多次大幅度调整汇率。由 1985 年 1 月 1 日的 1 美元合 2.8 元人民币，逐步调整至 1990 年 11 月 17 日的 1 美元合 5.22 元人民币。这几年人民币汇率的下调主要是依据全国出口平均换汇成本上升的变化，汇率的下调滞后于国内物价的上涨。

3、实行官方汇率和外汇调剂市场汇率并存的汇率制度

为配合对外贸易，推行承包制，取消财政补贴，1988 年 3 月起各地先后设立了外汇调剂中心，外汇调剂量逐步增加，形成了官方汇率和调剂市场汇率并存的汇率制度。从 1991 年 4 月 9 日起，对官方汇率的调整由以前大幅度、一次性调整的方式转为逐步缓慢调整的方式，即实行有管理的浮动，至 1993 年底调至 1 美元合 5.72 元人民币，比 1990 年 11 月 17 日下调了 9%。同时，放开外汇调剂市场汇率，让其随市场供求状况浮动，汇率波动较大。在国家加强宏观调控和中国人民银行入市干预下，1993 年底回升到 1 美元合 8.72 元人民币。（四）允许多种金融机构经营外汇业务 1979 年前，外汇业务由中国银行统一经营。为适应改革开放以后的新形势，在外汇业务领域中引入竞争机制，改革外汇业务经营机制，允许国家专业银行业务交叉，并批准设立了多家商业银行和一批非银行金融机构经营外汇业务；允许外资金融机构设立营业机构，经营外汇业务，形成了多种金融机构参与外汇业务的格局。（五）建立对资本输出入的外汇管理制度（详见本文第四部分）（六）放宽对境内居民的外汇管理个人存放在国内的外汇，准许持有和存入银行，但不准私自买卖和私自携带出境。对个人收入的外汇，视不同情况，允许按一定比例或全额留存外汇。从 1985 年起，对境外汇给国内居民的汇款或从境外携入的外汇，准许全部保留，在银行开立存款帐户。1991 年 11 月起允许个人所有的外汇参与外汇调剂。个人出国探亲、移居出境、去外国留学、赡养国外亲属需用外汇，可以凭出境证件和有关证明向国家外汇管理局申请，经批准后卖给一定数额的外汇，但批汇标准较低。

（七）外汇兑换券的发行和管理

为了便利旅客，防止外币在国内流通和套汇、套购物资，1980 年 4 月 1 日起中国银行发行外汇兑换券，外汇券以人民币为面额。外国人、华侨、港澳台同胞、外国使领馆、代表团人员可以用外汇按银行外汇牌价兑换成外汇券并须用外汇券在旅馆、饭店、指定的商店、飞机场购买商品和支付劳务、服务费用。未用完的外汇券可以携带出境，也可以在不超过原兑换数额的 50%以内兑回外汇。收取外汇券的单位须经外汇局批准，并须把收入的外汇券存入银行，按收支两条线进行管理。收券单位把外汇券兑换给银行的，可以按规定给予外汇留成。

三、1994 年开始建立社会主义市场经济以来的中国外汇管理体制

1993 年 11 月 14 日，党的十四届三中全会通过的《中共中央关于建立社会主义市场经济体制若干问题的决定》中明确要求，“改革外汇管理体制，建立以市场供求为基础的、有管理的浮动汇率制度和统一规范的外汇市场，逐步使人民币成为可兑换货币”。这为外汇管理体制进一步改革明确了方向。1994 年至今，围绕外汇体制改革的目标，按照预定改革步骤，中国外汇管理体制主要进行了以下改革：

（一）1994 年对外汇体制进行重大改革，实行人民币经常项目有条件可兑换

1、实行银行结售汇制度，取消外汇上缴和留成，取消用汇的指令性计划和审批。从 1994 年 1 月 1 日起，取消各类外汇留成、上缴和额度管理制度，对境内机构经常项目下的外汇收支实行银行结汇和售汇制度。除实行进口配额管理、特定产品进口管理的货物和实行自动登记制的货物，须凭许可证、进口证明或进口登记表，相应的进口合同和与支付方式相应的有效商业票据（发票、运单、托收凭证等）到外汇指定银行购买外汇外，其他符合国家进口管理规定的货物用汇、贸易从属费用、非贸易经营性对外支付用汇，凭合同、协议、发票、境外机构支付通知书到外汇指定银行办理兑付。为集中外汇以保证外汇的供给，境内机构经常项目外汇收入，除国家规定准许保留的外汇可以在外汇指定银行开立外汇帐户外，都须及时调回境内，按照市场汇率卖给外汇指定银行。

2、汇率并轨，实行以市场供求为基础的、单一的、有管理的浮动汇率制度。1994 年 1 月 1 日，人民币官方汇率与市场汇率并轨，实行以市场供求为基础的、单一的、有管理的浮动汇率制，并轨时的人民币汇率为 1 美元合 8.70 元人民币。人民币汇率由市场供求形成，中国人民银行公布每日汇率，外汇买卖允许在一定幅度内浮动。五年多来，人民币汇率基本稳定略有上升。

3、建立统一的、规范化的、有效率的外汇市场。从 1994 年 1 月 1 日起，中资企业退出外汇调剂中心，外汇指定银行成为外汇交易的主体。1994 年 4 月 1 日银行间外汇市场——中国外汇交易中心在上海成立，连通全国所有分中心，4 月 4 日起中国外汇交易中心系统正式运营，采用会员制、实行撮合成交集中清算制度，并体现价格优先，时间优先原则。中国人

民银行根据宏观经济政策目标，对外汇市场进行必要的干预，以调节市场供求，保持人民币汇率的稳定。

4、对外商投资企业外汇管理政策保持不变。为体现国家政策的连续性，1994 年在对境内机构实行银行结售汇制度时，对外商投资企业的外汇收支仍维持原来办法，准许保留外汇，外商投资企业的外汇买卖仍须委托外汇指定银行通过当地外汇调剂中心办理，统一按照银行间外汇市场的汇率结算。

5、禁止在境内外币计价、结算和流通。1994 年 1 月 1 日，中国重申取消境内外币计价结算，禁止外币境内流通和私自买卖外汇，停止发行外汇兑换券。对于市场流通的外汇兑换券，允许继续使用到 1994 年 12 月 31 日，并于 1995 年 6 月 30 日前可以到中国银行兑换美元或结汇成人民币。

通过上述各项改革，1994 年中国顺利地实现了人民币经常项目有条件可兑换。

（二）1996 年取消经常项目下尚存的其他汇兑限制，12 月 1 日宣布实现人民币经常项目可兑换

1、将外商投资企业外汇买卖纳入银行结售汇体系。1996 年 7 月 1 日起，外商投资企业外汇买卖纳入银行结售汇体系，同时外商投资企业的外汇帐户区分为用于经常项目的外汇结算帐户和用于资本项目的外汇专用帐户。外汇局核定外汇结算帐户的最高金额，外商投资企业在核定的限额内保留经常项下的外汇收入，超过部分必须结汇。外商投资企业经常项目下的对外支付，凭规定的有效凭证可直接到外汇指定银行办理，同时，继续保留外汇调剂中心为外商投资企业外汇买卖服务。1998 年 12 月 1 日外汇调剂中心关闭以后，外商投资企业外汇买卖全部在银行结售汇体系进行。

2、提高居民用汇标准，扩大供汇范围。1996 年 7 月 1 日，大幅提高居民因私兑换外汇的标准，扩大了供汇范围。

3、取消尚存的经常性用汇的限制。1996 年，中国还取消了出入境展览、招商等非贸易非经营性用汇的限制，并允许驻华机构及来华人员在境内购买的自用物品、设备、用具等出售后所得人民币款项可以兑换外汇汇出。

经过上述改革后，中国取消了所有经常性国际支付和转移的限制，达到了国际货币基金组织协定第八条款的要求。1996 年 12 月 1 日，中国正式宣布接受第八条款，实现人民币经常项目完全可兑换。

至此，中国实行了人民币经常项目可兑换、对资本项目外汇进行严格管理、初步建立了适应社会主义市场经济的外汇管理体制，并不断得到完善和巩固。如 1997 年再次大幅提高居民个人因私用汇供汇标准，允许部分中资企业保留一定限额经常项目外汇收入，开展远期银行结售汇试点，等等。1998 年以来，在亚洲金融危机影响蔓延深化的背景下，针对逃、套、骗汇和外汇非法交易活动比较突出的情况，在坚持改革开放和人民币经常项目可兑换的前提下，完善外汇管理法规，加大外汇执法力度，保证守法经营，打击非法资金流动，维护了人民币汇率稳定和正常的外汇收支秩序，为创造公平、清洁、健康的经营环境，保护了企业、个人和外国投资者的长远利益做出积极努力。

四、中国现行的外汇管理框架

综上所述，目前中国的外汇管理框架是：

（一）人民币经常项目可兑换

1、经常项目外汇收入实行银行结汇制度。境内机构经常项目下的外汇收入，除国家规定准许保留的外汇可以在外汇指定银行开立外汇帐户外，都须及时调回境内，按市场汇率卖给外汇指定银行。凡经有权管理部门核准或备案具有涉外经营权或有经常项目外汇收入的境内机构（含外商投资企业），经注册所在地国家外汇管理局及其分支局批准均可开立经常项目外汇账户，在核定的最高金额内保留经常项目外汇收入。

2、取消经常项目外汇支付限制。境内机构经常项目用汇，可以按照市场汇率凭相应的有效凭证用人民币向外汇指定银行购汇或从其外汇帐户上对外支付。佣金等超过一定比例或数额，经外汇局进行真实性审核后，可以在银行办理兑付。个人因私用汇，标准以内的可以凭有效凭证直接到银行办理，超过标准的可以持有效凭证到外汇局进行真实性审核后到银行购汇。

3、实行进出口收付汇核销制度。1991 年 1 月 1 日，中国开始实行出口收汇核销制度；1994 年 8 月 1 日始，又实行了进口付汇核销制度。出口收汇核销是指货物出口后，由外汇局对相应的出口收汇进行核销；进口付汇核销是指，进口货款支付后，由外汇局对相应的到货进行核销。出口收汇核销和进口付汇核销制度，成为监督进出口外汇资金流动，进行经常项目下银行结售汇真实性审核，防范外汇资源流失和违规资本流动冲击的重要手段。1999 年 5 月 1 日起实行出口收汇考核办法，以出口收汇率为主要考核指标，对出口企业收汇情况分等级进行评定，并对不同等级的企业采取相应的奖惩措施，扶优限劣，支持出口，并督促企业足额、及时收汇。

4、通过进出口报关单联网核查系统进行贸易真实性审核。1999 年 1 月 1 日，海关、外汇指定银行和外汇局之间的进出口报关单联网核查系统正式启动，大大便利了企业进出口项下结、售、付汇的真实性审核，提高了工作效率。

（二）资本项目外汇严格管理

根据外汇体制改革的总体部署和长远目标，中国资本项目外汇收支管理的基本原则是，在取消经常项目汇兑限制的同时，完善资本项目外汇管理，逐步创造条件，有序地推进人民币在资本项目下可兑换。在上述总原则下，目前中国对于资本项目外汇还进行严格管理并执行三个共同原则：一是除国务院另有规定外，资本项目外汇收入均需调回境内；二是境内机构（包括外商投资企业）的资本项目下外汇收入均应在银行开立外汇专用帐户，外商投资项下外汇资本金结汇可持相应材料直接到外汇局授权的外汇指定银行办理，其他资本项下外汇收入经外汇管理部门批准后才能卖给外汇指定银行；三是除外汇指定银行部分项目外，资本项目下的购汇和对外支付，均需经过外汇管理部门的核准，持核准件方可在银行办理售付汇。现阶段，中国国际收支资本项目中主要是对外借债、外商来华直接投资和对境外直接投资三种形式。

1、对外债和对外担保的管理

中国对外债实行计划管理，中资金融机构和中资企业借用 1 年期以上的中长期外债需纳入国家利用外资计划。1 年期以内（含 1 年）的短期外债由国家外汇管理局管理，国家外汇管理局分别给有关省市金融机构或企业下达余额控制指标。有短贷指标的机构可以在余额范围内借用短期国际商业贷款，期限不超过一年，可以在余额范围内周转使用。外商投资企业借用国际商业贷款不需事先批准。

所有的境内机构（包括外商投资企业）借用外债后，均需及时到外汇局定期或者逐笔办理外债登记。实行逐笔登记的外债，其还本付息都需经外汇局核准（银行除外）。境内机构（财政部代表国家在境外发行债券除外）在境外发行中长期债券经国家发展和改革委员会审核并会签国家外汇管理局后报国务院审批。在境外发行短期债券由国家外汇管理局经审批，其中设定滚动发行的，由国家外汇管理局会同国家发展和

改革委员会审核。地方政府不得对外举债。境内机构发行商业票据由国家外汇管理局审批,并占用其短贷指标。已上市的外资股公司对外发行可转换债券,按境内机构对外发债的审批程序办理。

对外担保属于或有债务,其管理参照外债管理,仅限于经批准有权经营对外担保业务的金融机构(不含外资金融机构)和具有代位清偿债务能力的非金融企业法人可以提供。除经国务院批准为使用外国政府贷款或者国际金融组织贷款进行转贷外,国家机关和事业单位不得对外出具担保。除财政部出具担保和外汇指定银行出具非融资项下对外担保外,境内机构出具对外担保需经外汇局逐笔审批。对外担保也须向外汇局登记,对外担保履约时需经外汇局核准。

2、对外商直接投资的管理

为鼓励外商直接投资,中国对外商投资企业资本项目下的外汇收支活动采取以下的管理办法:(1)外商投资企业外方投资资本金可以开立外汇帐户保留外汇,为筹建外商投资企业外方投资资本金可以开立外汇帐户保留外汇,外资非法人合作企业(合作项目)可开立投资专项帐户保留外汇,外商投资项下外汇资本金结汇可持相应材料直接到外汇局授权的外汇指定银行办理,其他资本项下外汇收入经外汇局批准后可以结汇;(2)外商投资企业可以直接向境内外银行借款,自借自还,事先不需报批,事后须向外汇局登记,但中长期对外借款余额不得超过外商投资企业总投资与注册资本的差额;(3)中外合作经营企业外方先行收回投资、外商投资企业依法停业清算、减资、股权转让等所得资金,经批准后可以从其外汇帐户中汇出或者购汇汇出;(4)允许外商投资企业用人民币利润、企业清算、股权转让、先行回收投资、减资等所得货币资金进行再投资,享受外汇出资待遇;(5)为进行监督和管理,对外商投资企业实行外汇登记和年检制度。

3、对境外投资的管理

中国对资本输出进行严格管理。目前负责境外投资项目审批的主管部门是国家计委和外经贸部及其授权部门,国家外汇管理局是境外投资的外汇管理机关,核心内容包括:(1)境内机构进行境外投资,需购汇及汇出外汇的,须事先报所辖地外汇分局(外汇管理部)进行投资外汇资金来源审查;全部以实物投资的项目、援外项目和经国务院批准的战略性投资项目免除该项审查;(2)境外投资项目获得国家境外投资主管部门批准后,境内投资者应到外汇管理部门办理境外投资外汇登记和投资外汇资金购汇汇出核准手续;(3)境内投资者应按时将境外投资企业有关情况(含境外企业的财务报表)报外汇局备案;(4)境外投资企业重大资本变更(如增资、再投资、中方转让股权、中方收购外方股权等)的审查或核准;(5)国家对境外投资实行联合年检制度,境内投资者应按时参加境外投资联合年检。

(三)不断改进的人民币汇率形成机制

1994年1月1日汇率并轨后,中国开始实行以市场供求为基础的、单一的、有管理的浮动汇率制。中国人民银行按照前一营业日银行间外汇市场形成的加权平均汇率,公布人民币对美元、欧元、港元、日元四种货币的市场交易中间价。银行间外汇市场人民币对美元买卖价可以在中国人民银行公布的市场交易中间价上下0.3%的幅度内浮动,对港元和日元的买卖可以在中国人民银行公布的市场交易中间价上下1%的幅度内浮动,对欧元的买卖可以在中国人民银行公布的市场交易中间价上下10%的幅度内浮动。外汇指定银行在规定的浮动范围内确定挂牌汇率,对客户买卖外汇。各银行挂牌的美元现汇买卖价不得超过中国人民银行公布的市场交易中间价上下0.17%,欧元、港元、日元现汇买卖价不得超过中国人民银行公布的市场交易中间价的1%。四种货币以外的其他外币汇率,则按美元市场交易中间价,参照国际市场外汇行市套算中间汇率,买卖汇率之间的差价不得超过中间汇率的0.5%。对超过100万美元的交易银行与客户可以在规定的幅度内议价成交。各银行挂牌的美元、港币现钞买入价不得超过其现汇买卖中间价的0.75%,欧元、日元现钞买入价不得超过其现汇买卖中间价的1%,所有货币的现钞卖出价与现汇卖出价相同。中国人民银行对人民币汇率进行宏观调控和必要的市场干预,以保持汇率的合理和稳定。

(四)不断完善的国际收支宏观管理体系

国际收支是一国对外经济活动的综合反映,国际收支平衡表是对一定时期内一国国际收支活动的综合记录,是宏观经济决策的重要依据。中国从1980年开始试编国际收支平衡表,1982年开始对外公布国际收支平衡表,1996年开始实行新的《国际收支统计申报办法》。在1996年推出通过金融机构进行国际收支间接申报的基础上,1997年又推出了直接投资、证券投资、金融机构对外资产负债及损益、汇兑等四项申报工作。国际收支统计申报和分析预测在中国宏观经济调控体系中发挥了重要的作用。

(五)加强对金融机构外汇业务的监督和管理

建立银行间外汇市场和实现经常项目可兑换后,经常项目的外汇收支基本上直接到外汇指定银行办理;资本项目的外汇收支经外汇管理部门批准或核准后,也在外汇指定银行办理。银行在办理结售汇业务中,必须严格按照规定审核有关凭证,防止资本项目下的外汇收支混入经常项目结售汇,防止不法分子通过结售汇渠道骗购外汇。1994年以来,加强了对金融机构外汇业务经营中执行外汇管理政策的监管、检查和处罚,并建立了相应的管理制度和办法。

(六)逐步建立适应社会主义市场经济的外汇管理法规体系

1980年12月,中国颁布了《中华人民共和国外汇管理暂行条例》,此后又公布了一系列外汇管理法规及办法。1994年改革后,对《暂行条例》进行了修改,1996年2月颁布了《中华人民共和国外汇管理条例》;1996年底实现人民币经常项目下可兑换后,又对该《条例》进行了修订。《条例》是中国外汇管理法规体系中的一个极为重要的基本法规。近年来,又对建国以来的各项外汇管理法规进行了全面清理和修订,重新制定和公布。这些法规体现了1994年以来外汇体制改革的成果。总之,根据中国国情和外汇管理工作实践,不断充实、完善外汇管理法规,逐步建立健全"科学、合理、有效"的外汇管理法规体系,对于保证经常项目外汇自由兑换和对资本项目外汇进行有效控制,对于加强国际收支宏观调控和维护外汇市场正常运行起着重要的法制保障作用。

五、中国外汇管理体制改革的前景

改革开放以来,中国一直积极推进外汇管理体制改革,不断减少行政干预,加大外汇分配领域的市场调节力度,取得了很大的成就,实现了人民币经常项目可兑换,初步建立了符合社会主义市场经济要求的外汇管理体制,经受了亚洲金融危机的冲击,促进了国民经济持续健康发展和对外开放水平的进一步提高。

中国外汇管理体制改革的长远目标是实现人民币完全可兑换。目前人民币在资本项目下是有严格限制的可兑换。从国际经验来看,实现资本项目完全可兑换需要具备一定前提条件，而我国当前的国情和经济实际决定了人民币资本项目可兑换还将是一个中长期的渐进过程。同时，实现资本项目可兑换是一个系统工程，涉及到各种金融活动领域和大量的非金融机构，需要各部门共同参与，各项改革配套到位，逐步从有严格限制的可兑换过渡到较宽松限制的可兑换，再到基本取消限制的可兑换。

现阶段，适应中国加入世界贸易组织后的新形势，中国的外汇管理将一如既往地坚持改革开放的大方向，坚持人民币完全可兑换的长远目标。在此前提下，不断改进经常项目外汇管理手段，进一步完善资本项目外汇管理措施，围绕维护国际收支平衡和人民币汇率稳定，加强银行外汇收支监管，打击外汇非法交易活动，整顿和规范外汇市场秩序，提高服务水平，努力为支持对外贸易和鼓励外商来华投资创造良好环境和条件，最终实现包括资本项目可兑换在内的人民币完全可兑换，促进国民经济健康发展。

根据国务院“三定方案”，国家外汇管理局的主要职责是：

（一）设计、推行符合国际惯例的国际收支统计体系，拟定并组织实施国际收支统计申报制度，负责国际收支统计数据的采集，编制国际收支平衡表。

（二）分析研究外汇收支和国际收支状况，提出维护国际收支平衡的政策建议，研究人民币在资本项目下的可兑换。

（三）拟定外汇市场的管理办法，监督管理外汇市场的运作秩序，培育和发展外汇市场；分析和预测外汇市场的供需形势，向中国人民银行提供制订汇率政策的建议和依据。

（四）制订经常项目汇兑管理办法，依法监督经常项目的汇兑行为；规范境内外外汇帐户管理。

（五）依法监督管理资本项目下的交易和外汇的汇入、汇出及兑付。

（六）按规定经营管理国家外汇储备。

（七）起草外汇行政管理规章，依法检查境内机构执行外汇管理法规的情况、处罚违法违规行为。

（八）参与有关国际金融活动。

（九）承办国务院和中国人民银行交办的其他事项。

第四章 商业银行

中国工商银行

中国工商银行成立于1984年，2004年1月1日是中国工商银行二十周年华诞。作为中国资产规模最大的商业银行，经过20年的改革发展，中国工商银行已经步入质量效益和规模协调发展的轨道。2003年末资产总额近53000亿元人民币，占中国境内银行业金融机构资产总和的近五分之一。2003年英国《银行家》杂志按一级资本排序，中国工商银行名列全球1000家大银行的第十六位，连续五次入围美国《财富》全球500强，并被美国《远东经济评论》评为中国高质量产品(服务)十强。

中国工商银行拥有中国最大的客户群，约1亿个人客户和810万法人账户；遍布全国的2万多个营业网点和近39万名员工为客户提供优质高效的服务。截至2003年末，工商银行各项存款余额46062亿元，各项贷款余额33929亿元人民币，全年经营利润达635亿元。

中国工商银行业务范围广，业务量大，业务品种丰富。2003年末个人消费贷款余额达4075亿元，个人住房贷款市场份额居国内第一；牡丹卡发卡量9595万张，消费额973亿元，2003年累计实现票据交易16771亿元；人民币结算市场份额达45%，在证券、期货市场上的清算份额保持在50%以上；中国工商银行还是国内最大的资产托管银行，托管基金共28只，托管总资产581亿元。

截至2003年末，中国工商银行在全球各主要国际金融中心设有70余家分支机构和控股银行，海外代理行超过1000家，外汇总资产492亿美元，2003年国际业务结算量1706亿美元。随着国际化步伐的加快，国际交流与合作日益增多。

中国工商银行拥有中国最先进的科技水平。在数据大集中工程的基础上，2003年工商银行成功投产了全功能银行(NOVA)系统，加上为个性化服务提供技术基础的数据仓库，共同构成具有国际先进水平的金融信息技术平台，为业务和管理的进步提供了强健的动力。

在科技手段的有力支持下，工商银行各项业务不断创新。由自助银行、电话银行、手机银行和网上银行构成的电子银行立体服务体系日益成熟，网上银行开通城市超过300个，2003年电子银行交易额达22.3万亿元，网上银行交易额19.4万亿元。

中国工商银行的经营业绩为世界金融界所瞩目。连续多次被著名财经杂志如英国《银行家》、美国《环球金融》等评为“中国最佳银行”。2003年再次被《环球金融》、英国《欧洲货币》杂志评为“中国最佳银行”；被香港《金融亚洲》、《亚洲货币》杂志分别评为“中国最佳本地银行”、“中国最佳内地商业银行”；《环球金融》杂志还授予其2003年度“中国最佳个人网上银行”荣誉。

中国工商银行实行统一法人授权经营的商业银行经营管理体制。中国工商银行总行是全行的经营管理中心、资金调度中心和领导指挥中心，拥有全行的法人财产权，对全行经营的效益性、安全性和流动性负责，在授权和授信管理的基础上，实行“下管一级、监控两级”的分支机构管理模式，达到稳健经营，防范风险，提高经济效益的目的。

中国工商银行经营范围包括：办理人民币存款、贷款和消费信贷，居民储蓄，各类结算，发行和代理发行有价证券，代理其他银行委托的各种业务，办理外汇存款、贷款、汇款，进出口贸易和非贸易结算，外币及外币票据兑换，外汇担保和见证，境外外汇借款，外币票据贴现，发行和代理发行外币有价证券，代办即期和远期外汇买卖，征信调查和咨询服务，办理买方信贷，国际金融组织和外国政府贷款的转贷，以及经中国银行业监督管理委员会依照有关法律、行政法规和其他规定批准的业务。

中国银行

中国银行业务覆盖传统商业银行、投资银行和保险业务领域，并在全球范围内为个人客户和公司客户提供全面和优质的金融服务。在近百年的岁月里，中国银行以其稳健的经营、雄厚的实力、成熟的产品和丰富的经验深得广大客户信赖，打造了卓越的品牌，与客户建立了长期稳固的合作关系。

中国银行主营商业银行业务，包括公司、零售和金融机构等业务。公司业务在基于银行的核心信贷产品之上，致力于为客户提供个性化、创新的金融服务。零售业务主要针对个人客户的金融需求，提供基于银行卡之上的全套服务。而金融机构业务则是为全球其他银行，证券公司和保险公司提供诸如国际汇兑、资金清算、同业拆借和托管等全面服务。在多年的发展历程中，中国银行曾创造了中国银行业的许多第一，所创新和研发的一系列金融产品与服务均开创历史之先河，在业界独领风骚，享有盛誉。目前在外汇存贷款、国际结算、外汇资金和贸易融资等领域仍居领先地位。根据2003年英国《银行家》按核心资本排名，中国银行列全球第十五位，居中国银行业首位，是中国资本最为雄厚的银行。以资产规模计，中国银行资产总额达38,442亿人民币，是中国第二大商业银行。中国银行网络机构覆盖全球27个国家和地区，其中境内机构共计11,609个，境外机构共计549个，是目前我国国际化程度最高的商业银行。

中国银行有近百年辉煌而悠久的历史，在中国金融史上扮演了十分重要的角色。中国银行于1912年由孙中山先生批准成立，至1949年中华人民共和国成立的37年间，中国银行先后是当时的国家中央银行、国际汇兑银行和外贸专业银行。中国银行以诚信为本，以振兴民族金融业为己任，在艰难和战乱的环境中拓展市场，稳健经营，锐意改革，表现出了顽强的创业精神，银行业务和经营业绩长期处于同业领先地位，并将分支机构一直拓展到海外，在中国近现代银行史上留下了光辉的篇章。

1949年，中国银行成为国家指定的外汇外贸专业银行，为国家经济建设和社会发展作出了巨大贡献。1994年随着金融体制改革的深化，中国银行成为国有商业银行，与其它三家国有商业银行一道成为国家金融业的支柱。1994 年和 1995 年，中国银行先后成为香港地区、澳门地区发钞银行。

为提高竞争优势，中国银行从 2000 年初开始围绕建立良好的公司治理机制采取了一系列的改革。2001 年，中国银行成功重组了香港中银集团，将 10 家成员银行合并成立当地注册的“中国银行(香港)有限公司”。2002 年 7 月，重组后的中国银行(香港)有限公司在香港联交所成功上市，成为国内首家在境外上市的国有商业银行。

2004 年 7 月 14 日，中国银行在与国际同业和国内同业的激烈竞争中，凭借雄厚的实力和优良的服务，脱颖而出，作为我国银行业的优秀代表携手北京 2008 年奥运会，成为北京奥运会唯一的银行合作伙伴。

中国银行于 2003 年被国务院确定为国有独资商业银行股份制改造试点银行，围绕“资本充足、内控严密、运营安全、服务和效益良好、具有国际竞争力的现代化股份制商业银行”的目标，进一步完善符合现代企业制度要求的公司治理机制，稳步推进国有商业银行的股份制改造工作。2004 年 8 月 26 日，中国银行股份有限公司成立，标志着中国银行的历史翻开了崭新的篇章，启动了新的航程。

中国银行多年来的信誉和业绩，得到了来自业界、客户和权威第三方的广泛认可。曾先后 9 次被《欧洲货币》评选为“中国最佳银行”；连续 15 年进入《财富》杂志评选的世界 500 强企业；在全球新兴市场 250 大银行按所有者权益进行的排名中名列第一，在亚洲《银行家》杂志 300 大银行按所有者权益排名第二，是中国资本最雄厚的商业银行。同时，先后被《欧洲货币》和《资产》评为“中国最佳银行”和“中国最佳国内商业银行”；被美国《环球金融》杂志评为“2002 年中国最佳贸易融资银行”及“中国最佳外汇银行”；《远东经济评论》评为“中国地区产品服务十强企业”；中银香港重组上市后，先后荣获《投资者关系》“最佳 IPO 投资者关系奖”和《亚洲金融》“最佳交易、最佳私有化奖”等多个重要奖项。

世纪信誉，环球共享。中国银行将承秉“以客户为中心，以市场为导向，强化公司治理，追求卓越效益，创建国际一流大银行”的宗旨，依托其雄厚的实力、遍布全球的分支机构、成熟的产品和丰富的经验，竭诚为客户提供全方位、高品质的银行服务，与广大客户携手共创美好未来！

中国银行总行的联系方式为：

地址：北京市复兴门内大街 1 号(100818)

SWIFT：BKCHCNBJ

电话：(0086)010—66596688

传真：(0086)010—66593777

城市网点数量总汇

序号	分行	城市数量		城市名称	备注
1	安徽	18	251	合肥、蚌埠、芜湖、淮北、安庆、池州、宿州、淮南、滁州、黄山、铜陵、阜阳、宣城、宁国、亳州、马鞍山、六安、巢湖	
2	北京	1	132	北京	
3	福建	20	368	福州、福清、宁德、莆田、泉州、漳州、龙岩、三明、南平、石狮、龙海、武夷山、长乐、福安、福鼎、晋江、南平、漳平、建瓯、邵武	
4	甘肃	13	145	兰州、天水、酒泉、敦煌、玉门、武威、临夏、张掖、平凉、金昌、嘉峪关、西峰、白银	
5	广东	29	580	广州、佛山、江门、东莞、惠州、汕头、中山、珠海、潮州、河源、揭阳、茂名、梅州、清远、汕尾、韶关、阳江、湛江、云浮、肇庆、三水、南海、英德、澄海、连州、兴宁、信宜、化州、高州	
6	广西	16	303	南宁、桂林、北海、玉林、柳州、梧州、贵港、百色、河池、防城港、钦州、凭祥、贺州、北流、东兴、宜州	
7	贵州	9	70	贵阳、都钧、六盘水、安顺、遵义、铜仁、兴义、毕节、凯里	
8	海南	8	94	海口、琼海、文昌、儋州、琼山、东方、三亚、万宁	
9	河北	11	583	石家庄、秦皇岛、张家口、唐山、保定、邯郸、承德、沧州、邢台、廊坊、衡水	
10	河南	18	637	郑州、许昌、鹤壁、驻马店、三门峡、新乡、安阳、平顶山、济源、洛阳、周口、焦作、开封、漯河、商丘、南阳、信阳、濮阳	
11	黑龙江	18	210	哈尔滨、大庆、牡丹江、佳木斯、齐齐哈尔、伊春、绥化、鹤岗、双鸭山、大兴安岭、七台河、鸡西、黑河、绥芬河、双城、阿城、尚志、五常	
12	湖北	34	295	武汉、鄂州、黄冈、黄石、荆门、荆州、十堰、咸宁、襄樊、孝感、天门、仙桃、潜江、恩施、随州、宜昌、宜都、当阳、麻城、武穴、枣阳、老河口、大冶、钟祥、沙市、洪湖、石首、丹江口、赤壁、蒲圻、汉川、应城、安陆、广水	
13	湖南	16	534	长沙、株洲、湘潭、衡阳、邵阳、岳阳、益阳、永州、常德、郴州、娄底、怀化、吉首、张家界、浏阳、醴陵	
14	吉林	21	318	长春、四平、白山、辽源、吉林、延吉、白城、榆树、九台、德惠、松原、通化、大安、敦化、珲春、图门、龙井、公主领、梅河口、集安、蛟河	
15	济南	1	10	济南	
16	江苏	37	799	南京、无锡、常州、镇江、南通、扬州、泰州、淮安、盐城、宿迁、连云港、徐州、锡山、宜兴、江阴、武进、溧阳、金坛、丹阳、高邮、东台、大丰、靖江、仪征、如皋、通州、句容、扬中、姜堰、邳州、新沂、海门、启东、兴化、江都、泰兴、淮阴	
17	江西	21	397	南昌、景德镇、乐平、九江、德安、宜春、樟树、高安、吉安、井冈山、萍乡、赣州、南康、瑞金、上饶、玉山、德兴、抚州、鹰潭、贵溪、新余	
18	辽宁	18	485	大连、鞍山、抚顺、本溪、丹东、营口、阜新、锦州、辽阳、盘锦、铁岭、朝阳、葫芦岛、海城、东港、凤城、开原、凌源	
19	内蒙古	14	249	呼和浩特、包头、乌海、临河、鄂尔多斯、巴彦浩特、二连浩特、锡林浩特、赤峰、乌兰浩特、满洲里、海拉尔、集宁、通辽	
20	宁波	4	85	宁波、奉化、余姚、慈溪	
21	宁夏	4	16	银川、吴忠、石嘴山、青铜峡	
22	青海	2	42	西宁、格尔木	
23	山东	16	16	青岛、烟台、泰安、滨州、荷泽、威海、日照、东营、淄博、潍坊、莱芜、临沂、聊城、德州、枣庄、济宁	
24	山西	11	357	太原、大同、运城、长治、晋中、阳泉、朔州、晋城、临汾、忻州、离石	
25	陕西	13	261	西安、咸阳、兴平、榆林、宝鸡、渭南、华阴、韩城、延安、安康、商洛、铜川、汉中	
26	上海	1	154	上海	
27	深圳	1	116	深圳	
28	沈阳	1	50	沈阳	
29	四川	13	545	成都、达州、绵阳、德阳、乐山、西昌、泸州、内江、南充、攀枝花、遂宁、宜宾、自贡	目前只能直销，待系统开通后网点将为 637 个
30	苏州	7	185	苏州、张家港、常熟、昆山、太仓、吴江、吴县	
31	天津	1	195	天津	
32	西藏	1	5	拉萨	只能直销
33	厦门	1	32	厦门	
34	新疆	15	226	乌鲁木齐、石河子、昌吉、克拉玛依、伊宁、博乐、库尔勒、塔城、吐鲁番、哈密、喀什、阿克苏、阿勒泰、阿图什、和田	
35	云南	17	152	昆明、楚雄、曲靖、宣威、保山、景洪、思茅、潞西、瑞丽、畹町、玉溪、大理、临沧、昭通、个旧、开远、丽江	
36	浙江	30	580	杭州、温州、绍兴、嘉兴、金华、湖州、衢州、丽水、舟山、台州、临安、建德、富阳、瑞安、乐清、海宁、平湖、桐乡、诸暨、上虞、嵊州、兰溪、义乌、东阳、永康、江山、临海、温岭、龙泉、萧山	
37	重庆	1	215	重庆	
	总行营业部		1	北京	
合计		462	9693		

中国建设银行

新中国成立后，经过三年国民经济恢复时期，1953年我国开始实施第一个五年计划，展开大规模的经济建设。为了加强国家基本建设资金管理，经中央人民政府政务院批准，1954年10月1日，中国人民建设银行正式成立。

——其后的二十多年时间里，建设银行作为国家专业银行，主要经办国家基本建设拨款，管理和监督使用国家计划确定的基本建设资金，为提高投资效益、加快国家经济建设和发展做出了卓越贡献。

——从20世纪80年代中期起，为适应经济金融体制改革和经济发展的要求，建设银行先后开办了现金出纳、居民储蓄、固定资产贷款、工商企业流动资金贷款、国际金融、住房贷款和各种委托代理业务。通过开办各种面向社会大众的商业银行业务，丰富了银行职能，为向现代商业银行转轨打下坚实的基础。

——1994年，按照国家投资体制改革的要求，建设银行将代行的财政职能和办理的政策性基本建设贷款业务分别移交财政部和国家开发银行，不再履行行政管理和政策性业务职能，迈出了向现代商业银行转轨的重要一步。

——1996年3月26日，中国人民建设银行正式更名为中国建设银行(ChinaConstructionBank，简称CCB)，并启用了行徽，以崭新的形象走上了社会经济舞台。

——跨进新世纪，建设银行在巩固存贷款业务基础上，开拓市场，优化结构，大力发展中间业务，积极介入商人银行业务。越来越多的金融产品不断推向社会，服务于广大客户。

——面对新的形势和新的市场，建设银行将不断深化改革，开拓进取，努力建成治理结构完善，运行机制健全，经营目标明确，财务状况良好，有较强国际竞争力的现代商业银行。

——建设银行营业机构遍布全国。目前，中国建设银行在国内设有38个一级分行，约2.1万个分支机构、网点，近9000余台ATM和260多个全功能自助银行，员工41万人。资产总规模30830.22亿元，所有者权益1070.63亿元。2002年7月，在英国《银行家》杂志全球1000家大银行一级资本排序中位居第28名。

——建设银行功能全面、不断创新。不仅在基本建设贷款、流动资金贷款、房地产金融、工程造价咨询、项目融资、贸易融资、投资咨询、财务顾问等传统业务领域中拥有优势，还不断开拓新的营销渠道，先后开办了代理性、担保性、咨询类和基金托管等中间业务，利用信息科技手段开发银行卡和网上银行等新产品。产品种类已从以往存款、贷款和结算发展到目前银行卡类产品、电子银行类产品、代理业务类产品、资金类产品等十几大类，数百个品种。建设银行的产品与服务不断跨越传统业务和服务领域，借助科技与网络优势向更新的领域拓展。

——建设银行正以矫健的步伐走向现代化、国际化。在香港、新加坡、法兰克福、约翰内斯堡、东京设有海外分行，在伦敦、纽约、汉城设有代表处，与世界80多个国家(地区)的700多家银行建立了代理行关系，与国际金融市场上1000多家投资银行、保险公司、政府(各国中央银行、财政部)及多边金融机构保持着密切的业务往来，形成了遍布欧洲、美洲、大洋洲、亚洲和非洲的全球性代理行网络，是国际金融资本与中国经济建设相结合的重要桥梁。

——建设银行控股的中国国际金融公司，为客户提供以投资银行业务为主的多种金融服务。

——建设银行关注民生，为普通百姓提供优质、便捷、周到的系列个人金融服务。从面向个人客户的本外币储蓄存款业务，到一系列代缴代付业务；从衣食住行到投资理财，建设银行已越来越深入地走进了百姓的生活。

——建设银行率先在全国范围内承办房改金融业务，个人住房贷款在全国房地产金融业务领域长期处于领先地位。累计支持500多万居民实现了购房梦想。随着个人住房贷款品牌“乐得家”的全面推广，“要买房，到建行”的服务理念更加深入人心。

——建设银行还在国内率先推出了汽车消费贷款、助学贷款、装修贷款等系列服务品种，圆了百姓的生活梦。

——“龙卡”作为国内同业中知名的服务品牌，已赢得客户的广泛认同和赞誉。累计发卡量超过1.2亿张，居国内同业第一。龙卡特约商户达85000家，并已开通龙卡IC卡和IP卡电话业务。

——建设银行始终跟进高科技信息技术进步，不断拓展金融服务领域。建设银行的资金清算系统具有安全、快捷、高效的特点，实现了汇划、清算、对帐、查询和监控等功能一体化，在国内同业中处于领先水平。“重要客户服务系统”可以为集团企业、跨国公司、金融同业、政府部门等客户提供“量体裁衣式”的个性化服务。个人电子汇款品牌产品“速汇通”，实现了个人电子汇款的24小时内到帐，加急汇款两小时内到帐，为个人资金的快捷流动带来了极大便利。

——建设银行代理人民币资金清算和证券资金清算等拳头产品，品质优异，功能齐全。代理中央财政结算业务独树一帜。证券业务系统技术先进、安全高效，为100多家证券经营机构代理证券资金清算，是沪深两个交易所的重要清算银行之一。代理异地资金清算网络为包括外资银行在内的100多家商业银行提供资金清算服务。

——建设银行开发的网上银行、手机银行和电话银行网络，突破时间和地域限制，能够为客户提供安全、快捷和个性化的服务。

中国农业银行

中国农业银行是四大国有独资商业银行之一，是中国金融体系的重要组成部分，总行设在北京。在国内，中国农业银行网点遍布城乡，资金实力雄厚，服务功能齐全，不仅为广大的百姓和客户所信赖，而且与他们一道取得了长足的共同进步，已成为中国最大的银行之一。在海外，农业银行同样通过自己的努力赢得了良好的信誉，被《财富》评为世界500强企业之一。

截止2002年末，中国农业银行拥有一级分行32个，直属分行5个，总行营业部1个，培训学院3个。与世界300多家银行总行建立了代理行关系，并在新加坡、香港设立了分行，在伦敦、东京、纽约等地设立了代表处。

到2002年末，中国农业银行各项资产总额29765.66亿元，各项贷款余额19129.60亿元，各项存款余额24796.18亿元，实现税后利润28.97亿元。

目前中国农业银行网点遍布中国城乡，成为国内网点最多、业务辐射范围最广的大型国有商业银行。业务领域已由最初的农村信贷、结算业务，发展成为品种齐全，本外币结合，能够办理国际、国内通行的各类金融业务。

目前主要包括：(1)人民币业务。吸收公众存款；发放短期、中期和长期贷款；办理国内外结算；办理票据贴现；发行金融债券；代理发行、代理兑付、承销政府债券；买卖政府债券；从事同业拆借；买卖、代理买卖外汇；提供信用证服务及担保；代理收付款项及代理保险业务等。(2)外汇业务。外汇存款；外汇贷款；外汇汇款；外币兑换；国际结算；外汇票据的承兑和贴现；外汇借款；外汇担保；结汇、售汇；发行和代理发行股票以外的外币有价证券；买卖和代理买卖股票以外的外币有价证券；代客外汇买卖；资信调查、咨询、见证业务。

2002年，农业银行电子化建设取得重大成效。全国36个省域数据中心建设、联网通用工程、全国数据中心原型工程建设及集中式信贷管理系统推广工作圆满完成，实现了全行所有核心业务数据集中到省域数据中心，所有有效营业网点全部联网，初步形成以36个省域数据中心为节点，以总行数据交换总中心为核心的全国信息系统基础架构。到2002年末，全行自动柜员机(ATM)7,831台，自动转帐销售点终端(POS)51,119台，自助银行269家，电子银行体系初步建立。

银行卡业务快速增长，网络体系、产品功能进一步完善，经济效益大幅提高。到2002年末，全行发卡量达到9,761万张(其中，准贷记卡460万张，借记卡9,301万张)，比上年增加3,138万张，增长47.38%；在四大国有商业银行中，金穗卡发卡量增长占同业增长份额的46.74%，增长率居同业首位，市场份额占28.20%。卡存款余额达1,699亿元，较年初增加732亿元，增幅为76%；卡存款增量占全行活期储蓄增量的61%；累计消费额达到403亿元，增长63%；手续费收入达到2.6亿元，较上年增加0.98亿元，增长60%；国际卡收单额16.6亿元，较上年增长42%；非正常透支率下降了8个百分点。银行卡受理网点36,851个，联机网点34,363家；特约商户82,397家，联线商户53,524家。全国100个城市实现了与他行银行卡的跨行通用，83个城市发行了全国通用的银联卡。

1994年适应中国经济和金融体制改革的新形势，中国农业银行在剥离政策性金融业务和其后与农村信用社脱离行政隶属关系后，加快由国有专业银行向国有商业银行转化，积极调整经营战略，转换经营机制，找准市场定位。在农村政策金融、商业金融和合作金融分工协作的体系中，根据农村经济发展和城乡经济一体化的需要，积极开拓业务领域，提升经营层次，讲求经营效益。紧紧围绕农业结构调整，立足于大农业，大市场，重点支持优质农业规模化经营、农业科技型产业化和城乡经济一体化发展。在信贷投向上，突出支持了"两高一优"农业、"菜篮子"工程建设和发展；重点支持了农业产业化的龙头企业和产权明晰、管理科学的乡镇企业健康发展。与此同时，积极支持农村电网建设与改造和小城镇发展。按国务院要求做好扶贫和农业综合开发等信贷业务。

交通银行

交通银行始建于1908年，是中国早期四大银行之一，也是中国早期的发钞行之一。1949年以后，除香港分行仍继续营业外，交通银行国内业务分别并入当地中国人民银行和中国人民建设银行。为适应中国经济体制改革和发展，1986年交通银行作为金融改革的试点，经国务院批准重新组建，1987年重新组建后的交通银行正式对外营业，成为中国第一家全国性的国有股份制商业银行。

交通银行组建伊始就按照市场的客观要求，建立新型银企关系，率先在我国金融领域引入竞争机制。交通银行引进了国外商业银行先进的管理机制和经验，建立、完善和创新资产负债管理制度、信贷资产质量监控制度、财务指标分析体系制度等，有效地贯彻了现代商业银行全面自律、稳健经营、追求效益的经营管理原则，各项业务和机构建设持续健康地发展。交通银行以一个法人、两级管理、分级授权、集中授信等制度为框架，建立了一整套保障商业银行业务健康发展的总分行管理制度。交通银行的分支机构布局和业务发展的重点集中于经济发达地区和经济中心城市，目前在我国86个大中城市设有分支行，共有营业网点近2700多个，全行员工5万多人。

通过近百年来艰苦曲折的发展历程，交通银行已发展成为一家资产规模较大、盈利能力较强、机构网络健全、具有一定国际影响和百年民族品牌的大型国有股份制商业银行，并已步入了较为成熟的发展时期。截至2003年末，交通银行实收资本为170亿元人民币，总资产达到9504亿元，各项存款余额为8531亿元，各项贷款余额为5553亿元，盈利水平在中国银行业中名列前茅。1998年和1999年，国际著名金融杂志《欧洲货币》和《环球金融》分别评选交通银行为中国最佳银行。交通银行在国内商业银行中仅次于四大国有独资商业银行，位列第五。根据《银行家》杂志对全球1000家大银行的最新排位，按2003年底的资产规模，交通银行列第87位，已跻身全球银行百强行列。近几年，通过良好的金融服务和信贷支持，一批优秀的跨国公司、集团公司、外商投资公司、外商投资企业、科技型产业和其他成长性产业的优秀企业成为交通银行的优良客户。我行已形成了几个在国内市场具有较大影响的品牌产品，我行"外汇宝"交易量稳居全国第一，基金托管业务列全国第一位，太平洋卡交易量和卡存款均保持在全国前3位。

交通银行把建设国际化商业银行作为战略目标，在主要国际金融中心城市如纽约、东京、香港、新加坡设有分行，在伦敦、法兰克福设有代表处。目前，交通银行与全球88个国家和地区的643家银行的1484家总分支机构建立了代理行关系。交通银行多次在国际金融市场发行债券长期承办国外政府和国际金融组织转贷款，积极参与国际货币市场和国际资本市场，与国际金融界建立了广泛、密切的联系，树立了良好的声誉。

地址：中国上海银城中路188号
邮政编码：200120
电话：86—21—58781234
传真：86—21—68880321
电子邮箱：Investor@bankcomm.com

招商银行

招商银行成立于1987年4月8日，是我国第一家完全由企业法人持股的股份制商业银行，总行设在深圳。自成立以来，招商银行先后进行了三次增资扩股，并于2002年3月成功地发行了15亿普通股，4月9日在上交所挂牌(股票代码：600036)，是国内第一家采用国际会计标准上市的公司。2004年5月，实施资本公积转增股本后，总股本增加至68亿股。目前，招商银行总资产逾5000亿元，在英国《银行家》杂志"世界1000家大银行"的最新排名中居前200位。

经过17年的发展，招商银行已从当初偏居深圳蛇口一隅的区域性小银行，发展成为了一家具有一定规模与实力的全国性商业银行，初步形成了立足深圳、辐射全国、面向海外的机构体系和业务网络。目前在境内30多个大中城市、香港设有分行，网点总数近400家，在美国设立了代表处，并与世界70多个国家和地区的900多家银行建立了代理行关系。

17年来，招商银行以敢为天下先的勇气，不断开拓，锐意创新，在革新金融产品与服务方面创造了数十个第一，较好地适应了市场和客户不断变化的需求，被广大客户和社会公众称誉为国内创新能力强、服务好、技术领先的银行。为中国银行业的改革和发展作出了有益的探索，同时也取得了良好的经营业绩。根据2004年上市公司中报，招商银行以5389亿元的总资产位居深沪上市公司榜首；在5家上市银行中，招商银行总资产、净利润、净资产、利润总额、上缴所得税、总股本、流通股本等43项主要经营指标居首位。截至目前，招商银行已累计实现税利近290多亿元，人均效益、股本回报率等重要经营指标位居国内银行业前列。近年来，招商银行连续被境内外媒体授予“中国本土最佳商业银行”、“中国十佳上市公司”、“最具影响力企业”等多项殊荣。2001年至2003年，招商银行连续3年被北京大学和《经济观察报》联合评选为“中国最受尊敬企业”。

招商银行坚持“科技兴行”的发展战略，立足于市场和客户需求，充分发挥拥有全行统一的电子化平台的巨大优势，率先开发了一系列高技术含量的金融产品与金融服务，打造了“一卡通”、“一网通”、“金葵花理财”、“点金理财”、招商银行信用卡等知名金融品牌，树立了技术领先型银行的社会形象。招商银行于1995年7月推出的银行卡——“一卡通”，被誉为我国银行业在个人理财方面的一个创举；至今累计发卡量已超过3000万张，卡均存款余额超过4500元，居全国银行卡首位。1999年9月在国内首家全面启动的网上银行——“一网通”，无论是在技术性能还是在业务量方面在国内同业中都始终处于领先地位，被国内许多著名企业和电子商务网站列为首选或唯一的网上支付工具。2003年6月2日，“一网通”作为中国电子商务和网上银行的代表，登上了被誉为国际信息技术应用领域奥斯卡的CHP大奖的领奖台，这是中国企业首次获此殊荣。

招商银行秉承“因您而变”的经营理念，在国内业界率先通过各种方式改善客户服务，致力于为客户提供高效、便利、体贴、温馨的服务，带动了国内银行业服务观念和方式的变革，拉近了银行与客户的距离。招商银行在国内率先构筑了网上银行、电话银行、手机银行、自助银行等电子服务网络，为客户提供“3A”式现代金融服务。根据市场细分理论，招商银行在继续做好大众服务的同时，致力于为高端客户提供量身定制的“一对一”的尊贵服务，不断提高金融服务的专业化、个性化水平。2004年8月，招行又率先在国内建立了“客户满意度指标体系”，为管理质量和服务质量的持续提升提供了有力保障。

在高速发展中，招商银行坚持“效益、质量、规模协调发展”的战略指导思想和“质量是发展第一主题”的经营理念，大力营造以风险文化为主要内容的管理文化，规范化的经营管理为国内外监管机构的一致公认。在国内同业中，招商银行较还早地实行了资产负债比例管理、审贷分离和贷款五级分类制度，建立了比较完善的稽核内控体系，同时成功地在全行推行了储蓄、会计业务质量认证，获得了英国BSI太平洋有限公司和中国船级社质量认证公司颁发的ISO9001质量保证体系认证书，成为中国国内第一家获得ISO9001证书的商业银行。由于注重防范风险，招商银行的资产质量得以不断优化，近几年新增贷款的不良率控制在1%左右，是国内资产质量最好的银行之一。

面对经济金融全球化带来的机遇与挑战，招商银行以“力创股市蓝筹、打造百年招银”为目标，以改革创新为动力，坚持走技术领先型的发展道路，加快实施管理国际化，全面提升管理素质，进一步与国际规范接轨，不断增强核心竞争力，努力把招商银行建设成为有鲜明特色、有知名品牌、有较高社会认同度的现代商业银行，实现股东、员工、客户长期利益的最大化。

总行地址：深圳市深南大道7088号招商银行大厦

电话：(86)75583198888

邮编：518040

传真：(86)75583195555、83195777

电挂：84070

中国光大银行

中国光大银行成立于1992年8月，1997年1月完成股份制改造，成为国内第一家国有控股并有国际金融组织参股的全国性股份制商业银行。11年多来，伴随着中国经济和金融业的发展进程，光大银行不断改革创新、锐意进取，始终把自身发展与国民经济的增长紧密结合，在为社会提供优质金融服务的同时，取得了良好的经营业绩，逐步形成了与现代商业银行相适应的多元化股权结构、日益完善的公司治理与经营机制、比较先进的科技支持系统、素质较高的员工队伍、布局合理的机构网络、范围广泛的同业合作等优势。截止2003年底，中国光大银行已在全国23个省、自治区、直辖市的36个经济中心城市拥有分支机构370多家，成为对社会有一定影响的全国性股份制商业银行。法定中文名称：中国光大银行股份有限公司(简称：中国光大银行，以下称“本行”)

法定英文名称：CHINAEVERBRIGHTBANKCO.，LTD

法定代表人：王明权

董事会秘书：陈元生

地址：北京市西城区复兴门外大街6号光大大厦

邮编：100045

电话：(010)68098000

传真：(010)68561260

网址：www.95595.com.cn

中信实业银行

中信实业银行隶属于中国国际信托投资公司(中信公司)，创立于1987年，是我国改革开放中最早成立的新兴商业银行之一。2002年，中国国际信托投资公司更名为中国中信(集团)公司，组建了以中信实业银行为主体的中信控股有限公司。目前，中信实业银行是中信控股有限公司的全资金融子公司。

成立背景

中信实业银行是沐浴着改革开放的春风，在国务院、中国人民银行的关心和支持下成立的。

1984年底，随着经济发展的需要，中国国际信托投资公司(简称中信公司)董事长荣毅仁先生向中央专函要求在中信公司系统下成立一个银行，全面经营外汇银行业务。经国务院和中国人民银行同意，先成立银行部，扩大经营外汇银行业务，为成立银行作好准备工作。

1985年4月，中信公司在原来财务部的基础上成立了银行部，进一步扩展了对外融资、外汇交易、发放贷款、国际结算、融资租赁和吸收存款等全面银行业务。在银行部建立的两年时间里，得到中国人民银行与国家外汇管理局的大力支持和帮助，业务进展较快，通过办理人民币及外汇存款、贷款、进出口开证、国际租赁、优价证券及外汇买卖、外币兑换等业务，积累了一定经验，已初步具备了成立银行的条件。

1986年5月底，中信公司向中国人民银行申请"将中信公司银行部改组成中信实业银行"。1987年初，经国务院和中国人民银行批准，中信实业银行正式成立。1987年初，经国务院和中国人民银行批准，中信实业银行正式成立。总行设在北京。

1987年4月，中国人民银行批准中信实业银行为中信公司所属的国营综合性银行，是中信公司的子公司，独立法人。注册资本8亿元人民币。实行自主经营、独立核算、自负盈亏。在国内外可设立分支机构，经营已批准的银行业务。

前国家副主席荣毅仁先生任中信实业银行名誉董事长。

成立时间

1987年2月28日，国务院办公厅批复同意成立中信实业银行。

3月17日，中国人民银行批准成立中信实业银行。

4月10日，中国人民银行颁发中信实业银行经营金融业务许可证。

4月14日，中信公司董事长、中信实业银行名誉董事长荣毅仁召开新闻发布会，宣布：中信公司原银行部经国务院和中国人民银行批准，改为"中信实业银行"。中信实业银行于4月份开始营业。

4月21日，国家外汇管理局批复中信实业银行经营外汇业务范围。

4月22日，国家外汇管理局颁发中信实业银行经营外汇业务许可证。

4月29日，国家工商行政管理局颁发中信实业银行工商营业执照。

5月17日，新华社发布中信实业银行开业新闻。

9月16日，中信实业银行在北京的国际大厦举行正式开业招待会。军委副主席杨尚昆、副总理田纪云、国务委员陈慕华等领导同志出席了招待会。中信公司董事长、中信实业银行名誉董事长荣毅仁主持了会议，国务委员、中国人民银行行长陈慕华讲了话。

突出贡献

中信实业银行自1987年成立以来，在中国人民银行和中信公司的领导下，在全体员工的共同努力下，坚持"稳步发展，争创一流"和"以客户为中心，以市场为导向"的经营思路，不断创新，快速发展，为我国股份制商业银行的发展进行了积极的探索，为金融业的改革与发展做出了自己的贡献。

1987年12月4日，中信实业银行在英国伦敦首次为中信公司办理发行150亿欧洲日圆债券。

同月，与美国普惠证券投资有限公司合作开展民航租赁业务，这是国内租赁界第一次与国外合作从事飞机租赁业务。

1988年8月14日，中信实业银行首次发行人民币金融债券3000万元。

1989年4月，中信实业银行在国内首家同时开通路透社和美联社信息系统开展国际金融交易业务。

1991年10月30日，中信实业银行代表中信公司在日本东京第一次发行浮动利率日圆债券。

1992年3月，中信实业银行在国内首家开展速汇即付业务。同年5月，中信实业银行在国内设立第一台外汇自动取款机。

1993年7月，中信实业银行代理中信公司与财政部签订了1993年第2期国库券(非实物)承购包销协议，承销金额1.5亿元人民币，并首批取得了财政部认定的中华人民共和国国债一级自营商资格。

同月29日，中信实业银行代理中信公司在美国纽约发行了2.5亿美圆的扬基债券。这是自1911年以来，中国企业首次进入美国市场发行的公募债券。

1994年3月9日，中信实业银行与美国运通公司合作开展速汇即付业务，是在国内首家开展此项业务的银行。

截止1994年，中信实业银行是我国唯一开展承销国外债券的金融机构。当时，已参加承销承销国外债券23笔，承销量达3.86亿美圆。

1994年12月，中信实业银行代理中信公司向日本金融机构发行商业票据，成功筹措5000万美元和50亿日元贷款，这是中国企业以自己的信誉第一次在国外发行商业票据。

1995年11月，中信实业银行与美国雷曼兄弟公司共同担任了承销美国福特汽车公司2亿美圆小龙债的主干事，开创了中国金融机构参与承销外国公司债并担任主干事的先例。

1996年1月，中信实业银行作为首批会员参加全国统一同业拆借交易系统，第一个交易日即以迅速、准确的操作完成了具有特殊意义的第一笔交易。

同年6月，中信实业银行在广州成功地推出了我国第一家全柜员制，实行面对面服务，并率先开办私人理财等商业银行新业务，专门为大额存款户提供全方位的金融服务。

1998年3月，中信实业银行与美国驻华大使馆签定了《中信实业银行代收美国非移民签证申请费备忘录》，根据备忘录，中信实业银行在北京、上海、广州、成都和沈阳地区的分支机构代理美国使馆收取签证申请费。此项业务的开展在国内外产生了积极的社会影响，本行是国内独家开展此种业务的银行。

同年6月，中信实业银行作为惟一被钓鱼台国宾馆邀请的商业银行参加了美国总统克林顿一行来访期间的接待工作。中信实业银行以严谨的工作作风、规范化的服务标准、热情周到的24小时全天候服务，赢得了"鼎力相助，服务一流"的赞誉和锦旗。

1999年，中信实业银行正式推出中信借记卡，实现了全国通、全行通、银联通，一卡多户、一卡多能、一卡多用。"理财宝"以其复合式智能理财的优越性备受市场青睐，并被国家工商局正式批准为国家注册商标，成为金融服务领域的第一个注册商标。

2000年，中信实业银行推出中信贷记卡，这是融信用授信、取款、转账、消费于一体的多功能银行卡，先消费，后还款，赋予持卡人真正的银行信用，实现了与国际标准的接轨。

同年年7月，中信实业银行作为国内首家通过中国金融认证中心认证的银行，正式开通网上银行服务。

2001年，中信实业银行协助中信公司在银行间债券市场成功发行了一笔总额为人民币35亿元的10年期债券。这是本行首次作为主承销商承销的第一笔债券。

同年7月和9月，在中信实业银行的积极倡议下，国内10家股份制商业银行在业务、资金、信息、管理、人才等方面进行多元化、全方位的精诚合作和优势互补上达成共识，共同签署了《长沙宣言》和《苏州协议》。

2001年7月，中信实业银行在英国《银行家》按照第一资本进行的排名中，位居全球最大的银行排名第318位。在著名国际咨询公司穆迪的"财务实力评级"中，中信实业银行荣获国内商业银行最高评级。

经营性质

全民所有制

经营方式

存款、贷款、结算、贴现、汇兑、担保、咨询、买卖

经营范围

人民币存款、贷款、结算、贴现业务；汇兑、旅行支票、信用卡业务；代理收付和财产保管业务；经济担保和信用见证业务；经济咨询业务；外汇存款、汇款、放款、担保业务；在境内外发行或代理发行外币有价证券；贸易、非贸易结算；外币票据的承兑和贴现、买卖或代理买卖及外币有价证券；外币兑换；出口信贷。

地址：北京东城区朝阳门北大街8号富华大厦C座

邮编：100027

华夏银行

华夏银行成立于1992年10月，是一家全国性股份制商业银行，总行设在北京。1995年经中国人民银行批准开始进行股份制改造，改制变更为华夏银行股份有限公司(简称华夏银行)。2003年9月12日华夏银行公开发行10亿股股票在上海证券交易所挂牌上市。

华夏银行具有独立法人资格，按照《中华人民共和国公司法》、《中华人民共和国商业银行法》和《华夏银行股份有限公司章程》的要求和规定建立了完善的法人治理结构，实行一级法人体制和董事会领导下的行长负责制。截至目前，在我国经济发达、金融资源丰富的长江三角洲、珠江三角洲、环渤海地区和中西部经济中心城市发展机构、拓展业务。到2004年6月30日为止，已在北京、上海、广州、南京、杭州、济南、深圳、昆明、沈阳、武汉、重庆、成都、西安、乌鲁木齐、太原、石家庄、大连、温州、青岛、苏州、无锡、烟台、玉溪、聊城等24个城市设立19家分行(直属支行)、5家异地支行，营业机构网点总数233家，逐步建立了"立足经济发达城市，辐射全国"的机构体系。

经营范围：吸收人民币存款；发放短期、中期和长期贷款；办理结算；办理票据贴现；发行金融债券；代理发行、代理兑付、承销政府债券；买卖政府债券；同业拆借；提供信用证服务及担保；代理收付款项；提供保管箱服务；外汇存款；外汇贷款；外汇汇款；外汇借款；外汇票据的承兑和贴现；自营或代客外汇买卖；买卖或代理买卖股票以外的外币有价证券；发行或代理发行股票以外的外币有价证券；外币兑换；外汇担保；外汇租赁；贸易、非贸易结算；资信调查、咨询、见证业务以及经中国银行业监督管理委员会批准的其他业务。

12年来，在全行员工的共同努力下，华夏银行由小到大，不断成长，发展成为一家具有相当竞争能力的全国性股份制商业银行。我们始终坚持深化改革、加快发展，不断健全和完善法人治理结构，致力于现代金融企业的制度创新、机制创新、产品创新和技术创新，不断扩大经营规模，提高盈利能力，保持了持续、稳定、健康发展的良好态势。2003年9月12日，华夏银行股票在上海证券交易所挂牌上市，标志着华夏银行发展进入了一个历史性的新阶段，为进一步加快金融创新步伐，增强市场开拓能力，实现协调可持续发展奠定了良好基础。

华夏银行在深化改革、强化管理、加快发展等诸多方面取得了新的成绩。近3年多来，华夏银行以申请上市为契机，根据国家有关法律法规和监管要求，修改了公司章程，完善了法人治理结构；开展依法合规经营大检查，狠抓管理的过程控制和各项规章制度的落实；加强风险防范和控制，实行信贷专职审批人制度，全面实施贷款五级分类管理；实施名牌客户发展战略，实行客户经理制，加快金融创新步伐，增强市场开拓能力，为进一步发展奠定了良好基础。

不求最大，但求最好。努力为客户、为社会、为企业不断创造更大的价值是我们始终不渝的追求。我们将以更加饱满的精神状态，"内强管理，外塑形象"，积极推行国际化、现代化、科技型商业银行的经营战略，构建集约化经营模式，努力实现从单纯速度发展向速度与效益相统一的转变，从主要依靠机构扩张向外延扩张与内涵增长并重转变，从相对粗放的经营管理向规范的集约化经营管理转变，坚持高质量发展，打造精品商业银行。

以诚信立行、以信誉为重、以品质取胜，用心服务。我们将继续完善以客户为中心的市场化经营模式，完善客户服务体系，进一步推进名牌客户的市场战略，科技兴行战略，提高产品和服务的科技含量，改进服务手段，优化服务结构，改善服务环境，提高服务质量，努力提高华夏银行的服务竞争能力。

创新是发展的不竭动力。我们将进一步深化改革，强化管理，积极推动国际化改造工程，引进先进的经营理念和管理体制，移植和嫁接国外成功的决策体系、风险控制体系、信息化建设体系和人力资源管理模式，建立起能充分适应开放的金融市场环境的经营管理体制；继续实施以金融产品创新带动增长的竞争战略，加强产品创新体系建设，实施"名牌产品"工程，建立面向市场、面向客户的产品创新快速反应机制，缩短市场需求到技术开发与产品推广的时间跨度，不断以产品的优质化、个性化、科技化、特色化为重点推出客户满意的品牌产品；以创新为动力推动银行体制改革，带动银行业务实现持续的发展。

坚持"以人为本"，建设"人本化银行"。我们将坚持把"以人为本"作为核心的企业价值观，积极推动"人本化银行"建设，努力通过企业文化建设凝聚企业精神支柱，塑造企业良好形象，训练员工职业道德，培育造就优秀人才。对内创造以人为中心的企业管理模式，提倡为了人，关心人，理解人，重视人，依靠人，尊重人，培养人的人本文化；对外从服务人的个性化入手开拓市场，服务市场，创新市场；深化人人为我、我为人人的传统理念，升华员工的思想境界；在拓展业务中，倡导以市场为导向，以客户为中心，努力为客户提供一流产品和服务。进一步发挥全体员工的积极性，不断完善各项民主管理制度，努力创造全体员工共同参与日常经营管理的环境，为员工的职业发展创造条件，让每一名员工在华夏银行事业发展的大舞台上充分施展才干，展现自我价值，与银行共同成长。

突出发展重点，实现分支机构全国范围内的科学合理布局。继续推动重点城市行优先发展战略，形成立足经济发达城市和沿海开放城市、辐射全国的业务增长格局，努力形成中心城市的相对优势和规模效益，不断提高重点地区的市场份额和社会知名度。

把华夏银行的事业不断推向前进，为促进我国金融改革发展做出更大贡献是历史赋予我们的光荣职责。面对新的发展机遇和挑战，我们将坚定不移地在"三个代表"重要思想指

引下，与时俱进，开拓创新，稳健经营，规范管理，走高质量发展的道路，努力把华夏银行办成一家精品商业银行。

地址：北京市东城区建国门内大街22号华夏银行大厦
电话：(0086)010－85238000
传真：(0086)010－85239000
电子邮件：webmaster@hxb.cc

中国民生银行

中国民生银行于1996年1月12日在北京正式成立，是我国首家主要由非公有制企业入股的全国性股份制商业银行，同时又是严格按照《公司法》和《商业银行法》建立的规范的股份制金融企业。多种经济成份在中国金融业的涉足和实现规范的现代企业制度，使中国民生银行有别于国有银行和其他商业银行，而为国内外经济界、金融界所关注。中国民生银行成立8年多来，一步一个脚印走过了它不断夯实基础、发展壮大的历程。成立至今，业务不断拓展，规模不断扩大，效益逐年递增，并保持了良好的资产质量。

2000年12月19日，中国民生银行A股股票(600016)在上海证券交易所挂牌上市，由此跨入了中国的资本市场，壮大了实力，改善了资本结构，获得了各项业务发展的新契机。实现了股票成功上市的中国民生银行，又站在了一个新的发展起点上，进入了一个快速健康发展的轨道。2003年3月18日，中国民生银行40亿可转换公司债券在上交所正式挂牌交易。

中国民生银行自上市以来，按照"团结奋进，开拓创新，培育人才；严格管理，规范行为，敬业守法；讲究质量，提高效益，健康发展"的经营发展方针，在改革发展与管理等方面进行了有益探索，推出了"大集中"科技平台、"两率"考核机制、"三卡"工程、等级支行制度、独立评审制度等五个方面的制度创新，实现了低风险、快增长、高效益的战略目标，树立了充满生机与活力的崭新的商业银行形象。

截止2004年9月30日，中国民生银行总资产规模达到4217.96亿元，存款总额3604.07亿元，贷款总额2650.36亿元，不良贷款率(五级分类法)1.28%。2004年1－9月，实现主营业务收入128.20亿元，主营业务利润21.15亿元，净利润15.70亿元。

目前，中国民生银行已在北京、广州、上海、深圳、武汉、大连、杭州、南京、重庆、西安、福州、济南、太原、石家庄、成都、宁波等地设立了十六家分行，在汕头设立了直属支行，机构网点达到202家，与境外77个国家和地区的698家银行建立了代理行关系。

据2002年7月出版的英国《银行家》杂志公布，按一级资本等项指标综合排序的全球前1000家商业银行中，中国民生银行位列第377位；在榜上有名的国内内地15家银行中位列第10位。2002年4月，根据国际通行蓝筹股标准评选出的"我心中的蓝筹股"，民生银行位列"十佳蓝筹股"第6位。2002年6月，《上市公司》杂志评出的2001年度"上市公司50强"，民生银行由上年度第13位上升为第8位。2003年全球竞争力组织对国内上市公司企业竞争力评价中，中国民生银行位居第三位。

深圳发展银行

1987年12月28日，中华人民共和国历史上第一家向社会公众公开发行股票的商业银行——深圳发展银行宣告成立。这是中国金融体制改革的重大突破，也是中国资本市场发育的重要开端。

作为我国建立现代商业银行制度的重要实验田，"敢为天下先"是深发展引以为豪的独特品质。自建行以来，深圳发展银行积极进行产品、服务创新，大胆尝试观念、机制更新，主动探索风险管理、市场开拓模式的革新。经过16年发展，深圳发展银行由6家农村信用社，成长为在18个经济中心城市拥有分支机构的全国性股份制商业银行，在自身规模不断扩大、综合实力日益增强的同时，也为客户、为股东、为社会奉献了丰厚的回报。

在"规范经营立行，资产质量立行，人才素质立行，经济效益立行"方针的指引下，深圳发展银行坚持稳健经营、重视资产质量、防范业务风险，建立了较为完善的法人治理结构，为持续、健康、快速发展奠定了坚实的基础。

在对传统业务精益求精的基础上，深圳发展银行不断加强在中间业务、金融创新领域的探索，努力打造"服务创新银行"的品牌形象。在公司银行领域，深圳发展银行坚持走"业务发展专业化"的道路，在国内较早建立了货权质押业务中心、票据业务处理中心等专业化集中作业处理平台。由深发展率先引入的"产业链金融"理念，在能源企业得以成功运用并迅速推广至多个行业领域；"CPS－以票据业务为核心的企业短期融资解决方案"，在得到客户广泛好评的同时，也引起业界良好反响。与此同时，深发展国际业务、离岸业务稳健发展，市场份额与品牌知名度不断提高，为公司客户搭建起全方位的银行服务体系。

在零售银行领域，深发展大力推广个人贷款中心、财富管理中心、汽车融资中心等经营模式，构建了更加贴近市场的服务体系，在财富管理、购房、购车、展业贷款等领域陆续推出了"发展理财"、"安居乐"、"车友乐"、"创业宝"等金融服务品牌。全国首创密码保障功能的"发展信用卡"，受到中国银联的充分肯定，倍受持卡人青睐。在"发展卡"基础上细分市场推出的"发展校园卡"，被权威媒体评为全国消费者最喜爱的"特色银行卡"第一名。

在日益完善的运营模式驱动下，深圳发展银行公司业务、零售业务全面发展，配合网上银行体系、自助银行体系以及95501全国电话银行服务，深圳发展银行逐步搭建起了跨越时空的产品网络。专家态度、专业质素，高效率、高附加值，正成为深发展系列金融产品品牌的显著特征。

在信息科技飞速发展的今天，深发展提出"科技推动成长、创新提升服务"的全新发展理念，在全国银行同业中率先实现全辖"大集中"、"大前置"设计思路的"新一代综合客户服务系统"开发成功并投入运营。以此为契机，深发展全面推进金融电子化建设，在激烈的市场竞争中，不断巩固科技持续领先的竞争优势。

经过全方位精心设计与严格测试，深发展成功推出了功能强大的网上银行——"发展网"，实现了现代科技与金融服务的完美结合。网上查询、网上支付转账……全面的产品网络和可靠的安全保障，使得深发展的个人用户和企业用户，均可以全天候地体验到"穿越时空"的现代金融服务。

立足于提供全方位的优质金融服务，深圳发展银行与客户建立了稳固长久的合作伙伴关系。从国有企业到民营企业，从基础建设到高新技术产业，深圳发展银行伴随着中国经济发展的脉搏稳步前进。深发展的壮大，得益于每一个合作伙伴的健康成长。

深圳发展银行积极倡导开拓进取、勇于创新、诚实守信、团结协作的职业精神，引进现代企业人力资源管理的先进理念和成功经验，通过多种方式广纳贤才，逐步建立起科学合理的人力资源开发、配置、绩效考核、激励和培训体系。自成立以来，深发展为国家培养了大批金融专业人才，目前拥有员工6000余人，其中具有大中专以上学历的超过90%。

良好的职业素养、出色的专业技能，凝聚成一支充满生机、协同作战、富于创新的优秀团队，成为深发展事业的坚强柱石。

随着综合实力的全面提升，深圳发展银行在深圳、北京、上海、天津、重庆、广州、珠海、佛山、海口、杭州、南京、宁波、温州、大连、济南、青岛、成都、昆明等经济中心城市设立了分支机构。今天的深发展，已经基本形成了覆盖华东、华北、西南、华南的全国性战略布局，机构与业务网络日臻完善。

进入21世纪，面对金融改革的深化和金融监管的强化，面对加入WTO以后更多国外优秀银行的涌入，深发展审时度势，主动迎接挑战；高瞻远瞩，着手规划未来。

2004年，深圳发展银行明确提出指导新时期各项工作的“三个为本”原则，坚持“质量为立行之本、人才为立业之本、诚信为立人之本”，努力打造核心竞争力。深圳发展银行正朝着质量优良、效益显著、素质过硬、科技领先、品牌知名的现代化都市精品银行昂首迈进。

上海浦东发展银行

上海浦东发展银行是1992年8月28日经中国人民银行批准设立、于1993年1月9日正式开业的的股份制商业银行，总部设在上海。

经中国人民银行、中国证监会正式批准，上海浦东发展银行于1999年获准公开发行A股股票，并在上海证券交易所正式挂牌上市(股票交易代码:600000)，这是中国银行业改革的一项重大举措。目前，注册资本金达39.15亿元，良好的业绩和诚信经营的声誉使浦发银行业已成为中国证券市场中一家备受关注和尊敬的上市公司。

十年来，秉承“笃守诚信、创造卓越”的经营理念，上海浦东发展银行积极探索和推进金融改革与创新，为把上海尽早建成国际经济、金融、贸易中心之一服务，促进和支持中国国民经济发展和社会进步，业务发展迅速，资产规模持续扩大，经营实力不断增强，在海内外已具备一定的影响。

我行主营业务主要包括：吸收公众存款、发放短期、中期和长期贷款、办理结算、办理票据贴现、发行金融债券、代理发行、代理兑付、承销政府债券、买卖政府债券、同业拆借、提供信用证服务及担保；代理收付款项及代理保险业务；提供保管箱服务。外汇存款；外汇贷款；外汇汇款；外汇兑换；国际结算；同业外汇拆借；外汇票据的承兑和贴现；外汇借款；外汇担保；结汇、售汇；买卖和代理买卖股票以外的外币有价证券；代客外汇买卖；资信调查、咨询、见证业务；人民币和外币信用卡业务；离岸金融业务；经中国人民银行批准的其他业务。

截止到2003年底，全行总资产规模已达3710亿元人民币、各项存款余额3221亿元人民币，各项贷款余额2551亿元人民币，当年实现税后利润15.66亿元人民币，并在上海、北京、杭州、南京、重庆、广州、昆明、深圳、郑州、天津、大连、济南、西安、成都、武汉、宁波、苏州、青岛等地设立了21家直属分支行、13家异地支行、305家营业网点，在香港设立了代表处，全国性商业银行的机构布局基本建成。

地址：上海市中山东一路12号

电话：86—21—63296188

传真：86—21—63232036

广东发展银行

广东发展银行是经国务院和中国人民银行批准组建、于1988年9月成立的股份制商业银行，注册资本为人民币35亿元，总部设在中国广州市。截止2003年底，广东发展银行总资产已超过2992亿元，本外币存款余额超过2615亿元，各项贷款余额超过1910亿元。

广东发展银行在北京、上海、大连、郑州、南京、杭州、昆明、沈阳、广州、深圳、珠海、汕头、东莞、宁波、温州、无锡、武汉、澳门、香港等中国经济发达城市设立了520多家分支机构，并与境外各大金融中心的1000多家银行建立了代理行关系，初步形成了城市化大商业银行的格局。根据英国《银行家》杂志对全球1000家大银行排定的位次，广东发展银行连续三年入选全球银行500强。

广东发展银行致力于为社会公众和中国经济发展提供优质金融服务，成立十五年来，始终坚持严格规范，开拓进取，坚定不移地走“特色经营”之路，严格按照现代商业银行的标准进行规范经营。面对加入WTO后的竞争与挑战并存的二十一世纪，广东发展银行将发扬与时俱进、开拓创新的时代精神，积极推进各项业务发展，努力建设成为管理先进、服务优良、信誉卓著、充满竞争力的现代化商业银行。

广东发展银行的经营范围是《商业银行法》规定的所有银行业务，主要包括：吸收公众存款，发放短期、中期和长期贷款；办理结算；办理票据贴现；发行金融债券；代理发行、代理兑付、承销政府债券；买卖政府债券；从事同业拆借；提供信用证服务及担保；代理收付款项及代理保险业务；提供保险箱服务；外汇存款；外汇贷款；外汇汇款；外币兑换；国际结算；结汇、售汇；同业外汇拆借；外汇票据的承兑和贴现；外汇借款；外汇担保；外汇信用卡的发行；买卖和代理买卖股票以外的外币有价证券；发行和代理发行股票以外的外币有价证券；自营和代客外汇买卖；代理国外信用卡的发行及付款业务；离岸金融业务；资信调查、咨询、见证业务。经中国人民银行批准的其他业务。

上海银行

上海银行成立于1995年12月29日，是一家由上海市国有股份、中资法人股份、外资股份及众多个人股份共同组成的新型的股份制商业银行，实行“一级法人、两级经营”的管理体制。目前全行注册资本为26亿元人民币。

上海银行成立以来，充分发挥地方股份制商业银行特点和优势，稳健经营，规范管理，获得了良好的社会效益和经济效益，并引起了国内外金融业的广泛关注。在2003年7月英国《银行家》全球前1000家大银行的排名中，上海银行排名第318位，跻身全球500家大银行之列。为实现上海银行“立足上海、辐射全国、接轨国际”发展战略目标，1999年9月和2001年12月，上海银行分别吸收了世界银行集团成员国际金融公司和香港上海汇丰银行、上海商业银行等外资银行的参股投资，从而在国际现代商业银行发展道路上迈出了坚实的步伐。

至2003年末，上海银行存贷款余额分别达1726亿元和980亿元；外汇存、贷款余额分别达4.93亿美元和1.81亿美元；全年实现利润总额达13.2亿元；总资产达1930亿元人民币。

“立足地方、服务市民、坚持中小、挺进大型”是上海银行的市场定位。

上海银行成立以来，大力支持市政重点工程项目和区属经济建设，有力地支持了地方经济建设，成为地方经济建设中一支重要的生力军。近年来，上海银行不断加大公司金融产品创新力度。自主开发并推出了“银医通”、工业用房开发贷款、工业用房按揭贷款、针对连锁企业的“上海银行365收款网”等新的金融业务品种，形成了贷款品种多样化、融资手段多元化的特点。

中小企业是上海银行的重要服务对象。为全力支持中小企业发展，适应其不同发展阶段融资需求，上海银行通过配合市、区财政局设立的“中小企业贷款担保基金”，推出小企业信用担保贷款业务和推出了“支持企业收购、兼并专项贷款”业务方式，为中小企业发展输血供氧，并与中瑞合作基金及上海瑞士中心合作，为来沪投资的外资中小企业搭建全方位服务平台。此外，上海银行还先后与国家经贸委有关部门共同组建成立“上海中小企业服务中心”；与国家开发银行、中国经济技术投资担保公司上海分公司、上海技术产权交易所等单位联合推出“小企业金融服务体系”。这些举措不仅为中小企业人才开发、市场准入、技术交流、资金融通、信息共享等提供了全方位服务，积极扶持了中小企业健康发展，而且为建立和完善中小企业社会化服务体系作出了有益探索。

“市民银行”是上海银行的服务特色。上海银行以“来自市民，服务市民”为宗旨，努力打造金融服务品牌，如以个人住房贷款为龙头的“好当家”个人金融服务系列；以各项自动转账业务整合而成的“付费宝”品牌系列；秉承“尽心尽智，唯您专享”的服务理念，为中高端客户推出的“慧通理财”服务系列；包括信用卡、借记卡、IC智能卡等多种银行卡产品的“申卡”系列品牌。上海银行还向社会推出962888客户服务热线。该客户服务热线是上海银行为客户提供的一项远程服务，它不受时间和地点的限制，可以为客户提供一站式的本外币金融服务。至2003年末，上海银行“365天服务”及双休日照常营业的营业网点109家，“夜间银行”18家，24小时自助银行6家。

“科技兴行”是上海银行的发展战略。上海银行计算机中心拥有先进的惠普V系列大容量小型机和EMC磁盘服务器，从而大幅度提高了计算机整体功能和综合处理能力。上海银行在全国城市商业银行中率先实现全行储蓄业务通存通兑、率先发放银行卡“申卡”的基础上，进一步开发了该卡服务功能，并在城市商业银行系统中率先开发出真正意义上的信用卡。此外，上海银行还与香港上海汇丰银行合作推出申卡国际信用卡，上海银行也因此成为国内首家与外资商业银行合作开发并推广信用卡产品的商业银行。目前，上海银行已实现了个人业务和对公业务的通存通兑；网上银行的功能日趋完善；完成了电话银行、各种税费的收付系统、银行联网清算系统及信贷电子台账等多项业务的上线运行工作；累计安装ATM、CDM、CDT、PEM等自助服务类终端设备200余台。

目前，上海银行已与全球229家商业银行建立了代理行关系，不仅加强了与国内外同业的交流合作，而且形成了本外币联动的良好局面。

上海银行将继续秉承“奋发图强，励精图治”的企业精神，加快金融创新步伐，努力构建服务范围更广、内容更充实、方式更具特色的多元化金融服务体系，竭诚为社会各界提供安全、高效和便捷的现代金融服务。

兴业银行

兴业银行是中国首批成立的股份制商业银行之一，1988年8月26日开业，注册资本39.99亿元，总行设在福建省福州市。

开业以来，兴业银行始终坚持以支持国家经济建设、服务客户发展为己任，以建设一流现代商业银行为目标，改革创新，奋力开拓，各项事业持续、快速、健康发展，经营管理现代化水平不断提升，逐渐成长为中国金融业的一支有益力量。

各项业务持续、快速、健康发展

截止2003年末，兴业银行资产总额2600亿元，比年初增长46%；本外币各项存款余额2077亿元，比年初增长43%；本外币各项贷款余额1569亿元，比年初增长58%；按照五级分类法，不良贷款比率2.49%，资产质量在国内同业中保持先进水平；实现税前利润16.33亿元，同比增长77%。根据2003年7月英国《银行家》杂志公全球银行1000强最新排名，按照总资产兴业银行列第273位，跻身全球银行300强。

服务网络日益健全

目前，兴业银行已在全国主要经济中心城市设立了260多个分支机构，推出了面向全国的网上银行“在线兴业”，开通了全国统一的客户服务热线“95561”，并与全球550多家银行建立了代理行关系，基本形成了虚实结合、辐射全国、衔接境内外的服务网络。

业务创新积极推进

兴业银行始终紧跟市场变化，坚持传统服务与新兴业务并重，在依法合规的前提下积极推进金融创新，基本形成同业、公司、零售、资金市场四大板块、品种齐全、技术含量较高的金融产品序列。

科技建设成效显著

兴业银行始终重视加强金融科技建设，在国内银行中率先实现了全行数据大集中，并不断在生产系统、安全系统、管理信息系统以及硬件建设上取得重大突破，是目前国内银行中唯一一家具备全年365天、7×24小时不间断服务能力和远程灾难备份能力的银行。

人才队伍精干高效

经过十多年的改革发展，兴业银行初步集聚并培养起一支精干高效、专业优良、团结敬业的金融精英团队。截止2003年末，全行员工总数6250人，其中拥有大专以上学历的占84%。

未来，兴业银行将坚持立足一流现代银行目标，继续实施从严治行、专家办行、科技兴行战略，推进有形网络扩张与无形服务延伸、有形产品创新与无形体制改革两个结合，转变发展模式，提升经营质量，塑造核心竞争力，在可持续发展中努力打造一家百年兴业。

地址：中国福建省福州市湖东路154号
邮编：350003
电话：0591－87839338(总机)
传真：0591－87841932

深圳市商业银行

深圳市商业银行作为中国第一家城市商业银行，成立于1995年6月22日，并于1998年6月更名为深圳市商业银行。

深圳市商业银行是严格按照《公司法》和《商业银行法》组建的具有独立法人资格的金融企业，其总股本达到16亿元，主要股东是深圳市投资管理公司、深圳市财政局以及其他法人股东。目前深圳市商业银行营业网点45家，遍布深圳全市。作为中国银行同业公会理事行单位，深圳市商业银行不仅在银行同业中具有较高的的地位，还通过规范的经营及高效的服务为自己在社会上赢得了良好的声誉。

深圳市商业银行各项业务近几年取得了快速发展。2003年底，资产规模达到594亿元；本外币各项存款余额折合人民币达到448亿元，在全市16家中资商业银行中，存款增加额连续两年名列前茅，市场占有率由2002的5.6%提高到6.3%；本外币贷款余额折合人民币达到330亿元；不良贷款额和不良贷款率也比年初实现了双下降，不良贷款率只有8%；2003年实现经营利润6.8亿元，上缴各种税收近亿元，有力地支持了地方经济建设和社会发展。

2004年上半年，深圳市商业银行资产规模达到618亿元，本外币各项存款余额达到473亿元，本外币贷款余额达到365亿元，不良贷款率下降到7.7%，实现经营利润3.6亿元。

作为一家新型商业银行，成立九年来，深圳市商业银行勇于开拓，不断创新，积极探索现代商业银行发展的新路子，初步建立起了现代商业银行管理体制和组织架构。为了在新的平台上更好的参与竞争，近两年深圳市商业银行加强了内部管理，严格按照国际标准改造信贷业务审批的组织架构和流程，充实加强了授信审批力量，提高了信贷审批的专业化水平和质量。强化了内部风险控制机制，严格按照国际标准推行资产负债比例管理，风险管理水平逐步得到提高。

经过不断探索，深圳市商业银行逐步确立了自己的市场定位，即“中小企业和高科技企业的合作伙伴，广大市民和政府的理财帮手”。在为深圳经济发展作出贡献的同时，深圳市商业银行的各项业务实现了快速增长，市场竞争力和市场份额进一步提高。“深圳市商业银行，您自己的银行”已为广大市民以及社会各界所熟悉和认同。

近年来，深圳市商业银行整合全行资源，成功完成了一些具有战略意义的大型项目，为今后的持续快速发展打下了坚实基础。如积极参与市本级财政国库集中支付代理行项目的招标，依靠产品、技术和服务获得了招标部门的充分认可，在10余家商业银行竞标中脱颖而出，成功获得了主要支付帐户的代理权。同时，深圳市商业银行还陆续争取到龙岗区、盐田区、市教育局等政府单位财政结算中心的代理权。这表明，深圳市商业银行的信誉和实力正在快速提升，并得到了社会和政府的认可。

深圳市商业银行还进一步加大了支持本地优秀企业的力度，位居深圳工商企业100强的富士康、华为、三星视界、科健、比亚迪、赛格三星、创华、特发信息、方大集团等，都成为深圳市商业银行重点支持的优质客户。

近年来，深圳市商业银行继续加大了对深圳基础设施建设和社会发展事业的支持，体现了深圳市商业银行努力实践“您自己的银行”的经营理念。如向市政府统借统还贷款7个亿，用于支持深圳市的基础设施建设，对全市投融资管理体制改革和市政建设作出了积极的贡献。此外，深圳市商业银行通过竞标争取到我市大学城“校园一卡通”项目，师生使用深商行的“万事顺卡”在大学城一卡通行，为深圳市高等教育的建设提供了高科技含量的金融服务和支持；深圳市商业银行还在积极与市社保局合作，共同开发社会保障卡项目，方便市民享受社会保障服务。

在对外合作方面，深圳市商业银行也迈出了较大步伐。深圳市商业银行与东亚银行签署了全面业务合作协议，是中央政府与香港签署CEPA协议后，第一家境内中资银行与香港银行的全面合作。深圳市商业银行还与国家开发银行等签署了金融合作协议，建立了战略伙伴关系，共同支持深圳市的经济建设。由于深圳市商业银行近几年取得的不平凡的成就，境内外大银行竞相授予该行融资额度，在已取得中国银行、香港汇丰银行、花旗银行授信额度的基础上，又取得了美联、东亚等银行的授信额度，为国际业务和资金业务的更大发展，创造了有利条件，也表明深圳市商业银行获得了国内外同业的认可和赞赏。

深圳市商业银行始终把人才开发战略放在突出位置，积极探索“员工自我激励，自主管理，以人为本”的全员目标管理责任制，初步建立起与市场竞争相适应的充满活力的新型的人才开发机制，吸引了一大批海内外优秀人才的加盟。全行现有员工1400名，其中75%具有大专以上学历，平均年龄28岁。这样一支朝气蓬勃的员工队伍，为实现可持续发展目标奠定了坚实的基础。

深圳市商业银行始终坚持科技兴行的战略。继1998年推出先进的AS/400综合业务管理系统之后，相继推出了卡业务系统、办公自动化系统（OA）、经营计划考核管理系统（GPT）、信贷管理系统、国际业务管理系统、个人理财及各类代收付系统、财务会计分析系统等一大批科技创新项目。这些项目的投人，不仅大大提高了服务的科技含量，而且为全行经营管理提供了统一、集成的、先进的技术平台，标志着内部管理开始迈入信息化管理阶段。

万事顺卡是一种集IC卡、磁条卡为一体的技术含量较高的复合卡，它不仅在深圳、广东，而且在全国十八个城市实现了“一卡通行”。继1999年万事达国际信用卡组织授予深圳市商业银行“99年度最佳借记/储蓄卡市场推广进步奖”，成为我国中小银行中唯一获奖者以来，深圳市商业银行已连续三次获此殊荣。

目前，深圳市商业银行的规模、质量、效益继续全面增长和提高，依旧保持着快速发展的态势。面对未来更加激烈的市场竞争，深商行有信心用多年来积聚的财力与人力资源创造新的优势与商机，使公司客户、个人客户、政府客户享受更加有价值的银行服务，深圳市商业银行也将一如既往地坚持以客户为中心，与广大客户、金融同业携手并进，共创美好明天。

南京市商业银行

南京市商业银行成立于1996年2月，是在深化金融体制改革的进程中，由地方财政、城市企业居民共同出资，在40家城市信用社基础上组建的。组建时实收资本为3.5亿元，2000年增资扩股及2001年外资参股后实收资本为12.06亿元。行总部位于南京市淮海路50号，目前共有59家分支机构，雇员1300余人。

建行以来，我行始终坚持“服务中小企业、服务城市居民，支持地方经济发展”的原则，在社会各界的大力支持全行员工的共同努力下，各项业务得到了长足的发展，各项经营指标以及综合实力在全国110多家城市商业银行中一直处于领先地位。截止2003年末，资产规模已达到295.82亿元，贷款余额124.26亿元，存款余额228.26亿元。建行以来年均利润超亿元，对股东的回报率已经超过100%。

我行是首批进入银行间债券市场的城市商业银行之一，获得了中国人民银行公开市场一级交易商、财政部国债承销团甲类成员、政策性金融债券承销团成员资格，是中国国债协会常务理事会员单位。2001年5月我行正式获得债券代理人资格，2001年7月我行被中国人民银行总行批准成为全国9家"双边报价商"之一。我行在货币市场运作方面有一定的优势，在全国金融同业中享有较高的声誉。

我行是继上海银行之后第二家吸引外资参股的城市商业银行，经国务院及人民银行总行批准，2001年11月28日我行与国际金融公司(IFC)正式签署了股权认购协议，国际金融公司出资2600万美元认购我行1.81亿股普通股，成为我行的第三大股东。引入国际金融公司资金不仅仅是为了进一步壮大我行资本实力，更重要的是逐步引进国际银行业先进的管理理念和管理经验，全面提升我行的经营管理水平、尽快与国际接轨、降低入世成本。

发展硬道理，保持健康、稳定的发展永远是我们工作的主题。我们将进一步解放思想、转变观念、真抓实干，积极主动做好各项工作，努力实现我行的可持续发展。

地址：南京市淮海路50号
电话：(0086)025—84544100
传真：(0086)025—84546951

武汉市商业银行

武汉市商业银行是经中国人民银行批准成立的武汉市第一家具有独立法人资格的股份制商业银行，由地方财政、城市知名企业和居民共同投资入股组建，地方财政为其最大股东，注册资本金5.68亿元。

自1997年12月成立以来，武汉市商业银行坚持稳健经营，规范管理，不断改革创新，开拓进取，充分发挥地方性商业银行的优势，积极支持武汉经济建设，致力于服务本地企业和居民，全行业务范围不断扩大，服务手段不断更新，资金实力不断增强，成为武汉地区颇具竞争实力的商业银行之一。

武汉市商业银行实行董事会领导下的行长负责制，建立"一级法人，统一核算"的管理体制。全行现有128家支行，为客户提供广泛的人民币业务和外汇业务服务。凭借遍布武汉三镇的营业网点和先进的电子化服务手段，依靠全新的体制和机制以及充满活力的人才队伍，武汉市商业银行为武汉地区企业和市民提供优质高效的金融服务。

经营范围：吸收公众存款；发放短期、中期和长期贷款；办理国内结算；办理票据贴现；发行金融债券；代理发行、代理兑付、承销政府债券；买卖政府债券；从事同业拆借；提供担保；代理收付款项及代理保险业务；提供保管箱业务；代理地方财政信用周转使用资金的委托存贷款业务；外汇存款；外汇贷款；外汇汇款；外币兑换；外汇担保；资信调查、咨询、见证业务；国际结算；同业外汇拆借；结汇、售汇、自营外汇买卖或者代客外汇买卖；外汇借款、买卖或代理买卖股票以外的外币有价证券；经中国人民银行批准的其他业务。

地址：中国·武汉·建设大道933号
邮编：430015
电话：(86—27)82656666
E—mail：webmaster@whcbank.com

广州市商业银行

广州市商业银行成立于1996年9月17日，是广州地区唯一由市政府控股的股份制商业银行，规模在全国城市商业银行中居第3位，在全国126家商业银行中居第19位。成立以来，我行依托政府、面向企业、服务市民，致力于支持地方经济建设，目前已发展成为促进广州经济发展不可或缺的金融力量，成为广州地区规模最大的股份制商业银行。截止到2003年末，各项存款余额432亿元，资产总额461亿元；80多家支行、营业网点遍布广州市区。2001年，我行被评为广东省50强企业。

广州市商业银行的服务具有灵活、高效、创新能力强的优势，并率先在银行业中推行"全能柜员制"和"客户经理制"，推出储蓄免填单，"银证通"和"缴费一户通"等业务，开办了汽车消费贷款、住房按揭贷款等个人消费贷款和代理保险业务，承办广州市路桥收费款和住房补贴归集业务；2003年末，我行"羊城卡"发卡量达70多万张，各项指标在广州地区名列前茅，而且在广州银行业中率先通过中国银联的系统支持，实现了与香港地区银行卡的互联互通，香港地区的银行卡均可以在我行的自动柜员机上使用；我行的储蓄存款客户超过150多万户，在广州市区常住人口中每5人就有一个是我行的客户。

在"服务市民"的同时，我行还积极为基础设施建设、市政工程项目提供贷款支持，国企、民企并重，在积极探索现代商业银行发展之路的过程中，不断优化客户群，形成了贷款品种多样化、融资手段多元化的特点。自2002年以来，先后向广州市地下铁路总公司、广州市土地中心、广州市开发区国有资产投资公司等单位发放几十亿元人民币贷款，有力地支持了市、区两级市政建设，与银达担保公司合作，解除了民营企业贷款的后顾之忧，收到了良好的社会效益。

为了迎接入世的挑战，在激烈的市场竞争中立于不败之地，我行锐意创新、与时俱进，制定了"三年三变"的发展战略目标和"八字经营方针"，即用三年时间将我行建设成为与国际接轨的现代化的股份制商业银行和"建、改、调、扩、树、引、培、统"八字经营方针。新一轮的增资扩股战略实施后，广州医药集团、广州发展集团等四家大型企业成为我行新股东，是我行综合实力和竞争能力显著增强。

我们相信，在市委、市政府的领导下，由人民银行和社会各界的大力支持，广州市商业银行必将继续迅猛发展。我行将不断的开发独具特色的金融产品，竭诚向广大客户提供优质、高效的金融服务。

单位地址：广州市恒福路238号
服务电话：83966288
EMAIL：webmaster@GZCB.COM.CN
传真：(020)—83598942

重庆市商业银行

重庆市商业银行成立于1996年9月18日，是长江上游和西南地区建行最早的地方性股份制商业银行，下设36家支行，现有营业网点60多个。

在市委、市府和中国人民银行的正确领导与支持下，重庆市商业银行认真贯彻各项金融政策，坚持“高效务实、规范发展、开拓创新”的工作思路，突出地方银行特色始终把服务重庆经济、支持地方企业发展、为市民办实事作为自己的工作职责和应尽的义务，经过全体员工奋力拼搏，锐意进取，获得了可喜的经营成果。

重庆市商业银行是重庆地区唯一的全国同业拆借一级网络会员行、人总行公开市场首批交易商、中国外汇交易中心会员行、国家开发银行金融债券承销商和国债一级承销商。业务经营范围已经涵盖了各类存贷款业务、结算业务、担保业务、代理业务、资产业务和财务顾问业务等，尤其是国际业务和票据业务近年来有了重大突破；我行的银行卡——长江借记卡已经具备了十大服务功能。先进、安全的计算机主机系统和网络通讯技术将全行各个营业网点联为一体，强化了与客户的联系和沟通，构筑了支撑现代商业银行各项业务活动的综合业务网络和管理信息系统。

重庆市商业银行坚持以客户为中心，不断改进服务方式，建立起了以“十种特色服务”为核心的全方位服务体系。由于措施有力，成绩显著，我行先后有 9 家支行被评为重庆市“青年文明号”单位，在人民银行对全市金融机构“市民满意程度”调查中，我行得分名列榜首。

我行坚持“依法治行，从严治行”以内控强管理，以规范促发展，不断完善一级法人体制，积极开展制度创新和业务创新，有力地促进了各项业务稳健发展。

重庆市商业银行正以崭新的姿态，合着时代的节拍，昂首挺胸，向着现代化的商业银行迈进。

总行地址：渝中区邹容路 153 号

邮政编码：400010

服务电话：10109688

北京市商业银行

经中国银行业监督管理委员会批准，本行经营业务范围主要包括：吸引公众存款；发放短期、中期和长期贷款；办理国内结算；办理票据贴现；发行金融债券；代理发行、代理兑付、承销政府债券；买卖政府债券；从事同业拆借；提供担保；代理收付款项及代理保险业务；提供保管箱业务；办理地方财政信用周转使用资金的委托存贷款业务。外汇存款；外汇贷款；外汇汇款；外币兑换；同业外汇拆借；国际结算；结汇、售汇；外汇票据的承兑和贴现；外汇担保；资信调查、咨询、见证业务；买卖和代理买卖股票以外的外币有价证券；自营和代客外汇买卖(即期项下)；经中国银行业监督管理委员会批准的其他业务。

截至 2003 年末，本行总资产达 1,710 亿元，比上年末增加 358 亿元，增幅为 26%。本外币存款余额达 1,568 亿元，比上年末增加 379 亿元，增幅为 32%。全年日均存款达 1,251 亿元，比上年增加 325.7 亿元，增幅为 35%。本外币贷款余额达 942 亿元(含票据贴现)，比上年末增加 231 亿元，增幅为 32.5%。全年实现综合效益 18.6 亿元，比上年增长了 45%。

主营业务开展情况

公司金融业务：本行一贯高度重视公司客户。面对激烈的竞争形势，全行上下转换经营观念，本着总支行一盘棋思想，实施了首席客户经理联系制度、总行部室定点联系支行制度等，深入推进联动营销工作。在北京市首次市财政国库授权支付代理银行招标中胜出，成为 3 家中标银行之一。自成为海淀区财政国库集中支付业务代理银行以来，已为区内 219 家预算单位提供配套金融服务。创建中小企业融资绿色通道，参加中关村科技园区管委会、中关村科技担保公司与多家单位联合推出的瞪羚计划，推出知识产权质押贷款业务，中小企业担保贷款成为本行金融服务的优质品牌。建立起了一支高素质的客户经理队伍，全行营销力量不断得以充实壮大，努力为不同公司客户群提供优质完善的金融服务。

截至 2003 年末，人民币对公存款余额达 1,205.8 亿元，比上年末增加 246.7 亿元，增幅为 25.7%；人民币对公贷款(不含票据融资)余额为 616 亿元，比上年末增加 186 亿元，增幅为 43.4%。

个人金融业务：服务首都市民一直是本行市场定位。面对首都市民日益多样化的金融服务需求，本行个人金融业务紧紧围绕“管理、服务、创新、效益”这一主线，加快产品创新和结构调整，优化服务质量，努力为客户提供更加优质、快捷和个性化的金融服务。全面导入 ISO9001 质量管理体系，个人金融业务通过英国标准协会现场审核并获得了英国标准协会颁发的认证证书，在确立先进管理理念、打造国际标准化管理体系、建立规范化服务流程等方面收到明显成效。加大科技投入，开发了新版代发代扣系统和储蓄本外币定期一本通等新的业务功能。在稳步推进个人贷款业务的同时，强化对个人贷款业务管理，积极防范个人贷款业务风险。

截至 2003 年末，全行人民币储蓄存款余额 192.4 亿元，较上年末增加 37 亿元，增幅为 23.8%。个人贷款余额为 126.1 亿元，较上年末增加 52.7 亿元，增幅为 71.8%。

国际金融业务：本行为提高外汇营销能力，在总行建立了各营销部门联动开发业务机制，加强总行自营能力；以项目为中心培育支行的业务开发能力，引导支行建立外汇业务主动营销机制。加大外汇业务的操作和营销人员的培训力度，初步建立一支高素质的专业人员队伍。加强国际业务产品创新、流程创新和体制创新，积极开办出口应收款买断、进口托收押汇、福费廷、外币票据等一批新业务，以货币互换、签署衍生交易协议等方式与同业进行合作，用外汇理财和融资产品的不同组合紧紧抓住中国纺织品进出口公司等一批优质客户，扩大外汇业务规模，迅速将外汇结算、贸易融资业务推上一个新的台阶，并荣获由北京市政府颁发的北京市国际经贸合作奖。

截至 2003 年末，全行外币存款余额为 6.4 亿美元，较上年末增长 86.7%。全行外币贷款余额为 3.1 亿美元，较上年末增长 282.8%。全年外汇结算金额达 9 亿美元，较上年末增长 151.6%。

资金市场业务：为提高资金使用效益，本行在遵照“安全性、流动性、效益性”三性原则的前提下，大力开拓融资渠道，努力提高资金使用效率，经受住了非典疫情、存款准备金率提高、超额备付金利率降低的三重考验，资金交易量和收益有了明显增长。在确保全行贷款、票据、投资等业务资金供给的前提下，充分利用现有债券资产和市场信誉，通过回购业务融入融出资金。积极开展同业合作，建立广泛、稳定的客户网，互授拆借额度，扩展信用拆借业务。大力发展现券买卖业务。截至 2003 年末，交易量达到 9,611 亿元，同比增长 3,576 亿元，增幅达 59%。在一级市场承销债券 359 亿元，其中国债 41 亿元，金融债 39 亿元，凭证式国债 31 亿元，中央银行票据 248 亿元。巨额的资金交易量和交易零差错率，使本行在市场 889 家成员中，取得了银行间债券市场交易量排名第九、全国同业拆借中心交易活跃前100名中第十二名的好成绩。

中间业务:2003年,本行中间业务得到较快发展,成为利润增长点之一。个人中间业务品种得到整合丰富,新推出缴费通、互动福彩、外卡收单业务、京卡预约挂号、同仁医院实名制刷卡、借记卡"一卡通"等多种产品,全行个人中间业务大致分为代收代付、代理、代保管、资信、银行卡五大类,品种达40多种,全年实现手续费收入比上年增长53%。加强与证券、保险、基金公司合作,全年先后开发了银证通、委托代理基金业务等一批新产品,全年代理各项保险业务达3.25亿元。大力发展保函业务、票据直贴业务,累计办理人民币保函业务920笔,同比增长150%;累计办理直贴业务93亿元,余额达68.6亿元。医保业务覆盖面进一步增大,已为全市400万职工发放医保存折,占全市职工总数的66%,资金总量有了明显增长。

电子银行业务:本行依托科技手段大力发展电子银行业务,延伸服务领域,构建起电话银行、网上银行、自助终端、ATM机、缴费通、柜台等多渠道、全方位、全天候的缴费服务。不断改善用卡环境,新开自助银行12家,新增ATM机超过50台,POS机具达到397台,京卡发卡量达到180万张。新e代网上银行系统自9月28日向社会正式推出以来,网上银行业务呈蓬勃发展之势。新增网上银行法人客户374个,交易额达9.23亿元;网上个人客户19,195个,交易量2.7万笔。"96169"电话银行系统功能不断完善,新增京卡挂号、交市话费、交联通手机费、互动福彩投注、查询银联消费中奖信息等功能;而且变更了电话银行专用密码的注册方式,使电话银行业务更加安全化、规范化。全年电话银行业务实现交易量达23.8万笔。

金融电子化建设情况

本行坚持以科技为先导推动产品与服务创新,加强全行创新组织体系的建设,成立了以科技为核心的业务创新与项目管理委员会,成功开发一系列高科技含量金融产品。夯实基础功能,对京卡加密升级、京卡增加密码信封和支付密码系统进行了功能性完善;从加强金融电子服务安全需要出发开发了电子银行监控系统,全年总计开发各类产品和项目103个。继续推进综合管理信息系统建设,开发出客户经理业绩统计系统,对全行办公自动化系统进行了更新升级,进一步提高了办公效率。启动了全面成本管理项目,通过九家支行成功试点在全行进行推广,管理信息建设迈出了关键性步伐。网络安全防御体系建设也取得突破,已建立了同城异地灾难备份中心,实现了核心业务系统数据的实时异地备份,保障了综合业务系统能够不间断地运行。成功地完成了新旧防火墙的切换,进一步提高了系统网络运行安全。

企业文化建设情况

本行深入学习党的十六届三中全会精神和"三个代表"重要思想,开展了一系列学习先进共产党员模范事迹的活动。积极推动民主管理和厂务公开工作,开展了以促进可持续发展为主题的大讨论和合理化建议活动,彰显了干部员工热情参与全行发展的精神风貌。在全国总工会开展的企业民主管理评比中,本行被推选为"全国厂务公开工作先进单位"。积极参与首都金融业创建文明行业规范化服务达标活动,经评委全票通过授予本行创建文明行业规范化服务达标单位。去年抗击"非典"期间,先后向全市医护人员捐款500余万元,在非典时期的一系列举措受到社会各界的广泛好评,本行被授予"抗击非典市级先进单位"和"全国爱心捐赠先进单位"等荣誉称号。

对外交往与合作情况

本行积极实施国际化银行战略,加大对外交往力度,引进国际先进管理经验与技术,促进经营管理与国际惯例接轨。选派10名业务骨干到美国学习培训三个月,4名中层干部顺利完成在美国为期半年的学业。作为国际金融协会会员,积极参与协会活动,扩大与国际知名银行的交流与交往。加强与同业的合作,与中国银行签订了全面业务合作协议、同业往来账户协议和货币互存协议;与金鹰、鹏华基金管理公司、北京国际信托投资有限公司等金融机构签订合作协议,进一步拓宽了与同业合作范围,丰富业务品种。加强与其他城市商业银行的合作,努力探索合作新模式,在外汇业务等领域不断加深合作力度,增进交流机会。

在同业中的地位

在2003年10月版英国《银行家》杂志的亚洲200家大银行排名中,本行按一级资本排名第84位,按总资产排名第61位。

在2003年11月版《亚洲银行家》杂志的亚洲银行300强中,本行排名第85位。

在2003年12月24日《金融时报》对国内最大50家商业银行排名中,本行以所有者权益排名第13位,以总资产排名第16位。

在2003年北京市金融系统职工技术比赛中,本行获得团体总分第二名的成绩。

机构设置情况

本行实行一级法人、两级经营体制。2003年内,本行围绕首都经济发展和自身发展战略要求,对网点布局及时进行了调整与完善。2003年内迁址11家支行,新建4家支行。

总行地址:北京市西城区复兴门内大街156号国际金融大厦D座

服务热线:010—96169

邮编:100031

南宁市商业银行

南宁市商业银行成立于1997年3月26日,是由南宁市地方财政控股及地方优秀企业参股组建而成的地方性股份制商业银行。

成立5年多来,南宁市商业银行一步一个脚印走过了它不断夯实基础、发展壮大的历程。在市委、市政府、人民银行和银监局领导和支持下,我行不断深化改革、加强管理、防范风险、稳健经营,各项业务发展较快,综合实力逐渐增强。如今的南宁市商业银行已成为首府金融业的一支生力军,被誉为"南宁自己的银行"。目前下辖营业部和53个支行,网点遍布南宁市各城区。

作为地方银行,南宁市商业银行以服务地方为己任,积极支持地方经济发展,大力支持了市政重点项目建设、市知名企业及个体私营企业等,逐步扶持和培植了一批有潜力的中小企业。此外,我行还将贷款投向科技,2002年成立了以"服务科技"为办行宗旨的科技支行,是广西第一家重点支持科技类企事业单位和高新技术项目的银行,为科研院所服务,为科技成果实现产业化提供资金支持。

南宁市商业银行在加快发展、增强实力的同时,抓好职业道德建设和优质文明服务工作,2003年,我行有6个支行获自治区级"青年文明号"称号、40个支行获市级"青年文明号"称号。

同时，南宁市商业银行始终秉着“为客户尽心，为企业尽力”的宗旨，努力为企事业单位和广大市民提供优质金融服务，几年来承办了公务员财政统发工资、市政工程拆迁补偿、养老金发放、公交IC卡缴费、电话费、水费托收、代售汽车票等代理业务，并且不断拓展业务空间，推出个人住房按揭、个人消费贷款等业务，较好地满足了广大客户的需求。

南昌市商业银行

南昌市商业银行是经中国人民银行总行批准，按照《中华人民共和国公司法》和《中华人民共和国商业银行法》原则组建，以公有制为主体，由南昌市人民政府、中国人民银行南昌中心支行直接领导的国有股份制商业银行。

南昌市商业银行拥有15个支行，120多个营业网点，2200余名从业员工，总行设在南昌市广场南路10号。33层主体办公大楼——“银河广场”为南昌市标志性建筑之一。

南昌市商业银行经营《中华人民共和国商业银行法》规定的金融业务，同时，办理地方财政信用周转金的委托存贷款业务。

南昌市商业银行按照现代企业制度运作，内抓科学管理与优质服务，不断提高服务质量；外求发展，与客户建立真诚的合作关系，实现“双赢”。

南昌市商业银行依托自身积累的人才资源、社会资源、管理资源、信息资源，以“服务. 规范. 一流”为核心，把优质、文明、安全、一流的金融服务作为服务社会、服务客户的立足点，充分发挥点多面广、灵活便捷的优势，实行一年365天天天对外营业，每天超长时间为客户服务；除办理传统的银行业务外，推出“上门服务”、“电话服务”、“汽车银行”、“代保管箱”、“私人理财”、“个人住房贷款”、“个人消费品贷款”、“承诺服务”、“代理保险”等服务举措，以“机构灵巧、信息灵通、经营灵活、办事灵便”的服务特色贴近客户。

南昌市商业银行坚持依法经营、稳健经营、强化风险管理，建立较为完善的内控机制，具有较强的抗风险能力，以便捷的措施，高效的运作，热忱为社会各界大力提供金融服务。

新的世纪，南昌市商业银行将以新的姿态面向社会、贴近市场、贴近生活、贴近大众，支持经济发展，服务大众生活，以全新的机制、规范的管理、先进的手段、良好的信息、一流的服务回报社会各界的支持与厚爱。

南昌市商业银行正以勃勃生机，朝着现代化商业银行迈进。

地址：南昌市广场南路10号

电话：0791－6289098

长沙市商业银行

长沙市商业银行是我省第一家地方性股份制商业银行，实行“一级法人、二级经营”的管理机制。目前注册资本金为3.1亿元，下辖21家支行，55个营业网点，员工1313人。

近年来，我行围绕“综合实力挺进全市同业三强；组建以长、株、潭为核心的区域性股份制银行；力争成为精品型上市银行”的“三步走”战略目标，坚定不移地走“特色立行、科技兴行、从严治行”的可持续发展之路，各项主要经营指标以及综合实力在中南三省城市商业银行中一直处于领先地位。

经营业绩

截止2003年底，全行资产总额达到225.86亿元，较2002年净增53亿元，增长30%，较成立时增长5.07倍；各项存款余额达到182.55亿元，较2002年净增47.75亿元，增长35%，较成立时增长6.24倍；各项贷款余额达到71.09亿元，较2002年净增4.57亿元，增长6%，较成立时增长2.91倍；不良贷款率为4.45%，较2002年下降8.93个百分点，较成立时下降55.98个百分点；累计实现利润3.66亿元，在2002年利润突破亿元大关的基础上，2003年实现经营利润16626万元，账面利润12162万元。

管理架构

我行严格按照现代企业制度要求和《公司法》的规定，建立和完善以股东大会、董事会、监事会和经营班子为核心的法人治理结构，积极探索“一级法人，两级经营”的管理模式，重点加强了董事会建设，引进独立董事制度，在确保有效制衡的同时，促进决策的科学化，建立并完善了行长目标责任考核体系，实行支行班子末位淘汰制和一、二级支行动态调控机制，严格执行授权授信制度、信贷责任追究制度和全方位、全过程的稽核监控制度，强化了一级法人的集中管理和集约管理，确保全行各项业务的依法、合规经营。

电子化建设

我行坚持科技兴行的发展战略，在开办“一本通”、“芙蓉卡”业务，实现长、株、潭、岳四市通兑的基础上，大力发展了“一卡通”电子货币和电话银行、网上银行等虚拟银行，成功地开发并代理了财政工资统发、社会医疗保险、会计集中核算、电话费代收、罚没收入集中收缴等多项系统业务，并充分发挥信息技术在稽核监控、办公自动化、信贷管理中的作用，全力打造高效方便、反应灵活、服务和科技领先的精品市民银行形象。

国际业务

2002年我行国际业务部正式对外营业。目前可经营外汇存款、外汇贷款、外汇兑换、国际结算和结售汇等六项外汇业务，从而结束了基本业务不全的历史，并以此推动我行业务国际金融发展大循环。

海外代理银行：美国花旗银行美国运通银行渣打银行德意志银行德国德累斯顿银行美联银行日本三井住友银行纽约银行富士银行荷兰银行美国美州银行香港汇丰银行

特色业务

针对金融服务需求的多样化，我行大力推行金融业务创新，并由过去的跟踪市场向做市场领跑者的角色转换。先后推出了“一平方住房金融中心”、“一本利商户金融套餐”、“万事顺公务员金融套餐”、“第一站创业贷款中心”、“金邦得债券业务中心”等个性化品牌的业务，通过灵活多样的服务方式和营销措施，使各项新业务得以快速发展，促进了传统业务和中间业务的共同增长。

启动成功人生“第一站”

“第一站创业贷款中心”积极为弱势群体和经济困难家庭的创业和再创业提供贷款服务，把政府“再就业工程”的政治需求进一步转化成为市场化的经济行为。首批受益获得此项贷款的下岗特困职工，已取得了创业的初步成功。

“壹平方”一圆您家的梦想

“壹平方住房金融中心”以二手房按揭贷款为主打产品，推出了一站式套餐服务，2002年我行二手房住房按揭贷款已占长沙市二手房市场份额的95%。

“金邦得”一投资现在把握未来

首开全国金融同业国债经营品牌化先河，我行对国债二次售出业务进行整合，设立了五家专业债券超市——“金邦得债券业务中心”，集国债发售、交易、兑现、提前兑现、二次售出、质押贷款、国债信息等综合业务于一体。2002 年我行共发售凭证式国债 4.46 亿元，发售历年国债 3640 万元。

“绿钥匙”—缔造美丽生活

“绿钥匙汽车消费贷款中心”为客户提供车辆导购、办理消费贷款、代办车辆保险、代理上牌、代缴养路费、代买过桥年票等在内的一条龙“一站式”服务。2002 年汽车消费信贷中心推出了各种销售新举措，月购车量直线上升，为我行赢得了可观的市场份额和经济效益，业绩在全市同行业中处于前列。

总行地址：湖南省长沙市芙蓉路 1 段 433 号

邮编：410005

郑州市商业银行

郑州市商业银行成立于 2000 年 2 月 27 日，是由郑州地方财政、327 家企业法人和 9062 名个人共同发起设立的地方性股份制商业银行，注册资本金为 19.83 亿元。其中省、市财政持股 11.8 亿元，占总股本的 60%。郑州市商业银行总部设在郑州市优胜北路 1 号，下设 80 家支行，机构网点遍布郑州市区(含上街区)。

作为一家新型地方性商业银行，成立两年以来，郑州市商业银行遵循“科技兴行、以德治行”的指导思想，坚持地方银行的办行特色，以建立现代商业银行管理体制和“全行围着效益转、领导员工抢着干”的经营机制为突破口，以多创利润为中心，紧紧抓住改革创新、质量效益、科学管理、防范风险和优质服务五个重点，扩大生存发展空间，整体塑造良好形象和信誉，把服务省会经济、支持地方企业发展作为己任，走出了一条具有自身特色的发展新路。截止 2001 年 12 月底，各项资产总额 115.8 亿元，各项存款 66.42 亿元，各项贷款 58.64 亿元，存、贷款业务均以每年 40%的速度高速发展，显示出该行蓬勃发展的生机和活力。

经过不断探索，郑州市商业银行逐步确立了自己的市场定位，即“服务于中小企业、个体工商户和市民，服务于地方行政及科教文卫等事业单位，服务于地方财政投入的城市重点建设项目和工程”。围绕这一市场定位，累计投放贷款 21 亿元，重点支持了郑州市环城快速路、东西大街改造、中国长铝、思念集团等一大批国有大中型企业、市政建设及优秀民营企业，为地方经济作出了突出的贡献。同时，针对个体工商业和广大居民的需要，还推出了市场小额贷款、工程机械贷款、电脑消费信贷等贷款品种，以方便、灵活、快捷的服务，为客户提供有力的资金支持。

郑州市商业银行一贯致力于科技进步，依靠科技优势提高业务的技术含量。该行引进具有全国同业先进水平的科技系统，已快速推出了电子化综合储蓄和对公业务系统，相继研发出储蓄一本通、世纪一卡通、电话银行、储蓄存取款免填单等一系列金融产品，增加了 31 台 ATM 自动取款机，新的金融产品已成体系和规模。截止 2002 年 3 月底，仅发行一卡通就达 21 万张，发卡数量位居郑州市前列。与此同时，该行利用先进的科技平台和雄厚的科技人才实力，推出了一系列新业务，初步形成了以卡业务为龙头，以代收、代付、代扣业务为依托，个人综合理财业务为突破口的新业务体系，产生了良好的经济和社会效益。

郑州市商业银行把提高市民生活质量作为拓展新兴业务的根本出发点，不断完善服务功能，先后推出了代缴传呼费、代收燃气费、代扣水电费等 10 多项方便市民生活的中间业务。此外，该行根据一些客户的特殊需求，实行服务时间弹性化，推行延时服务、上门服务，实现了 365 天全天候网点营业，极大地方便了客户。“郑州市商业银行，郑州人自己的银行”已为广大市民以及社会各界所熟悉和认同。

在服务地方经济的同时，郑州市商业银行始终坚持稳健经营、持续发展的经营理念，以风险防范和控制为核心，建立健全了资产负债管理委员会、审贷委员会、经济责任联席会议，保证了经营的合规性；建立和完善内部风险监督机制，实行现场与非现场稽核检查、重要岗位和离任(岗)稽核等制度，为今后实现长远发展提供了可靠的保证。

郑州市商业银行通过实施人才战略，大力推进用人制度改革，已实现了全员合同制、管理人员竞聘制和全员末位淘汰制，建立了后备管理人员制度，出现了员工能进能出、干部能上能下的良好局面。同时通过组织各种形式的培训，大力提高员工素质，培养了一大批精通商业银行管理、熟悉经济金融法规，守规矩、会经营、敢管理、具有开拓创新能力的复合型人才。截至 2001 年 12 月底，该行现有人员 1690 人，其中大专以上学历占比高达 80%，为今后发展储备了一大批高素质人才。

随着我国加入 WTO，为迎接全国金融业改革大势，郑州市商业银行制定了未来三年发展的总体规划，计划到 2004 年存款规模翻一番，达到 140 亿元，正常经营实现利润 1.1 亿元，实现该行“一年一个样，三年大变样”的宏伟目标，届时，一个管理好、服务优、信誉高的现代化商业银行必将屹立中原。

济南市商业银行

济南市商业银行是经中国人民银行批准成立的山东省第一家地方性股份制商业银行。1996 年 6 月 6 日开业，现有 64 家支行(部)，1188 名员工。七年来，济南市商业银行不断深化改革，开拓创新，确立了一级法人、两级经营扁平式的管理体制；建立了小支行、多功能、快节奏、大服务的营销模式；开发了八大系列新的金融产品，形成本外币一体化经营格局，经营特色日益鲜明；坚持科技立行，提高了科技水平，基本建立了现代化银行经营管理体制。成立以来累计发放贷款 784 亿元，为泉城广场、泉城路建设、济南机场等一批重点项目提供资金支持，为济南“五年大变样”、建设现代化省会城市做出了积极贡献；为大型企业和企业集团提供贷款、承兑汇票、贴现等金融服务；将中小企业作为基本客户群，80%以上的贷款重点投向中、小企业尤其是高科技企业，先后建立了两个中小企业担保中心，开通“绿色通道”，实行 18 项服务承诺；以服务市民个人金融业务需求为己任，加快发展关系市民衣食住行的中间业务，努力打造“市民银行”品牌。截止 2003 年 12 月 31 日，该行资产总额达到了 199.4 亿元，本外币存款余额达到了 135.9 亿元，贷款余额达到 106 亿元，累计实现利税 6.8 亿元，累计向股东分配达 46%，主要经营指标保持了持续、协调发展。2000 年以来，连续三年被评为济南市两个文明建设先进单位，2001 年被评为济南市“五一”劳动奖状先进集体，2002 年被济南市人大常委会授予“市民的银行”荣誉称号，并成功入选“中国最大的 50 家商业银行”，排名第 23 位，在全国 111 家城市商业银行中排名第 8 位。

经营范围：人民币业务：吸收公众存款；发放短期、中期和长期贷款；办理国内结算；办理票据贴现；发行金融债券；代理发行、代理兑付、承销政府债券；买卖政府债券；从事同业拆借；提供担保；代理收付款及代理保险业务；提供保管箱业务；

办理地方财政信用周转使用资金的委托存贷款业务；经中国人民银行批准的其他业务。外汇业务：外汇存款；外汇贷款；外汇汇款；外币兑换；国际结算；外汇票据的承兑及贴现；外汇担保；结汇、售汇；资信调查、咨询、见证业务；经中国人民银行批准的其他外汇业务。

地址：济南市泺源大街 61 号
电话：0531—6923511
传真：0531—6923511
邮编：250011

西安市商业银行

西安市商业银行成立于 1997 年，是西安市人民政府控股，由国有股份、法人股份和众多个人股份共同组成的股份制商业银行，是中国西部地区经营规模最大、盈利能力最强的地方性银行，总股本 10.7 亿元人民币，其中：国有股 9600 万元，城镇集体资本金 5441 万元，法人股 6.98 亿元，个人股 1.71 亿元，外资股 5400 万元。西安市政府为第一大股东。

我行秉承“以客户为中心”的经营理念，以“市民银行”、“中小企业银行”为目标，不断规范管理，创新业务，取得了良好的社会效益和经济效益。成立 5 年以来，连续保持高速增长，总资产、存款、贷款余额分别由 1997 年的 69 亿、58 亿、27 亿元增加到 2003 年末的 253 亿、201 亿和 127 亿元，连续 2 年实现拨备前利润 3.2 亿元，7 年累计实现利润 10 亿多元，上缴税金 5 亿元。

经营范围：吸收公众存款；发放短期、中期和长期贷款；办理国内结算；办理票据的承兑与贴现；发行金融债券；代理发行，代理兑付，承销政府债券；买卖政府债券；从事同业拆借；提供担保；代理收付款项及代理保险业务；提供保管箱业务；办理地方财政信用周转使用资金的委托贷款业务；外汇存款；外汇贷款；外汇汇款；外汇兑换；国际结算；外汇票据的承兑和贴现；结汇、售汇；代客外汇买卖；资信调查、咨询、见证业务，外汇同业拆借、买卖或者代理买卖股票以外的外币有价证券、外汇担保；经中国银行业监督管理委员会批准的其他业务。

2003 年是本行发展进程中具有转折意义的极不寻常的一年，在市委、市政府领导和人行、银监局的监管指导下，我们经受了“非典”疫情和内部改革产生的局部震荡的考验，继续保持经营发展的良好态势，圆满完成了全年各项经营指标和国内增资扩股工作，外资参股协议正式签定，经营规模和盈利能力继续居西部地方银行之首。

第一，经营规模进一步扩大。2003 年末，全行各项存款余额 201 亿元，比上年增加 33 亿元，增长 20%；贷款余额 127 亿元（不含贴现，下同），比上年增加 30 亿元，增长 31%；总资产 253 亿元，比上年增长 12%。

第二，盈利能力继续保持较高水平，在同业竞争激烈和货币市场环境不利的情况下，去年全行仍然实现拨备前利润 3.2 亿元，与上年持平，核销呆帐和消化其他财务遗留问题后帐面利润达 9 千万元。

第三，资产结构和资产质量进一步优化。通过严格信贷管理和加大清收转化、核销呆帐力度，不良资产比例继续降低，年末不良贷款占比 8.73%，比上年降低 2.87 个百分点。

第四，经营管理水平、技术装备水平和员工素质稳步提高，风险控制能力不断增强，对外整体形象显著提升。

目前，我行辖属 120 家支行，员工 2200 人。遍布全市的营业网点可为社会各界提供高效、快捷、全方位、多样化的优质服务；推陈出新的业务种类使您在公司、家庭理财方面拥有更多的选择。

总部地址：西安市东四路 35 号
电话：029—87457220
传真：029—87450956
客户服务电话：96779

太原市商业银行

太原市商业银行是由地方财政、企业法人和个人投资入股的地方性股份制商业银行，于 1998 年 10 月开业，全行下设 81 个营业网点，营业网点遍布太原市区。

作为太原人自己的银行，太原市商业银行充分发挥自身特色，坚持“服务中小、服务市民”的市场定位，以支持地方经济建设为己任，贷款全部用于地方中小企业发展，支持我市潜力产品，以及汾河治理、长风大街、高速公路、出租车更新等市政重点工程及再就业工程项目，有力地支持了城市的建设和发展，特别是对极具发展潜力、科技含量高的民营企业加大信贷投入，为太原市民营经济的发展壮大注入了活力。为了努力建成市民的贴心银行，太原市商业银行加快开发与百姓生活紧密相关的各项亲市民业务。全力推出住房贷款、汽车消费贷款、住房装修贷款等一系列消费信贷业务；开发了“银证通”、“银证转账”、“代购新股”等金融新产品；与市社会和劳动保障部门签订了协议，代理太原市城镇职工基本医疗保险业务；开办了代理市、区财政发放工资业务……。以科技发展为动力，建成计算机综合网络系统。

全辖实现了储蓄通存通兑，推出了储蓄免填单业务，推出了集中多种功能为一体的银行卡“晋龙一卡通”、24 小时服务的 96588 电话银行业务以及客户呼叫服务中心，大大方便了市民的生活和消费。同时，为了提升我行竞争实力，培育新的利润增长点，近年来，我行充分发挥“一级法人”的优势，大力拓宽货币市场业务，并利用资格优势，积极拓展业务，完善服务功能，创新市场品种，全面拓宽服务领域，提高服务手段，取得了令同行瞩目的成绩。

太原市商业银行始终以锐意改革、求实创新为动力，在发展战略、管理模式、经营机制等方面进行了大胆探索和创新，规模实力不断壮大，在山西金融界独树一帜，为地方经济的平稳发展作出了贡献。面对新世纪的金融竞争，面对加“WTO”的挑战，太原市商业银行将与时俱进、率先发展，继续坚持体制创新、机制创新、管理创新和金融产品创新，按照市委、市政府率先发展的整体规划和要求，抢抓机遇，乘势而上，尽快做大做强，走出一条地方银行快速发展之路，为太原市工业化、城市化建设做出更大的贡献。

沈阳市商业银行

沈阳市商业银行于 1998 年 10 月 18 日，经中国人民银行总行批准正式成立，是沈阳市唯一的地方商业银行。到 2000 年 11 月末，沈阳市商业银行各项存款余额 92 亿元，贷款余额 64 亿元，总资产 94 亿元。下设 38 家支行、95 个营业网点，2250 余名员工，是东北地区规模最大的商业银行。

沈阳市商业银行实行“一级法人、统一核算、分级管理”的管理体制和“自主经营、自负盈亏、自担风险、自我约束”的经营机制。根据经营业务发展的客观需要，设有 19 个职能部（室），包括办公室、人事教育部、财务部、储蓄部、计划部、资产保全部、市场发展部、信贷部、稽核部、清算中心、纪检监察室、服务督察室、科技部、保卫部、基建部、机关党委、党办、工会、团委。

沈阳市商业银行经人民银行批准开办以下业务：1、吸收企事业单位对公存款、储蓄存款、开办教育储蓄业务；2、发放短期、中期、长期贷款，并提供储蓄存单质押贷款业务；3、办理各类结算、汇兑业务；4、开办代发工资、代理收缴费等中间业务；5、办理商业票据贴现、转贴现，发行金融债券，代理发行、兑付、承销政府债券，从事同业拆借；6、办理地方财政信用周转使用资金的委托业务以及中国人民银行批准的其它业务。

沈阳市商业银行成立二年来，紧紧抓住金融体制改变不断深化的历史机遇，坚持深化改革，强化管理，转变经营机制，建立科学的管理体制，以经济效益为中心，树立“存款立行，服务兴行”的经营宗旨，以科技进步为动力，推动各项金融产品和服务功能不断发展。98年4月实现储蓄通存能兑；98年10月实现会计核算计算机联网；99年5月发行玫瑰储蓄卡，共发卡33万张，吸收存款5.1亿元，目前，玫瑰卡已加入全国金卡网络工程，可在北京、上海等十大城市自由兑取；99年11月建立东北地区城市商业银行最先进的资金清算中心，实现对公存款系统内实时到帐，异地电子汇兑24小时到帐。

沈阳市商业银行成立以来，积极支持200户中小企业、民营企业发展，两年共投放信贷资金95亿元。同时积极向市政建设项目注资，支持沈阳城市基础设施建设，先后为九·一八历史博物馆、科学宫六二一工程、棋盘宫等投入资金2.7亿元。2000年沈阳东西干道建设、沈阳市商业银行一次性投入1亿元贷款，成为该行最大的一笔信贷资金投放项目。

2000年，沈阳市商业银行经营与管理进入一个快速发展新阶段。经人民银行批准，沈阳市商业银行开办了贴现、转贴现业务，并有效利用国债承销商资格和全国资金拆借大网，加速资本运营，增加收益，扩大影响，树立沈阳市商业银行的全新形象。目前，沈阳市商业银行的国债回购、网上拆借等业务北到哈尔滨、南到重庆，已在全国范围内建立广泛的业务关系，网上拆借资金18亿元。沈阳市商业银行中间业务发展迅速，2000年9月份与市自来水公司签定代收城市居民自来水费业务，与市房产局签定代理房屋维修基金协议。为发挥地方银行网点多、服务好、科技手段先进的特点，商业银行正全力推出“城市收费一卡通”，为沈城居民提供全方位金融服务。

面向21世纪，沈阳市商业银行将在市委、市政府、各级人民银行正确领导下，以全新的姿态和旺盛的热情，锐意改革，拼搏进取，努力把沈阳市商业银行建设成实力雄厚，信誉卓著，功能齐全，管理规范，手段先进，服务高效，具有鲜明地方特色的一流的现代化商业银行，更好地为沈阳市地方经济发展，为沈阳市民当家理财做出新贡献。

地址：沈阳市沈河区中街路2号
电话：024－24863484
传真：024－24861353

银川市商业银行

银川市商业银行是经中国人民银行批准，由自治区、银川市两级政府及企业入股组建的宁夏回族自治区唯一一家新型股份制商业银行，全称为银川市商业银行股份有限公司。

银川市商业银行成立于1998年10月28日。建行以来，在各级党委、政府和人民银行、银监局的大力支持与监管下，在社会各界的关心和广大股东的支持下，银川市商业银行遵循“依法经营、效益为本，以推动地方经济发展为己任，以运行企业化、经营多元化、管理科学化、服务现代化为目标，把银川市商业银行办成功能齐全、充满生机与活力的新型银行”的指导思想，坚持“规范、灵活、高效、服务、创新”的经营理念，内强素质，外树形象，不断完善法人治理结构，加大市场开发力度，强化基础管理，提高资产质量，经济效益大幅增长。

截至2003年12月31日，银川市商业银行资产总额、存款余额、贷款余额分别达157.7亿元、112亿元和86.3亿元，分别是开业时的21倍、26倍和27.8倍；不良资产占比为2.9%，较开业时下降了44.1个百分点。2003年实现利润4688万元。

建行以来，为建设全功能、现代化的商业银行，银川市商业银行始终以创新促进发展，实现了在全区金融机构中首家推出人工“24小时银行”，目前已达14家；率先在全国城市商业银行中实现跨区域设立分支机构，目前下设32个支行和一个营业部，网点已遍布宁夏主要市县。始终坚持以“人才立行”，努力建设人本化银行、学习型组织，吸引了大批区内外人才的加盟。目前已有员工1400余人，其中本科以上学历的占33%，平均年龄29岁；以“科技兴行”，成功开发了居国内领先水平的第四代计算机综合业务网络系统，科技支撑力进一步增强。随着外汇业务的开办、加入中国现代支付系统和96558客户服务热线的开通，银川市商业银行的综合实力进一步提升。

回顾过去，感慨万千；展望未来，信心满怀。在今后的发展中，银川市商业银行将以改革创新统揽全局，不断完善法人治理结构和经营机制，加快人才培养和科技进步，强化基础管理，继续优化资产质量和资产负债结构，加快业务发展，全面提高经济效益和可持续发展动力，通过“二次创业”，力争成为一家规模适中、功能齐全、业绩优良的一流新型区域性商业银行。

哈尔滨市商业银行

哈尔滨市商业银行成立于1997年2月，是经中国人民银行批准的地方性股份制商业银行。现有20家管辖行，下辖119个营业网点，是哈市金融系统中支行牌照最多的银行。截止2003年末，资产总额达到199亿元，各项存款余额167亿元，各项贷款余额102亿元，资本充足率7.31%。自2000年以来连续四年盈利，累计实现利润5亿元，实现了跨越式发展。

经过近几年的努力，我行不断发展壮大，在2002年度全国112家城市商业银行资产总额排名中，我行居第十八位，利润排名第九位。存贷款增长幅度在全省金融系统中保持前两名，人均利润、利润总额排名第一。在东北地区18个城市商业银行中效益排名第一。现已成为我省金融系统中发展速度快、经济效益好、业务种类全、管理先进的一家现代化商业银行。

我行现有在岗员工1537人，其中具有硕士研究生以上学历的占2.2%，大学本、专科学历占87.7%，中专及以下学历占10.1%。在人力资源管理开发方面，我行实行竞聘上岗、双向选择。几年来，共引进各方面人才108人，初步形成了培养与引进相结合、竞争与自我规划并举的用人机制。

全力支持地方建设。我行始终将支持地方建设作为己任，先后开展“六大合作”，即银企、银政、银校、银证、银保、银区合作;“三个结合”,即金融与科技、金融与财政、金融与外贸相结合。支持了新中新电子、九洲电器等一大批中小企业和民营企业的发展。几年来,支持我省财源建设投放贷款 3.5 亿元,支持市政建设投放贷款 11.3 亿元,支持北药开发投放贷款 16 亿元,支持我省外贸粮食出品投放贷款 4.4 亿元。

个人业务发展迅速。我行现已开办了个人住房按揭贷款、个人二手房贷款、汽车消费贷款、个人住房抵押贷款、个人信用贷款、个人出国留学贷款、个人工资保证贷款及下岗失业人员小额担保贷款等多个品种。独立开发的丁香卡已加入银联组织。我行可代收电费、电话费、移动手机话费、联通手机话费、小灵通话费、有线电视费、燃气费等,是我市代收费业务最全的银行。

债券业务成为新的利润增长点。近三年来,我行在债券投资运营方面取得了令人瞩目的业绩,继创立债券“滚动投资”理念后,又创立了“哈邦德”工作室,在全国债券市场上引起波澜。《金融时报》撰文称“哈邦德”工作室的创立,标志着我国债券市场一种独具特色的企业文化的诞生。2003 年,全国银行债券市场在经历七年牛市后大跌,整个债券市场亏损达 848 亿元。我行认真研判大势,采取提前释放风险的措施,获得了 7200 万元的收益,创造了一个市场神话。3 月 1 日《金融时报》以“逆市飘红”为题进行了全面报道。2002—2003 年度以良好的市场口碑和公信度跻身全国银行类成员前 20 名。三年累计实现投资收益 2.9 亿元。

省内第一家票据贴现市场。由我行主办的哈尔滨票据贴现市场于 2000 年 9 月正式开业,是我省第一家票据贴现市场。集中专业人才,着眼全省,辐射东北地区。截止 2003 年末,办理票据贴现 3300 多笔,累计贴现 50 多亿元,转贴现 21 亿元,再贴现 30 亿元,上缴税金 400 多万元,实现利润 2700 万元。

东北地区第一家开办国际业务的城市商业银行。我行国际业务部于 2002 年 9 月成立,成为东三省第一家获得外汇经营权的城市商业银行。业务品牌包括:汇出汇款、票据托收、汇入汇款、信用证、跟单托收、进口代收、进出口贸易结算、非贸易结算和贸易融资等业务。2002 年底,成为中国外汇交易中心成员,2003 年 3 月正式加入 SWIFT 国际组织,成为 SWIFT 在中国的第 55 家会员行,是东三省第一家 SWIFT 国际组织的会员行。

首开下岗失业人员小额担保贷款。2001 年以来,我行与妇联、财政、劳动等有关部门合作,在全市率先开办了下岗女工再就业贷款和下岗失业人员小额担保贷款。截止目前,累计发放贷款 730 余笔,金额 1048 万元,带动了 2100 多名其他下岗失业人员就业。此项工作得到中央有关部门及省市领导的重视,国家再就业工作中央督察组于法鸣组长给予了很高评价。省委党委、市委书记杜宇新非常重视这项工作,专门听取我行领导的汇报,在我行与道外区联合开展了“一帮一、手牵手、共富裕”爱心创业活动启动仪式上,对我行所做的工作给予充分肯定,并指出:“哈尔滨市商业银行推出的下岗职工再就业贷款是一项为下岗职工办实事的利民行动,虽然获得的是微利,但是为社会做了一件好事”。目前,我行在行内也开展了“一帮一、手牵手、共富裕”帮扶下岗人员再就业活动,并逐步完善各项措施,为下岗职工再就业提供更有力的贷款服务,使更多的下岗职工圆了再就业之梦。

我行今后将紧紧围绕“再造商行”的发展战略,继续坚持“存款立行,科技兴行”的发展方针,坚持“立足地方,立足中小,立足市民”的市场定位和“稳健经营,规范发展”的策略,紧紧抓住营销这条主线,使各项工作得到全面发展。努力把哈商行办成经营效益良好、内部发展健康、发展速度较快,在东北地区及至全国城市商业银行中居上的精品银行。

地址:哈尔滨市石头道街 29 号

服务电话:0451—84653854

合肥市商业银行

合肥市商业银行成立于 1997 年 2 月,是一家由部分知名企业、地方法人单位和众多自然人参股组成的新型股份制商业银行,拥有股本金 5 亿元人民币,下辖 35 家支行和 1 个营业部。;合肥市商业银行自成立以来,遵循“改革、创新、发展”的知道思想,充分发挥地方股份制商业银行的特点和优势,稳健经营、规范管理,取得了良好的经营业绩,并引起了业界的广泛关注。

——坚持服务兴行,业务规模呈跳跃式增长。合肥市商业银行以创建一流股份制商业银行为目标,以信誉、服务、管理、科技和业务品种赢得了客户的信任,形成了稳定的客户群体,业务规模不断扩大,盈利水平不断提高,经营机制日益健全。六年来,主要业务指标以年均 30% 的速度持续增长,充分展示了股份制商业银行特有的朝气和活力。

——坚持“立足地方经济、立足中小企业、立足广大市民”的市场定位,打造特色服务。合肥市商业银行始终以推动经济建设为己任,努力为地方经济建设提供更多、更有效的资金支持和更好的金融服务。大力支持市政基础设施建设,积极支持重点行业优质企业和地方高校的发展,在地方经济建设中发挥出越来越重要的金融杠杆作用。

中小企业是合肥市商业银行的重要服务对象,为全力支持中小企业发展,该行将贷款的 60% 以上投入了中小企业。贷款发放量居全市同业前列;首家开办出口退税帐户托管贷款业务;

针对中小企业、个私经济融资成本高的情况,开办了个人资产抵(质)押循环贷款等合适中小企业需要的贷款业务品种,同时简化审批手续,加强与合肥地区中小企业信用担保机构的合作,及时有效地满足中小企业在不同发展阶段的资金需求。

“市民银行”是合肥市商业银行的服务特色。该行依托现代商业银行的运行机制,大力实施“黄山卡”和“市民银行”等品牌战略,不断创新金融品种和服务手段。先后推出了代理合肥市医疗保险、待收水费、电费、煤气费、传呼费、电话费、手机费、有线电视费等近 20 项方便市民生活的中间业务,业务品种和业务量在地区同业中稳居首位。2001 年 12 月,该行正式获得中国证监会批准的客户交易结算资金营业部存管银行业务资格,并与省国元证券公司联合开通了“银证通”业务系统,为市民炒股提供了便利。该行独家推出了下岗再就业专项贴息贷款,为下岗工人自谋职业提供帮助;陆续推出个人耐用消费品贷款、个人住房贷款、汽车消费贷款,受到社会各界和消费者的广泛欢迎,产生了良好的经济效益和社会效益。目前该行在合肥市区拥有营业网点 36 家,夜市银行 5 家,24 小时自助银行 3 家,ATM 自助柜员机 18 台,POS 机消费终端 250 多家。

——坚持科技兴行,电子化水平飞速进步。以科技为业务发展先导,完成了全行储蓄、对公业务的通存通兑,初步建成了高起点的电子化服务网络系统,为加快服务方式和业务品种创新创造了条件。为充分利用安徽省金融资源和提高银行卡业务水平，合肥市商业银行在全省城市商业银行系统中首家推出自己的“黄山卡”，并加入银联网络。完成了电子联行“点对网”工程，大大加快了异地汇兑业务的速度。

——积极开展与国内外金融机构的合作和沟通。合肥市商业银行主动加强与国内外金融机构的沟通与联系，积极探索银银、银保、银证等领域的广泛合作，并先后与中国工商银行、中国平安保险公司、安徽省华安证券公司等多家金融机构签订了业务合作协议。加入了环球银行通讯协会(SWIFT)，与花旗银行等多家境内外建立了代理行关系，不仅加强了该行与国内外同业间的交流合作，且已形成了本外币联动的良好局面。

——坚持以人为本，注重人才培养。合肥市商业银行人才立行的理念，不断完善人力资源管理制度，通过科学的岗位评估和业绩考核确定员工的收入水平，建立了一个动态的、持续性、全方位的绩效考核体系，并在全面考核的前提下对员工实行淘汰制，梳理员工对本职工作的责任感和危机感。根据全行的中长期发展战略，对员工进行多层次、有重点的培训，努力提高员工综合素质。目前该行大专以上学历人员占比达70%；具有中高级职称人员占比达21%

兰州市商业银行

1997年6月，经过股份制改组改建的地方性金融机构——兰州市商业银行正式挂牌运营，她以为市民服务，扶持中、小企业为宗旨，被金城人亲切地称为“市民银行”。作为省城唯一的地方性股份制商业银行，在短短的2年中，各项存款余额达35.87亿元，各项贷款余额达23.07亿元，比建行之初分别增长30.23%和16.01%；上交税收6000万元，实现利润近6000万元，资产总额达到59.18亿元。其资金规模，资产质量及经济效益等主要指标，在全国城市商业银行中位居列中上水平。得到了上级有关部门的肯定。

法人代表：梁猷魁

地址：兰州市静宁路口22号

电话：(0931)8817742

石家庄市商业银行

石家庄市商业银行是地方财政和众多知名企业参股的地方性股份制商业银行，成立于1996年5月28日，是全国首批五家城市合作银行试点之一。下设60家支行，在岗职工2497人。

开业以来，在市委、市政府的正确领导下，在人民银行、银监局的监管指导下，在社会各界的大力支持和帮助下，石家庄市商业银行遵循“发展、创新、管理、效益”的指导思想，坚持立足地方、支持中小、服务市民的办行宗旨，抢抓机遇，改革创新，快速发展，取得了良好的经济效益和社会效益。到2004年6月末，全行资产总额已达216亿元，是开业初的3.16倍；各项存款余额158亿元，是开业初的3.2倍；各项贷款余额108亿元，是开业初的3.7倍；不良贷款占比较开业初下降了54.12个百分点；累计实现利润3.5亿元；累计上缴税金10041万元；累计核销呆、坏帐1.4亿元。存款余额在全市10家商业银行中居第五位，贷款余额居第四位。资产总额、存款、贷款、盈利水平在省内6家城市商业银行中均排在首位。

1、积极支持地方经济建设。

大力支持城市基础设施建设。几年来，我行不断扩大资金来源，积极支持市政建设项目，先后为安居工程、民心河工程、二环路改造工程、旧城改造工程等基础设施建设累计注入资金50多亿元，缓解了市区的交通压力，为美化省会，造福市民做出了积极的贡献。

加大向主导产业投放力度。按照市政府将我市建成“中国药都、华北重要商埠、全国纺织基地、北方特色农业园四大主导产业和高新技术产业”的经济发展战略，不断加大信贷资金投放，累计发放贷款490多亿元，集中资金支持了能源、教育、制药、冶金、纺织、商贸等重点项目和行业大户。

积极支持中小企业发展。先后出台了支持中小企业发展的六项优惠措施，开展了“中小企业金融产品营销月”活动，为“双优”中小客户，提供了包括房地产、机器设备、商业用房等在内的多种担保方式的多品种经营性贷款。与多家担保投资公司协商签约，为中小企业贷款提供担保。截止目前，累计为中小企业发放贷款274亿元，占发放贷款总额的58%，中小企业贷款满足率为77%。

2、全面服务百姓生活。

为方便市民储蓄，我们实现了储蓄业务全储种的通存通兑，实行了延时服务，实施了综合柜员制，推出了“储蓄存取款免填单”业务和“市民银行窗口”。积极创新储蓄业务品种，发行了“如意银联卡”，实现了石家庄、秦皇岛、唐山、沧州四家商业银行联名发行借记卡，开办了储蓄医保卡、教育储蓄等特色业务，开发了银证通系统，开通了客户服务中心(96368)，实现了“城市一卡通”正式发行，设立了自己的网站，业务种类基本涵盖了与市民生活息息相关的金融需求。

为方便市民理财，我们努力拓展中间业务品种，陆续向社会推出各种代收、代付等业务品种，开办了代收市话费、手机话费、行政罚没款等8大类26个品种的中间业务，最大限度的方便了市民生活。

为方便市民消费，我们不断开发个人消费贷款业务，基本形成了以个人住房贷款、汽车贷款为龙头，个人商铺按揭贷款、耐用品消费贷款、装修贷款、助学贷款、个人工资保证贷款、小额质押贷款等共同发展的消费信贷体系，满足了市民的消费需求。

3、创新管理机制，不断提高管理水平。

健全组织机构，实施集约化管理。按照《股份制商业银行治理指引》的要求，不断完善法人治理结构。建立起了股东大会、董事会、监事会、经营管理层的工作制度和决策程序，实现了决策科学、执行高效、管理顺畅、监督有力。在管理机制和内设机构上，按照经营、管理、服务、保障四大系统调整内设机构，强化了经营部门的营销职能和管理部门的风险控制及核算职能，形成了管理职能清晰、运作方式灵活、监督制约有效的运行机制。

不断强化内控机制，加强内控制度建设。成立了贷款审批委员会、财务管理委员会、内部控制委员会、资产负债管理委员会、风险管理委员会等，进一步规范了经营行为。加大了稽核检查力度和查处案件工作力度，使内部控制有效地覆盖每一个业务环节，确保了各项业务依法稳健运营。成立了事后监督中心，加强对日常经营业务的适时监督，降低了经营风险。全面推行了ISO9000服务质量管理体系贯标认证工作，2003年12月份一次通过了认证机构的认证注册，并取得了质量证书，成为全市第一家通过此项质量认证的金融机构，管理更加科学、规范。

深化用人制度改革，建立了干部能上能下、员工能进能出、收入能高能低的用工、薪酬制度，把用感情留人、用事业留人和用待遇留人结合起来，努力营造一种吸引人才、培养人才、留住人才、用好人才的内部环境。

4、创新考核激励机制，调动基层行的积极性。

实施了新的《经营目标考核与业绩工资分配办法》，建立了以利润为中心，以存款、贷款、银行卡、不良资产清收等经营目标为指导的新考核体系，加大了集约经营力度，强化了成本意识、经营意识、效益意识，提高了增长质量。业绩工资分配体现了向支行、向营销人员、向做贡献者倾斜的导向，支行业绩工资直接与实现利润挂钩，体现了多劳多得的分配原则，调动了支行的积极性。实行了不良信贷资产买单制和信贷资产质量积分制，出台了《贷后检查暂行办法》，从源头上控制了风险的产生。全面推行了综合柜员制和客户经理制，建立了以客户为中心的营销网络和管理体系，全面提高了营销效果和工作效率。

伴随着金融改革开放的步伐，石家庄市商业银行将进一步构建范围更广泛、内容更充实、方式更具特色的多元化金融服务体系，努力打造资本充足，内控严密，运营安全，服务和效率优良的现代化金融企业，为广大储户和各企业发展服好务，为地方经济的建设发展和金融市场的繁荣贡献力量。

宁波市商业银行

宁波市商业银行成立于 1997 年 4 月，是宁波市唯一一家具有独立法人资格的股份制商业银行。宁波市商业银行以改革为动力、以市场为导向、以客户为中心、以效益为目标，在管理体制、经营机制、分配机制、人事机制等方面进行了一系列的改革和创新，实现了体制、经营、管理等方面的根本性改革，达到了自身向集约化经营的转折和飞跃，走出了一条令人瞩目的发展轨迹。不仅业务取得了长足的发展，而且初步建立起现代商业银行的运行机制和发展框架。2003 年底，全行总资产达 307.43 亿元，人民币各项存款 237.29 亿元，各项贷款余额 161.31 亿元，实现拨备前利润 32098 万元，在全国 112 家，其中存款超 200 亿的城市商业银行中，我行的资产质量、资产规模已分别名列第三、第七位。到 2004 年 9 月底，我行人民币各项存款余额已达 284.76 亿元，各项贷款余额172.94 亿元。

“汇三江水，理万家财”。作为地方性银行，宁波市商业银行始终以宁波经济发展为基本立足点，以支持地方经济建设为己任，不断加强和提升对宁波经济的金融服务功能。着力支持市重点骨干企业，积极支持城市建设，支持企业股份制改造，积极支持中小企业，大力扶持个私经济，努力实践市民银行的办行特色。

◆管理机制灵活高效

从打造现代银行要求出发，建立了由股东会、董事会、监事会和经营者组成的各负其责，相互支持，相互制衡的法人治理结构，实行“一级法人，二级经营”的扁平式管理，总部根据市场细分需要设立 15 个职能部门，分前台、中台、后台，人员精干，机构精简，运作高效。下辖各支行实行等级行管理，在总行的授权下，各支行都是经营主体，在授权范围内自主经营，提高了管理效率和科学化程度。形成了快速高效的业务运行和决策机制。

◆服务网络先进发达

全行下辖 65 个营业机构，机构遍布宁波市区和慈溪、余姚、宁海、鄞州、象山、奉化，各支行都具有独立存、贷、汇等功能，支行数位居全市各大银行之首。我行还加快金融电子化进程，推出 ATM 自动取款、自助银行、96528 电话银行、网上银行等先进的电子服务网络，为客户提供全天候的金融服务。宁波市商业银行以客户经理为主要载体，构建了新的营销和服务体系，使我们在服务方式和服务内容有了根本性的改进和升华。宁波市商业银行先进发达的服务网络，辐射能力强，能为客户提供全方位的综合化金融服务，服务范围涵盖了整个浙东地区乃至华东三省一市，使我们与千家万户建立了日益广泛和密切的联系。

◆金融产品丰富齐全

宁波市商业银行不断致力于金融产品的创新和服务功能的提升，形成了以存、贷、汇等传统业务为基础，国际业务、票据业务、代理业务、表外业务等中间业务和新兴业务为新增长点的经营格局。我行金融工具齐全、金融产品多样化，并依托一级法人的优势，能为客户“度身定制”各种金融产品和服务，并及时根据市场需求开发的一系列金融新产品，深受客户欢迎。公司业务，推陈出新。在为客户提供的传统的贷款品种之上，推出了仓单质押、股权质押、保单质押、外贸企业出口退税质押等贷款，以及商业汇票贴现等业务；个人业务，系列化、特色化。开办了银行卡汇通借记卡、消费信贷、VIP 服务、个人理财业务等，推出的代发养老金、失业保险金、代征税款、代理见证、代理证券、缴费一卡通等服务，基本涵盖了居民生活的方方面面；国际业务，品种齐全，为外向型企业提供了国际汇款、进出口信用证结算、出口托收和进口代收、国际保函、打包贷款、退税质押贷款、贴现、押汇、信用证通知、境外客商的资信调查等服务品种。

◆结算汇路畅通便捷

国内结算，我行与多家国有商业银行合作，实现金融资源共享，具有结算汇路广、通汇能力强，资金划转快的特点。同城转账实现了实时清算，实时到帐。国际结算，我行以成员行身份加入了总部设在比利时的环球金融同业电讯协会(SWIFT)，并与国际上著名银行合作推出美元“单账户汇款”服务(OARS)，我行与中外 300 多家银行，2000 多个网点建立了代理行关系，其中包括美洲、汇丰、花旗等银行，建立了目前最为快捷、安全、准确的结算渠道和汇路系统。

◆用人机制富有挑战

人才是现代银行的核心竞争力。宁波市商业银行把培养、造就一支优秀的经营队伍作为一项战略任务，努力构建、创造有利于人才引进、使用、竞争、发展以及脱颖而出的机制，在选人环节上强化了开放性，在用人环节上强化了流动性，在管理环节上强化了激励性，在员工培训上强化了系统性。全面推行竞聘上岗、定员定编，用人机制的优化和激活、业务的迅猛发展为优秀人才的引进提供了良好的环境，吸引了一大批有志于金融事业的精英不断加盟到我行，使宁波市商业银行形成了人才队伍的“源头活水”。宁波市商业银行正构筑优秀的金融人才施展才华的平台，逐渐成为甬城金融人才大显身手的广阔舞台。

宁波市商业银行正在向经营集约化，人员精干化，业务品种、资产结构多元化，内部管理规范化、标准化的方向发展，向着稳健、开拓、服务一流、具有较强盈利能力、拥有一支优秀经营队伍的现代商业银行迈进。

地址：中国宁波中山东路 294 号

电话：0574—87050042

传真：0574—87050115

E—mail：ebank@nbcb.cn

厦门市商业银行

厦门市商业银行成立于1996年11月30日，是在厦门市原15家城市信用社的基础上，由地方财政、企业和个人参股组建的地方性、股份制商业银行，股本总额为2.58亿股。我行严格按照《公司法》、《商业银行法》等法律要求，逐步构建了较完善的公司治理框架。实行股东大会、董事会、监事会与经营层相互制衡、协调运作的公司治理模式，内部管理体制上采取一级法人、两级管理的扁平化管理体制。

开业以来，我行始终坚持以支持地方经济建设、服务客户发展为己任，各项业务持续、健康发展，综合实力不断增强。截止2003年12月31日，我行总资产、存款余额和贷款余额分别为65.68亿元、47.03亿元和26.14亿元，分别是成立时的3倍、3倍和2倍。七年累计实现利税近3亿元。现全行注册员工约500人，其中专科以上学历的占50.6%，年龄在45岁以下的占94.2%。全行内设15个管理部门，32家营业网点(含31家支行和1个总行营业部)。

经过七年的历练，我行充分发挥地方银行优势，已形成“立足本地、服务中小”的较为鲜明的经营特色。主要表现在：(1)公司金融方面。我行通过代理全市7个区金库业务和市建设管理服务中心的收费项目，支持大型市政工程建设项目等配套服务，为地方经济发展提供了良好的金融保障；同时，积极扶持中小企业和民营经济。目前，我行80%以上的开户企业为中小企业和民营企业，七年累计向中小企业贷款近20亿元；(2)个人金融方面。我行是全国第二家发行借记卡的城市商业银行，开发的银鹭借记卡已加入“中国银联”，具有集本异地存取款、消费、转帐、通存通兑等多项服务为一体的功能，并在全市批量设置ATM机。同时，在全市首家推出“银鹭一e通”联名卡业务，取得了拓展小额现金支付一卡通业务的主动权。并是全市唯一开办下岗失业人员小额担保贷款业务的银行；(3)资金业务方面。积极发挥全市唯一具备全国公开市场一级交易商，财政部记账式国债承销团成员，国家开发银行、中国进出口银行金融债券承销团成员，中国外汇交易中心会员以及全国银行间同业拆借市场成员，开办债券结算代理业务等资格，积极参与同业资金拆借、票据贴现和债券交易等资本市场和货币市场业务。

今后，我行将以建设一流现代商业银行为目标，奉行依法治行、科技兴行战略，塑造与时俱进的创新能力、专业高效的服务水准、务实进取的开拓精神，努力建设治理结构一流、管理水平一流、增长能力一流、投资回报一流的现代商业银行。

地址：厦门市思明区斗西路209号电控大厦
邮编：361004
电话：0592—2275201　2275202　2275203
传真：0592—2275173

第五章　非银行金融机构

中国长城资产管理公司

中国长城资产管理公司是经中国政府批准成立的，具有独立法人资格的国有独资金融企业，公司注册资本金 100 亿元人民币，由中华人民共和国财政部全额拨入。

公司通过收购、管理和处置国有商业银行剥离的不良资产，对防范和化解金融风险，深化金融体制改革和增强国有商业银行的国际竞争力具有十分重要的意义。公司将利用其特殊的法律地位和专业化优势，综合运用债务追偿，资产置换、租赁、转让与销售，债务重组及企业重组，债券转股权，资产证券化等手段，实现不良资产的价值回收的最大化，最大限度地保全国有资产。同时，公司的专业化运作，将有力地促进中国资本市场的发育和现代化金融工具的创新，有利于确立正常的社会信用关系，推进社会主义市场经济新秩序的建立。

公司使命：化解金融风险，保全国有资产，促进国有企业改革和发展

进入 90 年代，随着我国经济体制改革和金融体制改革的不断深化，国民经济中多年沉淀的矛盾和问题不断显现，随之而产生的国有商业银行的不良贷款风险也逐渐显露出来，尤其是 1997 年亚洲金融危机的爆发，更加引起了我国政府、金融监管部门和金融机构的普遍重视。面对全球经济一体化和我国加入 WTO 的新形势，党中央、国务院审时度势，决定组建四家金融资产管理公司，充分运用金融资产管理公司特殊的法律地位和专业化优势，最大限度地回收不良贷款，有效化解金融风险，支持国有企业改革和发展。

公司成立以来，按照党中央、国务院的要求，一方面，加快资产处置，最大限度地回收资产；另一方面，实施了政策性“债转股”，基本完成了公司牵头“债转股”企业的改制工作，促使这些企业初步建立了法人治理结构，并逐步走出经营困境；对一批有升值潜力的企业和资产项目实施了战略性重组，探索了商业性“债转股”模式，搞活或改善了 300 多家企业的生产与经营，解决了万余名职工的再就业问题，取得了良好的经济效益和社会效益。公司日臻完善的经营机制和不断丰富的运作经验，对于保全国有资产，促进国有企业改革，推动国民经济持续快速健康发展，保持社会稳定和繁荣，必将产生越来越大的影响。

公司宗旨：诚信的操守之德，高超的运作之策，赤诚的报国之情

诚信的操守之德　社会信用缺损是银行不良资产形成的重要原因。公司处置不良资产已饱尝信用环境差的困扰。问题和解决问题的渠道已经明确地摆在公司的每一位员工面前，没有信用，就没有出路；诚实守信，就能赢得客户、赢得市场、赢得社会，公司应当为社会信用的重建做出不懈的努力。

高超的运作之策　特殊的历史使命，决定了公司的各项业务运作必然要对客户的利益和国家经济的发展产生一定影响。因此，必须运用智慧，提高处置效率，提高公司业务运作的技术含量，化腐朽为神奇，实现国有资产效益的最大化。

赤诚的报国之情　特殊的历史使命，决定了公司必须以化解金融风险，保全国有资产，促进国有企业改革与发展为己任，胸怀国民经济发展大局，面对困难，情系国家，情系人民，勇于奉献，不做有损国家利益的事情。

公司目标：加快资产处置，拓展业务领域，做好人才储备，实现战略转型

加快资产处置　根据公司职责以及金融不良资产的特点，公司当前的主要任务就是加快资产处置，提高处置效率和效益，这是公司的阶段性目标。阶段性目标实现时间的长短，将直接影响到公司未来的发展。

拓展业务领域　在加快资产处置的同时，公司要在政策允许的范围内积极探索新的处置手段，进行业务创新，不断开发新的金融产品，拓展新的业务发展空间，这既是加快资产处置的需要，更是公司未来发展的需要。

做好人才储备　在加快资产处置，拓展业务领域的同时，公司必须把培养和锻炼人才放在未来发展的战略地位，实现公司事业与员工职业生涯的同步发展。公司应该为员工做好系统的培训规划，员工也需要自我学习，自我提升，使自己成为公司未来发展的有用人才。

实现战略转型　公司实现阶段性目标之后，必然要进行战略转型。但是公司以什么方式、朝什么方向实现战略转型，取决于公司目前业务拓展的深度和广度，取决于公司的人才储备，取决于公司对国民经济发展的贡献和影响力。“有为才能有位”。对待战略转型，公司不能消极等待，而要积极应对。

公司精神：不辱使命，追求卓越

使命重大的责任。　使命使责任变得神圣；使命使凡人成就伟业；使命提升了存在的价值。我国计划经济体制以及国有商业银行经营管理所造成的巨额不良贷款，严重威胁着我国金融体系的健康运行，成为国民经济和社会发展的重大隐患。在这一特殊历史时期，国家赋予了金融资产管理公司特殊的使命。

卓越优秀而超过众人。　卓越是一种目标，只要认定目标，就要百折不挠；卓越是一种境界，惟有追求精细，才能拥有卓越；卓越更是一种精神，非卓越无以辉煌。唯卓越是求，是使命感的使然。既要敢于追求卓越，更要善于追求卓越。追求卓越要抵御偏见，追求卓越要善积跬步，追求卓越要不怕失败。

精神是内在的充实，理智的熔炼，感性的超越。　把“不辱使命，追求卓越”作为公司精神，就是崇尚公司成立之初员工白手起家，艰苦奋斗，不畏艰难险阻的创业精神；崇尚在资产收购中员工不顾疲劳，夜以继日，超负荷运转的奉献精神；崇尚在资产处置中员工精益求精，忠于职守为毫厘而争的敬业精神；崇尚在资产重组中员工严谨细致，克难制胜，化腐朽为神奇的创新精神。正是这种精神，公司取得了资产收购的首战告捷；正是这种精神，公司创造了许多引以为豪的骄人业绩；正是这种精神，公司涌现了一大批值得高歌称颂的先进模范人物和感人事迹。

公司价值观：责任、诚信、协作、创新

责任　是一种承诺，一种义务，更是一种觉悟，是永恒的使命和执着的追求。人若一旦没有责任，就会放弃现在；忽略责任，就会贻误机会；背弃责任，就会埋没事业。铁肩担道义，是责任的形象展示；以血荐轩辕，是责任的内秀迸发。责任，是对自身生命的珍重；是对他人命运的倚重；是对社会发展的凝重。感受现实，增强责任感，重在明白事理后的自觉践行，难在价值取向多元下的思想升华，深在情意融合中的观念内化。

公司的事业是国家和民族的事业。"国有"本身就意味着责任与承诺，公司要以维护国家利益为己责，以国家发展大局为己任。成长中的长城需要长城人勇于承担责任。

诚信　中华民族历来以诚实守信著称于世，儒家学说则把"仁、义、礼、智、信"作为"立人"五德，以做人的追求做事，在做事过程中体现"诚信"的做人原则。

"明礼诚信"是《公民道德建设实施纲要》中的基本道德规范之一。培养诚信品德也是具体落实江泽民同志"以德治国"方略的基础工程。市场经济，人们期盼诚信，呼唤诚信，珍视诚信。诚信的基本要求是真实，没有真实也就没有诚信。诚信是道德之根本，是人之为人的最重要品德，是社会赖以生存和发展的基石。

诚信是"立身之本"。领导应该讲诚信，员工应该讲诚信。经过三年多的不懈努力，诚信已经成为公司企业文化的重要组成部分。公司承诺恪守诚信、遵纪守法、规范运作、勤勉尽责。

协作协作是一种平等，也是一种信任。协作来自于分工，有分工就会有协作。沟通是协作的基础，拒绝沟通，也就意味着拒绝与别人协作。善于协作的人，能用诚意换取他人的支持与信任；不善于协作的人，就像一叶孤舟，永远无法抵挡惊涛骇浪的侵袭。没有协作就没有支持；不会协作将一事无成。协作是现代企业对员工素质的基本要求，是团队精神的集中体现，良好的协作是走向成功的基石。

协作　是提高效率的基础，是竞争取胜的手段，是做好一切工作的必要条件。公司的任何一项工作都需要多个部门的相关人员共同完成。每位员工都要学习和具备协作的技能，善于协调与自己相关的工作关系，包括与本部门的同事与领导之间的关系，与相关部门的同事与领导之间的关系，以及与合作伙伴和客户之间的关系。公司员工以及部门之间的精诚团结和倾力协作，是促进公司完成各项目标的根本保证。

创新　就是抛开旧的，创造新的。江泽民同志说："创新是一个民族进步的灵魂，是一个国家兴旺发达的不竭动力"。传统之树常青，关键在于创新；惟有超越传统，才能拥有未来。创新意味着对陈规的突破，对未知的探索；创新是一条奔流不息的长河，永远溅着欣喜的浪花。

创新需要思维敏锐，反应迅捷，与时俱进；创新需要博采众长，聚集知识；创新需要胆识。倘若墨守成规，创新只能是一句空话。创新的本质是不做复制品，单纯模仿不是创新。

面临新形势、新任务，惟有创新才能开拓未来。创新不是对某个人或者某个工作环节的要求，而是所有员工共同遵守的行为准则。只有当每一位员工都把创新精神融入自己的行为中，敢于突破自我，公司的事业才能获得发展。

创新从我开始，从观念开始。

核心理念：依法、稳健、开拓、效益

依法　市场经济是法制经济。公司作为社会主义市场经济条件下的新型金融企业，依法合规经营，防范道德风险不仅是监管部门的要求，更是公司对社会的责任和承诺。为此，要牢固树立法律意识和政策观念，做到不违规、不违纪；牢固树立一级法人观念，做到有令必行，有禁必止；严格按程序运作，坚持"三公"原则，严禁暗箱操作，接受社会监督。正因为此，"依法合规压倒一切"一直成为公司系统所遵循的管理训条，保证了公司的健康、高效运行。

稳健　金融业是一个高风险的行业，客观上要求必须稳健运行。公司的债务人，很多是国有大中型企业，由于在计划经济时期背上的历史包袱，以及国民经济结构调整，企业经营陷入困境，员工面临下岗的威胁。因此，公司的经营运作具有很强的政策性，稍有不慎，就会造成不良后果。稳健而不盲目，慎重而不盲从，是公司处理一切事物的基本准则。

开拓　采用金融资产管理方式处置国有银行不良资产，国内没有现成经验，国外的成功经验也不能照搬照抄。有许多未知领域等待我们去探索，去开拓，这就决定了公司的一切工作必须从头开始。没有开拓，就寸步难行；没有开拓，就无法生存和发展，更谈不上未来的战略转型。

效益　公司必须追求效益。与其他企业不同的是，公司在追求经济效益的同时，也要追求社会效益，即除了要保全资产，降低成本，提高资产处置价值外，还要通过对不良资产的处置，促进国民经济结构的调整，维护社会信用、维护社会稳定等。

依法与稳健，充分体现了公司作为一个拥有巨额国有资产的新型金融机构，其业务运作必须慎之又慎。但强调依法与稳健，并非是缩手缩脚，而是公司健康稳定运行的保证。也只有公司健康正常的运行，才谈得上发展和开拓。反之，不讲发展，不去开拓，不追求效益，依法、稳健就失去了存在的基础。因此，依法、稳健、开拓、效益有着内在的统一，是公司的核心理念。

公司总裁：汪兴益

公司副总裁：傅春生、李占臣、张晓松

纪委书记：秦惠众

总裁助理：曲行铁、匡绪忠

地址：北京市西城区月坛北街2号月坛大厦9层－12层

邮编：100045

电话：86－10－68082636

传真：86－10－68082769

中国信达资产管理公司

中国信达资产管理公司经国务院以及中国人民银行批准，并经国家工商行政管理局注册登记，于1999年4月20日在北京正式成立。

九十年代以来，特别是亚洲金融危机后，各国政府普遍对金融机构不良资产问题给予了极大关注。我国国有商业银行是金融体系的重要组成，是筹措、融通和配置社会资金的主渠道之一，长期以来为经济发展提供了有力支持。然而，在1995年《银行法》出台之前，国有银行是以专业银行模式运作的，信贷业务具有浓厚的政策性色彩，加之受到九十年代初期经济过热的影响，以及处于经济转轨过程中，在控制贷款质量方面缺乏有效的内部机制和良好的外部环境，从而产生了一定规模的不良贷款。此外，在1993年之前，银行从未提取过呆帐准备金，没有核销过呆坏帐损失。这样，不良贷款不断累积，金融风险逐渐孕育，成为经济运行中一个重大隐患，如果久拖不决，有可能危及金融秩序和社会安定，影响我国下一步

发展和改革进程。

鉴于上述情况,在认真分析国内金融问题和汲取国外经验教训的基础上,我国政府审时度势,决定成立金融资产管理公司,集中管理和处置从商业银行收购的不良贷款,并由中国信达资产管理公司先行试点。

组建金融资产管理公司,是中国金融体制改革的一项重要举措,对于依法处置国有商业银行的不良资产,防范和化解金融风险,推动国有银行轻装上阵,促进国有企业扭亏脱困和改制发展,以及实现国有经济的战略重组都具有重要意义。

公司性质:具有独立法人资格,独立承担民事责任的国有独资非银行金融机构

公司资本金:注册资本金100亿元人民币,由财政部全额划拨

公司营运资金来源:注册资本以外,发行金融债券、向金融机构借款和向人民银行再贷款

公司主要任务:利用国家给予的特殊法律地位和专业优势,管理、处置因收购中国建设银行、国家开发银行不良贷款形成的资产,最大限度保全资产,减少损失

公司经营方针:千方百计提高资产回收率,千方百计降低处置成本

公司总裁:朱登山

副总裁:田国立、侯建杭、陈孝周、赵毅

地址:北京市东城区东中街29号东环广场B座

邮编:100027

电话:86—10—64181758　64181430
64183177　64183130

传真:86—10—641812453

中国东方资产管理公司

中国东方资产管理公司经国务院以及中国人民银行批准,并经国家工商行政管理局注册登记,于1999年10月15日在北京正式成立。公司总裁和副总裁由国务院任命。

中国东方资产管理公司是具有独立法人资格的国有独资金融企业。公司注册资本为100亿元人民币,其中人民币60亿元,外汇5亿美元,由财政部全额拨入。

公司的主要任务是收购、管理和处置中国银行的不良资产。公司不仅致力于完成国家赋予的化解银行金融风险和支持国企改革的重大历史使命,而且努力引进国际惯例,实现不良资产处置的市场化。

截止2000年6月底,不良资产的收购工作已经结束。公司共收购不良资产2,674亿元,2万多户,7万多笔。这些资产主要集中在广东、山东、天津、江苏、辽宁、上海等地,分布于外贸、纺织、轻工、能源、机械、房地产等行业。

依照国家有关法律,公司已成为所收购不良资产的新的法定债权人,并已依法办理了相关手续。公司将有权依照法律、法规在国家允许的经营范围内实施对所持不良资产的处置。

公司将对收购的不良资产进行科学的分类,并按照财政部有关规定对资产进行价值评估。公司将充分汲取国际经验,加强与国内外的专业人士和中介机构的合作,并紧密结合中国的实际,研究制订资产处置的最优方案。在此基础上,公司将综合运用出售、置换、租赁、资产重组、债转股、资产证券化等方法对贷款及抵押品进行处置;对债务人提供管理咨询、收购兼并、分立重组、包装上市等方面的服务;对确属资不抵债的企业申请破产清算。公司将按照国家有关规定向境内外投资者出售债权、股权,实现资产回收最大化。

法定代表人:柏士珍

北京市阜成门内大街410号

邮政编码:100034

电话:86—10—66084515　66084468

传真:86—10—66058971　66084457

电子邮件:webmaster@coamc.com.cn

网址:www.coamc.com.cn

中国华融资产管理公司

(一)公司组建背景

中国华融资产管理公司经国务院批准,于1999年10月19日在北京成立。

公司性质:具有独立法人资格的国有独资金融企业

公司资本金:100亿元人民币

公司的主要任务:收购、管理和处置银行剥离的不良资产

公司主要经营目标:最大限度保全资产,提高银行业不良资产回收价值

公司监管部门:公司由中国银行业监督管理委员会负责监管,涉及中国银行业监督管理委员会监管范围以外的金融业务,由中国证监会等相关业务主管部门监管,财政部负责财务监管

(二)主要业务

中国华融资产管理公司的业务范围

收购并经营银行的不良资产

追偿债务

对所收购的不良资产形成的资产进行租赁或者以其他形式转让、重组

债权转股权,并对企业阶段性持股

资产管理范围内公司的上市推荐及债券、股票承销

发行金融债券,向金融机构借款

向中央银行申请再贷款

财务及法律咨询,资产及项目评估

中国银行业监督管理委员会、中国证券监督管理委员会批准的其他业务活动

(三)资产处置业务运作

中国华融资产管理公司于2000年间收购了中国工商银行4077亿元,涉及7.2万户企业的不良资产。

中国华融资产管理公司对已收购的不良贷款,承继债权,行使债权主体的权利。华融在处置不良贷款过程中,有权依照有关法律法规和金融监管部门确定的经营范围和方式对承接的不良贷款实施重组。

中国华融资产管理公司对收购的不良资产,可综合运用出售、置换、资产重组、债转股、证券化等方法对贷款及其抵押物进行处置;对债务人提供管理咨询、收购兼并、分立重组、证券承销等方面的服务,最大限度回收资产,减少损失。按照财政部统计口径,截止到2003年末,华融公司成立四年来累计处置账面不良资产1728亿元,收回实物资产134.4亿元,收回现金293.7亿元,现金回收率为17%。每处置百元资产成本仅为0.87元,每回收百元现金实际费用支出仅5.16元。

在盘活不良资产的同时,为了帮助国有企业减轻债务负担,优化资产负债结构,促进国有企业转换经营机制,建立现代企业制度,实现扭亏脱困,国家推出了实施债权转股权的重

大举措。中国华融资产管理公司对505户企业组织了债转股方案可行性评审，涉及金额1096亿元，其中华融资产管理公司作为主债权人的有339户，转股金额918亿元。截止到2003年底，已有364户债转股企业设立了新公司，华融持股692亿元。其他债转股新公司的设立正在组织实施过程中。实施债转股后，华融即成为企业股东，根据《中华人民共和国公司法》的有关规定，在持股期间，依法行使和履行股东的权利和义务。华融持有的股权，可依法向境内外投资者转让，符合上市条件的企业可以上市。截止到2003年底，华融已向债转股新公司派出董事、监事1500多人次，财务总监8人次，派出人员参加债转股新公司的董事会、监事会和股东会会议3000多次，认真履行了出资人的职责。中国华融资产管理公司成立以来，积极发展与国内社会中介机构、金融同业的合作关系，在资产管理、债转股、资产评估和企业重组等方面进行了密切合作。华融先后与100余家国际金融机构、战略投资者和中介机构建立了密切联系。2003年，华融首次国际招标项目资产交割完成，由原外经贸部在征得财政部、中国人民银行等有关部门同意后正式批准，华融公司与摩根斯坦利投标团和高盛公司分别成立的第一联合资产管理公司和融盛资产管理公司已注册登记，中外合作处置中国不良资产的业务活动正式展开。在总结第一次国际招标项目成功经验的基础上，华融2003年成功地举行了第二次大规模对外资产打包处置国际招标。这次资产处置是中国迄今为止最大规模的不良资产国际招标，也是亚洲地区最大规模的不良资产交易活动。此次国际招标是华融公司利用市场化运作机制，通过国内外投资者竞争，从而发现和决定不良资产的价格，加快不良资产处置的又一次积极尝试。通过这次国际招标批量处置不良资产，加快了华融公司的资产处置进度，提前收回了部分现金，提高了资产处置的效率和效益。

2003年，华融向资产证券化方向迈出了重要一步，成功实施了资产处置信托项目。该项目依据资产证券化和信托的基本原理，按市场化运作模式，将未来若干笔资产的处置收入集中整合成便于投资的受益权，调动市场资金参与资产处置，是按照我国现行法律和监管政策框架推出的一项全新的资产处置业务交易方式。

（四）开拓投资银行业务

为了提升资产质量，挖掘资产的潜在价值，培育公司的核心竞争力，华融全方位开拓以证券承销和企业重组为重点的投资银行业务，相继与一些资产管理范围内的公司签订了股票发行主承销商服务协议，证券承销业务呈现出良好发展态势。继2002年8月由华融公司担任主承销商的河北太行水泥股份有限公司首次公开发行5000万股A股股票成功上市，首开金融资产管理公司担任股份公司新股发行上市主承销商的先河之后，2003年9月，华融公司又成功地完成了江西长力汽车弹簧股份有限公司公开发行5000万A股的主承销和上市推荐，公司股票承销业务居同业领先地位。目前又有1个主承销项目已顺利通过中国证监会发行审核委员会的审核，正等待公开发行和上市交易，1个首发主承销项目正在证监会审核，3个项目已完成辅导和制作发行申请文件工作，还有1个项目正在辅导和验收阶段，6个项目正在进行股份公司设立或尽职调查工作。截至2003年底，华融公司累计与90户企业签订了共计120余项管理咨询和财务顾问服务协议。四年来，华融先后采取多种形式完成了一批上市公司的债务重组工作，为经营陷入困境的上市公司实质性改善运行质量创造了有利条件。

公司成立以来，积极稳妥地开展了国债现券交易和国债回购等理财活动。

总 裁：杨凯生

副总裁：董东庆　刘德福　杨家思　刘立宪

总裁助理：郑万春　徐肇宏

地址：北京市西城区白云路10号

电话：(8610)63409999

传真：(8610)63477644

中国经济技术投资担保有限公司

中国经济技术投资担保有限公司是由国务院国有资产监督管理委员会管理的中央直属重点国有企业，是国内首家以信用担保为主要业务的全国性专业担保机构。公司由财政部和国家经贸委共同发起组建，于1993年注册成立，注册资本金6.645亿元人民币。

公司的经营宗旨是：以担保和投资为手段，促进企业技术进步和科技成果转化，推进中小企业的创立与发展；提升企业信用，促进资金融通和商品流通，提高资源配置效率，推进社会信用体系建设，为市场经济和社会发展服务。公司主要业务有：担保、投资、评审咨询、投资顾问等。

公司下设担保业务管理、研究开发管理、投资与资产管理、咨询与法律管理四个业务中心及办公室、人力资源部、计划财务部、审计委员会办公室等管理部门。公司对中国国际金融有限公司、杭州恒生电子有限公司等单位进行了投资，初步形成了以担保、投资为主导，涵盖资产管理、咨询、投资顾问、风险投资、基金管理、证券、环保、软件等多个领域的集约经营模式。公司是智力密集型企业，拥有员工200多名，先后设立了上海分公司、北京分公司、大连分公司和上海华东分公司。

公司成立以来，按照国家所确定的经营宗旨，坚持稳健经营。为促进地方经济发展，先后在上海、北京开展为小企业服务的政策性担保业务；在全国范围内开展为促进市场经济服务的贸易融资及履约、建设工程、财产保全、世行节能项目融资、海事担保等商业性担保业务。公司作为国务院批准特例试办的国内首家专业信用担保机构，以推进行业发展为己任，积极进行担保业务的探索和实践，加强与国内外同业机构的交流与合作，从无到有地创建了担保业务的基本规范和相关制度，在推进我国担保行业立法、加强行业自律及促进建立信用担保体系等方面做出了一定贡献。公司于1998年加入世界三大担保和信用保险联盟之一的“泛美担保协会”，是我国两岸三地唯一的会员。成功主办了2000年和2001年“中国担保论坛”国际研讨会，发起缔结了旨在加强担保行业自律及业务交流与合作的“中国担保业联盟”。公司在国内外业界享有良好的信誉、较高的知名度和影响力。

公司秉承“以人为本，信誉至上，追求卓越，开拓创新”的经营理念，愿与社会各界加强协作，共创未来。

地址：北京市海淀区西三环北路100号金玉大厦9层

邮编：100037

网址：www.guaranty.com.cn

电话：010－68458866

传真：010－68437040

中投信用担保有限公司

中投信用担保有限公司于2001年8月16日在国家工商

行政管理总局依法注册成立，注册资本金10亿元人民币。公司的股东由珠海国利工贸有限公司、中信国安通信有限公司、北京燕京啤酒股份有限公司、北京天桥北大青鸟科技股份有限公司、北京华普产业集团有限公司、北京顺鑫农业股份有限公司、北京双鹤药业股份有限公司、清华同方股份有限公司、北京国际电力开发投资公司、北京锡华实业投资有限公司、大恒新纪元科技股份有限公司、北京巴士股份有限公司、北京百得利汽车进出口有限公司、北新集团建材股份有限公司、北京同仁堂股份有限公司、北京用友软件股份有限公司、世纪兴业投资有限公等17家公司构成。

公司的经营范围包括(1)信用担保；(2)企业贷款担保；(3)高新技术企业、民营企业、中小企业投融资担保；(4)个人住房、消费信贷贷款担保；(5)涉外担保、联保和分保；(6)抵押物处置；(7)资产受托管理；(8)企业重组、转让、收购、兼并、托管的策划、咨询；(9)实业项目的投资；(10)经济信息和企业资信咨询。中投信用担保有限公司是迄今为止集担保、投资、咨询于一体的国内最大的商业综合性担保公司之一。

公司自成立以来，在金融界、企业界和各有关方面的大力支持下，全体员工以诚信为本，倡导并推行理性担保，始终把防范和化解风险作为企业经营管理的核心，通过筑巢引凤、拾遗补缺、保驾护航、以文会友、涵养财源等措施，帮助被担保企业做大、做强。自2002年正式开展担保业务以来，中投信用担保有限公司经营业绩优良，到目前为止累计担保额约75亿元，在保余额29.31亿元，已顺利解除担保责任金额达45亿元，创下零代偿的担保纪录。

经过两年多的精心运作，中投信用担保有限公司以较强的人才优势和较高的精算水平，推出理念、创出品牌、带出队伍、做出业绩。公司先后与北京市商业银行等六家银行签订授信合作协议，并与中国银行、中国工商银行等多家银行建立了良好的合作关系。公司的灵魂在于创新，中投信用担保有限公司在各类企业不断完善传纺统融资担保服务的同时，不断开发新的担保品种，不仅为多家企业开立信用证/承兑汇票提供提保，而且2003年先后作为“南方避险增值基金”和“西宁特钢可转换公司债券”的担保人，经各方共同努力均获得很大的成功，开创了信用担保机构在资本市场为企业直接融资提供服务的先河。2004年公司又成功地为中信国安集团公司发行15亿元(10年期)企业债券提供担保，为担保行业开拓了新的发展空间。

目前，中投信用担保有限公司正向多领域开拓，使信用担保主业向高度、深度、广度、力度进军。

地址：中国北京东长安街1号东方广场W2座7层
电话：(010)85181177
传真：(010)85185155
邮编：100738
网址：www.zhongtou.cn

金诚国际信用管理有限公司

金诚国际信用管理有限公司(以下简称“金诚信用”)，是按国际惯例独立运作的第三方信用专业机构。在充分吸收国际同业的先进信用评级技术与信用管理方法的基础上，金诚信用遵循独立、客观、科学、公正、真实、权威、统一、时效的经营理念，致力于开展广泛、详实的个人和企业信用调查，建立客观、时效的个人和企业信用记录，对个人、企业及各种债务工具进行信用风险分析及评价，向全社会提供符合中国国情的科学、实用的个人和企业信用评估体系和模型，提供权威、公正的信用分析报告，为各类工商企业、金融机构和个人提供系统的信用管理咨询和培训服务。

在谋求经济效益的同时，金诚信用也以高度的责任感追求社会利益的最大化，竭诚致力于我国社会信用体系的建设事业。近年来，金诚信用以巨大的投入，先后参与了多个国家社会信用体系建设研究课题，积极参与了全国社会信用体系、行业社会信用体系和区域信用体系的建设实践。

金诚信用积极为国家信用立法和信用政策的制定建言献策，参与了一系列国家“社会信用体系建设课题”研究：与国家发展和改革委员会中国信用研究中心建立了“区域社会信用体系建设课题组”，并撰写和出版了《信用知识干部读本》一书；参与了全国整顿和规范市场经济秩序领导小组办公室组织的“全国社会信用体系建设整体规划”课题研究活动；成立“中国上市公司信用体系建设课题组”，对我国的上市公司诚信建设监管评价体系、上市公司财务实力评价指标体系、上市公司治理结构评价指标体系和上市公司征信数据交换与识别系统等内容进行系统研究；与国家建设部、食品药品监管局、商务部等部门紧密合作，不断将行业信用体系建设的研究工作推向纵深。

金诚信用积极参与全国社会信用体系建设的实践探索。在国家发展与改革委员会的领导和组织下、在有关省市政府发改委(计委)的支持和配合下，金诚信用参与了以打破区域和行业壁垒、实现信用信息资源的全国性整合与社会共享为目标的“社会征信服务体系联合建设示范工程”，并承担了联合信用数据交换中心的建设与运营工作。该示范工程是我国第一个得到国家产业政策和资金支持的信用体系建设工程，首先在北京、天津、黑龙江、安徽、武汉等五省市展开，以联合信用数据交换中心为示范工程的枢纽和核心，分别在五省市建立信用数据交换中心，作为联合信用数据交换中心的终端，实现信用数据的互通与共享。示范工程将在经验积累的基础上，积极向全国推广，逐步建立以全国信用数据交换中心为纽带的全国信用数据交换共享网络。同时，金诚信用与中央和地方的银行、工商、税务、司法机关等机构和行业建立了广泛的合作关系，共同开展了全国对外劳务合作企业信用管理体系建设、银行分支机构信用管理体系建设、贷款企业信用管理体系建设、全国保健品行业信用管理体系建设等，并已与广东发展银行联合发放了“大学生信用卡”，成为国内第一个面向大学生的信用卡项目；受北京市建设委员会的委托，金诚信用完成了“北京市建筑行业信用评价体系”的整体设计、技术研发与实施推广工作。

金诚信用积极参与区域社会信用体系的建设实践。金诚信用建立并加强了与各地方政府的联系，力图通过与地方政府的战略性合作实现政策资源和技术资源的整合，共同推动区域性社会信用体系建设进程。金诚信用已应邀参与了《黑龙江省社会信用体系建设规划(讨论稿)》、《武汉市社会信用体系建设规划》、《湖北省社会信用体系建设规划》、《陕西省社会信用体系建设规划》等的制定；同时，积极与地方政府合作，通过资本投入、技术合作等方式，建立区域社会信用体系建设实体，目前已成立了陕西省信用管理有限公司、金诚国际信用管理有限公司武汉分公司。

金诚信用倡导“建设信用中国”的社会责任感和“创业型公司”的企业文化，注重培养专业化内涵、创新意识和开拓能力，凝聚了一大批优秀专业人才，为公司注入了强大、持久的发展动力。目前，金诚信用在外部形成了由国内信用领域著名专家学者组成的专家委员会，在内部则聚纳了一大批来自海内外的信用管理和信用技术人才。

随着中国市场经济的深入发展，中央政府及时启动了社会信用体系的建设进程，为信用行业的发展带来了难得的历史机遇。作为信用专业机构，金诚信用在谋求自身发展的同时，也以高度的社会责任感，致力于我国社会信用体系的建设事业，在影响产业政策、信用立法、信用建设实践等方面发挥了积极的作用，为我国社会信用体系建设事业做出了巨大的贡献。

金诚信用愿与您携手合作，共建信用中国！

地址：中国北京金融大街33号通泰大厦C座4层

邮政编码：100032

电话：+861088086699

传真：+861088086888

Http：//www.goldencredit.com.cn

中诚信托投资有限责任公司

一、发展概况

中诚信托投资有限责任公司（原中煤信托），成立于1995年11月，注册资本金人民币4亿元（包括1500万美元）。2004年2月完成增资扩股和企业名称变更，注册资本增至12亿元人民币，股东13家，是中国银行业监督管理委员会直接监管的全国性信托投资公司。

自成立以来，公司始终坚持“稳健、审慎”的理念，为国内外客户提供优质的金融服务；按照市场化原则开展信托业务，取得良好的经营业绩；公司资产质量优良，资产安全性、流动性和盈利性指标始终名列行业前茅；在中国信托业清理整顿中，成为第一家获得重新登记的信托投资公司。

按照“建设以信托为基础、证券和基金管理公司为两翼、为客户提供高质量的综合理财服务”的企业发展战略，调整公司长期投资结构，先后实现了对国都证券、嘉实基金和中诚期货公司的相对控股，同时以市场为导向，向其他领域辐射。

二、业务范围

受托经营资金信托业务；受托经营动产、不动产及其他财产的信托业务；受托经营公益信托业务。

受托经营法律、行政法规允许从事的投资基金业务，作为投资基金或者基金管理公司发起人从事投资基金业务。

经营企业资产的重组、购并及项目融资、公司理财、财务顾问等中介业务。

受托经营国务院有关部门批准的国债、政策性银行债券、企业债券承销业务。

代理财产的管理、运用与处分；

代保管业务；信用见证、资信调查及经济咨询业务；办理金融同业拆借业务。

以银行存放、同业拆放、贷款、融资租赁或投资方式运用子有资金；以固有财产为他人提供担保。

经中国银行业监督管理委员会批准的其他业务。

三、主要业绩

信托业整顿前，担任多家上市公司主承销商、副主承销商、上市推荐人和财务顾问，协助企业直接融资31亿元；先后承销国债15亿元，累计发放信托贷款近20亿元，管理资产最高达到55亿元。信托业整顿后，截止2003年底，公司的自有资产规模达到21亿元，信托资产规模75.09亿元。

公司成立8年来，累计实现利润10.64亿元累计上交税金4.61亿元，累计股东分红3.74亿元，取得了很好的经营业绩和社会效益。2002年被北京市国税局评为“北京市百强纳税企业”。

增资扩股后，公司将通过优话投资结构、完善经营机智、规范业务运作，形成合理的经营格局和完善的业务体系，确立竞争优势，实现可持续发展，逐步成长为具有较大影响力与较强竞争力的金融企业。

地址：中国北京东城区安外大街2号

电话：64482088　邮编：100013

传真：64482055　网址：cctic.com.cn

中国对外经济贸易信托投资有限公司

中国对外经济贸易信托投资有限公司经中国人民银行批准，于1987年9月30日在北京成立，同年12月18日正式开业。

1994年12月31日，国务院批准外经贸信托加入中国化工进出口总公司（以下简称“中化公司”），与原中国化工进出口总公司财务公司合并。2002年9月，外经贸信托经中国人民银行批准重新登记，并获颁《信托机构法人许可证》，成为少数几家受中国银行业监督管理委员会直接监管的中央级信托公司之一。改制后的外经贸信托注册资本8.32亿元人民币（含3500万美元），主要股东为中化公司和中化国际化肥公司。

作为中化公司金融版块核心企业，外经贸信托以重新登记为契机，适时调整发展战略，积极探索和实践，继续构建多元化金融服务平台，涉足信托、投行、证券业务，充分发挥信托投资特许经营资质的优势，履行专家职责，控制投资风险，为中化公司和各界客户提供多方面的金融服务。

根据《信托投资公司管理办法》规定，信托投资公司可以申请经营下列部分或者全部业务：

（一）受托经营资金信托业务。即委托人将自己无法或者不能亲自管理的资金以及国家有关法规限制其亲自管理的资金，委托信托投资公司按照约定的条件和目的，进行管理、运用和处置。

（二）受托经营动产、不动产及其他财产的信托业务。即委托人将自己的动产、房产、地产以及版权、知识产权等财产、财产权，委托信托投资公司按照约定的条件和目的，进行管理、运用和处置。

（三）受托经营国家有关法规允许从事的投资基金业务，作为基金管理公司发起人从事投资基金业务。

（四）经营企业资产的重组、购并及项目融资、公司理财、财务顾问等中介业务。

（五）受托经营国务院有关部门批准的国债、企业债券承销业务。

（六）代理财产的管理、运用与处分。

（七）代保管业务。

（八）信用见证、资信调查及经济咨询业务。

（九）以自有财产为他人提供担保。

（十）中国人民银行批准的其他业务。

*信托公司的上述业务包括外汇业务。

外经贸信托秉承“诚信、合作、善于学习；认真、创新、追求卓越”的企业文化，坚持“委托人意愿至上、受益人利益最大化”的经营方针，已全面提升核心竞争力为导向，继续努力完善公司治理结构，健全决策和监督机制，增强风险控制能力，在调整、规范、巩固传统业务的同时，新型信托业务也取得了突破性进展。截至2002年底，外经贸信托总资产65.36亿元人民币，其中信托资产约52.65亿元人民币。

地址：北京复兴门外大街A2号中化大厦808室

邮编：100045

电话：8610－88078808

传真：8610－88078906

网址 http：//www.fotic.com.cn

中信信托投资有限责任公司

中信信托投资有限责任公司是经原中国人民银行批准成立的全国性非银行金融机构。其前身是中信兴业信托投资公司，是中国中信集团公司的全资子公司，成立于1988年3月5日。

2002年，按照中国人民银行对中信公司经营体制改革的批复和对信托投资公司重新登记的要求，中信集团公司将中信兴业信托投资公司重组、更名、改制为中信信托投资有限责任公司，并使之承接中信集团信托类资产、负债及业务。中信信托注册资本金为人民币50,773万元，其中外汇2,300万美元，注册地为北京市。

中信信托是中国银行业监督管理委员会直接监管的三家全国性信托投资公司之一；是国内第一家金融业控股公司旗下的金融信托机构；是资产质量优良、财务结构合理的信托投资公司。

2003年中信信托在中信集团公司、中信华东（集团）公司和中信控股公司的指导和支持下，积极开拓创新，取得了一系列令人瞩目的业绩。剥离非信托类资产负债，资产结构发生重大变化；成功推出集合资金信托计划、股权信托、企业年金信托、不良资产处置信托、资产流动化信托等一系列信托产品，并初步形成大型金融信托业务特色；信托业务手续费收入大幅增长，收入结构和盈利结构发生根本性变化；在实践中培养、建立了一支高素质的专家队伍。中信信托用一年多的时间，实现了向金融信托业务的转型。

中国银监会刘明康主席说，信托业要“加快发展、健康发展”。中信信托将抓住发展机遇，积极开拓创新；坚持“勤勉、尽职、诚实、信用”的受托人宗旨，管理好信托财产，努力建设成为真正的现代金融企业。

中信信托的经营管理以《中华人民共和国信托法》、《信托投资公司管理办法》、《信托投资公司资金信托管理暂行办法》等法律法规为准则，在较为广阔的经营范围下开展各项业务。

经中国人民银行和国家工商行政管理总局批准，中信信托经营以下各项本外币业务：

受托经营资金信托业务。

受托经营动产、不动产及其他财产的信托业务。

受托经营法律、行政法规允许从事的投资基金业务，作为投资基金或者基金管理公司的发起人从事投资基金业务。

受托经营公益信托。

经营企业资产的重组、购并及项目融资、公司理财、财务顾问等中介业务。

受托经营国务院有关部门批准的国债、政策性银行债券、企业债券等债券的承销业务。

代理财产的管理、运用与处分。

代保管业务。

信用见证、资信调查及经济咨询业务。

以银行存放、同业拆放、贷款、融资租赁或投资方式运用自有资金。

以固有财产为他人提供担保。

办理金融同业拆借。

中国人民银行批准的其他业务。

地 址：中国北京市朝阳区新源南路6号京城大厦13层、9层

邮政编码：100004

电 话：010－84861327

传 真：010－84861380

网站地址：http://www.ecitic.com

E－mail：citict@citic.com

中泰信托投资有限责任公司

中泰信托投资有限责任公司是经中国人民银行总行核准，由人民日报社所属中国华闻投资控股有限公司等中央、地方大型国有企业和上市公司投资入股，首批完成重新登记的全国性金融机构，注册资本金51660万元人民币，1500万美元，注册地址上海市。中泰信托投资有限责任公司是上海五大信托投资公司之一。

中泰信托投资有限责任公司秉承“专业理财、理性投资、诚信回报”的精神和承诺，凭借专业的人才，规范的管理和优秀的团队，依法稳健经营，积极拓展业务，以信誉打造品牌，以创新追求成长，以业绩回报信任。

◆业务范围

受托经营资金信托业务；

受托经营动产、不动产及其他财产的信托业务；

受托经营国家有关法规允许从事的投资基金业务，作为基金管理公司发起人从事投资基金业务；

受托经营公益信托；

经营企业资产的重组、购并及项目融资、公司理财、财务顾问等中介业务；

受托经营国务院有关部门批准的国债、企业债券承销业务；

代理财产的管理、运用与处分；

代保管业务；

信用见证、资信调查及经济咨询业务；

以银行存放、同业拆借、融资租赁或投资方式运用自有资金；

以自由财产为他人提供担保；

办理金融同业拆借；

中国人民银行批准的其他业务；

地址：上海浦东大道720号国际航运金融大厦22楼

电话：(021)50366688

传真：(021)50368377

平安信托投资有限责任公司

平安信托投资有限责任公司成立于1996年7月2日，是中国平安保险（集团）股份有限公司的控股子公司。2002年2月，平安信托经中国人民银行批准重新注册登记，成为全国第一批获准重新登记的信托投资公司之一。2003年10月，平安信托进行增资扩股，注册资本增加到27亿元人民币，成为国内注册资本最大的信托公司之一。平安信托可以为客户提

供基于下列本外币信托业务的产品：资金信托业务、动产、不动产及其他财产的信托业务、投资基金业务；公益信托业务；租赁信托业务；企业资产的重组、购并及项目融资、公司理财、财务顾问等中介业务等。至目前为止，平安信托代管理资产超过32亿元。

信托产品服务：

受托经营资金信托业务；

受托经营动产、不动产及其他财产的信托业务；

受托经营国家有关法规允许从事的投资基金业务，作为基金管理公司发起人从事投资基金业务；

受托经营公益信托；

经营企业资产的重组、购并及项目融资、公司理财、财务顾问中介业务；

受托经营国务院有关部门批准的国债、企业债券承销业务；

代理财产的管理、运用与处分、代保管业务，信用见证、资信调查及经济咨询业务，以银行存放、同业拆放、融资租赁或投资方式运用自有资金；

以自有财产为他人提供担保；

办理金融同业拆借(上述业务含外币业务；经营期限以许可证为准)；

以贷款方式运用所有者权益项下依照规定可以运用的资金；

中国银行监督委员会批准的其他业务。

北方国际信托投资股份有限公司

北方信托是经国务院、中国人民银行批准成立的大型国有股份制金融机构，注册资本金为15亿元人民币，资产总值超过90亿元人民币。公司系由天津泰达投资控股有限公司、津联集团有限公司、天津市财政局、天津港务局、泰达股份(000652)、津滨发展(000897)、天药股份(600488)等38家大型国有企业、上市公司和民营企业投资组成的非银行金融机构，是全国首家引入外资股份的信托投资公司。

北方信托经营范围包括《信托法》、《信托投资公司管理办法》中规定的所有业务种类，而且拥有经营外汇业务的资格。公司依据有关规定，全面构建规范的金融业务平台，积极开展信托业务、基金业务、投资银行业务、实业投资业务。在信托业务的开展上，率先在天津市发行了第一支资金信托计划—滨海新区基础设施建设(管网)资金信托计划，同时在国有资产管理信托、管理层收购(MBO)信托、教育信托、公益信托、证券投资信托等领域有所创新和实践。

实业投资作为北方信托重点业务开拓领域，公司运用先进的风险控制技术，建立了严格的投资制度和科学的决策程序。经过审慎投资，目前拥有长盛基金管理公司、易方达基金管理公司、长城基金管理公司、中国人寿再保险股份有限公司、泰达风险投资公司、滨海新兴产业投资股份有限公司、天津泰安保险经纪有限公司、天津津滨新材料工业有限责任公司、渤海证券、和融资产、惠州港业等优良股权投资资产，构成了北方信托重要盈利来源，充分发挥了信托公司引导民间投资、实现"产融结合"的作用，促进了社会资源的高效、有效地配置。

北方信托不断实践管理创新，在改制为股份有限公司的基础上，整合优良资产，进一步完善了法人治理结构。同时对信托投资公司部分专业职能进行公司化运营，通过建立科学合理的股权激励机制，实现投资主体多元化，充分调动了经营者的积极性，吸引并留住了人才。在业务开展上追求专业技术高、精、尖，以本专业的业务点为龙头，拓展上下游、关联性行业，扩大业务领域，增加业务手段，提高市场化运作的能力。

北方信托在全国信托行业率先推出理财中心，与目前国内金融同业的理财中心相比，在运营规模、技术含量、服务内容、业务功能等方面都居于领先地位。理财中心集理财营业厅、呼叫中心、网上理财服务系统、代销网点于一体，将计算机网络、现代通讯工具等无形的电子手段与由专业人员构成的跨地区的有形的理财队伍相结合，形成与客户全面接触、全程服务的全方位、立体化的服务平台，实现由被动接受服务需求转变为主动提供服务内容的经营理念的转变。

"牵手北方信托享受专业服务"，北方信托通过金融改革和金融创新，在金融服务领域倡导全新的理财观念，以中国经济强势发展为依托，以集团化、国际化和专业化为目标，为国际资本和民间资本参与经济建设提供多层次的金融服务和金融产品。

百瑞信托投资有限责任公司

百瑞信托投资有限责任公司(原郑州信托投资公司)是经中国人民银行批准设立的非银行金融机构。公司始建于1986年4月，1993年2月重组开业，2002年5月改制为有限责任公司，2002年9月完成重新登记，并更名为百瑞信托投资有限责任公司。

自1993年重组开业以来，公司始终围绕"规范经营、稳步发展、强化管理、防范风险"的经营原则，对内强化管理，对外规范发展，逐步形成了稳健的经营风格。在各级政府部门的大力支持下，公司连续九年保持赢利，业务发展呈平稳增长趋势，并拥有一支素质高、能力强、实践经验丰富的专业理财队伍。

2002年，按照中国人民银行重新登记的要求，公司相继完成了信证分业和原有业务清理工作，各项指标均较好的控制在人民银行规定的范围之内，没有任何形式的个人债务、境外债务和对外担保，内部法人治理结构完善。而随着《中华人民共和国信托法》、《信托投资公司管理办法》和《信托投资公司资金信托管理暂行办法》等法律法规的陆续出台，更为公司的功能定位和业务拓展提供了有利的法律保障。作为目前唯一可同时涉足资本市场、货币市场和产业市场的金融机构，作为河南省乃至华中地区第一家正式获准重新登记的信托投资公司，百瑞信托将继续秉承"诚信为本、稳健经营"的理念，凭借投资领域的多元化和理财方式的专业化，最大程度的满足不同人群的不同需求，为广大投资者资产的保值增值开辟专业、安全、回报丰厚的理财新渠道。

地址：河南省郑州市金水路24号润华商务花园D座

邮编：450012

E—mail：brtic@brtic.com

电话：0371—3581566

传真：0371—3581538

大连华信信托投资股份有限公司

大连华信信托投资股份有限公司诞生于1981年，原名中国人民银行大连市信托投资公司。1985年，中国工商银行与中国人民银行分设，公司更名为中国工商银行大连市信托投资公司。1987年底，由中国工商银行大连市分行为主要发起人，将公司改制为股份有限公司——中国工商银行大连信托投资股份有限公司，1988年4月，完成工商登记，成为当时全国14家金融企业股份制改革试点单位之一，注册资本5,050万元。1997年，遵照国务院关于银行业与信托业分业经营的规定，公司完成与中国工商银行大连市分行的脱钩工作，更名为大连华信信托投资股份有限公司。1998年8月，经中国人民银行批准，公司以累积的未分配利润及资本公积金按照1：1的比例送、转增股本，使注册资本扩增至1.01亿元。2000年7月，在整顿信托投资公司的过程中，公司获准保留，成为大连市唯一获准保留的信托投资公司。2000年底，公司注册资本扩增至5.01亿元。2001年11月5日，公司完成重新登记，成为全国首批、东北地区首家完成重新登记的信托投资公司。

经营宗旨：公司以“诚信为本、客户至尊”为经营理念，以“受人之托、代人理财”为方式，以实现广大委托人和受益人的最大利益为目标，管理或者处分信托财产，为广大客户的投资理财提供多种金融服务，以此促进区域经济的繁荣和资源的优化配置，并努力实现股东利益的最大化。

衡平信托投资有限责任公司

衡平信托投资有限责任公司是经中国人民银行批准重新登记，由原成都工商信托投资有限责任公司、成都市金通信托投资公司采取合并新设形式组建。成都工商信托坚持稳健、自律的经营方针和“开拓、高效、诚信、求实”的经营理念，运用信托灵活多样的特点，结合市场的需求，为社会提供全方位、多功能的信托服务，具有良好的信誉，取得了显著的经济效益和社会效益。成都市金通信托投资有限责任公司于1987年经中国人民银行四川省分行批准成立，1991年由中国人民银行总行正式颁发金融许可证，1992年经成都市体改委批准，调整完善了股权结构。几年来，金通公司本着稳健高效的原则，也取得良好业绩。

衡平信托的股东现由成都市财政局、成都市国有资产投资经营公司、四川迪康产业控股集团股份有限公司、攀钢集团成都钢铁有限责任公司、四川省电力公司、成都倍特发展集团股份有限公司、四川华能实业公司、四川巴蜀电力开发公司、成都铁路局、成都华西电力(集团)股份有限公司、成都人民商场(集团)股份有限公司、四川宝光药业科技开发股份有限公司等十六家机构构成，注册资本为人民币34050万元，已形成多元完善的法人治理结构。经中国人民银行总行银复(2002)331号文批准：公司主要经营资金信托业务；动产、不动产信托业务；知识产权信托业务；公益信托业务；投资银行业务；担保、贷款、租赁、投资业务以及中国人民银行批准的其他业务。

衡平信托正按照现代企业制度的要求，进行体制创新、机制创新、管理创新，着力提高综合竞争力和发展实力，尽力为广大客户当好理财“参谋”和“管家”。

地址：四川成都东城根上街78号建设大厦

电话：86—28—8669173286277999

传真：86—28—86697185

邮编：610015

E—Mail：hpxt@equitee.com.cn

网址：www.equitee.com.cn

金信信托投资股份有限公司

金信信托投资股份有限公司前身系金华市信托投资股份有限公司，成立于1991年2月，是一家专业经营信托业务的股份制非银行金融机构。在2001年的全国性信托公司大整顿中，全国仅保留50多家信托机构，公司获准单独保留并于2002年5月全面完成重新登记。公司注册资本10.18亿元，注册资本、管理资产规模居行业前列，为全国具有较大影响力的大型信托投资公司之一。

公司成立十多年来，秉承“受人之托，代人理财”的信托宗旨和“安全、诚信、互利”的核心价值观，积极开展各类信托理财业务，致力于为企业、机构和个人提供专业的、个性化的综合金融服务。公司的业务定位为建立以资金信托为主要手段，以企业重组并购、投融资中介、受托资产管理为三大重点业务方向，以提供综合金融服务为竞争优势的业务架构；逐渐形成以手续费、财务顾问费、业绩报酬及自有资产管理收益为主要利润来源的盈利模式。目前，公司业务区域覆盖浙江、北京、上海、天津、重庆、深圳、内蒙古等大城市和经济发达地区，拥有一批稳定的、具有良好发展前景的客户群和战略合作伙伴，创立了良好的金信品牌形象。

公司的发展目标是成为一家集信托、证券、基金管理、期货经纪及保险等非银行金融业为一体，功能齐备，运作规范，能综合运用各类市场资源、为客户提供专业化的综合金融服务、国内一流的非银行综合金融服务集团。目前公司控股了金信证券有限责任公司、博时基金管理有限公司等非银行金融机构。

瑞丰信托投资有限责任公司

瑞丰信托投资有限责任公司(简称：瑞丰信托)，成立于1986年12月，后经中国银监会批复重组、增资扩股、重新登记、更名并于2004年3月于北京正式开业。公司注册资本为人民币3亿元。公司成立以来，一贯坚持稳健经营、规范运作、严格防范和控制风险的原则，经营业绩逐年稳步增长，净产值收益率等长期处于同业前茅，不仅丰厚回报股东，更对促进社会稳定和经济发展作出了积极有益的贡献，在社会上树立了良好的企业形象。公司将按照《中华人民共和国信托法》等法律、法规的有关规定，继续本着“诚信、高效、团结、创新”的精神，立足北京，面向全国积极开展本币如下业务：

1、受托经营资金信托业务；

2、受托经营动产、不动产及其他财产的信托业务；

3、受托经营法律、行政法规允许从事的投资基金业务，作为投资基金或者基金管理公司的发起人从事投资基金业务；

4、受托经营公益信托；

5、经营企业资产的重组、购并及项目融资、公司理财、财务顾问等中介业务；

6、国务院有关部门批准的国债、政策性银行债券、企业债券等债券的承销业务；

7、财产的管理、运用与处分；

8、代保管业务；

9、信用见证、资信调查及经济咨询业务；

10、以银行存放、同业拆放、贷款、融资租赁或投资方式运用自有资金；

11、以固有财产为他人提供担保；

12、办理金融同业拆放；

13、中国银行业监督管理委员会批准的其他业务。

瑞丰信托全新的运营机制和先进的管理理念为公司的长远发展奠定了坚实的基础，公司将秉承“诚信慎行、受人之托、代人理财，打造成新一代民族信托企业品牌”的经营理念，立足于高起点、高标准、高效益

公司自成立起就积极推进现代企业制度建设，按照“一法两规”及有关法规建立了较为完善的法人治理结构，并建立健全了业务经营、内部管理、风险控制等一整套经营管理制度，形成了完整、科学、务实的内部管理制度和风险控制制度，符合国际惯例的管理标准和管理流程亦正在制定之中。

公司拥有一支由高级管理人才带领、高起点建设起来的经营团队，员工队伍中具有国际著名商学院及国内一流院校的优秀人才，高素质的专业队伍为业务发展奠定了良好的基础。展望未来，公司将坚持“有所为、有所不为的”的经营宗旨，充分发挥民营企业体制优越、机制灵活、务实高效的优势，把瑞丰信托建设成为国际化、现代化、具特色的金融服务公司。

伊斯兰国际信托投资有限公司

伊斯兰国际信托投资有限公司是在宁夏伊斯兰国际信托投资公司、宁夏信托投资公司、银川市信托投资公司的基础上发起设立的有限责任公司，上述三家信托公司均为中国人民银行批准设立，成立于20世纪80年代中后期，属全民所有制国营企业，作为地方非银行金融机构，在为宁夏地方经济建设开展境内外资金融通，承办区、市政府交办的投资、贷款、担保项目等方面发挥了较大的作用。

伴随着国家经济改革的深入发展，作为专门从事金融信托业务的伊斯兰国际信托投资有限公司，她的前身，先后经历了五次清理整顿的洗礼和考验，在成立的17年间，通过信托及委托贷款、投资、担保、租赁、发行企业债券和推荐企业上市等手段，支持区内国有大中型企业和民营企业发展，涉及化工、能源、机械、交通、旅游、商业、电子、证券、医药、生态农业和贸易等行业，受益企业近千家。业务规模和实力上不断成长壮大，资本从成立之初6,000万元，发展到净资产45,000万元；累计发放各类贷款200,000万元、投资35,000万元、租赁1,000万元、发行企业债券和承销国债60,000万元；累计实现利税20,000万元；建立健全了各项规章制度和科学管理体系，锻炼成就一只敬业守职、精通业务的职工队伍。

伊斯兰国际信托投资有限公司在信托行业第五次清理整顿中，较快地完成增资改制。由酒钢集团、宁夏恒力、亿阳集团等6家企业加入，伊斯兰信托成为多家企业参股，跨地域、跨行业、不同经济成份组成的金融企业。2002年7月1日，经中国人民银行核准，伊斯兰信托成为全国信托行业中第36家完成重新登记工作，同年9月中国人民银行西安分行颁发《信托机构法人许可证》，取得了金融市场准入资格。2002年9月，是宁夏信托发展史上的一个里程碑。在宁夏自治区党委、政府的大力支持下，宁夏伊斯兰国际信托投资公司由国有独资企业改制成为由8家股东组成的有限责任公司。资本金由改制前的2.5亿元增加到近10亿元，注册资本列西北信托公司第一、西部地区第二。宁夏国际投资控股有限公司代表宁夏自治区人民政府拥有伊斯兰国际信托投资有限公司30.04%的股权。

体制上的变革，为伊斯兰信托经营管理机制的改革提供了可能。改制后，围绕建立现代企业制度、实行法人治理结构，全面展开各项业务。特别是《信托投资公司管理办法》、《信托法》和《资金信托管理办法》的相继出台，为信托公司的发展提供了法律环境和空间。公司将积极地致力于转变传统观念、深化人事制度改革、推行目标责任管理、进行原有业务清理整顿、调研设计市场定位、开展金融信托业务品种创新、实施新的信托计划等方面工作，做好资产整合、业务整合、管理整合。

伊斯兰信托将本着“诚信守信、敬业务实、合法经营、开拓创新”的执业准则，以“受人之托，代人理财”为业务核心，以优质的金融服务，为股东和客户效益最大化而努力勤奋工作。

公司总部地址：中国宁夏银川文化东街123号

联系电话：0951－6090555

电子信箱：office@iitic. com

上海国际信托投资有限公司

2002年，随着《信托法》、《信托投资管理办法》特别是《信托公司资金信托暂行管理办法》等法规的出台，公司在完成重新登记后，按照“一法两规”的要求，重又走上了一条蓬勃发展之路。

2002年，公司大胆创新，先后推出新上海国际大厦项目资金信托、磁悬浮交通项目股权受益信托、债券投资组合信托、上投置业房产项目信托等集合资金信托计划，吸收信托资金近六亿元人民币，初步完成了以经营传统商业银行业务为主的非银行金融机构向以经营信托业务为主的信托金融机构转位。公司发售的信托产品以其稳健的项目背景、良好的回报预期为广大投资者提供了一个新型的理财平台，受到了投资者的热烈欢迎并获得同行业及新闻媒体广泛积极的评价。同时公司还根据不同客户的类型和需求，为其度身设计科学的信托理财计划并在国有股减持、委托投资、职工持股、管理层收购、法人股等前沿问题上进行了积极的尝试。

投资银行领域，2002年公司受聘担任了秦山核电站三期、新江湾城、洋山深水港海港新城、洋山港同盛物流等重大项目的财务顾问；2002年，公司还获得了国债一级承销资格，在债券业务方面取得了突破性的进展。

截至2002年年底，公司总资产达到97.74亿元人民币，居全国地方信托投资机构首位。其中，自有资金25亿元，信贷资产11.59亿元，投资资产19.4亿元，受托经营资产31.74亿元。

经营范围：

(一)受托经营资金信托业务。

(二)受托经营动产、不动产及其他财产的信托业务。

(三)受托经营国家有关法规允许从事的投资基金业务，作为基金管理公司发起人从事投资基金业务。

(四)受托经营公益信托。

(五)经营企业资产的重组、购并及项目融资、公司理财、财务顾问等中介业务。

(六)受托经营国务院有关部门批准的国债、企业债券承销业务。

(七)代理财产的管理、运用与处分。

(八)代保管业务。

(九)信用见证、资信调查及经济咨询业务。

(十)以银行存放、同业拆放、贷款、融资租赁或投资方式运用自有资金。

（十一）以自有财产为他人提供担保。

（十二）办理金融同业拆借。

（十三）中国人民银行批准的其他业务。

上述业务包括外汇业务。

2003年，公司将全面贯彻十六大精神，努力实践三个代表重要思想，坚持解放思想、与时俱进，树立"观念创新、业务创新、管理创新"的全面创新理念，充分把握上海申博成功等有利时机，开发信托产品，提升理财服务质量，全面拓展债券承销、财务顾问等投资银行业务，提高资本市场的运营能力，为公司获得新一轮的大发展全面夯实基础。

地址：九江路111号

电话：021－63231111

电子邮件：lijue@sigchina.com

华宝信托投资有限责任公司

华宝信托投资有限责任公司1998年10月19日注册于上海浦东新区陆家嘴金融贸易区，2001年经中国人民银行核准首批获得重新登记。注册资本为人民币10亿元（其中美元1500万元）。上海宝钢集团公司和浙江省舟山市财政局分别持有98％、2％股份。

华宝信托在经营和管理中，遵循"以人为本、优质服务、讲求效率、稳健经营"的宗旨，坚持"受人之托，代人理财"的信托业基本理念，以资产管理为主线，大力拓展各种信托业务，不断提高投资理财能力，在证券投资、投资信托、股权信托、年金信托等方面走在业内前列，与法国兴业银行合资的华宝兴业基金管理公司是全国第二家、信托业第一家获准开业的中外合资基金管理公司。

信托业经过重新登记，明确了方向，规范了业务，制订了法规，恢复了活力，正处在大发展的前夜。华宝信托与时俱进，制定了中长期发展规划，努力成为具有核心竞争力的一流的资产管理机构，在投资能力、产品开发能力、营销能力、托管能力方面达到业内一流水平，为社会提供值得信赖的高质量的资产管理服务。

公司经营范围：受托经营资金信托业务；受托经营动产、不动产及其他财产的信托业务；受托经营国家有关法规允许从事的投资基金业务，作为基金管理公司发起人从事投资基金业务；受托经营公益信托；经营企业资产重组、购并及项目融资、公司理财、财务顾问等中介业务；受托经营国务院有关部门批准的国债、企业债券承销业务；代理财产的管理、运用与处分；代保管业务；信用见证、资信调查及经济咨询业务；以银行存放、同业拆放、融资租赁或投资方式运用自有资金；以自有财产为他人提供担保；办理金融同业拆借；中国人民银行批准的其他业务。

新华信托投资股份有限公司

新华信托投资股份有限公司（以下简称"新华信托"）成立于1979年10月，是我国最早的信托投资公司之一，公司总部设在重庆市。新华信托成立以来，经历了银信分离、证信分业、增资扩股、战略重组等历程，公司经营机制不断完善，业务规模不断拓展，并保持了良好的资产质量。2001年10月，新华信托进行增资扩股并经中国人民银行核准重新登记，成为首批获得信托机构法人许可证的信托投资公司之一。

2001年，新华信托在有关监管职能部门和股东的大力支持下，完成了股份转让、核销损失、转增股本等工作，注册资本金由人民币1.3亿元增加到人民币5亿元，并完成了信托机构重新登记工作。公司以此为契机，按照《信托法》、《信托投资公司管理办法》等法律法规的要求，壮大了资本实力，改善了资产状况，并进一步完善了公司法人治理结构，同时，围绕"受人之托，代人理财"的信托业务宗旨，将公司未来的发展战略定位于"专业化从事资产管理业务的金融机构、货币市场上的资金经营机构、资本市场上的机构投资者，并联结产业市场、资本市场与货币市场，发挥金融机构的投资导向和资源配置作用"，为各项信托业务的开展打下了良好的基础。

新华信托自2001年获准重新登记以来，秉承"珍视所托，专业理财"的经营理念，在业务发展与内部管理等方面进行了有益的探索，积极进行产品服务创新，稳步实现管理机制更新，主动探索市场开拓的新模式，走出了一条追求卓越、不断进步的成长之路，逐步树立了充满生机与活力的企业形象。截至目前，公司累计实现融资100多亿元人民币、外汇5000万美元，承销发行企业债券30多亿元，代理发行国债数亿元，受托管理资产20多亿元。新华信托良好的经营业绩和诚信为本的经营声誉已使其成为一家备受关注的金融服务机构。

济南英大国际信托投资有限公司

济南英大国际信托投资有限公司是经中国人民银行总行批准成立的非银行金融机构，其前身是济南国际信托投资公司，成立于1987年5月。1997年，山东电力集团公司受让了济南市工商银行持有的原公司股份，成为第一大股东。现公司股东为山东电力集团公司、济南钢铁集团公司、山东鲁能发展集团公司、中国石化济南炼油厂等七家国有大中型企业。目前，英大信托公司是济南市唯一的一家信托公司，也是全国电力系统唯一一家由电力企业控股经营的信托公司。

公司栉风沐雨13年，特别是1997年11月山东电力集团公司控股经营以来，对公司进行了规范的股份制改造，扩充了资本金，大力压缩和清理传统的信托业务，积极拓展新的业务领域，调整和优化了业务结构，努力争创一流金融企业，各项工作取得了全面进步和发展，公司进入了新的历史发展时期，是全省乃至全国资产质量最好的信托公司之一。截止1999年底，公司资产总额137亿元，较股权重组时增加了124亿元。1998年实现利润3641万元，实现了头年经营即扭亏为盈。1999年实现利润8209万元。为适应信托与证券分信托与证券分业的要求，确保证券业务的发展，经中国证监会批准，公司又收购了蔚深证券有限责任公司40％的股权，成为第一大股东。

按照"拓展信托业、规范证券业、发展保险业、涉足咨询业"的整体工作思路，通过两年的运作，公司资产规模迅速增长，资产结构日趋合理，资产质量显著改善，经济效益稳步提高。已经初步形成了信托业与证券业两翼齐飞、相互促进、相互发展的良好局面。无论是在资产规模方面，还是在经济效益方面，都已跨入全国十大信托公司行列，得到了各级政府、人行、证券、保险等上级领导的高度评价。英大信托公司的成功运作，实现了集团公司产业资本与金融资本的有机结合，增强了投融资功能，拓展了发展空间和效益空间。

公司现有职工160人，下设办公室、财务部、研究发展部、稽核部、资产管理总部、资金信托部、基金投资部、保险代理部、融资租赁部、资本运营部、法律事务部、证券管理总部等内部机构，建立了科学、高效、严密的工作体系。

上海爱建信托投资有限责任公司

上海爱建信托投资有限责任公司(以下简称爱建信托)是由上海爱建股份有限公司投资组建,于1986年8月经中国人民银行及国家外汇管理局批准成立,系全国首家民营非银行金融机构,公司注册资本金10亿元。2001年12月获中国人民银行批准重新登记。

爱建信托发扬“爱国建设”精神,坚持“稳中求进”理念,诚信经营,开拓创新,为国家尤其是为上海的许多重大项目提供了大量的金融支持,取得了较好的社会效益和经营效益。连续多年被评为全国500家最大的服务性企业。1997年到2003年,连续三次被评为上海市级文明单位。被上海市外经贸委评为1998—2000年度上海市外经贸委系统先进集体。2000年被上海市财政局、税务局授予“纳税信用A类企业”。2003年被中共上海市委宣传部等10家单位联合授予第五届上海市“学知识、学科学、学技术”先进集体;被中国人民银行上海市分行评为银行信贷登记咨询系统建设先进集体。2000年1月,爱建信托顺利获得了香港品质保证局的认证,成为通过ISO9002质量保证体系认证的首家国内信托投资公司。2001年,爱建信托将原实行的ISO9002—1994提升为ISO9001—2000。2001年11月,通过了香港品质保证局升级转版的审查,这是国内金融行业中第一家通过ISO升级转版的公司。爱建信托总结出的企业流程管理模式,在2000年上海企业管理现代化创新成果评审中获得一等奖。2002年7月18日,成功推出了全国第一个规范的资金信托计划—上海外环隧道项目资金信托计划,被誉为“信托业立春”的标志性事件。

爱建信托以其丰富、全面、独特的金融服务在推动经济发展中发挥着积极作用。一是爱建信托利用理财功能,可充分发挥为财产所有者经营、管理、运作、处理各种资产的作用。如动产信托、不动产信托等;二是爱建信托利用融资功能,可受托有资金节余的中小企业的资金,由爱建信托研究分析各产业、行业的发展情况,为委托者提供投资方便,同时资金紧缺而得不到银行信贷支持的企业,可以从爱建信托获得融资支持,为资金余缺的企业提供服务;三是爱建信托利用投资功能,可通过信托投资的方式将信托资金加以运用,将其转化为资本市场上稳定的投资资金,还可通过设立集合资金信托,将吸收的企业、居民节余资金投资国家各项重大工程和基础设施建设项目,实现投资的社会化、全民化,不仅仅可以拓宽投资来源,发挥国家财政投资的引导作用,还可以将项目投资的风险向社会分散,减少政府、企业、银行信托和个人所负担的风险;四是爱建信托利用服务功能,可以为国有企业的改制提供经济咨询、财务顾问、资信调查、投资咨询等咨询服务,具有贷款、股权投资、产业基金投资、贷款担保、信用见证、融资租赁等融资便利,可以为国有企业的改革提供充足的资金支持。另外,为社会公益事业服务,可设立各项公益信托,支持我国的文化教育、科技体育、慈善、环保等事业。

通讯地址:上海市汉口路110号

邮　　编:200002

陕西省国际信托投资股份有限公司

陕西省国际信托投资股份有限公司(简称陕国投)是国内首家上市的非银行金融企业,也是国内目前仅有的两家上市信托投资公司之一。公司成立于1984年,1992年增资扩股向社会发行股票,经中国证监会批准,1994年元月陕国投A股(股票代码000563)在深圳证券交易所上市交易。公司自成立以来,特别是1992年股改、1994年上市以来,各项业务飞速发展,综合实力不断增强。截止2001年底,公司总资产达39.15亿元,净资产为5.12亿元,1992年至2001年末累计实现净利润近4亿元,上缴各类税金1.6亿多元,为地方经济建设和金融事业发展做出了积极贡献,在业内具有较高的知名度和良好的市场形象。

2001年,经中国人民银行批准,公司在全国首批、西北首家完成了重新登记,换领了《信托机构法人许可证》,从此奏响了大力拓展信托主业、进行第二次创业的新乐章。根据中国人民银行核定的经营范围,目前开展的有包括资金信托、财产信托、投资基金、债券承销、自有资金投资等十三大类本外币业务,公司以重新登记完成为契机,按照坚定信心、全面煅造、提高素质、持续发展的经营方针,以全新理念打造全新的信托品牌,紧紧抓住西部大开发、陕西实施建设西部经济强省和一线两带战略的历史机遇,深入贯彻十六大精神,大力深化金融改革,加速与国际接轨,积极投身资本市场、货币市场和产业市场,拓展信托业务和自有资金投资业务,围绕全面建设小康社会的战略目标,充分发挥金融服务功能支持经济建设,同时促进公司自身更大更快地发展。

中海信托投资有限责任公司

中海信托投资有限责任公司是经中国人民银行批准的非银行金融机构,由中国海洋石油总公司于1997年向原中信上海信托投资公司入股后,更名改制而成。公司注册资本为人民币5亿元,中国海洋石油总公司和中国国际信托投资公司分别持有95%和5%股权。公司董事长、法定代表人罗汉,副董事长常振明,董事总经理储晓明。

中海信托自改制以来,不断实现并丰富着“受人之托,代人理财”的职能,在注重规避与控制风险的同时,稳健经营,积极拓展,连年取得较高的经营业绩和良好的社会效益,获得了业内外和客户的好评。截止2002年底,公司总资产36.18亿元,总负债30.66亿元,所有者权益5.52亿元,当年实现利润5,070万元,连续第五年超额完成董事会下达的利润指标。

自1998年起,中海信托根据国务院和中国人民银行有关规定,高起点、高标准地对原有业务进行了规范和整顿。整顿后焕然一新的中海信托内部管理顺畅,组织机构健全,业务品种完善,人员素质精良,资金实力雄厚,风险防范机制强化。2002年2月,中海信托投资有限责任公司成为中国人民银行首批准予重新登记的信托公司之一,3月1日领取了中国人民银行颁发的信托机构法人许可证,并于4月在上海市工商行政管理局换发了新的企业法人营业执照。

2003年,中海信托成功实施了对国家铁道部的20亿元人民币信托贷款项目,并着手开展了总公司的企业年金信托业务、富岛上市财务顾问、海南年产60万吨甲醇项目融资等业务。中海信托2003年实现营业收入5196.65万元人民币,实现净利润481.03万元人民币。

重庆国际信托投资有限公司

重庆国际信托投资有限公司的前身是重庆国际信托投资公司,1984年经中国人民银行和国家外汇管理局批准正式成立,是西部地区最大的信托机构之一。

2002年2月，经中国人民银行批准，公司改制成有限责任公司，成为在全国信托业清理整顿期间第九家获准重新登记的信托公司。公司现有四家股东，注册资本金为人民币103373万元，其中美元1565万元。

公司现有员工110多人，其中具有大学本科以上学历76人，占员工总数70%，硕士16人，博士4人。

公司成立18年来，始终遵循"立足重庆、服务全国、走向世界"的经营策略，不断健全规章制度，强化内部管理，增强防范和化解风险的能力，积极开拓具有信托特色的各项业务，运用信托灵活多样的特点，结合市场需求，广泛筹集融通资金，为社会提供全方位、多功能的信托服务。先后与世界上30多个国家和地区的100多家金融机构建立了业务关系，共融入人民币资金86亿元，外汇资金7亿美元，代理和销售债券26亿元，重点支持了一大批大中型国有企业的生产经营和技术改造，为地方经济建设做出了突出贡献。

公司以灵活的经营机制，稳健的经营作风和优质高效的服务，树立了良好的资信形象，创造了连续18年盈利的经营业绩，现已发展成为以金融信托为主，集上市公司、证券公司、香港窗口公司、投资银行、股权托管、产权交易、基金、租赁、典当、商贸、旅游、宾馆、交通运输、房地产开发、物业管理为一体的综合性金融企业集团，跻身于重庆市大型企业前列。

公司将紧紧抓住西部大开发和三峡库区建设的大好机遇，采取有效措施，进一步调整资产结构，大力引进人才、创新机制，抢占信托市场、提高经济效益，扩大公司经营规模，努力建成全国一流的信托投资公司和大型金融控股集团，为西部大开发，重庆大发展和三峡库区建设作出新的贡献，为股东投资取得丰厚回报。

厦门国际信托投资有限公司

厦门国际信托投资有限公司是由原厦门国际信托投资公司和原厦门建发信托投资公司合并设立并经中国人民银行总行批准合法从事信托投资业务的国有非银行金融机构，是目前厦门市唯一一家具有法人资格的信托投资公司。公司股东由厦门建发集团有限公司(投资比例51%)和厦门市财政局(投资比例49%)组成。注册资本金4.796亿元人民币，其中外汇资本金1500万美元。

公司积极推进现代企业制度的建设，建立了完善的股东会、董事会领导下的法人治理结构，逐步形成了比较完善、科学、务实的内部管理制度和风险控制制度，实现了业务结构战略调整，公司新业务的拓展取得了实质性的突破。

公司严格按照信托法律法规的要求，始终不渝地秉承"诚实、信用、谨慎、有效的服务宗旨，稳健经营，规范运作，开拓创新，用心服务。公司拥有一批高素质的信托从业人员，提供专业理财服务，为广大客户取得了良好的回报。

电话：0592－5311909
传真：0592－5311906
邮编：361012
地址：厦门市湖滨北路68号税保大厦附楼

深圳国际信托投资有限责任公司

1982年8月24日成立。原名为深圳市信托投资公司，注册资本人民币5813万元；

1984年经中国人民银行批准更名为深圳国际信托投资总公司，注册资本人民币1亿元，正式成为非银行金融机构，并同时取得经营外汇金融业务的资格；

1991年经中国人民银行批准更名为深圳国际信托投资公司，注册资本人民币2.8亿元，其中外汇资本金1200万美元；

在全国信托投资公司清理整顿过程中，本公司因经营管理规范、资产质量优良、经营效益良好而于2002年2月经中国人民银行批准重新登记，领取了《信托机构法人许可证》，注册资本人民币20亿元，其中外汇资本金5000万美元。公司同时更名为深圳国际信托投资有限责任公司。

经营业绩

自1993年以来
连续八年实现利润超过2亿元人民币
人均利润连续七年超过200万元人民币
截至2002年底
公司总资产为44.8亿元人民币
净资产达23.7亿元人民币
各项经济指标在国内信托业中名列前茅

公司股东

深圳市投资管理公司
深圳经济特区发展(集团)有限公司
深圳机场(集团)公司
深圳市盐田港集团有限公司
深圳市国有免税商品(集团)有限公司

主要投资控股、参股企业

国信证券有限责任公司
深圳发展银行股份有限公司
深圳沃尔玛珠江百货有限责任公司
深圳信托房地产开发有限公司
深圳国投商用置业发展有限公司
深圳市长园新材料股份有限公司

地址：深圳市红领中路1010号国际信托大厦8－10楼
电话：0755－33380600
传真：0755－33380599
邮编：518001

东莞信托投资有限公司

东莞信托投资有限公司前身为东莞财务发展公司，成立于1987年，1990年正式更名为东莞市信托投资公司，2002年4月，经中国人民银行批准重新登记，改制为有限责任公司，是经营信托业务的金融法人机构，注册资本人民币5亿元(其中外汇资本1500美元)。

公司主要业务范围：受托经营资金、动产、不动产及其他财产信托业务；投资基金业务；企业的重组、购并及项目融资、公司理财、财务顾问等中介业务；国债、企业债券承销业务；代理财产管理、运用与处分，代保管业务；信用见证，担保，资信调查，经济咨询以及人民银行批准的其他业务。

作为地方性金融机构，东莞信托致力于培养诚信、务实、谨慎的企业精神，以服务东莞经济建设为已任，大力支持我市基础设施、重点工程项目建设和镇区的经济建设，为东莞的经济发展发挥了重要作用。公司一贯坚持稳健经营的思想，十五年来资产规模逐渐增大，质量稳步提高，各项业务始终保持稳定发展的态势，各项金融指标良好，连续十五年保持无金融案件发生，2001年被评为市文明单位标兵。

重新登记后的东莞信托，正以不懈的努力，续写着信托历史的新一页。东莞信托将充分发挥珠三角的地缘、人缘优势和信托业的功能优势，培养核心投资管理能力，打造“精品信托”品牌，植根东莞，服务珠三角，向社会提供更多形式的专业化信托理财服务，为委托人、受益人创造更多的财富，共享中国经济发展的丰硕成果

地址：广东省东莞市旗峰路98号福民广场12楼

电话：0769－2312322

网址：http://www.dgxt.com

北京国际信托投资有限公司

北京国际信托投资有限公司(简称：北京国投)的前身北京国际信托投资公司诞生于国家改革开放之初。1979年，北京市人民政府成立了北京市经济建设总公司，从事对外经济贸易和综合金融业务。1984年北京市人民政府对该公司进行了专业化改组，设立了专门机构从事对外经济贸易业务，并经中国人民银行批准设立了北京国际信托投资公司。伴随着国家经济改革的深入发展，作为专门从事金融信托业务的北京国际信托投资公司先后经历了五次清理整顿的洗礼和考验，在业务规模和实力上不断成长壮大。

2000年3月，北京国投在信托行业第五次清理整顿中，率先完成增资改制。经过重组后的北京国投，成为多家企业参股，跨地域、跨行业、不同经济成份组成的金融企业。2002年3月7日，经中国人民银行核准，北京国投在全国信托行业中第17家完成重新登记工作，取得了金融市场准入资格，为开展新型信托业务创造了有利的条件。2002至今，北京国投先后成功推出了北京商务中心区(CBD)土地开发项目资金信托计划、“三环新城”经济适用住房开发建设项目资金信托计划、债券投资资金信托计划和建筑设备融资租赁信托计划等多个集合资金信托计划。

地址：北京朝阳区安定路5号C座

邮编：100029

电话：8610－64436553

传真：8610－64436551

网址：http://www.bjitic.com

山西信托投资有限责任公司

山西信托投资有限责任公司是由山西省信托投资公司改制而成，于2002年4月1日正式获准重新登记，是经中国人民银行和山西省人民政府批准保留的山西唯一一家信托机构。公司注册资本金人民币111300万元，其中美元2414万元。有5家股东单位组成，分别为：山西国信投资(集团)公司、太原市海信资产管理有限公司、山西省地方电力公司、山西省经贸资产经营有限责任公司、山西省科技基金发展总公司。公司按照现代企业制度进行管理和运作，面对当前金融市场新的竞争形势，公司紧紧抓住“二次创业”的契机，改革体制，转换观念，创新业务，强化管理，提升服务，走精品企业的发展道路，力争创造一流的现代化信托机构。

2003年，山西信托面对行业规范和市场创新的机遇与挑战，继续进行传统业务清理，积极加大信托市场拓展，建立内控机制，完善各项制度，重新配置资源，创新信托品种，扩大市场空间，提高经营效益，取得了来之不易的成绩，全年各项主要经济指标完成情况均达到或超过年初既定目标。

截止到2003年底，公司资产总额达80.53亿元，其中自有资产379106万元，信托资产458149万元。全年完成营业收入11244万元，回收逾到期贷款本息7589万元，办理代理收付业务698712万元，集合资金余额98000万元，全年实现利润总额2136万元，同时，弥补以往年度资产损失1562万元，提取呆坏帐准备金662万元，外汇保值资金收入折合人民币约430万元，公司总体经营业绩好于年初的预期目标。

在全年的经营工作中，经营班子始终围绕扩大资金增量，增加运作渠道开展工作，一年来，着重抓了以下几方面工作：一是突出抓好资金来源，扩大市场占有份额。公司先后推出了全富集合信托计划，与民生银行联合开展的晋信稳健系列信托理财计划，集合资金信托成为信托公司新的资金来源渠道，资金余额达9.85亿元，比年初增长2.24倍。单一资金信托业务也有了长足发展，受托资金年末余额共计11.26亿元。同时，在稳定原有客户资源的基础上，积极拓展市场空间，全年累计代理客户资金收付总量69.87亿元。二是积极开拓资金运作渠道，努力提高收益水平。资金运作除证券市场国债、股票投资外，还通过与其它金融机构合作，开展信贷资产转让、回购等理财业务，均取得较好的运作收益。2003年公司共承销国债26.5亿元，开展信贷资产转让、回购8.9亿元，实现证券二级市场股票交易量28亿元。三是强化外汇资金运作，确保外币保值增值。通过开展外汇结构性存款，购买境外金融债券等方式，使外汇资金平均收益达5%以上，全年实现外汇收入200多万美元。四是狠抓贷款回收，优化公司资产质量。公司把优化信贷资产增量、盘活存量作为一项重要工作来抓，全年共办理自营贷款21000万元，回收历年逾到期贷款4029万元。五是加强投资企业股权管理，努力提高分红收益。公司对入股企业进行认真地分类排队，全面了解和掌握其经营状况，全年共收回投资分红185.5万元。

2003年，山西信托在激励的市场竞争中，取得了较好的经营业绩，这主要受益于股东的支持和全体员工的共同努力，为全年计划任务的完成奠定了良好基础。

电话：0351－4042216

传真：0351－4130067

邮编：30001

地址：山西省太原市迎泽大街388号国际大厦

宁波市金港信托投资有限责任公司

本公司前身是中国工商银行宁波市信托投资公司，系工行全资子公司，于1986年11月经中国人民银行总行批准设立。1994年改组为有限责任公司。1997年6月与工行脱钩，并更为现名。在全国金融信托机构第五次大规模清理整顿过程中，因合规经营，业绩突出，资产质量上乘，于1999年9月被人民银行确定为宁波市唯一具备保留资格的信托投资公司。2002年上半年，增资扩股成功，并获准重新登记(银复[2002]99号文)，取得《中华人民共和国信托机构法人许可证》(编号K10213320001)及新的《企业法人营业执照》(注册号3302001002445)。

公司现有注册资本人民币30700万元。

公司经营范围：受托经营资金信托业务；受托经营动产、不动产及其他财产的信托业务；受托经营国家有关法规允许从事的投资基金业务，作为基金管理公司发起人从事投资基金业务；受托经营公益信托；经营企业资产的重组、购并及项目融资、公司理财、财务顾问等中介业务；受托经营国务院有

关部门批准的国债、企业债券承销业务；代理财产的管理、运用与处分；代保管业务；信用见证、资信调查及经济咨询业务；以银行存放、同业拆放、融资租赁或投资方式运用自有资金；以自有财产为他人提供担保；办理金融同业拆借；中国人民银行批准的其他业务。

长期以来，公司主攻信托、证券两大业务，与宁波市内众多的上市公司、大中型企业建立了广泛的信用关系。公司在大力支持地方经济发展的同时，不断壮大自身实力，在宁波金融市场占据了重要地位。公司是上海、深圳证券交易所的首批会员单位，下辖五家证券交易营业部，分布在甬、沪、深等地。遵照人民银行关于信托、证券分业经营的指示精神，公司与上海爱建信托投资有限责任公司等联合发起设立爱建证券有限责任公司。本公司以证券类经营性净资产，加部分现金，共计出资人民币15000万元，占爱建证券有限责任公司注册资本的23%，为第二股东。

重新挂牌后，公司将充分依托行业优势、区域优势、人才优势和股东的资源优势，全面发展资金信托、投资基金等业务。目前，公司以宁波为基地，上海为前沿，双向互动的业务格局已经形成，并将尝试推荐内地企业到海外上市，逐步涉足海外业务。

本公司将以诚信为本，与时俱进，力争为中国金融信托业进一步繁荣作出更大的贡献。

地址：中国浙江省宁波市杨善路51号(金港大厦)
传真：0574—87031700
电话：0574—87031706

新疆金新信托投资有限公司

一、历史沿革

金新信托投资股份有限公司前身为中国工商银行新疆信托投资公司，成立于1988年。1992年，经中国人民银行新疆自治区分行批准，进行股份制改造。1993年6月经新疆维吾尔自治区体改委新体改(93)043号文批复，由中国工商银行新疆分行、新疆航空公司、新疆石油总公司等五家企业共同发起，以定向募集方式成立了新疆金新信托投资股份有限公司，注册资本10000万元。1996年、1997年、2001年公司分别实施了利润送配方案和增资扩股。2002年5月，经中国人民银行乌鲁木齐中心支行批复同意，公司获准重新登记，并获颁"信托机构法人许可证"，取得信托市场准入资格。截止目前，公司总股本73859.2万元。

二、行业概况

随着市场经济运行体制的逐步建立和国企改革步伐的加快，我国的资本市场已初步形成并快速发展。信托公司可以充分发挥自身优势，运用各种全新金融技术，以其独特的金融中介职能进行资产经营。特别是《中华人民共和国信托法》、中国人民银行《信托投资公司管理办法》的正式颁布实施，明确界定了我国信托投资公司的性质、地位、功能，为信托业的健康发展指明了方向。从长远看，随着市场经济的发展、产权制度的改革，群众金融意识的增强及信托业规范程度的提高，为以"受人之托，代人理财"为主要特色的信托公司带来了新的机遇与发展空间，展示了光明的发展前景。

三、组织人员

公司法人治理结构健全，设有股东大会、董事会、监事会、经理层，下设信托营销部、投资管理部、信托项目部、投资银行部、信托财务部、计划财务部、人力资源部、行政管理部、内审部、法律顾问室、董事会秘书处和工会等部门。

随着业务的发展，公司汇聚和培养了一批懂现代信托投资业务的经营管理人才，现有员工150多人，具有金融、经济、企业管理、计算机、法律各类大专以上文化程度的员工，占77.8%。员工素质和结构有明显改善，勤奋敬业，创新开拓，协作务实的新的企业文化正在形成。同时，公司还积极借助外脑，先后聘请麦肯锡、普华永道等国内外知名的咨询机构为公司作整体的战略策划、组织设计、制度建设，在管理技术上与国内外先进的管理理念接轨，为公司今后更大、更快的发展奠定了坚实的制度基础。

四、经营业绩

公司成立以来，以全力支持国民经济发展为已任，充分发挥金融信托的灵活优势，在巩固发展传统业务的同时，大力发展证券业务，积极创新金融品种，拓展新的业务领域。随着公司战略重点逐步向资金信托、基金管理、投资银行业务的转移，尤其是最近3年来，在资金信托业务、投资银行业务、财产权信托业务等方面积累了丰富的经验，网罗了一批专业人才，形成了自己的品牌和客户资源。公司在股权并购、代客理财等业务领域，走在全国前列，树立了"理财顾问，并购专家"的市场形象。几年来，公司紧紧围绕"以服务经济建设为中心，以提高经营效益为目的"的经营宗旨，努力拼搏，开拓进取，各项业务得到了长足发展，取得了显著的经济效益和社会效益。公司自股份制改制以来，连续十年盈利，累计实现利润5.5亿元，累计上缴税金3亿元，经营业绩及管理水平呈稳健上升态势，使股东得到了较丰厚的回报。

公司营业执照注册号：6500001000040
地址：新疆乌鲁木齐市民主路40号附1号
电话：(0991)2845764
传真：(0991)2828079
邮编：830002

西安国际信托投资有限公司

西安国际信托投资有限公司前身为西安市信托投资公司，1986年经中国人民银行批准成立，系国有独资的非银行金融机构。1999年12月公司增资改制为有限责任公司。2002年4月，中国人民银行批准重新登记申请，公司正式获准单独保留。2003年12月经中国银行业监督管理委员会陕西监管局批准，换发了中华人民共和国金融许可证。公司注册资本金为人民币3亿元。

多年来，公司秉承"受人之托，代人理财"的信托宗旨和"稳健、规范、专业、诚信"的经营原则，积极开拓创新各项信托理财业务。目前公司已建设成资产质量优良，法人治理结构合理，业务创新灵活，风险控制科学的现代非银行金融机构。公司将继续以优质的金融服务，为股东和客户效益最大化而努力勤奋工作。

浙江省国际信托投资有限责任公司

公司现拥有一支整体业务素质较高、职业道德优良、年龄结构合理的员工队伍，其中硕士以上学历者占公司总人数的四分之一以上，具有经济、会计等专业技术中、高级职称者占公司总人数的一半以上，并拥有特许金融分析师、注册会计师、律师、证券期货从业资格者多名。勤勉敬业、开拓创新、诚实信用、团结奋进，是浙江国信人的精神风尚。

浙江省国际信托投资有限责任公司将秉承“以人为本，诚信至上”的经营理念，以资本市场为依托，充分利用浙江省优越的区域经济金融条件，以“受人之托，代人理财”的信托业务为根本，重点拓展信托、基金管理、投资银行等三大核心业务，致力成为一家实力雄厚，信誉卓越，创新有力，管理稳健，运作高效，效益突出的信托机构，为浙江乃至全国经济和社会发展作出应有贡献。

经营范围：

受托经营资金信托业务；

受托经营动产、不动产及其他财产的信托业务；

受托经营公益信托业务；

受托经营法律、行政法规允许从事的投资基金业务，作为投资基金或者基金管理公司的发起人从事投资基金业务；

经营企业资产的重组、购并及项目融资、公司理财、财务顾问等中介业务；

受托经营国务院有关部门批准的国债、政策性银行债券、企业债券等债券的承销业务；

代理财产的管理、运用与处分；

代保管业务；

信用见证、资信调查及经济咨询业务；

以银行存放、同业拆放、融资租赁、贷款或投资方式运用自有资金；

以固有财产为他人提供担保；

中国人民银行批准的其他业务。

上述业务包括外汇业务。

地址：浙江杭州市延安路 515 号浙江国信大厦

邮编：310006

电话：0571－85069331

传真：0571－85154216

网址：http://www.zitic.cn

山东省国际信托投资有限公司

山东省国际信托投资有限公司是于 1988 年 2 月经中国人民银行和山东省人民政府批准设立并注册登记的非银行金融机构。自成立以来，公司充分发挥金融与投资双重职能，锐意进取，开拓创新，现已发展成为以经营管理省基建基金、资金信托、财产信托、租赁、投资银行、国际金融、证券投资基金为主要业务的大型公司。

按照国家关于信托公司进行重新登记的要求，公司于 2002 年 6 月完成了增资改制和重新登记工作，变更为有限责任公司，注册资本增至 12.8 亿元(其中 1500 万美元)。截至 2003 年 12 月底，公司总资产 174.19 亿元，净资产 13.96 亿元，当年实现利润 1.18 亿元。

地址：济南市解放路 166 号

邮编：250013

传真：0531－6968708

苏州信托投资有限公司

苏州信托投资有限公司是经中国人民银行批准设立的具有独立法人资格的非银行金融机构。公司前身是苏州市信托投资公司，于 1991 年 4 月经中国人民银行批准设立。在国家对信托业清理整顿过程中，由于自身合规经营、业绩稳健、资产质量较好，较早地获准重新登记，经中国人民银行核准成为为数不多予以保留的市级信托投资公司，并取得信托机构法人许可证。2002 年 9 月 18 日获准重新工商登记。公司现有注册资本金 3 亿元。苏州国际发展集团有限公司作为苏州市证券、信托、银行、期货、投资等金融产业的重要控股经营机构，被授权代表苏州市政府作为苏州信托的第一大股东。

苏州信托拥有项目咨询、尽职调查、财务顾问、策划研发、方案设计、投资管理、风险监控、财务核算、登记管理等实际运作方面的专业团队，实力雄厚，运作规范，并具有实施对常熟电厂委托投资、宁沪高速公路法人股东股权代管等案例的成功经验，在同行业中以稳健诚信著称。2003 年以来，苏州信托陆续推出了以苏州苏嘉杭高速公路项目股权信托受益权投资计划、银泰百货柜台经营收益权信托优先受益权投资计划、苏州精细集团管理层收购融资项目信托投资计划、苏州天然气管网有限公司股权投资项目资金信托计划、苏州博物馆新馆建设项目资金信托计划等为代表的 22 个信托投资品种，产品涉及领域有基础设施建设、地方国企改制、房地产行业等。至 2003 年底，受托管理信托财产累计 18.45 亿元。

苏州信托将继续恪守“敬业、诚信、自律、创新”的经营原则，本着“受人之托、代人理财”的从业宗旨，坚持以市场为导向，以效益为中心，以满足社会对信托业务的需要和实现受益人合法利益最大化为目的，合规经营，科学管理，高效运作。

青海庆泰信托投资有限责任公司

青海庆泰信托投资有限责任公司成立于 1997 年 9 月，是经中国人民银行批准成立的青海省非银行金融机构。总部设在西宁。庆泰公司注册资本金为 1.67 亿元人民币，十家投资入股单位为青海三普药业股份有限公司、青海资控股有限公司、青海省投资公司、青海省国债服务部、西宁特殊钢(集团)有限责任公司、青海同仁铝业股份有限公司、沈阳联亚实业发展公司、北京怡天生物工程公司、上海大庆能源有限公司、广州南华西实业股份有限公司，均为国内较有影响的大中型企业。

法人代表：武英

公司地址：青海省西宁市七一路 348 号 81000

电 话：(0971)8223130　8223136　8223137　8223139
(010)64255635　64265511－3198

传 真：(0971)8223131　(010)64255684

西部信托投资有限公司

西部信托投资有限公司，是经中国人民银行银复[2002] 203 号文件批准，由原陕西信托投资有限公司与原陕西省西北信托投资有限公司合并重组的一家金融机构。公司于 2002 年 7 月 18 日在陕西省工商行政管理局注册登记，注册资本金为人民币 56000 万元。

主要业务

信托就是信任委托。信托作为一种经济行为，是指委托人将自己的资金、财产或有关事务委托给信任的机构(即信托投资公司)代为管理、经营的经济活动。

现将公司目前主要推出的业务介绍如下：

资金信托业务就是委托人将自己无法或不能亲自管理的资金以及国家有关法规限制其亲自管理的资金，委托信托投资公司按照双方约定的条件和目的进行运用和管理，以达到保值增值的目的，获取更多的收益。

财产信托业务就是委托人将自有的动产和不动产委托给信托投资公司代为管理的经济活动。适用于房地产开发、企业资产重组、租赁转让、融资续建、整合营销等管理处置行为，能解决客户的实际困难，促进不动产的竣工使用、收益变现或保值增值。

投资基金信托业务就是信托投资公司与委托人签署委托合同，设立信托基金，通过运用投资组合，进行产业投资和证券投资。这项业务以信托投资公司为桥梁，既解决了拥有良好项目但融资困难企业的资金问题，又为广大群众提供了新的理财品种。

中介业务信托投资公司中介业务分为五类：第一类是代理业务，包括代办结算、代理收付款项、代理保管和代发债券等业务；第二类是租赁业务，包括融资性租赁和服务性租赁等业务；第三类是投资银行业务，包括基金管理、公司理财、项目融资、企业购并、资产重组、财务顾问等业务；第四类是信息咨询和其它咨询业务；第五类是对外担保业务。

生意兴隆信为首，财源茂盛德作报。信誉是业绩的基础，业绩是信誉的保证。恪守职责是公司的信条，为客户创造最大收益是公司的追求。西部信托投资有限公司将以崭新的面貌活跃在金融市场。我们愿与社会各界在项目、资金和信息等方面建立长期合作关系，努力推动金融资本与产业资本的紧密融合，为客户提供专业、优质、高效的金融服务。

地址：1 中国·西安东新街 232 号
电话：(029)7406010　7406071
传真：(029)7406300
邮编：710004

天津信托投资有限责任公司

天津信托投资有限责任公司是经中国银行业监督管理委员会批准设立的金融机构，成立于 1980 年，是国内最早成立的信托投资机构之一。公司现注册资本金 14.25 亿元人民币，股东 10 家。天津市财政局、中国节能投资公司为我公司大股东。

公司自成立以来，一直本着“诚实、信用、谨慎、有效”的经营理念，奉行“受人之托，代人理财”的基本职能，立足信托本业，在资金信托、证券投资、投资银行等领域大力开展业务。同时公司注重培养投资理财人才，不断提高经营管理水平，在全国同行业中享有一定的声誉。在业务经营和管理方面坚持稳健的经营原则，建立了严密的信托投资决策制度、风险管理控制制度，可为投资者提供安全、稳定、高回报的投资理财服务。

地址：天津市河西区围堤道 125－127 号(天信大厦)
邮编(P.C)：300074
电话(Tel)：86－22－28408280
传真(Fax)：86－22－28408279
E－mail：market@tjtrust.com

吉林省信托投资有限责任公司

吉林省信托投资有限责任公司前身为吉林省信托投资公司，成立于 1985 年，2001 年，经省政府批准成为吉林省金融投资产业国有资本营运机构之一，在全国信托投资公司清理整顿中获得独立保留，成为吉林省唯一保留的信托投资公司，并于 2002 年 3 月 1 日，经中国人民银行批准获得重新登记，正式更名为“吉林省信托投资有限责任公司”。

多年来，吉林信托顺应改革开放的潮流，驻立市场经济的潮头，始终奉行“规范经营、注重效益、防范风险、稳健拓展”的经营理念，大力改革经营机制，积极整合管理体制，建立完善的法人治理结构，不断加大金融创新力度，取得了良好的经济效益和社会效益。截止 2001 年底，资产总量达到 60 亿元，注册资本金达 13 亿元，分别比成立之初增长 39 倍和 13 倍；连续几年实现利润及投资收益超亿元，2001 年实现利润及投资收益 1.26 亿元。目前，吉林信托已成为吉林省内成立最早、规模最大、实力最强的地方非银行金融机构，在全国信托投资公司中处于上游发展水平。

世界经济一体化、金融业务全球化对金融信托业无疑提供了良好的发展机遇和严峻挑战。随着加入 WTO，吉林信托提出要在五个方面先“入世”：一是观念先“入世”；二是规章制度先“入世”；三是工作方式方法先“入世”；四是知识技能先“入世”；五是人才开发先“入世”。制定并实施《吉林省信托投资有限责任公司五年发展规划》。一如既往地支持吉林经济建设，以“一流的信誉、一流的水平、一流的技术、一流的管理”为企业服务，为社会奉献。通过各种金融创新工具，更便捷、更廉价地筹措资金，更科学、更充分、更有效地运营资金，剥离低效资产，调整存量结构，推进改制重组，实现资产的保值增值及资本质量的改善与提高。力争用五年时间，把吉林信托建设成为集“金融信托、证券投资、基金管理、投资银行、风险投资、期货交易和经贸实业”于一体的在境内外上市的现代金融控股集团，综合实力进入全国信托业先进行列，并为抢占国际金融市场奠定基础。

前瞻未来，任重道远，让我们手挽手、肩并肩，抢抓机遇，应对挑战，与时俱进，开拓向前，创造吉林信托更加辉煌、灿烂的明天。

地址：长春市长春大街 156 号
邮编：130041
电话：0431－8993557
传真：0431－8993567
电子邮箱：jptic@public.cc.jl.cn

中融国际信托投资有限公司

中融国际信托投资有限公司是经中国人民银行批准，由原哈尔滨国际信托投资公司增资扩股，重新登记的非银行金融机构，注册资本金 32,500 万元(其中美元 1500 万元)，是黑龙江辖区唯一一家信托投资公司。

公司设有信托业务部、国际金融部、研究发展部、投资银行部、投资管理部、资金管理部等 12 个业务管理部门，拥有员工 35 人，其中 15 人具有硕士、博士学位。公司经营范围宽泛，可从事中国人民银行批准的资金信托业务、投资银行业务、投资基金业务及代理业务等十三项本外币业务。

中融国际信托本着“诚信为本，人才战略，规范经营，稳步发展”的经营理念，坚持“诚信、稳健、谨慎、高效”的管理原则，为投资者提供安全、高效的金融信托产品与服务。十余年来，累计融投资百余亿元，支持了哈依煤气、哈药集团、哈尔滨啤酒厂等几十个重点建设项目，完成了参股江海证券、发起设立北京中视都市传媒等一些前景广阔的投资项目，并为多家企业设计了 MBO、员工持股等股权激励方案，赢得了广大投资者的信赖，在大型国有企业改制重组、项目筛选和融投资业务中取得了丰富经验,已成为我国金融信托业中为数不多的资产质量较好、人力资源丰富、管理制度健全、具有一定业务网络和规模的信托投资公司。中融国际信托将继续发挥多年积累的丰富经验,广泛吸收高素质人才,不断提升管理水平,拓展新业务领域,为广大投资者提供更加完善的金融信托产品与服务。

经营范围

受托经营资金信托业务;受托经营动产、不动产及其他财产的信托业务;受托经营国家有关法规允许从事的投资基金业务,作为基金管理公司发起人从事投资基金业务;受托经营公益信托业务;经营企业资产的重组、购并及项目融资、公司理财、财务顾问等中介业务;受托经营国务院有关部门批准的国债、企业债券承销业务;代理财产的管理、运用与处分;代保管业务;信用见证、资信调查及经济咨询业务;以银行存放、同业拆放、融资租赁或投资方式运用自有资金;以自有财产为他人提供担保;办理金融同业拆借及中国人民银行批准的其他业务。

公司名称：中融国际信托投资有限公司

单位地址：哈尔滨市南岗区中宣街16—1号14层

邮政编码：150001

机构网址：http://www.zritic.com/zr.htm

中信兴业信托投资公司

中信兴业信托投资公司是中信公司投资业务规模最大的直属子公司,以实业投资为主,并经营金融、贸易、服务等业务,是跨行业、跨地区的全国性公司。

中信兴业信托投资公司在国内外投资组建了全资、合资、合作企业150余家,其行业涉及冶金、纺织、矿产、建材、机电、轻工、房地产、通讯、工程建设、服务等领域。中信兴业信托投资公司开展人民币及外汇的金融业务,其中包括:所投资企业的贷款、同业拆借、委托存放款、担保业务、证券业务等。中信兴业信托投资公司积极开展所投资(含贷款)企业的进出口业务及投标业务,出口产品达数佰种。中信兴业信托投资公司还与地方主管部门合作成立了地方经济联合开发公司或工贸公司,促进了地方经济的发展。

新疆国际信托投资有限责任公司

新疆国际信托投资有限责任公司由自治区财政出资,成立于1987年。公司近年规模不断发展壮大,截止2001年累计实现税后利润2.7亿元,缴纳各种税金1.15亿元。通过境外借款、担保、合资等方式直接间接引进外资1.5亿美元,为自治区25家大中型企业投资累计30亿元人民币,有力支持了地方企业的发展,为新疆经济建设做出了突出贡献。2000年和2001年被乌鲁木齐市委市政府授予“突出贡献企业”称号。

依照国务院清理整顿信托业和人民银行关于信托公司重新登记的要求,新疆国际信托投资公司经过清产核资,资产质量得到提高,2002年6月新疆国际信托投资公司改制成有限责任公司,公司资本金33063万元,其中外汇资本金1500万元,公司注册地为新疆维吾尔自治区乌鲁木齐市,符合人民银行规定重新登记的条件,经人民银行总行审查,于2002年7月31日以银复[2002]216号文批准予以登记,并变更名称为“新疆国际信托投资有限责任公司”。

公司发展战略:坚持以市场为导向,以效益为中心,坚持资产管理与资本经营并重,走集团化、产业化、金融化道路,按照集团综合,法人分业的模式,形成以金融信托为核心,以产业发展为主体的金融控股集团公司。

公司信托管理理念:诚信尽责,创新务实,追求效益,稳健经营。

经营策略:以科学准确的市场定位,专业高效的员工队伍,严谨的风险防范构筑公司的盈利平台,以信托投资为切入点,以投资多元化组合为特色,依托新疆,面向全国,走向世界,形成公司的多层次盈利模式,把资产管理业务、证券基金业务、投资银行业务作为公司的盈利手段,发挥优势,深化改革,努力培育公司的核心竞争力,实现公司跨越式的发展。在中国信托业内树立特色品牌。

公司的经营范围包括本外币业务:

受托经营资金信托业务;受托经营动产、不动产及其他财产的信托业务;受托经营法律、行政法规允许从事的投资基金业务,作为投资基金或者基金管理公司发起人从事投资基金业务;经营企业资产的重组、购并及项目融资、公司理财、财务顾问等中介业务;受托经营国务院有关部门批准的国债、政策性银行债券、企业债券等债券的承销业务;代理财产的管理、运用与处分;代保管业务;信用见证、资信调查及经济咨询业务;以固有财产为他人提供担保;受托经营公益信托;以存放于银行或者用于同业拆放、贷款、融资租赁和投资的方式运用自有资金;办理金融同业拆借;中国人民银行批准的其他业务。

地址：乌鲁木齐市中山路116号国际合信大厦

电邮：lifeng7@vip.sina.com

传真：0991—2315959

路透集团

路透集团(www.reuters.com)是一家全球企业,向金融市场及企业市场专业人士提供作为其决策重要依据的市场资讯产品和交易处理服务,向全球媒体客户提供文字、音像和图片等内容产品。

路透94%以上的收入来自金融服务业务,以诚信、独立、准确和时效享誉全球。

路透集团的核心实力是为金融业和媒体业提供内容、资讯、分析、交易处理服务及金融社区平台。根据行业标准设计的开放式科技让客户能便捷搜寻、储存、综合其他来源的资讯和使用其他厂家的服务。

路透集团亦为用户提供风险管理系统解决方案,帮助他们减低风险、分配及管理资产,同时为全球外汇交易市场提供专用的自动交易处理平台。

路透集团历史

1851年10月14日,在伦敦金融街皇家交易所1号,路透正式宣告成立。路透创办人保罗·朱利叶斯·路透(PaulJuliusReuter,1816—1899年)原是一位德裔移民,迁居伦敦后,就一直从事新闻及股价资讯的传播服务,并且在传播方法上使用“科技组合”——当时的电缆电报以及一群其后数目多达200只的信鸽。就靠这样的科技组合,路透建立起迅速、准确、诚信、公正的声誉,并且享誉国际。

一开始,路透只是向用户提供伦敦和巴黎两地股票交易所的开盘价和收盘价,后来,其业务范围逐渐扩大。路透通过当时刚铺通的连接英国和法国的海底电缆收集来自欧洲大陆的各种最新金融信息，然后以“路透社快讯”的形式出售给金融机构和股票商。为广泛收集信息，加快传递速度，路透在欧洲各国首都都设立了通讯员，在巴黎、柏林、维也纳、雅典、阿姆斯特丹等商业中心建立起通讯和销售网络。这些原本用于传递金融信息的通讯网络后来在传播政治新闻时发挥了作用。

当时的欧洲政局动荡，战事频发，人们关心形势的变化和战事的进展，需要了解与此相关的各种政治、外交和军事新闻。而英国政府1855年6月30日取消“知识税”后，英国报业获得长足发展，媒体间竞争促进了对新闻时效的要求，这也为路透调整发展战略，开发新闻产品，占领媒介市场提供了良机。

克里米亚战争（1854—1856年）期间，路透通过其通讯网络将采集到的最新战况及时在皇家交易所公布，引起了金融家和商人们的关注和兴趣。渐渐地，路透以其迅捷、准确的新闻传播在国内外经济界赢得了声誉。

路透新闻传播业务成功的关键，在于向报界的扩展。1858年10月13日，路透同《泰晤士报》总编签订了供稿合同。从此，路透实现了从金融街到舰队街（报刊街）的跨越，确立了自己在英国新闻界的地位。

此后，路透播发的林肯总统遇刺等多条独家新闻更使其名传海外。至1870年与法国的哈瓦斯通讯社和德国的沃尔夫通讯社共同缔结瓜分世界新闻市场的协定，路透已经成了内容垄断国际新闻传播，具有世界影响的新闻通讯社之一。

1878年，保罗·朱利叶斯·路透把自己苦心经营了27年的路透通讯社交给了大儿子赫伯特·路透。此时的路透已改名为“路透电报公司”，股份在伦敦交易所上市出售，其新闻与信息传播网络已随着电报线路的延伸遍及欧洲、美洲、亚洲和中东地区，几乎世界各国都有其记者的足迹。路透作为家族企业的历史持续了64年。

1915年9月，原驻开普敦分社社长罗德里克·琼斯受命担任社长（总经理）。从此，开始了由非路透家族成员执掌公司的”路透新时代“。1918年，路透率先报道第一次世界大战停战的消息。1923年，路透创新使用无线电在国际间发送新闻，并且开始以摩尔斯电码在长波无线电波序号频率上发送股市价格及外汇汇率的业务。1964年，路透率先使用电脑在国际间传送金融资讯。1984年，路透在伦敦证券交易所及NASDAQ挂牌上市，由此完成了国际化转变，并从此不断发展茁壮。

路透业务的客户群

机构销售及交易部门一为集团的核心部门。为外汇、债券、股票、商品和能源等相关市场的客户提供所需的财经新闻、实时数据、价格、分析工具和交易处理服务，便于在交易社区内随时交流及交易。路透的交易处理服务独立于经纪行，利于买卖双方获得最理想的成交价格。

资产管理及研究部门一服务对象包括从事公司及金融行业研究的银行人员、资产管理者和企业。集团的产品组合ReutersKnowledge专为从事投资银行业务及研究的专业人士打造，还为投资组合经理（PortfolioManagers）提供财经新闻、历史数据和分析工具，以便完成投资决策及建立和调整投资组合。此外，集团把BarraOne?投资组合风险分析工具整合并入Reuters3000Xtra和BridgeStation，为投资组合经理及分析员创造增加值。

企业部门一把整个企业作为客户而非个别终端用户。集团为企业客户提供与其公司内部应用软件相配合的软件系统，以便获取实时市场数据等信息，提供风险管理软件及交易处理服务。

媒体部门一为报纸、电视、广播和互联网等媒体客户提供服务。

路透集团投资组合

路透集团拥有一个综合的投资组合，旗下的企业与集团的整体策略一致。其主要控股公司及投资项目包括：

Instinet（路透集团63%股份）为独立经营之电子经纪附属公司，在纳斯达克独立上市（上市编号：INGP. O）。该公司提供环球证券交易、固定资产、市场研究、结算及交收服务。Instinet在全球四十个市场上进行交易，为全球二十个交易所的会员。进一步资料请浏览www. instinet. com。

Radianz（路透集团51%股份）为全球最庞大的金融服务网络，汇聚无数以安全快捷途径传递交易资料及其他金融资讯的企业及金融机构，组成环球社群。该公司为金融服务业提供一流联网服务，安全可靠，并确保环球存取畅通无阻。进一步资料请浏览www. radianz. com。

Factiva（路透集团50%股份）通过其网站及内容整合方案，提供网上环球新闻及商业资讯。进一步资料请浏览www. factiva. com。

路透基金

路透基金是由路透资助的教育及人道慈善基金，充分体现公司及员工的价值观和对社会的回报。该基金运用集团在资讯、科技及通讯方面的技术和专业经验，为路透集团各分部所在的城市及社区带来裨益。在中国内蒙和四川，路透集团已捐资建设了两所希望小学并资助学校学生费用，在北京郊区通州，集团还向当地小学捐献计算机教学实验室。进一步资料请浏览www. foundation. reuters. com。

相关数据资料：

- 1851年于英国伦敦成立
- 上市地点：伦敦交易所和美国纽约纳斯达克股票交易所，代号分别为RTR及RTRSY
- 现有约42万7千名金融市场专业用户
- 收集及更新逾2亿组市场数据、其中载有3万亿项个别的数据（或纪录项）
- 提供4万多家公司的资料
- 提供全球258家交易所及场外交易市场的财经资讯
- 全球5千多家客户为路透提供价格、意见及分析
- 全球最大媒体内容提供商，2400名编辑、记者、摄影师及电视摄制人员遍布130个国家197个分公司，服务全球客户
- 每天以19种语言发布约3万条新闻，其中包括第三方提供的资料，逾800万字
- 共1万5千5百多名员工，遍布92个国家
- 财经数据资料更新8千次/秒，高峰期达2万3千次/秒
- 互联网上阅览率最高的资讯源之一，直接送达数以百万计的办公室、家庭及个人数码助理（PDA）用户

已重新登记的信托投资公司名录

截至目前，全国239家信托公司，应彻底退出信托市场、摘去信托机构牌子的有160家左右，已对外公告摘牌的公司达118家；剩下的80家左右将合并保留为60家左右，其中80家中的44家已经经过重新审核登记，合并保

留为 34 家。

已重新登记的信托投资公司：

1、中煤信托投资有限责任公司
2、上海国际信托投资有限公司
3、华宝信托投资有限公司
4、重庆新华信托投资股份有限公司
5、大连华信信托投资股份有限公司
6、济南英大国际信托投资公司
7、上海爱建信托投资有限责任公司
8、中海信托投资有限责任公司
9、陕西国际信托投资有限公司
10、重庆国际信托投资有限公司
11、厦门国际信托投资有限公司
12、深圳国际信托投资有限公司
13、平安信托投资有限公司
14、中泰信托投资有限公司
15、东莞市信托投资公司
16、吉林省信托投资公司
17、北京国际信托投资公司
18、西藏自治区信托投资公司
19、山西省信托投资公司
20、浙江省国际信托投资公司
21、金信信托投资股份有限公司
22、宁波市金港信托投资有限责任公司
23、新疆金新信托投资有限公司
24、甘肃省信托投资有限公司
25、西安国际信托投资有限公司
26、中融国际信托投资公司
27、中信兴业信托投资公司
28、山东国际信托投资公司
29、伊斯兰国际信托投资有限公司
30、苏州市信托投资有限责任公司
31、黔隆国际信托投资有限责任公司
32、中国对外经济贸易信托投资有限责任公司
33、青海庆泰信托投资有限公司
34、西部信托投资有限公司
35、新疆国际信托投资有限责任公司
36、江苏省国际信托投资有限责任公司
37、天津信托投资有限责任公司
38、天津北方国际信托投资股份有限公司
39、百瑞信托投资有限责任公司

第四编

中国期货市场

2358/2428

本栏目由以下单位协办(排名不分先后)

★ 中国国际期货经纪有限公司
★ 浙江金迪期货经纪有限公司
★ 云晨期货经纪有限公司
★ 大同煤业股份有限公司
★ 湖南长丰汽车制造股份有限公司
★ 中国外运股份有限公司
★ 安徽山鹰纸业股份有限公司
★ 内蒙古鄂尔多斯羊绒制品股份有限公司
★ 浙江龙盛集团股份有限公司
★ 风神轮胎股份有限公司

第一章　中国期货市场概况

中国期货市场

【概况】2003年中国期货市场出现了巨大变化，由复苏转入高速成长，运行中呈现出许多新的特点。

（一）期货交易规模创历史新高，期货业经营效益全面好转

2003年三大期货市场全面活跃，期货成交合约和成交金额都有较大幅度增长（见表1），共同创造了2003年中国期货市场交易规模比上年成倍增长的骄人成绩。2003年全年共成交期货合约27992.43万手，期货成交金额总计108396.59亿元，分别比上年增长100.76%和174.52%，成交金额突破10万亿元，超过1995年期货市场的历史最好水平

期货市场的快速发展，扭转了期货业挣扎在生存线上的窘况。2003年三个期货交易所全面实现盈利；期货经纪业全年实现代理总额10.69万亿元，比上年增长176.94%，实现了扭亏增盈，全年实现利润超亿元，盈利面超过70%。

（二）高速成长来自于市场的内涵发展

2003年年初，郑州商品交易所在小麦家族中推出强筋小麦，给期货市场增加了一点新意。而大家期盼的新品种仍然没有推出，市场的生存与发展依然依靠老品种。现有的7个商品期货品种，除了期铝交易规模与上年持平外，其他品种的交易都大幅度增长，流动性增强，期货与现货的比例逐步提高，出现老品种均衡发展、共创繁荣的局面，中国期货市场依靠内生力量实现了持续快速发展。

（三）主要交易品种行情火爆，市场运行基本平稳

受国际、国内市场供求变化的影响，2003年期货市场所有上市品种价格出现激烈波动，较大幅度上涨。无论是上涨幅度和上下振动的波幅都是历年来少有的。交易品种少，资金集中，交易规模大幅增长的同时蕴藏着巨大的市场风险。3月天然胶期货出现了持续跌停板的事件；8月硬麦期货也同样出现了一次持续性的暴跌行情；10月大豆和豆粕期货进入暴涨阶段；国庆节过后，期货市场大部分品种出现大幅度全面上涨情况等等。面对市场风险的严峻考验，各交易所及时出台了一些控制风险的政策，打击了操纵市场行为，化解了市场风险，保护了投资者的利益。几家交易所面对大幅上涨的行情，同时提高了交易保证金，保证了市场的平稳运行。

（四）期货市场功能进一步发挥，国际地位不断提高

2003年8、9月份，大豆、小麦等期货品种的价格开始出现触底回升，10月份现货市场的粮食价格大幅上涨，充分展现出期货市场发现价格和预警功能；大豆主产省黑龙江及时向农民宣传大豆期货价格，使农民真正得到大豆价格上涨的好处；年初强筋小麦上市交易，促进了农业产业结构调整和小麦质量的提高。期货市场的功能在实践中被社会所认识，并向广度和深度发展，期货品种的上、中、下游各环节都有更多的企业开始利用期货市场避险、保值和指导生产，中国期货市场对国民经济的贡献日益增大。

随着国内大豆、小麦、铜、天然胶期货市场的发展，这些商品期货价格受到国际市场的重视，并在国际期货商品定价体系中发挥越来越大的影响和作用。郑州商品交易所小麦交易量已位居世界第三位，其硬麦期货价格被路透社列入全球硬麦报价系统，成为全球硬麦交易的参考价格；上海期货交易所已经成为亚洲铜的价格中心，期铜价格已经成为国际铜定价链中的重要一环。其天然胶期货价格也取代东京，成为亚洲的定价中心；大连商品交易所正在成为全球最大的非转基因大豆定价中心。

（五）投资者信心增强，入市资金倍增

越来越规范的期货市场，增加了投资者入市的信心。商品价格的剧烈波动和火爆的市场行情，吸引越来越多的投资者进入期货市场，流入期货市场的资金不断增长。2003年市场保证金大约有150亿元左右，比2002年翻了一番。郑州商品交易所入市资金增加10多个亿，投资者增加5.2万户，其中许多粮食企业进入期货市场套期保值；上海期货交易所客户总数达11万户，比上年增长83%。其中，套保交易量比上年增长121%，铜、铝、天然胶套保量分别占当年产量的46%、13%、72%。2003年大豆价格大幅上涨，使更多的与大豆相关的生产、加工企业进入大连商品交易所进行套期保值。参与期货市场的投资者不仅数量增加，而且利用期货市场的理念和水平及使用效益也在提高。

【快速成长的因素分析】推动期货市场快速成长的因素分析

（一）深化经济体制改革为期货市场的发展奠定了更好的基础

完善的市场经济是期货市场生存的基础，为市场经济服务是期货市场发展的动力。党的十六大以后，完善社会主义市场经济体制的深化改革，为中国期货市场的发展奠定了更好的基础。首先，十六届三中全会决定中明确指出“稳步发展期货市场”，肯定了期货市场的作用，为期货市场的发展指明了方向。其次，2003年国有企业、投融资体制、金融体制、粮棉流通、垄断行业等各项深化改革全面启动，社会市场化程度不断提高，公平竞争的环境不断改善，市场主体的自主能力增强，为期货市场的发展创造了条件。第三，加入WTO后国内外市场接轨并互相渗透，要求中国社会主义市场经济的运行规则适应经济全球化的发展趋势和新的国际竞争形势。中国实现承诺逐步减少进出口配额和降低关税，减轻了对期货市场的束缚；国际期货市场对重要商品价格形成的影响加深了中国经济界对期货市场重要性的认识，引导更多的企业参与和使用期货市场。

（二）中国经济较快增长扩大了对期货市场的需求

2003年，中国经济正处于新一轮经济增长周期的上升期，经济高速增长和经济总量扩大从多方面带来对期货市场旺盛的需求。一是较快的经济增长速度，国内需求的旺盛，国际政局动荡、美元贬值、农产品减产及中国进口增加等因素使铜、铝、大豆、天然胶、小麦等主要期货品种的价格全部上行。2003年中国期货市场出现少有的牛市行情，刺激这些交易品种交易活跃，交易量激增。二是受年初非典、各种自然灾害以

及国际局势动荡的影响，2003年中国经济出现两头高、中间低的振荡走势，引起包括生产资料、农产品等一系列商品价格的剧烈波动，增加了生产、经营者利用期货市场套期保值、回避价格风险的需求。三是中国经济持续增长和经济运行质量不断提高，社会财富增加，企业实力增强，民间资金充沛，投资需求旺盛，在期货市场行情火爆的吸引下，大量的投资者进入期货市场。

（三）期货监管部门为期货市场稳步发展做了大量工作

2003年期货监管部门在加强监管，确保市场平稳运行的同时，为期货市场的持续发展创造了宽松的环境。

1. 继续加强期货法制建设。2003年6月，配合最高人民法院发布了《关于审理期货纠纷案件若干问题的规定》，根据期货行业的特点，正确认定各相关主体的法律责任，为规范期货市场主体行为，依法治市奠定了法律基础；12月份，中国证监会在三次废止陈旧的期货法规的基础上，再一次清理废止期货规章16件，并公布停止执行。

2. 为期货市场发展创造更宽松的政策环境。1月份中国证监会发布了《关于期货经纪公司接受出资的有关问题的通知》，取消了非银行金融机构和外商投资企业参股期货公司的限制，拓宽了期货经纪业吸引投资的范围；4月份，又批准10家国有企业境外期货套期保值的资格，扩大了国内外期货市场的影响。期货部在推动成立上市品种商品委员会、理顺新品种上升机制和引入境外投资者方面做了许多准备工作。

3. 加强基础建设，运用市场化手段化解市场风险。年初，针对交易活跃和价格巨幅波动的情况，及时向市场各方预警，各地监管部门加强对违规行为的查处。并尊重市场规律，支持交易所运用市场化手段化解市场风险。同时，加强基础制度建设，为风险控制奠定了完善的制度基础。一是80%的经纪公司客户保证金实现了封闭运行管理，提高了经纪公司的抗风险能力；二是清理交易账户，积极推行实名交易，健全、完善大户报告制度，防范和遏制操纵市场的违规行为。

4. 支持期货协会工作，强化行业自律管理。4月份，中国证监会“期货从业人员资格”、“期货经纪合同文本”等审批制度改为核准制，并移交给中国期货业协会自律管理，进一步发挥行业自律组织的作用。一是建立了团体会员、从业人员信息管理数据库，实施期货从业人员执业资格网上公示，对期货业经营行为进行公开、制度化管理。二是期货协会组织调查研究小组，协调、解决期货经纪业手续费恶性竞争问题，规范市场经营秩序。三是配合市场开发工作，组织举办四期有色金属、粮食等市场分析人员和市场开发骨干培训班，提高了期货从业人员的水平和市场开发能力。

（四）期货交易所充分挖掘市场内部潜力

2003年三家交易所立足对现有的品种进行深度挖潜，走内涵化发展的道路。同时，不断创新，为持续发展作准备。

1. 增强服务意识，适应现货市场的需要。各交易所派出调查组到主产区、主销区走访，适应各品种现货市场的需要，调整铜、铝、天然胶、小麦、大豆等品种的交易、交割流程及交割库。不仅便利了实物交割，还增加了套利的机会，大大调动了投资者入市的积极性，取得了显著效果。

2. 降低投资者交易成本。各交易所纷纷下调了铝、小麦、大豆、豆粕的交易手续费，让利于投资者。不断完善异地网络交易系统，从而降低了投资者的交易成本，提高了资金的使用效益，受到投资者的欢迎，增加了市场的流动性。

3. 加强市场开发。各交易所通过在全国建立培训基地、利用媒体、网络进行期货品种宣传，以及支持会员组织的开发市场活动等多种方式，进行现有品种的市场开发工作。

4. 不断创新，走持续发展的道路。2003年三家交易所在挖潜内部，取得很大成绩的同时，还进行了大量制度创新和新品种研究工作，为期货市场的持续发展奠定了扎实基础。一是为适应期货市场的发展和控制风险的需要，借鉴国际经验，进一步修改、完善交易规则。二是了解、跟踪棉花、玉米等商品的现货市场，了解相关政策，积极准备棉花、玉米等新品种的上市工作。三是积极进行期权、国债、石油等新的交易方式和新品种的研究工作，为期货市场的持续发展作准备。

（五）期货经纪公司与市场共发展

2003年期货经纪公司利用行情火爆的大好形势，积极主动出击，召开行情分析会，为客户设计套保方案，提供交割一条龙服务，开发客户，拓展市场规模，取得较大成绩，全年代理交易总额比上年增长10.69亿元，占市场总额的98.61%，为期货市场的高速增长作出了贡献。

【主要问题及其成因】当前期货市场存在的主要问题及其成因

（一）当前期货市场面临的主要问题

1. 期货市场的发展与当前经济发展阶段不协调。中国期货市场与建立初期相比，虽然比较规范，但与经济和社会的发展极不协调。一是期货市场的范围小，仅局限于商品期货，没有金融期货；期货交易方式单一，没有期权等其他金融衍生工具，不适应完善社会主义市场经济体制、建立统一、开放竞争有序的现代市场体系的需要。二是交易品种少，不能满足经济高速发展形势下企业对更多重要商品的预测价格和分散市场风险的需要。三是市场提供的投资工具少、容量小，不能满足日益增长的社会资金寻求投资机会的需要。四是期货市场上市品种少、规模小，对国际期货市场的影响小，与中国不断提高的国际地位不相称。2003年美元大幅贬值，使中国企业和居民的外汇存款遭受巨大损失；国际石油、棉花价格的大幅振荡，期货交易，企业和居民无处套保、分散风险。

2. 当前期货监管体制不适应期货市场的发展形势。社会对期货市场的需求日益增高，不仅在石油、钢材等重要商品上，而且包括外汇、国债、黄金等金融领域，需要期货市场提供回避市场风险的工具和进行投资获利的场所。但当前中国期货监管权限的局限性，不能满足这些社会需求，甚至还潜伏着一定的社会风险。一是期货监管部门没有审批期货新品种上市的权利，虽然中国证监会期货部在积极的推动新品种上市，但效果有限，以至于一些投资者或利用现货市场进行替代，或通过非法途径做国际期货。二是期货市场是分散风险的场所，本身集中很高的风险，需要严格的监督、规范的管理和现代化的交易技术。在现货市场不具备这些条件，而期货监管部门的职权局限于期货市场和期货交易，无权查处现货市场，使一些替代期货交易的现货市场出现无人监管的真空地带，以至出现较大的风险。三是金融期货是未来期货市场发展的趋势，但现在的期货监管部门仅仅管理商品期货，对于金融期货的监管体制还需进一步明确。

3. 传统的市场运行模式落后于现代期货市场的发展趋势。虽然经过多年的治理整顿期货市场更加规范，但与现代期货市场发展的要求还有相当的距离，主要表现在：一是缺乏分散市场风险的交易方式。在国际成熟的期货市场上，同时存在期货、期权两种交易方式，期权是对期货交易的保险，交易者可以通过期权交易，减少期货交易的风险，从而降低市场的整体风险。在中国期货市场上仅有期货交易一种方式，使聚集的市场风险无法释放，这也是中国期货市场高风险事件频出的主要原因。二是交易成本偏高。尽管交易所在努力降低交易成本，但由于交易、交割规则设计欠科学，交割环节过多，物流效率低下，与成熟的期货市场相比，交易成本较高，不利于吸引更多的交易者入市。三是期货经纪公司规模小，管理粗放。至2003年6月末，181家期货经纪公司的总股本仅65亿元，期货经纪公司数量多、规模小、实力不强，抗风险能力弱；公司经营方式单一，手续费恶性竞争剧烈，仍然有30%左右的期货公司亏损；一些不规范的小公司成为市场操纵者的工具，扰乱市场秩序，增加市场风险。

4.市场风险控制能力有待进一步提高。虽然2003年诸多市场风险得以化解，没有引发大的社会问题，市场运行基本平稳。但也暴露出市场风险预警和事前控制能力的缺陷，在市场风险苗头出现时缺乏有力措施化解，待到矛盾激化时才被动地出台风险控制政策，以致造成一些社会负面的影响。

(二)期货市场存在问题的深层次原因

1.对期货市场功能和作用缺乏正确认识。国家一些职能部门虽然在理论上都承认期货市场的价格发现功能和分散风险的作用，但对中国期货市场却一直存有顾虑。一是认为中国的期货市场风险大，容易引发伤害投资者的事件。二是认为期货市场不规范，容易引起价格波动，影响现货价格。因此在对待期货市场的发展一直持谨慎态度，强调规范的多于支持发展。

2.对期货市场实施较多的政策限制。在谨慎发展期货市场的指导思想下，期货市场的发展受到较多的政策限制。一是新品种上市审批程序复杂，时间长，效率低。二是进入期货市场的主体范围受到严格限制，如国有企业(本行业套保除外)、金融机构不准进行期货交易。三是进入期货市场的资金进行严格限制，严禁银行信贷资金进入期货市场，等等。新品种、市场主体和资金是期货市场发展的主要因素，这些方面受到限制，期货市场难以持续发展。

3.法律制度对期货市场发展的限制。期货市场是按照一定的法律规则运行，法律制度是期货市场生存和发展的基础。中国主要的期货法律、法规，大部分制定于1998年期货市场整顿时期，制定的目的是规范期货市场秩序和降低市场风险，出台了一些严格的限制性规定。但现在期货市场已经比较规范，清理整顿时期形成的政策法规却仍然有效，制约着期货市场的发展。(国务院发展研究中心 廖英敏)

中国期货市场前景与展望

第一部分　中国经济发展的定位与期货市场的地位

一、未来10～20年中国经济的发展与国际地位

1、全球化是不可逆转的潮流

进入新世纪，随着全球化进程的加快和中国加入WTO，中国经济又将发生深刻的变化。中国加入WTO意义非凡：正如30年代重返联合国标志着中国重返国际政治舞台一样，入世是中国进入世界经济主流社会的重要标志，中国的加入必将为全球经济一体化增添新的活力。

所谓经济全球化，即各种生产要素或资源超越传统民族、国家界限和社会制度差异，在全球范围内自由流动以实现其最优配置的过程和结果。回顾历史，全球化最早可上溯至工业革命，这场技术革命使英国成为世界工厂，号称“日不落帝国”；20世纪，美国继任世界工厂一角；二战后，西欧和日本相继加入世界工厂的行列；20世纪70年代，随着布雷顿森林体系的解体，固定汇率制被浮动汇率制取代，全球化格局发生很大变化，一些新兴国家成为世界经济发展的亮点；80年代，中、苏、东欧等国的市场化改革为经济全球化增添了新的力量。80年代末90年代初，随着柏林墙的倒下和互联网的崛起，全球化已成为一股不可逆转的历史潮流。

中国作为世界上最重要的政治和经济大国之一，应如何应对全球化所带来的机遇和挑战？有人预言：21实际是中国人的世纪。那么，新世纪的中国，其经济将如何定位呢？

2、全球化背景下的中国经济定位

如今，以欧美为代表的发达国家已进入后工业发展阶段，它们把重要的原材料和高新技术控制在手，以便在国际竞争中占据优势地位，同时将制造业逐渐向发展中国家转移。在这一世界经济结构调整的过程中，中国作为最大的发展中国家，只有审时度势，充分认识自身的现实条件，突出体现自己的比较优势，才能在国际经济舞台上站稳脚跟并进一步发展壮大。

中国经济经过20多年的持续发展和高速增长，其国际地位越来越重要。到2002年我国国内生产总值跃上10万亿元的新台阶，达到102398亿元。今年以来整个国民经济保持较快增长，前三季度GDP同比增长8.5%，其中第三季度增长9.1%，有经济学家预测今年经济实际增长率有望达到10%左右。城乡居民人民币储蓄存款余额为10.1万亿元，首次突破10万亿元。外汇储备余额为3839亿美元，进出口贸易总额今年有望突破8000亿美元，综合经济实力在世界居第六位。在全球经济持续低迷的同时，中国经济出现了一支独秀的局面。中国日益成为亚太地区乃至整个世界经济发展的稳定器和发动机。

据国家统计局权威人士预测，到2020年，我国国内生产总值(按2000年价格计算)将超过35万亿元。未来20年，中国经济至少保持7.18%的增长速度。中国国内生产总值将于2005年超过英国、法国；2020年，中国有望成为世界第三经济大国；2050年，有可能超过日本，成为世界第二经济大国。因此，我国应大力发展实体经济，力争在未来的10～20年成为全球最重要的制造业中心，扮演“世界工厂”的角色。

首先，中国具有成为世界制造工厂的比较优势和区位优势。众所周知，中国是世界上人口最为稠密的国家之一，因此，我们最大的比较优势是拥有丰富的优质廉价劳动力，这是发展制造业首要的必备条件；我国是发展中的经济大国，具有巨大的经济总量和市场总量，农产品等大宗商品的生产量、消费量以及进出口量都在国际市场上占据举足轻重的地位，这种区位优势为我国制造业的发展提供了稳定的原材料和广阔的市场。因此，我国应大力发展实体经济，力争在未来的10—20年成为全球最重要的制造业中心，扮演“世界工厂”一角。

其次，中国要做有定价权的世界工厂。现代经济是市场经济，而价格是市场机制的核心，价格通过反映市场供求并进一步调整供求，来实现资源的最优配置。在实体经济中，价格的优劣直接关系到企业的生死存亡，因此，要发展实体经济，发展制造业，我们决不能仅满足于被动地接受世界市场价格，而应积极主动地参与世界市场价格的决定。只赚取加工费的初级制造业运作模式是没有发展前途的。为此，我们必须创造条件来影响经济中主要生产资料和消费品的价格，以争取世界市场定价的发言权。

二、世界工厂的经济地位与期货市场的关系

中国能够成为“世界工厂”是我们几代人不懈努力辛勤奋斗结果。但我们对“世界工厂”需要有清醒的认识，至少从目前中国经济的情况来看，还称不上真正意义的“世界工厂”，充其量只能称其为“世界加工厂”。

根据英国、美国和日本工业发展的历史经验，世界工厂的涵义，即一个国家的制造业，已成为世界市场重要的工业品的生产供应基地。具体地说，成为世界工厂，应当达到下述要求：一是市场份额领先；二是产业领先；三是产品和技术领先。真正意义上的世界工厂，应该既表现为占有世界工业品市场的相当份额，也体现在拥有相当多的创新产品，在工业品制造和交易中拥有决定性的影响力。从这个意义上讲，中国目前还不具备这样的条件。成为世界工厂不是一蹴而就的，需要经历一个较长的发展过程。

中国与真正的“世界工厂”显然还有不小的差距。从全球角度看，中国的制造业无论是产值、品种、档次，还是创新能力，与真正的世界工厂都有相当大的差距。我国制造业虽名列世界第四位，但总体规模仅相当于美国的1/5、日本的1/4。人均劳动生产率仅为美国的1/25、日本的1/26，德国的1/20。

在规模经济方面，中国企业大但产量低，企业人数多但销售额低，大型骨干企业少，企业集中度低。在产品结构方面，中国制造业中拥有自主知识产权的产业和产品非常少，企业自主开发能力弱，创新能力低。中国企业全年研发投入不如发达国家的一家企业。全球最大的500家工业企业中，美国占31%，日本占29%，而中国真正的制造业企业还没有一家进入世界一流企业行列的。

把自己定位在劳动密集型的工业制造，而且面向世界的全球化生产基地，这是中国的一个必然选择。但是，这个选择是有很大风险的。最大的风险是亚洲金融危机告诉我们，以贸易出口导向为经济增长模型，如果你的技术在外、资本在外、市场在外，只有生产在内，这种模式是脆弱的，是经不起冲击的。

自从打开国门以来，境外资金由小到多，由来源于少数地区和国家到来自大部分发达及新兴工业化国家和地区，纷纷涌入中国。外资对中国经济发展的重要性有目共睹。但与此同时，我们必须看到，除了部分未完全开放的领域外，外资已经成为了中国市场竞争中的强者，他们攻城掠地，控制核心技术，拥有产品品牌，在日渐增多的市场中逐步占有优势。就民族产业来说，中国虽然在一定程度上成为制造业大国，但决不是一个制造业强国，也没有成为一个拥有自主知识产权的世界工厂。

中国的国内生产总值突破10万亿元大关，经济总量跃进世界第6位，中国的进出口总额突破8000亿美元的大关，跃居世界第10贸易大国，但在世界经济总量中所占的比重和世界贸易总额中所占的比重仅有不到4%。劳动密集型产品是中国出口的大宗产品。我国已成为世界服装出口大国。但是，我国服装业至今还没有国际市场上公认的名牌产品。如今，世界上许多名牌服装都由我国企业生产，外销用的却是外国商标、外国品牌。目前，加工贸易在我国出口贸易中的比重超过了40%。这些出口产品虽然都打上了“Made in China”的标记，但是品牌是人家的，设计是人家的，原材料也有不少是人家的，销售市场是人家的，利润的大头都被外商拿走，我们所得的仅仅是有限的加工费。

我国出口贸易中工业制成品已取代初级产品，占据80%以上的比重。但是，在工业制成品出口中，依靠进口零部件和关键设备、核心技术，从事组装的，或进料加工的，占很大比重。我国现在已经是世界公认的“家电生产大国”。几种主要的家用电器产量已雄居世界之冠。但是，家电产品的核心技术和部件却仍然依靠进口，家电生产大国“没心没肺”。

轿车工业是我国正在兴起的一个支柱产业。世界各大汽车厂商都看好中国轿车市场的巨大潜力。现在中国汽车行业年产量虽抵不上外国一家汽车公司的年产量，但我国的整车生产厂多达120多家。轿车品牌几十种，却没有一种轿车车型是我们自主开发的，没有一家企业从事于自主开发和研究的。我国的汽车行业基本上依然在“引进一合资一组装”的圈子中打转，充当外国厂家的“打工仔”。

与世界工厂的地位相配套，并且促进中国成为真正意义上的“世界工厂”，期货市场将起到关键性的作用。期货市场的一个重要功能就是价格发现。中国也需要有定价权的世界工厂。现代经济是市场经济，而价格是市场机制的核心，价格通过反映市场供求并进一步调整供求，来实现资源的最优配置。在实体经济中，价格的优劣直接关系到企业的生死存亡，因此，要发展实体经济，发展制造业，我们决不能仅仅满足于被动地接受世界市场价格，而应积极主动地参与世界市场价格的决定。只赚取加工费的初级制造业运作模式是没有发展前途的。为此，我们必须创造条件来影响经济中主要生产资料和消费品的价格，以争取世界市场定价的发言权。

我们不能满足于“世界加工厂”。要想真正成为世界性的经济中心、贸易中心、金融中心，就必须加快期货市场的建设，使之成为国际性是定价中心。纵观世界经济的发展进程，期货市场的产生与发展总是与之相一致的。工业革命完成后，英国成为世界性的原材料期货贸易中心，伦敦的价格决定了全世界的工业品价格；美国南北战争结束后农业生产的迅猛发展产生了芝加哥这样一个农产品期货中心；20世纪美国取代欧洲成为整个世界的经济中心，其商品期货和金融期货都得到迅速发展，成为整个世界的定价中心；在什么地方形成世界性期货中心，主要是由该地区的经济发展和经济地位所决定的。进入21世纪，整个世界经济发生了深刻变化，经济增长向亚洲方向转移，中国越来越成为这一地区经济发展的中心和重心。在这一地区出现一个期货交易中心，是符合经济发展和历史演变逻辑的。

中国有广阔的市场，丰富的资源、廉价的劳动力，随着中国成为世界工厂的经济地位的进一步确立，迫切需要期货市场为之服务，要在亚太地区乃至整个世界的大宗农产品、原材料和工业品的定价上具有发言权和决定权。随着中国经济地位的不断提升，金融中心的地位也会日益显现。香港已经是亚洲地区乃至世界的重要金融中心，上海也将成为这一地区的金融中心。人民币成为国际性的强势货币是勿庸置疑的。因此，大力发展金融期货也是与中国的经济地位相一致的客观要求。从广义上来说，期货市场也属于金融市场，属于资本市场。如果实现了资本项目下的自由兑换，我们没有相应的金融期货品种，中国经济将会处于更为被动的地位，中国的“世界工厂”地位也只能是从属于他人的。

三、期货市场在整个市场体系中的地位

作为一个经济大国，并且逐渐成为一个经济强国，中国期货市场的发展是必不可少的。曾获诺贝尔奖的美国著名经济学家米勒说过：“真正的市场经济是不能缺少期货市场的经济体系”。期货市场是完善的中国市场经济体系不可或缺的组成部分，有着重要的积极作用。没有期货市场的市场经济，不是健全完善的市场经济。我国经济体制改革的市场化趋向必然使得市场体系中系统性风险增加，必须要有与之相适应的风险管理的场所和工具。因此，一个健全的现代市场经济体系离不开以风险管理为核心的期货市场。

期货市场规避风险和发现价格两大功能，是发展实体经济不可或缺的。首先，中国加入 WTO，在全球市场经济条件下，企业进入了一个价格风云变幻的时代，而平稳的生产经营是企业发展壮大的前提，这就需要借助期货市场来有效地规避和化解由于价格波动给我国经济带来的系统性风险。其次，期货市场汇集了大量供求信息，尤其是随着全球经济的国际化，期货市场的信息来源范围空前扩大，从而可以形成更加权威的价格，而且，这些价格还将进一步调节供求，指导现货市场实体经济的发展。

期货市场至少可以在以下几个方面大大提高经济运行效率：一是企业可以通过利用期货市场转移风险，有效地降低自身在实际经济领域的经营风险。从另一个角度讲，期货市场可促进社会信用的提高，有效地降低企业的信用风险；二是期货市场可利用其化解各种风险的能力，将风险分配给那些有能力而且又愿意承担风险的投资者；三是期货市场通过集中、公开的交易，形成了有效的价格发现机制，期货市场形成的价格不仅对指导企业经营生产具有积极的作用，而且也是国家对市场进行宏观调控的有力工具；四是期货市场特有的保证金交易机制本身就是一种低成本的风险管理机制，它保证了企业可以利用有限的资金，最大限度地管理市场变化所带来的风险。

加入 WTO 以后，我国经济将面对全方位的竞争压力，期货市场将在完善我国市场经济体系，提高国际竞争力，维护国家经济安全方面发挥重要的作用。作为一个经济大国，无论是从经济总量，还是从一些行业和产品的供求规模上看，我国在国际市场上都具有举足轻重的地位，我国市场供求关系变化对国际市场价格有着很大影响力，但另一方面国际市场对国内市场价格的冲击也是巨大的，这些因素构成了经济发展中的不稳定因素。在基础商品市场上，随着关税和非关税壁垒的大幅降低，我国对外贸易活动将大大增加，国际市场价格的波动将更直接的影响到企业的生产经营和百姓的经济生活。

最近一个时期，石油、钢材、水泥等基础产品和粮、油、肉、蛋等农副产品价格全面上涨，引起了社会方方面面的关注。另一方面，我们也注意到，东南亚的文莱将推出“中国统一指数”期货。这预示着我们在防范国际市场可能带来的风险的同时，由于中国经济的日益庞大和强大，越来越成为整个世界经济发展的最大变量，周边国家和国际市场也在注意防范中国经济发展所带来的风险。如果没有期货市场，我们也就难以有效地规避国内和国际市场价格波动的风险，也就缺少了一个准确预测价格变动趋势的工具。从这个意义上说，不仅中国，而且国际市场也需要我们有一个规范有序稳步发展的期货市场。

第二部分　中国期货市场的基本现状

一、中国期货交易所及品种

1、上海期货交易所——铜、铝、籼米、胶合板、天然橡胶

2、郑州商品交易所——小麦、绿豆、红小豆、花生仁

3、大连商品交易所——大豆、豆粕、啤酒大麦

二、中国期货市场的产生与发展

1、中国期货市场的孕育——理论准备与试办阶段（1987—1992）

2、中国期货市场的规范——清理与整顿阶段（1993—2000）

3、中国期货市场的前瞻——规范与发展并重阶段（2001至今）

三、中国期货市场的近期发展状况

2002 年中国期货市场呈现恢复性增长态势，全年实现交易额 3.95 万亿元，同比增长 30.9%，其中大商所共成交期货合约 9681 万手，占全国市场的 70%以上；成交金额 20836 亿元，占全国市场的一半以上。

2003 年出现了全面恢复性增长的态势。

仅 2003 年 10 月份，受国际市场商品期货价格大幅上涨的影响，国内商品期货价格也出现了大幅波动，市场成交活跃。

10 月份全国期货市场交易量为 29488530 手，同比增长 216.10%，环比增长 20.87%。交易金额为 12723 亿元，同比增长 346.58%，环比增长 35.22%。

1 至 10 月累计成交量为 222209208 手，累计成交金额为 81241.15 亿元，同比分别增长 111.51%和 182.56%。

10 月份上海期交所共成交合约 8332018 手，交易金额 7375.49 亿元，分别占全国市场的 28.26%和 57.97%，同比分别增长 251.73%和 414.67%，环比分别增长了 14.17%和 37.13%。月末持仓总量为 838392 手，环比增长了 57.19%。1 至 10 月累计成交量为 62098856 手，累计成交金额为 44245.13 亿元，同比分别增长 268.71%和 281.48%。

10 月份大商所共成交合约 12777872 手，交易金额 3990.08亿元，分别占全国市场的 43.33%和 31.36%，同比分别增长 123.28%和 216.39%，交易量环比下降了 7.01%，交易额环比增长了 12.78%。月末持仓总量为 601576 手，环比下降了 41.20%。1 至 10 月累计成交量为 123180670 手，累计成交金额为 31276.6 亿元，同比分别增长 66.56%和 102.59%。

10 月份郑商所共成交合约 8378640 手，交易金额 1357.93 亿元，分别占全国市场的 28.41%和 10.67%，同比分别增长 577.27%和 776.37%，环比分别增长了 149.52%和 175.24%。月末持仓总量为 439312 手，环比增长了 36.63%。1 至 10 月累计成交量为 36929682 手，累计成交金额为 5719.42 亿元，同比分别增长 159.00%和 233.40%。

四、中国期货市场目前存在的主要问题

1、期货品种结构不合理

2、期货市场的边缘化

3、期货立法尚属空白

4、期货市场资金不足

5、交易规则与国际惯例

6、期货市场与金融创新

第三部分　中国期货市场的发展前景

一、从国家利益和经济大国的战略高度认识期货市场

1、在农业方面，加入世界贸易组织将对我国农业发展和改革产生一定的影响。从长远看，入世有利于我国农业比较优势的充分发挥和农业资源的合理配置，从整体上提高我国农业的国际竞争力。但从近期看，我国农业会受到较大冲击。我国的小麦产量排在世界第一位，玉米产量为世界第二位，大豆产量为世界第四位，进口量为世界第一。据估计，在过渡期末，我国承诺的粮食年进口量将达到 2300 万吨，这还不包括大豆和油籽。而从价格上比较，我国农产品价格明显不占优势，如小麦的国际粮价比国内粮价低 20%－30%，玉米则低一半左右。我国具有运作农产品等大宗商品期货的雄厚现货基础和巨大的避险需求。在中国建设一个交易活跃、影响广

泛、具有中国特色的农产品期货市场，可以直接或间接地加快推进农业结构的战略性调整，提高国内农产品的竞争力，推动深化粮棉流通体制改革，逐步建立统一、开放、竞争、有序的粮棉市场。

2、在能源方面，我国每年进口石油的数量约占全国石油消费总量的1/3。随着经济的发展，对石油的需求量势必显著增加。中国是世界第三大石油消费国和第二大石油进口国。目前，我国主要是通过参照新加坡市场平均基准价格制订国内原油的价格。由于石油定价权掌握在别人手里，使我国油价完全受制于人。中国在国际石油市场上以"高买低卖"而著称，中国的石油进口本身已经成为影响世界油价上涨的一个重要因素。自"911事件"以来，国际市场石油价格的剧烈波动，不仅使我们的企业尝尽苦头，也给国家带来了巨大的经济风险，甚至威胁到了国家经济安全。因此，建立健全的石油安全体系也是摆在我们面前的一个急需解决的问题。在中国建立石油期货市场将有助于中国石油生产和消费企业保值业务的发育和发展，更重要的是我们可以通过参与国际石油定价，维护国家的石油安全。

3、在金融方面，作为"世界工厂"，也需要金融实力的坚强支持，尤其是在现代社会，金融是社会得以发展的重要的推进器。没有资金的融通，任何国家或地区的经济都是不可能顺利发展的。有了强大的金融力量，本国或本地区的经济发展才有雄厚的基础，同时，也更有可能引进资本。与此同时，金融也会随着工业的发展而不断成长。金融体系的安全关系到整个国民经济的安危，从我国金融业的发展现状和开放市场、参与竞争的角度，我们需要一道强有力的屏障来减缓入世、国际资本流动的冲击，也需要完善的金融体系来增强我国金融业的竞争力。

将中国期货引入战略性发展阶段是期货市场发展的唯一出路。要构架中国期货发展具体战略，两方面的内容是不容忽略的，一方面是提供给诸多重要领域或行业投资者进行风险管理的众多工具，化解国民经济发展中存在的系统和非系统风险，另一方面要建立与我国经济地位日益加强相匹配的期货市场，完善和壮大我国金融市场体制和地位，促进我国成为世界重要商品定价中心。只有两方面结合，才能达到增强国民经济综合竞争力和提供保障国民经济运行安全的屏障之作用。

面对我国期货市场基础优势和国际市场的竞争，期货业必须以促进两个中心的形成为重要战略发展目标。中国经济继续保持增长7%以上水平发展，未来20～30年中国经济必将成为世界第三大经济实体。现在我国是世界大宗农产品生产消费大国，世界制造业中心正向我国转移，随之而来的还会有贸易中心、金融中心。中国具有发展期货市场的基础优势，这从目前大豆、铜、天然橡胶等期货品种发展状况也得到证明；同时中国期货能促进我国成为亚洲以至世界金融中心。

期货在促进金融中心形成并在加强金融中心地位方面意义重大。一方面它是金融市场体制完善不可或缺的重要组成部分，另一方面它的存在加强了资本安全流动和金融资产的有效配置，不论在吸收资本流入方面还是加强资本安全管理方面，都起着巩固金融中心地位的作用。大力发展期货市场，以促进我国亚洲金融中心经济中心形成，是中国期货义不容辞的历史任务；在此过程中，使我国期货市场成为与欧美并驾齐驱的世界期货中心，是中国期货发展的重要战略目标之一。发展金融衍生品市场提高我国金融业竞争力、建设国际性金融中心也是必然和现实的选择。两者缺一不可，共同促进。

中国市场与国际市场渐渐融合一起，随着中国参与国际市场价格形成程度的加强，应该让国际更多听到中国的声音。换句话说，中国将不能被动地接受国际市场价格，应该主动掌握定价权。赢得国际市场定价权之所以重要在于，它是支持我国成为世界强国的手段，是我国期货能否发挥其基础优势、能否充分发挥功能和作用并发展为具有国际竞争力市场的根本标志。我国要赢得国际市场价格的定价权，必须通过期货市场来完成，因为期货市场是形成市场权威价格的中心，这是期货市场价格形成机制所决定的。在形成国际价格中心过程，积极参与期货市场定价并充分利用期货市场至关重要。通过期货市场建设促进我国成为世界大宗商品价格中心以维护国家利益、增加国家实力，自然也是期货发展重要的战略目标。

期货市场是一个资本自由流动的市场，目前国内的许多外资、合资企业已积极主动地利用国际期货市场进行生产经营管理。期货本身就是风险管理工具。期货市场风险很大，没有期货风险更大。随着我国国门的进一步打开，国内企业也会陆续借助期货市场进行风险管理。然而，目前我国期货市场最突出的问题就是品种结构的不合理，如果中国不能适时推出相应的交易品种，如果周边其他国家抢先推出此类合约品种，中国在期货市场上就会处于被动地位，而且在相应的现货价格上也将受制于人。假若中国拥有健全的期货市场的话，大量资金的流入将是必然的，这还将进一步促进我国金融市场的开放。

"稳步发展期货市场"为我国期货市场今后的发展和建设指明了方向，是我们走向完全市场经济的基础条件，更大程度地发挥市场在资源配置中的基础性作用。期货市场有助于社会主义市场经济体系与秩序的建立和完善，有助于形成商业信用机制促进大流通的发展，有助于减缓大宗商品的价格波动，有助于现货市场的稳定性，有助于金融市场的平稳运行。我们相信，在走向完全市场经济的进程中，期货市场将发挥越来越重要的作用。

二、期货市场加速市场机制的形成

1、期货市场价格发现的功能而处于市场机制的核心地位

2、期货交易机制是社会化大生产的"内在稳定机制"

3、期货市场的保值功能为经济规模的迅速扩张提供保障

4、期货市场价格信息为宏观决策提供依据

5、期货市场价格信息为微观经济活动提供参考

6、期货市场降低季节性和区域性商品价格的波动

三、期货市场有助于市场经济秩序的建立

1、发展期货市场是政府转换职能、完善市场体系的重要举措

2、期货市场有助于形成商业信用机制促进大流通的发展

3、期货市场确能减缓大宗商品的价格波幅

4、期货市场有助于现货市场的稳定性

5、金融市场的平稳运行需要衍生金融工具

四、期货市场对我国对外开放的促进作用

1、开放型经济需要期货市场规避全球经济风险

2、期货市场推动全球经济一体化

3、参与期货市场定价机制是全球资源竞争的重要组成部分

4、参与国际市场竞争的企业需要期货市场保驾护航（首创期货）

期货促进农业结构调整

市场经济发展的客观要求，决定了农产品期货市场产生的必要性。而我国农产品期货市场的发展，将进一步推动我国农业产业结构的调整和农村经济体制改革，有助于增强我国农业应对WTO挑战的能力

期货市场承担促进农业结构调整的使命

长期以来政府对农业采取财政补贴、保护价收购、增加国储等诸多保护政策，而这又反过来进一步阻碍了农业的市场化进程，导致目前我国各类农产品普遍成本高、单产低、品质差、价格高。比如小麦由于生产成本较高，利润比美国低8%，价格比国际市场高30%；而且品质低，缺乏竞争优势。我国入世后根据相关协议，首先是进口农产品关税将下降，平均关税将从目前的45%下降到2004年的17%；其次是部分放开大宗农产品进口。在这种背景下，国外质优价廉的农产品将大量涌入国门，农产品价格将受压下跌，农民收入下降、农村剩余劳动力增加等问题将进一步加剧。不仅如此，由于WTO有关原则规定，一个国家使用关税配额方式时政府不准垄断控制，必须把一定比例分配给非国营部门。这一变化意味着原有的粮食专营、内外贸由国家垄断的农产品流通体制将被打破，市场价格波动幅度和频率将明显增加，众多小、散、乱的国有农产品经营企业将受到冲击和压力。政府对农业宏观调控的难度，也将因此大大提高。

而充分发挥我国农产品期货市场的作用，则为应对这些挑战提供了良好机制。在发达国家，对农业和农民的补贴不是采取直接补贴方式，而是通过银行贷款等多种渠道，鼓励农民和农产品加工、流通企业利用期货市场进行套期保值，以规避价格波动所带来的风险，增强其抗风险能力。我国农业发展也离不开农产品期货市场，现在国家正在进行包括粮食流通体制改革在内的各项农业改革，推动实现农业结构调整和农民增收。实现这些任务，期货市场需要大发展。没有建立完善的农产品市场风险规避机制，是制约“订单农业”大面积铺开的瓶颈问题。与现货市场相比，农产品期货市场规模小、交易品种少，说明我国农产品市场体系还不配套。

发展期货市场有助于促进粮食流通体制改革

粮改与期货市场发展相辅相成。深化粮食流通体制改革，最终要实现粮食购销市场化目标，让市场上的生产者与经营者自由买卖、自主经营、自负盈亏。利用农产品期货市场这一现代市场手段，发挥其价格发现功能和风险管理功能，及时传递准确的信息，提供回避风险工具，从而有利于引导生产者根据市场需求调整和优化农村产业结构、种植结构，有利于国有粮食企业提高整体素质，降低经营风险，提高经济效益，减少财政补贴。最终促进粮食流通体制改革目标的实现，使我国农产品期货市场走出困境，步入良性发展的轨道。现阶段发展和完善我国农产品期货市场，有利于粮食价格体系的形成，切实保护农民以及经营者和消费者利益；有利于农产品期货市场和现货市场的有机结合，促进粮食批发市场建设和“全国统一、公平竞争、规范有序”的市场体系形成。

同时，发展期货市场有助于实现我国的粮食安全战略。我国入世后，粮食生产、流通和加工企业迫切需要期货市场为其提供服务。稳步发展期货市场可以加快我国粮食市场与国际市场接轨，回避国际粮食市场波动给我国带来的风险，还可以在国际粮食市场上充分发挥我国作为一个粮食大国的作用。我国在国际粮食市场上不可能只是粮食价格被动接受者，而应该是一个有力竞争者和价格主导者，这不仅需要我国农产品期货市场与国际市场的接轨，更需要期货市场的发展壮大。

粮食安全问题已经列入我国国民经济“十五”规划，这归根结底是个维护粮食生产能力的问题。既不能因为供过于求，价格下跌而出现卖粮难的现象，影响农民生产积极性，影响粮食生产能力；也不能因为供不应求、价格大涨而影响社会稳定。因此，在农产品价格放开的情况下，除了运用政策进行宏观引导外，还需在微观层面上回答农民应该种什么，如何回避可能出现的价格风险。有人说，订单农业中的95%执行不了，其主要原因就是订单无法事先确定价格。而期货市场价格发现及套期保值两大功能，恰是微观上解决上述两个问题的法宝。大连商品交易所开展大豆期货交易后，在稳定豆农收益，促进大豆结构调整方面发挥了显著成效。但大豆期货只能解决大豆种植业的风险管理问题，从中西部地区强烈要求开展稻谷、玉米、白糖、棉花等期货品种的呼声中，不难看出处在建设现代化农业过程中的中西部地区对期货市场的迫切需求。中国期货市场必须在品种设计、制度安排上，更方便地满足农民需求。

值得注意的是，为使分散的农民能够进入期货市场，美国的做法是大力发展粮食贸易和仓储等流通组织来连接广大农民，成为期货市场辐射到农民的中介组织。因此，加快发展粮食期货市场，能够提高农民进入市场的组织化程度，带动整个粮食流通体制的改革，健全农产品市场体系。（中国期货业协会会长　田源）

我国期货市场发展亟需走出的几个理论误区

自2001年我国期货市场呈恢复性发展以来，所有大的期货品种交易开始活跃，持仓量、交易量、交割量纷纷上升，引起了社会各界的关注。在得到了社会各界支持的同时，也有一些针对市场交易和交割的不同看法，近来有许多似是而非的观点再次出现在报刊上，如“过度投机”、“炒高价格”、“逼仓”、“中国特色”、“风险”、“市场操纵”等等。笔者认为有必要深入探讨这些观点，以免陷入理论上的误区，影响刚刚复苏的中国期货业的发展。

市场“规范”论

规范发展是中国期货市场一个永恒的主题，在期货市场发展的不同阶段，市场规范的内容是不同的。在试点初期，有一些不规范的交易所因为管理水平低，计划经济思维浓重而朝令夕改、随意修改交易交割规则，引发市场不规范行为，导致风险；还有个别的交易所是将开设交易所变成个人或小团体发财的手段，勾结不规范的客户，利用手中的权力限制交割、限制正常交易牟取暴利。这个阶段市场规范的内容主要是规范交易所的行为，当时中国证监会提出了会员制改造的方针，今天看来，是英明的，符合国际惯例。遗憾的是，没有任何交易所办成真正的会员制交易所，而有些恶意操纵市场，获取小集团利益的交易所也没有得到应有的惩罚。

在“稳步发展期货市场”的历史新时期，规范市场的内容，对于期货市场的发展而言依然是很重要的。吸取历史的经验教训，如何理顺交易所的体制（如交易所出资人权力虚置问题），如何规范交易所规则变动的行为（如规则的变动程序问题），都是我们应该深入研究的问题。

然而，目前有些人对于市场规范化指责的内容不是上述问题，而是集中于2002年以来的价格变动上面。有代表性的

指责是"价格大幅上升"、"暴涨暴跌"、"过度投机"等等，针对此诘难，笔者想分别谈谈自己的看法。

第一，关于价格上涨的原因。

刚刚经历了通货紧缩、价格持续下降的我国经济，从2000年开始回升。当时，世界经济仍然低迷，因而我国经济发展被誉为"一枝独秀"，2002年之后，我国的经济增长逐步带动了一些基础原材料商品的价格触底回升，2002年的秋季到2003年，价格上涨幅度过快，有一些行业如橡胶的加工企业、油脂企业都惊呼"价格暴涨"，要求政府干预。

价格上涨原因何在？是因为期货市场的炒作吗？回答是否定的。

从国内经济发展的情况看，经济的强劲增长和需求结构的巨大变化是其根本原因：GDP以8%左右的速度增长，使基础产业产品库存减少，供求关系发生了根本性的变化；尤其是基本建设投资快速增长，使原材料行业的产品供不应求，价格上涨，最有说服力的例子是和期货市场没有关系的钢材尤其是建材价格暴涨；需求结构也发生了巨大的变化，从2002年和2003年的汽车工业增长幅度令人眼镜大跌的数字中也就十分清楚，居民收入达到一定的程度，必然集中性地对某一行业产品有爆发性的需求，房地产没有期货，照样价格大涨。

从国际市场的情况来看，美元的大幅贬值，世界经济的快速复苏，使全世界基础商品价格大幅上涨。除此之外，还有中东伊拉克战争，使石油暴涨。我国已经加入WTO，两个市场的联系更加紧密，不可能再出现国际涨价，国内计划管制跌价的情况。

通过市场人士对我国现有期货品种和国外相同品种的价格比较分析，得出的结论是：价格走势一致，国内价格略低于国际价格（以到岸价计算），几乎所有商品的价格波动幅度因国内涨跌停板限制而幅度小于国际市场。

第二，关于对价格暴涨暴跌的指责。

目前有一种看法认为，价格暴涨暴跌是市场不规范的表现。这种看法源于计划经济时期他们十分习惯价格没有变动，一旦价格变动幅度大了，就认为有问题了。实际上这些指责者们并不了解价格运动的规律性。在国际市场上，价格的变动往往是异常剧烈的，如石油价格，几天之内变动达每桶10几美元，是很正常的事情。CBOT的大豆一天每蒲式耳能波动30—40美分，相当于我国每吨大豆130—180元人民币，我国大连大豆波动幅度一天之内相比之下要小得多。就以我国不开设期货的一些品种而言，许多商品现货的价格变动也是跳跃性的。

在市场经济条件下，影响价格变动的因素中很多是突发因素，甚至人们的心理预期、交易者的行为都会造成价格大幅波动，因而在一定时期内，价格大幅波动是一种市场的常态。

第三，关于过度投机。

"过度投机"相对于"适度投机"或"投机不足"，它可以指总体而言，也可以指个体而言。

先说总体上，研究期货市场上存在不存在"过度投机"？一是说交易火爆，但我国一年的交易量与美国相比，只是人家一天的交易量，能说火爆？二是说资金太多，可全国期货保证金年均余额大约150亿元人民币左右，与证券市场相比，只相当于一只股票的资金；三是说钱比货多，仅就大豆而言，有人认为货太少，是一个不大的品种，可1600万吨的货，也远远大于大连市场上的几十个亿的保证金。

有的指责者指个体行为，如指某某单位投机过度，做期货的保证金超过该单位的实力所能允许的范围，这是有一定道理的。国际上通行的办法是提示风险，调查该客户的资金能力，劝说客户占用30%自有资金投资。但是，在市场经济的运行过程中，谁不理智谁就要交学费，仅靠说教是不够的，相信这些过度投机的个体能够在实践中积累经验，避免不理智的行为。因此，这种"过度投机"的行为只能是随着市场的成熟而逐渐消失。

个体不理智的"过度投机"能否损害市场的功能？我认为不可能，因为任何一个个体的行为力量都是有限的，不可能影响市场行情。古今中外，概莫能外，住友事件、巴林银行事件已证明了这一点。

还有的指责者从国有资产主人翁的身份讲"过度投机"，认为国有企业参与期货市场投机会使国有资产流失。认为国有企业做亏了是国家负担，做赢了归个人或小集团所有，有利益冲动在其背后，因而产生过度投机。这种看法在试点初期是有道理的，也是对一些社会现象的总结。治理整顿之后，这种现象不复存在，因为国有企业只能保值，不能投机，何有"过度投机"？

市场规范论是永远正确的，关键要看其内容是什么，需要警惕的是有些人以市场规范为借口，无端指责期货市场，不仅缺乏学术依据，而且将会影响我国期货市场发展的步伐。

上市品种条件论

国民经济的发展已经对不断上市新品种提出了客观要求，在实践中我们的许多基础产业也交了不少"学费"，然而新上市品种的推出却一缓再缓，其理论根源在于条件不成熟理论。

我国目前正处于体制转变时期，交易所还不是真正的交易所，它不能像发达市场经济国家的交易所一样，自己能够根据经济的发展、市场的需求来不断研究、设计新的产品，上报核准后上市交易，形成期货产品供求相互作用的运行机制。我国新产品上市要层层上报，各个部门共同审批后才能上报国务院批准上市。从最近几年的情况看，新品种的上报审批，往往是因条件不成熟而被搁置下来。

"条件不成熟"论者就目前而言主要指如下几个方面条件不成熟：一个是指体制条件不成熟，如有些商品仍有计划的管制，不是完全的自由交易，该领域属于计划经济；二是指经济条件不成熟，如一些关系到国计民生的商品，虽然放开了价格等管制，但仍担心其价格波动影响经济稳定；三是指期货市场本身条件还不成熟，市场上往往价格出现大涨大跌；四是指现货市场条件不成熟，市场秩序混乱，市场缺乏诚信基础。

第一个方面的内容指因商品受计划的管制而上市条件不成熟是有道理的。中国期货市场发展的条件关键是体制，若该商品实行计划管制，价格不能自由变动，交易不能自由进行，的确不能上市交易。但这种商品目前少而又少，目前大多数由交易所开发的新品种不受此条件的限制。

第二个方面的内容是讲因该商品关系到国计民生，担心价格变动幅度过大社会无法承受，其用心是良苦的。对于关系到国计民生的大宗商品，不同的体制有不同的办法，一种是计划管制，进行定量分配，固定价格，其结果是越管越少，短缺循环，我们已经试了几十年了。另一种办法是市场调节，通过价格的涨跌调节供求，使之在竞争中日益丰富，不断适应人们的需求变动。价格的大涨大跌在市场经济条件下是正常的经济现象，恰恰是市场供求的反映，也是市场发挥作用的表现形式。我国的经济体制已明确将市场作为配置资源的主要手段，那种以国计民生为借口的计划理论应该退出历史的舞台了。

第三个方面的内容是讲由于目前我国期货市场还不成熟

而暂缓上市。我认为这些人带有主观色彩。我国期货市场的成就是有目共睹的,按照西方经济学的衡量市场成熟与否的主要标准,如市场的流动性、交易所行为的规范性、规则的完备性、持仓的规模性、期现交割月的价格重合性等等,我国都已达标,所以说持不成熟论之人缺乏必要的学术研究。至于价格的大涨大跌,古今中外,概莫能外,那是价格运动规律性所决定的。如石油价格,国际上还发生过两次石油危机,但靠市场的办法照样能够解决,而且解决得很迅速。

第四个方面的内容是讲因现货市场秩序混乱、市场诚信条件太差而不能上市新品种,实为颠倒了主次关系。持此观点的人对于期货市场的历史欠了解。当年芝加哥期货交易所建立时,正是由于现货交易市场秩序混乱,价格出现大的变动时有一方毁约,不讲诚信,才由 82 个商业公司发起成立了 CBOT,制定了一套交易交割规则,使市场秩序井然,结束了不诚信行为。从此开始,市场的交易行为分为两个部分:期货市场定价、履约,现货市场完成物流,使得市场逐渐秩序化,逐渐建立了诚信体系。综观历史,期货市场有一个规律性的发展过程,我国目前的市场秩序混乱,不讲诚信正是期货市场不发达造成的。从实证的角度看,已有的期货品种大多克服了这些问题。如有色商品,期货市场决定价格,现货商们根据期货价格,加上质量、运输等升贴水进行交易,已不复存在欺诈和价格的纠纷,市场是透明化的、有秩序的。

总之,市场不成熟论是一种主观判断,是出于计划经济的思维方式来看待市场变动而得出的推论。实际上,上市品种越少,市场的作用范围就越小。我们应该尽快按国际惯例办事,改革新品种的上市机制。

所谓改革新品种上市机制,就是改计划审批制为上市核准制,按市场规律办事。这方面美国的做法值得我们借鉴,美国的期货交易所根据经济发展的内在要求,研制出上市品种的期货合约,要上报美国期货交易监管委员会。期监会依法对上市品种进行判断,标准有两个:一个是"经济目的测验",即交易所必须证明所提出的新合约上市目的是为了形成价格和企业套期保值,或其中之一;第二个标准是"不会损害公众的利益",即交易所证明拟上市的合约交易不损害社会公众的利益,而不是指个别人的利益。期监会必须在法律规定的时间内予以答复,否则将视为默认。

我国目前法规上明确规定中国证监会有权审批新的上市品种,但实际上是和有关经济主管部门会审,谁都可以否定,而谁都不负责任。这种行为已脱离了经济学研究的范畴。

"逼仓"论

"逼仓"是我国期货市场试点时期特有的名词,通常指"多逼空",不知出自何处,但常被市场评论文章使用。在国外的期货市场上,鲜有此词使用。在我国期货市场理论研究中,一般认为逼仓行为是一种市场操纵行为。这一特殊背景下产生的现象是有其特殊条件的,我国在期货市场的试点时期发生这种逼仓行为有如下几个条件:

第一,交易所的交易规则限制持仓量。

从经济学理论上讲,期货市场是一个最充分竞争、自由交易的市场,若价格出现不符合供求关系的变动的情况,自然有投资者进入交易,校正价格,获取利润,而且其持仓量是无限的,强中更有强中手,再大的资金也不敢垄断。但是若交易所的规则限制新资金进入、限制持仓量,就有可能出现在限制范围内的垄断行为。历史上曾出现的"苏州红"、"天津红"、"海南橡胶"等事件,都是因为对会员有限仓量和出台临时措施不允许开新仓而致使逼仓行为发生。限仓规则使得在既定范围内个别大户可以垄断持仓量,交易所再出台不允许开新仓的措施,保护其垄断行为,使市场价格出现扭曲。若真正自由进出交易,只要价格脱离供求,就会有更大的资金进入,进行价格纠偏,谁也不可能垄断,市场就会有自我达到均衡的力量。

第二,交易所的交割规则限制实物交割。

当时的个别不规范交易所,主要负责人没有从传统的计划经济思维中走出来,大多来自计划管理部门,在制定规则时,计划经济的管理思想较重,充分考虑如何扩大交易所的权力,以调控市场价格,因此,连临近交割月交割现货和买进现货都需要交易所批准,并且审查手续极为严格。这样,就限制了实物交割量。临近交割月份,卖货的保值者或套利者不能将手中的现货进行交割,或量上受到限制,势必要平仓了解,形成"多逼空",引起价格失衡。

第三,通货膨胀的宏观经济环境。

宏观经济环境是造成当时多逼空的一个重要原因。投机资本都是以获利为目的的。当时的情况是"多逼空"接货之后,能够获利卖出所接的现货,所以便使有些人乐此不疲。因为当时正值我国通货膨胀的加速时期,物价上涨超过两位数,只要将商品存放一段时间,其价格自然会上涨。正是这种通货膨胀的环境,才使得多逼空的资金有利可图。

以上三个条件使得试点时期的期货市场存在着"多逼空"行为,应该说是一种特殊历史时期的产物,若这三个前提条件不复存在,也就不会有所谓的逼仓行为。治理整顿之后,在交易规则上取消了持仓的限制,尤其是放开了实物交割,使得"多逼空"行为荡然无存。那么,在市场上为什么还存在着"逼仓"的说法呢?

一曰"空逼多"。与通货膨胀之时正好相反,在市场上近几年因通货紧缩而出现了"空逼多"。我认为这只是一个形象词语,实际上不存在"空逼多"。因为交易和交割都是自由的、放开的,不存在谁逼谁。只有一个原因是值得研究的,那就是交割成本太高,而且要由买方负担,如大豆一吨仅麻袋费就达近 40 元,还有质量升水、水分升水、出库费等等,有时每吨高达 100 多元。与现货同样价格的情况下,买入保值者不愿入市买进,所以,期货价常常低于现货价,其差额部分便是买方负担的交割成本。在进入交割月没有买入保值者进入接仓单的情况下,往往出现价格超跌,被称为"空逼多"。

二曰持仓量大即有逼仓之嫌。由于习惯性思维,只要临近交割月持仓量大,便有逼仓之说。我们与 CBOT 比较发现,CBOT 农产品的持仓量大的月份都是临近交割月的月份,到了交割月,采用了三日滚动交割法,自然就不断减仓,也没有听到 CBOT 逼仓的议论。我们许多人脑海里存有通货膨胀之时的记忆,认为近交割月,持仓量较大,又会出现逼仓。这种观点成因有两个:一是历史性记忆,没有去分析所谓中国式逼仓产生的条件都已是昨天的故事,现在已不复存在;二是不了解国外规范交易所的情况,他们的持仓量往往是我们的十几倍,我们的持仓量相比之下还太小。从实践中可见,越是持仓量大,期货市场的功能就发挥得越好。

逼仓理论观点的误区会给期货市场发展带来很多束缚,一是妨碍期货市场发现价格功能的发挥。由于此理论误区导致监管者对买入保值者很不公平,卖方可以放开交割,自由交易,而对买入保值有所限制,到交割月不能有较大的持仓,使得买卖力量不均衡,卖方占优势地位,所以致使期货价格常常低于均衡价格。二是持仓量永远也不能大,市场不能发展,与 CBOT 相比,我们还有十几倍的差距,在此理论束缚下,只要持仓量增长,就有逼仓之嫌,导致交易所干预,所以持仓量做不大，只能永远落后于国外的规模。

市场操纵论

期货市场要发挥其正常功能，就不能存在着市场操纵行为。我国在试点过程中的确出现过市场操纵行为，典型案例是红小豆事件和国债事件。防止出现市场操纵行为是自律和监管的一项重要任务。

期货市场与股票市场不同。股票价格上涨，全部赚钱，皆大欢喜；期货市场是一个多空双方对峙的市场，价格任何一次变动，都会使一方出现盈亏，因此，矛盾比较集中。承担风险的一方往往不从供求上找原因，而从对方找毛病。因此，常常出现操纵市场一词。

对于操纵市场行为，是有严格定义的。美国伊利诺斯州大学鲁瑞教授这样界定："管理部门通常从五个方面来认定期货市场是否被操纵：(1)价格是否人为的；(2)被控操纵方有没有具体的操纵行为；(3)被控操纵方有没有大量的现货部位；(4)被控操纵方有没有大量的期货部位；(5)是否形成了故意的价格扭曲。"(《期货日报》2002 年 6 月 4 日)

根据笔者对美国期货监管法规的理解，这五个方面是一个互为因果的关系，构成一个整体，缺一不可。首先，价格是否人为的，是定性的问题，若是人为的，必然不反映供求关系，与供求关系脱节。那么，人为的价格背后势必有市场操纵行为，要对被指控的操纵者进行行为判断，第三、第四个条件是具体行为的印证。即垄断了现货之后，又去垄断期货，也就是所谓的大量的现货部位和期货部位，现货的囤积居奇和期货市场的多头头寸相结合或大量的垄断现货和期货市场上的大量空头头寸相结合，都是具体的行为证明。若仅仅在期货市场上持有较大头寸，是不能操纵市场的，因为还会有更多的资金进入，合约生成是无限量的，只能是一种大户持仓行为，并不等于操纵。第五个条件是结果，即是否造成了故意的价格扭曲，其衡量标准在国外是造成现货升贴水的无原因扩大，在我国是交易所所在地局部价格过分低于或高于销地批发价格或国际到岸价。

在我国目前的市场上常常出现的一个误区是对市场操纵界定不清，不能全面地去从动机到行为、结果断定，而是认为多空某一方力量强大就给人家扣上操纵的帽子。其根源在于治理整顿时期，理论界和舆论界在泼洗澡水时将脏水和婴儿一起倒掉，对期货市场出现的几个事件不加分析统统扣上市场操纵的帽子，予以批评。

另外一个大的误区就是大户操纵市场。这也是苏州红、天津红、海南橡胶事件留下的记忆，认为大户就是操纵市场才能赚钱。笔者曾多次讲过，大户不一定操纵市场，要看其行为、结果，在大户单边持有某一方头寸过多时，如超过 15%，有义务向监管部门报告，说明原因，当期货、现货一起持有较大头寸时，监管部门应予以重视。对于大户，应在法律上一视同仁，无操纵行为者，让其公开地交易，若期货、现货联合有操纵意向者，要坚决查处。但是，这并不能说大户单边持有期货头寸过大就等于操纵市场。

对于市场操纵理论的误解，往往导致告状之风盛行。有些人认为小户亏了、大户赚了就应该上告，可以扣上大户操纵的帽子，而不去分析为什么亏损了，是否供求关系变动的原因，这是一个误区。

中国特色论

我国是在由计划经济向市场经济的过渡时期进行期货市场试点的，必然常有体制转化的特征。那么，这些过渡时期的特征是不是中国特色，值得我们深入研究。

笔者在过去的文章中，通过比较分析，认为我国的期货市场是有中国特色的，例如我国的竞价制度不是公开叫价制，也不是一节一价制，而是电子计算机竞价交易。我们在设计之初是公开叫价制，但是东西方商业文化有差别，国人不善于公开叫价，所以才产生了计算机竞价。这是中国特色的一个典型，我们对此进行剖析，以便得出中国特色的概念。

首先，它符合期货市场的基本规律。期货市场的制度要求就是实行自由交易原则、三公原则，公开叫价制符合了这些原则，计算机公开竞价也符合这些原则，所以是原则相同、表现形式有所差异而已。

其次，它和公开叫价制的原理是一样的。公开叫价制的原理是公开性、竞争性，公开、公正地自由竞价形成价格，计算机交易也同样采用时间优先、价格优先竞争形成价格的原则，二者在原理上是相同的。

因此，中国特色运行方式的概念应该是符合中国国情的一些具体形式，但其内容一定要符合期货市场运行的规律，符合期货市场的一些具体运作原理。若出现了本质上的不同或内容实际的不一致，不叫中国特色，那将是另类事物。

我们在期货市场的发展过程中，有过许多发明，也有过"土造"的错误。迄今为止，在我们的法规中，仍有许多不符合期货市场运行规律的地方，如客户编码制度、不允许多级代理的制度，使期货市场金字塔的内部构造被破坏，让交易所直接面对客户来控制风险，市场没有层层分散风险的作用。一旦有行情，随之而来的是交易所干预市场、化解风险，造成主体错位。再如会员持仓限制制度，使得国内的期货公司没有任何发展的余地和竞争力；套期保值头寸审批制度使得期货市场的临近交割月价格不再受供求的影响，而是被审批所控制等等。这些在治理整顿时期是有一定过渡作用的，随着期货市场的发展进入一个新的阶段，应逐步过渡到国际惯例。(中国期货业协会副会长　常清)

铜期货市场

2003 年铜价的运行主要分为四个阶段：年初创出新高，确立全年的升势；3、4 月份回试年线支撑，夯实 2003 年的底部区间；5—9 月振荡盘升，蓄势爆发；10—12 月突破平台阻力，加速上扬。截至 12 月 22 日收盘，伦敦铜价全年升幅达 50.12%，沪铜升幅为 34.83%。无论是从价格的演变形态，还是从上升的幅度看，铜价 2003 年完全进入牛市状态是不容置疑的。

【市场走势】在 2003 年铜价运行的这四个阶段中，市场关注的焦点也在不断转移：

新年伊始，伦敦铜价就在美国经济指标好转，以及对 2003 年铜价有良好表现的预期下，受到基金有备而来的多头建仓盘汹涌推动，形成单边上扬走势，一个月内的升幅达 200 美金。这段时期，美国 ISM 数据大幅上涨，建筑方面的支出也超过市场预期，从而增强了市场信心，奠定了 1 月份基本金属价格上升的基础。总体来说，对于经济好转的预期效应和基本金属供应的紧张支撑了年初的铜价。不过，这段时间伦敦铜价的上涨并没有得到沪铜交易者的认同，当时的主力合约 0306 一直运行在宽幅振荡、但斜率很小的上升通道当中。

导致铜价在 2 月份两次试探 1760 美元但最终回落的主要原因是中东局势的紧张。美伊战争可能随时爆发的预期并没有为同样是战略物资的铜提供上升动力。开战前，战争将可能拖延美国经济的复苏步伐，主要是影响美国制造业恢复的悲观情绪压抑了市场。然而，当战争真正打响，美英精良的装备、大肆的宣传使开战后的市场一度摆脱了战前的压抑，基本金属价格呈现不同程度的上扬。但随着美英军队向巴格达的推进受挫和计时单位由天变为周，战争的残酷和不可预测挫败了美国市场的信心，道琼斯工业指数、日经指数先后跌破8000点整数大关，美元兑其他主要币种重新全面下挫，原油也回到了30美元/桶上方。紧接着，美国公布的一系列经济指标不尽如人意：3月芝加哥采购经理人指数为中西部地区企业五个月来首次萎缩；3月ISM制造业指数自2月的50.5滑落至经济兴衰分水岭的界线50以下，为46.2；3月密西根大学消费者信心指数终值连续第三个月下跌，由2月的79.9降至77.6，是1993年9月以来的最低值。在这个时间段里，基金多头减仓并逐步转为空头的行为非常明显。从CFTC的持仓报告中，我们可以看到非商业头寸从2月初的净多持仓近3万手的高峰值到5月初转为了1.5万多手的净空头寸。因此，当时市场对于战争所产生的结果的悲观预期，抑制了铜价年初的涨势，再加上中国自3月底开始全面爆发的SARS疫情，更加重了中国市场的抛空情绪，沪铜价格的暴跌，也相应蔓延到了国际市场，促使LME铜价跌破当时的技术支持，并最终导致了国际铜价重新回到年初的起步阶段。

5月初，美元的再度大幅贬值和美国就业数据持续好转引发了基金又一次将方向转为做多，而伦敦主要有色金属的现货与期货价格贴水迅速缩小，为铜价一鼓作气地突破技术阻力位提供了关键的支持。从5月初到6月中的这段时间里，美指下跌近5%，也带动了以美元标价的LME铜价上升约6.8%。其实，在5—9月铜价振荡盘升的这一阶段中，真正为铜价提供上升动力的，主要是美国政府3500亿的3年减税方案，以及降息0.25%至1%的经济刺激政策。进入7月以后，美国甚至欧洲所公布的一系列经济指标都非常具有鼓动性，受此影响，在5月初到9月末的这五个月里，道琼斯工业指数上升9.4%，纳斯达克指数升幅高达22.1%，日经指数更是上扬近31%；但伦敦铜价的升幅仅略高于道指，约12.2%。不过，在进入8月以后，虽然当时各种基本面指标，以及技术走势都不支持价格出现下跌，但由于国际投机资金的净多持仓已经达到了历史高位，因此，对于基金多头的投机头寸需要调整的担忧抑制了市场走势，尤其是沪铜的空头思维严重压制价格走势，当时的主力合约0401甚至已经几乎形成了空头形态。但进入9月份以后，中国市场在大豆、小麦等农产品单边上扬的走势影响下，沪铜的空头气氛开始有所缓解。尤其是在LME镍价表现持续强劲，促使国际基金仅进行了短暂的持仓调整就立刻回到市场继续积极建立多头头寸的行为，遏制了沪铜可能出现的跌势。

“十・一”长假过后，原来一直从事铜期货的市场交易者开始发现，由于大豆、小麦、天然橡胶市场都出现了异常火爆的景象，期铜这个一直表现极度稳健的品种也受到影响：10月13日，在大豆、豆粕开盘封住涨停，橡胶、小麦相继跟随上行的刺激下，大量投机资金开始蜂拥投向铜、铝等品种，最终造成除铝以外所有品种各个合约均以涨停报收的繁荣景象。同时，在美国第三季度各项经济指标出人意料的良好的基本面支持下，国际铜价也因为基金的不断买入而被持续推高。在这一阶段中，沪铜与伦敦铜价的比例迅速被提升至10.4以上，并且从CFTC的持仓报告上我们也可以看到，国际投机资金的多头净持仓已经达到了创记录的近5万手。至此，市场疯狂之后所要面对的就是如何理智地处理被不断累积起来的技术风险。首先冷静下来的，还是久经沙场的国际基金：自10月底，LME以及COMEX的基金就开始逐步减持多头头寸，11月初，因为突如其来的物价飞涨让国内各界开始出现不同程度的紧张和恐慌，政府不得不出面强制稳定物价，交易所也相应提升期货交易保证金，导致了当时可能是最偏离正常物价的天然橡胶开始暴跌，紧接着，大豆价格也开始出现跌停，受此影响，沪铜多头开始大量减仓，尤其是当看到伦敦铜价也渐露疲态的时候，沪铜各个合约全线跌停，并引导全球铜价进入一波快速调整行情中。这一时期里，CFTC所公布的投机多头净头寸急剧下降，又回到了3万手以下的相对保险区，并一直保持这一状态至年底。11月26日，市场借助智利国营铜公司旗下年产近22万吨的安迪纳铜矿极有可能出现罢工的利好机会，结束了正常的技术整理，开始进入对罢工题材的炒作，而原定于12月1日开始的罢工推迟至12月5日，更是扩大了此次罢工对市场的利多效应，伦敦铜价迅速再创新高。

市场行情回顾总结：2003年铜市的牛市可以说完全是基于全球经济的复苏、需求相应扩张引起的全球原材料市场价格的普遍上涨，其原动力是美国经济的快速增长。而美国经济的复苏，又相当程度上源自于美国减息、减税，以及对世界各主要币种的持续性大幅贬值。尤其是美元的贬值，由于其具有持续性和长期性，对交易者的心理影响远高于美国政府的大面积减税和降息政策：一是通过美元贬值刺激了出口，拉动本地区经济复苏的加速；二是通过美元贬值降低通货紧缩的压力；三是美元贬值可以创造一种有利于美国的国际贸易和金融格局，如减轻每年5000亿美元的贸易逆差。美林证券的最新研究报告估计，美元贬值到目前的水平，对美国经济增长率的贡献可能高达2个百分点。

【市场行情特点】2003年铜市有着四大特点：投机资金完全主导市场走势；铜价上涨受其他原材料及金属涨势带动；铜精矿供应趋紧，产能利用率难以提升；沪铜投机资金增量明显。

2003年前9个月里，铜价运行于1560至1840美金/吨的区间，这对于生产商和消费商来说，属于正常的盈利区间内，因此，除了在价格初次见到1800美金的时候，生产商的保值抛盘比较积极以外，价格的运行都是由国际投机基金的建仓方向主导的。而这些宏观基金的操作、持仓方向的决策又大部分基于对美国、欧洲、日本，以及以中国为首的新兴亚洲发展中国家的经济状况来制定的。因此，尽管2003年美国经济仍存在着不少问题，但除了SARS恐慌从中国向全球蔓延，一度挫败了市场的乐观预期外，在其他时段里，欧美不温不火的利好经济数据推动了基金的积极建多。到了第四季度，铜价进入暴涨阶段，也就是在全球各个原材料价格进入爆发性普涨的时期，保值空头虽然也大量介入，但早已抵挡不住来势汹汹的多头趋势。同时，作为LME基本金属的领头羊，铜一直都是备受投资者关注的主流品种。然而，在2003年的牛市中，铜价的升势却是被其他基本金属所带动。

由于铜价低迷，1998年上半年至1999年产生的铜矿集中减产，使全球矿山关闭或减产的产能超过100万吨，从而导致世界铜精矿的供应一直呈紧张状态。而2001年又因为铜价屡屡刷新历史低位，澳大利亚BHP、墨西哥Grupo公司、智利Codelco、加拿大Noranda公司以及中国十大铜厂等厂矿纷纷再度宣布减产，总量达到60万吨，其中由于矿山的关闭和限产而导致的精铜减产量就达到30万吨。此次全球铜厂商的联合限产保价所造成的矿产下降，进一步加剧了铜精矿市场的短缺状况。根据ICSG的统计，到2003年上半年为止，全球矿产量的月产能利用率平均只有87.8%，较2001年的91.9%下降了4.1%。产能利用不足又造成冶炼利润的萎缩，进而加大了以铜加工为主要利润来源的铜厂商的减产可能。因此，铜矿供应不足是真正导致铜的生产供应速度难以提高的原因。

在2003年前三个季度里，沪铜的交易状况还基本上保持着一贯的作风：跟随并对伦敦铜价走势作出预期。但自从10月份各个期货品种都相继出现暴涨状况之后，国内铜的参与资金有着明显的扩张，并造成沪铜不再按照原来的章法进行游戏。根据交易所公布的数据，2003年年初，按照1月2日的结算价及持仓总量计算，沪铜的持仓保证金还只有1.89个亿，到了10月15日，也只上升到了1.95个亿，但在10月31日，保证金上调前的一天，沪铜的持仓保证金已经迅速上升到了5.2亿的规模。原来沪铜的最活跃交易月份都只是现货月份向后数3到4个月，而在沪铜交易资金迅速扩大的年底，活跃合约的月份不断向后跳跃，已经是现货月份向后数的第7、8个月了。这种异常现象也说明了有投机资金大量介入，这也加剧了铜价在2003年第四季度的波动幅度和波动频率。（民安期货　唐吉力）

铝期货市场

【全球市场】2003年全球经济逐渐复苏提振了铝消费，但充足的供应，以及较大数量的库存又抑制了价格的上涨。笔者预测2003年铝市供过于求的状况在今后一至两年时间内将日益得到改善，市场将趋向平衡的状态，铝价格有望上扬，预计明年下半年至2005年年初铝价将攀上新高。

一、伦铝走势回顾

2003年LME3月铝期货价格整体呈现振荡走高态势。上半年铝价经历了长时间的振荡整理过程，价格在1320～1443美元/吨区间徘徊。下半年铝价展开上攻走势，并一举突破了长期以来的窄幅运行空间和长期压力线，表现出了十足的牛劲。从伦铝走势图可以看出，LME3月铝期货价格已经摆脱了历史的长期压制，虽然目前人们认为大牛市已经到来还为时尚早，但新一轮中级以上的上涨过程的展开还是比较明显的。

二、全球铝生产

美国、加拿大：2003年美国西北太平洋地区因能源短缺缩减了铝产能，其他一些生产区域的冶炼工厂也深受能源供给之苦，但仍有一些地区的铝产能增长很快。在2000～2002年期间，加拿大铝产量增加了32万吨（从1999年的239万吨上升至2002年的271万吨），但鉴于美国铝产量从1999年的378万吨下降至2002年的271万吨，总共削减了107万吨，因此可以预计北美铝产量在2003年将达到541.60万吨，比2002年增长了0.8%。

中国：近几年中国铝产量增长较快。1991～2002年期间，中国铝产量从96.20万吨增加至440万吨，目前已成为世界上最大的铝生产国。预计中国铝产量在2003年将达到540万吨，比2002年增长了22.8%。

西欧：西欧的生产增长预计偏弱。

南非：该地区供给增长较快。

中东：2003年9月，Alba已开始建设第5个大型电解池，完全投产后中东地区铝冶炼行业每年将新增30.70万吨的产能。除此以外，Alba还将在2005年投资5600万美元将其第4个大型电解池的产能扩充至2.3万吨/年。而这些工程在2006年全部投产以后，这些冶炼工厂将拥有85万吨/年的巨大生产能力。

独联体：目前，独联体铝产量增长连破记录。总体来看，该地区的两大铝公司，Russian Aluminum和Sual Holding的铝产量在2003年强势增加，产量已由2002年的378万吨增长至目前的392万吨，但Cis的铝产量增长预计在2004～2005年期间将减速。

据Metal Bulletin调查显示，与今年相比，2004年全球铝产量将增长6.3%，相当于127万吨。其中中国铝产量将增加75万吨。MPD称，2004年世界铝产量为2930万吨，2005年将增至3080万吨。路透金属产量数据库（MPD）显示，2004年中国铝产量约为638万吨，2005年将升至710万吨。

另外，其他一些变数较多的基本面因素也值得我们关注：1.由于一些国家和地区电费上调，已有多家铝冶炼企业表示将减产或停产；2.氧化铝供应短缺以及价格高企在一定程度上将限制全球铝产量的增长幅度。

综合来看，预计西方世界铝总产量在2003年将达到1795万吨，将比去年同期增长2.3%。在2004～2005年期间，持续的增长率将分别达到4.0%和3.1%。考虑到中国铝冶炼能力的增长，预计全球铝产量在2003～2005年期间年增长将保持在5%～6%的水平。

三、全球铝消费

2002年世界铝消费量为2557万吨，随着航空、运输、包装、建筑、冶金、铸造、电气、轻工等领域对铝的需求旺盛，预计截至2005年以前，全球铝消费将以3%的速度增长，2005年全球铝消费量将达到2850万吨。美国铝业协会最新报告显示，今年8月份铝产商的订货额同比增长了8.8%，是年内首次上升，新的订货出现较大幅度的增长预示铝消费出现启动迹象，但中国铝市进入传统消费旺季以后，市场并未出现人们预期的强劲需求，现货铝价受供应宽松影响上涨之力。中国铝业公司预测，2003年中国对铝材的需求将增加至520万吨。

2004年西方国家的经济复苏将加快步伐。在这种背景下，2004年西方国家对终端铝制品的需求量将急速上升。另外，预计西方世界对初级铝制品的需求增长率将达到5.1%。这样过剩的产量将被削减，铝市场将重新进入平衡状态。然而，工业存货比率仍然会保持不变，这显示市场价格只会小幅上扬。

【市场走势】经历了2002年底的调整之后，今年年初沪铝开始稳步上扬。后消费淡季的来临，使得铝价上升速度受到抑制，在生产成本增加的背景下，价格进入胶着停滞状态。10月上旬，随着出口退税率降低政策的出台，铝价急剧上涨并进入高位振荡。整体而言，今年沪铝价格走势特征基本上由国内铝市基本面因素所决定。回顾今年国内铝市的变化有以下几个特点：

一、投资带动需求。2003年前三个季度在积极财政政策的刺激下，全社会的固定资产投资同比增长30.5%，其中第二产业投资增幅比去年同期上升23.5个百分点。出口和投资带动工业生产强劲增长，累计工业增加值同比增长16.5%。在此基础上，集中在建筑业、汽车制造业以及包装等生产领域的铝消费以超过20%的高速持续增长。

二、产能与产量均有所扩张和增加。虽然国内电解铝产业面临的高成本和原料供应问题使得行业投资有所降温，但今年国内原铝产量仍然稳步上涨。中国有色金属工业协会的统计显示，前11个月，原铝产量达到492万吨，比去年同期增长 25.7%。

三、出口牵动着整个市场的神经。目前国内原铝市场的产量大于消费量，出口是缓解产量增长压力的一个重要途径。今年 1—11 月原铝净出口 37.27 万吨，供应轻微过剩 16.35 万吨。长期以来，我国原铝出口主要以来料加工方式进行，不需要交付氧化铝进口关税，出口后退还部分增值税。10 月中旬，财政部宣布从 2004 年起原铝的出口退税率下调 7%，这导致了生产商出口成本显著增加。同时，氧化铝进口关税降低至 8%的政策，又进一步增强了企业减少原铝出口，转向国内市场销售(补交氧化铝进口关税)的意愿。为此，铝生产厂家年前纷纷加大了出口力度，将明年年初出口的产品提前出口。政策公布之后，国内铝价即大幅飚升，11 月份的原铝出口量增加到 11.57 万吨便是印证。四、市场在高成本中发展。今年国内电解铝扩张引发的大量需求使得国内外氧化铝价格节节攀升：2003 年期间中铝氧化铝现货报价几次调升，从 2200 元/吨提到 3300 元/吨，12 月份再次提高到 3700 元/吨；进口氧化铝价格自 2002 年下降至 165.75 美元/吨之后反弹升至 350 美元/吨。随之而来的电价上涨又增加了原铝的生产成本，预计其平均成本将超 16000 元/吨。

五、市场渐趋活跃。今年上海期交所推出的一系列活跃期铝市场的措施，在投机机会来临时发挥了效用，大量资金注入了沪铝市场。10 月份沪铝价格飙升的同时，合约持仓也比 9 月扩大了 2 倍多，成交量放大到近 6 倍。

天然橡胶期货市场

2003 年岁末 整个全球商品期货市场，一轮波澜壮阔的大牛市 在 2003 年走过。与国际期货品种息息相关的国内大豆、铜以及天然橡胶都走出了前所未有的暴涨行情，在经历连续五年的熊市之后，随着全球经济的全面复苏，新一轮牛市循环在 2003 年开始全面启动。

【市场走势】第一轮：期货市场率先发现价格，2003 年 1 月至 4 月初，橡胶市场行情爆涨，幅度为 10000—16000 元/吨。

衔接 2002 年的慢牛趋势，进入 2003 年之后，在国内产区停割，结转库存低水平的利多推动下，自 2003 年元旦开始，国内天然橡胶市场，期货行情率先走强，期价自 10000 元/吨，展开单边上扬行情，此间现货市场现货价格亦与期货市场形成同趋运行之势。

主要利多因素，2003 年初海南、云南两地结转库存仅为 2 万吨左右的水平，而销区实际囤放的有效库存也仅能维持本月生产之用，如此低的库存水平在某种程度上成就了第一轮上涨行情的形成。春节期间，国际市场橡胶价格亦出现大幅上扬的走势。在 2 月份，期货市场主要合约 RU305、RU306 期价自 13000 元/吨在短短一周时间内，急速上冲至 15000 元/吨以上，进入 4 月份之后，RU306 甚至一度冲至 16195 元/吨的高点，如果从波浪理论上来分析，我们将第一轮的暴涨行情，视为天然橡胶牛市行情的第一浪，自 8000 元/吨震荡上行至 16000 元/吨，从当时的现货价格来看，期货行情有明显的超涨嫌疑，因此此间现货市场，现货价格在停割季节最高也只是无量涨至 14000—14500 元/吨。

第二轮：季节性利空作用突出，2003 年 4 月至 7 月初，橡胶市场行情暴跌，幅度为 16000—10000 元/吨。

天然橡胶市场牛市行情在 2003 年第一季度，被期货市场的连续性暴涨给予透支，期货行情的暴涨并未能阻止住在开割季节现货供应压力逐渐加大压力作用下的回落，期货行情过于透支的的上涨必然引发报复性下跌，从 4 月初展开的期货暴跌行情，带动现货市场价格节节回落，在为期 3 个月的下跌走势中，期货行情重新回至 10000 元/吨整数大关，而现货市场，海南、云南两大产区现货价格回至 10700—10800 元/吨止跌，而销区青岛、上海、天津现货价格则相对稳定在 11400—11500 元/吨之间。国际市场，进口三号烟片胶，FOB 报价持续坚停在 1000 美圆/吨附近，期货行情在本轮下跌走势，已经处于明显的超跌状态。

影响此间，期货行情下跌超过预期的一个重要原因，就是在 3 月份之后的上涨行情中，超涨引发大量实盘抛售入库，尤其是在 RU306 合约上，多头的逆势逼空，直接导致巨量交割，大量实盘云集上海期货交易所交割仓库，最终引发了 RU307、RU308 的超跌。而国内两大垦区开割之后，现货供给逐渐充足，而供应的相对平稳在割胶季节形成了橡胶价格的直接压制。

第三轮：反季节上涨行情产生，以价值回归为主线。

7 月中旬，期货市场行情在 10000 元/吨整数大关获得有力支撑之后，反季节性上涨行情产生，在割胶旺季，期货市场行情展开了以价值回归为主线的上涨，在完成产区价格的回归之后，随着增量资金的入市推动，行情形成连续性上涨的走势。这一轮上涨行情，从理性上可看作天然橡胶牛市行情的主升浪，主要合约不但上破前期高点，而且在 10 月份一举上创本年度新高 17580 元/吨。

推动本轮行情走高的主要动力，是现货市场需求的启动，尤其是国际市场主产区泰国自 6 月份以来，连续降雨、洪灾等影响割胶的恶劣天气的频频出现，导致供应的紧张，国际市场现货报价节节走高。从 1000 美圆/吨，连续性最高升至 1500 美圆/吨，而国际期货市场日本工业品交易所橡胶期货，主要基准合约亦突破 160 日圆/公斤整数大关。

第四轮：重新寻找合理价格定位，下跌行情年末形成。

进入 11 月份之后，在橡胶价格持高不下的背景下，为了抑制橡胶价格过给用胶企业所带来的成本压力，国际储备局连续抛售国储胶 2 万 5 千吨，同时采取取消进口配额批文的政策，2004 年橡胶进口采取登记制，加之进口关税有可能调整，受上述政策性利空因素的影响，期现两市胶价承受巨大的回调压力，期货行情自 17000 元/吨以上高位，在短短一周时间内迅速跌至 14000 元/吨一线，而现货市场自 15000 元/吨最低跌至 12300 元/吨一线，暂时止跌企稳。从技术形态分析，这一轮的下跌可看作第四浪的回调，至于回调的幅度与时间，目前仍在进行当中。

【影响因素】影响今年行情的因素：

1、世界经济复苏，橡胶制品企业对天然橡胶产品需求较旺，是整年行情上涨的内在动力。今年第三季度，美国经济按年率计算增长了 8.2%，创近 20 年来的最高增长记录；日本经济按年率计算增长了 1.4%；第三季度盟增长 0.8%。由于世界经济的复苏，拉动了消费和汽车制造业的增长。以美国为例，美国商务部 12 月 11 日公布的报告显示，美国的商品零售 11 月份增长 0.9%，工业产出增长 0.9%，是 4 年来的最大升幅。11 月工业产出是自 1999 年 10 月以来的最大涨幅，11 月份美国的汽车销售增长了 2.6%，是今年 3 月以来的最大升幅，车和卡车销售从 10 月达到了经调整后年度化的 1683 万辆。美国通用汽车 11 月销量达 356374 辆车，比去年同期增长了 21.2%。11 月份美国的企业库存比前一个月增长了 0.4%，连续第三个月上升，表明企业对经济前景的信心增强。

而我国年国内的汽车产销量继续沿着高速增长的趋势发

展，前10个月的总产销量就达到350万辆，到年底，汽车销量预计突破420万辆，总销量将超过德国，成为继美国和日本之后的世界第三大汽车市场。

由于世界汽车工业、消费和运输业的增长，拉动了橡胶工业的增长，据海关统计，1—10月我国进口天然橡胶98.8万吨，预计今年全年进口将达到110万吨，今年全年国内天然橡胶生产将达到54万吨，根据国内各市场和生产企业的库存情况推算，今年天然橡胶名义消费为164万吨，实际消费为144万吨，比2002年增加了6.67%。

2、美元贬值政策使以美元记的国际橡胶产品无形中大幅升值。东南亚各国基本采取以美元挂钩的浮动汇率，商品出口以美元报价，2003年美国由于通货膨胀和巨额财政赤字，迫使美国采取美元贬值政策，美元汇价走软，导致以美元计算的商品价格有所上浮，以泰株为例，1月2日泰株兑换美元43.31:1，到11月31日上升到40.07:1，上涨了7.24%，以11月31日泰国RSS3报离岸价1221.8计，因美元汇价走软，泰国RSS3无形中抬高了88.46美元/吨，这也是国际天然橡胶产品始终在1000美元/吨上的一个原因之一。

3、政府的宏观政策和进出口政策对市场过度投机起到抑制作用。

2003年以来世界天然橡胶产量虽有增长，但受汽车产量增长影响，天然橡胶需求旺盛，市场供应仍然不足，价格大幅攀升。为了平抑市场价格，国家储备局两次向市场抛胶，国家商务部在10月追加20万吨进口配额，上海期货交易所10月底对天然橡胶各合约追加3%的保证金，使保证金从5%提高到7%。通过国家的宏观调控政策，市场过度投机的现象迅速降温，市场价格回落到橡胶制品企业能接受的范围。

小麦期货市场

2003年郑州小麦期价整体走势呈现出显著的牛市格局，小麦期价(硬麦)从年初的1380元/吨一直冲至1780元/吨，涨幅高达30%。在期价上涨期间，其走势多次风云突变、峰回路转。

【市场走势】2003年郑州小麦的上涨走势可分为两个阶段，第一阶段从年初至8月中旬，在这一时间区间硬麦主力合约WT309最高成交价达到了1560元/吨。导致期价上涨的原因是：2003年小麦主产区天气不佳，春季低温冻害，小麦扬花灌浆期及收割期又出现了连续阴雨寡照天气，这造成小麦产量及品质较往年均有明显的下降。2003年新麦上市前后，由于投资者普遍预期小麦仓单数量较少，因此多头资金大举入市并推升期价，小麦持仓量也同时迅速扩张。但由于当时国内小麦现货价尚未启动，并依然保持在1.10元/公斤左右的较低水平，因此期价大幅上扬吸引了众多现货商挟实盘入市。2003年8月底，郑商所硬麦仓单达到了22327张，尚未注册成仓单的有效预报量达到了40533张，巨量的仓单实盘显然出乎多头的意料之外。2003年8月下旬，随着多头主动弃盘，郑州小麦展开了一轮深幅回调行情，WT309合约期价最低跌至1212元/吨后企稳。当时，小麦总持仓量急速减少，市场气氛比较消极。

郑州小麦的第二波涨势发生在2003年10月份，当时受秋粮减产刺激，小麦价格发生了令人始料不及的剧烈变化，尤其是2003年10月16日之后，小麦现货价基本上是以每天0.02元/公斤的涨幅上行，近6年以来产区小麦出库价首次突破了1.30元/公斤。受小麦现货价上涨支撑，郑州小麦期市由于WT309合约上的多头弃盘而对市场造成的不良影响被一扫而空，期价重拾升势，大盘新的龙头合约WT405最高上涨至1794元/吨，然后在1700元/吨价位附近形成了一个高位振荡区间。

2000年郑州小麦期价曾创出了1600元/吨以上的新高，结果是吸引了10000多张小麦仓单入市，并导致了郑州小麦期价长期低迷。2003年郑州小麦期价已经远远超出了2000年的高点，强麦、硬麦仓单总量已经超过了60万吨。

国际小麦市场的情况

2003年国际小麦市场走势一波三折，价格振荡上行。以芝加哥软冬红小麦期货为例，年初，由于市场普遍预计今年全球小麦产量将恢复性增长，期价上行压力重重。但进入5月份以后，欧洲以及前苏联国家出现严峻旱情，提振CBOT小麦期价一路飙升。5月份到8月中旬，CBOT近期小麦合约上涨了近90美分/蒲式耳！但是夏季后，由于预期加拿大和澳大利亚小麦丰收，市场预计世界小麦出口竞争将会加剧，引发芝加哥小麦期价深幅回落。

10月份以后，由于阿根廷天气干旱，小麦播种受到影响；而中国粮油市场在国庆节后出现一轮罕见的普涨行情，关于中国将大量进口小麦的传言不绝于耳，CBOT小麦市场重续升途，小麦价格轻松突破400美分/蒲式耳的关口。但是临近年底，澳大利亚和加拿大的小麦产量已几成定局，加上中美因纺织品问题引发贸易摩擦，中国推迟采购美国小麦，国际小麦价格略有回落，但是仍然远远高于年初的水平。

国内外小麦市场供需状况

由于世界小麦产量降低，目前年度内世界小麦库存降低的幅度远远高出年初时的预期，也高于其他粮食库存降低的幅度。世界范围内小麦库存偏紧，库存与用量比预计将继续降低，将是推动2003年小麦市场价格振荡走高的又一个主要支持因素。根据美国农业部的最新数据，2004年世界小麦库存预计为1.28亿吨，比上年降低3763万吨，降幅达到22.7%。世界小麦库存的降低，主要是由于欧盟小麦库存大幅降低。

国内方面，近几年我国小麦产量逐年下降，总消费量虽呈下降趋势，但是这个趋势并不明显，与产量的锐减相比更是显得微不足道。因此，我国小麦供应与需求的缺口也在扩大，目前这一缺口由国家历年积累的小麦库存填补。

国家政策取向

自2003年8月以来，中央召开了一系列会议，专门解决“三农”问题。其中最突出的变化就是采取了一系列措施提高国家的粮食安全。2003年我国小麦总产量为8610万吨，是自1989年以来的最低水平。通过采取严格的措施保护耕地，进而稳定基本农田的粮食生产能力，今年冬小麦播种2.93亿亩，虽然仍较上年减少了150多万亩，但为近5年来降幅最小的一年。另外，国家开始了重建小麦库存的行动。2003年12月，中国采购团虽未与美国签订小麦的采购合同，但已与加拿大和澳大利亚分别签订了50万吨和100万吨的小麦采购合同。这批小麦作为国家储备，尽管对现货市场影响不大，但毕竟增加了2004年小麦尤其是优质小麦的市场供应。

优质麦方面，我国优质小麦的结构不尽合理，即强筋优质小麦偏多，中筋优质小麦和弱筋优质小麦短缺，有可能使部分在现货市场找不到销路的小麦转移到郑州小麦期货市场上来，增加2004年郑州小麦市场的上涨压力。

国内其他粮油品种的影响

2003年9月以来郑州小麦市场的大幅上涨得益于国内

其他粮油品种的上涨。由于政策的原因，2003 年 9 月以后，国内市场的大豆进口出现了一个月的中断，导致国内豆粕价格暴涨，带动了大豆和豆油上涨，进而波及到玉米和小麦现货市场，小麦现货价格的启动又带动了期货价格的走高。

【分析与评述】最近几年特别是 2003 年以来国内小麦市场表现出许多不同于往年的显著特点，正确分析和认识这些特点，有助于正确把握后市市场供求规律和市场价格趋势，有助于把握机会适时购销，提高经营的效率和效益。

一、国内小麦生产的变化非常明显。

一是连续四年减产。

我国小麦自 2000 年起一直呈大幅减产的态势，当年总产量为 9960 万吨，比上年减产 1400 多万吨，减幅为 12.5%。2001 年小麦总产量为 9390 万吨，同比减产 570 万吨，减幅为 5.7%，其中冬小麦产量为 8760 万吨，同比减产 450 多万吨，减幅为 4.9%。2002 年小麦总产量为 8930 万吨，同比减产 460 万吨，减幅为 5%。2003 年我国小麦播种面积约为 3.3 亿亩，比上年减少 8.3%，是自 1950 年以来的最低水平；小麦总产量预计略低于 8600 万吨，同比减产 350 万吨以上，减幅为 4%以上。这已是连续第四年大幅减产，总产量已降至八十年代中期以来的最低水平。

二是冬春小麦同减。

预计 2003 年全国春麦产量约 440 万吨，同比减产 150 万吨，减 26%；冬麦产量 8130 万吨，减产 310 万吨，减 3.5%。

三是主产区减产幅度较大。

河南是我国小麦主产省之一，小麦产量占全国的 1/4，但 2003 年受夏旱和之后的阴雨天气影响，产量和质量都明显下降，另山东主产区近几年来小麦产量降幅也较大。

四是减产受多种原因综合作用的结果。

一方面是前几年小麦供大于求、价格大幅下跌的影响；二方面是粮食作物与经济作物比价效益的影响；三方面是灾害特别是 2003 年夏季干旱和部分地区阴雨天气影响；四方面是政府宏观调控的政策影响。

五是预计 2004 年小麦产量大体与上年持平略减。

2004 年冬小麦播种面积继续减少，产量继续维持较低水平。上年冬小麦播种期推迟和涨价时播种已接近结束，因此冬小麦面积仍呈减少的态势，当然减幅明显趋缓，是近 5 年来减少最少的一年，基本遏制了冬小麦面积连年大幅度下滑的势头。据有关信息显示，全国冬小麦播种面积 2.93 亿亩，同比减少 150 多万亩，比上年减少近 1%。在冬小麦面积减少的情况下，预计春小麦播种面积有可能增加，如黑龙江省春小麦面积预计将恢复到 400 万亩，比 2003 年增加 80 万亩。

虽然种植面积下降，冬播后，天气相对适宜，冬小麦生长正常，但春旱比较突出，对小麦的生长影响较大。预计 2004 年冬小麦总产量在 8000 万吨左右，低于 2003 年。但如果春小麦面积增加，则春小麦产量增产的可能性较大，如此将弥补冬小麦的减产。

二、供给状况发生新的变化。

一是新增供给不足，产需缺口扩大。

我国小麦自 2000 年起，连续四年当年新增供给不能满足当年需求，出现供需缺口。近几年来小麦总消费量均保持在每年 1.10—1.13 亿吨左右，变化不大。2000 年产需缺口约为 900 万吨。2001 年产需缺口约为 1400 万吨左右。2002 年产需缺口为 1800 万吨左右，2003 年产需缺口约为 2200 万吨左右，四年产需缺口合计在 6300 万吨左右。如果 2004 年小麦产量仍维持在上年的水平，则产需缺口累计将达到 8500 万吨，相当于近两年来一年的小麦产量。

二是供给地区发生变化。

由于一些主产区如河南、山东、江苏、安徽等省区近两三年来小麦面积调减幅度大，小麦产量大幅减产，供给能力明显下降。从粮食总量来看，一些省区已由主产区转向产销平衡区。

三是优质小麦产量大幅增加，使供给能力明显提高。

近几年以来，我国优质小麦生产发展很快，优质小麦市场出现了播种面积增加、产量增加、需求量增加的“三增”格局。2002 年优质小麦产量 2150 万吨，比上年增加 600 多万吨，同比增长 40%，优质麦占整个小麦总产量的 24%。2003 年优质小麦产量预计为 2650 万吨，比上年增加 500 万吨，同比增长 23%，优质麦占整个小麦总产量的 30%。2004 年优质小麦面积和产量将继续增加，预计达到 3000 万吨以上，同比增加 400 万吨，占整个小麦产量的 35%以上。

与此同时，普通小麦产量大幅下降，提高了小麦的供给能力，虽然普通小麦呈供大于求状况，但供给总量明显减少，需求量增加，供过于求的状况得到明显改善。

四是国内小麦供大于求状况仍然比较明显。

首先是虽然小麦继续减产，但由于过去的库存量非常大，因此供给仍十分充足，不存在供给不足的问题；其次是储备粮充足，市场调控能力较强；再次是高价位粮、陈化粮较多，使市场短期供给量增大；另外是进口小麦有可能增加。

三、库存状况发生较大变化。

一是库存总量大幅下降。

由于近几年小麦减产，产不足需动用库存弥补，因此库存量大幅下降。2000 年前后，我国小麦的库存总量大约在 15000 万吨左右，近两三年来动用库存弥补供给缺口，消耗库存量 6000 多万吨，目前库存总量大体在 9000 万吨左右。

2004 年小麦产不足需已肯定，产不足需缺口仍将保持在 2000 万吨以上，如果在目前库存的基础上再继续减少 2000 多万吨，则明年年末小麦库存将回落到 7000 万吨的水平甚至更低。

库存的大幅减少，使过去严重供大于求的状况得到明显改善，虽然目前总量供给依然大于需求，但可以预见的是 2004 年的供需形势将发生很大变化，即供需将渐接近平衡略余。

二是农民余粮或存粮减少。

减少的原因主要是减产，连续多年的减产后使农民人均占有量下降，可供出售的商品粮降低；其次是近期价格上涨，促进了农民增加余粮的出售力度，减少了农民的余粮存量。

三是库存分布不平衡。

目前小麦供给总量虽然充足，但库存主要集中在少数几个主产省区，而沿海销区库存比较薄弱，用粮企业存量也很少，因此不平衡状况比较明显。

四是库存结构发生明显变化。

经过几年的处理抛售，过去多年累积下来的库存陈化粮已经部分处理抛售，今后抛售的数量明显减少，但高价位粮、陈化粮仍较突出。目前高价位粮食也已基本达到顺价销售的价位，因此在经过半年多的继续抛售，至新粮上市前，将基本解决陈化粮和高价位粮，促使小麦库存的品质结构基本趋于合理。

四、消费需求明出现较快增长。

一是总量需求打破平稳出现增长。

近几年来，我国每年小麦总需求量约在 1.08—1.1 亿吨左右，变化不大，每年增加约 50—100 万吨。其中制粉需求量在 9000 万吨左右，每年下降 100 万吨；口粮消费趋于平稳，呈南增北减的状况，每年消费量由10年前占总消费量的88%下降到目前的85%左右，工业消费也由前几年的快速增长转为平稳，种子需求、损耗需求呈下降趋势。

二是饲料消费出现较快增长。

直接用于饲用消费每年在650万吨左右，前两年增速达到50%—100%，近两年增速也在20%左右，特别是今年以来增长明显，主要原因一方面是下半年养殖业恢复增长较快，二方面是国家库存中的陈化粮、普通小麦库存量较多，用于饲料的量增加，三方面是生活水平提高，普通小麦用于口粮消费量减少。

三是口粮消费增速强于前两年。

一方面是人口增加而增加的需求，另一方面是退耕还林后，面粉市场扩大，返销给农民的补助粮，除了一部分被出售外，将有较大一部分被用于增加口粮。再一方面是节日的旺季消费，面粉作为口粮和食品原料的用粮需求趋强。

四是春节后面粉消费虽然进入淡季，但补库、增储和维持正常生产的采购以及政策性的需求仍将保持平稳增长的态势。

五、小麦进出口均有较大变化。

一是小麦进口下降。

2003年小麦进口总量为42.42万吨，同比降低30%。预计2004年我国小麦进口将大幅增加，小麦进口将有可能超过小麦出口。

二是小麦出口大幅增加。

从上世纪末开始出口小麦以来，近两三年来发展较为迅速。过去我国主要出口饲料小麦，自2002年开始出口磨粉小麦。2003年小麦出口总量为223.7万吨，同比提高225%，净出口小麦180多万吨。

三是2004年的进出口格局将发生根本变化。

前两年净出口的格局极有可能在2004年被打破，由于国内小麦减产，产不足需，优质小麦不足，国内将适当减少小麦出口，并大量进口小麦，近期有信息表明，我国仅从美国就将进口近在咫200万吨、而从加拿大、澳大利亚等国将进口不下100万吨。因此预计2004年我国进口小麦主要是优质小麦将大幅增加，估计在300万吨左右。而小麦出口可能大幅下降，估计在100万吨以下，如此将再次成为小麦净进口国。

六、政策的变化比较明显。

一是收购价格预期提升。

由于粮食逐年大幅减产，供需状况发生变化，因此国家对粮食生产已引起高度重视，采取了许多稳定和提高粮食生产能力的政策措施，其中提高保护价收购价格政策就是其中的一项。虽然小麦基本放开，但部分省区仍有保留，因此预期2004年部分地区仍有可能提高小麦保护价收购价格。

二是收购主体增加、粮源分散、售粮时间分散，主渠道收购大幅下降。

在保护价格提升的情况下，已经放开或即将放开的小麦产区购销市场化程度进一步提高，如此收购主体增加、粮源分散、售粮时间分散，市场竞争激烈，有利于提升价格，同时主渠道收购大幅下降，市场调控作用减弱。

三是陈粮抛售的力度发生变化。

经过近两年处理，陈化粮数量大幅减少，但仍有较多的陈化粮和高价位粮，而且2004年陈化粮将基本处理完毕，对小麦市场仍有较大冲击，但较之过去明显趋弱。

四是出口政策有可能发生变化。

2004年国家小麦出口政策有可能进行调整，调整的主要原因是国内供需状况发生变化，为了确保国内市场的供应，稳定国内市场价格，同时提高出口企业的国际市场竞争能力，国家将有可能减少小麦出口，增加小麦进口。

七、相关市场因素发生较大变化。

一是运输紧张状况将继续存在。

运输紧张状况主要是影响东北、华北地区的玉米和大豆，但对小麦也有一定影响。一方面是产销格局又发生变化，增加了市场调运和平衡的难度；另一方面是公路运输因治理超载后，运输车辆有所减少，车载量大幅下降，使小麦的运输紧张状况更趋紧张。

二是运价上调影响粮价。

2003年12月中旬国内铁路运费开始上调，运费上调，短期内可能对缓解运力市场的供需矛盾有一定效果，但是并不能从根本上解决运力紧张的问题。相反，将进一步增加企业的运输成本，并影响2004年粮食的市场价格。

三是国内物价上涨的影响。

近年来一直困扰中国经济发展的通货紧缩趋势的压力已有所缓解，物价负增长的状况在持续多年后趋于回升，居民消费价格总水平和国内生产资料价格的上涨已经持续了一年多，特别是生产资料如钢材、水泥、成品油、皮棉、煤炭、橡胶、石油化工产品价格均出现较大幅度的上涨，另外相关产品如电力、煤炭、水资源等价格预期还将有所上涨，这对粮食价格也有一定的拉动作用。

四是小麦市场心理因素发生较大变化。

玉米的减产、产不足需现象，库存下降、供需渐趋平衡，使得市场购销心理发生了变化。变化之一是农民惜售、待价而沽；变化之二是收购方收购积极性较高，不断提高价格以增加收购量；变化之三是产区购销企业销售积极性有所减弱，销售量下降；变化之四是销区采购、增储积极性增强，数量加大。变化之五是市场粮价越涨，惜售和抢购更趋突出。

五是终端消费市场的变化。

目前国内面粉生产过剩，面需求不强，使得地区之间、特别是产区之间、销区之间、厂家之间、经销商之间的竞争激烈，对小麦市场有所影响。

六是粮食品种之间的替代作用有所变化。

在粮食三大品种中，一般来说，小麦、稻米主要作为口粮，玉米主要作为饲料。一方面是稻米对小麦的替补作用；另一方面是小麦对玉米的替代作用。经近两三年的处理抛售，小麦陈化粮库存数量大幅降低，但仍有一部分陈化粮，粮价上涨后，各地将抓住机会，加大陈化小麦的处理，陈化小麦仍将用于饲料，使之消费增加，但东南亚和国内禽流感的发生及蔓延，对玉米和普通小麦及陈化粮的饲料消费需求将视情况而使期需求受到影响；稻米对小麦的补充作用弱化，但2004年的稻米生产如何对小麦作为口粮消费将产生一定的影响。

八、全球粮食减产、库存下降，价格看涨。

一是小麦连续减产。

2002/2003年度五个小麦主要出口国中，有四个出现了较大幅度的减产，全球小麦产量出现下降，出口减少，推动2003年国际市场小麦价格上涨。

预计2003/04年度产量继续下降。据美国农业部12月预测，预计03/04年度世界小麦产量55051万吨，比上年度减少1633万吨，下降2.88%。

二是当期产量不能满足消费量。03/04年度世界小麦消费量58814万吨，比上年减少1425万吨，下降2.37%。但这已是连续第5年当期产量不能满足当期消费需求，需动用库存小麦3760万吨库存弥补缺口。

三是全球小麦期末库存下降。预计期末库存量为12793万吨，为1981/82年度以来最低水平，比上年度减少了22.73%，库存消费比为21.75%，比上年度减少5.73个百分点。

四是国际价格涨至高位。

2003年小麦国际价格呈现明显的先降后升特点。受2003/04年度世界小麦减产及库存下降较多预期和中国可能进口较多小麦等利好因素影响，从上年11月份开始国际小麦价格开始连续攀升，目前基本回升到上年的高价位水平。

五是预计2004/05年度全球小麦将大幅增产，目前有信息表明，增产量将达到3000万吨左右，但产量增加的影响是滞后的，年内的影响不明显。

上述因素表明，未来国际市场小麦价格将继续呈回升上涨的趋势，而我国2004年将可能大量进口小麦，因此国际、国内市场将有可能形成连动上涨的态势，但势头将有所减弱。

九、国内小麦价格走势变化。

一是2003年国内小麦价格快速大幅上涨。

2003年上半年价格变化很小，但4、5月份因"非典"疫情出现短期抢购大幅拉抬价格。夏粮上市，收购价格略微高开并高走。从第三季度来看，一直呈稳中有升、缓慢上扬的态势。

二是第四季度快速上涨。

进入2003年10月中下旬，小麦价格快速大幅上涨，比9月底上涨20—30%，虽然期间有所回落，但回落幅度仅在5—10%，进入12月初后，小麦价格又有所上涨，但涨幅仅达前期高位，月末又稍有回落。

三是春节前小麦价格平稳，节后出现小幅上涨，近期快速拉升。

进入2004年后，小麦价格基本保持平稳的走势。春节前小麦价格平稳，间有小幅波动，但春节后小麦价格因采购增加、产区惜售而出现上涨的态势，特别是进入2月下旬后，升势加快，目前价格已与10月份的价格持平或略高，有突破10月高位阻力的可能。

四是2004年小麦价格走势特点。

上述变化因素表明，小麦、面粉价格上涨是一种长期的趋势，至少要维持一年左右。但由于国内小麦库存充实，供给充足，且2003年第四季度以来小麦及面粉价格已上涨30%左右，2004年再大幅上涨的可能性不大，且涨幅过大，国家将进行调控；今年以来的禽流感疫情，虽然对小麦影响不大，但对其副产品和陈化小麦以及普通小麦都有一定影响。因此，2004年小麦价格以高位平稳，小幅振荡上升为主，波动的幅度在5—10%之间，新粮上市前后振荡的幅度可能大一些。

大豆期货市场

2003年的全球大豆市场先抑后扬，成为商品市场整体步入牛市的领军品种，尤其是10月份以后，在北半球大豆大幅减产的刺激下，以CBOT以及DCE为代表的大豆期货市场更是牛气冲天，走出了一波近十年来罕见的飙升行情，将商品市场的牛市演绎到了极致。

【现货市场】

一、2003年我国大豆生产情况回顾

2003年国内大豆播种面积增加、单产下降、产量持平。根据我国农业部公布的数据，2003年我国大豆播种面积为1.37亿亩，同比增加648万亩，增长5%。其中，黑龙江、吉林、辽宁和内蒙古播种面积增幅均在10%以上，安徽、河南等省则有不同程度的缩减。受天气影响，黑龙江和内蒙古地区大豆减产，吉林和辽宁大豆增产，全国大豆总产量为1650万吨，与前年1651万吨的总产量基本持平。

二、2003年我国大豆需求情况回顾

由于压榨利润丰厚，我国的大豆压榨能力已经增长到约6000万吨。目前国内大豆平均每月压榨需求消费规模已经达到220万～230万吨。据有关权威机构分析，我国2002/2003年度（10月至次年9月）的大豆压榨量高达2925万吨，较2001/2002年度增加844万吨。另外，随着国内饮食结构的变化，国内食用大豆消费量有所增加，预计为860万吨，加上40万吨左右的种用消费，年度大豆总消费量为3825万吨，较2001/2002年度增加996万吨。

三、2003年我国大豆进口情况回顾

中国海关统计数据显示，2002/2003年度我国大豆进口大幅增长，达到2141万吨，远远超出市场预期，比2001/2002年度的进口总量增加了1倍还多。我国在2003年前11个月共进口了1918万吨大豆，同比增长87%。2003日历年度的总进口量预计超过2148万吨，同比增长90%以上。2002/2003年度和2003日历年度的进口量均创历史最高水平。

四、2003年我国大豆库存情况总结

如果2002/2003年度全国大豆进口量按2141万吨计算，加上国内1650万吨的产量，年度大豆新增供给量为3790万吨，较前年增加1210万吨；期末库存将增加490万吨左右，呈供大于求的格局。

五、2003年我国大豆市场行情回顾

纵观全年，2003年我国大豆市场行情可以划分为以下3个阶段：

1. 2003年1月～9月，国内大豆市场延续2001/2002年度的行情继续高位运行，保持慢牛状态，期间夹杂着小幅回调行情。这一期间价格的运行区间为2450～2650元/吨。

2. 2003年10月～11月上旬，国内现货大豆市场价格在此期间大幅飚升，于11月上旬暴涨至近五年来的最高点。这一期间价格的运行区间为2600～3050元/吨。

3. 2003年11月中旬～12月，国内大豆市场价格逐步回落，进入振荡调整阶段，但回落幅度远远小于前期涨幅。这一期间价格的运行区间为2900～3000元/吨。

2003年12月，国内大豆市场经历了上旬的回落、中旬的大幅上涨和下旬的再次回落。从均价来看，基本和11月份持平。

从以上回顾中可以看到，2003年我国大豆现货市场在经历了近9个月的平稳运行之后，在10月份终于爆发了一轮反季节性的大幅上涨行情。

六、2003年我国大豆市场重大事件回顾

1. 转基因政策是影响2003年我国大豆行情的决定性因素

2002年3月11日，我国农业部公布了《进口转基因农产品临时措施管理程序》，其实施期限为2002年3月20日至12月20日，随后延长至2003年9月20日；2003年7月份，农业部再度将实施期限延长至2004年4月20日。这一不断延长的临时措施使我国的大豆进口政策具有很大的不确定性，也使进口大豆很难保持一定的连续性。由于转基因政策的目的在于保护我国的农产品市场，因此不断延长临时措施期限的真正目的是为了加强政府对大豆市场的调控力度。2003年，国家质检总局时快时慢的许可证发放速度对国内大豆市场的上涨过程产生了重要影响。

2. 抛售国储大豆是敏感时期调控大豆行情的有力手段

2003年7月中旬，国家发改委宣布集中抛售80万吨中央储备大豆以缓解国内大豆供求矛盾、满足大豆加工厂的需要。由于国产大豆9月下旬才开始大量上市，而国内市场上当时已经没有陈豆流通，因此政府有关部门不得不一方面继续将转基因条例临时措施延期，另一方面宣布集中销售中央储备大豆。其中的微妙之处在于，当时销售国储大豆不仅可以增加市场供应总量，通过市场手段减少油厂对进口大豆的需求，从而起到调控大豆进口总量的目的，也同时为国产大豆的上市腾出了足够的市场空间。

3. 中美贸易摩擦成为我国大豆市场行情的催化剂

最近一段时期以来，中美两国间逐步升级的贸易摩擦对我国大豆市场的影响变得越来越明显。

在2003年11月中旬美国对中国部分纺织品设限后，中国暂时推迟了原定采购贸易团的访美行程，以此表示自己的不满。市场担心中国可能对大豆进口设置贸易壁垒，以报复美国对中国部分产品设限的行为。

深圳检验检疫局在2003年11月24日宣布，该局从美国进口大豆所夹带的豆荚和豆杆中检出大豆疫霉病菌，这在我国还是首次。美国大豆协会认为，中国这一发现疫霉病菌的声明是针对美国对中国纺织品进口设限作出的反应。

在温家宝总理访美就经贸问题与美方达成共识后，我国政府派出的第二批赴美采购团于2003年12月18日在芝加哥签署了15.9亿美元的采购合同，其中包括近14亿美元的大豆采购合同。在此之前，受中国代表团赴美采购大豆的消息影响，美国的大豆价格暴涨了10%。

近来，市场传闻我国将进一步简化进口大豆手续。据有关方面的消息，我国第二批赴美采购团不仅与美国达成了进口大豆合同，而且还与美国大豆协会达成了一项协议，称那些已经申请过转基因大豆进口许可证的公司以后将长期拥有大豆进口资格，不必再次申请这一证书，但协议的具体执行时间尚无定论。我国农业部官员前不久也表示，已经获得了转基因安全证书的境外公司，在从事同种产品的对华出口时不必再次申请安全证书，只需持复印件即可，不过这一决定的具体执行时间尚未确定。

【期货市场】回顾今年大连大豆市场的运行，大致可以分为四个主要阶段，即1－4月的宽幅震荡阶段；5－8月的季节性调整阶段；9－11月的主升浪阶段和11月到年底的高位整固阶段。

一、2003年大豆走势回顾

1、政策博弈与突发事件交织，连豆呈现宽幅震荡

进入2003年后，由于国内对进口大豆许可证的发放程序依然偏紧，因此进口大豆一度出现断档，而春节期间国内强劲的植物油消费带动了大豆压榨量的提高，加之春运引发的铁路运力不足，使得2月份国内大豆出现了供不应求的局面。进入三月份后，连豆期价也呈现出小幅走高的态势，此间市场主要围绕进口到度许可证的发放题材进行炒做，由于南美大豆的播种及生长较为顺利，市场对于02/03年度大豆总体供应量的增加有所预期，因此期价的上涨大多表现出时间短、幅度小的局部性特征，连豆市场中总持仓量的不断攀升显示市场多空分歧较大。

国际市场上，1－3月份CBOT大豆主要围绕550－580美分/蒲式耳区间震荡，4月份受到美伊战争的影响，海运费用大幅上涨，南美大豆的出口受限导致CBOT大豆向上突破并于5月中旬达到658美分/蒲式耳的上半年的高点。

然而国际市场大豆的上涨并未能有效带动连豆价格的上行，国内由于4、5月间SARS在全国部分地区的蔓延使得植物油及饲料需求的急剧下滑并引发大豆需求的减弱，因此在CBOT大豆不断创出新高的同时，DCE大豆却始终呈现出高位滞涨的态势，这为下一阶段大豆的季节性调整打下了伏笔。

2、产销区天气差异导致内外盘季节性调整背离

进入5月份后，南美大豆的收获全部结束，据美国农业部6月大豆供需报告的预测数据显示巴西的大豆产量增加100万吨达到创纪录的5200万吨，中国大豆的产量也可能出现增加。此外中国的进口量将上升到1700万吨，南美大豆的出口量也提升了30万吨。此外这一阶段美国大豆、玉米种植区出奇良好的天气状况使得当时市场普遍认为，尽管美国大豆种植面积由于大豆种植补贴率的下降而出现了小幅减少，但02/03年度美国大豆产量仍有望创出新高。在此基本面的背景下，CBOT大豆市场基金全面做空导致大豆步入季节性调整。

此间，国内SARS疫情已基本消除，但其对市场利空影响仍然持续着，而6、7、8三个月进口大豆的集中到港以及CBOT大豆价格的持续下跌均成为当时连豆期价大幅调整的主要推动力量。但国内大豆主产区严重的春旱、夏涝也使得市场预期国产大豆在02/03年度可能出现减产，因此在连豆下跌的过程中市场持仓不减反增，以中粮系为代表的一批具有现货背景的多头成为市场多方阵营的中流砥柱，在CBOT大豆快速大幅调整的过程中，DCE大豆的抗跌性也是显而易见的，在5－8月间CBOT大豆主力合约最大跌幅达到了21.7%，而同期连豆主力合约的最大跌幅仅7%。北半球以美国为代表的大豆产区和以中国为代表的大豆销区在这一阶段天气上的反差直接导致了CBOT和DCE两个市场在大豆季节性调整中期价表现的差异性。

3、减产导致供需失衡，主升浪不期而至

进入8月份后，美国大豆、玉米种植区持续的干热天气导致正处于结荚灌浆期的大豆面临严重的减产威胁，美国农业部在9月份的大豆供需报告中大幅调低了美国大豆的单产，产量和结转库存的预估值，并在随后的三个月中连续调降2003年大豆产量预估值至7年来的最低水平24.52亿蒲式耳(7650万吨)，同时还将03/04年度美国大豆期末库存预估值调降至1976/1977年度以来的最低水平1.25亿蒲式耳。此外由于2003年美国大豆出口销售旺盛，大豆供应异常紧张，进入9月后美国大豆周度净出口持续大幅增加也成为推动CBOT大豆强劲上涨的主要利多因素之一。与此同时，由于中国大豆主产区严重的春旱、夏涝也使得02/03年度中国大豆减产成为定局，而SARS过后国内餐饮、饲料等行业下半年的迅速恢复导致对大豆需求的爆增，而8月份后由于大豆质量等原因，国家质检总局取消了6家国际贸易商向中国进口大豆的资格，因此直接导致了大豆短期的供需严重失衡，10月份DCE大豆与CBOT大豆联袂迎来了主升浪。CBOT市场基金成为推动期价上行的主力，而连豆市场空头的斩仓成为期价上行的主要动力。

此外这一期间美元的大幅贬值所引发的全球范围内以美元为主要计价单位的商品价格的全面上涨也加速了大豆价格的飙升。

4、题材兑现，持仓锐减，市场进入新的平衡

11月后，随着北半球大豆的收获，减产题材逐步得到兑现。据国家粮油信息中心的统计表明03/04年度国产大豆产量为1630万吨，略低于去年的1650万吨；而美国农业部12月份的大豆供需报告对中国03/04年度的大豆产量的预估为1620万吨，03/04年度美国大豆产量的预估为7650万吨，至

此市场围绕着北半球03/04年度大豆减产题材的炒作随着北半球大豆产量的逐步明朗也进入尾声，炒作题材的兑现也使得市场进入了一个新的平衡。进入12月份市场已将关注的焦点集中到对南美大豆03/04年度的产量预估上，目前由于南美天气良好，南美大豆播种顺利，因此对CBOT大豆市场带来了一定的压力，经过短期的平静后，近期出现的美国疯牛病问题又为市场添加了新的炒作题材，基金目前仍然保持较高的净多头状态表明其对CBOT大豆的后市仍然保持着乐观的预期。

连豆方面，由于元旦、春节的临近，市场资金开始逐步离场，市场总持仓也从高峰时的100多万手降至目前的不到50万手，持仓的大幅减少使得市场失去了发动大级别行情的动能，因此短期连豆将主要跟随CBOT大豆的走势运行，高位震荡整固再度扩仓蓄势将成为近一阶段的市场运行的主导。

二、连豆期市的四个特点

从以上连豆期价走势的简略回顾中我们可以看出，2003年连豆尽管期价走势跌宕起伏，行情波幅巨大，但整个市场运行平稳，展现出大品种的稳健风采。

1、连豆期价与国际豆价紧密联系，具有高度相关性，并且非理性投机减少。

随着我国经济的高速增长，国民对肉类、植物油的消费呈现刚性增长，给我国大豆产业提供了高速扩张的空间。据有关部门统计，我国大豆压榨产能超过5000万吨，1年大豆消费量近4000万吨，但国内每年的大豆产量不到2000万吨，近两年维持在1650万吨左右，供需缺口巨大，需要进口大量大豆弥补国内的供应不足。尤其是2003年下半年，随着我国“非典‘疫情的结束，我国大豆消费量高速增长。据海关统计，2003年1—11月大豆进口量达到1918万吨，比去年同期增长87%，显示国内消费非常旺盛。而国际上因美国今年大豆减产，全球供应紧张，导致CBOT大豆期价暴涨。由此可见，今年连豆的大牛市行情，完全受市场供需形势的驱动，并非人为投机炒作的结果。

2、大商所风险控制得当，管理水平提高，市场平稳运行，为期市监管提供了新的经验。

从2003年8月份暴涨以来，连豆持续了3个月的单边行情，市场风险明显加大。大商所在广大会员的配合下，于10月14日及时出台了《关于实施调整涨跌停板等措施的通知》，采取调整涨跌停板以及强制减仓等措施，使得连豆市场在10月15日大幅减仓，风险得以释放，市场运行平稳。大商所此次采取的措施获得业内外的一致好评，取得了非常好的效果。

3、市场功能充分发挥，社会效益明显。

2003年9、10月份连豆期价展开大牛走势的时候，我国大豆主产区正处于大豆收获高峰期。大豆销售价格的高低直接关系到广大豆农的切身利益，而期市的走势表明大豆价格将继续上涨，于是，强烈的社会责任感使大商所总经理朱玉辰给黑龙江省省委书记写了一封《关于确保种豆农民增收的紧急建议》信。该信得到了该省有关部门的大力支持。黑龙江电视台等新闻媒体均迅速报道了连豆期市行情，使许多豆农及时了解了连豆期市信息，从而掌握了卖豆主动权，有效地增加了收入。功能得到良好发挥的连豆期市取得了积极的社会效益。

4、连豆期市继续在全球农产品期市中崛起。

2003年连豆期价走势与CBOT大豆期价遥相呼应，引起全球同行的关注。中国作为全球最大的大豆消费国和进口国，在全球大豆贸易体系中占据着举足轻重的地位。在CBOT大豆期价成为全球大豆定价中心之后，连豆期市也成为全球同行关注的重点，正逐渐向全球非转基因大豆定价中心的目标迈进。

豆粕期货市场

2003年中国期货市场稳步发展，成交金额刷新历史记录。在大豆期货火爆的同时，豆粕期货也迎来大发展。在豆粕合约修改后，新豆粕期货得到市场普遍认可，成交日趋活跃，其成交量、持仓量大幅增加，8月豆粕合约持仓曾一度达到10万手以上。令人可喜的是，新豆粕期货和现货结合的紧密程度在不断提高，许多油厂开始利用豆粕进行套保，价格发现功能开始体现。

【市场走势】2003年度豆粕期货呈现“先抑后扬”走势。2003年豆粕期货在年初冲高回落后进行震荡整理，在4月中旬探明底部后，跟随大豆逐步上扬，新合约创出上市以来新高。虽然在5月初豆粕受SARS影响需求减弱曾一度低迷，但在非典过后，豆粕需求开始恢复时大幅走高，随后在CBOT大豆价格不断上涨、转基因政策影响下走出另一波牛市行情，平均年内涨幅达1000元/吨左右。从全年豆粕走势来看，可分为四个阶段：

1、4月份以前豆粕冲高回落，属于震荡整理阶段

去年豆粕期货市场最大的变化就是对原先老合约进行修改，取消大连交割基准地，在江浙沪设立交割基准地，并允许转基因豆粕进行交割。新豆粕合约在1月2日上市后就受到了市场的追捧，成交非常活跃，8、9、11月豆粕持仓迅速增加。但是其他老合约却表现平平，交易大多以做市商为主，对于新合约价格上涨反应平淡，基本以盘整为主基调。因12月末江苏一带豆粕现货价格普遍在2200元/吨，新豆粕价格在2100附近，在市场投机盘买进下价格曾一度走高。但毕竟是已经进入1月份，家禽畜的存栏率逐步下降，豆粕需求开始走向淡季。在这种预期下，豆粕开始回落，尤其是新豆粕3个合约，价格大幅下跌。1月10日的USDA报告公布后，CBOT大豆大幅下跌，国内大豆1月13日开盘就封跌停，豆粕期货虽然已经提前下跌，消化部分利空因素，但也跟随大豆进行下跌，一直下跌到1900附近才止跌。

虽然大豆期货在2月份企稳后，迅速上扬，但豆粕跟涨意愿并不强，需求不旺盛制约了价格反弹空间。免征豆粕铁路建设基金在3月1日正式施行，令东北地区豆粕外运成本平均降低30%甚至更多，也给新豆粕合约形成利空影响。8月豆粕在小幅上涨后再次下跌，重新回到1920附近进行平台整理。尽管大豆期货在3月—4月初期间“潮起潮落”，但豆粕在需求淡季期间依旧进行整理。

2、4月初—9月期间豆粕期货“补涨”，上涨行情启动

进入4月份以后，豆粕的需求逐步开始恢复。而大豆价格也难以深度下跌，CBOT大豆在4月份逐步上扬，国内大豆期货在高位盘整后开始也走出震荡区间，大豆价格的上涨给予豆粕价格上涨动力。8月豆粕逐步上扬，在站稳2000点整数关口后上涨开始加速，4月14日和15日连续两天涨停，一改过去豆粕的牛皮走势。4月18日新豆粕合约创出上市以来的新高。

但是突如其来的SARS令市场产生恐慌性下跌，市场预期SARS将减少人们对于肉蛋类的消费，豆粕需求会相应减少，豆粕期货大幅回落至2000元/吨附近才止跌。在SARS被控制后，市场恐慌性得到消除，豆粕价格缓慢回升。进入8

月份以后，豆粕需求在 SARS 过后出现爆发性恢复。据农业部 8 月份“菜篮子”产品价格行情检测表明，全国猪肉批发均价比 7 月上涨 2.1%，鸡蛋批发均价上涨 11.2%，鱼类水产品批发均价上涨 1.2%。8 月豆粕率先走强，带动豆粕期货市场恢复上涨，11 月豆粕期货上涨至 2200 点以上。

3、9 月——10 月豆粕期货进入拉升阶段，价格大幅飚升

在豆粕进入消费旺季后，基本面利好不断。转基因政策再度被市场认识，虽然国家在 7 月中旬正式宣布将转基因条例延长到明年 4 月 20 日，但农业部转基因办公室要求进口大豆贸易商及出口国必须在 9 月 20 日以后进行申请重新进口许可证、转基因标识、质监证书等。国内厂商在递交转基因标识申请时，须标注货物所属出口公司名称。新申请程序对大豆进口造成阻碍，也正好符合国家保护国产大豆的意图，国内在 10 月前后不可避免的断货。油厂纷纷限产，豆粕现货价格不断上扬。

从国际市场来看，USDA 在 9 月份报告中，预测美国大豆产量降到 26.34 亿蒲式耳，比 8 月减少 2.19 亿蒲式耳，而且比去年产量 27.30 亿蒲式耳还低 0.96 亿蒲式耳，美国大豆从增产转为减产，大大出乎市场预期，CBOT 大豆在报告公布后大幅上涨，并创出新高。随后 CBOT 大豆在中国强劲的需求和基金买盘下不断创出新高。

在基本面利好和大豆价格不断上涨下，豆粕期货也不甘示弱。在 9 月份走出盘整区间后，价格不断上扬。10 月份后 M0401 合约几乎是以连续涨停式上涨。在 10 月 14 日，豆粕期货在交易所出台的临时措施下强行平仓。但豆粕期货在强行平仓后仍继续强势，在 11 月份之前基本以高位盘整为主。

4、11 月份至今，豆粕进入高位震荡整理阶段

11 月初 CBOT 大豆在上涨至 800 美分以后，出现盘整，连续三天并没有站稳 800 美分，价格出现大幅下跌。并且国内豆粕现货价格在上涨至 2800 元/吨后，需求并没有增加，反而出现萎缩。饲料行业采购需求转向了豆粕的替代品，如菜籽粕、花生粕等，豆粕价格开始下跌，M0405 合约下跌至 2610 点附近才企稳。因 CBOT 大豆在整体上属于震荡整理，国内豆粕也跟随大豆期货进行宽幅震荡。（肖锋波）

期货交易突破 10 万亿历史最高水平

期货交易突破 10 万亿历史最高水平

今年是中国期货市场自 2000 年出现拐点以来交易量增长最快的一年，虽然全年还剩 10 个交易日，但截至目前，大连、上海、郑州国内三大期交所成交量已突破 10 万亿元历史最高纪录。这也意味着我国期货市场已彻底改变了过去交易低迷的格局，展现出各期货品种全面启动的良好势头。

交易额创历史最好水平

中国期货自 20 世纪 90 年代初创办以来，交易最好年景是 1995 年，达到 10.06 万亿元人民币。后来，随着国家对期货业长时间的规范整顿，期货交易连年出现滑坡，至 2000 年下降到只有 1.61 万亿元，以致于整个行业出现大面积亏损。1999 年 9 月 1 日开始实施《期货交易暂行管理条例》，初步奠定了我国期货交易的法律地位，期货交易开始走上法制化规范发展轨道，期货交易也终于在一年后的 2000 年停止了下滑，并以此为转折点步入规范发展时期。特别是我国加入 WTO 之后，进出口贸易大幅增加，商品价格波动风险加剧，期货的经济功能也就日益突出，并被越来越多的人利用来为其经营活动保驾护航。因此，中国期货交易也如进出口贸易那样出现快速增长。

2001 年全国期货交易额为 3.02 万亿元，比 2000 年增长 87.6%；2002 年全国期货交易额为 3.95 万亿元，比 2001 年增长 38%；2003 年前 11 个月全国期货交易额为 9.47 万亿元，比 2002 年全年增长 139.7%。按照今年 9、10、11 月三个月平均成交额达到 1.2 万亿元来推算，今年全年的期货交易额至少可以达到 10.7 万亿元以上。这样，中国期货交易额的最高历史纪录将被改写。

三大交易所全面活跃

今年 1—11 月份，全国期货累计成交 2.51 亿手，同比增长 109.09%。其中，大连商品交易所成交 1.36 亿手，同比增长 62.96%；上海期货交易所成交 7124 万手，同比增长 242.46%；郑州商品交易所成交 4402 万手，同比增长 177.02%。交易量增长最快的是上海期货交易所，但成交数量最大的仍然是大连商品交易所。今年 1—11 月份，全国期货交易额为 9.47 万亿元，同比增长 181.44%。其中，上海期货交易所为 52350.51 亿元，同比增长 271.63%；大连商品交易所为 35419.12 亿元，同比增长 100.81%；郑州商品交易所为 6946.04 亿元，同比增长 260.08%。按交易量划分，上海、大连、郑州三家交易所所占的市场比例分别为 28.33%、54.33%和 17.52%；按成交额划分，上海、大连、郑州所占的市场份额分别为 55.27%、37.39%和 7.33%。在三家交易所现行交易品种中，按交易量大小排列依次为大豆 10769.89 万手，天胶 4895.26 万手，豆粕 2842.08 万手，硬麦 2562.88 万手，强麦 1839.63 万手，铜 1838.83 万手，铝 390.11 万手。按交易额大小排列依次为天胶 32250.48 亿元，大豆 29245.24 亿元，铜 17215.04 亿元，豆粕 6163.96 亿元，硬麦 3593.52 亿元，强麦 3003.36 亿元，铝 2884.98 亿元。

在持仓兴趣方面，不同品种表现出了较大差异性。具体而言，大豆在年初出现上升态势，并于 3 月份达到 112.65 万手的最高，从 8 月份之后开始急剧下降，一度降至 10 月末的 45.91 万手，之后持仓量有所回升；天胶于今年 3 月份最高时的 28.18 万手一路下降到 11 月份的最低 14.31 万手；硬麦也从 6 月份的 41.9 万手下降到 9 月份的 16.24 万手。这些品种都是经过强制平仓之后出现持仓量大幅下降，但它们的交易仍然比较活跃，几乎与强平之前没有什么差异。铜的持仓一直都比较平稳，基本维持在 27—29 万手水平，但在 10 月份却迅速增加到 49 万手，为所有品种之最高。

期货市场功能越来越突出

2003 年的中国期货交易出现三大特征：一是交易量大幅增大，比上一年呈倍量增长；二是行情非常火爆，投资机会大幅增加；三是交易风险增大，以致于三家交易所为了控制系统风险，都被迫启动“强制平仓”措施，以化解交易风险。

2003 年的中国期货市场，呈现出自长期整顿以来跨度较大的恢复性增长，这是从规范整顿向规范发展迈出的极其重要一步。市场环境的明显好转，社会各界对期货偏见的消除，以及套期保值力度的加大，使期货市场的功能和作用越来越突出。尽管在交易过程中暴露了交易品种过少和风险管理有待加强等问题，但这些问题都将在发展中解决，期货对中国经济发展的推动作用正在体现。

2003 年我国期货市场的走势及基本特点

经过长期治理整顿之后，我国期货市场已步入正常发展的轨道，其功能的发挥正日益显著。近 3 年来，期货市场不仅

市场容量和交易规模持续增长，而且还表现出多个品种同时活跃的格局；我国期货市场的宏观监管、市场交易交割机制建设以及期货公司的管理等均有了质的飞跃；各期货交易所、经纪公司加大了市场宣传和开发力度，为我国期货市场的发展和完善做了大量卓有成效的工作；政府、社会各界已经深刻认识到中国期货市场对国民经济不可或缺的重要作用。所有这些均为我国期货市场的发展与腾飞奠定了基础。

2003年，我国期货市场取得了长足发展，近一年来的市场走势和特征归纳起来有：

一、市场活跃，成交额创历史新高

今年1至11月份，我国期货市场交易量为251424216手，交易金额94815.67亿元，同比分别增长109.09%和181.44%，至12月12日，国内期货市场全年累计交易金额已达到10.17万亿元，创出历史新高，1995年10.06万亿元的前记录作古。

我国期货市场从2001年开始出现复苏迹象，这一年期货市场扭转了连续多年的交易规模持续下降的局面，实现了恢复性增长，全年交易额超过30000亿元，比2000年增加了近88%。总体看来，笔者认为，由于我国期货市场的基数很小，在今后6年内，期货市场仍将保持30%的年增长率，并且存在达到50%以上的年增长率的可能。

外围资金的涌入是我国期货市场日趋活跃的主要动力，国内现有投资渠道的局限以及期货市场繁荣的示范效应，吸引了大量外围资金进入期货市场，尤其是2001年下半年以来证券市场的持续低迷为期货市场提供了大量增量资金。

2003年1—11月我国期货市场主要品种成交情况

二、前低后高，商品期货价格周期性上涨

我国经济今年开局不错，各项经济指标保持高速、平稳增长，期货市场上橡胶、铜等原材料价格元旦过后均保持平稳上涨势头，小麦、大豆等价格基本平稳。

进入3月份以后，SARS的爆发给我国正常的社会、经济活动和人们的生活秩序带来了较为严重的负面影响，且这种负面影响也逐步反映到了相关的市场上。SARS疫情的爆发严重影响了中国4月和5月的商品出口，饲料业受到的冲击波及到粮、油行业。期货市场上，铜、铝、橡胶等工业原材料价格在3—6月份期间均出现不同程度的下跌，小麦、大豆类农产品的期货价格在5—8月份期间也基本处于下跌之中。

2003年度商品期货分品种季度涨跌情况

9月份之后，各项统计资料显示SARS对我国国民经济的影响没有原先人们估计的那么严重，国内企业也纷纷开足马力，力争将SARS期间的损失补回来；国际市场上，欧美等西方国家的统计数据也显示世界经济正在复苏。在国际农产品生产减产消息的刺激下，国庆节后我国期货市场小麦、铜、大豆、豆粕等农产品价格纷纷大幅上涨，10月13日起，各种合约更是连日走出涨停板的火爆行情，进入4季度各品种涨幅高达14%—25%。

我国期货市场商品价格的上涨与周边期货市场价格走强也有一定关系。如：10月10日，美国农业部发布10月份月度报告将美国大豆产量再度下调，预计美国大豆产量为1996/1997年以来的最低；大豆出口量受此影响也将下滑7000万蒲式耳，引发国际大豆价格剧烈上扬。此外，欧美股市持续上扬以及美元大幅贬值等因素刺激了国际有色金属价格上涨。国际期货市场的上涨为国内期货交易者做多提供了强有力的支持。

基本面是此次价格上涨的决定性因素。另外，供求关系的变化也吸引了社会上的闲散资金（游资）流入期货市场，这部分游资的进入也加剧了行情上涨的幅度。来自上海期交所交易部的信息是，国庆长假以后，在上海期货交易所开户的个人投资者数量猛增，每天都在400户以上，10月13日更是接近500户。

6月13日，央行公布了2003年1—5月的国家货币政策执行报告。截至5月底，M1为7.28万亿，同比增长18.8%；M2为19.95万亿，同比增长20.2%（截至3月底的M2增速18.5%），增速为1997年8月来的新高。国内经济出现过热也在一定程度上刺激了商品期货价格的上涨。**三、我国期货市场与周边期货市场紧密互动，全球一体化的商品期货市场初露端倪**

回顾去年以来的商品价格上涨，中国市场需求的增加和美元的贬值成为主要的推动力量，在摩根斯坦利和高盛关于商品价格的分析文章里，均可以找到大量的论据证明中国市场的需求是许多商品价格上涨的原动力，以铜为例，美国制造业的长期低迷已经无法支持铜价出现大的反弹，但中国市场的旺盛需求带动了全球消费的增加，国内铜市的高升水带动了全球铜价的反弹。大豆市场的情形更为明显，中国今年大豆进口量大幅攀升，预计2003年可能进口大豆1800万吨，正是中国的大量进口带动了CBOT大豆的上涨。中国是全球最大的天然橡胶消费国，1—5月中国进口天然橡胶53万吨，同比增长62.8%，这一因素促成国际胶价的重心上移。这样的例子不胜枚举。

美国经济好转没能使美元摆脱目前的弱势，美国政府也没有采取任何举措以挽回美元的下跌，很显然，美国希望借美元贬值调整其国内经济结构，投资者普遍预期美元贬值的趋势仍将继续。在此预期之下，以美元标价的商品在全球范围内狂涨，商品物价普涨格局已显现。澳大利亚、加拿大、欧洲的氧化铝产能占全球50%以上，在氧化铝贸易中占70%以上，上述国家的货币兑美元升值幅度都超过了30%，导致氧化铝的美元成本大幅上升，有力地支持了全球现货氧化铝价格继续走高。CBOT黄豆由415美分最高涨至658美分，CBOT小麦从223美分最高涨至439美分，LME铜由1335美元最高涨至1762美元。东京胶由62日元最高涨至137日元。全球商品价格的整体上扬持续了接近一年的时间。不难看出，周边市场相关商品的期货价格上涨与国内期货市场走势遥相呼应。

四、我国期货市场对国内商品现货市场的价格、商品流通影响巨大；我国期货市场价格走势对欧美、东南亚等周边市场的影响越来越大

2003年，我国期货市场的价格发现功能得到充分展现，如：大豆、小麦价格早在8、9月份即开始从历史底部区域回升，而国内粮油现货市场价格在国庆节后才开始启动。东北、河南等地农户和粮食流通、加工企业较早认识到期货市场信息的重要性，并能自觉地根据期货市场的信息来指导生产、销售，取得了可观的经济效益。我国期货市场“优质优价”的价格信息和交割机制，有力地推动了我国优质小麦、高油大豆生产的推广，为各级政府指导农业生产，为农产业化、订单农业的发展起到了积极的促进作用。

由于我国经济快速发展，加入WTO之后与国际市场的进一步接轨，我国已成为国际粮油市场、有色金属市场举足轻重的进出口大国。目前，我国不仅是世界上最大的大豆、铜、天然橡胶进口国，而且是铝的主要出口国，因此，今年上海期货交易所铜、铝、天然橡胶的期货价格，受到LME金属交易者、东南亚橡胶贸易商们的高度重视，大连商品交易所大豆、豆粕期货价格也成为美国大豆出口商研究中国大豆市场的重要依据。应该说，我国期货市场已不再是国际期货市场的“影子市场”，而是相关国际商品重要的定价依据，中国通过期货市场在相关商品的国际市场上具有了某种意义上的定价权。

五、市场监管与风险调控体系进一步完善，多次成功地化解了市场风险，保证了期货市场经济功能的正常有效发挥

我国期货市场经过10年的曲折发展，期货交易所、经纪公司已经比较完善和成熟，投资者日趋理性，三级监管体系也初步建立……这些都为期货行业在我国加入WTO后长期稳定发展创造了条件。一些期货品种如大豆、铜的逐步成熟，为企业提供了方便的、相对低成本的风险管理工具，其对行业的保护作用已相当明显，这也证明了发展期货市场的条件已经基本具备。

2003年，我国期货市场经历了4月上旬上海期交所天然橡胶的暴跌、8月下旬郑州商品交易所小麦暴跌、以及10月中下旬大连大豆暴涨的考验，在期货监管部门的正确指导下，三家交易所采取了一系列有效的措施化解了市场风险，这不仅保护了广大投资者的利益，而且也维护了期货市场的正常运转。稳定的市场赢得了投资者的信心，为期货市场的长期发展打下了良好的基础。

六、稳步发展期货市场第一次写入党的会议决议；推出新品种、完善市场结构体系、改善市场运行的政策与经济环境等内容已经引起政府、社会广泛的关注

2000年年底在中国期货业协会的成立大会上，前中国证监会主席周小川关于要从国民经济发展的高度来看待期货市场，期货市场是资本市场的重要组成部分的重要结论，在期货市场的发展道路上起到了重要作用。而“稳步发展期货市场”被写入“十五”计划纲要更是从整个国民经济发展的高度肯定了期货市场在市场经济体系中的重要地位。在此精神指导下，包括中国证监会、期货业协会、期货交易所在内的管理层都在积极推动市场发展，研究和制定有关政策、法规和措施。

政策面的变化为期货市场的发展创造了良好的环境。近几年来，国家对于期货市场的认识发生了很大变化。目前，从政府到媒体等社会各界对期货业的认识，已不再局限于套期保值和价格发现两个基本功能，风险管理和资源配置这两个派生功能的重要性也越来越多地被认识到。事实上，国内铜冶炼和大豆加工等与期货市场相关的企业，在近几年现货价格大幅涨跌中只所以受影响不大，正是得益于期货市场的存在；而反观因没有相关的期货产品，白糖、棉花等品种的相关企业，则在价格变化中遭受了较大的损失。

在交易创新中尤值一提的是期权交易。期货市场是对现货市场的保值；期权交易又是对期货交易的保险，期权交易的推出将有利于更多的投资者进入期货市场。目前，郑州小麦已经在考虑尝试期权交易。中国期货市场的真正繁荣，则要有待于金融期货的推出。其可能的品种包括股指期货、国债期货和外汇期货。目前国内各类证券投资基金迫切需要避险工具，这有可能加速股指期货的推出时间。我国的国债市场近几年发展很快，从增加交易渠道、提高流动性的角度考虑，也有适时推出国债期货的需要。在人民币实现自由兑换以后，为了规避国际汇率频繁变化的风险，人民币与美元、欧元等国际主要外币的外汇期货也会推出。笔者认为，6至8年后，我国将形成以金融期货为主体、商品期货为补充的期货市场新格局。到2010年，国内期货交易总额有望达到30万亿元以上。

七、期货经纪公司的重组节奏加快，公司间差距扩大；通过业务创新、经营模式创新、技术手段更新等手段，不少期货公司脱颖而出

颇受业内关注的中期8家公司合并重组接近尾声，中期集团的注册资本金将增加至6亿元。作为我国期货业有史以来最大的一次重组，这次重组很大程度上带有“摸着石头过河”的意味。但如果重组成功，肯定会带动国内期货公司新一轮合并重组的热潮，而这一次重组也会成为中国期货业发展史中重要的一页。

由于对期货业的前景有良好预期，许多证券公司开始纷纷参股控股期货经纪公司。2000年年底许多家期货公司的无形资产不超过200万元，而现在几乎全部达到并有许多家超过600万元。为了增强自身竞争力，目前，期货公司都在忙着二次增资扩股，上市公司、证券公司也积极通过参与期货公司重组进入期货市场。据我们调查，目前大股东是上市公司或有上市公司和证券公司背景的期货公司至少已经超过60家。

目前，国内期货经纪公司两极分化严重，许多家期货公司缺乏核心竞争力。尽管全国期货交易量大幅度增加，但期货经纪业整体状况并没有太大改善，并且出现了严重的两极分化，资金、交易额、收益情况都在向前四五十名的公司集中。

八、我国商品期货牛市仍未有结束迹象

目前，全球商品物价普涨的格局已经形成，我们认为商品期货价格的涨势仍将延续，理由是：

1. 宏观经济调整推动物价普涨。美元大幅贬值，全球以美元标价的商品价格普涨，铜铝价格跟随走高。所以，美元贬值是商品物价普涨的直接推动。CRB指数是美国商品研究局发布的全球商品物价综合指数，目前的CRB指数保持着强势。利率对资本市场的变化最敏感，2004年年初美国可能升息，而从历史上看，利率提升的初期是商品物价涨势最为凌厉的时期。

2. 原料供给短缺支持铜铝价格攀升。目前全球有色金属原料供给短缺，国际矿产商的限产使铜精矿远远满足不了市场需要。现货氧化铝价格由年初200美元/吨上涨到近期的350美元/吨，锡精矿、铅精矿、锌精矿同样供给紧张。与此同时，国际原材料需求仍在增加。

3. 全球经济复苏，消费预期上升。欧、美、日经济开始复苏，3季度美国GDP增加值达到19年来的最高7.2%，显示了经济复苏的强劲势头，而中国、远东地区的经济维持着强势，全球经济形势明显趋转，投资者普遍预期全球精铜消费将大幅增加。

4. 基金强势推动构成大涨动力。目前，COMEX铜市场的基金净多持仓为4.7万手的历史新高，其中基金多头持仓占总持仓的比重已经达到60%，远远超过历史最高记录的37%。所以，基金极端看好本次行情。在CBOT大豆市场、LME有色金属市场，基金同样持有大量多头部位，表明国际游资仍继续看好商品价格的长期牛势。（湖南泰阳期货经纪有限公司刘丹岳　傅声霆）

2003年大豆市场回顾与2004年展望

2003年8月份以前，大连大豆宽幅振荡，多空争夺相当激烈。8月份开始受美国大豆大幅减产影响，大豆市场展开了一轮波澜壮阔的大牛市，直至11月初才在政策的干预下步入调整。

展望2004年的大豆市场，前期供应紧张，后期供应充足。总体来看，上半年甚至到7、8月份，豆价都可能维持高位宽幅振荡，但9月份以后进入熊市的可能性极大。

一、2003年大豆市场回顾 2003年我国期货市场异常火爆，多数品种的成交量都出现大幅增长。2003年大连大豆总体运行情况是，在8月之前期价宽幅振荡，多空争夺激烈；8月份开始市场展开了一轮波澜壮阔的大牛市，一直到11月初都没有出现明显的调整，A405合约从2420元/吨上升至11月3日的3499元/吨，上涨了1079元，涨幅达44%。整个2003年，大连大豆的行情走势可划分为以下几个大的阶段：

第一阶段：1～3月份，宽幅振荡。经历了2002年的牛市之后，这一期间连豆开始进入宽幅振荡阶段，多空争夺相当激烈。元旦过后，受进口大豆出现短期断档、"非转基因概念"题材炒作和春运期间黑龙江大豆铁路外运不畅影响，连豆主要合约大幅攀升，1月2日～8日，A305合约从2546上冲至2720，A309合约由2500上冲到2700。而1月10日以后，受美国农业部利空月度报告影响，连豆连续跌停，期价于1月17日创出低点2482元，将前期的涨幅悉数抹去。但是，在此次暴跌过程中，多空大量资金对峙局面相当明显，连豆主要合约持续增仓。2月10日，连豆经过十几个交易日的低位整理后再度发力，A309合约由2500再次上冲到2700附近，3月3日空头突然发动"空袭"，期价再次连续跌停，A307合约从3月3日的2749跌到3月7日的2459，一度出现了单个合约一天内持仓增加10万手的局面。

第二阶段：3～5月份，探低反弹。3月中旬开始，连豆再次发动上攻，期价在前高点2700附近经过整理后一举突破，至4月中旬A309合约创出了上半年的高点2807。其间A303、A305合约均以较高的价位交割，A305合约交割前甚至创出了3064元/吨的7年高点。此次上涨的原因，一是黑龙江省的三季连旱导致大豆减产；二是由于3月份巴西国内的罢工风波使得有近百万吨进口大豆推迟到港，伊拉克战争的爆发使大豆进口成本增加；三是现货市场大豆供应受转基因政策影响出现紧张；四是A305合约出现了逼仓倾向。

第三阶段：5月下旬至7月底，大幅振荡。7月下旬开始，受预期美国大豆增产、国家抛售国储豆影响，豆价跌至当年最低点。

2003年7—10月份USDA大豆预测数据对比图

2003年7—10月份USDA预测数据与期价走势对比图

这一期间行情的主要特点有：1. 前期随着A305合约的交割和南美大豆的大量到港，主力多头大举平仓，一时间市场承接力不足。2. 以大型压榨商为背景的主力多头介入市场，连豆开始反弹，并在相对高位横盘整理。3. 后期价格开始下跌，并创出今年下半年的最低点。主要原因一是美国大豆预计增产，二是因为大豆价格过高，国家向市场抛售了80万吨国储大豆。

第四阶段：8月至11月初，大牛市。7月30日A405合约最低为2420，到11月3日，价格上涨至3499，涨幅达44.59%。这一时期连豆价格上涨的最主要原因是CBOT大豆价格因减产出现暴涨。进入8月份，美国大豆产区天气干旱，市场预感到美国大豆有减产的可能，CBOT大豆开始出现快速上扬。9月份、10月份美国农业部的月度供需报告的出台，对行情形成了推波助澜的作用。

这期间造成大连大豆上涨的主要因素还有：1. 国产大豆收购价高开高走，最高时曾达到1.50元/斤；2. 豆油、豆粕价格大幅上涨，压榨企业利润增加；3. 东北铁路运输瓶颈问题仍未解决，大量大豆积压在铁路沿线，国内大豆供应紧张；4. 9月20日后国家暂停发放大豆质检许可证，导致进口大豆出现断档，加剧了大豆供应紧张的局面；5. 美元持续贬值，造成了以美元计价的商品价格上涨；6. 国际运输费用增加；7. 国内外投机基金大肆炒作，国际国内期货市场价格同步上扬。

第五阶段：11月初至年底，步入调整。11月初美盘大豆和大连大豆都达到了高位，开始步入调整期。此次回调的主要的原因是我国政府对不断上扬物价产生了担心，加大了市场干预力度，包括加快发放大豆质检许可证的速度、再度抛售20万吨国储大豆、铁道部要求哈尔滨铁路局和沈阳铁路局优先安排大豆运输等。这些措施的实行，使国内大豆、豆油、豆粕价格出现大幅回落。除此以外，美盘大豆和大连大豆同时出现回调的原因还有：1. 受大豆价格大幅上涨影响，南美大豆播种面积大幅增加；2. 国内大豆收购价格回落，从10月底的最高1.48～1.50元/斤下降至1.30～1.45元/斤；3. 豆油、豆粕价格大幅回落，豆油价格从最高时的8400元/吨下跌到6600～6700元/吨，豆粕价格从最高时的3000～3200元/吨下跌至2500～2700元/吨；4. 压榨利润大幅下降，国内油脂企业放慢了购买步伐，导致美盘大豆回落；5. 10月31日，国内三家期货交易所同时发布通知调整保证金标准，以抑制过度投机、防范市场风险；6. 技术上要求回调，美盘大豆市场上的基金在高位开始减持多头头寸，促使大豆价格回落。

二、2004年大豆市场展望

下面笔者通过对大豆供需状况、政策影响、天气因素、美元走势以及相关品种的影响等方面对2004年的大豆市场进行分析。

1. 2003/2004年度大豆供需状况分析

1）总供给

美国农业部11月份的月度供需报告显示，2003/2004年度世界大豆预计总产量为20148万吨，期初库存3757万吨，其中大豆主产国美国预计总产量6673万吨，期初库存461万吨；巴西预计总产量6000万吨；阿根廷3800万吨；中国预计总产量1620万吨，进口2200万吨，期初库存447万吨。

笔者认为我国的大豆的实际产量不可能这样低，虽然说黑龙江省早期旱灾严重，影响了大豆亩产，但后期的风调雨顺和其他措施可以在很大程度上弥补前期形成的损失。更重要的是，因2003年初大豆价格较高，收购价的大幅提高激发了农民种植大豆的积极性，大豆种植面积大幅增加。因此大多数市场人士也认为中国2003/2004年度的大豆产量不可能低于去年的1650万吨。市场有传闻说中国大豆的实际产量为2005万吨，主要原因是黑地多，即农场少报、虚报，农民自己种的地不上报，导致统计数据失真。笔者认为1700万吨或稍高是一个比较可信的数字。

另外，巴西、阿根廷大豆种植面积虽然大增，但未来还要受到天气的考验。

2）总需求

美国农业部11月份的月度供需报告显示，世界大豆预计总用量20263万吨，压榨总量为17573万吨。其中美国总用量4395万吨，压榨量4040万吨（因产量减少价格大涨导致压榨量减少），出口2422万吨；中国预计总用量3781万吨，压榨量2925万吨。

3）结转库存

美国农业部11月份度供需报告显示，预计全球的结转库存为3675万吨，美国339万吨，中国为457万吨。其中美国的结转库存为27年来的最低。

从以上大豆供需分析上来看，我们可以得出以下几点结论：

(1)全球大豆供需趋于平衡，产量略少于需求。这与2002/2003年度不同，2002/2003年度全球大豆总产量为19666万吨，超过总需求量19210万吨。

(2)美国大豆产量大幅下降，从2002/2003年度的7482万吨下降2003/2004年度预计的6673万吨。但由于南美大豆产量将大幅增加，完全能够弥补美国大豆减产的部分。2003/2004年度预计巴西大豆产量为6000万吨，阿根廷为3800万吨，而2002/2003年度则分别是5250万吨和3550万吨。不过在南美大豆2004年3月上市之前，世界大豆市场主要靠美国大豆来供应，因此美国大豆减产将使近期大豆维持强势。

(3)笔者认为近来虽然有大量进口大豆涌入，但由于进口大豆成本较高，短时期内大豆下行空间仍然有限，2004年第一季度连豆走势将会稍弱于美盘大豆走势。

(4)进入2004年5月，中美等北半球国家的新一轮大豆将开始播种，笔者认为由于前期大豆价格较高，无论中国还是美国，农民种植大豆的积极性都会高涨，播种面积(尤其是中国)将大幅提高，增产的可能性大增。笔者认为2004/2005年度中国大豆产量将会突破2000万吨，美国大豆产量亦将回升，这将制约明年下半年的大豆价格。

2.政策因素

1)我国从2002年1月开始实行的转基因政策，是国家调节大豆进口的有效途径。国家可以根据转基因政策控制大豆质检许可证的发放来达到调节大豆进口的目的。不过，通过大豆的此轮上涨，我们看到国家的调控政策常常是滞后的，投资者对市场的分析应该多一点预见性。

2)农业政策的影响。由于我国连续4年粮食减产，终于导致此次粮食价格大幅上涨。国家已经意识到粮食安全问题，因此增加耕地面积、提高农业收益、保护农民种粮积极性成为明年的工作重点。由于种植大豆比种植其他作物的收益要高，因此明年大豆播种面积应该有较大幅度的增加。

3.天气因素

天气对于大豆的影响是不言而喻。2003年8月之前美国大豆生产区天气良好，美国农业部7月份月度供需报告预测美国大豆总产量为7852万吨，亩产为39.7蒲式耳。但是8月份开始的干旱天气造成了大豆的大幅减产，11月份月度供需报告预测美国大豆产量为6673万吨，较7月的预测减少了1179万吨，亩产为33.8蒲式耳。

目前市场关注的焦点是南美的天气状况。据悉巴西天气良好，播种进度高于去年同期。阿根廷大豆主产区的干旱已经得到减缓。如果南美天气正常的话，随着南美大豆收割时间的临近，美盘大豆将下跌。但是一旦南美天气出现干旱，产量不及预期，则美盘大豆将会再度上行。

4.美元走势

美元的持续疲软是全球各种商品价格(以美元计价)走强的一个重要因素。近年来，美元从1欧元兑0.827美元持续贬值到目前接近1欧元兑1.22美元，同比计算，前期CBOT美盘1月大豆的773美分/蒲式耳仅相当于当时的528美分/蒲式耳的价位。国际投资专家巴菲特、索罗斯预计美元还会继续大幅贬值，这对美盘大豆价格形成支撑。

美元兑欧元汇率走势图

5.相关产品

大豆的相关产品——豆粕和豆油对大豆价格走势有着很大的影响。此次美国大豆就因减产而导致压榨量减少，美国农业部11月份月度供需报告显示，2003/2004年度豆油预计产量167.35亿磅，低于2002/2003年度的184.35亿磅；2003/2004年度豆粕预计产量353.40亿吨，低于2002/2003年度的382.05吨，美盘豆油、豆粕期货价格因此大幅上涨，两者的价格上涨对大豆价格上扬起到了促进作用。

我国大豆加工能力过剩，2003/2004年度我国大豆加工能力预计将达到5600万吨，但2003/2004年度大豆压榨量预计为2700万吨。豆油和豆粕的消费具有阶段性特征。比如明年春节来得早，目前即将临近双节，豆油消费将出现旺季，但豆粕消费却步入淡季。总的来说，2003年10月中下旬豆油、豆粕价格所达到的顶峰有可能是未来相当长时间内豆油、豆粕价格难以超越的关口。

根据以上的分析，我们对明年大豆市场的趋势基本有了一个大致的轮廓，大豆市场2004年可能大致走出以下三个阶段的行情。

第一阶段：1～3月，宽幅振荡时期。

这一时期美盘大豆因节日临近，基金多头的大量持仓面临平仓压力，但受减产和美元贬值支撑又难以大幅回调，可能维持高位振荡。而国内随着进口大豆不断到港和国产大豆不断上市的影响，豆油、豆粕价格压力大，将抑制国内大豆价格的上行，不过进口大豆的高企(2004年第一季度到港的大豆成本约为3500元/吨)又使大豆价格下调有限。

当然这一时期最重要的因素是南美天气对大豆产量的影响。如果天气正常，产量达到预期，则美盘大豆价格可能振荡下行，跌破700美分蒲式耳甚至到更低。如果天气状况恶劣，导致实际产量达不到预期，则美盘大豆很有可能重拾升势。笔者认为此阶段大豆价格将以宽幅振荡为主，后期受南美产量影响振荡下行的可能性较大。

第二阶段：4月～8月，振荡上行格局。

随着南美大豆产量的确定，其对大豆价格的影响减弱，无论是中国还是美国，大豆价格都将步入一个季节性的上涨时期。每年4～8月份北半球的大豆可供应量已经很少，处于青黄不接时期，大豆价格存在季节性上涨的规律。

中国大豆压榨能力进一步提高。美国农业部11月份月度供需报告显示，2003/2004年度中国大豆压榨量预计为2925万吨，但笔者认为可能达到2700万吨，较2002/2003年度的2160万吨会有较大的增长。

另外随着国产非转基因大豆可供应量的减少，对大连大豆而言，多头将会逐步占据主导地位，因为目前大连商品交易所的大豆合约只允许非转基因大豆交割。

第三阶段：9月至年底，进入熊市的可能性较大。主要原因是：

1.经过前期的上扬后，高企的价格将面临季节性的下跌，无论是中国还是美国，这一时期新豆都开始收获，市场可供应量逐渐增加。2.2004/2005年度中国大豆产量将大幅增加。由于2003/2004年度新豆上市时大豆收购价比上年同期高出700元/吨，这将大大激发我国豆农的大豆种植积极性。笔者认为，2004/2005年度中国大豆产量也将会是创纪录的，应在2000万吨以上。

3.2004/2005年度美国大豆产量将回升。由于2003/2004年度的美国大豆产量创出近年新低，期价格也创出近7年来的新高，比上年同期高30%，这将激发农民种植大豆的积极性，大豆种植面积应有所增加。如果天气正常，美国2004/2005年度大豆产量应超过2002/2003年度的7482万吨,比 2003/2004 年度的 6673 万吨会有大幅提高,届时全球大豆市场有可供大于求。

4. 根据大连商品交易所的规定,从 A505 合约开始,四等黄大豆的交割贴水将由原来的 100 元/吨下降至 30 元/吨,有利于仓单的形成,对市场形成利空。

综上所述,2004 年 9 月份开始大豆价格有走熊的可能,建议投资者在 8、9 月份逢高做空 A501 合约和 A505 合约。

对于 2004 年大豆市场的走势,上述的三个阶段只是一种大的趋势预测,只有对当时影响大豆供求关系的各种因素进行综合分析,才能把握机会,取得成功。(金瑞期货　纪志)

2003 年豆粕市场回顾与 2004 年展望

2003 年我国期货市场稳步发展,成交金额刷新历史纪录。在大豆期货火爆的同时,豆粕期货也迎来了大发展。经过合理的修改,新豆粕期货得到了市场的普遍认可,成交日趋活跃,8 月豆粕合约的持仓曾一度达到 10 万手以上。由于新豆粕期货合约的设计非常贴近现货市场的要求,许多油厂开始利用豆粕合约进行套保,其价格发现功能开始发挥作用。

一、2003 年走势回顾

2003 年初豆粕期货在冲高回落后进行振荡整理,在 4 月中旬探明底部后跟随大豆逐步上扬,新合约创出上市以来的新高。5 月初豆粕期价受 SARS 影响一度低迷,在 SARS 过后期价因需求恢复而大幅走高,随后在 CBOT 大豆价格不断上涨和转基因政策影响下走出了一波牛市行情,平均涨幅在 1000 元/吨左右。从全年的情况来看,2003 年豆粕期货的走势可以分为 4 个阶段:

1. 4 月份以前——振荡整理阶段

去年豆粕期货市场最大的变化就是对原先的老合约进行了修改,在江、浙、沪设立了交割基地,并允许转基因豆粕进行交割。新豆粕合约在 1 月 2 日上市后就受到了市场的追捧,成交非常活跃,8、9、11 月豆粕合约持仓迅速增加。老合约则表现平平,对新合约的价格上涨反应平淡,基本以盘整为主。2002 年 12 月末,江苏一带的豆粕现货价格普遍在 2200 元/吨左右,而新豆粕合约的价格在 2100 元/吨附近,因此在投机盘的买入下期价曾一度走高。但由于临近新年,饲养厂的家禽畜存栏率逐渐下降,豆粕需求开始步入淡季。在这种预期下,豆粕期价开始回落,3 个新豆粕合约大幅下跌。1 月 10 日 USDA 报告公布后,CBOT 大豆大幅下跌,豆粕期货也跟随大豆下行,一直到下跌到 1900 附近才止跌。

虽然大豆期货在 2 月份企稳后迅速上扬,但豆粕跟涨意愿并不强,需求不旺制约了价格的反弹空间。免征豆粕铁路建设基金的政策从 3 月 1 日起正式施行,东北地区豆粕外运成本平均降低了 30%甚至更多,对新豆粕合约形成了利空影响,8 月豆粕合约小幅上涨后重新回到 1920 附近进行平台整理。

2. 4 月初至 9 月份——上涨行情启动

进入 4 月份以后,豆粕市场需求逐步恢复,而大豆价格也难以深幅度下跌,CBOT 大豆在 4 月份逐步上扬,国内大豆期货也开始也摆脱振荡区间。大豆价格的上涨为豆粕合约提供了支持,8 月豆粕合约逐步上扬,并在站稳 2000 点整数关后开始加速,一改过去的牛皮走势,4 月 14 日和 15 日期价连续两天涨停,4 月 18 日新豆粕合约创出上市以来的新高。

但是突如其来的 SARS 令市场出现了恐慌性下跌,由于市场预期 SARS 将会减少人们对肉蛋类产品的消费,豆粕需求会相应减少,豆粕期价大幅回落至 2000 元/吨附近才止跌。直到 SARS 疫情被有效控制后,豆粕价格才开始缓慢回升。进入 8 月份以后,豆粕需求快速增加,8 月豆粕合约率先走强,带动市场出现恢复性上涨,11 月豆粕合约一度上涨至 2200 点。

3. 9～10 月份——大幅拉升阶段

在豆粕进入消费旺季后,基本面利好不断。转基因政策再度受到市场关注,虽然国家在 7 月中旬正式宣布将转基因条例延长到明年 4 月 20 日,但农业部转基因办公室要求进口大豆贸易商及出口商必须在 9 月 20 日以后重新申请进口许可证。新的申请程序对大豆进口造成了不利影响,市场分析国内大豆进口在 10 月前后将出现断档,油厂纷纷限产,豆粕现货价格出现上扬。

从国际市场的情况来看,USDA 在 9 月份报告中预测美国大豆产量下降到 26.34 亿蒲式耳,美国大豆从增产转为减产,大大出乎市场预期,CBOT 大豆在报告公布后大幅上涨,随后在中国强劲的需求和基金买盘推动下不断创出新高。在基本面利好和大豆价格不断上涨影响下,豆粕期货也在 9 月份走出盘整区间,价格不断上扬。10 月份以后,M401 合约连续涨,10 月 14 日交易所曾一度出台了强行平仓措施,但豆粕期货在强行平仓后仍继续走强,在 11 月份之前基本以高位盘整为主。

4. 11 月份至年底——高位振荡整理

11 月初 CBOT 大豆在上涨至 800 美分以后出现盘整,由于连续三天期价没能站稳 800 美分,市场出现了大幅下跌。国内豆粕现货价格在上涨至 2800 元/吨后需求并没有增加反而出现萎缩,饲料行业将采购需求转向了豆粕的替代品,如菜籽粕、花生粕等,豆粕价格也开始下跌,M405 合约一度下跌至 2610 附近才企稳,之后在 CBOT 大豆影响下进行宽幅振荡。

二、2004 年走势预测

1. 大豆期货明年可能继续走强

目前基金在 CBOT 大豆期货上持有大量净多单,表明其对后市仍然看好。中国和南美在 CBOT 大豆市场上有许多套保空头头寸,明年必须平仓,世界其他国家的大豆需求明年有望持续增长,南美大豆主产区的天气也仍然存在许多变数,受这些因素影响,在 5 月份之前豆粕价格将易涨难跌。

2. 成本高企制约豆粕下跌空间

从国内情况来看,由于转基因政策的调整令许多油厂错过了低价买进美国大豆的良机,后期进口大豆的成本最低也在 2800 元/吨,有的甚至高达 3300 元/吨。受此影响,一般油厂的豆粕销售价格必须在 2900 元/吨附近才能实现保本,如果豆粕价格下跌至成本以下,油厂将会限产或停产。在这种情况下,一旦需求加大,豆粕价格就会迅速上涨。

综合分析,尽管豆粕将在年终进入消费淡季,市场需求并不旺盛,但大豆成本价格的高企限制了豆粕价格的下跌空间,投资者可考虑选择波段式的操作方式。(肖锋波)

2003 年天胶市场回顾与 2004 年展望

摘要:2003 年天胶市场呈现牛市格局的背景是全球经济回暖、全球天胶市场出现供应缺口、中国天胶消费急速增长。2004 年天胶市场将更加火爆,主要原因是:全球经济复苏有望持续,天胶相关产业将稳定增长;天胶需求仍将快速增加,而供给增加有限,全球天胶市场供需矛盾将进一步恶化;中国天胶需求将继续高速扩张，对进口胶依赖度进一步增大；伴随全球商品价格，尤其是工业品价格的全面回暖，今年天胶价格有望冲击1995年以来的高点；在关税维持高位的条件下，今年国内天胶价格有可能达到20000元/吨。

一、经济背景分析

1.宏观经济分析

天胶作为一个半工业、半农业的品种，其价格走势对经济指标的反应不如股票、外汇、债券和铜、铝等金属市场敏感，但是其本身作为一种战略储备物资以及重要的工业原料，特别是与汽车工业的密切相关性，使得我们在分析其中、长期价格走势时必须将全球经济的大背景作为我们首先考察的因素。从近几年全球主要经济体的有关经济数据来看，全球经济已显露出复苏端倪，通货紧缩趋缓，这将支撑全球商品价格回暖。

美国：市场人士预计，在美国政府实施减税和低利率政策等因素的刺激下，2004年美国国内生产总值的增长速度有可能达到4.5%，这高于目前普遍预期的约4%的增速。如果这一预测成为现实，这将是近20年来美国经济的最快年增速。2003年美国经济的增长速度有可能达到3%，大大高于2002年2.4%和2001年0.3%的增速。

日本：由于企业投资增加，出口增长恢复，日本经济已连续7个季度出现了正增长。OECD预测，日本经济2003年实质成长率有望达到2.7%，估计今年和2005年均将保持在1.8%以上。

欧洲：欧洲经济在2003年艰难复苏，今年有望加速，但仍将滞后于亚太地区。

OECD经济领先指标：OECD定期公布全球各主要经济体的经济领先指标，从历史资料来看，其波峰或者波谷的出现均对实际经济有着很好的预期作用。从现有数据来看，全球主要三大经济实体——美国、日本、欧元区的领先指标在2003年年初均出现了拐点，我们有理由对2004～2005年全球经济保持乐观。

MSCI世界指数：股市作为经济的晴雨表，能够比较敏感和客观地反映全球经济的发展趋势，从MSCI世界指数的走势图来看，全球股票市场在2003年上半年触底，现在正稳步运行在一个上升通道里，这预示全球经济正在趋好。

在对全球经济复苏持乐观态度的同时，我们还应该看到，全球经济的复苏仅仅初现端倪，各经济体都还有很多亟待解决的难题，经济复苏之路不会一帆风顺。笔者认为，刺激天胶市场走强最直接的背景来源于商品价格近年来的回暖；西方各国为改善经济而增加货币供应、降低长期利率，并希望能支持股市，结果新增的货币并没有被企业所吸收，反而源源不断地流向近年来一直低迷的商品市场上来。另外，美元大幅下滑也是近年来商品价格回升的重要原因。

CRB指数：作为全球重要商品指数之一的CRB指数，在1992年8月份和2001年11月份出现了重要的拐点，在相同时段，全球主要工业品价格出现了全面回升，世界三大经济体美国、日本及欧元区步入经济循环的上升周期。从CRB指数的走势我们可以看出，其在1999年年末至2000年年初形成了双底，现在正运行在一个上升通道里，近期又呈现出了加速的迹象，这非常直观地反映了目前全球商品价格转暖的趋势，在这样一种大环境下我们有理由对未来商品价格持一个比较乐观的态度。

美国原材料价格指数：天胶作为一种重要的工业原料，其价格在工业原材料的价格指数中充分得到了体现，从1992年至今美国原材料价格指数走势与东京胶走势的对比图可以看出，美国工业原材料的价格指数很好地反映了天胶的价格变化，这非常有力地证明了近期天胶价格的涨势是在整个工业商品价格上涨的基础上取得的。从长期的价格走势图来分析，全球商品价格包括美国的工业原材料价格都处于一个上升的周期内，在这样一个大背景下，天胶自2002年以来的连续上涨就显得理所当然了。

2.相关产业分析

前面我们对全球基本经济状况做了简要分析，从中我们可以看出，尽管全球经济的复苏还有待于时间的确认，但全球商品价格已经先于经济转暖，这为天胶价格的长期走好奠定了一个良好的基础。同时我们应该更微观地去观察与天胶相关的产业的情况，这将决定全球天胶市场的基本需求状况。由于与天胶最密切相关的产业是汽车及轮胎行业，因此我们将主要对汽车及轮胎的生产及消费做一分析（以中国为例）。

中国汽车工业近几年增长较快，据统计在1998～2001年期间，中国汽车产量年均增长率达到了13%，2002年更是出现了高速增长，年增长率为38.5%，2003年仍在持续增长。与此同时，新车型不断出现，对轮胎性能的要求更高，子午胎产量大大增加。如2002年中国轮胎产量增长了13.8%，其中子午胎增长了27.3%，子午胎中的全钢丝载重子午胎增长了59.7%。

另外，中国轿车生产经过数年徘徊以后，2002年其产量的增速达到了55%，产量首次超过100万辆，而且产销两旺。由于在产品结构上轿车、客车、货车已各占1/3，因此轿车、客车的迅速发展无疑将使市场对半钢丝子午胎的需求大为增加，但与发达国家相比，其绝对量还是比较小。

据中国汽车协会统计，2003年1～9月份中国累计生产汽车319.89万辆，较2002年同期增长了35.77%，而且前9个月汽车销售量也比2002年同期增长了30.16%，整个汽车行业已显示出良好的发展势头。

中国轮胎生产行业分析，据统计在1998～2001年期间，中国轮胎产量年均增长率达到了11%，其中子午胎年均增长率达到了28.9%。

二、天胶市场基本供求状况分析

1.主要天胶生产国生产状况分析

泰国：近年以来，泰国天胶产量由于种植、更新面积增加而大增。2002年其产量达到了245.9万吨，2003年其产量预计将比2002年增长13%。现阶段泰国天胶生产呈现出非常良好的发展势头。

马来西亚：马来西亚近年来因发展棕榈油产业而使得天胶产量下降，但有关机构最新的统计数据显示，2003年马来西亚全年天胶产量将达到65万吨，和2002年相比增幅较大，同时也是1994年以来首次出现正增长。但从马来西亚整个天胶种植面积及产业发展状况来看，这种增长趋势在今后难以延续。

印尼：印尼作为全球第二大天胶生产国，天胶生产潜力巨大，2002年其天胶产量达到了163万吨。印尼天胶协会最新发布的预测报告显示，预计2003年其天胶产量将比2002年增长5%，将达到170万吨。

印度：印度既是天胶的主要生产国也是主要消费国，2003年印度天胶生产稳健增长，目前已超过马来西亚成为而全球第四大天胶生产国。

从上述分析我们可以看出，在未来数年时间里，全球天胶产量将保持低速增长态势，其中以泰国、马来西亚为首的主要产胶国将继续保持一定幅度的增长，而印尼的产胶量将日趋减少。中国、印度、越南的产胶量在近年呈现一定幅度的增长以后，未来时间将维持在一个相对平稳的区间。总体来看，全球天胶产量虽然逐年增长的格局不变，但增幅较小。

2. 全球天胶消费情况分析

天胶消费状况受各国经济发展状况制约，而在今年全球经济发展趋好的背景下，我们对天胶消费持乐观态度。

3. 中国天胶生产、消费状况分析

从近年来中国经济发展一直呈现良好势态以及天胶需求快速增长的情况来看，后期中国对天胶的需求量仍将高速增加。但由于中国天胶产量的增长速度相对较慢，因此供求缺口正在逐年拉大。

2003 年中国天胶消费量估计为 165 万～170 万吨，其全年产量估计为 56 万～58 万吨，2002 年中国天胶的结转库存为 1.8 万吨左右，2003 年中国天胶产需缺口估计达到了 110 万吨左右。2003 年年初，由于中国有关部门公布的天胶进口配额为 85 吨，因此 2003 年中国天胶供求缺口约为 25 万吨，这是造成 2003 年沪胶牛市的根本原因。

2004 年由于受天胶生产周期的限制，中国天胶产量仍不会大幅增加。从目前的情况看，2004 年中国云南产区天胶产量有望增加 1 万～1.5 万吨，海南产区有望增加 2 万吨，2004 年天胶产量约为 60 万吨左右。后期随着中国经济的快速增长，特别是中国汽车及轮胎产业的飞速发展，中国对天胶的需求将继续快速增长。据国际合成胶生产者协会预测，今后几年中国天胶消费量的年递增率将达到 5.5%～5.6%，将是全球天胶消费增长最快的地区。

三、天胶价格长期走势分析

笔者认为，从长期的角度看，美国的工业原材料价格指数能够很好地预测天胶价格走势。同时由于天胶缺乏长期价格走势的数据，因此在做天胶的长期价格走势分析时我们选用该指数作为我们的模板。

美国原材料价格指数 1973 年 1 月至 2003 年 10 月走势图

从图形来看，价格指数在 1973～1998 年 10 月期间，一直非常规范的在上升通道中运行；1998 年 10 月其跌破长期支撑线的支撑，并在 1999 年年底回抽确认后一路下滑；2001 年“9·11”事件以后其加速向下；2002 年年初企稳反弹，直至目前。现阶段该指数又运行到一个比较微妙的位置，前期的重要支撑线对指数构成了一定的压制，能否突破有待时间的验证。

另外，在对天胶中长期趋势作出判断之后，我们对 2004 年沪胶走势应该有了一个比较明确的看法。目前沪胶正运行在阶段性库存压力所带来的调整期内，预计调整目标为 12000～13000 元/吨，随后沪胶在结束调整后将开始新一轮的牛市行情，在天胶关税维持在 15%～20%的前提下，其上涨目标有望达到 20000～22000 元/吨的水平。（金瑞期货　张　恒）

2003 年小麦市场回顾及 2004 年展望

一、2003 年郑州小麦市场行情回顾

1. 硬麦期货行情

硬麦期价在 2003 年 8 月份以前整体上在 1340－1470 元/吨间呈缓慢上升趋势，8 月底至 9 月初由于受大量注册仓单和主力多头弃盘等因素的影响，硬麦期价短期内由 1500 元/吨狂跌至 1300 元/吨附近。之后因农产品价格回升，大豆价格飚升，玉米和大米均明显上扬，小麦价格开始步入牛市，一度突破 1700 元/吨的高位，是 1997 年以来的最高价位。

2. 强麦期货行情

强筋小麦自 3 月 28 日上市以来，价格波动幅度较大，上市后几天冲高至 1820 元/吨，而后两个月一直探低至 1550 元/吨，7、8 月份略有回升，9 月份在新麦上市的影响下，再次探低至 1570 元/吨附近，10 月份至年底一直快速上涨，目前又有回调。

二、2004 年小麦行情展望

国内小麦市场情况

1. 我国小麦产量持续下降

	1998/1999	1999/2000	2000/2001	2001/2002	2002/2003	2003/2004	2004/2005
产　量	10973	11388	9963.6	9387.3	9029	8840	8600
收获面积	2977.4	2885.5	2665.3	2466.4	2391	2300	2250
单　产	3.69	3.95	3.74	3.81	3.77	3.85	3.82

注：产量单位：万吨；面积单位：万公顷；单产：吨/公顷

我国小麦产量连续四个年度下降，从 1999/2000 年度（6 月/次年 5 月）的 1.1388 亿吨下降到 2002/2003 年度的 9029 万吨。并且根据我国农业部预测，2003/2004 年度产量降为 8840 万吨。过去几年小麦减产的主要原因包括：1）小麦需求减弱。自从 20 世纪 90 年代初期以来我国小麦人均消耗量下降。主要原因是随着居民收入的提高，人们的饮食习惯发生了变化，增加了禽肉、水果的消耗，逐步减少小麦等主食的用量。2）库存量庞大。我国在 20 世纪 90 年代后期小麦产量异常庞大，1997/1998 年度小麦产量高达 1.2329 亿吨。连续几年的丰收促使小麦库存量大幅提高。3）比价效益。由于其他竞争性农产品价格相对较高，势必导致小麦播种面积下降。如玉米价格的上扬，将使农户增加玉米播种面积。4）水资源匮乏。我国南方水资源丰富，但北方水供应短缺（我国小麦以北方生产为主），许多地方饮水都比较艰难，从而制约了小麦的生产。目前我国正在实施南水北调工程，但预计需要数年时间才能解决问题。5）政府宏观调控。为了缓解国内小麦供过于求的局面，近几年我国政府逐步减弱对小麦保护价的支持力度，特别是南方劣质小麦取消了保护价格。

去年 10 月份小麦现货价格飚升，理应促进小麦播种面积的增加，但由于棉花价格上扬幅度达 100%，远远超过小麦价格的涨幅，因此农户普遍增加棉花播种面积，而没有增加小麦播种面积。另外，前期气候异常、秋收作物成熟偏晚腾茬不及时、秋冬种作物播期普遍推迟，也一定程度上影响了冬小麦的播种。另外，去年国际以及国内油籽价格大幅度上扬，农户普遍增加油菜播种面积，同样影响了冬小麦的播种。今年我国冬小麦播种面积为 2.93 亿亩，同比减少 150 万亩以上。目前黄河以北冬麦区大部进入越冬期，西北地区东南部、黄淮和西南地区大部处于分蘖期，江淮和江汉大部、西南地区东北部处于幼苗生长阶段。根据目前的情况尚不能判定今年我国小麦单产情况，因此我们需要根据正常情况预测今年的产量。过去 5 年我国小麦平均单产为 3.82 吨/公顷。鉴于去年小麦价格上扬，今年春小麦播种面积可能增加，将部分抵消今年冬小麦播种面积的跌幅，因而估计 2004/2005 年度我国小麦收获面积比 2003/2004 年度小幅度下降为 2250 万公顷。估计 2004/2005 年度我国小麦总产量约为 8600 万吨。

2. 消耗总量整体上呈下降态势

	1998/1999	1999/2000	2000/2001	2001/2002	2002/2003	2003/2004
消耗量	11600	11300	11700	10500	10500	10600

注：单位为万吨

近几年我国小麦消耗总量整体呈下降趋势，但优质小麦消耗量不断增长。由于我国人口在增长，加上小麦消耗总量下降，因此人均小麦消耗量明显降低。随着居民收入的提高，人们开始减少普通小麦作为主食的消耗，增加禽肉奶类及水果的消耗。并且居民生活习惯发生改变，增加了西式食品的消耗，从而增大了优质小麦的用量。

近几年我国粮食总产量明显下降，粮食库存量总体下降明显，市场对小麦的依赖增强。因此预计今年我国小麦消耗量将保持平稳态势，估计2004/2005年度我国小麦消耗总量为1.06亿吨。

3.库存量同样处于大幅度下降趋势

我国政府出于粮食安全的考虑，没有对外界公布小麦库存量，但许多机构对此作出预测。美国农业部预测2002/2003年度我国小麦期末库存量为6450万吨，预测2003/2004年度期末库存量为4450万吨。另外，近几年我国政府增强陈粮和陈化粮的处理导致库存量下降速度加快。

4.我国小麦进口量有较大的起伏

20世纪90年度初期我国小麦进口量庞大，1995/1996年度达到最高为1342.8万吨。其后呈下降趋势，到2001/2002年度进口量为109.2万吨，2002/2003年度下降为40万吨。小麦进口量的变化主要是由市场的需求所决定。20世纪90年代初期我国鲜有优质小麦，市场对优质小麦的需求主要通过进口来满足，美国、加拿大和澳大利亚优质小麦成为我国理想的货源。近几年虽然我国小麦进口实行配额制度，但由于国内优质小麦生产发展迅速，对进口的需求开始大幅度减弱。我国进口小麦的主要来源地包括美国、加拿大、澳大利亚、英国、日本、比利时、韩国等地。

由于库存量连年下降，我国小麦现货和期货价格飚升，必须大量进口小麦才能满足国内需求。我国已经与加拿大签订协议购买50万吨制粉小麦，与澳大利亚签订了购买100万吨小麦的协议，另外购买40万吨以上的美国小麦。估计2004年我国小麦进口量将达到300万吨，这将对国内市场构成较大的冲击。

国际小麦市场情况

1.国际粮食市场供求关系发生变化，行情趋紧

2003年10月份，国际粮食市场上所有的谷物几乎都在涨价。由于美国减产，而中国的进口增加，美国大豆市场行情急升，大豆价格达到6年来最高点。而随着欧洲和中国等地对饲料小麦和制粉小麦的需求增加，美国小麦也再度成为抢手货。特别是去年中国小麦供应形势趋紧，市场普遍预期中国会增加小麦的进口，小麦价格亦再度上浮。在玉米市场上，尽管去年美国玉米收成创下新的记录，但人们的注意力主要集中在今年年初中国的玉米出口走向上。由于中国国内的玉米库存明显下降，估计会影响到今年的出口，因此玉米交易市场上目前看涨的情绪占主流。此外，由于大宗农产品的运输费用上升，不少亚洲国家谷物进口的成本也在增加。

2.世界粮食安全形势依然比较严峻

2002/2003年度世界粮食需求总量为19.56亿吨（小麦、大米、粗粮合计），超出同口径粮食总产量18.39亿吨约1.18亿吨，这是自1999/2000年度以来连续第四年产不抵消，而且前三年产销缺口在4500万—5500万吨之间。这种缺口不断扩大的势头，形成了对世界粮食安全的隐患，国际粮食市场供求关系的变化也会对中国粮食市场供求和价格产生影响。

3.2003/2004年度全球小麦产量、消费量、库存量均降至近年来最低水平

据美国农业部2003年11月预测，2003/2004年度世界小麦产量为55051万吨，比上年度减少1633万吨，减幅为2.88%，主要是由于冬季出现霜冻，夏季炎热、干旱，使欧洲（欧盟、东欧、俄罗斯和乌克兰）的小麦减产1/4以上。预计2003/2004年度世界小麦消费量为58814万吨，比上年度减少1580万吨，减2.36%，主要是欧盟和独联体国家饲料消耗量下降，这已是连续第五年当期产量不能满足当期消费需求，需动用3518万吨库存小麦。全球小麦期末库存量为12793万吨，库存消费比为22.2%，比上年度下降5.3个百分点，主要是中国、印度、欧盟、俄罗斯和乌克兰库存大幅度下降。

综上所述，硬麦期价从2002年的年平均价格1200元/吨涨至2003年的1430元/吨，涨幅达20%，2004年在基本面继续利多的情况下，小麦期价向下空间不会很大，重心将上移。若2004年小麦产量和质量继续下降，则期价将继续呈慢牛走势。总体来看，2004年硬麦将在1500—1850元/吨、强麦将在1600—2050元/吨的箱体内运行。（大有期货　彭伏阳）

铜市2003年回顾及2004年展望

经过2002年的宽幅振荡整理，国际铜价（伦敦三月期铜、下同）在2003年1月份一举突破了长达8年的下降趋势线，结束了漫漫熊市并拉开了波澜壮阔的牛市序幕。宏观经济继续转好，美元持续贬值，铜精矿严重短缺以及宏观基金和中国买盘大举介入均成为支持铜价大幅攀升的重要因素。和2002年相比，2003年国际铜市可谓实现了质的飞跃；对于2004年而言，国际铜市又将迈向新的巅峰。

一、2003年铜价走势回顾

回顾2003年国际铜价的走势，可以用“牛气冲天”来比喻。笔者认为可以将其运行轨迹分为三个阶段：第一阶段是2003年1月至5月初——熊牛转换、底部整固；第二个阶段是2003年5月初至10月初——底部抬高、振荡攀升；第三个阶段是2003年10月初至当年年底——向上突破、加速上扬。

1、熊牛转换、底部整固阶段

2003年年初，国际铜价结束了2002年12月以来的回落走势再度上扬，期价在1550美元附近开始企稳，并两次上试1720美元，维持了近两个月时间的上升势头。随后美国制造业指数重返50%以下，以及美国对伊拉克战争爆发引发美国消费者信心指数连续下滑，并对国际铜价产生了较大的负面影响。同时在此过程中，一些金属研究机构公布的全球铜供应和需求方面的数据也给市场笼罩了较重的空头气氛，期价随即步入调整。国际铜价从1750美元附近一路下跌到1600美元下方，并且以1600美元为轴心展开了一个多月的整固行情。在此阶段，国际铜价实际上呈现的是一个宽幅振荡的行情。不过，具有历史意义的是，在这段时间里，铜价完成了由熊市向牛市的转换过程，期价实现了质的飞跃。铜价于2003年1月突破长期下降趋势线，以及5月的回抽确认证明对长期下降趋势线的突破为有效突破，期价已经摆脱熊市步入牛市。另外，这个阶段的整固过程也为随后铜价的振荡攀升和加速上扬奠定了基础、积蓄了力量。

2.底部抬高、振荡攀升阶段

美国对伊拉克战争结束之后，美国政府的工作重心开始转移到恢复民众信心，提振国内经济上来。2003年5月美国推出了3年减税3500亿的方案，在一定程度上刺激了美国经济的增长。2003年6月美联储又不失时机的进行了第13次降息，宽松的货币政策提振了经济信心，降低了消费成本和政

府债务成本，并且连续降息滞后效应也开始在这一阶段综合反映出来，其对经济增长的贡献也逐步显示出来。这均对铜价的振荡攀升提供了强劲支持。与此同时，欧洲、日本经济也呈现出明显的恢复性增长态势。在全球经济状况继续转好的情况下，基金们开始大规模介入铜市，其买盘的不断增加对铜价的持续上涨无疑提供了强大的动力。由此以来，铜价的底部不断被抬高，并在站稳 1750 美元上方之后，基本面的强劲支持最终为铜价突破 1800 美元和加速上扬奠定了坚实的基础。

3. 向上突破、加速上扬阶段

2003 年 10 月初，连续公布的经济数据显示全球经济运行良好，同时美元贬值的势头仍在持续，宏观基金再度发力推动国际铜价一举突破近两年以来的上升通道的上轨，并开始加速扬升。从基本面而言，美国消费者信心指数继续增长，2003 年 11 月的制造业指数上升至 62.8%的高水平，就业市场保持稳定，2003 年第三季度 GDP 增长修正后达到了 8.2%。而中国在经过较为艰难的 SARS 时期之后，2003 年第三季度至目前，其经济快速增长，固定资产投资迅速增加，铜的需求强劲增长。在强劲基本面的配合下，宏观基金和中国买盘联袂拉抬，铜价随即展开大幅的飙升行情。伦敦三月期铜由 1800 美元大幅上涨至 2285 美元(2003 年 12 月 29 日数据、下同)，沪铜主力合约期价则升至 23200 元/吨。

回顾 2003 年国际铜市我们欣喜的看到，铜价的牛市行情已经拉开了序幕。(孙吉东　孙朝旺)

国际小麦市场 2003 年回顾暨 2004 年展望

摘要：2003 年欧洲小麦减产，全球小麦产量创 1995 年以来的最低水平，国际小麦市场价格振荡上行；2004 年年初全球小麦供应将偏紧，小麦库存的降低幅度将高出市场预期；美、加、澳三分国际小麦市场，2004 年其出口量有望出现增长；中国小麦 2004 年供求关系将出现本质变化，小麦进口需求呼之欲出；2004 年小麦产量形势明朗之前，全球小麦市场仍将呈现上涨格局。

2003 年欧洲小麦减产，国际小麦市场价格振荡上行

2003 年国际小麦市场价格走势一波三折。以 CBOT 小麦期货为例，年初，由于市场普遍预计今年全球小麦产量将出现恢复性增长，特别是美国小麦产量将好于去年，这给小麦市场带来明显压力。但天有不测风云，进入 5 月份以后，欧洲以及前苏联国家出现严重旱情，小麦产量前景急剧恶化，美国小麦需求前景则十分看好，提振期价一路飙升。5 月初至 8 月中旬，CBOT 近期小麦合约期价上涨约 90 美分/蒲式耳，但进入夏季以后，由于加拿大和澳大利亚小麦产量预计丰收，市场预计全球小麦出口竞争将会加剧，引发 CBOT 小麦期价深幅回落。10 月份，由于阿根廷出现干旱天气，小麦播种受到影响，产量前景不再看好，同时中国粮油市场在进入 10 月份以后出现了一轮罕见的普涨行情，关于中国将大量进口小麦的传言不绝于耳，在这种情况下，小麦市场重续升途，CBOT 小麦期价轻松突破 400 美分/蒲式耳关口。临近年底，澳大利亚和加拿大小麦产量增加已成定局，再加上中美因纺织品问题引发贸易摩擦后中国推迟了采购美国小麦的日期，国际市场小麦价格略有回落，但仍远远高于年初的水平。

2004 年全球小麦价格将走高

(一)2004 年年初全球小麦供应将偏紧

由于欧洲天气干旱，加上中国小麦产量连年降低，2003 年全球小麦产量大幅降低。据美国农业部预测，2003/2004 年度全球小麦产量总计为 5.505 亿吨，按照这一预测水平计算，2003 年小麦产量比去年降低了 2.88 个百分点，创下了 1995 年以来的最低水平。

今年欧洲地区夏季天气十分干旱，这对小麦播种和生长形成了较大影响。7 月份，美国农业部预计欧洲小麦产量将达到 1.01 亿吨，但到了 12 月份，预计产量仅为 9100 万吨，调低了 1000 万吨。按照最新的产量预测值计算，比上年的产量(1.0387 亿吨)降低了 12.40 个百分点。但是全球其他地区的小麦产量出现了增长，特别是北美洲以及澳洲产量大幅提高。据美国农业部预测，澳大利亚 2003/2004 年度小麦产量估计为 2400 万吨，加拿大小麦产量预计为 2350 万吨，均比上年因旱情大幅降低的产量高出一倍以上。此外，阿根廷小麦产量预计将远远低于前期的预期，这是由于天气干旱造成小麦播种以及早期生长受到不利影响所致。

(二)全球小麦库存降低幅度高出市场预期

由于全球小麦产量降低，目前年度内全球小麦库存降低的幅度远远高出年初时的预期，也高于其他粮食库存降低的幅度。全球范围内小麦库存偏紧，库存对用量比预计继续降低，并将从 28%降低至 22%，这是推动 2003 年小麦市场价格振荡走高的一个主要支持因素。据美国农业部预测，2004 年全球小麦库存预计为 1.28 亿吨，比上年库存降低了 3763 万吨，降低幅度达到了 22.7%。全球小麦库存降低主要是由于欧盟小麦库存大幅降低所致，2003/2004 年度其库存预计仅为 790 万吨，比上年降低了 41%。此外，全球主要小麦出口国的小麦库存预计将连续第三年出现降低。

(三)美、加、澳三分全球小麦出口市场，出口量有望增长

去年北美播种小麦季节正值全球小麦价格高涨，农民增加了播种面积，加上今年北美和澳洲的天气整体比上年好，因此小麦产量喜获丰收。最近几个月时间，埃及和前苏联国家纷纷加大了采购小麦的力度，欧洲国家也纷纷通过取消小麦进口关税来吸引进口量增加。在亚洲，中国小麦进口需求大为增加，国际市场普遍预期中国将会在未来一年时间内进口 200 万～300 万吨小麦，这远远高于美国农业部所预测的数据。但由于今年欧洲小麦严重减产，匈牙利和保加利亚的小麦出口量大幅降低，捷克、波兰和罗马尼亚的小麦出口也出现了下降。同时乌克兰和俄罗斯的小麦出口数量同样出现了大幅降低，而印度和巴基斯坦由于小麦减产，也暂时退出了出口市场。因此满足全球小麦市场需求的重任就落到了北美和澳大利亚身上，美国、加拿大和澳大利亚迎来了非常有利的出口形势。2003/2004 年度美国小麦出口量预计将达到 2994 万吨，比上年的出口量 2297 万吨猛增近 700 万吨或者 30%。此外，加拿大小麦出口预计将达到 1550 万吨，比上年的出口量增长 54%，澳大利亚的小麦出口预计将增长 60%。

(四)中国小麦供应偏紧，小麦进口需求呼之欲出

温家宝总理访问加拿大期间，中国和加拿大签订备忘录，中国在 2004 年从加拿大进口 50 万吨优质小麦，这是近年来中国首次大量在国际市场采购小麦。据国际粮食贸易商预计，2004 年中国可能将从国际市场采购 300 万吨小麦。中国恢复大量小麦进口将对国际小麦市场形成利多刺激。2003 年中国小麦市场的供需格局是：2003 年中国小麦产量为 8600 万吨，比 2002 年减少了 5 个百分点，比 5 年平均值低了 15 个百分点，创下了 1980 年以来的最低水平。2003 年中国小麦减产的表面原因是播种面积减少，深层次的原因是自 2000 年以来，为了解决国内粮食库存庞大而质量低下的问题，政府鼓

励农民种植经济作物，而退耕还林政策又使得耕地面积连续降低。由于产量连续减少，国内消费需求整体保持稳定，再加上近几年来中国小麦出口激增、进口持续下滑，因此使库存被大量消耗，中国小麦供求形势趋紧。

（五）2004年小麦产量形势明朗之前，全球小麦市场将延续上涨格局

由于连续数年全球小麦总产量出现减少，造成全球主要小麦消费国以及生产国库存普遍降低。笔者认为，2004年上半年全球小麦供应形势依然偏紧，这使得市场对将在明年夏季收获的小麦的的依赖性增强。从目前的情况来看，2004年全球主要小麦生产国的产量有望止跌回升。例如：印度小麦产量有望达到7200万～7800万吨，高于今年的产量（7000万吨）；欧洲小麦产量有望出现恢复性增长。由于今年10月份小麦价格上涨时正值欧洲冬麦播种期，因此农民播种积极性有所提高，2004年如果天气较好，那么产量将显著提高；中国方面，今年10月份以后由于粮油市场价格上涨，使得中国政府充分认识到了粮食问题的严峻性，政府出台了各种政策和措施来促使明年粮食产量稳定提高。虽然今年中国冬小麦播种比往常推迟了10天左右，但由于播种面积下滑的幅度低于往年，因此估计明年夏季小麦产量将有所上升。但在新麦上市以前，中国小麦市场整体格局依然是易涨难跌。

整体来看，2004年上半年全球小麦价格振荡走高在所难免。2004年新麦上市以前，全球小麦库存将继续减少，小麦消费国的补库需求将比较强劲，这与全球小麦产量有望出现恢复性增长构成了一对主要矛盾，而这两个因素的此消彼长，决定了2004年全球小麦市场价格的走势将呈现先扬后抑的格局。笔者认为，决定2004年下半年全球小麦市场价格走势的主要因素是北半球的天气情况，以及小麦产量和供应量能否出现增长。（李　磊　李会敏　楚素娟）

2003年期货市场关键词

2003年对中国期货市场来说又是个大发展的一年。尽管到年底尚有不足一个月的时间，但全年期市成交额大幅增长已是不争的事实。国内期货市场的规范发展，以及期货品种的魅力，是产生期市行情的最主要推动力。2003年即将过去，在这里，我们搜索出国内期货市场的关键词，以此反映期货市场的特征。

做多

做多可以说是2003年中国期货市场最重要的关键词。在期货市场中，预计后市可能继续向上而买入就称之为做多。

2003年中国期货市场所有的品种都维持向上的趋势。大豆、天胶两大品种从2002处下半年牛市行情就已经悄然启动，2003年更是大放异彩。不仅如此，下半年郑州小麦和上海期铜也加入到大合唱的队伍，整个合唱的旋律在10月份达到了高峰。

由于2002年以前全球经济陷入低迷期，中国经济虽然一枝独秀，但通货紧缩的形势也持续几年，因此国内大部分生产资料价格都一路走低。从2002年开始，在全球经济稳步复苏的背景下，全球商品价格首先从农产品开始上涨，随后过渡到天然橡胶等工业品和铜这样的大宗原料。由于上涨趋势来势较猛，相当多的投资者并没有能及时转变熊市的思维，而敏锐地率先捕捉到机会的多头则在2003年大获全胜。

2003年大连黄大豆最低价在2350元左右，最高涨至3400余元，涨幅巨大。而豆粕涨势比大豆更为强劲，年内低价在1880元左右，最高涨至2997元，12月初仍维持2821元附近。不仅是大豆系列，上海天胶、期铜、郑州小麦也涨幅不小。

可见，2003年中国期货市场的发展脉络如果用两字来形容的话，最贴切的还是：做多。

停板

2003年中国期货市场的停板比前几年大为增加，涨停板、跌停板经常出现在盘面上。

前几年由于国内期货市场比较低迷，各期货品种波动幅度较小，全年涨跌停板并不多。而2003年中国期货市场各品种涨、跌停板出现相当频繁，甚至出现几大品种全线涨停的壮观局面，这也从另一侧面证明国内期货市场的确有了很大的发展。由于年内各品种中长线趋势基本呈上扬走势，因而涨停板大为增多很容易理解。但跌停也增多怎么解释呢？这主要是因为随着期货市场的火爆，大量投机热钱涌入，使得期价波动的幅度加大，有时甚至明显背离基本面，因此在现货商涌入和政策威力之下，期价被迫向下大幅修正，从而使行情急转直下，出现跌停板。例如上半年4月初天胶连续从16000点大幅暴挫至12000点。此外，下半年郑州小麦309合约事件也是由于人为控制期价导致最终向基本面回归造成的。

可见，2003年中国期货市场涨、跌停板的增多一方面证明了市场交易的活跃度，但另一方面也给交易所和管理层带来了挑战。当然，由于各方努力，年内期货市场总体发展良好，没有出现影响极为恶劣的交易风波。

中国买盘

和上述关键词相比，中国买盘并不是技术术语。顾名思义，中国买盘就是来自于中国的买盘。理论上来说国内商品市场买盘并没有国内、国外之分，所以中国买盘实际上是在全球背景下，针对国际商品市场而言。

中国买盘尽管并没有直接影响国内期货市场，但它通过影响全球商品价格的供需关系最终影响到国内期货市场。以天然橡胶为例，我们来看一下中国买盘对期货价格推动的传导路线。天然橡胶是工业品，主要用于制作轮胎。在正常年份下，全球天然橡胶的消费需求主要来自于美国、日本和中国。而从2002年开始，由于国内汽车工业高速增长，带动了上游轮胎行业的快速发展，使得中国对天然橡胶的需求大增。中国买家频频出现在东南亚天胶产地。而来自中国现货商的询盘不断影响着泰国、新加坡等产地胶的报价。国产天然橡胶价格受进口天然橡胶价格影响，也会同步起落。在现货天胶价格上扬的背景下，天胶期价的上扬基础就比较牢靠。同时，期货市场还能起到发现价格的作用，市场各方通过对未来天胶价格供需状况的变化来预测期价的涨跌，这其中未来中国买盘力量的强弱就起到了决定性的作用。不仅是天胶，大豆、铜同样如此。

可以这么说，中国买盘是2003年期货市场一道靓丽的风景线，而且它将随着国内经济的快速增长发挥越来越大的作用。

总之，可以清楚地勾勒出2003年中国期货市场特征的关键词还有很多，例如新品种、风险拉制、期证通等等。我们通过深入了解这些关键词所蕴含的意义，可以进一步坚定长期看好中国期货市场的决心。如果我们可以用一句话来预测2004年中国期货市场，那就是：明天会更好。（文/冯伟民）

第二章　统计数据

2003年全国期货经纪公司成交额排名表期货日报

排名	公司名称	成交额(元)	公司名称	成交量(手)
1	深圳中期	442255963200	深圳中期	12820170
2	永安期货	319077218640	永安期货	10526337
3	建证期货	304287687975	建证期货	7837431
4	鲁能金穗	240810138055	格林期货	6418496
5	安泰期货	221369987270	武汉华中	5951149
6	金鹏期货	220780645600	安泰期货	5334731
7	经易期货	218864423005	金鹏期货	5285229
8	中期公司	204315518415	鲁能金穗	4887210
9	东银期货	181485880400	上海中期	4702751
10	中大期货	177297954255	经易期货	4591015
11	上海中期	172286933680	正鑫期货	4453684
12	武汉华中	169914478070	中粮期货	4383267
13	长城伟业	169688046750	中期公司	4331408
14	格林期货	168139753325	东银期货	4326967
15	中粮期货	156862035060	中大期货	4115053
16	西南期货	153733307020	北方期货	4039440
17	广发期货	139573516305	大陆期货	3877523
18	北方期货	139392784035	渤海期货	3839842
19	新世纪期货	137985838655	大通期货	3683217
20	大陆期货	136684205375	广发期货	3668752
21	渤海期货	126043203885	天马期货	3594368
22	正鑫期货	123763289570	辽宁中期	3419729
23	通宝期货	116996823835	通宝期货	3301062
24	金牛期货	116779867935	北亚期货	3251974
25	万汇期货	113780603590	天琪期货	3100222
26	百福期货	113594346105	中谷期货	3097895
27	银建期货	113135374120	南都期货	3053215
28	中钢期货	111081432815	新世纪期货	2746563
29	南都期货	110269132860	长城伟业	2739333
30	大通期货	109325480590	良时期货	2706492
31	北亚期货	108646004270	金迪期货	2615595
32	天马期货	107700050870	新华期货	2603351
33	辽宁中期	105586731930	河南中期	2601958
34	金源期货	102559021040	天地期货	2588004
35	实达期货	97641265295	沈阳中期	2562198
36	金迪期货	95821609425	百福期货	2480752
37	集成利期货	93383278145	银建期货	2467462
38	神华期货	90570536755	西南期货	2401072
39	良时期货	89204664260	万汇期货	2362189
40	一德期货	88590518620	集成利期货	2312555
41	中谷期货	88224845855	金牛期货	2223062
42	浙石期货	86745610890	南华期货	2190717
43	天琪期货	86009737995	冠通期货	2164930
44	江南期货	85702514345	一德期货	2112771
45	东华期货	84216524150	三隆期货	2024384
46	沈阳中期	83095791195	中钢期货	1986427
47	新华期货	78786774280	浙石期货	1933153
48	冠通期货	77885230255	齐鲁期货	1921429
49	南华期货	75378474010	华物期货	1890232
50	弘业期货	72084641530	神华期货	1821085
51	汇鑫期货	70786105125	金源期货	1790698
52	河南中期	68087478345	豫粮期货	1772693
53	浦发期货	66049219160	弘业期货	1753964
54	久恒期货	64333068620	东华期货	1743438
55	倍特期货	64205460970	良运期货	1722390
56	天元期货	63541356325	弘信期货	1707739
57	大地期货	63189481925	汇鑫期货	1684777
58	三隆期货	60603238310	大地期货	1683881
59	寰宇期货	59692442205	天富期货	1675603
60	正大期货	59326887030	三立期货	1624771
61	金达期货	58511309985	金路期货	1562127
62	齐鲁期货	58061076580	三力期货	1511398
63	首创期货	57662253405	首创期货	1508054
64	华物期货	57348277835	金宝期货	1480265
65	上海金鹏	56967473850	江南期货	1470364
66	天地期货	56838236690	中州期货	1439774
67	三立期货	55838310480	久恒期货	1433468
68	弘信期货	55084982940	正大期货	1431071
69	瑞达期货	53687418700	天元期货	1429941
70	嘉陵期货	53015293765	良茂期货	1353573
71	泉鑫期货	52110565215	辽粮期货	1350010
72	金瑞期货	51424386670	倍特期货	1345586
73	华夏期货	50295181490	寰宇期货	1328556
74	金路期货	49694093800	实达期货	1317568
75	金宝期货	49093243130	金达期货	1310256
76	中州期货	48424403550	泉鑫期货	1294448
77	豫粮期货	48337372270	文峰期货	1252094
78	鹏鑫期货	48307473555	嘉陵期货	1231286
79	国贸期货	47810316100	瑞达期货	1219203
80	天富期货	46285508995	华夏期货	1176216
81	文峰期货	45440980445	万达期货	1174460
82	良茂期货	45153473910	浦发期货	1170698
83	良运期货	44156198670	万恒期货	1063505
84	楚天期货	43849384190	华南期货	1053443
85	华南期货	43534424420	楚天期货	1035879
86	大有期货	42243106865	华煜期货	995634
87	三力期货	41734514635	大有期货	959082
88	中信期货	40595066160	中亚期货	958040
89	万向期货	39842787345	东航期货	950451
90	金海岸期货	39066357240	万杰鼎鑫	922514
91	中航期货	37950395205	上海金鹏	920619
92	华煜期货	37818216555	延伸期货	917258
93	中亚期货	37658422695	国贸期货	916599
94	辽粮期货	36854863410	鹏鑫期货	900929
95	江苏期货	36457337350	物产期货	899999
96	普民期货	35168899900	滨海期货	830164
97	国联期货	34705776710	龙电期货	820758
98	物产期货	33610928350	蓬达期货	806000
99	云晨期货	32239972690	湘正期货	781231
100	滨海期货	31791463510	金海岸期货	772132
101	万杰鼎鑫	31725273505	苏物期货	770633
102	平安期货	31053789865	云商日盛	727284
103	南粤期货	29880476355	中信期货	725729
104	万恒期货	28856909130	新纪元期货	725090
105	先融期货	28432149165	中航期货	706112
106	南金期货	28289591495	泰阳期货	696086

排名	公司名称	成交额(元)	公司名称	成交量(手)
107	云商日盛	28079742635	国联期货	692387
108	大华期货	27390817140	天鸿期货	686064
109	东航期货	27228806805	金瑞期货	662738
110	龙电期货	26444491715	云晨期货	655323
111	中财期货	26372108195	中财期货	627242
112	星海期货	25951887880	外高桥期货	626340
113	蓬达期货	25456747190	神通期货	598498
114	万达期货	25386253295	瑞奇期货	594243
115	瑞奇期货	25292060160	期望期货	566072
116	延伸期货	25229061795	万向期货	560432
117	杉立期货	25198872530	平安期货	559281
118	泰阳期货	24624253225	建业期货	551916
119	海通期货	23484562890	大华期货	551850
120	外高桥期货	23456792700	美尔雅期货	544410
121	期望期货	22592547460	先融期货	530191
122	大业期货	21086030515	南金期货	513570
123	湘正期货	21009312870	大越期货	510711
124	道通期货	20829796535	普民期货	506449
125	新纪元期货	20781763590	恒银期货	498951
126	中辉期货	20105766380	大业期货	497904
127	美尔雅期货	20050040950	江苏期货	471317
128	安兴期货	18522914670	星海期货	451836
129	神通期货	18465282190	海通期货	443900
130	天鸿期货	18402646690	安兴期货	438384
131	大越期货	17422829735	道通期货	425895
132	华证期货	17339894290	杉立期货	423567
133	苏物期货	17167210870	南粤期货	394110
134	新天期货	16866990740	中辉期货	390365
135	港九期货	16586375390	金震期货	385837
136	建业期货	16385890490	南洋期货	363066
137	金昌期货	16369662075	五洋期货	361564
138	金汇期货	14740375385	港九期货	353800
139	恒银期货	14645421370	和合期货	332985
140	民安期货	14553726950	龙兴期货	332284
141	和融期货	14507795270	新天期货	324405
142	金震期货	14368548415	民安期货	302936
143	鑫国联	13703568225	和融期货	261611
144	中辰期货	13108494205	汇和期货	244421
145	和合期货	11496651735	正湘行期货	239501
146	陇达期货	11486450525	实友期货	230564
147	汇和期货	11319692300	华证期货	227775
148	宝利华期货	10933448445	中辰期货	224788
149	五洋期货	9482829255	五环期货	222984
150	龙兴期货	9431246000	金龙期货	220256
151	正湘行期货	9037842265	东亚期货	209300
152	璐通期货	9022000575	陇达期货	206781
153	天意期货	8983221025	金汇期货	206747
154	深海期货	8834820990	鑫国联	194466
155	实友期货	8438704755	深海期货	190864
156	东亚期货	8250931430	金昌期货	182053
157	金龙期货	7936236950	新中鞍期货	172356
158	南洋期货	7923781860	璐通期货	153783
159	众鑫期货	7746411150	金友期货	153149
160	东方期货	6682225325	宝利华期货	146972
161	黄海期货	6172804075	国大期货	145525
162	五环期货	6002267900	金信期货	143944
163	金友期货	5971366780	智德期货	140531
164	国大期货	5642144150	天星期货	136350
165	华高期货	5575141510	黄海期货	131864
166	新中鞍期货	5245428655	华联期货	118910
167	中天期货	4970940285	天意期货	117534
168	智德期货	4877185770	天龙期货	111068
169	五矿海勤	4149193730	长安期货	109056
170	华联期货	4084522185	中天期货	99386
171	金信期货	3630050985	寰球期货	96034
172	天星期货	3513097410	华高期货	87705
173	泰峰期货	3343572875	众鑫期货	80299
174	天龙期货	3259630605	东方期货	79806
175	长安期货	3152645315	新兴期货	53381
176	寰球期货	3031186705	泰峰期货	50470
177	陕西五矿	2649446815	金谷期货	46341
178	新基业期货	2474481025	天成期货	45515
179	永大期货	2458893155	五矿海勤	43425
180	新兴期货	2181891200	新基业期货	37713
181	金谷期货	2151197020	吉粮发期货	34325
182	晟鑫期货	1221109485	永大期货	33700
183	天成期货	872928900	陕西五矿	30031
184	金城期货	780295800	晟鑫期货	20008
185	吉粮发期货	723516200	冠华期货	10193
186	冠华期货	493768050	金城期货	9040
187	中谷长春	86141780	汉唐期货	3944
188	汉唐期货	70641970	中谷长春	3030
189	京都期货	1391350	京都期货	18
	总计	10695135091985	总计	276591732

上海期货交易所会员2003年成交额排名表

排名	会员	简称	金额(单位:元)	金额比重%
1	0157	深圳中期	216212323950.0	3.57%
2	0262	鲁能金穗	198287215325.0	3.28%
3	0007	建证期货	162595129025.0	2.69%
4	0253	长城伟业	152221734800.0	2.51%
5	0080	金鹏期货	149107598300.0	2.46%
6	0238	安徽安泰	147795566450.0	2.44%
7	0034	中期公司	145408173475.0	2.40%
8	0037	经易期货	144010076575.0	2.38%
9	0182	东银期货	136848276650.0	2.26%
10	0141	西南期货	135289314300.0	2.23%
11	0125	浙江中大	126243502025.0	2.09%
12	0103	浙江永安	121554623650.0	2.01%
13	0107	浙新世纪	99102597225.0	1.64%
14	0002	中钢期货	91565724275.0	1.51%
15	0009	实达期货	90980083675.0	1.50%
16	0008	上海中期	88978269400.0	1.47%
17	0148	深圳金牛	88503630625.0	1.46%
18	0025	上海金源	87545056350.0	1.45%
19	0287	百福期货	84102467475.0	1.39%
20	0278	万汇期货	82672277300.0	1.37%
21	0055	银建期货	80554734000.0	1.33%
22	0240	广发期货	80276182675.0	1.33%
23	0139	中粮期货	76258016100.0	1.26%
24	0112	武汉华中	71401198000.0	1.18%
25	0310	神华期货	70750456925.0	1.17%
26	0151	通宝期货	70416118925.0	1.16%
27	0266	江南期货	65604247275.0	1.08%
28	0073	江苏东华	63165838950.0	1.04%
29	0042	上海南都	60366236250.0	1.00%
30	0075	上海浙石	60298145600.0	1.00%
31	0016	上海大陆	56066220325.0	0.93%
32	0004	浦发公司	54946361300.0	0.91%
33	0261	集成利	51534377525.0	0.85%
34	0181	上海金鹏	49350445400.0	0.82%
35	0049	金瑞期货	48574416800.0	0.80%
36	0136	浙江金迪	48197514275.0	0.80%
37	0277	一德期货	47427415750.0	0.78%
38	0178	江苏弘业	46462746850.0	0.77%
39	0159	成都倍特	46022746550.0	0.76%

排名	会员	简称	金额(单位:元)	金额比重%
40	0298	上海久恒	43538580350.0	0.72%
41	0321	大连北方	42699555375.0	0.71%
42	0271	渤海期货	42627136575.0	0.70%
43	0095	四川天元	42372638975.0	0.70%
44	0124	辽宁汇鑫	41136286675.0	0.68%
45	0156	寰宇期货	39187455075.0	0.65%
46	0090	正大期货	39064089900.0	0.65%
47	0019	浙江金达	39047095225.0	0.64%
48	0177	浙江大地	38972607675.0	0.64%
49	0239	深圳鹏鑫	38671783625.0	0.64%
50	0096	浙江南华	38142102850.0	0.63%
51	0254	冠通期货	37388520275.0	0.62%
52	0059	成都瑞达	36800452400.0	0.61%
53	0028	上海万向	36764247475.0	0.61%
54	0014	江苏苏物	36457337350.0	0.60%
55	0123	浙江天马	36406491150.0	0.60%
56	0058	厦门国贸	36345336350.0	0.60%
57	0029	浙江良时	35564068200.0	0.59%
58	0185	四川嘉陵	33130439375.0	0.55%
59	0084	上海普民	32680754400.0	0.54%
60	0245	金海岸	32021202450.0	0.53%
61	0280	山西三立	31557308550.0	0.52%
62	0100	辽宁中期	31475605900.0	0.52%
63	0116	北京首创	31277101125.0	0.52%
64	0005	中信期货	31029167900.0	0.51%
65	0259	湖北楚天	30181300950.0	0.50%
66	0121	格林期货	30109605225.0	0.50%
67	0070	北亚期货	29924854550.0	0.49%
68	0268	华夏期货	29219734700.0	0.48%
69	0115	南粤期货	29052823525.0	0.48%
70	0031	中航期货	29034576525.0	0.48%
71	0320	湖南大有	27760149775.0	0.46%
72	0018	无锡国联	27236108100.0	0.45%
73	0256	沈阳中期	26252377975.0	0.43%
74	0275	山东泉鑫	26218686375.0	0.43%
75	0315	云晨期货	24992453800.0	0.41%
76	0089	海南中亚	24702779325.0	0.41%
77	0160	华南期货	24413178150.0	0.40%
78	0063	三隆期货	24164611850.0	0.40%
79	0186	安徽华物	23778817475.0	0.39%
80	0288	深圳平安	23337440875.0	0.39%
81	0269	海南星海	23277732100.0	0.38%
82	0137	华煜期货	22843857125.0	0.38%
83	0258	广东南金	22187549075.0	0.37%
84	0249	重庆先融	21961107525.0	0.36%
85	0106	大华期货	21502525550.0	0.36%
86	0169	宁波杉立	21277626850.0	0.35%
87	0281	金宝期货	20776387000.0	0.34%
88	0074	河南中期	20409089775.0	0.34%
89	0128	浙江新华	19685930100.0	0.33%
90	0270	江苏文峰	18997746725.0	0.31%
91	0111	山东齐鲁	18918611950.0	0.31%
92	0244	山西物产	18018859550.0	0.30%
93	0313	烟台中州	17985463250.0	0.30%
94	0078	海通期货	17569485100.0	0.29%
95	0072	江西瑞奇	17271799350.0	0.29%
96	0183	弘信期货	17171127750.0	0.28%
97	0003	上海良茂	16879252100.0	0.28%
98	0067	中财期货	16727232275.0	0.28%
99	0013	吉林金昌	16369662075.0	0.27%
100	0041	华证期货	16262716900.0	0.27%
101	0274	山西中辉	16093775100.0	0.27%
102	0001	鼎鑫期货	15714015175.0	0.26%
103	0306	云商日盛	15651893525.0	0.26%

排名	会员	简称	金额(单位:元)	金额比重%
104	0076	道通期货	15229171375.0	0.25%
105	0119	江苏期望	14772800050.0	0.24%
106	0311	长春金路	14489484500.0	0.24%
107	0292	湖南泰阳	14159820525.0	0.23%
108	0257	成都大业	13840297225.0	0.23%
109	0105	新疆新天	13837732500.0	0.23%
110	0299	安徽安兴	13722910600.0	0.23%
111	0196	外高桥	13668283500.0	0.23%
112	0094	云南滨海	13613588650.0	0.22%
113	0108	深圳金汇	13362845175.0	0.22%
114	0065	上海五矿	13236110600.0	0.22%
115	0082	中谷期货	13063784125.0	0.22%
116	0296	和融期货	12944112050.0	0.21%
117	0132	青铜峡	12792990950.0	0.21%
118	0052	鑫国联	12638792425.0	0.21%
119	0308	正鑫期货	12323657300.0	0.20%
120	0023	重庆港九	11483538250.0	0.19%
121	0295	美尔雅	11128265350.0	0.18%
122	0060	苏州中辰	11098677975.0	0.18%
123	0077	浙江天地	10877170500.0	0.18%
124	0242	龙电期货	10685838225.0	0.18%
125	0252	宝利华	10425424525.0	0.17%
126	0045	甘肃陇达	9671068325.0	0.16%
127	0331	民安期货	8997903900.0	0.15%
128	0069	成都南洋	8983221025.0	0.15%
129	0322	新纪元	8974494150.0	0.15%
130	0241	湖南湘正	8723443350.0	0.14%
131	0317	五矿有色	8489786800.0	0.14%
132	0243	新疆汇和	8424084950.0	0.14%
133	0327	豫粮期货	8376259050.0	0.14%
134	0134	浙江大越	8028633325.0	0.13%
135	0068	金震期货	7899437775.0	0.13%
136	0325	上海众鑫	7746411150.0	0.13%
137	0301	新疆璐通	7523325075.0	0.12%
138	0017	金川集团	7439254900.0	0.12%
139	0036	连城铝业	7344753900.0	0.12%
140	0279	神通期货	7340275600.0	0.12%
141	0126	海南深海	6791722450.0	0.11%
142	0326	金创利	6682743275.0	0.11%
143	0011	上海东方	6682225325.0	0.11%
144	0316	山东蓬达	6122021300.0	0.10%
145	0282	正湘行	5120827375.0	0.08%
146	0323	华高期货	4988391350.0	0.08%
147	0286	大通期货	4662886700.0	0.08%
148	0324	山西和合	4627767025.0	0.08%
149	0081	黄海期货	4492314275.0	0.07%
150	0153	上海实友	4443229225.0	0.07%
151	0038	湖北金龙	4262982300.0	0.07%
152	0088	上海东亚	4169250550.0	0.07%
153	0043	五矿海勤	4146696100.0	0.07%
154	0290	河北恒银	3910422950.0	0.06%
155	0293	上海柔佛	3839094600.0	0.06%
156	0333	中天期货	3482308825.0	0.06%
157	0022	青岛金友	3416826100.0	0.06%
158	0184	泰峰期货	3343572875.0	0.06%
159	0086	东航公司	3336584375.0	0.06%
160	0027	延伸期货	3334881775.0	0.06%
161	0163	上海久联	3296601475.0	0.05%
162	0131	大冶有色	3074819900.0	0.05%
163	0291	青岛国大	2854435550.0	0.05%
164	0319	西安智德	2794936100.0	0.05%
165	0236	湛江农垦	2761766300.0	0.05%
166	0138	沈阳建业	2755847150.0	0.05%
167	0047	陕西五矿	2638381425.0	0.04%

排名	会员	简称	金额(单位:元)	金额比重%
168	0307	中铝国贸	2580514900.0	0.04%
169	0300	上海恒洋	2494407400.0	0.04%
170	0276	东莞华联	2399237925.0	0.04%
171	0030	上海永大	2366298975.0	0.04%
172	0214	华东炉料	2317034375.0	0.04%
173	0161	新基业	2301278925.0	0.04%
174	0233	华热亚	2270467125.0	0.04%
175	0332	河南万达	2056309325.0	0.03%
176	0303	天元铝业	2046859400.0	0.03%
177	0247	云南农垦	1868650000.0	0.03%
178	0251	中条山	1772391500.0	0.03%
179	0097	东方众鑫	1739996900.0	0.03%
180	0012	葫芦岛锌	1651168150.0	0.03%
181	0312	湖南金信	1581944575.0	0.03%
182	0127	广东寰球	1577145075.0	0.03%
183	0330	新疆新兴	1482973350.0	0.02%
184	0248	芜湖恒鑫	1479780300.0	0.02%
185	0051	天津金谷	1448977500.0	0.02%
186	0302	上海农凯	1445966250.0	0.02%
187	0118	新中鞍	1348735075.0	0.02%
188	0328	天富期货	1309270625.0	0.02%
189	0263	陕西长安	1005383625.0	0.02%
190	0297	中金科技	912299700.0	0.02%
191	0234	中化国际	895820300.0	0.01%
192	0335	天琪期货	887804775.0	0.01%
193	0305	晟鑫期货	831220175.0	0.01%
194	0272	大连万恒	806023050.0	0.01%
195	0006	上海金城	780295800.0	0.01%
196	0318	五洋期货	754162525.0	0.01%
197	0211	北京紫岳	579093300.0	0.01%
198	0224	华东化工	484290350.0	0.01%
199	0130	云南铜业	465657050.0	0.01%
200	0066	天龙期货	433704175.0	0.01%
201	0260	西安迈科	432124550.0	0.01%
202	0338	冠华期货	281753650.0	0.00%
203	0227	上海经协	272272375.0	0.00%
204	0339	大连良运	96030300.0	0.00%
205	0336	天成期货	79631100.0	0.00%
206	0054	上海鸿升	61728500.0	0.00%
207	0026	白银有色	9623600.0	0.00%
208	0265	华通有色	2080000.0	0.00%
209	0171	京都期货	1391350.0	0.00%
210	0337	三力期货	772075.0	0.00%

大连商品交易所会员 2003 年成交额排名表

名次	会员号	会员简称	累计成交额(元)
1	103	深圳中期	203,773,710,810
2	109	浙江永安	165,255,494,400
3	46	建证期货	117,864,445,760
4	181	格林期货	112,028,854,780
5	66	河南正鑫	105,244,058,530
6	171	哈尔滨大通	101,716,295,920
7	153	大连北方	94,806,544,270
8	120	黑龙江天琪	84,643,598,380
9	20	渤海期货	77,678,681,250
10	77	黑龙江北亚	76,886,504,900
11	127	辽宁中期	73,348,245,230
12	138	经易期货	72,240,370,790
13	136	上海大陆	71,832,442,000
14	135	上海中期	70,718,267,130
15	125	中谷期货	70,559,257,940
16	52	中粮期货	69,948,317,790
17	169	安徽安泰	58,738,398,980
18	97	浙江天马	58,186,513,690
19	116	武汉华中	57,219,534,780
20	81	北京金鹏	55,467,621,910
21	91	浙江新华	53,502,139,750
22	31	沈阳中期	52,191,396,730
23	58	中期公司	50,847,166,320
24	173	广发期货	44,695,877,000
25	158	天富期货	44,332,195,270
26	151	浙江良时	42,564,517,210
27	14	浙江金迪	42,049,306,430
28	100	黑龙江三力	41,733,742,560
29	74	大连良运	39,742,850,350
30	167	广东集成利	38,091,050,120
31	196	一德期货	37,281,263,620
32	80	辽粮期货	36,854,863,410
33	132	弘信期货	35,499,127,880
34	50	浙江新世纪	34,890,814,240
35	160	北京冠通	33,936,419,770
36	105	上海南都	33,634,830,990
37	107	浙江中大	32,958,892,780
38	202	豫粮期货	32,921,379,420
39	133	长春金路	31,988,068,650
40	119	齐鲁期货	30,458,647,310
41	12	银建期货	28,544,482,810
42	51	大连万恒	28,050,886,080
43	189	烟台中州	28,039,707,890
44	16	辽宁汇鑫	27,972,776,460
45	140	河南中期	27,513,759,050
46	90	万汇期货	27,283,404,050
47	110	金牛期货	25,294,358,510
48	43	山东泉鑫	25,208,905,720
49	149	上海良茂	24,936,071,920
50	68	金宝期货	24,626,566,970
51	152	浙江南华	24,533,048,590
52	177	江苏文峰	23,670,367,990
53	22	东航期货	23,539,295,650
54	17	三隆期货	23,101,527,110
55	15	浙江天地	22,669,768,090
56	92	鲁能金穗	22,119,832,570
57	104	通宝期货	21,952,632,670
58	157	上海浙石	21,844,509,350
59	95	北京首创	21,628,967,560
60	199	百福期货	21,223,550,770
61	187	安徽华物	21,163,169,270
62	21	四川天元	20,237,339,200
63	85	黑龙江延伸	19,880,434,610
64	33	中钢期货	19,515,708,540
65	205	山东蓬达	19,334,725,890
66	71	华夏期货	18,684,155,790
67	96	天鸿期货	18,402,646,690
68	137	四川嘉陵	18,351,001,820
69	117	江苏弘业	18,218,402,210
70	150	寰宇期货	17,844,685,820
71	145	华南期货	17,552,282,700
72	183	云南滨海	17,464,421,400
73	212	神华期货	17,326,781,200
74	23	东银期货	17,295,947,600
75	209	上海久恒	17,190,699,520
76	141	西南期货	16,906,628,120
77	176	浙江大地	16,783,592,280
78	48	江南期货	16,676,184,240
79	70	浙江金达	16,103,049,160
80	39	倍特期货	15,193,601,780

名次	会员号	会员简称	累计成交额(元)
81	159	上海正大	14,800,514,130
82	72	山西三立	13,775,286,020
83	195	成都瑞达	13,738,487,670
84	93	江苏东华	13,573,871,130
85	75	沈阳建业	13,292,420,180
86	148	山西物产	13,109,389,760
87	122	长城伟业	12,448,555,610
88	156	北京龙电	12,117,820,720
89	18	华煜期货	12,024,915,800
90	166	江苏苏物	11,642,206,570
91	190	万杰鼎鑫	11,414,056,430
92	218	湖南大有	11,292,848,920
93	180	厦门国贸	10,827,164,920
94	78	河南万达	10,790,360,010
95	118	上海金源	10,776,575,750
96	62	湖北楚天	10,433,105,990
97	200	中谷粮油	10,311,788,310
98	30	浦发期货	10,176,339,080
99	201	云商日盛	9,966,543,540
100	115	海南中亚	9,445,370,790
101	188	黑龙江省龙兴	9,431,246,000
102	182	河北恒银	9,188,163,060
103	175	中信期货	8,997,922,780
104	37	中航期货	8,915,818,680
105	99	吉粮集团	8,229,049,770
106	25	深圳鹏鑫	7,984,881,940
107	29	神通期货	7,911,032,540
108	121	五洋期货	7,656,615,250
109	131	上海金鹏	7,520,274,610
110	26	浙江大越	7,462,483,100
111	76	湖南湘正	7,294,902,250
112	203	平安期货	6,957,561,230
113	57	美尔雅期货	6,761,780,660
114	59	上海外高桥	6,695,607,330
115	123	成都大业	6,378,677,190
116	102	上海中财	6,308,693,660
117	134	深圳实达	6,135,543,310
118	114	新纪元	6,130,407,610
119	193	广东南金	6,101,691,480
120	165	鞍山五环	6,002,267,900
121	41	南海海通	5,915,077,790
122	101	重庆先融	5,904,808,300
123	60	泰阳期货	5,830,823,080
124	65	山西和合	5,670,634,580
125	56	成都南洋	5,483,390,470
126	63	金震期货	5,393,032,920
127	215	云晨期货	5,266,926,210
128	89	江西瑞奇	5,215,810,390
129	38	辽宁中粮	5,110,104,570
130	219	重庆港九	5,102,837,140
131	221	民安期货	5,014,151,450
132	139	道通期货	4,894,675,350
133	194	海南金海岸	4,817,501,410
134	161	无锡国联	4,809,750,850
135	185	江苏期望	4,381,972,730
136	84	上海东亚	3,677,030,620
137	168	新中鞍期货	3,665,928,290
138	179	北京天星	3,513,097,410
139	163	湖南正湘行	3,407,973,750
140	36	中粮集团	3,406,621,030
141	211	大华期货	3,350,822,720
142	170	宁波杉立	3,266,462,120
143	126	上海实友	3,069,903,110
144	98	北京天龙	2,825,926,430

名次	会员号	会员简称	累计成交额(元)
145	162	青岛国大	2,640,998,490
146	206	金瑞期货	2,633,894,290
147	42	新疆新天	2,625,478,260
148	192	青岛金友	2,340,979,620
149	129	安徽安兴	2,334,533,000
150	79	新疆汇和	2,328,266,600
151	178	湖北金龙	2,320,103,410
152	106	上海万向	2,283,639,240
153	19	海南星海	2,137,883,220
154	28	中国饲料	1,930,919,260
155	184	上海久联	1,890,464,130
156	11	山西中辉	1,778,336,600
157	55	苏州中辰	1,772,916,990
158	108	上海普民	1,666,460,640
159	61	大连龙粮	1,569,035,840
160	82	陕西长安	1,517,588,630
161	111	北大荒粮油	1,459,142,890
162	128	海南深海	1,393,975,840
163	213	深圳金汇	1,377,530,210
164	130	新疆璐通	1,293,882,800
165	88	河南粮油	1,277,708,960
166	49	上海黄海	1,221,903,840
167	69	甘肃陇达	1,098,044,780
168	220	宜兴华证	1,077,177,390
169	223	中天期货	1,065,053,030
170	207	鑫国联期货	1,064,775,800
171	164	西安智德	1,039,933,230
172	35	和融期货	885,329,930
173	112	南粤期货	827,652,830
174	113	东莞华联	761,962,020
175	67	天津金谷	702,219,520
176	143	华高期货	586,750,160
177	147	广东宝利华	508,023,920
178	146	吉粮发期货	496,700,570
179	142	广东寰球	488,874,270
180	172	湖南金信	422,963,910
181	155	新疆新兴	421,944,360
182	216	晟鑫期货	386,525,010
183	225	冠华期货	192,182,730
184	210	深圳新基业	134,986,810
185	222	广东邦顺	93,446,810
186	40	中谷长春	86,141,780
187	47	大连二粮储	86,045,160
188	208	江海粮油	66,601,520
189	186	上海永大	37,595,330
190	226	天成期货	33,153,280
191	124	汉唐期货	7,878,940
192	53	陕西五矿	2,497,630
193	32	抚顺粮储	0
194	86	广东汇储	0
195	87	福建润福	0
196	191	京都期货	0
197	217	方圆期货	0
198	227	五矿海勤	0
合计			3,989,599,194,580

2003年大连商品交易所会员成交量排名表

名次	会员号	会员简称	累计成交量(手)
1	103	深圳中期	8,411,052
2	109	浙江永安	6,854,987
3	181	格林期货	4,279,835
4	46	建证期货	4,194,244

名次	会员号	会员简称	累计成交量（手）
5	66	河南正鑫	3,906,586
6	171	哈尔滨大通	3,442,396
7	153	大连北方	3,371,595
8	120	黑龙江天琪	3,061,521
9	20	渤海期货	2,963,004
10	127	辽宁中期	2,954,305
11	77	黑龙江北亚	2,796,146
12	135	上海中期	2,771,206
13	138	经易期货	2,690,316
14	52	中粮期货	2,661,718
15	125	中谷期货	2,644,499
16	136	上海大陆	2,571,508
17	116	武汉华中	2,378,994
18	97	浙江天马	2,263,625
19	169	安徽安泰	2,220,849
20	81	北京金鹏	2,116,848
21	91	浙江新华	1,973,996
22	58	中期公司	1,943,606
23	31	沈阳中期	1,918,731
24	173	广发期货	1,710,199
25	158	天富期货	1,619,915
26	14	浙江金迪	1,586,266
27	151	浙江良时	1,571,565
28	100	黑龙江三力	1,511,388
29	74	大连良运	1,448,647
30	167	广东集成利	1,439,613
31	107	浙江中大	1,369,660
32	80	辽粮期货	1,350,010
33	132	弘信期货	1,331,043
34	196	一德期货	1,300,440
35	105	上海南都	1,271,686
36	160	北京冠通	1,257,859
37	50	浙江新世纪	1,251,889
38	202	豫粮期货	1,216,326
39	133	长春金路	1,178,315
40	119	齐鲁期货	1,134,660
41	12	银建期货	1,071,585
42	189	烟台中州	1,059,273
43	140	河南中期	1,054,636
44	51	大连万恒	1,054,462
45	16	辽宁汇鑫	1,018,560
46	90	万汇期货	995,039
47	68	金宝期货	966,176
48	43	山东泉鑫	935,461
49	110	金牛期货	925,114
50	152	浙江南华	903,273
51	149	上海良茂	901,503
52	15	浙江天地	888,344
53	22	东航期货	886,582
54	17	三隆期货	869,723
55	177	江苏文峰	826,025
56	92	鲁能金穗	825,706
57	157	上海浙石	804,318
58	95	北京首创	791,179
59	187	安徽华物	787,666
60	104	通宝期货	783,343
61	21	四川天元	775,493
62	199	百福期货	772,182
63	85	黑龙江延伸	745,783
64	205	山东蓬达	717,747
65	176	浙江大地	690,473
66	137	四川嘉陵	687,165
67	96	天鸿期货	686,064
68	117	江苏弘业	680,683

名次	会员号	会员简称	累计成交量（手）
69	33	中钢期货	677,543
70	71	华夏期货	670,637
71	150	寰宇期货	650,944
72	209	上海久恒	650,241
73	141	西南期货	638,267
74	212	神华期货	636,981
75	145	华南期货	629,209
76	23	东银期货	626,399
77	70	浙江金达	616,150
78	183	云南滨海	605,130
79	48	江南期货	571,734
80	39	倍特期货	559,857
81	159	上海正大	542,446
82	72	山西三立	511,936
83	195	成都瑞达	507,598
84	93	江苏东华	503,219
85	75	沈阳建业	497,613
86	148	山西物产	491,054
87	18	华煜期货	467,716
88	122	长城伟业	462,905
89	156	北京龙电	445,932
90	190	万杰鼎鑫	436,038
91	166	江苏苏物	430,437
92	180	厦门国贸	416,319
93	218	湖南大有	415,791
94	118	上海金源	398,976
95	62	湖北楚天	395,187
96	200	中谷粮油	387,849
97	78	河南万达	387,146
98	30	浦发期货	380,929
99	201	云商日盛	361,426
100	115	海南中亚	349,143
101	182	河北恒银	342,153
102	76	湖南湘正	339,999
103	37	中航期货	338,762
104	175	中信期货	332,366
105	188	黑龙江省龙兴	332,284
106	99	吉粮集团	300,503
107	29	神通期货	296,144
108	25	深圳鹏鑫	295,945
109	131	上海金鹏	292,534
110	26	浙江大越	286,217
111	121	五洋期货	284,094
112	57	美尔雅期货	254,881
113	123	成都大业	249,442
114	59	上海外高桥	246,537
115	114	新纪元	233,570
116	203	平安期货	232,613
117	134	深圳实达	229,476
118	102	上海中财	228,187
119	193	广东南金	225,048
120	101	重庆先融	223,692
121	165	鞍山五环	222,984
122	41	南海海通	221,547
123	60	泰阳期货	218,812
124	63	金震期货	212,643
125	56	成都南洋	207,082
126	219	重庆港九	197,983
127	65	山西和合	194,961
128	89	江西瑞奇	192,655
129	215	云晨期货	189,367
130	38	辽宁中粮	179,819
131	194	海南金海岸	178,387
132	161	无锡国联	175,537

名次	会员号	会员简称	累计成交量（手）
133	139	道通期货	173,945
134	185	江苏期望	165,464
135	221	民安期货	164,641
136	168	新中鞍期货	141,451
137	179	北京天星	136,350
138	163	湖南正湘行	135,595
139	84	上海东亚	133,187
140	36	中粮集团	127,161
141	170	宁波杉立	117,086
142	211	大华期货	116,292
143	126	上海实友	110,741
144	98	北京天龙	104,874
145	42	新疆新天	102,357
146	162	青岛国大	94,615
147	206	金瑞期货	91,541
148	192	青岛金友	90,210
149	129	安徽安兴	89,414
150	79	新疆汇和	88,120
151	106	上海万向	84,642
152	178	湖北金龙	82,259
153	19	海南星海	75,746
154	28	中国饲料	73,354
155	184	上海久联	72,536
156	55	苏州中辰	63,977
157	108	上海普民	63,888
158	11	山西中辉	60,374
159	61	大连龙粮	58,258
160	82	陕西长安	55,023
161	128	海南深海	52,961
162	111	北大荒粮油	52,605
163	130	新疆璐通	47,600
164	88	河南粮油	47,592
165	213	深圳金汇	47,208
166	49	上海黄海	46,848
167	207	鑫国联期货	42,531
168	69	甘肃陇达	41,824
169	164	西安智德	37,035
170	220	宜兴华证	35,924
171	223	中天期货	34,727
172	35	和融期货	32,506
173	112	南粤期货	29,784
174	113	东莞华联	28,936
175	67	天津金谷	26,274
176	146	吉粮发期货	19,386
177	147	广东宝利华	19,088
178	143	华高期货	19,010
179	142	广东寰球	17,490
180	172	湖南金信	16,734
181	155	新疆新兴	16,260
182	216	晟鑫期货	12,223
183	225	冠华期货	5,920
184	210	深圳新基业	4,961
185	47	大连二粮储	3,454
186	222	广东邦顺	3,118
187	40	中谷长春	3,030
188	208	江海粮油	2,348
189	186	上海永大	1,544
190	226	天成期货	1,007
191	124	汉唐期货	278
192	53	陕西五矿	97
193	32	抚顺粮储	0
194	86	广东汇储	0
195	87	福建润福	0
196	191	京都期货	0
197	217	方圆期货	0
198	227	五矿海勤	0
合计			149,946,986

郑州商品交易所会员成交量排名表

2003/01/01—2003/12/31

序号	席位号	会员名称	成交量(手)	成交金额(万元)
1	223	武汉华中期货经纪公司	2,527,930	4,129,374.529
2	188	浙江永安期货经纪公司	2,019,183	3,226,710.059
3	16	格林期货经纪有限公司	1,737,092	2,600,129.332
4	26	东银期货经纪有限公司	1,670,655	2,734,165.615
5	234	浙江天地期货经纪公司	1,555,025	2,329,129.810
6	210	建证期货经纪有限公司	1,526,954	2,382,811.319
7	91	通宝期货经纪公司	1,481,862	2,462,807.224
8	141	深圳中期期货经纪公司	1,371,995	2,226,992.844
9	198	鲁能金穗期货经纪有限公司	1,253,110	2,040,309.016
10	67	河南中期公司	1,252,784	2,016,462.952
11	175	浙江中大期货经纪有限公司	1,125,299	1,809,555.945
12	111	上海南都期货经纪公司	1,048,227	1,626,806.562
13	138	金鹏期货经纪有限公司	1,027,571	1,620,542.539
14	139	安徽安泰期货经纪有限公司	923,191	1,483,602.184
15	173	广发期货经纪有限公司	897,590	1,460,145.663
16	113	浙江天马期货经纪公司	872,375	1,310,704.603
17	212	浙江南华期货公司	818,065	1,270,332.257
18	170	三隆期货经纪有限公司	817,786	1,333,709.935
19	179	中期公司上海分公司	787,899	1,259,039.715
20	32	安徽华物期货经纪有限公司	772,188	1,240,629.109
21	69	河南万达期货有限公司	765,514	1,253,958.396
22	190	浙江良时期货经纪公司	694,734	1,107,607.885
23	68	中粮期货经纪有限公司	688,571	1,065,570.117
24	134	山西三立期货经纪有限公司	664,855	1,050,571.591
25	8	上海大陆期货公司	551,596	878,554.305
26	192	齐鲁期货经纪有限公司	530,345	868,381.732
27	98	百福期货经纪有限公司	510,486	826,832.786
28	39	中国国际期货公司	503,553	806,017.862
29	61	河南省畜产品进出口公司	489,865	805,091.435
30	19	江苏东华期货经纪公司	468,857	747,681.407
31	20	江苏弘业期货经纪有限公司	462,536	740,349.247
32	95	浙江大地期货经纪公司	457,687	743,328.197
33	88	豫粮期货经纪有限公司	441,628	703,973.380
34	189	冠通期货经纪有限公司	405,057	656,029.021
35	18	河南正鑫期货经纪有限公司	392,590	619,557.374
36	5	新纪元期货经纪有限责任公司	362,896	567,686.183
37	52	渤海期货经纪有限公司	362,018	573,738.606
38	89	浙江新华期货经纪公司	351,503	559,870.443
39	114	浙江金迪期货经纪公司	346,079	557,478.872
40	243	江苏苏物期货公司	340,196	552,500.430
41	96	湖南湘正期货经纪有限公司	328,209	499,096.727
42	238	正大期货经纪有限公司	324,838	546,228.300
43	7	长城伟业期货经纪有限公司	305,696	501,775.634
44	241	首创期货经纪有限公司	295,101	475,618.472
45	120	沈阳中期期货经纪公司	290,056	465,201.649
46	205	上海浙石期货经纪有限公司	287,558	460,295.594
47	103	万杰鼎鑫期货经纪有限公司	284,408	459,720.190
48	201	湖南泰阳期货经纪有限公司	282,997	463,360.962
49	9	中谷期货经纪有限公司	281,622	460,180.379
50	195	大连良运期货经纪有限公司	272,800	431,731.802
51	87	上海金源期货经纪有限公司	263,543	423,738.894
52	159	银建期货经纪有限公司	252,609	403,615.731
53	123	浙江新世纪期货经纪有限公司	248,023	399,242.719
54	262	一德期货经纪有限公司	246,429	388,183.925
55	37	广东集成利期货经纪有限公司	235,026	375,785.050

序号	席位号	会员名称	成交量(手)	成交金额(万元)
56	200	万汇期货经纪有限公司	233,815	382,492.224
57	86	海南中亚期货有限公司	231,597	351,027.258
58	269	上海久恒期货经纪有限公司	229,334	360,378.875
59	256	金宝期货经纪有限公司	226,427	369,028.916
60	117	龙电期货经纪有限公司	226,393	364,083.277
61	275	湖北楚天期货经纪公司	216,655	323,497.725
62	171	江苏期望期货经纪公司	213,026	343,777.468
63	130	上海外高桥期货经纪有限公司	207,976	309,290.187
64	11	浙江金达期货经纪公司	206,674	336,116.560
65	216	上海良茂期货经纪有限公司	205,806	333,814.989
66	129	江南期货经纪有限公司	204,786	342,208.283
67	17	上海中财期货经纪有限公司	203,348	333,618.226
68	29	神通期货经纪有限公司	198,400	321,397.405
69	268	长春金路期货经纪有限公司	196,994	321,654.065
70	121	成都瑞达期货经纪有限公司	196,179	314,847.863
71	149	湖南大有期货经纪有限责任	194,581	319,010.817
72	178	成都倍特期货经纪有限公司	185,920	298,911.264
73	55	深圳金牛期货经纪有限公司	181,442	298,187.880
74	84	哈尔滨大通期货经纪有限公司	180,585	294,629.797
75	203	华煜期货经纪有限公司	176,952	294,944.363
76	182	江苏文峰期货经纪有限责任公	176,045	277,286.573
77	22	江西瑞奇期货经纪有限公司	173,571	280,445.042
78	258	寰宇期货经纪有限公司	172,388	266,030.131
79	174	无锡国联期货经纪有限公司	167,342	265,991.776
80	209	安徽安兴期货经纪有限公司	164,498	246,547.107
81	257	经易期货经纪公司	161,363	261,397.564
82	211	大华期货经纪有限公司	157,299	253,746.887
83	38	成都南洋期货经纪公司	155,984	244,039.139
84	274	神华期货经纪公司	155,548	249,329.863
85	148	山西物产期货经纪有限公司	153,966	248,267.904
86	137	弘信期货经纪有限公司	153,941	241,472.731
87	3	云商日盛期货经纪有限公司	153,755	246,130.557
88	168	华夏期货经纪有限公司	149,255	239,129.100
89	161	烟台中州期货经纪有限公司	142,767	239,923.241
90	23	海南金海岸期货经纪有限公司	136,999	222,765.338
91	107	美尔雅期货经纪有限公司	133,204	215,999.494
92	202	山西中辉期货经纪有限公司	132,866	223,365.468
93	233	黑龙江延伸期货经纪有限公司	123,400	201,374.541
94	254	大越期货公司	121,293	193,171.331
95	66	云晨期货经纪有限公司	120,788	198,059.268
96	156	大连北方期货经纪有限公司	117,016	188,668.439
97	127	黑龙江北亚期货经纪公司	110,901	183,464.482
98	232	湖南金信期货经纪有限公司	106,140	162,514.250
99	199	辽宁汇鑫期货经纪公司	102,683	167,704.199
100	6	新疆粮油集团有限责任公司	102,479	162,979.023
101	220	深圳鹏鑫期货经纪有限公司	101,983	165,080.799
102	229	华南期货经纪有限公司	98,353	156,896.357
103	143	四川嘉陵期货经纪有限公司	98,185	153,385.257
104	218	河北恒银期货经纪有限公司	96,614	154,683.536
105	71	西南期货经纪有限公司	92,301	153,736.460
106	14	河南省粮食贸易公司	84,511	135,941.047
107	81	湖北省金龙期货经纪有限公司	83,354	135,315.124
108	146	山西和合期货经纪有限公司	75,168	119,825.013
109	265	金震期货经纪有限公司	69,963	107,607.772
110	169	五洋期货经纪有限公司	67,062	107,205.148
111	193	西安智德期货经纪有限公司	62,941	104,231.644
112	110	四川天元期货公司	62,032	93,137.815
113	116	河南物资集团公司	61,198	97,772.929
114	184	广东寰球期货经纪公司	58,216	96,516.736
115	222	上海实友期货经纪有限公司	57,725	92,557.242
116	186	浦发期货经纪有公司	57,561	92,651.878
117	133	东莞华联期货经纪有限公司	56,696	92,332.224
118	1	成都大业期货经纪公司	54,693	86,705.610
119	260	上海普民期货经纪有限公司	52,752	82,168.486

序号	席位号	会员名称	成交量(手)	成交金额(万元)
120	236	上海万向期货经纪有限公司	50,879	79,490.063
121	207	辽宁中期期货经纪公司	48,913	76,288.080
122	35	开封市粮油储运公司	48,663	77,017.681
123	278	深圳市平安期货经纪有限公司	45,910	75,878.776
124	40	滨海期货经纪有限公司	44,196	71,345.346
125	33	甘肃陇达期货经纪有限公司	43,484	71,733.742
126	126	天成期货经纪有限责任公司	43,482	76,014.452
127	228	津滨期货经纪有限责任公司	42,661	67,835.329
128	176	道通期货经纪有限公司	42,203	70,594.981
129	58	山东泉鑫期货经纪有限公司	41,563	68,297.312
130	147	陕西长安期货经纪有限公司	40,360	62,967.306
131	94	宁波杉立期货经纪有限公司	39,660	65,478.356
132	264	海南深海期货经纪公司	39,542	64,912.270
133	77	天富期货经纪有限公司	39,310	64,404.310
134	101	厦门国贸期货经纪公司	39,256	63,781.483
135	70	中信期货经纪有限公司	35,246	56,797.548
136	99	新疆汇和期货经纪有限公司	34,973	56,734.075
137	206	重庆先融期货经纪有限公司	34,428	56,623.334
138	108	海南星海期货经纪有限公司	33,032	53,627.256
139	191	民安期货经纪有限公司	31,963	54,167.160
140	197	湖南正湘行期货经纪有限公司	31,197	50,904.114
141	163	深圳实达期货经纪有限责任公	30,612	52,563.831
142	155	黑龙江天琪期货经纪有限公司	30,286	47,833.484
143	56	河南省粮食储运公司	29,685	45,816.057
144	83	上海黄海期货经纪有限公司	28,288	45,858.596
145	249	上海东亚期货经纪有限公司	26,246	40,465.026
146	50	新天期货经纪有限公司	25,482	40,377.998
147	25	中天期货经纪有限公司	24,659	42,357.843
148	142	东航期货经纪有限公司	22703	35,292.678
149	125	河北省粮油集团有限公司	21331	34,369.290
150	215	沈阳建业期货经纪公司	21038	33,762.316
151	242	济宁市粮油总公司	17857	28,935.258
152	157	新疆新兴期货经纪有限公司	17369	27,697.349
153	78	苏州中辰期货经纪司	15560	23,689.924
154	100	吉粮发期货经纪有限公司	14939	22,681.563
155	118	新中鞍期货经纪有限公司	14594	23,076.529
156	80	青岛金友期货经纪有限公司	14141	21,356.106
157	62	金瑞期货经纪有限公司	12371	21,607.558
158	166	新疆璐通期货经纪有限公司	12169	20,479.270
159	21	河南省粮食购销公司	9808	13,792.538
160	177	青岛国大期货有限公司	9528	14,671.011
161	106	郑州海嘉食品有限公司	6726	12,108.621
162	261	河南省粮油对外贸易总公司	6194	9,717.251
163	63	上海金鹏期货经纪有限公司	5690	9,675.384
164	250	郑州第二面粉厂	3674	5,623.848
165	28	汉唐期货经纪有限公司	3666	6,276.303
166	246	上海永大期货经纪有限公司	3475	5,499.885
167	10	深圳新基业期货经纪有限公司	2337	3,821.529
168	59	河南省油脂公司	2289	3,163.478
169	132	河南省粮油食品进出口集团	1687	2,284.370
170	225	冠华期货经纪有限公司	1149	1,983.167
171	102	陕西五矿期货公司	790	1,106.539
172	263	南召县粮油总公司	260	428.900
173	2	晟鑫期货经纪有限公司	199	336.430
174	48	新疆农垦进出口股忿有限公司	128	221.196
175	12	广东南金期货经纪有限公司	20	35.094
合计			49,817,822	79,606,847.670

注:1、成交量、成交金额双向计算;2、按成交量排名。

郑州商品交易所结算部制

制表日期:2004—01—02

郑州商品交易所2003年度成交量统计

郑州商品交易所每月行情表

(2003年01月01日—2003年01月31日)

品种	月开盘	最高价	最低价	月收盘	涨跌	持仓量	持仓变化	结算价	成交量	成交额
GN301	0	0	0	0	0		−4	3012		0.000000
GN303	0	0	0	0	0		0	3200		0.000000
GN305	0	0	0	0	0		0	3300		0.000000
GN307	0	0	0	0	0		0	3300		0.000000
GN309	0	0	0	0	0		0	2800		0.000000
GN311	0	0	0	0	0		0	2700		0.000000
小计										0.000000
WT301	1223	1275	0	1260	30		−6186	1260	9564	1.178349
WT303	1270	1328	1224	1244	−26	5966	−14934	1247	137690	17.288096
WT305	1317	1368	1254	1284	−24	45708	−57908	1285	464272	60.236762
WT307	1307	1363	1254	1296	−11	35864	−6244	1295	365390	47.314879
WT309	1385	1456	1350	1415	28	72700	1272	1416	872730	121.930287
WT311	1417	1478	1373	1433	27	42394	13232	1434	257676	36.444636
WT401	1423	1490	1380	1447	27	18674	−1846	1443	160476	22.816275
WT403	1425	1503	1401	1463	31	4950	−1916	1458	228166	32.890579
小计						226256			2495964	340.099865
总计						226256			2495964	340.09986

郑州商品交易所每月行情表

(2003年02月01日—2003年02月28日)

品种	月开盘	最高价	最低价	月收盘	涨跌	持仓量	持仓变化	结算价	成交量	成交额
GN303	0	0	0	0	0		0	3200		0.000000
GN305	0	0	0	0	0		0	3300		0.000000
GN307	0	0	0	0	0		0	3300		0.000000
GN309	0	0	0	0	0		0	2800		0.000000
GN311	0	0	0	0	0		0	2700		0.000000
GN401	0	0	0	0	0		0	2800		0.000000
小计										0.000000
WT303	1240	1286	1238	1255	11	2172	−3794	1256	12286	1.540680
WT305	1280	1328	1276	1317	33	36598	−9110	1298	133300	17.174926
WT307	1299	1369	1295	1359	63	40748	4884	1349	144846	19.184980
WT309	1418	1486	1413	1465	50	94074	21374	1459	336384	48.330537
WT311	1430	1497	1424	1471	38	55066	12672	1467	118506	17.123284
WT401	1448	1499	1422	1483	36	23436	4762	1468	165490	24.060828
WT403	1466	1528	1452	1504	41	7192	2242	1482	195592	28.728957
WT405	0	1540	0	1515	0	1066	0	1501	85292	12.704228
小计						260352			1191696	168.848420
总计						260352			1191696	168.84842

郑州商品交易所每月行情表

(2003年03月01日—2003年03月31日)

品种	月开盘	最高价	最低价	月收盘	涨跌	持仓量	持仓变化	结算价	成交量	成交额
GN303	0	0	0	0	0		0	3200		0.000000
GN305	0	3298	0	0	0		0	2900	16	0.005038
GN307	0	3298	0	0	0		0	3250	8	0.002599
GN309	0	0	0	0	0		0	2800		0.000000
GN311	0	0	0	0	0		0	2700		0.000000
GN401	0	0	0	0	0		0	2800		0.000000
小计									24	0.007637
WS305	***	1529	1484	1529	0	620	0	1529	628	0.093222
WS307	***	1584	1537	1584	0	1622	0	1584	1744	0.268626
WS309	***	1693	1643	1693	0	286	0	1693	292	0.047986
WS311	***	1726	1675	1726	0	764	0	1726	766	0.13214
WS401	***	1759	1707	1759	0	5014	0	1756	6632	1.151266
WS403	***	1790	1722	1782	0	7110	0	1777	10268	1.806672
小计						15416			20330	3.499913
WT303	1274	1300	0	0	−1255		−2172	1277	1058	0.132992
WT305	1307	1366	1266	1350	33	13474	−23124	1344	158238	20.783991
WT307	1350	1420	1298	1389	30	39222	−1526	1389	210556	28.571877
WT309	1455	1513	1406	1488	23	120778	26704	1490	711970	104.022809
WT311	1472	1518	1415	1500	29	59598	4532	1498	183704	27.016927
WT401	1485	1518	1420	1508	25	31054	7618	1509	202522	29.899109
WT403	1515	1539	1445	1510	6	7654	462	1509	234848	34.975622
WT405	1525	1546	1470	1518	3	3986	2920	1515	241546	36.295879
小计						275766			1944442	281.699206
总计						291182			1964796	285.20675

郑州商品交易所每月行情表

(2003年04月01日—2003年04月30日)

品种	月开盘	最高价	最低价	月收盘	涨跌	持仓量	持仓变化	结算价	成交量	成交额
GN305	0	0	0	0	0		0	2900		0.000000
GN307	0	0	0	0	0		0	3250		0.000000
GN309	0	0	0	0	0		0	2800		0.000000
GN311	0	0	0	0	0		0	2700		0.000000
GN401	0	0	0	0	0		0	2800		0.000000
GN403	0	0	0	0	0		0	2900		0.000000
小计										0.000000
WS305	1598	1770	1588	1620	91	1518	898	1618	16792	2.837514
WS307	1656	1785	1640	1658	74	10076	8454	1659	81682	14.054560
WS309	1768	1837	1740	1773	80	53858	53572	1770	1043410	186.767845
WS311	1778	1830	1733	1765	39	14364	13600	1760	173190	30.786017
WS401	1764	1845	1758	1773	14	14628	9614	1767	72076	12.950736
WS403	1785	1831	1740	1761	−21	7682	572	1762	54260	9.747561
小计						102126			1441410	257.144233
WT305	1306	1373	1306	1361	11	5424	−8050	1355	17786	2.390239
WT307	1389	1410	1350	1405	16	34560	−4662	1398	146488	20.280887
WT309	1489	1495	1410	1480	−8	133386	12608	1471	616896	90.169590
WT311	1498	1509	1410	1467	−33	62510	2912	1465	247608	36.275821
WT401	1514	1517	1421	1477	−31	23508	−7546	1472	164018	24.259964
WT403	1540	1540	1430	1478	−32	6760	−894	1470	272444	40.346103
WT405	1520	1529	1430	1470	−48	1208	−2778	1471	238284	35.384247
WT407	0	1510	0	1425	0	10	0	1425	216	0.031438
小计						267366			1703740	249.138288
总计						369492			3145150	506.28252

郑州商品交易所每月行情表

（2003 年 05 月 01 日 — 2003 年 05 月 31 日）

品 种	月开盘	最高价	最低价	月收盘	涨 跌	持仓量	持仓变化	结算价	成交量	成交额
GN305	0	0	0	0	0		0	2900		0.000000
GN307	0	0	0	0	0		0	3250		0.000000
GN309	0	0	0	0	0		0	2800		0.000000
GN311	0	0	0	0	0		0	2700		0.000000
GN401	0	0	0	0	0		0	2800		0.000000
GN403	0	0	0	0	0		0	2900		0.000000
小 计										0.000000
WS305	1615	1653	0	1560	−60		−1518	1552	2060	0.329146
WS307	1662	1690	1485	1496	−162	8700	−1376	1494	46694	7.393759
WS309	1792	1800	1601	1628	−145	129642	75784	1630	1400786	235.747397
WS311	1782	1783	1605	1624	−141	42284	27920	1621	195240	32.743663
WS401	1780	1780	1632	1646	−127	21664	7036	1642	50574	8.585762
WS403	1780	1789	1659	1674	−87	5176	−2506	1667	16938	2.924464
小 计						207466			1712292	287.724190
WT305	1339	1420	1339	1400	39		−5424	1405	4026	0.554721
WT307	1410	1448	1393	1418	13	22500	−12060	1412	31538	4.487031
WT309	1495	1520	1462	1484	4	192436	59050	1478	597234	89.121204
WT311	1492	1493	1412	1430	−37	64542	2032	1424	176006	25.695089
WT401	1477	1507	1427	1440	−37	22976	−532	1436	86502	12.727352
WT403	1478	1505	1426	1442	−36	4726	−2034	1438	72668	10.638430
WT405	1480	1517	1420	1440	−30	350	−858	1436	70154	10.263720
WT407	0	1470	0	1414	−11	42	32	1396	5222	0.732093
小 计						307572			1043350	154.219639
总 计						515038			2755642	441.94383

郑州商品交易所每月行情表

（2003 年 06 月 01 日 — 2003 年 06 月 30 日）

品 种	月开盘	最高价	最低价	月收盘	涨 跌	持仓量	持仓变化	结算价	成交量	成交额
GN307	0	0	0	0	0		0	3250		0.000000
GN309	0	0	0	0	0		0	2800		0.000000
GN311	0	0	0	0	0		0	2700		0.000000
GN401	0	0	0	0	0		0	2800		0.000000
GN403	0	0	0	0	0		0	2900		0.000000
GN405	0	0	0	0	0		0	3000		0.000000
小 计										0.000000
WS307	1491	1500	1329	1330	−166	2674	−6026	1356	21690	3.107911
WS309	1620	1656	1550	1580	−48	108324	−21318	1581	1869750	301.947058
WS311	1618	1640	1558	1566	−58	49490	7206	1566	383750	61.615718
WS401	1642	1660	1572	1580	−66	22518	854	1582	80574	13.091334
WS403	1693	1693	1588	1596	−78	1540	−3636	1595	13250	2.179304
WS405	1650	1700	0	1600	0	1892	0	1569	11436	1.872393
小 计						186438			2380450	383.813718
WT307	1413	1460	1390	1442	24	16638	−5862	1441	18494	2.621265
WT309	1475	1489	1451	1480	−4	255764	63328	1479	945404	139.283719
WT311	1429	1453	1404	1418	−12	115418	50876	1417	679406	96.817574
WT401	1440	1464	1403	1415	−25	27490	4514	1415	175508	25.165529
WT403	1436	1470	1404	1411	−31	2078	−2648	1411	107500	15.324307
WT405	1423	1470	1410	1413	−27	744	394	1414	1698	0.244551
WT407	1409	1449	1331	1380	−34	536	494	1376	1654	0.230887
小 计						418668			1929664	279.687831
总 计						605106			4310114	663.50155

郑州商品交易所每月行情表

（2003 年 07 月 01 日 — 2003 年 07 月 31 日）

品 种	月开盘	最高价	最低价	月收盘	涨 跌	持仓量	持仓变化	结算价	成交量	成交额
GN307	0	0	0	0	0		0	3250		0.000000
GN309	0	0	0	0	0		0	2800		0.000000
GN311	0	0	0	0	0		0	2700		0.000000
GN401	0	0	0	0	0		0	2800		0.000000
GN403	0	0	0	0	0		0	2900		0.000000
GN405	0	0	0	0	0		0	3000		0.000000
小 计										0.000000
WS307	1335	1504	1320	1448	118		−2674	1444	10352	1.485614
WS309	1583	1658	1579	1647	67	161732	53408	1648	1374750	222.638089
WS311	1567	1651	1566	1637	71	88422	38932	1633	926600	149.874154
WS401	1582	1682	1579	1679	99	86644	64126	1670	412162	68.028677
WS403	1585	1705	1585	1697	101	3910	2370	1691	19174	3.155460
WS405	1591	1700	0	1700	100	486	−1406	1685	5514	0.914269
小 计						341194			2748552	446.096263
WT307	1440	1490	1408	1453	11		−16638	1453	14814	2.158865
WT309	1479	1511	1479	1496	16	228478	−27286	1492	590848	88.289829
WT311	1418	1447	1410	1415	−3	73946	−41472	1413	405518	57.998567
WT401	1415	1463	1415	1429	14	58594	31104	1429	388686	56.141884
WT403	1408	1460	1408	1429	18	2998	920	1424	59116	8.488510
WT405	1420	1469	0	1442	29	1196	452	1446	6268	0.910560
WT407	1372	1419	0	1398	18	220	−316	1398	3068	0.424038
小 计						365432			1468318	214.412253
总 计						706626			4216870	660.50851

郑州商品交易所每月行情表

（2003 年 08 月 01 日 — 2003 年 08 月 31 日）

品 种	月开盘	最高价	最低价	月收盘	涨 跌	持仓量	持仓变化	结算价	成交量	成交额
GN309	0	0	0	0	0		0	2800		0.000000
GN311	0	0	0	0	0		0	2700		0.000000
GN401	0	0	0	0	0		0	2800		0.000000
GN403	0	0	0	0	0		0	2900		0.000000
GN405	0	0	0	0	0		0	3000		0.000000
GN407	0	0	0	0	0		0	3000		0.000000
小 计										0.000000
WS309	1647	1693	1629	1657	10	26760	−134972	1655	577834	96.002234
WS311	1638	1692	1555	1580	−57	47128	−41294	1578	833802	136.893870
WS401	1680	1743	1600	1625	−54	95252	8608	1627	1769092	296.049971
WS403	1699	1756	1603	1637	−60	4198	288	1641	57616	9.779867
WS405	1705	1760	1630	1668	−32	1108	622	1670	11782	2.024088
WS407	1673	1700	1600	1642	0	778	0	1632	2458	0.408744
小 计						175224			3252584	541.158775
WT309	1494	1560	1332	1332	−164	88856	−139622	1332	425488	63.945488
WT311	1416	1459	1236	1254	−161	36224	−37722	1253	395528	53.914374
WT401	1430	1495	1283	1295	−134	108408	49814	1298	987030	135.560148
WT403	1415	1486	1290	1315	−114	9154	6156	1313	43486	5.954116
WT405	1443	1499	0	1330	−112	996	−200	1336	5728	0.804577
WT407	1395	1456	1277	1306	−92	390	170	1301	2996	0.409138
小 计						244028			1860256	260.587842
总 计						419252			5112840	801.74661

郑州商品交易所每月行情表

（2003 年 09 月 01 日 — 2003 年 09 月 30 日）

品 种	月开盘	最高价	最低价	月收盘	涨 跌	持仓量	持仓变化	结算价	成交量	成交额
GN309	0	0	0	0	0		0	2800		0.000000
GN311	0	0	0	0	0		0	2700		0.000000
GN401	0	0	0	0	0		0	2800		0.000000
GN403	0	0	0	0	0		0	2900		0.000000
GN405	0	0	0	0	0		0	3000		0.000000
GN407	0	0	0	0	0		0	3000		0.000000
小 计										0.000000
WS309	1640	1713	1616	1713	56		−26760	1695	14726	2.462319
WS311	1580	1620	1520	1528	−52	37940	−9188	1532	89942	14.184202
WS401	1625	1679	1572	1585	−40	109542	14290	1586	1543610	250.859083
WS403	1631	1696	1607	1625	−12	5210	1012	1624	22052	3.646297
WS405	1670	1745	1642	1665	−3	5134	4026	1662	8646	1.444611
WS407	0	1687	0	1616	−26	1342	564	1612	8482	1.385034
小 计						159168			1687458	273.981547
WT309	1318	1318	1212	1240	−92		−88856	1236	52106	6.406477
WT311	1250	1306	1221	1284	30	27478	−8746	1283	206806	26.251856
WT401	1288	1356	1265	1336	41	109756	1348	1336	1312282	173.260982
WT403	1315	1387	1288	1374	59	12654	3500	1374	77094	10.392869
WT405	1305	1432	1305	1421	91	11784	10788	1419	17984	2.498493
WT407	1280	1364	1280	1363	57	690	300	1357	4240	0.565376
小 计						162362			1670512	219.376052
总 计						321530			3357970	493.35759

郑州商品交易所每月行情表

（2003 年 10 月 01 日 — 2003 年 10 月 31 日）

品 种	月开盘	最高价	最低价	月收盘	涨 跌	持仓量	持仓变化	结算价	成交量	成交额
GN311	0	0	0	0	0		0	2700		0.000000
GN401	0	0	0	0	0		0	2800		0.000000
GN403	0	0	0	0	0		0	2900		0.000000
GN405	0	0	0	0	0		0	3000		0.000000
GN407	0	0	0	0	0		0	3000		0.000000
GN409	0	0	0	0	0		0	3000		0.000000
小 计										0.000000
WS311	1520	1696	1512	1650	122	18922	−19018	1649	53196	8.424187
WS401	1579	1785	1575	1730	145	77286	−32256	1735	2928218	501.071819
WS403	1623	1836	1622	1809	184	5872	662	1813	148912	26.445952
WS405	1660	1920	1659	1901	236	54786	49652	1907	319224	59.074311
WS407	1617	1869	1612	1848	232	8160	6818	1850	46828	8.251729
WS409	1699	1901	1681	1889	0	5164	0	1890	17386	3.133403
小 计						170190			3513764	606.401402
WT311	1285	1525	1278	1499	215	21422	−6056	1465	48990	6.732038
WT401	1335	1592	1330	1543	207	105176	−4580	1546	3497056	526.342348
WT403	1371	1649	1366	1612	238	8198	−4456	1619	156370	24.346704
WT405	1421	1729	1421	1692	271	121626	109842	1702	1104426	184.840032
WT407	1368	1685	1353	1666	303	8422	7732	1674	41168	6.555081
WT409	1437	1710	1410	1695	0	4278	0	1699	16866	2.708870
小 计						269122			4864876	751.525074
总 计						439312			8378640	1357.92647

郑州商品交易所每月行情表

（2003 年 11 月 01 日 — 2003 年 11 月 30 日）

品 种	月开盘	最高价	最低价	月收盘	涨 跌	持仓量	持仓变化	结算价	成交量	成交额
GN311	0	0	0	0	0		0	2700		0.000000
GN401	0	0	0	0	0		0	2800		0.000000
GN403	0	0	0	0	0		0	2900		0.000000
GN405	0	0	0	0	0		0	3000		0.000000
GN407	0	0	0	0	0		0	3000		0.000000
GN409	0	0	0	0	0		0	3000		0.000000
小 计										0.000000
WS311	1633	1700	1576	1608	−42		−18922	1623	7712	1.266620
WS401	1724	1783	1651	1717	−13	31532	−45754	1720	311682	53.605834
WS403	1803	1858	1720	1801	−8	1908	−3964	1800	22852	4.086813
WS405	1870	1957	1810	1876	−25	76552	21766	1887	1192798	225.259932
WS407	1845	1880	1732	1801	−47	6542	−1618	1821	56558	10.330295
WS409	1890	1940	1796	1885	−4	14488	9324	1891	48266	9.005509
小 计						131022			1639868	303.555002
WT311	1469	1525	0	1475	−24		−21422	1481	6824	1.007662
WT401	1542	1635	1490	1573	30	51988	−53188	1579	691390	107.382645
WT403	1609	1698	1555	1646	34	3716	−4482	1653	38382	6.222121
WT405	1684	1791	1635	1727	35	154128	32502	1736	4503428	772.334361
WT407	1672	1752	1602	1671	5	10168	1746	1685	125234	21.180347
WT409	1699	1777	1632	1720	25	21254	16976	1725	87714	14.931975
小 计						241254			5452972	923.059111
总 计						372276			7092840	1226.61411

郑州商品交易所每月行情表

（2003 年 12 月 01 日 — 2003 年 12 月 31 日）

品 种	月开盘	最高价	最低价	月收盘	涨 跌	持仓量	持仓变化	结算价	成交量	成交额
GN401	0	0	0	0	0		0	2800		0.000000
GN403	0	0	0	0	0		0	2900		0.000000
GN405	0	0	0	0	0		0	3000		0.000000
GN407	0	0	0	0	0		0	3000		0.000000
GN409	0	0	0	0	0		0	3000		0.000000
GN411	0	0	0	0	0		0	3000		0.000000
小 计										0.000000
WS401	1720	1753	1580	1601	−116	20946	−10586	1593	26626	4.548871
WS403	1818	1828	1682	1700	−101	754	−1154	1698	6086	1.068158
WS405	1890	1922	1751	1783	−93	53212	−23340	1775	722760	134.537782
WS407	1809	1841	1731	1773	−28	3530	−3012	1764	25814	4.631617
WS409	1900	1954	1813	1888	3	32198	17710	1880	119962	22.836440
WS411	1924	1964	0	1887	0	2456	0	1882	10900	2.080847
小 计						113096			912148	169.703715
WT401	1595	1628	1510	1535	−38	35468	−16520	1532	63872	10.145061
WT403	1668	1694	1571	1600	−46	2974	−742	1591	6868	1.122494
WT405	1741	1785	1645	1677	−50	146468	−7660	1672	4031760	698.855634
WT407	1682	1723	1623	1667	−4	4270	−5898	1663	59034	9.904930
WT409	1738	1814	1702	1777	57	52296	31042	1767	650062	115.298823
WT411	1740	1840	1711	1792	0	2736	0	1786	11470	2.054433
小 计						244212			4823066	837.381375
总 计						357308			5735214	1007.08509

2003年郑州商品交易所统计数据

2003年与2002年成交量、成交金额对比表

（2003年01月01日—2003年01月31日）

2003		2002		增长百分比±%	
成交量	成交金额	成交量	成交金额	成交量	成交金额
4982	7961	1827	2253	172.6	253.4

成交量：万手　成交金额：亿元

2003年分品种月成交量、成交金额统计表

品种	1月		2月		3月	
	成交量	成交金额	成交量	成交金额	成交量	成交金额
强麦	—	—	—	—	20330	34999
硬麦	2495964	3400999	1191696	1688484	1944442	2816992
绿豆	0	0	0	0	24	76
合计	2495964	3400999	1191696	1688484	1964796	2852068

品种	4月		5月		6月	
	成交量	成交金额	成交量	成交金额	成交量	成交金额
强麦	1441410	2571442	1712292	2877242	2380450	3838137
硬麦	1703740	2491383	1043350	1542196	1929664	2796878
绿豆	0	0	0	0	0	0
合计	3145150	5062825	2755642	4419438	4310114	6635015

品种	7月		8月		9月	
	成交量	成交金额	成交量	成交金额	成交量	成交金额
强麦	2748552	4460963	3252584	5411588	1687458	2739815
硬麦	1468318	2144123	1865862	2613385	1724992	2261888
绿豆	0	0	0	0	0	0
合计	4216870	6605085	5118446	8024973	3412450	5001703

品种	10月		11月		12月	
	成交量	成交金额	成交量	成交金额	成交量	成交金额
强麦	3513764	6064014	1639868	3035550	912148	1697037
硬麦	4864876	7515251	5452972	9230591	4823066	8373814
绿豆	0	0	0	0	0	0
合计	8378640	13579265	7092840	12266141	5735214	10070851

注：成交量、交易金额含期转现。成交量：手。成交金额：万元。

2003年交割情况统计表

品种	301合约			303合约		
	成交量(手)	交割量(手)	交割率(%)	成交量(手)	交割量(手)	交割率(%)
强麦	—	—	—	628	0	0
硬麦	3276352	4156	0.127	3156406	2186	0.069
绿豆	32	0	0	0	0	—
品种	305合约			307合约		
	成交量(手)	交割量(手)	交割率(%)	成交量(手)	交割量(手)	交割率(%)
强麦	19480	1798	9.229	162162	2554	1.575
硬麦	4495094	5120	0.114	2728686	14414	0.528
绿豆	0	0	—	0	0	—
品种	309合约			311合约		
	成交量(手)	交割量(手)	交割率(%)	成交量(手)	交割量(手)	交割率(%)
强麦	6281548	24738	0.394	2664198	18172	0.682
硬麦	6459008	26458	0.409	3481370	21628	0.621
绿豆	0	0	—	0	0	—

注：成交量、交割量按双边计算；交割量不含期转现。总交割量为121,224手。

2003年月末强麦、硬麦仓单数量统计表

月份	强麦仓单数量(张)	硬麦仓单数量(张)
01	—	5,980
02	—	6,046
03	—	6,969
04	453	7,353
05	2,923	9,552
06	5,225	11,745
07	6,900	10,920
08	7,089	22,327
09	12,725	38,360
10	14,027	40,016
11	18,011	41,159
12	19,235	42,279

2003年硬麦最大日成交量和持仓量统计表

合约月份	最大日成交量(手)	日期	最大日持仓量(手)	日期
所有合约	513406	10.23	445132	06.18
WT301	3056	01.02	3190	01.02
WT303	14578	01.03	18614	01.02
WT305	59808	01.08	100568	01.02
WT307	46338	01.06	41854	04.09
WT309	188228	06.04	261546	06.25
WT311	75344	06.17	137418	06.18
WT401	404168	10.23	164836	10.22
WT403	24584	10.23	16898	09.09
WT405	363640	12.03	174774	11.14
WT407	14262	11.12	14312	11.17
WT409	111258	12.24	58444	12.24
WT411	1518	12.05	2770	12.30

2003年强麦最大日成交量和持仓量统计表

合约月份	最大日成交量	日期	最大日持仓量	日期
所有合约	374040	10.23	346614	08.05
WS305	4164	04.09	2520	04.03
WS307	19804	04.09	13170	05.14
WS309	279724	06.25	182280	07.18
WS311	83728	07.22	91578	07.24
WS401	322712	10.16	136798	10.15
WS403	22884	10.16	12440	04.07
WS405	117248	11.18	84900	11.18
WS407	8074	11.17	8886	11.17
WS409	22390	12.29	32198	12.31
WS411	1838	12.29	2630	12.29

2003年期转现数量统计表

品种	合计
硬麦	60,086
强麦	0
绿豆	0

表8　会员结构统计表

1. 按所有制类型统计

所有制	数目及比例	
国有独资	29	13%
有限责任	185	85%
股份有限	4	2%

2. 按地域统计

地域	河南省内		河南省外	
数目及比例	31	14%	187	86%

3. 按注册资本统计

注册资本	1000万元以下<10		1000—2000万元		2000—3000万元		3000万元以上	
数目及比例	6	3%	6	3%	155	71%	51	23%

4. 按业务类型统计

行业性质	数目及比例	
期货经纪公司	176	81%
非期货经纪公司	42	19%

注：会员总数：218家 Total member firms：218

第三章　期货交易机构

上海期货交易所

上海期货交易所是依照有关法规设立的，履行有关法规规定的职能，按照其章程实行自律性管理的法人，并受中国证监会集中统一监督管理。交易所目前上市交易的有铜、铝、天然橡胶、燃料油等四个品种的标准合约。

上海期货交易所依循"法制、监管、自律、规范"的方针，围绕"建成规范、高效、透明的，以金融衍生品交易为主的综合性期货交易所"的战略目标，坚持科学发展观，以稳定为基础，以发展为主线，以创新为动力，严格依照法规政策制度组织交易，履行市场一线监管职能，致力于创造安全、有序、高效的市场机制，营造公开、公平、公正和诚信、透明的市场环境，发挥期货市场发现价格、规避风险的功能，为国民经济发展服务。

上海期货交易所现有会员 200 多家，其中期货经纪公司会员占 80%以上，已在全国各地开通远程交易终端 250 多个。

随着市场交易的持续活跃和规模的稳步扩大，市场功能及其辐射影响力显著增强，铜期货价格作为世界铜市场三大定价中心权威报价之一的地位进一步巩固；天然橡胶期货价格得到国内外各方的高度关注；燃料油期货的上市交易开启了能源期货的探索之路。

按照《上海期货交易所章程》，总经理为交易所法定代表人；交易所设有办公室、发展研究中心、战略规划部、市场部、交易部、交割部、结算部、信息部、监查部、技术部、法律事务部、人力资源部、财务部、行政部、驻北京联络处等 15 个职能部门。

会员大会是交易所的权力机构，由全体会员组成；理事会是会员大会的常设机构，下设监察、交易、交割、会员资格审查、调解、财务、技术等 7 个专门委员会。

根据国务院颁布的《期货交易管理暂行条例》及中国证监会发布的《期货交易所管理办法》等法规，交易所建立了交易运作和市场管理规章制度体系。

交易所拥有适用可靠的计算机交易系统，通过高容量光纤及数据专线、双向卫星、三所联网等通讯手段确保前台和远程交易的实时和安全可靠。同时，通过中心数据库实现结算、资金、交割、异地交割仓库、风险监控等系统数据的实时同步传送和交换。

为维护市场稳定和投资者合法权益，交易所建有多元结合的风险控制体系，主要包括以交易规范为准则的一系列制度措施；以量化系列指标与计算机自动化运作相结合的风险预警系统；以全程控制风险为目标，按职能分工落实相关责任制的风险动态跟踪、分析、应对的工作机制。

上海期货交易所坚持监管、服务两手抓的理念，真诚地为会员及投资者提供全面及时的服务。

交易所实行保证金和每日无负债结算制度，通过指定的结算银行每天对会员的交易进行集中清算，会员负责对其客户交易进行清算。

交易所实行实物交割履约制度，合约到期须在规定期限内，以实物交割方式履约。交易所指定交割仓库为交割双方提供相关服务。客户交割须通过会员办理。

交易所坚持维护投资者合法权益的基本宗旨，制订、实施风险控制管理制度，健全风险监控机制，保证市场规范有序地运行。

交易所通过建立的卫星广播网和公共电讯网，将实时交易行情经授权的国内外信息资讯机构进行同步信息发布。通过实时行情短信播报服务系统和电话语音报价服务系统，向市场提供动态交易行情咨询服务。交易所通过自建的网站(WWW. SHFE. COM. CN)及时规范地向市场发布交易、交割、持仓、库存等各类统计数据资料及相关信息。

交易所还通过新闻媒体报道、电话咨询交流、举办多种形式的培训班、开展各种形式的对外交流等形式，向会员、投资者及社会提供咨询、培训等服务。

党委书记、总经理：姜洋
地址：上海市浦东新区浦电路 500 号
邮政编码：200122
电话：68400000
传真：68401198
Email：info@shfe. com. cn

大连商品交易所

大连商品交易所成立于 1993 年 2 月 28 日，是经国务院批准的三家期货交易所之一，是实行自律性管理的会员制法人。成立以来，大商所始终坚持规范管理、依法治市，保持了持续稳健的发展，成为中国最大的农产品期货交易所。

经中国证监会批准，大商所目前的交易品种有玉米、大豆、豆粕、啤酒大麦，正式挂牌交易的品种是玉米、大豆和豆粕。其中，大豆是交易最为活跃的品种，玉米是 2004 年 9 月 22 日正式挂牌交易的新品种。开业至 2004 年 10 月底，大商所累计成交期货合约 5.6 亿张，累计成交额 17.3 万亿元。大商所目前已发展成世界第二大大豆期货市场。

近年来，大商所国际交流与合作不断拓展，分别与芝加哥期货交易所(CBOT)、东京谷物商品交易所(TGE)、东京工业品交易所(TOCOM)、巴西期货交易所(BM&F)签署合作谅解备忘录和合作意向书，在信息共享、市场开发等方面积极与国际期货机构展开全方位合作。

多年来，大连期货市场的规范稳健运行有力地保障了期货市场功能的发挥，大豆期货价格已成为国内大豆市场的权威价格和国际大豆销区的代表价格，在保护农民利益、引导农作物生产与流通、为市场主体提供避险工具等方面，发挥了重要作用。为我国市场经济的发展和粮食市场体制改革做出了积极的贡献。

在多年的发展实践中，大商所确立了"市场运行规范化、上市品种多元化、技术手段网络化、服务格局全国化”的发展战略，逐步把大商所建设成为运作规范、品种齐全、功能完善、技术先进的综合性期货交易中心。

总经理：朱玉辰
地址：中国大连会展路 18 号
邮编：116023
电话：0411—84808888
传真：0411—84808588

郑州商品交易所

郑州商品交易所是我国第一家期货市场试点，由远期现货交易起步，于 1993 年 5 月 28 日正式推出标准化期货合约交易，实现了国务院确定的由现货市场起步向期货市场发展的目标。1998 年 8 月被国务院确定为全国三家期货交易所之一。交易所隶属于中国证券监督管理委员会，是为期货合约的集中竞价交易提供场所、设施及相关服务，并履行《期货交易管理暂行条例》和《期货交易所管理办法》规定职能，不以营利为目的，按照《郑州商品交易所章程》实行自律性管理的法人。

依法治市，坚持“三公”

郑州商品交易所的总体工作思路是：依法治市，坚持“公开、公平、公正”的市场原则，发挥期货市场功能，促进国民经济发展。

自律管理的组织模式

郑州商品交易所实行会员制，按照其章程实行自律管理。现有会员 200 多家，分布于全国 27 个省、市、自治区。

功能齐全的计算机业务系统

郑州商品交易所采用计算机系统进行期货业务各个环节的处理。高性能的实时撮合系统，分布于全国主要城市的远程交易终端，以及功能完善的结算、交割、风险监测、信息发布和会员服务系统从技术上确保期货交易的安全运行。

集中统一的清算制度

郑州商品交易所实行保证金制、每日涨跌停板制、每日无负债结算制，通过指定的结算银行对会员每天的交易进行集中清算。会员负责对客户清算。

实物履约的交割管理

郑州商品交易所实行实物交割制度，未平仓合约到期须在规定的期限内履约，交易所指定交割仓库为交割双方提供相关服务。客户交割须通过会员办理。

交易风险的实时监控

郑州商品交易所利用交易风险实时监控系统和风险预警系统，对市场的资金、交易、持仓、以及价格趋势进行定量分析预测，及时控制和化解市场风险。

全方位的信息服务

郑州商品交易所的期货即时行情通过集诚卫星信息、路透社、世华卫星信息等 10 余条报价系统向国内外发布。通过郑州商品交易所因特网主页、因特网会员服务系统、电话拨号服务系统等媒介，可以快捷方便地查询交易行情及交割信息。因特网会员服务系统还可为会员提供申请客户交易编码、查询每日定单、成交、持仓、资金等网上信息服务。

渐趋完善的规章体系

《期货交易管理暂行条例》、《期货交易所管理办法》颁布实施后，郑州商品交易所修订了《章程》、《交易规则》和实施细则，规章体系渐趋完善，为确保市场的稳步健康发展奠定了基础。

2003 年是郑州期货市场发生历史性转折的一年。

在中国证监会的领导下，在广大会员和投资者的支持下，郑州商品交易所（以下简称郑商所）坚持依法治市、规范运作，加强以诚信公正为核心的企业文化建设，进行制度创新和技术创新，积极开发新品种，各项工作取得了明显成效，为市场健康发展奠定了坚实基础。2003 年小麦期货交易量为 4981.78 万张，比上年增长 172.64%，创历史最高记录，跃居全球五个国家七家交易所小麦期货交易第三位。郑州小麦期货价格已经纳入世界小麦价格体系。

在活跃小麦期货交易的同时，郑商所加大品种创新和制度创新力度，完成了混合冬小麦期货合约及制度的设计，做好了棉花期货的上市准备工作，进行了小麦期权培训和模拟交易，开展了白砂糖和油菜籽期货等品种研究开发工作。

2004 年将是我国期货市场面临发展机遇和严峻挑战的一年。

在新的一年里，郑商所一定要按照党中央“稳步发展期货市场”的要求，扎扎实实做好各项工作。完善小麦期货品种体系，活跃小麦期货交易，进一步发挥小麦期货市场促进农业结构调整的积极作用。上市棉花等新的期货品种，实现从单一粮食期货品种向农产品期货市场的重大转变，建立起农产品期货市场的雏型。强化诚信和服务意识，为投资者提供公开、公平、公正的市场环境。加快创新步伐，降低投资者的交易成本，切实提高市场效率。

总经理：王献立
副总经理：张晋生　汤庆荣
地址：郑州市未来路 69 号
邮编：450008

第四章　期货经纪公司

中国国际期货经纪有限公司

(一)公司基本概况

公司名称：中国国际期货经纪有限公司

英文名称：ChinaInternationalFuturesCo.，Ltd.

许可证号：A013935007

注册号：1000001002074

注册地点：深圳市福田区华强北路1050号现代之窗大厦A座20层

邮　编：518031

网　址：http://www.cifco.com.cn

董事长(法人代表)：田　源

总　裁：康焕军

执行总裁：马文胜

(二)公司简介

中国国际期货经纪有限公司(下称“中期公司”，英文缩写“CIFCO”)成立于1992年12月28日，是中国成立最早、规模最大、市场份额最高、运作规范的期货经纪公司。是中国大陆唯一一家获得过美国三大交易所席位，拥有良好交易记录的期货经纪公司。

中期公司的创始者们为我国期货市场的早期倡导人；董事长田源是中国期货市场的创始人之一，曾任中国证监会顾问，并当选为中国期货业协会首届会长。

中期公司汇聚行业精英，自创立之日起，便历史地肩负起推动中国期货市场规范发展的使命，为中国期货市场的试点、规范和发展做出了杰出贡献。

中期公司的优势在于高素质的管理团队、优良的市场信誉、超前的风险控制技术、突出的创新和研发力量。此外，中期公司在北京、上海、深圳、大连、郑州、武汉、沈阳、厦门等中心城市和重要经济城市设立六家期货子、分公司和二十余个营业部，形成覆盖全国金融服务及咨询网络。

中期公司对市场的主要贡献：

—协助政府和期货监管部门制订相关法律、法规，以规范期货市场；

—参与《期货交易管理暂行条例》、《期货法》以及各项管理办法的制订和讨论工作；

—公司早期制订的期货经纪业务合同文本、操作流程、守则、管理细则、风险防范措施及其管理模式和业务规范等成为中国期货经纪业第一代规范化标准；

—协助政府和监管部门从事大量市场培育、投资者教育和培训工作；

—公司承担了多项涉及中国期货行业发展的重大课题。

(三)主要业务和经营业绩

经营范围：国内商品期货代理；期货业务咨询、期货人员培训。

公司的主要业务是代理客户进行期货投资交易，管理客户保证金，执行客户下达的期货交易指令，记录期货交易结果，清算客户交易保证金；运用先进的设施和技术，为客户提供商品行情，市场分析及相关的咨询服务。

经过十二年的努力，中期公司已成为一家国内期货市场占有率高、管理规范、资产优良的期货经纪公司。根据中国证监会的统计，公司2002年、2003年保证金和交易额全国排名双项第一。自1992年以来，中期期货系统六家期货子、分公司及下属二十余个营业部创造了连续11年市场份额全国最高、综合管理水平排前的优秀业绩，年交易额同比增长高于或等于国内期货市场年交易额的同比增长。

“中期”(CIFCO)已成为国内期货市场的知名品牌，中期公司作为期货市场上创新和发展的重要力量将不断稳步前进。未来，中期公司在规模化、正规化经营的基础上将进一步实现品牌升级，并迈上国际化的台阶。

近三年，中期期货系统与全国期货市场交易增长情况对比分析如下：

项目\年份	2001	2002	2003
全国期货交易同比增长(%)	87.44	31.00	174.47
中期系统期货交易同比增长(%)	136.72	51.15	175.97

(四)经营创新

中期期货系统业务整合后，中期公司总部实行业务、财务、风险和人事集中管理，从而有效整合全系统品牌、网点、人才和管理优势，合理配置资源，优化业务结构，强化经营管理，形成核心竞争力。

由公司总部统一组织的全系统“管理升级”活动，大大促进了各分支机构相互间经验交流，取长补短。在整体提高经营管理水平，推动经营一体化进程，建立中期统一管理体系方面取得重要突破。

中期公司集十余年经营管理经验，提炼出“相信期货、相信中期、相信自己；诚实守信合规经营的从业精神、止于至善的客户服务精神、战胜一切困难的拼搏精神、公司利益至上的主人翁精神、主动自觉的企业家精神”(下称“三信五精神”)。“三信五精神”集中体现了中期文化的精髓，已成为在新十年中再创辉煌的价值观和行为准则。“三信五精神”使公司整体形象得到进一步提升；内部人心振奋，认识统一，凝聚力日益增强。

“研发整合”进一步整合期货系统内各公司的研发力量，做到分工协作，共同完成集团的研发任务，并为该系统各公司的业务和客户交易提供良好的信息咨询支持服务。

中期期货系统率先在国内期货业探索“期一证”合作模式，并在实践中逐步加以完善。

风险控制技术已成为中期期货系统的核心竞争力，“风险控制”也逐渐成为公司企业文化的一部分。

浙江金迪期货经纪有限公司

浙江金迪期货经纪有限公司是专营国内期货经纪业务的有限责任公司，系经中国证券监督管理委员会批准成立，核发《期货经纪业务许可证》(许可证号A025011016)，国家工商行政管理局核准登记注册(注册号 1000001002263),注册资金3000万元人民币,是浙江省内规范化、信誉高的大型期货经纪公司之一。公司现拥有上海期货交易所等三大期货交易所的全权会员资格和六个交易席位,可以为客户直接代理铜、铝、天然橡胶、燃料油、大豆、豆粕、玉米、硬麦、强麦、棉花等上市品种的标准期货合约交易,向客户提供交易、结算、交割、信息咨询等服务。公司2004年上半年期货交易总量名列全国第十位。

公司现有营业面积2200多平方米,环境优雅,设施先进。公司目前采用金仕达期货交易系统和网上交易系统,人工报单方式和自助交易方式并存;备有世华金融家行情系统和网上行情系统,可供客户自由选择;通讯上实行两条DDN专线热备份联入交易所联网系统,交易数据安全稳定。公司建有全新改版后的新网站 WWW. JDQH. COM,现在本公司的网站将以更快捷、更丰富的信息竭诚为您的交易提供最优的服务。公司与工商银行、建设银行银期合作开通有网上银行,实行银期转帐,客户可通过电话进行银行储蓄帐户与公司资金帐户间的资金划拨;公司与银行签订有协议,对客户保证金实行封闭运行管理,客户保证金只能在经中国证监会备案的专户间划转,保证了客户资金的真正安全。公司的信息研究部根据客户需要可以为客户提供及时的专业投资分析报告,使客户的投资更为合理和有效;此外,公司的网上交易部专门组织人员为广大投资者进行期货知识系列讲座和培训,并开展投资者投资风险教育工作。

公司现有正式员工70人,80%以上员工具有本科以上学历,经过多年的努力培养,锻炼了一大批年纪轻、素质高、操作规范的管理和经纪人才。公司下设业务开发部、信息研究部、网上交易部、财务会计部、交易结算部、电脑工程部、综合管理部等部门和上海、金华、乐清等三个营业部,以合理的地域布局竭诚为各地期货投资者服务。

本公司视客户为上帝,视信誉为生命,奉行"规范管理,追求效率,卓越服务,诚实守信"的宗旨,按照"依法治司,规范运作,最大限度地满足投资者的需求,努力实现客户资金的保值增值"的经营思路,竭诚为广大客户进行套期保值、规避风险、投资获利提供快捷、高效的渠道和优质的服务,使公司在变幻莫测的现代市场经济中运筹帷幄,乘风破浪,与客户共同发展。

地址:杭州市文晖路108号浙江出版物资大厦16楼

电话:0571—85343557

上海营业部地址:上海市松林路300号上海期货大厦2301B室

电话:021—68400097

金华营业部地址:金华市中山路331号海洋大厦8楼

电话:0579—2328735

乐清营业部地址:乐清市乐成镇乐怡路2号乐怡大厦11楼C座

电话:0577—62583785

浙江天地期货经纪有限公司

浙江天地期货经纪有限公司是1995年12月经中国证监会审核批准,在国家工商行政管理局登记注册,注册资金3000万元人民币,由多家实力雄厚的企业集团投资的专业期货经纪有限公司。

天地期货经纪公司是郑州商品交易所、大连商品交易所、上海期货交易所等国内三家期货交易所的会员。分别拥有郑商所席位两个,上期所席位1个,大商所席位1个。可代理客户从事大豆、绿豆、豆粕、铜、铝等所有品种的期货交易,并向客户提供与期货相关的培训和信息咨询服务。

公司目前拥有世华"金融家"、集诚、钱龙等先进的行情报价、新闻咨询与技术分析系统、天地信息服务系统,能即时查询CBOT、LME的报价,并拥有一批素质高、期货交易经验丰富的员工队伍,为客户提供讯捷、高效的服务,指导客户进行各种类型的套期保值、套利交易和规避风险的方法。

公司已开通郑州、大连、上海交易所的异地同步交易系统,客户可进行自助委托交易,实时查询成交,为客户提供最为直接、快捷的交易渠道,便于客户及时把握操作良机。资金进出银期对转,客户可在省内实行即时对转,方便、快捷、安全。同时,公司开发的互联网远程交易系统能够满足事务繁忙,不便远离办公地点的投资者的需求,在互联网上就可以浏览期货证券行情、在线下单、查询自己的交易状况、动态进行风险控制和新闻咨询。

公司创办的"期货天地"信息网(www. tdfuture. com)是中国期货界网站的后起之秀,集财经视点、行情报价、期货网上交易、期货论坛、期市资料之大成,是广大期货投资者获取信息,学习投资技巧,结交朋友,发表高论和投资的新舞台。

公司将一如继往的遵循"公开、公平、公正"的期货代理原则,以规范化的管理,专业化的服务,热忱期盼您的加盟,畅游期货天地,共创美好未来。

咨询电话:0571—87782194

传真 Fax:0571—87782193

客服 e—mail:zjtd@mail. hz. zj. cn

公司地址:杭州市平海路1号方正证券大厦11/19楼

浙江新世纪期货经纪有公司

浙江新世纪期货经纪有公司是经浙江省人民政府批准成立,国家工商管理局核准登记的全民所有制有限公司,注册登记号为10002013X。中国证券监督委员会于1994年11月22日授于期货经纪业务许可证,许可证号为A000811004。注册资本金3000万元人民币。

经营特色:

1、公司地处杭州武林广场南侧,面积达3000多平方米,地段繁华,交易便利。经重新装修的交易地宽敞明亮,环境舒适。

2、公司拥有上海、郑州、大连三家期货交易所的直接席位,跑道畅通,成交快捷。为客户提供国内各期货交易所及上海、深圳证券交易所、英国伦敦交易所、美国芝加哥商品交易所、纽约交易所等国内外各大交易所的即时行情和分析。为方便客户交易,我公司提供柜员自助、世华嵌套自助、钱龙分析、远程大户终端、网上交易、电话语音自助委托等多种交易方式,实时地自动申报和成交回报,操作方便、简洁,查询功能强大,安全性能突出。

3、结算上公司采用最先进的期货结算软件系统,为客户帐号的资金、交易等提供快捷、准确的实时和盘后结算,及时向客户通知当日交易结算情况。双方共筑风险防范大堤。

4、交割上公司拥有富有实践经验的交割管理员,成功地组织过有关品种大单量的实物交割。对于需要办理实物交割的客户,公司将指定专业人员按交割程序协助其办理一切手续。

5、咨询培训上公司全年为客户提供免费的咨询、培训服务和盘后行情分析，解答客户的疑难，并按客户对期货市场参与程度分级分批予以培训。

6、资金调拨迅速，出入自由方便，资金的安全度有口皆碑。

7、手续费合理，在国内同行业中收费较低。

8、“银期转帐业务”为保证个人投资者的银行帐户资金与期货交易保证金提供实时划转。

9、市场研究和开发上公司拥有一支专业化的员工队伍，深入到生产、加工、销售等领域，与产供销人员直接沟通交流，建立了广泛的产销企业网络，取得第一手现货面信息。公司还通过电子资讯系统广泛收集、分析、处理国内外财经期货信息，建立起相关数据库，并开展富有特色的期货研究。免费向客户提供期货日报、周报、研究报告及套利、套期保值操作方案等，使广大客户真正实现投资最佳组合与价格的风险管理。

浙江新世纪期货经纪有限公司由浙江省商业集团、上海宏广达实业公司、浙江省石油总公司和浙江省电力总公司共同投资组建。公司股东实力雄厚，多年来取得了较佳的经营业绩。在期货界，享有“公司实力雄厚，资金安全及时，跑道畅，信息广，客户收益率高”等声誉。公司本着“信誉第一、客户至上、服务为本”的宗旨，以“公平、公正、公开”为准则，以“为客户保值增值”为经营理念，以严谨求实的敬业精神和认真负责的工作态度，竭诚为广大投资者提供良好的环境和一流的服务。

公司地址：浙江体育场路 335 号 6 楼

电话：0571—85058123

传真：0571—85058116

邮编：310006

浙江省永安期货经纪有限公司

浙江省永安期货经纪有限公司于 1997 年正式开业，目前注册资本为 8000 万元人民币，由浙江省经济建设投资公司、浙江省协作大厦有限公司、浙江东方集团控股有限公司、浙江聚丰投资管理有限公司、浙江新世纪物业管理有限公司联合出资组成。

公司运作规范，管理严格，开业来未发生过重大经济纠纷和客户诉讼事件，信誉良好，被中国证监会指定为全国期货经纪业二十家联系单位之一，是大连商品交易所理事单位、上海期货交易所交易委员会主任单位、郑州商品交易所交易委员会副主任单位。公司总经理为首届中国期货业协会理事、浙江省证券期货业协会副会长。截止 2003 年底，公司代理交易额已连续六年蝉联浙江首位，连续五年跻身全国十强行列。1998 年在郑州商品交易所交易量名列首位；1999 年期货代理交易额全国总排名第六；2000 年在大连商品交易所交易量位列第四、在郑州商品交易所位列第七、全国总排名第十；2001 年期货代理交易额占浙江省的 22.6%，全国排名第五；2002 年期货代理交易量排名全国第四，交易额排名全国第八；2003 年期货代理额、代理量皆排名全国第二，并获上海期货交易所“优秀会员”称号。

公司采用恒生期货交易系统和网上交易系统，人工报单方式和自助交易方式并存；备有世华金融家行情系统、路透行情系统、网上行情系统，可供客户自由选择；通讯上实行 DDN、桢中继、卫星三套系统热备份联入交易所联网系统，交易数据安全稳定；公司建有自己的 yafco. 网站，开通了内部局域网，实现信息共享；公司与工商银行在杭州市范围内实行银期转帐，全省范围内与建设银行实行银期转帐，浙江省内客户可通过电话进行银行储蓄帐户与公司资金帐户间的资金划拨；2001 年底始，公司在国内首家试点实行客户保证金实行封闭运行管理，客户保证金只能在经中国证监会备案的银行专户间划转，保证了客户资金的真正安全；公司与电信联手开设有 168 客户语音信箱，客户可随时通过信箱查询自己的交易情况和资金状况；公司在网上专门设施帐号查询系统，客户可以方便地通过网络查询客户结算帐单；公司还与大连商品交易所、浙江大学证券期货研究所联合设立有浙江期货培训基地，对广大投资者进行期货系列培训，并开展投资者投资风险教育工作。

公司下设市场开发部、电子商务部、信息咨询部、交易运作部、财务融资部、综合管理部等部室和大连、上海、郑州三个办事处，温州、北京、福州、宁波、三门、义乌、绍兴、平湖、衢州等 9 个营业部。现有员工 101 人，平均年龄 30 岁，其中大学本科及以上学历占 80%。

公司以最大限度地满足投资者的需求、努力实现客户资产的保值增值为经营理念，追求公司与客户的双赢。

董事长：于强

总经理：施建军

地址：杭州市潮王路 208 号浙江协作大厦 6—8 楼

网址：www. yafco. com

E—mail：yuqian@yafco. com

传真：0571—88381846、88381347

邮编：310005

中粮期货经纪有限公司

强大的集团背景

中粮期货经纪有限公司（COFCOFUTURESCO. ，LTD 简称“中粮期货”）是 1996 年经中国证券监督管理委员会核准、在国家工商局登记注册、获国家《期货业务经营许可证》的专业期货经纪公司。目前注册资金 5000 万元人民币。其控股企业中国粮油食品（集团）有限公司是中国最大的进出口公司之一，从事农产品和食品进出口贸易历史最悠久、实力最雄厚的中国企业，连续 10 年获得全球 500 强企业称号。集贸易、实业、金融、信息、服务和科研为一体的大型企业集团，横跨农产品、食品、酒店、地产等众多领域。旗下知名企业东海粮油拥有占国内 1/3 产量的大豆加工基地，年加工大豆能力达 400 万吨；鹏泰面粉有限公司全年可加工小麦 22.5 万吨，年产面粉 16.5 万吨，是亚洲最大的面粉加工企业之一；大连中粮麦芽有限公司年产麦芽 30 万吨，是国内最大的麦芽生产基地。目前，中粮集团已形成了以粮油食品加工业为主体，兼顾相关行业的发展格局。食用油脂、饮料、酒类、啤酒麦芽、面粉、巧克力、金属包装等业务在国内占有领先地位。中粮产品“福临门”食用油、“长城”葡萄酒、“金帝”巧克力、“梅林”罐头享誉大江南北，中粮投资的凯莱系列酒店也跻身世界酒店集团 300 强。此外，中粮还是可口可乐在中国的主要装瓶商。

中粮期货是中粮集团全资子公司，隶属中粮集团金融中心业务群，同业务群还有中粮财务有限责任公司、信托投资公司、中英人寿保险公司等。

交易所全权会员

公司拥有大连商品交易所（席位号 0052）、上海期货交易所（席位号 0139）、郑州商品交易所（席位号 0068）等国内三家交易所的全权会员资格，为大连商品交易所理事单位、上海期货交易所会员资格委员会成员、郑州商品交易所交易委员会成员；为中国期货业协会理事单位，北京期货业协会会长单位。可代理国内大豆、豆粕、小麦、棉花、铜、铝、天然橡胶、燃料油等期货品种的交易业务，同时向各类投资机构、保值商、投机商、个人投资者提供相关的培训及信息咨询服务。

优质的技术服务，稳定的客户网络

中粮期货总部设在北京长安街上中粮广场三楼，地理位置优越，交通便利。公司拥有营业面积九百多平方米，宽敞明亮的交易大厅装备有路透(Reuters)、世华财讯、文华财经等迅捷、先端的行情报价和新闻资讯系统；集中管理的资金调拨中心和运作中心为客户提供安全、周到的服务。一支高素质、高组织、高效率的兼具国内外现货和期货交易经验的管理员、交易员团队，可为客户提供多种类型的套期保值/套利交易等成熟的投资方案，并可为套期保值企业在了解参与国际期货市场方面提供业务咨询。中粮期货网作为综合类信息与服务网站，是客户与公司沟通的桥梁和纽带。于2000年伊始，首次推出业内独一无二的网上数据库动态查询系统，为客户提供出长达数十年的相关历史数据，为交易决策者提供了最根本的投资参考。随着近几年互联网的普遍推广，公司在原有自助柜台、电话报单交易的基础上，还为客户增设了网上交易、网上帐单查询、期货电子邮局等交易与服务系统，以满足客户的不同需求，为客户提供最便利的服务。公司现代化的投资环境，是期货投资者进行金融投资、商务交流的理想场所。中粮期货可代理客户从事国内大豆、豆粕、小麦、绿豆、铜、铝、天胶等品种的期货交易。在全国各地建立了稳定的信息网络和客户基础；与国外内主要大型现货生产商和贸易商建立了稳固的协作关系。

业绩持续增长领先国内市场

公司实行董事会下的总经理负责制，下设交易部、运作部、信息部、财务部、基金部、发展部、IT部和客户服务部等部门。在北京、大连、上海、郑州等三家交易所所在地分设营业部，四家营业部分别设于北京中粮凯达大厦、上海期货大厦、大连会展中心、郑州未来大厦。公司自成立以来，依托中粮集团五十余载积累的雄厚实力，利用集团特有的国际贸易和资本经营的优势与经验，坚持以“客户至上、服务为本”为经营宗旨，对内强化管理，规范操作流程；对外强化服务意识，严守行业准则，在国内经纪业享有很高的声誉，被选为大连商品交易所理事单位、北京期货商会会长单位。中粮期货一直在业界保持着良好的经营业绩，据历史数据统计，1999年，中粮期货代理交易额位居全国之首，步入新世纪后，代理交易额、客户净盈利、公司纯利润呈逐年递增态势，并稳定保持全国排行20名以内。

地址：北京建国门内大街8号中粮广场A座3层

邮编：100005

总机：010—65261188，65270095—98

传真：010—65278679

信息咨询电话：010—65270106/7

上海良茂期货经纪有限公司

上海良茂期货经纪有限公司成立于1993年，注册资金5000万元人民币，实力雄厚，是一家从事国内商品期货代理业务的大型专业期货经纪公司。公司是中国郑州商品易所、大连商品交易所、上海期货交易所全权会员。总部设在上海市打浦路198号(斜土路口)，地理位置优越，环境优雅，交通便利，并在北京、郑州、大连设有营业部。公司拥有先进的异地同步交易系统和世华动态行情分析系统，全天候发布期货即时行情和最新经济动态信息。特别是利用Internet资源，在上海地区率先推出网上期货交易的全新模式，使客户无论是在公司营业部内，还是坐在家里，或者在全国各地旅行，均可方便快捷自动交易，随时得到即时行情、交易情况等其他服务信息。公司视信誉为生命，注重自律，稳健经营，规范运作。期货业历经风雨，但良茂却始终一枝独秀，屡创佳绩，成为业内的杰出代表。公司视人才为根本，拥有一批锐意进取、敬业务实的从业人员。专业、可靠的咨询服务、助您把握获利避险的每一次机会。公司视客户为上帝，强调客户的成功就是我们的成功，在这里，您可享受到全方位的服务，是您真正安全的避风港。

在新千年来临之际，上海良茂——您可信赖的伙伴，愿与您携手共进，再创辉煌！

北京金鹏期货经纪有限公司

一、金鹏公司宗旨：对客户负责、对股东负责、对事业负责、对未来负责

二、金鹏公司简介：金鹏期货经纪有限公司(JIFCO)是经中国证监会批准、国家工商行政管理局注册，由中国有色金属工业贸易集团公司等八家部级单位作为股东，合资参股组建而成。公司成立于1993年11月18日，成立以来历年成交量都名列前茅。1998年公司将营业总部搬进了新购置的北京金融街投资广场九层，成为北京金融街上唯一一家大型期货经纪公司。

三、董事长常清简介：公司董事长为常清博士，著名期货专家，经济学教授，现任中国期货协会副会长。常清博士曾是国务院研究发展中心期货研究小组成员，是中国期货行业创始人之一，主持过国内多家交易所和经纪公司的创办工作。

地址：北京市西城区金融大街27号投资广场B座9层

邮编：100032

总机：010—66211412

网上交易咨询：010—66211412—869，13801302921

客服热线：010—66211404

传真：010—66211315

技术支持：010—66211412—800，010—66212363

北京首创期货经纪有限责任公司

北京首创期货经纪有限责任公司(CapitalFuturesCo.，Ltd)是证监会批准，经国家工商行政管理局登记注册的大型专业期货经纪公司。公司成立于1996年5月，注册资金为6000万元人民币。

公司拥有上海、大连、郑州三家期货交易所席位，经中国证监会核准，从事国内期货代理、期货咨询和培训业务。自公司成立以来，公司坚持“高起点、规范化、服务一流”的经营宗旨，对内强化管理，规范操作流程，对外强化服务意识，严守行业准则，是目前国内管理规范，有影响力的期货经纪公司之一。

公司背景公司控股股东北京首都创业集团(简称首创集团)是一家集金融、基础设施、房地产、高科技、贸易、旅游为一体的大型跨国企业集团，其中国内、国外上市公司5家，总资

产190亿元。首创集团雄厚的实力背景是公司良好资信的可靠保障;其广泛的业务领域,特别是在资本市场丰富、成功的经验,和完整的投资银行业务体系,是我们创造一流服务的坚实基础。

业务介绍

首创期货以其规范、严格的风险管理制度,丰富、稳健的投资交易经验,准确、及时的市场信息,为客户提供全面、细致、深入的服务:

经纪服务:专业从事所有证监会和法规许可的期货品种的代理交易。

网上服务:为客户提供实时网上行情、交易及咨询等服务。

培训服务:与大商所、郑交所合作建立期货"北京培训基地"。定期、不定期的开展客户培训服务。

个性化服务:根据每位客户的不同情况,提供相应的交易、信息、结算、交割等方面的服务和咨询。

信息服务:一流的研发队伍为您提供及时、准确、全面的信息服务,期现市场、国内外市场及相关行业的深度分析报告,以及针对不同投资群体设计的各类投资方案。

理财服务:由公司投资顾问专家小组为客户提供投资报告,制定交易计划,提供交易建议,并提供期货及相关市场的多元投资工具,有利于客户资金的组合运作,实现保值增值。

董事长:侯守法

总经理:杨　金

地　址:中国北京市朝阳区北辰东路8号亚运村

电　话:010—84973080

中诚期货经纪有限公司

■追求卓越的中诚期货

飞速发展的信息与通讯技术,使中诚期货从传统经纪公司固定场所交易转为全新的网络化交易方式。这种进步来源于中诚期货对客户服务和金融交易技术的不断发展和创新。这些服务和技术带给客户的是无懈可击的交易和沟通方式。

中诚期货公司能够成长为全国大型知名经纪公司之一,正是来自其一直遵循的"以人为本,追求卓越"的原则。

■可靠资信来自值得信赖的股东

中诚期货公司注册资本3200万元。控股股东龙电集团是以电力为主业,集经贸、房地产、高科技、金融于一体的跨行业、跨地区的大型企业集团,跻身国企500强,并在国内成功发行了A股和B股。公司于1997年注册成立,背靠实力股东,以可靠的资信状况和风险监控能力,在期货行业树立了优良信誉。

■客户服务

中诚期货,给予客户在世界任何角落完成交易的机会。利用网上下单系统,通过INTERNET保证客户无论身在何处,均可轻松迅捷完成交易;同时提供电话、书面委托方式,任您随心选择,保证指令快捷畅通。

方便安全的出入金方式一中诚期货提供客户严谨便捷的资金存取手续、严格恪守的资金提取期限承诺,并在期货界率先推出准银企划帐模式,使异地资金存取同样便利。

强大的研发力量一多名专业研究人员、细致领域分工,多年辛勤劳动,为客户提供大容量的基础信息库,精准的行情评述、详细的投资报告和丰富的研究成果。

公司网站一专业的期货财经网站,专业资讯全面详实、每日发布最新动态信息,即时行情评述及精深研究报告。专业研究人员随时提供在线咨询,保证客户沟通无限。

健全的客户投诉机制,保证客户的问题可在最短的时间内解决。

■我们的员工

中诚期货的员工是:

具备丰富资金管理经验、出众投资技巧的期货从业人员;

追求完美服务品质、卓越企业文化的企业管理人员;

具备高度责任感和严谨工作态度的系统维护人员;

……

我们把服务意识和敬业精神作为中诚员工的标志。

■信心来自先进的技术

中诚期货的指令中心是中诚期货全国客户指令的处理中心,维护公司遍及全国的网络交流,集中处理全国各地的指令。高效稳定的互联网接入专线,随时升级的网络防护系统,先进技术保证客户安全、高效地交易与沟通。

■分支机构

公司在上海、大连、郑州三个期货交易所所在地设有分支机构,拥有上海期货交易所、大连商品交易所和郑州商品交易所的全权会员资格。可以为客户提供所有上市品种的交易、交割、信息服务,包括铜、铝、天然橡胶、大豆、豆粕、小麦、等。

总部地址:北京市海淀区中关村南大街11号证券大厦408室

电话:010—88423320 传真:010—68454299

郑州地址:郑州市未来大道69号未来公寓1516号

电话:0371—5612239

大连地址:大连市沙河口区汇展路18号汇展中心西区316室

电话:0411—84807316

上海地址:上海市浦东新区松林路300号期货大厦242会员

电话:021—58351305

网址:http:www.zcqhgs.com

电子信箱:zcqhgs@zcqhgs.com

上海外高桥期货经纪有限公司

上海外高桥期货经纪有限公司是经过中国证监会审核批准、由国家工商局登记注册的专业性大型期货经纪公司,目前,公司注册资本为3000万人民币。公司成立于1998年11月,由众多国内著名证券金融机构发起成立的净资产达1.7亿的浙江华盟股份有限公司控股,另由上海市外高桥保税区开发(控股)公司参股,上海外高桥保税区开发(控股)公司(以下简称控股公司)是经上海市浦东新区管理委员会批准成立,统一负责上海市外高桥保税区土地开发管理的经济实体公司注册资本为6.66亿元人民币。

上海外高桥期货经纪有限公司具有全国期货市场全部上市品种业务经营资格,是上海期货交易所、大连商品交易所、郑州商品交易所会员单位。公司总部设在位于上海浦东陆家嘴金融贸易区内的上海期货大厦内。交易环境幽雅舒适,能为散户、大户提供全方位多角度的综合性服务;交易设备在行业内处于领先水平,资金划拨速度快。

股东优势:资金实力是公司信誉的保证,本公司股东单位是资金实力雄厚的浙江华盟股份有限公司和上海市外高桥保税区开发(控股)公司,上述股东具有强大资金优势,为客户资金安全有效运行提供保证。

良好业绩：开业一年多来，公司依靠自身实力和稳健扎实的经营作风逐步在国内期货经纪业内发展壮大起来。从开业至今公司实现代理交易额 80 亿元，金属铜期货合约持仓排名位居上海期货交易所前列，粮食品种交易量也时常在大连、郑州两交易所榜上有名，得到了广大投资者支持和信赖。

研发优势：本公司研发基础扎实，能为不同类型的客户提供期货证券市场操作策略，其中包括跨期套利，跨市套利，期现套利，套期保值等操作方案。

人才优势：人才是取得发展的保证。上海外高桥期货经纪有限公司荟萃一批熟悉期货市场、金融业务、财务和投资的高层专业人才，力求为客户提供完备的信息咨询和最优质的服务。

市场机遇：目前国内期货市场上市的交易品种有铜，铝，天然胶，大豆，豆粕，小麦等，其中铜，铝，大豆等品种产销量大，流通性强，并与国际市场直接接轨，为商品生产者，销售者和消费者均提供了一个套期保值及投资的理想场所。

经营宗旨：稳健经营，持续发展，自律规范，勤勉诚信。业务范围：代理期货交易和实物交割；提供期货、证券市场行情期货投资咨询服务；为国有大中型企业套期保值设计实施方案。

地址：上海市浦东松林路 300 号上海期货大厦 20 楼（总部）

邮编：200122

电话：021－68401356

传真：021－68401351

上海金源期货经纪有限责任公司

上海金源期货经纪有限责任公司是经中国证监会批准、国家工商总局登记的期货经纪公司，由全国特大型企业——上市公司铜都铜业的控股公司——铜陵有色金属（集团）公司控股组建。注册资金 4000 万元。

金源期货成立于 1992 年 12 月 1 日，是我国最早成立的大型期货公司之一，拥有上海期货交易所，大连商品交易所，郑州商品交易所全权会员资格，并配有同步交易系统，确保快捷迅速地执行客户指令，及时回报。网上交易系统可使您随时通过互联网进行期货在线自助委托。公司拥有路透，世华，新华财经，世纪通宝等数套行情分析系统，蜚声国内的专业分析师每日为您提供期货行情分析及国内外财经信息，使您把握先机，提高胜算。

金源期货严格坚持“公开，公平，公正”和诚实信用的原则，本着“客户第一，服务第一”的宗旨，以严谨求实的敬业精神和认真负责的工作态度，竭诚为广大投资者提供全方位的服务。

金源期货为上海期货交易所历年十佳会员及优秀会员、中国期货业协会理事单位、上海期货交易所理事单位、大连商品交易所及郑州商品交易所专业委员会委员，是“上海期货俱乐部”的创建者，来之不易的荣誉充分显示出我公司的综合实力和管理水平。经过金源人的拼搏奋斗，公司已牢牢树立了在中国有色金属期货行业中的领先地位，跻身于国内一流期货经纪公司之列，2000 年行业排名全国第四位。

金源公司将不断提高管理水平和服务标准，力求为广大客户创造更多的发展机遇。

地址：上海市浦东新区浦电路 500 号上海期货大厦 35 楼

电话：021－68400088

传真：021－68400588

邮编：200122

公司网址：http://www.jyqh.com.cn

E－Mail：jyqh@jyqh.com.cn

上海南都期货经纪有限责任公司

上海南都期货经纪有限责任公司成立于 1993 年，是经中国证监会批准（期货经纪业务许可证号 A003902006）、在国家工商局登记注册（注册号 100001002136）的期货经纪公司，也是国内最早成立的专业期货经纪公司之一。拥有大连商品交易所（105）、上海期货交易所（0042）和郑州商品交易所（111）的会员资格。

公司总部位于上海浦东陆家嘴金融区世界广场，地理位置优越、交通便利，营业环境整洁舒适，是客户理想的投资交易场所。公司在大连、郑州和福州等地设有营业部。公司提供交易代理、投资咨询和业务培训等服务。遵循“公开、公平、公正”的原则，倡导理性投资，以客户资金的保值、增值为目的，规范经营，稳健发展，取得了良好的社会效益和经济效益，客户投资收益长期列同行前茅，得到了业内人士的普遍赞誉。

公司拥有现代化的交易设施和先进的通讯设备，目前拥有世华、澎博、财星等期货股票行情信息系统和金仕达网上交易系统、局域网热自助交易系统。客户可方便地了解期货和股票行情信息，并可根据各自的特点选择便利的下单方式。

高素质的研究人员确保了研究和咨询的高水准。长期以来，公司不断吸收金融、贸易、信息和农业等方面的高级人才充实队伍，具备了较强的研究能力和市场拓展能力，通过对多渠道信息的搜集、整理、分析和研究，提出具有投资价值的投资方案，供客户投资参考，深受广大客户欢迎。公司已形成以农产品信息为特色，金属、橡胶等全方位的信息研究并存的格局。公司客户和社会公众随时可在南都期货网站 www.shnd.com 查阅资料，及时了解国内、国际市场信息。

雄厚的资金实力和良好的经营业绩为公司发展提供了保障。把南都期货公司建设成国内一流的、具有强大辐射能力、研究能力、融资能力和服务能力的综合性期货公司是我们追求的目标。

上海久联期货经纪有限公司

上海久联期货经纪有限公司于 1997 年 8 月经中国证监会批准由原“上海久联国际实业公司期货部”转制成立。公司注册资金 3000 万元，注册地址：延安西路 895 号金融广场 24 楼。公司积几年来在中国期货市场上操作之经验，以“规范而求效益”为宗旨，奉行“客户利益高于一切”的原则，在原上海商品交易所和海南中商期货交易所取得过辉煌的业绩。公司业务经营中的“诚实、信用”是期货市场中有口皆碑的。同时，公司以其先进完善的硬件设施加上负责周到的服务，保障了每位投资者的利益。公司现为国内三家期货交易所的会员：上海期货交易所（163）会员、郑州商品交易所（109）会员、大连商品交易所（184）会员。

地址：上海市延安西路 895 号 22E

邮编：200050 电话：(021)62107381；62254464

传真：(021)62107382

E－mail：jlfco@mail.online.sh.cn

上海大陆期货经纪有限公司

上海大陆期货经纪有限公司是由中国大恒(集团)有限公司、中国希格玛有限公司与深圳市金图实业股份有限公司合作的有限责任公司,是经国家工商行政管理总局批准注册的第一批期货经纪公司之一。公司注册资金为3000万元;成立至今每年均通过国家工商局和证监会年检。

中国大恒(集团)有限公司由中科院直属高科技国有企业中国大恒公司改制而成,与同属中科院的中国希格玛有限公司一样,为集投资、科研、开发、生产于一身的大型股份制企业。深圳市金图实业股份有限公司是以房地产为龙头、以高科技产业为依托、以金融证券为后盾的多元化企业。三家大型企业的的精诚合作,奠定了上海大陆期货经纪有限公司雄厚的市场竞争实力。

服务特色:

网上交易、电话自助交易、人工受理交易、现场营业厅交易

动态网站咨询

多种咨询软件、行情报价系统

每日多达上万字信息传真、电子邮件

每月内部权威投资分析报告

手机短讯快捷指导

全天候成交、持仓、资金、查询

开通银期转帐业务

免费上门开户、培训

上海大陆期货经纪有限公司拥有全国各大交易所的席位,特别是在上海期货交易所、大连商品交易所、郑州商品交易所拥有两个以上席位并且在各大交易所的成交量排名上,名列前茅。上海大陆期货经纪有限公司拥有一批集实践经验与专业知识于一身的专业经纪人、专业市场分析人员和完整的风险控制系统。

地址:上海凯旋路3131号25楼

邮编:200030

电话:021—54071888

传真:021—54071889

信箱:online@dlqh. sina. net

上海中财期货经纪有限公司

上海中财期货经纪有限公司是浙江省中财招商投资集团旗下一家社会化、市场化、现代化的期货经纪公司,是国内首批从事期货交易的经纪公司之一。中财集团在发展实业的同时,积极推进金融回归,先后设立了以上海陆家嘴华能大厦为基地的上海中财金融发展中心,以杭州中财金融广角为基地的浙江中财金融发展中心,和以集团本部与香港中财为基地的金融投资研究中心,业已构筑起涉及担保、典当、拍卖、期货、投资等金融服务领域的新格局。我公司是集团推进金融回归的先行军,在行业享有良好信誉,呈强劲发展态势。

我公司经中国证监会批准、国家工商总局登记注册的规范合格的期货经纪公司,在同行业中拥有良好的信誉。是上海期货交易所(会员号:067),大连商品交易所(会员号:102),郑州商品交易所(会员号:017)全权会员单位,配有同步交易系统,确保快捷迅速地执行客户指令,及时回报。网上交易系统可使您随时通过互联网进行期货在线自助委托。

我们拥有路透、世华等品种齐全的证券期货行情和咨询分析系统,先进的期货同步交易结算系统和致力于为客户提供专业和个性化投资资讯服务的期货网站,并致力于建立研究、管理和服务的核心竞争优势:

强大的研究力量

我们的研究团队由高级分析师和助理分析师组成。在铜铝、大豆、小麦等主要期货品种上,我们有业界研究水平一流、实战成绩骄人的高级分析师作为研究团队的核心力量;同时,每位高级分析师配备有1～2名经济学、数学、英语、计算机等各学科基础知识扎实、有丰富期货交易经验和较高分析研究能力的助理分析师作为基础支持。两者的紧密结合构筑了我们强大的研究团队,确保为我们给客户提供高质量的投资咨询和研究报告。

我们定期为客户提供日报、周报、月报和年报等研究报告。这些定期报告对期货交易的相关信息进行全面、详尽的收集整理,便于投资者直观、方便的利用;同时对行情走势进行深入的分析,为投资者提供具有一流专业水准的投资建议。在农产品方面,我们与黑龙江、大连等地及国内几大油厂间拥有良好的产供销联系,能以最快的速度获取第一手信息资料,并和各商品交易所和金融投资部门保持着良好的合作关系,为客户的投资提供满意的投资渠道、合理的投资组合及准确的咨询服务。

此外,根据行情的发展,我们还不定期的推出有关期货交易品种全方位的研究报告、关于政策变化和期货市场重大事件的专题报告及为投资者量身定制、揭示获利机会的投资报告。

强大的研究团队和高质量的研究成果将确保我们的客户在期货交易中把握先机,帮助客户获得良好的投资回报,是我们最重要的核心竞争力。

严密的管理和细致的服务

公司以“规范、自律、诚实、信用”为经营准绳,严格遵守期货交易的各项法规,自觉维护客户利益。我们建立了一套结构严密、行之有效的内部管理控制制度以确保为客户提供安全、高效的交易通道。

我们以客户的方便和客户的需要作为制定日常工作流程的宗旨,把客户服务工作制度化、规范化,确保我们的客户在任何时候、在与任何员工的接触中都能得到周到、细致的服务。我们还为每个客户提供一个公司网站的邮箱,使我们的客户可以及时收到我们提供的信息,同时方便客户随时通过我们网站互动式系统同我们的分析师交流,对我们的工作提出要求和建议。

卓越的发展理念

公司以“诚实、认真、谦让”为企业精神,做事业要对人诚心,对事执着,严于律己,兢兢业业;以“九缺方圆,和而为一”为发展理念,“九”即:崇尚王道,正道直行,合乎社会发展方向,“缺”即:敬畏天地,效法自然,合乎市场发展,“方”即:力行内圣,坚定选择,探索中财特色的发展道路,“圆”即:审时度势,能立能达,寻求共同繁荣的发展境界。

公司将发扬“中财精神”,以“追求卓越、服务真诚”为宗旨,以“解放思想、深化改革、强化管理、开拓市场、规范服务、提高效益、加快发展”为指导方针,坚持“公开、公平、公正”和“诚实信用”的原则,积极培育发展期货市场体系,为广大期货投资者提供真诚优质的服务。

地址:上海市浦东新区银城东路139号华能联合大厦23层

联系电话:021—68866688
传真:021—68866666
邮编:200120

上海金鹏期货经纪有限公司

上海金鹏期货经纪有限公司成立于一九九四年一月六日,伴随着中国期货行业,在风雨中走过十年历程。上海金鹏期货经纪公司,是经中国证券监督管理委员会批准,在国家工商行政管理总局登记注册的独立法人单位,董事长常清博士,经济学教授、著名期货专家、中国期货市场的创始人之一,现任中国期货业协会副会长。

上海金鹏与北京金鹏分别位于中国两大金融、政治文化中心城市上海与北京,秉承金鹏期货的事业奋斗精神:在做好期货业务的基础上,通过优质的信息服务与投资指导,努力为客户实现"盈利至上"的核心服务理念。

十年来,上海金鹏期货公司,不仅培养了业务精通、实战经验丰富、素质优秀的人才团队,而且通过长期的努力,在市场研究与实战交易实践中,取得了优良的业绩,尤其在金属品种的套利赢利模式的研究与开发上,一直走在行业前端。

上海金鹏期货公司,作为国内知名的大型品牌期货公司,立足上海、面向全国,长期以来,吸引了大量投资机构作为参与期货市场的重要投资平台,在行情趋势与投资机会的把握上,为投资机构实现赢利提供了优质服务。同时,作为构成上海金鹏期货公司投资群体的各方客户,在过去的历史中,在期货市场的实战交易中,亦取得良好稳定的投资收益。

2000年在新世纪第一年,上海金鹏期货公司,成交量排名全国第一,2000—2002年连续三年位居,上海期货交易所成交量前十名,作为一家专业性的期货经纪公司,上海金鹏期货经纪有限公司遵循"信誉至上、优质服务、规范运作、科学管理"的原则下,在坚持规范经营的基础上,在不断改善软硬件设施的基础上,同时将提供高质量的咨询信息服务以及实战指导作为主要的服务标准。

进入二十一世纪,随着中国期货市场宏观环境的不断改善,在全球经济的全面复苏,中国作为世界政治、经济、金融体系的重要组成部分位置的日益显赫,随着中国期货市场步入发展的今天,金鹏期货,一方面作为现有客户做好投资服务,同时亦在积极配合市场不断推出的新品种,以及金融期货的推出,做好相应的前瞻望性的深入研究。

上海金鹏期货,期待与您,并肩展翅高飞,共同打造中国期货市场的美好明天!

上海金鹏期货,期待与您,共同挥笔书写,国际国内金融投资领域的新篇章!

地址:上海浦东南路379号金穗大厦11楼
电话:68869258
传真:68869255

上海久恒期货经纪有限公司

◇原上海三家期货交易所分流改制,实力雄厚。
◇采纳多种信息资讯分析系统,全面准确。
◇开通远程交易和网上交易系统,便利快捷。
◇拥有1400余平方米交易场地,宽敞舒适。

上海久恒期货经纪有限公司是经中国证监会批准,在国家工商行政管理局注册登记的专业期货经纪公司,是久联集团和大连保税区石化产品服务公司共同出资组建,注册资金为3000万元人民币。其中久联集团控股90%,久联集团是由原上海三家期货交易所(上海金属交易所、上海商品交易所、上海粮油交易所)分流改制组建的,是集证券、期货、仓储、信息技术、物业管理一体的大型国有集团公司。久恒期货公司实行董事会领导下的总经理负责制,设有交易部、市场部、财务部、结算部、信息研究部、技术部和综合部。公司拥有先进的硬件设备和一批素质优良、经验丰富的期货专业人才,是大连商品交易所,郑州商品交易所,上海期货交易所的全权会员,公司主要从事国内商品期货代理、期货咨询和培训业务。

久恒期货公司具有四大优势:

1、资金安全、进出方便:国有大型期货经纪公司,隶属久联集团,信誉卓著,实力雄厚,公司能够提供全国范围内快捷的资金调拨服务,保证您的资金可以随时进出,在股市、期市双向交易,自由划转。

2、跑道通畅,交易快捷:本公司全部采用国际名牌电脑,采用世华和宏汇等等三套高速信息系统,拥有异地同步交易系统,并开通了网上交易,实现了期货交易电子化,客户可通过自助委托下单,速度快捷,操作简便,费用经济。

3、与上海期货交易所隔路相望,地处浦东金融中心世纪大道黄金地段,1500平方米的营业场地,环境宽敞舒适。

4、精英云集,专家指导:公司聚集和培养了一批精通业务、经验丰富、熟悉期货、证券交易的专业人才和职业操盘手,可随时为您提供专业投资咨询服务,助您在期市、股市双向获利。

我们的目标是成为大型综合类期货公司。我们真诚欢迎您的加盟,公司愿与您携手共创佳绩。

鑫国联期货经纪有限公司

鑫国联期货经纪有限公司(以下简称鑫国联期货)是经中国证监会批准、国家工商管理局注册登记的专业期货经纪公司,具有独立的法人资格。公司成立于一九九二年十一月,是目前国内成立最早、运作规范的期货经纪公司之一。

多年来,鑫国联期货坚持"专业化、规范化、规模化"的经营原则,本着"客户第一,服务第一"的宗旨,充分发挥行业优势,永远怀着严谨求实的敬业精神和认真负责的工作态度,竭尽全力为广大投资者提供良好的期货、现货交易咨询,以及实物交割等全方位服务,尤其在有色金属方面成绩突出。自成立以来在全国范围的期货代理业务中,以优质的服务和强大的资金实力赢得了众多投资者的信赖。

鑫国联期货以其规范而且严格的风险管理系统,丰富而且稳健的国际、国内期货交易经验,充分发挥自身优势,向客户提供专业化的期货经纪业务及资讯服务。公司荟萃了国内高素质的专业人员,拥有多名从事期货经纪十年以上的业务骨干,他们在国内外期货市场积累了丰富的实战经验,能为客户提供有价值的投资理财建议和全新的期货投资理念。

鑫国联期货拥有全国三家交易所的席位,同时配置了三家期货交易所的异地交易系统,开设了全部上市期货品种交易。安全、稳定、先进的电子交易系统和网上交易系统使客户可以方便快捷地在全国三大期货交易所进行交易。

鑫国联期货经纪有限公司立足长远,稳健经营,走可持续发展之路,实现客户和公司双赢的目标,不断提高管理水平和服务标准,力求为广大客户创造更多的发展机遇。

地址:天津市河西区卫津南路21号新金龙大厦南楼四层

邮编：300060
电话：022－23525320
传真：022－23521820

一德期货经纪有限公司

一德期货经纪有限公司，是中国证券监督管理委员会批准，在国家工商行政管理总局注册的期货公司。公司主要股东为天津一德投资集团有限公司和北京市物资总公司，公司董事长常志武，总经理王化栋。公司注册地为北京市海淀区西直门北大街一号，公司设有行政部、财务部、运作部、研发部、市场部等部门，在上海、天津、大连、郑州设有营业部。

公司拥有上海、大连、郑州三家期货交易所的席位，可以代理客户从事国内上市品种的期货交易，同时为客户提供期货信息咨询、培训等服务。公司资产优良，信誉卓著，交易技术先进。公司拥有一支德才兼备的专业团队，倡导“以人为本，以德为先”的企业文化，诚信服务，锐意进取，争创一流，愿与广大投资者携手，为中国期货市场的发展和繁荣做出贡献。

我们的优势：

1. 可靠的资信

公司股东天津一德投资集团有限公司和北京市物资总公司均为国有大型企业集团，资金实力雄厚，对期货市场有着独到的认识和长远的发展战略。公司资产优良、信誉卓著，能为广大客户提供可靠的资信保障。

2. 一流的人才

公司以人为本，广纳贤才，拥有一支经验丰富的专家管理团队。公司管理规范，运营稳健，积极进取。公司拥有一批资深投资分析师，以市场研究为导向，向客户提供专业咨询，帮助客户拟定投资计划和策略，把握获利避险的机会。

3. 先进的技术

公司拥有先进的电子交易技术，依托计算机局域网和先进的电子交易管理软件，构筑了快捷、安全的电子交易平台。客户除了书面委托和电话委托外，还可以采取自助委托、远程委托、网上委托等多种方式，实现与期货交易所的同步交易。客户只需上网就可以轻松拥有家庭大户室，公司的网上交易系统，集网上看盘、委托、资讯于一体，并可查询成交结果及资金情况。

4. 优质的服务

公司坚持“诚信为本、客户至上”的宗旨，努力为客户提供优质高效的服务。公司的资金调度中心为客户提供安全、迅捷的保证金存取服务。公司专业化的客户培训，可帮助客户掌握期货投资技巧，有效控制交易风险。公司严格规范的操作流程，确保客户交易的安全、快捷，并对客户的个人资料和交易细节严格保密。公司强大的研发中心能为客户提供全面、及时、客观、实用的信息。公司健全的客户投诉机制，保证客户的问题可在最短的时间内得以解决。

公司业绩：

一德期货经纪有限公司经过几年的努力，稳健经营，持续发展，2002 年跃居全国期货经纪公司二十强。根据中国期货业协会的统计，2002 年公司全年代理成交量 188 万手，居全国第十七名。

2002 年公司全年代理交易额 514 亿元，居全国第二十名。

在上海期货交易所的成交量居全国第十九名，其中铜的代理成交量居全国第八名。

在大连商品交易所的成交量位居全国第十五名。

弘信期货经纪有限公司

弘信期货经纪有限公司位于碧海蓝天、风光秀丽的海滨城市青岛，座落在岛城政治、金融、文化中心的香港中路，由青岛弘信公司控股，股东单位包括：青岛啤酒集团，青岛澳柯玛集团，青岛橡胶集团等多家知名企业。

青岛弘信公司是 1994 月 11 由青岛市人民政府以青政发（1994）170 号文件批准组建的具有独立法人资格的全民正局级事业单位，注册资金 10 亿元人民币，实行企业化管理。其主要职能是：筹措资金；建立基建基金；外债偿还基金；对城市基础设施及公益性项目，实行政策性投资；对符合国家产业政策有利于产业、产品结构调整的项目，实行参资或控股，对建设性项目所借用的外汇、人民币提供有偿责任担保、筹措运作国外资金。现辖青岛弘诚信托投资有限公司、青岛弘信国际会展有限公司、弘信咨询有限公司、弘信期货经纪有限公司、弘信高科技生物工程有限公司、弘信实业有限公司、弘信机电有限公司、弘信贸易有限公司、青岛弘信房地产有限公司、香港弘信集团有限公司。

弘信期货经纪有限公司自成立以来，秉承“公开、公平、公正”的原则和“客户至上”的服务宗旨，以“弘扬信誉、以人为本、追求卓越”为经营理念，严格遵守国家相关期货法规，实行自律性管理，其发展速度令人瞩目，交易额一直处于全国期货经纪公司领先地位，公司的运作机制是“专业、规范、高效、务实”，面向全国为广大投资者提供市场信息咨询，行情分析、投资策略制定等方面的专项服务。2001 年最新排名第 24 位。

公司经营范围：期货经纪业务、期货信息咨询、培训
法定代表人：张萌
注册地址：青岛市福州路 6 号
电话：0532－5776933
传真：0532－5768778
邮编：266071

深圳鹏鑫期货经纪有限公司

深圳鹏鑫期货经纪有限公司成立于一九九六年，是经中国证监会批准，由国家工商管理局核准注册的专业期货经纪公司，注册资本金为三千万元人民币。公司是大鹏证券有限责任公司的全资子公司，资金充裕，实力雄厚，经营稳健，是深圳地区乃至全国资产质量和资信条件最好的公司之一。

鹏鑫期货拥有上海期货交易所、大连商品期货交易所和郑州商品期货交易所的全权交易席位，可同时进行国内全部上市期货品种的交易代理业务。公司在符合国家法规和交易所交易规则的前提下，坚持“客户第一”的服务宗旨，遵循“公开、公平、公正和诚实信用”的原则，为广大客户提供交易、结算、交割、信息咨询和客户培训等全方位的期货投资服务。

公司结构精良，部门齐全，功能突出，人员精干，业务熟练。公司员工全部达到专科以上学历，其中硕士占公司员工总数的 20%，金融及经济类专业居多，平均年龄在 30 岁以下。所有从业人员全部获得中国证监会颁发的期货业从业人员资格证书。期货市场研究工作处于全国同行的领先水平。各种高质量的期货研究文章见诸专业报端及相关媒体，其中，有在全国获奖的优秀论文，有准确研判大势的期货行情预测，还有策划周详的投资报告和实用易行的交易计划，为客户制

定正确的入市策略，合理运用资金，获取投资利润和回避交易风险提供了可靠的保证。

在中国加入世贸的新形势下，公司加快了发展步伐，已于2001年10月先后完成了对原营业场地的重新装修和推出了有三家期货交易所联网的异地同步交易系统，并将在此基础上进一步推出网上期货交易。行情及资讯系统采用世华金融家卫星版，信息快捷；行情分析采用世华和宏汇系统，以DDN专用通讯线路连接的复旦金仕达5.0版交易结算系统，运行安全稳定，使客户能够享受到与交易所场内一样快捷的交易服务。

公司崇尚“深入研究、专家理财、理性交易、良性循环”的经营理念，致力于提高客户盈利，公司的代理业务和盈利水平不断提高。

鹏鑫期货公司地处深南中路电子科技大厦A座7楼，交通便利，地段繁华，环境幽雅，信息快捷；公司面积达到近千平方米，大户室舒适豪华，散户厅安静整洁，是投资者理想的投资场所。

地址：深圳市深南中路电子科技大厦A座7楼
电话：0755－83781159
传真：0755－83782539
邮编：518031

中航期货经纪有限公司

中航期货经纪有限公司（CHINAAVIATIONFUTURECO.，LTD.）最初是航空工业部物资局即中国航空工业供销总公司组建的全资子公司，成立于一九九三年一月，系航空部下属唯一一家期货经纪公司，一九九七年按照中国证监会的要求改制为股份制企业，注册资叁仟万元人民币，注册地：深圳市福田区振兴路113号新欣大厦五楼。国家工商总局注册号1000001002131，中国证监会期货经纪业务许可证号：A004835001。2001年8月，中航期货经纪有限公司股东发生变更，由航空证券公司及北京振航投资管理公司控股。大股东般空证券公司由航空信托投资股限责任公司剥离证券业务组建。中航期货经纪有限公司现为上海期货交易所031号会员、郑州商品交易所027号会员和大连商品交易所037号会员。

公司下设股东会和董事会，主要职能部门及经营机构：总经理室、结算部、交易部、财务部、客户服务部、研究发展部、市场开发部、资金运作部、上海营业部、武汉营业部、大连服务处、张家港服务处。

本公司恪守客户至上的宗旨，遵循公开、公平、公正、合法和诚实信用的原则，自成立以来在全国范围的期货代理业务中，以真诚的服务和强大的资金实力赢得了众多投资者的信赖。本公司一九九八年被深圳有色金属期货联合交易所授于“十佳会员”称号；上海代表处曾被上海金属交易所评为“96—97年度期货经纪业文明窗口”。公司九年来完成交易额1500亿元，仅在上海期货交易所的有色铜、铝品种上成交额累计就达到600亿元，在原深圳金属交易所、海南中商所、上海商品交易所、北京商品交易所等都有很大的成交量。

公司现接有文华财经、澎博网上行情和世华、新华财经、国懋财经、中国财星等卫星行情系统，上海营业部驻航空证券大厦四楼，营业面积900平米，拥有多间大户室及机构室，接有最先进的软硬件交易系统，电话委托、自助委托、网上交易、远程交易等一应俱全，交易安全快捷。本公司还协同股东单位航空证券为客户提供证券、期货“一站式”服务，方便客户在此进行多方位的资本运作。公司有着严密的代客业务章程及合同，严格遵守期货交易所的交易规则，遵守《期货交易管理条例》，在资金管理、业务指导、风险控制等方面积累了足够的经验，客户的权益能得到可靠的保证。

公司有多年从事证券期货研究的分析师每日为客户提供国内各期货品种的走势预测，公司网站为客户提供专家在线服务，指导和帮助客户作出正确的投资决策，在大风大浪的期市中获取最大的收益。同时为保值套利的企业提供便利优厚的服务，帮助企业在采购交割、保值、锁定利润、安排生产等方面做出最适当的抉择，完成企业既定的目标利润。公司还成立有资金运作部，为客户提供代客理财式的服务。公司全体员工热忱欢迎广大企业、证券金融机构及个人投资者充分利用期货这一投资工具进行保值、套利投机等业务，本公司将以诚实高效的服务获得您的依赖并助您取得良好的收益。

地址：深圳市福田区振兴路113号新欣大厦503室
电话：0755－83363707、83363709
传真：0755－83234467
邮编：518031

中信期货经纪有限责任公司

中信期货经纪有限责任公司（以下简称中信期货）是经中国证监会批准设立的、国内成立最早的期货公司之一，也是国内第一批期货交易所会员单位。

中信期货坐落于上海改革开放的前沿——浦东陆家嘴金融贸易区内，注册资本为3030万元。公司经营范围：期货经纪业务、期货信息咨询，培训。自1993年10月成立至今，公司一贯遵循中信公司董事长王军的题词“奉公守法、规范交易”为经营宗旨，依托中国中信集团的坚强实力和良好声誉，坚持稳健经营，狠抓风险控制，不但拥有了一支具有丰富交易和管理经验、团结协作的高素质员工队伍，而且经营状况良好、业绩稳步增长，保证了客户的盈利率，在期货行业享有良好的声誉。

公司现拥有国内（上海期货交易所、大连商品交易所、郑州商品交易所）三家期货交易所的会员资格，可从事代理国内所有上市期货品种（铜、铝、天然橡胶、燃料油、大豆、豆粕、玉米、小麦、棉花、绿豆）。公司拥有先进的交易系统，各网点均配置两套行情信息接受系统。中信期货已建成实施远程交易系统，集委托报单、风险控制、结算、财务管理为一体，为广大客户提供快速、便捷的服务，并提高公司业务管理水平。

公司拥有强大的研发团队，定期在《期货日报》金属专栏、农产品专栏发表专业性信息评述，并每天为客户发送交易信息和行情评述，确保客户及时了解国际、国内期货交易市场行情，把握期货投资交易的最佳时机；同时根据不同的客户需要，公司将为客户度身设计各种套期保值、跨期跨市套利计划，力图以全方位的信息咨询服务为客户的投资决策提供更有价值的参考观点。

2002年中信期货成为中信控股公司成员之一。中信控股有限责任公司是经国务院同意、中国人民银行批准的中国第一家金融型控股公司，负责投资和管理中国中信集团所辖的各类金融企业。在目前国内具备金融控股性质的公司中，中信控股所属子公司的金融门类最齐全，覆盖银行、证券、保险、信托、基金、期货、资产管理等国内所有金融领域，而且所属子公司在各自行业内都已形成业务特色，具有较好的合作基础，有利于充分发挥协同效应和聚合效应。中信控股将按照现代金融发展的方向，建立统一的金融网络平台，优化配置金融资本，开发和销售金融交叉产品，为客户提供全方位的优质金融服务。中信控股的战略目标和定位是：最大限度地发挥中信品牌优势和协同效应，提升核心竞争力和盈利能力，成为国内外具有强大核心竞争力的金融集团。今后，公司将充分运用中信控股金融混业平台的优势，进行金融创新，力争为广大客户提供更多、更全面的金融交叉产品，并最终提供全方位的、一站式的金融服务。

尽享财富未来，锁定中信期货！

地址：上海市浦东大道1085号中信五牛城

电话：021－58521166

传真：021－58853074

邮编：200135

深圳实达期货经纪有限责任公司

深圳实达期货经纪有限责任公司，成立于一九九三年，是经国家工商行政总局登记注册，并取得中国证监会颁发的期货经营许可证的专业期货公司。实达公司属五矿投资发展有限责任公司控股，是国内首批取得期货经营权的经纪公司之一，注册资本壹亿元人民币。目前公司设立有上海营业部，大连办事处和郑州办事处。公司作为上海期货交易所（席位号0009）、大连商品交易所（席位号：0134）和郑州商品交易所（席位号：0163）的正式会员，竭诚向国内各投资机构、保值商以及广大投资者提供期货代理、信息咨询、人员培训等服务。

实达公司秉承“诚信、规范、创新”的经营理念，将公司的成长建立在稳步、分阶段发展的基础之上，始终保持规模的适当性，注重团队的力量，以最高的效率、最出色的表现、规范化的操作赢得最佳的成绩。

[诚信]公司以诚挚之心，承载客户对我们的每一份信赖，悉心研究市场，尽心提高服务，形成了良好的公司作风和对外形象。

[规范]公司从成立初期即借鉴国外成熟的管理经验，以国际通行的经营理念和交易规则为指导，制定各项经营条例，倡导理性的操作理念。

[创新]公司不断追踪国际期货市场最新动态，挖掘新的盈利模式；时时倾听客户新的需求，创造新的服务手段，孜孜以求客户资金的稳定增长。

公司拥有路透、世华、金中讯等多套国内外优秀的财经信息系统。实时提供国内各大交易所和国际多家知名交易所的行情数据，及时传递最新国内外财经新闻和相关行业信息。信息研究中心专人每天收集、处理各种渠道获取的信息资料，定时通过传真、邮递、电子邮件和公司网站向客户发送早报、日报、月报、年报等系列刊物。公司与多家LME著名圈内交易商、国内诸多相关品种的现货企业和信息公司建立了合作关系，先人一步了解主要期货品种价格异变的真实动因。

公司拥有自助交易、网上交易和电话报单等多种交易方式供客户方便的自由选择，您不论在公司现场、家中或是世界任何一个地方，都可畅通无阻地下达您的交易指令。公司严格实行保证金封闭管理，并开通了银期转帐服务。在保障您资金绝对安全的同时，为您的资金存取提供最大的便利。

公司网络系统采用国际最流行的星型拓扑结构，关键设备采用双机实时备份，多条完备的DDN数据专线直接连接各期货交易所。利用因特网以最快捷的速度完成期货交易指令的成交和回报。

公司在2003年5月1日率先建成7X24小时无人值守机房。中心系统基于LINUX＋SYBASE系统平台，采用三层SERVER/CLIENT结构，交易主机受隔离，确保交易中心系统的安全可靠。

实达公司以服务第一，人才为本，积极培养一流的期货人才，从而在整体素质、管理操作水平上处于国内领先地位。实达公司每年均派员工到伦敦接受业务培训，加深对国际市场的了解，提高员工对跨市套利的认识，帮助客户顺利开展套期保值和跨市套利的服务。期货市场是国际化的市场，经纪公司的发展方向也将是国际化的。实达公司已经开拓了积极的对外局面，与国外的诸多经纪公司建立了信息互换关系，实达公司因此能够较早地了解到LME的变动及原因，实达公司将进一步扩大对外交往，为将来走向国际化作积极的准备。

而今，科学技术日新月异，随着计算机技术的迅速发展，“Internet”网络已被人们广为接受。实达公司紧紧跟随计算机技术进步的步伐，已建立起最先进的计算机网络系统，并培养自己的“在线经纪人”，为网络时代的真正到来贮备人才，做好准备工作。

在中国政府和期货主管部门的有效推动下，实达公司将依据自身优势，充分利用各种有利条件，积极调动全体员工的积极性、主动性和协调性，根据国内外期货市场发展的新趋势制定出立足于未来、指导公司中长期发展的“五年发展战略规划”，在“发展规划”的指引下，分别以“中国最佳期货公司”为中期目标、“中国最佳＆全球著名金融服务公司”为目标。

地址：中国深圳上步南锦峰大厦12B、13B

电话：(755)83753925，83753926，83753927

传真：(755)82078331

深圳金牛期货经纪有限公司

深圳金牛期货经纪有限公司（以下简称金牛期货）是经中国证监会批准的、并在国家工商行政管理局注册登记的期货经纪有限公司。金牛期货由深圳有色金属期货联合交易所改组后成立的深圳市金牛投资有限公司控股，其他股东包括贵州铝厂和宁波兴业集团公司。金牛期货广泛地为国内各类生产加工企业、进出口贸易商、证券商、基金公司和有关行业期货部门提供国内商品期货代理、信息咨询、投资理财和人员培训等服务。

金牛期货以其在有色金属期货市场中特有的社会背景、丰富的管理经验、专业化的人才队伍和先进的技术手段，为客户参与金属期货交易和其它商品期货交易提供良好的服务，为客户回避风险、投资理财、套期保值提供保障。

金牛期货现是上海期货交易所（会员号：148）、大连商品交易所（会员号：110）和郑州商品交易所（会员号：55）的正式会员。金牛期货采用异地同步交易的方式先后于1999年1月、6月和9月开通了上海期货交易所、大连商品交易所及郑州商品交易所的期货交易。

金牛期货以“树牌子、重人才、拓市场、严管理、求效益”为指导思想，本着“精诚团结、求实创新、携手并进、共同发展”的原则，积极努力在市场、管理、服务、效益等方面争创一流，从而使公司在整体上处于国内的领先地位。

金牛期货下设运作部、投资咨询部、财务（结算）部和办公室。公司现有900多平方米的经营场所；其中交易场地450平方米，大户室7间。同时，公司还在上海期货交易所、大连商品交易所及郑州商品交易所的所在地设立了办事处。

金牛期货的交易和管理全部计算机化，电脑系统由交易系统、结算系统、信息系统和办公系统组成。在交易系统主机采用 SUN4000 小型机、FASTETHERNET 主干网、60 个自助下单终端、40 个行情显示和分析终端，并配有实时行情大型电子显示屏；此外，公司还提供包括远程交易终端、Internet 网上交易终端等多种先进的交易方式供客户选择。结算系统和办公系统采用高档微机作服务器并与交易系统联网，配备 20 个工作终端，完全实现深圳与各交易所之间客户资金异地快速电子划拨和电子化同步实时清算。信息系统是基于国内技术最先进的金中讯 IFT 信息通讯系统构造的，并组织专人每天收集、处理各种渠道获取的国内外信息资料，为客户提供多种通讯接收方式、全方位的信息服务、智能决策支持及风险管理等强大的功能。

金牛期货将规范的管理和灵活的机制相结合，为中国期货市场的发展、为广大期货投资者，不遗余力、努力工作，共创美好明天。

地址：深圳市华富路海外装饰大厦 B 座二楼
邮编：518031
网址：http://kingbull.cn
电话：(0755)3200909
传真：(0755)3217421

金瑞期货经纪有限公司

前身是江西铜业公司集团公司深圳、上海期货经纪部的金瑞期货经纪有限公司，自 1997 年 7 月成立以来一直见证中国期货行业的诞生、成长、挫折与重生，如今正站在期货大潮的浪尖上成为引领行业前进的先锋。

金瑞期货经纪有限公司由中国最大的铜生产商江西铜业集团公司和深圳宝恒集团股份有限公司共同投资兴办，注册资金 3000 万元人民币。总部设在深圳，在上海、南昌设立营业部，并在大连、郑州设立办事处。公司经过多年的发展造就了数名资深期货专家，形成了以研究生、本科生为主的员工队伍。

金瑞的成长得到了证管部门、交易所以及广大客户的大力支持，更倾注了社会各界的关怀和厚爱。公司发展过程中，在较短的时间内完成了从兼营机构向专业经纪公司的转型；之后，公司经营又迅速从单一金属品种扩展到农产品，从深圳发展到上海、南昌、大连、郑州等地；2002 年，公司总部搬到深圳世贸广场，装备了同行业一流的硬件设施。所有这些变化，都在为公司由专业经纪公司向综合类期货的发展奠定了基础。

作为中国期货业协会和上海期货交易所为数不多的理事单位之一，金瑞的委托代理交易总额、保证金总量和营业收入等各项指标均名列国内期货行业前茅。公司拥有业内一流的交易环境和交易系统，并率先对客户保证金实行封闭运行。近年来，公司大力强化研发力量，不断进行服务创新，在保持原有优势的基础上，对非金属品种的研究大有后来居上之势，为您提供了多元化的投资途径

未来，金瑞将依托江铜集团的优势，夯实基础、做大做强，努力打造综合性的国内一流期货公司，并最终向金融衍生品服务集团的方向发展。

地址：深圳市福虹路 9 号世界贸易广场 A 座 38 层
电话：0755－83662122，83662199
传真：0755－83679900
邮编：518033
E－mail：jrqh@163.net

神华期货经纪有限公司

神华期货经纪有限公司是经中国证监会批准和国家工商局核准登记注册的全国性专业化期货经纪公司，注册资本金 3000 万元；实力强劲，财务信誉卓著。拥有上海、大连、郑州三家期货交易所的直接席位和派驻机构，并全部开通异地同步交易系统，公司拥有一流的信息网络，可接收国内期货交易所和伦敦金属交属交易所、纽约和芝加哥等国外期货交易所即时行情，集国际经济、商业金融、期货证券等诸多经济信息于一体，实现信息同步传输。

神华公司历经多年的不懈努力，在市场竞争和“打拼”中铸就了自己的品牌特色。

(一)公司对中国期货市场发展具有前瞻性眼光，有能力和实力帮助客户更好的把握市场脉搏。

(二)经过多年市场锤炼和积累，公司汇集了一批深谙国内、国际期货市场的精英。

(三)公司视信誉为公司发展的生命，强大的股东背景资源，保证了公司财务的卓著信誉，客户资金调拨完全按照客户意愿迅速、安全、及时地进出。

(四)公司重视信息化建设，竭尽全力为客户提供一流的市场信息，拥有宏汇、世华、路透、富远四套行情分析系统和包括三家交易所在内的三家信息源，保证行情和新闻的永远在线。

(五)公司在国内期货界第一次提出经纪服务的“仆人意识”，致力于以一流的服务意识和服务质量为客户提供“量身定做”的个性化服务。

(六)公司致力于向规范化、多元化、国际化方向发展，使之成为广大客户投资和投机的“美好乐园”。

公司始终坚持“服务永远第一，客户赢利永远第一”的经营宗旨，遵循公开、公平、公正、合法和诚实信用的自律原则，力主以一流的人才，一流的管理，一流的设备为客户提供一流的服务和一流的赢利机会。

江西瑞奇期货经纪有限责任公司

江西瑞奇期货经纪有限责任公司成立于 1993 年，是经中国证监会批准、在国家工商局登记注册（注册号 1000001002059）的期货经纪公司，也是国内最早成立的专业期货经纪公司之一。拥有大连商品交易所、上海期货交易所和郑州商品交易所的会员资格。

公司总部位于南昌，公司在上海、郑州、九江和上饶等地设有营业部和办事处。公司提供交易代理、投资咨询和业务培训等服务。遵循“公开、公平、公正”的原则，倡导理性投资，以客户资金的保值、增值为目的，规范经营，稳健发展，取得了良好的社会效益和经济效益，得到了业内人士的普遍赞誉。

公司拥有现代化的交易设施和先进的通讯设备，目前拥有世华、澎博、文华财经等期货股票行情信息系统和金仕达网上交易系统、DOS 热自助交易系统。客户可方便地了解期货和股票行情信息，并可根据各自的特点选择便利的下单方式。

高素质的研究人员确保了研究和咨询的高水准。长期以来，公司不断吸收金融、贸易、信息和农业等方面的高级人才

充实队伍，具备了较强的研究能力和市场拓展能力，通过对多渠道信息的搜集、整理、分析和研究，提出具有投资价值的投资方案，供客户投资参考，深受广大客户欢迎。公司已形成以农产品信息为特色，金属、橡胶等全方位的信息研究并存的格局。公司客户和社会公众随时可在瑞奇期货网站 www. jxrich. com 或 www. rich—futures. com 查阅资料，及时了解国内、国际市场信息。

雄厚的资金实力和良好的经营业绩为公司发展提供了保障。把瑞奇期货公司建设成国内一流的、具有强大辐射能力、研究能力、融资能力和服务能力的综合性期货公司是我们追求的目标。

地址：南昌市省府大院南一路粮食局大楼后楼三层

邮编：330046

电话：0791—6274502

传真：0791—6286844，0791—6286364

山东蓬达期货经纪有限公司

山东蓬达期货经纪有限公司是经中国证监会批准，在国家工商局注册成立的专业期货经纪公司，注册资金人民币3000万元。山东省人大代表盖其东是蓬达房地产公司总裁，同时兼任蓬达期货经纪有限公司董事长。

公司由实力雄厚的山东蓬达股份有限公司和蓬莱市蓬达房地产开发有限公司投资控股，为客户的交易资金提供了最安全的保障。山东蓬达股份有限公司是96年在山东企业产权交易所上柜交易的规范的股份有限公司，资产总额上亿元；蓬莱市蓬达房地产开发有限公司注册资本5000万元，是蓬莱市最大的房地产开发商之一，在素以“人间仙境”著称于世的蓬莱等地拥有几百亩黄金地段的土地储备和年近三亿元的房产开发销售业绩，两股东有雄厚的资本、丰富的金融经验及长远的发展战略涉足期货行业。

山东蓬达期货经纪有限公司现为上海期货交易所、大连商品交易所、郑州商品交易所全权会员，可代理客户从事国内上市品种的期货交易，同时为客户提供期货信息咨询、培训等服务。公司坐落于港城烟台最繁华的商业中心，营业面积七百多平方米，公司拥有一流的交易环境和完备的硬软件设施，拥有双卫星接发系统同时接收“世华”、“文华财经”“富远”国内外经济信息和实时行情，多种交易分析软件和专业行情分析师能为交易者提供完善的行情分析和交易指导，客户除了书面委托和电话委托外，还可以采取自助委托、远程委托等多种方式，实现与期货交易所的同步交易。近期公司又开通了网上交易和网上结算查询系统，真正实现客户足不出户，决胜千里。

蓬达期货公司始终坚持“规范管理、诚实信用、严谨自律、规模发展”的经营宗旨，雄厚的实力、高素质的员工队伍、严格的风险控制、先进的电子技术使我们能够最大限度地服务于客户，服务于社会，服务于市场经济。

伴随着期货市场的日益规范及加入WTO以后经济一体化的加速，做为期货行业的后起之秀，我们愿与社会各界朋友携手前进，共创美好未来。

地址：山东烟台西南河路176号6楼

电话：0535—66001316600128

传真：0535—6600127

邮编：264001

三隆期货经纪有限公司

三隆期货经纪有限公司是经中国证监会核准，在国家工商局审核登记注册，获国家《期货经纪业务许可证》的专业期货经纪公司。公司注册资本3000万元。

三隆期货经纪有限公司早在1993年初就参与了国内期货业务，是国内最早参与期货经纪业务的单位之一。公司一直以为广大的生产经营者规避市场风险、发现合理价格、指导生产和流通为目的，把规范与服务作为公司的首要任务。1995年公司注册登记后，被荣誉推选为全国首届期货经纪业联席会十二家执行主席单位之一。1996年已跻身国家大型期货经纪公司行列，1997年代理交易量全国第一，交易额占山东省全省期货交易额的56%，连续第八年被国家工商局评为期货行业A级企业，1999年被中国证监会列为山东省唯一的重点扶持的大型期货公司，目前在国内的各期货交易所均拥有双席位资格。公司于1999年又投资建设了期货交易异地远程五合一交易系统和网上期货交易系统，创办了三隆期货信息网站，可将期货交易代理业务延伸至全国任何地点，使期货代理业务硬件条件达到国内领先水平。

公司拥有一流的交易环境和完备的服务设施，在全国十二个大中城市拥有营业面积5000多平方米；专业人才139人。各营业场所内配备有“世华”、“新华财经”等多种期货通讯咨询设施，能迅速快捷地传递期货信息和交易指令，多种期货专用电脑软件能为交易者提供完善的行情分析，公司设有专业信息咨询部门、工程部门及有色金属、农产品等专业研究部门，每日编发的《三隆期货快讯》通过因特网、卫星等方式向全国播发。

公司采用现代化企业管理模式，实行总裁负责制。设有计划财务部、统计结算部、信息咨询部、工程技术部、事业发展部、稽查控制部、研究培训中心和异地交易中心等职能部门和北京、上海、大连、天津、郑州五个期货营业部。公司本着“高起点、严要求”的原则，对从业人员实行严格规范的在职教育和定期培训，实行考核上岗，定期淘汰制，根据不同工作岗位，制定了完善的管理制度。公司现有工作人员95 %以上具有大专以上文化程度，全都具备国家从业资格。公司“视信誉为生命，视顾客为上帝”。坚持只做代理、不做自营的业务原则；坚持公开、公平、公正的交易原则；坚持全面、高效、规范的服务原则；以期使公司成为服务于市场、服务于经济、服务于社会的现代化企业。

公司先后为山东济宁粮油集团、诸城外贸集团、黑龙江农垦局红兴隆分局、山东橡胶集团、青岛澳柯玛集团等单位进行了培训期货专业人才、策划设计期货方案、代理期货交易等工作，并取得了可观成绩。几年来，公司形成了完整的经营管理制度体系，积累了丰富的专业管理经验，自开业至今，未发生任何违规违纪事件，曾多次受到管理部门的表彰。

公司自一九九六年起就制定了企业发展的长期目标——二OO五年之前进入中国十大期货商行列，为我国的经济改革和发展做出贡献。目前公司规模已列全国前列，但在综合实力方面仍有很多不足，公司全体员工正全力以赴，为实现公司的发展目标而不懈努力。

地址：山东省济南市泺源大街22号中银大厦32层

电话：0531—6553103

传真：0531—6553102

齐鲁期货经纪有限公司

齐鲁期货经纪有限公司是经中国证券监督管理委员会批准(许可证号:A014215004),国家工商行政管理局登记注册(注册号:1000001002190)的大型期货经纪公司。公司是由山东省资产管理有限公司、天同在线理财有限公司、山东民安发展有限公司等十七家股东共同投资组建而成,实行董事会领导下的总经理负责制,公司注册资本3125万元,公司拥有全国三个期货交易所的会员席位,遵循"公开、公平、公正"原则,代理客户进行国内期货交易,代理客户进行上述交易的结算和实物交割,向客户提供国际、国内商品和金融期货市场行情信息咨询服务,为客户提供专业人才的培训服务。

公司实行规范化的组织、交易、管理制度。在山东省内率先推出了异地同步交易和网上交易系统,宽带高速接入Internet,高速专线连接交易所,客户无论何时何地通过Internet就可进行自助委托交易,同时可以实时查看自己账户的资金、持仓、成交、结算等情况,真正实现将大户室搬回家的愿望。

公司荟萃了一批精通期货、证券、金融、投资、财务的高层次人才,为在激烈的市场竞争中争创一流公司提供了智力支撑。

公司奉行"拚搏奉献、开拓创新、真诚服务、团结协作"的企业精神,竭诚为广大客户提供一流的服务。我们甘当广大客户跨入期货市场的桥梁和纽带,愿为发展中国期货市场做出不懈的努力。

地址:山东省济南市泉城路180号A座五层

电话:0531—6047833　6047852

E—mail:qlqh68@yahoo.com.cn

湖北楚天期货经纪有限公司

湖北楚天期货经纪有限公司是经中国证监会批准(期货经纪业务许可证号B023117006001),在国家工商局登记注册(注册号1100001193546(1—1))的一家专业期货经纪公司。拥有大连商品交易所(0062)、上海期货交易所(0259)和郑州商品交易所(275)的会员资格。

——2001年底,公司已将注册资本金增至1个亿(新增大股东"上海新华闻投资有限公司"注册资本金5个亿,是上市公司"燃气股份"的控股股东,在本公司占70%股份)。根据2001年度中国证监会对期货公司年度检查的财务分析报告,公司总资产列全行业第十,净资产列行业第四,主营业务收入列行业第九。

——公司采用现代化企业管理模式,设有交易结算部、客户服务部、综合管理部、信息中心、研究发展部、财会部等职能部门和北京营业部、大连营业部、武昌营业部、上海代表处、郑州代表处。各营业部场所内均配有"世华"、"通宝"等多种期货行情分析软件。全部实现了远程电子化交易(包括异地营业场所自助交易及internet网上行情显示及网上期货交易)。

——公司可代理客户进行各交易所全部交易品种的期货交易及实物交割,提供期货行情分析和信息咨询,对期货多种交易方式进行培训、指导和投资服务。公司服务优良,24小时都可看到国内国际信息行情,能为每个客户提供电脑工作站和操盘指导,定期举办讲座,备有免费午餐,能全面满足客户期货交易需要。

——公司具有一支非常专业化的决策管理队伍,从董事长到副董事长、财务总监、总经理均为研究生学历。且全部从94年即涉入期货行业,历经了期货市场的欣荣与低迷,这无疑是公司宝贵的无形资产,有助于公司未来发展与决策。公司高级管理人员,全部持有中国证监会期货从业人员资格考试。

——楚天期货管理规范,资产优良,客户资金封闭运行,随时存取,安全可靠,多年来无任何债务,无任何经济纠纷,无任何法律诉讼,且综合实力较强。今后公司将继续加大投入,进一步改善营业设施及硬件条件,提高管理水平及人员技术服务水平,加强研发力度,并坚持我们一贯的宗旨:以规范发展为己任,以人为本,以德为先,信誉第一,诚信服务,为广大期货投资者提供更加良好的投资和优质的服务。

——楚天人衷心祝愿广大投资者熟练运用期货市场,转移风险,发现价格,在激烈角逐的经济大潮中运筹帷幄、决胜千里!

地址:武汉市汉口南京路63号金丰大酒店6楼B座

邮编:430014

电话:027—82776171

E—mail:chutianqihuo@163.com

浙江大越期货经纪有限公司

浙江大越期货经纪有限责任公司(ZHEJIANGDAYUE-FUTURESBROKERAGECO.LTD),由大越股份有限公司、西博投资有限公司共同出资组建,是绍兴市唯一一家经中国证监会批准,国家工商局登记注册的专业期货经纪公司,是上海期货交易所、郑州商品交易所、大连商品交易所的全权会员单位。公司下辖杭州、德清两个营业部,新昌营业部即将筹建。

浙江大越期货经纪有限公司自成立以来,始终坚持以客户为根本的经营理念,以信息为核心的经营思路,致力于市场的培育与开发。公司拥有世华行情查询分析系统、金仕达电子交易结算管理系统及网上交易系统,可随时为客户提供交易、信息、账务管理的服务与决策支持,竭诚满足客户的要求。

浙江大越期货经纪有限公司的市场研发力量雄厚,其精辟的分析和行情研判均是建立在相关品种的基本面、技术面情况进行深入的调查研究和市场信息收集整理的基础之上的,并定期召开各种规模的行情分析和研讨会,信息通本公司网站(www.dyqh.info)及浙江都市快报、绍兴晚报等媒体发布。目前公司已设计了一系列较为完整、可操作性强的套期保值方案,最大限度地满足投资者的需求,努力实现资产的保值增值。

公司地处繁华闹市,交通便利,场地面积1500平方米。营业场所装饰一新,拥有宽敞、明亮、舒适的交易大厅和大户室。公司目前设有业务拓展、交易、信息、工程、财务、结算等部门,并与证卷公司保持着良好的合作关系。自成立以来,大越期货公司始终遵循"公开、公平、公正"的原则,以"诚信、高效、务实、创新"为服务宗旨,为投资者提供一流的服务。

地址:绍兴市解放北路186号七楼

电话:(0575)5120647

辽粮期货经纪有限公司

辽粮期货经纪有限公司是由辽宁省粮食集团公司投资组建,经中国证券监督管理委员会审核批准《期货经纪业务许可证》号:A038331030,由国家工商行政管理局登记注册的专业性期货公司,注册资本为3000万元。

辽粮期货总部设在大连市,下设营业部。公司拥有一批从事期货行业多年的、具有丰富操盘经验和较高行情分析水平并善于管理的高素质人才。公司配备有"世华""文华"等多套期货行情接收分析系统和完备的电脑网络及先进的通讯设施。公司市场部和培训部常年为初入期市投资者和经纪人提供专业的培训和指导。公司有专门的客户服务中心,为广大客户提供专业和周到的服务。公司内设有大户室、中户室、投资工作室,为广大期货投资者提供一流的环境和服务。公司在相关商品合约的代理交易中,交易量一直名列前茅,公司以诚信为本,以服务取胜,在期货行业中享有盛誉。

地址:中国大连商品交易所西区321室

电话:0411—84807421,84807322,84807822

传真:0411—84807321

银建期货经纪有限责任公司

银建期货经纪有限责任公司成立于1993年4月7日,是中国最早从事期货经纪代理业务的公司之一,1995年增资扩股至注册资本金人民币叁仟万元,目前是广西壮族自治区唯一的期货经纪公司。

银建期货公司是由以7000余部出租车响誉京城的"的士"(TAXI)大王"银建实业股份有限公司"和广西亿元企业"北海银建投资股份有限公司"发起成立的有限责任公司。银建集团追本溯源是由建行下属的信托投资公司和"中经开"、"中兴发"等"中"字头实力机构倡导成立、控股的,建行体系内最大的综合性实业集团之一,营业范围涉及实业、交通、金融、房地产、贸易等领域,总资产愈20亿元,主营业务年利润1.8亿元(1999年度)。以"银建股份"、"北京建发"、"天津富田"为代表的出租运业是京津两地的行业龙头,管理费月收入高达3000万元。在最近三年经济低迷期内,银建实业股份公司的股东回报一直保持在20%。鉴于良好的经营业绩,"银建股份"将于明年挂牌上市,从而将获得更大的发展空间和行业优势。

银建期货公司是银建集团的主要成员,是银建集团在金融领域的"旗舰"级企业,公司本部设在广西首府南宁,扼守大西南;执行总部设在北京,贴近政治经济中枢。在北京、上海设有营业部,在大连、郑州设有代表处。

银建期货公司成立之初是北京商品交易所、郑州商品交易所、大连商品交易所、广州联合商品交易所、天津商品交易所、苏州商品交易所、海南商品交易所、上海金属交易所、上海商品交易所、上海粮油交易所的全席位会员单位,并且多次荣膺北商所、郑交所、广联所、上商所的上榜金牌会员。目前我公司是治理整顿后所保留的上海期货交易所、郑州商品交易所、大连商品交易所的全席位会员单位。

银建期货经纪公司自成立以来,一直以规范经营、优质服务响誉业内,年年被评为A级企业。公司各地营业场所拥有一流的交易环境、先进的技术设备,能够为客户提供快捷、精确的服务;公司实力雄厚、背景强大,绝对能够保证客户的资金安全。另外我公司经过多年的选拔磨合,拥有一流的专业人才队伍,从业人员全部有5年以上从业经验,本科及本科以上学历占90%,其中不乏博士、硕士生。

公司在组织机制上除各营业部外,总部直辖财务、结算、交易、信息、交割等五个职能部室,能够为客户进行全方位的期货代理、交易咨询服务。

银建期货公司成立以来,在不断加强传统经纪代理业务的同时,为获得超前发展,长期致力于信息资讯、交易指导和技术分析等软件服务方面的开发工作,现在我公司在这方面处于行业领先水平,拥有资讯、研发、宣传三大体系:

一、资讯体系:提供经济信息、期货分析、相关报道等资讯服务。

二、研发体系:自行或与机构、院校一起进行经济预测、行业分析、品种研究。

三、宣传体系:通过互联网、《期货日报》等信息渠道、资讯媒体扩大公司影响。

银建期货公司除上述优势外,还具有以下特殊优势:

一、广西是我国最大的糖业基地(产量占全国的40%强),我公司是该自治区唯一的一家期货公司,一旦期糖重开,我公司具有得天独厚的条件;

二、银建公司渊源于金融体系,一旦股指、国债等金融衍生品上市,我公司必将在该领域大展宏图。

综上可以看出,银建公司是一家具有优秀传统、背景雄厚、实力过关、优势明显、组织严密、管理科学、运行良好、眼光超前、极具发展潜力的期货经纪公司。"银建服务,钻石品质;钻石企业,完美奉献"是我们的企业宗旨。凭借专业的理论知识、丰富的实际经验、强大的资讯能力、科学的交易体系我们相信能使客户掌握诠释经济奥秘、把握市场脉搏、洞察价格起伏的方法,为客户提供一片崭新的投资天地,从而帮助客户在诡谲变幻的金融资本市场中获取超常发展。

华南期货经纪有限公司

华南期货经纪有限公司成立于1993年3月,是广东省首批经中国证监会批准(期货经纪业务许可证号A013819048)在国家工商局登记注册(注册号:100001002136)的,由多家实力雄厚的企业集团投资的大型专业化期货经纪公司。公司注册资本金人民币5000万元。位居全国八大期货公司之列。

公司是上海交易所(0160)、郑州商品交易所(0229)、大连商品交易所(0145)的会员单位,在国内三大交易所均拥有场内及远程交易席位。拥有先进的通讯设备,采用世华财讯信息系统,提供即时的期货、外汇、股市等金融市场行情和信息。

公司是大连商品交易所、郑州商品交易所广州培训基地,在上海、大连、郑州、海口等地设有分支机构。

公司使命:励精图治、开拓创新,努力使华南期货公司成为股东满意,客户满意,自己满意的卓越品牌公司。

公司理念:观念决定思路,思路决定出路。我们奉行"以人为本"的经营理念,先做人,后做事,什么样的人成就什么样的事,加强人才资源建设,组建优秀的管理团队,塑造一支好的员工队伍,建立一套有竞争力的市场化的全员激励机制,辅以持久先进的企业文化建设,打造华南知名品牌。使华南人造就华南期货,使华南期货成就华南人,最终使股东,公司,个人各得其所,实现共赢共好。我们的价值在于不断的为社会,股东和客户创造财富和价值,使华南期货有限公司价值无限。

发展战略:用2—3年时间通过不断创新和追求卓越,使华南期货成为华南地区数一数二,在全国期货行业进入前期20名的品牌期货经纪公司,进而成为综合类期货公司,在条件成熟时实现上市。

地址:广州市天河区体育西路111号建和中心15楼

电话:(020)38791234

传真：(020)38791322

安徽安泰期货经纪有限公司

安徽安泰期货经纪有限公司成立于1998年9月28日，是经中国证监会批准，国家工商行政管理局核准登记的大型期货经纪公司，是中国期货业协会首批团体会员。公司是上海期货交易所(会员号0238)、郑州商品交易所(会员号0139)、大连商品交易所(会员号0169)的正式会员，是郑州商品交易所理事单位，上海期货交易所技术委员会和大连商品交易所信息技术应用委员会成员单位。公司可代理国内所有期货品种交易，业务覆盖全国主要城市和地区。

公司隶属于实力雄厚、信誉卓越的大型金融集团——安徽国元控股(集团)有限责任公司，公司目前正在实施增资扩股，注册资本金由目前3000万元增至4500万元。公司具有良好的金融及现货贸易背景。公司拥有一支务实、高效、勇于开拓创新的坚强领导集体，拥有一支勤奋敬业、高素质的员工队伍。经数年不懈努力，公司已形成一套完善的管理体系，积累了良好的信誉和丰富的管理经验，培养了一批德才兼备、在行业内有一定知名度的专业人才。

经营特色：先进的期货电子化交易系统；快捷方便的internet网上交易，其行情传输与交易速度在国内均处于领先地位；专业化的信息研究和产品；经验丰富的优秀操盘手和理财行家；准确及时的行情策划；独特的人性化、个性化客户服务体系；强大的宣传策划和市场开发力量；

经营业绩：近年来，公司业务稳步发展，目前已发展成为安徽省主营期货业务规模最大的期货经营机构，主要经济指标均居国内同行业先进行列。据统计，2001年，公司代理成交金额298亿元，约占安徽全省期货交易总量的60%，成交额在全国排名第33位；2002年，公司代理成交金额达503亿元，约占安徽全省期货交易总量的55%，在全国的排名进至第21位；2003年，公司代理成交金额2214亿元，约占安徽全省期货交易总量的75%，位列全国第5。2004年在世界金融实验室举办的“世界金融大会”暨“中国金融风云榜”颁奖大会上，被评为“中国最受尊敬的十大期货公司”。

总体目标：公司将按照“优质服务、稳健经营、开拓创新、持续发展“的经营方针，充分发挥品牌、技术、机制等方面的优势，以加快发展为主线，以良好的信誉、一流的资信和优质的服务为保证，在传统业务的基础上，根据中国证监会的规定拓宽业务经营范围、拓展新的业务，进一步增强综合竞争力，实现公司规范、持续、健康、稳步发展，努力把公司建设成为国内一流的期货经营机构。

安徽华物期货经纪有限责任公司

安徽华物期货经纪有限责任公司是经中国证监会批准、在国家工商局注册成立的安徽省第一家期货经纪公司。公司由安徽省徽商集团控股，注册资本3000万元，公司总部营业面积1200平方米，是我国现有的郑州商品交易所、大连交易所、上海期货交易所的全会员单位。公司的成立得到了各级领导的高度重视和社会各界的广泛关注，时任安徽省常委、副省长汪洋同志亲笔题名：”来之不易，精心操作，循循善诱，按法经营，逐步壮大，繁荣经济”。

公司成立以来秉承徽商集团长期在流通领域现货经营的优势，抓住机遇，更新观念、努力促进业务发展和内部管理创新，使期货经营业务向纵深化发展，经营业务保持了良好的发展势头，期货代理交易量和交易额逐年大幅增长，市场占有率不断提高，期货代理业务收入稳步上升，公司不断发展壮大。

地址：合肥市芜湖路258号

电话：0551—2862590

邮编：230061

传真：0551—2861114

滨海期货经纪有限公司

滨海期货经纪有限公司是经中国证券监督管理委员会批准，国家工商行政管理局注册登记的云南省首家期货经纪公司。工商注册登记号：100002201—2，期货经纪业务许可证号：0507801，经营范围为：国内商品期货经纪业务，期货投资、信息咨询服务业务、期货从业人员培训业务。公司成立于1993年11月，注册资本3216万元，可代理客户从事上海期货交易所、中国郑州商品交易所、大连商品交易所等三家国家试点交易所的农副产品、金属、软产品、建材四大类，十二个品种的期货交易。

公司坚持“公开、公平、公正”的原则，坚持“客户第一”的服务宗旨；坚持“信誉至上”的经营方针，只做代理、不做自营，严格按中国证监会的要求进行规范化运作，并以管理规范、准确无误、迅速及时、安全可靠赢得客户的信赖。

公司面向全国客户，凡具有一定经济实力的企业、事业单位和个人可申请成为本公司客户，通过本公司资信审查、办理开户手续、鉴定代理协议后可成为正式客户介入交易。

公司采用国际通行的管理体制，实行标准化管理。按照国家法律、法规及有关规定开展经营活动并接受国家有关部门和广大客户的监督检查。

公司把信誉视作生命，竭诚服务，追求效率，甘当广大客户跨入期货市场的桥梁。

地址：昆明市东风西路280号文贸大厦5楼

邮编：650031

传真：0871—5328926，5328995

咨询热线：0871—5328994、5321209、5328926

金宝期货经纪有限公司

金宝期货经纪有限公司(简称金宝期货)是经中国证监会批准设立，在国家工商行政管理局登记注册的期货公司。公司位于北京市亚运村黄金地带，是上海、大连、郑州三家交易所的全权会员，北京期货商会理事会员，北京期货商会秘书长单位。

公司自2000年开展经纪业务以来，始终秉承了“公开、公平、公正”的行业准则和“诚信、责任、创新、健康”的企业宗旨，辅以“品牌战略”的手段，稳健经营，逐步使公司驶入良性的持续发展轨道。据中国期货业协会统计，2001年公司在三家交易所总代理成交额为156.6亿元，列全国188家期货经纪公司第69位。同年，在大连商品交易所更是取得了骄人成绩，列全年成交量排行榜第47位。2002年公司的总代理成交额为218.6亿元，列全国期货经纪公司第61位；同年公司的总代理成交量为961701手，位居全国第50位，同时在郑州商品交易所取得了第20名的优异成绩。

公司优势

规范的运营和严格的管理手段。

采用岗位描述手段明确每个岗位的责权利；构筑风险监控体系，包括设置事先、事中、事后三道防线，健全风险预警、风险控制、风险补偿三级制度；严格资金管理，严格区分客户资金和自有资金，使资金调拨安全迅速。三种管理手段并举为公司运营保驾护航，使企业的发展规范、健康、有序和持续。

年轻化、专业化的人才队伍。

公司深知人之品牌为企业品牌之灵魂之先导，因此加倍注重人才队伍的引进和培养。

目前公司员工平均年龄为30岁，98%以上获得了高等学历，其中本科学历占53.1%，硕士以上学历占27.9%，所有从业人员均获得了中国期货业协会颁发的《期货从业人员资格证书》，经营管理层全部通过了中国证监会的考核并获得了《期货经纪公司高级管理人员任职资格证书》。

年轻化专业化的管理队伍和客户服务团队，集咨询、信息和理财服务为一体，针对不同的投资群体，利用期货及相关市场的多元投资工具，为客户拟定交易计划和策略，并根据客户的需求量身定造有利于客户资金组合的投资方案，为客户把握获利和避险的机会。

公司的创新和发展

金宝期货在行业电子化交易发展中一直处于优势、领先地位，是北京地区首批启用保证金封闭运行的公司，是首个开通工商银行银期转帐业务的机构。公司将上述创新的步伐与日常业务结合起来，搭建成高效有序的交易和结算平台：现场热自助交易、远程网上交易和远程电话自助交易三种方式，满足各地客户需求。期货电子邮局与即时、易懂、正确而完整的结算单相匹配，使结算体系更为完善，让投资者及时明晰持仓部位和资金头寸。

作为京城为数不多的本土化期货公司之一，独特的管理视角、投资理念、经营环境和地理位置，使金宝期货已具备真正意义上的质优概念和更具潜力的扩张和发展空间。

上海浙石期货经纪有限公司

上海浙石期货经纪有限公司成立于1995年5月，是经中国证监会批准设立（期货经纪业务许可证号：A018502026）和国家工商行政管理局登记注册（企业法人营业执照注册号：1000001002193），注册资本人民币叁仟万圆整，法定代表人张洋，总经理刘建国。本公司属浙江省石油公司系统股东控股的一家规范合格的期货经纪公司。

上海浙石期货经纪有限公司的前身为浙江省石油总公司期货部，是国内最早参与期货业务的公司之一。在1993年至1994年间参与原上海、北京等石油交易所的期货交易，积极利用期货市场所具有的规避风险和发现价格的功能，结合自身的经营业务，卓有成效地开展了套期保值业务，曾以交易规范，遵章守纪荣获上海石油交易所交易优秀一等奖。公司自成立以来一直遵循“浙石期货，信誉永恒”的宗旨，秉承母公司资信优秀、管理规范等优势，始终贯彻稳健经营、稳步发展的经营策略，坚持踏实、务实的工作作风，严格遵守中国证监会和各交易所有关期货法规、制度，建立了一整套规范严格的期货经纪业务管理制度，积极为有关企业和投资者开展商品期货交易和投资提供完善周到的服务，在业内树立了“浙石期货”的良好声誉。公司自成立以来，连年保持盈利。

证监会自98年度实施期货公司年检，我公司每年首批通过年检，按照证监会期货部负责人的解释：每年度第一批通过年检的经纪公司属于在资产质量、抗风险能力、合规经营、内部控制与管理等方面综合考核表现较好，在业内有较好声誉的公司。

目前我司是上海期货交易所（席位号75），大连商品交易所（席位号157），郑州商品交易所（席位号205）的正式会员。可代理客户从事铜，铝，天然橡胶，燃料油，大豆，豆粕，玉米，小麦，棉花等国内所有品种的期货交易，并向客户提供与期货相关的信息咨询，人员培训等服务。公司拥有世华“金融家”行情分析系统和网上行情分析系统，并开通上海、大连、郑州三家期货交易所的异地同步交易系统，可为客户提供人工报单、自助委托交易、电话委托交易、网上交易等多种交易手段。公司设有交易、财务、结算、信息工程、综合等部门和杭州、宁波营业部，现有公司员工26人，其中3人获得期货公司高级管理人员任职资格证书，25人获得期货从业人员资格证书。93年至96年进入本公司（含原浙江省石油总公司期货部）从事期货经纪业务的员工，占公司人员85%。

浙石期货稳步经营已走过十个年头，如果从浙江省石油总公司期货部93年运作石油期货和石油期货经纪业务算起，已整整十二年。为了顺应国内期货市场的发展，浙石期货还须进一步壮大公司实力，以适应国际、国内石油期货市场发展的需要，逐步朝着建立以石油期货经纪为主的专业综合类期货公司方向发展。

上海浙石期货经纪有限公司真诚为投资者服务，愿与广大客户携手共进，共创中国期货市场的明天。

鲁能金穗期货经纪有限公司

鲁能金穗期货经纪有限公司由山东电力鑫源控股有限公司、山东省粮油集团总公司、山东坤华集团以及山东粮食中心批发市场出资组建（中国证监会批准许可证号：A039415025、国家工商局核准登记注册号：1000001002318）。公司注册资本金叁仟万元人民币，主营期货经纪业务，兼营期货信息咨询及培训。

鲁能金穗期货经纪有限公司是郑州、大连、上海三家期货交易所的会员单位。公司总部拥有世华、新华财经两套信息发布系统，为客户提供准确、及时的文字和实时行情；卫星传输和DDN线路双路链接的异地同步交易系统及鲁能信息港、山东电信双路链接的网上交易系统确保交易线路畅通。杭州恒生、上海富远、上海亿天三套网上行情发布系统，嵌套恒生网上交易系统，为客户快捷、安全、方便地进行交易提供了条件。公司下设大连、郑州、青岛、潍坊、上海（筹）五家营业部，规范的“四统一”管理，使各营业部运转有序，健康发展。

几年来，鲁能金穗期货公司一直坚持诚信经营、规范运作，内提素质，外树形象，走稳步发展的路子。公司以严格先进的管理和规范有效的服务，为广大粮食、金属、天然橡胶等生产加工和经营企业以及期货投资者参与期货交易提供了良好的服务。特别是公司自身完善的风险控制体系，切实维护了客户利益，为公司的长远发展奠定了基础。2003年鲁能金穗期货经纪有限公司全年交易额为2408.10亿元，排全国第四，交易量为488.72万手，列全国第八。其中在上海期货交易所的交易额综合排名第二，天胶交易量排名第一。分别被上海期货交易所和郑州商品交易所评为优秀会员。公司之所以能够在占有较大市场份额的前提下，做到稳健安全运营，主要是依靠深层次的服务，帮助客户控制好风险，保证良好的收益。主要做法是：市场预测揭示风险，沟通交流提醒风险，投资方案锁定风险，配套服务减少风险。周密而稳健的服务与管理，是广大期货投资者的最佳选择。

鲁能金穗期货经纪有限公司是您忠诚的投资伙伴，欢迎有识之士光临本公司，共谋发展。

建证期货经纪有限责任公司

一、公司沿革

建证期货公司前身常州建证期货公司。该公司创建于1993年。由江苏省人民政府批准组建(批准证书：外经贸苏府资字[1993]12683号文)。1993年4月18日由常州市工商局行政管理局登记核发“常州建证国际期货服务公司”企业法人营业执照(注册号：工商企合苏常字第00939号)，注册资金美元50万元。1994年根据国家工商行政管理局11号令和国务院办公厅国办发(1994)69号文件精神，公司进行重新申报、登记。1994年12月7日经中国证监会审核批复(证监期审字[1994]17号文)，设立为“常州建证国际期货有限公司”。1995年2月25日国家工商行政管理局登记核发了“常州建证期货经纪有限责任公司”企业法人营业执照(注册号：100001002164)，1995年6月1日，中国证监会颁发了“期货经纪业务许可证”(证监管字[1995]第0344170号)。公司注册资金人民币1000万元。1999年10月，根据国务院“关于进一步整顿和规范期货市场”的文件精神，在常州市政府的关心支持下，原江苏常信与常州建证两家期货公司合并重组，更名为建证期货经纪公司，经中国证监会核准，重新核发了“期货经纪业务许可证”(证号A039910077)，2000年3月经国家工商局登记核发了“企业法人营业执照”(注册号：100001002164)。公司注册资本增资为人民币3000万元，

公司目前共有两个股东：常州投资集团有限公司、江苏苏豪国际集团股份有限公司。目前主营商品期货代理、期货咨询、培训等。

二、经营业绩

建证期货经纪公司于1999年10月重组以来，已走过3年的艰难历程，同时也取得了辉煌的业绩，经营业绩年创新高。公司现拥有营业部6家。1999年，公司总成交金额435亿元，排名全国第二位；2000年总成交金额292.25亿元，排名全国第七位；2001年总成交金额732.09亿元，排名全国第三位；2002年，公司再创佳绩，总成交金额1104.17亿元，排名全国第二位，成为国内首家成交金额突破1000亿元的经纪公司。2003年，公司发展势头不减，完成成交金额3042.88亿元，同比增长175.56%，排名全国第三位。自99年以来，建证期货经营规模就占据江苏省的半壁江山(超过省内其它所有11家期货公司的总和)，并稳居全国前十名，成为中国期货界的一匹“黑马”。公司目前正在逐步实施“服务竞争战略”，积极推进增资扩股工作，力争进入综合类期货公司，为各类投资者提供全方位、高质量的服务。

三、部门设置

公司实行董事会领导下的总经理负责制，设有办公室、结算部、信息技术部、经纪管理总部、财务部、研究发展中心、资本运作部、电子商务部，根据行业特点，设有高级风险总监单列职务。已经中国证监会批准设立的营业部有无锡营业部、大连营业部、贵阳营业部、上海营业部，郑州营业部。

四、管理制度

人无规矩，不成方圆。规范的运行机制是企业得以顺畅运行大的“红绿灯”。经过多年的实践和磨炼，建证期货公司的内部管理体制、内部控制机制得到不断完善，市场风险承受能力得到不断增强。近3年来，建证期货站在“用户至上”的发展高度，按照中国证监会关于期货公司的管理精神与要求，加强营业部的内部管理与控制，严格贯彻落实“四统一”精神。

(1)统一结算。统一结算既确保了每天公司与交易所，公司与营业部账账相符，又有利于建立正确的管理模式，从而在营业部形成了以结算为核心，交易和财务相互校核的保证金管理模式。

(2)统一风险控制。目前各营业部的每一笔交易都处在总部的风险监控之下，杜绝透支交易，风险失控的可能性大为减小。由于营业部风险控制活动已提前到盘中进行，交易风险控制的有效性大为提高。

营业部严格禁止接受客户的全权委托，不进行转委托业务，严格禁止客户透支交易，利用动态结算系统进行的风险监控，做好预警、预报及保证金追加通知，严格执行强行平仓制度，并相应制定严格的考核制度。

(3)统一资金调拨。各营业部客户的入金和出金活动由总部财务部根据实际情况调拨资金或授权指令营业部财务人员按公司出入金制度进行，并登记以备查账。

(4)统一财务管理和会计核算。各营业部的财务工作由公司财务部统一管理，人员由公司统一调配；财务管理按公司财务制度实行报账制，财务人员负责办理当地费用支出登记备查账，并由备用金账户支出，非正常经营性费用需事先报公司总经理审批；财务核算工作由公司财务部统一进行

五、信息技术

建证期货公司是中国第一批采用电子化交易系统的期货经纪公司之一，在几年的发展过程中，不断改进完善，现在此交易管理系统已经具备了本地交易，网络交易，风险监控，每日清算等主要功能，并且公司的网络已经和三家交易所的环网连接，确保了公司的正常运营。为了更好地服务客户，我们采用了基于TCP/IP的网络行情软件，配合网上交易，使得客户足不出户就可以了解期货行情并进行委托。另外，在风险控制方面，公司组织开发了电话录音系统，现在此系统已经推广到公司的各个营业部，确保电话委托记录保存完整。在客户服务方面，为了方便不便上网的客户群体，我们采用电话查询系统，通过语音来为此类客户播报行情信息；为了方便客户出入保证金，我们和银行合作，开发了银期转帐系统，现在已经能够做到全国范围内转帐；为了方便客户接收帐单，配合公司的网站，开发了电子帐单查询系统，客户只要上网就能够查询自己的上一日帐单。

六、人才队伍

我们有一个稳健精干的管理团队，有一支懂市场、精业务的员工队伍，具备持续稳健的经营管理能力和积极进取的市场开拓能力。截止2003年年底，本公司在册职工人数110人，其中男61人，女49人；管理部门员工26人，营业部门员工84人；平均年龄34岁，大专及本科以上学历占80%以上。

公司现拥有一批管理型人才和专家型人才。公司的董事长、总经理、副总经理等高级管理人员都是精通证券、期货的两栖人才，在国内均享有一定的知名度，在管理上沉着、稳健，开创意识强。公司的管理部门聚集了一批长年从事期货、证券业务的人才，熟悉政策、精湛业务；公司还培养了一批专家型人才，为广大客户提供短长期行情分析、套期保值报告、跨期套利方案，以及其他投资报告等，得到了广大投资者的一致好评。

建证的发展历程引起了行业管理层及一些“中字头”大型公司的高度关注，他们认为如此规模的地方性小公司取得如

此佳绩,简直是"不可思议"的事情,并称建证是中国期货经纪业界的"奇迹"。建证的业绩同样得到市政府领导、股东单位的肯定和赞赏,认为建证期货对发展地方企业品牌起到了积极的推动作用,可以说建证品牌的影响力已经超出了行业范围,引起了社会各界的广泛关注。

2004年,中国期货业将迎来历史上最好的发展时期,政策日渐利好,新品不断推出。相信建证期货一定会把握机遇,乘风破浪,再创辉煌!

浙江南华期货经纪有限责任公司

浙江南华期货经纪有限责任公司成立于1996年5月,是上海期货交易所(席位号96)、郑州商品交易所(席位号212)、大连商品交易所(席位号152)的全权会员单位。公司注册地浙江省杭州市文三路20号,注册资金1亿1千万元人民币。

浙江南华期货经纪有限责任公司自成立来,始终坚持以客户服务为根本的经营理念,以信息研发为核心的经营思路,致力于市场的培育与开发。公司拥有最新版本的路透资讯分析系统、世华行情与咨询分析系统、金仕达异地同步交易结算管理及网上交易系统、集诚行情传输及新闻系统、南华信息服务系统、钱龙股票分析系统等多套交易、信息、结算、管理软件,可随时为客户提供交易、信息、帐务管理的投资服务与决策支持,并最新推出银期转帐服务。在交易技术保障和信息服务上均保持行业领先水平。尤其是公司集中投入大量资金和人力独立开发的"浙江南华期货信息服务系统"网站(www.nanhua.net),更是走在了全行业的前列,无论是信息供应量还是客户访问率都保持了国内期货专业网站的最高水平。此外,南华公司还专门为客户在第一时间内准备了每日两万字以上的"南华早讯"和"南华信息",并定期刊出:线缆信息、油脂信息、食糖信息、金属月刊、铝市周报等,除供客户及时在网上调阅外,亦开通传真提取和内部无纸化发送方式,竭诚满足客户的要求。

浙江南华期货经纪有限责任公司的市场研发力量雄厚,其精辟的分析和行情研判均是建立在对相关品种的基本面、技术面情况进行深入的调查研究和广泛的市场信息收集整理的基础之上的,公司对期货行情发展趋势与走向的把握达到了较高的水平。公司定期召开各种规模与范围的行情分析和研讨会,并多次协同各交易所开展浙江省内的市场推广活动和客户培训活动,在业内树立了良好的专业形象。南华公司也是浙江省内较早开展生产加工企业参与期货市场铜、铝、橡胶、大豆等品种的套期保值交易服务的期货公司之一,已逐步形成了一系列较为完整、可操作性强的套期保值方案,并有较丰富的铜、铝、大豆、小麦等品种的实物交割经验。通过多次对产地销区的调查,获取大量现货方面的信息,并及时提供给广大客户。2001年在上海成立了国内首家期货研究所,研究发布各个品种的半年报告、年度报告,为投资者提供了完整思路的中长线参考资料。由于南华的专业性,浙江电视台经济生活频道、杭州电视3台、今日早报等媒体均以南华行情播报和评论作为期货普及的栏目。

浙江南华期货经纪有限责任公司目前设有期货研究所、交易、市场、财务、综合、网络工程、投资等部门和上海、兰州、台州、宁波、嘉兴、大连、北京、郑州、成都(筹)营业部。自开业以来,南华公司始终遵循"公开、公平、公正"的原则,以"规范、自律、诚实、信用"为准绳,以客户资金的增值赢利为自身经营的目标,努力为投资者提供一流的服务。几年来,南华期货的期货代理交易量和客户总体保证金的增长速度一直在同行中名列前茅,并且未与任何客户产生过交易纠纷,始终保持着良好的市场信誉和形象,是国内首家通过ISO9001国际国内金融服务认证的期货经纪公司。

浙江天马期货经纪有限公司

浙江天马期货经纪有限公司是经浙江省人民政府批准,国家工商行政管理局核准登记注册(注册号1000001002244)、中国证监会核发《期货经纪业务许可证》(许可证号A023811014)的有限责任公司,于1995年9月7日在杭州成立。控股股东为杭州市财务开发公司和杭州中财实业发展有限公司,公司注册资金人民币3000万元。公司现为上海期货交易所、郑州商品交易所、大连商品交易所全权会员。

天马期货的控股股东杭州市财务开发公司具有雄厚资本实力和先进的投资及现代企业管理理念。其投资集中在金融及高科技领域。参股国泰君安证券股份有限公司、杭州市商业银行、杭州工商信托投资股份有限公司等金融机构;为上市公司"浙江创业(600840)"之第二大股东;控股杭州天邦科技,着眼二板。因此,股东控股天马期货必将精心打造,因为信心来源于实力。

公司法人治理结构完善。现代企业管理的理念和运行机制,为实现公司经营宗旨"诚信为本,高效服务",奠定了不可动摇的基础。

内部组织结构完善,总部设立交易、市场、研究、财务、结算、技术、综合等部,并结合营业分部实施严密高效的矩阵式管理,为规范高效地向投资者提供服务奠定基础。

公司营业环境优雅怡人,硬件设施先进。公司配备先进的世华系统等多套行情显示动态分析系统,可同步接受上海期交所、郑州、大连商品交易所及上海、深圳证券交易所、英国伦敦交易所、美国芝加哥商品交易所的即时行情。同时开通了先进的恒生电子化自助交易系统、INTERNET交易系统。

公司主要业务有接受客户委托、代理客户进行期货买卖和实物交割;根据客户要求提供商品期货投资的市场行情分析及信息咨询服务;提供各类套期保值方案;提供各种最佳投资组合形式,研究中心的专家分析及天马期货投资理财网将助您轻松投资。

天马人多年在市场中磨练的经历使得我们的服务稳健而高效。所有业务骨干均有五年以上从业经历,他们的经验是天马服务的基石。

天马期货网(www.zjtmqh.com)以期货投资为专业特色,提供完善的金融信息、交易、互动咨询、培训等服务,全天候无地域的服务,一定能让您轻松投资。

诚信为本,高效服务,天马愿与您双赢共进。

浙江新华期货经纪有限公司

浙江新华期货经纪有限公司(ZhejiangXinhuaFutures-BrokerageCo.,Ltd.)创建于1993年3月,是浙江省最早成立的期货经纪公司。新华期货注册资本金为3000万元人民币。公司现为上海期货交易所(会员号128)、郑州商品交易所(会员号89)、大连商品交易所(会员号91)会员,是中国期货业协会及浙江证券期货业协会的团体会员。

公司历经国内期货市场发展的曲折过程,积累了丰富的经营管理经验和业务实践经验,始终规范经营,稳健发展。公司机构健全、管理规范、制度完善。

地址:浙江省杭州市凤起路102号

电话:0571—85783578

邮编:310003

浙江良时期货经纪有限公司

浙江良时期货经纪有限公司浙江粮食集团的成员企业,现有注册资本3000万元,净资产3600多万元。公司系郑州商品交易所、大连商品交易所、上海期货交易所的会员,可代理国内大豆、小麦、铜等所有上市品种的期货交易。公司坚持规范管理、突出粮油特色、注重综合研究、倡导理性投资,在业内具有良好的声誉和影响,现为中国期货业协会和郑州商品交易所理事单位。

公司机构健全,管理规范,制度完善、服务周到;目前设有综合部、财务部、结算部、交易部、市场部和投资部。同时拥有一批具备期货从业人员资格、熟悉期货投资规则与运作的人才。

公司本部位于杭州市,毗邻举世闻名的京杭大运河。本部营业面积2300多平方米,营业厅、大户室宽敞舒适,环境宁静优雅;公司配有世华、乾隆、路透等报价和分析系统;公司率先与上海金仕达合作开发的远程集中下单系统,可为客户提供方便快捷的自助交易和远程交易服务;公司建设的良时期货网信息量大、服务功能强,可为客户网上浏览和交易提供良好的服务。

公司一贯坚持"公开、公平、公正、诚信"的原则,规范管理,尊重发展,追求卓越;"为客户提供更优质的服务"是公司孜孜以求的宗旨。

公司迅速畅通的跑道,先进完善的设施,优雅舒适的环境和高资质的从业人员将随时为每位客户提供最优质的服务。

地址:浙江省杭州市河东路91号

邮编:310014

电话:0571—85237418(总机)

0571—85237426

传真:0571—85237462

浙江金达期货经纪有限公司

浙江金达期货经纪有限公司是首批经国家工商行政管理局核准登记,中国证监会批准成立的期货经纪公司。公司于一九九二年涉足期货经纪行业,一九九三年正式成立,有浙江省金属材料公司和浙江省省物资房地产开发公司共同出资组建,注册资金为人民币三千万元。

公司成立至今,年平均代理交易额为200亿,年年保持赢利。并通过规范的运作、严格的管理,成为全国首屈一指的资产状况优良客户信誉卓著的期货公司。公司追求的服务目标是最大限度地满足投资者的需求,努力实现客户资产的保值增值。

公司地处杭州市繁华闹市,交通便利,营业场地面积1000平方米。营业场所装修一新,拥有宽敞、明亮、舒适的交易大厅和大户室,设施功能齐全,集交易、娱乐、休闲为一体。

公司安装了先进的自助委托交易系统和网上交易系统,配有世华的报价、信息及分析系统,为投资者提供了先进、快捷、安全的硬件保障。建立了实时信息网,金达快讯、每日时事信息、行情简报等,快速准确为投资者提供决策参考。

公司一贯坚持"公开、公平、公正、诚信"的原则,规范管理,尊重发展,追求卓越;"为客户提供更优质的服务"是公司孜孜以求的宗旨。公司迅速畅通的跑道,先进完善的设施,优雅舒适的环境和高资质的从业人员将随时为每位客户提供最优质的服务。

新疆汇和期货经纪有限公司

新疆汇和期货经纪有限公司成立于一九九六年八月二十八日,是经国家工商行政管理局核准注册登记,中国证监会核发《期货经纪业务许可证》的有限责任公司。

汇和期货公司借鉴国内外同行的成功经验,坚持走有汇和特色的创业之路,直接代理客户进行国内商品的期货交易、实物交割、套期保值等业务,积极致力于新疆期货市场的建设和发展,拥有全国所有期货交易所席位的正式会员。

公司软、硬件设备先进,拥有世华、钱龙、豫龙、世纪通宝等多套动态分析系统,并在疆内率先开设了期货电子化交易方式,完成了网上信息查询系统工程的改造。2000多平方米的现代化营业大厅,集交易、办公于一体;40余间大户室,为各类投资商提供了广阔的发展空间。

二○○二年三月三十日、六月九日,郑州商品交易所、大连商品交易所新疆汇和培训基地的相继成立,不仅是新疆期货发展史上的一个重要里程碑,而且标志着汇和期货公司在对投资者的基础培训和期货投资教育上,又向前迈进了一大步。

凭借良好的信誉,优质的服务,科学的管理,规范的经营,汇和期货公司取得越来越多的投资者的信赖和关注。公司衷心希望与各界人士携手,充分利用期货市场的套期保值与价格发现功能,争创中国期货市场一流新天地。

继往开来,汇和公司始终不渝的遵奉"规范经营、客户至上"的宗旨,在"目标一致、协力突破"嘹亮口号和"创造中国十佳期货"宏伟目标的感召鼓舞下,汇聚人间贤才,和顺天地灵气,步入新世纪的辉煌。

汇和的理想:"创造中国十佳期货!"

汇和的口号:"目标一致,协力突破!"

汇和将汇人间之贤才,和天地之灵气,携手共进,迈向成功!

新疆璐通期货经纪有限公司

新疆璐通期货经纪有限公司是经中国证监会批准设立(许可证号:A038830004),在国家工商行政管理局注册登记的专业性期货经纪公司(注册登记号:1000001002237)。于一九九八年五月六日正式成立,注册资本3000万元人民币。总部设在乌鲁木齐市人民路130号兴亚大厦20层。主营国内商品期货的代理、培训、信息咨询,咨询电话:0991—2810253。

公司是上海期货交易所(会员号:301)、大连商品交易所(会员号:130)、郑州商品交易所(会员号:166)的正式会员,是中国期货业协会团体会员(编号:103G)。

"服务第一、信誉第一、效率第一、客户至上"是璐通期货公司的服务宗旨。以"建立规范机制;倡导民主参与;公开、公平、公正;双向共同发展"为原则,公司按国家法律和期货行业的管理条例,法规开展经营活动,建立了一套完备、规范的现代企业经营管理体制。为客户提供期货知识,期货交易,市场分析,套期保值等全方位服务。公司拥有先进的卫星接收报价系统，分析系统，同步交易系统。信息丰富全面，通讯跑道迅捷通畅。并在不断完善自助交易系统与远程交易系统。公司以宽敞舒适的内部环境和严谨安全的风险管理体系为期货投资者创造一个理想的交易环境。公司将始终为客户利益着想，为投资者谋求收益最大化，与客户共同发展是每一个璐通人永远的追求！

大华期货经纪有限公司

大华期货经纪有限公司于 1995 年 11 月 21 日经国家工商行政管理局批准注册登记（编号：1000001002278），并于同年 11 月 22 日获得中国证监会颁发的《期货经纪业务许可证》（编号：A027136003）。是重庆市最早成立的三家期货公司之一，也是全国首批符合要求的 33 家期货公司之一。

公司成立以来，严格遵守国家相关法律及法规，以“诚信为本，客户至上”为宗旨，遵循“公开、公平、公正”的原则，以良好的服务，获得了较高的知名度及广大的客户群体。公司拥有国内期货界资深管理、咨询人才，为客户提供多层次的培训及咨询服务，赢得了投资者的认可。

公司注册资本三千万元，位于重庆市黄金地段解放碑得意世界十八层，拥有上海期货交易所、大连商品交易所、郑州商品交易所席位。公司注重技术创新，配备了目前国内最先进的自助交易系统。2002 年 5 月推出网上交易系统，为广大期货投资者提供了方便快捷的交易工具。同期正式推出公司自主版权的网站一大华期货信息网：www. dhqh. com. cn＜http://www. dhqh. com. cn＞。2003 年 7 月，大华期货与工银行合作推出了银期转帐系统以及期货保证金封闭运行管理体系，使得交易者能够快速安全地划转资金。一流的硬件设备、高品位环境设计，为投资者营造了一个宽松、舒适的交易氛围。

大华期货将在现有基础上，励精图治，与重庆市期货同仁一起在证管办的领导下，共创期货业美好明天。

地址：重庆市渝中区较场口 88 号得意商厦 A 座 18 楼
电话：(023)63798100
传真：(023)63798168

天成期货经纪有限责任公司

天成期货经纪有限责任公司（TIANCHENGFUTURESC0. ,LTD)，简称天成期货公司（TCFCO)，是由全国棉花交易市场、中国华孚贸易发展集团公司、中华棉花有限公司等 6 家公司共同组建的。公司总部座落在北京金融大街 33 号通泰大厦 C 座 508 号，注册资金为 3600 万元。

天成期货公司是我国首家由棉花企业参股设立的期货公司，其任务是积极引导涉棉企业、糖企业及准备参与棉花和糖期货的企业和个人参与期货交易，发现价格，规避风险。公司以雄厚的棉、糖现货市场作为背景，以快捷的信息、准确把握市场脉搏作为依托，高质量、高效率地竭诚为客户服务。公司拥有一批高素质的业务人员，为客户提供期货、现货市场、国内和国际市场及相关行业的深度分析报告；指导、帮助客户从事相关期货品种的套期保值业务，最大限度地降低客户投资风险；专业化的研究队伍将借助丰富的行业经验和专业知识为您进入期市提供质量保证。

天成期货公司秉承诚信经营的优良作风，以管理标准化、服务现代化、运作规范化为宗旨，为客户提供期货及相关市场的多元化投资工具，以良好的经营业绩和企业形象来获得您的继续信任和继续支持。

联系电话：010－88086801
传　　真：010－88087091
邮政编码：100032

东银期货经纪有限公司

东银期货经纪有限公司创建于一九九三年。是国内首批获得国家工商管理总局注册登记及中国证监会颁发的《期货经纪业务许可证》的公司。中国证监会的许可证号为 A036735056，国家工商总局登记注册号为 1000001002119（2－1）。注册资金 3000 万元人民币，注册地点为深圳市深南中路 2068 号华能大厦 18 楼。公司股东为：深圳市泛银投资发展有限公司、上海中房集团华东置业股份有限公司。公司法定代表人为王勇先生。

公司拥有国内全部三家期货交易所的席位，并且已与三家期交所建立了异地同步远程交易系统，故无论在交易所所在地还是异地，都能为客户提供直接的下单交易。席位号分别为：

上海期货交易所　0182 号
大连商品交易所　0023 号
郑州商品交易所　0026 号

公司各营业场所均是所在城市的繁华腹地，交通十分便利。公司的交易设施近年来已全部更新，现有设施均为国内一流，再加上远程交易、自助委托交易方式的建立，为客户提供了安全、高效、舒适的交易环境。

公司深圳总部位于深圳市深南中路 2068 号华能大厦 18 楼，经营场地 1500 多平方米。

上海管理总部及营业部系 1999 年公司吸收合并原上海百事顺期货公司后重新组建的，地点位于上海市南京西路 580 号南证大厦 9 层，营业场地为 580 平方米。

公司实行董事会领导下的总经理负责制。公司设有交易部、市场部、研发部、结算部、财务部、办公室等专职部门。部门之间协作配合，保证公司各项工作正常稳定运作。

公司自 1993 年成立以来，在多年的代理服务中，一直坚持规范运作，以诚信为本，以当好投资者参谋为己任。尽管多年来期货市场风波不断，但公司至今未发生过一次风波事故，也没有一起诉讼案发生。始终保持着良好的市场信誉和形象。

公司以人为本，重视人才，聚集了一批训练有素的期货专业人才。公司有着国内知名，经验丰富，最早从事期货业经纪的投资理财专家群体，能正确指导投资者交易商品期货及实现现货一期货的套期保值功能。

公司对股指期货研究是国内最早的、最具知名度的，并已获得了一定成果，可以为投资者从事股指期货做准备。公司还与众多证券商在理论研究、信息共享上有着良好的战略合作伙伴关系，使投资者可以在同一时点兼顾期市与股市，尽展资本市场运作之风采。

东银期货经纪有限公司热忱欢迎投资者前来公司指导或来电垂询，愿与广大投资人把握时机，携手共进。

东银期货经纪有限公司 http://www. dyqh. com. cn
董事长信箱：chairman@dyqh. com. cn
深圳地址：深圳市深南中路 2068 号华能大厦 18 楼
电　　话：0755－83662533

传　　真:0755－83662622
邮　　编:518031
E－mail:topwin_sz@163. com

神通期货经纪有限公司

一、基本情况

神通期货公司成立于1996年,是经中国证监会和国家工商行政管理局批准成立的大型专业化期货经纪公司(工商注册号1000001002416,期货经纪许可证号:A035919113),是大连商品交易所(会员号第29号)、上海期货交易所(会员号第0279号)和郑州商品交易所(会员号第29号)的合法注册会员.代理国内三大交易所期货经纪业务,公司注册资金为人民币3000万元。公司主要大股东是新时代集团,目前在国内、外多个城市拥有包括广州新时代房地产开发有限公司、广州新时代国际投资管理有限公司等子公司,集团的各项业务稳步发展、效益良好。在新时代集团的重视领导下神通期货公司业务发展蒸蒸日上,目前主要期货品种如连粕等的持仓交易规模一度位居全国十大期货公司之列。

公司总部位于广州中心城区中山纪念堂对面,东风中路268号的广州交易广场21楼,营业面积1200多平方米。地理位置优越、交通便利,营业环境整洁舒适。公司配备有世华财经行情等齐全的行情显示和动态分析系统;装备有金仕达期货交易、网上交易、人工报单、计算机自动交易等多元化的现代集成交易系统;同时神通期货公司主网站将以更快捷、更丰富、更具深度的行情资讯竭诚为投资者提供一个专业投资咨询交流的平台,为众投资者提供最优服务;公司是华南地区最早与工商银行、建设银行等签定协议,对客户保证金实行封闭运行管理的期货经纪公司,客户保证金只能在经中国证监会备案的银行专户划转,保证了客户资金的真正安全。

公司架构方面:目前公司主要由市场部、发展研究中心、财务部、客户服务部,网络部、交易结算部等组成,现有从事期货超过6年的经理级管理干部近20人,其中5人获得中国证监会高级管理资格证书,大专以上学历人员占职工总数的83%以上,而100%的员工获得专业培训证书,优良的人员结构为客户提供优质的服务。值得一提的是:公司发展研究中心凝聚了一批优秀的人才,综合素质高、学历背景深厚,既有参与过国际商品期货或国际贸易实务的国内首批期货从业人员,也有理论功底扎实且科研能力突出的研究生队伍;既有在证券市场上投资本身就很成功,历创佳绩的证券职业操盘手,也有在期货市场几度沉浮,历经洗礼,逐步成长起来的职业投资者,精英荟萃,交相辉映;研发力量雄厚,实战经验丰富一这就是我们的团队,一支深得机构投资者信赖,具备驾驭市场风险,营运期货投资基金进行战略投资的专家型团队。

二、公司的发展

神通期货经纪有限公司成立以来,在公司董事会的领导下秉承“诚信守法、稳健经营、防范风险,创新高效”的企业文化理念,公司领导积极开拓进取,业务量不断创新高,在代理业务方面也取得重大突破,目前在大连和郑州两个交易所的业务量不断扩大。在追求业务量发展的同时公司致力于发展与客户长期合作的关系,为投资者提供套期保值,规避风险,以及资本稳健增值的一揽子解决方案。以人为本,“一切以客户盈利为目标”,以为客户提供最优质服务为宗旨,是神通期货公司的经营理念。因此,与客户的利益息息相关,把公司团队精神的培育作为企业文化(CI)建设的一部分和客户满意度(CS)有机结合起来,形成神通期货的真正核心竞争力。

进入新世纪,中国期货市场迎来了新的发展机遇和挑战,神通期货将与时俱进,在业务上推陈出新,以优质高效的服务,实现与客户双赢的战略目标。

三、公司主要服务业绩

1 专业投资咨询服务

神通期货全年为有投资能力的客户提供免费的各类咨询服务,由专业化的研究队伍为客户提供金融期货领域政策、法规、新闻及期市行情分析,由资深的投资专家队伍为客户提供期货和现货市场、国内和国际市场及相关行业的深度分析报告。

2 社会普及培训服务

神通期货自成立以来,通过《广州日报》、《投资快报》、《期货日报》等媒体平台协助广州市及华南地区做了大量市场培育、投资者的教育和培训工作。公司一直参与社会各界的期货知识普及、先进技术和交易经验的推广工作,积累了大量经验,根据客户的不同需要举办期货知识的培训,帮助客户掌握期货投资技巧,有效控制交易风险。

3 机构投资超值服务

由发展研究中心的资深投资分析师向机构投资大户,投资基金等客户提供专业咨询,帮助客户拟定投资计划及策略,把握获利避险的机会,包括根据不同企业,客户的不同需要提供相应的研究报告,制定相应的投机、套利或套期保值的操作方案,并为客户提供期货及相关市场的多元化投资工具,真正实现投资的最佳组合与风险的有效控制,实现客户资金的保值增值。业内注意到:长期以来神通期货与国内尤其是华南地区的压榨企业和饲养企业建立了良好的合作关系,在为对口企业提供套期保值筹划方案,避免企业因成本上升带来的生产风险,使这类公司在与同行的角逐中更具竞争力方面积累了成功的经验。目前公司已经具备设计完善的套期保值方案的成熟经验和操作技能,能为各种粮油生产加工型企业,金属铜,铝等有色金属耗材型企业提供套期保值交易的研究,规划,设施等全程跟踪服务。

四、发展战略

雄关漫道真如铁,而今迈步从头越。展望未来,神通期货将致力于把公司打造成为“华南第一,国内一流”代理国内所有上市期货品种及全球金融衍生品交易的大型综合类金融服务机构。谋定而后动,我们愿与时代的精英一齐共同携手迈进灿烂辉煌的新时代,为中国期货业的发展做出我们应有的贡献。

重庆先融期货经纪有限公司

重庆先融期货经纪有限公司是经中国证监会批准设立(许可证号:A032236017),在国家工商行政管理总局登记注册的专业期货经纪公司(注册号:1000001002241)。公司注册资本人民币叁仟万元,公司总部设在重庆市渝中区邹容路邹容广场A座14楼,公司主营国内商品期货代理、信息咨询及培训,代理客户在国内期货交易所进行交易,并向客户提供结算、交割、资金管理、信息咨询等方面服务。

公司下设行政部、财务部、交易部、结算部、电脑部、投资开发部、研究发展部、市场开发部等部门。所有从业人员不仅具备中国证监会规定的从业资格,且具有丰富的期货从业经验。公司本着规范、严谨的管理作风,通过高质量、专业化的服务为客户提供更多更好的投资机会。公司不仅拥有现代化的卫星通讯报价设备等硬件设施，同步反馈国内外政治、经济信息，及时分析各热门品种的价格走势和大户动向；更拥有一批高层次、专业化的研究人员，对国家宏观经济的发展动态、金融证券市场的创新变化以及国内外各金融市场的各类信息进行深入的分析和研究，为客户提供更为广泛的投资渠道和更加科学合理的套期保值方案和投资计划，供客户参考。全方位的客户培训，将带给您最新的投资理念和先进的操作技巧。网上交易和客户自助委托系统将使交易更快捷，操作更便利。

公司总部地处重庆市中心解放碑，地理位置优越，交易环境优雅，设备先进。该地区各大金融机构均有网点，资金往来方便，可以保证客户各项金融交易的快捷执行。

公司崇尚“知识期货、理性期货”的期货投资理念，给予客户专业的操作指导和提供学习的平台，不少客户在公司这一理念的指导下得到了自身价值的实现和超常的发展。

“以人为本、服务至上”的发展理念使我们高度维护客户利益。至诚服务是我们的宗旨，真诚合作是我们的愿望，重庆先融期货经纪有限公司热忱欢迎广大客户光临我公司进行咨询、投资和套期保值。

厦门国贸期货经纪有限公司

厦门国贸期货经纪有限公司系厦门国贸集团股份有限公司旗下的专业期货经纪公司，于一九九六年经中国证券监督管理委员会核准成立并授予《期货经纪业务许可证》，并在国家工商局登记注册，注册资金达壹亿元人民币。公司总部开通了三家期货交易所异地同步交易系统，保证客户交易跑道的安全畅通；拥有文华、金世达、世华等先进快捷的报价和讯息系统，可接收国内外商品交易所的即时行情；多位具有较高素质且期货交易经验丰富的投资咨询人员能够为客户提供专业的投资咨询服务。

公司自成立以来，依托厦门国贸集团的雄厚实力，秉持规范运作、信誉至上的经营宗旨，取得了较好的社会效益和经济效益。展望未来，厦门国贸期货将一如既往，以刻苦求实的敬业精神和努力认真的工作态度，竭诚为广大投资者提供一流的服务，为广大客户谋求更大的投资效益。

地址：厦门市湖滨南路国贸大厦 11 层
电话：0592－5160858
传真：0592－5160358

云晨期货经纪有限公司

云晨期货经纪有限公司是经中国证监会批准，由云南铜业（集团）有限公司为主要发起人，联合云南铜业股份有限公司、云南冶炼厂、云南楚雄矿冶股份有限公司、云南金沙矿业股份有限公司五家国有及国有控股大型企业共同出资成立的期货经纪公司。公司位于云南省昆明市金融密集区人民东路 111 号，注册资本伍仟万元人民币。期货经纪业务是公司的主营业务，同时兼营期货投资咨询、信息服务和期货、证券业务培训。

公司遵循“公开、公平、公正和诚实信用”的原则代理国内商品期货交易，接受客户委托，按照客户的指令为客户进行期货交易并按规定收取交易手续费。公司采用先进的计算机网络及通讯技术建立公司期货交易管理应用系统、网上交易系统、财务内部核算管理应用系统、OA 自动化管理等一系列信息技术应用系统，并通过数据专网与上海期货交易所、大连商品交易所、郑州商品交易所实现远程互联，使交易更为快速、准确、通畅、安全。为更好地向客户提供国内外经济风云变化及交易中的实时行情信息，公司引进了“路透资讯信息”、“桥讯咨讯信息”、“世华金融资讯信息”及“新华财经”等知名信息源，建立了一套完整的信息收集整理及发布系统。为客户提供一流的信息和一流的服务。

倡导理性投资和套期保值是公司的经营特色，公司将发挥大股东云南铜业集团公司特有的优势，深入研究分析国内外有色金属交易品种的供求关系、价格趋势，为客户提供更为丰富的参考资料。另外，公司不仅提供商品期货的宣传普及、市场开发、交割、结算财务等期货经纪服务，而且还将提供策划、制定、实施与企业需求相吻合的期货投资计划，多层面为客户服务。公司将规范经营、理性投资、先进管理、客户至上“为指导思想，为每一个客户做好期货投资服务，把公司建设成为高度专业化的期货经纪公司。

地址：云南省昆明市人民东路 111 号
电话：0871－3142012
传真：0871－3142001
邮编：650051

美尔雅期货经纪有限公司

美尔雅期货经纪有限公司（以下简称美尔雅期货）是经中国证券监督管理委员会批准并核发《期货经纪业务许可证》，在国家工商行政管理局登记注册的专业期货经纪公司。公司注册资本 3000 万元，大股东为上市公司湖北美尔雅股份有限公司（简称“美尔雅”，股票代码：600107），有着强有力的集团资金、人才及管理支持。

公司总部位于武汉市汉口繁华黄金路段江汉北路八号，金茂大楼附楼四楼，交通便利，位置优越。拥有八百平米全新装修的现代化交易场所，宽敞明亮，环境优雅，内设中央空调系统，硬件设施华中一流，不仅如此，更重要的是，公司拥有一支年轻精干、从业经验丰富、有着一流赢利经历且富有敬业精神和优异品德的员工队伍，能为您提供最有效和合理的操作建议。此外，公司在华中地区首家推出的全新网上交易系统，操作便利、功能强大、信息及时、资讯全面，使您足不出户、轻松理财，享受家庭大户室的优惠和便利，无论您在那里，只要拥有能上网的电脑或能拨通的电话，您都能进行自助交易；公司最新推出的银期转帐系统，能最大限度的方便资金划转，灵活理财；公司网站作为一家专业的期货资讯网，能为广大投资者开启全新的期货投资理念，为广大客户提供第一时间的交易信息和动态，提供全面及时的资讯信息，专业资深的研究报告，丰富系统的专题报导，开放互动的客户交流平台。

经营理念：客户为先、以人为本、持续经营
企业文化：厚德载物、自强不息
管理理念：求实、创新、专业
宗旨：服务人类、创造完美
地址：湖北省武汉市江汉北路 8 号金茂大楼附楼四楼
电话：027－85731552
传真：027－85762939
邮编：430022

广发期货经纪有限公司

广发期货经纪有限公司成立于一九九三年，是首批经中国证监会批准，由国家工商管理局核准注册的大型专业期货经纪公司。公司在北京、郑州、珠海、梅州、青岛等地设有营业部。

公司成立以来，以"加强规范、稳健运作、迎接发展"为宗旨，规范运作，严格管理，在整个期货行业面临低谷和不景气的大环境下，本着对期货业的深刻理解和无比热爱，积极拓展业务，开发客户，改善公司生存环境。

随着全球经济一体化的进一步深入，国际金融市场的全球扩张，金融品种更趋丰富。特别是中国加入 WTO 以后，中国的经济也必将融入全球的一体化体系中，中国资本市场的逐渐对外开放，使得中国期货业面临着新的发展机遇。

广发期货公司本着历史的使命感，以天下为已任，力求国家兴旺，民族富强而成就一番事业。公司积极引进和培养人才，全部员工具有大专以上学历，其中博士占 9%，硕士占 17%。经过近十年的风雨，广发期货公司按照与国际接轨、规范运作的标准，进一步加强内部建设，先后建立了内部风险控制机制以及完善一系列风险控制制度，建立员工岗位责任制与绩效考核管理办法，启动了企业资源计划(ERP)项目，形成具有广发特色，符合国际化以及中国证监会要求的管理运作体系。

自 2002 年 9 月公司迁到华南地区期货交易最集中的五羊新城以后，广发期货公司更是在硬件上加大投资，严格按照国际先进的技术要求对公司的网络系统进行重新设计，建立了一套与国际接轨的交易、结算电脑运行模式，通过广发期货公司及其营业部互为备份的 DDN 专线与全国期货交易所实现安全可靠的同步交易系统，加强了技术安全，保证了畅顺的交易通道，提高了统一交易、统一结算的效率。

目前，广发期货公司已与中国工商银行签订全面合作协议，实施了客户保证金封闭式管理，开通了多家银行的网上银行业务以及银期转帐业务，投资者可在全国各地直接通过网上银行或银期转帐方式划转保证金。

广发期货公司致力于发展与客户的长期合作关系，优质的服务将为投资者提供财富迅速增长的机遇。广发期货公司人员精干，业务熟悉。我们拥有一批业内最优秀的客户服务队伍。各种高选题的期货研究文章频繁见诸专业报端及相关媒体，我们策划周详的投资报告和实用易行的交易计划，可以帮助客户制定正确的入市策略，合理运用资金，从而获取投资利润和规避风险。为了更好地服务投资者，我们建立了 CRM 客户服务系统和 VIP 客户服务系统。

广发期货公司目前是期货行业中资金充裕，实力雄厚，经营稳健，资产质量和资信条件最好的公司之一。根据中国期货业协会的统计，2003 年公司交易量和交易额名列全国期货公司的前 20 名，并被评为"上海期货交易所 2003 年度优秀会员 20 强"。

展望未来，广发期货公司将致力于发展成为代理投资全球商品期货及金融衍生品交易，为客户提供优质理财服务，管理期货基金的世界一流的具期货综合业务的大型集团化金融服务机构。

黑龙江三力期货经纪有限责任公司

黑龙江三力期货经纪有限责任公司是经中国证监会批准设立，在国家工商局登记注册的专业性期货经纪公司，注册资本 3580 万元。

公司坚持"公开、公平、公正、诚信"的原则，以最大限度地满足投资者的需求、努力实现客户资产的保值增值为目标；秉承"高效、服务、进取"的企业精神，为广大投资者提供一流的服务，追求公司与客户的双赢。

黑龙江三力期货经纪有限公司的前身是著名的黑龙江金谷公司，该公司创办于 1993 年，系黑龙江早期从事国内期货代理业务的公司之一，资历最深，经验丰富，2000 年由黑龙江省粮油集团总公司、黑龙江大连龙粮贸易总公司联合投资入股，并取"精力、智力、实力"之意，把公司改名为"三力"，是省内唯一由粮食部门主办并控股的从事期货代理业务的专业期货经纪公司。

公司成立以来，依托黑龙江粮油集团多年的实力，利用黑龙江粮油批发市场得天独厚的快捷、准确、及时的信息和交易经验，并有专门的信息分析队伍对市场动态进行实时跟踪，可准确及时地为客户提供期货和现货行情信息并接受客户咨询。资金支付能力强，客户投入资金无风险，具有雄厚的经济实力和信誉。

三力期货拥有上海期货交易所、大连商品交易所、郑州商品交易所全权会员席位，可为客户进行行情分析。公司具有一流的交易设施和交易环境，电话、自助、网上交易可供客户自由选择，对客户保证金实行银期联网封闭运行，完善的内部管理控制等制度可有效保证客户交易的安全性。

公司总部设在哈尔滨市最繁华的百年老街——中央大街黄金地段的四星级宾馆金谷大厦五楼，拥有近 1000 平方米的交易场所，比邻黑龙江粮油批发市场。公司环境幽雅、运作规范、管理严格，高素质的员工队伍可为客户提供全方位、多层次的期货经纪、咨询服务，每周编发的《三力周刊》通过全面、系统地对期、现货市场进行深入浅出的分析，已经成为广大客户每周了解行情、指导投资的首选刊物。公司作为大连商品交易所的黑龙江培训基地，设有专业培训队伍随时为您进行免费的定点和上门培训。

公司采用金仕达交易系统和网上交易系统，利用卫星和网络提供世华、文华财讯行情分析系统，确保数据及时、有效的传送，可方便客户了解行情，设有多间环境舒适、功能齐全的大户室和中户室，可供不同客户选择。

公司采用先进的董事会下的总经理负责制的现代化企业管理模式。设有财务部、结算部、交易部、研究发展部、市场开发部和培训中心等职能部门。公司本着"高起点、严要求"的原则，对从业人员实行严格规范的在职教育和定期培训，实行考核上岗，定期淘汰制，根据不同工作岗位，制定了完善的管理制度，所有从业人员均获得了中国期货业协会颁发的《期货从业人员资格证书》。多年来，公司形成了完整的经营管理制度体系，积累了丰富的专业管理经验，自开业至今，未发生任何违规违纪事件，良好的信誉使公司在业界及客户中获得了广泛好评。

公司全体员工的共同努力下，三力公司已在大连、佳木斯等地设立了营业部，并正向粮食产量丰富的中原地区进军。

随着我国期货市场的日益发展，以及地处东北老工业基地和粮食主产区的地缘优势，依托股东单位多年来从事现货交易业务的经验和辐射全国粮食批发市场和省内全部粮食储备库的黑龙江粮油市场信息网，三力公司全体员工将本着"立足东北，放眼全国"的经营理念，把早日跻身全国知名期货商的行列作为长远发展目标而奋斗。

黑龙江延伸期货经纪有限公司

黑龙江延伸期货经纪有限公司的前身是黑龙江金元期货经纪有限公司，该公司创办于 1993 年 3 月，系黑龙江首家从事国内期货代理业务的大型专业经纪公司，资历最深，经验丰富，1998 年 2 月 17 日被延伸集团收购，并更名为“延伸”。

延伸期货由黑龙江延伸实业集团和黑龙江地铁发展有限公司共同出资主办，依托于黑龙江省地方铁路局，注册资金 3000 万元，资金支付能力强，客户投入资金无风险，具有雄厚的经济实力和国有企业信誉。

延伸期货拥有上海期货交易所（发起会员）、大连商品交易所、郑州商品交易所全权会员席位，可代理指导行情，开发期货市场。粮食、金属皆可自由交易。

延伸期货郑重承诺：规范运作，不作自营；奉客户为上帝，客户来去自由，客户资金存取自由。

延伸期货位于哈尔滨市南岗区中山路 93 号，专业甲级写字楼保利科技大厦二层，所处地理位置是哈尔滨高新技术产业开发区的第一门户，中山路与珠江路交汇处。多条公交线路依街而过，连接市内主要干线。南连公滨路、东靠开发区、西沿中山路、北接东西大直街，直达哈市最繁荣的商业中心，是理想的投资环境。

公司环境幽雅、设施先进，运作规范、管理严格。拥有高素质的员工队伍，可为客户提供全方位、多层次的期货经纪、咨询、培训业务。

公司采用恒生自助交易系统和网上交易系统，提供世华财讯行情分析系统和大福星网上行情分析系统，方便客户了解期货行情，参与期货交易。

公司以最大限度地满足投资者的需求、努力实现客户资产的保值增值为经营理念，追求公司与客户的双赢。

地址：哈尔滨市中山路 93 号保利大厦二层

电话：0451－82393135

传真：0451－82393131

大连北方期货经纪有限责任公司

大连北方期货经纪有限责任公司自一九九六年三月二十九日成立以来，一贯坚持期货市场“公开、公平、公正”原则，始终遵循“客户是公司生命之本；人才是公司最重要资本；思想是公司活力的源泉；行动是实现所有价值的根本保障”的核心价值观，规范经营、稳健发展，市场占有率不断提高。公司于 2002 年获得大连商品交易所期货交易盈利排名第七位，2003 年获得大连商品交易所期货交易成交量排名第七位，并在全国总的期货交易量排名中名列第十六名。

大连北方期货经纪有限责任公司拥有上海期货交易所、大连商品交易所、郑州商品交易所全权会员资格，下设北京营业部、福州营业部。公司奉行国际通行的经营理念和交易规则，从国内期货的交易特点出发，采取现代化期货交易手段，代理客户在国内三家商品交易所进行交易，并向客户提供结算、交割、咨询、培训、国际国内财经信息等全方位的优质服务。

大连北方期货经纪责任有限公司视客户为公司生命之本，在日益规范的中国期货市场上，为广大投资者提供有效合理的投资组合与风险管理工具，谋求与客户的友好合作与共同发展！

寰宇期货经纪有限公司

寰宇期货经纪有限公司是经中国证券监督委员会批准，在国家工商行政管理局登记注册的具有独立法人资格的专业期货经纪公司（简称寰宇期货）。

寰宇期货经纪有限公司总部位于北京市海淀区花园路 2 号，其他营业网点分别设立于大连、上海、安庆等地。公司下设交易部、研发部、结算部、财务部、综合部，并有一支高效、精干、经验丰富的人才队伍。

寰宇期货经纪有限公司是大连商品交易所、郑州商品交易所、上海期货交易所的会员，代理品种包括国内三家交易所的所有期货合约：大豆、豆粕、小麦、铜、铝、橡胶等十余个交易品种。代理规模在全国期货经纪公司中处于前列。公司通过世华和富远新闻报价系统准确及时地为客户传送期货、证券信息及行情；通过金仕达期货交易系统为客户提供自助下单渠道；并且，为提高服务客户的水准，公司创建了自己的网站，第一时间为客户发送新闻信息、行情研讨及分析报告。

寰宇期货经纪有限公司严守专营代理，不做自营的经营原则；坚持稳健规范，不好大喜功的经营作风，在期货市场几年风雨的磨练中，形成了“求实、诚信、合作”的经营理念和“高起点、规范化、服务一流”的经营宗旨。正因为如此，公司的财务部为客户提供快捷的资金调拨服务；交易部和研发部为客户提供及时的交易、咨讯服务；技术部不断推陈出新，提高技术水平；综合部为客户排忧解难……；也正因为如此，公司积累了丰富的经验，培养了一流的操盘和智囊群，既可为套期保值者设计方案，又可为投资者出谋划策，既能满足中小散户的要求，又能适应大型期货投资的需要；从而赢得了广大客户的爱护与支持，公司也得跻身于国内一流的期货经纪公司之列。

寰宇期货经纪有限公司将始终如一地坚持自己的经营理念、作风与原则，做到与客户利益高度一致，保证为客户提供高效、优质的服务，并力争使公司的服务水准更上一层楼。

北亚期货经纪有限公司

北亚期货经纪有限公司是经中国证监会批准，在国家工商局注册，由北亚（实业）集团（600705）控股的期货经纪公司。注册资本 3000 万元。

公司是大连商品交易所、郑州商品交易所、上海期货交易所的全权会员，在大商所拥有三个席位，在郑商所拥有双席位，同时在三个交易所均设有无形席位，能够全方位、多层次地从事期货经纪业务，期货咨询、培训业务。公司自 1994 年 10 月成立以来，本着规范、诚信、高效、创新的经营宗旨，在期货经纪业赢得了良好的声誉并搏得了广大客户的信任。

经过多年的完善和发展，北亚期货已跻身国家大型期货经纪公司的行列，综合实力在全国期货公司中名列前茅。1999 年交易量全行业排名第 15 名，2000 年跃居第 2 名，2001 年荣登榜首，市场占有率达到 3.61％。

公司总部坐落在哈尔滨市最繁华的商业中心，并在北京、上海、大连、大庆及郑州中心地段设有营业部或代表处，形成了服务全国的营业网络。公司拥有一流的交易环境和完备的服务设施，能够为客户提供国内外经济信息和实时行情，多种交易分析软件和研发中心分析人员能为交易者提供完善的行情分析和交易指导。异地同步交易系统、网上交易系统、电话委托使客户将交易指令能够迅速快捷地传递到三个交易所场内,结算系统实时计算,电话查询,网上查询使客户对自己的持仓头寸、资金状况一目了然。银期转帐业务的开通,更实现客户足不出户,决胜千里。

公司作为实力雄厚的上市公司北亚集团的一个控股子公司,为客户的交易资金提供了最安全保障。公开、公平、公正的交易原则,全面、高效、规范的服务,高素质的员工队伍,严格的风险控制,以及地处东北老工业基地和粮食主产区的地缘优势,使我们能够最大限度地服务于客户,服务于社会,服务于中国的市场经济建设。

伴随着中国期货市场的日益发展以及加入 WTO 以后经济一体化的加速,我们愿继续与社会各界朋友携手前进,共创未来。

地址:哈尔滨市南岗区红军街 16 号北亚大厦六层

邮编:150001

电话:0451－53651910

传真:0451－53601774

四川天元期货经纪有限公司

公司法定名称:四川天元期货经纪有限公司

英文名称:SichuanTianyuanFuturesCo. ,Ltd

注册资本:叁仟万元

总部地址:成都市走马街 68 号锦城大厦 16 楼

上海营业部地址:上海市浦东浦电路 500 号期货大厦 2904 单元

四川天元期货有限公司成立于 93 年 7 月,由国家工商行政管理局核发企业法人营业执照,注册号为 1000001002177,注册资本 3000 万元。中国证监会核发《期货经营业务许可证》,编号为 A015322008。经营范围是:国内商品期货代理、期货咨询、期货培训,代理品种包括国内三家交易所的所有期货合约:铜、铝、天然橡胶、大豆、豆粕、小麦等交易品种。

公司是成都市最早同时拥有上海期货交易所、大连商品交易所、郑州商品交易所席位的期货经纪公司,是国内最早参与期货经纪业务的单位之一。公司管理规范、运作有序;强调经营管理国际化、标准化、规范化。公司的经营思想是执行政策、稳健经营。公司严格按照中国证监会、成都证管办有关规定及行业惯例进行规范管理、操作;同时拥有一批多年从事期货业务、经验丰富、素质高、有良好职业道德的管理人员和优秀投资顾问。他们具有全国各大交易市场的实际交易经验,并在实践中探索出了一套严格有效的风险管理程序,为投资者提供完善的投资计划。

公司采用现代化企业管理模式,设有行政部、财务部、交易部、结算部、市场部、业务部、研究发展部、技术部等职能部门和上海营业部。本着"高起点、严要求"的原则,对从业人员实行严格规范的在职教育和定期培训,根据不同工作岗位,制定了完善的管理制度。公司现有工作人员 95 % 以上具有大专以上文化程度,全都具备国家从业资格。

公司拥有一流的交易环境和完备的服务设施,通过世华新闻报价系统准确及时地为客户传送期货、证券信息及行情;通过金仕达期货交易系统为客户提供自助下单渠道,客户可以通过总部的 DOS 热自助委托、上海营业部的 WINDOWS 热自助委托、电话委托、网上自助委托、公司交易员委托等多种委托方式下达交易指令,方便快捷,安全可靠;同时公司还推出了 WEB 查询系统、语音传真系统,方便客户查询和打印结算帐单;并且,为提高服务客户的水准,公司创建了自己的网站,第一时间为客户发送新闻信息、行情研讨及分析报告。

公司以专业的交易制度、快捷的交易程序及严格的风险管理手段为基础,竭诚为公司、机构、基金经理及个人投资者提供专业的期货交易、商品套期保值及风险管理服务。

山西和合期货经纪有限公司

山西和合期货经纪有限公司是由中国证监会批准,国家工商局核准登记注册、资本金 3000 万的专业期货公司,公司现拥有大连商品交易所、郑州商品交易所席位,上海期货交易所席位。

公司设有:交易部、市场部、套保部、咨讯信息部、投资银行部、财务部、技术部、行政部。公司通过先进的互连网交易成功的将业务扩展到全国二十几个省市。公司股东为具有实力的山西电力吉达企业公司、山西广大混凝土有限公司等构成。投资 2000 万元建成华北地区最大的期货交易大厦,目前公司已成为华北最大的综合期货投资场所,经营面积 6000 平方米,实现了真正意义上的管理上层次、交易环境上档次。公司使用先进的世华和豫龙分析系统,率先在省内开通了网上交易,并通过帧中继专线接入三家交易所,高速的传输和高度的稳定性保证了交易的准确和快捷,最大程度上保护了客户的利益。

公司使用先进的世华,豫龙,文华,澎博和网上世华期货版等分析软件及最先进的交易系统软件。同时引进了山西大同证券,开通了网上股票交易,采用了网上银行、银期转帐,最大程度满足了投资者的需求。

企业文化

[经营目的]:创造美好生活共享和合辉煌

[经营方针]:完善经营品牌一流服务为先贡献社会

[经营定位]:行业综合实力一流企业

[经营理念]:和衷共济合作发展

[服务观念]:务实勤奋敬业创新热情高效

[企业精神]:奋发向上和睦团结

[发展战略]:立足山西面向全国走向世界

[组织管理原则]:以人为本以知识为本以智力为本以人性为本

[企业文化]:热忱奉献,以实现自我、造福社会为核心,为员工企业和社会带来快乐、信心、希望、成功和财富。

地址:山西省太原市菜园东街 2 号

电话:0351－7342828

邮编:030012

湖南泰阳期货经纪有限公司

湖南泰阳期货经纪有限公司是经中国证券监督管理委员会批准,国家工商局注册设立的期货公司(期货经纪业务许可证号码:A032118021,营业执照注册号码:1000001002081)。公司注册资金人民币 3000 万元。经营范围包括:国内商品期货代理、期货咨询、期货业务培训。公司代理客户在国内商品期货交易所进行交易,并提供开户、交易、结算、交割、信息咨询、培训等全方位规范服务。

公司是国内主要期货交易所会员单位,遵循"公开、公正、公平"和"诚实信用、优质服务、规范管理、规避风险"的原则开展期货交易代理业务,代理品种为国内期货交易所上市的品种。

公司正在构建以泰阳证券营业部为依托的网上交易服务体系，打造泰阳综合投资平台、建立真正的金融超市。通过与国内各主要银行的合作实现客户证券与期货资金的实时划转。我们的每一位投资者不仅拥有各自独立的交易终端，而且可以同时在期货、股票、基金、国债等投资工具中寻找最佳机会，让投资者真正能实现机会比较、优化选择、理性投资，大大提高投资成功的胜算率和盈利水平。

客户至上、服务至上，诚信为人、扎实行事，是我们泰阳人的郑重承诺！

业务咨询：0731－4312678

技术支持：0731－4315706

出入金查询：0731－4315976

客户投诉：0731－4312678

客户服务：0731－4312738

江苏弘业期货经纪有限公司

江苏弘业期货经纪有限公司是经中国证监会批准，在国家工商总局登记注册的期货经纪公司，隶属于大型省级企业集团一江苏弘业国际集团。集团的主要支柱——弘业投资及上市公司弘业股份(600128)为公司的主要股东。江苏弘业国际集团是一家集商品进出口、实业、金融投资、证券期货、国际货运、科技资讯、海外贸易为一体的综合性企业集团。

公司总部位于南京市中华路五十号弘业大厦九楼，毗邻新街口闹市区，营业面积近2000平方米，开辟宽敞明亮的交易厅及大中户室多间。公司拥有全国先进的交易平台，配置多套卫星/网上行情系统、超宽带光纤通讯系统及多服务器备份系统，交易方便、迅捷、安全。

自一九九九年恢复营业以来，弘业期货人以不懈的努力为全行业的繁荣作出了不可磨灭的贡献。公司期货代理交易额平均每年保持350%左右的增长率，期货代理交易额增长率和公司赢利水平均翘楚省内，其中2002年公司利润位居全国同行业第二，净资产收益率位居全国第三，2003年公司总资产收益率位居全国同行第一。公司坚持规范化运作，严格遵循各项监管规定，防范风险，未发生一起重大风险事件；并多次受到监管部门、交易所和客户赞誉，在监管部门定期考核中排名保持前列。

在国家政策支持、期货业整体回暖并稳步发展的大背景下，弘业期货秉承稳健、高效、创新的企业理念，以“超越”为口号，通过制度创新和技术创新，取得了飞跃式的发展，财务指标位居全国领先水平。弘业期货愿成为您的合作伙伴，共享期货市场的发展成果，成就恢弘大业。

江苏期望期货经纪有限公司

江苏期望期货经纪有限公司是在国家工商行政管理局核准登记注册的国家级大型期货公司。本部设在南京市长江路99号(长江贸易大楼20层)。作为大型国家级期货公司，江苏期望期货经纪有限公司本着客户至上的宗旨，遵照国际标准期货交易规则，采取现代商品期货交易专业手段，代理客户在国内期货交易所进行交易，并向客户提供结算、交割、咨询、信息等全方位服务。

江苏期望期货经纪有限公司将致力于推进我国期货事业的发展和成熟，促进我国期货市场建设沿着标准化和规范化轨道发展。

公司租用世华信息网络，以联机实时方式获取世界政治、经济的最新消息，收集世界各大交易所的交易信息。公司拥有装备一流的交易大厅，拥有完善的计算机远程交易系统，使远程交易、即时技术分析、结算、财务管理及信息处理实现自动化、智能化。客户通过公司的远程交易系统可以进行热自助委托交易、电话委托交易以及网上委托交易，使客户的交易指令成效回报能迅捷地完成。

公司的业务方针是专营代理，不做自营，与客户利益协调一致，发挥跨区域的网络系统和规模经营优势，专心致志为客户提供精心的服务，与客户谋求共同发展。

地址：中国南京市长江路99号20层

邮编：210005

电话：025－84516888

传真：025－84799220

第五编

中国基金市场

2430/2480

本栏目由以下单位协办(排名不分先后)

★ 中国银行基金托管部
★ 中国工商银行基金托管部
★ 中国建设银行基金托管部
★ 中国农业银行基金托管部
★ 交行银行证券投资基金托管部
★ 招商银行证券投资基金托管部
★ 光大银行证券投资基金托管部
★ 上海浦东发展银行证券投资基金托管部
★ 南方基金管理有限公司
★ 海富通基金管理有限公司
★ 天同基金管理有限公司
★ 国泰基金管理有限公司
★ 天治基金管理有限公司
★ 广发基金管理有限公司
★ 易方达基金管理有限公司
★ 申万巴黎百富勤基金管理有限公司
★ 深圳市赢时胜信息技术有限公司

第一章 中国基金市场概况

中国基金市场

2003年可以说是我国证券投资基金业发展6年来行业成长最好的一年，我国基金业无论是在数量、规模，还是品种创新、业绩表现上都迈上了一个新台阶。而基金市场结构的变化、基金在投资理念上脱胎换骨式的改变、证券投资基金法的颁布也注定使2003年成为中国基金业发展史上具有重要历史意义的里程碑式的一年。

【基金市场发展现状】

自1997年11月国务院颁布《证券投资基金管理暂行办法》以来，我国证券投资基金业已走过了6年的发展历程。尽管我国基金业的发展历史较短，但发展速度却很快。

1、基金管理公司发展概况

截至到2003年12月12日，我国已设立的基金管理公司共有32家，其中26家基金管理公司已发行基金，另6家基金管理公司已获准开业。此外已获筹建批文的基金管理公司有17家。目前我国基金管理公司的总数已达49家。

49家基金管理公司中，37家为中资公司，12家为中外合资基金管理公司，中外合资基金管理公司占基金管理公司总数的25%。12家中外合资基金管理中，7家已发行基金，其余5家尚未开业。

2、基金数量及品种发展概况

目前我国26家基金管理共管理着112只证券投资基金，其中54只为封闭式基金，58只为开放式基金，开放式基金的数量占基金总数的52%。全部基金中，只有9只基金为指数及指数优化型基金，其余基金均为主动型基金。

54只封闭式基金均为独立偏股型基金，除4只为指数及指数优化型基金外，其余均为主动型基金。

58只开放式基金中，有24只基金属系列子基金，分属9个系列基金。除5只为指数及指数优化型基金，其余均为主动型基金。按类型分，58只开放式基金中，偏股型基金有31只，占总数的53.3%，股债平衡型基金有9只，占总数的15.5%，偏债型基金有5只，占总数的8.6%；债券型基金有10只，占总数的17.2%，货币型基金3只，占总数的5.2%。

3、基金资产发展概况

截至到2003年12月12日，不计3只尚在发行中的货币型基金，中国的基金资产规模已达到1782亿元人民币，其中封闭式基金的资产规模为825亿，开放式基金的资产规模为957亿，开放式基金资产规模占基金资产规模的54%，基金股票市值占A股流通市场的比例已超过6%。基金资产占2002年末GDP的比例为1.74%，占储蓄存款的1.64%。

4、中国基金的基本表现

1999年—2000年中国证券市场“牛气冲天”，在新股配售政策的支持下，基金的平均表现分别达到了38.23%、46.16%。在剔出新股配售因素的影响后，基金的平均表现也高达20%、32%。但2001年下半年至2002年股票市场的持续下跌也使基金损失惨重：基金的平均净值增长率分别下跌了—15%、—11%。2003年在市场并未有根本性好转的情况下，基金的平均收益率高达15%，远远超过了基准指数的表现。总体而言，除2000年外，基金的平均表现均超过了基准指数的表现，相对表现优良。

5、基金销售

目前共有12家商业银行和12家证券公司获得基金代销资格，其中商业银行在基金零售中占据着主导地位。机构投资者特别是保险公司是基金的最大投资者，基金资产的30%以上为保险公司所持有，基金持有人数量估计已超过130万人。

【基金市场新进展】

2003年可以说是我国证券投资基金业发展6年来行业成长最好的一年，我国基金业无论是在数量、规模，还是品种创新、业绩表现上都迈上了一个新台阶。而基金市场结构的变化、基金在投资理念上脱胎换骨式的改变、证券投资基金法的颁布也注定使2003年成为中国基金业发展史上具有重要历史意义的里程碑式的一年。

1、开放式基金取得突破性发展，全面超越封闭式基金而成为基金市场的主流

过去的一年，我国开放式基金承接去年的增长势头，又取得了突破性的发展，开放式基金无论是在基金数量方面还是在净值规模方面都超过封闭式基金而成为中国基金业的主角。

截至今年12月12日，今年我国共有包括伞、子基金在内的38只新的开放式基金募集发行(不包括正在发行中的3只货币型基金)，首发规模达到了635.8亿元。基金的发行数量和首发规模都再创历史最高纪录，与开放式基金的快速发展相比，2003年我国封闭式基金受二级市场大幅折价因素的影响而颗粒无收，全年没有一家新封闭式基金发行。开放式基金的高歌猛进与封闭式基金的停滞不前，使我国开放式基金无论从数量上还是从资产规模上都超越封闭式基金而成为市场的主流，由此我国基金市场也一举完成了具有重要历史意义的结构性转变。

在过去的一年里，基金管理公司无论是在营销渠道的建立上、费率的设计上，还是在服务的提供和与投资者的交流上都有许多新的举措。在营销管道上，一些公司开通了网上交易系统；为增强宣传效果，很多基金都将多次分红作为一种营销手段加以使用，全年共有两只开放式基金选择了3次分红，七只开放式基金选择了两次分红。为吸引更多的客户，一些基金的最低认购金额已从过去的1000元下降到500元；为尽可能多地留住客户，基金管理公司纷纷推出了“基金套餐”。可以说，正是基金管理公司不懈的营销努力才使得我国开放式基金能够在市况不好的情况下保持了资产规模的稳步增长。

实践证明，开放式基金可以“随时随地”进行营销的特性使基金管理公司展业的积极性真正得到了释放，开放式基金独特的赎回机制也使其在保护投资者利益、促使基金经理人努力提高经营业绩、减少基金管理人的道德风险上显示出了

比封闭式基金更好的制度优势。开放式基金取代封闭式基金成为市场的主流反映了一种历史的必然。

2、基金主导市场走势，表现超越大盘扬眉吐气

2003年的中国股票市场仍未能彻底摆脱自2001年下半年以来的下降通道的制约，但与整个市场的弱势格局形成鲜明对照的是基金重仓大盘蓝筹股的表现却十分强劲，从而使基金成为2003年市场的最大赢家。截至到12月12日，15只以股票市场为主战场的开放式基金今年以来的平均净值增长率达到了14.6%，54只封闭式基金的净值增长率达到了15.1%，而上证A股指数的收益率则是8.54%，用作基金业绩比较基准的复合指数的跌幅为5.69%，基金大面积和大幅度跑赢市场大势，成为相对业绩最好的一年。

基金重仓大盘蓝筹股始于2002年下半年，在这一阶段基金基本上完成了由过去的"概念炒作"到"价值投资模式"的转变。2003年上半年，以汽车、石化、钢铁、银行、电力为代表的几类基金看好的行业开始显露出良好的增长势头，基金重仓股开始出现大幅涨升，开放式基金的平均净值增长率高达10%，远远高于A股指数的表现，使市场不得不对基金经理的市场判断能力和选股能力刮目相看。随着基金价值投资理念的深入人心，非基金性的资金不断跟进，基金重仓股反复走强，基金专家理财的优势第一次得到集中的体现。

基金大举投资大盘蓝筹股，可以说与前几年基金重仓股饱受市场非议、市场持续下跌，A股市场向QFII开放的大背景不无关系。投资大盘蓝筹股有利于提高基金资产的流动性，而大盘蓝筹股所具有的市盈率低，投资价值高的特点，也非常有利于改善基金的社会现象。不过当基金真正以价值投资的眼光审视中国的上市公司时，他们却发现在1200多家上市公司中真正具有投资价值的公司并不多，于是集中持股再次成为基金公司的普遍选择。集中持股便于基金集中优势兵力打歼灭战，但也使基金的特点趋于雷同，使基金出现一荣俱荣，一损俱损的可能性趋于上升。一旦个别企业基本面变坏，基金"多杀多"的局面并非不可能出现。基金集中持股的另一个间接影响就是基金群体普遍将一些明显受到庄家控制的股票以及不具备投资价值的公司排除于被选股票池之外，从而导致了这些股票的加速下跌。今年20%股票上涨，80%股票下跌局面的出现从某种程度上充分反映了发展机构投资者的"双刃剑"效应：一方面机构投资者既可以通过为股市带来新的增量资金而推动市场走强，另一方面，机构投资者的理性也将使虚高的市场不断降温，而后一种效果尽管会给我们带来阵痛，但却是中国证券市场走向成熟的必经之路。

几年来，基金在股票投资上可以说走过了从市场避之唯恐不及到遭受普遍置疑再到其价值投资理念得到市场广泛认同三个截然不同的阶段。基金成立之初，在"庄股"风靡于市的年代，市场由于不愿为基金"抬轿"而使基金所投资的股票倍受市场冷落。其后随着基金实力的壮大，基金也开始奉行"庄股"模式，但其重仓持有的股票很多是一些人造大牛股。这些股票的特点就是多次除权，在市场形成所谓的高价绩优股，典型的如东方电子、银广夏、环保股份、南通机床等。这些股票经反复运作后，股价高企，表面上看业绩很好，事后却证明，业绩子虚乌有。更为严重的是，社会上还广泛流传着基金存在为其它机构锁仓接仓的行为，更使基金一时名誉扫地。2002年下半年至今基金所奉行的价值投资理念使基金在投资理念上真正实现了一种历史性的跨越，其雄厚的研发能力和丰富的信息资源使专业理财的优势得到集中展现，其从行业入手、精选个股的新的选股思路也表现出了理性机构投资者内在的特质，基金作为机构投资者所具有的专业理财能力第一次得到人们的尊重。

我们认为，随着基金投资理念发生脱胎换骨式的变化，中国股票市场可望进入价值投资主导的时代，但与此同时，股价大范围的结构性调整将不可避免，一批绩优公司将会脱颖而出，而相等多的公司将为市场无情抛弃。不过也只有经过这样的洗礼，中国的证券市场才能真正发挥出其优胜劣汰，资源配置优化的作用。

3、系列基金、保本基金、货币市场基金的推出使基金在品种创新上又向前迈出一大步

2003年系列基金、保本基金、货币市场基金的推出，使我国基金业在基金品种的创新又向前迈出了一大步。继2003年3月中外合资基金管理公司招商基金管理公司首次在我国推出系列基金后，至今为止，今年共有9家基金管理公司陆续推出9个系列基金，子基金数量合计达到24只，占到今年基金发行数量的63%，合计首发规模到达242.5亿元，占到今年基金首发规模的38%。系列基金有效地规避了目前基金在批设过程中的报批成本和等待成本，对基金管理公司迅速形成较为完善的产品线作用十分明显，因此受到了很多基金管理公司的青睐。但从实际发行效果看，系列基金并未带来期待中的系列基金所具有的统一品牌的销售能力、方便的转换导致的特有的保持流动性的能力、以及规模经济带来的低成本的优势。主要原因是系列基金中的子基金分散了基金公司有限的资源，同时也使基金管理公司在基金营销中产生了顾此失彼的问题。

2003年5月，我国基金产品中的又一重要创新——南方避险基金由南方基金管理公司率先推向市场，受到投资者的热烈追捧，首发规模一举达到51.9亿，刷新了基金首发规模的最高记录。南方避险基金的热销，使很多基金公司希望迅速跟进保本基金，但事与愿违，由于担保问题悬而未决，使很多基金管理公司未能如愿以偿，从而也使这一基金品种的放大效应未能同步放大。

受制于目前有关法律法规的限制，具有保本基金特性的南方避险基金最终并未被冠之以保本基金的称谓。我们认为，只要严格按照契约行事，严格遵守设定的投资纪律进行投资，保本基金保证不亏本甚至保证有一定程度的盈利并不是一件困难的事，本质上并不需要第三方担保。因此保本基金应该说是一种与传统基金"不能保本及保证收益"不同的一种全新的基金产品。它的推出无疑对基金加强投资技术的引进，树立投资纪律、满足低风险偏好投资者的投资需求都有着重要的意义。不过保本基金同样需要市场向好的支持，并要对机会成本有所考虑。

临近岁末，华安、博时、招商3家基金管理又被获准发行3只"准"货币市场基金。"准"货币市场基金的推出使基金的"四大家族"悉数到场，无疑将会给我国基金业的未来发展打开新的巨大发展空间。

4、基金直面大面积赎回风暴袭击

2003年上半年累计共有26只新的开放式基金陆续发行，合计募集规模为347.8亿份，但已设立基金在上半年内的赎回份额合计也达到了令人咋舌的162.7亿份。以股票为主要投资方向的开放式基金在上半年无一例外受到赎回风暴的袭击，平均赎回率高达32%，赎回情况最严重的华安180指数、大成价值增长的赎回率更是分别达到了58.7%、55.5%。经过前两个季度赎回风暴袭击后，第三季度股票型开放式基金的赎回情况趋于和缓，一些基金甚至出现了资金净流入的

可喜现象。但在股票基金赎回被抑止的情况下，受第三季度债券市场下跌的影响，债券型基金又被大幅赎回。

今年我国开放式基金所遭遇的赎回风暴袭击可以说非常具有中国特色。自我国开放式基金发展以来，我国开放式基金就非常看重“首发”规模的大小，基金管理公司普遍将其视为一种“形象”工程来抓。在这种情况下，我们看到，尽管一些基金的经营业绩较差，但在各种营销努力的作用下，很多机构资金还是被“生拉硬拽”了进来，充当“门面”。这些帮忙性质的资金本来并没有长期投资的打算，但由于市场的持续低迷而被迫“挨套”而沉淀下来。这样一旦市场稍好，投资解套，这些资金就会选择退场。

2003年第一季度以基金重仓蓝筹股为代表的局部牛市行情，终于使出师不利的开放式基金扬眉吐气，多数基金的单位净值迅速回复到面值以上，这无疑为解套资金提供了难得的出逃机会。在这种情况下，人们看到的就是一幅“股市上涨，赎回加剧”的“奇怪”景象。实际上，与市况低迷下的基金“热销”一样，这种现象也有其内在的逻辑。从性质上，开放式基金在第一季度所表现出来的大额赎回可以被看作是对较高首发规模的一种“修正式赎回”。

开放式基金在经历第一季度大规模赎回后，为什么在第二季度还会再现大规模赎回呢？我们认为，与第一季度“修正式赎回”不同，第二季度的大面积赎回从性质上看可以被称为一种“预期式赎回”。

股票市场在经历第一季度较大幅度的攀升后，无论是基金经理，还是普通投资者都对市场下一步的走势产生了一定的分歧，从而使第二季度股票市场的振荡有所加剧，并出现小幅回调。在这种情况下，投资者实际上对市场未来能否持续走强开始持怀疑态度，因此为了保有来之不易的“胜利果实”，赎回投资也就成为一些投资者的必然之选。

从本质上看，开放式基金并不适合短线投资。因此预期式赎回是否会成为基金投资的主流方式尚有待进一步观察。但不可否认的一点是，中国股票市场的短线炒作方式正有向开放式基金“移植”的趋势。

有人曾形容基金的发行象“搞运动”。“运动”得来的资金可以说又快又多，但不容置疑的是正如一句西方俗语所云：来得快，去得也快(Easycome，easygo)。中国开放式基金要赢得持续发展还要靠稳扎稳打，任何急功近利式的发展都不可能长久。从长期看，开放式基金规模的增长仍要凭业绩与服务说话。

5、招行可转债事件凸现基金集体力量

2003年8月26日，招商银行发布公告称将发行总额100亿元的可转换债。由于本次转债发行额只有6%左右向流通股股东配售，使流通股股东不能充分享受转债一二级市场的差价，而可转债在转股以后势必造成原有流通股东权益被严重稀释，因此消息一经披露就遭到重仓持有招商银行股票的基金经理们的一致反对，并公开散发了代表基金观点的《反对股权分裂下的掠夺性融资》的檄文。招行100亿融资规模，突出体现了在“一股独大”的股权结构下，非流通股东和管理层对流通股东利益的挤压。基金经理们在招商银行发行可转债一事上联合反击，在已往是相等少见的。尽管在基金公司的抗争下，招商银行对可转债方案有所调整，但在目前流通股东只占总股本的26%，非流通股东占绝对优势的情况下，决定了以基金为代表的流通股东所推出的方案不可能获得支持。不过，招行可转债事件实际上已经远远超过了该事件本身的影响，它突出显示了基金作为机构投资者正在以自己特有的方式开始对上市公司产生越来越大的影响。

招行转债事件引发的一个重要问题就是基金作为机构投资者今后如何参与上市公司的治理。从发达国家的情况看，传统上基金作为纯粹的组合投资者在对上市公司的治理上表现并不十分积极，而是采取刻意回避的态度，但目前的发展趋势则是基金已越来越倾向于做“积极股东”，甚至作为董事进入上市公司的董事会。但问题是进入董事会有可能使基金受到其它利益的驱使而影响到基金在投资上的超然、独立性。有鉴于此，我们并不赞成基金过多、过深地参与到上市公司的治理结构中去。

6、《证券投资基金法》的出台从根本上奠定了证券投资基金行业发展的基础

证券投资基金业发展六年，立法就进行了四年半，由此可见基金立法的困难性与复杂性。基金法是证券法之后被通过的又一部针对证券市场的重要法律，它以法律的形式确认了证券投资基金业作为相对独立的金融行业的法律地位，必将对我国基金业的未来发展起到重要的推动作用。不过，基金法尽管最终以高票通过，但受制于基金业实践的限制，我们认为该法仍存在一些不足和遗憾。例如基金法在很多重要问题上如对基金的定义、组织形式、私募基金的规范等方面由于各方难以达成一致，而采取了回避态度，在基金的法律形式上采用了基金治理结构最弱的合同型基金的形式。在强调基金投资者利益的保护上，尽管强化了基金持有人大会的作用，但由于缺乏代表基金持有人利益的代理机构的存在而大打折扣。在基金分红、投资比例等方面更是缺乏必要的约束性的规定，也使得基金法对基金的约束作用有所弱化。（中国银河证券基金研究评价中心　杜书明）

2003年基金年报情况概览

截至2004年3月31日，投资基金2003年度报告的披露已经完成，与以往的相比，2003年的年报可谓“精彩纷呈”。

投资集中度进一步加大

对基金全部持股统计分析发现，基金持股数量进一步趋向集中。

统计显示，2003年股票型基金的投资集中度不断加大，平均持股数量从年中的50只降低到43只，是2000年以来数量最少的一年。除宝康配置基金持股231只，其它基金持股都不超过90只。

基金投资集中度不仅表现在单只基金的持股数量上，而且也表现在基金共同持股的集中度水平。

按照基金所持股票市值规模统计，前20只股票占基金全部持股市值的比例达到了56%，比年中集中度水平略有上升，远远超过2000年的共同持股集中度水平。

尽管2003年和2000年基金都秉持集中投资的理念，但在基金数量和规模都大幅增长的背景下，基金共同持股集中度并没有表现出下降的趋势，相反却大幅提高，这意味着基金投资理念和投资策略均表现出高度的趋同性。

服务市场壮大

随着基金规模的迅速扩张，基金服务市场也随之扩大。

年报统计显示，2003年基金佣金总额达到2.73亿元，比上年增长了93%。股票交易量从1770亿元增长到3513亿元，增幅超过100%，国债交易量有所下降，从1309亿元下降到1222亿元，回购交易量1898亿元增长到2816亿元，增幅为48%。

从基金服务市场的分布情况看，前10家大券商占有一半以上的市场份额，其中国泰君安以近3000万的佣金位居第一，占全部佣金比例的10.88%，其次为申银万国和招商证券。

但前10家所占比例从61%下降为57%，市场份额最大的国泰君安和申银万国的占有率也从11%以上下降到10%左右。这种分散趋势与基金公司在席位分配构架由“偏重研究”转向“研究和开放式基金销售并重”的转变有一定关系。

按照基金公司划分，华安基金产生的佣金最多，接近2850万元，占全部佣金的10%以上，其次为华夏基金、南方基金和大成基金。

值得注意的是华安基金管理的基金资产规模并不是最大的，但是佣金量却最多，可见其在2003年的股票周转率比较高，而2003年业绩突出、规模较大的博时基金的佣金量却仅排名第9，说明该公司在2003年的股票周转率较低，基本采取了购买并持有的策略。

基金公司、托管银行收益不菲

基金公司显然是基金市场迅速扩大的受益者，2003年基金共收取了近20亿的管理费，共有25家基金公司分享这一收益。南方基金，华夏基金，博时基金，华安基金和鹏华基金的管理费收入最多，南方基金一家所收就高达1.8亿元。

总体看来，10家老基金公司的日子最好过，管理费收入都很高，新成立的基金公司除易方达发展较快外，其余所收取的管理费都相当有限，收入最少的公司尚不足1000万元，对这些公司来说，面临的生存压力依然很大。

从托管费的情况看，托管费总收入为3.37亿元，比上年增长38%。其中工商银行、农业银行和建设银行份额最大，都占20%以上。

账面盈余丰厚

从年报的财务报表中可以看出，基金2003年获利丰厚，尽管没有完全变现，其帐面盈余较大，这为未来的运作提供了比较强的保障，但是，另一方面，如何顺利兑现帐面盈余也是对基金经理的重大考验。

2003年度基金共分红约18亿元，而未实现估值增值则高达110亿元，可见在2003年基金所取得的辉煌战果大部分为纸上富贵。

由于账面盈余转化为实际收益一般会产生一些损耗，损耗的大小则取决于基金持股的流动性高低。目前持股集中度已经处于非常高的水平，而且，大部分基金的交叉持股现象非常严重，对流动性产生较大负面影响。

所以，基金顺利兑现收益具有一定的难度，对市场的冲击也将非常大，百亿账面盈余如何对现将考验基金经理的智慧。

年报数据显示，2003年封闭式基金的分红和开放式基金相比微不足道，看来，经过一年的运行后，封闭式基金仍无法抛开历史包袱的影响，此外，管理人对封闭式基金和开放式基金的不同管理策略，也决定着封闭式基金的命运。

在18亿的分红中，绝大部分为开放式基金，而在110亿的未实现估值增值中，封闭式基金就占了74亿元，开放式债券型基金有3.9亿元，开放式股票基金只有32亿元。

按照每份面值含未实现收益比较，封闭式基金每单位面值所含的未实现收益为0.086元，开放式债券型基金为0.025元，开放式股票基金为0.059元，单位封闭式基金的账面盈余明显高于开放式股票基金。

尽管开放式基金允许申购、赎回，要求的流动性会高一些，但在目前高集中度持股的情况下，两者的差异化处理方式必然对封闭式基金产生一定的负面影响。

机构化特征明显

从2003年的年报来看，封闭式基金持有人的机构化特征更趋明显，前十大持有人持有封闭式基金的比例为36.70%，与2003年年中相比增长了近4%。

54只封闭式基金中，有50只基金的持有人的集中度提高，其中，基金景阳的提高幅度最大，前十大持有人持有的比例值由28.14%提高到43.07%。

数据显示，封闭式基金的持有集中度提高幅度最大的基金品种为5亿份额和10亿份额的小盘基金，其中5亿份额的前十大持有人的持有份数由24.56亿增加到了29.49亿份，增加了20.07%；10亿份额的前十大持有人的持有份数由5.75亿增加到了7.81亿份，增加了35.88%。

总体来看，封闭式基金的筹码正逐渐走向集中，机构化特征更加明显

作为封闭式基金机构投资者的主体，保险公司的一举一动均吸引着市场的注意力，在过去的几年里，保险公司持有封闭式基金的比例维持在23.0%左右，保险公司并没有选择撤出，而是整体处于不断增持过程中。

数据显示，保险公司持有封闭式基金的比例由2002年末的22.89%提高到2003年中的26.50%。

此外，瑞银集团和花旗集团出现在持有人的队列中，持有的基金为基金汉盛、基金金鼎、基金鸿飞、基金同德、基金景阳和基金兴安。QFII总计持有5467.5万份，其中小型基金占了绝大部分比例，投资倾向非常明显。（中信证券薛继锐）

2004年基金市场回顾与展望

2004年面临的主要市场挑战　销售成本高发行瓶颈难突破

基金公司通过代销方式销售产品时，其成本的高低主要取决于代销机构与基金公司合作的成本高低。在以银行、券商为主要销售渠道的格局下，合作的焦点集中于如何达到双方利益的平衡点。在基金发行情况高涨的情况下，基金公司与代销机构之间形成了互惠互利的合作机制，从而降低了销售成本。然而，面对2004年4月以后出现的基金发行瓶颈，基金公司的竞争加剧，为了争夺有利的销售渠道，各基金公司不断向代销机构转让利益，使整个销售体系成本居高不下，不利于整个行业、特别是新公司的发展。

证券公司在2004年代理销售基金的份额明显上升。海富通收益增长首发中，证券公司的渠道包揽了近一半的代销量，显示出了前所未有的潜力。证券公司作为代销渠道的优势也使得其对销售回报产生了更高的要求。由于基金公司不具备交易所会员资格，必须通过券商的交易席位才能进行交易。而受开放式基金规模的影响，需要多个券商的席位同时交易，所以必须对券商进行分仓，由此便产生了券商的交易佣金。基金公司为了满足交易量目标，在行情低迷的时候盲目交易所带来的佣金成本直接损害了投资者的利益。

银行在代销的过程中由于缺乏专业人才，往往需要基金公司耗费人力、物力对代销人员进行专业培训。另外在诸多原因的制约下，银行代销基金的动力不足，一部分银行在2004年基金发行遭遇瓶颈的情况下都希望暂缓其代销业务。

分化加剧三足鼎立格局将现

目前成立的44家基金公司，经营优劣的差异日益明显。

从成立时间上看，在市场发展初期的老基金公司形成了

稳定的客户基础，获得了一定的公信度，发展比较稳固；而一部分新成立的基金公司由于受到市场的冲击，首发规模的管理费不足以弥补成本，公司还没有树立起自己的品牌。

从股权的分布看，合资公司在研究能力、治理结构以及产品的创新上具有比较优势，其海外经验为基金公司打破传统经营模式、适应市场变化提供了借鉴。尽管不能过分高估合资公司吸收外方投资经验的可能性，但是从现实的表现看，一些合资公司的表现还是有过人之处的。另外，还有在基金规模、所推出的产品等方面都有较大的差异。

通过上述比较可以看出，在经过一段时间的发展后，基金行业内的分化已经开始。随着商业银行设立基金公司已经开始进入实质性准备阶段，基金业的均衡格局将再次被打破，形成中资、合资以及商业银行设立的基金公司三足鼎立的局面。

规模扩大与投资空间矛盾日重

2004年基金规模的成倍扩张并没有伴随市场投资空间的同步拓展。随着保险资金以及企业年金的获准入市，机构投资者的增多促使了基金规模的高速增长，然而投资品种的有限使得基金很难通过分散投资化解风险，基金通过配置资产实现产品优化组合的作用得不到有效发挥。

截止到2004年10月底，在已经成立的154只基金中，开放式基金100只，封闭式基金54只。从基金产品的结构看，偏股型基金130只，占基金总数的84.4%；偏债型基金17只，占基金总数的11%；其余包括6只货币型基金以及一只LOF5。这一统计结果说明目前基金公司的产品结构单一，由于债券型基金受到加息政策的影响，赎回较大，主要以股票投资为主，而做空机制以及避险工具的缺失又阻碍了衍生产品的发展。股票型基金的表现很大程度上由上市公司的表现决定，而我国资本市场上具有良好投资价值的上市公司资源有限。

2004年三季度公布的投资组合中，144只基金共持有不重复的重仓股168支，重仓股中前40只重仓股的总市值已经占到全部重仓股总市值的80%，重仓股持有集中度相当高。基金公司产品的同质化一方面引发了在销售手段、价格等方面的恶性竞争；另一方面加剧了基金市场的系统性风险。

理财市场竞争加剧

作为一种专业理财的方式，公募基金由于受众广泛，投资服务专业化程度高，投资收益较稳定，受到了公众的信任，在理财市场上占据了一定优势地位。但是，随着各类金融机构在业务上的创新，保险公司推出了投资联结险，信托投资公司推出了集合资金信托计划等等，面对多方市场主体的竞争，基金的优势地位受到了挑战。

从变现能力上看，开放式基金无疑是最强的，而其他集合理财计划的变现能力相对较弱。综合诸多因素，并结合目前的市场环境以及法律保障程度，券商集合理财计划成为了目前基金业在理财市场上最大的竞争者。2004年10月份，光大证券以试点身份向证监会上报首只创新集合资产管理产品——光大阳光集合资产管理计划划更加激化了券商与基金之间在理财市场上的竞争。

在光大证券的计划中可以看出券商在试行办法的指导下，其产品的设计自由度加大，更加符合投资者的需求。

首先，试行办法规定，券商可以自己认购集合性受托产品中的一部分份额。这使得券商可以通过自有资金优先承担损失以改善理财产品的风险结构，间接为投资者实现了收益的保障，降低了客户发生损失的可能性，这成为了目前券商与基金竞争理财业务中最大的优势之一。其次，由于办法解除了对理财产品存续期的限制，使得券商集合理财产品进一步向基金靠拢。

另外，券商为了增加对投资者的吸引力，未来推出的集合资产管理计划一般都会实行管理费分段收费模式。在拟推出的几个理财计划中，券商会限定优先受益权，只有收益达到一定比例才收取管理费或收益提成，并且设定了管理费收费上限，甚至还有券商会推出净值低于面值就不收取管理费的规定，这与基金公司惯常采用的统一费率的传统做法相比无疑具有更大的弹性空间，能更大程度激励券商在产品的设计、运作上不断提高自身实力。

所以，尽管在试点获准运作的初期不可能有大规模券商推出集合理财产品，但是这一产品已经受到了投资者的广泛关注，随着集合理财产品规模的扩容和品种的丰富，可能会对基金产品的销售形成新的压力。

封转开式基金面临风险

由于开放式基金的不断推出以及A股市场低迷对基金业绩的影响，封闭式基金从2002年开始停滞不前，2004年继续维持了54只封闭式基金，817亿份的份额，没有新发新的封闭式基金。从市场表现看，封闭式基金在二级市场的交易不活跃，投资人兴趣减弱，折价率不断攀升，流动性降低，持有人利益受到损害，封闭式基金不断被边缘化。针对这种情况，封闭式基金转开放式基金成为了封闭式基金的出路。但是封闭式基金的资产规模较大，在转换过程中面临了种种风险。

首先，如果封闭式基金大规模转为开放式，由于赎回压力被迫变现资产对整个市场将造成很大的冲击，特别是目前基金集中持股比例较高，所形成的核心资产如果大规模变现将使股票市场受到冲击。由于保险资金已经在近期获准入市，封闭式基金的大幅折价对于以被动投资为主的保险公司来说会损害其自身利益，如果大笔保险资金进行赎回，将造成封闭式基金价格的更大波动。

其次，由于封闭式基金与开放式基金的定价机制不同，当封闭式基金预备转为开放式时，必然会有一批市场的短线投资者加入到封闭式基金的投资队伍中，封闭式基金市场因此会出现非正常波动的行情。短期投资者的投资炒作，可能对转换后的开放式基金与长期投资者的利益产生很大的影响。尽管已经推出的LOF为基金从封闭式向开放式的转换提供了低成本的渠道，但只是降低了封闭式基金大幅折价的可能。LOF提供的套利机会在现有清算制度下存在风险，更需要由专业的风险管理机构来进行运作才更便于控制风险。

所以，在封闭式向开放式基金转换的巨大压力下，风险不容小视。另外，由于基金法的出台，对于转换基金运作方式提出了明确的要求，例如必须召开基金持有人大会，表明了监管层在“封转开”问题上的小心谨慎。

税收政策支持亟待到位

基金的税收政策是指基金发行、交易、投资及其转移等环节应税的税种政策及每一税种的税率结构政策的总称。合理的税收政策对于推动基金市场的发展起到了至关重要的作用。具体来说，税收政策的有效实施能够保护中小投资者的利益，维护市场的稳定，促进基金产品的创新。美国基金市场自七十年代以来的飞速发展，一定程度上得益于美国政府对所得税的及时调整。例如对投资于债券基金、社保基金、货币市场基金等品种的投资者都实行免税、减税或延期课税等鼓励措施。

我国对基金已经实施了一些税收优惠，如投资者买卖基金暂免证印花税、基金分红收入暂免征个人所得税、企业所得说等等。这些措施对引导储蓄资金流向基金市场、优化金融结构发挥了积极的作用。但是在基金市场不断创新、市场环境日益变化的情况下，基金的税收政策明显落后于基金业的发展速度，制约了基金的发展水平。

首先，税收优惠规则制定过于笼统和宽泛，对特定领域的引导性不强，特别是没有着眼于建立基金市场发展的稳定资金补充渠道这个大的方向，因而对特定资金引入的作用不明显。具体来说，中国对社保基金、养老基金、企业年金等特定的资金缺乏明确的免税优惠，无法像美国等成熟市场上的个人退休投资基金或者教育储蓄投资基金那样投入于投资基金领域。

其次，在2004年6月1日起正式施行的《证券投资基金法》中没有涉及到相关税收政策的调整，目前基金业的税收政策缺乏全行业统一的标准，各地对税收政策执行的力度也不一致，造成了基金市场区域格局的分化，不利于基金业在市场区域上的拓展。

我国基金业目前迫切需要税收政策的激励，一方面基金管理公司需要优惠的税收政策降低成本；另一方面，产品创新的深化需要税收政策予以鼓励。借鉴发达国家成熟市场的经验，通过清晰的税收优惠政策，为基金市场形成稳定的资金补充渠道，也为投资者提供稳定的投资渠道。例如，对于社会保障资金、企业年金、个人退休投资计划等要制定清晰的免税政策。此外，面对市场的激烈竞争，需要针对投资公司制定规则明确、标准统一的税收政策保证竞争的公平，也有利于基金市场区域的进一步拓展。具体的规则应该涵盖基金运作的每一个环节，避免重复征税，实行源头控制，通过合理的税率水平推动基金产品的创新，保护中小投资者的利益。

2005年基金业的发展趋势

2005年是基金业在我国发展的第八年，在经历了2004年市场规模的高速扩容后，基金业将向多元化方向发展，在整个行业保持快速发展的同时，行业内部的重新定位会日益明显。

基金公司着眼于提高产品创新能力、提升专业理财的水平，努力打造自身品牌。面对市场的逐步开放，基金业将借鉴国外成熟市场的经验，加强风险管理，完善治理结构，在证券市场将继续居于主导性的机构投资者地位。

行业内部分化趋于明显　发起人的多元化

随着商业银行设立基金公司出现实质性进展，基金业在2005年将形成中资基金公司、合资基金公司以及商业银行设立基金公司三足鼎立的市场格局。

商业银行在对货币市场工具进行投资时具有优势，并且可以通过这块业务来调整存贷款和中间业务比例。除此之外，银行在未来发展客户方面也有一定优势，当前值得注意的问题是如何在运作过程的各个环节设置防火强，有效降低银行传统业务与基金业务之间发生不当关联交易的可能性。基金公司面临商业银行的竞争，应该注重发挥其专业理财的优势地位，在业绩、管理、品牌等方面下工夫，培养核心竞争力。

业务品种多元化

随着我国养老保障体系的不断完善，企业年金作为该体系的三大支柱之一，也将进入资本市场。《企业年金基金管理试行办法》已于2004年5月1日实施，该办法允许基金管理公司参与企业年金的管理。基金管理公司作为专业投资管理机构，具有独特的制度优势。目前各大基金公司已经进行了积极的业务准备和前期投入，为争取获准开展企业年金业务，此外，有关部门还应借鉴国际经验，允许基金管理公司推出针对个人退休帐户管理的基金品种。在未来的一年，基金公司必将在促进养老保障体系的建立和完善中发挥更大的作用。

除此之外，基金公司将有望在未来开展特定客户资产管理业务，目前监管层正在加紧制定相关条例。目前初步确定的基金特定资产管理业务主要包括三种方式：特定基金资产管理、信托型单独账户资产管理和委托代理型单独账户资产管理。

由于QFII的实施，大批海外投资者进入中国市场，他们迫切需要获得有关中国市场环境、发展水平、投资方向等方面的信息。基于这种需要，基金公司凭借自己专业的理财能力以及对市场的深入了解，可以充当海外投资者的投资顾问，在提供咨询帮助的过程中，还可以通过沟通与合作，进一步拓宽客户基础。

销售渠道多元化

LOF方案的主要功能是在保持现行开放式基金运作模式不变的基础上，增加交易所发行和交易的渠道。充分利用证券交易所现有的技术系统和结算系统，为中小投资者和基金公司服务，目前占主流的银行、券商销售基金方式，主要采用现场形式，而LOF基本采用非现场形式，与买卖股票一样，电话、网上委托、营业部下单等，所以LOF的推出拓展了基金的销售渠道，方便了投资者进行认购，同时节省了成本。

此外，中国邮政储蓄正待机进入开放式基金销售业务市场。截至2004年6月，中国邮政储蓄余额已逾1万亿元，邮政储蓄急需解决的问题就是寻找最佳的投资渠道，以确保一定的收益。而基金成为了邮政储蓄资金的选择之一，目前开放式基金销售的功能接口已被设置在国家邮政储汇局开发的新版邮政储蓄卡（又称绿卡）业务系统中，邮政储蓄成为基金的又一销售渠道指日可待。

基金公司走向差异化经营

首先，从产品的设计上看，由2004年发行的货币市场基金和保本基金可以看出，其贴近投资者需求的特性促使了市场上的热销。所以，差异化的产品设计应该体现营销导向性（MarketingOrientation）为核心，即对特定投资者量身定做产品。目前基金公司已经有望推出特定客户资产管理业务，这也为基金公司产品的差异化扫清了障碍。

其次，从服务的水平上看，基金公司现在也越来越注重推出特色化服务，从而发挥品牌效应。通过持续性营销赢得客户的信赖。

管理趋向精细化发展

由于大批机构投资者，诸如企业年金、保险资金在2005年将大举进入资本市场，为了争夺有利的客户资源获得业务范围的拓展，基金公司的管理将向精细化进一步发展。精细化管理体现了现代管理的理念，主要是通过了解客户，制定精细化管理策略；然后通过数据分析和挖掘技术提取信息将客户的原始数据进行清理、整合和储存；最后利用分析结果进行自动化加智能化的生产，从而提高效率降低成本。这里的“精”强调精确的市场定位，而“细”侧重于细化的管理，不断改进。

基金公司在进行精细化管理过程中最强调的是以客户为中心，其中最有代表性的是通过客户关系管理mgCRMkg设计产品以满足客户需求。以期通过高水平的投资管理带来客户价值的最大化，从而最终实现基金公司价值的最大化。精细化管理不但是基金业，也是所有金融机构未来的发展方向。

步伐紧趋国际化发展

从发展趋势上看，基金业正随着市场的不断开放，向国际化方向发展。已经成立的几家中外合资基金公司在2004年已经表现出了较好的发展势头，外方股东为基金公司的业务开展提供了积极的借鉴参考，使其无论在产品线的布局还是运作方式上都逐步向国际水平靠拢。

此外，随着QDII推出的呼声越来越高，其对基金业的发展也产生了一定影响。由于H股市场和A股市场的总体市盈率差异，两个市场的逐步接轨，在股权分置等制度缺陷尚未解决的背景下，可能会带来一系列估值方式的冲突。这就需要基金经理不仅应当以全球化的战略眼光进行资产配置，更要关注中国的市场特定的制度结构及其对估值水平的影响。（国务院发展研究中心金融研究所巴曙松中央财经大学金融学院贾蓓）

2003年中国基金市场年度报告

以价值投资为理念、以集中投资为策略

摘要：2003年的证券市场完全可以用“基金年”来概括，基金高举“价值投资”的大旗成为市场上最耀眼的明星，基金自身也在数量和规模上取得了空前的发展。然而，持续走高的折价率和大范围、高比例的净赎回也给基金的高速发展带来了一丝不和弦的音符。全文分为三个部分，对2003年基金的一级市场、二级市场以及投资运作情况分别作了回顾并进行了展望。

一级市场篇

一、基金一级市场2003年回顾

2003年基金无论是在数量还是规模方面都取得了空前的发展，全年共有39只基金宣布成立（子基金视为单个基金），首发份额累计达到678亿份，双双创下历史新高。今年基金一级市场结构性发展的特点十分明显，全年基金的发行都集中在开放式基金上，而封闭式基金因为受到市场因素的影响自1998年问世以来首次出现首发和扩募的零增长。开放式基金的迅速扩张与封闭式基金的停滞不前使得基金市场完成了结构性的转变，截止2003年12月30日已经成立的56只开放式基金总份额达到1244亿份，而54只封闭式基金的总份额为817亿份，开放式基金首次超过封闭式基金成为基金市场的主流。

表1：封闭式基金和开放式基金年度发行对比

（单位：亿份）

年份	封闭式基金发行份额	封闭式基金累计份额	开放式基金首发额	开放式基金累计首发额
1998	100	100	0	0
1999	345	445	0	0
2000	115	560	0	0
2001	130	690	117	117
2002	127	817	448	565
2003	0	817	678	1244

具体来看，2003年开放式基金的一级市场主要呈现以下几个特点：

1、**创新是主题。**2003年开放式基金的发行贯穿着一个主题，这就是“创新”。在各方的努力下，一批又一批的新品种被推向了市场，满足了投资者不同的需求，使得我国的基金产品体系更为完善。2003年3月17日随着招商安泰系列基金开始发行，我国基金市场中第一只伞形基金正式面世。由于一只系列基金相当于三只不同类型的基金，发行系列基金有利于降低基金公司的发行成本，加速完善基金公司的产品线，因此系列基金受到了基金管理公司的青睐。在招商基金之后共有8家基金管理公司推出了8只系列基金，系列基金的首发规模累计达到了243亿份，占今年开放式基金首发份额的38%。2003年5月23日第一只没有保本基金之名却有保本基金之实的保本型基金——南方避险增值面世，为低风险投资增加了新的基金品种。虽然此后由于在担保环节存在着争论，其他的基金公司未能推出新的保本型基金，但该基金的热销说明此类基金存在着巨大的市场发展空间。2003年12月14日基金市场又迎来了一支全新品种——华安现金富利投资基金，该基金是在货币型基金到底应该由银行发行还是由现有基金管理公司发行的争论下获准发行。在名称中该基金没有提到货币型基金的字样，而且货币市场的投资品种也没有对该基金完全开放，但该基金的出现仍然标志着基金公司的一脚已经跨进了货币型基金的门槛。随后，招商、博时和泰信的准货币型基金也先后于2003年年末进入了发行期。该类基金的发行也标志着管理层对基金的发行工作开始采用搁置争论、鼓励创新、积极探索的新思路。

2、**市场化程度提高。**何曾几时，为了追求较高的首发额，基金发行人和相关银行利用各种途径、采用各种手段对基金进行促销，包括使用行政手段和摊派方式等非市场因素。这使得许多基金份额被发行到对相关基金并没有需求的客户手中，出现了比较大的份额泡沫，制造了一种虚假的繁荣。泡沫的外表再绚丽终究有破灭的一天，2003年开放式基金出现了大范围、高比例的净赎回，虽然这种已经超出合理范围的净赎回现象有市场方面的原因，但此前基金首发额中较大的泡沫才是有关问题出现的根本原因。基金发行人逐步认识到，违背市场的规律终将受到市场的惩罚。在随后的发行中，市场化的程度得到了不断的提高，虽然开放式基金的首发份额较此前有一定的下降但份额却相对更稳定。

3、**竞争空前激烈、促销手段层出不穷。**如果将系列基金视为一只基金的话，那么全年有26只开放式基金发行（不包括12月30日开始发行的泰信天天收益基金），而2003年1月份还是基金发行的空档，也就是说2003年平均每月有2只以上的基金在发行。由于基金发行较为集中，这使得基金在发行方面竞争空前激烈，许多基金为了取得足够的首发额，不得不再三延长基金的发行期。为了争取客户，保证基金的顺利发行，各种促销手段层出不穷：降低申购费率，送持有期费率优惠，降低申购份额限制，采取后端收费模式，买基金送保险……营销受到了基金发行人前所未有的重视。

4、**低风险品种受市场青睐。**2003年成立的开放式基金中，风险较低的货币型基金、保本型基金和债券型基金的首发份额分别占到了首发总份额的6.27%、7.65%和26.90%，中等风险的平衡型基金、价值型基金和指数型基金的这一比例分别为23.94%、12.23%和11.10%。从平均首发规模来看，仅有的一只保本型基金——南方避险增值基金因为具有较低风险的特征，其首发规模达到51.93亿份，不但远远超过了今年开放式基金17.85亿份的平均首发规模，在现有的全部56只开放式基金中也高居首位。该基金在发行时，正值开放式基金遭遇大规模净赎回之际，与其同期成立的其他类型开放式基金首发额均在10亿份左右。虽然整体而言今年的开放式基金销售比较困难，似乎有数量过剩之嫌。但从南方避险增值基金销售的火爆和其他低风险品种的相对热销我们可以看到，这种过剩其实是一种结构性过剩，是某些品种的供给超过了市场的需求，与此同时市场对其他基金品种的需求远没有得到满足。因此只要开放出适合投资者需求的品种，开放式基金的销售潜力仍然十分巨大。

表 2:2003 年开放式基金发行分类
（不包括 2003 年年内未成立的基金）

基金类型	发行数目	首发份额（亿份）	所占比例	平均规模
货币型基金	1	42.54	6.27%	42.54
保本型基金	1	51.93	7.65%	51.93
指数型基金	3	75.30	11.10%	25.10
成长型基金	7	80.76	11.90%	11.54
价值型基金	6	82.95	12.23%	13.83
平衡型基金	9	162.39	23.94%	18.04
债券型基金	12	182.52	26.90%	15.21
合计	38	678.39	100.00%	17.85

5、**品牌优势开始显现**。在 2003 年的开放式基金发行中，基金公司的品牌效应开始显现。博时基金公司的基金裕富在大盘比较低迷的 7、8 月份取得了首发额 51.23 亿份的销售成绩，仅以 0.7 亿份的份额差距位列开放式基金首发份额排行榜的第二名。该基金能取得如此骄人的成绩与博时公司旗下另一只开放式基金博时价值增长在 2003 年的优异表现是分不开的，博时公司的整体形象在一定程度上得到了市场的认同。而老牌基金管理公司——华安基金以及在 2002 年 6.24 行情中一战成名的华夏基金，其 2003 年新推出的开放式基金也取得较好的销售业绩。此外，外资公司在海外长期积累的品牌优势也使得相关合资基金公司所推出的基金品种受到了市场的普遍青睐。

表 3:2003 年股票型开放式基金首发份额前五名

基金名称	管理人	托管行	首发份额（亿份）	认购户数	户均份额
南方避险	南方	工商银行	51.93	148,023	35082
博时裕富	博时	建设银行	51.23	110,760	46251
华安现金富利	华安	工商银行	42.54	118183	35993
华夏回报	华夏	中国银行	37.97	49,829	76198
海富通精选	海富通	交通银行	36.98	26,568	139206

6、**销售渠道发展不平衡**。目前开放式基金的销售渠道主要有三个部分：一是基金发行人直销、二是通过银行代销、三是通过证券公司代销。从现有的销售情况来看，除了基金发行人直销外，银行代销占了主要部分，而证券公司在销售中发挥的作用偏小。根据中国证券业协会的统计，截止 2003 年 6 月 30 日，具有基金代销资格的证券公司共 28 家，2003 年 1—6 月，18 家证券公司开展了基金代销业务，基金代销净额总规模为 26.87 亿份，在同期开放式基金销售净额中所占比例甚小，与此同时还有 10 家取得代销资格的证券公司没有销售记录。事实上虽然银行在销售上具有网点的优势，但证券公司同样具有自己的销售优势，基金销售渠道发展的不平衡也在一定程度上制约了开放式基金的发行。

二、基金一级市场 2004 年展望

1、开放式基金发行保持较高速度。随着我国国民经济的快速发展和人民生活水平的不断提高，人们对投资的需求越来越高，这为基金业的发展奠定了坚实的基础。由于开放式基金的资金来源主要是原先的银行存款，因此大力发展开放式基金有助于我国储蓄资金的转化。2003 年开放式基金优良的业绩表现以及大范围的分红行为已使得其得到了市场的初步认同。在 2003 年深圳基金论坛上证监会主席助理桂敏杰指出，目前国内基金业总体规模仍然偏小，尚未成为市场中坚力量。因此，2004 年开放式基金仍然将保持较快的发行速度，首发总规模有望超过 2003 年 678.39 亿份的水平。

表 4:开放式基金年度发行统计

年度	新成立数量（只）	首发总规模（亿份）	平均首发规模（亿份）
2001	3	117.26	39.09
2002	14	447.95	32.00
2003	39	678.39	17.85

2、封闭式基金发行仍将处于停滞状态。虽然 2004 年基金业的发展空间巨大，但封闭式基金的发行依旧不乐观。一方面在与开放式基金品种的竞争中处于弱势地位，另一方面由于自身的特点，封闭式基金在交易中很难彻底解决高折价的问题。而正是由于大范围的折价交易，使得封闭式基金发行遭遇认购难、承销商高比例包销的问题，因此预计今年的封闭式基金发行仍将处于停滞的状态。

3、平均首发规模有所回升，发行质量继续提高。从 2001 年第一批开放式基金发行以来，开放式基金的平均首发规模一直呈现下降的态势，特别是 2003 年开放式基金的平均首发规模较 2002 年下降了近 50%。我们认为一方面基础市场今年的形势将会好于去年，另一方面保本型基金和货币型基金的发行规模有望超过今年，这将使得基金的平均首发规模有所回升。随着管理层对基金销售环节的进一步规范以及基金发行中市场化程度的不断提高，基金的整体发行质量将会好于往年。

4、创新依然是亮点。创新对我国基金业发展的意义已经得到了各方普遍的认同，我国基金业的发展要继续保持较快的发展速度就必须加大创新的力度。在基金品种创新方面，真正意义上的股票型基金和货币型基金将会出现，这将使得基金品种中的四大成员——股票型基金、混合型基金、债券型基金和货币型基金悉数展现在我国的基金投资者面前，使得投资者有了更多的选择。此外专门投资于某个或某几个行业的行业型也有望面世，而国外近年来发展比较迅速的 ETF 和 LOF 等基金品种出现的概率也非常大。除了基金品种的创新之外，基金市场营销方面的创新也将取得较大的进展。

5、销售渠道得到完善。基金销售体系发展的不平衡在一定程度上制约了我国基金业的发展，基金销售过分依赖银行成了基金销售中的瓶颈问题。2004 年证券公司在基金销售中的作用将会得到加强，有可能出现专门的基金销售公司，这将有利于加快基金销售中的专业化分工进程，有利于基金销售渠道的进一步拓宽，有利于基金多层次销售体系的建立。

6、高风险基金有望热销。2002 年股票市场的惨淡走势和债券市场的强势表现使得低风险基金在 2003 年的销售中大放异彩，无论是在数量上还是在规模上，低风险基金的发行都取得了压倒性的胜利。然而去年下半年债券市场的大幅跳水和股票型基金的优异表现使得市场认识到所谓的低风险只是相对的，而高风险品种也能表现出高收益的一面。由于市场对 2004 年股票市场的表现普遍看好，而对债券市场相对谨慎，因此高风险的基金品种有望在今年出现相对热销的局面。

二级市场篇

和轰轰烈烈的发行市场相比，2003 年基金二级市场的整体表现是令人尴尬的。高折价、净赎回分别成为封闭式基金和开放式基金二级市场出现频率最高的词汇（由于开放式基金的申购和赎回在一定程度上反映了投资者的投资意愿，与封闭式基金二级市场比较类似，因此我们将申购和赎回情况作为开放式基金的二级市场表现)。

虽然整体表现都不尽如人意,但封闭式基金和开放式基金的二级市场还是呈现出了各自不同的特点,而且其中不乏一些闪光之处。下面就 2003 年封闭式基金和开放式基金的二级市场表现分别进行阐述。

一、开放式基金二级市场 2003 年回顾

由于只能获取开放式基金每个季度末的基金份额数据,因此在这里我们只统计在 2003 年前三季度公布投资组合的开放式基金份额变动情况,对于首次公布投资组合的开放式基金,我们选择成立时的数据作为比较基准。此外 2003 年开放式基金的分红此起彼伏,如果投资者对分红采用默认再投资的模式会使得基金的份额得以扩大,但这种份额的变动并不是源于投资于基金的新增资金,因此为了更好的反映基金份额的实际变动情况,我们用基金的资产总净值除以基金的累计单位净值以得到计算期的基金份额。

表 5:开放式基金份额变动情况(单位:亿份)

名称	类型	20021231 基金规模	20030331 基金规模	一季度变动	20030630 基金规模	二季度变动	20030930 基金规模	三季度变动	前三季度变动
宝康配置	平衡型	—	—	—	10.67	—	10.93	2.45%	—
宝康消费品	行业型	—	—	—	15.40	—	15.44	0.23%	—
宝康债券	债券型	—	—	—	12.87	—	12.12	−5.85%	—
宝盈鸿利	价值型	11.79	10.01	−15.16%	7.09	−29.19%	7.24	2.18%	−38.62%
博时价值	平衡型	28.08	23.03	−17.99%	17.04	−26.00%	18.80	10.29%	−33.06%
长盛成长	平衡型	20.11	13.99	−30.43%	10.53	−24.75%	11.09	5.32%	−44.86%
大成价值	价值型	26.04	15.85	−39.13%	10.62	−32.95%	11.35	6.81%	−56.42%
大成债券	债券型	—	—	—	21.53	—	19.06	−11.48%	—
富国动态	平衡型	39.01	35.70	−8.48%	27.24	−23.68%	24.26	−10.95%	−37.80%
国泰金鹰	成长型	26.15	25.12	−3.95%	23.88	−4.95%	22.83	−4.38%	−12.70%
合丰成长	成长型	—	10.22	—	5.73	−43.96%	5.20	−9.23%	—
合丰稳定	价值型	—	9.81	—	6.15	−37.37%	5.43	−11.60%	—
合丰周期	价值型	—	6.27	—	5.32	−15.21%	5.67	6.61%	—
华安 180	指数型	30.94	18.17	−41.27%	12.18	−32.98%	14.98	22.99%	−51.59%
华安创新	成长型	45.76	44.73	−2.27%	34.15	−23.65%	31.92	−6.52%	−30.25%
华夏成长	成长型	40.47	39.33	−2.81%	33.50	−14.84%	32.67	−2.47%	−19.27%
华夏债券	债券型	37.01	33.68	−9.02%	32.36	−3.90%	25.38	−21.57%	−31.42%
嘉实成长	成长型	20.02	15.37	−23.24%	10.45	−32.03%	10.91	4.46%	−45.50%
嘉实稳健	价值型	—	—	—	10.30	—	10.32	0.17%	—
嘉实增长	成长型	—	—	—	9.45	—	9.46	0.11%	—
嘉实债券	债券型	—	—	—	5.86	—	5.99	2.18%	—
金鹰优选	价值型	—	—	—	15.17	—	12.47	−17.75%	—
南方宝元	债券型	39.63	32.80	−17.25%	27.74	−15.42%	24.88	−10.32%	−37.23%
南方避险	保本型	—	—	—	51.93	—	51.23	−1.34%	—
南方稳健	成长型	30.30	30.03	−0.89%	25.11	−16.40%	26.73	6.47%	−11.78%
鹏华成长	平衡型	37.25	36.42	−2.20%	32.86	−9.78%	33.40	1.63%	−10.33%
普天收益	价值型	—	—	—	3.43	—	3.22	−6.15%	—
普天债券	债券型	—	—	—	7.98	—	4.69	−41.16%	—
融华债券	债券型	—	25.88	—	25.89	0.04%	16.45	−36.46%	—
融通新蓝筹	平衡型	18.68	16.94	−9.27%	14.84	−12.42%	14.53	−2.11%	−22.21%
天同 180	指数型	—	19.30	—	15.02	−22.15%	14.92	−0.69%	—
易方达增长	平衡型	41.74	35.84	−14.12%	25.18	−29.75%	24.74	−1.73%	−40.71%
银华优势	平衡型	16.82	11.76	−30.10%	10.49	−10.76%	10.57	0.76%	−37.14%
招商股票	成长型	—	10.29	—	10.20	−0.88%	14.78	44.91%	—
招商平衡	平衡型	—	8.99	—	8.69	−3.29%	7.59	−12.65%	—
招商债券	债券型	—	25.86	—	23.75	−8.13%	18.49	−22.14%	—

注:当期份额=当期资产净值/累计单位净值

1、整体呈现净赎回格局。从成立期满一年的 17 只开放式基金数据来看,2002 年年底这些基金的总份额为 509.80 亿份,而 2003 年第三季度末这一数据为 346.28 亿份,在 2003 年前三个季度中这 17 只开放式基金被净赎回了 163.52 亿份基金份额,净赎回比例达 32.08%。如果算上年内成立的开放式基金,那么 2003 年前三季度中开放式基金共被净赎回了 201.25 亿份基金份额,净赎回比例为 25.44%,按当年开放式基金 17.85 亿份的平均首发规模计算,相当于有 11 只新发开放式基金被清盘。

2、赎回性质有所变化。2003 年第一、二两个季度中开放式基金都遭遇了大规模的净赎回,但两个季度的赎回性质却不尽相同。第一季度开放式基金的净赎回更多的是由于原先基金在发行中采用非市场化手段造成的后果,而第二季度开放式基金的净赎回则反映了基金投资者对后市的预期。2002 年下半年和 2003 年年初许多基金在发行时采用了一些非市场化的发行手段,大量的基金份额被摊派给对基金投资并不感兴趣的客户手中。这些基金份额在基金单位净值大幅下跌时,因为投资者不愿割肉而相对稳定,而一旦出现盈亏平衡或者有了盈利的时候,这些投资者更倾向于立即赎回原先被迫持有的基金份额,2003 年上半年基础市场走好,给这些基金投资者提供了理想的出局机会。我们发现在第一季度中那些单位净值刚刚由面值以下迈向面值以上的基金较其他类型的基金更易出现净赎回的现象,而那些单位净值仍处于面值以下的开放式基金赎回比例普遍较小。随着基金发行中市场化程度的不断提高,基金份额更多的集中到那些对基金投资有真实需求的客户手中,而这些客户在采取申购和赎回行为时更多的是考虑市场的运行前景。2003 年第二季度基础市场一度出现加速上扬的走势,但随着 SARS 问题引起了市场越来越多的关注,投资者对后市的看法开始逐渐悲观,在这种市场预期的指引下,开放式基金迎来了又一次的大范围净赎回。

表 6:2003 年开放式基金分红情况

名称	管理人	登记日	除息日	分红方案(元/10 份)	分配总额(万元)
长盛成长	长盛	2003—2—27	2003—2—28	0.2	4022.89
宝盈鸿利	宝盈	2003—3—10	2003—3—10	0.046	542.57
融通新蓝筹	融通	2003—3—14	2003—3—14	0.11	2054.28
大成价值	大成	2003—4—24	2003—4—24	0.3	4754.16
融通新蓝筹	融通	2003—4—28	2003—4—28	0.32	5480.04
易方达方达增长	易方达	2003—5—14	2003—5—14	0.2	7170.53
博时价值	博时	2003—5—19	2003—5—19	0.38	8750.82
银华优势	银华	2003—5—20	2003—5—21	0.4	4703.95
华安 180	华安	2003—5—26	2003—5—26	0.5	9086.27
大成价值	大成	2003—6—3	2003—6—3	0.6	9508.33
嘉实成长	嘉实	2003—6—3	2003—6—3	0.5	5844.01
南方宝元	南方	2003—6—6	2003—6—9	0.32	10494.81
华安创新	华安	2003—6—23	2003—6—23	0.18	8232.75
长盛成长	长盛	2003—6—24	2003—6—25	0.55	7841.19
华夏成长	华夏	2003—6—24	2003—6—25	0.33	13321.3
嘉实成长	嘉实	2003—6—24	2003—6—25	0.1	1168.8
融通新蓝筹	融通	2003—6—25	2003—6—25	0.17	2911.27
易方达方达增长	易方达	2003—6—30	2003—6—30	0.2	5236.14
银华优势	银华	2003—6—30	2003—7—1	0.1	1091.17
银华优势	银华	2003—7—22	2003—7—23	0.2	2182.34
宝盈鸿利	宝盈	2003—8—8	2003—8—8	0.154	1096.09
博时价值	博时	2003—8—15	2003—8—15	0.53	9329.44
华夏债券	华夏	2003—10—24	2003—10—27	0.12	3045.94
普天收益	鹏华	2003—12—1	2003—12—1	0.1	322.17
银河稳健	银河	2003—12—11	2003—12—11	0.15	1779.98
华夏回报	华夏	2003—12—12	2003—12—15	0.198	7517.83
普天收益	鹏华	2003—12—15	2003—12—15	0.15	483.26
招商股票	招商	2003—12—15	2003—12—16	0.15	2217.3
长盛债券	长盛	2003—12—16	2003—12—16	0.16	1480.14
海富通精选	海富通	2003—12—17	2003—12—17	0.15	5547.65
华安 180	华安	2003—12—18	2003—12—18	0.2	3153.75
德盛稳健	国联安	2003—12—19	2003—12—19	0.2	7332.24
银华优势	银华	2003—12—19	2003—12—22	0.15	1705.05
长盛成长	长盛	2003—12—22	2003—12—23	0.41	4895.15
易方达方达增长	易方达	2003—12—22	2003—12—22	0.2	5149.27
合丰周期	湘财合丰	2003—12—22	2003—12—22	0.15	850.29
南方稳健	南方	2003—12—22	2003—12—23	0.25	6950.63
融通新蓝筹	融通	2003—12—22	2003—12—22	0.15	2313.53
普天债券	鹏华	2003—12—23	2003—12—23	0.2	938.71

招商平衡	招商	2003—12—23	2003—12—24	0.1	759.41
金鹰优选	金鹰	2003—12—24	2003—12—24	0.1	1247.3
融通成长	融通	2003—12—24	2003—12—24	0.08	612.86
融通深100	融通	2003—12—24	2003—12—24	0.1	477.69
合丰稳定	湘财合丰	2003—12—25	2003—12—25	0.15	814.99
博时价值	博时	2003—12—26	2003—12—26	0.27	5505.6
嘉实成长	嘉实	2003—12—26	2003—12—29	0.45	5205.52
嘉实稳健	嘉实	2003—12—26	2003—12—29	0.1	1031.8
嘉实增长	嘉实	2003—12—26	2003—12—29	0.11	1041.13
宝康配置	华宝兴业	2003—12—29	2003—12—29	0.1	1092.73
宝康消费品	华宝兴业	2003—12—29	2003—12—29	0.1	1543.62
宝康债券	华宝兴业	2003—12—29	2003—12—29	0.1	1211.88
宝盈鸿利	宝盈	2003—12—29	2003—12—29	0.2	1477.83
长城久恒	长城	2003—12—29	2003—12—30	0.2	2568.27

3、分红成为开放式基金份额竞争的重要手段。2003年开放式基金的分红成为基金市场的一大亮点，一年之内进行3次分红的开放式基金并不鲜见，更有基金进行了4次分红。从分红范围来讲，去年开放式基金的分红是一种普遍性的行为，基本上只要有分红能力的开放式基金都推出了自己的分红方案。此外去年的基金分红在时间上非常集中，主要是在6月份和12月份，只要有基金推出分红方案，其他基金马上跟上，俨然成了一场分红大战。开放式基金之所以在分红方面各不相让，其实也是为了迎合投资者的需求，防止各自基金份额的流失。一方面，市场对2003年基金一拥而上的的"价值投资"行为尚存有一定的疑问，害怕类似于4月中下旬多杀多现象的再次出现，投资者非常关心基金是仅仅取得了帐面盈利还是给投资者赚来了真金白银；另一方面，对于每年都需要定期做帐的机构投资者来说，按照现行的会计制度，基金投资是按照投资成本来计算的，如果基金不进行分红，仅仅是单位净值的增长，那么投资盈利将难以在帐面上体现出来。

表7:基金历年分红情况统计

年份	项目	封闭式基金	开放式基金	合计
1999	次数	5	—	5
	分配总额(亿元)	3.28	—	3.28
	平均分配(亿元)	0.66	—	0.66
2000	次数	16	—16	
	分配总额(亿元)	52.72	—	52.72
	平均分配(亿元)	3.3	—	3.3
2001	次数	33	—	33
	分配总额(亿元)	164.75	—	164.75
	平均分配(亿元)	4.99	—	4.99
2002	次数	24	4	28
	分配总额(亿元)	25.22	3.21	28.43
	平均分配(亿元)	1.05	0.8	1.02
2003	次数	2	53	55
	分配总额(亿元)	1.2	20.51	21.71
	平均分配(亿元)	0.6	0.39	0.39

4、业绩因素的影响逐渐体现。根据银行方面的调查，基金管理人的经营业绩会对开放式基金投资者的投资意愿产生较大影响，统计期内开放式基金的业绩表现和基金份额变动的关系中也反映出了这一点。值得注意的是，开放式基金的份额变动在反映基金业绩方面有一定的滞后性，如第一季度中业绩表现较好的开放式基金在第二季度中所遭受的净赎回比例明显低于其他开放式基金，而那些在第一季度中业绩增长不理想的开放式基金，虽然在第二季度中表现出了较好的业绩增长，但仍然在该季度中仍然遭受了比例相对较大的净赎回，这表明投资者对基金业绩的认同有一个过程。此外，我们注意到那些业绩增长持续性较好的基金，逐渐在基金投资者中形成了品牌效应，最为典型的是2003年单位净值增长幅度最高的博时价值增长基金，在第二季度中所遭受的净赎回比例要低于同类型的其他开放式基金，而在第三季度中博时价值增长基金出现了10.29%的净申购，名列所有开放式基金的前茅。

5、合资基金受青睐。2003年4月下旬有两只系列基金成立，分别是合资基金管理公司招商基金的招商安泰系列基金和当时没有合资背景的基金管理公司湘财合丰基金的湘财合丰系列基金。虽然这两只系列基金都是在统一时期成立，也都进行了品种的创新，而且业绩增长方面相差也不大，但在第二季度中两者的份额变动还是出现了天壤之别。湘财合丰系列基金的三只子基金净赎回比例分别高达43.96%、37.37%和15.21%，而招商安泰系列基金的净赎回比例都在10%以下。而在第三季度的开放式基金份额申购赎回中，招商股票基金取得了44.91%的净申购，位列所有开放式基金之首，此外七月中旬成立的另一只合资系列基金——华宝兴业宝康系列基金在第三季度的申购赎回中也明显强于其他开放式基金。联系到今年QFII给市场所带来的影响，基金管理公司的合资背景对基金投资者还是有较大的吸引力。

二、开放式基金二级市场展望

1、整体有望出现净申购。2003年基金整体呈现净赎回的现象，一方面是因为原先的基金份额真实性不够，市场有对份额泡沫进行挤压的要求；另一方面是因为基础市场自2001年下半年以来首次出现持续走强的现象，基金持有人投资基金的投资信心尚在恢复之中。而在2004年，由于开放式基金在发行中的市场化程度得到了较大的提高，份额泡沫相对较小，这就降低了因为修正非市场因素的影响而导致份额减少的可能。此外，我们认为2004年基础市场的表现整体将强于今年，基金的业绩会有较大的上涨空间，而投资者对后市的信心也会逐步增强，这将使得投资者加大对基金的投资力度以分享基金净值增长而带来的收益。

2、基金之间份额变动出现较大分化。虽然基金份额整体会呈现上涨的趋势，但开放式基金份额变动将出现严重的两极分化现象。由于不同基金管理人之间的资金运作能力存在较大的差异，那些投资管理工作出色、市场营销能力突出的基金将会得到市场更多的青睐，而那些资产运作能力较差、市场营销工作欠缺的基金将会被市场所抛弃。但在2004年，开放式基金出现因为赎回而被清盘的可能并不大。

三、封闭式基金二级市场2003年回顾

表8:2003年主要指数涨跌情况

名称	20021231收盘	20031231收盘	涨幅	振幅
上证A指	1419.12	1569.13	10.57%	25.29%
上证180	2549.6	2828.8	10.95%	26.23%
深证A指	409.95	393.47	—4.02%	27.74%
深证100	1000	1097.68	9.77%	25.2%
中信指数	911.03	937.34	2.89%	25.02%
国债指数	1153.8	1151.84	—0.17%	4.98%
封闭式基金市值	629.77	676.76	7.46%	
封闭式基金净值	717.0795	861.9742	20.21%	
封闭式基金市净率	87.82%	78.51%	—10.60%	

（一）整体概况

截止2003年12月31日54只封闭式基金的总市值为676.76亿元，较2002年12月31日上涨了7.46%。该收益率高于国债市场收益率、落后于同期股票市场主要指数的涨幅，基本上符合相关投资品种的风险收益特征。

（二）封闭式基金市净率走势

然而考虑到2003年封闭式基金整体净值增长了

20.21%,7.46%的市场收益很难让基金投资者满意。大幅下跌的市净率侵蚀了过半的净值增长,2002 年 12 月 31 日,封闭式基金的市净率为 87.82%,2003 年 12 月 13 日封闭式基金的市净率仅为 78.51%。从整个走势来看,2003 年封闭式基金市净率的走势其实是自 2002 年 6 月底开始的单边下行走势的延续和深化。

从促使 2003 年封闭式基金市净率走出大幅下跌走势的主要因素来看,一是开放式基金的资金分流作用;二是保险公司的被动持有策略。事实上正是因为这些因素的影响才使得封闭式基金市净率于 2002 年下半年开始走出下跌的行情,而在 2003 年,这两个因素的作用得到了进一步的加强。

1.开放式基金的资金分流作用。2001 年 6 月中旬以来证券市场整体比较低迷,这使得市场对基金的投资需求相对有限,但由于当时基金市场上只有封闭式基金一种基金品种,因此封闭式基金的市净率尚能在 100%附近徘徊。2001 年 9 月 11 日,第一只开放式基金华安创新开始发行,一方面管理层和基金管理公司采取开放式基金优先发展的策略,使得开放式基金在资源配置上占有一定的比较优势;另一方面,投资者对作为新生事物的开放式基金也更为感兴趣。在这样的情况下,投资者在投资基金时更倾向于选择开放式基金,这使得封闭式基金原先就相对有限的需求被开放式基金所分流。2002 年下半年开放式基金出现了一波发行高峰期,在开放式基金对封闭式基金的资金分流作用的影响下,封闭式基金市净率开始呈现大幅走低的格局。而整个 2003 年,开放式基金在数量上继续保持高速发展的状态,此外基金管理公司在开放式基金品种创新方面的能力在 2003 年也得到了充分的展示。在这样的背景下,开放式基金对封闭式的竞争优势进一步显现,其对封闭式基金的资金分流作用也得到了加强,资金的不断流出使得封闭式基金的市净率越走越低。

表 9:保险公司投资封闭式基金情况

日期	保险公司持有份额	封闭式基金总份额	所占比例
1999—12—31	2	445	0.40%
2000—6—30	73	520	14.13%
2000—12—31	107	560	19.03%
2001—6—30	123	567	21.65%
2001—12—31	161	690	23.39%
2002—6—30	176	759	23.13%
2002—12—31	192	817	23.53%
2003—6—30	222	817	27.11%

2.保险公司的被动持有策略。封闭式基金十大基金份额持有人信息显示,2001 年 6 月 30 日,保险公司持有的封闭式基金份额占封闭式基金总份额的比例就已经达到 21.65%,而截止 2003 年 6 月 30 日,保险公司持有的封闭式基金份额为 222 亿份,占同期封闭式基金总份额的 27.11%。如此高比例的持有量,使得保险公司的投资策略对封闭式基金市场走势产生较大影响。近年来,随着基础市场的大幅下跌,基金的投资收益迅速下降,这使得基金市场中原先的一些主动性资金开始逐渐退出,保险公司的操作策略由以前的主动操作、积极增仓转变为长期持有、适度增持。从保险公司基金投资总值的变动中我们可以看到,保险公司基金投资总值基本上处于逐月增长的状态,基金资产上的投资占保险公司总资产的比例也不断上升。在基金市场收益率不尽如人意的情况下,保险公司不断加大基金的投资力度主要是因为保险公司总资产规模巨大,大量的资金没有合适的投资出路所致,是保险公司采取的一种被动投资策略。由于是一种被动型投资策略,这使得保险公司不再主动追求从封闭式基金二级市场波动中产生的收益,2003 年 3 月 1 日封闭式基金最小交易单位由分改厘后,保险公司失去从"夹板交易"中获利的可能,这进一步削弱了保险公司进行主动操作的投资意愿。受保险公司投资策略的影响,基金市场无论是在流动性方面还是在波动性都较前期有所下降,这也在一定程度上推动了封闭式基金市场市净率下跌的步伐。此外,由于保险公司所持份额占封闭式基金总份额比例的不断增加,对其他类型资金产生了挤出效应,这也进一步加强了保险公司的操作策略对封闭式基金市场走势的影响。

(三)封闭式基金整体交易情况

由于深交所提供的数据不全,因此我们以上交所的数据作为统计依据。由于沪深两地的基金市场交易关联度非常高,因此单列沪市的数据并不影响相关结论的正确性。

2003 年沪市基金无论是在年度总成交笔数、年度总成交量还是在总成交笔数方面都是 1999 年以来最低的一年,反映出整个基金市场成交比较清淡、交投不够活跃。考虑到 1999 年至 2002 年,基金的总份额一直在增加,因此,基金市场活跃度的实际下降要比表中数据所反映出的情况更为严重。我们注意到,在反映成交情况的几个主要数据中,有一个数据是上升的,这就是平均每笔成交份额,该数据呈现每年递增的格局。由于平均每笔成交反映的是封闭式基金市场交易的集中度,如果平均每笔成交份额上升,表明机构的成交量占市场全部成交量的比重是增加的。反之,如果平均每笔成交份额下降,则说明中小投资者的成交量占市场全部成交量的比重在不断降低。2003 年沪市基金平均每笔成交份额达到 1.96 万份,为历年最高数值,这说明 2003 年封闭式基金交易的机构化现象是十分严重的。当一个市场中的交易主要由机构完成的话,那么这个市场的流动性和成交连续性都是无法保证的。

表 10:沪市基金年度成交概况

年份	年度总成交笔数(万笔)	年度总成交量(亿份)	年度总成交金额(亿元)	年月累计交易日	平均每笔成交(万份)
1999	881.52	645.41	839.66	239	0.732156
2000	786.57	932.44	1159	239	1.185451
2001	714.01	1145.96	1343.01	240	1.604964
2002	308.23	573.69	556.77	237	1.86124
2003	225.08	441.6198	362.15	241	1.962057

(四)基金个体表现

2003 年封闭式基金一改以往齐涨齐跌的格局,不同基金之间出现了明显的分化。易方达基金公司的基金科翔市值增长了 26.13%,而华安基金管理公司的基金安瑞市值下跌了 12%,两者的收益率相差 38.13%。值得一提的是,封闭式基金市值增长前五名,被易方达和华夏基金管理公司所包揽,涨幅都在 16%以上。而跌幅前列的基金相对分散,所属的基金管理公司,既有华安、富国、鹏华等老基金管理公司,也有成立较晚的银华和融通基金管理公司。

从对相关基金收益构成的分析中我们可以发现,2003 年封闭式基金市场的走势属于"净值推动型"。市场表现最好的五只基金都有非常出色的净值增长,如基金科翔的单位净值增长幅度达到了 32.75%,其他四只基金的单位净值增长也在 28%以上。与此同时,这五只封闭式基金的市净率涨幅都不大,均在 4%至 12%以内。这说明这五只基金的市值增长主要是由单位净值增长所致,而市净率只起到一种调节的作用。此外,我们还注意到,2003 年封闭式基金的净值增长和市净率下跌幅度存在着负相关关系,这表明基金的市净率也在一定程度上反映了单位净值增长的情况，从而强化了净值增长对 2003 年封闭式基金市值增长的影响。

表 11：单位价格涨幅最大和最小的五只封闭式基金

涨幅排名	名称	管理人	基金规模(亿)	20021231收盘价(元)	20031231收盘价(元)	涨幅
1	基金科翔	易方达	8	0.8	1.009	26.13%
2	基金兴华	华夏	20	0.87	1.097	26.09%
3	基金科汇	易方达	8	0.8	0.996	24.50%
4	基金科讯	易方达	8	0.79	0.94	18.99%
5	基金兴科	华夏	5	0.82	0.959	16.95%
50	基金汉鼎	富国	5	0.72	0.695	−3.47%
51	基金普华	鹏华	5	0.73	0.681	−6.71%
52	基金通宝	融通	5	0.77	0.707	−8.18%
53	基金天华	银华	25	0.75	0.679	−9.47%
54	基金安瑞	华安	5	0.85	0.748	−12.00%

表 12：市场表现最好和最差的五只封闭式基金收益构成

名称	代码	基金规模(亿)	价格涨幅	单位净值20031231	净值涨幅	市净率涨幅
基金科翔	184713	8	26.13%	1.2241	32.75%	−4.99%
基金兴华	500008	20	26.09%	1.2912	31.34%	−3.99%
基金科汇	184712	8	24.50%	1.2219	31.82%	−5.55%
基金科讯	500029	8	18.99%	1.1338	28.88%	−7.68%
基金兴科	184708	5	16.95%	1.1448	31.49%	−11.06%
基金汉鼎	500025	5	−3.47%	0.8629	18.42%	−18.49%
基金普华	184711	5	−6.71%	0.8599	6.44%	−12.36%
基金通宝	184738	5	−8.18%	0.9155	7.78%	−14.81%
基金天华	184706	25	−9.47%	0.9173	10.34%	−17.95%
基金安瑞	500013	5	−12.00%	0.9268	−0.64%	−11.43%

四、封闭式基金二级市场 2004 年展望

封闭式基金的二级市场走势由净值增长和市净率变动两个因素共同影响，在这里我们主要对封闭式基金 2004 年市净率可能发生的变化进行预测。展望 2004 年封闭式基金市净率，可能会出现以下几方面的变化：

1、封闭式基金市净率整体上升，升幅有限。一方面，我们认为今年基础市场的表现将会整体强于去年；另一方面，基金所倡导的价值投资理念将会得到市场更多的认同，基金继续执市场之牛耳的可能性非常大。因此，市场将对基金的净值增长有良好的预期，这将增加市场对基金的需求，封闭式基金也有望改变 2003 年市净率单边下行的格局，出现一定幅度的上升。但幅度将比较有限，目前封闭式基金的市净率在 80% 左右，85%— 90%一带将是 2004 年封闭式基金市净率上升的重要压力位，而 2004 年封闭式基金消灭折价交易的可能性很小。之所以作出这样的判断，主要是因为影响近年来封闭式基金市净率大幅下跌的因素难以得到根本性解决。开放式基金是基金的主流已经得到各方的共识，而在 2004 年开放式基金仍然将保持高速的发展，开放式基金相对封闭式基金的竞争优势依然明显，投资者对基金的需求将集中在开放式基金上。此外，保险公司长期持有、适度增持的投资策略不会改变，这也将影响到其他类型资金对基金的投资意愿。

2、"封闭式基金转开放"题材不会对封闭式基金市净率产生实质性的影响。如果封闭式基金转为开放式基金，那么从理论上讲那些折价率较高的封闭式基金将会因为折价率的消失而获得理想的收益。但在实际操作中，基金投资者很难获得这些收益，因为在封闭式基金转为开放式基金后，出于套利的目的投资者一般会选择立即赎回，这将迫使基金对资产进行变现。资产变现过程会对基金净值产生损耗，从而降低基金投资者的预期收益。更为严重的是，投资者大规模的赎回会使得许多基金出现清盘的危机，这将对市场生产较大的负面冲击。美国和台湾地区的基金市场例证已经证明了这一点，管理层对待该问题不可能不谨慎。即使通过努力可以最大限度的降低封闭式基金转开放给市场带来的不利影响，基金公司也不会轻易的将自己所管理的封闭式基金转为开放式基金，毕竟在目前开放式基金竞争异常激烈的情况下，基金管理公司很难割舍封闭式基金所带来的近乎于固定的丰厚管理费。虽然自 2004 年 6 月 1 日起实施的《证券投资基金法》给了基金持有人通过召开持有人大会更改基金契约达到封闭式基金转开放目的的可能，但基金份额持有人大会应当有代表百分之五十以上基金份额的持有人参加方可召开的规定，使得基金份额持有人大会很难召开。

3、分红效应有望局部体现。由于封闭式基金没有赎回的压力，因此大部分封闭式基金在 2003 年并没有追随开放式基金采用随时分红的模式。但这并不表明封闭式基金就没有分红的能力，2003 年单位净值增长排名第 25 位的基金银丰出于缓解与投资者因为"封闭式基金转开放"事项而恶化的投资者关系，在 2003 年进行了两次分红，每基金单位两次共分得 0.04 元。而截止 2003 年 12 月 31 日，单位净值高于超过 1.10 元的封闭式有 14 只，都具备较强的分红能力。出于树立基金公司形象的考虑，有分红能力的封闭式基金在 2004 年将会实施年度分红。虽然从本质上讲，分红收益其实是将净值增长收益进行分解，但由于机构处理帐务的需要以及基金市场的特殊性，基金投资者非常看中基金的分红收益，因此那些实施年度分红的基金将会受到市场的追捧。

投资运作篇

一、基金投资运作 2003 年回顾

(一)基金整体业绩表现

2003 年对于基金投资来说，无疑是辉煌的一年。基金在市场中发挥的作用从来没有象 2003 年那样重要，基金倡导的价值投资几乎主导了整个 2003 年股票市场的运行，价值投资正在被越来越多的投资者所接受。在业绩表现方面，作为价值投资理念的坚定执行者，基金在 2003 年取得的投资收益让整个市场为之侧目。无论是封闭式基金、还是开放式基金，单位净值增长的幅度都远远超过了同期基准指数的增幅，可以说，2003 年基金全面战胜了市场。

由于在投资比例方面限制较少，并且没有赎回的压力，封闭式基金在投资运作方面较开放式基金有一定的优势，这使得其能够更充分的分享局部牛市的成果。2003 年 54 只封闭式基金的平均单位净值增长达到了 20.64%，领先于成立期满一年的 12 只偏股型开放式基金一个百分点。

虽然基金在发行的时候，都标榜着自己的投资风格。但在实际投资操作中，不同风格类型的基金之间并没有显示出明显的差异。由于实际投资风格趋同，不同风格的基金业绩表现也大同小异。在全部的 65 只偏股型基金中，成长型基金、平衡型基金和价值型基金的平均单位净值增长幅度都在 20%附近，整体表现最好的成长型基金平均单位净值增长仅领先整体表现相对较弱的价值型基金不足 2 个百分点。在所有类型的基金中，债券型开放式基金的单位净值增长情况无疑是最不理想的，但这也是相对其他开放式基金而言。一方面 2003 年债券型开放式基金的基准指数下跌了 0.17%，另一方面，债券市场并没有象股票市场一样出现明显的结构性分化，在这样的背景下债券型开放式基金能够取得 2.71%的单位净值增长还是值得肯定的。

表 13:各类基金单位净值增长情况

名称	个数	年度增长	基准指数收益
上证 A 指	—	10.57%	—
深证 A 指	—	−4.02%	—
上证 180	—	10.95%	—
中信指数	—	2.89%	—
中信国债	—	−0.17%	—
封闭式基金	54	20.64%	2.28%
偏股型开放式基金	12	19.63%	2.12%
平衡型开放式基金	2	18.74%	1.51%
偏债型开放式基金	1	7.10%	0.75%
债券型开放式基金	1	2.71%	−0.17%
指数型开放式基金	1	11.46%	8.17%

说明:封闭式基金基准指数收益=中信指数收益×80%+中信国债指数×20%

偏股型开放式基金基准指数收益=中信指数收益×75%+中信国债指数收益×25%

平衡型开放式基金基准指数收益=中信指数收益×55%+中信国债指数收益×45%

偏债型开放式基金基准指数收益=中信指数收益×30%+中信国债指数收益×70%

债券型开放式基金基准指数收益=中信国债指数收益

指数型开放式基金基准指数收益=基金契约中选择的基准指数收益

表 14:不同风格偏股型基金单位净值增长情况

类型	个数	最大值	均值	最小值
成长型基金	42	32.75%	20.93%	−0.64%
平衡型基金	18	34.35%	19.92%	12.07%
价值型基金	5	24.47%	19.10%	14.58%
全部基金	65	34.35%	20.51%	−0.64%

(二)基金整体投资情况

基金在 2003 年之所以能够大获全胜,取胜的关键在于:以价值投资为理念、以集中投资为策略。纵观 2003 年基金的投资行为,无时无刻不反映出这两个特征:

1、资产配置

虽然 2003 年的股票市场在整体上还没有摆脱前期大幅下跌的影响,但局部牛市的特征还是给股票投资提供了理想的获利空间。与此同时,2003 年债券市场的整体表现却不尽如人意,全年债券市场的收益为负数,特别是在 9、10 月份所出现的暴跌为近年来所罕见。从 54 只封闭式基金和 14 只开放式基金(运作期满一年的以股票为主要投资方向的开放式基金、不包括指数型开放式基金)在 2003 年前三个季度的资产配置情况来看,基金股票投资占净值的比例一直保持在相对较高的水平上,而且每个季度都有所上升。基金将资产集中在股票投资上,使得其较好的分享了局部牛市所带来的收益。

表 15:2003 年前三季度基金股票投资行各业比重变动

分类	第一季度比例	第二季度比例	第二季度变动	第三季度比例	第三季度变动	合计变动
制造业	45.71%	45.72%	0.01%	46.39%	0.67%	0.68%
机械、设备、仪表	14.08%	17.39%	3.31%	17.39%	0.00%	3.31%
交通运输、仓储业	10.71%	10.82%	0.12%	15.07%	4.24%	4.36%
金属、非金属	10.35%	11.09%	0.74%	12.46%	1.37%	2.11%
电力、煤气及水的生产和供应业	7.72%	10.09%	2.37%	9.77%	−0.32%	2.06%
信息技术业	6.02%	8.35%	2.33%	8.17%	−0.18%	2.15%
金融、保险业	9.11%	9.38%	0.27%	6.33%	−3.05%	−2.78%
石油、化学、塑胶、塑料	6.41%	4.52%	−1.89%	4.78%	0.26%	−1.62%
采掘业	4.10%	4.41%	0.31%	4.63%	0.22%	0.53%
食品、饮料	4.20%	3.93%	−0.27%	3.98%	0.04%	−0.22%
医药、生物制品	4.88%	4.28%	−0.61%	3.67%	−0.60%	−1.21%
电子	2.26%	1.76%	−0.50%	1.68%	−0.08%	−0.58%
批发和零售贸易	3.09%	1.67%	−1.43%	1.51%	−0.16%	−1.58%
纺织、服装、皮毛	2.14%	1.52%	−0.62%	1.44%	−0.08%	−0.70%
社会服务业	3.14%	1.61%	−1.53%	1.01%	−0.61%	−2.14%
房地产业	1.16%	0.74%	−0.41%	0.93%	0.19%	−0.22%
造纸、印刷	1.11%	1.07%	−0.04%	0.92%	−0.15%	−0.19%
传播与文化产业	0.58%	0.74%	0.15%	0.77%	0.04%	0.19%
综合类	1.80%	0.58%	−1.23%	0.59%	0.01%	−1.21%
农、林、牧、渔业	1.12%	0.54%	−0.58%	0.40%	−0.14%	−0.72%
建筑业	0.83%	0.59%	−0.24%	0.17%	−0.42%	−0.66%
其他	0.16%	0.09%	−0.07%	0.04%	−0.05%	−0.12%
木材、家具	0.11%	0.06%	−0.05%	0.02%	−0.04%	−0.09%

注:运作期满一年的以股票为主要投资方向的基金(不包括指数型开放式基金)数据

2、行业配置

运作期在一年以上的以股票为主要投资方向的基金(不包括指数型开放式基金基金),在 2003 年重点投资了机械设备仪表业(以汽车为主)、交通运输仓储业(以机场、港口为主)、金属非金属业(以钢铁为主)、电力煤气及水的生产和供应业(以电力能源为主)、金融保险业(以银行为主)和石油化学塑胶塑料(以石化为主)这六大行业(信息技术业比例靠前主要是因为中国联通一只股票所致,不具有代表性),仅在第一季度末基金在这六大行业中的投资就占到其所有股票投资比例的 58.38%,第三季度末这一比例已经上升到了 65.80%。与此同时,基金在其他一些行业中的投资比例持续下降。这表明,基金将越来越多的资产集中于少数几个行业上。而这些行业股票的表现也没有让基金失望,事实上,稳定的业绩增长和相对较低的市盈率使得这些行业股票在 2003 年成为价值投资行情的主角,而基金也因此受益非浅。

3、个股选择

2003 年基金重仓的股票有一个显著的特征,就是"两高一大",具体表现为高每股收益、高每股净资产、大流通市值。基金第三季度投资组合显示,以股票为主要投资方向的 74 只基金(不包括指数型基金),重仓持有的前 30 只股票,2003 年第三季度平均每股收益为 0.39 元,平均每股净资产为 3.64 元,平均流通市值为 76 亿元,而 A 股市场的平均水平分别只有为 0.12 元、2.83 元和 12 亿元。在以价值投资理念为主导的市场中,"两高一大"的特点使得其基金的重仓股能够以低市盈率、低市净率和高流动性被越来越多的投资者所认同。据统计,2003 年第四季度基金重仓持有的前 30 只平均股价上涨了 10.46%,而 A 股市场平均股价却下跌了 5.84%。在股票投资集中程度方面,基金重仓持有的前 30 只股票市值占到基金股票总资产的 43.32%。而反映基金持股集中程度的另一个指标—股票集中度,在 2003 年前三个季度呈现每季递增的格局,从第一季度末的 48.38%大幅上升至第三季度末的 58.58%。

(三)基金投资背景

基金能高举价值投资大旗,并取得辉煌的战果,和整个国民经济步入新一轮的高速发展以及自身实力的迅速增强是分不开的。

1、宏观经济的新一轮景气周期给价值投资的兴起提供了可能。

在持续多年的经济结构调整后,2003 年中国经济的发展速度再次加速,虽然遭遇了 SARS 危机和油价上涨的冲击,但全年 GDP 的增长仍然高达 9.1%,为 1997 年以来增长最快的年份,中国的经济正在步入新一轮的景气周期。伴随着经济的迅速发展,一大批产业也脱颖而出,象钢铁、汽车、电力和港口等产业的增长速度都达到了 10%以上。作为各个行业的龙头企业,上市公司的业绩表现更是令人侧目,在这样的背景下，价值投资的兴起也就有了坚实的业绩保证。

2、基金实力的迅速增强给其所倡导的价值投资提供了资金面的保证。

在股市中，任何一种投资理念想要获得成功都需要有强大的资金实力作为基础。在大力发展机构投资者思想的指导下，基金一直保持着高速的发展，随着基金数量的迅速增加，基金所管理的资金规模也越来越大。截止 2003 年 12 月 31 日，根据基金契约中规定的投资比例限制，基金股票投资市值可达到 1155 亿元，占同期 A 股市场流通市值的 7.54%，基金实力的不断增强使得基金对市场的话语权与日俱增。在基金规模持续增长的同时，诸如私募基金和券商等其他类型的资金实力却因为监管力度的不断增强和市场走势的持续疲软而出现了下降。一升一降，更加突出了基金对市场的影响力，基金的价值投资也因此有了更为坚实的资金基础。

(四)基金业绩分析

1、单位净值增长

在成立期满一年以上、以股票为主要投资方向的基金中，博时价值增长、南方稳健、嘉实成长收益、国泰金鹰增长和易方达平稳增长分别以 34.35%、25.15%、21.43%、20.96%和 20.65%的单位净值增长名列开放式基金的前五名，而基金科翔、基金科汇、基金兴科、基金兴华和基金金盛则分别以 32.75%、31.82%、31.49%、31.34%和 31.11%的单位净值增长名列封闭式基金的前五名。这些基金能够取得高于同行平均水平的单位净值增长，说明其管理人充分把握了 2003 年局部牛市所带来的投资机会，从而给基金持有人以丰厚的回报。与此同时，我们也注意到个别基金的净值增长表现很不尽如人意，如华安基金管理公司的基金安瑞，以 0.64%的跌幅成为所有基金中唯一一只单位净值出现下跌的基金。

表 16：成立期在一年以上的基金单位净值增长统计

基金	类型	管理人	单位净值涨幅	在全部基金中排名	在同类型基金中排名	基准指数
博时价值增长	偏股型开放式	博时	34.35%	1	1	2.12%
基金科翔	偏股型封闭式	易方达	32.75%	2	1	2.28%
基金科汇	偏股型封闭式	易方达	31.82%	3	2	2.28%
基金兴科	偏股型封闭式	华夏	31.49%	4	3	2.28%
基金兴华	偏股型封闭式	华夏	31.34%	5	4	2.28%
基金金盛	偏股型封闭式	国泰	31.11%	6	5	2.28%
基金裕泽	偏股型封闭式	博时	30.69%	7	6	2.28%
基金融鑫	偏股型封闭式	中融	30.26%	8	7	2.28%
基金科讯	偏股型封闭式	易方达	28.88%	9	8	2.28%
基金裕元	偏股型封闭式	博时	27.63%	10	9	2.28%
基金天元	偏股型封闭式	南方	26.41%	11	10	2.28%
基金兴安	偏股型封闭式	华夏	26.22%	12	11	2.28%
基金金元	偏股型封闭式	南方	25.87%	13	12	2.28%
基金金鼎	偏股型封闭式	国泰	25.64%	14	13	2.28%
基金鸿飞	偏股型封闭式	宝盈	25.29%	15	14	2.28%
南方稳健	偏股型开放式	南方	25.15%	16	2	2.12%
基金同益	偏股型封闭式	长盛	24.63%	17	15	2.28%
基金科瑞	偏股型封闭式	易方达	24.47%	18	16	2.28%
基金裕隆	偏股型封闭式	博时	23.87%	19	17	2.28%
基金汉盛	偏股型封闭式	富国	23.80%	20	18	2.28%
基金裕华	偏股型封闭式	博时	23.62%	21	19	2.28%
基金隆元	偏股型封闭式	南方	23.37%	22	20	2.28%
基金裕阳	偏股型封闭式	博时	23.37%	23	21	2.28%
基金兴和	偏股型封闭式	华夏	22.47%	24	22	2.28%
基金景宏	偏股型封闭式	大成	22.27%	25	23	2.28%
基金泰和	偏股型封闭式	嘉实	22.17%	26	24	2.28%
基金银丰	偏股型封闭式	银河	21.90%	27	25	2.28%
基金金泰	偏股型封闭式	国泰	21.89%	28	26	2.28%
嘉实成长	偏股型开放式	嘉实	21.43%	29	3	2.12%
国泰金鹰增长	偏股型开放式	国泰	20.96%	30	4	2.12%
基金通乾	偏股型封闭式	融通	20.90%	31	27	2.28%
易方达平稳	平衡型开放式	易方达	20.65%	32	1	1.51%
基金久富	偏股型封闭式	长城	20.62%	33	28	2.28%
基金景业	偏股型封闭式	大成	20.07%	34	29	2.28%
基金久嘉	偏股型封闭式	长城	20.06%	35	30	2.28%
融通新蓝筹	偏股型开放式	融通	20.03%	36	5	2.12%
基金开元	偏股型封闭式	南方	19.59%	37	31	2.28%
基金安久	偏股型封闭式	华安	19.51%	38	32	2.28%
基金汉兴	偏股型封闭式	富国	19.05%	39	33	2.28%
基金汉鼎	偏股型封闭式	富国	18.42%	40	34	2.28%
基金普惠	偏股型封闭式	鹏华	18.32%	41	35	2.28%
大成价值	偏股型开放式	大成	18.29%	42	6	2.12%
华安创新	偏股型开放式	华安	17.84%	43	7	2.12%
基金景福	偏股型封闭式	大成	17.80%	44	36	2.28%
基金丰和	偏股型封闭式	嘉实	17.52%	45	37	2.28%
长盛成长	偏股型开放式	长盛	17.47%	46	8	2.12%
基金金鑫	偏股型封闭式	国泰	16.96%	47	38	2.28%
鹏华行业成长	偏股型开放式	鹏华	16.85%	48	9	2.12%
富国动态	平衡型开放式	富国	16.83%	49	2	1.51%
基金兴业	偏股型封闭式	华夏	16.61%	50	39	2.28%
基金安信	偏股型封闭式	华安	16.49%	51	40	2.28%
基金景阳	偏股型封闭式	大成	16.20%	52	41	2.28%
基金同德	偏股型封闭式	长盛	16.15%	53	42	2.28%
基金同盛	偏股型封闭式	长盛	16.10%	54	43	2.28%
基金鸿阳	偏股型封闭式	宝盈	15.95%	55	44	2.28%
银华优势	偏股型开放式	银华	15.51%	56	10	2.12%
基金汉博	偏股型封闭式	富国	15.06%	57	45	2.28%
宝盈鸿利	偏股型开放式	宝盈	14.58%	58	11	2.12%
基金景博	偏股型封闭式	大成	14.32%	59	46	2.28%
基金普丰	偏股型封闭式	鹏华	14.08%	60	47	2.28%
基金同智	偏股型封闭式	长盛	13.71%	61	48	2.28%
华夏成长	偏股型开放式	华夏	13.09%	62	12	2.12%
基金安顺	偏股型封闭式	华安	12.07%	63	49	2.28%
基金普润	偏股型封闭式	鹏华	11.78%	64	50	2.28%
华安 180	指数型开放式	华安	11.46%	65	—	8.17%
基金天华	偏股型封闭式	银华	10.34%	66	51	2.28%
基金通宝	偏股型封闭式	融通	7.78%	67	52	2.28%
南方宝元	偏债型开放式	南方	7.10%	68	—	0.75%
基金普华	偏股型封闭式	鹏华	6.44%	69	53	2.28%
华夏债券	债券型开放式	华夏	2.71%	70	—	−0.17%
基金安瑞	偏股型封闭式	华安	−0.64%	71	54	2.28%

表 17：成立期未满一年的基金单位净值增长统计
（统计期为该基金成立至 2003 年 12 月 31 日）

基金名称	类型	管理人	单位净值增长	成立日期
天同 180	指数型	天同	0.46%	2003－3－15
中融融华	偏债型	中融	5.92%	2003－4－16
湘财合丰周期	偏股型	湘财	11.98%	2003－4－25
湘财合丰稳定	偏股型	湘财	5.10%	2003－4－25
湘财合丰成长	偏股型	湘财	−1.41%	2003－4－25
招商股票	偏股型	招商	10.21%	2003－4－28
招商平衡	平衡型	招商	6.01%	2003－4－28
招商债券	债券型	招商	1.16%	2003－4－28
大成债券	债券型	大成	2.95%	2003－6－12
金鹰优选	偏股型	金鹰	4.80%	2003－6－16
南方避险	偏债型	南方	3.86%	2003－6－27
嘉实增长	偏股型	嘉实	6.49%	2003－7－9
嘉实稳健	偏股型	嘉实	6.29%	2003－7－9
嘉实债券	债券型	嘉实	0.70%	2003－7－9
普天收益	偏股型	鹏华	10.53%	2003－7－12
普天债券	债券型	鹏华	4.39%	2003－7－12
宝康消费品	偏股型	华宝兴业	4.94%	2003－7－15
宝康灵活配置	偏股型	华宝兴业	4.36%	2003－7－15
宝康债券	债券型	华宝兴业	3.34%	2003－7－15
银河稳健	偏股型	银河	10.99%	2003－8－4
银河收益	偏债型	银河	4.02%	2003－8－4
德盛稳健	偏股型	国联安	7.75%	2003－8－8
海富通精选	偏股型	海富通	12.07%	2003－8－22
博时裕富	指数型	博时	6.60%	2003－8－26
华夏回报	偏股型	华夏	8.26%	2003－9－5
融通成长	偏股型	融通	4.60%	2003－9－30
融通债券	债券型	融通	2.40%	2003－9－30
融通深 100	指数型	融通	4.20%	2003－9－30

基金名称	类型	管理人	单位净值增长	成立日期
景顺长城优选股票	偏股型	景顺长城	6.75%	2003—10—24
景顺长城动力平衡	偏股型	景顺长城	3.89%	2003—10—24
景顺长城恒丰债券	债券型	景顺长城	0.51%	2003—10—24
长盛债券	偏债型	长盛	4.12%	2003—10—25
长城久恒	偏股型	长城	3.89%	2003—10—31
富国天利增长债券	债券型	富国	0.15%	2003—12—2
广发聚富	偏股型	广发	2.11%	2003—12—3
国泰金龙行业	偏股型	国泰	0.80%	2003—12—5
国泰金龙债券	债券型	国泰	0.50%	2003—12—5
易方达策略成长	偏股型	易方达	4.20%	2003—12—9

2、风险

单位净值增长只是基金表现的一方面，我们还需要考虑基金的风险因素。在此，我们以基金单位净值周增长率的方差作为考察基金风险的指标。经过统计我们发现，开放式基金的平均风险水平要低于封闭式基金，这应该于开放式基金因为有赎回压力的影响在运作使对风险因素考虑较多的缘故。在以股票为主要投资方向的基金中，富国动态、宝盈鸿利和融通新蓝筹的风险水平最低，而基金银丰则成为封闭式基金中风险水平最低的基金。在开放式基金中，博时价值增长的风险最高，也超过了大多数封闭式基金的风险水平，而基金景业则成为所有基金中风险水平最高的基金。

表 18：成立期在一年以上的基金单位净值增长方差统计

基金	管理人	类型	方差	在全部基金中排名	在同类型基金中排名	基准指数
华夏债券	华夏	债券型开放式	0.23%	1	1	0.37%
南方宝元	南方	偏债型开放式	0.64%	2	1	1.32%
富国动态	富国	平衡型开放式	1.48%	3	1	0.79%
宝盈鸿利	宝盈	偏股型开放式	1.52%	4	1	1.75%
融通新蓝筹	融通	偏股型开放式	1.52%	5	2	1.75%
嘉实成长	嘉实	偏股型开放式	1.57%	6	3	1.75%
长盛成长	长盛	偏股型开放式	1.61%	7	4	1.75%
基金银丰	银河	偏股型封闭式	1.63%	8	1	1.86%
华安创新	华安	偏股型开放式	1.65%	9	5	1.75%
基金同智	长盛	偏股型封闭式	1.65%	10	2	1.86%
易方达平稳	易方达	平衡型开放式	1.67%	11	2	0.79%
基金同德	长盛	偏股型封闭式	1.67%	12	3	1.86%
基金普润	鹏华	偏股型封闭式	1.67%	13	4	1.86%
国泰金鹰增长	国泰	偏股型开放式	1.68%	14	6	1.75%
华夏成长	华夏	偏股型开放式	1.69%	15	7	1.75%
基金金鑫	国泰	偏股型封闭式	1.69%	16	5	1.86%
南方稳健	南方	偏股型开放式	1.70%	17	8	1.75%
基金开元	南方	偏股型封闭式	1.72%	18	6	1.86%
鹏华行业成长	鹏华	偏股型开放式	1.75%	19	9	1.75%
基金裕华	博时	偏股型封闭式	1.77%	20	7	1.86%
基金泰和	嘉实	偏股型封闭式	1.77%	21	8	1.86%
基金安顺	华安	偏股型封闭式	1.78%	22	9	1.86%
基金丰和	嘉实	偏股型封闭式	1.78%	23	10	1.86%
基金金泰	国泰	偏股型封闭式	1.78%	24	11	1.86%
基金通乾	融通	偏股型封闭式	1.78%	25	12	1.86%
基金景博	大成	偏股型封闭式	1.78%	26	13	1.86%
大成价值	大成	偏股型开放式	1.79%	27	10	1.75%
基金裕阳	博时	偏股型封闭式	1.79%	28	14	1.86%
基金普惠	鹏华	偏股型封闭式	1.79%	29	15	1.86%
基金安信	华安	偏股型封闭式	1.80%	30	16	1.86%
华安 180	华安	指数型开放式	1.80%	31	1	1.82%
基金天华	银华	偏股型封闭式	1.80%	32	17	1.86%
基金汉博	富国	偏股型封闭式	1.81%	33	18	1.86%
基金汉兴	富国	偏股型封闭式	1.81%	34	19	1.86%
基金安瑞	华安	偏股型封闭式	1.81%	35	20	1.86%
基金科瑞	易方达	偏股型封闭式	1.82%	36	21	1.86%
基金同盛	长盛	偏股型封闭式	1.82%	37	22	1.86%
基金汉鼎	富国	偏股型封闭式	1.85%	38	23	1.86%
基金普丰	鹏华	偏股型封闭式	1.85%	39	24	1.86%
基金金鼎	国泰	偏股型封闭式	1.86%	40	25	1.86%
基金安久	华安	偏股型封闭式	1.88%	41	26	1.86%
基金景阳	大成	偏股型封闭式	1.88%	42	27	1.86%
基金天元	南方	偏股型封闭式	1.90%	43	28	1.86%
基金同益	长盛	偏股型封闭式	1.91%	44	29	1.86%
基金金元	南方	偏股型封闭式	1.92%	45	30	1.86%
基金久嘉	长城	偏股型封闭式	1.94%	46	31	1.86%
基金兴华	华夏	偏股型封闭式	1.94%	47	32	1.86%
基金金盛	国泰	偏股型封闭式	1.94%	48	33	1.86%
基金兴安	华夏	偏股型封闭式	1.95%	49	34	1.86%
基金裕元	博时	偏股型封闭式	1.95%	50	35	1.86%
基金通宝	融通	偏股型封闭式	1.97%	51	36	1.86%
基金裕隆	博时	偏股型封闭式	1.97%	52	37	1.86%
银华优势	银华	偏股型开放式	2.01%	53	11	1.75%
基金鸿阳	宝盈	偏股型封闭式	2.02%	54	38	1.86%
基金兴科	华夏	偏股型封闭式	2.02%	55	39	1.86%
基金隆元	南方	偏股型封闭式	2.02%	56	40	1.86%
基金兴和	华夏	偏股型封闭式	2.03%	57	41	1.86%
基金汉盛	富国	偏股型封闭式	2.03%	58	42	1.86%
基金景宏	大成	偏股型封闭式	2.05%	59	43	1.86%
基金普华	鹏华	偏股型封闭式	2.05%	60	44	1.86%
基金科翔	易方达	偏股型封闭式	2.07%	61	45	1.86%
基金景福	大成	偏股型封闭式	2.08%	62	46	1.86%
基金融鑫	中融	偏股型封闭式	2.11%	63	47	1.86%
基金科汇	易方达	偏股型封闭式	2.12%	64	48	1.86%
基金裕泽	博时	偏股型封闭式	2.14%	65	49	1.86%
基金科讯	易方达	偏股型封闭式	2.14%	66	50	1.86%
基金兴业	华夏	偏股型封闭式	2.14%	67	51	1.86%
博时价值增长	博时	偏股型开放式	2.18%	68	12	1.75%
基金久富	长城	偏股型封闭式	2.21%	69	52	1.86%
基金鸿飞	宝盈	偏股型封闭式	2.26%	70	53	1.86%
基金景业	大成	偏股型封闭式	2.29%	71	54	1.86%

3、风险调整收益

综合考虑基金的收益和风险水平，我们认为基金兴华、基金金盛和基金科翔最值得关注。虽然这三只基金的风险水平在同类基金中处于中上的水平，但其投资收益也比较出色，符合高风险高收益的特征，而在单位风险收益排名中，这三只基金名列所有基金的前列。开放式基金中博时价值增长的单位风险收益最高，该基金也属于高风险高收益类基金。基金安瑞和基金天华虽然风险水平相对较低，但投资收益也不理想，属于典型的低风险低收益的基金。最不理想的是那些高风险低收益的基金，基金普华和基金通宝就是这种类型的基金，这两只基金的单位风险收益也位列所有基金的末端。

表 19：各基金公司经营能力（不考虑指数型开放式基金和以债券为主要投资方向的基金）

管理人	基金个数	封闭	开放	平均单位净值增长	封闭式平均单位净值增长	开放式平均单位净值增长
中融	1	1	0	30.26%	30.26%	—
易方达	5	4	1	27.71%	29.48%	20.65%
博时	6	5	1	27.25%	25.84%	34.35%
南方	5	4	1	24.08%	23.81%	25.15%
华夏	6	5	1	23.54%	25.63%	13.09%
国泰	5	4	1	23.31%	23.90%	20.96%
银河	1	1	0	21.90%	21.90%	—
嘉实	3	2	1	20.37%	19.84%	21.43%
长城	2	2	0	20.34%	20.34%	—
富国	5	4	1	18.63%	19.08%	16.83%
宝盈	3	2	1	18.60%	20.62%	14.58%
大成	6	5	1	18.16%	18.13%	18.29%
长盛	5	4	1	17.61%	17.65%	17.47%
融通	3	2	1	16.24%	14.34%	20.03%
鹏华	5	4	1	13.50%	12.66%	16.85%
华安	5	4	1	13.05%	11.86%	17.84%
银华	2	1	1	12.92%	10.34%	15.51%
平均	4	3	1	20.44%	20.33%	19.50%

（姚小军）

中国基金评级排行榜(截止2004年3月22日)

基金代码	基金名称	一年期评级						二年期评级						基金管理公司	基金规模	托管银行	成立日期	年度化累计收益率
		综合评级	综合排行	证券选择	时机时机	波动性	风险调整收益	综合评级	综合排行	证券选择	时机选择	波动性	风险调整收益					
000001	华夏成长	★★★	38	58	5	16	53	★★★★★	5	35	6	3	19	华夏	30	建行	200112	11.5%
000001	华夏成长	★★★	38	58	5	16	53	★★★★★	5	35	6	3	19	华夏	30	建行	200112	11.5%
020001	国泰金鹰增长	★★★★	9	51	2	14	21	—	—	—	—	—	—	国泰	14	交行	200205	10.1%
040001	华安创新	★★★	36	25	57	9	39	★★★★	8	17	41	1	24	华安	28	交行	200109	8.8%
040002	华安180	★	66	55	54	36	67	—	—	—	—	—	—	华安	12	工行	200211	17.0%
050001	博时价值增长	★★★★	22	1	70	61	5	—	—	—	—	—	—	博时	22	建行	200210	34.9%
070001	嘉实成长收益	★★★★	8	21	45	6	8	—	—	—	—	—	—	嘉实	13	中行	200211	26.6%
080001	长盛价值	★★	50	47	59	4	51	—	—	—	—	—	—	长盛	11	农行	200209	15.7%
090001	大成价值增长	★★★★	16	19	24	31	18	—	—	—	—	—	—	大成	10	农行	200211	26.3%
100016	富国动态平衡	★★★★	20	44	28	2	28	—	—	—	—	—	—	富国	15	农行	200208	15.1%
110001	易方达平稳增长	★★★	31	20	53	12	29	—	—	—	—	—	—	易方达	22	中行	200208	18.8%
161601	融通新蓝筹	★★★★	15	40	26	3	26	—	—	—	—	—	—	融通	13	建行	200209	19.1%
180001	银华优势企业	★★★	27	22	16	68	22	—	—	—	—	—	—	银华	11	中行	200211	26.3%
184688	基金开元	★★★	35	33	44	19	33	★★★★	17	51	1	39	22	南方	20	工行	199804	15.7%
184689	基金普惠	★★	49	31	56	49	43	★★★	23	9	46	10	25	鹏华	20	交行	199901	13.7%
184690	基金同益	★★★	40	24	49	40	31	★★	34	40	20	20	34	长盛	20	工行	199904	16.5%
184691	基金景宏	★★★	29	46	6	57	32	★★	42	39	14	45	35	大成	20	中行	199905	7.5%
184692	基金裕隆	★★★	33	38	34	27	35	★★★	33	20	32	37	27	博时	30	农行	199906	7.0%
184693	基金普丰	★	68	50	62	35	64	★★	41	28	43	16	41	鹏华	30	工行	199907	6.4%
184695	基金景博	★★	63	60	42	15	65	★★	43	48	17	12	46	大成	10	农行	199910	0.6%
184696	基金裕华	★★★★	11	43	9	22	16	★★★★	13	25	12	11	17	博时	5	交行	200004	—3.1%
184698	基金天元	★★★★	25	10	50	51	14	★★★★	12	18	10	24	12	南方	30	工行	199909	12.0%
184699	基金同盛	★	67	65	40	34	68	★★	46	49	21	25	48	长盛	30	中行	199911	7.8%
184700	基金鸿飞	★★	58	15	64	66	48	★	49	16	50	41	43	宝盈	5	建行	200111	5.8%
184701	基金景福	★★	48	57	3	63	57	★★	45	45	18	46	40	大成	30	农行	200001	6.1%
184702	基金同智	★★	57	69	13	20	62	★★	37	47	8	13	42	长盛	5	中行	200005	5.4%
184703	基金金盛	★★★★★	4	12	17	52	3	★★★★★	3	2	35	26	3	国泰	5	建行	200006	3.7%
184705	基金裕泽	★★★★★	2	2	52	48	1	★★★★	9	7	19	40	7	博时	5	工行	200005	3.7%
184706	基金天华	★★	59	62	33	37	58	★★	44	43	38	9	45	银华	25	农行	200108	4.5%
184708	基金兴科	★★★★	14	11	32	60	13	★★	36	10	28	50	10	华夏	5	交行	200007	6.2%
184709	基金安久	★★★	32	29	23	33	34	★★★★	10	1	51	51	1	华安	5	交行	200108	24.9%
184710	基金隆元	★★★	42	8	66	44	24	★★★	20	15	30	33	18	南方	5	工行	200010	1.4%
184711	基金普华	★	70	68	58	53	69	★	51	46	47	30	51	鹏华	5	工行	200108	—3.1%
184712	基金科汇	★★★★	17	3	60	62	7	★★★★	6	3	34	32	5	易方达	8	交行	200106	11.1%
184713	基金科翔	★★★★★	7	6	41	59	6	★★★★★	4	6	23	38	4	易方达	8	工行	200106	12.1%
184718	基金兴安	★★★★	23	53	1	58	30	★★★	30	50	2	49	15	华夏	5	中行	200009	5.5%
184719	基金融鑫	★★★★	12	9	12	70	12	—	—	—	—	—	—	中融	8	工行	200209	23.3%
184720	基金久富	★	64	17	69	65	56	—	—	—	—	—	—	长城	5	交行	200204	3.8%
184721	基金丰和	★★	46	52	36	23	44	—	—	—	—	—	—	嘉实	30	农行	200204	9.5%
184722	基金久嘉	★★	53	32	55	54	46	—	—	—	—	—	—	长城	20	农行	200208	11.0%
184728	基金鸿阳	★★	62	42	61	50	54	★	48	23	49	31	47	宝盈	20	农行	200112	4.6%
184738	基金通宝	★★	61	66	11	55	66	★	47	44	39	36	49	融通	5	建行	200109	3.9%
202001	南方稳健成长	★★★★	21	7	67	8	9	★★★★★	2	12	29	2	9	南方	26	工行	200109	11.8%
202101	南方宝元债券型	★★★★★	1	67	27	1	40	—	—	—	—	—	—	南方	22	工行	200209	8.9%
206001	鹏华行业成长	★★	51	59	8	41	61	—	—	—	—	—	—	鹏华	24	工行	200205	4.2%
213001	宝盈鸿利收益	★★★	39	63	10	5	52	—	—	—	—	—	—	宝盈	5	农行	200210	14.6%
500001	基金金泰	★★★★	18	49	7	26	25	★★★	25	31	15	23	28	国泰	20	工行	199804	19.8%
500002	基金泰和	★★★	26	37	25	25	23	★★★★	7	22	5	21	11	嘉实	20	建行	199904	13.2%
500003	基金安信	★★	56	27	65	17	50	★★★	32	30	37	7	38	华安	20	工行	199806	18.7%
500005	基金汉盛	★★★	45	16	51	56	36	★★★	29	13	45	19	26	富国	20	农行	199905	10.5%
500006	基金裕阳	★★★★	24	28	38	7	27	★★★★	16	27	11	17	21	博时	20	农行	199807	16.2%
500007	基金景阳	★★	54	61	14	32	60	★★★	24	34	13	18	30	大成	10	农行	199910	5.4%
500008	基金兴华	★★★★	13	13	30	43	11	★★★★★	1	5	7	27	2	华夏	20	建行	199805	21.2%
500009	基金安顺	★★	60	36	68	18	55	★★★	28	24	40	6	36	华安	30	交行	199906	11.2%
500010	基金金元	★★★★★	6	30	4	45	10	★★★	19	42	3	42	20	南方	5	工行	200007	—3.6%
500011	基金金鑫	★★★	30	48	19	10	37	★★★★	15	38	4	14	23	国泰	30	建行	199911	10.5%
500013	基金安瑞	★	69	70	39	30	70	★	50	33	48	34	50	华安	5	工行	200108	—1.7%
500015	基金汉兴	★★★	44	41	35	46	42	★★	38	29	36	22	37	富国	30	交行	200001	4.5%
500016	基金裕元	★★★★★	5	5	46	42	2	★★★★	11	8	26	35	8	博时	15	工行	199910	13.6%
500017	基金景业	★★	52	23	48	69	47	★★★★	18	4	31	48	6	大成	5	农行	200112	14.6%
500018	基金兴和	★★	47	26	47	47	45	★★★	26	11	33	44	16	华夏	30	建行	199907	11.3%
500019	基金普润	★★	55	64	20	24	59	★★	39	37	42	4	44	鹏华	5	工行	200109	0.7%
500021	基金金鼎	★★★★★	3	14	21	21	4	★★★★	14	21	9	29	14	国泰	5	建行	200008	—1.2%
500025	基金汉鼎	★★★	28	39	29	28	20	★★	35	36	22	28	33	富国	5	工行	200008	—18.5%
500028	基金兴业	★	65	54	37	67	63	★★	40	32	16	47	32	华夏	5	农行	200107	1.8%
500029	基金科讯	★★★	37	4	63	64	19	★★★	21	14	24	43	13	易方达	8	交行	200106	7.7%
500035	基金汉博	★★★	34	45	22	39	38	★★★	22	19	44	5	31	富国	5	建行	200010	0.5%
500038	基金通乾	★★★	41	34	43	29	41	★★★	27	26	27	15	29	融通	20	建行	200109	6.5%
500039	基金同德	★★★	43	56	18	13	49	★★★	31	41	25	8	39	长盛	5	农行	200108	4.9%
500056	基金科瑞	★★★★	19	18	31	38	15	—	—	—	—	—	—	易方达	30	交行	200203	13.8%
500058	基金银丰	★★★★	10	35	15	11	17	—	—	—	—	—	—	银河	30	建行	200209	19.1%

睿信基金评级结果注释：

1、睿信基金评级所用数据均为可获得的公开数据，选取具有一年以上有效历史数据的基金予以评级，以避免短期业绩的影响。

2、睿信综合评级结果最好的10%为5星级基金，其次的25%为4星级，再次的30%为3星级，再次的25%为2星级，最后的10%为1星级。

3、基金规模一栏中，凡涉及开放式基金，其截至日期为2003年12月31日。

4、波动性一栏中，排名越靠前表示基金业绩越稳定，风险相对较小。

5、成立日期一栏中，前四位数字表示年度，后两位数字表示月份。

6、年度化累计收益率是依据基金自成立以来到评级日期为止的时间段内的累计收益率进行年度化转换而得。该指标的一个假设是基金持有人将所得分红均用于再投资。

7、基金评级均为对基金历史业绩的客观概括，与未来表现存在一定的相关性，但并不能完全预测基金未来的业绩。睿信基金评级结果仅供参考，投资者据此操作睿信不负担责任

基金业务创新与基金市场发展

二十世纪七十年代后期特别是九十年代以来，以美国为代表的海外的共同基金市场取得了巨大的发展。基金数量从1990年的2900只上升到1999年的8000只，基金资产总规模从1990年的1.065万亿美元上升到6.846万亿美元。美国家庭越来越多的通过共同基金持有股票和债券，2001年，美国家庭通过共同基金购买了1200亿美元的股票，卖出了直接购买的2610亿美元股票。共同基金正日益成为人们的一种重要的理财工具。推动基金市场发展的原因是多方面的，而基金业务创新是推动基金市场发展的最根本原因。

基金业务创新包括：基金产品创新、基金投资、营销服务创新、基金业务拓展等。

一、基金产品创新对基金市场的影响

基金产品创新是共同基金迅速发展的关键因素。在数十年基金市场发展中，基金产品创新已形成了一整套完善的开发模式，成为支撑基金产品创新的重要基础。

1、基金产品的开发模式

基金产品创新的开发模式可以分为四个阶段，三个步骤：

(1)四个阶段

a. 定向

——明确新产品的开发目标和开发策略

——产生思想

——筛选思想

b. 设计

——发展概念

——试验概念

——商情审批

——项目审批

c. 检验

——产品设计与试运行

——市场营销试验

d. 推出

(2)三个步骤

新产品的开发策略总是从明确的开发目标和开发策略为起点的。

①公司产品设计的策略定位

新产品的开发总是由下述四个基本策略的一个或多个驱动的；

已有的购买者　新购买者

现有服务　争取市场份额　市场扩展

新服务　　服务面的扩展　新业务

②产品设计中的客户需求分析

a. 分析客户需求，设计符合多层次投资者风险一收益偏好的基金产品，适时推出市场需求的产品；

b. 评估

——该项新产品的特点和对投资者的好处；

——投资者购买这一新产品的合理性。

c. 评估预期的投资者是否：

——理解新产品或新服务的思想；

——对所建议的新服务是否有良好的发应；

——感觉到该项新服务所提供的好处符合投资者潜在的需要。

③产品设计中的市场统计分析与检验

a. 把握市场阶段性统计特征——设计产品

b. 根据市场统计规律特征——设计把握市场统计特征的产品

c. 检验新产品——确定各种应对策略，保证产品能够发挥其应有的功能

产品开发的基本框架：

市场营销目标

1、明确新产品的目标和开发原则　环境分析　内部资源

2、产生思想　外部资源

3、筛选思想　客户个人接触

4、发展概念　搜寻探索　制定预算

5、试验概念

6、商情分析　市场评估

7、项目审批

8、产品设计与测试　用户　个人作业

9、加工方法和系统设计及试验

10、市场营销程序的设计与试验

11、产品设计与试运行　用户

12、市场营销试验

2、基金产品的实例分析

①货币市场基金

美国货币市场基金的出现和发展，是20世纪70年代以来美国金融市场的重大创新。1980年以前，美国大多数州禁止银行对支票存款账户支付利息，Q条款又对定期存款利率规定了上限。

为了突破Q条款5.25%的存款利率限定，商业银行开始了一系列的金融创新。而规避存款利率限制最成功的金融创新是货币市场基金。1971年，第一只货币市场基金成立，通过将小额存款聚积起来购买大额存单，绕过了联邦银行法Q条例对存款利率的限制，获取了较高的市场利率(5.25%对8%)。由于货币市场基金与银行存款相比，收益高、风险相对较小、可开支票，实质上是一种支付利息的支票账户，但在法律上不被视为存款，既不受Q条款限制，也不需要向联储缴法定准备金，因而得到迅速发展。

上世纪70年代初，美国货币市场基金的净资产规模只有17亿美元，80年代达到数千亿美元，货币市场基金规模已超过股票基金和债券与收入基金各自规模，成为规模最大的基金品种。

进入90年代，随着货币市场收益率与储蓄存款收益率利差的加大，货币市场基金净现金流入增加，货币市场基金增长速度大大加快。

1994年后，货币市场基金每年的平均收益率高于储蓄存款2.3个百分点，较高的利差刺激个人投资者将短期资产转换为货币市场基金，1994年至1999年间，持有货币市场基金的家庭从10%上升到21%。货币市场基金现金净流入不断上升。截止到1999年美国家庭短期资产的19%是货币市场基金，高于1990年的11%的水平。

货币市场基金在满足家庭理财需要的同时也越来越成为企业理财工具，企业通过持有货币市场基金而不是直接持有流动性证券，进行现金管理和流动性管理。通过货币市场基金，企业可以取得其自身无法取得的规模经济优势。90年代，非金融企业持有的货币市场基金以每年28%的速度增

长，从1990年的160亿美元上升到1999年接近200亿美元。截止到1999年，美国企业短期资产的30%为货币市场基金，远高于1990年的9%的水平。

2002年，随着美国联邦基金利率连续下调，货币市场基金收益率下降(付税零售货币市场基金与商业银行储蓄存款收益差收窄至0.25个百分点，远低于2000年的4个百分点)，债券基金收益率与货币市场基金收益率利差加大，导致个人投资者投资于货币市场基金的资金净流入量减少了790亿美元。许多个人投资者将大量短期资金投入银行帐户或债券基金，2002年个人投资者投入银行帐户的资金增加了4000亿美元，投入债券市场的资金增加了160亿美元。

与此同时，机构投资者(企业、退休基金、政府和其他规模较大的投资者)投资于货币市场基金资金净流入量由2001年的3390亿美元，下降到320亿美元。许多机构投资者将资金直接投入到货币市场工具中，以获取相应利润。

货币市场基金每年资金净流入虽然受到货币市场收益率与储蓄存款收益率利差的影响，但由于货币市场基金高流动性、低风险性、收益稳定性、可开支票性的产品优势，货币市场基金无论从资产规模与基金净流入量比较，已成为仅次于股票基金的主要基金品种。

②保本基金

保本基金(PrincipalGuaranteedFund)是指：持有该基金份额的投资者在投资

期限到期时，可以拿回初期投入的本金或事先约定的初期投入本金的某一百分比(如105%或95%)。

近年来随着股市的低迷，许多投资者的投资观念趋于以保值为前提，这为保本基金的热销提供了基础。以香港为例，2000年10月香港首次推出保本基金，2001年12月至2002年12月，保本基金总规模从5780(百万美元)到11734(百万美元)，2002年3月至2003年3月，保本基金的数量从73只增加到118只。截止到2003年4月，流入保本基金资金总量占流入所有基金资金总量的57%。

二、基金投资、营销服务创新对市场的影响

进入90年代，美国基金业有了长足的发展，除了基金产品的创新以外，基金投资、营销业务创新也是其中重要的原因。基金投资、营销业务创新包括了：基金投资业务扩展、基金销售渠道扩展、基金销售领域扩展、基金销售成本的降低。

1、基金投资业务扩展

美国家庭对共同基金需求增加的一个主要原因是，基金投资业务的扩展，投资海外基金的推出，满足了投资者通过投资海外市场分散风险的需要。90年代，美国居民平均投资海外证券的资金由80年代的30亿美元，增加到520亿美元，这其中共同基金成为美国居民投资海外的主要工具。90年代，每年投资于海外共同基金的资金平均每年220亿美元，约占流入所有股票基金资金总值的六分之一。

2、基金销售渠道的扩展

基金市场发展的一个重要环节，是如何将基金公司开发的基金产品方便地分销到投资者手中。基金销售渠道的多样化和基金公司与不同金融机构基于比较优势的合作，推动了共同基金以更低的成本扩散到更为广泛的投资者群体中。

1999年新销售的股票基金、债券基金、混合基金(统称为长期投资基金)直销比例由1990年的23%下降到18%，与此同时，通过第三方或中介销售(包括雇员养老计划、基金超市、收费金融顾问、银行信托部门等)的基金比例从77%上升到82%。

除了第三方销售比例增加以外，那些主要依靠直销的共同基金也转为越来越依靠第三方或中介销售机构。例如，1990年，该类共同基金新销售基金中的62%是通过直接销售完成的，而到1999年底，这一比例下降到43%。该类基金中，传统的主要利用股票经纪商或专业销售人员的销售模式逐渐转向到利用非传统(如养老计划、银行、人寿保险公司等)的销售模式。截止到1999年，利用股票经纪商或专业销售人员通过非传统的销售方式销售的基金占所新销售基金的比例从1990年的41%上升到了67%。

3、基金销售领域扩展

基金销售领域的扩展主要表现为，退休金市场在基金资产中的作用日益增加。随着美国退休金市场的全面发展，雇主资助养老金计划和个人退休账户对基金资产增加的贡献越来越大。1990年至1999年，美国的退休帐户资产从4万亿增加到13万亿，其所投入到共同基金的比例从由5%增加到19%，1990年，美国基金总资产中来自养老金缴纳计划和个人退休账户(IRAS)的资产约为2000亿美元，占基金总资产的19%，1999年这一部分资产达到2.4万亿，占基金总资产的35%。这一比例的增长一方面反映了固定养老金缴纳计划的扩张，另一方面也体现出共同基金自身在这些计划中的优势和良好服务。由于基金公司能够提供日常报价等许多其他机构的产品所不能提供的服务，雇主出资确定的养老金计划往往更偏向于选择基金。另外，投资基金是在证券法和税法监管下进行的分散投资，有令人满意的规则和标准，从而极大地增加了投资者对投资基金的需求。

4、基金销售成本的降低

投资者持有基金的成本大大降低。销售成本降低的原因，一是竞争，许多收费基金通过降低其销售成本和非收费基金以达到在竞争中取胜的目的；二是规模经济，许多基金管理公司随着基金资产的增加，规模经济效应增加，他们能够以较低的单位成本提供较好的服务，1992至1999年，基金客户服务和基金销售人员的数量增加了大约两倍，而基金的客户数增加了3倍，基金所管理的基金资产增加了4倍。因此，虽然九十年代投资者对基金的需求和基金管理公司本身提供的服务有了大幅度的增加，但投资者持有基金的成本不断降低。1990—1998年，股票基金和债券基金销售成本分别降低了30%和24%，股东持有股票投资基金、债券投资基金、货币市场投资基金的总成本分别降低了25%、36%、21%。

三、基金业务拓展对市场的影响

九十年代，虽然美国许多基金公司的规模有了较大增长，但基金公司之间的竞争却越来越激烈，1990年新设立的464只基金，1999年只剩下313只基金，其余全部被其他基金合并或终止。小公司持有的基金份额与大公司相比较，1999年的比例远低于1990年，基金资产日益集中到大基金公司手中。1999年，五家最大的基金公司持有的基金份额占了基金总资产的37%。面对竞争，基金公司以基金资产管理业务为主，充分利用现有基金公司在人员、技能方面的优势，积极拓展非基金型资产管理业务，为许多大机构、企业和政府部门以及个人投资者开展了形式多样的受托资产管理业务。

1、面向高收入投资者和个人投资者的受托资产管理业务

(1)为高收入投资者提供私人投资组合小组(Private-PortfolioGroup)

投资组合小组的目标是与投资者建立一种成功的投资管理关系。投资组合小组帮助投资者确定其投资偏好和投资时间区间、为投资者提供各种投资工具，构造特定的投资组合、针对不同的市场环境对投资者的投资组合实施动态管理，实现投资者的投资目标。

(2)分离管理帐户(Separatelymanagedaccounts)

分离管理帐户业务始于20世纪70年代中期。为了满足投资者的特殊的投资需要，资产管理人开始利用管理帐户为机构和个人提供客户所需的各种投资策略。通过分离管理帐户，帮助客户选择证券以取得客户特定的投资目标。分离管理帐户不同于开放式基金，投资者直接拥有其投资组合，独自享有投资组合所带来的全部收益。1996年至2001年，流入分离管理帐户的资金达到2000亿美元，到2001年年底，美国分离管理帐户资产总量达到了4160亿美元，其中当年流入到分离管理帐户的资金净流量达到400亿美元。

分离管理帐户对初始投资数额要求较高(2000年平均每个帐户资产总额为40万美元)，这类投资业务仅适用于高收入的投资者。由于美国高收入投资者往往愿意直接持有股票和债券，而不愿意去购买开放式基金。例如以1998年为例，美国百分之五最富有的家庭其非退休金融资产的57%直接投资于股票和债券，19%投资于长期共同基金。因此分离管理帐户吸引了一大批高端客户的资金。

(3)教育储蓄计划

教育储蓄计划主要帮助投资者设计实现大学教育的储蓄方案。例如Citigroup提出无论你的财务状况如何，无论你是否有投资经验，或无论你的子女年龄多大，Citigroup通过提供适合投资工具，可以帮助你实现完成大学教育储蓄目的。

2、适合于机构投资者需要的各种投资管理服务

(1)满足企业特定需求的投资管理服务

这项服务的特点是：①券商或基金公司为企业提供一系列的投资产品以满足企业的短期和长期的投资目标。例如Citigroup为企业提供了国债投资服务和养老金投资服务两项业务。②针对这两项业务，又分别开发了多种投资产品：资本结构套利、小盘股定量证券、大盘股定量证券、大盘股价值证券。这些产品往往采用定量分析技术对产品组合进行设定，以不同的benchmark作为投资的比较基准，根据市场状况推出产品，如当市场上涨时，推出成长型证券。当市场处于调整时期时，推出价值型证券。

(2)满足保险公司特定需求的投资管理服务

这项服务内容主要包括两个方面：①投资服务。设计满足保险公司的特定需要投资组合。②利用资产负债模型帮助保险公司进行资产负债管理。

(3)满足金融机构特定需求的投资管理服务

这项服务内容主要包括：①资本市场教育和培训。②设计相关的投资品种。

(4)满足政府部门特定需求的投资管理服务

政府部门对其雇员的退休基金往往要求高质量的投资管理服务，在满足政府部门特定需求的投资管理服务中，券商或基金管理公司主要为政府部门设计各种特定的投资品种。

(5)满足非营利机构特定需求的投资管理服务

非营利机构如医院、高等教育机构、基金会往往有一些特殊的需要，为了满足这些机构的需要，券商或基金管理公司的服务内容主要包括：①为这些机构设计投资产品。②提供咨询服务和决策支持，为这些机构提供满足其长短期现金流需要的最佳方案。(湘财合丰战略规划部杨峰博士)

2003年证券投资基金投资理念、投资行为变化及其对券商的启示

证券投资基金业2003年的投资业绩不仅大幅度地跑赢大盘，而且明显好于券商。基金今年取得如此骄人的业绩，与其更新投资理念、变换投资行为有着密切关系。本文通过对2003年基金投资理念、投资行为变化的分析，希冀能够得出一些对券商有益的启示。

截至2003年12月5日，国内71只可比证券投资基金(下简称基金)2003年的净值加权平均增长率高达13.45%，明显高于同期沪深两市(综指)6.88%和－1.71%的涨幅。基金今年取得如此骄人的业绩，与其更新投资理念、变换投资行为有着密切关系。本文通过对2003年基金投资理念、投资行为变化的分析，希冀能够得出一些对券商资产管理业务有益的启示。

一、2003年基金投资理念的嬗变

2001年6月市场下跌以后，以概念炒作为主导的“庄股”投资理念开始逐步淡出市场，面对价值中枢重塑、股价普跌中出现分化走势，包括基金在内的市场投资者都在积极探索与市场相适应的新的投资理念和赢利模式。2003年，基金高举价值投资大旗、一路高歌猛进、获得令人瞩目的业绩，虽看似偶然但实则必然。

首先，2002年，大多数基金曾尝试“仓位控制、时机选择、分散投资”和指数化的被动投资理念。被动投资虽然使基金净值跑赢大盘指数，但却无法让其避免全行业亏损的尴尬局面。基金“专业理财”水平和存在价值也因此遭到基金持有人和市场的质疑。为了基金业的生存发展、为了证明自身“专业理财”的水准，基金迫切需要寻找一种能够被市场广泛认同的、能够在风险可控前提下盈利最大化的投资理念和盈利模式。

其次，自2001年6月以来，中国股市已经历了两年多的调整，股市风险得到很大释放，很多股票的市场价格已经跌至其内在价值之下，而且即便是与国外成熟市场相比，这些股票也已经具备了相当的投资价值。这为价值投资理念的崛起提供了客观条件。

第三，近年来上市公司信息披露制度的完善和市场监管的加强，一方面，导致对股票的投机性炒作尤其是所谓概念性炒作失去了赖以生存的土壤；另一方面，上市公司的基本面和各项财务数据更加真实可靠，使得对上市公司基本面的研究以及基于研究之上的价值投资成为可能。

第四，价值投资是植根于扎实的、高水准的研究支持之上。国内基金业经过四年多的发展壮大，已经初步建立了强大的、专业化的研究队伍。更为重要的是，在2002年市场交投清谈之际，各家基金管理公司通过交易分仓将国内所有优秀券商研究机构的研究成果囊括帐下，并在此基础上构建了大型研究平台。高水准、专业化的研究支持不仅为价值投资提供了基础，而且趋同化的研究平台对价值投资理念的推广和提高市场对其的认同度有很大帮助。

第五，随着机构投资者队伍的不断扩大，证券投资将逐步演化为机构之间的博弈。机构博弈若无上市公司基本面的支撑，必将陷入“囚徒困境”。此外，按照WTO的要求，中国证券市场将逐步加大对外开放的力度，市场主流投资理念

也将逐步与国际接轨，并终将转到在成熟市场上占主导地位的价值型投资理念上来。因此，在 QFII 进入中国证券市场的第一年，基金提前选择价值投资作为其主流投资理念、抢先建立基本战略仓位有一定必然性。

二、价值投资理念下的基金投资行为转变

2003 年，在价值投资理念的指导下，基金的市场投资行为较 2002 年发生了很大变化，具体表现在以下几个方面：

1. 行业选择和股票选择取代时机选择

在投资管理过程中，投资品种的选择和投资时机的把握不仅对投资组合的收益和风险有着重大影响，而且它们还代表着两种迥然不同的投资理念。2002 年，绝大多数基金是通过仓位控制进行投资时机的选择，具体表现为：在市场走势趋淡时，通过抛售手中的股票压缩持仓比例，规避大盘下跌带来的系统风险；而在市场走势趋强时，通过大量购买股票提高持仓比例，分享大盘上扬带来的收益。但从结果看，这种方式不仅使 2002 年各季度基金股票仓位整体起伏较大，交易成本大幅上升，更为重要的是，无论在理论上或是投资实践中，持续把握好时机选择都是十分困难的（2002 年只有华夏基金管理公司投资时机把握相对较好），一旦出现时机判断失误或者踏错节拍，其风险和损失就非常大（如富国基金管理公司旗下的基金）。而进入 2003 年后，基金高举价值投资大旗，以行业配置、股票选择取代了投资时机选择，这直接表现在 2003 年各季度基金持股仓位整体波幅较小，如果扣除股票市值波动对持仓比例的影响，其 2003 年持仓基本稳定在 56%左右。

其次，投资组合的行业配置相对稳定，且明显偏重于景气度高的行业（见表一）。在今年前三个季度基金的投资组合中，以电力、交通运输（主要是港口机场）、金属非金属（主要是钢铁行业）、机械制造（主要是汽车）和金融保险业等五大行业中的龙头股形成的“核心资产”成为推动市场上扬的主体。2003 年汽车、电力、石化、钢铁等行业的市场表现证明，在价值投资理念主导的市场中，选择行业比选择时机更重要，只有适应市场投资理念的转变，把握行业景气周期，采取行业倾斜配置策略，才能分享高于市场平均水平的超额收益。

表一：2003 年个季度基金重点配置的行业

	03Q1	03Q2	03Q3	均值	排名
机械设备仪表(%)	7.91	9.66	9.15	8.91	1
交通运输仓储业(%)	6.02	6.41	8.44	6.96	2
金属非金属(%)	5.82	6.41	6.98	6.40	3
电力煤气及水(%)	4.31	5.64	5.16	5.04	4
金融保险业(%)	5.09	5.36	3.46	4.64	5

注：三季度由于招商银行发债事件导致金融保险业比例略有下降。

再者，2003 年基金在弱化时机选择的同时，强调投资对象的选择，大多采用由下向上和由上向下相结合的方法精选个股。根据基金重仓股股票的统计，在 2003 前三个季度中基金始终持有的重仓股共计 86 只，占各季度重仓股总数的 60%左右，这些股票可以称得上是真正的基金“核心资产”。通过与沪深两市所有股票的对比分析（见表二），基金核心资产明显偏重于流通盘较大、业绩好较好、市盈率和市净率相对较低的行业龙头类股票，而且其的走势明显好于非核心资产。

表二：2003 年基金核心资产的特征分析

平均流通股本	平均每股收益注	平均市盈率	平均市净率	截至 12 月 5 日	平均涨跌幅
基金核心资产	3.74 亿	0.504 元	21.35 倍	3.17 倍	16.83%
两市所有股票	1.35 亿	0.165 元	35.50 倍	5.95 倍	6.88%

注：每股收益是以 2003 年前三个季度披露收益估算得出。

2. 集中配置取代分散投资

2002 年，类似指数化的分散投资曾经风靡基金业，但由于分散投资无法规避市场持续下跌的系统风险，自然也就无法让基金业免遭全行业亏损，因而成为当时市场诟病的对象。基金持有人和市场各方都希望基金经理能够采取更为积极的投资策略来取代被动的分散投资。2003 年年初，价值投资理念的出现，使基金集中配置资金成为可能。因为价值投资是基于扎实的专业化研究之上，通过挖掘并持有内在价值高于市场价格或被市场低估的行业和上市公司来谋求超额收益。其核心思想是研究创造价值，通过研究可以达到和分散投资一样的规避非系统风险的效果。

2003 年基金投资组合集中配置反映在行业集中度和持股集中度呈明显上升趋势。其中，行业集中度（排名前 5 位的行业之和占整个行业分布的比重）从 2002 年年底的 48.6%迅速提高到 2003 年三季度末的 65%，充分表明了基金根据经济景气周期中行业梯次演进规律进行行业倾斜配置的集中投资思维。而且从市场表现看，前三季度排名前 5 位的行业恰恰是今年增长较快的行业，也是证券市场表现最出色的五朵金花。其次，集中持股现象反映在：第一，持股集中度上升。从图二中可以看出，2003 年三季度末基金持股集中度已经较 2002 年提高了近 20 个百分点；第二，重仓股数量大幅下滑。虽然 2003 年基金家数在不断提高（新设立 30 只基金），但他们持有的重仓股数量却由 2002 年底的 212 只降至 147 只，降幅大 31%。

3. 趋同效应、交叉持股现象较明显

目前国内基金总数虽已逾百只，但除去十余只债券型基金和纯指数基金外，其余绝大多数基金在风险和收益类型上大致相同或相近，投资风格并未进行细分。其次，目前绝大数基金的研究平台基本是构建在大致相同的券商研究机构基础之上，基金研究成果有趋同化倾向。再者，价值投资要求基金经理以行业和企业基本面为出发点，用相同或相近的标准来进行品种选择。同样的投资对象、同样选择标准、同样的风险和收益要求，自然也就产生趋同化的选择结果，因此，基金在择股上出现趋同化也在情理之中。

择股的趋同效应在基金的投资行为上具体表现为重仓股数量减少和交叉持股现象加剧。统计表明，自 2002 年底以来，在基金重仓股数量以每季度 15%左右的速度下降的同时，单只重仓股被基金交叉持有的次数却 2002 年底的平均 2.92 次激增至 2003 年三季度末的 5.63 次。

表三：各季度基金重仓股数量及交叉持股变化

	02Q4	03Q1	03Q2	03Q3
重仓股数量(只)	212	178	151	145
交叉持股(次)	2.92	3.82	4.97	5.63

三、对券商资产管理业务的启示

通过对比券商和基金 2003 年度持有的重仓股可以发现，两者在行业配置、择股标准、集中度等方面存在较大的差异，这在一定程度上反映了基金和券商之间在投资理念、资产配置策略上的分歧，而且我们认为这种分歧可能是造成 2003 年券商资产管理投资业绩远落后于基金平均水平的重要原因。我们认为，2003 年基金投资理念和投资行为的转变，可以为券商带来以下几点启示：

1. 适应市场变化，转变投资理念。价值投资、“行业倾斜配置，相对集中持股”是 2003 年国内证券市场的主流投资理念和赢利模式。从一种投资理念或赢利模式“产生、盛行与消亡”的历程以及基金重仓股“价值发现、价值推动、价值投机和价值回归”的演进过程来看，今后价值投资虽将面临分化趋势，但至少在明年上半年它仍将是市场主流投资理念和赢利模式。因此，券商应顺应市场变化，及时转变投资理念。当然，我们并不赞同简单地将基金重仓股直接变为券商重仓股，但是券商应借鉴基金的资产配置与选股思路，在构筑券商新的重仓股组合时，应该格外关注股票的行业属性、业绩、成长性和流动性。

2. 投资就是研究，券商应尽快转变投资研究“两张皮”的局面，及时建立健全资产管理部和研究所之间的横向联系机制。在这几年市场持续下跌过程中，多数券商对公司组织构架进行了调整，并重点强化券商资产管理业务和研究所之间的横向联系，今后券商仍应沿着即定轨道强化两部门之间的合作与联系，并通过例如定期/不定期的例会制度、投资经理与研究人员热线交流等制度安排，在资产管理与研究之间构架起顺畅的信息交流通道。

3. 强化行业研究对券商资产管理的支持力度。根据国外基金业的经验，行业配置是影响基金业绩的最重要因素，业绩贡献度超过 80%。自今年以来，依据行业景气循环、相对集中配置资产的价值投资模式已开始逐渐成为国内机构投资者的主流盈利模式。研究所应在根据这一特点，进一步充实行业研究力量，深化行业基础研究。同时，还必须根据经济景气周期中各行业梯次演进的规律，加强对各个行业景气度进行跟踪研究，准确把握景气度高的或者正在逐渐转强的行业以及行业内有发展潜力的龙头股票，为资产管理部门的投资决策提供研究支持。（华泰证券研究　张　俊）

市场制度建设对基金业发展至关重要

投资基金业的成功依赖于拥有较高发展水平的、统一的、流动的且富有效率的证券市场，以规避内幕交易和市场操纵，降低上市公司内部治理风险，降低交易成本和市场价格的非理性波动，以切实保护投资者的利益。有时，投资者的信心比投资者拥有收入和财富的多少更为重要。而坚定投资者的信心要靠建立和完善各项市场制度来实现。因为，制度不合理、不完善可以改进，但不可以没有“游戏规则”

自 20 世纪 90 年代以来，发达国家或地区的投资基金业获得了前所未有的爆发性的发展。根据美国 ICI 于 2003 年的最新统计，截至 2002 年底，在全球 37 个国家共计 11.22 万亿美元的全球投资基金资产总值中，美国占 60%，欧洲占 30%，亚太国家或地区与非洲加在一起占 10%。若以美元计，发达国家或地区投资基金业的资产规模与排序是：美国，6.39 万亿；法国，0.85 万亿；卢森堡，0.80 万亿；意大利，0.38 万亿；澳大利亚，0.37 万亿；日本，0.30 万亿；英国，0.29 万亿；爱尔兰，0.25 万亿；加拿大，0.25 万亿；德国，0.21 万亿；西班牙，0.18 万亿，以及香港，0.16 万亿。

90 年代基金业发展的黄金时代

在发达国家或地区投资基金业的发展过程中，美国共同基金业的发展表现最为突出。据美国 ICI 的统计，1992—1998 年，美国共同基金资产总值从 1.6 万亿美元猛增到 5.5 万亿美元，年均增长率达 22.4%，基金资产净值占同期美国 GDP 的比重达 41.95%（均值）。1999—2003 年 8 月，美国共同基金资产规模呈现先增长后回落尔后再回升的态势（1999 年为 6.85 万亿美元；2000 年为 6.96 万亿美元；2001 年为 6.97万亿美元；2002 年为 6.39 万亿美元；2003 年截至到 8 月份为 6.97 万亿美元）。伴随着美国共同基金业资产规模的长期持续快速增长，美国家庭金融资产结构也发生了相应的变化，家庭持有共同基金的资产总值和持有共同基金的家庭数目亦出现了相应的持续快速上升。例如，美国家庭持有共同基金资产在家庭金融资产总值中所占比率，1990 年为 6.7%；2002 年为 17.8%。1980 年在美国 460 万个家庭中，有 5.7%的家庭持有共同基金；而到了 2002 年，在美国 5420 万个家庭中，持有共同基金的家庭数目则上升为 49.6%。

从整体上看，虽然欧洲投资基金业没有美国发达，基金业总体资产规模、单个基金的平均资产规模以及资本市场的重要程度都远逊于美国，但在整个 20 世纪 90 年代，欧洲投资基金业也获得了创记录的发展。据欧洲投资基金与投资公司联会（FEFSI）的统计，1995—2000 年，欧洲投资基金资产年均增长率达到 28%，投资基金资产总值占欧洲 GDP 的比重也由 1995 年的 23%上升到 2000 年的 52%（法国最高达 67%），相当于 1995 年欧洲人均持有 4000 欧元的基金资产，到了 2000 年欧洲人均便持有 1.16 万欧元基金资产。个别欧洲国家投资基金业的发展更为迅猛，如希腊和意大利，其年增长率曾分别达到过 78%和 48%。受全球证券市场周期性回调的影响，2001—2002 年，欧洲投资基金业资产总值有所下降，但进入 2003 年后即迅速回升。截至 2003 年 6 月底，欧洲投资基金业资产总值由 2002 年底的 3.37 万亿美元增长到 3.96 万亿美元。

同样，欧洲家庭持有投资基金的份额亦随欧洲投资基金业资产规模的持续快速增长而不断上升，如在法国投资基金持有人总数中，家庭持有人占 23%的比率。

与此相反，虽然 20 世纪 90 年代日本、香港、新加坡和韩国等亚洲国家或地区的投资基金业发展亦较迅速，但自 1997 年亚洲金融危机后发展速度明显放慢。亚洲资本市场本来就比较落后，金融业主要以银行间接融资为主，投资基金业资产净值占本国 GDP 的比重非常小，投资基金与储蓄存款比率即投资基金准入率亦非常低（2001 年投资基金准入率美国为 52%；新加坡为 14%；香港为 9%；台湾为 5%；日本为 2.4%）。亚洲以高储蓄率闻名于世，投资基金在亚洲国家的家庭金融资产结构中所占比率相当低。例如，截至 2001 年底，韩国家庭持有投资基金资产占家庭金融资产总值的 6.3%；而日本家庭持有投资信托资产仅占家庭金融资产总值的2.3%。

四大因素助推基金业快速发展

20 世纪 90 年代发达国家或地区投资基金业之所以能够快速发展，以下几个方面的因素起了关键性的作用：

首先，发达国家或地区人均收入水平的不断提高和富裕程度的不断增强，使家庭对投资基金产品产生巨大的市场需求成为了可能。

其次，20 世纪 90 年代发达国家或地区资本市场的出色表现，以及投资基金获得了良好的投资业绩，是吸引家庭进行基金投资的另一个重要原因。

再次，投资基金产品从其设计到产生继而发展至今，产品需求者的目标定位主要是家庭，这是由投资基金产品自身的性质和功能决定的。

第四，发达国家或地区推出的各种退休储蓄或教育储蓄投资计划及其规模的迅速增长，间接导致了家庭持有投资基金份额和总额的增加。

从美国的情况看，持有共同基金的家庭一般呈现出以下方面的特点：负责做出共同基金投资决策的家庭成员的年龄一般在46岁左右；中等投资规模的家庭年收入约为6.21万美元，家庭金融资产总值约为10万美元；家庭平均持有共同基金为4只，持有的共同基金种类主要是股票基金、债券基金、混合基金及货币市场基金；24%的家庭由男性成员做出投资决策，23%的家庭由女性成员做出投资决策，53%的家庭由男女成员共同做出投资决策；2/3的家庭投资决策者已婚或者与伙伴生活在一起，其中，双方或一方外出工作；52%的家庭投资决策者拥有大学或研究生学历；80%的家庭同时参与雇主赞助的定额缴付计划；62%的家庭通过参与该计划而持有共同基金；50%的家庭通过工作单位渠道购买共同基金；60%的家庭参与个人退休账户投资；9/10的家庭持有股票基金，并且股票基金在家庭基金组合中占65%的比率；50%的家庭首次购买共同基金是在1990年以前，39%的家庭首次购买共同基金是在1990－1997年期间。此外，美国共同基金持有人中，52%属于“婴儿潮”(BabyBoom)一代，生于1946－1964年间；25%属于“沉默”(Silent)一代，生于1946年以前；23%属于X一代，生于1965年以后。美国共同基金持有人中，30%生活在美国南部；26%生活在美国中部；25%生活在美国西部；19%生活在美国东北部。

家庭金融资产结构引发深刻变化

发达国家或地区的投资基金业经过长达十几年的长足发展，家庭金融资产结构发生了很大的变化，概括起来，主要有以下几个方面：

其一，家庭金融资产配置比例有所调整，投资基金所占的比重不断上升，其他家庭金融产品，如银行存款、直接投资的股票或债券等的比重有所下降，家庭金融结构更加合理。

其二，家庭持有投资基金资产的结构和配置比例随市场环境的改变而作出相应的变化。在诸多投资基金产品中，多数家庭青睐于股票基金投资，股票基金在整个基金产品组合中所占比重较大。据统计，9/10的美国家庭持有股票基金，股票基金在美国家庭基金产品组合中占65%的份额；在欧洲UCITS类投资基金产品中，股票基金的资产总值在2000年以前增长最快，2000年以后大幅下降。截至2003年6月底，欧洲投资基金业资产分布情况是：股票基金占29.26%；债券基金占29.29%；货币市场基金占19.19%以及混合型基金占13.22%。2000年全球证券市场周期性下跌以后，家庭投资于债券基金和货币市场基金的比重大幅上升。其中，货币市场基金的资产规模呈绝对增长的态势。

其三，为适应市场投资环境的变化和投资者个性化的投资需求，投资基金产品创新层出不穷，家庭持有投资基金的产品组合亦有向不断增持基金创新产品方向发展的趋势。例如在法国，投资基金业隶属于资产管理业，投资基金被称为OPCVMs(即UCITS，指“集合投资计划”)，由一般SICAVs＋FCPs、特殊基金和其他基金构成。SICAVs是指公司型开放式基金；FCPs是指契约型基金。特殊基金包括：FCPE，即雇员投资基金；FCPR，即风险资本基金，该类基金要求至少有40%以上的资产投资于非上市公司；FCPI，该类基金要求至少有60%以上的资产投资于创新型公司；FCIMT，即投资于场内期货市场的基金；基金中的基金(Fundsoffunds)。其他基金包括SCPI，即不动产投资公司和FCC，即资产证券化基金。1998年以后，法国证券交易委员会(COB)又批准了以下几种新型基金，即伞型基金、特殊OPCVM基金(针对投资额在50万欧元以上的合格机构投资者或私人投资者发行，这类基金在成立之初可以不经过COB的批准即可发起设立)、主从基金(Mas 郓 terfeederfunds)以及ETFs等。此外，多数国家或地区，如美国、香港和新加坡等也都推出了各种与投资有关的人寿保险计划、强积金信托计划、与移民有关的投资计划、对冲基金、保本基金或担保基金等。目前，家庭对这类金融产品的投资兴趣越来越浓。

其四，不同国家投资基金业的发展因受不同文化、不同地域和不同法律体系等的影响，从而呈现出不同的特征，不同国家的家庭持有投资基金亦呈现出相应的特征。根据Otten和Schweitzer(1998)对欧洲和美国共同基金业所做的比较研究结果，认为欧洲投资基金业落后于美国，主要原因是传统上欧洲投资者就偏好于固定收益基金，如债券基金、货币市场基金等；还由于多数欧洲国家投资基金市场被少数银行集团所垄断，基金业竞争程度低。此外，欧洲投资者偏好于固定收益基金的原因还在于：股票基金运作成本相对较高；一些国家政府出于发展本国长期债券市场的目的，采取各种激励措施积极推动债券基金的发展；一些南欧国家，如法国、希腊、意大利、西班牙和葡萄牙，货币市场基金比较发达，这些国家的政府在较长一段时期内对本国支票账户和其他银行短期存款利率采取强制性限制。而部分东欧国家正在实行社会保障制度改革，养老基金资产需要部分配置在固定收益基金上。此外，像英国、澳大利亚、加拿大、爱尔兰、新西兰、南非和美国等这些崇尚央格鲁撒克逊－美洲人(Angle－American)文化的国家都适用普通法系，股票市场相对比较发达，其他欧洲大陆国家适用民法法系，股票市场一般欠发达。例如，英国、香港、南非、瑞士和瑞典股票基金资产总值占该国投资基金业资产总值的60%以上；法国、巴西和匈牙利债券基金资产总值占该国投资基金业资产总值的40－60%以上；法国、希腊、阿根廷和智利货币市场基金资产总值占该国投资基金业资产总值的60%以上；新西兰、印度和波兰的平衡型基金比较发达。

进入21世纪，随着金融全球化趋势的进一步加强，大型跨国金融集团的增多，股票市场、债券市场预期收益率的提高，以及高、中等收入国家人口老龄化问题的日趋严重，使其对安全、流动、稳定收益的金融产品需求的增加，无不预示着未来的全球投资基金业发展空间巨大，投资基金产品也会向更加多样化、精细化、衍生化、个性化等方向发展。与此相应，家庭金融资产结构也会随着投资基金服务业的不断成熟完善而做出相应的变化或呈现类似的变化趋势。

三点启示耐人寻味

综上所述，通过对发达国家或地区投资基金业发展与家庭金融资产结构演变的分析与研究，我们获得如下相关经验借鉴与启示：市场制度建设至关重要。将投资基金与其他同样为家庭提供各种金融产品服务的金融机构相比，如银行、保险公司、养老基金等，投资基金的管理运作更加规范透明，投资范围仅限于市场化投资工具，基金资产评估亦通过市场进行，基金不保证投资收益，投资收益的波动性风险由投资者自担。可见，投资基金业的成功更加依赖于拥有较高发展水平的、统一的、流动的且富有效率的证券市场，以规避内幕交易和市场操纵，降低上市公司内部治理风险，降低交易成本和市场价格的非理性波动，以切实保护投资者的利益。有时，投资者的信心比投资者拥有收入和财富的多少更为重要。而坚定投资者的信心要靠建立和完善各项市场制度来实现，如信息披露制度、法律制度、会计制度，以及政策的制定与实施等。制度不合理、不完善可以改进，但不可以没有“游戏规则”。在这方面，我国投资基金业的发展尤其应该加以重视。

积极推动储蓄向投资转化，大力发展投资基金这种集合投资方式。金融是经济的核心，家庭是社会的细胞。据中国人民银行的最新统计，截至2003年9月末，我国城乡居民人民币储蓄存款余额达到10.1万亿元，首次突破了10万亿元。据专家预测，今后几年我国仍将维持较高的GDP增长率，人均收入水平也将会不断提高。在这种形势下，如何及时、正确地引导富裕后的家庭将闲置资金转化为投资，则是越来越重要而迫切的课题。积极推动家庭以闲置资金购买投资基金，这不仅仅是投资方式问题，更是投资理念、投资文化的深化，其结果不仅会促进我国家庭金融资产结构趋于合理化，而且还会改变目前我国全社会金融资源过度集中于银行体系的现状，有利于直接融资与间接融资在我国的合理与协调发展，有利于化解我国金融体系的整体风险，从而提高金融资源的配置效率。从市场的角度看，我国投资基金业的不断发展壮大，不仅有利于机构投资者的发展，而且还有利于市场信息效率的提高，市场价格发现功能作用的发挥，市场交易制度的改进与创新等，有利于提高整个证券市场的有效性。而在这个过程中，我国原来不发达的投资基金业亦会逐步地发展成熟完善起来。

加快投资基金产品创新和管理创新。创新会拓展新的业务空间，创新会提高竞争力，创新会带来价值增值。家庭持有人是投资基金业的中坚力量，投资基金的产品创新和管理创新亦应围绕着家庭投资者来进行。要根据家庭金融资产结构的特点，针对家庭投资者多样化和个性化的不同投资需求来进行产品与管理创新。而投资基金的产品创新和管理创新最终要体现在为家庭投资者提供诚信而专业的金融增值服务这个核心定位上来。（博时基金管理有限公司张玲）

第二章　基金托管机构

中国工商银行资产托管部

一、中国工商银行资产托管部简介

1998 年 2 月，经中国人民银行和中国证监会批准，中国工商银行成为国内第一家具备证券投资基金托管资格的商业银行。资产托管部是中国工商银行从事资产托管业务的专业机构，设有总经理室、综合管理处、证券投资基金处、委托资产处、QFII 资产处、托管业务运作中心、研究发展处和内部风险控制处，并在上海、深圳分别设有托管分部。资产托管部共有员工 50 余人，全部具备基金从业资格。中层以上管理人员均具有硕士以上学历或者高级职称，员工中有 80%具有大学本科以上学历，超过 40%的员工具有硕士研究生以上学历。

近年来，资产托管市场迅速发展，托管品种不断增加，托管业务流程和处理方式差异多样化特征日益显现，各类客户对托管服务的需求不断变化，对托管银行的制度完善、风险控制、技术系统提出越来越高的要求。中国工商银行适应托管业务市场变化，不断进行托管业务流程再造和系统整合，进一步完善托管业务综合系统，提高系统自动化处理水平，率先在业内完成全国性集中托管业务系统的建设工作，实现了托管业务处理自动化、专业化、一体化和个性化的有机结合。为适应新业务发展需要，为提高客户服务水平、切实履行托管人的职责、延伸服务内涵，加强了风险监控、绩效分析和客户服务系统的建设和各类新业务处理功能。

截至 2004 年底，中国工商银行经中国人民银行和中国证监会批准，取得了证券投资基金、企业年金、保险资产、集合理财资产、基本养老保险个人账户基金、农村社会保障基金、产业基金、投资连接保险产品、收支账户和 QFII 资产托管业务资格。形成了社会保障、证券、委托、企业年金、保险和外资资产六大类托管业务、12 种托管产品共同发展的格局。

2004 年中国工商银行被《亚洲货币》评为“中国最佳托管银行”，首次与道富、纽约、汇丰等国际大型托管银行同时出现在最佳托管银行行列，是唯一获此殊荣的国内托管银行。

二、中国工商银行资产托管部经营业绩

(一)证券投资基金托管业务

截至 2004 年 12 月 31 日，中国工商银行托管基金 40 只，托管基金资产总净值达到 1128.19 亿元，其中开放式基金 24 只，资产总净值 920.98 亿，封闭式基金 16 只，资产总净值 207.21 亿，高居行业领先地位。六年来，中国工商银行致力于为基金管理公司和基金投资者提供优质高效的托管服务，已与全国 17 家基金管理公司建立了业务合作关系，托管基金品种齐全，覆盖股票型、债券型、混合型及货币市场型，几乎囊括了所有创新产品的托管。

2004 年，中国工商银行基金托管业务获得跨越式发展，全年新托管开放式基金 12 只，截至 12 月 31 日资产总净值 593.19 亿元，大于前三年托管开放式基金的总和。为了探索我国基金业健康持续发展之路，中国工商银行进行了通过持续营销扩大托管资产规模的尝试，开展了南方避险增值基金二次募集工作，取得了较好的效果。华安现金富利和南方现金增利两只货币市场基金大规模持续净申购，两只基金的规模一度接近甚至突破 200 亿份基金单位，成为今年基金市场的一大亮点。中国工商银行一向致力于推动基金业的创新发展，2004 年配合沪、深交易所，南方、华夏等基金管理公司进行基金产品创新，成功托管了我国首只 LOF 基金产品——南方积极配置证券投资基金和首只 ETF 基金产品——华夏上证 50 交易型开放式指数证券投资基金，极大地推动了我国基金业的发展。

在六年的基金托管实践中，中国工商银行保持着会计核算、估值零差错记录，在业内享有良好信誉，树立了良好的社会形象，与政府监管部门保持着良好关系，为中国工商银行的基金托管业务保持进一步优势打下了良好基础。

(二)委托资产托管业务

2001 年 12 月，中国人民银行正式批准中国工商银行开办社保基金、企业年金和委托资产托管业务。2002 年 4 月，总行资产托管部正式成立委托资产托管处。2002 年 6 月，第一笔委托资产托管业务在上海分行办理。截止到 2004 年末，全行已办理企业年金、保险资产、社保基金、集合理财、公司理财、农村社会保障基金、信托资金、收支账户托管等数十个投资组合产品的托管，授权经办资产托管业务的分行达 20 余家，逐步形成了托管品种多样化、托管模式本地化、托管服务综合化、托管手段现代化的委托资产托管业务发展格局。

(三)QFII 资产托管业务

截止 2004 年末，中国工商银行已与瑞士信贷第一波士顿(香港)有限公司、大和证券 SMBC 株式会社和德累斯顿银行股份公司三家 QFII 客户签订了托管协议。

中国工商银行充分整合利用全行整体资源、凭借客户及科技网络方面的优势，由相关部门组成 QFII 业务服务团队，积极实施“走出去与引进来”的策略，以客户需求为导向，力求与国际接轨，高标准，高起点，不断丰富托管服务内容，提倡精细化托管服务，努力实现直通式(STP)服务。

中国工商银行正在沿着股份制改造的方向，按照现代企业制度要求，通过财务重组、完善公司治理结构等内部改革，努力建成具有可持续发展能力和国际竞争力的现代化商业银行。在托管业务方面，中国工商银行非常注重产品的研究开发，以适应托管市场的快速发展需要。适应资本市场和货币市场的不断发展，适时推出基金创新产品，以更好地为基金投资人和基金管理公司服务。同时加强对社会保障基金业务、保险资产托管业务、信托资产托管业务、创业投资基金业务、中外合作基金业务和委托资产管理业务的研究，做好前期准备工作，保持与有关基金管理公司和宏观监管部门的密切联系，研究适合我国特点的托管业务运作模式，为广大客户提供优质、高效的托管服务。

中国银行基金托管部

【概况】1998 年 7 月，经中国证监会和中国人民银行核准，中国银行成为国内首批五家从事基金托管业务的银行之一。同年10月，中国银行基金托管部正式成立。中国银行基金托管部是负责托管业务的专业职能部门。其职能是有效监督基金管理人的投资运作，规范基金信息披露，及时办理基金的资金清算与交割，全面保障基金资产的安全，切实保护基金投资人的权益不受侵犯。

基金托管部下设基金托管、资产托管、稽察监督、客户服务、市场研发、综合管理等职能处室，并分别在上海、深圳设立了托管业务处。基金托管部拥有一支素质高、业务过硬的员工队伍，人员结构合理。其中博士、硕士以及具有高级经济师、高级会计师、高级工程师和律师等职称的专业人员占员工总数的50%以上，大部分员工具有丰富的银行、证券从业经验。基金托管部高级管理人员及主要部门主管均具有海外工作经历，熟悉国际资本市场和国际基金业的运作。

中国银行目前已具备了向证券投资基金、社会保障基金、保险资产、QFII委托资产、企业年金等多种类型资产管理提供全面、优质、高效的托管和投资理财服务的能力。中国银行目前所托管的证券投资基金和委托资产总规模居国内同业之首。中国银行是两家全国社会保障基金托管银行之一，是中国人保财产股份公司保险资产唯一托管银行。

【经营业绩】2004年是中国银行基金托管业务稳步发展的一年。截至2004年8月15日，中国银行托管的证券投资基金累计金额达到了639.45亿元，2004年新增开放式基金金额达359.09亿元，比上一年增长了162.61%。

中国银行秉承诚信、规范、勤勉、高效的专业服务宗旨，在托管和基金代销等业务方面取得了一定的进展。

托管业务产品已基本覆盖境内市场所有托管业务品种：封闭式/开放式证券投资基金托管；全国社会保障基金托管；委托资产管理托管；基本养老保险基金托管；企业年金托管；投资连结保险产品托管；QFII托管和清算；信托资产托管；保险资金托管。目前中国银行已托管了景宏、同盛、同智、兴安、易方达平稳增长、嘉实成长收益、银华优势企业、天同180指数、金鹰成份股优选、嘉实稳健、嘉实增长、嘉实债券、景顺优选股票、景顺动力平衡、景顺恒丰债券、易方达策略成长、泰信天天收益、海富通收益增长、嘉实服务增值、华夏回报、招商先锋、大成蓝筹稳健、湘财荷银行业精选和华夏大盘精选等24只证券投资基金等基金，其中开放式基金20只。

2004年，在证券投资基金以外的其他托管业务品种开发方面，中国银行也积极介入。中国银行在探索委托资产管理托管、基本养老保险托管和企业年金托管业务等方面进行了有益的尝试。中国银行目前已经开展了全国社会保障基金的托管业务和中国人保财产股份公司保险资产的托管业务。

自2002年开展基金代销业务以来，中国银行共代销了华安创新、易方达平稳增长、嘉实增长收益、银华优势企业、天同180指数、金鹰成份股优选、嘉实稳健、嘉实增长和嘉实债券、景顺优选股票、景顺动力平衡、景顺恒丰债券、易方达策略成长、泰信天天收益、海富通收益增长、嘉实服务增值、华夏回报、招商先锋、大成蓝筹稳健、湘财荷银行业精选和华夏大盘精选等等基金。海富通收益增长基金募集额达130.74亿份基金单位，成为中国基金市场第一只超过100亿元的开放式基金。更为引人瞩目的是该基金有效认购户数超过20万户，个人投资者认购金额超过基金募集额的80%。

作为中国银行主要业务部门之一，基金托管部将不断拓展托管业务与服务领域，组织实施基金市场开发战略，从事与之相关的增值服务、咨询顾问、风险分析与理论研究，提供全面的基金托管服务。凭借雄厚的资金实力、良好的资信水平、得天独厚的海内外网络资源、完善的金融服务手段、先进、安全、高效的信息科技系统，特别是宝贵的海外投资基金管理、托管及基金代销的经验和优势，中国银行的基金业务正务实求新、积极稳健地发展。

中国建设银行基金托管部

中国建设银行基金托管部是负责全行基金托管、委托资产托管、合格境外机构投资者投资托管等托管业务（以下简称托管业务）的管理和直接经营部门。业务范围包括统一组织和管理全行的基金托管、委托资产托管、合格境外机构投资者（又称QFII）投资托管等托管业务，研究拟定全行托管业务发展规划，组织开展全行托管业务市场营销，负责基金托管核心业务，如基金清算、基金核算、基金投资运作监督等。

一、机构设置与职责

1998年3月，中国证券监督管理委员会和中国人民银行核准中国建设银行的证券投资基金托管人资格，中国建设银行成为我国第二家具有基金托管资格的托管银行。同年5月，经批准，中国建设银行总行正式设立基金托管部。其目前职责主要是：负责全行系统托管业务运作的组织和管理；负责证券投资基金托管、合格境外机构投资者境内证券投资托管、全国社会保障基金托管等业务的直接经营；负责拟定全行托管业务发展规划及年度经营计划，确定重点区域、重点产品、目标市场、目标客户、营销策略等市场战略，配合有关部门合理配置资源；负责拟定托管业务标准、管理办法和操作规程，并监督执行；负责组织全行托管业务市场营销客户服务和产品宣传；负责组织全行托管业务新产品的研究开发与推广；负责组织全行托管业务人员培训；负责对一级分行开办托管业务的批复及日常工作的指导和检查等。

目前，基金托管部下设七个处，分别为综合业务处、基金市场处、资产托管处、QFII托管处、基金清算处、基金核算处、监督稽核处。

2000年4月，中国建设银行在北京、上海、深圳三分行设立了基金托管分部。2003年12月又在辽宁省分行设立了基金托管分部。基金托管分部的主要职责是：负责经营和管理托管业务；负责拓展托管业务市场和产品宣传；负责搜集和反馈托管市场信息和客户需求信息；负责办理总行交办的托管业务相关工作等。

二、托管业务发展概况

1.积极开拓市场，基金托管业务快速发展。自开办托管业务以来，我行抓住基金市场快速发展有利时机，全面强化托管市场营销和服务意识，积极实施“基金战略”。同时，充分利用我行整体优势，为托管客户提供有关行业信息和基金发行方案。通过几年广泛而深入的基金托管市场营销工作，我行先后与多家管理规范、行业领先的基金管理公司确定了业务合作关系，客户数量位于同业前列，托管基金业绩优良，受到市场和投资者的普遍认可，产生了较好的品牌效应和社会效应。到2004年底，建设银行较年初增加托管基金7只，托管基金总数达到26只，托管基金总净值达到502亿元，比上年增加148亿元，增长42%。托管的基金品种包括股票型基金、债券型基金、指数型基金、保本型基金等，托管基金品种更为齐全。与此同时，我行还大力营销中外合资基金公司客户，到2004年底，我行托管中外合资基金净值达83.75亿元。

2.委托资产托管业务稳步发展。资产托管业务是我行开办早、起步快的新兴托管业务。2001 年 6 月，我行在国内同业中首家成功开办了委托资产托管业务。此后我行以各类社保基金托管、企业年金托管、信托资产托管和保险资产托管等业务为重点，开展形式多样的市场营销工作，促进了资产托管业务快速发展。同时，通过不断业务创新，开发出了一系列适合不同委托人的资产托管业务新品种。在国内同业中率先开办了信托资产托管业务和商业保险资金托管业务，首家托管大型企业集团年金，并在国内同业中首家开办了基本养老保险个人账户基金托管业务和产业投资基金托管业务。我行颇具特色的资产托管业务服务赢得了客户的广泛好评。2004 年我行正式开展辽宁省社会保障基本养老保险个人账户基金托管业务，并结合有关年金托管业务一系列制度办法出台的有利时机，与一些国家大型企业签署了年金合作协议，推动年金基金托管业务向更高层次发展。到 2004 年底，我行各类资产托管余额达到 133 亿元，基本形成以北京、上海、深圳和辽宁为主，其他经济发达地区稳步发展的托管业务区域格局。此外，我行还积极与资产管理人进行合作，先后与海通证券等 14 家资产管理人建立了合作关系。

3. **成功开办 QFII 托管业务，并保持中资商业银行领先地位。**我行于 2003 年首批取得中国人民银行、中国证监会和国家外管局批准的 QFII 投资托管资格。经过精心准备，积极与境外机构联系和接触，我行在投标竞争中获得了首家 QFII 投资托管银行业务，成为办理 QFII 托管业务的首家中资银行。通过加强人员配备，细化操作流程，强化风险控制，保证了各项操作准确无误，清算、核算及通讯等正常运行，我行优质高效的托管服务得到了 QFII 投资者的认可和好评。为不断发掘新的 QFII 客户资源，我行采取集中营销办法营销重要客户，多次到欧洲、北美、澳大利亚及韩国进行 QFII 投资托管业务推介，增强了解，扩大影响。2004 年，我行又新增了两家 QFII 投资托管客户，托管资金总额达到 2.5 亿美元。目前，我行拥有的客户数量和托管规模在中资银行中保持领先地位。

4. **托管产品创新步伐加快，托管产品形成系列。**近几年，我行重视托管产品研发，形成了一系列托管产品。目前已有的和具有潜在市场的托管品种有证券投资基金托管、委托资产托管、社保基金托管、企业年金基金托管、信托资产托管、基本养老个人账户基金托管、产业投资基金托管、商业保险资金托管以及合格境外机构投资者托管等产品。

5. **托管业务制度体系不断完善。**中国建设银行基金托管部坚持制度先行，规范运作，先后制定和完善了一整套规章制度。如《中国建设银行托管业务管理办法》、《中国建设银行委托资产托管业务管理规定》、《基金托管部托管业务内部控制规程》、《中国建设银行基金、委托资产投资运作监督规程》、《中国建设银行托管业务风险控制手册》等，这些规章制度的建立为开展托管业务提供了行为准则，防范了托管业务风险，促进了托管业务健康发展。

6. **托管业务系统持续优化，清算、核算准确高效。**中国建设银行电子汇划系统安全、准确和快速，可实现汇划、对账、清算三位一体，是目前国内商业银行中最先进的资金清算系统之一，它是开展托管业务的坚实基础。现有托管业务基金资金清算模式先进，汇划层次少，清算效率和安全度高，可实现基金资金清算的实时查询和账户间的资金直接汇划。

中国建设银行拥有先进的证券投资基金托管业务综合系统。该系统包括清算、核算估值、监控和绩效评估等四大系统，涵盖了封闭式基金、开放式基金等多类基金的托管业务，功能齐全，自动化程度高。清算系统使资金清算的制表、复核及资金沉淀、周转统计自动完成，准确便捷；核算估值系统采用最新的证券投资基金会计核算办法，实现核算自动化；基金运作监控系统可按日对所有基金的基本比例控制、基金交易、股票投资组合和交叉持股等方面进行监控；基金绩效评估系统可实现对基金的收益、风险情况及投资运作风格进行量化分析与评价。

中国建设银行具有强力的托管业务技术支持系统。采用了加密高速单向卫星广播通信接收系统，实时接收深交所、上交所行情和数据，同时，采用加密远程信箱数据接收系统进行数据核对和备份，采用 DDN 专线批量接收结算公司数据信息，确保了基金交易数据和清算数据的完整和准确。

7. **建立了严密的内控监督体系。**依据法律法规和中国证监会的有关规定，积极开展托管业务的内部监控和基金投资运作监督工作。在业务敏感部门建立了安全保密区，安装了录像监视系统和录音监听系统，以保证基金信息绝对安全；进行多层权限设置，强化了内控管理；建立了托管业务综合处理、数据接收应急备份系统，及时化解托管业务控制风险，不断提高托管业务管理控制能力和水平。

“时时保持敬业精神，处处维护客户利益”。中国建设银行基金托管部将积极适应市场发展需要，及时开拓新的托管业务。同时，根据国家有关法律法规和政策规定，秉着诚实信用、勤勉尽责的态度，坚持信誉第一、客户至上的原则，严格履行基金托管人的各项职责，切实维护委托人的合法权益。中国建设银行托管业务将在服务内容、范围和水平等方面朝着国际托管银行方向迈进。

中国农业银行证券投资基金托管部

(一)综合情况介绍

1998 年 6 月，中国农业银行证券投资基金托管部经中国证券监督管理委员会和中国人民银行批准成立，主要从事基金托管业务。2004 年 9 月，更名为中国农业银行托管业务部，负责管理并经营中国农业银行的资产托管业务。目前，经中国人民银行和中国证券监督委员会批准，我行获得了封闭式基金托管、开放式基金托管与销售、受托投资资产托管、企业年金托管、社保基金托管、QFII 托管业务资格。托管部在农业银行内部管理上属于总行直属部门，部门内设营运中心、技术保障处、风险管理处、基金处、委托资产处、境外资产处、托资银行处和综合管理处，并在北京、上海、深圳设有托管分部。托管部成立以来，先后制定和完善了一套完整的规章制度和严格的风险防范措施，建立了先进完善的技术体系和基金清算、核算、交易监督快捷处理系统，并形成一套农业银行独特的基金业务市场营销体系，为客户提供一站式综合服务。这些规章制度、业务体系和技术系统的建立，为开展基金托管业务提供了有利保障。中国农业银行的托管业务已走上了规范化、制度化、科学化的发展轨道。

经过六年多的业务实践，中国农业银行已积累了丰富的托管业务经验，积聚了一批从事托管业务的专业人才。目前托管部 90%以上的员工都获得了中国证监会颁发的《基金从业人员资格证书》，其中拥有高级会计师、高级经济师、高级工程师、律师等金融、技术和法律专家 10 多名，为促进农业银行托管业务的发展提供了人才保障。

(二)业务特色

1. **成为封闭式基金托管业的主力军。**农业银行托管部自

1998年7月17日正式托管裕阳基金以来，经过五年的托管实践，已成为证券投资基金托管业的主力军。我行已与博时、大成、富国、长盛、华夏、宝盈、嘉实、银行、长城等基金管理公司建立了托管关系，已托管了裕阳、汉盛、裕隆、景阳、景博、景福、景业、兴业、天华、同德、鸿阳、丰和、久嘉等13只封闭式基金，托管封闭式基金的总规模达230亿多份基金单位，位居同业首位，其中，景阳、景博证券投资基金是中国证监会批准的首批清理规范的老基金。农业银行作为第一家参与老基金规范的托管银行，与基金管理公司合作，率先将两只老基金规范上市并扩募成功。

2. **开放式基金业务稳步开展。**中国农业银行独立开发了开放式基金代理销售系统、注册登记系统和托管系统，并成功运行。我行已经取得中国人民银行批准的代理销售开放式基金资格，可为基金管理公司提供开放式基金托管、代销和注册登记等全方位服务。我行托管的开放式基金已经包括富国动态平衡、长盛成长价值、宝盈鸿利收益、大成价值增长、大成债券、银河稳健、银河收益、长盛中信、天同保本、景顺长城内需增长、长城动态精选、长信利息收益、大成精选增值、长信银行14只，有丰富的产品线，为投资者提供了多样化的理财产品。

3. **QFII托管业务、受托投资托管业务、企业年金托管业务逐步进行。**经中国人民银行和中国证券监督委员会等主管部门批准，我行已获得QFII托管业务、受托投资托管业务、企业年金托管业务资格，三项业务均在逐步开展中，其中，QFII托管业务已经拥有美国雷曼兄弟公司、法国BNP等客户。

4. **具备较强的新产品研发能力。**我行托管部专门设立了新产品研发部门，配备了多名具备丰富证券、基金从业经验的博士和高级研究人员，可随时根据客户需求，共同进行新产品和新业务的研究工作。

5. **形成一套基金业务市场营销体系。**我行在业务实践中，积累了丰富的基金代销经验，可利用农行丰富的客户资源和系统优势，协助客户发行基金。

6. **实现托管业务零差错的记录。**我行托管部建立健全各种规章制度和业务流程，具备严格的内控手段。在高素质的人才队伍和严格的内部管理共同作用下，我行托管部自运作以来，一直保持着托管业务零差错的良好记录，为业界瞩目。

7. **增值服务。**为了给客户提供更加优质的服务，我行可为基金管理公司提供上市公司的分红、配股、增发等提示服务，并建立了基金绩效评估系统，可定期为客户和投资者提供我行托管基金的绩效评估报告。

（三）风险防范

我行托管部建立了多项风险防范制度，在交易流程、业务监管、风险预防和各种业务处理系统发生临时故障的危机处理等方面，建立了各项风险防范制度与办法。另外，在双机热备份基础上，又在上海设立了异地备份中心，有效保证了我行托管业务的顺利开展。

（四）境外合作

农业银行2000年12月8日与美国纽约银行签定了基金业务全面合作协议。纽约银行是目前全球主要资产托管银行之一，其托管的全球资产超过8万亿美元，具有丰富的资产业务托管经验，农业银行在人员培训、技术支持和信息交流等方面得到了纽约银行的有力支持与帮助，业务运作逐步与国际标准接轨。同时，农业银行也在积极准备和争取成为QDII的托管银行，使自己真正成为全球托管银行。

（五）企业精神

中国农业银行托管部全体员工将本着诚实信用、严守秘密、勤勉尽责、开拓进取的精神，脚踏实地的工作，为广大投资者和基金管理公司提供优质高效的服务。

（六）改革发展，开拓进取

今年，农业银行对我部的名称、内设机构和职能进行了调整，机构名称由“证券投资基金托管部”变更为“托管业务部”，增设内设处室，把内设机构的设置由主要围绕证券投资基金托管业务，调整为证券投资基金托管同不断扩展的非证券投资基金类产品托管并重的格局。随着资本市场特别是证券市场积极引进机构投资者，资产管理类机构不断涌现，同时资产管理普遍引进托管银行制度的实际情况，为实现资产托管业务的多元化，农业银行托管业务部积极介入资产托管多元化的市场，努力为更多的资产委托人、资产管理人提供优质的、高水平的服务。

交通银行证券投资基金托管部

基金业务——交通银行的一大亮点

1998年7月，经中国证监会和中国人民银行批准，交通银行获得开展基金托管业务资格，并同时成立了专门的业务部门——证券投资基金托管部。

交通银行证券投资基金托管部自成立之日起就高举创新大旗稳步前进，在基金市场上获得多个第一，从而树立了基金业“开拓者”的形象，基金业务也因此成为交通银行的一大亮点。截至2004年12月31日，交通银行托管规模（以初始规模计）约为878.78亿元。

一、强大的创新能力

交通银行拥有一支强大的研究开发队伍，以市场为导向，以客户为中心，以国际化为标准，以科技为手段，加大研究、开发和创新力度，五年来，交通银行取得了卓越的成绩，推出了多项产品创新方案：1999年，基金安顺的顺利托管，交通银行开创了一家基金管理公司管理的不同基金由不同的托管银行进行托管的先例；1999年，交通银行第一家成功完成多基金、跨区域的老基金清理工作（其中浙江5只、江苏1只）；2001年，交通银行代理发行并托管了中国第一只开放式基金——华安创新基金；2002年，交通银行代理发行并托管了中国第一只纯债券基金——华夏债券基金；2002年，交通银行以优异的成绩通过专家评审，成为全国社会保障基金的第一批托管银行；2003年，交通银行代理发行并托管了中国第一只伞型基金——湘财合丰行业系列基金；2004年，交通银行代理发行并托管了中国首批准货币市场基金——博时现金收益基金；2004年，交通银行托管了国内首只QFII公募基金——日兴中国人民币国债母基金。此外，还有投资联结险托管方案；B股基金托管方案；保险公司资金托管方案；委托资产托管方案；QFII公募A股基金托管方案；QDII托管方案；企业年金托管方案等。

二、良好的风险控制

交通银行证券投资基金托管部建立了一整套内部风险控制机制、控制流程和控制措施，并在业务的实际运作中收到了很好的效果，业务运行6年多来，保持了资金清算零差错的纪录。为充分维护广大投资者的利益，该部内控综合处从严自律，严格监督，保证了业务健康运行。稳健经营、控制风险是交通银行托管业务运行所遵循的原则，为进一步提高风险控制能力，交通银行一方面以科技进步为手段，通过不断完善投资监控系统、整合托管业务系统等，提高日常运作中的风险控制能力和托管工作效率；另一方面聘请普华永道会计师事务所开展内部风险控制评审工作，以国际标准评审内部风险控制系统，这在国内托管银行中尚属首例。

三、先进的技术平台

针对证券交易高度集中化、电子化的行业特点，交通银行极其重视托管业务的计算机电子化建设，遵循"安全、高效、稳定"的原则先后开发了包括基金代销、登记注册、基金交易监管、核算、清算、基金风险分析及绩效评估在内的多个应用软件和应用平台，建立了完整的基金托管业务处理系统，利用该系统能完成基金代销业务(场外交易除外)和托管业务数据的自动化处理。

四、一流的客户服务

以客户需求为中心的服务理始终念贯穿在交通银行工作的每个环节。在基金代销方面，交通银行努力打造"精品基金"和"基金超市"概念，力争在投资者中形成"买基金、到交通银行"的氛围。目前，交通银行基金代销品种已涵盖了股票、债券、指数、伞型、保本等多种基金产品，"基金超市"已初具规模；在为投资者服务方面，交通银行基金代销业务在业内第一家推出定期定额投资计划，此后又推出了电话银行、基金自助委托交易等电子化、无纸化交易业务。多媒体查询和基金自助委托交易、个人网上银行自助交易等现代化的交易手段均已开发成功，基金网上银行交易在全代销分支行范围内全面上线；在为公司客户服务方面，交通银行非常重视与各公司建立合作伙伴的关系，经常对公司客户进行走访，发放调查问卷，了解公司客户的实际需求，根据公司的需要及时调整服务内容让客户满意；在客户再服务方面，交通银行依托科技手段不断地推出一些增值服务(如：绩效评估系统等)，充分满足不同客户的需求，赢得了客户的信赖和尊敬。

五、优秀的业务团队

交通银行证券投资基金托管部人员学历层次较高，具有多年基金、证券和银行的从业经验，是一支高素质的队伍。交通银行十分注重对员工的培训，通过课程培训、"干中学"、赴国外考察与学习等多种方式不断提高业务人员的技能。6年多来，交通银行基金托管部已选派18人赴国外进行1个月或近半年的托管业务培训，经过几年的发展，已形成了一支凝聚力强、勇于开拓创新、工作严谨认真的托管团队。

六、广泛的国际合作

交通银行非常注意学习国际著名托管机构的经验，在信息交流、人员培训、客户服务、技术支持等各方面与国际著名的托管机构进行了广泛的交流与合作。安排了25批125人次进行出国培训、考察。此外，还在新业务领域积极与国际机构开展合作，共同举办了资产管理及保障基金、养老金投资管理、社会保障基金托管QFII、QDII等研讨会。广泛的国际合作与交流，促进了交通银行托管业务发展不断国际化、标准化，保证了业务发展的前沿性。

招商银行基金托管部

招商银行于2002年8月成立基金托管部，11月8日，经中国人民银行和中国证监会批准，获得证券投资基金托管人资格。

招商银行是国内第一家获得证券基金托管人资格的上市银行，也是继五家国有商业银行之后第一家拥有基金代销和托管双重业务资格的股份制商业银行，目前拥有证券投资基金、QFII、受托投资管理、全国社保托管业务资格。基金托管部根据业务发展已在上海等地设立托管分部。

招商银行基金托管部秉承"诚实信用、勤勉尽责、服务创新、追求卓越"的宗旨，在托管业务领域确保本行一贯的优质服务传统，并不断为客户提供新的产品和服务。

优势

一、技术领先

我行作为一家"技术领先型"银行，先后成功策划开发了银行储蓄、会计、信贷、国际业务、信用卡、自动柜员机、SWIFT、办公自动化、IC卡变码印鉴、IC卡POS、电话银行、客户终端、触摸屏自助银行、INTERNET网上银行等系统。遍布全国的网络、"一卡通"、"一网通"、"银证通"等先进的电子化服务手段，为招行各项业务的开展和优质高效的服务提供了有力的支持。

二、服务一流

招商银行秉承"因您而变"的经营理念，在国内业界率先通过各种方式改善客户服务，致力于为客户提供高效、便利、体贴、温馨的服务，带动了国内银行业服务观念和方式的变革，拉近了银行与客户的距离。招商银行基金托管部严格按照法规和合同规定，在业务处理中，不断优化托管业务流程，提高工作效率。采取多样化的监控手段，严格监控托管资产投资运作，得到了合作委托人及管理人认同和肯定。保障了委托人合法利益。

三、业务优势——"网银通"

招商银行根据托管业务资金清算金额大、处理效率要求高的特点，利用本行在业内著称的网上银行系统和本行先进的资金清算系统，实现托管资金异地调拨、实时清算，并可向管理人或委托人提供网上帐户资金余额及其他托管业务信息实时查询，托管业务后台处理集中化、前台服务属地化。该产品的优越性有：

1、兼容性强，适用于多种托管业务种类。可满足证券投资基金、受托理财、企业年金、社保基金、QFII等各项托管业务处理的需求。

2、高效快捷，实现资金清算零在途。由于整合了网上银行和资金清算的功能优势，使托管资金实现异地清算、资金"零在途"的网络化和自动化处理，高效快捷。

3、全国通行，兼具地方优势。"网银通"服务使得托管资金帐户的开立突破地域限制，在全国任何招商银行网点覆盖区域，委托人或投资管理人均能享受集中化处理、本地化服务的优质托管服务。

中国光大银行基金托管部

一、获得多项托管业务的资格，并为开展各项托管业务作好前期准备

2004年，中国光大银行根据自身特点，精心规划托管业务的发展模式，为建造品种齐全的托管业务体系做好各项准备。

首先，取得各类资产的托管业务资格：

2002年10月，取得基金托管业务资格

2003年1月，取得代理销售开放式基金的业务资格

2003年10月，取得合格境外机构投资者(QFII)境内证券投资托管业务资格

2004年2月取得全国社保基金托管业务资格。

到目前为止，中国光大银行已具备证券投资基金、社保基金、企业年金、委托资产、QFII、信托资产等多项产品的托管资格，为全面开展各类托管业务奠定了良好的基础。

其次，为保证高效、安全地开展各项托管业务，做了较为充分的前期准备工作：

配备具有丰富基金托管和委托资产托管业务运作经验的高素质的专业人才；

设立了专门的机构，制订和完善了各类托管业务的管理办法、规章制度；

开发建设了具有良好前瞻性的第二代托管业务系统，这一系统将支持所有证券投资基金业务品种与全国社保基金托管、企业年金托管、QFII托管、客户资产托管等九大资产托管业务的操作与管理，实现数据接收平台、业务处理平台、客户服务平台与风险管理平台的四个统一，并以业内领先的纯B/S技术结构支持相关业务处理，为实现基金与资产托管业务的突破性发展提供强有力的支持和保障。

二、积极开展了各类托管业务

(一)基金托管业务

截止2004年12月31日，中国光大银行代销并托管5只证券投资基金，分别为中融融华债券型基金、巨田基础行业基金、中融景气行业基金、泰信先行策略基金和光大保德信量化核心基金。规模近100亿元，位居全国性股份制商业银行前列。光大银行按照有关规定认真履行托管人职责，在确保各项托管业务及时、有效、运作平稳的前提下，实现了托管业务运行"零差错"。2004年光大银行不断提高托管业务水平，努力打造优秀托管人的市场新形象。

(二)委托资产业务

中国光大银行在做好基金托管业务的同时，积极开发新的业务品种，对全国社保基金、企业年金、保险资金、集合理财计划、单一客户委托资产托管业务进行了积极准备和市场营销。截止2004年12月31日，共托管3只单一客户委托资产托管业务。目前，正在积极拓展其他委托资产托管市场。

三、加强风险管理，保证托管业务安全运行

(一)根据新颁布法规，完善部门规章制度

2004年6月起《证券投资基金法》实施，7月起，证监会陆续公布了新的管理办法。从8月份开始，根据《证券投资基金法》、《证券投资基金信息披露管理办法》、《证券投资基金信息披露内容与格式准则》第1、2、3、4号》、《证券投资基金销售管理办法》、《证券投资基金运作管理办法》等的要求，部门组织各处根据新颁布的法规修订、补充、完善了各种规章制度，新制订了《基金托管部信息披露管理办法》、《基金估值委员会管理办法》《基金托管部基金交易监控办法》等规章制度。制定了《中国光大银行托管业务系统应急预案》。

(二)全面风险管理

基金交易过程中的数据信息传递全部实现了自动加密处理。并能够与基金管理公司和上海、深圳两家证券交易所联通。重要文件资料均建立了备份库；机器设备定期检查、定期维护，确保正常运转。加强作业区的门禁管理，严格作业区出入登记制度。规范会计档案管理，整理各只基金的会计档案，专人及时上存、保管。

同时，加强对业务流程和关键岗位风险点的控制，规范了授权、账户、印章、人员和场外交易等业务。

四、加强托管业务规范化运作，提供高质量的托管业务服务

(一)继续保持托管业务的"零"差错

(二)规范业务流程管理，完善相关业务制度

(三)加强对基金交易风险的防范与监控，提高托管业务管理水平。

(四)逐步实现托管业务过程的自动化、集中管理与监督

五、加强业务培训，提高整体业务水平

中国光大银行在基金业务发展过程中十分重视人员专业水平的提高，2004年，围绕证券基金、企业年金、委托资产、托管业务清算及技术系统等方面展开了不同层次、不同范围的业务培训，加强了全系统对基金业务、委托资产业务和企业年金业务的认识，提高了全系统的业务水平。

上海浦东发展银行基金托管业务部

[托管业务基本情况介绍]

上海浦东发展银行于2003年2月成立基金托管部，负责组织开展全行的资产托管业务。同年9月经中国银行业监督管理委员会和中国证券监督管理委员会批准，获得证券投资基金托管人资格。同时该行于2002年10月已经经中国人民银行批准，获得开办企业年金托管、信托投资公司资金信托托管、保险公司投资连接产品托管等业务资格。2003年8月经中国银行业监督管理委员批准，浦发银行获得了中比产业投资基金托管业务资格，成为国内首个中外合资产业投资基金的托管人。2004年1月经中国银行业监督管理委员批准，浦发银行获得全国社会保障基金托管业务资格。2004年5月经向中国银行业监督管理委员报备，浦发银行获得包括农村养老保险基金、基本养老保险个人帐户基金、基金会基金、住房维修基金、住房公积金、职工互助基金、专项委托资金等在内的七项托管业务资格。2004年11月经中国银行业监督管理委员批准，浦发银行获得合格境外机构投资者(QFII)境内证券投资托管业务资格。

经过不懈的努力，浦发银行托管业务在近两年的时间内已经涉及证券投资基金、集合信托产品、企业年金、产业基金等各个托管领域，托管资产达到近40亿元。

[构建"大托管"的业务平台]

浦发银行的托管业务从筹建伊始就确定了"构建大托管业务平台"的目标。首先构建丰富完整的托管产品系列，目前浦发银行托管业务的产品系列包括证券投资基金托管、委托资产托管、社会保障基金托管、产业基金托管和QFII证券投资托管、信托投资公司资金信托托管等六大类产品。而且随着市场和业务的发展，浦发银行还将不断对其产品系列进行充实和完善，满足客户的需求。其次是实现全过程全范围的资产托管服务，即把托管服务延伸到托管资产运作流程的所有环节。

[完善的客户服务系统]

2004年浦发银行开发了一套完善的托管业务客户信息服务系统，该服务系统基于互联网浏览器方式开发，浦发银行的托管业务客户可以便捷的远程登陆该系统，获取为其度身定制各类信息服务。同时浦发银行目前还在研发基金绩效评估及风险控管系统，该系统可以为浦发银行的客户提供其委托托管资产的投资绩效评估分析服务及风险管理服务。

[强大的产品创新、研发能力]

浦发银行在国内托管业务领域虽然起步较晚，但借助其"专业化"的管理理念，以"客户为中心"经营导向，不断开发符合市场发展要求和客户需求的托管业务创新产品。2004年浦发银行成为国内第一家产业投资基金一中比直接股权投资基金的托管人，为其提供企业直接股权投资方面包括核算、估值、交易监督等在内各类托管服务；同年浦发银行还与嘉实基金管理公司合作，共同完成了国内第一只保本基金一浦安嘉

实保本基金托管业务的开发。强大的产品创新能力是浦发银行托管业务发展的重要特色之一。

[“专业化”管理理念]

浦发银行开展托管业务建立在“专业化”的管理理念上，通过标准化的业务运作、专业化的技术系统、规范化的风险控制、完善的制度体系建设、提供各类增值服务等五个方面来体现专业化的管理及服务。

标准化的业务运作：浦发银行通过建立一套完整的托管业务规章制度体系及制定各类标准化的工作流程来指导日常业务的开展，通过规范化、制度化的日常操作确保会计核算质量、提高工作效率、规避业务风险。

专业化的技术系统：浦发银行依托独立的网络平台并采用经国家认证的防火墙技术来保障托管业务运作的独立性和保密性，建立了资产托管业务六大技术系统。其核心的资产托管业务综合处理系统即SAFEs，具备弹性设计、个性化服务、智能化处理、业务内控、客户关系管理等特色功能。

规范化的风险控制：浦发银行托管业务建立了部内独立的内部审计和风险管理部门，引进国际上先进的风险管理及控制理论(COSO理论)，通过对各项业务流程及工作环节的全流程风险控制和全员化风险管理保障托管业务的安全运作，保护委托人的利益。同时通过制定完整有效的业务应急计划来抵御各类不可预见的风险，对重要及关键岗位进行人员备份。

完善的制度体系建设：浦发银行托管业务建立了完善的业务管理制度体系，包括5大类，70多项全面规范指导托管业务的顺利、高效和合规展开。

提供各类增值服务：为客户提供各类增值服务也是浦发银行托管业务的一大特色，从为客户提供托管方案设计、运作流程构造、信息咨询服务、投资绩效评估等各类增值服务，体现浦发银行托管业务的专业水准和服务水平。

[组织架构及人员]

浦发银行基金托管部目前包括市场发展部、托管运作部、运行保障部、内控管理部四个内设部门以及深圳运作分部。专业从业人员21人，全部本科学历以上，其中硕士以上学历达到70%以上。从业人员都具有丰富的托管业务经验，同时部分人员还具有注册会计师资格、律师资格、资产评估师资格和CFA资格，一支具备专业化知识和丰富经验的人员团队是浦发银行开展高效托管运作和客户服务的基础。

[高效的资金清算网络]

快速、高效、安全、稳健的联行汇划清算系统，能够实现系统内汇划资金实时到帐，确保全国范围内投资资金汇划的安全高效浦发银行先进、高效的内部联行电子清算汇划系统可确保系统内异地资金汇划实时到账，同时还与人民银行的现代支付系统、天地对接系统并行联网，为托管资产的资金清算提供有力保障。

[加强国际国内交流与合作]

浦发银行开展托管业务一直秉承“不断学习”的理念，通过积极与国际、国内其他托管机构间的业务交流和合作，提升业务水平。如浦发银行通过向美国道富银行、香港渣打银行等开展托管业务海外机构的学习，不断完善对客户的增值服务项目和功能，通过与国内其他商业银行的业务交流，就内部风险控制、业务运作流程等各个方面进行优化，提升服务水平。

[托管基金产品一览]

类型	序号	基金代码	基金简称	基金规模	设立时间	基金管理人
开放式基金	1	O20003	国泰金龙行业精选	6.8	2003年12月5日	国泰基金管理有限公司
	2	020002	国泰金龙债券	18.9	2003年12月5日	国泰基金管理有限公司
	3	350001	天治财富增长	9.52	2004年6月29日	天治基金管理有限公司
	4	070007	嘉实浦安保本	12.96	2004年12月1日	嘉实基金管理有限公司

第三章　基金管理公司

南方基金管理有限公司

1998年3月，经中国证监会批准，国内首家规范的基金管理公司——南方基金管理有限公司正式成立，成为中国新基金业的起始标志。南方基金管理有限公司为国家特许经营的特大型金融机构，注册资本1亿元，是独立运作从事基金发起设立和管理的专业公司。截至2004年11月，南方基金管理有限公司管理四只封闭式基金和五只开放式基金，管理资产规模超过400亿元人民币，为国内管理资产规模最大的基金管理公司。

1998年：南方基金管理有限公司管理的国内第一只规范的封闭式证券投资基金——基金开元成功发行上市，开创了中国基金业的新纪元；

2001年9月：南方基金管理公司首批推出了开放式基金——南方稳健成长基金，引领行业潮流；

2002年9月：南方基金管理有限公司又率先推出了国内首只债券型开放式基金——南方宝元债券型基金；

2002年12月：南方基金管理有限公司在全国社会保障基金投资管理人评选中力拔头筹；

2003年5月：南方基金管理公司再次引领行业之先，推出了国内首只保本型开放式基金——南方避险增值基金，并以51.93亿的首发规模创下国内开放式基金的新纪录；

2004年3月，南方现金增利基金以80.49亿再次刷新国内开放式基金的首发纪录，成为国内发行规模最大的一只基金；

2004年8月，国内首只上市开放式基金(LOF)——南方积极配置基金再次引领基金创新之先河。

秉承“规范、稳健”的投资风格，本着“一流人才、一流管理、一流效益”的经营理念，南方基金管理有限公司以专业化经营、规范化管理运作基金资产，使基金业绩不断提高，为投资者创造了丰厚的回报，6年多来南方基金管理公司旗下各基金累计向投资者分红近35亿元。

在长期的投资实践中，南方基金管理公司建立了一套与成熟、高效的投资决策、风险控制、研究支持、运作保障和市场拓展体系，为公司投资管理运作提供了强大的支持。

同时，南方基金管理有限公司吸收、培养了一支高度专业化的人才队伍。公司现有员工115人，其中硕士以上学历占65%，有近70%的员工有5年以上的证券从业经验，20%的员工有在海外学习和工作的经验，为公司的发展和规范运作带来了先进的经验和观念。

地址：深圳市福田中心区深南大道4009号投资大厦七层
邮编：518048
电话：86－755－82912000
传真：86－755－82912948

国泰基金管理有限公司

国泰基金管理有限公司1998年3月5日成立，是中国首批规范的基金管理公司之一；注册资本：1.1亿元人民币。旗下基金：基金金泰、基金金鑫、基金金鼎、基金金盛、国泰金鹰增长基金、国泰金龙系列基金、国泰金马稳健回报基金、国泰金象保本增值混合基金；

公司十分注重风险管理，通过构建公司风险控制体系、确定风险投资指标、对基金资产运作过程中的风险进行评估和揭示，提出调整建议，以有效控制风险。

公司采用国际上通行的风险管理方法，引进了国外成熟的风险控制软件，对各类风险进行科学客观分析，把握风险度，实现相机抉择。采用定性和定量相结合的风险分析方法，包括VAR风险价值方法(参数方法、历史数据模拟方法和蒙特卡罗方法)、极端测试方法以及深入细致的宏观和微观定性分析。

作为国内首批成立的基金公司，国泰基金管理有限公司成立至今已经六年了。六年中我们本着“诚信勤勉为投资人服务”的宗旨，从管理国内第一只上海交易所上市的封闭式基金——基金金泰开始，目前旗下已有4只封闭式基金，3只开放式基金。特别是2003年10月成功发行了金龙系列开放式基金，资产规模更是突破了100亿元，基金持有人超过50万余人，2004年初公司旗下的所有开放式基金进行了分红，取得了可喜的成绩。

中国经济已经进入了一个新的发展阶段，未来二十年，是中国全面建设小康社会目标实现的阶段。中国的资本市场必将迎来长时期的稳步健康发展。作为一家专业的理财服务公司，我们一贯坚信中国资本市场会给所有的投资人带来良好的回报。通过我们的产品创新，服务创新，为广大投资者做好资本市场的理财服务，分享中国经济增长的成果，分享中国资本市场发展的成果。

地址：上海市浦东新区世纪大道1600号
电话：021－58319999
传真：021－58313388
邮编：200122

华夏基金管理有限公司

华夏基金管理有限公司成立于1998年4月9日，是经中国证监会批准成立的首批全国性基金管理公司之一，注册资本13800万。公司总部设在北京，在上海和深圳设有分公司。

截至2004年9月，公司管理资产规模接近300亿元人民币，旗下共有基金兴华、兴和、兴科、兴安、兴业5只封闭式基金，华夏成长、华夏债券、华夏回报、华夏现金增利和华夏大盘精选5只开放式基金，以及3只全国社保基金投资组合，是国内管理基金数目最多的基金管理公司，也是管理资产规模最大的基金管理公司之一。2004 年 7 月，公司又获得上海证券交易所独家授权，合作开发中国内地第一只 ETF 基金。

6 年来，华夏基金坚持“诚信、人本、创新、共享”的企业经营理念，取得了良好的业绩。截至 2004 年 6 月底，华夏基金旗下各基金累计分红已超过 40 亿元，为基金持有人奉献了丰厚的回报。2001 年和 2002 年，兴华基金的净值增长率在所有基金中连续两年名列第一。2003 年，兴华基金、兴科基金、兴和基金三年净值增长率名列所有封闭式基金的前三名，并获中信 5 星级基金评级。2002 年，华夏成长基金净值增长率在开放式基金中名列第一，在所有基金中名列第二。

华夏基金从不满足于已取得的成功，本着创新的理念不断推出适合我国金融市场的新产品，把“研究创造价值”的抽象理念落到了实处。1999 年，公司推出了兴和基金，标志着内地最早的优化指数型基金的诞生；2002 年，首只纯债券型基金面世，首发规模 51.33 亿元人民币，是内地第一只首发规模超过 50 亿元人民币的基金；目前，公司正在和上海证券交易所密切合作，内地首只交易型开放式指数基金（ETF）即将面世。

华夏基金始终把维护投资者利益作为企业发展的根本原则。公司建立了严格的内控体系，有效地控制了基金投资风险和企业经营风险，保证了投资者资产的安全性。公司通过直销团队、代销网络、投资者交流活动以及客户服务中心，为投资人提供了便捷的销售网络和有价值的投资资讯，全力打造高质量的华夏客户服务品牌。2004 年 4 月，获得了上海证券报和美国晨星评级机构评选的“最佳基金管理公司”称号。

“为信任奉献回报”是华夏基金不变的宗旨，它承载着公司对基金行业的体会，对社会和市场的责任，对投资人的承诺和对自身诚信立业的要求，已经成为华夏基金生存和发展的精神基石。公司 6 年来的发展得到了党和政府各级领导的认同与肯定，2003 年 4 月 3 日，中共中央政治局委员、北京市委书记刘淇同志视察华夏基金管理有限公司。2003 年 4 月，在公司成立五周年之际，中国证监会历任主席分别为华夏基金管理公司题辞与作序。

公司客户服务中心电话：010－88092666。

各理财中心联系方式：

北京金融街投资理财中心

地址：北京市西城区金融大街 33 号通泰大厦 B 座一层

电话：010－88087228/7/6

传真：010－88087225

北京海淀投资理财中心

地址：北京市海淀区中关村南大街 11 号光大国信大厦

电话：010－68458998/68458698/68458718/68468598

传真：010－68458598

北京朝阳投资理财中心

地址：北京市朝阳区东三环中路 39 号建外 SOHOB 座

电话：010－58693528/16/26

传真：010－58693508

上海投资理财中心

地址：上海市浦东南路 500 号国家开发银行大厦 1 楼

电话：021－58772855/77/99

传真：021－58772008

深圳投资理财中心

地址：深圳市福田区福华一路中央商务大厦 26 层

电话：0755－82033033

传真：0755－82031949

华安基金管理有限公司

华安基金管理有限公司成立于 1998 年 6 月，成立时注册资本 5000 万元，股东为上海国际信托投资公司（后更名为上海国际信托投资有限公司）、申银万国证券股份有限公司和山东证券有限责任公司（后更名为天同证券有限责任公司）。

2000 年初，根据中国证监会有关规定，华安股权进一步分散，并新增东方证券、浙江证券两家股东，同时注册资本增至 1.5 亿元，使华安形成了一个股权结构相对分散的法人治理结构。

本公司股本结构是分散股本结构，上海国际信托投资有限公司是本公司第一大股东，这种股本结构有效地避免了各股东之间的利益冲突。同时，为了防止大股东可能对本公司造成不利影响，本公司在成立之初，所有人员都与原股东脱离关系，重新聘用，档案送人才交流中心保管，人员上的完全独立性保证了本公司经营运作的独立性。

华安精神：

正如卢梭所言，“成功的秘诀，在于永不改变既定的目的”，华安基金管理有限公司成立以来，不仅在证券投资事业上取得了骄人的业绩，更重要的是公司在中国证券投资基金这个新领域中已充分展示了华安的精神、华安的理念。诺贝尔和平奖获得者阿尔贝特·史怀泽曾经说过：“没有精神的重塑，任何变革都将只有表面的作用。”面对一项前景远大的事业，华安已经满帆启程，华安的精神感召着、鼓舞着每一个华安人，华安的明天更好！

我们投资的是一项事业，而不仅仅是证券。

华安公司进行的是一项开拓性的事业——为中国的基金管理业探索出一条科学、规范、创新的发展之路，为资本市场的发展倾注我们的智慧，为投资者赢得更高的回报。这就是我们的使命。我们投资的是一项事业，而不仅仅是证券。华安的精神源自对中国证券市场发展轨迹的反思，中国证券市场的健康快速成长迫切需要一大批管理规范、具有先进的投资理念和为投资者提供优质服务的机构投资者，基金管理公司正是社会赋予这一职能的投资机构。这就是我们的责任。

我们投资的是一项事业，而不仅仅是证券。

作为中国第一批基金管理人，华安公司既是创业者、奠基人之一，又应成为后来者的楷模，我们必须通过自我发展向社会展示基金管理业的价值，华安公司的发展战略、决策水平、专业能力等都将凝集在我们为客户提供的最优质服务和回报中。这就是我们的价值追求。

我们投资的是一项事业，而不仅仅是证券。

中国的基金管理业还仅仅是开始，证券市场的发展需要基金管理业提供强大的支持，这一切都为华安公司提供了巨大的发展空间和舞台，而这些空间和舞台将不断孕育着新的力量，它激励着我们去创造、去追求。这就是我们创新的动力。

我们投资的是一项事业，而不仅仅是证券。

为追求共同的事业，我们走到一起，把我们的智慧、专业、能力和创新都凝集在华安的精神、文化、理念和信誉中，发展华安就是我们每个人社会价值的不断体现和升华。这就是我们每个人的归属。

核心竞争力：

团队精神

华安始终强调和保持团队精神。无论是领导还是普通员工均以公司目标为重，在平等、坦诚的基础上互相尊重、共同发展，成为一个团结一致、追求卓越的精英团体。

重视研究

华安拥有令人骄傲的强大的研究分析力量。2000年华安调研了近300家上市公司，完成了许多高质量的研究报告。华安管理的基金持股非常稳定，因为我们对自己的研究充满信心。

勤勉敬业

勤勉敬业是华安人的必备品质。全体员工始终以积极向上的精神状态投入工作，认真主动地钻研业务，力求为广大基金投资者创造更加丰厚的收益回报。

崇尚创新

华安公司鼓励每位员工保持永不满足的开拓激情，通过不断进取，不断超越自我，使员工更有能力、更有卓见、更有追求，为迎接中国基金业发展带来的机遇和挑战做好充分准备。

管理风格：

华安管理风格的思维方式是理性思维。维护规则的权威性，注重实效。华安管理风格讲求理性思维；平等、高风险的心理，包括充分的关怀和长期保障；办公环境严谨、稳定；语言准确、简洁；迅速决策，长期视野；相互尊重、正直的人际关系；视成绩为奖励依据；严密的纪律控制。以事业为重，尊重、平等、坦诚、公正，是华安人际关系的基本模式。

诚信、亲和

诚信、亲和是华安公司管理风格的基点，无论是对内还是对外管理风格都要得到体现。对内无论是领导还是普通员工均以事业为重，在平等、坦诚的基础上互相尊重、共同发展，公司将为每位员工提供各种有利的成长机会，给予每位员工平等竞争、实现和不断提高自身价值的机会，使公司更具亲和力和凝集力。对外无论是投资者还是合作伙伴都要以诚信为本，使投资者和合作伙伴都能够充分信任华安公司，从而建立起良好的公司信誉和社会形象。所以，诚信、亲和是华安公司立身和发展之本。

严谨、求实

华安公司强调严明的公司纪律和高度的职业道德，为此公司建立了一套科学、合理、严谨的组织纪律和风险控制体系，公司要求每位员工不得做任何有损于公司利益的事情；不得进行任何形式的关联交易或内幕交易；不准泄露公司的经济、商业、技术、财务秘密。一个有生命的公司应该是一家赏罚分明的公司。华安公司是以为投资者理财为主业的公司，为了给投资者赢得更高的回报和提供更优质的服务，我们必须以务实的精神扎扎实实地练好内功，打好稳健的基础，以优良的业绩去赢得投资者的信任。所以严谨、求实是华安公司发展的基础。

卓越、创新

华安公司鼓励每位员工始终保持永不满足的激情，我们提倡不断开拓的进取精神；我们也提倡不断追求卓越、超越自我的成就感。我们鼓励每位员工为公司的发展去积极地思考，并不断提出自己的建言，哪怕是一个小小的提议，都会让每一天比昨天更好，这就是公司充满活力的源泉，而活力就是创意，创意使人更有能力、更有卓见和更高的追求。一个公司的活力是其不断增强竞争优势的重要源泉之一，它使我们摒弃旧有的习惯和技术，不断创新，不断改革。所以卓越、创新是华安公司发展的活力源泉。

行为规范：

华安公司员工行为规范的核心概念是持续、纪律和尊重。对应该做的是专心致志，注重长期一贯性，按工作指令行事，强调相互之间交流的形式。

华安公司员工应始终以积极向上的精神状态投入工作，积极主动地履行自己的工作职责，认真钻研业务，细致研究市场，敢于为公司和投资者的事业承担各种艰难的工作。具备既能获得成功又能承受挫折的良好的心理素质。

华安公司员工应具有奋勇争先的创业精神，在公司内部创造比学赶帮、你追我赶的良好的工作气氛。每一位员工都能对自己有明确的工作目标和持续的成就感。争创第一，追求努力把工作做得更好。对基金持有人高度负责。

华安公司要求员工在经营、工作的各个环节中，应始终如一地保持严肃认真、规范操作、严谨细致、精益求精的劳动态度。悉心了解客户对自己工作的多层次的需要，积极探求证券投资的运作规律和技巧。对各种现象能有理性的剖析，对各种股票、债券的走向有逻辑的系统性的预测。以主动的创造性的劳动，积极认真地解决工作中出现的各种新情况和新问题。自觉遵循华安公司“诚实信用，勤勉尽职”的原则，积极主动地做好为基金持有者的各种服务工作，解答投资者的各种探询，维护他们的利益。以高质量的业绩和高水平的服务，树立华安公司良好的企业形象。

地址：上海市浦东南路360号新上海国际大厦2楼
邮编：200120
传真：(021)68863223
网址：http://www.huaan.com.cn

博时基金管理有限公司

博时基金管理有限公司成立于1998年7月13日，是中国内地首批成立的五家基金管理公司之一。注册资本1亿元人民币(折合约为1200万美元)，总部设在深圳，在北京、上海设有分公司。博时基金公司的股东为金信信托投资股份有限公司、中国长城资产管理公司、招商证券股份有限公司、广厦建设集团有限责任公司。博时基金公司的经营范围包括发起设立、管理基金，是一家为客户提供专业投资服务的资产管理机构。

“为中国国民创造财富”是我们的使命。

博时基金公司的投资理念是“做投资价值的发现者”。我们的股票投资强调以内部研究为基础的基本面分析，持续挖掘业绩稳定增长、有核心竞争力、有成长潜力的上市公司。我们坚信股票的二级市场价格终将反映企业的内在价值，坚守对企业的深入把握这一获取收益、规避风险的根本方法。根据天相证券投资分析系统的统计，“截止2003年12月26日，博时基金公司旗下股票型基金的加权平均净值增长率为26.64%，在中国内地所有管理两只及以上股票型基金的基金公司中位列第一”(2004年1月5日，《证券日报》)。

截止2004年6月30日，博时基金公司共管理博时价值增长基金、博时裕富基金、博时现金收益基金、博时精选股票基金四只开放式基金和裕阳、裕隆、裕元、裕华、裕泽五只封闭式基金，并且受全国社会保障基金理事会委托管理部分社保基金。截至2004年6月30日，博时基金公司管理的资产总规模超过300亿元人民币，是目前我国资产管理规模最大的基金公司之一。

地址：深圳市福田区深南大道招商银行大厦29—30层

电话：010－65171155
　　　0755－83169999　83195001
传真：0755－83195140

鹏华基金管理有限公司

鹏华基金管理有限公司成立于1998年12月22日，业务范围包括基金设立、管理基金业务及中国证监会批准的其他业务。

公司股东由国信证券有限公司、方正证券有限责任公司（原浙江证券有限公司）、安信信托投资股份有限公司（原鞍山市信托投资股份有限公司）、安徽国元信托投资有限责任公司（原安徽省国际信托投资公司组成）。

公司原注册资本8,000万元人民币，后于2001年9月完成增资扩股，增至15,000万元人民币。公司目前管理四只封闭式基金和三只开放式基金。封闭式基金分别为基金普惠、普丰、普华、普润，募集规模60亿元。公司于2002年4月22日开始发行鹏华行业成长开放式证券投资基金，成功募集39.77亿份；并于2002年12月16日获得社保基金理事会批准，成为全国社会保障基金首批管理人之一；2003年5月24日开始发行普天系列开放式证券投资基金，成功募集11.4亿，普天系列基金包括普天债券开放式证券投资基金和普天收益开放式证券投资基金；2004年3月29日开始发行鹏华中国50开放式证券投资基金，成功募集24.44亿份。

伴随着中国证券市场的发展壮大，鹏华基金管理有限公司已经走过五年的发展历程，资产管理规模从当初一只基金20亿发展到目前4只封闭式基金、4只开放式基金、3只社保基金，基金规模近164亿。作为《证券投资基金管理暂行办法》颁布后成立的第六家基金管理公司，作为中国证券市场机构投资者的一员，鹏华公司自成立以来，一直秉承“进取、求实”的企业精神，坚持“信任高于一切”的企业理念，把风险控制放在业务发展首位，成立中国基金业第一个投资者俱乐部——“鹏友会”，为广大投资者“尽心尽力，真诚服务”，其稳健经营、规范运作的鲜明形象已为市场熟知和认可。

面对中国入世后的机遇和挑战，身处中国基金业高速发展的历史时刻，鹏华基金管理有限公司将在进一步提高基金管理水平、完善市场服务体系、新业务开发、国际合作等多方面加快步伐，努力进取，继续诚实信用、勤勉尽责地为广大基金持有人服务，为中国基金业的健康发展做出应有贡献。

地址：深圳市深南东路5047号发展银行大厦18、27层
邮编：518001
电话：0755－82080663
传真：0755－82080742

嘉实基金管理有限公司

嘉实基金管理有限公司成立于1999年3月，是经中国证监会批准设立的首批十家证券投资基金管理公司之一，主要股东为中诚信托投资有限责任公司、北京证券有限责任公司、和立信投资有限公司。2002年12月，嘉实在备受瞩目的全国社保基金管理人招标评选中脱颖而出，获得中国第一批社保基金委托投资管理人资格。截至2004年4月，嘉实管理着两只契约型封闭式基金、五只契约型开放式基金以及社保基金投资组合，总规模超过270亿元，位居业内三甲，其中股票型基金资产规模业内排名第一。

嘉实文化的核心：职业精神、创新精神、团队精神。

职业精神——“诚信敬业”是代人理财、获取信赖的首要条件，“专业水准”是充分回报投资者的根本保障。作为受投资人尊重、信赖的专家理财机构，我们强调“敬业”与“专业”并重的职业精神。

创新精神——创新永远是我们事业发展的动力源泉。通过不断完善内部机制，最大限度激发员工才智。我们致力于开拓一条制度创新与产品创新相结合、内部创新与外部创新并重的道路。

团队精神——优秀的人力资源始终是我们最宝贵的财富。在协作中互相促进，在交流中互相理解，在竞争中互相学习，使每个人都成为嘉实的主人，让每个人的价值在嘉实的事业中得到实现。

嘉实基金一“理财服务小康中国”

北京办公地址：
北京市建国门北大街8号华润大厦8层
电话：010—65188866
传真：010—65185678
邮政编码：100005
网址：www.harvestasset.com
上海办公地址：
上海市浦东新区富城路99号震旦大厦1702室
电话：021—6888002568880035
传真：021—68880023
邮政编码：200120

长盛基金管理有限公司

成立时间：1999年3月26日
注册资本：人民币1亿元
业务范围：发起设立基金及基金管理业务
股本结构：（股权变更完成之后）
国元证券有限责任公司49%
安徽省创新投资有限公司26%
安徽省投资集团有限责任公司25%
公司宗旨：
以诚信的准则、
尽责的精神、
稳健的理念、
优良的业绩，
回报投资者、回报社会。

长盛基金管理有限公司共管理7只基金，基金份额共11,130,443,082.66份，资产净值共人民币11,277,888,460.49元。其中管理四只封闭式基金，基金份额共60亿份，资产净值共6,029,248,158.02元。管理的3只开放式基金，基金份额共5,130,443,082.66份，资产净值共5,248,640,302.47元。

北京直销中心
地址：北京市朝阳区北三环东路8号静安中心2072
电话：010－64689198－245
传真：010－64689520、64689521
深圳直销中心
地址：深圳市福田区华富路航都大厦13C

电话:0755－83793577
传真:0755－83793576

大成基金管理有限公司

一、基本情况

大成基金管理有限公司(以下简称大成)成立于1999年4月12日,注册资本金人民币1亿元,是中国证券监督管理委员会批准设立的首批10家基金管理公司之一。公司总部设在深圳,在北京、上海设有分公司。公司现有股东分别是中国银河证券有限责任公司、光大证券有限责任公司、广东证券股份有限公司和中泰信托投资有限责任公司,每家股东持股比例均为25%。

截至2004年8月,大成旗下管理大成价值增长、大成债券、大成蓝筹稳健3只开放式基金和景宏、景博、景阳、景福、景业5只封闭式基金,管理的基金资产达110亿元左右,是目前国内管理证券投资基金数目最多的基金管理公司之一。

大成的成长见证了中国基金业的发展,大成的业绩也反映了中国经济增长的速度。大成努力发展核心产品,不做万能型公司,将主要力量集中到优势产品上,主攻高端基金品种市场。大成运用科学的市场研究和个性化的产品开发,基金品种个性鲜明,业绩骄人。

截至到2004年8月,大成价值增长证券投资基金在成立的1年多的时间里已经四次分红,累计分红高达0.21元/单位份额,在所有开放式基金中单位累计分红排名第一。2004年8月2日,《中国证券报》、《证券时报》、《上海证券报》三大证券权威媒体刊出了三家权威信用评级机构——晨星、中信、银河的基金业绩排名情况,其中大成债券投资基金以月度、季度、半年度排名均列债券类基金第一的骄人业绩而格外引人瞩目。

大成拥有一个高素质、专业化的团队。公司现有员工103人,其中硕士学历以上员工占66%,10%的员工具有海外学习或工作背景,70%的员工具备三年以上证券行业从业经历。大成致力于打造先进的企业文化,倡导员工与公司共成长,建立了晋升与专业岗位相结合、培训、文化交流和岗位互换等制度,让员工拥有职业发展的长远目标和空间。

及时理性的宏观、行业、公司、债券研究以及独特的数量分析系统的支持,使得大成程序化的投资流程更具科学性。大成的投资管理遵循了专业化分工的原则,每一项重要投资均由投资决策委员会、基金经理部、金融工程小组、研究部和交易部共同协作完成。这种决策高效、分工明确的专业化运作流程为大成实现资产管理的规模化经营奠定了坚实的基础。

风险控制是大成业务发展的重中之重,也是回报投资者的有力保障。公司已经建立了较为完善的风险控制体系,其核心是规范化运作、维护持有人利益、对内控制度检查评估。大成除了有效控制常规的投资风险,还推行了股票投资限制表管理制度、风险控制委员会一票否决制等制度,使得风险控制贯穿于投资的全过程,实现了多层次、全方位的风险控制,有效地控制了基金投资风险和企业经营风险。

"诚实信用,勤勉尽责",这是受托资产管理的职业要求,也是基金行业得以兴盛繁荣的基石。大成将此原则奉为核心价值,作为指导一切经营管理行为的根本指南。在以往业绩的基础之上,大成将继续以赤诚之心,勤勉、专业地为客户提供卓越的产品设计、投资管理和客户服务,回报广大投资者。

二、公司的远景目标、使命、经营理念:

1、公司远景目标

"为投资人提供高端、个性化的资产管理服务,成为中国资产管理领域的领先者。"

2、公司使命

支持公司远景目标的四项使命:

追求卓越进步,为中国基金业的成长及国家竞争力的提升贡献己力

客户利益至上,为基金持有人实现资产的可持续稳定增值

保障股东权益,为股东提供满意的投资回报

激励员工成长,实现员工和公司的和谐发展

3、公司经营管理理念

贯彻到每一个员工日常工作中的则是公司的经营理念:

诚信为立身之本

服务为展业之道

稳健为行事之风

创新为进步之源

三、高管人员基本情况

董事长:胡学光先生,硕士,高级经济师。曾在湖北金融高等专科学校任教,广州金融高等专科学校任金融系副主任。1992年2003年在广东证券股份有限公司先后任"广证基金"、"广证受益"经理、部门总经理、总裁助理、副总裁,兼任中山大学岭南学院兼职教授、中天证券研究院副院长,广东证券博士后科研工作站指导导师。2003年5月起任大成基金管理有限公司董事长。

董事总经理:于华先生,工商管理硕士,金融学博士。美国注册金融分析师(CFA),美国投资管理研究协会会员。曾任英国里丁大学经济系讲师、加拿大魁北克大学管理学院金融终身教授。1997年回国,曾任深圳证券交易所综合研究所所长,加拿大鲍尔集团亚太分公司基金与保险业务副总裁、加拿大伦敦人寿保险公司北京代表处首席代表,中国证券业协会基金业委员会顾问。

副总经理:周洪先生,金融学博士。历任光大证券研究部负责人、总裁办主任、总裁助理等。1998年9月参与大成基金管理有限公司的筹建,1999年3月起任大成基金管理有限公司副总经理。

副总经理:王颢先生,金融学博士。曾任国通证券深圳管理总部副总经理、机构管理部副总经理等。2002年9月加盟大成基金管理有限公司,先后任大成基金管理有限公司助理总经理、副总经理。

富国基金管理有限公司

富国基金管理有限公司是经中国证监会批准设立的首批十家基金管理公司之一。公司于1999年4月13日获国家工商行政管理局登记注册成立,于2001年3月从北京迁址上海。2003年9月加拿大蒙特利尔银行(BMO)参股富国基金管理有限公司的工商变更登记办理完毕,富国基金管理有限公司成为国内首批成立的十家基金公司中,唯一一家外资参股的基金管理公司。

目前,公司管理运作汉盛、汉兴、汉博、汉鼎四只封闭式证券投资基金和富国动态平衡一只开放式证券投资基金,首次发行规模超过100亿元人民币。公司旗下的第二只开放式基金——"富国天利增长证券投资基金"已获准发行设立,并于近日在全国公开发行。

公司由海通证券股份有限公司、申银万国证券股份有限公司、华泰证券有限责任公司、山东省国际信托投资有限公司和福建投资企业集团共同出资发起设立。2003 年 9 月 BMO 蒙特利尔银行参股富国基金管理有限公司 2000 万股，成为公司 6 个平均持股股东之一。

公司业务类职员具有硕士以上学历的占 70%以上，有较丰富的投资实践经验。

公司宗旨：亲力亲为 奉献社会

经营理念：诚信、专业、进取……您想的，正是我们在做的。

易方达基金管理有限公司

易方达基金管理有限公司成立于 2001 年 4 月 17 日，注册资本 1.2 亿元人民币，主要从事发起设立基金、管理基金以及中国证监会批准的其他业务。目前，公司旗下共有四只开放式基金和四只封闭式基金，分别为基金科汇、基金科讯、基金科翔、基金科瑞、易方达平稳增长基金、易方达策略成长基金、易方达 50 指数基金和易方达积极成长基金，是国内最具实力的基金管理公司之一。

基金业是"人的事业"。成立伊始，公司便着手打造一支高度专业化的基金管理团队。易方达现有员工 98 名，其中具有硕士以上学历的 64 名，占员工总数的 65.3%；具有跨学科教育背景的 23 名，占员工总数的 23.5%。高管人员平均金融从业年限超过 10 年，投资管理人员平均金融从业年限超过 7 年。公司现有基金经理 11 名，管理着 8 只基金。基金经理 90.9%具有硕士学历，54.5%具有理工学科教育背景，36.4%具有跨学科教育背景，证券从业平均年限 6.8 年。

2001 年 6 月 20 日，在清理规范广东省 6 只联网投资基金的基础上，基金科汇、基金科翔、基金科讯分别在深圳、上海证券交易所挂牌交易。同年 7 月 12 日，3 只基金分别扩募至 8 亿份。2002 年 3 月 12 日，易方达旗下第四只封闭式基金——30 亿的科瑞证券投资基金正式成立。2002 年 8 月 23 日，易方达旗下第一只开放式基金——易方达平稳增长证券投资基金宣告成立，募集规模达 46.78 亿份。2003 年 12 月 9 日，第二只开放式基金——易方达策略成长证券投资基金宣告成立，募集规模达 20.35 亿份。2004 年 3 月 22 日，第三只开放式基金——易方达 50 指数证券投资基金宣告成立，募集规模达 50.49 亿份。2004 年 9 月 11 日，第四只开放式基金——易方达积极成长证券投资基金宣告成立，在低迷的市场环境下，其募集规模仍达 11.58 亿份。

易方达秉承"取信于市场，取信于社会"的宗旨，坚持"在诚信规范前提下，通过专业化运作和团队合作实现稳健的增长"的经营理念，以完善的制度、严格的管理、规范的运作和良好的业绩，赢得了市场的认可，各项业务发展迅速。

2004 年 4 月，易方达荣获首届上海证券报最佳回报基金公司奖，基金经理肖坚荣获 2003 年度晨星（中国）基金经理奖。2004 年 8 月 24 日易方达基金管理有限公司旗下的易方达平稳增长开放式基金以及封闭式基金基金科汇、基金科瑞三只基金同时获得由中国银河证券、中信证券和天相投资顾问有限公司 3 家权威基金评级机构参与评选的"首届中国基金金牛奖"。2004 年 10 月 23 日全国社保基金理事会公布确定增加易方达基金管理有限公司等 4 家机构为全国社保基金投资管理人。目前，公司所管理的基金资产规模超过 180 亿元。至 2004 年 11 月中旬，累计为投资者实现分红 5.73 亿元人民币。

易方达将坚持以诚信和业绩立足，不断开拓创新，积极进取，努力为投资者创造最优回报！

地址：广州市体育西路 189 号城建大厦 27、28 楼
电话（Tel）：020－38797888
传真（Fax）：020－38799488
网站（Website）：www.efunds.com.cn

广发基金管理有限公司

【公司概况】广发基金管理有限公司成立于 2003 年 8 月 5 日，总部设在广州。公司注册资本金 1 亿元人民币，公司股东包括广发证券股份有限公司、广州科技风险投资有限公司、深圳市香江投资有限公司、烽火通信科技股份有限公司。

广发基金管理有限公司拥有强大的资源优势、严谨科学的管理体系、高素质的人才队伍，坚持"简单、透明、务实、高效"的经营理念，致力成为品牌突出、信誉优良、特色鲜明的基金管理公司，为投资者谋求长期稳定的收益。

【经营与管理】广发基金管理有限公司贯彻"简单、透明、务实、高效"的经营管理理念，建立了一套科学、规范的公司组织结构。公司实行投资决策委员会领导下的基金经理负责制，以高效尽责的团队精神，贯彻"顺应市场、积极投资"的投资理念。其中，投资决策委员会是基金投资运作的最高决策机构，主要负责决定基金的投资理念、投资准则；审核基金资产配置比例、基金的投资绩效基准；评估并审批基金投资策略等。研究发展部负责宏观经济研究、行业与公司研究、债券研究、基金绩效评估、风险评估等工作，并向投资管理部、投资决策委员会、风险控制委员会提供相关报告。投资管理部负责提出基金投资策略及投资组合方案，并根据投资决策委员会审定的资产配置方案和基金投资组合方案，组织基金投资的具体实施；协助研究发展部进行产品开发。中央交易室负责基金投资交易的具体执行。广发基金贯彻"顺应市场、积极投资"的投资理念；以客户需求为导向，确定基金的投资目标、投资策略、投资基准、投资限制、投资准则；采取"自上而下"与"自下而上"相结合的投资方式；遵循基于基本面研究和数量化分析相结合的组合投资流程。公司以市场为导向、以客户为中心，将客户至上的理念贯穿于客户服务的每一个细节。公司希望将专业理财服务传送到中国千家万户。此外，广发基金客户服务中心热线及广发基金网站 24 小时为您提供理财信息和理财咨询服务，网上交易和电话委托交易等非现场交易方式也即将开通，满足您不断提升的新需求。

【旗下基金】广发聚富基金

成立时间 2003 年 12 月 4 日

首发规模 31.38 亿元

托管行中国工商银行

基金类别配置型基金

基准指数 80%×中信指数收益＋20%×中信债券指数收益

产品特点

收益全额分配：国内第一只承诺将基金收益"百分之百分红"的基金

资产灵活配置：兼具股票基金高成长及债券基金低风险的优势

争取较高收益：收益可望大幅超过银行存款、国债和债券

型基金

业绩回顾(截止 2004 年 10 月 29 日,同类型基金比较)

基金名称	单位净值(元)	最近一月		最近三月		最近六月		今年以来		2004年10月	
		总回报率(%)	排名	总回报率(%)	排名	总回报率(%)	排名	总回报率(%)	排名	总回报率(%)	排名
广发聚富	1.0857	2.94	1	7.74	1	8	1	12.61	1	3.02	1

广发稳健增长基金

成立时间 2004 年 7 月 26 日

首发规模 22.97 亿元人民币

托管银行中国工商银行

基金类别配置型基金

业绩基准 65%×中信指数收益+35%×中信国债指数收益

投资理念遵循研究创造价值的理念,通过科学、谨慎的投资策略,寻求基金资产的长期稳健增长。

产品特点资产配置稳中求胜两层选股确保品质

天治基金管理有限公司

一、基本情况

公司名称:天治基金管理有限公司

注册地址:上海市延平路 83 号

办公地址:上海市复兴西路 159 号

法定代表人:赵玉彪

总经理:祖煜

成立时间:2003 年 5 月 27 日

组织形式:有限责任公司

注册资本:1 亿元人民币

联系电话:021-64371155

传真号码:021-64713758

邮政编码:200031

公司网址:www.chinanature.com.cn

二、公司发展概况

天治基金管理有限公司于 2002 年 12 月获准筹建,2003 年 5 月 20 日经中国证监会证监基金字[2003]73 号文批准正式获准开业,同年 5 月 27 日完成工商注册,正式成立,是按照市场化机制和"好人举手"制度,由信托投资公司为主发起人的专业基金管理公司。

天治基金是一家具有国际视野的专业基金管理公司,公司遵循国际专业基金管理公司的管理标准,建立了具有国际水准的内部风险控制制度和投资管理体系,确保投资决策的科学性和投资风险的可控性。公司的投研团队成员均有在海内外知名金融证券机构的从业经历,在基金产品设计、资产配置、投资时机选择和风险控制等方面拥有丰富的经验和突出优势。公司内设投资管理部、研究发展部、定量研究部、市场营销部、基金清算部、信息技术部、监察稽核部、综合管理部八个部门,还设有合规与风险控制委员会、薪酬与考核委员会以及独立的督察长,以确保公司的高效规范运作和客户资产的保值增值。

公司自成立伊始,便确立了睿智、诚信、勤勉、自省的经营理念,以"尊重市场规律、稳健运作、诚信经营、立足长远"为指导思想。为保证基金投资原则、投资策略和投资目标的实现,天治基金采用科学合理的分层决策体制,即实行投资决策委员会领导下的基金经理负责制。投资决策委员会是最高投资决策机构,负责制定投资原则、投资策略、资产配置和行业板块投资比例范围、审批重要投资计划等;基金经理在其权限范围内负责所管理基金的日常投资组合管理工作,并具体落实投资决策委员会关于该基金的投资管理决议。

在风险管理方面,公司确立了"风险管理以良好内控为基础"及"风险管理与投资绩效并重"的风险管理理念,在有效防范风险的前提下,追求基金持有人的合法权益最大化。公司风险控制与管理体系由两个层面组成,一是内部控制层面的风险监控,由内部控制委员会(下设风险评估小组)负责,二是基金投资决策层面的风险管理,由投资决委员会下设的数量分析小组负责。借助公司自主开发的量化风险管理及绩效评估系统,将投资风险管理融入公司的日常管理,成为工作流程中的必经环节,从而杜绝了风险控制的经验性和随意性。

三、经营业绩

天治基金自成立初,便积极筹备开放式基金的设立工作。2004 年 5 月,经中国证监会审核批准,公司发行了首只契约型开放式基金——天治财富增长证券投资基金。

天治财富增长基金首创基金动态资产保障,建立了一条随时间推移呈非负增长的资产保障线,以投资组合保险机制、VaR(ValueatRisk)技术为核心工具,在确保基金单位资产净值不低于此保障线的基础上,兼顾收益与风险,谋求基金资产的稳定增值。天治财富增长基金对自身提出了更高的风险约束要求,具有(1)安全起始线设置更高,(2)安全底线每日动态更新,"动态保障,步步为赢",能及时将基金净值的增值部分转换为安全收益,(3)资产保障线到点分红,避免纸上富贵,(4)投资目标除强调相对价值,还强调成长性,(5)投资组合保险技术更全面等几大特点,更具投资价值。

2004 年 11 月底,公司又成功地发行了第二只产品——天治品质优选混合型证券投资基金。天治品质优选基金强调"品质为价值之前提"的投资理念,采用"三个品质加一杆标尺"为选股导向,并且首推透明化的定量风险管理。三个品质即上市企业的财务品质、经营品质和市场品质,一杆标尺即以企业的自由现金流量(FreeCashFlow,FCF)为核心指标,并辅以净资产收益率、财务信息泡沫指标等,优选价值类股票进行价值投资。由此可见,天治品质优选是以上市企业的内在价值为价值判断的前提,通过财务定量指标和企业治理结构等定性指标,在为投资人追求最大资产增值的同时,兼顾降低投资风险,实现风险与收益的最佳配比,在业内刮起了一股"品质"风。

作为专业化的公众投资理财机构,天治基金时刻把广大投资人的根本利益放在第一位,特别强调诚信和守法,始终依据国家法律、法规及其他相关规定,本着取信于市场、取信于社会投资公众的原则,诚实信用、勤勉尽责,以智慧发现规律,依规律共享财富增长,从而树立了"稳健经营、规范运作"的市场形象,赢得基金持有人的信任。

四、公司领导简介

赵玉彪先生:公司董事长,研究生学历。曾任吉林省信托投资有限责任公司上海证券业务部交易部经理,驻上海证券交易所出市代表,上海金路达投资管理有限公司总经理等。

祖煜先生:公司总经理兼市场营销总监,经济学硕士。曾任上海万国证券公司国际部项目经理,安徽省证券公司任国际部副总经理,广发证券股份有限公司国际部副总经理、合资基金筹备组负责人等。

股东概况

序号	股东名称	出资额(万元)	出资比例(%)
1	吉林省信托投资有限责任公司	4000.00	40.00
2	中国吉林森林工业(集团)总公司	2000.00	20.00

3	吉林市国有资产经营有限责任公司	2000.00	20.00
4	吉林省汉维实业有限公司	2000.00	20.00

旗下管理基金

序号	基金代码	基金简称	基金类型
1	350001	天治财富增长	开放式
2	350002	天治品质优选	开放式

融通基金管理有限公司

【基本情况】

法定名称：融通基金管理有限公司

注册地址：深圳市福田区民田路10号中海大厦6—8层

办公地址：深圳市福田区民田路10号中海大厦6—8层

法人代表：孟立坤

总经理：吕秋梅

成立时间：2001年5月22日

组织形式：有限责任公司

注册资本：1.25亿元人民币

联系电话：0755—82950676

传真号码：0755—82950383

邮政编码：518026

公司网址：www.rtfund.com

【发展概况】

融通基金管理有限公司是经中国证监会证监基金字【2001】8号文批准，由河北证券有限责任公司、国泰君安证券股份有限公司、陕西省国际信托投资股份有限公司、上海爱建信托有限责任公司、联合证券有限责任公司共同发起，于2001年5月22日成立，属中国第二批基金管理公司之一。

2003年1月，经中国证监会证监基金字【2003】70号文批准，公司股东国泰君安证券股份有限公司将其持有的本公司20%出资全部转让给河北证券有限责任公司，上海爱建信托投资有限责任公司将其持有的融通基金管理公司20%出资全部转让给爱建证券有限责任公司。

公司实行董事会领导下的总经理负责制，并引入独立董事制度。董事会设立了合规审核及审计委员会、提名及资格审查委员会及薪酬与考核委员会。公司下设基金管理部、机构理财部、研究策划部、基金交易部、市场拓展部、登记清算部、信息技术部、综合管理部、监察稽核部等九个职能部门，以及北京投资理财中心、上海投资理财中心。同时，公司还设有投资决策委员会和风险控制委员会，负责指导基金资产的运作和风险控制。

公司自成立以来，始终坚持“以人为本、诚实信誉、规范自律、卓越服务”的经营理念，诚信运作，稳健发展，为广大投资者提供长期稳定的回报。伴随着资本市场的的不断壮大和证券投资基金业的蓬勃发展，融通基金管理公司正以全新的面貌，迎接历史赋予的挑战和机遇。

［管理基金概况］

目前，融通公司共发起并管理了2只封闭式基金和5只开放式基金，管理基金规模近85亿。公司整体净值加权平均增长率在基金公司中名列前茅，而且从2002年到2004年排名逐年上升。

融通公司于2004年4月获得上海证券报评选的“2003年透明度最高基金公司”奖（信息披露、投资者沟通与交流），融通新蓝筹基金经理詹凌蔚先生在晨星公司评选的2003年度配置型优秀基金经理中获提名奖。

融通公司一直坚持“持续分红”的理念，在取得良好投资业绩的基础上，融通金算盘家族开放式基金一年多已实现22次分红，分红金额超过4.4亿元，为投资者实现了真实的现金收益。从成立日至2004年6月18日，融通新蓝筹基金、融通债券基金、融通深证100指数基金、融通蓝筹成长基金分别取得了15.05%、5.3%、5.1%和9.6%的累计净值收益率，累计净值收益率最高时分别达到31.08%、10.6%、23.6%和23%，为投资者带来的分红收益率分别达到了18.5%、4.1%、16%和11%。

在客户服务上，融通公司在内部明确提出了“大客户服务一销售即服务”的思路，使服务贯穿于基金销售的每一个环节，更加完善客户服务工作：除寄送资料、手机短信服务、网站服务、咨询服务、投诉受理等外，融通公司增加“面对面”的服务，并建立了“融通金算盘理财俱乐部”，为全体基金持有人提供更好的理财服务。

附一：高管成员介绍

孟立坤先生：董事长，1962年生，工学博士。曾就职于河北证券有限责任公司，历任北京营业部总经理、公司总裁助理（副总裁级）。

吕秋梅女士：董事、总经理。1963年生，工商管理硕士。曾就职于中国人民银行总行，历任国信证券有限公司总裁助理、鹏华基金管理有限公司副总经理，融通基金管理有限公司常务副总经理。

附二：股东概况

排序	股东名称	持股数量（万股）	持股比例(%)
1	河北证券有限责任公司	5000.00	40.00
2	陕西省国际信托投资股份有限公司	2500.00	20.00
2	联合证券有限责任公司	2500.00	20.00
2	爱建证券有限责任公司	2500.00	20.00

附三：旗下基金

排序	基金代码	基金简称	基金类型
1	184738	基金通宝	封闭式
2	500038	基金通乾	封闭式
3	161601	融通新蓝筹	开放式
4	161603	融通债券	开放式
5	161604	融通深证100指数	开放式
6	161605	融通蓝筹成长	开放式
7	160606	融通行业景气	开放式

海富通基金管理公司

海富通基金管理公司正式成立于2003年4月1日，是21世纪之初中国首批诞生的中外合资基金管理公司之一。公司由海通证券和富通基金合资创建，双方股东分别是中国和欧洲著名的证券投资机构。公司注册资本为人民币1亿元，其中，海通证券占67%股权，富通基金占33%股权。

海富通基金管理公司遵循21世纪第一流专业基金管理公司的标准，建立了国际水准的风险控制制度，拥有国际专业水平并深谙中国市场的专业人才队伍，掌握先进的投资理念和投资技术，奉行不断满足客户需求为已任的经营指针。

“专业、专心、专注”，是海富通全体团队成员每天信守的职业精神。

专业是指，海富通有一支高素质的、具有丰富的国际和国内市场经验的优秀投资管理队伍。

专心是指，海富通团队成员将全心全意不断满足客户需求，为客户实现财富增值提供全程服务。

专注是指，海富通团队成员将全神贯注于投资管理的职业工作。

海富通确立了对公司长远发展具有关键意义的核心价值观。其基本内容是：客户的需求就是公司的责任；团队创造价值；信任为朋，本土为方。

海富通的公司形象是：秉承审慎文化，创造本土优良业绩。

投资团队：

海富通建立了富有自身特色的“团队创造价值”机制。在团队的组成上，海富通团队以技能为配置的要素，团队的组成以团队成员各自技能的相互需求、相互依赖为条件。海富通团队由投资管理领域中具有各方面较强专业技能和价值创造能力的人才组成，这些专门人才在团队中充分发挥主动性和创造性，全力为客户实现财富增值的目标。

海富通投资管理团队成员主要来源于海通证券、富通集团和其它海内外著名金融机构。这些成员的特点是，具有国际水准的投资专业理论素养，拥有丰富的国际市场和国内市场投资经验，对中国证券市场实际有深刻的认识和理解。

海富通投资团队充分发挥公司特色的“团队创造价值”机制的优势，避免“明星经理”制容易产生的个人认知风险和个人道德风险。

在投资决策机制中，投资决策委员会审时度势，科学洞察全球和中国经济周期变迁趋势，预测股票、债券和货币资产收益率和风险度的变化情况，适时作出资产配置调整决策，有效规避系统性风险，实现资产的稳健增值。

在日常投资管理工作中，基金经理和证券分析师时刻监测宏观经济、行业特征的变化，深入第一线紧密跟踪上市公司微观基本面的变化，见微知著，去伪存真、去粗取精，精选个股和个券，构建和优化投资组合，实现资产安全基础之上的优秀投资业绩。

“海内存知己，富财通五洲”一是海富通核心价值观的集中体现，同时也是“海富通”三个字的丰富内涵。意指，海富通全体管理团队是与客户同舟共济的知己，海富通为客户实现财富增值提供全球性服务。

海富通投资风格

海富通基金管理公司是中国首批诞生的中外合资基金管理公司之一。公司由海通证券公司和欧洲著名的富通集团合资创立。

伴随着中国证券市场对外开放步伐的加快，开放层次的深入以及开放领域的拓展，市场的竞争日益激烈。海富通在股东支持，团队建设，投资理念，投资风格，产品特征，客户服务等方面有着与众不同的独到之处。面对着变幻的市场气候和激烈的竞争环境，海富通相信，凭借团队成员的努力，可以为客户获取最大的增值收益。

1.国际规范，铸造专业团队

“合资公司本土化”，即将国际先进模式、经验与国内证券市场的实际情况相结合，从而达到优势互补和资源利用的最大化。当前市场关注的焦点，从已经过滥了的单纯炒做转移到对更为具体、实际的层面的分析和比较，即合资双方文化和理念的融合；最佳利用股东双方在国际和国内的平台；如何把握市场需要，开发出符合投资者需要的产品；如何定位投资风格与投资策略等等。

■本土的专业团队。我们是“团队协作式”的兵团作战，而不是“投资明星式”的单打独斗。坚持内部的防火墙建设与各自岗位目标责任制，同时强调投资团队成员的彼此协助和相互支援，组建拥有各种必备技能的团队。团队的成员，称得上市场的“老兵”。他们既经受住了国内市场长期的风雨和考验，又接受了国际先进投资理念的熏陶和培养。他们具有全球化的视野与思考，国际市场的驰骋和磨练，敬业精神与职业操守。

■富通的全球支持。富通是在成熟市场久经历练，获得成功的杰出的理财专家。他们丰富的投资经验，风险控制的模型以及全球化的资讯和研究力量，将帮助公司建立科学的投资程序，为公司创造持续优秀的业绩提供了保证。我们相信，亚太新兴市场的演变和发展历史具有相似性和可比性，富通在亚太地区其他新兴市场取得的成就和经验，看新兴市场的独特的视角，是海富通可以在国内市场运用的宝贵财富。

■合理的运作机制。我们的投资风格，继承了长期形成的对国内市场的敏锐，又融会了欧洲投资公司的稳健与理性；在密切关注国内市场条件变化的基础上，采用国际先进的风险监控与投资策略，精选个股，重点选择那些业绩将出现快速增长而价格并未反映到位的公司，进行专注的价值投资，保证基金持有人利益的长期最大化。

2.价值投资，关注长期表现

■在战略规划和资产配置领域，密切关注国家的政策走向，研究国民经济未来的重点和热点，开发广泛可靠的研究和信息渠道，研究同行业其他机构的动向，通过自上而下和自下而上的方法确定行业、风格的权重，决定基金资产在各行业间积极的配置，取得最大可能的收益。我们清醒的意识到，在目前的市场环境和发展阶段，单纯依靠资产配置决策的优势跑赢大盘是不现实的，因此我们主动限制对资产配置决策的依靠程度，在合规框架和流动性需要的前提下，根据市场的变化，适度主动的调整资金在各项资产间的分配。

■在股票投资领域，以积极投资为主导，充分利用外部券商和富通全球研发力量，借鉴国际通行的股票筛选方法，建立了符合国内市场实际情况的股票定价指标体系和 EPS 预测模型，通过对高质量的价值型公司和高质量的成长型公司进行前瞻性的综合分析，挑选出基本面情况较好，价格被低估的可长期关注、追踪的股票；在对上市公司进行实地调研时，收集第一手资料进行甄别和筛选，加强对“地雷股”的识别和鉴定；建立分析师推荐意见的考评和追踪体系，全程考评、追踪分析师的推荐股票的表现和收益，并将此作为考核分析师年终表现的重要依据。

■在固定收益产品投资领域，利用海通证券国债交易量连续几年排名全国第一的优势平台，以增强型被动式投资为主导，通过对宏观利率变动的预测，调整债券组合的利率期限结构，利用对个别债券资产价格的定价分析、研究和追踪，选择有投资潜力的债券品种，在监管和风险允许的范围内获得最大的收益。

■在风险控制领域，我们在机构设置、人员配备和制度建设方面都为风险控制提供了强大的保证。借鉴海通证券和富通基金在风险控制方面的成功经验，建立了完整的投资决策与风险控制流程，在资金规模、A 股仓位和选股条件等每一个投资决策和具体执行操作的环节，制定标准化的工作行为规范，并严格按照"规范"操作，完善标准化的目标责任体系；使用流动性风险与市场风险相结合的VAR指标作为主要风险控制指标，同时，针对各层次的投资管理目标，进行有效的如偏离度、跟踪误差等辅助指标进行量化的动态的风险管理。

3. 重视沟通交流，建立长期关系

海富通代表了基金持有人的利益，希望通过我们忠诚尽职的服务，稳定、出色的长期投资表现，培养与基金持有人之间相互信任、相濡以沫的长期合作关系。我们会做到高度透明的信息披露，帮助客户了解海富通公司以及它的基本运作情况，由于我们的基金持有人多为机构投资者，在他们长期的投资实践中，形成了对市场趋势的独特看法。通过与他们定期的沟通与交流，可以完善我们的信息渠道，更好的为基金持有人争取利益。

地址：上海市浦东世纪大道88号金茂大厦3701室
电话：(8621)50471758
传真：(8621)58781634
邮编：200121

申万巴黎基金管理有限公司

申万巴黎基金管理有限公司是由申银万国证券股份有限公司和法国巴黎资产管理有限公司共同发起设立的一家中外合资基金管理公司。公司成立于2004年1月15日，注册地在中国上海，注册资本金为1亿元人民币。其中，申银万国证券股份有限公司持有67%的股份，法国巴黎资产管理有限公司持有33%的股份。

风险管理的组织架构：

本公司的内部控制防线与风险管理体系为四个层次：一是员工的自律与岗位之间的相互监督；二是严格的等级授权和等级监督制度；三是风险管理部负责对公司日常运营过程中产生或潜在的风险进行有效管理；四是独立的监察稽核，功能主要体现在法律事务、合规性检查和内部稽核三个方面。将监察稽核部与风险管理部分立设置，是本公司的特色。

风险控制委员会检查并评估公司运作及重大投资决策中的风险。风险管理委员会主要负责对公司运作和基金管理活动进行重点风险的监督、控制和管理；风险管理部对各业务部门（包括投资管理部、市场营销部、基金运营部等）实施日常的常规风险检查；监察稽核部实施合规监察与稽核。监察稽核部与风险管理部分立设置，各施其职，这在国内基金管理公司中是第一家。该内控组织设计实现了相对于高级管理层更高的独立性，从而更有力地保护基金持有人的利益。

在组织架构保障风险管理的同时，本公司以基金持有人利益为最高准则，结合对市场风险、投资决策风险、流动性风险和交易风险的事前预警、事中监控和事后评估等措施，实行全过程的风险管理，以防止恶性事件的发生，并将基金的风险控制在一定的范围，实现基金资产长期稳定的增值。

高层管理团队

董事长姜国芳先生

姜国芳先生，工商管理学硕士，高级经济师。上海青年企业家协会副会长。历任中国人民银行、中国工商银行上海分行科长、处长、上海申银证券有限公司董事、执行副总裁、申银万国证券股份有限公司执行副总裁兼申银万国（香港）有限公司董事长，是中国证券市场最早的开拓者之一。

总经理唐熹明先生

唐熹明先生，毕业于英国伦敦大学。到任前为法国巴黎资产管理公司亚太区市场推广总监。曾任职于标准渣打银行、东京JP摩根信托银行、东京花旗信托银行、美国雷曼兄弟、美国花旗银行等大型跨国金融机构。作为高级管理人员拥有超过15年的基金投资管理、产品开发和基金营销的丰富经验。

监事长刘鸿儒先生

刘鸿儒先生，教授，博士生导师。全国政协财经委员会副主任，中国金融学会会长。1959年在莫斯科大学经济系研究生毕业，获副博士学位，回国后历任中国人民银行处长、局长、中国农业银行副行长、中国人民银行副行长、国家经济体制改革委员会副主任、中国证监会首任主席。

督察员过振华先生

过振华先生，澳大利亚Murdoch大学工商管理硕士。在中国工商银行上海分行从业多年，历任申银万国证券香港公司和申银万国泛达投资管理亚洲有限公司高级管理人员、申银万国证券国际业务总部副总经理。在证券、银行等金融领域拥有超过20年的丰富管理经验。

投资管理团队

投资总监/基金经理张惟闵先生

张惟闵先生，英国伦敦商学院工商管理硕士。1997年至2000年任职于英国马丁可利投资管理公司，历任研究员、基金经理。2000年至2002年任霸菱证券股份有限公司（台湾）副总经理，2002年至2003年任美林证券投资顾问公司（台湾）总经理暨首席分析师。其投资经验涵盖了香港、台湾和内地的证券市场，对国际市场和国内A股市场投资有深入了解，其观点长期被台湾地区多家主流财经专业媒体争相引用和转载，基金管理业绩长期位居领先地位，投资分析能清楚掌握市场方向。2000年曾成功预测电子行业衰退走向并率先主张看空台湾市场。2001年"911"事件后，率先公开主张"进场"台湾股票。2002年在台湾投资界中率先批评电子类企业的分红政策，引爆业界论战。2003年准确预测了台湾股市的高点为6100点。

债券投资经理徐荔蓉先生

徐荔蓉先生，中央财经大学硕士，具备中国非执业注册会计师，非执业律师资格。历任中国技术进出口总公司金融部副总经理，融通基金管理有限公司研究策划部副总监，通乾债券基金经理助理，通利债券基金基金经理。具备丰富的证券投资经验及良好的投资业绩。

分析师伍海郡先生

伍海郡先生，美国波士顿学院(BostonCollege)金融学理学硕士，香港中文大学经济学哲学硕士，拥有中国证券投资基金、证券投资分析从业资格。曾任职华安基金管理有限公司研究发展部高级研究员、安永大华会计师事务所审计师。特许金融分析师(CFA)。

公司凭借先进的管理技术，依托丰富的全球和本土运作经验，采用成熟的投资及风险管理技术，借助完善高效的客户服务体系，通过海内外资深专业人士组成的精英团队为投资者提供优质的理财服务，努力实现客户资产的保值增值。

地址：上海市淮海中路300号（香港新世界大厦）40层
电话：021－63353535
传真：021－63353858
邮编：200021

天同基金管理有限公司

天同基金管理有限公司于2002年8月23日正式成立，是"好人举手"制度下，首批经中国证监会批准成立的基金管理公司之一；是国内首家从事专业指数化投资管理的基金管理公司。

公司坐落于上海浦东，注册资本金为1亿元人民币，经营范围包括基金设立、基金业务管理及中国证监会批准的其他业务。

公司现有投资管理部、研究发展部、金融工程部、市场拓展部、会计清算部、信息技术部、监察稽核部、综合管理部八个部门，同时设有合规控制委员会、资格审查委员会、薪酬委员会、投资决策委员会和独立的督察员，以保证公司高效、透明、规范的运作及资产的长期增值。

天同基金管理有限公司早在筹备初期，就确立了以指数化投资为主的经营战略，成为中国专业指数化投资的先行者。为此，公司云集了一批国内外优秀的、勇于创新的、经验丰富的专家和在数量统计专业具有很高造诣的研究分析人员、建立了具有国际先进水平的信息系统和科学的风险控制体系。我们殷切的期待，伴随着中国经济的成长，天同基金管理有限公司秉承的指数化投资理念结出累累硕果，奉献给我们的投资者。

地址：上海浦东源深路273号
邮编：200135
电话：8621－68644577
传真：8621－68644599－8
网址：www.ttasset.com

泰信基金管理有限公司

公司介绍：

开业时间：2003年5月8日
注册资本：人民币1亿元
注册地点：上海市陆家嘴金融区

股东介绍：

山东省国际信托投资有限公司：注册资本人民币12.8亿元，截止2002年末总资产规模高达人民币162.26亿元，是全国第一家还清外债的信托投资公司，在国际金融市场上保持了良好的信誉。

江苏省投资管理有限责任公司：1998年经江苏省人民政府批准设立，是负责管理和运用政府专项投资基金的国有大型独资公司，注册资本人民币10亿元。

青岛国信实业有限公司：青岛市直属国有大型独资公司，注册资本人民币20亿元。

泰信的三家股东均是其所在地的政府投资主体，投资重点均为能源、交通、原材料等基础产业，实力雄厚、经营稳健、业绩优良，在国内外资本市场上保持较高的信誉，设立泰信是三家股东长期发展战略的重要组成部分，也将是其良好经营信誉的发扬光大。公司的三家股东均具有雄厚的经济实力，能够为公司今后的发展提供强有力的支持。

公司特色：

泰信基金管理有限公司是"好人举手"制度下，获准筹建的第一家以信托公司为主发起人的基金管理公司。

公司大胆尝试基金治理结构方面的创新，把保障持有人的利益放在了首要位置。

企业理念：

优质投资创造优质生活

泰信的优质投资：优秀的投资团队、优化的投资流程、优良的投资品种

您的优质投资：选择泰信基金

优质生活：不为财富所困，也不要为追求财富的过程所累一做真正的"财富自由人"

管理理念：

信用、严格、专业、迅速

道合则人和：可以成功的方法有很多种，但是我们只选择符合泰信价值观的方法

中信基金管理有限责任公司

中信基金管理有限责任公司是在中国中信集团建立完整金融产业链的战略规划下，由中信证券股份有限公司，联合国家开发投资公司、上海久事公司、中海信托有限责任公司共同发起创立，注册资本为人民币一亿元，持股比例分别为：49%、31%、10%、10%。

中信基金管理有限责任公司以"承载财富责任、创造美好生活"为使命，以中信集团系统资深理财专业人士为基础，汇聚各界精英，组建一流基金经营管理团队。

中信基金以"价值投资"为核心，发展多元化投资策略，积累、优化，全面捕捉中国经济和证券市场发展的大趋势、大机会，以业绩打造具有生命力的基金及其它委托资产管理产品。

"用心倾听，持续优化。"中信基金以客户需求为尊，建造公司员工、Internet、自动语音电话系统、代销机构等共同构成的多维服务体系，全面了解客户需求，提供个性化全面财务规划理财方案，和基于中信金融全面服务的深度延伸价值空间。

"至诚致远，中信基金。"中信基金追求的不是短暂的辉煌，而是要精心打造深受市场尊敬和信任的专业理财品牌，使信誉卓著、基业常青；是和代销银行、证券公司等业务伙伴建立战略合作，坚守承诺，见证恒久品质；是和投资客户相知、相伴，全程护送美好人生，实现自我价值。

东方基金管理有限责任公司

东方基金管理有限责任公司成立于2004年6月11日，总部设在北京，注册资本1亿元人民币，注册地址北京市。公司的股东为东北证券有限责任公司、四川南方希望实业有限公司、上海市原水股份有限公司和河北宝硕股份有限公司。公司的经营范围包括发起设立基金，基金管理，法律、法规允许和中国证监会核准的其他业务。

公司本着"以人为本诚信规范专业勤勉稳健经营卓越创新品牌树业"的经营理念，坚持"诚信是基回报为金"的公司宗旨，是一家为客户提供专业投资服务的资产管理机构，"为千千万万的中国百姓理财服务"是我们的使命。

地址：北京市海淀区中关村东路99号
传真：010－62531968
电话：010－82621888
邮编：100080

长城基金管理有限公司

长城基金管理有限公司是由长城证券有限责任公司、东方证券有限责任公司、西北证券有限责任公司、天津北方国际信托投资股份有限公司、中原信托投资有限公司共同发起设立，经中国证监会批准设立的第15家基金管理公司，2001年12月27日在深圳注册成立，注册资本为1亿元人民币。

公司经营范围是发起设立基金、管理基金及中国证监会批准的其他业务。目前，公司管理的基金有封闭式基金：基金久富和基金久嘉，开放式基金：长城久恒和长城久泰，管理资产总规模约52亿元。

公司按照现代企业制度的规范管理和运作。董事会下设三个专门委员会（风险控制委员会、合规审查委员会、资格审查与薪酬委员会），并引入国际通行的独立董事制度，目的是完善董事会的决策和风险控制功能，建立良性的公司治理结构。

公司实行董事会领导下的总经理负责制，内设基金投资部、研究策划部、市场开发部、机构理财部、北京直销中心、上海直销中心、监察稽核部、运行保障部、信息技术部、综合管理部等职能部门。

作为中国证券市场机构投资者的一员，公司自成立以来，一直秉承“取信于市场、取信于社会、诚实信用、勤勉尽责、专业经营、合法合规，谋求基金持有人利益最大化”的经营宗旨，树立了稳健经营、规范运作的市场形象。

中国的证券市场是世界上最具活力的新兴资本市场，中国基金业已经步入加速发展的快车道。面对中国入世后的机遇和挑战，长城基金管理有限公司将进一步提高基金管理水平、完善市场服务体系、加快业务创新、拓展国际合作，一如既往地为广大基金持有人提供一流的服务，为中国基金业的健康发展做出应有贡献。

电话：0755—83662688

传真：0755—83662600

网站：www.ccfund.com.cn

金鹰基金管理有限公司

2002年8月，金鹰基金管理有限公司获准筹建，是自律制度下中国证监会批准设立的首批基金管理公司之一。公司注册资本1亿元人民币，股东包括广州证券有限责任公司、四川南方希望有限公司、广州药业股份有限公司、广东美的集团股份有限公司，分别持有40%、20%、20%和20%的股份。2002年12月25日，金鹰基金管理有限公司获准正式开业。

金鹰公司按照高起点、市场化、科学化、规范化和国际化的要求管理运作，其竞争力在于：

股东优势——主要股东有成长迅速的专业券商、声誉良好的知名上市公司和富有创新活力的著名民营企业，共同给予金鹰长期战略支持，确立了长远发展的坚定信念，并形成了雄厚资本与丰富专业经验能力的有效融合，实现了专业和行业的优势互补。

完善的公司治理结构——金鹰致力于建设一个运作高效、完善合理的公司治理结构，为此建立了“三层三纵”的制度体系、严谨的业务执行系统和健全的监督系统。独立董事占董事人数的45%，包括享誉国际、精通业务的金融、法律和财务管理专家及知名经济学者。

人才优势——聚集海内外金融精英，19%为博士，72%以上具有硕士以上学历，且大部分毕业于北大、清华、复旦、交大等著名高校，还有海外留学人士加盟。

团队精神——金鹰坚持团队合作，努力打造一个团结一致，为共同目标不懈努力的精英团队。

崇尚创新——金鹰提倡不断进取，追求卓越，不断地超越自我，在市场创新中，保持领先地位。

国际合作——金鹰与法国CDC资产管理公司、美国Wellington资产管理公司和美国国际集团（AIG）等国际知名投资机构建立了良好的国际合作关系。金鹰在合作中积极引入国际先进基金管理经验和技术。

经营理念：诚信理财，专业投资，价值回报

企业文化：金鹰基金，精英管理

诺安基金管理有限公司

诺安基金管理有限公司成立于2003年12月9日，是经中国证监会批准的全国性基金管理公司之一，注册地为深圳市，注册资本为1亿元人民币，其中中国对外经济贸易信托投资有限公司持40%股权，中国新纪元有限公司持40%股权，北京中关村科学城建设股份有限公司持20%股权。公司的经营范围包括发起设立基金、基金管理业务。

诺安基金将以“取信于市场、取信于社会”为宗旨，秉承“领先、创新、责任、卓越”的经营理念，始终把维护基金持有人利益作为企业发展的根本原则，不断开拓创新，积极进取，努力为基金持有人创造最优回报。

地址：深圳市深南大道4013号兴业银行大厦19—20层

总机：86—755—83026688

电话：86—755—83026888

宝盈基金管理有限公司

成立时间：2001年5月18日

注册资本：人民币1亿元

注册地：深圳

资产管理规模：约30亿元（封闭式基金2只，开放式基金1只）

经营管理理念：规范管理求效益、诚信创新谋发展、回报和服务创品牌

法人治理结构：组织机构健全、职责划分明确、制衡监督有效、激励约束合理

风险控制：体系完善，措施有力，多次得到中国证监会的肯定

投研团队：专业敬业、经验丰富

对外合作：全方位多层面与海外机构进行业务技术交流

宝盈基金管理有限公司成立于2001年，是按照证监会“新的治理结构、新的内控体系”标准设立的首批基金管理公司之一。注册资本为人民币1亿元，注册地在深圳，经营范围是基金管理业务和发起设立基金。公司的股东为：衡平信托投资有限责任公司、成都工业投资经营有限责任公司、中国对外经济贸易信托投资有限公司。

专业和诚信是宝盈企业文化的核心。公司秉承价值投资理念，勤勉诚信，规范经营，取信于市场、取信于社会投资公众，以专业团队管理和运用基金资产，为基金持有人谋求最大

利益，并使公司稳步、健康发展。

公司本着基金持有人利益至上的原则，坚持产品创新、技术创新和管理创新，不断开拓进取，力争使宝盈成为专业化、国际化的一流资产管理公司。

公司经营管理理念：

规范管理求效益

规范化是基金行业得以生存和长期发展的前提。基金管理公司效益的取得必须建立在公司规范运作、规范管理的基础上，董事会和管理层之间、管理层和员工之间、公司与投资人之间，应当建立一种规范有序的关系，才能推动公司的长期、稳定发展。

诚信创新谋发展

诚信是基金行业的立足之本，创新是不断前进的动力源泉。基金行业是受人之托、代人理财的行业，公司必须以诚信为基础，以创新为手段去谋求发展，才能在竞争中立于不败之地。

回报和服务创品牌

基金投资业绩是衡量基金管理公司投资管理水平的标尺，服务则是基金管理公司核心竞争力的重要组成部分。公司应遵循投资者利益至上的原则，给投资者带来良好的回报和一流的服务，赢得广大投资者的信任和市场的认同，才能树立起自己的市场品牌。

地址：深圳市深南大道6008号特区报业大厦15楼
邮编：518034
电话：0755－83276688
传真：0755－83515599

中融基金管理有限公司

中融基金管理有限公司经中国证券监督管理委员会批准，于2002年6月13日正式成立。公司由河北证券有限责任公司、国信证券有限责任公司、长城证券有限责任公司、浙江省国际信托投资公司、华宝信托投资有限责任公司等5家国内一流的证券、信托机构共同发起设立，注册资本为1亿元人民币，注册地深圳。

公司宗旨：取信于市场，取信于社会，诚实信用、勤勉尽责，专业经营、合法合规，为基金持有者谋求最大利益，致力于公司健康、持续地发展。

公司在法人治理结构及公司组织架构建设方面，充分借鉴了国内外的先进经验，充分体现了管理规范、机制健全、分工明确、相互制衡的特点。

公司建立健全了独立董事制度，在董事会11名成员中引入了5名独立董事，大大超过了公司最大股东派出的董事（2名）。这5名独立董事分别为金融证券、法律、财务会计方面的专家或社会知名人士，在各自领域均有较高建树，对公司治理机制的完善起到了很好的促进作用。

公司实行董事会领导下的总经理负责制，下设投资决策委员会和风险控制委员会两个非常设机构和九个职能部门，分别执行投资管理、市场开发、监察稽核、保障支持四大功能。

风险控制是公司发展的生命线。公司目前已建立了较为完善的风险控制体系，力图实现多层次的立体化控制、多方面的全方位控制、多阶段的全过程控制和多手段的综合性控制。

人才是公司最宝贵的财富。公司注重以人为本的管理思想，目前已拥有一支具有较高专业素质和丰富实战经验的专业化基金管理团队，主要业务人员均来自国内知名的证券公司和基金管理公司，80%以上的员工具有3年以上证券从业经验或5年以上金融从业经验，80%以上具有硕士和博士学历，其中部分员工具有海外学习和工作的经历。

公司目前管理两只基金：第一只为封闭式基金—基金融鑫（基金代码：184719），规模为8亿份，第二只为开放式基金—中融融华债券型基金（基金代码：121001），规模为25.8亿份。

中融文化的核心：以人为本、团队精神、严谨务实、创新进取

以人为本：优秀的人力资源是我们最宝贵的财富，是我们的核心竞争力之所在，是我们立足市场竞争、为投资者提供专业水准的理财服务及投资回报的根本保障，因此，我们致力于在公司培养人本、平等、坦诚的文化氛围。

团队精神：我们所从事的是一项发展永无止尽的事业，成功主要取决于集体的智慧。为此，我们致力于培养员工的团结合作精神，在协作中互相促进，在交流中互相学习，在竞争中互相提高，使每个人都成为中融的主人，让每个人的价值在中融的事业中得到实现。

严谨务实：我们强调严明的公司纪律和高效务实的工作作风。中融公司是以为投资者理财为主业的公司，为投资者赢得更高的回报和提供更优质的服务是我们不懈的目标，我们必须以严谨务实的态度扎扎实实地练好内功，以优良的业绩去赢得投资者的信任。

创新进取：创新是基金业的生命。作为中国基金业的后来者，我们提倡不断开拓的进取精神，鼓励每位员工始终保持永不满足的激情，通过不断完善内部机制，最大限度激发员工才智，为迎接中国基金业发展带来的机遇和挑战做好充分准备。

地址：深圳市福田中心区深南大道4009号投资大厦
电话：0755－82904132
传真：0755－82904048、0755－82912534
网址：www.zrfund.com
邮编：518026

巨田基金管理有限公司

巨田基金管理有限公司是于2002年12月31日经中国证监会批准筹建的专业理财公司，2003年3月14日正式开业，由国内第一家证券公司－巨田证券（原深圳特区证券）有限责任公司作为主发起人，联合四家信誉卓著、实力雄厚的金融及大型非金融企业共同投资组建。

注册资本：1亿元人民币
注册地址：中国深圳
公司理念：巨田基金播撒财富的种子
经营理念：诚信打造品质　服务营造信赖
专业创造财富　创新缔造未来

经营宗旨：根据国家法律、法规及其它有关规定，以“取信于市场，取信于社会”为经营宗旨，以诚实信用、勤勉尽责为原则，以专业经营方式管理和运用基金资产，在合法、合规的前提下，为基金持有人谋求最大利益，使公司稳步健康发展。

地址：深圳市滨河路5020号证券大厦四楼
电话：0755　82993636
传真：0755　82990911

网址：www.jtfund.com
邮编：518033

国联基金管理有限公司

国联基金管理有限公司由国联证券、横店集团、云南烟草兴云投资共同发起设立，于2003年9月获准筹建，并于2004年3月18日正式成立。注册资本人民币一亿元。国联基金坐落于上海浦东陆家嘴金融圈，享有良好的投资环境及氛围。国联基金秉承唯诚可信，唯智可行的文化精神，率领来自各地的金融精英不断开拓发展，创新业绩。我们将以同行的经验为鉴，以国联文化为理念，对国内投资市场进行长久、细致的分析和研究，力求为客户创造更广阔的投资空间。我们始终坚信唯诚可信，唯智可行。

股东介绍

国联证券有限责任公司(出资比例49%)

成立于1992年，注册资本10亿元。2003年取得营业利润率位居行业之首、人均利润率排名第二，利润总额排名第六的成绩。业务范围涵盖经纪、自营、投行、资产管理等证券核心业务。

横店集团有限公司(出资比例31%)

成立于1999年，注册资本12亿元。旗下有两家上市公司，7家控股子公司和200多家参股企业。2001年度，横店集团营收总额在“全国民营企业十强”中列第三位，在2002年“中国企业500强”中排名第131位。

云南烟草兴云投资股份有限公司(出资比例20%)

兴云投资是云南省烟草公司为发展非烟草产业而设立的国有大型投资公司，注册资本5.5亿元。该公司主要参(控)股企业36家，其中有中国光大银行、交通银行、太平洋保险公司、昆明国际信托投资公司。

天弘基金管理有限公司

天弘基金管理有限公司成立于2004年11月8日，公司总部设在天津，是环渤海地区的第一家基金管理公司，也是到目前为止北京以外中国北方唯一一家基金管理公司，注册资本1亿元人民币，注册地为天津市。

公司股权结构为：天津信托投资有限责任公司出资4800万元人民币，占注册资本的48%；兵器财务有限责任公司出资2600万元人民币，占注册资本的26%；山西漳泽电力股份有限公司出资2600万元人民币，占注册资本的26%。

天弘基金将本着“诚信、勤勉、稳健”的理念经营，以讲求诚信、勤勉尽责的专业精神，审慎、用心、负责地管好投资者委托的每一分钱。以开百年老店的思想来经营天弘基金，努力塑造稳健、进取、创新的风格。

地址：天津市河西区马场道59号天津国际经济贸易中心A座16层
电话：022—83310208
传真：022—83865569
邮箱：service@thfund.com.cn
邮编：300203

银河基金管理有限公司

银河基金管理有限公司成立于2002年6月14日，是经中国证监会批准按照市场化机制和“好人举手”制度设立的第一家基金管理公司。公司由目前国内规模最大、国有独资综合类证券公司—中国银河证券有限责任公司作为主发起人，联合四家信誉实力俱佳的大型国有企业共同投资组建，注册地在上海，注册资本1亿元人民币。

经验丰富的基金管理团队：目前银河基金管理公司已经发展到了近百人的员工队伍，汇集了证券投资研究、产品设计开发、金融服务营销等多方面有经验高素质的专业人才。在公司发展战略中将着重“人才高地”的建设，花巨资对员工进行高层次的专业培训，强调“以人为本，德才兼备”，吸引了大批优秀人士的加盟。

法人治理结构：公司根据有关法律、法规的规定，建立并实施了规范的法人治理结构。股东会、董事会、监事会、经营管理层等权责分明。公司实行独立董事制度，董事会的11名成员中有5名独立董事，董事会下设三个专业委员会，从制度上和体制上保证了公司的有效治理，促进公司持续、稳定、快速发展。

内部控制架构：公司建立了完善的内部控制体系，主要包括内控架构体系、管理制度体系和风险管理体系。

1、层次分明的内控架构体系

员工自律、各内设部门风险经理的检查监督、总经理领导下的监察部的检查和监督、董事会领导下的专业委员会及督察长办公室的监督和指导等四个层次的内控组织架构的建立，保障了公司所有业务运作井井有条，各个层次职能明晰，责任到位。

2、系统完善的管理制度体系

公司严格依照《公司法》、《证券法》、《基金法》等相关法律法规的要求，建立健全了《公司章程》、《内部控制指引》、《基本管理制度》、《部门管理暂行办法》与《业务手册》等管理制度，所有公司业务的运作均做到有法可依，有章可循。

3、科学有效的风险管理体系

公司贯彻全员风险管理理念，将风险控制置于与业务发展同等重要的地位，建立了风险定位系统(RiskMapping)，实施有效的风险管理。该系统通过对公司业务和流程风险点的分析，评估风险的大小和等级，针对潜在风险点制定相应风险管理措施，并定期形成风险报告。

公司经营理念：诚信稳健、勤奋律己、和谐敬业、创新图强

公司经营宗旨：为百姓家理财，务求全心全意，所作旨在富民

与天下人运筹，务求精益求精，所为功在强国

公司发展目标：银河基金管理有限公司将致力于为基金持有人创造价值，努力将公司建设成为符合国际规范、信誉卓著的国内一流基金管理公司。

地址：上海东大名路908号金岸大厦3楼
电话：8621—65956688
传真：8621—65958005
邮编：200082

长信基金管理有限公司

长信基金管理有限公司由长江证券有限责任公司、上海海欣集团股份有限公司，武汉钢铁股份有限公司共同发起设立。公司成立于2003年4月28日，注册地为上海浦东世纪大道1600号浦项商务广场16楼。公司注册资本壹亿元人民币，其中长江证券出资49%，海欣股份(SH600851)出资34.33%，武钢股份(SH600005)出资16.67%。公司的经营范围包括发起设立基金、基金管理业务和中国证监会批准的其它业务。

高管团队

董事长：田丹男，硕士。1985年起进入金融、证券行业，先后在人民银行湖北省分行、湖北证券公司、三峡证券公司、长江证券公司任部门及公司领导。出任长信基金管理有限责任公司董事长前为长江证券有限责任公司董事、总裁。

总经理：陈永青男，硕士。1992年起进入证券行业，先后在湖北证券公司、三峡证券公司任部门经理、总经理，1998年起负责资产管理工作。出任长信基金管理有限责任公司总经理前为长江证券有限责任公司副总裁兼资产管理事业部总经理。

副总经理：李玮男，本科。1989年起在人民银行系统工作，先后担任中国人民银行湖北省分行稽核处、金融研究所和武汉分行统计研究处负责人。出任长信基金管理有限责任公司副总经理前为中国人民银行武汉分行中国银行监管处处长。

副总经理：徐力中男，硕士。1993年起进入证券行业，先后在君安证券公司、大鹏证券公司担任高级经理、部门总经理，1998年至2000年担任大成基金管理公司投资管理部总经理兼景福基金基金经理。出任长信基金管理有限责任公司副总经理前在英国 ScottishWidowsInvestment 学习工作。

督察长：曾彤男，硕士。1993年起先后任湖北证券公司营业部总经理、经纪事业部总经理助理，长江证券有限公司西南总部总经理、上海总部总经理。出任长信基金管理有限责任公司督察长前为长江证券有限责任公司基金筹备组副组长。

兴业基金管理有限公司

兴业基金管理有限公司是由中国证监会批准设立的基金管理公司。公司成立于2003年9月30日，注册资本为9800万元人民币，其中兴业证券股份有限公司持股48.98%，国家开发投资公司持股25.51%，中投信用担保有限公司持股15.31%，福建省邮政局持股10.2%。

公司的经营范围包括发起设立基金、基金管理业务和中国证监会批准的其它业务。公司崇尚理性、科学、长期投资的投资理念，坚持“持有人利益最大化”为首要目标。公司拥有一批经验丰富的高素质专业人才，在宏观经济、行业与上市公司、金融工程和风险控制等方面形成了专业化分工的研究体系，立志以持续良好的业绩回馈广大基金持有人。

主要股东简介：

兴业证券股份有限公司(主发起人)：公司为首批获得证监会核准的综合类证券公司，经营稳健，业绩突出。证券投资多年来秉承稳健理性的投资风格，投资回报均超过市场平均收益。

国家开发投资公司：2003年实现利润12.6亿元，总资产748亿元人民币；旗下拥有国投电力公司、国投资产管理公司等30多家大型企业；在财政部等五部委对61家资产超过百亿元的中管企业的效绩评价中，公司综合得分排名第11位。

企业文化

商业目标：基金投资人利益最大化、股东价值利益最大化、员工价值利益最大化

企业精神：团队精神、学习精神、创新精神

经营方针：诚信、规范、稳健

管理作风：严谨、求实、高效

投资理念：理性、科学、长期投资

华富基金管理有限公司

华富基金管理有限公司于2004年3月29日经中国证监会核准开业，4月19日在上海正式注册成立，注册资本1.2亿元人民币，由华安证券有限责任公司(占49%的股份)、安徽省创新投资有限公司(占27%的股份)和中国华源集团有限公司(占24%的股份)共同发起设立。华富基金管理有限公司总部设在中国上海，是国内投资基金的新锐力量，致力于为投资者提供专业化、高质量的投资管理服务。

股东介绍

华安证券有限责任公司

华安证券有限责任公司注册资本金17.05亿元人民币，主要股东由海螺集团、江苏舜天、皖能股份、东方国际创业、黄山旅游、古井贡、安徽国有资产运营有限公司等8家上市公司和3家国有大型企业组成。华安证券资产质量良好、经营稳健、公司总资产自成立以来保持连续13年赢利，净资产、净利润、人均利润总额等指标连续多年位居同行业前列。2003年在全国综合类券商排名中，净利润排第8位，净资本排名第14位，人均利润总额排名第7位。

中国华源集团有限公司

中国华源集团有限公司是中央直属的重要国有骨干企业集团，注册资本金为6.48亿元人民币。中国华源拥有全资和控股子公司67家，中外合资企业16家，专业进出口公司10家，自营进出口工业企业6家，海外公司办事处7家，企业职工5万多人。目前华源集团资产总规模已达170亿元，净资产58亿元，销售收入突破138亿元，年实现利润6亿元左右，在全国最大500家企业中排名第41位。

安徽省创新投资有限公司

安徽省创新投资有限公司是安徽省国有独资公司。公司注册资本金为10亿元人民币，负责经营安徽省政府授权的国有资产，开展控股、产权收购等业务。公司在投资参股，参与拟上士企业资产重组等方面积极运作，并取得初步成果。创新投资是中国担保联盟的发起人之一，上汽奇瑞汽车集团第一大股东，合肥市商业银行和交通银行股东之一。

地址：中国上海市浦东南路588号浦发大厦14楼
电话：86－21－68886996
邮编：200120

国联安基金管理有限公司

企业文化

公司理念：稳健 专业 卓越 信赖

公司目标：力争成为中国基金业声誉卓越、具有最佳客户

关系和富有创新能力的公司

投资理念：投资决策基于基础研究、投资业绩源自规范管理

服务理念：建立最佳客户关系

企业价值文化：与客户紧密联系、彼此尊重、倾听与理解、勇于表达、恪守职业操守、团队合作

基本情况：

国联安基金管理有限公司是由国泰君安证券股份有限公司与德国安联集团根据《外资参股基金管理公司设立规则》的规定，共同发起设立的中国首家获准筹建的中外合资基金管理公司，其股权结构如下：

国泰君安证券股份有限公司，出资比例为67%；

德国安联集团，出资比例为33%。

公司成立过程：

中外双方的合作可以追溯到1995年。当时，原国泰证券与英国本森银行进行接触，表达了在中国发展共同基金业务的愿望。1996年，德国德累斯登银行收购了本森银行，从而接替本森银行成为国泰证券的合作伙伴。1997年7月，原国泰证券与德累斯登银行在北京签署协议书，拟成立合资基金管理公司。1999年8月18日，原国泰证券和原君安证券合并成为国泰君安证券股份有限公司。2001年1月，国泰君安证券股份有限公司又与德累斯登银行在上海签署了《技术合作协议》，明确了双方开展技术合作并在中国建立合资基金管理公司。2001年7月，安联集团与德累斯登银行合并，成为全球前五大金融集团之一。在随后的2001年10月至11月，安联集团董事长 HenningSchulte－Noelle 博士、德盛安联资产管理执行董事会主席 Faber 博士、副主席 Maedler 先生等先后访问上海，与国泰君安高层领导举行了会面，共同表达了合作的强烈愿望。2002年6月25日，安联集团与国泰君安证券在德国慕尼黑正式签署了《发起人协议暨合资经营合同》，这是中国证监会颁布《外资参股基金管理公司设立规则》后首份成立合资基金的协议。双方于2002年7月31日正式向中国证监会递交了筹建申请材料，并于2002年10月16日成为中国首家获准筹建的中外合资基金管理公司。公司于2003年3月25日正式获准开业。2003年7月3日至8月5日成功发行了第一只基金——德盛稳健证券投资基金。

组织架构：

为了保护基金持有人的合法利益，确保公司经营管理的规范运作，国联安基金管理有限公司建立了良好的公司治理结构和管理制度框架。在借鉴国外先进的基金管理公司的机构设置经验和技巧的同时，又充分考虑了中国基金行业的现状；既要确保公司整体高效运作，同时又有效地控制住运营风险。组织结构的设置和职责分工应体现出相互独立、相互制约及防火墙原则。

公司组织体系分为两个层面，其中股东会、监事会、董事会及其下设的合规审查委员会和资格审查与薪酬委员会、督察员属于一个层面；总经理、投资决策委员会、风险控制委员会、监察稽核部、风险管理部、三总监及各个业务部门属于另一个层面。

公司董事会下设合规审查委员会和资格审查与薪酬委员会两个议事机构。总经理下设投资决策委员会、风险控制委员会、风险管理部、人力资源部、监察稽核部，并根据基金业务分类，在总经理下设市场总监、投资总监和营运总监三总监。三总监下设客户服务部、代理销售部、直接销售部、产品开发部、营销企划部、投资组合管理部、基金交易部、财务部、基金事务部、信息技术部等十个业务部门。

股东简介：

国泰君安证券：国泰君安证券股份有限公司是目前中国规模最大、经营范围最宽、机构分布面最广的综合类证券公司之一，由原国泰证券和原君安证券于1999年8月18日在上海组建成立。

国泰君安注册资本37亿元，员工近4000名，下设1家子公司、5家分公司，112家营业部分布于全国28个省、自治区、直辖市、特别行政区，拥有200多万客户。截止2001年底，公司净资产达46.92亿元，总资产为503亿元，综合实力在中国券商中排名第一。股票承销金额、国债承销金额、主承销家数、B股交易额排名第一，经纪业务市场份额排名第二。

国泰君安研究所以行业和上市公司的动态跟踪研究见长，是国内同类机构中规模最大、研究力量最强、配套设施最完善的研究机构。作为中国较早开展资产管理业务的证券公司，国泰君安一直在遵循现有政策法规的前提规范运作、创新发展。早在1993年12月，公司前身君安证券有限公司率先发起设立了"君安93国库券再投资受益券"(简称"君安受益")。在成立的四年期间，"君安受益"取得了骄人业绩，高居中国当时各基金收益之榜首。

国泰君安经过多年的资产管理业务实践，积累了大量实践经验，同时积极引进国际一流资产管理机构的管理运作经验，从规章制度、职业操守、业务运作、客户服务、投资理念、投资决策、风险控制等方面实现了规范化、标准化和流程化。国泰君安在资产管理业务方面积累了丰富的经验，拥有强大的客户基础、高素质的专业人才和成功的业务模式，为国联安基金管理有限公司的运作提供强大支持。

国泰君安一直非常关注并致力于基金业的发展，对中国基金业的发展有着较为深刻的认识，在基金管理运作方面积累了较为丰富的经验，为国联安基金公司的长远发展打下了坚实的基础。

德国安联集团：安联集团于1890年在德国慕尼黑创立，是全球顶级金融服务集团之一，拥有业内最高的一项信贷评级(标准普尔的AA＋评级)，其股票在法兰克福、伦敦、巴黎、苏黎世和纽约上市，总市值居全球保险类上市公司第二。安联集团是目前世界上最大的保险集团。安联集团在全球70多个国家设有700余家子公司，超过18万的员工为世界各地的6000万客户提供广泛的金融服务，业务范围涵盖银行、资产/基金管理、人寿、医疗、财产和意外保险等众多领域。

安联集团的资产管理业务通过旗下德盛安联资产管理公司(ADAM)开展。至2001年底，资产管理规模共计1.1730万亿欧元(逾1万亿美元)，为全球第二大资产管理机构，在全球范围成功管理400多只开放式基金。基金种类涵盖从货币市场基金、债券基金到股票基金的所有基金种类，基金的投资范围涵盖了所有主要金融市场、地区和行业。客户既包括养老基金、保险公司、大型公司、政府机构和中央银行，也包括全球的机构和个人投资者，其业务中心遍布全球各地。安联集团旗下包括全球最大和业绩最显赫的固定收益类资产管理公司——太平洋投资管理公司(PacificInvestmentManagement-Company，简称 PIMCO)，其公司总部设在美国的 Newport-Beach。

安联集团凭借在产品开发及产业、市场深入研究方面的优势，建立了资产管理领域的专业形象；结合全球投资研究平台与周密的金融服务网络，为客户提供国际化的优质资产管理服务。

安联集团拥有遍布全球五大洲的研究团队，拥有资深的行业研究专家和国际著名的经济学家，研究资源遍及全球各经济领域及行业。安联集团还拥有独具特色的草根研究团队(GrassrootsSM)，全球300名研究人员和40000个相关的信息来源对投资研究提供强大市场依据和补充。

在基金表现方面，安联集团多年来取得了很多成绩，现将2001年一2002年的瞩目成绩简述如下：

2001年，著名评级机构标准普尔将其最高评级授予安联集团旗下的21个基金；

2001年，"PIMCO完全回报基金"规模达到703亿美元，是美国所有投资级别中最畅销、业绩最显赫的基金，在2002年，PIMCO继续保持领先地位；

2001年，在亚洲业务的重要中心香港，安联集团旗下的德盛环球投资管理(亚洲)有限公司赢得了香港《南华早报》所颁发的"2001年度最杰出基金管理组合十年表现奖"。

2002年，安联集团旗下的"DresdnerRCM中国基金"荣获欧洲《财经》杂志"2002年全球最成功中国股票基金奖"第三名。

安联集团建构坚实且具多重风格的全球化的投资管理平台。旗下囊括实力雄厚且声名显赫的德盛环球投资(DresdnerRCM)、太平洋投资管理(PIMCO)、欧本海默资本(OpCap)、尼古拉斯.艾柏杰资本管理(NACM)、安联避险基金合伙人(AHFP)、DIT等领先全球的专业投资管理公司，根据全球各地投资人的喜好与需求，量身规划周详的投资策略。

光大保德信基金管理有限公司

光大保德信基金管理有限公司(光大保德信)成立于2004年4月，由中国光大集团控股的光大证券有限责任公司(光大证券)和美国保德信金融集团(保德信)旗下的保德信投资管理有限公司(保德信投资管理)共同创建，公司总部设在上海，注册资本为人民币1亿元，两家股东分别持有67%和33%的股份。公司主要从事基金发起、设立和管理业务，今后，将在法律法规允许的范围内为各类投资者提供更多资产管理服务。

我们的竞争优势

∷中美两大金融巨擎强强联合，从技术、人员到网络全方位支持合资公司的发展建设

∷代表国际先进水平的科学的投资管理和风险管理模式

∷适应中国市场环境并满足客户不同需求的个性化产品

∷兼具全球视野和本土经验的优秀团队

∷"为客户创造价值"的服务支持体系

地址：上海市延安东路222号外滩中心46—47楼
电话：021—33074700
传真：021—63351152
网站：http://www.epf.com.cn
邮编：200002

湘财荷银基金管理有限公司

湘财荷银基金管理有限公司成立于2002年7月，是实行"好人举手"制度以来，第一批经中国证监会批准筹建的基金管理公司。2003年，荷兰银行有限公司通过收购原有股东股权的方式参股，使湘财荷银基金管理有限公司成为中国首家通过存量股权转让方式合资的基金管理公司。目前公司注册资本金为1亿元人民币，股东为湘财证券有限责任公司(占37%)、荷兰银行有限公司(占33%)、山东鑫源控股有限责任公司(占30%)。公司办公地点在北京市西三环北路11号为公商务中心E座。

合资之后的湘财荷银基金管理有限公司将充分利用中外股东所拥有的国际先进经验和强大的资源优势，在成功首创中国内地首只伞形基金的基础上，进一步借鉴荷兰银行在全球资本市场成功运作的经验和智慧，依托湘财证券在本土市场迅速发展的强大资源和丰富经验，逐步打造成国际一流的基金管理公司。

湘财荷银实行董事会领导下的总经理负责制，下设八个部门。公司员工中80%以上具有三年证券或五年以上金融业的从业经历，60%以上具有硕士以上学历。

公司特色

公司在治理结构、内部风险控制体系、运作与管理模式等方面充分借鉴国际成熟经验与先进技术，并充分考虑到我国监管制度及证券市场的现状，以"诚信、规范、创新、服务"为经营原则。

雄厚的股东实力

湘财证券是国内知名的券商、市场形象良好；荷兰银行是国际著名金融集团也是最大的在华欧资银行；山东鑫源控股有限责任公司为国内最大的省级电力企业山东电力集团之金融控股实体。

鲜明的企业文化

公司秉承"人本立正、承诺是金"的企业文化和"诚信、规范、创新、服务"的经营理念，注重企业文化培育，"后来居上、追求卓越"。独特的"儒商文化"确保公司的凝聚力、辐射力、综合实力不断增强。

严谨科学的内控体系

公司内控的总目标是公司决策科学、运营规范和管理高效，促进公司持续稳定的健康发展。

公司设立了面向董事会和经营管理层的两套独立的合规控制和监察稽核体系。合规控制委员会面向董事会负责；监察稽核部则面向经营管理层，对总经理负责。公司还设立了投资决策委员会和风险控制小组，负责公司的投资决策及风险控制。

创新超前的市场理念

公司的首只基金产品同时也是中国首只伞形基金，它有力推动了中国基金市场的发展，并且其选股依据和优化指标如市净率、PEG等均为中国国内基金业所首倡。该产品能够满足投资者对投资品种多样化、个性化的投资需求，并充分考虑的国内证券市场变化迅速、结构性矛盾加剧的市场环境。

上投摩根富林明基金管理公司

上投摩根富林明基金管理有限公司由上海国际信托投资有限公司和摩根富林明资产管理(英国)有限公司共同组建，注册资本高达1.5亿元人民币，为国内注册资本最大的基金管理公司之一。其中上海国际信托投资有限公司持股67%，摩根富林明资产管理(英国)有限公司持股33%。

公司现阶段主要致力于设立和管理证券投资基金，今后将在法律法规许可的范围内提供多元化的资产管理服务，包括社保基金、企业年金以及为企业提供个性化的理财服务。

强强联手的合资背景

上投摩根富林明基金管理有限公司是国内注册资本最大的地方性信托投资公司—上海国际信托投资与国际最大的资产管理公司之一——摩根富林明资产管理强强联手的结晶。

借鉴摩根富林明资产管理150余年享誉全球的专业资产管理经验，结合上海国际信托投资丰富的本地金融运作经验，上投摩根富林明基金管理有限公司将全力打造中国基金业的旗舰品牌，奉献给国内投资者先进的资产管理理念和国际化的投资管理服务。

地址：上海富城路99号震旦大厦20楼
电话：86—21—38794888
北京分公司
地址：北京市建国门北大街8号华润大厦2503B
电话：86—10—65172266—5005

招商基金管理有限公司

招商基金管理有限公司是由中国证监会批准设立的第一家中外合资的基金管理公司。公司成立于2002年12月27日，注册资本为1亿元人民币，其中招商证券股份有限公司持股40%，荷兰投资持股30%，中国电力财务有限公司，中国华能财务有限责任公司和中远财务有限责任公司各持10%股权。公司的经营范围包括发起设立基金、基金管理业务和中国证监会批准的其它业务。

招商基金将以国际化和规范化作为鲜明特色，努力为投资者提供一流的投资理财服务。公司从创建开始就全方位借鉴国际市场的先进经验和技术，形成了高效卓越的团体、标准化的业务流程、开放与学习的文化氛围。招商基金现设有北方总部、华东总部、机构业务拓展部、基金管理部、交易部、营销管理部、业务发展部、客户服务部、信息技术部、基金事务部、基金核算部、监察稽核部、战略规划部、综合管理部，同时设有投资决策委员会、风险控制委员会和独立的督察员。

经营理念：诚信、融合、创新、卓越

企业文化：在招商基金管理公司经营理念指引下，我们将培养起广大员工对企业价值观的认同感，塑造招商基金管理公司企业文化。

1、开放与学习是招商基金管理公司企业文化的核心。在当今世界日新月异的背景下，为适应复杂多变的世界，所有人和所有的组织都必须培养应变的能力、发展新技能的能力和采取新态度的能力，这就是学习的能力。招商基金管理公司作为一个整体，它是一个开放型组织，它将不断吸收境内外成功经验和先进技术，吸收海内外优秀人才，不断提升其竞争力。作为招商基金管理公司的每个员工，将在这个开放的环境中不断学习与成长。

2、团结与协作是招商基金管理公司企业文化的重要方面。招商基金管理公司作为合资公司，在中外股东、中外雇员间将存在文化背景的差异，但我们将力求整合双方优势，倡导全局观念和发挥整体优势，反对任何形式的各自为政和相互拆台，锻造共同进取的团队精神。团队精神还强调各部门之间、员工之间的团体协作精神。我们将尊重个性，鼓励员工充分发挥自身的主动性和创造力，但更重视集体的奋斗和集体的成功，把对个人的激励与对团队的激励有机结合起来。

3、以人为本和成就导向是招商基金管理公司文化的重要特征。“以人为本”是指招商基金管理公司对外以客户为本，坚持“客户是朋友”的优质服务观；对内以员工为本，尊重人，培养人，关爱人。人力资源是公司最重要的战略资源，是公司各项事业成功的基础，每个员工的智慧、劳动和成长发展将塑造着招商基金管理公司的未来；招商基金管理公司将把企业发展与员工职业生涯发展融为一体，通过自身的发展为每个员工的发展提供机会和舞台；公司各级管理者要尊重下属员工，要善于调动下属员工的工作积极性，负有帮助下属员工成长发展的职责；公司倡导人与人之间的相互尊重、相互关爱和相互帮助；重视员工队伍的忠诚度和凝聚力，在坚持“能进能出”的同时，鼓励敬业奉献并富有进取精神的员工在公司长期服务；公司认真维护员工的合法权益，积极为员工创造良好的工作和生活条件，解除员工的后顾之忧。

成就导向是指各类考核评价的结果导向。公司将强调“以业绩论英雄”；公司不忽视员工的工作过程，但更重视其工作效果；不无视员工的“苦劳”，但更重视员工的“功劳”。

招商基金将以取信于市场、取信于社会为宗旨，秉承诚信、融合、创新、卓越的经营理念，努力成为客户推崇、股东满意、员工热爱、具有国际竞争力的基金管理公司。

地址：深圳市福田区深南大道7088号招商银行大厦
总机：0755—83196666
传真：0755—83196405
网址：www. cmfchina. com
邮编：518040

景顺长城基金管理有限公司

景顺长城，中美合资第一家

景顺长城基金管理有限公司(以下简称“景顺长城”)由美国景顺集团(INVESCO)、长城证券有限责任公司、开滦(集团)有限责任公司、大连实德集团有限公司共同发起设立，并于2003年6月9日获准开业，注册资本金为1亿元人民币，公司注册及办公地点设在深圳市。

股东实力雄厚，志在高远

美国景顺集团是全球最大的专业基金管理公司之一，截至2004年6月30日，管理资产规模高达3,744亿美元，全球养老金规模达277亿美元。通过遍布21个国家和地区的分支机构为身处100多个国家和地区的客户提供服务。

景顺集团的股票在伦敦、纽约、多伦多等证交所公开上市，受到当地监管机构作为上市公司和基金管理公司的严格双重监管。景顺集团自1962年开始投资于亚洲市场，公司经营和管理资产规模目前在亚太地区首屈一指。

景顺集团一直积极参与推动中国基金业的发展，曾在2000年和2001年两度被监管机构聘请为“开放式基金境外专家评审小组”成员。

长城证券是国内最早的八家综合类券商之一。公司长期秉承诚信稳健的经营作风，2003年首批获准并率先发行证券公司债。在2002年100多家国内证券公司综合排名中位列14位。

核心竞争力

价值(Value)→力保客户资产的保值增值

纪律(Discipline)→创建诚信可靠的优质品牌

合作(Partnership)→强化与各合作方的战略合作关系

服务(Service)→开创以客为尊的全方位服务体系

投资专家，精明理财

严谨的投资流程

深入的投资研究

先进的风险控制

经验丰富，纪律严明

公司投资团队由来自海内、外的资深投资研究人员组成，平均拥有 7 年的基金或证券从业经验。

依托景顺集团丰富的国际经验、先进的技术、享誉全球的资产管理能力和平台，建立了代表国际先进水平的投资管理和风险管理模式。

地址：深圳市深南中路 1093 号中信城市广场中信大厦 16 层

总机：0755－82370388

网址：www. invescogreatwall. com

中银国际基金管理有限公司

中银国际基金管理有限公司于 2004 年 6 月 28 日获得中国证监会开业批准，是一家由中银国际证券有限责任公司、中银国际控股有限公司和美林投资管理合资组建的中外合资基金管理公司。公司注册地为中国上海市，注册资本为一亿元人民币，其中中银国际证券有限责任公司占 67％的股权，中银国际控股有限公司占 16. 5％的股权，美林投资管理占 16. 5％的股权。

中银国际和美林投资管理两大品牌强强联合，致力于长期参与中国基金业的发展，携手努力打造国内领先的基金管理公司。

中银国际基金管理有限公司汇集海内外具有丰富经验和良好职业道德，具备团队精神和创新意识的资深投资管理人才，组成了国际化与本土化相结合的中西合璧的专业化团队，致力于以诚信服务大众，用智慧创造财富，为投资者提供丰富的投资产品和国际标准的投资管理服务。公司将充分发挥中外股东的国际经验和资源优势，引入美林投资管理在全球资产管理市场的成功经验、技术和智慧，与中国本土经验相结合，积极参与中国投资基金行业的发展，与广大投资者分享中国经济增长的美好未来。

公司核心价值理念

客户至上：

客户利益高于一切。当股东或员工的利益与客户利益发生冲突时，以客户的利益为重以优质的服务满足和超越客户的期望

团队协作：

群策群力、同甘共苦、相互尊重、分享荣誉，鼓励开放、合作、相互协商的精神

提倡包容，鼓励团队多元化：海纳百川，唯贤是任

追求卓越：

以行业的高标准创造业绩，不断战胜自我，挑战新高

对事业充满热情，以优良的业绩成为行业的典范

创新进取：

积极主动了解客户的需要，预测市场变化，提出创新的解决方案

运用创造性思维和先进的技术，推陈出新，提高服务水平

诚信执业：

取信于投资者，取信于社会，保持诚信可靠的声誉

严格自律，奉行高尚的职业准则，不为一时的利益放弃道德和诚信

地址：中国上海浦东银城中路 200 号中银大厦 45 层

邮编：200120

华宝兴业基金管理公司

华宝兴业基金管理公司于 2003 年 2 月 13 日获得中国证券监督委员会的开业批文，注册资本为 1 亿元人民币，中方股东华宝信托投资有限责任公司持有 67％的股份，外方股东法国兴业资产管理有限责任公司持有 33％的股份，经营范围包括发起设立基金、基金管理业务及中国证监会允许的其他业务，注册地设在上海市浦东新区陆家嘴金融贸易区内。

公司是国内首批中外合资基金管理公司，也是国内首家由信托公司和外方资产管理公司发起设立的中外合资基金管理公司。由于中外合作双方的母公司均具有国际经营的经验，拥有各自强大的资源优势，为公司更好地适应经济全球化发展和满足客户需求提供了坚实的后盾。

公司将积极利用中国经济飞速发展的时机，发挥合资基金的资源优势，造福客户，成为国内最可信赖和最受欢迎的基金管理公司。

地址：上海浦东新区世纪大道 88 号金茂大厦 48 层

总机：021－50499588

邮编：200121

国海富兰克林基金管理有限公司

一、中方发起人——国海证券有限责任公司

公司前身广西证券有限责任公司，成立于 1988 年 10 月 6 日，2001 年实施了增资扩股，注册资本增加到 8 亿元人民币

新生的国海证券通过增资扩股和引进新股东，优化股权结构，建立了完善的法人治理结构；同时引进国际国内优秀人才，优化公司人员结构，为公司发展奠定了良好基础

2002 年，公司业务管理总部搬迁至深圳，实现由区域性券商向全国性比照综合类券商的飞跃

从单一的以证券经纪业务为主的券商，迅速完成了向具有投资银行、资产管理、证券自营、网上交易、债券、投资咨询、财务顾问、全国银行间同业市场成员、国债承销团成员等 10 项业务资格的综合类券商转变

先后取得了股票主承销商、受托资产管理、证券网上交易、证券投资咨询、B 股代理买卖等证券业务资格，并成为全国 132 家券商中能够进入全国银行间同业市场的 79 家证券公司之一，2004 年初又成为目前只有 45 家具备证券交易所债券市场国债承销团成员资格的成员之一

公司主要业绩如下：

2003 年

营业利润在全行业 128 家券商中排名第 52 位

净资产收益率排名第 53 位

净利润排名第 51 位

2004 年 1—2 月

营业利润在全行业 128 家券商中排名第 34 位

净资产收益率排名第 47 位

净利润排名第 37 位

成功完成湖南郴电国际股份公司 IPO 项目的承销与上市推荐工作

二、外方发起人——坦伯顿国际股份有限公司

隶属富兰克林邓普顿基金管理集团，负责北美以外地区业务的开发和运作

集团创立于 1947 年，统一品牌为“FranklinTempletonInvestments”集团股票在纽约证券交易所、太平洋交易所和伦敦证券交易所上市，并被列入了 S&P500

亚洲前四大的国际投资者(韩国，台湾排名第一)

集团在 28 个国家拥有 6800 名雇员，320 多名基金经理，向投资者提供 245 种不同投资风格的投资产品在纽约时报评出“20 世纪最顶尖的十位投资大师”中囊括三位(JohnTempleton、MarkMobius、MichaelPrice)

截止 2004 年 3 月，集团共管理着来自 128 个国家的价值为 3367 亿美元的包括共同基金和其它投资品种在内的资产

深圳市赢时胜信息技术有限公司

作为金融行业专用软件开发商，赢时胜公司在开发技术上不断创新，紧跟行业动态，致力于为客户提供最切合其金融行业需要的创新性软件解决方案，并在软件的设计、实施、应用及性能优化等方面提供全面专业的支持。近年来，金手指软件在金融业(银行，基金，证券，保险，信托，企业年金)不断获得了客户的广泛的认同和部署，得到客户大力的支持和关照，我们将秉承赢时胜“凝聚、创新、高效”的理念，为“创造卓越每一天”而努力工作，为中国的金融信息化建设提供卓越品质的产品，我们将继续发挥服务上的优势，以顾客导向观的理念为产品的使用者提供快速、无忧化的服务。为中国的金融业客户提供最优化的智能基金解决方案，以更好的满足客户不断变化的需求。

赢时胜将伴随着中国金融信息化发展的步伐一同前行！

业务范围：

银行、基金、证券、保险、信托、企业年金

托管银行：

已获得托管资格的基金托管银行为 11 家，采用金手指后台处理系统的银行为 9 家，占有率为 82%。主要客户有：中行、交行、农行、建行、招行、光大银行、民生银行，中信实业银行，华夏银行等九大基金托管银行。

基金管理公司：

已获开业或已获准筹建的基金管理公司为 51 家，其中中外合资基金管理公司为 13 家。采用金手指后台处理系统的公司为 46 家，占有率为 92%，其中中外合资基金管理公司客户为 12 家，占有率为 93%。主要客户有：南方、华夏、博时、大成、鹏华、富国、易方达等五十多家基金管理有限公司。

全国社保理事会：

已获全国社保理事会基金托管资格的基金托管银行为 2 家，获全国社保理事会基金管理资格的管理公司为 10 家。均采用金手指社保基金后台处理系统，占有率 100%.

保险：

中国人保资产管理公司，中国人寿保险资产管理公司、华泰财险资产管理公司

信托：

金信信托股份有限公司

地址：深圳市深南中路 3037 号南光捷佳大厦 1716 室(518033)
电话：0755－83981299/83982396/83981194
传真：0755－83982396
北京分公司：010－63321853/63487260
上海分公司：021－58828775/58828455
网址：www. ysstech. com
E－mail：ysstech@vip. 163. com

基金管理公司、QFII机构一览

中资基金公司

南方基金管理有限公司
国泰基金管理有限公司
华夏基金管理有限公司
华安基金管理有限公司
博时基金管理有限公司
鹏华基金管理有限公司
嘉实基金管理有限公司
长盛基金管理有限公司
大成基金管理有限公司
易方达基金管理有限公司
宝盈基金管理有限公司
融通基金管理有限公司
银华基金管理有限公司
长城基金管理有限公司
中融基金管理有限公司
银河基金管理有限公司
天同基金管理有限公司
金鹰基金管理有限公司
巨田基金管理有限公司
长信基金管理有限公司
泰信基金管理有限公司
天治基金管理有限公司
广发基金管理有限公司
兴业基金管理有限公司
中信基金管理有限公司
诺安基金管理有限公司
国联基金管理有限公司
华富基金管理有限公司
东方基金管理有限公司
东吴基金管理有限公司
天弘基金管理有限公司
天合基金管理有限公司
益民基金管理有限公司
渤海基金管理有限公司
华商基金有限公司
汇添富基金管理有限公司
新世纪基金管理有限公司

合资基金公司

富国基金管理有限公司
湘财荷银基金管理有限公司
招商基金管理有限公司
华宝兴业基金管理有限公司
国联安基金管理公司
景顺长城基金管理有限公司
海富通基金管理有限公司
申万巴黎基金管理有限公司
光大保德信基金管理有限公司
上投摩根基金管理有限公司
中银国际基金管理有限公司
国海富兰克林基金管理有限公司
友邦华泰基金管理有限公司
江南宏富基金管理公司(待批)
汉唐澳银基金公司

QFII机构

野村证券株式会社
瑞士银行有限公司
花旗环球金融有限公司
摩根士丹利国际有限公司
高盛公司
香港上海汇丰银行有限公司
德意志银行
荷兰商业银行
摩根大通银行
瑞士信贷第一波士顿(香港)有限公司
日兴资产管理公司
渣打银行香港分行
大和证券
恒生银行
美林证券
雷曼兄弟国际(欧洲)
比尔与梅林达*盖茨基金会
景顺资产管理有限公司
法国兴业银行
荷兰银行有限公司
巴克莱银行
邓普顿资产管理有限公司
德累斯顿银行
富通银行
法国巴黎银行
加拿大鲍尔公司
东方汇理银行

第六编

中国保险市场

2482/2522

本栏目由以下单位协办(排名不分先后)

第一章 中国保险市场

2003年中国保险市场

2003年中国保险市场继续保持了良好的运行势头，且中国保险业的抗风险能力明显增强。截至2003年底，中国保险公司总资产达9122..84亿元，比年初增加2628.77亿元，增长41.45%，特别是中国人保、中国人寿海外成功上市，使保险公司的资本实力得到明显增强。其中，中国人寿海外上市筹资34.75亿美元，人保筹资62.2亿港元，两家公司筹集资金折合人民币合计为354亿元。保险公司累计所有者权益比年初增长8.6倍，保险业整体抗风险能力得到进一步加强。

业务发展顺利

统计数字表明，2003年全国保费收入达3880.4亿元，比上年增加827.26亿元，增长27.1%。其中，人身险保费收入3010.99亿元，比上年增长32.36%，占总保费收入的77.59%；财产险保费收入869.41亿元，比上年增长11.71%，占总保费收入的22.41%。2003年保险深度为3.33%，比上年增长0.35%，保险密度287.44元，比上年增长49.84元。

相比较2002年中国保险业保费收入超过40%的增长速度来说，2003年的增速有所下降，但基本上保持了近年来的平均增长速度。其中，财险增速同比基本持平。袁力认为，保险公司在2003年进行的结构调整使一些公司主动放弃了一些不合理业务（比如车贷险）是造成保费增速下降的原因之一。另外，大量的趸缴产品曾使一些公司在2002年的保费增速迅猛，但这些产品2003年没有给保险公司带来续期保费收入。与此同时，中国保险业增长的基数也在不断加大。

从2003年初开始的保险费率市场化改革进展顺利。2003年车险保费收入544.62亿元，比上年同期增长14.09%，高于财产保险增幅2.38个百分点。市场教育了保险公司，保险公司之间从起初费率放开后的价格大战转向理性回归。通过改革，保险费率水平更加趋于合理，较好地满足了社会需求。

功能发挥显著

2003年，保险业立足为国民经济和社会发展的全局服务，努力发挥保险的经济补偿、资金融通和社会管理功能，成绩显著。

截至2003年底，保险资金运用余额达8739亿元。其中，存入银行的保险资金仍占可运用资金的绝大部分，为4550亿元，占比52.06%，1400亿元用于购买国债，占比16.1%，比上年有所下降。金融债投资比例提高，占资金运用余额的9.48%，基金投资占比5.23%，基本与去年持平。保险公司持有的企业债券占企业债券总量的一半，持有的证券投资基金占封闭式基金的26.3%，保险公司逐步成为资本市场主要的机构投资者，国有保险公司的体制改革在2003年取得重大进展，中国人寿、人保、中国再保都已经完成改制，据透露，中华联合保险公司的股改方案也正进入征求意见阶段。保险业的地位也在2003年得到大幅度提高。

对外开放新特点

而2003年保险业的对外开放亦呈现出新的特点。袁力总结说，一是外国保险经纪公司第一次获准进入我国保险市场；二是引进了在农业保险、养老保险、再保险等方面有专长的外国保险公司；三是外资保险公司首次在重庆、成都等西部地区设立营业机构，将有利地促进西部地区保险业的加快发展。

2003年，保监会共批准3家外国保险公司进入我国保险市场，批准10个外资保险公司营业机构开业。到2003年底，共有37家外资保险公司在华设立了67个营业机构。同时，外资保险公司的业务范围和经营区域进一步扩大，允许外国非寿险公司在华设立独资子公司，允许在华外资非寿险公司向国内客户提供除法定业务外的全部非寿险服务，对外开放城市增加到15个。对外交流合作得到加强，中国保监会成功获得了国际保险监督官协会2006年年会举办权。

监管出新

保监会坚持一手抓促进发展、一手抓防范风险的工作方针，发布了《保险公司偿付能力额度及监管指标管理规定》，初步建立了偿付能力预警指标体系，逐步建立符合我国国情的偿付能力监管制度框架。据悉，经过采取措施，目前决大多数保险公司都满足了偿付能力监管标准。

市场行为监管也没有放松。出台了《人身保险新型产品精算规定》，与人民银行联合下发《关于加强银行代理人身保险业务管理的通知》，规范新型寿险产品和银行保险业务。加大了保险违法违规行为的处罚力度。去年，共查处市场违规案件466起，处理相关责任人37名。

结合我国实际，2003年保险业积极探索了具有时代特点和中国特色的保险发展道路，对如何认识我国保险业、怎样发展我国保险业、发展一个什么样的保险业等基本问题有了更加深刻的认识。

保监会主席吴定富作出了我国保险业仍处于发展初级阶段的重要判断：基本特征是总体规模小，在国民经济中的比重低，功能和作用发挥不充分。提出了当前保险业的主要矛盾是发展水平与国民经济、社会发展和人民生活的需求不相适应。明确指出保险业的首要任务是加快发展，尽快做大做强。

保监会八项措施推动保险业加快发展

一是稳步推进条款费率管理制度改革。车险和航空意外险条款费率管理制度改革在全国范围内推开，市场运行基本平稳。

二是放宽保险公司分支机构经营区域。凡在省、自治区、直辖市设有分公司的保险公司，可以通过专业保险中介公司或者设立营销服务部的方式在该行政辖区内开展业务，大大促进了市场竞争。

三是放宽保险公司高级管理人员任职资格限制。保监会出台《保险公司高级管理人员任职资格管理规定》，为保险公司吸引人才、提高保险从业人员整体素质创造了有利的条件。

四是拓宽保险资金运用渠道。颁布《保险公司投资企业债券管理暂行办法》，将保险公司投资企业债券的范围由4个行业扩大到所有AA级以上的企业债券，投资比例由不超过总资产的10%提高到20%。

五是完善市场准入机制,增加经营主体。鼓励和支持股份制保险公司发展服务网点,把保险中介机构审批纳入日常工作程序之中,去年共批设保险公司分支机构316个,保险专业中介机构922家。

六是努力拓宽保险服务领域。通过举办企业年金论坛、健康险论坛、现代保险功能论坛,联合开展地震保险、农业保险等重大理论和实践课题研究等多种方式,积极与有关部委加强沟通协调。

七是发挥新闻宣传作用,为保险业发展营造良好的舆论环境。

八是积极争取各级政府对保险业发展的支持。保监会派出机构主动向地方政府汇报工作,得到地方政府的重视。

中国保险业的发展与资本市场

■保险业的发展离不开资本市场,资本市场的发展也离不开保险资金的参与。大量的保险资金进入资本市场,将有力地提高资本市场的深度,改善资本市场的资金配置效率。

■保险业发挥特有的配置金融资源的作用,可以为资本市场的发展提供长期的、稳定的资金支持,实现保险市场与货币市尝资本市场的有机结合与协调发展。

■保险业的资金融通功能十分突出,保险资金运用渠道的多元化和主要投资于资本市场是两个显著特点。建立我国保险市场与资本市场的有机联系,实现保险市场与资本市场互动发展,将会出现一个"双赢"的格局。

■要按照集中统一和专业化管理的要求,不断完善保险资金管理体制;要将承保业务与资金运用业务相互分离,有条件的保险公司可以成立保险资产管理公司。

在全国上下深入贯彻落实党的十六大精神、加快建设小康社会、努力开创社会主义现代化新局面的大好形势下,举办这次论坛,研究我国金融市场的改革、发展与合作问题,十分必要。我代表中国保监会对论坛的举办表示祝贺。下面,我按照大会设定的议题,就保险市场与资本市场相结合的有关理论与实践问题,谈几点个人意见,供大家讨论。

一、我国保险市场的发展实践表明,保险市场与资本市场的有机结合是内在的必然要求

自1980年恢复国内保险业务以来,我国保险业在党中央、国务院的正确下,发展形势很好,在促进改革、保障经济、稳定社会、造福人民等方面发挥了重要作用。二十多年来,我国保费收入年均增长30%以上。2002年,我国保费收入增长达44.7%,保险资金运用余额达5799亿元,预计到"十五"期末,保险业可运用资金将超过1万亿元。在保险业快速发展的形势下,保费收入的快速增长与保险资金运用渠道狭窄之间的矛盾日益突出。为适应保险业快速发展的形势,根据宏观经济发展的要求,借鉴国际先进经验,深入研究保险市场与资本市场的有机结合、协调发展问题,已经成为当务之急。

首先,保险业的发展离不开资本市常承保业务和资金运用业务是保险业务的两个组成部分,大量的保费收入必须通过资金运用才能保值增值,从而确保未来的偿付能力充足,这是由保险经营的特殊性决定的。保险市场与资本市场的结合,不仅是保险公司构建有效投资组合、实现资产负债匹配、降低利率风险的需要,而且更为重要的是,资本市场能够为保险资金提供风险分担的机制、组合投资的平台和专业化管理的环境,满足保险资金对安全性、流动性、收益性的要求。

其次,资本市场的发展也离不开保险资金的参与。一是保险业可以为资本市场提供强有力的资金支持。大量的保险资金进入资本市场,将有力地提高资本市场的深度,改善资本市场的资金配置效率。数据显示,2001年,美国保险公司持有的股票市值已占总市值的19.6%,债券占32.9%。二是保险基金特别是养老金,具有长期性和稳定性的特点,是资本市场最稳定的资金来源。三是保险公司作为最主要的机构投资者,可以改善资本市场结构,促进资本市场健康发展。

二、保险市场与资本市场的良性互动,符合现代金融体系分工的基本原则

现代金融最基本的功能是对储蓄资源进行时间和空间的配置,实现储蓄向投资的转化。这一功能主要是通过资本市场的直接融资和银行、保险公司等金融机构间接融资两种金融资源配置方式实现的。保险业通过吸收长期性的储蓄资金,并按照资产负债匹配的原理直接投资于资本市场,实行集中使用、专家管理、组合投资。这种金融资源配置的方式是保险业所特有的。充分发挥保险业的资金融通功能,一方面可以增加居民储蓄转化为投资的渠道,缓解银行资金高度集中的压力;另一方面,可以为资本市场的发展提供长期的、稳定的资金支持,实现保险市场与货币市尝资本市场的有机结合与协调发展。保险业应该而且有能力在金融体系分工中发挥应有的作用。

目前,我国的金融资源配置方式主要是通过银行业的间接融资来完成,保险对金融资源配置的功能没有得到充分发挥。2002年,我国工商企业通过金融体系新增融资总额约为2万亿元,其中,银行贷款融资约占92%,资本市场融资约占8%,是典型的"银行主导型"金融体系。2002年,我国个人保险业务实现的保费收入2500亿元,约占当年新增居民储蓄存款的18%,保险对储蓄已形成一定的分流作用。但从储蓄分流所形成的保险资金向投资转化的情况看,18%投资于国债,5.4%投资于投资证券基金,而52%又投资于银行存款。保险业从居民储蓄中分流出来的一半以上资金又重新回流到银行,需要通过银行进行"二次交易"后再融资出去,增加了交易成本,降低了金融资源的配置效率。

另一方面,保险业在金融资源配置中发挥作用的空间很大。2002年,我国居民储蓄存款余额达8.7万亿元,居民储蓄率高达39%。而在保险保障制度发达的国家,居民储蓄率普遍低于10%。根据中国人民银行所作的居民储蓄动机问卷调查,在银行储蓄中,以养老、教育、防并失业等为储蓄动机的比例达44.5%,且这一比例有逐步上升趋势。上述动机的储蓄是长期资金,在发达国家,通常是用于购买保险,而不是在银行存款。保险公司吸收的长期资金可以集中使用、专家管理、组合投资,按照资金匹配的原则配置到资本市场,取得更高的投资收益。据有关调查显示,这说明8.7万亿元居民储蓄中约有4万亿元与保险业具有较大的相关性和可替代性,相当于我国保险业现有总资产的6.6倍。

因此,金融业内部必须加强协调和沟通,实现金融资源的合理配置,这也是现代金融体系内部分工的基本要求。

三、保险市场与资本市场的良性互动将形成"双赢"局面

党的十六大提出全面建设小康社会,加快推进社会主义现代化的宏伟目标,实现这一目标的关键是加快经济发展。金融是现代经济的核心,金融业要更好地服务于国民经济建设和社会发展,必须深化金融体制改革,优化金融资源配置,加强金融监管,防范化解金融风险。保险是金融体系的重要组成部分,对促进改革、保障经济、稳定社会、造福人民具有重要作用。在深化金融体制改革的过程中，保险业必须充分发挥自身的资金融通功能，为优化金融资源配置，促进经济发展发挥更大的作用。

从保险业较为发达的国家看，保险业的资金融通功能十分突出，保险资金运用渠道的多元化和主要投资于资本市场是两个显著特点，保险业在金融体系中具有独特的地位和作用。因此，遵循金融体系之间的内在规律，建立我国保险市场与资本市场的有机联系，实现保险市场与资本市场互动发展，将会出现一个"双赢"的格局。

四、探索我国保险市场与资本市场互动发展的新思路

保险市场与资本市场的互动发展必须本着循序渐进的原则，既要学习借鉴国际通行做法，又要紧密结合我国实际，不断探索、稳步推进，在实践中处理好加快发展与防范风险的关系。

首先，我们必须加强对保险市场与资本市场内在关系的研究，尽快提出切实可行的政策建议，积极为保险市场与资本市场的互动发展创造条件。

第二，要加强监管，金融监管部门要合理分工，密切协作，形成合力。保险监管部门要研究制定对保险资金实行比例管理的原则及具体办法。同时，要建立风险预警制度，加强资产与负债匹配监管，及时评价资金运用风险，动态监控保险公司的偿付能力，严格控制风险。

第三，保险公司要练好内功。要按照集中统一和专业化管理的要求，不断完善保险资金管理体制，建立健全投资决策、投资操作、风险评估与内控监督相互制约的管理机制。要将承保业务与资金运用业务相互分离，有条件的保险公司可以成立保险资产管理公司。要培养和引进高素质的投资管理专业人才，不断提高保险资金运用管理水平。

今年是全面贯彻落实十六大精神的第一年，也是新一届政府运转的第一年，保持金融业发展的良好势头，对于完成本届政府确定的各项任务，加快推进全面建设小康社会的总体目标具有十分重要的意义。对于保险业来讲，发展的潜力很大，如何将潜在的保险市场转化为现实的市场，关键是一个观念和认识问题。保险业经过十多年的大发展，积累了很多宝贵经验，为今后的发展打下了良好的基础加入 WTO 后，保险业要在开放的条件下与国际接轨。我们必须坚持发展要有新思路，改革要有新突破，开放要有新局面，各项工作要有新举措的要求，以"三个代表"重要思想为指导，大力创新保险工作，全面推进我国保险业的改革和发展，更好地支持国民经济发展和社会进步。

世界金融一体化趋势和我国金融体制改革、金融产品创新的不断深入，必将进一步促进保险业与银行业、证券业紧密合作。当前，探索保险市场与资本市场互动发展的新思路具有重要意义。希望各界朋友共同努力，深入研究，不断探索，推进金融市场的良性发展，共同为金融业更好地支持国民经济发展和社会进步贡献力量。（吴定富）

树立和落实科学发展观走中国特色保险发展道路

在 2004 中国保险发展论坛国际学术年会上的讲话

当前，各行各业都在深入思考，积极探索，认真贯彻落实科学发展观。如何树立和落实科学发展观，也是保险业面临的一项重要任务。下面，我就保险业科学发展观问题讲几点意见。

一、充分认识保险业树立和落实科学发展观的重大意义

发展观是关于发展的本质、目的、内涵和要求的总体看法和根本观点。有什么样的发展观，就会有什么样的发展道路、发展模式和发展战略，就会对发展的实践产生根本性、全局性的重大影响。因此，树立和落实科学发展观对保险业来说是一个极为重要的问题。

（一）树立和落实科学发展观是保险业发展进入新阶段的客观要求

本世纪头二十年，是我国必须紧紧抓住并且可以大有作为的重要战略机遇期，也是保险业从小到大、从弱到强的重要发展阶段。在这个阶段，我们的发展目标更加全面，发展任务更加艰巨，这就要求我们发展要有新思路，改革要有新突破，开放要有新局面，各项工作要有新举措。这就要求我们必须树立和落实科学发展观，实现认识上的新飞跃。

保险业务发展进入从粗放经营向集约经营转变的新阶段。改革开放以来保险业保持了持续快速的增长势头，年均增长速度达 34%，到目前为止保险业总资产即将突破 1 万亿元，为进一步发展奠定了坚实基础。解决好初级阶段的主要矛盾，完成好加快发展的首要任务，需要不断扩大保险市场规模，提高整体实力。达到这样的目标，要求保险业既要保持较快增长速度，又要逐步调整和优化市场结构、区域结构和产品结构，不断改善增长质量，进一步提高效益，努力实现增长方式的根本转变。

保险体制进入从传统体制向现代体制转变的新阶段。目前，国有保险公司股份制改革取得重大进展，股份制保险公司运行机制逐步完善，资金运用管理体制改革稳步推进，条款费率管理制度改革进展顺利。随着社会主义市场经济体制的不断完善，保险体制改革进入新的时期。这既是通过改革促发展的关键时期，也是深化改革的攻坚阶段。特别是进一步巩固和发展国有公司股份制改革成果，完善股份制公司法人治理结构，建立现代保险企业制度，需要我们继续加大改革的力度，把改革不断引向深入。

保险市场对外开放进入从局部开放到全面开放的新阶段。随着经济全球化和金融一体化的发展，我国保险市场与国际保险市场的联系日益密切，这既给我国保险业注入了新的发展活力，也带来了新的压力和挑战。保险业必须在对外开放中趋利弊害，在更大范围、更广领域和更高层次上参与国际保险市场的合作与竞争，充分利用国际国内两个市场，不断优化资源配置，拓宽发展空间。

（二）树立和落实科学发展观是保险业服务好经济社会发展全局的必然选择

随着新世纪的到来，我国进入了加快推进社会主义现代化建设的新时期，保险业面临的经济社会环境发生了深刻变化。

一是全面建设惠及十几亿人口的更高水平的小康社会，将使经济更加发展、民主更加健全、科教更加进步、文化更加繁荣、社会更加和谐、人民生活更加殷实。

二是建立完善的社会主义市场经济体制，进一步解放和发展生产力，为经济发展和社会全面进步注入强大动力，为全面建设小康社会提供强有力的体制保障。

三是我国人均 GDP 超过 1000 美元，从低收入国家进入中低收入国家行列。按照 GDP 翻两番的目标，到 2020 年我国人均 GDP 将达到 3000 美元。许多国家的发展进程表明，这是经济社会结构将发生深刻变化的重要阶段，居民生活水平将不断提高，社会需求更趋多样化，消费结构加快升级，人们更加追求生活内容的丰富、生活质量的提高以及生活环境的改善。

新的经济社会环境，对保险业提出了新的更高的要求。国民经济的快速发展、社会的全面进步和人民生活水平的不断提高，需要保险业提供全方位、多层次的保险保障。保险业必须适应发展环境的变化，立足于服务经济社会发展的全局，不断拓宽服务领域，提高服务水平。只有这样，保险业才能够实现自身的发展。

（三）树立和落实科学发展观是保险业解决现实问题的迫切需要

树立和落实科学发展观，不仅是保险业长期发展的需要，也是解决当前突出矛盾和问题的需要。从当前保险市场运行情况看，有以下较为突出的问题：一是产品结构单一，服务水平不高，不能满足市场多样化的需求。二是保险公司的内控机制仍然比较薄弱，一些公司对分支机构和代理人管控不力。三是保险市场诚信建设有待加强。四是保险监管的理念、方式和手段与保险业快速发展的形势还不适应。

这些矛盾和问题产生的原因是多方面的，有深层次问题在具体领域的集中表现，有长期性问题在当前发展阶段的突出反映，有体制不健全和机制不完善等因素的影响，也与发展观念上的偏差有关。解决这些问题，必须进行全面、系统地考虑，坚持标本兼治，归结为一点，就是树立和落实科学的发展观。

二、全面理解和深刻领会保险业科学发展观的精神实质

保险业科学发展观，是科学发展观在保险业的全面展现和深化拓展，是指导保险业发展方向的总体方针。必须深入理解、准确把握保险业科学发展观的基本内涵和精神实质，牢固树立保险业科学发展观，对保险业为什么要发展、怎样发展和发展一个什么样的保险业等一系列问题作出科学回答。

（一）保险业科学发展观的实质内涵是快速协调持续发展

发展观的第一要义是发展。离开发展，就无所谓发展观。坚持保险业科学发展观，其实质内涵就是要充分调动一切有利因素和各方面的积极性，尽最大的努力，实现保险业快速协调持续发展。

发展是硬道理，这是我们必须始终坚持的一个战略思想，是解决保险业一切问题的关键所在。恢复国内保险业务20多年来，保险之所以越来越被人们重视，保险的功能和作用之所以越来越突出，保险业在国民经济中的地位之所以不断提高，归根到底是我们保持了持续快速地发展，成为国民经济中发展最快的行业之一，使整体实力和竞争能力不断增强。今后，保险业要不断提高综合实力，要靠发展；保险业要充分发挥自身功能和作用，要靠发展；保险业要在国际保险市场占有一席之地，更要靠发展。现在各行各业都在发展，形势逼人，不进则退。因此，我们必须把加快发展作为保险业当前和今后相当长一个时期的首要任务，一心一意谋发展。

（二）保险业科学发展观的核心内容是做大做强

科学发展观内涵十分丰富，具体到保险业而言，就是要做大做强，这是保险业科学发展观的核心内容。做大做强是在正确认识我国基本国情，全面分析国际保险业发展态势，科学判断我国保险业发展阶段，准确把握当前保险业面临的主要矛盾的基础上提出的。只有做大，才能充分发挥保险的功能和作用，逐步改变保险业与经济社会发展的需求不相适应的局面，为经济社会全面、协调、可持续发展服务。只有做强，才能使保险业在为经济社会发展服务的同时，不断提高自身实力，发展壮大。做大与做强作为保险业科学发展观的核心内容，是辩证统一的。没有大，无所谓强。没有强，大也没有意义。做大与做强是有机联系的整体。

做大，主要表现在五个方面。

一是覆盖面广。要使保险广泛服务于经济的各行各业，为农业、工业和服务业等各个产业，为各类经济组织和各种经济活动提供保险服务；要使保险广泛服务于生活的各个领域，为文化、卫生、环保、教育等各个方面服务；要使保险广泛服务于社会的各个阶层，使不同身份、不同收入、不同职业的全体社会成员都有平等的机会享受保险服务。

二是服务程度高。要把保险渗透到人们生老病死的全过程，使每个人“从摇篮到坟墓”都有保险保障。要使保险为社会生产提供全方位的服务，不仅要做好事后理赔，还要做好事前的防灾防损。要使保险为经济运行的各个经济环节提供服务，不断提高保险深度和保险密度。

三是功能和作用得到充分发挥。要发挥保险的经济补偿功能，使保险成为风险管理的重要手段。要发挥保险的资金融通功能，使保险成为金融体系的重要组成部分，实现保险市场和资本市场、货币市场的互动发展。要发挥保险的社会管理功能，使商业保险成为社会保障体系的重要支柱和公共突发事件应急处理机制的重要组成部分。

四是有较大规模。无论是提高覆盖面，还是发挥功能，都必须以一定的规模为基础。规模太小，为经济社会发展服务就只能是一句空话。要尽快达到较大规模，就必须保持较快的发展速度。

五是全社会的保险意识普遍增强。要通过保险教育、新闻宣传和信息披露，普及保险知识，扩大保险的社会影响，增强公众对保险产品、保险服务及保险功能和作用的认识与了解，使社会公众广泛树立起较强的风险意识和保险意识。

做强，主要体现在五个方面。

一是保险公司竞争力要强。保险公司都要成为资本充足、内控严密、运营安全、服务和效益良好的现代保险企业。要有一批主业突出、优势互补的大型保险企业集团，能够有效应对日益激烈的国际竞争。

二是保险业的整体实力要强。我国保险业要真正发展成为现代金融业的三大支柱之一，成为国民经济的重要组成部分，并在国际金融保险市场中占有一席之地。

三是保险监管要强。保险监管能够依法维护保险市场公正、公平、有序竞争，有效防范和化解保险风险，保护被保险人的合法权益，努力为市场主体服务和创造良好的发展环境。

四是保险队伍要强。要造就一支适应保险业改革发展需要、素质优良、结构合理、作风过硬的人才队伍，为保险业发展提供坚强的人才保证和广泛的智力支持。

五是可持续发展能力要强。要形成充满活力、创新力强、功能互补、多元发展的现代保险市场体系。要健全法律法规，完善信用制度。要合理开发和有效利用保险市场资源。

（三）保险业科学发展观的本质是以人为本

以人为本，就是一切从人民群众的需求出发，促进人的全面发展，实现人民群众的根本利益。坚持以人为本，是保险业实践“三个代表”重要思想的具体体现，是保险业为全面建设小康社会服务的必然要求，是保险业实现自身发展的根本途径。以人为本是保险业科学发展观的核心和本质，是保险工作的出发点和归宿。

保险业发展要着力于保障人的生存需要。人类生存的最基本需要是安全需要。人们在生产生活中面临各种难以预料的风险，都可能对个人、家庭和社会造成损失，对人的生存安全构成威胁。中国自古就有“天有不测风云，人有旦夕祸福”和“未雨绸缪”、“积谷防饥”等说法，说明风险无处不在。保险是人类防范和应对各种风险的经济制度安排。通过发挥保险的经济补偿功能，人们将个体面临的风险由群体来分担，使个人风险得以转移、分散，在各种灾害、意外事故或疾病等风险发生后，能够尽快恢复正常的生产生活秩序，从而在很大程度上解决生存安全的后顾之忧。保险业要发展，必须从风险防范和经济补偿出发，着力于保障人的生存需要。

保险业发展要着力于提升人的生活品质。随着经济社会的发展，人们的生活要求出现多样化。在满足生存需要的基础上，还要满足追求幸福、享受生活的需要，对住宅、汽车、文化教育、医疗卫生、养老保健等方面的需求将明显提高，稳定的收入、美满的家庭、健康的体魄和充足的休闲成为人们的普遍追求。保险在这些方面可以发挥重要作用。一方面，保险要通过保障经济平稳运行，融通社会资金，支援经济建设，促进经济发展，为提高人们的生活水平打下坚实的经济物质基础。另一方面，保险作为一种有效的理财和保障手段，要帮助人们对财富进行有效运作和合理安排，实现生有所托、老有所养、终有所安，提升人们的社会保障水平，全面提高人的生活品质。

保险业发展要着力于促进人的全面发展。人的全面发展是经济社会发展的最终目的。实现人的全面发展，不仅要满足物质生活的需要，还要满足精神文化的需要。不仅要提高生活水平，还要不断改善生活质量，改善生活的环境和条件。不仅要提高人民群众的物质文化生活和健康水平，还要创造人们平等发展、充分发挥聪明才智的社会环境。保险作为与经济社会联系都十分紧密的行业，在上述方面大有可为，要发挥各项功能和作用，推动经济社会协调发展，为人的全面发展创造良好的外部条件。

三、树立和落实保险业科学发展观，努力实践中国特色保险发展道路

理论的价值在于指导实践。保险业树立和落实科学发展观，关键在于指导改革和发展的实践，走中国特色保险发展道路。

必须坚持立足于我国国情。我国正处于并将长期处于社会主义初级阶段，人口多，底子薄，生产力不发达，地区发展不平衡，特别是社会保障体系不完善，覆盖面窄，整体保障水平低。在这样的经济社会基础上发展保险业，我们的发展目标、发展方向、提供的产品和服务、经营管理方式和保险监管都要与之相适应。要充分发挥保险在全面建设小康社会中的积极作用，使保险成为社会保障体系的重要组成部分，提高人民的保障水平。

必须不断吸收和借鉴国外先进经验。对外开放是我国一项长期的基本国策。保险市场对外开放对加快我国保险业发展，提高保险业整体水平起到了十分重要的作用。在未来的发展中，要继续扩大开放，提高对外开放的深度和广度，善于借鉴和吸收人类社会的一切文明成果，着力引进国外保险公司先进的经营理念、管理经验、技术手段和运作方式，缩短我国保险业与国际先进水平之间的差距，为加快发展不断注入新的活力。

必须充分发挥市场机制的作用。在现代经济中，市场是资源配置的基本方式。实践证明，市场作用发挥比较充分的地方、经济活力就比较强，发展的态势也比较好。我国目前已经进入完善社会主义市场经济体制的新阶段，一些过去看来适应的方式方法，随着形势的发展变化，也可能会不适应，有些甚至成为阻碍发展的因素。保险业必须从不合时宜的思想、观念、管理方式中彻底解放出来，尊重市场规律，按市场规律办事，使市场在保险资源的配置中发挥基础性作用。

必须坚持从我国保险业实际出发。我国保险业起步晚、基础差，总体规模小，在国民经济中的比重低，功能和作用发挥不充分，仍处于发展初级阶段。当前保险业的主要矛盾是发展水平与国民经济、社会发展和人民生活的需求不相适应，首要任务是加快发展，尽快做大做强。同时，也要清醒地看到，做大做强保险业不可能一蹴而就，既要有紧迫感和责任感，又要看到任务的艰巨性、复杂性和长期性，既要保持较快的发展速度，又要把发展的基础打牢，要把积极进取精神同科学求实态度很好地结合起来。

四、树立和落实科学发展观，促进保险业持续快速协调健康发展

保险业科学发展观，是对保险业发展实践的高度概括和科学总结，反映了保险业发展的时代特征和必然趋势，符合保险业的发展规律，必须落实到保险业发展的各个方面，实现保险业全面、协调、可持续发展。

（一）要努力提高贯彻落实科学发展观的自觉性

要加强学习。要从理论和实践的结合上，全面系统地把握保险业科学发展观的实质内涵、核心内容和本质。要以宽广的眼界观察世界，正确把握保险业发展的时代要求，深刻认识我国保险业发展的实际情况，坚持按照科学规律办事，增强运用科学发展观推进保险业发展的自觉性和坚定性。

要正确处理涉及保险业发展全局的重大关系。要处理好保险业与经济社会的关系，必须将保险业置身于经济和社会发展的全局，自觉服从经济和社会发展的需要。要处理好加强监管与加快发展的关系，寓监管于服务之中，为发展创造良好环境。要处理好加快发展与防范风险的关系，既不能因为有风险而不敢发展，也不能为了发展而不顾风险。要处理好长远与当前的关系，克服短期行为，开发好、利用好、保护好保险资源，实现保险业可持续发展。

（二）要不断解放思想，转变发展观念

第一，增长不等于发展。保险业的增长主要体现在保费和资产规模的扩大，发展不仅是规模的扩大，而且是结构的优化和质量与效益的提高。只有结构优化了，质量和效益提高了，业务增长才能形成良性循环，发展才有后劲，才是健康的发展，才能实现速度和质量、结构、效益的统一。

第二，上市不等于改制。国有保险公司股份制改革的目的是为了转换经营机制，增强企业的内部活力和外部竞争能力。规范的股份制改造是一个艰苦甚至痛苦的过程，要下硬功夫、苦功夫。不能简单地认为，搞了股份制就可以一下子解决所有问题。上市只是手段，只是完成改制任务的第一步，要建立资本充足、内控严密、运营安全、服务和效益良好的现代保险企业，我们还有很长的路要走。

第三，结构调整不等于降低发展速度。近年来，保险业不断进行结构调整，取得了一定的成效。但结构调整并不意味着发展速度必然降低。结构调整的根本目的是为了更快更好地发展。在调整传统业务的同时，要积极培育和寻找新的业务增长点。要在发展中调整，在调整中发展，使保险市场保持持续快速的发展势头。

（三）要与时俱进，不断创新发展思路

要统筹兼顾。统筹兼顾就是要心系全局，科学筹划，协调发展，兼顾各方。随着改革的深化和结构的调整，保险业发展中的各种矛盾和问题相互交织，必须从全局出发，统筹好各方面的发展。搞好统筹兼顾，要考虑方方面面，但主要是突出重点，着力加强保险业发展的一些薄弱环节。要努力做到“八个统筹”，统筹城市和农村保险市场发展，统筹发达地区和欠发达地区保险市场发展，统筹为经济发展服务和为社会发展服务，统筹国内保险市场发展与对外开放，统筹为公有制经济服务和为非公有制经济服务，统筹产险、寿险和再保险市场发展，统筹承保业务和保险资金运用，统筹发挥好经济补偿、资金融通和社会管理功能。

要转变监管职能。树立和落实科学发展观，迫切需要转变保险监管职能。必须坚持寓监管于服务之中的指导思想，切实把监管职能转到主要为市场主体服务和创造良好发展环境上来。要加强行业规划，对保险业的中长期发展目标、发展战略、发展步骤和发展措施进行统筹规划，着重研究解决保险业长远发展的战略性、宏观性和政策性问题。要建立保险市场宏观调控机制，利用经济、法律和行政等多种手段，对保险市场进行宏观调控，防止保险市场大起大落。要健全保险法制体系，加强民主科学决策和依法行政，严格按照法定权限和程序行使权力、履行职责，建立支持保险业发展的良好法制环境。要加强和改善偿付能力监管和市场行为监管，切实防范化解风险。

要广泛调动一切积极因素。最广泛地调动一切可以调动的力量，注重发挥各个方面的积极性、主动性和创造性。争取使各级政府部门、社会各个方面和广大人民群众都来关心、支持保险业。努力把各类优秀人才聚集到保险业来，积极吸引知识、技术、管理和资本进入保险业，让一切生产要素的活力在保险业竞相迸发，让一切有利于保险业加快发展的源泉充分涌流。（吴定富）

我国保险市场的发展趋势

目前，我国保险业正处于大变革的前夕，保险公司将在竞争大潮中优胜劣汰，分化组合；保险业市场结构也正在重新“洗牌”并逐渐向着合理化方向演变，驱使这种变革的主要力量是：保险市场国际化和保险制度市场化，保险市场结构合理化，保险市场主体多元化。

一、国际化带来有效率的结构调整

未来三至五年，更多的国外大公司将进入中国，与中资公司同场较量，与中国争夺市场份额。由于竞争的“鲶鱼效应”，中资公司必将励精图治，奋力拼搏，提高自己的经济绩效。例如，1995 年上海各家保险公司新售的 77 万张个人寿险保单中，仅美国友邦公司就售出 70 万张，占 91%。但这种局面很快就得到扭转，在上海市场根基深厚的中资公司迅速做出反应，1996 年中保人寿和平安保险分别占个人寿险业务的 20% 和 35%，友邦降至 38%，1997 年友邦的份额进一步降低。

外资公司还会以与中资公司合资经营或与中资公司建立战略联盟的方式进入中国市场。由于合资经营或战略联盟的“干中学效应”，中资公司能获得较为先进的技术和管理方法，从多方面提高自身的竞争力。所以；尽管保险国际化过程中。中资公司暂时失去了部分市场份额；外资公司增加了部分市场份额，但由于中国保险市场的深度和密度都很低，在未来的保险业竞争和经济的稳定发展中，保险业务的“蛋糕”将做大，中资公司的业务的绝对量仍会上升。

经历激烈的竞争生存下来的中资公司将变得更有效率，并将带来有效率的结构调整。

二、保险制度市场化带来竞争之路

由于目前保险市场超额利润的存在，将吸引更多的资本进入，而政府也会顺势而为地放松市场准入，供给主体将增加。为应对加入 WTO 的挑战，我国政府已在 1999 和 2000 年分别组建一批全国性中资保险公司。从长期来看，大量保险公司的进入，保险供给增加，保险价格将逐步下降。各保险公司在政府有效监管的环境下，将充分利用市场机制展开竞争，根据自身的特点制定发展战略和竞争策略，其结果是促进保险公司行为市场化和经营高效化。

在保险市场国际化和保险制度市场化背景下；保险市场必然出现资本的积聚和集中。发生在发达国家的保险公司间的兼并与收购、保险公司与其他经济组织如银行的竞争与联合的“大戏”必将在我国上演。

三、保险市场结构合理化

保险业是一种特殊的行业，是经营投保人转嫁过来的风险，它一方面为了获取一定的利润，但更重要的功能是促进整个社会生产、生活的顺利进行，保障了广大被保险人的利益。如果采取完全竞争的市场模式，保险企业逐利润而居，保险业利润率下降时则采取各种方法退出，利润率高时则一窝蜂拥进保险行业，势必造成过度竞争。虽然在短时间内保险费率将下降，但伴随保险费率下降而来的利润率的降低则会导致保险企业偿付能力的不足，最终损害被保险人的利益。因此我认为将来我国的保险业的发展趋势只能是既有垄断又有竞争的市场。

垄断竞争型市场并不排斥竞争。在国外成熟的保险市场中。几乎都存在着一定程度的垄断。占绝大部分市场份额的均是几家大的保险公司。而市场上的中小保险公司因其专业性强，经营灵活，而一直活跃于保险市场中。大型保险集团应是在竞争中逐步扩大自己的市场占有率，否则依靠原有的计划经济体制的圈地份额将在以后的市场竞争中被别人所吞食。

四、保险市场主体多元化

1、现有保险市场的主体格局将被调整

中资保险公司的数量将会大幅增加。据统计，目前国内外资公司的数量超过内资保险公司的情况，不适应保险市场发展的需要，保险市场的开放，首先应该是对内的开放。

对中资保险公司组织形式的限制应该放宽。按照现行《保险法》的规定，保险公司的组织形式只能是两种：国有独资公司或股份有限公司。这种规定未来保险业发展的需要。目前，国际上通用的保险公司形式很多，除国有独资保险公司及股份有限保险公司外，还有相互保险公司、保险合作社和个人保险等，虽然股份有限保险公司是国际保险市场上最主要的保险公司的组织形式，但是相互保险公司在日本、美国和英国的保险市场上也占有重要的地位。如果组织形式的限制不能放宽，将在一定程度上阻碍保险市场的发展。

2、现有中资保险公司的体制将会发生变化

首先，国有保险公司将进行股份制改造。通过鼓励国有保险公司与国内大型产业集团、大型金融集团实行交叉持股的方式，提高国有保险公司的实力。逐步建立大型保险公司、大型产业集团、大型金融集团之间相互持股的保险经济体制。

其次，少数几个中资保险公司，将成为能够主导国内保险市场，抗衡外资保险公司的大型保险集团。这种大型保险集团具有较高的管理水平，可以跨地区、跨行业、跨所有制、跨国经营。

最后，中、小型保险公司具有专业性强、经营灵活的特点。未来世界保险市场竞争呈现的趋势是“大鱼吃小鱼”、“快鱼吃慢鱼”和“活鱼吃死鱼”。这种情况为中、小保险公司的发展留下了发展空间；加之中国是一个发展中的大国，各地区的经济发展不平衡，保险市场的需求也参差不齐，因此更需要中、小保险公司的适度发展。

五、保险中个市场将会进一步发展

发展兼职保险代理人市场。中国在规范专业代理人行为的同时，应利用目前的行业管理优势，以大型行业为重点，建立一批兼职保险代理人，如航空系统、铁路系统、水运系统、公路系统、医疗系统、邮电系统等。可以利用其规模效应来降低营销成本，又便于较快占领市场，有着比较大的发展空间。

保险经纪人、保险公估人市场将蓬勃发展。保险公估人业务是最近几年发展起来的，是指以第三者的身份，公正的立场，从事保险标的的评估、勘验、鉴定、估损、理算等业务的保险中介人。公估人迎合了保险公司为客户提供主动、专业、迅速、公正的保险服务的要求，提高了行业的服务质量.也有利于扩大保险市场的容量。目前，西方保险公司委托保险公估人处理理赔事项的情况较为普遍，中国保监会已根据《保险公估人管理规定(试行)》，于 2000 年 12 月 23 日举行了中国第一次保险公估人考试。

建立专属自保公司。建立专属自保公司，是增加保险市场供给主体的现实选择。自保公司是隶属于一个本身并不从事保险业务的公司或集团公司、主要为其母公司提供保险服务的保险机构。自保公司可以直接对其母公司承保或通过母公司或子公司所在地的直接保险公司办理再保险的形式为母公司承保。因此，自保公司通常行使的是再保险公司的职能。自保公司一般不和母公司在同一地注册，而是在相对管制较松、税率较低的地区注册。目前，全世界约有 4000 家自保公司，保费总收入约占全球商业保险市场份额的 6%，大约为 210 亿美元。我国有比较好的建立专属自保公司的条件，可以在条件比较成熟的行业或大型企业集团进行试点，比如航空、铁路、邮电、航运、石化集团、粮油系统等，待取得经验后再推广开来。(王力南)

2003 年寿险：结构性变革的开始

个人营销业务占寿险业务总量 60%以上，营销员总数 140 万左右

银行保险、企业年金、健康保险成为热点

中国人寿海外上市标志中国寿险业开始真正步入国际舞台

2003 年的寿险将成为中国寿险发展历史上具有标志性的一年。首先，中国人寿作为首家在美国、香港上市的金融企业，开创了国内寿险公司上市的先河。其次，监管部门的新政为保险业 2003 年以及未来的健康发展打下了良好的基础，寿险业也将从此步入一个更加有序、健康、面貌一新的时代。在 2003 年，寿险业依然保持着高速的成长，年保费将超过 3000 亿元，同比增长超过 30%。在继续保持业务拓展的同时，寿险业更为深层的变革正在进行：改善公司治理结构；通过上市融资增强资本实力；开拓更加有效的销售渠道；寻求与资本市场、货币市场的对接；更为客观地看待发展；建立公司的长期发展战略；更好地发挥寿险的社会职能等等，这已不同于以往以规模拓展为主的粗放经营时期，而是在一个新的规则与环境下开始向现代寿险企业转型。

银行保险增势迅猛个人营销业务仍占 60%以上 2002 年，寿险业曾创下了年增长率 59.8%的惊人业绩，但在 2003 年上半年，非典疫情使寿险业的发展一度陷入低迷，但随后迅速恢复了强劲的发展势头。截止到 2003 年 10 月，我国寿险业总保费达到 2497.94 亿元，同比增长 38%。其中意外险 80.72 亿元，同比增长 28%；健康险为 201.94 亿元，同比增长 114%；寿险 2215.28 亿元，同比增长 33%。健康险的快速增长为近些年少见。两家大公司的业务增长较为平缓，中国人寿在 1—11 月内，保费收入 1201.11 亿元；平安在 1—11 月内，保费收入为 500.87 亿元，各自的业务增长率较 2002 年有所下降。而太平洋借助团体业务与银行保险的快速增长，保费在 1—11 月份达到 349.44 亿元，预计 2003 年增长率将超过 70%。

成长表现最好的公司应归属于新华、泰康。新华人寿 2003 年 1—11 月份保费已达到 158.23 亿元，而泰康的保费也超过 120 亿元，这两家公司以很高的增长率快速成为年保费超 100 亿元的公司。这两家公司的快速发展，不仅得益于分支机构的增设，同时也得益于较早完成增资扩股、引入海外战略投资人的策略。目前，这两家公司在一些区域市场上已具有很强的竞争力，如上海、北京、成都、昆明等地，已经对国寿、平安、太平洋带来威胁。这种突破局部市场、快速拓展到大中城市的策略已被证明是成功的。这种方法曾是 90 年代中期平安打破国寿市场垄断的一种有效手段。此外，太平人寿、美国友邦也在各自新的经营区域里创造出良好的业绩。

在 2003 年的业务增长中，银行保险代理保费的快速增加起到了重要的作用。预计 2004 年银行保险业务可接近 800 亿元，将占到寿险总保费的 20%以上，其年增长率超过 105%。新华、泰康、太平洋、太平人寿银行保险业务的年增长率也分别达到 446%、225%、248%、205%(1—9 月份参考数据)。正是银行保险业务的快速成长，使得它们得以摆脱个人代理人业务增速较慢的影响，避开了与大公司的直接竞争，而从新的渠道获得先机。同期，国寿、平安的银行保险业务也有一定的增长，在总量上依然保持着领先。

目前由于银行保险市场的过度竞争，手续费不断上扬，产品的利润空间已非常小。此外，销售误导、恶性竞争已经开始显现。在国际上，银行保险是伴随着金融市场一体化、监管放松等因素而产生的，而目前的国内银行保险却是由寿险公司以拓展销售渠道为目的而推动的。在银行网点资源有限、金融业严格分业经营的环境中，目前的这类银行保险代理业务具有可替代性和不稳定性。此外，在银行所销售的产品中，很大一部分是趸交的分红业务。在 2002 年，这类业务占到 43.6%。寿险公司借助储蓄型的分红险种拉动了客户的部分储蓄，但在展业中出现一些问题，如拿分红率、预定利率与银行储蓄利率直接进行比较等，客观上给客户以误导。近期，上海银监局宣布，从 2004 年起，部分银行网点将不再允许卖投资型分红保险，也不能把银行储蓄和保险直接进行比较。卖保险产品的银行应设立理财专柜，保险公司的销售人员不得在银行柜面上销售保险，而没有设立专柜的银行网点，则将不能再卖投资分红型保险。或许，保监会也需要加大对银行保险代理业务的监管，以规范这一市场。

企业年金是今年寿险业另外一个受到重视的市场。以 1—11 月份数据作为参考，团体寿险长期业务收入为 340 亿，其中大部分业务可归为团体年金业务。其中国寿业务占市场份额的 42%，平安为 21.6%，太平洋为 25.3%。与 2002 年相比，业务增长不快，距离人们的预期有较大差距。在 2000 年，国务院颁布了 42 号文件《关于完善城镇社会保障体系的试点方案》，并且开始在辽宁省进行试点，此后又有一些地方也进行类似的改革，鼓励企业为职工建立企业年金。企业缴费在工资总额 4%以内的部分可以在成本中列支。到 2002 年底，

企业年金参加人数已达655万，积累资金达260亿元，参保人数占到参加基本养老人数比例的6%。有专家和业内人士分析。未来企业年金的替代率应达到20%至30%，在未来几年内将形成年保费1000亿元的市场规模。但目前看来，这种乐观的估计还没有给寿险公司带来可观的业务。从外部原因看，目前的寿险公司只能采用现有的产品组合提供给客户，而若与信托公司、证券公司、基金公司相比，在管理费用上没有优势。此外，由于分业监管的限制，寿险公司也不能成为证券投资基金的发起人和管理人，在投资渠道受到限制的条件下，无法最佳地为客户的资金增值，这也是与参与此市场竞争的其他金融机构相比，最为不足的地方。从内部看，寿险公司目前的电脑支持系统尚不完善，产品开发受制于投资渠道的限制，无法很好的满足客户的多种需求。

与企业年金的发展所不同的是健康保险的快速增长。健康险在1—10月份，保费收入201.94亿元，同比增长114%。尽管保监会于年内要求各家公司停止了分红型健康险产品的销售，但业务量依然增长迅速。这一方面源于市场的需求，另一方面也是保监会对健康险的积极推动带动了各寿险公司对此类业务的重视，此外，还有各家寿险公司在健康险产品和管理上的创新。健康险业务在许多寿险公司里都已作为独立运营的部门进行单独管理。有的公司计划在未来成立专门的健康险公司进行独立运作。目前这已不存在政策障碍。在加强控制经营风险的基础上，2003年健康险的整体赔付率有所下降。

在寿险销售渠道方面，个人代理人依然是最为重要的形式。在业务总量中，目前个人营销业务仍占到60%以上。国寿的营销业务占62%，平安占62%，太平洋占28%，新华占25%。营销员总数在140万左右，国寿有64万，平安20.7万，太平洋18.35万，新华人寿12万(1—11月参考数据)。与去年相比，营销员总数没有增长，还略有下降，部分原因是几家大公司加大营销员的调整，个人代理人考试难度加大导致增员困难等。另外，几家新公司更多采用银行保险代理等新型渠道，而放慢对个人营销渠道的构建。个人代理人市场正处在调整时期，或许这种市场氛围可以给各公司充分的时间来提高营销员素质、完善营销管理体系、强化培训。保监会关于个人代理人的有关规定应该尽快出台，以明确他们的角色，使他们与《保险法》目前的规定不再发生冲突。个人营销业务依然是寿险公司业务中最为重要的，也是最稳定的业务来源。

在寿险业务快速发展的时期，有一些问题值得关注。如目前寿险业务统计口径的不统一。目前保监会对外公开披露所采用的“保险年鉴”统计指标无法与目前的业务相对应。如健康险数据，有的公司的健康险数据中不含重大疾病保险保费，但保监会公布的数据中含有这类业务的统计。而团体业务的统计数据更难以进行比较，有的公司是以业务进行划分，有的则是以销售渠道划分，这样，团险业务数据有时存在一些交叉与重复。再有银行保险代理业务数据目前只是包括在中介业务数据中，没有专门的统计指标，十分不准确；同样，企业年金业务数据则只能进行估算。这种统计数据的混乱已在一定程度上影响到寿险的行业形象，已不适应目前的业务发展。建议保险行业协会、保监会会同寿险公司重新修订业务分类标准，统一业务统计口径。此外，行业信息定期披露的制度没有建立起来，业内外无法对公司的业务质量、利润率、客户服务质量、违规代理人、偿付能力等进行客观的了解和评价。另外，寿险中介市场在经过整顿后已相对规范，但目前的中介市场出现活力缺乏、作用不大的现象，这是目前需要解决的问题。

(二)监管的改变

今年的监管部门以全新的姿态，卓有成效地推动了整体行业的发展，不仅保证了国有寿险公司股份制改革的完成，成功的实现海外上市，同时也通过出台一系统重要的监管规定，为今后寿险业的健康发展打下了良好的基础。更为重要的是，保监会以积极、主动的姿态为寿险业努力创造更好的外部发展空间，也使得寿险业在资本市场、金融业、乃至国民经济中发挥出更为重要的作用。

2003年新《保险法》开始实施。保监会在年初就提出保险业要做大、做强，以发展为核心的监管思路。在此基础上，保监会在3月份颁布了《保险公司偿付能力额度及监管指标管理规定》，严格要求寿险公司在保证业务发展的同时具有充足的偿付能力。尽管偿付能力监管已提出多年，但此前始终没有相配套的管理规定，而这个规定的出台对于寿险的发展意义十分重大。在6月份出台的《保险新型产品精算规定》中，在产品设计、准备金计算、销售材料的信息披露等方面都作了明确的规定。这也是在近几年投连、万能、分红等新产品不断推出，寿险新产品监管相比滞后，保单持有人利益没有得到充分保障的情况下，对产品与销售市场进行的一次规范。而7月份颁布的《保险公司高级管理人员任职资格管理规定》，一方面加大了对高级管理人员的要求，同时也放宽了对分公司副总经理以下人员的资格审查。这不仅适应了目前寿险业快速发展情况下对人才的迫切需求，同时也吸引了更多的社会人才进入寿险业。此外，保监会修订了《保险公司投资证券投资基金暂行方法》、《保险公司购买中央企业债券管理方法》，将寿险公司投资证券投资基金比例提高到总资产的15%，投资中央企业债券的比例提高到20%，为寿险业拓宽投资渠道创造了一定的条件。在10月份实施的《关于放宽保险公司分支机构经营区域的通知》，则允许已在省、自治区或直辖市设有分支机构的保险公司，在控制风险、保证服务的条件下，可以不再设立机构，可采用专业中介或设立营销服务部方式开展业务。这个规定打破了已往业务发展受制于经营机构设立的限制，为新进入市场的公司创造了业务发展条件，同时也降低了业务拓展成本。另外，为了进一步推动健康险业务的发展，保监会也为“健康险公司”的设立提供了制度保证。

保监会主席吴定富对保险的功能提出了“经济补偿、资金融通、社会管理”这一观点，是保险理论的创新。保险的社会管理功能以往没有明确的提出，而在吴定富主席提出的观点里，保险的社会管理功能包含有：社会保障管理、社会风险管理、社会关系管理、社会信用管理这4个职能。保险业不仅具有经济补偿和资金融通的职责，还需要承担相应的社会管理职责。在2003年上半年非典事件中，寿险业积极配合保监会的建议，迅速推出多种针对非典的健康险险种，取得良好的社会与经济效益。在保险业的诚信建设方面，保监会也成为积极的倡导者。经过几年的快速发展，保险在经营理念、公司治理结构、业务管理、营销管理等方面的不足，使得保险业的社会形象下降，一度被中消协评为十大存在信用问题的行业之一。经营粗放、短视造成了对客户利益的侵害。而近2年营销员增速放缓的部分原因也是因为职业信誉的下滑。在这种情况下，重塑形象、诚信经营已成为业内人士共同呼吁的话题。吴定富主席在11月6日“世界经济发展与企业信用论坛”上更是谈到了如何加强保险的诚信。他提出要“打好一个基础”，即加强信息披露等基础工作；“突出一个重点”，进一步深化股份制改革，建立现代企业制度；“强化一个机制”，加大对违规的处罚；“培养一种文化”，即在公司里、行业内建立诚信文化；“形成一种合力”，即发挥政府推动、行业自律、企业内控以及舆论监督的共同作用，共建诚信体系。

（三）国寿海外上市

中国人寿经过了3年多的辛勤运作，在2003年年末实现了在纽约证券交易所、香港联交所的成功上市。它的上市不仅是作为国内第一家在美国上市的中国金融企业，同时也创造了本年度全球最大的IPO项目，融资总额达到35亿美元。在全球路演的过程中，海外投资机构表现出了极大的兴趣，认购的资金超过500亿美元，香港公开发售也获得高额认购。国寿总经理王宪章于12月17日在纽约证券交易所为中国人寿(LFC)挂牌按响了开市的铃声，这标志着中国寿险业开始真正步入国际舞台，并成为2003年中国寿险业最为亮丽的一道风景线。

国寿的上市之路并不平坦。作为最大的寿险公司，由于历史原因，它曾背负着沉重的利差损。在寿险业快速发展的时期，若不能改变公司的结构，改变国有企业的经营机制，尽快补充资本金，那么将无法继续保证公司的健康、快速发展。在国务院、保监会的大力支持下，国寿于2003年6月完成了重组，成立了集团公司和股份公司。国寿的重组方案具有独创性，也为国际寿险业如何化解利差损提供了一个全新的案例。在重组完成之后，中国人寿股份有限公司紧接着开始筹划海外上市。尽管由于时间紧迫，年内上市难度很大，但总经理王宪章非常坚定地要完成这一目标。他曾对《财经》杂志的记者说，“因为我相信公司的发展业绩和成长能力，我们完全能够达到美国的上市标准和要求。我这个信心是非常坚定的。非上不可”。在全球路演期间，中国人寿的高层有了更大的信心。因为中国寿险业的高速成长、中国人寿的业务规模、实现利润的能力以及公司的内在价值都极大的吸引了全球投资者的青睐。不同于以往海外上市的大型国企，中国人寿的价值没有被低估，相反其估值水平还高于国际同行。上市后，在香港市场上，中国人寿的股票(2628)在7个交易日内上涨了60%以上；在纽约，股价更是上涨超过65%。

中国人寿的上市对于寿险业的意义在于，这是第一次将国内寿险业的经营业绩在国际间进行展示，也就是国内的寿险业从此将通过国际资本市场在一个规则下与国际同业进行真正的比较。此外，通过引入国际资本，作为占据寿险业半壁江山的国寿可以进一步改善公司治理结构、完善经营机制、真正实现国有寿险公司的机制转换、提高市场竞争力。寿险业在快速发展下，需要有充足的资本金，以保证与业务发展相应的偿付能力。曾有学者估算，国内寿险业资本金缺口达到300亿元，而此次国寿的融资总额就已接近300亿元。它的上市成功对寿险业未来的发展都有着积极的意义，也对国内金融企业，特别是国有银行的改革具有示范作用。

海外上市还对财务系统、精算制度的完善具有积极意义。此后，国寿每年都将出具香港会计准则下、美国会计准则下的财务报告，这与国内目前所采用的会计规定有很大的差异。如在美国会计准则下，保费收入将只包括风险型保险收入和保单管理费收入，而国内目前业务量最大的储蓄投资型业务只计入资产负债表，其产生的保单管理费才计入保费收入项。这种差异也将影响目前我们对业务的评价。在未来，国内的寿险会计制度将逐步与国际接轨。此外，作为上市公司，股东价值的最大化将成为公司的最为重要的经营目标，利润的实现要优先于对业务规模的追求，公司的经营战略将因此而调整。更为重要的是，作为上市公司，必须要建立符合上市规定的董事会、监事会，引入独立董事、建立完善的公司治理结构，通过董事会和监事会对高管起到制衡作用，以保证公司的长期战略发展。当然，国寿的海外上市也给监管部门提出更高的要求，他们需要进一步完善目前的监管，已适应即将来临的寿险公司上市时代。在2004年，平安和新华也将可能成为上市企业。

（四）影响发展的几个问题与分析

(1)利润与规模：

这个问题在寿险业快速发展以来始终作为存有争议的问题存在。在目前做大、做强、快速发展的环境中，规模依然被视做利润实现的前提。2003年，泰康、新华、太平都取得了很高的增长速度，同期的合资、外资公司也都处在高速的发展中，业务规模的快速扩张是近几年寿险业的特征，寿险业也成为最具营销实力的金融机构。通常认为寿险公司必须尽快地扩大业务规模，以为未来利润的实现做保证。因为在成长中的市场，先入者可以获得先机，寿险合同长期的特性，也使业务具有非替代性。但实际上，规模发展需要以合理的费用支出、合理的利润实现，并保证充足的偿付能力为前提，尽管目前各公司在产品设计时都已进行了利润测试，但在经营过程中，特别是竞争激烈的业务领域，一些公司为获得业务而加大费用开支、牺牲利润，部分业务的获利能力很低，其他是亏损。此外，在目前资本市场较为低迷，保险资金受到限制、缺少对冲工具难以合理的规避风险，另外资产负债的匹配情况并不理想的情况下，很可能在未来出现隐性亏损。如在目前火爆的银行保险市场上、养老金市场上，都有可能会出现这种情况。此外，仅以业务规模作为考核目标不仅为很多公司所采用，而且也成为行业的惯例，若能结合公司的费用率、利润率作为考核和评价的标准，那将可以逐步转变这种趋势。

(2)公司的发展战略与国际竞争力

寿险公司发展战略的明确对于公司及行业的发展都有着重要的意义。但目前的寿险行业对长期发展战略的研究不足。如到2003年末，保险业的总资产将超过9000亿，并在2004年初达到10000亿。在这样的背景下，如何实现保险业与货币市场、国内外资本市场的对接，将成为十分重要的战略问题。建立长期发展战略的公司，可以在经营中摆脱短视。另外，在目前的发展环境下，国际竞争能力应该可以作为寿险业未来的长期战略目标。与国际同业公司进行比较、在同样的标准下进行分析，这样不仅可以找到差距，也可以找到优势所在。经历了近十年的快速发展，伴随着中国经济的起飞，我国的寿险业应该在不远的将来出现具有国际竞争力的、实力雄厚的寿险公司。

(3)保险人才的培养：

保险人才的不足已成为目前行业发展的瓶颈。尽管每年保险专业和精算专业的毕业生很多，但由于院校教育与实务的脱节，以及有经验的师资匮乏，而出现一个尴尬的局面。一方面很多保险专业的毕业生求职困难而转做他行，另一方面，保险公司却极其缺乏适用的人才。一些公司如国寿、平安、太平洋等都设有自己的培训学校或培训基地，但更多是用于短期员工在职培训。一些专业性很强的人员，如精算、产品开发、IT、核保、核赔、财务管理等方面的人才都难以通过短训方式培养。在这方面应该由公司与院校进行更多的沟通合作，国内与国外机构建立长期、有效的合作。此外，还需要建立完善我国的寿险专业人员考试体系，并且加大力度引进海外专业人才。

2003年的寿险业是结构性变革的一年，在新的一年里，它将面临更多的挑战，但健康发展将是不变的主旋律。（曹青杨）

保险业现状与提高核心竞争力

党的十六届三中全会《关于完善社会主义市场经济体制若干问题的决定》有7个地方直接提到保险，从全局的高度肯定了保险业在完善社会主义市场经济体制和全面建设小康社会中的重要作用，对中国保险业的发展寄予厚望。为了开创中国保险可持续发展的新局面，中国保监会主席吴定富同志在2004年全国保险工作会议上再次强调，中国保险业的首要任务是加快发展，尽快做大做强。做大做强中国保险业的整体实力与核心竞争能力，是科学发展观在保险业的具体体现和保险业科学发展观的核心内容。要树立和落实科学发展观，走中国特色的保险发展道路，关键在于实施三大战略和突破五个瓶颈。即实施创新战略、标准战略和人才战略，突破中国保险业发展的规模小、范围窄、功能有限、产品单一和诚信缺失五个瓶颈，同时充分发挥保险的经济补偿、资金融通和社会管理三大功能，最终实现为完善社会主义市场经济体系和全面建设小康社会提供充分的保险保障服务这一宏伟目标。

一、中国保险业整体实力与核心竞争能力现状的几点基本判断

（一）中国保险业的整体实力与核心竞争能力不断提升、经济功能初步显现

从1980年中国恢复商业保险以来，历经全体保险行业工作者的坚苦创业、努力奋斗，中国保险业的整体实力与核心竞争能力得到不断提升，经济功能初步显现，具体表现在如下几个方面：

1、中国保险业规模不断增长、体制改革取得重大突破

(1) 1980年以来中国保险业发展取得了巨大成就

20多年来，中国保险业的保费收入快速增长，保险密度和保险深度不断提高。保费收入实现第一个500亿元用了15年，第二个500亿元用了3年，而2001年保费1年实现增长500亿元，2002年比2001年增长了近1000亿元。保费平均增长率30%左右；保险密度从1980年的0.47元/人提高到2002年的237.6元/人，保险深度从1980年的0.1%上升到2002年3%。

(2) 2003年中国保险业体制改革取得了重大突破

在中国保险业发展已经取得的巨大成就基础上，2003年中国保险业的体制改革驶入快车道，其标志是：中国人保、中国人寿和中国再保险三家国有独资公司在2003年全部完成重组改制工作，为增强中国保险业整体实力、提升中国保险业核心竞争能力奠定了坚实的基础。2003年11月6日，中国人民财产保险股份有限公司在香港上市，成为第一家在境外上市的国有金融企业，被《国际金融评论》评为2003年度“中国股票最佳发行公司”，同时也被《亚洲货币》评为“2003年度最佳新上市公司”。中国人寿保险股份有限公司也于2003年12月17日和18日分别在纽约和香港两地同步上市，创造了当年全球资本市场首次公开发行融资额的最高纪录。通过上市，两家公司共筹集资金折合人民币354亿元，增强了企业资本实力，提高了偿付能力和抵御风险的能力，优化了股权结构。2003年12月22日，中国再保险（集团）公司、中国财产再保险股份有限公司和中国人寿再保险股份有限公司揭牌，加上此前成立的中国大地财产保险股份有限公司，中国再保险（集团）公司成功搭建起新的公司框架。

2、中国保险业的社会经济功能初步发挥

(1)经济补偿功能不断增强

经济补偿功能是保险的基本职能，特别是表现在一些重大灾害事故发生后，保险公司的赔付，在灾后重建、恢复正常的生产生活秩序方面发挥了重要作用。如图1所示，从2000年以来，中国各保险公司进行的赔款和给付金额每年均以20%左右的速度增长。2003年，中国各保险公司共支付赔款和给付841亿元，为实现经济补偿功能发挥了重要作用。

(2)资金融通功能日益凸显

截至2004年1月末，保险资金运用余额9291亿元，为国家经济建设提供了大量资金。其中，4513亿元存入银行，1418亿元购买国债。保险公司持有的企业债券占企业债券总量的一半，持有的证券投资基金占整个证券市场基金额接近30%，保险公司已成为资本市场重要的机构投资者，为资本市场的发展和稳定发挥了积极作用。

(3)社会管理功能初步显现

各保险公司普遍加强了防灾防损和社会保障等方面的服务，保险承担起更多的社会责任。例如在2003年中华民族抗击非典的伟大斗争中，保险业反应快、介入早，共向313例非典患者赔付500多万元，向社会捐款1000多万元，向医护人员捐赠保险保额2亿多元，树立了负责任、献爱心的行业形象，表现出“服务大局、勇担责任，团结协作、为民分忧”的行业精神，增强了全社会战胜非典的信心，得到了社会普遍认可。

（二）中国保险业仍处于发展的初级阶段，基本特征是总体规模小，在国民经济中的比重低，功能和作用发挥不充分，发展受制于以下五个瓶颈

1、规模瓶颈：保险业规模小，与经济社会的发展不相适应。

虽然我国保险业保持了较快的增长速度，但是保险业的总体规模仍然偏小。和我国经济社会快速发展所提出的相应的保险保障需要相比，保险业规模难以满足社会需求。从国民经济指标看，我国国内生产总值世界排名第6位，而从保险深度看，2002年，世界平均为8.1%，我国为3%，世界排名第48位。从保险密度看，世界平均为423美元，我国是29美元，排名第71位。由于我国保险规模偏小，和我国国民经济实力很不相称，因而难以满足国民经济快速增长的保险需要。

2、范围瓶颈：保险业覆盖面窄，难以为国民经济发展提供全方位的保险服务。

从需求面看，国民经济的各行各业都需要保险保障机制，而从供给面看，我国保险的覆盖面相对狭窄，难以满足国民经济发展提出的全方位保险需求。以农业保险为例，我国农业保险与农业发展和农村经济建设对保险的需求极不相称，农业保险覆盖的农民人数和农业生产的比率极低。我国是一个农村人口占总人数85%的农业大国，也是世界上自然灾害最为严重的国家之一，而农业保险保费收入仅为农业生产总值的0.04%，占全国财产保险保费收入的8.82%，占总保费收入的0.6%，农业保险的险种不足30个。

3、功能瓶颈：保险的功能和作用没有得到充分发挥。

综观发达国家的经验，保险业在国民经济和社会发展中的作用举足轻重。在发达国家，一旦发生突发事件或重大灾害事故，人们首先想到的是保险公司，保险业对恢复经济，保障人民安全，维护国家稳定起着举足轻重的作用。而在我国，一旦发生重大灾害事故，人们很少会想到发挥保险的作用，而是主要依靠财政支持、优惠政策和社会救济等方式来弥补损失。这表明，我国保险业的发展与国民经济和社会发展很不

相称，还远没有发挥出应有的作用。在欧洲，保险赔款占灾害损失的比例为 20%。而在我国，这一比例仅为 1%。例如，2003 年末重庆开县发生的井喷事故，造成了重大人员伤亡和财产损失，社会影响非常大，但保险赔付只有二十多万元。保险还没有渗透到经济的各行各业、社会的各个领域、生活的各个方面，作用发挥得还不够。

4、产品瓶颈：保险业的产品结构单一，竞争能力低。

我国的保险产品结构单一，缺乏竞争力，主要表现在三个方面。首先，险种单一，类同率高，无法满足投保人多方面、多层次的保险需求。例如，国内的产险公司大都把目光集中在机动车险、企财险和货运险等几个少数险种上，面对发展空间很大的责任保险、保证保险和信用保险等险种却开发得较少，仅占财产保险业务总量的 10%以下。其次，开发数量多，适销险种少。在监管部门备案的诸多条款中只有十几个险种发展起来，形成规模效益的险种更是寥寥无几。第三，绩效标准不合理，对新险种缺少扶植。目前，保险公司的绩效评价往往只限于保费收入的多少，各保险公司以年保费收入为指标来衡量各分支公司的业绩情况，以完成多少保费来决定员工的收入分配，这就导致业务人员片面追求保费收入而忽视公司效益，甚至以赔揽保。

5、诚信缺失：保险业的欺诈现象时有发生，诚信服务有待加强。

中国保险业的诚信缺失表现在保险供给者、保险中介和保险需求者三方的诚信缺失。诚信，从某种意义上说，标志着保险业的核心竞争力，诚信的缺失，极大地削弱了中国保险业的核心竞争能力。

作为保险市场上提供保险产品的保险供给者，保险公司及其工作人员在保险业务中隐瞒与保险合同有关的重要情况，误导甚至欺骗投保人、被保险人或受益人，不及时履行甚至拒不履行保险合同约定的赔付义务，使部分保险消费者丧失对保险公司的信任。作为保险中介，保险代理人、保险经纪人和保险公估人诚信缺失主要表现，在于他们开展的保险业务中误导甚至欺骗保险人、投保人、被保险人或受益人；隐瞒与保险合同有关的重要情况，阻碍投保人不履行如实告知义务等。作为保险消费者的投保人、被保险人和受益人，其诚信缺失主要表现在：一些投保人在投保时，不履行如实告知义务，使保险公司难以根据投保标的风险状况确定是否承保、应该以什么样的费率条件承保；有些被保险人和受益人，故意虚构保险标的灭失，或者谎称发生保险事故骗取保险赔付，伪造与保险事故有关的证明、资料和其他证据，甚至人为制造保险事故，故意造成保险财产的损失及被保险人的人身伤亡事故，增大了保险标的损害及社会财富的损失，增加了保险人理赔的成本。

如果不尽快扭转上述中国保险业规模偏小、覆盖面窄、功能有限、产品单一、缺乏诚信的局面，保险业为全局服务就只能是一句空话，就不能在全面建设小康社会的伟大征程中担负起应有的重要职责。因此，保险业的当务之急就是加快发展、诚信服务和迅速做大做强。

二、抢抓机遇、迎接挑战、落实科学发展观，站在服务国民经济和社会发展全局的高度认识做大做强中国保险业的重要性和迫切性

（一）做大做强是科学发展观在保险业的具体体现和保险业科学发展观的核心内容

做大做强中国保险业的整体实力与核心竞争能力并非我们的最终目的，而是我们为加快发展中国保险业并最终服务于国民经济和社会发展全局必不可少的重要手段。因此，我们必须把做大做强中国保险业提高到事关社会主义经济建设和国民经济协调发展全局的高度，认识到做大做强是科学发展观在保险业的具体体现和保险业科学发展观的核心内容。做大，就是保险业具有较大规模，保险在国民经济中的覆盖面广，保险服务程度高，保险的功能和作用得到充分发挥，全社会的保险意识普遍提高。做强，就是保险公司的核心竞争能力要强，保险业的整体实力要强，保险监管要强，保险队伍要强，保险业的可持续发展能力要强。

实现做大和做强的统一，关键是将思想统一到保险业的科学发展观这一重要指导思想上来。做大是指保险发展的速度和规模，做强是保险发展的质量和效益。做大和做强是辩证的统一。没有大，谈不上强；不能做强，大也没有什么意义。因此，在做大的同时必须做强。既要保持较快的速度，又要有较好的效益；既要不断扩大规模，又要有合理的结构和较高的质量。

（二）做大做强中国保险业是完善社会主义市场经济体系、实现国民经济预期增长目标的需要

国家统计局数据显示，2003 年我国国内生产总值达 11.67 万亿元，人均国内生产总值首次突破 1000 美元大关，支撑经济增长的物质和技术基础不断增强，标志着我国经济进入新的发展阶段。国际经验表明，在这个阶段，人们的消费需求开始升级，生活要求出现多样化，对住宅、汽车、文化教育、医疗卫生、养老保健等改善生活质量的需求将明显提高。特别是十六大提出全面建设小康社会的宏伟目标，到 2020 年，经济总量将比 2000 年翻两番，这意味着我国经济将保持年均 7.2%的增长速度。十六届三中全会又提出以“五个统筹”为核心的发展观，实现经济、社会和人的全面发展。这些都与保险业息息相关，保险业迎来了大发展的最好时期。国民经济的快速增长为我国保险业的做大做强提供了坚实的经济基础，同时也对我们做大做强中国保险业提出了迫切需求。

完善社会主义市场经济体系、实现国民经济预期增长目标都需要持续不断的巨额资金投入和经济结构的进一步调整。只有整体实力发展到新的水平，保险业才能通过收取保费聚集起庞大的保险基金来实现其保险功能，并通过对保险基金的运用管理，在促进经济发展和经济结构调整中发挥重要作用。在社会再生产会因遭受各种灾害事故而被迫中断或失衡时，只有拥有强大的实力，保险业才能及时、迅速地发挥修补作用，从而保证社会再生产的连续性和稳定性，确保国民经济和社会的健康发展。同时，只有拥有不可替代的核心竞争能力，保险业才能通过对其庞大的保险基金的有效运作，加快社会可投资资金的积累速度，优化资金资源配置，为国民经济发展和经济结构调整提供长期资本来源，提高保险业对国民经济发展的贡献度。

（三）做大做强中国保险业是迎接国际竞争的需要

1、当前中国保险业的国际竞争力不足，难以应对激烈的国际竞争

资产利润率常常被用来衡量一国保险产业或某一保险公司的盈利能力。从资产利润率来看，世界最大的 25 家保险公司中最低的为英国信诚保险集团，1998 年度，该集团资产利润率为 4%，而中国人寿保险公司和中国人民财产保险公司的这一指标分别为 0.47%和 1.78%。如果考虑到中国保险市场保险费率高于世界保险市场平均水平这一因素，则中资保险公司的盈利能力与世界大保险公司相比存在更大差距。

从市场集中度来考察，2000 年中国保险市场中，保费收入最多的前 4 家中资保险公司的市场集中率为 95.99%。而

国外成熟保险市场中，保险公司的市场集中度相对较低，如1996年美国前8家保险公司在寿险市场中的市场集中率为34.7%(当年美国共有1001家寿险公司)，非寿险市场中的市场集中率为36.1%(美国1996年共有1138家财产保险公司)。由此可见，中资保险公司的市场集中度过高，也表明中国保险市场竞争机制发挥的作用有限，整个产业仍不成熟。

2、随着我国加入WTO后保险领域开放程度的不断加大，中国保险业面临的国际竞争将更加激烈

根据WTO《服务贸易总协定》的规定，各国保险市场的开放运作都必须履行市场准入、国民待遇、最惠国待遇、提高透明度等义务。根据中国加入WTO的协议，中国将在加入WTO后两年内允许外资保险商设立全资非寿险分公司，三年内取消对外资保险公司的所有地限制，五年内允许其经营团体险、健康险和养老险。中国将允许外资在寿险合资企业中拥有"有效的管理控股"，外资持股的最高比例可达50%。由此可见，随着外资保险公司的全面进入，中国保险业将面临着更加激烈的国际竞争。只有做大做强中国保险业的整体实力与核心竞争能力，才能在激烈的国际保险市场竞争中立于不败之地。

三、做大做强中国保险业整体实力与核心竞争能力的战略选择

一方面，中国保险业经过二十多年的大力发展，整体实力与核心竞争能力有了一定程度的提高，但仍然不能满足国民经济发展的需要；另一方面，中国保险业肩负着为完善社会主义市场经济体系和全面进入小康社会而提供保险保障服务的重要职责，同时还面临着激烈的国际保险竞争。因此，只有实施超常规的发展战略，即创新战略、标准战略和人才战略，才能在较短的时间内做大做强中国保险业的整体实力与核心竞争能力，更好地服务于国民经济发展的全局。

(一)实施创新战略，实现中国保险业理论创新、功能创新和监管创新

1、中国保险业的理论创新

(1)逐步建立广义现代保险理论体系，扩大中国保险业覆盖面，构建全社会的保险保障体系

传统的保险理论研究重点仅限于狭义保险学，即商业保险，其覆盖面较为狭窄。广义现代保险学是和狭义保险学相对而言的，广义现代保险学是将商业保险、社会保险、政策保险、互助保险和企业自保等一切采取保险方式来处理危险的社会化保险机制都包括在内。以广义现代保险学理论体系指导实践，不仅具有重要的理论意义，能够体现出共同的处理危险的本源职责，而且在当前具有特殊重要的实践意义，有利于我国保险政策实践中促使各种社会化保险机制协调发展并发挥整体功效，是做大做强中国保险业的整体实力和发挥保险三大功能的理论支撑。

在广义现代保险理论指导下，首先要加快建立和完善政策性保险体系。在继续完善出口信用保险制度的基础上，尽快建立农业政策保险制度。对于农业政策性保险，政府应给于一定的政策倾斜和资金支持，并承担适当的风险损失的担保责任，同时还应给予适当的税收优惠政策。为充分发挥政策性保险的作用，要注意妥善处理公平与效率的关系，同时还要运用科学合理的产品定价机制，解决好政策性保险的"可获得性"与"可支付性"问题。其次，要加强对专业自保公司的规范和监管，应允许和支持符合条件的自保企业，转型设立规范的自保公司，规范其自保行为，将之纳入广义现代保险的监管范畴。

(2)探索保险与银行、证券融合经营的理论规律，为做大做强中国保险业服务

从发达国家金融业发展的历史看，保险与银行、证券经历了从混业经营到严格的分业经营再到当前融合经营的发展历程。如何从理论上把握保险与银行、证券的混业——分业——融合经营的发展规律？当今世界保险与银行、证券的融合经营潮流是否仅仅是历史上金融混业经营的重演？这是关系到我国保险业发展战略的重大理论问题。

我们认为，保险与银行、证券的融合经营潮流是金融发展的大势所趋，并非简单地重复历史上的金融混业经营。历史上的金融混业经营，使保险与银行、证券这三驾马车都处于混乱无序的状态，其结果是使三大行业的发展壮大都受到损害。其后出现的严格分业经营由于使保险与银行、证券三个行业实现了专业化分工，因而提高了每个行业的经营效率，符合历史发展规律。当前的金融业三驾马车的融合经营是在严格的风险控制机制下实现的，因而有利于保险与银行、证券的优势互补和资源共享，最终提高了三个行业的经营效率。由此可见，金融业的经营模式发展规律不是如有些人说的三十年河东三十年河西，从0点转了360度又回到了0点这样平面运动和简单的重复，而是完全符合否定之否定、螺旋式立体上升的历史发展规律，是一场金融业经营模式的进化革命。

认识到保险与银行、证券融合经营的理论规律，对我们做大做强中国保险业具有极强的现实指导意义。当前，我们首先要鼓励国内现有保险公司与银行联姻，从代销保单的银行代理人逐步向银行保险人发展，充分发挥银行、保险的联动优势，更好地实施售后递延服务，确保保险客户的利益，以迎合国际融合经营的趋势。其次，我们也要开辟渠道鼓励保险公司进入资本市场进行证券投资，鼓励保险公司和证券公司或资产管理机构实施战略合作并最终实现优势互补。第三，当前中国金融业实现融合经营的现实选择是采取金融控股公司的形式，通过组建金融控股公司使保险公司与商业银行、证券公司位于统一的金融服务平台，架构货币市场、证券市场和保险市场三者之间的联动机制，推出综合服务业务，拓展金融业务范围。

3、中国保险业的监管创新

中国保监会成立后，在中国保险业监督管理上已经实施了一系列的创新举措。例如保监会和证监会、银监会于2003年共同启动的联席监管机制，三家监管机构分别向其监管对象收集信息和数据，并负责统一汇总、编制各类金融机构的数据和报表，按照国家有关规定予以公布。明确就重大监管事项和跨行业、金融控股集团的监管、跨境监管等复杂问题及时进行磋商。对金融发展和创新中出现的问题，三方通过联席会议和经常联系机制互通信息、充分讨论、协商解决、鼓励金融创新、控制相关风险。此外，保监会还在拓宽保险资金运用渠道上不断进行监管创新，保监会积极向国务院汇报保险资金运用存在的突出问题，得到了国务院的重视和支持。经国务院批准，保险公司投资企业债券的范围由原来只限于4个行业，扩大到AA级以上的企业债券；投资比例由原来不超过总资产的10%提高到20%。保监会还向国务院提出保险资金参与国家基础设施建设的政策建议，现已纳入国家投融资体制改革的内容进行研究。

保监会未来的监管创新主要方向是：首先，要加强保险监管基础性工作的创新。加快有关法律、法规及其配套措施和管理细则的制定、修改和废止工作，建立和完善保险精算规则、精算报告制度、精算师资格考试制度、监管报表制度、监管

与预警指标分析制度、年检报告制度等，建立起以偿付能力监管为核心的保险监管模式；同时加强保险企业之间的合作和协调，实现同业自律。

其次，要加强对外资保险公司的监管，严格审批制度，规定资本金和保证金最低限额，有计划、有步骤地放开外资保险公司的经营范围、业务种类，并定期进行财务审查，从资本充足率、资产质量、盈利能力、流动性等方面监管其偿付能力和违规行为，加强国际合作，实行联合监管。

第三是加强和改善市场行为监管。例如，实行保险公司违规处罚信息通报制度，定期在行业内通报保险公司的受处罚情况，必要时向社会公开。在机构、产品和高级管理人员的审批备案等方面，把总公司对分支机构的管控能力作为重要的考核因素。面对保险公司上市步伐的加快，我们要加强对上市保险公司的监管，防止出现小问题引发大反应。

第四是密切注意保险市场与资本市场、货币市场的联动机制，有效发挥监管部门在宏观调控中的作用，使保险市场在完善金融调控机制中发挥应有的作用。保险市场在金融资源配置中具有重要作用，不仅可以增加居民储蓄转化为投资的渠道，缓解银行资金高度集中的压力，而且可以为资本市场的发展提供长期的、稳定的资金支持，促进资本市场的繁荣和发展。要通过监管创新，充分利用保险市场的特点和优势，进一步促进保险市场与资本市场、货币市场有机结合、协调发展，发挥保险在维护金融市场的整体稳定和防范系统性风险方面的积极作用。

（二）实施标准战略，严格规范、管控风险

1、中国保险行业的诚信标准建设

在以贯彻“最大诚信”为首要原则的保险业中，诚信的重要意义在于它提供了保险业经营的一种竞争力要素，即内嵌在产品服务之中基于共同利害关系的取向而将给公司经营带来持续利润源的一种投入。我们以保单的交易事项来分析，投保人购买的是一种承诺，用现在确定的小的支付（保费）来换取未来不确定的可能大的事故发生时的给付（保险补偿）。从投保人的角度来看，可以保障其交易合法性的依据在于保单这一契约。这里，保单法律契约的背后，尤其是跨越相当长时间段的交易承诺赖以实现的基础就是其中内嵌的社会诚信资本要素，显然，在诚信这一社会资本要素的维持过程中，它所依附的一个体制化网络的有效运营包括了保险监管部门、保险经营机构与广大保险利益相关人的不断投入与精心维护。这种投入既包括法律与政策威慑下的影响，也融合了各种社会习俗的良好秩序与氛围，甚至包括社会观念与意识的普及。

诚信是保险市场的生命。有时，因个别公司某些设计低劣的产品造成的破坏性影响，往往会波及整个行业——迫使许多公司调整业务，重新设计产品，向投保人退款，并要承受来自监管当局和媒体的各种压力。所有这些都要花费大量开支并有损于公司和整个行业的声誉。再者，那些销售利率敏感性产品的中介人也将接受调查，他们的道德水准因此成了问题。许多人为此丢掉了生意和同顾客良好的关系。因此，保险公司必须要信守承诺，如果做不到，就会产生许多不幸的后果。

由于保险经营环境中存在着各种逆向选择与道德危险，保险业经营本身的特性（需要进行时间与空间的风险集合平衡）要求诚信这一特征内嵌于交易过程的各方，否则，极易由于危险体的过分集中（诚信缺失对危险空间分散机制的影响）与交易的风险保障程度不高（诚信缺失对跨时间段的交易保障的影响）而对保险经营产生重大打击。在这一新的观念下，我们应该高度重视重建社会诚信浪潮对我国保险市场发展所提出的变革要求：

必须尽快建立健全保险业微观诚信经营的秩序与规范。目前中国保险市场发展中不少矛盾集中体现在诚信这一社会资本的缺失上，由此产生了各种保险纠纷，涉及公司信誉危机的出现、消费者“用脚投票”的无情选择等等。显然，重视并对“诚信”这一社会资本的功用进行充分引领发挥，利用其内含的信用要素的强大聚合力与持续惊人回报特征来完善我国保险市场经营主体的发展具有基础性的重要作用。

2、保险公司的风险控制要建立统一标准

保险业本身是一个经营风险的行业，管控风险靠的是全保险行业建立一套风险控制标准体系。2003 年保监会发布了《保险公司偿付能力额度及监管指标体系管理规定》，并采取了一系列落实偿付能力监管的具体措施。当前我们需要重点研究建立动态的保险资金运用风险防范机制，制定对保险资金实行比例管理的具体办法以及统一的风险和绩效评价标准。抓紧制定《保险资金运用管理和风险内控制度建设指引》，建立完善的保险资金运用防火墙制度。建立风险预警制度，加强保险公司资产与负债匹配监管，及时评价资金运用风险，动态监控保险公司的偿付能力，严格控制风险。

3、建立保险中介机构的标准规范

中介机构是保险业的纽带和窗口，要做大做强中国保险业，首先要做大做强我国中介市场。目前我国保险中介机构缺乏统一的标准规范，主要表现为营销员管理体制不顺，兼业代理不规范，专业中介机构发展缓慢、整体水平不高。当前要真正按市场经济的要求建立健全代表企业利益的行业中介组织，尽快建立和健全包括代理人、经纪人、公估人以及间接为保险业服务的保险评级公司、保险行业协会和会计师、律师、审计师、精算师事务所等中介服务职能。

保险中介机构必需加大内控机制建设，规范中介行为，建立自己的市场信誉，增强竞争实力。保险代理公司可以通过设立保险客户投诉制度、向保险监管部门申请吊销违法违规代理人资格证书、清除违规个人代理人等方法，对本公司代理人的经营行为进行严格规范。在保险中介机构加大内控机制、规范自身中介业务的基础上，要尽快建立隶属于中国保险行业协会的保险中介行业协会，实施行业管理，订立共同遵守的市场规则和职业规范。通过自律机制的建立，避免行业中的恶性竞争，保持中介市场的稳定发展。

4、保险从业人员的统一标准建设

加强保险从业人员的统一标准建设就是实施保险从业人员的从业资格管理。保险公司要对所有的代理人加强培训，所有保险从业人员资格管理方面实施标准战略，无论寿险还是财险公司都要实行保险业从业人员的考核体系和考核制度。今后保险从业人员的资格考试要更加专业化，分层次，从业人员需要更加细化各类资格考试。设立与国际接轨的中国保险培训考试机构，实施保险从业人员的分层次岗位资格认证考核，提高保险从业人员的综合素质并做到持证上岗。

（三）实施人才战略，加强中国保险队伍人才建设

保险业最终的竞争是人才的竞争，高素质的复合型人才是中国保险业迎接外资保险公司挑战、提高核心竞争实力并走向国际市场的必要和长期的准备。为此，要依照企业属性和市场要求，为人才的成长创造良好的内外部环境，实行干部聘任制和员工合同制，建立吸引和激励人才的绩效挂钩的企业机制和体制，如借鉴国际上通用的经营集团持股及期权等

激励机制；要通过培养与引进相结合的方法造就高素质的人才队伍，为保险从业人员提供各种培训和发展的机会；建立适合自身管理发展的、全面的、系统的、互动的人才资源管理与开发制度规范；建立专业人才储备机制，形成自给自足的内部人才供给市场；建立具有激励作用的、公平合理的工资、奖金、福利待遇等内部分配制度。造就一批国际化的中国民族保险业高素质的复合型人才，全面提升中国保险业的国际竞争实力。

（中国人民大学保险系主任　张洪涛）

对新形势下中国保险业发展若干问题的思考

2003 年对中国的保险业来说是很不平凡的一年。中国人保、中国人寿和中国再保险三家国有企业完成重组改制；中国人保在香港成功上市，成为国内首家在境外上市的国有金融企业；中国人寿保险股份有限公司在纽约和香港两地同步上市，创造了当年全球资本市场首次公开发行融资额的最高记录；保险资金运用管理体制改革取得突破性的进展；消费者对保险的认知程度有了很大的提高，保险业的形象有了明显的改善，社会地位得到了较大的提升。历史经验表明，一个国家保险业的快速、健康及可持续发展取决于各种条件，我曾将之归结为六大和谐环境，即和谐的供求环境、竞争环境、监管环境、经济环境、政策环境和社会环境。经过 20 多年的发展，总体来说，上述各种环境越来越朝着有利于保险业发展的方向发展，特别是监管环境、经济环境和政策环境。从监管环境来看，首先，2003 年以来，中国保监会坚持“为市场主体服务、创造良好发展环境”的原则，出台了一系列加快发展的政策措施；其次，为适应快速发展的保险市场的需要，中央将保监会调整为国务院直属正部级单位，并在精简机构的大环境下，增设派出机构、提高部分派出机构行政级别，增加保监会的内设机构和人员编制。从经济环境来看，在经历了 SARS 以后，我国的国内生产总值仍然保持了 9.1％的高速增长，住房、汽车、建材等与人民群众生活密切相关的支柱产业呈现快速增长的态势，为保险业的发展提供了重要的支撑。从政策环境来看，党和政府对保险业的发展给予了前所未有的重视，这主要反映在以下几个方面：一是十六届三种全会『关于完善社会主义市场经济体制若干问题的决定』充分肯定了保险业在完善社会主义市场经济体制和全面建设小康社会中的重要地位和作用；二是『国务院关于推进资本市场改革开放和稳定发展的若干意见』明确指出“支持保险资金以多种方式直接投资资本市场，逐步提高社会保障基金、企业补充养老基金、商业保险资金等投入资本市场的资金比例。要培养一批诚信、守法、专业的机构投资者，使基金管理公司和保险公司为主的机构投资者成为资本市场的主导力量”。这些都将对中国保险业的未来发展产生深刻的影响。

中国保险业面临着难得的发展机遇，但在这个发展过程中，也有许多问题是值得我们关注并加以研究的。

1、国有股份制企业如何巩固成果、深化改革

对中国人保与中国人寿来说，它们通过去年的改组和成功上市增加了资本金，实现了股权的多元化，提高了偿付能力，特别是中国人寿创造了当年全球资本市场首先公开发行融资额的最高记录，不仅为中国保险业创造了辉煌，向世界进一步展示了中国保险市场的巨大魅力，也为其他国有金融企业的股份制改造提供了有益的经验和样本。然而，在我看来，这些公司在经历了被它们自己称为“浴火重生”、“脱胎换骨”的变化以后，还来不及享受这些喜悦和成果，就必须开始更为艰苦卓绝的征程，它们面临着比以往更大的压力，需要做许多艰苦细致的工作。首先，股改了，名称换了，股权结构调整了，架构变了，经营观念、员工素质、经营方式等是否就能完全适应上述变化。如果不能，就可能重蹈国内许多上市公司所出现的“上市圈钱”，“换汤不换药”的老路。其次，怎样保证对股东的回报。因为资本市场并不因为你们股改了，要直接进入市场了，我也就立刻变规范了，你就可以获取高额回报了。据有关材料显示，保险资金的年收益率在 2001 年为 4.3％，2002 年降至 3.4％，能否在股改以后保证对股东所期冀的高额投资回报，是一个非常现实的问题，第三，人保、人寿原是国有企业，即使做得不好，外界也很难知其内情。而现在成为股份制企业，成为公众公司，透明度大大增强，股东“用手投票”和“用脚投票”的机制将时刻影响公司的股价；第四，人保、人寿都是国内最大的保险企业，各自占据国内产险和寿险市场 70％和近 60％的市场份额，在全国各地有几千家分支机构。如果它们的情况不好，不仅会影响其他即将上市的保险公司，而且会大面积地影响整个市场，引发公众对其他保险公司的信心，并由此产生连锁反应。

2、如何利用资本市场

国务院新近发布的《关于推进资本市场改革开放和稳定发展的若干意见》允许保险公司直接进入资本市场，并且成为主要的机构投资者，这对发展资本市场无疑是一个巨大的的“利好”。首先，它能够大量增加资本市场的供给，刺激并满足资本市场需求主体的筹资需求。在西方发达国家，保险公司，特别是寿险公司一直是资本市场上重要的机构投资者。以美国为例，2001 年，美国寿险公司向资本市场提供了 32690 亿美元的资金，成为资本市场上仅次于商业银行（68760 亿美元）、私人养老金（41620 亿美元）和共同基金（41360 亿美元）的第四大机构投资者。第二，有利于促进资本市场主体的发育、成熟和经济效率的提高。第三，有利于增加资本市场的金融工具，促进金融深化。第四，有利于改善资本市场结构。第五，有利于资本市场的稳定运行。由于保险公司，特别是寿险公司属于资本市场上的长期投资者，其投资主要遵循安全性原则，因此能够在很大程度上消减大量投机者所带来的市场大幅度波动的风险和不良后果。

保险公司可以直接入世并且成为资本市场的主要机构投资者对保险业的未来发展也将产生重要的积极影响。因为其一，由于投资渠道的增加，保险公司可以根据市场的情况和各种金融工具的回报率做出更大的选择，有利于提高其投资收益率；其二，保险公司比其他证券投资基金更了解自身业务的特点，因此，在进行资产负债匹配和投资组合时能够做到更有效率；其三，由于不必支付管理费，可能降低保险公司的投资成本；其四，在保证与以前相同的盈利水平下，如果投资收益增加，就可以相对降低费率，由此使得具有同样保障水平的保单更加便宜。在其他条件不变的情况下，可以更多地吸引消费者购买保险，提高保险在社会生活中的渗透率。

在运用资本市场这个问题上，我认为需要关注和研究两个问题：第一，投资风险的控制，第二，保险风险证券化的理论研究与实践活动。

对于保险公司和监管部门来说，需要格外注意的是，保险市场与资本市场接轨是一柄“双刃剑”：它既有如我们上述所分析的各种有利因素与效果，但同时也意味着投资风险的加大。如果保险公司缺乏专业的投资人才、没有成熟的投资风

险控制机制，监管部门没有有效的监管措施，那么，在目前我国资本市场还很不成熟的情况下，保险公司可能在降低了"负债风险"的情况下，又面临巨大的资产风险。

保险公司除了利用资本市场来进行投资组合以外，还可以利用资本市场将传统意义上不可保的风险通过证券化的方式进行转移，从而使其变得可保，这就是保险风险的证券化。近十多年来，全世界巨灾风险发生的频率加大，由此引发的损失也越来越严重；而再保险公司的费率普遍上扬，特别是在9·11以后。据有关资料显示，国际再保险市场许多险种的费率上扬幅度达到20—30%，而且条件非常苛刻，这无疑导致保险的承保能力变得相对更加有限，在这种情况下，通过资本市场在更大范围内转移风险更加显得重要。

保险风险证券化是一项复杂的系统工程，它不仅对保险市场有很高的要求，而且对证券市场也有很高的要求。虽然保险风险证券化在西方国家已经出现了十多年，但由于各种原因，发展还比较缓慢。与西方发达国家相比，我国各方面的条件更不成熟，因此，期冀很快就设计出保险风险证券化的产品并且实际运作是不现实的。但我认为，保险风险证券化必定是未来保险业发展的方向之一，理论界和实际部门需要超前研究，在中国目前的情况下，传统的再保险在多大程度上无法满足保险公司转移风险的需要；保险业对保险风险证券化的需求有多大；证券市场如何创造发展保险风险证券化的条件；证券化产品设计、定价方面存在的主要困难是什么；证券化和再保险以及使用自有资本之间应该是一种什么样的关系，什么条件下互补，什么条件下替代；在会计、税法、监管方面应当做什么样的调整来适应保险风险证券化的发展。这一切，都需要保险市场和证券市场的紧密配合，需要保险界与证券界同仁的共同努力。做得好的话，可以在更广和更深的程度上实现保险市场与证券市场的互动与双赢。

3、如何"做大做强"中国保险业

从去年中国保监会吴定富主席提出要"做大做强中国保险业"这样一个口号之后，它已成为许多人的共识。我认为，将"做大做强"作为保险业发展的指导思想是符合中国国情的，这有以下三个方面的依据：

首先，与世界保险业相比，中国保险业的地位太弱小，中国的GDP占世界排名的第六位，但中国的保费总规模仅占世界排名的第十三位，总保费的规模不到世界总保费规模的2%。从保险密度看，世界平均水平位423美元，我国不到30美元，在世界80多个国家中排名第71位。

其次，与国内其他金融机构相比，保险业太弱小。目前银行业有20多万亿资产，而保险业到去年底仅为9123亿，占银行资产的4.3%左右；居民储蓄存款11万元，保费只有3800多亿，仅占居民储蓄存款的3.5%左右。

再次，最关键的是，与经济发展与社会进步对保险业的要求相比，我国的保险业无法适应，它的渗透力太低，很多人没有买保险，或者保障额太低。举例来说，1998年的洪灾造成的直接经济损失达2484亿元人民币，2.23亿人受灾，而保险业共支付水灾赔款仅为30多亿元。保险保障的不足，给灾后重建带来极大的困难。

然而我认为，在目前实施"做大做强"战略指导思想的同时，非常重要的一个问题就是使公司的实力增长有着坚实的基础；竞争能力强是指每个公司都具有难以为其他公司所模仿的核心竞争力。如果公司有着很强的创新能力和竞争能力，就一定能够保证它的盈利能力；如果所有的（至少是大多数）保险企业的盈利能力都很强，整个保险业的实力自然就很强了。第三，做大做强要有保费的规模作为基础，但保费规模大并不一定代表实力强。这是因为，保费所代表的是保险公司对投保人的负债。对一家公司来说，保费越多，意味着负债越大。如果没有充足的资本金，没有足够的准备金，保费规模越大，意味着该公司的风险也越大（因为它无法履行对被保险人到期给付的承诺）；如果作为行业基础的每个公司都面临很大的风险，整个行业必然也面临着很大的风险。

第四，做大做强是以做实做细作为基础的。没有"实"和"细"，"大"和"强"就是虚和空的。所谓"实"是指保费是"实实在在"的，而不是"泡沫保费"，保费所代表的"险种结构"和"地域结构"是合理的。之所以强调这一点，是因为对保险公司来说，良好的业务是指公司所承保的风险能够较好地满足"独立同分布"的条件。也就是说，在其他条件一定的情况下，保险标的的数量越大，保险标的分布的地域越广泛，公司防范风险能力就越强。做"细"主要包括五个方面：即"细化消费者"、"细化市场"、"细化风险"、"细化产品"和"细化服务"。

几年前，我曾撰文分析过中国保险业长期奉行"数量扩张型发展战略"的表现形式、原因及其后果。如果我们将"做大做强"简单理解为保费规模的大和市场份额的大，在实践中盲目追求数量，忽视质量，就会重蹈以下五个方面的覆辙：第一，为追求保费规模，难以避免不计成本的问题，由此导致人均生产力水平低，经营成本高。第二，企业风险增大，偿付能力受到损害。第三，企业整体创新能力和动力不足，产品同构现象严重。因为如果企业要研制出自己的产品，必然要进行大量的市场调研，而这样做将会延误抢占市场的先机。因此，各保险公司均奉行模仿战略，难以实施差异化战略。第四，保险专业人才的储备和培养不足。在数量扩张型的战略下，最好的"人才"往往就是能在短期内把保单大量销售出去，把保费"赚"进公司的人员。因此，许多专业人才如精算、核保、核赔、法律、管理等的储备和培养没有得到应有的重视。第五，消费者对保险业产生许多不应有的误解，行业形象和信誉受损。由于急功近利，实行人海战术，公司往往疏于对保险营销员的严格管理，由此引发了消费者与保险公司之间的许多矛盾。

4、如何正确处理市场与政府的关系

从中国目前的现状来看，居民和企业的投保率都相对很低，发生保险事故时，保险的赔款很少，保险业在整个国民经济中还没有发挥它应有的作用，如前所述，这也正是要"做大做强中国保险业"的一个重要理由。

如何提高保险在经济生活中的渗透率？一个似乎很浅显的道理是，作为保险产品提供者的保险公司，必须要认真研究市场需求、设计、提供为老百姓所需要的产品来。用通俗的话来说就是，保险公司也应当像其他行业那样，做到"以需定产"。

从总体上来看，我国保险公司提供的产品与消费者的需要是有很大的差距，换句话说，有些消费者需要的产品，保险公司没有提供，或者提供的不足。出现这种情况固然有保险公司自身的问题，但客观地说，也与保险行业在定价、交易、产品特性等许多方面不同于实业部门和其他金融部门、保险业"逆选择"、道德风险严重等因素有关。因此我认为，一方面，保险公司应当认真研究市场需求，尽可能地提供为消费者所需要的产品，但另一方面，政府和消费者也应当理解，保险公司必须有条件地按照"以需定产"的思路来进行产品的设计和经营。

为什么会是这样？我们以彩电生产商与保险公司的比较来说。如果老百姓需要彩电，彩电生产商无疑就应该生产更多的彩电来满足消费者的需要。消费者的需求越大，生产者卖出的彩电越多，厂商获取的利润就越大。但是在保险业就不完全是这样的情况了。一般的情形是，谁出险的概率越高，谁对保险产品的需求就越大。消费者如果身体很好，肯定不愿意去投保，而如果身体状况不好，甚至得了癌症，才特别想去投保，这就是保险业中所谓的“逆选择”问题。

保险和电视机对于消费来说都是一种产品，但是它们俩的差别又是巨大的。在彩电交易的场合，生产者把彩电一卖出去，钱就收回来了，扣除掉成本和税收等，余下就是公司的利润。“交易”越多，说明产品卖出的越多，厂商获利就越大；而在保险的场合，保单在卖出去的时候，保险公司只是承诺，如果被保险人发生了保险事故，保险公司将进行赔付，此时并没有像彩电交易场合的那种“一手交钱，一手交货”的“交易”发生，因为投保人只是将保费交给了保险公司，作为未来“享受”保险产品服务的前提条件。而一旦“交易”真的发生，那对保险公司来说就意味着是“损失”的发生，因为对某一个被保险人来说，保险公司要付出比他当初缴纳的保费多得多的保险赔款。可见，在保险的场合，消费者如果越需要某种保险产品，这种产品未来“实现交易”的可能性越大，保险公司赔得就越多，利润就越少。当然，保险公司可以通过提高费率、免赔、共保、限定保险金额、扩大除外责任等方式来防止和减少自己的损失，但在加上这些限定条件以后，在对行事谨慎的被保人提供了激励的同时，也会使消费者的需求受到影响。由此可见，商业保险公司与实业部门是不完全一样的，前者的“以需定产”在很大程度上必然受到“逆选择”和“道德风险”的限制。如果商业保险公司不顾及行业的特点而完全实行“以需定产”，那么，连它自身的经营都很难维持下去，何谈保障所有被保险人的利益。因此，我认为，既然是商业保险公司，它就没有义务去承担那些不会给它带来利润、甚至可能给它带来亏损的业务。

可能有人会问，如果是这样，那谁来承担那些老百姓需要、但利润很低或者没有利润的业务呢？我认为，这有以下几种解决途径和方式。

首先，一个优秀的商业保险公司是不会完全无视社会目标和社会责任的，因为第一，商业保险公司必须通过这种方式来体现和提升它的公众形象，激烈的市场竞争也会迫使保险公司这样做，因而它们必然要在“效益业务”与“非效益业务”之间进行权衡。第二，只有双赢的交易才是能够延续下去的交易，因此，只追求高利润业务的公司会让交易的一方感到自己总在“吃亏”，对方总在占便宜，因此会转向其他的产品供给者。于是，这些只做“经济效益”业务而不做任何体现“社会效益”业务的公司就很可能会去失去客户，从而无法在市场中立足。因此，在现实生活中，没有一个真正优秀的商业公司是从来不做任何体现社会责任的业务和社会公益事业的，就像这次保险业在抗击非典的斗争中，保险业共向社会捐款 1000 多万元，向医护人员捐赠保额 2 亿多元，得到社会的普遍赞扬。但关键的问题是，如何做，做多少，这应当是商业保险公司自己的事情。

其次，在商业保险公司自愿承担了部分不体现“经济效益”，但体现“社会效益”的业务以后，仍然有许多老百姓需要，但保险公司不愿意承担的业务怎么办？我认为，这里涉及到不同类型的情况，而核心的问题是正确处理好市场与政府的关系。

第一种情况是，由于数据不全、信息匮乏，商业保险公司担心由于严重的逆选择和道德风险问题会导致巨额亏损，因此不愿提供此类保险供给，例如老百姓需求很大的商业健康保险等。在这种情况下，政府和行业组织应当发挥其作用，例如帮助提供信息，提供数据，与相关部门协调合作，减少由于信息不对称而造成的保险供给减少的状况。

第二种情况是，对保险公司来说，某类风险不存在数据不全、信息匮乏等问题，但由于一些原因导致损失率很高，导致商业保险公司不愿意承保，例如前段时间一些商业保险公司对盗抢率很高的某些类型的车辆拒保，引起公众的不满，“高风险车辆被限制投保或拒保”一时间甚至成为车险市场上的一个热门话题。对这类保险，我认为保险公司有权根据自身的经营状况和风险控制能力，或者提高费率、或者拒保。而对不能在商业保险公司那里得到保险的消费者，可以借鉴美国市场上的一些做法，开辟由政府引导或操作的“剩余市场”，或者成立由所有承保车辆保险公司共同组成的专门的再保险机构，共同享有保费和承担风险，或者依据每个公司的市场分额来承担相应的高风险业务等。

第三种情况是，商业保险公司少提供、或者没有提供某类保险的原因是，消费者有潜在需求，但没有这方面的知识和概念，因而没有表现出强烈的“显示偏好”；而从保险公司的角度看，可能引导、激励不够，例如年金保险、长期护理保险等。在这种情况下，政府可以通过提供必要的政策优惠等措施来鼓励保险公司提供此类险种。

第四种情况是，即使政府提供了必要的信息和数据，也提供了相关的服务和政策优惠，但商业保险公司提供某类保险的意愿仍然不强，例如农业保险、包括地震、洪水等在内的巨灾保险等。在这种情况下，政府就应当间接或者直接介入，充当保险的提供者。“政府不与民争食”，这是市场经济的一个基本原则，但如果“民”不愿做，或者不能做，政府就有责任和义务来做。美国是一个典型的市场经济国家，但美国联邦政府和州政府的代理机构承担了大约半数左右的保险活动。比如，美国的联邦农作物保险公司、联邦洪水保险计划、联邦犯罪保险方案、公平获取保险计划、联邦储蓄保险计划等。正因为较好地处理和协调了政府与市场的关系问题，美国社会的各种风险都得到了较有效的承保，保险的渗透率相对很高，这一点非常值得我们借鉴。

综上所述，商业公司能做的业务，政府就应当放手让其做。商业公司不愿意做的业务，政府应当分清那种情况，区别对待。如果市场竞争主体是多元的、竞争规则是公正的，那么，每个公司在追求自身利益的同时，就能实现如亚当.斯密所说的那样，通过一只“看不见的手”的作用，达到社会整体福利的提高。

5、如何应对未来的混业经营

目前，在国际上金融混业的潮流推动下，国内在此方面的政策已有所松动，一些相关法规的修订也为混业经营留下了一定的空间。在我看来，金融混业经营在中国是一个迟早的事情。要适应这样一个大环境，具备与其他金融机构竞争的能力，中国的保险业需要先做出自己的品牌和形象、打出自己的市场和培育自己的扩张力。

首先，做出自己的品牌和形象

鉴于保险产品的独特性质、保险业在中国发展历史较短、中国传统文化中不利于商业保险发展的一些理念等因素，总体来看，中国的消费者对银行、证券、保险三种金融产品的接受程度是逐渐递减的。从某种意义上来讲，与银行相比，保险公司具有天然的竞争劣势——因为在商品经济社会，任何人都需要货币这一一般等价物，而无论是硬币、纸币，还是信用货币、电子货币,都属于货币的范畴,都需要银行。特别是在中国,保险业停办了长达20年之久,而银行一直在经济生活中运转,广大老百姓对银行极为了解和熟悉。再加上中国人有良好的储蓄习惯,想说不爱银行都很难。

再与追求高投资回报的证券业相比,保险是用一种确定的"损失"(保费支出)来换取对未来风险的保障。对个人来说,未来风险主要包括死、伤、残、病、财产损失等各种不幸事件。在现实生活中,人们都是愿意追逐财富的,证券市场的"财富效应"撩得人们如醉如痴,但人们却不愿意谈及死、伤、残以及其他各种灾害事故等客观存在的东西,特别是在中国的文化氛围里,而后者却恰恰是保险业所经营的内容。

可见,要想获得广大消费者的认可,要想扩大保险在社会、经济生活中的渗透率,保险业需要做的工作比银行、证券业要艰巨得多。目前面临的一项重要工作就是要想方设法提高老百姓对保险的认知程度。这除了需要保险公司不断推出适合消费者需要的产品(如前所述,这也存在许多限定条件)和服务,通过各种方式来宣传保险以外,更重要的是树立全行业的诚信形象。我曾经说过,社会对保险业的诚信要求不仅大大高于一般制造业,而且还要高于银行、证券等其他金融部门,这是由保险产品的特点决定的。人们到银行存款或证券投资的主要目的是为了获取更大的收益,这是一种锦上添花的事情;而在绝大多数场合,人们购买保险的目的是为了转移风险,减少损失,它的目的是为了雪中送炭。银行不诚信给存款者带来的后果可能是本金和利息的丧失,证券公司不诚信给投资者带来的后果可能是预期投资收益的血本无归,而保险公司的不诚信带给投保人的后果则可能是灭顶之灾,一个病人生存希望的破灭,一个困难家庭生活纽带的断裂,一个灾后工厂恢复机会的丧失。因此,如何保险行业不能树立良好的形象和品牌,保险业就不可能做大做强,就难以与其他金融机构竞争。

其次,打出自己的市场

在这一方面,一是要完善市场准入机制,增加新的市场主体,创造更为有效的市场竞争环境;二是要建立完善的市场体系,使得专业化公司与综合性公司并存,大、中小公司并存,商业性公司与政策性公司并存,各种组织类型的公司并存。政府要通过政策手段鼓励在农村地区、欠发达地区和边远地区开办保险公司或机构,提高保险在全国的渗透率。三是建立和完善市场退出机制。只有建立了完善的市场体系,保险业的发展才有广阔的平台;只有建立了有效的市场机制,保险业才能在充分的竞争中实现良性发展。

再次,培育自己的扩张力

这是指保险业具有很强的向其他行业扩张和渗透的能力。结合保险业的特点,我认为扩张力和渗透力的形成可以先从资产管理公司和专业保险经纪及代理公司开始。

第一,国际经验表明,设立保险资产管理公司可以将投资业务与承保业务严格分开,一方面有利于提高资金运用效率和效益;另一方面可以通过管理第三方的资产,成为公司新的利润来源。虽然我国目前的法律还不允许保险资产管理公司管理第三方资产,但在未来允许混业经营的大环境下,它可以通过受托管理运作其他性质的资金,成为向其他领域扩张和渗透的主力军。

第二,从目前中国保险业的销售渠道来看,有包括专业中介(其中包括个人营销、专业保险代理公司、保险经纪公司)、兼业中介(包括银行代理、邮局代理以及其他各种兼业代理)和直销等销售渠道。在上述各种销售渠道中,银行以其特有的客户资源多、代理成本低而为众多保险公司所青睐,成为它们的首选。据中国保监会提供的资料表明,仅仅三年的时间,银行代理保费收入占全部保费收入的比例已达三分之一。但我认为,保险业应当根据自己的情况发展多种形式的销售渠道,目前应当重点发展专业的保险代理公司和经纪公司,特别是后者,而不应当把"宝"主要押在银行身上,这是因为,其一,在允许一家银行代理多家保险公司的业务之后,竞争的结果导致银行保险的手续费也在逐渐攀升,其成本节约优势已经不再显著;如果保险公司对银行的依赖程度越来越高的话,银行的要价也可能会越来越高。这只会进一步增强银行已有的优势地位,使保险业在未来混业经营的环境中居于不利地位;其二,在今后网络越来越发达的情况下,人们在网上就可以完成许多在传统模式下必须面对面才能进行的储蓄、支付等交易,去银行的人将越来越少。在这种情况下,如果保险公司一直过分依赖银行渠道,其产品的销售将面临极大的困境。其三,保险代理公司,特别是保险经纪公司因其集专业性、规范性、可问责性等于一身的特点(当然,这是从理论上而言的理想的经纪公司的特点),易于取得客户的信任,开发客户的潜在需求,并引致新的保险需求,这无疑将进一步促使保险公司开发新的产品。总之,如果能够有效地解决保险销售渠道的问题,保险的渗透力和扩张力将大大增强。(北京大学　孙祁祥)

社会保障:我们该走哪条路

把社会保险作为我国社会保障的载体,并不是上策。但不主张搞社会保险,并不等于说不搞社会保障,这是两回事。积极鼓励发展补充保险的思路是值得提倡的,但把补充保险也归于社会保障,混淆了政府与市场的界限。人们年老时从社会保障中得到的养老金,只能维持说得过去的或较为体面的基本生活;为不降低生活水准,在职时最好参加企业年金。而企业年金不该由政府去承办,而应放给市场去发展。

我们面前的三条路

根据我国的国情和国力,社会保障究竟该走哪条路?目前,我们面前至少有三条路:一是正在走的路,叫做"社会保险+城市低保";二是酝酿好几年的路,叫做"个人帐户为主、社会保险为辅";三是尚处于设想中的路,认为我国搞不起社会保险,只能实行狭义的社会保障。

这三条路的本质区别是:我国该不该采用社会保险的方式搞社会保障?实践中,社会保险一直是我国社会保障的主要载体。近几年,"两个确保"的实施和"城市低保"的超常规发展,虽然对社会稳定发挥了极其重要的作用,但这并不能撼动或取代社会保险的主体地位。

同现实中的做法不同,酝酿或设想中的另两种思路并不倚重社会保险,但取舍程度有差异:一种思路建议保留社会保险,但要将其置于辅助地位;另一种思路观点鲜明,我国搞不起社会保险。

我国社会保障该走哪条路,这是涉及社会保障目标模式再选择的大问题。这会使一些人产生某种误解:仿佛又回到了10年前。因为1993年前后,在决策层曾发生过一场关于社会保障目标模式的争论。本文所讨论的主题,同10年前那场争论不同。10年前那场争论隐含一个前提,即我国社会保障的重点是改革和发展社会保险,争论的核心是如何确定社会保险的制度模式,焦点在于养老保险该不该实行社会统筹与个人帐户相结合;而本文所要讨论的主题,恰恰是10年前被隐含的前提,即我国能不能搞得起社会保险。

探讨我国社会保障究竟该走哪条路,是社会保障理论界面临的新问题,也应是决策层关注的大问题。近几年,国内学术界特别是研究宏观经济的专家学者,对社会保障的议论很多。比如,面对我国宏观经济中出现的通货紧缩趋势,有人认为社会保障领域的改革走得太慢,也有人认为社会保障领域的改革走得太快,观点虽然针锋相对,但指向很明确:社会保障对居民未来预期的影响不可低估。又如,北京大学陈平教授提出的"建立统一的社会保障体系是自损国际竞争力的短视国策"观点(陈平,2002),在社会保障理论界引起轩然大波,被视为"颠覆性意见"。陈平教授的观点值得进一步推敲,但把社会保障同我国国际竞争力联系在一起,这种研究视角是社会保障理论界过去所缺少的。

目前,社会保障理论研究中出现的两种倾向,需要引起足够的重视:一种倾向是,只追求社会保险自身的制度完美和资金平衡,至于社会保险成本多大、对参保企业和个人会产生怎样的影响,似乎不在研究视野内;另一种倾向是,以研究宏观经济见长的学者在探讨社会保障问题时,往往也纠缠于社会保险某个险种的制度缺陷和资金平衡。克服这两种倾向,首先需要确立新的研究理念:社会保障虽说是件大事,但再大它也只能算是宏观全局中的一粒棋子。本文拟按照这一研究理念,对我国社会保障中若干全局性问题,作些初步探讨。

社会保险:悬在头上的一把剑

社会保险被确定为我国社会保障的主要载体,大约是在1986年前后。改革开放初期,社会保障并没有被摆上议事日程。被誉为我国经济改革的第一个纲领性文件中,增强企业活力被确定为改革的中心环节,像计划体制、价格体系、劳动工资制度以及国家机构管理经济的职能等方面的改革,均被列为配套改革的范畴。当时,社会保障改革没被列入。但到了1985年2、3月间,中央决策层意识到:社会保障也是个大问题,是改革中必然提出和必须予以配套改革的重要方面,并责成有关部门制订方案。经过1年的研讨,最后确定:改革和建立新的社会保障制度,重点放在社会保险制度的改革。

社会保险作为全新的保险福利制度付诸于实施,是在1986年的下半年。1986年7月,国务院决定:自1986年10月1日起,国有企业在新招收工人中普遍推行劳动合同制,同时为合同制工人建立社会保险制度,以解决其退休养老和失业保险(当时叫待业保险)问题。此举可被看作是我国社会保险的"预演",它旨在关闭"新人"踏进旧制度的大门,并依靠"新人"规模不断扩大,让留在旧制度的"老人"随时间推移逐年减少,最终用新制度取代旧制度。从制度转轨看,这项改革举措属于"渐进式改革"的范畴,是明智之举。但在社会保险的全面建设中,这种改革策略渐渐被遗弃了。

上个世纪90年代是我国社会保险的全面建设时期。1993年,中央确定了社会保险的制度框架;1994年,中央有关部门制订了相应的实施方案。特别需要强调的是,社会保险是统称,但它不是综合性制度安排:方案是按照险种分别设计的,实施是分险种逐步推进的。这同1951年实施的劳动保险,在制度架构上有显著区别。依照方案设计,我国社会保险包括养老、失业、医疗、工伤和生育等5个险种。目前,失业和工伤保险均已颁布条例,养老和医疗保险仍停留在国务院决定层次,生育保险则以部门规章加以规范。

以立法的形式推动社会保险,一直是很多人多年的愿望,并为此付出了艰苦努力。八届全国人大曾将《社会保险法》列入立法计划,10年前,国务院有关部门还成立了专门的起草领导小组和工作班子,并于1995年5月向国务院提交了《社会保险法(草案)》。但一直到1999年1月,《社会保险法》仍被国务院列为"抓紧调研论证,条件成熟时提请审议"的法律草案。社会保险立法受阻,表面上看来似乎是其实践尚不充分,但深层次的原因在于:社会保险像是悬在头上的一把剑,并在很大程度上妨碍了改革、发展和稳定。

社会保险像是改革路上的"城墙"。国有企业和事业单位在改制、改组和改革过程中,常被这堵墙撞得"头破血流"。

把国有企事业单位过去承担的保险福利职能分离出来,由专门的社会保险机构承接,形成独立于企事业单位之外的社会保险体系,为国企改革和结构调整创造良好的社会环境,这是中央已经确定的大思路。但是,在现实中常常遇到社保机构"不予接纳"的情况。某城市劳动保障局副局长直言不讳:并不是谁想参保就能参保的,离退休人员多、抚养比高的是不允许进社保的。社保机构更像是保险公司。

企事业单位为分离其保险福利职能,需要付出很高的成本:一是按规定缴纳社会保险费,费率不低于工资总额的30%;二是为离退休人员支付不被社保机构认可的统筹外养老金,这也是一笔很大的开支,每人每月少则百余元,多则几百元;三是建立补充医疗保险,国家规定单位出资额在工资总额4%以内的部分,允许从成本中列支。此外,国有企业在关闭破产时,要按在职职工工资总额的一定比例(资源枯竭企业为31%)计算10年,一次性拨付社保机构;事业单位转制为企业,必须参加社会保险,除了按规定缴纳社会保险费外,还被要求补交一大笔养老和医疗费用,其中补交医疗保险费用的标准为:按当地已参保机关事业单位退休人员的人均医疗费用计算10年。

面对社会保险这堵厚厚的"城墙",下岗职工也常常表现出无助和无奈。谁都知道下岗职工的隐性就业率很高,但自愿同原单位解除劳动合同的却不多。下岗职工最担心的是,同原单位脱离关系,将来谁发给养老金、谁报销医药费?理论上讲,下岗职工再就业后由新雇主为其接续社会保险关系。问题的关键在于:数额并不算小的社会保险费由谁来负担?在劳动力严重供过于求的就业环境下,让私营企业主、个体业主等负担这笔费用,显然是不现实的,甚至会妨碍下岗职工再就业;而让下岗职工自己掏腰包缴纳社会保险费,仅凭那点经济补偿金恐怕是不够的。现实生活中,"雇黑工"和"打黑工"现象的滋生和蔓延,是下岗职工接续社会保险关系难的佐证。下岗职工的社会保险关系一旦接续不上,若干年后,国家将面对几千万人员的养老和医疗问题,单单靠"城市低保"怕是兜不住的。

此外,部分垄断行业、事业单位这几年为解决冗员问题,也采取了所谓"买断工龄"、"身份置换"等手段,靠一次性支付一笔经济补偿金,把许多人"扫地出门"。这些人员也将同下岗职工一样,面临着无助和无奈,最终的结果将是"买而不断"。若干年后,国家将不得不再次"埋单"——花钱买安定。

社会保险又像是发展航道上的"暗礁"。自1998年以来,从专家学者到政府部门,均把稳定和改善国民的未来预期,当作扩大内需、遏制通货紧缩趋势的药方,也都主张撬动社会保障这个杠杆。几年的实践表明,社会保险作为社会保障的主要载体,它同稳定和改善国民的未来预期,呈"反方向"运动。

俗话说:没什么也别没钱,有什么也别有病。过去有劳保医疗或公费医疗,看病、治病所发生的医药费,大部分能给报销。改革开放过程中,许多单位对医药费报销办法进行改革,个人也要负担一定比例。对此，人们是能理解的，也是能承受的。然而，随着医疗保险覆盖面逐渐扩大，参保企业和职工“恍然大悟”：原来医药费单位能报销90%，参保后只能报销60%左右，医疗保险待遇水平大幅下降。据广东省人民医院医保办介绍，住院医保病人自己负担的医药费，平均占总医药费用的30—50%（包括个人帐户划出部分）。一些大病比如白血病，整个疗程大约需要医药费20万元，其中有近一半需要自费；像尿毒症每个月洗肾要花费五、六千元，自费部分达到两千多元。对于每个人来说，何时患病是不可预测的。为防万一，只得拼命攒钱。

退休越晚越吃亏，是前些年国企中老年职工的心态。这几年，这种心态开始在事业单位中老年职工中蔓延。科研院所等事业单位转制为企业，必须参加社会保险，将来退休时按企业的办法计发养老金。而按照事业单位退休政策计发的退休金，比按企业养老保险办法计发的养老金，要多出一大块：少则多出一半，多则多出1倍。虽然在5年过渡期内，财政或单位采取发补贴的办法，弥补退休金与养老金之间的差额，但是，距法定退休年龄6年以上的在职人员，是不能享受这种补贴的，这些在职人员恰恰大都属于业务骨干。为了不使退休生活水平比在职时下降过多，在职人员也必须攒钱养老。此外，还有一个后果需要引起注意，即前些年国企大批技术工人挤进提前退休行列，因而造成技术工人短缺，这一幕会不会在事业单位重演？这对国民经济和社会发展所造成的损失，怕是难以估量的。

社会保险更像是个“火药库”。据国家信访局长周占顺先生透露，自1993年全国群众来信来访总量出现回升以来，已经持续上升了10年。群众信访特别是群众集体上访，反映的问题相对集中，其中“企业改制、劳动及社会保障问题”名列八大焦点问题之首。

这几年，离退休人员因保险福利待遇而上访的事件不断发生。起先是离退休人员不能按时领到养老金，上访、静坐时有发生；随后是未参保集体企业的离退休人员，因所在单位无力承担养老保险费，因而领不到养老金。为解决这部分人员的问题，政策上开了一个口子，即按当地城市低保标准发放生活费，但实施中却不被这些离退休人员认可；接下来是转制为企业的科研院所的离退休人员，虽然政策规定离退休费标准不变，但转制后离退休费调整要执行企业的办法。在一片反对声中，这项政策不得不“翻烧饼”，重新回到按机关事业单位办法调整。

“两个确保”的实施和“城市低保”的崛起，可被看作是两次投给社会保险的“不信任票”。

自1998年起实施的“两个确保”，是国家郑重兑现对离退休人员的承诺，为国企改革和结构调整“保驾护航”的英明举措；也是在养老保险和失业保险难以发挥功效的情况下，不得已而采取的过渡措施。中央财政为此支付了高额成本。1998年，中央财政对“两个确保”的补助金额为99.7亿元；到2002年，这项补助资金已达547亿元，其中养老保险补助额为408亿元。

“城市低保”是从1997年起在全国范围内推行，截至1999年9月，全国668个城市和1638个县政府所在地的建制镇，全部建立起“城市低保制度”，“低保”对象共计281万人。谁都不曾料到，自2001年下半年起，“城市低保”以超常规速度发展，截至2002年底，全国享受“城市低保”的城市人口为2053万人；各地财政用于“城市低保”的资金为112.6亿元。

从图1可以看出，“城市低保”在很大程度上属于对社会保险的“补台”或“救场”，社会保险兜不住的人群，被“城市低保”兜底。其中下岗、离岗、失业、退休等人员，约占“低保”总人数的54.1%。

社会保障：“肥胖”不利于成长

什么是社会保障？抠这样的概念，或许被耻笑为幼稚或“小儿科”。在社会保障的学术研究和方案设计中，因对社会保障这个概念理解或界定不同，时常会出现“各唱各的调”，没有“共同语言”。为此，界定乃至“净化”社会保障概念，寻求学术研究和方案设计的共同基础，这是很有必要的。

社会保障和收入再分配。我国对社会保障作出权威性界定，是在1993年11月。党的十四届三中全会通过的《中共中央关于建立社会主义市场经济体制若干问题的决定》，明确划定了社会保障的范围，即社会保障体系包括社会保险、社会救济、社会福利、优抚安置和社会互助、个人储蓄积累保障。很显然，当时并没有区分社会保障和收入再分配这两个概念，把属于收入再分配的部分内容，也划入社会保障范畴中；甚至把个人储蓄这一商业化、个体化的行为，也归入社会保障。社会保障概念泛化的倾向十分明显。

社会救济、社会福利、优抚安置可被划入收入再分配的范畴，却不能被当作社会保障，它们之间存在很大区别：(1)社会保障属于纵向的收入再分配，即工作期间为社会保障供款，年老时或不能工作（如伤残）则享受社会保障待遇；社会救济、社会福利、优抚安置等属于横向的收入再分配，是国家通过当期财政的收与支加以实施的。(2)社会保障奉行“权利与义务对等”原则，即享有被社会保障惠及的权利，须以承担向社会保障供款的义务为前提；但“低保”对象、优待和抚恤对象等资格的确认，并不以其是否缴税为先决条件。(3)社会保障的对象往往是具体的、明确的，谁按规定缴纳社会保障税或费，会被当作权益记录在案；但社会救济对象、社会福利对象往往是变动的或不确定的，今年是“低保”对象，明年脱贫了，就不再是“低保”对象。

社会保障和社会保险。按照通常的解释，这二者之间似乎是可以划等号的。这些年来，无论是学术研究，还是方案设计，人们往往都不对二者加以区分。从国际范围内看，二者的区别非常明显：一是从字面上看，社会保障的英文为“Socialsecurity”，而社会保险的英文为“Socialinsurance”。二是从国际社会保障模式上看，有些国家的社会保障以社会保险为载体，如欧洲国家；但也有不以社会保险为载体的，最为典型的是美国。人们公认，社会保障一词是由美国人首先使用的，标志是其1935年颁布的《社会保障法案》。但一些学者在介绍美国社会保障情况时，常常把社会保障混同于社会保险，这是不妥当的。

区分社会保障和社会保险这两个概念，对于我国社会保障事业发展的意义是深远的。早在10多年前，周小川先生就曾分析说：像我国这样的低收入国家，不宜于搞过多的、与经济实力不相称的社会型保险（周小川，2002）。笔者过去也曾撰文分析，按照我国的国力，是拉不动社会保险这驾大马车的（高书生，2002）。本文第二部分对社会保险的实践效应进行的分析表明，把社会保险作为我国社会保障的载体，并不是上策。但不主张搞社会保险，并不等于说不搞社会保障，这是两回事。

社会保障和商业保险。“多层次社会保障”的提法，目前颇为流行，这是社会保障概念泛化的另一种倾向。按照这种观点的解释，国家法定保险、单位补充保险和个人自愿保险，统统都归于社会保障体系。积极鼓励发展补充保险的思路是

U.S.A.

Indispensable reference guide to all aspects of creative photography

Over 70 techniques explained in detail

Practical A–Z format makes information immediately accessible

Over 200 stunning images in both colour and black and white

AMPHOTO BOOKS
an imprint of Watson-Guptill Publications
770 Broadway, New York, NY 10003
www.watsonguptill.com

Printed in China

ISBN 0-8174-3313-9
9 780817 433130

值得提倡的，但把补充保险也归于社会保障，混淆了政府与市场的界限。人们年老时从社会保障中得到的养老金，只能维持说得过去的或较为体面的基本生活；为不降低生活水准，在职时最好参加企业年金。而企业年金不该由政府去承办，而应放给市场去发展。

社会保障和个人帐户。养老金制度的三支柱模式，是世界银行极力推荐的，也逐渐被大家所接受。这三根支柱中，只有第一支柱才属于社会保障范畴；以个人帐户为载体的其它两根支柱，不应被归于社会保障。为此，需要研究明确两个问题：(1)养老金第一支柱中不宜设个人帐户。这是原劳动部在1994年以前一贯坚持的观点，现在看来仍能站得住脚。属于社会保障范畴的第一支柱，只能实行社会统筹，不能搞个人帐户，更不能在同一层次搞“统帐结合”。(2)养老金制度以个人帐户为主导，可能是一种发展趋势，但非帐户化的第一支柱也是需要保留的。为守住体现公平的现收现付制，将个人帐户制视为“异己分子”，这是不足取的；但为引入个人帐户制，却把现收现付制归结为本源的错误(周小川，2002)，甚至被当作平均主义和“大锅饭”口诛笔伐，这也是不足取的。

第三条路：寻求共赢

我国社会保障以社会保险为载体，实践证明并非上策；以个人帐户为主导，贬低社会保障的再分配功效，同统筹经济和社会发展相悖，并非明智之举。走第三条路，实行狭义的社会保障，实现共赢是完全有可能的。

社会保障的项目设置要少而精，而不像社会保险那样“贪大求全”，是社会保障制度设计应该首先考虑的要件。根据我国的国情和国力，应对社会保障作出狭义而非广义的界定，这是确保社会保障可持续发展的迫切需要。为此，在项目设置上，就不能面面俱到、样样齐全，只能挑选人们最需要的、且难以自保的。参照美国的经验和做法，我国社会保障应只设养老和医疗两大项，其中养老项目中包含老年保障、遗属保障和伤残保障(习惯上统称为“老遗残”)。设置遗属和伤残两项，即便于同《劳动保险条例》衔接，也能增强社会保障的吸引力，并能真正防范部分家庭因主要劳力伤残或亡故而落入贫困。

社会保障是一项综合性制度，尽管其中设置了分项目，但不允许被拆开实施。这是对比研究社会保险和劳动保险的制度架构差异及效应而获得的启迪(高书生，2003a)。同诞生于1951年的劳动保险相比，无论是制度覆盖范围，还是制度惠及的人群，社会保险都不尽遂人愿。究其原因，除身份门槛过高外，分险种设计、实施也是重要因素。

该不该把失业保障也纳入社会保障，这在学术界是有争议的。我认为，社会保障项目中不宜设失业保障，依据有三：一是我国目前的失业保险缴费率为3%，根据国外专家分析，它只能支撑7－10%的失业率。未来若干年内，劳动力供求不平衡是长期存在的，失业率一旦超过10%，失业保险势必“出险”。二是我国自1986年起搞失业保险，当时是专门针对国有企业而设计的，目的是有利于国企释放冗员。10年后，当国企实施下岗分流时，失业保险却难以承接，“两个确保”专设一保，保障下岗职工的基本生活。大规模下岗分流已经过去，当年创建失业保险的初始条件也已不复存在。三是我国组织化就业(单位就业)和非组织化就业(灵活就业)并存的格局已经初步形成，2002年单位就业人员只占城镇就业总人数的44.3%。随着自雇人员、自由职业者等非组织化就业人员的规模逐年扩大，今后失业认定都很难，失业救济难以实施。

社会保障的目标应定位于防止和减少老年贫困，这是我国社会保障制度设计必须研究的大战略。计划生育害怕“养儿防老”观念作怪，扩大内需发愁“攒钱养老”阴魂不散。老年生活“贫困潦倒”是人们都极力避免的，也是同社会发展格格不入的。同时，老年人一旦遭遇生活贫困，往往是其靠自身的力量难以改变的。老年人是最脆弱的人群，是真正的弱势群体。

依靠家庭成员之间的“自保”，是我国防止和减少老年贫困的重要途径，也是被载入中华民族史册的。但“421”家庭结构的产生和发展，使家庭“自保”面临挑战，甚至会“破产”；依靠“城市低保”减少老年贫困，几年的实践证明是有成效的，但这属于被动之举，长远看不利于渡过人口老龄化高峰；依靠社会保险防范老年贫困，是主动的，在一定范围内也会是有效的。但过高的身份门槛和费率门槛，注定其很难担负起在全社会范围内防止和减少老年贫困的大任。

采用社会保障的方式，从制度上防止和减少老年贫困，国际上是有成功先例的。据美国费城社会保障署介绍，1935年实施“社会保障法案”时，美国的老年贫困率为70%，但到2000年已降至17%。社会保障是美国老年人保持经济独立的一种手段：对于2/3的老年人来说，其总收入的一半来自社会保障；对于1/3的老年人来说，其全部收入来自社会保障。目前，美国社会保障覆盖90%的退休老人，惠及大约4300万人。如果没有社会保障，美国将有近一半的老年人生活在贫困之中(李珍等，2002)。

社会保障不应再像社会保险那样，对退休年龄作出硬性规定，而只明确享受老年保障和医疗照顾的年龄。根据全球趋势，这个年龄限定于男女一律65岁较为适宜。人们根据自身的情况，可选择在65岁以前不再工作，但按月领取社会保障养老金，应在年满65岁以后，即使特殊条件允许提前领取，也不得低于62岁，并且每提前1年要扣减一定比例的养老金；也可选择65岁以后继续工作，对此国家应予以鼓励，即每延迟1年要增加一定比例的养老金。但享受医疗照顾的年龄统一为65岁。

开征社会保障税，是社会保障制度设计需要研究的另一个重要环节。过去曾对开征社会保险税的时机是否成熟，开展过多次激烈辩论。其中有一个重要前提常被忽略，即社会保险是专门为城市中在单位就业的人员而设计的，社会保险的费改税，是同税收特性不一致的。不同于社会保险，社会保障是开放式的，大门是敞开的，目前除了暂不吸引纯粹的务农人员外，所有在单位就业的人员，包括在乡镇企业和私营企业就业的人员、进城农民工，以及非组织化就业的人员如自雇人员、自由职业者，都允许参加社会保障。开征社会保障税就是顺理成章的。

社会保障税的税率应根据精算确定，最好能控制在工资收入的15%以内，并由雇主和雇员各负担一半，自雇人员、自由职业者负担全部。为把社会保障税的税率控制在较为合理的范围内，既不增加财政负担，又让雇主和雇员都能承受，确保社会保障的可持续发展，设定社会保障待遇要科学、合理。社会保障决不能成为社会保险的复制品。

社会保障税应被纳入中央税种，由国税局统一征收，同时建立社会保障预算，实行现收现付、全国统筹。但在以下几个问题上需要统一认识：(1)社会保障层次不设个人帐户，个人缴纳的社会保障税，全部列入社会保障预算，但参保人缴税数额差别在养老金计发时要有所体现。(2)社会保障是全国性制度，实行全国统筹会造成地区间的“杀富济贫”，这是必然的，也是绝对必要的。地区发展差异不应该在社会保障层面上体现，应体现在企业年金或职业年金以及医疗服务水平等方面。(3)建立全国互联互通的社会保障信息网络，准确记载参保人社会保障权益记录，不论在哪里缴纳社会保障税，年老时或因伤残而不能工作，都能被社会保障所覆盖。即使农民工回农村原籍，也能享受到应有的社会保障待遇。

社会保障以民为本，让大多数人以现在较低的费用，换取未来老年生活的安定，国民是会满意的，“花钱买安定”也是值得的。况且，每月只拿出7.5%的工资收入缴税，对于绝大多数人来说，也是完全能够承受的。

同社会保险费相比，个人所负担的社会保障税要低得多。按照社会保险制度设定，参保人负担的费率超过11%。而参加社会保障，只用7.5%的工资收入缴纳社会保障税，节省下来的3.5个百分点，还可以参加企业年金计划。这对参保人来说，等于花同样的钱办更多的事。特别是对自雇人员和自由职业者更划算，因为这部分人员现在仅参加基本养老保险一项，就需负担18%的费率，再加上医疗保险至少8个百分点，合计达26%。而参加社会保障只需15%，省下来的11%，还能去买商业保险，未来的生活更有保障。

既要搞社会保障，又不损害企业竞争力，这对社会保险而言是不可兼得的，但实行狭义的社会保障，是能够找到二者之间的平衡点的。现在，企业或雇主参加社会保险，所负担的综合费率超过30%。据劳动保障部企业人工成本抽样调查，全国制造业企业负担的社会保险费用，1998年人均1760.9元，相当于平均工资的24.9%、人工成本的17.4%。如果按人工成本总额相当于成本费用总额的12.9%推算，参加社会保险会增加企业总成本约2.24个百分点。

企业或雇主参加社会保障，所需负担的社会保障税税率，最多不超过7.5%，比参加社会保险减少22.5个百分点。如果按上述1998年有关成本数据推算，企业总成本将被减少2个百分点，仅此一项就能增大企业的盈利空间。即使让企业或雇主再拿出8个百分点，为雇员建企业年金和购买商业医疗保险，所付出的代价也比现在少一半。企业或雇主也将是社会保障的受益者。

我国正在大力推进城镇化，越来越多的农民将离开农村，而选择到城镇就业，大批农民将会扎根或定居于城镇，否则，城镇化只会是一句口号。城镇化是大势所趋，但是，城镇保险福利制度能否接纳越来越多的“新移民”，政府官员和专家学者为此担忧，中央决策层几年前也曾对此深表忧虑。对乡镇企业职工、进城农民工等过去不被城镇保险福利制度所覆盖的人群，实行狭义的社会保障，既能够使这个群体融入城镇，不再感到自己是“二等公民”，又能够使政府降低城镇化成本，并不再紧闭“城门”。

实行狭义的社会保障，作出各项承诺是极其谨慎的，并且从作出承诺到兑现承诺，“时间差”足足有20年甚至30年以上。我国社会保障能够赢得如此宝贵的“时间差”，是二元社会经济结构“恩赐”的，也是时不我待、稍纵即逝的。打好“时间差”，主动权是能被政府牢牢掌握的。

目前，乡镇企业职工、进城农民工、非组织化就业人员等，是一个庞大的就业群体，总规模约在2亿至3亿之间。这个群体以青壮年为主体，缴纳社会保障税的时间长达20年或30年以上。笔者曾以目前尚未被社会保险覆盖的人群(含机关事业单位职工)为对象，社会保障税税率按15%、人员按2.6亿人估算，2001年社会保障的筹资规模约为2100多亿元(高书生，2002)。如果再把进城农民工的增量和城镇新就业的人员算进来，每年筹资的增量将为110亿元左右。以上两项合计2200多亿元。这个群体中已经离退休的人员约有870多万人，每年需支付离退休费约760亿元；这些人员的医药费按人均每月400元估算，全年约需420亿元。收支相抵尚有1000多亿元的结余。即使只考虑存量，这笔钱积累20年就是2万亿元。应对30年后的人口老龄化高峰，会有足够的资金实力。

社会保障就像是一棵参天大树。人人在工作时为其“施肥浇水”，年老时就能“避风乘凉”。国民一旦充分认识到，未来的老年生活是有保障的，而且不用再担心老年患病后得不到及时治疗和因病致贫，谁还会再去拼命“攒钱防老”？稳定的支出预期，来自对未来生活充满信心。社会保障不再像社会保险那样，项目设置“贪大求全”、享受待遇不分老少(竟有29岁领到养老金的)，特别是不再设个人帐户，政府因此再也不用替民众“当家理财”、看管帐户，同时也摘掉了“不相信民众能管好自己钱袋”的帽子。

政府与市场间清晰的界限，必将为商业机构带来种种发展机遇。比如，企业年金或职业年金的市场化运营，专为在职人员65岁以前的医疗保险设计保单，等等。保险市场的发展和繁荣，反过来能够减轻社会保障的压力，同社会保障可持续发展“相得益彰”。只有到那时，才有资格像美国人现在那样轻松地说：我们不再相信社会保障。

制度转轨：别再让“中人”烦恼

我国社会保障的大厦，已不可能在空地上建造。即使以未被社会保险覆盖的人群为对象，实行狭义的社会保障，也会面对保险福利制度转轨的棘手问题。

相对而言，处理已经离退休人员的保险福利问题较为简便，只要政府郑重地宣布：所有已经确定的待遇标准保持不变，已经离退休人员能够及时分享发展成果，其余需关注的问题只剩下两个，即钱从哪里来、人由谁来管。钱，已经不是问题，以社会保障税筹措的资金，兑现过去的承诺“绰绰有余”；管，也不再是问题，中央反复强调要走社会化管理之路，由社区承接不存在障碍。

最不容易处理的是在职人员，特别是那些已在行政机关和国有企事业单位供职数年的中年人。这个群体对保险福利制度转轨，既格外关注，又相当敏感，搞不好就会“撞车”、“翻烧饼”，还会在更大范围内引起国民未来预期的不稳定，甚至增加社会不安定因素。

社会保险为处理这个问题，专门制造了“中人”一词，并分别在养老和医疗保险这两件新衣上打“补丁”：养老金计发办法为“中人”专设“过渡性养老金”，单位缴费中注入个人医疗帐户的部分适当向“中人”倾斜。正如人们所体会或观察的那样，采用特设“中人”的办法转轨，已被实践证明是“败笔”之作。

放眼全球，我国并不是唯一的正在实行保险福利制度转轨的国家，但像我国这样为转轨而特设“中人”的，实属罕见。

1980年，智利对其运转了50多年的养老金制度，实行“改朝换代”式的改革，即从现收现付制转向完全积累的个人帐户制。智利政府要求，所有新就业人员都必须参加完全积累的新制度，而当时已经退休人员则允许留在现收现付的旧制度。对于当时200万在职人员，智利政府给予其选择权：要么参加新制度，设立归自己所有的个人帐户；要么留在旧制度，到退休时仍按过去的办法领取养老金。但一旦选择就不能更改。在职人员选择的结果是：160万人参加了新制度，只有40万人留在了旧制度。

4/5的在职人员选择新制度，并不是被政府强迫的，而是被政府鼓励和引导的。当时智利政府采取的两项措施，对在职人员选择新制度颇具“诱惑力”：一是提高工资。个人帐户完全由个人缴费形成，雇主不承担费用，但被要求一次性提高工资，增资幅度为18%。但新制度的缴费率为12.66%，其中10%存入个人帐户，2.66%用于支付管理个人帐户的佣金。二是发放认可债券。这是政府对在职人员过去积累的养老金权利予以补偿的手段，认可债券按4%的年利率计息，持有者在退休时兑现。

保险福利制度转轨，固然是一次深刻的变革，却不能被搞成一场轰轰烈烈的"革命"。原有的保险福利已成为政府沉重的负担，这是事实。但"操之过急"往往事与愿违，那种以"甩包袱"的思想指导制度转轨，代价是国民未来支出预期的不稳定，甚至造成对政府的不信任。

关闭保险福利旧制度的大门，不允许新就业人员再踏进旧制度，而必须参加新制度，这已是制度转轨取得的巨大成就。如果能鼓励更多的在职人员也参加新制度，以缩短旧制度和新制度并存的时间，制度转轨的成就会更大。但强迫所有的在职人员一律参加新制度，已被社会保险实践证明是不明智的，代价太大。

实行狭义的社会保障，对过去没有社会保障权益积累的人群而言，还是有吸引力的；但对现在仍供职于国有和集体单位的人员而言，新制度是否也具有吸引力，不能过早下结论。对于已被保险福利旧制度覆盖的在职人员，政府鼓励其参加新制度是必要的，但必须允许其留在旧制度。

在职人员选择留在旧制度，其退休年龄和退休养老待遇计发，仍按照现行制度执行，但单位不再为其建立企业年金或职业年金。而选择加入新制度，政府不再硬性规定退休年龄，何时不工作由个人决定，年满65岁可领取社会保障养老金；同时，工作期间单位为其建立企业年金或职业年金，不工作时即可提取，其中单位出资的最低额由国务院根据精算统一规定，并给予税收优惠。

医疗保障或医疗保险，是一个世界性难题，也是保险福利制度转轨不能回避的。这个问题处理不当，也会造成"天下大乱"。特别是对于过去享受公费医疗和劳保医疗的中老年人来说，年轻时没病不用报销医药费，现在人已到中老年，虽说没得大病、重病，但各种慢性病却"找上门"，经常是吃的药比饭多，每月的药费超百元。这个人群一听到"医改"头都大。至于那些患上大病、重病的人，人员比重虽很小，但这个人群一想到医疗保险"封顶线"以上高额的医药费，是那样的无奈。

无论是实行狭义的社会保障，对65岁以上的参保人实施医疗照顾，还是稳步推动保险福利制度转轨，妥善处理在职人员的医疗保险，都需要搭建我国健康保健和医疗服务的新平台。这个新平台应该是三层次的：(1)家庭健康保健。这是由全科医生或家庭医生承担的，具体负责公共卫生、健康保健和小病医治；(2)慢性病俱乐部。这可由目前的社区医院或二级医疗机构承担，专门负责为诊断明确的慢性病患者服务；(3)专科和综合医院。这个层次具体负责大病、重病及疑难病等诊治服务。

搭建健康保健和医疗服务的新平台，离不开资金支撑。但要责任明确，分层次由国家财政、社会保障机构、商业保险公司和受益人(家庭)共同负担。

家庭健康保健和慢性病俱乐部，应实行年费制度，年费标准由国家卫生行政部门确定和调整。家庭健康保健的年费，由居民家庭和国家财政共同负担，财政负担多少，根据全科医生或家庭医生服务对象的数量确定，并列入公共财政支出科目；慢性病俱乐部的年费，应由患者和社会保障机构或商业保险公司共同负担，其中，社会保障机构负担的是已被狭义社会保障覆盖的已退休人员的部分年费，而商业保险公司负担的是已被狭义社会保障覆盖的在职人员的部分年费(前提当然是单位已为其购买商业医疗保险)。

至于大病、重病及疑难病的诊治医药费，已经退休的人员应由社会保障机构负担大部分，加入狭义社会保障的所有参保人在65岁以后也由社会保障机构负担大部分；在职人员应通过所在单位购买商业医疗保险解决。

我国社会保障以社会保险为载体，实践证明并非上策；以个人帐户为主导，贬低社会保障的再分配功效，同统筹经济和社会发展相悖，并非明智之举。走第三条路，实行狭义的社会保障，实现共赢是完全有可能的。

社会保障的项目设置要少而精，而不像社会保险那样"贪大求全"，是社会保障制度设计应该首先考虑的要件。

社会保障的目标应定位于防止和减少老年贫困，这是我国社会保障制度设计必须研究的大战略。

开征社会保障税，是社会保障制度设计需要研究的另一个重要环节。社会保障税应被纳入中央税种，由国税局统一征收，同时建立社会保障预算，实行现收现付、全国统筹。

保险福利制度转轨，固然是一次深刻的变革，却不能被搞成一场轰轰烈烈的"革命"。原有的保险福利已成为政府沉重的负担，这是事实。但"操之过急"往往事与愿违，那种以"甩包袱"的思想指导制度转轨，代价是国民未来支出预期的不稳定，甚至造成对政府的不信任。(北京大学中国保险与社会保障研究中心研究员　高书生)

2003年全国各省(市)保费收入情况表

	排名省份保费收入(亿元)	同比增长(%)	产险收入(亿元)	同比增长(%)	产险排名
江苏省	383.24	34.82	61.68	10.15	3
广东省	299.47	19.64	87.48	9.21	1
上海市	289.90	22.02	57.40	29.62	5
山东省	283.81	26.80	59.11	6.88	4
北京市	282.54	20.71	51.96	13.26	6
浙江省	260.30	24.09	73.22	20.10	2
辽宁省	183.28	19.90	41.25	6.40	7
河北省	167.10	48.26	31.63	12.04	9
河南省	166.75	32.11	25.95	11.09	12
四川省	143.67	34.20	39.67	22.89	8
福建省	123.70	25.82	31.41	14.50	11
黑龙江	118.72	38.58	16.79	2.88	21
湖北省	106.26	16.03	22.81	1.50	13
湖南省	103.90	20.95	20.10	8.10	17
安徽省	103.52	50.74	21.00	16.00	15
山西省	90.51	30.30	20.19	21.26	16
深圳市	79.37	19.29	31.57	13.43	10
天津市	75.31	15.92	13.81	3.70	24
陕西省	74.89	21.24	17.01	15.24	19
云南省	73.75	33.12	22.00	2.33	14
江西省	69.77	47.40	13.95	4.41	23
吉林省	67.44	32.27	12.25	1.23	26
新疆	62.18	20.20	19.10	15.98	18
重庆市	57.90	25.50	15.20	14.60	22
广西	57.44	18.92	16.87	13.83	20
大连市	56.70	21.70	11.74	5.90	27
甘肃省	40.70	21.50	10.82	10.20	28
宁波市	38.36	23.10	13.35	19.00	25
贵州省	29.81	19.62	10.18	9.40	29
厦门市	19.30	17.18	7.47	36.31	30
海南省	13.53	30.00	4.29	4.61	31
宁夏	10.71	24.00	2.94	26.00	32
全国	3880.40	27.10	869.41	11.71	

第二章　保险经营机构

中国人民财产保险股份有限公司

中国人民财产保险股份有限公司(简称人保财险,下同),是由中国人保控股公司发起设立的目前中国内地最大的非寿险公司,并继承了原中国人民保险公司商业业务的全部资产、负债以及分支机构,经营除人身保险以外的一切保险业务。

人保财险始终遵循"以市场为导向,以客户为中心"的经营理念,公司经过多年发展具有以下几方面的经营管理优势。

人保财险具有50多年的经营经验,在国内享有显著的市场声誉,并具有一定的国际影响。公司是英国劳合社在中国指定的检验理赔代理,也是全球各大船东协会在中国的保赔通讯代理,在国际保险市场享有良好声誉。

2002年,公司市场份额在70%以上,在大型商业风险、政府采购、行业统保等集中型业务以及车辆保险、家财险等分散型业务领域,处于绝对领先地位。

截至2002年底,共开发产品848个,其中主险408个,附加险440个;全国性险种434个,区域性险种414个。目前,公司每天平均开发推广1个新产品。中国人保是国内第一家引入精算技术开发产品的非寿险公司,可以为客户提供全方位、高质量且科学定价的保险保障服务。在承保、理赔、风险评估等方面技术先进,是国内航空保险的唯一承保人,也是航天保险的首席承保人,在航空航天、核电站、能源、远洋运输、大型工商企业、政府采购等重要保险业务领域,具有国内领先的技术优势。

与全球100多家保险公司及再保险公司保持着密切的再保险业务联系,建立了有效的巨灾超赔保障机制,拥有亚洲最大的非水险分保合同,可以为各类客户提供充足有效的再保险保障。

4000多个机构、网点遍及全国,形成了强有力的销售网络和服务网络,足以支撑全国范围的"通保通赔"与"异地出险、就地理赔"等保险增值服务。

截至2002年底,公司拥有中国非寿险市场75.13%的客户,还拥有我国非寿险业规模最大且系统、完整、连续的业务数据库。这为公司开发产品、厘定费率、开展个性化的客户服务奠定了坚实基础。

人保财险改革发展的成功实践有赖于自己不断深化的"求实、诚信、拼搏、创新"的企业精神。目前正向国内领先、国际一流的知识型、现代化非寿险公众公司的战略目标迈进。

地址:北京市宣武区宣武门东河沿街69号
邮编:100052
电话:(010)63156688(总机)
传真:(010)63033589
网址:www.picc.com.cn

中国人寿保险(集团)公司

中国人寿保险(集团)公司是国家大型金融保险企业,总部设在北京。公司的前身是成立于1949年的中国人民保险公司和1996年分设的中保人寿保险有限公司以及1999年成立的中国人寿保险公司。2003年,经国务院同意,中国保险监督管理委员会批准,原中国人寿保险公司进行重组改制,变更为中国人寿保险(集团)公司。集团公司下设中国人寿保险股份有限公司、中国人寿资产管理有限公司、中国人寿保险(海外)股份有限公司、国寿投资管理公司以及保险职业学院、成都保险学校等多家公司和机构。其任务,除了通过所属公司经营发展寿险及相关的资产管理等主营业务,并直接管理一部分存续业务和资产外,重点是进行资本运作,不断拓展新的业务,成为一家拥有保险业、金融服务业和保险关联产业等三大产业集群,立足国内、国外两个市场,具有国际竞争力的综合性多元化大型现代保险与金融服务集团。

中国人寿保险(集团)公司及其子公司构成了我国最大的商业保险集团。截至2003年底,寿险保费收入达到1620亿元,占寿险市场份额的54%,占我国保险业总保费收入的40%以上;公司总资产达到4500多亿元,占我国保险业总资产的50%;可运用资金超过4000亿元,是我国资本市场最大的机构投资者。在《财富》杂志评选的2002年世界500强企业中,中国人寿位居290位,2003年又进一步跃升至241位,是我国金融企业的最高排名,也是我国内地唯一一家进入世界500强的保险企业;在中国500强排名中,中国人寿高居第6位。2003年,中国人寿在《欧洲货币》杂志对亚洲企业的评选中,被评为亚洲最好的保险公司。2004年,在世界品牌实验室和世界经济论坛共同组织评选的"中国500最具价值品牌"中,中国人寿以427.67亿元人民币的品牌价值成为中国十大最具价值品牌之一。在世界权威品牌评审机构"超级品牌组织"首度在中国举办的超级品牌评选中,中国人寿同时获得"超级品牌"荣誉奖和"行业特别奖"、"本土品牌成就奖"三项殊荣。所属寿险股份公司2003年12月在纽约、香港两地同步上市,成为第一家在境外上市的中国寿险公司和第一家在境外两地同步上市的中国金融企业,并创下当年全球最大融资规模纪录。集团公司拥有坚强有力的领导班子,王宪章为公司党委书记、总经理,班子成员有苗复春、吴焰、时国庆、庄作瑾、聂清山、王思东。公司总经理王宪章被《财富》杂志评为"2002年度中国商人",并被评为"2003年首届中国资本市场年度人物"。

中国人寿保险(集团)公司秉承"成己为人、成人达己"的企业文化核心理念,遵循"诚信为本、稳健经营"的企业宗旨,恪守"创新、拼搏、务实、奉献"的企业精神,把"与客户同忧乐"作为企业价值观,以"与时俱进、争创一流"的精神,努力打造国内领先、世界一流的大型现代保险与金融服务集团,致力于造福社会大众,为全面建设小康社会贡献更大的力量。

地址:北京市西城区冠英园西区5号
邮编:100035
电话:010—66114433

中国人寿保险股份有限公司

中国人寿保险股份有限公司的前身是创立于1949年10月的原中国人民保险公司和分设于1996年2月的中

保人寿保险有限公司以及 1999 年 1 月成立的中国人寿保险公司。

在美国著名财经杂志《财富》评选的 2002 年度全球 500 强企业中,重组前的中国人寿以营业总收入排名第 290 位、利润排名第 351 位、资产排名第 224 位的成绩入选,成为我国内地唯一一家进入全球 500 强的保险企业。在 2002 年中国 500 强企业中排名第 8 位。

2003 年 6 月 30 日,经国务院同意、中国保监会批准,中国人寿保险公司正式重组为中国人寿保险(集团)公司和中国人寿保险股份有限公司。

中国人寿保险股份有限公司实行一级法人体制,注册资本为 200 亿元人民币,主要经营人寿保险、人身意外伤害保险和健康保险三大类业务。

中国人寿保险股份有限公司是目前中国规模最大,拥有客户数量最多的保险公司。

截至到 2003 年 9 月底,中国人寿保险股份有限公司实现保费收入 1051 亿元,占全国市场份额的 45.8%,与中国人寿保险(集团)公司的总体市场份额为 54%,其经营的业务在 31 个省市自治区中的 29 个,市场份额排名第一;个险、团险、意外险和健康险业务均名列前茅,并已为超过 1 亿的长期保单客户和 1.5 亿的短期保单客户提供过服务。

中国人寿保险股份有限公司拥有独一无二的全国性分销和服务网络

目前,公司在全国拥有 65 万名个人代理人,8000 多个营销网点,超过 4800 家业务网点,约 3000 家客户服务部门和 10000 名直销人员;拥有 87000 家分布在商业银行、邮局、信用社、旅行社、酒店和航空公司的销售网点,另有多家专业保险代理公司和保险经纪公司为其提供中介服务。"一站式" 95519 客户服务专线电话,使客户 24 小时可以得到咨询、查询、投诉、挂失登记、报案登记等一系列服务。

中国人寿保险股份有限公司拥有经验丰富的管理团队

公司的管理团队富于创新精神,善于灵活运用多个领域的经验,敏锐捕捉有利的商业机会,在寿险行业、资产管理等方面拥有丰富的海内外实践经验。

公司董事会由王宪章、苗复春、吴焰、龙永图(独立董事)、周德熙(独立董事)组成,现任副总经理有苗复春、万峰、林岱仁、李良温、刘家德五人,监事长为刘英齐。2002 年,公司董事长、总经理王宪章(原中国人寿保险公司总经理)被《财富》杂志(中文版)评选为"2002 年度中国商人"。

中国人寿奉行"成己为人,成人达己"的核心理念,以"诚信为本、稳健经营"为企业宗旨,致力于造福社会大众、回报公司股东和广大客户。

地址:北京朝阳区朝阳门外大街 16 号中国人寿大厦 23 层

邮编:100020

传真:(010)85252232

电话:(010)85659999

E—mail:serve@chinalife.com.cn

服务热线:95519

中国人寿资产管理有限公司

中国人寿资产管理有限公司是经国务院同意,中国保险监督管理委员会批准,由中国人寿保险(集团)公司与中国人寿保险股份有限公司共同发起组建的国内最具实力的保险资产管理公司。公司经营范围为管理运用人民币和外币自有资金及保险资金、受托或委托人民币和外币保险资金管理业务、与保险资金管理业务相关的咨询业务、国家法律法规允许的其他资产管理业务。公司目前管理的资产已逾 4100 亿元人民币,是国内资本市场和货币市场主要的机构投资者之一。

公司按照规范化、制度化、市场化的原则进行稳健、高效运作,强调激励机制,鼓励优秀人才脱颖而出,形成了优胜劣汰、能上能下、能进能出的市场化用人机制。公司主要面向海外、应届毕业生和社会人员招聘,经过内部培养与外部吸收,员工所学专业主要涉及国际金融、投资管理、保险、计算机、财会、法律等,形成了一支高素质、高学历的专业化投资队伍。

公司目前下设办公室、人力资源部、财务会计部、风险管理部、交易管理部、项目投资部、债券投资部、基金投资部、股票投资部、银行业务部、账户管理中心、投资研究中心等 12 个部门。

中国平安保险(集团)股份有限公司

中国平安保险(集团)股份有限公司(以下简称"中国平安")成立于 1988 年,总部位于深圳。中国平安控股设立中国平安人寿保险股份有限公司、中国平安财产保险股份有限公司,并控股中国平安保险海外(控股)公司、平安信托投资有限责任公司。平安信托依法控股平安银行有限责任公司、平安证券有限责任公司,使中国平安形成了以保险为核心的,涵盖证券、信托、银行的紧密、高效、多元的综合金融服务集团。公司为香港联合交易所主板上市公司,股份名称"中国平安",股份代号 2318。

中国平安吸收了中华民族优秀传统文化和西方现代管理思想的精华,形成了独具特色的企业文化。公司的企业使命是:对客户负责,服务至上,诚信保障;对员工负责,生涯规划,安家乐业;对股东负责,资产增值,稳定回报;对社会负责,回馈社会,建设国家。公司倡导以价值最大化为导向,以追求卓越为过程,做品德高尚和有价值的人,形成了"诚实、信任、进取、成就"的个人价值观和"团结、活力、学习、创新"的团队价值观。

中国平安拥有完善的治理架构,国际化、专业化的管理团队及经营管理理念。股东大会、董事会、监事会架构健全、职责清晰。中国平安实行执行官问责制度,通过集团执行委员会以及集团执行委员会圆桌会议进行管理。中国平安是中国金融保险业中第一家引入外资的企业,公司高层管理团队 1/2 来自海外。1994 年,平安就聘请国际会计师事务所出具财务报告,1995 年,聘请国际精算师事务所出具精算报告。

中国平安立志成为道德水平最高的金融保险企业,认真履行企业公民的责任。截至 2004 年,平安共援建了 35 所希望小学;举资 120 万元,开展"精英大学生励志计划";公益协办由共青团中央、教育部、公安部、全国少工委主办的"中国少年儿童平安行动";向中国红十字会捐赠价值 1000 万元的捐血车,每年近万人参与义务献血活动;向中国红十字总会 2003 至 2006 年的所有造血干细胞捐献者赠送一年期重大疾病和意外伤害保险,捐赠总保额逾亿元;同时,中国平安还在环境保护、灾难救助、慈善捐赠等方面竭尽所能,奉献爱心。

中国平安有幸服务于社会,也有幸获得社会的认可。2001 年、2002 年、2003 年,公司在由北京大学与《经济观察报》举办的"中国最受尊敬企业"评选中,作为唯一一家保险企业连续三年榜上有名。2003 年,Sinomonitor 和英国市场研究局举行的联合评选中,中国平安成为中国 2003 年最有竞争力的保险品牌。2004 年 1 月,中国平安被大中华区专业 CRM(客户关系管理)机构评为"2003 年度中国最佳 CRM 实施"优胜企业。2004 年 2 月,中国平安被《成功营销》杂志社和新生代市场监测机构评为“中国寿险业最具竞争力的品牌”。2004年10月16日，中国平安等10家知名企业获得了由中国企业文化促进会颁发的1994—2004年“中国企业文化建设十大杰出贡献单位”。2004年11月4日，中国平安保险集团以上市运作的上佳表现，荣获全球著名《投资者关系》杂志颁发的2004年亚洲区“新上市公司最佳投资者关系”奖。2004年11月27日，中国平安以其成立16年来令人瞩目的发展速度、优秀的公司治理结构、良好的风险控制能力，在中华全国工商业联合会主办的2004“中国最具生命力企业”评选中获得第一名。

正稳步迈向国际舞台的中国平安将以更加规范的治理结构，国际化的管理团队，凝聚人心的企业文化，成熟的风险管理，努力把平安建设成为国际领先的综合性金融服务集团和金融服务业的百年老店。

地址：广东深圳八卦三路平安大厦

邮编：518029

电话：86—755—82262888

传真：86—755—82414817

网址：www.pingan.com.cn

中国太平洋保险(集团)股份有限公司

中国太平洋保险(集团)股份有限公司是按照产、寿险分业经营的要求，在1991年4月成立的中国太平洋保险公司的基础上组建而成的保险投资控股集团公司，公司本部设在上海。公司确立了“诚信天下，稳健一生”的企业核心价值观，坚持稳健经营，以效益为中心，努力为国家的发展和社会稳定提供风险保障。公司多次被标准普尔公司评为世界保险200强，先后列第104位、48位、45位，并被“商业创新方向”国际组织授予国际质量金星奖、白金奖、钻石奖及欧洲国际质量技术杰出钻石奖。2003年还荣获全球评级公司颁发的保险行业“质量与效率国际金奖”。

光辉历程

1.1991年4月26日，中国太平洋保险公司暨上海分公司正式成立，并举行了隆重的开业典礼。图为中共中央政治局委员、上海市市委书记黄菊到会祝贺。

2.1995年，公司第一届股东大会在上海召开。

3.1995年末，公司首次被国际著名评估机构——标准普尔公司评为世界保险公司200强，列104位。

4.1998年10月16日，公司与美国安泰人寿保险公司合资成立的第一家中美合资保险公司——太平洋安泰人寿保险有限公司在上海隆重开业。

5.1999年5月1日，公司与交通银行脱钩，交通银行股权转让上海市政府。太保公司成为独立金融机构。公司经营由中国保险监督管理委员会统一监管。

6.1999年末，公司再次被标准普尔公司评为世界保险公司200强，排名比1995年上升了56位，列48位。

7.2000年3月17日，公司向现在新疆各地工作的724名援疆干部赠送团体人身意外伤害保险和附加团体人身意外伤害医疗保险，总计保险金额1.55亿元。此后，凡是全国各地援疆干部都可获得这一保险保障。9月，援疆干部李春生不幸殉职，太保公司给付了身故保险金20万元。

8.2000年6月，经中国保监会批准，公司将其入市购买证券投资基金的资金比例，由1999年末总资产的5%一跃提升到15%，成为国内首家提升入市资金比例的保险公司。

9.2000年8月16日，公司电子商务网站(www.cpic.com.cn)正式开通。这是太保公司全面开展网络销售和网上服务的公司整体网站，它的开通标志着“中国保险业第一个贯通全国、联接全球的保险网络系统”的诞生。

10.公司积极支持国家体育事业，分别为参加第25届、第27届奥运会，第12届、第13届亚运会的中国体育代表团免费提供人身意外伤害保险。公司承保了第27届中国体育代表团财产及人身保险，保险金额为1.6亿元。

11.2000年9月，公司第三次被标准普尔公司评为世界保险公司200强，列第45位，比1999年的排名又上升了3位。太保公司也是2000年中国大陆地区唯一一家跻身世界保险公司200强的公司。

12.2000年9月10—12日，公司召开分业经营机构体制改革暨思想政治工作会议。自此，太保公司分业经营机构体制改革进入实质性阶段。

13.2000年7月28日，8月4日，9月22日，中国太平洋保险公司分别与招商银行、中国光大(集团)总公司、深圳发展银行签署业务合作协议，在资金融通、保险代理、实业投资等方面紧密配合，相互支持，积极构建新型、全面的战略伙伴合作关系。

14.2000年10月18日，中国太平洋保险公司第三届董事会第一次会议和第三届监事会第一次会议在上海召开，会议产生了新一届董事会和监事会，选举王国良为第三届董事会董事长，聘任霍联宏为太保公司总经理，选举刘红薇为第三届监事会监事长。会议审议和通过了有关工作报告，并对有关事项作出了结论。

15.2000年11月15日，由公司与上海教育电视台联合举办的“太平洋保险杯”中国名校保险知识辩论赛在上海开赛。此次辩赛首创了企业与名校共同组队参加辩论赛的形式，旨在进一步贯彻江泽民总书记关于普及保险知识、提高保险意识的重要批语精神。

16.2000年11月30日，公司95500全国统一客户服务电话在北京、上海、天津、重庆等全国41个城市开通。至12月15日，95500全国统一客户服务电话在太保公司64个省会城市、直辖市、计划单列市、地级市的分支机构全部开通。

17.2000年12月25日，中国太平洋保险公司与云南省教育厅签署《关于中国太平洋保险公司“十五”期间向云南捐赠500万元援建希望小学的协议》。根据协议，太保公司将在云南省的昆明、曲靖、楚雄、红河、思茅、版纳、大理、深山、丽江等地州市捐赠500万元，用于援建20所统一设计、统一风格的太保希望小学。此前，太保公司全司员工积极响应“情系西部，共享母爱”活动，自发捐款达82万元，所筹款项将解决西部贫困地区近4000人的饮水困难。

18.2001年1月14日，公司与海航集团签署了双方在保险、金融、股权联盟、重大产业项目开发与建设等诸多方面的战略合作发展协议。

19.2001年1月21日，公司向准备横渡南极法尔滋海峡的大连市民王刚义捐赠人身意外伤害险，保险金额高达200万元。3月，王刚义专程来到太保公司，感谢太保公司为他挑战南极冰海提供保险保障，并认为成功的一半应归功于太保公司。

20.2001年，在公司成立10周年的时候，总公司向上海儿童福利院捐款50万元，用于支持孤残儿童的治疗和改善教学条件。

21.2002年，太保向811位援疆干部每人提供了20万元的人身意外伤害保险和1万元的附加意外伤害医疗保险服务。之前，太保还于2001年分别向上海15位援滇干部和50位援藏干部提供了上述服务，三次保险服务总保险金额达到近4亿元。

22.2002 年 6 月 28 日，太保系统的刘承祖荣获第一届全国“十大保险明星”，白海龙等 34 人荣获全国“保险之星”称号。

23.2002 年 7 月 13 日，“商业创新方向”国际组织在美国纽约召开 2002 年国际质量颁奖大会，授予公司“国际质量钻石奖”。太平洋保险集团是在本届大会上唯一获奖的保险企业，也是唯一荣膺此项最高奖的中国企业。

24.2002 年 9 月 24 日，太平洋产险被“中国质量万里行”促进会确定为“推广服务质量先进经验单位”，成为唯一荣膺这个殊荣的保险公司。25.2002 年 12 月，太平洋保险集团完成增资扩股，股权由 20 多亿股扩大为 43 亿股，资本实力达 90 亿元。

26.2002 年 12 月 30 日，公司向江西革命老区学校捐款 500 万元，用于危房改造和恢复重建等。公司董事长王国良和江西省教育厅厅长漆权在捐款协议书上签字。

27.2003 年 1 月 11 日，中共中央政治局常委、书记处书记曾庆红在江西视察工作时，接见了太平洋保险集团党委书记、董事长王国良。曾庆红对太平洋保险支持革命老区教育事业给予高度评价。

28.2003 年 3 月 3 日，公司荣获“商业创新方向”国际组织颁发的“欧洲国际质量技术杰出钻石奖”。

29.2003 年 3 月 13 日，“中国消费者协会许可太保产险'神行车保'使用'3·15 标志'签字暨授牌仪式”在北京举行。太平洋产险成为中国消费者协会第一个获准使用“3·15 标志”的保险公司。

30.2003 年 5 月 8 日，公司向 8000 名奋战在抗击“非典”第一线的上海医务卫生工作者捐赠 16 亿元人民币的保险保障。

31.2003 年 7 月中旬，公司荣获全球评级公司颁发的保险行业“质量与效率国际金奖”。

32.2003 年 8 月 25 日，公司在大连召开保险中介机构座谈会。与会各方在更高、更深层次上建立保险公司与保险中介机构的战略合作关系方面形成了共识。

33.2003 年 9 月 8 日，公司网络大学正式开通。

34.2003 年 10 月 10 日，由公司出资 70 余万元建设的“太保实德希望小学”竣工。这是公司在东北建立的第一所希望小学。

35.2003 年 12 月 28 日，在经济日报中国经济信息杂志社主办的“首届中国经济人物”评选活动中，公司董事长王国良以全票当选为“首届中国经济十大新闻人物”。

36.2004 年 2 月 27 日，公司董事长王国良在国际金融报、人民网联袂主办的评选活动中，获选“2003 年度十大金融风云人物”。

中国出口信用保险公司

中国出口信用保险公司（简称中国信保）是我国惟一承办出口信用保险业务的政策性保险公司，于 2001 年 12 月 18 日正式揭牌运营，注册资本为 40 亿元人民币，资本来源为出口信用保险风险基金，由国家财政预算安排。中国信保现有 16 个职能部门，营业机构包括总公司营业部、11 个分公司和 7 个营业管理部，已形成覆盖全国的服务网络。

中国信保的成立是建立和完善我国统一的出口信用保险制度的一项重大改革措施，标志着我国出口信用保险业进入了一个崭新的发展时期。中国信保的主要任务是：积极配合国家外交、外贸、产业、财政、金融等政策，通过政策性出口信用保险手段，支持货物、技术和服务等出口，特别是高科技、附加值大的机电产品等资本性货物出口，支持中国企业向海外投资，为企业开拓海外市场提供收汇风险保障，并在出口融资、信息咨询、应收账款管理等方面为外经贸企业提供快捷、完善的服务。

中国信保的经营宗旨是：通过专业化的服务，为外经贸企业提供出口收汇风险保障和融资便利，提高企业国际竞争能力，做中国企业开拓海外市场的忠实伙伴和坚强后盾。

中国信保承保国家风险和买方风险。国家风险包括买方国家收汇管制、政府征收、国有化和战争等风险；买方风险包括买方信用风险（拖欠货款、拒付货款及破产等）和买方银行风险（开证行或保兑行风险）。

中国信保成立以来，逐步建立了完善、合理的组织结构和服务网络，丰富了产品序列和服务内容，人才建设、产品建设、制度建设和市场建设不断加强，形成了比较完善的内部管理框架和稳定的业务运作体系，目前主要业务包括短期出口信用保险、中长期出口信用保险、投资保险、担保、商账追收、资信评估、贸易融资服务等。

中国信保在风险控制和管理机制上有着专业的优势。公司内部成立了风险管理委员会，形成了多部门共同参与的风险管控机制，对重大承保项目实施风险评估，加强了对重大风险的控制；设立了专职的风险管理部门，专门从事风险分析研究和风险管理协调工作，利用专业的技术优势和信息、风险管理平台，向企业提供风险状况分析，帮助企业正确选择贸易伙伴，规避风险。同时通过限额管理、费率机制和承保政策，引导企业控制向高风险地区的出口和与高风险买家的交易。

中国信保还大力开发融资功能。除了提供出口买方信贷保险、出口卖方信贷保险、与出口信用保险相关的担保等传统融资服务外，又与多家银行合作推出了信用保险项下的融资业务，为中小企业解决了融资难的问题，促进了企业扩大出口。

为减少国家和企业的损失，中国信保大力发展商账追收业务。经过不断的开发、实践，追收渠道已遍及五大洲、数十个国家，追收区域已扩展到全世界。

出口信用保险在我国对外经贸舞台上发挥着越来越重要的作用。2002 年是中国信保开始运营的第一年，承保金额 27.5 亿美元，出口信用保险保额占一般贸易出口额比重为 2.02%；2003 年，承保金额跃至 57.1 亿美元，比上年增加 29.6 亿美元，同比增长 107.6%，出口信用保险保额占一般贸易出口额比重为 3.14%；2004 年的承保额可望超过 120 亿美元，占一般贸易出口额的比重超过 5%，公司的保险金额将实现第二次翻番。到 2004 年底，公司成立三年来累计扶持的出口超过 200 亿美元，为数千家出口企业提供了出口信用保险服务，为 80 多个中长期项目提供了保险支持，包括高科技出口项目，大型机电产品、成套设备出口项目，大型对外工程承包项目等。同时，中国信保还带动银行为企业融资 500 多亿元人民币，向数百家出口企业支付赔款 2 亿多美元。出口信用保险的政策性功能和对我国外经贸发展的重要作用日益显现出来。

中国信保的经营理念是：诚信尽责、稳健高效、严谨规范、主动进取。

中国信保的愿景目标是：创建国内一流的金融机构，创建国际一流的出口信用保险机构，创建一流的专业人才队伍。

中国信保将继续遵循“政策性公司，市场化运作”的原则，主动贴近市场，真正关心出口企业的利益，不断丰富服务内容，提高服务质量，以领先的管理理念和专业的服务，在扩大出口规模、促进国民经济健康发展方面发挥更大作用。

地址：北京市西城区阜成门北大街 5 号融金大厦

电话:010—88382288
邮编:100037

中国大地财产保险股份有限公司

中国大地财产保险股份有限公司渊源于1949年10月成立的原中国人民保险公司。1996年7月原中国人民保险公司改建为中国人民保险(集团)公司,下设中保财产保险有限公司、中保人寿保险有限公司和中保再保险有限公司。1998年,经国务院批准,中保集团撤销,产、寿、再三家专业子公司独立为国务院直属保险企业。1999年3月,中保再保险有限公司改建为中国再保险公司。经国务院同意,中国保监会批准,2003年8月,中国再保险公司更名为中国再保险(集团)公司。中国再保险(集团)公司又以投资人和主发起人的身份控股设立了中国大地财产保险股份有限公司。

中国大地保险由10家境内外投资人共同发起设立,注册资本为10亿元人民币,总部设在上海。中国大地保险秉承"诚信为先,稳健经营,价值至上,服务社会"的经营理念,依托国资股东(中再集团)强大的资本实力、民营企业的经营机制和外资股东的国际经验,在经营理念、发展模式、经营方式和业务领域等方面,锐意进取,以创新促发展,在开业短短一年时间内初步完成了全国分支机构的战略布局。目前,公司已设立了上海、北京、深圳、杭州、南京、宁波、成都、广州、西安、武汉、福州、青岛、天津、郑州、济南、沈阳、哈尔滨、大连、重庆、昆明、南昌21个分公司,石家庄分公司正在积极筹建中。

中国大地保险拥有一批专业的管理人队伍。在公司管理队伍中,有一批专业的精算队伍,致力于公司的产品创新和风险管控;在业务管理、保险投资、信息平台、发展战略研究、行政后援支持等岗位上,一大批业务精英在辛勤工作;总公司具有博士学位、博士后经历的管理人员占总人数10%以上,研究生以上学历者占45%。

经营理念:诚信为先,稳健经营,价值至上,服务社会

企业精神:立足大地,携手创业,共享未来。

社会责任:用社会给予的关怀积极回馈社会。

员工座右铭:以积极的态度把握工作,用充分的沟通实现完美。

员工口号:爱中国,爱大地。

公司的经营范围是:企业财产损失保险、家庭财产损失保险、建筑工程保险、安装工程保险、货物运输保险、机动车辆保险、船舶保险、飞机保险、航天保险、核电站保险、能源保险、法定责任保险、一般责任保险、保证保险、信用保险、种植业保险、养殖业保险、短期健康保险、意外伤害保险,上述保险业务的再保险业务,经中国保监会批准的资金运用业务;经国家有关部门批准的其他业务。

中国大地保险时刻不忘肩负的社会责任,用社会给予的关怀积极回馈社会,用我们的技术和服务塑造良好的社会形象,努力成为中国杰出的金融品牌。

地址:上海市浦东南路855号世界广场36层
邮编:200120
总机:021—58369588
传真:021—58369567

华泰财产保险股份有限公司

公司概况

华泰财产保险股份有限公司是中国第一家全国性股份制财产保险公司,1996年8月29日在北京开业,注册资本金13.33亿元人民币。公司60余家发起股东多为实力强、规模大、效益好的大型企业和企业集团,覆盖了石油、电力、冶金、电子、化工、航空、建筑、轻工、船舶等24个行业,股东总资产超过1万亿人民币。

华泰保险公司财务基础雄厚,偿付能力充足,专业技术和风险防范意识领先,为国内外数十万客户提供了值得信赖的保险服务。华泰是国内首家外资参股的财产保险公司,美国ACE保险集团作为公司重要股东和战略合作伙伴,为公司提供了多方面的支持和协助,使华泰的管理技术和经营水准向国际化标准靠拢。

华泰保险公司在全国26个城市设有分支机构,形成了面向全国的经营布局。

发展战略

公司根据"专业化经营,质量效益型发展"的战略方针,努力调整险种结构,改善业务质量,拓展目标市场,培育目标客户。面对日益激烈的市场竞争环境,坚持科学的发展观,依靠创新把公司做大做强。

公司通过外资参股,进一步优化了股权结构,引进了先进的管理理念和技术、资金、人才等战略资源,在承保选择、风险管控、量化管理以及快速实施等方面,开始形成新的竞争优势,并且将在产品、销售渠道、服务和管理等方面加强创新,进一步提高公司管理水平和竞争能力。

按照专业化分工、个人负责制和扁平化管理的原则,华泰逐步建立并完善了新的保险业务管理架构。公司加强了对分支机构的管控力度,在核保、理赔、财务、人事、信息技术等方面实行垂直化管理。在一些增长潜力大的业务领域,公司还将通过建立事业部的方式,整合业务资源,协调步伐,加快发展速度。

在巩固和发展现有财产保险和投资业务的基础上,公司积极筹备成立寿险公司和保险资产管理公司,朝着建立金融保险集团的方向发展。华泰保险公司自成立以来,保险业务稳健经营,健康发展;投资业务经营业绩突出,在业内居领先地位;公司保持着稳定的盈利和分红水平,为股东提供满意的投资回报。

经营业绩

2003年是华泰保险公司实施战略转型,并取得显著成果的一年。公司全年保险业务收入8.47亿元,比上年增长7.08%,投资业务实现收益1.39亿元,投资收益率5.25%,继续保持业内领先。

根据公司财务报告,华泰2003年净资产收益率6.53%,税后资本回报率7.52%。截止到2003年12月底,公司总资产为56.49亿元。

保险业务

2003年是华泰在调整中前进的一年。公司坚持专业化经营、质量效益型发展的战略方针不动摇,树立了速度、结构、质量和效益相统一的科学发展观。在变化的市场中保持了清醒的头脑,扎实推进战略转型,取得了明显的成果和良好的经营效益。

在个人保险业务方面,公司根据精算结果及时调整核保政策,使车险等业务的风险得到有效管控。在商业保险方面,加强了对承保标的的审核和查勘,对业务的选择更加严格。整体险种结构有所改善,非车险业务同比增长50%,是公司成立以来增速最快的一年;非车险所占比重由上年的37%提高到41%;车险业务本身也进行了结构性调整,效益车型的承保比例提高。

公司产品创新步伐加快,完成了意外伤害保险产品、出口

产品责任保险产品的开发,推出了更贴近中小商户需求的"商家生意保",积极开发新一代投资型保险产品。

华泰在北京、上海、天津、重庆、南京、广州、西安、成都、沈阳、杭州、昆明、石家庄、深圳、青岛、大连及苏州、佛山、绍兴、烟台、玉溪等城市设有分公司和中心支公司,公司通过严格运营管理制度对分支机构业务实行垂直化管理。

重大承保项目

公司是中国航天保险联合体、核保险联合体发起成员。成立七年来,先后承保了多次卫星发射项目与核电项目,显示了公司的实力,提高了华泰的声誉。

公司承保了一批有影响的重大工程与财产险项目,包括:北京轻轨、陕京天然气管道工程、苏丹共和国麦洛维水坝、北京CBD财富中心、国华电力、国家烟草专卖局大厦、上海金茂大厦、中国海洋石油总公司石油钻井设备项目、上海浦东钢铁集团、中央电视台直播项目(建国五十周年大庆、澳门回归、悉尼奥运会等)、上海通用汽车公司等。

为了有效规避与分散风险,公司注重与国内保险业同行保持密切联系,逐步建立起大项目、高风险业务的共保合作机制。公司还与国内外许多实力强、信誉好的再保险公司保持着多方位的业务合作关系。

投资业务

2003年投资市场风险激增,债市波动,股市动荡,公司投管中心准确、及时把握市场脉搏,果断调整投资策略,科学决策,稳健运作,成功规避了市场风险,同时积极寻找获利空间,取得了突出的经营业绩,实现投资收益1.39亿元,投资收益率5.25%,为公司全面完成利润指标做出突出贡献。

客户服务

华泰保险公司努力以专业化的水准,协助企业和个人客户识别各类风险,加强防灾防损工作;出险后做到快速、合理理赔,为客户挽回损失。公司开通24小时理赔服务热线电话95509,随时为客户提供理赔报案和业务咨询服务。

企业文化

公司重视企业文化建设工作,提出"培养职业化员工,提供专业化服务"的目标价值观,崇尚制度的权威,用制度培养人、检验人。公司提倡"合作与和谐,规范与创新,信任与交流,开放与包容"的企业氛围,不断提高员工素质,培养专业化服务能力,构建新时期的华泰企业文化。

公司重视从点滴做起,追求可持续发展,努力通过不断的业绩增长,创造出自身更大的价值。通过提高公司的品质,在中国金融市场上树立和提升华泰的品牌形象。

华泰保险公司已形成热心支持社会公益事业的传统,在河北灾区建立"华泰希望小学",认养北京金融街绿地,资助全国6所大学贫困大学生,建立"华泰保险绿化基地",为杭州"雷峰塔"重建赠送保险保障,向重庆285所小学捐赠校方责任保险,以及参与抗击"非典"捐赠等公益活动。公司党委、团委和工会经常组织员工开展登山、植树、旅游、书画、摄影和足球比赛等丰富多彩的业余文化生活,增强员工的凝聚力。

对外交流

公司以开放的姿态,积极开展对外交流。员工多批次地参加海外学习培训,公司经常接待国外金融保险企业的来访,与国际许多著名的保险企业开展广泛的业务合作。公司通过多渠道的对外交流,引进先进的管理经验和技术,促进了业务发展和经营水平的提高。

地址:北京西城区金融大街35号国际企业大厦
电话:010—66218833转
传真:010—88091750
邮编:100032

天安保险股份有限公司

天安保险股份有限公司是中国首家由企业出资组建的股份制商业保险公司,成立于1994年10月,总部设在上海浦东。现注册资金为人民币5.015亿元。主要经营中国保险监督委员会核准的人民币、外币的各种财产保险、责任保险、信用保险、水险、意外伤害保险、健康保险、金融服务保险等业务,办理各种再保险和法定保险业务。

公司成立十年来,不断发展壮大,目前已建立起一支万余人的知识化、专业化、年轻化的干部员工队伍,500余家机构网点遍布全国各地。保费规模和利润快速、稳步攀升,增长速度在保险同业中名列前茅。业务领域也有新的拓展,与美国恒康集团合资组建的恒康天安人寿保险公司于2001年2月在上海开业。

公司在同行业中率先建立起了现代企业制度,实施与国际接轨的经营体制,健全了业务、营销、财务、行政人事四位一体的管理体系,建立完善了"承保人制度"。运用现代化的管理技术和手段,实现了全系统核心业务系统的电子化管理和以预警为核心的实时内控体系,并先后通过了ISO9002、ISO9001:2000国际质量体系认证和ISO14001环境管理体系认证。

公司陆续推出符合市场需求的创新险种,逐步形成具有天安特色的,有较强市场竞争力的产品体系,并承保了一大批在国内外颇具影响力的重大项目。公司以"客户至上,服务社会,信誉为本,追求卓越"为宗旨,以诚取信,建立起一整套优质、高效的客服体系,赢得了客户的信赖和好评。

作为一家年轻且充满朝气的保险公司,天安除了向社会奉献富有个性的保险产品外,更致力于创造一种富有生命力的企业文化。

公司倡导品牌和效益有机结合的内涵式发展,创造性地总结出了将理想、工作、经营、管理、分配、员工、公司完美结合的"天安之道"。

天安保险股份有限公司始终以"化险为夷,补天爱人"作为自己的使命,坚持以"更及时、更全面、更专业、更道德的服务,建设中国财产保险第一品牌"的经营理念,为天安客户提供专业的全程服务和周全完善的风险保障。

地址:中国·上海浦东大道1号
邮编:200120
电话:021—50543255

新华人寿保险股份有限公司

新华人寿保险股份有限公司是经国务院同意、中国人民银行总行批准,于1996年8月成立的全国性、股份制专业寿险公司,经营范围包括各类人寿保险、健康保险和人身意外伤害保险业务。

公司于2000年成功地吸收外资参股,实现了资本国际化。公司现注册资本12亿元,现有股东16家,其中资股东12家,包括大型国有企业和股份制企业;4家外资股东为:瑞士苏黎世保险公司、国际金融公司、日本明治生命保险公司、荷兰金融发展公司。

2002年,实现保费收入79.83亿元,市场占有率一直位居国内寿险市场第四位;其中,北京分公司以20.16%的市场份额居北京寿险市场第二。2002年,公司实现投资收益1.3亿元,连续七年保持赢利;公司总资产达到127.6亿元,偿付能力超过了监管部门规定的最低标准。到2002年底,公司拥有29家省级分公司,53家中心支公司、317家营销服务部,提前完成全国性机构战略布局,跨入了全国大中型寿险公司的行列。

2003年上半年,新华人寿年度保费突破100亿元,市场份额由2002年底的3.51%升至4.81%,继续稳居国内寿险市场第四位,总资产达到173亿,实力进一步增强。截至2003年6月末,公司共有29家分公司和65家中心支公司,营销服务部达到381家,营销业务规模人力85000多人,银行代理网点达到12559个,客户群数量127万人。

2003年是新华公司发展史上极不平凡、成果丰硕的一年,公司成功地实现了规模与效益、速度与质量的稳步提升,保费收入达171.85亿元,比2002年增长了115%;市场份额从2002年的3.51%跃升为5.7%。2003年,公司实现税前利润2.19亿元,总资产达243.8亿元,综合实力跃上新平台。截至2003年底,公司在全国拥有29家分公司,89家中心支公司,460家营销服务部。员工队伍也日渐壮大,总规模人力由2002年的4万多人增长到12.6万人。2003年公司继续实现赢利,创下了开业以来连续八年保持赢利的新纪录。

中宏人寿保险有限公司

中宏人寿保险有限公司是国内首家中外合资人寿保险公司,由加拿大宏利人寿保险(国际)有限公司和中国对外经济贸易信托投资公司(中化公司核心成员)合资组建。公司于1996年11月26日在上海正式成立,时任中国总理李鹏先生和时任加拿大总理克雷蒂安先生莅临开业典礼,并主持剪彩仪式。

加拿大宏利人寿保险(国际)有限公司拥有中宏人寿保险有限公司51%的股权,是其母公司"宏利金融"旗下最成功的分支机构之一,透过庞大的雇员及保险代理人,为遍布全球超过15个国家和地区的客户提供全面的财务保障及理财服务,被国际著名信贷评级机构"标准普尔"授予"AA+"(极佳)评级。2003年,宏利金融完成加拿大历史上最大的一宗跨国合并交易——对美国恒康金融服务有限公司实施合并,使宏利金融成为加拿大第一,北美第二,世界第五大的寿险公司。至2004年3月31日,宏利金融管理的资产达3559亿加元。

中国对外经济贸易信托投资公司是一家全国性非银行金融机构,是其母公司中化公司的核心成员之一,拥有中宏人寿保险有限公司49%的股权。成立于1950年的中化公司是中国最大的外贸企业之一,现已成为在全球具有相当影响力的综合型国际企业集团,在全球30多个国家和地区设有分支机构。自1989年至今连续被美国《财富》杂志评为全球500强企业之一,2002年度排位上升到248位,在全球最大的贸易型企业中列第11位,列同年中国企业500强排名第5位,2003年公司营业收入达189亿美元。

专业精神,诚信卓著

中宏保险秉承"宏利保险"百年发展的优良传统,借鉴其培训保险代理人的成功经验,并充分运用中化公司对中国市场的深刻认识,稳健发展、锐意进取,致力于打造中宏品牌。目前,中宏已经成为一家拥有5亿元注册资本、4000名员工和代理人队伍,为超过20万客户提供专业金融保险服务的大型寿险公司。

"以客为尊"是中宏永远倡导的理念,中宏以国内消费者的需求为导向,不断创新产品,发展技术先进的客户服务平台,并致力于推进诚信服务。中宏更培养了一支优秀的员工和代理人队伍,具备专业的职业素养,成为中宏向客户实现承诺之中坚力量,更为中宏赢得了国内寿险业第一块"诚信金牌"。

"易变的岁月、不变的承诺",竞争和机遇更激发了中宏无限活力,中宏给您信心与承诺,以优质的产品和诚信的服务面向国内广大消费者,努力打造国内寿险业第一品牌。

面向全国,更创辉煌

2002年底,作为国内首家中外合资寿险分公司,中宏保险广州分公司成功开业。而北京分公司的正式成立,标志着中宏朝着全国性公司的目标又迈出了稳健的一步。

成功的经营策略,高效的管理体系,周全的客户服务使中宏保险广为客户接受,历年来在外资保险中处于领先地位,资产不断优化。

随着保险市场的日益开放,竞争必将日趋激烈,中宏有绝对的信心,以思维国际化、行动本地化的战略方针面对未来保险业市场的机遇与挑战,并将在特色产品、人性化服务、专业精英人才等高度上不断进取,建筑完善系统的核心竞争力来拓展全国业务。

专业的精神

我们要令客户满意,我们提供最高质素的产品、服务、建议及合理的价值,以确保顾客获得妥善的解决办法来配合他们的个人需求。

卓越的服务

我们在业内要被视为拥有最高的专业水准。我们的雇员及代理人要有卓越的知识或技能,从而使顾客得到最佳的利益。

正直的品行

我们所有业务上的交往都以高度诚实和公平的原则为宗旨。在业内,我们保持最高的道德操守来建立起信任。

健全的财务

顾客依赖我们从存在达成对他们未来的财政承诺。为此,我们要维持不妥协索偿的缴付能力,健康的入息源泉,超卓的投资业绩,及谨慎的投资管理哲学。

上选的雇主

我们未来的成就将取决于我们雇员。为了吸引和保留最佳及最优秀的雇员,我们将投资发展人力资源及对突出表现给予奖励。

地址:上海市浦东新区世纪大道88号金茂大厦21楼
电话:021—50492288
传真:021—50491110
邮编:200121

泰康人寿保险股份有限公司

泰康人寿保险股份有限公司系1996年8月22日经中国人民银行总行批准成立的全国性、股份制人寿保险公司。泰康人寿保险公司实力雄厚,由中国对外贸易运输(集团)总公司、中国石化集团北京燕山石油化工有限公司和中国嘉德国际拍卖有限公司等16家国有大中型企业发起组建,是目前国内6家全国性人寿保险公司之一。公司总部设在北京。2000年11月,公司全面完成经国务院同意、保监会批准的外资募股工作,加盟泰康人寿的外资股东包括瑞士丰泰人寿保险公司、苏黎士洛易银行、新政泰达投资有限公司和日本软库银行集团等著名国际金融企业。

泰康人寿始终奉行"专业化、规范化、国际化"的发展战略,坚持稳健经营、开拓创新的经营理念,伴随着中国经济改革及开放程度的深化而不断前进。泰康人寿的全体员工,始终致力于为日益成长的工薪白领人群提供专业化、高品质的人寿保险服务,倡导青春、健康、时尚、充满活力的工薪白领人群的现代生活观、家庭价值观。我们的目标是把泰康人寿建设成为服务最好、品牌最优、最具亲和力、最受市场青睐的具有国际水准的金融保险集团。泰康人寿自成立以来取得了长足的发展，截止 2003 年底，泰康人寿资产总额为 245 亿元，当年保费收入为 133 亿元，连续三年保持三位数的增长速度，成为业内增长速度最快的公司之一，市场占有率逐年提升。

在以董事长兼首席执行官陈东升为核心的年轻、专业、国际化的管理团队领导下，泰康人寿分支机构与员工队伍建设加速发展。目前已在全国设立了北京、武汉、广州等 29 家分公司，124 家中心支公司，成功完成全国性经营网络的搭建。同时，泰康人寿的员工队伍迅速壮大，目前已拥有内勤人员 6000 余人，营销总人力 15.5 万人，为业务快速发展奠定了坚实基础。

泰康人寿的成就

至今，泰康人寿已连续三年保持三位数的增长速度，成为业内增长速度最快的公司之一。

2003 年 10 月泰康人寿保费突破 100 亿元。

…2003 年 12 月泰康人寿荣获 ISO9001：2000 标准(UKAS)质量体系认证。

…2003 年 4 月，在国家工商行政管理总局、中华商标协会、中央电视台等共同举办的"第三届中国商标大赛"中，"泰康人寿"注册商标荣获"2002 中国十大公众喜爱商标"。

…2002 年，泰康人寿在保险业内率先推出"泰康家庭保障计划"，首次实现了"一张保单保全家"。

…2001 年 8 月，泰康人寿再次采用国际惯例进行信用评级，从 1998 年的 AA 级跃居 AAA_信用等级，成立至今没有一笔呆坏帐。

…2000 年 12 月，泰康人寿荣获 ISO9001 国际标准(UKAS)质量体系认证。

…2000 年 11 月，泰康人寿完成经国务院同意、保监会批准的外资募股工作。

…2000 年 9 月，泰康人寿开通"泰康在线"(www. taikang. com)，成为真正实现在线投保并获得保险类 CA 认证的网站。

…2000 年 8 月，泰康人寿总部入驻位于中华第一街——北京长安街上的泰康人寿大厦。

地址：北京市复兴门内大街 156 号泰康人寿大厦

电话：010－66429988

传真：010－66426360

太平人寿保险有限公司

太平人寿保险有限公司历史悠久，1929 年始创于上海，1934 年设立寿险部专营寿险业务。历史上的太平人寿，凭借强大的民族资本实力，众口皆碑的企业声誉和稳健专业的经营风格，发愿"惟有人寿保险可以解决人生问题"，在中国近现代保险发展史上，独树一帜，成为实力最强、规模最大、市场份额最多的民族保险业代表，书写了中国保险业的辉煌篇章。

1956 年后，根据国家政策调整，太平人寿移师香港专营海外业务近半个世纪。

2001 年 11 月 30 日，经国务院同意、中国保险监督管理委员会批准，太平人寿全面恢复经营国内人身保险业务，成为第六家全国性寿险公司。"老店新开"的太平人寿，是现今中国保险市场上经营时间最长的中资寿险公司。总部设在上海，注册资本金 10 亿元人民币。

太平人寿以中国保险(控股)有限公司、中保国际控股有限公司和富通国际股份有限公司为股东，目前已开设北京、上海、成都、广州、南京、杭州、郑州、石家庄、济南、沈阳、深圳、宁波、大连、青岛等十四家分公司和佛山、珠海、东莞、中山、惠州、绵阳、德阳、乐山、雅安和内江等十家中心支公司，另有哈尔滨、天津、武汉、合肥、南昌和福州等六家分公司在筹建中，并在全国 30 多个城市设有销售服务网络。

太平人寿秉承"真诚服务，用心经营"的经营理念，以"为生活增添祥和与安宁"为公司使命，依托国资股东(中国保险)强大的资本实力、上市公司(中保国际)规范化的管理模式和外资股东(富通国际)的国际运作经验，构建起公司体制、管理机制、专业化人才、产品与服务和电子信息化等方面的多种优势，在经营理念、增长模式、经营方式和业务领域等方面，锐意进取，追求卓越，以创新促发展，在短短两年时间内初步形成独具特色的经营理念和发展战略。

太平人寿选择以银行保险为突破口的业务增长方式，通过与各大银行的合作，充分利用金融企业的系统资源，使公司银行保险业务快速增长，拉动太平人寿整体规模的跨越式发展，并有力推动了全国保险市场银行保险业务的发展。

在传统个人业务领域，太平人寿施行"高素质、高品质、高绩效"的"三高"团队发展战略，在业务员的招聘、培训、展业、销售和服务等各个环节，实行严格的管理。太平人寿的个人销售团队，销售能力和水平达到业界平均水平的 2－3 倍，改变了传统营销的"人海战术"及所谓"规模定律"。

在团体业务领域，太平人寿以业务品质、效益和长期价值为指导，以国际标准的全方位服务体系打造"科技领先、服务卓越"的差异化优势战略，推行国际化标准运营，成为世界最大的跨国公司团体保险共保计划 IGP(InternationalGroupProgram)在中国大陆地区唯一的成员保险公司。太平人寿重点抓企业年金工作，力争在飞速增长的年金市场上占得先机。

太平人寿在国内率先采用"核心风险集中管控、专业技术垂直管理"的两核组织架构和管理模式，确保管控力度和作业质量。在客户服务方面，公司全面实行 100％的客户回访，推行"服务前置"指导思想和"人性化服务"理念，通过客户服务中心为客户提供全方位、追踪式服务。

太平人寿拥有一批专业的精算队伍致力于公司的产品创新和风险管控，首创全国统一的 IT 作业平台。在新契约与理赔作业上，在业内率先采用影像扫描技术，确保了客户资料的准确传输，提高了服务效率，造就了太平人寿先进的电子化管理优势。

太平人寿复业两年来，企业品牌初步确立，赢得了业界和社会各界的广泛赞誉，创造了"太平人寿现象"。中国保监会主席吴定富对太平人寿复业两年来的经营管理情况给予高度评价，称赞太平人寿已"成为中国保险界的一颗新星"。

2003 年 10 月，国际权威评级机构惠誉国际(Fitch)为太平人寿做出 BBB＋评级，认为公司信用质量良好，面临的信用风险较低，这是迄今为止国际著名评级机构首次为中国保险企业做出的最高评级。

秉七十余载专业精神，新太平人寿与时俱进，持续创新，正全力塑造金融保险业的杰出品牌。

地址：上海民生路 1399 号太平人寿大厦

总机：021－50614888

传真：021－58884567

邮编：200135

中保康联人寿保险有限公司

中保康联人寿保险有限公司于 2000 年 6 月 15 日在上海

成立，同年8月18日公司正式开业，是中国第一家中澳合资人寿保险公司，由中国人寿保险公司与澳大利亚联邦银行共同组建而成。总部设在中国最具有发展潜力的金融贸易区——浦东陆家嘴中国保险大厦。

中方投资者——中国人寿保险(集团)公司，是国内最大的国有寿险公司，总资产达2,212亿人民币，实力雄厚，网络健全。

外方投资者——澳洲联邦银行，以市值计算为澳洲最大银行之一，资产总值超过11660亿人民币，业务遍及全球13个市场。该集团为澳洲最大基金经理、最大零售退休金管理公司及最大人寿保险公司。

目前，公司为上海市民提供各类保险保障产品，险种涉及分红保险、外汇保险、人寿保险、年金保险、健康保险和意外伤害保险等数十种保险产品。

中保康联开业以来，先后创新推出国内首例允许50—80岁老年人投保的康万年寿险，以及为65岁以后老人提供长期住院补贴的医疗保险，深受上海市民的欢迎。

通过诚信经营与努力，公司于2003年成为全国第一家获准经营外汇保险业务之公司，并率先推出留学生外汇保险。

中保康联是一个充满"爱与关怀"的大家庭，我们的使命是成为一名播撒"爱与关怀"的使者，每天不停地服务于社会大众，实现我们"照顾他人"的理想，为建立一个幸福祥和的社会而努力。

中保康联深深知道，想要完美实现"爱与关怀"的精神理念，要让客户感到家庭般的温暖，优秀的员工队伍是必不可缺的一环。"优秀的员工能留住优秀的客户"是中保康联深信不疑的定律。因此，中保康联抱着宁缺勿滥的原则，去培养"信守承诺、卓然出众"的员工队伍。

凝聚众人的力量帮助需要帮助的人或家庭，是保险的真谛。正因如此，中保康联汇集了一群有愿望、有勇气、有能力的人共同参与这一"爱与关怀"的事业。

◆有愿望，就是能克服万难，有"帮助人"的愿望；

◆有勇气，就是将所有的人都当作自己的兄弟姐妹，真诚对待每一个人；

◆有能力，就是具备专业知识，真正了解客户的需求，提供客户需要的服务。

中保康联欢迎与我们有一致理想的人们加入这个充满"爱与关怀"的大家庭，让我们共同承担起安定社会的责任，让我们身边的每一个人永远都"消除恐惧、安心生活"。

——我们鼓励客户给家人及自己带上一份关怀，选择一份真正适合自己的保险产品，让家庭的每一位成员都感到有所依靠；

——我们对员工进行耐心细致的培训，鼓励每个人的潜能发挥，最终目的是为所有客户提供最称心、最合身的产品与服务；

——我们引进先进管理技术，但不一味恪守外方的信条理念，重视本土文化，力求把握好中西方管理经验的结合，开拓一条有特色的中外合资之路……

我们的展望：成为兼具创造与保障财富最成功的机构。

我们的价值观：

◆坚持诚信、专业、公正的经营原则

◆坚持员工和代理人一贯的专业素质

◆为客户提供最优质的服务

◆使产品和服务始终走在同业的前列

凭借中国人寿丰富的本地经验和澳洲联邦银行先进的运营技术，中保康联将托起您美好的人生。

世界级金融保险集团，是您坚强有力的后盾。

地址：上海市陆家嘴东路166号中国保险大厦21楼
总机：(021)58882288
传真：(8621)58825245

民生人寿保险股份有限公司

民生人寿保险股份有限公司是经中国保险监督管理委员会批准成立、国家工商行政管理总局注册登记的中国第一家以民营资本为投资主体的全国性专业寿险公司，总部设在北京。

经中国保险监督管理委员会批准，民生人寿保险股份有限公司的业务经营范围包括人寿保险、健康保险、意外伤害保险业务，险种包括：个人和团体意外伤害保险、两全保险、定期寿险、终身寿险、年金保险、短期健康保险、长期健康保险及上述保险业务的再保险业务和资金运用业务。

公司董事长由全国人大常委、全国工商联副主席王以铭先生出任；副董事长由全国政协委员、中国泛海控股有限公司董事长卢志强先生、万向集团总裁鲁伟鼎先生出任；监事长由全国政协常委、新希望集团董事长刘永好先生出任；公司总裁由原中国人寿保险公司副总经理王耀华先生出任。

民生人寿保险股份有限公司由全国工商联牵头、21家企业发起设立，注册资本金为8.3亿元人民币。经中国保险监督管理委员会批准，吸收新加坡亚洲联合控股有限公司参股，现有股东22家，公司实收资本金为8.73亿元人民币。公司的主要股东有：万向集团公司、中国泛海控股有限公司、中国有色金属建设股份有限公司、山西海鑫钢铁集团有限公司、江西汇仁集团医药科研营销有限公司、东方希望集团有限公司、四川新希望农业股份有限公司、北京电信经济技术开发公司、联想控股有限公司等。

民生人寿保险股份有限公司是中国民营经济发展和金融市场开放的产物，极具生命力的资本主体和全新的运营机制为公司的长远发展奠定了坚实的基础。公司将秉承"民生人寿保民生"的经营理念和"客户价值最大化、股东价值最大化、公司价值最大化"的价值取向，立足于高起点、高标准、高效益，立足民营、服务社会，植根民众、造福民生。公司将充分发挥民营企业体制优越、机制灵活、务实高效的优势，把民生人寿建设成为国际化、现代化、多元化的金融服务集团。

地址：中国北京市朝阳区朝外大街20号联合大厦
电话：86—10—65880009
传真：86—10—65883636
网址：http://www.minshenglife.com
邮编：100020

海尔纽约人寿保险有限公司

海尔纽约人寿保险有限公司是由中国海尔集团旗下的青岛海尔投资发展有限公司和美国纽约人寿保险公司共同出资设立的一家合资寿险公司。经中国保险监督管理委员会批准，于2002年11月28日正式成立，总部设立在上海。目前拥有员工一百六十人，代理人超过九百名，为社会大众提供各类人寿保险、健康保险和人身意外伤害保险等保险产品。

2003年，海尔纽约人寿成立了全新的服务中心，推出一站式服务柜台、800—820—5882免费服务热线、体检中心和手机短信等服务举措；设立了黄浦南京西路营销服务部和徐汇肇嘉浜路营销服务部；成功进驻浦东国际机场和虹桥国际机场，成为唯一一家获准在上海两大国际机场销售航空意外险的中外合资保险公司；并在海尔家电客户资源利用及电话销售方面也进行了有益的尝试。海尔纽约人寿2003年全年保费收入突破8200万元人民币。

2003年,海尔纽约人寿产品开发紧随市场主流,在原来只有保障型产品的基础上,添加了方便理财的两全保险,储蓄保障两用的终身寿险、满足退休需求的年金产品,共开发并投入销售了六个主险,四个附加险。分别为吉祥两全保险(分红型)、百年安康终身寿险(分红型)、丰瑞两全保险(分红型)、智富保两全保险A、B(分红型)、年年金喜年金保险(分红型)以及附加额外重大疾病长期健康保险、航空旅客意外伤害保险、“非典”表爱心活动附加每日住院补贴医疗保险、附加意外伤害医疗保险和“非典”表爱心活动附加定期寿险。

回顾2003年这一年的历程,海尔纽约人寿经历了一个快速成长的过程,取得了不少骄人的成绩。海尔纽约人寿将继续秉承“诚信正直、创新求实、客户导向和品质第一”的核心价值观,努力向“成为最值得信赖的寿险公司”的远景目标迈进,以优质贴心的产品和服务来回报社会,关爱大众!

网址:http://www.hnylic.cn

地址:中国上海浦东新区世纪大道88号金茂大厦36层3601

邮编:200121

海康人寿保险有限公司

海康人寿保险有限公司由荷兰AEGON保险集团与中国海洋石油总公司于2002年5月各出资50%共同组建而成,注册资本为2亿元人民币于2003年4月正式获得营业执照,在中国开展寿险业务。

——经营理念—诚信、专业、开创

——本地化的华人经营团队

海康保险的总部落户于上海浦东陆家嘴金融中心的浦发大厦。结合了来自大中华地区包括香港、台湾的保险精英人才,更加贴近本地市场的需求。

——先进的保单行政管理及影像工作流系统

率先成为全中国乃至全亚洲首家成功安装先进FUTUREfirst保单行政管理系统,同时身为中国首家成功安装HiBPM(AWD)影像工作流系统的保险公司,海康保险能迅速地顺应多变的环境作出调整,为客户提供一流高效的服务。由世界三大系统集成商之一的CSC电脑科技集团所提供的FUTUREfirst保单行政管理系统,使海康实现了在单一的系统上完成核保、保户服务、理赔、销售渠道管理、保险费收取、薪酬管理、支付等各类操作。国际领先金融软件供应商DSTi提供的HiBPM(AWD)影像工作流系统,包含了工作流,影像,文档管理和完整的客户联络控制等功能。采用FUTUREfirst和HiBPM(AWD)的数据化管理,海康的整体业务效率和质量都达到最优化,并为今后在更大范围内推广和应用预留了接口,满足了快速操作,质量监控以及行政管理的需求。

——多元化的保险产品

海康保险针对保户在各个阶段的需求设计了多元化的分红和非分红人寿保险商品,其中包括纯保障型保险、两全保险、年金保险、意外险及健康险,帮助中国家庭安全保障需求的规划、子女教育基金的准备和医疗费用的分摊等。同时,海康更积极研发非常规型产品,希望能引进先进国家的保险观念与商品,提供国人更多重的选择。

——精英培育及多渠道行销

海康保险为培养人才,于清华大学设立100万美元的教育基金,用作学生奖学金、讲师的培训和调研经费及其他保险相关活动。此外,我们在市中心的中欣大厦内斥资建设了装备先进的大型多功能视讯中心,通过系统化的专业训练,成就并培养一批高素质的代理人队伍,将一流的保险产品与诚信的服务提供给广大的消费者。海康保险还积极开展银行保险、直效营销、电话营销、职域营销等创新的多元化行销通路,以开拓更为广阔的市场前景。

首创安泰人寿保险有限公司

首创安泰人寿保险有限公司是由享誉世界的多元化金融财团——荷兰国际集团(ING)旗下荷兰保险有限公司与中国大型国有企业集团——北京首都创业集团共同出资在大连设立的东北地区第一家中外合资人寿保险公司。

首创安泰人寿保险有限公司现有注册资本5亿元人民币,荷兰保险有限公司与北京首都创业集团各持股50%,由荷兰保险有限公司负责公司有效经营管理。自2002年12月16日正式营业以来,首创安泰人寿目前拥有内勤员工近200人,专业代理人约1600人,营销网点逐步从大连市内扩大到大连行政区辖周边县市,并相继在普兰店市、瓦房店市、庄河市、经济技术开发区、金州区等地开设了营销服务部。截至2003年底,公司在个人保险市场的保费收入已经突破6000万元。2004年,首创安泰人寿将开拓中国首都——北京市场,并在未来五年内在中国北方地区开设多家分公司

秉持“战略国际化、思维区域化、行动当地化”的方针,首创安泰人寿更不断引进国际最先进的经营理念、管理理念和培训课程,塑造优秀的企业文化,整体提高内勤员工和代理人的专业素质,并以提升保险行业的整体形象为己任。

2002年12月,首创安泰人寿在公司筹建期间便以“善尽社会责任”的企业公民之形象出资30万元人民币在大连市设立100户“家庭养老院”,启动针对社会孤老的“居家养老”计划。2003年4月,首创安泰人寿面对SARS风暴,快速反应,领先大连同业推出针对住院附加产品的“免等待期”理赔措施,并以多样措施和公益投入协助公众战胜疾疫,在大连市民心中树立了良好的企业形象。

★公司愿景

以专业、创新、诚信,为社会持续提供最佳金融商品与服务,满足客户终身保险理财需求,进而成为全中国服务业最值得信赖与尊重的典范。

★公司使命

以最高道德指标,持续提供最佳的保险理财服务,满足客户追求安定、健康及尊严生活的需求,并获得最高客户满意度。

秉持投资于人、建立互信、追求卓越的信念,为员工提供良好的学习和成长环境,尊重员工,鼓励创新,与员工分享公司的经营成果。

专精于产品与服务的创新、品牌与资产的经营,以高于业界的成长率,达到合理的股东回报率,同时善尽社会责任,成为全中国服务业最值得信赖与尊重的典范。

★核心价值观

1. 客户导向:以实际行动提供满足或超过客户需求的服务

2. 企业家精神:企业永续经营的根基在于不断地创新与突破,不因循苟且、不墨守成规,凡事保持弹性,更能勇于决策。

3. 团队合作:群策群力,共达目标。

4. 专业:专业是提供高品质服务的必备条件。

5. 诚信:做我们所说的,说我们所做的,信守承诺,遵守道

德规范。

6. 投资于人：提供全方面的训练与支援，协助一生发展的计划，并与员工共享经营成果。

★首创安泰思维

1. 三Q精神：首创安泰人追求品质（Quality）、数量（Quantity）、专业资格（Qualification）。

2. 与众不同：与众不同是为了追求卓越。让今天比昨天好，而明天比今天更好。

3. 充分授权：是激发员工发挥潜力的重要法门，也是员工短期内获得快速成长的关键之一。

4. 高瞻远瞩：未来的竞争在比赛谁看得远，Dotherightthing是企业能否永续经营的要素

5. 相互支援：不同的职位代表不同的工作内容，共同的是都在扮演支援者的角色。

6. 谁是客户：购买保单者、业务同仁、同事、直接想知道公司讯息者、间接想知道公司讯息者。

7. 诚信为先：惟有建立互信，才能充分合作，进而产生良好绩效。

8. 力求多赢：不断地创造公司价值，才能达到客户、员工、股东、社会共赢的局面。

秉持股东方永续经营的目标，首创安泰正在为成长为全国性保险公司而积极发展。未来，首创安泰人寿将以始终如一、永不打折的高品质服务和不断完善的多样化产品，争取客户最高满意度，努力成为中国保险业最具竞争力、最优秀的保险公司。

东方人寿保险股份有限公司

东方人寿保险股份有限公司（以下简称“东方保险”）于2001年12月28日正式成立，成为中国加入WTO后，由中国保险监督管理委员会（以下简称“保监会”）第一批批准成立的全国性人寿保险公司。公司总部设于上海，注册资本为8亿元人民币。

【股东介绍】

东方保险股东来自国内10个省、市、自治区，涵盖了资产管理、通信、水电、能源、钢铁、汽车、生物、化工、建材、零售等多个行业，涉及国营、民营等多种经济类型。东方保险的发起股东实力雄厚，在各自的行业内均处于领先地位，并具有广泛的社会资源和行业影响。东方保险作为一家股份制保险公司，在产权制度以及与之相适应的公司治理结构上的先天优势，将为公司的快速发展奠定坚实的基础。

【经营范围】

作为一家全国性寿险公司，东方保险在业务地域和业务范围内均具有较大的发展空间。东方保险可基于自身判断，并在报经保监会批准的前提下，在国内任何地点设立分支机构。按照保监会的有关规定，东方保险的业务经营范围包括：个人意外伤害保险、团体意外伤害保险、个人定期死亡保险、团体定期寿险、个人两全寿险、个人终身寿险、团体终身保险、个人年金保险、团体年金保险、个人短期健康保险、团体短期健康保险、个人长期健康保险、团体长期健康保险、经中国保监会批准的其他人身保险业务、上述保险业务的再保险业务、以及经中国保监会批准的资金运营业务。

【目标客户】

东方保险将目标客户市场开拓的主要方向定位于国内日益增长的大众市场富裕阶层。中国政府全面建设小康社会的战略目标，预示着中国未来中间阶层的不断壮大，并将为公司创造良好的可持续发展环境。东方保险将把握寿险市场发展的重大机遇，有效地满足并提升小康社会大众市场富裕阶层的寿险需求。

【员工队伍】

东方保险具备了一支具有高度职业道德、专业业务水准和敬业精神的骨干员工队伍，能够为客户及社会提供最好的服务。公司共引进了具有良好从业经验和突出专业技能的优秀人才数百人，他们对中国寿险市场有着极深的感悟和丰富的经验。东方保险根据任务需要，将之组合成了多个精英管理团队，涵盖了投资、精算、营销、法律和保险业务管理等各个方面。

地址：中国上海浦东新区丁香路716号

邮编：200135

电话：(8621)－68548952

传真：(8621)－68548962

生命人寿保险股份有限公司

生命人寿保险股份有限公司于2001年12月28日经中国保险监督管理委员会批准成立，成为中国加入WTO后第一批成立的全国性人寿保险公司，也是迄今为止中国第三批批准成立的全国性专业寿险公司。公司总部设在中国上海市。

2003年4月21日，公司与日本最大的保险集团Millea控股有限公司签署参股协议，外资认购公司24.9%新股，至此公司股东投入资金超过20亿人民币，是目前国内保险公司中资本实力最雄厚的公司之一。

生命人寿保险股份有限公司由十家实力雄厚的国内外企业出资组建：广东广晟资产经营有限公司、大连实德集团有限公司、北京首钢股份有限公司、武汉武新实业发展有限公司、北京丰利投资有限公司、巨能实业有限公司、龙赢投资有限公司、合升实业发展有限公司。外资参股的股东为Millea控股有限公司旗下两家子公司一东京海上火灾保险有限公司和MilleaAsiaPte. Ltd.

公司优势：

一、全国性的牌照、良好的关系和充足的资本金可以保证公司在全国范围内迅速崛起和发展

全国性牌照可以使公司在开业首年即可在北京、上海、南京、杭州等大城市全面开展寿险业务，三年后公司的机构可以铺设到全国的各主要城市。强大的资本投入无疑是公司实现高质量、高增长目标的保证。

二、股东的巨大支持和良好的网络资源成为生命保险业务拓展和经营创新的重要保证

生命保险的股东单位诞生和发展于中国经济体制改革的经济环境中，它们的经营机制完全按照市场经济的规则建立，拥有完善的现代企业制度，它们对中国的市场经济有着深刻的理解和天然的适应性，其经营思想将保证生命保险按照市场化体制运作。首钢总公司是华夏银行、北京证券、江泰保险经纪公司等金融公司的主要股东。上述公司均为国内金融、证券、保险业的知名企业。大连实德公司是大连商业银行的主要股东。

公司将利用其良好资源同上述机构建立战略联盟，依托其良好的网络优势拓展公司业务。公司其他股东在全国大多属知名企业，企业资产庞大、员工人数众多，均是公司业务发展的良好资源。

热忱支持中国保险业发展的各股东单位，以其高瞻远瞩的战略眼光，对于生命保险的发展倾注了巨大的热情和卓有成效的支持，构筑了生命保险的坚强基石。

三、公司法人治理结构完整清晰,公司决策程序化、专业化

由于公司股东既有经营良好的国有大企业,也有充满活力的民营企业,更有善于经营管理的资产管理投资公司,因此所制定的公司《章程》严格遵循国外保险企业的惯例和国内有关法律法规。公司将严格按法人治理结构进行经营管理,公司经营管理决策的程序化、专业化有明确的制度保证。

四、高层次经营管理层和高素质专业队伍将保证生命保险的专业化经营

由国际化、专业化的寿险经营管理人才组成的优秀经营管理层,将确保公司完全按照国际惯例经营管理。

公司具有一支由国内外保险公司的专业人士组成的精英团队,他们有理想、有抱负、有朝气而又专业化、年轻化,其中98%以上具有本科及以上学历。

公司国际化、专业化和价值最大化的优良经营体制还将不断吸引国内外业界精英踊跃加入,由优秀人员所组成的高素质专业团队将保证公司决策的顺利实施,并确保公司的良性、快速和健康发展。

五、生命保险诞生的历史时期将确保其站在较高的专业平台上经营与创新

生命保险是中国第三批成立的专业公司,她的成立正值中国保险发展的最重要时期,也是一个最好的时期。在此之前,中国保险业已经走过了一段不寻常的发展时期,产品创新的尝试,销售渠道的探索,消费观念的变化,许多发达国家百年寿险发展中遇到的问题在中国的这个时期无不经历,由先行者总结出来的经验和教训,可以使生命保险从一起步就处于一种高的起点和高的专业平台上,这在最大限度上保证了公司的稳健与进取。

地址:上海市浦东新区浦东南路855号世界广场18楼
邮编:200120
电话:021—58773333
传真:021—58880099
客服:8008200035,021—63912600

永安财产保险股份有限公司

永安财产保险股份有限公司是根据党中央发展西部经济战略部署于1996年9月经中国人民银行批准,永安财产保险股份有限公司在西安开业,公司注册资本金3.1亿元人民币,是中国唯一一家总部设在西部的股份制财产保险公司。公司以国家电力、电子、航天航空、商贸、石油、有色金属、信托投资等具有雄厚经济实力的国有骨干企业集团和上市公司为主要股东。公司自成立以来,紧紧抓住中央实施西部大开发战略的这一千载难逢的机遇,乘势而上,加快发展步伐,不断调整发展战略,立足西安,辐射西部,面向全国,市场领域不断拓展,品牌形象不断树立,现已走上了良性发展的轨道。

永安保险公司以保障社会财产安全,支持国民经济发展,促进民族保险业的发展为己任。经营国内外各类财产保险、责任保险、信用保险、农业保险、保证保险、短期健康保险和意外伤害保险等保险业务。办理前述各项保险的再保险和法定保险业务;建立与国内外保险机构的代理关系,办理相互代查勘、代理赔、代追偿等有关业务;办理经保险监管机关批准的资金运用业务以及其它保险业务。

公司以经济实力雄厚的国有大型企业集团为依托,凭借现代化电脑管理系统、信息技术处理系统和高效、快捷、灵活、先进的服务系统,以及熟悉业务、训练有素的员工队伍竭诚为各企业、事业单位、团体和个人的财产承担和分散风险,提供高效、优质的服务。几年来,永安保险公司以市场为导向,以改革求发展,为上千亿元财产提供了风险保障,与国内外几十家再保险公司建立了业务往来,满足了不同层次的保险需求,使公司的业务得到了快速发展,客户队伍不断扩大。

2003年年内,将完成增资扩股至6亿元人民币的计划,届时,公司的承保能力和偿付能力将大大提高。永安将继续以保障社会财产安全,支持国民经济发展,全面建设小康社会为己任,秉承"永安——永远为客户着想"的理念,内抓管理,外塑形象,依法经营,争创一流,积极与国际水平接轨,为中国的经济建设和民族保险业的发展作出应有的贡献。

新的世纪,新的起点,永安保险公司跨入了新的阶段,踏上了新的征程。经过风雨洗礼的永安人,将以团结、拼搏、敬业、创新的精神面貌,朝着建设中国一流财产保险公司的宏伟目标迈进。

地址:西安市北大街139号永安财产保险大厦
电话:029—7233888
传真:029—7210115
邮编:710003

华安财产保险股份有限公司

华安财产保险股份有限公司(以下简称"华安保险公司")是经中国人民银行批准,于1996年10月18日正式创立的一家专业性财产保险公司,总部设于深圳,主要经营各种财产险、责任险、信用保证险、农业险及其上述保险的再保险。2003年初,经中国保监会批准,公司开始经营意外伤害险和短期健康险业务。

华安保险公司自成立以来,一直把国家利益放在首位,以社会责任感和客户利益为重,以"诚信、创新、人文、精致"为经营理念,凭借不断创新的精神及专业开发优势,开拓进取,奋力拼搏,在取得良好自身经营业绩的同时,也为探索中国保险业的发展道路做出了积极的贡献,赢得了公众的信赖和支持。

截至2004年6月,华安经中国保险监督管理委员会批准,已开设北京、上海、深圳、广州、长沙、福州、南宁、南京、成都、杭州、大连等十一家省级分公司和百余家分支机构,成为全国性的专业财产保险股份有限公司。2005年之前,华安将完成在全国的机构和网络布局。

华安于1998年4月启动ISO9002质量体系文件规范服务程序,保证服务质量,并于同年10月、12月正式获得荷兰KEMA质量认证公司和中国进出口产品质量认证中心ISO9002国际及国内质量管理体系认证。

华安尊重人才的价值,重视客户的需求和利益,在借鉴国内外同业先进技术和经验的基础上,不断以新产品、新手段、新服务满足不同客户的需要。华安现已开办了90多个险种,并成功为美国摩托罗拉公司通信卫星"铱星"发射提供了保险服务。

目前,华安已与包括慕尼黑再保险公司、法国再保险公司、汉诺威再保险公司等在内的50多家专业再保险公司建立和发展了业务关系,并且选择慕尼黑再保险公司(世界第一大专业再保险公司)作为分保合同的首席再保人。广泛的分保业务关系,将有效地保障广大保户的经济利益。与此同时,华安在国内外设立了500多个检验和理赔代理网点,迅速、公正、准确地为出险客户进行理赔服务。

面对WTO的挑战,华安将在经营机制等方面进行有益的探索和尝试,华安人将不断努力开拓和进取,期冀以更好的产品、更好的服务打响华安的品牌,为民族保险业的振兴而努力!

地址:深圳市宝安南路2001号华安保险大厦27—30楼
总机:0755—82665888
传真:0755—82665866

大众保险股份有限公司

大众保险股份有限公司是经中国人民银行批准组建的股份制、区域性保险公司。

公司首期股东由上海浦东大众出租汽车股份有限公司、上海汽车工业销售总公司、上海市煤气公司、上海航空电子公司、上海城市地理信息系统开发公司、上海大众房地产开发经营公司、上海市自来水公司、上海国脉通讯股份有限公司、上海市陆家嘴金融贸易区开发公司、上海市外高桥保税区新发展有限公司、上海建城房地产发展公司、上海金钟发展有限公司、上海市华亭(集团)公司等17家沪、浙、江三地信誉良好、资金雄厚的大中型企业组成。

公司注册资金为2.1亿元人民币,实收资本2.1亿元人民币,采取发起设立方式,主要经营经中国人民银行批准的各类损失保险业务、再保险业务、法定保险业务和资金运用业务。

公司将本着“信誉为本、服务大众”的宗旨,以“敬业、守信、高效、创新”的精神,积极开展各项保险业务,为促进经济发展,安定人民生活,繁荣保险市场,将上海早日建设成为国际经济、金融、贸易中心而竭诚努力!

地址:上海市北京西路860号
电话:(021)62581111
传真:(021)62533797
邮编:200041

中国太平洋人寿保险股份有限公司

中国太平洋人寿保险股份有限公司是经中国保监会批准成立的经营各类人身保险业务的全国性股份制商业保险公司,由中国太平洋保险(集团)股份有限公司投资控股,总部设在上海。

中国太平洋保险(集团)股份有限公司的前身是成立于1991年的中国太平洋保险公司。作为第一家全国性股份制商业保险公司,太保公司分支机构遍布全国,并在香港设有子公司,在纽约、伦敦设有代表处,1998年与美国安泰人寿保险公司在上海合资组建了太平洋安泰保险股份有限公司。太保集团秉承“诚信天下,稳健一生”的企业核心价值观,依法稳健经营,规范管理,积极为客户提供完善的服务,在国内外享有良好声誉。1995年以来,太保集团多次被世界权威资信评估机构——标准普尔公司评为世界保险企业200强,1999年列第48位、2000年列第45位;2000年、2001年及2002年连续被国际商业信誉质量评估和颁奖组织——“商业创新方向(BID)”国际组织授予“国际质量金星奖”、“国际质量白金奖”及“国际质量钻石奖”,并给予CC100全面质量管理认证;2003年太保公司再次获得该组织授予的“欧洲国际质量技术杰出钻石奖”。这些奖项的获得,标志着太保公司经营管理和客户服务已达到行业先进水平。2004年1月,在中国消费者协会、中国质量协会和清华大学中国企业研究中心等三家机构开展的2003年“中国用户满意度”调查中,太平洋保险品牌获得总体满意度最高的评价,太保公司在总体满意度、品牌形象、性能价格比、方便性、服务态度、工作效率、保险种类、服务便捷性等八项评价指标中,七项排名第一,表现出中国消费者对太保公司品牌、产品和服务的高度认可。同年3月,太平洋保险被上海市工商局认定为上海市著名商标,成为上海市首家获得该项殊荣的保险企业;上海零点调查公司的最新调查结果显示,太平洋保险在市民中的“总体认知度”及“第一提及率”均居三甲之列。

2001年11月,经中国保监会批准,太保公司成功实施了产、寿险分业经营机构改革。新成立的中国太平洋人寿保险股份有限公司依托集团优势,坚持“稳健经营、以效益为中心”的经营指导方针,致力于通过持续的产品创新和服务创新,满足客户多方面的需求。公司现开办险种100多个,覆盖人寿保险、年金保险、健康保险、意外伤害保险等多个领域,其中“太平盛世”、“小康之家”、“红利来”等系列产品深受客户欢迎和市场肯定。公司确立了“一切以客户的感受良好为标准”的服务理念,倡导服务至上,诚信为先,不断完善“急难救助服务计划”、95500全国统一电话服务系统和太保网站服务,努力塑造专业化、高品质的人寿保险品牌。截至2003年底,太平洋寿险共设32家分公司,209家中心支公司,285家支公司,3089个营销服务部,拥有18.7万营销员,同时与一批专业、兼业代理机构建立了良好的业务合作关系。

中华联合财产保险公司

中华联合财产保险公司是2002年9月20日,经国务院同意,中国保监会、国家工商局批准,由新疆兵团财产保险公司更名成立。公司始创于1986年7月15日,是我国成立的第二家具有独立法人资格的国有独资保险公司。也是全国首家以“中华”冠名的保险公司。

公司注册地在中国新疆乌鲁木齐。目前,在北京、上海、广州、南京、杭州、西安、成都、重庆、大连、宁波10省市及辖内设有分(支)公司,在新疆的各地、州、市(县)设有15家分公司、158家支公司(营业部)。已初步形成了遍布全国的服务网络。

公司主要开展各种企业财产保险、机动车辆保险、货物运输保险、责任保险、信用保险、农业保险、健康保险、医疗保险、各种短期人身保险等保险业务和上述业务的再保险业务及中国保监会批准的其他业务。

公司遵循以市场为导向,以发展为前提,以效益为中心,以优质服务、回报社会为公司宗旨。坚持“诚实守信、依法合规、稳健经营、持续创新”的经营原则。发扬“团结、负责、勤奋、进取”的企业精神,积极拓展市场,发展保险业务,努力提升和保障客户利益。

2002年公司实现保费收入6.28亿元。实现利润4191万元,上缴税金2211万元。16年来公司累计实现保险业务收入32亿元,年均增长在50%以上。累计处理各类保险理赔案件50多万起,支付各类保险赔款和给付金额20多亿元。同时,参加社会扶贫帮困、捐资助学、防灾防损等社会公益活动,累计支出1200多万元。在安定社会,组织经济补偿方面有效地发挥了保险的职能作用。

面向未来,中华联合财产保险公司,将进一步解放思想、更新观念、深化改革、锐意进取、加快发展,努力把公司建成员工一流、服务一流、品牌一流、管理科学、经营稳健,具有综合竞争实力、全国著名的股份制金融保险集团。

中华保险
1、企业精神:团结、负责、勤奋、进取。
2、经营理念:稳健、创新、持续、高效。
3、服务宗旨:服务至上,信守承诺,回报社会。
4奋斗目标:创建一流的现代保险企业。
5宣传口号:中华保险,情系中华。

中华保险，诚信为民。

太平保险有限公司

2001年12月20日，经中国保险监督管理委员会批准，太平保险在中国境内全面恢复经营财产保险业务，成为由中国保险(控股)有限公司、中保国际控股有限公司及中国工商银行(亚洲)有限公司持股的全国性专业财产保险公司，总部设在深圳。

• 1929年，太平保险有限公司(以下简称"太平保险")成立，之后陆续在国内大中城市以及香港、雅加达、新加坡等国家和地区设有分支机构和代理处，成为当时全国名列前茅的华商保险公司。

• 1951年，太平保险等15家保险公司合并重组为公私合营的太平保险公司。

• 1956年，停办国内业务，作为中国人民保险公司的全资海外子公司专营境外业务。

• 1998年，根据国务院决定，中国人民保险(集团)公司撤销，原中国人民保险(集团)公司海外经营性机构划归中国保险股份有限公司，太平保险同时成为中国保险股份有限公司的全资附属公司。

• 2001年12月20日，经中国保险监督管理委员会批准，太平保险在中国境内全面恢复经营财产保险业务，成为由中国保险股份有限公司、中保国际控股有限公司及中国工商银行(亚洲)有限公司持股的全国性专业财产保险公司，总部设在深圳。

服务民众，造福社会，是太平人不懈的追求。"做大做强"是我们的发展目标。祝愿太平保险继续演绎春天的故事，谱写新的乐章。我们将迎着新的朝阳，继续乘风破浪，实现新的跨越，创造更大的辉煌。

美国友邦保险有限公司上海分公司

美国友邦保险有限公司(以下简称"友邦保险")上海分公司成立于一九九二年九月二十五日，是第一家获准在中国大陆设立的外资寿险公司。

友邦保险上海分公司现为上海市民提供一系列人寿保险、人身意外保险和健康保险的产品及服务。自成立以来，友邦保险将国际保险理念、先进的管理系统和技术引进上海市场，大大地推动了中国保险业的发展和繁荣。

友邦保险上海分公司一直致力于建立一支专业的保险代理人队伍，并努力为客户提供优质的服务。此外，友邦保险上海分公司还与复旦大学合作，于一九九四年成立了"友邦——复旦精算中心"，在推动中国保险业研究和教育的同时，为中国培养专业精算师。中心学员在获得北美精算学会认可的国际精算考核中取得了优异的成绩。

一九九九年一月，友邦保险上海分公司全面通过国际权威认证机构——SGS的ISO9002质量体系认证，成为国内保险业中第一家获此殊荣的寿险公司。二零零一年四月，友邦保险再次全面通过了最新的ISO9001(2000版)质量体系认证。

友邦保险是享负盛名的国际性美资保险及金融服务保险机构——美国国际集团的全资子公司。自一九三一年公司前身在上海成立以来，友邦保险已在东南亚地区提供服务逾七十年之久。作为东南亚地区规模最大的人寿保险公司，友邦保险已连续数年获得国际著名评级机构标准普尔授予的AAA最高公司及财务实力评级，证明友邦保险在财政上的雄厚实力。

美国友邦保险有限公司上海分公司
地址：上海市中山东一路17号友邦大厦
邮编：200002
电话：8621－63216698
传真：8621－63292088

太平洋安泰人寿保险有限公司

太平洋安泰人寿保险有限公司成立于1998年10月16日，由中国太平洋保险(集团)股份有限公司和荷兰国际集团(ING)在上海合资组建，公司注册资本金5亿元人民币。太平洋安泰人寿成立以来，秉持"投资于人、建立互信、坚持稳健、追求卓越"的经营理念，配合以"客户导向"的企业文化，以真诚的保险服务、精湛的业务能力、优良的保险产品和严格的品质管理，成功实现了稳健高速的发展目标。

至2003年底，公司拥有18个营销服务部、70个营管处、近500名内勤员工、6000多位业务同仁和20万客户；2003年度保费收入6亿多人民币，较前一年同比增加36.18%，超过上海寿险市场平均增幅近16个百分点，在沪市外资(合资)寿险公司中崭露头角，太平洋安泰人寿的累计保费收入也同时超越13亿元人民币。

2003年太平洋安泰人寿根据新型产品精算规定要求，设计推出更符合客户需求的新型分红保险产品，在防SARS期间迅速推出有针对性的保障产品，赢得了客户的信赖；同时公司积极开拓产品销售新渠道，推出分红型银行保险产品；并借鉴现有健康险方面的丰富经验，公司又进一步研究开发了更适应市场的新一代长期健康险产品。太平洋安泰人寿现共有产品32个，其中2003年新开发并被批准上市的产品有8个。

2003年，太平洋安泰人寿在总经理班子的领导下，加强了全面绩效管理，夯实根基，走稳健经营基础上的持续发展之路，在走向全国的同时，力争早日实现成为中国最好的人寿保险公司的愿景。

安联大众人寿保险有限公司

中德合资的安联大众人寿保险有限公司于1999年1月25日在上海正式开业，合资双方为德国安联保险集团和中国大众保险股份有限公司。秉承德国安联的稳健风格，安联大众以"尊重客户、服务为本、高度可靠"的经营理念，充分发挥其先进管理模式和注重培训的优势，牢固扎根于上海市场，获得稳步发展。在成立五年多的时间内，安联大众已成为上海市民值得信赖的人寿保险公司之一，保险产品范围覆盖了养老、保障、投资、教育、医疗、意外等各个方面。除了代理人销售，安联大众在其他销售领域，如银行保险，多渠道销售等，均有不俗表现。

强大实力，优质服务使安联大众成为2002赛季、2003赛季上海申花SVA足球俱乐部、中远汇丽足球俱乐部和上海SVA女子足球俱乐部的赞助商，并为这三支甲A球队的所有成员提供了人身意外伤害保险服务，总保额高达三千六百万人民币。

经营理念：尊重客户服务为本高度可靠

服务准则：诚信，优质，高效

通过严格的培训体制，安联大众拥有一批优秀的代理人队伍，在遍及上海市区和郊区的营销服务部为客户提供高质量的专业保险服务。快速理赔绿色通道对于一定数额的理赔案，客户能在1小时内完成所有手续得到理赔款，为客户提供最大的便利。

保险咨询热线 58768899 随时接受市民对保险产品的咨询。

舒适的客户服务中心为客户提供体检及细致周到的保单售后服务。

地址:陆家嘴东路 161 号招商局大厦 16 楼邮编:200120

电话:021－58798828

传真:021－58798830

金盛人寿保险有限公司

金盛人寿保险有限公司(AXA－MinmetalsAssurance-Co.,Ltd.)由法国安盛集团和中国五矿集团合资组建,是中国第一家中法合资的保险公司,亦是中国保险监督管理委员会成立后批准的首家寿险公司。安盛集团和五矿集团各持51%和 49%的股权。

“以人为本“是金盛保险的整体理念,公司使每一位金盛保险的客户、销售人员和员工的价值得到全面的体现。作为一家朝气蓬勃的寿险公司,金盛保险积极选聘高素质的员工及销售人员,创造有利的工作环境,制定最好的培训计划,进行人才的培养,并鼓励员工参加各项在职培训以提高专业技能及综合素质。

开业不久,金盛保险积极响应安盛集团为期三年,以“关心、支持、高效”为核心内容的优质服务运动。为实现自己的承诺,公司定期检查业务运作情况、听取市场反馈,以保证和提高服务质量。公司在 2000 年先后建立了开启了公司网站,客户服务中心。公司全体员工的所有努力都充分体现了“以客为尊”的服务理念。

展望未来,金盛保险对上海乃至全国保险市场的发展前景充满信心。公司将以上海为中心,配合中国保险市场改革开放的步伐,坚持不懈、努力发展,尽心尽力为中国的未来保险业的繁荣贡献力量。

信诚人寿保险有限公司

聆听是中国古老文明中最深邃的文化之一,因为聆听,才有伯牙与子期的高山流水、心心相契;因为聆听,才有绝世传唱的千古流芳。在历史长河中,关于聆听的传奇一直演绎着,从未间断……

今朝,因为聆听,拥有深厚根基的中国的中信集团和有150 多年历史的英国保诚集团才得以握手,共同演绎中国悠久文化和西方先进保险管理理念的传奇—2000 年 10 月,信诚人寿保险有限公司在中国广州诞生,并秉持着“聆听所至,信诚所在”的坚定信念不断前进。

因为用心聆听,信诚人寿为您提供的不是一纸单纯的保险合同,而是一份高品质的、更能为您未来着想的“全方位寿险保障、灵活的储蓄计划以及稳健的理财方案”;因为坚持聆听,今天信诚人寿有信心成为“中国最好的保险及理财方案的提供者”,更有信心未来成为人生规划时的第一选择。

发展历程

中国中信集团和英国保诚集团于 2000 年 10 月 13 日,在广州组建中国第一家中英合资人寿保险公司——信诚人寿,初始注册资本为 2 亿元人民币,并于 2002 年增至 5 亿元人民币。

2003 年 8 月,信诚北京分公司正式开业,成为京城第一家中外合资寿险公司。

2004 年 9 月,信诚苏州分公司正式开业,成为江苏省第一家中外合资寿险公司。

成立四年来,我们积极开拓市场,使信诚品牌的知名度和美誉度迅速提高,市场份额不断地扩大,截至 2003 年底信诚的累计实收保费达 7.17 亿元人民币。

我们未来十年的目标是完成中国主要省份的业务拓展,成为集实力、活力和魅力于一身的寿险公司。

地址:广州市天河北路 233 号中信广场 60 楼

电话:(020)87521966

传真:(020)87521932/87521755

邮编:510620

恒康天安人寿保险有限公司

恒康天安人寿保险有限公司是由美国恒康人寿保险公司和中国天安保险股份有限公司合资组建的。美国恒康是世界上最大的保险公司之一;天安则是上海首屈一指的财产保险业的翘楚,客户遍布上海及全国。恒康天安致力于为上海市民和家庭带来创新的产品、卓越的服务,让每一位客户早日实现理想的财务目标。

恒康天安的出众之处在于我们重视甄选和培训公司的保险代理人,形成了一支以“客户为中心”、高度专业化、在行业内具有竞争力的代理人队伍。公司以创新和高质量的产品而著称,专业的市场调研推动多样灵活的产品计划的推陈出新,从而不断满足消费者各方面的需求。简而言之,我们懂得如何帮助家庭和个人实现他们的财务目标。例如:

保障家庭收入

筹措子女的大学教育基金

安排舒适的退休计划

为创业者和企业家提供生意保障

上海的发展蒸蒸日上,前景无限。恒康天安亦致力与飞跃的上海同步向前,为每一个承诺带来保证,一代延续一代,从上海到全中国,帮助您实现理想的财务需要和目标,并守护您,一路安心迈向美好未来。

地址:上海市浦东南路 528 号上海证券大厦南楼 2203 室

邮编:200120

电话:(86－21)6881－6658

传真:(86－21)6881－6659

中意人寿保险有限公司

中意人寿保险有限公司是由意大利忠利保险有限公司(ASSICURAZIONIGENERALI)和中国石油天然气集团公司(CNPC)合资组建的人寿保险公司,于 2002 年 1 月 15 日经中国保险监督管理委员会批准在广州成立,公司注册资本 5 亿元人民币,中外双方股权比例各占 50%,成为中国加入 WTO 后首家获准成立的中外合资保险公司。

意大利忠利保险有限公司成立于 1831 年,迄今已有 170 多年的保险经营经验。忠利集团作为世界最大的保险集团之一,其旗下拥有 191 家保险及金融实体,遍布全球 50 多个国家。中国石油天然气集团公司是中国特大型企业集团,是以石油天然气为主营业务,集油气上下游、内外贸、产销一体化经营的国家控股公司,是中国销售额、资产总额和利润最大的企业之一。

中意人寿以忠利集团 170 多年保险经营经验和两大股东雄厚的财务实力为后盾,致力于把公司创建成为国内信誉最好的人寿保险公司。按照“诚信为本、客户为尊、专业为基、创新为魂”的经营理念,率先提出创建知识型人寿保险公司的企业定位，全面构建人文、科技、创新、终身学习和可持续发展的企业文化。

中意人寿引进国际先进的保险知识和经验，从市场需求出发，为客户度身定造个性化、多样化、满足不同保障需求的保险产品。目前，公司已推出的产品主要包括人寿保险、意外及健康保险、投资型保险以及家庭保险。这些产品具有保障面广、费率灵活、保障利益全面、可组合搭配的特点。

中意人寿秉承“以客为尊”的核心服务理念，倡导差别化服务，不断扩大、创新服务内涵：不仅对外遵循客户至上的原则，还在公司各部门间建立起互为客户的关系，通过员工的自觉服务意识创造具有持久竞争力的保险品牌，以全方位、高品质、专业化的服务为客户规划幸福安康的人生。

地址：广州市中山五路219号中旅商业城12楼

邮编：510030

电话：020－83278888

传真：020－83278355

光大永明人寿保险有限公司

光大永明人寿保险有限公司经中国保险监督管理委员会批准，由具有逾百年海外寿险经验的加拿大永明金融与实力雄厚的中国光大集团携手组建，是中国北方第一家合资寿险公司，也是第一家总部设在天津的合资寿险公司。

●公司历程

1999年4月，中国保监会批准加拿大永明在中国境内设立中外合资寿险公司；

2000年11月，加拿大永明与中国光大集团正式签订《合资经营合同》；

2001年2月，光大永明人寿在天津开始了筹备工作；

2002年4月1日，中国保监会正式批准光大永明人寿保险有限公司设立；

2002年4月22日，公司在国家工商行政管理总局完成注册登记并取得营业执照；

2002年6月11日，光大永明人寿保险有限公司成立庆典在天津宾馆隆重举行；

2003年8月，公司注册资本金由2亿元人民币增至5亿元人民币；

2003年10月22日，光大永明人寿获中国保监会批准筹备北京分公司；

2004年4月15日，中国保监会正式批准光大永明人寿保险有限公司北京分公司设立；

2004年4月21日，光大永明人寿北京分公司工商注册成功，取得营业执照。

●主要成就

全国第一家承保多达33种重大疾病的保险公司；

全国率先推出“非典”附加医疗保险的合资寿险公司之一；

全国率先签发“临时保单”的寿险公司；

●人杰地灵的组合

光大永明坚持以核心价值理念为重心，严格遵循公平、公正及有效的选聘制度，通过多种渠道广招贤才，并为其提供施展才华、实现自身价值的机会。随着业务的快速发展，公司内勤管理人员已逾200人，高素质、年轻化成为这个工作团队的显著特征。公司代理人均经过公司的严格把关、多层筛选，目前已形成2000多人的营销队伍。

●先进的培训体系

在“与时并进，终身学习”的理念指导下，光大永明人寿将北美、东南亚的先进营销理念与天津寿险实际经验相结合，建立了独具特色的“四大学院”培训体系。代理人自进入公司起，就接受行销学院、领袖学院、自我管理学院和财经学院的系统培训，向“财务顾问”、“理财专家”迈进，面向客户推广“顾问式行销”，提供优质服务。

光大永明同样注重员工职业技能和工作能力的提高，与多家著名培训机构建立长期合作，通过日益健全的机制、逐步丰富的课程、内外结合的形式，为员工创造各种培训和素质提升的机会。公司已申请成为LOMA考试中心，并利用合资公司的资源优势，派出员工参加海外培训，以保持与国际先进技术同步前进，增强竞争实力。

●追求卓越的产品

秉承“切合消费者需求、代理人认同、保险公司长远目标、正确传递产品信息”的设计理念，光大永明相继开发了“光彩人生”定期险、两全险、“大病无忧”重大疾病保险、“永宁康顺”个人意外伤害保险、光大永明VUL投资连结保险、“安享天年”年金保险(分红型)，“安逸终身”两全保险(分红型)、“金保乐”两全保险、“明日无忧”少儿重大疾病保险等。截至目前，公司已拥有传统险、投连险、分红险等种类齐全的寿险产品，并积极致力于新险种的开发，以满足客户对全方位理财规划的需求，令消费者得到最全面的保障。

●以客为尊的服务

“以客为尊”是光大永明不变的服务宗旨。在客户服务方面，公司全力以赴让客户享受到方便、高效、优质、专业的星级服务。

签发临时保单——为客户免费提供承保前的临时保障；

VIP阳光俱乐部——为VIP客户提供上门理赔、免费体检等服务；

流动体检车——为郊县及高保额客户提供上门体检服务；

手机短信服务——提供承保、续期等多种短信通知服务。

电话咨询中心——提供24小时自助保单查询、代理人身份确认、理赔报案等服务。

●鼎力支持的技术

在强大后盾——加拿大永明亚洲技术部的援助下，光大永明人寿成功引进了北美地区最先进保单管理系统和精算系统。目前已拥有高度自动化与集成化的信息系统环境，能够通过多种途径支持业务经营，为客户提供迅速、全面的服务。信息系统成为公司长期、高效、稳健经营的重要保证。

●快速的业务拓展

2003年，光大永明致力于郊县业务拓展。除总部之外，已实现在市区和郊县建立18个营销服务部。

同时，公司成功开拓了银行销售渠道，与中国农业银行天津市分行、天津市商业银行、中国光大银行天津市分行建立合作关系，携手为客户提供全方位的专业、一流的金融理财和保险服务。

目前，光大永明人寿北京分公司正在如火如荼地筹备中，预计将于2004年上半年营业。

●良好的社会形象

热心公益事业——

◇2002年，加拿大永明金融向加拿大一中国儿童健康基金会捐赠10万美金，用以在天津大港区成立爱幼中心。

◇2002年5月，为支持天津造血干细胞捐赠者资料库的建立，公司在以“用爱心拯救生命”为主题的系列活动中向天津市红十字会捐赠20万元。

◇2003年5月，向深入非典一线采访的《天津青年报》记者赠送涵盖身故(高残)、意外伤害、医疗(包括“非典”医疗)等多重保障的人寿保险。

培育寿险市场——

◇2002年11月，与今晚报社联合主办“走近理财2002”大型专题讲座。

◇2003年8月，深入社区举办“走近清凉夏日共享健康之夜”大型消夏晚会。

注重学术交流——

◇赞助南开大学出版《团体保险》和《人寿保险的负债评估》。

◇协助南开大学主办“发展金融市场，繁荣天津经济”研讨会。

◇2003年11月，与南开大学、北美精算学会联合主办“寿险经营与风险控制”国际研讨会。

◇2003年，赞助成立“南开一光大永明北美精算师考试中心”。

促进中加合作——

◇2003年2月，与加拿大驻华使馆、天津市政府外事办公室联合主办了“加拿大一天津经贸合作交流会”。

●公司整体目标

光大永明将凭借加拿大永明金融带来的丰富的全球寿险业经验，充分发挥中国光大集团的地域优势，坚持“长期发展，贡献中国”的思想以及“诚信正直，以客为尊，追求卓越，创造价值”的核心理念，以天津为基点，逐步拓展到中国其他城市，发展成为一家“财务稳健、信誉卓越、服务专业”的合资寿险公司。

地址：中国天津市和平区南京路75号国际大厦37层

电话：(022)23391188

传真：(022)23399929

邮编：300050

广电日生人寿保险有限公司

广电日生人寿保险有限公司是日本生命保险相互会社和上海广电(集团)有限公司共同出资成立的合资寿险公司。开业初期，公司拟在上海以个人寿险业务为主开展保险事业，在中国有关法规允许后，拓展团体保险业务，并将营业范围扩大到全国。

本公司将时刻以“从顾客的利益出发，为顾客提供安心和满意服务”为发展目标。针对顾客在人生中有可能遭遇到的风险，向顾客充分说明本公司所提供的保险产品及相关服务，并为顾客提供量体裁衣式的最佳保险设计和服务。为了使公司员工能做到向顾客进行充分说明，提供让顾客满意的服务，本公司将建立有自身特色的教育系统，进行严格的内部教育培训，努力提高对产品的理解，提高服务质量。同时，高度尊重顾客隐私，严格管理顾客信息，保守顾客秘密。

地址：中国上海市南京西路1468号中欣大厦37层

电话：021－62476633

传真：021－62470739

恒安标准人寿保险有限公司

恒安标准人寿保险有限公司由世界500强英国标准人寿保险公司和商誉卓著的天津泰达投资控股有限公司共同创立，总部设在天津，注册资本金13.02亿元人民币。

经中国保险监督管理委员会批准，恒安标准人寿经过一年筹建于2003年12月1日正式注册成立。公司业务起步于天津，并将逐步在全国范围内提供寿险产品和服务。筹备期间，英国标准人寿保险公司向天津长期派驻了20多位精算、客户服务、销售和项目管理等方面的专家，与中方同仁鼎力协作，使恒安标准人寿具备先进的业务流程和管理模式。

精湛的产品研发技术是恒安标准人寿的核心战略优势。恒安标准人寿利用英国标准人寿在个人寿险领域的先进经验，结合中国市场的特点，积极开发新型保险产品，力求通过简洁而朴实的产品满足客户的需求，周全而又细致入微地向客户提供养老、投资、医疗等各方面的保障。

恒安标准人寿旨在创建一个稳健、专业、强大的公司品牌，通过营造一个公平、注重解决实际问题的公司文化，使恒安标准人寿成为员工、业务伙伴和保险消费者的首选。

恒安标准人寿将秉承英国标准人寿近200年的寿险管理经验，结合泰达控股卓著的商誉和创新精神，从而实现世界现代文明与中国传统文化的有机融合，并以她雄厚的资本和知识资源为基础，通过可靠的产品、优化的流程和高素质的员工协助客户实现长期稳定的理财规划，并与业界同仁一起，为整个保险行业创建一个崭新的未来。

中美大都会人寿保险有限公司

中美大都会人寿保险有限公司由美国大都会人寿保险公司和首都机场集团合资组建的。中美大都会将秉承“为全民提供财务自主性”的愿景为广大中国民众提供一系列的保险方案。

强强联手的中美大都会期待着在中国这个全球最大也是成长最快的保险市场繁荣发展，致力于让越来越多的中国保户受到无微不至的关爱与保障，让他们能享受人生，和中美大都会人寿一起实现梦想！

地址：中国北京市东长安街1号东方广场东方经贸城E2座12层

电话：(010)85180966

传真：(010)85189809

瑞泰人寿保险有限公司

瑞泰人寿保险有限公司由瑞典斯堪的亚公共保险有限公司与北京市国有资产经营有限责任公司共同建立，双方各自出资50%，注册资金两亿人民币。是第一家总部设在北京的中外合资寿险公司。

依托斯堪的亚保险公司在投资储蓄保险方面近150年的丰富经验与先进技术，结合中国市场的实际情况，公司不断推出为中国客户量身订做的长期投资储蓄保险一体化方案及高品质的服务，以更好地满足中国客户的需求。

公司愿景：助您实现一生的安康富足。

公司使命：通过提供世界级的创新金融产品，为客户、合作伙伴和股东提供满意的回报，成为业内的领先者，为员工创造优越的工作环境。

公司的商业模式

专业合作：

瑞泰人寿业务理念中最重要的部分就是与伙伴公司建立长期合作关系。公司并没有采用一般保险业所通用的代理人营销模式，而是致力于同当地有实力、了解市场的专业机构进行合作，共同发展，实现双赢的目标。

通过与独立的营销机构和基金公司紧密合作，我们能集中精力把工作重点放在我们最擅长的领域，从而能为客户提供更好的产品、具有更多附加值的高品质的创新服务。这包括产品研发、市场运作、基金和基金管理人的选择以及给予营销机构的市场支持与客户服务。

产品研发：多种创新产品，满足您不同需求

为了适应经济形式的不断变化，满足客户在不同阶段的理财需求，瑞泰人寿在信息技术和金融解决方案的帮助下，参考当地法律、税务制度、总体市场条件等各种因素，将不同的产品概念组合在一起，研发出多种创新产品，来适应当地市场的需要。

基金选择：精心挑选，助您实现人生梦想。

瑞泰人寿拥有世界上先进的基金选择系统，在评估、选择基金公司，基金经理方面处于领先地位，并致力于和相关领域的顶尖公司结盟发展。经过瑞泰人寿的精心筛选与组合，我们能够为客户提供业绩优良的各式基金来满足您在不同阶段的理财需要，助您实现人生梦想。

市场支持与客户服务：提供最佳的服务体验。

随着市场的发展，理财咨询服务的需求正在稳步增长。瑞泰人寿通过给每一个营销机构提供专家支持队伍，和他们建立起长久的合作关系。市场支持包括各种形式，从个人拜访、研讨会、培训安排，到提供销售工具用于投资组合和基金分析以及有效的在线支持。为客户提供超值的创新服务一直是瑞泰人寿所追求的目标。借助于先进的信息技术与金融工具，我们的客户服务部门能够在基本保单服务的基础上，为您提供在线投资咨询、账户价值电话查询以及客户联谊会等各式附加服务，满足客户对于账户透明、及时信息反馈的需求。

公司拥有一支具有丰富国际经验的管理团队，公司的许多骨干具有海外工作、学习经历，并在市场推广、投资、保险、业务管理以及服务方面拥有丰富的实践经验。

地址：北京朝阳区麦子店街 37 号盛福大厦 21 楼

电话：8610　85275488

传真：8610　85275015/6

邮编：100026

国内中资保险公司情况一览表

序号	公司名称	联系电话	传真
1	中国人保控股公司	(010)62560158	(010)62560134
2	中国人民财产保险股份有限公司	(010)63156688	(010)630335890
3	中国人保资产管理有限公司	(010)66056699	(010)66568165
4	中国人寿保险(集团)公司	(010)66114433	(010)66111591
5	中国人寿保险股份有限公司	(010)85659999	(010)85252210
6	中国人寿资产管理公司	(010)88088866	(010)88087798
7	中国再保险(集团)公司	(010)62051122	(010)62375743
8	中国财产再保险股份有限公司		
9	中国人寿再保险股份有限公司	(010)62375672	
10	中国大地财产保险股份有限公司	(021)58369588	(021)58369567
11	中国保险(控股)有限公司北京办事处：	(010)63600602	(010)63600605
12	太平保险有限公司	(0755)82960919	(0755)82960909
13	太平人寿保险有限公司	(021)50614888	(021)58884567
14	中国出口信用保险公司	(010)88382288	(010)88388952
15	民生人寿保险股份有限公司	(010)65886669	(010)65887938
16	中华联合财产保险公司	(0991)4680868	(0991)4680869
17	中国太平洋保险(集团)有限公司	(021)58776688	(021)68870922
18	中国太平洋财产保险股份有限公司		(021)68871218
19	中国太平洋人寿保险股份有限公司		(021)68871070
20	中国平安保险(集团)股份有限公司	(0755)82262888	(0755)82431029
21	中国平安财产保险股份有限公司		(0755)82414813
22	中国平安人寿保险股份有限公司		(0755)82435417
23	新华人寿保险股份有限公司	(010)63903399	(010)63958610
24	泰康人寿保险股份有限公司	(010)66429988	(010)66426360
25	华泰财产保险股份有限公司	(010)66218833	(010)88091750
26	天安保险股份有限公司	(021)50543255	(021)50543218
27	大众保险股份有限公司	(021)63221111	(021)63610166
28	华安财产保险股份有限公司	(0755)82665888	(0755)82665866
29	永安财产保险股份有限公司	(029)87233888	(029)87252345
30	生命人寿保险股份有限公司	(021)58773333	(021)58880099
31	东方人寿保险股份有限公司	(021)62797268	(021)62798799

国内外资保险公司情况一览表

序号	公司名称	联系电话	传真	地址
1	中宏人寿保险有限公司 Manulife — SinochenLifeInsuranceCO.,Ltd	(021)50492288	(021)50491110	上海市浦东新区世纪大道88号金茂大厦21楼
2	太平洋安泰人寿保险有限公司 Pacific — AntnaLifeInsuranceCompanyLtd	(021)68863183	(021)68862669	上海市浦东新区浦东南路360号3、4、31、35楼
3	安联大众人寿保险有限公司 Allianz— DazhongLifeInsuranceco.,Ltd	(021)58798828	(021)58798830	上海市陆家嘴东路161号招商局大厦16楼
4	金盛人寿保险有限公司 AXA—MinmetalsLifeInsuranceco.,Ltd	(021)58792288	(021)58792299	陆家嘴东路161号招商局大厦12层
5	中保康联人寿保险有限公司 ChinaCMGLifeInsuranceCompanyLtd	(021)58882288	(021)58825245	上海浦东陆家嘴东路166号中国保险大厦21楼
6	信诚人寿保险有限公司 CITIC — PrudentialLifeInsuranceCompanyLtd.	(020)87521966	(020)87521932	广州市天河北路233号中信广场60楼6002—6008室
7	恒康天安人寿保险有限公司 IohnHancockTiananLifeInsuranceCompany	(021)68816658	(021)68816659	浦东南路528号南楼2203室
8	中意人寿保险有限公司 GeneralIChinaLifeInsuranceCompanyLtd	(020)83278888	(020)83278366	广州市中山五路219号中旅商业城12楼
9	光大永明人寿保险有限公司 Manulife — SinochenLifeInsuranceCO.,Ltd	(022)23391188	(022)23399929	天津市和平区南京路75号天津国际大厦四层
10	首创安泰人寿保险有限公司 INGCapitalLifeInsuranceCompanyLtd	(0411)2531688	(0411)2531566	大连市中山区同街25号世界贸易大厦42号
11	海尔纽约人寿保险有限公司 HaierNewYorkLifeInsuranceCompanyLtd	(021)50472188	(021)50471228	上海市浦东新世纪大道88号金茂大36层3601
12	中英人寿保险有限公司 Aviva — COFCOLifeInsuranceCo.,Ltd	(020)84108080	(020)84108079	广州市滨江中路308号海运大厦19楼
13	海康人寿保险有限公司 AEGON — CNOOCLifeInsuranceCompanyLtd	(021)38784868	(021)68880208	上海市浦东南路588号浦发大厦15楼
14	招商信诺人寿保险有限公司 CIGNAandCMCLifeInsuranceCompanyLtd	(0755)83196209	(0755)83196212	深圳市深南大道7088号招商银行大厦31楼
15	广电日生人寿保险有限公司 Nissay—SVALifeInsuranceCompanyLtd	(021)62476633	(021)62470739	上海市南京西路1468号中欣大厦37F
16	恒安标准人寿保险有限公司 HengAnStandardLifeInsuranceCompanyLtd	(022)88227575	(022)88353729	天津市河西区宾水道增9号环渤海发展中心A座23层
17	瑞泰人寿保险有限公司 Skandia — BSMLifeInsuranceCompanyLtd	(010)85275488	(010)85275015	北京朝阳区麦子店37号盛福大厦21楼
18	中美大都会人寿保险有限公司 Sino— USMetLifeinsuranceCo.,Ltd	(010)85180966	(010)85189809	中国北京市东长安街1号东方广场东方经贸城E2座12层
19	香港民安保险有限公司深圳分公司 TheMinAnInsuranceCompany(HongKong)LimitedShenzhenBranch	(0755)82170793	(0755)82170794	深圳市人民南路天安国际大厦C座12楼
20	香港民安保险有限公司海口分公司 TheMinAnInsuranceCompany(HongKong)LimitedHaikouBranch	(0898)68512818	(0898)68512058	海口市滨海大道南洋大厦708室
21	美国友邦保险有限公司上海分公司 AIAShanghaiBranch	(021)63216698	(021)63292088	上海市中山东一路17号友邦大厦
22	美国友邦保险有限公司广州分公司 AIAGuangzhouBranch	(020)81321888	(020)81321181	广州市中山六路218—222号捷泰广场18楼
23	美国友邦保险有限公司深圳分公司 AIAShenzhenBranch	(0755)82463830	(0755)82463749	深圳市深南东路5002号信兴广场地王商业中心商业大楼11楼
24	美国友邦保险有限公司北京分公司 AIABeijingBranch	(010)65683338	(010)65680050	北京市朝阳区建国路乙118号京汇大厦三层
25	美国友邦保险有限公司苏州分公司 AIASuzhouBranch	(0512)65225558	(0512)65228266	江苏省苏州市干将西路120号友邦大厦4、5、7楼
26	美亚保险公司上海分公司 AIUShanghaiBranch	(021)63508180	(021)63508182	上海南京西路128号永新广场7楼
27	美亚保险公司广州分公司 AIUGuangzhouBranch	(020)87311888	(020)87310166	广东省广州市农林下路83号广发银行大厦18楼
28	美亚保险公司深圳分公司 AIUShenzhenBranch	(0755)82463755	(0755)82463812	深圳市罗湖区深南东路5088号信兴广场地王商业中心商业大楼11楼
29	东京海上火灾保险株式会社上海分公司 TheTokyoMarineandFireInsuranceCompanyLimitedShanghaiBranch	(021)68414455	(021)68414520	浦东新区银城东路10号汇丰大厦38F
30	丰泰保险(亚洲)有限公司上海分公司 WinterthurInsurance(Asia)Limited. ShanghaiBranch	(021)68823351	(021)68825603	上海浦东新区浦东南路528号上海证券大厦24层2404——2409室
31	皇家太阳联合保险公司上海分公司 RoyalandSunAllianceInsurancePLCShanghaiBranch	(021)68411999	(021)68412700	上海市浦东新区银城东路101号汇丰大厦9楼
32	美国联邦保险股份有限公司上海分公司 FederalInsuranceCompanyShanghaiBranch	(021)68415188	(021)68412988	上海市浦东新区银城东路101号汇丰大厦32楼
33	三井住友海上火灾保险公司上海分公司 MitsuiSumitomoInsuranceCo. Ltd. ShanghaiBranch	(021)68411034	(021)68410906	上海市浦东新区银城东路101号汇丰大厦41楼
34	韩国三星火灾海上保险有限公司上海分公司 SamsungFireAndMarineInsuranceCo. Ltd. ShanghaiBranch	(021)62080080	(021)62955280	上海延安西路2200号上海国际贸易中心8楼812室
35	中银集团保险有限公司深圳分公司 BankofChinaGroupInsuranceCo. Ltd. ShenzhenBranch	(0755)25155678	(0755)25179843	深圳市罗湖区建设路2022号深圳国际金融大厦31楼
36	安联保险公司广州分公司 AllianzGuangzhouBranch	(020)38911889	(020)38911890	广州市天河北路233号中信广场5107室
37	日本财产保险公司大连分公司 SompoJapanInsuranceIncDalianBranch		(0411)3603092	
38	慕尼黑再保险公司北京分公司 MunichReinsuranceCompanyBeijingBranch	(010)64651901	(010)64637896	北京市朝阳区亮马桥路50号燕莎中心写字楼C413室
39	瑞士再保险公司北京分公司 SwissReBeijingBranch	(010)85188966	(010)85188556	北京市东城区东长安街1号东方广场写字楼东二座1701
40	利宝互助重庆分公司 LibertyMutualInsuranceCompanyChongqingBranch	(023)89038737	(023)89038673	重庆市渝中区中山三路131号庆隆希尔顿商务中心35楼
41	科隆再保险有限公司	(021)58761100		

第七编

中国债券市场

2524/2563

本栏目由以下单位协办(排名不分先后)

中国债券市场

中国债券市场

2003年无疑将成为中国债券市场十多年发展历程上的分水岭。今年,债券市场的规模继续扩大,债券市场的发行量取得了历史性的突破。债券市场的功能受到了前所未有的关注,发展债券市场的重要性被写入党的十六届三中全会的决定之中。

就在今年,中国债券市场经历了历史上最大的一次下跌,一向稳健的投资者发现原来债市也有高风险。宏观环境的变化,使得持续7年的牛市宣告结束,资金推动下的传统盈利模式在今年的债券市场上失效,引发了投资者对债市投资运作的理念、方式、盈利模式更深层次的思考。同时,也使人们更清晰地意识到债券市场快速发展掩盖的弊病。如何促进债券市场走向成熟,如果寻找债市场改革的切入点?乍现的创新,孕育着债市变革的到来。

发行量首破万亿关

数据显示,2003年整个债券市场发展进程仍然令人振奋。今年,中国债券市场的发行规模取得了历史性突破。截至12月22日,国债、金融债、企业债、可转债的发行总量首次突破1万亿元大关,达到11292.48亿元,比去年的9547.8亿元增加近两成。

在各品种中,国债、政策性金融债、可转债的发行记录均被刷新:国债发行量再度突破6000亿元关口,达到6282.98亿元,写下国债发行史上的新高;政策性金融债的发行总量首次突破4000亿元,达到4420亿元,比去年猛增43.74%;作为新的债券衍生品种,可转债则飞速扩容,发行总量达到181亿元,为去年的4.36倍。同时,企业债券发行量稳步增加,达到408亿元,比去年增加一成。

就在一级市场稳步扩容的同时,债券二级市场交易量持续放大,今年1至11月,银行间债券市场与交易所债券市场的成交量达到18.91万亿元,比去年全年增加四成。其中,银行间债券市场成交量、达到13.7万亿元,比去年全年增长三成。交易所国债市场的增速更为迅猛,总计达到5.21万亿元,比去年增加近七成。

更令人欣喜的是,发展债券市场对我国市场经济建设的意义受到前所未有的重视。最具标志性意义的事是,债券市场的发展写入了党的十六届三中全会通过的《中共中央关于完善社会主义市场经济体制若干问题的决定》。《决定》指出,要积极拓展债券市场,完善和规范发行程序,扩大公司债券发行规模。在十多年的发展历程中,债券市场首次被赋予了如此重大的历史使命,预示着债券市场面临重大发展机遇,债券市场的前景无可限量。

市场7年牛市宣告结束

然而,与此形成鲜明对比的是,2003年债券市场经历了其发展历史上最惨重的一次大跌。在短短的一年中,债市投资者经历了冰火两重天的感受。

上半年,由于债市整体资金面宽松,短期资金供大于求,在资金的推动下,债券市场收益率节节下行,20年期长期国债最低时的收益率达到3.2%的水平。

但到了下半年,富友证券国债回购事件曝光,紧接着8月23日央行又宣布存款准备金率上调一个百分点。紧缩性的货币政策立即成为债市整体下跌的导火索。为补足资金缺口,商业银行纷纷抛售债券,市场资金面迅速收紧,银行间市场短期回购利率水平大幅走高,7天回购攀升至3%以上,提高了债券二级市场投机性买盘的成本,促使大量游资迅速撤离。这股债市下跌的势头在银行间市场和交易所市场蔓延,从长期债券暴跌开始,中、短期国债、浮动利率国债无一得到幸免。

进入10月份后,受国内农产品价格和粮食价格大幅上涨的拉动,CPI指数创出了27个月以来的高点,再度把债券市场推到通胀和升息的预期下,使得债券市场出现了又一次加速下行。

从8月底一直到11月21日,债券市场收益率曲线水平比下跌前整体上移了80至100个基点。其中,20年长期国债的收益率攀升至4.2%,比上半年的低点上升了100个基点。

由中央国债登记结算公司提供的中国债券总指数显示,从8月22日起,该指数从106.22点下跌至11月21日的102.64点,跌幅达3.37%。如果按照我国2.5万亿元左右的可流通债券存量计算,那么整个债券市场市值缩水850亿元左右。

与此同时,流通市场的下跌也波及到了国债一级市场国债发行,直接导致了2003年记帐式八期国债流标、记帐式九期国债暂停发行。

熊市中隐忧显露

下跌无疑是一次及时的警示。它不仅使债市投资者开始重新审视原有的投资观念,还使债券市场发展的质量问题引起了债市管理者的高度关注。

从表面上看,债券市场此次下跌缘于资金面的逆转,导致了市场资金的短缺。然而从更深次的原因分析,外部环境的变化使得在七年牛市环境下所积累的资金推动型的操作方式受到了前所未有的打击。

货币政策自1996年进入降息周期后,债券市场进入长期牛市,资金面成为左右债市的主导因素。在短期资金严重供大于求的市场环境下,催生债市"长债短炒"、"杠杆操作"等忽视流动性风险和风险管理的"盈利模式",债券市场价格被人为扭曲,债市收益率曲线过于平滑,长期债券收益率不断走低,长、短债之间的差距越缩越小,去年30年长期国债的发行利率仅为2.9%。

然而,越来越多的信息显示,我国经济正处于一个强势增长的新经济周期阶段,新一轮经济景气已经来临,这将对我国债券市场产生根本性影响,彻底改变资金推动型的债市发展模式。原本不受债市投资者重视的GDP增长率、CPI的涨幅、货币资金的供应量开始时时挑动债市投资者的神经。

于是,原本在资金推动型债券市场下被掩盖的问题逐一显露。

债券流通市场的建设明显滞后。债券市场长期缺乏一支稳定、多层次的投资者队伍。目前，我国债券市场投资者分布极不合理，市场大部分被商业银行、保险公司和证券公司所垄断。由于这类金融机构在投资上有很大的同质性，持债期限结构大都趋同，使得债券市场不仅流动性低，而且市场风险不能在不同类型主体间得到有效分散，一旦风险突显，很难全身而退。

债券市场投资工具单一，市场缺少短期债券品种和应有的避险机制，仅凭现有的现券和回购交易难以满足机构投资者诸多方面需求。随着我国利率市场化改革的推进，国债流通市场进入利率风险不断增大的时期，所有市场主体对利率波动的风险都需要对冲机制。当前，必须研究并不断推出有利于各类不同主体进行风险管理的衍生工具，积极稳妥地逐步引入开放式回购、远期、互换和期货、期权等品种。

在今年举行的国债流通市场创新与发展研讨会上，财政部有关人士明确表示，将把流通市场改革作为财政部今后工作的重点。

当然，问题还不止这些，由于债券市场对货币政策的敏感度日益加大，如何协调财政政策与货币政策也将成为事关债券市场发展的大事。此外，更为关键的是，债券市场的立法进程缓慢，多部门管理导致了中国债券市场缺乏统一、长远的规划，并已经影响到债券市场发展的进程。

创新露出端倪

然而，中国市场经济的发展已经进入一个需要债券市场快速发展的时期。事实上，今年以来，中国债券市场创新和改革已经迈出了步伐。

2003 年财政部在国债发行制度上继续沿着与国际化靠拢的趋势进行了多项创新：年初伊始公布国债发行计划表，提高国债一级市场的透明度；重启美式招标，提高债券投标的精准度；引入债券增发方式，加大单一券种发行量，为下一步金融品种创新做好准备；探索国债发行与国库余额管理相给合的有效方式，在记帐式五期国债发行上，引入 3 个月后延期缴款方式；坚持对七年期跨市场品种实行滚动定期发行，使跨市场品种的发行量突破 2000 亿元，成为银行间市场与交易所债券重要交易品种，推动了两个市场间的利率水平的接轨。

与往年相比，债券市场品种的创新步伐明显提速，其中尤以国开行金融债的表现最为突出。今年以来，国开行相继推出了可回售债、可赎回债券、零息债券、可掉期债券等创新品种，对改善市场流动性、形成即期利率曲线产生积极影响，并为其它金融产品定价提供参照依据。值得一提的是，在今年债券市场发生重大变化的情况下，国开行适时调整金融债发行品种，增发一年期以下的短期品种，推出固定可转浮动债等品种，降低了债市投资者对市场预期的不确定性，保持了金融债的发行节奏，成为今年债市一大亮点。

与此同时，作为债券市场重要组成部分一国债市场的改革进程已经有了时间表。日前，财政部副部长楼继伟表示，财政部将采取一系列措施，努力消除国债市场的弊病。财政部将在 1－2 年内推出一系列改革措施，其中包括：财政部正在修订的《国债条例》将在 12 月内完成，并将提交国务院；适时推出开放式回购和国债远期交易；将扩大市场机构投资者群体，加快社保基金、住房基金入市的步伐，适时推出国债基金，并允许更多外资机构进入国内债券市场；要强化国债收益率曲线，加快银行间市场和交易所市场的统一等。

中国国债市场

在央行货币政策调整和市场资金形势变化的影响下，今年国债市场在前、后半年出现了冰火两重天的行情走势。国债市场越来越表现出与国民经济发展、央行货币政策之间的紧密相关性和联动性，自身的改革进程也逐渐加快。未来国债市场机遇与风险并存，只有及时转变投资策略并制定合理的组合目标，才能顺应市场发展，投资制胜。

市场走势回顾

2003 年，我国债券市场上下半年行情可谓是冰火两重天：上半年，主要为资金推动型的持续上涨行情；下半年则风云突变，经历了债券市场历来最惨痛的一轮下跌。超级大盘股的连续发行与存款准备金率上调，成为影响下半年市场资金面及债市行情反转的直接因素。

今年国债市场行情大致可分为四个阶段。第一阶段为资金推动下的持续上涨，时间为年初至 6 月初。在充裕的资金的推动下，国债市场表现出稳步攀升的态势。期间 SARS 疫情的扩大导致市场对国民经济发展的担忧，投资国债市场一度成为众多机构资金的选择方向。以交易所市场为例，上证国债指数由年初 100 点上涨至 101.7 左右。第二阶段为高位平台整理阶段，时间由 6 月初至 8 月初，由于经济持续向好，且 SARS 在全国范围内得到有效控制，部分持谨慎态度的机构开始在年中打提前量，陆续套现落袋为安，导致国债市场行情高位受阻，展开换手整理。在该阶段国债指数波动落差不大；第三阶段为巨幅下跌阶段，时间由 8 月初至 10 月 20 日，存款准备金率上调、华夏银行的发行等利空因素，构成了债券市场转向的分水岭。上证国债指数在短短的两个多月时间内，由 101.7 点左右最低跌至 96.86 点，其中超长期品种跌幅甚至超过 10%。期间两个市场的回购利率也大幅飙升，短期品种甚至到 10% 的水平，央行短期票据的利率也逼近 3%。第八期国债流标比例达 31.75%，之后财政部紧急通知停发第九期国债。7 期、8 期国债上市后均迅速跌破发行价，承销、分销机构损失惨重。虽然央行加大资金投放，但仍然难以稳定市场利率水平。第四阶段为恢复性回升阶段，时间由 10 月底至今。伴随资金供求形势的缓解和市场暂时结构性失衡的缓和，短期回购利率又迅速下降到 2.2% 附近，国债市场的心态得以恢复。中短期债券在调整到位后开始由底部稳步回升，浮动利率品种由于具有一定的利率风险回避功能，在物价指数上涨的鼓舞下，也受到了市场资金的追捧。超长期品种由于受制于国民经济向好和升息预期等因素，虽然偶有机构自拉自唱支撑价格，但仍无力回天，再现一轮跌势。12 月 10 日，央行宣布将银行超额存款准备金利率从 1.98% 降低到 1.62%，引发了二级市场的进一步反弹。在该阶段上证国债指数又回升至 99 点附近。随着债市的不断调整，不同期限债券的收益率期限结构逐渐趋向合理，收益率曲线过于扁平的形态有所纠正。

（二）2003 年国债市场的运行特点

综观 2003 年国债市场，主要表现出以下几个特点。

1、国债市场走势受宏观经济发展态势的同步影响日益明显

当前，我国经济正处于一个强势增长的新经济周期的启动阶段。从去年下半年以来，我国的内生经济增长动力不断增强，经济与物价指数双回升，不可阻挡地改变着债券市场的基本面，并影响投资者对后市的预期。极其明显的例子是，每

月最新公布的货币市场、经济物价数据，都会直接引发市场对未来利率走势、通货膨胀的负面预期的强化，并对国债市场产生直接的不利影响；而经济层面引发央行实施货币政策调控，则更直接影响了国债市场的资金面，对现券市场行情产生巨大的直接影响。

2、央行货币政策的调控力度和频率加大

今年，我国国民经济出现了迅速发展的势头，但同时部分行业过热的迹象也十分明显，信贷增长过快；人民币升值的预期、贸易顺差导致外汇占款大幅增加，货币供应量不断增长。可以说，央行实施货币政策的国内外环境出现了前所未有的复杂性。为了保持银行信贷的稳步增长和货币供应量的稳定，又要保证经济增长对货币信贷的合理需求和商业银行对流动性的需求，央行及时加大了货币政策调控的力度和频率，先后运用发行央行票据、逆回购、现券买断、上调法定存款准备金率、下调超额准备金利率等手段和政策，注重调控的前瞻性和及时性，并运用多种组合手段，提高调控的有效性，避免引发市场波动。

具体措施有：4 月 23 日开始发行今年第一期央行票据以来，截至 12 月的发行总量突破 7000 亿元，为最主要的调控手段；9 月 21 日起，提高存款准备金率 1 个百分点，即由原来的 6%调高至 7%；12 月 21 日起，将金融机构在人民银行的超额准备金存款利率由 1.89%下调至 1.62%，同时从 2004 年 1 月 1 日起，扩大金融机构贷款利率浮动区间。

下表为今年央行所实施的公开市场操作数据。

操作方式	操作总规模(亿元)	时间跨度
央行票据	7550	4 月 23 日—12 月 16 日
正回购	2140	2 月 11 日—4 月 24 日
逆回购	1300	1 月 7 日—9 月 23 日

3、下半年债市暴跌引发机构投资盈利模式的转变

下半年债市暴跌，对国债市场的投资者来说，表面原因是货币政策调整导致短期资金供给失衡，但内在原因则是各市场机构对资产流动性管理的严重不足。在目前我国货币市场中，主要供给方仍然是国有商业银行，其过剩资金非常庞大。在正常情况下，其他的中小商业银行、非银行金融机构均可以以较低的成本从拆借、回购市场中融资，满足日常的流动性需要。因此，对流动性管理的必要性认识不足，或比较肤浅。调整准备金率以后，各银行机构的平均超额备付金迅速下降，原有的市场融资途径在受到市场某种因素的影响下，极易发生普遍性的流动不畅和"断路"。比如在今年 8 月份，华夏银行发行认购时间适逢记帐式 7 期国债缴款，两者的"撞车"直接导致回购市场利率节节攀升，银行间回购市场甚至一度无任何机构放钱做逆回购。融资渠道的堵塞，机构只能选择将持有资产套现，这构成了国债市场当时下跌的直接动力。

造成市场机构流动性管理不足的具体原因是，市场仍然普遍沿用以往的资金推动型投资模式，借助购买债券一回购一再规模债券的套做模式，进行长债短炒，放大收益水平。在市场走势稳步向上、风险未暴发的环境下，这种模式不会因资金链的断裂而终止，能够有效放大盈利水平。但到今年下半年，市场的暴跌导致该类型的投资机构在市场利率水平大幅提高的情况下资金周转出现困难，被迫选择连续卖券补足融资缺口，导致形成惨重损失。因此，经过此轮债市下跌和对货币市场形势变化的反思，各机构的最新变化将是资产的流动性管理、现金管理将更加受到机构的高度重视。

4、国债市场化改革进程加快

今年，国债市场化改革出现加快迹象。首先，债券发行市场创新不断，发行方式不断推陈出新。国债发行方式出现了价格招标、美国式招标、国债增发、远期缴款等与以往相比有所创新的变化。财政部通过发行方式的改变和多样化，力求逐步引导承销团成员的理性投标和与二级市场的平稳接轨。全年看，虽然下半年市场行情波动较大，新券跌破发行价较多，但在新券发行中非理性的投标行为还是较以往明显减少了。其次，开放式回购面临推出。今年 2 月份，财政部便明确提出将在今年内研究探索开放式回购、远期交易等交易试点。经过多方磋商，9 月份央行和财政部分别酝酿出台了《债券买断式回购业务管理规定》和《国债开放式回购业务管理办法》。近日，财政部国库司副司长周成跃在《债券市场发展：机遇与挑战》国际论坛上透露，推出开放式回购交易和国债远期交易的准备工作已告结束。可以期待在未来不久，开放式回购正式推出后，将极大改善市场的流动性，并对整个市场的期限结构定价、投资机构运作模式等产生深远的影响。第三，在国债投资者扩容方面，财政部将进一步扩大商业银行国债柜台交易的试点范围，最大限度地满足社会投资者对国债的需求。另外，将尽快引入社保基金和住房基金进入国债二级市场，同时合理引导外资机构的进入，并建立债券市场基金。第四，债券市场发展进入国家规划。十六届三中全会的《决定》明确提出，"积极拓展债券市场，完善和规范发行程序，扩大公司债券发行规模"，"建立统一互联的证券市场，完善交易、登记和结算体系"。这既反映出中央对债券市场发展的高度关注，也为债券市场的长远发展战略指明了方向。对债券市场的发展思路首次出现在中央的指导性文件中，足见发展债券市场的迫切性被上升至前所未有的高度。

其他一些改革措施也正在酝酿，法律框架方面如《中华人民共和国国债条例》、《国债法》已经列入立法规划；市场方面如国债预发行交易方案也受到了市场的瞩目和期待。

（华泰证券固定收益部 王福晓）

中国企业债券市场

2003 年初，几乎所有关注企业债券市场的专家、媒体都认为：企业债券市场将出现大发展。从当时的情况看，这种看法理由非常充足，首先，2002 年企业债券发行规模达到了 325 亿元，为近年来最大；其次，发债主体、募集资金用途等方面都突破了 93 年颁布的《企业债券管理条例》的限制；最后，制度建设出现了重大进展，交易费率下降幅度达 50%以上，增加了企业债券回购交易方式等等。按照管理层的计划和市场人士的愿望，2003 年度企业债券市场应当出现更大的发展。但是，"非典"的出现打乱了整个市场的发展节奏，同时，由于新一届政府上台，部门领导人的变动导致各部门的关系需要重新理顺，加之下半年债券市场整体大跌，因此从总体上看，企业债券市场的发展不及当初人们寄予的厚望，创新也就相应地低于人们的预期。

一、制度建设创新频出，但进展低于预期

2003 年企业债券市场在制度建设方面出现了较大程度的创新，《证券公司债券管理暂行办法》的出台，对证券公司发行企业债券作出了明确规范，从而确保了这一品种创新的顺利开展；《保险公司投资企业债券管理办法》将保险公司投资企业债券的品种范围扩大到"所有经国家主管部门批准发行、且经监管部门认可的信用评级机构评级在 AA 级以上的企业

债券”且投资企业债券的余额由总资产的 10%增加到 20%，企业债券市场的需求力量明显增强；《实名制记帐式企业债券登记与托管规则》进一步规范了实名制记帐式企业债券的登记和托管行为，有利于降低发行成本，能够有效了防止债券的超冒发行和挪用等等，所有这些政策的颁布和实施，从不同侧面推动了企业债券市场的制度建设。（后文将进一步分析上述制度创新的原理以及对企业债券市场的影响。）

尽管如此，本年度制度建设进展情况仍然低于人们的预期。2002 年度的企业债券创新中，在募集资金用途方面明显突破了《企业债券管理条例》（以下简称《条例》）规定的“只能用于生产经营”的政策限制，金茂债的募集资金是用于调整企业负债结构及工程尾款；02 广核债的募集资金是用于偿还国家开发银行提供的搭桥贷款。加之发行人一直通过发行长期券、浮息券来规避《条例》对利率的限制以及私营企业企业债券融资的呼声持续高涨等原因，人们普遍预期，新的《条例》会在 2003 年出台。但是，由于政府换届，新的部门领导上任，各部门的关系需要重新理顺，致使原本存在三个主要管理主体（中国人民银行、国家发改委和证监会）的企业债券市场各方面利益必须重新协调，新《条例》中的各方权利义务也需要重新界定，因此，出台时间一拖再拖，直至年度终了也没有颁布。《条例》可以说是企业债券市场的根本大法，在新《条例》没有出台的情况下，原有的不合理限制依旧存在，企业债券市场不可能发生本质性的改变。

二、企业债券市场扩容稳步增加

按照国家发改委审核批准的额度，2003 年共批准发行企业债券 452 亿元，实际发行 358 亿元，比 2002 年增加 33 亿元，最主要原因是“非典”打乱了全年的发行计划，造成整个第二季度企业债券停发。此外，由于下半年债券市场整体大跌，造成流通市场收益率迅速升高，一些发行主体为确保企业债券顺利发行，不得不修改原有的发行方案，提高拟发行债券的收益率水平，这在一定程度上也影响了发行速度。但从总体来看，2003 年度企业债券发行规模在近年仍属较高水平。

2003 年度全年共有 15 个企业发行 18 个品种的企业债券，而 2002 年则有 12 个企业发行 16 个品种的企业债券，从发行主体和发行数量来看，较去年都有所增加，其基本情况如下表一（以上数据均不包括中信金融债券，由于该品种的特殊性，我们在后文中仍会有所分析）。

表一：2003 年度发行的企业债券基本情况表

名称	发行期	期限	发行量(亿元)	利率	信用级别	担保人	募集资金用途
2003 年上海浦东发展（集团）有限公司公司债券	1 月 13 日～1 月 24 日	10 年	15	4.29%	AAA	国家开发银行	(1)市外环线二期浦东段工程(2)外环线环城绿带二期浦东段工程(3)申江路北段(4)浦兴路一期
2003 年浙江沪杭甬高速公路股份有限公司公司债券	1 月 24 日～2 月 17 日	10 年	10	4.29%	AAA	建设银行浙江分行	沪杭甬高速公路拓宽工程
2003 年上海轨道交通建设债券	2 月 19 日～3 月 18 日	15 年	40	4.51%	AAA	建设银行上海分行	(1)上海轨道交通明珠线二期工程(2)轻轨莘闵线工程
2003 年苏州工业园区地产经营管理公司企业债券	7 月 18 日～7 月 31 日	10 年	10	4.30%	AAA	国家开发银行	苏州工业园区基础设施开发项目
2003 年中国高新技术产业开发区企业债券	7 月 24 日～8 月 6 日	3 年	8	3.52%	AA	由天津华苑科技产业开发建设有限公司等 12 家企业担保，各开发区财政进行再担保	华苑产业区环外区基础设施建设等 19 个项目
2003 年中国长江三峡工程开发总公司企业债券	8 月 1 日～8 月 14 日	30 年	30	4.86%	AAA	中国工商银行	2003 年度三峡水利枢纽工程的建设
2003 年中国铁路建设债券	8 月 25 日～8 月 29 日	18 年	30	4.63%	AAA（双评级）	铁路建设基金	渝怀线、株六复线、宝兰复线、宁西线、赣龙线等铁路建设项目
2003 年中国华源集团有限公司公司债券	9 月 19 日～10 月 9 日	8 年	6	4.10%	AAA	建设银行上海分行	新型纤维、环保织物及高档面料等纺织新技术纤维面料技改项目
03 石油债	10 月 18 日～11 月 5 日	10 年	15	4.11%	AAA	中国建设银行	
江苏悦达债	11 月 5 日	10 年	6	4.32%		广东发展银行	汾灌高速公路
2003 年江苏交通产业集团有限公司企业债券	11 月 21 日～12 月 4 日	10 年	18	4.61%	AAA	工商银行江苏分行	建设连徐、京福两个高速公路项目
2003 年中国网络通信集团公司企业债券	12 月 4 日～12 月 17 日	10	40 10	4.61% 一年定期+1.80%	AAA	建设银行	省际长途改造、省内长途网增容扩建、本地网建设项目
2003 年中国电力投资集团公司企业债券	12 月 8 日～12 日 16 日	15 年	30	5.02%	AAA	中国工商银行	洪江水电站、碗米坡水电站、公伯峡水电站、三板溪水电站建设项目
2003 年中国华能集团公司企业债券	12 月 9 日～12 月 22 日	10 年	30 10	4.60% 一年定期+1.80%	AAA	中国银行	(1)云南华能澜沧江小湾水电站(2)河南华能沁北电厂一期工程(3)山西华能榆社电厂二期工程(4)四川华能宝兴河水电站
2003 年国家电网企业债券	2003 年 12 月 31 日～2004 年 1 月 14 日	10	30 20	4.61% 一年定期+1.75%	AAA	中国银行	全国联网、西电东送、区域内网架工程和部分抽水蓄能电站的建设

从发债主体看，除原有的国有特大型、大型电力、铁路、城建公路企业如三峡、华能、中铁外，首次出现了纺织企业——华源集团；更值得一提的是，12 个开发区国有中小型基础建设企业在科技部的统一协调下，以困绑方式统一发行 03 高新企业债券，这一创新结束了企业债券发行主体中由特大型、大型企业一统天下的历史，开创了中小企业困绑发行企业债券的先河，对中小企业进行债券融资无疑具有重要意义。从还本付息方式来看，本年度发行的 18 支企业债券中，有 15 支采用固定利率计息方式，3 支采用浮动利率计息方式。需要指出的是，企业浮息债券近两年一直未有发行，它的出现适应了下半年市场中升息预期增加的客观形势要求，是企业债券发行过程中发行人利益主导开始弱化、发行人让利于投资者的具体体现。这 18 支企业债券中，期限最短为 3 年，最长达 30 年。3 年期的 03 高新债采用到期一次还本付息的方式，即零息券的方式，其它品种均采用每年付息一次的方式。从期限分布来看，10 年期以上（含 10 年期）的长期品种占绝对优势，除 03 高新债和 03 华源债外，其余 13 家企业 16 个品种均为此类券种，在总发行规模中所占比例高达 96%。

从债券担保的情况看，15 家企业的债券担保形式完全是全额不可撤销连带责任的担保，担保人除 03 高新债 03 铁路债券外，其它债券的担保人都是政策性银行或商业银行，03 中铁债券仍然以铁路建设基金作为担保，03 高新债 12 家发债企业除各自的担保主体外，当前高新区财政都提供了再担保。

从信用评级的情况看，除 03 高新债券为 AA 级以外，其余 14 家企业发行的债券均为 AAA 级，这里有两个现象值得一提，其一是 03 中铁债券采用了业内一直呼吁的双评级机制，即分别由联合和大公两家信用评级机构独立进行信用评级，不论该债券采用双评级机制的真正原因如何，也不管两家评级机构是否是独立给出 AAA 的最高信用级别，双评级机制毕竟是信用评级机制的一个重要进步。其二是 03 华源债券的信用评级机构为上海远东资信评估公司，而非中央银行认可的中诚信和大公。种种迹象表明，企业债券信用评级市场正在悄悄发生变化。

从募集资金用途方面来看，除 03 华源债券外，都是用在基础设施建设方面，03 华源债券募集资金是用于新型纤维、环保织物及高档面料等纺织新技术纤维面料等技改项目，同样是用于生产经营，因此 03 年发行的企业债券在资金用途方面没有突破《条例》的规定，从这一点看创新程度不及 02 年。

上述分析没有把 2003 年底发行由中国国际信托投资公司发行的 100 亿金融债券考虑在内，严格地讲，金融债券市场属于企业债券的一个子市场，在讨论企业债券时应该与以考虑，但我国所讲的金融债券以及前文所讲的中信债券都有它的特殊性，我国通常所讲的金融债券主要指政策性银行（包括国家开发银行和进出口银行）在银行间市场发行的政策性金融债券，由于其政策性很强，除税收因素外基本上与国债类似，因此我们把这类债券归入国债类别中一起分析。中信债券本应属于企业债券，但由于企业债券市场的制度缺陷导致该券种放弃了交易所市场而投奔银行间市场，所以其在发行与交易上都与我们所讲的企业债券又存在较大差别，这里就单独对它进行简要分析，至 2001 年开始，中国国际信托投资公司连续发行了三期信用债券，全部在银行间市场发行与交易，三年的发行规模分别为 35 亿元，59 亿元和 100 亿元，募集资金主要用于调整债务结构，03 中信债基本情况如表二：

表二：03 中信债基本情况表

名称	发行期	期限	发行量（亿元）	利率询价区间	信用级别	担保人	募集资金用途
2003 年中国国际信托投资公司债券	12 月 9 日～12 月 11 日	10 年 20 年	40 60	4.20%～4.50% 4.80%～5.10%	AAA	无担保	（1）增加中信实业银行资本金（2）购汇、提前偿还、偿还外债

这里有两点值得注意：一是一方面该券种的发行和交易都在银行间市场，并通过利率询价确定最终票面利率，而且无担保，这些都是政策性金融债的特征；另一方面该券种又进行了信用级别评定，级别为 AAA，这是企业债券的特征。可见，中信债券的双重性，这也正是将该券种单独进行分析的原因。二是募集资金用途中明确提出补充中信实业银行的资本金，这是金融次级债券的主要用途，03 中信债券的发行，为次级债券的发行进行了有益的偿试。最后需要说明的是，在后文的分析中，除政策性金融债和中信债券外，将要发行的金融债券如证券公司金融债券、商业银行次级债券、商业银行抵押贷款资产证券化等，都列入企业债券一并分析。

三、企业债券二级市场发展较快

尽管 2003 年度企业债券二级市场未出现明显的创新，但作用企业债券回购方式创新的结果，企业债券交易量不断扩大，2002 年上海和深圳两个交易所的总交易量为 70 亿元，而今年到 12 月上旬就已经达到了创记录的 341 亿元。同时我们也注意到，2003 年度上市交易的企业债券品种大规模增加，全年共有 9 家企业发行的 11 支企业债券在沪深两交易所上市交易，其中上交所 10 支，深交所 1 支，与此数据相比较，2002 年共有 4 家企业的 5 支债券上市交易，其中上交所 1 支，深交所 4 支。可以看出，上交所在促进企业债券上市场交易，加快企业债券流通市场建设方面取得了较大的成绩，2003 年上市的企业债券发行与上市时期基本情况如表三。在企业债券市场快速扩容的大背景下，上海证券交易所加快了对企业债券的上市审核进度，从 03 年新上市企业债券来看，从发行到上市最快已经可以达到两个月，比 2002 年有较大程度缩短，其中 02 三峡债、02 中移动和 02 苏交通等几只新券从递交上市申请材料开始，到拿到上市核准文件基本上只需要 1 个月左右的时间，效率也比以前大为提高。

表三：2003 年上市的企业债券发行与上市日期对照表

名称	发行日期	上市日期
02 三峡债	02.09.20～02.10.17	03.01.13
02 中移(5) 02 中移(15)	02.10.28～02.11.08	03.01.22
02 苏交通	02.12.12～.2.12.25	03.04.18
02 金茂债	02.04.28～02.05.30	03.04.21
02 渝城投	02.12.09～03.01.03	03.06.20
02 广核债	02.11.11～02.11.29	03.08.18
03 沪轨道	03.02.19～03.03.18	03.09.04
02 武钢(3) 02 武钢(7)	02.11.05～02.11.25	03.09.25
03 苏园建	03.07.18～03.07.31	03.12.05

四、2003 年度企业债券创新的基本特征

通过对 2003 年度企业债券市场的回顾，我们可以总结出企业债券创新的基本特征，一方面，管理层对企业债券市场给予了前所未有的重视，三中全会《决定》提出：在大力发展资本市场过程中，要"积极拓展债券市场，完善和规范发行程序，扩大公司债券发行规模。"在政府的有力推动下，企业债券创新，特别是制度创新有了较大进展；另一方面，企业债券市场供不应求的局面未发生本质性变化，但由于企业债券市场上半年持续上涨，下半年又大幅下挫，导致创新由发行人利益主导在上半年有加强的趋势，下半年则有所弱化。

1、政策推动力度较 02 年明显增强，导致不同侧面的制度创新

如前所述，尽管新的《企业债券管理例》没有出台，但是，2003 年度企业债券市场制度方面仍可谓创新不断，政府从管理者的角度发布了一系列的政策措施，有力地促进了企业债券市场的规范和发展，《证券公司债券管理暂行办法》、《保险公司投资企业债券管理办法》的等一系列法规的出台都是政策推动的最重要的成果。

2、发行模式创新成为企业债券市场创新的最大亮点

出于控制风险的考虑，以前发行的企业债券，发行主体都是国有特大型、大型企业，随着形势的发展，发行主体多样化已成为市场的客观要求。从规模角度讲，中小型企业较大企业有更大的融资需求，但中小型企业大多融资量小，信用较弱，如何进行债券融资一直是困扰企业债券市场的一个焦点问题，这个问题只能通过创新来解决。在管理层的有力推动下，03 高新债券的发行为解决这一问题进行了有益的探索，该债券由国家科技部牵头，负责统一协调，采用"统一冠名、分

别负债、分别担保、捆绑发行”的模式进行发行，从而成为2003年度企业债券市场的一项重要创新，捆绑发行解决了中小企业融资量小的问题，地方财政进行再担保解决了债券信用差的问题，应该说03高新债券的发行对中小企业进行债券融资具有重要的意义。

3、市场作用导致创新由发行人利益主导的局面有所转变。

2003年上半年，由于二级市场持续走强，企业债券供不应求更加严重，在这样的市场格局中，发行人占据了更大的主动权，创新更多地体现了发行人利益。如超长期固定利率计息企业债券的发行(03三峡债)。但到了下半年，企业债券市场大跌，市场出现利率上升的预期，发行一度面临困境，发行人为保证债券顺利售出，不得不让利于投资者，两年出现的浮息券重新开始发行，15年期的03中电投债票面利率首次突破5%大关，达5.02%。

总体来看，2003年度企业债券创新体现出现明显的政策推动和市场作用的双重特征，在市场作用的过程中，发行人利益主导没有发生本质改变，但已出现明显的弱化趋势。(贾飙)

中国可转债市场

自2003年以来，中国转债市场规模迅速扩大，在股市、债市相对低迷的情况下，可转债市场“独领风骚”，获得了QFII、社保基金等众多机构投资者的青睐，可以说中国证券市场正在盛行一场“可转换债券热”。

可转债市场规模加速扩张

国内可转债已经日益成为上市公司的一种新的常规再融资方式。2003年上市公司通过可转债募集的资金规模超过了增发、配股等方式。截至2004年3月19日，可转债的市值规模达到了240亿元。目前已经公告拟发转债的上市公司多达43家(截至2004年2月)，募集规模将近250亿元，可转债市场规模呈现加速扩张趋势，未来发展空间巨大。

投资者参与热情日益高涨

自2003年以来机构明显对可转债市场兴趣转浓，在转债申购中表现活跃。从季度公布的基金组合可以看到在基金投资组合中转债比例的整体攀升，在转债发行中也经常看到QFII、证券公司、投资公司等的身影，在03年QFII更频频出手二级市场可转债。

投资转债“财富效应”凸现

2003年以来，可转债市场异常火爆，以当年上市的16只可转债为例，截至2004年3月19日，可转债市价在120元以上的达到了11只，其中140元以上的有3只，最高的达到176元，也就是说，有70%左右的可转债在不到1年时间内至少获得了20%的涨幅，最高的甚至达到了70%以上，余下的可转债大部分也获得了10%以上的涨幅。比较转债指数与其他指数的市场表现，可以看到，从2002年10月份以来，转债指数的运行是最好的，在2002年四季度股市下跌行情中，转债市场却表现相对平稳；到了2003年，转债指数的市场表现要优于上证指数的表现，年收益率高达21.78%，充分体现出可转债低风险、高收益的投资特征。

可转债投资价值有待进一步挖掘

目前来看，国内可转债价值仍存在低估，主要基于以下几点理由：

(1)同海外的可转债相比，中国的可转债具有极为优厚的条款。如极低的转股价溢价幅度、不断的向下修正条款、灵活的回售保护条款、以及银行或大股东的担保条款等，极大地增加了可转债的选择权价值。

(2)由于中国股票市场较高的波动性，国内可转债的期权价值相对成熟市场更高，目前国内对可转债期权部分的价值挖掘尚未充分。(3)由于国内可转债的发行门槛较高，符合可转债发行条件的通常都是一些规模较大、经营业绩优良、偿债能力较强的蓝筹股，目前上市的所有可转债对应的上市公司02年每股收益高达0.38元，市盈率27倍，而同期所有A股上市公司的对应数值分别为0.135元和60倍。可转债对应公司的良好业绩和成长性使得可转债的潜在投资价值巨大。

因此说，国内可转债市场方兴未艾，是一座等待投资者进一步挖掘的“金矿”，尤其是那些不愿承担太多风险、又不愿放弃追求高收益的稳健投资者的上佳选择。

【分析与评述】2002年4月当我们向市场推出核准制下第一只可转债阳光转债(沪市100220)的时候，经过高强度大面积的路演和推介，市场终于对这一监管层抱以厚望的金融创新产品投了赞成票一阳光转债发行获得14倍的超额认购倍数。虽然期间有发行与交易的低谷考验，但经历短短两年时间的市场洗礼，可转债已发展成为目前上市公司再融资和二级市场投资者青睐的主流品种。

但与成熟市场相比，我国可转债仍处于起步阶段，市场容量尚有较大的潜力和空间。据统计：目前全球可转换债券市场的资本规模已经接近6100亿美元，而每年新发行的可转换债券规模也超过了1000亿美元，2003年度美国可转债发行规模已超过股本融资，转债流通市值从1991年的790亿美元增至2003年的3050亿美元，年均增幅10.6%，预计2004年发行额度约为600至700亿美元。而截至2004年7月，我国可转债市场存量市值仅为175亿元人民币。

综合国内因素和国外可转债市场发展实践来看，一方面，管理层和投资者对于发展可转债市场的态度是积极的；另一方面，由于中国经济与世界经济的接轨速度加快，在美国和欧洲等国家可转债市场的蓬勃发展的大背景下，作为新兴资本市场中的新兴市场一中国可转债市场必定进入蓬勃发展期。因此我们应该利用有利时机，进一步借鉴成熟市场的先进经验，对目前可转债的发行准入制度和交易体制进行更大的金融创新，给可转债更大的自由发展空间，做大可转债金融产品市场。

一、放宽发行条件，提高转债期权价值

目前我国对发行人申请可转债有近3年净资产收益率平均10%以上的门槛条件，从核准制后可转债已发行企业的统计分析显示：85%以上可转债发行企业集中在钢铁、纺织、交通、能源、原材料和基础设施等行业。这些企业无论从行业和生命周期来看均进入成熟期，企业有稳定的经营业绩和现金流量，但普遍缺乏足够的成长性(部分企业甚至出现业绩滑坡的现象)，股价也少有活跃的波动表现。但可转债的主要投资价值体现在期权价值(基本面的成长性和股价的活跃程度)，而非纯债券价值。

事实上，除欧洲外世界上其他市场上可转换债券属“投资级别(Investment grade)”的比例是很低的。我国监管层对可转换债券发行企业过于严格的要求虽然在市场孕育期有呵护投资者的良苦用心，但有背于转债的核心精神，在很大程度上抑制了我国可转换债券市场的发展和交易规模的扩大。

美国和欧洲市场的数据显示，高成长高风险性行业(如IT和生命科学行业)、资本密集型行业(如电信和医疗保健行业)以及资本成本较为昂贵行业(如金融和消费品行业)中的企业,最乐意发行可转换债券,可转换债券的融资活动明显地集中于这些行业。而从亚太地区(除日本、中国外)统计数据来看,2003年以来发行的可转债85%以上也都集中在科技、电信和金融等行业。

因此为了活跃我国可转债市场,建议放宽发行条件,在未来现金流满足偿还本息和银行担保的双重保护下,建议放宽或者取消净资产收益率门槛,让更多具有成长性的企业发行可转债,真正凸现转债品种的期权价值,恢复转债的金融特性,有利于活跃和做大转债市场。

二、降低票面利率和提高初始转股溢价

目前我国已发行的可转债在票面利率设计上,过分强调纯债券价值,大部分设置浮动利率和利息补偿条款,同时在初始转股溢价上幅度较小,甚至出现上浮0.1%的象征性条款,加上每家转债都设有近似无限制向下修正条款,转债条款如此优惠以至于有过度迎合债券投资者的嫌疑,而在一定程度上损害了发行人原流通股股东的利益。

从成熟市场来看,零息票面利率的可转债从2002年占全球转债发行市场的3.5%急升到2003年度的21.8%。2003年我国三大互联网门户网站(新浪、搜狐和网易)在美国成功发行1亿美元、6500万美元和7500万美元的零息可转换债券,转股价格较前一交易日收盘价溢价均超过20%以上。从亚太地区统计数据来看,2003年以来发行的可转债票面利率绝大部分为零,转股溢价平均超过20%。

以上现象表明:在期权价值凸显的前提下,投资者对于票面利率的敏感性较低,同时也能容忍高幅度的转股溢价。

因此如果发行人具有未来良好的成长性,投资者对其股票表现也有好的预期,建议尝试发行零息债券,并适当提高转股溢价,以保护发行人原流通股股东的利益,减轻其未来收益遭受过度摊薄的压力。

三、发行条款应更简单明了

在缺乏对冲机制的市场条件下,金融产品越简单,越有利于投资者的定价,也就越有发展其市场广度和深度的可能。

目前我国发行的转债条款过于复杂,各种条款一应俱全,有"天下文章一大抄"的雷同趋势。特别值得提出的是,部分条款如"董事会有权决定向下修正"等具有明显的骑墙特征,很难给予投资者明确的预期,也不利于产品的市场定价。因此建议转债产品条款设计尽量简单明了,便于定价和交易。

四、交易创新:产品分拆上市

由于我国目前交易市场没有现成的期权交易品种,期权价值的定价模式和市场理解很不成熟。同时鉴于目前交易的转债具有较浓的债券特征,因此在合适的时机,可以考虑把现有转债分拆成纯债券和转股期权分别挂牌上市,不但可以满足不同风险喜好的投资者的需要,而且可以极大程度上丰富我国证券交易市场的创新品种,进一步活跃和做大市场。

五、定向发行助推购并市场

成熟市场的可转债不仅用于企业筹资目的,而且广泛被用于购并市场。我国也出现通过定向发行可转债实现并购的经典案例:2002年10月青岛啤酒与美国安海斯一布希公司(AB公司)正式签署了战略性投资协议。根据该协议,青岛啤酒将分三次向AB公司发行总金额为1.82亿美元的定向可转换债券。该笔资金将用于改造现有的酿造设备、建设新厂及未来之收购。同时,AB公司向青啤提供资金、技术和管理等资源。定向发行可转债用于并购既可以使被发行人及时融到紧缺的资金资源,又可以避免股本过度扩张带来的业绩稀释问题,有效保护中小股东的利益。更重要的是它解决了目前我国上市并购重组中收购资金"体外循环"的问题,有利被重组企业尽快摆脱财务困境。同时可以通过转股选择权的设计(强制性转股或有条件转股)来保护收购方的利益,减轻收购方过度的资本支出和有效避免"重组陷阱",有利于推进中国购并市场的发展。

2003年柜台国债交易情况概览

2003年,由中国工商银行、中国农业银行、中国银行和中国建设银行等四家商业银行承办的柜台国债交易在经历了大半年的冷清之后,从8月份开始逐步升温。

8月14日,中国人民银行批准将四大国有商业银行开办记账式国债柜台交易业务的地域由北京、上海(中国农业银行还能在浙江开办),扩大到江苏、浙江、福建、广东四省;同时,将2003年记账式(一期)国债(以下简称为030001)和2003年记账式(七期)国债(以下简称为030007)纳入商业银行国债柜台交易业务试点范围,11月份,财政部又同意2003年记账式(十一期)国债(以下简称030011)面向柜台分销,至此,可在商业银行柜台流通的国债扩大到5只;柜台可交易国债初具规模。

一、柜台国债交易日趋活跃

(一)投资者逐渐增多

截止到2003年年底,开设柜台国债交易的商业银行网点已有6000多家,比去年末增加了近4000家。从开户情况来看,四家银行的累计净开户数为48000多个,比2002年年底增加了近9000个。在累计开户数中,个人投资者累计开户占总开户数的99.57%,机构投资者累计开户占总开户数的0.43%。可见,在柜台国债交易中,个人投资者占据绝大部分比重,机构投资者所占比重较小,充分体现了柜台交易国债零售的特性。从下图可以看出,今年8月份以来,新增投资者明显增多。

(二)交易券种有所增加

截至2003年年底,柜台国债交易的券种由2002年的2只增加到5只,其中除2002年记账式(六期)国债(以下简称为020006)面向银行间市场和银行柜台发行外,其他4个券种都是同时面向银行间债券市场、交易所债券市场和商业银行柜台发行的跨市场7年期券种(见表1)。

表1 当前柜台国债券种

券种	起息日	票面利率	剩余年限	交易市场
020006	2002—6—6	2.0%	5.436	银行间、柜台
020015	2002—12—6	2.93%	5.938	银行间、柜台和交易所
030001	2003—2—19	2.66%	6.143	银行间、柜台和交易所
030007	2003—8—20	2.66%	6.642	银行间、柜台和交易所
030011	2003—11—19	3.5%	6.891	银行间、柜台和交易所

注:剩余年限的计算截止到2003年12月31日。

(三)交易结算数量大幅增加

从交易量看,全年国债交易总量达到24.13亿元,比去年增加9.72亿元,增长了67.43%;累计交易笔数14262笔,比去年增加了2508笔,增长了21.34%。其中:投资者全年共买入国债面值总额16.00亿元,共卖出国债面值总额8.12亿元,净买入7.88亿元。各月交易情况,除020015在1月份交易面值总额达到8.22亿元之外,各券种在全年的各月交易面值总额均在2亿元以下。值得注意的是，8月份以来，各券种交易均趋于活跃。

（四）债券收益率逐步增高

以交易时间较长的、且票面利率最低的020006为例（见表2），2003年6月30日的报价收益率为2.680%，比2002年12月30日的高出18个基点；2003年12月26日的报价收益率比6月30日再高出47个基点，达到3.145%。可见，020006的平均报价收益率呈稳步上升的趋势。从表2中也可看出，商业银行柜台国债的其他券种也基本呈现出这种趋势。

表2　2003年商业银行柜台国债各券种平均报价到期收益率变化趋势表

单位：%

时间券种	2002.12.30	2003.06.30	2003.12.26
020006	2.502	2.680	3.145
020015	2.876	2.693	3.285
030001	——	——	3.337
030007	——	——	3.349
030011	——	——	3.420
5年期定活两便存款税后利率	1.339	1.339	1.339
5年期整存整取存款税后利率	2.232	2.232	2.232

值得注意的是，2003年年底柜台交易国债各券种平均报价到期收益率均在3.14%以上，与银行定活两便存款和定期存款的收益率相比，柜台国债的收益率要远高于目前银行最长期限5年期的定活两便存款的税后收益率，也高于5年期定期存款的税后收益率（见表2）。例如，2002年12月26日，柜台国债品种中，即使是到期收益率最低的020006，其平均报价到期收益率也比5年期的定活两便存款税后利率高出1.806个百分点，高了134.88%。针对2003年以来柜台交易国债收益率与银行定活两便存款和定期存款的收益利差逐步增大的情况，业界一部分观点认为，经过一年多的培育，柜台国债交易的投资价值日渐凸现；另一部分认为，收益利差的增大，很大程度上体现了投资者对通货膨胀的预期以及目前长期资金趋紧的状况。

（五）商业银行做市技巧逐步娴熟

柜台国债除了具有良好的安全性和收益性之外，还具有一个不容忽视的优势——良好的流动性。做市商的买卖价差是衡量市场流动性大小的重要指标之一。价差小，投资者进行变现买卖时损失小，流动性强；相反，价差大，流动性就差。2003年以来，四家银行在做市方面的技巧越来越娴熟。从近期各行报价的价差情况来看，020006的报价差价在0.05～0.20元之间，020015的价差也在0.05～0.22元之间。其中，农业银行020006的价差基本稳定在0.05元，价差水平在四大行中相对最低。做市商做市技巧的娴熟，为活跃柜台国债交易提供了良好的市场环境。

二、柜台交易国债品种的优势

记账式国债柜台交易开办一年办以来，其品种优势体现得非常明显：

1、为国家向个人投资者筹集了长期建设资金。目前柜台交易国债的主要投资者是个人，在柜台交易的记账式国债均是7年期的，比最长期限的凭证式国债还长2年。

2、为国家筹集到稳定的建设资金。由于柜台记账式国债发行结束后，投资者可以在商业银行柜台进行流通转让以进行流动性管理，但不得向发行人提前兑取。因此，通过柜台发行记账式国债筹集资金，国家就不会面临提前偿付的风险，对国家来说是一条稳定的筹资渠道。

3、为个人投资者提供了一种新的中长期盈利性和流动性组合投资品种。柜台交易国债品种与凭证式国债、银行定活两便存款、银行整存整取存款具有一些相似的特征，但在盈利性和流动性方面又有其各自的特征，这样，柜台交易国债就为投资者、尤其是个人投资者提供了一种新的组合投资产品。

三、柜台国债交易的展望

柜台国债交易经过一年多的发展，取得了很大的进展。但目前仍面临着一些困难，如承办银行少、覆盖区域有限、债券品种数量相对较少、宣传力度不够等等。

目前，个人投资者参与柜台交易的热情不断高涨，商业银行要求承办柜台交易业务的呼声也此起彼伏。近期，主管部门也在不同场合多次提到，要进一步扩大商业银行国债柜台交易的试点范围，最大限度地满足社会投资者对国债的需求。鉴于主管部门在增加试点银行范围、扩大试点区域、加大宣传力度、形成柜台交易债券的定期发行机制、逐步增加交易券种、便利债券转托管手续等方面还存在很大的推动空间。为此，我们有理由相信，国债柜台交易在2004年将迎来新的、更大的发展。（中央国债登记结算有限责任公司研发部　蔡国喜　包香明）

2003年全国银行间债券市场交易结算述评

2003年度是我国银行间债券市场发展的第六个年头，尽管总体上未有新的债市发展的实质措施出台，但本年度的债市行情的变化在改变和影响着投资者的一些理念，同时也提出了新兴债券市场国家发展债券市场面临着一些挑战。若以5年为一个发展周期，显然本年度具有承上启下之作用。

一、债券发行稳中求变

债券发行从总量上看，仍好于去年。2003年，财政部、国家开发银行、中国进出口银行和中国国际信托投资公司等发债主体在银行间债券市场共发行债券47只本币债券和1只美元债券，发行总额7975亿元（不含1只美元债券），比2002年增加1437.14亿元，发行总量再创新高。其中，国债发行11期，发行面值3355亿元，占42%；政策性银行发行的金融债34期，发行面值4520亿元，占57%；中信债发行2期，发行面值100亿元，占1%。

本年度，财政部发行国债总量为6283.4亿元，为历史新高。其中，凭证式国债发行总量为2504.6亿元，比2001年多1031.6亿元；记账式国债共发行13期（有2期直接在交易所发行），发行总量为3778.8亿元，比2002年减少682.5亿元。记账式国债发行的加权平均期限为7.27年，比2002年低0.14年。记账式国债加权平均派息率为2.86%，比2002年高45个基点（见表一）。

就债务结构而言，若按一年以下为短债，2—10年为中期债券，10年以上为长期债券划分，则2003年发行的记账式国债债务结构比例为1:7:2，分别占当年记账式国债发行总量的比重各为9.4%、66.7%、23.9%。显然短期债券发行比例偏低，而中期债券发行比例较大。

2003年，人民银行在全国银行间债券市场共发行央行票据63期。通过发行央行票据，增加了人民银行公开市场操作的工具，丰富了市场短期交易品种。

表一:2003 年记账式国债与金融债券发行指标比较表

2003—12—31

指标		国债	政策性金融债
发行总量(亿元)		3778.8	4520
加权平均期限(年)		7.27	5.42
加权平均派息率(%)		2.86	2.87
期限(只)	1年以下	2	10
	2—10年	7	12
	10年以上(含10年)	4	12
债券面值(亿元)	1年以下	355	1200
	2—10年	2520	1520
	10年以上(含10年)	903.8	1800

从全年看,债券发行利率前低后高,变化很大。总体看,分为二个阶段:

一是,1—8 月的发行利率平稳变化阶段。2003 年 1—8 月的国债发行应该讲仍延续了 2002 年下半年调整的行情,总体上保持平稳。基准券种 7 年期国债新发与增发利率均在 2.66%水平。债券发行利率与期限保持合理水平,未出现 2002 年上半年的利率与期限不匹配的情况,但发行利率全部高于 2002 年同期发行的同期限国债利率,市场利率在平缓上升。

二是,8 月份以后招标利率攀升阶段。即在公布法定准备金比率将于 9 月上调一个百分点后,市场表现为强烈的恐慌心理,招标利率开始急速上升,表现为交易所发行的 10 年期国债在收益率确定为 3.25%(高于二级市场收益率)下,国债发行再次流标,之后,在银行间发行的 15 年期国债也勉强中标,高于去年同期在交易所发行的 15 年期国债 158 个基点。2 年期国债招标利率高于 10 年期国债发行利率, 7 年期国债招标利率更是创下 2001 年以来同期限品种的新高达到 3.5%,全年差幅为 84 个基点。

与 2002 年不同是,一级市场国债发行并未引领二级市场国债现券的行情走高,倒是二级市场国债现券行情的变化引导一级市场国债上限的制订及发行利率的走高。

本年度发行人继续积极探讨发行品种及发行方式的创新。一是,发行多样化的债券品种,如国家开发银行除继续发行一些含权债券,并在此基础上,又对过去已发行流通的票面利率比较高、流动性较好的债券进行追加发行并附一定的转换期权;财政部适时优先推出了即期招标上市远期缴款的国债,并从构建国债基准利率角度出发在市场收益率持续反弹、筹资成本增加的 10 月发行了一期 15 年期基准国债。

至 2003 年底,通过中央国债登记结算有限责任公司(简称中央国债公司)托管的债券余额达 3.7 万亿元。托管债券的品种目前包括国债、政策性银行金融债、中央银行票据、企业债、金融债等,托管债券币种大多为人民币,2003 年 9 月之后开始托管国内发行的美元债券。至 12 月 31 日,由中央国债公司托管的面值 3.7 万亿元的记账式债券中,有 71 只国债,85 只政策性银行金融债券,39 只企业债券,以及 34 只中央银行票据等。以国债的存量最多,其次为政策性银行金融债券,其存量结构见图一:

自 2002 年全国银行间债券市场实行准入制以来,至 2003 年末,在中央国债公司开户从事债券业务的机构投资者开户总数已达 2895 户,非金融机构法人开户数已占到开户总数的一半以上,目前银行间参与者已涵盖了全社会各类机构:

本年度中央国债公司共办理还本付息资金额为 8464.09 亿元,其中国债还本付息额为 1089 亿元,金融债券还本付息总额为 2972 亿元,企业债券还本付息额为 44 亿元,办理央行票据 4357 亿元。

二、交易结算总量稳步攀升

本年度全国银行间债券市场债券交易结算总体特征是:交投活跃,总量跃升,短期债券走势稳健,中长期债券波动明显。全年,债券回购和现券单边交易结算总量达 15.13 万亿元,比 2002 年增加 4.5 万亿元,交割笔数为 97457 笔。全年的交易结算情况如下:

1、回购利率波动明显

一是,回购交易结算量略有增加。本年度债券回购交易的递增速度首次小于现券交易的递增速度。全年回购首期交易结算总量为 11.97 万亿元,结算笔数为 71444 笔,分别比 2002 年增加 14.82%和 3.28%。上半年回购首期结算 34089 笔,结算额 5.06 万亿元;下半年回购首期结算 37355 笔,结算额为 6.91 万亿元。下半年回购交易结算量明显比上半年增加。

二是,回购利率波动明显。2003 年债券回购利率波动水平高于自 2000 年以来的任何一年。7 天期回购利率不仅直逼 2002 年的回购利率最低水平 1.89%,而且也创造了近年来的最高利率 4.5%,全年 7 天期回购利率平均水平为 2.34%,比 2002 年年均回购利率高 22 个基点。

但上下半年有别。上半年,回购利率承接 2002 年年末跌势一路下行,至 2002 年 4 月底,7 天期回购利率已降至 1.9%水平。自 8 月 22 日开始回购利率快速回升,到 11 月初 7 天期回购平均利率已达 3.62%水平,两个月内平均涨幅为 90.5%,上涨超过 170 个基点,资金出现阶段性紧张。在 12 月份超额法定准备金利息率下调至 1.62%后,债券市场资金宽松局面再度出现,回购利率开始下行。至年底回购利率已回落到 2.1—2.2%区间,重又回到 8 月初升息前的水平。

回购利率的快速调整和波动,再次体现出其市场利率的性质,体现出其对资金供求变化的敏感反映。

2、现券交易表现活跃,前后两重天

一是,受宽松的资金供给面的影响,2003 年的现券成交量也一度成倍放大。交易结算量继续比 2002 年大幅增加,债券市场仍然延续量的积累。全年现货结算 26013 笔,交割总量为 3.16 万亿,比 2002 年的 0.43 万亿递增 635%,占本年度债券交易结算总量的比重为 20.89%,平均每笔结算金额为 1.23 亿元。全年看,国债现券结算总量为 0.82 万亿元,比 2002 年增加 4346.12 亿元,金融债券成交总量为 0.94 万亿元,央行票据成交总量为 1.38 万亿元。现券交易结算集中于中短期债券品种,久期值低于 5,这与年初大部分机构投资者的持仓理念相一致。但上下半年交易结算均表现强劲。下半年交割总量为 2.15 万亿元,在 8 月底行情下跌后,现券交易结算仍保持了活跃局面。

二是,债券的流动性进一步提高。全年共有 204 只现券发生交易,现券交割量占整个托管量比重为 85.41%,若扣除不流通债券,交投率为 89.27%;若扣除央行票据现券,交投率为 50.28%,远远高于 2002 年的 16.99%水平。有多只国债和金融债券换手率首次出现高于 100%情况,这是银行间债券市场多年来未曾出现过的情况。就国债而言,全年结算量占据前三位的债券品种、结算量和结算笔数分别为:02 国债 15,1706.61 亿元/1845 笔;03 国债 01,635.10 亿元/828 笔;02 国债 02,616.27 亿元/452 笔;这些券种均为固定利率中期债券品种,而金融债券交易结算位于前三位的券种为 03

国开02、02国开18、03国开22,其中前两只债券均为发行人选择权债券。

三是,全年现券行情明显呈现三个阶段性变化:

1—8月份的行情上升阶段。现券行情延续2002年年底的上升行情,现券交易全面活跃。在第一季度就出现日现券交易结算量超过百亿元,在资金的推动下,现券行情也是一路走高。这一阶段,关注收益仍是投资的主要目的,20年期长期国债收益率出现了3.25%左右的低位。1—8月仅国债现券交割总量为0.51万亿元,已远超过2002年全年银行间债券交易总量。债券收益率曲线回升明显,曲线扁平化趋势再度显现(这种扁平化是由于长期收益率一端过低造成的)。现券行情再现2002年上半年过热情况,各类债券指数值均创历史的高点,引发了一些投资者的担心。此阶段,资金推动型引起的价格行情走高明显,同时风险也在积聚。

8月底到10月底的行情快速下跌阶段。自8月底公布法定准备金利率上调以来,现券行情急转直下,短短两个月各债券指数跌幅近5%。双边报价意愿下降,报价券种减少,债券行情受流动性冲击明显。长期债券与短期债券一起同向变化。债券收益率曲线仍旧偏平(短期、长期债券收益率迅速抬升造成),债券行情的短期内暴涨暴跌被认为是一种不正常的现象。在没有避险工具和品种情况下,投资者看淡长债转投短期债券意愿强烈。对流动性和风险性的关注重于收益性。在此次行情调整中,短期债券跌幅并不明显,从中央国债公司提供的债券指数看,1—3年期的短期债券指数始终处于上升通道。

10月底至年末,行情小幅反弹盘整阶段。由于前期跌幅过大,一些债券出现反弹要求,并导致投资者对后市判断出现一定程度上的分化。债券价格行情走势继续分化,中短期债券出现止跌迹象,15年期长期债券收益率在急跌后稳定在4%以上;而占债券总市值最大的5—7年期债券涨跌波动也较为显著。债券收益率曲线变陡(短期债券收益率小幅下降,长期债券收益率持续走高造成)。显然市场价值投资的理念已取代单纯以做量的资金推动型的运作方式。尽管12月份超额法定准备金利息率下调至1.62%水平,回购利率已降至升息前的水平,债券行情有所回升,但从指数看行情走势并不稳健。

四是,在现券行情变化中,一个突出的特点是长期债券跌幅受短期利率影响波动显著。通常短期利率的变化波动不应引起长期债券价格或收益率的大幅波动。而中国债券市场自2002年下半年以来经历的两次大的跌幅中,长期债券价格和收益率波动程度远大于中短期债券价格和收益波动幅度,并已引起了市场参与者的关注。一般情况下,在短期利率发生变化时,短期债券的收益率波动比长年期的债券收益率具有更大的波动性。

由中央国债公司公布的债券指数(见图四)揭示,2003年全年,中国债券市场总指数由年初的103.71点升至7月底的历史高点106.52点,年底回调到104.67点;而银行间债券总指数则由年初的103.32点升至7月底的106.63点,年底回调到105.72点;交易所国债指数则由年初的104.91点升至7月底的106.49点后,年度下跌至103.78点。从年末看,银行间债券全年平均到期收益率约为3.1%左右,交易所国债全年平均到期收益率为3.4%左右。就指数所显示的回报率而言,银行间债券市场全年金融债券提供的回报率高于国债回报率(不考虑利息免税因素)。

3、商业银行柜台国债交易呈现活跃

本年度,面向广大个人投资者的商业银行债券柜台交易发行券种已增加到5只,流通期限均为5—7年的中期债券品种。至年底,开设柜台国债交易的商业银行地区已扩大到北京、上海、江苏、浙江、福建、广东六省市,网点已有6000多家,比2002年末增加了近4000家。在累计开户数中,个人投资者累计开户占总开户数的99.57%,中小机构投资者累计开户占总开户数的0.43%,充分体现了柜台交易国债零售的特性。全年商业银行柜台国债交易总量为24.13亿元,比去年增加9.72亿元;累计交易笔数14262笔,比去年增加了2508笔。投资者全年共买入国债面值总额16.00亿元,共卖出国债面值总额8.12亿元,净买入7.88亿元。进入8月份以来,柜台上市的各券种交易均趋于活跃。

三、市场亟待进一步完善

上述中国债券市场呈现出的部分特点,反映出中国债券市场目前的深度和厚度均与国际成熟债券市场有一定差距。某种程度上讲,中国债券市场仍处于发展的初期。一方面,债券发行供给总量仍满足不了日益增加的机构投资者对债券多样化的需求;另一方面,如何发行"适销对路"债券品种和允许合格发行人发行多类型的债券品种,以及探讨研究多样化的债券交易避险方式,仍然是发行人和主管部门及成熟机构投资者在积极探讨研究的课题。而多样化的债券品种和多样化的债券交易避险方式是取决于机构投资者的成熟程度和市场的发展深度。应该看到,当债券市场发展的量的积累到一定程度之后,必有一个质的转化过程,但这种质的转化过程不能急于求成,不可能一步到位,这涉及到体制原因和机构投资者成熟状况。

1、加强市场基础设施建设

6年来,中国的场外债券市场(银行间债券市场)发展速度和规模令人瞩目,这一市场流通的记账式债券余额稳步增长,如此大量的债务工具以无纸化的方式登记发行、交易、结算和交割,作为各类投资人的资产进行存管和过户,都必须依靠中央托管结算机构安全、有效、稳定地发挥作用和功能。本年度中央国债公司在进一步提高服务水平同时,集中精力对债券发行系统、央行公开市场业务系统和债券簿记系统三期进行升级改造,抓紧推进债券簿记系统与国家支付系统衔接,提高债券综合业务系统的技术保障水平,基本完成了与香港中央债务工具簿记系统(CMU)联网的准备工作,相信这必将极大地提升债券交易结算效率,满足投资者多样化的交易结算方式需要。

2、研究推出多种利率避险品种及交易方式

当市场发展到一定程度,尤其是现货交易结算达到一定规模,参与主体对利率避险交易方式及多样化的交易品种需要也越来越强,这也是新兴债券市场发展的客观需要。因此应在2003年全面进行的研究论证的基础上,努力推出一些可行的避险工具和交易品种,为提供投资者更多的个性化需求服务。

尽管2003年总体上出台的措施较少,但发行人和债券市场主管部门在债券交易方式创新和债券品种创新等方面已经做了很好的研究,而这又为明年债券市场的发展创造很好条件。我们应看到,发行人和主管部门为市场发展所做的努力。本年度,人民银行继续加大市场研究分析与监控力度,研究市场发展变化的一些规律和趋势,积极推动债券结算代理业务的开展,加强债券市场基础设施建设,以推升交易结算效率和提高市场的流动性;进一步扩大了商业银行债券柜台交易试点范围。财政部财进一步扩大发行7年期基准国债招标数量和期次，推动商业银行柜台国债交易的发展，增加交易品种数量。因此有理由相信，明年仍是一个债市创新年。过去6年来中国债券市场量的快速递增，为明年和今后市场创新奠定了很好的基础。若明年，能够在开放式回购、远期交易、预发行，以及市场流动性提高，市场制度建设及公司债券发行市场化等方面有实质突破，则对债券市场而言已是一个不小的进步。

3、促进国债流动性的提高

本年度债市风险的出现，再次引起对债券流动性问题的关注与研究。因此，应采用多种手段来促进债券流动性的提高，如鼓励推出更多的集合投资形式；研究推出货币市场基金以满足广大中小散户参与债券场外市场和货币市场需求，鼓励在银行间债券市场发行各种类债券基金形式参债券市场；促进建立承销商对于所承销债务工具提供流动性机制，建立更充分的做市商制度与经纪人制度等。（管圣义　包香明）

2003年央行公开市场操作一览表

日期	方式	期限品种	招标利率（%）	投放回笼资金（亿）	上证指数（相关，行情）	上证国债指数	深圳企债指数（相关，行情）
12/30/03	发行票据	3个月	*2.462	−100	—		
12/23/03	发行票据	6个月	*2.607	−50	1500.64	99.19	99.23
12/23/03	发行票据	3个月	*2.462	−50	1500.64	99.19	99.23
12/16/03	发行票据	6个月	*2.607	−50	1466.34	98.71	99.24
12/16/03	发行票据	3个月	*2.462	−50	1466.34	98.71	99.24
12/09/03	发行票据	6个月	*2.607	−150	1443.37	98.19	99.11
12/09/03	发行票据	3个月	*2.462	−150	1443.37	98.19	99.11
12/02/03	发行票据	6个月	*2.607	−150	1435.31	98.08	99.4
12/02/03	发行票据	3个月	*2.462	−150	1435.31	98.08	99.4
11/25/03	发行票据	6个月	*2.621	−250	1408.42	97.92	99.34
11/25/03	发行票据	3个月	*2.435	−200	1408.42	97.92	99.34
11/18/03	发行票据	6个月	*2.909	−200	1316.56	97.95	99.68
11/18/03	发行票据	3个月	*2.716	−150	1316.56	97.95	99.68
11/11/03	发行票据	6个月	*2.992	−100	1343.62	98.14	99.6
11/11/03	发行票据	3个月	*2.797	−100	1343.62	98.14	99.6
11/04/03	逆回购	7天	3.756	200	1389.55	98.08	99.06
10/28/03	发行票据	6个月	*2.909	−100	1369.33	97.59	98.66
10/28/03	发行票据	3个月	*2.716	−100	1369.33	97.59	98.66
10/21/03	现券买入	—	—	100	1364.3	97.37	98.59
10/21/03	发行票据	6个月	*2.889	−50	1364.3	97.37	98.59
10/21/03	发行票据	3个月	*2.676	−50	1364.3	97.37	98.59
10/14/03	现券买入	—	—	79.5	1388.17	98.47	101.11
10/14/03	发行票据	6个月	*2.909	−50	1388.17	98.47	101.11
10/14/03	发行票据	3个月	*2.716	−50	1388.17	98.47	101.11
09/25/03	赎回票据	—	—	195.7	1376.29	99.28	101.06
09/23/03	逆回购	7天	2.6	100	1390.17	99.88	101.9
09/23/03	发行票据	3个月	*2.665	−100	1390.17	99.88	101.9
09/23/03	发行票据	6个月	*2.863	−100	1390.17	99.88	101.9
09/16/03	发行票据	3个月	*2.705	−300	1406.1	100.72	102.25
09/16/03	发行票据	6个月	*2.905	−100	1406.1	100.72	102.25
09/09/03	发行票据	3个月	*2.705	−150	1420.07	101.19	103.37
09/09/03	发行票据	6个月	*2.905	−100	1420.07	101.19	103.37
09/02/03	逆回购	7天	2.934	400	1446.51	101.49	104.08
09/02/03	发行票据	3个月	*2.665	−50	1446.51	101.49	104.08
08/26/03	逆回购	7天	2.24	600	1425.21	101.34	103.78
08/26/03	发行票据	3个月	*2.435	−100	1425.21	101.34	103.78
08/19/03	发行票据	3个月	*2.355	−300	1449.71	101.82	104.64
08/19/03	发行票据	6个月	*2.409	−150	1449.71	101.82	104.64
08/19/03	发行票据	1年	*2.428	−150	1449.71	101.82	104.64
08/12/03	发行票据	3个月	*2.274	−200	1479.28	101.78	104.72
08/12/03	发行票据	6个月	*2.369	−150	1479.28	101.78	104.72
08/12/03	发行票据	1年	*2.417	−150	1479.28	101.78	104.72
08/05/03	发行票据	3个月	*2.315	−200	1494.31	101.85	104.84
08/05/03	发行票据	1年	*2.417	−100	1494.31	101.85	104.84
07/29/03	发行票据	3个月	*2.315	−200	1477.3	101.81	104.9
07/29/03	发行票据	1年	*2.417	−100	1477.3	101.81	104.9
07/22/03	发行票据	3个月	*2.315	−200	1498.49	101.77	104.82
07/22/03	发行票据	1年	*2.417	−100	1498.49	101.77	104.82
07/15/03	发行票据	3个月	*2.315	−100	1525.44	101.77	104.87
07/15/03	发行票据	6个月	*2.369	−100	1525.44	101.77	104.87
07/08/03	发行票据	3个月	*2.315	−100	1512.02	101.76	104.62
07/01/03	发行票据	3个月	*2.315	−100	1484.7	101.64	104.36
07/01/03	发行票据	6个月	*2.389	−100	1484.7	101.64	104.36
06/24/03	发行票据	3个月	*2.315	−100	1557.18	101.65	104.36
06/24/03	发行票据	6个月	*2.361	−200	1512.43	101.59	104.43
06/17/03	发行票据	3个月	*2.274	−100	1557.18	101.65	104.36
06/17/03	发行票据	6个月	*2.279	−200	1557.18	101.65	104.36
06/10/03	发行票据	3个月	*2.234	−100	1538.76	101.71	104.08
06/10/03	发行票据	6个月	*2.259	−100	1538.76	101.71	104.08
06/03/03	发行票据	3个月	*2.194	−100	1562.24	101.72	104.09
06/03/03	发行票据	1年	*2.323	−100	1562.24	101.72	104.09
05/27/03	发行票据	3个月	*2.194	−100	1568.34	101.7	104.3
05/27/03	发行票据	1年	*2.344	−200	1568.34	101.7	104.3
05/20/03	发行票据	3个月	*2.154	−100	1535.52	101.65	103.57
05/20/03	发行票据	6个月	*2.186	−100	1535.52	101.65	103.57
05/13/03	发行票据	3个月	*2.194	−100	1485.31	101.35	102.94
05/13/03	发行票据	6个月	*2.247	−100	1485.31	101.35	102.94
05/06/03	发行票据	3个月	*2.154	−100	—	—	—
04/29/03	发行票据	3个月	*2.178	−100	1509.31	101.19	102.6
04/24/03	正回购	91天	2.15	−50	1503.59	101.16	102.64
04/22/03	正回购	91天	2.15	−30	1568.69	101.13	102.42
04/22/03	发行票据	6个月	*2.198	−50	1568.69	101.13	102.42
04/17/03	正回购	91天	2.14	−80	1613.6	101.13	102.32
04/15/03	正回购	91天	2.14	−50	1631.47	101.11	102.18
04/10/03	正回购	91天	2.15	−50	1551.18	101.05	102.39
04/08/03	正回购	91天	2.15	−50	1520.55	101.07	102.45
04/03/03	正回购	91天	2.15	−50	1511.73	101.03	102.49
04/01/03	正回购	91天	2.15	−60	1522.55	101.07	102.52
03/27/03	正回购	91天	2.17	−80	1499.35	101.1	102.46
03/25/03	正回购	91天	2.15	−100	1462.4	101.04	102.44
03/20/03	正回购	182天	2.3	−100	1464.54	101.02	102.33
03/18/03	正回购	182天	2.3	−100	1459.89	100.96	102.26
03/13/03	正回购	182天	2.3	−100	1464.65	100.91	102.13
03/11/03	正回购	182天	2.3	−200	1469.55	100.86	102.01
03/06/03	正回购	182天	2.3	−200	1498.34	100.8	102.14
03/04/03	正回购	182天	2.29	−180	1524.3	100.76	102.16
02/27/03	正回购	91天	2.27	−150	1513.7	100.7	101.61
02/25/03	正回购	182天	2.31	−150	1511.28	100.68	101.47
02/18/03	正回购	182天	2.32	−260	1496.47	100.65	101.07
02/11/03	正回购	91天	2.32	−100	1492.76	100.64	—
01/28/03	逆回购	14天	2.32	250	1500.64	100.51	—
01/21/03	逆回购	7天	2.3	50	1454.89	100.4	—
01/14/03	逆回购	7天	2.3	50	1466.85	100.18	—
01/07/03	逆回购	7天	2.3	50	1332.06	99.97	—

注：

1. 统计的是今年以来央行所进行的历次公开市场操作以及同期股指波动情况。

2. 投放回笼资金为“正”表示向市场投放资金，为“负”表示从市场回笼资金。

3. ′*′表示是中央银行票据的参考收益率。

2003年银行间债券市场流动性分析

一、引言

2003年银行间债券市场成交量达到15.12万亿元，比2002年的10.63万亿增长了42.28%。其中，回购成交11.97万亿，增长16.23%；现券成交3.16万亿，增长了6.27倍，成为银行间债券市场的一大亮点。

现券交易的活跃程度是反映银行间债券市场流动性的主要指标。而债券的流动性又是反映债券市场完善程度的重要标志。提高债券市场流动性是各国金融市场管理的一项核心内容。市场流动性的提高，能有效降低发行主体的筹资成本和风险，促进金融机构的资产负债管理和债券资产运作，为公开市场操作提供广泛的空间，进一步促进我国金融市场的发展。

债券市场的流动性受交易机制、交易成本、市场参与者行为和产品设计等方面因素的影响。债券市场交易制度和规则的完善，交易成本的降低，市场参与者成熟和多样性，以及满足不同需求的产品设计，都有助于提高市场的流动性。

本文采用交易笔数、成交量(额)、交易频数、周转率、换手率等指标研究我国银行间债券市场和国债市场的流动性，并分析了2003年银行间债券市场流动性提高的成因，得出有益的研究结论。

二、银行间债券市场流动性分析

(一)总量分析

2003年银行间债券市场的流动性发生了惊人的变化。银行间债券市场现券交易量高奏凯歌，2003年达到31582.68亿元，是2002年4343.5亿元的7.27倍，将近翻了三翻。2003年现券成交26007笔，是2002年7211笔的3.61倍。

2003年末银行间债券市场的托管量为33644.62亿元，而2003年的现券交易量也超过3万亿元，接近年末托管量。2003年银行间债券市场现券周转率为1.07，是2002年0.19的5.63倍。

(二)结构分析

1、债券交易结构分析

2003年的现券交易中，开行债成交12704.19亿元，占总成交量的40.23%，之后依次为央行票据9439.38亿，29.89%；国债8190.98亿，25.94%；进出口债1077.28亿，3.41%。

2002年现券交易中，国债成交量最大，达到2716.94亿元，占总成交量的62.55%，之后依次为开行债1374.99亿，31.66%；进出口债204.12亿，4.70%；中信债47.45亿，1.10%。

与2002年相比，虽然国债的现券成交量也增长了2倍，但开行债和央行票据更是异军突起。开行债现券成交量增长了8倍。央行票据现券交易从无到有，一举占据了总量的30%。

2、机构交易结构分析

2003年的现券交易中，银行类金融机构仍然是市场的交易主体，双向成交49472.47亿元，占全部成交量的78.32%，其后依次是证券公司5418.41亿，8.58%；信用社3545.72亿，5.61%；保险公司1403.66亿，2.22%；非银行金融机构1315.04亿，2.08%。

2002年的现券交易中，银行类金融机构双向成交5882.82亿元，占全部成交量的67.72%，其后依次是信用社1074.21亿，12.37%；证券公司807.40亿，9.29%；保险公司526.59亿，6.06%；投资基金259.74亿，2.99%。

与2002年比较，2003年银行类金融机构作为市场主体的地位得到进一步加强，现券交易超过了市场总量的3/4。2002年银行类金融机构现券买入量的市场比重高出卖出量市场比重近10个百分点，2003年其现券买入量和卖出量基本持平。证券公司的市场份额则超过信用社将近3个百分点，成为银行间债券市场第二交易主体。

(三)时序分析

考虑到数据的稳定性和研究的可靠性，我们采用月度交易数据。

1、总量指标的趋势分析

分析数据采用2002—2003年每月的交易券数、成交笔数和成交量。

现券市场交易券数呈稳步上升趋势，2002年月均成交58只，2003年月均成交111只，第四季度更是每月成交连续超过130只，12月份达到144只。研究交易券数占总流通券数的比例，发现在经历了2002年下半年债券市场的下跌行情之后，债券交易比重自2002年11月起呈现逐月稳步上升的趋势，2003年12月交易券数的比重达到了77.01%。交易券数、交易券数比例的提高，说明了银行间债券市场流动性的增强。

现券成交笔数和成交量也是逐月攀升，2002年月均成交601笔、361.96亿元，2003年月均成交上升到2167笔、2631.89亿元，分别比上年增长2.6倍和6.27倍，成交量的增长速度超过成交笔数的增长速度。2003年8月现券交易月成交量达到历史最高的3210笔、4990.17亿元，但2003年9、10月份成交量陡然减少，11、12月份又重现上升势头。这可能是由于8月份人民银行提高存款准备金利率，市场资金偏紧造成的。

银行间合指数与交易券数和成交量趋势一致，相关系数超过0.8。成交笔数与综合指数的相关性较弱，仅为0.6。

2、平均指标的趋势分析

采用每券月成交笔数和每券月成交量指标研究发现，每券月成交笔数和每券月成交量的趋势与月成交笔数和月成交量的趋势基本一致，呈逐月上升的趋势，但波动较大。这说明成交笔数、成交量的波动缘于单只债券成交笔数、成交量的波动，而不是缘于交易券数的波动。2002年平均每券月成交笔数为10.29，2003年上升到19.88，增长了93.20%，2003年3月每券月成交笔数35.47的历史最高点，之后逐月下降，年末稳定在15左右。

进一步研究每券月交易天数指标。结果表明，2002年平均每券月交易天数为4.62，2003年为6.59，平均每券月交易天数也有较小的上升趋势，但波动较大。2003年3月每券月交易天数达到两年的最大值8.43，之后逐月下降，年末保持在6左右。

三、国债流动性比较分析

(一)国债余额比较分析

2003年，交易所国债余额从年初的2749.37亿元，增长到年末的3543.69亿元，月均余额3301.54亿元，月均增长2.33%。银行间市场国债余额(含柜台交易市场)从13555.05亿元，增长到17468.40亿元，月均余额14729.08亿元，月均增长2.33%。交易所对银行间市场的余额比例平均为0.22，但年初和年末余额比例均为0.20，两者比例基本保持稳定。

柜台交易市场国债余额从17.59亿元，增长到21.19亿元，月均余额18.06亿元，月均增长1.71%。

(二)交易量比较分析

2003年，交易所国债现券交易量从1月的373.95亿元，增长到12月的819.34亿元，月均交易476.41亿元，月均增长7.39%，增长平稳；同期，银行间国债现券交易量从301.88亿元，增长到1085.38亿元，月均交易682.58亿元，月均增长12.34%，增长较快，增速超过交易所。2002年交易所国债现券交易量是银行间市场的3.21倍，2003年交易所现券交易量仅为银行间市场的74%。三月份银行间市场现券交易量增长最快，增速达到56%，总量一举超过交易所。交易所对银行间市场的交易比例从1月的1.24降低到12月的0.75。

2002年，柜台交易市场国债交易量为14.42亿元，月均交易2.06亿元；2003年，交易量为24.47亿元，月均交易2.04亿元；两年变化不大。但月均交易笔数2002年为1679笔，2003年则减少为1200笔。

（三）周转率比较分析

以现券交易量和债券存量相较，得到债券周转率。2002年交易所国债周转率为3.199，2003年周转率为1.613，减少了近50%。交易所国债月周转率从1月的0.136，增长到12月的0.231，月均增长4.94%，增长平稳。

2002年银行间国债周转率为0.2，2003年周转率为0.469，增长了1倍多。银行间国债现券月周转率从0.022，增长到0.062，月均增长9.76%，增长较快。银行间对交易所的周转率比例，2002年为0.06，2003年上升到0.29，增长趋势明显。

2002年柜台交易市场国债周转率为0.92，2003年上升为1.15。柜台交易市场对交易所的周转率比例，2002年为0.29，2003年上升到0.71，增长明显。

（四）银行间国债市场流动性分析

1、总量指标的趋势分析

采用2002—2003年每月银行间市场国债的交易券数、成交笔数和成交量。

银行间国债市场每月现券交易券数呈逐步上升趋势，2002年月均成交26.5只，2003年月均成交36.75只，2003年12月更是达到历史最多的46只。

现券成交笔数和成交量也是逐月攀升，2002年月均成交335.25笔、226.41亿元，2003年月均成交上升到721.92笔、682.58亿元，分别比上年增长1.15倍和2.01倍，成交量的增长速度超过成交笔数的增长速度。2003年4月国债现券月成交笔数达到历史最高的1069笔，之后逐月走低，12月份又回升到892笔。2003年3月国债现券月成交量迅速放大，4—11月份稳定在600—800亿之间，12月又突然增至1085.38亿元。

2、平均指标的趋势分析

研究每券月成交笔数和每券月成交量发现，每券月成交笔数和每券月成交量的趋势与月成交笔数和月成交量的波动趋势基本一致。这说明成交笔数、成交量的波动缘于单只债券成交笔数、成交量的波动，而不是缘于交易券数的波动。2002年平均每券月成交笔数为12.60，2003年上升到19.77，增长了56.90%。2003年3月每券月成交笔数32.39的历史最高点，之后逐月下降，下半年稳定在15—20，高于市场平均值。

进一步研究每券月交易天数和每笔成交量指标。结果表明，2002年平均每券月交易天数为5.18，2003年为6.13，平均每券月交易天数有小幅上升，但波动较大。2003年3月每券月交易天数达到两年的最大值8.70，之后逐月下降，年末保持在6左右。2003年4月份之前每笔成交量在0.8亿以内，4月份之后，每笔成交量有所上升，12月份超过1.2亿。这与第二部分的研究结论相一致。

四、研究结论

1、产品设计创新是债券市场流动性增强的原动力。

2003年银行间市场国债、金融债发行45期、7875亿元，比2002年的40期、6672亿分别多出5期、1200亿元。其中，国债和进出口行债的发行总共减少了6期、500亿元，而开行债的发行则增加了11期、1600亿元。开行债现券交易的活跃在很大程度上归因于其发行量的增加。但是，发行量大并不是债券流动性增强的主要原因，2003年末开行债的余额是10669.69亿元，低于国债17490.90亿元的余额。

表4.1 银行间市场债券发行年度比较

债券性质	2002		2003	
	总期数	发行量(亿元)	总期数	发行量(亿元)
国债	13	3597.3	11	3355
开发行债	20	2500	31	4200
进出口行债	7	575	3	320

注：国债发行包含跨市场发行债券的总发行量，不含交易所发行量。

开行债流动性增强的原因在于其产品设计的创新。2003年国开行在债券发行中加大创新力度，在其发行的31期债券中，有16期涉及到产品创新。其中，追加发行有7期，选择权债券有5期，还有两期互换和合并。开发银行产品设计创新适应了市场的需求，受到市场的普遍欢迎。按2003年的换手率对债券排名，前4名全部是国开行的债券，而且，有3只是有选择权的债券。可见，目前市场交易创新具有较强的需求。

表4.2 2003年国开行债券发行创新情况表

发行要素	期数
增发	10、12、20、22、23、26、27
选择权	2、13、14、15、16
互换	18、19
合并	24、25

2、结算代理业务扩大了投资者的范围，增加了市场的流动性。

债券的特点是风险小、收益稳定。一些资金充裕的企业都会优先选择债券作为投资理财品种。结算代理业务的开展，扩大了银行间债券市场的交易主体，引入了多层次的需求。

2003年底被代理结算成员数达到2260家，比2002年的356家增加了5.35倍。2003年其托管量达到622.57亿，比2002年的175.15亿增加了2.55倍。2003年现券代理交易2757笔、1526.42亿元，比2002年的749笔、264.31亿元分别增长了2.68倍和4.78倍。结算代理业务的发展促进了交易主体的相互交叉、渗透，提高了债市的流动性，使银行间债券市场成为一个多层次的、面向所有机构的市场。结算代理业务的增长速度低于自营业务，这一方面是由企业的投资特性决定的，另一方面是由于初入市场，对市场需要一个熟悉过程。

3、商业银行继续领跑银行间债券市场。

为了降低不良资产的比例，降低传统信贷业务份额和银行整体风险，商业银行已开始认识到债券市场的重要性，以及债券业务对它们的利润增长和资产管理的重要性，所以，加大了对债券市场的投入。尤其是商业银行大量的不良资产，及以个人消费信贷为支撑的信贷资产将来需要证券化，否则，会产生严重流动性风险，而这也要通过债券市场来解决。

2003年末银行类金融机构持有债券余额为24350.74亿元，占银行间市场总量的72.38%，现券交易量占到总量的78.32%。近两年，债券业务获利性日趋可观，进一步激发了各类机构参与债券市场的积极性和热情。有些金融机构从债券市场上实现的利润率在15—20%左右，甚至更高。一些城市商业银行的债券持有量甚至达到总资产的30—50%，个别城市银行在过去四年里每年从债券市场上获取的净收益在2亿元左右。随着对债券市场参与程度的加大，除促进利润增长外，银行还优化了资产结构，提高了流动性管理水平，分散了风险。

4、证券公司、投资基金的参与积极性有所提高。

国有股流通的问题是中国股市中最大的不确定因素，而且很难得到快速有效的解决，只能随着国有企业改革的深化以及国有资产管理体制的更新，逐步得到解决。2003年股市在低位的震荡起伏，使得证券公司和投资基金很难再获得像前几年那样的获利机会。

众多的证券和基金公司已经认识到在相当一段时期里债券市场将是它们的最重要投资领域。这两类市场主体纷纷加大了对债券市场的参与力度。众多基金公司纷纷设立了债券基金，2003年基金净值较高的基本都是债券投资基金。证券公司则成为银行间现券市场的第二大交易主体。

5、柜台市场保持了较高的流动性。

柜台交易的推出，进一步完善了我国债券市场的结构，使柜台市场与银行间债券市场有机的联系起来，使债券场外市场成为以机构投资者为主进行批发交易的银行间市场和以中小企业及个人投资者为主的柜台零售交易市场构成的多层次市场，并在一定程度上促进了银行间债券市场的流动性。

2003年国债柜台交易品种从2002年的2只增加到5只。试点地区已从北京、上海和浙江扩展到广东、江苏和福建等地。虽然交易品种和试点地区增加了，但柜台市场债券余额和交易量的增长趋势并不明显。然而柜台市场的流动性较高，2003年的周转率约是银行间市场的2.5倍。可见，只要进一步丰富柜台交易品种，扩大市场区域，完善交易系统，柜台市场将是我国债券市场的一片新天地。

6、公开市场业务对债市的流动性功不可殁。

为了对冲过多外汇占款而回笼货币，中央银行加大了正回购的力度，同时连续发行了大量票据。商业银行抓住市场机会，根据自身实际情况开展积极的投资策略，合理地调整了债券资产的持有量及品种结构和利率结构。在公开市场业务的推动下，央行票据现券交易量占到总量的将近30％，其他券种的交易也日益活跃起来。

7、提高债券市场流动性的其他举措。

2003年我国债券市场周转率为1.07，美国债市的周转率高达20，韩国为4左右。为提高银行间债券市场的流动性，我们尚有许多方面需要努力。2004年，债券市场的资金供给将继续增加，我们必须进一步加大对债券交易品种、交易方式的创新。

第一，丰富债券品种，使结构进一步多样化、合理化。目前，企业债、货币市场基金等现有品种尚不能在银行间市场流通。在逐步增加发行品种的同时，可以考虑让现有债券品种在银行间市场流通。

第二，扩大市场交易工具，适时推出多样化的交易方式。目前市场各方已为买断式回购做好准备，预计2004年该交易方式会顺利推出。买断式回购交易使得融券方可以自由转让持有的债券，这必将推动市场的流动性。同时可以考虑开发金融衍生工具，如远期交易、金融期货，它们有利于投资者规避和锁定风险、发现价格，同时也可以有效增强市场流动性。

第三，进一步完善和发展做事商制度。除央行票据外，截至2003年7月底，双边报价商对做市券种的做市成交量达到了这些券种全市场成交量的37.96％，其对提高市场流动性的贡献是十分显著的。对报价债券的统计研究表明：双边报价商越多，报价价差越小，成交量越大，交易越活跃。因此，要进一步丰富双边报价券种结构，增加双边报价商数量，增加单只券种的做市商数量。（卢遵华、陈一丁、张莲）

完善基础设施建设　推进债券市场发展

当前，我国已进入全面建设小康社会的新的发展阶段。党的十六届三中全会《决定》中对债券市场的发展和托管结算工作做出明确的要求，国务院又就推进资本市场改革开放和稳定发展提出若干重要意见。这些都为中国债券市场的发展指明了方向。

我们对发展中国债券市场的认识是在与时俱进，开拓创新的实践过程中不断深化的。1981年我国恢复国债发行，此后相当一段时间内“有债无市”，二级市场的落后明显影响了国债发行任务的完成。从90年代初期开始，主管部门积极推进市场培育工作，到90年代中期，国债市场已经有了一定的发展，但市场尚不规范，冒用国家信用现象严重，国债期货和国债回购市场相继出现较大范围的金融风险。导致这一问题的原因除了对债券市场发展规律认识不足和市场规范建设不力外，一个重要的原因是市场基础设施建设滞后，缺乏统一的全国债券托管结算机构。从国际范围来看，到上世纪后期，发达国家的金融界历经多年发展和多次教训，对国家金融市场基础设施的重要性已经有了相当高度的认识。同时，计算机网络技术的发展也已经能为市场集中登记托管和无纸化运作提供相应的支持。因此欧美各国普遍建立了自己的证券统一托管结算体系，推行非移动化和无纸化运作。根据这一情况，国家有关部门及时引进国外智力和技术支持，将国际成熟经验与我国实际相结合，成立了中央国债登记结算公司，作为我国债券等固定收益证券的中央托管机构。公司严格按照有关规章，应用信息技术建立了比较先进安全的电子债券簿记和发行系统，杜绝了假冒国债的出现，同时一举实现了债权记录方式的重大变革，使成本较高、管理风险较大的实物债券被电子化记账式国债取代，大大提高了市场效率和安全性，降低了市场运作成本。在此基础上，银行间场外（OTC）债券市场逐渐形成。

90年代后期，国家开始实施积极财政政策，央行取消贷款规模管理、调整存款准备金制度，商业银行经营管理改革进入实质阶段，国债及政策性金融债作为资本市场工具和货币市场工具的需求进一步显现，这给中国债券市场带来了机遇，也提出了挑战。金融界普遍认识到，解决财政筹资、央行金融调控方式转换、商业银行资产负债管理和流动性管理等问题在很大程度上有赖于债券市场的发展，有赖于债券市场的资本市场功能和货币市场功能有机衔接和共同发挥，在发展中解决存在的矛盾。通过主管部门、发行体和投资者的共同推动，银行间市场扩大参与者的范围，引入竞争性市场招标发行方式，推出一系列新券种以及净价交易制度，建立了市场规章、托管结算机构规则和市场成员多边协议构成的市场规范体系，同时公开市场操作力度持续加大，推动了债券回购和现券市场的发展。目前，一个以场外交易方式为主，场内交易方式为辅的中国债券市场格局逐渐形成。由银行、非银行金融机构及其他大的机构投资者参与的银行间市场，即场外债券市场已经初具规模，并日益成为中国债券市场的主导市场。2003年在银行间债券市场发行债券7975亿元（其中国债发行3355亿元），年末债券存量达到3.7万亿元，年交易量超过15万亿元，全年央行通过公开市场操作吞吐基础货币超过1万亿元，有力地保证了积极财政政策的筹资需要，满足了央行货币政策从直接调控向间接调控方式转换的需要，也顺应了政策性银行、商业银行和其他金融、非金融机构投融资与流动性管理的需要，推动了货币市场和资本市场的发展。没有市场的快速发展，许多政策和改革的实施都是不可想象的。

总的说来，90年代中后期以来，各方面对债券市场的认识逐渐深化，债券市场对于一国金融体系的完整和健康运行所具有的重要意义，作为财政政策和货币政策操作的支点和平台所具有的独特功能已被业界和主管部门认同。

中国债券市场仍是发展中的新兴市场，进入新世纪，面临着更加严峻的挑战，同时也具有更大的发展空间。亚洲金融危机过后，亚洲各国普遍认识到没有一个面广量大的发达债券市场，不利于一国经济金融的稳定，因此都加快了债券市场建设步伐。在我国，由于债市与股市发展的不平衡，整个资本市场的发育受到制约，这一矛盾现在已愈加突出，要求加快债市发展、充分发挥债市功能的呼声十分强烈。众多企业等非金融机构投资者要求参与场外大宗交易，同时个人投资人也要求开辟更为便捷的债券投资渠道，现有的市场格局还不能适应这种需求；市场参与者对市场效率和风险管理的要求进一步提高，迫切需要进一步改进市场管理和基础设施条件，并使之进一步与国际接轨；市场工具亟待丰富和创新，在风险控制的前提下积极发展债券衍生工具的需求逐渐增强；场外市场与场内市场相互连通，建立统一互联的债券市场的要求也愈来愈强烈。

这些变化客观上要求进一步整合市场发展的各种要素和资源，尽快解决发展中的问题，使债券市场在整个金融市场发展中的独特作用进一步发挥，并使其与货币市场、资本市场的相互促进与结合在更高的水平上得以体现。今后几年，将是中国债券市场实现进一步发展的重要时期。

中央国债登记结算公司是中国债券市场运作的核心基础设施，是政策操作的关键平台，是参与市场扩张和创新的必要而能动的角色。公司必须以高度的使命感和与时俱进的精神状态，顺应市场发展的规律和国际债券市场发展的趋势，抓住机遇，更积极、更充分、更稳健地发挥公司统一托管结算的基本职能，促进我国债券市场新一轮的发展。

第一，把握银行间债券市场逐步向社会广泛开放的场外市场方向发展的趋势，为企业等机构投资者进入场外市场提供良好的技术业务支持，促进市场结构的转变和市场功能的发展，使之更好地满足生产力发展的需要。积极促进依托金融机构柜台，拓展面向广大个人投资者的债券投资和交易结算业务，扩大服务的覆盖面，促使市场真正体现为民着想和服务方式随时代进步的特点。同时积极吸纳更多的融资者。第二，依靠科技进步和加强管理，进一步完善现有的电子业务系统等基础设施，根据变化的市场需求做好系统功能的提升和风险控制，不断提升服务水平，使结算机制和风险管理水平逐步达到国际同业公认的标准。

第三，与有关方面合作，推出既有利于市场效率的提高，又能更有效控制风险的国际通行的券款对付(DVP)结算方式，并力争通过恰当的安排，使各类市场参与者都能便捷、安全地使用这一结算方式。在此基础上，根据客户与市场的需求，适时推出便利债券交易结算的融资融券业务。

第四，积极参与金融创新，支持市场引入债券衍生工具，适应投资者日益增多的风险管理的需要。

第五，着眼于中国债市发展大局和必然趋势，积极促进场内、场外两个市场规则、信息的统一以及债券与资金的自由流动，在托管体系支持下更好地为不同交易方式、不同层次市场的参与者服务。

第六，根据国家有关政策的规定，逐步开辟跨境交易结算渠道，努力遵循国际结算标准，又不失中国特色，推进债券市场对外开放。公司将全面贯彻党中央、国务院关于债券市场的决定和部署，立足于推动中国债券市场的统一开放和全面发展，充分发挥托管结算机构的应有功能，做好基础性工作，为债券场外市场及其他债券子市场运作提供有力支持。按照"抓住机遇、应对挑战、完善系统、拓展功能、加强管理、深化改革、统筹规划、夯实基础"的总要求，组织系统开发，规范业务体系，提升业务支持的安全性和效率性；优化管理机制，完善制度建设，全面提高企业核心能力；拓展国际视野，制定发展规划，实施服务战略和人才战略，促进公司全面、协调和可持续发展。(中央国债登记结算有限责任公司董事长　王纯)

中国债务工具的托管结算一现状及其变革

根据债务工具及其流通转让特点所建立起来的托管结算体系是一国金融市场重要基础设施建设，在无纸化、网络化的现代债务工具市场形态中处于市场基础设施的核心地位。中国的债务工具托管结算体系虽然建立的时间不长，与国外成熟市场相比仍有一定的差距，但起点高，发展较快。

以全国银行间债券市场建立与发展来看，6年来，中国债券市场的发展速度和规模令人瞩目。记账式债券余额稳步增长，至2003年底，通过中央国债登记结算有限责任公司(简称中央国债公司)托管的债券余额达3.7万亿元；仅2003年，就为48期债券发行提供了安全、稳定的业务支持服务，本币债发行额为7875亿元，美元债发行额为5亿美元；办理央行公开市场业务结算量为1.2万亿元；债券一级托管机构客户数达2895家；交易结算额增长迅速，2003年全年中国债券市场交易结算总量超过21万亿元(全国银行间为15.13万亿元，交易所为6.16万亿元)；共办理债券还本付息资金总额8464.09亿元。如此大量的债务工具以无纸化的方式登记发行、交易、结算和交割，作为各类投资人的资产进行存管和过户，都必须依靠债券托管结算机构安全、有效、稳定地发挥作用和功能。

一、托管体制

(一)基本背景

在1996年以前，中国债券市场和大多数国家的债券市场发展初期一样，债务工具处于分散托管的状态，加之交易不规范，市场分割严重，风险管理措施不力，曾发生数额达上千亿元的国债回购债务链难以清偿的重要事件，促使发行人和主管部门从根源上解决控制风险的办法。借鉴国际经验，1996年在中国人民银行和财政部的共同推动下，在早期中国证券交易系统有限公司的基础上改组成立了中央国债登记结算有限责任公司(简称中央国债公司)，负责全国债券的集中统一托管和统一结算。

1997年4月，财政部颁布了《中华人民共和国国债托管管理暂行办法》，明确了中央国债公司为国债总托管人的法律地位并负责办理国债中央托管业务和负责建立国债托管系统的帐务管理体系，以法律形式保证了中央托管机构业务经营的国家特许权和唯一性的特定行业性质，也初步建立了国债市场的法规环境。同时还明确中央国债公司统一管理实物国债保管库并履行相关职责。

中央国债公司的成立改变了我国国债分散托管的现状，承担起我国国债等固定收益证券的中央托管机构(CSD)的职能，由此中国债券市场进入了一个新的发展阶段。全国银行间债券市场平稳发展6年来，未出现一例假冒、挪用债券事例发生，足以证明，成立这样一个中央托管结算机构对市场平稳发展和风险控制的重要意义。

（二）债券托管帐户体系

有了中央托管结构，还必须有安全而有效的托管帐户体系。高质量的托管结算体系是市场平稳运行和风险控制的关键，也是成熟投资者进入某一市场所选择的首要条件。正因为如此，国际30人小组提出的证券结算的九条建议中，关于各国均应实现中央托管的建议受到了国际上的普遍接受。因为集中统一托管才是最高层次和最大范围内的统一，是提高结算效率和降低结算风险的基础。

分级的托管结算体系，尤其是二级托管结算体系，是各国通行的做法。但是简单的二级托管结算体系既有其优势也有其弊端，它在扩大市场容量、分散中央托管结算机构风险同时，客观上存在着，在法规不全、监管不严情况下，为二级托管人挪用客户债券及套取客户资金提供了可乘之机，尤其是当债券被赋予了回购等融资功能后，这种动机更强烈。

显然简单的二级托管的做法并不能完全照搬硬套，在借鉴国际债券市场成熟做法的好的方面同时，必须能结合中国实际，这也正是新兴债券市场国家发展债券市场的后发优势。因此，中央国债公司对这种简单的二级托管结算体制进行了改进，创立了一级、一级半、二级托管帐户模式，注重让投资人知悉并掌握自身帐户资产变动情况。这种组合帐户的设置能从根本上制约二级托管人假冒、挪用债券行为，同时又能为不同类型的投资者提供了多种参与市场的方式，具有很强的兼容性，不失为中国债券托管帐户管理上的重大创举，也是对简单二级托管帐户的一个创新。银行间债券市场6年发展的实践也进一步证明，这样的帐户管理体制是充分安全和有效的。

目前，中国已初步形成了以场外债券市场（银行间债券市场）为主导、包括交易所市场和商业银行柜台零售市场的多元化、分层次的中国债券市场体系。

其中，场外债券市场实质是报价驱动的市场，实行一级托管体制，即银行间市场的机构投资者在中央国债公司直接开立证券托管帐户，中央结算公司根据机构的性质及可从事的业务范围对帐户设置甲、乙、丙类分类集中管理。2002年全国银行间债券市场参与者由审批制改为核准制后，企业参与者开户数大量增加，目前已占全部开户机构总数一半以上。至2003年末，在中央国债公司开户从事债券业务的机构投资者开户总数已达2895户，已涵盖了全社会各类机构。

交易所债券市场是集合竞价撮合的场内市场模式，实行二级托管体制。即中证登在中央国债公司开立名义托管帐户，交易所投资者（除商业银行外的机构和个人）在中证登处开立托管帐户。中证登承担在交易所交易债券的登记、托管职责，并承担和管理相应的风险。

商业银行柜台交易市场（目前由四大国有商业银行试点，面向个人投资者推出的记账式国债柜台交易市场）也实行二级托管体制。即债券在中央国债公司总托管，柜台交易债券部分在各银行分托管，开展债券柜台业务的银行承担在柜台市场交易债券的登记、托管职责。

与交易所债券市场不同的是，每日日终，商业银行必须将柜台交易数据传输至中央国债公司簿记中心系统，由中央国债公司据此记载商业银行自营账户和代理账户的变化，同时向个人投资者提供语音查询系统服务，以控制风险。

（三）托管债券类型

中央国债公司目前托管的证券均为簿记形式，也曾提供过实物券集中托管服务。

托管证券的品种目前包括国债、政策性银行金融债、中央银行票据、企业债、金融企业债等，托管证券币种大多为本币（人民币），2003年9月之后开始托管国内发行的美元债券。到2003年12月底，中央国债公司债券托管总额已超过3.7万亿元，至12月31日，由中央结算公司托管的229只、面值3.7万亿元的记账式债券中，共有71只国债，85只政策性银行金融债券，39只企业债券，以及34只中央银行票据。以国债的存量最多，其次为政策性银行金融债券。

二、结算体制

商业银行柜台市场是银行间市场向个人投资者的延伸。下面以银行间市场和交易所市场为代表，比较场外和场内结算机制的诸多差异。

（一）两个市场结算上的本质差异

场外市场（银行间债券市场）实行询价成交、逐笔总额结算，适于大额交易；

交易所市场实行自动撮合交易、净额结算，适于小额交易。

（二）结算速度

场外市场（全国银行间债券市场）的结算周期为T＋0或T＋1。

交易所当日闭市后，通知净额水平并作证券过户，资金支付由结算银行在T＋1完成。

（三）结算方式

场外市场（全国银行间债券市场）债券交割和资金清算分离。中央国债公司管理投资人的债券帐户，并负责相应的实时簿记划付。资金清算由投资者通过人民银行资金支付系统或开户银行进行。

实时券款对付尚未实现。银行间市场现行结算方式包括：纯券过户（FOP）；见券付款（PAD）；见款付券（DAP）。这在现代化支付系统全面使用（CNAPS）并与簿记系统联网完成后才可能。计划于2004年实现实时券款对付结算（RTGS＋DVP）。

交易所方面，投资者在中证登开立证券结算帐户。机构投资者可以直接开立，个人通过代理机构开立。

投资者的资金帐户有两类：一类开在证券公司，此时，投资者资金集中存放在以证券公司名义开立的银行账户上，这种帐户未按投资者进行隔离账户的管理，资金收付有证券公司设帐管理。另一类则在指定银行直接开立资金账户，以投资者本身名义持有。中国证券登记结算有限责任公司（简称中证登）可以辨别投资者的证券和资金帐户，券款对付通过清算银行服务解决。

（四）是否充当中央对手方（CCP）

场外市场（全国银行间债券市场）中，中央国债公司不充当交易结算的中央对手方。

交易所市场中，中证登实质上充当中央对手方，但在法律方面没有明确的规定，实践中也不要通过中证登帐户过户。中证登设有结算风险基金和结算担保金。

三、中央国债公司作用

（一）公司性质

中央国债登记结算有限责任公司成立于1996年12月，是为全国债券市场提供国债、金融债券、企业债券和其他固定收益证券的登记、托管、交易结算等服务的国有独资金融机构，是财政部授权的全国国债总登记、托管机构，担任中央债券保管人，主持建立、运营全国国债托管系统，是中国人民银行指定的全国银行间债券市场和商业银行柜台债券市场的债券登记、托管、结算和交易的一级托管人。公司监管部门是中国银行业监管委员会(银监会,CBRC)。

(二)公司的地位和作用

经过几年的发展,公司初步具备了国际认同的中央证券托管(CSD)功能,成为中国债券市场重要基础设施的提供者和政府管理市场的重要技术平台。

一是,扭转了债券市场一度存在的混乱局面,为债市健康发展提供了必要的基础,有效维护了金融市场稳定和投资者权益。几年来,公司业务运作平稳。目前公司托管的记账式债券余额已逾3.7万亿元,约占全国各类债券余额的85%。

二是,实现了债券发行的市场化、无纸化,公司支持的债券发行系统较好地满足了大规模、高频率、无场化的发行要求,累计支持各类债券发行约3万亿元,有力地配合了积极财政政策的实施。

三是,支持了债券场外市场的快速发展,促进了商业银行的资产结构调整,为各类投资人提供了安全有效的结算保障。从1997年至2002年,银行间债券市场交易量年均递增200%。该市场成为商业银行资产负债管理和"三性"管理的重要渠道,到2002年末,商业银行的债券资产比例已达到18.7%。

四是,提供了公开市场业务操作平台,支持央行实施货币政策、调节货币供应量。1996年以来,央行通过债券买卖、回购和票据发行累计吞吐基础货币量超过4万亿元。

五是,准备开辟内地与香港两地债市的结算通道,可为实现跨境结算,支持中国债市对外开放先行作好技术可行性准备。

(三)公司运营的系统

目前公司正在运营的债券综合业务系统是以中央债券簿记系统为核心,包括债券发行系统,公开市场业务操作系统,柜台交易终端系统,信息服务系统,账户语音查询系统。正在运行的中央国债公司债券综合业务系统的操作模式是比照国际相关经验设计开发的,从公司成立至今,这一综合业务系统随着发行人的需求多样化及市场发展向深度广度发展的变化,已进行了多次升级改造,已能基本满足市场发展的需要。2003年公司研究开发的中央债券簿记(三期)系统也将于2004年推出,是中央国债公司为进一步推动中国债券市场基础设施建设完善的重要举措,也是公司在6年内为市场推出的第四代产品。新的中央债券簿记(三期)系统将极大提高市场交易结算效率,充分考虑了未来市场快速发展及市场多样化的需要。

四、加快中国托管结算系统建设

托管结算系统建设势在必行。托管结算系统的建设也正得到有关方面的高度重视。在十六届三中全会通过的决定中,提到"建立统一互联的证券市场,完善交易、登记和结算体系"。近来,亚洲债券市场倡议备受关注,一般认为发展亚洲债市需要采取的实质步骤应包括:逐步放松对跨境债券交易的限制;发展完善证券清算系统等基础设施。可见,未来中国债券市场托管结算系统必然需要有一个大发展。结合支付清算委员会和国际证券委员会组织颁布的2001年《证券结算系统推荐标准》,将在以下几个方面有所作为:

(一)全面实现实时券款对付这一核心功能

债务工具结算系统与国家支付系统大额转帐处理上的实时全额结算功能相连接,实现实时全额结算上的"券款对付"功能是世界各国最受欢迎的结算标准模式。中央国债公司也正为实现这一目标,为投资者提供快捷的服务方式而进行全面的系统开发工作。

全面实现实时券款对付功能需要满足三个基本条件:一是央行现代化支付系统的全面实行;二是中央债券簿记系统与央行即时总额资金支付系统的连接;三是针对不同性质投资者,通过多种途径实现券款对付。包括:直接使用央行货币实时清算,通过指定结算代理行进行实时资金清算,通过中央托管机构资金帐户进行实时资金清算等方式。目前,中央银行现代化支付系统覆盖范围正逐步扩大。央行现代化支付系统与中央国债公司的债券簿记系统尚未对接。

(二)改善场外市场(银行间债券市场)与交易所市场的转托管效率

目前,部分国债已跨市场流通;跨市场投资者越来越多。转托管需要一定处理周期,根本原因是不同市场交易结算的机制不同所致。而提高转托管效率必须兼顾市场机制的特点。从长远看,转托管方面的建设要从维护债券中央托管、完善现有托管机制出发,逐步建立中央债券簿记系统与分级簿记系统的技术连接,其目标是实现统一托管、集中结算、自由交易的市场格局。这有利于市场安全和效率,也利于加强中国债券市场的信息整合。

(三)加快托管结算体制的法制建设

目前我国在这方面的立法还比较薄弱,如:登记托管的法律含义;围绕证券交易结算的各方权利义务;中央托管机构的簿记记录的法律效力等。登记结算机构、证券经营机构、投资者三方在登记结算方面的权利义务靠民法、当事人间协议合同、中央国债登记结算公司规章规程综合予以体现。

加快该领域立法进程的目标应包括:适应簿记证券特点;明晰证券流转的法律关系;简便证券执法处理;降低相关法律风险。

重点解决证券登记结算领域基本法律关系、证券持有模式及不同持有模式下持有人权利、证券登记结算机构协助执法、证券登记结算数据电子化、证券市场创新与登记结算机构业务拓展等法律问题。

(四)完善托管结算机构服务功能

和国外发达国家的托管结算机构相比,业务品种较少,没有充分发挥托管结算提供全面服务的协同效应。目前托管结算机构不能提供同日信贷或隔日信贷。在市场规模较小,市场成员成分简单时,结算失败的风险并不突出。但是预计这方面的潜在风险正在随市场的扩张而增大。市场迫切需要系统自动完成或辅助完成的融资融券机制。

在风险、成本和收益分析的基础上适时拓展功能。托管工具从单一债券向多样的固定收益证券延伸;托管功能从单纯发行、保管、托管、本息偿付发展到包括转投资、预扣税处理、公司事件代理、融券等服务;结算功能从证券结算发展到包括匹配、账户结算、资产估价等服务。进一步地,开办资金账户、货币汇兑、质押融资等与结算相关的资金活动。未来还须考虑到衍生产品的结算交割服务。

(五)扩大开放,逐步增加与境外中央托管机构的互联

扩大与境外中央托管机构的互联是满足境内外投资者多样化投资的实际需要,中央的精神是"在有效防范风险前提下,有选择、有步骤放宽对跨境资本交易活动的限制"。可以预见,在有关政策放松管制的背景下是互联开放的系统发展的必然。

目标是便于多币种的跨境发行、交易结算;建设区域债券市场的基础设施网络。中央国债公司和香港金管局初步达成双方结算系统联接的合作协议,这是中国进行跨境结算的初

步尝试。

（六）国际标准与惯例的采用

国际 30 人小组建议，各国在开发结算系统时，对交易结算信息传输格式要统一采用 ISO7775，对证券的编码应采用 ISO6166 两项国际标准。此外，对国家、发行人、证券类型、货币种类等方面均有明确说明。尽管中国的债券市场发展较晚，但其国际化趋势正日益加快。可以预见，中国的债券市场将倍受瞩目，其国际化程度将进一步提高。因此，在这一过程中，必须为迎接国际化做好必要的准备。显然国际标准与惯例的采用将是十分重要的一步。（中央国债登记结算有限责任公司总经理　吕世蕴）

亚洲金融市场的结构和商业银行在企业债市场中的作用

一个成熟、有效的债券市场是建立在丰富、合理的债券品种和结构之上的。以美国债券市场为例，根据发行人性质不同，可分为美国国债、联邦机构债券、市政债券和公司债券等。相比之下，我国企业债市场刚刚处于起步阶段，企业债市场在参与主体、定价机制、发行机制等方面还存在较大的差距。

同时，我国的金融市场结构是典型的以银行为主导型的金融系统，银行在整个金融系统的资源配置中发挥绝对重要的作用，因此研究我国企业债市场的发展不能不从我国金融市场系统的特征出发，不能不重视银行在企业债市场中的重要作用。回顾亚洲金融市场的结构及各国企业债市场发展所走过的历程，将有助于我们进一步理清我国企业债市场未来的发展思路，明确商业银行在我国企业债市场发展中的巨大作用。

一、亚洲金融市场的结构和我国企业债市场的发展

目前，各国金融系统的结构可以分为两类：一类是以美国和英国为代表的市场主导型金融系统，在市场主导型金融系统中，融资主体可以灵活的根据自身和市场渠道的变化选择合理的、低成本的融资方式，市场在金融资源配置中起非常重要的作用；另一类是以日本和德国为代表的银行主导型金融系统，在银行主导型的金融系统中，银行是微观主体融资的主要渠道，其在金融系统中发挥着至关重要的作用。亚洲金融市场的结构是典型的以银行为主导的金融系统，在亚洲各个国家的资金体系和企业债市场的发展中，银行的主导型地位非常显著。无论是在间接融资的贷款方面还是在直接融资的企业债券市场上，银行在债券的发行、投资和承销等各个方面都处于主导地位，有利的推动了企业债市场的发展。以日本为例，1993 年 4 月 1 日 生效的金融系统改革法案允许银行的子机构承销企业债券。随后，银行大举进入企业债市场的承销，银行在企业债承销中的承销数量和金额快速增加，很快成为日本企业债的主要承销机构，企业债的承销数量和承销金额均在 80％以上。

我国是典型的以银行为主导的金融体系，银行在整个系统中占非常大的份额，融资渠道主要来自于银行的间接融资。尽管近年来，我国大力发展直接融资渠道，提高金融市场在融资体系中的配置作用，但由于今年我国银行贷款增速非常快，而企业债等间接融资渠道发展速度缓慢，我国贷款在整个融资体系的比例反而进一步上升，隐含了大量的潜在风险，金融市场在资源合理配置中并未起到应有的作用。今年前三个季度，我国企业债的融资比例仅为 0.5％，不仅低于去年的 1.4％，而且大大低于美国和亚洲国家的水平。目前，我国正逐步从银行主导型的金融系统向银行和市场共同主导型的金融市场过度，因此我国应当借鉴亚洲国家和欧美发达国家企业债市场发展的经验，通过引入商业银行作为参与主体，大力发展我国的企业债市场。

表：国内金融市场融资情况表

	全年新增融资量（亿元人民币）				比重（％）			
	2003 年前三个季度	2002 年前三个季度	2002 年	2001 年	2003 年前三个季度	2002 年前三个季度	2002 年	2001 年
国内金融市场融资总量	29734	16978	23976	16555	100.0	100.0	100.0	100.0
贷款	26687	14021	19228	12558	89.8	82.6	80.2	75.9
国债	2240	2112	3461	2598	7.5	12.4	14.4	15.7
企业债	149	155	325	147	0.5	0.9	1.4	0.9
股票	658	690	962	1252	2.2	4.1	4.0	7.6

二、商业银行在企业债市场中的重要作用

从国外发达国家和亚洲国家企业债市场的发展经验来看，商业银行在企业债市场发展中有着非常重要的作用；相比之下，我国商业银行尽管有着巨大的信息、资源和人力等各方面的优势，但由于不能参与我国企业债市场的运作，一方面制约了我国企业债市场的发展；另一方面也制约了商业银行业务多元化、分散贷款风险的发展策略。

1. 商业银行是企业债市场的主要发行者

在金融危机之后，在韩国、马来西亚、泰国和印度尼西亚的企业债发行市场中，银行发行债券的比例分别为 7％、37.3％、48.8％和 19.5％，成为企业债发行的主体。相比之下，我国商业银行，无论是国有独资商业银行，还是股份制、城市商业银行都面临着资本充足率不足的问题，严重影响银行的未来发展。因此，我国银行发行企业债，作为次级资本，将有利于提高我国商业银行的竞争力。

2. 商业银行是企业债的主要投资者、承销者和担保者

从下表中，我们可以看出银行在企业债市场的发行、投资、承销和担保中都发挥着重要的作用。而且，自亚洲金融危机之后，由于在企业债担保中所隐含的大量风险，银行正逐步由企业债市场的担保者向承销者转变。例如，泰国企业债市场中，银行的承销比例从 1995 年的 4.3％快速上升到 2000 年的 46％，成为企业债市场中的承销主体。

表：银行在亚洲主要国家企业债市场中的作用

企业债	韩国	马来西亚	泰国	印度尼西亚
发行	主体		主体	主体
投资	主体	主体	主体	主体
承销			主体	主体
担保			主体	主体

3. 商业银行是银行间市场的主要参与者，具有债券市场的运作经验和大量的人才储备

目前，我国银行间债券市场作为场外市场，无论在市场容量还是在参与主体方面都大大优于交易所市场，市场发展潜力巨大。商业银行作为银行间债券市场的主要参与者，在银行间市场中发挥着绝对主力的作用。此外，从国外的发展经验来看，企业债场外市场是最大的交易场所。因此，我国企业债的发展离不开场外市场，而在场外市场的发展更加离不开商业银行。

商业银行作为银行间债券市场的最早参与者，具有丰富的债券市场运作经验，并且拥有大量的人才储备。因此，如果商业银行参与企业债市场的运作，将可以充分发挥商业银行在场外市场上现有的运作优势。

4. 商业银行具有大量、良好的客户群，充分掌握企业的信息，为企业债的发行提供了重要的保证

在我国，商业银行在整个金融中占有绝对重要的比重，现有的上市公司或发债企业都是商业银行现有的优良客户，商业银行具有与客户广泛、长期的合作和信息沟通，能充分掌握微观主体的运作情况，为企业债的发行提供了重要保证。

5. 商业银行具有网点和结算方面的优势

目前，企业债的投资者主要是以保险公司为代表的机构投资者，但从今后的发展趋势来看，个人投资企业债市场也将成为企业债的未来潜在投资主体。商业银行具有网点和结算方面的优势，无论是在企业债的发行承销还是在企业债未来对个人投资者在银行间柜台市场买卖等方面都具有巨大的运作优势，可以推动企业债市场全方位的发展。

6. 商业银行参与企业债市场有利于提高业务收入，提高业务整合和创新能力

目前，由于我国有大量的储蓄资金和大量的银行贷款，整个金融系统的结构非常不健全，资源配置效率较低。对于商业银行来讲，一方面，发展货币市场基金，有利于分流现有的储蓄资金，提高商业银行中间业务的收入，提高产品创新能力；另一方面，商业银行承销、投资企业债也可以加大直接融资的比重，在分流贷款的情况下提高商业银行的利润，分散风险。因此，商业银行参与企业债市场将有利于提高其业务收入，提高业务整合和创新能力，提升商业银行的整体竞争力。

7. 市场具有巨大的潜在需求

市场创新和业务的发展通常有自下而上和自上而下两种模式，只有市场的微观主体和市场的宏观调控者共同推动市场的发展，企业债市场才能步入快速发展的阶段。今年，我行某分行向总行请示关于代销当地政府债券的有关问题，从中我们认为各经营主体在利润目标的驱动下，在市场巨大潜在需求的推动下具有非常高的承销企业债的热情，这将极大的推动企业债的发展步伐。

三、我国企业债市场发展的策略分析

1. 我国企业债市场发展的总体策略

在企业债市场发展的不同阶段，通过各种政策的合理运用，不断提升企业债市场的深度和广度。在市场深度方面，我们应当提高企业债市场的活跃性，改善企业债市场的定价机制，只有企业债市场的流动性得到提高，市场定价机制合理，市场成员才能更加广泛的参与到企业债市场运作的各个环节中去；在市场广度方面，应当逐步扩大企业债市场的参与者，扩充企业债市场的交易品种，市场主体的多元化和交易品种的多样化将有利于提升市场的吸引力。因此，我国企业债市场的发展归根结蒂就是要在企业债市场发展的不同阶段，通过各种措施的合理稳步运用，提高企业债市场的深度和广度，只有这样企业债市场才能步入一个良性、快速发展的时期。

2. 商业银行参与企业债市场的法律法规制约

目前，商业银行的各项业务主要遵守中华人民共和国商业银行法，而商业银行法并没有明确规定商业银行不可以承销或投资企业债。其中，第三条 规定可以代理发行、代理兑付、承销政府债券和

经中国人民银行批准的其他业务，第四十五条 规定商业银行发行金融债券或者到境外借款，应当依照法律、行政法规的规定报经批准。因此，只要人民银行批准商业银行参与企业债市场的承销和投资，在法律上并没有明确的障碍。

目前我国的企业债发行和承销受《证券法》、《公司法》、《企业债券管理条例》、《企业债券上市规则》等法规规定的规范制约。企业债券管理条例中第二十一条规定企业发行企业债券，应当由证券经营机构承销。而中华人民共和国证券法中第六条规定证券业和银行业、信托业、保险业分业经营、分业管理。证券公司与银行、信托、保险业务机构分别设立。第一百一十八条规定证券公司是指依照公司法规定和依前条规定批准的从事证券经营业务的有限责任公司或者股份有限公司。但这些条款都没有明确规定商业银行不得参与企业债的投资和承销。

此外，目前国内商业银行尤其是国有商业银行在业务创新方面还存在很大的不主动性，即由于目前内部考核、管理机制的问题，商业银行的业务人员没有动力去开发或从事可能存在违反现有法律、或现有法律没有明确规定可以经营的业务，因此由于收益一风险的不匹配，国有大型商业银行缺乏创新的原动力。（中国农业银行资金交易中心　李刚）

从债券市场波动看宏观调控政策的目标协同

股票市场的低迷态势，在市场上引起的第一个讨论是我们对创新的扶持力度不足，按照人们的预期，固定收益类证券品种应该更受欢迎，但是进入 9 月中旬以后，债券市场的连续下跌，使得这种讨论变得苍白。人们怀疑，投资人基础的收窄，并非只在证券市场有表现，它甚至是资本市场共有的现象。不过，我们不这么认为，投资人选择离开资本市场，固然具有一定必然性，但债券市场的下跌，其中的原因更可能是货币政策和财政政策目标协同不够所致。理解这一点很重要，因为，如果债券市场的剧烈波动只是政策操作的副产品，那么我们几乎可以认为，由于债券市场的下跌是一个短期现象，关于投资人基础拓宽的政策建议仍然有效。

尽管只是一个短期现象，但债券市场的剧烈波动毕竟还是一件需要认真对待的事情。尤其是，当这样的波动缘自财政政策和货币政策目标不统一、不协同的时候。债券市场是财政政策和货币政策共同作用的领域，央行通过银行间债券市场对冲外汇占款，并透过收缩或者放大基础货币供应量以落实其既定货币政策；财政部则在银行间债券市场，或者交易所债券市场，或者同时在两个市场，通过发行国债，来落实其财政政策。在大多数的年份里，作为政府左膀右臂的财政政策和货币政策相安无事，彼此和谐。但在特别情形下，如果货币政策和财政政策的短期目标不一致，或者尽管长期目标一致，但实现短期目标的操作方法出现冲突，则债券市场投资人和机构的预期将会被扰动，最终加大金融市场的波动。因此，这一次债券市场的下跌，给了我们一个机会，来反思财政政策和货币政策的目标协同问题。

一、政策目标分离导致的投资结构失调

政策目标的有效协同，有利于提高一个国家的资本化率，提升金融对宏观经济的服务深度。回顾以往货币政策和财政政策的运行轨迹，我们发现，由于政策操作从来没有刻意谋求过二者之间的目标协同，宏观调控经常性的一边倒，要么单纯依靠财政政策，要么单纯依靠货币政策。这期间，财政政策与计划体制混淆在一起，货币政策被淹没在中央银行包揽商业银行业务的格局之中。实际上，在 1984 年以前，我国没有确立中央银行体制，货币政策也完全服从于计划经济体制的框架下，目标是计划目标，手段是计划手段。1984 年以后，民间经济的勃兴使得财政收支规模占 GDP 的比重持续下降，财政政策在宏观经济调控中的作用出现了弱化趋势，货币政策手段逐步受到国内宏观经济调控主体的重视。不过，那时我们

缺乏必要的经验，直到 1997 年东南亚金融危机前，货币政策与金融业监管被混为一谈，加之市场传导机制没有形成，金融市场表现出"一抓就死，一放就热"的波动状态。因为面向市场的财政政策的独立地位没有凸显出来，至少从表面上看，改革开始以后直到东南亚金融危机前，宏观调控是由并非纯粹的货币政策独挑大梁。这种局面在东南亚金融危机之后发生了改变，由于国内出现的局部有效需求不足，经济增长质量下降，我们开始首次尝试综合运用货币政策和财政政策工具，以期刺激需求，恢复人们的预期和信心。综合利用两个政策工具本身就是一种进步，说明我们已经认识到，单纯依靠一种政策工具难以受到切实的效果。在综合利用中，另一个更加重要的变化是这两个政策工具都是面向市场的，主动运用经济杠杆，而不是计划来实现自己的目标。比如，央行先后通过改革存款准备金制度，取消贷款规模计划管理，以及连续多次降低利率等手段，推动微观经济投资和消费活跃。财政政策方面，连续五年的积极财政政策，主要依靠国债发行，支持基础项目建设，国债发行量累计达到 23187.33 亿元。

但是财政政策和货币政策工具的目标协同远非一次尝试就能完成，从实际效果看，过去几年我们执行的积极财政政策和稳妥的货币政策效应并没有完全发挥出来。货币政策方面，刺激投融资的效应不能持续，货币转化为资本的能力仍然较差，资金在央行和商业金融机构之间封闭循环，无法渗透到实体经济层面。由于资金始终短距离循环，千家万户争抢、分割基本固定的利息收益，尽管促使票据业务出现了繁荣，但虚拟经济中也积累了大量的风险。财政政策方面，国债项目的后续资金缺乏必要的融资手段，尤其是，国债项目中很大一部分并没有带动相关投资的积极跟进，市场在资源配置方面的基础作用远未发挥到位。集中起来，财政政策和货币政策缺乏协同，已经导致经济杠杆的市场传导机制错位，政策合力没有形成。集中在一个现象上，就是一方面银行存款增长很快，另一方面投资质量不高。

财政政策和货币政策缺乏协同，可能导致经济运行中出现两个"两张皮"。

第一个"两张皮"是投资结构的两张皮。国债项目支持基础建设，而来自银行资金支撑的信贷项目则支持制造业和消费热点，二者关联性很弱，经济杠杆无法确切感知投融资市场的动向。从目前的情形看，财政举债幅度(加上隐性负债)已经逼近国际警戒线，积极财政政策面临逐渐淡出的压力。正常情形下，财政政策淡出以后，国债项目的后续资金可以由市场化的融资途径得到解决，这需要货币政策预先就有协作准备，2002 年下半年开始，中央银行开始逐步放松货币信贷，货币供应量增加，货币政策又一次启动。这次以信贷扩张开始的货币政策，从现象上看，仍然延续了以往信贷需求扩张倒逼货币供给增加的轨迹，这给央行带来很大的压力。问题是，信贷规模的扩张，究竟在多大程度上是市场化推动的结果，很费思量。如果像人们怀疑的那样，信贷规模扩张仅仅是银行降低不量资产比例的一个小花招，那与财政政策希望拉动投资需求的初衷就更远。当然问题未必全出在金融领域里，就财政政策而言，如果市场机制完善，财政政策本身就负有营造投资环境、揭示新的商业机会的职能。不过，这个职能至少目前还没有被完成的迹象。

第二个"两张皮"是宏观经济运行指标的两张皮。进入 2003 年 5 月以后，从投资规模上看，经济似乎有过热的迹象，从物价水平和消费水平的变化看，经济似乎又偏冷。这个"两张皮"使得市场和管理部门对宏观经济运行状态的判断出现很大的分歧。一时间，我们无法判别下一步经济究竟会过热，还是会继续紧缩。在此背景下，我们看到了财政政策和货币政策在短期操作手法上的矛盾，国债继续加大发行量，另一方面，货币回笼力度也在加大，一些旨在缩小信贷规模的政策，如提高准备金率等被相继推出。宏观经济运行出现这样的态势，十分值得警惕，如果它进一步表明实体经济与虚拟经济的不相容，那问题就更严重一些。

但是这种情形，必然导致市场预期的紊乱。

二、政策目标协同的制度障碍：水缸效应

短期里，财政政策和货币政策的目标协同需要诸多制度的保障，比如财政收支受到严格管理，不仅财政资金来源合法多样，库底资金也完全实现了流动性管理；金融市场主体与职能匹配完善，结构优化，财政制度、货币制度和汇率制度相互协调，沟通到位；或者更重要的，还要有一个敏感的市场化传导机制，等等。我们以最近受到格外关注的汇率制度为例，说明政策目标协同需要机制设计和制度安排的匹配。在固定汇率制度下，一个国家很难具备独立的货币政策，独立性的缺乏主要体现在短期维护汇率稳定的要求，与长期货币政策目标经常性发生冲突方面。

最近汇率制度对货币政策的干扰，进而使得货币政策与财政政策短期目标无法协同的情形，与对冲外汇占款的操作有关。由于对冲外汇占款，金融市场结构方面出现了新问题，债券市场下跌是其中一个表现。

如下图所示，今年以来外汇储备的迅猛增长和人民币汇率升值压力，迫使央行不得不对随时出现的外汇占款进行对冲。否则，这些占款的存在就相当于央行增发了货币，与原有的货币政策目标冲突。

央行对冲外汇占款的途径一般有两个，一个是发行央行票据，另一个是正回购债券，当然还可以有别的办法，这两个最乘手。不管是那个办法，都需要吸纳货币。尤其是前一段时间的正回购债券，货币的主要来源是债券市场。但我们知道，国债发行的货币来源也是债券市场，这就有了一个矛盾。

在寻常情形下，发行国债和央行在债券市场回收货币之间的短期矛盾不会很容易地显露出来，只要债券市场主体尤其是机构的资金头寸比较充沛就可以。在 2003 年 5 月以前，债券市场上的情形正是如此。尽管货币政策和财政政策的操作都是从债券市场吸纳基础货币，但由于金融机构(尤其是四大国有商业银行)的头寸十分富裕，两个政策主体的独立操作并没有给债券市场造成多大的振荡。到了 2003 年 5 月以后，情形发生了变化，央行除了回笼货币外，还增添了上调存款准备金的政策，这一政策能很快收缩整个金融机构的头寸，特别是改变利率预期，因而使得债券市场的资金供给主体盈利预期下降，债券价格下跌不可避免。从现象看，就是货币政策的执行导致债券市场资金供给困难，最终使得国债发行流标，财政政策在短期受到干扰。我们把这个过程好有一比，好比是两个水缸，在第一个水缸的情形下，金融机构的头寸很深，因此货币政策和财政政策的冲击虽有，却没有造成对资金市场的实质伤害，市场在短暂的波动后又回复正常，利率预期不变。但是在两个政策缺乏协同的情形下，一个政策孤军深入，就好比第二个水缸的情形，整个金融机构的头寸收缩，一点点冲击(比如大盘股上市)也对市场造成剧烈动荡。

实际上市场正是这样回应财政政策和货币政策的：央行和财政部共同作用的债券市场在近期出现了强烈震荡，从宣布存款准备金上调之日(8 月 23 日)起，债券市场即陷入盘跌格局。至 9 月 22 日(调整准备金执行日为 9 月 21 日)后，债券市场更出现了暴跌走势，9月22日到24日，交易所国债指数日跌幅分别达到0.33%、0.60%和0.53%，创下有史以来的单日最大跌幅，受此影响，银行间债券市场从9月23日起也出现了大幅下挫，银行间国债指数23日、24日分别下跌0.53%和0.64%。在另一方面，财政部日常的新券发行和上市屡遭失败，9月1日记账式（七期）国债上市首日即大幅跌破面值，9月15日记账式（八期）国债发行出现流标，在此背景下，原定于9月18日发行的记账式（九期）国债被财政部紧急叫停。货币政策的效果也不理想，市场最为关注的M2规模和信贷规模增长率并没有出现回落迹象，9月末人民币新增信贷投放量已经接近2.2万亿元，与央行全年2.8万亿元的调控目标仅差6000亿元。

汇率制度对财政政策和货币政策的作用，只是一个例子，实际上，政策效应的协同需要金融市场规制制度的统一和协调，否则各种短期政策手段的冲突，要么会使政策效果落空，要么会积累更多的风险。

三、政策目标协同需要责任分配机制优化

财政政策和货币政策目标的实现，有一个不可或缺的前提条件是市场化的传导机制要特别敏感。敏感不仅要体现在金融市场的利率形成机制上，而且要能迅速把作为资金成本参照的利率水平传递给投融资市场，进而影响实体经济的增长幅度和结构。

传导机制顺利发挥作用，还有赖于实体经济和虚拟经济之间不存在实质性的隔阂。但我国目前的情况是，实体经济与金融市场的信用状况有着本质差异，这造成货币政策短期操作上的选择困难和财政政策功能的发挥缺乏深度。根据实体经济的情形，信贷规模的非理性扩张需要收缩基础货币供应；但从资本市场和短期货币市场的情形看，机构资金头寸的短缺又会加剧市场波动，引发风险。因而央行的操作难得有一个能够坚持一段时间的持续做法。10月以后，央行一方面减弱票据发行力度，另一方面采用逆回购操作，向债券市场回吐资金。财政部也表示今年最后几个月将以发行三年以内的短期国债为主，发行的场所转向银行间市场。不过我们知道，这种操作只是短期挽救金融市场局部动荡的做法，肯定不能长期坚持，因为它影响增长。实体经济和虚拟经济对政策出现了不同需求，需求差异的原因很多，但主要是因为这两个领域的信用状况不同，在实体经济中，信用状况较差，金融市场主体评估企业信用的能力也不容乐观；而虚拟经济中的信用主要依靠国家信用做支撑，比较牢靠，两相对比，只要金融市场存在利润空间，市场主体就愿意在虚拟经济领域里活动，换言之，信用状况的不同质使得资金短距离运转成为必然。

从信用状况解决问题是一种微观方法，因而容易受到本质性的效果。另一方面，能够把虚拟经济和实体经济有机结合起来，并把财政政策和货币政策的意向传递到实体经济的只能是市场主体，其中首当其冲的是金融市场主体，因为他们直接面对实体经济的微观主体，只要存在足够的激励，他们完全有可能就实体经济主体的信用状况和收益能力做出评估，并引导实体经济向结构合理、成长性良好的方向发展，这也是市场在资源配置方面发挥基础作用的主要机理所在。我们看到，在这里，金融市场主体的激励结构变得特别重要。从国内目前的情形看，在所有的激励手段中，金融机构的成本感受能力十分关键，由于产权关系不够清晰，金融机构的代理人基本不能准确感受自身的真实成本，违规后所受处罚、信贷资产质量底下、信息采集能力弱等几个关键方面出现的成本，大多数被国家兜了底，这使得他们一方面重视短期稳定利润的获得，另一方面在实体经济层面展业的动力不够。一个很好的例证是银行，国有银行内部治理不到位，风险管控能力弱，主要与所有权结构不合理有关，对应地，2002年银行业务创新中，股份制银行推出的新产品明显多于国有独资银行。新产品的推出，正是银行寻求更有效地服务于实体经济的典型方式。股份制银行所以又这样的动力，与这些机构的成本感受能力较高直接有关。

由此我们也可以推知，银监会成立以后，最大的困难不在于风险控制指标的设计和合理化，而应该在于培育和规范一个产权边界清晰、成本一收益结构独立、激励机制完整的监管对象群体。如果连监管对象都是含混的，银监会的政策将无由找到着力点。

四、政策目标协同：几个解决途径

财政政策和货币政策的目标协同，不仅需要一个会议制度，更需要精巧的机制设计和制度安排。短期里应该注意的事项包括：1）通过国债发行途径筹措财政资金的办法应该改革，国债发行不能只考虑发债成本，而应该考虑与债券投资人的偏好相容，招标方式需要进一步改变，这一点，国家开发银行最近的做法很值得总结，从2001年起，国开行开始尝试市场化的发债方式，以发行市场需求较多的债券为主，也更多地采用美国式招标，并不断探索新的债券品种。三年多的时间里，尽管从发债总量上还无法和财政部相比，但从2002年的数据已经可以看出，国开行所发行债券的认购倍数，几乎每一次都超过财政部所发行的债券。今年截止到9月底，国开行已发行了21期金融债券和一期美元债券，募资总量分别为2900亿人民币和5亿美元。2）信贷规模扩张的根本原因与基础货币供应量关系不是很直接，与商业银行缺乏独立的成本一收益结构关系更大，因而改革银行产权结构，尽早出台银行内部治理结构的最低要求，十分重要和迫切。3）汇率制度改革必须从改掉集中管制模式入手，10月13日，国家改革出口退税方式，降低出口退税比率，意在通过适当减少出口的办法，缓解外汇储备压力，但这个办法有两个明显的漏洞，其一是，减少出口退税，本身暗含地假定，出口数量巨大是外汇储备增加的根本原因，但这是不确定的，最近中科院系统所的一项实证研究表明，出口增加对外汇储备增加的贡献度不像人们预想的那么大，如果这个结论成立，用牺牲总需求的方式维护金融市场的稳定，负面效果很快就会显露出来，比如出口加工业的萎缩导致失业率上升等。一个更好的办法，可能是局部放松外汇集中管理，让一些民间外汇，通过其它渠道得以清算，比如发展离岸业务，或者允许民间结汇的时间间隔更长一些，等等，只有这样，货币政策才能争取到机会，完成更大更长远的目标，也才能有机会实现与财政政策的目标协同。

从长期来看，两个宏观政策手段的目标协同要解决的问题更多，包括：1）改善金融市场的准入管理，用竞争机制解决货币市场、债券市场和其他金融子市场统一的问题，比如，在债券市场准入方面改革以后，自营商主体的多样化可以有效吸收国债资金需求压力，并且他们之间的竞争，可以促使债券发行和交易的创新；2）研究居民储蓄意愿的分布状态，区分不同需求，鼓励市场主体用产品创新的办法满足不同居民的需求，比如，一些居民储蓄是为了养老，则金融机构可以发展年金工具、增强社会统筹资金的资产管理能力等方式，在一段解决居民的需求，在另一端引导资金合理流动；3）金融市场主体的所有权结构、内部治理结构改革非常迫切，在分业体制下，这些改革没有跟进的时候，监管的边界尚且不清晰，主体含混，监管的难度自然会非常大；4）用发展市场责任主体的办法解决原有市场主体的融资渠道问题，现在一些机构的资金来源渠道狭窄，所受限制较多，原因是监管部门害怕风险在不同市场之间渗透，一般来说，这是对的，但我们不能始终因噎废食，市场主体的融资渠道总要解决，一个可以在通常意义上使用的办法是在不同子市场之间插入新的责任主体，专题防范风险渗透。比如在货币市场和长期资本市场之间插入信用担保公司，在证券市场和传统金融借贷市场之间插入金融证券市场，这些主体的责任很专业，主要是为了防范风险渗透，因而我们可以预期它们评估风险的技术会比较高。

当然长期和短期目标在监管实践中需要恰当匹配，实际上这也是一个协同问题，归结起来，这些内容的协同都需要监管的科学和艺术，尤其是艺术。（王连洲　杨如彦）

发行指数化债券的品种选择

指数化债券泛指本息偿付随某一特定指标数值变化而变化的债券。通常按照偿付变化范围的不同，大致可分为利息指数化和本金指数化。前者指只有付息盯随指标值变化，即为通常意义上的浮息债券；后者指名义付息固定，而本金盯随指标值变化。本文就发行指数化债券的必要性、指数的基本特征、我国若干指数化债券品种的备选方案之间的利弊分析，为我国指数化债券的发展作出若干建议。误漏之处，恳请斧正，欢迎交流。

一、国外指数化债券品种

（一）企业债

1. 盯同业利率，如浮动利率票据（FRN）盯 90 天同业拆借利率或者 3 月、6 月 LIBOR，期限最长 5 年，每月或每季度调整。

2. 盯国债收益率，如(1)Floating rate 盯短期利率基准，如以 3/6 个月国债利率，每年调整多次，计算规则为 act/act 而不是 30/360；(2)Variable/adjustable rate 每年调整一次。

3. 盯物价指数，如(1)美国的银行发行通胀保护存单(CDIP)，类似通胀指数国债，5 年、10 年，无保本，半年付息；(2)通胀保护债券(Inflation－Protected InterNotes，IPIs)由一般企业发行，每月付息，利息分两部分，本金不变。

4. 非金融基准，如盯商品价格指数

（二）国债

很有意思，国外指数化国债的参考值无一例外都是通胀指标。且基本盯居民物价指数。

首发于二战后法国和芬兰，为了稳定各自经济。以色列，巴西，阿根廷在 70 年代发行，为了在高通胀情况下以市场化发行政府债。到 1980 年代，所有以色列国债都为通胀债。英国在 1981 年引入通胀国债，成为第一个通胀非失控而发行通胀债的国家，当时政府的动机是，如果坚持发行普通定息债，那么在通胀显著下降时将大大增加政府的实际债务负担。同时发行通胀债是一种政策信号，即政府承诺反通胀的政策。1991 年加拿大率先在北美发行通胀债 30 年，跟踪月度 CPI，处于统计报告原因价格指数滞后 3 个月，按照比例法纪算利息。英国按照绝对基础计算利息，滞后 6 个月，还需 2 个月再报告。此前，土耳其、新西兰都引入。

1997 年美国引入，滞后 2 个月。5 年，* 10 年，30 年。2001 年美国国债 5％为通胀债，交易量 2％。其作用是：防通胀，通缩对冲，完善市场结构。为投资者提供选择，降低发债成本。但有流动性风险。

美国，真实利率固定，本金调整，以结算日 3 个月滞后的参考指数(未经季节调整的城市物价指数 CPI－U)比上发行日的参考指数。半年付息＝ 初始本金 * 指数比率 * 真实利率/2

通胀指数包括零售物价指数 RPI（扣除抵押贷款利息 RPIX），消费物价指数 CPI（可含或剔除烟草），生产物价指数 PPI 等。美国不用核心物价指数（Core CPI，扣除能源和食品价格），生产物价指数 PPI，雇佣成本指数 ECI，为了对个人或零售投资者更有吸引力。也许采用雇佣成本指数对养老金管理经理吸引，因为养老金收益取决于工资增长。用生产指数对公司财务吸引，可抵冲商品原料通胀。用城市物价指数波动性比核心指数更大，但是保护性更强。

美国承诺保本，不管通缩如何。通胀债本息都提供通胀对冲，本金提供通缩对冲。普通债本息都是通缩对冲。

税收效应。波动性较低，普通债看名义利率，通胀债看真实利率。但在通胀稳定，经济繁荣时期，通胀债波动大。

美国的系列 I 储蓄国债是按面值销售的 30 年期国债。按月计息、每隔半年利息计入本金。债券收益率由固定利率及通货膨胀率两部分计算得出。固定利率在投资者购买债券时确定，其后的 30 年内保持不变，财政部于每年 5 月 1 日与 11 月 1 日公布今后 6 个月内 I 系列储蓄国债适用的固定利率；通货膨胀率根据城镇消费价格指数（CPE——U）制订，在每年的 5 月 1 日与 11 月 1 日公布，适用于所有发行在外的 I 系列储蓄国债。因此，I 系列储蓄国债是一种有保底收益的通货膨胀指数债券，收益率每隔 6 个月调整一次。

通胀指数债券（Inflation linked bonds），这一市场处于增长，政府债在 100－150 亿美元。最活跃的市场是法国的 OATi，CADESi，美国的 TIPS，英国的 I/L Gilts，欧元区的通胀债券市场 OATie。许多公用事业公司和银行也发行通胀指数企业债。根据高盛一份报告显示，通胀债 85％为政府债，在 15％企业债中，公用事业单位、银行、房地产公司占据前三位，合计占企业债的 83％。典型的通胀指数债券是定期支付固定的利率，不过计算利息的面值随通胀增长，到期本金也是随通胀增长，并且有最低为平价的保证。由于通胀指数发布的延滞，通常 French OATi 盯住的通胀指数有 3 个月延滞，UK I/L Gilts 有 8 个月延滞。

尽管回购和资产互换的通胀债券的流动性在增加，但是通胀债还相对较小，流动性也不高。为此，政府在做改善的努力。扩大发行量，如法国最近的一期 OATi (2009) issues，主要为养老金和保险公司认购，购买持有策略明显。此外，对于通胀债用于资产互换的胃口还不大。

通胀债受欢迎是因为它为通胀累计影响的资产提供了自然保护，这也可以解释为什么利率随通胀调整而最终本金不随通胀调整时，通胀债的吸引力会下降。

国外有研究表明，非通胀债与通胀债收益率存在利差，这种利差不仅是对期望通胀本身的补偿，还包括了对承担通胀不确定性的补偿。国内也由简单测算得到相似结果。通胀风险溢价的存在，意味着政府作为发行人发行通胀债比发行普通债的成本为底。

二、参考利率的特性

综合考察上述浮动利率基准，可以得出必须具备如下特征。

（一）相关性，指与某种特定的投资或管理目标相联系，且对相关领域有较强的影响力。

（二）多样性，即参考利率不是唯一的。

（三）可信性。要求权威性，具有客观公正性。同时要求稳定性，与其挂钩，不会引起其异常波动，不被操纵。

（四）可获得性，目标对象能方便地知悉，有固定的获知来源或渠道，可以被投资人容易理解。

三、我国指数化债券参考利率的选择

国内提出几个浮息国债的参考盯住指标：定期存款利率，物价指数，回购利率，半年期同业拆借利率，一年期国债拍卖利率等。

（一）定期存款利率

盯住一年期存款利率，是我国市场中的实际现行做法。其好处是：其一，目前由央行规定，一段时间内相对固定，直观简便。二，由于我国存贷款利率尚未市场化，而货币决策对调整存贷款利率具有单项粘性（或称棘轮效应），即为了保银行利差，贷款利率动的幅度大，而存款利率调整相对谨慎；为了完成促进经济增长的任务，在判断经济衰退时，降息比较果断，而升息则决策时滞较长。因此盯住一年期定期存款利率，有利于发行人降低发行成本。

三，当前作为投资债券的主力，银行在投资决策时重要的考虑变量之一是存款成本，在目前存款利率结构相对稳定的情况下，一年期存款利率具有风向标的作用。这样盯住一年期存款利率有利于银行判断投资债券的综合利差，以便与银行投资其它替代资产（如央行备付金、贷款等）利差收益作比较。

其缺陷也非常明显：其一，定期存款利率受到管制，对物价反映严重滞后。这是最根本的缺陷。在这种安排下，不同货币政策工具对于浮息债的市场表现影响是截然不同的。例如，当前面临货币供应增长较快，通胀压力加大的情况。历史上实行过保值补贴，这种情况如再次出现，是对一年期存款利率为基准的浮息债是巨大的打击。当央行采用存款转备金率调整时，一年期存款利率并没有发生改变，市场对此的反映是浮动利差大幅扩大；而如果采用升息政策，则浮动利差的反映则要小得多，即便如此，因为决策者对升息极度慎重，从而常常滞后于市场变化，浮动利差也要扩大。

其二，在当前条件下发行以一年期存款利率为基准的浮息债，最可能的情况是市场要求的利差扩大，形成发债成本增加，特别对长期债更是如此，这是发行人所不愿看见的。这样供求两方面的热情都不高。如果发行人为限制成本过高规定利率上限（ceiling），那么发行将更加困难。

其三，定期利率是银行对个人的资金流动性补偿，而国债发行是政府主要面向机构，主要投资对象有异，存在基础利率和国债利率的信用基础不一致。即便存款利率自由化，仍然存在信用风险利差等衡量问题。

（二）物价指数

盯物价指数为各国指数化国债普遍采纳，具有一些好处。其一，从相关性来看，物价指数最为直接。因为物价对全社会投资者具有影响，投资者也特别关注实际投资回报率。

二，盯物价指数具有明确的经济意义。扣除物价指数之后就是实际利率，可以真实地反映市场要求的资本回报和可接受的资本成本。这些信息对于发行人、投资者和监管当局都是有意义的监测分析指标。

三，盯物价指数也具有一定的政策宣示意义。即发债政府有意愿也有能力控制通胀幅度。从物价指数化国债的起源看，政府出于有信心压低通胀，降低付息成本，也倾向于在高通胀时期（或者市场高通胀预期的情况下）发行物价指数化国债。

不足之处在于：一，物价指数具有时滞性。不过这一问题在我国并不太突出。在我国由国家统计局定期发布月度指数，一般上个月指数在下个月 10 日左右公布，理论滞后期为两个月，这比发达国家的时效性有较大提高。

二，由于我国经济的新兴加转轨特征明显，市场价格指标不太稳定。具体地，通胀压力较大，且波动剧烈。通胀压力大，特别是近期我国居民物价指数上升超过 3%，意味着盯它的浮息债发债成本较高。波动剧烈意味着发行人的现金流不太好预测管理，这也在一定程度上解释了为什么发达国家国债中通债指数化债券不占主导地位。不过值得关注的是，我国自 1996 年告别供给短缺时代，物价波动已相对收窄。

（三）回购利率

目前在市场上开始研究盯七天回购利率的可能性。它具有如下几方面优点。其一，7 天回购利率是债券市场上最具有利率基准潜质的指标。就整个债券市场而言，银行间市场作为机构市场占主导地位。银行间市场中，交易以回购为主要形式，且现券中夹杂着大量的开放式回购、债券互换等创新，价格受到干扰，收益率真实性和连续性受到质疑。在回购中，7 天回购是最具代表性品种，占到全部回购量的%。此外，7 天回购利率为市场所关注，可获得性强。

其二，7 天回购利率是当前最具有市场均衡意义的利率。由于其参与机构广，交易量大，不易被个别机构操纵。此外，他反应灵敏，连续性和弹性好，现已成为货币市场的关键利率指标。

其三，7 天回购利率为基准能够稳定发行成本。在较长时期内，7 天回购利率的波幅稳定，可以消除认为推高级准利率的情况，防止了发行人成本失控。由于一年付息一次的浮息债久期和一年期债券相同，所以浮息债品种的利差与期限相关性较小，发行人可以以相近的成本多发行一些长期债券，节约发行操作成本。

其四，对投资人而言具有一定的避险功能。

7 天回购利率作为利率基准，也存在其局限性。其一，七天回购并不是特指 7 天，而是指 4—7 天的回购平均，短期回购和市场资金流动性相关性较大，也通常被认为是市场资金面宽松与否的重要指标，且回购具有较显著的季节特征。而浮息债券的最终落脚点是对某种影响实际投资收益的价格（如通胀、石油指数等）防御和抵冲。初步进行回购指标和通胀指标的相关检验发现，两者不存在线性相关性。

其二，7 天回购易受央行操作（特别是数量招标）影响。央行货币政策报告特别明示旨在稳定利率，其中的利率主要指短期利率。不过，这种影响是短暂的，如果采用一个较长时期（比如一年）的平均值，那么这方面的影响可以降低，还可熨平季节特征。

理论上如果每年两次浮息，那么半年期回购包含了对未来浮息期内的市场价格预期，具备了理想的基准利率条件。不过是实际中半年期回购非常稀少，推而求其次，用 7 天回购利率。

（四）同业拆借利率

我们发现在国外设计许多利率产品时使用 3 月、6 月同业拆借利率作为参考，但在设计国债浮息产品时却没有考虑。究其原因，主要是因为同业拆借利率是商业机构利率，包括了一定的信用利差，而一国国债收益率则不含信用利差。但前者反映了大机构的资金成本，其实际影响广泛，因此在设计商业产品时可以作为有效抵冲工具。

具体到我国市场情况，我国同业拆借的期限结构和回购面临的情况类似，大多为短期，半年期机制尚未形成。此外在货币市场中同业拆借规模较回购要小得多，其市场影响相应也较为有限。目前暂不做考虑。

（五）一年期的国债收益率

定价近期的国债拍卖利率，理论上是一个较好的浮息定价工具。因为浮息债券的久期基本等于其一个付息周期的长度。当每年付息一次时，初始久期就等于1年，即可定价日的一年国债拍卖利率作为其基准利率。（如果规定为1年付息两次，则可用6个月国债拍卖利率）。缺陷是：其一，没有刚好在定价日那一天的半年拍卖利率；如果用此前的拍卖利率，可能离定价日过远从而和定价日市场利率背离太度。如果一定要实行，可考虑折衷方案，即以离定价日一个月以内的拍卖利率为参考；其二，即便考虑折衷方案，也要满足两个基本前提，一是国债发行定期化，特别是半年期发行定期化，否则没有可参考的点，二是万一没有可参考的点，必然要靠收益率曲线模拟计算值，这要求建立市场权威或者普遍接受的收益率估值产品；其三，存在被市场主要机构合谋操纵的危险，即抬高一年期国债拍卖利率，获取更高的浮息收益率。

四、结论

（一）内在机制的缺陷和当前市场走向，使得一年期存款利率债券的吸引力有所降低。市场需要新的浮息债形式。

不过由于存款占我国金融资产的比重依然很大，这一形式的浮息债将在较长一个时期内存在。随着利率市场化的深入，一年期存款利率将由官定刚性趋向市场灵活性，从而使之在企业债定价基准方面焕发更多的活力。

（二）考虑市场适应性，应该先有试点，允许多种浮息债形式并存。待市场参与者的反映比较一致，再大规模推广，最终确立一至两种广泛认可的浮息品种。

（三）采用物价指数最为简便，并具有良好的投资管理意义和市场指标意义，可以考虑实行。特别是在宏观部门和投资主体的预期不一致时（宏观部门认为物价趋势稳定、而投资主体认为物价可能进一步上扬时），更有实行的可能和必要。

具体地设计设想如下：

指数化形式的选择。指数化国债的品种大致分为三种：(1)利息指数化，本金不变；(2)本金指数化，较好保护通胀；(3)零息通胀债，提供对通胀的最高保护。从发行人操作成本和投资习惯的考虑，建议采用利息指数化的形式，即本金不变，票面利率＝浮动的通胀系数＋发行确定的固定利差。

通胀系数的确定。通胀系数＝付息期公布的绝对物价指数/发行期公布的绝对物价指数。物价指数理论上滞后1到2个月。

所要盯的物价指数类型。物价指数实质上是一个指数体系，包括消费物价指数、生产价格指数等。建议取居民消费物价指数，原因在于(1)消费物价指数最为投资人所关心，消费本身就是投资的机会成本。(2)消费和生产相比，在经济周期表现比较稳定。

（四）采用7天回购利率为基准发行浮息债是另一个可行的选择。票面利率＝7天回购利率＋发行确定的固定利差。

7天回购利率指标的选择。从涵盖范围看，应采用银行间市场结算质押式回购利率。原因(1)银行间市场的回购指标应为市场所认同，且占全市场的绝大部分，为机构间的融资利率标准；(2)结算回购利率为确定全面的回购利率；(3)采用质押式回购，买断式回购的利率则存在着许多创新因素（如融券），干扰因素特别高。预计买断式回购推出之后，将一定程度上分流质押式回购，当然这方面还有待进一步观察。

从7天回购数据采集期限看，可采用付息日的前一个付息期内的加权平均7天回购利率。这可以熨平回购的季节特征，降低央行的干预影响，增强回购利率基准的连续性。（宗军　中央国债公司研发部）

发展企业债券市场需要新思路

近几年，随着我国股市持续低迷，发行企业债券取代上市而成为最重要的融资渠道，日益受到大型企业的重视。企业债券发行额度成为企业争相追逐的稀缺资源。对于投资者而言，几乎每一期企业债券均受到热情追捧，上市交易的价格持续高涨，购买企业债券成为低风险高收益的重要品种，日益受到机构和个人投资者的关注和参与。

但是，作为我国债券市场的品种之一，企业债券无论从发行量、交易量，还是从交易群体来说，在债券市场的份额还比较低。每年三、四百亿的发行规模，与国债和金融债券数千亿相比，显得极不均衡。无论是从企业债券旺盛的发行需求和投资需求来看，还是从债券市场不同信用等级的债券结构来看，企业债券应成为今后发展的重点。如何规范健康地发展企业债券市场应引起监管当局的重视。

一、我国企业债券的发展历程

企业债券作为我国债券市场的品种之一，始于80年代，盛于90年代初，90年代中期进入停滞状态。在短短十年的时间里，走过了一个由盛而衰的历程，其中的教训值得我们汲取。

80年代中期，我国发行的债券主要是国债，发行规模和交易规模均很小，其后一些国家级大型投资公司、产业公司和商业银行陆续发行了一些以国家信誉为担保的企业债券。由于发债主体是财政部、国家级公司和商业银行，基本上能保证到期还本付息，投资者的认可程度极高。

90年代初期，我国经济进入一个快速发展的阶段，同时也是企业债券泛滥阶段。由于我国基本上属于短缺经济状态，资金成为经济发展的瓶颈。在银行贷款规模无法满足企业扩张需求的情况下，企业债券应运而生。但是，由于当时把企业债券当作银行贷款之外的资金补充渠道，因而在企业债券管理上未建立规范的规章制度，导致了企业债券规模超常扩大，给企业债券埋下了隐患。90年代初企业债券的特点，一是无规模限制，全国没有统一的发债规划，游离于全社会信用总量的控制之外；二是审批权分散，当时发行企业债券均由地方掌握，甚至县一级机构就有权审批本地企业债券的发行申请，造成企业债券的发行无统一标准，一地一策；三是发行债券不需信用评级，个别债券即使有评级也流于形式；四是发债企业的质量普遍很差，往往是经营越差，日子没法过的企业越容易获准发债资格，发债成为救济濒临破产企业的手段之一。其带来的后果是90年代中期进入经济整顿时期，企业债券成为地方政府、代销银行、投资者的沉重包袱。因企业经营不善、破产倒闭等原因导致企业债券到期不能兑付的情况屡见不鲜，投资者怨声载道，甚至出现冲击政府和代销银行的事件。

90年代后期以来，企业债券进入了重新规范阶段，发行债券由国家计委统一审批，发债规模纳入全社会信用总量。由于严把审批关，这一阶段的发债企业质量均为国家大型重点企业，经营状况和市场前景均比较好。其特点表现为发债主体较少，发债规模较小，管理比较规范。

近几年，随着股票上市融资遇到困难的情况下，发展企业债券的呼声逐渐高涨，发债需求非常旺盛。虽然年发债规模扩大至三、四百亿，但仍无法满足社会需求。由于发债主体经营状况良好，发债利率较高，投资者的购买需求也较旺盛，新发行企业债券经常出现脱销现象。因此，企业债券市场发展滞后已经成为影响我国债券市场继续发展的重要原因之一。

二、发展企业债券市场的必要性

（一）企业债券市场的发展是市场经济的必然结果

随着我国社会主义市场经济体制的建立和不断完善，市场机制的将得到更广泛的体现，价值规律在经济生活中的作用将越来越大，商品价格主要由市场供求状况来决定。利率作为借贷资金的价格，也将逐步由资金供求状况来决定。市场经济最重要的特征是价格市场化。由于银行贷款的定价是非市场化的，能否获得贷款受多种因素的影响，而不取决于利率水平，因此，企业在无法获得资金或以偏高的价格获得资金的情况下，必然寻求其他融资渠道，通过债券市场发行债券获得足额的资金，并追求融资成本最低化，这是市场经济发展的必然结果。

（二）发展企业债券市场是直接金融发展的客观需要

由于企业融资渠道的多样化，融资成本得到一定程度降低，导致原来依赖银行贷款进行间接融资的需求呈下降趋势，企业通过市场发行债券进行直接融资的需求上升。随着企业规模不断扩大，其资金需求将远远超过银行信贷规模，企业债券必然成为企业扩张的重要融资渠道之一。一旦直接融资量达到一定规模后，客观上需要一个规范的市场来进行债券交易，并由市场发现价值。

（三）企业债券市场是金融市场发展的重要构成

随着市场经济的发展，各种生产要素市场将逐步发展起来，市场主体呈多元化趋势。对于金融市场而言，债券市场是与股票市场并行的最重要市场之一。在债券市场中，应该允许不同信用等级的合格发债券主体发行债券，投资者对于风险的不同偏好才能得到满足。在国外，既有国家信用等级的优质债券，也有信用等级较低的垃圾债券，以满足不同投资者的需要。而在我国，目前发行的债券主要是国债和金融债券，企业债券占比极小。即使企业债券也都是AAA级的，AAA以下的企业无法获得发债资格。这对于投资者来说，品种过于单一，投资收益偏低。从债券总供求情况看，债券供小于求的矛盾仍然非常突出，导致债券利率偏低，潜在利率风险较大。因此，发展企业债券市场将有助于完善金融市场结构，促进市场均衡发展。

三、发展企业债券市场的可行性

从企业发行需求方面看，由于企业扩张对资金的需求量与银行可提供的信贷量无法匹配，而且我国正处于经济上升周期，短缺经济仍将是这一阶段资金状况的主要特征，因此，企业在发行债券方面的需求非常旺盛，一些发展前展较好的企业受发债规模的限制而无法获得发债资格，企业债券发行额度成了稀缺资源。

从投资者需求方面看，目前个人储蓄存量已超过10万亿，而个人可投资的品种非常少，随着市场意识的不断增加，个人投资者对于风险较低、收益较高的债券的投资需求日益增加，需求量呈上升趋势。从近两年企业债券发行情况可以看到，许多企业债券出现排队抢购和脱销现象。此外，商业银行等机构投资者也有意成为企业债券的投资主体。

因此，无论是从发债人，还是投资人来看，都希望发展企业债券市场，增加投融资品种。

从发行市场看，在银行间市场发行的两期中信债券，得到投资者的认可；从零售市场看，三峡债券、铁路债券、电力债券、中移动等债券的发行均获得成功，中移动债券甚至采用了浮动利率方式，也获得市场认可。从企业债券交易情况看，在交易所债券市场上交易的品种已达数十种，交易非常活跃，投资收益较高。成功的先例为今后发展企业债券奠定了基础。

四、发展企业债券市场的新思路

目前制约企业债券市场发展的主要因素：发债主体少，发债规模偏小，投资主体限制较多，缺乏具有公信力的权威评级机构，缺乏动态的信用跟踪制度等等。因此，要发展企业债券市场，应摒弃过去对企业债券的成见，借鉴银行间债券市场的成功经验，以新的视角和新的思路来推动企业债券市场的健康发展。

（一）建立科学的发债主体资格审查标准和相关制度，增加合格发债主体

发债主体过少，易形成垄断优势，不利于促进市场公平竞争，提高市场配置效率，市场规模的扩大也将成为空话。发债主体的资格认定，应以发债人是否有发展前景、公司治理结构是否完善、公司财务状况是否健康、是否有较强的偿债能力等因素来决定，而不能以是否国有、是否大型等来认定。通过建立客观公正的评审标准和市场准入制度，有计划地促使一批合格主体进入发债市场发债，扩大市场参与度，促进发债市场的有序竞争。

（二）进一步扩大发债规模，缓解供求失衡的矛盾

发债量过小，在一定程度上制约了交易量的增长，也限制了一批机构投资者进入市场。供小于求的矛盾将造成债券价格易被操纵，或无法形成合理的价格，价格的不稳定性加大了投资风险，造成不良的示范效应，不利于企业债券市场的健康发展。因此，在引入合格发债主体的同时，扩大发债规模，有利于缓解企业债券供求失衡的矛盾，在满足投资需求的同时，形成合理的市场价格，降低投资风险。

（三）按照市场化原则发展企业债券市场

市场经济的本质特征是价格市场化，即利率市场化。债券定价是否合理，更多地取决于市场供求双方的博弈。在健全债券市场运行机制的条件下，参照市场交易结果来定价，符合市场经济的客观规律。人为地限定发债利率上限，既容易增加发行风险，又损害了投资者利益，给企业债券市场的健康发展造成负面影响。因此，按照市场化原则管理和发展企业债券市场，才是促进市场健康发展的根本。银行间债券市场通过招标等方式对债券进行定价，受到广大投资者的普遍认可，值得企业债券借鉴。

（四）借助商业银行力量，推动企业债券市场的发展

商业银行由于拥有庞大的客户资源，先进的销售网络，稳健的经营理念，卓著的信誉，成熟的投资管理经验和风险控制机制，在推动债券发展过程中发挥了重要作用，特别是作为企业债券的主要代销人和主要担保人，为企业债券的顺利发行奠定坚实的基础。银行间债券市场的迅猛发展，正是得益于商业银行的积极参与和推动。基金市场业务的快速发展，离不开商业银行的大力支持。企业债券市场的缓慢发展，与脱离了商业银行的支持有很大关系。因此，吸引商业银行进入企业债券市场，提供各种相关的金融服务，必将促进企业债券市场稳定和繁荣。许多合格的发债主体，本来就是商业银行的信贷客户，商业银行对其经营状况非常了解，若允许商业银行除了提供代理销售、债券担保等服务外，还可投资企业债券，并利用其客户资源优势承销企业债券，以及为企业债券信用进行评级，必将最大限度地挖掘我国企业债券的客户资源和市场潜力，促进企业债券供给和需求的双向发展。

（五）培育权威的评级机构并实施动态评级

在债券投资风险类型中，信用风险是最主要的风险，一旦发债人违约，将给投资者带来惨重损失。而以往企业债券在短短10年内由盛而衰，最主要的教训是企业不讲信用，普遍出现违约现象，给投资者造成严重的心理阴影，这也是一直以来企业债券受到限制，发债主体少、发债规模小的主要原因之一。要促进债券市场的发展，急需解决信息不对称的问题。目前我国企业债券仅有发债时的评级，或者评级不够客观公正，都将给市场带来巨大风险。因此，建议借鉴国外的成熟经验，建立信息披露制度，培育权威的独立评级机构，随时跟踪发债人的财务状况变化情况，发布动态信用评级，及时提示违约风险，一方面降低投资风险，另一方面可促使发债人关注并改善财务状况，接受投资者监督。（中国工商银行资金营运部 马俊胜）

关于完善银行间债券市场做市商制度的建议

我国银行间债券市场做市商制度于2001年建立至今已有三年，9家做市商对促进银行间债券市场的活跃，起到了一定的积极作用。但由于相关制度未能跟上，做市作用不够，做市商制度尚未充分发挥作用。我们建议从以下几方面完善：

1、建议之一：建立增补做市商制度

有资格成为央行做市商的机构应首先从全国银行间债券市场年度交易结算量排名榜中占据前50名的机构投资者（基金公司除外）中筛选。特别规定，央行公开市场交易商都是做市商，公开市场交易商应是从诸多二级市场的做市商中挑选出来的佼佼者，他们的活动往往是二级市场的核心。初期做市商应保持一定的数量。

2、建议之二：做市商的权利

对于入选的做市商，应将权利落到实处。除一般权利外，作为建议，我们认为，做市商之间也应有所区别，其中核心做市商优先享用如下权利：

（1）做市商相互间在全国银行间债券市场的交易结算可以采取净额结算制度，以允许其日间卖空、买空，扩大成交机率和价格发现；

（2）除可以优先享有央行提供的自动融券或融资权利外，还可享受托管结算机构提供的短期自动融券业务；

（3）可代理央行买卖债券或开展回购权利；中央银行一旦要在二级市场上买卖债券，可通过核心做市商来进行。但这些做市商必须定期向中央银行汇报他们的交易头寸和交易活动。

（4）央行批准的做市商都是公开市场交易成员；

（5）在发行市场上，唯有核心做市商能够享受到发行招标后的额外追加中标的权利；

（6）对于未来预发行交易市场，核心做市商有权获得融资、融券权利；

3、建议之三：做市商的考核与激励约束机制

（1）以报价业绩评估促报价合理与有效。建议不再具体规定做市商所报债券价差基点范围，即不再具体规定不同期限的报价价差。考核的指标设计如下：

对于双边报价商报价业绩的考核，我们建议按报价深度、广度、厚度等设立综合指标，计算出具体的分值，作为分值纳入总分值之中。

这里的报价宽度是指，同一债券当天最低卖价与最高买价之差，此指标越低越好。报价广度是指同一做市商对所报债券的总数目；报价厚度是指同一做市商对流动性差的债券或者是20年期以上的债券持续报价天数，此分值要高于其它两个指标。上述三指标均以报价的交易面额倒数为权重进行计算。

在报价点击上不一定成交，允许协商谈判，但成交价不能偏离报价范围。

（2）参与央行公布的基准债券报价的，分值相应提高；

（3）凡在自己所报债券价格范围内成交的，分值相应提高。报价价差越小，并有成交的，则分值也相应提高。

（4）成交数量与数目考核，称为交易覆盖率。对于成交债券价格严重偏离所报债券价格的，所得分值将较小。对于同一做市商所报全部债券达成成交的数量、成交笔数进行综合计算，此指标考查其做市的效果，计算分值。

（5）承担双边报价债券数目越多越好；对流动性差的债券进行报价的，分值相应增加。

（6）为在市场冷清或流动性较差情况下，揭示市场价格信息，应允许并鼓励或作为一种义务规定做市商之间可以相互成交，以保持债券价格的连续性，并进行充分的价格揭示。但作为考核要求，做市商之间为这一目的达成的交易，不应含有恶意操纵价格或对敲目的。考核指标为所报价差与成交价差的具体差值。

（7）综合得分排名后10位的，由交易量前100名机构中选择代替。

4、建议之四：扩大做市商双边报价信息的揭示途径

报价与成交信息的透明度维系着市场的生命。由于做市商报价信息是全市场集中的信息的集散地，此信息应向全市场公开开放，报价信息的透明度是保持市场活跃和降低交易成本、促进市场流动性的重要步骤，尤其对场外交易而言。同时作为市场的主管部门和中介机构应有能为做市商报价提供低成本的报价服务平台，而从发展趋势来看，显然，利用信息网络报价与成交是集中有效的方式。

银行间债券市场报价除了通过成交系统对外发布外，还应第一时间通过网络市场开放。我们认为，应通过中国债券信息网向外发布。应实现成交系统与信息发布系统的实时联连，从降低寻价成本与成交效率而言，也可实现网上报价并点击成交功能。

5、建议之五：制度上的支持

（1）报价系统应增加可匿名报价交易功能，此功能被证明是能充分提高交易效率和结算量的重要手段；

（2）建立业绩考核与监控机制

对于做市商二级市场是否提供流动性和做市义务，主管部门可以进行监控。可通过中国债券信息网建立业绩考核与监控体系。业绩考核既可以定期进行，也可以随时进行，是一个动态的系统。通过建立业绩评估体系，达到如下目的：

一是，监控做市商债券做市情况，了解不同机构投资者的做市行为；

二是，监控报价情况，了解市场行情动态；

三是，监控做市商成交债券与所报债券的价格偏离或券种偏离情况；

四是，建立个券监控体系，监控同一只债券不同做市商的报价与成交情况。

6、建议之六：协调发行人、承销商、双边报价商之间的关系，努力推动发行人建立承销商对所发行债务工具的做市义务

成熟市场经验表明，承销商对于所承销的债务工具有在

二级市场履行双边报价的义务。鉴于此，应促进中国债券承销商在二级市场的双边报价义务作为考核的重要内容。作为建议之一，应缩小一级债券承销商队伍，选择那些二级市场做市比较好做市商作为承销商。

7、建议之七：充分发挥中央国债公司的资源优势，如通过中国债券信息网提供双边报价平台。

8、建议之八：建议做市商报价信息与成交信息面向全体公众放开

原因：

一是，报价信息是公众信息（这不同于成交信息与结算信息），是面向全市场提供的基准信息之一，理应为全市场浏览、评判、监督与分析，并成为考核做市商成交价是否按其所报价格范围成交的依据。也是公众评判做市商是否有能力做市、是否真正在做市的重要指标。因为，在场外报价驱动市场中，做市商是市场流动性的提供者，做市商同时报出双边买卖价格，实际上是作为市场的组织者和参与者同市场的买卖双方进行交易，并根据市场行情和供求关系来不断修正买卖价格。正由于其组织者的身份，因此其面向全社会及时公开的报价信息才是有效的，并能达到一种公开的标准。

二是，报价信息只在局部范围内显示，使广大投资者难以及时发现市场的价格信息，信息不对称也导致成交不活跃，市场的流动性较低。三是，试图通过控制、垄断报价信息达到通过信息不对称来垄断、隐藏某些收益目的，不仅会误导市场价格信息，造成成交价格的异常，且也不利于那些真正的做市商做市。因此做市商报价信息应及时通过多种渠道向全市场反映。

9、建议之九：建立做市商内部市场

建立做市商之间为维持流动性而彼此间相互成交机制。主管部门应建立相应的做市商之间协调机制，并考核其成交价格与其所报价格的差异。而做市商内部市场则建议建立两种交易机制：一种是双方直接谈判交易或通过经纪人成交，另一种是通过电子交易系统来匿名成交。场外做市商市场很难强制性的进行完全的交易事后结算信息披露制度。因为大额的债券交易往往是交易双方私下达成协议并通过电话确认交易，这样便很难有效的强制其进行真实的事后信息披露。现在，中国的债券结算信息已经完全向市场投资者开放。

10、建议之十：充分加强国际交流，借鉴国际经验。（刘凡 管圣义）

浮动利率债券定价的理论与实践

一、债券定价在债券投资分析中的基础性地位

债券市场是近年来我国资本市场的重要组成部分，如果把债券看成资本市场的一种商品，债券市场就是这种商品买卖流通的场所。显然，对主要的商品确定合理的价位是市场的重要功能。债券定价就是为债券市场流通的债券品种计算合理的价位，这是债券分析的核心内容，也是相关分析方法的主要基础。

债券定价的基本思路是：根据同时间同市场的真实数据（报价数据、交易数据、结算数据等）构造尽量准确的市场期限结构曲线，根据这一曲线估算出市场上数据不充分的债券的估计价格。

目前国内债券市场的定价理论尤其是浮动利率债券的定价理论研究还不成熟，不能满足广大投资人的需要。鉴于债券定价在债券分析中的基础性地位，以及中国债券市场的特殊性，本文对浮动利率债券的价格形成机制进行分析，并提出理解国内市场的浮动利率债券定价的新思路。同时，以国开行浮动利率债券 240203 的发债结果预测为例说明这一思路指导下的定价方法。

二、国内浮动利率债券的特殊性分析

国内浮动利率债券的派息率计算与国际市场有很大区别，浮动利率债券的利率由基础利率 L 和基本利差 S 两部分组成。在国际市场上基础利率一般是相关的市场利率，而基本利差则代表了发债人的信用差。在国内市场上基础利率采用一年期定存利率，从而在浮动利率债券定价中引入了非市场化的因素。

假设存在一个市场化的基础利率 L0，并以此为基础进行招标，发债招标的结果为基本利差 S0，则当期的票面利率为：

$PMLL = L_0 + S_0$（1）

同时以当前定存利率 D0 为基础进行招标，结果的基本利差为 S1，则当期的票面利率为：

$PMLL = D_0 + S_1$（2）

因为招标利率基础的不同不会影响结果的当期利率，从而得到：

$S_1 = S_0 + (L_0 - D_0)$（3）

可见当前的招标结果利差中，不仅包含发债人的信用差（S0），还包含了发债当日对应市场利率与一年定存利率的差值（L0 － D0），后者是一个随着市场变化的量，但却被固定为发债当日的具体值，并且贯穿债券交易的生命周期。这就是为何国内市场中的浮动利率债券在每个利率确定日价格不能回到票面价格（100 元）的原因。

假设在利率确定日，银行定存利率为 D1，市场利率基准变为 L1，则在正常情况下，新的派息率为 L1＋S0，对应价格为 100 元。现在派息率为：

$PMLL = D_1 + S_1 = D_1 + S_0 + L_0 - D_0$（4）

因为绝大多数情况下：

$L_1 + S_0 \neq D_1 + S_0 + L_0 - D_0$

即：$L_1 - L_0 \neq D_1 - D_0$（5）

所以债券价格也就不等于 100 元。如果定存利率保持不变，则债券的价格变化方向取决于市场利率 L 的变化方向。所以国内的浮动利率债券不能完全避免利率风险，带有一定的固定利率债券的特征。

分析国内浮动利率债券的定价需要从影响债券价格的因素着手。对于国际市场上的浮动利率债券，通常可以作为短期（本付息周期的剩余时间）债券，在现金流列表中，后续的付息现金流量未定，但将与未来的市场利率保持一致，不会引起价格的偏离。但下次付息的金额已经确定，不会随着市场利率的变化而变化，会和市场利率有所偏移，因此债券价格也会偏离 100 元。所以国际市场上的浮动利率债券价格变化的因素是：已经确定的下次付息利率和当日市场利率之间的偏差。如果将债券的付息周期缩短为一天，每天都重新根据市场确定下次派息率，则浮动利率债券的价格将维持在 100 元不变。

国内的浮动利率债券由于计息方式的特殊性，影响价格的因素也更为复杂。除了下次付息现金流外，后续的付息现金流也无法跟踪市场变化，也会导致价格的偏移。因此中国债券市场的浮动利率债券定价不仅需要考虑下次付息，还需要考虑整个债券生命期内的各次付息，不能简单的作为短期债券看。

作为目前浮动利率债券计息基础的银行定存利率实际上是一个政策性的指标。央行从其货币政策角度出发，确定定

存利率更多地考虑国家宏观经济状况和指标，因此定存利率和债券市场的行情变化没有必然的联系。

三、从现金流分解的角度理解浮动债定价

从现金流的角度看，可以将债券看成是一份还贷协议，协议中具体规定了未来每次还款的日期和数量，即对未来现金流的一种约定。固定利率债券和浮动利率债券都可以看成是未来现金流的约定合同。两者不同之处在于：固定利率债券明确定义了每次现金流的大小，而浮动利率债券仅仅定义了未来现金流的确定方式，并没有明确规定现金流的具体大小。

固定利率债券的定价公式为：

$$PV=\sum_{i=1}^{N}(\Phi_i \cdot C)+\Phi_N \cdot 100$$

投资人对固定利率债券价格的关注集中于对各现金流对应期限的折现因子，因此需要构建市场期现结构，以此来计算所需期限的折现因子。浮动利率债券则要复杂的多：不仅需要计算折现因子 Φ，还要也测现金流的发生量 C。则定价公式为：

$$PV=\sum_{i=1}^{N}(\Phi_i \cdot C_i-N \cdot 100\ (6)$$

其中折现因子 Φi 可以通过市场期限结构曲线来计算，这里我们近似的认为，相同发债人信用级别的债券，不论是固定利率还是浮动利率，其市场期望的回报率是相同的，所以浮动利率债券定价中的折现因子 Φ 可以采用和固定收益市场相同的值。

这样，浮动利率债券的定价就归结为对未来现金流的发生量 Ci 的预测问题。而 Ci 的组成如下：

$$C_i=D_i+S$$

其中，Di 代表对应的利率确定日的银行定存利率，对于所有债券都是同一个指标，S 是债券的基本利差，是固定不变的，但不同债券的取值会有所不同。所以问题又归结为对 Di 的市场预测。这样我们得出结论：浮动利率债券的价格是受 Φi 和 Di 两个因素影响的。

从市场实际看，短期浮动债和长期浮动债对 Di 的敏感程度是不同的，一般来说长期债券的波动会大于短期债券，这也说明了长期债券的后期现金流也对债券价格产生影响。债券价格对 Di 的敏感性可以用利率基点价值来反映。

四、浮动利率债券定价的双线模型

现在需要解决的问题是如何预测 Di，需要说明的是，这里的 Di 不是真正的银行定存利率，而是市场所普遍认可的对定存利率的预测。因为在央行公布调息决定之前，市场不可能确定 Di 的精确值，投资人是凭着自己对央行利率的预测来定价的，把所有投资人的预测综合起来，就是真正决定市场价格的 Di。它反映了市场对未来定存利率走势的平均预期。

对于债券定价问题，计算出单个期限的 Di 是不够的，我们期望能预测任意期限的 Di 值，以满足不同债券定价的需要。这样问题就变成了如何根据市场数据，推导期限 T 与市场预测的 D 值之间的函数关系：

$$D=g(t)$$

这一函数也可以用曲线来表示。浮动利率债券的定价就可以用两条曲线来完成：市场期限结构曲线（计算 Φi），市场利率预测线（计算 Di）。这就是绿宝石产品在浮动利率债券定价中所采用的双线模型。

构建市场利率预测线的思路如下：

以市场上浮动利率债券的同期报价或结算价为样本，认为浮动利率债券的价格由 Φi 和 Di 两个因素组成，则每个市场价格中都包含了市场对这两个因素的理解，再用已经构建好的期限结构曲线计算 Φi 的影响，并将之剥离，从而计算出价格中所包含的市场对 Di 看法的信息。最后将所有样本中得到的信息汇总，就可以得到市场的利率预测曲线。

在实际市场上，债券价格还会受到其他因素的影响，例如发债价格常受市场资金供应面的影响，在上述的定价方法中并未加以考虑，但资金供应面的影响也可以等效的反映为利率预测线的变化，因此剥离了 Φi 的影响之后，利率预测线实际上已经包含了资金面等因素对价格的影响。更深一步的理解，利率预测线中实际上还包含了期限结构曲线对 Φi 预测的误差，即使期限结构曲线有所偏差，在构造利率预测线时，可用浮动利率债券的市场数据来验证曲线的正确性。所以利率预测线对期限结构曲线中的误差有一定的纠偏能力，适合交易稀少的市场现状。

五、浮动利率债券定价的平均基础利率指标

对于固定利率债券，可以用到期收益率来直观的反映定价与市场均衡水平之间的偏差。对于浮动利率债券，债券的预期利率 Di 可以起到相同的作用，然而根据利率预测曲线计算出的 Di 对于每次付息都是不一样的，不便于使用，我们需要一个单一简便的指标，这就是浮动利率债券的平均基础利率。相当于将债券每次付息的 Di 进行平均，平均基础利率与利率预测线的关系类似于到期收益率和即期收益率曲线的关系。（速达客）

企业债利率市场化座谈会材料

一、发达国家公司债券市场的基本状况

1、债券发行管理

从国际上来看，公司债券发行基本实行注册制，发行条件较为宽松。以美国为例，某一证券将向公众出售及在交易中心上市，那么该证券只需按照法规的要求分别注册登记。但这些注册都只为了信息的充分披露，而不是为了限制某些证券的发行，某一证券是否要发行上市完全由发行公司自己决定。在交易所上市的条件相对严格一些，例如纽约证券交易所（NYSE）要求上市的证券发行公司在规模、盈利和股东数目上都要达到一定的标准。所以，在美国只有很少一部分评级较高的投资级企业债券在纽约证券交易所上市，绝大多数的企业债券都在场外柜台交易市场（OTC）交易，而 OTC 市场对交易的企业债券没有任何限制，只要定期提供报告就行了。

值得注意的是，美国实行如此宽松的企业债券发行制度，并未导致企业所谓的乱发债券、乱融资，从而出现大量企业到期不能兑付的情况。穆迪公司的一项统计表明，即使是高收益债券（评级在 BBB 或 Baa 以下的债券），每年的违约率大约仅为 4%；只有在 1991 年，违约率最高，超过了 10%。而且这一比例还只是违约发债公司在高收益债券中的比例，如果放在总的企业债券市场中，该比例还会更低。投资级债券的违约率极低。

2、发行体

国际上对企业债的发债主体非常广泛，基本不存在所有制方面的限制。以公司债市场最为发达的美国为例，其公司债券的种类繁多，按发行人类型，公司债券可分为(1)公用事业公司(2)交通公司(3)工业公司(4)金融服务公司(5)集团公司发行的债券。对这五类发行体可作进一步的细分，如公用事业公司可细分为电力公司、燃气公司、供水公司以及通信公司；交通公司可细分为飞机、铁路和货运公司；工业企业包罗万象，其投资特点各异，包括各种类型的制造业、商业和服务业公司。

同时，发达国家也向国外发行人开放，例如美国允许外国机构和公司在本国市场发行以美元计价的扬基债券；日本有以日元计价的武士债券和外币计价的欧洲债券市场；英国有英镑计价的外国债券和庞大的欧洲债券市场。

3、信用评级要求：

国外公司债券市场一般都具有严格、客观的信用评级制度，市场竞争使评级公司的工作更为公正、客观，对公司债市场的发展起到了重要作用。信用评级使发行人的信用数字化，并在公司债的发行利率上得以体现。客观公证的评级对发行人而言，提高信用等级有助于降低发行成本，因此对发行公司的经营管理和诚信运作形成一定约束；对于投资者而言，有助于根据评级结果正确区分发行公司的信用风险，综合判断公司债券的投资价值，以做出有利的投资决策。

在美国有四大商业评级公司：Duff & Phelps 公司、菲奇公司、穆迪公司和标准普尔公司。最被广泛采用的两大债券评级系统是穆迪和标普的评级系统。

4、偿债保障或担保的要求。

从国际上来看，并未对债券的担保作硬性规定。按是否指定抵押担保品作为偿债保证，公司债可分为以下五类：(1)抵押债券(Mortgage Bonds，Mortgage—backed Securities)；(2)附属担保信托债券(Collateral Trust Bonds)；(3)担保债券(Guaranteed Bonds)；(4)信用债券(Debenture Bonds)；(5)设备信托证(Equipment Trust Certificates)等。

公司债类型多样，使发行人能够根据自身的条件和需求进行选择，并在发行成本上体现差别。债券种类多样性，使债券风险能够最大程度的分散。

5、发债募资用途

从国外来看，虽然也有国家对债券发行规模作出明确的限制，例如日本规定，债券总额与公司资本金加法定准备金之和之间有一定比例限制。但是一般发达国家和地区对公司债券募集资金用途没有限制，资金用途较为宽泛。

6、发行利率确定

在国际上，各国和地区的监管机关对公司债券的发行利率一般没有限制，发行人和承销商完全可以根据市场供需自行决定债券发行利率，即利率发行是市场化的。

7、交易方式

从国际上看，公司债券的流通市场一般有场内和场外之分，但基本上以场外交易为主。场外市场是债券交易的主要场所，交易所进行的场内交易比重相对很小。美国的公司债券交易绝大多数是场外交易；日本债券场外交易占债券交易总额的比重达 90%左右。为更有效地反映市场供求状况并引导债券场外交易迅速发现合理价格，美国 SEC 设置了“OTC 行情公告榜”的报价系统；在日本，证券业协会通过公布债券柜台交易即时行情来引导场外交易。

8、投资者结构

在美国，公司债的投资者包括大的金融机构，如养老基金(包括社会养老基金和私人养老基金)、捐赠基金、共同基金、保险公司和银行等。最大的投资者是寿险公司，其次是养老基金，它们持有一半以上的未清偿公司债券。个人也因为公司债良好的收益性、流动性和多样性而投资于公司债。

在英国，公司债券的认购机构主要有：1、银行体系，英国银行体系包括各清算银行、各苏格兰银行及爱尔兰银行、各贴现行以及各大商人银行。2、保险公司，英国保险公司是债券发行市场上的主要团体投资者。3、退休金和养老基金，其投资对象多数以长期债券为主。4、国民储蓄机构，英国邮政储蓄银行所吸收的国民储蓄交由国家公债委员会处理，投资方向主要是政府公债和其他特殊债券。信托储蓄银行依法接受国家公债委员会监管，其吸收的普通存款也交由国家公债委员会管理，投资对象也多数购买债券。个人购买也占有一定数量。

9、信息披露规则

在美国，监管制度主要对债券上市、发行人信息公开、禁止不正当交易以及证券事故的处理等方面进行严格的规定。因此信息披露是监管的重要内容。

《1933 年证券法》主要适用于证券的组织发行，即证券的销售。制定该法的目的一是要求发行公司向投资者提供有关信息资料，二是防止证券出售中的歪曲陈述、欺骗诱哄及其他欺诈行为，为此，应将注册证券的财务情况公诸于众。

《1934 年证券交易法》使美国国会将保护投资者“充分信息”条款的适用范围扩充至登记和注册以在美国全国性证券交易所上市的各种证券，1964 年该法的修正案进一步将此扩展至交易所外市场的资本证券。交易法中的登记要求独立于证券法中的登记要求，不能相互替代。若某一证券将同时向公众出售及在交易中心上市，则该证券必须按照两个法规的要求分别注册登记。交易法下的注册登记同时引发出了交易法要求的定时报告规定、对委托权的管理、禁止内部人交易和反操纵的规定，以及对发出购买要约的规定。

《1939 年信托债券法案》是对证券法的补充，它主要针对债券的发行，包括公债、无抵押债券、票据以及类似的债券。一旦公开销售的债券价值超过 100 万美元，就要适用该法。即使这类债券可能已经根据证券法进行过登记，只要它不符合 SEC 的有关规定，就不能进行要约销售，这些信托债券必须符合信托债券法案的具体要求和条件。信托债券法案出台的原因是由于 SEC 经常发现许多信托债券对证券持有人缺乏最起码的保护，而且受托人连最基本的责任也不承担，因此该法案对受托人进行了一系列的规定，以保护投资者的权益。

SEC 有较大的权力来调查违反联邦证券法律的行为，调查分正式和非正式两种。SEC 传统的执法工具主要是联邦法庭禁止令，以及宣布违法并制止进一步的犯法，如 SEC 有权对正在违反或将要违反联邦证券法的任何人签发暂时限制令、初步禁止令和永久禁止令，任何不遵守禁止令的个人和团体都要受到民事或刑事处罚。除民事禁令外，SEC 还可对证券经营机构采取多种行政制裁措施，包括批评、限制经营业务、吊销执照等。《1933 年证券法》还规定，SEC 有权废弃含有虚伪和误导言词的申请上市的注册报表。同时，SEC 有权向联邦、州、地方政府，以及证券业自律机构(如纽约股票交易所、全美证券商协会)提供参考信息，并常为司法部有关证券违法的指控提供实质性帮助。

二、机构投资人(商业银行)在企业债券市场中的作用和优势，及目前的法律法规制约

从发达的公司债券市场看，参与认购与交易的投资者主要是机构投资者。机构投资者在英国被称为 CII(Certificated Institutional Investors)，或者 SII(sophisticated institutional investors)。在美国合格的机构投资者被称为 QIB(Qualified Institutional Buyers)和 QII(Qualified Institutional Investor)。机构投资者的成熟和壮大对于债券市场的发展和成熟具有决定性的意义。

1. 机构投资者具有专业的判断能力，机构投资者是市场成熟度的主要标志。因为机构投资者对公司债债的利率走势非常敏感。能够对发债主体的信用评级、公司治理情况、偿债能力等作出专业判断，并且能够在债券定价中体现出来上述风险；

2. 由于他们掌握的资金量比较大，对交易价格有专业的眼光，因此使交易更能符合市场的供求关系，保持着对债券的最大需求；

3. 机构投资者的风险承受能力较强；如果企业债券的发行以普通大众为主要对象，由于普通投资者没有能力去充分认识企业债券的质量好坏，同时限于资金规模，也无法承受企业债券的风险，一旦兑现不能按时，则很可能受到较为严重的损失。而专业机构投资者则可以对发行人进行足够充分的调查，以确定其投资价值，同时，机构投资者把企业债券作为组合投资的对象，相对风险降低。

目前我国企业债市场重要的长期投资机构是保险公司和农信社，虽然他们能够投资的企业债的范围和数量均受到法规或政策约束，但毕竟得到市场准入。而作为资金实力最强的商业银行则由于法律法规的限制，时至今日依然无法购买企业债。主要法规障碍包括：(1)《商业银行法》没有将企业债列入投资范围；(2)《企业债券管理条例》规定“办理储蓄业务的机构不得将所吸收的储蓄存款用于购买企业债券”。

从国际经验来看，无论是美国、英国还是日本，商业银行都是债券市场重要的投资机构。从我国的现实情况看，商业银行投资企业债的条件是完全成熟的，是不应存在障碍的：1、从投资者结构角度，允许商业银行投资企业债对于完善投资者结构至关重要。2、从商业银行风险防范的角度：(1)将商业银行贷款与购买企业债比较，信用风险基本类似。事实上，由于商业银行目前都建立了较为严格的贷款审批程序，完全可以将购买企业债的风险判断和决策交给商业银行自身来完成。(2)商业银行已开始为企业债发行进行担保。担保事实上就是一种或有负债，信用风险也基本与直接购买企业债类似。从商业银行内部工作程序看，担保与贷款的内部风险控制标准基本相同。(3)从现实情况看，不少企业债的发行体都是银行的客户，银行对他们的情况十分了解，有利于风险控制。

三、我国企业债券市场的现状与存在的问题

(一)发行管理体制

审批过程：企业直接或通过地方发改委向国家发改委申请债券发行额度；国家发改委对申请企业进行初审；初审后汇总成一批的债券发行计划上报国务院；国务院将发行计划审批意见下达国家发改委，国家发改委再向申请企业下达债券发行额度批文；获得额度的企业向国家发改委上报企业债发行材料，同时主承销商向证监会上报承销团成员资格核准材料，并向拟销售地区的地方发改委申报销售网点；国家发改委审查同意后向证监会和人行发出会签批文；证监会和人行进行会签，其中人行会签的重点是发行品种和利率；会签文回到国家发改委，如没有问题，国家发改委下达正式发行批文。

1、多头监管

(1)国家发改委全面主管额度审批和发行审批，人行审批利率，证监会审查证券公司的承销资格；地方发改委审批该地方销售网点。

(2)多头监管的核心问题是谁都无法也没有动力对企业债券市场的发展和建设负全责，其次造成工作效率低下。

2、额度审批

企业债发行额度需国务院特批，成为稀缺资源，远远不能满足企业的发债需求，发行体范围很小。

3、利率审批

法规对发行利率的限制(现行《企业债券管理条例》规定：不能超过银行相同期限定期存款利率40%)和利率审批制造成发行利率的非市场化。

(二)流通管理体制

1、企业债目前不允许在银行间债券市场上市流通；经证监会(证券交易所)审批，可在交易所市场上市流通，但审批时滞较长(至少3个月左右)。

2、上市之前，在银行间场外市场流通。缺乏法律法规进行规范，且交易效率低下。

3、由于企业债总体供给规模较小，投资者结构不尽合理，造成交易不活跃，不能满足大机构的投资交易需求。

4、上市债券采用全价交易方式，税负不公平。

(三)定价机制

1、一级市场：

法规和政策约束：发行利率不能超过同期银行定期存款利率40%；人行内部掌握发行利率的上下限。

目前有两种定价方式：(1)由主承销商协助发行体根据市场情况确定发行利率，并上报发改委和人行进行审批。(2)如采用簿记方式，则先由主承销商协助发行体确定簿记发行的利率区间，并上报发改委和人行进行审批；根据簿记的结果确定最终的发行利率，并二次上报发改委和人行进行审批。

问题：1、利率管制过严，非市场化；2、审批过程产生的时滞导致发行时机的错失或发行利率的失效。

2、二级市场

交易所市场交易价格决定二级市场收益率，但成交清淡导致人为操控收益率的成本较低，经常出现失真情况。

上市之前的场外交易主要参照交易所市场类似品种的收益率。

(四)投资者结构

1、机构投资者占绝大多数，其中又有相当比例的机构仅做被动投资持有到期；个人投资者持有数量很少。

2、作为资金量最大的商业银行，不能购买企业债。保险公司和农信社作为重要的机构投资者受到法规或政策的较严格的投资限制。

(五)信用评级

1、信用评级机构没有真正实现信用评级的独立性和权威性；

2、迫于生存压力，评级结果缺乏严肃性，可信度差；

3、由于特批体制，实际对发行体资质负责的是主管机关，评级机构的意见显得无足轻重。

4、仅在债券发行时做评级，债券存续期内没有跟踪评级制度。

(六)信息披露

发行时有明确的信息披露规定；债券上市后要求半年披露一次，但如果债券不上市，则无需再行披露；没有跟踪信用评级报告。

(七)债券品种

由于债券额度资源的稀缺，在目前利率低谷时期发行体往往倾向于发行长期固定利率债券，不能完全顺应市场需求。

(八)偿债保障

有比较严格的对发行体偿债保障措施的规定和担保规定。但没有债券持有人大会和债权代理人制度的安排。

(九)募集资金投向

有较严格的政策限定，大部分还是用于项目建设，有少量调整债务结构等其他用途。

（十）法律法规

企业债发行有关的法律法规主要有：《公司法》、《证券法》、《企业债券管理条例》和《担保法》。

四、未来中国企业债券市场的发展目标和框架设计

（一）企业债券市场发展的首要前提：明确企业债市场是资本市场和直接融资的重要组成部分并在操作层面上予以落实。

历史上，企业债是作为少数发行体银行贷款之外的一个融资渠道补充，在融资渠道方面处于从属地位，在整个债券市场中的分量很小。目前这种局面没有根本改变，虽然发展企业债市场的呼声很高，但具体举措尚未见到（国家发改委正在抓紧修改、推动新《企业债券管理条例》的出台）。关键是，企业债能否在资本市场、债券市场取得与国债、政策性金融债基本同等的地位。前提具备了，才能谈得上增加发行规模、扩大发行体范围、发行方式逐步市场化等方面的进展。

（二）中国企业债券市场发展的长远目标和阶段性目标

发达国家完善的市场体系自然是我国企业债券市场发展的长远目标。该市场体系应该包括以下重要特征：

1、监管环境简单明了。(1)无论谁是今后企业债券的主管机关，都应该具备对该市场的发展承担牵头负责的能力，监管应该保证市场的统一和完整；(2)监管以合规性审查为原则，不会制约市场的发展。(3)监管的重点放在严格信息披露、信用评级和违规处罚等方面，尽量减少对市场化行为的干预。

2、法律法规的制定应满足企业债券发行和流通高度市场化的需要。在发行规模、发行体资格、发行定价、投资者准入、募集资金使用方向、交易场所和方式、审批环节等方面尽量少设置限制，但在信用评级和信息披露方面制定严格的条款进行约束。

从现实情况看，近一两年企业债市场发展的阶段性目标（或改革方向）可以概括为以下方面：

1、监管体系基本维持原状；

2、简化发行审批手续，改额度审批和发行审批两次审批为一次性审批。每年国务院向国家发改委下达一个年度发行总规模，在总规模内国家发改委自行审批，同时授予地方发改委一定的审批权限。

3、逐步扩大企业债券发行规模。

4、发行品种和利率管制进一步放宽。

5、在适当设定限制条件（发行体、规模等）的前提下，允许商业银行投资企业债。

6、理顺和规范企业债场外交易，在条件成熟时允许在银行间市场上市交易。

7、加强信息披露和信用评级管理。

（三）企业债券发行利率改革

成熟市场公司债券发行利率的确定过程一般是：承销团在预路演的基础上确定发行利率区间，在区间内进行发行簿记，根据一定的超额认购倍数确定最终的票面利率，监管机构不对利率进行干涉。同时，企业债券的发行很少采用招标形式，因为发行体有成本控制底线，同时还要赋予承销团成员余额包销责任，采用招标形式不利于上述目标的实现。

从实际出发，我国企业债券发行完全取消利率限制、一步到位可能比较困难。比较可行的是进一步放宽利率的上下限，使得正常情况下通过发行簿记确定的票面利率不至于超出利率限制区间。（中信证券债券销售交易部）

浅议我国公司债券市场信用评级制度的创新

独立、公正、客观的信用评级制度会对公司债券市场的发展起到很大的促进作用。对于投资者来说，信用评级可以作为判断信用风险、评价投资价值的重要依据，有利于投资者规避风险、保护自身利益；对于发行人来说，有利于按照优惠条件迅速实惠发行，并为在更大范围内筹资提供了可能；对于监管当局来说，有利于有甄别地实施监管，提高监管效率；而对社会以来说，则可以降低信息成本，提高证券市场的效率，实现资源的合理配置。

一、发达国家公司债券市场的信用评级体系

在公司债券的定价过程中，发行公司的信用价值是十分重要的因素，这以债券的信用等级为标志。国外公司债券市场一般都具有严格、客观的信用评级制度。成熟市场大多数公开发行债券在发行前（承销团组建后、发行价格确定之前）都会聘请专业评级机构对所发行债券进行评级。在美国，较有名的评级机构有标准普尔公司（S&P）、穆迪投资服务公司（Moody）、菲特投资服务公司（Fith）和达夫 & 菲尔普斯公司（Duff&Phelps），其中 S&P 和 Moody 是最大和最著名的评级机构。

不同评级机构都具有自己的评级方法和标准，但其基本原则和考核思路是一致的：发行人的财力状况是影响信用评级的最主要因素，通过会计质量、盈利能力、偿债能力、资本结构、财务弹性等方面进行现金流量分析衡量发行人的财务风险；还对发行人所处宏观环境、行业状况、竞争地位、管理层素质、经营效率、筹资项目等方面进行经营风险分析；并考虑发行人治理结构、债券发行条款、政府支持态度等各方面的支持因素，最终通过信用分析对发行债券评定信用等级。通常，信用评级越高，违约的风险性越小；信用评级越低，违约的风险性也就越大。

债券一旦获得评级，评级公司将定期及不定期进行复审和跟踪评级。跟踪评级是评级的一个必要过程，目的是根据未来情况的非正常变化，及时对评级结果进行修正。定期跟踪是评级机构定期根据发行人按要求提供的相关资料，判断发债主体经营情况的变化，进行分析并对债券的信用级别进行复审。而当出现可能或足以影响信用状况的重大事件时，评级机构将随时据以调整债券的信用级别。

评级的公正性依赖于评级机构的中立性，成熟市场中评级机构也极为重视自身的独立性和中立性，他们尽最大努力使自己在人员或资金方面不与自己存在厉害关系的各方（发行人、承销商、投资者等）以及政府和金融当局发生任何利害关系，评级活动不受发行人的干扰。从评级机构的收入来看，在 20 世纪 60 年代之前，评级机构在对债券进行评级时，并不收取发行人的费用，而是向投资者收取有偿信息服务；而在 60 年代之后，评级机构开始向发行人收取评级费用，目前所有的发行人都必须支付此类费用。应当说发达国家的信用评级制度也是有制度缺陷的，评级机构的评级业务难以绝对避免不受有选择评级机构主导权的发行人影响。美国安然公司破产案中，违规关联交易和虚假报表是投资者长期受到欺瞒的主要原因，但评级机构也是否尽职也值得怀疑，标准普尔和穆迪两家信用评级机构在安然公司提出破产保护申请前不久仍然对其保持着较好的信用评价，正是由于收取了被评级公司支付的评估费用，其评级结果发表比美国其他的一些独立债券评级机构要迟，评级的公正性也值得质疑。当然，发达国家的信用评级体系是以其良好的社会信用环境为基础的，这是目前其评级机构基本能够提供独立、严格、客观的资信评估的主要原因，但是安然事件的出现已经我们对其信用评级制度的反思。

二、我国公司债券市场的信用评级现状

与国外相比，我国的信用评级业务开展晚、发展慢，社会信用环境基础也存在较大差距，市场规模小，业务品种较为单一，行业水平要远远落后于发达国家。根据相关规定，发行公司债券可以向经认可的债券评信机构申请信用评级，而在交易所上市的公司债必须申请信用评级，且其信用等级应不低于A级。目前所有公开发行的公司债都申请了信用评级。我国目前已经开展、且相对成熟的评级业务主要就是公司债评级。我国的评级机构数量多，但规模小，缺乏评级品牌。目前全国共有50多家评级机构，这些机构遍及各省、自治区，目前还缺乏统一的行业管理。在这些评级机构中，规模大、具备在全国范围内开展业务能力的机构只有4家：中诚信国际（1999年与惠誉国际合资）、大公国际（1999年与穆迪合作）、上海远东和深圳鹏元，其中中诚信国际占据了大部分市场份额。

从业务开展的情况来看，目前我国的评级机构权威性和独立性不足，合理的信用评级机制尚未形成，评级机构的诚信责任、专业性和独立性受到质疑。评级机构信用评级的权威性不够，加上目前我国公司债发行数量少，且由发行人和承销商选择评级机构并支付评级费用，导致"僧多粥少"局面的出现，评级机构依附于发行人而生存，往往根据发行人的意愿对公司债进行信用评级。信用评级缺乏统一的规范，也没有建立持续跟踪评价制度。而且由于公司债发行采用审批制度，对发行人资质负责的实际上是主管部门，债券的信用评级往往流于形式，只是为了满足发行程序上的需要，不能真正揭示公司债的风险特征。

目前我国公司债市场的发展滞后是多种因素综合作用的结果，但最具根本性的原因还在于体制性制约，其中不成熟、不完善的信用评级制度也是制约公司债券市场进一步发展的重要因素。随着我国金融市场的逐步发展和完善，市场风险的充分揭示日益受到重视，诸如公司债券、商业银行次级债券、资产证券化债券、投资基金等金融工具对信用评级业务的需求日益迫切。

三、建立主要债权人监控下的信用评级制度

随着商业银行、证券公司等各类金融机构债券（本质上也是公司债券）的发行和公司债券发行主体的进一步放开，未来十年我国可能出现一个包括公司债券在内的非主权债券的发行高峰。目前，以银行间债券市场为代表的场外市场已经成为我国债券市场的主导市场，其发行和交易机制较以往有了较大的进步，初步形成了一个较为理性的以机构投资者为主的市场投资群体，为公司债券等非主权债券的发展提供了一个良好的市场基础。然而，从上个世纪90年代以来我国的信用评级机制却一直没有实现突破，今年发行的商业银行次级债券和企业债券仍然由发行人来选择评级机构进行信用评级，走的仍然是上个世纪90年代初的老路，债券的信用评级仍然流于形式，信用风险无法得到充分揭示，市场化机制必然无法真正建立。如果在建立市场化机制方面没有结合我国国情进行适当的制度创新，而仍然因循守旧来发展非主权债券市场，那么未来几年的发债高峰就很可能会重蹈上个世纪90年代初的覆辙。

信用评级制度与信息披露制度是建立市场化机制的基础和前提。只有建立了科学合理的信用评级制度和信息披露制度，市场和产品的风险才有可能被充分揭示，投资者也才能对产品进行准确的定价，并作出符合自己特点的投资决策，市场也才能健康发展。因此，要实现我国公司债市场持续、快速、健康地发展，就必须在目前的信用评级制度上有所创新，为建立公司债券的市场化机制打下良好的基础。与发达国家相比，目前我国的总体信用环境还较差，社会信用基础较为薄弱，评级机构的独立性和客观性还有所欠缺，因此不能简单地照搬发达国家发展经验，而应结合我国国情建立一套适应市场发展的信用评级制度。我们设想的信用评级机制基本思路如下：

公开发行并准备在银行间债市、交易所上市交易的公司债必须向经认可的债券评信机构申请信用评级。我国的信用评级机制应主要强调：(1)实行强制评级制度，债券的评级机构不再由发行人指派，而是由债券的债权人或潜在债权人选举产生，切断发行体和评级机构的道德风险链条；(2)引入竞争机制，及时追踪评级机构对公司债的评级情况，投资者可通过市场机制定期更换不尽职的评级机构。

1、首次公开发行时由承销团成员为主来选择债券评级机构

首次公开发行时每只债券的评级机构都由承销团成员和其他市场成员投票选择产生，可由主管部门授权市场中介机构（如中央国债登记结算公司）通过指定公众网（如中国债券信息网）进行投票采集、统计与发布。由于在发行前无法确定发行后的债权人范围，承销团成员可认为是该只债券的主要债权人或其代理人，因此由承销团成员作为该只债券评级机构的选举人必须参与投票，其他市场参与者可自愿投票，被选举人为自愿申请的专业评级机构。每只债券的备选评级机构应提交相关资料公布于指定公众网，选举人据此投票选择该只债券评级机构。选举人的投票及票数统计可通过指定公众网进行，选举人身份需进行密码认证，每个选举人只能投一票，被选举人中累计得票最高者为该只债券的评级机构。

2、已上市的公司债券评级机构由市场参与者自主选择

已发行的公司债上市后，由市场参与者定期（如每年）对评级机构的评级情况进行评判，决定是否更换评级机构；在该债券发行人出现影响债券偿付或市场价格的重大问题后，如评级机构没有及时揭示相应的信用风险，市场参与者也可决定更好评级机构。在债券上市交易后，由于所有的市场参与者都成为该只债券的潜在投资者，同时为避免持有该只债券的投资者通过操控信用评级而将信用风险转移给其他投资者的现象出现，因此上市后债券的评级机构由主要市场参与者（即已在中央国债登记结算公司开立了债券账户的机构投资者）通过指定公众网投票选择。每个市场参与者均有一票的权利，每次投票可设定一定的投票期限（如半个月），如参与是否更换评级机构的投票票数达到一定数目（如15票，不宜过高，以免对评级机构失去约束），则该次投票为有效投票，其投票结果按照少数服从多数原则处理。

3、规定评级机构的信息动态披露义务

信息披露制度是维护"三公"原则和保护投资者利益的要求，因此评级机构应切实履行相关的信息披露义务。评级机构的基本义务应包括：(1)披露担保前评级和担保后评级结果，并附对评级报告，报告必须描述被评级公司债券的风险源头和程度；(2)披露对发债公司的动态跟踪评估，至少每年公布一次该只债券的评级报告，在发债公司出现异常情况时也应及时调整该债券的信用评级。

4、改革信用评级的评分方法

不采用ABC等字母来模糊的表示债券的信用级别，而直接采用倒债的概率表明债券的信用风险，这样的做法比较直观，也便于检验，使评级机构难以为自己的失职行为找到开脱的借口。对以担保方式发行的债券，担保前后均应有相应的评级，并予以公布。

5、关于评级费用

评级费用作为发行债券的相关费用由发债公司向评级机构支付。在债券存续期间，无论是否更换评级机构，发债公司均应向投资者选择的评级机构支付评级费用，如发生不支付现象则由相关媒体进行披露。由于评级费用不再成为选择评级机构的一个影响因素，为了防止评级机构恶意抬高评级费用，需由有关管理部门对评级费用制定一个统一的标准。由于评级费用是发行债券的成本，有关管理部门可根据市场发展情况对评级费率进行调整，作为调控发债主体发行债券的市场化手段之一。(刘凡　蔡国喜)

我国国债交易市场实证研究

在证券市场中，国债被看作是无风险债券，国债利率也被认为是无风险利率，并成为资本市场的基准利率。国债常常是其他衍生金融工具的基础，国债市场的交易和价格波动情况对整个货币市场和资本市场都会产生重要的影响。

本文对我国的国债交易市场进行实证研究，采用横向和纵向分析方法，对银行间和交易所的国债交易进行市场比较分析，对2002和2003年进行年度比较分析，得出有益的研究结论，为债券市场的统一和债券期货、期权等金融衍生品的创新，提供有价值的参考依据。

一、国债市场存量分析

(一)市场总量分析

2002年末，记账式国债总余额为16304.41亿元，其中，银行间市场国债余额为13555.05亿元，占总余额的83.3%；交易所市场余额为2749.37亿元，占16.7%。

2003年末，国债总余额为21012.09亿元，其中，银行间市场国债余额为17468.40亿元，占总余额的83.13%；交易所市场余额为3543.69亿元，占总余额的16.87%。银行间市场国债余额和交易所国债余额比例平均为4.5，两者比例基本保持稳定。

(二)国债持有量机构分布

2002年末，银行类金融机构持有国债最多，共11075.15亿元，占总余额的67.93%。其中，国有商业银行持有国债7915.01亿元，占总余额的48.55%。信用社、保险公司和投资基金分别持有406.84亿、426.26亿和346.58亿元，分别占国债总余额的2.50%、2.61%和2.13%。2003年末，银行类金融机构仍然是持有国债的主体，共持有12495.88亿元，占总余额的59.47%。其中，国有商业银行持有国债8624.62亿元，占总余额的41.05%。信用社、保险公司和投资基金分别持有660.66亿、522.02亿和474.37亿元，分别占国债总余额的3.14%、2.48%和2.26%。

与2002年比较，2003年银行类金融机构的国债持有比重降低了8.46个百分点。信用社和投资基金的市场比重都有所增加，保险公司的市场份额则有所下降。

(三)国债存量剩余期限分布

2002年末，共有60只记账式国债待偿，总余额为16300多亿元。剩余期限在1到30年不等，其中剩余年限为2年、6年、7年和26年的国债余额都超过总量的10%，剩余期限在10年以内的国债占到77%以上。剩余期限在3年以内、4—6年、7—10年、以及10年以上的国债的比重分别为23.56%、27.30%、26.32%和22.81%，期限分布比较均匀。

2003年末，共有70只记账式国债待偿，总余额为21000多亿元。剩余期限分布在1到30年，其中剩余年限为1年、5年、6年和25年的国债余额都超过总量的9%，剩余期限在10年以内的国债占到72%以上。剩余期限在3年以内、4—6年、7—10年、以及10年以上的国债的比重分别为24.09%、32.23%、15.78%和27.91%。与2002年相比，剩余期限在7—10年期的国债余额偏少，7年期以下和10年期以上的国债余额则有所增加，市场比重分别增加5.46%和5.1%。

二、国债市场交易分析

(一)银行间、交易所市场比较分析

1、总量分析

2002年国债市场现券交易总量为11425.65亿元，其中：银行间市场成交4023笔，2716.96亿元；交易所市场成交110.54万笔，8708.69亿元。

2003年国债市场现券交易总量为13907.88亿元，其中：银行间市场成交8663笔，8190.96亿元；交易所市场成交129.41万笔，5756.10亿元。

与2002年相比，2003年国债市场现券交易总量增加了2482.23亿元，增幅为21.73%。银行间市场2003年国债现券成交笔数和成交量分别比2002年增加4640笔和5474亿元，增幅分别为115.34%和201.55%。交易所市场2003年国债现券成交笔数和成交量分别比2002年增加18.87万笔、减少2952.59亿元，增幅分别为17.07%和—33.9%。

2、平均指标分析

2002年银行间市场每笔成交6753.57万元，交易所市场每笔成交78.78万元，银行间市场每笔成交量是交易所市场的83.44倍。

2003年银行间市场每笔成交9455.11万元，交易所市场每笔成交44.48万元，银行间市场每笔成交量是交易所市场的212.57倍。

与2002年相比，银行间市场每笔成交量增加2701.54万元，增幅为40%；交易所市场每笔成交量减少34.3万元，降幅为43.54%。

研究周转率指标发现，2002年交易所国债周转率为3.199，2003年为1.613，减少了近50%。2002年银行间国债周转率为0.2，2003年为0.469，增长了1倍多。2002年银行间周转率对交易所周转率的比例为0.06，2003年上升到0.29，增长趋势明显。

(二)机构交易分析

1、总量分析

2002年银行间债券市场机构对国债的买卖总量为5433.88亿元。银行是市场的交易主体，其成交量占到全部交易总量的67.91%。其次是证券公司、信用社和保险公司，它们分别占成交总量的11.42%、9.70%和5.14%。

2003年银行间市场国债买卖总量为16381.97亿元。银行仍然是市场的交易主体，其成交量占到全部交易总量的73.45%。其次是证券公司、信用社和保险公司，它们分别占成交总量的12.20%、5.89%和2.86%。

与2002年相比，2003年银行交易的市场份额提高5.54个百分点，银行作为市场交易主体的地位得以加强。证券公司的市场比重也有所提高。信用社和保险公司的市场份额则有较大程度的下降，分别下降了3.81和2.28个百分点。

2、净额分析

2002年银行是国债的净买入方，净买入额为396.31亿元。保险公司、证券公司和信用社等机构成为市场的净卖出方，净卖出额分别为106.15亿元、101.64亿元和99.92亿元。

2003年银行、保险公司和投资基金等机构成为国债的净买入方，净买入额分别为165.18亿、37.76亿和20.01亿元。证券公司和信用社是国债的净卖出方，净卖出额分别为227.83亿和30.51亿元。

与2002年相比，2003年银行的净买入额减少231.13亿元，降低58.32%。保险公司和投资基金等机构则由净卖出方转为净买入方。

3、流向分析

2002年，无论作为国债的买券方还是卖券方，银行都是其他交易对象的交易主体。银行的买券和卖券对象主要是银行、证券公司和信用社。信用社的买券和卖券对象主要是银行和信用社。证券公司主要将债券卖给银行、信用社和保险公司等，而主要从银行、财务公司、保险公司等买入债券。保险公司和投资基金的买卖对象主要银行和证券公司。

2003年银行仍然是其他交易对象的国债交易的主体。银行的买券和卖券主要对象仍是银行、证券公司和信用社。信用社的买券和卖券对象主要是银行和证券公司。证券公司的买入和卖出对象主要是银行、信用社和保险公司等。保险公司和投资基金的买卖对象还是银行和证券公司。

与2002年相比，2003年除银行之外，证券公司成为信用社的第二大交易主体。

4、周转率分析

2002年银行间市场全部机构的国债周转率为0.33。证券公司的周转率最高，达到25.29。企业、信用社和保险机构的周转率分别为6.32、1.29和0.66。银行的国债周转率为0.33。

2003年银行间市场全部机构的国债周转率为0.78。证券公司的周转率仍然最高，达到48.42。企业、财务公司和信用社的周转率分别为6.55、2.47和1.46。银行的国债周转率为0.96。

与2002年相比，2003年银行间机构的国债周转率提高了136.36%。银行的周转率提高了190.91%，证券公司的周转率提高了91.46%。(三)债券交易分析

1、券种交易分析

2002年，银行间市场有45只债券发生交易，总成交量为2716.96亿元。成交量最大的债券是010006和000012，分别成交36亿元和35.95亿元。两只债券的当时的剩余期限分别是2年和1年。成交量最大的前10只债券的成交量为252.69亿元，占总成交量的9.3%。除成交量最大的前两只债券以外，剩余期限集中在3—6年。

2003年，银行间市场有53只债券发生交易，总成交量为8190.96亿元。成交量最大的债券是020015，成交1703.73亿元，占总量的20.8%。该只债券的当时的剩余期限是6年。成交量最大的前10只债券的成交量为5172.56亿元，占总量的63.15%。成交量最大的前几只债券剩余期限集中在3—6年。

与2002年相比，2003年交易券数增加了17只。前10只债券交易的集中度明显增大。这一方面由于020015成交量的急剧增大；另一方面，其他9只债券交易也是异常活跃。

2、换手率分析

2002年，有9只债券的换手率大于0.5。其中，债券020001、010014的换手率最高，分别是0.93和0.92。此后，依次是9905、010005、010011、020004、010004、010013和020005，这些债券的换手率都在0.7左右。

2003年，有8只债券的换手率大于1。其中，债券020015的换手率最高，达到2.84。此后，依次是010004、020002、010001、030005、020006和020009，这些国债的换手率都在1.5左右。

比较2002和2003年的国债换手率，发现2003年国债换手率的总体上有所提高。换手率高的债券都是些较新的债券，剩余年限大多在3年或4年以上。

3、交易期限分布

2002年，剩余期限4—6年的国债成交量最大，占总量的43.62%。剩余期限在6年以内的国债成交量占到总量的71.64%。剩余期限在7—10年和10—30年的国债交易量，分别占总量的15.68%和12.42%。

2003年，剩余期限4—6年的国债成交量最大，占总量的48.53%。剩余期限在6年以内的国债成交量占到总量的75.69%。剩余期限在7—10年和11—30年的国债交易量，分别占总量的14.82%和9.49%。

与2002年相比，2003年剩余期限4—6年的国债成交量的比重进一步扩大。剩余期限在6年以内的国债成交量的市场比重提高了4.05个百分点。

4、相关分析

选取债券成交量、收益率、成交笔数、每笔成交量、剩余年限和发行量等6个指标进行相关分析。

2002年，债券成交量与剩余年限、成交笔数和每笔成交量显著正相关。此外，剩余年限与收益率、成交笔数正相关。每笔成交量与发行量正相关。

2003年，债券成交量与成交笔数、每笔成交量和发行量显著正相关。此外，剩余年限与收益率正相关。成交笔数、每笔成交量与发行量正相关。

与2002年相比，2003年成交笔数与剩余年限的相关性减弱，而与发行量的相关性增强。成交量与剩余年限不再显著相关。

5、回归分析

对显著相关的指标进行回归分析，结果表明，2002年，债券剩余期限每变动1年，相应的债券收益率同向变动0.041个百分点，债券成交笔数同向变动6.4笔，债券交割量同向变动3.89亿元。发行量每增加1万元，相应的债券成交量同向变动1007.57万元，每笔成交量同向变动8.79万元。债券成交每变动1笔，相应的债券成交量同向变动0.64亿元。每笔成交量每变动1万元，相应的债券交割量同向变动72.61万元。2003年，剩余期限每变动1年，相应的债券收益率同向变动0.04个百分点，债券成交量同向变动8.81亿元。发行量每变动1亿元，相应债券的交易同向变动1.19笔，每笔成交量同向变动10.29万元，债券成交量同向变动1.17亿元。债券成交每变动1笔，相应的债券交割量同向变动0.92亿元。每笔成交量每变动1万元，相应的债券交割量同向变动162.79万元。

三、国债收益率波动分析

采用2002和2003年回购利率，银行间市场、交易所市场的到期收益率数据。

(一)短期利率走势分析

2002 年银行间债券市场回购利率在 2—2.5%之间波动，平均回购利率为 2.1087%，波动趋势为先抑后仰，年末保持在 2.5%左右。2003 年回购利率在 2—3.5%之间波动，平均回购利率为 2.4228%，比 2002 年总体升高 0.3 个百分点，波动趋势为先降后升再降，年末稳定在 2.3%左右，波动程度高出近 7 倍。

实际上 2003 年回购利率的波动主要发生在下半年。2003 年上半年的回购利率仅比 2002 年增加了 5.8 个基点，波动性也降低了 45%。而 2003 年下半年回购利率与 2003 年上半年相比增长了近 50 个基点，波动性则增长了 13 倍。8 月份央行提高存款准备金率，导致市场资金短缺，11 月份平均回购利率上升到 3.68%。

（二）国债收益率走势分析

1、市场比较分析

（1）2002 年银行间市场、交易所市场国债收益率比较

除 1 年期国债收益率交易所市场略大于银行间市场以外，2002 年银行间市场其它期限的国债收益率都大于交易所市场相应收益率，其中 10 年期国债收益率差异最大，达到 30 个基点。

2002 年银行间市场、交易所市场的 3 年期、5 年期和 7 年期的国债收益率的波动性相差不大，但 1 年期、10 年期、15 年期和 20 年期的国债收益率的波动性银行间市场明显高于交易所市场，15 年期国债收益率的波动性银行间市场竟高出交易所市场 3 倍多。

（2）2003 年银行间、交易所市场国债收益率比较

2003 年国债收益率的市场差异与 2002 年相比变动较大。银行间市场 1 年期、3 年期、5 年期和 20 年期的国债收益率高于交易所市场，而 7 年期、10 年期和 15 年期收益率则低于交易所市场。

2003 年，1 年期、7 年期、10 年期 15 年期的国债收益率的波动性交易所市场大于银行间市场，20 年期的国债收益率的波动性银行间市场明显高于交易所市场。银行间市场交易不够活跃，特别是长期期限的品种交易频率较少，导致长期国债的收益率波动较大。

2、年度比较分析

（1）银行间市场国债收益率年度比较

2003 年银行间市场各期限的国债收益率都高于 2002 年，其中 10 年期以上期限的国债变动不大，7 年期以内的国债收益率年度差异较大。2003 年 1 年期、3 年期和 5 年期的国债收益率分别高出 2002 年 43、35.27 和 28.62 个基点。

2003 年银行间市场各期限国债收益率的波动性略高于 2002 年。其中较短期限的国债收益率年度变动较大，较长期限的国债收益率年度变动并不明显。2003 年 1 年期、3 年期和 5 年期的国债收益率的波动性分别高出 2002 年 1 倍、1.4 倍和 75%。

（2）交易所市场国债收益率年度比较

2003 年交易所市场各期限的国债收益率都高于 2002 年，其中短期和长期国债的变动不大，中期国债的年度差异表现最大。2003 年 7 年期和 10 年期的国债收益率分别高出 2002 年 47.8 和 54.7 个基点。

2003 年交易所市场国债收益率的波动性明显增大。3 年期、5 年期国债收益率的波动性 2003 年与 2002 年相差不大，但其它期限的国债收益率的波动性 2003 年明显高于 2002 年。其中，1 年期和 15 年期国债收益率的波动性 2003 年竟高出 2002 年 5 倍多。

3、实例分析

以 7 年期国债收益率为例，2002 年银行间市场 7 年期国债收益率在 2—3%之间波动，波动趋势先降后升，年末保持在 2.75%左右。2003 年银行间市场 7 年期国债收益率在 2.5—3.5%之间波动，比 2002 年总体升高 0.5 个百分点，波动趋势先升后降，年末稳定在 2.7%左右，波动程度高出近 20%。

交易所市场 7 年期国债收益率 2002 年、2003 年的波动趋势与银行间市场类似，只是 2002 年的波动程度高出 2003 年近 1 倍。

（三）国债收益率相关分析

1、2002 年国债收益率相关分析

（1）银行间国债收益率相关分析

2002 年银行间市场期限较为接近的国债收益率波动相关性较高。短期回购利率与较长期限的国债收益率弱相关，与 1 年期国债收益率负相关。1 年期国债收益率与 3 年期、5 年期国债收益率正相关，与其它期限的国债收益率都存在负相关关系，相关程度并不显著。只有根据市场波动调整持有债券的期限结构，投资机构才能获得较大的收益。

（2）交易所国债收益率相关分析

与银行间市场一样，交易所市场期限较为接近的国债收益率具有较高的相关性。短期回购利率与较长期限的国债收益率弱相关，相关性并不很强，与 1 年期国债收益率负相关。20 年期国债与其它期限的国债收益率的相关性不显著。

（3）银行间、交易所国债收益率相关分析

2002 年银行间与交易所市场国债收益率的相关程度并不高，相关系数都在 0.2 左右。两个市场的债券收益率波动缺乏一致性，存在套利空间。

2、2003 年国债收益率相关分析

（1）银行间国债收益率相关分析

2003 年银行间市场期限较为接近的国债收益率波动相关性较高。短期回购利率与各期限国债的收益率相关性明显增强，与 5—20 年期的国债收益率的相关系数都超过 0.6。1 年期国债与长期国债的收益率存在负相关关系。

（2）交易所国债收益率相关分析

同样，2003 年交易所市场期限较为接近的国债收益率波动相关性较高，较短期限的国债与较长期限的国债收益率存在一定程度的负相关。回购利率与 1 年期、3 年期国债收益率负相关，5 年期以上期限的国债收益率存在较强程度的正相关。1 年期国债与 5—15 年期的国债收益率负相关，相关程度较强。3 年期国债与 7—15 年期的国债收益率负相关，相关性较弱。20 年期的国债与其它期限国债收益率的相关性较强，相关系数超过 0.5。

（3）银行间、交易所国债收益率相关分析

2003 年银行间与交易所市场国债收益率的相关性明显增强，5—15 年期国债收益率的相关系数都超过 0.7。两个市场国债收益波动的联动性增强，套利空间减小。较短期限的国债收益率的相关性不高。

3、收益率波动性与成交量的相关分析

选取 5 年期国债的收益率、收益率方差和国债月度成交量，进行相关分析。

2002 年，国债月度成交量与平均收益率和收益率方差都是负相关，相关性并不显著。

2003 年，国债月度成交量与平均收益率正相关，相关性并不显著；与收益率方差显著负相关，相关系数为—0.88。方差变动 1 个单位，即波动程度增加一个单位，成交量减少

14985.7亿元。

研究2002和2003两年的数据，发现月度成交量与平均收益率显著正相关，相关系数为0.577，与收益率方差负相关，相关性不显著。也就是说，国债收益率越高，波动性越小，债券的成交量越大。国债收益率每变动一个百分点，月度成交量同向变动688.01亿元。方差变动1个单位，即波动性增加一个单位，成交量减少8209.73亿元。

四、研究结论与对策建议

1、加快债券市场统一化进程

虽然银行间市场和交易所市场国债收益率波动的相关性逐渐提高，但两个市场仍存在较大的套利空间。中短期国债的收益率银行间市场高于交易所市场，而较长期限的国债收益率银行间市场则低于交易所市场。只有尽快实现国债市场的统一，才能进一步缩小套利空间，形成证券市场的基准利率体系。

2004年财政部计划发行的国债全部为跨市场债券，这表明统一债券市场步伐已经加快。统一的目标为：同一托管机构可以对不同场所交易的国债进行统一的托管和清算，各类机构均自主选择交易场所和交易方式。债券市场统一化进程期待今年能够做出有效地突破。

2、进一步完善基准利率国债体系

从剩余期限结构来看，2003年末剩余期限较短和较长的国债余额市场比重较高，而中期国债余额的比例偏低。因此，应进一步丰富债券品种，以丰富基准利率国债期限结构，逐步形成符合市场需求的基准利率国债体系。2004年的国债发行将基准利率国债品种从原有的7年期一种，增加为2年、5年和7年期三种。

3、尽快推出新的国债交易方式

2003年银行间市场的批发特征和交易所市场的零售特征得到进一步强化。国债市场交易主体呈多元化趋势。银行仍然是银行间市场的交易主体，但是，银行的国债持有份额、净买入额都有所下降，信用社和投资基金等机构的持有比重有所增加。多样化的机构，需要多样的交易方式。

2003年债券市场波动性进一步加剧，投资机构的交易活跃程度也明显增强，这反映了投资机构管理债券资产的积极性。为了防范市场风险，实现债券资产的保值增值，投资机构需要采用多样的交易方式，以保证债券足够的流动性。

建议尽快推出买断式回购、国债远期交易等，并继续研究包括国债掉期、融券等新的交易方式，为稳定市场、提高市场的流动性创造条件。4、择机推出国债期货

2002到2003年，国债收益率逐步上升，波动性也逐渐增大，两个市场收益率波动的联动性也逐渐增强。在银行间市场，国债成交量与收益率存在正相关关系，而与收益率波动程度是负相关关系。也就是说债券收益率高，价格平稳的市场，债券的成交量越高。

目前，我国债券现券市场得到迅速发展，利率市场化程度已较高，债券收益率波动频繁，期货市场规范化程度明显提高，已基本具备恢复国债期货交易的现实条件。推出国债期货，一方面为投资者提供一个有效的避险工具，另一方面也有利于平抑市场波动，提高债券市场流动性。（中央国债登记结算公司信息部　卢遵华）

我国企业债券的历史与展望

（一）我国债券融资发展历程及企业债券类别

我国企业债券融资始于上世纪80年代中期，近20年来，大致经历了四个阶段

1、自发阶段（1982—1986）。从1982年开始，少量企业开始自发地向社会或企业内部集资，这一阶段的集资行为既没有政府审批，也没有相应的法律法规制约，缺乏管理。到1986年底，这种相当于发行债券的融资筹集了100多亿的资金。

2、起步管理阶段（1987—1992）。针对企业自发的集资行为，政府开始研究对企业债券的管理。1987年3月，《企业债券管理暂行条例》由国务院颁布实施。根据条例的规定，中国人民银行是企业债券的主管机关，发行债券必须经人行批准。同时人行会同国家计委、财政部制定全国企业债券发行的年度控制额度，下达各省、自治区、直辖市和计划单列市执行，人行对企业发行债券实行集中管理分级审批制度。

1987年，国家计委首次编制了全国企业债券发行计划，当年批准发行债券30亿，1990年债券发行纳入国民经济和社会发展计划，将债券融资作为固定资产投资来源渠道。并与人民银行联合制定了额度申报制度及管理办法；随后债券的发行开始骤增，1992年发行总量近700亿，创历史最高水平，其中发行地方企业债券258.77亿元，发行短期融资券228.53亿元，发行内部债券111.51亿元，还同时发行了住宅建设债券、地方投资公司债券等等。当年在国务院68号文件中还规定企业债券由地方政府审批。

过热的经济产生了债券融资的强烈要求，这期间发行债券出现了一些失控，部分省越权审批，一些规模小、资信差的企业也趁机进入发行行列，有的甚至濒于破产的企业也通过发债筹集工资，使刚刚步入相对规范的债券管理制度受到冲击和影响。

3、波动阶段（1993—1997）。1993年我国经济处于过热的顶端，年初国家批准发行近500亿元的债券规模，但由于通货膨胀，使当年的国债发行困难。4月国务院宣布在国债未发行完毕之前，不得发行企业债券，与此同时还要求企业债券的利率不得高于新发行的国债利率，不久又宣布将发行企业债券的计划改为新增银行贷款计划。1994年企业债券发行计划实际上被取消，当年实际发行量仅为38亿元左右。同时出现了部分到期债券不能兑付的问题，加之与少量企业乱集资出现的问题混淆在一起，引发出一些社会问题。在这样的情况下，国务院发布了关于坚决制止乱集资和加强债券发行管理的通知，1993年8月，《企业债券管理条例》出台。条例规定，由国家计委会同中国人民银行、财政部、国务院证券管理委员会拟订全国企业债券发行的年度规模和规模内的各项指标，报国务院批准，明令未经国务院同意，任何部分地方、部门不得擅自突破企业债券发行的年度规模，又一次关紧了发行债券的闸门。

4、政策调整过渡阶段（1998—目前）。1998年底，中国人民银行提出了调整企业债券管理制度的建议，得到国务院领导原则的同意，至此《管理条例》停止实施。

从1999年以来，债券发行由国家计委接受各省市和部门的申报后集中审核，报送国务院批准。这一阶段企业债券的发行条件实际上发生了变化，主要是为国家批准的大中型项目筹集建设资金，其申报的发行额度至少在10亿元以上。按此规模就要求发行人的净资产不能少于25亿元，这实际上已将一般大型和中小型企业排斥在发债行列之外。

债券市场的发展相当缓慢，具体见下表：

1987年—2002年中国企业债券发行规模

单位:亿元

年份	86	87	88	89	90	91	92	93	94	95	96	97	98	99	00	01	02
规模	100	30	75	75	126	250	684	236	162	301	269	255	148	158	89	245	320

(二)我国企业债券的特点

我国企业债券按企业的隶属关系分类,由中央企业债券和地方企业债券,前者主要是隶属于中央政府的重点企业、分布在电力、化工、有色金属、铁路、能源、交通、重点原材料产业,这些企业发行的债券均由其主管部门(行业主管部委机关或总公司)担保;地方企业债券主要是由那些隶属地方政府的工商企业和金融性质的投资公司发行的。我国企业债券以信用债券为主,不采用动产或不动产抵押,哪些企业可以发行债券,发行多少都统一管理。从期限结构看,几乎没有超过10年期的债券,大多在3—5年期。

中国企业发行的债券主要是到期一次还本付息的零息债券,金融机构发行的债券也有按年付息的附息债券;所发债券一般是用企业资产或由第三方机构提供担保的债券,特别是国家重点企业债券,均由行业主管机关出面担保。

我国现行的企业债券定价机制的市场化程度很低,究其原因就是债券预期收益率的确定脱离了市场。反映在我国企业债券市场的现状表现如下:

1、目前我国对于企业债券的发行实行的是额度管理的审批模式,这一模式决定了一段时间内企业债券供给是既定的,不存在随需求或发行利率(价格)变动的供给弹性问题。目前我国发行债券的企业大多为从事基础设施建设或公共项目的大中型国有企业,分布于电力、化工、有色金属、铁道,能源、交通、重点原材料产业,这些企业发行的债券均由其主管部门(行业主管部委机关或总公司)担保,在债券定价时对市场的作用常常是忽视的。

2、债券发行利率的僵化性。根据我国证券法规定,企业发行债券采用的收益率不可高过同期银行存款利率的40%。在之前银行存款利率较高、贷款规模受严格控制的前提下,企业债券利率可以高于存款利率的40%,其调节空间较大,对筹资主体和投资主体都有较大的吸引力。随着央行的七次降息,银行存贷利差幅度逐步加大。尤其是最后一次降息,存贷利差幅度骤然放大,三年期存贷利差幅度达120%,五年期存贷利差幅度达109%。按理说企债利率调节的空间也应该随之扩大,但是由于现行的利率管制政策限制了企债利率的调节幅度,相对而言,企债利率的实际调节空间反而大大缩小了。本次降息后,企业发行的三年期企业债券,即使信用评级再差,风险再大,其利率水平最高也只能比同期存款利率高一个百分点。我国现阶段发行的债券利率几乎全部是一个价,即在银行定期存款利率基础上上浮40%,期限大多三年或五年不变,完全撇开企业自身条件的差异。对具体投资者来讲,既要承担企业信用风险,又要承担利率风险;对发债企业来讲,则要承担成本风险,风险和收益是不对称的。企业债券发行的计划模式决定了企债的利率非市场化,使得债券利率不能反映资金供求的真实变动和不同企业的风险差异,造成优质企业债券资金成本偏高,一般性企业债券又不含风险收益,企业债券市场少了风险机制,导致债券需求缺乏弹性。

3、基准利率的确定。基准利率是在整个利率体系中起核心作用并能制约其他利率的基本利率。如何选择、选择哪种利率作为基准利率都会影响最终的预期收益率。在资本市场成熟的美国,美联储规定的商业银行向中央银行借款的利率为基准利率,其他利率都以基准利率为基础依据市场供求情况自行确定。而基准利率的选取相对而言还很混乱,我国目前除同业拆借利率和部分国债利率,所有现行的银行存贷款利率、大部分有价证券利率等都属于法定的基准利率,它们全由中央银行规定。我国发债及拟发债企业在发行定价时考虑的最重要依据是同期银行贷款利率,其次是同期国债发行利率和同类企业的发债利率,最后才是银行储蓄存款利率及二级市场收益率。但在我国券商眼里看来,最有利的定价依据为同期银行储蓄存款利率、同期国债发行利率、企业债券流通市场的收益率、同期银行贷款利率。

4、现阶段债券评级制度不起作用,对引导需求的作用也比较微弱。债券评级本来是一种对企业信用状况的评价,帮助投资者全面了解发行体的资信状况,从而影响市场需求的偏好,也由此影响债券发行成本。但由于目前发行债券的企业以及债券的条件均是由政府行政手段统一厘定的,不同发行体间的信用质量变得模糊不清,使得信用评级机构的评级几乎没有什么意义。尽管从1991年来,政府一直鼓励信用评级机构的发展,也在有关行政法规中明确规定企业发行债券必须经过信用评级,实践中也有几十家信用评级机构成立并开始运作,但对政府、发行体和投资者的作用却非常微弱,企业能否发行债券、发行成本多大并不主要受评级机构的影响,投资者也不注重评级机构的评级结果,使这种评级结果缺乏权威性和参考性,从而起不到"引导需求"的作用。

5、缺乏二级市场,债券流动性差。本来,中国证券二级市场是从企业债券交易开始的,有关企业债券的行政法规也明确规定企业债券可以转让,但时至今日,企业债券在两家证券交易所上市交易的却没有几只,基本上也是有行无市,场外柜台交易也没有形成,可以说,企业债券二级市场尚未培育建立起来。主要原因,首先是发行利率控制过严,没有市场化;其次是额度管理使得每家企业发行规模过小,机构交易在二级市场上无法进行,在成本收益对比的原则下,卖不出去,也买不进来,这种状况使债券流动性非常低,机构投资者和交易商的需求不大。这使得企业在发行债券时,对预期收益率的确定缺少可比较、借鉴的参考,仅有的几家上市流通的债券定价也不能够反映市场的真实价值,债券市场的收益率曲线没有形成。

从我国现有的企业债券来看,几乎都是按同一模式设计的,只要期限相同,则利率都一样,收益是绝对确定的。这种定价机制严重扭曲了企业债券的价格信号,造成企业债券市场的信息失真。

(三)对现阶段中国公司债券市场发展的展望

中国加入WTO后,我国的金融市场对外放开的程度会越来越大,与国际资本市场接轨成为刻不容缓的任务。展望中国金融经济的未来发展,公司债券市场将是一个十分重要的不可或缺的市场,对于企业财力管理、合理构建企业资本结构、支撑企业设备投资以及为丰富证券金融市场工具,都是极具积极意义的,企业债券市场在我国的发展已经被提上日程。

目前我国债券市场的发展面临难得的机遇:利率市场化改革已经起步,资金价格逐步放开将为政府债券和公司债券进行市场化发行与交易提供机制上的保证;通过股票市场融资的企业,现在受到社会与市场监督的压力越来越大,这就会逼迫企业不能过份依赖股市,应寻找包括债券在内的其它融资方式,从而为公司债券市场的发展提供供给方的动力;上市公司的结构正在改变,非国有控股上市公司的比重将会加大,而这些上市公司预算约束应当是比较强的,如果它们能够从融资结构的多元化与合理化的角度出发参与到债券融资当中来，将会以其良好的信誉与发展前景为公司债券市场的发展奠定基础；通过股票市场的资产重组风起云涌，而诸如收购兼并等资产重组交易离不开债券市场为其提供应有的融资支持，这也将推动着公司债券市场的发展。所以，我们现在要做的，应当是提高对债券市场的认识，改进原有的不合理制度，建立健全有利于债券市场发展的制度与市场条件，充分利用国债市场的已有基础，在首先促进国债市场进一步发展的同时，将公司债券（包括可转换债券、资产抵押债券 ABS 等）市场的发展措施切实落到实处。（南方证券债券业务总部　曲宏）

我国企业债问题研究

一、我国债券市场现状及不足之处

1、证券市场总体结构不均衡

我国的证券市场不仅总量规模不能适应经济发展的需要，市场体系结构方面同样存在严重不均衡问题。主要表现为债券市场发展大大落后于股票市场、企业债券市场发展明显滞后于政府债券市场。而在发达市场经济国家，公司债券发行额远大于股票发行额。国外公司债券融资一般约为股票融资的 10 倍，而我国企业债券融资规模仅为股票市场融资的十几分之一。我国企业债券市场虽然起步比较早，但发展比较缓慢，远远不能适应经济发展的需要。2002 年底，处于低迷状态中的股票市场筹资仍然达到 962 亿元，是企业债券融资的近 3 倍；在债券市场内部，国债发行 5934 亿元，而企业债券仅仅发行 325 亿元。

2、监管法规不合时宜

部分监管法规已经不合时宜。1993 年的《企业债券管理条例》（以下简称“条例”）虽然历经了企业债券发行审批由人民银行向原国家计委的转变，但却一直沿用至今。2000 年至今，企业债券市场发展取得了显著的成效，市场投资主体、投资品种、发行规模、发行主体都空前壮大。条例中部分陈旧的规定与市场的不断发展壮大已经形成十分鲜明的对比。新的政策、法律、法规千呼万唤不出来。

3、多头监管导致发债周期漫长

多头监管条件下，审批效率低下，发债周期漫长。目前，一只企业债券面临著国务院的额度审批、国家发改委的项目审批、国家发改委的发行审批、人民银行的利率审批、中国证监会的承销资格审批、中国证监会和交易所（或中央国债登记公司）的上市审批，从申请发行到上市这一过程短则 1 年，长则 2—3 年。一般来说，投资项目的盈利预测都取决于明确的投资计划，一旦企业锁定债权融资方式，其投资项目对发债资金的需求是有时间要求的，然而，漫长的发债周期根本无法保证项目本身的投资计划和与之对应的盈利预测。这样一方面令很多拟发债企业“知难而退”，从而不能充分发挥资本市场的资源配置功能；另一方面也放大了发债主体的经营风险以及投资主体的偿付风险。

多头监管看似专业分工，其实是相互制约虽然上述各部门可以从多角度对企业债券进行审核，但是各自的职能分工不尽相同，甚至对待同一问题也会得出差异较大的结论。这样一来，不仅发债主体前后为难、不知所措，连各主管部门也会相互猜疑、举棋不定，企业债券监管政策出现明显失误的可能性就相应增加。有些问题甚至涉及企业债券的核心要素，例如：票面利率定价的尺度；债券发行节奏的协调安排；承销机构的资质认定；投资主体的资质认定；托管机构的选择；转托管程序的衔接；上市交易或转让的场所；发行人信息披露和持续信息披露的尺度等诸多问题。

4、企业债托管交易分割

首先，企业债券上市以前托管在银行间债券市场，转让方式类似于一种场外交易，转让双方签订转让协议，再由中央国债登记公司根据过户指令办理转托管，即后台交割结算；资金划转则是转让双方自行办理，只是在外汇交易中心的系统上作一个备查的资金清算，即前台资金清算。其中甲、乙类结算成员实行一级托管，丙类结算成员则实行二级托管。企业债券上市以后，同一只券中的一部分转托管到了交易所债券市场，交易方式基本和交易所的国债交易相同，实行二级托管体制，以标准券的形式分散在不同的券商席位中。由于两个债券交易场所对投资主体有不同的规定，债券上市以后就人为地把同一只券分别按照不同的方式分开托管、交易、结算。仅有少数具备跨市场交易资格的投资者，可以把券从银行间债券市场单向转托管到交易所债券市场，并且这样的转托管程序是不可逆的。

这样的转让和交易场所给企业债券的交易造成了多层面的不利影响。例如：同一只券在同一时间在不同的交易场所存在两种并无关联的交易价格，缺乏统一的定价机制；企业债券交易必须承担交易场所其他品种有价证券波动所带来的非系统性风险；没有专业的企业债券投资机构；企业债券流动性极差；付息和兑付程序混乱等。

5、投资主体缺乏

另外，随着企业债券发行规模的不断扩大，对投资主体资金实力、专业能力的要求也相应提高。然而，目前我国资金实力大、风险承受力强、专业技术水平高的金融机构——商业银行根据相关规定，却不能持有企业债券。

除了保险公司、基金管理公司和少数财务公司外，适合于投资中长期企业债券的机构投资者青黄不接，屈指可数。一旦货币市场和资本市场出现象近几周一样的剧烈振荡行情，企业债券发行难免受阻。机构投资主体性质的多元化可以有效规避市场中的系统风险。应尽早建立统一的交易场所，实行企业债券做市商制度，培育专业的企业债券机构投资者，壮大投资主体的实力，规范投资主体的投资行为。

5、信用定价机制不完善

一直以来，企业债券市场存在一个很无奈的现象，不同类型甚至自身业绩和盈利预期差异较大的企业债券信用评级都是 AAA 级，同一时期发行的企业债券票面利率几乎没有差别。信用评级在企业债券发行中基本丧失了定价功能，形同虚设。有时这种情况发展到令人捧腹的地步，1999 年某只企业债券根据自身对利率走势的判断，选择发行浮动利率债券，紧随其后发行的企业债券利率形式竟然如出一辙，甚至连厘定的基本利差也分毫不差。2002 年底至 2003 年初，所有企业债券又都完全一致地选择了固定利率，有意思的是相同期限的品种票面利率几乎没有差别。这种现象只能说明目前企业债券缺乏一个合理的定价机制。

二、对于未来企业债发展的构想：

1、改革政府对债券方式的管理。政府的管理应从重视行政审批控制向重视市场化运作方式转化；从直接管理向监控信息披露真实性的间接管理转化；从单纯重视企业融资向保护投资者的利益转化。其次要逐步改革国家对企业债券计划总量控制、项目审批和规模管理的方式，逐步向政府部门制定债券融资资格标准，发债企业据以向社会公开发布信息，通过核准制和备案制发行债券方式过渡。第三是对中介机构的监管，通过制度使中介服务保持公开、公平和公正，对中介机构的违规违纪行为，努力加大执法处罚力度直至取消资格；强化债券中介市场运行环境的治理，切实加快机构自律的建设，充分发挥自律和一线监管的作用，弥补政府在行业监管能力方面的不足。

2、丰富企业债发行期限。由于特殊的原因，企业债券发行人在确定债券发行期限时，仅仅依据债券票面利率和当前其他融资方式成本的差别，从“锁定”融资成本的角度出发，毫不犹豫地选择了发行长期或者超长期债券，这样就难免出现短视行为和近似于一致的趋同性。其实这里，发展主体往往忽略了一个重要的问题，如果从融资成本的角度出发，企业的未来主营业务和拟投资项目的现金流量预测，才是决定债权融资期限的最重要因素。根据《公司法》的规定，企业债券发行总额不应超过其净资产的 40%；且国务院规定，债券发行规模应不超过固定资产投资项目总额的 20%、技改项目投资总额的 30%。显然，企业债券募集资金对于企业主营业务产生的现金流来说，甚至对于拟投资项目产生的现金流来说，只是较小的一部分。也就是说，绝大部分发债企业未来主营业务产生的经营性净现金流量，甚至是拟投资项目产生的净现金流量在债券到期之前，就足以偿付债券本息。如果仅仅因为债券募集资金成本较低，盲目发行长期债券，而不考虑现金流量预测的因素，静态来看，发行人在未来将不得不承受募集资金闲置所产生的巨额的利息负担，从而造成企业财务成本大幅上升。

3、加快修改有关法律法规。按照实行国民待遇和国际惯例的要求，调整有关法律法规。相关法规条款应明确地界定企业债券的含义和内容，统一规范提法和管理，《债券管理条例》以及《公司法》和《证券法》中有关企业债券的条款必须统一，使债券融资行为有统一的法规约束。尽快出台与形势发展相适应的《管理条例》。应尽快颁布实施适应形势发展要求的新的企业债券管理条例，新条例应该充分体现企业债券市场化改革基本方向，要在审批制度、利率水平、资金使用、中介机构的作用、强化社会监督各个方面，全面体现社会主义市场经济的深入发展对企业债券融资的基本要求。

4、逐步规范债券管理，加强债券风险制度的建设。证券市场是严格的法制监管市场，对债券市场进行严格的监管，这对确保债券兑付有积极作用。首先要建立企业债券的财产抵押机制。第二要规范评级体系，要有与我国企业运行基本吻合的评级体系，与我国市场发育基本适应的规范的评级行为，评级结果能真正成为投资者投资的基本依据。第三要在适当时候修改破产法，利用破产重组制度、破产管理人等制度促使企业尽可能偿还债务。第四是要对发债企业进行严格的资信审查。

5、尽快培养机构投资者，放开商业银行投资企业债的管制。

商业银行具备雄厚的资金实力和丰富的投资理念。允许商业银行投资于企业债券有利于充实企业债的投资主体，对于确保企业债券的长远发展和防范系统风险具有很强的现实意义。同时，对于商业银行而言，增加长期限信用良好的债券投资对于商业银行资产组合管理和风险控制十分有益。为了规避商业银行投资企业债券的风险，管理机构可以从其投资信用等级上控制，严格商业银行投资企业债券的信用风险。商业银行自身也应提高对于企业资质的分析水平，以控制投资风险。（中信实业银行资本市场部　任东旭）

我国企业债券市场发展的现状、问题及对策建议

一、我国企业债券市场发展的现状与问题

我国企业债券市场发展 10 多年来，在各个方面的共同努力下，取得了很大的成绩，对中国市场经济制度的建立发挥了重要作用。首先，企业债券的发行为国家经济建设筹集了大量资金，支援了国家重点建设。从 1990 年以来，我国共发行各类企业债券超过 2200 多亿元，支持了一大批能源、交通通信、重要原材料以及城市基础设施等领域内的国家重点建设项目；另外，企业债券市场的发展也提高了人们的信用意识和投资意识；同时，企业债券的管理也逐渐向规范化迈进。但是，也应该看到，我国企业债券市场的发展还处于初期阶段，还存在着一些问题和不足。

（一）我国企业债券市场规模较小，市场结构有待完善。

近几年，我国的债券市场虽然发展迅速，但债券总量只占 GDP 的 24%，相比国际上 95% 的比例，所占比重还很小，与国外成熟市场相比，我国债市无论是市场规模、债券品种，还是市场发育程度，都存在着相当大的差距，表现为市场规模过小，品种过少，市场参与者单一，债券流动性差，市场体系不完善，相关制度不健全。

多年来，我国企业债券市场的发展大大滞后于股票市场的发展。在发达国家，企业债券发行量往往是股票发行量的 3—10 倍，如 2000 年，美国共有 1592 家上市公司发行债券进行融资，仅 199 家上市公司发行股票。但在我国，情况恰恰相反，2000 年股票融资金额达到了企业债券的 11.7 倍。因此我国企业债券市场还存在巨大的发展机会和空间。

（二）企业债券发行主管机关过多、审批程序烦琐，审批效率不符合市场要求，科学的发行管理体制有待建立。

在我国，企业债券的发行由国家发展和改革委员会会同中国人民银行、证监会对债券市场实行多头监管，审批程序复杂。而在发达国家，债券的监管往往由一个机构统一进行。对企业债券实行多头管理，不利于企业债券市场整体监管和战略规划，降低了企业债券的发行效率，因此，将企业债券发行与监管进行统一管理已势在必行；在发行体制上，目前实行的审批制对企业发行债券尚有一些约束，企业还不能完全根据自身的财务状况和市场需求，安排债券发行，不利于以市场供求关系为机制的市场化企业债券市场的形成。

（三）企业债券发行管理的法律法规有待完善。

我国目前与企业债券有关的法律法规仅有《企业债券管理条例》、《中华人民共和国公司法》、《证券法》和《上市公司发行可转换公司债券实施办法》，而上述法律法规中对企业债券的定义不清、表述模糊的地方甚多。特别是《企业债券管理条例》中的许多条款已经过时，亟待修订和完善。

（四）成熟的投资者群体有待培养。

由于我国企业债券市场尚处于起步和发展阶段，政府和社会缺乏对投资者进行教育和培养的机制和渠道，投资者风险意识薄弱，风险承受能力差。在发达国家，专业的债券投资基金是公司债券的主要投资者，例如，在美国较大型的债券投资基金约 500 家以上。因此，增加专业债券投资基金品种，加强专业债券投资中介机构的培育，吸引广大个人投资者参与企业债券投资，培育成熟的投资者群体，已成为我国企业债券市场发展的重要课题。

（五）缺乏真正独立、公正的中介机构及其监督制约机制，

企业债券作为信用工具的产品特点难以得到保证。

企业债券作为一种信用工具产品，需要有独立、公正的中介机构对发行人进行发行前、发行后的信誉跟踪评级和信息披露监督。目前，正因为这方面工作的不完善，使得因对企业不能到期兑付的信息披露监督不力或不真实，给投资人造成的损失中介机构不承担任何责任。中介机构不以信誉为本，因此其评定的信用等级没有权威。债券作为信用工具的金融产品的特点没有得到真正体现。

二、发展我国企业债券市场的几点建议。

在资本市场正在发生结构性变化的新形势下，在机构投资者日益壮大，并逐渐成为市场主力的情况下，发展债券市场已经成为完善市场结构的必然选择。企业债券市场的发展应该从以下几个方面加以完善：

（一）建立和完善符合市场经济要求的债券发行管理体制，发债资格和额度的确立逐渐由审批制向核准制转变。

一个发达、高效、有序的企业债券市场，不仅有利于实现企业融资途径的多元化，优化我国资本市场，而且有利于引导企业改善信用，有利于商业银行的改革，进而优化整个社会的信用，使整个金融体系健康发展。为此，应逐渐实现企业债券市场从“审批制”向市场化的“核准制”的过渡，可将核准制作为企业债券发行机制市场化的第一步。这样，一方面可以让更多符合条件的企业有机会通过公开发行债券融资；另一方面，在市场环境还不够完善、相关市场主体的行为还不够规范的条件下，政府仍然保持足够的控制权。由于我国企业债券市场的成熟程度远不如股票市场，立即推行核准制的时机尚不成熟，因此企业债券核准制的推行应是一个逐步建立和完善的过程。

（二）逐步推行利率市场化改革。

利率市场化是债券市场最终实现市场化的前提。企业债券作为一种完全市场化的金融商品，应该走在利率市场化前面。利率遵循市场规律，反映市场供求关系。利率不同反映企业债券信用等级的差异，体现收益与风险对等关系，给投资者提供了充分的选择权。

原《企业债券管理条例》规定企业债券的发行利率不得高于同期银行储蓄利率的40%，应该说这一规定在《企业债券管理条例》制定当时，为限制信用过度扩大起到了积极作用，但是利率作为金融市场的“双刃剑”更应遵循市场规律，反映市场供求关系。由于利率是决定债券资金成本的关键，必须体现收益与风险正比关系，而我国企业债券目前大多为固定利率，利率上没有体现发行人信用级别的差异，也没有体现债券利率风险管理策略。如1998年发行的22家企业债券中，有16家企业不分信用等级高低，票面利率均为6.93%，可见在我国利率市场化改革到来之际，有必要尝试放宽利率限制。

建议改变原《企业债券管理条例》对利率的僵硬规定，鼓励企业债券进行创新，由企业根据自己的信用级别及偿债能力制定相应的利率，将企业债券的利率水平与风险进行挂钩，或根据市场供求状况相对自主地确定发行利率。同时，发债企业可根据自身对于资金期限的不同需要而制定相应的还债期限。在品种设计上，针对投资者的不同需求设计债券品种，期限上做到短、中、长期连续，付息方式做到一次付息、贴息与按年、半年、季度付息等的品种齐全，便于投资者按自身需求选择持有。

（三）企业债券的发行应加大发债主体的信息披露义务，强化社会中介机构作用。

现有债券市场中的信用评级制度和信息披露制度尚有一些不完善的地方。为了方便投资者判断债券风险、了解发行主体和市场的有关信息、增强市场信息透明度和对称性、保证市场运行公正合理，需要建立权威统一的发行主体信誉评级制度和持续信息披露制度。

公开发行的债券在证券交易所挂牌流通的同时，并进行持续信息披露。披露内容应包括债券募集说明书、上市公告书、年度报告和重大事项公告等。为了进一步增加透明度，建议在债券募集说明书、上市公告书、年度报告和重大事项公告等信息的披露方面，要求内容和条款较比以往更加详尽，可基本参照股票发行的信息披露。

政府作为监管主体，一方面需要监督中介机构的公正、独立、真实鉴证，监督其对发行主体定期进行信用评级和根据突发事项临时评级，鉴定发行人信息披露的真实性；另一方面监督发行人实行持续的定期披露信息，重大事项随时披露的制度。中介机构和人员一旦违反相应法规，可实行取消从业资格等处罚；发行主体一旦违反法规造成债券履约风险，可依法采取冻结或拍卖其及担保人的财产等措施，最大限度地保护投资人的利益。

（四）大力加强企业债券的流动性建设，建立健全债券交易流通市场。

发达国家证券市场的发展经验证明，随着证券流动性的增强，投资者会主动降低目标收益率，从而增加投资需求。因此，解决流通问题是现有条件下发展企业债券的当务之急。因此应首先配合利率市场化改革，逐步放开企业债券转让流通价格。其次，增加企业债券交易品种，稳步推进各项债券创新，增加投资者选择余地。另外，需要进一步完善企业债券的柜台交易形式，规范中介机构行为，防止垄断定价，尽量实现供求见面和协商价格公开化。

（五）放开设立各种投资基金的限制，大力培育企业债券市场的机构投资者，进行做市商制度的试点。

无论是股票市场还是企业债券市场，机构投资者的数量都是其成熟的标志，缺乏机构投资者的市场从根本上缺少了活力。应允许基金公司、社会保障基金投资信用度较高、风险较小而投资回报相对较高的企业债券，还可以考虑设立企业债券市场基金，专门支持企业债券市场的发展，为企业债券市场引入更多的资金。同时，可以考虑逐步放开外资对企业债券的购买限制。成熟的投资者群体的建立和培养是我国企业债券市场健康发展的基石和保障。（三峡总公司发债办　朱建军）

第八编

政策与法规

2565/2817

本栏目由以下单位协办(排名不分先后)

★ 中国石化上海石油化工股份有限公司
★ 岳阳纸业股份有限公司
★ 云南铜业股份有限公司
★ 云南铝业股份有限公司
★ 云南文山电力股份有限公司
★ 柳州两面针股份有限公司
★ 贵州盘江精煤股份有限公司
★ 西藏天路交通股份有限公司
★ 山西国阳新能股份有限公司
★ 湖南株冶火炬金属股份有限公司

政策与法规

国务院关于推进资本市场改革开放和稳定发展的若干意见

发文号：证监发[2001]125号　发文时间：2001－10－16

各省、自治区、直辖市人民政府，国务院各部委、各直属机构：

《国务院关于进一步加强证券市场宏观管理的通知》(国发〔1992〕68号)下发以来，我国资本市场发展迅速，取得了举世瞩目的成就。资本市场初具规模，市场基础设施不断改善，法律法规体系逐步健全，市场规范化程度进一步提高，已经成为社会主义市场经济体系的重要组成部分，为国有企业、金融市场改革和发展，优化资源配置，促进经济结构调整和经济发展，作出了重要贡献。为贯彻落实党的十六大和十六届三中全会精神，围绕全面建设小康社会的战略目标，积极推进资本市场改革开放和稳定发展，现提出如下意见。

一、充分认识大力发展资本市场的重要意义

大力发展资本市场是一项重要的战略任务，对我国实现本世纪头20年国民经济翻两番的战略目标具有重要意义。一是有利于完善社会主义市场经济体制，更大程度地发挥资本市场优化资源配置的功能，将社会资金有效转化为长期投资。二是有利于国有经济的结构调整和战略性改组，加快非国有经济发展。三是有利于提高直接融资比例，完善金融市场结构，提高金融市场效率，维护金融安全。

我国资本市场是伴随着经济体制改革的进程逐步发展起来的。由于建立初期改革不配套和制度设计上的局限，资本市场还存在一些深层次问题和结构性矛盾，制约了市场功能的有效发挥。这些问题是资本市场发展中遇到的问题，也只有在发展中逐步加以解决。党的十六大提出了全面建设小康社会的战略目标，十六届三中全会通过了《中共中央关于完善社会主义市场经济体制若干问题的决定》，对资本市场发展作出了部署，为我国资本市场改革开放和稳定发展指明了方向。要认清形势，抓住机遇，转变观念，大力发展资本市场，提高直接融资比例，创造和培育良好的投资环境，充分发挥资本市场在促进资本形成、优化资源配置、推动经济结构调整、完善公司治理结构等方面的作用，为国民经济持续快速协调健康发展和全面建设小康社会作出新的贡献。

二、推进资本市场改革开放和稳定发展的指导思想和任务

推进资本市场改革开放和稳定发展的指导思想是：以邓小平理论和"三个代表"重要思想为指导，全面落实党的十六大和十六届三中全会精神，遵循"公开、公平、公正"原则和"法制、监管、自律、规范"的方针，坚持服务于国民经济全局，实现与国民经济协调发展；坚持依法治市，保护投资者特别是社会公众投资者的合法权益；坚持资本市场改革的市场化取向，充分发挥市场机制的作用；坚持改革的力度、发展的速度与市场可承受程度的统一，处理好改革、发展、稳定的关系；坚持用发展的办法解决前进中的问题，处理好加快资本市场发展与防范市场风险的关系；坚持循序渐进，不断提高对外开放水平。

推进资本市场改革开放和稳定发展的任务是：以扩大直接融资、完善现代市场体系、更大程度地发挥市场在资源配置中的基础性作用为目标，建设透明高效、结构合理、机制健全、功能完善、运行安全的资本市场。要围绕这一目标，建立有利于各类企业筹集资金、满足多种投资需求和富有效率的资本市场体系；完善以市场为主导的产品创新机制，形成价格发现和风险管理并举、股票融资与债券融资相协调的资本市场产品结构；培育诚实守信、运作规范、治理机制健全的上市公司和市场中介群体，强化市场主体约束和优胜劣汰机制；健全职责定位明确、风险控制有效、协调配合到位的市场监管体制，切实保护投资者合法权益。

三、进一步完善相关政策，促进资本市场稳定发展

资本市场的稳定发展需要相应的政策引导和支持。各部门要进一步完善相关政策，为资本市场稳定发展营造良好环境。

完善证券发行上市核准制度。健全有利于各类优质企业平等利用资本市场的机制，提高资源配置效率。

重视资本市场的投资回报。要采取切实措施，改变部分上市公司重上市、轻转制、重筹资、轻回报的状况，提高上市公司的整体质量，为投资者提供分享经济增长成果、增加财富的机会。

鼓励合规资金入市。继续大力发展证券投资基金。支持保险资金以多种方式直接投资资本市场，逐步提高社会保障基金、企业补充养老基金、商业保险资金等投入资本市场的资金比例。要培养一批诚信、守法、专业的机构投资者，使基金管理公司和保险公司为主的机构投资者成为资本市场的主导力量。

拓宽证券公司融资渠道。继续支持符合条件的证券公司公开发行股票或发行债券筹集长期资金。完善证券公司质押贷款及进入银行间同业市场管理办法，制定证券公司收购兼并和证券承销业务贷款的审核标准，在健全风险控制机制的前提下，为证券公司使用贷款融通资金创造有利条件。稳步开展基金管理公司融资试点。

积极稳妥解决股权分置问题。规范上市公司非流通股份的转让行为，防止国有资产流失。稳步解决目前上市公司股份中尚不能上市流通股份的流通问题。在解决这一问题时要尊重市场规律，有利于市场的稳定和发展，切实保护投资者特别是公众投资者的合法权益。

完善资本市场税收政策。研究制定鼓励社会公众投资的税收政策，完善证券、期货公司的流转税和所得税征收管理办法，对具备条件的证券、期货公司实行所得税集中征管。

四、健全资本市场体系，丰富证券投资品种

建立多层次股票市场体系。在统筹考虑资本市场合理布局和功能定位的基础上，逐步建立满足不同类型企业融资需求的多层次资本市场体系，研究提出相应的证券发行上市条件并建立配套的公司选择机制。继续规范和发展主板市场，逐步改善主板市场上市公司结构。分步推进创业板市场建设，完善风险投资机制，拓展中小企业融资渠道。积极探索和完善统一监管下的股份转让制度。

积极稳妥发展债券市场。在严格控制风险的基础上，鼓励符合条件的企业通过发行公司债券筹集资金，改变债券融资发展相对滞后的状况，丰富债券市场品种，促进资本市场协调发展。制定和完善公司债券发行、交易、信息披露、信用评级等规章制度，建立健全资产抵押、信用担保等偿债保障机制。逐步建立集中监管、统一互联的债券市场。

稳步发展期货市场。在严格控制风险的前提下，逐步推出为大宗商品生产者和消费者提供发现价格和套期保值功能的商品期货品种。

建立以市场为主导的品种创新机制。研究开发与股票和债券相关的新品种及其衍生产品。加大风险较低的固定收益类证券产品的开发力度，为投资者提供储蓄替代型证券投资品种。积极探索并开发资产证券化品种。

五、进一步提高上市公司质量，推进上市公司规范运作

提高上市公司质量。上市公司的质量是证券市场投资价值的源泉。上市公司董事和高级管理人员要把股东利益最大化和不断提高盈利水平作为工作的出发点和落脚点。要进一步完善股票发行管理体制，推行证券发行上市保荐制度，支持竞争力强、运作规范、效益良好的公司发行上市，从源头上提高上市公司质量。鼓励已上市公司进行以市场为主导的、有利于公司持续发展的并购重组。进一步完善再融资政策，支持优质上市公司利用资本市场加快发展，做优做强。

规范上市公司运作。完善上市公司法人治理结构，按照现代企业制度要求，真正形成权力机构、决策机构、监督机构和经营管理者之间的制衡机制。强化董事和高管人员的诚信责任，进一步完善独立董事制度。规范控股股东行为，对损害上市公司和中小股东利益的控股股东进行责任追究。强化上市公司及其他信息披露义务人的责任，切实保证信息披露的真实性、准确性、完整性和及时性。建立健全上市公司高管人员的激励约束机制。

完善市场退出机制。要采取有效措施，结合多层次市场体系建设，进一步完善市场退出机制。在实现上市公司优胜劣汰的同时，建立对退市公司高管人员失职的责任追究机制，切实保护投资者的合法权益。

六、促进资本市场中介服务机构规范发展，提高执业水平

把证券、期货公司建设成为具有竞争力的现代金融企业。根据审慎监管原则，健全证券、期货公司的市场准入制度。督促证券、期货公司完善治理结构，规范其股东行为，强化董事会和经理人员的诚信责任。改革证券、期货客户交易结算资金管理制度，研究健全客户交易结算资金存管机制。严禁挪用客户资产，切实维护投资者合法权益。证券、期货公司要完善内控机制，加强对分支机构的集中统一管理。完善以净资本为核心的风险监控指标体系，督促证券、期货公司实施稳健的财务政策。鼓励证券、期货公司通过兼并重组、优化整合做优做强。建立健全证券、期货公司市场退出机制。

加强对其他中介服务机构的管理。规范发展证券期货投资咨询机构、证券资信评级机构，加强对会计师事务所、律师事务所和资产评估机构的管理，提高中介机构的专业化服务水平。

七、加强法制和诚信建设，提高资本市场监管水平

健全资本市场法规体系，加强诚信建设。按照大力发展资本市场的总体部署，健全有利于资本市场稳定发展和投资者权益保护的法规体系。要清理阻碍市场发展的行政法规、地方性法规、部门规章以及政策性文件，为大力发展资本市场创建良好的法制环境。要按照健全现代市场经济社会信用体系的要求，制定资本市场诚信准则，维护诚信秩序，对严重违法违规、严重失信的机构和个人坚决实施市场禁入措施。

推进依法行政，加强资本市场监管。按照深化行政审批制度改革和贯彻实施《行政许可法》的要求，提高执法人员的自身素质和执法水平。树立与时俱进的监管理念，建立健全与资本市场发展阶段相适应的监管方式，完善监管手段，提高监管效率。进一步充实监管力量，整合监管资源，培养一支政治素质和专业素质过硬的监管队伍。通过实施有效的市场监管，努力提高市场的公正性、透明度和效率，降低市场系统风险，保障市场参与者的合法权益。

发挥行业自律和舆论监督作用。要发挥证券期货交易所、登记结算公司、证券期货业协会、律师、会计师、资产评估等行业协会的自律管理作用。要引导和加强新闻媒体对证券期货市场的宣传和监督。

八、加强协调配合，防范和化解市场风险

营造良好的资本市场发展环境。资本市场的风险防范关系到国家的金融安全和国民经济的健康发展。各地区、各部门都要关心和支持资本市场的规范发展，在出台涉及资本市场的政策措施时，要充分考虑资本市场的敏感性、复杂性和特殊性，并建立信息共享、沟通便捷、职责明确的协调配合机制，为市场稳定发展创造良好的环境和条件。

共同防范和化解市场风险。各地区、各部门要切实履行《公司法》等有关法律法规规定的职责，采取有效措施防止和及时纠正发起人虚假出资、大股东或实际控制人侵占上市公司资产的行为；各地区和有关主管部门要依法加强对退市公司的管理，确保退市工作平稳顺利。对有重大经营风险必须退出资本市场或采取其他行政处置措施的证券、期货公司，地方人民政府、金融监管部门以及公安、司法等部门，要加强协调配合，按照法律法规和有关政策规定，采取积极有效措施做好风险处置工作。各地区、各部门必须建立应对资本市场突发事件的快速反应机制和防范化解风险的长效机制。

严厉打击证券期货市场违法活动。各地区要贯彻落实国务院关于整顿和规范市场经济秩序的有关精神，严格禁止本地区非法发行证券、非法设立证券期货经营机构、非法代理证券期货买卖、非法或变相设立证券期货交易场所及其他证券期货违法活动。财政、公安、审计、工商等政府部门和国有资产监督管理机构要加强协调配合，加大打击力度，维护资本市场秩序。

九、认真总结经验，积极稳妥地推进对外开放

严格履行我国加入世贸组织关于证券服务业对外开放的承诺。鼓励具备条件的境外证券机构参股证券公司和基金管理公司，继续试行合格的境外机构投资者制度。

积极利用境外资本市场。遵循市场规律和国际惯例，支持符合条件的内地企业到境外发行证券并上市。支持符合条件的内地机构和人员到境外从事与资本市场投资相关的服务业务和期货套期保值业务。认真研究合格的境内机构投资者制度。

加强交流与合作。落实与香港、澳门更紧密经贸合作安排。进一步加强与相关国际组织及境外证券监管机构的联系与合作。

大力发展资本市场是党中央、国务院从全局和战略出发作出的重要决策，各地区、各部门务必高度重视，树立全局观念，充分认识发展资本市场的重要性，坚定信心、抓住机遇、开拓创新，共同为资本市场发展创造条件，积极推动我国资本市场的改革开放和稳定发展，为实现全面建设小康社会的宏伟目标作出贡献。

国务院关于投资体制改革的决定

发文号：国发[2004]20号　发文时间：2004－07－26

改革开放以来，国家对原有的投资体制进行了一系列改革，打破了传统计划经济体制下高度集中的投资管理模式，初步形成了投资主体多元化、资金来源多渠道、投资方式多样化、项目建设市场化的新格局。但是，现行的投资体制还存在不少问题，特别是企业的投资决策权没有完全落实，市场配置资源的基础性作用尚未得到充分发挥，政府投资决策的科学化、民主化水平需要进一步提高，投资宏观调控和监管的有效性需要增强。为此，国务院决定进一步深化投资体制改革。

一、深化投资体制改革的指导思想和目标

（一）深化投资体制改革的指导思想是：按照完善社会主义市场经济体制的要求，在国家宏观调控下充分发挥市场配置资源的基础性作用，确立企业在投资活动中的主体地位，规范政府投资行为，保护投资者的合法权益，营造有利于各类投资主体公平、有序竞争的市场环境，促进生产要素的合理流动和有效配置，优化投资结构，提高投资效益，推动经济协调发展和社会全面进步。

（二）深化投资体制改革的目标是：改革政府对企业投资的管理制度，按照“谁投资、谁决策、谁收益、谁承担风险”的原则，落实企业投资自主权；合理界定政府投资职能，提高投资决策的科学化、民主化水平，建立投资决策责任追究制度；进一步拓宽项目融资渠道，发展多种融资方式；培育规范的投资中介服务组织，加强行业自律，促进公平竞争；健全投资宏观调控体系，改进调控方式，完善调控手段；加快投资领域的立法进程；加强投资监管，维护规范的投资和建设市场秩序。通过深化改革和扩大开放，最终建立起市场引导投资、企业自主决策、银行独立审贷、融资方式多样、中介服务规范、宏观调控有效的新型投资体制。

二、转变政府管理职能，确立企业的投资主体地位

（一）改革项目审批制度，落实企业投资自主权。彻底改革现行不分投资主体、不分资金来源、不分项目性质，一律按投资规模大小分别由各级政府及有关部门审批的企业投资管理办法。对于企业不使用政府投资建设的项目，一律不再实行审批制，区别不同情况实行核准制和备案制。其中，政府仅对重大项目和限制类项目从维护社会公共利益角度进行核准，其他项目无论规模大小，均改为备案制，项目的市场前景、经济效益、资金来源和产品技术方案等均由企业自主决策、自担风险，并依法办理环境保护、土地使用、资源利用、安全生产、城市规划等许可手续和减免税确认手续。对于企业使用政府补助、转贷、贴息投资建设的项目，政府只审批资金申请报告。各地区、各部门要相应改进管理办法，规范管理行为，不得以任何名义截留下放给企业的投资决策权利。

（二）规范政府核准制。要严格限定实行政府核准制的范围，并根据变化的情况适时调整。《政府核准的投资项目目录》（以下简称《目录》）由国务院投资主管部门会同有关部门研究提出，报国务院批准后实施。未经国务院批准，各地区、各部门不得擅自增减《目录》规定的范围。

企业投资建设实行核准制的项目，仅需向政府提交项目申请报告，不再经过批准项目建议书、可行性研究报告和开工报告的程序。政府对企业提交的项目申请报告，主要从维护经济安全、合理开发利用资源、保护生态环境、优化重大布局、保障公共利益、防止出现垄断等方面进行核准。对于外商投资项目，政府还要从市场准入、资本项目管理等方面进行核准。政府有关部门要制定严格规范的核准制度，明确核准的范围、内容、申报程序和办理时限，并向社会公布，提高办事效率，增强透明度。

（三）健全备案制。对于《目录》以外的企业投资项目，实行备案制，除国家另有规定外，由企业按照属地原则向地方政府投资主管部门备案。备案制的具体实施办法由省级人民政府自行制定。国务院投资主管部门要对备案工作加强指导和监督，防止以备案的名义变相审批。

（四）扩大大型企业集团的投资决策权。基本建立现代企业制度的特大型企业集团，投资建设《目录》内的项目，可以按项目单独申报核准，也可编制中长期发展建设规划，规划经国务院或国务院投资主管部门批准后，规划中属于《目录》内的项目不再另行申报核准，只须办理备案手续。企业集团要及时向国务院有关部门报告规划执行和项目建设情况。

（五）鼓励社会投资。放宽社会资本的投资领域，允许社会资本进入法律法规未禁入的基础设施、公用事业及其他行业和领域。逐步理顺公共产品价格，通过注入资本金、贷款贴息、税收优惠等措施，鼓励和引导社会资本以独资、合资、合作、联营、项目融资等方式，参与经营性的公益事业、基础设施项目建设。对于涉及国家垄断资源开发利用、需要统一规划布局的项目，政府在确定建设规划后，可向社会公开招标选定项目业主。鼓励和支持有条件的各种所有制企业进行境外投资。

（六）进一步拓宽企业投资项目的融资渠道。允许各类企业以股权融资方式筹集投资资金，逐步建立起多种募集方式相互补充的多层次资本市场。经国务院投资主管部门和证券监督机构批准，选择一些收益稳定的基础设施项目进行试点，通过公开发行股票、可转换债券等方式筹集建设资金。在严格防范风险的前提下，改革企业债券发行管理制度，扩大企业债券发行规模，增加企业债券品种。按照市场化原则改进和完善银行的固定资产贷款审批和相应的风险管理制度，运用银团贷款、融资租赁、项目融资、财务顾问等多种业务方式，支持项目建设。允许各种所有制企业按照有关规定申请使用国外贷款。制定相关法规，组织建立中小企业融资和信用担保体系，鼓励银行和各类合格担保机构对项目融资的担保方式进行研究创新，采取多种形式增强担保机构资本实力，推动设立中小企业投资公司，建立和完善创业投资机制。规范发展各类投资基金。鼓励和促进保险资金间接投资基础设施和重点建设工程项目。

（七）规范企业投资行为。各类企业都应严格遵守国土资源、环境保护、安全生产、城市规划等法律法规，严格执行产业政策和行业准入标准，不得投资建设国家禁止发展的项目；应诚信守法，维护公共利益，确保工程质量，提高投资效益。国有和国有控股企业应按照国有资产管理体制改革和现代企业制度的要求，建立和完善国有资产出资人制度、投资风险约束机制、科学民主的投资决策制度和重大投资责任追究制度。严格执行投资项目的法人责任制、资本金制、招标投标制、工程监理制和合同管理制。

三、完善政府投资体制，规范政府投资行为

（一）合理界定政府投资范围。政府投资主要用于关系国家安全和市场不能有效配置资源的经济和社会领域，包括加强公益性和公共基础设施建设，保护和改善生态环境，促进欠发达地区的经济和社会发展，推进科技进步和高新技术产业化。能够由社会投资建设的项目，尽可能利用社会资金建设。合理划分中央政府与地方政府的投资事权。中央政府投资除本级政权等建设外，主要安排跨地区、跨流域以及对经济和社会发展全局有重大影响的项目。

（二）健全政府投资项目决策机制。进一步完善和坚持科学的决策规则和程序，提高政府投资项目决策的科学化、民主化水平；政府投资项目一般都要经过符合资质要求的咨询中介机构的评估论证，咨询评估要引入竞争机制，并制定合理的竞争规则；特别重大的项目还应实行专家评议制度；逐步实行政府投资项目公示制度，广泛听取各方面的意见和建议。

（三）规范政府投资资金管理。编制政府投资的中长期规划和年度计划，统筹安排、合理使用各类政府投资资金，包括预算内投资、各类专项建设基金、统借国外贷款等。政府投资资金按项目安排，根据资金来源、项目性质和调控需要，可分别采取直接投资、资本金注入、投资补助、转贷和贷款贴息等方式。以资本金注入方式投入的，要确定出资人代表。要针对不同的资金类型和资金运用方式，确定相应的管理办法，逐步实现政府投资的决策程序和资金管理的科学化、制度化和规范化。

（四）简化和规范政府投资项目审批程序，合理划分审批权限。按照项目性质、资金来源和事权划分，合理确定中央政府与地方政府之间、国务院投资主管部门与有关部门之间的项目审批权限。对于政府投资项目，采用直接投资和资本金注入方式的，从投资决策角度只审批项目建议书和可行性研究报告，除特殊情况外不再审批开工报告，同时应严格政府投资项目的初步设计、概算审批工作；采用投资补助、转贷和贷款贴息方式的，只审批资金申请报告。具体的权限划分和审批程序由国务院投资主管部门会同有关方面研究制定，报国务院批准后颁布实施。

（五）加强政府投资项目管理，改进建设实施方式。规范政府投资项目的建设标准，并根据情况变化及时修订完善。按项目建设进度下达投资资金计划。加强政府投资项目的中介服务管理，对咨询评估、招标代理等中介机构实行资质管理，提高中介服务质量。对非经营性政府投资项目加快推行"代建制"，即通过招标等方式，选择专业化的项目管理单位负责建设实施，严格控制项目投资、质量和工期，竣工验收后移交给使用单位。增强投资风险意识，建立和完善政府投资项目的风险管理机制。

（六）引入市场机制，充分发挥政府投资的效益。各级政府要创造条件，利用特许经营、投资补助等多种方式，吸引社会资本参与有合理回报和一定投资回收能力的公益事业和公共基础设施项目建设。对于具有垄断性的项目，试行特许经营，通过业主招标制度，开展公平竞争，保护公众利益。已经建成的政府投资项目，具备条件的经过批准可以依法转让产权或经营权，以回收的资金滚动投资于社会公益等各类基础设施建设。

四、加强和改善投资的宏观调控

（一）完善投资宏观调控体系。国家发展和改革委员会要在国务院领导下会同有关部门，按照职责分工，密切配合、相互协作、有效运转、依法监督，调控全社会的投资活动，保持合理投资规模，优化投资结构，提高投资效益，促进国民经济持续快速协调健康发展和社会全面进步。

（二）改进投资宏观调控方式。综合运用经济的、法律的和必要的行政手段，对全社会投资进行以间接调控方式为主的有效调控。国务院有关部门要依据国民经济和社会发展中长期规划，编制教育、科技、卫生、交通、能源、农业、林业、水利、生态建设、环境保护、战略资源开发等重要领域的发展建设规划，包括必要的专项发展建设规划，明确发展的指导思想、战略目标、总体布局和主要建设项目等。按照规定程序批准的发展建设规划是投资决策的重要依据。各级政府及其有关部门要努力提高政府投资效益，引导社会投资。制定并适时调整国家固定资产投资指导目录、外商投资产业指导目录，明确国家鼓励、限制和禁止投资的项目。建立投资信息发布制度，及时发布政府对投资的调控目标、主要调控政策、重点行业投资状况和发展趋势等信息，引导全社会投资活动。建立科学的行业准入制度，规范重点行业的环保标准、安全标准、能耗水耗标准和产品技术、质量标准，防止低水平重复建设。

（三）协调投资宏观调控手段。根据国民经济和社会发展要求以及宏观调控需要，合理确定政府投资规模，保持国家对全社会投资的积极引导和有效调控。灵活运用投资补助、贴息、价格、利率、税收等多种手段，引导社会投资，优化投资的产业结构和地区结构。适时制定和调整信贷政策，引导中长期贷款的总量和投向。严格和规范土地使用制度，充分发挥土地供应对社会投资的调控和引导作用。

（四）加强和改进投资信息、统计工作。加强投资统计工作，改革和完善投资统计制度，进一步及时、准确、全面地反映全社会固定资产存量和投资的运行态势，并建立各类信息共享机制，为投资宏观调控提供科学依据。建立投资风险预警和防范体系，加强对宏观经济和投资运行的监测分析。

五、加强和改进投资的监督管理

（一）建立和完善政府投资监管体系。建立政府投资责任追究制度，工程咨询、投资项目决策、设计、施工、监理等部门和单位，都应有相应的责任约束，对不遵守法律法规给国家造成重大损失的，要依法追究有关责任人的行政和法律责任。完善政府投资制衡机制，投资主管部门、财政主管部门以及有关部门，要依据职能分工，对政府投资的管理进行相互监督。审计机关要依法全面履行职责，进一步加强对政府投资项目的审计监督，提高政府投资管理水平和投资效益。完善重大项目稽察制度，建立政府投资项目后评价制度，对政府投资项目进行全过程监管。建立政府投资项目的社会监督机制，鼓励公众和新闻媒体对政府投资项目进行监督。

（二）建立健全协同配合的企业投资监管体系。国土资源、环境保护、城市规划、质量监督、银行监管、证券监管、外汇管理、工商管理、安全生产监管等部门，要依法加强对企业投资活动的监管，凡不符合法律法规和国家政策规定的，不得办理相关许可手续。在建设过程中不遵守有关法律法规的，有关部门要责令其及时改正，并依法严肃处理。各级政府投资主管部门要加强对企业投资项目的事中和事后监督检查，对于不符合产业政策和行业准入标准的项目，以及不按规定履行相应核准或许可手续而擅自开工建设的项目，要责令其停止建设，并依法追究有关企业和人员的责任。审计机关依法对国有企业的投资进行审计监督，促进国有资产保值增值。建立企业投资诚信制度，对于在项目申报和建设过程中提供虚假信息、违反法律法规的，要予以惩处，并公开披露，在一定时间内限制其投资建设活动。

（三）加强对投资中介服务机构的监管。各类投资中介服务机构均须与政府部门脱钩，坚持诚信原则，加强自我约束，为投资者提供高质量、多样化的中介服务。鼓励各种投资中介服务机构采取合伙制、股份制等多种形式改组改造。健全和完善投资中介服务机构的行业协会，确立法律规范、政府监督、行业自律的行业管理体制。打破地区封锁和行业垄断，建立公开、公平、公正的投资中介服务市场，强化投资中介服务机构的法律责任。

（四）完善法律法规，依法监督管理。建立健全与投资有关的法律法规，依法保护投资者的合法权益，维护投资主体公平、有序竞争，投资要素合理流动、市场发挥配置资源的基础性作用的市场环境，规范各类投资主体的投资行为和政府的投资管理活动。认真贯彻实施有关法律法规，严格财经纪律，堵塞管理漏洞，降低建设成本，提高投资效益。加强执法检查，培育和维护规范的建设市场秩序。附件：政府核准的投资项目目录（2004 年本）

简要说明：

（一）本目录所列项目，是指企业不使用政府性资金投资建设的重大和限制类固定资产投资项目。

（二）企业不使用政府性资金投资建设本目录以外的项目，除国家法律法规和国务院专门规定禁止投资的项目以外，实行备案管理。

（三）国家法律法规和国务院有专门规定的项目的审批或核准，按有关规定执行。

（四）本目录对政府核准权限作出了规定。其中：

1. 目录规定“由国务院投资主管部门核准”的项目，由国务院投资主管部门会同行业主管部门核准，其中重要项目报国务院核准。

2. 目录规定“由地方政府投资主管部门核准”的项目，由地方政府投资主管部门会同同级行业主管部门核准。省级政府可根据当地情况和项目性质，具体划分各级地方政府投资主管部门的核准权限，但目录明确规定“由省级政府投资主管部门核准”的，其核准权限不得下放。

3. 根据促进经济发展的需要和不同行业的实际情况，可对特大型企业的投资决策权限特别授权。

（五）本目录为 2004 年本。根据情况变化，将适时调整。

一、农林水利

农业：涉及开荒的项目由省级政府投资主管部门核准。

水库：国际河流和跨省（区、市）河流上的水库项目由国务院投资主管部门核准，其余项目由地方政府投资主管部门核准。

其他水事工程：需中央政府协调的国际河流、涉及跨省（区、市）水资源配置调整的项目由国务院投资主管部门核准，其余项目由地方政府投资主管部门核准。

二、能源

（一）电力。

水电站：在主要河流上建设的项目和总装机容量 25 万千瓦及以上项目由国务院投资主管部门核准，其余项目由地方政府投资主管部门核准。

抽水蓄能电站：由国务院投资主管部门核准。

火电站：由国务院投资主管部门核准。

热电站：燃煤项目由国务院投资主管部门核准，其余项目由地方政府投资主管部门核准。

风电站：总装机容量 5 万千瓦及以上项目由国务院投资主管部门核准，其余项目由地方政府投资主管部门核准。

核电站：由国务院核准。

电网工程：330 千伏及以上电压等级的电网工程由国务院投资主管部门核准，其余项目由地方政府投资主管部门核准。

（二）煤炭。

煤矿：国家规划矿区内的煤炭开发项目由国务院投资主管部门核准，其余一般煤炭开发项目由地方政府投资主管部门核准。

煤炭液化：年产 50 万吨及以上项目由国务院投资主管部门核准，其他项目由地方政府投资主管部门核准。

（三）石油、天然气。

原油：年产 100 万吨及以上的新油田开发项目由国务院投资主管部门核准，其他项目由具有石油开采权的企业自行决定，报国务院投资主管部门备案。

天然气：年产 20 亿立方米及以上新气田开发项目由国务院投资主管部门核准，其他项目由具有天然气开采权的企业自行决定，报国务院投资主管部门备案。

液化石油气接收、存储设施（不含油气田、炼油厂的配套项目）：由省级政府投资主管部门核准。

进口液化天然气接收、储运设施：由国务院投资主管部门核准。

国家原油存储设施：由国务院投资主管部门核准。

输油管网（不含油田集输管网）：跨省（区、市）干线管网项目由国务院投资主管部门核准。

输气管网（不含油气田集输管网）：跨省（区、市）或年输气能力 5 亿立方米及以上项目由国务院投资主管部门核准，其余项目由省级政府投资主管部门核准。

三、交通运输

（一）铁道。

新建（含增建）铁路：跨省（区、市）或 100 公里及以上项目由国务院投资主管部门核准，其余项目按隶属关系分别由国务院行业主管部门或省级政府投资主管部门核准。

（二）公路。

公路：国道主干线、西部开发公路干线、国家高速公路网、跨省（区、市）的项目由国务院投资主管部门核准，其余项目由地方政府投资主管部门核准。

独立公路桥梁、隧道：跨境、跨海湾、跨大江大河（通航段）的项目由国务院投资主管部门核准，其余项目由地方政府投资主管部门核准。

（三）水运。

煤炭、矿石、油气专用泊位：新建港区和年吞吐能力 200 万吨及以上项目由国务院投资主管部门核准，其余项目由省级政府投资主管部门核准。

集装箱专用码头：由国务院投资主管部门核准。

内河航运：千吨级以上通航建筑物项目由国务院投资主管部门核准，其余项目由地方政府投资主管部门核准。

（四）民航。

新建机场：由国务院核准。

扩建机场：总投资 10 亿元及以上项目由国务院投资主管部门核准，其余项目按隶属关系由国务院行业主管部门或地方政府投资主管部门核准。

扩建军民合用机场：由国务院投资主管部门会同军队有关部门核准。

四、信息产业

电信：国内干线传输网（含广播电视网）、国际电信传输电路、国际关口站、专用电信网的国际通信设施及其他涉及信息安全的电信基础设施项目由国务院投资主管部门核准。

邮政：国际关口站及其他涉及信息安全的邮政基础设施项目由国务院投资主管部门核准。

电子信息产品制造：卫星电视接收机及关键件、国家特殊规定的移动通信系统及终端等生产项目由国务院投资主管部门核准。

五、原材料

钢铁：已探明工业储量 5000 万吨及以上规模的铁矿开发项目和新增生产能力的炼铁、炼钢、轧钢项目由国务院投资主管部门核准，其他铁矿开发项目由省级政府投资主管部门核准。

有色：新增生产能力的电解铝项目、新建氧化铝项目和总投资 5 亿元及以上的矿山开发项目由国务院投资主管部门核准，其他矿山开发项目由省级政府投资主管部门核准。

石化：新建炼油及扩建一次炼油项目、新建乙烯及改扩建新增能力超过年产 20 万吨乙烯项目，由国务院投资主管部门核准。化工原料：新建 PTA、PX、MDI、TDI 项目，以及 PTA、PX 改造能力超过年产 10 万吨的项目，由国务院投资主管部门核准。

化肥：年产 50 万吨及以上钾矿肥项目由国务院投资主管部门核准，其他磷、钾矿肥项目由地方政府投资主管部门核准。

水泥：除禁止类项目外，由省级政府投资主管部门核准。

稀土：矿山开发、冶炼分离和总投资 1 亿元及以上稀土深加工项目由国务院投资主管部门核准，其余稀土深加工项目由省级政府投资主管部门核准。黄金：日采选矿石 500 吨及以上项目由国务院投资主管部门核准，其他采选矿项目由省级政府投资主管部门核准。

六、机械制造

汽车：按照国务院批准的专项规定执行。船舶：新建 10 万吨级以上造船设施（船台、船坞）和民用船舶中、低速柴油机生产项目由国务院投资主管部门核准。

城市轨道交通:城市轨道交通车辆、信号系统和牵引传动控制系统制造项目由国务院投资主管部门核准。

七、轻工烟草

纸浆:年产10万吨及以上纸浆项目由国务院投资主管部门核准,年产3.4(含)万吨——10(不含)万吨纸浆项目由省级政府投资主管部门核准,其他纸浆项目禁止建设。

变性燃料乙醇:由国务院投资主管部门核准。聚酯:日产300吨及以上项目由国务院投资主管部门核准。

制盐:由国务院投资主管部门核准。糖:日处理糖料1500吨及以上项目由省级政府投资主管部门核准,其他糖料项目禁止建设。烟草:卷烟、烟用二醋酸纤维素及丝束项目由国务院投资主管部门核准。

八、高新技术

民用航空航天:民用飞机(含直升机)制造、民用卫星制造、民用遥感卫星地面站建设项目由国务院投资主管部门核准。

九、城建

城市快速轨道交通:由国务院核准。城市供水:跨省(区、市)日调水50万吨及以上项目由国务院投资主管部门核准,其他城市供水项目由地方政府投资主管部门核准。

城市道路桥梁:跨越大江大河(通航段)、重要海湾的桥梁、隧道项目由国务院投资主管部门核准。其他城建项目:由地方政府投资主管部门核准。

十、社会事业

教育、卫生、文化、广播电影电视:大学城、医学城及其他园区性建设项目由国务院投资主管部门核准。旅游:国家重点风景名胜区、国家自然保护区、国家重点文物保护单位区域内总投资5000万元及以上旅游开发和资源保护设施,世界自然、文化遗产保护区内总投资3000万元及以上项目由国务院投资主管部门核准。体育:F1赛车场由国务院投资主管部门核准。娱乐:大型主题公园由国务院核准。其他社会事业项目:按隶属关系由国务院行业主管部门或地方政府投资主管部门核准。

十一、金融

印钞、造币、钞票纸项目由国务院投资主管部门核准。

十二、外商投资

《外商投资产业指导目录》中总投资(包括增资)1亿美元及以上鼓励类、允许类项目由国家发展和改革委员会核准。

《外商投资产业指导目录》中总投资(包括增资)5000万美元及以上限制类项目由国家发展和改革委员会核准。

国家规定的限额以上、限制投资和涉及配额、许可证管理的外商投资企业的设立及其变更事项;大型外商投资项目的合同、章程及法律特别规定的重大变更(增资减资、转股、合并)事项,由商务部核准。上述项目之外的外商投资项目由地方政府按照有关法规办理核准。

十三、境外投资

中方投资3000万美元及以上资源开发类境外投资项目由国家发展和改革委员会核准。中方投资用汇额1000万美元及以上的非资源类境外投资项目由国家发展和改革委员会核准。上述项目之外的境外投资项目,中央管理企业投资的项目报国家发展和改革委员会、商务部备案;其他企业投资的项目由地方政府按照有关法规办理核准。国内企业对外投资开办企业(金融企业除外)由商务部核准。

国务院关于整顿和规范市场经济秩序的决定

发文号:国发[2001]11号　发文时间:2001—04—27

建立规范的市场经济秩序,既是保证当前经济正常运行的迫切需要,又是完善社会主义市场经济体制的重要举措。为了进一步深化改革、扩大对外开放,营造国民经济持续快速健康发展的良好环境,根据当前我国市场经济秩序的现状,国务院决定,在全国范围内开展整顿和规范市场经济秩序的工作。

一、充分认识整顿和规范市场经济秩序的重要意义

(一)良好的市场经济秩序,是建立社会主义市场经济体制的客观要求。近年来,全国开展了打击走私、偷税、骗税、骗汇和制售假冒伪劣商品等违法犯罪活动的专项斗争,取得了明显成效,对促进社会主义市场经济的健康发展,发挥了重要作用。

(二)市场经济秩序混乱的问题必须引起高度重视。由于复杂的经济、社会和思想原因,当前一些领域中市场经济秩序仍然相当混乱,主要表现在:假冒伪劣产品充斥市场,偷税、骗税、骗汇和走私活动屡禁不止,商业欺诈、逃废债务现象日益严重,财务失真、违反财经纪律的行为比较普遍,工程建设领域招投标弄虚作假、工程质量低劣的问题相当突出,文化市场混乱问题群众反映强烈,生产经营中的重大特大安全事故时有发生。这些问题触目惊心,不仅严重影响国民经济健康运行,给国家、企业和人民群众利益造成重大损害,而且造成投资环境恶化,社会道德水准下降,败坏国家信誉和改革开放的形象。大力整顿和规范市场经济秩序,已经成为当务之急。

(三)整顿和规范市场经济秩序具有重要意义。今后五年,是我国完善社会主义市场经济体制和扩大对外开放的重要时期。建立良好的市场经济秩序,既是重大的经济问题,也是严肃的政治问题;既是提高国民经济整体素质和竞争力的必然选择,也是进一步扩大对外开放的必要条件;既是巩固我国现代化建设成果的重大举措,也是全面推进社会文明进步的内在要求。各地区、各部门必须从贯彻落实江泽民总书记"三个代表"重要思想的高度,站在国家安危、民族兴衰和现代化事业成败的高度,充分认识整顿和规范市场经济秩序的重要性、紧迫性和艰巨性,坚持不懈地抓好这项工作。

二、整顿和规范市场经济秩序的主要内容和当前工作重点

(四)今后五年的主要任务。整顿和规范市场经济秩序是一项涉及面广、十分复杂的工作。必须坚持深化改革与加强法制并举的指导思想,标本兼治,边整边改,着力治本。针对市场经济秩序方面存在的问题,"十五"时期整顿和规范市场经济秩序的主要内容包括以下几个方面:

1.打击制售假冒伪劣商品、偷税、骗税、骗汇、走私、制贩假币等违法犯罪活动。继续查处制假售假问题突出的重点商品、重点市场、重点地区和大案要案。打击伪造、倒卖、虚开增值税专用发票进行涉税犯罪活动的专业化作案团伙。取缔非法买卖外汇。严防走私回潮。

2.整顿建筑市场。查处在工程建设中规避招标和招投标中的弄虚作假,转包、违法分包和无证、越级承包工程,以及违反法定建设程序及不执行强制性技术标准、偷工减料、以次充好等行为。

3.整顿和规范金融秩序。查处银行、证券、保险机构的违法违规经营活动。取缔非法金融机构和非法变相从事金融业务的活动。打击和制止金融欺诈、操纵证券市场和内幕交易、恶意逃废债务等行为。

4.严肃财经纪律。加强对财政资金、重大投资项目、重点专项资金、国有金融机构和国有企业资产质量的审计。查处私设"小金库"、帐外经营、截留、坐支、挪用国家资金等违反财经法纪行为。打击伪造各种票据、会计凭证、会计帐簿和提供虚假财务会计报告等违法行为。

5.规范中介机构的行为,实行中介机构市场准入制度。整顿经济鉴证服务市场。严肃查处中介机构出具虚假资信证明、虚假评估、虚假鉴证等不法行为,对严重违法违规的中介机构和人员实行禁入制度。

6.推进文化和旅游市场整顿。开展"扫黄打非"斗争,打击侵权盗版、制贩非法出版物等违法犯罪活动。加强对电子游戏、歌舞娱乐经营场所的监管。查处非法经营的各类"网吧"。整顿文物市场。规范旅游业经营秩序。

7.打破地区封锁和部门、行业垄断。查处行政机关、事业单位、垄断性行业和公用企业妨碍公平竞争,阻挠外地产品或工程建设类服务进入本地市场的行为,以及其他各种限制企业竞争的做法。

8.强化安全生产管理和安全监察。抓紧重点行业的安全整顿,加强对事故隐患及危险源的综合治理。对不符合基本安全生产条件或整改无效的企业和经营单位,坚决予以关闭。

(五)当前的工作重点。在全面整顿和规范市场经济秩序的基础上,根据每个时期的不同特点,分别确定各阶段整治的重点。当前,要紧紧抓住直接关系广大群众切身利益、群众反映强烈、社会危害严重的几个突出问题,主要包括:以食品、药品、农资、棉花以及拼装汽车等为重点,打击制售假冒伪劣商品的行为;以查处规避招标、假招标和转包为重点,整顿和规范建筑市场;以查处偷税、骗税、非法减免税为重点,强化税收征管;以查处地区封锁和部门、行业垄断为重点,打击地方保护主义;以清理压缩音像集中经营场所,查处非法经营的"网吧"、"游戏机房"为重点,整顿文化市场。

经过全国范围内的集中整顿和打击,争取用一年左右的时间,使严重破坏市场经济秩序违法犯罪活动蔓延的势头得到明显遏制;后果严重、影响恶劣的大案要案得到揭露和处理;触犯刑律的犯罪分子移送司法机关得到严厉惩处;有关法律、法规得到进一步完善;执法队伍和执法力度得到加强;群众对市场经济秩序的满意程度明显提高,整顿和规范市场经济秩序的工作取得阶段性的成果。

三、加大打击力度,严惩破坏市场经济秩序的违法犯罪活动

(六)加大打击违法犯罪活动的力度。依法严惩破坏市场经济秩序的违法犯罪行为,是整顿和规范市场经济秩序的重要措施。行政主管部门与执法部门要加强协调配合,始终保持严打的高压态势。行政执法部门在查处违法行为中发现的犯罪线索,必须及时通报并依法移送公安部门及其他有关部门,坚决制止一些地方和部门存在的瞒案不报、以罚代管、以罚代刑现象,造成严重后果的要严肃追究责任。依法加大对破坏市场经济秩序行为的处罚力度,让违法犯罪者为其行为付出巨大代价,切实起到震慑作用。

(七)严惩各种违法犯罪分子。集中力量侦破一批涉及面广、数额巨大、影响恶劣、严重破坏市场经济秩序的大案要案,依法严惩一批违法犯罪的首恶分子和惯犯。对国家机关中与犯罪分子相互勾结,包庇、纵容违法犯罪活动的人员,要一查到底,绝不姑息。违纪的必须严肃处理,触犯刑律的必须依法追究刑事责任。

(八)建立健全举报奖励制度。各地区、各部门要建立通畅的渠道,认真受理群众和企业的举报、投诉,制定并完善举报奖励办法,筹措奖励经费,对举报有功人员予以重奖,并采取有效的保护措施。

四、深化改革,转变政府职能

(九)进一步理顺政府部门职能,明确分工。规范市场经济秩序,首先要规范政府行为。各级政府都要与各类生产经营活动和中介机构彻底脱钩,把培育市场体系、监督市场运行、维护公平竞争、调整经济结构、推进营销方式改革、创造良好的经济运行环境,作为自己的重要责任。政府部门之间要明确职责分工,避免因职能交叉造成管理上的重复或疏漏,影响市场经济秩序。

(十)切实减少行政性审批。加快清理政府审批事项,大幅度减少行政性审批,主要发挥市场在资源配置中的基础性作用。对没有法律、法规依据,或可以用市场机制代替的行政审批,坚决予以废止。依法需要保留的行政性审批,要程序公开,手续简便,除法定规费外,一律不准收费。按照审批权力与责任挂钩的原则,建立行政审批责任追究制度。

(十一)打破地方封锁和行业垄断。彻底清理并废除各地区、各部门制定的带有地方封锁和行业垄断内容的规章。禁止任何单位或个人违反法律、行政法规,以任何形式阻挠、干预外地产品或工程建设类等服务进入本地市场,或者对阻挠、干预外地产品或工程建设类等服务进入本地市场的行为纵容、包庇,限制公平竞争。进一步加快垄断行业的改革和重组,推进政企分开,强化竞争机制,推行现代化服务方式,实现规模经营。

五、健全市场法律法规,严格执法

(十二)完善市场法律法规体系。根据整顿和规范市场经济秩序的需要,清理不符合市场经济要求的法律法规,按照立法的法定程序适时提出制定、修订有关法律的建议,制定、修订行政法规。加强现有法律法规的宣传教育,在全社会树立政府部门必须依法行政、企业和公民必须守法经营的观念。

(十三)坚决纠正执法不严、违法不究的现象。依法行政、有法必依、严格执法是政府的重要职责,对扰乱市场经济秩序行为不予制止是政府的失职。加强行政执法与刑事执法的衔接,建立信息共享、沟通便捷、防范有力、查处及时的打击经济犯罪的协作机制,对破坏市场经济秩序构成犯罪行为的,及时移送司法机关处理。

(十四)加强行政执法机构和执法队伍建设。进一步改善执法机构装备,加强执法系统基础设施建设。严格执行行政性收费和罚没收入"收支两条线"的规定,坚决纠正各种形式的收支挂钩现象。同时,要增加财政投入,保证办案经费需要。加强执法队伍建设,努力提高执法人员的业务素质和执法水平,提高工作效率,从严惩治并清除执法队伍中的腐败分子。

六、完善市场监督机制,加大监管力度

(十五)加快建设"金关"、"金税"、"金卡"、"金盾"工程等信息网络监管系统。以信息技术为手段,强化市场监督管理。已经建成的电子监管系统要尽快实现全国联网,并加快相关部门之间的网络互联,实现监管信息交流和共享,充分发挥高新技术在整顿和规范市场经济秩序中的作用。信息网络监管手段建设进展迟缓的部门和单位,可视情节轻重追究主管领导的责任;故意设置障碍严重影响市场监管的,要撤销其领导职务。

(十六)建立健全以行业自律、新闻监督、群众参与为主要内容的社会监督体系。充分发挥商会、行业协会等组织的作用,教育、监督、约束企业自觉遵守法律法规。进一步加强电视、广播、报刊、网络等媒体的舆论监督,加大对大案要案的披露和对查处工作的宣传报道力度,扶正压邪,形成整顿和规范市场经济秩序的浓厚舆论氛围。提高全民质量意识和安全意识,人人自觉抵制假冒伪劣商品,制止违反安全规程的行为,维护自身合法权益。社会中介机构作为维护市场经济秩序的重要力量,要进一步发挥其服务、沟通、公证、监督的功能。

七、加强思想道德教育,建立健全社会信用制度

(十七)把依法治国和以德治国结合起来。在全社会进行诚实守信的思想道德教育,努力建立适应社会主义市场经济发展的思想道德体系,使全体人民自觉遵守市场经济秩序,形成良好的道德风尚,带动和促进社会风气的进一步好转。

(十八)建立健全符合市场经济体制要求的社会信用制度。缺乏信用不仅造成经济关系的扭曲,社会交易成本增加,而且败坏社会风气,已经成为当前影响我国经济健康运行的一个突出问题。因此,要逐步建立企业经济档案制度和个人信用体系,防止商业欺诈、恶意拖欠及逃废债务等不法行为的发生。

八、加强领导,分工负责

(十九)建立"全国统一领导,地方政府负责,部门指导协调,各方联合行动"的工作格局。

1. 成立全国整顿和规范市场经济秩序领导小组,并设立办公室(设在国家经贸委)。领导小组的主要任务是统一领导全国整顿和规范市场经济秩序的工作,指导、部署和协调各项专项整治行动;定期检查各地区、各部门的工作进展情况,及时向国务院报告整顿和规范市场经济秩序中的重大事项。

2. 实行省长(主席、市长)负责制,由省(区、市)政府组织领导本地区的整顿和规范市场经济秩序工作。各地区也要确定本地的整顿工作重点,进行具体部署并加强监督检查。对整顿工作不力,市场经济秩序混乱而又长期得不到有效治理的地区,要依法、依纪追究当地政府主要负责人和有关负责人的责任,构成犯罪的要依法追究刑事责任。

3. 国务院各部门要按照职责分工,对主管领域市场经济秩序的整顿和规范工作,切实负起责任。对列入全国重点整顿范围的问题,要按照国务院的统一部署,深入开展专项整治;没有列入全国重点整治范围的,也要确定整顿和规范的具体内容,提出标本兼治的措施。各部门要尽快提出同本决定配套的法规和政策,协助搞好对各级政府公务员的培训,并指导地方政府抓好在全国有影响的大案要案的查处工作。要严肃执法,边整边改,转变职能,建章立制,完善法律法规,不断巩固整顿和规范市场经济秩序的成果。

4. 各行政主管部门和执法部门,在整顿和规范市场经济秩序工作中,要相互支持,密切合作,加强协调,形成合力。在查处跨地区的违法活动时,地区、部门之间要联合行动,相互配合。各部门在工作中要从大局出发,力戒政出多门、互相推诿扯皮。

整顿和规范市场经济秩序,是一项时间紧、任务重、涉及面广、政策性强的工作,各地区、各部门要按照国务院的统一部署,结合实际确定工作重点,提出时间和进度要求,严格依法进行整顿,维护企业的正常生产经营活动。在规范中整顿,在整顿中规范,通过整顿和规范使市场经济秩序得到根本好转,为经济和社会发展创造良好环境。

减持国有股筹集社会保障资金管理暂行办法

发文号:国发[2001]22号　发文时间:2001—06—06

第一条　为完善社会保障体制,开拓社会保障资金新的筹资渠道,支持国有企业的改革和发展,制定本办法。

第二条　本办法所称减持国有股(包括国家股和国有法人股,下同)是指向社会公众及证券投资基金等公共投资者转让上市公司

(包括拟上市公司,下同)国有股的行为。

第 三 条 国务院代表国家统一行使国有股所有权。

本办法所称国有股东授权代表单位是指按照国有资产"国家所有,分级管理,授权经营"的原则,被授权代表国家持有上市公司国有股的单位。

第 四 条 减持国有股所筹集的资金交由全国社会保障基金理事会管理,具体管理办法由财政部另行制定,报国务院批准后实施。

第 五 条 国有股减持主要采取国有股存量发行的方式。凡国家拥有股份的股份有限公司(包括在境外上市的公司)向公共投资者首次发行和增发股票时,均应按融资额的10%出售国有股;股份有限公司设立未满3年的,拟出售的国有股通过划拨方式转由全国社会保障基金理事会持有,并由其委托该公司在公开募股时一次或分次出售。国有股存量出售收入,全部上缴全国社会保障基金。

第 六 条 减持国有股原则上采取市场定价方式。

第 七 条 减持国有股由部际联席会议审议实施。部际联席会议由财政部负责召集,国家计委、国家经贸委、劳动保障部、中国证监会、全国社会保障基金理事会为成员单位,主要负责确定减持有国股的筹资计划和定价原则,研究解决国有股减持筹资工作涉及的其他重大问题。

第 八 条 部际联席会议办公室设在财政部,承担联席会议的具体事务。

第 九 条 部际联席会议确定减持国有股的,其股东授权代表单位需提供下列材料:

(一)国有股减持说明书(草案)及承销协议;

(二)国有股东授权代表单位、主承销机构对上缴减持收入的书面承诺;

(三)部际联席会议规定的其他材料。

第 十 条 中国证监会负责制定减持上市公司国有股的信息披露及市场监管规则。

第十一条 建立全国社会保障基金并设立理事会。

全国社会保障基金由国有股减持变现的资金和中央财政预算拨款以及其他方式筹集的资金构成。全国社会保障基金理事会主要职责是:

(一)管理通过减持国有股所获资金、中央财政拨入的资金及其他方式筹集的资金;

(二)根据财政部、劳动保障部共同下达的指令和确定的方式拨出资金;

(三)选择并委托国内外专业性投资管理机构对基金进行运作,以实现保值增值;

(四)向社会公布全国社会保障基金的资产、收益、现金流量等财务状况。

(五)承办国务院交办的其他事项。

第十二条 国有股存量发行收入由主承销机构在取得收入2日内负责将应缴收入缴入财政部预算设置的指定科目。财政部在5日内拨给全国社会保障基金理事会,并办理核减有关单位国有资本金的手续。

第十三条 受托对基金进行运作的专业性投资管理机构必须定期向全国社会保障基金理事会报告其经营状况和业绩,并由全国社会保障基金理事会向社会披露,接受监督。

第十四条 部际联席会议可以根据社会保障资金的需要和证券市场的发展状况,在采取国有股存量发行的同时,选择少量上市公司进行国有股配售及定向回购等方式的试点。试点方案经部际联席会议审议并报国务院批准后组织实施。

第十五条 本办法实施后,上市公司国有股协议转让,包括非发起人国有股协议转让,由财政部审核。协议转让时国有股权发生减持变化的,国有股东授权代表单位应按转让收入的一定比例上缴全国社会保障基金,具体比例以及操作办法由部际联席会议制定,并在报国务院批准后实施。证券登记公司依据财政部的批复文件办理股权过户手续。国有股东授权代表单位将上市公司国有股用于银行贷款和发行企业债券质押担保,不得超过该上市公司国有股总额的50%,具体管理办法由财政部制定。

第十六条 本办法自印发之日起施行。

金融资产管理公司条例

(2000年11月1日经国务院第32次常务会议通过
2000年11月20日中华人民共和国国务院令第297号发布)

第一章 总 则

第一条 为了规范金融资产管理公司的活动,依法处理国有银行不良贷款,促进国有银行和国有企业的改革和发展,制定本条例。

第二条 金融资产管理公司,是指经国务院决定设立的收购国有银行不良贷款,管理和处置因收购国有银行不良贷款形成的资产的国有独资非银行金融机构。

第三条 金融资产管理公司以最大限度保全资产、减少损失为主要经营目标,依法独立承担民事责任。

第四条 中国人民银行、财政部和中国证券监督管理委员会依据各自的法定职责对金融资产管理公司实施监督管理。

第二章 公司的设立和业务范围

第五条 金融资产管理公司的注册资本为人民币100亿元,由财政部核拨。

第六条 金融资产管理公司由中国人民银行颁发《金融机构法人许可证》,并向工商行政管理部门依法办理登记。

第七条 金融资产管理公司设立分支机构,须经财政部同意,并报中国人民银行批准,由中国人民银行颁发《金融机构营业许可证》,并向工商行政管理部门依法办理登记。

第八条 金融资产管理公司设总裁1人、副总裁若干人。总裁、副总裁由国务院任命。总裁对外代表金融资产管理公司行使职权,负责金融资产管理公司的经营管理。

金融资产管理公司的高级管理人员须经中国人民银行审查任职资格。

第九条 金融资产管理公司监事会的组成、职责和工作程序,依照《国有重点金融机构监事会暂行条例》执行。

第十条 金融资产管理公司在其收购的国有银行不良贷款范围内,管理和处置因收购国有银行不良贷款形成的资产时,可以从事下列业务活动:

(一)追偿债务;

(二)对所收购的不良贷款形成的资产进行租赁或者以其他形式转让、重组;

(三)债权转股权,并对企业阶段性持股;

(四)资产管理范围内公司的上市推荐及债券、股票承销;

(五)发行金融债券,向金融机构借款;

(六)财务及法律咨询,资产及项目评估;

(七)中国人民银行、中国证券监督管理委员会批准的其他业务活动。

金融资产管理公司可以向中国人民银行申请再贷款。

第三章 收购不良贷款的范围、额度及资金来源

第十一条 金融资产管理公司按照国务院确定的范围和额度收购国有银行不良贷款;超出确定的范围或者额度收购的,须经国务院专项审批。

第十二条 在国务院确定的额度内,金融资产管理公司按照账面价值收购有关贷款本金和相对应的计入损益的应收未收利息;对未计入损益的应收未收利息,实行无偿划转。

第十三条 金融资产管理公司收购不良贷款后,即取得原债权人对债务人的各项权利。原借款合同的债务人、担保人及有关当事人应当继续履行合同规定的义务。

第十四条　金融资产管理公司收购不良贷款的资金来源包括：

（一）划转中国人民银行发放给国有独资商业银行的部分再贷款；

（二）发行金融债券。

中国人民银行发放给国有独资商业银行的再贷款划转给金融资产管理公司，实行固定利率，年利率为2.25%。

第十五条　金融资产管理公司发行金融债券，由中国人民银行会同财政部审批。

第四章　债权转股权

第十六条　金融资产管理公司可以将收购国有银行不良贷款取得的债权转为对借款企业的股权。

金融资产管理公司持有的股权，不受本公司净资产额或者注册资本的比例限制。

第十七条　实施债权转股权，应当贯彻国家产业政策，有利于优化经济结构，促进有关企业的技术进步和产品升级。

第十八条　实施债权转股权的企业，由国家经济贸易委员会向金融资产管理公司推荐。金融资产管理公司对被推荐的企业进行独立评审，制定企业债权转股权的方案并与企业签订债权转股权协议。债权转股权的方案和协议由国家经济贸易委员会会同财政部、中国人民银行审核，报国务院批准后实施。

第十九条　实施债权转股权的企业，应当按照现代企业制度的要求，转换经营机制，建立规范的公司法人治理结构，加强企业管理。有关地方人民政府应当帮助企业减员增效、下岗分流，分离企业办社会的职能。

第二十条　金融资产管理公司的债权转股权后，作为企业的股东，可以派员参加企业董事会、监事会，依法行使股东权利。

第二十一条　金融资产管理公司持有的企业股权，可以按照国家有关规定向境内外投资者转让，也可以由债权转股权企业依法回购。

第二十二条　企业实施债权转股权后，应当按照国家有关规定办理企业产权变更等有关登记。

第二十三条　国家经济贸易委员会负责组织、指导、协调企业债权转股权工作。

第五章　公司的经营和管理

第二十四条　金融资产管理公司实行经营目标责任制。

财政部根据不良贷款质量的情况，确定金融资产管理公司处置不良贷款的经营目标，并进行考核和监督。

第二十五条　金融资产管理公司应当根据不良贷款的特点，制定经营方针和有关措施，完善内部治理结构，建立内部约束机制和激励机制。

第二十六条　金融资产管理公司管理、处置因收购国有银行不良贷款形成的资产，应当按照公开、竞争、择优的原则运作。

金融资产管理公司转让资产，主要采取招标、拍卖等方式。

金融资产管理公司的债权因债务人破产等原因得不到清偿的，按照国务院的规定处理。

金融资产管理公司资产处置管理办法由财政部制定。

第二十七条　金融资产管理公司根据业务需要，可以聘请具有会计、资产评估和法律服务等资格的中介机构协助开展业务。

第二十八条　金融资产管理公司免交在收购国有银行不良贷款和承接、处置因收购国有银行不良贷款形成的资产的业务活动中的税收。具体办法由财政部会同国家税务总局制定。

金融资产管理公司免交工商登记注册费等行政性收费。

第二十九条　金融资产管理公司应当按照中国人民银行、财政部和中国证券监督管理委员会等有关部门的要求，报送财务、统计报表和其他有关材料。

第三十条　金融资产管理公司应当依法接受审计机关的审计监督。

金融资产管理公司应当聘请财政部认可的注册会计师对其财务状况进行年度审计，并将审计报告及时报送各有关监督管理部门。

第六章　公司的终止和清算

第三十一条　金融资产管理公司终止时，由财政部组织清算组，进行清算。

第三十二条　金融资产管理公司处置不良贷款形成的最终损失，由财政部提出解决方案，报国务院批准执行。

第七章　附　则

第三十三条　金融资产管理公司违反金融法律、行政法规的，由中国人民银行依照有关法律和《金融违法行为处罚办法》给予处罚；违反其他有关法律、行政法规的，由有关部门依法给予处罚；构成犯罪的，依法追究刑事责任。

第三十四条　本条例自公布之日起施行。

金融机构撤销条例

中华人民共和国国务院令第324号　2001－11－23

第一章　总　则

第 一 条　为了加强对金融活动的监督管理，维护金融秩序，保护国家利益和社会公众利益，制定本条例。

第 二 条　中国人民银行撤销金融机构，依照本条例执行。

本条例所称撤销，是指中国人民银行对经其批准设立的具有法人资格的金融机构依法采取行政强制措施，终止其经营活动，并予以解散。

第 三 条　中国人民银行及其工作人员以及其他有关人员依照本条例履行职责，应当依法为被撤销的金融机构保守秘密。

第 四 条　被撤销的金融机构所在地的地方人民政府应当组织有关部门，做好与撤销有关的工作。

第二章　撤销决定

第 五 条　金融机构有违法违规经营、经营管理不善等情形，不予撤销将严重危害金融秩序、损害社会公众利益的，应当依法撤销。

第 六 条　中国人民银行决定撤销金融机构，应当制作撤销决定书。

撤销决定自中国人民银行宣布之日起生效。

撤销决定应当在报纸上公告，并在被撤销的金融机构的营业场所张贴。

第 七 条　自撤销决定生效之日起，被撤销的金融机构必须立即停止经营活动，交回金融机构法人许可证及其分支机构营业许可证，其高级管理人员、董事会和股东大会必须立即停止行使职权。

第三章　撤 销 清 算

第 八 条　商业银行依法被撤销的，由中国人民银行组织成立清算组；非银行金融机构依法被撤销的，由中国人民银行或者中国人民银行委托的有关地方人民政府组织成立清算组。清算自撤销决定生效之日起开始。清算组向中国人民银行负责并报告工作。

清算组由中国人民银行、财政、审计等有关部门、地方人民政府的代表和被撤销的金融机构股东的代表及有关专业人员组成。清算组组长及成员，由中国人民银行指定或者经中国人民银行同意。

清算期间，清算组行使被撤销的金融机构的管理职权，清算组组长行使被撤销的金融机构的法定代表人职权。

第 九 条　清算组成立后，被撤销的金融机构的法定代表人及有关负责人应当将被撤销的金融机构的全部印章、账簿、单证、票据、文件、资料等移交清算组，并协助清算组进行清算。

第 十 条　清算期间，被撤销的金融机构的法定代表人、董事会和监事会成员、部门负责人以上高级管理人员、财务人员及其他有关人员，应当按照清算组的要求进行工作，不得擅离职守，不得自行出境。

第十一条 清算期间，清算组履行下列职责：

（一）保管、清理被撤销的金融机构财产，编制资产负债表和财产清单；

（二）通知、公告存款人及其他债权人，确认债权；

（三）处理与清算被撤销的金融机构有关的未了结业务；

（四）清理债权、债务，催收债权，处置资产；

（五）制作清算方案，按照经批准的清算方案清偿债务；

（六）清缴所欠税款；

（七）处理被撤销的金融机构清偿债务后的剩余财产；

（八）代表被撤销的金融机构参加诉讼、仲裁活动；

（九）提请有关部门追究对金融机构被撤销负有直接责任的高级管理人员和其他有关人员的法律责任；

（十）办理其他清算事务。

第十二条 清算期间，清算组可以将清算事务委托中国人民银行指定的金融机构（以下简称托管机构）办理。

托管机构不承担被撤销的金融机构债务，不垫付资金，不负责被撤销的金融机构人员安置。托管费用列入被撤销的金融机构清算费用。

第十三条 被撤销的金融机构所在地的地方人民政府应当成立撤销工作领导小组，组长由地方人民政府负责人担任。

撤销工作领导小组应当支持、配合清算组催收债权和办理其他清算事务，并组织有关部门依法维护社会治安秩序，处理突发事件，查处违法行为，依法追究有关责任人员的法律责任。

第十四条 清算组应当自成立之日起 10 日内，书面通知债权人申报债权，并于 60 日内在报纸上至少公告 3 次。

债权人应当自接到通知书之日起 30 日内，未接到通知书的债权人应当自第一次公告之日起 90 日内，向清算组申报债权。

清算组可以决定小额储蓄存款人可以不申报债权，由清算组根据被撤销的金融机构会计账册和有关凭证，对储蓄存款予以确认和登记。

第十五条 债权人申报债权，应当说明债权性质、数额和发生时间，并提供有关证明材料。清算组应当审查申报债权的证明材料，确认债权有无财产担保及数额，对有财产担保的债权和无财产担保的债权分别登记。

第十六条 债权人未在规定期限内申报债权的，按照下列规定处理：

（一）已知债权人的债权，应当列入清算范围；

（二）未知债权人的债权，在被撤销的金融机构的清算财产分配结束前，可以请求清偿；被撤销的金融机构的清算财产已经分配结束的，不再予以清偿。

第十七条 自撤销决定生效之日起，被撤销的金融机构债务停止计算利息。

第十八条 被撤销的金融机构下列财产，作为清偿债务的清算财产：

（一）清算开始之日起被撤销的金融机构全部财产，包括其股东的出资及其他权益、其全资子公司的财产和其投资入股的股份；

（二）清算期间被撤销的金融机构依法取得的财产；

（三）被撤销的金融机构的其他财产。

撤销决定生效之日前，被撤销的金融机构恶意转移或者变相转移财产的行为无效；由此转移和变相转移的财产由清算组负责追回，并入清算财产。

第十九条 清算组清理被撤销的金融机构财产时，应当依法评估其财产的实际价值；财产有损失的，应当核实损失数额。

第二十条 清算组可以依法变卖被撤销的金融机构的有效资产；拍卖被撤销的金融机构有效资产的，应当按照具有资产评估业务资格的中介机构出具的评估结果确定拍卖底价。

前款所称有效资产，是指被撤销的金融机构经清理、核实后具有实际价值的财产。

第二十一条 被撤销的金融机构财产的清理和处置，免交税收和行政性收费。

第二十二条 被撤销的金融机构财产经清理、核实后，清算组应当制作清算方案。

清算方案应当包括债权人情况、债权数额、清算财产数额、支付个人储蓄存款的本金和合法利息的数额、清偿其他债务的数额等内容，并附资产负债表、财产清单、资产评估报告等材料。

清算方案由清算组与债权人协商后，报中国人民银行确认。

第四章 债务清偿

第二十三条 被撤销的金融机构清算财产，应当先支付个人储蓄存款的本金和合法利息。

第二十四条 被撤销的金融机构的清算财产支付支人储蓄存款的本金和合法利息后的剩余财产，应当清偿法人和其他组织的债务。

第二十五条 被撤销的金融机构的清算财产清偿债务后的剩余财产，经清算应当按照股东的出资比例或者持有的股份比例分配。

第五章 注销登记

第二十六条 清算结束后，清算组应当制作清算报告、清算期内收支报表和各种财务账册，报中国人民银行确认。

第二十七条 清算结束后，清算组应当向工商行政管理机关办理注销登记手续，被撤销的金融机构股东的资格终止，被撤销的金融机构即行解散，由中国人民银行予以公告。

第二十八条 被撤销的金融机构的各种会计凭证、会计账册、会计报表等资料以及有关营业、清算的重要文件，应当在注销登记后由中国人民银行指定的机构负责保管。

第二十九条 审计机关应当对被撤销的金融机构负责人进行审计。

第六章 法律责任

第三十条 被撤销的金融机构的高级管理人员和其他有关人员，利用职务上的便利收受他人财物、违法发放贷款、非法出具金融票证、徇私舞弊造成该金融机构被撤销的，依照刑法关于受贿罪、违法发放贷款罪、非法出具金融票证罪、徇私舞弊造成破产、亏损罪或者其他罪的规定，依法追究刑事责任；尚不够刑事处罚的，给予撤职直至开除的纪律处分，并终身不得在任何金融机构担任高级管理职务或者与原职务相当的职务。

第三十一条 中国人民银行的工作人员违法审批金融机构，对金融机构不依法实施监督管理、不依法查处违法行为，情节严重、导致金融机构被撤销的，依照刑法关于滥用职权罪、玩忽职守罪或者其他罪的规定，依法追究刑事责任；尚不够刑事处罚的，给予记大过、降级或者撤职的行政处分。

第三十二条 任何国家机关工作人员非法干预金融机构的正常经营活动，对该金融机构被撤销负有直接责任的，依照刑法关于滥用职权罪或者其他罪的规定，依法追究刑事责任；尚不够刑事处罚的，给予记大过、降级或者撤职的行政处分。

第三十三条 在撤销清算过程中，被撤销的金融机构工作人员有下列行为之一的，依照刑法关于妨害公务罪、妨害清算罪或者其他罪的规定，依法追究刑事责任；尚不够刑事处罚的，给予撤职直至开除的纪律处分：

（一）阻挠清算组依法履行职责的；

（二）拒绝提供情况或者提供虚假情况的；

（三）抽逃资金、隐匿财产，逃避债务的；

（四）恶意转移或者变相转移被撤销的金融机构财产的。

第三十四条 被撤销的金融机构在撤销决定生效后非法从事经营活动的，由中国人民银行依照《非法金融机构和非法金融业务活动取缔办法》予以取缔；依照刑法关于非法吸收公众存款罪或者其他罪的规定，依法追究刑事责任；尚不够刑事处罚的，依法给予行政处罚。

第三十五条 清算组的工作人员在清算过程中滥用职权、玩忽职守、徇私舞弊，造成财产损失，损害债权人利益的，依照刑法关于滥用职权罪、玩忽职守罪或者其他罪的规定，依法追究刑事责任；尚不够刑事处罚的，给予降级直至开除的行政处分或者纪律处分。

第三十六条 中国人民银行工作人员及其他有关人员在依照本条例履行职责中，泄露国家秘密或者所知悉的商业秘密的，依照刑法关于泄露国家秘密罪、侵犯商业秘密罪或者其他罪的规定，依法追究刑事责任；尚不够刑事处罚的，给予降级直至开除的行政处分或者纪律处分。

第三十七条 托管机构不履行托管职责，造成被撤销的金融机构财产损失的，应当依法承担民事责任，并对其负有责任的主管人员和其他直接责任人员依法给予纪律处分。

第七章 附 则

第三十八条 本条例自 2001 年 12 月 15 日起施行。

规章制定程序条例

中华人民共和国国务院令第322号　2001—11—16

第一章　总　则

第一条　为了规范规章制定程序，保证规章质量，根据立法法的有关规定，制定本条例。

第二条　规章的立项、起草、审查、决定、公布、解释，适用本条例。违反本条例规定制定的规章无效。

第三条　制定规章，应当遵循立法法确定的立法原则，符合宪法、法律、行政法规和其他上位法的规定。

第四条　制定规章，应当切实保障公民、法人和其他组织的合法权益，在规定其应当履行的义务的同时，应当规定其相应的权利和保障权利实现的途径。

制定规章，应当体现行政机关的职权与责任相统一的原则，在赋予有关行政机关必要的职权的同时，应当规定其行使职权的条件、程序和应承担的责任。

第五条　制定规章，应当体现改革精神，科学规范行政行为，促进政府职能向经济调节、社会管理和公共服务转变。

制定规章，应当符合精简、统一、效能的原则，相同或者相近的职能应当规定由一个行政机关承担，简化行政管理手续。

第六条　规章的名称一般称"规定"、"办法"，但不得称"条例"。

第七条　规章用语应当准确、简洁，条文内容应当明确、具体，具有可操作性。

法律、法规已经明确规定的内容，规章原则上不作重复规定。

除内容复杂的外，规章一般不分章、节。

第八条　涉及国务院两个以上部门职权范围的事项，制定行政法规条件尚不成熟，需要制定规章的，国务院有关部门应当联合制定规章。

有前款规定情形的，国务院有关部门单独制定的规章无效。

第二章　立　项

第九条　国务院部门内设机构或者其他机构认为需要制定部门规章的，应当向该部门报请立项。

省、自治区、直辖市和较大的市的人民政府所属工作部门或者下级人民政府认为需要制定地方政府规章的，应当向该省、自治区、直辖市或者较大的市的人民政府报请立项。

第十条　报送制定规章的立项申请，应当对制定规章的必要性、所要解决的主要问题、拟确立的主要制度等作出说明。

第十一条　国务院部门法制机构，省、自治区、直辖市和较大的市的人民政府法制机构（以下简称法制机构），应当对制定规章的立项申请进行汇总研究，拟订本部门、本级人民政府年度规章制定工作计划，报本部门、本级人民政府批准后执行。

年度规章制定工作计划应当明确规章的名称、起草单位、完成时间等。

第十二条　国务院部门，省、自治区、直辖市和较大的市的人民政府，应当加强对执行年度规章制定工作计划的领导。对列入年度规章制定工作计划的项目，承担起草工作的单位应当抓紧工作，按照要求上报本部门或者本级人民政府决定。

年度规章制定工作计划在执行中，可以根据实际情况予以调整，对拟增加的规章项目应当进行补充论证。

第三章　起　草

第十三条　部门规章由国务院部门组织起草，地方政府规章由省、自治区、直辖市和较大的市的人民政府组织起草。

国务院部门可以确定规章由其一个或者几个内设机构或者其他机构具体负责起草工作，也可以确定由其法制机构起草或者组织起草。

省、自治区、直辖市和较大的市的人民政府可以确定规章由其一个部门或者几个部门具体负责起草工作，也可以确定由其法制机构起草或者组织起草。

起草规章可以邀请有关专家、组织参加，也可以委托有关专家、组织起草。

第十四条　起草规章，应当深入调查研究，总结实践经验，广泛听取有关机关、组织和公民的意见。听取意见可以采取书面征求意见、座谈会、论证会、听证会等多种形式。

第十五条　起草的规章直接涉及公民、法人或者其他组织切身利益，有关机关、组织或者公民对其有重大意见分歧的，应当向社会公布，征求社会各界的意见；起草单位也可以举行听证会。听证会依照下列程序组织：

（一）听证会公开举行，起草单位应当在举行听证会的30日前公布听证会的时间、地点和内容；

（二）参加听证会的有关机关、组织和公民对起草的规章，有权提问和发表意见；

（三）听证会应当制作笔录，如实记录发言人的主要观点和理由；

（四）起草单位应当认真研究听证会反映的各种意见，起草的规章在报送审查时，应当说明对听证会意见的处理情况及其理由。

第十六条　起草部门规章，涉及国务院其他部门的职责或者与国务院其他部门关系紧密的，

起草单位应当充分征求国务院其他部门的意见。起草地方政府规章，涉及本级人民政府其他部门的职责或者与其他部门关系紧密的，起草单位应当充分征求其他部门的意见。起草单位与其他部门有不同意见的，应当充分协商；经过充分协商不能取得一致意见的，起草单位应当在上报规章草案送审稿（以下简称规章送审稿）时说明情况和理由。

第十七条　起草单位应当将规章送审稿及其说明、对规章送审稿主要问题的不同意见和其他有关材料按规定报送审查。

报送审查的规章送审稿，应当由起草单位主要负责人签署；几个起草单位共同起草的规章送审稿，应当由该几个起草单位主要负责人共同签署。

规章送审稿的说明应当对制定规章的必要性、规定的主要措施、有关方面的意见等情况作出说明。

有关材料主要包括汇总的意见、听证会笔录、调研报告、国内外有关立法资料等。

第四章　审　查

第十八条　规章送审稿由法制机构负责统一审查。

法制机构主要从以下方面对送审稿进行审查：

（一）是否符合本条例第三条、第四条、第五条的规定；

（二）是否与有关规章协调、衔接；

（三）是否正确处理有关机关、组织和公民对规章送审稿主要问题的意见；

（四）是否符合立法技术要求；

（五）需要审查的其他内容。

第十九条　规章送审稿有下列情形之一的，法制机构可以缓办或者退回起草单位：

（一）制定规章的基本条件尚不成熟的；

（二）有关机构或者部门对规章送审稿规定的主要制度存在较大争议，起草单位未与有关机构或者部门协商的；

（三）上报送审稿不符合本条例第十七条规定的。

第二十条　法制机构应当将规章送审稿或者规章送审稿涉及的主要问题发送有关机关、组织和专家征求意见。

第二十一条　法制机构应当就规章送审稿涉及的主要问题，

深入基层进行实地调查研究，听取基层有关机关、组织和公民的意见。

第二十二条 规章送审稿涉及重大问题的，法制机构应当召开由有关单位、专家参加的座谈会、论证会，听取意见，研究论证。

第二十三条 规章送审稿直接涉及公民、法人或者其他组织切身利益，有关机关、组织或者公民对其有重大意见分歧，起草单位在起草过程中未向社会公布，也未举行听证会的，法制机构经本部门或者本级人民政府批准，可以向社会公布，也可以举行听证会。

举行听证会的，应当依照本条例第十五条规定的程序组织。

第二十四条 有关机构或者部门对规章送审稿涉及的主要措施、管理体制、权限分工等问题有不同意见的，法制机构应当进行协调，达成一致意见；不能达成一致意见的，应当将主要问题、有关机构或者部门的意见和法制机构的意见上报本部门或者本级人民政府决定。

第二十五条 法制机构应当认真研究各方面的意见，与起草单位协商后，对规章送审稿进行修改，形成规章草案和对草案的说明。说明应当包括制定规章拟解决的主要问题、确立的主要措施以及与有关部门的协调情况等。

规章草案和说明由法制机构主要负责人签署，提出提请本部门或者本级人民政府有关会议审议的建议。

第二十六条 法制机构起草或者组织起草的规章草案，由法制机构主要负责人签署，提出提请本部门或者本级人民政府有关会议审议的建议。

第五章 决定和公布

第二十七条 部门规章应当经部务会议或者委员会会议决定。

地方政府规章应当经政府常务会议或者全体会议决定。

第二十八条 审议规章草案时，由法制机构作说明，也可以由起草单位作说明。

第二十九条 法制机构应当根据有关会议审议意见对规章草案进行修改，形成草案修改稿，报请本部门首长或者省长、自治区主席、市长签署命令予以公布。

第三十条 公布规章的命令应当载明该规章的制定机关、序号、规章名称、通过日期、施行日期、部门首长或者省长、自治区主席、市长署名以及公布日期。

部门联合规章由联合制定的部门首长共同署名公布，使用主办机关的命令序号。

第三十一条 部门规章签署公布后，部门公报或者国务院公报和全国范围内发行的有关报纸应当及时予以刊登。

地方政府规章签署公布后，本级人民政府公报和本行政区域范围内发行的报纸应当及时刊登。

在部门公报或者国务院公报和地方人民政府公报上刊登的规章文本为标准文本。

第三十二条 规章应当自公布之日起30日后施行；但是，涉及国家安全、外汇汇率、货币政策的确定以及公布后不立即施行将有碍规章施行的，可以自公布之日起施行。

第六章 解释与备案

第三十三条 规章解释权属于规章制定机关。

规章有下列情况之一的，由制定机关解释：

（一）规章的规定需要进一步明确具体含义的；

（二）规章制定后出现新的情况，需要明确适用规章依据的。

规章解释由规章制定机关的法制机构参照规章送审稿审查程序提出意见，报请制定机关批准后公布。

规章的解释同规章具有同等效力。

第三十四条 规章应当自公布之日起30日内，由法制机构依照立法法和《法规规章备案条例》的规定向有关机关备案。

第三十五条 国家机关、社会团体、企业事业组织、公民认为规章同法律、行政法规相抵触的，可以向国务院书面提出审查的建议，由国务院法制机构研究处理。

国家机关、社会团体、企业事业组织、公民认为较大的市的人民政府规章同法律、行政法规相抵触或者违反其他上位法的规定的，也可以向本省、自治区人民政府书面提出审查的建议，由省、自治区人民政府法制机构研究处理。

第七章 附 则

第三十六条 依法不具有规章制定权的县级以上地方人民政府制定、发布具有普遍约束力的决定、命令，参照本条例规定的程序执行。

第三十七条 国务院部门，省、自治区、直辖市和较大的市的人民政府，应当经常对规章进行清理，发现与新公布的法律、行政法规或者其他上位法的规定不一致的，或者与法律、行政法规或者其他上位法相抵触的，应当及时修改或者废止。

修改、废止规章的程序，参照本条例的有关规定执行。

第三十八条 编辑出版正式版本、民族文版、外文版本的规章汇编，由法制机构依照《法规汇编编辑出版管理规定》的有关规定执行。

第三十九条 本条例自2002年1月1日起施行。

企业会计制度

第一章 总 则

第一条 为了规范企业的会计核算，真实、完整地提供会计信息，根据《中华人民共和国会计法》及国家其他有关法律和法规，制定本制度。

第二条 除不对外筹集资金、经营规模较小的企业，以及金融保险企业以外，在中华人民共和国境内设立的企业（含公司，下同），执行本制度。

第三条 企业应当根据有关会计法律、行政法规和本制度的规定，在不违反本制度的前提下，结合本企业的具体情况，制定适合于本企业的会计核算办法。

第四条 企业填制会计凭证、登记会计账簿、管理会计档案等要求，按照《中华人民共和国会计法》、《会计基础工作规范》和《会计档案管理办法》的规定执行。

第五条 会计核算应以企业发生的各项交易或事项为对象，记录和反映企业本身的各项生产经营活动。

第六条 会计核算应当以企业持续、正常的生产经营活动为前提。

第七条 会计核算应当划分会计期间，分期结算账目和编制财务会计报告。会计期间分为年度、半年度、季度和月度。年度、半年度、季度和月度均按公历起讫日期确定。半年度、季度和月度均称为会计中期。

本制度所称的期末和定期，是指月末、季末、半年末和年末。

第八条 企业的会计核算以人民币为记账本位币。

业务收支以人民币以外的货币为主的企业，可以选定其中一种货币作为记账本位币，但是编报的财务会计报告应当折算为人民币。

在境外设立的中国企业向国内报送的财务会计报告，应当折算为人民币。

第九条 企业的会计记账采用借贷记账法。

第十条 会计记录的文字应当使用中文。在民族自治地方，会计记录可以同时使用当地通用的一种民族文字。在中华人民共和国境内的外商投资企业、外国企业和其他外国组织的会计记录可以同时使用一种外国文字。

第十一条 企业在会计核算时，应当遵循以下基本原则：

（一）会计核算应当以实际发生的交易或事项为依据，如实反映企业的财务状况、经营成果和现金流量。

（二）企业应当按照交易或事项的经济实质进行会计核算，而不应当仅仅按照它们的法律形式作为会计核算的依据。

（三）企业提供的会计信息应当能够反映企业的财务状况、经营成果和现金流量，以满足会计信息使用者的需要。

（四）企业的会计核算方法前后各期应当保持一致，不得随意变更。如有必要变更，应当将变更的内容和理由、变更的累积影响数，以及累积影响数不能合理确定的理由等，在会计报表附注中予以说明。

（五）企业的会计核算应当按照规定的会计处理方法进行，会计指标应当口径一致、相互可比。

（六）企业的会计核算应当及时进行，不得提前或延后。

（七）企业的会计核算和编制的财务会计报告应当清晰明了，便于理解和利用。

（八）企业的会计核算应当以权责发生制为基础。凡是当期已经实现的收入和已经发生或应当负担的费用，不论款项是否收付，都应当作为当期的收入和费用；凡是不属于当期的收入和费用，即使款项已在当期收付，也不应当作为当期的收入和费用。

（九）企业在进行会计核算时，收入与其成本、费用应当相互配比，同一会计期间内的各项收入和与其相关的成本、费用，应当在该会计期间内确认。

（十）企业的各项财产在取得时应当按照实际成本计量。其后，各项财产如果发生减值，应当按照本制度规定计提相应的减值准备。除法律、行政法规和国家统一的会计制度另有规定者外，企业一律不得自行调整其账面价值。

（十一）企业的会计核算应当合理划分收益性支出与资本性支出的界限。凡支出的效益仅及于本年度（或一个营业周期）的，应当作为收益性支出；凡支出的效益及于几个会计年度（或几个营业周期）的，应当作为资本性支出。

（十二）企业在进行会计核算时，应当遵循谨慎性原则的要求，不得多计资产或收益、少计负债或费用，但不得计提秘密准备。

（十三）企业的会计核算应当遵循重要性原则的要求，在会计核算过程中对交易或事项应当区别其重要程度，采用不同的核算方式。对资产、负债、损益等有较大影响，并进而影响财务会计报告使用者据以作出合理判断的重要会计事项，必须按照规定的会计方法和程序进行处理，并在财务会计报告中予以充分、准确地披露；对于次要的会计事项，在不影响会计信息真实性和不至于误导财务会计报告使用者作出正确判断的前提下，可适当简化处理。

第二章　资产

第十二条　资产，是指过去的交易、事项形成并由企业拥有或者控制的资源，该资源预期会给企业带来经济利益。

第十三条　企业的资产应按流动性分为流动资产、长期投资、固定资产、无形资产和其他资产。

第一节　流动资产

第十四条　流动资产，是指可以在1年或者超过1年的一个营业周期内变现或耗用的资产，主要包括现金、银行存款、短期投资、应收及预付款项、待摊费用、存货等。

本制度所称的投资，是指企业为通过分配来增加财富，或为谋求其他利益而将资产让渡给其他单位所获得的另一项资产。

第十五条　企业应当设置现金和银行存款日记账。按照业务发生顺序逐日逐笔登记。银行存款应按银行和其他金融机构的名称和存款种类进行明细核算。

有外币现金和存款的企业，还应当分别按人民币和外币进行明细核算。

现金的账面余额必须与库存数相符；银行存款的账面余额应当与银行对账单定期核对，并按月编制银行存款余额调节表调节相符。

本制度所称的账面余额，是指某科目的账面实际余额，不扣除作为该科目备抵的项目（如累计折旧、相关资产的减值准备等）。

第十六条　短期投资，是指能够随时变现并且持有时间不准备超过1年（含1年）的投资，包括股票、债券、基金等。短期投资应当按照以下原则核算：

（一）短期投资在取得时应当按照投资成本计量。短期投资取得时的投资成本按以下方法确定：

1. 以现金购入的短期投资，按实际支付的全部价款，包括税金、手续费等相关费用。实际支付的价款中包含的已宣告但尚未领取的现金股利、或已到付息期但尚未领取的债券利息，应当单独核算，不构成短期投资成本。

已存入证券公司但尚未进行短期投资的现金，先作为其他货币资金处理，待实际投资时，按实际支付的价款或实际支付的价款减去已宣告但尚未领取的现金股利或已到付息期但尚未领取的债券利息，作为短期投资的成本。

2. 投资者投入的短期投资，按投资各方确认的价值，作为短期投资成本。

3. 企业接受的债务人以非现金资产抵偿债务方式取得的短期投资，或以应收债权换入的短期投资，按应收债权的账面价值加上应支付的相关税费，作为短期投资成本。如果所接受的短期投资中含有已宣告但尚未领取的现金股利，或已到付息期但尚未领取的债券利息，按应收债权的账面价值减去应收股利或应收利息，加上应支付的相关税费后的余额，作为短期投资成本。涉及补价的，按以下规定确定受让的短期投资成本：

（1）收到补价的，按应收债权账面价值减去补价，加上应支付的相关税费，作为短期投资成本；

（2）支付补价的，按应收债权的账面价值加上支付的补价和应支付的相关税费，作为短期投资成本。

本制度所称的账面价值，是指某科目的账面余额减去相关的备抵项目后的净额。如“短期投资”科目的账面余额减去相应的跌价准备后的净额，为短期投资的账面价值。

4. 以非货币性交易换入的短期投资，按换出资产的账面价值加上应支付的相关税费，作为短期投资成本。涉及补价的，按以下规定确定换入的短期投资成本：

（1）收到补价的，按换出资产的账面价值加上应确认的收益和应支付的相关税费减去补价后的余额，作为短期投资成本；

（2）支付补价的，按换出资产的账面价值加上应支付的相关税费和补价，作为短期投资成本。

以原材料换入的短期投资，如该项原材料的进项税额不可抵扣的，则换入的短期投资的入账价值还应当加上不可抵扣的增值税进项税额。以原材料换入的存货、固定资产等，按同一原则处理。

（二）短期投资的现金股利或利息，应于实际收到时，冲减投资的账面价值，但已记入“应收股利”或“应收利息”科目的现金股利或利息除外。

（三）企业应当在期末时对短期投资按成本与市价孰低计量，对市价低于成本的差额，应当计提短期投资跌价准备。

企业计提的短期投资跌价准备应当单独核算，在资产负债表中，短期投资项目按照减去其跌价准备后的净额反映。

（四）处置短期投资时，应将短期投资的账面价值与实际取得价款的差额，作为当期投资损益。

企业的委托贷款，应视同短期投资进行核算。但是，委托贷款应按期计提利息，计入损益；企业按期计提的利息到付息期不能收回的，应当停止计提利息，并冲回原已计提的利息。期末时，企业的委托贷款应按资产减值的要求，计提相应的减值准备。

第十七条　应收及预付款项，是指企业在日常生产经营过程中发生的各项债权，包括：应收款项（包括应收票据、应收账款、其他应收款）和预付账款等。

第十八条　应收及预付款项应当按照以下原则核算：

（一）应收及预付款项应当按照实际发生额记账，并按照往来户名等设置明细账，进行明细核算。

（二）带息的应收款项，应于期末按照本金（或票面价值）与确定的利率计算的金额，增加其账面余额，并确认为利息收入，计入当期损益。

（三）到期不能收回的应收票据，应按其账面余额转入应收账款，并不再计提利息。

（四）企业与债务人进行债务重组的，按以下规定处理：

1. 债务人在债务重组时以低于应收债权的账面价值的现金清偿的，企业实际收到的金额小于应收债权账面价值的差额，计入当期营业外支出。

2. 以非现金资产清偿债务的，应按应收债权的账面价值等作为受让的非现金资产的入账价值。

如果接受多项非现金资产的，应按接受的各项非现金资产的公允价值占非现金资产公允价值总额的比例，对应收债权的账面价值进行分配，并按照分配后的价值作为所接受的各项非现金资产的入账价值。

3. 以债权转为股权的，应按应收债权的账面价值等作为受让的股权的入账价值。

如果涉及多项股权的，应按各项股权的公允价值占股权公允价值总额的比例，对应收债权的账面价值进行分配，并按照分配后的价值作为所接受的各项股权的入账价值。

4. 以修改其他债务条件清偿债务的，应将未来应收金额小于应收债权账面价值的差额，计入当期营业外支出；如果修改后的债务条款涉及或有收益的，则或有收益不应当包括在未来应收金额中。待实际收到或有收益时，计入收到当期的营业外收入。

如果修改其他债务条件后，未来应收金额等于或大于重组前应收债权账面余额的，则在债务重组时不作账务处理，但应当在备查簿中进行登记。修改债务条件后的应收债权，按本制度规定的一般应收债权进行会计处理。

本制度所称的债务重组，是指债权人按照其与债务人达成的协议或法院的裁决同意债务人修改债务条件的事项。或有收益，是指依未来某种事项出现而发生的收益，未来事项的出现具有不确定性。

（五）企业应于期末时对应收款项（不包括应收票据，下同）计提坏账准备。

坏账准备应当单独核算，在资产负债表中应收款项按照减去已计提的坏账准备后的净额反映。

第十九条　待摊费用，是指企业已经支出，但应当由本期和以后各期分别负担的、分摊期在1年以内（含1年）的各项费用，如低值易耗品摊销、预付保险费、一次性购买印花税票和一次性购买印花税税额较大需分摊的数额等。

待摊费用应按其受益期限在1年内分期平均摊销，计入成本、费用。如果某项待摊费用已经不能使企业受益，应当将其摊余价值一次全部转入当期成本、费用，不得再留待以后期间摊销。

待摊费用应按费用种类设置明细账，进行明细核算。

第二十条　存货，是指企业在日常生产经营过程中持有以备出售，或者仍然处在生产过程，或者在生产或提供劳务过程中将消耗的材料或物料等，包括各类材料、商品、在产品、半成品、产成品等。存货应当按照以下原则核算。（一）存货在取得时，应当按照实际成本入账。实际成本按以下方法确定：

1. 购入的存货，按买价加运输费、装卸费、保险费、包装费、仓储费等费用、运输途中的合理损耗、入库前的挑选整理费用和按规定应计入成本的税金以及其他费用，作为实际成本。

商品流通企业购入的商品，按照进价和按规定应计入商品成本的税金，作为实际成本，采购过程中发生的运输费、装卸费、保险费、包装费、仓储费等费用、运输途中的合理损耗、入库前的挑选整理费用等，直接计入当期损益。

2. 自制的存货，按制造过程中的各项实际支出，作为实际成本。

3. 委托外单位加工完成的存货，以实际耗用的原材料或者半成品以及加工费、运输费、装卸费和保险费等费用以及按规定应计入成本的税金，作为实际成本。

商品流通企业加工的商品，以商品的进货原价、加工费用和按规定应计入成本的税金，作为实际成本。

4. 投资者投入的存货，按照投资各方确认的价值，作为实际成本。

5. 接受捐赠的存货，按以下规定确定其实际成本：

（1）捐赠方提供了有关凭据（如发票、报关单、有关协议）的，按凭据上标明的金额加上应支付的相关税费，作为实际成本。

（2）捐赠方没有提供有关凭据的，按如下顺序确定其实际成本：

①同类或类似存货存在活跃市场的，按同类或类似存货的市场价格估计的金额，加上应支付的相关税费作为实际成本；

②同类或类似存货不存在活跃市场的，按所接受捐赠的存货的预计未来现金流量现值，作为实际成本：

6. 企业接受的债务人以非现金资产抵偿债务方式取得的存货，或以应收债权换入存货的。按照应收债权的账面价值减去可抵扣的增值税进项税额后的差额，加上应支付的相关税费，作为实际成本。涉及补价的，按以下规定确定受让存货的实际成本：

（1）收到补价的，按应收债权的账面价值减去可抵扣的增值税进项税额和补价，加上应支付的相关税费，作为实际成本；

（2）支付补价的，按应收债权的账面价值减去可抵扣的增值税进项税额，加上支付的补价和应支付的相关税费，作为实际成本。

7. 以非货币性交易换入的存货，按换出资产的账面价值减去可抵扣的增值税进项税额后的差额，加上应支付的相关税费，作为实际成本。涉及补价的，按以下规定确定换入存货的实际成本：

（1）收到补价的，按换出资产的账面价值减去可抵扣的增值税进项税额后的差额，加上应确认的收益和应支付的相关税费。减去补价后的余额，作为实际成本；

（2）支付补价的，按换出资产的账面价值减去可抵扣的增值税进项税额后的差额，加上应支付的相关税费和补价，作为实际成本。

8. 盘盈的存货，按照同类或类似存货的市场价格，作为实际成本。

（二）按照计划成本（或售价，下同）进行存货核算的企业，对存货的计划成本和实际成本之间的差异，应当单独核算。

（三）须用或发出的存货，按照实际成本核算的，应当采用先进先出法、加权平均法、移动平均法、个别计价法或后进先出法等确定其实际成本；按照计划成本核算的，应按期结转其应负担的成本差异，将计划成本调整为实际成本。低值易耗品和周转使用的包装物、周转材料等应在领用时摊销，摊销方法可以采用一次摊销或者分次摊销。

（四）存货应当定期盘点，每年至少盘点一次。盘点结果如果与账面记录不符，应于期末前查明原因，并根据企业的管理权限，经股东大会或董事会，或经理（厂长）会议或类似机构批准后，在期末结账前处理完毕。盘盈的存货，应冲减当期的管理费用；盘亏的存货，在减去过失人或者保险公司等赔款和残料价值之后，计入当期管理费用，属于非常损失的，计入营业外支出。

盘盈或盘亏的存货，如在期末结账前尚未经批准的，应在对外提供财务会计报告时先按上述规定进行处理，并在会计报表附注中作出说明；如果其后批准处理的金额与已处理的金额不一致，应按其差额调整会计报表相关项目的年初数。

（五）企业的存货应当在期末时按成本与可变现净值孰低计量，对可变现净值低于存货成本的差额，计提存货跌价准备。

在资产负债表中，存货项目按照减去存货跌价准备后的净额反映。

第二节　长期投资

第二十一条　长期投资，是指除短期投资以外的投资，包括持有时间准备超过1年（不含1年）的各种股权性质的投资、不能变现或不准备随时变现的债券、长期债权投资和其他长期投资。长期投资应当单独进行核算，并在资产负债表中单列项目反映。

第二十二条　长期股权投资应当按照以下原则核算：

（一）长期股权投资在取得时应当按照初始投资成本入账。初始投资成本按以下方法确定：

1. 以现金购入的长期股权投资，按实际支付的全部价款（包括支付的税金、手续费等相关费用），作为初始投资成本；实际支付的价款中包含已宣告但尚未领取的现金股利，按实际支付的价款减去已宣告但尚未领取的现金股利后的差额，作为初始投资成本。

2. 企业接受的债务人以非现金资产抵偿债务方式取得的长期股权投资，或以应收债权换入长期股权投资的，按应收债权的账面价值加上应支付的相关税费，作为初始投资成本。涉及补价的，按以下规定确定受让的长期股权投资的初始投资成本：

（1）收到补价的，按应收债权的账面价值减去补价，加上应支付的相关税费，作为初始投资成本；

（2）支付补价的，按应收债权的账面价值加上支付的补价和应支付的相关税费，作为初始投资成本。

3. 以非货币性交易换入的长期股权投资，按换出资产的账面价值加上应支付的相关税费，作为初始投资成本。涉及补价的，应按以下规定确定换入长期股权投资的初始投资成本：

（1）收到补价的，按换出资产的账面价值加上应确认的收益和应支付的相关税费减去补价后的余额，作为初始投资成本；

（2）支付补价的，按换出资产的账面价值加上应支付的相关税费和补价，作为初始投资成本。

4. 通过行政划拨方式取得的长期股权投资，按划出单位的账面价值，作为初始投资成本。

（二）企业的长期股权投资，应当根据不同情况，分别采用成本法或权益法核算。企业对被投资单位无控制、无共同控制且无重大影响的，长期股权投资应当采用成本法核算；企业对被投资单位具有控制、共同控制或重大影响的，长期股权投资应当采用权益法核算。通常情况下，企业对其他单位的投资占该单位有表决权资本总额20%或20%以上，或虽投资不足20%但具有重大影响的，应当采用权益法核算。企业对其他单位的投资占该单位有表决权资本总额20%以下，或对其他单位的投资虽占该单位有表决权资本总额20%或20%以上，但不具有重大影响的，应当采用成本法核算。

（三）采用成本法核算时，除追加投资、将应分得的现金股利或利润转为投资或收回投资外，长期股权投资的账面价值一般应当保持不变。被投资单位宣告分派的利润或现金股利，作为当期投资收益。企业确认的投资收益，仅限于所获得的被投资单位在接受投资后产生的累积净利润的分配额，所获得的被投资单位宣告分派的利润或现金股利超过上述数额的部分，作为初始投资成本的收回，冲减投资的账面价值。

（四）采用权益法核算时，投资最初以初始投资成本计量，投资企业的初始投资成本与应享有被投资单位所有者权益份额之间的差额，作为股权投资差额处理，按一定期限平均摊销，计入损益。

股权投资差额的摊销期限，合同规定了投资期限的，按投资期限摊销。合同没有规定投资期限的，初始投资成本超过应享有被投资单位所有者权益份额之间的差额，按不超过10年的期限摊销；初始投资成本低于应享有被投资单位所有者权益份额之间的差额，按不低于10年的期限摊销。

采用权益法核算时，企业应当在取得股权投资后，按应享有或应分担的被投资单位当年实现的净利润或发生的净亏损的份额（法律、法规或公司章程规定不属于投资企业的净利润除外，如承包经营企业支付的承包利润、外商投资企业按规定按照净利润的一定比例计提作为负债的职工奖励及福利基金等），调整投资的账面价值，并作为当期投资损益。企业按被投资单位宣告分派的利润或现金股利计算应分得的部分，减少投资的账面价值。企业在确认被投资单位发生的净亏损时，应以投资账面价值减记至零为限；如果被投资单位以后各期实现净利润，投资企业应在计算的收益分享额超过未确认的亏损分担额以后，按超过未确认的亏损分担额的金额，恢复投资的账面价值。

企业按被投资单位净损益计算调整投资的账面价值和确认投资损益时，应当以取得被投资单位股权后发生的净损益为基础。

对被投资单位除净损益以外的所有者权益的其他变动，也应当根据具体情况调整投资的账面价值。

（五）企业因追加投资等原因对长期股权投资的核算从成本法改为权益法，应当自实际取得对被投资单位控制、共同控制或对被投资单位实施重大影响时，按股权投资的账面价值作为初始投资成本，初始投资成本与应享有被投资单位所有者权益份额的差额，作为股权投资差额，并按本制度的规定摊销，计入损益。

企业因减少投资等原因对被投资单位不再具有控制、共同控制或重大影响时，应当中止采用权益法核算，改按成本法核算，并按投资的账面价值作为新的投资成本。其后，被投资单位宣告分派利润或现金胜利时，属于已记入投资账面价值的部分，作为新的投资成本的收回，冲减投资的账面价值。

（六）企业改变投资目的，将短期投资划转为长期投资。应按短期投资的成本与市价孰低结转，并按此确定的价值作为长期投资初始投资成本。拟处置的长期投资不调整至短期投资，待处置时按处置长期投资进行会计处理。

（七）处置股权投资时，应将投资的账面价值与实际取得价款的差额，作为当期投资损益。

第二十三条　长期债权投资应当按照以下原则核算：

（一）长期债权投资在取得时，应按取得时的实际成本作为初始投资成本。初始投资成本按以下方法确定：

1. 以现金购入的长期债权投资，按实际支付的全部价款（包括税金、手续费等相关费用）减去已到付息期但尚未领取的债权利息，作为初始投资成本。如果所支付的税金、手续费等相关费用金额较小，可以直接计入当期财务费用，不计入初始投资成本。2. 企业接受的债务人以非现金资产抵偿债务方式取得的长期债权投资，或以应收债权换入长期债权投资的，应按应收债权的账面价值，加上应支付的相关税费，作为初始投资成本。涉及补价的，应按以下规定确定换入长期债权投资的初始投资成本：

（1）收到补价的，按应收债权的账面价值减去补价，加上应支付的相关税费，作为初始投资成本；

（2）支付补价的，按应收债权的账面价值加上支付的补价和应支付的相关税费，作为初始投资成本。

3. 以非货币性交易换入的长期债权投资，按换出资产的账面价值加上应支付的相关税费，作为初始投资成本。涉及补价的，应按以下规定确定换入长期债权投资的初始投资成本：

（1）收到补价的，按换出资产的账面价值加上应确认的收益和应支付的相关税费减去补价后的余额，作为初始投资成本；

（2）支付补价的，按换出资产的账面价值加上应支付的相关税费和补价，作为初始投资成本。

（二）长期债权投资应当按照票面价值与票面利率按期计算确认利息收入。

长期债券投资的初始投资成本减去已到付息期但尚未领取的债券利息、未到期债券利息和计入初始投资成本的相关税费，与债券面值之间的差额，作为债券溢价或折价；债券的溢价或折价在债券存续期间内于确认相关债券利息收入时摊销。摊销方法可以采用直线法，也可以采用实际利率法。

（三）持有可转换公司债券的企业，可转换公司债券在购买以及转换为股份之前，应按一般债券投资进行处理。当企业行使转换权利，将其持有的债券投资转换为股份时，应按其账面价值减去收到的现金后的余额，作为股权投资的初始投资成本。

（四）处置长期债权投资时，按实际取得的价款与长期债权投资账面价值的差额，作为当期投资损益。

第二十四条　企业的长期投资应当在期末时按照其账面价值与可收回金额孰低计量，对可收回金额低于账面价值的差额，应当计提长期投资减值准备。

在资产负债表中，长期投资项目应当按照减去长期投资减值准备后的净额反映。

第三节　固定资产

第二十五条　固定资产，是指企业使用期限超过1年的房屋、建筑物、机器、机械、运输工具以及其他与生产、经营有关的设备、器具、工具等。不属于生产经营主要设备的物品，单位价值在2000元以上，并且使用年限超过2年的，也应当作为固定资产。

第二十六条　企业应当根据固定资产定义，结合本企业的具体情况，制定适合于本企业的固定资产目录、分类方法、每类或每项固定资产的折旧年限、折旧方法，作为进行固定资产核算的依据。

企业制定的固定资产目录、分类方法、每类或每项固定资产的预计使用年限、预计净残值、折旧方法等，应当编制成册，并按照管理权限，经股东大会或董事会，或经理（厂长）会议或类似机构批准，按照法律、行政法规的规定报送有关各方备案，同时备置于企业所在地，以供投资者等有关各方查阅。企业已经确定并对外报送，或备置于企业所在地的有关固定资产目录、分类方法、预计净残值、预计使用年限、折旧方法等，一经确定不得随意变更，如需变更，仍然应当按照上述程序，经批准后报送有关各方备案，并在会计报表附注中予以说明。

未作为固定资产管理的工具、器具等，作为低值易耗品核算。

第二十七条　固定资产在取得时，应按取得时的成本入账。取得时的成本包括买价、进口关税、运输和保险等相关费用，以及为使固定资产达到预定可使用状态前所必要的支出。固定资产取得时的成本应当根据具体情况分别确定：

（一）购置的不需要经过建造过程即可使用的固定资产，技实际支付的买价、包装费、运输费、安装成本、交纳的有关税金等，作为入账价值。

外商投资企业因采购国产设备而收到税务机关退还的增值税款，冲减固定资产的入账价值。

（二）自行建造的固定资产，按建造该项资产达到预定可使用状态前所发生的全部支出，作为入账价值。

（三）投资者投入的固定资产，按投资各方确认的价值，作为入账价值。

（四）融资租入的固定资产，按租赁开始日租赁资产的原账面价值与最低租赁付款额的现值两者中较低者，作为入账价值。

本制度所称的最低租赁付款额，是指在租赁期内，企业（承租人）应支付或可能被要求支付的各种款项（不包括或有租金和履约成本），加上由企业（承租人）或与其有关的第三方担保的资产余值。但是，如果企业（承租人）有购买租赁资产的选择权，所订立的购价预计将远低于行使选择权时租赁资产的公允价值，因而在租赁开始日就可以合理确定企业（承租人）将会行使这种选择权，则购买价格也应包括在内。其中，资产余值是指租赁开始日估计的租赁期届满时租赁资产的公允价值。

企业（承租人）在计算最低租赁付款额的现值时，如果知悉出租人的租赁内含利率，应采用出租人的内含利率作为折现率；否则，应采用租赁合同规定的利率作为折现率。如果出租人的租赁内含利率和租赁合同规定的利率均无法知悉，应当采用同期银行贷款利率作为折现率。

如果融资租赁资产占企业资产总额比例等于或低于30%的，在租赁开始日，企业也可按最低租赁付款额，作为固定资产的入账价值。

（五）在原有固定资产的基础上进行改建、扩建的，按原固定资产的账面价值,加上由于改建、扩建而使该项资产达到预定可使用状态前发生的支出,减去改建、扩建过程中发生的变价收入,作为入账价值。

(六)企业接受的债务人以非现金资产抵偿债务方式取得的固定资产,或以应收债权换入固定资产的,按应收债权的账面价值加上应支付的相关税费,作为入账价值。涉及补价的,按以下规定确定受让的固定资产的入账价值:

1.收到补价的,按应收债权的账面价值减去补价,加上应支付的相关税费,作为入账价值;

2.支付补价的,按应收债权的账面价值加上支付的补价和应支付的相关税费,作为入账价值。

(七)以非货币性交易换入的固定资产,按换出资产的账面价值加上应支付的相关税费,作为入账价值。涉及补价的,按以下规定确定换入固定资产的入账价值:

1.收到补价的,按换出资产的账面价值加上应确认的收益和应支付的相关税费减去补价后的余额,作为入账价值;

2.支付补价的,按换出资产的账面价值加上应支付的相关税费和补价,作为入账价值。

(八)接受捐赠的固定资产,应按以下规定确定其入账价值:

1.捐赠方提供了有关凭据的,按凭据上标明的金额加上应支付的相关税费,作为入账价值。

2.捐赠方没有提供有关凭据的,按如下顺序确定其入账价值:

(1)同类或类似固定资产存在活跃市场的,按同类或类似固定资产的市场价格估计的金额,加上应支付的相关税费,作为入账价值;

(2)同类或类似固定资产不存在活跃市场的,按该接受捐赠的固定资产的预计未来现金流量现值,作为入账价值。

3.如受赠的系旧的固定资产,按照上述方法确认的价值,减去按该项资产的新旧程度估计的价值损耗后的余额,作为入账价值。

(九)盘盈的固定资产,按同类或类似固定资产的市场价格,减去按该项资产的新旧程度估计的价值损耗后的余额,作为入账价值。

(十)经批准无偿调入的固定资产,按调出单位的账面价值加上发生的运输费、安装费等相关费用,作为入账价值。

固定资产的入账价值中,还应当包括企业为取得固定资产而交纳的契税、耕地占用税、车辆购置税等相关税费。

第二十八条 企业为在建工程准备的各种物资,应当按照实际支付的买价、增值税额、运输费、保险费等相关费用,作为实际成本,并按照各种专项物资的种类进行明细核算。

工程完工后剩余的工程物资,如转作本企业库存材料的,按其实际成本或计划成本,转作企业的库存材料。如可抵扣增值税进项税额的,应按减去增值税进项税额后的实际成本或计划成本,转作企业的库存材料。

盘盈、盘亏、报废、毁损的工程物资,减去保险公司、过失人赔偿部分后的差额,工程项目尚未完工的,计入或冲减所建工程项目的成本;工程已经完工的,计入当期营业外收支。

第二十九条 企业的在建工程,包括施工前期准备、正在施工中的建筑工程、安装工程、技术改造工程、大修理工程等。工程项目较多且工程支出较大的企业,应当按照工程项目的性质分项核算。

在建工程应当按照实际发生的支出确定其工程成本,并单独核算。

第三十条 企业的自营工程,应当按照直接材料、直接工资、直接机械施工费等计量;采用出包工程方式的企业,按照应支付的工程价款等计量。设备安装工程,按照所安装设备的价值、工程安装费用、工程试运转等所发生的支出等确定工程成本。

第三十一条 工程达到预定可使用状态前因进行试运转所发生的净支出,计入工程成本。企业的在建工程项目在达到预定可使用状态前所取得的试运转过程中形成的、能够对外销售的产品,其发生的成本,计入在建工程成本,销售或转为库存商品时,按实际销售收入或按预计售价冲减工程成本。

第三十二条 在建工程发生单项或单位工程报废或毁损,减去残料价值和过失人或保险公司等赔款后的净损失,计入继续施工的工程成本;如为非常原因造成的报废或毁损,或在建工程项目全部报废或毁损,应将其净损失直接计入当期营业外支出。

第三十三条 所建造的固定资产已达到预定可使用状态,但尚未办理竣工决算的,应当自达到预定可使用状态之日起,根据工程预算、造价或者工程实际成本等,按估计的价值转入固定资产,并按本制度关于计提固定资产折旧的规定,计提固定资产的折旧。待办理了竣工决算手续后再作调整。

第三十四条 下列固定资产应当计提折旧:

(一)房屋和建筑物;

(二)在用的机器设备、仪器仪表、运输工具、工具器具;

(三)季节性停用、大修理停用的固定资产;

(四)融资租入和以经营租赁方式租出的固定资产。

达到预定可使用状态应当计提折旧的固定资产,在年度内办理竣工决算手续的,按照实际成本调整原来的暂估价值,并调整已计提的折旧额,作为调整当月的成本、费用处理。如果在年度内尚未办理竣工决算的,应当按照估计价值暂估入账,并计提折旧;待办理了竣工决算手续后,再按照实际成本调整原来的暂估价值,调整原已计提的折旧额,同时调整年初留存收益各项目。

第三十五条 下列固定资产不计提折旧:

(一)房屋、建筑物以外的未使用、不需用固定资产;

(二)以经营租赁方式租入的固定资产;

(三)已提足折旧继续使用的固定资产;

(四)按规定单独估价作为固定资产入账的土地。

第三十六条 企业应当根据固定资产的性质和消耗方式,合理地确定固定资产的预计使用年限和预计净残值,并根据科技发展、环境及其他因素,选择合理的固定资产折旧方法,按照管理权限,经股东大会或董事会,或经理(厂长)会议或类似机构批准,作为计提折旧的依据。同时,按照法律、行政法规的规定报送有关各方备案,并备置于企业所在地,以供投资者等有关各方查阅。企业已经确定并对外报送,或备置于企业所在地的有关固定资产预计使用年限和预计净残值、折旧方法等,一经确定不得随意变更,如需变更,仍然应当按照上述程序,经批准后报送有关各方备案,并在会计报表附注中予以说明。

固定资产折旧方法可以采用年限平均法、工作量法、年数总和法、双倍余额递减法等。折旧方法一经确定,不得随意变更。如需变更,应当在会计报表附注中予以说明。

企业因更新改造等原因而调整固定资产价值的,应当根据调整后价值,预计尚可使用年限和净残值,按选用的折旧方法计提折旧。

对于接受捐赠旧的固定资产,企业应当按照确定的固定资产入账价值、预计尚可使用年限,预计净残值,按选用的折旧方法计提折旧。

融资租入的固定资产,应当采用与自有应计折旧资产相一致的折旧政策。能够合理确定租赁期届满时将会取得租赁资产所有权的,应当在租赁资产尚可使用年限内计提折旧;无法合理确定租赁期届满时能够取得租赁资产所有权的,应当在租赁期与租赁资产尚可使用年限两者中较短的期间内计提折旧。

第三十七条 企业一般应按月提取折旧,当月增加的固定资产,当月不提折旧,从下月起计提折旧;当月减少的固定资产,当月照提折旧,从下月起不提折旧。

固定资产提足折旧后,不论能否继续使用,均不再提取折旧;提前报废的固定资产,也不再补提折旧。所谓提足折旧,是指已经提足该项固定资产应提的折旧总额。应提的折旧总额为固定资产原价减去预计残值加上预计清理费用。

第三十八条 企业应当定期对固定资产进行大修理,大修理费用可以来用预提或待摊的方式核算。大修理费用采用预提方式的,应当在两次大修理间隔期内各期均衡地预提预计发生的大修理费用,并计入有关的成本、费用;大修理费用采用待摊方式的,应当将发生的大修理费用在下一次大修理前平均摊销,计入有关的成本、费用。

固定资产日常修理费用,直接计入当期成本、费用。

第三十九条 由于出售、报废或者毁损等原因而发生的固定资产清理净损益,计入当期营业外收支。

第四十条 企业对固定资产应当定期或者至少每年实地盘点一次。对盘盈、盘亏、毁损的固定资产,应当查明原因,写出书面报告,并根据企业的管理权限,经股东大会或董事会,或经理(厂长)会议或类似机构批准后,在期末结账前处理完毕。盘盈的固定资产,计入当期营业外收入;盘亏或毁损的固定资产,在减去过失人或者保险公司等赔款和残料价值之后,计入当期营业外支出。

如盘盈、盘亏或毁损的固定资产,在期末结账前尚未经批准的,在对外提供财务会计报告时应按上述规定进行处理,并在会计报表附注中作出说明;如果其后批准处理的金额与已处理的金额不一致,应按其差额调整会计报表相关项目的年初数。

第四十一条 企业对固定资产的购建、出售、清理、报废和内部转移等,都应当办理会计手续,并应当设置固定资产明细账(或者固定资产卡片)进行明细核算。

第四十二条 企业的固定资产应当在期末时按照账面价值与可收回金额孰低计量，对可收回金额低于账面价值的差额，应当计提固定资产减值准备。

在资产负债表中，固定资产减值准备应当作为固定资产净值的减项反映。

第四节 无形资产和其他资产

第四十三条 无形资产，是指企业为生产商品或者提供劳务、出租给他人、或为管理目的而持有的、没有实物形态的非货币供长期资产。无形资产分为可辨认无形资产和不可辨认无形资产。可辨认无形资产包括专利权、非专利技术、商标权、著作权、土地使用权等；不可辨认无形资产是指商誉。

企业自创的商誉，以及未满足无形资产确认条件的其他项目，不能作为无形资产。

第四十四条 企业的无形资产在取得时，应按实际成本计量。取得时的实际成本应按以下方法确定：

（一）购入的无形资产，按实际支付的价款作为实际成本。

（二）投资者投入的无形资产，按投资各方确认的价值作为实际成本。但是，为首次发行股票而接受投资者投入的无形资产，应按该无形资产在投资方的账面价值作为实际成本。

（三）企业接受的债务人以非现金资产抵偿债务方式取得的无形资产，或以应收债权换入无形资产的，按应收债权的账面价值加上应支付的相关税费，作为实际成本。涉及补价的，按以下规定确定受让的无形资产的实际成本：

1. 收到补价的，按应收债权的账面价值减去补价，加上应支付的相关税费，作为实际成本；

2. 支付补价的，按应收债权的账面价值加上支付的补价和应支付的相关税费，作为实际成本。

（四）以非货币性交易换入的无形资产，按换出资产的账面价值加上应支付的相关税费，作为实际成本。涉及补价的，按以下规定确定换入无形资产的实际成本：

1. 收到补价的，按换出资产的账面价值加上应确认的收益和应支付的相关税费减去补价后的余额，作为实际成本；

2. 支付补价的，按换出资产的账面价值加上应支付的相关税费和补价，作为实际成本。

（五）接受捐赠的无形资产，应按以下规定确定其实际成本：

1. 捐赠方提供了有关凭据的，按凭据上标明的金额加上应支付的相关税费，作为实际成本。

2. 捐赠方没有提供有关凭据的，按如下顺序确定其实际成本：

（1）同类或类似无形资产存在活跃市场的，按同类或类似无形资产的市场价格估计的金额，加上应支付的相关税费，作为实际成本；

（2）同类或类似无形资产不存在活跃市场的，按该接受捐赠的无形资产的预计未来现金流量现值，作为实际成本。

第四十五条 自行开发并按法律程序申请取得的无形资产，按依法取得时发生的注册费、聘请律师费等费用，作为无形资产的实际成本。在研究与开发过程中发生的材料费用、直接参与开发人员的工资及福利费、开发过程中发生的租金、借款费用等，直接计入当期损益。

已经计入各期费用的研究与开发费用，在该项无形资产获得成功并依法申请取得权利时，不得再将原已计入费用的研究与开发费用资本化。

第四十六条 无形资产应当自取得当月起在预计使用年限内分期平均摊销，计入损益。如预计使用年限超过了相关合同规定的受益年限或法律规定的有效年限，该无形资产的摊销年限按如下原则确定：

（一）合同规定受益年限但法律没有规定有效年限的，摊销年限不应超过合同规定的受益年限；

（二）合同没有规定受益年限但法律规定有效年限的，摊销年限不应超过法律规定的有效年限；

（三）合同规定了受益年限，法律也规定了有效年限的，摊销年限不应超过受益年限和有效年限两者之中较短者。

如果合同没有规定受益年限，法律也没有规定有效年限的，摊销年限不应超过10年。

第四十七条 企业购入或以支付土地出让金方式取得的土地使用权，在尚未开发或建造自用项目前，作为无形资产核算，并按本制度规定的期限分期摊销。房地产开发企业开发商品房时，应将土地使用权的账面价值全部转入开发成本；企业因利用土地建造自用某项目时，将土地使用权的账面价值全部转入在建工程成本。

第四十八条 企业出售无形资产，应将所得价款与该项无形资产的账面价值之间的差额，计入当期损益。

企业出租的无形资产，应当按照本制度有关收入确认原则确认所取得的租金收入；同时，确认出租无形资产的相关费用。

第四十九条 无形资产应当按照账面价值与可收回金额孰低计量，对可收回金额低于账面价值的差额，应当计提无形资产减值准备。

在资产负债表中，无形资产项目应当按照减去无形资产减值准备后的净额反映。

第五十条 其他资产，是指除上述资产以外的其他资产，如长期待摊费用。

长期待摊费用，是指企业已经支出，但摊销期限在1年以上（不含1年）的各项费用，包括固定资产大修理支出、租入固定资产的改良支出等。应当由本期负担的借款利息、租金等，不得作为长期待摊费用处理。

长期待摊费用应当单独核算，在费用项目的受益期限内分期平均摊销。大修理费用采用待摊方式的，应当将发生的大修理费用在下一次大修理前平均摊销；租入固定资产改良支出应当在租赁期限与租赁资产尚可使用年限两者孰短的期限内平均摊销；其他长期待摊费用应当在受益期内平均摊销。

股份有限公司委托其他单位发行股票支付的手续费或佣金等相关费用，减去股票发行冻结期间的利息收入后的余额，从发行股票的溢价中不够抵消的，或者无溢价的，若金额较小的，直接计入当期损益；若金额较大的，可作为长期待摊费用，在不超过2年的期限内平均摊销，计入损益。

除购建固定资产以外，所有筹建期间所发生的费用，先在长期待摊费用中归集，待企业开始生产经营当月起一次计入开始生产经营当月的损益。

如果长期待摊的费用项目不能使以后会计期间受益的，应当将尚未摊销的该项目的摊余价值全部转入当期损益。

第五节 资产减值

第五十一条 企业应当定期或者至少于每年年度终了，对各项资产进行全面检查，并根据谨慎性原则的要求，合理地预计各项资产可能发生的损失，对可能发生的各项资产损失计提资产减值准备。企业应当合理地计提各项资产减值准备，但不得计提秘密准备。如有确凿证据表明企业不恰当地运用了谨慎性原则计提秘密准备的，应当作为重大会计差错予以更正，并在会计报表附注中说明事项的性质、调整金额，以及对企业财务状况、经营成果的影响。

第五十二条 企业应当在期末对各项短期投资进行全面检查。短期投资应按成本与市价孰低计量，市价低于成本的部分，应当计提短期投资跌价准备。

企业在运用短期投资成本与市价孰低时，可以根据其具体情况，分别采用按投资总体、投资类别或单项投资计提跌价准备，如果某项短期投资比较重大（如占整个短期投资10%及以上），应按单项投资为基础计算并确定计提的跌价准备。

企业应当对委托贷款本金进行定期检查，并按委托贷款本金与可收回金额孰低计量，可收回金额低于委托贷款本金的差额，应当计提减值准备。在资产负债表上，委托贷款的本金和应收利息减去计提的减值准备后的净额，并入短期投资或长期债权投资项目。

本制度所称的可收回金额，是指资产的销售净价与预期从该资产的持续使用和使用寿命结束时的处置中形成的预计未来现金流量的现值两者之中的较高者。其中，销售净价是指资产的销售价格减去所发生的资产处置费用后的余额。对于长期投资而言，可收回金额是指投资的出售净价与预期从该资产的持有和投资到期处置中形成的预计未来现金流量的现值两者之中较高者。其中，出售净价是指出售投资所得价款减去所发生的相关税费后的金额。

第五十三条 企业应当在期末分析各项应收款项的可收回性，并预计可能产生的坏账损失。对预计可能发生的坏账损失，计提坏账准备。企业计提坏账准备的方法由企业自行确定。企业应当制定计提坏账准备的政策，明确计提坏账准备的范围、提取方法、账龄的划分和提取比例，按照法律、行政法规的规定报有关各方备案，并备置于企业所在地。坏账准备计提方法一经确定，不得随意变更。如需变更，应当在会计报表附注中予以说明。

在确定坏账准备的计提比例时，企业应当根据以往的经验、债务单位的实际财务状况和现金流量等相关信息予以合理估计。除有确凿证据表明该项应收款项不能够收回或收回的可能性不大外(如债务单位已撤销、破产、资不抵债、现金流量严重不足、发生严重的自然灾害等导致停产而在短时间内无法偿付债务等,以及3年以上的应收款项),下列各种情况不能全额计提坏账准备:

(一)当年发生的应收款项;

(二)计划对应收款项进行重组;

(三)与关联方发生的应收款项;

(四)其他已逾期,但无确凿证据表明不能收回的应收款项。

企业的预付账款,如有确凿证据表明其不符合预付账款性质,或者因供货单位破产、撤销等原因已无望再收到所购货物的,应当将原计入预付账款的金额转入其他应收款,并按规定计提坏账准备。

企业持有的未到期应收票据,如有确凿证据证明不能够收回或收回的可能性不大时,应将其账面余额转入应收账款,并计提相应的坏账准备。

第五十四条 企业应当在期末对存货进行全面清查,如由于存货毁损、全部或部分陈旧过时或销售价格低于成本等原因,使存货成本高于可变现净值的,应按可变现净值低于存货成本部分,计提存货跌价准备。可变现净值,是指企业在正常经营过程中,以估计售价减去估计完工成本及销售所必须的估计费用后的价值。

存货跌价准备应按单个存货项目的成本与可变现净值计量,如果某些存货具有类似用途并与在同一地区生产和销售的产品系列相关,且实际上难以将其与该产品系列的其他项目区别开来进行估价的存货,可以合并计量成本与可变现净值;对于数量繁多、单价较低的存货,可以按存货类别计量成本与可变现净值。当存在以下一项或若干项情况时,应当将存货账面价值全部转入当期损益:

(一)已霉烂变质的存货;

(二)已过期且无转让价值的存货;

(三)生产中已不再需要,并且已无使用价值和转让价值的存货;

(四)其他足以证明已无使用价值和转让价值的存货。

第五十五条 当存在下列情况之一时,应当计提存货跌价准备:

(一)市价持续下跌,并且在可预见的未来无回升的希望;

(二)企业使用该项原材料生产的产品的成本大于产品的销售价格;

(三)企业因产品更新换代,原有库存原材料已不适应新产品的需要,而该原材料的市场价格又低于其账面成本;

(四)因企业所提供的商品或劳务过时或消费者偏好改变而使市场的需求发生变化,导致市场价格逐渐下跌;

(五)其他足以证明该项存货实质上已经发生减值的情形。

第五十六条 企业应当在期末对长期投资、固定资产、无形资产逐项进行检查,如果由于市价持续下跌、被投资单位经营状况恶化,或技术陈旧、损坏、长期闲置等原因、导致其可收回金额低于其账面价值的,应当计提长期投资、固定资产、无形资产减值准备。

长期投资、固定资产和无形资产减值准备,应按单项项目计提。

第五十七条 对有市价的长期投资可以根据下列迹象判断是否应当计提减值准备:

(一)市价持续2年低于账面价值;

(二)该项投资暂停交易1年或1年以上;

(三)被投资单位当年发生严重亏损;

(四)被投资单位持续2年发生亏损;

(五)被投资单位进行清理整顿、清算或出现其他不能持续经营的迹象。

第五十八条 对无市价的长期投资可以根据下列迹象判断是否应当计提减值准备:

(一)影响被投资单位经营的政治或法律环境的变化,如税收、贸易等法规的颁布或修订,可能导致被投资单位出现巨额亏损;

(二)被投资单位所供应的商品或提供的劳务因产品过时或消费者偏好改变而使市场的需求发生变化,从而导致被投资单位财务状况发生严重恶化;

(三)被投资单位所在行业的生产技术等发生重大变化,被投资单位已失去竞争能力,从而导致财务状况发生严重恶化,如进行清理整顿、清算等;

(四)有证据表明该项投资实质上已经不能再给企业带来经济利益的其他情形。

第五十九条 如果企业的固定资产实质上已经发生了减值,应当计提减值准备。对存在下列情况之一的固定资产,应当全额计提减值准备:

(一)长期闲置不用,在可预见的未来不会再使用,且已无转让价值的固定资产;

(二)由于技术进步等原因,已不可使用的固定资产;

(三)虽然固定资产尚可使用,但使用后产生大量不合格品的固定资产;

(四)已遭毁损,以至于不再具有使用价值和转让价值的固定资产;

(五)其他实质上已经不能再给企业带来经济利益的固定资产。

已全额计提减值准备的固定资产,不再计提折旧。

第六十条 当存在下列一项或若干项情况时,应当将该项无形资产的账面价值全部转入当期损益:

(一)某项无形资产已被其他新技术等所替代,并且该项无形资产已无使用价值和转让价值;

(二)某项无形资产已超过法律保护期限,并且已不能为企业带来经济利益;

(三)其他足以证明某项无形资产已经丧失了使用价值和转让价值的情形。

第六十一条 当存在下列一项或若干项情况时,应当计提无形资产的减值准备:

(一)某项无形资产已被其他新技术等所替代,使其为企业创造经济利益的能力受到重大不利影响;

(二)某项无形资产的市价在当期大幅下跌,在剩余摊销年限内预期不会恢复;

(三)某项无形资产已超过法律保护期限,但仍然具有部分使用价值;

(四)其他足以证明某项无形资产实质上已经发生了减值的情形。

第六十二条 企业计算的当期应计提的资产减值准备金额如果高于已提资产减值准备的账面余额,应按其差额补提减值准备;如果低于已提资产减值准备的账面余额,应按其差额冲回多提的资产减值准备,但冲减的资产减值准备,仅限于已计提的资产减值准备的账面余额。实际发生的资产损失,冲减已提的减值准备。

已确认并转销的资产损失,如果以后又收回,应当相应调整已计提的资产减值准备。

如果企业滥用会计估计,应当作为重大会计差错,按照重大会计差错更正的方法进行会计处理,即企业因滥用会计估计而多提的资产减值准备,在转回的当期,应当遵循原渠道冲回的原则(如原追溯调整的、当期转回时仍然追溯调整至以前各期;原从上期利润中计提的,当期转回时仍然调整上期利润),不得作为增加当期的利润处理。

第六十三条 处置已经计提减值准备的各项资产,以及债务重组、非货币性交易、以应收款项进行交换等,应当同时结转已计提的减值准备。

第六十四条 企业对于不能收回的应收款项、长期投资等应当查明原因,追究责任。对有确凿证据表明确实无法收回的应收款项、长期投资等,如债务单位或被投资单位已撤销、破产、资不抵债、现金流量严重不足等,根据企业的管理权限,经股东大会或董事会,或经理(厂长)会议或类似机构批准作为资产损失,冲销已计提的相关资产减值准备。

第六十五条 企业在建工程预计发生减值时,如长期停建并且预计在3年内不会重新开工的在建工程,也应当根据上述原则计提资产减值准备。

第三章 负债

第六十六条 负债,是指过去的交易、事项形成的现时义务,履行该义务预期会导致经济利益流出企业。

第六十七条 企业的负债应按其流动性,分为流动负债和长期负债。

第一节 流动负债

第六十八条 流动负债,是指将在1年(含1年)或者超过1年的一个营业周期内偿还的债务,包括短期借款、应付票据、应付账款、预收账款、应付工资、应付福利费、应付股利、应交税金、其他暂收应付款项、预提费用和一年内到期的长期借款等。

第六十九条 各项流动负债,应按实际发生额入账。短期借款、带息应付票据、短期应付债券应当按照借款本金或债券面值,按照确定的利率按期计提利息，计入损益。

第七十条 企业与债权人进行债务重组时，应按以下规定处理：

（一）以现金清偿债务的，支付的现金小于应付债务账面价值的差额，计入资本公积；

（二）以非现金资产清偿债务的，应按应付债务的账面价值结转。应付债务的账面价值与用于抵偿债务的非现金资产账面价值的差额，作为资本公积，或者作为损失计入当期营业外支出。

（三）以债务转为资本的，应当分别以下情况处理：

1. 股份有限公司，应按债权人放弃债权而享有股份的面值总额作为股本，按应付债务账面价值与转作股本的金额的差额，作为资本公积；

2. 其他企业，应按债权人放弃债权而享有的股权份额作为实收资本，按债务账面价值与转作实收资本的金额的差额，作为资本公积。

（四）以修改其他债务条件进行债务重组的，修改其他债务条件后未来应付金额小于债务重组前应付债务账面价值的，应将其差额计入资本公积；如果修改后的债务条款涉及或有支出的，应将或有支出包括在未来应付金额中，含或有支出的未来应付金额小于债务重组前应付债务账面价值的，应将其差额计入资本公积。在未来偿还债务期间内未满足债务重组协议所规定的或有支出条件，即或有支出没有发生的，其已记录的或有支出转入资本公积。

修改其他债务条件后未来应付金额等于或大于债务重组前应付债务账面价值的，在债务重组时不作账务处理。对于修改债务条件后的应付债务，应按本制度规定的一般应付债务进行会计处理。

本制度所称的或有支出，是指依未来某种事项出现而发生的支出。未来事项的出现具有不确定性。

第二节　长期负债

第七十一条 长期负债，是指偿还期在1年或者超过1年的一个营业周期以上的负债，包括长期借款、应付债券、长期应付款等。

各项长期负债应当分别进行核算，并在资产负债表中分列项目反映。将于1年内到期偿还的长期负债，在资产负债表中应当作为一项流动负债，单独反映。

第七十二条 长期负债应当以实际发生额入账。

长期负债应当按照负债本金或债券面值，按照规定的利率按期计提利息，并按本制度的规定，分别计入工程成本或当期财务费用。

按照纳税影响会计法核算所得税的企业，因时间性差异所产生的应纳税或可抵减时间性差异的所得税影响，单独核算，作为对当期所得税费用的调整。

第七十三条 发行债券的企业，应当按照实际的发行价格总额，作负债处理；债券发行价格总额与债券面值总额的差额，作为债券溢价或折价，在债券的存续期间内按实际利率法或直线法于计提利息时摊销，并按借款费用的处理原则处理。

第七十四条 发行可转换公司债券的企业，可转换公司债券在发行以及转换为股份之前，应按一般公司债券进行处理。当可转换公司债券持有人行使转换权利，将其持有的债券转换为股份或资本时，应按其账面价值结转；可转换公司债券账面价值与可转换股份面值的差额，减去支付的现金后的余额，作为资本公积处理。

企业发行附有赎回选择权的可转换公司债券，其在赎回日可能支付的利息补偿金，即债券约定赎回期届满日应当支付的利息减去应付债券票面利息的差额，应当在债券发行日至债券约定赎回届满日期间计提应付利息，计提的应付利息，按借款费用的处理原则处理。

第七十五条 融资租入的固定资产，应在租赁开始日按租赁资产的原账面价值与最低租赁付款额的现值两者较低者，作为融资租入固定资产的入账价值，按最低租赁付款额作为长期应付款的入账价值，并将两者的差额，作为未确认融资费用。

如果融资租赁资产占企业资产总额的比例等于或低于30%的，应在租赁开始日按最低租赁付款额作为融资租赁固定资产和长期应付款的入账价值。

第七十六条 企业收到的专项拨款作为专项应付款处理，待拨款项目完成后，属于应核销的部分，冲减专项应付款；其余部分转入资本公积。

第七十七条 企业所发生的借款费用，是指因借款而发生的利息、折价或溢价的摊销和辅助费用，以及因外币借款而发生的汇兑差额。因借款而发生的辅助费用包括手续费等。

除为购建固定资产的专门借款所发生的借款费用外，其他借款费用均应于发生当期确认为费用，直接计入当期财务费用。

本制度所称的专门借款，是指为购建固定资产而专门借入的款项。

为购建固定资产的专门借款所发生的借款费用，按以下规定处理：

（一）因借款而发生的辅助费用的处理：

1. 企业发行债券筹集资金专项用于购建固定资产的，在所购建的固定资产达到预定可使用状态前，将发生金额较大的发行费用（减去发行期间冻结资金产生的利息收入），直接计入所购建的固定资产成本；将发生金额较小的发行费用（减去发行期间冻结资金产生的利息收入），直接计入当期财务费用。

向银行借款而发生的手续费，按上述同一原则处理。

2. 因安排专门借款而发生的除发行费用和银行借款手续费以外的辅助费用，如果金额较大的，属于在所购建固定资产达到预定可使用状态之前发生的，应当在发生时计入所购建固定资产的成本；在所购建固定资产达到预定可使用状态后发生的，直接计入当期财务费用。对于金额较小的辅助费用，也可以于发生当期直接计入财务费用。

（二）借款利息、折价或溢价的摊销，汇兑差额的处理

1. 当同时满足以下三个条件时，企业为购建某项固定资产而借入的专门借款所发生的利息、折价或溢价的摊销、汇兑差额应当开始资本化，计入所购建固定资产的成本：

（1）资产支出（只包括为购建固定资产而以支付现金、转移非现金资产或者承担带息债务形式发生的支出）已经发生；

（2）借款费用已经发生；

（3）为使资产达到预定可使用状态所必要的购建活动已经开始。

2. 企业为购建固定资产而借入的专门借款所发生的借款利息、折价或溢价的摊销、汇兑差额，满足上述资本化条件的，在所购建的固定资产达到预定可使用状态前所发生的，应当予以资本化，计入所购建固定资产的成本；在所购建的固定资产达到预定可使用状态后所发生的，应于发生当期直接计入当期财务费用。每一会计期间利息资本化金额的计算公式如下：

每一会计期间利息的资本化金额＝至当期末止购建固定资产累计支出加权平均数×资本化率

累计支出加权平均数＝Σ（每笔资产支出金额×每笔资产支出实际占用的天数\会计期间涵盖的天数）

为简化计算，也可以月数作为计算累计支出加权平均数的权数。

资本化率的确定原则为：企业为购建固定资产只借入一笔专门借款，资本化率为该项借款的利率；企业为购建固定资产借入一笔以上的专门借款，资本化率为这些借款的加权平均利率。加权平均利率的计算公式如下：

加权平均利率＝专门借款当期实际发生的利息之和\专门借款本金加权平均数×100%

专门借款本金加权平均数＝Σ（每笔专门借款本金×每笔专门借款实际占用的天数\会计期间涵盖的天数）

为简化计算，也可以月数作为计算专门借款本金加权平均数的权数。

在计算资本化率时，如果企业发行债券发生债券折价或溢价的，应当将每期应摊销的折价或溢价金额，作为利息的调整额，对资本化率作相应调整，其加权平均利率的计算公式如下：加权平均利率＝专门借款当期实际发生的利息之和＋（或－）折价（或溢价）摊销额\专门借款本金加权平均数×100%

3. 企业为购建固定资产而借入的外币专门借款，其每一会计期间所产生的汇兑差额（指当期外币专门借款本金及利息所发生的汇兑差额），在所购建固定资产达到预定可使用状态前，予以资本化，计入所购建固定资产的成本；在该项固定资产达到预定可使用状态后，计入当期财务费用。

4. 企业发行债券，如果发行费用小于发行期间冻结资金所产生的利息收入，按发行期间冻结资金所产生的利息收入减去发行费用后的差额，视同发行债券的溢价收入，在债券存续期间于计提利息时摊销。

5. 企业每期利息和折价或溢价摊销的资本化金额，不得超过当期为购建固定资产的专门借款实际发生的利息和折价或溢价的摊销金额。

在确定借款费用资本化金额时，与专门借款有关的利息收入不得冲减所购建的固定资产成本，所发生的利息收入直接计入当期财务费用。

6. 企业以非借款方式募集的资金专项用于购建某项固定资产的，

如专用拨款、发行股票募集的资金等，在募集资金尚未到达前借入的专门用于购建该项固定资产的资金，其发生的借款费用，在募集资金到达前，按借款费用的处理原则处理；募集资金到达后，在购建该项资产的实际支出未超过以非借款方式募集的资金时，所发生的借款费用直接计入当期财务费用。实际支出超过以非借款方式募集的资金时，专门借款所发生的借款费用，按借款费用的处理原则处理，但在计算该项资产的累计支出加权平均数时，应将以非借款方式募集的资金扣除。

7. 如果某项建造的固定资产的各部分分别完工（指每一单项工程或单位工程，下同），每部分在其他部分继续建造过程中可供使用，并且为使该部分达到预定可使用状态所必要的购建活动实质上已经完成，则这部分资产所发生的借款费用不再计入所建造的固定资产成本，直接计入当期财务费用；如果某项建造的固定资产的各部分分别完工，但必然等到整体完工后才可使用，则应当在该资产整体完工时，其所发生的借款费用不再计入所建造的固定资产成本，而直接计入当期财务费用。

8. 如果某项固定资产的购建发生非正常中断，并且中断时间连续超过3个月（含3个月），应当暂停借款费用的资本化，其中断期间所发生的借款费用，不计入所购建的固定资产成本，将其直接计入当期财务费用，直至购建重新开始，再将其后至固定资产达到预定可使用状态前所发生的借款费用，计入所购建固定资产的成本。

如果中断是使购建的固定资产达到预定可使用状态所必要的程序，则中断期间所发生的借款费用仍应计入该项固定资产的成本。

当所购建的固定资产达到预定可使用状态时，应当停止借款费用的资本化；以后发生的借款费用应于发生当期直接计入财务费用。

第七十八条 本制度所称的“达到预定可使用状态”，是指固定资产已达到购买方或建造方预定的可使用状态。当存在下列情况之一时，可认为所购建的固定资产已达到预定可使用状态：

（一）固定资产的实体建造（包括安装）工作已经全部完成或者实质上已经全部完成；

（二）已经过试生产或试运行，并且其结果表明资产能够正常运行或者能够稳定地生产出合格产品时，或者试运行结果表明能够正常运转或营业时；

（三）该项建造的固定资产上的支出金额很少或者几乎不再发生；

（四）所购建的固定资产已经达到设计或合同要求，或与设计或合同要求相符或基本相符，即使有极个别地方与设计或合同要求不相符，也不足以影响其正常使用。

第四章　所有者权益

第七十九条 所有者权益，是指所有者在企业资产中享有的经济利益，其金额为资产减去负债后的余额。所有者权益包括实收资本（或者股本）、资本公积、盈余公积和未分配利润等。

第八十条 企业的实收资本是指投资者按照企业章程，或合同、协议的约定，实际投入企业的资本。

（一）一般企业实收资本应按以下规定核算：

1. 投资者以现金投入的资本，应当以实际收到或者存入企业开户银行的金额作为实收资本入账。实际收到或者存入企业开户银行的金额超过其在该企业注册资本中所占份额的部分，计入资本公积。

2. 投资者以非现金资产投入的资本，应按投资各方确认的价值作为实收资本入账。为首次发行股票而接受投资者投入的无形资产，应按该项无形资产在投资方的账面价值入账。

3. 投资者投入的外币，合同没有约定汇率的，按收到出资额当日的汇率折合；合同约定汇率的，按合同约定的汇率折合，因汇率不同产生的折合差额，作为资本公积处理。

4. 中外合作经营企业依照有关法律、法规的规定，在合作期间归还投资者投资的，对已归还的投资应当单独核算，并在资产负债表中作为实收资本的减项单独反映。

1. 公司的股本应当在核定的股本总额及核定的股份总额的范围内发行股票取得。公司发行的股票，应按其面值作为股本，超过面值发行取得的收入；其超过面值的部分，作为股本溢价，计入资本公积。

2. 境外上市公司以及在境内发行外资股的公司，按确定的人民币股票面值和核定的股份总额的乘积计算的金额，作为股本入账，按收到股款当日的汇率折合的人民币金额与按人民币计算的股票面值总额的差额，作为资本公积处理。

第八十一条 企业资本（或股本）除下列情况外，不得随意变动：

（一）符合增资条件，并经有关部门批准增资的，在实际取得投资者的出资时，登记入账。

（二）企业按法定程序报经批准减少注册资本的，在实际发还投资时登记入账。采用收购本企业股票方式减资的，在实际购入本企业股票时，登记入账。

企业应当将因减资而注销股份、发还股款，以及因减资需更新股票的变动情况，在股本账户的明细账及有关备查簿中详细记录。

投资者按规定转让其出资的，企业应当于有关的转让手续办理完毕时，将出让方所转让的出资额，在资本（或股本）账户的有关明细账户及各备查登记簿中转为受让方。

第八十二条 资本公积包括资本（或股本）溢价、接受捐赠资产、拨款转入、外币资本折算差额等。资本公积项目主要包括：

（一）资本（或股本）溢价，是指企业投资者投入的资金超过其在注册资本中所占份额的部分；

（二）接受非现金资产捐赠准备，是指企业因接受非现金资产捐赠而增加的资本公积；

（三）接受现金捐赠，是指企业因接受现金捐赠而增加的资本公积；

（四）股权投资准备，是指企业对被投资单位的长期股权投资采用权益法核算时，因被投资单位接受捐赠等原因增加的资本公积，企业按其持股比例计算而增加的资本公积；

（五）拨款转入，是指企业收到国家拨入的专门用于技术改造、技术研究等的拨款项目完成后，按规定转入资本公积的部分。企业应按转入金额入账；

（六）外币资本折算差额，是指企业接受外币投资因所采用的汇率不同而产生的资本折算差额；

（七）其他资本公积，是指除上述各项资本公积以外所形成的资本公积，以及从资本公积各准备项目转入的金额。债权人豁免的债务也在本项目核算。

资本公积各准备项目不能转增资本（或股本）。

第八十三条 盈余公积按照企业性质，分别包括以下内容：

（一）一般企业和股份有限公司的盈余公积包括：

1. 法定盈余公积，是指企业按照规定的比例从净利润中提取的盈余公积；

2. 任意盈余公积，是指企业经股东大会或类似机构批准按照规定的比例从净利润中提取的盈余公积；

3. 法定公益金，是指企业按照规定的比例从净利润中提取的用于职工集体福利设施的公益金，法定公益金用于职工集体福利时，应当将其转入任意盈余公积。

企业的盈余公积可以用于弥补亏损、转增资本（或股本）。符合规定条件的企业，也可以用盈余公积分派现金股利。

1. 储备基金，是指按照法律、行政法规规定从净利润中提取的、经批准用于弥补亏损和增加资本的储备基金；

2. 企业发展基金，是指按照法律、行政法规规定从净利润中提取的、用于企业生产发展和经批准用于增加资本的企业发展基金；

3. 利润归还投资，是指中外合作经营企业按照规定在合作期间以利润归还投资者的投资。

第五章　收入

第八十四条 收入，是指企业在销售商品、提供劳务及让渡资产使用权等日常活动中所形成的经济利益的总流入，包括主营业务收入和其他业务收入。收入不包括为第三方或者客户代收的款项。

企业应当根据收入的性质，按照收入确认的原则，合理地确认和计量各项收入。

第一节　销售商品及提供劳务收入

第八十五条 销售商品的收入，应当在下列条件均能满足时予以确认：

（一）企业已将商品所有权上的主要风险和报酬转移给购货方；

（二）企业既没有保留通常与所有权相联系的继续管理权，也没有对已售出的商品实施控制；

（三）与交易相关的经济利益能够流入企业；

（四）相关的收入和成本能够可靠地计量。

第八十六条 销售商品的收入，应按企业与购货方签订的合同或协议金额或双方接受的金额确定。现金折扣在实际发生时作为当期费用；销售折让在实际发生时冲减当期收入。

现金折扣，是指债权人为鼓励债务人在规定的期限内付款，而向债务人提供的债务减让；销售折让，是指企业因售出商品的质量不合格等原因而在售价上给予的减让。

第八十七条 企业已经确认收入的售出商品发生销售退回的，应当冲减退回当期的收入；年度资产负债表日及以前售出的商品，在资产负债表日至财务会计报告批准报出日之间发生退回的，应当作为资产负债表日后调整事项处理，调整资产负债表日编制的会计报表有关收入、费用、资产、负债、所有者权益等项目的数字。

第八十八条 在同一会计年度内开始并完成的劳务，应当在完成劳务时确认收入。如劳务的开始和完成分属不同的会计年度，在提供劳务交易的结果能够可靠估计的情况下，企业应当在资产负债表日按完工百分比法确认相关的劳务收入。完工百分比法，是指按照劳务的完成程度确认收入和费用的方法。

当以下条件均能满足时，劳务交易的结果能够可靠地估计：

（一）劳务总收入和总成本能够可靠地计量；

（二）与交易相关的经济利益能够流入企业；

（三）劳务的完成程度能够可靠地确定。

劳务的完成程度应按下列方法确定：

（一）已完工作的测量；

（二）已经提供的劳务占应提供劳务总量的比例；

（三）已经发生的成本占估计总成本的比例。

第八十九条 在提供劳务交易的结果不能可靠估计的情况下，企业应当在资产负债表日对收入分别以下情况予以确认和计量：

（一）如果已经发生的劳务成本预计能够得到补偿，应按已经发生的劳务成本金额确认收入，并按相同金额结转成本；

（二）如果已经发生的劳务成本预计不能全部得到补偿，应按能够得到补偿的劳务成本金额确认收入，并按已经发生的劳务成本，作为当期费用，确认的金额小于已经发生的劳务成本的差额，作为当期损失；

（三）如果已经发生的劳务成本全部不能得到补偿，应按已经发生的劳务成本作为当期费用，不确认收入。

第九十条 提供劳务的总收入，应按企业与接受劳务方签订的合同或协议的金额确定。现金折扣应当在实际发生时作为当期费用。

第九十一条 让渡资产使用权而发生的收入包括利息收入和使用费收入。

（一）利息和使用费收入，应当在以下条件均能满足时予以确认：

1. 与交易相关的经济利益能够流入企业；

2. 收入的金额能够可靠地计量。

（二）利息和使用费收入，应按下列方法分别予以计量：

1. 利息收入，应按让渡现金使用权的时间和适用利率计算确定；

2. 使用费收入，应按有关合同或协议规定的收费时间和方法计算确定。

第二节　建造合同收入

第九十二条 建造合同，是指为建造一项资产或者在设计、技术、功能、最终用途等方面密切相关的数项资产而订立的合同。

（一）固定造价合同，是指按照固定的合同价或固定单价确定工程价款的建造合同。

（二）成本加成合同，是指以合同允许或其他方式议定的成本为基础，加上该成本的一定比例或定额费用确定工程价款的建造合同。

第九十三条 建造工程合同收入包括合同中规定的初始收入和因合同变更、索赔、奖励等形成的收入。

合同变更，是指客户为改变合同规定的作业内容而提出的调整。因合同变更而增加的收入，应当在客户能够认可因变更而增加的收入，并且收入能够可靠地计量时予以确认。

索赔款，是指因客户或第三方的原因造成的、由建造承包商向客户或第三方收取的、用以补偿不包括在合同造价中的成本的款项。企业只有在预计对方能够同意这项索赔（根据谈判情况判断），并且对方同意接受的金额能够可靠计量的情况下，才能将因索赔款而形成的收入予以确认。

奖励款，是指工程达到或超过规定的标准时，客户同意支付给建造承包商的额外款项。企业应当根据目前合同完成情况，足以判断工程进度和工程质量能够达到或超过既定的标准，并且奖励金额能够可靠地计量时，才能将因奖励而形成的收入予以确认。

第九十四条 建造承包商建造工程合同成本应当包括从合同签订开始至合同完成止所发生的、与执行合同有关的直接费用和间接费用。

直接费用包括耗用的人工费用、耗用的材料费用、耗用的机械使用费和与设计有关的技术援助费用、施工现场材料的二次搬运费、生产工具和用具使用费、检验试验费、工程定位复测费、工程点交费用、场地清理费用等其他直接费用。

间接费用是企业下属的施工单位或生产单位为组织和管理施工生产活动所发生的费用，包括临时设施摊销费用和施工、生产单位管理人员工资、奖金、职工福利费、劳动保护费、固定资产折旧费及修理费、物料消耗、低值易耗品摊销、取暖费、水电费、办公费、差旅费。财产保险费、工程保修费、排污费等。

企业行政管理部门为组织和管理生产经营活动所发生的管理费用、船舶等制造企业的销售费用、企业筹集生产经营所需资金而发生的财务费用和因订立合同而发生的有关费用，应当直接计入当期费用。

直接费用在发生时应当直接计入合同成本，间接费用应当在期末按照系统、合理的方法分摊计入合同成本。与合同有关的零星收益，如合同完成后处置残余物资取得的收益，应当冲减合同成本。

第九十五条 建造承包商建造工程合同收入及费用应按以下原则确认和计量：

（一）如果建造合同的结果能够可靠地估计，企业应当根据完工百分比法在资产负债表日确认合同收入和费用。完工百分比法，是指根据合同完工进度确认收入与费用的方法。

1. 固定造价合同的结果能够可靠估计，是指同时具备以下 4 项条件：

（1）合同总收入能够可靠地计量；

（2）与合同相关的经济利益能够流入企业；

（3）在资产负债表日合同完工进度和为完成合同尚需发生的成本能够可靠地确定；

（4）为完成合同已经发生的合同成本能够清楚地区分和可靠地计量，以便实际合同成本能够与以前的预计成本相比较。

2. 成本加成合同的结果能够可靠估计，是指同时具备以下 2 项条件：

（1）与合同相关的经济利益能够流入企业；

（2）实际发生的合同成本能够清楚地区分并且能够可靠地计量。

（二）当期完成的建造合同，应按实际合同总收入减去以前会计年度累计已确认的收入后的余额作为当期收入，同时按累计实际发生的合同成本减去以前会计年度累计已确认的费用后的余额作为当期费用。

（三）如果建造合同的结果不能可靠地估计，应当区别以下情况处理：

1. 合同成本能够收回的，合同收入根据能够收回的实际合同成本加以确认，合同成本在其发生的当期作为费用；

2. 合同成本不可能收回的，应当在发生时立即作为费用，不确认收入。

（四）在一个会计年度内完成的建造合同，应当在完成时确认合同收入和合同费用。

（五）如果合同预计总成本将超过合同预计总收入，应当将预计损失立即作为当期费用。

第九十六条 合同完工进度可以按累计实际发生的合同成本占合同预计总成本的比例、已经完成的合同工作量占合同预计总工作量的比例、已完合同工作的测量等方法确定。

采用累计实际发生的合同成本占合同预计总成本的比例确定合同完工进度时，累计实际发生的合同成本包括：

（1）与合同未来活动相关的合同成本；

（2）在分包工程总工作量完成之前预付给分包单位的款项。

第九十七条 房地产开发企业自行开发商品房对外销售收入的确定，按照销售商品收入的确认原则执行；如果符合建造合同的条件，并且有不可撤销的建造合同的情况下，也可按照建造合同收入确认的原则，按照完工百分比法确认房地产开发业务的收入。

企业的收入，应当按照重要性原则，在利润表中反映。

第六章　成本和费用

第九十九条 费用，是指企业为销售商品、提供劳务等日常活动所发生的经济利益的流出；成本，是指企业为生产产品、提供劳务而发生的各种耗费。

企业应当合理划分期间费用和成本的界限。期间费用应当直接计入当期损益；成本应当计入所生产的产品、提供劳务的成本。

企业应将当期已销产品或已提供劳务的成本转入当期的费用；商品流通企业应将当期已销商品的进价转入当期的费用。

第一百条 企业在生产经营过程中所耗用的各项材料，应按实际耗用数量和账面单价计算，计入成本、费用。

第一百零一条 企业应支付职工的工资，应当根据规定的工资标准、工时、产量记录等资料，计算职工工资，计入成本、费用。企业按规定给予职工的各种工资性质的补贴，也应计入各工资项目。

企业应当根据国家规定，计算提取应付福利费，计入成本、费用。

第一百零二条 企业在生产经营过程中所发生的其他各项费用，应当以实际发生数计入成本、费用。凡应当由本期负担而尚未支出的费用，作为预提费用计入本期成本、费用；凡已支出，应当由本期和以后各期负担的费用，应当作为待摊费用，分期摊入成本、费用。

第一百零三条 企业应当根据本企业的生产经营特点和管理要求，确定适合本企业的成本核算对象、成本项目和成本计算方法。成本核算对象、成本项目以及成本计算方法一经确定，不得随意变更，如需变更，应当根据管理权限，经股东大会或董事会，或经理（厂长）会议或类似机构批准，并在会计报表附注中予以说明。

第一百零四条 企业的期间费用包括营业费用、管理费用和财务费用。期间费用应当直接计入当期损益，并在利润表中分别项目列示。

（一）营业费用，是指企业在销售商品过程中发生的费用，包括企业销售商品过程中发生的运输费、装卸费、包装费、保险费、展览费和广告费，以及为销售本企业商品而专设的销售机构（含销售网点，售后服务网点等）的职工工资及福利费、类似工资性质的费用、业务费等经营费用。

商品流通企业在购买商品过程中所发生的进货费用，也包括在内。

（二）管理费用，是指企业为组织和管理企业生产经营所发生的管理费用，包括企业的董事会和行政管理部门在企业的经营管理中发生的，或者应当由企业统一负担的公司经费（包括行政管理部门职工工资、修理费、物料消耗、低值易耗品摊销、办公费和差旅费等）、工会经费、待业保险费、劳动保险费、董事会费、聘请中介机构费、咨询费（含顾问费）、诉讼费、业务招待费、房产税、车船使用税、土地使用税、印花税、技术转让费、矿产资源补偿费、无形资产摊销、职工教育经费、研究与开发费、排污费、存货盘亏或盘盈（不包括应计入营业外支出的存货损失）、计提的坏账准备和存货跌价准备等。

（三）财务费用，是指企业为筹集生产经营所需资金等而发生的费用，包括应当作为期间费用的利息支出（减利息收入）、汇兑损失（减汇兑收益）以及相关的手续费等。

第一百零五条 企业必须分清本期成本、费用和下期成本、费用的界限，不得任意预提和摊销费用。工业企业必须分清各种产品成本的界限，分清在产品成本和产成品成本的界限，不得任意压低或提高在产品和产成品的成本。

第七章 利润及利润分配

第一百零六条 利润，是指企业在一定会计期间的经营成果，包括营业利润、利润总额和净利润。

（一）营业利润，是指主营业务收入减去主营业务成本和主营业务税金及附加，加上其他业务利润，减去营业费用、管理费用和财务费用后的金额。

（二）利润总额，是指营业利润加上投资收益、补贴收入、营业外收入，减去营业外支出后的金额。

（三）投资收益，是指企业对外投资所取得的收益，减去发生的投资损失和计提的投资减值准备后的净额。

（四）补贴收入，是指企业按规定实际收到退还的增值税，或按销量或工作量等依据国家规定的补助定额计算并按期给予的定额补贴，以及属于国家财政扶持的领域而给予的其他形式的补贴。

（五）营业外收入和营业外支出，是指企业发生的与其生产经营活动无直接关系的各项收入和各项支出。营业外收入包括固定资产盘盈、处置固定资产净收益、处置无形资产净收益、罚款净收入等。营业外支出包括固定资产盘亏、处置固定资产净损失、处置无形资产净损失、债务重组损失、计提的无形资产减值准备、计提的固定资产减值准备、计提的在建工程减值准备、罚款支出、捐赠支出、非常损失等。

营业外收入和营业外支出应当分别核算，并在利润表中分列项目反映。营业外收入和营业外支出还应当按照具体收入和支出设置明细项目，进行明细核算。

（六）所得税，是指企业应计入当期损益的所得税费用。

（七）净利润，是指利润总额减去所得税后的金额。

第一百零七条 企业的所得税费用应当按照以下原则核算：

（一）企业应当根据具体情况，选择采用应付税款法或者纳税影响会计法进行所得税的核算。

1. 应付税款法，是指企业不确认时间性差异对所得税的影响金额，按照当期计算的应交所得税确认为当期所得税费用的方法。在这种方法下，当期所得税费用等于当期应交的所得税。

2. 纳税影响会计法，是指企业确认时间性差异对所得税的影响金额，按照当期应交所得税和时间性差异对所得税影响金额的合计，确认为当期所得税费用的方法。在这种方法下，时间性差异对所得税的影响金额，递延和分配到以后各期。采用纳税影响会计法的企业，可以选择采用递延法或者债务法进行核算。在采用递延法核算时，在税率变动或开征新税时，不需要对原已确认的时间性差异的所得税影响金额进行调整，但是，在转回时间性差异的所得税影响金额时，应当按照原所得税率计算转回；在采用债务法核算时，在税率变动或开征新税时，应当对原已确认的时间性差异的所得税影响金额进行调整，在转回时间性差异的所得税影响金额时，应当按照现行所得税率计算转回。

（二）在采用纳税影响会计法下，企业应当合理划分时间性差异和永久性差异的界限：

1. 时间性差异，是指由于税法与会计制度在确认收益、费用或损失时的时间不同而产生的税前会计利润与应纳税所得额的差异。时间性差异发生于某一会计期间，但在以后一期或若干期内能够转回。时间性差异主要有以下几种类型：

（1）企业获得的某项收益，按照会计制度规定应当确认为当期收益，但按照税法规定需待以后期间确认为应纳税所得额，从而形成应纳税时间性差异。这里的应纳税时间性差异是指未来应增加应纳税所得额的时间性差异。

（2）企业发生的某项费用或损失，按照会计制度规定应当确认为当期费用或损失，但按照税法规定待以后期间从应纳税所得额中扣减，从而形成可抵减时间性差异。这里的可抵减时间性差异是指未来可以从应纳税所得额中扣除的时间性差异。

（3）企业获得的某项收益，按照会计制度规定应当于以后期间确认收益，但按照税法规定需计入当期应纳税所得额，从而形成可抵减时间性差异。

（4）企业发生的某项费用或损失，按照会计制度规定应当于以后期间确认为费用或损失，但按照税法规定可以从当期应纳税所得额中扣减，从而形成应纳税时间性差异。

2. 永久性差异，是指某一会计期间，由于会计制度和税法在计算收益、费用或损失时的口径不同，所产生的税前会计利润与应纳税所得额之间的差异。这种差异在本期发生，不会在以后各期转回。永久性差异有以下几种类型：

（1）按会计制度规定核算时作为收益计入会计报表，在计算应纳税所得额时不确认为收益；

（2）按会计制度规定核算时不作为收益计入会计报表，在计算应纳税所得额时作为收益，需要交纳所得税；

（3）按会计制度规定核算时确认为费用或损失计入会计报表，在计算应纳税所得额时则不允许扣减；

（4）按会计制度规定核算时不确认为费用或损失，在计算应纳税所得额时则允许扣减。

（三）采用递延法时，一定时期的所得税费用包括：

1. 本期应交所得说；

2. 本期发生或转回的时间性差异所产生的递延税款贷项或借项。

上述本期应交所得税，是指按照应纳税所得额和现行所得税率计算的本期应交所得税；本期发生或转回的时间性差异所产生的递延税款贷项或借项，是指本期发生的时间性差异用现行所得税率计算的未来应交的所得税和未来可抵减的所得税金额，以及本期转回原确认的递延税款借项或贷项。按照上述本期所得税费用的构成内容，可列示公式如下：

本期所得税费用＝本期应交所得税＋本期发生的时间性差异所产生的递延税款贷项金额－本期发生的时间性差异所产生的递延税

款借项金额＋本期转回的前期确认的递延税款借项金额－本期转回的前期确认的递延税款贷项金额

本期发生的时间性差异所产生的递延税款贷项金额＝本期发生的应纳税时间性差异×现行所得税率

本期发生的时间性差异所产生的递延税款借项金额＝本期发生的可抵减时间性差异×现行所得税率

本期转回的前期确认的递延税款借项金额＝本期转回的可抵减本期应纳税所得额的时间性差异（即前期确认本期转回的可抵减时间性差异）×前期确认递延税款时的所得税率

本期转回的前期确认的递延税款贷项金额＝本期转回的增加本期应纳税所得额的时间性差异（即前期确认本期转回的应纳税时间性差异）×前期确认递延税款时的所得税率

（四）采用债务法时，一定时期的所得税费用包括：

1.本期应交所得税；

2.本期发生或转回的时间性差异所产生的递延所得税负债或递延所得税资产；

3.由于税率变更或开征新税，对以前各期确认的递延所得税负债或递延所得税资产账面余额的调整数。

按照上述本期所得税费用的构成内容，可列示公式如下：本期所得税费用＝本期应交所得税＋本期发生的时间性差异所产生的递延所得税负债－本期发生的时间性差异所产生的递延所得税资产＋本期转回的前期确认的递延所得税资产－本期转回的前期确认的递延所得税负债＋本期由于税率变动或开征新税调减的递延所得税资产或调增的递延所得税负债－本期由于税率变动或开征新税调增的递延所得税资产或调减的递延所得税负债。

本期由于税率变动或开征新税调增或调减的递延所得税资产或递延所得税负债＝累计应纳税时间性差异或累计可抵减时间性差异×（现行所得税率－前期确认应纳税时间性差异或可抵减时间性差异时适用的所得税率

或者＝递延税款账面余额－已确认递延税款金额的累计时间性差异×现行所得税率

（五）采用纳税影响会计法时，在时间性差异所产生的递延税款借方金额的情况下，为了慎重起见，如在以后转回时间性差异的时期内（一般为3年），有足够的应纳税所得额予以转回的，才能确认时间性差异的所得税影响金额，并作为递延税款的借方反映，否则，应于发生当期视同永久性差异处理。

投资于符合国家产业政策的技术改造项目的企业，其项目所需国产设备投资按一定比例可以从企业技术改造项目设备购置当年比前一年新增的企业所得税中抵免的部分，以及已经享受投资抵免的国产设备在规定期限内出租、转让应补交的所得税，均作为永久性差异处理；企业按规定以交纳所得税后的利润再投资所应退回的所得税，以及实行先征后返所得税的企业，应当于实际收到退回的所得税时，冲减退回当期的所得税费用。

第一百零八条 企业一般应按月计算利润，按月计算利润有困难的企业，可以按季或者按年计算利润。

第一百零九条 企业董事会或类似机构决议提请股东大会或类似机构批准的年度利润分配方案（除股票股利分配方案外），在股东大会或类似机构召开会议前，应当将其列入报告年度的利润分配表。股东大会或类似机构批准的利润分配方案，与董事会或类似机构提请批准的报告年度利润分配方案不一致时，其差额应当调整报告年度会计报表有关项目的年初数。

第一百一十条 企业当期实现的净利润，加上年初未分配利润（或减去年初未弥补亏损）和其他转入后的余额，为可供分配的利润。可供分配的利润，按下列顺序分配：

（一）提取法定盈余公积；

（二）提取法定公益金。

外商投资企业应当按照法律、行政法规的规定按净利润提取储备基金、企业发展基金、职工奖励及福利基金等。

中外合作经营企业按规定在合作期内以利润归还投资者的投资，以及国有工业企业按规定以利润补充的流动资本，也从可供分配的利润中扣除。

第一百一十一条 可供分配的利润减去提取的法定盈余公积、法定公益金等后，为可供投资者分配的利润。可供投资者分配的利润，按下列顺序分配：

（一）应付优先股股利，是指企业按照利润分配方案分配给优先股股东的现金股利。

（二）提取任意盈余公积，是指企业按规定提取的任意盈余公积。

（三）应付普通股股利，是指企业按照利润分配方案分配给普通股股东的现金股利。企业分配给投资者的利润，也在本项目核算。

（四）转作资本（或股本）的普通股股利，是指企业按照利润分配方案以分派股票股利的形式转作的资本（或股本）。企业以利润转增的资本，也在本项目核算。

可供投资者分配的利润，经过上述分配后，为未分配利润（或未弥补亏损）。未分配利润可留待以后年度进行分配。企业如发生亏损，可以按规定由以后年度利润进行弥补。

企业未分配的利润（或未弥补的亏损）应当在资产负债表的所有者权益项目中单独反映。

第一百一十二条 企业实现的利润和利润分配应当分别核算，利润构成及利润分配各项目应当设置明细账，进行明细核算。企业提取的法定盈余公积、法定公益金（或提取的储备基金、企业发展基金、职工奖励及福利基金）、分配的优先股股利、提取的任意盈余公积、分配的普通股股利、转作资本（或股本）的普通股股利，以及年初未分配利润（或未弥补亏损）、期末未分配利润（或来弥补亏损）等，均应当在利润分配表中分别列项予以反映。

第八章　非货币性交易

第一百一十三条 非货币性交易，是指交易双方以非货币性资产进行的交换（包括股权换股权，但不包括企业合并中所涉及的非货币性交易）。这种交换不涉及或只涉及少量的货币性资产。

货币性资产，是指持有的现金及将以固定或可确定金额的货币收取的资产，包括现金、应收账款和应收票据以及准备持有至到期的债券投资等。非货币性资产，是指货币性资产以外的资产，包括存货、固定资产、无形资产、股权投资以及不准备持有至到期的债券投资等。

在确定涉及补价的交易是否为非倾向性交易时，收到补价的企业，应当按照收到的补价占换出资产公允价值的比例等于或低于25确定；支付补价的企业，应当按照支付的补价占换出资产公允价值加上支付的补价之和的比例等于或低于25确定。其计算公式如下：

收到补价的企业：收到的补价÷换出资产公允价值≤25

支付补价的企业：支付的补价÷（支付的补价＋换出资产公允价值）≤25

第一百一十四条 在进行非货币性交易的核算时，无论是一项资产换入一项资产，或者一项资产同时换入多项资产，或者同时以多项资产换入一项资产，或者以多项资产换入多项资产，均按换出资产的账面价值加上应支付的相关税费，作为换入资产入账价值。

如果涉及补价，支付补价的企业，应当以换出资产账面价值加上补价和应支付的相关税费，作为换入资产入账价值；收到补价的企业，应当以换出资产账面价值减去补价，加上应确认的收益和应支付的相关税费，作为换入资产入账价值。换出资产应确认的收益按下列公式计算确定：

应确认的收益＝（1－换出资产账面价值÷换出资产公允价值）×补价

本制度所称的公允价值，是指在公平交易中，熟悉情况的交易双方，自愿进行资产交换或债务清偿的金额。

上述换入的资产如为存货的，按上述规定确定的入账价值，还应减去可抵扣的增值税进项税额。

第一百一十五条 在非货币性交易中，如果同时换入多项资产，应当按照换入各项资产的公允价值与换入资产公允价值总额的比例，对换出资产的账面价值总额进行分配，以确定各项换入资产的入账价值。

第一百一十六条 在资产交换中，如果换入的资产中涉及应收款项的，应当分别以下情况处理：

（一）以一项资产换入的应收款项，或多项资产换入的应收款项，应当按照换出资产的账面价值作为换入应收款项的入账价值。如果换入的应收款项的原账面价值大于换出资产的账面价值的，应当按照换入应收款项的原账面价值作为换入应收款项的入账价值，换入应收款项的入账价值大于换出资产账面价值的差额，作为坏账准备。

（二）企业以一项资产同时换入应收款项和其他多项资产，或者以多项资产换入应收款项和其他多项资产的，应当按照换入应收款项的原账面价值作为换入应收款项的入账价值，换入除应收款项外的各项其他资产的入账价值，按照各项其他资产的公允价值与换入的其他资产的公允价值总额的比例，对换出全部资产的账面价值总额加上应支付的相关税费(如果涉及补价,还应当减去补价加上应确认的收益,或者加上补价),减去换入的应收款项入账价值后的余额进行分配,并按分配价值作为其换入的各项其他资产的入账价值。

涉及补价的,如收到的补价小于换出应收款项账面价值的,应将收到的补价先冲减换出应收款项的账面价值后,再按上述原则进行处理;如收到的补价大于换出应收款项账面价值的,应将收到的补价首先冲减换出应收款项的账面价值,再按非货币性交易的原则进行处理。

第九章　外币业务

第一百一十七条　外币业务,是指以记账本位币以外的货币进行的款项收付、往来结算等业务。

第一百一十八条　企业在核算外币业务时,应当设置相应的外币账户。外币账户包括外币现金、外币银行存款、以外币结算的债权(如应收票据、应收账款、预付账款等)和债务(如短期借款、应付票据、应付账款、预收账款、应付工资、长期借款等),应当与非外币的各该相同账户分别设置,并分别核算。

第一百一十九条　企业发生外币业务时,应当将有关外币金额折合为记账本位币金额记账。除另有规定外,所有与外币业务有关的账户,应当采用业务发生时的汇率,也可以采用业务发生当期期初的汇率折合。

企业发生外币业务时,如无法直接采用中国人民银行公布的人民币对美元、日元、港币等的基准汇率作为折算汇率时,应当按照下列方法进行折算:

美元、日元、港币等以外的其他货币对人民币的汇率,根据美元对人民币的基准汇率和国家外汇管理局提供的纽约外汇市场美元对其他主要外币的汇率进行套算,按照套算后的汇率作为折算汇率。美元对人民币以外的其他货币的汇率,直接采用国家外汇管理局提供的纽约外汇市场美元对其他主要货币的汇率。

美元、人民币以外的其他货币之间的汇率,按国家外汇管理局提供的纽约外汇市场美元对其他主要外币的汇率进行套算,按套算后的汇率作为折算汇率。

第一百二十条　各种外币账户的外币金额,期末时应当按照期末汇率折合为记账本位币。按照期末汇率折合的记账本位币金额与账面记账本位币金额之间的差额,作为汇兑损益,计入当期损益;属于筹建期间的、计入长期待摊费用;属于与购建固定资产有关的借款产生的汇兑损益,按照借款费用资本化的原则进行处理。

第十章　会计调整

第一百二十一条　会计调整,是指企业因按照国家法律、行政法规和会计制度的要求,或者因特定情况下按照会计制度规定对企业原采用的会计政策、会计估计,以及发现的会计差错、发生的资产负债表日后事项等所作的调整。

会计政策,是指企业在会计核算时所遵循的具体原则以及企业所采纳的具体会计处理方法。具体原则,是指企业按照国家统一的会计核算制度所制定的、适合于本企业的会计制度中所采用的会计原则;具体会计处理方法,是指企业在会计核算中对于诸多可选择的会计处理方法中所选择的、适合于本企业的会计处理方法。例如,长期投资的具体会计处理方法、坏账损失的核算方法等。

会计估计,是指企业对其结果不确定的交易或事项以最近可利用的信息为基础所作的判断。例如,固定资产预计使用年限与预计净残值、预计无形资产的受益期等。

会计差错,是指在会计核算时,在确认、计量、记录等方面出现的错误。

资产负债表日后事项,是指自年度资产负债表日至财务会计报告批准报出日之间发生的需要调整或说明的事项;(二)这种变更能够提供有关企业财务状况、经营成果和现金流量等更可靠、更相关的会计信息。

第一节　会计政策的变更

第一百二十二条　会计政策的变更,必须符合下列条件之一:

(一)法律或会计制度等行政法规、规章的要求;

(二)这种变更能够提供有关企业财务状况、经营成果和现金流量等更可靠、更相关的会计信息。

第一百二十三条　下列各项不属于会计政策变更:

(一)本期发生的交易或事项与以前相比具有本质差别而采用新的会计政策;

(二)对初次发生的或不重要的交易或事项采用新的会计政策。

第一百二十四条　企业按照法律或会计制度等行政法规、规章要求变更会计政策时,应按国家发布的相关会计处理规定执行,如果没有相关的会计处理规定,应当采用追溯调整法进行处理。企业为了能够提供更可靠、更相关的会计信息而变更会计政策时,应当采用追溯调整法进行处理。

追溯调整法,是指对某项交易或事项变更会计政策时,如同该交易或事项初次发生时就开始采用新的会计政策,并以此对相关项目进行调整的方法。在采用追溯调整法时,应当将会计政策变更的累积影响数调整期初留存收益,会计报表其他相关项目的期初数也应一并调整,但不需要重编以前年度的会计报表。

第一百二十五条　会计政策变更的累积影响数,是指按变更后的会计政策对以前各项追溯计算的变更年度期初留存收益应有的金额与现有的金额之间的差额。会计政策变更的累积影响数,是假设与会计政策变更相关的交易或事项在初次发生时即采用新的会计政策,而得出的变更年度期初留存收益应有的金额,与现有的金额之间的差额。本制度所称的会计政策变更的累积影响数,是变更会计政策所导致的对净损益的累积影响,以及由此导致的对利润分配及未分配利润的累积影响金额,不包括分配的利润或股利。留存收益包括法定盈余公积、法定公益金、任意盈余公积及未分配利润(外商投资企业包括储备基金、企业发展基金)。累积影响数通常可以通过以下各步计算获得:

第一步,根据新的会计政策重新计算受影响的前期交易或事项;

第二步,计算两种会计政策下的差异;

第三步,计算差异的所得税影响金额(如果需要调整所得税影响金额的);

第四步,确定前期中的每一期的税后差异;

第五步,计算会计政策变更的累积影响数。

如果累积影响数不能合理确定,会计政策变更应当采用未来适用法。未来适用法,是指对某项交易或事项变更会计政策时,新的会计政策适用于变更当期及未来期间发生的交易或事项的方法。采用未来适用法时,不需要计算会计政策变更产生的累积影响数,也无须重编以前年度的会计报表。企业会计账簿记录及会计报表上反映的金额,变更之日仍然保留原有金额,不因会计政策变更而改变以前年度的既定结果,企业应当在现有金额的基础上按新的会计政策进行核算。

第一百二十六条　在编制比较会计报表时,对于比较会计报表期间的会计政策变更,应当调整各该期间的净损益和其他相关项目,视同该政策在比较会计报表期间一直采用。对于比较会计报表可比期间以前的会计政策变更的累积影响数,应当调整比较会计报表最早期间的期初留存收益,会计报表其他相关项目的数字也应一并调整。

第一百二十七条　企业应当在会计报表附注中披露会计政策变更的内容和理由、会计政策变更的影响数,以及累积影响数不能合理确定的理由。

第二节　会计估计变更

第一百二十八条　由于企业经营活动中内在不确定因素的影响,某些会计报表项目不能精确地计量,而只能加以估计。如果赖以进行估计的基础发生了变化,或者由于取得新的信息、积累更多的经验以及后来的发展变化,可能需要对会计估计进行修订。

第一百二十九条　会计估计变更时,不需要计算变更产生的累积影响数,也不需要重编以前年度会计报表,但应当对变更当期和未来期间发生的交易或事项采用新的会计估计进行处理。

第一百三十条　会计估计的变更,如果仅影响变更当期,会计估计变更的影响数应计入变更当期与前期相同的相关项目中;如果既影响变更当期又影响未来期间,会计估计变更的影响数应计入变更当期和未来期间与前期相同的相关项目中。

第一百三十一条　会计政策变更和会计估计变更很难区分时,应当按照会计估计变更的处理方法进行处理。

第一百三十二条　企业应当在会计报表附注中披露会计估计变更的内容和理由、会计估计变更的影响数,以及会计估计变更的影响数不能确定的理由。

第三节　会计差错更正

第一百三十三条　本期发现的会计差错，应按以下原则处理：

（一）本期发现的与本期相关的会计差错，应当调整本期相关项目。

（二）本期发现的与前期相关的非重大会计差错，如影响损益，应当直接计入本期净损益，其他相关项目也应当作为本期数一并调整；如不影响损益，应当调整本期相关项目。

重大会计差错，是指企业发现的使公布的会计报表不再具有可靠性的会计差错。重大会计差错一般是指金额比较大，通常某项交易或事项的金额占该类交易或事项的金额10及以上，则认为金额比较大。

（三）本期发现的与前期相关的重大会计差错，如影响损益，应当将其对损益的影响数调整发现当期的期初留存收益，会计报表其他相关项目的期初数也应一并调整；如不影响损益，应当调整会计报表相关项目的期初数。

（四）年度资产负债表日至财务会计报告批准报出日之间发现的报告年度的会计差错及以前年度的非重大会计差错，应当按照资产负债表日后事项中的调整事项进行处理。

年度资产负债表日至财务会计报告批准报出日之间发现的以前年度的重大会计差错，应当调整以前年度的相关项目。

第一百三十四条　在编制计较会计报表时，对于比较会计报表期间的重大会计差错，应当调整各该期间的净损益和其他相关项目；对于比较会计报表期间以前的重大会计差错，应当调整比较会计报表最早期间的期初留存收益，会计报表其他相关项目的数字也应一并调整。

第一百三十五条　企业应当在会计报表附注中披露重大会计差错的内容和重大会计差错的更正金额。

第一百三十六条　企业滥用会计政策、会计估计及其变更，应当作为重大会计差错予以更正。

第四节　资产负债表日后事项

第一百三十七条　资产负债表日后获得新的或进一步的证据，有助于对资产负债表日存在状况的有关金额作出重新估计，应当作为调整事项，据此对资产负债表日所反映的收入、费用、资产、负债以及所有者权益进行调整。以下是调整事项的例子：

（一）已证实资产发生了减损；

（二）销售退回；

（三）已确定获得或支付的赔偿。

资产负债表日后董事会或者经理（厂长）会议，或者类似机构制订的利润分配方案中与财务会计报告所属期间有关的利润分配，也应当作为调整事项，但利润分配方案中的股票股利（或以利润转增资本）应当作为非调整事项处理。

第一百三十八条　资产负债表日后发生的调整事项，应当如同资产负债表所属期间发生的事项一样，作出相关账务处理，并对资产负债表日已编制的会计报表作相应的调整。这里的会计报表包括资产负债表、利润表及其相关附表和现金流量表的补充资料内容，但不包括现金流量表正表。资产负债表日后发生的调整事项，应当分别以下情况进行账务处理：

（一）涉及损益的事项，通过“以前年度损益调整”科目核算。调整增加以前年度收益或调整减少以前年度亏损的事项，及其调整减少的所得税，记入“以前年度损益调整”科目的贷方；调整减少以前年度收益或调整增加以前年度亏损的事项，以及调整增加的所得税，记入“以前年度损益调整”科目的借方。“以前年度损益调整”科目的贷方或借方余额，转入“利润分配——未分配利润”科目。

（二）涉及利润分配调整的事项，直接通过“利润分配——未分配利润”科目核算。

（三）不涉及损益以及利润分配的事项，调整相关科目。

（四）通过上述账务处理后，还应同时调整会计报表相关项目的数字，包括：

1. 资产负债表日编制的会计报表相关项目的数字；

2. 当期编制的会计报表相关项目的年初数；

3. 提供比较会计报表时，还应调整有关会计报表的上年数；

4. 经过上述调整后，如果涉及会计报表附注内容的，还应当调整会计报表附注相关项目的数字。

第一百三十九条　资产负债表日以后才发生或存在的事项，不影响资产负债表日存在状况，但如不加以说明，将会影响财务会计报告使用者作出正确估计和决策，这类事项应当作为非调整事项，在会计报表附注中予以披露。以下是非调整事项的例子：

（一）股票和债券的发行；

（二）对一个企业的巨额投资；

（三）自然灾害导致的资产损失；

（四）外汇汇率发生较大变动。

非调整事项，应当在会计报表附注中说明其内容、估计对财务状况、经营成果的影响；如无法作出估计，应当说明其原因。

第十一章　或有事项

第一百四十条　或有事项，是指过去的交易或事项形成的一种状况，其结果须通过未来不确定事项的发生或不发生予以证实。

或有负债，是指过去的交易或事项形成的潜在义务，其存在须通过未来不确定事项的发生或不发生予以证实；或过去的交易或事项形成的现时义务，履行该义务不是很可能导致经济利益流出企业或该义务的金额不能可靠地计量。

或有资产，是指过去的交易或事项形成的潜在资产，其存在须通过未来不确定事项的发生或不发生予以证实。

第一百四十一条　如果与或有事项相关的义务同时符合以下条件，企业应当将其作为负债：

（一）该义务是企业承担的现时义务；

（二）该义务的履行很可能导致经济利益流出企业；

（三）该义务的金额能够可靠地计量。

符合上述确认条件的负债，应当在资产负债表中单列项目反映。

第一百四十二条　符合上述确认条件的负债，其金额应当是清偿该负债所需支出的最佳估计数。如果所需支出存在一个金额范围，则最佳估计数应按该范围的上、下限金额的平均数确定；如果所需支出不存在一个金额范围，则最佳估计数应按如下方法确定：

（一）或有事项涉及单个项目时，最佳估计数按最可能发生的金额确定；

（二）或有事项涉及多个项目时，最佳估计数按各种可能发生额及其发生概率计算确定。

第一百四十三条　如果清偿符合上述确认条件的负债所需支出全部或部分预期由第三方或其他方补偿，则补偿金额只能在基本确定能收到时，作为资产单独确认，但确认的补偿金额不应当超过所确认负债的账面价值。

符合上述确认条件的资产，应当在资产负债表中单列项目反映。

第一百四十四条　企业不应当确认或有负债和或有资产。

第一百四十五条　企业应当在会计报表附注中披露如下或有负债形成的原因，预计产生的财务影响（如无法预计，应当说明理由），以及获得补偿的可能性：

（一）已贴现商业承兑汇票形成的或有负债；

（二）未决诉讼、仲裁形成的或有负债；

（三）为其他单位提供债务担保形成的或有负债；

（四）其他或有负债（不包括极小可能导致经济利益流出企业的或有负债）。

第一百四十六条　或有资产一般不应当在会计报表附注中披露。但或有资产很可能会给企业带来经济利益时，应当在会计报表附注中披露其形成的原因；如果能够预计其产生的财务影响，还应当作相应披露。

在涉及未决诉讼、仲裁的情况下，按本章规定如果披露全部或部分信息预期会对企业造成重大不利影响，则企业无需披露这些信息，但应披露未决诉讼、仲裁的形成原因。

第十二章　关联方关系及其交易

第一百四十七条　在企业财务和经营决策中，如果一方有能力直接或间接控制、共同控制另一方或对另一方施加重大影响，则他们之间存在关联方关系；如果两方或多方同受一方控制，则他们之间也存在关联方关系。关联方关系主要存在于：

（一）直接或间接地控制其他企业或受其他企业控制，以及同受某一企业控制的两个或多个企业（例如，母公司、子公司、受同一母公司控制的子公司之间）。

母公司，是指能直接或间接控制其他企业的企业；子公司，是指被母公司控制的企业。

（二）合营企业。

合营企业，是指按合同规定经济活动由投资双方或若干方共同控制的企业。

（三）联营企业。

联营企业，是指投资者对其具有重大影响，但不是投资者的子公司或合营企业的企业。

（四）主要投资者个人、关键管理人员或与其关系密切的家庭成员。

主要投资者个人，是指直接或间接地控制一个企业10或以上表决权资本的个人投资者；关键管理人员，是指有权力并负责进行计划、指挥和控制企业活动的人员；关系密切的家庭成员，是指在处理与企业的交易时有可能影响某人或受其影响的家庭成员。

（五）受主要投资者个人、关键管理人员或与其关系密切的家庭成员直接控制的其他企业。

国家控制的企业间不应当仅仅因为彼此同受国家控制而成为关联方，但企业间存有上述（一）至（三）的关系，或根据上述（五）受同一关键管理人员或与其关系密切的家庭成员直接控制时，彼此应视为关联方。

第一百四十八条　在存在控制关系的情况下，关联方如为企业时，不论他们之间有无交易，都应当在会计报表附注中披露企业类型、名称、法定代表人、注册地、注册资本及其变化、企业的主营业务、所持股份或权益及其变化。

第一百四十九条　在企业与关联方发生交易的情况下，企业应当在会计报表附注中披露关联方关系的性质、交易类型及其交易要素。这些要素一般包括：交易的金额或相应比例、未结算项目的金额或相应比例、定价政策（包括没有金额或只有象征性金额的交易）。

关联方交易应当分别关联方以及交易类型予以披露，类型相同的关联方交易，在不影响财务会计报告使用者正确理解的情况下可以合并披露。

第一百五十条　下列关联方交易不需要披露：

（一）在合并会计报表中披露包括在合并会计报表中的企业集团成员之间的交易；

（二）在与合并会计报表一同提供的母公司会计报表中披露关联方交易。

第十三章　财务会计报告

第一百五十一条　企业应当按照《企业财务会计报告条例》的规定，编制和对外提供真实、完整的财务会计报告。

第一百五十二条　企业的财务会计报告分为年度、半年度、季度和月度财务会计报告。月度、季度财务会计报告是指月度和季度终了提供的财务会计报告；半年度财务会计报告是指在每个会计年度的前6个月结束后对外提供的财务会计报告；年度财务会计报告是指年度终了对外提供的财务会计报告。

本制度将半年度、季度和月度财务会计报告统称为中期财务会计报告。

第一百五十三条　企业的财务会计报告由会计报表、会计报表附注和财务情况说明书组成（不要求编制和提供财务情况说明书的企业除外）。企业对外提供的财务会计报告的内容、会计报表种类和格式、会计报表附注的主要内容等，由本制度规定；企业内部管理需要的会计报表由企业自行规定。

季度、月度中期财务会计报告通常仅指会计报表，国家统一的会计制度另有规定的除外。

半年度中期财务会计报告中的会计报表附注至少应当披露所有重大的事项，如转让子公司等。半年度中期财务会计报告报出前发生的资产负债表日后事项、或有事项等，除特别重大事项外，可不作调整或披露。

第一百五十四条　企业向外提供的会计报表包括：

（一）资产负债表；

（二）利润表；

（三）现金流量表；

（四）资产减值准备明细表；

（五）利润分配表；

（六）股东权益增减变动表；

（七）分部报表；

（八）其他有关附表。

第一百五十五条　会计报表附注至少应当包括下列内容：

（一）不符合会计核算基本前提的说明；

（二）重要会计政策和会计估计的说明；

（三）重要会计政策和会计估计变更的说明；

（四）或有事项和资产负债表日后事项的说明；

（五）关联方关系及其交易的披露；

（六）重要资产转让及其出售的说明；

（七）企业合并、分立的说明；

（八）会计报表中重要项目的明细资料；

（九）有助于理解和分析会计报表需要说明的其他事项。

第一百五十六条　财务情况说明书至少应当对下列情况作出说明：

（一）企业生产经营的基本情况；

（二）利润实现和分配情况；

（三）资金增减和周转情况；

（四）对企业财务状况、经营成果和现金流量有重大影响的其他事项。

第一百五十七条　月度中期财务会计报告应当于月度终了后6天内（节假日顺延，下同）对外提供；季度中期财务会计报告应当于季度终了后15天内对外提供；半年度中期财务会计报告应当于年度中期结束后60天内（相当于两个连续的月份）对外提供；年度财务会计报告应当于年度终了后4个月内对外提供。

会计报表的填列，以人民币“元”为金额单位，“元”以下填至“分”。

第一百五十八条　企业对其他单位投资如占该单位资本总额50以上（不含50），或虽然占该单位注册资本总额不足50但具有实质控制权的，应当编制合并会计报表。合并会计报表的编制原则和方法，按照国家统一的会计制度中有关合并会计报表的规定执行。

企业在编制合并会计报表时，应当将合营企业合并在内，并按照比例合并方法对合营企业的资产、负债、收入、费用、利润等予以合并。

第一百五十九条　企业对外提供的会计报表应当依次编定页数，加具封面，装订成册，加盖公章。封面上应当注明：企业名称、企业统一代码、组织形式、地址、报表所属年度或者月份、报出日期，并由企业负责人和主管会计工作的负责人、会计机构负责人（会计主管人员）签名并盖章；又设置总会计师的企业，还应当由总会计师签名并盖章。

第一百六十条　本制度自2001年1月1日起施行。

企业会计准则——基本准则

财政部部长令第5号　1992－11－30

第一章　总　则

第一条　为适应我国社会主义市场经济发展的需要，统一会计核算标准，保证会计信息质量，根据《中华人民共和国会计法》，制定本准则。

第二条　本准则适用于设在中华人民共和国境内的所有企业。

设在中华人民共和国境外的中国投资企业（以下简称境外企业）应当按照本准则向国内有关部门编报财务报告。

第三条　制定企业会计制度应当遵循本准则。

第四条　会计核算应当以企业发生的各项经济业务为对象，记录和反映企业本身的各项生产经营活动。

第五条　会计核算应当以企业持续、正常的生产经营活动为前提。

第六条　会计核算应当划分会计期间，分期结算账目和编制会计报表。会计期间分为年度、季度和月份。年度、季度和月份的起讫日期采用公历日期。

第七条 会计核算以人民币为记账本位币。业务收支以外币为主的企业，也可以选定某种外币作为记账本位币，但编制的会计报表应当折算为人民币反映。境外企业向国内有关部门编报会计报表，应当折算为人民币反映。

第八条 会计记账采用借贷记账法。

第九条 会计记录的文字应当使用中文，少数民族自治地区可以同时使用少数民族文字。外商投资企业和外国企业也可以同时使用某种外国文字。

第二章 一般原则

第十条 会计核算应当以实际发生的经济业务为依据，如实反映财务状况和经营成果。

第十一条 会计信息应当符合国家宏观经济管理的要求。满足有关各方了解企业财务状况和经营成果的需要，满足企业加强内部经营管理的需要。

第十二条 会计核算应当按照规定的会计处理方法进行，会计指标应当口径一致、相互可比。

第十三条 会计处理方法前后各期应当一致，不得随意变更。如确有必要变更，应当将变更的情况、变更的原因及其对企业财务状况和经营成果的影响，在财务报告中说明。

第十四条 会计核算应当及时进行。

第十五条 会计记录和会计报表应当清晰明了，便于理解和利用。

第十六条 会计核算应当以权责发生制为基础。

第十七条 收入与其相关的成本、费用应当相互配比。

第十八条 会计核算应当遵循谨慎原则的要求，合理核算可能发生的损失和费用。

第十九条 各项财产物资应当按取得时的实际成本计价。物价变动时，除国家另有规定者外，不得调整其账面价值。

第二十条 会计核算应当合理划分收益性支出与资本性支出。凡支出的效益仅与本会计年度相关的，应当作为收益性支出；凡支出的效益与几个会计年度相关的，应当作为资本性支出。

第二十一条 财务报告应当全面反映企业的财务状况和经营成果。对于重要的经济业务，应当单独反映。

第三章 资 产

第二十二条 资产是企业拥有或者控制的能以货币计量的经济资源，包括各种财产、债权和其他权利。

第二十三条 资产分为流动资产、长期投资、固定资产、无形资产、递延资产和其他资产。

第二十四条 流动资产是指可以在一年或者超过一年的一个营业周期内变现或者耗用的资产，包括现金及各种存款、短期投资、应收及预付款项、存货等。

第二十五条 现金及各种存款按照实际收入和支出数记账。

第二十六条 短期投资是指各种能够随时变现、持有时间不超过一年的有价证券以及不超过一年的其他投资。

有价证券应按取得时的实际成本记账。

当期的有价证券收益，以及有价证券转让所取得的收入与账面成本的差额，计入当期损益。短期投资应当以账面余额在会计报表中列示。

第二十七条 应收及预付款项包括：应收票据、应收账款、其他应收款、预付货款、待摊费用等。

应收及预付款项应当按实际发生额记账。

应收账款可以计提坏账准备金。坏账准备金在会计报表中作为应收账款的备抵项目列示。

各种应收及预付款项应当及时清算、催收，定期与对方对账核实。经确认无法收回的应收账款，已提坏账准备金的，应当冲销坏账准备金；未提坏账准备金的，应当作为坏账损失，计入当期损益。

待摊费用应当按受益期分摊，未摊销余额在会计报表中应当单独列示。

第二十八条 存货是指企业在生产经营过程中为销售或者耗用而储存的各种资产，包括商品、产成品、半成品、在产品以及各类材料、燃料、包装物、低值易耗品等。

各种存货应当按取得时的实际成本核算。采用计划成本或者定额成本方法进行日常核算的，应当按期结转其成本差异，将计划成本或者定额成本调整为实际成本。

各种存货发出时，企业可以根据实际情况，选择使用先进先出法、加权平均法、移动平均法、个别计价法、后进先出法等方法确定其实际成本。

各种存货应当定期进行清查盘点。对于发生的盘盈、盘亏以及过时、变质、毁损等需要报废的，应当及时进行处理，计入当期损益。

各种存货在会计报表中应当以实际成本列示。

第二十九条 长期投资是指不准备在一年内变现的投资，包括股票投资、债券投资和其他投资。

股票投资和其他投资应当根据不同情况，分别采用成本法或权益法核算。

债券投资应当按实际支付的款项记账。实际支付的款项中包括应计利息的，应当将这部分利息单独记账。

溢价或者折价购入的债券，其实际支付的价款与债券面值的差额，应当在债券到期前分期摊销。

债券投资存续期内的应计利息，以及出售时收回的本息与债券账面成本及尚未收回应计利息的差额，应当计入当期损益。

长期投资应当在会计报表中分项列示。

一年内到期的长期投资，应当在流动资产下单列项目反映。

第三十条 固定资产是指使用年限在一年以上，单位价值在规定标准以上，并在使用过程中保持原来物质形态的资产，包括房屋及建筑物、机器设备、运输设备、工具器具等。固定资产应当按取得时的实际成本记账。在固定资产尚未交付使用或者已投入使用但尚未办理竣工决算之前发生的固定资产的借款利息和有关费用，以及外币借款的汇兑差额，应当计入固定资产价值；在此之后发生的借款利息和有关费用及外币借款的汇兑差额，应当计入当期损益。

接受捐赠的固定资产应按照同类资产的市场价格或者有关凭据确定固定资产价值。接受捐赠固定资产时发生的各项费用应当计入固定资产价值。

融资租入的固定资产应当比照自有固定资产核算，并在会计报表附注中说明。

固定资产折旧应当根据固定资产原值、预计净残值、预计使用年限或预计工作量，采用年限平均法或者工作量（或产量）法计算。如符合有关规定，也可采用加速折旧法。

固定资产的原值、累计折旧和净值，应当在会计报表中分别列示。

为购建固定资产或者对固定资产进行更新改造发生的实际支出，应当在会计报表中单独列示。

固定资产应当定期进行清查盘点，对于固定资产盘盈、盘亏的净值以及报废清理所发生的净损失应当计入当期损益。

第三十一条 无形资产是指企业长期使用而没有实物形态的资产，包括专利权、非专利技术、商标权、著作权、土地使用权、商誉等。

购入的无形资产，应当按实际成本记账；接受投资取得的无形资产，应当按照评估确认或者合同约定的价格记账；自行开发的无形资产，应当按开发过程中实际发生的支出数记账。

各种无形资产应当在受益期内分期平均摊销，未摊销余额在会计报表中列示。

第三十二条 递延资产是指不能全部计入当年损益，应当在以后年度内分期摊销的各项费用，包括开办费、租入固定资产的改良支出等。

企业在筹建期内实际发生的各项费用，除应计入有关财产物资价值者外，应当作为开办费入账。开办费应当在企业开始生产经营以后的一定年限内分期平均摊销。

租入固定资产改良支出应当在租赁期内平均摊销。

各种递延资产的未摊销余额应当在会计报表中列示。

第三十三条 其他资产是指除以上各项目以外的资产。

第四章 负 债

第三十四条 负债是企业所承担的能以货币计量、需以资产或劳务偿付的债务。

第三十五条 负债分为流动负债和长期负债。

第三十六条 流动负债是指将在一年或者超过一年的一个营业周期内偿还的债务，包括短期借款、应付票据、应付账款、预收货款、应付工资、应交税金、应付利润、其他应付款、预提费用等。

各项流动负债应当按实际发生数额记账。负债已经发生而数额需要预计确定的，应当合理预计，待实际数额确定后，进行调整。

流动负债的余额应当在会计报表中分项列示。

第三十七条 长期负债是指偿还期在一年或者超过一年的一个

营业周期以上的债务，包括长期借款、应付债券、长期应付款项等。

长期借款包括向金融机构借款和向其他单位借款。长期借款应当区分借款性质按实际发生的数额记账。

发行债券时，应当按债券的面值记账。债券溢价或折价发行时，实收价款与面值的差额应当单独核算，在债券到期前分期冲减或者增加各期的利息支出。

长期应付款项包括应付引进设备款、融资租入固定资产应付款等。长期应付款项应当按实际发生数额记账。

长期负债应当按长期借款、应付债券、长期应付款项在会计报表中分项列示。

将于一年内到期偿还的长期负债。应当在流动负债下单列项目反映。

第五章　所有者权益

第三十八条　所有者权益是企业投资人对企业净资产的所有权，包括企业投资人对企业的投入资本以及形成的资本公积金、盈余公积金和未分配利润等。

第三十九条　投入资本是投资者实际投入企业经营活动的各种财产物资。

投入资本应当按实际投资数额入账。

股份制企业发行股票，应当按股票面值作为股本入账。

国家拨给企业的专项拨款，除另有规定者外，应当作为国家投资入账。

第四十条　资本公积金包括股本溢价、法定财产重估增值、接受捐赠的资产价值等。

第四十一条　盈余公积金是指按照国家有关规定从利润中提取的公积金。

盈余公积金应当按实际提取数记账。

第四十二条　未分配利润是企业留于以后年度分配的利润或待分配利润。

第四十三条　投入资本、资本公积金、盈余公积金和未分配利润的各个项目，应当在会计报表中分项列示。如有未弥补亏损，应作为所有者权益的减项反映。

第六章　收　入

第四十四条　收入是企业在销售商品或者提供劳务等经营业务中实现的营业收入。包括基本业务收入和其他业务收入。

第四十五条　企业应当合理确认营业收入的实现，并将已实现的收入按时入账。

企业应当在发出商品、提供劳务，同时收讫价款或者取得索取价款的凭据时，确认营业收入。

长期工程(包括劳务)合同，一般应当根据完成进度法或者完成合同法合理确认营业收入。

第四十六条　销售退回、销售折让和销售折扣，应作为营业收入的抵减项目记账。

第七章　费　用

第四十七条　费用是企业在生产经营过程中发生的各项耗费。

第四十八条　直接为生产商品和提供劳务等发生的直接人工、直接材料、商品进价和其他直接费用，直接计入生产经营成本；企业为生产商品和提供劳务而发生的各项间接费用，应当按一定标准分配计入生产经营成本。

第四十九条　企业行政管理部门为组织和管理生产经营活动而发生的管理费用和财务费用，为销售和提供劳务而发生的进货费用、销售费用，应当作为期间费用，直接计入当期损益。

第五十条　本期支付应由本期和以后各期负担的费用，应当按一定标准分配计入本期和以后各期。本期尚未支付但应由本期负担的费用，应当预提计入本期。

第五十一条　成本计算一般应当按月进行。

企业可以根据生产经营特点、生产经营组织类型和成本管理的要求自行确定成本计算方法。但一经确定，不得随意变动。

第五十二条　企业应当按实际发生额核算费用和成本。采用定额成本或者计划成本方法的，应当合理计算成本差异，月终编制会计报表时，调整为实际成本。

第五十三条　企业应当正确、及时地将已销售商品和提供劳务的成本作为营业成本，连同期间费用，结转当期损益。

第八章　利　润

第五十四条　利润是企业在一定期间的经营成果，包括营业利润、投资净收益和营业外收支净额。

营业利润为营业收入减去营业成本、期间费用和各种流转税及附加税费后的余额。

投资净收益是企业对外投资收入减去投资损失后的余额。

营业外收支净额是指与企业生产经营没有直接关系的各种营业外收入减营业外支出后的余额。

第五十五条　企业发生亏损，应当按规定的程序弥补。

第五十六条　利润的构成和利润分配的各个项目，应当在会计报表中分项列示。仅有利润分配方案，而未最后决定的，应当将分配方案在会计报表附注中说明。

第九章　财务报告

第五十七条　财务报告是反映企业财务状况和经营成果的书面文件，包括资产负债表、损益表、财务状况变动表(或者现金流量表)、附表及会计报表附注和财务情况说明书。

第五十八条　资产负债表是反映企业在某一特定日期财务状况的报表。

资产负债表的项目，应当按资产、负债和所有者权益的类别，分项列示。

第五十九条　损益表是反映企业在一定期间的经营成果及其分配情况的报表。

损益表的项目，应当按利润的构成和利润分配各项目分项列示。

利润分配部分各个项目也可以另行编制利润分配表。

第六十条　财务状况变动表是综合反映一定会计期间内营运资金来源和运用及其增减变动情况的报表。

财务状况变动表的项目分为营运资金来源和营运资金运用。营运资金来源与营运资金运用的差额为营运资金增加(或减少)净额。营运资金来源分为利润来源和其他来源，并分项列示。营运资金运用分为利润分配和其他用途，并分项列示。

企业也可以编制现金流量表，反映财务状况的变动情况。

现金流量表是反映在一定会计期间现金收入和支出情况的会计报表。

第六十一条　会计报表可以根据需要，采用前后期对比方式编列。

采取前后期对比方式编列的，上期的项目分类和内容与本期不一致的，应当将上期数按本期项目和内容，调整有关数字。

第六十二条　会计报表应当根据登记完整、核对无误的账簿记录和其他有关资料编制，做到数字真实、计算准确、内容完整、报送及时。

第六十三条　企业对外投资如占被投资企业资本总额半数以上，或者实质上拥有被投资企业控制权的，应当编制合并会计报表。特殊行业的企业不宜合并的，可不予合并，但应当将其会计报表一并报送。

第六十四条　会计报表附注是为帮助理解会计报表的内容而对报表的有关项目等所作的解释，其内容主要包括：所采用的主要会计处理方法；会计处理方法的变更情况、变更原因以及对财务状况和经营成果的影响；非经常性项目的说明；会计报表中有关重要项目的明细资料；其他有助于理解和分析报表需要说明的事项。

第十章　附　则

第六十五条　本准则由财政部负责解释。

第六十六条　本准则自 1993 年 7 月 1 日起施行。

企业会计准则——收入

引言

1. 本准则规范企业在下列交易中形成的收入的会计核算和相关信息的披露：

(1)销售商品；

(2)提供劳务；

(3)他人使用本企业资产。

2. 收入会计核算的主要问题是何时确认收入及如何计量收入。
3. 本准则不涉及下列各项形成的收入：
(1)建造合同；
(2) 租赁；
(3)保险公司的保险合同；
(4)期货；
(5)投资；

定义

4. 本准则使用的下列术语，其定义为：
(1)收入，指企业在销售商品、提供劳务及他人使用本企业资产等日常活动中所形成的经济利益的总流入。收入不包括为第三方或客户代收的款项。
(2)现金折扣，指债权人为鼓励债务人在规定的期限内付款，而向债务人提供的债务扣除。
(3)销售折让，指企业因售出商品的质量不合格等原因而在售价上给予的减让。
(4)完工百分比法，指按照劳务的完成程度确认收入和费用的方法。

销售商品

5. 销售商品的收入，应在下列条件均能满足时予以确认：
(1)企业已将商品所有权上的主要风险和报酬转移给购货方；
(2)企业既没有保留通常与所有权相联系的继续管理权，也没有对已售出的商品实施控制；
(3)与交易相关的经济利益能够流入企业；
(4)相关的收入和成本能够可靠地计量。
6. 销售商品的收入应按企业与购货方签订的合同或协议金额或双方接受的金额确定。现金折扣在实际发生时确认为当期费用；销售折让在实际发生时冲减当期收入。
7. 企业已经确认收入的售出商品发生销售退回的，应冲减退回当期的收入，但资产负债表日及以前售出的商品在资产负债表日至财务报告批准报出日之间发生退回的，应按《企业会计准则——资产负债表日后事项》的有关规定处理。

提供劳务

8. 在同一会计年度内开始并完成的劳务，应在完成劳务时确认收入。
9. 如劳务的开始和完成分属不同的会计年度，在提供劳务交易的结果能够可靠估计的情况下，企业应在资产负债表日按完工百分比法确认相关的劳务收入。
10. 当以下条件均能满足时，交易的结果能够可靠地估计：
(1)劳务总收入和总成本能够可靠地计量；
(2)与交易相关的经济利益能够流入企业；
(3)劳务的完成程度能够可靠地确定。
11. 劳务的完成程度应按下列方法确定：
(1)已完工作的测量；
(2)已经提供的劳务占应提供劳务总量的比例；
(3)已经发生的成本占估计总成本的比例。
12. 在提供劳务交易的结果不能可靠估计的情况下，企业应在资产负债表日按已经发生并预计能够补偿的劳务成本金额确认收入，并按相同金额结转成本；如预计已经发生的劳务成本不能得到补偿，则不应确认收入，但应将已经发生的成本确认为当期费用。
13. 提供劳务的总收入应按企业与接受劳务方签订的合同或协议的金额确定。现金折扣应在实际发生时确认为当期费用。

让渡资产使用权

14. 让渡资产使用权而发生的收入包括利息收入和使用费收入。
15. 利息和使用费收入，应在以下条件均能满足时按第 16 条规定的方法分别予以确定：
(1)与交易相关的经济利益能够流入企业；
(2)收入的金额能够可靠地计量。
16. 利息和使用费收入，应按下列方法分别确定：
(1)利息收入应按他人使用本企业现金的时间和适用利率计算确定；
(2)使用费收入应按有关合同或协议规定的收费时间和方法计算确定。

披露

17. 企业应披露下列与收入有关的事项：
(1)收入确认所采用的会计政策；
(2)当期确认的下列各项收入的金额：
①销售商品的收入；
②提供劳务的收入；
③利息收入；
④使用费收入。

附则

18. 本准则由财政部负责解释。
19. 本准则自 1999 年 1 月 1 日起施行。

企业会计准则——投资

(2001 年修订)

引言

1. 本准则规范投资的会计核算和相关信息的披露。
投资会计核算主要解决的问题是投资的计价，以及投资损益的确认。投资的计价包括投资成本的确定和投资账面价值的调整。
2. 本准则不涉及：
(1)外币投资的折算；
(2)证券经营业务；
(3)合并会计报表；
(4)企业合并。

定义

3. 本准则使用的下列术语，其定义为：
(1)投资，指企业为通过分配来增加财富，或为谋求其他利益，而将资产让渡给其他单位所获得的另一项资产。
(2)短期投资，指能够随时变现并且持有时间不准备超过一年的投资。
(3)长期投资，指短期投资以外的投资。
(4)成本法，指投资按投资成本计价的方法。
(5)权益法，指投资最初以投资成本计价，以后根据投资企业享有被投资单位所有者权益份额的变动对投资的账面价值进行调整的方法。
(6)债券投资溢价或折价，指债券初始投资成本扣除相关费用及应收利息后的金额与债券面值之间的差额。

投资的分类

4. 投资分为短期投资和长期投资。
长期投资分为长期债权投资和长期股权投资。长期债权投资又可分为债券投资和其他债权投资。
5. 长期股权投资依据对被投资单位产生的影响，分为以下四种类型：
(1)控制，是指有权决定一个企业的财务和经营政策，并能据以从该企业的经营活动中获取利益。
(2)共同控制，是指按合同约定对某项经济活动所共有的控制。
(3)重大影响，是指对一个企业的财务和经营政策有参与决策的权力，但并不决定这些政策。
(4)无控制、无共同控制且无重大影响。

初始投资成本的确定

6. 投资在取得时应以初始投资成本计价。
7. 初始投资成本是指取得投资时实际支付的全部价款，包括税金、手续费等相关费用。但实际支付的价款中包含的已宣告但尚未领取的现金股利，或已到付息期但尚未领取的债券利息，应作为应收项目单独核算。
债券初始投资成本扣除相关费用及应收利息，与债券面值之间的差额，应作为债券投资溢价或折价。
以放弃非货币性资产而取得的长期股权投资，其初始投资成本应按《企业会计准则——非货币性交易》的规定确定。
以债务重组而取得的投资，其初始投资成本应按《企业会计准则——债务重组》的规定确定。
8. 长期股权投资采用权益法核算时，投资企业的初始投资成本与应享有被投资单位所有者权益份额之间的差额，作为股权投资差额，按一定期限平均摊销，计入损益。
股权投资差额的摊销期限，合同规定了投资期限的，按投资期限摊销；合同没有规定投资期限的，初始投资成本超过应享有被投资单位所有者权益份额之间的差额，按不超过 10 年的期限摊销；初始投资成本低于应享有被投资单位所有者权益份额之间的差额，按不低于 10 年的期限摊销。

投资账面价值的调整

短期投资

9. 短期投资的现金股利或利息，应于实际收到时，冲减投资的账面价值，但收到的、已记入应收项目的现金股利或利息除外。

10. 持有的短期投资，在期末或者至少在年度终了时应以成本与市价孰低计价，并将市价低于成本的金额确认为当期投资损失。

已确认跌价损失的短期投资的价值又得以恢复，应在原已确认的投资损失的金额内转回。

长期债权投资

11. 债券投资溢价或折价，在债券购入后至到期前的期间内于确认相关债券利息收入时摊销。摊销方法可以采用直线法，也可以采用实际利率法。

债券投资应按期计算应收利息。计算的债券投资利息收入，经调整债券投资溢价或折价摊销额后的金额，确认为当期投资收益。

12. 债券初始投资成本中包含的相关费用，如金额较大的，可以于债券购入后至到期前的期间内在确认相关债券利息收入时摊销，计入损益；如金额较小的，也可以于购入债券时一次摊销，计入损益。

13. 其他债权投资按期计算的应收利息，确认为当期投资收益。

14. 对一次还本付息的债权投资，应计未收利息应于确认时增加投资的账面价值；对分期付息的债权投资，应计未收利息应于确认时作为应收项目单独核算，不增加投资的账面价值。

长期股权投资

15. 长期股权投资应根据不同情况，分别采用成本法或权益法核算。

16. 投资企业对被投资单位无控制、无共同控制且无重大影响的，长期股权投资应采用成本法核算。

17. 采用成本法时，除追加或收回投资外，长期股权投资的账面价值一般应保持不变。被投资单位宣告分派的利润或现金股利，确认为当期投资收益。投资企业确认投资收益，仅限于所获得的被投资单位在接受投资后产生的累积净利润的分配额，所获得的被投资单位宣告分派的利润或现金股利超过上述数额的部分，作为初始投资成本的收回，冲减投资的账面价值。

18. 投资企业对被投资单位具有控制、共同控制或重大影响的，长期股权投资应采用权益法核算。

19. 采用权益法时，投资企业应在取得股权投资后，按应享有或应分担的被投资单位当年实现的净利润或发生的净亏损的份额（法规或公司章程规定不属于投资企业的净利润除外），调整投资的账面价值，并确认为当期投资损益。投资企业按被投资单位宣告分派的利润或现金股利计算应分得的部分，相应减少投资的账面价值。

投资企业确认被投资单位发生的净亏损，以投资账面价值减少至零为限；如果被投资单位以后各期实现净利润，投资企业应在计算的收益分享额超过未确认的亏损分担额以后，按超过未确认的亏损分担额的金额，恢复投资的账面价值。

在按被投资单位净损益计算调整投资的账面价值和确认投资损益时，应以取得被投资单位股权后发生的净损益为基础。

被投资单位除净损益以外的所有者权益的其他变动，也应根据具体情况调整投资的账面价值。

20. 投资企业因追加投资等原因对长期股权投资的核算从成本法改为权益法，应自实际取得对被投资单位控制、共同控制或对被投资单位实施重大影响时，按股权投资的账面价值作为新的投资成本，新的投资成本与应享有被投资单位所有者权益份额的差额，作为股权投资差额，并按第8条的规定处理。

21. 投资企业因减少投资等原因对被投资单位不再具有控制、共同控制和重大影响时，应中止采用权益法。

22. 投资企业依第21条规定中止采用权益法的，应在中止采用权益法时按投资的账面价值作为新的投资成本。其后，被投资单位宣告分派利润或现金股利时，属于已记入投资账面价值的部分，作为新的投资成本的收回，冲减新的投资成本。

长期投资减值

23. 企业应当定期对长期投资的账面价值逐项进行检查，至少于每年年末检查一次。如果由于市价持续下跌或被投资单位经营状况变化等原因导致其可收回金额低于投资的账面价值，应将可收回金额低于长期投资账面价值的差额，确认为当期投资损失。

本准则所称的可收回金额，是指企业资产的出售净价与预期从该资产的持有和投资到期处置中形成的预计未来现金流量的现值两者之中的较高者。其中，出售净价是指资产的出售价格减去所发生的资产处置费用后的余额。

已确认损失的长期投资的价值又得以恢复，应在原已确认的投资损失的数额内转回。

投资的划转

24. 短期投资划转为长期投资时，应按成本与市价孰低结转。

拟处置的长期投资不调整至短期投资，待处置长期投资时按第25条的规定处理。

投资的处置

25. 处置投资时，投资的账面价值与实际取得价款的差额，确认为当期投资损益。

披露

26. 企业应在财务报告中披露下列与投资有关的事项：

（1）当期发生的投资净损益，其中重大的投资净损益项目应单独披露；

（2）短期投资、长期债权投资和长期股权投资的期末余额，其中长期股权投资中属于对子公司、合营企业、联营企业投资的部分，应单独披露；

（3）当年提取的投资损失准备；

（4）投资的计价方法；

（5）短期投资的期末市价；

（6）投资总额占净资产的比例；

（7）采用权益法时，投资企业与被投资单位会计政策的重大差异；

（8）投资变现及投资收益汇回的重大限制。

衔接办法

27. 对于本准则施行之日以前发生的投资业务，其会计处理方法与本准则规定的方法不同的，不予追溯调整。对于本准则施行之日以前发生、但在施行之日仍然持有的投资，自本准则施行之日起应按本准则的规定处理。

附则

28. 本准则自2001年1月1日起施行。

企业会计准则——无形资产

引 言

1. 本准则规范无形资产的会计核算和相关信息的披露。

2. 本准则不涉及企业合并中产生的商誉。

定 义

3. 本准则使用的下列术语，其定义为：

无形资产，指企业为生产商品、提供劳务、出租给他人，或为管理目的而持有的、没有实物形态的非货币性长期资产。

无形资产可分为可辨认无形资产和不可辨认无形资产。可辨认无形资产包括专利权、非专利技术、商标权、著作权、土地使用权、特许权等；不可辨认无形资产是指商誉。

确 认

4. 无形资产在满足以下两个条件时，企业才能加以确认：

（1）该资产产生的经济利益很可能流入企业；

（2）该资产的成本能够可靠地计量。

5. 企业应能够控制无形资产所产生的经济利益，即企业拥有无形资产的法定所有权，或企业与他人签订了协议，使得企业的相关权利受到法律的保护。

6. 在判断无形资产产生的经济利益是否很可能流入企业时，企业管理部门应对无形资产在预计使用年限内存在的各种因素作出稳健的估计。

7. 企业自创商誉不能加以确认。

计 量

8. 购入的无形资产，应以实际支付的价款作为入账价值。

9. 通过非货币性交易换入的无形资产，其入账价值应按《企业会计准则——非货币性交易》的规定确定。

10. 投资者投入的无形资产，应以投资各方确认的价值作为入账价值；但企业为首次发行股票而接受投资者投入的无形资产，应以该无形资产在投资方的账面价值作为入账价值。

11. 通过债务重组取得的无形资产，其入账价值应按《企业会计准则——债务重组》的规定确定。

12. 接受捐赠的无形资产，其入账价值应分别以下情况确定：

（1）捐赠方提供了有关凭据的，按凭据上标明的金额加上应支付的相关税费确定；

（2）捐赠方没有提供有关凭据的，按如下顺序确定：同类或类似无形资产存在活跃市场的，应参照同类或类似无形资产的市场价格估计的金额，加上应支付的相关税费确定；同类或类似无形资产不存在活跃市场的，按该接受捐赠的无形资产的预计未来现金流量现值，加上应支付的相关税费确定。

13. 自行开发并依法申请取得的无形资产，其入账价值应按依法取得时发生的注册费、律师费等费用确定；依法申请取得前发生的研究与开发费用，应于发生时确认为当期费用。

后续支出

14. 无形资产在确认后发生的支出，应在发生时确认为当期费用。

摊 销

15. 无形资产的成本，应自取得当月起在预计使用年限内分期平均摊销。

如果预计使用年限超过了相关合同规定的受益年限或法律规定的有效年限，无形资产的摊销年限按如下原则确定：

(1)合同规定了受益年限但法律没有规定有效年限的，摊销期不应超过受益年限；

(2)合同没有规定受益年限但法律规定了有效年限的，摊销期不应超过有效年限；

(3)合同规定了受益年限，法律也规定了有效年限的，摊销期不应超过受益年限与有效年限两者之中较短者。

如果合同没有规定受益年限，法律也没有规定有效年限的，摊销期不应超过 10 年。

减 值

16. 企业应定期对无形资产的账面价值进行检查，至少于每年年末检查一次。如发现以下一种或数种情况，应对无形资产的可收回金额进行估计，并将该无形资产的账面价值超过可收回金额的部分确认为减值准备：

(1)该无形资产已被其他新技术等所替代，使其为企业创造经济利益的能力受到重大不利影响；

(2)该无形资产的市价在当期大幅下跌，在剩余摊销年限内预期不会恢复；

(3)其他足以表明该无形资产的账面价值已超过可收回金额的情形。

本准则所称可收回金额是指以下两项金额中的较大者：

(1)无形资产的销售净价，即该无形资产的销售价格减去因出售该无形资产所发生的律师费和其他相关税费后的余额；

(2)预期从无形资产的持续使用和使用年限结束时的处置中产生的预计未来现金流量的现值。

17. 只有表明无形资产发生减值的迹象全部消失或部分消失，企业才能将以前年度已确认的减值损失予以全部或部分转回；转回的金额不得超过已计提的减值准备的账面余额。

处置和报废

18. 企业出售无形资产时，应将所得价款与该无形资产的账面价值之间的差额计入当期损益。

19. 企业出租无形资产时，所取得租金应按《企业会计准则——收入》的规定予以确认；同时，还应确认相关费用。

20. 当无形资产预期不能为企业带来经济利益时，企业应将该无形资产的账面价值予以转销。无形资产预期不能为企业带来经济利益的情形主要包括：

(1)该无形资产已被其他新技术等所替代，且已不能为企业带来经济利益；

(2)该无形资产不再受法律的保护，且不能给企业带来经济利益。

21. 企业进行房地产开发时，应将相关的土地使用权予以结转。结转时，将土地使用权的账面价值一次计入房地产开发成本。

披 露

22. 企业应当披露下列与无形资产有关的信息：

(1)各类无形资产的摊销年限；

(2)各类无形资产当期期初和期末账面余额、变动情况及其原因；

(3)当期确认的无形资产减值准备。

23. 对于土地使用权，除按本准则第 22 条的规定进行披露外，还应披露该土地使用权的取得方式和取得成本。

衔接办法

24. 对于本准则施行之日以前取得的无形资产，除减值准备的提取应追溯调整外，其余不作追溯调整。

附 则

25. 本准则自 2001 年 1 月 1 日起施行。

企业会计准则
——资产负债表日后事项

引言

1、本准则规范企业资产负债表日后事项的会计核算和相关信息的披露。

2、本准则不涉及中止营业。

定义

3、本准则使用的下列术语，其定义为：

资产负债表日后事项，指自年度资产负债表日至财务报告批准报出日之间发生的需要调整或说明的事项。

财务报告批准报出日，指董事会批准财务报告报出的日期。

调整事项

4、资产负债表日后获得新的或进一步的证据，有助于对资产负债表日存在状况的有关金额作出重新估计，应当作为调整事项，据此对资产负债表日所反映的收入、费用、资产、负债以及所有者权益进行调整。

以下是调整事项的例子：

(1)已证实资产发生了减损；

(2)销售退回；

(3)已确定获得或支付的赔偿。

5、资产负债表日后董事会制订的利润分配方案中与财务报告所属期间有关的利润分配(其中分配方案中的股票股利应当作为非调整事项)，也应当作为调整事项。

非调整事项

6、资产负债表日以后才发生或存在的事项，不影响资产负债表日存在状况，但如不加以说明，将会影响财务报告使用者作出正确估计和决策，这类事项应当作为非调整事项，在会计报表附注中予以披露。

以下是非调整事项的例子：

(1)股票和债券的发行；

(2)对一个企业的巨额投资；

(3)自然灾害导致的资产损失；

(4)外汇汇率发生较大变动。

7、非调整事项，应说明其内容、估计其对财务状况、经营成果的影响；如无法作出估计，应说明其原因。

附则

8、本准则由财政部负责解释。

9、本准则自 1998 年 1 月 1 日起施行。

企业会计准则
——关联方关系及其交易的披露

引言

1. 本准则规范关联方关系和关联方交易的披露。

2. 本准则不要求：

(1)在合并会计报表中披露包括在合并会计报表中的集团成员之间的交易；

(2)在与合并会计报表一同提供的母公司会计报表中披露关联方交易。

定义

3. 本准则使用的下列术语定义为：

(1)控制，指有权决定一个企业的财务和经营政策，并能据以从该企业的经营活动中获取利益。

(2)共同控制，指按合同约定对某项经济活动所共有的控制。

(3)重大影响，指对一个企业的财务和经营政策有参与决策的权力，但并不决定这些政策。参与决策的途径主要包括：在董事会或类似的权力机构中派有代表；参与政策的制定过程；互相交换管理人员，或使其他企业依赖于本企业的技术资料等。

(4)母公司，指能直接或间接控制其他企业的企业。

(5)子公司，指被母公司控制的企业。

(6)合营企业，指按合同规定经营活动由投资双方或若干方共同控制的企业。

(7)联营企业，指投资者对其具有重大影响，但不是投资者的子公司或合营企业的企业。

(8)主要投资者个人，指直接或间接地控制一个企业 10%或以上表决权资本的个人投资者。

(9)关键管理人员，指有权力并负责进行计划、指挥和控制企业活动的人员。

(10)关系密切的家庭成员，指在处理与企业的交易时有可能影响某人或受其影响的家庭成员。

关联方关系

4. 在企业财务和经营决策中，如果一方有能力直接或间接控制、共同控制另一方或对另一方施加重大影响，本准则将其视为关联方；如果两方或多方同受一方控制，本准则也将其视为关联方。

5. 本准则涉及的关联方关系主要指：

（1）直接或间接地控制其他企业或受其他企业控制，以及同受某一企业控制的两个或多个企业（例如：母公司、子公司、受同一母公司控制的子公司之间）；

（2）合营企业；

（3）联营企业；

（4）主要投资者个人、关键管理人员或与其关系密切的家庭成员；

（5）受主要投资者个人、关键管理人员或与其关系密切的家庭成员直接控制的其他企业。

6. 本准则不将下列各方视为关联方：

（1）与企业仅发生日常往来而不存在其他关联方关系的资金提供者、公用事业部门、政府部门和机构，虽然他们可能参与企业的财务和经营决策，或在某种程序上限制企业的行动自由。

（2）仅仅由于与企业发生大量交易而存在的经济依存性的单个购买者、供应商或代理商。

7. 国家控制的企业间不应仅仅因为彼此同受国家控制而成为关联方，但企业间存有第5（1）至（3）的关系，或根据第5（5）受同一关键管理人员或与其关系密切的家庭成员直接控制时，彼此应视为关联方。

关联方交易

8. 关联方交易是指在关联方之间发生转移资源或义务的事项，而不论是否收取价款。以下是关联方交易的例子：

（1）购买或销售商品；

（2）购买或销售除商品以外的其他资产；

（3）提供或接受劳务；

（4）代理；

（5）租赁；

（6）提供资金（包括以现金或实物形式的贷款或权益性资金）；

（7）担保和抵押；

（8）管理方面的合同；

（9）研究与开发项目的转移；

（10）许可协议；

（11）关键管理人员报酬。

披露

9. 在存在控制关系的情况下，关联方如为企业时，不论他们之间有无交易，都应当在会计报表附注中披露如下事项：

（1）企业经济性质或类型、名称、法定代表人、注册地、注册资本及其变化；

（2）企业的主营业务；

（3）所持股份或权益及其变化。

10. 在企业与关联方发生交易的情况下，企业应当在会计报表附注中披露关联方关系的性质、交易类型及其交易要素，这些要素一般包括：

（1）交易的金额或相应比例；

（2）未结算项目的金额或相应比例；

（3）定价政策（包括没有金额或只有象征性金额的交易）。

11. 关联方交易应当分别关联方以及交易类型予以披露，类型相同的关联方交易，在不影响会计报表阅读者正确理解的情况下可以合并披露。

附则

12. 本准则由财政部负责解释。

13. 本准则自1997年1月1日起施行。

企业会计准则——建造合同

引言

1. 本准则规范建造承包商建造工程合同的会计核算和相关信息的披露。

2. 由于建造合同的开工日期与完工日期通常分属于不同的会计年度，因此，本准则的主要问题是将合同收入和合同成本分配计入实施工程的各个会计年度。

在一个会计年度内完成的建造合同，应在完成时确认合同收入和合同费用。

定义

3. 本准则使用的下列术语，其定义为：

（1）建造合同，指为建造一项资产或者在设计、技术、功能、最终用途等方面密切相关的数项资产而订立的合同。

（2）固定造价合同，指按照固定的合同价或固定单价确定工程价款的建造合同。

（3）成本加成合同，指以合同允许或其他方式议定的成本为基础，加上该成本的一定比例或定额费用确定工程价款的建造合同。

（4）完工百分比法，指根据合同完工进度确认收入与费用的方法。

合同分立与合同合并

4. 一般情况下，本准则适用于单项建造合同。

5. 如果一项建造合同包括多项资产，在同时具备下列条件的情况下，每项资产应分立为单项合同处理：

（1）每项资产均有独立的建造计划；

（2）建造承包商与客户就每项资产单独进行谈判，双方能够接受或拒绝与每项资产有关的合同条款；

（3）每项资产的收入和成本可单独辨认。

6. 一组合同无论对应单个客户还是几个客户，在同时具备下列条件的情况下，应合并为单项合同处理：

（1）该组合同按一揽子交易签订；

（2）该组合同密切相关，每项合同实际上已构成一项综合利润率工程的组成部分；

（3）该组合同同时或依次履行。

合同收入

7. 合同收入包括：

（1）合同中规定的初始收入；

（2）因合同变更、索赔、奖励等形成的收入。

8. 合同收入应以收到或应收的工程价款计量。

9. 合同变更指客户为改变合同规定的作业内容而提出的调整。因合同变更而增加的收入，应在同时具备下列条件时予以确认：

（1）客户能够认可因变更而增加的收入；

（2）收入能够可靠地计量。

10. 索赔款指因客户或第三方的原因造成的、由建造承包商向客户或第三方收取的、用以补偿不包括在合同造价中的成本的款项。因索赔款而形成的收入，应在同时具备下列条件时予以确认：

（1）根据谈判情况，预计对方能够同意这项索赔；

（2）对方同意接受的金额能够可靠地计量。

11. 奖励款指工程达到或超过规定的标准时，客户同意支付给建造承包商的额外款项。因奖励而形成的收入，应在同时具备下列条件时予以确认：

（1）根据目前合同完成情况，足以判断工程进度和工程质量能够达到或超过既定的标准；

（2）奖励金额能够可靠地计量。

合同成本

12. 合同成本应包括从合同签订开始至合同完成止所发生的、与执行合同有关的直接费用和间接费用。

13. 合同的直接费用包括：

（1）耗用的人工费用；

（2）耗用的材料费用；

（3）耗用的机械使用费；

（4）其他直接费用，包括有关的设计和技术援助费用、施工现场材料的二次搬运费、生产工具和用具使用费、检验试验费、工程定位复测费、工程点交费用、场地清理费用等。

14. 间接费用是企业下属的施工单位或生产单位为组织和管理施工生产活动所发生的费用，包括临时设施摊销费用和施工、生产单位管理人员工资、奖金、职工福利费、劳动保护费、固定资产折旧费及修理费、物料消费、低值易耗品摊销、取暖费、水电费、办公费、差旅费、财产保险费、工程保修费、排污费等。

15. 直接费用在发生时应直接计入合同成本，间接费用应在期末按照系统、合理的方法分摊计入合同成本。

16. 与合同有关的零星收益，例如合同完成后处置残余物资取得的收益，应冲减合同成本。

17. 合同成本不包括下列费用：

（1）企业行政管理部门为组织和管理生产经营活动所发生的管理费用；

（2）船舶等制造企业的销售费用；

（3）企业筹集生产经营所需资金而发生的财务费用。

18. 因订立合同而发生的有关费用，应直接确认为当期费用。

合同收入与合同费用的确认

19. 如果建造合同的结果能够可靠地估计，企业应根据完工百分比法在资产负债表日确认合同收入和费用。

20. 固定造价合同的结果能够可靠估计是指同时具备下列条件：

(1)合同总收入能够可靠地计量；

(2)与合同相关的经济利益能够流入企业；

(3)在资产负债表日合同完工进度和为完成合同尚需发生的成本能够可靠地确定；

(4)为完成合同已经发生的合同成本能够清楚地区分和可靠地计量，以便实际合同成本能够与以前的预计成本相比较。

21. 成本加成合同的结果能够可靠估计是指同时具备下列条件：

(1)与合同相关的经济利益能够流入企业；

(2)实际发生的合同成本，能够清楚地区分并且能够可靠地计量。

22. 企业确定合同完工进度可以选用下列方法：

(1)累计实际发生的合同成本占合同预计总成本的比例；

(2)已经完成的合同工作量占合同预计总工作量的比例；

(3)已完合同工作的测量。

23. 采用累计实际发生的合同成本占合同预计总成本的比例确定合同完工进度时，累计实际发生的合同成本不包括下列内容：

(1)与合同未来活动相关的合同成本，例如施工中尚未安装、使用或耗用的材料成本；

(2)在分包工程的工作量完成之前预付给分包单位的款项。

24. 当期完成的建造合同，应按实际合同总收入扣除以前会计年度累计已确认的收入后的余额确认为当期收入，同时按累计实际发生的合同成本扣除以前会计年度累计已确认的费用后的余额确认为当期费用。

25. 如果建造合同的结果不能可靠地估计，应区别以下情况处理：

(1)合同成本能够收回的，合同收入根据能够收回的实际合同成本加以确认，合同成本在其发生的当期确认为费用。

(2)合同成本不可能收回的，应在发生时立即确认为费用，不确认收入。

26. 如果合同预计总成本将超过合同预计总收入，应将预计损失立即确认为当期费用。

披露

27. 企业应披露下列与建造合同有关的事项：

(1)在建合同工程累计已发生的成本和累计已确认的毛利(或亏损)；

(2)在建合同工程已办理结算的价款金额；

(3)当期确认的合同收入和合同费用的金额；

(4)确定合同完工进度的方法；

(5)合同总金额；

(6)当期已预计损失的原因和金额；

(7)应收账款中尚未收到的工程进度款。

附则

28. 本准则由财政部负责解释。

29. 本准则自1999年1月1日起施行。

企业会计准则——非货币性交易

(2001年修订)

引言

1. 本准则规范企业非货币性交易的会计核算和相关信息的披露。

2. 非货币性交易会计核算的主要问题是换入、换出非货币性资产的计价，以及相关损益的确认。

3. 本准则不涉及企业合并中的非货币性交易。

定义

4. 本准则使用的下列术语，其定义为：

(1)非货币性交易，指交易双方以非货币性资产进行的交换。这种交换不涉及或只涉及少量的货币性资产(即补价)。

(2)货币性资产，指持有的现金及将以固定或可确定金额的货币收取的资产，包括现金、应收账款和应收票据以及准备持有至到期的债券投资等。

(3)非货币性资产，指货币性资产以外的资产，包括存货、固定资产、无形资产、股权投资以及不准备持有至到期的债券投资等。

(4)公允价值，指在公平交易中，熟悉情况的交易双方，自愿进行资产交换或债务清偿的金额。

非货币性交易的会计处理

5. 企业发生非货币性交易时，应以换出资产的账面价值，加上应支付的相关税费，作为换入资产的入账价值。

6. 在非货币性交易中如果发生补价，应区别不同情况处理：

(1)支付补价的，应以换出资产的账面价值，加上补价和应支付的相关税费，作为换入资产的入账价值。

(2)收到补价的，应按如下公式确定换入资产的入账价值和应确认的收益：

换入资产入账价值＝换出资产账面价值－(补价/换出资产公允价值)×换出资产账面价值＋应支付的相关税费

应确认的收益＝补价－(补价/换出资产公允价值)×换出资产账面价值

7. 在非货币性交易中，如果同时换入多项资产，应按换入各项资产的公允价值与换入资产公允价值总额的比例，对换出资产的账面价值总额与应支付的相关税费进行分配，以确定各项换入资产的入账价值。

披露

8. 企业应当披露非货币性交易中换入、换出资产的类别及其金额。

衔接办法

9. 对于本准则施行之日以前发生的非货币性交易，其会计处理方法与本准则规定的方法不同的，应予追溯调整。

附则

10. 本准则自2001年1月1日起施行。

企业会计准则——或有事项

引言

1. 本准则规范或有事项的会计核算及相关信息的披露。

2. 本准则不涉及债务重组、建造合同、所得税、保险合同、终止营业、租赁、企业重组、环境污染整治等项目引起并由其他会计准则规范的或有事项。

定义

3. 本准则使用的下列术语，其定义为：

(1)或有事项，指过去的交易或事项形成的一种状况，其结果须通过未来不确定事项的发生或不发生予以证实。

(2)负债，指过去的交易或事项形成的现时义务，履行该义务预期会导致经济利益流出企业。

(3)资产，指过去的交易或事项形成并由企业拥有或者控制的资源，该资源预期会给企业带来经济利益。

(4)或有负债，指过去的交易或事项形成的潜在义务，其存在须通过未来不确定事项的发生或不发生予以证实；或过去的交易或事项形成的现时义务，履行该义务不是很可能导致经济利益流出企业或该义务的金额不能可靠地计量。

(5)或有资产，指过去的交易或事项形成的潜在资产，其存在须通过未来不确定事项的发生或不发生予以证实。

或有事项的确认和计量

4. 如果与或有事项相关的义务同时符合以下条件，企业应将其确认为负债：

(1)该义务是企业承担的现时义务；

(2)该义务的履行很可能导致经济利益流出企业；

(3)该义务的金额能够可靠地计量。

5. 按本准则第4条确认的负债，其金额应是清偿该负债所需支出的最佳估计数。如果所需支出存在一个金额范围，则最佳估计数应按该范围的上、下限金额的平均数确定；如果所需支出不存在一个金额范围，则最佳估计数应按如下方法确定：

(1)或有事项涉及单个项目时，最佳估计数按最可能发生金额确定；

(2)或有事项涉及多个项目时，最佳估计数按各种可能发生额及其发生概率计算确定。

6. 如果清偿按本准则第4条确认的负债所需支出全部或部分预期由第三方或其他方补偿，则补偿金额只能在基本确定能收到时，作为资产单独确认。确认的补偿金额不应超过所确认负债的账面价值。

或有事项的披露

7. 企业不应确认或有负债和或有资产。

8. 按本准则第4条确认的负债，应在资产负债表中单列项目反映，并在会计报表附注中作相应披露；与所确认负债有关的费用或支出应在扣除确认的补偿金额后，在利润表中反映。

9. 企业应在会计报表附注中按本准则第 10 条披露如下或有负债：

(1)已贴现商业承兑汇票形成的或有负债；

(2)未决诉讼、仲裁形成的或有负债；

(3)为其他单位提供债务担保形成的或有负债；

(4)其他或有负债(不包括极小可能导致经济利益流出企业的或有负)。

10. 对于应予披露的或有负债，企业应分类披露如下内容：

(1)或有负债形成的原因；

(2)或有负债预计产生的财务影响(如无法预计，应说明理由)；

(3)获得补偿的可能性。

11. 或有资产一般不应在会计报表附注中披露。但或有资产很可能会给企业带来经济利益时，则应在会计报表附注中披露其形成的原因；如果能够预计其产生的财务影响，还应作相应披露。

12. 在涉及未决诉讼、仲裁的情况下，如果按本准则第 10 条披露全部或部分信息预期会对企业造成重大不利影响，则企业无须披露这些信息，但应披露该未决诉讼、仲裁的形成原因。

附则

13. 本准则由财政部负责解释。

14. 本准则自 2000 年 7 月 1 日起施行。

企业会计准则
——会计政策、会计估计变更和会计差错更正
(2001 年修订)

引言

1、本准则规范企业会计政策变更、会计估计变更以及会计差错更正的会计核算和相关信息的披露。

2、本准则的目的是当发生会计政策、会计估计变更和会计差错更正时，在最大限度地保证会计信息可比性的基础上，提高会计信息的有用性，便于财务报告使用者更恰当地理解企业的财务状况、经营成果和现金流量等会计信息。

定义

3、本准则使用的下列术语，其定义为：

(1)会计政策，指企业在会计核算时所遵循的具体原则以及企业所采纳的具体会计处理方法。

(2)会计估计，指企业对其结果不确定的交易或事项以最近可利用的信息为基础所作的判断。

(3)会计政策变更的累积影响数，指按变更后的会计政策对以前各期追溯计算的变更年度期初留存收益应有的金额与现有的金额之间的差额。

(4)追溯调整法，指对某项交易或事项变更会计政策时，如同该交易或事项初次发生时就开始采用新的会计政策，并以此对相关项目进行调整的方法。

(5)未来适用法，指对某项交易或事项变更会计政策时，新的会计政策适用于变更当期及未来期间发生的交易或事项的方法。

(6)会计差错，指在会计核算时，由于确认、计量、记录等方面出现的错误。

(7)重大会计差错，指企业发现的使公布的会计报表不再具有可靠性的会计差错。

会计政策变更

4、企业采用的会计政策，除符合第 5 条规定的条件外，前后各期应保持一致，不得随意变更。

5、会计政策变更，必须符合下列条件之一：

(1)法律或会计准则等行政法规、规章的要求；

(2)这种变更能够提供有关企业财务状况、经营成果和现金流量等更可靠、更相关的会计信息。

6、下列各项不属于会计政策变更：

(1)本期发生的交易或事项与以前相比具有本质差别而采用新的会计政策；

(2)对初次发生的或不重要的交易或事项采用新的会计政策。

7、企业按第 5 条(1)变更会计政策时，应按国家发布的相关会计处理规定执行，如果没有相关的会计处理规定，按第 8 条的规定处理。

8、企业按第 5 条(2)变更会计政策时，应采用追溯调整法进行处理，并将会计政策变更的累积影响数调整期初留存收益，会计报表其他相关项目的期初数也应一并调整，但不需要重编以前年度的会计报表。

如果累积影响数不能合理确定，会计政策变更应采用未来适用法。

9、在编制比较会计报表时，对于比较会计报表期间的会计政策变更，应调整各该期间的净损益和其他相关项目，视同该政策在比较会计报表期间一直采用。对于比较会计报表可比期间以前的会计政策变更的累积影响数，应调整比较会计报表最早期间的期初留存收益，会计报表其他相关项目的数字也应一并调整。

10、会计报表附注中应披露以下事项：

(1) 会计政策变更的内容和理由；

(2) 会计政策变更的影响数；

(3)累积影响数不能合理确定的理由。

会计估计变更

11、由于企业经营活动中内在不确定因素的影响，某些会计报表项目不能精确地计量，而只能加以估计。如果赖以进行估计的基础发生了变化，或者由于取得新的信息、积累更多的经验以及后来的发展变化，可能需要对会计估计进行修订。

12、会计估计变更时，不需要计算变更产生的累积影响数，也不需要重编以前年度会计报表，但应对变更当期和未来期间发生的交易或事项采用新的会计估计进行处理。

13、会计估计的变更，如果仅影响变更当期，会计估计变更的影响数应计入变更当期与前期相同的相关项目中；如果既影响变更当期又影响未来期间，会计估计变更的影响数应计入变更当期和未来期间与前期相同的相关项目中。

14、会计政策变更和会计估计变更很难区分时，应按照会计估计变更的处理方法进行处理。

15、会计报表附注中应披露以下事项：

(1)会计估计变更的内容和理由；

(2)会计估计变更的影响数；

(3)会计估计变更的影响数不能确定的理由。

会计差错更正

16、本期发现的会计差错，除第 17 条所列情形外，应按以下原则处理：

(1)本期发现的与本期相关的会计差错，应调整本期相关项目。

(2)本期发现的与前期相关的非重大会计差错，如影响损益，应直接计入本期净损益，其他相关项目也应作为本期数一并调整；如不影响损益，应调整本期相关项目。

(3)本期发现的与前期相关的重大会计差错，如影响损益，应将其对损益的影响数调整发现当期的期初留存收益，会计报表其他相关项目的期初数也应一并调整；如不影响损益，应调整会计报表相关项目的期初数。

17、年度资产负债表日至财务报告批准报出日之间发现的报告年度的会计差错及以前年度的非重大会计差错，应按照《企业会计准则——资产负债表日后事项》的规定处理。

18、在编制比较会计报表时，对于比较会计报表期间的重大会计差错，应调整各该期间的净损益和其他相关项目，视同该差错在产生的当期已经更正；对于比较会计报表期间以前的重大会计差错，应调整比较会计报表最早期间的期初留存收益，会计报表其他相关项目的数字也应一并调整。

19、企业滥用会计政策、会计估计及其变更，应当作为重大会计差错予以更正。

20、会计报表附注中应披露以下事项：

(1)重大会计差错的内容；

(2)重大会计差错的更正金额。

附则

21、本准则自 1999 年 1 月 1 日起施行。

企业会计准则——现金流量表

引言

1. 本准则规范现金流量表的编制方法及其应提供的信息。

2. 编制现金流量表的目的，是为会计报表使用者提供企业一定会计期间内现金和现金等价物流入和流出的信息，以便于会计报表使用者了解和评价企业获取现金和现金等价物的能力，并据以预测企业未来现金流量。

定义

3. 本准则使用的下列术语，其定义为：

(1)现金，指企业库存现金以及可以随时用于支付的存款。

(2)现金等价物，指企业持有的期限短、流动性强、易于转换为已知金额现金、价值变动风险很小的投资(以下在提及"现金"时，除非同时提及现金等价物，均包括现金和现金等价物)。

(3)现金流量，指企业现金和现金等价物的流入和流出。

现金流量的分类

4. 现金流量应分为以下三类：

(1)经营活动产生的现金流量；

(2)投资活动产生的现金流量；

(3)筹资活动产生的现金流量；

经营活动产生的现金流量

5. 经营活动，是指企业投资活动和筹资活动以外的所有交易和事项。

6. 经营活动流入的现金主要包括：

(1)销售商品、提供劳务收到的现金；

(2)收到的税费返还；

(3)收到的其他与经营活动有关的现金。

7. 经营活动流出的现金主要包括：

(1)购买商品、接受劳务支付的现金；

(2)支付给职工以及为职工支付的现金；

(3)支付的各项税费；

(4)支付的其他与经营活动有关的现金。

投资活动产生的现金流量

8. 投资活动，是指企业长期资产的购建和不包括在现金等价物范围内的投资及其处置活动。

9. 投资活动流入的现金主要包括：

(1)收回投资所收到的现金；

(2)取得投资收益所收到的现金；

(3)处置固定资产、无形资产和其他长期资产所收回的现金净额；

(4)收到的其他与投资活动有关的现金。

10. 投资活动流出的现金主要包括：

(1)购建固定资产、无形资产和其他长期资产所支付的现金；

(2)投资所支付的现金；

(3)支付的其他与投资活动有关的现金。

筹资活动产生的现金流量

11. 筹资活动，是指导致企业资本及债务规模和构成发生变化的活动。

12. 筹资活动流入的现金主要包括：

(1)吸收投资所收到的现金；

(2)取得借款所收到的现金；

(3)收到的其他与筹资活动有关的现金。

13. 筹资活动流出的现金主要包括：

(1)偿还债务所支付的现金；

(2)分配股利、利润或偿付利息所支付的现金；

(3)支付的其他与筹资活动有关的现金。

购买或处置子公司及其他营业单位

14. 购买或处置子公司及其他营业单位产生的现金流量，应作为投资活动的现金流量，并单独列示。

15. 购买或处置子公司及其他营业单位所支付或收到的现金总额，应扣除因购买或处置取得或支付的现金，以净额列示。

16. 企业应在会计报表附注中以总额披露当期购买或处置子公司及其他营业单位的下列信息：

(1)购买或处置价格；

(2)购买或处置价格中以现金支付的部分；

(3)购买或处置子公司及其他营业单位所取得的现金；

(4)购买或处置子公司及其他营业单位按主要类别分类的非现金资产和负债。

金融保险企业现金流量

17. 金融保险企业现金流量项目归类有其特殊性。企业在编制本表时，前述现金流量项目归类不适用的，可根据其行业特点和现金流量实际情况合理确定。

18. 金融企业的下列现金收入和现金支出项目应作为经营活动的现金流量：

(1)对外发放的贷款和收回的贷款本金；

(2)吸收的存款和支付的存款本金；

(3)同业存款及存放同业款项；

(4)向其他金融企业拆借的资金；

(5)利息收入和利息支出；

(6)收回的已于前期核销的贷款；

(7)经营证券业务的企业，买卖证券所收到或支出的现金；

(8)融资租赁所收到的现金。

19. 保险企业的与保险金、保险索赔、年金退款和其他保险利益条款有关的现金收入和现金支出项目，应作为经营活动的现金流量。

现金流量表的编制

20. 现金流量表应分别经营活动、投资活动和筹资活动报告企业的现金流量。

21. 现金流量一般应分别按现金流入和现金流出总额反映。但代客户收取或支付的现金以及周转快、金额大、期限短的项目的现金收入和现金支出，应以净额列示。

金融企业下列项目应以净额列示：

(1)短期贷款发放与收回的贷款本金；

(2)活期存款和存放同业款项的存取；

(3)同业存款和存放同业款项的存取；

(4)向其他金融企业拆借资金；

(5)委托存款与委托贷款。

(6)经营证券业务的企业，证券的买入与卖出。

22. 企业外币现金流量以及境外子公司的现金流量，应以现金流量发生日的汇率或平均汇率折算。汇率变动对现金的影响，应作为调节项目，在现金流量表中单独列示。

23. 有些特殊项目，如自然灾害损失、保险索赔等，应根据其性质，分别归并到前述现金流量类别中，并分别列示。

24. 企业应采用直接法报告经营活动的现金流量，即，通过现金收入和现金支出的主要类别反映来自企业经营活动的现金流量。

采用直接法时，有关经营活动现金流量的信息，可通过以下途径之一取得：V (1)企业的会计记录；

(2)根据以下项目对利润表中的营业收入、营业成本以及其他项目进行调整：

①当期存货及经营性应收和应付项目的变动；

②固定资产折旧、无形资产摊销等其他非现金项目；

③其现金影响属于投资或筹资活动现金流量的其他项目。

25. 企业还应在会计报表附注中披露将净利润调节为经营活动现金流量的信息。

对净利润进行调节的项目主要包括：

(1)资产损失准备；

(2)固定资产折旧；

(3)无形资产摊销；

(4)长期待摊费用摊销；

(5)待摊费用；

(6)预提费用；

(7)处置固定资产、无形资产和其他长期资产的损益；

(8)固定资产报废损失；

(9)财务费用；

(10)投资损益；

(11)递延税款；

(12)存货；

(13)经营性应收项目；

(14)经营性应付项目。

不涉及现金收支的投资和筹资活动

26. 对于不涉及当期现金收支，但影响企业财务状况或可能在未来影响企业现金流量的重大投资、筹资活动，也应在会计报表附注中加以说明，如企业以承担债务形式购置资产等。

附则

27. 本准则自2001年1月1日起施行。

企业会计准则——债务重组

引言

1. 本准则规范债务重组的会计核算和相关信息的披露。

定义

2. 本准则使用的下列术语，其定义为：

(1)债务重组，指债权人按照其与债务人达成的协议或法院的裁决同意债务人修改债务条件的事项。

(2)或有支出，指依未来某种事项出现而发生的支出。未来事项的出现具有不确定性。

(3)或有收益，指依未来某种事项出现而发生的收益。未来事项的出现具有不确定性。

(4)公允价值，指在公平交易中，熟悉情况的交易双方，自愿进行资产交换或债务清偿的金额。

债务重组方式

3.债务重组方式包括：

(1)以低于债务账面价值的现金清偿债务；

(2)以非现金资产清偿债务；

(3)债务转为资本；

(4)修改其他债务条件，如延长债务偿还期限、延长债务偿还期限并加收利息、延长债务偿还期限并减少债务本金或债务利息等；

(5)以上两种或两种以上方式的组合(以下简称"混合重组方式")。

债务人的会计处理

4.以低于债务账面价值的现金清偿某项债务的，债务人应将重组债务的账面价值与支付的现金之间的差额，确认为资本公积。

5.以非现金资产清偿某项债务的，债务人应将重组债务的账面价值与转让的非现金资产账面价值和相关税费之和的差额，确认为资本公积或当期损失。

6.以债务转为资本清偿某项债务的，债务人应将重组债务的账面价值与债权人因放弃债权而享有股权的份额之间的差额，确认为资本公积。

7.以修改其他债务条件进行债务重组的，如果重组债务的账面价值大于将来应付金额，债务人应将重组债务的账面价值减记至将来应付金额，减记的金额确认为资本公积；如果重组债务的账面价值等于或小于将来应付金额，债务人不作账务处理。

如果修改后的债务条款涉及或有支出的，债务人应将或有支出包括在将来应付金额中。或有支出实际发生时，应冲减重组后债务的帐面价值；结清债务时，或有支出如未发生，应将该或有支出的原估计金额确认为资本公积。

8.以混合重组方式进行债务重组的，债务人应分别以下情况处理：

(1)以现金、非现金资产方式的组合清偿某项债务的，债务人应先以支付的现金冲减重组债务的账面价值，再按第5条的规定进行处理。

(2)以现金、非现金资产、债务转为资本方式的组合清偿某项债务的，债务人应先以支付的现金、非现金资产的账面价值冲减重组债务的账面价值，再按第6条的规定进行处理。

(3)以现金、非现金资产、债务转为资本方式的组合清偿某项债务的一部分，并对该债务的另一部分以修改其他债务条件进行债务重组的，债务人应先以支付的现金、非现金资产的账面价值、债权人享有的股权的份额冲减重组债务的账面价值，再按第7条的规定处理。

债权人的会计处理

9.以低于债务账面价值的现金清偿某项债务的，债权人应将重组债权的账面价值与收到的现金之间的差额，确认为当期损失。

10.以非现金资产清偿某项债务的，债权人应按重组债权的账面价值作为受让的非现金资产的入账价值。

上述重组中，如果涉及多项非现金资产，债权人应按各项非现金资产的公允价值占非现金资产公允价值总额的比例，对重组债权的账面价值进行分配，以确定各项非现金资产的入账价值。

11.以债务转为资本清偿某项债务的，债权人应按重组债权的账面价值作为受让的股权的入账价值。

上述重组中，如果涉及多项股权，债权人应按各项股权的公允价值占股权公允价值总额的比例，对重组债权的账面价值进行分配，以确定各项股权的入账价值。

12.以修改其他债务条件进行债务重组的，如果重组债权的账面价值大于将来应收金额，债权人应将重组债权的账面价值减记至将来应收金额，减记的金额确认为当期损失；如果重组债权的账面价值等于或小于将来应收金额，债权人不作账务处理。

如果修改后的债务条款涉及或有收益的，债权人不应将或有收益包括在将来应收金额中；或有收益收到时，作为当期收益处理。

13.以混合重组方式进行债务重组的，债权人应分别以下情况处理：

(1)以现金、非现金资产方式的组合清偿某项债务的，债权人应先以收到的现金冲减重组债权的账面价值，再按第10条的规定进行处理。

(2)以现金、非现金资产、债务转为资本方式的组合清偿某项债务的，债权人应先以收到的现金冲减重组债权的帐面价值，再分别按受让的非现金资产和股权的公允价值占其公允价值总额的比例，对重组债权的账面价值减去收到的现金后的余额进行分配，以确定非现金资产、股权的入账价值。

上述重组中，如果涉及多项非现金资产、多项股权，应在按上款规定计算确定的各自入账价值范围内，分别按第10条第2款、第11条第2款的规定进行处理。

(3)以现金、非现金资产、债务转为资本方式的组合清偿某项债务的一部分，并对该债务的另一部分以修改其他债务条件进行债务重组的，债权人应将重组债权的账面价值减去收到的现金后的余额，先按第13条(2)的规定进行处理，再按第12条的规定进行处理。

披露

14.债务人应当披露下列与债务重组有关的信息：

(1)债务重组方式；

(2)因债务重组而确认的资本公积总额；

(3)将债务转为资本所导致的股本(实收资本)增加额；

(4)或有支出。

15.债权人应当披露下列与债务重组有关的信息：

(1)债务重组方式；

(2)债务重组损失总额；

(3)债权转为股权所导致的长期投资增加额及长期投资占债务人股权的比例

(4)或有收益。

衔接办法

16.对于本准则施行之日以前发生的债务重组，其会计处理方法与本准则规定的方法不同的，应予追溯调整。

附则

17.本准则自2001年1月1日起施行。

企业会计准则一固定资产

引言

1.本准则规范固定资产的会计核算和相关信息的披露。

2.本准则不涉及下列内容：

(1)企业合并中取得的固定资产的初始计量；

(2)经济林木和产役畜等与农业活动有关的生物资产。

定义

3. 本准则使用的下列术语；其定义为：

(1)固定资产，指同时具有以下特征的有形资产：

①为生产商品、提供劳务、出租或经营管理而持有的；

②使用年限超过一年；

③单位价值较高。

(2)使用寿命，指固定资产预期使用的期限。有些固定资产的使用寿命也可以用该资产所能生产的产品或提供的服务的数量来表示。

(3)折旧，指在固定资产的使用寿命内，按照确定的方法对应计折旧额进行的系统分摊。其中；应计折旧额；指应当计提折旧的固定资产的原价扣除其预计净残值后的余额，如果已对固定资产计提减值准备，还应当扣除已计提的固定资产减值准备累计金额。

确认

4.固定资产在同时满足以下两个条件时；才能加以确认：

(1)该固定资产包含的经济利益很可能流入企业；

(2)该固定资产的成本能够可靠地计量。

5.企业在对固定资产进行确认时，应当按照固定资产定义和确认条件；考虑企业的具体情形加以判断。

企业的环保设备和安全设备等资产，虽然不能直接为企业带来经济利益，却有助于企业从相关资产获得经济利益，也应当确认为固定资产，但这类资产与相关资产的账面价值之和不能超过这两类资产可收回金额总额。

6.固定资产的各组成部分；如果各自具有不同的使用寿命或者以不同的方式为企业提供经济利益，从而适用不同的折旧率或折旧方法的，应当单独确认为固定资产。

初始计量

7.固定资产应当按其成本入账。

8. 外购的固定资产的成本包括买价、增值税、进口关税等相关税费，以及为使固定资产达到预定可使用状态前所发生的可直接归属于该资产的其他支出，如场地整理费、运输费、装卸费、安装费和专业人员服务费等。

如果以一笔款项购入多项没有单独标价的固定资产，按各项固定资产公允价值的比例对总成本进行分配；分别确定各项固定资产的入账价值。

9.自行建造的固定资产，按建造该项资产达到预定可使用状态前所发生的必要支出，作为入账价值。

10. 融资租入的固定资产，其入账价值按《企业会计准则——租赁》的规定确定。

11. 非货币性交易中取得的固定资产，其入账价值按《企业会计准则——非货币性交易》的规定确定。

12. 投资者投入的固定资产，按投资各方确认的价值，作为入账价值。

13. 债务重组中取得的固定资产，其入账价值按《企业会计准则——债务重组》的规定确定。

14. 接受捐赠的固定资产，按以下规定确定其入账价值：

(1)捐赠方提供了有关凭据的，按凭据上标明的金额加上应当支付的相关税费，作为入账价值；

(2)捐赠方没有提供有关凭据的，按以下顺序确定其入账价值：

①同类或类似固定资产存在活跃市场的，按同类或类似固定资产的市场价格估计的金额，加上应当支付的相关税费，作为入账价值；

②同类或类似固定资产不存在活跃市场的，按接受捐赠的固定资产的预计未来现金流量现值，作为入账价值。

如接受捐赠的系旧的固定资产，按依据上述方法确定的新固定资产价值，减去按该项资产的新旧程度估计的价值损耗后的余额，作为入账价值。

15. 盘盈的固定资产，按以下规定确定其入账价值：

(1)同类或类似固定资产存在活跃市场的，按同类或类似固定资产的市场价格，减去按该项资产的新旧程度估计的价值损耗后的余额，作为入账价值。

(2)同类或类似固定资产不存在活跃市场的，按该项固定资产的预计未来现金流量现值，作为入账价值。

16. 应当计入固定资产成本的借款费用，按《企业会计准则——借款费用》的规定处理。

折旧

17. 除以下情况外，企业应对所有固定资产计提折旧：

(1)已提足折旧仍继续使用的固定资产；

(2)按规定单独估价作为固定资产入账的土地。

18. 企业应当根据固定资产的性质和使用情况，合理确定固定资产的使用寿命和预计净残值。除本准则第22条所列情况外，固定资产的使用寿命、预计净残值一经选定，不得随意调整。

19. 企业在确定固定资产的使用寿命时，主要应当考虑下列因素：

(1)该资产的预计生产能力或实物产量；

(2)该资产的有形损耗，如设备使用中发生磨损、房屋建筑物受到自然侵蚀等；

(3)该资产的无形损耗，如因新技术的出现而使现有的资产技术水平相对陈旧、市场需求变化使产品过时等；

(4)有关资产使用的法律或者类似的限制。

20. 企业应当根据固定资产所含经济利益预期实现方式选择折旧方法，可选用的折旧方法包括年限平均法、工作量法、双倍余额递减法或者年数总和法。除本准则第九条所列情况外，折旧方法一经选定，不得随意调整。

21. 固定资产应当按月计提折旧，并根据用途分别计入相关资产的成本或当期费用。

企业在实际计提固定资产折旧时，当月增加的固定资产，当月不提折旧，从下月起计提折旧；当月减少的固定资产，当月仍提折旧，从下月起停止计提折旧。

22. 企业应当定期对固定资产的使用寿命进行复核。如果固定资产使用寿命的预期数与原先的估计数有重大差异，则应当相应调整固定资产折旧年限。

23. 企业应当定期对固定资产的折旧方法进行复核。如果固定资产包含的经济利益的预期实现方式有重大改变，则应当相应改变固定资产折旧方法。

后续支出

24. 与固定资产有关的后续支出，如果使可能流入企业的经济利益超过了原先的估计，如延长了固定资产的使用寿命，或者使产品质量实质性提高，或者使产品成本实质性降低，则应当计入固定资产账面价值，其增计金额不应超过该固定资产的可收回金额。

25. 根据本准则第24条规定应计入固定资产账面价值以外的后续支出，应当确认为费用。

减值

26. 固定资产的减值是指，固定资产的可收回金额低于其账面价值。

本准则所称可收回金额，是指资产的销售净价与预期从该资产的持续使用和使用寿命结束时的处置中形成的现金流量的现值两者之中的较高者。其中，销售净价是指，资产的销售价格减去处置资产所发生的相关税费后的余额。

27. 企业应当于期末对固定资产进行检查，如发现存在下列情况，应当计算固定资产的可收回金额，以确定资产是否已经发生减值：

(1)固定资产市价大幅度下跌，其跌幅大大高于因时间推移或正常使用而预计的下跌，并且预计在近期内不可能恢复；

(2)企业所处经营环境，如技术、市场、经济或法律环境，或者产品营销市场在当期发生或在近期发生重大变化，并对企业产生负面影响；

(3)同期市场利率等大幅度提高，进而很可能影响企业计算固定资产可收回金额的折现率，并导致固定资产可收回金额大幅度降低；

(4)固定资产陈旧过时或发生实体损坏等；

(5)固定资产预计使用方式发生重大不利变化，如企业计划终止或重组该资产所属的经营业务、提前处置资产等情形，从而对企业产生负面影响；

(6)其他有可能表明资产已发生减值的情况。

28. 如果固定资产的可收回金额低于其账面价值，企业应当按可收回金额低于账面价值的差额计提固定资产减值准备，并计入当期损益。

29. 已计提减值准备的固定资产，应当按照该固定资产的账面价值以及尚可使用寿命重新计算确定折旧率和折旧额；如果已计提减值准备的固定资产价值又得以恢复，应当按照固定资产价值恢复后的账面价值，以及尚可使用寿命重新计算确定折旧率和折旧额。因固定资产减值准备而调整固定资产折旧额时，对此前已计提的累计折旧不作调整。

30. 如果有迹象表明以前期间据以计提固定资产减值的各种因素发生变化，使得固定资产的可收回金额大于其账面价值，则以前期间已计提的减值损失应当转回，但转回的金额不应超过原已计提的固定资产减值准备。

处置

31. 企业发生固定资产出售、转让、报废或毁损时，应当将处置收入扣除其账面价值和相关税费后的差额计入当期损益。

32. 售后租回固定资产，按《企业会计准则——租赁》的规定进行会计处理。

披露

33. 企业应当披露下列与固定资产有关的信息：

(1)固定资产的标准、分类、计价方法和折旧方法；

(2)各类固定资产的使用寿命、预计净残值和折旧率；

(3)固定资产增减变动情况，包括期初和期末各类固定资产账面总金额及累计折旧总额，以及各类扩建、处置及其他调节项目的金额；

(4)当期确认的固定资产减值损失及当期转回的固定资产减值损失；

(5)在建工程的期初、期末数额及增减变动情况；

(6)对固定资产所有权的限制及其金额；

(7)已承诺将为购买固定资产支付的金额；

(8)暂时闲置的固定资产账面价值；

(9)已提足折旧仍继续使用的固定资产账面价值；

(10)已退废和准备处置的固定资产账面价值。

衔接办法

34. 对于本准则施行之日以前取得的固定资产，除减值准备的提取应当追溯调整外，其余不作追溯调整。

附则

35. 本准则自2002年1月1日起施行。

附件二：

企业会计准则——存货

引言

1. 本准则规范存货的会计核算和相关信息的披露。

2. 本准则不涉及：

(1)因建造合同而形成的在建工程；

(2)农业企业收获的农产品和采掘企业开采的矿产品；

(3)牲畜等与农业活动有关的生物资产；

(4)企业合并中取得的存货的初始计量。

定义

3.本准则使用的下列术语,其定义为:

(1)存货,指企业在正常生产经营过程中持有以备出售的产成品或商品,或者为了出售仍然处在生产过程中的在产品,或者将在生产过程或提供劳务过程中耗用的材料、物料等。

(2)可变现净值,指在正常生产经营过程中,以存货的估计售价减去至完工估计将要发生的成本、估计的销售费用以及相关税金后的金额。

(3)制造费用;指企业为生产产品和提供劳务而发生的各项间接费用。

确认

4.存货在同时满足以下两个条件时;才能加以确认:

(1)该存货包含的经济利益很可能流入企业;

(2)该存货的成本能够可靠地计量。

初始计量

5.存货应当以其成本入账、存货成本包括采购成本、加工成本和其他成本。

采购成本

6.存货的采购成本一般包括采购价格、进口关税和其他税金、运输费、装卸费、保险费以及其他可直接归属于存货采购的费用。

商品流通企业存货的采购成本包括采购价格、进口关税和其他税金等。

加工成本

7.存货的加工成本包括直接人工以及按照一定方法分配的制造费用。

8.企业应当根据制造费用的性质,合理选择分配方法。

可选用的分配方法通常有按生产工人工资、按生产工人工时、按机器工时、按耗用原材料的数量或成本、按直接成本(原材料、燃料、动力、生产工人工资及福利费之和)、按产成品产量等。

9.在同一生产过程中,如果同时生产两种或两种以上的产品,如联产品、主产品和副产品,并且每种产品的加工成本不能直接区分,则这些加工成本应当按照合理的方法在各种产品之间进行分配。联产品的加工成本可选用的分配方法通常有售价法、实物数量法等。在分配主产品和副产品的加工成本时,通常先确定副产品的加工成本,将其差额确定为主产品的加工成本。

其他成本

10.其他成本是指除采购成本、加工成本以外的,使存货达到目前场所和状态所发生的其他支出,如为特定客户设计产品所发生的设计费用等。

11.下列费用不应当包括在存货成本中;而应当在其发生时确认为当期费用:

(1)非正常消耗的直接材料、直接人工及制造费用;

(2)仓储费用(不包括在生产过程中为达到下一个生产阶段所必需的仓储费用);

(3)商品流通企业在采购过程中发生的运输费、装卸费、保险费、包装费、仓储费等费用。

其他方式取得的存货的成本

12.通过非货币性交易换人的存货的成本,应当按照《企业会计准则——非货币性交易》的规定确定。

13.投资者投入的存货的成本;应当按照投资各方确认的价值确定。

14.通过债务重组取得的存货的成本;应当按照《企业会计准则——债务重组》的规定确定。

15.接受捐赠的存货的成本,应当分别以下情况确定:

(1)捐赠方提供了有关凭据的,按凭据上标明的金额加上应支付的相关税费确定;

(2)捐赠方没有提供有关凭据的,应当参照同类或类似存货的市场价格估计的金额,加上应支付的相关税费确定。

16.盘盈的存货的成本,应当按照同类或类似存货的市场价格确定。

发出存货成本的确定

17.企业应当根据各类存货的实际情况,确定发出存货的实际成本,可以采用的方法有个别计价法、先进先出法、加权平均法、移动平均法和后进先出法等。对于不能替代使用的存货,以及为特定项目专门购入或制造的存货,一般应当采用个别计价法确定发出存货的成本。

期末计量

18.存货在会计期末应当按照成本与可变现净值孰低计量。

19.企业在确定存货的可变现净值时,应当以取得的可靠证据为基础,并且考虑持有存货的目的、资产负债表日后事项的影响等因素。

20.用于生产而持有的材料等,如果用其生产的产成品的可变现净值高于成本,则该材料仍然应当按成本计量;如果材料价格的下降表明产成品的可变现净值低于成本。则该材料应当按可变现净值计量。

21.为执行销售合同或者劳务合同而持有的存货,通常应当以合同价格作为其可变现净值的计量基础;如果企业持有存货的数量多于销售合同订购数量,超出部分的存货可变现净值应当以一般销售价格为计量基础。用于出售的材料等,应当以市场价格作为其可变现净值的计量基础。

22.存货跌价准备应当按单个存货项目计提;在某些情况下,比如,与具有类似目的或最终用途并在同一地区生产和销售的产品系列相关,且难以将其与该产品系列的其他项目区别开来进行估价的存货,可以合并计提;对于数量繁多、单价较低的存货,也可以按存货类别计提。

23.企业每期都应当重新确定存货的可变现净值。如果以前减记存货价值的影响因素已经消失;则减记的金额应当予以恢复,并在原已计提的存货跌价准备的金额内转回,转回的金额应当减少计提的存货跌价准备。

存货成本的结转

24.已售存货的账面价值应当在确认其相关收入的当期确认为费用。

25.将存货减记至可变现净值而形成的减记金额,应当在减记的当期确认为费用。

26.企业应当采用系统合理的方法对低值易耗品和包装物进行摊销;计入成本费用。可选用的方法有一次转销法、五五摊销法等。

27.盘亏或毁损的存货所造成的损失,应当在发生的当期计入损益。

披露

28.企业应当披露下列与存货有关的信息:

(1)材料、在产品、产成品等类存货的当期期初和期末账面价值及总额;

(2)当期计提的存货跌价准备和当期转回的存货跌价准备;

(3)存货取得的方式以及低值易耗品和包装物的摊销方法;

(4)存货跌价准备的计提方法;

(5)确定存货可变现净值的依据;

(6)确定发出存货的成本所采用的方法

(7)用于债务担保的存货的账面价值;

(8)采用后进先出法确定的发出存货的成本与采用先进先出法、加权平均法或移动平均法确定的发出存货的成本的差异;

(9)当期确认为费用的存货成本,如主营业务成本等。

衔接办法

29.对于本准则施行之日以前取得的存货,除跌价准备的提取应当追溯调整外;其余不作追溯调整。

附则

30.本准则自2002年1月1日起施行。

企业会计准则——中期财务报告

引言

1.本准则规范中期财务报告的内容和编制中期财务报告应当遵循的确认与计量原则。

定义

2.本准则使用的下列术语,其定义为:

(1)中期,指短于一个完整的会计年度的报告期间。

(2)中期财务报告,指以中期为基础编制的财务报告。

重要性

3.企业在确认、计量和披露在中期财务报告中列报的各会计报表项目时,应当遵循重要性原则。在判断项目的重要性程度时,应当以中期财务数据为基础,不应以预计的年度财务数据为基础;而且,与年度财务数据相比,中期会计计量可在更大程度上依赖于估计。企业应当保证所提供的中期财务报告包括了与理解企业中期期末财务状况和中期经营成果及其现金流量相关的信息。

中期财务报告的内容

4.中期财务报告至少应当包括以下组成部分:

(1)资产负债表;
(2)利润表;
(3)现金流量表;
(4)会计报表附注。

5. 在中期财务报告中根据本准则第4条的要求所提供的资产负债表、利润表和现金流量表应当是完整的会计报表,其格式和内容应当与上年度会计报表相一致。如果法律、行政法规或者规章(如当年新施行的会计准则)对当年度会计报表的格式和内容进行了修改,则中期会计报表应当按照修改后的报表格式和内容编制,与此同时,根据本准则第7条的要求在中期财务报告中提供的上年度比较会计报表的格式和内容也应当作相应调整。

6. 如果企业在上年度财务报告中编制的是合并会计报表,则企业在中期期末也应当编制合并会计报表;如果企业在上年度财务报告中还包括母公司会计报表,则企业在中期财务报告中也应当提供母公司会计报表。如果企业上年度财务报告中既包括了合并会计报表,也包括了母公司会计报表,但是在报告中期内,企业处置了所有纳入上年度合并会计报表编制范围的子公司,则企业在中期财务报告中只需要提供母公司会计报表,但是根据本准则第7条要求提供的上年度比较会计报表应当包括合并会计报表,除非上年度可比中期的财务报告没有提供合并会计报表。

7. 在中期财务报告中,企业应当提供以下比较会计报表:
(1)本中期末的资产负债表和上年度末的资产负债表;
(2)本中期的利润表、年初至本中期末的利润表以及上年度可比期间的利润表(其中上年度可比期间的利润表是指上年度可比本中期的利润表和上年度年初至可比本中期末的利润表);
(3)年初至本中期末的现金流量表和上年度年初至可比本中期末的现金流量表。

企业如果在中期对会计报表项目进行了调整或者修订,那么在中期财务报告中所提供的上年度比较会计报表项目的有关金额就应当按照本年度中期会计报表的要求予以重新分类,并在会计报表附注中说明会计报表项目金额重新分类的原因及其内容。如果企业无法对比较会计报表中的有关金额进行重新分类,企业应当在中期会计报表附注中说明不能进行重新分类的原因。

8. 中期会计报表附注应当以"年初至本中期末"为基础编制,重点披露自上年度资产负债表日之后发生的,有助于理解企业财务状况、经营成果和现金流量变化情况的重要事项或者交易。同时,对于理解本中期财务状况、经营成果和现金流量有关的重要事项或者交易,也应当在中期会计报表附注中予以披露。中期会计报表附注至少应当包括下列信息:
(1)中期会计报表所采用的会计政策与上年度会计报表相一致的说明。如果发生了会计政策的变更,应当说明会计政策变更的内容、理由及其影响数;如果会计政策变更的累积影响数不能合理确定,应当说明理由;
(2)会计估计变更的内容、理由及其影响数;如果影响数不能确定,应当说明理由;
(3)重大会计差错的内容及其更正金额;
(4)企业经营的季节性或者周期性特征;
(5)存在控制关系的关联企业发生变化的情况;关联方之间发生交易的,应当披露关联方关系的性质、交易的类型和交易要素;
(6)合并会计报表的合并范围发生变化的情况;
(7)对性质特别或者金额异常的会计报表项目的说明;
(8)债务性证券和权益性证券的发行、回购和偿还情况;
(9)向企业所有者分配利润的情况(包括在中期内实施的利润分配和已提出或者已批准但尚未实施的利润分配情况),包括向所有者分配的利润总额和每股股利;
(10)业务分部和地区分部的分部收入与分部利润(亏损);
(11)中期资产负债表日至中期财务报告批准报出日之间发生的非调整事项;
(12)上年度资产负债表日以后所发生的或有负债和或有资产的变化情况;
(13)企业结构变化情况的说明,比如企业合并和重组,对被投资单位具有重大影响、共同控制关系或者控制关系的长期股权投资的购买或者处置,终止营业等;
(14)其他重大交易或者事项,如重大的长期资产转让及其出售情况、重大的固定资产和无形资产取得情况、重大的研究和开发支出、重大的非货币性交易事项、重大的债务重组事项、重大的资产减值损失及其减值损失的转回情况等。

当企业在提供本条(5)、(10)项有关关联方交易以及分部收入与分部利润(亏损)信息时,应当同时提供本中期(或者本中期末)和本年度年初至本中期末的数据,以及上年度可比本中期(或者可比期末)和可比年初至本中期末的比较数据。

在年度会计报表中的披露

9. 在同一会计年度内,如果以前中期财务报告中所披露的会计估计在最后一个中期发生了重大变更,而企业又不单独披露该最后中期的财务报告,则企业应当在其年度会计报表附注中披露该项会计估计变更的内容、理由及其影响金额。

确认和计量

采用与年度会计报表相一致的会计政策

10. 企业应当在中期会计报表中采用与年度会计报表相一致的会计政策。如果在上年度资产负债表日之后发生了会计政策变更,且该变更了的会计政策将在本年度会计报表中采用,则中期会计报表应当采用该变更了的会计政策,并应当按照本准则第15条的规定进行处理。

11. 企业财务报告的频率不应当影响其年度结果的计量,因此,中期会计计量应当以年初至本中期末为基础。如果会计年度内以前中期的会计报表项目在以后中期发生了会计估计变更,则在以后中期会计报表中应当反映这种会计估计变更的金额,但对以前中期财务报告中已经反映的金额不再作调整,同时,企业还应当按照本准则第8条(2)项或者第9条的要求予以披露。

季节性、周期性或者偶然性取得的收入

12. 对于季节性、周期性或者偶然性取得的收入,除了在会计年度末允许预计或者递延的之外,企业都应当在发生时予以确认和计量,不应当在中期会计报表中预计或者递延。

会计年度中不均匀发生的费用

13. 对于会计年度中不均匀发生的费用,除了在会计年度末允许预提或者待摊的之外,企业都应当在发生时予以确认和计量,不应当在中期会计报表中预提或者待摊。

会计估计的应用

14. 企业在中期进行会计计量时,应当保证所提供的会计信息是可靠的,而且与理解企业财务状况、经营成果和现金流量相关的所有重要财务信息都能够得到恰当的披露。同时,在中期财务报告中的计量和年度财务报告一样,都应当基于合理的估计,但是,在编制中期财务报告时,一般需要比年度财务报告应用更多的会计估计。

中期会计政策变更的处理

15. 企业在中期如果发生了会计政策的变更,应当按照《企业会计准则——会计政策、会计估计变更和会计差错更正》的规定处理,并按照本准则第8条(1)项的规定在会计报表附注中作相应披露。其中,在会计政策变更的累积影响数能够合理确定的情况下,除非国家规定了相关的会计处理方法,企业应当对根据本准则第7条要求提供的以前年度比较会计报表最早期间的期初留存收益和这些会计报表其他相关项目的数字进行追溯调整;同时,涉及到本会计年度内会计政策变更以前中期会计报表相关项目数字的,也应当予以追溯调整,视同该会计政策在整个会计年度和可比会计报表期间一贯采用。

衔接办法

16. 对于首次按照本准则编制中期财务报告的企业,如果该企业在以前年度没有编制可比中期(包括可比本中期和可比年初至本中期末)的会计报表,则在该企业首次采用本准则的年度所提供的中期财务报告中,可以不提供上年度可比中期的会计报表;如果该企业在以前年度编制了可比中期的会计报表,则在该企业首次采用本准则的年度所提供的中期财务报告中,应当提供上年度可比中期的会计报表,而且如果上年度可比中期会计报表所采用的会计政策与本准则不相符的,还应当作追溯调整。从按照本准则编制中期财务报告的第二年起,应当提供本准则规定的所有可比中期的会计报表。在企业根据本准则编制中期财务报告时,披露的其他信息涉及到需要提供上年度比较数字的,亦按照上述原则处理。

附则

17. 本准则自2002年1月1日起施行。

企业会计准则——借款费用

引 言

1. 本准则规范借款费用的会计核算和相关信息的披露。
2. 本准则不涉及:
(1)与融资租赁有关的融资费用;

(2)房地产商品开发过程中发生的借款费用。

定 义

3.本准则使用的下列术语,其定义为:

(1)借款费用,指企业因借款而发生的利息、折价或溢价的摊销和辅助费用,以及因外币借款而发生的汇兑差额。

(2)专门借款,指为购建固定资产而专门借入的款项。

确 认

4.因专门借款而发生的利息、折价或溢价的摊销和汇兑差额,在符合本准则规定的资本化条件的情况下,应当予以资本化,计入该项资产的成本;其他的借款利息、折价或溢价的摊销和汇兑差额,应当于发生当期确认为费用。

5.因安排专门借款而发生的辅助费用,属于在所购建固定资产达到预定可使用状态之前发生的,应当在发生时予以资本化;以后发生的辅助费用应当于发生当期确认为费用。如果辅助费用的金额较小,也可以于发生当期确认为费用。

因安排其他借款而发生的辅助费用应当于发生当期确认为费用。

开始资本化

6.以下三个条件同时具备时,因专门借款而发生的利息、折价或溢价的摊销和汇兑差额应当开始资本化:

(1)资产支出已经发生;

(2)借款费用已经发生;

(3)为使资产达到预定可使用状态所必要的购建活动已经开始。

7.资产支出只包括为购建固定资产而以支付现金、转移非现金资产或者承担带息债务形式发生的支出。

资本化金额的确定

8.在应予资本化的每一会计期间,利息的资本化金额按如下公式计算:

每一会计期间利息的资本化金额=至当期末止购建固定资产累计支出加权平均数×资本化率

9.累计支出加权平均数按如下公式计算:

累计支出加权平均数=[每笔资产支出金额×每笔资产支出实际占用的天数/会计期间涵盖的天数]

为简化计算,也可以以月数作为计算累计支出加权平均数的权数。

10.资本化率按下列原则确定:

(1)为购建固定资产只借入一笔专门借款,资本化率为该项借款的利率;

(2)为购建固定资产借入一笔以上的专门借款,资本化率为这些借款的加权平均利率。加权平均利率按如下公式计算:

加权平均利率=专门借款当期实际发生的利息之和/专门借款本金加权平均数×100%

其中,"专门借款本金加权平均数"按如下公式计算:

专门借款本金加权平均数=[每笔专门借款本金×每笔借款实际占用的天数/会计期间涵盖的天数]

为简化计算,也可以以月数作为计算专门借款本金加权平均数的权数。

11.如果专门借款存在折价或溢价,还应当将每期应摊销的折价或溢价金额作为利息的调整额,对资本化率作相应调整。折价或溢价的摊销,可以采用实际利率法,也可以采用直线法。

12.在应予资本化的每一会计期间,利息和折价或溢价摊销的资本化金额,不得超过当期专门借款实际发生的利息和折价或溢价的摊销金额。

13.如果专门借款为外币借款,则在应予资本化的每一会计期间,汇兑差额的资本化金额为当期外币专门借款本金及利息所发生的汇兑差额。

暂停资本化

14.如果固定资产的购建活动发生非正常中断,并且中断时间连续超过3个月,应当暂停借款费用的资本化,将其确认为当期费用,直至资产的购建活动重新开始。但如果中断是使购建的固定资产达到预定可使用状态所必要的程序,则借款费用的资本化应当继续进行。

停止资本化

15.当所购建的固定资产达到预定可使用状态时,应当停止其借款费用的资本化;以后发生的借款费用应当于发生当期确认为费用。

16.所购建固定资产达到预定可使用状态是指,资产已经达到购买方或建造方预定的可使用状态。具体可从以下几个方面进行判断:

(1)固定资产的实体建造(包括安装)工作已经全部完成或者实质上已经完成;

(2)所购建的固定资产与设计要求或合同要求相符或基本相符,即使有极个别与设计或合同要求不相符的地方,也不影响其正常使用;

(3)继续发生在所购建固定资产上的支出金额很少或几乎不再发生。

如果所购建固定资产需要试生产或试运行,则在试生产结果表明资产能够正常生产出合格产品时,或 试运行结果表明能够正常运转或营业时,就应当认为资产已经达到预定可使用状态。

17.如果所购建固定资产的各部分分别完工,每部分在其他部分继续建造过程中可供使用,并且为使该部分资产达到预定可使用状态所必要的购建活动实质上已经完成,则应当停止该部分资产的借款费用资本化。如果所购建固定资产的各部分分别完工,但必须等到整体完工后才可使用,则应当在该资产整体完工

时停止借款费用的资本化。

披露

18.企业应当披露下列与借款费用有关的信息:

(1)当期资本化的借款费用金额;

(2)当期用于确定资本化金额的资本化率。衔接办法

19.对于本准则施行之日以前企业已经发生的借款费用,所采用的借款费用会计处理方法与本准则规定的方法不同的,不作追溯调整;对于本准则施行之日以后发生的借款费用,应当按照本准则的规定进行会计处理。

附则

20.本准则自2001年1月1日起施行。

企业会计准则——租赁

引 言

1.本准则规范承租人和出租人对融资租赁和经营租赁的会计核算和相关信息的披露。

2.本准则不涉及:

(1)开采或使用石油、天然气、林木、金属及其他矿产等自然资源的租赁协议;

(2)土地使用权的租赁协议;

(3)电影、录像、剧本、文稿、专刊和版权等项目的许可使用协议。

定 义

3.本准则所使用的下列术语,其定义为:

(1)租赁,指在约定的时期内,出租人将资产使用权让与承租人以获取租金的协议。

(2)租赁期,指租赁合同规定的不可撤销的租赁期间。

如果承租人有权选择继续租赁该资产,而且在租赁开始日就可以合理确定承租人将会行使这种选择权,则不论是否再支付租金,续租期应当包括在租赁期内;如果租赁合同规定承租人享有优惠购买选择权,而且在租赁开始日就可以合理确定承租人将会行使这种选择权,则租赁期最长不得超过自租赁开始日起至优惠购买选择权行使之日止的期间。

(3)不可撤销租赁,指只在以下一种或数种情况下可撤销的租赁:

1 发生某些很少会出现的或有事项;

2 经出租人同意;

3 承租人与原出租人就同一资产或同类资产签订了新的租赁合同;

4 承租人支付了一笔足够大的额外款项。

(4)担保余值,就承租人而言,是指由承租人或与其有关的第三方担保的资产余值;就出租人而言,是指就承租人而言的担保余值加上独立于承租人和出租人、但在财务上有能力担保的第三方担保的资产余值。其中,资产余值是指在租赁开始日估计的租赁期届满时租赁资产的公允价值。

(5)未担保余值,指租赁资产余值中扣除就出租人而言的担保余值以后的资产余值。

租赁的分类

4.承租人和出租人应当在租赁开始日将租赁分为融资租赁和经营租赁。

企业应当将起租日作为租赁开始日。但是,在售后租回交易下,租赁开始日是指买主(即出租人)向卖主(即承租人)支付第一笔款项之日。

5. 融资租赁是指实质上转移了与资产所有权有关的全部风险和报酬的租赁。所有权最终可能转移,也可能不转移。上述与资产所有权有关的风险是指,由于经营情况变化造成相关收益的变动,以及由于资产闲置、技术陈旧等造成的损失等;与资产所有权有关的报酬是指,在资产可使用年限内直接使用资产而获得的经济利益、资产增值,以及处置资产所实现的收益等。

6. 经营租赁是指除融资租赁以外的其他租赁。

7. 企业在对租赁进行分类时,应当全面考虑租赁期届满时租赁资产所有权是否转移给承租人、承租人是否有购买租赁资产的选择权、租赁期占租赁资产尚可使用年限的比例等各种因素。满足以下一项或数项标准的租赁,应当认定为融资租赁:

(1)在租赁期届满时,租赁资产的所有权转移给承租人。

(2)承租人有购买租赁资产的选择权,所订立的购价预计将远低于行使选择权时租赁资产的公允价值,因而在租赁开始日就可以合理确定承租人将会行使这种选择权。

(3)租赁期占租赁资产尚可使用年限的大部分。但是,如果租赁资产在开始租赁前已使用年限超过该资产全新时可使用年限的大部分,则该项标准不适用。

(4)就承租人而言,租赁开始日最低租赁付款额的现值几乎相当于租赁开始日租赁资产原账面价值;就出租人而言,租赁开始日最低租赁收款额的现值几乎相当于租赁开始日租赁资产原账面价值。但是,如果租赁资产在开始租赁前已使用年限超过该资产全新时可使用年限的大部分,则该项标准不适用。

本准则所称最低租赁付款额是指,在租赁期内,承租人应支付或可能被要求支付的各种款项(不包括或有租金和履约成本),加上由承租人或与其有关的第三方担保的资产余值。但是,如果承租人有购买租赁资产的选择权,所订立的购价预计将远低于行使选择权时租赁资产的公允价值,因而在租赁开始日就可以合理确定承租人将会行使这种选择权,则购买价格也应当包括在内。或有租金是指,金额不固定、以时间长短以外的其他因素(如销售百分比、使用量、物价指数等)为依据计算的租金。履约成本是指,在租赁期内为租赁资产支付的各种使用成本,如技术咨询和服务费、人员培训费、维修费、保险费等。

本准则所称最低租赁收款额是指,最低租赁付款额加上独立于承租人和出租人、但在财务上有能力担保的第三方对出租人担保的资产余值。

(5)租赁资产性质特殊,如果不作较大修整,只有承租人才能使用。

承租人的会计处理

融资租赁

8. 在租赁开始日,承租人通常应当将租赁开始日租赁资产原账面价值与最低租赁付款额的现值两者中较低者作为租入资产的入账价值,将最低租赁付款额作为长期应付款的入账价值,并将两者的差额记录为未确认融资费用。但是如果该项租赁资产占企业资产总额的比例不大,承租人在租赁开始日可按最低租赁付款额记录租入资产和长期应付款。

9. 承租人在计算最低租赁付款额的现值时,如果知悉出租人的租赁内含利率,应当采用出租人的租赁内含利率作为折现率;否则,应当采用租赁合同规定的利率作为折现率。如果出租人的租赁内含利率和租赁合同规定的利率均无法知悉,应当采用同期银行贷款利率作为折现率。上述租赁内含利率是指,在租赁开始日,使最低租赁收款额的现值与未担保余值的现值之和等于租赁资产原账面价值的折现率。

10. 在租赁谈判和签订租赁合同过程中承租人发生的、可直接归属于租赁项目的初始直接费用,如印花税、佣金、律师费、差旅费等,应当确认为当期费用。

11. 未确认融资费用应当在租赁期内各个期间进行分摊。

12. 承租人分摊未确认融资费用时,可以采用实际利率法,也可以采用直线法、年数总和法等。

13. 计提租赁资产折旧时,承租人应当采用与自有应折旧资产相一致的折旧政策。能够合理确定租赁期届满时将会取得租赁资产所有权的,应当在租赁资产尚可使用年限内计提折旧;无法合理确定租赁期届满时能够取得租赁资产所有权的,应当在租赁期与租赁资产尚可使用年限两者中较短的期间内计提折旧。

14. 或有租金应当在实际发生时确认为当期费用。

15. 承租人应当对融资租赁作如下披露:

(1)每类租入资产在资产负债表日的账面原值、累计折旧及账面净值;

(2)资产负债表日后连续三个会计年度每年将支付的最低租赁付款额,以及以后年度将支付的最低租赁付款额总额;

(3)未确认融资费用的余额;

(4)分摊未确认融资费用所采用的方法。

经营租赁

16. 经营租赁的租金应当在租赁期内的各个期间按直线法确认为费用;如果其它方法更合理,也可以采用其它方法。

17. 承租人发生的初始直接费用,应当确认为当期费用。

18. 或有租金应当在实际发生时确认为当期费用。

19. 承租人应当对重大的经营租赁作如下披露:

(1)资产负债表日后连续三个会计年度每年将支付的不可撤销经营租赁的最低租赁付款额;

(2)以后年度将支付的不可撤销经营租赁的最低租赁付款额总额。

出租人的会计处理

融资租赁

20. 在租赁开始日,出租人应当将租赁开始日最低租赁收款额作为应收融资租赁款的入账价值,并同时记录未担保余值,将最低租赁收款额与未担保余值之和与其现值之和的差额记录为未实现融资收益。

21. 在租赁谈判和签订租赁合同过程中出租人发生的、可直接归属于租赁项目的初始直接费用,如印花税、佣金、律师费、差旅费等,应当确认为当期费用。

22. 未实现融资收益应当在租赁期内各个期间进行分配。

23. 出租人应当采用实际利率法计算当期应当确认的融资收入;在与按实际利率法计算的结果无重大差异的情况下,也可以采用直线法、年数总和法等。

24. 超过一个租金支付期未收到的租金,应当停止确认融资收入,其已确认的融资收入,应予冲回,转作表外核算。在实际收到租金时,将租金中所含融资收入确认为当期收入。

25. 出租人应当根据承租人的财务及经营管理情况,以及租金的逾期期限等因素,分析应收融资租赁款的风险程度和回收的可能性,对应收融资租赁款减去未实现融资收益的差额部分合理计提坏账准备。

26. 出租人应当定期对未担保余值进行检查,至少于每年年末检查一次。如有证据表明未担保余值已经减少,应当重新计算租赁内含利率,并将由此而引起的租赁投资净额的减少确认为当期损失,以后各期根据修正后的租赁投资净额和重新计算的租赁内含利率确定应确认的融资收入。如已确认损失的未担保余值得以恢复,应当在原已确认的损失金额内转回,并重新计算租赁内含利率,以后各期根据修正后的租赁投资净额和重新计算的租赁内含利率确定应确认的融资收入。未担保余值增加时,不作任何调整。其中,租赁投资净额是指,融资租赁中最低租赁收款额与未担保余值之和与未实现融资收益之间的差额。

27. 或有租金应当在实际发生时确认为当期收入。

28. 出租人应当对融资租赁作如下披露:

(1)资产负债表日后连续三个会计年度每年将收到的最低租赁收款额,以及以后年度将收到的最低租赁收款额总额;

(2)未实现融资收益的余额;

(3)分摊未实现融资收益所采用的方法。

经营租赁

29. 出租人应当按资产的性质,将用作经营租赁的资产包括在资产负债表上的相关项目内。

30. 经营租赁的租金应当在租赁期内的各个期间按直线法确认为收入;如果其它方法更合理,也可以采用其它方法。

31. 出租人发生的初始直接费用,应当确认为当期费用。

32. 对于经营租赁资产中的固定资产,应当采用出租人对类似应折旧资产通常所采用的折旧政策计提折旧;对于其它经营租赁资产,应当采用合理的方法进行摊销。

33. 或有租金应当在实际发生时确认为当期收入。

34. 出租人应当披露每类租出资产在资产负债表日的账面价值。

售后租回交易

35. 承租人和出租人应当根据本准则第 4 至 7 条的规定,将售后租回交易认定为融资租赁或经营租赁。

36. 如果售后租回交易形成一项融资租赁,售价与资产账面价值之间的差额应予递延,并按该项租赁资产的折旧进度进行分摊,作为折旧费用的调整;并根据本准则第 8 至 14 条、第 20 至 27 条的规定进行会计处理。

37. 如果售后租回交易形成一项经营租赁，售价与资产账面价值之间的差额应予递延，并在租赁期内按照租金支付比例分摊；并根据本准则第 16 条至 18 条、第 29 条至 33 条的规定进行会计处理。

38. 承租人和出租人除应当按照本准则第 15 条、第 19 条、第 28 条和第 34 条的规定进行披露外，还应当对售后租回合同中的特殊条款作出披露。

衔接办法

39. 对于本准则施行之日以前企业已经发生的租赁业务，其会计处理与本准则第 24 条和第 25 条的规定不同的，应予追溯调整，其余的不作追溯调整；对于本准则施行之日以后发生的租赁业务，则应当按照本准则的规定进行会计处理。

附 则

40. 本准则自 2001 年 1 月 1 日起施行。

《企业会计准则——存货》

引言

1. 本准则规范存货的会计核算和相关信息的披露。

2. 本准则不涉及：(1)因建造合同而形成的在建工程；(2)农业企业收获的农产品和采掘企业开采的矿产品；(3)牲畜等与农业活动有关的生物资产；(4)企业合并中取得的存货的初始计量。

定义

3. 本准则使用的下列术语，其定义为：(1)存货，指企业在正常生产经营过程中持有以备出售的产成品或商品，或者为了出售仍然处在生产过程中的在产品，或者将在生产过程或提供劳务过程中耗用的材料、物料等。(2)可变现净值，指在正常生产经营过程中，以存货的估计售价减去至完工估计将要发生的成本、估计的销售费用以及相关税金后的金额。(3)制造费用，指企业为生产产品和提供劳务而发生的各项间接费用。

确认

4. 存货在同时满足以下两个条件时，才能加以确认：

(1)该存货包含的经济利益很可能流入企业；

(2)该存货的成本能够可靠地计量。

初始计量

5. 存货应当以其成本入账。存货成本包括采购成本、加工成本和其他成本。

采购成本

6. 存货的采购成本一般包括采购价格、进口关税和其他税金、运输费、装卸费、保险费以及其他可直接归属于存货采购的费用。商品流通企业存货的采购成本包括采购价格、进口关税和其他税金等。

加工成本

7. 存货的加工成本包括直接人工以及按照一定方法分配的制造费用。

8. 企业应当根据制造费用的性质，合理选择分配方法。可选用的分配方法通常有按生产工人工资

按生产工人工时、按机器工时、按耗用原材料的数量或成本、按直接成本(原材料、燃料、动力、生产工人工资及福利费之和)、按产成品产量等。

9. 在同一生产过程中，如果同时生产两种或两种以上的产品，如联产品、主产品和副产品，并且每种产品的加工成本不能直接区分，则这些加工成本应当按照合理的方法在各种产品之间进行分配。联产品的加工成本可选用的分配方法通常有售价法、实物数量法等。在分配主产品和副产品的加工成本时，通常先确定副产品的加工成本，将其差额确定为主产品的加工成本。

其他成本

10. 其他成本是指除采购成本、加工成本以外的，使存货达到目前场所和状态所发生的其他支出，如为特定客户设计产品所发生的设计费用等。

11. 下列费用不应当包括在存货成本中，而应当在其发生时确认为当期费用：(1)非正常消耗的直接材料、直接人工及制造费用；(2)仓储费用(不包括在生产过程中为达到下一个生产阶段所必需的仓储费用)；(3)商品流通企业在采购过程中发生的运输费、装卸费、保险费、包装费、仓储费等费用。

其他方式取得的存货的成本

12. 通过非货币性交易换入的存货的成本，应当按照《企业会计准则——非货币性交易》的规定确定。

13. 投资者投入的存货的成本，应当按照投资各方确认的价值确定。

14. 通过债务重组取得的存货的成本，应当按照《企业会计准则——债务重组》的规定确定。

15. 接受捐赠的存货的成本，应当分别以下情况确定：(1)捐赠方提供了有关凭据的，按凭据上标明的金额加上应支付的相关税费确定；(2)捐赠方没有提供有关凭据的，应当参照同类或类似存货的市场价格估计的金额，加上应支付的相关税费确定。

16. 盘盈的存货的成本，应当按照同类或类似存货的市场价格确定。

发出存货成本的确定

17. 企业应当根据各类存货的实际情况，确定发出存货的实际成本，可以采用的方法有个别计价法、先进先出法、加权平均法、移动平均法和后进先出法等。对于不能替代使用的存货，以及为特定项目专门购入或制造的存货，一般应当采用个别计价法确定发出存货的成本。期末计量

18. 存货在会计期末应当按照成本与可变现净值孰低计量。

19. 企业在确定存货的可变现净值时，应当以取得的可靠证据为基础，并且考虑持有存货的目的、资产负债表日后事项的影响等因素。

20. 用于生产而持有的材料等，如果用其生产的产成品的可变现净值高于成本，则该材料仍然应当按成本计量；如果材料价格的下降表明产成品的可变现净值低于成本，则应当将该材料按可变现净值计量。

21. 为执行销售合同或者劳务合同而持有的存货，通常应当以合同价格作为其可变现净值的计量基础；如果企业持有存货的数量多于销售合同订购数量，超出部分的存货可变现净值应当以一般销售价格为计量基础。用于出售的材料等，应当以市场价格作为其可变现净值的计量基础。

22. 存货跌价准备应当按单个存货项目计提；在某些情况下，比如，与具有类似目的或最终用途并在同一地区生产和销售的产品系列相关，且难以将其与该产品系列的其他项目区别开来进行估价的存货，可以合并计提；对于数量繁多、单价较低的存货，也可以按存货类别计提。

23. 企业每期都应当重新确定存货的可变现净值。如果以前减记存货价值的影响因素已经消失，则减记的金额应当予以恢复，并在原已计提的存货跌价准备的金额内转回，转回的金额应当减少计提的存货跌价准备。

存货成本的结转

24. 已售存货的账面价值应当在确认其相关收入的当期确认为费用。

25. 将存货减记至可变现净值而形成的减记金额，应当在减记的当期确认为费用。

26. 企业应当采用系统合理的方法对低值易耗品和包装物进行摊销，计入成本费用。可选用的方法有一次转销法、五五摊销法等。

27. 盘亏或毁损的存货所造成的损失，应当在发生的当期计入损益。

披露

28. 企业应当披露下列与存货有关的信息：

(1)材料、在产品、产成品等类存货的当期期初和期末账面价值及总额；

(2)当期计提的存货跌价准备和当期转回的存货跌价准备；

(3)存货取得的方式以及低值易耗品和包装物的摊销方法；

(4)存货跌价准备的计提方法；

(5)确定存货可变现净值的依据；

(6)确定发出存货的成本所采用的方法；

(7)用于债务担保的存货的账面价值；

(8)采用后进先出法确定的发出存货的成本与采用先进先出法、加权平均法或移动平均法确定的发出存货的成本的差异；

(9)当期确认为费用的存货成本，如主营业务成本等。

衔接办法

29. 对于本准则施行之日以前取得的存货，除跌价准备的提取应当追溯调整外，其余不作追溯调整。

附则

30. 本准则自 2002 年 1 月 1 日起施行。

中国注册会计师独立审计准则

发文号:财会协字[1995]48号　发文时间:1995—12—25

各省、自治区、直辖市财政厅(局)、注册会计师协会:

为了规范注册会计师的执业行为,促进注册会计师行业的健康发展,根据《中华人民共和国注册会计师法》的规定,中国注册会计师协会拟订了第一批《中国注册会计师独立审计准则》,包括《中国注册会计师独立审计准则序言》、《独立审计基本准则》、《独立审计具体准则第1号——会计报表审计》、《独立审计具体准则第2号——审计业务约定书》、《独立审计具体准则第3号——审计计划》、《独立审计具体准则第4号——审计抽样》、《独立审计具体准则第5号——审计证据》、《独立审计具体准则第6号——审计工作底稿》、《独立审计具体准则第7号——审计报告》、《独立审计实务公告第1号——验资》,经商审计署,现批准发布,并请于1996年1月1日起执行。各地应积极组织相关培训,加强宣传,加强监督、检查,确保独立审计准则的全面贯彻实施。

财政部原发布的《注册会计师检查验证会计报表规则(试行)》,中国注册会计师协会原发布的《注册会计师验资规则(试行)》、《注册会计师查帐验证计划规则(试行)》、《注册会计师查帐验证工作底稿规则(试行)》、《注册会计师查帐验证报告规则(试行)》同时废止。各地已发布的相关规则、施行办法、规程等注册会计师执业规则,一并废止,以后也不应再自行出台新的执业规则。

附件:一、中国注册会计师独立审计准则序言

二、独立审计基本准则

三、独立审计具体准则第1号——会计报表审计

四、独立审计具体准则第2号——审计业务约定书

五、独立审计具体准则第3号——审计计划

六、独立审计具体准则第4号——审计抽样

七、独立审计具体准则第5号——审计证据

八、独立审计具体准则第6号——审计工作底稿

九、独立审计具体准则第7号——审计报告

十、独立审计实务公告第1号——验资

附件一:

中国注册会计师独立审计准则序言

本序言旨在说明中国注册会计师独立审计准则(以下简称“独立审计准则”)的目标、体系、制定与发布程序,并对其规范内容、约束力及适应范围进行解释。

本序言由中国注册会计师协会负责解释。

一、独立审计准则的制定依据与目标

1. 独立审计准则依据《中华人民共和国注册会计师法》制定。

2. 制定独立审计准则的目标:

2.1 建立执行独立审计业务的权威性标准,规范注册会计师的执业行为,促使注册会计师恪守独立、客观、公正的基本原则,有效地发挥注册会计师的鉴证和服务作用。

2.2 促使各会计师事务所和注册会计师按照统一的执业准则执行独立审计业务,提高审计工作质量,提高业务素质和执业水平。

2.3 明确注册会计师的执业责任,维护社会公共利益,保护投资者和其他利害关系人的合法权益,促进社会主义市场经济的健康发展。

3. 建立与国际审计准则相衔接的中国注册会计师执业准则。

二、独立审计准则的体系

1. 独立审计准则是中国注册会计师职业规范体系的重要组成部分。

2. 独立审计准则体系由以下三大层次组成:

2.1 独立审计基本准则。独立审计基本准则是独立审计准则的总纲,是对注册会计师专业胜任能力的基本要求和执业行为的基本规范,是制定独立审计具体准则、实务公告和执业规范指南的基本依据。

2.2 独立审计具体准则与独立审计实务公告独立审计具体准则是依据独立审计基本准则制定的,是对注册会计师执行一般审计业务、出具审计报告的具体规范。

独立审计实务公告是依据独立审计基本准则制定的,是对注册会计师执行特殊行业、特殊目的、特殊性质的审计业务、出具审计报告的具体规范。

2.3 执业规范指南。执业规范指南是依据独立审计基本准则、具体准则与实务公告制定的,为注册会计师执行独立审计具体准则、实务公告提供可操作的指导意见。

三、独立审计准则的约束力

1. 独立审计基本准则、具体准则与实务公告是注册会计师执行独立审计业务、出具审计报告的法定要求,各会计师事务所和注册会计师执行《中华人民共和国注册会计师法》第十四条规定的审计业务,应当遵照执行。

2. 执业规范指南是对注册会计师执行独立审计业务、出具审计报告的具体指导,注册会计师应当参照执行。

四、独立审计准则的适用范围

1. 独立审计准则适用于注册会计师执行独立审计业务的全过程。

2. 注册会计师对被审计单位进行独立审计时,不论该单位是否以营利为目的,也不论其规模大小和法定组织形式如何,只要是以发表审计意见为目的,都应遵循独立审计准则。

3. 在特定情况下,注册会计师可以应用独立审计准则执行其他有关业务。

五、独立审计准则的制定与咨询组织

1. 根据《中华人民共和国注册会计师法》第三十五条规定,注册会计师执业准则由中国注册会计师协会负责拟订,报财政部批准后施行。

2. 中国注册会计师协会成立独立审计准则组,负责独立审计准则的起草工作。独立审计准则组成员由注册会计师协会、会计师事务所、科研院校等方面的专家组成。

3. 财政部成立独立审计准则中方专家咨询组,负责对独立审计准则的制定与发布提供咨询服务。中方专家咨询组成员由政府有关部门、会计师事务所、科研院校等方面的专家组成。

4. 财政部成立独立审计准则外方专家咨询组,负责对独立审计准则的制定与发布提供咨询服务。外方专家咨询组成员由境外会计职业组织、国际会计师事务所等方面的专家组成。

六、独立审计准则的制定、发布与修订程序

1. 选定项目。独立审计准则组提出独立审计准则备选项目,经专家咨询组论证,征求有关方面意见后,由财政部审批立项。

2. 拟订初稿。独立审计准则组根据确定的项目,进行调查研究,起草初稿。中国注册会计师协会征询专家咨询组和有关方面意见并交独立审计准则组修订后,向财政部提交征求意见稿。

3. 征求意见。财政部发布征求意见稿,广泛征求各有关部门及各地方注册会计师协会、会计师事务所、科研院校等方面意见。

4. 修改定稿。独立审计准则组根据各方面意见修改征求意见稿,中国注册会计师协会征询专家咨询组及有关方面意见后定稿。

5. 发布。财政部批准发布独立审计准则。

6. 修订。独立审计准则由中国注册会计师协会负责修订,财政部批准发布。

附件二:

独立审计基本准则

第一章　总　则

第一条　为了规范注册会计师执行独立审计业务,保证执业质量,明确执业责任,根据《中华人民共和国注册会计师法》,制定本准则。

第二条　本准则所称独立审计,是指注册会计师依法接受委托,对被审计单位的会计报表及其相关资料进行独立审查并发表审计意见。

第三条　本准则适用于注册会计师对任何单位会计报表及其相

关资料进行的以发表审计意见为目的的独立审计。

注册会计师可以参照本准则执行其他有关业务。

第二章　一般准则

第四条　独立审计的目的是对被审计单位会计报表的合法性、公允性及会计处理方法的一贯性发表审计意见。

第五条　担任独立审计工作的注册会计师应当具备专门学识与经验，经过适当专业训练，并具有足够的分析、判断能力。

第六条　注册会计师应当遵守职业道德规范，恪守独立、客观、公正的原则，并以应有的职业谨慎态度执行审计业务、发表审计意见。

第七条　注册会计师对审计过程中知悉的商业秘密应当保密，并不得利用其为自己或他人谋取利益。

第八条　按照独立审计准则的要求出具审计报告，保证审计报告的真实性、合法性是注册会计师的审计责任；建立健全内部控制制度，保护资产的安全、完整，保证会计资料的真实、合法、完整是被审计单位的会计责任。注册会计师的审计责任不能替代、减轻或免除被审计单位的会计责任。

第九条　注册会计师的审计意见应合理地保证会计报表使用人确定已审计会计报表的可靠程度，但不应被认为是对被审计单位持续经营能力及其经营效率、效果所做出的承诺。

第三章　外勤准则

第十条　注册会计师应当在了解被审计单位基本情况的基础上，由会计师事务所接受委托，签订审计业务约定书。

第十一条　注册会计师执行审计业务，应当编制审计计划，对审计工作做出合理安排。

第十二条　注册会计师应当研究和评价被审计单位的相关内部控制制度，据以确定实质性测试的性质、时间和范围。

注册会计师对在审计过程中发现的内部控制制度的重大缺陷，应当向被审计单位报告，如有需要，可出具管理建议书。

第十三条　注册会计师在进行符合性测试和实质性测试时，一般应采用抽样审计方法。

第十四条　注册会计师可以运用检查、监盘、观察、查询及函证、计算、分析性复核等方法，以获取充分、适当的审计证据。

第十五条　注册会计师应当将审计计划及其实施过程、结果和其他需要加以判断的重要事项，记录于审计工作底稿。

第十六条　注册会计师可以根据需要配备相应的业务助理人员和聘请专家协助工作，但应对其工作结果负责。

第十七条　注册会计师应当对被审计单位的期后事项、或有损失及持续经营能力等重要事项予以关注，必要时，应在审计报告中予以反映。

第十八条　在电子数据处理环境下，注册会计师利用计算机辅助审计技术执行审计程序时，不应改变审计目标与范围。

第十九条　注册会计师在审计过程中应充分考虑审计重要性与审计风险。

第四章　报告准则

第二十条　注册会计师应当在实施必要的审计程序后，以经过核实的审计证据为依据，形成审计意见，出具审计报告。

第二十一条　审计报告应当说明审计范围、会计责任与审计责任、审计依据和已实施的主要审计程序等事项。

第二十二条　审计报告应当说明被审计单位会计报表的编制是否符合国家有关财务会计法规的规定，在所有重大方面是否公允地反映了其财务状况、经营成果和资金变动情况，以及所采用的会计处理方法是否遵循了一贯性原则。

第二十三条　注册会计师可以出具无保留意见、保留意见、否定意见和拒绝表示意见四种意见类型的审计报告。在表示保留意见、否定意见或拒绝表示意见时，应明确说明理由，并在可能情况下，指出其对会计报表反映的影响程度。

第五章　附　则

第二十四条　本准则由中国注册会计师协会负责解释。

附件三：

独立审计具体准则第 1 号
——会计报表审计

第一章　总　则

第一条　为了规范注册会计师执行会计报表审计业务，明确工作要求，保证执业质量，根据《独立审计基本准则》，制定本准则。

第二条　本准则所称会计报表审计，是指注册会计师依法接受委托，按照独立审计准则的要求，对被审计单位的会计报表实施必要的审计，获取充分、适当的审计证据，并对会计报表发表审计意见。

第三条　本准则所称会计报表，是指需经注册会计师审计的年度会计报表，包括资产负债表、损益表（或利润表）、财务状况变动表（或现金流量表）、会计报表附注及相关附表。

第四条　本准则所称被审计单位，是指负责编制和报送会计报表，并接受注册会计师审计的企业和实行企业化管理的事业单位。

第五条　注册会计师执行其他会计报表审计业务，除有特定要求者外，应当参照本准则办理。

第二章　审计目的与范围

第六条　会计报表审计的目的是对被审计单位会计报表的以下方面发表审计意见。

（一）会计报表的编制是否符合《企业会计准则》及国家其他有关财务会计法规的规定；

（二）会计报表在所有重大方面是否公允地反映了被审计单位的财务状况、经营成果和资金变动情况；

（三）会计处理方法的选用是否符合一贯性原则。

第七条　注册会计师的审计意见应合理地保证会计报表使用人确定已审计会计报表的可靠程度，但不应被认为是对被审计单位持续经营能力及其经营效率、效果所做出的承诺。

第八条　会计报表审计的范围应当根据独立审计准则和有关法规的规定及审计业务约定书的要求确定。

第九条　审计的范围一般应限于约定的会计报表报告期内的有关事项，但凡与被审计单位的会计报表有关和影响注册会计师做出专业判断的所有方面，均属于会计报表审计的范围。

第十条　由于审计测试及被审计单位内部控制制度的固有限制，可能存在会计报表某些反映失实而未被发现的情况。注册会计师如果发现可能导致会计报表反映严重失实的迹象，应当追加必要的审计程序予以证实或排除。

第三章　审计计划

第十一条　注册会计师在接受委托之前、应当了解被审计单位的基本情况，同委托人就审计约定事项的有关内容进行商谈，并考虑其自身能力及能否保持独立性，初步评价审计风险，确定是否接受委托。

注册会计师承办审计业务，由其所在的会计师事务所统一受理并与委托人签订审计业务约定书。

第十二条　注册会计师应当在充分了解审计约定事项和被审计单位业务情况后，制定审计计划，并根据审计过程中的情况变化，及时修改和补充计划。

第十三条　注册会计师应当在对被审计单位相关内部控制制度进行调查、研究和评价的基础上，确定审计程序和方法。

第四章　审计实施

第十四条　注册会计师应当按照审计计划对会计报表进行审计。

第十五条　注册会计师在实施审计时，一般应采用抽样审计的方法。在必要时，也可以采用详细审计的方法。

第十六条　注册会计师在实施审计过程中，应当采用恰当的方法，包括检查、监盘、观察、查询及函证、计算、分析性复核等，以获取充分、适当的审计证据。

第十七条　首次接受委托涉及的会计报表期初余额，或在需要发表审计意见的当期会计报表中使用了前期会计报表的数据，注册会计师应进行适当的审计。

第十八条 注册会计师应当对会计报表的期初余额、期后事项、或有损失及被审计单位持续经营能力等重要事项予以关注。

第十九条 注册会计师应当对审计工作进行记录，形成审计工作底稿。

第二十条 注册会计师在实施审计时，可根据需要配备相应的业务助理人员。注册会计师应对业务助理人员的工作进行指导、监督、检查，并对其工作结果负责。

注册会计师在审计过程中聘请专家协助工作时，应当考虑其能力和独立性，并对其工作结果负责。

第二十一条 注册会计师应当对审计工作底稿进行必要的检查和复核。

第五章　审计报告

第二十二条 注册会计师应当在实施必要的审计程序后，以经过核实的审计证据为依据，分析、评价审计结论，形成审计意见，出具审计报告。

第二十三条 注册会计师应当在审计报告中说明审计范围、会计责任与审计责任、审计依据和已实施的主要审计程序等事项。

第二十四条 注册会计师应当在审计报告中说明被审计单位会计报表的编制是否符合《企业会计准则》及国家其他有关财务会计法规的规定，在所有重大方面是否公允地反映了其财务状况、经营成果和资金变动情况，以及所采用的会计处理方法是否遵循了一贯性原则。

第二十五条 注册会计师应当考虑审计范围是否受到限制，是否存在未调整事项及未充分披露事项等，并根据其对会计报表反映的影响程度，分别出具无保留意见、保留意见、否定意见和拒绝表示意见的审计报告。在表示保留意见、否定意见或拒绝表示意见时，应明确说明理由，并在可能情况下，指出其对会计报表反映的影响程度。

第六章　附　则

第二十六条 本准则由中国注册会计师协会负责解释。

第二十七条 本准则自 1996 年 1 月 1 日起施行。

附件四：

独立审计具体准则第 2 号
——审计业务约定书

第一章　总　则

第一条 为了规范审计业务约定书的签订，明确审计业务约定书的内容，根据《独立审计基本准则》，制定本准则。

第二条 本准则所称审计业务约定书，是指会计师事务所与委托人共同签订的，据以确认审计业务的委托与受托关系，明确委托目的、审计范围及双方责任与义务等事项的书面合约。

第三条 本准则所称委托人，是指向会计师事务所提出业务委托，并与会计师事务所签订审计业务约定书的单位或个人。

第四条 注册会计师执行会计咨询、会计服务业务，可以参照本准则办理。

第二章　一般原则

第五条 会计师事务所在承接审计业务时，应当考虑其自身能力和能否保持独立性，并按照本准则的要求，与委托人签订审计业务约定书。

第六条 在签订审计业务约定书之前，会计师事务所应委派注册会计师了解被审计单位基本情况，初步评价审计风险，并与委托委托人就约定事项进行商议，达成一致意见。

第七条 注册会计师应了解被审计单位的以下基本情况：

(一)业务性质、经营规模和组织结构；

(二)经营情况及经营风险；

(三)以前年度接受审计的情况；

(四)财务会计机构及工作组织；

(五)其他与签订审计业务约定书相关的事项。

第八条 审计业务约定书应由会计师事务所和委托人双方的法定代表人，或其授权的代表签订，并加盖委托人和会计师事务所的印章。

第九条 会计师事务所或委托人如需修改、补充审计业务约定书，应当以适当的方式获得对方的确认。

第十条 注册会计师应当将审计业务约定书归入审计档案。

第三章　审计业务约定书的内容

第十一条 审计业务约定书应当包括以下基本内容：

(一)签约双方的名称；

(二)委托目的；

(三)审计范围；

(四)会计责任与审计责任；

(五)签约双方的义务；

(六)出具审计报告的时间要求；

(七)审计报告的使用责任；

(八)审计收费；

(九)审计业务约定书的有效期间；

(十)违约责任；

(十一)签约时间；

(十二)签约双方认为应当约定的其他事项。

第十二条 审计业务约定书应当明确会计责任与审计责任。

建立健全内部控制制度，保护资产的安全、完整，保证会计资料的真实、合法、完整是被审计单位的会计责任。

按照独立审计准则的要求出具审计报告，保证审计报告的真实性、合法性是注册会计师的审计责任。

审计责任不能替代、减轻或免除会计责任。

第十三条 审计业务约定书应当明确签约双方的义务。

(一)委托人应当履行的主要义务包括：

1. 及时提供注册会计师所要求的全部资料；

2. 为注册会计师的审计提供必要的条件及合作；

3. 按照约定条件及时足额支付审计费用。

(二)会计师事务所应当履行的主要义务包括：

1. 按照约定时间完成审计业务，出具审计报告；

2. 对在执行业务过程中知悉的商业秘密保密。

第十四条 审计业务约定书应当明确审计收费的计费依据、计费标准及付费方式与时间。

第十五条 审计业务约定书应当明确正确使用审计报告是委托人的责任，由于使用审计报告不当所造成的后果，与注册会计师及其所在的会计师事务所无关。

第四章　附　则

第十六条 本准则由中国注册会计师协会负责解释。

第十七条 本准则自 1996 年 1 月 1 日起施行。

附件五：

独立审计具体准则第 3 号
——审计计划

第一章　总　则

第一条 为了规范注册会计师编制审计计划，及时、有效地执行审计业务，根据《独立审计基本准则》，制定本准则。

第二条 本准则所称审计计划，是指注册会计师为了完成年度会计报表审计业务，达到预期的审计目的，在具体执行审计程序之前编制的工作计划。

注册会计师执行其他会计报表审计业务，除有特定要求者外，应当参照本准则办理。

第三条 审计计划包括总体审计计划和具体审计计划。

总体审计计划是对审计的预期范围和实施方式所做的规划，是注册会计师从接受审计委托到出具审计报告整个过程基本工作内容的综合计划。

具体审计计划是依据总体审计计划制定的，对实施总体审计计划所需要的审计程序的性质、时间和范围所做的详细规划与说明。

第二章 一般原则

第四条 审计计划应当贯穿于审计全过程。注册会计师在整个审计过程中，应当按照审计计划执行审计业务。

第五条 在编制审计计划前，注册会计师应当了解被审计单位的以下情况，据以确定可能影响会计报表的重要事项：

(一)年度会计报表；

(二)合同、协议、章程、营业执照；

(三)重要会议记录；

(四)相关内部控制制度；

(五)财务会计机构及工作组织；

(六)厂房、设备及办公场所；

(七)宏观经济形势及其对所在行业的影响；

(八)其他与编制审计计划相关的重要情况。

第六条 在编制审计计划前，注册会计师应当查阅上一年度审计档案，关注以下事项，并考虑其对本期审计工作的影响：

(一)上一年度的审计意见类型；

(二)上一年度的审计计划及审计总结；

(三)上一年度的重要审计调整事项；

(四)上一年度的或有损失；

(五)上一年度的管理建议要点；

(六)上一年度的其他有关重要事项。

如首次接受委托，注册会计师应当考虑是否向前任注册会计师查询审计工作底稿。

第七条 在编制审计计划时，注册会计师应当特别考虑以下因素：

(一)委托目的、审计范围及审计责任；

(二)被审计单位的经营规模及其业务复杂程度；

(三)被审计单位以前年度的审计情况；

(四)被审计单位在审计年度内经营环境、内部管理的变化及其对审计的影响；

(五)被审计单位的持续经营能力；

(六)经济形势及行业政策的变化对被审计单位的影响；

(七)关联者及其交易；

(八)国家新近颁发的有关法规对审计工作产生的影响；

(九)被审计单位会计政策及其变更；

(十)对专家、内部审计人员及其他审计人员工作的利用；

(十一)审计小组成员的业务能力、审计经历和对被审计单位情况的了解程度。

第八条 在编制审计计划时，注册会计师应当对审计重要性、审计风险进行适当评估。

第九条 注册会计师可以同被审计单位的有关人员就总体审计计划的要点和某些审计程序进行讨论，并使审计程序与被审计单位有关人员的工作协调，但独立编制审计计划仍是注册会计师的责任。

第十条 审计计划应当在具体实施前下达至审计小组的全体成员。

第十一条 注册会计师应当视审计情况的变化及时对审计计划进行修改、补充。审计计划的修改、补充意见，应经会计师事务所的有关业务负责人同意，并记录于审计工作底稿。

第十二条 审计计划是审计工作底稿的一部分。

第三章 审计计划的内容与编制

第十三条 总体审计计划的基本内容应当包括：

(一)被审计单位的基本情况；

(二)审计目的、审计范围及审计策略；

(三)重要会计问题及重点审计领域；

(四)审计工作进度及时间、费用预算；

(五)审计小组组成及人员分工；

(六)审计重要性的确定及审计风险的评估；

(七)对专家、内部审计人员及其他审计人员工作的利用；

(八)其他有关内容。

第十四条 具体审计计划应当包括各具体审计项目的以下基本内容：

(一)审计目标；

(二)审计程序；

(三)执行人及执行日期；

(四)审计工作底稿的索引号；

(五)其他有关内容。

第十五条 具体审计计划的制定，可以通过编制审计程序表完成。

第十六条 审计计划的繁简程度取决于被审计单位的经营规模和预定审计工作的复杂程度。

第四章 审计计划的审核

第十七条 审计计划应当经会计师事务所的有关业务负责人审核和批准。

第十八条 对总体审计计划，应审核以下主要事项：

(一)审计目的、审计范围及重点审计领域的确定是否恰当；

(二)时间预算是否合理；

(三)审计小组成员的选派与分工是否恰当；

(四)对被审计单位的内部控制制度的信赖程度是否恰当；

(五)对审计重要性的确定及审计风险的评估是否恰当；

(六)对专家、内部审计人员及其他审计人员工作的利用是否恰当。

第十九条 对具体审计计划，应审核以下主要事项：

(一)审计程序能否达到审计目标；

(二)审计程序是否适合各审计项目的具体情况；

(三)重点审计领域中各审计项目的审计程序是否恰当；

(四)重点审计程序的制定是否恰当。

第二十条 对审计计划的审核和批准意见应记录于审计工作底稿。

第五章 附 则

第二十一条 本准则由中国注册会计师协会负责解释。

第二十二条 本准则自 1996 年 1 月 1 日起施行。

附件六：

独立审计具体准则第 4 号
——审计抽样

第一章 总 则

第一条 为了规范注册会计师在审计过程中运用审计抽样方法，提高审计效率，保证执业质量，根据《独立审计基本准则》，制定本准则。

第二条 本准则所称审计抽样，是指注册会计师在实施审计程序时，从审计对象总体中选取一定数量的样本进行测试，并根据测试结果，推断总体特征。

第三条 注册会计师在设计与选择样本、评价抽样结果时，应当运用专业判断。

第四条 注册会计师进行详细审计，或从审计对象总体中选择有特殊重要性的全部项目进行审计时，不适用本准则。

第二章 样本的设计

第五条 注册会计师在设计样本时，应当考虑以下基本因素：

(一)审计目标；

(二)审计对象总体及抽样单位；

(三)抽样风险和非抽样风险；

(四)可信赖程度；

(五)可容忍误差；

(六)预期总体误差；

(七)分层；

(八)其他因素。

第六条 注册会计师应当根据具体审计目标，考虑其所要获取审计证据的特征及构成误差的条件，确定所采用的审计抽样方法，并据此设计样本。

第七条 审计对象总体是注册会计师为形成审计结论，拟采用抽样方法审计的有关会计或其他资料的全部项目。

注册会计师在确定审计对象总体时，应保证其相关性和完整性。

第八条 抽样单位是构成审计对象总体的单位项目。注册会计师应当根据审计目标及被审计单位实际情况，确定抽样单位。

第九条 注册会计师应当根据不同的要求，运用适当的方法，从审计对象总体中选择若干抽样单位，以组成适量、有效的样本。

第十条 注册会计师在设计样本时，应当保持应有的职业谨慎，并着重考虑因抽样引起的抽样风险及其他因素引起的非抽样风险。

第十一条 抽样风险是注册会计师依据抽样结果得出的结论，与审计对象总体特征不相符合的可能性。抽样风险与样本量成反比，样本量越大，抽样风险越低。

(一)依赖不足风险：抽样结果使注册会计师没有充分依赖实际上应予依赖的内部控制的可能性；

(二)依赖过度风险：抽样结果使注册会计师对内部控制的依赖超过了其实际上可予依赖的可能性。

第十三条 注册会计师在进行实质性测试时，应关注以下抽样风险；

(一)误拒风险：抽样结果表明帐户余额存在重大错误而实际上并不存在重大错误的可能性；

(二)误受风险：抽样结果表明帐户余额不存在重大错误而实际上存在重大错误的可能性。

第十四条 信赖不足风险与误拒风险一般会导致注册会计师执行额外的审计程序，降低审计效率；信赖过度风险与误受风险很可能导致注册会计师形成不正确的审计结论，对此应予以特别关注。

第十五条 非抽样风险是注册会计师因采用不恰当的审计程序或方法，误解审计证据等而未能发现重大误差的可能性，注册会计师应当通过适当的计划、指导和监督，有效地降低非抽样风险。

第十六条 可信赖程度通常用预计抽样结果能够代表审计对象总体特征的百分比来表示，注册会计师对可信赖程度要求越高，需选取的样本量相应越大。

第十七条 可容忍误差是注册会计师认为抽样结果可以达到审计目的，所愿意接受的审计对象总体的最大误差。注册会计师应当在审计计划阶段，根据审计重要性原则，合理确定可容忍误差。可容忍误差越小，需选取的样本量相应越大。

第十八条 在进行符合性测试时，可容忍误差应是注册会计师不改变对内部控制的可信赖程度，所愿意接受的最大误差。

在进行实质性测试时，可容忍误差应是注册会计师能够对某一帐户余额或经济业务分类作出合理评价，所愿意接受的最大金额误差。

第十九条 注册会计师应根据前期审计所发现的误差、被审计单位经营业务和经营环境的变化、内部控制制度的评价及分析性复核的结果等，来确定审计对象总体的预期误差。如果存在预期误差，应当选取较大的样本量。

第二十条 分层是将某一审计对象总体划分为若干具有相似特征的次级总体的过程。注册会计师可以利用分层着重审计可能含有较大错误的项目，并减少样本量。

第五章 样本的选取

第二十一条 注册会计师在选取样本时，应使审计对象总体内所有项目均有被选取的机会，以使样本能够代表总体。

第二十二条 注册会计师可以采用统计抽样或非统计抽样方法选取样本，只要运用得当，均可获得充分、适当的审计证据。

第二十三条 注册会计师可以运用下列方法选取样本：

(一)随机选样。随机选样是指对审计对象总体或次级总体的所有项目，按随机规则选取样本。

(二)系统选样。系统选样是指首先计算选样间隔，确定选样起点，然后按照间隔，顺序选取样本。

(三)随意选样。随意选样是不考虑金额大小、资料取得的难易程度及个人偏好，以随意的方式选取样本。

第六章 抽样结果的评价

第二十四条 注册会计师对样本实施必要的审计程序后，应按下列步骤评价抽样结果：

(一)分析样本误差；

(二)推断总体误差；

(三)重估抽样风险；

(四)形成审计结论。

第二十五条 注册会计师在分析样本误差时，应当根据预先确定的构成误差的条件，确定某一有问题的项目是否为一项误差。

第二十六条 注册会计师按照既定的审计程序，无法对样本取得审计证据时，应当实施替代审计程序，以获取相成的审计证据，如果没有或无法实施替代审计程序，应将有关样本视为误差。

第二十七条 对于具有共同特征的样本误差项目，注册会计师应将其作为一个整体，实施相应的审计程序，并根据审计结果，进行单独的评价。

第二十八条 注册会计师应根据样本误差，采用适当的方法，推断审计对象总体误差。

第二十九条 在进行符合性测试时，注册会计师如果认为抽样结果无法达到其对所测试的内部控制制度的预期信赖程度，应考虑增加样本量或修改实质性测试程序。

第三十条 如果注册会计师推断的总体误差超过可容忍误差，经重估后的抽样风险不能接受，应增加样本量或执行替代审计程序。

如果注册会计师推断的总体误差接近可容忍误差，应考虑是否增加样本量或执行替代审计程序。

第三十一条 注册会计师应根据抽样结果的评价，确定审计证据是否足以证实某一审计对象总体特征。

第七章 附 则

第三十二条 本准则由中国注册会计师协会负责解释。

第三十三条 本准则自 1996 年 1 月 1 日起施行。

附件七：

独立审计具体准则第 5 号
——审计证据

第一章 总 则

第一条 为了规范注册会计师获取审计证据，保证审计证据的充分性与适当性，根据《独立审计基本准则》，制定本准则。

第二条 本准则所称审计证据，是指注册会计师在执行审计业务过程中，为形成审计意见所获取的证据。

第三条 本准则所称审计证据的充分性，是指审计证据的数量足以使得注册会计师形成审计意见。

本准则所称审计证据的适当性，是指审计证据的相关性和可靠性，即审计证据应当与审计目标相关联，并能如实地反映客观事实。

第四条 注册会计师执行会计咨询、会计服务业务，可以参照本准则办理；

第二章 一般原则

第五条 注册会计师执行审计业务，应当在取得充分、适当的审计证据后，形成审计意见，出具审计报告。

注册会计师应当运用专业判断，确定审计证据是否充分、适当。

第六条 审计证据的充分性与适当性密切相关。一般而言，当审计证据的相关与可靠程度较高时，所需审计证据的数量较少；反之，所需审计证据的数量较多。

第七条 注册会计师判断审计证据是否充分、适当，应当考虑下列主要因素：

(一)审计风险；

(二)具体审计项目的重要程度；

(三)注册会计师及其业务助理人员的审计经验；

(四)审计过程中是否发现错误或舞弊；

(五)审计证据的类型与获取途径。

第八条 注册会计师一般应采用抽样方法获取审计证据。无论是进行符合性测试还是进行实质性测试，都应考虑样本的代表性。

第九条 通过符合性测试获取审计证据时，注册会计师应当考虑以下主要事项：

(一)相关内部控制制度是否存在；

(二)相关内部控制制度是否有效；

(三)相关内部控制制度在所审计期间是否一贯得到遵循。

第十条 通过实质性测试获取审计证据时，注册会计师应当考虑以下主要事项：

（一）资产、负债在某一特定时日是否存在；

（二）资产、负债在某一特定时日是否归属被审计单位

（三）经济业务的发生是否与被审计单位有关；

（四）是否有未入帐的资产、负债或其他交易事项；

（五）资产、负债的计价是否恰当；

（六）收入与费用是否归属当期，并相互配比；

（七）会计记录是否正确；

（八）会计报表项目的分类反映是否适当，并前后一致。

第十一条 审计证据的可靠程度通常可参照下述标准来判断：

（一）书面证据比口头证据可靠；

（二）外部证据比内部证据可靠；

（三）注册会计师自行获得的证据比由被审计单位提供的证据可靠；

（四）内部控制较好时的内部证据比内部控制较差时的内部证据可靠；

（五）不同来源或不同性质的审计证据能相互印证时，审计证据更为可靠。

第十二条 注册会计师获取审计证据时，可以考虑成本效益原则，但对于重要审计项目，不应将审计成本的高低或获取审计证据的难易程度作为减少必要审计程序的理由。

第十三条 注册会计师应当对所获取的审计证据进行分析和评价，以形成相应的审计结论。

第十四条 注册会计师应将所获取的审计证据在审计工作底稿中予以清晰、完整地记录。

第十五条 注册会计师对审计过程中发现的、尚有疑虑的重要事项，应进一步获取审计证据，以证实或消除疑虑；如在实施必要的审计程序后，仍不能获取所需审计证据，或无法实施必要的审计程序，注册会计师应出具保留意见或拒绝表示意见的审计报告。

第三章　取证方法

第十六条 注册会计师可以采用下列方法获取审计证据：

（一）检查；

（二）监盘；

（三）观察；

（四）查询及函证；

（五）计算；

（六）分析性复核。

第十七条 检查是注册会计师对会计记录和其他书面文件可靠程度的审阅与复核。

第十八条 监盘是注册会计师现场监督被审计单位各种实物资产及现金、有价证券等的盘点、并进行适当的抽查。

注册会计师监盘实物资产时，应对其质量及所有权予以关注。

第十九条 观察是注册会计师对被审计单位的经营场所、实物资产和有关业务活动及其内部控制的执行情况等所进行的实地察看。

第二十条 查询是注册会计师对有关人员进行的书面或口头询问。

第二十一条 函证是注册会计师为印证被审计单位会计记录所载事项而向第三者发函询证。

注册会计师如果不能通过函证获取必要的审计证据，应实施替代审计程序。

第二十二条 计算是注册会计师对被审计单位原始凭证及会计记录中的数据所进行的验算或另行计算。

第二十三条 分析性复核是注册会计师对被审计单位重要的比率或趋势进行的分析，包括调查异常变动以及这些重要比率或趋势与预期数额和相关信息的差异。

对于异常变动项目，注册会计师应重新考虑其所采用的审计程序是否恰当。必要时，应当追加适当的审什程序。

第二十四条 注册会计师在获取审计证据时，可以同时采用上述方法。

第四章　附　则

第二十五条 本准则由中国注册会计师协会负责解释。

第二十六条 本准则自 1996 年 1 月 1 日起施行。

附件八：

独立审计具体准则第 6 号
——审计工作底稿

第一章　总　则

第一条 为了规范审计工作底稿的编制、复核、使用及管理，根据《独立审计基本准则》，制定本准则。

第二条 本准则所称审计工作底稿，是指注册会计师在审计过程中形成的审计工作记录和获取的资料。

第三条 注册会计师执行会计咨询、会计服务业务，可以参照本准则办理。

第二章　一般原则

第四条 审计工作底稿应如实反映审计计划的制定及其实施情况，包括与形成和发表审计意见有关的所有重要事项，以及注册会计师的专业判断。

第五条 审计工作底稿应当内容完整、格式规范、标识一致、记录清晰、结论明确。

第六条 审计工作底稿的繁简程度与以下基本因素相关：

（一）审计约定事项的性质、目的和要求；

（二）被审计单位的经营规模及审计约定事项的复杂程度；

（三）被审计单位的内部控制制度是否健全、有效；

（四）被审计单位的会计记录是否真实、合法、完整；

（五）是否有必要对业务助理人员的工作进行特别指导、监督和检查；

（六）审计意见类型。

第七条 注册会计师编制的审计工作底稿应包括下列基本内容：

（一）被审计单位名称；

（二）审计项目名称；

（三）审计项目时点或期间；

（四）审计过程记录；

（五）审计标识及其说明；

（六）审计结论；

（七）索引号及页次；

（八）编制者姓名及编制日期；

（九）复核者姓名及复核日期；

（十）其他应说明事项；

第八条 审计工作底稿中由被审计单位、其他第三者提供或代为编制的资料，注册会计师除应注明资料来源外，还应实施必要的审计程序，形成相应的审计记录。

第三章　编制与复核

第八条 常用审计工作底稿包括：

（一）与被审计单位设立有关的法律性资料，如企业设立批准证书、营业执照、合同、协议、章程等文件或变更文件的复制件；

（二）与被审计单位组织机构及管理层人员结构有关的资料；

（三）重要法律文件、合同、协议和会议记录的摘录或副本；

（四）对被审计单位相关内容控制制度的研究与评价记录；

（五）审计业务约定书；

（六）被审计单位的未审计会计报表及审计差异调整表；

（七）审计计划；

（八）实施具体审计程序的记录和资料；

（九）与被审计单位、其他审计人员、专家和其他人员的会谈记录、往来函件；

（十）被审计单位声明书；

（十一）审计报告、管理建议书底稿及副本；

（十二）审计约定事项完成后的工作总结；

（十三）其他与完成审计约定事项有关的资料。

第十条 审计工作底稿中可以使用各种审计标识，但应说明其含义，并保持前后一致。

第十一条 审计工作底稿应有索引编号及顺序编号。

第十二条 相关审计工作底稿之间，应保持清晰的勾稽关系。相互引用时，应交叉注明索引编号。

第十三条 会计师事务所应当建立审计工作底稿复核制度。各复核人在复核审计工作底稿时，应做出必要的复核记录，书面表示复核意见并签名。

第十四条 在复核工作中，各复核人如发现已执行的审计程序和做出的审计记录存在问题，应指示有关人员予以答复、处理，并形成相应的审计记录。

第四章　所有权与保管

第十五条 审计工作底稿的所有权属于接受委托进行审计的会计师事务所。

第十六条 审计工作底稿一般分为综合类工作底稿、业务类工作底稿和备查类工作底稿。

综合类工作底稿是指注册会计师在审计计划和审计报告阶段，为规划、控制和总结整个审计工作，并发表审计意见所形成的审计工作底稿。

业务类工作底稿是指注册会计师在审计实施阶段执行具体审计程序所形成的审计工作底稿。

备查类工作底稿是指注册会计师在审计过程中形成的、对审计工作仅具有备查作用的审计工作底稿。

第十七条 注册会计师应当对审计工作底稿进行分类整理，形成审计档案。

第十八条 审计档案分为永久性档案和当期档案。

永久性档案是指那些记录内容相对稳定，具有长期使用价值，并对以后审计工作具有重要影响和直接作用的审计档案。

当期档案是指那些记录内容经常变化，只供当期审计使用和下期审计参考的审计档案。

第十九条 会计师事务所应建立审计档案保管制度，以确保审计档案的安全、完整。

第二十条 审计档案的保管年限如下：

(一)当期档案自审计报告签发之日起至少保存十年；

(二)永久性档案应长期保存；

(三)不再继续审计的被审计单位，永久性档案的保管年限与最近一年当期档案的保管年限相同。

第二十一条 对于保管期限届满的审计档案，会计师事务所可以决定将其销毁。销毁时，应当按照规定履行必要的手续。

第五章　保密与查阅

第二十二条 会计师事务所应当建立审计工作底稿保密制度，对审计工作底稿中涉及的商业秘密保密。但由于下列情况需要查阅审计工作底稿的，不属于泄密：

(一)法院、检察院及其他部门依法查阅，并按规定办理了必要手续；

(二)注册会计师协会对执业情况进行检查。

第二十三条 因审计工作需要，并经委托人同意，在下列情况下，不同会计师事务所的注册会计师可以要求查阅审计工作底稿：

(一)被审计单位更换会计师事务所；

(二)审计合并会计报表；

(三)联合审计；

(四)会计师事务所认为合理的其他情况。

拥有审计工作底稿的会计师事务所应当对要求查阅者提供适当的协助，并根据审计工作底稿的内容及性质，决定是否允许要求查阅者阅览其审计工作底稿，及复印或摘录有关内容。

第二十四条 查阅者因误用审计工作底稿而造成的后果，与拥有审计工作底稿的会计师事务所无关。

第六章　附　则

第二十五条 本准则由中国注册会计师协会负责解释。

第二十六条 本准则自 1996 年 1 月 1 日起施行

附件九：

独立审计具体准则第 7 号
——审计报告

第一章　总　则

第一条 为了规范注册会计师编制和出具审计报告，根据《独立审计基本准则》，制定本准则。

第二条 本准则所称审计报告，是指注册会计根据独立审计准则的要求，在实施了必要的审计程序后出具的，用于对被审计单位年度会计报表发表审计意见的书面文件。

第三条 本准则所称被审计单位，是指负责编制和报送会计报表，并接受注册会计师审计的企业和实行企业化管理的事业单位。

第四条 注册会计师执行其他会计报表审计业务，编制和出具审计报告，除有特定要求者外，应当参照本准则办理。

第二章　一般原则

第五条 注册会计师应当在实施了必要的审计程序后，对会计报表实施总体性复核，并按照本准则的要求，以经过核实的审计证据为依据，形成审计意见，出具审计报告。

第六条 注册会计师应对其出具的审计报告的真实性、合法性负责。

审计报告的真实性是指审计报告应如实反映注册会计师的审计范围、审计依据、已实施的审计程序和应发表的审计意见。

审计报告的合法性是指审计报告的编制和出具必须符合《中华人民共和国注册会计师法》和独立审计准则的规定。

第七条 注册会计师在对审计过程中发现的需要调整的审计差异，应提请被审计单位加以调整。如果被审计单位不接受调整建议，注册会计师应当根据需要调整事项的重要程度，确定是否在审计报告中予以反映，以及如何反映。

第八条 对于截止至审计报告日被审计单位仍未调整或披露的期后事项，注册会计师应当提请被审计单位予以调整或披露，如果被审计单位不接受建议，注册会计师应根据其类型和重要程度，确定是否在审计报告中反映，以及如何反映。

第九条 对于截止至审计报告日被审计单位仍未披露的或有损失，注册会计师应当提请被审计单位予以披露。如果被审计单位不接受建议，注册会计师应当根据其重要程度确定是否在审计报告中反映。

第十条 注册会计师出具的审计报告，应当由注册会计师和会计师事务所签章后，径送委托人，无需经其他单位审定。

注册会计师在出具审计报告时，应同时附送已审计的会计报表。

第十一条 注册会计师应当要求委托人按照审计业务约定书的要求使用审计报告。委托人或其他第三者因使用审计报告不当所造成的后果，与注册会计师及其所在的会计师事务所无关。

第三章　审计报告的内容与格式

第十二条 审计报告应当包括下列基本内容：

(一)标题；

(二)收件人；

(三)范围段；

(四)意见段；

(五)签章和会计师事务所地址；

(六)报告日期。

注册会计师可以根据需要，在范围段与意见段之间，增加说明段。

第十三条 审计报告的标题应统一规范为“审计报告”。

第十四条 审计报告的收件人是指审计业务的委托人。审计报告应当载明收件人的全称。

第十五条 审计报告的范围段应说明以下内容：

(一)已审计会计报表的名称、反映的日期或期间；

(二)会计责任与审计责任；

(三)审计依据，即“中国注册会计师独立审计准则”；

(四)已实施的主要审计程序。

第十六条 审计报告的意见段应说明以下内容：

(一)会计报表的编制是否符合《企业会计准则》及国家其他有关

财务会计法规的规定；

（二）会计报表在所有重大方面是否公允地反映了被审计单位资产负债表的财务状况和所审计期间的经营成果、资金变动情况；

（三）会计处理方法的选用是否符合一贯性原则。

第十七条 当注册会计师出具保留意见、否定意见或拒绝表示意见的审计报告时，应在范围段与意见段之间增加说明段，清楚地说明所持意见的理由，并在可能情况下，指出其对会计报表反映的影响程度。

当注册会计师出具无保留意见审计报告时，如果认为必要，可以在意见段之后，增加对重要事项的说明。

第十八条 审计报告应由注册会计师签名、盖章，加盖会计师事务所公章，并标明会计师事务所的地址。

第十九条 审计报告日期是指注册会计师完成外勤审计工作的日期。审计报告日期一般不应早于被审计单位管理当局确认和签署会计报表的日期。

第四章 审计意见的类型与审计报告的编制

第二十条 注册会计师应当根据审计结论，出具下列审计意见之一的审计报告：

（一）无保留意见；

（二）保留意见；

（三）否定意见；

（四）拒绝表示意见。

第二十一条 注册会计师经过审计后，认为被审计单位会计报表的编制同时符合下述情况时，应出具无保留意见的审计报告：

（一）会计报表的编制符合《企业会计准则》及国家其他有关财务会计法规的规定；

（二）会计报表在所有重大方面公允地反映了被审计单位的财务状况、经营成果和资金变动情况；

（三）会计处理方法的选用符合一贯性原则；

（四）注册会计师已按照独立审计准则的要求，实施了必要的审计程序，在审计过程中未受阻碍和限制；

（五）不存在应调整而被审计单位未予调整的重要事项。

注册会计师在编制无保留意见批告时，应以“我们认为”作为意见段的开头，并使用“在所有重大方面公允地反映了”等专业术语。

第二十二条 注册会计师经过审计后，认为被审计单位会计报表的反映就其整体而言是公允的，但还存在下述情况之一时，应出具保留意见的审计报告：

（一）个别重要财务会计事项的处理或个别重要会计报表项目的编制不符合《企业会计准则》及国家其他有关财务会计法规的规定，被审计单位拒绝进行调整；

（二）因审计范围受到重要的局部限制，无法按照独立审计准则的要求取得应有的审计证据；

（三）个别重要会计处理方法的选用不符合一贯性原则

注册会计师在编制保留意见报告时，应于意见段之前另设说明段，以说明所持保留意见的理由，并在意见段中使用“除存在上述问题以外”、“除上述问题造成的影响以外”，或“除上述情况待定以外”等专业术语。

第二十三条 注册会计师经过审计后，认为被审计单位会计报表存在下述情况之一时，应出具否定意见的审计报告：

（一）会计处理方法的选用严重违反《企业会计准则》及国家其他有关财务会计法规的规定，被审计单位拒绝进行调整；

（二）会计报表严重歪曲了被审计单位的财务状况、经营成果和资金变动情况，被审计单位拒绝进行调整。

注册会计师在编制否定意见报告时，应于意见段之前另设说明段，说明所持否定意见的理由，并在意见段中使用“由于上述问题造成的重大影响”、“由于受到前段所述事项的影响”等专业术语。

第二十四条 注册会计师在审计过程中，由于审计范围受到委托人、被审计单位或客观环境的严重限制，不能获取必要的审计证据，以致无法对会计报表整体反映发表审计意见时，应当出具拒绝表示意见的审计报告。

注册会计师在编制拒绝表示意见报告时，应于意见段之前另设说明段，以说明所持拒绝表示意见的理由，并在意见段中使用“由于审计范围受到严重限制”、“由于无法实施必要的审计程序”、“由于无法获取必要的审计证据”、“一我们无法对上述会计报表整体反映发表意见”等专业术语。

第二十五条 注册会计师明知应当出具保留意见和否定意见的审计报告时，不得以拒绝表示意见的审计报告代替。

第五章 附 则

第二十六条 本准财由中国注册会计师协会负责解释。

第二十七条 本准则自 1996 年 1 月 1 日起施行。

附件十：

独立审计实务公告第 1 号
——验资

第一章 总 则

第一条 为了规范注册会计师执行验资业务，明确工作要求，保证执业质量，根据《独立审计基本准则》，制定本公告。

第二条 本公告所称验资，是指注册会计师依法接受委托，按照本公告的要求，对被审验单位的实收资本（股本）及其相关的资产、负债的真实性、合法性进行的审验。

本公告所称被审验单位，是指在中华人民共和国境内新设立的，依法应当进行验资的企业和实行企业化管理的事业单位。

第三条 注册会计师执行其他验资业务，除有特定要求者外，应当参照本公告办理。

第二章 一般原则

第四条 注册会计师执行验资业务，应当恪守独立、客观、公正的原则，并对验资报告的真实性、合法性负责。

验资报告的真实性是指验资报告应如实反映注册会计师的验资范围、验资依据、已实施的主要验资程序和应发表的验资意见。

验资报告的合法性是指验资报告的编制和出具必须符合《中华人民共和国注册会计师法》和本公告的规定。

第五条 对于尚未建立会计帐目的被审验单位，注册会计师应在审验以前，提请其建立必要的会计帐目。

第六条 注册会计师遇到下列情况之一时，应当明确告知被审验单位予以纠正。被审验单位坚持不改的，注册会计师应拒绝出具验资报告。

（一）被审验单位不能提供真实、合法、完整的验资资料的；

（二）被审验单位对应当进行审验的项目不提供合作，甚至阻挠审验的；

（三）被审验单位坚持要求注册会计师作不实或不当证明的。

第七条 执行验资业务的注册会计师，可根据需要配备相应的业务助理人员，注册会计师应对业务助理人员的工作进行指导、监督、检查，并对其工作结果负责。

注册会计师在验资过程中聘请专家协助工作时，应考虑其能力和独立性，并对其工作结果负责。

第三章 验资内容与要求

第八条 注册会计师应当在了解被审验单位基本情况，考虑其自身能力和能否保持独立性，并初步评价验资风险后，确定是否接受委托。如接受委托，会计师事务所应与委托人签订验资业务约定书。

第九条 注册会计师执行验资业务，应当编制验资计划，对验资工作做出合理安排。

第十条 注册会计师验资的范围包括实收资本（股本），形成实收资本（股本）的货币资金、实物资产和无形资产，以及相关的负债等。

第十一条 对于投资者投入的资本，注册会计师应按其不同的出资方式，分别采用下列方法验证：

（一）以货币资金投入的，应在被审验单位开户银行出具的收款凭证及银行对帐单等的基础上审验投入资本。对于股份有限公司向社会公开募集的股本，还应审验承销机构的承销协议和募股清单。

（二）以房屋、建筑物、机器设备和材料等实物资产投入的，注册会计师应清点实物，验证其财产权归属。实物的作价应按照国家有关规定，分别在资产评估确认或价值鉴定或各投资者协商一致并经批准的价格基础上审验。

（三）以工业产权、非专利技术和土地使用权等无形资产投入的，注册会计师应验证其财产权归属。无形资产的作价应按照国家有关规定，分别在资产评估确认或各投资者协商一致并经批准的价格基础上审验。

第十二条 在验资过程中，注册会计师应对投资主体、出资方式、出资比例、出资期限，投资币种等重要事项予以关注。

第十三条 注册会计师应当对被审验单位的实收资本（股本）及相关资产、负债的会计记录进行审核，发现误差，应提请被审验单位调整。如被审验单位拒绝进行调整，注册会计师应当根据需要调整事项的性质和重要程度，确定是否在验资报告中予以反映。

第十四条 注册会计师对于验资业务的执行过程，应做出相应记录，形成验资工作底稿。

第四章 验资报告

第十五条 注册会计师应当在实施了必要的验资程序，取得充分、适当的验资证据，分析、评价验资结论后，形成验资意见，出具验资报告。

根据有关法律，验资报告具有证明效力。

第十六条 验资报告包括以下基本内容：

（一）标题。标题统一规范为“验资报告”；

（二）收件人。收件人为验资业务的委托人；

（三）范围段。范围段应当说明验资范围、被审验单位责任与验资责任、验资依据、已实施的主要验资程序等；

（四）意见段。意见段应当明确说明注册会计师的验资意见；

（五）签章和会计师事务所地址。验资报告应由注册会计师签名盖章，并加盖会计师事务所公章；

（六）报告日期。验资报告日期是指注册会计师完成外勤审验工作的日期；

（七）附件。验资报告附件包括“投入资本（股本）明细表”、“验资事项说明”以及注册会计师认为必要的其他附件。

第十七条 注册会计师在范围段中应明确说明，提供真实、合法、完整的验资资料，保护资产的安全、完整是被审验单位的责任；按照本公告要求，出具真实、合法的验资报告是注册会计师的责任。

第十八条 在发表验资意见时，注册会计师应明确说明截止至验资报告日确认的被审验单位实收资本（股本）及相关资产、负债的数额。

第十九条 注册会计师与被审验单位在实收资本（股本）及相关的资产、负债的确认方面存在异议，且无法协商一致时，或在注册会计师认为必要时，应当在意见段之后增列说明段，清晰地反映有关事项，并说明理由。

第二十条 验资报告应当径送委托人，无需经其他单位审定。委托人或其他第三者因使用验资报告不当所造成的后果，与注册会计师及其所在的会计师事务所无关。

第五章 附 则

第二十一条 本公告由中国注册会计师协会负责解释。

第二十二条 本公告自1996年1月1日起施行。

最高人民法院关于审理证券市场因虚假陈述引发的民事赔偿案件的若干规定

（2002年12月26日最高人民法院审判委员会第1261次会议通过）

为正确审理证券市场因虚假陈述引发的民事赔偿案件，规范证券市场民事行为，保护投资人合法权益，根据《中华人民共和国民法通则》、《中华人民共和国证券法》、《中华人民共和国公司法》以及《中华人民共和国民事诉讼法》等法律、法规的规定，结合证券市场实际情况和审判实践，制定本规定。

第一节 一般规定

第一条 本规定所称证券市场因虚假陈述引发的民事赔偿案件（以下简称虚假陈述证券民事赔偿案件），是指证券市场投资人以信息披露义务人违反法律规定，进行虚假陈述并致使其遭受损失为由，而向人民法院提起诉讼的民事赔偿案件。

第二条 本规定所称投资人，是指在证券市场上从事证券认购和交易的自然人、法人或者其他组织。

本规定所称证券市场，是指发行人向社会公开募集股份的发行市场，通过证券交易所报价系统进行证券交易的市场，证券公司代办股份转让市场以及国家批准设立的其他证券市场。

第三条 因下列交易发生的民事诉讼，不适用本规定：

（一）在国家批准设立的证券市场以外进行的交易；

（二）在国家批准设立的证券市场上通过协议转让方式进行的交易。

第四条 人民法院审理虚假陈述证券民事赔偿案件，应当着重调解，鼓励当事人和解。

第五条 投资人对虚假陈述行为人提起民事赔偿的诉讼时效期间，适用民法通则第一百三十五条的规定，根据下列不同情况分别起算：

（一）中国证券监督管理委员会或其派出机构公布对虚假陈述行为人作出处罚决定之日；

（二）中华人民共和国财政部、其他行政机关以及有权作出行政处罚的机构公布对虚假陈述行为人作出处罚决定之日；

（三）虚假陈述行为人未受行政处罚，但已被人民法院认定有罪的，作出刑事判决生效之日。

因同一虚假陈述行为，对不同虚假陈述行为人作出两个以上行政处罚；或者既有行政处罚，又有刑事处罚的，以最先作出的行政处罚决定公告之日或者作出的刑事判决生效之日，为诉讼时效起算之日。

第二节 受理与管辖

第六条 投资人以自己受到虚假陈述侵害为由，依据有关机关的行政处罚决定或者人民法院的刑事裁判文书，对虚假陈述行为人提起的民事赔偿诉讼，符合民事诉讼法第一百零八条规定的，人民法院应当受理。

投资人提起虚假陈述证券民事赔偿诉讼，除提交行政处罚决定或者公告，或者人民法院的刑事裁判文书以外，还须提交以下证据：

（一）自然人、法人或者其他组织的身份证明文件，不能提供原件的，应当提交经公证证明的复印件；

（二）进行交易的凭证等投资损失证据材料。

第七条 虚假陈述证券民事赔偿案件的被告，应当是虚假陈述行为人，包括：

（一）发起人、控股股东等实际控制人；

（二）发行人或者上市公司；

（三）证券承销商；

（四）证券上市推荐人；

（五）会计师事务所、律师事务所、资产评估机构等专业中介服务机构；

（六）上述（二）、（三）、（四）项所涉单位中负有责任的董事、监事和经理等高级管理人员以及（五）项中直接责任人；

（七）其他作出虚假陈述的机构或者自然人。

第八条 虚假陈述证券民事赔偿案件，由省、直辖市、自治区人民政府所在的市、计划单列市和经济特区中级人民法院管辖。

第九条 投资人对多个被告提起证券民事赔偿诉讼的，按下列原则确定管辖：

（一）由发行人或者上市公司所在地有管辖权的中级人民法院管辖。但有本规定第十条第二款规定的情形除外。

（二）对发行人或者上市公司以外的虚假陈述行为人提起的诉讼，由被告所在地有管辖权的中级人民法院管辖。

（三）仅以自然人为被告提起的诉讼，由被告所在地有管辖权的中级人民法院管辖。

第十条 人民法院受理以发行人或者上市公司以外的虚假陈述行为人为被告提起的诉讼后，经当事人申请或者征得所有原告同意后，可以追加发行人或者上市公司为共同被告。人民法院追加后，应当将案件移送发行人或者上市公司所在地有管辖权的中级人民法院管辖。

当事人不申请或者原告不同意追加，人民法院认为确有必要追加的，应当通知发行人或者上市公司作为共同被告参加诉讼，但不得移送案件。

第十一条 人民法院受理虚假陈述证券民事赔偿案件后，受行政处罚当事人对行政处罚不服申请行政复议或者提起行政诉讼的，可以裁定中止审理。

人民法院受理虚假陈述证券民事赔偿案件后，有关行政处罚被撤销的，应当裁定终结诉讼。

第三节 诉讼方式

第十二条 本规定所涉证券民事赔偿案件的原告可以选择单独诉讼或者共同诉讼方式提起诉讼。

第十三条 多个原告因同一虚假陈述事实对相同被告提起的诉讼，既有单独诉讼也有共同诉讼的，人民法院可以通知提起单独诉讼的原告参加共同诉讼。

多个原告因同一虚假陈述事实对相同被告同时提起两个以上共同诉讼的，人民法院可以将其合并为一个共同诉讼。

第十四条 共同诉讼的原告人数应当在开庭审理前确定。原告人数众多的可以推选二至五名诉讼代表人，每名诉讼代表人可以委托一至二名诉讼代理人。

第十五条 诉讼代表人应当经过其所代表的原告特别授权，代表原告参加开庭审理，变更或者放弃诉讼请求、与被告进行和解或者达成调解协议。

第十六条 人民法院判决被告对人数众多的原告承担民事赔偿责任时，可以在判决主文中对赔偿总额作出判决，并将每个原告的姓名、应获得赔偿金额等列表附于民事判决书后。

第四节 虚假陈述的认定

第十七条 证券市场虚假陈述，是指信息披露义务人违反证券法律规定，在证券发行或者交易过程中，对重大事件作出违背事实真相的虚假记载、误导性陈述，或者在披露信息时发生重大遗漏、不正当披露信息的行为。

对于重大事件，应当结合证券法第五十九条、第六十条、第六十一条、第六十二条、第七十二条及相关规定的内容认定。

虚假记载，是指信息披露义务人在披露信息时，将不存在的事实在信息披露文件中予以记载的行为。

误导性陈述，是指虚假陈述行为人在信息披露文件中或者通过媒体，作出使投资人对其投资行为发生错误判断并产生重大影响的陈述。

重大遗漏，是指信息披露义务人在信息披露文件中，未将应当记载的事项完全或者部分予以记载。

不正当披露，是指信息披露义务人未在适当期限内或者未以法定方式公开披露应当披露的信息。

第十八条 投资人具有以下情形的，人民法院应当认定虚假陈述与损害结果之间存在因果关系：

（一）投资人所投资的是与虚假陈述直接关联的证券；

（二）投资人在虚假陈述实施日及以后，至揭露日或者更正日之前买入该证券；

（三）投资人在虚假陈述揭露日或者更正日及以后，因卖出该证券发生亏损，或者因持续持有该证券而产生亏损。

第十九条 被告举证证明原告具有以下情形的，人民法院应当认定虚假陈述与损害结果之间不存在因果关系：

（一）在虚假陈述揭露日或者更正日之前已经卖出证券；

（二）在虚假陈述揭露日或者更正日及以后进行的投资；

（三）明知虚假陈述存在而进行的投资；

（四）损失或者部分损失是由证券市场系统风险等其他因素所导致；

（五）属于恶意投资、操纵证券价格的。

第二十条 本规定所指的虚假陈述实施日，是指作出虚假陈述或者发生虚假陈述之日。

虚假陈述揭露日，是指虚假陈述在全国范围发行或者播放的报刊、电台、电视台等媒体上，首次被公开揭露之日。

虚假陈述更正日，是指虚假陈述行为人在中国证券监督管理委员会指定披露证券市场信息的媒体上，自行公告更正虚假陈述并按规定履行停牌手续之日。

第五节 归责与免责事由

第二十一条 发起人、发行人或者上市公司对其虚假陈述给投资人造成的损失承担民事赔偿责任。

发行人、上市公司负有责任的董事、监事和经理等高级管理人员对前款的损失承担连带赔偿责任。但有证据证明无过错的，应予免责。

第二十二条 实际控制人操纵发行人或者上市公司违反证券法律规定，以发行人或者上市公司名义虚假陈述并给投资人造成损失的，可以由发行人或者上市公司承担赔偿责任。发行人或者上市公司承担赔偿责任后，可以向实际控制人追偿。

实际控制人违反证券法第四条、第五条以及第一百八十八条规定虚假陈述，给投资人造成损失的，由实际控制人承担赔偿责任。

第二十三条 证券承销商、证券上市推荐人对虚假陈述给投资人造成的损失承担赔偿责任。但有证据证明无过错的，应予免责。

负有责任的董事、监事和经理等高级管理人员对证券承销商、证券上市推荐人承担的赔偿责任负连带责任。其免责事由同前款规定。

第二十四条 专业中介服务机构及其直接责任人违反证券法第一百六十一条和第二百零二条的规定虚假陈述，给投资人造成损失的，就其负有责任的部分承担赔偿责任。但有证据证明无过错的，应予免责。

第二十五条 本规定第七条第（七）项规定的其他作出虚假陈述行为的机构或者自然人，违反证券法第五条、第七十二条、第一百八十八条和第一百八十九条规定，给投资人造成损失的，应当承担赔偿责任。

第六节 共同侵权责任

第二十六条 发起人对发行人信息披露提供担保的，发起人与发行人对投资人的损失承担连带责任。

第二十七条 证券承销商、证券上市推荐人或者专业中介服务机构，知道或者应当知道发行人或者上市公司虚假陈述，而不予纠正或者不出具保留意见的，构成共同侵权，对投资人的损失承担连带责任。

第二十八条 发行人、上市公司、证券承销商、证券上市推荐人负有责任的董事、监事和经理等高级管理人员有下列情形之一的，应当认定为共同虚假陈述，分别与发行人、上市公司、证券承销商、证券上市推荐人对投资人的损失承担连带责任：

（一）参与虚假陈述的；

（二）知道或者应当知道虚假陈述而未明确表示反对的；

（三）其他应当负有责任的情形。

第七节 损失认定

第二十九条 虚假陈述行为人在证券发行市场虚假陈述，导致投资人损失的，投资人有权要求虚假陈述行为人按本规定第三十条赔偿损失；导致证券被停止发行的，投资人有权要求返还和赔偿所缴股款及银行同期活期存款利率的利息。

第三十条 虚假陈述行为人在证券交易市场承担民事赔偿责任的范围，以投资人因虚假陈述而实际发生的损失为限。投资人实际损失包括：

（一）投资差额损失；

（二）投资差额损失部分的佣金和印花税。

前款所涉资金利息，自买入至卖出证券日或者基准日，按银行同期活期存款利率计算。

第三十一条 投资人在基准日及以前卖出证券的，其投资差额损失，以买入证券平均价格与实际卖出证券平均价格之差，乘以投资人所持证券数量计算。

第三十二条 投资人在基准日之后卖出或者仍持有证券的，其投资差额损失，以买入证券平均价格与虚假陈述揭露日或者更正日起至基准日期间，每个交易日收盘价的平均价格之差，乘以投资人所持证券数量计算。

第三十三条 投资差额损失计算的基准日，是指虚假陈述揭露或者更正后，为将投资人应获赔偿限定在虚假陈述所造成的损失范围内，确定损失计算的合理期间而规定的截止日期。基准日分别按下列情况确定：

（一）揭露日或者更正日起，至被虚假陈述影响的证券累计成交量达到其可流通部分100%之日。但通过大宗交易协议转让的证券成交量不予计算。

（二）按前项规定在开庭审理前尚不能确定的，则以揭露日或者更正日后第30个交易日为基准日。

（三）已经退出证券交易市场的，以摘牌日前一交易日为基准日。

（四）已经停止证券交易的，可以停牌日前一交易日为基准日；恢复交易的，可以本条第（一）项规定确定基准日。

第三十四条 投资人持股期间基于股东身份取得的收益，包括红利、红股、公积金转增所得的股份以及投资人持股期间出资购买的配股、增发股和转配股，不得冲抵虚假陈述行为人的赔偿金额。

第三十五条 已经除权的证券，计算投资差额损失时，证券价格和证券数量应当复权计算。

第八节 附 则

第三十六条 本规定自2003年2月1日起施行。

第三十七条 本院2002年1月15日发布的《关于受理证券市场因虚假陈述引发的民事侵权纠纷案件有关问题的通知》中与本规定不一致的，以本规定为准。

最高人民法院关于审理与企业改制相关的民事纠纷案件若干问题的规定

（2002年12月3日最高人民法院审判委员会第1259次会议通过）

为了正确审理与企业改制相关的民事纠纷案件，根据《中华人民共和国民法通则》、《中华人民共和国公司法》、《中华人民共和国全民所有制工业企业法》、《中华人民共和国合同法》、《中华人民共和国民事诉讼法》等法律、法规的规定，结合审判实践，制定本规定。

第一节 案件受理

第一条 人民法院受理以下平等民事主体间在企业产权制度改造中发生的民事纠纷案件：

（一）企业公司制改造中发生的民事纠纷；

（二）企业股份合作制改造中发生的民事纠纷；

（三）企业分立中发生的民事纠纷；

（四）企业债权转股权纠纷；

（五）企业出售合同纠纷；

（六）企业兼并合同纠纷；

（七）与企业改制相关的其他民事纠纷。

第二条 当事人起诉符合本规定第一条所列情形，并符合民事诉讼法第一百零八条规定的起诉条件的，人民法院应当予以受理。

第三条 政府主管部门在对企业国有资产进行行政性调整、划转过程中发生的纠纷，当事人向人民法院提起民事诉讼的，人民法院不予受理。

第二节 企业公司制改造

第四条 国有企业依公司法整体改造为国有独资有限责任公司的，原企业的债务，由改造后的有限责任公司承担。

第五条 企业通过增资扩股或者转让部分产权，实现他人对企业的参股，将企业整体改造为有限责任公司或者股份有限公司的，原企业债务由改造后的新设公司承担。

第六条 企业以其部分财产和相应债务与他人组建新公司，对所转移的债务债权人认可的，由新组建的公司承担民事责任；对所转移的债务未通知债权人或者虽通知债权人，而债权人不予认可的，由原企业承担民事责任。原企业无力偿还债务，债权人就此向新设公司主张债权的，新设公司在所接收的财产范围内与原企业承担连带民事责任。

第七条 企业以其优质财产与他人组建新公司，而将债务留在原企业，债权人以新设公司和原企业作为共同被告提起诉讼主张债权的，新设公司应当在所接收的财产范围内与原企业共同承担连带责任。

第三节 企业股份合作制改造

第八条 由企业职工买断企业产权，将原企业改造为股份合作制的，原企业的债务，由改造后的股份合作制企业承担。

第九条 企业向其职工转让部分产权，由企业与职工共同组建股份合作制企业的，原企业的债务由改造后的股份合作制企业承担。

第十条 企业通过其职工投资增资扩股，将原企业改造为股份合作制企业的，原企业的债务由改造后的股份合作制企业承担。

第十一条 企业在进行股份合作制改造时，参照公司法的有关规定，公告通知了债权人。企业股份合作制改造后，债权人就原企业资产管理人（出资人）隐瞒或者遗漏的债务起诉股份合作制企业的，如债权人在公告期内申报过该债权，股份合作制企业在承担民事责任后，可再向原企业资产管理人（出资人）追偿。如债权人在公告期内未申报过该债权，则股份合作制企业不承担民事责任，人民法院可告知债权人另行起诉原企业资产管理人（出资人）。

第四节 企业分立

第十二条 债权人向分立后的企业主张债权，企业分立时对原企业的债务承担有约定，并经债权人认可的，按照当事人的约定处理；企业分立时对原企业债务承担没有约定或者约定不明，或者虽然有约定但债权人不予认可的，分立后的企业应当承担连带责任。

第十三条 分立的企业在承担连带责任后，各分立的企业间对原企业债务承担有约定的，按照约定处理；没有约定或者约定不明的，根据企业分立时的资产比例分担。

第五节 企业债权转股权

第十四条 债权人与债务人自愿达成债权转股权协议，且不违反法律和行政法规强制性规定的，人民法院在审理相关的民事纠纷案件中，应当确认债权转股权协议有效。政策性债权转股权，按照国务院有关部门的规定处理。

第十五条 债务人以隐瞒企业资产或者虚列企业资产为手段，骗取债权人与其签订债权转股权协议，债权人在法定期间内行使撤销权的，人民法院应当予以支持。债权转股权协议被撤销后，债权人有权要求债务人清偿债务。

第十六条 部分债权人进行债权转股权的行为，不影响其他债权人向债务人主张债权。

第六节 国有小型企业出售

第十七条 以协议转让形式出售企业，企业出售合同未经有审批权的地方人民政府或其授权的职能部门审批的，人民法院在审理相关的民事纠纷案件时，应当确认该企业出售合同不生效。

第十八条 企业出售中，当事人双方恶意串通，损害国家利益的，人民法院在审理相关的民事纠纷案件时，应当确认该企业出售行为无效。

第十九条 企业出售中，出卖人实施的行为具有合同法第五十四条规定的情形，买受人在法定期限内行使撤销权的，人民法院应当予以支持。

第二十条 企业出售合同约定的履行期限届满，一方当事人拒不履行合同，或者未完全履行合同义务，致使合同目的不能实现，对方当事人要求解除合同并要求赔偿损失的，人民法院应当予以支持。

第二十一条 企业出售合同约定的履行期限届满，一方当事人未完全履行合同义务，对方当事人要求继续履行合同并要求赔偿损失的，人民法院应当予以支持。双方当事人均未完全履行合同义务的，应当根据当事人的过错，确定各自应当承担的民事责任。

第二十二条 企业出售时，出卖人对所售企业的资产负债状况、损益状况等重大事项未履行如实告知义务，影响企业出售价格，买受人就此向人民法院起诉主张补偿的，人民法院应当予以支持。

第二十三条 企业出售合同被确认无效或者被撤销的，企业售出后买受人经营企业期间发生的经营盈亏，由买受人享有或者承担。

第二十四条 企业售出后，买受人将所购企业资产纳入本企业或者将所购企业变更为所属分支机构的，所购企业的债务，由买受人承担。但买卖双方另有约定，并经债权人认可的除外。

第二十五条 企业售出后，买受人将所购企业资产作价入股与他人重新组建新公司，所购企业法人予以注销的，对所购企业出售前的债务，买受人应当以其所有财产，包括在新组建公司中的股权承担民事责任。

第二十六条 企业售出后，买受人将所购企业重新注册为新的企业法人，所购企业法人被注销的，所购企业出售前的债务，应当由新注册的企业法人承担。但买卖双方另有约定，并经债权人认可的除外。

第二十七条 企业售出后，应当办理而未办理企业法人注销登记，债权人起诉该企业的，人民法院应当根据企业资产转让后的具体情况，告知债权人追加责任主体，并判令责任主体承担民事责任。

第二十八条 出售企业时，参照公司法的有关规定，出卖人公告通知了债权人。企业售出后，债权人就出卖人隐瞒或者遗漏的原企业债务起诉买受人的，如债权人在公告期内申报过该债权，买受人在承担民事责任后，可再行向出卖人追偿。如债权人在公告期内未申报过该债权，则买受人不承担民事责任。人民法院可告知债权人另行起诉出卖人。

第二十九条 出售企业的行为具有合同法第七十四条规定的情形，债权人在法定期限内行使撤销权的，人民法院应当予以支持。

第七节 企业兼并

第三十条 企业兼并协议自当事人签字盖章之日起生效。需经政府主管部门批准的，兼并协议自批准之日起生效；未经批准的，企业兼并协议不生效。但当事人在一审法庭辩论终结前补办报批手续的，人民法院应当确认该兼并协议有效。

第三十一条 企业吸收合并后，被兼并企业的债务应当由兼并方承担。

第三十二条 企业进行吸收合并时，参照公司法的有关规定，公告通知了债权人。企业吸收合并后，债权人就被兼并企业原资产管理人（出资人）隐瞒或者遗漏的企业债务起诉兼并方的，如债权人在公告期内申报过该笔债权，兼并方在承担民事责任后，可再行向被兼并企业原资产管理人（出资人）追偿。如债权人在公告期内未申报过该笔债权，则兼并方不承担民事责任。人民法院可告知债权人另行起诉被兼并企业原资产管理人（出资人）。

第三十三条 企业新设合并后，被兼并企业的债务由新设合并后的企业法人承担。

第三十四条 企业吸收合并或新设合并后，被兼并企业应当办理而未办理工商注销登记，债权人起诉被兼并企业的，人民法院应当根据企业兼并后的具体情况，告知债权人追加责任主体，并判令责任主体承担民事责任。

第三十五条 以收购方式实现对企业控股的，被控股企业的债务，仍由其自行承担。但因控股企业抽逃资金、逃避债务，致被控股企业无力偿还债务的，被控股企业的债务则由控股企业承担。

第八节 附 则

第三十六条 本规定自二〇〇三年二月一日起施行。在本规定施行前，本院制定的有关企业改制方面的司法解释与本规定相抵触的，不再适用。

中国证券监督管理委员会股票发行审核委员会暂行办法

发文机关：中国证券监督管理委员会令第16号 发文时间：2003－12－05

《中国证券监督管理委员会股票发行审核委员会暂行办法》经2003年7月17日中国证券监督管理委员会第36次主席办公会议审议通过，并于2003年11月24日经国务院批准，现予公布，自公布之日起施行。

经国务院批准，1999年8月19日国务院批准、1999年9月16日中国证券监督管理委员会发布的《中国证券监督管理委员会股票发行审核委员会条例》同时废止。

主席 尚福林

二〇〇三年十二月五日

第一章 总 则

第一条 为了保证在股票发行审核工作中贯彻公开、公平、公正的原则，提高股票发行审核工作的质量和透明度，根据《中华人民共和国证券法》的有关规定，制定本办法。

第二条 中国证券监督管理委员会（以下简称中国证监会）设立股票发行审核委员会（以下简称发审委），依照《中华人民共和国公司法》、《中华人民共和国证券法》等法律、行政法规和中国证监会的规定，对发行人的股票发行申请文件和中国证监会有关职能部门的初审报告进行审核。

发审委以投票方式对股票发行申请进行表决，提出审核意见。

中国证监会在发审委审核意见的基础上，依照法定条件核准股票发行申请。

第三条 发审委通过发审委工作会议（以下简称发审委会议）履行职责。

第四条 中国证监会负责对发审委事务的日常管理以及对发审委委员的考核和监督。

第五条 股票发行核准程序应当公开，依法接受监督。

第二章 发审委的组成

第六条 发审委委员由有关行政机关、行业自律组织、研究机构和高等院校等推荐，由中国证监会聘任。

发审委委员为25名，部分发审委委员可以为专职。其中中国证监会的人员5名，中国证监会以外的人员20名。

发审委设会议召集人5名。

第七条 发审委委员每届任期一年，可以连任，但连续任期最长不超过3届。

第八条 发审委委员应当符合下列条件：

（一）坚持原则，公正廉洁，忠于职守，严格遵守国家法律、行政法规和规章；

（二）熟悉证券、会计业务及有关的法律、行政法规和规章；

（三）精通所从事行业的专业知识，在所从事的领域内有较高声誉；

（四）没有违法、违纪记录；

（五）中国证监会认为需要符合的其它条件。

第九条 发审委委员有下列情形之一的，中国证监会应当予以解聘：

（一）违反法律、行政法规、规章和发行审核工作纪律的；

（二）未按照中国证监会的有关规定勤勉尽职的；

（三）本人提出辞职申请的；

（四）2次以上无故不出席发审委会议的；

（五）经中国证监会考核认为不适合担任发审委委员的其他情形。

发审委委员的解聘不受任期是否届满的限制。发审委委员解聘后，中国证监会应及时选聘新的发审委委员。

第三章　发审委的职责

第十条　发审委的职责是：根据有关法律、行政法规和中国证监会的规定，审核股票发行申请是否符合公开发行股票的条件；审核保荐机构、会计师事务所、律师事务所、资产评估机构等证券中介机构及相关人员为股票发行所出具的有关材料及意见书；审核中国证监会有关职能部门出具的初审报告；依法对股票发行申请提出审核意见。

第十一条　发审委委员以个人身份出席发审委会议，依法履行职责，独立发表审核意见并行使表决权。

第十二条　发审委委员可以通过中国证监会有关职能部门调阅履行职责所必需的与发行人有关的资料。

第十三条　发审委委员应当遵守下列规定：

（一）按要求出席发审委会议，并在审核工作中勤勉尽职；

（二）保守国家秘密和发行人的商业秘密；

（三）不得泄露发审委会议讨论内容、表决情况以及其他有关情况；

（四）不得利用发审委委员身份或者在履行职责上所得到的非公开信息，为本人或者他人直接或者间接谋取利益；

（五）不得私下与本次所审核发行人及其他相关单位或者个人进行接触，不得接受发行人及相关单位或者个人提供的资金、物品及其他利益；

（六）不得有与其他发审委委员串通表决或者诱导其他发审委委员表决的行为；

（七）中国证监会的其他有关规定。

第十四条　发审委委员有义务向中国证监会举报任何以不正当手段对其施加影响的发行人及其他相关单位或者个人。

第十五条　发审委委员审核股票发行申请文件时，有下列情形之一的，应及时提出回避：

（一）发审委委员或者其亲属担任发行人或者保荐机构的董事（含独立董事，下同）、监事、经理或者其他高级管理人员的；

（二）发审委委员或者其亲属、发审委委员所在工作单位持有发行人的股票，可能影响其公正履行职责的；

（三）发审委委员或者其所在工作单位近两年来为发行人提供保荐、承销、审计、评估、法律、咨询等服务，可能妨碍其公正履行职责的；

（四）发审委委员或者其亲属担任董事、监事、经理或者其他高级管理人员的公司与发行人或者保荐机构有行业竞争关系，经认定可能影响其公正履行职责的；

（五）发审委会议召开前，与本次所审核发行人及其他相关单位或者个人进行过接触，可能影响其公正履行职责的；

（六）中国证监会认定的可能产生利害冲突或者发审委委员认为可能影响其公正履行职责的其他情形。

前款所称亲属，是指发审委委员的配偶、父母、子女、兄弟姐妹、配偶的父母、子女的配偶、兄弟姐妹的配偶。

第十六条　发行人及其他相关单位和个人如果认为发审委委员与其存在利害冲突或者潜在的利害冲突，可能影响发审委委员公正履行职责的，可以在发审委会议召开 3 日前，向中国证监会提出要求有关发审委委员予以回避的书面申请，并说明理由。

中国证监会根据发行人及其他相关单位和个人提出的书面申请，决定相关发审委委员是否回避。

第十七条　发审委委员接受聘任后，应当承诺遵守中国证监会有关对发审委委员的规定和纪律要求，认真履行职责，接受中国证监会的考核和监督。

第四章　发审委工作程序

第十八条　发审委通过召开发审委会议进行审核工作，每次参加发审委会议的发审委委员为 7 名。

第十九条　中国证监会有关职能部门应当在发审委会议召开 5 日前，将会议通知、股票发行申请文件及中国证监会有关职能部门的初审报告送达参会发审委委员，并将发审委会议审核的发行人名单、会议时间、发行人承诺函和参会发审委委员名单在中国证监会网站上公布。

中国证监会有关职能部门负责安排发审委会议、送达有关审核材料、起草发审委会议纪要、保管档案等具体工作。

第二十条　发审委会议召集人按照中国证监会的有关规定负责召集发审委会议，组织发审委委员发表意见、讨论，总结发审委会议审核意见和组织投票等事项。

第二十一条　发审委委员应依据法律、行政法规和中国证监会的规定，结合自身的专业知识，独立、客观、公正地对股票发行申请进行审核。

发审委委员应当以审慎、负责的态度，全面审阅发行人的股票发行申请文件和中国证监会有关职能部门出具的初审报告。在审核时，发审委委员应当在工作底稿上填写个人审核意见：

（一）发审委委员对初审报告中提请发审委委员关注的问题和审核意见有异议的，应当在工作底稿上对相关内容提出有依据、明确的审核意见；

（二）发审委委员认为发行人存在初审报告提请关注问题以外的其他问题的，应当在工作底稿上提出有依据、明确的审核意见；

（三）发审委委员认为发行人存在尚待调查核实并影响明确判断的重大问题的，应当在工作底稿上提出有依据、明确的审核意见。

发审委委员在发审委会议上应当根据自己的工作底稿发表个人审核意见，同时应当根据会议讨论情况，完善个人审核意见并在工作底稿上予以记录。

发审委会议在充分讨论的基础上，形成会议对发行人股票发行申请的审核意见，并对发行人是否符合公开发行股票的条件进行表决。

第二十二条　发审委会议对发行人的股票发行申请形成审核意见之前，可以请发行人代表和保荐代表人到会接受发审委委员的询问。

第二十三条　发审委会议表决采取记名投票方式。表决票设同意票和反对票，同意票数达到 5 票为通过，同意票数未达到 5 票为未通过。发审委委员不得弃权。发审委委员在投票时应当在表决票上说明理由。

中国证监会有关职能部门负责对发审委会议讨论情况进行记录。发审委会议结束后，参会发审委委员应当在会议记录、审核意见、表决结果等会议资料上签名确认，同时提交工作底稿。

第二十四条　发审委对发行人的股票发行申请只进行一次审核。

出现发审委会议审核意见与表决结果有明显差异或者发审委会议表决结果显失公正情况的，中国证监会可以进行调查，并依法做出核准或者不予核准的决定。

第二十五条　发审委委员发现存在尚待调查核实并影响明确判断的重大问题，经出席会议的 5 名发审委委员同意，可以对该股票发行申请暂缓表决一次。

暂缓表决的股票发行申请再次提交发审委会议审核时，原则上仍由原发审委委员审核。

第二十六条　发审委会议对发行人的股票发行申请表决通过后，中国证监会在网站上公布表决结果。

发审委会议对发行人股票发行申请提出的审核意见，中国证监会有关职能部门应当向发行人保荐机构进行书面反馈。

第二十七条　在发审委会议对发行人的股票发行申请表决通过后至中国证监会核准前，发行人发生了与所报送的股票发行申请文件不一致的重大事项，中国证监会有关职能部门可以提请发审委召开会后事项发审委会议，对该发行人的股票发行申请文件重新进行审核。会后事项发审委会议的参会发审委委员不受是否审核过该发行人的股票发行申请的限制。

第二十八条　发审委会议根据审核工作需要，可以邀请发审委委员以外的行业专家到会提供专业咨询意见。发审委委员以外的行业专家没有表决权。

第二十九条　发审委每年应当至少召开一次全体会议，对审核工作进行总结。

第三十条　发审委审核工作所需费用，由中国证监会支付。

第五章　对发审委审核工作的监督

第三十一条　中国证监会对发审委实行问责制度。出现发审委会议审核意见与表决结果有明显差异的，中国证监会可以要求所有参会发审委委员分别作出解释和说明。

第三十二条　发审委委员存在违反本办法第十三条规定的行为，或者存在对所参加发审委会议应当回避而未提出回避等其他违反发审委工作纪律的行为的，中国证监会应当根据情节轻重对有关发审委委员分别予以谈话提醒、批评、解聘等处理。

第三十三条　中国证监会建立对发审委委员违法、违纪行为的举报监督机制。

对有线索举报发审委委员存在违法、违纪行为的，中国证监会应当进行调查，根据调查结果对有关发审委委员分别予以谈话提醒、批评、解聘等处理；涉嫌犯罪的，依法移交司法机关处理。

第三十四条 中国证监会对发审委委员的批评可以在新闻媒体上公开。

第三十五条 在发审委会议召开前，有证据表明发行人、其他相关单位或者个人直接或者间接以不正当手段影响发审委委员对发行人股票发行申请的判断，或者以其他方式干扰发审委委员审核的，中国证监会可以暂停对有关发行人的发审委会议审核。

发行人股票发行申请通过发审委会议后，有证据表明发行人、其他相关单位或者个人直接或者间接以不正当手段影响发审委委员对发行人股票发行申请的判断，或者以其他方式干扰发审委委员审核的，中国证监会可以暂停核准；情节严重的，中国证监会不予核准。

第三十六条 发行人的保荐机构有义务督促发行人遵守本办法的有关规定。保荐机构唆使、协助或者参与干扰发审委工作的，中国证监会按照有关规定在3个月内不受理该保荐机构的推荐。

第六章　附则

第三十七条 依照法律、行政法规，发审委审核可转换公司债券等其他证券的发行申请，适用本办法。

第三十八条 本办法自发布之日起施行。

中国证券监督管理委员会股票发行审核委员会工作细则

发文机关：中国证券监督管理委员会　发文时间：2003－12－11

为规范中国证券监督管理委员会股票发行审核委员会（以下简称发审委）的工作，更好地在发审委工作中贯彻公开、公平、公正原则，提高股票发行审核工作的质量和透明度，根据《中国证券监督管理委员会股票发行审核委员会暂行办法》（以下简称《暂行办法》），制定本工作细则。

一、发审委会议前的工作规程（一）中国证券监督管理委员会发行监管部（以下简称发行监管部）具体负责股票发行审核委员会工作会议（以下简称发审委会议）的各项工作，其中发审委会议的准备工作主要包括确定发审委会议日期、发审委会议审核的发行人、出席发审委会议的发审委委员（以下简称委员）、向委员送达发审委会议通知、发行人的股票发行申请文件和发行监管部出具的初审报告（以下简称审核材料），以及将发审委会议的有关信息在中国证券监督管理委员会网站上公布。

（二）发行监管部应当在每月月底前制定下月发审委会议召开计划并告知全体委员，非专职委员应当在每月月底前将下月能参加发审委会议的时间安排报告发行监管部。发审委会议原则上应当在每周固定时间召开。

（三）发行监管部安排发审委会议审核发行人的顺序，原则上按照发行人向发行监管部报送审核材料的时间先后确定。

（四）发行监管部在发审委会议召开5天前，将会议通知及审核材料送达参会委员，并请委员签收。外地委员的审核材料可以采取委员认可的方式送达。

（五）发行监管部在将会议通知及审核材料送达参会委员后，应当将发审委会议审核的发行人名单、发行人承诺函、会议时间和参会委员名单在中国证券监督管理委员会网站上公布。

（六）委员若发现存在须回避情形的或者已确定出席发审委会议后又因特殊原因不能出席会议的，需在会议召开3天前通知发行监管部，并提出书面申请及理由。发行监管部经核实后对参会委员作相应调整。

（七）发行人及其他相关单位和个人依据《暂行办法》第十六条规定向发行监管部提出要求有关委员予以回避的书面申请时，应当就“利害冲突或者潜在的利害冲突”在书面申请中作出说明。

（八）委员收到审核材料后，应当按照《暂行办法》第二十一条规定，根据法律、行政法规和中国证券监督管理委员会有关规定，全面审阅审核材料，并按要求填写审核工作底稿。

（九）委员审核材料期间，经发行监管部登记后，可调阅履行职责所必需的与发行人有关的资料。

二、发审委会议的工作规程（一）发审委会议议程如下：

1、出席会议委员达到规定人数后，委员填写本次发审委会议中国证券监督管理委员会股票发行审核委员会委员与发行人接触事项的有关说明，交由发行监管部工作人员核对后，召集人宣布会议开始并主持会议。

2、发行监管部预审人员向委员报告审核情况，并就有关问题提供说明。

3、召集人组织委员对初审报告中提请委员关注的问题和审核意见逐一发表个人审核意见，对委员发现的发行人存在初审报告提请关注问题以外的其他问题发表个人审核意见。

4、发行人代表和保荐代表人（不超过3人）到会陈述和接受询问。
5、召集人总结委员的主要审核意见，形成发审委会议对发行人股票发行申请的审核意见。

6、委员对发审委会议记录、审核意见记录确认并签名。

7、委员进行投票表决。表决方式采取封闭式记名投票，委员个人的投票意见不对外公布。

8、发行监管部工作人员负责监票及统计投票结果。

9、召集人宣布表决结果。

10、委员在发审委会议表决结果上签名，同时提交审核工作底稿。

（二）发行监管部工作人员负责发审委会议记录、审核意见记录和会议考勤记录，并对会议全过程进行录音。

（三）发审委会议依据《暂行办法》第二十五条规定对发行人的股票发行申请暂缓表决的，按以下规定办理：

1、发审委会议同意对发行人的股票发行申请暂缓表决后，发行人应当在收到有关审核意见之日起1个月内向发审委提出再审申请。

2、被暂缓表决的股票发行申请再次提交发审委会议审核时，原发审委委员如果无法参会，应当向发行监管部作出说明。

三、发审委会议后的工作规程（一）发审委会议的次日，发行监管部负责将经发审委会议表决通过的发行人名单在中国证券监督管理委员会网站上公布。

（二）依据《暂行办法》第二十七条规定召开的会后事项发审委会议还应当遵守以下规定：

1、会后事项发审委会议应当对发行人完整的申请文件进行审核。

2、会后事项发审委会议不设暂缓表决。

3、会后事项发审委会议只召开1次。

4、中国证券监督管理委员会的其他规定。

四、发审委会议纪律（一）委员应当遵守以下规定：1、委员应当在规定时间内提出回避申请，不得拖延或者在发审委会议现场提出回避申请。

2、委员应当按时参加发审委会议，不迟到、不早退、不在会议期间无故离开会场。

3、审核材料应当由委员妥善保管，不得对外泄露，待发审委会议结束后由发行监管部工作人员收回。

4、发审委会议召开过程中，参会人员应当关闭手机、呼机及其他通讯工具。

5、委员不得与其他发审委委员串通表决或者诱导其他发审委委员表决。

6、委员不得泄露发审委会议讨论内容、表决情况及其他有关情况。

7、委员不得利用发审委委员身份从事与发行审核无关的活动。

（二）发审委会议召集人应当遵守以下规定：

1、主持发审委会议，维持发审委会议纪律，根据发行人的具体情况掌握发审委会议进度。

2、组织委员在发审委会议上发表个人审核意见。

3、集中归纳参会委员需向发行人代表和保荐代表人询问的问题。

4、对发审委会议讨论、关注的问题进行归纳和总结。

5、负责总结参会委员的主要审核意见，形成本次发审委会议对发行人股票发行申请的审核意见。

6、组织参会委员投票表决，宣读表决结果。

（三）委员任期届满，中国证券监督管理委员会将对委员遵守发审委纪律和履行职责的情况进行考核和评估。

（四）中国证券监督管理委员会发现发行人及其他相关单位或者个人以任何不正当手段影响委员或者干扰发审委审核的，发行监管部将暂停安排发审委会议对相关发行人股票发行申请的审核。

五、附则本工作细则自发布之日起施行。2001年4月4日发布的《中国证券监督管理委员会股票发行审核委员会工作程序执行指导意见》（证监发[2001]54号）和2002年7月18日发布的《关于<中国证券监督管理委员会股票发行审核委员会工作程序执行指导意见>的补充通知》（证监发[2002]52号）同时废止。

关于发布《中国证券监督管理委员会股票发行审核委员会工作细则》的通知

证监发[2003]88号为规范中国证券监督管理委员会股票发行审核委员会的工作，更好地在发审委工作中贯彻公开、公平、公正原则，提高股票发行审核工作的质量和透明度，根据《中国证券监督管理委员会股票发行审核委员会暂行办法》，我会制定了《中国证券监督管理委员会股票发行审核委员会工作细则》，现予发布，自发布之日起施行。

保险机构投资者股票投资管理暂行办法

发文机关：中国保险监督管理委员会、中国证券监督管理委员会　发文时间：2004—10—24

近日，经国务院批准，中国保险监督管理委员会联合中国证券监督管理委员会正式发布了《保险机构投资者股票投资管理暂行办法》（以下简称办法）。这是中国保监会和中国证监会积极贯彻落实《国务院关于推进资本市场改革开放和稳定发展的若干意见》（以下简称若干意见）的重要举措，将对进一步加强资本市场建设，促进保险市场与资本市场协调发展，拓宽中国保险业资金运用渠道，分散资金运用风险，逐步培养和形成保险资金运用新的投资能力，产生深远影响。

保监会有关部门负责人指出，近年来，随着我国保险市场的快速发展，保险资金规模不断扩大，截止2004年8月末，保险资金运用余额已达10012亿，比去年同期增长39%。这为保险资金直接投资股票市场创造了条件。同时，自1999年以来，保险资金在通过购买证券投资基金产品间接投资股票市场方面也进行了探索，积累了一定的经验。而且，随着保险资金运用体制改革的深入，保险业在建立保险资金集中化管理和专业化运作机制，建立资金运用风险内控机制等方面也取得了长足进步。这都为保险资金直接投资股票市场奠定了基础。《办法》允许保险机构投资者在严格监管的前提下直接投资股票市场，参与一级市场和二级市场交易，买卖人民币普通股票、可转换公司债券及保监会规定的其他投资品种。这不仅有利于保险公司扩大资金运作空间，分散投资风险，也有利于改善资本市场投资者结构，增加市场稳定的资金来源，优化市场投资理念，促进资本市场稳步健康发展。

该负责人特别指出，保险资金以机构投资者身份入市，这是保险资金入市角色的重要定位，有利于保险公司建立长期投资、价值投资理念，有利于保险公司向专业化方向发展。从国际经验上讲，保险资金以机构投资者入市也是国际惯例，有利于保险公司逐步走国际化道路。

该负责人强调，股票市场投资风险较高，有效控制好投资风险是保险资金顺利入市和确保资金安全的关键。为此，《办法》以风险控制为核心，通过制度层面控制保险资金直接入市的风险。一是准入控制。设定保险机构投资者的市场准入条件，区分不同情况，区别对待。二是比例控制。保险机构投资者投资股票的比例，按成本价格计算，最高不超过本公司上年末总资产规模的5%。中国保监会将根据股票市场容量、风险程度及保险公司投资状况等因素，调整投资比例。三是加强风险防范机制建设。保险机构投资者股票投资市场行为，要建立完善的内控制度，规定禁止行为；要建立股票投资托管制度，实施第三方独立监控，防止管理人侵害投资者权益现象的发生，防范内部管理风险；要设定投资基准，选择以绩优、蓝筹、流动性强、财务状况稳健的上市公司为样本的指数作为股票投资基准。四是加强监管。监管部门将通过编制监管指标体系和报表体系，建立动态监管模式和风险监管技术模型，及时发现保险机构投资者股票交易的异常情况并进行检查处理，做到防患于未然。同时，有关监管部门建立协同监管机制，加强监管信息互换和协调配合，避免出现监管空白，有效防范风险。

中国证监会有关部门负责人表示，证监会近年来一直致力于拓展合规资金入市工作，《办法》的发布，不仅标志着我国保险公司资金运用渠道拓宽工作取得突破，也为证券市场增加了新的长期资金来源。保险公司及保险资产管理公司是证券市场的重要机构投资者之一，保险资金直接投资股市，将进一步壮大我国机构投资者的力量，对引导树立理性的投资理念，督促上市公司规范运作，促进我国证券市场的持续稳定健康发展都具有重要意义。

中国证监会有关部门负责人指出，允许保险资金直接投资股票市场，是贯彻落实《若干意见》有关鼓励合规资金入市政策的重要组成部分。鼓励合规资金入市政策的实施，进一步表明了国家对大力发展资本市场的支持，也显示了保险公司等机构投资者对我国资本市场发展的信心。中国证监会将和有关方面一起进一步做好贯彻落实《若干意见》的有关工作，使《若干意见》提出的发展我国资本市场的各项政策措施切实落到实处。

中国保监会和中国证监会的有关部门负责人强调指出，保险公司、保险资产公司违反本办法及有关法规的，中国保监会、中国证监会等监管部门将依法对保险机构投资者予以严肃处罚。

据悉，《办法》自公布之日起执行。

第一章　总　则

第一条　为了加强保险机构投资者股票投资业务的管理，规范投资行为，防范投资风险，保障被保险人利益，根据《中华人民共和国保险法》和《中华人民共和国证券法》等法律、行政法规，制定本办法。

第二条　本办法所称保险机构投资者是指符合中国保险监督管理委员会（以下简称中国保监会）规定的条件，从事股票投资的保险公司和保险资产管理公司。保险集团公司、保险控股公司从事股票投资，适用本办法。

本办法所称股票投资是指保险机构投资者从事或者委托符合规定的机构从事股票、可转换公司债券等股票市场产品交易的行为。

本办法所称股票资产托管是指保险公司根据中国保监会的有关规定，与商业银行或者其他专业金融机构签订托管协议，委托其保管股票和投资股票的资金，负责清算交割、资产估值、投资监督等事务的行为。

第三条　保险机构投资者投资股票，应当建立独立的托管机制，遵循审慎、安全、增值的原则，自主经营、自担风险、自负盈亏。

第四条　中国保监会、中国证券监督管理委员会（以下简称中国证监会）依据各自职责对保险机构投资者从事股票投资的活动实施监督管理。

第二章　资格条件

第五条　保险资产管理公司接受委托从事股票投资，应当符合下列条件：

（一）内部管理制度和风险控制制度符合《保险资金运用风险控制指引》的规定；

（二）设有独立的交易部门；

（三）相关的高级管理人员和主要业务人员符合本办法规定条件；

（四）具有专业的投资分析系统和风险控制系统；

（五）中国保监会规定的其他条件。

第六条　符合下列条件的保险公司，经中国保监会批准，可以委托符合本办法第五条规定条件的相关保险资产管理公司从事股票投资：

（一）偿付能力额度符合中国保监会的有关规定；

（二）内部管理制度和风险控制制度符合《保险资金运用风险控制指引》的规定；

（三）设有专门负责保险资金委托事务的部门；

（四）相关的高级管理人员和主要业务人员符合本办法规定条件；

（五）建立了股票资产托管机制；

（六）最近3年无重大违法、违规投资记录；

（七）中国保监会规定的其他条件。

第七条　符合下列条件的保险公司，经中国保监会批准，可以直接从事股票投资：

（一）偿付能力额度符合中国保监会的有关规定；

（二）内部管理制度和风险控制制度符合《保险资金运用风险控制指引》的规定；

（三）设有专业的资金运用部门；

（四）设有独立的交易部门；

（五）建立了股票资产托管机制；

（六）相关的高级管理人员和主要业务人员符合本办法规定的条件；

（七）具有专业的投资分析系统和风险控制系统；

（八）最近3年无重大违法、违规投资记录；

（九）中国保监会规定的其他条件。

第八条 保险公司申请直接或者委托保险资产管理公司从事股票投资，应当向中国保监会提交下列文件和材料一式三份：

（一）申请书；

（二）关于股票投资的董事会决议；

（三）内部管理制度、风险控制制度和内部机构设置情况；

（四）股票资产托管人的有关材料和托管协议草案；

（五）相关的高级管理人员和主要业务人员名单及简历；

（六）最近3年经会计师事务所审计的公司财务报表；

（七）现有的交易席位、证券账户及资金账户；

（八）股票投资策略，至少应当说明股票投资的理念、投资目标以及投资组合方向；

（九）中国保监会规定提供的其他文件和材料。

保险公司申请直接从事股票投资的，还应当提交有关投资分析系统和风险控制系统的说明。

第九条 中国保监会对保险公司直接或者委托保险资产管理公司从事股票投资的申请进行审查，应当自收到完整的申请文件和材料之日起20日内，作出批准或者不予批准的决定。决定不予批准的，应当书面通知申请人并说明理由。

中国保监会认为必要时，可以对保险公司的申请事项进行专家评审，并将专家评审所需时间书面告知保险公司。

第十条 保险公司直接从事股票投资的，应当在办理股票投资相关手续后10日内，将正式托管协议、投资业绩衡量基准以及有关交易席位、证券账户和资金账户的材料报送中国保监会。

保险公司委托相关保险资产管理公司从事股票投资的，应当在办理股票投资相关手续后10日内，将委托协议、正式托管协议、投资指引、投资业绩衡量基准以及有关交易席位、证券账户和资金账户的材料报送中国保监会。

前两款规定的内容发生变更的，保险公司应当在办理变更手续后5日内报告中国保监会。

保险公司应当将有关交易席位、证券账户和资金账户的材料，同时抄报中国证监会。

第三章　投资范围和比例

第十一条 保险机构投资者的股票投资限于下列品种：

（一）人民币普通股票；

（二）可转换公司债券；

（三）中国保监会规定的其他投资品种。

前款第（一）项所称人民币普通股票是指在我国境内公开发行并上市流通，以人民币认购和交易的股票。

第十二条 保险机构投资者的股票投资可以采用下列方式：

（一）一级市场申购，包括市值配售、网上网下申购、以战略投资者身份参与配售等；

（二）二级市场交易。

第十三条 保险机构投资者持有一家上市公司的股票不得达到该上市公司人民币普通股票的30%。

保险机构投资者投资股票的具体比例，由中国保监会另行规定。

保险资产管理公司不得运用自有资金进行股票投资。

第十四条 保险机构投资者不得投资下列类型的人民币普通股票：

（一）被交易所实行“特别处理”、“警示存在终止上市风险的特别处理’或者已终止上市的；

（二）其价格在过去12个月中涨幅超过100%的；

（三）存在被人为操纵嫌疑的；

（四）其上市公司最近一年度内财务报表被会计师事务所出具拒绝表示意见或者保留意见的；

（五）其上市公司已披露业绩大幅下滑、严重亏损或者未来将出现严重亏损的；

（六）其上市公司已披露正在接受监管部门调查或者最近1年内受到监管部门严重处罚的；

（七）中国保监会规定的其他类型股票。

第十五条 保险机构投资者投资可转换公司债券的余额计入企业债券的投资余额，并应当符合《保险公司投资企业债券管理暂行办法》的相关规定。

保险公司持有的可转换公司债券转股的，应当按成本价格计入人民币普通股票的投资余额，并应当符合中国保监会有关股票投资比例的规定。

第十六条 保险机构投资者为投资连结保险设立的投资账户，投资股票的比例可以为100%。

保险机构投资者为万能寿险设立的投资账户，投资股票的比例不得超过80%。

保险机构投资者为其他保险产品设立的独立核算账户，投资股票的比例，不得超过中国保监会的有关规定。

保险机构投资者为上述保险产品设立的独立核算账户，投资股票的比例，不得超过保险条款具体约定的比例。

第四章　资产托管

第十七条 保险公司选择股票资产托管人，应当选择符合《保险公司股票资产托管指引》规定条件的商业银行或者其他专业金融机构。

第十八条 保险公司的股票资产托管人，应当履行下列义务：

（一）安全保管保险公司的资金和股票资产；

（二）根据保险公司、保险资产管理公司的指令，及时办理清算、交割事宜；

（三）监督保险公司、保险资产管理公司的投资运作；

（四）对保险公司托管的股票资产进行估值；

（五）定期向保险公司、保险资产管理公司提供股票资产托管报告；

（六）根据中国保监会的监管要求，向中国保监会报送股票资产的相关数据，定期和不定期地提供股票资产的风险评估、绩效评估等报告；

（七）完整保存股票资产托管业务活动的记录、账册、报表和其他相关资料；有关托管股票资产的凭证、交易记录、合同等重要资料应当保存15年以上；

（八）中国保监会规定的其他义务。

第十九条 保险公司的股票资产托管人必须将其自有资产和受托管理的股票资产严格分开，必须为不同的保险公司分别设置相关账户、分别管理。

第二十条 保险公司的股票资产托管人不得有下列行为：

（一）将保险公司托管的股票资产与其自有资产混合管理；

（二）将保险公司托管的股票资产与其他托管资产混合管理；

（三）将不同保险公司托管的股票资产混合管理；

（四）挪用保险公司托管的股票资产；

（五）利用保险公司托管的股票资产及相关信息为自己或者第三人谋利；

（六）违反法律、行政法规、国家相关规定或者托管协议；

（七）中国保监会规定的其他禁止行为。

第二十一条 保险公司应当与股票资产托管人签订托管协议。托管协议必须载明下列内容：

（一）本办法第十八条、第十九条和第二十条规定的股票资产托管人的义务；

（二）股票资产托管人违反本条第（一）项规定的义务、中国保监会要求保险公司更换股票资产托管人的，保险公司有权提前终止托管协议。

第二十二条 股票资产托管人依法解散、撤销或者破产的，其托管保险公司的股票资产不得列入清算资产范围。

第五章　保险机构投资者的禁止行为

第二十三条 保险机构投资者股票投资的范围和比例不得超出中国保监会的有关规定。

第二十四条 保险机构投资者的股票投资决策、研究、交易、清算管理人员及其他相关人员不得从事内幕交易。

前款所称内幕交易行为，依据《中华人民共和国证券法》及《禁止证券欺诈行为暂行办法》的规定认定。

第二十五条 保险机构投资者从事股票投资，不得有下列行为：

(一)在不同性质的保险资金证券账户之间转移利润；

(二)采用非法手段融资购买股票；

(三)中国保监会规定的其他行为。

第二十六条 保险机构投资者不得以下列手段获取不正当利益或者转嫁风险：

(一)通过单独或者合谋，集中资金优势、持股优势或者利用信息优势联合或者连续买卖，操纵证券交易价格；

(二)与他人串通，以事先约定的时间、价格和方式相互进行证券交易或者相互买卖并不持有的证券，影响证券交易价格或者证券交易量；

(三)以自己为交易对象，进行不转移所有权的自买自卖，影响证券交易价格或者证券交易量；

(四)以其他方法操纵证券交易价格。

第二十七条 上市公司直接或者间接持有保险机构投资者10％以上股份的，保险机构投资者不得投资该上市公司或者其关联公司的股票。

第二十八条 保险机构投资者、股票资产托管人、证券经营机构及其他证券中介机构，不得编造虚假交易记录、财务信息及其他资料。

第二十九条 保险公司投资股票，不得委托保险资产管理公司以外的其他机构，中国保监会另有规定的除外。

第六章　风险控制

第三十条 保险机构投资者应当具备长期投资和价值投资的理念，优化资产配置，分散投资风险。

第三十一条 保险机构投资者应当依据《保险资金运用风险控制指引》，建立完善的股票投资风险控制制度。

第三十二条 保险机构投资者的股票投资风险控制制度至少应当包括下列内容：

(一)投资决策流程；

(二)投资授权制度；

(三)研究报告制度；

(四)股票范围选择制度；

(五)风险评估和绩效考核指标体系；

(六)职业道德操守准则；

(七)重大突发事件的处理机制。

保险公司委托保险资产管理公司从事股票投资的，其股票投资风险控制制度还至少应当包括股票托管制度。

保险公司直接从事股票投资的，其股票投资风险控制制度还至少应当包括股票托管制度、股票交易管理制度和信息管理制度。

保险资产管理公司的股票投资风险控制制度还至少应当包括股票交易管理制度和信息管理制度。

第三十三条 保险机构投资者投资股票，作出下列重大决策前，必须制作书面研究报告：

(一)单项投资资金超过保险机构投资者确定的金额以上的；

(二)涉及可投资股票资产5％以上的；

(三)投资组合或者投资方向需要重大调整的；

(四)股票选择范围标准需要重大调整的；

(五)股票投资风险容忍度需要重大调整的。

第三十四条 保险机构投资者确定可投资的股票范围，应当考虑上市公司的治理结构、收益能力、信息透明度、股票流动性等各项指标。

保险机构投资者必须在可投资的股票范围之内投资股票。

第三十五条 保险机构投资者应当在投资前确定股票投资业绩衡量基准，并以绩优、蓝筹及流动性强的股票所确定的指数为该基准的参考。

保险业的股票投资业绩衡量基准，由中国保监会另行规定。

第三十六条 保险机构投资者运用下列资金，应当分别开立证券账户和资金账户，分别核算：

(一)传统保险产品的资金；

(二)分红保险产品的资金；

(三)万能保险产品的资金；

(四)投资连结保险产品的资金；

(五)中国保监会规定需要独立核算的保险产品资金。

第三十七条 保险资产管理公司和直接从事股票投资的保险公司应当通过独立席位进行股票交易。有关股票交易独立席位的管理办法另行规定。

第三十八条 保险资产管理公司和直接从事股票投资的保险公司的股票投资交易指令应当由独立的交易部门和专职交易人员负责执行。

第三十九条 保险资产管理公司和直接从事股票投资的保险公司应当制定防火墙、岗位责任、门禁、安全防护等信息管理制度。

第四十条 保险资产管理公司和直接从事股票投资的保险公司应当规范机房设施、通讯设备、计算机设备、操作系统软件、数据库软件等股票交易系统的操作程序。

第四十一条 保险机构投资者选择证券经营机构的席位进行股票交易的，该证券经营机构应当符合下列条件：

(一)财务状况良好，经营稳健，净资本在10亿元人民币以上；

(二)内部控制制度健全；

(三)客户交易结算资金全额存入具有从事证券交易结算资金存管业务资格的商业银行；

(四)在中国证券登记结算有限公司分别设立自营结算备付金账户和客户结算备付金账户；

(五)其上海、深圳两个交易所的自营业务席位和非自营业务席位分别设立；

(六)通讯条件和交易设施高效、安全，符合股票交易的要求，信息服务全面；

(七)具备证券市场研究实力，能及时提供咨询服务；

(八)最近3年无重大违法、违规记录，未受中国证监会处罚，且未处于立案调查过程中；

(九)诚信方面无不良记录，最近1年无占用或者挪用客户保证金和证券的行为；

(十)书面承诺接受中国保监会对保险机构投资者股票交易情况的检查，并向中国保监会如实提供保险机构投资者股票交易的各种资料；

(十一)当地的营业部管理规范、经营良好、服务功能齐全；

(十二)中国保监会规定的其他条件。

第四十二条 保险机构投资者选择证券经营机构营业部的席位进行股票投资交易的，应当与其总部签订相关协议。协议应当载明本办法第四十一条第(十)项规定的证券经营机构的义务，证券经营机构违反上述义务、中国保监会要求保险机构投资者更换的，保险机构投资者有权提前终止协议。保险机构投资者应当在签定前款规定协议之日起5日内，将协议副本报送中国保监会。

第四十三条 保险资产管理公司和直接从事股票投资的保险公司应当在每日开市前，与股票资产的托管人核实证券余额和资金余额，保证证券余额和资金余额足以交收。

第四十四条 保险机构投资者持有的股票出现本办法第十四条规定情形之一的，保险机构投资者应当制定具体的解决方案。

第四十五条 保险公司的经营情况发生变化，不符合本办法规定条件的，不得增持股票，并应当按照中国保监会的规定的期限、方式等其他要求，降低股票投资比例。

第四十六条 保险机构投资者应当采用风险价值和其他风险计量指标，揭示股票投资风险状况。

第四十七条 保险公司与保险资产管理公司、股票资产托管人、证券经营机构之间资金的划拨，费用的支付必须采用转账方式。

第四十八条 保险机构投资者负责股票投资业务的高级管理人员，应当具备下列条件：

(一)大学本科以上学历；

(二)5年以上证券或者金融工作经历；

(三)熟悉证券投资运作，具备必要的金融和法律知识；

(四)中国保监会规定的其他条件。

第四十九条 保险机构投资者的高级管理人员进行股票投资决策，必须严格按照公司内部管理制度和风险控制制度规定的权限，严禁超越权限范围投资决策。

第五十条 保险机构投资者从事股票投资的主要业务人员应当具备下列条件：

(一)大学本科以上学历；

(二)3年以上证券或者金融工作经历;

(三)熟悉证券业务规则及操作程序;

(四)中国保监会规定的其他条件。

前款所称主要业务人员是指从事股票投资业务的主管及主要操作人员。

第五十一条 保险资产管理公司、直接从事股票投资的保险公司,其从事股票投资的主要业务人员数量应当与股票投资规模相适应,并应当具备相应数量的宏观经济、行业分析、金融工程等方面的研究人员。

保险资产管理公司、直接从事股票投资的保险公司运用的股票资产在1亿元人民币以上的,从事股票投资的主要业务人员不得少于5人。

第五十二条 有下列情形之一的人员,不得担任保险机构投资者负责股票投资业务的高级管理人员和主要业务人员:

(一)曾经因犯有贪污、贿赂、侵占财产、挪用财产或者破坏社会经济秩序等罪行被判处刑罚的;

(二)曾经因赌博、吸毒、嫖娼、欺诈等违法行为,受到行政处罚或者被判处刑罚的;

(三)因经营不善破产清算公司、企业的高级管理人员,并对破产负有个人责任或者直接领导责任,自该公司、企业清算完结之日起未逾5年的;

(四)正在接受司法机关、纪检监察部门或者中国保监会调查的;

(五)个人负有数额较大的债务到期未清偿的;

(六)曾被金融监管机构决定在一定期限内不得在金融机构任职,期限未届满的。

第七章 监督管理

第五十三条 中国保监会、中国证监会依据各自职责对保险机构投资者的股票投资业务实施检查。

中国保监会可以聘请会计师事务所等中介机构,对保险机构投资者的股票投资情况进行检查。

第五十四条 保险机构投资者应当按规定向中国保监会报送下列报表、报告或者其他文件:

(一)股票投资业绩衡量基准;

(二)风险指标的计算方法和使用情况说明;

(三)股票投资的相关报表。

前款规定的报表、报告的内容和报送方式,由中国保监会另行规定。

第五十五条 保险机构投资者应当按中国保监会规定的方式披露股票投资的有关信息。

第五十六条 保险机构投资者投资股票,应当遵守法律、行政法规以及国家相关规定,接受中国证监会对其市场交易行为的监管。

第五十七条 保险机构投资者违反法律、行政法规及中国保监会相关规定的,中国保监会可以对其相关高级管理人员和主要业务人员进行监管谈话或者质询;情节严重的,可以依法给予警告、罚款或者责令予以撤换。

第五十八条 保险机构投资者违反法律、行政法规及相关规定的,中国保监会、中国证监会可以依法给予行政处罚。

第五十九条 本办法规定的股票资产托管人、证券经营机构违反法律、行政法规及国家相关规定的,由有关监管部门按照各自的权限和监管职责给予行政处罚。

前款所称的股票资产托管人和证券经营机构,违反本办法情节严重的,中国保监会可以责令保险机构投资者更换保险资产托管人和证券经营机构。

第八章 附 则

第六十条 本办法所称的"日"是指工作日,不含法定节假日。

第六十一条 本办法自公布之日起施行。

企业年金基金管理试行办法

发文时间:2004—02—23

《企业年金基金管理试行办法》

中华人民共和国劳动和社会保障部

中国银行业监督管理委员会

中国证券监督管理委员会

中国保险监督管理委员会

第23号令

现公布《企业年金基金管理试行办法》,自2004年5月1日起施行。

中华人民共和国劳动和社会保障部部长 郑斯林

中国银行业监督管理委员会主席 刘明康

中国证券监督管理委员会主席 尚福林

中国保险监督管理委员会主席 吴定富

二○○四年二月二十三日

第一章 总 则

第一条 维护企业年金各方当事人的合法权益,规范企业年金基金管理,根据劳动法、信托法、合同法、证券投资基金法等法律和国务院有关规定,制定本办法。

第二条 企业年金基金的受托管理、账户管理、托管以及投资管理适用本办法。

本办法所称企业年金基金,是指根据依法制定的企业年金计划筹集的资金及其投资运营收益形成的企业补充养老保险基金。

第三条 设立企业年金的企业及其职工作为委托人与企业年金理事会或法人受托机构(以下简称受托人),受托人与企业年金基金账户管理机构(以下简称账户管理人)、企业年金基金托管机构(以下简称托管人)和企业年金基金投资管理机构(以下简称投资管理人),按照国家有关规定建立书面合同关系。

书面合同应当报劳动保障行政部门备案。

第四条 企业年金基金必须存入企业年金专户。企业年金基金财产独立于委托人、受托人、账户管理人、托管人、投资管理人和其他为企业年金基金管理提供服务的自然人、法人或其他组织的固有财产及其管理的其他财产。

企业年金基金财产的管理、运用或其他情形取得的财产和收益,应当归入基金财产。

第五条 委托人、受托人、账户管理人、托管人、投资管理人和其他为企业年金基金管理提供服务的自然人、法人或其他组织,因依法解散、被依法撤销或被依法宣告破产等原因进行终止清算的,企业年金基金财产不属于其清算财产。

第六条 企业年金基金财产的债权,不得与委托人、受托人、账户管理人、托管人、投资管理人和其他为企业年金基金管理提供服务的自然人、法人或其他组织固有财产的债务相抵消。不同企业的企业年金基金的债权债务,不得相互抵消。

第七条 非因企业年金基金财产本身承担的债务,不得对基金财产强制执行。

第八条 受托人、账户管理人、托管人、投资管理人和其他为企业年金基金管理提供服务的自然人、法人或其他组织必须恪尽职守,履行诚实、信用、谨慎、勤勉的义务。

第九条 劳动保障部负责制定企业年金基金管理的有关政策。劳动保障行政部门对企业年金基金管理进行监管。

第二章 受托人

第十条 本办法所称受托人,是指受托管理企业年金基金的企业年金理事会或符合国家规定的养老金管理公司等法人受托机构(以下简称法人受托机构)。

第十一条 企业年金理事会由企业代表和职工代表等人员组成,依法管理本企业的企业年金事务,不得从事任何形式的营业性活动。

企业年金理事会理事应当诚实守信、无重大违法记录,并不得以任何形式收取费用。

第十二条 法人受托机构应当具备下列条件:

(一)经国家金融监管部门批准，在中国境内注册；

(二)注册资本不少于1亿元人民币，且在任何时候都维持不少于1.5亿元人民币的净资产；

(三)具有完善的法人治理结构；

(四)取得企业年金基金从业资格的专职人员达到规定人数；

(五)具有符合要求的营业场所、安全防范设施和与企业年金基金受托管理业务有关的其他设施；

(六)具有完善的内部稽核监控制度和风险控制制度；

(七)近3年没有重大违法违规行为；

(八)国家规定的其他条件。

第十三条 受托人应当履行下列职责：

(一)选择、监督、更换账户管理人、托管人、投资管理人以及中介服务机构；

(二)制定企业年金基金投资策略；

(三)编制企业年金基金管理和财务会计报告；

(四)根据合同对企业年金基金管理进行监督；

(五)根据合同收取企业和职工缴费，并向受益人支付企业年金待遇；

(六)接受委托人、受益人查询，定期向委托人、受益人和有关监管部门提供企业年金基金管理报告。发生重大事件时，及时向委托人、受益人和有关监管部门报告；

(七)按照国家规定保存与企业年金基金管理有关的记录至少15年；

(八)国家规定和合同约定的其他职责。

第十四条 本办法所称受益人，是指参加企业年金计划并享有受益权的企业职工。

第十五条 法人受托机构具备账户管理或投资管理业务资格，可以兼任账户管理人或投资管理人，但应当保证各项管理之间的独立性。

第十六条 有下列情形之一的，法人受托机构职责终止：

(一)违反与委托人合同约定的；

(二)利用企业年金基金财产为其谋取利益，或为他人谋取不正当利益的；

(三)依法解散、被依法撤销、被依法宣告破产或被依法接管的；

(四)被依法取消企业年金基金受托管理业务资格的；

(五)委托人有证据认为更换受托人符合受益人利益的；

(六)有关监管部门有充分理由和依据认为更换受托人符合受益人利益的；

(七)国家规定和合同约定的其他情形。

企业年金理事会有前款规定情形之一的，应当按国家规定重新组成。

第十七条 受托人职责终止的，委托人应当在30日内委任新的受托人。

受托人职责终止的，应当妥善保管企业年金基金受托管理资料，及时办理受托管理业务移交手续，新受托人应当及时接收。

第十八条 受托人职责终止的，应当按照规定聘请会计师事务所对受托管理进行审计，将审计结果报委托人并报有关监管部门备案。

第三章 账户管理人

第十九条 本办法所称账户管理人，是指受托人委托管理企业年金基金账户的专业机构。

第二十条 账户管理人应当具备下列条件：

(一)经国家有关部门批准，在中国境内注册的独立法人；

(二)注册资本不少于5000万元人民币；

(三)具有完善的法人治理结构；

(四)取得企业年金基金从业资格的专职人员达到规定人数；

(五)具有相应的企业年金基金账户信息管理系统；

(六)具有符合要求的营业场所、安全防范设施和与企业年金基金账户管理业务有关的其他设施；

(七)具有完善的内部稽核监控制度和风险控制制度；

(八)国家规定的其他条件。

第二十一条 账户管理人应当履行下列职责：

(一)建立企业年金基金企业账户和个人账户；

(二)记录企业、职工缴费以及企业年金基金投资收益；

(三)及时与托管人核对缴费数据以及企业年金基金账户财产变化状况；

(四)计算企业年金待遇；

(五)提供企业年金基金企业账户和个人账户信息查询服务；

(六)定期向受托人和有关监管部门提交企业年金基金账户管理报告；

(七)按照国家规定保存企业年金基金账户管理档案至少15年；

(八)国家规定和合同约定的其他职责。

第二十二条 有下列情形之一的，账户管理人职责终止：

(一)违反与受托人合同约定的；

(二)利用企业年金基金财产为其谋取利益，或为他人谋取不正当利益的；

(三)依法解散、被依法撤销、被依法宣告破产或被依法接管的；

(四)被依法取消企业年金基金账户管理业务资格的；

(五)受托人有证据认为更换账户管理人符合受益人利益的；

(六)有关监管部门有充分理由和依据认为更换账户管理人符合受益人利益的；

(七)国家规定和合同约定的其他情形。

第二十三条 账户管理人职责终止的，受托人应当在30日内确定新的账户管理人。

账户管理人职责终止的，应当妥善保管企业年金基金账户管理资料，及时办理账户管理业务移交手续，新账户管理人应当及时接收。

第二十四条 账户管理人职责终止的，应当按照规定聘请会计师事务所对账户管理进行审计，将审计结果报受托人并报有关监管部门备案。

第四章 托管人

第二十五条 本办法所称托管人，是指受托人委托保管企业年金基金财产的商业银行或专业机构。

单个企业年金计划托管人由一家商业银行或专业机构担任。

第二十六条 托管人应当具备下列条件：

(一)经国家金融监管部门批准，在中国境内注册的独立法人；

(二)净资产不少于50亿元人民币；

(三)取得企业年金基金从业资格的专职人员达到规定人数；

(四)具有保管企业年金基金财产的条件；

(五)具有安全高效的清算、交割系统；

(六)具有符合要求的营业场所、安全防范设施和与企业年金基金托管业务有关的其他设施；

(七)具有完善的内部稽核监控制度和风险控制制度；

(八)国家规定的其他条件。

商业银行担任托管人，应当设有专门的基金托管部门。

第二十七条 托管人应当履行下列职责：

(一)安全保管企业年金基金财产；

(二)以企业年金基金名义开设基金财产的资金账户和证券账户；

(三)对所托管的不同企业年金基金财产分别设置账户，确保基金财产的完整和独立；

(四)根据受托人指令，向投资管理人分配企业年金基金财产；

(五)根据投资管理人投资指令，及时办理清算、交割事宜；

(六)负责企业年金基金会计核算和估值，复核、审查投资管理人计算的基金财产净值；

(七)及时与账户管理人、投资管理人核对有关数据，按照规定监督投资管理人的投资运作；

(八)定期向受托人提交企业年金基金托管和财务会计报告；

(九)定期向有关监管部门提交企业年金基金托管报告；

(十)按照国家规定保存企业年金基金托管业务活动记录、账册、报表和其他相关资料至少15年；

(十一)国家规定和合同约定的其他职责。

第二十八条 托管人发现投资管理人的投资指令违反法律、行政法规、其他有关规定或合同约定的，应当拒绝执行，立即通知投资管理人，并及时向受托人和有关监管部门报告。

托管人发现投资管理人依据交易程序已经生效的投资指令违反法律、行政法规、其他有关规定或合同约定的，应当立即通知投资管理人，并及时向受托人和有关监管部门报告。

第二十九条 有下列情形之一的，托管人职责终止：

(一)违反与受托人合同约定的；

(二)利用企业年金基金财产为其谋取利益，或为他人谋取不正当

利益的;

(三)依法解散、被依法撤销、被依法宣告破产或被依法接管的;

(四)被依法取消企业年金基金托管业务的;

(五)受托人有证据认为更换托管人符合受益人利益的;

(六)有关监管部门有充分理由和依据认为更换托管人符合受益人利益的;

(七)国家规定和合同约定的其他情形。

第三十条 托管人职责终止的,受托人应当在30日内确定新的托管人。

托管人职责终止的,应当妥善保管企业年金基金托管资料,及时办理托管业务移交手续,新托管人应当及时接收。

第三十一条 托管人职责终止的,应当按照规定聘请会计师事务所对托管进行审计,将审计结果报受托人并报有关监管部门备案。

第三十二条 禁止托管人有下列行为:

(一)托管的企业年金基金财产与其固有财产混合管理;

(二)托管的企业年金基金财产与托管的其他财产混合管理;

(三)托管的不同企业年金基金财产混合管理;

(四)挪用托管的企业年金基金财产;

(五)国家规定和合同约定禁止的其他行为。

第五章 投资管理人

第三十三条 本办法所称投资管理人,是指受托人委托投资管理企业年金基金财产的专业机构。

第三十四条 投资管理人应当具备下列条件:

(一)经国家金融监管部门批准,在中国境内注册,具有受托投资管理、基金管理或资产管理资格的独立法人;

(二)综合类证券公司注册资本不少于10亿元人民币,且在任何时候都维持不少于10亿元人民币的净资产;基金管理公司、信托投资公司、保险资产管理公司或其他专业投资机构注册资本不少于1亿元人民币,且在任何时候都维持不少于1亿元人民币的净资产;

(三)具有完善的法人治理结构;

(四)取得企业年金基金从业资格的专职人员达到规定人数;

(五)具有符合要求的营业场所、安全防范设施和与企业年金基金投资管理业务有关的其他设施;

(六)具有完善的内部稽核监控制度和风险控制制度;

(七)近3年没有重大违法违规行为;

(八)国家规定的其他条件。

第三十五条 投资管理人应当履行下列职责:

(一)对企业年金基金财产进行投资;

(二)及时与托管人核对企业年金基金会计核算和估值结果;

(三)建立企业年金基金投资管理风险准备金;

(四)定期向受托人和有关监管部门提交投资管理报告;

(五)根据国家规定保存企业年金基金财产会计凭证、会计账簿、年度财务会计报告和投资记录至少15年;

(六)国家规定和合同约定的其他职责。

第三十六条 有下列情形之一的,投资管理人应当及时向受托人和有关监管部门报告:

(一)企业年金基金财产市场价值大幅度波动的;

(二)减资、合并、分立、依法解散、被依法撤销、决定申请破产或被申请破产的;

(三)涉及重大诉讼或仲裁的;

(四)董事、监事、经理及其他高级管理人员发生重大变动的;

(五)可能使企业年金基金财产价值受到重大影响的其他事项;

(六)国家规定和合同约定的其他情形。

第三十七条 有下列情形之一的,投资管理人职责终止:

(一)违反与受托人合同约定的;

(二)利用企业年金基金财产为其谋取利益,或为他人谋取不正当利益的;

(三)依法解散、被依法撤销、被依法宣告破产或被依法接管的;

(四)被依法取消企业年金基金投资管理资格的;

(五)受托人有证据认为更换投资管理人符合受益人利益的;

(六)有关监管部门有充分理由和依据认为更换投资管理人符合受益人利益的;

(七)国家规定和合同约定的其他情形。

第三十八条 投资管理人职责终止的,受托人应当在30日内确定新的投资管理人。

投资管理人职责终止的,应当妥善保管企业年金基金投资管理资料,及时办理投资管理业务移交手续,新投资管理人应当及时接收。

第三十九条 投资管理人职责终止的,应当按照规定聘请会计师事务所对投资管理进行审计,将审计结果报受托人并报有关监管部门备案。

第四十条 禁止投资管理人有下列行为:

(一)将其固有财产或他人财产混同于企业年金基金财产;

(二)不公平对待其管理的不同企业年金基金财产;

(三)挪用企业年金基金财产;

(四)国家规定和合同约定禁止的其他行为。

第六章 中介服务机构

第四十一条 本办法所称中介服务机构,是指为企业年金管理提供服务的投资顾问公司、信用评估公司、精算咨询公司、律师事务所、会计师事务所等专业机构。

第四十二条 中介服务机构经委托可以从事下列业务:

(一)为企业设计企业年金计划;

(二)为企业年金管理提供咨询;

(三)为受托人选择账户管理人、托管人、投资管理人提供咨询;

(四)对企业年金管理绩效进行评估;

(五)对企业年金基金财务报告进行审计;

(六)国家规定和合同约定的其他业务。

第四十三条 中介服务机构提供企业年金中介服务应当严格遵守相关职业准则。

第七章 企业年金基金投资

第四十四条 企业年金基金投资管理应当遵循谨慎、分散风险的原则,充分考虑企业年金基金财产的安全性和流动性,实行专业化管理。

第四十五条 投资管理人的董事、监事、经理和其他从业人员,不得担任托管人或其他投资管理人的任何职务。

投资管理人与托管人不得为同一人,不得相互出资或相互持有股份。

第四十六条 企业年金基金财产的投资范围,限于银行存款、国债和其他具有良好流动性的金融产品,包括短期债券回购、信用等级在投资级以上的金融债和企业债、可转换债、投资性保险产品、证券投资基金、股票等。

第四十七条 企业年金基金财产的投资,按市场价计算应当符合下列规定:

(一)投资银行活期存款、中央银行票据、短期债券回购等流动性产品及货币市场基金的比例,不低于基金净资产的20%;

(二)投资银行定期存款、协议存款、国债、金融债、企业债等固定收益类产品及可转换债、债券基金的比例,不高于基金净资产的50%。其中,投资国债的比例不低于基金净资产的20%;

(三)投资股票等权益类产品及投资性保险产品、股票基金的比例,不高于基金净资产的30%。其中,投资股票的比例不高于基金净资产的20%。

第四十八条 根据金融市场变化和投资运作情况,劳动保障部会同中国银监会、中国证监会和中国保监会,适时对企业年金基金投资管理机构、投资产品和比例进行调整。

第四十九条 单个投资管理人管理的企业年金基金财产,投资于一家企业所发行的证券或单只证券投资基金,按市场价计算,不得超过该企业所发行证券或该基金份额的5%;也不得超过其管理的企业年金基金财产总值的10%。

第五十条 投资管理人管理的企业年金基金财产投资于自己管理的金融产品须经受托人同意。

第五十一条 企业年金基金不得用于信用交易,不得用于向他人贷款和提供担保。

投资管理人不得从事使企业年金基金财产承担无限责任的投资。

第八章 收益分配及费用

第五十二条 账户管理人根据企业年金基金财产净值和净值增

长率，按周或按日足额记入企业年金基金企业账户和个人账户。

第五十三条 受托人提取的管理费不高于受托管理企业年金基金财产净值的0.2%。

第五十四条 账户管理人的管理费按每户每月不超过5元人民币的限额，由设立企业年金计划的企业另行缴纳。

第五十五条 托管人提取的托管费不高于托管企业年金基金财产净值的0.2%。

第五十六条 投资管理人提取的管理费不高于投资管理企业年金基金财产净值的1.2%。

第五十七条 根据企业年金基金管理情况，劳动保障部会同中国银监会、中国证监会和中国保监会，适时对有关管理费或托管费进行调整。

第五十八条 投资管理人从当期收取的管理费中，提取20%作为企业年金基金投资管理风险准备金，专项用于弥补企业年金基金投资亏损。企业年金基金投资管理风险准备金在托管银行专户存储，余额达到投资管理企业年金基金财产净值的10%时可不再提取。

第九章　信息披露

第五十九条 受托人、账户管理人、托管人和投资管理人应当按照规定向有关监管部门报告企业年金基金管理情况，并对所报告内容的真实性、完整性负责。

第六十条 受托人应当在每季度结束后15日内向委托人提交季度企业年金基金管理报告；并应当在年度结束后45日内向委托人提交年度企业年金基金管理报告，其中年度企业年金基金财务会计报告须经会计师事务所审计。

第六十一条 账户管理人应当在每季度结束后10日内向受托人提交季度企业年金基金账户管理报告；并应当在年度结束后30日内向受托人提交年度企业年金基金账户管理报告。

第六十二条 托管人应当在每季度结束后10日内向受托人提交季度企业年金基金托管和财务会计报告；并应当在年度结束后30日内向受托人提交年度企业年金基金托管和财务会计报告，其中年度财务会计报告须经会计师事务所审计。

第六十三条 投资管理人应当在每季度结束后10日内向受托人提交经托管人确认的季度企业年金基金投资组合报告；并应当在年度结束后30日内向受托人提交经托管人确认的年度企业年金基金投资管理报告。

第十章　监督检查

第六十四条 法人受托机构、账户管理人、托管人、投资管理人开展企业年金基金管理相关业务应当向劳动保障部提出申请。法人受托机构、投资管理人向劳动保障部提出申请前应当先经其业务监管部门同意，托管人向劳动保障部提出申请前应当先向其业务监管部门备案。

第六十五条 劳动保障部收到法人受托机构、账户管理人、托管人、投资管理人的申请后，应当组织专家评审委员会，按照规定进行审慎评审。经评审符合条件的，由劳动保障部会同有关部门确认公告；经评审不符合条件的，应当书面通知申请人。

专家评审委员会由有关部门代表和社会专业人士组成。

第六十六条 受托人、账户管理人、托管人、投资管理人开展企业年金基金管理相关业务，应当接受劳动保障行政部门的监管。

受托人、托管人和投资管理人的业务监管部门按照各自职责对其经营活动进行监督。

第六十七条 凡违反本办法规定的，由劳动保障部予以警告，责令限期改正；逾期不改的，可责令其停止企业年金基金管理相关业务。

第十一章　附　则

第六十八条 企业年金基金管理，国务院另有规定的，从其规定。

第六十九条 本办法自2004年5月1日起施行。

货币市场基金管理暂行规定

发文机关：中国证券监督管理委员会　中国人民银行　发文时间：2004－08－16

中国证监会、中国人民银行制订并发布《货币市场基金管理暂行规定》为规范货币市场基金的运作，保护基金投资人的合法权益，中国证监会、中国人民银行制订了《货币市场基金管理暂行规定》，现予发布，自发布之日起施行。

中国证券监督管理委员会中国人民银行

二〇〇四年八月十六日

第一章　总　则

第一条 为了促进证券投资基金（以下简称基金）的发展，规范货币市场基金的募集、运作及相关活动，保护投资人及相关当事人的合法权益，根据《证券投资基金法》、《证券投资基金运作管理办法》、《基金管理公司进入银行间同业市场管理规定》等有关规定，制定本规定。

第二条 本规定所称货币市场基金是指仅投资于货币市场工具的基金。

在基金名称中使用“货币”、“现金”、“流动”、“现款”、“短期债券”等类似字样的基金，应当符合本规定的有关要求。

第三条 货币市场基金应当投资于以下金融工具：

（一）现金；

（二）一年以内（含一年）的银行定期存款、大额存单；

（三）剩余期限在三百九十七天以内（含三百九十七天）的债券；

（四）期限在一年以内（含一年）的债券回购；

（五）期限在一年以内（含一年）的中央银行票据；

（六）中国证监会、中国人民银行认可的其他具有良好流动性的货币市场工具。

第四条 货币市场基金不得投资于以下金融工具：

（一）股票；

（二）可转换债券；

（三）剩余期限超过三百九十七天的债券；

（四）信用等级在AAA级以下的企业债券；

（五）中国证监会、中国人民银行禁止投资的其他金融工具。

第五条 货币市场基金的投资组合应当符合下列规定：

（一）投资于同一公司发行的短期企业债券的比例，不得超过基金资产净值的百分之十；

（二）存放在具有基金托管资格的同一商业银行的存款，不得超过基金资产净值的百分之三十；存放在不具有基金托管资格的同一商业银行的存款，不得超过基金资产净值的百分之五；

（三）在全国银行间债券市场债券正回购的资金余额不得超过基金资产净值的百分之四十；

（四）中国证监会、中国人民银行规定的其他比例限制。

第六条 货币市场基金投资组合的平均剩余期限，不得超过一百八十天。

第七条 除以下列明的情况外，组合中债券的剩余期限是指计算日至债券到期日为止所剩余的天数：

（一）以市场利率为基准利率的可变利率或浮动利率债券，利率调整频率小于一年的债券的剩余期限等于计算日距下一个利率调整日的剩余时间；

（二）回购协议的剩余期限等于计算日距协议规定的交易基础债券的日期的剩余时间；

（三）中国证监会另有规定的其他情况。

第八条 货币市场基金应当在年度报告、半年度报告和季度报告的投资组合报告部分披露基金投资组合的平均剩余期限。

第九条 对于每日按照面值进行报价的货币市场基金，可以在基金合同中将收益分配的方式约定为红利再投资，并应当每日进行收益分配。

第十条 对于不收取申购、赎回费的货币市场基金，可以按照不高于千分之二点五的比例从基金资产计提一定的费用，专门用于本基金的销售与基金持有人服务。基金年度报告应当对该项费用的列支情况作专项说明。

第十一条 基金管理公司应当在货币市场基金的招募说明书及宣传推介材料中列明，投资者购买货币市场基金并不等于将资金作为存款存放在银行或存款类金融机构，基金管理公司不保证基金一定盈利，也不保证最低收益。

第十二条 货币市场基金应当采取稳健、适当的会计核算和估值方法，确保基金资产净值能够公允地反映基金的价值，所采用的会计核算办法应当在基金合同中订明，并应当在招募说明书中披露采用该方法可能对基金净值波动带来的影响。

前款规定的基金估值方法在特殊情形下不能公允反映基金价值的，货币市场基金可以采用其他估值方法。该特殊情形及该估值方法应当在基金合同中约定。

货币市场基金发生前款所述情形的，应当在年度报告、半年度报告中的财务会计报告部分予以披露。

第十三条 货币市场基金的募集、申购、赎回、投资、信息披露、宣传推介等活动，除应当遵守本规定的外，还应当符合《证券投资基金法》、《证券投资基金运作管理办法》、《证券投资基金销售管理办法》、《证券投资基金信息披露管理办法》、《基金管理公司进入银行间同业市场管理规定》等有关规定。

第十四条 货币市场基金在全国银行间市场的交易、结算活动，应当遵守中国人民银行关于全国银行间市场的管理规定，并接受中国人民银行的监管和动态检查。

第十五条 本规定由中国证监会、中国人民银行负责解释。

第十六条 本规定自发布之日起施行。

保险资产管理公司管理暂行规定

发文机关：中国保险监督管理委员会令 2004 年第 2 号　发文时间：2004－06－01

第一章　总　则

第一条 为了加强对保险资产管理公司的监督管理，防范保险资金运用风险，保护保险公司和保险资产管理公司的合法权益，根据《中华人民共和国保险法》(以下简称《保险法》)和《中华人民共和国公司法》，制定本规定。

第二条 中国保险监督管理委员会(以下简称“中国保监会”)根据国务院授权，对保险资产管理公司实施监督管理。

第三条 保险资产管理公司是指经中国保监会会同有关部门批准，依法登记注册、受托管理保险资金的金融机构。

保险资金是指保险公司的各项保险准备金、资本金、营运资金、公积金、未分配利润和其他负债，以及由上述资金形成的各种资产。

第四条 保险公司委托保险资产管理公司管理保险资金，应当遵守《保险法》和中国保监会的有关规定，遵循自愿、公平和诚实信用原则，不得损害国家利益和社会公共利益。

第五条 保险资产管理公司管理保险资金，应当遵守《保险法》和中国保监会的有关规定，履行诚实信用、谨慎勤勉的义务。

第二章　设立、变更和终止

第六条 设立保险资产管理公司，应当经中国保监会会同有关部门批准。

第七条 保险资产管理公司应当采取下列组织形式：

(一)有限责任公司；

(二)股份有限公司。

第八条 设立保险资产管理公司，应当至少有一家股东或者发起人为保险公司或者保险控股(集团)公司，该保险公司或者保险控股(集团)公司应当具备下列条件：

(一)经营保险业务 8 年以上；

(二)最近 3 年未因违反资金运用规定受到行政处罚；

(三)净资产不低于 10 亿元人民币；总资产不低于 50 亿元人民币，其中保险控股(集团)公司和经营有人寿保险业务的保险公司总资产不低于 100 亿元人民币；

(四)符合中国保监会规定的偿付能力要求；

(五)具有完善的法人治理结构和内控制度；

(六)设有资产负债匹配管理部门和风险控制部门，具有完备的投资信息管理系统；

(七)资金运用部门集中运用管理的资产占公司总资产的比例不低于 50%，其中经营有人寿保险业务的保险公司不低于 80%；

(八)中国保监会规定的其他条件。

第九条 境内保险公司合计持有保险资产管理公司的股份不得低于 75%。

前款所称境内保险公司，是指经中国保监会批准设立，并依法登记注册的具有法人资格的保险公司、保险控股(集团)公司。

第十条 保险资产管理公司的注册资本最低限额为 3000 万元人民币或者等值的自由兑换货币；其注册资本应当为实缴货币资本。

保险资产管理公司的注册资本不得低于其受托管理的保险资金的千分之一，低于千分之一的，应当相应增加资本金。但其注册资本达到 5 亿元人民币的，可不再增加资本金。

第十一条 设立保险资产管理公司，申请人应当向中国保监会提出书面申请，并提交下列材料：

(一)设立申请书；

(二)拟设公司的可行性研究报告及筹建方案；

(三)股东的基本资料，包括股东的姓名或者名称、法定代表人、组织形式、注册资本、经营范围、资格证明文件以及经会计师事务所审计的最近 1 年资产负债表和损益表；

(四)符合本办法第八条规定条件的股东的证明材料以及经会计师事务所审计的最近 3 年的资产负债表和损益表；

(五)拟设公司的筹备负责人名单和简历；

(六)出资人出资意向书或者股份认购协议；

(七)中国保监会规定的其他材料。

第十二条 对设立保险资产管理公司的申请，中国保监会应当会同国务院有关部门进行初步审查，自收到完整的申请材料之日起 3 个月内作出批准或者不批准筹建的决定。决定不批准的，应当书面通知申请人并说明理由。

第十三条 申请人应当自收到中国保监会批准筹建文件之日起 6 个月内完成筹建工作。在规定的期限内未完成筹建工作，经申请人申请，中国保监会批准，筹建期可延长 3 个月。筹建期满仍未完成筹建工作的，原批准筹建文件自动失效。

筹建机构在筹建期间不得从事任何经营业务活动。

第十四条 筹建工作完成后，申请人应当向中国保监会提出开业申请，并提交下列材料：

(一)开业申请报告；

(二)法定验资机构出具的验资证明，资本金入账凭证复印件；

(三)拟任高级管理人员、主要从业人员的名单和简历；

(四)营业场所的所有权或者使用权证明文件；

(五)公司章程和内部管理制度；

(六)信息管理系统、资金运用交易设备和安全防范设施的资料；

(七)中国保监会规定的其他材料。

第十五条 中国保监会应当自收到设立保险资产管理公司完整的开业申请文件之日起 20 日内，作出核准或者不予核准的决定。决定核准的，颁发《经营保险资产管理业务许可证》；决定不予核准的，应当书面通知申请人并说明理由。

第十六条 保险资产管理公司设立分支机构，应当向中国保监会提出申请，并提交下列材料：

(一)设立申请书；

(二)拟设机构的业务范围；

(三)拟设机构未来 3 年的经营规划和市场分析；

(四)拟设机构筹建负责人的简历及相关证明材料；

(五)信息管理系统、资金运用交易设备和安全防范设施的资料。

第十七条 中国保监会对保险资产管理公司设立分支机构的申请进行初步审查，自收到完整的申请材料之日起 20 日内作出批准或者不批准筹建的决定；决定不批准的，应当书面通知保险资产管理公司并说明理由。

第十八条 保险资产管理公司应当自收到中国保监会批准筹建分支机构文件之日起 3 个月内完成筹建工作；在规定的期限内未完成

筹建工作的，原批准筹建文件自动失效。

筹建机构在筹建期间不得从事任何经营业务活动。

第十九条 分支机构筹建工作完成后，保险资产管理公司应当向中国保监会提出开业申请，并提交下列材料：

(一)开业申请；

(二)筹建工作完成情况报告；

(三)业务经营范围；

(四)拟任机构负责人的简历及相关证明材料；

(五)营业场所的使用权或者所有权证明文件；

(六)信息管理系统、资金运用交易设备和安全防范设施的资料；

(七)内部机构设置及从业人员情况。

第二十条 中国保监会应当自收到设立保险资产管理公司分支机构的完整开业申请文件之日起 20 日内，作出核准或者不予核准的决定。决定核准的，颁发《经营保险资产管理业务许可证》；决定不予核准的，应当书面通知申请人并说明理由。

第二十一条 经核准开业的保险资产管理公司、保险资产管理公司分支机构应当持核准文件及《经营保险资产管理业务许可证》，向工商行政管理部门办理登记手续，领取营业执照后方可营业。

第二十二条 中国保监会统一设计、印刷、颁发、扣缴、注销或者吊销《经营保险资产管理业务许可证》。其他单位和个人均不得设计、印刷、颁发、扣缴或者吊销《经营保险资产管理业务许可证》。

第二十三条 保险资产管理公司的高级管理人员应当具备下列条件：

(一)大学本科以上学历；

(二)10 年以上经济工作经历或者 5 年以上金融、保险、证券从业经历；

(三)未受过刑事处罚或者未因从事经济活动受过行政处罚；

(四)中国保监会规定的其他条件。

保险资产管理公司的高级管理人员不得在其他营利性经营机构兼职，但中国保监会另有规定的除外。

第二十四条 保险资产管理公司有下列情形之一的，应当报中国保监会批准：

(一)变更公司章程；

(二)变更出资人或者持有公司股份 10%以上的股东；

(三)调整业务范围；

(四)撤销分支机构；

(五)变更营业场所；

(六)更换高级管理人员。

第二十五条 保险资产管理公司依法解散、被依法撤销或者被宣告破产而终止，其受托管理的保险资金不属于清算财产。

第二十六条 保险资产管理公司依法解散的，应当成立清算组。清算工作由中国保监会监督指导。

保险资产管理公司被依法撤销的，由中国保监会及时组织股东、有关部门及有关专业人士成立清算组。

保险资产管理公司被依法宣告破产的，由人民法院依法组织清算组。

第二十七条 清算组应当自成立之日起 10 日内通知债权人，并于 60 日内在中国保监会指定的报纸上至少公告 3 次。公告内容应当经中国保监会核准。

清算组应当委托资信良好的会计师事务所等专业中介机构，对公司债权债务和资产进行评估。

第二十八条 保险资产管理公司依法解散、被撤销或者被宣告破产的，其财产清算与债权、债务处理，按有关法律、法规的规定执行。

第三章 经营范围和经营规则

第二十九条 保险资产管理公司经营范围包括以下全部或者部分业务：

(一)受托管理运用其股东的人民币、外币保险资金；

(二)受托管理运用其股东控制的保险公司的资金；

(三)管理运用自有人民币、外币资金；

(四)中国保监会批准的其他业务；

(五)国务院其他部门批准的业务。

第三十条 保险资金的管理运用限于银行存款、买卖政府债券、金融债券和国务院规定的其他资金运用形式。

第三十一条 保险资产管理公司开展外汇资金运用业务和其他外汇业务，应当经国家外汇管理部门批准。

第三十二条 保险资产管理公司自有资金与受托管理资金在同一投资渠道的总投资比例和单一投资对象的投资比例应当分别计算。

保险公司委托他人运用的资金和自己管理运用的资金在同一投资渠道的总投资比例和单一投资对象的投资比例应当分别合并计算。

第三十三条 保险公司和其委托的保险资产管理公司应当约定独立的托管人。

托管人应当是符合中国保监会规定条件的商业银行或者其他专业金融机构。

第三十四条 保险资产管理公司管理下列资金，应当由不同的投资管理人员分别管理，分别记账：

(一)自有资金和受托管理的保险资金；

(二)受托管理同一保险公司不同性质的保险资金。

保险资产管理公司应当公平对待其管理的不同保险资金。

第三十五条 保险资产管理公司因保险资金的管理运用、处分或者其他情形取得的财产，应当归入保险资金。

除依照合同约定取得报酬外，保险资产管理公司利用受托管理的保险资金为自己谋取利益的，所得利益归入受托管理的保险资金。

第三十六条 保险资产管理公司受托管理运用保险资金、托管人托管保险资金均应当订立书面合同。

中国保监会另行制定书面合同的内容和格式指引。

第三十七条 保险资产管理公司依照合同约定取得资产管理费，并应当将收取资产管理费的情况向中国保监会报告。

资产管理费率应当依照公平、合理的原则确定。

中国保监会可以制定保险资产管理费率的标准。

第三十八条 保险资产管理公司不得有下列行为：

(一)提供担保；

(二)承诺受托管理的资金不受损失或者保证最低收益；

(三)将受托管理的保险资金转委托；

(四)利用受托保险资金为委托人以外的第三人牟取利益；

(五)与股东、委托保险资金管理运用的保险公司之间或者操纵不同来源的受托资金互相进行资金运用交易；

(六)以资产管理费的名义或者其他方式与委托人合谋获取非法利益；

(七)国家有关法律、法规及监管部门禁止的其他行为。

第三十九条 由于保险资产管理公司违反国家有关规定或者合同约定，致使保险资金受到损失，保险资产管理公司应当赔偿损失。在未赔偿损失之前，不得取得报酬。

第四十条 保险资产管理公司管理运用保险资金业务的完整记录和委托运用保险资金的合同文本应当保存 15 年以上。

第四十一条 保险资产管理公司应当定期或者根据合同约定报告受托管理的保险资金的管理运用、处分及收支情况。

委托人有权查阅、抄录或者复制与其委托保险资金有关的账目以及其他文件，并有权要求受托人作出说明。

第四十二条 保险资产管理公司的自有资金与受托管理的保险资金的年终财务报告应当经会计师事务所审计。

第四十三条 保险资产管理公司和保险资金托管人对委托人以及保险资金运用的情况和资料负有依法保密义务。

第四十四条 保险资产管理公司作为受托人管理运用、处分受托资金所产生的债权，不得与保险资产管理公司自有财产所产生的债务相抵销。

保险资产管理公司作为受托人管理运用、处分不同委托人的财产所产生的债权债务，不得相互抵销。

保险资产管理公司与其它社会组织或者个人发生民事纠纷，其受托管理的保险资金不得用于扣押、冻结、抵偿等。

第四章 风险控制和监督管理

第四十五条 保险资产管理公司应当建立完善的公司法人治理结构和有效的内控制度，设立投资决策部门和风险控制部门，建立相互监督的制约机制。

第四十六条 保险资产管理公司应当加强信息化建设，建立完备的投资决策、资金运用和财务核算的信息管理系统。

保险资产管理公司应当有与业务操作相关的安全保卫措施。

第四十七条 保险资产管理公司应当根据有关规定设立监事会。

委托人可以向受托管理保险资金的保险资产管理公司派驻监督

人员。监督人员代表委托人监督保险资产管理公司履行合同情况，但不得干预保险资产管理公司的正常业务。

第四十八条 保险资产管理公司有权列席保险公司资产负债匹配管理部门的有关会议。

第四十九条 保险资产管理公司应当在保险资金委托管理合同和托管合同签订之日起20日内向中国保监会报送合同的复印件。

第五十条 保险资产管理公司应当按照中国保监会的规定报送资产负债表、损益表、业务统计表、财务分析报告等有关报表及其他资料。

中国保监会另行发布保险资产管理公司报送报表的内容和格式。

第五十一条 中国保监会对保险资产管理公司的监督检查采取现场监管与非现场监管相结合的方式。

中国保监会可以委托会计师事务所等专业中介机构对保险资产管理公司进行检查。

第五十二条 保险公司和保险资产管理公司违反本规定及有关法律法规的，中国保监会依据《保险法》及有关行政法规给予保险公司、保险资产管理公司及其高级管理人员和直接责任人员行政处罚。

第五章　附　则

第五十三条 本规定自2004年6月1日起施行。

保险外汇资金境外运用管理暂行办法

发文号：保监会令2004年第9号　发文时间：2004－08－09

第一章　总　则

第一条 为了加强管理保险外汇资金的境外运用，防范风险，保障被保险人的利益，根据《中华人民共和国保险法》、《中华人民共和国外汇管理条例》等法律、行政法规，制定本办法。

第二条 本办法所称保险公司是指在中华人民共和国境内，经中国保险监督管理委员会（以下简称中国保监会）批准设立并依法登记注册的中资保险公司、外资独资保险公司、中外合资保险公司和外国保险公司分公司。

本办法所称保险外汇资金是指保险公司以外币计价的资本金、公积金、未分配利润、各项准备金和存入保证金的总和。

第三条 保险公司从事外汇资金的境外运用应当遵循安全性、流动性和盈利性原则，谨慎投资，自主经营，自担风险。

第四条 保险公司从事外汇资金的境外运用应当遵守有关保险和外汇管理的法律、行政法规及本办法，遵守境外的相关法律及规定。

第五条 中国保监会和国家外汇管理局（以下简称国家外汇局）依法对保险外汇资金的境外运用实施监督管理。

第二章　资格条件

第六条 保险公司从事外汇资金的境外运用，应当具备下列条件：

（一）具有经营外汇业务许可证；

（二）上年末总资产不低于50亿元人民币；

（三）上年末外汇资金不低于1500万美元或者其等值的自由兑换货币；

（四）偿付能力额度符合中国保监会有关规定；

（五）设有专业的资金运用部门或者相关的保险资产管理公司；

（六）内部管理制度和风险控制制度符合《保险资金运用风险控制指引》的规定；

（七）拥有2年以上境外投资经历的专业管理人员的数量符合有关规定；

（八）中国保监会和国家外汇局规定的其他条件。

第七条 保险公司从事外汇资金的境外运用，应当在公司上年末外汇资金余额内，向国家外汇局提出汇出境外的投资付汇申请，并提交下列文件和材料一式三份：

（一）申请书，至少应当包括申请人的基本情况、拟申请投资付汇额度以及投资计划；

（二）上一年度经会计事务所审计的公司财务报表及外币资产负债表；

（三）上一年度末和最近季度末经会计事务所审计的偿付能力状况报告及其说明；

（四）内设的专业资金运用部门或者相关的保险资产管理公司情况介绍；

（五）内部管理制度和风险控制制度；

（六）从事境外投资的专业人员简历；

（七）境内托管人的有关材料和托管协议草案；

（八）境外受托人的有关材料和资产委托管理协议草案，没有境外受托人的除外；

（九）中国保监会和国家外汇局规定的其他材料。

国家外汇局应当自收到完整的申请文件之日起20日内，作出核准或者不予核准的决定。决定核准的，应当书面通知申请人核准的投资付汇额度；决定不予核准的，应当书面通知申请人并说明理由。核准或者不予核准的决定同时抄送中国保监会。

第八条 保险公司因增资扩股、海外上市等因素外汇资金增加的，可以向国家外汇局提交有关文件和材料申请增加当年的投资付汇额度。

国家外汇局应当按照本办法第七条的规定进行核准。

第三章　投资范围和比例

第九条 保险外汇资金的境外运用限于下列投资品种或者工具：

（一）银行存款；

（二）外国政府债券、国际金融组织债券和外国公司债券；

（三）中国的政府或者企业在境外发行的债券；

（四）银行票据、大额可转让存单等货币市场产品；

（五）国务院规定范围内的其他投资品种和工具。

前款第（一）项所称银行是指中资商业银行的境外分行和国际公认评级机构最近3年对其长期信用评级在A级或者相当于A级以上的外国银行。

前款第（二）项所称债券是指国际公认评级机构对其评级在A级或者相当于A级以上的债券。

前款第（四）项所称货币市场产品是指国际公认评级机构对其评级在AAA级或者相当于AAA级的货币市场固定收益产品。

第十条 保险外汇资金的境外运用，其比例应当符合下列规定：

（一）保险公司的可投资总额，不得超过公司上年末外汇资金余额的80%，保险公司出现本办法第八条规定情形的，其可投资总额不得超过其上年末外汇资金余额与增加资金合计的80%；

（二）保险公司的实际投资总额，不得超过国家外汇局核准的投资付汇额度；

（三）保险公司在同一银行的存款，不得超过国家外汇局核准投资付汇额度的30%，其在境外外汇资金运用结算账户的资金余额不受本项规定限制；

（四）除中国的政府或者企业在境外发行的债券外，保险公司投资信用评级在A级的所有债券余额，按成本价格计算，不得超过国家外汇局核准投资付汇额度的30%；

（五）除中国的政府或者企业在境外发行的债券外，保险公司投资信用评级在AA级以下的所有债券余额，按成本价格计算，不得超过国家外汇局核准投资付汇额度的70%；

（六）保险公司投资同一公司或者企业发行债券的余额，按成本价格计算，不得超过国家外汇局核准投资付汇额度的10%；

（七）保险公司投资中国的政府或者企业在境外发行债券的余额，按成本价格计算，不得超过国家外汇局核准的投资付汇额度。

第四章　投资管理

第十一条 保险外汇资金的境外运用业务应当由总公司统一进行资产战略配置，内设的专业资金运用部门或者相关保险资产管理公司负责业务管理。

保险公司分支机构不得从事外汇资金的境外运用业务。

第十二条 保险外汇资金的境外运用必须依据《保险资金运用风险控制指引》，建立完善的风险控制制度。

风险控制制度至少应当包括投资决策流程、投资授权制度、研究报告制度、风险评估和绩效考核指标体系。

第十三条 保险公司从事外汇资金境外运用，可以委托符合本办法第十四条规定条件的境外专业投资机构进行投资管理。

第十四条 受托管理保险外汇资金的境外专业投资机构，应当具备下列条件：

（一）依照所在国家或者地区的法律，可以经营资产管理业务；

（二）风险监控指标符合所在国家或者地区的法律和监管部门的相关规定；

（三）实收资本和净资产均不低于6000万美元或者其等值的自由兑换货币，管理资产规模不低于500亿美元或者其等值的自由兑换货币；

（四）法人治理结构健全，内部管理制度和风险控制机制完善，最近3年在所在国家或者地区，无重大违法、违规行为的记录；

（五）具有10年以上国际资产管理业务经验，并有相应数量的专业投资人员；

（六）书面承诺在必要时，根据中国保监会的要求，如实提供有关保险外汇资金境外运用的交易情况；

（七）所在国家或者地区的金融监管制度完善，金融监管部门与中国金融监管机构已签订监管合作谅解备忘录，并保持着有效的监管合作关系；

（八）中国保监会规定的其他审慎条件。

境内金融机构在境外设立的专业投资机构，受托管理保险外汇资金的规定，由中国保监会另行制定。

第十五条 保险公司委托境外受托人进行投资管理的，应当由内设的专业资金运用部门或者相关的保险资产管理公司负责委托事务，评价委托资产的风险状况、境外受托人的投资业绩和管理能力。

选择境外受托人管理保险外汇资金，应当充分考虑管理风险，委托管理的外汇资金应当适度分散。

第十六条 保险外汇资金的境外运用应当注重在期限结构、币种结构等方面与外汇资金的负债相匹配。

保险外汇资金的境外运用应当优先购买中国的政府和企业在境外发行的债券。

第五章 资产托管

第十七条 保险公司从事外汇资金的境外运用，应当委托境内商业银行托管其境外运用的全部资产。

前款所称商业银行是指中国境内的中资银行、外国银行分行、中外合资银行和外资独资银行。

第十八条 作为保险公司境内托管人的商业银行，应当具备下列条件：

（一）取得外汇指定银行资格3年以上；

（二）实收资本不低于80亿元人民币，其中中资银行的外汇资本金不低于10亿元人民币等值的自由兑换货币，外国银行分行的实收资本按其总行计算；

（三）取得境内证券投资基金托管业务资格；

（四）法人治理结构健全，内部管理制度和风险控制机制完善；

（五）设有专门的托管部门和相应数量熟悉全球托管业务的专职人员；

（六）具备安全、高效的清算交割系统及灾难应变机制；

（七）最近3年无重大违法、违规行为的记录，且其总行或者分行未受所在国家或者地区监管部门的重大处罚；

（八）中国保监会和国家外汇局规定的其他条件。

外国银行分行，其总行托管规模在1000亿美元以上的，可以不受前款第（三）项规定条件的限制。

第十九条 保险公司的境内托管人，应当履行下列义务：

（一）保管保险公司托管的外汇资金和证券；

（二）开设保险外汇资金的境内托管账户、境外外汇资金运用结算账户和证券托管账户；

（三）办理外汇资金的汇出、汇入以及相关汇兑手续；

（四）与境外托管代理人共同监督保险公司、保险资产管理公司、境外受托人的境外投资运作；

（五）发现保险公司、保险资产管理公司或者境外受托人投资指令违法、违规的，及时通知保险公司；

（六）监督境外托管代理人，确保保险外汇资金被安全托管；

（七）保存保险公司境外运用的外汇资金汇入、汇出、资金往来及证券交易的记录、凭证等相关资料，不少于15年；

（八）按照《国际收支统计申报办法》、《金融机构进行国际收支统计申报的业务操作规程》、《金融机构对境外资产负债及损益申报业务操作规定》等规定，办理国际收支统计申报；

（九）协助中国保监会和国家外汇局检查保险外汇资金的境外运用情况；

（十）中国保监会和国家外汇局规定的其他义务。

第二十条 保险公司的境内托管人应当按照下列要求提交有关报告：

（一）自开设保险公司的境内托管账户、境外外汇资金运用结算账户和证券托管账户之日起5日内，报告中国保监会和国家外汇局；

（二）自保险公司汇出本金或者汇回本金、收益之日起2日内，向国家外汇局报告有关资金的汇出、汇入情况，并抄送中国保监会；

（三）每月结束后5日内，向中国保监会和国家外汇局报告有关保险公司境内托管账户的收支情况；

（四）每一季度结束后10日内，向中国保监会和国家外汇局报送保险外汇资金的境外运用情况报表；

（五）每一会计年度结束后1个月内，向中国保监会和国家外汇局报送保险公司上一年度外汇资金的境外运用情况报表；

（六）发现保险公司、保险资产管理公司或者境外受托人投资指令违法、违规的，及时向中国保监会和国家外汇局报告；

（七）中国保监会和国家外汇局规定的其他报告事项。

第二十一条 保险公司在收到国家外汇局有关投资付汇额度的核准文件后，应当持核准文件，与境内托管人签订托管协议，并开立境内托管账户。

第二十二条 保险公司应当自境内托管账户开设之日起5日内，向中国保监会和国家外汇局报送下列文件：

（一）托管协议；

（二）境内托管人按规定监督保险公司使用境内托管账户、境外外汇资金运用结算账户和证券托管账户的书面承诺。

托管协议必须载明本办法第十九条、第二十条规定的境内托管人义务，境内托管人违反上述义务，中国保监会或者国家外汇局要求保险公司更换境内托管人的，保险公司有权提前终止合同。

第二十三条 下列资金属于保险公司境内托管账户的收入范围：

（一）保险公司划入的外汇资金；

（二）境外汇回的保险外汇资金；

（三）银行存款本金及利息收入；

（四）债券利息收入及卖出债券所得价款；

（五）货币市场产品的利息收入及卖出货币市场产品的所得价款；

（六）其他收入。

第二十四条 下列支出属于保险公司境内托管账户的支出范围：

（一）划入境外外汇资金运用结算账户的资金；

（二）汇回保险公司的保险外汇资金

（三）银行存款；

（四）买入债券支付的价款，包括支付的印花税、资本利得税等税费；

（五）货币兑换费、托管费以及资产管理费；

（六）各类手续费；

（七）其他支出。

第二十五条 境内托管人选择境外商业银行作为其境外托管代理人的，应当满足托管协议规定的条件。

境内托管人应当在境外托管代理人处，开设保险外汇资金的境外外汇资金运用结算账户和证券托管账户，用于与境外证券登记结算机构之间的资金结算业务和证券托管业务。

第二十六条 境内托管人应当选择满足下列条件的境外商业银行，作为其境外托管代理人：

（一）实收资本不低于25亿美元或者其等值的自由兑换货币；

（二）国际公认评级机构最近3年对其长期信用评级在A级或者相当于A级以上；

（三）具有所在国家或者地区监管部门认定的托管资格，或者与境内托管人具有合作关系；

（四）法人治理结构健全、内部管理制度和风险控制机制完善；

（五）设有专门的托管部门，拥有相应数量熟悉所在国家或者地区托管业务的专职人员；

（六）具备安全、高效的清算交割系统及灾难应变机制；

（七）最近3年在所在国家或者地区，无受重大处罚记录；

（八）所在国家或者地区的金融监管制度完善，金融监管部门与中国金融监管机构已签订监管合作谅解备忘录，并保持着有效的监管合作关系；

（九）中国保监会和国家外汇局规定的其他审慎条件。

第二十七条 保险公司的境内托管人和境外托管代理人必须将其自有资产和受托资产严格分开，必须为不同保险公司境外运用的外汇资金分别设置账户、分别管理。

第六章 监督管理

第二十八条 国家外汇局可以根据国际收支总体状况，调整保险外汇资金境外运用的投资付汇额度。

第二十九条 保险公司从事外汇资金的境外运用，不得超出本办法第九条、第十条的规定，且不得有下列行为：

（一）向他人发放贷款或者提供担保；

（二）洗钱；

（三）与境外受托人、境内托管人和境外托管代理人合谋获取非法利益；

（四）中国和境外的相关法律及规定禁止的行为。

第三十条 保险公司与境外受托人、境内托管人签定相关协议时，应当明确要求境外受托人、境内托管人及时向中国保监会和国家外汇局提供有关报表及相关资料。

第三十一条 中国保监会和国家外汇局可以要求保险公司、境内托管人提供保险外汇资金境外运用的有关资料；必要时，可以对保险公司进行现场检查或者委托专业中介机构进行现场检查。

第三十二条 受托管理保险外汇资金的境外商业银行，不得兼任境内托管人和境外托管代理人。

第三十三条 保险公司发生下列情形之一的，应当在发生后5日内向国家外汇局报告：

（一）变更境外受托人、境内托管人或者境外托管代理人的；

（二）公司注册资本和股东结构发生重大变化的；

（三）涉及重大诉讼、受到重大处罚和其他重大事项的；

（四）国家外汇局规定的其他情形。

保险公司发生前款规定的第（一）项、第（三）项情形的，应当同时报告中国保监会。

第三十四条 保险公司的境内托管人发生下列情形之一的，应当在发生后5日内报告中国保监会和国家外汇局：

（一）注册资本和股东结构发生重大变化的；

（二）涉及重大诉讼、受到重大处罚的；

（三）中国保监会和国家外汇局规定的其他事项。

第三十五条 保险公司和保险公司的境内托管人违反本办法和其他有关保险及外汇管理规定的，由有关监管部门按照各自的权限和监管职责给予行政处罚。

保险公司违反本办法情节严重的，中国保监会可以限制其业务范围、责令其停止接受新业务或者吊销其经营保险业务许可证。

境内托管人违反本办法情节严重的，中国保监会可以责令保险公司予以更换。

第三十六条 受托管理保险外汇资金的境外受托人违反有关规定时，中国保监会和国家外汇局可以要求保险公司更换境外受托人。

第七章 附 则

第三十七条 本办法所称上报中国保监会和国家外汇局的材料，以中文文本为准。

第三十八条 保险公司在香港特别行政区、澳门特别行政区运用外汇资金，参照本办法相关条款执行。

第三十九条 保险资产管理公司外汇资金境外运用参照本办法执行。

第四十条 本办法所称的“日”是指工作日，不含法定节假日。

第四十一条 本办法由中国保监会和中国人民银行负责解释。

第四十二条 本办法自公布之日起施行。

商业银行不良资产监测和考核暂行办法

发文机关：中国银行业监督管理委员会 发文时间：2004－03－25

第一章 总 则

第一条 为加强商业银行持续、审慎、有效监管，促进商业银行完善内控制度，提高资产质量，防范风险，根据《中华人民共和国银行业监督管理法》、《中华人民共和国商业银行法》及其他有关法律、行政法规，制定本办法。

第二条 本办法适用于中国银行业监督管理委员会（以下简称银监会）各级监管机构对商业银行及其分支机构不良资产的监测和考核。

第三条 商业银行不良资产的监测和考核包括对不良贷款、非信贷资产和表外业务风险的全面监测和考核。

第四条 不良贷款严格按照贷款五级分类标准执行，非信贷不良资产分类标准另行制定，制定前可参照贷款五级分类标准掌握。

第二章 不良资产的监测

第五条 商业银行应采取有效方式，做到对不良贷款的逐笔、实时监控，以及非信贷资产、表外业务风险变化情况的监测，并对重点机构和客户进行直接监测。

银监会各级监管机构应建立和完善对不良资产监测、考核制度。

第六条 重点机构包括：不良贷款率前5名的银行分支机构；不良贷款余额不减反增或不良贷款率不降反升的银行分支机构；非信贷资产预计损失率前5名的银行分支机构；表外业务管理混乱、发生违法违规行为的银行分支机构。

重点客户包括：不良贷款余额在亿元以上的客户及拥有5家以上关联企业、合计贷款余额在亿元以上的集团客户。

第三章 不良资产的分析

第七条 银监会各级监管机构、商业银行及其分支机构要按月对不良贷款、按季对不良资产进行分析，对银行风险状况和变化趋势作出总体判断和评价，对风险状况严重和变化明显的要重点说明，并形成分析报告。不良资产分析包括不良贷款分析、非信贷资产风险分析和表外业务风险分析三个部分。

第八条 不良贷款分析。主要包括以下内容：

（一）基本情况。本期贷款余额、不良贷款余额及比例以及与上期和年初比较的变化情况。如在整体趋势、地区分布及行业分布方面出现了重大变动和异常情况，应对其原因进行重点分析。

（二）地区和客户结构情况。各商业银行分别列表说明和分析不良贷款余额、不良贷款比例较高的前10名一级分行，以及贷款余额、不良贷款余额最大的10家客户。各银监局根据实际情况自行确定地区和客户数。

（三）不良贷款清收转化情况。可分别按现金清收、贷款核销、以资抵债和其他方式进行分析。

（四）新发放贷款质量情况。对2003年以来发放贷款质量和当年新发放贷款情况进行持续监测和分析。

（五）新发生不良贷款的内、外部原因分析及典型案例。外部原因包括企业经营管理不善或破产倒闭、企业逃废银行债务、企业违法违规、地方政府行政干预等；内部原因包括违反贷款“三查”制度、违反贷款授权授信规定、银行员工违法等。

（六）对不良贷款的变化趋势进行预测，提出继续抓好不良贷款管理或监管工作的措施和意见。

第九条 非信贷资产风险分析。主要包括以下内容：

（一）基本情况。本期非信贷资产余额，不良资产、预计损失余额及比例，以及与上期和年初比较的变化情况。如本期非信贷不良资产及预计损失变动较大，应对其原因进行分析，特别是各类待处理资产、待清理资产、应收科目核算的资金变化情况。

（二）地区结构分析。各商业银行分别列表说明和分析非信贷不良资产、预计损失余额及占比较高的前10名一级分行。各银监局可根据实际情况自行确定地区数。

（三）清收、处置非信贷不良资产分析。

（四）2003年以来新发生非信贷不良资产原因分析，特别是内部风险控制方面存在的问题及典型案例。

（五）非信贷不良资产及预计损失变化趋势的预测，以及继续抓好非信贷资产管理或监管工作的措施和意见。

第十条 表外业务风险分析。主要包括以下内容：

（一）基本情况。本期各项表外业务余额，垫款（或损失）余额及占比，以及与上期和年初比较的变化情况；对垫款余额上升的表外业务要重点说明。

（二）地区结构分析。各商业银行分别列表说明和分析表外业务发展较快和发生垫款较多的前10名一级分行。各银监局可根据实际情况自行确定地区数。

（三）表外业务垫款形成原因的分析，特别是内部风险控制方面存在的问题及典型案例。

（四）表外业务垫款变化趋势的预测，以及继续抓好表外业务管理或监管的措施和意见。

第四章　不良资产的考核

第十一条 银监会各级监管机构要按季对商业银行及其分支机构不良资产及管理情况进行考核。

第十二条 不良资产考核分为对贷款质量、非信贷资产质量和表外业务质量的考核。考核内容包括对不良资产的余额和比例的考核，并从横比、纵比两方面反映被考核银行的进步度。

第十三条 贷款质量考核指标包括不良贷款比例、不良贷款比例变化、不良贷款余额变化、不良贷款余额变化率、不良贷款余额变化幅度、不良贷款比例变化幅度和现金清收进步率。

非信贷资产质量考核指标包括非信贷不良资产比例、非信贷不良资产比例变化、非信贷不良资产余额变化、非信贷不良资产余额变化率、非信贷不良资产余额变化幅度和非信贷不良资产比例变化幅度。

表外业务质量考核指标包括表外业务垫款比例、垫款比例变化、垫款余额变化、垫款余额变化率、垫款余额变化幅度和垫款比例变化幅度。

第十四条 银监会各级监管机构根据对商业银行不良资产考核进步度情况，按季对商业银行不良资产及管理情况作出综合评价，并按季上报不良资产考核报告。

不良资产考核结果将作为商业银行年度考核评价的重要参考。

第十五条 银监会各级监管机构应每季度或根据风险状况不定期采取约见会谈的形式，听取辖内商业银行不良资产变化情况的汇报，并向其通报不良资产考核结果，提出防范化解不良资产的意见。

第五章　数据、资料来源及分析、考核报告的上报时间

第十六条 不良资产分析和考核报告的数据和资料来源于非现场监管统计报表、银监会要求的其他统计报表以及商业银行报送的不良资产分析报告。

第十七条 银监会各级监管机构根据日常掌握的情况，并通过现场检查对重点数据进行核实。如有重大调整，应在分析考核报告中予以说明。

第十八条 各商业银行总行每月15日前向银监会报送上月不良贷款分析报告，并分别于季后20日之前、年后30日之前上报不良资产季度、年度分析报告。

各银监局每月15日前向银监会报送上月不良贷款分析报告，并分别于季后20日之前、年后30日之前上报不良资产季度、年度分析和考核报告。如辖内不良资产情况出现重大变动，应及时报告。商业银行分支机构分析报告的上报时间由各银监局确定。

第六章　不良资产管理及监管责任

第十九条 商业银行应加强不良资产管理，按时向银监会各级监管机构报送不良资产分析报告，重大情况及时上报，并确保不良资产数据真实、准确，原因分析全面、深入，趋势分析合理、科学，措施及时、有效。

第二十条 对商业银行及其分支机构不按本办法要求及时报送报告或对重大问题隐瞒不报的，银监会按照《中华人民共和国银行业监督管理法》、《中华人民共和国商业银行法》、《金融违法行为处罚办法》等法律、法规及相关金融规章的规定，予以处罚。

对发生违法违规行为的机构主要负责人及有关责任人，银监会将依据有关规定给予警告、罚款、取消高级管理人员任职资格，或按干部管理权限责令商业银行给予纪律处分；构成违法犯罪的，依法追究责任。

第二十一条 银监会各级监管机构应按照信贷资产、非信贷资产和表外业务建立专业化监管人员责任制，及时向上级机构报送辖内商业银行不良资产分析和考核报告。

第二十二条 对不良资产严重、经营管理不善、发生重大案件等问题的商业银行及其分支机构，银监会各级监管机构应采取有效的监管措施，包括暂停审批机构设立、升格、新业务开办等。

第二十三条 对不按要求及时上报不良资产分析和考核报告的监管部门，上级机构将对其通报批评；对重大问题隐瞒不报的，依据有关规定给予行政处分；对构成犯罪的，依法追究责任。

第七章　附　则

第二十四条 各商业银行可根据本办法制定相应的实施细则。

第二十五条 银监会可根据监管的实际情况，对本办法进行调整和修改，以保证监管的有效性。

第二十六条 本办法由银监会负责解释。

第二十七条 本办法自公布之日起施行。

股份制商业银行风险评级体系（暂行）

发文时间：2004—02—23

股份制商业银行风险评级是银行监管框架的重要组成部分，是监管机构对股份制商业银行的风险表现形态和内在风险控制能力进行的科学、审慎的评估与判断。监管机构对股份制商业银行的风险评级，既不同于股份制商业银行自身的评价，也不同于社会中介机构对股份制商业银行的评级。它是以防范风险为目的，通过对股份制商业银行风险及经营状况的综合评级，系统地分析、识别股份制商业银行存在的风险，实现对股份制商业银行持续监管和分类监管，促进股份制商业银行稳健发展。

股份制商业银行风险评级主要是对银行经营要素的综合评价，包括资本充足状况评价、资产安全状况评价、管理状况评价、盈利状况评价、流动性状况评价和市场风险敏感性状况评价以及在此基础上加权汇总后的总体评价。评级结果将作为监管的基本依据，并作为股份制商业银行市场准入和高级管理人员任职资格管理的重要参考。中国银监会将根据评级结果确定对股份制商业银行现场检查的频率、范围和依法采取的其他监管措施。

一、股份制商业银行资本充足状况评价标准

（一）定量指标（60分）

1.资本充足率（30分）

10％以上：30分

8％至10％：25至30分

6%至8%:14至25分
2%至6%:0至14分
2%以下:0分
资本充足率的概念与相关计算方法见监管部门制发的相关文件。
2. 核心资本充足率(30分)
6%以上:30分
4%至6%:25至30分
2%至4%:10至25分
1%至2%:0至10分
1%以下:0分
核心资本充足率的计算方法见监管部门制发的相关文件。
说明:本评级体系中所有的定量指标评分,均按照区间值均匀分布计算。
(二)定性因素(40分)
1. 银行资本的构成和质量(6分)
主要考察银行资本构成的稳定性、市场价值及其流动性。
评分原则:①核心资本在资本中的比重越高,资本构成越稳定,评分应越高。②要分析核心资本构成的稳定性,如果银行存在资本未足额到位或资本抽逃等问题,不得分。③要分析附属资本构成的稳定性,稳定性越高,市场价值越大,评分应越高。分析附属资本构成主要考虑银行的债务性资本(监管机构确认的银行以对外承担债务形式持有的资本),包括其市值变动情况和流动性状况。④上市银行得分应高于非上市银行。⑤资本构成要素存在不稳定性对银行承受风险能力可能造成不利影响的,得分应在3分以下。
2. 银行整体财务状况及其对资本的影响(8分)
主要分析银行财务状况对银行资本的影响。
评分原则:①好的盈利状况能增强或保持银行的竞争能力,利于银行扩充资本,评分应越高。②银行财务状况不佳(出现亏损)并可能对银行资本充足状况形成不良影响的,得分应低于4分。③累计亏损严重以致净资产出现负数的银行,不得分。
3. 资产质量及其对资本的影响(8分)
主要分析银行不良资产的状况对银行资本的影响,重点考察银行资产损失程度、计提资产减值准备的情况及其对银行资本构成的影响。
评分原则:①不良资产呈现恶化趋势,并可能对银行资本构成不利影响的,得分应低于4分。②计提贷款损失准备不足的,得分应低于3分;不足程度越高,得分越低。③对贷款以外资产计提减值准备的银行得分应高于没有计提减值准备的银行。
4. 银行进入资本市场或通过其他渠道增加资本的能力,包括控股股东提供支持的意愿和实际注入资本的情况(8分)
主要考察银行通过外部融资解决资本问题的能力,重点分析银行在资本充足率不足时,是否能及时增加资本,包括控股股东增加注资的可能性。
评分原则:①如果银行股东承诺并能够实现承诺将资本充足率保持在8%以上,或者银行通过其他方法将资本充足率保持在8%以上且能够充分抵御风险的,得满分。②当银行资本充足率不足8%,而银行股东和董事会未能提高资本充足率的,得分应低于4分。③向社会公开募集资本没有成功的,不得分。
5. 银行对资本的管理情况(10分)
主要考察银行资本的管理政策,重点分析银行制定资本计划的情况,包括制定计划的程序和依据。
(1)银行是否根据自身规模,通过对资产年度增长目标和利润目标进行合理可靠的预测分析来确定银行资本的最佳需要量。
(2)银行是否在预测资本需要量的基础上,确定多少资本可以通过利润留存从内部产生,多少资本需要通过外部融资解决,并通过测算筹资成本确定最佳筹资手段。
(3)银行的利润分配政策是否稳健,是一个重要的考察因素,过度的分派红利会削弱银行的资本金,而过低的分派红利会妨碍发行新股,因此,要考察银行盈利的留存比率是否适当,并能够及时按资本计划补充资本金。
评分原则:①银行如果缺乏明确的资本管理政策,没有制定补充资本计划,得分应低于5分。②银行累积未分配利润为负数而进行利润分配的,不得分。③银行资本充足率未达到监管要求而进行利润分配的,不得分。
二、股份制商业银行资产安全状况评价标准
(一)定量指标(60分)
1. 不良贷款率(15分)
5%以下:15分
10%至5%:12分至15分
15%至10%:6分至12分
25%至15%:0分至6分
25%以上:0分
不良贷款率=(次类贷款+可疑类贷款+损失类贷款)/贷款余额。有关次级类贷款、可疑类贷款、损失类贷款的概念见中国人民银行银发[2001]416号文。
2. 估计贷款损失率(10分)
3%以下:10分
6%至3%:8分至10分
9%至6%:6分至8分
12%至9%:4分至6分
15%至12%:0分至4分
15%以上:0分
估计贷款损失率=(正常类贷款×1%+关注类贷款×2%+次级类贷款×20%+可疑类贷款×40%+损失类贷款×100%)/贷款余额
3. 最大单一客户、集团客户授信比率(10分)
评分时取两项得分中较低一项分值。
最大单一客户授信比率
6%以下:10分
10%至6%:8分至10分
12%至10%:6分至8分
14%至12%:4分至6分
16%至14%:0分至4分
16%以上:0分
集团客户授信比率
15%以下:10分
25%至15%:8分至10分
35%至25%:6分至8分
45%至35%:4分至6分
55%至45%:0分至4分
55%以上:0分
集团客户的概念和集团客户授信比率的计算方法见监管部门制发的《商业银行集团客户授信业务风险管理指引》第十二条。
4. 拨备覆盖率(20分)
100%以上:20分
70%至100%:14分至20分
40%至70%:8分至14分
15%至40%:0分至8分
15%以下:0分
拨备覆盖率=(一般准备+专项准备+特种准备)/(次级类贷款+可疑类贷款+损失类贷款)
有关一般准备、专项准备和特种准备的概念见中国人民银行银发[2002]98号文。
5. 非信贷资产损失率(5分)
2%以下:5分
4%至2%:4分至5分
8%至4%:2分至4分
10%至8%:0分至2分
10%以上:0分
非信贷资产损失率=非信贷资产损失额/非信贷资产余额。非信贷资产概念以及损失界定标准见附件一。
(二)定性因素(40分)
1. 不良贷款和其他不良资产的变动趋势及其对银行整体资产安全状况的影响(5分)
主要考察银行不良贷款总量和不良贷款率及其变化趋势。要具体分析银行不良贷款余额的升降原因,要区分存量和增量因素的影响;要具体分析不良贷款比率升降的原因,要区分"分子"和"分母"因素的影响。
评分原则:①不良贷款余额和不良贷款率"双降"的,得满分。②不良贷款余额上升,不良贷款率下降的,得分应低于3分。③不良贷款余额和不良贷款率"双升"的,不得分。④视不良贷款变动的具体原因调节评分结果。
2. 贷款行业集中度以及对银行资产安全状况的影响(5分)

主要考察银行贷款行业的集中程度，分析贷款集中行业的风险状况，包括行业当前整体状况、国内外情况对比，国家对该行业的政策和指导意见，行业的发展趋势预测及依据等，以及风险状况对银行资产安全状况的影响。

3. 信贷风险管理的程序及有效性，是否建立完善的信贷决策程序和制度，包括贷款"三查"制度，风险管理制度和措施能否有效遏制不良贷款的发生(10分)

主要通过对银行不良贷款增量的原因分析，判断信贷风险管理的有效性。

(1)是否建立贷款调查制度以及贷款调查报告的质量。(2分)

(2)是否建立严格、独立的贷款放款审查制度并严格执行。(2分)

(3)是否建立贷后检查制度并严格执行。(2分)

(4)是否存在违规发放的贷款，是否存在逆程序发放贷款的行为。(2分)

(5)贷款档案是否完整规范。(2分)

评分原则：①银行未建立贷前调查制度、贷中审查制度和贷后检查制度的，得分应低于5分。②存在违规贷款或逆程序发放贷款行为的，不得分。

4. 贷款风险分类制度的健全性和有效性(10分)

(1)银行是否根据《贷款风险分类指导原则》制定分类的具体标准以及五级分类的内部管理办法和实施细则，包括贷款分类的操作、认定和审核等工作程序和工作标准；分类工作是否全面涵盖各项授信业务。(3分)

(2)银行是否根据日常风险变化情况对各类贷款进行监控和分类；银行是否配备了专业人员从事分类工作；是否加强了贷款五级分类的业务培训。银行的贷款分类是否定期接受检查监督，分类中存在的问题可以被及时发现和纠正。(2分)

(3)银行的分类工作是否严格执行了有关监管规定以及内部管理规定；分类标准在操作过程中是否保持一致；五级分类结果是否准确。(3分)

(4)银行是否建立了与分类工作相配套的信息系统，保证管理层能够及时获知有关贷款分类的重要信息；银行是否按照监管要求及时报送贷款分类数据和相关分析报告。(2分)

评分原则：①银行五级分类制度存在明显缺陷或分类结果严重失实的，得分应低于3分。②银行未建立贷款五级分类制度的，不得分。

5. 保证贷款和抵(质)押贷款及其管理状况(5分)

主要考察银行是否制定了保证贷款和抵(质)押贷款的管理规定，是否对保证人资格、保证责任和保证合同，抵(质)押品、抵(质)押权和抵(质)押率，抵(质)押品的登记与评估、抵(质)押期限、抵(质)押品的保管和处置做了明确的规定，银行是否严格执行了这些规定。考察银行保证贷款和抵(质)押贷款的合法性和有效性如何，还要分析银行抵(质)押品的流动性和价值稳定性及其对资产安全状况的影响。

6. 非信贷资产风险管理状况(5分)

主要分析银行是否针对非信贷类资产，特别是风险性非信贷类资产制定管理制度和风险控制措施并落实管理责任；银行对各类挂账、垫款、待清理资产是否制定了具体的清收、清理、处置办法和措施；银行对造成非信贷类资产损失的违法违规违纪人员是否追究责任。通过对以上要素的综合分析，判断银行识别、控制非信贷资产风险的能力。

评分原则：银行未建立非信贷资产风险管理制度的，不得分。

三、股份制商业银行管理状况评价标准

(一)银行公司治理状况，公司治理的合理性和有效性(50分)

1. 银行公司治理的基本结构(10分)

(1)银行是否构建了以股东大会、董事会、监事会和高级管理层为主体的银行治理结构，各个治理主体是否设立了专门委员会和专门办事机构；是否建立了独立董事制度和外部监事制度。(5分)

(2)各个治理主体是否明确了各自的工作职责，是否制定了完备规范的议事规则。(5分)

2. 银行公司治理的决策机制(10分)

(1)银行的股东资格是否符合有关规定；股东是否履行诚信义务；银行是否能够保护股东合法权益，公平对待所有股东，是否存在大股东损害中小股东权益的情况；银行股东是否有占用银行资产行为，是否有关联交易，关联交易对银行的影响；股东大会能否按照章程的规定有效发挥其职能。其中涉及关联交联授信的比例确定见监管部门制发的相关文件(5分)

评分原则：如果银行对一个关联方的授信余额超过银行净资产的10%，或者对一个关联方的集团客户的授信余额总数超过净资产的15%，或者银行对全部关联方的授信余额超过商业银行净资产的25%，得分应低于3分。

(2)董事是否具备履行职责所必需的专业素质；是否勤勉诚信；董事的选任是否符合规定程序。(2分)

(3)董事会的结构是否合理；下设专门委员会是否具备独立性；董事会及其下设委员会能否按照章程的规定履行职责并发挥决策和监督作用；董事会是否制定银行的发展战略及发展规划；董事会是否具备足够的控制力和调度力。(3分)

3. 银行公司治理的执行机制(10分)

(1)从股东大会到董事会再到经营管理层的决策传导机制是否通畅、高效。(2分)

(2)高级管理人员的素质：高级管理人员资格是否符合监管机构规定；高级管理人员是否具备必要的业务管理能力、市场应变能力和创新能力。(3分)

(3)高级管理人员履职情况：高级管理人员是否按董事会制定的战略规划开展工作；高级管理人员工作的实效性；是否存在"内部人控制"情况。(3分)

(4)高级管理层是否具备良好的团队精神；职责分工是否合理适当；经营上是否稳健并能及时识别和管理风险。(2分)4. 银行公司治理的监督机制(10分)

(1)独立董事是否具备履行职责所必需的专业素质；是否勤勉诚信；独立董事的选任是否符合规定程序。(2分)

(2)独立董事是否具备独立性，独立董事的权利、义务和责任是否明确；独立董事是否尽责。(2分)

(3)监事是否具备履行职责所必需的专业素质；是否勤勉诚信；监事的选任是否符合规定程序；监事会的结构是否合理；下设专门委员会是否具备独立性；监事会及其下设委员会能否按照章程的规定有效发挥其监督作用。(4分)

(4)外部监事是否具备独立性，是否尽责。(2分)

5. 银行公司治理的激励约束机制及问责(10分)

(1)银行是否建立薪酬与银行效益和个人业绩相联系的激励机制，制定的激励政策及其制定程序是否合理。(2分)

(2)银行是否建立长、中、短期相结合的激励机制。(2分)

(3)是否建立公正、公开的董事、监事、高级管理层成员绩效评价的标准和程序。(3分)

(4)是否按照《商业银行信息披露暂行办法》披露公司治理信息，有关薪酬激励的情况是否作适当披露。(3分)

(二)内部控制状况(50分)

1. 内部控制环境与内部控制文化(10分)

(1)良好的治理机制：董事会是否审批银行整体经营战略和重大政策并定期检查执行情况；董事会是否了解银行的主要风险并采取必要措施认定、计量、监督并控制风险；董事会是否负责审批组织结构；董事会如何确保高级管理层对内部控制制度的有效性进行监督；高级管理层执行董事会决策的情况如何。(3分)

(2)分工合理、职责明确、报告关系清晰的组织结构：组织结构设置是否清晰地表明信息报告渠道，明确了信息报告的责任；组织结构设置是否存在缺陷导致重要信息报告的缺漏；组织结构是否对银行的各级部门和各种业务都实施了有效的管理控制。(2分)

(3)内部控制文化：董事会与高级管理部门是否通过其言行来强调内部控制的重要性；银行是否存在良好的培训、宣传机制使得员工能够充分认识到内部控制的重要性并参与到控制活动之中；是否存在由于激励政策不当鼓励或诱发不适当的经营行为，例如过分强调业绩目标或其他经营结果而忽略长期风险；或者工资或奖励计划过于依赖短期业绩等。(3分)

(4)员工职业操守和诚信意识：员工尽职情况；是否及时向相关部门报告违法违规问题、与经营指导方针不一致的情况及其他违反政策规定的情况。(2分)

2. 风险识别与评估(10分)

主要考察银行是否对所从事的业务风险进行识别评估并对风险持续监控。

(1)风险管理的制度、程序和方法：主要考察银行是否设立了履行风险管理职能的专门部门，是否制定了识别、计量、监测和管理风险的制度、程序和方法。(3分)

(2)风险识别与评估的全面性：银行的风险评估是否考虑了内部

因素（如组织结构的复杂程度、银行业务性质、人员素质、组织机构变革和人员的流动等）与外部因素（如经济形势变化、行业变革与技术更新等）；风险评估是否既针对单一业务，又针对并表机构的其他业务；风险评估是否针对风险的可计量和不可计量两方面进行。（2 分）

（3）风险识别与评估的手段与技术：银行是否建立了涵盖各项业务、全行范围的风险管理系统，是否开发和运用风险量化评估方法和模型，对信用风险、国家及转移风险、市场风险、利率风险、流动性风险、操作风险、法律风险及信誉风险等各类风险进行持续的监控。（3 分）

（4）风险控制制度、技术和方法的及时更新：银行是否针对不断变化的环境和情况及时修改完善风险控制的制度、方法和手段，以控制新出现的风险或以前未能控制的风险。（2 分）

3. 控制行为与职责分工（10 分）

（1）全面、系统的各项业务政策、制度和程序，包括统一的业务标准和操作要求：主要分析银行是否建立全面、系统的内部控制政策与程序，包括董事会与高级管理部门要求下级部门定期报送业绩报告，以检查银行在实现其目标方面的进展；中层管理部门每天、每周或每月都应收到并审阅规范标准的业务报告和专题报告；是否针对不同资产建立了审批和授权制度。（3 分）

（2）各部门、各岗位、各级机构之间的职责分离、相互制约措施：各部门、各岗位、各级机构之间的职责分工是否合理明确，是否遵循了必要的分离原则。（3 分）

（3）各种会计账表、统计信息真实完整的控制措施。（2 分）

（4）各种应急制度及法律风险控制措施。（2 分）

4. 信息交流与沟通（10 分）

（1）信息共享、信息交流与信息反馈机制：主要分析银行在各级机构、各个业务领域之间是否建立了信息共享机制；信息能否在各级机构、各个业务领域之间充分、有效的交流与利用；是否建立信息反馈机制。（4 分）

（2）贯穿各级机构、覆盖各个业务领域的数据仓库和管理信息系统：主要分析银行是否具备充分而全面的内部财务与业务经营数据库；是否有贯穿各级机构、覆盖各个业务的管理信息系统；是否建立电子信息系统与信息技术风险的防范措施。（4 分）

（3）信息的真实可靠性：主要分析银行决策层获取的有关财务状况和业务经营状况的综合性信息，以及与决策有关的外部市场信息是否是有意义的、可靠的、随时可得的，并且可以前后对比。（2 分）

5. 监督与纠正（10 分）

（1）对银行内部控制整体有效性的日常监督：主要分析银行对关键性风险的监督；是否有不同领域（包括业务领域本身、财务控制和内部审计）的人员共同监督内控机制的有效性；日常监督与独立评估的执行与效果如何。（4 分）

（2）内部控制的监督机制：主要分析银行是否由独立的、经过良好训练且具有较强工作能力的内部审计人员对内部控制进行全面、有效的审计与评估，并将结果直接报告董事会或董事会下设的审计委员会，同时报告高级管理部门；内部审计及审计人员的独立性如何。（3 分）

（3）对内部控制缺陷的纠正机制：主要考察银行的内部控制缺陷被发现和被报告后是否能够及时得到解决和纠正，高级管理部门是否建立记录内部控制弱点并及时采取相应纠正措施的制度。（3 分）

四、股份制商业银行盈利状况评价标准

（一）定量指标（60 分）

1. 资产利润率（15 分）

1%以上：15 分

0.75%至 1%：12 分至 15 分

0.5%至 0.75%：9 分至 12 分

0.25%至 0.5%：6 分至 9 分

0%至 0.25%：0 至 6 分

0%以下：0 分

资产利润率的概念与计算方法见监管机构颁布的相关文件。利润的计算是根据财政部《金融企业呆账准备提取及呆账核销管理办法》和人民银行《银行贷款损失准备计提指引》的有关规定，以银行足额提取了当年各类贷款损失的准备金为前提条件的。

2. 资本利润率（15 分）

20%以上：15 分

15%至 20%：12 分至 15 分

10%至 15%：9 分至 12 分

5%至 10%：6 分至 9 分

0%至 5%：0 分至 6 分

0%以下：0 分

资本利润率的概念与计算方法见监管机构颁布的相关文件。利润的计算是根据财政部《金融企业呆账准备提取及呆账核销管理办法》和人民银行《银行贷款损失准备计提指引》的有关规定，以银行足额提取了当年各类贷款损失的准备金为前提条件的。

3. 利息回收率（15 分）

95%以上：15 分

85%至 95%：12 分至 15 分

75%至 85%：9 分至 12 分

65%至 75%：6 分至 9 分

55%至 65%：0 分至 6 分

55%以下：0 分

利息回收率的概念与计算方法见监管机构颁布的相关文件。

4. 资产费用率（15 分）

0.75%以下：15 分

1%至 0.75%：12 分至 15 分

1.25%至 1%：9 分至 12 分

1.5%至 1.25%：6 分至 9 分

1.75%至 1.5%：3 分至 6 分

2%至 1.75%：0 分至 3 分

2%以上：0 分

资产费用率＝营业费用/资产总额。营业费用的概念见《金融企业会计制度》。

（二）定性因素（40 分）

1. 银行的成本费用和收入状况以及盈利水平和趋势（15 分）

主要通过银行利润构成分析考察盈利水平和趋势，通过同业比较和历史比较分析判断银行收入的来源构成及其稳定性，分析影响银行收入来源的因素以及这些因素变化可能对银行盈利产生的影响。

要分析银行成本费用的主要构成，预测成本费用的增长趋势；应综合考虑收入、成本费用状况及其变化趋势，重点考察银行净营业收入的变化，以此判断银行盈利的变化趋势。

2. 银行盈利的质量，以及银行盈利对业务发展与资产损失准备提取的影响（15 分）

主要分析银行是否严格按照监管机构的规定核算应收未收利息，是否足额提取应付未付利息，是否足额提取贷款损失准备及其他资产损失准备。要分析应收未收利息、应付未付利息和各项资产减值准备对银行盈利状况的影响。

评分原则：根据银监会发布的《关于推进和完善贷款风险分类工作的通知》第六条的规定进行相应调整后，经营成果为亏损的，得分应低于 8 分。

3. 财务预决算体系，财务管理的健全性和有效性（10 分）

主要分析银行是否制定本年度利润计划与预算；银行预决算体系是否健全；银行财务管理制度建设及其执行状况。本项目主要从财务管理制度入手，分析银行的财务管理水平。

评分原则：①在财务管理中弄虚作假的，不得分。②由于财务管理问题造成盈利状况严重不实的，不得分。

五、股份制商业银行流动性状况评价标准

（一）定量指标（60 分）

1. 流动性比率（20 分）

35%以上：20 分

25%至 35%：16 分至 20 分

15%至 25%：12 分至 16 分

10%至 15%：0 分至 12 分

10%以下：0 分

流动性比率的概念与计算方法见监管机构制发的相关文件。

2. 人民币超额准备金比率（10 分）

5%以上：10 分

4%至 5%：6 分至 10 分

3%至 4%：2 分至 6 分

2%至 3%：0 分至 2 分

2%以下：0 分

人民币超额准备金是指扣除法定存款准备金后的人民币准备金。

3. 外币备付金率（5 分）

5%以上：5 分

4%至5%:3分至5分
3%至4%:1分至3分
2%至3%:0分至1分
2%以下:0分
外币备付金率的概念与计算方法见监管机构制发的相关文件。
4.(人民币、外币合并)存贷款比例(10分)
65%以下:10分
70%至65%:7分至10分
75%至70%:4分至7分
90%至75%:0分至4分
90%以上:0分
存贷款比例的概念与计算方法见监管机构制发的相关文件。
5.外币存贷款比例(5分)
70%以下:5分
80%至70%:3分至5分
90%至80%:1分至3分
100%至90%:0分至1分
100%以上:0分
外币存贷款比例的概念与计算方法见监管机构制发的相关文件。
6.净拆借资金比率(10分)
-4%以下:10分
0至-4%:8分至10分
1%至0:6分至8分
3%至1%:0分至6分
3%以上:0分
净拆借资金比率=拆入资金比例-拆出资金比例;拆入资金比例和拆出资金比例的计算方法见监管机构制发的相关文件。
(二)定性因素(40分)
1.资金来源的构成、变化趋势和稳定性(5分)
主要分析银行存款的构成及其增减变化趋势,判断银行资金的稳定性。重点分析定期存款与活期存款、以及对公存款与储蓄存款在存款中的比重,分析一定历史时期存款的变化情况及其趋势。
评分原则:存款波动较大的银行,得分应低于3分。
2.资产负债管理政策和资金的调配情况(5分)
主要分析银行流动性状况,银行资产与负债的期限是否匹配,银行资产负债管理政策是否合理。
3.银行对流动性的管理情况(20分)
主要考察银行是否建立稳定的流动性管理体系,较好地控制流动性风险。
(1)银行是否设立流动性管理部门,专门负责银行的流动性管理。(5分)
(2)对流动性需求的预测:银行是否利用各种技术方法对银行的流动性需求进行准确地测算。(5分)
(3)流动性管理政策:银行是否在预测需求的基础上,制定相应的流动性管理政策,设计多种方案(包括主动负债、转换资产、出售资产等),从中选择最优流动性管理方案。判断银行在流动性管理方面有无综合调控能力。(5分)
(4)日常管理:银行有无建立流动性的监测、预警机制,是否制定流动性应急方案。(5分)
4.银行以主动负债形式满足流动性需求的能力(5分)
主要考察银行在流动性不足时从外部获得资金的能力,重点分析银行通过同业拆入、证券回购、向中央银行再贷款、再贴现、从国际金融市场借入资金等方式满足流动性需求的能力。分析银行同业拆借业务状况,同业拆借利率水平;分析银行在证券回购市场交易状况,证券回购业务的资金规模、收益状况,证券资产构成及其变现能力等。
5.管理层有效识别、监测、和调控银行头寸的能力(5分)
主要考察银行管理层是否能够及时获得关于银行头寸状况的信息;银行管理层对银行的头寸状况是否有清楚的认识;管理层是否对银行资金需求变动情况进行分析并及时作出决策。

六、股份制商业银行市场风险评价

市场风险,指由于利率或价格发生变化而对金融机构财务状况产生的不利影响。市场风险主要包括利率风险、外汇风险、股本风险和商品风险。
在评估市场风险时,监管人员应主要考虑以下因素:
(一)金融机构盈利性或资产价值对利率、汇率、商品价格或产权价反向变动的敏感程度;
(二)银行董事会和高级管理层识别、衡量、监督和控制市场风险敞口的能力;
(三)源自非交易性头寸利率风险敞口的性质和复杂程度;
(四)源自交易性和境外业务市场风险敞口的性质和复杂程度。
根据我国银行业现状,暂不对市场风险进行评级,但可以考察银行资产价值与盈利水平受利率政策与外汇价格变化的影响,作为评价盈利性和资产质量的参考。

七、银行评级

(一)单项运作要素的评价
对银行运作要素的评价标准为:评分85分以上为1级,评分75分至85分为2级,评分60至75分为3级,评分50至60分为4级,评分50分以下为5级。
(二)综合评分标准
综合评级采用加权汇总评分法,即各要素评价分值乘以相应权重后进行相加,其总和为综合评分。各要素的权重分别为:资本充足状况20%,资产安全状况20%,管理状况25%,盈利状况20%,流动性状况15%。暂不对市场风险因素进行量化评分。在取得各要素的评分后,将各要素评价分值乘以相应权重后进行相加,其总和为综合评分。
(三)综合评级等次
根据股份制商业银行的综合评分,对应取得股份制商业银行的综合评级等次。股份制商业银行的综合评级分为五级:
1级—良好:综合评分在85分以上。
2级——一般:综合评分在75分至85分之间。
3级—关注:综合评分在60分至75分之间。
4级—欠佳:综合评分在50分至60分之间。
5级—差:综合评分在50分以下。
(四)评级体系中应注意的问题
1.评级的周期
评级周期为一年,即监管人员每年应对股份制商业银行进行一次年度评级。监管人员应在年度结束后4个月内根据银行上一年度情况完成对银行的评级。
2.评级结果的披露
评级结果由监管部门向有关部门通报,暂不向公众披露。何时需对外披露由监管部门决定。
附件一

非信贷类资产项目定义和损失界定标准

一、表内应收利息:指截至评级日期表内应收利息余额,其预计损失额按余额的95%界定。
二、待处理房改资产:指住房体制改革后形成的已售公房损失,其预计损失额按余额的100%界定。
三、待处理同业拆借垫款:指拆放同业及拆放金融性公司形成的拆借垫款,其预计损失额按照信贷资产五级分类中损失类标准界定。
四、待处理案件纠纷垫款:指经济纠纷及案件形成的垫款,包括以前年度案件结案后挂账的损失和结案挂账的涉案资金,其预计损失额按照信贷资产五级分类中损失类标准界定。
五、待处理以前年度担保及信用证垫款:指由于担保及信用证形成且尚未纳入信贷资产中统计的垫款,其预计损失额按照信贷资产五级分类中损失类标准界定。
六、待处理其他应收款:指除以上二至五项待处理项目外的其他各种跨年度待处理垫款、挂账和非业务性暂付及应收款项。如应收赔款和罚金、诉讼办案费垫款等。其预计损失额按照信贷资产五级分类中损失类标准界定。
七、待处理抵债资产:指行使抵押权、质权资产、受偿破产和关闭企业或其他债务人的资产等,其预计损失额按照信贷资产五级分类中损失类标准界定。
八、待清理投资及自办实体资产:指进行的股权投资、债券投资及以前年度自办经济实体形成的待清理资产,其预计损失额按照信贷资产五级分类中损失类标准界定,如待清理投资及自办实体是按比例出资的,待清理资产及预计损失按投资比例计算确定。
九、待清理接收资产:指待清理城信社资产、待清理信托资产、人行转来企业贷款本金和利息以及其他金融机构转来资产等,其预计损失额按照信贷资产五级分类中损失类标准界定。
十、应付福利费垫款:指超标准红字反映的应付福利费,其预计损失额按垫款金额的100%界定。
十一、历年亏损挂账:指自身形成的亏损挂账,其预计损失额按亏损挂账金额的100%界定。

十二、其他风险性非信贷类资产：指产权待界定资产、委托持股、委托代理业务等资产，其预计损失额按照信贷资产五级分类中损失类标准界定。

附件二

股份制商业银行风险评级体系操作规程

风险评级是监管机构根据股份制商业银行的资本充足、资产安全、管理、盈利、流动性和市场风险敏感性等方面的状况，对银行经营管理状况进行全面分析和判断，并形成综合评级的过程。

一、评级的原则

（一）全面性原则，风险评级应在全面收集股份制商业银行相关信息的基础上，综合全部信息进行。

（二）系统性原则，风险评级应系统分析股份制商业银行的整体风险和经营状况，以及风险发展趋势。

（三）持续性原则，风险评级应根据监管周期持续进行。

（四）审慎性原则，风险评级应当遵循审慎监管原则，以审慎监管的要求为依据，有效识别和认定股份制商业银行存在的和潜在的风险。**二、评级的步骤**

（一）信息收集。股份制商业银行风险评级应当建立在股份制商业银行信息的综合收集与整理的基础上。风险评级的信息来源应当具有广泛性。在对股份制商业银行进行评级之前，监管人员应充分收集以下信息：1.非现场监管信息；2.现场检查结果；3.银行向公众披露的信息；4.银行提交的年度经营计划、经营状况报告和各项准入申请等；5.国际、国内评级机构对股份制商业银行的评级情况；6.各种媒体报道的银行信息。

（二）现场评估。在信息不充分的情况下，监管人员可以采取以下现场评估手段了解股份制商业银行的情况：1.针对评级进行现场检查。根据已经收集的信息，确定股份制商业银行的关键风险以及需要进一步了解的信息，对重要经营领域和关键风险点进行现场检查。现场检查应侧重了解银行治理与风险控制状况，并进行必要的测试。2.与银行管理层保持密切接触。通过与银行管理层的会谈，进一步了解银行经营及其风险状况的信息，同时考察银行管理层的业务素质与管理能力。3.与银行外部审计人员的沟通。通过与外部审计人员的沟通，进一步了解银行经营状况和财务状况。

（三）综合分析。监管人员对通过上述手段收集的所有信息进行综合分析整理，并依据评级体系确定的方法和标准进行评级。在评级过程中，应充分考虑同业的情况、股份制商业银行不同阶段的情况、宏观经济形势、区域经济发展等因素。评估应能够客观、公正、全面地反映股份制商业银行的风险与经营情况。

（四）结果反馈。对评级过程中发现的问题，应当通报银行，要求董事会督促高级管理层整改。

（五）档案归集。评级结果反馈结束后，应做好评级依据、评级结果、评级结果反馈座谈会纪要等文件、材料的存档工作。

三、评级操作中应注意的问题

（一）评级的定量与定性相结合。风险评级过程中应当注意保持定量分析与定性分析相结合。在评级过程中，除定量分析外，还要求监管人员对银行经营管理状况进行定性评价，定性分析应当在尽可能多掌握相关信息的基础上进行综合判断，保证定性评价的科学性和客观性，

（二）评级的审慎性。监管人员在操作过程中应当尽可能谨慎地做出判断。关于银行不愿意提供的信息，应倾向于视其为不利于银行的信息；对于不能确定是否对银行有利的情况，应倾向于视其为不利于银行的情况。对于存在明显的迹象，可能导致银行遭受损失甚至出现流动性危机的情况，应当做出合理的估计。

四、评级结果的运用

评级结果将作为规划监管工作和配置监管资源的主要依据。运用评级结果时，监管人员应当针对评级结果，深入分析银行风险及其成因，并结合银行单项运作要素的评价和综合评级的结果，制定每家银行的综合监管计划和监管对策。对评级结果为3级以下的单项运作要素，应当加强对该要素的监管，并视情况对该要素进行专项现场检查；对任何单项运作要素评级结果为4级以下的银行，应当对银行高级管理人员进行质询，要求其降低风险水平；对任何单项运作要素评级结果为5级的银行，应当督促其制定改善风险状况的计划，并在监管机构监督下予以实施。

同时，应对不同评级级别的银行采取分类监管政策：对综合评级为1级的机构，应积极支持其发展，可以在现场检查的频率上相应放宽；对综合评级为2级的机构，应指出其存在的薄弱环节，督促其做出相应的调整和整改，在现场检查时应重点关注其存在风险的领域；对综合评级为3级的机构，应适当加强对其非现场分析与现场检查，督促股份制商业银行加强经营管理与内部控制，改善财务状况；对综合评级为4级的机构，应增加现场检查频率，加大现场检查力度，密切关注其经营态势，督促其加大经营调整力度，积极降低风险，同时建议在机构市场准入和新业务审批方面进行限制，必要时应对其高级管理人员进行谈话，责令整改；对综合评级为5级的机构，应对其业务活动的开展作出一定的限制，限制其高风险经营行为，要求其改善经营状况，调整其高级管理人员，必要时进行重组或实施接管。

商业银行次级债券发行管理办法

发文号：中国人民银行、中国银行业监督管理委员会公告〔2004〕第4号　发文时间：2004—06—17

为了规范商业银行发行次级债券行为，维护投资者合法权益，促进商业银行资产负债结构的改善和自我发展能力的提高，中国人民银行和中国银行业监督管理委员会共同制定了《商业银行次级债券发行管理办法》，现予公布实施。

附件：商业银行次级债券发行管理办法

中国人民银行

中国银行业监督管理委员会

二○○四年六月十七日

第一章　总　则

第一条　为规范商业银行发行次级债券行为，维护投资者合法权益，促进商业银行资产负债结构的改善和自我发展能力的提高，根据《中华人民共和国中国人民银行法》、《中华人民共和国银行业监督管理法》和《中华人民共和国商业银行法》等法律，制定本办法。

第二条　本办法所称商业银行次级债券（以下简称“次级债券”）是指商业银行发行的、本金和利息的清偿顺序列于商业银行其他负债之后、先于商业银行股权资本的债券。

经中国银行业监督管理委员会批准，次级债券可以计入附属资本。

第三条　次级债券可在全国银行间债券市场公开发行或私募发行。

商业银行也可以私募方式募集次级定期债务，商业银行募集次级定期债务应遵循中国银行业监督管理委员会发布的相关规定。

第四条　次级债券发行人（以下简称发行人）为依法在中国境内设立的商业银行法人。

第五条　次级债券的发行遵循公开、公平、公正、诚信的原则，并充分披露有关信息和提示次级债券投资风险。

第六条　次级债券的投资风险由投资者自行承担。

第七条　中国人民银行和中国银行业监督管理委员会依法对次级债券发行进行监督管理。中国银行业监督管理委员会负责对商业银行发行次级债券资格进行审查，并对次级债券计入附属资本的方式进行监督管理；中国人民银行对次级债券在银行间债券市场的发行和交易进行监督管理。

第二章　次级债券发行申请及批准

第八条　商业银行发行次级债券应由国家授权投资机构出具核准证明；或提交发行次级债券的股东大会决议。股东大会决议应包括以下内容：

（一）发行规模、期限；

（二）募集资金用途；

（三）批准或决议的有效期。

第九条　商业银行公开发行次级债券应具备以下条件：

（一）实行贷款五级分类，贷款五级分类偏差小；

（二）核心资本充足率不低于5%；
（三）贷款损失准备计提充足；
（四）具有良好的公司治理结构与机制；
（五）最近三年没有重大违法、违规行为。

第十条 商业银行以私募方式发行次级债券或募集次级定期债务应符合以下条件：
（一）实行贷款五级分类，贷款五级分类偏差小；
（二）核心资本充足率不低于4%；
（三）贷款损失准备计提充足；
（四）具有良好的公司治理结构与机制；
（五）最近三年没有重大违法、违规行为。

第十一条 商业银行发行次级债券应分别向中国银行业监督管理委员会、中国人民银行提交申请并报送有关文件（申请材料格式见附1），主要包括：
（一）次级债券发行申请报告；
（二）国家授权投资机构出具的发行核准证明或股东大会通过的专项决议；
（三）次级债券发行可行性研究报告；
（四）发行人近三年经审计的财务报表及附注；
（五）发行章程、公告（格式要求见附2、3）；
（六）募集说明书（格式要求见附4）；
（七）承销协议、承销团协议；
（八）次级债券信用评级报告及跟踪评级安排的说明；
（九）发行人律师出具的法律意见书。

第十二条 中国银行业监督管理委员会应当自受理商业银行发行次级债券申请之日起3个月内，对商业银行发行次级债券进行资格审查，并做出批准或不批准的书面决定，同时抄送中国人民银行。中国人民银行应当自收到中国银行业监督管理委员会做出的批准文件之日起5个工作日内决定是否受理申请，中国人民银行决定受理的，应当自受理申请之日起20日内做出批准或不批准的决定。未经中国人民银行批准，商业银行不得在全国银行间债券市场发行次级债券。

第十三条 商业银行持有的其他银行发行的次级债券余额不得超过其核心资本的20%。

第十四条 次级债券计入商业银行附属资本的条件按照中国银行业监督管理委员会发布的相关监管规定执行。

第三章　次级债券的发行

第十五条 商业银行发行次级债券应聘请证券信用评级机构进行信用评级。证券信用评级机构对评级的客观、公正和及时性承担责任。

第十六条 商业银行次级债券的发行可采取一次足额发行或限额内分期发行的方式。发行人根据需要，分期发行同一类次级债券，应在募集说明书中详细说明每期发行时间及发行额度。若有变化，发行人应在每期次级债券发行15日前将修改的有关文件报中国人民银行备案，并按中国人民银行的要求披露有关信息。

第十七条 发行次级债券时，发行人应组成承销团，承销团在发行期内向其他投资者分销次级债券。

第十八条 次级债券的承销可采用包销、代销和招标承销等方式；承销人应为金融机构，并须具备下列条件：
（一）注册资本不低于2亿元人民币；
（二）具有较强的债券分销能力；
（三）具有合格的从事债券市场业务的专业人员和债券分销渠道；
（四）最近两年内没有重大违法、违规行为；
（五）中国人民银行要求的其他条件。

第十九条 以招标承销方式发行次级债券，发行人应向承销人发布下列信息：
（一）招标前，至少提前3个工作日向承销人公布招标具体时间、招标方式、招标标的、中标确定方式和应急招投标方案等内容；
（二）招标开始时，向承销人发出招标书；
（三）招标结束后，发行人应立即向承销人公布中标结果，并于次日通过中国人民银行指定的媒体向社会公布招标结果。

第二十条 招投标通过中国人民银行债券发行系统进行，发行人不得透露投标情况，不得干预投标过程。中国人民银行监督招标过程。

第二十一条 发行人应在中国人民银行批准次级债券发行之日起60个工作日内开始发行次级债券，并在规定期限内完成发行。

发行人未能在规定期限内完成发行时，原批准文件自动失效，发行人如仍需发行次级债券，应另行申请。

第二十二条 次级债券发行结束后5个工作日内，发行人应向中国人民银行、中国银行业监督管理委员会报告次级债券发行情况。

第二十三条 次级债券私募发行时，发行人可以免于信用评级；私募发行的次级债券只能在认购人之间进行转让。次级定期债务，经批准可比照私募发行的次级债券转让方式进行转让。

第二十四条 次级债券的交易按照全国银行间债券市场债券交易的有关规定执行。

第四章　登记、托管与兑付

第二十五条 中央国债登记结算有限责任公司（以下简称“中央结算公司”）为次级债券的登记、托管机构。

第二十六条 发行期结束后，发行人应及时向中央结算公司确认债权。在债权确认完成后，中央结算公司应及时完成债权登记工作。

第二十七条 发行人应向中央结算公司缴付登记托管费。

第二十八条 发行人应于次级债券还本或付息日前10个工作日，通过中国人民银行指定的新闻媒体向投资者公布次级债券兑付公告。

第二十九条 次级债券还本或付息日前，发行人应将兑付资金划入中央结算公司指定的账户。

第三十条 发行人应向中央结算公司支付兑付手续费。

第五章　信息披露

第三十一条 商业银行公开发行次级债券时，发行人应在中国人民银行批准发行次级债券后，在发行次级债券前5个工作日将发行公告报中国人民银行备案，并刊登于中国人民银行指定的媒体，同时印制、散发募集说明书。

经中国人民银行批准分期发行次级债券的，发行人应在每期次级债券发行前5个工作日在中国人民银行指定的媒体公布发行公告，并披露本次发行与上次发行之间发生的重大事件。

发行人应公告中国人民银行要求披露的其他信息。

第三十二条 发行人应保证发行公告没有虚假、误导性陈述或者重大遗漏，并保证对其承担责任。发行人应当在发行公告的显著位置提示投资者：“投资者购买本期债券，应当认真阅读本发行公告及有关的信息披露文件，进行独立的投资判断。主管部门对本期债券发行的批准，并不表明对本期债券的投资价值做出了任何评价，也不表明对本期债券的投资风险做出了任何判断”。

第三十三条 发行人应在发行公告与募集说明书中说明次级债券的清偿顺序，并向投资者说明次级债券的投资风险。

第三十四条 次级债券到期前，发行人应于每年4月30日前向中国人民银行提交经注册会计师审计的发行人上一年度的年度报告。公开发行次级债券的，发行人应通过有关的媒体披露年度报告。

第三十五条 对发行人进行财务审计、法律咨询评估及债券信用评级的会计师事务所、律师事务所和证券信用评级机构应客观、公正地出具有关报告文件并承担相应责任。

第三十六条 对影响发行人履行债务的重大事件，发行人应在第一时间将该事件有关情况报告中国人民银行、中国银行业监督管理委员会，并按照中国人民银行指定的方式向投资者披露。

第三十七条 中央结算公司应为银行间债券市场主管部门和投资者了解次级债券信息提供服务，并及时向银行间债券市场主管部门报告各种违反信息披露规定的行为。

第三十八条 商业银行次级债券私募发行时，其信息披露的内容与形式，应在发行章程与募集说明书中约定；信息披露的对象限于其次级债券的认购人。

第六章　附　则

第三十九条 对于违反本办法的行为，中国人民银行和中国银行业监督管理委员会按照《中华人民共和国中国人民银行法》、《中华人民共和国银行业监督管理法》《中华人民共和国商业银行法》的有关规定给予处罚。

第四十条 政策性银行发行次级债券适用本办法。

第四十一条 本办法由中国人民银行、中国银行业监督管理委员会负责解释。

第四十二条 本办法自发布之日起施行。

附：

1. 商业银行发行次级债券报送申请文件的格式
2. 商业银行次级债券发行章程的编制要求
3. 商业银行次级债券发行公告编制要求
4. 商业银行次级债券募集说明书编制要求

附 1：商业银行发行次级债券报送申请文件的格式

一、发行申请材料的纸张、封面及份数

（一）纸张大小：A4 纸规格；

（二）封面：

1. 标有“发行 XX 银行次级债券申请材料”字样；
2. 申请机构名称、注册地址、联系电话、联系人、邮政编码；
3. 申报时间。

（三）份数

申请材料共 2 份，其中至少一份为原件。

二、发行申请材料目录

（一）次级债券发行申请报告；

（二）国家授权投资机构出具的发行核准文件或股东大会决议；

（三）次级债券发行可行性研究报告；

（四）发行人近三年经审计的财务报表及附注；

（五）发行章程；

（六）发行公告；

（七）募集说明书；

（八）承销协议；

（九）承销团协议；

（十）次级债券信用评级报告及跟踪评级安排的说明；

（十一）发行人律师出具的法律意见书。

附 2：商业银行次级债券发行章程的编制要求

商业银行次级债券发行章程应包括以下内容：

（一）债券次级性说明及风险提示

向投资者说明次级债券的本金和利息的偿还顺序，向投资者揭示风险。

（二）发行人基本情况

发行人名称、注册地址、经营范围、法定代表人、联系电话、邮政编码；近三年的经营状况和业务发展的基本情况；财务、业务、治理等情况。

（三）本期债券情况

次级债券名称，发行总额，发行次级债券的目的，用途，次级债券面值，发行的票面利率（价格）或票面利率（价格）确定方式，发行对象、方式、时间、期限，本金偿还、利息支付的方式和顺序，次级条款、托管和兑付等。

（四）发行人历史财务数据和指标

发行人最近三年财务报告和指标摘要。

（五）发行人财务结果的分析

管理层对公司的财务状况和财务业绩的变动进行分析。

（六）本期债券募集资金的使用

对资金用途进行说明。

（七）发行人与母公司、子公司及其他投资者的投资关系

（八）公司董事会及高级管理人员

介绍公司董事会及高级管理人员简历。

（九）债券承销和发行方式

介绍承销方式、主承销商和承销团成员以及投资者购买办法。

（十）法律意见

发行人律师出具的法律意见书概要。

（十一）本次发行有关机构

发行人、主承销商、承销团、证券信用评级机构的联系人、联系方式。

附 3：商业银行次级债券发行公告编制要求

商业银行次级债券发行公告不得与发行章程相冲突，应包括以下内容：

（一）债券次级性说明及风险提示

向投资者说明次级债券的本金和利息的偿还顺序，向投资者揭示风险。

（二）发行人基本情况

发行人名称、注册地址、经营范围、法定代表人、联系电话、邮政编码；近三年的经营状况和业务发展的基本情况；财务、业务、治理等情况。

（三）本期债券情况

次级债券名称，发行总额，发行次级债券的目的，用途，次级债券面值，发行的票面利率（价格）或票面利率（价格）确定方式，发行对象、方式、时间、期限，本金偿还、利息支付的方式和顺序，次级条款、托管和兑付等。

（四）发行人历史财务数据和指标

发行人最近三年财务报告和指标摘要。

（五）发行人财务结果的分析

管理层对公司的财务状况和财务业绩的变动进行分析。

（六）本期债券募集资金的使用

对资金用途进行说明。

（七）发行人与母公司、子公司及其他投资者的投资关系

（八）公司董事会及高级管理人员

介绍公司董事会及高级管理人员简历。

（九）债券承销和发行方式

介绍承销方式、主承销商和承销团成员以及投资者购买办法。

（十）法律意见

发行人律师出具的法律意见书概要。

（十一）本次发行有关机构

发行人、主承销商、承销团、证券信用评级机构的联系人、联系方式。

（十二）备查信息

附 4：商业银行次级债券募集说明书编制要求

（一）募集说明书概要

对债券主要发行条款和发行人概况进行说明。

（二）债券次级性说明及风险提示

向投资者说明次级债券的本金和利息的偿还顺序，向投资者揭示风险。

（三）本期债券情况

次级债券名称，发行总额，发行次级债券的目的，用途，次级债券面值，发行的票面利率（价格）或票面利率（价格）确定方式，发行对象、方式、时间、期限，本金偿还、利息支付的方式和顺序，次级条款、托管和兑付等。

（四）发行人基本情况

发行人名称、注册地址、经营范围、法定代表人、联系电话、邮政编码；近三年的经营状况和业务发展的基本情况；财务、业务、治理等情况。

（五）发行人历史财务数据和指标

发行人最近三年财务报告和指标摘要。

（六）发行人财务结果的分析

管理层对公司的财务状况和财务业绩的变动进行分析。

（七）本期债券募集资金的使用

对资金用途进行说明。

（八）债券发行后发行人的财务结构和已发行未到期的其他债券

（九）发行人所在行业状况

（十）发行人业务状况及在所在行业的地位分析

（十一）发行人与母公司、子公司及其他投资者的投资关系

（十二）公司董事会及高级管理人员

介绍公司董事会及高级管理人员简历。

（十三）债券承销和发行方式

介绍承销方式、主承销商和承销团成员以及投资者购买办法。

（十四）税务等相关问题分析

向投资者说明投资本期债券可能遇到的税务问题。

（十五）法律意见

发行人律师出具的法律意见书概要

（十六）本次发行有关机构

发行人、主承销商、承销团、证券信用评级机构的联系人、联系方式。

（十七）备查资料

提示投资者可以到有关网站下载发行公告等其他有关发行资料。

金融机构衍生产品交易业务管理暂行办法

发文号:中国银行业监督管理委员会令(2004 年第 1 号)　发文时间:2004—02--04

《金融机构衍生产品交易业务管理暂行办法》已经中国银行业监督管理委员会主席会议通过。现予公布,自 2004 年 3 月 1 日起施行。

主席:刘明康

二〇〇四年二月四日

第一章　总　则

第一条　为对金融机构衍生产品交易进行规范管理,有效控制金融机构从事衍生产品交易的风险,根据《中华人民共和国银行业监督管理法》、《中华人民共和国商业银行法》及其他有关法律、行政法规,制定本办法。

第二条　本办法所称金融机构是指在中华人民共和国境内依法设立的银行、信托投资公司、财务公司、金融租赁公司、汽车金融公司法人,以及外国银行在中国境内的分行(以下简称外国银行分行)。

第三条　本办法所称衍生产品是一种金融合约,其价值取决于一种或多种基础资产或指数,合约的基本种类包括远期、期货、掉期(互换)和期权。衍生产品还包括具有远期、期货、掉期(互换)和期权中一种或多种特征的结构化金融工具。

第四条　本办法所称金融机构衍生产品交易业务可分为两大类:

(一)金融机构为规避自有资产、负债的风险或为获利进行衍生产品交易。金融机构从事此类业务时被视为衍生产品的最终用户。

(二)金融机构向客户(包括金融机构)提供衍生产品交易服务。金融机构从事此类业务时被视为衍生产品的交易商,其中能够对其他交易商和客户提供衍生产品报价和交易服务的交易商被视为衍生产品的造市商。

第五条　中国银行业监督管理委员会是金融机构从事衍生产品交易业务的监管机构。金融机构开办衍生产品交易业务,应经中国银行业监督管理委员会审批,接受中国银行业监督管理委员会的监督与检查。

非金融机构不得向客户提供衍生产品交易服务。

第六条　金融机构从事与外汇、股票和商品有关的衍生产品交易以及场内衍生产品交易,应遵守国家外汇管理及其他相关规定。

第二章　市场准入管理

第七条　金融机构申请开办衍生产品交易业务应具备下列条件:

(一)有健全的衍生产品交易风险管理制度和内部控制制度;

(二)具备完善的衍生产品交易前、中、后台自动联接的业务处理系统和实时的风险管理系统;

(三)衍生产品交易业务主管人员应当具备 5 年以上直接参与衍生交易活动和风险管理的资历,且无不良记录;

(四)应具有从事衍生产品或相关交易 2 年以上、接受相关衍生产品交易技能专门培训半年以上的交易人员至少 2 名,相关风险管理人员至少 1 名,风险模型研究人员或风险分析人员至少 1 名;以上人员均需专岗人员,相互不得兼任,且无不良记录;

(五)有适当的交易场所和设备;

(六)外国银行分行申请开办衍生产品交易业务,其母国应具备对衍生产品交易业务进行监管的法律框架,其母国监管当局应具备相应的监管能力;

(七)中国银行业监督管理委员会规定的其他条件。

外国银行分行申请开办衍生产品交易,不具备上述(一)至(五)所列条件的,应具备上述(六)、(七)及以下所列条件:

(一)应获得其总行(地区总部)对该分行从事衍生产品交易品种和限额等方面的正式授权;

(二)除总行另有明确规定外,该分行的全部衍生产品交易统一通过给其授权的总行(地区总部)系统进行实时交易,并由其总行(地区总部)统一进行平盘、敞口管理和风险控制。

第八条　政策性银行、中资商业银行(不包括城市商业银行、农村商业银行和农村合作银行)、信托投资公司、财务公司、金融租赁公司、汽车金融公司开办衍生产品交易业务,应由其法人统一向中国银行业监督管理委员会申请,由中国银行业监督管理委员会审批。

城市商业银行、农村商业银行和农村合作银行开办衍生产品交易业务,应由其法人统一向当地银监局提交申请材料,经审查同意后,报中国银行业监督管理委员会审批。

外资金融机构开办衍生产品交易业务,应向当地银监局提交由授权签字人签署的申请材料,经审查同意后,报中国银行业监督管理委员会审批;外资金融机构拟在中国境内两家以上分行开办衍生产品交易业务,可由外资法人机构总部或外国银行主报告行统一向当地银监局提交申请材料,经审查同意后,报中国银行业监督管理委员会审批。

第九条　金融机构申请开办衍生产品交易业务,应当向中国银行业监督管理委员会或其派出机构报送下列文件和资料(一式三份):

(一)开办衍生产品交易业务的申请报告、可行性报告及业务计划书或交易展业计划;

(二)衍生产品交易业务内部管理规章制度;

(三)衍生产品交易的会计制度;

(四)主管人员和主要交易人员名单、履历;

(五)风险敞口量化或限额的授权管理制度;

(六)交易场所、设备和系统的安全性测试报告;

(七)中国银行业监督管理委员会要求的其他文件和资料。

此外,不具备第七条第一款(一)至(五)所列条件的外国银行分行申请开办衍生产品交易业务,还应向其所在地银监局报送下列文件:

(一)其总行(地区总部)对该分行从事衍生产品交易品种和限额等方面的正式书面授权文件;

(二)除其总行另有明确规定外,其总行(地区总部)出具的确保该分行全部衍生产品交易通过给其授权的总行(地区总部)交易系统实时进行,其总行(地区总部)负责进行平盘、敞口管理和风险控制的承诺函。

第十条　金融机构开办衍生产品交易业务内部管理规章制度至少包括以下内容:

(一)衍生产品交易业务的指导原则、业务操作规程(业务操作规程应体现交易前台、中台与后台分离的原则)和针对突发事件的应急计划;

(二)衍生产品交易的风险模型指标及量化管理指标;

(三)交易品种及其风险控制制度;

(四)风险报告制度和内部审计制度;

(五)衍生产品交易业务研究与开发的管理制度及后评价制度;

(六)交易员守则;

(七)交易主管人员岗位责任制度,对各级主管人员与交易员的问责制和激励约束机制;

(八)对前、中、后台主管人员及工作人员的培训计划;

(九)中国银行业监督管理委员会规定的其他内容。

第十一条　中国银行业监督管理委员会应当自收到金融机构按照本办法提交的完整申请资料之日起 60 日内予以批复。

第十二条　境内的金融机构法人授权其分支机构办理衍生产品交易业务,须对其风险管理能力进行严格审核,并出具有关交易品种和限额等方面的正式书面授权文件;分支机构办理衍生产品交易业务须统一通过其总行(部)系统进行实时交易,并由总行(部)统一进行平盘、敞口管理和风险控制。

上述分支机构应在收到其总行(部)授权和其授权发生变动之日起 30 日内,持其总行(部)的授权文件向所在地银监局报告。

第三章　风险管理

第十三条　金融机构应根据本机构的经营目标、资本实力、管理能力和衍生产品的风险特征,确定能否从事衍生产品交易及所从事的衍生产品交易品种和规模。

第十四条　金融机构应当按照第四条所列衍生产品交易业务的分类,建立与所从事的衍生产品交易业务性质、规模和复杂程度相适应的风险管理制度、内部控制制度和业务处理系统。

第十五条 金融机构高级管理人员应了解所从事的衍生产品交易风险；审核批准和评估衍生产品交易业务经营及其风险管理的原则、程序、组织、权限的综合管理框架；并能通过独立的风险管理部门和完善的检查报告系统，随时获取有关衍生产品交易风险状况的信息，在此基础上进行相应的监督与指导。

第十六条 金融机构高级管理人员要决定与本机构业务相适应的测算衍生产品交易风险敞口的指标和方法，要根据本机构的整体实力、自有资本、盈利能力、业务经营方针及对市场风险的预测，制定并定期审查和更新衍生产品交易的风险敞口限额、止损限额和应急计划，并对限额情况制定监控和处理程序。金融机构分管衍生产品交易与分管风险控制的高级管理人员应适当分离。

第十七条 金融机构应制定明确的交易员、分析员等从业人员资格认定标准，根据衍生产品交易及风险管理的复杂性对业务销售人员及其他有关业务人员进行培训，确保其具备必要的技能和资格。

第十八条 金融机构应制定评估交易对手适当性的相关政策：包括评估交易对手是否充分了解合约的条款以及履行合约的责任，识别拟进行的衍生交易是否符合交易对手本身从事衍生交易的目的，评估交易对手的信用风险等。

对于高风险的衍生产品交易种类，金融机构应对交易对手的资格和条件做出专门规定。

在履行本条要求时，金融机构可根据诚实信用原则合理地依赖交易对手提供的正式书面文件。

第十九条 金融机构为境内机构和个人办理衍生产品交易业务，应向该机构或个人充分揭示衍生产品交易的风险，并取得该机构或个人的确认函，确认其已理解并有能力承担衍生产品交易的风险。

金融机构对该机构或个人披露的信息应至少包括：

（一）衍生产品合约的内容及内在风险概要；

（二）影响衍生产品潜在损失的重要因素。

第二十条 金融机构应适当合理地运用担保等各种信用风险缓解措施来减少交易对手的信用风险，选择适当的方法和模型对信用风险进行评估，并采取相应的风险控制措施。

第二十一条 金融机构应运用适当的风险评估方法或模型对衍生产品交易的市场风险进行评估，按市价原则管理市场风险，调整交易规模、类别及风险敞口的水平。

第二十二条 金融机构应根据衍生产品交易的规模与类别，作好充分的流动性安排，确保在市场交易异常情况下，具备足够的履约能力。

第二十三条 金融机构应建立健全控制操作风险的机制和制度，严格控制操作风险。

第二十四条 金融机构应建立健全控制法律风险的机制和制度，严格审查交易对手的法律地位和交易资格。金融机构与交易对手签订衍生产品交易合约时应参照国际公认的法律文件，充分考虑发生违约事件后采取法律手段追索保全的可操作性等因素，采取有效措施防范交易合约起草、谈判和签订等过程中的法律风险。

第二十五条 金融机构应按照中国银行业监督管理委员会的规定向中国银行业监督管理委员会报送与衍生产品交易有关的会计、统计报表及其他报告。

金融机构应按照中国银行业监督管理委员会关于信息披露的规定，对外披露从事衍生产品交易的风险状况、损失状况、利润变化及异常情况。

第二十六条 中国银行业监督管理委员会有权随时检查金融机构有关衍生产品交易业务的资料和报表，定期检查金融机构的风险管理制度、内部控制制度和业务处理系统是否与其从事的衍生产品交易业务种类相适应。

第二十七条 金融机构从事衍生产品交易出现重大业务风险或重大业务损失时，应及时主动向中国银行业监督管理委员会报告，并提交应对措施。

金融机构所从事的衍生产品交易、运行系统、风险管理系统等发生重大变动时，应及时主动向中国银行业监督管理委员会报告具体情况。以上事项涉及外汇管理和对外支付事项的，应同时抄报国家外汇管理局。

第二十八条 金融机构应当妥善保存其衍生产品交易的所有交易记录和与交易有关的文件、账目、原始凭证、电话录音等资料。电话录音应当保存半年以上，其他资料在交易合约到期后保存 3 年，以备核查，会计制度有特殊要求的除外。

第四章　罚　则

第二十九条 金融机构的衍生产品交易人员违反本办法及所在机构的有关规定进行违规操作，造成本机构或者客户重大经济损失的，该金融机构应对直接负责的高级管理人员及其他直接负责该项业务的主管人员和直接责任人员给予记过直至开除的纪律处分；构成犯罪的，提交司法机关依法追究刑事责任。

第三十条 金融机构未经批准擅自开办衍生产品交易业务，由中国银行业监督管理委员会依据《金融违法行为处罚办法》的规定实施处罚。

非金融机构违反本规定，向客户提供衍生产品交易服务，由中国银行业监督管理委员会予以取缔，并没收违法所得；构成犯罪的，提交司法机关依法追究刑事责任。

第三十一条 金融机构未按照本办法或者中国银行业监督管理委员会的要求报送有关报表、资料以及披露衍生产品交易情况的，中国银行业监督管理委员会根据金融机构的性质分别按照《中华人民共和国银行业监督管理法》、《中华人民共和国商业银行法》、《中华人民共和国外资金融机构管理条例》等法律、法规及相关金融规章的规定，予以处罚。

金融机构提供虚假的或者隐瞒重要事实的衍生产品交易信息的，由中国银行业监督管理委员会依据《金融违法行为处罚办法》的规定予以处罚。

第三十二条 中国银行业监督管理委员会发现金融机构未能有效执行从事衍生产品交易所需的风险管理制度和内部控制制度，可暂停或终止其从事衍生产品交易的资格。

第五章　附　则

第三十三条 本办法由中国银行业监督管理委员会负责解释。

第三十四条 本办法自 2004 年 3 月 1 日起施行。此前公布的有关金融机构衍生产品交易的有关规定，与本办法相抵触的，适用本办法。

商业银行资本充足率管理办法

发文号：中国银行业监督管理委员会令（2004 年第 2 号）　发文时间：2004—02—23

《商业银行资本充足率管理办法》已经国务院批准。现予公布。自 2004 年 3 月 1 日起施行。

主席：刘明康

二○○四年二月二十三日

第一章　总　则

第一条 为加强对商业银行资本充足率的监管，促进商业银行安全、稳健运行，根据《中华人民共和国银行业监督管理法》、《中华人民共和国商业银行法》、《中华人民共和国外资金融机构管理条例》等法律法规，制定本办法。

第二条 本办法适用于在中华人民共和国境内设立的商业银行，包括中资银行、外资独资银行、中外合资银行。

第三条 本办法中的资本充足率，是指商业银行持有的、符合本办法规定的资本与商业银行风险加权资产之间的比率。

第四条 商业银行资本充足率的计算应建立在充分计提贷款损失准备等各项损失准备的基础之上。

第五条 商业银行资本应抵御信用风险和市场风险。

第六条 商业银行应同时计算未并表的资本充足率和并表后的资本充足率。

第七条 商业银行资本充足率不得低于百分之八，核心资本充足率不得低于百分之四。

第八条 中国银行业监督管理委员会(以下简称银监会)按照本办法对商业银行资本充足率、资本管理状况进行监督检查。

第九条 商业银行应按照本办法披露资本充足率信息。

第二章 资本充足率计算

第十条 商业银行计算并表后的资本充足率时,应将以下机构纳入并表范围:

(一)商业银行拥有其过半数以上(不包括半数)权益性资本的被投资金融机构,包括:

1.商业银行直接拥有其过半数以上权益性资本的被投资金融机构;

2.商业银行的全资子公司拥有其过半数以上权益性资本的被投资金融机构;

3.商业银行与其全资子公司共同拥有其过半数以上权益性资本的被投资金融机构。

(二)商业银行不拥有其过半数以上的权益性资本,但与被投资金融机构之间有下列情况之一的,应将其纳入并表范围:

1.通过与其他投资者之间的协议,持有该机构半数以上的表决权;

2.根据章程或协议,有权控制该机构的财务和经营政策;

3.有权任免该机构董事会或类似权力机构的多数成员;

4.在该机构董事会或类似权力机构有半数以上投票权。

可以不列入并表范围的机构包括:已关闭或已宣告破产的金融机构;因终止而进入清算程序的金融机构;决定在一年之内售出而短期持有其过半数以上权益性资本的金融机构;受所在国外汇管制及其他突发事件影响、资金调度受到限制的境外附属金融机构。

第十一条 商业银行资本充足率的计算公式:

资本充足率=(资本? 扣除项)/(风险加权资产+12.5倍的市场风险资本)

核心资本充足率=(核心资本? 核心资本扣除项)/(风险加权资产+12.5倍的市场风险资本)

第十二条 商业银行资本包括核心资本和附属资本。

核心资本包括实收资本或普通股、资本公积、盈余公积、未分配利润和少数股权。

附属资本包括重估储备、一般准备、优先股、可转换债券和长期次级债务。

第十三条 商业银行的附属资本不得超过核心资本的100%;计入附属资本的长期次级债务不得超过核心资本的50%。

第十四条 商业银行计算资本充足率时,应从资本中扣除以下项目:

(一)商誉;

(二)商业银行对未并表金融机构的资本投资;

(三)商业银行对非自用不动产和企业的资本投资。

第十五条 商业银行计算核心资本充足率时,应从核心资本中扣除以下项目:

(一)商誉;

(二)商业银行对未并表金融机构资本投资的50%;

(三)商业银行对非自用不动产和企业资本投资的50%。

第十六条 商业银行计算各项贷款的风险加权资产时,应首先从贷款账面价值中扣除专项准备;其他各类资产的减值准备,也应从相应资产的账面价值中扣除。

第十七条 商业银行境外债权的风险权重,以相应国家或地区的外部信用评级结果为基准。不同评级公司对同一国家或地区的评级结果不一致时,选择较低的评级结果。

(一)对其他国家或地区政府的债权,该国家或地区的评级为AA－以上(含AA－)的,风险权重为0%,AA－以下的,风险权重为100%;

(二)对境外商业银行、证券公司的债权,注册地所在国或地区的评级为AA－以上(含AA－)的,风险权重为20%,AA－以下的,风险权重为100%;

(三)对其他国家或地区政府投资的公用企业的债权,所在国家或地区的评级为AA－以上(含AA－)的,风险权重为50%,AA－以下的,风险权重为100%。

第十八条 商业银行对多边开发银行债权的风险权重为0%。

第十九条 商业银行对我国中央政府和中国人民银行本外币债权的风险权重均为0%。

商业银行对我国中央政府投资的公用企业债权的风险权重为50%。

第二十条 商业银行对我国政策性银行债权的风险权重为0%。

第二十一条 商业银行对我国其他商业银行债权的风险权重为20%,其中原始期限四个月以内(含四个月)债权的风险权重为0%。

第二十二条 商业银行对我国中央政府投资的金融资产管理公司为收购国有银行不良贷款而定向发行的债券的风险权重为0%。

商业银行对我国中央政府投资的金融资产管理公司的其他债权的风险权重为100%。

第二十三条 商业银行对企业、个人的债权及其他资产的风险权重均为100%。

第二十四条 个人住房抵押贷款的风险权重为50%。

第二十五条 下列质物具有风险缓释作用:

(一)以特户、封金或保证金等形式特定化后的现金;

(二)黄金;

(三)银行存单;

(四)我国财政部发行的国债;

(五)中国人民银行发行的票据;

(六)我国政策性银行、商业银行发行的债券、票据和承兑的汇票;

(七)我国中央政府投资的公用企业发行的企业债券、票据和承兑的汇票;

(八)评级为AA－以上(含AA－)国家或地区政府发行的债券,在这些国家或地区注册的商业银行、证券公司及政府投资的公用企业所发行的债券、票据和承兑的汇票;

(九)多边开发银行发行的债券。

以前款所列质物质押的贷款,取得与质物相同的风险权重,或取得对质物发行人或承兑人直接债权的风险权重。部分质押的贷款,受质物保护的部分获得相应的低风险权重。

第二十六条 下列保证主体提供的保证具有风险缓释作用:

(一)我国政策性银行、商业银行;

(二)经国务院批准,为使用外国政府或国际经济组织贷款进行转贷的我国国家机关;

(三)我国中央政府投资的公用企业;

(四)评级为AA－以上(含AA－)国家或地区的政府以及在这些国家或地区注册的商业银行,这些国家或地区政府投资的公用企业;

(五)多边开发银行。

以前款所列保证主体提供全额保证的贷款,取得对保证人直接债权的风险权重。部分保证的贷款,被保证部分获得相应的低风险权重。

第二十七条 商业银行应对表外业务的信用风险计提资本。

商业银行应将表外项目的名义本金额乘以信用转换系数,获得等同于表内项目的风险资产,然后根据交易对象的属性确定风险权重,计算表外项目相应的风险加权资产。

对于汇率、利率及其他衍生产品合约的风险加权资产,使用现期风险暴露法计算。

第二十八条 商业银行应对市场风险计提资本。

市场风险是指因市场价格变动而导致表内外头寸损失的风险。本办法所称市场风险包括以下风险:交易账户中受利率影响的各类金融工具及股票所涉及的风险、商业银行全部的外汇风险和商品风险。

第二十九条 商业银行应该按照本办法的规定设立交易账户,交易账户中的所有项目均应按市场价格计价。

交易账户包括:商业银行从事自营而短期持有并旨在日后出售或计划从买卖的实际或预期价差、其他价格及利率变动中获利的金融工具头寸;为执行客户买卖委托及做市而持有的头寸;为规避交易账户其他项目风险而持有的头寸。

第三十条 交易账户总头寸高于表内外总资产的10%或超过85亿元人民币的商业银行,须计提市场风险资本。

第三十一条 按照本办法不须计提市场风险资本的商业银行,必须每季向银监会报告市场风险头寸。

第三十二条 商业银行应按照本办法规定的标准法计算市场风险资本。经银监会审查批准,商业银行可以使用内部模型法计算市场风险资本。

第三章　监督检查

第三十三条　商业银行董事会承担本银行资本充足率管理的最终责任，负责确定资本充足率管理目标，审定风险承受能力，制定并监督实施资本规划。未设立董事会的，由行长负责。

第三十四条　商业银行高级管理人员负责资本充足率管理的实施工作，包括制定本银行资本充足率管理的规章制度，完善信用风险和市场风险的识别、计量和报告程序，定期评估资本充足率水平，并建立相应的资本管理机制，加强对资本评估程序的检查和审计，确保各项监控措施的有效实施。

第三十五条　商业银行应向银监会报告未并表和并表后的资本充足率。并表后的资本充足率每半年报送一次，未并表的资本充足率每季报送一次。如遇影响资本充足率的特别重大事项，应及时报告银监会。

商业银行向银监会报告资本充足率时，应同时抄报中国人民银行。

第三十六条　银监会对商业银行资本充足率实行现场检查和非现场监控。检查内容主要包括：

（一）商业银行资本充足率有关规章制度的制定和执行情况；

（二）商业银行保持资本充足率的资本规划和执行情况，监控资本水平的能力和手段；

（三）商业银行的信用风险和市场风险状况；

（四）商业银行交易账户的设立、项目计价是否符合本办法的规定。

第三十七条　根据商业银行的风险状况及风险管理能力，银监会可以要求单个银行提高最低资本充足率标准。

第三十八条　根据资本充足率的状况，银监会将商业银行分为三类：

（一）资本充足的商业银行：资本充足率不低于百分之八，核心资本充足率不低于百分之四；

（二）资本不足的商业银行：资本充足率不足百分之八，或核心资本充足率不足百分之四；

（三）资本严重不足的商业银行：资本充足率不足百分之四，或核心资本充足率不足百分之二。

第三十九条　对资本充足的商业银行，银监会支持其稳健发展业务。为防止其资本充足率降到最低标准以下，银监会可以采取下列干预措施：

（一）要求商业银行完善风险管理规章制度；

（二）要求商业银行提高风险控制能力；

（三）要求商业银行加强对资本充足率的分析及预测；

（四）要求商业银行制定切实可行的资本维持计划，并限制商业银行介入部分高风险业务。

第四十条　对资本不足的商业银行，银监会可以采取下列纠正措施：

（一）下发监管意见书。监管意见书的内容包括：对商业银行资本充足率现状的描述、将采取的纠正措施、各项措施的详细实施计划；

（二）要求商业银行在接到银监会监管意见书的二个月内，制定切实可行的资本补充计划；

（三）要求商业银行限制资产增长速度；

（四）要求商业银行降低风险资产的规模；

（五）要求商业银行限制固定资产购置；

（六）要求商业银行限制分配红利和其他收入；

（七）严格审批或限制商业银行增设新机构、开办新业务。

除前款所列的纠正措施外，根据商业银行风险程度及资本补充计划的实施情况，银监会有权要求商业银行停办除低风险业务以外的其它一切业务、停止审批商业银行增设机构和开办新业务。

第四十一条　对资本严重不足的商业银行，银监会除采取本办法第四十条所列的纠正措施外，还可以采取以下纠正措施：

（一）要求商业银行调整高级管理人员；

（二）依法对商业银行实行接管或者促成机构重组，直至予以撤销。

在处置此类商业银行时，银监会还将综合考虑外部因素，采取其他必要措施。

第四章　信息披露

第四十二条　商业银行董事会负责本行资本充足率的信息披露，未设立董事会的，由行长负责。信息披露的内容须经董事会或行长批准。

第四十三条　资本充足率的信息披露主要包括以下五个方面内容：风险管理目标和政策、并表范围、资本、资本充足率、信用风险和市场风险。对于涉及商业机密无法披露的项目，商业银行可披露项目的总体情况，并解释特殊项目无法披露的原因。

第四十四条　商业银行资本充足率信息披露时间为每个会计年度终了后的四个月内。因特殊原因不能按时披露的，应至少提前十五个工作日向银监会申请延迟。

第四十五条　商业银行资本充足率信息在披露前应报送银监会。

第四十六条　商业银行应在主要营业场所公布本办法要求披露的信息内容，并确保股东及相关利益人能及时获得。

第五章　附　则

第四十七条　外资独资财务公司、合资财务公司资本充足率的计算、监督检查和信息披露，比照适用本办法。外国银行在华分行参照本办法规定的风险权重计算人民币风险加权资产。

第四十八条　附件1、附件2、附件3、附件4和附件5是本办法的组成部分。附件有关内容如下：

（一）附件1：资本定义；

（二）附件2：表内资产风险权重表；

（三）附件3：表外项目的信用转换系数及表外项目的定义；

（四）附件4：计算市场风险资本要求的标准法；

（五）附件5：信息披露的内容。

第四十九条　本办法中采用了标准普尔AA一的评级符号，但对商业银行选用外部信用评级公司不做规定，商业银行可自行选择评级公司的评级结果，并保持连续性。

第五十条　对其他国家或地区政府的债权包括对这些国家或地区政府、中央银行和其他等同于政府机构的债权。对于等同于政府的机构的界定，以所在地银行监管当局的规定为准。

第五十一条　权益性资本是指能够据以参与公司管理，对经营决策有投票权的资本。

第五十二条　公用企业是指涉及公用事业的经营者，包括供水、供电、供热、供气、邮政、电讯、交通运输等行业的经营者。公用企业主要分布在国民经济基础行业中，多数担负向公众提供服务的任务，这些企业通常由国家通过政府财政手段创立，且投资规模巨大。

第五十三条　商业银行最迟要在2007年1月1日达到最低资本要求。在过渡期内，商业银行要制定并实施切实可行的资本充足率分步达标规划，并报告银监会。银监会根据商业银行资本充足率达标规划的实施情况，采取本办法第四十条、第四十一条规定的纠正措施。

第五十四条　本办法由银监会负责解释。

第五十五条　本办法自2004年3月1日起施行。

附件1

资本定义

一、核心资本

实收资本：投资者按照章程或合同、协议的约定，实际投入商业银行的资本。

资本公积：包括资本溢价、接受的非现金资产捐赠准备和现金捐赠、股权投资准备、外币资本折算差额、关联交易差价和其他资本公积。

盈余公积：包括法定盈余公积、任意盈余公积以及法定公益金。

未分配利润：商业银行以前年度实现的未分配利润或未弥补亏损。

少数股权：在合并报表时，包括在核心资本中的非全资子公司中的少数股权，是指子公司净经营成果和净资产中不以任何直接或间接方式归属于母银行的部分。

二、附属资本

重估储备：商业银行经国家有关部门批准，对固定资产进行重估时，固定资产公允价值与账面价值之间的正差额为重估储备。若银监会认为，重估作价是审慎的，这类重估储备可以列入附属资本，但计入附属资本的部分不超过重估储备的70%。

一般准备：一般准备是根据全部贷款余额一定比例计提的，用于弥补尚未识别的可能性损失的准备。

优先股：商业银行发行的、给予投资者在收益分配、剩余资产分配等方面优先权利的股票。

可转换债券：商业银行依照法定程序发行的、在一定期限内依据约定条件可以转换成商业银行普通股的债券。计入附属资本的可转换债券必须符合以下条件：

1. 债券持有人对银行的索偿权位于存款人及其他普通债权人之后，并不以银行的资产为抵押或质押；

2. 债券不可由持有者主动回售；未经银监会事先同意，发行人不准赎回。

长期次级债务：是指原始期限最少在五年以上的次级债务。经银监会认可，商业银行发行的普通的、无担保的、不以银行资产为抵押或质押的长期次级债务工具可列入附属资本，在距到期日前最后五年，其可计入附属资本的数量每年累计折扣20%。如一笔十年期的次级债券，第六年计入附属资本的数量为100%，第七年为80%，第八年为60%，第九年为40%，第十年为20%。

附件2

表内资产风险权重表

项　　目	权重
a. 现金类资产	
aa. 库存现金	0%
ab. 黄金	0%
ac. 存放人民银行款项	0%
b. 对中央政府和中央银行的债权	
ba. 对我国中央政府的债权	0%
bb. 对中国人民银行的债权	0%
bc. 对评级为AA—及以上国家和地区政府和中央银行的债权	0%
bd. 对评级为AA—以下国家和地区政府和中央银行的债权	100%
c. 对公用企业的债权(不包括下属的商业性公司)	
ca. 对评级为AA—及以上国家和地区政府投资的公用企业的债权	50%
cb. 对评级为AA—以下国家和地区政府投资的公用企业的债权	100%
cc. 对我国中央政府投资的公用企业的债权	50%
cd. 对其他公用企业的债权	100%
d. 对我国金融机构的债权	
da. 对我国政策性银行的债权	0%
db. 对我国中央政府投资的金融资产管理公司的债权	
dba. 金融资产管理公司为收购国有银行不良贷款而定向发行的债券	0%
dbb. 对金融资产管理公司的其他债权	100%
dc. 对我国商业银行的债权	
dca. 原始期限四个月以内(含四个月)	0%
dcb. 原始期限四个月以上	20%
e. 对在其他国家或地区注册金融机构的债权	
ea. 对评级为AA—及以上国家或地区注册的商业银行或证券公司的债权	20%
eb. 对评级为AA—以下国家或地区注册的商业银行或证券公司的债权	100%
ec. 对多边开发银行的债权	0%
ed. 对其他金融机构的债权	100%
f. 对企业和个人的债权	
fa. 对个人住房抵押贷款	50%
fb. 对企业和个人的其他债权	100%
g. 其他资产	100%

附件3

表外项目的信用转换系数及表外项目的定义

一、表外项目的信用转换系数

项　　目	信用转换系数
等同于贷款的授信业务	100%
与某些交易相关的或有负债	50%
与贸易相关的短期或有负债	20%
承诺	
原始期限不足1年的承诺	0%
原始期限超过1年但可随时无条件撤销的承诺	0%
其他承诺	50%
信用风险仍在银行的资产销售与购买协议	100%

上述表外项目中：

1. 等同于贷款的授信业务，包括一般负债担保、远期票据承兑和具有承兑性质的背书。

2. 与某些交易相关的或有负债，包括投标保函、履约保函、预付保函、预留金保函等。

3. 与贸易相关的短期或有负债，主要指有优先索偿权的装运货物作抵押的跟单信用证。

4. 承诺中原始期限不足1年或可随时无条件撤销的承诺，包括商业银行的授信意向。5. 信用风险仍在银行的资产销售与购买协议，包括资产回购协议和有追索权的资产销售。

二、汇率、利率及其他衍生产品合约的风险资产

汇率、利率及其他衍生产品合约，主要包括互换、期权、期货和贵金属交易。这些合约按现期风险暴露法计算风险资产。利率和汇率合约的风险资产由两部分组成：一部分是按市价计算出的重置成本，另一部分由账面的名义本金乘以固定系数获得。不同剩余期限的固定系数如下表：

项目剩余期限	利率	汇率与黄金	黄金以外的贵金属
不超过1年	0.0%	1.0%	7.0%
1年以上，不超过5年	0.5%	5.0%	7.0%
5年以上	1.5%	7.5%	8.0%

附件4

计算市场风险资本要求的标准法

一、利率风险

利率风险包括交易账户中的债券(固定利率和浮动利率债券、可转让存款证、不可转换优先股及按照债券交易规则进行交易的可转换债券)、利率及债券衍生工具头寸的风险。利率风险的资本要求包括特定风险和一般市场风险的资本要求两部分。

1. 特定风险

特定风险的资本要求按以下五个等级逐渐增加：

政府证券：　　　　0.00%

合格证券：

(1)剩余期限为不超过6个月：　0.25%

(2)剩余期限为6个月至24个月：　1.00%

(3)剩余期限为24个月以上：　1.60%

其他证券：　　　　8.00%

2. 一般市场风险

一般市场风险的资本要求由以下三部分组成：

(1)每时段内加权多头和空头头寸可相互对冲的部分所对应的垂直资本要求；

(2)不同时段间加权多头和空头头寸可相互对冲的部分所对应的横向资本要求；

(3)交易账户的加权净多头或净空头头寸所对应的资本要求。

一般市场风险资本要求的计算采用到期日法。时段的划分和各时段的风险权重见表一，时区的划分和匹配的风险权重见表二。

第一，各时段的头寸乘以相应的风险权重计算各时段的加权头寸；

第二，各时段的加权多、空头头寸可相互对冲的部分乘以10%得出垂直资本要求；

第三，各时段的加权多头头寸和加权空头头寸进行抵消得出各个时段的加权头寸净额；将在各时区内各时段的加权头寸净额之间的可相互对冲的部分乘以表二所列的第一组权重得出各个时区内的横向资本要求；

第四，各时区内各时段的加权头寸净额进行抵消，得出各时区加权头寸净额；每两个时区加权头寸净额之间可相互对冲的部分乘以表二所列的第二组权重得出时区间的横向资本要求。

第五，各时期加权头寸净额进行抵消，得出整个交易账户的加权净多头或空头头寸所对应的资本要求。

表一：时段和权重

息票利率不小于3%	息票利率小于3%?	风险权重	假定的收益变化
不长于1个月	不长于1个月	0.00%?	1.00
1至3个月	1至3个月	0.20%?	1.00
3至6个月	3至6个月	0.40%?	1.00
6至12个月	6至12个月	0.70%?	1.00
1至2年	1.0至1.9年	1.25%?	0.90
2至3年	1.9至2.8年	1.75%?	0.80
3至4年	2.8至3.6年	2.25%?	0.75
4至5年	3.6至4.3年	2.75%?	0.75
5至7年	4.3至5.7年	3.25%?	0.70
7至10年	5.7至7.3年	3.75%?	0.65
10至15年	7.3至9.3年	4.50%?	0.60
15至20年	9.3至10.6年	5.25%?	0.60
20年以上	10.6至12年	6.00%?	0.60
	12至20年	8.00%?	0.60
	20年以上	12.50%?	0.60

表二：时区和权重

时区	时段		同一区内	相邻区之间	1区和3区之间
	息票利率不小于3%	息票利率小于3%			
1区	0—1个月	0—1个月	40%		
	1至3个月	1至3个月			
	3至6个月	3至6个月			
	6至12个月	6至12个月			
2区	1至2年	1.0至1.9年	30%	40%	100%
	2至3年	1.9至2.8年			
	3至4年	2.8至3.6年			
3区	4至5年	3.6至4.3年30%	30%	40%	
	5至7年	4.3至5.7年			
	7至10年	5.7至7.3年			
	10至15年	7.3至9.3年			
	15至20年	9.3至10.6年			
	20年以上	10.6至12年			

3.利率及债券衍生工具

利率衍生工具包括受利率变化影响的衍生工具合约及资产负债表外工具，如：利率期货、远期利率协议、利率掉期及交叉货币掉期合约、利率期权及远期外汇头寸。债券衍生工具包括债券期货和债券期权。

上述衍生工具应转换为基础工具，并按基础工具的特定风险和一般市场风险的方法计算资本要求。利率和货币掉期、远期利率协议、远期外汇合约、利率期货及利率指数期货不必计算特定风险的资本要求；如果期货合约的基础工具是债券或代表债券组合的指数，则应根据发行人的信用风险计算特定风险资本要求。

二、股票风险

股票风险是指交易账户中股票及股票衍生工具头寸的风险。其中股票是指按照股票交易规则进行交易的所有金融工具，包括普通股（不考虑是否具有投票权）、可转换债券和买卖股票的承诺。

1.特定风险和一般市场风险

特定风险的资本要求等于各不同市场中各类股票头寸绝对值之和乘以8%后所得各项数值之和。一般市场风险对应的资本要求，等于各不同市场中各类股票净头寸（取绝对值）乘以8%后所得各项数值之和。

2.股票衍生工具

包括股票和股票指数的远期、期货及掉期合约。

衍生工具要转换成基础工具，并按基础工具的特定风险和一般市场风险的方法计算资本要求。

三、外汇风险

外汇风险是指外汇（包括黄金）及外汇衍生工具头寸的风险。

1.外汇风险的资本要求等于总净敞口头寸乘以8%。

总净敞口头寸等于以下两项之和：

（1）外币资产组合（不包括黄金）的净多头头寸之和（净头寸为多头的所有币种的净头寸之和）与净空头头寸之和（净头寸为空头的所有币种的净头寸之和的绝对值）中的较大者；

（2）黄金的净头寸。

2.外汇衍生工具要转换成基础工具，并按基础工具的方法计算市场风险资本要求。

四、商品风险

适用于商品、商品远期、商品期货、商品掉期。

本办法所称的商品是指在或可以在二级市场买卖的实物产品，如：贵金属（不包括黄金）、农产品和矿物（包括石油）等。

1.商品风险对应的资本要求等于以下两项之和：

（1）各项商品净头寸的绝对值之和乘以15%；

（2）各项商品总头寸（多头头寸加上空头头寸的绝对值）之和乘以3%。

2.商品衍生工具要转换成名义商品，并按上述方法计算资本要求。

五、期权风险

1.只购买期权的商业银行适用简易的计算方法。

（1）对于现货多头和看跌期权多头或现货空头和看涨期权多头，资本要求等于期权合约对应的基础工具的市场价值乘以特定风险和一般市场风险资本要求比率之和，再减去期权溢价。资本要求最低为零。

（2）对于看涨期权多头或看跌期权多头，资本要求等于基础工具的市场价值乘以该基础工具的特定风险和一般市场风险资本要求比率之和与期权的市场价值两者中的较小者。

（3）基础工具特定风险和一般市场风险对应的资本要求按下表计算：

基础工具	特定风险比率	一般市场风险比率
债券：		表一规定的风险权重，按照剩余期限（固定利率）或下次重定利率日（浮动利率）来计算。
政府	0.00?	
合格（剩余期限）：		
剩余期限为6个月或以下	0.25?	
剩余期限为6个月以上至24个月	1.00?	
剩余期限为24个月以上其他利率	1.60?	
其他	8.00?	
利率	0.00?	
股票	8.00?	8.00?
外汇	0.00?	8.00?
商品	0.00?	15.00?

2.卖出期权的商业银行适用于得尔塔＋（Delta—plus）方法。

得尔塔＋方法计算的资本要求由以下三部分组成：

（1）期权基础工具的市值乘以该期权的得尔塔值得到得尔塔加权期权头寸；然后将得尔塔加权头寸加入到基础工具的头寸中计算资本要求。

（2）伽马（Gamma）风险的资本要求。

伽马效应值＝0.5×gamma×VU

其中：

基础工具为债券时：VU＝基础工具市值×表一中相应时段的风险权重；

基础工具为利率时：VU＝基础工具市值×表一中相应时段的假定的收益变化；

基础工具为股票、股指、外汇与黄金时：VU＝基础工具市值×8%；

基础工具商品期权：VU＝基础工具市值×15%。

同一基础工具每项期权对应的伽马效应值相加得出每一基础工具的净伽马效应值。若基础工具的净伽马效应值为负值，则伽马风险的资本要求总额等于这些净伽马效应值的绝对值之和。

（3）维加（vega）风险的资本要求。

基础工具维加风险的资本要求

＝|（25%—该基础工具波动率）×该基础工具的各项期权的维加值之和|

维加风险的资本要求总额，等于各项基础工具维加风险的资本要求之和。

附件5

信息披露的内容

一、风险管理目标和政策

商业银行应披露以下内容：

(一)风险管理的总体战略。

(二)相关风险管理工作的组织结构。

(三)报告和计量风险的范围、种类。

(四)防范风险的政策及具体实施措施。

二、并表范围

商业银行应披露计算资本充足率的并表范围，并逐项披露下述内容：

(一)参加并表的金融机构。

(二)未参加并表的金融机构。

三、资本

商业银行应逐项披露资本情况：

(一)核心资本的期末数，具体包括：

1.实收资本或普通股；

2.资本公积；

3.盈余公积；

4.未分配利润；

5.少数股权。

(二)附属资本的期末数，具体包括：

1.重估储备；

2.一般准备；

3.优先股；

4.可转换债券；

5.长期次级债务。

(三)资本的期末数。

(四)资本的扣除项，包括：

1.商誉；

2.商业银行对未并表银行机构的资本投资；

3.商业银行对非自用不动产、对非银行金融机构和企业的资本投资。

(五)核心资本的扣除项，包括：

1.商誉；

2.商业银行对未并表银行机构资本投资的50%；

3.商业银行对非自用不动产、非银行金融机构和企业资本投资的50%。

(六)长期次级债务的期限、条件及偿还次序。

(七)报告期内增加或减少注册资本、分立、合并事项。

(八)报告期内重大资本投资行为。

四、资本充足率

商业银行应说明银行的资本规划和资本充足率的评估方法，重点披露影响资本充足率的有关因素，并逐项披露下述内容：

(一)表内风险加权资产总额。

(二)表外风险加权资产总额。

(三)风险加权资产总额。

(四)市场风险资本要求。

(五)未并表的核心资本充足率和资本充足率。

(六)并表后的核心资本充足率和资本充足率。

五、信用风险和市场风险

(一)信用风险。

1.信用风险管理和控制政策；

2.信用风险管理的组织结构和职责划分；

3.计算风险权重时使用外部评级公司的名称、依据和一致性；

4.信用风险暴露期末数；

5.不良贷款的期初数、期末数；

6.一般准备、专项准备和特种准备的计提方法和统计方法；

7.一般准备、专项准备和特种准备的期初数、本期计提数、本期回收数、本期核销数、期末数；

8.抵押品确认的主要原则及内部确定的抵押品与贷款本金之比；

9.有关保证贷款管理原则。

(二)市场风险。

1.市场风险管理和控制政策；

2.交易账户中受利率影响的各类金融工具及股票所涉及的风险；

3.商业银行全部的外汇风险和商品风险；

4.汇率、利率的变化对银行盈利能力和财务状况的影响。

商业银行与内部人和股东关联交易管理办法

发文号：中国银行业监督管理委员会令(2004年第3号)　发文时间：2004－04－02

《商业银行与内部人和股东关联交易管理办法》已经中国银行业监督管理委员会第九次主席会议通过。现予公布，自2004年5月1日起施行。

主席：刘明康

二〇〇四年四月二日

第一章　总　则

第一条　为加强审慎监管，规范商业银行关联交易行为，控制关联交易风险，促进商业银行安全、稳健运行，根据《中华人民共和国银行业监督管理法》、《中华人民共和国商业银行法》等法律法规，制定本办法。

第二条　本办法所称商业银行是指在中华人民共和国境内依法设立的商业银行，包括中资商业银行、外资独资银行、中外合资银行。

第三条　商业银行的关联交易应当符合诚实信用及公允原则。

第四条　商业银行的关联交易应当遵守法律、行政法规、国家统一的会计制度和有关的银行业监督管理规定。

商业银行的关联交易应当按照商业原则，以不优于对非关联方同类交易的条件进行。

第五条　中国银行业监督管理委员会依法对商业银行的关联交易实施监督管理。

第二章　关联方

第六条　商业银行的关联方包括关联自然人、法人或其他组织。

第七条　商业银行的关联自然人包括：

(一)商业银行的内部人；

(二)商业银行的主要自然人股东；

(三)商业银行的内部人和主要自然人股东的近亲属；

(四)商业银行的关联法人或其他组织的控股自然人股东、董事、关键管理人员，本项所指关联法人或其他组织不包括商业银行的内部人与主要自然人股东及其近亲属直接、间接、共同控制或可施加重大影响的法人或其他组织；

(五)对商业银行有重大影响的其他自然人。

本办法所称商业银行的内部人包括商业银行的董事、总行和分行的高级管理人员、有权决定或者参与商业银行授信和资产转移的其他人员。

本办法所称主要自然人股东是指持有或控制商业银行5%以上股份或表决权的自然人股东。自然人股东的近亲属持有或控制的股份或表决权应当与该自然人股东持有或控制的股份或表决权合并计算。

本办法所称近亲属包括父母、配偶、兄弟姐妹及其配偶、成年子女及其配偶、配偶的父母、配偶的兄弟姐妹及其配偶、父母的兄弟姐妹及其配偶、父母的兄弟姐妹的成年子女及其配偶。

第八条　商业银行的关联法人或其他组织包括：

(一)商业银行的主要非自然人股东；

(二)与商业银行同受某一企业直接、间接控制的法人或其他组织；

(三)商业银行的内部人与主要自然人股东及其近亲属直接、间接、共同控制或可施加重大影响的法人或其他组织；

(四)其他可直接、间接、共同控制商业银行或可对商业银行施加重大影响的法人或其他组织。

本办法所称主要非自然人股东是指能够直接、间接、共同持有或控制商业银行5%以上股份或表决权的非自然人股东。

本办法所指法人或其他组织不包括商业银行。

本条第一款所指企业不包括国有资产管理公司。

第九条 本办法所称控制是指有权决定商业银行、法人或其他组织的人事、财务和经营决策，并可据以从其经营活动中获取利益。

本办法所称共同控制是指按合同约定或一致行动时，对某项经济活动所共有的控制。

本办法所称重大影响是指不能决定商业银行、法人或其他组织的人事、财务和经营决策，但能通过在其董事会或经营决策机构中派出人员等方式参与决策。

第十条 与商业银行关联方签署协议、做出安排，生效后符合前述关联方条件的自然人、法人或其他组织视为商业银行的关联方。

第十一条 自然人、法人或其他组织因对商业银行有影响，与商业银行发生的本办法第十八条所列交易行为未遵守商业原则，有失公允，并可据以从交易中获取利益，给商业银行造成损失的，商业银行应当按照实质重于形式的原则将其视为关联方。

第十二条 商业银行的董事、总行的高级管理人员，应当自任职之日起十个工作日内，自然人应当自其成为商业银行主要自然人股东之日起十个工作日内，向商业银行的关联交易控制委员会报告其近亲属及本办法第八条第三项所列的关联法人或其他组织；报告事项如发生变动，应当在变动后的十个工作日内报告。

商业银行分行高级管理人员、有权决定或者参与商业银行授信和资产转移的人员，应当根据商业银行的关联交易管理制度报告其近亲属及本办法第八条第三项所列的关联法人或其他组织。

第十三条 法人或其他组织应当自其成为商业银行的主要非自然人股东之日起十个工作日内，向商业银行的关联交易控制委员会报告其下列关联方情况：

（一）控股自然人股东、董事、关键管理人员；

（二）控股非自然人股东；

（三）受其直接、间接、共同控制的法人或其他组织及其董事、关键管理人员。

本条第一款报告事项如发生变动，应当在变动后的十个工作日内向商业银行的关联交易控制委员会报告。

第十四条 本办法第十二条、第十三条规定的有报告义务的自然人、法人或其他组织应当在报告的同时以书面形式向商业银行保证其报告的内容真实、准确、完整，并承诺如因其报告虚假或者重大遗漏给商业银行造成损失的，负责予以相应的赔偿。

第十五条 商业银行的关联交易控制委员会负责确认商业银行的关联方，并向董事会和监事会报告；未设立董事会的，向经营决策机构和监事会报告。

商业银行的关联交易控制委员会应当及时向商业银行相关工作人员公布其所确认的关联方。

第十六条 商业银行的工作人员在日常业务中，发现符合关联方的条件而未被确认为关联方的自然人、法人或其他组织，应当及时向商业银行的关联交易控制委员会报告。

第十七条 中国银行业监督管理委员会有权依法认定商业银行的关联自然人、法人或其他组织。

第三章　关联交易

第十八条 商业银行关联交易是指商业银行与关联方之间发生的转移资源或义务的下列事项：

（一）授信；

（二）资产转移；

（三）提供服务；

（四）中国银行业监督管理委员会规定的其他关联交易。?

第十九条 授信是指商业银行向客户直接提供资金支持，或者对客户在有关经济活动中可能产生的赔偿、支付责任做出保证，包括贷款、贷款承诺、承兑、贴现、证券回购、贸易融资、保理、信用证、保函、透支、拆借、担保等表内外业务。

第二十条 资产转移是指商业银行的自用动产与不动产的买卖、信贷资产的买卖以及抵债资产的接收和处置等。

第二十一条 提供服务是指向商业银行提供信用评估、资产评估、审计、法律等服务。

第二十二条 商业银行关联交易分为一般关联交易、重大关联交易。

一般关联交易是指商业银行与一个关联方之间单笔交易金额占商业银行资本净额1%以下，且该笔交易发生后商业银行与该关联方的交易余额占商业银行资本净额5%以下的交易。

重大关联交易是指商业银行与一个关联方之间单笔交易金额占商业银行资本净额1%以上，或商业银行与一个关联方发生交易后商业银行与该关联方的交易余额占商业银行资本净额5%以上的交易。

计算关联自然人与商业银行的交易余额时，其近亲属与该商业银行的交易应当合并计算；计算关联法人或其他组织与商业银行的交易余额时，与其构成集团客户的法人或其他组织与该商业银行的交易应当合并计算。

第四章　关联交易的管理

第二十三条 商业银行应当制定关联交易管理制度，包括董事会或者经营决策机构对关联交易的监督管理，关联交易控制委员会的职责和人员组成，关联方的信息收集与管理，关联方的报告与承诺、识别与确认制度，关联交易的种类和定价政策、审批程序和标准，回避制度，内部审计监督，信息披露，处罚办法等内容。

商业银行关联交易管理制度应当报送中国银行业监督管理委员会备案。

第二十四条 商业银行董事会应当设立关联交易控制委员会，负责关联交易的管理，及时审查和批准关联交易，控制关联交易风险。关联交易控制委员会成员不得少于三人，并由独立董事担任负责人。

未设立董事会的商业银行，应当由经营决策机构设立关联交易控制委员会。

商业银行关联交易控制委员会的日常事务由商业银行董事会办公室负责；未设立董事会的，应当指定专门机构负责。

第二十五条 一般关联交易按照商业银行内部授权程序审批，并报关联交易控制委员会备案或批准。一般关联交易可以按照重大关联交易的程序审批。

重大关联交易应当由商业银行的关联交易控制委员会审查后，提交董事会批准；未设立董事会的，应当由商业银行的关联交易控制委员会审查后，提交经营决策机构批准。

重大关联交易应当在批准之日起十个工作日内报告监事会，同时报告中国银行业监督管理委员会。

与商业银行董事、总行高级管理人员有关联关系的关联交易应当在批准之日起十个工作日内报告监事会。

第二十六条 商业银行董事会、未设立董事会的商业银行经营决策机构及关联交易控制委员会对关联交易进行表决或决策时，与该关联交易有关联关系的人员应当回避。

第二十七条 商业银行的独立董事应当对重大关联交易的公允性以及内部审批程序履行情况发表书面意见。

第二十八条 商业银行向关联方提供授信后，应当加强跟踪管理，监测和控制风险。

第二十九条 商业银行不得向关联方发放无担保贷款。

商业银行不得接受本行的股权作为质押提供授信。

商业银行不得为关联方的融资行为提供担保，但关联方以银行存单、国债提供足额反担保的除外。

第三十条 商业银行向关联方提供授信发生损失的，在二年内不得再向该关联方提供授信，但为减少该授信的损失，经商业银行董事会、未设立董事会的商业银行经营决策机构批准的除外。

第三十一条 商业银行的一笔关联交易被否决后，在六个月内不得就同一内容的关联交易进行审议。

第三十二条 商业银行对一个关联方的授信余额不得超过商业银行资本净额的10%。商业银行对一个关联法人或其他组织所在集团客户的授信余额总数不得超过商业银行资本净额的15%。

商业银行对全部关联方的授信余额不得超过商业银行资本净额的50%。

计算授信余额时，可以扣除授信时关联方提供的保证金存款以及质押的银行存单和国债金额。

第三十三条 中国银行业监督管理委员会可以根据商业银行的关联交易的风险状况，缩减商业银行对一个或全部关联方授信余额占其资本净额的比例。

第三十四条 商业银行不得聘用关联方控制的会计师事务所为

其审计。

第三十五条 商业银行内部审计部门应当每年至少对商业银行的关联交易进行一次专项审计，并将审计结果报商业银行董事会和监事会；未设立董事会的，报商业银行经营决策机构和监事会。

第三十六条 商业银行董事会应当每年向股东会就关联交易管理制度的执行情况以及关联交易情况做出专项报告。关联交易情况应当包括：关联方、交易类型、交易金额及标的、交易价格及定价方式、交易收益与损失、关联方在交易中所占权益的性质及比重等；未设立董事会的，应当由商业银行经营决策机构向监事会做出专项报告。

第三十七条 商业银行应当按季向中国银行业监督管理委员会报送关联交易情况报告。

第三十八条 按照《商业银行信息披露暂行办法》规定披露信息的商业银行，应当在会计报表附注中披露关联方和关联交易的下列事项：

（一）关联方与商业银行关系的性质；

（二）关联自然人身份的基本情况；

（三）关联法人或其他组织的名称、经济性质或类型、主营业务、法定代表人、注册地、注册资本及其变化；

（四）关联方所持商业银行股份或权益及其变化；

（五）本办法第十条签署协议的主要内容；

（六）关联交易的类型；

（七）关联交易的金额及相应比例；

（八）关联交易未结算项目的金额及相应比例；

（九）关联交易的定价政策；

（十）中国银行业监督管理委员会认为需要披露的其他事项。

重大关联交易应当逐笔披露，一般关联交易可以合并披露。

未与商业银行发生关联交易的关联自然人以及未与商业银行发生关联交易的本办法第八条第三项所列的关联法人或其他组织，商业银行可以不予披露。

按照《商业银行信息披露暂行办法》规定免于或者暂不披露信息的商业银行，应当在每个会计年度终了后的一个月内，在当地主要报纸上向社会公众披露本条规定事项。

第五章　法律责任

第三十九条 商业银行的股东通过向商业银行施加影响，迫使商业银行从事下列行为的，中国银行业监督管理委员会可以区别不同情况限制该股东的权利；对情节严重的控股股东，可以责令其转让股权：

（一）未按本办法第四条规定进行关联交易，给商业银行造成损失的；

（二）未按本办法第二十五条规定审批关联交易的；

（三）向关联方发放无担保贷款的；

（四）违反本办法规定为关联方融资行为提供担保的；

（五）接受本行的股权作为质押提供授信的；

（六）聘用关联方控制的会计师事务所为其审计的；

（七）对关联方授信余额超过本办法规定比例的；

（八）未按照本办法第三十八条规定披露信息的。

第四十条 商业银行董事、高级管理人员有下列情形之一，中国银行业监督管理委员会可以责令其限期改正；逾期不改正或者情节严重的，中国银行业监督管理委员会可以责令商业银行调整董事、高级管理人员：

（一）未按本办法第十二条规定报告的；

（二）未按本办法第十四条规定承诺的；

（三）做出虚假或有重大遗漏的报告的；

（四）未按本办法第二十六条规定回避的；

（五）独立董事未按本办法第二十七条规定发表书面意见的。

第四十一条 商业银行未按照规定向中国银行业监督管理委员会报告重大关联交易或报送关联交易情况报告的，由中国银行业监督管理委员会责令改正，逾期不改正的，处十万元以上三十万元以下罚款。

第四十二条 商业银行有下列情形之一的，由中国银行业监督管理委员会责令改正，并处二十万元以上五十万元以下罚款：

（一）未按本办法第四条规定进行关联交易，给商业银行造成损失的；

（二）未按本办法第二十五条规定审批关联交易的；

（三）向关联方发放无担保贷款的；

（四）违反本办法规定为关联方融资行为提供担保的；

（五）接受本行的股权作为质押提供授信的；

（六）聘用关联方控制的会计师事务所为其审计的；

（七）对关联方授信余额超过本办法规定比例的；

（八）未按照本办法第三十八条规定披露信息的；

（九）未按要求执行本办法第三十九条和第四十条规定的监督管理措施的。

第四十三条 商业银行有本办法第四十二条所列情形之一的，中国银行业监督管理委员会可以责令商业银行对直接负责的董事、高级管理人员和其他直接责任人员给予纪律处分；情节严重的，中国银行业监督管理委员会可以取消商业银行直接负责的董事、高级管理人员一至十年的任职资格或禁止其一定期限从事银行业工作，可以禁止其他直接责任人员一定期限从事银行业工作；未构成犯罪的，中国银行业监督管理委员会可以对商业银行直接负责的董事、高级管理人员和其他直接责任人员处五万元以上五十万元以下罚款；构成犯罪的，依法追究刑事责任。

第六章　附　则

第四十四条 本办法中的“资本净额”是指上季末资本净额。

本办法中的“以上”不含本数，“以下”含本数。

第四十五条 外国银行分行、农村合作银行、城市信用合作社比照本办法执行。

第四十六条 本办法由中国银行业监督管理委员会负责解释。

第四十七条 本办法自2004年5月1日起施行。本办法施行前颁布的有关规章及其他规范性文件的规定如与本办法规定不一致的，按照本办法执行。

外资银行并表监管管理办法

发文机关：中国银行业监督管理委员会　发文时间：2004－03－08

第一章　总　则

第一条 为贯彻《中华人民共和国银行业监督管理法》、《中华人民共和国外资金融机构管理条例》等法律法规，规范并表监管工作，有效实施风险监管，特制定本办法。

第二条 中国银行业监督管理委员会（以下简称银监会）负责指导外资银行并表监管工作。

第三条 银监会对设立营业性分支机构或附属机构的独资、合资银行，以及在华设立两家以上（含两家）营业性分支机构的外国银行实行并表监管。

通过并表方式，银监会全面监管在华注册外资法人机构的全球经营和风险状况；监管外国银行在华总体经营和风险状况，并关注该机构全球经营风险和市场表现。

第四条 以下所称主报告行是指独资、合资银行的总行，以及经外国银行总行或授权的地区管理部指定、向银监会派出机构备案的合并财务报表和综合信息上报机构。并表监管局是指外资银行主报告行所在地银监会派出机构；属地监管局是指外资银行其他营业性分支机构所在地银监会派出机构。

第五条 本办法所称年度是指1月1日至12月31日的公历年度，会计年度是指各国法定的会计年度。

第二章　主报告行的确定及其职责

第六条 符合本办法第三条规定的并表监管条件的外资银行应

确定主报告行。

第七条 由于机构增设或并购符合并表监管条件的外资法人机构，应在条件成立后一个月内向总行所在地银监会派出机构备案。

由于机构增设符合并表监管条件的外国银行，其总行或授权的地区管理部应在获银监会正式批准后一个月内指定主报告行，由该主报告行向所在地银监会派出机构备案，并抄报相关属地监管局。

第八条 需要更改主报告行的外国银行，其总行或授权的地区管理部应在会计年度结束前一个月变更主报告行，由原主报告行和新指定主报告行将变更情况分别向所在地银监会派出机构备案，并抄报相关属地监管局。

新拟定的主报告行自下一会计年度起承担主报告行的职责。

第九条 主报告行应视情况配备专职或兼职的中国区合规经理。合规经理的任职资格审核适用于《中华人民共和国外资金融机构管理条例实施细则》规定的外资金融机构高级管理人员备案制。

第十条 主报告行是外资银行合并财务报表和综合信息汇总机构，履行以下职责：

(一)主报告行应根据监管要求向并表监管局报送或备案监管报表、重大事项说明、报告和其他监管资料。主报告行应对报送和备案内容的真实性、准确性和及时性负责。

主报告行还负责向并表监管局统一提交涉及多家境内分行的业务申请，并抄报相关属地监管局。

(二)主报告行可代表所属外资银行参加银监会召开的工作或研讨会议，并以该外资银行的名义提出意见和建议。参加会议的主报告行应及时将会议情况向母行(总行)或地区管理部报告，并及时通报境内其他营业性分支机构。

外资银行对中国相关监管法规的意见和建议应由主报告行汇总后统一向并表监管局提出。获得反馈意见后，主报告行应及时传达给境内其他营业性分支机构。

(三)主报告行应按照监管要求报告母行(总行)和母国(地区)经济金融方面的相关信息。

(四)主报告行负责外资银行境内营业性分支机构的信息披露工作。

(五)执行监管当局的其他要求。

主报告行在报送书面材料的同时应附电子文档。

第十一条 主报告行的法定负责人对主报告行承担的并表工作职责负责。

第三章 非现场监管

第十二条 银监会负责指导和监督派出机构对外资银行的非现场并表监管工作。

第十三条 并表监管局应监督主报告行按季上报境内机构合并财务报表。其中，独资、合资银行境外分支机构和附属机构的财务报表和集团合并财务报表按年度上报书面材料。

第十四条 并表监管局应监督主报告行及时备案下列事项：

(一)已公布的年报和境内营业性分支机构会计年度信息披露。

(二)外部评级机构评级。

(三)母行(总行)对外发布的重要新闻稿。

(四)涉嫌被调查事件的说明文件。

(五)母国(地区)监管当局评价和重大监管措施。

(六)母国(地区)金融、经济政策的重大调整说明。

(七)《中华人民共和国外资金融机构管理条例实施细则》规定的其他相关材料。

第十五条 并表监管局应要求主报告行每半年度提交一份《外资银行经营情况汇总报告》，包括基本信息(营业性机构数量、员工数、业务范围变动等)、授信集中度说明、贷款损失准备金分析、大额资产划转情况、资金流出入分析、关联交易情况、境外贷款/投资清单，以及营业性分支机构经营动态等内容。报告还应就母行(总行)组织结构、业务策略、资本充足水平、财务状况及市场信誉等变动情况做出说明。

第十六条 并表监管局负责按季监测并表考核的合规监管指标，并对风险监管指标走势和总体经营表现进行分析。

第十七条 并表监管局应收集外资银行业务管理制度，并与主报告行或地区管理部高级管理人员就外资银行区域管理模式、管理信息系统、风险及授权管理、合规管理、信贷管理和财务管理等风险管理内容进行沟通。

第十八条 并表监管局应依据相关规定向银监会上报下列事项：

(一)外资银行备案的重大事项和各项管理制度。

(二)并表数据上报错误情况。

(三)并表考核指标违规及异常变动情况。

(四)并表监管意见。

第十九条 并表监管局应在综合分析各项监管信息和现场检查情况的基础上，完成半年度和年度并表监管报告。

第二十条 银监会负责与外资法人机构东道国(地区)监管当局和外国银行母国(地区)监管当局就共同关心的监管问题进行沟通，并在监管信息交流方面展开合作。

第二十一条 银监会负责促进系统内综合监管信息交流和共享，并向外界提供或披露外资银行境内经营情况。

第二十二条 银监会负责统一并表监管工作的程序和要求。

第四章 现场检查

第二十三条 银监会负责组织、指导和协调外资银行并表现场检查。

第二十四条 并表现场检查的组织方式分为两种：

(一)委托并表监管局和属地监管局派出检查组，根据检查计划分别实施并表现场检查。

(二)由银监会组织外资银行监管人员组成检查组，对并表机构实施并表现场检查。

第二十五条 银监会每年根据风险监管情况和现场检查周期确定外资银行并表现场检查计划，并对检查形式、检查内容和检查重点提出指导性要求。

第二十六条 银监会将根据实际情况调整并表现场检查内容，协调检查项目时间和进度。检查组在检查过程中如发现重大问题，也应及时报告银监会。

第二十七条 在银监会组织的并表现场检查中，银监会将统一制定检查方案。检查组应按照检查手册和检查方案中的程序及要求实施现场检查，并在规定的时间内完成检查任务。

结束现场部分的作业后，检查组应完成《检查事实与评价》和相应的CAMELs/ROCA评级，并就所涉及的事实与被检查机构高级管理人员进行最后确认。检查结束后，检查组应将《检查事实与评价》、CAMELs/ROCA评级结果和检查档案移交给所在地银监会派出机构。

全部检查计划完成后，检查组应汇总并表现场检查报告，连同单家机构的《检查事实与评价》和评级情况一并上报银监会。

第二十八条 并表现场检查的监管意见由银监会统一协调。银监会将根据《检查事实与评价》做出建议，反馈给相应的银监会派出机构。

第二十九条 银监会派出机构负责并表现场检查的跟进和处理。

银监会派出机构应根据《检查事实与评价》和银监会建议，向所在地并表机构出具现场检查意见书，要求其整改。对于违规行为，银监会派出机构也应根据有关规定依法处罚。

银监会派出机构应在并表现场检查结束后3个月对整改措施执行情况进行跟踪，或对所在地并表机构实施后续现场检查，并及时将整改情况上报银监会。

第三十条 银监会负责受理外国银行母国(地区)监管当局跨境现场检查申请，并委托当地银监会派出机构与检查组就被检查机构的监管情况进行交流。

会晤结束后，银监会派出机构应将掌握的情况及时上报银监会，并对检查组提及的问题进行跟进。

第五章 外部审计和三方会谈

第三十一条 符合并表监管条件的外资银行原则上应聘请同一会计师事务所，负责对其境内营业性分支机构和附属机构进行审计和并表审计。

第三十二条 主报告行应在会计年度结束前一个月向并表监管局备案本会计年度聘请的外部审计师和审计组，同时抄报相应的属地监管局。如更换会计师事务所，主报告行还应提交书面说明。

银监会派出机构如对外资银行聘请的外部审计师的审计质量持有负面意见，可以在收到备案书后14个工作日内建议外资银行更换审计组或会计师事务所。

第三十三条 外部审计师应在并表审计前，就审计要求与并表监管局进行沟通。

第三十四条 主报告行应在会计年度结束后五个月内将《并表审计报告》和《并表管理建议书》报并表监管局。

第三十五条 属地监管局应在收到《外部审计报告》和《管理建议书》后 30 个工作日内,向并表监管局反馈对外部审计质量的评价意见。

并表监管局负责结合各属地监管局反馈意见、《并表审计报告》和《并表管理建议书》中反映的问题,对外部审计质量作出综合评价。

第三十六条 并表监管局负责根据外资银行综合监管情况,提出并表三方会谈计划。

并表三方会谈由银监会组织,参加方为银监会、并表监管局、属地监管局、外部审计师和主报告行。会谈结束后,并表监管局应完成并表三方会议纪要,并监督主报告行及时反馈整改意见的落实情况。

第六章 附则

第三十七条 本办法由银监会负责解释。

第三十八条 有关并表监管意见将作为审查外资银行机构增设和业务准入等申请的依据。

第三十九条 本办法自 2004 年 4 月 1 日起执行。其他有关外资银行并表监管规定与本办法抵触的,同时失效。

境外金融机构投资入股中资金融机构管理办法

发文号:中国银行业监督管理委员会令(2003 年第 6 号) 发文时间:2003—12—08

《境外金融机构投资入股中资金融机构管理办法》已经国务院批准,现予以发布。

主席:刘明康

二OO三年十二月八日

第一条 为规范境外金融机构投资入股中资金融机构的行为,优化中资金融机构资本结构,制定本办法。

第二条 境外金融机构向已依法设立的中资金融机构投资入股,适用本办法。

本办法所称的境外金融机构包括国际金融机构和外国金融机构,国际金融机构是指世界银行及其附属机构、其他政府间开发性金融机构及中国银行业监督管理委员会认可的其他国际金融机构;外国金融机构是指在外国注册成立的金融控股公司、商业银行、证券公司、保险公司、基金及中国银行业监督管理委员会认可的其他外国金融机构。

本办法所称的中资金融机构是指依法在中国境内设立的中资商业银行、城市信用社、农村信用社、信托投资公司、企业集团财务公司、金融租赁公司,以及中国银行业监督管理委员会批准设立的其他中资金融机构。

本办法所称的投资入股比例是指出资额或者所持股份占中资金融机构的实收资本总额或者股份总额的比例。

第三条 中国银行业监督管理委员会依法对境外金融机构投资入股中资金融机构的行为进行监督管理。

第四条 境外金融机构投资入股中资金融机构,应当经中国银行业监督管理委员会批准。

第五条 境外金融机构向中资金融机构投资入股,应当基于诚实信用并以中长期投资为目标。

第六条 境外金融机构投资入股中资金融机构应当用货币出资。

第七条 境外金融机构投资入股中资金融机构,应当具备下列条件:

(一)投资入股中资商业银行的,最近一年年末总资产原则上不少于 100 亿美元;投资入股中资城市信用社或农村信用社的,最近一年年末总资产原则上不少于 10 亿美元;投资入股中资非银行金融机构的,最近一年年末总资产原则上不少于 10 亿美元;

(二)中国银行业监督管理委员会认可的国际评级机构最近二年对其给出的长期信用评级为良好;

(三)最近两个会计年度连续盈利;

(四)商业银行资本充足率不低于 8%;非银行金融机构资本总额不低于加权风险资产总额的 10%;

(五)内部控制制度健全;

(六)注册地金融机构监督管理制度完善;

(七)所在国(地区)经济状况良好;

(八)中国银行业监督管理委员会规定的其他审慎性条件。

中国银行业监督管理委员会根据金融业风险状况和监管需要,可以调整境外金融机构投资入股中资金融机构的资格条件。

第八条 单个境外金融机构向中资金融机构投资入股比例不得超过 20%。

第九条 多个境外金融机构对非上市中资金融机构投资入股比例合计达到或超过 25%的,对该非上市金融机构按照外资金融机构实施监督管理。

多个境外金融机构对上市中资金融机构投资入股比例合计达到或超过 25%的,对该上市金融机构仍按照中资金融机构实施监督管理。

第十条 境外金融机构投资入股中资金融机构,由吸收投资的中资金融机构作为申请人,向中国银行业监督管理委员会提出申请:

(一)国有独资商业银行、股份制商业银行及中国银行业监督管理委员会直接监管的非银行金融机构吸收境外金融机构投资入股的,直接向中国银行业监督管理委员会申请批准;

(二)本条第一项规定以外的中资金融机构吸收境外金融机构投资入股的,向所在地中国银行业监督管理委员会省级派出机构提出申请,经审核后报中国银行业监督管理委员会批准。

第十一条 中资金融机构向中国银行业监督管理委员会提出吸收投资入股申请时,应提交下列文件:

(一)中资金融机构吸收投资入股的申请书;

(二)中资金融机构股东大会或董事会同意吸收投资的决议或上级主管部门的批准文件;

(三)境外金融机构股东大会或董事会同意向中资金融机构投资入股的决议;

(四)双方签定的意向性协议;

(五)境外金融机构最近三年的年报或经审计的资产负债表、利润表等财务报表;

(六)境外金融机构的资金来源、经营情况等资料;

(七)中国银行业监督管理委员会要求的其他相关资料。

投资人为外国金融机构的,中资金融机构还应当提交经中国银行业监督管理委员会认可的国际评级机构对该外国金融机构最近二年的评级报告和注册地金融监管当局的批准文件。

第十二条 中国银行业监督管理委员会自接到完整的申请文件之日起 3 个月内作出批准或不批准的决定;决定不批准的,应当书面通知申请人并说明理由。

第十三条 境外金融机构应当在收到中国银行业监督管理委员会的批准决定后 60 个工作日内将资金足额划入中资金融机构账户,并经中国银行业监督管理委员会认可的会计师事务所验证。

第十四条 中资金融机构因境外金融机构投资入股而变更注册资本或股权结构的,应当依照有关规定办理变更手续。

第十五条 中资金融机构违反本办法,擅自变更股东、调整股权结构的,由中国银行业监督管理委员会根据有关规定予以处罚。

第十六条 已向中资金融机构投资入股的境外金融机构增加持股比例的,适用本办法有关规定。

第十七条 香港、澳门和台湾地区的金融机构投资入股中资金融机构,适用本办法;国务院另有规定的,适用其规定。

第十八条 合格境外机构投资者购买上市中资金融机构流通股不适用本办法。

第十九条 投资入股汽车金融公司,依照《汽车金融公司管理办法》的相关规定执行。

第二十条 本办法由中国银行业监督管理委员会负责解释。

第二十一条 本办法自 2003 年 12 月 31 日起施行。本办法施行前颁布的有关文件与本办法规定不一致的,按照本办法执行。

外币代兑机构管理暂行办法

发文号：中国人民银行令〔2003〕第6号　发文时间：2003－10－08

《外币代兑机构管理暂行办法》已经2003年5月28日中国人民银行第3次行长办公会讨论通过，现予公布，自2003年11月1日起施行。

行长：周小川

二〇〇三年十月八日

第一章　总　则

第一条　为规范外币代兑机构经营外币兑换业务行为，维护市场秩序，根据《中华人民共和国中国人民银行法》、《中华人民共和国外汇管理条例》、《结汇、售汇及付汇管理规定》及《外汇指定银行办理结汇、售汇业务管理暂行办法》等有关规定，制定本办法。

第二条　本办法所称外币代兑机构，是指与具有外币兑换（或结售汇）业务经营资格的境内商业银行及其分支行（以下简称银行）签订协议，经银行授权办理外币兑换业务的境内企业法人机构（以下简称代兑机构）。

第三条　外币代兑机构办理的外币兑换业务的品种限于可自由兑换货币的现钞及旅行支票。

外币代兑机构办理外币兑换业务限于境内居民个人及非居民个人用外币和外币旅行支票兑换人民币的单方面兑换业务。

非居民个人若将在外币代兑机构兑换所得的人民币兑回外币，需到为其办理外币兑换业务的代兑机构的授权银行办理，兑回金额不得超过原兑换的外币金额。兑回有效期为自兑换之日起6个月内。

居民个人不得办理兑回业务。

第四条　国家外汇管理局及其分支机构依法对银行授权的外币代兑机构的外币兑换业务进行监督、管理。

第五条　银行总行需制定统一的系统内部委托办理外币兑换业务的管理制度及风险控制制度。

授权银行需根据总行的管理制度及风险控制制度制定管理规定及操作规程，内容应当包括：外币代兑机构的外币兑换牌价管理、代兑业务的结算管理、外币兑换水单的领用、使用、作废、核对等管理、因兑换而产生的亏损的风险控制及责任分担、纠纷处理管理、办理兑换业务的币种管理、人民币和外币库存限额管理、代兑人员管理等。

第六条　银行授权代兑机构办理外币兑换业务，必须与代兑机构签订授权办理外币兑换业务的书面协议，明确双方的权利义务以及纠纷处理原则．并向国家外汇管理局当地分支机构备案。书面协议应包括本办法第五条规定的管理规定及操作规程的主要内容。在备案确认前，代兑机构不得办理外币兑换业务。

第七条　授权银行办理备案手续需报送以下材料：

（一）总行制定的统一的系统内部委托办理外币兑换业务的管理制度及风险控制制度；

（二）授权代兑机构办理外币兑换业务申请书；

（三）代兑机构的基本情况说明；

（四）授权办理外币兑换业务管理规定；

（五）已签订的授权办理外币兑换业务的书面协议；

（六）外币代兑机构结汇水单和业务用章样本；

（七）国家外汇管理局及其分支机构要求的其他材料。

国家外汇管理局当地分支机构应当在收到上述材料之日起30日内给予确认或不予确认复函，如不予确认，需在复函中说明不予确认原因。授权银行如获国家外汇管理局当地分支机构不予确认的复函，自收到复函之日起半年内不得再次提出同样内容的备案申请。

第八条　代兑机构办理外币兑换的业务场所，原则上须地处人流稠密的口岸、机场、车站、码头、旅游点、边境口岸地区、主要商业区、涉外宾馆酒店等。

第九条　代兑机构办理外币兑换业务，应当具备以下条件：

（一）有境内企业法人资格；

（二）有固定的营业场所；

（三）不少于2名经授权银行培训合格的从事外币兑换业务的工作人员；

（四）具备能够准确、及时接收授权银行外币兑换牌价的设备或相应设施；

（五）授权银行要求的其他条件。

第十条　代兑机构只能与同城的一家银行签订授权办理外币兑换业务协议，不得与多家银行或异地的银行签订授权办理外币兑换业务协议办理外币兑换业务。

代兑机构可以与签约银行协议约定设置多家外币兑换业务经营场所。

第十一条　银行终止与代兑机构的授权办理外币兑换业务协议，应在协议终止后10日内向国家外汇管理局当地分支机构备案。

第十二条　外币代兑机构实行挂牌经营。办理外币兑换业务时，必须在其营业场所的显著位置悬挂“××银行（授权银行名称）外币代兑机构”铭牌。铭牌样式由授权银行负责规范。

第十三条　外币代兑机构应当按照授权银行制定的外币兑换牌价管理规定办理外币兑换业务，并在其营业场所的显著位置公布外币兑换牌价。

第十四条　外币代兑机构的外币兑换业务需单独核算。

第十五条　外币代兑机构办理外币兑换业务必须使用外币兑换水单，不得以其他单证代替外币兑换水单。外币兑换水单由授权银行负责提供并管理。

外币兑换水单需记载以下内容，内容应包括但不限于以下内容：客户姓名、客户国籍、证件种类及号码、兑换日期、外币币种、外币和人民币金额、外汇牌价等。

外币代兑机构留存的外币兑换水单应当经客户签名和经办人员盖章确认。外币代兑机构使用外币兑换水单应当套写，一式不得少于三联，一联交客户留存，一联送授权银行留存，一联由外币代兑机构留存做账使用。授权银行和外币代兑机构须保留外币兑换水单5年备查。

外币代兑机构在办理境内居民个人外币兑换人民币业务时，应在外币兑换水单上加注“不得办理兑回业务”字样。

第十六条　外币代兑机构应当遵守授权银行制定的收兑外币的保管、上缴、库存限额的管理制度。

外币代兑机构办理外币兑换业务的外币库存限额，由其授权银行核定，原则上在每个营业日终了时不得超过等值1万美元。

第十七条　授权银行负责对外币代兑机构的从业人员进行业务培训。

外币代兑机构的从业人员必须具备以下条件：

（一）鉴别外币现钞和外币旅行支票的能力；

（二）相应的外汇管理法规知识；

（三）授权银行内控制度要求具备的其他能力。

第十八条　授权银行应当按照《国际收支统计申报办法》及有关规定、银行结售汇有关统计报告制度，将与其授权的外币代兑机构办理的兑换业务内容合并报送，履行统计申报义务。

第十九条　授权银行应当监督外币代兑机构按双方签订的业务协议办理外币兑换业务，发现外币代兑机构未按规定使用外币兑换水单、违反外币兑换牌价管理规定及其他违反国家外汇管理法规行为的，应当及时纠正并向国家外汇管理局当地分支机构报告。

第二十条　授权银行和外币代兑机构有以下行为之一的，由国家外汇管理局当地分支机构进行处罚：

（一）未将外币代兑机构办理外币兑换业务的有关资料送国家外汇管理局当地分支机构备案，外币代兑机构开办外币兑换业务的，由国家外汇管理局当地分支机构按照《中华人民共和国外汇管理条例》第四十一条的规定对授权银行和外币代兑机构进行处罚。

（二）违反汇率管理规定制定外币兑换牌价的，由国家外汇管理局当地分支机构按照《中华人民共和国外汇管理条例》第四十三条的规定进行处罚。

（三）授权银行未按照规定监督外币代兑机构使用外币兑换水单办理外币兑换业务的，由国家外汇管理局当地分支机构按照《中华人民共和国外汇管理条例》第四十二条和《外汇指定银行办理结汇、售汇业务管理暂行办法》第四十条的规定对授权银行进行处罚。

(四)授权银行和外币代兑机构有其他违反外汇管理规定的行为的,由国家外汇管理局当地分支机构按照有关规定处罚。

第二十一条 本办法施行前设立的外币代兑机构,应当在本办法施行之日起两个月内,由其授权银行按本办法规定的要求向国家外汇管理局当地分支机构补办备案手续。

第二十二条 本办法自2003年11月1日起施行。

人民币银行结算账户管理办法

发文号:中国人民银行令〔2003〕第5号 发文时间:2003—10—08

为规范人民币银行结算账户的开立和使用,维护经济金融秩序稳定,中国人民银行制定了《人民币银行结算账户管理办法》,经2002年8月21日第34次行长办公会议通过,现予公布,自2003年9月1日起施行。

行长:周小川

二〇〇三年四月十日

第一章 总 则

第一条 为规范人民币银行结算账户(以下简称银行结算账户)的开立和使用,加强银行结算账户管理,维护经济金融秩序稳定,根据《中华人民共和国中国人民银行法》和《中华人民共和国商业银行法》等法律法规,制定本办法。

第二条 存款人在中国境内的银行开立的银行结算账户适用本办法。

本办法所称存款人,是指在中国境内开立银行结算账户的机关、团体、部队、企业、事业单位、其他组织(以下统称单位)、个体工商户和自然人。

本办法所称银行,是指在中国境内经中国人民银行批准经营支付结算业务的政策性银行、商业银行(含外资独资银行、中外合资银行、外国银行分行)、城市信用合作社、农村信用合作社。

本办法所称银行结算账户,是指银行为存款人开立的办理资金收付结算的人民币活期存款账户。

第三条 银行结算账户按存款人分为单位银行结算账户和个人银行结算账户。

(一)存款人以单位名称开立的银行结算账户为单位银行结算账户。单位银行结算账户按用途分为基本存款账户、一般存款账户、专用存款账户、临时存款账户。

个体工商户凭营业执照以字号或经营者姓名开立的银行结算账户纳入单位银行结算账户管理。

(二)存款人凭个人身份证件以自然人名称开立的银行结算账户为个人银行结算账户。

邮政储蓄机构办理银行卡业务开立的账户纳入个人银行结算账户管理。

第四条 单位银行结算账户的存款人只能在银行开立一个基本存款账户。

第五条 存款人应在注册地或住所地开立银行结算账户。符合本办法规定可以在异地(跨省、市、县)开立银行结算账户的除外。

第六条 存款人开立基本存款账户、临时存款账户和预算单位开立专用存款账户实行核准制度,经中国人民银行核准后由开户银行核发开户登记证。但存款人因注册验资需要开立的临时存款账户除外。

第七条 存款人可以自主选择银行开立银行结算账户。除国家法律、行政法规和国务院规定外,任何单位和个人不得强令存款人到指定银行开立银行结算账户。

第八条 银行结算账户的开立和使用应当遵守法律、行政法规,不得利用银行结算账户进行偷逃税款、逃废债务、套取现金及其他违法犯罪活动。

第九条 银行应依法为存款人的银行结算账户信息保密。对单位银行结算账户的存款和有关资料,除国家法律、行政法规另有规定外,银行有权拒绝任何单位或个人查询。对个人银行结算账户的存款和有关资料,除国家法律另有规定外,银行有权拒绝任何单位或个人查询。

第十条 中国人民银行是银行结算账户的监督管理部门。

第二章 银行结算账户的开立

第十一条 基本存款账户是存款人因办理日常转账结算和现金收付需要开立的银行结算账户。下列存款人,可以申请开立基本存款账户:

(一)企业法人。

(二)非法人企业。

(三)机关、事业单位。

(四)团级(含)以上军队、武警部队及分散执勤的支(分)队。

(五)社会团体。

(六)民办非企业组织。

(七)异地常设机构。

(八)外国驻华机构。

(九)个体工商户。

(十)居民委员会、村民委员会、社区委员会。

(十一)单位设立的独立核算的附属机构。

(十二)其他组织。

第十二条 一般存款账户是存款人因借款或其他结算需要,在基本存款账户开户银行以外的银行营业机构开立的银行结算账户。

第十三条 专用存款账户是存款人按照法律、行政法规和规章,对其特定用途资金进行专项管理和使用而开立的银行结算账户。对下列资金的管理与使用,存款人可以申请开立专用存款账户:

(一)基本建设资金。

(二)更新改造资金。

(三)财政预算外资金。

(四)粮、棉、油收购资金。

(五)证券交易结算资金。

(六)期货交易保证金。

(七)信托基金。

(八)金融机构存放同业资金。

(九)政策性房地产开发资金。

(十)单位银行卡备用金。

(十一)住房基金。

(十二)社会保障基金。

(十三)收入汇缴资金和业务支出资金。

(十四)党、团、工会设在单位的组织机构经费。

(十五)其他需要专项管理和使用的资金。

收入汇缴资金和业务支出资金,是指基本存款账户存款人附属的非独立核算单位或派出机构发生的收入和支出的资金。

因收入汇缴资金和业务支出资金开立的专用存款账户,应使用隶属单位的名称。

第十四条 临时存款账户是存款人因临时需要并在规定期限内使用而开立的银行结算账户。有下列情况的,存款人可以申请开立临时存款账户:

(一)设立临时机构。

(二)异地临时经营活动。

(三)注册验资。

第十五条 个人银行结算账户是自然人因投资、消费、结算等而开立的可办理支付结算业务的存款账户。有下列情况的,可以申请开立个人银行结算账户:

(一)使用支票、信用卡等信用支付工具的。

(二)办理汇兑、定期借记、定期贷记、借记卡等结算业务的。

自然人可根据需要申请开立个人银行结算账户,也可以在已开立的储蓄账户中选择并向开户银行申请确认为个人银行结算账户。

第十六条 存款人有下列情形之一的,可以在异地开立有关银行结算账户:

(一)营业执照注册地与经营地不在同一行政区域(跨省、市、县)需要开立基本存款账户的。

(二)办理异地借款和其他结算需要开立一般存款账户的。

（三）存款人因附属的非独立核算单位或派出机构发生的收入汇缴或业务支出需要开立专用存款账户的。

（四）异地临时经营活动需要开立临时存款账户的。

（五）自然人根据需要在异地开立个人银行结算账户的。

第十七条 存款人申请开立基本存款账户，应向银行出具下列证明文件：

（一）企业法人，应出具企业法人营业执照正本。

（二）非法人企业，应出具企业营业执照正本。

（三）机关和实行预算管理的事业单位，应出具政府人事部门或编制委员会的批文或登记证书和财政部门同意其开户的证明；非预算管理的事业单位，应出具政府人事部门或编制委员会的批文或登记证书。

（四）军队、武警团级（含）以上单位以及分散执勤的支（分）队，应出具军队军级以上单位财务部门、武警总队财务部门的开户证明。

（五）社会团体，应出具社会团体登记证书，宗教组织还应出具宗教事务管理部门的批文或证明。

（六）民办非企业组织，应出具民办非企业登记证书。

（七）外地常设机构，应出具其驻在地政府主管部门的批文。

（八）外国驻华机构，应出具国家有关主管部门的批文或证明；外资企业驻华代表处、办事处应出具国家登记机关颁发的登记证。

（九）个体工商户，应出具个体工商户营业执照正本。

（十）居民委员会、村民委员会、社区委员会，应出具其主管部门的批文或证明。

（十一）独立核算的附属机构，应出具其主管部门的基本存款账户开户登记证和批文。

（十二）其他组织，应出具政府主管部门的批文或证明。

本条中的存款人为从事生产、经营活动纳税人的，还应出具税务部门颁发的税务登记证。

第十八条 存款人申请开立一般存款账户，应向银行出具其开立基本存款账户规定的证明文件、基本存款账户开户登记证和下列证明文件：

（一）存款人因向银行借款需要，应出具借款合同。

（二）存款人因其他结算需要，应出具有关证明。

第十九条 存款人申请开立专用存款账户，应向银行出具其开立基本存款账户规定的证明文件、基本存款账户开户登记证和下列证明文件：

（一）基本建设资金、更新改造资金、政策性房地产开发资金、住房基金、社会保障基金，应出具主管部门批文。

（二）财政预算外资金，应出具财政部门的证明。

（三）粮、棉、油收购资金，应出具主管部门批文。

（四）单位银行卡备用金，应按照中国人民银行批准的银行卡章程的规定出具有关证明和资料。

（五）证券交易结算资金，应出具证券公司或证券管理部门的证明。

（六）期货交易保证金，应出具期货公司或期货管理部门的证明。

（七）金融机构存放同业资金，应出具其证明。

（八）收入汇缴资金和业务支出资金，应出具基本存款账户存款人有关的证明。

（九）党、团、工会设在单位的组织机构经费，应出具该单位或有关部门的批文或证明。

（十）其他按规定需要专项管理和使用的资金，应出具有关法规、规章或政府部门的有关文件。

第二十条 合格境外机构投资者在境内从事证券投资开立的人民币特殊账户和人民币结算资金账户纳入专用存款账户管理。其开立人民币特殊账户时应出具国家外汇管理部门的批复文件，开立人民币结算资金账户时应出具证券管理部门的证券投资业务许可证。

第二十一条 存款人申请开立临时存款账户，应向银行出具下列证明文件：

（一）临时机构，应出具其驻在地主管部门同意设立临时机构的批文。

（二）异地建筑施工及安装单位，应出具其营业执照正本或其隶属单位的营业执照正本，以及施工及安装地建设主管部门核发的许可证或建筑施工及安装合同。

（三）异地从事临时经营活动的单位，应出具其营业执照正本以及临时经营地工商行政管理部门的批文。

（四）注册验资资金，应出具工商行政管理部门核发的企业名称预先核准通知书或有关部门的批文。

本条第二、三项还应出具其基本存款账户开户登记证。

第二十二条 存款人申请开立个人银行结算账户，应向银行出具下列证明文件：

（一）中国居民，应出具居民身份证或临时身份证。

（二）中国人民解放军军人，应出具军人身份证件。

（三）中国人民武装警察，应出具武警身份证件。

（四）香港、澳门居民，应出具港澳居民往来内地通行证；台湾居民，应出具台湾居民来往大陆通行证或者其他有效旅行证件。

（五）外国公民，应出具护照。

（六）法律、法规和国家有关文件规定的其他有效证件。

银行为个人开立银行结算账户时，根据需要还可要求申请人出具户口簿、驾驶执照、护照等有效证件。

第二十三条 存款人需要在异地开立单位银行结算账户，除出具本办法第十七条、十八条、十九条、二十一条规定的有关证明文件外，应出具下列相应的证明文件：

（一）经营地与注册地不在同一行政区域的存款人，在异地开立基本存款账户的，应出具注册地中国人民银行分支行的未开立基本存款账户的证明。

（二）异地借款的存款人，在异地开立一般存款账户的，应出具在异地取得贷款的借款合同。

（三）因经营需要在异地办理收入汇缴和业务支出的存款人，在异地开立专用存款账户的，应出具隶属单位的证明。

属本条第二、三项情况的，还应出具其基本存款账户开户登记证。

存款人需要在异地开立个人银行结算账户，应出具本办法第二十二条规定的证明文件。

第二十四条 单位开立银行结算账户的名称应与其提供的申请开户的证明文件的名称全称相一致。有字号的个体工商户开立银行结算账户的名称应与其营业执照的字号相一致；无字号的个体工商户开立银行结算账户的名称，由“个体户”字样和营业执照记载的经营者姓名组成。自然人开立银行结算账户的名称应与其提供的有效身份证件中的名称全称相一致。

第二十五条 银行为存款人开立一般存款账户、专用存款账户和临时存款账户的，应自开户之日起3个工作日内书面通知基本存款账户开户银行。

第二十六条 存款人申请开立单位银行结算账户时，可由法定代表人或单位负责人直接办理，也可授权他人办理。

由法定代表人或单位负责人直接办理的，除出具相应的证明文件外，还应出具法定代表人或单位负责人的身份证件；授权他人办理的，除出具相应的证明文件外，还应出具其法定代表人或单位负责人的授权书及其身份证件，以及被授权人的身份证件。

第二十七条 存款人申请开立银行结算账户时，应填制开户申请书。开户申请书按照中国人民银行的规定记载有关事项。

第二十八条 银行应对存款人的开户申请书填写的事项和证明文件的真实性、完整性、合规性进行认真审查。

开户申请书填写的事项齐全，符合开立基本存款账户、临时存款账户和预算单位专用存款账户条件的，银行应将存款人的开户申请书、相关的证明文件和银行审核意见等开户资料报送中国人民银行当地分支行，经其核准后办理开户手续；符合开立一般存款账户、其他专用存款账户和个人银行结算账户条件的，银行应办理开户手续，并于开户之日起5个工作日内向中国人民银行当地分支行备案。

第二十九条 中国人民银行应于2个工作日内对银行报送的基本存款账户、临时存款账户和预算单位专用存款账户的开户资料的合规性予以审核，符合开户条件的，予以核准；不符合开户条件的，应在开户申请书上签署意见，连同有关证明文件一并退回报送银行。

第三十条 银行为存款人开立银行结算账户，应与存款人签订银行结算账户管理协议，明确双方的权利与义务。除中国人民银行另有规定的以外，应建立存款人预留签章卡片，并将签章式样和有关证明文件的原件或复印件留存归档。

第三十一条 开户登记证是记载单位银行结算账户信息的有效证明，存款人应按本办法的规定使用，并妥善保管。

第三十二条 银行在为存款人开立一般存款账户、专用存款账户和临时存款账户时，应在其基本存款账户开户登记证上登记账户名称、账号、账户性质、开户银行、开户日期，并签章。但临时机构和注册验资需要开立的临时存款账户除外。

第三章 银行结算账户的使用

第三十三条 基本存款账户是存款人的主办账户。存款人日常经营活动的资金收付及其工资、奖金和现金的支取,应通过该账户办理。

第三十四条 一般存款账户用于办理存款人借款转存、借款归还和其他结算的资金收付。该账户可以办理现金缴存,但不得办理现金支取。

第三十五条 专用存款账户用于办理各项专用资金的收付。

单位银行卡账户的资金必须由其基本存款账户转账存入。该账户不得办理现金收付业务。

财政预算外资金、证券交易结算资金、期货交易保证金和信托基金专用存款账户不得支取现金。

基本建设资金、更新改造资金、政策性房地产开发资金、金融机构存放同业资金账户需要支取现金的,应在开户时报中国人民银行当地分支行批准。中国人民银行当地分支行应根据国家现金管理的规定审查批准。

粮、棉、油收购资金、社会保障基金、住房基金和党、团、工会经费等专用存款账户支取现金应按照国家现金管理的规定办理。

收入汇缴账户除向其基本存款账户或预算外资金财政专用存款户划缴款项外,只收不付,不得支取现金。业务支出账户除从其基本存款账户拨入款项外,只付不收,其现金支取必须按照国家现金管理的规定办理。

银行应按照本条的各项规定和国家对粮、棉、油收购资金使用管理规定加强监督,对不符合规定的资金收付和现金支取,不得办理。但对其他专用资金的使用不负监督责任。

第三十六条 临时存款账户用于办理临时机构以及存款人临时经营活动发生的资金收付。

临时存款账户应根据有关开户证明文件确定的期限或存款人的需要确定其有效期限。存款人在账户的使用中需要延长期限的,应在有效期限内向开户银行提出申请,并由开户银行报中国人民银行当地分支行核准后办理展期。临时存款账户的有效期最长不得超过2年。

临时存款账户支取现金,应按照国家现金管理的规定办理。

第三十七条 注册验资的临时存款账户在验资期间只收不付,注册验资资金的汇缴人应与出资人的名称一致。

第三十八条 存款人开立单位银行结算账户,自正式开立之日起3个工作日后,方可办理付款业务。但注册验资的临时存款账户转为基本存款账户和因借款转存开立的一般存款账户除外。

第三十九条 个人银行结算账户用于办理个人转账收付和现金存取。下列款项可以转入个人银行结算账户:

(一)工资、奖金收入。

(二)稿费、演出费等劳务收入。

(三)债券、期货、信托等投资的本金和收益。

(四)个人债权或产权转让收益。

(五)个人贷款转存。

(六)证券交易结算资金和期货交易保证金。

(七)继承、赠与款项。

(八)保险理赔、保费退还等款项。

(九)纳税退还。

(十)农、副、矿产品销售收入。

(十一)其他合法款项。

第四十条 单位从其银行结算账户支付给个人银行结算账户的款项,每笔超过5万元的,应向其开户银行提供下列付款依据:

(一)代发工资协议和收款人清单。

(二)奖励证明。

(三)新闻出版、演出主办等单位与收款人签订的劳务合同或支付给个人款项的证明。

(四)证券公司、期货公司、信托投资公司、奖券发行或承销部门支付或退还给自然人款项的证明。

(五)债权或产权转让协议。

(六)借款合同。

(七)保险公司的证明。

(八)税收征管部门的证明。

(九)农、副、矿产品购销合同。

(十)其他合法款项的证明。

从单位银行结算账户支付给个人银行结算账户的款项应纳税的,税收代扣单位付款时应向其开户银行提供完税证明。

第四十一条 有下列情形之一的,个人应出具本办法第四十条规定的有关收款依据。

(一)个人持出票人为单位的支票向开户银行委托收款,将款项转入其个人银行结算账户的。

(二)个人持申请人为单位的银行汇票和银行本票向开户银行提示付款,将款项转入其个人银行结算账户的。

第四十二条 单位银行结算账户支付给个人银行结算账户款项的,银行应按第四十条、第四十一条规定认真审查付款依据或收款依据的原件,并留存复印件,按会计档案保管。未提供相关依据或相关依据不符合规定的,银行应拒绝办理。

第四十三条 储蓄账户仅限于办理现金存取业务,不得办理转账结算。

第四十四条 银行应按规定与存款人核对账务。银行结算账户的存款人收到对账单或对账信息后,应及时核对账务并在规定期限内向银行发出对账回单或确认信息。

第四十五条 存款人应按照本办法的规定使用银行结算账户办理结算业务。

存款人不得出租、出借银行结算账户,不得利用银行结算账户套取银行信用。

第四章 银行结算账户的变更与撤销

第四十六条 存款人更改名称,但不改变开户银行及账号的,应于5个工作日内向开户银行提出银行结算账户的变更申请,并出具有关部门的证明文件。

第四十七条 单位的法定代表人或主要负责人、住址以及其他开户资料发生变更时,应于5个工作日内书面通知开户银行并提供有关证明。

第四十八条 银行接到存款人的变更通知后,应及时办理变更手续,并于2个工作日内向中国人民银行报告。

第四十九条 有下列情形之一的,存款人应向开户银行提出撤销银行结算账户的申请:

(一)被撤并、解散、宣告破产或关闭的。

(二)注销、被吊销营业执照的。

(三)因迁址需要变更开户银行的。

(四)其他原因需要撤销银行结算账户的。

存款人有本条第一、二项情形的,应于5个工作日内向开户银行提出撤销银行结算账户的申请。

本条所称撤销是指存款人因开户资格或其他原因终止银行结算账户使用的行为。

第五十条 存款人因本办法第四十九条第一、二项原因撤销基本存款账户的,存款人基本存款账户的开户银行应自撤销银行结算账户之日起2个工作日内将撤销该基本存款账户的情况书面通知该存款人其他银行结算账户的开户银行;存款人其他银行结算账户的开户银行,应自收到通知之日起2个工作日内通知存款人撤销有关银行结算账户;存款人应自收到通知之日起3个工作日内办理其他银行结算账户的撤销。

第五十一条 银行得知存款人有本办法第四十九条第一、二项情况,存款人超过规定期限未主动办理撤销银行结算账户手续的,银行有权停止其银行结算账户的对外支付。

第五十二条 未获得工商行政管理部门核准登记的单位,在验资期满后,应向银行申请撤销注册验资临时存款账户,其账户资金应退还给原汇款人账户。注册验资资金以现金方式存入,出资人需提取现金的,应出具缴存现金时的现金缴款单原件及其有效身份证件。

第五十三条 存款人尚未清偿其开户银行债务的,不得申请撤销该账户。

第五十四条 存款人撤销银行结算账户,必须与开户银行核对银行结算账户存款余额,交回各种重要空白票据及结算凭证和开户登记证,银行核对无误后方可办理销户手续。存款人未按规定交回各种重要空白票据及结算凭证的,应出具有关证明,造成损失的,由其自行承担。

第五十五条 银行撤销单位银行结算账户时应在其基本存款账户开户登记证上注明销户日期并签章,同时于撤销银行结算账户之日起2个工作日内,向中国人民银行报告。

第五十六条　银行对一年未发生收付活动且未欠开户银行债务的单位银行结算账户，应通知单位自发出通知之日起 30 日内办理销户手续，逾期视同自愿销户，未划转款项列入久悬未取专户管理。

第五章　银行结算账户的管理

第五十七条　中国人民银行负责监督、检查银行结算账户的开立和使用，对存款人、银行违反银行结算账户管理规定的行为予以处罚。

第五十八条　中国人民银行对银行结算账户的开立和使用实施监控和管理。

第五十九条　中国人民银行负责基本存款账户、临时存款账户和预算单位专用存款账户开户登记证的管理。

任何单位及个人不得伪造、变造及私自印制开户登记证。

第六十条　银行负责所属营业机构银行结算账户开立和使用的管理，监督和检查其执行本办法的情况，纠正违规开立和使用银行结算账户的行为。

第六十一条　银行应明确专人负责银行结算账户的开立、使用和撤销的审查和管理，负责对存款人开户申请资料的审查，并按照本办法的规定及时报送存款人开销户信息资料，建立健全开销户登记制度，建立银行结算账户管理档案，按会计档案进行管理。银行结算账户管理档案的保管期限为银行结算账户撤销后 10 年。

第六十二条　银行应对已开立的单位银行结算账户实行年检制度，检查开立的银行结算账户的合规性，核实开户资料的真实性；对不符合本办法规定开立的单位银行结算账户，应予以撤销。对经核实的各类银行结算账户的资料变动情况，应及时报告中国人民银行当地分支行。

银行应对存款人使用银行结算账户的情况进行监督，对存款人的可疑支付应按照中国人民银行规定的程序及时报告。

第六十三条　存款人应加强对预留银行签章的管理。单位遗失预留公章或财务专用章的，应向开户银行出具书面申请、开户登记证、营业执照等相关证明文件；更换预留公章或财务专用章时，应向开户银行出具书面申请、原预留签章的式样等相关证明文件。个人遗失或更换预留个人印章或更换签字人时，应向开户银行出具经签名确认的书面申请，以及原预留印章或签字人的个人身份证件。银行应留存相应的复印件，并凭以办理预留银行签章的变更。

第六章　罚　则

第六十四条　存款人开立、撤销银行结算账户，不得有下列行为：

（一）违反本办法规定开立银行结算账户。

（二）伪造、变造证明文件欺骗银行开立银行结算账户。

（三）违反本办法规定不及时撤销银行结算账户。

非经营性的存款人，有上述所列行为之一的，给予警告并处以 1000 元的罚款；经营性的存款人有上述所列行为之一的，给予警告并处以 1 万元以上 3 万元以下的罚款；构成犯罪的，移交司法机关依法追究刑事责任。

第六十五条　存款人使用银行结算账户，不得有下列行为：

（一）违反本办法规定将单位款项转入个人银行结算账户。

（二）违反本办法规定支取现金。

（三）利用开立银行结算账户逃废银行债务。

（四）出租、出借银行结算账户。

（五）从基本存款账户之外的银行结算账户转账存入、将销货收入存入或现金存入单位信用卡账户。

（六）法定代表人或主要负责人、存款人地址以及其他开户资料的变更事项未在规定期限内通知银行。

非经营性的存款人有上述所列一至五项行为的，给予警告并处以 1000 元罚款；经营性的存款人有上述所列一至五项行为的，给予警告并处以 5000 元以上 3 万元以下的罚款；存款人有上述所列第六项行为的，给予警告并处以 1000 元的罚款。

第六十六条　银行在银行结算账户的开立中，不得有下列行为：

（一）违反本办法规定为存款人多头开立银行结算账户。

（二）明知或应知是单位资金，而允许以自然人名称开立账户存储。

银行有上述所列行为之一的，给予警告，并处以 5 万元以上 30 万元以下的罚款；对该银行直接负责的高级管理人员、其他直接负责的主管人员、直接责任人员按规定给予纪律处分；情节严重的，中国人民银行有权停止对其开立基本存款账户的核准，责令该银行停业整顿或者吊销经营金融业务许可证；构成犯罪的，移交司法机关依法追究刑事责任。

第六十七条　银行在银行结算账户的使用中，不得有下列行为：

（一）提供虚假开户申请资料欺骗中国人民银行许可开立基本存款账户、临时存款账户、预算单位专用存款账户。

（二）开立或撤销单位银行结算账户，未按本办法规定在其基本存款账户开户登记证上予以登记、签章或通知相关开户银行。

（三）违反本办法第四十二条规定办理个人银行结算账户转账结算。

（四）为储蓄账户办理转账结算。

（五）违反规定为存款人支付现金或办理现金存入。

（六）超过期限或未向中国人民银行报送账户开立、变更、撤销等资料。

银行有上述所列行为之一的，给予警告，并处以 5000 元以上 3 万元以下的罚款；对该银行直接负责的高级管理人员、其他直接负责的主管人员、直接责任人员按规定给予纪律处分；情节严重的，中国人民银行有权停止对其开立基本存款账户的核准，构成犯罪的，移交司法机关依法追究刑事责任。

第六十八条　违反本办法规定，伪造、变造、私自印制开户登记证的存款人，属非经营性的处以 1000 元罚款；属经营性的处以 1 万元以上 3 万元以下的罚款；构成犯罪的，移交司法机关依法追究刑事责任。

第七章　附　则

第六十九条　开户登记证由中国人民银行总行统一式样，中国人民银行各分行、营业管理部、省会（首府）城市中心支行负责监制。

第七十条　本办法由中国人民银行负责解释、修改。

第七十一条　本办法自 2003 年 9 月 1 日起施行。1994 年 10 月 9 日中国人民银行发布的《银行账户管理办法》同时废止。

中国人民银行假币收缴、鉴定管理办法

发文号：中国人民银行令〔2003〕第 4 号　发文时间：2003－04－09

根据《全国人民代表大会常务委员会关于惩治破坏金融秩序犯罪的决定》和《中华人民共和国人民币管理条例》等法律法规的规定，中国人民银行制定了《中国人民银行假币收缴、鉴定管理办法》，经 2002 年 12 月 3 日第 43 次行长办公会议通过，现予公布，自 2003 年 7 月 1 日起施行。

行长：周小川

二〇〇三年四月九日

第一章　总　则

第一条　为规范对假币的收缴、鉴定行为，保护货币持有人的合法权益，根据《全国人民代表大会常务委员会关于惩治破坏金融秩序犯罪的决定》和《中华人民共和国人民币管理条例》制定本办法。

第二条　办理货币存取款和外币兑换业务的金融机构收缴假币、中国人民银行及其授权的鉴定机构鉴定货币真伪适用本办法。

第三条　本办法所称货币是指人民币和外币。人民币是指中国人民银行依法发行的货币，包括纸币和硬币；外币是指在我国境内（香港特别行政区、澳门特别行政区及台湾地区除外）可收兑的其他国家或地区的法定货币。

本办法所称假币是指伪造、变造的货币。

伪造的货币是指仿照真币的图案、形状、色彩等，采用各种手段制作的假币。

变造的货币是指在真币的基础上，利用挖补、揭层、涂改、拼凑、移位、重印等多种方法制作，改变真币原形态的假币。

本办法所称办理货币存取款和外币兑换业务的金融机构（以下简

称“金融机构”)是指商业银行、城乡信用社、邮政储蓄的业务机构。

本办法所称中国人民银行授权的鉴定机构,是指具有货币真伪鉴定技术与条件,并经中国人民银行授权的商业银行业务机构。

第四条 金融机构收缴的假币,每季末解缴中国人民银行当地分支行,由中国人民银行统一销毁,任何部门不得自行处理。

第五条 中国人民银行及其分支机构依照本办法对假币收缴、鉴定实施监督管理。

第二章 假币的收缴

第六条 金融机构在办理业务时发现假币,由该金融机构两名以上业务人员当面予以收缴。对假人民币纸币,应当面加盖“假币”字样的戳记;对假外币纸币及各种假硬币,应当面以统一格式的专用袋加封,封口处加盖“假币”字样戳记,并在专用袋上标明币种、券别、面额、张(枚)数、冠字号码、收缴人、复核人名章等细项。收缴假币的金融机构(以下简称“收缴单位”)向持有人出具中国人民银行统一印制的《假币收缴凭证》,并告知持有人如对被收缴的货币真伪有异议,可向中国人民银行当地分支机构或中国人民银行授权的当地鉴定机构申请鉴定。收缴的假币,不得再交予持有人。

第七条 金融机构在收缴假币过程中有下列情形之一的,应当立即报告当地公安机关,提供有关线索:

(一)一次性发现假人民币 20 张(枚)(含 20 张、枚)以上、假外币 10 张(含 10 张、枚)以上的;

(二)属于利用新的造假手段制造假币的;

(三)有制造贩卖假币线索的;

(四)持有人不配合金融机构收缴行为的。

第八条 办理假币收缴业务的人员,应当取得《反假货币上岗资格证书》。《反假货币上岗资格证书》由中国人民银行印制。中国人民银行各分行、营业管理部、省会(首府)城市中心支行负责对所在省(自治区、直辖市)金融机构有关业务人员进行培训、考试和颁发《反假货币上岗资格证书》。

第九条 金融机构对收缴的假币实物进行单独管理,并建立假币收缴代保管登记簿。

第三章 假币的鉴定

第十条 持有人对被收缴货币的真伪有异议,可以自收缴之日起 3 个工作日内,持《假币收缴凭证》直接或通过收缴单位向中国人民银行当地分支机构或中国人民银行授权的当地鉴定机构提出书面鉴定申请。

中国人民银行分支机构和中国人民银行授权的鉴定机构应当无偿提供鉴定货币真伪的服务,鉴定后应出具中国人民银行统一印制的《货币真伪鉴定书》,并加盖货币鉴定专用章和鉴定人名章。

中国人民银行授权的鉴定机构,应当在营业场所公示授权证书。

第十一条 中国人民银行分支机构和中国人民银行授权的鉴定机构应当自收到鉴定申请之日起 2 个工作日内,通知收缴单位报送需要鉴定的货币。

收缴单位应当自收到鉴定单位通知之日起 2 个工作日内,将需要鉴定的货币送达鉴定单位。

第十二条 中国人民银行分支机构和中国人民银行授权的鉴定机构应当自受理鉴定之日起 15 个工作日内,出具《货币真伪鉴定书》。因情况复杂不能在规定期限内完成的,可延长至 30 个工作日,但必须以书面形式向申请人或申请单位说明原因。

第十三条 对盖有“假币”字样戳记的人民币纸币,经鉴定为真币的,由鉴定单位交收缴单位按照面额兑换完整券退还持有人,收回持有人的《假币收缴凭证》,盖有“假币”戳记的人民币按损伤人民币处理;经鉴定为假币的,由鉴定单位予以没收,并向收缴单位和持有人开具《货币真伪鉴定书》和《假币没收收据》。

对收缴的外币纸币和各种硬币,经鉴定为真币的,由鉴定单位交收缴单位退还持有人,并收回《假币收缴凭证》;经鉴定为假币的,由鉴定单位将假币退回收缴单位依法收缴,并向收缴单位和持有人出具《货币真伪鉴定书》。

第十四条 中国人民银行分支机构和中国人民银行授权的鉴定机构鉴定货币真伪时,应当至少有两名鉴定人员同时参与,并做出鉴定结论。

第十五条 中国人民银行各分支机构在复点清分金融机构解缴的回笼款时发现假人民币,应经鉴定后予以没收,向解缴单位开具《假币没收收据》,并要求其补足等额人民币回笼款。

第十六条 持有人对金融机构作出的有关收缴或鉴定假币的具体行政行为有异议,可在收到《假币收缴凭证》或《货币真伪鉴定书》之日起 60 个工作日内向直接监管该金融机构的中国人民银行分支机构申请行政复议,或依法提起行政诉讼。持有人对中国人民银行分支机构作出的有关鉴定假币的具体行政行为有异议,可在收到《货币真伪鉴定书》之日起 60 个工作日内向其上一级机构申请行政复议,或依法提起行政诉讼。

第四章 罚 则

第十七条 金融机构有下列行为之一,但尚未构成犯罪的,由中国人民银行给予警告、罚款,同时,责成金融机构对相关主管人员和其他直接责任人给予相应纪律处分:

(一)发现假币而不收缴的;

(二)未按照本办法规定程序收缴假币的;

(三)应向人民银行和公安机关报告而不报告的;

(四)截留或私自处理收缴的假币,或使已收缴的假币重新流入市场的。

上述行为涉及假人民币的,对金融机构处以 1000 元以上 5 万元以下罚款;涉及假外币的,对金融机构处以 1000 元以下的罚款。

第十八条 中国人民银行授权的鉴定机构有下列行为之一,但尚未构成犯罪的,由中国人民银行给予警告、罚款,同时责成金融机构对相关主管人员和其他直接责任人给予相应纪律处分:

(一)拒绝受理持有人、金融机构提出的货币真伪鉴定申请的;

(二)未按照本办法规定程序鉴定假币的;

(三)截留或私自处理鉴定、收缴的假币,或使已收缴、没收的假币重新流入市场的。

上述行为涉及假人民币的,对授权的鉴定机构处以 1000 元以上 5 万元以下罚款;涉及假外币的,对授权的鉴定机构处以 1000 元以下的罚款。

第十九条 中国人民银行工作人员有下列行为之一,但尚未构成犯罪的,对直接负责的主管人员和其他直接责任人员,依法给予行政处分:

(一)未按照本办法规定程序鉴定假币的;

(二)拒绝受理持有人、金融机构、授权的鉴定机构提出的货币真伪鉴定或再鉴定申请的;

(三)截留或私自处理鉴定、收缴、没收的假币,或使已收缴、没收的假币重新流入市场的。

第五章 附 则

第二十条 本办法自 2003 年 7 月 1 日起施行。

第二十一条 本办法由中国人民银行负责解释。

人民币大额和可疑支付交易报告管理办法

发文号:中国人民银行令〔2003〕第 2 号 发文时间:2003－01－03

根据《中华人民共和国中国人民银行法》等法律法规的规定,中国人民银行制定了《人民币大额和可疑支付交易报告管理办法》,经 2002 年 9 月 17 日第 7 次行务会议通过,现予公布,自 2003 年 3 月 1 日起施行。

行长:周小川

二〇〇三年一月三日

第一条 为加强对人民币支付交易的监督管理，规范人民币支付交易报告行为，防范利用银行支付结算进行洗钱等违法犯罪活动，根据《中华人民共和国中国人民银行法》等有关法律、行政法规，制定本办法。

第二条 本办法所称人民币支付交易，是指单位、个人在社会经济活动中通过票据、银行卡、汇兑、托收承付、委托收款、网上支付和现金等方式进行的以人民币计价的货币给付及其资金清算的交易。

大额支付交易，是指规定金额以上的人民币支付交易。

可疑支付交易，是指交易的金额、频率、流向、用途、性质等有异常情形的人民币支付交易。

第三条 经中国人民银行批准在中华人民共和国境内设立的政策性银行、商业银行、城乡信用社及其联合社、邮政储汇机构（以下简称金融机构）办理支付交易业务应遵守本办法。

第四条 中国人民银行及其分支机构负责支付交易报告工作的监督和管理。

第五条 中国人民银行建立支付交易监测系统，对支付交易进行监测。

第六条 金融机构的营业机构应设立专门的反洗钱岗位，建立岗位责任制，明确专人负责对大额支付交易和可疑支付交易进行记录、分析和报告。

第七条 下列支付交易属于大额支付交易：

（一）法人、其他组织和个体工商户（以下统称单位）之间金额100万元以上的单笔转账支付；

（二）金额20万元以上的单笔现金收付，包括现金缴存、现金支取和现金汇款、现金汇票、现金本票解付；

（三）个人银行结算账户之间以及个人银行结算账户与单位银行结算账户之间金额20万元以上的款项划转。

第八条 下列支付交易属于可疑支付交易：

（一）短期内资金分散转入、集中转出或集中转入、分散转出；

（二）资金收付频率及金额与企业经营规模明显不符；

（三）资金收付流向与企业经营范围明显不符；

（四）企业日常收付与企业经营特点明显不符；

（五）周期性发生大量资金收付与企业性质、业务特点明显不符；

（六）相同收付款人之间短期内频繁发生资金收付；

（七）长期闲置的账户原因不明地突然启用，且短期内出现大量资金收付；

（八）短期内频繁地收取来自与其经营业务明显无关的个人汇款；

（九）存取现金的数额、频率及用途与其正常现金收付明显不符；

（十）个人银行结算账户短期内累计100万元以上现金收付；

（十一）与贩毒、走私、恐怖活动严重地区的客户之间的商业往来活动明显增多，短期内频繁发生资金支付；

（十二）频繁开户、销户，且销户前发生大量资金收付；

（十三）有意化整为零，逃避大额支付交易监测；

（十四）中国人民银行规定的其他可疑支付交易行为；

（十五）金融机构经判断认为的其他可疑支付交易行为。

本条所称"短期"，指10个营业日以内。

第九条 存款人申请开立银行结算账户时，金融机构应审查其提交的开户资料的真实性、完整性、合法性。

第十条 金融机构应建立存款人信息数据档案，保存银行结算账户存款人的信息资料，包括单位银行结算账户存款人的名称、法定代表人或负责人姓名及其有效身份证件的名称和号码、开户的证明文件、组织机构代码、住所、注册资金、经营范围、主要资金往来对象、账户的日平均收付发生额等信息和个人银行结算账户存款人的姓名、身份证件的名称和号码、住所等信息。

第十一条 金融机构在办理支付结算业务时，发现其客户有本办法第八条所列情形的，应记录、分析该可疑支付交易，填制《可疑支付交易报告表》（格式见附表1）后进行报告。

第十二条 金融机构对可疑支付交易需要进一步核查的，应及时向中国人民银行报告。

中国人民银行查询可疑支付交易时，有关金融机构应负责查明，及时回复，并记录存档。

第十三条 金融机构应按银行会计档案管理的规定保管支付交易记录。

第十四条 金融机构应根据本办法制定支付交易报告内部管理制度和操作规程，并向中国人民银行报告。

金融机构应对下属分支机构内部管理制度的执行情况进行监督、检查。

第十五条 大额转账支付由金融机构通过相关系统与支付交易监测系统连接报告。

大额现金收付由金融机构通过其业务处理系统或书面方式报告。

可疑支付交易由金融机构进行柜面审查，通过书面方式或其他方式报告。

第十六条 金融机构办理大额转账支付，由各金融机构于交易发生日起的第2个工作日报告中国人民银行总行。

大额现金收付，由金融机构于业务发生日起的第2个工作日报送人民银行当地分支行，并由其转报中国人民银行总行。

第十七条 政策性银行、国有独资商业银行、股份制商业银行的营业机构发现可疑支付交易的，应填制《可疑支付交易报告表》并报送一级分行。一级分行经分析后应于收到《可疑支付交易报告表》后的第2个工作日报送中国人民银行当地分行、营业管理部、省会（首府）城市中心支行，同时报送其上级行。

城市商业银行、农村商业银行、城乡信用合作社及其联合社、外资独资银行、中外合资银行和外国银行分行营业机构发现可疑支付交易的，应填制《可疑支付交易报告表》并报送中国人民银行当地分行、营业管理部、省会（首府）城市中心支行和其他地市中心支行。中国人民银行其他地市中心支行于收到《可疑支付交易报告表》后的第2个工作日报送所在省的中国人民银行分行、营业管理部、省会（首府）城市中心支行。

第十八条 金融机构的营业机构经过分析人民币支付交易，对明显涉嫌犯罪需要立即侦查的，应立即报告当地公安机关，同时报告其上级单位。

第十九条 中国人民银行分行、营业管理部、省会（首府）城市中心支行应分析金融机构报送的《可疑支付交易报告表》。需要金融机构补充资料或进一步作出说明的，应立即通知金融机构说明情况。

第二十条 中国人民银行分行、营业管理部、省会（首府）城市中心支行应对金融机构报送的《可疑支付交易报告表》按周汇总（格式见附表2），每周第一个工作日向中国人民银行总行报告。对重大的可疑支付交易，应立即报告中国人民银行总行。

第二十一条 中国人民银行和各金融机构不得向任何单位或个人泄露可疑支付交易信息，但法律另有规定的除外。

第二十二条 金融机构未按规定审查开户资料为个人开立结算账户的，由中国人民银行给予警告，并处以1000元以上5000元以下罚款。情节严重的，取消其直接负责的高级管理人员的任职资格。

第二十三条 金融机构有下列情形之一的，由中国人民银行责令限期改正，给予警告。逾期不改正的，可以处以3万元以下罚款：

（一）未按规定对开户资料进行审查，致使单位开立虚假银行结算账户的；

（二）未按规定建立存款人信息数据档案或收集的存款人信息数据不完整的；

（三）未按规定保存客户交易记录的；

（四）未按本办法对支付交易进行审查和报告的；

（五）对明知或应知的可疑支付交易不报告的；

（六）违反第二十一条的规定泄露可疑支付交易信息的。

第二十四条 金融机构工作人员参与伪造开户资料，为存款人开立银行结算账户，协助进行洗钱活动的，应当给予纪律处分；构成犯罪的，移交司法机关依法追究刑事责任。

第二十五条 金融机构违反本办法规定，情节严重的，由中国人民银行停止核准其开立基本存款账户，暂停或停止其部分或全部支付结算业务，并取消该金融机构直接负责的高级管理人员的任职资格。

第二十六条 中国人民银行的工作人员违反本办法第二十一条规定的，依法给予行政处分。

第二十七条 本办法所称"以上"、"以下"，均包括本数。

第二十八条 本办法自2003年3月1日起施行。

附表1　　　　可疑支付交易报告表

可疑支付报告行名称：

收付时间：

付款银行名称：

付款人名称及账号：

付款人所在国家或地区：

收款银行名称：

收款人名称及账号：

收款人所在国家或地区：

金额：
用途：
结算种类：
可疑支付交易类型：
判断可疑支付交易的依据：
可疑支付交易关注程度：1、重点　　2、一般
采取措施：
报告时间：
经办人：　　　　负责人：
单位公章：
备注：
1.可疑支付交易类型的填写应与“可疑支付交易报告汇总表”中的类型相符。
2.判断可疑支付交易的依据包括可疑支付交易的特征、原因分析等。

附表2　　可疑支付交易报告汇总表

行别	类型(一)		类型(二)		类型(三)		类型(四)		类型(五)		……	
	笔数	金额	笔数	金额	笔数	金额	笔数	金额	笔数	金额	…	…

单位公章：　　负责人：　　制表人：

填制说明：上表所列可疑支付类型的顺序与《人民币大额和可疑支付交易报告管理办法》第八条所列类型顺序相同。

金融机构大额和可疑外汇资金交易报告管理办法

发文号：中国人民银行令〔2003〕第3号　发文时间：2003－01－03

根据《中华人民共和国中国人民银行法》等法律法规的规定，中国人民银行制定了《金融机构大额和可疑外汇资金交易报告管理办法》，经2002年9月17日第7次行务会审议通过，现予公布，自2003年3月1日起实施。

行长：周小川

二〇〇三年一月三日

第一条　为监测大额和可疑外汇资金交易，规范外汇资金交易报告行为，根据《中华人民共和国外汇管理条例》等有关规定，制定本办法。

第二条　境内经营外汇业务的金融机构（以下简称金融机构）应当按照本办法规定，向国家外汇管理部门报告大额和可疑外汇交易情况。

大额外汇资金交易，系指交易主体通过金融机构以各种结算方式发生的规定金额以上的外汇交易行为。

可疑外汇资金交易，系指外汇交易的金额、频率、来源、流向和用途等有异常特征的交易行为。

第三条　国家外汇管理局及其分支局（以下简称外汇局）负责大额和可疑外汇资金交易报告工作的监督和管理。

第四条　金融机构为客户开立外汇账户，应当遵守《个人存款账户实名制规定》和《境内外汇账户管理规定》，不得为客户设立匿名外汇账户或明显以假名开立外汇账户。

金融机构为客户办理外汇业务应当核对其真实身份信息，主要包括单位名称、法定代表人或负责人姓名、身份证件及其号码、开户的证明文件、组织机构代码、住所、注册资本、经营范围、经营规模、账户的日平均收付发生额等信息和个人银行账户存款人的姓名、身份证件及其号码、住所、职业、经济收入、家庭状况等信息。

第五条　金融机构应当将所有大额和可疑外汇资金交易记录，自交易日起至少保存5年。

第六条　金融机构应当建立和完善内部反洗钱工作岗位责任制，制定内部反洗钱工作操作程序，明确专人负责对大额和可疑外汇资金交易进行记录、分析和报告。

第七条　金融机构不得向任何单位或个人泄露大额和可疑外汇资金交易信息，但法律另有规定的除外。

第八条　下列外汇交易属于大额外汇资金交易：

（一）当日存、取、结售汇外币现金单笔或累计等值1万美元以上。

（二）以转账、票据或银行卡、电话银行、网上银行等电子交易以及其他新型金融工具等进行外汇非现金资金收付交易，其中，个人当天单笔或累计等值外汇10万美元以上，企业当天单笔或累计等值外汇50万美元以上。

第九条　下列外汇交易属于可疑外汇现金交易：

（一）居民个人银行卡、储蓄账户频繁存、取大量外币现金，与持卡人（储户）身份或资金用途明显不符的；

（二）居民个人在境内将大量外币现金存入银行卡，在境外进行大量资金划转或提取现金的；

（三）居民个人通过现汇账户在国家外汇管理局审核标准以下频繁入账、提现或结汇的；

（四）非居民个人频繁携带大量外币现金入境存入银行后，要求银行开旅行支票或汇票带出的；

（五）非居民个人银行卡频繁存入大量外币现金的；

（六）企业外汇账户中频繁有大量外币现金收付，与其经营活动不相符的；

（七）企业外汇账户没有提取大量外币现金，却有规律地存入大量外币现金的；

（八）企业频繁发生以现金方式收取出口货款，与其经营范围、规模明显不符的；

（九）企业用于境外投资的购汇人民币资金大部分为现金或从非本单位银行账户转入的；

（十）外商投资企业利润汇出的购汇人民币资金大部分为现金或从其他单位银行账户转入的；

（十一）外商投资企业以外币现金方式进行投资的。

第十条　下列外汇交易属于可疑外汇非现金交易：

（一）居民个人外汇账户频繁收到境内非同名账户划转款项的；

（二）居民个人频繁收到从境外汇入的大量外汇再集中原币种汇出，或集中从境外汇入大量外汇再频繁多笔原币种汇出的；

（三）非居民个人外汇账户频繁收到境外大量汇款，特别是从生产、贩卖毒品问题严重的国家（地区）汇入款项的；

（四）居民、非居民个人外汇账户有规律出现大额资金进账，第二日分笔取出，然后又有大额资金补充，次日又分笔取出的；

（五）企业通过其外汇账户频繁大量发生在外汇局审核标准以下的对外支付进口预付货款、贸易项下佣金等；

（六）企业通过其外汇账户频繁大量发生以票汇（支票、汇票、本票等）方式结算的出口收汇的；

（七）企业一些休眠外汇账户或平常资金流量小的外汇账户突然有异常外汇资金流入，并且外汇资金流量短期内逐渐放大的；

（八）企业通过其外汇账户频繁发生大量资金往来，与其经营性质、规模不相符的；

（九）企业外汇账户频繁发生大量资金收付，持续一段时间后，账户突然停止收付；

（十）企业外汇账户资金流动以千位或万位为单位的整数资金往来频繁；

（十一）企业外汇账户资金快进快出，当天发生额很大，但账户余额很小或不保留余额；

（十二）企业外汇账户在短时间内收到多笔小额电汇或使用支票、汇票存款后，将大部分存款汇出境外；

（十三）境内企业以境外法人或自然人名义开立离岸账户，且资金呈有规律流动；

（十四）企业从一个离岸账户汇款给多个境内居民，并以捐赠等名义结汇，其资金的划转和结汇均由一人或少数人操作的；

（十五）外商投资企业年利润汇出大幅超出原投入股本或明显与其经营状况不符；

（十六）外商投资企业在收到投资款后，在短期内将资金迅速转到境外，与其生产经营支付需求不符；

（十七）与走私、贩毒、恐怖活动等犯罪严重地区的金融机构附属公司或关联公司进行对销存款或贷款交易；

（十八）证券经营机构指令银行划出与交易、清算无关外汇资金的；

（十九）经营B股业务的证券经营机构通过银行频繁大量拆借外汇资金的；

（二十）保险机构通过银行频繁大量对同一家境外投保人发生赔付或退保行为。

第十一条 金融机构对本办法第八条、第九条和第十条所规定情形的大额或可疑外汇资金交易行为须按月以纸质文件、电子文件形式同时上报。

第十二条 金融机构应当对符合下列情形的外汇现金交易进行核查，发现涉嫌洗钱的，应及时以纸质文件上报并附相关附件。

（一）外汇账户的支出金额与当日或前一日的现金存款额基本吻合；

（二）将多笔外汇或人民币现金分别存入他人外币储蓄账户，同一账户所有人同时收取相应数额的人民币或外汇；

（三）企业频繁使用大量人民币现钞购汇。

第十三条 金融机构应当对符合下列情形的外汇非现金交易进行核查，发现涉嫌洗钱的，应及时以纸质文件上报并附相关附件。

（一）居民个人办理个人实盘买卖业务时，频繁转换币种，明显不谋求盈利的；

（二）居民个人外汇账户频繁收到境外汇入的外汇后，要求银行开旅行支票或汇票的；

（三）非居民个人外汇账户频繁作出订购或兑现大量旅行支票或汇票的；

（四）企业在开立外汇账户时多次拒绝向银行提供有关开户所需的证明文件或不愿提供一般信息的；

（五）企业集团内部外汇资金往来划转超出实际业务交易金额的；

（六）企业结、售汇单证不全，结、售汇金额突然增大，结、售汇频率加快或者结、售汇金额明显超过其正常经营水平的；

（七）企业在银行办理出口入账手续时，无有效商业单据却频繁领取结汇水单（核销专用联），或拒绝提供有效商业单据而频繁领取结汇水单（核销专用联）的；

（八）企业频繁、大量发生捐赠、广告、会展等收汇、结汇及付汇，与其业务范围明显不符的；

（九）企业频繁、大量发生买卖专有技术、商标权等无形资产项下的收汇、结汇及付汇，与其业务经营明显不符的；

（十）企业支付的运保费及佣金明显与其进出口贸易不符的；

（十一）企业经常存入旅行支票及外币汇票存款，特别是此类支票及汇票是境外开具，与其经营状况不符的；

（十二）企业突然还清逾期外汇贷款，而款项来源不明或与客户背景不相符的；

（十三）企业申请以其机构或第三者拥有的资产或信用作为贷款的担保，而这些资产来源不明或与客户背景不相符的；

（十四）利用无贸易背景信用证或其他方式在境外融资的；

（十五）企业在办理外汇买卖业务时，在明知有损失的情况下，仍坚持办理的；

（十六）企业要求进行本外币间的掉期业务，而其资金的来源和用途不明的；

（十七）外商投资企业外方投入资本金数额超过批准金额或借入的直接外债，从无关联企业的第三国汇入；

（十八）外商投资企业外方投入资本金或借入外债结汇的人民币转入证券等投资领域的银行账户，与其经营状况不符；

（十九）金融机构外汇现金账户收、付金额与外汇存款规模明显不符，或波动明显超过外汇存款的变化幅度；

（二十）金融机构系统内外汇资金往来账户收支与日常业务经营状况明显不符；

（二十一）金融机构同业往来账户，在岸与离岸业务往来账户，与境外分支机构的往来账户收付情况与日常业务经营状况明显不符；

（二十二）金融机构与其关联企业的外汇信贷、结算业务在短期内急剧增加或减少的；

（二十三）金融机构以大额外币现金投保的；

（二十四）银行等金融机构职员以合理理由怀疑的任何外汇资金交易。

第十四条 金融机构设在省会、自治区首府、直辖市的一级分支机构为主报告机构，省会、自治区首府、直辖市没有一级分支机构的，由金融机构总部指定主报告机构。

金融机构各分支机构应于每月初5个工作日内汇总上月大额和可疑外汇资金交易情况，逐级上报至主报告机构。同时报送外汇局当地分支局。

各主报告机构应于每月15日前汇总各省、自治区、直辖市内上月大额和可疑外汇资金交易情况，报所在地的国家外汇管理局省、自治区、直辖市分局。

各金融机构总部应于每月5日前将自身发生的上月大额和可疑外汇资金交易情况报外汇局当地分支局。

第十五条 金融机构对大额和可疑外汇资金交易进行审核、分析，发现涉嫌犯罪的，应于发现之日起3个工作日内报当地公安部门并报送外汇局分支局。

第十六条 国家外汇管理局省、自治区、直辖市分局将金融机构上报的大额和可疑外汇资金交易汇总情况于每月20日前报告国家外汇管理局总局；对涉嫌犯罪的外汇资金交易应当及时移送当地公安部门，并上报总局。

第十七条 金融机构有下列情形之一的，由外汇局责令改正，给予警告，可以处以1万元以上3万元以下罚款：

（一）未按规定报告大额或可疑外汇资金交易的；

（二）未按规定保存大额或可疑外汇资金交易记录的；

（三）违反规定泄露大额或可疑外汇资金交易信息的；

（四）未按规定审查开户资料为单位开立外汇账户的。

第十八条 金融机构未按规定审查开户资料为个人开立外汇账户的，由外汇局责令改正，给予警告，可以处以1000元以上5000元以下罚款。

第十九条 金融机构违反本办法，情节严重造成重大损失的，外汇局可以暂停或停止其部分或全部结售汇业务。

第二十条 金融机构工作人员违反有关规定，协助进行洗钱的，应当给予纪律处分；构成犯罪的，移交司法机关依法追究刑事责任。

第二十一条 本办法下列用语的含义如下：

“频繁”系指外汇资金交易行为每天发生3次以上或每天发生持续5天以上。

“大量”系指接近上述规定的大额外汇资金的报告标准限额的金额。

“短期”系指10个营业日以内。

“以上”、“以下”，均包括本数。

第二十二条 本办法自2003年3月1日起施行。

金融机构反洗钱规定

发文号：中国人民银行令〔2003〕第1号　发文时间：2003－01－13

根据《中华人民共和国中国人民银行法》等法律法规的规定，中国人民银行制定了《金融机构反洗钱规定》，经2002年9月17日第7次行务会议通过，现予公布，自2003年3月1日起施行。

行长：周小川

二〇〇三年一月三日

第一条 为防止违法犯罪分子利用金融机构从事洗钱活动，维护金融安全，根据《中华人民共和国中国人民银行法》和其他法律、行政法规的规定，制定本规定。

第二条 金融机构开展反洗钱工作，适用本规定。

本规定所称金融机构，是指在中华人民共和国境内依法设立和经营金融业务的机构，包括政策性银行、商业银行、信用合作社、邮政储汇机构、财务公司、信托投资公司、金融租赁公司和外资金融机构等。

第三条 本规定所称洗钱，是指将毒品犯罪、黑社会性质的组织犯罪、恐怖活动犯罪、走私犯罪或者其他犯罪的违法所得及其产生的收益，通过各种手段掩饰、隐瞒其来源和性质，使其在形式上合法化的行为。

第四条 金融机构及其工作人员应当依照本规定认真履行反洗钱义务，审慎地识别可疑交易，不得从事不正当竞争妨碍反洗钱义务的履行。

第五条 金融机构及其工作人员应当保守反洗钱工作秘密，不得违反规定将有关反洗钱工作信息泄露给客户和其他人员。

第六条 金融机构应当依法协助、配合司法机关和行政执法机关打击洗钱活动，依照法律、行政法规等有关规定协助司法机关、海关、税务等部门查询、冻结、扣划客户存款。

中资金融机构的境外分支机构应当遵循驻在国家或地区反洗钱方面的法律规定，依法协助配合驻在国家或地区反洗钱部门的工作。

第七条 中国人民银行是金融机构反洗钱工作的监督管理机关。

中国人民银行设立金融机构反洗钱工作领导小组，履行下列职责：

(一)统一监管、协调金融机构反洗钱工作；

(二)研究和制定金融机构的反洗钱战略、规划和政策，制定反洗钱工作制度，制定大额和可疑人民币资金交易报告制度；

(三)建立支付交易监测系统，对支付交易进行监测；

(四)研究金融机构反洗钱工作的重大疑难问题，提出解决方案与对策；

(五)参与反洗钱国际合作，指导金融机构反洗钱工作的对外合作交流；

(六)其他应由中国人民银行履行的反洗钱监管职责。

国家外汇管理局负责对大额、可疑外汇资金交易报告工作进行监督管理。国家外汇管理局制定大额、可疑外汇资金交易报告制度。

第八条 金融机构应当按照中国人民银行的规定，建立健全反洗钱内控制度，并报送中国人民银行备案。

第九条 金融机构应当设立专门的反洗钱工作机构或者指定其内设机构负责反洗钱工作，并配备必要的管理人员和技术人员。

金融机构应当根据实际需要，在其分支机构设立专门机构或者指定专人负责反洗钱工作，并按照分级管理的原则，对下属分支机构执行本规定和反洗钱内控制度的情况进行监督、检查。

新设金融机构或者金融机构增设分支机构应当制定有效的反洗钱措施。

第十条 金融机构应建立客户身份登记制度，审查在本机构办理存款、结算等业务的客户的身份。

金融机构不得为客户开立匿名账户或假名账户，不得为身份不明确的客户提供存款、结算等服务。

第十一条 金融机构为个人客户开立存款账户、办理结算的，应当要求其出示本人身份证件，进行核对，并登记其身份证件上的姓名和号码。代理他人在金融机构开立个人存款账户的，金融机构应当要求其出示被代理人和代理人的身份证件，进行核对，并登记被代理人和代理人的身份证件上的姓名和号码。

对不出示本人身份证件或者不使用本人身份证件上的姓名的，金融机构不得为其开立存款账户。

第十二条 金融机构为单位客户办理开户、存款、结算等业务的，应当按照中国人民银行有关规定要求其提供有效证明文件和资料，进行核对并登记。

对未按照规定提供本单位有效证明文件和资料的，金融机构不得为其办理存款、结算等业务。

第十三条 金融机构为客户提供金融服务时，发现大额交易的，应当按照有关规定向中国人民银行或者国家外汇管理局报告。

大额资金的额度标准，按照中国人民银行和国家外汇管理局有关资金交易报告的规定执行。

第十四条 金融机构为客户提供金融服务时，发现可疑交易的，应当向中国人民银行或者国家外汇管理局报告。

可疑交易的报告标准，按照中国人民银行和国家外汇管理局有关资金交易报告的规定执行。

第十五条 金融机构的分支机构应将大额、可疑资金交易情况，按照中国人民银行和国家外汇管理局有关资金交易报告程序的规定，报送中国人民银行或者国家外汇管理局当地分支机构，同时上报其上级单位。

第十六条 金融机构应对大额、可疑资金交易进行审查、分析，发现涉嫌犯罪的应当及时向当地公安部门报告。

第十七条 金融机构应当按照下列规定期限保存客户的账户资料和交易记录：

(一)账户资料，自销户之日起至少 5 年；

(二)交易记录，自交易记账之日起至少 5 年。

前款所称交易记录包括账户持有人、通过该账户存入或提取的金额、交易时间、资金的来源和去向、提取资金的方式等。

账户资料和交易记录的保存按照国家有关会计档案管理的规定执行。

第十八条 中国人民银行或者国家外汇管理局经分析研究金融机构的大额和可疑交易报告，对认为涉嫌犯罪的，应当按照《行政执法机关移送涉嫌犯罪案件的规定》规定的程序将报告等资料移送司法机关，并不得对金融机构客户和其他人员泄漏报告的内容。

第十九条 中国人民银行负责指导和组织金融机构反洗钱培训工作。

金融机构应当开展对其客户的反洗钱宣传工作，并对其工作人员进行反洗钱培训，使其掌握有关反洗钱的法律、行政法规和规章的规定，增强反洗钱工作能力。

第二十条 金融机构违反本规定，有下列行为之一的，由中国人民银行责令限期改正，给予警告；逾期不改正的，可以处以 3 万元以下罚款；情节严重的，可以取消其直接负责的高级管理人员的任职资格：

(一)未按照规定建立反洗钱内控制度的；

(二)未按照规定设立专门机构或者指定专门机构负责反洗钱工作的；

(三)未按照规定要求单位客户提供有效证明文件和资料，进行核对并登记的；

(四)未按照规定保存客户的账户资料和交易记录的；

(五)违反规定将反洗钱工作信息泄露给客户和其他人员的；

(六)未按照规定报告大额交易或者可疑交易的。

第二十一条 经营外汇业务的金融机构，对大额购汇、频繁购汇、存取大额外币现钞等异常情况不及时报告的，依照《金融违法行为处罚办法》第二十五条的规定处罚。

第二十二条 金融机构在开展业务过程中，违反有关法律、行政法规，从事不正当竞争，损害反洗钱义务的履行的，依照《金融违法行为处罚办法》的有关规定处罚，对该金融机构直接责任人员给予纪律处分，情节严重的，取消其直接负责的高级管理人员的任职资格。

第二十三条 金融机构为不出示本人身份证件或者不使用本人身份证件上姓名的个人客户开立账户的，由中国人民银行给予该金融机构警告，可以处 1000 元以上 5000 元以下罚款。情节严重的，取消该金融机构直接负责的高级管理人员的任职资格。

第二十四条中国银行业协会、中国财务公司协会以及其他金融业行业自律组织可以根据本规定制定行业反洗钱工作指引。

第二十五条 本规定自 2003 年 3 月 1 日起施行。

证券交易所风险基金管理暂行办法

发文时间：2000—04—04

第一条 为保障证券交易系统的安全运转，妥善管理和使用证券交易所风险基金，根据《中华人民共和国证券法》第一百一十一条、一百一十二条规定，制定本办法。

第二条 本办法所称证券交易所风险基金(以下简称“本基金”)是指用于弥补证券交易所重大经济损失，防范与证券交易所业务活动有关的重大风险事故，以保证证券交易活动正常进行而设立的专项基金。

第三条 本基金来源：

(一)按证券交易所收取交易经手费的百分之二十提取,作为风险基金单独列帐;

(二)按证券交易所收取席位年费的百分之十提取,作为风险基金单独列帐;

(三)按证券交易所收取会员费百分之十的比例一次性提取,作为风险基金单独列帐;

(四)按本办法施行之日新股申购冻结资金利差帐面余额的百分之十五,一次性提取;

(五)对违规会员的罚款、罚息收入。

第四条 每一个财政年度终了,本基金净资产达到或超过十亿元后,下一年度不再根据本办法第三条第(一)、(二)项提取资金。

第五条 每一个财政年度终了,本基金净资产不足十亿元,下一年度应按本办法第三条第(一)、(二)项规定继续提取资金。

第六条 中国证券监督管理委员会(以下简称"证监会")会同财政部可以根据市场风险情况,适当调整本基金规模、资金提取和交纳方式、比例。

第七条 本基金由证券交易所理事会管理。理事会应当指定机构,负责本基金的日常管理和使用。

第八条 本基金应当以专户方式全部存入国有商业银行,存款利息全部转入基金专户。

第九条 本基金资产与证券交易所资产分开列帐。本基金应当下设分类帐,分别记录按本办法第三条各项所形成的本基金资产、利息收入及对应的资产本息使用情况。

第十条 本基金最低支付限额2000万元。证券交易所动用本基金时,必须报经证监会商财政部后批准。

第十一条 按本办法第三条第(四)项所提取的资金,应当在该条其他项资金支付完毕后才能动用。

第十二条 证券交易所应当按照有关法律、法规的规定,建立和完善业务规则、内部管理制度及会员监管制度,最大限度地避免风险事故发生。

第十三条 动用本基金后,证券交易所应当向有关责任方追偿,追偿款转入本基金;同时,应及时修订和完善业务规则、内部管理制度及会员监管制度。

第十四条 经证监会批准,本基金作相应变更、清算时,由证监会会同财政部另行决定本基金剩余资产中应当上交财政和退还有关出资人的比例和数额。

第十五条 本基金的财务核算与管理办法由财政部制定。

第十六条 本办法由证监会负责解释。

第十七条 本办法由颁布之日起施行。

关于设立外商投资股份有限公司若干问题的暂行规定

发文号:中华人民共和国对外贸易经济合作部令1995年第1号　发文时间:1995—01—10

第一条 为进一步扩大国际经济技术合作和交流,引进外资,促进社会主义商品经济的发展,外国的公司、企业和其他经济组织或个人(以下简称外国股东),按照平等互利的原则,可与中国的公司、企业或其他经济组织(以下简称中国股东)在中国境内,共同举办外商投资股份有限公司(以下简称公司)。

第二条 本规定所称的外商投资股份有限公司是指依本规定设立的,全部资本由等额股份构成,股东以其所认购的股份对公司承担责任,公司以全部财产对公司债务承担责任,中外股东共同持有公司股份。外国股东购买并持有的股份占有公司注册资本25%以上的企业法人。

第三条 公司为外商投资企业的一种形式,适用国家法律、法规对于外商投资企业的有关规定。

第四条 设立公司应符合国家有关外商投资企业产业政策的规定。国家鼓励设立技术先进的生产型公司。

第五条 公司可采取发起方式或者募集方式设立。

第六条 以发起方式设立的公司,除应符合《公司法》规定的发起人的条件外,其中至少有一个发起人应为外国股东。

以募集方式设立的公司,除应符合前款条件外,其中至少有一个发起人还应有募集股份前3年连续盈利的记录,该发起人为中国股东时,应提供其近3年经过中国注册会计师审计的财务会计报告;该发起人为外国股东时,应提供该外国股东居所所在地注册会计师审计的财务报告。

第七条 公司的注册资本应为在登记注册机关登记注册的实收股本总额,公司注册资本的最低限额为人民币3千万元,其中外国股东购买并持有的股份应不低于公司注册资本的25%。

第八条 股东认购的股份的转让应符合本规定第七条所规定的条件。发起人股份的转让,须在公司设立登记3年后进行,并经公司原审批机关批准。

第九条 发起人达成设立公司协议后,可共同委托一发起人办理设立公司的申请手续。具体程序是:

(一)申请人向其省、自治区、直辖市及计划单列市政府主管部门(以下称主管部门)提交设立公司的申请书、可行性研究报告、资产评估报告等文件。

以募集方式设立公司的,申请(还须提交招股说明书)。

(二)上述文件经主管部门审查同意后,由主管部门转报省、自治区、直辖市及计划单列市对外经贸部门。上述文件经省、自治区、直辖市及计划单列市对外经贸部门核准后,发起人正式签定设立公司的协议、章程。

(三)发起人签定设立公司的协议、章程。报省、自治区、直辖市对外经贸部门审查同意后,报对外贸易经济合作部审查批准。对外贸易经济合作部在45日内决定批准或不批准。

第十条 发起人提交的各项文件必须用外文书写。在发起人各方认为需要时,可商定再用一种外文书写,但以审批生效的中文文本为准。

第十一条 设立公司的申请书应概要说明:

(一)发起人的名称、住所、法定代表人;

(二)组建公司的名称、住所及宗旨;

(三)公司设立方式、股本总额、类别、每股面值、发起人认购比例、股份募集范围和途径;

(四)发起人的生产经营情况,包括近3年生产经营、资产与负债、利润等情况,(限于以募集方式设立公司的发起人);

(五)公司的资金投向及经营范围;

(六)提出申请的时间,发起人的法定代表签名并加盖发起人单位公章;

(七)其他需要说明的事项。

第十二条 发起人协议应包括以下主要内容:

(一)发起人的名称、住所、法定代表人的姓名、国籍、住所、职务;

(二)组建公司的名称、住所;

(三)公司的宗旨,经营范围;

(四)公司设立的方式、组织形式;

(五)公司注册资本、股份总额、类别、发起人认购股份的数额、形式及期限;

(六)发起人的权利和义务;

(七)违约责任;

(八)适用法律及争议的解决;

(九)协议的生效与终止;

(十)订立协议的时间、地点、发起人签字;

(十一)其他需要载明的事项。

第十三条 发起人设立公司的协议、章程经对外贸易经济合作部批准后,发起人应在30日内凭对外贸易经济合作部颁发的批准证书到银行开立专用帐户。发起人应自批准证书签发之日起90日内一次缴足其认购的股份。发起人在公司发行的股份缴足之前应承担连带认缴责任。公司不能设立时,发起人为设立行为所发生的费用和债务负连带责任。

第十四条 以发起方式设立公司的,发起人按本规定第十一条的规定缴足其认购的股份后,应当选举董事会和监事会,由董事会向公司登记机关报送设立公司的批准文件、公司章程、验资证明等文件,申请设立登记。

以募集方式设立公司的，发行股份的股数缴足后，必须经法定的验资机构验资并出具证明，发起人应当在30日内主持召开公司创立大会，并选举董事会、监事会，董事会应于创立大会结束后30日内，向公司登记机关报送设立公司的批准文件、公司章程、验资证明、创立大会的会议记录等文件，申请设立登记。

公司登记机关自接到全部登记文件之日起30日内完成登记注册手续，并颁发营业执照。

第十五条 已设立中外合资经营企业、中外合作经营企业、外资企业(以下简称外商投资企业)，如申请转变为公司的，应有最近连续3年的盈利记录，由原外商投资企业的投资者作为公司的发起人(或与其他发起人)签定设立公司的协议、章程，报原外商投资企业所在地的审批机关初审同意后转报对外贸易经济合作部审批。

申请转变应报送下列文件：

(一)原外商投资企业的合同、章程；

(二)原外商投资企业董事会关于企业改组的决议；

(三)原外商投资企业投资者关于终止原合同、章程的决议；

(四)原外商投资企业资产评估报告；

(五)发起人(包括但不限于原外商投资企业投资者)协议；

(六)公司章程；

(七)原外商投资企业的营业执照、批准证书，最近连续3年的财务报告；

(八)设立公司的申请书；

(九)发起人的资信证明；

(十)可行性研究报告。

第十六条 上述申请经对外贸易经济合作部批准后，发起人应自批准证书签发并缴足其认购的股本金后向公司登记机关办理变更登记手续。

第十七条 外商投资企业变更登记为公司后，原外商投资企业的一切权利、义务全部转由公司承担。

外商投资企业的中外投资者在原外商投资企业合同、章程中承诺的义务，应列入发起人协议及章程，同样适用所设立的公司。

第十八条 国有企业、集体所有制企业如申请转变为公司的，除符合本规定其他条款的规定外，还须符合以下条件：

(一)该企业至少营业5年并有最近连续3年的盈利记录；

(二)外国股东以可自由兑换的外币购买并持有该企业的股份占该企业注册资本的25%以上；

(三)企业的经营范围符合外商投资企业产业政策。

中外股东作为发起人签定设立公司的协议、章程，报企业所在地审批机关初审同意后转报对外贸易经济合作部审批。

申请转变应报送下列文件：

(一)原企业资产评估报告；

(二)设立公司的申请书；

(三)可行性研究报告；

(四)发起人协议；

(五)公司章程；

(六)原企业的营业执照、最近连续3年的资产负债表；

(七)发起人的资信证明；

(八)其他必要的文件。

第十九条 上述申请经对外贸易经济合作部批准后，发起人应自批准证书签发并缴足其认购的股本金后向公司登记机关办理变更登记手续。

第二十条 股份有限公司申请转变为公司的，除符合本规定其他条款的规定外，还须符合以下条件：

(一)该股份有限公司是经国家正式批准设立的；

(二)外国股东以可自由兑换的外币购买并持有该股份的有限公司的股份占公司注册资本的25%以上；

(三)股份有限公司的经营范围符合外商投资企业产业政策。

第二十一条 股份有限公司通过向社会公开发行人民币特种股票(B股)。申请转变为公司的，应报送如下文件：

(一)股东大会对转变为公司的决议；

(二)原股份有限公司资产评估报告；

(三)申请转变为公司的报告；

(四)原股份有限公司章程的补充、修改协议；

(五)证券管理部门批准公开发行人民币特种股票(B股)的文件；

(六)其它必要的文件。

第二十二条 股份有限公司通过增资扩股或转股发行外国股东持有的股份，申请转变为公司的，除报送前条第(一)、(二)、(三)、(四)款规定的文件外，还应报送股份有限公司与定向购股人的购股协议等其他必要的文件。

第二十三条 股份有限公司在境外发行境外上市外资股(包括但不限于H股和N股)并在境外上市申请转变为公司的，除报送第二十一条第(一)、(二)、(三)、(四)款规定的文件外还应报送如下文件：

(一)证券管理部门批准境外上市的文件；

(二)境外证券机构批准原股份有限公司股票上市的文件；

(三)境外上市的原股份有限公司股票交易情况。

第二十四条 上述申请经对外贸易经济合作部批准后，原股份有限公司应持批准证书和公司的募股证明向工商行政管理机关办理变更登记手续。

第二十五条 本暂行规定未规定的公司的其他事宜，按《公司法》，"国务院关于股份有限公司境外募集股份及上市的特别规定"及有关规定办理。

第二十六条 凡属外商投资企业改组成公司的，其减免税等优惠期限，不再重新计算。

第二十七条 香港、澳门、台湾地区的公司、企业、其他经济组织或个人，在大陆投资设立公司的，准用此暂行规定。

第二十八条 本暂行规定由对外贸易经济合作部负责解释。

关联方之间出售资产等有关会计处理问题暂行规定

发文号:财会〔2001〕64号　发文时间:2001－12－21

近几年，某些上市公司利用与关联方之间显失公允的交易操纵利润，违背会计核算基本原则，严重违反了资本市场的"三公"原则。为了真实反映上市公司与关联方之间交易的经济实质，向有关各方提供有用的会计信息，现就上市公司与关联方之间有关交易的会计处理规定如下：

一、上市公司与关联方之间的交易，如果没有确凿证据表明交易价格是公允的，应按本规定进行处理，对显失公允的交易价格部分，一律不得确认为当期利润，应当作为资本公积处理，在"资本公积"科目下单独设置"关联交易差价"明细科目进行核算，这部分差价不得用于转增资本或弥补亏损。

二、上市公司出售资产交易的会计处理

上市公司出售资产或将债权转移(含出售债权，下同)给关联方，如果实际交易价格低于或等于所出售资产或转移债权账面价值的，仍按有关企业会计制度和准则的规定进行处理；如果实际交易价格超过相关资产账面价值的，除市场上存在更客观、明确、公允的价格外，应按以下规定进行处理：

(一)正常商品销售(含提供劳务，下同)

上市公司对关联方进行正常商品销售的，在符合收入确认条件的前提下，按以下规定确认收入：

1.当期对非关联方的销售量占该商品总销售量的较大比例的(通常为20%及以上)，应按对非关联方销售的加权平均价格作为对关联方之间同类交易的计量基础，并将按此价格确定的金额确认为收入。关联方之间实际交易价格超过确认为收入的部分，计入资本公积(关联交易差价)。

在确定非关联方之间同类交易价格时，必须有确凿证据表明其交易价格的公允性，并提供有关证据。

2.商品的销售仅限于上市公司与关联方之间，或者与非关联方之间的商品销售未达到商品总销售量的较大比例的(通常为20%以下)，应按以下规定进行处理：

(1)实际交易价格不超过商品账面价值120%的，按实际交易价格确认为收入；

(2)实际交易价格超过商品账面价值120%的，将商品账面价值的120%确认为收入，实际交易价格超过确认为收入的部分，计入资本公积（关联交易差价）。

如果有确凿证据（如历史资料、同行业同类商品销售资料等）表明销售该商品的成本利润率高于20%的，应按合理的方法计算，例如，按商品账面价值加上按最近2年历史资料等确定的加权平均成本利润率与账面价值的乘积计算的金额确认为收入，实际交易价格超过确认为收入的部分，计入资本公积（关联交易差价）。

本规定所称的成本利润率，是指按商品销售毛利与商品销售成本计算的比率。

（二）非正常商品销售及其他销售

非正常商品销售及其他销售，是指除正常商品销售以外的商品销售、转移应收债权、出售其他资产等。

1.非正常商品销售

上市公司对关联方进行非正常商品销售的，如果没有确凿证据表明交易价格是公允的，在符合收入确认条件的前提下，应按出售商品的账面价值确认为收入，实际交易价格超过出售商品账面价值的差额，计入资本公积（关联交易差价）。

2.转移应收债权

上市公司将其应收债权转移给关联方，应按实际交易价格超过应收债权账面价值的差额，计入资本公积（关联交易差价）。

3.出售其他资产

上市公司向关联方出售固定资产、无形资产和其他资产的，应将实际交易价格超过相关资产账面价值的部分，计入资本公积（关联交易差价）。

上市公司同时出售资产、转移负债的，实际交易价格超过出售相关资产、负债账面价值的部分，计入资本公积（关联交易差价）。

（三）上述各项资产在出售前，应按相关企业会计制度和准则的规定估计其可收回金额，并计提相应的减值准备；资产出售时，已计提的资产减值准备应一并结转。

三、关联方之间承担债务的会计处理

关联方之间一方为另一方承担债务的（非债务重组），承担方应按所承担的债务，计入营业外支出（承担关联方债务）；被承担方应按承担方实际为其承担的债务，计入资本公积（关联交易差价）。

债权人对债务人豁免的债务，仍按相关企业会计制度和准则中有关债务重组的规定处理。

四、由关联方承担费用的会计处理

关联方之间一方为另一方承担费用的（如母公司为其子公司承担广告费用等），如这些费用是被承担方生产经营活动所必需的支出，应当反映在被承担方的成本费用中。被承担方收到承担方支付的款项，计入资本公积（关联交易差价）；如果承担方直接将承担的费用支付给其他单位的，被承担方应按承担方实际支付的金额，计入资本公积（关联交易差价）。承担方应按实际承担的费用，计入营业外支出（承担关联方费用）。

五、委托及受托经营的会计处理

对于委托及受托经营，应当确认受托方是否为受托经营资产或受托经营企业提供经营管理服务，如果受托方实质上并未对受托经营资产或受托经营企业提供经营管理服务，则委托方或受托方取得的委托经营收益，全部计入资本公积（关联交易差价）；如果受托方实质上对受托经营资产或受托经营企业提供了经营管理服务，则取得的受托经营收益在符合收入确认条件的前提下，按以下规定处理：

（一）受托经营资产

受托方接受委托，对关联方提供的资产进行经营并收取固定费用，或按合同规定视具体情况收取受托经营费用的，受托方应于取得受托经营收益时，确认为其他业务收入；如果取得的受托经营收益超过按受托资产账面价值总额与1年期银行存款利率110%的乘积计算的金额，则应按受托资产账面价值总额与1年期银行存款利率110%的乘积计算的金额（即，受托资产账面价值总额×1年期银行存款利率×110%），确认为其他业务收入，超过确认为收入的部分计入资本公积（关联交易差价）。如果受托经营资产所发生的相关费用由受托方承担的，受托方应于相关费用发生时直接计入当期其他业务支出。

（二）受托经营企业

受托方接受委托，对关联方委托经营的企业进行经营，并按照受托经营企业实现利润的一定比例收取受托经营费，或者受托经营企业实现的利润或发生的亏损均由受托方享有或承担，或者以其他方式收取受托经营收益的，受托方应按以下三者孰低的金额，确认为其他业务收入，取得的受托经营收益超过确认为收入的部分，计入资本公积（关联交易差价）：

1.受托经营协议确定的收益；

2.受托经营企业实现的净利润；

3.受托经营企业净资产收益率超过10%的，按净资产的10%计算的金额。

受托经营企业发生的净亏损，应由受托方承担的部分，直接计入当期管理费用（承担托管损失）；如果按照受托协议规定，受托经营企业发生净亏损，仍能获得委托方支付的托管经营费用的，受托方应于取得委托经营收益时，扣除由其承担的净亏损后的余额，计入资本公积（关联交易差价）。

委托方支付的委托经营费用，计入当期管理费用（托管费用）。

（三）上市公司将部分资产或被投资单位委托其关联方经营，按委托协议规定收取固定收益，或按实现净利润的一定比例等收取委托经营收益，按上述同一原则处理。

六、上市公司与关联方之间占用资金的会计处理

上市公司的关联方以支付资金使用费的形式占用上市公司的资金，在符合收入确认条件的前提下，应于取得资金使用费时，冲减当期财务费用；如果取得的资金使用费超过按1年期银行存款利率计算的金额，应将相当于按1年期银行存款利率计算的部分，冲减当期财务费用，超过按1年期银行存款利率计算的部分，计入资本公积（关联交易差价）。

七、本规定所称的关联方按照相关企业会计制度和《企业会计准则—关联方关系及其交易的披露》规定的存在关联方关系的各种情况加以确定。上市公司应在会计报表附注中按照相关企业会计制度和准则的规定，对关联方关系及其交易作充分的披露，对关联交易价格的公允性作出特别说明，并分别说明资本公积期末余额中有关关联交易差价的性质、形成原因及金额。

八、本规定自发布之日起执行。

证券公司客户资产管理业务试行办法

发文号：中国证券监督管理委员会令第17号　发文时间：2003—12—18

《证券公司客户资产管理业务试行办法》已经2003年9月29日中国证券监督管理委员会第48次主席办公会议审议通过，现予公布，自2004年2月1日起施行。

主席：尚福林

二〇〇三年十二月十八日

第一章　总　则

第一条　为规范证券公司客户资产管理活动，保护投资者的合法权益，维护证券市场秩序，根据《证券法》和其他相关法律、行政法规，制定本办法。

第二条　证券公司从事客户资产管理业务，应当遵守法律、行政法规和中国证券监督管理委员会（以下简称“中国证监会”）的规定，不得有欺诈客户行为。

第三条　证券公司从事客户资产管理业务，应当遵循公平、公正的原则，维护客户的合法权益，诚实守信，勤勉尽责，避免利益冲突。

第四条　证券公司从事客户资产管理业务，应当依照本办法的规定向中国证监会申请客户资产管理业务资格。未取得客户资产管理业务资格的证券公司，不得从事客户资产管理业务。

第五条　证券公司从事客户资产管理业务，应当依照本办法的规定与客户签订资产管理合同，根据资产管理合同约定的方式、条件、要求及限制，对客户资产进行经营运作，为客户提供证券及其他金融产品的投资管理服务。

第六条 证券公司从事客户资产管理业务，应当在公司内部实行集中运营管理，对外统一签订资产管理合同，并设立专门的部门负责客户资产管理业务。

第七条 证券公司从事客户资产管理业务，应当建立健全风险控制制度，将客户资产管理业务与公司的其他业务严格分开。

第八条 证券交易所、证券登记结算机构应当就证券公司客户资产管理活动相关事宜制定各自的专门业务规则，实行规范有序的自律管理。

第九条 中国证券业协会作为证券业的自律性组织，对证券公司客户资产管理活动进行协调指导，促进行业健康发展。

第十条 中国证监会及其派出机构依据法律、行政法规和本办法的规定，对证券公司客户资产管理活动进行监督管理。

第二章 业务范围和业务资格

第十一条 经中国证监会批准，证券公司可以从事下列客户资产管理业务：

（一）为单一客户办理定向资产管理业务；

（二）为多个客户办理集合资产管理业务；

（三）为客户办理特定目的的专项资产管理业务。

第十二条 证券公司为单一客户办理定向资产管理业务，应当与客户签订定向资产管理合同，通过该客户的账户为客户提供资产管理服务。

第十三条 证券公司为多个客户办理集合资产管理业务，应当设立集合资产管理计划，与客户签订集合资产管理合同，将客户资产交由具有客户交易结算资金法人存管业务资格的商业银行或者中国证监会认可的其他机构进行托管，通过专门账户为客户提供资产管理服务。

第十四条 证券公司办理集合资产管理业务，可以设立限定性集合资产管理计划和非限定性集合资产管理计划。

限定性集合资产管理计划资产应当主要用于投资国债、国家重点建设债券、债券型证券投资基金、在证券交易所上市的企业债券、其他信用度高且流动性强的固定收益类金融产品；投资于业绩优良、成长性高、流动性强的股票等权益类证券以及股票型证券投资基金的资产，不得超过该计划资产净值的百分之二十，并应当遵循分散投资风险的原则。

非限定性集合资产管理计划的投资范围由集合资产管理合同约定，不受前款规定限制。

第十五条 证券公司为客户办理特定目的的专项资产管理业务，应当签订专项资产管理合同，针对客户的特殊要求和资产的具体情况，设定特定投资目标，通过专门账户为客户提供资产管理服务。

证券公司可以通过设立综合性的集合资产管理计划办理专项资产管理业务。

第十六条 取得客户资产管理业务资格的证券公司，可以办理定向资产管理业务；办理集合资产管理业务、专项资产管理业务的，还须按照本办法的规定，向中国证监会提出逐项申请。

第十七条 证券公司从事客户资产管理业务，应当符合下列条件：

（一）经中国证监会核定为综合类证券公司；

（二）净资本不低于人民币两亿元，且符合中国证监会关于综合类证券公司各项风险监控指标的规定；

（三）客户资产管理业务人员具有证券从业资格，无不良行为记录，其中具有三年以上证券自营、资产管理或者证券投资基金管理从业经历的人员不少于五人；

（四）具有良好的法人治理结构、完备的内部控制和风险管理制度，并得到有效执行；

（五）最近一年未受到过行政处罚或者刑事处罚；

（六）中国证监会规定的其他条件。

第十八条 证券公司申请客户资产管理业务资格，应当向中国证监会提交下列材料：

（一）申请书；

（二）《经营证券业务许可证》和《企业法人营业执照》副本复印件；

（三）净资本计算表和经具有证券相关业务资格的会计师事务所审计的最近一期财务报表；

（四）负责客户资产管理业务的高级管理人员的情况登记表；

（五）客户资产管理业务人员、风险控制岗位人员的名单、简历、证券从业资格证书和身份证明复印件；

（六）申请人出具的客户资产管理业务人员无不良行为记录的证明；

（七）内部控制和风险管理制度文本及由具有证券相关业务资格的会计师事务所出具的内控评审报告；

（八）客户资产管理业务计划书和业务操作规程；

（九）中国证监会要求提交的其他材料。

第十九条 中国证监会依照法律、行政法规和本办法的规定，对证券公司的申请材料进行审查，做出是否批准的决定，并书面通知申请人。

第二十条 证券公司办理集合资产管理业务，设立集合资产管理计划，除应具备本办法第十七条规定的条件并取得客户资产管理业务资格外，还应当符合下列要求：

（一）具有健全的法人治理结构、完善的内部控制和风险管理制度，并得到有效执行；

（二）设立限定性集合资产管理计划的，净资本不低于人民币三亿元；设立非限定性集合资产管理计划的，净资本不低于人民币五亿元；

（三）最近一年不存在挪用客户交易结算资金等客户资产的情形；

（四）中国证监会规定的其他条件。

第二十一条 证券公司设立限定性集合资产管理计划，应当事先报中国证监会备案；设立非限定性集合资产管理计划，应当报经中国证监会批准。

第二十二条 证券公司申请设立集合资产管理计划，应当向中国证监会提交下列材料：

（一）备案报告或者申请书；

（二）集合资产管理计划说明书；

（三）集合资产管理合同的拟定文本；

（四）资产托管协议；

（五）推广方案及推广代理协议；

（六）关于集合资产管理计划运作中利益冲突防范和风险控制措施的特别说明；

（七）负责该集合资产管理计划投资管理的高级管理人员、主办人员的情况登记表；

（八）净资本计算表和最近一期经具有证券相关业务资格的会计师事务所审计的财务报表；

（九）中国证监会要求提交的其他材料。

第二十三条 中国证监会依照法律、行政法规、本办法的规定，对证券公司办理集合资产管理业务、设立集合资产管理计划的申请进行审查。

中国证监会根据审慎监管原则，可以组织专家对办理集合资产管理业务、设立集合资产管理计划的申请进行评审。

第二十四条 中国证监会对设立限定性集合资产管理计划的备案材料进行合规性审核，并向证券公司出具是否有异议的书面意见；中国证监会无异议的，证券公司方可推广其所提交备案的集合资产管理计划。

第二十五条 中国证监会对设立非限定性集合资产管理计划的申请材料进行全面审核，做出予以批准或者不予批准的决定，并书面通知申请人。

第二十六条 证券公司向中国证监会提交客户资产管理业务资格申请材料和设立集合资产管理计划的备案、申请材料，应当同时抄送注册地中国证监会派出机构。

第三章 基本业务规范

第二十七条 证券公司开展客户资产管理业务，应当依据法律、行政法规和本办法的规定，与客户签订书面资产管理合同，就双方的权利义务和相关事宜做出明确约定。

资产管理合同应当包括下列基本事项：

（一）客户资产的种类和数额；

（二）投资范围、投资限制和投资比例；

（三）投资目标和管理期限；

（四）客户资产的管理方式和管理权限；

（五）各类风险揭示；

（六）客户资产管理信息的提供及查询方式；

（七）当事人的权利与义务；

（八）管理报酬的计算方法和支付方式；

（九）与客户资产管理有关的其他费用的提取、支付方式；

（十）合同解除、终止的条件、程序及客户资产的清算返还事宜；

（十一）违约责任和纠纷的解决方式；

（十二）中国证监会规定的其他事项。

第二十八条 集合资产管理合同除应符合前条规定外，还应当对集合资产管理计划开始运作的条件和日期、资产托管机构的职责、托管方式与托管费用、客户资产净值的估算、投资收益的确认与分派等事项做出约定。

集合资产管理合同由证券公司、资产托管机构与单个客户三方签署。

第二十九条 证券公司办理定向资产管理业务，接受单个客户的资产净值不得低于人民币一百万元。

第三十条 证券公司办理集合资产管理业务，只能接受货币资金形式的资产。

证券公司设立限定性集合资产管理计划的，接受单个客户的资金数额不得低于人民币五万元；设立非限定性集合资产管理计划的，接受单个客户的资金数额不得低于人民币十万元。

第三十一条 证券公司应当将集合资产管理计划设定为均等份额。客户按其所拥有的份额在集合资产管理计划资产中所占的比例享有利益、承担风险；但是按照本办法第三十三条第二款规定另有约定的除外。

第三十二条 证券公司设立集合资产管理计划，可以对计划存续期间做出规定，也可以不做规定。

集合资产管理合同应当对客户参与和退出集合资产管理计划的时间、方式、价格、程序等事项做出明确约定。

参与集合资产管理计划的客户不得转让其所拥有的份额；但是法律、行政法规另有规定的除外。

第三十三条 证券公司可以自有资金参与本公司设立的集合资产管理计划；在该集合资产管理计划存续期间，证券公司不得收回所投入的资金。

以自有资金参与本公司设立的集合资产管理计划的证券公司，应当在集合资产管理合同中对其所投入的资金数额和承担的责任等做出约定。

证券公司投入的资金，根据其所承担的责任，在计算公司的净资本额时予以相应的扣减。

第三十四条 证券公司可以自行推广集合资产管理计划，也可以委托其他证券公司或者商业银行代为推广。

客户在参与集合资产管理计划之前，应当已经是证券公司自身或者其他推广机构的客户。

第三十五条 证券公司设立集合资产管理计划的，应当自中国证监会出具无异议意见或者做出批准决定之日起六十日内，完成设立工作并开始投资运作。

集合资产管理计划设立完成前，客户的参与资金只能存入资产托管机构，不得动用。

第三十六条 证券公司进行集合资产管理业务投资运作，在证券交易所进行证券交易的，应当集中在固定席位上进行，并向证券交易所、证券登记结算机构备案。

集合资产管理计划资产中的证券，不得用于回购。

第三十七条 证券公司将其所管理的客户资产投资于一家公司发行的证券，按证券面值计算，不得超过该证券发行总量的百分之十。

一个集合资产管理计划投资于一家公司发行的证券不得超过该计划资产净值的百分之十。

第三十八条 证券公司将其管理的客户资产投资于本公司、资产托管机构及与本公司、资产托管机构有关联方关系的公司发行的证券，应当事先取得客户的同意，事后告知资产托管机构和客户，同时向证券交易所报告。

证券公司办理集合资产管理业务，单个集合资产管理计划投资于前款所述证券的资金，不得超过该集合资产管理计划资产净值的百分之三。

第三十九条 证券公司办理定向资产管理业务，由客户自行行使其所持有证券的权利，履行相应的义务。

证券公司将定向资产管理业务的客户资产投资于上市公司的股票，发生客户应当履行公告、报告、要约收购等法律、行政法规和中国证监会规定义务的情形时，证券公司应当立即通知有关客户，并督促其履行相应义务；客户拒不履行的，证券公司应当向证券交易所报告。

第四十条 证券公司代表客户行使集合资产管理计划所拥有证券的权利，履行相应的义务。

第四十一条 证券公司从事客户资产管理业务，不得有下列行为：

（一）挪用客户资产；

（二）向客户作出保证其资产本金不受损失或者取得最低收益的承诺；

（三）以欺诈手段或者其他不正当方式误导、诱导客户；

（四）将客户资产管理业务与其他业务混合操作；

（五）以转移资产管理账户收益或者亏损为目的，在自营账户与资产管理账户之间或者不同的资产管理账户之间进行买卖，损害客户的利益；

（六）自营业务抢先于资产管理业务进行交易，损害客户的利益；

（七）以获取佣金或者其他利益为目的，用客户资产进行不必要的证券交易；

（八）内幕交易或者操纵市场；

（九）法律、行政法规和中国证监会规定禁止的其他行为。

第四十二条 证券公司办理集合资产管理业务，除应遵守前条规定外，还应当遵守下列规定：

（一）不得将集合资产管理计划资产用于资金拆借、贷款、抵押融资或者对外担保等用途；

（二）不得将集合资产管理计划资产用于可能承担无限责任的投资。

第四章　风险控制和客户资产托管

第四十三条 证券公司开展客户资产管理业务，应当在资产管理合同中明确规定，由客户自行承担投资风险。

第四十四条 证券公司应当向客户如实披露其客户资产管理业务资质、管理能力和业绩等情况，并应当充分揭示市场风险，证券公司因丧失客户资产管理业务资格给客户带来的法律风险，以及其他投资风险。

证券公司向客户介绍投资收益预期，必须恪守诚信原则，提供充分合理的依据，并以书面方式特别声明，所述预期仅供客户参考，不构成证券公司保证客户资产本金不受损失或者取得最低投资收益的承诺。

第四十五条 在签订资产管理合同之前，证券公司应当了解客户的资产与收入状况、风险承受能力以及投资偏好等基本情况，客户应当如实提供相关信息。

证券公司设立集合资产管理计划，应当对客户的条件和集合资产管理计划的推广范围进行明确界定，参与集合资产管理计划的客户应当具备相应的金融投资经验和风险承受能力。

第四十六条 客户应当对其资产来源及用途的合法性做出承诺。客户未做承诺或者证券公司明知客户资产来源或者用途不合法的，不得签订资产管理合同。

任何人不得非法汇集他人资金参与集合资产管理计划。

第四十七条 证券公司及其他推广机构应当采取有效措施使客户详尽了解集合资产管理计划的特性、风险等情况及客户的权利、义务，但不得通过广播、电视、报刊及其他公共媒体推广集合资产管理计划。

第四十八条 证券公司应当至少每三个月向客户提供一次准确、完整的资产管理报告，对报告期内客户资产的配置状况、价值变动等情况做出详细说明。

证券公司应当保证客户能够按照资产管理合同约定的时间和方式查询客户资产配置状况等信息。发生资产管理合同约定的、可能影响客户利益的重大事项时，证券公司应当及时告知客户。

第四十九条 证券公司办理定向资产管理业务，应当保证客户资产与其自有资产、不同客户的资产相互独立，对不同客户的资产分别设置账户、独立核算、分账管理。

第五十条 证券公司办理集合资产管理业务，应当保证集合资产管理计划资产与其自有资产、集合资产管理计划资产与其他客户的资产、不同集合资产管理计划的资产相互独立，单独设置账户、独立核算、分账管理。

第五十一条 证券公司办理定向资产管理业务，应当按照中国证监会的规定对客户资产中的货币资金进行管理；客户有要求的，证券公司应当将客户资产交由资产托管机构进行托管。

第五十二条 证券公司办理集合资产管理业务，应当将集合资产管理计划资产交由资产托管机构进行托管。证券公司、资产托管机构应当为集合资产管理计划单独开立证券账户和资金账户。证券账户名称应当注明证券公司、集合资产管理计划名称等内容。

第五十三条 资产托管机构应当由专门部门负责集合资产管理计划资产的托管业务，并将托管的集合资产管理计划资产与其自有资产及其管理的其他资产严格分开。

第五十四条 资产托管机构办理集合资产管理计划资产托管业务，应当履行下列职责：

(一)安全保管集合资产管理计划资产；

(二)执行证券公司的投资或者清算指令，并负责办理集合资产管理计划资产运营中的资金往来；

(三)监督证券公司集合资产管理计划的经营运作，发现证券公司的投资或清算指令违反法律、行政法规、中国证监会的规定或者集合资产管理合同约定的，应当要求改正；未能改正的，应当拒绝执行，并向中国证监会报告；

(四)出具资产托管报告；

(五)集合资产管理合同约定的其他事项。

第五十五条 资产托管机构有权随时查询集合资产管理计划的经营运作情况，并应当定期核对集合资产管理计划资产的情况，防止出现挪用或者遗失。

第五十六条 定向资产管理合同约定的投资管理期限届满或者发生合同约定的其他事由，应当终止资产管理合同的，证券公司在扣除合同约定的各项费用后，必须将客户账户内的全部资产交还客户自行管理。

集合资产管理合同约定的投资管理期限届满或者发生合同约定的其他事由，应当终止集合资产管理计划运营的，证券公司和资产托管机构在扣除合同规定的各项费用后，必须将集合资产管理计划资产，按照客户拥有份额的比例或者集合资产管理合同的约定，以货币资金的形式全部分派给客户，并注销证券账户和资金账户。

第五章　监管措施和法律责任

第五十七条 证券公司因涉嫌违法违规被中国证监会调查的，中国证监会暂不受理其客户资产管理业务资格申请、集合资产管理计划设立备案或者申请；已经受理的，暂缓进行审核。

第五十八条 证券公司应当就客户资产管理业务的运营制定内部检查制度，定期进行自查。

证券公司应当按季编制客户资产管理业务的报告，报中国证监会及注册地中国证监会派出机构备案。

第五十九条 证券公司推广集合资产管理计划，应当将集合资产管理合同、集合资产管理计划说明书等正式推广文件，置备于证券公司及其他推广机构推广集合资产管理计划的营业场所，并报注册地和推广场所所在地中国证监会派出机构备案。

证券公司应当在集合资产管理计划设立工作完成后五个工作日内，将集合资产管理计划的设立情况报中国证监会及注册地中国证监会派出机构备案。

第六十条 证券公司进行年度审计，应当同时对客户资产管理业务的运营情况进行审计，并要求会计师事务所就各集合资产管理计划出具单项审计意见。

证券公司应当将审计结果报送中国证监会及注册地中国证监会派出机构备案，并将各集合资产管理计划的单项审计意见提供给客户和资产托管机构。

第六十一条 证券公司和资产托管机构应当按照有关法律、行政法规的规定保存客户资产管理业务的会计账册，并妥善保存有关的合同、协议、交易记录等文件、资料。

自资产管理合同终止之日起，保存期不得少于十五年。

第六十二条 中国证监会及其派出机构对证券公司和资产托管机构从事客户资产管理业务的情况，进行定期或者不定期的检查，证券公司和资产托管机构应当予以配合。

证券公司、资产托管机构的高级管理人员、直接负责的主管人员和其他直接责任人员违反本办法规定的，中国证监会及其派出机构根据不同情况，对其采取谈话提醒、暂停履行职务、记入诚信档案、认定为不适宜担任相关职务者等行政监管措施。

第六十三条 证券公司、资产托管机构及其直接负责的主管人员和其他直接责任人员违反本办法规定从事客户资产管理业务，中国证监会依照本办法进行行政处罚；法律、行政法规另有规定的，按照有关规定进行行政处罚；情节严重涉嫌犯罪的，依法移送司法机关，追究其刑事责任。

证券公司、资产托管机构及其直接负责的主管人员和其他直接责任人员从事客户资产管理业务，损害客户合法利益的，应当依法承担民事责任。

第六十四条 证券公司违反本办法规定，擅自开办客户资产管理业务的，责令改正，并处以警告、罚款。

对直接负责的主管人员和其他直接责任人员，处以警告、罚款，并依法取消其高级管理人员任职资格或者证券从业资格。

第六十五条 证券公司从事客户资产管理业务，有下列情形之一的，应当主动改正；未能改正的，责令改正；拒不改正的，暂停其客户资产管理业务，单处或者并处警告、罚款；情节严重的，依法取消其客户资产管理业务资格：

(一)未按照本办法的规定办理客户资产的托管；

(二)未按照本办法的规定将有关材料置备于营业场所或者向中国证监会及注册地中国证监会派出机构备案；

(三)违反本办法第三十四条的规定，委托其他机构或个人代为推广集合资产管理计划；

(四)违反本办法第三十五条的规定，未完成集合资产管理计划设立即动用客户参与资金；

(五)违反本办法第三十六条的规定，不通过固定席位进行交易或者将集合资产管理计划资产的证券用于回购；

(六)违反本办法第十四条、第三十七条的规定，超出投资范围和比例进行投资；

(七)违反本办法第三十八条的规定，未按照规定程序或者超比例从事关联交易；

(八)未按照本办法第三十九条的规定履行通知、报告义务；

(九)从事本办法第四十一条、第四十二条规定的禁止行为；

(十)违反本办法第四十六条的规定与客户签订资产管理合同；

(十一)违反本办法第四十七条的规定推广集合资产管理计划；

(十二)未按照本办法第六十一条的规定保存有关材料；

(十三)未按照本办法第六十二条的规定配合中国证监会及其派出机构监督检查；

(十四)其他违反本办法规定的行为。

对直接负责的主管人员和其他直接责任人员，单处或者并处警告、罚款；情节严重的，依法取消其高级管理人员任职资格或者证券从业资格。

第六十六条 资产托管机构从事客户资产管理业务，有下列情形之一的，责令改正，单处或者并处警告、罚款：

(一)未按照本办法第五十三条、第五十四条的规定管理集合资产管理计划资产或者履行托管职责；

(二)未按照本办法第六十一条的规定保存有关材料；

(三)未按照本办法第六十二条的规定配合中国证监会及其派出机构监督检查。

对直接负责的主管人员和其他直接责任人员，单处或者并处警告、罚款；情节严重的，依法取消其证券从业资格。

第六十七条 其他推广机构违反本办法第四十七条的规定推广集合资产管理计划的，责令改正，并处以警告、罚款。

对直接负责的主管人员和其他直接责任人员，单处或者并处警告、罚款；情节严重的，依法取消其证券从业资格。

第六十八条 证券公司因违法违规经营或者有关财务指标不符合中国证监会的规定，被中国证监会暂停客户资产管理业务的，暂停期间不得签订新的资产管理合同；被中国证监会依法取消客户资产管理业务资格的，应当停止资产管理活动，依照本办法第五十六条的规定处理合同终止事宜。

第六章　附　则

第六十九条 本办法所称托管，是指资产托管机构根据证券公司、客户的委托，对客户的资产进行保管，办理权益登记、转账过户、资金划拨、监督运营等事务的行为。

本办法所指关联方关系的含义与财政部《企业会计准则 &#0；&#0；关联方关系及其交易的披露》中的关联方关系的含义相同。

第七十条 本办法实施前中国证监会已核准的证券公司受托投资管理业务资格继续有效，自本办法实施之日起自动变更为客户资产管理业务资格。

第七十一条 证券公司在本办法实施前开展的受托投资管理业务不符合本办法有关规定的，应当按照本办法进行规范。

第七十二条 经中国证监会批准从事客户资产管理业务的其他机构，遵照执行本办法。

第七十三条 本办法自2004年2月1日起施行。中国证监会《关于规范证券公司受托投资管理业务的通知》(证监机构字[2001]265号)、《关于证券公司从事集合性受托投资管理业务有关问题的通知》(证监机构字[2003]107号)同时废止。

证券公司债券登记结算业务办理规则

发文机关：中国证券登记结算有限责任公司　发文时间：2003－12－22

第一章　总　则

第一条 为适应证券公司债券管理的需要，根据《证券公司债券管理暂行办法》等有关法规及规章，制定本规则。

第二条 本规则适用于定向发行的证券公司债券的登记结算业务，本规则没有规定的，适用中国证券登记结算有限责任公司(以下简称本公司)其他业务规定。

公开发行证券公司债券的登记结算业务，按照证券交易所挂牌证券登记结算业务有关规定办理。

第三条 本公司根据合格投资者委托的证券公司的申请，办理证券公司债券发行转让过程中涉及的登记、托管、结算以及其他相关业务。

第四条 本公司对申请人提供的申请材料进行形式审核，申请人应当确保其提供的申请材料合法、真实、准确和完整。

第二章　债券账户

第五条 合格投资者参与债券的认购、转让等活动，应当通过提供转让服务的证券公司向本公司申请开立合格投资者专用债券账户(以下简称专用账户)。证券公司负责合格投资者的资格审查。

第六条 一个合格投资者原则上只能开立一个专用账户，国家法律、法规、行政规章等另有规定的除外。

第七条 专用账户的开立、注册资料查询与变更、注销、专用账户卡挂失与补办等业务比照本公司有关证券账户管理规定办理。

第三章　登记托管

第八条 发行人办理登记业务前，应当与本公司签订《证券登记服务协议》，并向本公司提供授权委托书，授权专人作为其与本公司的指定联络人，负责全权办理债券登记及其它相关事宜。

第九条 发行人办理证券公司债券初始登记前，应当向本公司申请债券简称及债券代码。

债券简称及债券代码的编制规则由本公司另行制定。

第十条 发行人申请债券简称及债券代码时，应当提供以下材料：

(一)债券简称及代码申请书；

(二)中国证券监督管理委员会(以下简称中国证监会)关于证券公司债券发行的批复文件；

(三)加盖发行人印章的发行人营业执照复印件；

(四)指定联络人的有效身份证明文件原件及复印件；

(五)本公司要求提供的其他材料。

本公司自受理上述申请之日起两个工作日内，配发债券简称及债券代码。

第十一条 发行人变更债券简称时，应当提供以下材料：

(一)变更债券简称申请书；

(二)加盖发行人印章的发行人营业执照复印件；

(三)指定联络人有效身份证明文件原件及复印件；

(四)本公司要求提供的其他材料。

本公司自受理上述申请之日起两个工作日内，变更债券简称。

第十二条 发行人向本公司申请办理证券公司债券初始登记时，应当提供以下材料：

(一)初始登记申请；

(二)中国证监会关于证券公司债券发行的批复文件；

(三)债券募集说明书；

(四)具有从事证券业务资格的会计师事务所出具的募集资金验资报告；

(五)债券持有人名册清单(应当包括但不限于：债券代码、持有人全称、持有人专用账户号码、持有债券数量、司法冻结状态、债券托管证券公司等内容，并在每页上加盖发行人印章)；

(六)承销协议或中国证监会关于发行人自行组织销售的批准文件；

(七)加盖发行人印章的发行人营业执照复印件；

(八)指定联络人有效身份证明文件原件及复印件；

(九)本公司要求提供的其他材料。

本公司自受理上述申请之日起两个工作日内，完成初始登记，并向发行人出具债券登记确认书。

第十三条 本公司根据发行人的申请提供债券持有人名册。债券持有人名册服务业务按照本公司有关持有人名册服务业务的规定办理。

第十四条 合格投资者应当将持有的债券托管在提供转让服务的证券公司。发行人办理初始登记时，应当注明债券托管的证券公司名称，合格投资者通过证券公司受让的债券即托管于该证券公司。

证券公司应当将自营债券，以及合格投资者在其处托管的债券，存管到本公司。

第十五条 合格投资者需要变更债券托管的证券公司时，应当通过转出的证券公司向本公司申请债券转托管。证券公司不得无故拒绝合格投资者的转托管申请。

第十六条 本公司收到证券公司的债券转托管指令当日(T日)15:00以后办理债券转托管，并将转托管数据发送转出的证券公司和转入的证券公司。

合格投资者可于T+1日通过转入的证券公司查询债券余额，并可转让转托管的债券。

第十七条 合格投资者转让债券应当通过其托管的证券公司向本公司申请办理债券转让的过户登记，转受让双方应当通过各自委托的证券公司于同一个工作日(T日)9:30至15:00向本公司发送转让和受让申报。

第十八条 转让或受让申报内容应当包括转让编号、债券简称、债券代码、转受让双方名称、专用账户号码、转让或受让数量、金额、受托证券公司、是否通过本公司办理资金结算等。一个转让编号对应一笔转让。

第十九条 转受让双方对已经发出的转让申报在申报当日15:00前可以申报撤销。

第二十条 对于同一转让方或受让方申报重复转让编号的，本公司以最后一次申报为准，其他申报视为无效申报。

第二十一条 发行人委托本公司办理债券派息、兑付的，发行人应当在派息/兑付债权登记日五个工作日前向本公司提供以下材料：

(一)委托债券派息、兑付申请；

(二)指定联络人有效身份证明文件原件及复印件；

(三)本公司要求提供的其他材料。

第二十二条 本公司于受理上述申请的次一工作日，将代理派息兑付所涉及的债券数量、派息兑付金额所需金额、手续费等通知发行人。

第二十三条 发行人应当在派息/兑付日两个工作日前将派息兑付资金以及手续费划至本公司指定银行账户。

第二十四条 本公司收到相应款项后，通过资金结算系统将债券持有人本息划付给债券托管的证券公司，证券公司于收到债券本息款后于次一工作日将其划付给合格投资者。

第二十五条 发行人委托本公司进行债券派息兑付，不能在规定期限内划入相关款项的，应当及时通知本公司，并以公告或其他有效的方式告知债券持有人，说明原因。因发行人未履行及时告知义务所致的一切法律责任由该发行人承担。

第二十六条 债券持有人因解散、破产、被依法责令关闭等原因丧失法人资格，资产承继人应当向证券公司提供以下材料并通过证券公司向本公司申报办理法人终止引起的过户登记.

(一)过户登记申请；

(二)工商行政管理部门出具的原法人注销登记证明；

(三)主管部门的批复文件或清算组有关债券归属的证明文件或人民法院的生效法律文书等能够证明财产归属的文件；

本公司认为必要时，还应提供有关债券受让情况的公证文件(公证内容应包括但不限于：申请人与原法人的名称、注册号、地址、债券受让依据)；

(四)原法人及受让方的专用账户卡原件及复印件；

(五)受让方营业执照副本原件及复印件；

(六)受让方法定代表人授权委托书；

(七)经办人有效身份证明文件原件及复印件；

(八)本公司要求提供的其他材料。

第二十七条 合格投资者可以向其债券托管的证券公司或本公司查询其债券转让记录及持有数量等信息。合格投资者向本公司查询上述信息时，应当提供以下材料：

(一)查询申请；

(二)合格投资者的专用账户卡原件及复印件；

(三)合格投资者的有效身份证明文件原件及复印件；

(四)合格投资者的法定代表人对经办人的授权委托书；

(五)经办人的有效身份证明文件原件及复印件；

(六)合格投资者因解散、破产、被依法责令关闭等原因丧失法人资格，清算组、资产承继人等申请查询时，需提供清算组或资产承继人成立的批准文件、清算组或资产承继人授权委托书、经办人有效身份证明文件原件及复印件；原股东申请查询的，需提供经公证的原全体股东(出资人)授权委托书、经办人有效身份证明文件原件及复印件；

(七)本公司要求提供的其他材料。

第二十八条 执法机关要求对证券公司债券进行司法冻结/解冻及司法裁决过户，应当通过证券公司申请办理，并提供以下材料：

(一)生效法律文书；

(二)执行公务证及介绍信；

(三)协助执行通知书；

(四)本公司要求提供的其他材料。

第二十九条 人民法院、人民检察院、中国证监会及其授权部门，以及国家其他有权机关向本公司或托管证券公司查询合格投资者债券转让记录及持有数量等信息时，应当提供以下材料：

(一)协助查询文件(应当注明需查询的具体内容)；

(二)执行公务证或工作证及介绍信；

(三)本公司要求提供的其他材料。

第三十条 债券质押登记按照本公司有关质押登记的业务规定办理。

第四章 结算

第三十一条 债券转让的资金结算可以委托本公司办理。本公司于每一交收日完成证券交易所市场的资金结算后，办理债券转让的资金结算。

第三十二条 本公司办理债券转让的资金结算采用逐笔全额方式，不提供交收担保。

第三十三条 本公司于每一工作日的15:00以后，对债券转让的每笔申报进行核查，对转让方和受让方相同转让编号的申报核查转受让双方专用账户号码、转让债券代码、数量、金额等信息是否一致，转让债券是否足够等内容，只有核查通过的申报才是有效申报，核查结束后，本公司将当日债券转让申报的核查结果发送相关证券公司。

第三十四条 对核查通过的申报，本公司进行清算处理，计算债券转让应支付的相关税费。委托本公司办理资金结算的，本公司对转让债券所需收付的资金一并计算，本公司在清算处理完成后，将当日债券转让申报的清算结果发送相关证券公司。

第三十五条 本公司对核查通过的待过户债券作锁定处理，直至T+1日本公司完成交收处理后解除锁定。债券锁定期间不得再次申报转让，也不办理转托管，锁定期间的孳息归转让方所有。

债券锁定期间如遇司法冻结、司法裁决过户，本公司自动解除锁定并协助执行，原转让申报无效。

第三十六条 证券公司收到本公司发送的清算结果后，应当与其合格投资者进行确认，并于T+1日15:00前，将确认结果发送本公司。

第三十七条 对于确认债券过户和支付资金的，证券公司应当于T+1日16:00前将各笔债券转让所需支付的资金及相关税费足额划入其在本公司的资金交收账户。

第三十八条 本公司对证券公司确认的每一笔债券转让申报按时间顺序于T+1日16:00以后办理债券过户手续，并在其资金交收账户内直接扣减相应税费，委托本公司办理资金结算的，本公司同时将相应资金从受让方证券公司资金交收账户划入转让方证券公司资金交收账户。

第三十九条 对于证券公司未确认的申报或者证券公司已确认但交收过程中资金交收账户中资金不足的转让申报，本公司不办理债券及资金的交收，其转让申报视为无效申报。

第四十条 本公司在交收完成后，将债券及资金交收的结果发送相关证券公司。

第五章 附 则

第四十一条 本公司办理债券登记结算业务，参照现行沪深证券市场企业债券相关业务收费标准，对于尚未开展过的业务参照非流通股相关业务收费标准，针对证券公司债券登记和转让的特殊情况制定具体的收费标准。

第四十二条 相关当事人不按规定缴纳有关登记结算费用的，本公司暂停为其提供相应的登记结算服务，直至其缴清相关费用为止。

第四十三条 本规则由本公司负责解释，修改时亦同。

第四十四条 本规则自中国证监会批准之日起实施。

股票发行与交易管理暂行条例

发文号：国务院令第112号 发文时间：1993—04—22

第一章 总 则

第一条 为了适应发展社会主义市场经济的需要，建立和发展全国统一、高效的股票市场，保护投资者的合法权益和社会公共利益，促进国民经济的发展，制定本条例。

第二条 在中华人民共和国境内从事股票发行、交易及其相关活动，必须遵守本条例。

本条例关于股票的规定适用于具有股票性质、功能的证券。

第三条 股票的发行与交易，应当遵循公开、公平和诚实信用的原则。

第四条 股票的发行与交易，应当维护社会主义公有制的主体地位，保障国有资产不受侵害。

第五条 国务院证券委员会(以下简称“证券委”)是全国证券市场的主管机构，依照法律、法规的规定对全国证券市场进行统一管理。中国证券监督管理委员会(以下简称“证监会”)是证券委的监督管理执行机构，依照法律、法规的规定对证券发行与交易的具体活动进行管理和监督。

第六条 人民币特种股票发行与交易的具体办法另行制定。

境内企业直接或者间接到境外发行股票、将其股票在境外交易，必须经证券委审批，具体办法另行制定。

第二章　股票的发行

第七条　股票发行人必须是具有股票发行资格的股份有限公司。

前款所称股份有限公司，包括已经成立的股份有限公司和经批准拟成立的股份有限公司。

第八条　设立股份有限公司申请公开发行股票，应当符合下列条件：

(一)其生产经营符合国家产业政策；

(二)其发行的普通股限于一种，同股同权；

(三)发起人认购的股本数额不少于公司拟发行的股本总额的百分之三十五；

(四)在公司拟发行的股本总额中，发起人认购的部分不少于人民币三千万元，但是国家另有规定的除外；

(五)向社会公众发行的部分不少于公司拟发行的股本总额的百分之二十五，其中公司职工认购的股本数额不得超过拟向社会公众发行的股本总额的百分之十；公司拟发行的股本总额超过人民币四亿元的，证监会按照规定可以酌情降低向社会公众发行的部分的比例，但是最低不少于公司拟发行的股本总额的百分之十；

(六)发起人在近三年内没有重大违法行为；

(七)证券委规定的其他条件。

第九条　原有企业改组设立股份有限公司申请公开发行股票，除应当符合本条例第八条所列条件外，还应当符合下列条件：

(一)发行前一年末，净资产在总资产中所占比例不低于百分之三十，无形资产在净资产中所占比例不高于百分之二十，但是证券委另有规定的除外；

(二)近三年连续盈利。

国有企业改组设立股份有限公司公开发行股票的，国家拥有的股份在公司拟发行的股本总额中所占的比例由国务院或者国务院授权的部门规定。

第十条　股份有限公司增资申请公开发行股票，除应当符合本条例第八条和第九条所列条件外，还应当符合下列条件：

(一)前一次公开发行股票所得资金的使用与其招股说明书所述的用途相符，并且资金使用效益良好；

(二)距前一次公开发行股票的时间不少于十二个月；

(三)从前一次公开发行股票到本次申请期间没有重大违法行为；

(四)证券委规定的其他条件。

第十一条　定向募集公司申请公开发行股票，除应当符合本条例第八条和第九条所列条件外，还应当符合下列条件：

(一)定向募集所得资金的使用与其招股说明书所述的用途相符，并且资金使用效益良好；

(二)距最近一次定向募集股份的时间不少于十二个月；

(三)从最近一次定向募集到本次公开发行期间没有重大违法行为；

(四)内部职工股权证按照规定范围发放，并且已交国家指定的证券机构集中托管；

(五)证券委规定的其他条件。

第十二条　申请公开发行股票，按照下列程序办理：

(一)申请人聘请会计师事务所、资产评估机构、律师事务所等专业性机构，对其资信、资产、财务状况进行审定、评估和就有关事项出具法律意见书后，按照隶属关系，分别向省、自治区、直辖市、计划单列市人民政府(以下简称“地方政府”)或者中央企业主管部门提出公开发行股票的申请；

(二)在国家下达的发行规模内，地方政府对地方企业的发行申请进行审批，中央企业主管部门在与申请人所在地地方政府协商后对中央企业的发行申请进行审批；地方政府、中央企业主管部门应当自收到发行申请之日起三十个工作日内作出审批决定，并抄报证券委；

(三)被批准的发行申请，送证监会复审；证监会应当自收到复审申请之日起二十个工作日内出具复审意见书，并将复审意见书抄报证券委；经证监会复审同意的，申请人应当向证券交易所上市委员会提出申请，经上市委员会同意接受上市，方可发行股票。

第十三条　申请公开发行股票，应当向地方政府或者中央企业主管部门报送下列文件：

(一)申请报告；

(二)发起人会议或者股东大会同意公开发行股票的决议；

(三)批准设立股份有限公司的文件；

(四)工商行政管理部门颁发的股份有限公司营业执照或者股份有限公司筹建登记证明；

(五)公司章程或者公司章程草案；

(六)招股说明书；

(七)资金运用的可行性报告；需要国家提供资金或者其他条件的固定资产投资项目，还应当提供国家有关部门同意固定资产投资立项的批准文件；

(八)经会计师事务所审计的公司近三年或者成立以来的财务报告和由二名以上注册会计师及其所在事务所签字、盖章的审计报告；

(九)经二名以上律师及其所在事务所就有关事项签字、盖章的法律意见书；

(十)经二名以上专业评估人员及其所在机构签字、盖章的资产评估报告，经二名以上注册会计师及其所在事务所签字、盖章的验资报告；涉及国有资产的，还应当提供国有资产管理部门出具的确认文件；

(十一)股票发行承销方案和承销协议；

(十二)地方政府或者中央企业主管部门要求报送的其他文件。

第十四条　被批准的发行申请送证监会复审时，除应当报送本条例第十三条所列文件外，还应当报送下列文件：

(一)地方政府或者中央企业主管部门批准发行申请的文件；

(二)证监会要求报送的其他文件。

第十五条　本条例第十三条所称招股说明书应当按照证监会规定的格式制作，并载明下列事项：

(一)公司的名称、住所；

(二)发起人、发行人简况；

(三)筹资的目的；

(四)公司现有股本总额，本次发行的股票种类、总额，每股的面值、售价，发行前的每股净资产值和发行结束后每股预期净资产值，发行费用和佣金；

(五)初次发行的发起人认购股本的情况、股权结构及验资证明；

(六)承销机构的名称、承销方式与承销数量；

(七)发行的对象、时间、地点及股票认购和股款缴纳的方式；

(八)所筹资金的运用计划及收益、风险预测；

(九)公司近期发展规划和经注册会计师审核并出具审核意见的公司下一年的盈利预测文件；

(十)重要的合同；

(十一)涉及公司的重大诉讼事项；

(十二)公司董事、监事名单及其简历；

(十三)近三年或者成立以来的生产经营状况和有关业务发展的基本情况；

(十四)经会计师事务所审计的公司近三年或者成立以来的财务报告和由二名以上注册会计师及其所在事务所签字、盖章的审计报告。

(十五)增资发行的公司前次公开发行股票所筹资金的运用情况；

(十六)证监会要求载明的其他事项。

第十六条　招股说明书的封面应当载明：“发行人保证招股说明书的内容真实、准确、完整。政府及国家证券管理部门对本次发行所作出的任何决定，均不表明其对发行人所发行的股票的价值或者投资人的收益作出实质性判断或者保证。”

第十七条　全体发起人或者董事以及主承销商应当在招股说明书上签字，保证招股说明书没有虚假、严重误导性陈述或者重大遗漏，并保证对其承担连带责任。

第十八条　为发行人出具文件的注册会计师及其所在事务所、专业评估人员及其所在机构、律师及其所在事务所，在履行职责时，应当按照本行业公认的业务标准和道德规范，对其出具文件内容的真实性、准确性、完整性进行核查和验证。

第十九条　在获准公开发行股票前，任何人不得以任何形式泄露招股说明书的内容。在获准公开发行股票后，发行人应当在承销期开始前二个至五个工作日期间公布招股说明书。

发行人应当向认购人提供招股说明书。证券承销机构应当将招股说明书备置于营业场所，并有义务提醒认购人阅读招股说明书。

招股说明书的有效期为六个月，自招股说明书签署完毕之日起计算。招股说明书失效后，股票发行必须立即停止。

第二十条　公开发行的股票应当由证券经营机构承销。承销包括包销和代销两种方式。

发行人应当与证券经营机构签署承销协议。承销协议应当载明下列事项：

(一)当事人的名称、住所及法定代表人的姓名；

(二)承销方式；

(三)承销股票的种类、数量、金额及发行价格；

(四)承销期及起止日期；

(五)承销付款的日期及方式；

(六)承销费用的计算、支付方式和日期；

(七)违约责任；

(八)其他需要约定的事项。

证券经营机构收取承销费用的原则，由证监会确定。

第二十一条 证券经营机构承销股票，应当对招股说明书和其他有关宣传材料的真实性、准确性、完整性进行核查；发现含有虚假、严重误导性陈述或者重大遗漏的，不得发出要约邀请或者要约；已经发出的，应当立即停止销售活动，并采取相应的补救措施。

第二十二条 拟公开发行股票的面值总额超过人民币三千万元或者预期销售总金额超过人民币五千万元的，应当由承销团承销。

承销团由二个以上承销机构组成。主承销商由发行人按照公平竞争的原则，通过竞标或者协商的方式确定。主承销商应当与其他承销商签署承销团协议。

第二十三条 拟公开发行股票的面值总额超过人民币一亿元或者预期销售总金额超过人民币一亿五千万元的，承销团中的外地承销机构的数目以及总承销量中在外地销售的数量，应当占合理的比例。

前款所称外地是指发行人所在的省、自治区、直辖市以外的地区。

第二十四条 承销期不得少于十日，不得超过九十日。

在承销期内，承销机构应当尽力向认购人出售其所承销的股票，不得为本机构保留所承销的股票。

承销期满后，尚未售出的股票按照承销协议约定的包销或者代销方式分别处理。

第二十五条 承销机构或者其委托机构向社会发放股票认购申请表，不得收取高于认购申请表印制和发放成本的费用，并不得限制认购申请表发放数量。

认购数量超过拟公开发行的总量时，承销机构应当按照公平原则，采用按比例配售、按比例累退配售或者抽签等方式销售股票。采用抽签方式时，承销机构应当在规定的日期，在公证机关监督下，按照规定的程序，对所有股票认购申请表进行公开抽签，并对中签者销售股票。

除承销机构或者其委托机构外，任何单位和个人不得发放、转售股票认购申请表。

第二十六条 承销机构应当在承销期满后的十五个工作日内向证监会提交承销情况的书面报告。

第二十七条 证券经营机构在承销期结束后，将其持有的发行人的股票向发行人以外的社会公众作出要约邀请、要约或者销售，应当经证监会批准，按照规定的程序办理。

第二十八条 发行人用新股票换回其已经发行在外的股票，并且这种交换无直接或者间接的费用发生的，不适用本章规定。

第三章 股票的交易

第二十九条 股票交易必须在经证券委批准可以进行股票交易的证券交易场所进行。

第三十条 股份有限公司申请其股票在证券交易所交易，应当符合下列条件：

(一)其股票已经公开发行；

(二)发行后的股本总额不少于人民币五千万元；

(三)持有面值人民币一千元以上的个人股东人数不少于一千人，个人持有的股票面值总额不少于人民币一千万元；

(四)公司有最近三年连续盈利的记录；原有企业改组设立股份有限公司的，原企业有最近三年连续盈利的记录，但是新设立的股份有限公司除外；

(五)证券委规定的其他条件。

第三十一条 公开发行股票符合前条规定条件的股份有限公司，申请其股票在证券交易所交易，应当向证券交易所的上市委员会提出申请；上市委员会应当自收到申请之日起二十个工作日内作出审批，确定具体上市时间。审批文件报证监会备案，并抄报证券委。

第三十二条 股份有限公司申请其股票在证券交易所交易，应当向证券交易所的上市委员会送交下列文件：

(一)申请书；

(二)公司登记注册文件；

(三)股票公开发行的批准文件；

(四)经会计师事务所审计的公司近三年或者成立以来的财务报告和由二名以上的注册会计师及其所在事务所签字、盖章的审计报告；

(五)证券交易所会员的推荐书；

(六)最近一次的招股说明书；

(七)证券交易所要求的其他文件。

第三十三条 股票获准在证券交易所交易后，上市公司应当公布上市公告并将本条例第三十二条所列文件予以公布。

第三十四条 上市公告的内容，除应当包括本条例第十五条规定的招股说明书的主要内容外，还应当包括下列事项：

(一)股票获准在证券交易所交易的日期和批准文号；

(二)股票发行情况、股权结构和最大的十名股东的名单及持股数额；

(三)公司创立大会或者股东大会同意公司股票在证券交易所交易的决议；

(四)董事、监事和高级管理人员简历及其持有本公司证券的情况；

(五)公司近三年或者成立以来的经营业绩和财务状况以及下一年的盈利预测文件；

(六)证券交易所要求载明的其他事项。

第三十五条 为上市公司出具文件的注册会计师及其所在事务所、专业评估人员及其所在机构、律师及其所在事务所，在履行职责时，应当按照本行业公认的业务标准和道德规范，对其出具文件内容的真实性、准确性、完整性进行核查和验证。

第三十六条 国家拥有的股份的转让必须经国家有关部门批准，具体办法另行规定。

国家拥有的股份的转让，不得损害国家拥有的股份的权益。

第三十七条 证券交易场所、证券保管、清算、过户、登记机构和证券经营机构，应当保证外地委托人与本地委托人享有同等待遇，不得歧视或者限制外地委托人。

第三十八条 股份有限公司的董事、监事、高级管理人员和持有公司百分之五以上有表决权股份的法人股东，将其所持有的公司股票在买入后六个月内卖出或者在卖出后六个月内买入，由此获得的利润归公司所有。

前款规定适用于持有公司百分之五以上有表决权股份的法人股东的董事、监事和高级管理人员。

第三十九条 证券业从业人员、证券业管理人员和国家规定禁止买卖股票的其他人员，不得直接或者间接持有、买卖股票，但是买卖经批准发行的投资基金证券除外。

第四十条 为股票发行出具审计报告、资产评估报告、法律意见书等文件的有关专业人员，在该股票承销期内和期满后六个月内，不得购买或者持有该股票。

为上市公司出具审计报告、资产评估报告、法律意见书等文件的有关专业人员，在其审计报告、资产评估报告、法律意见书等文件成为公开信息前，不得购买或者持有该公司的股票；成为公开信息后的五个工作日内，也不得购买该公司的股票。

第四十一条 未依照国家有关规定经过批准，股份有限公司不得购回其发行在外的股票。

第四十二条 未经证券委批准，任何人不得对股票及其指数的期权、期货进行交易。

第四十三条 任何金融机构不得为股票交易提供贷款。

第四十四条 证券经营机构不得将客户的股票借与他人或者作为担保物。

第四十五条 经批准从事证券自营、代理和投资基金管理业务中二项以上业务的证券经营机构，应当将不同业务的经营人员、资金、帐目分开。

第四章 上市公司的收购

第四十六条 任何个人不得持有一个上市公司千分之五以上的发行在外的普通股；超过的部分，由公司在征得证监会同意后，按照原买入价格和市场价格中较低的一种价格收购。但是，因公司发行在外的普通股总量减少，致使个人持有该公司千分之五以上发行在外的普通股的，超过的部分在合理期限内不予收购。

外国和香港、澳门、台湾地区的个人持有的公司发行的人民币特种股票和在境外发行的股票，不受前款规定的千分之五的限制。

第四十七条 任何法人直接或者间接持有一个上市公司发行在外的普通股达到百分之五时，应当自该事实发生之日起三个工作日内，向该公司、证券交易场所和证监会作出书面报告并公告。但是，因公司发行在外的普通股总量减少，致使法人持有该公司百分之五以上发行在外的普通股的，在合理期限内不受上述限制。

任何法人持有一个上市公司百分之五以上的发行在外的普通股后，其持有该种股票的增减变化每达到该种股票发行在外总额的百分之二时，应当自该事实发行之日起三个工作日内，向该公司、证券交易场所和证监会作出书面报告并公告。

法人在依照前两款规定作出报告并公告之日起二个工作日内和作出报告前，不得再行直接或者间接买入或者卖出该种股票。

第四十八条 发起人以外的任何法人直接或者间接持有一个上市公司发行在外的普通股达到百分之三十时，应当自该事实发生之日起四十五个工作日内，向该公司所有股票持有人发出收购要约，按照下列价格中较高的一种价格，以货币付款方式购买股票：

（一）在收购要约发出前十二个月内收购要约人购买该种股票所支付的最高价格；

（二）在收购要约发出前三十个工作日内该种股票的平均市场价格。

前款持有人发出收购要约前，不得再行购买该种股票。

第四十九条 收购要约人在发出收购要约前应当向证监会作出有关收购的书面报告；在发出收购要约的同时应当向受要约人、证券交易场所提供本身情况的说明和与该要约有关的全部信息，并保证材料真实、准确、完整，不产生误导。

收购要约的有效期不得少于三十个工作日，自收购要约发出之日起计算。自收购要约发出之日起三十个工作日内，收购要约人不得撤回其收购要约。

第五十条 收购要约的全部条件适用于同种股票的所有持有人。

第五十一条 收购要约期满，收购要约人持有的普通股未达到该公司发行在外的普通股总数的百分之五十的，为收购失败；收购要约人除发出新的收购要约外，其以后每年购买的该公司发行在外的普通股，不得超过该公司发行在外的普通股总数的百分之五。

收购要约期满，收购要约人持有的普通股达到该公司发行在外的普通股总数的百分之七十五以上的，该公司应当在证券交易所终止交易。

收购要约人要约购买股票的总数低于预受要约的总数时，收购要约人应当按照比例从所有预受收购要约的受要约人中购买该股票。

收购要约期满，收购要约人持有的股票达到该公司股票总数的百分之九十时，其余股东有权以同等条件向收购要约人强制出售其股票。

第五十二条 收购要约发出后，主要要约条件改变的，收购要约人应当立即通知所有受要约人。通知可以采用新闻发布会、登报或者其他传播形式。

收购要约人在要约期内及要约期满后三十个工作日内，不得以要约规定以外的任何条件购买该种股票。

预受收购要约的受要约人有权在收购要约失效前撤回对该要约的预受。

第五章　保管、清算和过户

第五十三条 股票发行采取记名式。发行人可以发行簿记券式股票，也可以发行实物券式股票。簿记券式股票名册应当由证监会指定的机构保管。实物券式股票集中保管的，也应当由证监会指定的机构保管。

第五十四条 未经股票持有人的书面同意，股票保管机构不得将该持有人的股票借与他人或者作为担保物。

第五十五条 证券清算机构应当根据方便、安全、公平的原则，制定股票清算、交割的业务规则和内部管理规则。

证券清算机构应当按照公平的原则接纳会员。

第五十六条 证券保管、清算、过户、登记机构应当接受证监会监管。

第六章　上市公司的信息披露

第五十七条 上市公司应当向证监会、证券交易场所提供下列文件：

（一）在每个会计年度的前六个月结束后六十日内提交中期报告；

（二）在每个会计年度结束后一百二十日内提交经注册会计师审计的年度报告。

中期报告和年度报告应当符合国家的会计制度和证监会的有关规定，由上市公司授权的董事或者经理签字，并由上市公司盖章。

第五十八条 本条例第五十七条所列中期报告应当包括下列内容：

（一）公司财务报告；

（二）公司管理部门对公司财务状况和经营成果的分析；

（三）涉及公司的重大诉讼事项；

（四）公司发行在外股票的变动情况；

（五）公司提交给有表决权的股东审议的重要事项；

（六）证监会要求载明的其他内容。

第五十九条 本条例第五十七条所列年度报告应当包括下列内容：

（一）公司简况；

（二）公司的主要产品或者主要服务项目简况；

（三）公司所在行业简况；

（四）公司所拥有的重要的工厂、矿山、房地产等财产简况；

（五）公司发行在外股票的情况，包括持有公司百分之五以上发行在外普通股的股东的名单及前十名最大的股东的名单；

（六）公司股东数量；

（七）公司董事、监事和高级管理人员简况、持股情况和报酬；

（八）公司及其关联人一览表和简况；

（九）公司近三年或者成立以来的财务信息摘要；

（十）公司管理部门对公司财务状况和经营成果的分析；

（十一）公司发行在外债券的变动情况；

（十二）涉及公司的重大诉讼事项；

（十三）经注册会计师审计的公司最近二个年度的比较财务报告及其附表、注释；该上市公司为控股公司的，还应当包括最近二个年度的比较合并财务报告；

（十四）证监会要求载明的其他内容。

第六十条 发生可能对上市公司股票的市场价格产生较大影响、而投资人尚未得知的重大事件时，上市公司应当立即将有关该重大事件的报告提交证券交易场所和证监会，并向社会公布，说明事件的实质。但是，上市公司有充分理由认为向社会公布该重大事件会损害上市公司的利益，且不公布也不会导致股票市场价格重大变动的，经证券交易场所同意，可以不予公布。

前款所称重大事件包括下列情况：

（一）公司订立重要合同，该合同可能对公司的资产、负债、权益和经营成果中的一项或者多项产生显著影响；

（二）公司的经营政策或者经营项目发生重大变化；

（三）公司发生重大的投资行为或者购置金额较大的长期资产的行为；

（四）公司发生重大债务；

（五）公司未能归还到期重大债务的违约情况；

（六）公司发生重大经营性或者非经营性亏损；

（七）公司资产遭受重大损失；

（八）公司生产经营环境发生重要变化；

（九）新颁布的法律、法规、政策、规章等，可能对公司的经营有显著影响；

（十）董事长、百分之三十以上的董事或者总经理发生变动；

（十一）持有公司百分之五以上的发行在外的普通股的股东，其持有该种股票的增减变化每达到该种股票发行在外总额的百分之二以上的事实；

（十二）涉及公司的重大诉讼事项；

（十三）公司进入清算、破产状态。

第六十一条 在任何公共传播媒介中出现的消息可能对上市公司股票的市场价格产生误导性影响时，该公司知悉后应当立即对该消息作出公开澄清。

第六十二条 上市公司的董事、监事和高级管理人员持有该公司普通股的，应当向证监会、证券交易场所和该公司报告其持股情况；持股情况发生变化的，应当自该变化发生之日起十个工作日内向证监会、证券交易场所和该公司作出报告。

前款所列人员在辞职或者离职后六个月内负有依照本条规定作出报告的义务。

第六十三条 上市公司应当将要求公布的信息刊登在证监会指定的全国性报刊上。

上市公司在依照前款规定公布信息的同时，可以在证券交易场所指定的地方报刊上公布有关信息。

第六十四条 证监会应当将上市公司及其董事、监事、高级管理人员和持有公司百分之五以上的发行在外的普通股的股东所提交的报告、公告及其他文件及时向社会公开，供投资人查阅。

证监会要求披露的全部信息均为公开信息，但是下列信息除外：

(一)法律、法规予以保护并允许不予披露的商业秘密；

(二)证监会在调查违法行为过程中获得的非公开信息和文件；

(三)根据有关法律、法规规定可以不予披露的其他信息和文件。

第六十五条 股票持有人可以授权他人代理行使其同意权或者投票权。但是，任何人在征集二十五人以上的同意权或者投票权时，应当遵守证监会有关信息披露和作出报告的规定。

第六十六条 上市公司除应当向证监会、证券交易场所提交本章规定的报告、公告、信息及文件外，还应当按照证券交易场所的规定提交有关报告、公告、信息及文件，并向所有股东公开。

第六十七条 本条例第五十七条至第六十五条的规定，适用于已经公开发行股票，其股票并未在证券交易场所交易的股份有限公司。

第七章 调查和处罚

第六十八条 对违反本条例规定的单位和个人，证监会有权进行调查或者会同国家有关部门进行调查；重大的案件，由证券委组织调查。

第六十九条 证监会可以对证券经营机构的业务活动进行检查。

第七十条 股份有限公司违反本条例规定，有下列行为之一的，根据不同情况，单处或者并处警告、责令退还非法所筹股款、没收非法所得、罚款；情节严重的，停止其发行股票资格：

(一)未经批准发行或者变相发行股票的；

(二)以欺骗或者其他不正当手段获准发行股票或者获准其股票在证券交易场所交易的；

(三)未按照规定方式、范围发行股票，或者在招股说明书失效后销售股票的；

(四)未经批准购回其发行在外的股票的。

对前款所列行为负有直接责任的股份有限公司的董事、监事和高级管理人员，给予警告或者处以三万元以上三十万元以下的罚款。

第七十一条 证券经营机构违反本条例规定，有下列行为之一的，根据不同情况单处或者并处警告、没收非法获取的股票和其他非法所得、罚款；情节严重的，限制、暂停其证券经营业务或者撤销其证券经营业务许可：

(一)未按照规定的时间、程序、方式承销股票的；

(二)未按照规定发放股票认购申请表的；

(三)将客户的股票借与他人或者作为担保物的；

(四)收取不合理的佣金和其他费用的；

(五)以客户的名义为本机构买卖股票的；

(六)挪用客户保证金的；

(七)在代理客户买卖股票活动中，与客户分享股票交易的利润或者分担股票交易的损失，或者向客户提供避免损失的保证的；

(八)为股票交易提供融资的。

对前款所列行为负有责任的证券经营机构的主管人员和直接责任人员，给予警告或者处以三万元以上三十万元以下的罚款。

第七十二条 内幕人员和以不正当手段获取内幕信息的其他人员违反本条例规定，泄露内幕信息、根据内幕信息买卖股票或者向他人提出买卖股票的建议的，根据不同情况，没收非法获取的股票和其他非法所得，并处以五万元以上五十万元以下的罚款。

证券业从业人员、证券业管理人员和国家规定禁止买卖股票的其他人员违反本条例规定，直接或者间接持有、买卖股票的，除责令限期出售其持有的股票外，根据不同情况，单处或者并处警告、没收非法所得、五千元以上五万元以下的罚款。

第七十三条 会计师事务所、资产评估机构和律师事务所违反本条例规定，出具的文件有虚假、严重误导性内容或者有重大遗漏的，根据不同情况，单处或者并处警告、没收非法所得、罚款；情节严重的，暂停其从事证券业务或者撤销其从事证券业务许可。

对前款所列行为负有直接责任的注册会计师、专业评估人员和律师，给予警告或者处以三万元以上三十万元以下的罚款；情节严重的，撤销其从事证券业务的资格。

第七十四条 任何单位和个人违反本条例规定，有下列行为之一的，根据不同情况，单处或者并处警告、没收非法获取的股票和其他非法所得、罚款：

(一)在证券委批准可以进行股票交易的证券交易场所之外进行股票交易的；

(二)在股票发行、交易过程中，作出虚假、严重误导性陈述或者遗漏重大信息的；

(三)通过合谋或者集中资金操纵股票市场价格，或者以散布谣言等手段影响股票发行、交易的；

(四)为制造股票的虚假价格与他人串通，不转移股票的所有权或者实际控制，虚买虚卖的；

(五)出售或者要约出售其并不持有的股票，扰乱股票市场秩序的；

(六)利用职权或者其他不正当手段，索取或者强行买卖股票，或者协助他人买卖股票的；

(七)未经批准对股票及其指数的期权、期货进行交易的；

(八)未按照规定履行有关文件和信息的报告、公开、公布义务的；

(九)伪造、篡改或者销毁与股票发行、交易有关的业务记录、财务帐簿等文件的；

(十)其他非法从事股票发行、交易及其相关活动的。

股份有限公司有前款所列行为，情节严重的，可以停止其发行股票的资格；证券经营机构有前款所列行为，情节严重的，可以限制、暂停其证券经营业务或者撤销其证券经营业务许可。

第七十五条 本条例第七十条、第七十一条、第七十二条、第七十四条规定的处罚，由证券委指定的机构决定；重大的案件的处罚，报证券委决定。本条例第七十三条规定的处罚，由有关部门在各自的职权范围内决定。

第七十六条 上市公司和证券交易所或者其他证券业自律性管理组织的会员及其工作人员违反本条例规定，除依照本条例规定给予行政处罚外，由证券交易所或者其他证券业自律性管理组织根据章程或者自律准则给予制裁。

第七十七条 违反本条例规定，给他人造成损失的，应当依法承担民事赔偿责任。

第七十八条 违反本条例规定，构成犯罪的，依法追究刑事责任。

第八章 争议的仲裁

第七十九条 与股票的发行或者交易有关的争议，当事人可以按照协议的约定向仲裁机构申请调解、仲裁。

第八十条 证券经营机构之间以及证券经营机构与证券交易场所之间因股票的发行或者交易引起的争议，应当由证券委批准设立或者指定的仲裁机构调解、仲裁。

第九章 附则

第八十一条 本条例下列用语的含义：

(一)“股票”是指股份有限公司发行的、表示其股东按其持有的股份享受权益和承担义务的可转让的书面凭证。

“簿记券式股票”是指发行人按照证监会规定的统一格式制作的、记载股东权益的书面名册。

“实物券式股票”是指发行人在证监会指定的印制机构统一印制的书面股票。

(二)“发行在外的普通股”是指公司库存以外的普通股。

(三)“公开发行”是指发行人通过证券经营机构向发行人以外的社会公众就发行人的股票作出的要约邀请、要约或者销售行为。

(四)“承销”是指证券经营机构依照协议包销或者代销发行人所发行股票的行为。

(五)“承销机构”是指以包销或者代销方式为发行人销售股票的证券经营机构。

(六)“包销”是指承销机构在发行期结束后将未售出的股票全部

买下的承销方式。

（七）"代销 "是指承销机构代理发售股票，在发行期结束后，将未售出的股票全部退还给发行人或者包销人的承销方式。

（八）"公布"是指将本条例规定应当予以披露的文件刊载在证监会指定的报刊上的行为。

（九）"公开"是指将本条例规定应当予以披露的文件备置于发行人及其证券承销机构的营业地和证监会，供投资人查阅的行为。

（十）"要约"是指向特定人或者非特定人发出购买或者销售某种股票的口头的或者书面的意思表示。

（十一）"要约邀请"是指建议他人向自己发出要约的意思表示。

（十二）"预受"是指受要约人同意接受要约的初步意思表示，在要约期满前不构成承诺。

（十三）"上市公司"是指其股票获准在证券交易场所交易的股份有限公司。

（十四）"内幕人员"是指任何由于持有发行人的股票，或者在发行人或者与发行人有密切联系的企业中担任董事、监事、高级管理人员，或者由于其会员地位、管理地位、监督地位和职业地位，或者作为雇员、专业顾问履行职务，能够接触或者获取内幕信息的人员。

（十五）"内幕信息"是指有关发行人、证券经营机构、有收购意图的法人、证券监督管理机构、证券业自律性管理组织以及与其有密切联系的人员所知悉的尚未公开的可能影响股票市场价格的重大信息。

（十六）"证券交易场所"是指经批准设立的、进行证券交易的证券交易所和证券交易报价系统。

（十七）"证券业管理人员"是指证券管理部门和证券业自律性管理组织的工作人员。

（十八）"证券业从业人员"是指从事证券发行、交易及其他相关业务的机构的工作人员。

第八十二条 证券经营机构和证券交易所的管理规定，另行制定。

公司内部职工持股不适用本条例。

第八十三条 本条例由证券委负责解释。

第八十四条 本条例自发布之日起施行。

证券发行上市保荐制度暂行办法

发文号：中国证券监督管理委员会令第 18 号　发文时间：2003－12－28

《证券发行上市保荐制度暂行办法》已经 2003 年 10 月 9 日中国证券监督管理委员会第 49 次主席办公会议审议通过，现予公布，自 2004 年 2 月 1 日起施行。

主席：尚福林

二〇〇三年十二月二十八日

第一章　总　则

第一条 为规范证券发行上市行为，提高上市公司质量和证券经营机构执业水平，保护投资者的合法权益，促进证券市场健康发展，根据有关法律、行政法规，制定本办法。

第二条 本办法适用于股份有限公司首次公开发行股票和上市公司发行新股、可转换公司债券。

第三条 证券经营机构履行保荐职责，应当依照本办法的规定注册登记为保荐机构。

第四条 保荐机构应当遵守法律、行政法规、中国证券监督管理委员会（以下简称"中国证监会"）的规定和行业规范，诚实守信，勤勉尽责，尽职推荐发行人证券发行上市，持续督导发行人履行相关义务。

保荐机构履行保荐职责应当指定保荐代表人具体负责保荐工作。

第五条 保荐机构负责证券发行的主承销工作，依法对公开发行募集文件进行核查，向中国证监会出具保荐意见。

保荐机构应当保证所出具的文件真实、准确、完整。

第六条 发行人及其董事、监事、经理和其他高级管理人员（以下简称"高管人员"），为发行人提供专业服务的律师事务所、会计师事务所、资产评估机构等中介机构（以下简称"中介机构"）及其签名人员，应当依照法律、行政法规和中国证监会的规定，承担相应的责任，并配合保荐机构履行保荐职责。

保荐机构及其保荐代表人履行保荐职责，不能减轻或者免除发行人及其高管人员、中介机构及其签名人员的责任。

第七条 中国证监会依照法律、行政法规和本办法的规定，对保荐机构及其保荐代表人、发行人及其高管人员、中介机构及其签名人员的相关活动进行监督管理。

中国证券业协会对保荐机构、保荐代表人进行自律管理。

第二章　保荐机构和保荐代表人的注册登记

第八条 经中国证监会注册登记并列入保荐机构、保荐代表人名单（以下简称"名单"）的证券经营机构、个人，可以依照本办法规定从事保荐工作。未经中国证监会注册登记为保荐机构、保荐代表人并列入名单，任何机构、个人不得从事保荐工作。

第九条 证券经营机构申请注册登记为保荐机构的，应当是综合类证券公司，并向中国证监会提交自愿履行保荐职责的声明、承诺。

第十条 证券经营机构有下列情形之一的，不得注册登记为保荐机构：

（一）保荐代表人数量少于两名；

（二）公司治理结构存在重大缺陷，风险控制制度不健全或者未有效执行；

（三）最近二十四个月因违法违规被中国证监会从名单中去除；

（四）中国证监会规定的其他情形。

第十一条 个人申请注册登记为保荐代表人的，应当具有证券从业资格、取得执业证书且符合下列要求，通过所任职的保荐机构向中国证监会提出申请，并提交有关证明文件和声明：

（一）具备中国证监会规定的投资银行业务经历；

（二）参加中国证监会认可的保荐代表人胜任能力考试且成绩合格；

（三）所任职保荐机构出具由董事长或者总经理签名的推荐函；

（四）未负有数额较大到期未清偿的债务；

（五）最近三十六个月未因违法违规被中国证监会从名单中去除或者受到中国证监会行政处罚；

（六）中国证监会规定的其他要求。

第十二条 证券经营机构和个人应当保证注册登记申请文件真实、准确、完整。申请期间，文件内容发生重大变化的，应当自变化之日起五个工作日内向中国证监会提交更新资料。

第十三条 中国证监会自受理注册登记申请之日起二十个工作日内，对符合要求的，予以注册登记，将其列入名单，并予以公布；对不符合要求的，不予注册登记，并书面告知不予注册登记的理由。

第十四条 保荐机构应当自保荐机构、保荐代表人注册登记或者前次备案满十二个月之日起一个月内，向中国证监会报送年度备案表及相关资料，更新注册登记的内容。

第十五条 保荐机构、保荐代表人注册登记内容发生重大变化的，保荐机构应当自变化之日起五个工作日内向中国证监会报告。

第十六条 保荐机构有本办法第十条规定情形之一的，中国证监会将该保荐机构及其保荐代表人从名单中去除。

第十七条 保荐代表人有下列情形之一的，中国证监会将其从名单中去除：

（一）被注销或者吊销执业证书；

（二）不具备中国证监会规定的投资银行业务经历；

（三）保荐机构撤回推荐函；

（四）调离保荐机构或其投资银行业务部门；

（五）负有数额较大到期未清偿的债务；

（六）因违法违规被中国证监会行政处罚，或者因犯罪被判处刑罚；

（七）中国证监会规定的其他情形。

第十八条 从名单中去除的保荐代表人符合注册登记要求的，可再次申请注册登记为保荐代表人。自去除之日起超过六个月的，应当重新参加保荐代表人胜任能力考试。

第三章 保荐机构的职责

第十九条 保荐机构应当尽职推荐发行人证券发行上市。

发行人证券上市后，保荐机构应当持续督导发行人履行规范运作、信守承诺、信息披露等义务。

第二十条 保荐机构在推荐发行人首次公开发行股票前，应当按照中国证监会的规定对发行人进行辅导。

保荐机构推荐其他机构辅导的发行人首次公开发行股票的，应当在推荐前对发行人至少再辅导六个月。

第二十一条 发行人经辅导符合下列要求的，保荐机构方可推荐其股票发行上市：

（一）符合证券公开发行上市的条件和有关规定，具备持续发展能力；

（二）与发起人、大股东、实际控制人之间在业务、资产、人员、机构、财务等方面相互独立，不存在同业竞争、显失公允的关联交易以及影响发行人独立运作的其他行为；

（三）公司治理、财务和会计制度等不存在可能妨碍持续规范运作的重大缺陷；

（四）高管人员已掌握进入证券市场所必备的法律、行政法规和相关知识，知悉上市公司及其高管人员的法定义务和责任，具备足够的诚信水准和管理上市公司的能力及经验；

（五）中国证监会规定的其他要求。

第二十二条 保荐机构推荐发行人证券发行上市，应当按照法律、行政法规和中国证监会的规定，对发行人及其发起人、大股东、实际控制人进行尽职调查、审慎核查，根据发行人的委托，组织编制申请文件并出具推荐文件。

第二十三条 保荐机构对发行人公开发行募集文件中无中介机构及其签名人员专业意见支持的内容，应当进行充分、广泛、合理的调查，对发行人提供的资料和披露的内容进行独立判断，并有充分理由确信所作的判断与发行人公开发行募集文件的内容不存在实质性差异。

第二十四条 保荐机构对发行人公开发行募集文件中有中介机构及其签名人员出具专业意见的内容，应当进行审慎核查，对发行人提供的资料和披露的内容进行独立判断。

保荐机构所作的判断与中介机构的专业意见存在重大差异的，应当对有关事项进行调查、复核，并可聘请其他中介机构提供专业服务。

第二十五条 保荐机构应当在推荐文件中就下列事项做出承诺：

（一）有充分理由确信发行人符合本办法第二十一条规定的要求，且其证券适合在证券交易所上市、交易；

（二）有充分理由确信发行人申请文件和公开发行募集文件不存在虚假记载、误导性陈述或者重大遗漏；

（三）有充分理由确信发行人及其董事在公开发行募集文件中表达意见的依据充分合理；

（四）有充分理由确信与其他中介机构发表的意见不存在实质性差异；

（五）保证所指定的保荐代表人及本保荐机构的相关人员已勤勉尽责，对发行人申请文件进行了尽职调查、审慎核查；

（六）保证推荐文件、与履行保荐职责有关的其他文件不存在虚假记载、误导性陈述或者重大遗漏；

（七）保证对发行人提供的专业服务和出具的专业意见符合法律、行政法规、中国证监会的规定和行业规范；

（八）自愿接受中国证监会依照本办法采取的监管措施；

（九）中国证监会规定的其他事项。

第二十六条 保荐机构提交推荐文件后，应当主动配合中国证监会的审核，并承担下列工作：

（一）组织发行人及其中介机构对中国证监会的意见进行答复；

（二）按照中国证监会的要求对涉及本次证券发行上市的特定事项进行尽职调查或者核查；

（三）指定保荐代表人与中国证监会进行专业沟通；

（四）中国证监会规定的其他工作。

第二十七条 保荐机构推荐发行人证券上市，应当向证券交易所提交推荐书及证券交易所上市规则所要求的相关文件，并报中国证监会备案。

推荐书应当载明本办法第二十五条规定的承诺事项、对发行人持续督导工作的安排以及证券交易所要求的其他事项。

第二十八条 保荐机构应当针对发行人具体情况确定持续督导的内容和重点，并承担下列工作：

（一）督导发行人有效执行并完善防止大股东、其他关联方违规占用发行人资源的制度；

（二）督导发行人有效执行并完善防止高管人员利用职务之便损害发行人利益的内控制度；

（三）督导发行人有效执行并完善保障关联交易公允性和合规性的制度，并对关联交易发表意见；

（四）督导发行人履行信息披露的义务，审阅信息披露文件及向中国证监会、证券交易所提交的其他文件；

（五）持续关注发行人募集资金的使用、投资项目的实施等承诺事项；

（六）持续关注发行人为他人提供担保等事项，并发表意见；

（七）中国证监会规定及保荐协议约定的其他工作。

第二十九条 首次公开发行股票的，持续督导的期间为证券上市当年剩余时间及其后两个完整会计年度；上市公司发行新股、可转换公司债券的，持续督导的期间为证券上市当年剩余时间及其后一个完整会计年度。持续督导的期间自证券上市之日起计算。

第三十条 持续督导期届满，如有尚未完结的保荐工作，保荐机构应当继续完成。

保荐机构在尽职推荐期间、持续督导期间未勤勉尽责的，持续督导期届满，保荐机构仍应承担相应的责任。

第四章 保荐工作规程

第三十一条 保荐机构应当建立健全保荐工作的内部控制体系。

第三十二条 保荐机构应当建立健全证券发行上市的尽职调查制度、对发行上市申请文件的内部核查制度、对发行人证券上市后的持续督导制度。

第三十三条 保荐机构应当建立健全对保荐代表人及从事保荐工作的其他人员的持续培训制度。

第三十四条 保荐机构应当建立健全档案制度，为每一项目建立独立的保荐工作档案。

保荐工作档案应当真实、准确、完整，保存期不少于十年。

第三十五条 存在下列可能影响公正履行保荐职责情形的，保荐机构不得推荐发行人证券发行上市：

（一）保荐机构及其大股东、实际控制人、重要关联方持有发行人的股份合计超过百分之七；

（二）发行人持有或者控制保荐机构股份超过百分之七；

（三）保荐机构的保荐代表人或者董事、监事、经理、其他高级管理人员拥有发行人权益、在发行人任职等可能影响公正履行保荐职责的情形；

（四）保荐机构及其大股东、实际控制人、重要关联方为发行人提供担保或融资。

第三十六条 保荐机构应当与发行人签定保荐协议，明确双方的权利和义务。

第三十七条 保荐机构应当按照行业规范与发行人协商确定履行保荐职责的相关费用。

第三十八条 刊登公开发行募集文件前终止保荐协议的，保荐机构和发行人应当自终止之日起五个工作日内分别向中国证监会报告，说明原因。

第三十九条 刊登公开发行募集文件后，保荐机构和发行人不得终止保荐协议，但发行人因再次申请发行新股或可转换公司债券另行聘请保荐机构、保荐机构被中国证监会从名单中去除的除外。

终止保荐协议的，保荐机构和发行人应当自终止之日起五个工作日内向中国证监会、证券交易所报告，说明原因。

第四十条 持续督导期间，保荐机构被中国证监会从名单中去除的，发行人应当在一个月内另行聘请保荐机构。

第四十一条 另行聘请的保荐机构应当完成原保荐机构未完成的持续督导工作，且持续督导的时间不得少于一个完整的会计年度。

另行聘请的保荐机构应当自保荐协议签定之日起开展保荐工作并承担相应的责任。原保荐机构应当承担其尽职推荐期间、持续督导期间相应的责任。

第四十二条 保荐机构应当指定两名保荐代表人具体负责一家发行人的保荐工作，出具由董事长或者总经理签名的专项授权书，并确保保荐机构有关部门和人员有效分工协作。

保荐机构还应当指定一名项目主办人，保荐代表人可以担任项目主办人。

第四十三条 发行人证券发行后，保荐机构不得更换保荐代表人，但保荐代表人因调离保荐机构等情形被中国证监会从名单中去除的除外。

保荐机构更换保荐代表人的，应当通知发行人，并在五个工作日内向中国证监会、证券交易所报告，说明原因。原保荐代表人应当承担其具体负责保荐工作期间的相应责任。

第四十四条 保荐机构法定代表人、投资银行业务部门负责人、内核负责人、保荐代表人、项目主办人应当在推荐文件上签名，并列名于发行人公开发行募集文件。

第四十五条 保荐机构履行保荐职责发表的意见应当及时告知发行人，记录于保荐工作档案，并可依照本办法规定公开发表声明、向中国证监会或者证券交易所报告。

第四十六条 保荐机构应当自持续督导工作结束后十个工作日内向中国证监会、证券交易所报送“保荐总结报告书”。

第四十七条 保荐代表人从事保荐工作受到非正当因素干扰，应当保留独立的专业意见，并记录于保荐工作档案。

第四十八条 保荐代表人及从事保荐工作的其他人员属于内幕信息的知情人员，应当遵守法律、行政法规和中国证监会的规定，不得利用内幕信息直接或者间接为保荐机构、本人或者他人谋取不正当利益。

第五章　保荐工作的协调

第四十九条 保荐机构履行保荐职责可对发行人行使下列权利：

（一）要求发行人按照本办法规定、保荐协议约定的方式，及时通报信息；

（二）按照中国证监会、证券交易所信息披露规定，对发行人违法违规的事项发表公开声明；

（三）中国证监会规定或者保荐协议约定的其他权利。

第五十条 发行人有下列情形之一的，应当及时通知或者咨询保荐机构，并按协议约定将相关文件送交保荐机构：

（一）变更募集资金及投资项目等承诺事项；

（二）发生关联交易、为他人提供担保等事项；

（三）履行信息披露义务或者向中国证监会、证券交易所报告有关事项；

（四）发生违法违规行为或者其他重大事项；

（五）中国证监会规定或者保荐协议约定的其他事项。

第五十一条 证券发行前，发行人不配合保荐机构履行保荐职责的，保荐机构应当发表保留意见，并在推荐文件中予以说明；情节严重的，应当不予推荐，已推荐的应当撤销推荐。

第五十二条 证券发行后，保荐机构有充分理由确信发行人可能存在违法违规行为以及其他不当行为的，应当督促发行人做出说明并限期纠正；情节严重的，应当向中国证监会、证券交易所报告。

第五十三条 保荐机构应当组织协调中介机构及其签名人员参与证券发行上市的相关工作。

第五十四条 保荐机构对中介机构及其签名人员出具的专业意见存有疑义的，应当主动与中介机构进行协商，并可要求其做出解释或者出具依据。

第五十五条 保荐机构有充分理由确信中介机构及其签名人员出具的专业意见可能存在虚假记载、误导性陈述或重大遗漏等违法违规情形或者其他不当情形的，应当及时发表意见；情节严重的，应当向中国证监会、证券交易所报告。

第五十六条 中介机构及其签名人员应当保持专业独立，对保荐机构提出的疑义或者意见进行审慎的复核判断，向保荐机构、发行人及时发表意见，并可依法向相关部门及中国证监会、证券交易所报告。

第六章　监管措施和法律责任

第五十七条 中国证监会建立保荐信用监管系统，对保荐机构和保荐代表人进行持续动态的注册登记管理，将其执业情况、违法违规行为、其他不良行为以及对其采取的监管措施等记录予以公布。

第五十八条 自保荐机构向中国证监会提交推荐文件之日起，保荐机构及其保荐代表人承担相应的责任。

第五十九条 证券经营机构向中国证监会提交的保荐机构注册登记申请文件存在虚假记载、误导性陈述或者重大遗漏的，中国证监会不予注册登记；已注册登记的，从名单中去除。

保荐代表人注册登记申请文件存在虚假记载、误导性陈述或者重大遗漏的，中国证监会对个人不予注册登记；已注册登记的，从名单中去除，自去除之日起六个月内不再受理该保荐机构推荐的保荐代表人注册登记申请。

第六十条 保荐机构向中国证监会、证券交易所提交的与保荐工作相关的文件存在虚假记载、误导性陈述或重大遗漏，或者唆使、协助、参与发行人及其中介机构提供存在虚假记载、误导性陈述或重大遗漏的文件，中国证监会自确认之日起六个月内不再受理保荐机构的推荐；十二个月内不受理相关保荐代表人具体负责的推荐，已受理的责令保荐机构更换保荐代表人。情节严重的，中国证监会将保荐机构及相关保荐代表人从名单中去除。

第六十一条 保荐机构、保荐代表人违反法律、行政法规的规定，唆使、协助或参与发行人干扰中国证监会及其股票发行审核委员会的审核工作，中国证监会自确认之日起三个月内不再受理保荐机构的推荐；六个月内不受理相关保荐代表人具体负责的推荐，已受理的责令保荐机构更换保荐代表人。情节严重的，中国证监会将保荐机构及相关保荐代表人从名单中去除。

第六十二条 保荐机构违反本办法第三十四条的规定，未建立保荐工作档案或者保荐工作档案存在虚假记载、重大遗漏的，中国证监会自确认之日起三个月内不再受理保荐机构的推荐，六个月内不再受理相关保荐代表人具体负责的推荐。

第六十三条 保荐机构、保荐代表人因投资银行业务涉嫌违法违规处于立案调查期间的，中国证监会暂不再受理保荐机构的推荐；暂不再受理相关保荐代表人具体负责的推荐。

第六十四条 保荐代表人因投资银行业务或其具体负责保荐工作的发行人在尽职推荐期间、持续督导期间内受到证券交易所、中国证券业协会公开谴责的，中国证监会自公开谴责之日起三个月内不受理相关保荐代表人具体负责的推荐，已受理的责令保荐机构更换保荐代表人。

第六十五条 发行人出现下列情形之一的，中国证监会自确认之日起三个月内不再受理保荐机构的推荐，将相关保荐代表人从名单中去除：

（一）公开发行募集文件等申请文件存在虚假记载、误导性陈述或者重大遗漏；

（二）证券上市当年即亏损；

（三）持续督导期间信息披露文件存在虚假记载、误导性陈述或者重大遗漏。

第六十六条 发行人在持续督导期间出现下列情形之一的，中国证监会自确认之日起三个月内不再受理相关保荐代表人具体负责的推荐：

（一）证券上市当年累计百分之五十以上募集资金的用途与承诺不符；

（二）证券上市当年主营业务利润比上年下滑百分之五十以上；

（三）证券上市之日起十二个月内大股东或者实际控制人发生变更；

（四）首次公开发行股票之日起十二个月内累计百分之五十以上资产或者主营业务发生重组；

（五）上市公司发行新股、可转换公司债券之日起十二个月内累计百分之五十以上资产或者主营业务发生重组，且未在公开发行募集文件中披露；

（六）中国证监会规定的其他情形。

一个自然年度内发生两次以上前款情形且排名前十位的，中国证监会自确认之日起十二个月内不受理相关保荐代表人具体负责的推荐，已受理的责令保荐机构更换保荐代表人。

第六十七条 发行人在持续督导期间出现下列情形之一的，中国证监会自确认之日起三个月内不再受理相关保荐代表人具体负责的推荐：

（一）实际盈利低于盈利预测达百分之二十以上；

（二）关联交易显失公允或程序违规，涉及金额超过前一年末经审计净资产百分之五，或者影响损益超过前一年经审计净利润百分之十；

（三）大股东、实际控制人或其他关联方违规占用发行人资源，涉及金额超过前一年末经审计净资产百分之五，或者影响损益超过前一年经审计净利润百分之十；

（四）违规为他人提供担保涉及金额超过前一年末经审计净资产百分之十，或者影响损益超过前一年经审计净利润百分之十；

（五）违规购买或出售资产、借款、委托资产管理等，涉及金额超过前一年末经审计净资产百分之十，或者影响损益超过前一年经审计净利润百分之十；

（六）高管人员侵占发行人利益受到行政处罚或者被追究刑事责任；

（七）中国证监会规定的其他情形。

一个自然年度内发生两次以上前款情形且排名前十位的，中国证监会自确认之日起六个月内不受理相关保荐代表人具体负责的推荐，已受理的责令保荐机构更换保荐代表人。

第六十八条 发行人在持续督导期间出现下列情形之一的，中国证监会自确认之日起三个月内不再受理相关保荐代表人具体负责的推荐：

（一）未在法定期限内披露定期报告；

（二）未按规定披露业绩重大变化或者亏损事项；

（三）未按规定披露资产购买或者出售事项；

（四）未按规定披露关联交易事项；

（五）未按规定披露对损益影响超过前一年经审计净利润百分之十的担保损失、意外灾害、资产减值准备计提和转回、政府补贴、诉讼赔偿等事项；

（六）未按规定披露有关股权质押、实际控制人变化等事项；

（七）未按规定披露诉讼、担保、重大合同、募集资金变更等事项；

（八）中国证监会规定的其他情形。

一个自然年度内发生两次以上前款情形且排名前十位的，中国证监会自确认之日起六个月内不受理相关保荐代表人具体负责的推荐，已受理的责令保荐机构更换保荐代表人。

第六十九条 在一个自然年度内，保荐机构指定的保荐代表人受到不受理或不再受理监管措施的次数超过三次，或者累计时间超过十二个月，且累计时间与该保荐机构当年末所保荐的发行人家数之比排名前三位的，中国证监会自确认之日起三个月内不受理其推荐，已受理的责令其撤销推荐。

第七十条 对中国证监会采取的监管措施，保荐机构及保荐代表人提出申辩的，如有充分证据证明下列事实且认为理由成立，中国证监会应当予以采纳：

（一）发行人或其高管人员故意隐瞒重大事实，保荐机构和保荐代表人已履行勤勉尽责义务；

（二）发行人已在公开发行募集文件中做出特别提示，保荐机构和保荐代表人已履行勤勉尽责义务；

（三）发行人因不可抗力致使业绩、募集资金运用等出现异常或未能履行承诺；

（四）发行人及其高管人员在持续督导期间故意违法违规，保荐机构和保荐代表人主动予以揭示，已履行勤勉尽责义务；

（五）保荐机构、保荐代表人已履行勤勉尽责义务的其他情形。

第七十一条 发行人及其高管人员未遵守本办法规定，变更保荐机构后未另行聘请保荐机构，持续督导期间违法违规且拒不纠正，或者发生其他严重不配合保荐工作情形的，中国证监会予以记录、公布，并可采取下列监管措施：

（一）要求发行人每月向中国证监会报告接受保荐机构督导的情况；

（二）要求发行人披露月度财务报告、相关资料；

（三）指定中介机构进行核查；

（四）要求证券交易所对发行人证券的交易实行特别提示；

（五）两年至五年内不予受理其发行新股、可转换公司债券的申请。

第七十二条 中介机构及其签名人员出具的专业意见存在虚假记载、误导性陈述或重大遗漏，或者因不配合保荐工作而导致严重后果的，中国证监会自确认之日起六个月至三十六个月内不受理其文件，并将处理结果予以公布。

第七十三条 保荐机构及其保荐代表人、发行人及其高管人员、中介机构及其签名人员违反本办法规定的，中国证监会可以对其采取谈话提醒、重点关注、责令改正、认定为不适合担任相关职务者等监管措施。

第七十四条 保荐机构及其保荐代表人、发行人及其高管人员、中介机构及其签名人员违反法律、行政法规，依法应予行政处罚的，依照有关规定进行处罚；情节严重涉嫌犯罪的，依法移送司法机关，追究其刑事责任。

第七章　附　则

第七十五条 中国证券业协会或者其他机构经中国证监会认可，可以组织保荐代表人胜任能力考试。

第七十六条 本办法自 2004 年 2 月 1 日起施行。

证券公司债券管理暂行办法

发文号：中国证券监督管理委员会令第 25 号　发文时间：2004－10－18

《关于修改＜证券公司债券管理暂行办法＞的决定》已经 2004 年 10 月 15 日中国证券监督管理委员会第 119 次主席办公会议审议通过，现予公布，自公布之日起施行。

主席：尚福林

二〇〇四年十月十八日

关于修改《证券公司债券管理暂行办法》的决定

一、删去第七条第三项。

二、第十二条第二款修改为："公开发行债券的担保金额应不少于债券本息的总额。定向发行债券的担保金额原则上不少于债券本息的百分之五十，担保金额不足百分之五十或者未提供担保定向发行债券的，应当在发行和转让时向投资者作特别风险提示，并由投资者签字。"

三、第二十三条修改为："债券的期限最短为一年。"

四、第二十六条第（二）项修改为"实际发行债券的面值不少于 5 千万元"。

本决定自 2004 年 10 月 18 日起施行。

《证券公司债券管理暂行办法》根据本决定作相应的修改，重新公布。

（2003 年 8 月 29 日中国证券监督管理委员会第 43 次主席办公会议审议通过，根据 2004 年 10 月 15 日中国证券监督管理委员会《关于修改＜证券公司债券管理暂行办法＞的决定》修订）

第一章　总　则

第一条 为规范证券公司债券的发行和转让行为，保护债券持有人的合法权益，根据《公司法》、《证券法》及有关法律、行政法规的规定，制定本办法。

第二条 本办法所称证券公司债券是指证券公司依法发行的、约定在一定期限内还本付息的有价证券。

证券公司发行债券适用本办法，但发行可转换公司债券的除外。

第三条 中国证券监督管理委员会（以下简称"中国证监会"）依法对证券公司债券的发行和转让行为进行监督管理。

第四条 证券公司发行债券必须符合本办法规定的条件，并报经中国证监会批准。未经批准不得擅自发行或变相发行债券。

第五条 证券公司债券经批准可以向社会公开发行，也可以向合格投资者定向发行。

定向发行的债券不得公开发行或者变相公开发行。

第六条 发行债券的证券公司（以下简称"发行人"）应当制定到期还本付息的有效措施，保护债券持有人的合法权益。

第二章　发行与承销

第七条　证券公司公开发行债券，除应当符合《公司法》规定的条件外，还应当符合下列要求：

（一）发行人为综合类证券公司；

（二）最近一期期末经审计的净资产不低于10亿元；

（三）最近一年盈利；

（四）各项风险监控指标符合中国证监会的有关规定；

（五）最近两年内未发生重大违法违规行为；

（六）具有健全的股东会、董事会运作机制及有效的内部管理制度，具备适当的业务隔离和内部控制技术支持系统；

（七）资产未被具有实际控制权的自然人、法人或其他组织及其关联人占用；

（八）中国证监会规定的其他条件。

第八条　证券公司定向发行债券，除应当符合《公司法》规定的条件外，还应当符合前条第（四）、（五）、（六）、（七）、（八）项规定的要求，且最近一期期末经审计的净资产不低于5亿元。

第九条　定向发行的债券只能向合格投资者发行。合格投资者是指自行判断具备投资债券的独立分析能力和风险承受能力，且符合下列条件的投资者：

（一）依法设立的法人或投资组织；

（二）按照规定和章程可从事债券投资；

（三）注册资本在1000万元以上或者经审计的净资产在2000万元以上。

第十条　发行债券募集的资金应当有确定的用途和相应的使用计划及管理制度。募集资金的使用应当符合法律法规和中国证监会的有关规定，不得用于禁止性的业务和行为。

第十一条　发行人应当聘请证券资信评级机构对本期债券进行信用评级并对跟踪评级做出安排。

证券资信评级机构对评级结果的客观、公正和及时性承担责任。信用评级报告的内容和格式应当符合有关规定。

第十二条　发行人应当为债券的发行提供担保。为债券的发行提供保证的，保证人应当具有代为清偿债务的能力，保证应当是连带责任保证；为债券的发行提供抵押或质押的，抵押或质押的财产应当由具备资格的资产评估机构进行评估。

公开发行债券的担保金额应不少于债券本息的总额，定向发行债券的担保金额应不少于债券本息总额的百分之五十。

第十三条　发行人应当为债券持有人聘请债权代理人。聘请债权代理人应当订立债权代理协议，明确发行人、债券持有人及债权代理人之间的权利义务及违约责任。

发行人应当在募集说明书中明确约定，投资者认购本期债券视作同意债权代理协议。

发行人可聘请信托投资公司、基金管理公司、证券公司、律师事务所、证券投资咨询机构等机构担任债权代理人。

第十四条　发行人应当聘请律师事务所参照中国证监会证券发行的有关规定出具法律意见书和律师工作报告。

律师应当针对债券的特点，重点对债券的发行条件、发行方案、发行条款、担保、信用评级、专项偿债账户、债权代理人、债券持有人会议等，明确发表法律意见。

第十五条　发行人应当聘请有主承销商资格的证券公司组织债券的承销。定向发行的债券，经中国证监会批准可以由发行人自行组织销售。

第十六条　证券公司发行债券应当由董事会制定方案，股东会对下列事项做出专项决议：

（一）发行规模、期限、利率；

（二）担保；

（三）募集资金的用途；

（四）发行方式；

（五）决议有效期；

（六）与本期债券相关的其他重要事项。

第十七条　证券公司申请发行债券，应当向中国证监会报送下列文件：

（一）发行人申请报告；

（二）董事会、股东会决议；

（三）主承销商推荐函（附尽职调查报告）；

（四）募集说明书（附发行方案）；

（五）法律意见书（附律师工作报告）；

（六）经审计的最近三年及最近一期的财务会计报告；

（七）信用评级报告及跟踪评级安排的说明；

（八）偿债计划及保障措施的专项报告；

（九）关于支付本期债券本息的现金流分析报告；

（十）担保协议及相关文件；

（十一）债权代理协议；

（十二）发行人章程和营业执照复印件；

（十三）与债券发行相关的其他重要合同；

（十四）中国证监会要求报送的其他文件。

第十八条　定向发行债券，拟认购人书面承诺认购全部债券且不在转让市场进行转让，经拟认购人书面同意，发行人可免于信用评级、提供担保、聘请债权代理人。

前款所述的债券只能通过协议转让的方式进行转让。转让双方应当在协议中就该债券的转让限制和风险分别作出明确的书面提示和认可。

第十九条　债券的承销可采取包销和代销方式。

承销或者自行组织的销售，销售期最长不得超过90日。

第二十条　公开发行的债券，在销售期内售出的债券面值总额占拟发行债券面值总额的比例不足50%的，或未能满足债券上市条件的，视为发行失败。发行失败，发行人应当按发行价并加算银行同期存款利息返还认购人。

债券发行结束之前，发行人不得动用所募集的资金，主承销商和债权代理人负有监督义务。

第二十一条　公开发行的债券应当向社会公开发行，每份面值为100元。定向发行的债券应当采用记账方式向合格投资者发行，每份面值为50万元，每一合格投资者认购的债券不得低于面值100万元。

发行债券可按面值发行，也可采取其他方式发行，具体方式由发行人和主承销商协商确定。

第二十二条　债券的利率由发行人与其主承销商根据信用等级、风险程度、市场供求状况等因素协商确定，但必须符合企业债券利率管理的有关规定。

第二十三条　债券的期限最短为一年，最长不超过五年。

第三章　托管与转让

第二十四条　证券公司债券应当由中国证券登记结算有限责任公司负责登记、托管和结算。

经批准，中央国债登记结算有限责任公司也可以负责证券公司债券的登记、托管和结算。

第二十五条　公开发行的债券应当申请在证券交易所挂牌集中竞价交易。经中国证监会批准的，也可采取其他方式转让。

申请债券上市的证券公司应当与证券交易所订立上市协议，遵守证券交易所债券上市规则，接受证券交易所的监管。

第二十六条　债券申请上市应当符合下列条件：

（一）债券发行申请已获批准并发行完毕；

（二）实际发行债券的面值总额不少于2亿元；

（三）申请上市时仍符合公开发行的条件；

（四）中国证监会规定的其他条件。

第二十七条　上市债券到期前一个月终止上市交易，由发行人办理兑付事宜。

债券上市的证券公司出现《证券法》第五十五条、第五十六条规定情形的，由证券交易所做出暂停交易或终止上市的决定。

第二十八条　定向发行的债券可采取协议方式转让，也可经中国证监会批准采取其他方式转让，最小转让单位不得少于面值50万元。债券的转让应当在合格投资者之间进行，且应当符合转让场所的业务规则。

发行人、主承销商、提供转让服务的证券公司、转让人均应当对合格投资者身份进行必要的审查和确认，非合格投资者不得参与定向发行债券的认购、受让活动。

第二十九条　定向发行债券的发行人、主承销商、提供转让服务的证券公司应当将经审查确认的合格投资者的相关资料向登记结算公司申报，并办理证券帐户的开立、注册手续。合格投资者只能使用在登记结算公司注册的证券帐户进行债券的申购、受让等投资活动，并填制债券的认购表或受让表。

第四章　信息披露

第三十条　证券公司发行债券，应当按照中国证监会的有关规定制作募集说明书和其他信息披露文件，保证真实、准确、完整、及时地披露一切对投资者有实质性影响的信息。但定向发行债券的募集说明书及相关资料不得在媒体上公开刊登或变相公开刊登。

发行人及有关当事人不得以任何方式误导投资者购买债券。

第三十一条　发行人应当在募集说明书的显著位置提示投资者："投资者购买本期债券，应当认真阅读本募集说明书及有关的信息披露文件，进行独立的投资判断。中国证监会对本期债券发行的批准，并不表明其对本期债券的投资价值作出了任何评价，也不表明对本期债券的投资风险作出了任何判断"。

第三十二条　募集说明书、上市公告书、定期报告及重大事项公告等，应当符合中国证监会的有关规定和交易场所的业务规则。

第三十三条　募集说明书披露的发行条款应当具体明确，详细约定与债券当事人权利义务相关的条款。

募集说明书至少应当包括下列内容：

（一）债券的规模、期限、利率；

（二）发行的起止时间；

（三）本息偿付的时间、程序、方式；

（四）专项偿债帐户及其他偿债措施；

（五）债券持有人会议的有关安排；

（六）债权代理人及债权代理协议；

（七）担保事项；

（八）评级报告及跟踪评级的安排；

（九）发行人的违约责任；

（十）承销机构及其责任。

第三十四条　发行人应当在债券存续期内向债券持有人披露经具有证券从业资格的会计师事务所审计的年度财务会计报告。

第三十五条　公开发行债券的发行人应当于本息支付日前10日内，就有关事宜在中国证监会指定的报刊上公告三次。

第三十六条　债券上市期间，发行人应当在每个会计年度结束之日后四个月内向中国证监会和证券交易所提交年度报告，在每个会计年度的上半年结束之日后两个月内向中国证监会和证券交易所提交中期报告，并在中国证监会指定报刊和互联网网站上披露。

第三十七条　定期报告应当详细披露报告期内与债券持有人利益相关的重要情况，至少应当包括下列内容：

（一）债券本息的支付情况；

（二）专项偿债帐户的有关情况；

（三）担保人和担保物发生重大变化的情况；

（四）发行人的负债变化情况；

（五）现金流量状况综述；

（六）跟踪评级情况；

（七）债权代理人代理事务报告的主要内容；

（八）重大事项公告的主要情况；

（九）债券持有人会议的召开情况；

（十）其他对债券持有人有重大影响的信息。

第三十八条　发行人出现下列情形之一的，应当及时予以公告或以有效的方式告知债券持有人：

（一）预计到期难以偿付利息或本金；

（二）专项偿债帐户出现异常；

（三）订立可能对还本付息产生重大影响的担保合同及其他重要合同；

（四）发生重大亏损或者遭受超过净资产百分之十以上的重大损失；

（五）发生重大仲裁、诉讼；

（六）减资、合并、分立、解散及申请破产；

（七）拟进行重大债务重组；

（八）未能履行募集说明书的约定；

（九）担保人或担保物发生重大变化；

（十）债券被证券交易所暂停交易、终止上市；

（十一）中国证监会规定的其他情形。

第三十九条　定向发行债券的，其持续信息披露的内容与方式，应当在募集说明书中约定，但应当符合中国证监会关于定向发行债券信息披露的有关规定。

第五章　偿债措施

第四十条　债券持有人根据法律、行政法规的规定和债券募集说明书的约定行使权利，监督发行人和债权代理人的有关行为。

第四十一条　发行人必须为支付债券的本金和利息设立专项偿债账户，明确账户资金的来源、提取方式及对账户的监督管理等有关事宜。该账户资金可用于投资国债等低风险、高流动性的产品，也可按约定用于债券的提前偿付。

第四十二条　发行人应当通过股东会形成决议，在债券存续期间提高任意盈余公积金的比例和一般风险准备金的比例，以降低偿付风险。

第四十三条　发行人应当通过股东会形成决议，在专项偿债账户资金未能按约定提取或者未能偿付债券本息期间，采取下列措施：

（一）不向股东分配利润；

（二）暂缓重大对外投资、收购兼并等资本性支出项目的实施；

（三）调减或停发董事和高级管理人员的工资和奖金；

（四）主要责任人不得调离。

第四十四条　发行人约定在债券到期之前购回或约定条件提前偿付的，不得损害债券持有人的利益，且须公平对待所有债券持有人。

第四十五条　发行人在债券存续期内，不得单方面变更募集说明书的约定。如因特殊情况需要变更的，应当及时通知债权代理人并取得债券持有人的同意。

第四十六条　债券持有人可单独行使权利，也可通过债券持有人会议行使权利。募集说明书应当约定债券持有人会议的权利、召开程序以及决议的生效条件。

第四十七条　出现下列情形之一的，应当召开债券持有人会议：

（一）发行人提出拟变更募集说明书的约定；

（二）发行人不能按期支付本息；

（三）发行人减资、合并、分立、解散及申请破产；

（四）担保人或担保物发生重大变化；

（五）持有10%以上面值的债券持有人提出拟更换债权代理人。

第四十八条　发行人、担保人、持有本期债券且持有发行人10%以上股权的股东及其他重要关联方，可参加债券持有人会议并提出议案，但没有表决权。

第四十九条　债权代理人应当恪尽职守，履行诚实、信用、谨慎、有效管理的义务，严格遵守代理协议的约定，并履行下列义务：

（一）当出现未能及时偿付本息及其他可能影响债券持有人重大利益的情形时，及时督促提醒发行人，并告知债券持有人；

（二）依照约定监督专项偿债账户、募集资金的使用以及担保事项；

（三）依照募集说明书的约定，代理债券持有人与发行人之间的谈判及诉讼事务；

（四）债券持有人会议授权的其他事项。

第五十条　债权代理人应当制定代理业务操作规则，采取有效措施保护债券持有人的合法权益，并定期出具债权代理事务报告。

第五十一条　发行人应当指定专人负责债券事务。在利息或本金偿付日之前十五个工作日内，发行人应当组成偿付工作小组，负责利息和本金的偿付及与之相关的其他事务。

第六章　法律责任

第五十二条　证券公司债券的发行、承销、转让以及信息披露行为，应当遵守《公司法》、《证券法》的有关规定。违反规定的，由中国证监会依法给予行政处罚。

第五十三条　定向发行债券，违反规定在媒体上公开刊登或者变相公开刊登募集说明书或发布相关信息的，由中国证监会责令改正，单处或并处警告、罚款；情节严重的撤销对其定向发行债券的批准，已发行的债券由发行人按照发行价加同期银行存款利息返还，三年内不再受理其发行申请。对直接负责的主管人员和其他直接责任人员，单处或并处警告、罚款、暂停或取消从事证券业务的资格。

第五十四条　定向发行债券的发行人或承销商，违反规定向合格投资者以外的投资者销售债券的，应当主动改正；拒不改正的，由中国证监会责令改正，单处或并处警告、罚款；对发行人可撤销定向发行债券的批准，已发行的债券由发行人按照发行价加同期银行存款利息返还，三年内不再受理其发行申请，对承销商可暂停或取消其证券承销业务资格。对直接负责的主管人员和其他直接责任人员，单处或并处警告、罚款、暂停或取消从事证券业务的资格。

第五十五条 为定向发行债券提供服务的中介机构，出具的专业意见存在虚假记载、误导性陈述或者重大遗漏的，应当主动改正；拒不改正的，由中国证监会责令改正，并可视情节单处或并处警告、罚款，暂停或取消从事证券业务的资格。对直接负责的主管人员和其他直接责任人员，单处或并处警告、罚款、暂停或取消从事证券业务的资格。

第五十六条 债权代理人未按规定履行义务的，由中国证监会对有关责任人员依法给予行政处罚；给债券持有人造成损失的，应当依法承担民事责任。

第五十七条 发行人到期未能偿还本息的，债券持有人可依法提起诉讼。对有偿债能力而拒绝履行偿债义务及其他违规行为，中国证监会可视情况采取下列措施：

（一）责令履行相关义务；

（二）对单位单处或并处警告、罚款、暂停部分证券业务；

（三）对直接负责的主管人员和其他直接责任人员，单处或并处警告、罚款、暂停或取消从事证券业务的资格。

第七章　附　则

第五十八条 证券公司发行次级债券的管理办法另行制定。

第五十九条 本办法自2003年10月8日起施行。

上市公司新股发行管理办法

发文号：中国证券监督管理委员会令第1号　发文时间：2001－03－28

第一章　总　则

第一条 为规范上市公司新股发行活动，保护投资者的合法权益和社会公共利益，根据《公司法》、《证券法》及其它相关法律、行政法规的规定，制定本办法。

第二条 上市公司向社会公开发行新股，适用本办法。

本办法所称上市公司向社会公开发行新股，是指向原股东配售股票（以下简称“配股”）和向全体社会公众发售股票（以下简称“增发”）。

第三条 上市公司发行前条所述新股，应当以现金认购方式进行，同股同价。

第四条 除金融类上市公司外，上市公司发行新股所募集的资金，不得投资于商业银行、证券公司等金融机构。

第五条 上市公司申请发行新股，应当由具有主承销商资格的证券公司担任发行推荐人和主承销商。

第六条 中国证券监督管理委员会（以下简称“中国证监会”）依法对上市公司新股发行活动进行监督管理。

第七条 上市公司申请以其它方式发行新股的具体管理办法另行制定。

第二章　新股发行条件及关注事项

第八条 上市公司申请发行新股，应当符合《公司法》、《证券法》规定的条件。

第九条 上市公司申请发行新股，还应当符合以下具体要求：

（一）具有完善的法人治理结构，与对其具有实际控制权的法人或其他组织及其他关联企业在人员、资产、财务上分开，保证上市公司的人员、财务独立以及资产完整；

（二）公司章程符合《公司法》和《上市公司章程指引》的规定；

（三）股东大会的通知、召开方式、表决方式和决议内容符合《公司法》及有关规定；

（四）本次新股发行募集资金用途符合国家产业政策的规定；

（五）本次新股发行募集资金数额原则上不超过公司股东大会批准的拟投资项目的资金需要数额；

（六）不存在资金、资产被具有实际控制权的个人、法人或其他组织及其关联人占用的情形或其他损害公司利益的重大关联交易；

（七）公司有重大购买或出售资产行为的，应当符合中国证监会的有关规定；

（八）中国证监会规定的其他要求。

第十条 上市公司有下列情形之一的，中国证监会不予核准其发行申请：

（一）最近3年内有重大违法违规行为；

（二）擅自改变招股文件所列募集资金用途而未作纠正，或者未经股东大会认可；

（三）公司在最近3年内财务会计文件有虚假记载、误导性陈述或重大遗漏；重组中进入公司的有关资产的财务会计资料及重组后的财务会计资料有虚假记载、误导性陈述或重大遗漏；

（四）招股文件存在虚假记载、误导性陈述或重大遗漏；

（五）存在为股东及股东的附属公司或者个人债务提供担保的行为；

（六）中国证监会认定的其他情形。

第十一条 担任主承销商的证券公司应当重点关注下列事项，并在尽职调查报告中予以说明：

（一）存在对公司经营能力和收入有重大影响的关联交易；

（二）与同行业其他公司相比，公司重要财务指标如应收帐款周转率和存货周转率异常，可能存在重大风险；

（三）公司现金流量净增加额为负，且经营性活动所产生的现金流量净额为负，可能出现支付困难；

（四）公司曾发生募集资金的实施进度与原招股文件所作出的承诺不符，募集资金投向变更频繁，使用效果未达到公司披露的水平；

（五）公司本次发行筹资计划与本次募集资金投资项目的资金需要及实施周期相互不匹配，投资项目缺乏充分的论证；

（六）上市公司前次发行完成后，效益显著下降；或利润实现数未达到盈利预测的80％；

（七）公司最近3年未有分红派息，董事会对于不分配的理由未作出合理解释；

（八）公司缺乏稳健的会计政策；

（九）公司资金大量闲置，资金存放缺乏安全和有效的控制，或者大量资金用于委托理财；

（十）公司资产负债率过低，通过股本融资会导致公司财务结构更加不合理，或公司缺乏明确的投资方向，资金可能出现剩余；

（十一）公司或有负债数额巨大，且存在较大风险；

（十二）公司存在重大仲裁或诉讼；

（十三）公司内部控制制度存在较大缺陷；

（十四）公司可能不具备可持续发展的能力，经营存在重大不确定性；

（十五）公司最近1年内因违反信息披露规定及未履行报告义务受到中国证监会公开批评或证券交易所公开谴责；

（十六）公司董事会未履行其向全体股东所作出的承诺；

（十七）公司未按照中国证监会及其派出机构发出的限期整改通知书的要求完成整改。

第三章　发行程序与审核事项

第十二条 上市公司董事会决定聘请主承销商事宜。主承销商进行尽职调查后，应就新股发行方案与董事会取得一致意见，并同意向中国证监会推荐上市公司发行新股。

第十三条 上市公司申请发行新股，应当按照本办法的要求，依法就下列事项作出决议：

（一）董事会应当就本次发行是否符合本办法、具体发行方案、募集资金使用的可行性、前次募集资金的使用情况作出决议，并提请股东大会批准；

（二）股东大会应当就本次发行的数量、定价方式或价格（包括价格区间）、发行对象、募集资金用途及数额、决议的有效期、对董事会办理本次发行具体事宜的授权等事项进行逐项表决。

第十四条 上市公司自提出发行申请至新股发行前，发生《证券法》第62条规定的重大事件，以及本办法第11条规定的重点关注事项，应当及时通知主承销商，并在2个工作日内将上述情形报告中国证监会和证券交易所，同时对发行申请文件予以修改。需要提请股东大会批准的，董事会应当及时召开股东大会。

第十五条 上市公司申请发行新股，应当按照中国证监会的规定编制并提交发行申请文件。

第十六条 上市公司最近3年财务会计报告均由注册会计师出具了标准无保留意见审计报告的，公司应当在申请文件中提供最近3年经审计的财务会计报告；发行申请于下半年提出的，还应当提供申请当年公司公告的中期财务会计报告。

如最近3年财务会计报告被注册会计师出具非标准无保留意见审计报告的，则所涉及的事项应当对公司无重大影响或影响已经消除，违反合法性、公允性和一贯性的事项应当已经纠正；公司应当在申请文件中提供最近3年经审计的财务会计报告及公司申请时由注册会计师就非标准无保留意见审计报告涉及的事项是否已消除或纠正所出具的补充意见；发行申请于下半年提出的，还应当提供申请当年经审计的中期财务会计报告；发行申请于上半年提出，预计发行时间在下半年的，应当在中期报告公布后，补充申请当年经审计的中期财务会计报告。

上市未满3年及重大重组后距本次发行不满1个会计年度的上市公司，应当依据本条第2款规定提供财务会计报告。

第十七条 股票发行审核委员会(以下简称“发审委”)依法审核上市公司新股发行申请，中国证监会根据发审委的审核意见依法作出核准或不予核准的决定。

第十八条 发行申请经中国证监会核准后，上市公司应当与证券交易所协商确定新股发行上市的时间及登记等具体事项。

第十九条 上市公司增发的具体操作，应当按照中国证监会的有关规定进行。在确定股票发行价格之前，上市公司可以向投资者发出招股意向书，招股意向书应当载明：“本招股意向书的所有内容均构成招股说明书不可撤销的组成部分，与招股说明书具有同等法律效力”。

主承销商和上市公司根据投资者的认购意向确定发行价格后，编制招股说明书，并同时报中国证监会备案。

第二十条 发行申请未获核准的上市公司，自中国证监会作出不予核准的决定之日起6个月内不得再次提出新股发行申请。

第二十一条 上市公司和主承销商应当在申请文件中出具承诺函，保证在有关本次增发的信息公开前保守秘密，且不向在本次增发中参加配售的机构提供任何财务资助或补偿。

第四章 信息披露

第二十二条 上市公司作出发行新股的决定，应当按照下列要求披露有关信息：

(一)本次发行议案经董事会表决通过后，应当在2个工作日内报告证券交易所，公告召开股东大会的通知；

召开股东大会的通知应当包括董事会决议、提交股东大会表决的具体发行方案、董事会关于前次募集资金使用情况的说明、注册会计师出具的有关前次募集资金使用情况的专项报告，并载明“该项决议尚须经股东大会表决后，报中国证券监督管理委员会核准”字样；

(二)董事会应当在股东大会召开日前至少5个工作日就以下内容以公告形式通知股东：涉及运用募集资金收购资产(包括权益)的，董事会应当公告被收购资产的评估报告；如收购完成后，上市公司对被收购企业具有实际控制权或应将被收购企业合并报表的，董事会还应当公告被收购企业最近1个会计年度及最近一期经审计的财务会计报告，并承诺上述收购不会导致公司缺乏独立性；

对于与本次发行有关的关联交易，公司董事会应当在公告中保证该项交易符合公司的最大利益，不会损害非关联股东的利益及产生同业竞争；

(三)股东大会通过本次发行议案后，公司应当在2个工作日内公布股东大会决议，公告中应当载明“该方案尚须报中国证券监督管理委员会核准”字样；如果股东大会对董事会的发行议案有变更，还应当公告变更后的内容。

第二十三条 上市公司应当自收到中国证监会核准发行通知之日起2个工作日内发出获准发行新股的公告。

发行申请未获核准的上市公司，应当自收到中国证监会通知之日起2个工作日内发出未获准发行新股的公告。

第二十四条 上市公司接到中国证监会核准发行新股的通知后，可以公告配股说明书或招股意向书。

获准配股的上市公司应当在股权登记日前至少5个工作日公告配股说明书。配股说明书公告后至缴款截止日前，上市公司应当就该说明书至少再发布一次提示性公告，注明配股说明书的放置地点及中国证监会指定的互联网网址。

获准增发的上市公司应当在发行价格确定后，公告发行结果，其中注明招股说明书的放置地点及中国证监会指定的互联网网址，供投资者查阅。

第二十五条 上市公司公告的配股说明书、招股意向书应当与报送中国证监会核准的文本内容一致；确有必要修改的，应当在公布前取得中国证监会的同意。

第二十六条 上市公司增发披露盈利前景的，应当审慎地作出盈利预测，并经过具有证券从业资格的注册会计师审核，如存在影响盈利预测的不确定因素，应当就有关不确定因素提供分析与说明。

上市公司增发未作盈利预测的，应当在招股意向书、发行公告和招股说明书的显要位置作出特别风险警示。

第二十七条 上市公司应当在新股发行完成后的三年年报中对本次募集资金投资项目的效益情况作出持续披露。

第五章 法律责任

第二十八条 为上市公司发行新股提供服务的中介机构未按照中国证监会的规定履行勤勉尽责义务的，中国证监会给予公开批评并限期整改；在整改期间，暂缓接受有关中介机构出具的文件。

第二十九条 证券公司未按照《证券公司内部控制指引》建立内部控制，被中国证监会责令限期整改的，在整改期间，中国证监会暂缓受理其对上市公司发行新股的推荐意见。

第三十条 上市公司和承销商在发行信息公开前泄露有关信息的，中国证监会给予公开批评并责令上市公司发布澄清公告。

第三十一条 上市公司和承销商向在增发中参加配售的机构投资者提供财务资助或补偿的，中国证监会给予公开批评，并责令立即改正。

第三十二条 上市公司增发完成后，凡不属于公司管理层事前无法预测且事后无法控制的原因，利润实现数未达到盈利预测的，上市公司董事长、公司聘请的注册会计师、担任主承销商的证券公司法定代表人、业务负责人和项目负责人应当在股东大会及指定报刊上公开作出解释；利润实现数未达到盈利预测80%的，如无合理解释，上述人员应当在指定报刊公开道歉；未达到盈利预测50%的，中国证监会对有关上市公司给予公开批评，自作出公开批评之日起2年内，不再受理该公司发行新股的申请。

第三十三条 上市公司配股完成当年加权平均净资产收益率未达到银行同期存款利率的，上市公司董事长、担任主承销商的证券公司法定代表人、业务负责人和项目负责人应当在股东大会及指定报刊上公开作出解释；如无合理解释，上述人员应当在指定报刊公开道歉，中国证监会对上市公司给予公开批评；上市公司配股当年出现亏损的，中国证监会自作出公开批评之日起2年内，不再受理该公司发行新股的申请。

第三十四条 金融类公司以外的上市公司将募集资金投资于商业银行、证券公司等金融机构的，中国证监会给予公开批评，并责令立即改正。

第六章 附 则

第三十五条 境内上市外资股(B股)公司发行B股原则上按照本办法执行。

第三十六条 本办法自发布之日起施行。《关于上市公司配股工作有关问题的通知》(证监发〔1999〕12号)、《关于上市公司配股工作有关问题的补充通知》(证监公司字〔2000〕21号)、《上市公司向社会公开募集股份暂行办法》(证监公司字〔2000〕42号)、《境内上市外资股(B股)公司增资发行B股暂行办法》(证委发〔1999〕17号)同时废止。

首次公开发行股票辅导工作办法

发文号：证监发[2001]125号　发文时间：2001－10－16

第一章　总　则

第一条　为保障股票发行核准制的顺利实施，提高首次公开发行股票公司的素质及规范运作的水平，保证从事辅导工作的证券经营机构（以下称“辅导机构”）在首次公开发行股票过程中依法履行职责，特制定本办法。

第二条　凡拟在中华人民共和国境内首次公开发行股票的股份有限公司（以下称“辅导对象”），在提出首次公开发行股票申请前，应按本办法的规定聘请辅导机构进行辅导。

但中国证监会另有规定的除外。

第三条　辅导工作的总体目标是促进辅导对象建立良好的公司治理；形成独立运营和持续发展的能力；督促公司的董事、监事、高级管理人员全面理解发行上市有关法律法规、证券市场规范运作和信息披露的要求；树立进入证券市场的诚信意识、法制意识；具备进入证券市场的基本条件。同时促进辅导机构及参与辅导工作的其他中介机构履行勤勉尽责义务。

第四条　辅导期限至少为一年。辅导期自辅导机构向辅导对象所在地的中国证监会派出机构（以下简称“派出机构”）报送备案材料后，派出机构进行备案登记之日开始计算，至派出机构出具监管报告之日结束。

第五条　辅导工作应当遵循以下原则：

（一）勤勉尽责。辅导机构应按照有关法律、法规和规则的要求，履行职责，做好辅导工作。

（二）诚实信用。辅导机构和辅导对象均应客观、真实地反映辅导过程中的问题，健全有关记录，保证所有辅导资料的真实、准确和完整。

（三）突出重点，鼓励创新。辅导机构应根据辅导对象的具体情况，有针对性地进行重点辅导，鼓励结合具体情况有所创新。

（四）责任明确，风险自担。辅导工作只是准备发行上市的一个法定程序，辅导机构与辅导对象应自行承担相关风险。

第二章　辅导机构和辅导人员

第六条　辅导对象聘请的辅导机构应是具有主承销商资格的证券机构以及其他经有关部门认定的机构。

第七条　辅导机构应当针对每一个辅导对象组成专门的辅导工作小组。辅导工作小组应明确固定的组长，组长应具有综合协调能力。

第八条　辅导对象拟或已聘用的会计师事务所、律师事务所的执业人员应在辅导机构的协调下参与辅导工作，辅导机构也可根据需要另行聘请执业会计师、律师等参与辅导。

第九条　辅导机构至少应有三名固定人员参与辅导工作小组。其中至少有一人具有担任过首次公开发行股票主承销工作项目负责人的经验。同一人员不得同时担任四家以上企业的辅导工作。

辅导人员应具备有关法律、会计等必备的专业知识和技能，有较强的敬业精神。

第十条　辅导机构应制定对辅导工作和辅导人员考核的内部管理办法，中国证监会及其派出机构可以进行抽查。

第十一条　辅导人员应调动辅导机构及参与的有关中介机构的系统资源和条件，确保达到辅导效果。

第十二条　辅导工作应具有连续性，如辅导人员发生变更，应办妥交接手续，并应于变更之后五个工作日内向派出机构书面备案，说明变更原因。

第十三条　辅导人员及辅导机构的其他有关人员应当依法履行保密义务，在相关信息披露前，保守辅导对象的商业秘密。

第十四条　辅导对象依法自主选择辅导机构，中国证监会及派出机构、其他任何部门不得代替辅导对象选择或干预其选择。

第十五条　辅导机构可以是辅导对象提出发行上市申请的推荐人或保荐人。

如推荐人或保荐人未参与辅导，应对原辅导机构及其工作进行复核，并在推荐函中明确发表意见。

第三章　辅导协议

第十六条　辅导机构和辅导对象应本着自愿、平等的原则签订辅导协议。辅导机构与辅导对象还可以订立专门的保密协议。

第十七条　辅导协议至少应包括以下内容：

（一）双方的权利、义务和责任；

（二）辅导人员的构成；

（三）辅导对象接受辅导的人员；

（四）辅导内容、计划及实施方案；

（五）辅导方式；

（六）辅导期间及各阶段的工作重点；

（七）辅导所要达到的效果；

（八）辅导费用及其确定的原则和付款方式；

（九）辅导协议的变更与终止；

（十）违约责任；

（十一）协议的解释等。

第十八条　辅导协议应当明确规定在辅导期间辅导机构以何种方式跟踪了解辅导对象的规范运作情况。如辅导机构应以何种方式知悉有关股东大会、董事会议及其他有关会议的情况，以何种方式取得辅导对象有关文件资料等内容。

第十九条　辅导协议应当明确约定最低的现场辅导时间和授课次数，其中集中授课时间应不少于20个小时，集中授课次数应不少于6次。

第二十条　辅导协议应当明确在辅导期间辅导对象与辅导人员之间的信息沟通和交流方式。

第二十一条　辅导协议应规定辅导双方均不得以保证公司股票发行上市为前提条件。

第二十二条　辅导协议一经签定，原则上不得解除。如有特殊原因确需在辅导期间解除辅导协议的，辅导机构和辅导对象均有义务及时向派出机构说明理由。

第二十三条　辅导对象对辅导机构未履行勤勉尽责义务的，可以提出解除辅导协议，同时应向辅导机构明确提出意见，并向派出机构书面说明情况。辅导机构也应向派出机构说明情况。

第二十四条　辅导机构在辅导过程中发现辅导对象存在重大法律障碍或风险隐患的，可以提出解除辅导协议，同时应向辅导对象明确提出意见，并向派出机构书面说明情况。辅导对象也应向派出机构说明情况。

第二十五条　原辅导机构退出、辅导对象聘请新的辅导机构的，应重新签订辅导协议，制定继续辅导的计划。

继任的辅导机构和辅导对象应自新的协议签订后五个工作日内重新履行向派出机构备案的手续。

第二十六条　辅导机构变更后，新的辅导机构向派出机构明确表示认可前任的辅导工作，承担前任的辅导责任，并承诺按本办法规定的义务在派出机构监管下完成辅导工作的，辅导期可以连续计算。

但继任的辅导机构须自前任辅导机构退出辅导之日且新的辅导协议订立之日起至少再辅导半年，其中集中授课时间应不少于10个小时，集中授课次数应不少于3次。

第二十七条　有下列情形之一的，不得连续计算辅导时间：

（一）辅导人员中途退出辅导，辅导机构未履行有关手续的；

（二）原辅导机构指明辅导对象存在重大法律障碍或风险隐患而

退出辅导的；

（三）不符合前条关于连续计算辅导期条件的规定的；

（四）未按要求履行公告义务的；

（五）辅导期内中止辅导工作达一个月的；

（六）其他中国证监会认定的情形。

第四章　辅导内容和实施方案

第二十八条　辅导机构应根据本办法的规定，结合有关法律、法规和规则，以及上市公司的必备知识，针对辅导对象的具体情况和实际需求，确定辅导的具体内容，制定辅导计划及实施方案，以确信辅导对象具备进入证券市场的基本条件。

第二十九条　辅导机构应督促公司的董事（包括独立董事）、监事、高级管理人员及持有5%以上（含5%）股份的股东（或其法定代表人）进行全面的法规知识学习或培训，聘请机构内部或外部的专业人员进行必要的授课，确信其理解发行上市有关法律、法规和规则，理解作为公众公司规范运作、信息披露和履行承诺等方面的责任和义务。

第三十条　辅导机构应通过辅导督促辅导对象按照有关规定初步建立符合现代企业制度要求的公司治理基础，促进辅导对象的董事、监事和高级管理人员以及持有5%以上（含5%）股份的股东（或其法定代表人）增强法制观念和诚信意识。

第三十一条　辅导机构应核查辅导对象在公司设立、改制重组、股权设置和转让、增资扩股、资产评估、资本验证等方面是否合法、有效，产权关系是否明晰，股权结构是否符合有关规定。

第三十二条　辅导机构应督促辅导对象实现独立运营，做到业务、资产、人员、财务、机构独立完整，主营业务突出，形成核心竞争力。

第三十三条　辅导机构应核查辅导对象是否按规定妥善处置了商标、专利、土地、房屋等的法律权属问题。

第三十四条　辅导机构应督促规范辅导对象与控股股东及其他关联方的关系。

第三十五条　辅导机构应督促辅导对象建立和完善规范的内部决策和控制制度，形成有效的财务、投资以及内部约束和激励制度。

第三十六条　辅导机构应督促辅导对象建立健全公司财务会计管理体系，杜绝会计虚假。

第三十七条　辅导机构应督促辅导对象形成明确的业务发展目标和未来发展计划，并制定可行的募股资金投向及其他投资项目的规划。

第三十八条　辅导机构应针对辅导对象的具体情况确定书面考试的内容，并接受中国证监会及其派出机构的监督。

第三十九条　辅导机构对辅导对象是否达到发行上市条件进行综合评估，协助辅导对象开展首次公开发行股票的准备工作。

第四十条　辅导机构可组织辅导对象协商确定不同阶段的辅导重点及实施手段。辅导前期重点可以是摸底调查，全面形成具体的辅导方案并开始实施。辅导中期重点在于集中学习和培训，诊断问题并加以解决。辅导后期重点在于完成辅导计划，进行考核评估，做好首次公开发行股票申请文件的准备工作。

第四十一条　辅导机构可采取灵活有效的辅导方式，可包括组织自学、进行集中授课与考试、问题诊断与专业咨询、中介机构协调会、经验交流会、案例分析等。

第四十二条　辅导机构进行辅导工作应有配合辅导内容和形式的必要辅导教程。

第四十三条　辅导机构在辅导过程中应将有关资料及重要情况汇总，建立“辅导工作底稿”，存档备查。辅导工作底稿的存档时间不少于五年。

第四十四条　辅导工作底稿的内容应至少包括：

（一）备案登记材料和所有辅导工作备案报告；

（二）辅导计划及实施方案；

（三）辅导协议；

（四）辅导人员变更及交接手续；

（五）辅导对象存在的重大问题及解决情况；

（六）监管机构反馈意见及落实情况；

（七）历次考试及评估的资料；

（八）曾提出的整改建议及对辅导对象进行问题诊断、督促检查的详细记录及有关表格；

（九）其他有关辅导工作记录。

第五章　辅导程序

第四十五条　辅导机构在签订辅导协议前可参与企业改制重组、前期考察工作，确信双方具有合作和互信的基础。

第四十六条　辅导对象全体董事、监事、经理、副经理、财务负责人、董事会秘书及其他高级管理人员必须参与整个辅导过程，并积极配合辅导工作。

第四十七条　辅导对象有义务提供辅导工作所需要的有关情况和资料，并对所提供资料的真实性、准确性、完整性负责。

第四十八条　辅导协议签署后五个工作日内，辅导机构应向派出机构进行辅导备案登记。备案登记材料应包括：

（一）辅导备案申请报告。内容包括辅导备案的请求，介绍辅导对象的设立及历史沿革、发起人或前五名股东的情况、公司主营业务，附公司设立的批文和营业执照；

（二）辅导人员名单及其简历；

（三）辅导机构及辅导人员的资格证明文件（复印件）；

（四）辅导对象全体董事、监事、经理、副经理、财务负责人、董事会秘书及其他高级管理人员名单及其简历；

（五）辅导协议；

（六）辅导计划及实施方案；

（七）辅导对象基本情况备案表（参见附件一）；

（八）辅导人员对同期担任辅导工作的公司家数的说明。

第四十九条　派出机构应于10个工作日内按照前条规定的内容对辅导机构提交的备案材料的齐备性进行审查。如无异议，备案申请报送日即为备案登记日。如有异议，应给予书面反馈意见，明确提出再次申请备案的要求。

第五十条　从辅导开始之日起，辅导机构每三个月向派出机构报送一次辅导工作备案报告。最后一次（第四次或以后）报送的备案报告，可与辅导工作总结报告合一。

第五十一条　辅导机构报送的备案登记材料、“辅导工作备案报告”、“辅导工作总结报告”以及其他文件，应由辅导人员签名，并经辅导机构负责人签名并加盖公章。

辅导机构应结合辅导工作的实际进展，针对通过各种渠道了解的问题，提出整改建议，会同辅导对象认真研究整改方案，并主动调整和完善辅导方案和计划，跟踪督促完成整改。对未能妥善解决的问题，应在备案报告中说明。

第五十二条　整改建议至少应包括：

（一）整改所要达到的目标；

（二）解决问题的措施；

（三）解决问题时间期限；

（四）解决问题的责任人。

第五十三条　辅导对象应在辅导期满六个月之后十天内，就接受辅导、准备发行股票的事宜在当地至少两种主要报纸连续公告二次以上，公告信息中应包括派出机构的举报电话及通信地址。

第五十四条　辅导机构应于辅导期内对接受辅导的人员进行至少一次书面考试，并接受监管部门的监督和抽查。

全体应试人员最终考试应成绩合格，历次考试的内容和结果应在“辅导工作总结报告”中说明。

第五十五条　辅导机构认为达到辅导计划目标后可向派出机构报送“辅导工作总结报告”，提出辅导评估申请，派出机构应按规定出具“辅导监管报告”。

第五十六条　辅导机构结束辅导工作、派出机构出具“辅导监管报告”后，主承销商或推荐人可结合辅导总结报告、尽职调查情况、内部核查结论向中国证监会进行首次公开发行股票的推荐。

第五十七条　在辅导工作结束至主承销商推荐之间，辅导机构仍应持续关注辅导对象的重大变化，对发生与“辅导总结工作报告”不一致的重大事项，应向派出机构报告。

第五十八条　辅导对象发行上市后，主承销商应在履行回访或保荐义务过程中持续关注信息披露和与辅导工作总结报告有关的事项。

第五十九条　辅导机构和辅导对象认为在协议期内未达到辅导目标的，可申请适当延长辅导时间，并向派出机构书面说明。

第六十条　辅导工作结束后，辅导对象如发生下列情况之一的，应重新进行辅导：

（一）辅导工作结束至主承销商推荐期间发生控股股东变更；

（二）辅导工作结束至主承销商推荐期间发生主营业务变更；

（三）辅导工作结束至主承销商推荐期间发生三分之一以上董事、监事、高级管理人员变更；

（四）辅导工作结束后三年内未有主承销商向中国证监会推荐首次公开发行股票的；

（五）中国证监会认定应重新进行辅导的其他情形。

第六十一条 辅导对象报送首次公开发行股票的申请未予核准的，除非中国证监会在不予核准通知书中另有其他要求，应针对存在的问题重新辅导半年以上。

第六章 辅导工作的监管

第六十二条 中国证监会对首次公开发行股票前的辅导工作进行监督和指导，派出机构负责辖区内辅导工作的监督管理。

派出机构的监管主要采取登记备案监管的形式，重点监管辅导机构履行勤勉尽责义务的情况，定期分析辅导备案材料，核查辅导内容是否完整，辅导计划和实施方案是否得到有效实施，辅导程序是否符合要求。

第六十三条 派出机构应及时掌握辖区内辅导工作开展的情况，对辅导过程保持跟踪监管。

派出机构应于每月初五个工作日内向中国证监会报送一次"辅导监管简报"，报告截止上月末所有辅导对象和法定代表人及联系电话，辅导机构和辅导人员及联系电话，辅导监管中发现的主要问题。

第六十四条 派出机构应建立健全辅导工作备案管理制度，应归档管理辅导机构每三个月备案的"辅导工作备案报告"及辅导期满后的"辅导工作总结报告"，档案管理期不少于五年。

第六十五条 派出机构可针对实际情况，要求辅导机构提供与辅导工作备案报告、总结报告有关的补充材料，说明其履行勤勉尽责的情况，也可进行必要的现场调查。

第六十六条 对辅导工作存在突出问题的，派出机构可要求辅导机构和辅导对象限期进行整改。

第六十七条 派出机构应保持对辅导工作公告情况的监管。

派出机构对举报信进行核查后，可以适当的方式向辅导机构和辅导对象告知核查的有关结果和内容，并要求其加以重视和进行必要的整改。"辅导监管报告"应说明举报信及处理的情况。

第六十八条 派出机构在辅导期满，辅导机构报送了"辅导工作总结报告"，并提出辅导调查评估申请后二十个工作日内完成对辅导工作的评估调查，并向中国证监会出具"辅导监管报告"。

第六十九条 派出机构主要应在日常监管的基础上，对辅导机构"辅导工作备案报告"和"辅导工作总结报告"进行综合评估后出具"辅导监管报告"，对辅导效果明确发表评估意见。

第七十条 因不按期报送辅导工作备案报告，辅导机构不认真履行职责、辅导对象不积极配合而使辅导未达到计划目标，派出机构可酌情要求延长不超过六个月的辅导时间。

第七十一条 派出机构报送"辅导监管报告"后，应关注与"辅导工作总结报告"及"辅导监管报告"有关的重大变化事项。发现影响发行上市的重大问题时，应及时向中国证监会报告。

第七十二条派出机构的"辅导监管报告"不负责对辅导对象是否符合发行上市条件、生产经营决策是否违法违规、拟投资项目的优劣及风险进行实质性判断。但派出机构可指出中国证监会应关注的问题。

第七十三条 中国证监会将在收到发行上市申请后，对派出机构的"辅导监管报告"以及主承销商报送的"辅导工作总结报告"、主承销商的推荐函及内核意见、整套发行申请文件进行综合审核，对辅导工作是否合格进行事后判断。

第七十四条 有下列情形之一的，中国证监会可认定辅导工作不合格：

（一）发行人存在重大法律障碍或风险隐患而未在"辅导工作总结报告"中指明的；（二）"辅导工作总结报告"存在虚假记载、误导性陈述或重大遗漏的；（三）中国证监会认定的其他情况。

第七十五条 中国证监会对辅导工作认定不合格的，可不受理辅导对象的申请；受理辅导对象的申请文件后发现辅导不合格的，可中止或终止审核。

第七十六条 中国证监会将辅导工作情况作为考评主承销商的一项重要内容。

经认定辅导工作不合格的，中国证监会可视情况对辅导机构及其有关责任人予以单处或并处通报批评、警告、暂停直至取消辅导业务资格、暂停直至取消从业资格的处罚。

第七章 附则

第七十七条 本办法由中国证监会负责解释。

第七十八条 本办法自公布之日起执行。中国证监会下发的《股票发行上市辅导工作暂行办法》（证监发〔2000〕17 号）、《关于公司公告拟公开发行股票并上市有关事宜的通知》（证监发行字〔2000〕141 号）同时废止。

附件：1、辅导对象基本情况备案表

2、"辅导工作备案报告"必备内容

3、"辅导工作总结报告"必备内容

4、"拟首次公开发行股票的公司接受辅导公告"参考内容与格式

5、"辅导工作监管报告"的必备内容

附件一：辅导对象基本情况备案表

辅导机构：

辅导小组成员：

参与的执业律师、会计师事务所：

填表人：　　　　　　　　　　填表日期：

<table>
<tr><td rowspan="3">概况</td><td>辅导对象名称</td><td></td><td>注册日期</td><td></td><td>注册地点</td><td></td></tr>
<tr><td>公司设立方式</td><td></td><td>主发起人</td><td colspan="3">1、　　　　2、</td></tr>
<tr><td>主营业务</td><td colspan="5"></td></tr>
<tr><td rowspan="9">股本结构</td><td colspan="2">项目</td><td>股数</td><td></td><td>占总股本()</td><td></td></tr>
<tr><td colspan="2">国家股</td><td></td><td></td><td></td><td></td></tr>
<tr><td colspan="2">国有法人股</td><td></td><td></td><td></td><td></td></tr>
<tr><td colspan="2">外资股</td><td></td><td></td><td></td><td></td></tr>
<tr><td colspan="2">其他法人股</td><td></td><td></td><td></td><td></td></tr>
<tr><td colspan="2">原内部职工股</td><td></td><td></td><td></td><td></td></tr>
<tr><td colspan="2">自然人股</td><td></td><td></td><td></td><td></td></tr>
<tr><td colspan="2">其他(应注明具体类别)</td><td></td><td></td><td></td><td></td></tr>
<tr><td colspan="2">合计</td><td></td><td></td><td></td><td></td></tr>
<tr><td>主要财务指标（最近两年）</td><td>营业收入
主营业务收入
净利润
主营业务利润
扣除非经常性损益的利益
所得税率
拖欠税金</td><td colspan="2">总资产
净资产
资产负债率
流动比率
应收帐款占流动资产比例()
账龄三年以上应收帐款占应收帐款的比例()</td><td colspan="2">现金流量经营活动
现金流量
融资活动现金流量
投资活动现金流量</td><td>每股收益
净资产收益率</td></tr>
</table>

附件二："辅导工作备案报告"

辅导机构可采取列表或文字描述等适当形式报告以下内容：

序言

一、报告期内所做的主要辅导工作

（一）报告期辅导经过描述

（二）承担本期辅导工作的辅导机构及辅导工作小组的组成及辅导人员情况

（三）接受辅导的人员

（四）辅导的主要内容、辅导方式及辅导计划的执行情况

（五）辅导协议履行情况

（六）辅导对象按规定和辅导协议参与、配合辅导机构工作的情况。

二、辅导对象的有关情况

（一）辅导对象主要经营及财务状况

主要包括资产状况、收入及利润状况、现金流状况、缴税情况、长期借款和短期借款还本付息情况、每股收益和净资产收益率。应注明上述数据的时限，说明与备案资料、上次备案报告数据的衔接。

（二）辅导对象的其他情况

主要包括：业务、资产、人员、财务、机构独立完整的情况；股东大会、董事会、监事会依法召开规范运作的情况；股东大会决议、董事会

决议执行的情况；董事、监事、高级管理人员勤勉尽责的情况；重大决策制度的制定和变更是否符合法定程序；关联交易及其决策的情况；内部控制制度和约束机制的有效性评价；内部审计制度是否健全；是否发现存在财务虚假情况；有无重大诉讼和纠纷。

对辅导对象的整改方案内容及落实情况。

三、辅导对象目前仍存在的主要问题及解决措施

（一）上一阶段问题的解决情况

（二）目前尚存在的主要问题

（三）辅导对象的配合情况

四、对辅导人员勤勉尽责及辅导效果的自我评估结论

附：辅导对象对辅导机构辅导工作的评价及意见

签署、日期

附件三："辅导工作总结报告"必备内容

序言

一、辅导过程

（一）报告期辅导经过描述

（二）辅导机构辅导工作小组的组成及辅导人员情况

（三）接受辅导的人员

（四）辅导协议履行情况

（五）历次辅导备案情况

二、辅导的主要内容及其效果

（一）辅导的主要内容及辅导计划、辅导实施方案的落实和执行情况、辅导效果评价

（二）辅导对象按规定和辅导参与、配合辅导工作的评价

（三）辅导过程中提出的主要问题、建议及处理情况

（四）对接受辅导的人员进行书面考试的内容和结果

（五）派出机构提出的主要问题及处理情况

三、辅导对象尚存在的问题及是否适合发行上市的评价意见

四、辅导机构勤勉尽责的自我评估

附：辅导对象对辅导工作的评价及意见。

签署、日期

附件四：拟首次公开发行股票的公司接受辅导公告

参考内容与格式

XXX股份有限公司拟首次公开发行上市股票，现已接受XXX（辅导机构）的辅导超过六个月。

根据中国证券监督管理委员会的有关要求，为提高股票发行上市透明度，防范化解证券市场风险，保护投资者合法权益，本公司愿接受社会各界和公众的舆论监督。现将有关联系方式和举报电话公告如下：

XXX股份有限公司主要发起人为XXX、公司住所XX、法定代表人XX、公司联系电话：XX、电子信箱：XX、传真：XX。中国证券监督管理委员会XX证券监管办公室（办事处、特派员办事处）的举报电话为：XX，通讯地址为：XX。特此公告。

XX股份有限公司

年　月　日

附件五：中国证监会派出机构出具"辅导监管报告"的必备内容

序言

一、辅导工作概况

1、辅导过程及辅导期限起止日

2、概要介绍辅导备案情况

3、过程监管的情况

4、受理辅导调查和出具"辅导监管报告"的情况

二、辅导机构对辅导工作勤勉尽责的情况

1、辅导机构履行勤勉尽责的基本情况。核实辅导机构是否制定了明确的辅导内容、辅导计划及其实施方案；辅导机构是否按规定设立了符合要求的辅导工作小组，辅导人员是否符合要求，是否履行了规定的辅导责任；辅导机构是否建立健全了辅导工作底稿；辅导机构是否按规定的内容进行了辅导，指出了辅导对象的主要问题。

2、说明辅导机构或人员变更的情况（如有）。原辅导机构或人员变更的原因及其提出的主要问题；继任的辅导机构是否承诺完全同意接受前辅导机构的工作并对问题进行了整改；变更工作是否按要求履行了备案登记、移交了工作底稿等手续；连续计算辅导期是否不存在疑问等情况。

3、对辅导机构是否做到勤勉尽责发表总体评价意见。

4、说明辅导对象是否按规定和协议配合完成辅导工作。

三、辅导过程存在的主要问题及解决情况

1、说明派出机构是否在辅导期间对辅导对象进行过现场抽查、反馈过何种意见；

2、派出机构提出的主要问题及整改情况；

3、举报信及其处理，如收到有关举报信，应说明派出机构进行核查的情况。举报信及核查意见应做为"辅导监管报告"的附件；

四、需要说明的其他有关情况和问题

五、辅导工作及辅导效果的总体监管意见和建议

评估人员

签章、时间

2001年11月23日

上市公司发行可转换公司债券实施办法

发文号：中国证券监督管理委员会令第2号　发文时间：2001－04－26

第一章　总　则

第一条　为规范上市公司发行可转换公司债券的行为，保护投资者的合法权益，根据《公司法》、《证券法》、《可转换公司债券管理暂行办法》及其他有关法律、法规的规定，制定本办法。

第二条　中国境内的上市公司（以下简称发行人）申请在境内发行以人民币认购的可转换公司债券，并在证券交易所上市交易，适用本办法。

第三条　中国证券监督管理委员会（以下简称中国证监会）依法对上市公司可转换公司债券发行上市等活动进行监督管理。

第二章　发行条件

第四条　发行人发行可转换公司债券，应当符合《可转换公司债券管理暂行办法》规定的条件。

第五条　担任主承销商的证券公司应重点核查发行人的以下事项，并在推荐函和核查意见中予以说明。

（一）在最近三年特别在最近一年是否以现金分红，现金分红占公司可分配利润的比例，以及公司董事会对红利分配情况的解释。

（二）发行人最近三年平均可分配利润是否足以支付可转换公司债券一年的利息。

（三）是否有足够的现金偿还到期债务的计划安排。

（四）主营业务是否突出。是否在所处行业中具有竞争优势，表现出较强的成长性，并在可预见的将来有明确的业务发展目标。

（五）募集资金投向是否具有较好的预期投资回报。前次募集资金的使用是否与原募集计划一致。如果改变前次募集资金用途的，其变更是否符合有关法律、法规的规定。是否投资于商业银行、证券公司等金融机构（金融类上市公司除外）。

（六）发行人法人治理结构是否健全。近三年运作是否规范，公司章程及其修改是否符合《公司法》和中国证监会的有关规定，近三年股东大会、董事会、监事会会议及重大决策是否存在重大不规范行为，发行人管理层最近三年是否稳定。

（七）发行人是否独立运营。在业务、资产、人员、财务及机构等方面是否独立，是否具有面向市场的自主经营能力；属于生产经营类企业的，是否具有独立的生产、供应、销售系统。

（八）是否存在发行人资产被有实际控制权的个人、法人或其他关联方占用的情况，是否存在其他损害公司利益的重大关联交易。

（九）发行人最近一年内是否有重大资产重组、重大增减资本的行为，是否符合中国证监会的有关规定。

（十）发行人近三年信息披露是否符合有关规定，是否存在因虚假记载、误导性陈述或者重大遗漏而受到处罚的情形。

（十一）中国证监会规定的其他内容。

第六条 发行人有下列情形之一的，中国证监会不予核准其发行申请：

（一）最近三年内存在重大违法违规行为的；

（二）最近一次募集资金被擅自改变用途而未按规定加以纠正的；

（三）信息披露存在虚假记载、误导性陈述或重大遗漏的；

（四）公司运作不规范并产生严重后果的；

（五）成长性差，存在重大风险隐患的；

（六）中国证监会认定的其他严重损害投资者利益的情形。

第三章 申报及核准程序

第七条 发行人申请发行可转换公司债券，应由股东大会作出决议。股东大会作出的决议至少应包括发行规模、转股价格的确定及调整原则、债券利率、转股期、还本付息的期限和方式、赎回条款及回售条款、向原股东配售的安排、募集资金用途等事项。

第八条 发行人及有关中介机构应按照中国证监会的有关规定制作申请文件。

第九条 主承销商负责向中国证监会推荐，出具推荐意见，并负责报送发行申请文件。

第十条 为发行人发行可转换公司债券提供服务的中介机构应认真履行义务，并承担相应的法律责任。主承销商还应对可转换公司债券发行申请文件进行核查。有关核查的程序和原则应参照股票发行内核工作的有关规定执行。主承销商应向中国证监会申报核查中的主要问题及其结论。

第十一条 在报送申请文件前，主承销商及其他中介机构应参照股票发行的有关规定在尽职调查的基础上出具推荐函。推荐函的内容至少应包括：明确的推荐意见及其理由，对发行人发展前景的评价，有关发行人是否符合可转换公司债券发行上市条件及其他有关规定的说明，发行人主要问题和风险的提示，简介证券公司内部审核程序及内核意见（同时提供有关申请文件的核对表），附参与本次发行的项目组成人员及相关经验等。

第十二条 发行人律师在按照有关规定出具的法律意见书和律师工作报告中，除满足规定的一般要求外，还应针对可转换公司债券发行的特点，对可转换公司债券发行上市的实质条件、发行方案及发行条款、担保和资信情况等情况进行核查验证，明确发表意见。

第十三条 发行人最近三年财务会计报告均由注册会计师出具了标准无保留意见审计报告的，发行人应在申请文件中提供最近三年经审计的财务会计报告；发行申请于下半年提出的，还应提供申请当年公司公告的中期财务会计报告。

如最近三年财务会计报告被注册会计师出具非标准无保留意见审计报告的，则所涉及的事项应对发行人无重大影响或影响已经消除，违反合法性、公允性和一贯性的事项应已纠正；发行人应在申请文件中提供最近三年经审计的财务会计报告，及由注册会计师就非标准无保留意见审计报告涉及的事项是否已消除或纠正所出具的补充意见；发行申请于下半年提出的，还应提供申请当年经审计的中期财务会计报告；发行申请于上半年提出，预计发行时间在下半年的，应在中期报告公布后，补充申请当年经审计的中期财务会计报告。

上市未满三年及重大重组后距本次发行不满一个会计年度的上市公司，应依据前款规定提供财务会计报告。

第十四条 发行可转换公司债券的核准参照中国证监会有关股票发行核准的规定执行。

第四章 发行条款

第十五条 发行人应在申请文件中列明可转换公司债券发行条款及其依据。

第十六条 可转换公司债券的发行规模由发行人根据其投资计划和财务状况确定。

第十七条 可转换公司债券按面值发行，每张面值 100 元，最小交易单位为面值 1000 元。

第十八条 可转换公司债券的期限最短为三年，最长为五年，由发行人和主承销商根据发行人具体情况商定。

第十九条 可转换公司债券的转股价格应在募集说明书中约定。价格的确定应以公布募集说明书前三十个交易日公司股票的平均收盘价格为基础，并上浮一定幅度。具体上浮幅度由发行人与主承销商商定。

第二十条 可转换公司债券自发行之日起六个月后方可转换为公司股票。可转换公司债券的具体转股期限应由发行人根据可转换公司债券的存续期及公司财务情况确定。

第二十一条 发行人应明确约定可转换公司债券转股的具体方式及程序。

第二十二条 可转换公司债券的利率及其调整，由发行人根据本次发行的市场情况以及可转换公司债券的发行条款确定。

第二十三条 可转换公司债券计息起始日为可转换公司债券发行首日。

第二十四条 可转换公司债券应每半年或一年付息一次；到期后五个工作日内应偿还未转股债券的本金及最后一期的利息。具体付息时间、计息规则等应由发行人约定。

第二十五条 可转换公司债券转股当年的利息、股利以及转股不足 1 股金额的处理办法由发行人约定。

第二十六条 发行人设置赎回条款、回售条款、转股价格修正条款的，应明确约定实施这些条款的条件、方式和程序等。上述约定应体现权利与义务对等的原则，不得损害可转换公司债券持有人的利益。

第二十七条 发行可转换公司债券后，因配股、增发、送股、分立及其他原因引起发行人股份变动的，应同时调整转股价格，并予以公告。转股价格调整的原则及方式应事先约定。

第二十八条 转股价格调整日为转股申请日或之后，转换股份登记日之前，该类转股申请应按调整后的转股价格执行。

第二十九条 发行人可约定可转换公司债券的其他发行条款。

第三十条 发行人应依法与担保人签订担保合同。担保应采取全额担保；担保方式可采取保证、抵押和质押，其中以保证方式提供担保的应为连带责任担保；担保范围应包括可转换公司债券的本金及利息、违约金、损害赔偿金和实现债权的费用。

中国证监会对于担保豁免另有规定的，从其规定。

第三十一条 发行人可委托有资格的信用评级机构对本次可转换公司债券的信用、或发行人的信用进行评级，信用评级的结果可以作为确定有关发行条款的依据并予以披露。

第五章 发行与承销

第三十二条 发行人申请发行可转换公司债券，股东大会应决定是否优先向原股东配售；如果优先配售，应明确进行配售的数量和方式以及有关原则。购买可转换公司债券应以现金认购。

第三十三条 承销期满后，尚未售出的可转换公司债券按照承销协议约定的包销或代销方式分别处理。

第三十四条 采用代销方式时，超过募集说明书规定的截止日期尚未募足一亿元人民币的，发行人应在发行截止日后的三个工作日内将认购金额及按银行同期存款利率计算的利息返还给可转换公司债券认购人。

第三十五条 公开发行可转换公司债券的发行方式参照股票发行方式的有关规定，由发行人与主承销商协商确定。中国证监会另有规定的，从其规定。

第三十六条 可转换公司债券的承销佣金、费用及利息的处理参照股票发行的有关规定执行。

第六章 赎回、回售和转股

第三十七条 发行人每年可按约定条件行使一次赎回权。每年首次满足赎回条件时，发行人可赎回部分或全部未转股的可转换公司债券。但若首次不实施赎回的，当年不应再行使赎回权。

第三十八条 发行人行使赎回权时，应在赎回条件满足后的五个工作日内在中国证监会指定报刊和互联网网站连续发布赎回公告至少三次，赎回公告应载明赎回的程序、价格、付款方法、时间等内容。赎回公告发布后，不得撤销赎回决定。赎回期结束，应公告赎回结果及对发行人的影响。

第三十九条 可转换公司债券的持有人每年可依照约定的条件行使一次回售权。每年首次满足回售条件时，持有人可回售部分或全部未转股的可转换公司债券。首次不实施回售的，当年不应再行使回售权。

第四十条 发行人应当在每年首次满足回售条件后的五个工作日内在中国证监会指定报刊和互联网网站连续发布回售公告至少三次，回售公告应载明回售的程序、价格、付款方法、时间等内容。行使回售权的可转换公司债券持有人应在回售公告期满后的五个工作日内通过证券交易所交易系统进行回售申报，发行人应在回售申报期结束后五个工作日内，按事先确定的价格及支付方式支付相应的款项。

回售期结束，应公告回售的结果及对发行人的影响。

第四十一条 可转换公司债券持有人可按约定的条件在规定的转股期内随时转股，并于转股完成后的次日成为发行人的股东。

第四十二条 发行人配股和增发新股时有关股本的确定办法，按中国证监会有关规定执行。

第七章 信息披露

第四十三条 发行人应及时披露任何对投资可转换公司债券有重大影响的任何信息。

第四十四条 发行人全体董事应承诺保证可转换公司债券申请文件及信息披露的内容真实、准确、完整，不存在任何虚假记载、误导性陈述或重大遗漏，并对此承担相应的法律责任。

第四十五条 发行人及主承销商等中介机构应承诺在本次发行募集说明书公告前保守秘密，不利用未公开的信息谋取利益。

第四十六条 可转换公司债券的信息披露文件应包括发行前的董事会和股东大会公告、募集说明书、上市公告书以及持续的信息披露文件（包括定期报告、临时报告等）。

第四十七条 可转换公司债券募集说明书、上市公告书应按中国证监会有关规定编制和披露。

第四十八条 定期报告除应遵守中国证监会有关年度报告、中期报告内容与格式的一般规定外，还应增加以下内容：

（一）转股价格历次调整的情况，经调整后的最新转股价格；

（二）可转换公司债券发行后累计转股的情况；

（三）最大十名可转换公司债券持有人的名单和持有量；

（四）担保人发生重大变化的情况；

（五）发行人的负债情况及资信变化情况；

（六）中国证监会规定的其他内容。

第四十九条 临时报告除应遵守中国证监会和证券交易所有关上市公司临时报告的一般规定外，出现下列情形的，发行人应予以公告：

（一）因发行新股、送股及其他原因引起股份变动，需要调整转股价格的；

（二）可转换公司债券转换为股票的数额累计达到公司已发行股份的10%的；

（三）发行人信用状况发生重大变化，可能影响如期偿还本息的；

（四）可转换公司债券担保人发生重大资产变动、重大诉讼、或者涉及合并、分立等情况的；

（五）中国证监会规定的其他情形。

第五十条 通过证券交易所的证券交易，投资者持有发行人已发行的可转换公司债券达到20%时，应在该事实发生之日起三日内，向中国证监会、证券交易所书面报告，通知发行人并予以公告；在上述规定的期限内，不得再行买卖该发行人的可转换公司债券，也不得买卖该发行人的股票。

投资者持有发行人已发行可转换公司债券达到20%后，其所持该发行人已发行的可转换公司债券比例每增加或者减少10%时，应依照前款规定进行书面报告和公告。在报告期限内和作出报告、公告后二日内，不得再行买卖该发行人的可转换公司债券，也不得买卖该发行人的股票。

第五十一条 依照前条规定所作书面报告和公告至少应包括下列内容：

（一）持有人的名称、住所；

（二）所持有的可转换公司债券的名称、数量；

（三）持有的可转换公司债券达到规定比例或者持有的可转换公司债券增减变化达到规定比例的日期。

第五十二条 持有可转换公司债券的投资者，若其持有的可转换公司债券全部转为股本与其持有的该公司的股份的合计数，占公司已发行的股份与全部可转换公司债券转为股本的合计数达5%以上，以后每增加或减少1%，或上述比例达到30%以上，该投资者应按中国证监会的有关规定履行信息披露义务。

第八章 法律责任

第五十三条 为发行可转换公司债券提供服务的中介机构未按规定履行勤勉尽责义务的，中国证监会将对该机构及其主要责任人员给予公开批评并限期整改；在整改期间，暂缓接受该机构出具的文件。

第五十四条 发行人及其中介机构在发行信息公开前泄露有关信息的，中国证监会给予公开批评并责令其发布澄清公告；情节严重的，依照有关法律法规的规定处罚。

第五十五条 发行人和承销商向参加配售的机构投资者提供财务资助或补偿的，中国证监会给予公开批评，并责令限期改正。

第五十六条 除金融类上市公司外，发行人将募集资金投资于商业银行、证券公司等金融机构的，中国证监会给予公开批评，并责令限期改正。

第五十七条 如发行人披露盈利预测，发行后利润实现数未达到盈利预测的，凡不属于发行人管理层事前无法预测且事后无法控制的原因，发行人董事长、发行聘请的注册会计师、主承销商的法定代表人、业务负责人和项目负责人应当在股东大会及指定报刊上公开作出解释；利润实现数未达到盈利预测80%的，如无合理解释，上述人员应当在指定报刊公开道歉；未达到盈利预测50%的，中国证监会对发行人给予公开批评；发行人发行可转换公司债券当年出现亏损的，中国证监会自作出公开批评之日起二年内，不再受理该发行人公开发行证券的申请。

第九章 附 则

第五十八条 可转换公司债券的上市、交易、清算、托管、付息、转换股份等行为，根据证券交易所及登记结算公司有关可转换公司债券的规定执行。

第五十九条 本办法自发布之日起施行。

上市公司检查办法

发文机关：证监发[2001]46号　发文时间：2001—03—19

第一条 为了加强上市公司（以下简称“公司”）监管，促进公司的规范运作，保护投资者的合法权益，根据国家法律、法规，制定本办法。

第二条 本办法适用于在上海证券交易所、深圳证券交易所上市的公司。境外公司和其股票在其他交易场所交易的公司的检查办法另行规定。

第三条 中国证监会派出机构（以下称“检查机构”）按照中国证监会统一部署组织实施辖区内的公司检查工作。

检查工作可以根据需要聘请具有从事证券、期货相关业务资格的注册会计师、律师予以协助。检查费用由中国证监会承担。

第四条 检查方式分为巡回检查和专项核查。

第五条 巡回检查是例行的合规性检查，检查的主要内容包括：

（一）信息披露的真实性、准确性和完整性；

（二）公司治理结构的规范性；

（三）公司的独立性，主要检查上市公司与控股股东在人员、财务、资产等方面的分开情况；

（四）财务管理和会计核算制度的合规性；

（五）募集资金使用与招股说明书的一致性及变更的程序，资金管理的安全性；

（六）中国证监会认为应予检查的其他事项。

第六条 专项核查是针对公司存在的问题进行的调查核实。核查的主要内容包括：

（一）募集资金使用情况专项核查；

（二）投资者投诉问题和舆论关注问题的专项核查；

（三）重大资产重组情况的专项核查；

（四）中国证监会认为应予核查的其它事项。

第七条 检查机构进行检查时，可要求被检查公司向检查人员提供以下文件：

（一）公司的会计报表、相关帐簿和凭证以及其他涉及会计报表的资料；

（二）公司章程及有关公司运作的各项管理制度；

（三）公司的股东大会、董事会、监事会的会议记录，决议文本，公司经理办公会议文件等；

(四)公司与控股股东在人员、财务、资产方面的关系说明;

(五)公司内设部门、分支机构、子公司、参股公司设置情况及图示;

(六)公司债务情况、担保情况的说明;

(七)公司公开发行股票以来在指定报刊上公布的信息;

(八)检查操作规程中涉及的内容及其他应该查阅的文件。

检查中涉及被检查公司主审会计师事务所的,检查人员可要求会计师事务所提供对公司财务报告发表审计意见的工作底稿。

第八条 检查人员进行检查时,可以对有关情况和资料进行记录、录音、录像、照像和复制。

第九条 检查人员进行检查时,应当出示工作证及中国证监会的有效证明。

第十条 检查人员应遵守法律、法规及其他有关规定,认真履行职责,廉洁自律,实事求是。检查工作不得干预被检查公司的生产经营活动,检查人员对检查过程中知悉的商业秘密负有保密责任。检查人员在检查过程中的违规违纪行为按照有关法律法规和纪律规定处理。

第十一条 检查结果未公布前,检查人员及被检查公司、相关中介机构人员不得透露与检查结果有关的任何信息。

第十二条 检查机构于现场检查结束后五个工作日内向被检查公司发出检查通报;对于检查中发现问题的公司,发出限期整改通知书,要求其对存在的问题在限定期限内进行整改。限期整改通知书同时抄送公司股票挂牌交易的证券交易所。

被检查公司对限期整改通知书内容持有异议的,可以在收到限期整改通知书后十个工作日内向中国证监会提出申诉意见。

第十三条 被检查公司应在收到限期整改通知书一个月内向所在地中国证监会派出机构提交整改报告,整改报告应包括董事会关于整改工作的决议、对照限期整改通知书逐项落实整改措施的情况及效果。

整改报告应同时报送公司股票挂牌交易的证券交易所,并予公开披露,被检查公司对限期整改通知书内容持有异议并在规定期限内向中国证监会提出申诉的,有异议部分在尚未有明确结论之前可以免于披露。

被检查公司向中国证监会、证券交易所提交发行新股、重大购买和出售资产、吸收合并、股份回购、上市公司收购等申报材料时,应同时报送整改报告。

第十四条 被检查公司的整改工作应在检查机构要求的期限内完成。检查机构应跟踪监督被检查公司的整改情况,并对其整改效果出具评价意见。

第十五条 对存在问题较为严重的公司,中国证监会视情节轻重给予内部批评或公开批评。

对在检查过程中发现涉嫌违反法律、法规及其他有关规定的,中国证监会根据法律、法规及有关规定在职权范围内进行立案查处。涉嫌构成犯罪的,移送司法机关依法追究刑事责任。

第十六条 被检查公司、接受检查的人员及被检查公司的主审会计师事务所不予以协助和配合、不如实反映情况或拒绝检查的,中国证监会根据法律、法规及有关规定予以处罚。

第十七条 中国证监会将根据情况对有关中介机构的相关执业情况进行评价,评价结果将作为对上述中介机构执业资格的考核内容。

第十八条 中国证监会对公司的检查结果并不代表对公司情况的实质性判断,投资者自行判断投资风险。被检查公司及有关责任人存在违法、违规行为的,不得以检查未发现为由免除法律责任。

第十九条 本办法自发布之日起施行,1996 年 12 月 20 日发布的《上市公司检查制度实施办法》同时废止。

上市公司股东持股变动信息披露管理办法

发文机关:中国证券监督管理委员会　发文时间:2002—09—28

第一章　总　则

第一条 为规范上市公司股东持股变动信息披露行为,监督上市公司股东持股变动信息披露义务人按照规定要求履行信息披露义务,保护投资者合法权益,维护证券市场正常秩序,根据《公司法》、《证券法》及其他法律和相关行政法规,制定本办法。

第二条 本办法所称上市公司股东持股变动(以下简称持股变动),是指通过在证券交易所的股份转让活动,投资者持有的一个上市公司股份数量发生或者可能发生变化的情形;或者持股数量虽未发生变化,但通过在证券交易所的股份转让活动以外的其他合法途径,投资者控制的一个上市公司股份数量发生或者可能发生变化的情形。

第三条 持股变动信息披露义务人应当按照本办法规定严格履行信息披露义务,其所披露的信息应当真实、准确、完整,不得有虚假记载、误导性陈述或者重大遗漏。

信息披露义务人及其他知情人员,在有关持股变动信息依法披露之前,不得以任何方式泄露相关信息。

第四条 任何人不得利用持股变动损害上市公司及其股东的合法权益。

任何人不得利用持股变动进行内幕交易、操纵市场或者其他欺诈活动。

第五条 中国证券监督管理委员会(以下简称中国证监会)依法对持股变动的信息披露行为实行监督管理。

证券交易所和证券登记结算机构根据中国证监会赋予的职责及其业务规则,对持股变动信息披露行为实行日常监督管理。

第二章　持股变动信息披露义务人

第六条 本办法所称持股变动信息披露义务人(以下简称信息披露义务人),是指持有、控制一个上市公司的股份数量发生或者可能发生变化达到规定比例,按照本办法的规定应当履行信息披露义务的股份持有人、股份控制人和一致行动人。

第七条 股份持有人是指在上市公司股东名册上登记在册的自然人、法人或者其他组织。

第八条 股份控制人是指股份未登记在其名下,通过在证券交易所股份转让活动以外的股权控制关系、协议或者其他安排等合法途径,控制由他人持有的上市公司股份的自然人、法人或者其他组织。

第九条 一致行动人是指通过协议、合作、关联方关系等合法途径扩大其对一个上市公司股份的控制比例,或者巩固其对上市公司的控制地位,在行使上市公司表决权时采取相同意思表示的两个以上的自然人、法人或者其他组织。

前款所称采取相同意思表示的情形包括共同提案、共同推荐董事、委托行使未注明投票意向的表决权等情形;但是公开征集投票代理权的除外。

第十条 一致行动人自一致行动关系形成之日起,应当向证券登记结算机构申请临时保管各自持有、控制的该公司的全部股票,临时保管期不得少于六个月。

第十一条 信息披露义务人应当合并计算其所持有、控制的同一上市公司股份。

持有、控制一个上市公司已发行的可转换公司债券的信息披露义务人,在可转换公司债券的转换期间,应当将其有权转换部分与其所持有、控制的同一上市公司的股份合并计算。

第三章　持股变动报告书及公告

第十二条 信息披露义务人依照本办法规定履行信息披露义务,应当向证券交易所提交上市公司股东持股变动报告书(以下简称持股变动报告书)。

前款义务人在提交持股变动报告书的同时,应当报送中国证监会,抄报上市公司所在地的中国证监会派出机构,通知上市公司,并做出公告。

持股变动报告书的内容与格式由中国证监会另行规定。

第十三条 信息披露义务人为多人的,可以以书面形式约定由其中一人负责统一编制持股变动报告书,但各信息披露义务人应当在持股变动报告书上签字盖章。

各信息披露义务人应当对持股变动报告书中涉及其自身的信息

承担责任;对持股变动报告书中涉及的与多个信息披露义务人相关的信息,各信息披露义务人对相关部分承担连带责任。

第十四条 持股变动报告书应当载明下列事项:

(一)信息披露义务人的名称、住所;

(二)上市公司名称;

(三)信息披露义务人持有、控制股份的变动情况;

(四)持股变动方式;

(五)信息披露义务人前六个月就该上市公司股份所进行的交易;

(六)中国证监会、证券交易所要求予以载明的其他事项。

第十五条 投资者持有、控制一个上市公司已发行的股份达到百分之五时,应当按照本办法规定履行信息披露义务,在该事实发生之日起三个工作日内提交持股变动报告书。

在上述规定的期限内,该投资者不得再行买卖该上市公司的股票。

第十六条 投资者预计持有、控制一个上市公司已发行的股份超过百分之五的,应当按照本办法规定履行信息披露义务,提交持股变动报告书。

未做出公告的,该投资者不得再行买卖该上市公司的股票。

第十七条 持有、控制一个上市公司已发行股份百分之五以上的信息披露义务人,持股变动每达到百分之五的,应当在该事实发生之日起三个工作日内提交持股变动报告书。自报告义务发生之日起至做出公告后二个工作日内,信息披露义务人不得再行买卖该上市公司的股票。

第十八条 持有、控制一个上市公司已发行股份百分之五以上的信息披露义务人,预计持股变动超过该上市公司已发行股份的百分之五的,应当提交持股变动报告书。

自报告义务发生之日起至做出公告后二个工作日内,信息披露义务人不得再行买卖该上市公司的股票。

第十九条 信息披露义务人持股变动虽未达到百分之五,但导致其持有、控制该公司已发行的股份低于百分之五的,应当自该事实发生之日起三个工作日内做出公告,免于提交持股变动报告书。

第二十条 因持股变动导致其获得或者可能获得对一个上市公司的实际控制权的,收购人应当按照《上市公司收购管理办法》的规定,向中国证监会报送上市公司收购报告书,同时抄报上市公司所在地的中国证监会派出机构,抄送证券交易所,通知该上市公司,并做出公告。

第二十一条 因协议转让导致持股变动出现本办法第十六条、第十八规定情形的,信息披露义务人应当自股份转让协议签订之日起三个工作日内,按照本办法第十六条、第十八条的规定履行相关义务。

第二十二条 因行政划转导致持股变动出现本办法第十六条、第十八条规定情形的,信息披露义务人应当自收到国有股权直接主管部门同意划转的通知之日起三个工作日内,按照本办法第十六条、第十八条的规定履行相关义务。

第二十三条 因法院裁决导致持股变动出现本办法第十六条、第十八条规定情形的,申请执行人应当自证券交易所对其股份转让申请做出确认之日起三个工作日内,按照本办法第十六条、第十八条的规定履行相关义务。

第二十四条 通过证券交易所股份转让活动以外的合法途径,股份控制人发生变化,导致持股变动出现本办法第十六条、第十八条规定情形的,信息披露义务人应当自持股变动发生之日起三个工作日内,按照本办法第十六条、第十八条的规定履行相关义务。

第二十五条 信息披露义务人因持股变动需要再次提交持股变动报告书的,可以仅就本次报告书与前次报告书不同的部分做出报告、公告。

第二十六条 因上市公司减少股本导致信息披露义务人持股变动出现本办法第十五条、第十六条、第十七条、第十八条规定情形的,免于提交持股变动报告书。

上市公司减少股本,应当自完成变更登记之日起二个工作日内,就因此导致的持股变动情况做出公告。

第二十七条 股份持有人为依法办理证券登记托管业务机构的,因办理证券登记托管业务而持有股份时,免于提交持股变动报告书。

第二十八条 涉及国家授权机构持有的股份的转让,或者须经行政审批方可进行的股份转让,相关当事人应当自收到有关主管部门同意转让的通知之日起三个工作日内公告有关决定。

第二十九条 信息披露义务人应当自股份过户登记之日起二个工作日内,就有关过户事宜做出公告。

信息披露义务人就持股变动做出公告后三十日内未完成股份过户手续的,应当立即做出公告,并说明理由;在未完成股份过户期间,应当每隔三十日再次做出公告。

第三十条 已经公告持股变动报告的信息披露义务人,有下列情形之一的,应当自该事实发生之日起二个工作日内就该事实做出公告,无需停止买卖该公司股票和重新提交持股变动报告书:

(一)通过证券交易所的集中竞价交易,其所持有该上市公司已发行的股份每增加或者减少百分之一的;

(二)一致行动人的成员发生变化;

(三)中国证监会、证券交易所规定的其他情形。

第三十一条 上市公司应当定期向证券登记结算机构核对持股变动情况,并及时向证券交易所做出报告。

第三十二条 有关持股变动情况依法披露前,相关信息已在媒体上传播或者公司股票交易出现异常,上市公司董事会应当立即向有关股东进行查询,有关股东应当及时予以书面答复,上市公司应当及时做出公告。

第三十三条 信息披露义务人应当在至少一家中国证监会指定媒体上披露有关持股变动信息;在其他媒体上进行披露的,披露内容应当一致,披露时间不得早于指定媒体的披露时间。

第四章 监管措施及法律责任

第三十四条 信息披露义务人未按本办法规定履行相关义务的,应当主动改正;未能改正的,证券交易所依据业务规则进行处理,证券登记结算机构依据业务规则暂不予办理股份过户登记手续;拒不改正的,中国证监会责令改正。构成证券违法行为的,依法追究法律责任。

第三十五条 信息披露义务人披露的信息有虚假记载、误导性陈述或者重大遗漏的,应当主动改正;未能改正的,证券交易所依据业务规则进行处理,证券登记结算机构依据业务规则暂不予办理股份过户登记手续;拒不改正的,中国证监会责令改正。构成证券违法行为的,依法追究法律责任。

第三十六条 信息披露义务人未按规定披露信息,涉嫌内幕交易、操纵市场或者其他欺诈行为的,由中国证监会依法查处。

因前款所述行为对信息披露义务人进行调查期间,信息披露人在被调查期间不得向相关上市公司选派董事、监事、高级管理人员。

第五章 附 则

第三十七条 本办法所称"关联方关系"的含义与财政部《企业会计准则——关联方关系及其交易的披露》中的"关联方关系"的含义相同。

第三十八条 本办法自2002年12月1日起施行。

上市公司董事长谈话制度实施办法

发文号:证监发[2001]47 发文时间:2001—03—19

第一条 为加强上市公司监管,促进上市公司依法规范运作,保护投资者的合法权益,制定本办法。

第二条 本办法适用于股票在上海证券交易所和深圳证券交易所上市交易的股份有限公司。

第三条 中国证监会派出机构具体实施辖区内上市公司董事长谈话工作。

中国证监会主管业务部门认为必要时可直接约见上市公司董事长谈话。(中国证监会派出机构和主管业务部门以下统称为"中国证监会"。)

第四条 上市公司存在下列情形之一的,应当约见上市公司董事长谈话:

(一)严重资不抵债或主要资产被查封、冻结、拍卖导致公司失去持续经营能力的；

（二）控制权发生重大变动的；

（三）未履行招股说明书承诺事项的；

（四）公司或其董事会成员存在不当行为，但不构成违反国家证券法律、法规及中国证监会有关规定的；

（五）中国证监会认为确有必要的。

第五条 中国证监会约见上市公司董事长，按照下列程序进行：

（一）中国证监会认为有必要约见上市公司董事长谈话时，应当履行内部审批程序，经批准后方可进行。

（二）中国证监会约见上市公司董事长谈话时，应确定主谈人员和记录人员，谈话使用专门的谈话记录纸（谈话记录格式附后）。谈话结束时应要求谈话对象复核、签字。

（三）中国证监会根据需要决定谈话时间、地点和谈话对象应提供的书面材料，并提前三天以书面形式通知该上市公司的董事会秘书。谈话对象确因特殊情况不能参加的，应事先报告，经同意后委托相应人员代理。中国证监会认为必要时，可以要求上市公司其他有关人员、上市公司控股股东的高级管理人员、相关中介机构执业人员参加谈话。谈话对象不得无故拒绝、推托。

（四）中国证监会在约见谈话时，主谈人员应确认谈话对象的身份，宣布谈话制度、谈话目的，告知谈话对象应当真实、完整地向主谈人员说明有关情况，并对所说明的情况和作出的保证承担责任。

（五）谈话对象应对有关情况进行说明、解释，并提供相应说明材料，对公司情况说明不清、说明材料欠完备的，应当限期补充，谈话对象不得作出虚假陈述或故意隐瞒事实真相。

第六条 经中国证监会两次书面通知，谈话对象无正当理由不参加谈话，中国证监会将对其进行公开批评。

第七条 谈话对象对谈话所涉及的重要事项说明不清，提供的材料不完整，在限期内又未能进行充分补充的，中国证监会可以对其进行公开批评。

谈话对象在谈话中虚假陈述或故意隐瞒事实真相的，中国证监会将视其情节轻重依据有关规定对其进行处理。

第八条 中国证监会的谈话人员，应遵守法律、法规及有关规定，认真履行职责，对在谈话中知悉的有关单位和个人的商业秘密负有保密义务。未经许可，参加谈话人员不得透露与谈话结果有关的任何信息。

第九条 谈话对象应当根据谈话结果及时整改，纠正不当行为，中国证监会将对整改情况进行监督检查。

第十条 中国证监会为谈话和整改情况建立专项档案，做为上市公司董事长及其他高管人员是否忠实履行职务的记录。

第十一条 在执行谈话制度中发现上市公司或高级管理人员有违法违规行为的，中国证监会将依法查处。谈话记录将作为进一步调查的证据。

第十二条 本制度自发布之日起施行。

谈话记录

谈话时间：

谈话地点：

谈话人：

记录人：

谈话对象——

上市公司名称：

通讯地址：

邮编：

上市公司董事长：

姓名：

电话：

传真：

谈话事由：

谈话内容：

谈话对象（签名）

上市公司收购管理办法

发文号：中国证券监督管理委员会令[2002]第10号　发文时间：2002－09－28

第一章　总　则

第一条 为规范上市公司收购活动，促进证券市场资源的优化配置，保护投资者的合法权益，维护证券市场的正常秩序，根据《公司法》、《证券法》及其他法律和相关行政法规，制定本办法。

第二条 本办法所称上市公司收购，是指收购人通过在证券交易所的股份转让活动持有一个上市公司的股份达到一定比例、通过证券交易所股份转让活动以外的其他合法途径控制一个上市公司的股份达到一定程度，导致其获得或者可能获得对该公司的实际控制权的行为。

第三条 收购人可以通过协议收购、要约收购或者证券交易所的集中竞价交易方式进行上市公司收购，获得对一个上市公司的实际控制权。

收购人进行上市公司收购，应当遵守本办法规定的收购规则，并按照本办法的规定及时履行报告、公告义务。

第四条 上市公司收购活动应当遵循公开、公平、公正的原则，相关当事人应当诚实守信，自觉维护证券市场秩序。

第五条 上市公司收购活动相关当事人所报告、公告的信息，必须真实、准确、完整，不得有虚假记载、误导性陈述或者重大遗漏。

任何人不得利用上市公司收购散布虚假信息，扰乱市场秩序或者进行其他欺诈活动。

第六条 上市公司收购可以采用现金、依法可以转让的证券以及法律、行政法规规定的其他支付方式进行。

第七条 收购人不得利用上市公司收购损害被收购公司及其股东的合法权益。

禁止不具备实际履约能力的收购人进行上市公司收购，被收购公司不得向收购人提供任何形式的财务资助。

第八条 上市公司的控股股东和其他实际控制人对其所控制的上市公司及该公司其他股东负有诚信义务。

收购人对其所收购的上市公司及其股东负有诚信义务，并应当就其承诺的具体事项提供充分有效的履行保证。

第九条 上市公司的董事、监事和高级管理人员对其所任职的上市公司及其股东负有诚信义务。

被收购公司在收购期间有更换董事或者董事辞任情形的，公司应当说明原因，并做出公告。

第十条 中国证券监督管理委员会（以下简称中国证监会）依法对上市公司收购活动实行监督管理。

证券交易所和证券登记结算机构根据中国证监会赋予的职责及其业务规则，对上市公司收购活动实行日常监督管理。

第十一条 中国证监会可以设立由专业人士组成的专门委员会，就具体交易事项是否构成上市公司收购、当事人应当如何履行相关义务、具体交易事项是否影响被收购公司的持续上市地位以及其他相关实体、程序事宜提出意见。

第二章　协议收购规则

第十二条 以协议收购方式进行上市公司收购的，收购人应当在达成收购协议的次日向中国证监会报送上市公司收购报告书，同时抄报上市公司所在地的中国证监会派出机构，抄送证券交易所，通知被收购公司，并对上市公司收购报告书摘要做出提示性公告。

中国证监会在收到上市公司收购报告书后十五日内未提出异议的，收购人可以公告上市公司收购报告书，履行收购协议。

第十三条 以协议收购方式进行上市公司收购，收购人所持有、控制一个上市公司的股份达到该公司已发行股份的百分之三十时，继续增持股份或者增加控制的，应当以要约收购方式向该公司的所有股东发出收购其所持有的全部股份的要约；符合本办法第四章规定情形的，收购人可以向中国证监会申请豁免；获得豁免的，可以以协议收购方式进行。

第十四条 以协议收购方式进行上市公司收购，收购人拟持有、控制一个上市公司的股份超过该公司已发行股份的百分之三十的，应当以要约收购方式向该公司的所有股东发出收购其所持有的全部股份的要约；符合本办法第四章规定情形的，收购人可以向中国证监会申请豁免；获得豁免的，可以以协议收购方式进行。

第十五条 被收购公司收到收购人的通知后，其董事会应当及时就收购可能对公司产生的影响发表意见，独立董事在参与形成董事会意见的同时还应当单独发表意见。被收购公司董事会认为有必要的，可以为公司聘请独立财务顾问等专业机构提供咨询意见。被收购公司董事会意见、独立董事意见和专业机构意见一并予以公告。

管理层、员工进行上市公司收购的，被收购公司的独立董事应当就收购可能对公司产生的影响发表意见。独立董事应当要求公司聘请独立财务顾问等专业机构提供咨询意见，咨询意见与独立董事意见一并予以公告。财务顾问费用由被收购公司承担。

第十六条 涉及国家授权机构持有的股份的转让，或者须经行政审批方可进行的股份转让，协议收购相关当事人应当在获得有关主管部门批准后，方可履行收购协议。

第十七条 协议收购相关当事人应当按照证券交易所和证券登记结算机构的业务规则和要求，申请办理股份转让和过户登记手续。

未按照规定履行报告、公告义务或者未按照规定提出申请的，证券交易所和证券登记结算机构不予办理股份转让和过户登记手续。

第十八条 以协议收购方式进行上市公司收购，相关当事人应当委托证券登记结算机构临时保管拟转让的股票，并将用于支付的现金存放于证券登记结算机构指定的银行账户。

第十九条 以协议收购方式转让一个上市公司的挂牌交易股票，导致受让人获得或者可能获得对该公司的实际控制权的，应当按照以下程序办理：

（一）公告上市公司收购报告书后，相关当事人应当委托证券公司申请办理股份转让和过户登记手续；接受委托的证券公司应当向证券交易所和证券登记结算机构申请拟收购部分的暂停交易和临时保管；予以暂停交易和临时保管的，应当做出公告；

证券交易所可以根据证券市场管理的需要，做出被收购公司挂牌交易股票暂停交易的决定；

（二）受让人应当在提出股份转让申请的次日，就转让协议事宜以及接受委托的证券公司名称做出公告，并通知该上市公司；

（三）证券交易所在收到股份转让申请后三个工作日内完成审核，对所申请的股份转让做出予以确认或者不予确认的决定；

（四）证券交易所对所申请的股份转让予以确认的，由接受委托的证券公司代表转让双方向证券登记结算机构申请办理股份过户登记手续，受让人在过户登记手续完成后二个工作日内做出公告；

证券交易所不予确认的，接受委托的证券公司应当在收到证券交易所通知的当日，将不予确认的决定通知转让双方和被收购公司，并代表转让双方向证券登记结算机构申请解除对该部分股票的临时保管；出让人应当在获悉不予确认决定后二个工作日内做出公告；

（五）股份转让过户登记手续完成后，由接受委托的证券公司代表受让人向证券登记结算机构申请解除该部分股票的临时保管，受让人在提出解除保管申请后的二个工作日内做出公告，该部分股票在证券交易所恢复交易。

第二十条 上市公司控股股东和其他实际控制人在转让其对一个上市公司的实际控制权时，未清偿其对公司的负债，未解除公司为其负债提供的担保，或者存在其损害公司利益的其他情形的，被收购公司董事会应当为公司聘请审计机构就有关事项进行专项核查并出具核查报告，要求该控股股东和其他实际控制人提出切实可行的解决方案，被收购公司董事会、独立董事应当就其解决方案是否切实可行分别发表意见。被收购公司应当将核查报告、解决方案与董事会和独立董事意见一并予以公告。

前款控股股东和其他实际控制人拒不提出解决方案的，董事会、独立董事应当采取充分有效的法律措施维护公司利益。

第二十一条 经中国证监会和证券交易所同意，上市公司股东通过公开征集方式出让其所持有的上市公司股份的，应当委托证券公司代为办理，具体程序和要求执行证券交易所的相关业务规则。

第二十二条 收购人通过国有股权行政划转、法院裁决、继承、赠与等合法途径持有、控制一个上市公司的股份，导致其获得或者可能获得对一个上市公司的实际控制权的，按照本章规定办理。

第三章 要约收购规则

第二十三条 收购人持有、控制一个上市公司的股份达到该公司已发行股份的百分之三十时，应当在该事实发生的次日向中国证监会报送上市公司收购报告书，同时抄报上市公司所在地的中国证监会派出机构，抄送证券交易所，通知被收购公司，并做出公告。未按照本办法的规定履行报告、公告义务的，收购人不得继续增持股份或者增加控制。

前款收购人继续增持股份或者增加控制的，应当以要约收购方式向该公司的所有股东发出收购其所持有的全部股份的要约；符合本办法第四章规定的，可以向中国证监会申请豁免。

前款收购人持有、控制一个上市公司的股份达到该公司已发行股份的百分之三十之前，已经报告、公告过上市公司收购报告书的，可以仅就本次报告书与前次报告书不同的部分做出报告、公告。

第二十四条 持有、控制一个上市公司的股份低于该公司已发行股份的百分之三十的收购人，以要约收购方式增持该上市公司股份的，其预定收购的股份比例不得低于百分之五，预定收购完成后所持有、控制的股份比例不得超过百分之三十；拟超过的，应当向该公司的所有股东发出收购其所持有的全部股份的要约；符合本办法第四章规定的，可以向中国证监会申请豁免。

第二十五条 以要约收购方式进行上市公司收购的，收购人应当向中国证监会报送要约收购报告书，同时抄报上市公司所在地的中国证监会派出机构，抄送证券交易所，通知被收购公司，并对要约收购报告书摘要做出提示性公告。

证券交易所可以根据证券市场管理的需要，做出被收购公司挂牌交易股票暂停交易的决定。

第二十六条 要约收购报告书应当载明下列事项：

（一）收购人的名称、住所；

（二）收购人关于收购的决定；

（三）被收购的上市公司名称；

（四）收购目的；

（五）收购股份的详细名称和预定收购的股份数额；

（六）收购的期限、收购的价格；

（七）收购所需的资金额及资金保证；

（八）报送要约收购报告书时所持有被收购公司股份数占该上市公司已发行的股份总数的比例；

（九）收购完成后的后续计划；

（十）中国证监会要求载明的其他事项。

第二十七条 收购人应当在要约收购报告书中说明有无将被收购公司终止上市的意图；有终止上市意图的，应当在要约收购报告书的显著位置做出特别提示。

收购人应当在要约收购报告书中说明收购完成后，被收购公司股权分布发生变化是否影响该公司的持续上市地位；造成影响的，应当就维持公司的持续上市地位提出具体方案。

第二十八条 收购人应当聘请律师对其要约收购报告书内容的真实性、准确性、完整性进行核查，并出具法律意见书。

收购人应当聘请财务顾问等专业机构对收购人的实际履约能力做出评判。财务顾问的专业意见应当予以公告。

第二十九条 收购人向中国证监会报送要约收购报告书后，在发出收购要约前申请取消收购计划的，在向中国证监会提出取消收购计划的书面申请之日起十二个月内，不得再次对同一上市公司进行收购。

第三十条 中国证监会在收到要约收购报告书后十五日内未提出异议的，收购人可以公告其收购要约文件；提出异议的，收购人应当就有关事项做出修改或者补充。收购人修改、补充的时间不计入上述期间。

第三十一条 被收购公司董事会应当为公司聘请独立财务顾问等专业机构，分析被收购公司的财务状况，就收购要约条件是否公平合理、收购可能对公司产生的影响等事宜提出专业意见，并予以公告。

管理层、员工进行上市公司收购的，被收购公司的独立董事应当为公司聘请独立财务顾问等专业机构，分析被收购公司的财务状况，就收购要约条件是否公平合理、收购可能对公司产生的影响等事宜提出专业意见，并予以公告。财务顾问费用由被收购公司承担。

第三十二条 被收购公司董事会应当在收购人发出收购要约后十日内，将被收购公司董事会报告书与独立财务顾问的专业意见一并报送中国证监会，同时抄报上市公司所在地的中国证监会派出机构，抄送证券交易所，并予以公告。

被收购公司董事会报告书应当就是否接受收购要约向股东提出建议，被收购公司的独立董事应当单独发表意见，一并予以公告。

收购人对收购要约条件做出重大更改的，被收购公司董事会应当就要约条件的更改情况报送补充报告书，独立董事应当发表补充意见，一并予以公告。

第三十三条 被收购公司的董事、监事、高级管理人员针对收购行为所做出的决策及采取的措施，不得损害公司及其股东的合法权益。

收购人做出提示性公告后，被收购公司董事会除可以继续执行已经订立的合同或者股东大会已经做出的决议外，不得提议如下事项：

（一）发行股份；

（二）发行可转换公司债券；

（三）回购上市公司股份；

（四）修改公司章程；

（五）订立可能对公司的资产、负债、权益或者经营成果产生重大影响的合同；但是公司开展正常业务的除外；

（六）处置、购买重大资产，调整公司主要业务；但是面临严重财务困难的公司调整业务或者进行资产重组的除外。

第三十四条 收购人确定要约收购价格，应当遵循以下原则：

（一）要约收购挂牌交易的同一种类股票的价格不低于下列价格中较高者：

1、在提示性公告日前六个月内，收购人买入被收购公司挂牌交易的该种股票所支付的最高价格；

2、在提示性公告日前三十个交易日内，被收购公司挂牌交易的该种股票的每日加权平均价格的算术平均值的百分之九十；

（二）要约收购未挂牌交易股票的价格不低于下列价格中较高者：

1、在提示性公告日前六个月内，收购人取得被收购公司未挂牌交易股票所支付的最高价格；

2、被收购公司最近一期经审计的每股净资产值。特殊情况下需要对上述价格确定原则做调整执行的，收购人应当事先征得中国证监会同意。收购人提出的收购价格显失公平的，中国证监会可以要求其做出调整。

第三十五条 收购人以现金进行支付的，应当在做出提示性公告的同时，将不少于收购总金额百分之二十的履约保证金存放在证券登记结算机构指定的银行账户，并办理冻结手续。

收购人以依法可以转让的证券进行支付的，应当在做出提示性公告的同时，将其用以支付的全部证券交由证券登记结算机构保管；但是根据证券登记结算机构的业务规则不在保管范围内的除外。

收购人取消收购计划，未涉及不当行为调查的，可以申请解除对履约保证金的冻结或者对证券的保管。

第三十六条 收购要约的有效期不得少于三十日，不得超过六十日；但是出现竞争要约的除外。

在收购要约有效期限内，收购人不得撤回其收购要约。

第三十七条 收购人在收购要约有效期限内更改收购要约条件的，必须事先向中国证监会报送书面报告，同时抄报上市公司所在地的中国证监会派出机构，抄送证券交易所，通知被收购公司；经中国证监会批准后，方可执行，并予以公告。

第三十八条 收购要约期满前十五日内，收购人不得更改收购要约条件；但是出现竞争要约的除外。

出现竞争要约时，初始要约人更改收购要约条件距收购要约期满不足十五日的，应当予以延长，延长后的有效期不应少于十五日，不得超过最后一个竞争要约的期满日。

第三十九条 要约收购报告书所披露的基本事实发生重大变化的，收购人应当在该变化发生之日起二个工作日内，向中国证监会做出书面报告，同时抄报上市公司所在地的中国证监会派出机构，抄送证券交易所，通知被收购公司，并予以公告。

第四十条 收购人应当委托证券公司向证券登记结算机构申请办理预受要约股票的临时保管。

证券登记结算机构临时保管的预受要约股票，在要约收购期间不再进行任何形式的转让。

第四十一条 预受要约的股东有权在要约期满前撤回预受，证券登记结算机构应当根据预受要约股东的申请解除对预受要约股票的临时保管。

在收购要约有效期间，收购人应当每日在证券交易所网站上公告预受要约股份的数量以及撤回预受要约股份的数量。

第四十二条 要约收购期满，收购人应当按照收购要约规定的条件购买被收购公司股东预受的全部股份；预受要约股份的数量超过预定收购数量时，收购人应当按照同等比例收购预受要约的股份。

收购要约期满后三个工作日内，接受委托的证券公司应当向证券登记结算机构申请办理股份转让结算和过户登记手续，解除对超过预定收购比例的股票的临时保管。

第四十三条 收购要约期满后三个工作日内，收购人应当向中国证监会报送关于收购情况的书面报告，同时抄报上市公司所在地的中国证监会派出机构，抄送证券交易所，通知被收购公司，并予以公告。

第四十四条 收购人做出提示性公告后至收购要约期满前，不得采取要约收购以外的形式和超出要约的条件买卖被收购公司的股票。

第四十五条 出现竞争要约时，被收购公司董事会应当公平对待所有要约收购人。

第四十六条 拟发出竞争要约的收购人，最迟不得晚于初始要约期满前五日向中国证监会报送要约收购报告书，同时抄报上市公司所在地的中国证监会派出机构，抄送证券交易所，通知被收购公司，并就要约收购报告书摘要做出提示性公告；中国证监会收到要约收购报告书后十五日内未提出异议的，收购人可以公告其收购要约文件。

第四十七条 收购人拟向同一上市公司的股东连续公开求购其所持有的该上市公司股份，导致其在收购完成后持有、控制该上市公司已发行的股份达到或者超过百分之五的，构成要约收购行为，应当遵守本办法规定的要约收购规则。

第四章 要约收购义务的豁免

第四十八条 符合本办法第四十九条、第五十一条规定情形的，收购人可以向中国证监会申请下列豁免事项：

（一）免于以要约收购方式增持股份；

（二）免于向被收购公司的所有股东发出收购要约；

（三）免于要约收购被收购公司的全部股份。

第四十九条 有下列情形之一的，收购人可以向中国证监会提出豁免申请：

（一）上市公司股份转让在受同一实际控制人控制的不同主体之间进行，股份转让完成后的上市公司实际控制人未发生变化，且受让人承诺履行发起人义务的；

（二）上市公司面临严重财务困难，收购人为挽救该公司而进行收购，且提出切实可行的重组方案的；

（三）上市公司根据股东大会决议发行新股，导致收购人持有、控制该公司股份比例超过百分之三十的；

（四）基于法院裁决申请办理股份转让手续，导致收购人持有、控制一个上市公司已发行股份超过百分之三十的；

（五）中国证监会为适应证券市场发展变化和保护投资者合法权益的需要而认定的其他情形。

第五十条 收购人向中国证监会提出豁免申请，其所报送的申请文件符合规定要求，并且已经按照规定履行信息披露义务的，中国证监会做出予以受理的决定；不符合规定要求或者未按照规定履行信息披露义务的，中国证监会不予受理。

中国证监会在受理豁免申请后三个月内，就收购人所申请的具体事项做出是否予以豁免的决定；获得豁免的，收购人可以继续增持股份或者增加控制。

第五十一条 有下列情形之一的，相关当事人可以向中国证监会报送豁免申请文件：

（一）合法持有、控制一个上市公司百分之五十以上股份的股东，继续增持股份、增加控制后不超过该公司已发行股份的百分之七十五的；

（二）因上市公司减少股本导致其持有、控制一个上市公司已发行股份超过百分之三十的；

（三）证券公司因开展正常的股票承销业务导致其持有一个上市公司已发行股份超过百分之三十，但无实际控制该公司的行为或者意图，并且提出在合理期限内向非关联方转让超出部分的解决方案的；

（四）银行因开展正常的银行业务导致其持有一个上市公司已发行股份超过百分之三十，但无实际控制该公司的行为或者意图，并且提出在合理期限内向非关联方转让超出部分的解决方案的；

（五）当事人因国有资产行政划转导致其持有、控制一个上市公司已发行股份超过百分之三十的；

（六）当事人因合法继承导致其持有、控制一个上市公司已发行股份超过百分之三十的；

（七）中国证监会为适应证券市场发展变化和保护投资者合法权益的需要认定的其他情形。

中国证监会自收到符合规定的申请文件之日起五个工作日内未提出异议的，当事人可以向证券交易所和证券登记结算机构申请办理股份转让和过户登记手续。

第五十二条 收购人发出的收购要约应当适用于被收购公司的所有股东；但是存在主体资格、股份种类限制或者法律、行政法规、规章规定的特殊情形的，收购人可以向中国证监会提出豁免申请。

第五十三条 收购人提出豁免申请的，应当聘请律师事务所就其所申请的具体豁免事项出具专业意见；依据本办法第四十九条第（二）

项、第(三)项的规定申请豁免的收购人,应当聘请财务顾问等专业机构出具专业意见。

第五章 监管措施及法律责任

第五十四条 收购人违反本办法的规定,持有、控制被收购公司的股份超过该公司已发行股份的百分之三十的,应当主动改正;未能改正的,证券交易所依据业务规则进行处理;拒不改正的,中国证监会责令改正。收购人在改正前不得向被收购公司选派董事、监事、高级管理人员;在整改期间,中国证监会不受理任何专业机构为其出具的文件。

第五十五条 收购人未按照本办法的规定履行报告、公告义务的,应当主动改正;未能改正的,证券交易所依据业务规则进行处理;拒不改正的,中国证监会责令改正、停止收购活动。收购人在改正前不得向被收购公司选派董事、监事、高级管理人员;在整改期间,中国证监会不受理任何专业机构为其出具的文件。构成证券违法行为的,依法追究法律责任。

第五十六条 收购人的报告、公告等文件中有虚假记载、误导性陈述或者重大遗漏的,应当主动改正;未能改正的,证券交易所依据业务规则进行处理;拒不改正的,中国证监会责令改正、停止收购活动。收购人在改正前不得向被收购公司选派董事、监事、高级管理人员;在整改期间,中国证监会不受理任何专业机构为其出具的文件。构成证券违法行为的,依法追究法律责任。

第五十七条 上市公司控股股东和其他实际控制人在转让其对一个上市公司的实际控制权时,未清偿其对公司的负债,未解除公司为其提供的担保,或者未对其损害公司利益的其他情形做出纠正的,应当主动纠正;未能纠正的,被收购公司董事会、独立董事应当采取充分有效的法律措施促其纠正,证券交易所依据业务规则进行处理;拒不纠正的,中国证监会责令改正、停止收购活动。构成证券违法行为的,依法追究法律责任。

被收购公司董事会、独立董事未能采取前款措施的,证券交易所依据业务规则进行处理;拒不采取措施的,中国证监会责令改正。构成证券违法行为的,依法追究法律责任。

第五十八条 为上市公司收购出具资产评估报告、审计报告、法律意见书和提供财务顾问意见等文件的专业机构和专业人员,其出具、提供的文件中有虚假记载、误导性陈述或者重大遗漏的,应当主动改正;未能改正的,证券交易所依据业务规则进行处理;拒不改正的,中国证监会责令改正。在整改期间,中国证监会不受理其出具的文件。构成证券违法行为的,依法追究法律责任。

第五十九条 任何知悉上市公司收购信息的人员在有关收购信息未经依法公开之前,泄露该收购信息、买卖该上市公司证券或者建议他人买卖该上市公司证券,或者利用上市公司收购散布虚假信息或者进行欺诈活动的,依法追究法律责任。

利用上市公司收购进行其他不当活动的,当事人应当主动改正;未能改正的,证券交易所依据业务规则进行处理;拒不改正的,中国证监会责令改正。构成证券违法行为的,依法追究法律责任。

第六章 附 则

第六十条 进行上市公司收购的股份持有人、股份控制人、一致行动人,其所持有、控制被收购公司已发行的股份数量应当合并计算。

第六十一条 收购人有下列情形之一的,构成对一个上市公司的实际控制:

(一)在一个上市公司股东名册中持股数量最多的;但是有相反证据的除外;

(二)能够行使、控制一个上市公司的表决权超过该公司股东名册中持股数量最多的股东的;

(三)持有、控制一个上市公司股份、表决权的比例达到或者超过百分之三十的;但是有相反证据的除外;

(四)通过行使表决权能够决定一个上市公司董事会半数以上成员当选的;

(五)中国证监会认定的其他情形。

第六十二条 本办法下列用语的含义:

(一)"收购要约"是指收购人向被收购公司股东公开发出的、愿意按照要约条件购买其所持有的被收购公司股份的意思表示。

(二)"预受"是指受要约人同意接受要约的初步意思表示,在要约期满前不构成承诺。

(三)"股份持有人"、"股份控制人"、"一致行动人"的含义与《上市公司股东持股变动信息披露管理办法》中"股份持有人"、"股份控制人"、"一致行动人"的含义相同。

第六十三条 上市公司收购报告书、要约收购报告书、被收购公司董事会报告书、要约收购豁免申请文件的格式与内容,由中国证监会另行制定。

第六十四条 本办法自 2002 年 12 月 1 日起施行。

资信评级机构出具证券公司债券信用评级报告准则

发文号:证监发行字[2003]106 号 发文时间:2003－08－29

第一章 基本要求

第一条 为了规范资信评级机构出具证券公司债券信用评级报告的行为,根据《证券法》和中国证券监督管理委员会(以下简称"中国证监会")的有关规定,制定本准则。

第二条 资信评级机构出具证券公司债券信用评级报告(以下简称"评级报告"),应当遵循信用评级的行业标准和自律规范。

第三条 资信评级机构出具评级报告应当采用浅显、简练、平实的语言,对评级结论的标识做出明确释义。

第四条 资信评级机构在出具评级报告前必须履行尽职调查义务。必要时应予以回避或做出相应的人员回避安排,保证有充分的理由确认出具评级报告的数据、资料和结果客观、准确、公正和及时。

第五条 资信评级机构应建立健全统一的内部信用评级标准和程序,并在出具评级报告时保持所依据的标准和程序的一致性。

第六条 资信评级机构出具信用评级报告应建立有效的内部控制机制,实行有效的内部审核和质量控制。

第七条 资信评级机构应当为每一受评债券指定专门的评级项目组,建立和保存完备的档案资料,并接受监管部门的检查。档案资料至少应当包括下列内容:

(一)委托协议;

(二)发行债券的证券公司(以下简称"发行人")提供的原始资料;

(三)历次尽职调查记录;

(四)信用评级报告;

(五)信用评级委员会的表决情况;

(六)跟踪评级资料;

(七)其他相关资料。

第二章 评级报告的内容与格式

第八条 评级报告应当包括概述、声明、评级报告正文、跟踪评级安排和附录等五部分。

第九条 概述部分应概要说明评级报告的情况,包括发行人和受评债券的名称、信用级别及释义、资信评级机构及人员的联系方式和出具报告的时间等内容。

第十条 声明部分全面登载资信评级机构关于评级情况的声明事项,应当包括下列内容:

(一)除因本次评级事项资信评级机构与发行人构成委托关系外,资信评级机构、评级人员与发行人不存在任何影响评级行为独立、客观、公正的关联关系。存在其他关联关系的,应当予以说明。

(二)资信评级机构与评级人员已履行尽职调查和诚信义务,有充分理由保证所出具评级报告的数据、资料及结论的客观、准确、公正、及时。

(三)评级结论是资信评级机构依据内部信用评级标准和程序做出的独立判断,未因发行人和其他任何组织或者个人的任何影响改变评级意见。

(四)已对发行人及受评债券的跟踪评级做出明确安排。

(五)资信评级机构自愿接受中国证监会对评级工作的监管。

第十一条 正文部分是完整的信用评级报告，应当包括评级结论及评级结论分析两个部分。

第十二条 评级结论应包括发行人名称、受评债券名称、信用级别及释义、评级结论的主要依据等，并简要说明本次评级的过程和发行人、受评债券的风险程度。发行人为受评债券提供担保的，应对比说明有无担保情况下评级结论的差异。

第十三条 评级结论分析部分至少应包括下列内容：

(一)对发行人的简要分析。重点分析发行人股权结构、业务及其特点。

(二)对受评债券的简要分析。重点分析受评债券的主要条款及有关偿债保障措施。

(三)对证券行业的简要分析。重点分析行业状况、发展趋势、行业风险及其对发行人的影响。

(四)分析发行人风险因素。应当针对实际情况，充分、准确、具体地揭示风险因素，按照重要性原则排列分析顺序。对风险应当尽可能做定量分析，无法进行定量分析的，应当有针对性地做出定性描述。

(五)描述和分析发行人及其董事、监事、经理及其他高级管理人员过去三年内发生的违法违规及违约事实。

(六)分析发行人财务状况。重点分析发行人的债务结构、资产质量、盈利状况、现金流状况、关联交易及其对发行人财务状况的影响，判断其财务风险。

(七)分析发行人募集资金投入项目。分析募集资金投向对发行人未来的财务状况、债务风险等方面的影响，以及项目实施可能出现的风险。

(八)分析有关偿债保障措施对受评债券风险程度的影响。有担保安排的，应当特别说明担保安排对评级结论的影响，说明无担保情况下发行人的实际信用状况或评级结论，此外还应对担保人或担保物的信用、风险进行评估。发行人建立专项偿债账户等其他保障措施的，应当分析说明有关保障措施的情况及其可靠性、局限性。

(九)分析发行人履行债券义务的能力、可信程度和抗风险能力。

第十四条 评级报告分析应当针对证券行业和发行人的特点，重点揭示风险，反映发行人及受评债券的信用水平及信用风险。

第十五条 评级报告分析可在显要位置作"特别风险提示"，必要时应详细分析该风险及其形成的原因，说明过去特别是最近一个会计年度曾经因该风险因素遭受的损失，判断将来遭受损失的可能程度。

第十六条 跟踪评级安排部分应明确说明对受评债券存续期内的跟踪评级时间、评级范围、出具评级报告的方式等内容，持续揭示受评债券的信用变化情况。

第十七条 附录部分应当收录其他相关的重要事项，主要包括资信评级机构简要介绍、尽职调查报告等。

第三章 跟踪评级报告

第十八条 资信评级机构应当在首次评级报告中明确有关跟踪评级的事项。跟踪评级应当包括定期跟踪评级和不定期跟踪评级。

第十九条 资信评级机构应当密切关注与发行人、受评债券有关的信息。如果发生影响前次评级报告结论的重大事项，资信评级机构应当在10个工作日内出具不定期跟踪评级报告，并报送中国证监会。

第二十条 资信评级机构应当在受评债券存续期内发行人发布年度报告后一个月内出具一次定期跟踪评级报告。定期跟踪评级报告应当与前次评级报告保持连贯。

第二十一条 定期跟踪评级报告与前次评级报告在评级结论或者其他重大事项方面出现差异的，应当分析原因，并做特别说明。

第二十二条 定期跟踪评级报告应对受评债券发行后发行人出现的违约状况进行描述和分析。

第二十三条 跟踪评级报告应当针对发行人外部经营环境、内部运营及财务状况的变化，以及前次评级报告提及的风险因素进行分析，说明其变化对受评债券的影响，并对原有信用级别是否进行调整作出明确说明。

第四章 附 则

第二十四条 本准则自2003年10月8日起施行。

上市开放式基金登记结算业务实施细则

中国证券登记结算有限责任公司　发文时间:2004—08—26

第一章 总 则

1.1 为维护证券投资基金市场秩序，保护投资人的合法权益，规范上市开放式基金登记结算业务，根据《中华人民共和国证券投资基金法》及其他有关法律、法规、规章和中国证券登记结算有限责任公司(以下简称本公司)有关规定，制订本实施细则。

1.2 本实施细则所称上市开放式基金是指可在证券交易所发售、上市及交易的开放式证券投资基金。上市开放式基金既可通过证券交易所认购和交易，也可通过基金管理人及其代销机构认购、申购和赎回。

1.3 上市开放式基金登记结算业务适用本实施细则。本实施细则未规定的，适用本公司其他有关规定。

第二章 账户管理

2.1 投资人可持本公司人民币普通股票账户或证券投资基金账户(以下简称证券账户)通过证券经营机构在证券交易所认购和交易上市开放式基金。

投资人可持本公司开放式基金账户通过基金管理人及其代销机构认购、申购和赎回上市开放式基金。

2.2 证券账户开立、注销、合并及证券账户资料变更等业务，按照本公司《证券账户管理规则》办理。

2.3 已有证券账户的投资人，可经过基金管理人或代销机构以其持有的证券账户向本公司申请开放式基金账户注册。

尚无证券账户的投资人，可通过基金管理人或代销机构向本公司申请开放式基金账户注册，本公司将配发新的证券投资基金账户，同时自动注册成为开放式基金账户。

已通过基金管理人或代销机构注册开放式基金账户的投资人，可在该处直接申报开放式基金业务。

已通过基金管理人或代销机构注册开放式基金账户的投资人，通过其他代销机构、基金管理人申报开放式基金业务的，须先持该开放式基金账户在该代销机构、基金管理人处，办理开放式基金账户注册确认手续。

2.4 一个投资人只能拥有一个上海、深圳类别开放式基金账户，但法律、法规、规章或本公司另有规定除外。

上海类别证券账户及以其为基础注册的上海类别开放式基金账户暂不可办理上市开放式基金业务。

2.5 开放式基金账户注册资料中投资人姓名(名称)或有效身份证明文件类型、号码发生变更，投资人应按照本公司《证券账户管理规则》的规定，在证券账户开户代理网点办理证券账户资料变更申报。除上述三项以外的开放式基金账户注册资料变更，投资人可在基金管理人或代销机构处办理。

2.6 投资人可在2.5条所述基金管理人或代销机构处查询其开放式基金账户注册资料。

2.7 投资人注销开放式基金账户，应在原办理开放式基金账户注册的基金管理人或代销机构处办理，并应同时满足以下条件：

(一)开放式基金账户中基金份额为零；

(二)对在多处基金管理人或代销机构办理开放式基金账户注册确认手续的，须完成注销开放式基金账户注册确认手续。

第三章 登记托管

3.1 本公司对上市开放式基金份额采取分系统登记原则。通过证券经营机构在证券交易所认购和买入的基金份额，登记在本公司证券登记结算系统(以下简称证券登记系统)，以投资人证券账户记载，托管在证券经营机构处；通过基金管理人及其代销机构认购、申购的基金份额，登记在本公司开放式基金登记结算系统(以下简称TA系统)，以投资人开放式基金账户记载，托管在基金管理人及其代销机构处。

3.2 基金管理人在发售上市开放式基金份额前，应与本公司签订登记结算服务协议。

3.3 基金管理人应在上市开放式基金验资成立后的规定期限内，分别在本公司证券登记系统和 TA 系统，将其已募集的上市开放式基金份额办理初始登记手续。

3.4 上市开放式基金通过证券交易所交易涉及的基金份额变更登记，以及证券账户下基金份额的非交易过户、司法协助等业务通过证券登记系统办理。

上市开放式基金通过基金管理人及其代销机构申购和赎回涉及的基金份额变更登记，以及开放式基金账户下基金份额的非交易过户、司法协助等业务通过 TA 系统办理。

3.5 上市开放式基金初始登记、变更登记及相关账户资料等数据，统一由 TA 系统向基金管理人发送。

第四章　转托管

4.1 上市开放式基金份额转托管可分为系统内转托管和跨系统转托管(即《深圳证券交易所上市开放式基金业务规则》所称跨系统转登记)。

4.2 系统内转托管指投资人将托管在某证券经营机构的上市开放式基金份额转托管到其他证券经营机构，或将托管在某基金管理人或其代销机构的上市开放式基金份额转托管到其他代销机构或基金管理人。系统内转托管应按本公司有关规定办理。

在同一证券经营机构内，投资人须变更经办营业部的，比照“系统内转托管”有关规定办理。

4.3 跨系统转托管指投资人将托管在某证券经营机构的上市开放式基金份额转托管到某基金管理人或代销机构，或将托管在某基金管理人或其代销机构的上市开放式基金份额转托管到某证券经营机构。

4.4 上市开放式基金份额跨系统转托管只限于在证券账户和以其为基础注册的开放式基金账户之间进行。

4.5 投资人将托管在某证券经营机构的上市开放式基金份额通过基金管理人及其代销机构赎回，按以下程序办理跨系统转托管：

(一)投资人在办理转托管手续前，应确保已在转入方基金管理人或代销机构处成功办理开放式基金账户注册或开放式基金账户注册确认。

(二)投资人在转出方证券经营机构提出跨系统转托管申请，注明转入方基金管理人或代销机构代码、证券账户号码、基金代码和转托管数量。

(三)对检查合格的跨系统转托管申报，证券登记系统记减投资人证券账户基金份额，TA 系统相应记增开放式基金账户基金份额。

对转入基金份额，TA 系统自开放式基金账户份额记增日起计算投资人基金份额持有时间。

(四)对成功处理的跨系统转托管申报，投资人自申请日起两个交易日后，可在转入基金管理人或代销机构处申报赎回基金份额。

4.6 投资人将托管在某基金管理人或其代销机构的上市开放式基金份额通过证券经营机构在证券交易所卖出，按以下程序办理跨系统转托管：

(一)投资人在转出方基金管理人或代销机构处提出跨系统转托管申请，注明转入证券经营机构席位号、开放式基金账户号码、基金代码、转托管数量，其中转托管数量应该为整数份。

(二)对检查合格的跨系统转托管申报，TA 系统记减投资人开放式基金账户基金份额，证券登记系统相应记增证券账户基金份额。

(三)对成功处理的跨系统转托管申报，投资人自申请日起两个交易日后，可在转入方证券经营机构申报通过证券交易所卖出基金份额。

4.7 对于转出方系统已记减投资人账户基金份额，而转入方系统无法记增的跨系统转托管，投资人可在转入方系统办理调账。

4.8 自上市开放式基金上市日起，除基金权益分派期间(R－2 日至 R 日，R 日为权益登记日)暂停跨系统转托管业务外，投资人可在证券交易所交易日，申请办理跨系统转托管业务。

4.9 处于冻结状态的上市开放式基金份额不能办理跨系统转托管业务。

第五章　资金结算

5.1 本公司对上市开放式基金采取分系统清算原则。通过证券交易所认购和交易上市开放式基金所涉及的资金清算由证券登记系统完成；通过基金管理人及其代销机构认购、申购和赎回上市开放式基金所涉及的资金清算由 TA 系统完成。

5.2 本公司对上市开放式基金采取多边净额结算。本公司制定相关业务规则，报中国证监会批准后，可对上市开放式基金采用其他资金结算方式。

5.3 证券经营机构、基金管理人及其代销机构等结算参与人在参与本公司上市开放式基金资金结算业务前，应按本公司有关规定，在本公司开立结算备付金账户，并与本公司签订资金结算业务协议。

5.4 上市开放式基金通过证券交易所认购所涉及的资金交收，遵循“先满足二级市场交收，后满足网上认购交收”原则；上市开放式基金通过基金管理人及其代销机构认购所涉及的资金交收，遵循“先满足申购、赎回资金交收，后满足认购资金交收”原则。

5.5 上市开放式基金认购的资金结算：

(一)证券登记系统根据上市开放式基金通过证券交易所 T 日认购申报数据于当日进行资金清算，产生资金清算数据，于 T＋1 日通过其结算参与人的结算备付金账户完成资金交收。结算参与人结算备付金账户余额不足交收的，证券登记系统对资金不足部分的认购申报于 T＋2 日做无效处理。

(二)TA 系统于 T＋1 日对上市开放式基金通过基金管理人及其代销机构 T 日认购申报数据进行资金清算，产生资金清算数据，于 T＋2 日通过其结算参与人的结算备付金账户完成资金交收。结算参与人结算备付金账户余额不足交收的，TA 系统对资金不足部分的认购申报于 T＋3 日做无效处理。

5.6 上市开放式基金的日常交易与申购、赎回的资金结算：

(一)证券登记系统于 T 日闭市后对上市开放式基金及其他上市证券当日在证券交易所的成交数据和其他非交易业务数据合并进行资金清算，计算出结算参与人应收、应付净额，产生资金清算数据，于 T＋1 日通过结算参与人的结算备付金账户完成资金交收。

(二)TA 系统于 T 日日终将上市开放式基金通过基金管理人及其代销机构 T－1 日申购及 T－N＋1 个工作日(N 为基金管理人事先规定的赎回支付周期)赎回及开放式基金当日业务数据合并进行资金清算，计算出结算参与人应收、应付净额，产生资金清算数据，于 T＋1 日通过结算参与人的结算备付金账户完成资金交收。

第六章　风险防范和控制措施

6.1 本公司及结算参与人应当采取下列措施，加强登记结算业务的风险控制：

(一)制定完善的风险防范制度和内部控制制度；

(二)建立完善的技术系统，共同遵守约定的技术标准和规范；

(三)对结算数据和技术系统进行备份，制定业务紧急应变程序和操作流程。

6.2 为防范结算风险，依据风险共担的原则，结算参与人应当按规定缴纳结算保证金。结算保证金的缴存、调整、管理和使用按照本公司规定执行。

6.3 结算参与人结算备付金账户的日末余额不得低于本公司核定的最低结算备付金限额。最低结算备付金缴存比例及其调整按照本公司规定执行。

6.4 结算参与人如出现资金交收违约，本公司可采取以下措施：

(一)根据结算参与人发生的违约金额，按中国人民银行及本公司有关规定计收利息及交收违约金。

(二)透支发生当日，暂扣违约结算参与人相当于违约金额价值 100％的自营证券。违约结算参与人在两个交易日内补足违约款本息及交收违约金的，本公司向其交付暂扣的证券。否则，本公司将卖出暂扣证券，以卖出款弥补结算参与人的违约额，卖出款不能全额弥补违约款本息及交收违约金的，差额仍向违约的结算参与人追索。

(三)对于结算参与人的违约事件在该结算参与人业务不良记录中予以登记，作为评估风险程度、确定重点监控对象的依据。

(四)有权要求违约结算参与人向本公司提供财务状况说明，提出弥补违约额的具体措施，并将该结算参与人列为重点监控对象，密切监测其财务状况。

6.5 本公司必要时有权对结算风险较大的结算参与人采取提高结算保证金缴纳额、调整最低结算备付金缴存比例与时间，可要求其提供结算信用担保或结算抵押品，或限制业务申报、要求其委托其他结算参与人代理结算业务等措施。

6.6 本公司处理结算参与人交收违约事件而产生的费用和损失，由结算参与人承担。

第七章 权益分派

7.1 上市开放式基金权益分派分别由证券登记系统和TA系统依据权益登记日(R日)各自的投资人名册数据进行。

证券登记系统只进行现金红利分派，TA系统可按投资人选择进行现金红利或红利再投资分派。

7.2 基金管理人应于权益分派公告前，预先向本公司提交权益分派申请。

7.3 基金管理人应于R日规定时点前，将最终确定的分红比例方案通知本公司。如在规定时点后修改分红比例方案的，应重新确定权益登记日。

7.4 基金管理人应于R+2日规定时点前，将现金红利划入本公司指定的银行账户。本公司于R+3日将现金红利划入证券经营机构、基金管理人及其代销机构等的结算备付金账户。

基金管理人未能在规定时点前足额划付现金红利的，本公司将推迟现金红利的派发。

第八章 附 则

8.1 本实施细则暂适用于在深圳证券交易所发售、上市及交易的开放式证券投资基金登记结算业务。

8.2 因地震、台风、水灾、火灾、战争及其他不可抗力因素，以及不可预测或无法控制的系统故障、设备故障、通信故障、停电等突发事故给有关当事人造成损失的，本公司不承担责任。

8.3 本实施细则下列用语的涵义是：

认购：在开放式基金募集期内，投资人通过证券经营机构在证券交易所，或通过基金管理人及其代销机构购买基金份额的行为。

申购：在开放式基金募集期外，投资人通过基金管理人及其代销机构购买基金份额的行为。

交易：开放式基金在证券交易所上市后，投资人通过证券经营机构在证券交易所内以集中交易方式买卖基金份额的行为。

证券账户：按类别分为上海证券账户和深圳证券账户。上海证券账户用于记载在上海证券交易所上市交易的证券，以及本公司认可的其他证券；深圳证券账户用于记载在深圳证券交易所上市交易的证券，以及本公司认可的其他证券。

开放式基金账户注册：投资人持证券账户向本公司申请开通开放式基金业务功能，并取得本公司TA系统确认反馈的业务过程。

开放式基金账户注册确认：已注册开放式基金账户投资人为了在多个代销机构处办理基金认购、申购和赎回业务，通过拟办理业务的代销机构申报已注册开放式基金账户，并取得本公司TA系统确认反馈的业务过程。

上海、深圳类别开放式基金账户：由上海、深圳证券账户注册生成的开放式基金账户。

代销机构：具有中国证监会认可的开放式基金代销资格，受基金管理人委托发售基金份额，办理基金份额申购、赎回等活动的商业银行、证券经营机构等机构。

结算参与人：是指经本公司同意，在本公司设立和管理的电子化证券登记结算系统内，参与本公司结算业务的证券经营机构、基金管理人和代销机构及其他机构。

8.4 本实施细则由本公司负责修订和解释。

8.5 本实施细则自发布之日起施行。

汽车金融公司管理办法实施细则

中国银行业监督管理委员会 发文时间：2003－11－12

第一章 总 则

第一条 根据《汽车金融公司管理办法》(以下简称《办法》)及有关行政法规制定本细则。

第二条 中国银行业监督管理委员会(以下简称银监会)及其分支机构，按照《办法》和本细则规定对汽车金融公司进行监督管理。

第二章 机构设立

第三条 设立汽车金融公司的申请包括筹建申请和开业申请。

公司拟设地银监局(银监会省级派出机构)是公司设立申请的审核机关，银监会是公司设立申请的审批机关。

第四条 银监局对汽车金融公司筹建和开业申请资料实行签收制度。

第五条 符合《办法》第五条的申请人应向银监局提交汽车金融公司筹建申请表及《办法》第九条要求的资料。

第六条 银监局在签收到筹建申请资料后的5个工作日内完成资料的完整性审查。如申请资料不齐全或不符合《办法》规定的形式，银监局将一次书面告知申请人需要补充的全部内容，并由申请人补充申请资料；对申请资料齐全并符合规定形式的，银监局应当受理并书面通知申请人。

银监局在5个工作日内未提出异议的，视为自动受理。

第七条 银监局负责对筹建申请资料进行审核，提出同意或不同意的审核意见，并上报银监会。

银监局应在受理申请资料后20个工作日内完成审核工作。

银监会负责对筹建申请进行审批，应在银监局受理筹建申请后6个月内对已受理的筹建申请作出是否批准的书面决定。

第八条 银监会作出不批准筹建决定的，应书面通知申请人并说明不同意的理由。自不批准筹建批复下达之日起6个月内，申请人不得再次提出同样的申请。

第九条 获得筹建许可的申请人申请延长筹建期限的，应向银监局提交延期申请表和延期申请报告，说明延期原因。延期申请经银监局审核同意后报银监会核准。延期只限一次，延长期限不得超过3个月。

第十条 拟设公司筹建工作结束后，申请人应向银监局提交开业申请表及《办法》第十二条要求的资料。

第十一条 银监局负责受理和审核开业申请资料。有关受理和审核程序与本细则第六条、第七条相同。银监会应在银监局受理开业申请后3个月内对已受理的开业申请作出是否核准的书面决定。

第十二条 银监会负责核准汽车金融公司的开业申请及业务范围。对外国独资汽车金融公司和中外合资汽车金融公司，由银监会负责颁发《金融许可证》；对中资汽车金融公司，由银监局负责颁发《金融许可证》。

汽车金融公司金融许可证管理应执行《金融许可证管理办法》等有关规定。

第十三条 根据中华人民共和国商务部的委托，由银监会向被批准开业的外国独资、中外合资汽车金融公司代为颁发《中华人民共和国外商投资企业批准证书》。被批准设立的外国独资、中外合资汽车金融公司收到批准开业文件后，到银监会办理相关手续，并凭银监会批准文件、金融许可证和上述批准证书办理企业注册登记。银监会在代发当日将批准证书存根送商务部。

第十四条 汽车金融公司章程至少包括以下内容：机构名称、营业地址、机构性质、注册资本金、业务范围、组织形式、经营管理和中止、清算等事项。

第十五条 汽车金融公司从业人员中应有60%以上从事过金融业务工作或属于大中专院校金融专业毕业生。拟设公司开业申请资料应包括从事过金融业务工作及大中专院校金融专业毕业生占从业人员的比例。

第十六条 申请人提交的筹建申请、开业申请等资料，均需一式三份，以中文书写为准。

第三章 高级管理人员任职资格管理

第十七条 汽车金融公司高级管理人员是指公司的法定代表人和对经营管理具有决策权或对风险控制起重要作用的人员，包括董事、监事、总经理、副总经理、财务总监、内审或稽核部门经理，以及与上述职位名称不同但所承担职责相同的管理人员。

第十八条 汽车金融公司高级管理人员应具备下列基本条件：

(一)熟悉并遵守国家有关经济、金融法律法规。

(二)具有与担任职务相适应的专业知识、工作经验和组织管理能力。

第十九条 有下列情形之一的，不得担任汽车金融公司高级管理人员：

(一)有犯罪记录或因违法而受到重大处罚的。

(二)过去五年内因重大工作失误给所任职金融机构或其他企业、公司造成重大损失的。

(三)对所任职的金融机构、其他企业、公司的重大违规、被吊销金融许可证或营业执照甚至破产，负有主要责任或直接领导责任，且未满五年的。

(四)其他法律、法规规定不能担任金融机构高级管理人员的。

第二十条 银监会及其分支机构对汽车金融公司的董事长、副董事长、执行董事、董事、总经理、副总经理、财务总监实行任职资格核准管理，对其他高级管理人员实行备案管理。

第二十一条 适用核准制的汽车金融公司高级管理人员应具备下列条件：

(一) 担任董事长、执行董事、总经理，应具备大学本科以上(含本科)学历，金融从业 5 年以上，或从事汽车生产销售管理工作 10 年以上。若不具备大学本科及以上学历，应从事金融工作 8 年以上或从事汽车生产销售管理工作 15 年以上。

(二) 担任副董事长、副总经理，应具备大学本科以上(含本科)学历，金融从业 3 年以上，或从事汽车生产销售管理工作 6 年以上。若不具备大学本科及以上学历，应从事金融工作 6 年以上或从事汽车生产销售管理工作 11 年以上。

(三) 担任财务总监，应具备大学本科以上(含本科)学历，从事财务、会计或审计工作 6 年以上。若不具备大学本科及以上学历，应从事财务、会计或审计工作 14 年以上。

(四) 担任董事，应具备大学专科以上(含专科)学历，从事企业管理、经营工作 6 年以上。若不具备大学专科及以上学历，应从事企业管理、经营工作 10 年以上。

第二十二条 适用核准制的高级管理人员任职，应由汽车金融公司向所在地银监会分支机构提交下列申请资料(一式三份)：

(一)任职资格核准表；

(二)对拟任人进行任职资格审核的申请书；

(三)拟任职公司董事会、监事会决议及拟任人现任职单位对拟任人品行、业务能力、管理能力和工作业绩等方面的综合鉴定；

(四)拟任人身份证明复印件；

(五)拟任人国家认可的学历证书、专业技术证书复印件；

(六)银监会及其分支机构要求的其他资料。

第二十三条 对汽车金融公司高级管理人员任职资格需报银监会及其分支机构核准的，银监会及其分支机构自收到完整申请资料之日起 90 日内作出是否同意的批复。作出不同意决定的，书面通知申请人不同意的理由。

第二十四条 银监会及其分支机构可以对需核准任职资格的高级管理人员进行考试、考察或谈话。

第二十五条 适用备案制的高级管理人员任职，应由汽车金融公司向所在地银监会分支机构提交下列资料(一式三份)：

(一)任职资格备案表；

(二)拟任人身份证明复印件；

(三)拟任人国家认可的学历证书、专业技术证书复印件；

(四)银监会及其分支机构要求的其他资料。

第二十六条 对适用备案制的汽车金融公司高级管理人员，公司所在地银监会分支机构自收到完整报备材料之日起 30 日内未提出书面异议的，视为认可。

第二十七条 未经银监会及其分支机构批准，汽车金融公司董事长、副董事长、执行董事、总经理、副总经理、财务总监、内审或稽核部门经理等高级管理人员在任职期内不得兼任党政机关职务或其他营业性机构的高级管理人员。

第二十八条 汽车金融公司董事长不得兼任本公司总经理。董事不得兼任与本公司有利益冲突的其他营业性机构的高级管理人员。

第二十九条 汽车金融公司的董事长、总经理因故连续一个月以上不能履行岗位职责的，应授权其他高级管理人员暂代其履行职责并向所在地银监会分支机构事前备案；连续 3 个月以上不能履行岗位职责的，应更换人选。

第三十条 汽车金融公司高级管理人员离任，公司应聘请银监会及其分支机构认可的外部审计师对该高级管理人员进行离任审计。

第三十一条 离任审计报告应至少包括以下内容：

(一) 分管业务经营情况；

(二) 分管业务合法合规情况；

(三) 分管业务内控建设和风险管理情况；

(四) 职责范围内发生的重大经济或刑事案件以及本人所应承担的责任；

(五) 审计结论。

第三十二条 银监会及其分支机构应建立汽车金融公司高级管理人员任职资格档案。任职资格档案至少包括以下内容：

(一)任职资格申请资料；

(二)银监会及其分支机构审核的有关文件、资料；

(三)银监会及其分支机构核准任职资格的文件；

(四)银监会及其分支机构对高级管理人员作出的处分决定或取消任职资格的文件；

(五)汽车金融公司对高级管理人员作出的处分决定；

(六)离任审计报告；

(七)其他重要资料。

第三十三条 对出现下列情形之一负有个人责任或直接领导责任的高级管理人员，银监会及其分支机构可以视情节轻重及后果，取消其一定时期直至终身的任职资格：

(一) 被依法追究刑事责任；

(二) 拒绝、干扰、阻挠或严重影响银监会及其分支机构依法监管；

(三)所任职公司内部控制制度不健全或执行监督不力，造成重大资产损失，或导致发生重大金融犯罪案件；

(四)所任职公司严重违规经营、长期经营管理不善，造成公司严重亏损，或被接管、撤销、被迫合并或宣告破产等；

(五)发生重大金融犯罪案件后，不及时报案，不采取相应措施，不积极配合有关部门查案、办案，干扰或妨碍案件查处；

(六)对已任职的高级管理人员，如发现其任职前有违法、违规或其他不宜担任高级管理人员的情形；

(七)银监会及其分支机构认定的其他情形。

第三十四条 银监会及其分支机构对取消任职资格的汽车金融公司高级管理人员，可以进行通报。

第四章　风险控制和监督管理

第三十五条 汽车金融公司应以控制风险为核心，建立全面的风险管理体系。内容包括：

(一)建立良好的公司治理与分工合理、职责明确、报告关系清晰的组织结构，以及科学、高效的决策、激励和约束机制。

(二)参照《商业银行内部控制指引》，按照全面、审慎、有效、独立的原则，建立和健全内部控制制度，并报所在地银监会分支机构备案。

第三十六条 除单家股东的外国独资汽车金融公司外，汽车金融公司应设立董事会。单家股东的外国独资汽车金融公司应聘请外部独立董事。

第三十七条 汽车金融公司应实行资产五级分类制度。参照《贷款风险分类指导原则》，制定资产风险分类操作细则，报其所在地银监会分支机构事前备案后执行；依照《银行贷款损失准备计提指引》，建立审慎的贷款损失准备制度，及时足额计提资产损失准备。

第三十八条 汽车金融公司的资本充足率计算公式为：资本/风险加权资产。

第三十九条 汽车金融公司的资本包括核心资本与附属资本。核心资本包括实收资本、资本公积、盈余公积、未分配利润。附属资本包括重估储备、一般准备。

汽车金融公司核心资本不得低于资本的 50%。

第四十条 汽车金融公司风险加权资产的计算及各类资产风险权重如下：

风险加权资产＝对商业银行的债权×20%＋有商业银行提供保证的债权×20%＋其他担保形式担保的债权×50%＋其他形式资产×100%＋担保业务余额×100%

其他担保形式是指商业银行提供保证以外的担保；其他形式资产不包括现金。

计算各项贷款的风险资产时，应当首先从贷款账面价值中扣除专项准备，其他各类资产的减值准备，也应当从相应的资产项目账面价值中扣除。

第四十一条 汽车金融公司对单一借款人的授信余额与注册资本的比例不得超过15%。

授信余额包括表内和表外的项目。

第四十二条 汽车金融公司对最大10家客户的授信余额不得超过注册资本的50%。

第四十三条 汽车金融公司对关联人不得发放信用贷款，对关联人的授信条件不得优于其他借款人同类授信的条件。

第四十四条 汽车金融公司对单一股东及其关联人授信余额不得超过该股东在汽车金融公司出资额的100%。

第四十五条 本细则第四十一条、第四十二条和第四十四条中授信余额的计算口径为扣除借款人以现金和现金等价物作抵押后的余额。

第四十六条 汽车金融公司的担保余额不得超过注册资本的200%。

第四十七条 汽车金融公司自用固定资产与注册资本的比例不得超过40%。

第四十八条 汽车金融公司流动性资产与流动性负债的比例不得低于100%。流动性资产是指现金、一个月内到期的贷款、一个月内到期的应收款和其他一个月内可变现的资产。上述各项资产中应扣除预计不可收回的部分。流动性负债是指一个月内到期的存款、一个月内到期的向金融机构借款和其他一个月内到期的负债。

第四十九条 汽车展示厅贷款应专门用于汽车整车展示所必需的场所建设。

第五十条 汽车金融公司向金融机构借款的利率，比照同业往来利率执行；发放汽车贷款的利率，可在人民银行公布的法定利率基础上，上下浮动－10－30%。

第五十一条 汽车金融公司应按银监会及其分支机构有关监管规定定期向所在地银监会分支机构报送由法定代表人签字的财务会计报告、各项监管指标执行情况报告和银监会及其分支机构要求的其他资料。

汽车金融公司法定代表人对公司提供上述资料的真实性负有最终责任。

第五十二条 银监会及其分支机构通过现场检查和非现场监管，对汽车金融公司以法人治理结构和内部控制制度为核心的风险管理体系、资本充足率等各项风险控制指标以及资产风险分类和相应资产损失准备制度等执行情况进行全面考核，对未达到监管要求的汽车金融公司，银监会及其分支机构有权要求其整改、暂停其部分或全部业务、对其整顿。

银监会及其分支机构可以指定具有相应资格的中介机构对汽车金融公司进行现场检查。

第五章　附　则

第五十三条 汽车金融业务是指《办法》第十八条所规定的业务。

第五十四条 《办法》第二条所称销售者是指专门从事汽车销售的经销商，不包括汽车制造商及其他形式的汽车销售者。

第五十五条 《办法》第五条第(一)款所称企业法人不包括中国境内外的银行机构。

第五十六条 《办法》第二条所称中国境内的汽车购买者及销售者是指中国大陆地区的汽车购买者及销售者，不包括港、澳、台地区。

第五十七条 本细则所称关联人，包括关联法人和关联自然人。

企业的关联法人是指：(一)直接或间接控制该企业，以及与该企业同受第三方企业控制的法人；(二)关联自然人直接或间接控制的企业。

企业的关联自然人是指企业的高级管理人员及其近亲属。汽车金融公司的关联自然人还包括信贷业务人员及其近亲属。

第五十八条 本细则自公布之日起施行，由银监会负责解释。

合格境外机构投资者境内证券投资管理暂行办法

中国证券监督管理委员会中国人民银行令第12号　发文时间：2002－11－05

第一章　总　则

第一条 为了规范合格境外机构投资者在中国境内证券市场的投资行为，促进中国证券市场的发展，根据有关法律、行政法规，制定本办法。

第二条 本办法所称合格境外机构投资者(以下简称合格投资者)，是指符合本办法规定的条件，经中国证券监督管理委员会(以下简称中国证监会)批准投资于中国证券市场，并取得国家外汇管理局(以下简称国家外汇局)额度批准的中国境外基金管理机构、保险公司、证券公司以及其他资产管理机构。

第三条 合格投资者应当委托境内商业银行作为托管人托管资产，委托境内证券公司办理在境内的证券交易活动。

第四条 合格投资者必须遵守中国的法律法规和其他有关规定。

第五条 中国证监会和国家外汇局依法对合格投资者在中国境内进行的证券投资活动实施监督管理。

第二章　资格条件和审批程序

第六条 申请合格投资者资格，应当具备下列条件：

(一)申请人的财务稳健，资信良好，达到中国证监会规定的资产规模等条件，风险监控指标符合所在国家或者地区法律的规定和证券监管机构的要求；

(二)申请人的从业人员符合所在国家或者地区的有关从业资格的要求；

(三)申请人有健全的治理结构和完善的内控制度，经营行为规范，近三年未受到所在国家或者地区监管机构的重大处罚；

(四)申请人所在国家或者地区有完善的法律和监管制度，其证券监管机构已与中国证监会签订监管合作谅解备忘录，并保持着有效的监管合作关系；

(五)中国证监会根据审慎监管原则规定的其他条件。

第七条 前条所指的资产规模等条件是：

基金管理机构：经营基金业务达五年以上，最近一个会计年度管理的资产不少于一百亿美元；

保险公司：经营保险业务达三十年以上，实收资本不少于十亿美元，最近一个会计年度管理的证券资产不少于一百亿美元；

证券公司：经营证券业务达三十年以上，实收资本不少于十亿美元，最近一个会计年度管理的证券资产不少于一百亿美元；

商业银行：最近一个会计年度，总资产在世界排名前一百名以内，管理的证券资产不少于一百亿美元。

中国证监会根据证券市场发展情况，可以调整上述资产规模等条件。

第八条 申请合格投资者资格和投资额度，申请人应当通过托管人分别向中国证监会和国家外汇局报送下列文件：

(一)申请书(包括申请人的基本情况、拟申请投资额度、投资计划等)；

(二)符合本办法第六条规定条件的证明文件；

(三)与托管人签订的托管协议草案；

(四)最近三年经审计的财务报表；

(五)资金来源说明书及批准时间内不撤资承诺函；

(六)申请人的授权委托书；

(七)中国证监会和国家外汇局要求的其他文件。

前款规定的文件，凡用外文书写的，应当附有中文译本或中文摘要。

第九条 中国证监会自收到完整的申请文件之日起十五个工作日内，作出批准或者不批准的决定。决定批准的，颁发证券投资业务许可证；决定不批准的，书面通知申请人。

第十条 申请人在取得证券投资业务许可证后，应当通过托管人向国家外汇局申请投资额度。

国家外汇局自收到完整的申请文件之日起十五个工作日内，作出批准或者不批准的决定。决定批准的，书面通知申请人批准的投资额度并颁发外汇登记证；决定不批准的，书面通知申请人。

申请人取得证券投资业务许可证后一年内未取得外汇登记证的，其证券投资业务许可证自动失效。

第十一条 为引入中长期投资，对于符合本办法第六条规定的封闭式中国基金或在其他市场有良好投资记录的养老基金、保险基金、共同基金的管理机构，予以优先考虑。

第三章　托管、登记和结算

第十二条　托管人应当具备下列条件：

(一) 设有专门的基金托管部；

(二) 实收资本不少于八十亿元人民币；

(三) 有足够的熟悉托管业务的专职人员；

(四) 具备安全保管基金全部资产的条件；

(五) 具备安全、高效的清算、交割能力；

(六) 具备外汇指定银行资格和经营人民币业务资格；

(七)最近三年没有重大违反外汇管理规定的纪录。

外资商业银行境内分行在境内持续经营三年以上的，可申请成为托管人，其实收资本条件按其境外总行的计算。

第十三条　取得托管人资格，必须经中国证监会、中国人民银行和国家外汇局审批。

第十四条　境内商业银行申请取得托管人资格的，应当向中国证监会、中国人民银行和国家外汇局报送下列文件：

(一)申请书；

(二)金融业务许可证副本；

(三)有关托管业务的管理制度；

(四)拥有高效、快速的信息技术系统的证明文件；

(五)中国证监会、中国人民银行和国家外汇局要求的其他文件。

中国证监会会同中国人民银行和国家外汇局审核申请文件，作出批准或者不批准的决定。

第十五条　托管人应当履行下列职责：

(一)保管合格投资者托管的全部资产；

(二)办理合格投资者的有关结汇、售汇、收汇、付汇和人民币资金结算业务；

(三)监督合格投资者的投资运作，发现其投资指令违法、违规的，及时向中国证监会和国家外汇局报告；

(四)在合格投资者汇入本金、汇出本金或者收益两个工作日内，向国家外汇局报告合格投资者的资金汇入、汇出及结售汇情况；

(五)每月结束后五个工作日内，向中国证监会和国家外汇局报告合格投资者的人民币特殊账户的收支情况；

(六)每个会计年度结束后三个月内，编制关于合格投资者上一年度境内证券投资情况的年度财务报告，并报送中国证监会和国家外汇局；

(七)保存合格投资者的资金汇入、汇出、兑换、收汇、付汇和资金往来记录等相关资料，其保存的时间应当不少于十五年；

(八)中国证监会、中国人民银行和国家外汇局根据审慎监管原则规定的其他职责。

第十六条　托管人必须将其自有的资产和受托管理的资产严格分开。

托管人必须为不同的合格投资者分别设置账户，对受托管理的资产实行分帐管理。

每个合格投资者只能委托一个托管人。

第十七条　合格投资者应当委托托管人，在证券登记结算机构代其申请开立一个证券账户。托管人在代为申请开立证券账户时，应当持合格投资者的委托书及其证券投资业务许可证等有效文件，并在开立证券账户五个工作日内将有关情况报中国证监会备案。

合格投资者应当委托托管人在证券登记结算机构代为开立人民币结算资金账户，用于与证券登记结算机构进行资金结算。托管人负责合格投资者在境内证券投资的资金结算，并在开立人民币结算资金账户五个工作日内将有关情况报中国证监会和国家外汇局备案。

第四章　投资运作

第十八条　合格投资者在经批准的投资额度内，可以投资下列人民币金融工具：

(一)在证券交易所挂牌交易的除境内上市外资股以外的股票；

(二)在证券交易所挂牌交易的国债；

(三)在证券交易所挂牌交易的可转换债券和企业债券；

(四)中国证监会批准的其他金融工具。

第十九条　合格投资者可以委托在境内设立的证券公司，进行境内证券投资管理。

每个合格投资者只能委托一个投资机构。

第二十条　合格投资者的境内证券投资，应当遵守下列规定：

(一)单个合格投资者对单个上市公司的持股比例，不超过该上市公司股份总数的百分之十；

(二)所有合格投资者对单个上市公司的持股比例总和，不超过该上市公司股份总数的百分之二十。

中国证监会根据证券市场发展情况，可以调整上述比例。

第二十一条　合格投资者的境内证券投资，应当符合《外商投资产业指导目录》的要求。

第二十二条　证券公司保存合格投资者的成交记录、交易活动等资料的时间应当不少于十五年。

第五章　资金管理

第二十三条　合格投资者经国家外汇局批准，应当在托管人处开立一个人民币特殊账户。

托管人应当在开立人民币特殊账户五个工作日内，将有关情况报中国证监会和国家外汇局备案。

第二十四条　人民币特殊账户的收入范围包括：结汇资金(外汇资金来源于境外，且累计结汇的外汇资金不得超过已批准的投资额度)、卖出证券所得价款、现金股利、活期存款利息、债券利息。人民币特殊账户的支出范围包括：买入证券支付价款(含印花税、手续费等)、境内托管费和管理费、购汇资金(用于汇出本金及收益)。

人民币特殊账户的资金不得用于放款或者提供担保。

第二十五条　合格投资者应当自中国证监会颁发证券投资业务许可证三个月内汇入本金，全额结汇后直接转入人民币特殊账户。合格投资者汇入的本金应当是国家外汇局批准的可兑换货币，金额以批准额度为限。

合格投资者自取得外汇登记证起三个月内未足额汇入本金的，以实际汇入金额为批准额度；已批准额度和已实际汇入金额的差额，在经批准取得新的投资额度前不得汇入。

第二十六条　合格投资者为封闭式中国基金管理机构的，汇入本金满三年后，可委托托管人持规定的文件向国家外汇局申请分期、分批购汇汇出本金。每次汇出本金的金额不得超过本金总额的百分之二十，相邻两次汇出的时间间隔不得少于一个月。

其他合格投资者汇入本金满一年后，可以委托托管人持规定的文件向国家外汇局申请分期、分批购汇汇出本金。每次汇出本金的金额不得超过本金总额的百分之二十，相邻两次汇出的时间间隔不得少于三个月。

上述汇款的境外收款人应为合格投资者本人。

第二十七条　投资额度的本金汇入不满一年但超过三个月的合格投资者，在提交转让申请书和转让合同并经中国证监会和国家外汇局批准后，可以将投资额度转让给其他合格投资者或符合本办法第六条规定的其他申请人。

受让方在获得国家外汇局额度批准和证券投资业务许可证后，受让资产值低于外汇局批准额度的，可以按差额汇入本金。

第二十八条　合格投资者汇出部分或全部本金的，如需重新汇入本金，应当重新申请投资额度。

第二十九条　合格投资者需购汇汇出上一会计年度经中国注册会计师审计的已实现税后收益，应当委托托管人提前十五个工作日持下列文件向国家外汇局提出申请：

(一)汇出申请书；

(二)收益实现年度财务报表；

(三)中国注册会计师出具的审计报告；

(四)收益分配决议或者其他有效的法律文件；

(五)纳税证明；

(六)国家外汇局要求的其他文件。

前款汇款的境外收款人应当为合格投资者本人。

第三十条　国家外汇局可以根据国家外汇收支平衡的需要，对合格投资者汇出本金及已实现收益的期限予以调整。

第六章　监督管理

第三十一条　中国证监会和国家外汇局应当对合格投资者的证券投资业务许可证、外汇登记证进行年检。

第三十二条　中国证监会、中国人民银行和国家外汇局可以要求合格投资者、托管人、证券公司、证券交易所、证券登记结算机构提供合格投资者境内投资活动提供有关资料；必要时，可以进行现场检查。

第三十三条　证券交易所、证券登记结算机构可以根据情况，对合格投资者境内证券投资制定相应的业务规则或者对原有业务规则进行修订，报中国证监会批准后施行。

第三十四条 合格投资者有下列情形之一的，应当在其发生后五个工作日内报中国证监会、中国人民银行和国家外汇局备案：

(一)变更托管人；(二)变更法定代表人；

(三)其控股股东变更；(四)调整注册资本；

(五)涉及诉讼及其他重大事件；

(六)在境外受到重大处罚；

(七)中国证监会和国家外汇局规定的其他情形。

第三十五条 合格投资者有下列情形之一的，应当重新申领证券投资业务许可证：

(一)变更机构名称；

(二)被其他机构吸收合并；

(三)中国证监会和国家外汇局规定的其他情形。

第三十六条 合格投资者有下列情形之一的，应当将证券投资业务许可证和外汇登记证分别交还中国证监会和国家外汇局：

(一)本金已全部汇出；

(二)已转让投资额度；

(三)法人机构拟解散、进入破产程序或者由接管人接管其资产；

(四)中国证监会和国家外汇局规定的其他情形。

证券投资业务许可证、外汇登记证未通过本办法第三十一条规定的年检的，自动失效，合格投资者应当依照前款规定分别交还证券投资业务许可证和外汇登记证。

第三十七条 合格投资者、托管人、证券公司等违反本办法的，由中国证监会、中国人民银行、国家外汇局按照各自的职权予以警告、罚款；但是，对同一违法行为，不得给予两次以上的行政处罚。

第七章 附 则

第三十八条 香港特别行政区、澳门特别行政区、台湾地区设立的机构投资者到内地从事证券投资的，适用本办法的规定。

第三十九条 本办法自 2002 年 12 月 1 日起施行。

关于股票发行与认购方式的暂行规定

发文号：证监发字[1996]423 号 发文时间：1997－01－18

各省、自治区、直辖市、计划单列市证管办(证监会)，国务院有关部门，上海、深圳证券交易所：

为了切实做好新股发行工作，维护股票市场的健康发展，根据《中华人民共和国公司法》及《股票发行与交易管理暂行条例》的有关规定，我会制定了《关于股票发行与认购方式的暂行规定》，现发给你们，请遵照执行。

附件：关于股票发行与认购方式的暂行规定

附件：

关于股票发行与认购方式的暂行规定

为了切实做好新股发行工作，维护社会安定，促进股票市场的健康发展，根据《公司法》及《股票发行与交易管理暂行条例》等有关法规，特对新股发行与认购作如下规定：

一、股票发行与认购的基本原则及要求

1. 股票发行工作应坚持公开、公平、公正、高效、经济的原则，维护金融秩序稳定和社会安全。

2. 同次发行的股票只能采取一种发行方式。

3. 股票网下发行必须选定有良好通讯和交通条件，有一定数量的金融分支机构(含证券经营机构)，有上海、深圳证券交易所会员机构的金融业相对发达的城市。

4. 股票发行方案作为股票发行申报的必备材料之一，须经新股发行公司所在地省、自治区、直辖市、计划单列市政府证券管理部门(中央所属企业采用上网发行时，其发行方案可由中央企业主管部门)审核，并报中国证监会审批后，由地方证券管理部门和主承销商组织实施。

5. 地方政府(或地方政府与中央企业主管部门联合)应当成立股票发行领导小组，加强对股票发行工作的领导。

6. 每一股票账户只能申购一次，重复申购和资金不实的申购一律视为无效申购，无效申购不得认购新股。

7. 股票发行可采用“上网定价”方式，“全额预缴款”方式，以及“与储蓄存款挂钩”方式。各地如有更好的方式，可将方案报证监会批准后试行。

二、“上网定价”发行方式

1.“上网定价”发行方式是指主承销商利用证券交易所的交易系统，由主承销商作为股票的唯一“卖方”，投资者在指定的时间内，按现行委托买入股票的方式进行股票申购。主承销商在“上网定价”发行前应在证券交易所设立股票发行专户和申购资金专户。申购结束后，根据实际到位资金，由证券交易所主机确认有效申购。

2. 投资者应在申购委托前把申购款全额存入与办理该次发行的证券交易所联网的证券营业部指定的账户。上网申购期内，投资者按委托买入股票的方式，以发行价格，填写委托单。一经申报，不得撤单。

各证券营业部在申购日不得接受投资者的现金申购委托。

每一账户申购委托不少于 1000 股。超过 1000 股的必须是 1000 股的整数倍。

每一股票帐户申购股票数量上限为当次社会公众股发行数量的千分之一。

3. 为了方便投资者参与定价发行，证券营业部应满足新股民的开户要求，按不少于 1,000 股的申购金额为其开设资金帐户。

4.“上网定价”发行具体处理原则如下：

(1)当有效申购总量等于该次股票发行量时，投资者按其有效申购量认购股票。

(2)当有效申购总量小于该次股票发行量时，投资者按其有效申购量认购股票后，余额部分按承销协议办理。

(3)当有效申购总量大于该次股票发行量时，由证券交易所交易主机自动按每 1000 股确定为一个申报号，连序排号，然后通过摇号抽签，每一中签号认购 1000 股。

5. 上网申购程序为：

(1)申购当日(T＋0)，投资者申购，并由证券交易所反馈受理情况。

(2)申购日后的第一天，由证券交易所的登记结算公司将申购资金冻结在申购专户中。确因银行结算制度而造成申购资金不能及时入账的，须在 T＋1 日提供通过人民银行电子联行系统汇划的划款凭证，并确保 T＋2 日上午申购资金入账。所有申购资金一律集中冻结在一家指定清算银行的申购专户中。

(3)申购日后的第二天(T＋2)，证券交易所的登记结算公司应配合主承销商和会计师事务所对申购资金进行验资，并由会计师事务所出具验资报告，以实际到位资金(包括按规定提供人民银行已划款凭证部分)作为有效申购进行连续配号，证券交易所将配号传送至各证券营业部，并通过卫星网络公布中签率。

(4)申购日后的第三天(T＋3)，由主承销商负责组织摇号抽签，并于当日公布中签结果。证券交易所根据抽签结果进行清算交割和股东登记。

(5)申购日后的第四天(T＋4)，对未中签部分的申购款予以解冻。

6. 证券交易所在申购期(三个工作日)内集中冻结所有投资者申购资。冻结资金的利息，按企业存款利率计息部分(计息期三天，含法定休息日)归发行公司所有。冻结资金的利息按银行现行有关规定按季支付。

7. 申购日后第四个工作日，证券交易所将认购款项划入主承销商指定账户，主承销商于次日将此款项划入发行公司指定账户。

8. 对投资者只按正常交易报单收取委托单费。主承销商委托证券交易所按照不超过发行总金额的千分之四提取发行手续费，并由证券交易所根据各参与发行的证券营业部的实际认购金额，将该笔费用自动划转到各营业部账户。

9. 证券交易所应按照中国证监会批准的发行方案，认真做好上网定价发行的准备工作，保证上网发行期间电脑主机和通讯设备的正常运行。同时，证券交易所和有关各方对于尚未公开的认购结果负有保密义务。

三、“全额预缴款”方式

“全额预缴款”方式包括“全额预缴款、比例配售、余款即退”方式和"全额预缴款、比例配售、余款转存"方式二种。

（一）"全额预缴款、比例配售、余款即退"方式

"全额预缴款、比例配售、余款即退"方式，是指投资者在规定的申购时间内，将全额申购款存入主承销商在收款银行设立的专户中，申购结束后转存冻结银行专户进行冻结，在对到账资金进行验资和确定有效申购后，根据股票发行量和申购总量计算配售比例，进行股票配售，余款返还投资者的股票发行方式。

"全额预缴款、比例配售、余款即退"发行方式分为申购、冻结及验资配售、余款即退三个阶段。"全额预缴款"方式的发行时间不得超过8天（含法定休息日），每股发行收费不超过0.10元，发行收费总额不得超过500万元。具体程序如下：

1. 申购

（1）主承销商应在发行地选定收款网点较多、设备条件较好的银行作为收款银行，并同收款银行签订收款协议；收款协议及收款网点名单在发行方案审核前报中国证监会发行部。

（2）每一股票账户的申购量，机构申购量上限为发行公司发行后总股本的5%，个人申购量上限为发行公司发行后总股本的5‰。

（3）投资者可用现金或票据申购，但每一股票账户现金申购款的上限为3万元。

（4）申购收款时间为3个连续工作日。

（5）主承销商应代为开户困难的投资者开办股票账户，但不得额外收费。

2. 冻结及验资配售

（1）主承销商应选定股票发行地的人民银行作为冻结银行，在冻结银行开设资金冻结专户，并同其签订协议；协议要明确规定双方的权利义务，并在发行方案审核前报中国证监会发行部。

（2）在各申购缴款日末，申购款应从各收款银行划至冻结银行的冻结专户中。

（3）由具有证券从业资格的会计师事务所对冻结专户中的申购资金进行验资，并出具验资报告。

（4）验资结束当天，主承销商按到账资金进行核查验证，确定有效申购总量。若有效申购总量小于或等于股票发行量，则投资者按其有效申购量认购，余股按承销协议办理。若有效申购总量大于股票发行量，则根据股票发行量和有效申购总量计算配售比例I。

配售比例I＝股票发行量/有效申购总量

配售比例I小数点后保留五位。

按配售比例I试算每个账户可认购量。

可认购量＝有效申购量×配售比例I

若配售比例I能使可认购量满足"千人千股"的规定，投资者按其可认购量认购。若不能满足"千人千股"的规定，则按以下方式处理：

随机抽出1000名申购者，每户配售1000股。在完成"千人千股"配售后，则计算配售比例II。

配售比例II＝（股票发行量－100万股）/（有效申购总量－100万股）

前已获1000股配售的投资者每人的实际认购量为：

认购量＝（有效申购量－1000）×配售比例II＋1000

其他投资者各自的认购量为：

认购量＝有效申购量×配售比例II

在计算过程中，认购量出现小数时，应做取整处理。

3. 余款即退

（1）配售结束后，主承销商随即解冻申购资金余款，并在指定报刊公布申购结果及配售比例和退款公告。

（2）配售结束后的第一天，主承销商应将扣除发行费后的认购款划至发行公司账户上，申购余款划至各收款银行，由各收款银行退还给投资者。

（3）退款日应尽量避开双休日；若跨双休日，则退款网点应照常营业。

（4）申购人从退款起始日起三个月内未提出异议，则视同认可。

（5）如果发行未满足"千人千股"规定的条件，则发行余额部分由承销团包销，并经中国证监会批准后，选择适当时机作第二次发行。

（二）"全额预缴款、比例配售、余款转存"方式

"全额预缴款、比例配售、余款转存"方式是"与储蓄存款挂钩"方式和"全额预缴款、比例配售、余款即退"方式的结合。其在全额预缴、比例配售阶段的有关规定与"全额预缴款、比例配售、余款即退"方式的相关规定相同，但申购余款转为存款，利息按同期银行存款利率计算。该存款为专项存款，不得提前存取。具体操作程序比照"全额预缴款、比例配售、余款即退"方式的有关规定执行。

四、与储蓄存款挂钩发行方式

1. 与储蓄存款挂钩发行方式是指在规定期限内无限量发售专项定期定额存单，根据存单发售数量、批准发行股票数量及每张中签存单可认购股份数量的多少确定中签率，通过公开摇号抽签方式决定中签者，中签者按规定要求办理缴款手续的新股发行方式。与储蓄存款挂钩方式按具体做法不同可分专项存单方式和全额存款方式两种。

2. 采用与储蓄存款挂钩发行方式，其存款期不得超过三个月，每股费用成本不得超过0.10元。发行收费总额不得超过500万元。发行时间不超过8天，采用专项存单方式，缴款期满后两个工作日内，主承销商将所募资金划入发行公司指定账户；采用全额存款方式摇号确定中签者后两个工作日内，主承销商将所募资金划入发行公司指定账户。

具体操作程序参照"全额预缴款"方式的有关规定执行。

五、承销机构的有关职责

1. 承销机构应当在承销及上市推荐过程中，结合承销业务对发行公司进行辅导工作，以达到发行和上市要求。

2. 承销机构协助新股发行公司选择股票发行方式，起草股票发行方案（含发行费用预算表）。

3. 股票发行前，承销机构应根据《股票发行与交易管理暂行条例》的规定负责在指定报刊上刊登招股说明书概要和发行公告。发行公告须载明发行方式、时间、地点及有关事项。采用上网定价方式发行股票的企业，至少于发行前五个工作日刊登发行公告。

4. 在发售期内，承销机构应在所有发售网点张贴或以其他形式公告招股说明书和发行公告，同时，主承销商应将每天的发行进展情况报告证监会。承销活动中出现重大问题时，应立即向证监会报告。

5. 股票发行结束后，主承销商应立即公布发行结果，并于2个工作日内，将发行情况反馈表传真至证监会发行部，7个工作日内以正式文件将发行情况总结报告、验资报告、公正报告、申购配售磁盘报至证监会发行部，并抄报地方证券管理部门。

6. 承销机构在承销过程中如违反上述规定和有关法规，依情节轻重给以处罚直至取消股票承销资格。

企业国有产权转让管理暂行办法

发文时间：2003－12－31

《企业国有产权转让管理暂行办法》已经国务院国有资产监督管理委员会主任办公会议审议通过，现予公布，自2004年2月1日起施行。

国务院国有资产监督管理委员会主任　李荣融

财政部部长　金人庆

二○○三年十二月三十一日

第一章　总　则

第一条　为规范企业国有产权转让行为，加强企业国有产权交易的监督管理，促进企业国有资产的合理流动、国有经济布局和结构的战略性调整，防止企业国有资产流失，根据《企业国有资产监督管理暂行条例》和国家有关法律、行政法规的规定，制定本办法。

第二条　国有资产监督管理机构、持有国有资本的企业（以下统称转让方）将所持有的企业国有产权有偿转让给境内外法人、自然人或者其他组织（以下统称受让方）的活动适用本办法。

金融类企业国有产权转让和上市公司的国有股权转让，按照国家有关规定执行。

本办法所称企业国有产权，是指国家对企业以各种形式投入形成的权益、国有及国有控股企业各种投资所形成的应享有的权益，以及依法认定为国家所有的其他权益。

第三条　企业国有产权转让应当遵守国家法律、行政法规和政策规定，有利于国有经济布局和结构的战略性调整，促进国有资

本优化配置，坚持公开、公平、公正的原则，保护国家和其他各方合法权益。

第四条 企业国有产权转让应当在依法设立的产权交易机构中公开进行，不受地区、行业、出资或者隶属关系的限制。国家法律、行政法规另有规定的，从其规定。

第五条 企业国有产权转让可以采取拍卖、招投标、协议转让以及国家法律、行政法规规定的其他方式进行。

第六条 转让的企业国有产权权属应当清晰。权属关系不明确或者存在权属纠纷的企业国有产权不得转让。被设置为担保物权的企业国有产权转让，应当符合《中华人民共和国担保法》的有关规定。

第七条 国有资产监督管理机构负责企业国有产权转让的监督管理工作。

第二章 企业国有产权转让的监督管理

第八条 国有资产监督管理机构对企业国有产权转让履行下列监管职责：

(一)按照国家有关法律、行政法规的规定，制定企业国有产权交易监管制度和办法；

(二)决定或者批准所出资企业国有产权转让事项，研究、审议重大产权转让事项并报本级人民政府批准；

(三)选择确定从事企业国有产权交易活动的产权交易机构；

(四)负责企业国有产权交易情况的监督检查工作；

(五)负责企业国有产权转让信息的收集、汇总、分析和上报工作；

(六)履行本级政府赋予的其他监管职责。

本办法所称所出资企业是指国务院，省、自治区、直辖市人民政府，设区的市、自治州级人民政府授权国有资产监督管理机构履行出资人职责的企业。

第九条 所出资企业对企业国有产权转让履行下列职责：

(一)按照国家有关规定，制定所属企业的国有产权转让管理办法，并报国有资产监督管理机构备案；

(二)研究企业国有产权转让行为是否有利于提高企业的核心竞争力，促进企业的持续发展，维护社会的稳定；

(三)研究、审议重要子企业的重大国有产权转让事项，决定其他子企业的国有产权转让事项；

(四)向国有资产监督管理机构报告有关国有产权转让情况。

第十条 企业国有产权转让可按下列基本条件选择产权交易机构：

(一)遵守国家有关法律、行政法规、规章以及企业国有产权交易的政策规定；

(二)履行产权交易机构的职责，严格审查企业国有产权交易主体的资格和条件；

(三)按照国家有关规定公开披露产权交易信息，并能够定期向国有资产监督管理机构报告企业国有产权交易情况；

(四)具备相应的交易场所、信息发布渠道和专业人员，能够满足企业国有产权交易活动的需要；

(五)产权交易操作规范，连续3年没有将企业国有产权拆细后连续交易行为以及其他违法、违规记录。

第三章 企业国有产权转让的程序

第十一条 企业国有产权转让应当做好可行性研究，按照内部决策程序进行审议，并形成书面决议。

国有独资企业的产权转让，应当由总经理办公会议审议。国有独资公司的产权转让，应当由董事会审议；没有设立董事会的，由总经理办公会议审议。涉及职工合法权益的，应当听取转让标的企业职工代表大会的意见，对职工安置等事项应当经职工代表大会讨论通过。

第十二条 按照本办法规定的批准程序，企业国有产权转让事项经批准或者决定后，转让方应当组织转让标的企业按照有关规定开展清产核资，根据清产核资结果编制资产负债表和资产移交清册，并委托会计师事务所实施全面审计（包括按照国家有关规定对转让标的企业法定代表人的离任审计）。资产损失的认定与核销，应当按照国家有关规定办理。

转让所出资企业国有产权导致转让方不再拥有控股地位的，由同级国有资产监督管理机构组织进行清产核资，并委托社会中介机构开展相关业务。

社会中介机构应当依法独立、公正地执行业务。企业和个人不得干预社会中介机构的正常执业行为。

第十三条 在清产核资和审计的基础上，转让方应当委托具有相关资质的资产评估机构依照国家有关规定进行资产评估。评估报告经核准或者备案后，作为确定企业国有产权转让价格的参考依据。

在产权交易过程中，当交易价格低于评估结果的90%时，应当暂停交易，在获得相关产权转让批准机构同意后方可继续进行。

第十四条 转让方应当将产权转让公告委托产权交易机构刊登在省级以上公开发行的经济或者金融类报刊和产权交易机构的网站上，公开披露有关企业国有产权转让信息，广泛征集受让方。产权转让公告期为20个工作日。

转让方披露的企业国有产权转让信息应当包括下列内容：

(一)转让标的的基本情况；

(二)转让标的企业的产权构成情况；

(三)产权转让行为的内部决策及批准情况；

(四)转让标的企业近期经审计的主要财务指标数据；

(五)转让标的企业资产评估核准或者备案情况；

(六)受让方应当具备的基本条件；

(七)其他需披露的事项。

第十五条 在征集受让方时，转让方可以对受让方的资质、商业信誉、经营情况、财务状况、管理能力、资产规模等提出必要的受让条件。

受让方一般应当具备下列条件：

(一)具有良好的财务状况和支付能力；

(二)具有良好的商业信用；

(三)受让方为自然人的，应当具有完全民事行为能力；

(四)国家法律、行政法规规定的其他条件。

第十六条 受让方为外国及我国香港特别行政区、澳门特别行政区、台湾地区的法人、自然人或者其他组织的，受让企业国有产权应当符合国务院公布的《指导外商投资方向规定》及其他有关规定。

第十七条 经公开征集产生两个以上受让方时，转让方应当与产权交易机构协商，根据转让标的的具体情况采取拍卖或者招投标方式组织实施产权交易。

采取拍卖方式转让企业国有产权的，应当按照《中华人民共和国拍卖法》及有关规定组织实施。

采取招投标方式转让企业国有产权的，应当按照国家有关规定组织实施。

企业国有产权转让成交后，转让方与受让方应当签订产权转让合同，并应当取得产权交易机构出具的产权交易凭证。

第十八条 经公开征集只产生一个受让方或者按照有关规定经国有资产监督管理机构批准的，可以采取协议转让的方式。

采取协议转让方式的，转让方应当与受让方进行充分协商，依法妥善处理转让中所涉及的相关事项后，草签产权转让合同，并按照本办法第十一条规定的程序进行审议。

第十九条 企业国有产权转让合同应当包括下列主要内容：

(一)转让与受让双方的名称与住所；

(二)转让标的企业国有产权的基本情况；

(三)转让标的企业涉及的职工安置方案；

(四)转让标的企业涉及的债权、债务处理方案；

(五)转让方式、转让价格、价款支付时间和方式及付款条件；

(六)产权交割事项；

(七)转让涉及的有关税费负担；

(八)合同争议的解决方式；

(九)合同各方的违约责任；

(十)合同变更和解除的条件；

(十一)转让和受让双方认为必要的其他条款。

转让企业国有产权导致转让方不再拥有控股地位的，在签订产权转让合同时，转让方应当与受让方协商提出企业重组方案，包括在同等条件下对转让标的企业职工的优先安置方案。

第二十条 企业国有产权转让的全部价款，受让方应当按照产权转让合同的约定支付。

转让价款原则上应当一次付清。如金额较大、一次付清确有困难的，可以采取分期付款的方式。采取分期付款方式的，受让方首期付款不得低于总价款的30%，并在合同生效之日起5个工作日内支付；其余款项应当提供合法的担保，并应当按同期银行贷款利率向转让方支付延期付款期间利息，付款期限不得超过1年。

第二十一条 转让企业国有产权涉及国有划拨土地使用权转让和由国家出资形成的探矿权、采矿权转让的，应当按照国家有关规定另行办理相关手续。

第二十二条 转让企业国有产权导致转让方不再拥有控股地位的，应当按照有关政策规定处理好与职工的劳动关系，解决转让标的企业拖欠职工的工资、欠缴的各项社会保险费以及其他有关费用，并做好企业职工各项社会保险关系的接续工作。

第二十三条 转让企业国有产权取得的净收益，按照国家有关规定处理。

第二十四条 企业国有产权转让成交后，转让和受让双方应当凭产权交易机构出具的产权交易凭证，按照国家有关规定及时办理相关产权登记手续。

第四章 企业国有产权转让的批准程序

第二十五条 国有资产监督管理机构决定所出资企业的国有产权转让。其中，转让企业国有产权致使国家不再拥有控股地位的，应当报本级人民政府批准。

第二十六条 所出资企业决定其子企业的国有产权转让。其中，重要子企业的重大国有产权转让事项，应当报同级国有资产监督管理机构会签财政部门后批准。其中，涉及政府社会公共管理审批事项的，需预先报经政府有关部门审批。

第二十七条 转让企业国有产权涉及上市公司国有股性质变化或者实际控制权转移的，应当同时遵守国家法律、行政法规和相关监管部门的规定。

对非上市股份有限公司国有股权转让管理，国家另有规定的，从其规定。

第二十八条 决定或者批准企业国有产权转让行为，应当审查下列书面文件：

（一）转让企业国有产权的有关决议文件；

（二）企业国有产权转让方案；

（三）转让方和转让标的企业国有资产产权登记证；

（四）律师事务所出具的法律意见书；

（五）受让方应当具备的基本条件；

（六）批准机构要求的其他文件。

第二十九条 企业国有产权转让方案一般应当载明下列内容：

（一）转让标的企业国有产权的基本情况；

（二）企业国有产权转让行为的有关论证情况；

（三）转让标的企业涉及的、经企业所在地劳动保障行政部门审核的职工安置方案；

（四）转让标的企业涉及的债权、债务包括拖欠职工债务的处理方案；

（五）企业国有产权转让收益处置方案；

（六）企业国有产权转让公告的主要内容。

转让企业国有产权导致转让方不再拥有控股地位的，应当附送经债权金融机构书面同意的相关债权债务协议、职工代表大会审议职工安置方案的决议等。

第三十条 对于国民经济关键行业、领域中对受让方有特殊要求的，企业实施资产重组中将企业国有产权转让给所属控股企业的国有产权转让，经省级以上国有资产监督管理机构批准后，可以采取协议转让方式转让国有产权。

第三十一条 企业国有产权转让事项经批准或者决定后，如转让和受让双方调整产权转让比例或者企业国有产权转让方案有重大变化的，应当按照规定程序重新报批。

第五章 法律责任

第三十二条 在企业国有产权转让过程中，转让方、转让标的企业和受让方有下列行为之一的，国有资产监督管理机构或者企业国有产权转让相关批准机构应当要求转让方终止产权转让活动，必要时应当依法向人民法院提起诉讼，确认转让行为无效。

（一）未按本办法有关规定在产权交易机构中进行交易的；

（二）转让方、转让标的企业不履行相应的内部决策程序、批准程序或者超越权限、擅自转让企业国有产权的；

（三）转让方、转让标的企业故意隐匿应当纳入评估范围的资产，或者向中介机构提供虚假会计资料，导致审计、评估结果失真，以及未经审计、评估，造成国有资产流失的；

（四）转让方与受让方串通，低价转让国有产权，造成国有资产流失的；

（五）转让方、转让标的企业未按规定妥善安置职工、接续社会保险关系、处理拖欠职工各项债务以及未补缴欠缴的各项社会保险费，侵害职工合法权益的；

（六）转让方未按规定落实转让标的企业的债权债务，非法转移债权或者逃避债务清偿责任的；以企业国有产权作为担保的，转让该国有产权时，未经担保权人同意的。

（七）受让方采取欺诈、隐瞒等手段影响转让方的选择以及产权转让合同签订的；

（八）受让方在产权转让竞价、拍卖中，恶意串通压低价格，造成国有资产流失的。

对以上行为中转让方、转让标的企业负有直接责任的主管人员和其他直接责任人员，由国有资产监督管理机构或者相关企业按照人事管理权限给予警告，情节严重的，给予纪律处分，造成国有资产损失的，应当负赔偿责任；由于受让方的责任造成国有资产流失的，受让方应当依法赔偿转让方的经济损失；构成犯罪的，依法移送司法机关追究刑事责任。

第三十三条 社会中介机构在企业国有产权转让的审计、评估和法律服务中违规执业的，由国有资产监督管理机构将有关情况通报其行业主管机关，建议给予相应处罚；情节严重的，可要求企业不得再委托其进行企业国有产权转让的相关业务。

第三十四条 产权交易机构在企业国有产权交易中弄虚作假或者玩忽职守，损害国家利益或者交易双方合法权益的，依法追究直接责任人员的责任，国有资产监督管理机构将不再选择其从事企业国有产权交易的相关业务。

第三十五条 企业国有产权转让批准机构及其有关人员违反本办法，擅自批准或者在批准中以权谋私，造成国有资产流失的，由有关部门按照干部管理权限，给予纪律处分；构成犯罪的，依法移送司法机关追究刑事责任。

第六章 附 则

第三十六条 境外企业国有产权转让管理办法另行制定。

第三十七条 政企尚未分开的单位以及其他单位所持有的企业国有产权转让，由主管财政部门批准，具体比照本办法执行。

第三十八条 本办法由国务院国有资产监督管理委员会负责解释；涉及有关部门的，由国资委商有关部门解释。

第三十九条 本办法自二〇〇四年二月一日起施行。

可转换公司债券管理暂行办法

发文时间：1997—03—25

第一章 总 则

第一条 为了加强对可转换公司债券的管理，规范可转换公司债券的发行、上市、转换股份及其相关活动，保护当事人合法权益，制定本办法。

第二条 本办法适用于中华人民共和国境内符合本办法规定的上市公司和重点国有企业（以下统称发行人）在境内发行的人民币认购的可转换公司债券。

第三条 本办法所称可转换公司债券是指发行人依照法定程序发行、在一定期间内依据约定的条件可以转换成股份的公司债券。

第四条 可转换公司债券的发行、上市、转换股份及其相关活动应当遵循公开、公平、公正和诚实信用的原则。

第五条 可转换公司债券在转换股份前，其持有人不具有股东的权利和义务。

第六条 可转换公司债券可以依法转让、质押和继承。

第二章　可转换公司债券的发行

第七条　发行可转换公司债券必须依照本办法规定报经批准，未经批准，不得发行可转换公司债券。

第八条　上市公司发行可转换公司债券，应当经省级人民政府或者国务院有关企业主管部门推荐，报中国证券监督管理委员会（以下简称中国证监会）审批；重点国有企业发行可转换公司债券，应当由发行人提出申请，经省级人民政府或者国务院有关企业主管部门推荐，报中国证监会审批，并抄报国家计划委员会、国家经济贸易委员会、中国人民银行、国家国有资产管理局。对符合本办法规定条件的，中国证监会予以批准。

第九条　上市公司发行可转换公司债券，应当符合下列条件：

（一）最近3年连续盈利，且最近3年净资产利润率平均在10%以上；属于能源、原材料、基础设施类的公司可以略低，但是不得低于7%；

（二）可转换公司债券发行后，资产负债率不高于70%；

（三）累计债券余额不超过公司净资产额的40%；

（四）募集资金的投向符合国家产业政策；

（五）可转换公司债券的利率不超过银行同期存款的利率水平；

（六）可转换公司债券的发行额不少于人民币1亿元；

（七）国务院证券委员会规定的其他条件。

第十条　重点国有企业发行可转换公司债券除应当符合本办法第九条第（三）、（四）、（五）、（六）、（七）项条件外，还应当符合下列条件：

（一）最近3年连续盈利，且最近3年的财务报告已经具有从事证券业务资格的会计师事务所审计；

（二）有明确、可行的企业改制和上市计划；

（三）有可靠的偿债能力；

（四）有具有代为清偿债务能力的保证人的担保。

第十一条　申请发行可转换公司债券，应当向中国证监会报送下列文件：

（一）发行人申请报告；

（二）股东大会作出的发行可转换公司债券的决议或者国有企业主管部门同意发行可转换公司债券的文件；

（三）省级人民政府或者国务院有关企业主管部门的推荐文件；

（四）公司章程或老企业组织章程；

（五）可转换公司债券募集说明书；

（六）募集资金的运用计划和项目可行性研究报告；

（七）偿债措施、担保合同；

（八）经会计师事务所审计的公司最近3年的财务报告；

（九）律师事务所出具的法律意见书；

（十）与承销商签订的承销协议；

（十一）中国证监会要求报送的其他文件。

第十二条　股东大会作出的发行可转换公司债券的决议或者国有企业主管部门同意发行可转换公司债券的文件，应当包括以下内容：

（一）可转换公司债券的发行总额；

（二）票面金额；

（三）可转换公司债券利率；

（四）转股价格确定方式；

（五）转换期；

（六）募集资金用途；

（七）可转换公司债券还本付息的期限和方式；

（八）赎回条款及回售条款；

（九）股东大会决定的或者国有企业主管部门同意的其他事项。

股东大会决议还应当包括股东购买可转换公司债券的优先权的内容。

第十三条　可转换公司债券采取记名式无纸化发行方式。

第十四条　可转换公司债券的最短期限为3年，最长期限为5年。

第十五条　有下列情形之一的，不得发行可转换公司债券：

（一）前一次发行的债券尚未募足的；

（二）对已发行的债券有延迟支付本息的事实，且仍处于继续延期支付状态的。

第十六条　发行可转换公司债券，发行人必须公布可转换公司债券募集说明书。

募集说明书应当包括下列内容：

（一）发行人的名称；

（二）批准发行可转换公司债券的文件及其文号；

（三）发行人的基本情况介绍；

（四）最近3年的财务状况；

（五）发行的起止日期；

（六）可转换公司债券票面金额及发行总额；

（七）可转换公司债券利率和付息日期；

（八）募集资金的用途；

（九）可转换公司债券的承销及担保事项；

（十）可转换公司债券偿还方法；

（十一）申请转股的程序；

（十二）转股价格的确定和调整方法；

（十三）转换期；

（十四）转换年度有关利息、股利的归属；

（十五）赎回条款及回售条款；

（十六）转股时不足一股金额的处理；

（十七）中国证监会规定的其他事项。

第十七条　上市公司发行可转换公司债券的，以发行可转换公司债券前1个月股票的平均价格为基准，上浮一定幅度作为转股价格。重点国有企业发行可转换公司债券的，以拟发行股票的价格为基准，折扣一定比例作为转股价格。

第十八条　可转换公司债券的发行，应当由证券经营机构承销，证券经营机构应当具有股票承销资格。承销方式由发行人与证券经营机构在承销协议中约定。

第十九条　发行人应当在承销期前2至5个工作日内，将可转换公司债券募集说明书刊登在中国证监会指定的至少一种全国性报刊上。证券经营机构应当将可转换公司债券的募集说明书置于营业场所，并有义务提醒认购人阅读可转换公司债券募集说明书。

可转换公司债券募集说明书的有效期为6个月，自可转换公司债券募集说明书签署之日起计算。可转换公司债券募集说明书失效后，可转换公司债券的发行必须立即停止。

第二十条　发行人和证券经营机构应当在可转换公司债券承销期满后的15个工作日内，向中国证监会提交承销情况的书面报告。

第三章　可转换公司债券的上市

第二十一条　可转换公司债券在发行人股票上市或者拟上市的证券交易所上市。证券交易所应当与发行人订立上市协议，并报中国证监会备案。

第二十二条　发行人应当在可转换公司债券上市前5个工作日内，将上市公告书刊登在中国证监会指定的至少一种全国性报刊上，并将上市公告书置备于发行人所在地、拟上市的证券交易所、证券经营机构的营业场所，供公众查阅，同时报中国证监会备查。

第二十三条　可转换公司债券上市公告书应当载明下列事项：

（一）可转换公司债券在证券交易所上市的起止日期；

（二）可转换公司债券发行的情况；

（三）证券交易所要求载明的其他事项。

第二十四条　可转换公司债券上市交易期间，公司发布有关股份变动涉及调整转股价格的信息，应当暂停交易1天。

第二十五条　可转换公司债券上市交易期间，未转换的可转换公司债券数量少于3000万元时，证券交易所应当立即公告，并在3个交易日后停止其交易。

可转换公司债券转换期结束前的10个工作日停止交易。

可转换公司债券停止交易后、转换期结束前，不影响持有人依据约定的条件转换股份的权利。

第四章　可转换公司债券转换股份及债券偿还

第二十六条　上市公司发行的可转换公司债券，在发行结束6个月后，持有人可以依据约定的条件随时转换股份。重点国有企业发行可转换公司债券，在该企业改建为股份有限公司且其股票上市后，持有人可以依据约定的条件随时转换股份。

第二十七条　可转换公司债券转换为股份后，发行人股票上市的证券交易所应当安排股票上市流通。

第二十八条　发行人应当在每一季度结束后的2个工作日内，向社会公布因可转换公司债券转换为股份所引起的股份变动情况。转换为股份累计达到公司发行在外普通股的10%，发行人应当及时将有关情况予以公告。

第二十九条 因可转换公司债券转换为股份引起股份变动的，发行人应当根据有关法律、行政法规的规定，于每年年检期间，向工商行政管理部门申请办理注册资本变更登记。

第三十条 可转换公司债券发行后，因发行新股、送股及其他原因引起公司股份发生变动的，发行人应当及时调整转股价格，并向社会公布。

第三十一条 可转换公司债券持有人请求转股份时，所持债券面额不足转换一股股份的部分，发行人应当以现金偿还。

第三十二条 法人因可转换公司债券转换为股份，直接或者间接持有上市公司发行在外的普通股达到5%时，应当在3个工作日内，向中国证监会、证券交易所和上市公司作出书面报告，并向社会公告。

第三十三条 重点国有企业发行可转换公司债券，转换期满时仍未转换为股份的，利息一次性支付，不计复利。

第三十四条 可转换公司债券到期未转换的，发行人应当按照可转换公司债券募集说明书的约定，于期满后5个工作日内偿还本息。

第五章 法律责任

第三十五条 未经中国证监会的批准，擅自发行可转换公司债券的，由中国证监会责令停止发行，退还所募资金及其利息，处非法所募资金金额5%以下的罚款。构成犯罪的，依法追究刑事责任。

第三十六条 在可转换公司债券的发行、上市、转换股份的过程中，作出虚假、严重误导性陈述，遗漏重大信息或者未按规定履行信息披露义务的，由中国证监会责令改正，给予警告，没收违法所得，并处20万元以下的罚款。构成犯罪的，依法追究刑事责任。

第三十七条 可转换公司债券发行人未按期偿还本息的，除支付本息外，应当按每日1‰的比例向债权人支付赔偿金。

第三十八条 可转换公司债券发行人在发行、上市和转换股份的过程中有其他违法行为的，依照有关法律、行政法规的规定处理。

第六章 附 则

第三十九条 本办法下列用语的含义：

（一）赎回：是指公司股票价格在一段时期内连续高于转股价格达到某一幅度时，公司按事先约定的价格买回未转股的可转换公司债券。

（二）回售：是指公司股票价格在一段时期内连续低于转股价格达到某一幅度时，可转换公司债券持有人按事先约定的价格将所持债券卖给发行人。

（三）转股价格：是指可转换公司债券转换为每股股份所支付的价格。

（四）转换期：是指可转换公司债券转换为股份的起始日至结束日的期间。

第四十条 本办法由中国证监会负责组织实施。

第四十一条 本办法自发布之日起施行。

外资参股证券公司设立规则

发文号：中国证券监督管理委员会令第8号 发文时间：2002－06－01

第一条 为了适应证券市场对外开放的需要，加强和完善对外资参股证券公司的监督管理，明确外资参股证券公司的设立条件和程序，根据《公司法》和《证券法》的有关规定，制定本规则。

第二条 本规则所称外资参股证券公司包括境外股东受让、认购境内证券公司股权而变更的证券公司或者境外股东与境内股东共同出资设立的证券公司。

第三条 中国证券监督管理委员会（以下简称“中国证监会”）负责对外资参股证券公司的审批和监督管理。

第四条 外资参股证券公司的组织形式为有限责任公司。

外资参股证券公司的名称、注册资本、组织机构的设立及职责，应当符合《公司法》、《证券法》和中国证监会的有关规定。

第五条 外资参股证券公司可以经营下列业务：

（一）股票（包括人民币普通股、外资股）和债券（包括政府债券、公司债券）的承销；

（二）外资股的经纪；

（三）债券（包括政府债券、公司债券）的经纪和自营；

（四）中国证监会批准的其他业务。

前款所称外资股，包括境内上市外资股（B股）和在境外上市的外资股。

证券公司应当按照本条第一款的规定向中国证监会提出业务范围的申请。从事股票主承销业务的，应当按照中国证监会关于证券公司股票主承销资格管理的规定，取得股票主承销业务资格。

第六条 外资参股证券公司应当符合下列条件：

（一）注册资本符合《证券法》关于综合类证券公司注册资本的规定；

（二）股东具备本规则规定的资格条件，其出资比例、出资方式符合本规则的规定；

（三）按照中国证监会的规定取得证券从业资格的人员不少于五十人，并有必要的会计、法律和计算机专业人员；

（四）有健全的内部管理、风险控制和对承销、经纪、自营等业务在机构、人员、信息、业务执行等方面分开管理的制度，有适当的内部控制技术系统；

（五）有符合要求的营业场所和合格的交易设施；

（六）中国证监会规定的其他审慎性条件。

第七条 外资参股证券公司的境外股东，应当具备下列条件：

（一）所在国家具有完善的证券法律和监管制度，其证券监管机构已与中国证监会签定证券监管合作谅解备忘录，并保持着有效的监管合作关系；

（二）在所在国家具有合法的证券经营资格，经营金融业务十年以上，近三年未受到过证券监管机构和司法机关的重大处罚；

（三）近三年各项风险监控指标符合所在国家法律的规定和证券监管机构的要求；

（四）具有完善的内部控制制度；

（五）在国际证券市场上有良好的声誉和经营业绩；

（六）中国证监会规定的其他审慎性条件。

第八条 外资参股证券公司的境内股东，应当具备中国证监会规定的证券公司股东资格条件。

外资参股证券公司的境内股东，应当至少有一名是内资证券公司。但内资证券公司变更为外资参股证券公司的，不在此限。

第九条 境内股东可以用现金、经营中必需的实物出资；境外股东应当以自由兑换货币出资。

第十条 境外股东持股比例或者在外资参股证券公司中拥有的权益比例，累计（包括直接持有和间接持有）不得超过三分之一。

境内股东中的内资证券公司，应当至少有一名的持股比例或在外资参股证券公司中拥有的权益比例不低于三分之一。

内资证券公司变更为外资参股证券公司后，应当至少有一名内资股东的持股比例不低于三分之一。

第十一条 外资参股证券公司的董事长、总经理、副总经理应当具备中国证监会规定的证券公司高级管理人员任职资格条件。

第十二条 申请设立外资参股证券公司，应当由全体股东共同指定的代表或委托的代理人，向中国证监会提交下列文件：

（一）境内外股东的法定代表人或授权代表共同签署的申请表；

（二）关于设立外资参股证券公司的合同及章程草案；

（三）外资参股证券公司董事长、总经理、副总经理人选的任职资格申请表；

（四）股东的营业执照或注册证书和证券业务资格证书复印件；

（五）申请前一年境内外股东经审计的财务报表；

（六）境外股东所在国家证券监管机构出具的关于该境外股东是否具备本规则第七条第（二）、（三）项规定的条件的说明函；

（七）由中国境内具有证券相关业务资格的律师事务所出具的法律意见书。

第十三条 中国证监会依照有关法律、行政法规和本规则对前条规定的申请文件进行审查，自接到符合要求的申请文件之日起45个工作日内作出是否批准的决定，并书面通知申请人。不予批准的，书面说明理由。

第十四条 股东应自中国证监会的批准文件签发之日起六个月

内足额缴付出资或提供约定的合作条件，选举董事会、聘任高级管理人员，并向工商行政管理机关申请设立登记，领取营业执照。

第十五条 外资参股证券公司的董事长或授权代表应自营业执照签发之日起15个工作日内，向中国证监会提交下列文件，申请《经营证券业务许可证》：

(一)营业执照副本复印件；

(二)公司章程；

(三)由中国境内具有证券相关业务资格的会计师事务所出具的验资报告；

(四)董事、监事、高级管理人员的名单、简历，主要业务人员的名单、证券从业资格证书复印件；

(五)内部控制制度文本；

(六)营业场所和交易设施情况说明书。

第十六条 中国证监会依照有关法律、行政法规和本规则对前条规定的申请文件进行审查，并自接到符合要求的申请文件之日起15个工作日内作出决定。对符合规定条件的，颁发《经营证券业务许可证》；对不符合规定条件的，不予颁发，并书面说明理由。

第十七条 未取得中国证监会颁发的《经营证券业务许可证》，外资参股证券公司不得开业，不得经营证券业务。

第十八条 内资证券公司申请变更为外资参股证券公司的，应当具备本规则第六条规定的条件。

收购或参股内资证券公司的境外股东应当具备本规则第七条规定的条件，其收购的股权比例或出资比例应当符合本规则第十条的规定。

第十九条 内资证券公司申请变更为外资参股证券公司，应当向中国证监会提交下列文件：

(一)法定代表人签署的申请表；

(二)股东会关于变更为外资参股证券公司的决议；

(三)公司章程修改草案；

(四)股权转让协议或出资协议(股份认购协议)；

(五)拟在该证券公司任职的外国投资者委派人员的名单、简历；

(六)境外股东的营业执照或注册证书和证券业务资格证书复印件；

(七)申请前一年境外股东经审计的财务报表；

(八)境外股东所在国家证券监管机构出具的关于该境外股东是否具备本规则第七条第(二)、(三)项规定条件的说明函；

(九)依法不能由外资参股证券公司经营的业务的清理方案；

(十)由中国境内具有证券相关业务资格的律师事务所出具的法律意见书。

第二十条 中国证监会依照有关法律、行政法规和本规则对前条规定的申请文件进行审查，并自接到符合要求的申请文件之日起30个工作日内作出是否批准的决定，书面通知申请的证券公司。不予批准的，书面说明理由。

第二十一条 获准变更的证券公司，应自中国证监会的批准文件签发之日起六个月内，办理股权转让或增资事宜，清理依法不能由外资参股证券公司经营的业务，并向工商行政管理机关申请变更登记，换领营业执照。

第二十二条 获准变更的证券公司应自变更登记之日起15个工作日内，向中国证监会提交下列文件，申请换发《经营证券业务许可证》：

(一)营业执照副本复印件；

(二)外资参股证券公司章程；

(三)公司原有经营证券业务许可证及其副本；

(四)由中国境内具有证券相关业务资格的会计师事务所出具的验资报告；

(五)依法不能由外资参股证券公司经营的业务的清理工作报告；

(六)具有证券相关业务资格的律师事务所和会计师事务所对前项清理工作出具的法律意见书和验证报告。

第二十三条 中国证监会依照有关法律、行政法规和本规则对前条规定的申请文件进行审查，并自接到符合要求的申请文件之日起15个工作日内作出决定。对符合规定条件的，换发《经营证券业务许可证》；对不符合规定条件的，不予换发，并书面说明理由。

第二十四条 外资参股证券公司合并或外资参股证券公司与内资证券公司合并后新设或存续的证券公司，应当具备本规则规定的外资参股证券公司的设立条件；其业务范围、境外股东所占的股权或权益比例应当符合本规则的规定。

外资参股证券公司分立后设立的证券公司，股东中有境外股东的，其业务范围、境外股东所占的股权或权益比例应当符合本规则的规定。

第二十五条 按照本规则规定提交中国证监会的申请文件及报送中国证监会的资料，必须使用中文。境外股东及其所在国家证券监管机构出具的文件、资料使用外文的，应当附有与原文内容一致的中文译本。

申请人提交的文件及报送的材料，不能充分说明申请人的状况的，中国证监会可以要求申请人作出补充说明。

第二十六条 香港特别行政区、澳门特别行政区和台湾地区的投资者参股证券公司的，比照适用本规则。

第二十七条 外资参股证券公司的设立、变更、终止、业务活动及监督管理事项，本规则未作规定的，适用中国证监会的其他有关规定。

第二十八条 本规则自2002年7月1日起实施。

外资参股基金管理公司设立规则

发文号：中国证券监督管理委员会令第9号　发文时间：2002—06—01

第一条 为了适应证券市场对外开放的需要，加强对外资参股基金管理公司的监督管理，明确外资参股基金管理公司的设立条件和程序，根据《公司法》和《证券投资基金管理暂行办法》(以下简称《暂行办法》)的有关规定，制定本规则。

第二条 本规则所称外资参股基金管理公司包括境外股东受让、认购境内基金管理公司股权而变更的基金管理公司，或者境外股东与境内股东共同出资设立的基金管理公司。

第三条 中国证券监督管理委员会(以下简称"中国证监会")负责对外资参股基金管理公司的审批和监督管理。

第四条 外资参股基金管理公司的组织形式为有限责任公司。

外资参股基金管理公司的名称、注册资本、组织机构的设立及职责，应当符合《公司法》、《暂行办法》和中国证监会的有关规定。

第五条 外资参股基金管理公司应当符合《暂行办法》和中国证监会规定的条件。

第六条 外资参股基金管理公司的境外股东，应当具备下列条件：

(一)为依其所在国家法律设立，并合法存续的金融机构，近三年未受到证券监管机构和司法机关的重大处罚；

(二)所在国家具有完善的证券法律和监管制度，其证券监管机构已与中国证监会签定证券监管合作谅解备忘录，并保持着有效的监管合作关系；

(三)实收资本不少于三亿元人民币的等值自由兑换货币；

(四)中国证监会规定的其他审慎性条件。

第七条 外资参股基金管理公司的境内股东，应当具备中国证监会规定的基金管理公司股东资格条件。

第八条 外资持股比例或者在外资参股的基金管理公司中拥有的权益比例，累计(包括直接持有和间接持有)不超过33%，在我国加入WTO后三年内，该比例不超过49%。

境外股东应当以自由兑换货币出资。

第九条 外资参股基金管理公司的董事长、总经理、副总经理应当具备中国证监会规定的基金管理公司高级管理人员任职资格条件。

第十条 外资参股基金管理公司的境内外申请人应当按照中国证监会规定的内容与格式，向中国证监会报送申请材料。

境内外申请人向中国证监会报送的申请材料，必须使用中文。境外股东及其所在国家证券监管机构出具的文件、资料使用外文的，应当附有与原文内容一致的中文译本。

第十一条 境外股东与境内股东共同出资设立基金管理公司，应当经过筹建和开业两个阶段。

第十二条 中国证监会自正式受理境内外申请人的筹建申请之日起60个工作日内作出批准或者不予批准筹建的决定。批准筹建的，出具批复文件；不予批准的，书面通知申请人，并说明理由。

第十三条 已取得中国证监会筹建批文但未正式开业的基金管

理公司，如境外股东的基本情况发生重大变化，或因违规受到有关国家、地区的监管机构处罚或重点监控的，该境外股东应及时提请召开基金管理公司发起人会议，说明有关情况。如境外股东不再符合本规则的条件，发起人会议应提出处理意见，由公司筹备组及时报告中国证监会，办理相关事宜。

第十四条 境内外申请人在基金管理公司筹建完成后，向中国证监会报送基金管理公司开业申请材料。

中国证监会自受理开业申请之日起30个工作日内作出批准、延迟批准或不批准开业的决定。批准开业的，出具批准文件；拟延迟批准或不批准开业的，书面通知申请人，并说明理由。

第十五条 境外股东受让、认购境内基金管理公司的股权，由基金管理公司向中国证监会报送申请材料。

中国证监会自正式受理申请之日起60个工作日内，作出批准或者不予批准的决定。批准申请的，出具批复文件；不予批准的，书面通知申请人，并说明理由。

对涉及新增股东和出资比例最高、提名董事人数最多的股东变更申请的审核，中国证监会参照基金管理公司筹建审核程序执行。

第十六条 参股基金管理公司的境外股东，其注册地或主要经营活动所在地的主管当局对境外投资有备案要求的，该境外股东在依法取得中国证监会的批准文件后，如向其注册地或主要经营活动所在地的主管当局提交有关备案材料，应当同时将副本报送中国证监会。

第十七条 外资参股基金管理公司的股东应在取得中国证监会的批准文件后30个工作日内，向工商行政管理机关办理公司变更或者设立登记。

第十八条 香港特别行政区、澳门特别行政区和台湾地区的投资者参股内资基金管理公司的，比照适用本规则。

第十九条 外资参股基金管理公司的设立、变更、终止、业务活动及监督管理事项，本规则未作规定的，适用中国证监会的其他有关规定。

第二十条 本规则自2002年7月1日起施行。

期货经纪公司治理准则(试行)

发文机关：中国证券监督管理委员会　发文时间：2004－03－15

第一章　总　则

第一条 为推动期货经纪公司进一步完善公司治理，建立健全现代企业制度，促进期货经纪公司依法规范、稳健高效地运营，维护投资者和社会公众利益，促进期货市场规范发展，根据《中华人民共和国公司法》、《期货交易管理暂行条例》和其他相关法律、法规的规定，制定本准则。

第二条 本准则所称公司治理是指以股东会、董事会、监事会(或监事)和经理层等内部机构为主体的组织架构和保证各内部机构有效运作、相互制衡的制度安排以及与此相关的决策、激励和约束机制。

第三条 期货经纪公司完善公司治理应遵循以下基本原则：(一)强化制衡机制。期货经纪公司应进一步完善股东会、董事会、监事会(监事)和经理层议事制度和决策程序，使之更加明确、详尽并具备可操作性，确保上述组织机构充分发挥各自职能作用。

(二)加强对期货经纪业务的风险控制。期货经纪公司应在遵循《公司法》基本要求的基础上，围绕期货经纪业务这一核心环节，合理细化股东会、董事会、监事会(监事)和经理层的职权，完善内部管理制度，以增强期货经纪公司的内部控制和风险防范能力。

(三)维护所有股东的平等地位和权利，强调股东的诚信义务。期货经纪公司应为维护非控股股东的合法权益提供制度性保证，强调所有股东的诚信义务，限制控股股东损害期货经纪公司和其他股东利益的行为。

(四)完善激励约束机制。期货经纪公司应建立更加合理的激励约束机制，营造规范经营、积极进取的企业文化，促进期货经纪公司的高效稳健运营。

第四条 本准则的适用范围为在中国境内依法设立的期货经纪公司。期货经纪公司应按照本准则的要求，修改公司章程，完善公司内部机构的建设，制定、修订并落实相关管理制度，逐步提高公司治理水平。

第二章　股东与股东会

第五条 期货经纪公司应建立相对均衡的股权结构和最终权益持有人结构，防止股权过于集中和过度分散。

期货经纪公司的股东应符合中国证监会规定的条件并按规定经中国证监会及其派出机构核准；鼓励期货经纪公司通过股权转让或增资引入财务状况良好、经营管理规范、具备良好信誉并有能力支持期货经纪公司规范发展的股东。

第六条 期货经纪公司的章程和议事规则应保证股东和股东会具备《公司法》赋予的各项权利和义务。

第七条 期货经纪公司的所有股东应享有平等地位。中小股东在公司事务中的合法地位与权利应受到充分尊重与保护。大股东不得利用其特殊地位损害公司和其他股东的合法权益。

第八条 期货经纪公司可以在公司章程中规定某些重大事项需由股东会做出决议，且必须经代表三分之二以上表决权的股东通过。例如超过一定交易金额的关联交易，超过一定金额的对外投资或采购等。与表决事项有关联关系的股东不应参加表决。

第九条 股东对公司的重大事项应享有充分的知情权和参与权。中国证监会对期货经纪公司的监管意见、整改通知和处罚措施应列入股东会的通报事项。期货经纪公司董事会和经理层制定的整改方案应列入股东会的审议范围。

第十条 期货经纪公司的章程应当规定，单独或者合并拥有期货经纪公司百分之十以上表决权的股东，有权向股东会提出审议事项。股东会应对其提出的审议事项进行审议表决。

第十一条 股东对期货经纪公司及其他股东负有诚信义务，应严格依法履行出资义务。期货经纪公司不得直接或间接为股东出资提供融资或担保；股东不得以任何形式占用或转移期货经纪公司的资产，股东特别是控股股东及其关联方不得通过关联交易和资产重组等方式损害期货经纪公司、其他股东和期货投资者的合法权益。

第十二条 期货经纪公司向股东及其关联方提供期货经纪服务时，不得放松风险控制方面的要求，并需定期向股东会、董事会和监事会(监事)报告提供服务的相关情况。

第十三条 期货经纪公司的治理结构应确保期货经纪公司的独立性。期货经纪公司的股东和最终权益持有人不得对股东会人事选举决议和董事会人事聘任决议履行任何批准手续；不得越过股东会和董事会直接任免期货经纪公司的高级管理人员，或直接干预期货经纪公司交易、结算、风险控制、财务会计、保证金管理和分支机构管理等经营管理事务。期货经纪公司上述职能部门与股东、最终权益持有人及其下属职能部门之间没有隶属关系。上述职能部门的负责人不得在股东单位兼职。

第十四条 期货经纪公司应当严格做到资产和财务完全独立于股东。期货交易投资者的保证金应当由期货经纪公司按照中国证监会的要求封闭管理。

第十五条 股东有义务根据中国证监会的要求提供其股权结构和最终权益持有人的相关信息。

第十六条 股东在出现下列情况时，应当及时通知期货经纪公司董事会：(一)所持期货经纪公司股权被采取诉讼保全措施或被强制执行的；(二)质押所持有的期货经纪公司股权的；(三)拟转让所持有的期货经纪公司股权的；(四)发生合并、分立或进行重大资产、债务重组；(五)进入清算程序或被接管的；(六)其他可能导致所持期货经纪公司股权或其股东权利发生转移的情况。

期货经纪公司应当在知道上述情况之日起三个工作日内向公司所在地中国证监会派出机构报告有关情况。

第十七条 股东及董事直接或间接与期货经纪公司已有的或计划中的合同、交易、安排有关联关系时，不论有关事项在一般情况下是否需要股东会、董事会批准同意，股东、董事均应及时告知期货经纪公司董事会、监事会(监事)其关联关系的性质和程度。

第十八条 股东会议要按照议事规则，由董事会科学合理地组织安排，确保股东拥有参与议事、讨论、决策的充足时间。会议原始记录和会议纪要须完整、真实、并由董事会妥善地保管好。

第十九条 期货经纪公司的章程应当明确在董事会不履行职责等原因致使期货经纪公司重大决策无法做出或股东会无法召集的情况下单独或者合并持有一定比例股份的股东召集股东大会的权利。

第三章 董事与董事会

第二十条 期货经纪公司的董事会应认真行使《公司法》规定的董事会职权。除此之外,期货经纪公司的章程还应规定董事会履行以下职责:(一)审议并决定经理层拟定的期货交易保证金管理制度,确保期货经纪公司的保证金管理符合中国证监会有关保证金封闭管理的各项要求;(二)审议并决定是否实施有关业务创新活动的计划,保证业务创新活动的合规性及相应风险防范机制的建立;(三)审议并决定期货经纪公司的风险控制制度。

第二十一条 董事会如授权董事长行使董事会部分职权,则应在公司章程中明确规定董事会授权原则和授权内容。凡涉及公司重大利益的事项仍应提交董事会或股东会审议决策。董事会对经理层的授权也应明确授权范围、限额等,以有效地控制公司决策风险。

第二十二条 期货经纪公司章程中应当明确规定公开、公平的董事选聘程序。董事会成员应具备履行职务所必需的知识、技能和素质并积极参加有关培训。董事应保证有足够的时间和精力履行其应尽的职责。

第二十三条 董事会应每年至少召开一次会议,并形成会议记录。董事会应制定规范明确的议事规则。董事会会议应形成完整、真实的会议记录,并由出席会议的董事签字。董事会议原始记录和会议纪要应妥善保管。

第二十四条 董事会决议违反法律、法规和公司章程的规定,致使公司遭受损失的,应追究参与该决议董事的责任。但经证明在表决时曾表明异议、投反对票并记载于会议记录的董事除外。

第二十五条 董事会可下设专业委员会等机构,并制定明确的工作规则和工作职责,为董事会决策提供参考意见,保证董事会职能的充分发挥。董事会专门机构可以聘请中介机构协助开展工作,相关费用由公司承担。

鼓励期货经纪公司董事会成立审计、风险控制等重要的专门咨询监督机构,加强对公司经营决策的风险监控,督促公司依法稳健经营。

第二十六条 鼓励期货经纪公司建立独立董事制度。期货经纪公司的独立董事应重点关注和保护中小股东和期货投资者的利益。

第二十七条 有下列情况之一的期货经纪公司,应建立独立董事制度:(一)注册资本在5000万元以上的(含5000万元);(二)单个股东或最终权益持有人对期货经纪公司的直接或间接持股比例达50%以上的;(三)董事长和总经理由同一人担任的;(四)由金融机构直接或间接参股的;(五)中国证监会要求的其他情况。

第二十八条 独立董事与期货经纪公司及其主要股东之间和最终权益持有人不应存在可能影响其独立判断的关系。下列人员不得担任独立董事:(一)在期货经纪公司或者其下属企业任职的人员及其直系亲属和主要社会关系;(二)在直接或间接持有期货经纪公司5%以上股权的单位或者在期货经纪公司前五名股东单位任职的人员及其直系亲属;(三)为期货经纪公司提供财务、法律、咨询等服务的人员;(四)最近一年内曾具有前三项所列举情况的人员;(五)公司章程规定的其他人员;(六)中国证监会认定的其他人员。

第二十九条 期货经纪公司的股东、董事会和监事会(或监事)可以提出独立董事候选人,并经股东会选举决定。独立董事的提名人在提名前应当征得被提名人的同意。独立董事的任期规定与其他董事相同。

第三十条 期货经纪公司应在股东会选举独立董事的决定作出后10日内,将独立董事选聘情况向中国证监会派出机构报告。独立董事在任期内辞职或被免职的,独立董事本人和期货经纪公司应当分别向中国证监会派出机构和股东会提出书面说明。

第三十一条 除《公司法》和其他法律法规赋予董事的职权外,期货经纪公司的章程还可以规定独立董事行使以下职权:(一)提议召开董事会;(二)向董事会或监事会(或监事)提请召开临时股东会;(三)提议董事会对存在违法违规嫌疑的公司管理人员进行离任审计;提请股东会对存在违法违规嫌疑的董事、监事进行审计。(四)就期货经纪公司的以下事项发表客观、公正的独立意见:1、期货经纪业务以外的投资、理财和经营活动;2、交易额高于100万元以上的重大关联交易;3、向股东及其关联方提供的服务的价格和风险控制情况;4、期货经纪公司的业务创新行为;5、利润分配方案;6、经理层成员的聘任和解聘;7、可能造成期货经纪公司重大损失的事项;8、可能损害中小股东权益的事项;9、可能损害期货投资者利益的事项;10、董事、监事和经理层人员的薪酬计划和激励计划;11、公司章程规定的其他情况。

独立董事发表的意见应当在董事会记录中载明。如果独立董事的上述提议或独立意见未被期货经纪公司采纳,独立董事应将有关独立意见的具体情况报公司所在地中国证监会派出机构备案。

第三十二条 独立董事的报酬和津贴由董事会制定标准、股东会审议通过。

第三十三条 建立独立董事制度的期货经纪公司应在章程中合理规定独立董事有关制度,包括独立董事的提名和选举程序、职权和津贴等,确保独立董事发挥应有的作用。

第四章 监事与监事会

第三十四条 期货经纪公司应当按照《公司法》的要求设立监事会或监事。监事会或监事应认真行使《公司法》规定的职权,检查公司财务、对董事、经理违法违规行为进行监督。除此之外,监事会或监事还应对期货经纪公司的保证金管理和业务创新活动的合规性进行重点监督。

第三十五条 期货经纪公司应在公司章程中规定公开、公平的监事选聘程序或完备的监事会议事规则。监事会应每年至少召开一次会议,并形成会议记录。会议原始记录和会议纪要及监事提交的专项报告和建议书,要妥善保存。

第三十六条 期货经纪公司的章程应当明确在控股股东推选的董事超过董事会成员一定比例的情况下控股股东推选监事的限定数量或比例。

第三十七条 监事应具备一定的财务、审计、法律、金融等专业知识和工作经验。为有效履行职责,监事会或监事可聘用或临时聘请相关专业人员协助监事开展工作,所需费用由期货经纪公司承担。

第三十八条 期货经纪公司要切实保障监事会和监事对公司经营情况的知情权。监事可以列席公司董事会和经理办公会,了解重大决策过程,以确保其获得信息的及时性、充分性和便利性。

在重大事项决策未公开之前,监事对所知事项负有保密责任。

第三十九条 监事会或监事发现董事、总经理和其他高级管理人员存在违规行为,应要求其立即改正并向公司所在地中国证监会派出机构报告。

第四十条 监事在知晓期货经纪公司董事、经理层存在违反法律、法规和公司章程及其他损害公司、股东和投资者利益的情况下,未依法履行职责的,应承担相应的责任。

第五章 经理层

第四十一条 本准则所指经理层由期货经纪公司的总经理和副总经理构成,其任职应当取得中国证监会核准的任职资格。

第四十二条 经理层应认真履行《公司法》规定的职责。

第四十三条 经理层成员应当遵循诚信原则,依法合规,谨慎、勤勉地在其职权范围内行使职权,不得为自己或他人谋取属于本期货经纪公司的商业机会,不得在其他经济组织兼职。

第四十四条 经理层应当勤勉尽职,在守法合规经营、不损害社会利益的前提下,不断追求期货经纪公司利益的最大化,为股东谋求良好的投资回报。

第四十五条 经理层依法在职权范围内的经营管理活动不受干预。期货经纪公司应在公司章程中明确经理层有权抵制股东会或董事会(股东或董事)违反保证金管理制度、风险控制制度和抽逃注册资本的要求并向公司所在地中国证监会派出机构报告有关情况。

第四十六条 经理层成员间应合理分工,如分管市场开发和交易业务的经理层成员一般不应同时分管结算或风险控制业务。

第四十七条 经理层应当定期向董事会、监事会或监事报告期货经纪公司的经营业绩、重要合同、财务状况、保证金安全状况、风险状况、经营前景和业务创新等情况。

第四十八条 经理层应当接受监事会或监事的监督,不得阻挠、妨碍监事依职权进行的检查、审计等活动。

第四十九条 经理层应当建立和完善各项会议制度。经理层召开会议应当制作会议记录,会议记录应当定期报送监事会或监事。

第五十条 期货经纪公司的章程应明确因紧急情况导致所有经理层人员均不能履行职责时的应急措施,以维持期货经纪公司的平稳运转。

第六章　绩效评价与激励约束机制

第五十一条　期货经纪公司应当建立薪酬与公司效益和个人业绩相联系的激励机制。

第五十二条　期货经纪公司应当建立公正、公开的董事、监事、经理层成员绩效评价标准和程序。

第五十三条　经理层成员的评价、薪酬与激励方式由董事会或其下设的薪酬委员会确定。董事会应当将对经理层成员的绩效评价作为对经理层成员的薪酬和其他激励安排的依据。绩效评价的标准和结果应当向股东会报告。任何董事、监事和经理层成员都不应参与本人薪酬及绩效评价的决定过程。

第五十四条　董事、监事及经理层成员违反法律、法规、规章及期货经纪公司章程，给期货经纪公司、股东及期货投资者造成损失并负有直接责任的，应当追究其责任。

第五十五条　释义：本准则中关联方和关联交易是指财政部《企业会计准则——关联方关系及其交易的披露》中定义的关联方和关联交易。

第五十六条　本准则由中国证监会负责解释。

证券公司治理准则(试行)

发文号：证监机构字[2003]259号　发文时间：2003—12—15

各证券公司：

为推动证券公司规范运作，完善公司治理，建立现代企业制度，我会制定了《证券公司治理准则(试行)》，现予发布，请遵照执行。

二OO三年十二月十五日

第一章　总　则

第一条　为推动证券公司按照现代企业制度规范运作，保障证券公司股东、客户及其他利益相关者的合法权益，维护证券公司资产的独立和完整，根据《公司法》、《证券法》及其他法律、行政法规，制定本准则。

第二条　证券公司及其控股股东对客户负有诚信义务，不得侵犯客户的财产及其他合法权益。

第三条　证券公司应当按照《公司法》等法律、行政法规的规定，明确股东会、董事会、监事会、经理层之间的职责划分。

第四条　证券公司及其股东、高级管理人员应当遵守中国证券监督管理委员会(以下简称中国证监会)关于股东、高级管理人员等方面的监管规定。

第五条　证券公司应当按照法律、行政法规和中国证监会的规定建立完备的风险管理和内部控制体系。

第六条　本准则适用于中国境内设立的证券公司。

法律、行政法规或中国证监会对上市证券公司有特别规定的，从其规定。

第二章　股东和股东会

第一节　股　东

第七条　证券公司股东及其实际控制人应当具备法律、行政法规和中国证监会规定的资格条件。

证券公司股东转让所持证券公司股权的，应当确认受让方及其实际控制人符合法律、行政法规和中国证监会规定的资格条件。

证券公司股东及其实际控制人不具备资格条件时，证券公司董事会应在十个工作日内向公司注册地及主要办事机构所在地中国证监会派出机构报告。

第八条　证券公司应当以中国证监会的核准文件或在中国证监会备案的文件为依据对股东进行登记、修改公司章程，并办理工商登记手续。

证券公司应当确保公司章程、股东名册及工商登记文件所记载的内容与股东的实际情况一致。

第九条　证券公司股东应当严格按照法律、行政法规和中国证监会的规定履行出资义务。证券公司不得直接或间接为股东出资提供融资或担保。

证券公司股东存在虚假出资、出资不实、抽逃出资或变相抽逃出资等违法违规行为的，证券公司董事会应在十个工作日内向公司注册地及主要办事机构所在地中国证监会派出机构报告，并要求有关股东在一个月内纠正。

第十条　证券公司股东在出现下列情况时，应当及时通知证券公司：

(一)所持证券公司股权被采取诉讼保全措施或被强制执行；

(二)质押所持有的证券公司股权；

(三)决定转让所持有的证券公司股权；

(四)委托他人行使证券公司的股东权利或与他人就行使证券公司的股东权利达成协议；

(五)变更名称；

(六)发生合并、分立；

(七)解散、破产、关闭、被接管；

(八)其他可能导致所持证券公司股权发生转移的情况。

证券公司董事会应当自知悉上述情况之日起十个工作日内向公司注册地及主要办事机构所在地中国证监会派出机构报告。

第十一条　证券公司应当建立和股东沟通的有效渠道，确保股东享有法律、行政法规、中国证监会和公司章程规定的知情权。

证券公司有下列情形之一的，董事会应当立即书面通知全体股东，并向公司注册地及主要办事机构所在地中国证监会派出机构报告：

(一)公司或高级管理人员涉嫌重大违法违规行为；

(二)公司财务状况持续恶化，不符合中国证监会规定的标准；

(三)公司发生重大亏损；

(四)拟更换董事长、监事长或总经理；

(五)发生突发事件，对公司和客户利益产生重大不利影响；

(六)其他可能影响公司持续经营的事项。

第二节　股东会

第十二条　证券公司章程应当明确股东会的职权范围。

证券公司股东会授权董事会行使股东会部分职权的，应当在公司章程中做出规定或经股东会决议批准。授权内容应当明确具体。

第十三条　证券公司应当自每一会计年度结束之日起六个月内召开股东会年度会议。因特殊情况需要延期召开的，应当及时向公司注册地及主要办事机构所在地中国证监会派出机构报告，并说明延期召开的理由。

第十四条　证券公司章程应当规定股东会会议的召集和表决程序。

董事会应当依照公司章程制定内容完备的股东会议事规则，由股东会审议通过后执行。

第十五条　董事会、监事会、单独或合并持有证券公司5%以上股权的股东，可以向股东会提出议案。

单独或合并持有证券公司5%以上股权的股东，可以向股东会提名董事(包括独立董事)、监事候选人。

第十六条　证券公司任一股东推选的董事占董事会成员二分之一以上时，其推选的监事不得超过监事会成员的二分之一。

第十七条　鼓励证券公司在董事(包括独立董事)、监事的选举中采用累积投票制度。

证券公司股东单独或与关联方合并持有公司50%以上股权的，董事(包括独立董事)、监事的选举应当采用累积投票制度。

采用累积投票制度的证券公司应在公司章程中规定该制度的实施细则。

第十八条　证券公司章程应当规定，董事会、董事长不履行职责致使股东会会议无法召集的，持有一定比例股权的股东和监事会可以按照公司章程规定的程序召集临时股东会会议，并应将有关情况向公司注册地及主要办事机构所在地中国证监会派出机构报告。

第十九条　证券公司股东会应当进行会议记录。会议记录应真实、完整，会议记录自做出之日起至少保存十五年。

证券公司应当将股东会的决议及相关文件向公司注册地及主要

办事机构所在地中国证监会派出机构备案。

第二十条 证券公司股东会在董事、监事任期届满前免除其职务的，应当说明理由；被免职的董事、监事有权向股东会、中国证监会或其派出机构陈述意见。

第三节 证券公司与股东之间关系的特别规定

第二十一条 证券公司的控股股东不得利用其控股地位损害证券公司、公司其他股东和公司客户的合法权益。

第二十二条 证券公司的控股股东不得超越股东会、董事会任免证券公司的董事、监事和高级管理人员。

证券公司的控股股东不得超越股东会、董事会干预证券公司的经营管理活动。

第二十三条 证券公司与其控股股东应在业务、人员、机构、资产、财务、办公场所等方面严格分开，各自独立经营、独立核算、独立承担责任和风险。

第二十四条 证券公司的控股股东及其关联方应当采取有效措施，防止与其所控股的证券公司发生业务竞争。

证券公司控股其他证券公司的，不得损害所控股的证券公司的利益。

第二十五条 证券公司的股东及其关联方与证券公司的关联交易不得损害证券公司及其客户的合法权益。

证券公司章程应当对重大关联交易及其披露和表决程序进行规定。

证券公司应当在重大关联交易发生之日起十个工作日内向公司注册地及主要办事机构所在地中国证监会派出机构报告有关情况。

第二十六条 证券公司与其股东(或股东的关联方，下同)之间不得有下列行为：

(一)向股东做出最低收益、分红承诺；

(二)持有股东的股权，但法律、行政法规或中国证监会另有规定的除外；

(三)向股东直接或间接提供融资或担保；

(四)股东占用公司资产或客户存放在公司的资产；

(五)证券公司通过购买股东大量持有的证券等方式向股东输送不当利益；(六)法律、行政法规或中国证监会禁止的其他行为。

第三章 董事和董事会

第一节 董 事

第二十七条 证券公司董事应当符合《公司法》、《证券法》和中国证监会规定的条件，具备履行职责所必需的素质。

第二十八条 证券公司章程应明确规定董事的任职条件、任免程序、权利义务、任期等内容。

第二十九条 证券公司应当采取措施切实保障董事的知情权，为董事履行职责提供必要条件。

外部董事(包括独立董事)应确保有足够的时间和精力履行职责。

第二节 董事会

第三十条 证券公司章程应当确定董事人数。

内部董事不得超过董事人数的二分之一。

鼓励证券公司聘请外部专业人士担任董事。

第三十一条 证券公司章程应当就董事长不能履行职责或缺位时董事长职责的行使做出明确规定。

第三十二条 证券公司章程应明确规定董事会职责。董事会授权董事长在董事会闭会期间行使董事会部分职权的，授权内容应当明确具体。

涉及公司重大利益的事项不得授权董事长决定，公司章程应当对涉及公司重大利益的事项进行规定。

第三十三条 董事会应当制定规范的董事会召集程序、议事表决规则，经股东会表决通过，并向公司注册地及主要办事机构所在地中国证监会派出机构备案。

第三十四条 董事会每年至少召开两次会议。董事会会议记录应真实、完整，并应自做出之日起至少保存十五年。出席会议的董事和记录人应当在会议记录上签字。

第三十五条 证券公司董事会、董事长应当在法律、行政法规、中国证监会的规定和公司章程规定的范围内行使职权，不得越权干预经理层的经营管理活动。

董事会在审议有关关联交易时，关联方委派的董事在表决时应予以回避。

第三十六条 董事会决议违反法律、行政法规、中国证监会的规定或公司章程的，股东或监事会有权要求公司立即停止执行相关决议。

第三十七条 董事会应当就风险管理、审计等事项设立专门委员会。

审计委员会应当由独立董事担任召集人。

各专门委员会可以聘请外部专业人士提供服务，由此发生的合理费用由公司承担。

专门委员会应当向董事会提交工作报告。

第三十八条 证券公司应当设董事会秘书或专门机构，负责股东会、董事会、董事会专门委员会会议的筹备、会议记录和会议文件的保管、信息披露及其他日常事务，并负责将股东会、董事会、监事会会议文件报中国证监会派出机构备案等事宜。

第三节 独立董事

第三十九条 证券公司应当按照中国证监会的规定设置独立董事。

独立董事应掌握证券市场的基本知识及相关法律、行政法规，诚实信用，具有五年以上相关工作经验。

下列人员不得担任独立董事：

(一)在证券公司或其关联方任职的人员及其直系亲属、主要社会关系；

(二)在持有或控制证券公司5%以上股权的股东单位或在证券公司前五名股东单位任职的人员及其直系亲属和主要社会关系；

(三)持有或控制证券公司5%以上股权的自然人股东及其直系亲属和主要社会关系；

(四)为证券公司及其关联方提供财务、法律、咨询等服务的人员及其直系亲属和主要社会关系；

(五)最近一年内曾经具有前四项所列举情形的人员；

(六)在其他证券公司担任董事的；

(七)公司章程规定的其他人员；

(八)中国证监会认定的其他人员。

独立董事在任职期间出现上述情况的，证券公司应当及时解聘，并向公司注册地及主要办事机构所在地中国证监会派出机构报告。

第四十条 独立董事与公司其他董事任期相同，但是连任不得超过两届。证券公司应将独立董事的有关材料向中国证监会、公司注册地及主要办事机构所在地中国证监会派出机构备案。

第四十一条 独立董事在任期内辞职或被免职的，独立董事本人和证券公司应当分别向公司注册地及主要办事机构所在地中国证监会派出机构和股东会提供书面说明。

第四十二条 独立董事除具有《公司法》和其他法律、行政法规赋予董事的职权外，还具有以下职权：

(一)向董事会提议召开临时股东会。董事会拒绝召开的，可以向监事会提议召开临时股东会；

(二)提议召开董事会；

(三)基于履行职责的需要聘请审计机构或咨询机构；

(四)对公司董事、经理层人员的薪酬计划、激励计划等事项发表独立意见；

(五)对重大关联交易发表独立意见，必要时向公司注册地及主要办事机构所在地中国证监会派出机构报告。

证券公司董事会就关联交易或高级管理人员的薪酬事宜设立专门委员会的，应当由独立董事作为召集人。

独立董事应在股东会年度会议上提交工作报告。

独立董事未履行应尽职责的，应当承担相应的责任。

第四章 监事和监事会

第四十三条 证券公司监事应当符合法律、行政法规和中国证监会规定的条件，具备履行职责所必需的素质。

证券公司董事、经理层人员及其直系亲属和主要社会关系不得担任本公司监事。

鼓励证券公司聘请外部专业人士担任监事。

第四十四条 证券公司应当采取措施切实保障监事的知情权，为监事履行职责提供必要的条件。

第四十五条 证券公司应当设监事会。监事会对公司财务以及公司董事、经理层人员履行职责的合法合规性进行监督，并向股东会负责。

监事会应当制定规范的监事会议事规则，经股东会审议通过，并报公司注册地及主要办事机构所在地中国证监会派出机构备案。

第四十六条 证券公司监事会应当设监事长。监事长是监事会的召集人。监事人数为七人以上的，应当设副监事长。副监事长协助监事长开展工作。监事长或副监事长应当为专职人员。

监事会可下设专门机构，负责监事会会议的筹备、会议记录和会议文件的保管，并为监事履行职责提供服务。

第四十七条 监事会每年至少召开两次会议。监事会会议记录应当真实、完整，并应自做出之日起至少保存十五年。出席会议的监事和记录人应当在会议记录上签字。

第四十八条 证券公司监事会行使下列职权：

(一)检查公司财务；

(二)监督董事会、经理层履行职责的情况；

(三)对董事、经理层人员的行为进行质询；

(四)要求董事、经理层人员纠正其损害公司和客户利益的行为；

(五)提议召开临时股东会；

(六)组织对高级管理人员进行离任审计；

(七)法律、行政法规和公司章程规定的其他职权。

第四十九条 监事有权了解公司经营情况，并承担相应的保密义务。

公司应将其内部稽核报告、合规检查报告、月度或季度财务会计报告、年度财务会计报告及其他重大事项及时报监事会。

监事会应当就公司的财务情况、合规情况向股东会年度会议做出专项说明。

第五十条 监事会可要求公司董事、经理层人员及其他相关人员出席监事会会议，回答监事会所关注的问题。

监事会可根据需要对公司财务情况、合规情况进行专项检查，必要时可聘请外部专业人士协助，其合理费用由公司承担。

监事会对公司董事、经理层人员执行公司职务的行为进行检查时，可以向董事、经理层人员及涉及的公司其他人员了解情况，董事、经理层人员及涉及的公司其他人员应当配合。

第五十一条 对董事、经理层人员违反法律、行政法规或公司章程，损害公司、股东或客户利益的行为，监事会应要求董事或经理层人员限期纠正；如损害严重或董事、经理层人员未在限期内纠正的，监事会应提议召开股东会，并向股东会提出专项提案。

对证券公司董事会、经理层的重大违法违规行为，监事会应当直接向中国证监会或其派出机构报告。

监事明知或应知董事、经理层人员有违反法律、行政法规或公司章程、损害公司利益的行为，未履行应尽职责的，应承担相应责任。

第五章　经理层人员

第五十二条 本准则所称经理层人员，是指除董事长、副董事长、监事长、副监事长之外的其他证券公司高级管理人员。经理层人员应当取得证券公司高级管理人员任职资格，证券公司不得授权未取得任职资格的人员行使管理层人员的职权。

第五十三条 证券公司章程应当明确经理层人员的构成、职责范围。

第五十四条 证券公司应当采取公开、透明的方式，聘任专业人士为经理层人员。

第五十五条 经理层人员应当为专职人员，但法律、行政法规或中国证监会另有规定的除外。

第五十六条 经理层人员不得经营与所任职公司相竞争的业务，也不得直接或间接投资于与所任职公司竞争的企业。

除公司章程规定或股东会同意外，经理层人员不得同所任职公司进行关联交易。

第五十七条 证券公司应当设总经理，总经理依据《公司法》、公司章程的规定行使职权，并向董事会负责。

证券公司通过管理委员会、执行委员会等形式行使总经理职权的，其组成人员应当取得证券公司高级管理人员任职资格。

第五十八条 证券公司应当制定总经理工作细则，报董事会批准后实施。

总经理工作细则应当包括下列内容：

总经理会议召开的条件、程序和参加人员；

总经理、副总经理及其他经理层人员的职责及其分工；

公司资产运用、签订合同的权限；

向董事会、监事会的报告制度；

董事会认为必要的其他事项。

第五十九条 总经理应当根据董事会或监事会的要求，向董事会或监事会报告公司重大合同的签订、执行情况，资金运用情况和盈亏情况。总经理必须保证该报告的真实性。

未担任董事职务的总经理可以列席董事会会议。

第六十条 证券公司经理层应当建立责任明确、程序清晰的组织结构，组织实施各类风险的识别与评估，并建立健全有效的内部控制制度和内部控制机制，及时处理或纠正内部控制中存在的缺陷或问题。

经理层人员应当对内部控制不力、不及时处理或纠正内部控制中存在的缺陷或问题承担相应的责任。

第六十一条 证券公司应按照中国证监会的有关规定，由专门的经理层人员负责监督检查部门的工作，并不得兼管其他业务部门。经理层人员应当支持监督检查部门的工作。

第六章　激励与约束机制

第六十二条 证券公司应当建立有效的经理层人员激励与约束机制。

第六十三条 证券公司应当与经理层人员签订聘任协议，对经理层人员的任期、绩效考核、薪酬待遇、解聘事由、双方的权利义务及违约责任进行约定。

第六十四条 证券公司经理层人员的薪酬分配方案应获得董事会的批准。董事会应当向股东会就经理层人员履行职责的情况、绩效评价情况、薪酬情况做出专项说明。

第六十五条 证券公司经理层人员违反法律、行政法规或公司章程规定，损害公司或客户合法权益的，公司董事会、监事会应当追究其责任。

证券公司不得代董事、监事或经理层人员支付应由个人承担的罚款或赔偿金。

第六十六条 证券公司经理层人员、董事、监事或员工持有或控制本公司股权，应当事先取得中国证监会的批准，并向公司股东会报告。

第七章　证券公司与客户关系基本原则

第六十七条 证券公司对客户负有诚信义务，不得侵犯客户的财产权、选择权、公平交易权、知情权及其他合法权益。

第六十八条 证券公司不得挪用客户交易结算资金，不得挪用客户委托管理的资产，不得挪用客户托管在公司的证券。

第六十九条 证券公司对客户的资料负有保密义务。

对客户的资料，证券公司有权拒绝任何单位或个人的查询，但法律、行政法规或中国证监会另有规定的除外。

第七十条 证券公司在经营活动中应当履行法定的信息披露义务，保障客户在充分知情的基础上做出决定。

证券公司向客户提供产品或服务应当遵守法律、行政法规和中国证监会的规定，并对有关产品或服务的内容及风险予以充分披露，不得有虚假陈述、误导及其他欺诈客户的行为。

第七十一条 证券公司应当设专职部门或岗位负责与客户进行沟通，处理客户的投诉等事宜。

第七十二条 鼓励证券公司向社会公众披露本公司经审计的年度财务报告及其他信息，并保证披露内容的真实、准确。

第八章　附　则

第七十三条 证券公司应当按照《公司法》、《证券法》及其他法律、行政法规和本准则的要求，修改、完善公司章程及相关制度。

第七十四条 证券公司董事会应当按照法律、行政法规和本准则的规定向股东会、中国证监会及派出机构报告公司治理情况。

中国证监会以证券公司的治理状况作为其市场准入的基本条件和日常监管的评价依据。

第七十五条 中国证监会可以授权证券业自律组织或中介机构对证券公司治理状况进行评价，并以适当方式公布评价结果。

第七十六条 释义：

(一)股权，是指有限责任公司股东的出资或股份有限公司的股份。

(二)关联方、关联交易，是指财政部《企业会计准则 &#0;&#

0;关联方关系及其交易的披露》中所指的关联方和关联交易。

(三)实际控制人,是指能够在法律上或事实上支配证券公司股东行使股东权利的法人、其他组织或个人。

(四)控股股东,是指具备下列条件之一的股东:

1、持有和控制证券公司股权,成为最大股东;

2、可以决定证券公司半数以上的董事人选;

3、可以以其他方式控制证券公司。

(五)累积投票制度,是指股东会在选举董事(监事)时,公司股东所拥有的全部投票权为其所持有的股份数与应选董事(监事)人数之积;公司股东既可将其所拥有的全部投票权集中投票给一名候选董事(监事),也可以分散投票给若干名候选董事(监事);按得票数多少确定获选的董事(监事)。

(六)内部董事、外部董事、独立董事。内部董事是指在证券公司同时担任其他职务的董事;外部董事是指不在证券公司同时担任其他职务的董事;独立董事是指与证券公司及其股东不存在可能妨碍其进行独立客观判断关系的外部董事。

第七十七条 本准则由中国证监会负责解释。

第七十八条 本准则自 2004 年 1 月 15 日起施行。

上市公司治理准则

发文号:证监发[2002]1 号　发文时间:2002－01－07

导　言

为推动上市公司建立和完善现代企业制度,规范上市公司运作,促进我国证券市场健康发展,根据《公司法》、《证券法》及其它相关法律、法规确定的基本原则,并参照国外公司治理实践中普遍认同的标准,制订本准则。

本准则阐明了我国上市公司治理的基本原则、投资者权利保护的实现方式,以及上市公司董事、监事、经理等高级管理人员所应当遵循的基本的行为准则和职业道德等内容。

本准则适用于中国境内的上市公司。上市公司改善公司治理,应当贯彻本准则所阐述的精神。上市公司制定或者修改公司章程及治理细则,应当体现本准则所列明的内容。本准则是评判上市公司是否具有良好的公司治理结构的主要衡量标准,对公司治理存在重大问题的上市公司,证券监管机构将责令其按照本准则的要求进行整改。

第一章　股东与股东大会

第一节　股东权利

第一条 股东作为公司的所有者,享有法律、行政法规和公司章程规定的合法权利。上市公司应建立能够确保股东充分行使权利的公司治理结构。

第二条 上市公司的治理结构应确保所有股东,特别是中小股东享有平等地位。股东按其持有的股份享有平等的权利,并承担相应的义务。

第三条 股东对法律、行政法规和公司章程规定的公司重大事项,享有知情权和参与权。上市公司应建立和股东沟通的有效渠道。

第四条 股东有权按照法律、行政法规的规定,通过民事诉讼或其他法律手段保护其合法权利。股东大会、董事会的决议违反法律、行政法规的规定,侵犯股东合法权益,股东有权依法提起要求停止上述违法行为或侵害行为的诉讼。董事、监事、经理执行职务时违反法律、行政法规或者公司章程的规定,给公司造成损害的,应承担赔偿责任。股东有权要求公司依法提起要求赔偿的诉讼。

第二节　股东大会的规范

第五条 上市公司应在公司章程中规定股东大会的召开和表决程序,包括通知、登记、提案的审议、投票、计票、表决结果的宣布、会议决议的形成、会议记录及其签署、公告等。

第六条 董事会应认真审议并安排股东大会审议事项。股东大会应给予每个提案合理的讨论时间。

第七条 上市公司应在公司章程中规定股东大会对董事会的授权原则,授权内容应明确具体。

第八条 上市公司应在保证股东大会合法、有效的前提下,通过各种方式和途径,包括充分运用现代信息技术手段,扩大股东参与股东大会的比例。股东大会时间、地点的选择应有利于让尽可能多的股东参加会议。

第九条 股东既可以亲自到股东大会现场投票,也可以委托代理人代为投票,两者具有同样的法律效力。

第十条 上市公司董事会、独立董事和符合有关条件的股东可向上市公司股东征集其在股东大会上的投票权。投票权征集应采取无偿的方式进行,并应向被征集人充分披露信息。

第十一条 机构投资者应在公司董事选任、经营者激励与监督、重大事项决策等方面发挥作用。

第三节　关联交易

第十二条 上市公司与关联人之间的关联交易应签订书面协议。协议的签订应当遵循平等、自愿、等价、有偿的原则,协议内容应明确、具体。公司应将该协议的订立、变更、终止及履行情况等事项按照有关规定予以披露。

第十三条 上市公司应采取有效措施防止关联人以垄断采购和销售业务渠道等方式干预公司的经营,损害公司利益。关联交易活动应遵循商业原则,关联交易的价格原则上应不偏离市场独立第三方的价格或收费的标准。公司应对关联交易的定价依据予以充分披露。

第十四条 上市公司的资产属于公司所有。上市公司应采取有效措施防止股东及其关联方以各种形式占用或转移公司的资金、资产及其他资源。上市公司不得为股东及其关联方提供担保。

第二章　控股股东与上市公司

第一节　控股股东行为的规范

第十五条 控股股东对拟上市公司改制重组时应遵循先改制、后上市的原则,并注重建立合理制衡的股权结构。

第十六条 控股股东对拟上市公司改制重组时应分离其社会职能,剥离非经营性资产,非经营性机构、福利性机构及其设施不得进入上市公司。

第十七条 控股股东为上市公司主业服务的存续企业或机构可以按照专业化、市场化的原则改组为专业化公司,并根据商业原则与上市公司签订有关协议。从事其他业务的存续企业应增强其独立发展的能力。无继续经营能力的存续企业,应按有关法律、法规的规定,通过实施破产等途径退出市场。企业重组时具备一定条件的,可以一次性分离其社会职能及分流富余人员,不保留存续企业。

第十八条 控股股东应支持上市公司深化劳动、人事、分配制度改革,转换经营管理机制,建立管理人员竞聘上岗、能上能下,职工择优录用、能进能出,收入分配能增能减、有效激励的各项制度。

第十九条 控股股东对上市公司及其他股东负有诚信义务。控股股东对其所控股的上市公司应严格依法行使出资人的权利,控股股东不得利用资产重组等方式损害上市公司和其他股东的合法权益,不得利用其特殊地位谋取额外的利益。

第二十条 控股股东对上市公司董事、监事候选人的提名,应严格遵循法律、法规和公司章程规定的条件和程序。控股股东提名的董事、监事候选人应当具备相关专业知识和决策、监督能力。控股股东不得对股东大会人事选举决议和董事会人事聘任决议履行任何批准手续;不得越过股东大会、董事会任免上市公司的高级管理人员。

第二十一条 上市公司的重大决策应由股东大会和董事会依法作出。控股股东不得直接或间接干预公司的决策及依法开展的生产经营活动,损害公司及其他股东的权益。

第二节　上市公司的独立性

第二十二条　控股股东与上市公司应实行人员、资产、财务分开，机构、业务独立，各自独立核算、独立承担责任和风险。

第二十三条　上市公司人员应独立于控股股东。上市公司的经理人员、财务负责人、营销负责人和董事会秘书在控股股东单位不得担任除董事以外的其他职务。控股股东高级管理人员兼任上市公司董事的，应保证有足够的时间和精力承担上市公司的工作。

第二十四条　控股股东投入上市公司的资产应独立完整、权属清晰。控股股东以非货币性资产出资的，应办理产权变更手续，明确界定该资产的范围。上市公司应当对该资产独立登记、建帐、核算、管理。控股股东不得占用、支配该资产或干预上市公司对该资产的经营管理。

第二十五条　上市公司应按照有关法律、法规的要求建立健全的财务、会计管理制度，独立核算。控股股东应尊重公司财务的独立性，不得干预公司的财务、会计活动。

第二十六条　上市公司的董事会、监事会及其他内部机构应独立运作。控股股东及其职能部门与上市公司及其职能部门之间没有上下级关系。控股股东及其下属机构不得向上市公司及其下属机构下达任何有关上市公司经营的计划和指令，也不得以其他任何形式影响其经营管理的独立性。

第二十七条　上市公司业务应完全独立于控股股东。控股股东及其下属的其他单位不应从事与上市公司相同或相近的业务。控股股东应采取有效措施避免同业竞争。

第三章　董事与董事会

第一节　董事的选聘程序

第二十八条　上市公司应在公司章程中规定规范、透明的董事选聘程序，保证董事选聘公开、公平、公正、独立。

第二十九条　上市公司应在股东大会召开前披露董事候选人的详细资料，保证股东在投票时对候选人有足够的了解。

第三十条　董事候选人应在股东大会召开之前作出书面承诺，同意接受提名，承诺公开披露的董事候选人的资料真实、完整并保证当选后切实履行董事职责。

第三十一条　在董事的选举过程中，应充分反映中小股东的意见。股东大会在董事选举中应积极推行累积投票制度。控股股东控股比例在30%以上的上市公司，应当采用累积投票制。采用累积投票制度的上市公司应在公司章程里规定该制度的实施细则。

第三十二条　上市公司应和董事签订聘任合同，明确公司和董事之间的权利义务、董事的任期、董事违反法律法规和公司章程的责任以及公司因故提前解除合同的补偿等内容。

第二节　董事的义务

第三十三条　董事应根据公司和全体股东的最大利益，忠实、诚信、勤勉地履行职责。

第三十四条　董事应保证有足够的时间和精力履行其应尽的职责。

第三十五条　董事应以认真负责的态度出席董事会，对所议事项表达明确的意见。董事确实无法亲自出席董事会的，可以书面形式委托其他董事按委托人的意愿代为投票，委托人应独立承担法律责任。

第三十六条　董事应遵守有关法律、法规及公司章程的规定，严格遵守其公开作出的承诺。

第三十七条　董事应积极参加有关培训，以了解作为董事的权利、义务和责任，熟悉有关法律法规，掌握作为董事应具备的相关知识。

第三十八条　董事会决议违反法律、法规和公司章程的规定，致使公司遭受损失的，参与决议的董事对公司承担赔偿责任。但经证明在表决时曾表明异议并记载于会议记录的董事除外。

第三十九条　经股东大会批准，上市公司可以为董事购买责任保险。但董事因违反法律法规和公司章程规定而导致的责任除外。

第三节　董事会的构成和职责

第四十条　董事会的人数及人员构成应符合有关法律、法规的要求，确保董事会能够进行富有成效的讨论，作出科学、迅速和谨慎的决策。

第四十一条　董事会应具备合理的专业结构，其成员应具备履行职务所必需的的知识、技能和素质。

第四十二条　董事会向股东大会负责。上市公司治理结构应确保董事会能够按照法律、法规和公司章程的规定行使职权。

第四十三条　董事会应认真履行有关法律、法规和公司章程规定的职责，确保公司遵守法律、法规和公司章程的规定，公平对待所有股东，并关注其他利益相关者的利益。

第四节　董事会议事规则

第四十四条　上市公司应在公司章程中规定规范的董事会议事规则，确保董事会高效运作和科学决策。

第四十五条　董事会应定期召开会议，并根据需要及时召开临时会议。董事会会议应有事先拟定的议题。

第四十六条　上市公司董事会会议应严格按照规定的程序进行。董事会应按规定的时间事先通知所有董事，并提供足够的资料，包括会议议题的相关背景材料和有助于董事理解公司业务进展的信息和数据。当2名或2名以上独立董事认为资料不充分或论证不明确时，可联名以书面形式向董事会提出延期召开董事会会议或延期审议该事项，董事会应予以采纳。

第四十七条　董事会会议记录应完整、真实。董事会秘书对会议所议事项要认真组织记录和整理。出席会议的董事、董事会秘书和记录人应在会议记录上签名。董事会会议记录应作为公司重要档案妥善保存，以作为日后明确董事责任的重要依据。

第四十八条　董事会授权董事长在董事会闭会期间行使董事会部分职权的，上市公司应在公司章程中明确规定授权原则和授权内容，授权内容应当明确、具体。凡涉及公司重大利益的事项应由董事会集体决策。

第五节　独立董事制度

第四十九条　上市公司应按照有关规定建立独立董事制度。独立董事应独立于所受聘的公司及其主要股东。独立董事不得在上市公司担任除独立董事外的其他任何职务。

第五十条　独立董事对公司及全体股东负有诚信与勤勉义务。独立董事应按照相关法律、法规、公司章程的要求，认真履行职责，维护公司整体利益，尤其要关注中小股东的合法权益不受损害。独立董事应独立履行职责，不受公司主要股东、实际控制人、以及其他与上市公司存在利害关系的单位或个人的影响。

第五十一条　独立董事的任职条件、选举更换程序、职责等，应符合有关规定。

第六节　董事会专门委员会

第五十二条　上市公司董事会可以按照股东大会的有关决议，设立战略、审计、提名、薪酬与考核等专门委员会。专门委员会成员全部由董事组成，其中审计委员会、提名委员会、薪酬与考核委员会中独立董事应占多数并担任召集人，审计委员会中至少应有一名独立董事是会计专业人士。

第五十三条　战略委员会的主要职责是对公司长期发展战略和重大投资决策进行研究并提出建议。

第五十四条　审计委员会的主要职责是：

(1)提议聘请或更换外部审计机构；

(2)监督公司的内部审计制度及其实施；

(3)负责内部审计与外部审计之间的沟通；

(4)审核公司的财务信息及其披露；

(5)审查公司的内控制度。

第五十五条　提名委员会的主要职责是：

(1)研究董事、经理人员的选择标准和程序并提出建议；

(2)广泛搜寻合格的董事和经理人员的人选；

(3)对董事候选人和经理人选进行审查并提出建议。

第五十六条　薪酬与考核委员会的主要职责是：

(1)研究董事与经理人员考核的标准，进行考核并提出建议；

(2)研究和审查董事、高级管理人员的薪酬政策与方案。

第五十七条　各专门委员会可以聘请中介机构提供专业意见，有关费用由公司承担。

第五十八条　各专门委员会对董事会负责，各专门委员会的提案应提交董事会审查决定。

第四章　监事与监事会

第一节　监事会的职责

第五十九条　上市公司监事会应向全体股东负责，对公司财务以及公司董事、经理和其他高级管理人员履行职责的合法合规性进行监督，维护公司及股东的合法权益。

第六十条　监事有了解公司经营情况的权利，并承担相应的保密义务。监事会可以独立聘请中介机构提供专业意见。

第六十一条　上市公司应采取措施保障监事的知情权，为监事正常履行职责提供必要的协助，任何人不得干预、阻挠。监事履行职责所需的合理费用应由公司承担。

第六十二条　监事会的监督记录以及进行财务或专项检查的结果应成为对董事、经理和其他高级管理人员绩效评价的重要依据。

第六十三条　监事会发现董事、经理和其他高级管理人员存在违反法律、法规或公司章程的行为，可以向董事会、股东大会反映，也可以直接向证券监管机构及其他有关部门报告。

第二节　监事会的构成和议事规则

第六十四条　监事应具有法律、会计等方面的专业知识或工作经验。监事会的人员和结构应确保监事会能够独立有效地行使对董事、经理和其他高级管理人员及公司财务的监督和检查。

第六十五条　上市公司应在公司章程中规定规范的监事会议事规则。监事会会议应严格按规定程序进行。

第六十六条　监事会应定期召开会议，并根据需要及时召开临时会议。监事会会议因故不能如期召开，应公告说明原因。

第六十七条　监事会可要求公司董事、经理及其他高级管理人员、内部及外部审计人员出席监事会会议，回答所关注的问题。

第六十八条　监事会会议应有记录，出席会议的监事和记录人应当在会议记录上签字。监事有权要求在记录上对其在会议上的发言作出某种说明性记载。监事会会议记录应作为公司重要档案妥善保存。

第五章　绩效评价与激励约束机制

第一节　董事、监事、经理人员的绩效评价

第六十九条　上市公司应建立公正透明的董事、监事和经理人员的绩效评价标准和程序。

第七十条　董事和经理人员的绩效评价由董事会或其下设的薪酬与考核委员会负责组织。独立董事、监事的评价应采取自我评价与相互评价相结合的方式进行。

第七十一条　董事报酬的数额和方式由董事会提出方案报请股东大会决定。在董事会或薪酬与考核委员会对董事个人进行评价或讨论其报酬时，该董事应当回避。

第七十二条　董事会、监事会应当向股东大会报告董事、监事履行职责的情况、绩效评价结果及其薪酬情况，并予以披露。

第二节　经理人员的聘任

第七十三条　上市公司经理人员的聘任，应严格按照有关法律、法规和公司章程的规定进行。任何组织和个人不得干预公司经理人员的正常选聘程序。

第七十四条　上市公司应尽可能采取公开、透明的方式，从境内外人才市场选聘经理人员，并充分发挥中介机构的作用。

第七十五条　上市公司应和经理人员签订聘任合同，明确双方的权利义务关系。

第七十六条　经理的任免应履行法定的程序，并向社会公告。

第三节　经理人员的激励与约束机制

第七十七条　上市公司应建立经理人员的薪酬与公司绩效和个人业绩相联系的激励机制，以吸引人才，保持经理人员的稳定。

第七十八条　上市公司对经理人员的绩效评价应当成为确定经理人员薪酬以及其它激励方式的依据。

第七十九条　经理人员的薪酬分配方案应获得董事会的批准，向股东大会说明，并予以披露。

第八十条　上市公司应在公司章程中明确经理人员的职责。经理人员违反法律、法规和公司章程规定，致使公司遭受损失的，公司董事会应积极采取措施追究其法律责任。

第六章　利益相关者

第八十一条　上市公司应尊重银行及其它债权人、职工、消费者、供应商、社区等利益相关者的合法权利。

第八十二条　上市公司应与利益相关者积极合作，共同推动公司持续、健康地发展。

第八十三条　上市公司应为维护利益相关者的权益提供必要的条件，当其合法权益受到侵害时，利益相关者应有机会和途径获得赔偿。

第八十四条　上市公司应向银行及其它债权人提供必要的信息，以便其对公司的经营状况和财务状况作出判断和进行决策。

第八十五条　上市公司应鼓励职工通过与董事会、监事会和经理人员的直接沟通和交流，反映职工对公司经营、财务状况以及涉及职工利益的重大决策的意见。

第八十六条　上市公司在保持公司持续发展、实现股东利益最大化的同时，应关注所在社区的福利、环境保护、公益事业等问题，重视公司的社会责任。

第七章　信息披露与透明度

第一节　上市公司的持续信息披露

第八十七条　持续信息披露是上市公司的责任。上市公司应严格按照法律、法规和公司章程的规定，真实、准确、完整、及时地披露信息。

第八十八条　上市公司除按照强制性规定披露信息外，应主动、及时地披露所有可能对股东和其它利益相关者决策产生实质性影响的信息，并保证所有股东有平等的机会获得信息。

第八十九条　上市公司披露的信息应当便于理解。上市公司应保证使用者能够通过经济、便捷的方式（如互联网）获得信息。

第九十条　上市公司董事会秘书负责信息披露事项，包括建立信息披露制度、接待来访、回答咨询、联系股东，向投资者提供公司公开披露的资料等。董事会及经理人员应对董事会秘书的工作予以积极支持。任何机构及个人不得干预董事会秘书的工作。

第二节　公司治理信息的披露

第九十一条　上市公司应按照法律、法规及其他有关规定，披露公司治理的有关信息，包括但不限于：

（1）董事会、监事会的人员及构成；

（2）董事会、监事会的工作及评价；

（3）独立董事工作情况及评价，包括独立董事出席董事会的情况、发表独立意见的情况及对关联交易、董事及高级管理人员的任免等事项的意见；

（4）各专门委员会的组成及工作情况；

（5）公司治理的实际状况，及与本准则存在的差异及其原因；

（6）改进公司治理的具体计划和措施。

第三节　股东权益的披露

第九十二条　上市公司应按照有关规定，及时披露持有公司股份比例较大的股东以及一致行动时可以实际控制公司的股东或实际控制人的详细资料。

第九十三条　上市公司应及时了解并披露公司股份变动的情况以及其它可能引起股份变动的重要事项。

第九十四条　当上市公司控股股东增持、减持或质押公司股份，或上市公司控制权发生转移时，上市公司及其控股股东应及时、准确地向全体股东披露有关信息。

第八章　附　则

第九十五条　本准则自发布之日起施行。

中国银行业监督管理委员会、中国证券监督管理委员会、中国保险监督管理委员会在金融监管方面分工合作的备忘录

发文时间：2004—07—27

指导原则

第一条 根据有关法律法规和国务院行政规章达成本备忘录。

第二条 本备忘录旨在明确中国银行业监督管理委员会（以下简称银监会）、中国证券监督管理委员会（以下简称证监会）、中国保险监督管理委员会（以下简称保监会）在金融监管方面的职责，为三家机构协调配合，避免监管真空和重复监管，提高监管效率，鼓励金融创新，以达到所有金融机构及其从事的金融业务都能得到持续有效的监管，保障金融业稳健运行和健康发展。

第三条 本备忘录基于以下五项指导原则：

（一）分业监管。按照有关法规加强监管，各司其责，提高监管资源的有效使用。

（二）职责明确。各监管机构明确职责范围，依法监管，监管行为符合规范的要求。

（三）合作有序。各机构按一定程序交流合作，有利于加强协调、增强合力，符合运转协调的要求。

（四）规则透明。让社会和公众了解各机构的运作规则，有利于增强信心，加强监督，符合公正透明的要求。

（五）讲求实效。提高办事效率，提高服务质量，有利于降低行政成本，符合廉洁高效的要求。

职责分工

第四条 根据国家法律和国务院的授权，银监会负责统一监督管理全国银行、金融资产管理公司、信托投资公司及其他存款类金融机构。

（一）制定有关银行业金融机构监管的规章制度和办法；

（二）审批银行业金融机构及其分支机构的设立、变更、终止及其业务范围；

（三）对银行业金融机构实行现场和非现场监管，依法对违法违规行为进行查处；

（四）审查银行业金融机构高级管理人员任职资格；

（五）负责统一编制全国银行数据、报表，并按照国家有关规定予以公布；

（六）负责国有重点银行业金融机构监事会的日常管理工作；

（七）会同有关部门提出存款类金融机构紧急风险处置的意见和建议；

（八）国务院规定的其他职责。

第五条 根据《中华人民共和国证券法》、《股票发行与交易管理暂行条例》、《期货交易管理暂行条例》和《国务院办公厅关于印发中国证券监督管理委员会职能配置、内设机构和人员编制规定的通知》的规定，证监会依法对全国证券、期货市场实行集中统一监督管理，履行如下职责：

（一）研究和拟定证券、期货市场的方针政策、发展规划；起草证券、期货市场的有关法律、行政法规；制定有关证券、期货市场监督管理的规章、规则，并依法行使审批权或核准权。

（二）依法监管股票、可转换债券、证券投资基金的发行、交易、托管和结算；批准企业债券的上市；监管上市国债和企业债券的交易活动；

（三）依法监管境内期货合约的上市、交易和清算；监管境内机构从事境外期货业务；

（四）依法对公开发行和上市交易证券的证券发行人、上市公司、证券、期货交易所、证券、期货经营机构、证券登记结算机构、期货结算机构、证券投资基金管理机构、证券、期货投资咨询机构、资信评估机构进行监管；依法对从事证券业务的律师事务所、会计师事务所、资产评估机构的证券业务活动以及从事证券投资基金资产托管业务的金融机构的托管业务活动，进行监管；

（五）依法制定证券、期货经营机构、证券、期货投资咨询机构和证券投资基金管理机构从业人员资格、资质标准和高级管理人员的任职管理办法并组织实施；依法制定证券从业人员的资格、资质标准和行为准则并监督实施；按规定管理证券、期货交易所、证券登记结算机构和期货结算机构的从业人员和高级管理人员；

（六）依法监管境内企业直接或间接到境外发行股票、上市；监管境内机构到境外设立证券机构；监管境外机构到境内设立证券机构、从事证券业务；

（七）依法监督检查证券发行、交易的信息披露情况，监管证券、期货信息传播活动，负责证券、期货市场的统计与信息资源管理；

（八）依法对证券业协会、期货业协会的活动进行指导和监督；

（九）依法对违反证券、期货市场监督管理法律、法规和行政规章的行为进行调查、处罚；

（十）管理证券、期货行业的对外交往和国际合作事务；

（十一）法律、行政法规和国务院规定的其他职责，办理国务院交办的有关事宜。

第六条 根据国家法律和国务院的授权，保监会统一监督管理全国保险市场，维护保险业的合法、稳健运行。

（一）拟定保险业发展的方针政策，制订行业发展战略和规划；起草保险业监管的法律、法规；制订业内规章。

（二）审批保险公司及其分支机构、保险集团公司、保险控股公司的设立；会同有关部门审批保险资产管理公司的设立；审批境外保险机构代表处的设立；审批保险代理公司、保险经纪公司、保险公估公司等保险中介机构及其分支机构的设立；审批境内保险机构和非保险机构在境外设立保险机构；审批保险机构的合并、分立、变更、解散，决定接管和指定接受；参与、组织保险公司的破产、清算。

（三）审查、认定各类保险机构高级管理人员的任职资格；制订保险从业人员的基本资格标准。

（四）审批关系社会公众利益的保险险种、依法实行强制保险的险种和新开发的人寿保险险种等的保险条款和保险费率，对其他保险险种的保险条款和保险费率实施备案管理。

（五）依法监管保险公司的偿付能力和市场行为；负责保险保障资金的运用政策，制订有关规章制度，依法对保险公司的资金运用进行监管。

（六）对政策性保险和强制保险进行业务监管；对专属自保、相互保险等组织形式和业务活动进行监管。归口管理保险行业协会、保险学会等行业社团组织。

（七）依法对保险机构和保险从业人员的不正当竞争等违法、违规行为以及对非保险机构经营或变相经营保险业务进行调查、处罚。

（八）依法对境内保险及非保险机构在境外设立的保险机构进行监管。

（九）制订保险行业信息化标准；建立保险风险评价、预警和监控体系，跟踪分析、监测、预测保险市场运行状况，负责统一编制全国保险业的数据、报表，抄送中国人民银行，并按照国家有关规定予以发布。

（十）按照中央有关规定和干部管理权限，负责本系统党的建设、纪检和干部管理工作；负责国有保险公司监事会的日常工作。

（十一）承办国务院交办的其他事项。

第七条 银监会、证监会、保监会任何一方需要对他方的监管对象收集必要的信息，可委托他方进行。

第八条 对金融控股公司的监管应坚持分业经营、分业监管的原则，对金融控股公司的集团公司依据其主要业务性质，归属相应的监管机构，对金融控股公司内相关机构、业务的监管，按照业务性质实施分业监管。

被监管对象在境外的，由其监管机构负责对外联系，并与当地监管机构建立工作关系。

对产业资本投资形成的金融控股集团，在监管政策、标准和方式

等方面认真研究、协调配合、加强管理。

第九条 银监会、证监会、保监会积极支持金融创新，促进金融发展。加强对创新产品监管的研究与合作。

第十条 银监会、证监会、保监会应与财政部、中国人民银行密切合作，共同维护金融体系的稳定和金融市场的信心。

信息收集与交流

第十一条 根据授权，银监会、证监会、保监会分别向其监管对象收集信息和数据，并负责统一汇总、编制各类金融机构的数据和报表，按照国家有关规定予以公布。

第十二条 银监会、证监会、保监会应密切合作，就重大监管事项和跨行业、跨境监管中复杂问题进行磋商，并建立定期信息交流制度，需定期交流的信息由三方协商确定。接受信息的一方应严格遵循客户保密原则，保证该信息使用仅限于其履行职责，除非法律规定，不得将信息提供给第三方。

第十三条 银监会、证监会、保监会应互相通报对其监管对象高级管理人员和金融机构的处罚信息。

第十四条 银监会、证监会、保监会应建立对外开放政策的交流、协调机制，并互相通报在有关银行、证券、保险国际组织和国际会议中的活动信息和观点。

工作机制

第十五条 建立银监会、证监会、保监会"监管联席会议机制"。监管联席会议成员由三方机构的主席组成，每季度召开一次例会，由主席或其授权的副主席参加，讨论和协调有关金融监管的重要事项、已出台政策的市场反映和效果评估以及其他需要协商、通报和交流的事项。监管联席会议仅协调有关三方监管的重要事宜，原三方监管机构的职责分工和日常工作机制不变。联席会议成员每半年轮流担任会议召集人。任何一方认为有必要讨论应对紧急情况时，均可随时提出召开会议，由召集人负责召集。监管联席会议三方分别设立"联席会议秘书处"作为日常联络机构，并指定专门联系人。在正常情况下，联席会议召开前五个工作日，三方日常联络机构应将拟议事项和各方意见建议等书面材料送达联席会议成员。会后由召集方负责拟定会议纪要，在征求参会方意见后发送各方。监管联席会议纪要报国务院领导审批后执行。

第十六条 银监会、证监会、保监会任何一方与金融业监管相关的重要政策、事项发生变化，或其监管机构行为的重大变化将会对他方监管机构的业务活动产生重大影响时，应及时通告他方。若政策变化涉及到他方的监管职责和监管机构，应在政策调整前通过"会签"方式征询他方意见。对监管活动中出现的不同意见，三方应及时协调解决。

第十七条 建立银监会、证监会、保监会"经常联系机制"，由三方各指定一个综合部门负责人参加，综合相关职能部门的意见，为具体专业监管问题的讨论、协商提供联系渠道。

第十八条 银监会、证监会、保监会召开"联席会议机制"和"经常联系机制"会议时，可邀请中国人民银行、财政部或其他部委参加。

第十九条 银监会、证监会、保监会可邀请他方工作人员参加本机构组织的相关培训和研讨活动。

第二十条 "联席会议"设立网站。

附　则

第二十一条 本备忘录的修改由"联席会议"讨论通过。

股票发行定价分析报告指引(试行)

发文号:证监发[1999]8号　发文时间:1999—02—12

各拟发行上市公司:

为了促进证券市场健康发展，维护股票发行定价的公正性与合理性，各申请公开发行股票的公司，在报送公开发行股票(A股)申报材料时，应提供定价分析报告，作为中国证监会依法核准发行价格的重要依据之一。

定价分析报告应由发行人和主承销商共同签署。在定价分析报告中应对影响发行价格的因素进行全面、客观地分析，详细说明商定股票发行价格的依据和方法。报告所引用的资料必须真实并注明来源，运用的价格测算方法应科学、合理。定价分析报告应至少包括以下基本内容:

一、行业分析

1、公司所属行业概况。

2、公司所属行业的发展前景。

二、公司现状与发展前景分析

1、公司在同行业中的地位(包括生产能力、前三年净资产利润率和利润总额的行业排名、主要产品的市场占有率和在同行业中的技术领先程度等)。

2、公司主要产品国内、国外市场分析(包括营销状况、价格走势等)。

3、公司主要产品所处发展阶段，主要产品的技术含量、开发能力及替代产品的研究、开发情况。

4、募集资金投资项目的情况(项目规模、产品方向、建设工期、工程进度、预计的盈利能力，如属新产品应对该产品进行市场分析和投资风险分析)。

5、公司资产流动性和财务安全性分析。

6、公司盈利能力和发展潜力分析。

三、二级市场分析

1、沪市、深市最近15个交易日与最近30个交易日的平均市盈率。

2、本行业上市公司的市场分析。

(1)行业面分析。本行业上市公司的数量与名称、按上市地分别计算的本行业上市公司最近15个交易日与最近30个交易日的平均收盘价格、平均市盈率(附表一)。

(2)可比上市公司分析。选择属本行业、流通股本相当、盈利能力接近的10家可比上市公司进行分析。应提供可比上市公司的名称与代码、总股本、流通股本、上市地、经营范围、主营业务、主营业务收入增长率、上年度净利润、上年度每股盈利、上年度净资产利润率、最近15个交易日的收盘价格与市盈率、最近15个交易日的平均收盘价格与平均市盈率、最近30个交易日的平均收盘价格与当时平均市盈率，还应提供原发行时间及当时大盘指数、发行价格与发行市盈率、上市时间及当时大盘指数、挂牌日平均涨幅、挂牌后15个交易日的平均收盘价格、平均市盈率及当时大盘指数区间(附表二)；对于可比上市公司不足10家的行业，可选取行业相近、流通股本相当、盈利能力接近的上市公司进行比较。

3、对预计发行时间内二级市场大盘分析及本行业上市公司的二级市场走势预测。

4、近一个月已发行股票的中签率。

四、发行价格的确定方法和结果

详细说明发行价格的测算方法、二级市场的定位、商定的发行价格和市盈率倍数，并编制盈利情况和发行价格测算表(附表三1、附表三2)。

附表一:本行业上市公司价格统计表

附表二:可比上市公司价格统计表

附表三:盈利情况和发行价格测算表

附表一： **本行业上市公司价格统计表**

市场	项目		平均收盘价格	平均市盈率	本行业上市公司数量与名称
深市	最近15个交易日				
	15日平均值				
	最近30个交易日平均值				
沪市	项目		平均收盘价格	平均市盈率	本行业上市公司数量与名称
	最近15个交易日				
	15日平均值				
	最近30个交易日平均值				

附表二： **可比上市公司价格统计表**

公司名称与代码		总股本		流通股本		上市地	
经营范围		主营业务		主营业务收入增长率			
上年度净利润		上年度每股盈利		上年度净资产利润率			
日期	收盘价格	市盈率	1. 发行时间及当时大盘指数 2. 发行价格与发行市盈率 3. 上市时间及当时大盘指数 4. 挂牌日平均涨幅 5. 挂牌后15个交易日的平均收盘价，平均市盈率及当时大盘指数区间				
最后15个交易日							
15日平均值							
最近30个交易日平均值							

注：本表应按每家可比上市公司分别填制

附表三： **盈得情况和发行价格测算表(附表三—1)**

公司名称				公司注册地		生产经营地分布	
总股本		发行量		经营范围		所属行业	
筹与资拟用筹途资额							
成长性	主要产品	技术含量	市场占有率	行业排名（注明排名标准）		市场潜力	
二级市场大盘表现	沪市平均市盈率			深市平均市盈率			
	最近15日		最近30日		最近15日		最近30日
同行业二级市场表现	交易所	平均收盘价		平均市盈率			
		最近15日	最近30日	最近15日	最近30日		
	沪市						
	深市						

可比上市公司二级市场表现	可比上市公司名称	上市地	总股本	流通股本	主营业务	主营业务增长率	上年度净利润	上年度每股收益	上年度净资产利润率	平均收盘价 最近15日	平均收盘价 最近30日	平均市盈率 最近15日	平均市盈率 最近30日
	1												
	2												
	3												
	4												
	5												
	6												
	7												
	8												
	9												
	10												
	平均值	—		—	—	—							

近一个月新股发行中签率	最高		最低		平均	

盈利情况和发行价格测算表(附表三—2)

	项目		发行前三年 年	年	年	发行当年预测 年	比上年增长率	发行下一年预测 年	比上年增长率
财务指标	1. 股本								
	2. 净资产								
	3. 销售收入								
	4. 营业费用								
	5. 财务费用								
	6. 管理费用								
	其中：折旧								
	7. 利润总额								
	其中：补贴收入								
	8. 所得税	法定税率							
		实际税负							
	9. 净利润	法定税率							
		实际税负							
	10. 毛利润								
	11. 销售利润率								
	12. 净资产利润率								
	13. 每股盈利	全面摊薄							
		加权平均摊薄							
发行价格测算方法	1. 2. 3.								

商定的发行价格		市盈率	1. 按全面摊薄的上年度每股盈利计算... 2. 按全面摊薄的发行当年预测每股盈利计算... 3. 按加权平均摊薄的发行当年预测每股盈利计算...

证券公司从事股票发行主承销业务有关问题的指导意见

发文号：证监发[2001]48号　发文时间：2001—03—17

一、证券公司从事股票发行主承销业务包括主承销首次公开发行股票、上市公司向原股东配售股票（以下简称“配股”）和向全体社会公众发售股票（以下简称“增发”）。

二、担任股票发行主承销商的证券公司（以下简称“证券公司”），应当遵循勤勉尽责、诚实信用的原则，认真履行尽职调查义务，负责向中国证券监督管理委员会（以下简称“中国证监会”）推荐发行人，并对所出具的推荐函、尽职调查报告承担相应的责任。

对于需要辅导的发行人首次公开发行股票，证券公司应在推荐函中说明内核情况并填报核对表（见附件一）；对于主承销上市公司配股、增发，应出具推荐函、尽职调查报告（见附件二），并填报核对表（见附件三）。

三、证券公司应指导发行人建立规范健全的法人治理结构，确保发行人全体董事充分了解其应遵守的法律、法规及所承担的相关责任，为发行人的股票发行提供切实可行的专业意见及良好的顾问服务。

对于主承销首次公开发行股票及进行重大重组的上市公司增发或配股的，证券公司还应当按照有关规定履行其对发行人的发行上市辅导义务。

四、证券公司推荐发行人发行股票，应建立发行人质量评价体系，明确推荐标准，在充分尽职调查的基础上，保证推荐内部管理良好、运作规范、未来有发展潜力的发行人发行股票。

五、证券公司在与发行人签署保密协议的情况下，可以向发行人调阅与本次股票发行有关的未公开的法律文件和财务会计资料。

六、证券公司应成立内核小组，并根据实际情况，对内核小组的职责、人员构成、工作规则等进行适当调整，形成适应核准制要求的规范、有效的内核制度，并将内核小组的工作规则、成员名单和个人简历报中国证监会职能部门备案。

证券公司内核小组应当恪尽职守，保持独立判断。

七、证券公司应当在内核程序结束后作出是否推荐发行的决定。决定推荐发行的，应出具推荐函。

推荐函应当至少包括以下内容：明确的推荐意见及其理由、对发行人发展前景的评价、有关发行人是否符合发行上市条件及其他有关规定的说明、发行人主要问题和风险的提示、证券公司内部审核程序简介及内核意见、参与本次发行的项目组成人员及相关经验等。

推荐函应当由证券公司法定代表人或授权代表签名并加盖公章，注明签署日期。

八、对于发行人的不规范行为，证券公司应当要求其整改，并将整改情况在尽职调查报告或核查意见中予以说明。因发行人不配合，使尽职调查范围受限制，导致证券公司无法做出判断的，证券公司不得为发行人的发行申请出具推荐函。

九、证券公司应建立发行承销工作档案，工作档案至少应包括推荐函、核对表、尽职调查报告（适用于配股和增发）、内核小组工作记录、发行申请文件、对中国证监会审核反馈意见的回复。中国证监会和证券交易所可随时调阅工作档案。工作档案保留时间应符合中国证监会的有关规定。

十、受发行人委托，证券公司配合发行人按照有关规定制作股票发行申请文件，编制招股说明书，对申请文件及招股说明书的内容进行核查，负责报送股票发行申请文件，并与中国证监会和证券交易所进行沟通。

十一、证券公司应严格遵守有关信息披露的规定。在申请文件报送中国证监会后，进入静默期，除已公开的信息外，不得向外界透露有关本次发行的任何信息。承销团成员的分析员作出的有关发行人的研究报告不得对外发出，直至有关本次股票发行的募集文件公开后，方可进行相关的宣传和推介活动。

十二、证券公司应建立有效的内部控制制度。遵循内部防火墙原则，使投资银行部门与研究部门、经纪部门、自营部门在信息、人员、办公地点等方面相互隔离，防止内幕交易和操纵市场行为的发生。

十三、证券公司应建立股票承销工作的协调机构，并指定内部独立部门负责发行期间的监控和综合协调。

十四、股票发行申请经中国证监会核准后，证券公司应当组织发行人做好市场推介活动，在不超越公开募集文件内容的范围内向投资者介绍发行人的情况。

十五、在发行完成后的15个工作日内，证券公司应当向中国证监会报送承销总结报告。承销总结报告至少应包括推介、定价、申购、该股票二级市场表现（如已上市交易）及发行组织工作等内容。

十六、证券公司应当在发行完成当年及其后的一个会计年度发行人年度报告公布后的一个月内，对发行人进行回访，就其募集资金的使用情况、盈利预测实现情况、是否严格履行公开披露文件中所作出的承诺、以及经营状况等方面是否与推荐函相符等进行核查，出具回访报告（见附件四），报送中国证监会、发行人所在地中国证监会的派出机构及发行人股票上市的证券交易所备案，并在发行人股东大会召开5个工作日之前将回访报告在指定报刊和网站公告。

十七、本指导意见自发布之日起施行。证券公司推荐发行人发行可转换公司债券等，参照本指导意见执行。

附件：一、首次公开发行股票申请文件主承销商核对要点

二、主承销商关于上市公司新股发行尽职调查报告必备内容

三、主承销商关于上市公司新股发行申请文件核对表

四、主承销商关于股票发行回访报告必备内容

附件一：首次公开发行股票申请文件主承销商核对要点

第一部分　关于本次发行上市的主要事项

一、发行上市的实质条件

1. 发行人的设立方式为：

2. 发行人是否设立三年以上？

3. 发行人最近三年是否连续盈利并可向股东支付股利？如发行人设立不足三年，原企业是否盈利？

4. 发行人最近三年内是否无重大违法行为？

5. 发行人最近三年内财务会计文件是否无虚假记载？

6. 发行新股后发行人预期利润率是否可达到同期银行存款利率？如有盈利预测，发行当年净资产收益率为：　　%。

7. 前一次发行的股份是否已募足，且间隔一年以上？

8. 发行人本次发行前的总股本为　　万元，发行后股本总额是否不低于5000万元？为 万元。

9. 发行人本次申请发行新股后社会公众股占总股本的比例是否不低于25%？为　　%。

10. 发起人认购的股份总额是否不低于发行人拟发行股份总额的35%？为　　%。

11. 股本总额超过4亿元的，发行人本次发行后的社会公众股占总股本的比例是否不低于15%？为　　%。

12. 发行新股后持有面值达人民币1000元以上的股东人数是否不少于1000人？

13. 发行人的生产经营是否符合国家产业政策？

14. 发行人发行前一年末净资产占总资产比例是否不低于30%？为　　%。

215. 发行人发行前一年末无形资产（不含土地使用权）占净资产的比例是否不高于20%？为　　%。

16. 发起人以工业产权和非专利技术作价出资的，其出资金额是否未超过注册资本的20%？比例为　　%。

二、本次发行上市的授权

17. 股东大会是否已按法定程序作出批准本次发行上市的决议？

18. 股东大会决议的内容是否符合法律、法规、中国证监会的有关规定以及公司章程的要求，是否合法有效？

19. 如股东大会授权董事会办理有关发行上市事宜，授权的范围、程序是否合法有效？

三、发行人的设立及主体资格

20. 发行人是否为合法存续的股份有限公司？

21. 发行人设立是否不存在违法违规或重大不规范行为？

22. 发行人是否依法取得了有权部门的设立批准？批准的部门是：

23. 发行人设立时是否进行了资产评估（如需要）？评估机构是否

有证券从业资格？为：

24. 发行人设立时是否进行了验资？验资机构是否有证券从业资格？为：

25. 发行人是否依法召开了创立大会？

26. 发行人是否依法办理了工商登记，取得法人营业执照？

27. 在发行人设立过程中，从验资日至注册登记日期间是否发生有关资产、负债、损益的变化？如有，是否明确了有关利益关系？

28. 如属定向募集公司，其设立行为是否符合当时法律、法规及其他有关文件的规定？是否按《公司法》进行了规范？

29. 由原外商投资企业改组为股份有限公司的，是否已对原合同、章程进行修改并经有关部门批准？批准的部门是：

30. 如属有限责任公司变更为股份有限公司，是否符合《公司法》等有关法律、法规和中国证监会的有关规定？

31. 发行人发行的股份是否同股同权？

32. 是否存在发起人出资不实及重大出资财产争议的情况？

33. 设立时对原企业债务的处理是否已征得大额债权人的同意，是否不存在金额较大的潜在债务纠纷？

34. 发行人在设立及运作过程中是否不存在侵害股东和债权人利益的情况？

35. 发行人的设立和出资是否不存在纠纷或潜在纠纷？如有，主要是：

36. 发行人向其他公司累计投资额占净资产的比例是否不超过50%？上述比例，

发行前按母公司报表计算为　　%；按合并报表为　　%。

发行后预计按母公司报表计算为　　%；按合并报表为　　%。

四、发起人(股东)及发行人的组织结构

37. 发起人或股东目前是否依法存续？

38. 发起人或股东是否具有法律、法规规定担任发起人或进行出资的资格？

39. 是否存在工会和职工持股会直接或间接持股的情况？

40. 如原存在但已进行了转让，是否确信已履行完有关法定程序，是否不存在纠纷或潜在纠纷？

41. 发起人或股东人数、住所、出资比例是否符合法律、法规和中国证监会的有关规定？

42. 发起人已投入发行人的资产的产权关系是否清晰，将上述资产投入发行人是否不存在法律障碍？如有，主要是：

43. 如发起人将其全资附属企业或其他企业先注销再以其资产折价入股，发起人是否已通过履行必要的法律程序取得了上述资产的所有权？对其原有债务的处置是否合法、合规、真实、有效，是否已征得相关债权人同意？

44. 发起人以其在其他企业的权益折价入股的，是否已征得该企业其他出资人的同意？是否已履行了相应的法律程序？投入的权益是：

45. 若存在以无形资产出资或折股的，是否详细披露了无形资产的内容、出资或折股的方式和比例、评估的具体情况等？投入的无形资产是：

46. 发行人是否拥有主营业务的商标所有权？

47. 发行人是否办妥专利技术、非专利技术及其他特许经营权等资产权属证书的取得或变更登记手续？

48. 发行人有关房产、土地使用权(包括水面养殖权)、探矿权、采矿权的取得方式是否符合有关规定？取得方式为：

49. 发起人投入发行人的实物资产或权利的权属证书是否已有发起人转移给发行人？是否存在法律障碍或风险？

50. 是否披露了发行人控股股东与其他主要股东或有实质控制权股东的基本情况？实质控制人是：

51. 是否披露了发行人所有直接或间接投资的、境内或境外的子公司、参股公司及其下属单位？

五、发行人的股本及其演变

52. 发行人设立时股权设置、股本结构是否合法有效？

53. 出资的产权界定和确认是否存在纠纷及风险？如有，主要纠纷及风险是：

54. 发行人对外投资的产权界定和确认是否存在纠纷及风险？如有，主要纠纷及风险是：

55. 发行人设立以来是否发生过股权变动？如发生了变动，简述变动情况及对发行人的影响。

56. 历次股权变动是否合法、合规、真实、有效？

57. 发行人的股份是否存在任何因被质押、诉讼等引致的纠纷或潜在纠纷？如存在，说明具体情况。

六、发行人的业务和技术

58. 发行人的经营范围和经营方式是否符合法律、法规的有关规定？

59. 发行人是否在中国大陆以外经营？如存在，主要境外经营情况是：

60. 境外经营是否合法、合规、真实、有效？

61. 发行人主营业务是否突出？主营业务是：

62. 发行人的主营业务在最近三年(不足三年的，应追溯原企业)是否变更过？如变更过，应说明具体情况。

63. 发行人持续经营是否存在法律、技术、市场等障碍？

64. 发行人最近三年主营业务是否有实质性进展？公司的产品或服务的科技含量：无、一般、较高。

65. 是否充分披露了发行人所处行业国内外的基本情况及发展趋势？

66. 是否充分披露了对发行人所处行业发展有利和不利的因素？主要不利因素是：

67. 是否披露了发行人面临的主要竞争状况？

68. 是否披露了发行人最近三年的业务盈亏、研究开发、曾经历过的重大挫折及未来发展前景等？主要重大挫折是：

69. 是否披露了发行人拥有的特许经营权的有关情况及其对发行人持续生产经营的影响？特许经营权是：

70. 是否披露了发行人前5名客户和供应商与发行人之间的供销比例？

71. 如向单个客户的销售比例或向单个供应商的采购比例超过总额的50%，其名称及供销比例是：

72. 是否披露了发行人发行前进行过的重大业务和资产重组情况？主要重大业务和资产重组是：

73. 发行人是否拥有主营业务的核心技术？是否拥有所有权？

74. 发行人是否拥有与主营业务密切相关的专利技术的所有权？

75. 发行人是否拥有技术不断创新的机制和进一步开发的能力？

76. 发行人是否存在与技术相关的重大纠纷？

七、同业竞争与关联交易

77. 发行人与控股股东及其子公司等是否不存在同业竞争？如存在，同业竞争是：

78. 如存在，发行人是否采取了有效措施避免同业竞争？主要措施是：

79. 是否充分披露了关联方及其与发行人之间的关联关系？

80. 发行人与关联方之间是否不存在重大的关联交易？如存在，应说明关联交易的内容、数量、金额，以及关联交易占同类业务的比重。

81. 发行人的关联交易是否履行了法定批准程序？

82. 对发生的关联交易，如需股东大会批准，关联股东是否在作出股东大会决议时回避？

83. 对发生的关联交易，独立董事是否没有不同意见？如有，主要是：

84. 发生的关联交易是否公允，是否存在损害发行人及其他股东利益的情况？交易价格为：。如该交易与第三方进行，交易价格为：

85. 发行人是否没有为控股股东及其他关联股东提供担保？如有，主要是：

86. 发行人是否在公司章程及其他内部规定中制定了关联交易的公允决策程序？

87. 如发行人募股资金投向与关联方合资的项目，或募股资金投入后与关联方发生交易的，是否披露了关联方、合资项目及关联交易的有关情况？

88. 发行人是否对有关关联交易和解决同业竞争的承诺或措施进行了充分的披露？是否存在重大的遗漏或重大隐瞒？

八、发行人的主要财产

89. 发行人是否充分披露了拥有的房产及土地使用权、商标、专利技术、特许经营权等无形资产的情况？

90. 如发行人有租赁房屋、土地使用权等情况，租赁是否合法有效？

91. 发行人是否充分披露了主要生产设备的情况？

92. 发行人生产经营的主要生产设备是否存在报废等重大风险？

93. 发行人是否披露了存在的产权纠纷或潜在纠纷？

94. 发行人对其主要财产的所有权或使用权的行使有无限制，是否不存在主要财产被担保或者其他权利受限制的情况？

九、发行人的重大债权债务

95. 发行人将要履行、正在履行以及虽已履行完毕但可能存在潜在纠纷的重大合同是否合法、有效？是否存在潜在的风险和纠纷？如存在风险和纠纷，应说明对本次发行上市的影响。

96. 上述合同的主体是否变更为发行人，若未履行变更程序，是否已获得合同他方的同意？合同履行是否存在法律障碍？

97. 发行人是否有因环境保护、知识产权、产品质量、劳动安全、人身权等原因产生的侵权之债？如有，应说明对本次发行上市的影响。

98. 发行人与关联方之间是否存在重大债权债务关系及相互提供担保的情况？

99. 发行人金额较大的其他应收、应付款是否因正常的生产经营活动发生，是否合法有效？

100. 发行人目前是否没有重大诉讼或仲裁事项？

101. 发行人是否不存在由于担保、诉讼等事项引起的或有负债？

十、发行人的重大资产变化及收购兼并

102. 发行人设立至今是否有合并、分立、增资扩股、减少注册资本、收购或出售资产等行为？如有，简要情况：

103. 如有，是否符合当时法律、法规和中国证监会的有关规定，是否已履行必要的法律手续？

104. 如有，是否导致主营业务、核心管理层、股权比例的变化？

十一、发行人的税务

105. 发行人及其控股子公司所执行的税种、税率是否符合现行法律、法规的要求？

106. 发行人是否享受财政补贴、税收优惠等政策？如有，该政策是否合法、合规、真实、有效？主要财政补贴、税收优惠政策是：

107. 发行人最近三年是否依法纳税？是否存在被税务部门处罚的情形？

108. 发行人是否不存在拖欠税金的行为？

十二、发行人的环境保护和产品质量、技术等标准

109. 发行人的生产经营活动和拟投资项目是否符合有关环境保护的要求？如需要，有权部门是否出具意见？

110. 发行人生产经营是否符合相关的产品质量标准和技术监督标准？

111. 发行人最近三年是否有因违反有关环境保护、产品质量和技术监督方面的法律法规而被处罚的情况？

十三、发行人的主要风险因素

112. 发行人披露的风险因素是否依据重要性原则进行排序？

113. 是否针对实际情况充分、具体地披露了须予披露的风险因素？

114. 风险因素是否尽可能进行了定量分析？

115. 发行人是否有针对性地披露了发行人的市场风险、经营风险、财务风险、管理风险、技术风险、募集资金投向风险、政策性风险以及其他风险等？

116. 除上述风险，其他补充披露的风险因素主要是：

117. 发行人是否紧接所披露的风险因素介绍了已采取或准备采取的对策或措施？未披露对策的风险因素是：

118. 发行人是否做了特别风险提示？特别风险是：

119. 是否已详细披露特别风险的成因，最近一个会计年度遭受的损失及将来遭受损失的程度？

120. 是否披露了股东承担风险损失的承诺？如有，主要是：

十四、发行人的章程及内控制度

121. 发行人章程及草案的制定和修改是否履行了法定程序？

122. 发行人章程或草案的内容是否存在与现行法律、法规和中国证监会的有关规定相抵触的地方？

123. 发行人章程或草案是否按有关上市公司章程的规定起草或修订？发行人已在香港或境外上市的，发行人章程是否符合到境外上市的有关规定？

124. 发行人章程草案是否不存在歧视或限制中小股东权利的条款？

125. 发行人是否建立了一套科学、有效的关于人事任免、财务和对外投资等的决策制度？

十五、发行人的规范运作

126. 发行人是否已按有关规定建立和健全了组织机构？

127. 发行人是否具有健全的股东大会、董事会、监事会议事规则？该议事规则是否符合法律、法规和中国证监会的有关规定？

128. 发行人历次股东大会、董事会、监事会的召开，形成的决议内容及签署是否合法、合规、真实、有效？

129. 股东大会或董事会历次授权或重大决策等行为是否合法、合规、真实、有效？

130. 发行人的子公司的设立是否符合《公司法》的要求？

131. 发行人的业务是否独立于股东单位及其他关联方？

132. 发行人的资产是否独立完整？

133. 发行人是否具有独立完整的供应、生产、销售系统？

134. 如供应、生产、销售环节以及商标权等在短期内难以独立，发行人与控股股东是否以合同形式明确双方的权利义务关系，价格是否公允？

135. 是否不存在控股股东违规占用（包括无偿占用和有偿使用）发行人的资金、资产及其他资源的情况？

136. 发行人的人员是否独立？

137. 发行人的机构是否独立？

138. 是否不存在“两块牌子、一套人马”，混合经营、合署办公的情况？

139. 发行人董事长是否不由主要股东或控股股东法定代表人兼任？

140. 发行人经理、副经理、财务负责人、营销负责人、董事会秘书等高级管理人员是否在本单位领取薪酬？是否不在股东单位兼职？

141. 控股股东和政府部门推荐董事和经理人选是否通过合法程序进行，是否不存在干预发行人董事会、股东大会已经作出的人事任免决定？

142. 发行人是否设立了独立的财务会计部门，是否建立了独立的会计核算体系和财务管理制度（包括对子公司、分公司的财务管理制度）？

143. 发行人是否独立在银行开户，是否不存在与控股股东共用银行帐户的情况？

144. 发行人是否不存在将资金存入控股股东的财务公司或结算中心帐户的情况？

145. 发行人是否依法独立纳税？

146. 发行人是否能够独立作出财务决策，是否不存在控股股东干预发行人资金使用的情况？

十六、发行人的董事、监事和高级管理人员及其变化

147. 发行人的董事、监事和高级管理人员的任职资格是否符合法律、法规和中国证监会的有关规定以及公司章程的要求？

148. 上述人员在最近三年尤其是企业发行上市前一年是否发生过变化？如存在，应说明这种变化是否符合有关规定并履行了必要的法律程序？

149. 发行人是否设置认股权？如设置，需说明其合法性。

150. 董事、经理是否自营或为他人经营与发行人同类的业务？

151. 董事、经理是否从事损害发行人利益的活动？

152. 发行人是否设立独立董事，其任职资格是否符合有关规定，其职权范围是否违反法律、法规和中国证监会的有关规定？

153. 董事会共有董事名，其中独立董事（如有）　　名。

154. 是否披露了发行人董事、监事、高级管理人员和核心技术人员直接或间接持有发行人股份（包括个人持股、家属持股和公司持股）的情况及其在最近三年内的变动情况？

十七、定向募集公司

155. 公司设立及内部职工股的设置是否得到合法批准？

156. 内部职工股是否按批准的比例、范围及方式发行？

157. 内部职工股首次及历次托管是否合法、合规、真实、有效？

158. 内部职工股的发行和演变是否合法、合规、真实、有效？

159. 如内部职工股涉及违法违规行为，该行为是否已得到清理？批准发行内部职工股的部门是否出具了对有关责任和潜在风险承担责任的确认文件？

160. 发行人前次募股资金是否按募集计划使用？是否提供了发行人最近一次募股资金使用情况的说明？

161. 如发行人改变前次募股资金的用途，是否履行了法定程序？

162. 是否提供了有全体董事签名及公司盖章的发行人关于内部职工股发行和演变情况的说明及有关法律文件？

163. 是否提供了发行人律师和主承销商关于发行人内部职工股发行及演变情况的核查意见？

十八、募股资金运用

164. 发行人是否确定了合理的募股资金需要量？

165. 是否有明确的募股资金投向？

166. 发行人是否结合股票发行规模、股票发行价格审慎考虑了募股资金的运用？是否披露了募股资金运用对主要财务状况、经营成果的影响？

167. 发行人是否披露了摊薄后的净资产收益率？是否会影响再融资？

168. 发行人募股资金投向的项目决策是否履行了规范的程序？如需要，资金投入项目是否有符合要求的立项批文？

169. 发行人募股资金投资项目是否存在重大限制性因素（如合作方资金不到位、环保问题、存在重大市场和资源约束等）？

170. 如募股资金投资项目涉及与他人进行合作的，应说明是否已依法订立相关的合同？这些项目是否会导致同业竞争？

171. 募股资金投向是否与发行人主营业务及长期的发展目标相一致？

172. 如存在实际募股资金不足或超过所申报资金需求量的可能，发行人是否披露了相应的对策及安排？

十九、发行人的业务发展目标

173. 发行人业务发展目标是否与主营业务一致？

174. 发行人业务发展目标是否合法合规，是否存在潜在的重大风险？

175. 是否披露了发行人发行当年及未来两年内的发展计划以及实施该计划的主要经营理念或模式、假设条件及将面临的主要困难？是否披露了上述发展计划与现有业务的关系？

176. 是否披露了本次募股资金投入对实现该计划的作用？

177. 公司发展潜力及持续发展能力：较差、一般、较强。

二十、诉讼、仲裁及行政处罚情况

178. 发行人、持有发行人5%以上股份的主要股东（追溯至实际控制人）、发行人的控股子公司是否存在尚未了结的或者可预见的重大诉讼、仲裁及行政处罚案件？如存在，说明对本次发行、上市的影响。

179. 发行人董事长、经理是否存在尚未了结的或者可预见的重大诉讼、仲裁及行政处罚案件？如存在，说明对发行人生产经营的影响。

第二部分　关于发行人的财务会计资料

二十一、关于审计报告

180. 标题是否为“审计报告”？

181. 收件人是否为XX股份有限公司全体股东？

182. 范围段中审计范围的表述是否与独立审计准则的要求一致？

183. 范围段中会计责任与审计责任的表述是否与独立审计准则的要求一致？

184. 范围段中审计依据的表述是否为“中国注册会计师独立审计准则”？

185. 范围段中已实施的主要审计程序的表述是否与独立审计准则的要求一致？

186. 审计意见是否为无保留意见？

187. 若为无保留意见的审计报告，是否不含说明段？

188. 在意见段中是否明确表示会计报表符合《企业会计准则》和《企业会计制度》？

189. 在意见段中是否明确表示会计报表在所有重大方面符合公允性原则？

190. 在意见段中是否明确表示会计处理方法的选用符合一贯性原则？

191. 是否已经两名或两名以上注册会计师签名并盖章？

192. 是否已经会计师事务所盖章？

193. 是否注明了会计师事务所地址？

194. 是否签署了报告日期？

二十二、关于会计报表

195. 是否已经提供母公司会计报表？

196. 是否已经提供合并会计报表？

197. 是否提供了不少于最近三个会计年度的利润表及利润分配表、不少于最近三个会计年度末的资产负债表以及不少于最近一个会计年度的现金流量表？

非整体改制重组设立且运行不足三年的股份有限公司，在提供资产负债表时，是否只提供改制设立股份有限公司后各年年末的资产负债表？

198. 报表名称是否符合《企业会计制度》的规定？

199. 报表编制单位是否盖章？

200. 报表是否有会计机构负责人（会计主管人员）、主管会计工作的负责人、公司负责人签名并盖章？

若公司设置总会计师，总会计师是否已签名并盖章？

201. 报表金额单位是否为元或千元？

202. 资产负债表是否为帐户式？

203. 利润表是否为多步式？

204. 报表项目是否与《企业会计制度》的规定一致？

205. 报表重要项目是否均有附注标号？

206. 报表附注标号是否与报表附注一致？

207. 会计报表数据是否按从左到右、最左侧为最近一期数据的顺序排列？

208. 资产总计、负债合计、所有者权益合计是否正确？

209. 资产负债表项目之间的勾稽关系是否正确？

210. 利润表项目之间的勾稽关系是否正确？

211. 利润分配表项目之间的勾稽关系及与利润表、资产负债表、现金流量表之间的勾稽关系是否正确？

212. 现金流量表项目之间的勾稽关系及与资产负债表、利润表、利润分配表之间的勾稽关系是否正确？

二十三、关于会计报表附注

213. 是否已按规定披露公司的基本情况？

214. 在编制基准中，对运行不足三年的股份有限公司，是否已说明编制设立以前年份会计报表的会计主体是以改制方案确定的公司架构为前提，按报告期各年实际存在的该公司架构各构成实体进行编制？

215. 在编制基准中，对运行不足三年的股份有限公司，如果在报告期内发生新设合并的，是否已说明设立以前年份会计报表是按合并后公司架构进行编制的？

216. 在编制基准中，对运行不足三年的股份有限公司，如果在报告期内发生吸收合并的，是否已说明设立以前年份会计报表在合并基准日前按原公司架构编制、在合并基准日后按合并后公司架构进行编制的？

217. 在编制基准中，对编制合并会计报表的公司，是否已说明报告期纳入合并范围的子公司名称、业务性质、注册资本、实际投资额、母公司所持有的各种股权的比例及合并期间？

218. 在编制基准中，对编制合并会计报表的公司，报告期纳入合并范围的子公司有增减变动的，是否已说明增减变动的情况以及合并范围变动的基准日？

219. 在编制基准中，对纳入合并范围但母公司持股未达到50%以上的子公司，是否已说明纳入合并范围的原因？对不纳入合并范围但母公司持股达到50%以上的子公司，是否已说明不纳入合并范围的原因？

220. 在编制基准中，对运行不足三年的股份有限公司，是否已经披露改制过程中资产、负债、收入、费用、利润项目的剥离情况，并披露了上述会计要素的差异？

申报会计师是否已对上述情况出具鉴证意见，并明确说明遵循了配比原则？

221. 在编制基准中，是否已经说明发行人计算经营业绩特别是连续计算不同主体经营业绩的财务资料来源？

222. 以下主要会计政策是否已经充分披露？

公司执行的会计制度

会计年度

记帐本位币

记帐基础及计价原则

外币业务的折算

外币会计报表的折算

现金等价物的确定标准

合并会计报表编制方法

短期投资的计价方法

短期投资跌价准备的核算方法

坏帐准备的核算方法

存货计价方法

存货跌价准备的核算方法

长期股权投资的核算方法

长期债权投资的核算方法

长期投资减值准备的核算方法
固定资产计价与折旧政策
无形资产计价及摊销政策
长期待摊费用摊销政策
借款费用的核算方法
应付债券的核算方法
收入确认的方法
所得税的核算方法

报告期公司选用的会计政策、会计估计是否变更，并已详细披露变更的内容、理由及影响数。

223. 资产负债表的资产、负债项目是否注释最近一期数据？股东权益项目是否注释报告期各年度数据和变动情况？

224. 货币资金是否已按现金、银行存款、其他货币资金分别列示？

225. 短期投资是否已按股票投资、债券投资、其他短期投资分别列示？

是否已列示短期投资的期末市价？

226. 短期投资是否已分项列示计提的短期投资跌价准备金额及其增减变动情况？是否已披露计提短期投资跌价准备所选用的证券期末市价的资料来源？

227. 应收票据是否已列示应收票据的种类、金额，用于抵押的应收票据是否已作说明？

228. 应收股利是否已分别列示各项目的金额，对其中金额较大的，是否已说明其内容？

229. 应收利息是否已分别列示各项目的金额，对其中金额较大的，是否已说明其内容？

230. 应收补贴款是否已分别列示各项目的金额，对其中金额较大的，是否已说明其内容及依据？

231. 应收帐款是否已作帐龄百分比分析，是否已单独列示持5%以上股份的股东欠款，帐龄超过三年的大额应收帐款是否已说明未收回的原因？

232. 其他应收款是否已作帐龄百分比分析，是否已单独列示持5%以上股份的股东欠款，帐龄超过三年的大额款项是否已说明未收回的原因，金额较大的其他应收款，是否已说明其性质或内容？

233. 坏帐准备是否已列示根据应收帐款和其他应收款分别提取的金额？

234. 本年度全额计提坏帐准备，或计提坏帐准备的比例较大的（计提比例一般超过40%及以上的），是否已说明计提的比例以及理由？

235. 以前年度已全额计提坏帐准备，或计提坏帐准备的比例较大的，但在本年度又全额或部分收回的，或通过重组等其他方式收回的，是否已说明其原因、原估计计提比例的理由、以及原估计计提比例的合理性？

236. 对某些金额较大的应收款项不计提，或计提比例较低（一般为5%或低于5%）时，是否已说明理由？

237. 是否已披露本年度实际冲销的应收款项及其理由，对实际冲销的关联交易产生的应收款项是否已单独披露？

238. 预付帐款是否已单独列示预付持5%以上股份的股东款项？

239. 存货是否已分项列示期末余额？

240. 存货跌价准备是否已分项列示计提的存货跌价准备金额及其增减变动情况？是否已披露各类存货可变现净值的确定方法？

241. 待摊费用是否已分项列示待摊费用的期初数、本期发生数、本期摊销数、期末数？

242. 长期股权投资中的股票投资，是否已按被投资公司列示股份类别、投资金额；

若股票有市价的，是否已列示股票的期末市价；

若股票投资采用权益法核算，是否已列示期初余额、期末调整的占被投资公司所有者权益净增减额中的份额、期末余额？

243. 长期股权投资中的其他股权投资，是否已按被投资公司名称、投资期限、占被投资公司注册资本的比例、投资金额进行列示？

若实际投资比例与注册资本比例不一致，是否已披露并说明原因？

若其他股权投资采用权益法核算，是否已列示初始投资额、期初余额、期末调整的占被投资公司所有者权益净增减额中的份额、期末余额？

244. 股权投资差额是否已按被投资单位列示初始金额、期初余额、摊销期限、本期摊销额、摊余价值、形成原因？

245. 长期债权投资中的长期债券投资，是否已按债券类别列示到期日、面值、年利率、购入成本、期初余额、本期摊销的溢（折）价额、应计利息、期末余额？

246. 长期债权投资中的其他债权投资，是否已按投资类别列示到期日、购入成本、年利率、应计利息、期末余额？

247. 长期投资减值准备是否已分项列示计提的长期投资减值准备金额及增减变动情况？

248. 短期投资和长期投资之和占净资产的比例是否已经列示？

249. 采用权益法核算时，投资企业与被投资单位会计政策的重大差异是否已经披露？

250. 是否已经披露投资变现及投资收益汇回的重大限制？

若不存在重大限制，是否也已经作出披露？

251. 固定资产及累计折旧是否已按类别分别列示其期初余额、本期增加额、本期减少额及期末余额？

252. 在固定资产注释中是否已对融资租入固定资产及固定资产用于抵押、担保的情况进行了说明？

固定资产减值准备是否已分项列示计提的减值准备金额及增减变动情况？

253. 工程物资注释中是否已分项列示各类工程物资的期末余额？

254. 在建工程是否已按工程名称、预算数、期初余额（其中借款费用资本化金额）、本期增加额（其中借款费用资本化金额）、本期转入固定资产额、其他减少额、期末余额、完工进度、资金来源进行列示？

借款费用资本化金额是否已单独披露？

从2001年起，用于确定资本化金额的资本化率是否已经披露？

在建工程减值准备是否已分项列示计提的减值准备金额及增减变动情况？

255. 无形资产是否已按项目、取得方式、原值、本期摊销额、累计摊销额、期末余额、剩余摊销年限进行列示？

256. 自行开发并依法申请取得的无形资产，其入帐价值是否按依法取得时发生的注册费、律师费等费用确定？

257. 自行开发并依法申请取得的无形资产，依法申请取得前发生的研究与开发费用，是否于发生时确认为当期费用？

258. 对于单项价值在100万元以上的无形资产，若该资产原始价值是以评估值作为入帐依据的，是否已经披露评估机构、评估方法？

无形资产减值准备是否已经单独披露？

259. 长期待摊费用是否已按原始发生额、期初余额、本期摊销额、累计摊销额、期末余额、剩余摊销年限进行列示？

260. 短期借款是否已按币种、借款条件、金额进行列示？

对已到期未偿还的借款，是否已单独列示贷款单位、贷款金额、贷款利率、贷款资金用途、未按期偿还的原因及预计还款期？

261. 应付票据是否已按应付票据的种类分项列示其金额，并已说明年内将到期的金额？

262. 应付帐款是否已作帐龄百分比分析，是否已单独列示应付持5%以上股份的股东欠款，帐龄超过三年的大额应付帐款是否已说明未支付的原因？

263. 预收帐款是否已单独列示预收持5%以上股份的股东款项，帐龄超过一年的大额预收帐款是否已说明原因？

264. 应付股利是否已列示欠付的股利金额并说明了原因？

265. 应交税金是否已按项目及金额分别进行了列示？

是否已对税收的减免、缓缴等情况披露了有关依据？

266. 其他应交款是否已分项列示性质、计缴标准、期末余额？

267. 其他应付款是否已作帐龄百分比分析？

是否已单独列示应付持5%以上股份的股东款项？

帐龄超过三年的大额款项是否已说明未支付的原因？

金额较大的其他应付款，是否已说明其性质和内容？

268. 预提费用是否已分项列示预提费用的期末余额？

269. 一年内到期的长期负债是否已按币种、借款条件、金额进行列示？

对已到期未偿还的一年内到期的长期负债，是否已分项说明原因？

270. 长期借款是否已按借款条件分项列示借款金额？

271. 应付债券是否已按债券的种类、期限、发行日期、面值总额、溢（折）价额、应计利息总额、期末余额进行列示？

272. 长期应付款是否已按借款单位、金额、期限、利率、借款条件进行列示？

273. 股本（净资产）是否已说明报告期变动情况以及执行验资的

会计事务所名称和验资报告文号？

运行不足三年的股份有限公司或有限责任公司，设立前的年份是否披露了净资产情况？

274. 资本公积是否已分项列示报告期资本公积的变动情况？

若法定财产评估增值有增减变动的，是否已说明原因及依据？

275. 盈余公积是否已分项列示报告期盈余公积的变动情况？

用盈余公积转增股本、弥补亏损、分配股利的，是否已说明其依据？

276. 法定公积金、法定公益金、任意公积金、股利分配的会计处理是否依据公司股东大会决议或董事会分配预案？

277. 未分配利润中是否已说明报告期利润分配比例以及未分配利润的增减变动情况？

278. 会计报表审计截至日的滚存利润是否经股东大会作出分配决议？

如果根据分配决议是由老股东享有的利润，是否已经审计，并列作未付股利？

279. 利润表项目是否注释了报告期各年度数据？

280. 主营业务收入是否已按主营业务性质分项列示主营业务收入金额？

经营业务涉及不同行业和不同地区的，是否已按行业和地区分类列示？

281. 主营业务税金及附加是否已分项列示？

282. 其他业务利润是否已分项列示？

283. 财务费用是否已分项列示？

284. 投资收益是否已按短期投资、长期投资分项列示？对股权性的投资收益是否按成本法和权益法分项列示？

285. 补贴收入是否已分项列示，并已披露其内容及依据？

是否已经披露补贴收入采用的会计核算方法及占同期净利润的比重？

286. 营业外收入是否已分项列示？

287. 营业外支出是否已分项列示？

288. 所得税是否已说明报告期所得税率和所得税额，并披露所得税返还、减免的有关依据？

289. 公司发行上市前如果享受有关税收优惠政策，发行上市后不再享受有关优惠政策的，是否已披露按发行上市后的税收政策调整计算的发行上市前各年度的利润？

290. 对编制合并会计报表的公司，是否已对母公司会计报表中的以下项目按规定进行了注释？

长期股权投资（同合并会计报表注释）

固定资产（同合并会计报表注释）

主营业务收入（同合并会计报表注释）

投资收益（同合并会计报表注释）

所得税（同合并会计报表注释）

是否已说明异地独立缴纳所得税的各分公司、分厂执行的所得税率？

291. 子公司与母公司会计政策不一致，在编制合并会计报表时又未按母公司会计政策进行调整的，是否已说明未调整的金额及其对合并会计报表中净资产和净利润的影响？

292. 对股权比例在50%以上或具有实际控制权但未纳入合并会计报表范围的子公司，是否按下列项目列表列示了子公司情况：公司名称、持股比例、固定资产、资产总额、净资产、主营业务收入、净利润？

293. 关联方关系及其交易的披露是否符合《企业会计准则——关联方关系及其交易的披露》的要求？

294. 或有事项的披露是否符合《企业会计准则——或有事项》的要求？

是否已按性质、金额及对报告期及报告期后公司财务状况的影响进行了披露？

如果公司没有应在会计报表附注中说明的或有事项，是否已对该种事实进行了披露？

295. 对于资产负债表日存在的重大承诺事项，是否已在会计报表附注中说明其存在和金额？

如果公司没有需要说明的承诺事项，是否也已对该种事实进行了披露？

296. 资产负债表日后事项是否已按《企业会计准则——资产负债表日后事项》的规定进行了披露？

297. 非货币性交易的披露是否已按《企业会计准则——非货币性交易》的规定进行了披露？

前三年发生资产置换行为的公司，是否在会计报表附注中专项披露了股份公司资产置换的详细情况以及对股份公司财务状况的影响？

前三年发生资产置换行为的公司，是否披露了相应的备考会计报表，该备考会计报表假定置换进入股份公司资产的现时架构在审计报告期初已经存在，且在报告期内未发生重大变动？

298. 对已发行境内上市外资股、香港或境外上市外资股的公司，在其他重要事项中是否已编制会计报表差异调节表，分项列示按境内外的会计准则计算的发行报告期末净资产和报告期净利润的差异及原因？

对与经境外审计机构审计的数据进行差异比较的，是否已经注明该境外机构的名称？

299. 发行人为运行不足三年的股份有限公司，如设立时进行资产评估并调帐的，在其他重要事项中是否已提供调帐前后的比较资产负债表及必要的说明？

300. 发行人为运行不足三年的股份有限公司，若存在原来无偿使用的财产或权利，在公司设立后需要有偿使用的，在其他重要事项中是否已说明如果设立前年份有偿使用对报告期各年利润的影响？

301. 在其他重要事项中，对定向募集公司及其他存续期满三年的股份公司，是否已经披露发行前三年公司原始会计报表与申报会计报表的差异及有关情况的说明？

申报会计师是否已对上述情况出具鉴证意见？

302. 在其他重要事项中，公司是否披露了评估基准日至公司设立日之间利润的分配情况？

如果已经分配给发起人，公司是否披露了存货、固定资产、无形资产等资产依据评估价值还是帐面价值进行成本结转或分期摊销？

如果已经分配给发起人，是否已明确说明对资本保全的影响？

是否有如果产生出资不实由发起人承担责任的承诺？

303. 对改制设立运行不足三年的公司，在其他重要事项中，是否已经明确披露报告期内改制前原企业的连续盈利情况？

304. 如果公司没有需要说明的其他重要事项，是否已对该事实进行了披露？

二十四、关于盈利预测审核报告

305. 标题是否为“盈利预测审核报告”？

306. 收件人是否为XX股份有限公司全体股东？

307. 范围段中审核范围的表述是否与《独立审计实务公告第4号——盈利预测审核》的要求一致？

308. 范围段中被审核单位对盈利预测的责任和注册会计师的审核责任的表述是否与《独立审计实务公告第4号——盈利预测审核》的要求一致？

309. 范围段中审核依据的表述是否与《独立审计实务公告第4号——盈利预测审核》的要求一致？

310. 范围段中已实施的主要审核程序的表述是否与《独立审计实务公告第4号——盈利预测审核》的要求一致？

311. 意见段中是否已明确表示公司盈利预测所依据的基本假设已充分披露，并且没有证据表明这些假设是不合理的？

312. 意见段中是否已明确表示盈利预测所选用的会计政策与该公司实际采用的相关会计政策一致？

313. 意见段中是否已明确表示盈利预测按照确定的基础编制？

314. 意见段是否不含说明段？

315. 是否已经两名或两名以上注册会计师签名及盖章？

316. 是否已经会计师事务所盖章？

317. 是否注明会计师事务所地址？

318. 是否签署报告日期？

319. 公司如果选择不披露盈利预测资料，发行人、主承销商、发行人律师是否对公司预期利润率可达同期银行存款利率发表了意见？是否已提供和披露了有关依据？

二十五、关于盈利预测报告

320. 是否已充分披露盈利预测编制基准？

321. 是否已充分披露盈利预测的各项假设？

322. 盈利预测表项目是否与利润表项目一致？

323. 是否已编制了合并盈利预测表？

324. 是否已编制了母公司盈利预测表？

325. 盈利预测期间是否符合规定？

326. 盈利预测表中是否列示了已审实现数、未审实现数、预测数、合计数？

327. 所得税返还是否已披露有关依据？

328. 公司法定税率和实际税负不一致时，是否已作双重披露？

329. 是否编制了盈利预测说明？对变动幅度较大的预测项目，是否进行了详细解释？

330. 在盈利预测编制说明中，是否已披露与同行业上市公司的比较分析资料？

331. 在盈利预测编制说明中，如果发行人的销售价格与毛利率高于行业的平均水平，主承销商是否已对发行人盈利预测的可靠性作出了说明？

332. 盈利预测中是否包含了募集资金投资项目的新增利润？如果有，是否详细披露了有关依据？

333. 盈利预测报告中是否有重大事项说明？

334. 公司如果选择披露盈利预测资料，则全体董事是否已经作出了在正常生产经营条件下确保完成的承诺？

二十六、关于资产评估

335. 增资发行的股份有限公司，是否提供了历次法定资产评估时国有资产管理部门同意评估立项的文件？

336. 增资发行的股份有限公司，是否提供了历次法定资产评估时的评估报告？

337. 增资发行的股份有限公司，是否提供了历次法定资产评估时国有资产管理部门关于评估结果确认的文件及相关折股文件？

338. 资产评估范围是否与投入股份公司的资产、负债的范围一致？

339. 2000 年 9 月 22 日以后设立的股份有限公司，其设立时如需要资产评估，是否经有证券从业资格的资产评估机构评估？

340. 2000 年 9 月 22 日以前设立的股份有限公司，其设立时如资产评估机构没有证券从业资格的，是否经有证券从业资格的资产评估机构进行复核？

341. 资产评估报告中是否有重大事项说明？

二十七、关于验资报告

342. 是否已提供设立及历次股本变动时的验资报告？

343. 96 年 1 月 1 日后的验资报告标题是否为“验资报告”？

344. 96 年 1 月 1 日后的验资报告收件人是否符合《中国注册会计师执业规范指南第 3 号——验资》的有关规定？

345. 96 年 1 月 1 日后的验资报告中验资范围的表述是否符合《中国注册会计师执业规范指南第 3 号——验资》的有关规定？

346. 96 年 1 月 1 日后的验资报告中被审验单位责任与验资责任的表述是否符合《中国注册会计师执业规范指南第 3 号——验资》的有关规定？

347. 96 年 1 月 1 日后的验资报告中验资依据的表述是否符合《中国注册会计师执业规范指南第 3 号——验资》的有关规定？

348. 96 年 1 月 1 日后的验资报告中已实施的主要验资程序的表述是否符合《中国注册会计师执业规范指南第 3 号——验资》的有关规定？

349. 意见段是否明确说明注册会计师的验资意见？

350. 注册会计师是否在意见段后增列说明段？

351. 是否经具有证券从业资格的注册会计师签名及盖章？

352. 是否经具有证券从业资格的会计师事务所盖章？

353. 是否签署报告日期？

354. 96 年 1 月 1 日后的验资报告若为设立验资报告，其附件是否已包含“投入股本明细表”、“验资事项说明”以及注册会计师认为必要的其他附件？

355. 96 年 1 月 1 日后的验资报告若为变更验资报告，其附件是否已包含“变更前后注册资本、投入资本对照表”、“变更前后资产、负债和所有者权益项目对照表”、“验资事项说明”以及注册会计师认为必要的其他附件？

356. 2000 年 9 月 22 日以后设立的股份有限公司，其设立时的验资机构是否有证券从业资格？

357. 验资报告中是否有重大事项说明？

第三部分　关于发行申请文件及有关程序性问题

二十八、关于发行申请文件的基本要求

358. 本次公开发行股票的申请文件是否根据《公司法》、《证券法》及证监发〔2001〕36 号文的要求制作？

359. 是否确信发行人申请文件不存在虚假记载、误导性陈述或重大遗漏？

360. 是否提供了一套按要求签署的发行申请文件原件？如不能提供原件的（包括企业法人营业执照与土地使用权证），是否提供了发行人律师的鉴证意见或出文单位盖章确认的副本复印件？如原出文单位不再存续，是否提供了承继其职权的单位或作出撤销决定的单位出具的证明文件？

361. 是否提供了按要求制作的完整、标准的申请文件电子文本(.doc 或.rtf 格式文件)？

362. 发行人全体董事是否审查、签署了整套申请文件，并在招股说明书及其摘要、募股资金运用等文件上发表声明或承诺？

363. 是否有发行人董事对申请文件表述不同意或有保留意见？如有，主要意见是：

364. 是否有发行人董事对招股说明书及其摘要表述不同意或有保留意见？如有，主要意见是：

365. 是否有发行人董事对募股资金运用的可行性分析报告表述不同意或有保留意见？如有，主要意见是：

366. 是否发行人针对实际情况对证监发〔2001〕36 号文要求的申请文件有所增减？如有，主要增减是：

367. 与本次发行有关的发行人律师、注册会计师、注册资产评估师、验资人员等是否按勤勉尽责、诚实信用、审慎等原则明确出具了专业意见？如没有，主要情况是：

368. 上述机构出具的专业意见是否带有保留意见或其他不符合有关规定的地方？如有，主要是：

369. 上述机构是否按要求在所提供的有关文件上发表声明和签名盖章？

370. 主承销商是否按有关规定对申请文件的真实性、准确性和完整性进行充分核查并履行对申请文件进行质量控制的义务？如有保留意见或其他认为需提请中国证监会关注的问题，主要是：

371. 主承销商、承销团其他成员、发行人律师、注册会计师、注册资产评估师及其所在机构是否具有证券从业资格？是否提供了上述机构及有关人员的证券从业资格的有效证明？

372. 上述机构最近三年是否没有受到处罚的违法违规行为？

373. 是否提供了主承销商对发行人的辅导汇总报告？辅导结论是：

374. 是否按规定的内容出具了主承销商推荐函？推荐函所反映的发行人主要问题是：

375. 主承销商和副主承销商与发行人之间是否不存在持有对方 7%以上股权或为前五名大股东等重大关联关系？

376. 发行人与主承销商之间是否存在融资、担保等事项？如有，主要情况是：

二十九、关于招股说明书及其摘要

377. 是否确信招股说明书及其摘要按证监发〔2001〕41 号文的要求制作？

378. 是否确信招股说明书及其摘要符合证监发〔2001〕41 号文关于信息披露的真实性、准确性、完整性、公平性、及时性的要求？

379. 是否确信充分披露了所有对投资者做出投资决策有重大影响的信息？如有未明确规定但对投资者做出投资决策有重大影响的信息，主要是：

380. 有关规定对发行人确实不适用的，发行人是否针对实际情况在不影响披露内容完整性的前提下做出适当修改并予以说明？如有，主要是：

381. 是否至少披露了发行人不少于最近三年的简要利润表、不少于最近三年末的简要资产负债表、不少于最近一年的简要现金流量表？所引用的财务报告、盈利预测报告（如有）是否由具有证券期货相关业务资格的会计师事务所审计或审核，并由二名以上具有证券期货相关业务资格的注册会计师签署？

382. 所引用的经审计的最近一期财务会计资料是否按要求在有效期内？财务报告截止日为：　　年　月　日。

383. 引用的数据是否提供资料来源，事实是否有充分、客观、公正的依据？

384. 是否不存在任何有祝贺性、广告性和恭维性的词句？

385. 招股说明书摘要是否按规定的内容和格式制作？

386. 招股说明书摘要是否不存在与招股说明书在内容上不一致，或因遗漏重要信息而误导投资者的情况？

387. 发行人全体董事是否仔细阅读并讨论通过了招股说明书及其摘要并按要求签署了意见？是否就保证招股说明书及其摘要内容的真实、准确、完整发表声明？

388. 招股说明书引用的法律意见、财务报表及其附注、审计报告、资产评估报告、盈利预测审核报告等是否经发行人律师、注册会计师、注册评估师、验资人员及其所在中介机构的书面同意？

389. 招股说明书中是否有其他应提请中国证监会关注的问题？如有，主要是：

三十、关于发行人律师出具的法律意见书和律师工作报告

390. 发行人律师出具的法律意见书和律师工作报告是否按证监发〔2001〕37号文的要求制作？

391. 是否确信律师已严格履行法定职责、遵循勤勉尽责和诚实信用的原则，对发行人的行为以及本次申请的合法、合规、真实、有效进行了充分的核查验证，律师是否声明确认法律意见书和律师工作报告不存在虚假记载、误导性陈述及重大遗漏？

392. 是否确信律师在法律意见书中对规定事项及其他任何与本次发行有关的法律问题明确发表结论性意见？如有保留意见，主要是：

393. 是否确信律师在律师工作报告中详尽、完整地阐述所履行尽职调查的情况，对在法律意见书中所发表意见或结论的依据、进行核查验证的过程、涉及的必要资料或文件明确发表意见？

394. 律师是否按要求建立健全了工作底稿？

395. 律师是否对未明确要求，但对发行人发行上市有重大影响的法律问题均明确发表了法律意见？如有，主要是：

396. 是否确信律师已对法律意见书和律师工作报告所依据的事实、文件、谈话记录及适用的法律、法规、规章、规范性文件等进行了认真核查验证？

397. 经签署的法律意见书和律师工作报告报送后，是否认为还需律师补充或更正某些事项或需要律师出具补充法律意见？如有，主要是：

398. 律师所发表的意见是否附加了不恰当的免责声明或附加条件？如有，主要是：

399. 经办律师及其所任职的律师事务所是否具有证券期货从业资格？

400. 是否存在经办律师调离、更换律师或律师事务所，或律师、律师事务所丧失资格的情况？

401. 是否确信更换后律师或律师事务所对原法律意见书和律师工作报告的真实性、合法性发表意见？是否出具了新的法律意见书和律师工作报告？

402. 是否确信律师出具的法律意见符合律师行业公认的业务标准、道德规范、勤勉尽责、诚信审慎原则和尽职调查义务？

403. 发行人律师出具的法律意见中是否有其他应提请中国证监会关注的问题？如有，主要是：

三十一、关于发行上市辅导

404. 是否按证监发〔2000〕17号文及其他有关规定与发行人签定了辅导协议？

405. 辅导期从　　年　月　日起，至　　年　月　日止。派出机构是：　　　　；备案登记日为　　年　月　日。

406. 是否存在中途介入辅导的情况？如存在，应专项说明。

407. 是否指定了三名以上符合要求的辅导人员对公司进行辅导？三名人员是：

408. 在辅导期间是否更换过辅导人员？如有，原辅导人员是：　。接替的辅导人员是：

409. 是否按规定的内容对发行人进行了全面的辅导？

410. 是否建立了"辅导工作底稿"？

411. 是否按要求向中国证监会派出机构报送辅导备案材料，出具了《股票发行上市辅导报告》和《发行上市辅导汇总报告》？

412. 辅导期内向发行人提出的主要意见和建议是：

413. 上述问题是否已解决？如未解决，主要是：

414. 是否确信发行人达到了辅导要求？

415. 发行人是否仍存在影响发行上市的主要问题？如有，主要是：

三十二、关于发行申请文件的内核工作

416. 主承销商是否建立健全了股票发行申请文件的质量控制体系？

417. 主承销商是否建立健全了投资银行业务内控制度，建立起投资银行业务部门与其他业务部门之间的"防火墙"制度？

418. 主承销商是否建立了科学的项目决策体系？项目决策是否遵循集体决策原则？

419. 主承销商是否建立了项目承销人员与内核人员、项目决策人员适当分开并相互制衡的机制？

420. 主承销商是否建立了对发行辅导、申请文件制作、内核、发行上市申报以及承销工作的内部协调和沟通的制度？

421. 是否建立健全项目承销人员尽职调查工作流程，明确调查要点，做好调查的时间安排，建立健全调查汇报制度？

422. 是否对项目承销人员和发行人律师、注册会计师等中介机构所进行的尽职调查进行适当的协调？

423. 主承销商负责人是否与发行人管理层进行沟通对话，做到对发行人董事、监事及高管人员的诚信度及素质有一个基本判断？

424. 是否对与本次发行上市所有有关的当事人进行了履行诚信尽责义务的培训或道义劝导？

425. 是否对发行人律师和注册会计师等履行勤勉尽责义务和出具的专业意见进行适当的核查？

426. 是否确信发行人的设立及存续合法、合规、真实、有效，不存在重大风险和隐患，符合发行上市的基本条件及相关要求？

427. 是否对发行人募股资金运用及其经营目标和发展前景有基本的了解？

428. 是否对招股说明书及其摘要的内容进行了充分核查，确信不存在虚假记载、误导性陈述或重大遗漏？

429. 对申请文件核查提出的主要疑议是：

430. 申报时疑议是否已解除？如未解除，主要是：

431. 对发行人董事履行诚信义务的状况的评价：较好、一般、差。

432. 是否建立适应核准制要求的规范、有效的内核制度？是否将内核小组的工作规则、成员名单和个人简历报中国证监会备案？

433. 主承销商主要领导是否参与本次推荐重大问题的讨论并同意本次推荐？

434. 本次发行推荐的项目工作人员是否向内核会议提供了可供充分讨论的资料和问题？

435. 内核工作会议对本次推荐集中讨论的最重要的三个问题是：

436. 内核工作会议是否对《核对表》的填列进行了充分的讨论，并形成决议？

437. 是否建立健全内核工作底稿制度？

438. 内核工作会议是否有完整的会议记录并存档？

439. 主承销商同参与本次股票发行的其他中介机构及发行人是否保持有效的沟通和协调？

第四部分　其他还需提请中国证监会关注的问题

首次公开发行股票申请文件主承销商核对表（参考样表）

发行人：

主承销商：

填表人：　　　　　　　　　　填表时间：

序号	核对事项	核对意见	证监会复核
	第一部分关于本次发行上市的主要事项		
002	一、发行上市的实质条件		
001	发行人或其主要发起人开业时间是否在三年以上？	是/否	
		……	
012	无形资产（不含土地使用权）占净资产的比例是否不高于20%？为　　%。	是/否；%	
		……	
	第二部分关于发行人的财务会计资料		
	第三部分：关于发行申请文件及有关程序性问题		
	第四部分其他还需提请中国证监会关注的问题…		

主承销商法定代表人或授权代表签名/时间：

主承销商印章

填表注意事项：

1、应本着诚实信用、勤勉尽责的精神，针对发行人的实际情况，在充分履行尽职调查和内核职责的基础上，对《首次公开发行股票申请文件主承销商核对要点》规定的事项进行核对，逐项填列。

2、填列意见视具体事项，可包括发行人行为是否合法、合规、真实、有效；核对事项是否存在问题，如存在，是否已经解决或能够解决；对核对事项，是否按要求进行了真实、准确、完整、公平、及时的披露；是否指出了有关当事人的责任。对在表中难以表达的事项，可加附注或附页。

3、对增加核对的内容，或对《首次公开发行股票申请文件主承销商核对要点》中不适用于发行人的内容，应注明。

4、《核对表》应由证券公司项目承销人员初步填制，经公司内核会议讨论后，填报正式文本。

附件二：主承销商关于上市公司新股发行尽职调查报告必备内容

尽职调查报告是上市公司新股发行申请文件的组成部分，报告至少应当包括以下内容：

一、上市公司的基本情况

介绍上市公司设立及发行上市的简要情况、经营范围、主营业务以及最近的股权结构。

二、对上市公司本次新股发行的调查重点

（一）上市公司的独立性调查，包括上市公司与具有实际控制权的法人或其他组织及其他关联企业（以下简称控制人）在人员、资产、财务上的分开情况。

具体内容：

1、上市公司的人员独立，包括：

（1）上市公司的生产经营和行政管理（包括劳动、人事及工资管理等）是否完全独立于控制人；办公机构和生产经营场所是否与控制人分开，是否存在“两块牌子，一套人马”，混合经营、合署办公的情况；

（2）上市公司的经理、副经理、财务负责人、营销负责人、董事会秘书等高级管理人员是否专职在上市公司工作，是否在上市公司领取薪酬，是否在控制人处兼任任何职务；

（3）控制人推荐董事和经理人选是否通过合法程序进行，是否存在干预公司董事会和股东大会已经作出的人事任免决定的情况。

2、上市公司的资产完整，包括：

（1）上市公司与控制人产权关系是否明确；控制人注入上市公司的资产和业务是否独立完整；控制人出资是否全部足额到位，是否完成相关的产权变更手续；

（2）上市公司是否拥有独立于控制人的生产系统、辅助生产系统和配套设施、土地使用权、工业产权、非专利技术等资产；

（3）上市公司是否拥有独立的采购和销售系统，主要原材料和产品的采购和销售是否通过控制人进行；如采购、销售、生产环节以及商标权等在短期内难以独立，上市公司与控制人是否以合同形式明确双方的权利义务关系，价格是否公允，是否已作为重大事项公告，并详细说明上述安排对上市公司经营的影响，是否在本次发行招股文件中予以简要披露；董事会是否确定逐年减少关联交易，直至完全面向市场独立经营的时间表，并作为承诺事项予以公告；

（4）是否存在控制人违规占用上市公司的资金、资产及其他资源的情况，包括无偿占用和有偿使用。

3、上市公司的财务独立，包括：

（1）上市公司是否设立独立的财务会计部门，是否建立独立的会计核算体系和财务管理制度（包括对子公司、分公司的财务管理制度）；

（2）上市公司是否独立在银行开户，不存在与控制人共用银行帐户的情况；是否存在将资金存入控制人的财务公司或结算中心帐户的情况；

（3）上市公司是否依法独立纳税；

（4）上市公司是否能够独立作出财务决策，是否存在控制人干预上市公司资金使用的情况。

4、关联交易对上市公司的影响：

（1）除前述关联交易外，上市公司与控制人之间的其他关联交易是否履行法定批准程序，交易价格是否公允，披露是否充分、及时、准确，对上市公司是否存在负面影响；

（2）上市公司是否存在控制人通过关联交易损害公司及其他股东权益的问题：

A、向控制人转移资产或垫付资金；

B、为控制人支付管理费用、退休费用、医疗费用、养老费用及其他费用；

C、为股东或公司个人债务提供担保；

D、以上市公司的名义向银行借款供控制人使用。

根据上述调查，对上市公司是否具备必要的独立性发表明确意见。

（二）上市公司规范运作的调查（除独立性之外）

1、上市公司章程是否合法、合规。

2、上市公司董事会、监事会是否建立完善的工作制度，相关制度是否得到有效执行，是否有三分之一以上的董事、监事通过监管机构的培训。

3、股东大会是否合法规范。

4、上市公司最近1年是否存在因违反证券法规受到处罚、或中国证监会公开批评或证券交易所公开谴责的情况（如有，应注明时间、事由）。

5、上市公司最近3年内是否有重大违法违规行为（如有，应注明时间、事由及所受处罚）。

6、上市公司最近3年财务会计文件是否有虚假记载、重大遗漏或误导性内容。

7、上市公司最近3年是否存在资金闲置问题（每年闲置资金的金额），是否存在大量资金用于委托理财（金额、投资的内容、所获得的收益）、合同是否受法律保护，上市公司资金存放是否安全、是否能够有效控制（说明上市公司内部批准程序）。

8、注册会计师就上市公司内部控制制度的完整性、合理性和有效性所出具的评价报告，是否表明上市公司内控制度存在较大缺陷；上市公司是否根据注册会计师的意见进行了整改。

9、上市公司与控制人之间是否存在同业竞争问题。

10、上市公司是否履行向全体股东所作出的承诺（例如是否存在控制人继续占用上市公司资金、人员未分开、产权过户手续未办理完毕等问题），上述承诺事项对本次发行是否具有实质性影响。

11、对于重大购买或出售资产的上市公司，是否已严格按照有关重大重组的规定进行辅导和规范，是否存在以下问题：

（1）重组工作尚未全部完成，相关的债权、债务关系、产权过户手续未办理完毕，对价未结清，存在遗留问题；

（2）有关重组情况的信息披露内容、程序不符合相关规定；

（3）上市公司重组后与控制人之间未做到“三分开”；

（4）上市公司重组后业务方向不够明确，经营状况尚未发生实质性好转；

（5）上市公司管理层不稳定；

（6）置换到上市公司的资产经具有证券从业资格的注册会计师审计，财务状况不佳；

（7）上市公司重组后距本次发行申请的时间间隔未达到有关重大重组规定的一般性要求（注明上市公司重组后运营的时间）。

12、上市公司是否按照中国证监会及派出机构发出的限期整改通知书进行整改，在其后的经营中是否出现类似的问题。

根据上述调查，对上市公司是否能够按照法律、法规以及监管机构的要求规范运作发表明确意见。

（三）上市公司募集资金使用情况的调查

1、上市公司前次募集资金的情况，包括是否按承诺使用（包括项目计划投入金额与实际投入金额、计划建设周期与实际实施进度），变更募集资金投向及变更理由是否充分披露并经股东大会批准，实际使用情况和使用效果是否与披露情况相符，是否增加了公司的收入和利润。

2、前次募集资金是否尚未使用完毕（注明未投入使用的金额占筹资额的比例）。

3、从上市公司历次募集资金的使用情况看，是否存在将募集资金投入的项目转出上市公司的情况；公司变更募集资金投向是否频繁；是否存在以前募集资金投入的项目论证不充分，致使项目不能实施而发生重大变更，或项目实施效果不佳，甚至给公司造成重大影响或损失的情况。

4、从前次发行完成后对上市公司经营成果的影响看，是否完成其预期的业务目标。如前次发行为增发，上市公司是否完成盈利预测，如未实现盈利预测，上市公司是否披露并解释原因；如盈利实现数低于盈利预测的80%，上市公司董事长是否公开道歉，并详细说明原因，理由是否成立。如前次发行为配股，是否出现发行后效益显著下降的问题，董事会是否详细说明原因，理由是否成立。

根据上述调查，对上市公司募集资金是否按承诺使用、信息披露及使用效果发表明确意见。

（四）上市公司财务和经营风险的调查

1、上市公司与关联人之间是否存在大量的关联交易（包括购销商品、提供劳务、因资产或股权转让发生的关联交易等），上市公司是否对关联方严重依赖，来自关联交易的收入是否占上市公司主营业务收入和利润总额的比例较高（注明比例）。

2、上市公司所获得的非经常性损益是否占上市公司利润总额的比例较高（注明比例）。

3、与同行业其他公司相比，上市公司应收帐款周转率和存货周转率是否较低；应收帐款的金额是否较大、帐龄较长，增幅是否明显高于主营业务收入的增长；其他应收帐款的金额是否较大、帐龄较长；存货量是否较大、产成品所占比重较高；上市公司的现金总流量增加额是否为负，经营性活动所产生的现金流量净额是否为负，资金支付是否发生困难。

4、上市公司是否具有偿债能力，流动比率、速动比率是否合理。

5、注册会计师对上市公司财务报告是否出具了标准无保留意见的审计报告。如为非标准无保留意见，所涉及的事项对上市公司影响是否重大或影响是否已经消除，违反合法性、公允性和一贯性的事宜是否已予以纠正；上市公司最近一期财务会计报告是否由注册会计师出具了标准无保留意见的审计报告。

根据上述调查，对所推荐的上市公司是否具备可持续经营能力发表明确意见。

（五）上市公司所执行的会计政策稳健性的调查

1、资产损失准备（包括坏帐准备、存货损失准备、长短期投资损失准备等）的提取比例是否低于平均水平，与上市公司资产质量状况是否相符，是否存在利用资产损失准备的提取和冲回来调节利润的情况；

2、固定资产折旧的提取方法与比例是否符合财务会计制度的规定，是否存在漏提和少提折旧的情况；

3、广告费用、研发费用、利息费用等费用的确认与摊销是否符合会计制度、会计准则等的规定，是否存在收益性支出挂帐作为资本性支出的情况；

4、收入确认是否符合会计准则规定，是否存在提前确认和虚计收入的情况；

5、资产置换收益、资产转让收益等非经常性损益的确认是否符合会计制度和会计准则的规定，相关的法律文件和批准程序是否满足收益确认的要求。

根据上述调查，对所推荐的上市公司会计政策是否稳健发表明确意见。

（六）上市公司未来可持续发展能力的调查

1、上市公司所处行业是否具有良好发展前景；

2、上市公司是否具备竞争优势（行业地位、市场份额、技术、管理、人才等）；

3、上市公司是否具有良好的成长趋势；

4、本次募集资金投入项目是否经过充分论证，是否符合国家产业政策的规定并取得相关批准文件，预期效益良好；本次发行筹资计划与本次募集资金投资项目的资金需要及实施周期是否相匹配；募集资金投入的项目如涉及跨行业经营，上市公司是否在管理、技术、人才、市场销售等方面做好准备，上市公司是否具有竞争优势、具备跨行业经营的能力，上市公司是否有明确的发展战略和规划以及实施办法；

5、本次发行对上市公司经营和财务状况是否有重大影响（分正面与负面、短期与长期分析）。

预期上市公司发行完成当年的净资产收益率是否不低于同期银行存款利率水平。涉及增发的上市公司，根据其盈利预测，有关效益指标是否符合中国证监会的规定。

根据上述调查，对上市公司未来是否具有可持续发展的能力，公司发行后是否会出现效益滑坡或未来发展是否存在重大不确定性问题发表明确意见。

（七）上市公司最近三年来分配与筹资情况的调查

详细列明上市公司最近三年来历次分配情况（包括现金红利、送红股、转增股本）与历次筹资情况（包括筹资时间、筹资净额、变更使用情况）；现金分红占可分配利润的比例；上市公司是否存在通过分配过快扩张股本的情况；董事会对不分配的理由是否做出合理说明。

根据上述调查，对上市公司是否关注对股东的回报发表明确意见。

（八）上市公司或有风险的调查（包括但不限于）

1、上市公司是否有重大对外担保（包括抵押），担保金额占上市公司总资产的比重是否较高（列明比例），该项担保对上市公司正常经营是否必要，被担保方是否具备相关履行义务能力；

2、上市公司是否存在重大诉讼或仲裁，其可能承担的败诉风险对上市公司的影响是否重大，或裁决结果及裁决执行情况对上市公司的影响是否重大。

根据上述调查，对上述或有风险对上市公司未来经营是否带来重大不确定性发表明确意见。

（九）其他需要关注的问题（包括但不限于）

1、上市公司本次发行申报材料是否真实、准确、完整，是否发现有虚假记载、误导性陈述或重大遗漏。

2、上市公司最近三年所聘请的会计师事务所是否发生变更，如变更，理由是否充足。

3、上市公司是否符合新股发行规定的效益指标要求。

4、上市公司本次配股距前次发行的时间间隔是否达到一个会计年度以上；或上市公司本次增发距前次发行的时间间隔是否达到12个月以上（注明时间点）。

5、上市公司本次配股的规模是否不超过前次发行后股份总数的30%；如有超过，上市公司控股股东是否全额认购所配股份（注明新比例）。

6、对于上市公司增发的发行方案，须就方案设计的理由作出说明。

7、上市公司的生产经营活动是否符合国家有关环境保护的要求。

三、证券公司对上市公司申请新股发行的结论性意见。

项目负责人签名

证券公司法定代表人或授权代表签名

证券公司公章

签署日期

附件三：

主承销商关于上市公司新股发行申请文件核对表

（第一部分：基础资料）

主承销商：

法定代表人：

内核小组联系人及电话：

项目小组联系人及电话：

发行人（中文全称）：

法定代表人：

注册地址：

股票代码：

联系人及电话：

发行人聘请的律师事务所：

签字律师：

联系电话：

发行人聘请的会计师事务所：

签字会计师：

联系电话：

发行人聘请的财务顾问（如有）：

项目负责人：

联系电话：

填报时间：

一、上市公司发行新股的条件与要求

1.1 本次发行属于　　　　类公开发行股票

A、向原股东配售股票（以下简称“配股”）

B、向全体社会公众发售股票（以下简称“增发”）

1.2 上市公司符合《公司法》、《证券法》有关发行新股的规定　是/否

1.3 上市公司具有完善的法人治理结构，与对其具有实际控制权的法人或其他组织及其他关联企业在人员、资产、财务上分开，保证上市公司的人员、财务独立以及资产完整

A、人员独立　是/否

B、财务独立　是/否

C、资产完整　是/否

若圈示“否”，填报人员应另附相关说明资料

1.4 公司章程符合《公司法》和《上市公司章程指引》的规定　是/否

1.5 股东大会的通知、召开方式、表决方式和决议内容符合《公司法》及有关规定　是/否

1.6 本次发行新股募集资金用途符合国家产业政策的规定　是/否

1.7 发行方案中是否已对本次募集资金额原则上不超过股东大会批准的拟投资项目资金需要额作出充分考虑　是/否

1.8 公司不存在资金、资产被具有实质控制权的个人、法人或其他组织及其关联人占用的情形或其他损害公司利益的重大关联交易　是/否

1.9 公司如有重大购买或出售资产行为的，符合中国证监会的有关规定 是/否

二、发行申请不予核准的情况

2.1 公司是否存在下列情形之一

A、最近3年内有重大违法违规行为 是/否

B、擅自改变招股文件所列募集资金用途而未作纠正或者未经股东大会认可 是/否

C、公司最近3年内财务会计文件有虚假记载、误导性陈述或重大遗漏 是/否

D、重组进入公司的有关资产的财务会计资料及重组后的财务会计资料有虚假记载、误导性陈述或重大遗漏 是/否

E、招股文件存在虚假记载、误导性陈述或重大遗漏 是/否

F、公司存在为股东及股东的附属公司或者个人债务提供担保的行为 是/否

三、主承销商重点关注事项

3.1 公司是否存在以下事项 是/否

A、对公司经营能力和收入有重大影响的关联交易 是/否

B、与同行业其他公司相比，公司重要财务指标如应收帐款周转率和存货周转率异常，可能存在重大风险 是/否

最近一个会计年度应收帐款周转率＝__________

最近一个会计年度存货周转率＝__________

C、公司上一年度现金流量净增加额为负数，且经营活动产生的现金流量净额为负数 是/否

上一年度现金流量净增加额＝__________万元

经营活动产生的现金流量净额＝__________万元

D、公司可能出现支付困难 是/否

E、公司曾发生募集资金的实施进度与原招股文件所做出的承诺不符，募集资金投向变更频繁，使用效果未达到公司曾披露的水平 是/否

F、本次发行筹资计划与本次募集资金投资项目的资金需要及实施周期不匹配，投资项目缺乏充分论证 是/否

G、前次发行完成后，效益显著下降；或利润实现数未达到盈利预测的80% 是/否

前次发行前一年净利润＝__________万元，前次发行完成后当年净利润＝__________万元；前次发行前一年加权平均净资产收益率＝__________%，前次发行完成后当年加权平均净资产收益率＝__________%；年度预测净利润＝__________万元，实际完成净利润＝__________万元。

H、公司最近三年未有分红派息，董事会对于不分配的理由未作出合理解释 是/否

最近第一年（T年）现金红利＝__________、送红股＝__________、转增股本＝__________

最近第二年（T－1年）现金红利＝__________、送红股＝__________、转增股本＝__________

最近第三年（T－2年）现金红利＝__________、送红股＝__________、转增股本＝__________

I、公司资金大量闲置 是/否

J、公司资金存放缺乏安全和有效的控制 是/否

K、公司有大量资金用于委托理财 是/否

L、公司最近一年及/或一期末资产负债率过低，通过股本融资会导致财务结构更不合理 是/否

公司最近一年末资产负债率＝__________%

公司最近一期末资产负债率＝__________%

M、公司或有负债数额巨大，且存在较大风险 是/否

N、公司存在重大仲裁或诉讼 是/否

O、公司内部控制制度存在较大缺陷 是/否

P、公司可能不具备可持续发展能力，经营存在重大不确定性 是/否

Q、公司最近一年内因违反信息披露规定或未履行报告义务受到中国证监会公开批评或交易所公开谴责 是/否

R、公司董事会未履行其向全体股东所做出的承诺 是/否

S、公司未按照中国证监会及其派出机构发出的限期整改通知书的要求完成整改 是/否

若圈示"是"，填报人员应提供有关证据

3.2 主承销商是否就以上事项在尽职调查报告中予以充分说明 是/否

四、发行程序与审核事项

4.1 主承销商是否与上市公司董事会就新股发行方案取得一致意见，并同意向中国证监会推荐其发行新股 是/否

4.2 公司董事会已就本次发行的以下事项做出决议

A、本次发行符合中国证监会关于上市公司新股发行的规定 是/否

B、具体发行方案 是/否

C、本次募集资金使用的可行性 是/否

D、前次募集资金的使用情况 是/否

4.3 股东大会对以下事项进行了逐项表决

A、本次发行数量 是/否

B、定价方式或价格（包括价格区间） 是/否

C、发行对象 是/否

D、募集资金用途及数额 是/否

E、股东大会决议有效期 是/否

F、对董事会办理本次发行具体事宜的授权 是/否

4.4 公司最近3年财务会计报告如被出具非标准无保留意见

A、所涉及事项对公司无重大影响或影响已消除 是/否

B、违反合法性、公允性和一贯性的事项已纠正 是/否

C、公司申请时注册会计师已就有关事项出具补充意见 是/否

4.5 上市公司和主承销商已出具承诺函，保证在有关信息公开前保守秘密、不向参加配售的机构提供任何财务资助或补偿 是/否

五、信息披露义务

5.1 董事会就有关本次发行的议案表决通过后

A、已在2个工作日内报告证券交易所并公告召开股东大会的通知 是/否

议案表决通过日＝__________ 年 月 日

通知发布日＝__________ 年 月 日

B、召开股东大会的通知内容包括

◇ 董事会决议 是/否

◇ 提交股东大会表决的具体发行方案 是/否

◇ 前次募集资金使用情况的说明 是/否

◇ 注册会计师出具的前次募集资金使用情况的专项报告 是/否

◇ 载明"该项决议尚须经股东大会表决后，报中国证券监督管理委员会核准"字样 是/否

5.2 如公司准备运用募集资金收购资产（包括权益）

A、董事会至少在股东大会召开日前5个工作日公告被收购资产的评估报告 是/否

董事会公告日＝__________ 年 月 日

股东大会召开日＝__________ 年 月 日

B、收购完成后，如上市公司对被收购企业具有实际控制权 是/否

◇ 已公告被收购企业经审计的有关财务会计报告 是/否

最近1个完整会计年度截止日＝__________ 年 月 日

最近1个会计期间截止日＝__________ 年 月 日

◇ 已承诺该收购不会导致上市公司缺乏独立性 是/否

5.3 与本次发行有关的关联交易，董事会已在公告中保证该交易符合上市公司的最大利益，不会损害非关联股东的利益及产生同业竞争 是/否

5.4 股东大会已通过本次发行议案 是/否

A、董事会已在2个工作日内公布股东大会决议 是/否

股东大会表决通过日＝__________ 年 月 日

股东大会决议公布日＝__________ 年 月 日

B、公告中已载明"该方案尚须报中国证券监督管理委员会核准"字样 是/否

C、若股东大会对董事会的发行议案有变更，已公告变更后的内容 是/否

5.5 申请增发的上市公司已审慎地作出盈利预测 是/否

A、已经具有证券从业资格的注册会计师审核 是/否

B、对不确定性因素已提供分析和说明 是/否

C、如未做盈利预测，已在招股意向书的显要位置作出特别风险警示 是/否

六、上市公司申请配股的特别要求

6.1　公司设立后最近3年有关加权平均净资产收益率平均不低于6%　是/否

年扣除非经常损益后加权平均净资产收益率=＿＿＿＿＿%

当年扣除前加权平均净资产收益率=＿＿＿＿＿%

年扣除非经常损益后加权平均净资产收益率=＿＿＿＿＿%

当年扣除前加权平均净资产收益率=＿＿＿＿＿%

年扣除非经常损益后加权平均净资产收益率=＿＿＿＿＿%

当年扣除前加权平均净资产收益率=＿＿＿＿＿%

扣除前后各年加权平均净资产收益率较低者的简单平均=＿＿＿＿＿%

6.2　本次配股发行股份总数=＿＿＿＿＿万股

本次配售比例=＿＿＿＿＿%

前次发行并募足股份后股份总数(扣除最近12个月内因送转增加的股份)=＿＿＿＿＿万股公司具有实质控制权的股东是否全额认购所配售股份　是/否

该股东实际认购股份=＿＿＿＿＿万股

=＿＿＿＿＿其应认购股份的%

6.3　本次配股距前次股票发行的时间间隔不少于1个会计年度　是/否

前次募集资金到位日=＿＿＿＿＿　年　月　日

七、上市公司申请增发的特别要求

7.1　最近3年的下列第D及E项指标不低于6%　是/否

A、年扣除非经常损益后加权平均净资产收益率=＿＿＿＿＿%

当年扣除前加权平均净资产收益率=＿＿＿＿＿%

B、年扣除非经常损益后加权平均净资产收益率=＿＿＿＿＿%

当年扣除前加权平均净资产收益率=＿＿＿＿＿%

C、年扣除非经常损益后加权平均净资产收益率=＿＿＿＿＿%

当年扣除前加权平均净资产收益率=＿＿＿＿＿%

D、扣除前后各年加权平均净资产收益率较低者的简单平均=＿＿＿＿＿%

E、发行完成当年预测扣除非经常性损益后加权平均净资产收益率=＿＿＿＿＿%

7.2　上述7.1第D项指标低于6%　是/否

A、公司及主承销商已充分说明上市公司具有良好经营能力和发展前景　是/否

B、上述7.1第E项指标不低于发行前一年的水平　是/否

发行完成当年预测扣除非经常性损益后加权平均净资产收益率=＿＿＿＿＿%

发行前一年扣除非经常性损益后加权平均净资产收益率=＿＿＿＿＿%

C、公司在招股文件中已做好管理层对财务状况和经营成果的讨论及分析　是/否

八、其他情况

8.1　申请文件在报中国证监会审核的同时,已将2份复印件报派出机构审核　是/否

8.2　主承销商对律师、注册会计师出具的文件是否进行核查　是/否

主承销商投资银行部负责人签名及时间:

主承销商内核小组负责人签名及时间:

主承销商内核小组其他成员:

公司签章:

公司最后3年加权平均净资产收益率计算表

(本表须经执业注册会计师核验)

填表人:　填表日期:

项　目	金额(万元)		
	年	年	年
年末净资产			
年度加权平均净资产			
年度净利润			
年度加权平均净资产收益率(%)			
年度非经常性损益:			
扣除非经常性损益后年度净利润			
扣除非经常性损益后年度加权平均净资产收益率(%)			
扣除前后年度加权平均净资产收益率较低者的简单平均(%)			

非经常性损益明细表

明细项目	金额(万元)		
	年	年	年
……			
合　计			

注会计师签名盖章:

签名日期:

主承销商关于上市公司新股发行申请文件核对表

(第二部分　法律意见书和律师工作报告)

填报时间:　填报人:

序号	核对要点	核查意见		备注
		是	否	
1	经办律师及所在事务所是否具有从事证券业务的资格			
2	是否已对每一法律意见所依据的事实及适用的法律进行认真核查验证,并在律师工作报告中说明得出每一法律意见的补充理由			
3	法律意见书和律师工作报告的内容与格式,是否符合《公开发行证券的公司信息披露编报规则第12号——公开发行证券的法律意见书和律师工作报告》的规定			
4	是否已对出具法律意见书和律师工作报告的依据作出说明			
5	是否已对发表法律意见的依据作出声明			
6	是否已对与出具法律意见书和律师工作报告有关的所有文件资料及证言进行审查判断,并据此出具法律意见			
7	是否承诺按照《公开发行证券的公司信息披露编报规则第12号——公开发行证券的法律意见书和律师工作报告》的要求发表法律意见,并对法律意见书和律师工作报告的起初性、准确性、完整性承担相应的法律责任			
8	是否已对法律意见书和律师工作报告的使用范围作出声明			
9	是否同意将法律意见书和律师工作报告作为法定文件随其他申报材料一起上报,并承诺依法对其出具的法律意见承担责任			
10	引言的结束段是否符合法律意见书和律师工作报告的要求			
	一、本次发行、上市的授权和批准			
11	是否已对发行人股东大会召开的程序进行核查验证,并对股东大会召开的合法性发表法律意见			
12	是否已对股东大会决议的内容进行核查验证,并对股东大会决议的合法性、有效性及是否已对与发行上市有关的所有问题作出决议发表法律意见			
13	如果股东大会授权董事会办理有关发行上市的事宜,是否已对上述授权的合法性、有效性进行核查验证并发表法律意见			
	二、发行人的主体资格			
14	是否就发行人为其股票已经依法在国务院证券管理部门批准的证券交易所交易的股份有限公司发表法律意见			
15	是否已对发行人存续的合法性、有效性进行核查验证并发表法律意见			
16	若发行人最近三年进行过重大资产重组,是否已对发行人重组行为的合法性、规范性进行核查并发表法律意见			
17	是否已对发行人最近三年内有无合并、分立、增资扩股、减少注册资本、收购兼并等行为进行核查验证,并就上述行为的合法性、规范性及是否已履行正当法律程序发表法律意见			
18	是否已对发行人本次发行上市的主体资格发表法律意见			
	三、本次发行上市的实质条件			
19	是否已依据《证券法》、《公司法》、《股票条例》、《上市公司新股发行管理办法》及其他规范性文件对发行人本次发行、上市的实质条件进行核查验证并发表法律意见			

序号	核对要点	核查意见		备注
		是	否	
	四、发行人的独立性			
20	是否已对发行人与对其具有实际控制权的法人或其他组织及其他关联企业在人员、资产、财务上分开的情况进行核查验证并发表法律意见			
	五、发行人的业务			
21	是否对发行人经营范围和经营方式的合法、合规性进行核查验证并发表法律意见			
22	若发行人在中国大陆以外的地区营业，是否对其合法性进行核查验证并发表法律意见			
23	是否已对发行人是否存在持续经营的法律障碍进行核查验证并发表法律意见			
	六、关联交易及同业竞争			
24	是否已对发行人有哪些关联企业(包括但不限于发行人的母公司、子公司以及其他具有20%以上股权关系的企业、发行人董事、高级管理人员在其中任主要职务的企业等)及发行人与关联企业间的关联关系进行核查验证并发表法律意见			
25	是否已对发行人与关联企业间的关联交易进行核查验证并发表法律意见			
26	是否已对关联交易的内容进行核查验证并对关联交易是否存在损害发行人及其股东利益问题发表法律意见			
27	若关联交易的一方是公司大股东，是否已对关联交易的决策过程进行核查验证并对是否已采取必要措施对小股东的利益进行保护发表法律意见			
28	是否已对发行人与关联企业间的同业竞争问题进行核查验证并发表法律意见			
29	若存在同业竞争，是否已对解决同业竞争的措施进行核查验证并发表法律意见			
30	是否已对关联交易和同业竞争的披露问题进行核查验证并发表法律意见			
	七、发行人的主要财产			
31	是否已对发行人拥有的房产、土地使用权、知识产权及其他无形资产的数量、价值及上述财产的产权问题进行核查验证并发表法律意见			
32	是否已对发行人取得上述财产的方式及权属证书的取得情况进行核查验证并发表法律意见			
33	是否已对发行人主要财产上存在的抵押、其他担保物权、债务关系或其他对所有权或使用权行使的限制问题进行核查验证并发表法律意见			
	八、发行人的重大债权、债务关系			
34	是否已对发行人将要履行、正在履行以及虽已履行完毕但可能存在潜在纠纷的重大合同的主要内容进行核查验证并发表法律意见			
35	是否已对上述合同的合法性、有效性及是否存在潜在纠纷问题进行核查验证并发表法律意见			
36	是否已对上述合同主体的变更问题进行核查验证并发表法律意见			
37	是否已对发行人有无因环境保护、知识产权、产品质量、劳动安全、人事权等原因产生的侵权之债进行核查验证并发表法律意见			
38	是否已对发行人与关联方之间的重大债权债务关系及相互提供担保问题进行核查验证并发表法律意见			
39	是否已对发行人金额较大的其他应收款、其他应付款产生的原因进行核查验证并发表法律意见			
	九、发行人收购与兼并情况			
40	是否已对发行人的收购兼并、资产重组情况进行核查验证并发表法律意见			
41	若进行收购兼并或资产重组，是否已对其方式、法律依据及履行必要法律手续的有关情况进行核查验证并发表法律意见			
	十、发行人章程的制定与修改			
42	是否已对发行人章程及其近三年的修改履行法律程序的情况进行核查验证并发表法律意见			
43	是否已对发行人章程或章程草案内容的合法性进行核查验证并发表法律意见			
44	是否已依据《上市公司章程指引》对公司章程草案进行审查			
45	是否发现公司章程草案中存在与《上市公司章程指引》不一致等条款			
46	发行人已在香港或境外上市的，是否已依据《到境外上市公司章程必备条款》的有关规定对公司章程或章程草案进行审查并发表法律意见			

序号	核对要点	核查意见		备注
		是	否	
	十一、发行人规范运作情况			
47	是否已对发行人的组织机构是否健全及相关机构的议事规则是否符合法律、法规和规范性文件的规定进行核查验证并发表法律意见			
48	是否地发行人历次股东大会、董事会、监事会的召开、决议内容及签署的合法性和有效性进行核查验证并发表法律意见			
49	是否已对发行人股东大会或董事会历次授权或重大决策等地为的合法性、有效性进行核查验证并发表法律意见			
	十二、董事、监事及高级管理人员			
50	是否已对发行人董事、监事、高级管理人员的任职资格进行核查验证并发表法律意见			
51	是否已对发行人设立独立董事以及独立董事的任职资格、职权范围进行核查验证并发表法律意见			
	十三、发行人的税务问题			
52	是否已对发行人执行的税种、税率的合法性进行核查验证并发表法律意见			
53	如发行人享受财政补贴、优惠政策，是否已对其合法性、有效性进行核查验证并发表法律意见			
54	是否已对发行人近三年的纳税情况及是否存在被税务部门处罚的可能性进行核查验证并发表法律意见			
	十四、发行人的环境保护和产品质量标准			
55	是否已对发行人近三年来及拟投资项目的环境保护问题进行核查验证并发表法律意见			
56	是否已对发行人近三年来的产品质量和技术标准问题进行核查验证并发表法律意见			
	十五、发行人募股资金的运用			
57	是否已对发行人募股资金的使用项目进行核查验证并发表法律意见			
58	若上述项目涉及与他人进行合作的，是否已对合作方式、合作合同及有关部门的批准情况(若需要批准)进行核查验证并发表法律意见			
59	是否已对前次募集资金使用项目进行核查验证并发表法律意见			
	十六、发行人业务发展目标			
60	是否已对发行人的业务发展目标的合法性、合规性及是否存在潜在的法律风险进行核查验证并发表法律意见			
	十七、诉讼、仲裁或行政处罚			
61	是否已对发行人及其主要股东，发行人的董事长、总经理的涉讼情况进行核查验证并发表法律意见			
62	如上述案件存在，是否已对案件有关情况进行核查验证并就上述案件对本次发行、上市的影响发表法律意见			
	十八、发行人的招股意向书或配股说明书			
63	是否已审阅招股意向书或配股说明书，是否已对发行人招股意向书或配股说明书可能存在的虚假、误导性陈述以及重大隐瞒引致的法律风险进行评价			
	十九、律师认为需要说明的其他问题			
64	若存在其他对发行上市有重大影响的法律问题，是否已进行核查验证并发表法律意见			
	二十、结论意见			
65	是否已概括说明对本次股票发行、上市的结论性意见			
66	律师及律师事务所是否已签署法律意见书、律师工作报告并注明签署日期			
67	是否已注明法律意见书、律师工作报告的正、副本份数			

(注：本表由经办律师在每页签字确认)
律师事务所(签章)：
签字律师(签名)：
填报人(签名)：

主承销商关于上市公司新股发行申请文件核对表

(第三部分：财务会计资料)

填表人：　　　　　　　　　　　　填表日期：

序号	核对内容	核查意见		备注
		是	否	
	一、关于审计报告			
1	最近3年审计意见类型是否为标准无保留意见			

序号	核对内容	核查意见		备注
		是	否	
2	最近3年若有非标准无保留意见的审计报告，所涉及事项是否对公司无重大影响或影响已消除			
	二、关于会计报表			
3	报表名称、编制单位盖章、责任人签字是否符合有关规定			
4	报表重要项目是否均有附注标号			
	三、关于会计报表附注			
5	如发行人为进行重大资产重组的上市公司，编制报表的范围、方法、基准是否合理			
6	是否已说明纳入合并范围的子公司名称、业务性质、注册资本、实际投资额、母公司所持有的股权比例以及增减变动情况			
7	公司是否存在特殊或异常的会计政策			
8	是否披露会计政策、会计估计变更对历年净利润的影响金额			
9	货币资金中是否包含数额较大的外币资金、其他货币资金及现金等价物			
10	是否已计提短期投资跌价准备			
11	应收票据是否已列示应收票据的种类、金额，用于抵押的应收票据是否已作说明			
12	应收帐款是否已作帐龄分析，是否已单独列示前五名大额客户及关联方欠款，帐龄超过3年的大额应收帐款是否已说明未收回的原因			
13	预付帐款是否有预付期限长、预付数额大等异常情况			
14	其他应收款是否已作帐龄分析，是否已单独列示前五名大额应收款单位及关联方欠款并说明其性质或内容，帐龄超过3年的大额款项是否已说明未收回的原因			
15	是否已充分估计并计提坏帐准备			
16	是否有变动较大的、异常的存货项目			
17	是否已充分估计并计提存货跌价损失准备			
18	长期投资是否分项列示			
	长期股权投资中的股票投资，是否已按被投资公司列示股份类别、投资金额			
	若股票有市价的，是否已列示股票的期末市价			
	长期股权投资中的其他股权投资，是否已按被投资公司名称、投资期限、占被投资公司注册资本的比例、投资金额进行列示			
	若实际投资比例与注册资本比例不一致，是否已披露并说明原因			
	若采用权益法核算，是否已列示期初余额、初始投资额、期末调整的占被投资公司所有者权益净增减额中的份额、期末余额			
19	股权投资差额是否已按被投资单位列示初始金额、期初余额、摊销期限、本期摊销额、摊余价值、形成原因			
20	是否已分项列示计提的长期投资减值准备金额以及计提的原因			
21	固定资产及累计折旧是否已按类别分别列示其期初余额、本期增加额、本期减少额及期末余额			
	是否已对融资租入固定资产及固定资产用于抵押、担保的情况进行了说明			
	是否已计提固定资产减值准备			
22	在建工程是否已按工程名称、期初余额、本期增加额、本期转入固定资产额、本期减少额、期末余额、资金来源进行列示			
23	无形资产是否已按项目、取得方式、原值、本期摊销额、累计摊销额、期末余额、剩余摊销年限进行列示			
24	资产损失准备是否发生转回			
25	短期借款是否已按币种、借款条件、金额进行列示			
	对到期未偿还的借款，是否已说明原因、对策及可能的影响			
26	是否有应付持5%以上股份的股东欠款及帐龄超过三年的大额应付帐款，是否已说明未支付的原因			
27	是否有预收持5%以上股份的股东款项，帐龄超过一年的大额预收帐款是否已说明原因			
28	应交税金已按税项及金额分别列示			
	是否已披露税收减免、返还等的政策依据			
29	金额较大的其他应付款，是否已说明其性质和内容			
30	对已到期未偿还的借款，是否已说明原因			
31	长期借款是否已按借款条件分项列示			
32	是否已说明报告期内股本的变动情况及原因			
33	是否已分项列示报告期内资本公积的变动情况并说明变动原因			
34	是否已列示报告期盈余公积的变动情况并说明变动原因			
35	主营业务收入是否已按行业、地区、主营业务性质等分别列示			
36	其他业务利润是否已分项列示			
37	财务费用是否已分项列示			
	是否有收取资金占用费的情况			
38	投资收益是否已按短投资、长期投资分项列示			
39	补贴收入是否已分项列示，并已披露有关依据			
40	营业外收支是否已分项列示			
41	是否已说明报告期内所得税率和应缴所得税额			
42	关联方关系及其交易的披露是否符合《企业会计准则—关联方关系及其交易的披露》及年报准则的要求			
43	是否已按性质、金额及对报告期及报告期后公司财务状况的影响等方面情况对或有事项进行披露			
44	对于资产负债表日存在的重大承诺事项，是否已在会计报表附注中说明其存在和金额			
45	资产负债表日后事项的处理是否符合《企业会计准则—资产负债表日后事项》的要求			
	四、关于盈利预测审核报告（若有）			
46	盈利预测审核报告是否符合《独立审计实务公告—盈利预测审核》的要求			
47	是否已充分披露盈利预测编制基准			
48	是否已充分披露盈利预测的各项假设			
49	盈利预测表中是否提供了已审实现数、未审实现数、预测数、合计数			
50	如盈利预测结果同最后一期经审计的结果有较大变动，是否说明原因			

（注：本表由执业注册会计师签字确认）

会计师事务所（签章）：

签字会计师（签名）：

填表人（签名）：

附件四：

主承销商关于股票发行回访报告必备内容

担任股票发行主承销商的证券公司应当对照推荐函的内容，对发行人发行完成后的经营状况进行核查，对推荐工作的质量进行自我评价，回访报告至少应包括以下内容：

1、发行人募集资金使用情况

列明截止回访之日，发行人已投入使用的资金额与尚未使用的资金额，及其各自占本次发行募集资金总额的百分比。

按募集资金投向逐一列明每个项目的资金使用情况、进度和效益，说明实际情况是否与招股文件的承诺相符，是否有变更，变更是否得到相应的批准，所产生的效益（或达到的业务目标）是否与预期相符；如存在差异，应说明原因。

实际募集资金量超过项目计划所需资金的，发行人是否已对这部分资金的使用按法定程序作出了安排。

2、发行人资金管理情况

发行人资金存放是否分散，是否得到安全有效的控制，内部是否规定了明确的使用批准程序；发行人是否有资金用于委托理财，具体金额，委托给哪些机构进行理财，相关合同是否受法律保护；是否存在发行人资金被控股股东占用的情况。

3、发行人盈利预测实现情况

对照公开募集文件所披露的盈利预测，说明发行人发行完成后是否出现效益下滑的情况，盈利实现数与盈利预测之间的差异及原因；盈利实现数未达到盈利预测80%的，应对发行人的现状及发展前景做出详细分析，对照推荐函，对发行人经营结果与推荐函出现重大差异做出详细解释；并根据发行人发行完成后的经营状况，说明其是否如推荐函所述具有良好的发展前景。

4、发行人业务发展目标实现情况

针对发行人在公开募集文件中所披露的业务发展目标，了解其实现情况，特别是通过发行股票实现行业转型或产品升级的，应当说明是否已实现上述业务目标，以及发行人所从事的业务是否明确，是否具备持续发展的能力；发行人实际情况与推荐函及公开募集文件存在较大差异的，应当详细说明原因。

5、发行人新股上市以来的二级市场走势

分析发行人新股上市以来的二级市场走势，对照推荐函，说明所确定的发行价格是否合理，股票的市场适销性分析与实际情况是否相符；如不相符，应当说明原因。

6、证券公司内部控制的执行情况

说明公司是否已按照《证券公司内部控制指引》的要求，建立了与发行业务有关的业务控制，遵循内部防火墙原则，使投资银行部门与研究部门、经纪部门、自营部门在信息、人员、办公地点等方面隔离，内部独立部门是否实施了有效的监察，发行前后是否有内幕交易和操纵市场的行为发生。

7、有关承诺的履行情况

应当说明公开募集文件所披露有关发行人或其他单位的承诺是否得到切实履行，相关产权变更手续是否已办理完毕。

在承销过程中是否给发行人提供过"过桥贷款"或融资担保，以及该贷款的归还情况和担保的责任履行情况。

8、其他需要说明的问题

9、公司内核小组对回访情况的总体评价

回访报告应当经证券公司内核小组确认，由证券公司法定代表人或授权代表签名，加盖公司章。

境内企业申请到香港创业板上市审批与监管指引

发文号：证监发引[1999]126号　发文时间：1999－09－21

为确保境内企业到香港创业板上市有序进行，凡符合本指引所列条件的国有企业、集体企业及其他所有制形式的企业，在依法设立股份有限公司后，均可自愿由上市保荐人代表其向中国证券监督管理委员会（以下简称"证监会"）提交申请，证监会依法按程序审批，成熟一家，批准一家。

一、境内企业申请到香港创业板上市的条件

（一）经省级人民政府或国家经贸委批准、依法设立并规范运作的股份有限公司（以下简称"公司"）；

（二）公司及其主要发起人符合国家有关法规和政策，在最近二年内没有重大违法违规行为；

（三）符合香港创业板上市规则规定的条件；

（四）上市保荐人认为公司具备发行上市可行性并依照规定承担保荐责任；

（五）国家科技部认证的高新技术企业优先批准。

二、境内企业申请到香港创业板上市须向证监会提交的文件

境内企业申请到香港创业板上市须向证监会提交下列文件：

（一）公司申请报告。内容应包括：公司沿革及业务概况、股本结构、筹资用途及经营风险分析、业务发展目标、筹资成本分析等；

（二）上市保荐人对公司发行上市可行性出具的分析意见及承销意向报告；

（三）公司设立批准文件；

（四）具有证券从业资格的境内律师事务所就公司及其主要发起人是否符合国家有关法规和政策以及在最近二年内是否有重大违法违规行为出具的法律意见书（参照《公开发行股票公司信息披露的内容与格式准则第六号〈法律意见书的内容与格式〉》制作）；

（五）会计师事务所对公司按照中国会计准则、股份有限公司会计制度编制和按照国际会计准则调整的会计报表出具的审计报告；

（六）凡有国有股权的公司，须出具国有资产管理部门关于国有股权管理的批复文件；

（七）较完备的招股说明书；

（八）证监会要求的其他文件。

三、境内企业申请到香港创业板上市的审批程序

（一）在向香港联交所提交上市申请3个月前，保荐人须代表公司向证监会提交本指引第二部分（一）至（三）项文件（一式四份，其中一份为原件），同时抄报有关省级人民政府和国务院有关部门。如有关政府部门对公司的申请有异议，可自收到公司申请文件起15个工作日内将意见书面通知证监会。

（二）证监会就公司是否符合国家产业政策、利用外资政策以及其他有关规定会商国家经贸委。

（三）经初步审核，证监会发行监管部自收到公司的上述申请文件之日起20个工作日内，就是否同意正式受理其申请函告公司，抄送财政部、外经贸部和外汇局；不同意受理的，说明理由。

（四）证监会同意正式受理其申请的公司，须向证监会提交本指引第二部分（四）至（八）项文件（一式二份，其中一份为原件）；申请文件齐备，经审核合规，而且在正式受理期间外经贸部、外汇局和财政部（如涉及国有股权）等部门未提出书面反对意见的，证监会在10个工作日内予以批准；不予批准的，说明理由。经批准后，公司方可向香港联交所提交创业板上市申请。

四、上市后监管事宜

公司在香港创业板上市后，证监会将根据监管合作备忘录及与香港证监会签署的补充条款的要求进行监管。

五、其他有关事宜

（一）香港联交所认可的创业板上市保荐人方可担任境内企业到创业板上市的保荐人。如保荐人有违规行为或其他不适当行为，证监会可视情节轻重，决定是否受理该保荐人代表公司提出的上市申请。

（二）证监会同意正式受理其申请的公司，须在境内外中介机构确定后，将有关机构名单报证监会备案；

（三）公司须在上市后15个工作日内，将与本次发行上市有关的公开信息披露文件及发行上市情况总结报证监会备案。

（四）公司须遵守国家外汇管理的有关规定。

关于中国银行、中国建设银行公司治理改革与监管指引(全文)

发文机关：中国银行业监督管理委员会

第一章　总　则

第一条　国有商业银行股份制改革是我国金融业的一次全新改革实践，意义重大。为确保中国银行、中国建设银行（以下简称"两家试点银行"）股份制改革试点成功，制定本指引。

第二条　两家试点银行股份制改革的总目标是：紧紧抓住改革管理体制、完善治理结构、转换经营机制、改善经营绩效这几个中心环节，用3年左右的时间将两家试点银行改造成资本充足、内控严密、运营安全、服务和效益良好、具有国际竞争力的现代化股份制商业银行。

第三条　两家试点银行通过改革，在公司治理结构和国际通行的财务指标方面，应达到并保持国际排名前100家大银行中等以上的水平。

第二章　公司治理改革

第四条　两家试点银行应建立规范的股东大会、董事会、监事会和高级管理层制度。

两家试点银行应根据现代公司治理结构要求，按照"三会分设、三权分开、有效制约、协调发展"的原则设立股东大会、董事会、监事会、高级管理层。按照《公司法》等法律法规的有关规定，建立规范的股份制商业银行组织机构，以科学、高效的决策、执行和监督机制，确保各方独立运作、有效制衡。

第五条　两家试点银行应公平、公正地选择境内外战略投资者，改变单一的股权结构，实现投资主体多元化。

两家试点银行通过引进战略投资者特别是境外战略投资者，不仅要增强资本实力，改善资本结构，还应借鉴国际先进管理经验、技术和方法，促进管理模式和经营理念与国际先进银行接轨，优化公司治理机制。

第六条 两家试点银行应制定清晰明确的发展战略，实现银行价值最大化。

两家试点银行应从自身条件出发，以市场为导向，研究核心竞争优势和市场竞争优势，制定与发展目标相适应的综合发展战略，并分年度落实，确保实现。

第七条 两家试点银行应建立科学的决策体系、内部控制机制和风险管理体制。

两家试点银行应建立和完善包括信用风险、市场风险、操作风险等在内的风险管理体系，有效地识别、计量、监测、控制风险。

第八条 两家试点银行应按照集约化经营原则，实行机构扁平化和业务垂直化管理，整合业务流程和管理流程，优化组织结构体系，完善资源配置，提高业务运作效率。

第九条 两家试点银行应按照现代金融企业人力资源管理的要求，深化劳动用工人事制度改革，建立市场化人力资源管理体制和有效的激励约束机制。

第十条 两家试点银行应按照现代金融企业和上市银行的标准和要求，实行审慎的会计制度和严格的信息披露制度，加强财务管理，做好信息披露工作。

第十一条 两家试点银行应加强信息科技建设，全面提升综合管理与服务功能。

第十二条 两家试点银行应落实金融人才战略，有针对性地加大培训力度和做好关键岗位人才引进工作，同时注重人力资源的有效使用和合理配置，发挥现有人力资源的积极性和创造性。

第十三条 两家试点银行应发挥中介机构的专业优势，稳步推进股份制改革进程。

第三章 考核指标

第十四条 两家试点银行股份制改革的考核指标包括总资产净回报率、股本净回报率、成本收入比、不良资产比率、资本充足率、大额风险集中度和不良贷款拨备覆盖率等项指标。

第十五条 两家试点银行总资产净回报率 2005 年度应达到 0.6%；2007 年度应达到国际良好水准。

第十六条 两家试点银行股本净回报率 2005 年度应达到 11%，2007 年度应进一步提高到 13%以上，确保注资的效果和获得良好回报。

第十七条 两家试点银行从 2005 年起成本收入比应控制在 35～45%之内。

第十八条 两家试点银行应从 2004 年起对非信贷类资产实行五级分类，并按五级分类口径对全部资产的质量进行考核，将不良资产比率持续控制在 3～5%。

第十九条 两家试点银行从 2004 年起应严格按照《商业银行资本充足率管理办法》的有关规定进行资本管理，资本充足率应在任何时点上保持 8%以上。

第二十条 两家试点银行应采取有效措施，严格控制对同一借款人授信的集中风险，从 2005 年起对同一借款人的贷款余额与商业银行资本余额的比例不得超过 10%的风险指标。

第二十一条 两家试点银行 2005 年底不良贷款拨备覆盖率，中国银行应达到 60%，建设银行应达到 80%；2007 年底应继续有所增长。

第四章 检查报告制度

第二十二条 两家试点银行应抓紧进行不良资产的处置工作。

两家试点银行在处置历史损失的同时，应依法查处违法、违规案件，严肃追究违法、违规、违纪人员。认真做好资产保全工作，防止少数企业借改革之机逃废银行债务，切实防范道德风险。整个查处工作应在 2004 年底前提交初步报告。

第二十三条 两家试点银行改革应实行严格的责任制，按照国务院确定的国有商业银行改革目标和任务的要求，落实责任。两家试点银行的董事长应承担第一责任人的责任。

两家试点银行应实行严格的目标管理，通过严格的考评验收做出每个阶段的工作评价，按季上报国务院国有独资商业银行股份制改革试点工作领导小组，按年进行全面、严格的检查验收。并将改革进展情况以适当的方式予以披露，接受社会监督。

第二十四条 中国银行业监督管理委员会将通过总体和分年度考核、分季监测报告的方法，对两家试点银行的公司治理结构改革和各项财务指标进行监督考核。并将监督考核情况分年、按季报告国务院国有独资商业银行股份制改革试点工作领导小组。

第五章 附 则

第二十五条 本指引由中国银行业监督管理委员会负责解释。

第二十六条 本指引自 2004 年 3 月 11 日起施行。

国有涉棉企业期货套期保值业务管理制度指引

发文号：证监期货字[2004]32 号 发文时间：2004－05－25

关于发布《国有涉棉企业期货套期保值业务管理制度指引》的通知

郑州商品交易所：

为了引导和规范国有涉棉企业从事棉花期货套期保值业务，有效防范和化解风险，维护期货市场秩序，我会制定了《国有涉棉企业期货套期保值业务管理制度指引》，现予发布，请参照执行。

中国证监会

二〇〇四年五月二十五日

第一章 总 则

第一条 为引导和规范国有资产占控股地位的棉花生产经营企业（以下简称国有涉棉企业）从事期货套期保值业务，有效防范和化解风险，维护期货市场秩序，根据《期货交易管理暂行条例》，制定本指引。

第二条 国有涉棉企业进入期货市场，仅限于开展套期保值业务，不得从事其他期货交易活动。

第三条 国有涉棉企业开展套期保值业务，应当遵守《期货交易管理暂行条例》以及本指引的规定，遵循公开、公平、公正和诚实信用的原则。

第四条 国有涉棉企业开展套期保值业务，应当依照本指引的规定，加强内部管理和风险控制，严格遵守各项管理制度，确保规范运营。

第二章 套期保值业务的条件

第五条 国有涉棉企业从事套期保值业务应当符合下列条件：

（一）期货交易的品种限于其生产经营的产品或者生产所需的原材料；

（二）具有健全的套期保值内部控制制度、风险管理制度和内部管理制度；

（三）主管套期保值业务的人员应当是企业的副总经理以上或具有相当级别的高级管理人员，并具备一定的期货专业知识和风险管理经验；

（四）拥有至少 1 名具有从事期货交易经验的交易人员，该交易人员具有期货从业人员资格且无不良行为记录；

（五）具有与套期保值保证金相匹配的自有资金；

（六）符合中国证券监督管理委员会的其他规定。

第六条 国有涉棉企业开展套期保值业务，应当按照有关规定报有权部门批准，并出具批准文件。在中国农业发展银行贷款的棉花生产经营企业申请开展期货业务，应当按照中国农业发展银行的有关规定办理。

第七条 企业取得批准文件后，应当到期货经纪公司申请开立套期保值交易帐户。期货经纪公司根据企业套期保值申请资料，向期货交易所申请不超过该企业现货购销规模的套期保值头寸，由期货交易所按有关规定和程序对套期保值申请进行审批。

具有自营会员资格的国有涉棉企业，可直接向期货交易所申请套期保值头寸。

第八条 国有涉棉企业应当将期货交易所批准的实际额度向有权部门备案。

第三章 内部控制制度

第九条 国有涉棉企业应当建立期货套期保值业务授权制度。在期货经纪公司开立套期保值交易帐户，应当由企业的法定代表人或经法定代表人书面授权的人员签署开户合同。

第十条 期货套期保值业务授权包括交易授权和交易资金调拨授权。企业应保持授权的交易人员和资金调拨人员相互独立、相互制约。

第十一条 交易授权书应列明有权进行套期保值交易的人员名单、可从事套期保值交易的具体品种和交易限额；交易资金调拨授权书应列明有权进行资金调拨的人员名单和资金限额。

第十二条 期货套期保值业务授权书应由企业法定代表人或企业主管期货业务的副总经理授权；涉及交易资金调拨的授权还应经主管财务的副总经理同意。

第十三条 授权书签发后，企业应及时通知相关各方。

被授权人只有在取得书面授权后方可进行授权范围内的操作。

第十四条 被授权从事套期保值交易业务的人员应具备相应的期货专业知识。

第十五条 企业的法定代表人或主管期货业务的副总经理发生变动的，企业应立即通知业务相关各方。法定代表人或主管期货业务的副总经理自变动之日起，不再享有签发授权书的权力。

第十六条 企业的套期保值人员发生变动的，企业应立即通知业务相关各方。原套期保值人员自变动之日起，不再享有被授予的一切权利。

第十七条 国有涉棉企业应当建立套期保值业务报告制度。相关人员应当定期向企业期货业务主管领导和总经理报告有关工作。

第十八条 期货交易人员应定期向企业期货业务主管领导报告新建头寸状况、持仓状况、计划建仓及平仓状况，以及市场信息等基本内容。

第十九条 风险管理人员应向企业期货业务主管领导定期书面报告持仓风险状况、保证金使用状况、累计结算盈亏、套期保值计划执行情况等。企业期货业务主管领导须签阅报告并返还风险管理人员。

第二十条 资金调拨人员应定期向财务主管领导报告结算盈亏状况、持仓风险状况、保证金使用状况等，同时应通报风险管理人员及企业期货业务主管领导。

第二十一条 国有涉棉企业应当建立资料管理制度。对套期保值计划、交易原始资料、结算资料等业务档案至少保存10年。有关开户文件、授权文件等档案应至少保存15年。

第二十二条 国有涉棉企业应当建立保密制度。期货业务相关人员应遵守本企业的保密制度，并与企业签订保密协议书。

期货业务相关人员未经允许不得泄露本企业的套保计划、交易情况、结算情况、资金状况等。

第二十三条 国有涉棉企业应根据业务需要，对从事套期保值业务的计算机系统实行分级授权管理制度。计算机管理人员因岗位变动或调离，应及时更改密码。

第四章 风险管理制度

第二十四条 国有涉棉企业在进行期货套期保值业务时，应建立严格有效的风险管理制度，明确内部风险报告制度、风险处理程序等。利用事前、事中及事后的风险控制措施，预防、发现和化解风险。

第二十五条 国有涉棉企业应把从事交易、风险管理及结算（资金划拨）职能的岗位和人员有效分离，确保能够相互监督制约。有条件的企业可设置专门从事套期保值业务的交易和风险管理部门，资金调拨和财务风险控制由企业财务部门组织实施。

第二十六条 国有涉棉企业应设置独立于交易、结算业务之外的风险管理岗位，配备相应的人员。其主要职责应包括：

（一）参与制定本企业套保业务的风险管理制度和风险管理工作程序；

（二）监督套期保值业务执行情况；

（三）核查交易人员的交易行为是否符合套期保值计划和具体交易方案；

（四）对期货头寸的风险状况进行监控和评估，保证套期保值业务的正常进行；

（五）发现、报告并按照程序处理风险事故。

第二十七条 国有涉棉企业应严格控制期货头寸建仓总量及持有时间，期货头寸的建立、平仓应该与所保值的实物在数量及时间上相匹配。

第二十八条 国有涉棉企业涉及司法诉讼时，应该评估对正在进行的期货交易产生的影响，并采取相应措施防范法律风险。

第二十九条 企业现货、期货及财务分管领导应定期研究讨论套期保值业务在风险管理方面存在的问题。

第三十条 套期保值业务批准机构应不定期地对国有涉棉企业参与套期保值业务交易、资金及其他相关情况的检查，要求企业提供相关资料。企业所在的期货经纪公司应积极协助批准机构做好风险防范工作。

第五章 套期保值计划和业务流程

第三十一条 套期保值计划应根据企业现货业务量及交易时间，由企业现货部门和期货业务部门联合制定。

企业制定的套期保值方案经期货业务主管领导签署意见后，报企业法定代表人批准。

第三十二条 套期保值计划应列明拟选择的期货经纪公司，需保值的现货品种、数量、月份和持仓部位，说明所需期货保证金或财务支持等内容。

第三十三条 套期保值计划应贯彻以下原则：

（一）套期保值品种标的物应与企业现货经营的产品或所需的原材料相一致；

（二）期货持仓量应不超过套期保值的现货量；

（三）期货持仓应与保值的现货拥有时间基本一致。

第三十四条 国有涉棉企业具体的套期保值方案按程序批准后，需在现货部门和期货部门存档。

第三十五条 国有涉棉企业根据套期保值方案与期货经纪公司签订合同，开设期货交易企业法人帐户，指定具体交易指令人和资金调拨人，将所需保证金划入交易帐户。

第三十六条 国有涉棉企业应在期货交易所规定时间内按期货交易所批准的交易部位和额度建仓。

第三十七条 成交确认后，交易人员应及时向相关部门和主管领导报告。报告内容包括交易品种、成交时间、成交价位、成交量、持仓方向和数量等。

第三十八条 结束套期保值计划的方式：

（一）平掉期货头寸；

（二）进行实物交割。

证券公司内部控制指引

发文号：证监机构字[2003]260号　发文时间：2003－12－15

第一章 总 则

第一条 为引导证券公司规范经营，完善证券公司内部控制机制，增强证券公司自我约束能力，推动证券公司现代企业制度建设，防范和化解金融风险，依据《中华人民共和国证券法》、《证券公司管理办法》和中国证券监督管理委员会（以下简称中国证监会）审慎监管的要求，制定本指引。

第二条 本指引所指证券公司内部控制是指证券公司为实现经

营目标，根据经营环境变化，对证券公司经营与管理过程中的风险进行识别、评价和管理的制度安排、组织体系和控制措施。

第三条 内部控制应充分考虑控制环境、风险识别与评估、控制活动与措施、信息沟通与反馈、监督与评价等要素。

（一）控制环境：主要包括证券公司所有权结构及实际控制人、法人治理结构、组织架构与决策程序、经理人员权力分配和承担责任的方式、经理人员的经营理念与风险意识、证券公司的经营战略与经营风格、员工的诚信和道德价值观、人力资源政策等。

（二）风险识别与评估：及时识别、确认证券公司在实现经营目标过程中的风险，并通过合理的制度安排和风险度量方法对经营环境持续变化所产生的风险及证券公司的承受能力进行适时评估。

（三）控制活动与措施：保证实现证券公司战略目标和经营目标的政策、程序，以及防范、化解风险的措施。主要包括证券公司经营与管理中的授权与审批、复核与查证、业务规程与操作程序、岗位权限与职责分工、相互独立与制衡、应急与预防等措施。

（四）信息沟通与反馈：及时对各类信息进行记录、汇总、分析和处理，并进行有效的内外沟通和反馈。

（五）监督与评价：对控制环境、风险识别与评估、控制活动与措施、信息沟通与反馈的有效性进行检查、评价，发现内部控制设计和运行的缺陷并及时改进。

第四条 有效的内部控制应为证券公司实现下述目标提供合理保证：

（一）保证经营的合法合规及证券公司内部规章制度的贯彻执行。

（二）防范经营风险和道德风险。

（三）保障客户及证券公司资产的安全、完整。

（四）保证证券公司业务记录、财务信息和其他信息的可靠、完整、及时。

（五）提高证券公司经营效率和效果。

第五条 证券公司应按照本指引的要求，根据证券公司经营目标和运营状况，结合证券公司自身的环境条件，建立有效的内部控制机制和内部控制制度。

第六条 证券公司应当定期评价内部控制的有效性，并根据市场、技术、法律环境的变化适时调整和完善。

第二章　基本要求

第七条 证券公司内部控制应当贯彻健全、合理、制衡、独立的原则，确保内部控制有效。

（一）健全性：内部控制应当做到事前、事中、事后控制相统一；覆盖证券公司的所有业务、部门和人员，渗透到决策、执行、监督、反馈等各个环节，确保不存在内部控制的空白或漏洞。

（二）合理性：内部控制应当符合国家有关法律法规和中国证监会的有关规定，与证券公司经营规模、业务范围、风险状况及证券公司所处的环境相适应，以合理的成本实现内部控制目标。

（三）制衡性：证券公司部门和岗位的设置应当权责分明、相互牵制；前台业务运作与后台管理支持适当分离。

（四）独立性：承担内部控制监督检查职能的部门应当独立于证券公司其他部门。

第八条 证券公司应当树立合法合规经营的理念和风险控制优先的意识，健全证券公司行为准则和员工道德规范，营造合规经营的制度文化环境。

第九条 证券公司应采取切实有效的措施杜绝挪用客户交易结算资金、客户委托管理的资产及客户托管的证券等行为，确保客户资产的安全完整。

第十条 证券公司应根据经营环境的变化，建立动态的净资本监控机制，确保净资本符合有关监管指标的要求。

第十一条 证券公司应建立健全证券公司治理结构。证券公司治理结构包括科学的决策程序与议事规则，高效、严谨的业务运作系统，健全、有效的内部监督和反馈系统，以及有效的激励约束机制。证券公司监事会和独立董事应充分发挥监督职能，防范大股东操纵和内部人控制的风险。

第十二条 证券公司应与其股东、实际控制人、关联方之间保持资产、财务、人事、业务、机构等方面的独立性，确保证券公司独立运作。

第十三条 证券公司应建立清晰合理的组织结构，依据所处环境和自身经营特点设立严密有效的三道业务监控防线：

（一）建立重要一线岗位双人、双职、双责为基础的第一道防线，并加强对单人单岗业务的监控。

与资金、有价证券、重要空白凭证、业务合同、印章等直接接触的岗位和涉及信息系统安全的岗位，应当实行双人负责制。

（二）建立相关部门、相关岗位之间相互制衡、监督的第二道防线。不同部门应有明确的职责分工，不相容职务应适当分离。

（三）建立独立的监督检查部门对各项业务、各部门、各分支机构、各岗位全面实施监控、检查和反馈的第三道防线。

第十四条 证券公司应加强法人统一管理，建立具体、明确、合理的授权、检查和逐级问责制度，明确界定部门、分支机构的目标、职责和权限，确保其在授权范围内行使经营管理职能。

证券公司业务授权应当采取书面形式。

第十五条 证券公司应当根据不同的工作岗位及其性质，赋予其相应的职责和权限，各个岗位应当有明确的岗位职责说明和清晰的报告关系。

第十六条 证券公司主要业务部门之间应当建立健全隔离墙制度，确保经纪、自营、受托投资管理、投资银行、研究咨询等业务相对独立；电脑部门、财务部门、监督检查部门与业务部门的人员不得相互兼任，资金清算人员不得由电脑部门人员和交易部门人员兼任。

第十七条 证券公司应不断完善业务、财务、人力资源等综合信息管理系统，根据自身实际加强业务运作的后台管理，完善集中清算、集中核算、客户资料集中管理等制度；提高实时预警、监控、防范风险的能力。

第十八条 证券公司应建立业务风险识别、评估和控制的完整体系，运用包括敏感性分析在内的多种手段，对信用风险、市场风险、流动性风险、操作风险、技术风险、政策法规风险和道德风险等进行持续监控，明确风险管理流程和风险化解方法。

第十九条 证券公司应建立健全包括授权管理、岗位职责、监督检查、考核奖惩等在内的各项内部管理制度；对经纪、自营、投资银行、受托投资管理、研究咨询以及创新业务等制订统一的业务流程和操作规范，针对业务的主要风险点和风险性质，制定明确的控制措施。

第二十条 证券公司应大力加强自有资金和客户资金的风险控制，建立自有资金运用的决策、审核、批准、监控相分离的管理体系，加强资金额度控制和资金使用的日常监控，对资金异常变动和大额资金存取等行为重点监控。

第二十一条 证券公司应建立畅通、高效的信息交流渠道和重大事项报告制度，以及内部员工和客户的信息反馈机制，确保信息准确传递，确保董事会、监事会、经理人员及监督检查部门及时了解证券公司的经营和风险状况，确保各类投诉、可疑事件和内控缺陷得到妥善处理。

第二十二条 证券公司应真实、全面、及时地记载各项业务，充分发挥会计的核算监督职能，确保信息资料的真实与完整；应当建立完备的业务台账系统，并通过业务台账系统和会计核算系统交叉印证，防止出现账外经营、账目不清等问题。

第二十三条 证券公司应按照专人管理、相互牵制、适当审批、严格登记的原则，加强对合同、票据、印章、密押等的管理。

重要合同和票据应有连号控制、作废控制、空白凭证控制以及领用登记控制等专门措施。

证券公司公章、合同专用章、业务专用章、财务专用章、电子印签等的保管、审批、使用等应适当分离、相互牵制。

第二十四条 证券公司应当加强对各类档案包括各种会议记录与决议、经营协议、客户资料、交易记录、凭证账表、投诉与纠纷处理记录以及各类法规、制度等档案的妥善保管和分类管理。

第二十五条 证券公司应建立危机处理机制和程序，制订切实有效的应急应变措施和预案。

第三章　主要控制内容

第一节　经纪业务内部控制

第二十六条 证券公司经纪业务内部控制应重点防范挪用客户交易结算资金及其他客户资产、非法融入融出资金以及结算风险等。

第二十七条 证券公司应加强经纪业务整体规划，加强营业网点布局、规模、选址以及软、硬件技术标准（含升级）等的统一规划和集中管理；应制定统一完善的经纪业务标准化服务规程、操作规范和相关管理制度。

第二十八条 证券公司应制定标准化的开户文本格式，制定统一的开户程序，要求所属证券营业部按照程序认真审核客户资料的真实性和完整性，关注客户资金来源的合法性。

第二十九条 证券公司应建立对录入证券交易系统的客户资料等内容的复核和保密机制；应妥善保管客户开户、交易及其他资料，杜绝非法修改客户资料；应完善客户查询、咨询和投诉处理等制度，确保客户能够及时获知其账户、资金、交易、清算等方面的完整信息。

第三十条 证券公司应当要求所属证券营业部与客户签定代理交易协议，协议中除载明双方权利义务和风险提示外，还应列示营业部可从事的合法业务范围及证券公司授权的业务内容，向客户明示证券公司禁止营业部从事的业务内容。

第三十一条 证券公司应针对账户管理、资金存取及划转、委托与撤单、清算交割、指定交易及转托管、查询及咨询等业务环节存在的风险，制定操作程序和具体控制措施。

第三十二条 证券公司对开户、资金存取及划转、接受委托、清算交割等重要岗位应适当分离，客户资金与自有资金严格分开运作、分开管理。

第三十三条 证券公司应在证券营业部采用统一的柜面交易系统，并加强对柜面交易系统的风险评估，严防通过修改柜面交易系统的功能及数据从事违法违规活动；证券公司应采取严密的系统安全措施，严格的授权进入及记录制度，并开启系统的审计留痕功能。

第三十四条 证券公司应当实行法人集中清算制度及客户交易结算资金集中管理制度，保证客户交易结算资金的安全，防范结算风险。

第三十五条 证券公司应建立对托管证券等的登记程序与独立监控机制，严防发生挪用客户托管的证券等进行抵押、回购或卖空交易及其他损害客户利益的行为。

第三十六条 证券公司应通过身份认证、证件审核、密码管理、指令记录等措施，加强对交易清算系统的管理，确保交易清算系统的安全。

第三十七条 证券公司应建立健全经纪业务的实时监控系统。证券公司的监督检查部门或其他独立部门负责对证券营业部资金划转、证券转移、交易活动进行实时监控，并对异常资金流转、异常证券转移、异常交易及违规行为实时预警。

第三十八条 证券公司应定期、不定期地对证券营业部交易系统、财务系统和清算系统进行检查，加强交易信息与财务信息、清算信息的核对，确保相关信息与证券交易所、登记结算证券公司、商业银行等提供的信息相符。

第三十九条 证券公司应建立交易数据安全备份制度，对交易数据采取多介质备份与异地备份相结合的数据备份方式，确保交易数据的安全完整。

第四十条 证券公司网上交易系统应采取有效的身份认证及访问控制措施，网上交易系统应详细记录客户的网上交易和查询过程。加强交易方身份识别，并对访问权限进行控制，确保交易的安全、可靠。

第四十一条 证券公司网上交易系统应采用防火墙、入侵检测等措施保障网络安全，采用高强加密等有效技术手段，防止客户数据被窃取、篡改。

第四十二条 证券公司对于网络中断、委托中断、客户数据丢失、银证转账故障、交易服务器故障以及出现供电中断、火灾、抢劫等紧急情况，应制定和定期修订灾难恢复和应急处理预案，建立应急演习机制，确保及时有效地处理各种故障和危机。

第四十三条 证券公司应建立投资者教育与信息沟通机制，向投资者充分揭示投资风险，加强与投资者信息沟通。

第四十四条 证券公司应建立交易清算差错的处理程序和审批制度，建立重大交易差错的报告制度，明确交易清算差错的纠纷处理，防止出现隐瞒不报、擅自处理差错等情况。差错处理应留审计痕迹。

第四十五条 证券公司应建立由相对独立人员对重点客户进行定期回访的制度。

第二节　自营业务内部控制

第四十六条 证券公司应加强自营业务投资决策、资金、账户、清算、交易和保密等的管理，重点防范规模失控、决策失误、超越授权、变相自营、账外自营、操纵市场、内幕交易等的风险。

第四十七条 证券公司应建立健全自营决策机构和决策程序，加强对自营业务的投资策略、规模、品种、结构、期限等的决策管理。

第四十八条 证券公司应通过合理的预警机制、严密的账户管理、严格的资金审批调度、规范的交易操作及完善的交易记录保存制度等，控制自营业务运作风险。

第四十九条 证券公司应建立健全自营业务的授权体系，确保自营部门及员工在授权范围内行使相应的职责。

第五十条 证券公司自营业务的研究策划、投资决策、交易执行、交易记录、资金清算和风险监控等职能应相对分离；重要投资要有详细研究报告、风险评估及决策记录。

第五十一条 证券公司应加强自营账户的集中管理和访问权限控制，自营账户应由独立于自营业务的部门统一管理，建立自营账户审批和稽核制度；采取措施防止变相自营、账外自营、出借账户等风险；防止自营业务与受托投资管理业务混合操作。

第五十二条 证券公司应建立完善的交易记录制度，加强电子交易数据的保存和备份管理，确保自营交易清算数据的安全、真实和完整，并确保自营部门和会计核算部门对自营浮动盈亏进行恰当的记录和报告。

第五十三条 证券公司应建立独立的实时监控系统，证券公司的监督检查部门或其他独立监控部门负责对证券持仓、盈亏状况、风险状况和交易活动进行有效监控并定期对自营业务进行压力测试，确保自营业务各项风险指标符合监管指标的要求并控制在证券公司承受范围内。

第五十四条 证券公司应加强对参与投资决策和交易活动人员的监察，通过定期述职和签订承诺书等方式提高其自律意识，防止利用内幕消息为自已及他人谋取不当利益。

第五十五条 证券公司应确保自营资金来源的合法性。

第三节　投资银行业务内部控制

第五十六条 证券公司应重点防范因管理不善、权责不明、未勤勉尽责等原因导致的法律风险、财务风险及道德风险。

第五十七条 证券公司应建立投资银行项目管理制度，完善各类投资银行项目的业务流程、作业标准和风险控制措施，加强项目的承揽立项、尽职调查、改制辅导、文件制作、内部审核、发行上市和保荐回访等环节的管理，加强项目核算和内部考核，完善项目工作底稿和档案管理制度。

第五十八条 证券公司应建立科学、规范、统一的发行人质量评价体系，应在尽职调查的基础上，在项目实施的不同阶段分别进行立项评价、过程评价和综合评价，提高投资银行项目的整体质量水平。

第五十九条 证券公司应建立尽职调查的工作流程，加强投资银行业务人员的尽职调查管理，贯彻勤勉尽责、诚实信用的原则，明确业务人员对尽职调查报告所承担的责任，并按照有关业务标准、道德规范要求，对业务人员尽职调查情况进行检查。

第六十条 证券公司应加强投资银行项目的内核工作和质量控制，证券公司投资银行业务风险（质量）控制与投资银行业务运作应适当分离，客户回访应主要由投资银行风险（质量）控制部门完成。

第六十一条 证券公司应加强证券发行中的定价和配售等关键环节的决策管理，建立完善的承销风险评估与处理机制，通过事先评估、制定风险处置预案、建立奖惩机制等措施，有效控制包销风险。

证券公司应建立对分销商分销能力的评估监测制度。

第六十二条 证券公司应加强投资银行项目协议的管理，明确不同类别协议的签署权限；在承接投资银行项目时，应与客户签订相关业务协议，对各自的权利、义务及其他相关事项作出约定。

第六十三条 证券公司应加强投资银行项目的集中管理和控制，对投资银行项目实施合理的项目进度跟踪、项目投入产出核算和项目利润分配等措施。

第六十四条 证券公司应建立与投资银行项目相关的中介机构评价机制，加强同律师事务所、会计师事务所、评估机构等中介机构的协调配合。

第六十五条 证券公司应当杜绝虚假承销行为。

第四节　受托投资管理业务内部控制

第六十六条 证券公司应重点防范规模失控、决策失误、越权操作、账外经营、挪用客户资产和其他损害客户利益的行为以及保本保底所导致的风险。

第六十七条 证券公司应由受托投资管理部门统一管理受托投资管理业务。受托投资管理业务应与自营业务严格分离，独立决策、独立运作。

第六十八条 证券公司应针对业务受理、投资运作、资金清算、财务核算等环节制定规范的业务流程、操作规范和控制措施，有效防范各类风险。

第六十九条 证券公司应对委托人的资信状况、收益预期、风险承受能力、投资偏好等进行了解，并关注委托人资金来源的合法性。

第七十条 证券公司应当根据法律、法规和中国证监会的规定，制定规范的受托投资管理合同，公平对待委托人。

受托投资管理合同中不得有承诺收益条款。

第七十一条 证券公司应与委托人签订受托投资管理合同，严格合同审批程序。证券公司应在合同约定的权限内管理受托资产，严格控制风险。

第七十二条 证券公司应封闭运作、专户管理受托资产，确保客户资金与自有资金的分户管理、独立运作，确保受托资产的安全、完整。

证券公司应创造条件积极引入有资质的银行作为托管人托管受托资产。

第七十三条 证券公司应建立规范的风险预警机制，由独立的监督检查部门或风险控制部门监控受托投资管理业务的运作状况，进行定期或不定期的检查、评价。

第七十四条 证券公司应加强受托投资管理业务的合同、交易、投诉处理等档案资料的集中管理，确保对浮动盈亏进行恰当的记录，并向委托人及时提供受托资产估值和风险状况的信息。

证券公司应当制定明确、详细的受托投资管理业务信息披露制度，保证委托人的知情权。合同到期后，编制的结算报告应由委托人进行确认，必要时由中介机构或托管人审核。

第七十五条 证券公司应当根据自身的管理能力及风险控制水平，合理控制受托投资管理业务规模。

第五节　研究咨询业务内部控制

第七十六条 证券公司应重点防范传播虚假信息、误导投资者、无资格执业、违规执业、以及利益冲突等的风险。

第七十七条 证券公司应加强研究咨询业务的统一管理，完善研究咨询业务规范和人员管理制度，制定适当的执业回避、信息披露和隔离墙等制度，防止利益冲突。

第七十八条 证券公司应加强对客户的了解，及时为客户提供有针对性的证券投资咨询服务，与客户保持畅通的沟通渠道，及时妥善处理客户咨询和投诉。

第七十九条 证券公司应通过部门设置、人员管理、信息管理等方面的隔离措施，建立健全研究咨询部门与投资银行、自营等部门之间的隔离墙制度；对跨隔离墙的人员、业务应有完整记录，并采取静默期等措施；对跨越隔离墙的业务、人员应实行重点监控。

第八十条 证券公司应加强对各营业场所“工作室”（包括网上工作室）和集会性投资咨询活动的集中管理和风险控制，确保向公众提供证券投资咨询服务人员具备证券投资咨询人员执业资格，确保相关活动已履行报备手续，确保证券公司所辖营业场所没有非法投资咨询活动。

第八十一条 证券公司应当加强证券投资咨询执业人员的管理和执业资格（证书）的管理，确保不存在人员兼职和挂靠，对执业人员发生变动的应及时办理变更（包括离开咨询岗位）手续。

第八十二条 证券公司应当建立健全研究咨询业务档案和客户服务档案，包括客户服务记录、对公众荐股记录、研究报告及公开发表的研究咨询文章等，履行相关资料的备案义务。

第六节　业务创新的内部控制

第八十三条 证券公司对业务创新应重点防范违法违规、规模失控、决策失误等风险。

第八十四条 证券公司业务创新应当坚持合法合规、审慎经营的原则，加强集中管理和风险控制。

第八十五条 证券公司应建立完整的业务创新工作程序，严格内部审批程序，对可行性研究、产品或业务设计、风险管理、运作与实施方案等作出明确的要求，并经董事会批准。

第八十六条 证券公司应在可行性研究的基础上，及时与中国证监会沟通，履行创新业务的报备（报批）程序。

第八十七条 证券公司应对创新业务设计科学合理的流程，制定风险控制措施及相应财务核算、资金管理办法。

第八十八条 证券公司应注重业务创新的过程控制，及时纠正偏离目标行为。

第七节　分支机构内部控制

第八十九条 证券公司应重点防范分支机构越权经营、预算失控以及道德风险。

第九十条 证券公司应建立切实可行的分支机构管理制度，加强对分支机构的印章、证照、合同、资金等的管理，及时掌握分支机构业务状况。

第九十一条 证券公司对分支机构的授权应当合理、明确，确保分支机构严格在授权范围内经营，并制定防止越权经营的措施。

第九十二条 证券公司应明确分支机构业务发展目标和管理目标，加强分支机构的资金、费用、利润的预算管理和考核；证券公司对分支机构业绩的考核标准应当全面。

第九十三条 证券公司应当通过现场检查和非现场检查等手段，加强对分支机构的监督检查。

第九十四条 证券公司应要求分支机构向客户公布自身及证券公司的投诉电话、传真、电子信箱和其他相关信息，确保投诉得到及时处理。

第九十五条 证券公司应要求分支机构建立重大事件报告制度以及突发事件应急机制。

第八节　财务管理内部控制

第九十六条 证券公司应建立健全财务管理制度和资金计划控制制度，明确界定预算编制与执行的责任，建立适当的资金管理绩效考核标准和评价制度。

第九十七条 证券公司客户资金与自有资金应严格分开，强化资金的集中管理。

证券公司应由专门部门统一进行证券公司自有资金的计划、筹集、分配、使用，加强对自有资金运用风险、效益的监控与考核。

证券公司应集中负债管理权限，强化负债风险、成本、规模的控制。

第九十八条 证券公司应将客户债券和自有债券分开管理，加强自有债券回购业务的集中化管理和回购资金的计划管理，严格控制自有债券回购业务规模，严防挪用客户债券从事回购业务。

第九十九条 证券公司应制定明确的财务制度及资金管理流程，严格执行资金调拨、资金运用的审批程序，加强资金筹集的规模、结构、方式的计划管理；禁止分支机构从事资金拆借、借贷、担保以及自营债券回购。

第一百条 证券公司应制定并严格执行费用管理办法，加强费用的预算控制，明确费用标准，严格备用金借款管理和费用报销审批程序。

第一百零一条 证券公司应有专门部门负责证券公司客户交易结算资金的结算和头寸管理工作，防范挪用客户交易结算资金等风险。

第一百零二条 证券公司应加强银行账户管理。分支机构除根据授权在经批准的当地银行账户保留必要的资金外，其余资金应当及时划转证券公司总部。

证券公司应严格控制业务部门、分支机构之间直接横向资金往来。

第一百零三条 证券公司应加强资金风险监测，严格控制流动性风险，特别防范营业部违规受托理财、证券回购和为客户融资所带来的风险。

第一百零四条 证券公司应建立大额资金筹集和使用的事前风险收益评估制度，重大资金的筹集、分配与运用以及对外担保、资产抵押、对外投资、重大资产购置等应进行集体决策。

第一百零五条 证券公司应定期对业务部门及分支机构的现金库存管理状况、资金结算情况、银行存款和内部往来、大额款项及资金使用效益进行跟踪检查或抽查。

第一百零六条 证券公司应实时监控资金余额及其变动情况，建立预警和异常情况的处理机制。

第一百零七条 证券公司应当合理分配利润，确保足额提取公积金和风险准备金，增强可持续发展能力。

第九节　会计系统内部控制

第一百零八条　证券公司应按照相关会计准则和会计制度的规定，结合实际情况，建立健全证券公司的会计核算办法，加强会计基础工作，提高会计信息质量。

证券公司应确保分支机构会计核算的一致性。

第一百零九条　证券公司会计核算应合规、及时、准确、完整，变更会计政策应经董事会批准，确保会计政策的一贯性。

第一百一十条　证券公司应强化会计监督职能，加强会计事前、事中和事后监督，加强对负债项目的管理、大额支出的跟踪考核、重大表外项目（如担保、抵押、托管证券、未决诉讼、赔偿事项等）的风险管理以及资产质量的监控。

第一百一十一条　证券公司应强化资产登记保管工作，采用实物盘点、账实核对、财产保险等措施，确保证券公司及客户资产的安全完整。

第一百一十二条　证券公司应完善会计信息报告体系，确保提供及时、可靠的财务信息。

第一百一十三条　证券公司应制定完善的会计档案管理和交接制度。

第十节　信息系统内部控制

第一百一十四条　证券公司应建立信息系统的管理制度、操作流程、岗位手册和风险控制制度，加强信息技术人员、设备、软件、数据、机房安全、病毒防范、防黑客攻击、技术资料、操作安全、事故防范与处理、系统网络等的管理。

第一百一十五条　证券公司应设立专门的信息技术部门，统一归口管理信息技术工作，加强对立项、设计、开发、测试、运行与维护等环节的管理，并定期对信息系统的可靠性和安全性进行检查。

证券公司信息系统的立项审批与开发、运行与维护、开发测试与日常运转之间应适当分离。

第一百一十六条　证券公司应严格系统进入控制以及信息系统的权限、密码管理，权限的审批、设置、变动以及密码的使用、修改应有严格的控制措施并保留完备的记录。

用户权限设置应当遵循权限最小化原则。

第一百一十七条　证券公司应保证信息系统日志的完备性，确保所有重大修改被完整地记录，确保开启审计留痕功能。

证券公司信息系统日志应至少保存15年。

第一百一十八条　证券公司应建立可靠完备的灾难备份计划和应急处理机制；数据和重要资料做到异地备份，条件允许应建设异地计算机灾难备份中心；制定详细的信息系统安全应急方案并定期修订、演练。

第一百一十九条　证券公司应建立系统安全和病毒防范制度，实时监控信息系统的安全，严防黑客或病毒入侵系统。

第一百二十条　证券公司与交易结算相关的技术系统应符合中国证监会、证券交易所及登记结算公司相关技术规范的要求。

第十一节　人力资源管理内部控制

第一百二十一条　证券公司应当高度重视聘用人员的诚信记录，确保其具有与业务岗位要求相适应的专业能力和道德水准。

证券公司应当要求聘用人员以恰当形式进行诚信承诺。

第一百二十二条　证券公司应建立职能管理部门和派出人员的工作联络机制，强化对分支机构负责人及电脑、财务等关键岗位人员的垂直管理。

第一百二十三条　证券公司关键岗位人员应当实行定期或不定期的轮换和强制休假制度。

第一百二十四条　证券公司关键岗位人员任期届满、工作调动或离职，应当进行任期经济责任审计及专项审计。证券公司对高级管理人员、分支机构负责人的相关稽核审计报告应当向中国证监会及派出机构备案。

第一百二十五条　证券公司应当培育良好的内部控制文化，建立健全员工持续教育制度，加强对员工的法规及业务培训，确保所有从业人员及时获得充分的法律法规、内部控制和行为规范的最新文件和资料，确保员工书面承诺收到相关资料并理解其内容。

第一百二十六条　证券公司应当加强业务人员的从业资格管理，上岗人员应当符合相关资格管理的规定。

第一百二十七条　证券公司应当建立合理有效的激励约束机制，建立严格的责任追究制度。

证券公司对员工的绩效考核、评价制度应当达到鼓励员工守法经营的目的。

第一百二十八条　证券公司应当制定严谨、公开、合理的人事选拔制度，任免程序中应明确规定任免决定权的归属。人事任免应有完备的决策记录。

第一百二十九条　证券公司应建立高级管理人员、分支机构负责人及其他关键岗位人员的年度述职报告及定期谈话制度。

第一百三十条　证券公司应加强对高级管理人员、分支机构负责人及其他关键岗位人员的档案（包括外事档案）管理。

第一百三十一条　证券公司高级管理人员离职，证券公司应当向中国证监会及注册地派出机构和主要办事机构在地派出机构及时报告，并对离职原因作出说明。

分支机构负责人及其他关键岗位人员离职，证券公司应当向主要办事机构所在地中国证监会派出机构及时报告，并对离职原因作出说明。

第四章　监督、检查与评价

第一百三十二条　证券公司业务部门和分支机构的负责人负责对其业务范围内的具体作业程序和风险控制措施进行自我检查和评价，并接受证券公司上级管理部门和监督检查部门的业务检查和指导。

直接从事业务经营活动的业务部门和分支机构的相关人员有义务向证券公司报告内部控制的缺陷并及时加以纠正；相关人员应对违反职责范围内的内部控制导致的风险和损失承担首要责任。

第一百三十三条　证券公司应设立监督检查部门或岗位，独立履行合规检查、财务稽核、业务稽核、风险控制等监督检查职能；负责提出内部控制缺陷的改进建议并敦促有关责任单位及时改进。

监督检查部门对证券公司董事会负责，并应同时向经理人员和监事会报告证券公司内部控制的建设与执行情况。

第一百三十四条　证券公司应有高级管理人员专门负责证券公司内部控制的监督、检查与评价工作。该高级管理人员和监督检查部门负责人可列席证券公司任何会议。

证券公司负责监督检查部门的高级管理人员不得兼管业务部门。

第一百三十五条　证券公司应当为监督检查部门配备足够的具有法律、财会、计算机以及相关业务技能、经验的专业人员，确保监督检查部门的人员具有专业胜任能力，并为监督检查部门及人员履行职责提供必要的条件。

证券公司监督检查部门人员名单应向证券公司注册地的中国证监会派出机构备案。

第一百三十六条　证券公司监督检查部门应加强对内部控制执行情况的现场检查、非现场检查和常规稽核、非常规稽核，并将检查结果报证券公司注册地中国证监会派出机构。

证券公司监督检查部门应当对监督检查不力、发现问题隐瞒不报等承担相应责任。

第一百三十七条　证券公司所有部门和人员应当积极配合监督检查部门的工作，对拒绝、阻挠监督检查部门工作和打击、报复、陷害监督检查人员的行为应严肃处理。

第一百三十八条　证券公司应积极配合中国证监会及外部审计机构对证券公司内部控制情况的检查和评价，不得以任何形式干预、阻挠。

第一百三十九条　证券公司应明确董事会、监事会、经理人员的内部控制职责。

（一）董事会负责督促、检查和评价证券公司各项内部控制制度的建立与执行情况，对内部控制的有效性负最终责任；每年至少进行一次全面的内部控制检查评价工作，并形成相应的专门报告。

董事会应对中国证监会、外部审计机构和证券公司监督检查部门等对证券公司内部控制提出的问题和建议认真研究并督促落实。

（二）监事会应对董事会、经理人员履行职责的情况进行监督，对证券公司财务情况和内部控制建设及执行情况实施必要的检查，督促董事会、经理人员及时纠正内部控制缺陷，并对督促检查不力等情况承担相应责任。

（三）证券公司经理人员负责建立健全责任明确、程序清晰的组织结构，组织实施各类风险的识别与评估，建立健全有效的内部控制机制和内部控制制度，及时纠正内部控制存在的缺陷和问题，并对内部控制不力及不及时纠正内部控制缺陷等承担相应责任。

第一百四十条 证券公司应当建立健全内部控制缺陷的纠正与处理机制，应根据内部控制的检查情况和评价结果，提出整改意见和纠正措施，督促业务主管部门和分支机构落实，并对落实情况进行跟踪检查。

第五章 附 则

第一百四十一条 本指引适用于在中华人民共和国境内依法设立的证券公司。

第一百四十二条 本指引由中国证监会负责解释。

法人配售发行方式指引

发文号：证监机构字[2000]111号 发文时间：2000－08－21

一、发行人和主承销商事先确定发行量和发行底价，通过向法人投资者询价，并根据法人投资者的预约申购情况确定最终发行价格，以同一价格向法人投资者配售和对一般投资者上网发行。

二、发行量在8000万股以下的，在目前市场条件下，原则上不建议使用该发行方式。若发行人和主承销商坚持使用该方式发行，则应当采取“回拨机制”，即根据一般投资者的超额认购倍数，确定对法人的配售量。具体操作规程详见附件1。

三、发行量在8000万股以上的，对法人的配售比例原则上不应超过发行量的50%。发行量在20000万股以上的，可根据市场情况适当提高对法人配售的比例。

四、发行人可参与对战略投资者的选择，但不应参与对一般法人投资者的选择。主承销商根据公开募集文件中规定的分配原则和方法，确定一般法人投资者。

五、发行人在招股意向书中必须细化和明确战略投资者的定义，使之充分体现出战略投资的意义。战略投资者的家数原则上不超过2家，特大型公司发行时，可适当增加战略投资者的家数。

六、战略投资者的持股时间不少于6个月。发行人应保证使其股票发行1年后，可随时流通的股票不少于公司总股本的25%，总股本在4亿股以上的不少于15%。

七、中国证券业协会内部设立“法人配售审核小组”，负责对法人配售对象的资格审查。

八、主承销商内部应有专人负责组织法人配售发行工作。主承销商应将其名单报“法人配售审核小组”及中国证监会备案。

九、发行前，发行人应将可能成为其战略投资者的法人单位的具体情况（详见附件2）报“法人配售审核小组”审查并报中国证监会备案。

十、发行前，发行人的全体董事和主承销商配售负责人分别签署承诺书。发行人的全体董事保证战略投资者的选择不存在违法行为和黑箱操作；主承销商保证对配售对象的选择和整个配售过程不存在违法行为和黑箱操作。

十一、法人配售过程应有公证机构人员在场，并由公证机构人员对配售过程的公正性出据公证文书。

十二、发行人和主承销商应在法人配售结果公告前，将法人投资者的申购数量、申购家数、申购价格的具体分布情况（详见附件3）报“法人配售审核小组”审查并报中国证监会备案。

十三、在法人配售结果公告中，发行人和主承销商应详细披露法人投资者的申购情况及战略投资者与发行人之间的关系，具体解释价格确定过程和依据。

十四、证券投资基金可以比照战略投资者或一般法人参加预约申购。已获配的法人投资者和证券投资基金不得同时参加上网申购。

附件1

“回拨机制”的操作方案

一．发行量在8000万股以下又坚持使用法人配售发行方式的，发行人和主承销商必须设计并采取“回拨机制”。

二．“回拨机制”指通过向法人投资者询价并确定价格，对一般投资者上网发行。根据一般投资者的申购情况，最终确定对法人投资者和对一般投资者的股票分配量。

三．发行人和主承销商在招股意向书中，规定拟向法人配售的比例，同时规定当一般投资者上网申购的超额认购倍数达到不同倍数时对法人投资者和对一般投资者相应的股票分配量。对法人投资者的配售量最低可调减至0股。

四．一般投资者上网申购超额认购倍数及股票分配比例，由发行人和主承销商在充分分析市场情况的基础上确定并报中国证监会核准。

附件2

战略投资者备案资料

申购时向主承销商提供的必备文件	
法人营业执照	
注册资本	
＊＊年财务报表	
与发行人的业务关系证明（合同等）	
战略投资者配售协议	
主承销商要求的其它文件	
报“法人配售审核小组”的审查文件	
公司名称	
法人营业执照	
与发行人的业务关系	
与发行人关系的密切程度（具体数字指标）	
与发行人签定合同的日期	
申购价格范围	
不同申购价格时的申购量	
申购资金来源	
陈述申购目的	
持股时间	
承诺（使用自有资金申购、不得变相出售新股、规定的持有期内不得出售新股、出售时的信息披露义务等）	
发行人及主承销商对战略投资者的资格认定意见	
参加本次配售战略投资者家数	

附件3

一般法人投资者备案资料

申购时向主承销商提供的必备文件	
法人营业执照	
注册资本	
＊＊年财务报表	
主承销商要求的其它文件	
报“法人配售审核小组”审查文件	
公司名称	
法人营业执照	
申购价格范围	
申购量	
持股时间	
申购资金来源	
承诺（使用自有资金申购、不得变相出售新股、规定的持有期内不得出售新股、出售时的信息披露义务等）	
发行人及主承销商对一般法人投资者资格的认定意见	

保险资金运用风险控制指引(试行)

发文号:保监发[2004]43号　发文时间:2004—04—28

第一章　总　则

第一条　为指导保险公司和保险资产管理公司加强保险资金运用管理,防范保险资金运用风险,保护被保险人的利益,依据《中华人民共和国保险法》、《保险公司管理规定》等法律、法规、行政规章和中国保险监督管理委员会(以下简称"中国保监会")的审慎监管要求,制定本指引。

第二条　本指引所称保险资金运用风险控制体系是指保险公司和保险资产管理公司为维护保险公司的财务稳健和保障保险公司的偿付能力,对保险资金运用过程中的风险进行识别、评估、管理和控制的组织结构、制度安排和措施方法的总称。

第三条　保险公司和保险资产管理公司应根据本指引的要求,结合自身情况,建立运营规范、管理高效的保险资金运用风险控制体系,制定完善的保险资金运用风险控制制度,并充分考虑控制环境、风险识别与评估、控制活动与措施、信息沟通与反馈、监督与评价等要素。

第四条　本指引适用于在中华人民共和国境内登记注册的保险公司和保险资产管理公司。

第二章　风险控制的基本原则

第五条　保险公司和保险资产管理公司建立保险资金运用风险控制体系应遵循以下原则:

(一)独立制衡原则,保险资金运用各相关机构、部门和岗位的设置应权责分明、相对独立、相互制衡;

(二)全面控制原则,保险资金运用风险控制的过程应涵盖资金运用的各项业务、各个部门、各级人员以及与保险资金运用相关的各个环节;

(三)适时适用原则,保险资金运用风险控制体系应同所处的环境相适应,以合理的成本实现内控目标,并根据保险公司、保险资产管理公司内外部环境的变化,适时进行相应的更新、补充、调整和完善;

(四)责任追究原则,保险资金运用风险控制的每一个环节都要有明确的责任人,并按规定对违反制度的直接责任人、以及对负有领导责任的高级管理人员进行问责。

第六条　保险公司和保险资产管理公司的保险资金运用风险控制制度应满足以下要求:

(一)能够确保资金运用的合法合规、内部规章制度的有效执行及执行情况的监督检查;

(二)能够确保推行科学有效的资产负债管理,在保证安全性和流动性的前提下,追求长期稳定的投资收益;

(三)能够确保资金运用集中管理,专业化运作,建立标准化风险控制流程和科学民主的决策机制;

(四)能够确保保险公司和保险资产管理公司管理资产的安全、完整;

(五)能够确保业务记录、财务记录和其他信息的安全、可靠和完整;

(六)能够确保支持各级保险资金运用管理人员具备足够的风险控制意识和职业道德操守。

第三章　组织环境控制

第七条　保险公司和保险资产管理公司的董事会应当负责建立保险资金运用风险控制体系并维持其有效性,应确定专门委员会负责风险控制制度的建立、评估和优化,负责风险控制制度的执行检查和内控人员的尽职调查。

第八条　保险公司和保险资产管理公司经营管理层应当负责保险资金运用风险控制制度的执行,并对执行结果负责。

第九条　保险公司和保险资产管理公司应按照风险控制的基本原则和要求建立保险资金运用岗位责任制和运行机制。各机构、部门和岗位应明确各自的责任和职权,通过制定规范的岗位责任制、严格的操作程序和合理的工作标准,使各项工作规范化、程序化,防止风险控制的空白或漏洞。

保险资金运用运行机制应包括民主、透明、规范的决策程序和管理议事规则,高效、严谨的业务执行系统,以及健全、有效的内部监督和反馈系统。

第十条　保险公司和保险资产管理公司的高级管理人员不能同时负责投资决策、投资交易和风险控制部门的管理,应维护风险控制部门职能的独立性。

第十一条　保险资金应实行集中管理、专业化运作,保险资金的战略配置与战术配置、投资决策与投资交易职能应相互分离。项目评审、投资决策、交易执行、资金清算、会计核算、风险控制等部门和岗位之间应相互独立。

保险资金应由保险公司专业资金运用部门、保险资产管理公司以及符合中国保监会规定条件的其他专业投资机构管理运用。保险公司分支机构、保险公司的非专业资金运用部门不得从事保险资金运用业务。

第十二条　保险公司应建立第三方托管机制。保险公司选择托管机构应对其信用状况、清算能力、账户管理能力、风险管理能力和绩效评估能力等进行严格的考核,托管机构的资格应符合中国保监会的有关规定。

对保险公司非市场交易性、低风险的投资品种也可采用内部存管方式。内部存管是指由保险公司内部职能部门独立承担保险资金存管职责的一种资金管理方式,承担内部存管的职能部门应与投资交易部门隔离,并同时具备账户管理、风险管理、绩效评估等功能。

第十三条　保险公司应有专门部门负责保险资金的委托事务,评价委托资产的风险状况、受托管理机构的投资业绩和管理能力。

第十四条　保险公司和保险资产管理公司应建立有效的资产隔离制度,实行公平、公正的投资管理。

保险公司应根据保险资金性质或来源单独建账,独立核算;保险资产管理公司自有资金和受托管理的保险资金、受托管理同一保险公司不同性质的保险资金,应由不同的投资管理人员分别管理。

第十五条　保险公司资金运用部门与风险控制、财务、稽核等部门之间,保险公司与保险资产管理公司之间应建立畅通的信息传递机制,各机构、部门和岗位之间应有清晰的报告关系,保证各环节的操作信息得到有效的沟通、执行以及检查、评价和反馈,构建相互监督、相互制约的信息平台。

第四章　风险控制的主要内容

第一节　资产负债管理

第十六条　保险资金运用应遵循资产负债匹配管理原则,遵循安全性、流动性、收益性原则,防范因资产、负债在数量、期限、成本、收益和流动性等方面不能有效匹配而产生的风险。

第十七条　保险公司董事会应根据公司经营战略、方针和保险资金的特性提出资产战略配置计划;保险公司经营管理层应依据董事会的资产战略配置计划,在对保险资金来源、期限、收益要求、流动性要求、风险容忍度和偿付能力等负债特征指标进行研究分析的基础上,结合保险公司的风险控制制度和市场情况,制定保险资金运用的投资指引。

投资指引应包括投资范围、资产的战略配置、投资权限分配、投资限制、绩效考核等内容。

第十八条　保险公司董事会和经营管理层在制定资产战略配置计划和投资指引时应有专业资金运用管理人员参加。

保险公司资金运用部门或保险资产管理公司应根据市场发展状况及保险资金运用的特点,对资产战略配置计划和投资指引提出建议。

第十九条　保险公司的产品、精算、财务等部门与资金运用部门或保险资产管理公司应就保险资金运用过程中的资产负债管理问题进行充分交流,提高资产负债管理的有效性。

第二十条 保险公司资金运用部门或保险资产管理公司应严格按照资产战略配置计划和投资指引进行资金运用。

第二节 投资决策管理

第二十一条 保险公司和保险资产管理公司的投资决策应严格遵守法律法规的有关规定，符合保险资金运用的投资范围、投资限制等要求。

第二十二条 保险公司和保险资产管理公司董事会的投资决策应包括以下内容：

（一）审议保险资金运用业务的规章制度、决策程序及授权制度；

（二）确定资产的战略配置计划、投资策略以及战略配置计划执行过程中的灵活度范围；

（三）确定保险资金运用的管理模式；

（四）确定保险资金运用的风险容忍度；

（五）确定选择、限制或放弃持有某类资产的条件和指标；

（六）制定新投资品种的投资策略和方案。

第二十三条 保险公司和保险资产管理公司应建立健全相对集中、分级管理、权责统一的投资决策授权制度，并对授权情况进行检查和逐级问责，投资决策授权制度应包括以下内容：

（一）建立健全授权标准和程序，明确授权方式、权限、时效和责任，确保授权制度的有效执行，所有业务的授权应采取书面形式；

（二）各机构、部门和岗位应有详细的职责说明，各岗位人员在上岗前均应知悉并以书面方式承诺遵守，在授权范围内承担责任；

（三）保证权限的适当分配和授权的有效实施，根据对已获授权的机构、部门和人员的评价结果，及时进行改进、调整或纠正。

第二十四条 保险公司和保险资产管理公司的投资决策权限可实行总额控制或比例控制。投资决策授权应明确授权人、被授权人、授权标准、授权程序以及越权的处理等。

第二十五条 保险公司的经营管理层依据董事会的授权、保险公司的资金运用部门依据公司经营管理层的授权在各自的权限内进行相应的投资决策；保险资产管理公司经营管理层依据董事会的授权进行投资决策。

第二十六条 保险公司和保险资产管理公司应按照研究、论证、决策和实施的程序，建立明确的投资决策流程。

第二十七条 投资决策应有充分的依据，有书面记录，有关责任人应在记录上签字，重要投资决策应有详细的研究报告。保险公司和保险资产管理公司应通过清晰的岗位职责、严密的研究工作流程、标准化报告格式、科学、规范的研究方法和有效的质量评价体系，确保研究报告的客观、独立和准确。

第二十八条 保险公司和保险资产管理公司应在充分研究的基础上建立投资品种的选择标准，投资决策应在此标准上进行。

第二十九条 保险公司和保险资产管理公司的投资决策应符合设定的风险容忍度要求。

第三节 投资交易管理

第三十条 保险公司资金运用部门内部和保险资产管理公司应设立独立的交易部门，对投资过程中的各种交易风险进行有效地控制，确保投资交易的顺利进行。

投资交易应实行集中交易制度。集中交易是指保险资金运用的所有交易指令必须由独立的交易部门负责执行。

第三十一条 对于交易所内交易，所有的投资指令应经交易部门审核，确认其合法合规后方可执行。

第三十二条 对非交易所内交易，保险公司和保险资产管理公司应对经办人员建立有效的监督和制约机制，密切监控交易过程中的谈判、询价等关键环节，谈判、询价应与交易执行相分离。

第三十三条 保险公司和保险资产管理公司应建立集中交易监测系统、预警系统和反馈系统，集中交易场所应有完善的安全设施和严格的管理规定。

第三十四条 保险公司和保险资产管理公司在交易过程中，应执行严格的公平交易制度，确保不同性质或来源的保险资金的利益能够得到公平对待。

第三十五条 保险公司和保险资产管理公司应建立完善的交易记录制度，每日的交易记录应及时核对并存档。

第四节 风险技术系统管理

第三十六条 保险公司和保险资产管理公司应建立保险资金运用风险管理系统，对保险资金运用过程中可能产生的风险应进行定性分析，并采用统计分析方法，通过设置量化指标，对风险进行分类、识别、量化和评估，制定有效的风险控制措施。

第三十七条 保险公司和保险资产管理公司应有专门的部门负责保险资金运用的风险管理，并配备足够的风险管理专业人员。

承担风险管理职责的部门负责保险资金运用风险的评估和监控工作，其主要职责是：

（一）建立风险分析和评估系统，分析保险资金、投资组合在不同市场、不同情景下的风险状况以及可能遭受的损失，为董事会和经营管理层的风险决策提供定性、定量风险分析报告。对重大突发事件、市场出现异常的情况应及时提供交易情况和风险评估报告；

（二）监控保险资金运用是否符合董事会和经营管理层的风险控制制度、风险限额和风险容忍度的要求；

（三）监控保险资产管理公司的投资运作是否符合资产委托管理协议和投资指引的要求；

（四）对保险资金运用实行动态监控。

第三十八条 负责风险管理的部门对所有保险资金运用活动有知情权，有权查阅、询问所有与保险资金运用业务相关的数据、资料和细节，有权列席所有与保险资金运用相关的会议。

第三十九条 保险公司和保险资产管理公司董事会和经营管理层应定期了解保险资金运用所面临的风险。

第四十条 保险公司和保险资产管理公司应建立一套完备的风险控制量化指标体系，保证风险控制工作的科学性、客观性和可操作性。

量化指标至少应包括以下内容：合规性指标、财务绩效指标、资产质量指标、市场风险指标（包括利率、汇率、价格波动率等）、信用风险指标、流动性风险指标、操作风险指标、资产负债匹配风险指标等。

第四十一条 保险公司和保险资产管理公司应至少对以下保险资金运用风险实行有效的监控和管理：

（一）市场价格风险，建立有效的市场风险评估和管理机制，对市场价格波动的风险进行有效管理；

（二）信用风险，建立公允的信用风险管理制度，分别对交易对手、经纪人、中介机构和投资品种的信用风险进行有效的评估和防范；

（三）利率、汇率风险，建立必要的利率、汇率风险管理制度，对利率、汇率风险进行有效的评估和管理；

（四）流动性风险，建立合理的流动性评价标准和管理策略，结合负债的流动性要求有效地管理流动性风险；

（五）操作风险，建立严密的内部控制机制，消除因人为错误、系统失灵和内部控制的缺陷所产生的操作风险，保障保险资金运用风险控制体系有序规范运行；

（六）违法违规风险，建立规范的合规性审查制度，保险资金运用合同等相关文件的起草、修改或签订应有法律专业人士独立审查和参与。保险资金运用的各环节必须内含合规性审查程序。

第四十二条 保险公司和保险资产管理公司应借鉴国际先进的风险管理理论和风险管理技术，进行资产管理、制定资产管理策略，通过对所持有资产的风险价值的评估和计量，对投资组合进行调整，以分散和规避保险资金运用风险。

第四十三条 保险公司和保险资产管理公司应加强对保险资金运用各类文件档案，包括各种会议记录与决议、投资决策记录、投资指令记录、交易记录、经营协议、客户资料、凭证账表以及规章制度等的分类管理和妥善保管。

第四十四条 保险公司和保险资产管理公司应根据《保险业重大突发事件应急处理规定》，建立保险资金运用业务重大突发事件应急报告制度，制定应急预案，防止由于保险资金运用过程中的重大突发事件导致保险公司出现重大的偿付能力危机。

第四十五条 保险公司和保险资产管理公司应建立合理的保险资金运用业绩评价体系，将投资收益和风险纳入评价体系进行综合考核。

第五节 信息技术系统管理

第四十六条 保险公司和保险资产管理公司应按照《保险公司内部控制制度建设指导原则》有关信息系统控制的要求，严格制定保险资金运用信息技术系统的管理制度。

第四十七条 保险资金运用信息技术系统的开发，应注意系统的安全性和保密性，并保证计算机系统的可稽性；保险资金运用信息技术系统投入运行前，应当经过信息、财务、资金运用、风险控制、稽核等部门的联合验收。

第四十八条 保险公司和保险资产管理公司在保险资金运用业务电子化运行过程中，应制定严格的授权、岗位责任、内外网分离、安全防护等管理措施。

软件的使用应充分考虑安全性、可靠性、稳定性和可扩展性，应具备身份验证、访问控制、故障恢复、安全保护、分权制约等功能。数据库和操作系统的密码口令应分别由不同的人员掌管，密码的使用、修改应有严格的控制措施。

第四十九条 有关保险资金运用的信息数据应实行严格的管理，保证信息数据的安全、真实和完整，并能及时、准确地传递到会计等各职能部门。严格计算机交易数据的授权修改程序，并坚持电子信息数据的定期查验制度。

有关保险资金运用信息系统的日志应保证完备性，确保所有修改被完整地记录，确保开启审计留痕功能。

保险资金运用信息系统的日志至少保存15年。

第五十条 建立有关保险资金运用的电子信息数据和日志的即时保存和备份制度，重要数据应异地备份并且长期保存。制定保险资金运用的信息安全应急方案，并定期修订、演练，避免因电子设备、通讯、电力、业务处理系统等发生故障造成投资及交易活动无法正常进行，或由于地震、火灾等不可抗力因素造成重要资料和数据丢失的风险。

第六节 会计核算管理

第五十一条 保险公司和保险资产管理公司应依据《中华人民共和国会计法》、《金融企业会计制度》、《保险公司会计制度》和《保险公司财务制度》等国家有关法律、法规，制定相应的财务会计制度、会计工作操作流程和会计岗位工作手册，加强会计基础工作，提高会计信息质量。

第五十二条 保险资产管理公司受托管理资产的会计核算应独立于自有资产的会计核算，保险资产管理公司的公司会计岗位与受托资产会计岗位不得有人员重叠。

第五十三条 保险公司和保险资产管理公司有关保险资金运用的会计核算应合规、及时、准确、完整，变更会计核算政策应经董事会批准，确保会计核算政策的一贯性。

第五十四条 保险公司和保险资产管理公司应当在岗位分工的基础上明确各会计岗位的职责，需要相互监督的岗位不能由一人独自操作全过程。

第五十五条 保险公司和保险资产管理公司确保会计核算系统的正常运转，应当采取以下会计控制措施：

（一）建立凭证制度，通过凭证设计、登录、传递、归档等一系列管理制度，确保正确记载保险资金运用业务；

（二）建立账务组织和账务处理体系，正确设置会计账簿，有效控制会计记账程序；

（三）建立会计复核制度，通过会计复核和业务复核防止产生会计差错。

第五十六条 保险公司和保险资产管理公司应采取合理的估值方法和科学的估值程序，公允反映保险资金所投资的有价证券在估值时点的价值。

第五十七条 保险公司应规范保险资金运用的清算交割程序，及时准确地完成清算。

第五十八条 保险公司和保险资产管理公司应采用实物盘点等措施，定期对现金、银行存款、各种有价证券及其他投资资产进行核对，保证账实相符。

第五十九条 保险公司和保险资产管理公司应制定完善的会计档案保管和财务交接制度，财务部门应妥善保管密押、业务用章、支票等重要凭据和会计档案，严格会计档案的调阅手续，防止会计数据的毁损、散失和泄密。

第六十条 保险公司和保险资产管理公司应建立保险资金运用财务信息报告制度，真实、准确、客观、全面地反映保险资金运用的财务状况和经营成果，并按中国保监会的要求及时编制和上报有关保险资金运用的财务报表和报告。

第七节 人力资源管理

第六十一条 保险公司和保险资产管理公司应建立有效的人力资源管理制度，制定严格的职业道德操守规则，各级保险资金运用管理人员应有足够的风险控制意识，具备与岗位要求相适应的职业操守和专业胜任能力。

第六十二条 保险公司和保险资产管理公司在聘用保险资金运用专业人员时，应高度重视聘用人员的诚信记录，要求聘用人员以恰当形式进行诚信承诺和保密承诺，确保其具有与业务岗位要求相适应的专业能力和道德水准。

第六十三条 保险公司和保险资产管理公司在聘用保险资金运用专业人员时，对于受过刑事处罚、因从事经济活动受过行政处罚或者被金融监管机构认定为市场禁入者，不予聘用。

第六十四条 保险公司和保险资产管理公司的资金运用部门与信息部门、财务部门、风险管理或稽核部门的人员不得相互兼任。

第六十五条 保险公司和保险资产管理公司应建立合理有效的激励约束机制和严格的责任追究制度。

第六十六条 保险公司资金运用部门负责人和保险资产管理公司高级管理人员、重要岗位人员应实行强制休假制度。

第六十七条 保险公司和保险资产管理公司应建立保险资金运用高级管理人员、重要岗位人员的年度述职报告制度及定期谈话制度。

第六十八条 保险公司和保险资产管理公司应建立保险资金运用高级管理人员、重要岗位人员的离任审计制度。保险公司资金运用部门负责人和保险资产管理公司高级管理人员离职，应向中国保监会及时报告，并说明其离职的原因。

第五章 检查、监督与评价

第六十九条 保险公司应有独立于资金运用业务的部门，负责对保险资金运用有关风险控制的执行情况进行检查、评价和报告。

保险资产管理公司应有独立于投资运作的部门，负责对受托管理保险资金和自有资金的运用情况进行检查、评价和报告。

保险公司和保险资产管理公司应对保险资金运用进行全面、系统的内部检查，每年至少进行一次。保险资金运用风险控制的监督检查结果应向董事会报告。

第七十条 保险公司和保险资产管理公司的董事会和经营管理层应重视和支持保险资金运用风险控制监督检查工作，保证监督检查工作的独立性和权威性。对于弄虚作假、违反法律法规和风险控制制度的有关部门和人员，应追究其责任。

第七十一条 保险公司委托保险资产管理公司管理保险资金的，可以向受托管理的保险资产管理公司派驻监督人员，该监督人员代表委托人监督保险资产管理公司履行资产委托管理协议的执行情况，但不得干预保险资产管理公司的正常业务。

第七十二条 保险公司和保险资产管理公司应建立健全保险资金运用风险控制缺陷的纠正与处理机制，应根据保险资金运用风险控制的检查情况和评价结果，提出整改意见和纠正措施，并对落实情况跟踪检查。

第七十三条 保险公司应每年向中国保监会报送《资产负债匹配报告》。资产负债匹配报告应包括战略配置、缺口管理、情景分析、压力测试等方面的内容。如有调整变动，应在董事会形成决议之日起10个工作日内上报。

第七十四条 保险公司和保险资产管理公司应向中国保监会报送资金运用的风险控制制度文本、资产委托管理协议、托管协议以及有关保险资金运用风险控制的监督检查报告。

第七十五条 中国保监会对保险公司和保险资产管理公司的保险资金运用实行动态监管，各公司应根据中国保监会的要求将有关数据与中国保监会的动态监管系统连接。

第七十六条 中国保监会可对保险公司和保险资产管理公司保险资金运用风险控制的建设和执行情况进行检查、监督和评估，也可委托专业中介机构对各公司的风险控制体系进行评估。

第七十七条 中国保监会将把保险资金运用风险控制建设作为确定保险公司和保险资产管理公司资金运用业务范围、对保险公司和保险资产管理公司进行评级的一项重要考核指标和条件。

第七十八条 中国保监会可通过适当方式将对保险公司和保险资产管理公司风险控制的检查、评估情况向社会披露。

第六章 附 则

第七十九条 本指引由中国保监会负责解释和修订。

第八十条 本指引自2004年6月1日起施行。

前次募集资金使用情况专项报告指引

发文号:证监公司字[2001]42号　发文时间:2001—04—10

前次募集资金使用情况专项报告(以下简称“专项报告”)是上市公司新股发行申报材料的必备文件,由具有从事证券期货相关业务资格的会计师事务所向公司董事会出具,至少包括以下内容:

一、出具专项报告的依据

说明专项报告是接受公司董事会委托,根据《上市公司新股发行管理办法》的要求出具。

二、专项报告中应当声明的事项

(一)会计师事务所接受委托,对公司最近一期经审计财务报告截止日前的前次募集资金投入情况进行专项审核。公司董事会的责任是提供真实、合法、完整的实物证据、原始书面材料、副本材料、口头证言以及会计师认为必要的其他证据。

(二)专项报告仅供发行人为本次发行新股之目的使用,不得用作任何其他目的。会计师事务所同意将本专项报告作为发行人申请发行新股所必备的文件,随其他申报材料一起上报。

(三)说明所发表的意见是注册会计师在进行了审慎调查,实施了必要的审核程序的基础上,根据审核过程中所取得的材料做出的职业判断,注册会计师及会计师事务所对本专项报告的真实性、准确性和完整性承担相应的法律责任。

三、专项报告正文内容

(一)说明前次募集资金的数额和资金到位时间。

(二)前次募集资金的实际使用情况:

逐项列举说明前次募集资金实际使用情况。包括(但不限于)实际投资项目、实际投资金额、实际投入时间、完工程度,如投资项目产生收益且能够核算,应说明所产生的收益。若投资项目跨年度投入,应分年度逐一列举。

将上述募集资金实际使用情况与招股或配股说明书承诺以列表方式做逐项对照,并说明所投入项目、投资金额是否按承诺执行。如存在差异,应说明差异内容。如投资项目的实际收益低于招股或配股说明书中承诺收益的20%(含20%)以上,应予以特别说明,并对董事会陈述的差异原因进行核验。投资项目有变更的,说明变更项目名称、涉及金额、变更程序、批准单位及披露情况。

将上述募集资金实际使用情况与涉及公司各年度报告(中期报告)和其他信息披露文件中披露的有关内容做逐项对照,并说明披露内容与审核结果是否存在差异。如有差异,应详细说明差异内容。

将上述募集资金实际使用情况与董事会《关于前次募集资金使用情况的说明》内容做逐项对照,并说明二者是否存在差异。如有差异,应详细说明差异内容。

(三)前次募集资金未全部使用的,应说明未使用的资金数额、占所募集资金总额的比例、未全部使用的原因以及公司是否已作出相关的安排。

(四)专项报告的结论性意见:表述董事会说明、有关信息披露文件中关于前次募集资金使用情况的披露与实际使用情况完全相符、基本相符、基本不相符或完全不相符。

四、专项报告的签署

专项报告应由会计师事务所盖章及两名注册会计师的签名,并注明签署日期。

境外上市公司董事会秘书工作指引

发文号:证监发行字[1999]39号　发文时间:1999—04—08

为了促进境外上市公司(以下简称“公司”)规范运作,充分发挥董事会秘书的作用,加强对董事会秘书工作的指导,根据《国务院关于股份有限公司境外募集股份及上市的特别规定》、《到境外上市公司章程必备条款》等有关境外发行上市法规和规则,并参照境内外有关董事会秘书管理办法,现就公司董事会秘书工作提出如下要求:

第一章　董事会秘书的地位、主要任务及任职资格

第一条　董事会秘书是公司高级管理人员,承担法律、法规及公司章程对公司高级管理人员所要求的义务,享有相应的工作职权,并获取相应的报酬。

第二条　董事会秘书的主要任务是协助董事处理董事会的日常工作,持续向董事提供、提醒并确保其了解境内外监管机构有关公司运作的法规、政策及要求,协助董事及经理在行使职权时切实履行境内外法律、法规、公司章程及其他有关规定;负责董事会、股东大会文件的有关组织和准备工作,作好会议记录,保证会议决策符合法定程序,并掌握董事会决议执行情况;负责组织协调信息披露,协调与投资者关系,增强公司透明度;参与组织资本市场融资;处理与中介机构、监管部门、媒体的关系,搞好公共关系。

第三条　公司董事会秘书应具备境外上市的专业知识和有关法律法规知识,原则上应懂外语,熟悉公司经营情况和行业知识,掌握履行其职责所应具备的相关知识,具备良好的个人品质和职业道德,具有较强的公关能力和协调能力。

第四条　董事会秘书必须符合境外监管机构及有关上市规则的要求。应具有大学专科以上学历,具有3年以上从事金融或财务审计、工商管理或法律等方面的工作经历,参加过中国证监会及其他机构组织的董事会秘书任职资格培训并考核合格。

具有《到境外上市公司章程必备条款》第112条规定情形之一的自然人不得担任董事会秘书。

第五条　公司董事会聘任董事会秘书前应报中国证监会备案,应予公开披露。备案的主要资料包括:(1)董事会秘书的履历、学历证明(复印件)、相关工作经历;(2)有关培训及任职资格证书;(3)董事会出具的董事会秘书聘任文件;(4)监管部门要求的其他资料。

第六条　公司董事会秘书原则上应由专职人员担任。如果公司董事或其他高级管理人员兼任,必须保证能有足够的精力和时间承担董事会秘书的职责。公司总经理(不含副职)、财务负责人不得兼任董事会秘书。

第二章　董事会秘书的职权范围

第七条　组织筹备董事会会议和股东大会,准备会议文件,安排有关会务,负责会议记录,保障记录的准确性,保管会议文件和记录,主动掌握有关决议的执行情况。对实施中的重要问题,应向董事会报告并提出建议。

第八条　为强化公司董事会的战略决策和导向功能,董事会秘书应确保公司董事会决策的重大事项严格按规定的程序进行。根据董事会要求,参加组织董事会决策事项的咨询、分析,提出相应的意见和建议。受委托承办董事会及其有关委员会的日常工作。

第九条　董事会秘书作为公司与证券监管部门的联络人,负责组织准备和及时递交监管部门所要求的文件,负责接受监管部门下达的有关任务并组织完成。

第十条　负责协调和组织公司信息披露事宜,建立健全有关信息披露的制度,参加公司所有涉及信息披露的有关会议,及时知晓公司重大经营决策及有关信息资料。

第十一条　负责公司股价敏感资料的保密工作,并制定行之有效的保密制度和措施。对于各种原因引致公司股价敏感资料外泄,要采取必要的补救措施,及时加以解释和澄清,并通告境外上市地监管机构及中国证监会。

第十二条　负责协调组织市场推介,协调来访接待,处理投资者关系,保持与投资者、中介机构及新闻媒体的联系,负责协调解答社会公众的提问,确保投资人及时得到公司披露的资料。组织筹备公司境

内外推介宣传活动，对市场推介和重要来访等活动形成总结报告，并组织向中国证监会报告有关事宜。

第十三条 负责管理和保存公司股东名册资料、董事名册、大股东的持股数量和董事股份的记录资料，以及公司发行在外的债券权益人名单。可以保管公司印章，并建立健全公司印章的管理办法。

第十四条 协助董事及经理在行使职权时切实履行境内外法律、法规、公司章程及其他有关规定。在知悉公司作出或可能作出违反有关规定的决议时，有义务及时提醒，并有权如实向中国证监会及其他监管机构反映情况。

第十五条 协调向公司监事会及其他审核机构履行监督职能提供必须的信息资料，协助做好对有关公司财务主管、公司董事和经理履行诚信责任的调查。

履行董事会授予的其他职权以及境外上市地要求具有的其他职权。

第三章　董事会秘书的法律责任

第十六条 董事会秘书对公司负有诚信和勤勉的义务，应当遵守公司章程，忠实履行职责，维护公司利益，不得利用在公司的地位和职权为自己谋私利。董事会秘书在需要把部分职责交与他人行使时，必须经董事会同意，并确保所委托的职责得到依法执行，一旦发生违法行为，董事会秘书应承担相应的责任。中国证监会对董事会秘书的工作，可给予或建议给予必要的鼓励或处分。

第十七条 董事会秘书在任职期间出现下列情形之一时，董事会应终止对其聘任：(1)未能履行有关职责和义务，对公司造成重大损失；(2)在执行职务时违反法律、法规、公司章程及其他有关规定，造成严重后果或恶劣影响；(3)泄露公司机密，造成严重后果或恶劣影响；(4)监管机构认为其不具备继续出任董事会秘书的条件；(5)董事会认定的其他情形。中国证监会对董事会秘书的工作可给予或建议给予必要的鼓励或处分。

第十八条 被解聘的董事会秘书离任前应接受公司监事会的离任审查，并在公司监事会的监督下，将有关档案材料、尚未了结的事务、遗留问题，完整移交给继任的董事会秘书。董事会秘书在离任时应签订必要的保密协议，履行持续保密义务。

第四章　其　他

第十九条 公司董事、经理及公司内部有关部门要支持董事会秘书依法履行职责，在机构设置、工作人员配备以及经费等方面予以必要的保证。公司各有关部门要积极配合董事会秘书工作机构的工作。

第二十条 公司不得无故解聘董事会秘书，董事会秘书的变动必须事先报中国证监会备案并通知境外上市地有关监管机构。公司董事会终止聘任前任董事会秘书的同时，须按规定的程序和手续重新聘任董事会秘书。

第二十一条 本指引由中国证监会负责解释或补充修订。

关于发布《超额配售选择权试点意见》的通知

发文号：证监发[2001]112号　发文时间：2002—09—04

为促进股票发行制度的市场化，控制股票发行风险，规范主承销商在上市公司向全体社会公众发售股票(以下简称“增发”)中行使超额配售选择权的行为，根据有关法律、法规的规定，制定本试点意见。

一、本试点意见所称超额配售选择权，是指发行人授予主承销商的一项选择权，获此授权的主承销商按同一发行价格超额发售不超过包销数额15%的股份，即主承销商按不超过包销数额115%的股份向投资者发售。在本次增发包销部分的股票上市之日起30日内，主承销商有权根据市场情况选择从集中竞价交易市场购买发行人股票，或者要求发行人增发股票，分配给对此超额发售部分提出认购申请的投资者。

二、中国证券监督管理委员会(以下简称“中国证监会”)依法对主承销商行使超额配售选择权进行监督管理。

证券交易所对超额配售选择权的行使过程进行实时监控。

三、发行人计划在增发中实施超额配售选择权的，应当提请股东大会批准，因行使超额配售选择权所发行的新股为本次增发的一部分。

发行人应当披露因行使超额配售选择权而可能增发股票所募集资金的用途，并提请股东大会批准。

四、拟在增发中实施超额配售选择权的主承销商，应当向中国证监会提供充分依据，说明公司已建立完善的内部控制，遵循内部防火墙原则，并由专人负责内部监察工作。

中国证监会认为必要时，可以对主承销商进行实地检查。

五、主承销商与发行人签订的承销协议中，应当明确发行人对主承销商行使超额配售选择权的授权，以及主承销商包销和行使超额配售选择权的责任。

有关超额配售选择权的实施方案应当在增发招股说明书(包括招股意向书和招股说明书)中予以披露。

六、在实施增发前，主承销商应当向证券登记结算机构申请开立专门用于行使超额配售选择权的帐户，并向证券交易所和证券登记结算机构提交授权委托书及授权代表的有效签字样本。

主承销商行使超额配售选择权所涉及的开户、清算、交收等事项，应当按照证券交易所和证券登记结算机构的相关规则办理。

七、主承销商在决定行使超额配售选择权时，应当保证仅对参与本次发行申购且与本次发行无特殊利益关系的机构投资者做出延期交付股份的安排。

在前款所述投资者预先付款并同意推迟股份交收的情况下，主承销商可以在征集认购意向时，与其达成预售拟行使超额配售选择权所对应股份的协议，并将该协议报证券登记结算机构备案。

八、在超额配售选择权行使期内，如果发行人股票的市场交易价格低于发行价格，主承销商用超额发售股票获得的资金，按不高于发行价的价格从集中竞价交易市场购买发行人的股票，分配给提出认购申请的投资者；如果发行人股票的市场交易价格高于发行价格，主承销商可以根据授权要求发行人增发股票，分配给提出认购申请的投资者，发行人获得发行此部分新股所募集的资金。

超额配售选择权的行使限额，即主承销商从集中竞价交易市场购买的发行人股票与要求发行人增发的股票之和，应当不超过本次增发包销数额的15%。

九、在超额配售选择权行使期内，由主承销商指定的授权代表负责行使超额配售选择权及股票的配售。

主承销商行使超额配售选择权，可以根据市场情况一次或分次进行，从集中竞价交易市场购买发行人股票所发生的费用由主承销商承担。

十、主承销商应当将预售股份取得的资金存入其在商业银行开设的独立帐户。除包销以外，主承销商在发行承销期间，不得运用该帐户资金外的其他资金或通过他人买卖发行人上市流通的股票。

证券登记结算机构有权对该帐户资金的使用情况进行监察。

十一、超额配售选择权行使期届满或累计行使数额达到超额配售选择权行使限额时，主承销商应当在两个工作日内向证券交易所和证券登记结算机构提出申请并提供相关材料，将超额配售选择权帐户上的所有股份配售给接受延期交付安排的投资者。

十二、超额配售选择权行使完成后，本次发行的新股按以下公式计算：

本次发行的新股数量 = 发行包销股份数量 + 超额配售选择权累计行使数量 — 主承销商从集中竞价交易市场购买发行人股票的数量

十三、主承销商应当在超额配售选择权行使完成后的五个工作日内，通知相关银行将应付给发行人的资金(如有)支付给发行人，应付资金按以下公式计算：

发行人因行使超额配售选择权的筹资额 = 发行价 X(超额配售选择权累计行使数量 — 主承销商从集中竞价交易市场购买发行人股票的数量)— 因行使超额配售选择权而发行新股的承销费用

十四、发行人在包销数额内的新股发行完成后，应当发布股份变动公告；在实施超额配售选择权所涉及的股票发行验资工作完成后的三个工作日内，应当再次发布股份变动公告；在全部发行工作完成后，发行人还应当按照有关规定办理相关的工商变更登记手续。

十五、在超额配售选择权行使完成后的三个工作日内，主承销商应当在中国证监会指定报刊披露以下有关超额配售选择权的行使情况：

（一）因行使超额配售选择权而发行的新股数量；如未行使，应当说明原因；

（二）从集中竞价交易市场购买发行人股票的数量及所支付的总金额、平均价格、最高与最低价格；

（三）发行人本次增发股份总量；

（四）发行人本次筹资总金额。

十六、主承销商应当保留行使超额配售选择权的完整记录。在全部发行工作完成后15个工作日内，主承销商应当将超额配售选择权的行使情况及其内部监察报告报中国证监会和证券交易所备案。

十七、首次公开发行股票公司试行超额配售选择权的，参照本试点意见执行。

十八、本试点意见自发布之日起施行。

关于进一步提高上市公司财务信息披露质量的通知

发文号：证监会计字[2004]1号　发文时间：2004—01—06

各上市公司、会计师事务所：

最近，上市公司财务信息披露暴露出一些较为严重的问题，为真实、公允地反映上市公司的财务状况和经营成果，促进证券市场健康发展，现就上市公司财务信息披露提出以下几点要求：

一、关于各项损失准备的计提

上市公司应建立、健全有关应收款项坏账准备、短期投资跌价准备、存货跌价准备、长期投资减值准备、委托贷款减值准备、固定资产减值准备、无形资产减值准备、在建工程减值准备等各项资产减值准备计提和损失处理的内部控制制度，对公司各项资产的潜在损失作出适当估计，并根据有关会计准则和制度的规定，计提必要的准备并作相应会计处理。公司经理层应按董事会的要求提供书面材料，详细说明损失估计及会计处理的具体方法、依据、数额；需要核销相关项目的，公司经理层还应向董事会提供被核销方的财务状况或法院裁决结果等具体核销依据，董事会应对上述事项做出专门决议，并在定期报告中公布所核销项目的催讨情况等。公司监事会应切实履行监督职能，对董事会的决议提出专门意见，并形成决议。损失准备和核销金额巨大的，还应按照证券交易所股票上市规则和公司章程对投资权限的有关规定提交股东大会批准。损失准备和核销涉及关联交易的，董事会或股东大会应按照证券交易所股票上市规则和公司章程对关联交易的有关规定履行决策程序。

上市公司不得为粉饰财务状况和经营成果，利用资产减值及会计估计变更调节各期利润。不得利用资产减值准备的机会"一次亏足"，在前期巨额计提后大额转回，随意调节利润；也不得不计提或少计提关联方欠款可能发生的坏账损失；不得随意变更计提方法和计提比例。如果公司滥用各项损失准备的计提、转回调节利润，有关责任人应承担相应的责任。

注册会计师在审计中应根据独立审计准则的要求，以应有的职业谨慎态度实施审计，获取充分、适当的审计证据，对上市公司所作的会计估计和处理是否适当作出实质性的判断，并恰当地表示审计意见。不能以强调事项代替发表意见，混淆会计报表错报与审计范围受到限制的概念。当公司计提减值准备的方法、比例发生变更时，应充分关注变更的理由及其对公司财务状况和经营成果的影响，并恰当地表示审计意见。当变更理由不合理或不充分，公司董事会又不接受纠正建议的，注册会计师应当考虑对审计意见的影响。

二、关于关联方关系及关联交易价格的公允性

上市公司关联交易的价格与交易对象的帐面价值或其市场通行价格存在较大差异，且对公司财务状况和经营成果产生重大影响的，董事会应对定价依据等作出充分披露，并按照证券交易所股票上市规则的有关规定履行必要的程序。

上市公司不得利用与关联方之间显失公允的交易调节利润，在核算时违背有关会计准则和制度的规定；不得将关联方交易非关联化，掩盖实质上的关联方关系及交易，逃避关联方关系及交易的披露，调节利润。如果公司存在利用关联方交易调节利润的情形，有关责任人应承担相应的责任。

注册会计师在审计中应对关联交易的真实性、合法性、有效性，交易价格的公允性，信息披露的充分性与准确性予以适当的关注，并恰当地表示审计意见。尤其要关注关联方关系非关联化问题，对于与非正常业务关系单位或个人发生的偶发性或重大交易，缺乏明显商业理由的交易，实质与形式明显不符的交易，交易价格、条件、形式等明显异常或显失公允的交易，应当考虑是否为虚构的交易、是否实质上是关联方交易、或该交易背后还有其他安排，并视其重要性程度考虑对审计意见的影响。

三、关于会计差错更正

为了保证经营活动的正常进行，上市公司应建立健全内部稽核制度，保证会计资料的真实、完整。对于日常会计核算中由于抄写错误、会计政策使用上的差错以及会计估计错误等原因造成会计差错，应当根据《企业会计准则—会计政策、会计估计变更和会计差错更正》的规定处理。公司经理层应向董事会提交有关书面材料，详细说明差错的原因、内容和对公司财务状况和经营成果的影响，董事会应对上述事项做出专门决议，并根据有关会计准则和制度的规定，恰当地进行会计处理。公司监事会应切实履行监督职能，对董事会的决议提出专门意见，并形成决议。公司存在会计差错情形的应当按中国证监会的有关规定，以重大事项临时报告的方式及时披露更正后的财务信息。

上市公司不得利用会计差错更正调节利润，如果公司滥用会计差错更正调节利润，有关责任人应承担相应的责任。

注册会计师在审计时应对公司作出的会计差错更正处理与披露，尤其是对会计差错更正的原因予以适当关注，并恰当地表示审计意见。如果发现公司存在滥用会计差错更正的情况，应当要求纠正，公司董事会不接受纠正建议的，注册会计师应当考虑其对审计意见的影响。

四、关于审计范围受到限制

上市公司不得限制注册会计师为确保经审计财务报告质量而依法实施必要的审计程序，不得以节省审计费用等理由限制注册会计师的审计范围。

注册会计师在接受上市公司审计委托时应充分考虑审计范围是否会受到限制。接受委托后，审计范围受到限制而且这种限制会对公司财务状况和经营成果造成较大影响时，注册会计师应根据审计准则和职业道德规范的要求，恰当地表示审计意见，或考虑采取撤出审计等措施。

注册会计师不得在明知公司财务报告严重不合法、不公允，或在未实施必要的审计程序，未取得必要的审计证据情况下，以审计范围受到限制为由，发表不恰当的审计意见。

五、关于重大不确定性

上市公司存在未决诉讼、仲裁、为其他单位提供债务担保、持续经营能力可能存在问题等重大不确定事项时，公司经理层及董事会应根据公司实际情况作出谨慎的判断，并根据有关会计准则和制度及其他法规的规定，进行相应会计处理并作充分披露。公司监事会应切实履行监督职能，对董事会的决议提出专门意见，并形成决议。

上市公司不得以存在重大不确定性为由，对可能承担的损失不予确认和计量，或限制注册会计师实施必要的审计程序。如果公司存在以上行为，导致所披露的财务报告不能如实反映公司的财务状况和经营成果，有关责任人应承担相应的责任。

注册会计师应根据审计准则和其他规范的要求，对公司会计处理和披露情况给予适当关注，并恰当地表示审计意见。不确定事项不等于审计范围受到限制，注册会计师不得为规避自身的风险，而在未实施必要的审计程序，未取得必要的审计证据情况下，以存在重大不确定性为由，发表不恰当的审计意见。

六、关于资产评估事项

拟上市公司和已上市公司对于因设立、变更、改制、资产重组等涉及资产评估事项时，董事会应对评估机构的选聘、评估机构的独立性、评估结论的合理性发表明确意见，并按照中国证监会有关规定披露资产评估事项。评估报告的用途应与其目的一致。资产评估机构和注册评估师应严格按照《资产评估操作规范意见（试行）》的有关规定，明确收益现值法的评估目的，慎重使用收益现值法。使用收益现值法评估的，董事会应对采用的折现率等重要评估参数、预期各年度收益等重要评估依据以及评估结论合理性发表意见，并予披露。独立董事也应对选聘评估机构的程序、评估机构的胜任能力、评估机构的独立性、评估结论的合理性单独发表明确意见，并予披露。上市公司在对各种会计要素进行初次和后续确认计量时，如涉及评估报告数据，应充分考虑评估报告所涉及交易的真实性和合法性、假设的合理性、各种数据的稳定性和可靠性、评估方法的科学性等因素对会计要素确认计量结果的影响，确保公司财务报告能真实反映其财务状况和经营成果。

上市公司不得出于不当动机，要求资产评估机构出具不实的资产评估报告。如果公司要求资产评估机构出具不实的资产评估报告，有关责任人应承担相应的责任。

资产评估机构应恪守职业道德，严格按照评估准则和程序，实事求是地出具评估报告，不得片面追求收入而出具与事实不符的评估报告。资产评估机构应对评估对象所涉及交易、收入、支出、投资等业务的合法性、未来预测的可靠性取得充分证据，充分考虑未来各种可能性发生的概率及其影响，禁止根据不切实际的各种简单假设进行随意的评估。

为防止公司和评估师高估未来盈利能力，并进而高估资产，对使用收益现值法评估资产的，凡未来年度报告的利润实现数低于预测数10％—20％的，公司及其聘请的评估师应在股东大会及指定报刊上作出解释，并向投资者公开道歉；凡未来年度报告的利润实现数低于预测数20％以上的，除要作出公开解释并道歉外，中国证监会将视情况实行事后审查，对有意提供虚假资料，出具虚假资产评估报告，误导投资者的，一经查实，将依据有关法规对公司和评估机构及其相关责任进行处罚。

注册会计师在审核上市公司各种会计要素进行初次和后续确认计量时，应对评估报告所涉及交易的真实性和合法性、假设的合理性，各项数据的稳定性和可靠性、评估方法的科学性，以及会计和披露的合规性等方面给予适当关注，并恰当地表示审计意见。

自本文发布之日起，中国证监会1999年10月10日发布的《关于提高上市公司财务信息披露质量的通知》(证监会计字[1999]17号)同时废止。

关于进一步完善股票发行方式的通知

发文号：证监发行字[1999]94号　发文时间：1999—07—28

为进一步做好股票发行工作，现将有关事项通知如下：

一、公司股本总额在4亿元以下的公司，仍按照《关于股票发行与认购方式的暂行规定》(证监发字[1996]423号)，采用上网定价、全额预缴款或与储蓄存款挂钩的方式发行股票。

二、公司股本总额在4亿元以上的公司，可采用对一般投资者上网发行和对法人配售相结合的方式发行股票。

三、采取对一般投资者上网发行和对法人配售相结合的方式发行股票的公司，须事先向中国证券监督管理委员会(以下简称“证监会”)提出发行方案，经核准后方可实施。发行方案应按《证券法》及本通知的要求，按照“公开、公平、公正”的原则制定。

四、本通知中所称的法人是指在中华人民共和国境内登记注册的除证券经营机构以外的有权购买人民币普通股的法人。法人分为两类，一类是与发行公司业务联系紧密且欲长期持有发行公司股票的法人，称为战略投资者；一类是与发行公司无紧密联系的法人，称为一般法人。与发行公司有股权关系或为同一企业集团的法人不得参加配售。法人不得同时参加配售和上网申购。

五、对战略投资者的配售须符合以下要求：

(一)在对一般法人配售和对一般投资者上网发行前，战略投资者应与发行公司订立配售协议，约定其持股时间不得少于六个月；

(二)在公开募集文件中对战略投资者的主要情况和约定持股数量及持股期间予以披露；

(三)战略投资者发生股权变更时，应于股权变更发生后五天内将变更情况向证券交易所提出书面报告。证券交易所应于收到报告后一天内公告。

六、对法人的配售和对一般投资者的上网发行为同一次发行，须按同一价格进行。股票发行价格可采取以下方法确定：

(一)发行公司和主承销商可制定一个发行价格区间，报证监会核准；

(二)通过召开配售对象问答会等推介方式，了解配售对象的认购意愿，确定最终发行价格；

(三)最终发行价格须确定在经证监会核准的价格区间内(含区间最低价格和最高价格)。最终发行价格确定在价格区间之外的，须报证监会重新核准。

七、采用对一般投资者上网发行和对法人配售相结合的方式发行股票的公司，可选择以下运作方式。

(一)承销期开始前不确定上网发行量，先配售后上网

1.发行公司及主承销商至少在一种由证监会指定的全国性报刊上刊登招股意向书；

2.发行公司及主承销商在招股意向书刊登后，向一般法人预约配售股票，并确定发行价格；

3.发行公司及主承销商在原刊登招股意向书的报刊上刊登招股说明书概要；

4.接受预约配售的一般法人，于主承销商指定的日期内将配售款足额划拨至证券交易所指定的清算银行；

5.发行公司及主承销商在原刊登招股意向书的报刊上刊登发行公告，公布配售情况，明确上网发行时间及发行数量；

6.按照上网定价发行方式的有关规定，利用证券交易所交易系统，对一般投资者进行上网发行。同时完成对法人的配售。

(二)承销期开始前确定上网发行量，配售和上网分别进行

1.发行公司及主承销商至少在一种由证监会指定的全国性报刊上刊登招股意向书；

2.发行价格确定后，发行公司及主承销商在原刊登招股意向书的报刊上刊登招股说明书概要和发行公告，明确配售的数量和时间及上网发行的数量和时间；

3.发行公司及主承销商按确定的时间和股票数量分别对法人配售和对一般投资者上网发行。

八、用于配售部分的股票，不得少于公开发行量的25％、不得多于公开发行量的75％。对每一个配售对象的配售股份不得超过发行公司发行在外的普通股总数的5％，一般不应少于50万股。

九、对一般法人配售的股票，自该公司股票上市之日起三个月后方可上市流通，对战略投资者配售的股票应在配售协议中约定的持股期满后方可上市流通。证券交易所须锁定向法人配售的股份，确保其在约定持股期间内不得上市流通。

十、配售中，申购数量大于原定配售量时，发行公司及主承销商可采取比例配售、抽签等方法进行配售，并应由公证机关对其结果出具公证文书。配售结果须在原刊登招股意向书的报刊上予以公告。

十一、招股意向书的内容与格式，须参照《关于发布公开发行股票信息披露的内容与格式准则第一号〈招股说明书的内容与格式〉的通知》(证监[1997]2号)的附件二〈招股说明书概要〉编制。招股意向书中应补充说明发行方式、发行价格的制定及法人配售的相关事宜。

十二、招股意向书、招股说明书概要、发行公告及其它法律、法规规定的发行募集文件，在由证监会指定的全国性报刊上刊登的同时，还须备置于证券交易所、发行公司及承销团证券公司的各营业网点，以便于投资者随时查阅。发行公司及主承销商还可将上述发行募集文件刊登在电子网络上。现场推介活动可通过电子网络系统上网转播。

十三、所有推介资料为发行募集文件的组成部分。发行公司、主承销商及为该次股票发行出具分析报告等推介资料的其他专业机构和人员，必须严格履行法定职责，保证其所出具文件的真实性、准确性和完整性。

十四、主承销商可聘请一家熟悉配售方式的国际投资银行担任对法人配售工作的技术顾问，予以技术指导。

十五、配售前，发行公司须向证监会出具承诺函，保证在整个配售过程中，发行公司不向参加配售的法人提供任何财务资助和补偿。

十六、发行完毕后，发行公司和主承销商须将配售及上网发行情况书面报告证监会和证券交易所。

十七、参加配售的国有企业和国有资产控股的企业、上市公司及其它法人，其用于认购配售股票的资金来源必须符合国家有关规定，

不得使用银行信贷资金或募股资金认购配售的股票，在参加配售时必须使用以该法人名义开设的股票帐户。

十八、对证券投资基金的配售，按现行有关规定执行。

十九、本通知由证监会负责解释。

二十、本通知自公布之日起实施。

关于对拟发行上市企业改制情况进行调查的通知

发文号：证监发字[1998]259号　发文时间：1998—10—06

各省、自治区、直辖市、计划单列市人民政府，国务院有关部门：

为提高上市公司质量，切实保护投资者利益，促进证券市场健康发展，今后，对拟发行上市企业实行“先改制后发行”的办法。拟发行上市企业改制完成后，须向中国证监会报送改制情况的书面报告。为落实上述要求，我会将在接到书面报告后对企业改制情况进行调查。现就调查的有关内容通知如下：

一、企业的独立运营能力

企业申请公开发行股票除必须达到《公司法》、《股票发行与交易管理暂行条例》等法律、法规、政策规定的条件外，还必须符合以下要求：

（一）人员独立。上市公司的董事长原则上不应由股东单位的法定代表人兼任；经理、副经理等高级管理人员不得在上市公司与股东单位中双重任职；财务人员不能在关联公司兼职；股份公司的劳动、人事及工资管理必须完全独立。

（二）资产完整。企业改制时，主要由拟设立的股份公司使用的生产系统、辅助生产系统和配套设施、工业产权、非专利技术等资产必须全部进入发行上市主体；股份公司应有独立的产、供、销系统，无法避免的关联交易，必须遵循市场公正、公平的原则，股东大会对有关关联交易进行表决时，应严格执行公司章程规定的回避制度；控股股东不得与上市公司从事相同产品的生产经营，以避免同业竞争。

（三）财务独立。股份公司应设立独立的财务部门，建立独立的财务核算体系，具有规范、独立的财务会计制度和对分公司、子公司的财务管理制度；应独立在银行开户，不得与其控股股东共用一个银行帐户；必须依法独立纳税。

二、主承销商的辅导工作

主承销商负责对企业的改制工作进行辅导，辅导工作参照中国证监会《关于对公开发行股票公司进行辅导的通知》（证监发字[1995]138号）的有关规定进行。主承销商在进行辅导时，应特别做好以下工作：

（一）对公司的筹委会成员进行培训，普及有关的证券、法律知识，特别是关于法律责任的规定；

（二）协助公司进行资产重组，重组方案要符合国家有关法律、法规、政策的规定；

（三）协助公司建立、健全财务制度；

（四）协助公司建立规范的法人治理结构；

（五）协调各中介机构，保证改制工作的合法性、规范性。

经我会调查，拟发行上市企业凡已符合改制要求的，方可报送正式申报材料。

关于拟发行股票公司聘用审计机构等问题的通知

发文号：证监发行字[2000]131号　发文时间：2000—09—22

各拟发行股票公司：

为推进股票发行机制的市场化，规范拟发行股票公司的验资、审计、资产评估及信息披露工作，根据《中国证监会股票发行核准程序》和《股票发行上市辅导工作暂行办法》的有关规定，现将有关问题通知如下：

一、今后拟申请发行股票的公司，设立时应聘请有证券从业资格许可证的中介机构承担验资、资产评估、审计等业务。若设立时聘请没有证券从业资格许可证的中介机构承担上述业务的，应在股份公司运行满三年后才能提出发行申请，在申请发行股票前须另聘有证券从业资格许可证的中介机构复核并出具专业报告。

二、拟发行股票公司应根据《公开发行股票公司信息披露的内容与格式准则第一号——招股说明书的内容与格式》的要求披露盈利预测资料。

如果发行人认为提供盈利预测数据将有助于投资人对公司及其所发行的股票做出正确判断，且发行人确信有能力对最近的未来期间的盈利情况作出比较切合实际的预测，则发行人可以在招股说明书中提供盈利预测数据。公司的董事应对盈利预测的结果负责。盈利预测结果完不成的，按相关的规定处理。

如果发行人不披露盈利预测数据，发行人、主承销商、发行人律师应对《公司法》第137条规定的“公司预期利润率可达同期银行存款利率”的发行条件发表意见，并提供和披露有关依据。

本通知自发布之日起实施。

关于上市公司涉及外商投资有关问题的若干意见

发文号：外经贸资发[2001]538号　发文时间：2001—11—05

为了推动境内股票市场的健康发展，规范外商投资股份有限公司上市发行股票和外商投资企业进入股票市场的行为，现提出以下意见：

一、关于外商投资股份有限公司设立。

设立外商投资股份有限公司或现有的外商投资有限责任公司申请转为外商投资股份有限公司，须符合《关于设立外商投资股份有限公司若干问题的暂行规定》（外经贸部令1995年第1号）的要求并按规定程序报外经贸部审批。

二、关于外商投资股份有限公司上市发行股票。

（一）外商投资股份有限公司在境内发行股票（A股与B股）必须符合外商投资产业政策及上市发行股票的要求；

（二）首次公开发行股票并上市的外商投资股份有限公司，除符合《公司法》等法律、法规及中国证监会的有关规定外，还应符合下列条件：

1、申请上市前三年均已通过外商投资企业联合年检；

2、经营范围符合《指导外商投资方向暂行规定》与《外商投资产业指导目录》的要求；

3、上市发行股票后，其外资股占总股本的比例不低于10%；

4、按规定需由中方控股（包括相对控股）或对中方持股比例有特殊规定的外商投资股份有限公司，上市后应按有关规定的要求继续保持中方控股地位或持股比例；

5、符合发行上市股票有关法规要求的其他条件。

（三）外商投资股份有限公司首次公开发行股票并上市，除向中国证监会提交规定的材料外，还应提供通过联合年检的外商投资股份有限公司的批准证书和营业执照；

（四）外商投资股份有限公司首次发行股票后，其增发股票及配股，应符合本条上述第(二)款规定的条件以及增发股票与配股的有关规定；

(五)外商投资股份有限公司首次发行股票及增发或配、送股票完成后，应到外经贸部办理法律文件变更手续。

三、含有B股的外商投资股份有限公司，申请其非上市外资股在B股市场上流通，应在获得外经贸部同意后，向中国证监会报送非上市外资股上市流通的申请方案。

申请非上市外资股上市流通应符合下列条件：

(一)拟上市流通的非上市外资股的持有人持有该非上市外资股的期限超过一年；

(二)非上市外资股转为流通股后，其原持有人继续持有的期限须超过一年；

(三)非上市外资股原持有人依照公司章程、股东协议及其它法律文件对公司的特殊承诺和法律、法规有要求承担特殊义务和责任的，按其承诺或义务执行；

(四)符合上市发行股票有关法规要求的其他条件。

四、外商投资企业(包括外商投资股份有限公司)受让境内上市公司非流通股，应按《外商投资企业境内投资的暂行规定》规定的程序和要求办理有关手续。

暂不允许外商投资性公司受让上市公司非流通股。

五、外商投资股份有限公司境内上市发行股票后外资比例低于总股本25%的，应缴回外商投资企业批准证书，并按规定办理有关变更手续。

外商投资企业受让上市公司的非流通股，导致上市公司(持有外商投资企业批准证书的公司)外资比例低于总股本25%的，该上市公司应缴回外商投资企业批准证书，并按规定办理有关变更手续。

六、符合条件的外商投资企业可以在境外发行股票。

关于证券投资基金参与股票发行申购有关问题的通知

发文号：证监基金字[2002]9号　发文时间：2002－03－12

各基金管理公司：

为进一步加强证券投资基金(以下简称“基金”)监管，促进证券市场规范发展，根据《证券投资基金管理暂行办法》及其他有关规定，现就基金参与股票发行申购的有关问题通知如下：

一、基金管理公司应当以取信于市场，取信于社会投资公众为宗旨，遵循诚实信用原则，按照基金契约的规定，运用基金资产参与股票发行申购。

二、基金管理公司运用基金资产参与股票发行申购，单只基金所申报的金额不得超过该基金的总资产，单只基金所申报的股票数据不得超过拟发行股票公司本次的股票发售总量。

三、各基金管理公司应采取切实有效的措施，保证基金申购股票后，单只基金持有1家公司发行的股票，不得超过该基金资产净值的10%；同一基金管理公司管理的全部基金持1家公司发行的股票，不得超过该公司总股本的10%。

四、各基金管理公司应当完善内控制度和各项决策程序，严格遵守上述规定。

关于禁止证券经营机构申购自己承销股票的通知

发文号：证监机字[1997]4号　发文时间：1997－12－29

各省、自治区、直辖市、计划单列市证管办(证监会)，上海、深圳证券交易所，各证券经营机构：

最近，在新股发行认购过程中，证券经营机构申购自己所承销股票的现象比较普遍。证券经营机构申购自己所承销股票，违反了《股票发行与交易管理暂行条例》第二十四条和《证券经营机构股票承销业务管理办法》第二十四条的规定。为维护股票发行的公正性，进一步规范证券经营机构股票承销行为，现将有关问题通知如下：

1. 各地证管办(证监会)、证券交易所和证券经营机构要严格按照《股票发行与交易管理暂行条例》和《证券经营机构股票承销业务管理办法》的规定领导和组织股票发行工作，切实加强对股票承销过程中申购资金和股东账户的监督和管理。

2. 包括主承销商、副主承销商和分销商在内的所有证券承销机构，在其承销股票的发行过程中不得直接或变相以其他认购人的名义申购自己所承销的股票只能按规定在发行结束后包销剩余的股票。

3. 中国证监会对有申购自己所承销股票行为的证券经营机构，将视情节轻重，给予罚款直至暂停受理其股票承销业务资格申请的处罚。

关于缩短新股发行结束到上市所需时间有关事宜的通知

发文号：证监发[2001]144号　发文时间：2001－11－21

为提高我国证券市场效率，减少市场风险，现就缩短新股(含首次发行和增资发行)发行结束到上市所需时间的有关事宜通知如下：

一、证券交易所和中国证券登记结算有限责任公司沪、深分公司(以下简称证券登记公司)应调整相关运行规则和程序，满足新股发行结束、募股资金到位后在现有法律框架内尽快上市交易的需要，逐步达到该间隔期限一般不超过七个交易日。

新股上市由发行公司申请，具体时间由证券交易所确定。新股发行公司未在证券交易所安排的时间内上市的，主承销商应向投资者公开说明发行公司董事会陈述的理由及预计的上市时间安排。

二、新股发行公司募股资金到位后，证券登记公司应督促主承销商协助发行公司尽快提交股份登记申请，证券交易所应督促新股发行公司尽快提交上市申请。各单位应加强对新股发行公司的指导，方便并协助新股发行公司办理有关事宜。

三、证券登记公司在受理股份登记申请后的两个工作日内完成股份登记手续。

主承销商应协助和督促新股发行公司在发行结束、募股资金到位后的第二天完成验资工作，获得会计师事务所出具的验资报告；协助和督促新股发行公司在新股发行阶段提前准备办理股份登记的申请资料。定向募集公司在原有股份登记手续办妥后，证券交易所方安排其通过交易系统发行新股。

四、新股发行公司按照《证券法》第45条向证券交易所提交的营业执照和按照《证券法》第48条在上市公告书中披露的营业执照，可以是公司新股发行前持有的营业执照。但上市公告书应披露本次新股发行后营业执照变更的有关程序和预计的时间。

五、本通知发布后，证券交易所可以选择若干新股发行公司试运行，并在三个月内逐步适用于全部新股发行。

证券交易所应组织各具有主承销商资格的会员单位认真执行。各单位在实施中如有问题或建议，请及时报告我会。

关于向二级市场投资者配售新股有关问题的通知

发文号：证监发行字[2000]5号　发文时间：2000－02－13

上海、深圳证券交易所，各证券公司：

为了进一步完善股票发行方式，促进证券市场的稳定健康发展，今后将在新股发行中试行向二级市场投资者配售新股的办法。现就有关问题通知如下：

一、基本规则

（一）向二级市场投资者配售新股，是指在新股发行时，将一定比例的新股由上网公开发行改为向二级市场投资者配售，投资者根据其持有上市流通证券的市值和折算的申购限量，自愿申购新股。

（二）投资者持有上市流通证券的市值，是按招股说明书概要刊登前一个交易日收盘价计算的上市流通股票、证券投资基金和可转换债券市值的总和（不含其它品种的流通证券及未挂牌的可流通证券），其中包含已流通但被冻结的高级管理人员持股。

（三）投资者每持有上市流通证券市值10，000元限申购新股1，000股，申购新股的数量应为1，000股的整数倍，投资者持有上市流通证券市值不足10，000元的部分，不赋予申购权；每一股票帐户最高申购量不得超过发行公司公开发行总量的千分之一；每一股票帐户只能申购一次，重复的申购视为无效申购。

投资者申购新股时，无需预先缴纳申购款，但申购一经确认，不得撤销。

（四）证券投资基金按现行有关规定优先配售新股后，不再按其持有上市流通证券的市值配售新股。

（五）证券交易所负责确认投资者的有效申购，并对超额申购、重复申购等无效申购予以剔除。

（六）有效申购量确认后，按以下办法配售新股：

1. 当有效申购总量等于拟向二级市场投资者配售的总量时，按投资者的实际申购量配售；

2. 当有效申购总量小于拟向二级市场投资者配售的总量时，按投资者实际申购量配售后，余额按照承销协议由承销商包销；

3. 当有效申购总量大于拟向二级市场投资者配售的总量时，证券交易所按1000股有效申购量配一个号的规则，对有效申购量连续配号。主承销商组织摇号抽签，投资者每中签一个号配售新股1，000股。

（七）中签的投资者认购新股应缴纳的股款，由证券营业部直接从其资金帐户中扣缴。因投资者认购资金不足，不能认购的新股，视同放弃认购，由主承销商包销，证券营业部或其它投资者不得代为认购。

二、操作程序

（一）T－2刊登招股书概要

发行公司披露新股发行价格、发行方式和拟上市证券交易所。

发行公司拟上市证券交易所根据前一个交易日的收盘价，统计各投资者持有本所上市流通证券的市值。

（二）T－1刊登发行公告

说明按规定向证券投资基金优先配售后，拟向二级市场投资者配售及上网公开发行新股的数量。

证券交易所计算各投资者可申购新股的数量。

（三）T＋0自愿申购

投资者按照其可申购新股的数量，自主委托申购新股。

证券交易所确认有效申购，剔除无效申购，并按有效申购量连续配号后，将配号结果传输给各证券营业部。

（四）T＋1摇号抽签

证券营业部在交易场所的显著位置向投资者公布配号结果。

主承销商在中国证券监督管理委员会（以下简称中国证监会）指定报纸上公布中签率，并在公证机关的监督下组织摇号抽签。

证券交易所将中签号码分别传送给登记公司和证券营业部。

（五）T＋2公布中签结果

证券营业部在交易场所的显著位置张贴中签结果公告。

主承销商在中国证监会指定报纸上公布抽签结果。

（六）T＋3收缴股款

各证券营业部向中签投资者收取新股认购款，将股款集中划入证券交易所的指定帐户，并将投资者认购新股的明细数据报证券交易所。

（七）T＋4交割

证券交易所登记公司进行清算交割和股东登记，并将募集资金划入主承销商指定的帐户。投资者放弃认购的新股，由主承销商包销。

（八）T＋5划款

承销商将募集资金划入发行公司指定帐户。

三、附加说明

（一）向二级市场投资者配售新股的比例，目前暂定为向证券投资基金优先配售后所余发行量的50％，今后根据市场情况调整。

采用向二级市场投资者配售部分新股的办法发行股票时，向二级市场配售与上网公开发行应同时进行（流程见附件）。

（二）投资者同时持有上海、深圳证券交易所上市流通证券的，分别计算市值；各证券交易所的交易系统只根据持有本所上市流通证券的市值配售新股。

（三）证券交易所及其会员单位应抓紧做好技术准备及有关宣传工作，帮助投资者熟悉新的发行方式。要切实维护投资者的合法权益。对在新股申购中侵害投资者权益的行为，中国证监会将依法查处。

（四）本通知自二月二十二日实施。

附件：新股同时向二级市场配售和上网公开发行的流程

附件　**新股同时向二级市场配售和上网公开发行的流程**

日期	向二级市场投资者配售	上网公开发行
T—2	刊登招股书概要交易所计算市值	
T—1	刊登发行公告	
T+0	投资者自主申购，无需缴款 交易所确认有效申购、配号	投资者自主申购，预先缴款
T+1	公布配号结果摇号抽签	冻结资金
T+2	公布中签结果	验资确认有效申购、配号
T+3	收缴股款	公布配号结果摇号抽签
T+4	清算、登记、划款	公布中签结果清算、登记、划款
T+5	主承销商将募集资金 划入发行公司帐户	主承销商将募集资金 划入发行公司帐户

关于向二级市场投资者配售新股有关问题的补充通知

发文号：证监发行字[2002]54号　发文时间：2002－05－20

上海、深圳证券交易所，中国证券登记结算有限责任公司，各具有主承销商资格的证券公司、资产管理公司：

为完善股票发行方式，促进证券市场稳定发展，我会于2000年发布了《关于向二级市场投资者配售新股有关问题的通知》（证监发行字[2000]5号）。以后，由于技术原因，此发行方式一度暂停。经过证券交易所及登记结算机构的努力，按市值配售新股的技术条件已经具备，现就恢复向二级市场投资者配售新股补充通知如下：

一、沪深两市投资者均可根据其持有的上市流通股票的市值自愿申购新股。

二、发行公司及其主承销商采用向二级市场投资者配售方式发行新股的，其基本原则是优先满足市值申购部分，在此前提下，配售比例应在50％至100％之间确定。

三、发行公司及其主承销商在招股意向书刊登后，根据市场情况或累计投标结果确定股票发行价格，并以此价格向二级市场投资者配售。

四、证券投资基金（包括开放式基金）可以参与申购和配售。投资者持有的基金暂不计入市值参与配售。

五、投资者以其持有的股票市值申购新股应当按照上海、深圳证券交易所和中国证券登记结算公司发布的相关规则和程序进行。

六、本通知自发布之日起实施。

关于法人配售股票有关问题的通知

发文号:证监发行字[1999]121号　发文时间:1999年9月8日

1999年7月29日,中国证券监督管理委员会(以下简称“证监会”)发布了《关于进一步完善股票发行方式的通知》(证监发行字[1999]94号,以下简称《通知》),现就法人配售股票有关问题通知如下:

一、国有企业、国有资产控股企业、上市公司所开立的股票帐户,可用于配售股票,也可用于投资二级市场的股票。但在二级市场买入又卖出或卖出又买入同一种股票的时间间隔不得少于6个月。

二、参加配售的国有企业、国有资产控股企业、上市公司及其他法人机构,其用于申购配售股票的资金来源必须符合《通知》第17条的规定。国有企业、国有资产控股企业不得使用从银行及其他金融机构取得的各类长短期贷款、外国政府贷款、外国商业贷款和财政周转金购买配售的股票;上市公司不得使用募股资金和从银行及其他金融机构取得的各类长短期贷款、外国政府贷款、外国商业贷款购买配售的股票;不得非法利用他人账户或资金进行申购,也不得违规融资或帮助他人违规融资申购。

三、公司注册登记在半年以上的法人方具有参加配售的资格。

四、对违反上述规定的法人,证监会将依据《证券法》等有关法律、法规的规定,对其处以没收非法所得、罚款及追究法定代表人责任等处罚。

五、本规定自发布之日起实施。

关于修改《关于进一步完善股票发行方式的通知》有关规定的通知

发文号:证监发行字[2000]32号　发文时间:2000－04－04

各拟公开发行股票公司、各证券公司:

1999年7月28日,中国证券监督管理委员会发布了《关于进一步完善股票发行方式的通知》(证监发行字〔1999〕94号)(以下简称《通知》),并成功地进行了首钢等四家公司股票发行的试点。为进一步扩大对一般投资者上网发行和对法人配售相结合发行方式的适用范围,使发行股票公司能够根据市场情况和自身条件选择适当的发行方式,现决定对《通知》中的有关规定做如下修改:

一、取消《通知》中发行后总股本在4亿元以上的公司方可采用对一般投资者上网发行和对法人配售相结合的方式发行股票的限制。发行后总股本在4亿元以下的公司亦可采取上述方式发行股票。

二、取消《通知》中用于法人配售部分的股票不得少于公开发行量的25%、不得多于公开发行量的75%的限制。发行人和主承销商在充分考虑上市后该股票流动性等因素的基础上,自主确定对法人配售和对一般投资者上网发行的比例。

本通知自发布之日起实施。

关于规范上市公司与关联方资金往来及上市公司对外担保若干问题的通知

发文号:证监发[2003]56号　发文时间:2003－08－28

各上市公司及其控股股东:

为进一步规范上市公司与控股股东及其他关联方的资金往来,有效控制上市公司对外担保风险,保护投资者合法权益,根据《公司法》、《证券法》、《企业国有资产监督管理暂行条例》等法律法规,现就有关问题通知如下:

一、进一步规范上市公司与控股股东及其他关联方的资金往来

上市公司与控股股东及其他关联方的资金往来,应当遵守以下规定:

(一)控股股东及其他关联方与上市公司发生的经营性资金往来中,应当严格限制占用上市公司资金。控股股东及其他关联方不得要求上市公司为其垫支工资、福利、保险、广告等期间费用,也不得互相代为承担成本和其他支出;

(二)上市公司不得以下列方式将资金直接或间接地提供给控股股东及其他关联方使用:

1、有偿或无偿地拆借公司的资金给控股股东及其他关联方使用;

2、通过银行或非银行金融机构向关联方提供委托贷款;

3、委托控股股东及其他关联方进行投资活动;

4、为控股股东及其他关联方开具没有真实交易背景的商业承兑汇票;

5、代控股股东及其他关联方偿还债务;

6、中国证监会认定的其他方式。

(三)注册会计师在为上市公司年度财务会计报告进行审计工作中,应当根据上述规定事项,对上市公司存在控股股东及其他关联方占用资金的情况出具专项说明,公司应当就专项说明作出公告。

二、严格控制上市公司的对外担保风险

上市公司全体董事应当审慎对待和严格控制对外担保产生的债务风险,并对违规或失当的对外担保产生的损失依法承担连带责任。控股股东及其他关联方不得强制上市公司为他人提供担保。

上市公司对外担保应当遵守以下规定:

(一)上市公司不得为控股股东及本公司持股50%以下的其他关联方、任何非法人单位或个人提供担保。

(二)上市公司对外担保总额不得超过最近一个会计年度合并会计报表净资产的50%。

(三)上市公司《章程》应当对对外担保的审批程序、被担保对象的资信标准做出规定。对外担保应当取得董事会全体成员2/3以上签署同意,或者经股东大会批准;不得直接或间接为资产负债率超过70%的被担保对象提供债务担保。

(四)上市公司对外担保必须要求对方提供反担保,且反担保的提供方应当具有实际承担能力。

(五)上市公司必须严格按照《上市规则》、《公司章程》的有关规定,认真履行对外担保情况的信息披露义务,必须按规定向注册会计师如实提供公司全部对外担保事项。

(六)上市公司独立董事应在年度报告中,对上市公司累计和当期对外担保情况、执行上述规定情况进行专项说明,并发表独立意见。

三、加大清理已发生的违规占用资金和担保事项的力度

(一)上市公司应自本《通知》发布之日起一个月内,按照本《通知》规定,对上市公司与控股股东及其他关联方已经发生的资金往来、资金占用以及对外担保情况进行自查。

自查报告应在规定期限内上报公司所在地中国证监会派出机构备案，经各地派出机构审核或检查后，应在最近一期年度报告中作为重大事项予以披露。

（二）国有资产监督管理机构应当指导和协调国有控股上市公司解决违规资金占用、关联担保问题，要求有关控股股东尊重、维护上市公司经营自主权和合法权益，促进上市公司依法经营管理，完善法人治理结构，增强上市公司的市场竞争力。

（三）上市公司董事会应当针对历史形成的资金占用、对外担保问题，制定切实可行的解决措施，保证违反本《通知》规定的资金占用量、对外担保形成的或有债务，在每个会计年度至少下降30%。

（四）上市公司被关联方占用的资金，原则上应当以现金清偿。在符合现行法律法规的条件下，可以探索金融创新的方式进行清偿，但需按法定程序报有关部门批准。

（五）严格控制关联方以非现金资产清偿占用的上市公司资金。关联方拟用非现金资产清偿占用的上市公司资金，应当遵守以下规定：

1、用于抵偿的资产必须属于上市公司同一业务体系，并有利于增强上市公司独立性和核心竞争力，减少关联交易，不得是尚未投入使用的资产或没有客观明确账面净值的资产。

2、上市公司应当聘请有证券期货相关业务资格的中介机构对符合以资抵债条件的资产进行评估，以资产评估值或经审计的账面净值作为以资抵债的定价基础，但最终定价不得损害上市公司利益，并充分考虑所占用资金的现值予以折扣。

审计报告和评估报告应当向社会公告。

3、独立董事应当就上市公司关联方以资抵债方案发表独立意见，或者聘请有证券期货相关业务资格的中介机构出具独立财务顾问报告。

4、上市公司关联方的以资抵债方案应当报中国证监会批准。中国证监会认为以资抵债方案不符本《通知》规定，或者有明显损害公司和中小投资者利益的情形，可以制止该方案的实施。

5、上市公司关联方以资抵债方案须经股东大会审议批准，关联方股东应当回避投票。

四、依法追究违规占用资金和对外担保行为的责任

（一）中国证监会与国务院国有资产监督管理委员会（以下简称“国资委”）等部门加强监管合作，共同建立规范国有控股股东行为的监管协作机制，加大对违规占用资金和对外担保行为的查处力度，依法追究相关当事人的法律责任。

（二）上市公司及其董事、监事、经理等高级管理人员违反本《通知》规定，中国证监会将责令整改，依法予以处罚，并自发现上市公司存在违反本《通知》规定行为起12个月内不受理其再融资申请。

（三）上市公司控股股东违反本《通知》规定或不及时清偿违规占用上市公司资金的，中国证监会不受理其公开发行证券的申请或其他审批事项，并将其资信不良记录向国资委、中国银行业监督管理委员会和有关地方政府通报。

国有控股股东违反本《通知》规定的，国有资产监督管理机构对直接负责的主管人员和直接责任人依法给予纪律处分，直至撤销职务；给上市公司或其他股东利益造成损失的，应当承担相应的赔偿责任。非国有控股股东直接负责的主管人员和直接责任人违反本《通知》规定的，给上市公司造成损失或严重损害其他股东利益的，应负赔偿责任，并由相关部门依法处罚。构成犯罪的，依法追究刑事责任。

五、其他

本《通知》所称“关联方”按财政部《企业会计准则——关联方关系及其交易的披露》规定执行。纳入上市公司合并会计报表范围的子公司对外担保、与关联方之间进行的资金往来适用本《通知》规定。

六、本通知自发布之日起施行。

关于要约收购涉及的被收购公司股票上市交易条件有关问题的通知

发文号：证监公司字[2003]16号　发文时间：2003－05－20

上海、深圳证券交易所，各上市公司：

根据《公司法》、《证券法》及《上市公司收购管理办法》的相关规定，现就收购人要约收购所涉及的被收购公司股票上市交易条件有关问题通知如下：

一、要约收购的期限届满，被收购公司的股权分布不符合《公司法》规定的上市条件，且收购人以终止被收购公司股票上市交易为目的的，被收购公司的股票应当在证券交易所终止上市交易。

二、要约收购的期限届满，收购人不以终止被收购公司股票上市交易为目的的，被收购公司股票交易按以下情形分别处理：

（一）被收购公司的股权分布符合《公司法》规定的上市条件的，其上市地位不受影响；

（二）被收购公司的股权分布不符合《公司法》规定的上市条件的，收购人应当提出维持被收购公司上市地位的具体方案，并在要约期满六个月后的一个月内实施，使被收购公司股权分布重新符合上市条件；

要约收购的期限届满至前述方案实施完毕之前，证券交易所对被收购公司股票交易实行“警示存在终止上市风险的特别处理”（即“退市风险警示”）；

（三）收购人持股比例超过被收购公司总股本90%的，收购人应当按照第（二）项的规定，提出并在规定的期限内实施维持被收购公司上市地位的具体方案；被收购公司应当向证券交易所提出被收购公司股票暂停上市交易的申请，证券交易所根据被收购公司股权分布及实际情况酌情做出决定；

（四）收购人按照前述方案实施完毕后，证券交易所根据被收购公司的申请及收购人实施方案情况，做出撤销退市风险警示或者恢复上市交易的决定；收购人未在规定期限内将前述方案实施完毕的，被收购公司应当依法终止上市。

三、收购人应当在要约收购报告书中完整披露其根据本通知所提出的方案并充分揭示相关风险。

收购人在规定的期限内实施其维持被收购公司上市地位方案后，应当及时履行信息披露义务。

四、其他法律、法规及中国证监会对外商收购上市公司有特殊规定的，收购人还须遵守其规定。

关于上市公司临时公告及相关附件报送中国证监会派出机构备案的通知

发文号：证监公司字[2003]7号　发文时间：2003－03－20

各上市公司：

为进一步规范上市公司临时公告及相关附件的报送范围，加强中国证监会各地派出机构对上市公司的监管，根据《中华人民共和国证券法》第六十二条、第六十五条规定，现就上市公司临时公告及相关附件的报送问题通知如下：

一、各上市公司履行信息披露义务时，应当立即向证券交易所提交临时公告及相关附件，并自该公告刊登之日起3日内，以送达或邮寄方式将上述全部材料报送当地中国证监会派出机构备案。

二、对于证券交易所在临时公告事后审查中要求上市公司补充的其他材料，上市公司应当自报送证券交易所之日起 3 日内，以送达或邮寄方式将上述全部材料报送当地中国证监会派出机构备案。

三、上述材料报送如采用邮寄方式，以当地寄出邮戳时间为准。

关于上市公司聘用、更换会计师事务所(审计事务所)有关问题的通知

发文号：证监公司字[1996]1 号　发文时间：1996—07—29

上海证券交易所、深圳证券交易所、各上市公司：

为加强对证券市场的监管，保证上市公司(以下简称公司)财务会计信息的真实性、连续性，维护注册会计师的合法地位，支持会计师事务所(审计事务)依法公正执业，现就公司聘用、更换会计师事务所(审计事务所)的有关问题作如下规定：

一、公司应聘用取得“从事证券相关业务许可证”的会计师事务所(审计事务所)进行会计报表审计、净资产验证及其他相关的咨询服务等业务，聘期一年，可以续聘。

二、公司聘用会计师事务所(审计事务所)应当由公司股东大会决定，任何部门和个人都不得擅自指定或强迫公司聘用其推荐的会计师事务所(审计事务所)。

三、经聘用的会计师事务所(审计事务所)享有下列权力：

(一)随时查阅公司的帐簿、记录和凭证，并有权要求公司的董事、经理或者其他高级管理人员提供有关的资料和说明；

(二)要求公司采取一切合理措施，提供其子公司必要的资料和说明；

(三)列席股东大会，得到股东大会的通知或者与股东大会有关的其它信息，在股东大会上就涉及其作为公司聘用的会计师事务所(审计事务所)的事宜发言。

四、公司解聘或者不再续聘会计师事务所(审计事务所)由股东大会作出决定，并在有关的报刊上予以披露，必要时说明更换原因，并报中国证监会和中国注册会计师协会备案。

五、公司解聘或者不再续聘会计师事务所(审计事务所)，应当事先通知会计师事务所(审计事务所)，会计师事务所(审计事务所)有权向股东大会陈述意见。会计师事务所(审计事务所)认为公司对其解聘或者不再续聘理由不当的，可以向中国证监会和中国注册会计师协会提出申诉。中国证监会和中国注册会计师协会认为会计师事务所(审计事务所)申诉理由成立，可建议股东大会予以考虑。会计师事务所(审计事务所)提出辞聘的，应当向股东大会说明公司有无不当情事。

六、继任会计师事务所(审计事务所)应向前任会计师事务所(审计事务所)和公司了解更换会计师事务所(审计事务所)的原因。如果继任会计师事务所(审计事务所)了解到公司无正当理由解聘或不再续聘前任会计师事务所(审计事务所)，则不应接受委托。前任会计师事务所(审计事务所)对继任会计师事务所(审计事务所)应予以协助，必要时提供有关工作底稿。

为加强对证券市场的监管，保证上市公司(以下简称公司)财务会计信息的真实性、连续性，维护注册会计师的合法地位，支持会计师事务所(审计事务所)依法公正执业，现就公司聘用、更换会计师事务所(审计事务所)的有关问题作如下规定：

一、公司应聘用取得“从事证券相关业务许可证”的会计师事务所(审计事务所)进行会计报表审计、净资产验证及其他相关的咨询服务等业务，聘期一年，可以续聘。

二、公司聘用会计师事务所(审计事务所)应当由公司股东大会决定，任何部门和个人都不得擅自指定或强迫公司聘用其推荐的会计师事务所(审计事务所)。

三、经聘用的会计师事务所(审计事务所)享有下列权力：

(一)随时查阅公司的帐簿、记录和凭证，并有权要求公司的董事、经理或者其他高级管理人员提供有关的资料和说明；

(二)要求公司采取一切合理措施，提供其子公司必要的资料和说明；

(三)列席股东大会，得到股东大会的通知或者与股东大会有关的其它信息，在股东大会上就涉及其作为公司聘用的会计师事务所(审计事 务所)的事宜发言。

四、公司解聘或者不再续聘会计师事务所(审计事务所)由股东大会作出决定，并在有关的报刊上予以披露，必要时说明更换原因，并报中国证监会和中国注册会计师协会备案。

五、公司解聘或者不再续聘会计师事务所(审计事务所)，应当事先通知会计师事务所(审计事务所)，会计师事务所(审计事务所)有权向股东大会陈述意见。会计师事务所(审计事务所)认为公司对其解聘或者不再续聘理由不当的，可以向中国证监会和中国注册会计师协会提出申诉。中国证监会和中国注册会计师协会认为会计师事务所(审计事务所)申诉理由成立，可建议股东大会予以考虑。会计师事务所(审计事务所)提出辞聘的，应当向股东大会说明公司有无不当情事。

六、继任会计师事务所(审计事务所)应向前任会计师事务所(审计事务所)和公司了解更换会计师事务所(审计事务所)的原因。如果继任会计师事务所(审计事务所)了解到公司无正当理由解聘或不再续聘前任会计师事务所(审计事务所)，则不应接受委托。前任会计师事务所(审计事务所)对继任会计师事务所(审计事务所)应予以协助，必要时提供有关工作底稿。

关于加强对上市公司董事、监事、经理持有本公司股份管理的通知

证监发字[1996]54 号　发文时间：1996—04—22

各上市公司：

为贯彻和执行《公司法》，规范上市公司董事、监事、经理持有本公司股份的行为，现将有关事项通知如下：

一、上市公司董事、监事、经理在任期内不得转让其持有的本公司股份，包括由于公司送配股而增加的股份。

二、各上市公司须在定期报告(中期报告、年度报告)中报告公司董事、监事、经理持有本公司股份的情况，包括持股数量、变动情况、变动原因等。

三、上市公司董事、监事、经理在离职六个月后方可出售自己所持有的本公司股份。

四、证券交易所须采取必要的技术性措施，对上市公司董事、监事、经理持有的本公司股份进行锁定；对离职六月后欲出售持股份的，须由公司董事会向证券交易所提供其不再任职的证明。

五、本通知自发布之日起执行。

关于上市公司重大购买、出售、置换资产若干问题的通知

发文号：证监公司字[2001]105号　发文时间：2001—12—10

各证券监管办公室、办事处、特派员办事处，上海、深圳证券交易所，各上市公司：

为进一步规范上市公司重大购买、出售、置换资产行为，维护证券市场秩序，保护投资者合法权益，现就有关问题通知如下：

一、本通知所称"上市公司重大购买、出售、置换资产的行为"，是指上市公司购买、出售、置换资产达到下列标准之一的情形：

（一）购买、出售、置换入的资产总额占上市公司最近一个会计年度经审计的合并报表总资产的比例达50%以上；

（二）购买、出售、置换入的资产净额（资产扣除所承担的负债）占上市公司最近一个会计年度经审计的合并报表净资产的比例达50%以上；

（三）购买、出售、置换入的资产在最近一个会计年度所产生的主营业务收入占上市公司最近一个会计年度经审计的合并报表主营业务收入的比例达50%以上。

上市公司在12个月内连续对同一或相关资产分次购买、出售、置换的，以其累计数计算购买、出售、置换的数额。

二、上市公司已在招股说明书或配股说明书中披露的以募集资金购买资产的行为按照中国证监会的相关规定执行。

三、上市公司实施重大购买、出售、置换资产行为，应当遵循有利于上市公司可持续发展和全体股东利益的原则，与实际控制人及其关联人之间不存在同业竞争，保证上市公司与实际控制人及其关联人之间人员独立、资产完整、财务独立；上市公司具有独立经营能力，在采购、生产、销售、知识产权等方面能够保持独立。

四、上市公司实施重大购买、出售、置换资产，应当符合以下要求：

（一）实施本次交易后，公司具备股票上市条件；

（二）实施本次交易后，公司具有持续经营能力；

（三）本次交易涉及的资产产权清晰，不存在债权债务纠纷的情况；

（四）不存在明显损害上市公司和全体股东利益的其他情形。

五、上市公司董事会对重大购买、出售、置换资产做出决议，应当履行下列程序：

（一）在就本次交易达成初步意向后，董事会立即与交易对方签署保密协议，约定交易进程、步骤、双方责任等。

（二）董事会就本次交易形成初步意见后，聘请具有证券从业资格的会计师事务所、律师事务所、财务顾问（由具有主承销商资格的证券公司或中国证监会认可的其他机构担任）、资产评估机构（限于本次交易以资产评估值作为交易定价基础的情况）等中介机构为本次交易出具意见，同时与各中介机构签署保密协议。

（三）各中介机构出具意见后，董事会就有关事宜进行审议并形成决议。

独立董事应当就本次资产交易是否有利于上市公司和全体股东的利益发表独立意见，并就上市公司重组后是否会产生关联交易、形成同业竞争等问题做出特别提示。

全体董事应当履行诚信义务，做好信息保密工作。如有关信息在董事会做出决议前已被市场知悉，董事会应当立即就有关计划或方案及时予以公告。

六、董事会在形成决议后2个工作日内，应当向中国证监会及上市公司所在地的中国证监会派出机构报送决议文本和《重大购买、出售、置换资产报告书（草案）》及其附件等相关文件（相关文件的内容与格式要求见本通知附件），同时向证券交易所报告并公告。独立董事的意见应当与董事会决议一并公告。

七、中国证监会收到上市公司报送的全部材料后，审核工作时间不超过20个工作日。

上市公司报送的材料不完整，或者未达到信息披露要求，或者报送的资产交易方案与现行法律、会计、评估要求或行业政策不符，或者上市公司实施该项交易不符合本通知第四条的规定，公司应当根据中国证监会的要求补充或修改报送材料。

中国证监会在审核期内要求公司对报送材料予以补充或修改的，审核期限自收到公司的补充或修改意见后重新计算。

中国证监会对报送的材料不提出补充或修改意见，并不表明其对上市公司报送和公告材料的真实性、准确性和完整性做出实质性判断和保证。

八、上市公司下列重大购买、出售、置换资产交易行为应当提请中国证监会股票发行审核委员会（以下简称发审委）审核：

（一）同时既有重大购买资产行为，又有重大出售资产行为，且购买和出售的资产总额同时达到或超过上市公司最近一个会计年度经审计的总资产70%的交易行为；

（二）置换入上市公司的资产总额达到或超过上市公司最近一个会计年度经审计的合并报表总资产70%的交易行为；

（三）上市公司出售或置换出全部资产和负债，同时收购或置换入其他资产的交易行为；

（四）中国证监会审核中认为存在重大问题的其他重大购买、出售、置换资产的交易行为。

属于上述规定的交易行为，公司董事会应当按照《上市规则》的有关规定，向证券交易所申请停牌，停牌期限自董事会决议公告之日起至发审委提出审核意见止。

发审委审核后，提出上市公司在本次交易完成后不符合本通知规定的审核意见，上市公司董事会应当决议修改或终止该项交易。

发审委审核程序参照《股票发行审核委员会条例》执行。已提交发审委审议的交易行为的审核时限不受前条所述20个工作日的限制。

九、中国证监会审核未提出异议的，公司董事会可以发布召开股东大会的通知；提出异议的，董事会应当及时报送补充或修改的内容；经审核，中国证监会不再提出异议后，董事会可以发布召开股东大会的通知。

经中国证监会审核，对公司董事会披露的相关信息内容提出意见的，董事会应当在公告召开股东大会通知的同时，全文披露修改后的《重大购买、出售、置换资产报告书》，有关补充披露或修改的内容应当作出特别提示。

十、上市公司股东大会就重大收购、出售、置换资产事宜进行审议并形成决议。有关交易涉及关联交易的，关联股东应当回避表决。如交易对方已与上市公司控股股东就直接或间接受让上市公司股权事宜或因向上市公司推荐董事达成默契，可能导致公司实际控制权发生变化的，则上市公司实施的该项购买、出售、置换资产的交易属于关联交易，应执行有关法律、法规或者规则中关于关联交易的规定；交易对方在与上市公司达成购买、出售、置换资产的协议时，应当同时向中国证监会和证券交易所报告其拟受让股权的情况并公告。

十一、股东大会批准进行上述交易事项的，上市公司应当及时实施有关购买、出售、置换资产方案，聘请具有证券从业资格的律师事务所对实施结果出具法律意见，并将该法律意见与实施情况一并公告。

上市公司在股东大会作出有关购买、出售、置换资产决议90日后，仍未完成有关产权过户手续的，应当立即将实施情况报告证券交易所并公告；此后每30日应当公告一次，直至完成有关购买、出售、置换资产过户手续。

十二、上市公司在重大购买、出售、置换资产行为完成后六个月内，应当按照中国证监会《关于对拟发行上市企业改制情况进行调查的通知》（证监发〔1999〕4号）的有关要求，向上市公司所在地的中国证监会派出机构报送规范运作情况的报告。

十三、上市公司实施重大购买、出售、置换资产后申请发行新股或可转换债券，距本次交易完成的时间间隔应当不少于一个完整会计年度。但上市公司同时满足下列条件的情形除外：

（一）本次交易前上市公司符合新股发行条件；

（二）注册会计师为公司本次交易完成后的中期财务报告和年度财务报告出具标准无保留意见的审计报告；

（三）依据本通知第一条计算的相关指标介于50%至70%之间。

十四、上市公司实施本通知第八条所述交易行为后，申请发行新股或可转换债券的，如满足下列条件，本次交易完成前的业绩在考核时可以模拟计算：

（一）通过购买或置换进入上市公司的资产是一个完整经营实体，该经营实体在进入上市公司前已在同一管理层之下持续经营3年以

上；

（二）上市公司购买或置换资产完成后经营稳定，效益良好，且购买或置换资产的盈利水平不低于本次交易实施前的盈利水平；

（三）上市公司已聘请具有主承销商资格的证券公司进行辅导，并已经中国证监会派出机构检查验收。

十五、上市公司重大购买、出售、置换资产交易完成后，利润实现数未达到盈利预测水平的，按照《上市公司新股发行管理办法》的有关规定执行。

十六、上市公司实施重大购买、出售、置换资产的行为，除应当遵守本通知的规定外，还应当遵守其他法律、法规或证券交易所上市规则的相关规定。

十七、上市公司接受他人赠与资产的，如该项资产的金额占上市公司最近一个会计年度经审计的合并报表总资产的比例达50%以上，或该项资产在最近一个会计年度所产生的主营业务收入占上市公司最近一个会计年度经审计的合并报表主营业务收入的比例达50%以上，应当参照本通知有关规定履行信息披露和报告义务。

十八、上市公司及有关各方在重大购买、出售、置换资产交易中有重大违法违规行为的，中国证监会将依法予以处罚。

十九、上市公司实施本通知规定之外的其他购买、出售、置换资产的交易行为，应当按照证券交易所的有关规定执行。

二十、本通知自2002年1月1日起施行，原《关于规范上市公司重大购买或出售资产行为的通知》（证监公司字〔2000〕75号）自本通知生效之日起废止。在本通知生效前已按证监公司字〔2000〕75号文有关规定办理报送和披露事宜的公司，按该文件规定办理后续事宜。

附件：上市公司重大购买、出售、置换资产报送材料内容与格式

二00一年十二月十日

附件：上市公司重大购买、出售、置换资产报送材料内容与格式

一、上市公司董事会关于重大购买、出售、置换资产事宜的报告

二、董事会决议文本

董事会决议中应就该项交易是否有利于上市公司的发展和全体股东的利益发表明确意见，并说明董事投票情况；董事投反对票的，应单独予以说明。

独立董事就该项交易发表的意见。

三、购买、出售、置换资产的协议或协议草案

四、上市公司重大购买、出售、置换资产报告书（草案）

报告书至少应当包括以下内容：

（一）交易对方情况介绍（交易对方是指在重大购买、出售、置换资产交易中作为上市公司交易对手的当事方）：

1、名称、企业性质、注册地、主要办公地点、法定代表人、注册资本、税务登记证号码；

2、主要业务最近三年发展状况；

3、以方框图或者其他有效形式，全面披露与交易对方相关的股权及控制关系，包括交易对方的直接持有人、间接持有人、各层之间的股权关系结构图，以及与上市公司之间的股权关系结构图，直至披露到出现自然人或国有资产管理部门为止；并以文字简要介绍交易对方的主要股东及其他关联人的基本情况，以及其他控制关系（包括人员控制）；

4、最近一年财务会计报表；如果交易对方是专为本次交易而设立的，则应当披露交易对方的实际控制人或者控股公司的财务资料；

5、向上市公司推荐董事或高级管理人员的情况；

6、最近五年之内受过行政处罚（与证券市场明显无关的除外）、刑事处罚、或者涉及与经济纠纷有关的重大民事诉讼或者仲裁：处罚机关或者受理机构的名称，处罚种类，诉讼或者仲裁结果，以及日期、原因和执行情况。

（二）交易标的，如资产、股权等：

1、购买、出售、置换的标的如为实物资产或无形资产，披露内容至少应包括资产的名称；帐面价值（包括帐面原值、已计提的折旧或摊销、帐面净值）；评估价值（如评估）；资产运营情况；在该等资产上设定担保（包括抵押、质押及其他财产权利）的情况；涉及该等资产的诉讼、仲裁或司法强制执行或其他重大争议的事项。

2、购买、出售、置换的标的如为公司股权，披露内容应包括该公司名称、主要股东及其持股比例、主营业务等基本情况；如收购有限责任公司股权，还应披露是否获得该公司其他股东的同意。

（三）本次交易合同的主要内容：

1、交易价格及定价依据（交易定价与帐面价值、评估值差异较大的，应说明原因）；

2、支付方式（一次或分次支付的安排及特别条款）；

3、交易标的的交付状态；

4、交付或过户时间；

5、合同的生效条件；

6、生效时间。

（四）与本次交易有关的其他安排（如人员安置、土地租赁、出售资产所得款项的用途、收购资产的资金来源等）；

（五）本次交易对上市公司的影响（包括是否构成关联交易）；

（六）本次交易是否符合《关于上市公司重大购买、出售、置换资产若干问题的通知》（以下简称《通知》）第四条的要求（逐项说明）；

（七）上市公司在本次交易实施后，是否具有完善的法人治理结构，与实际控制人及其关联企业之间在人员、资产、财务上是否分开，上市公司的人员、财务是否独立，资产（包括无形资产）是否完整；是否具有独立经营能力，在采购、生产、销售、知识产权等方面能否保持独立；

（八）上市公司在交易完成后与实际控制人及其关联企业之间是否仍存在持续的关联交易、关联交易的具体内容和减少关联交易的具体措施；

（九）上市公司是否存在资金、资产被实际控制人或其他关联人占用的情形；或上市公司为实际控制人及其关联人提供担保的情形；

（十）上市公司负债结构是否合理，是否存在通过本次交易大量增加负债（包括或有负债）的情况；

（十一）上市公司如在最近12个月内曾发生重大购买、出售、置换资产的交易行为，应说明本次交易与前次交易的关系，以及进行本次交易的原因；

（十二）其他能够影响股东及其他投资者做出合理判断的、有关本次交易的所有信息；

（十三）中国证监会要求披露的其他信息。

报告书应当在显著的位置载明"本公司及董事会全体成员保证本报告书内容的真实、准确、完整，对报告书的虚假记载、误导性陈述或重大遗漏负连带责任"。

五、上市公司重大购买、出售、置换资产报告书的附件

（一）上市公司就本次交易完成后的经营状况出具的交易当年和（或）次年的盈利预测报告以及具有从事证券业务资格的会计师事务所就该盈利预测报告出具的审核报告。

上市公司如无法做出盈利预测，应当说明原因，并做出特别风险提示。

（二）上市公司和相关中介机构以及其他知悉本次购买、出售、置换资产内幕信息的法人和自然人在最近六个月内买卖上市公司股票情况的自查报告。

（三）财务顾问报告。

报告至少应对以下问题发表意见：

1、交易是否符合上市公司和全体股东的利益；如属于关联交易，还应说明交易是否损害非关联股东利益；

2、对本《内容与格式》第四条第（六）至第（十二）项内容逐一进行核查的说明；

3、如该项购买、出售、置换资产行为须提供资产评估报告，财务顾问还应当对所选取的评估方法的适当性、评估假设前提的合理性独立发表意见。

（四）具有从事证券业务资格的会计师事务所对拟购买、出售、置换的相关资产最近三年的财务状况和经营业绩所出具的审计报告（下半年报送材料的，应提供交易当年经审计的中期财务会计报告；不能出具审计报告的，应说明原因，并出具有关资产状况的审阅报告）和依据上市公司拟购买、置换入的资产状况模拟计算的上市公司最近三年备考财务报告的审计报告（适用于《通知》第八条规定的交易）。

（五）具有从事证券业务资格的资产评估机构对拟购买、出售、置换的相关资产出具的资产评估报告。

评估机构采用收益现值法评估相关资产价值的，上市公司应当以特别提示的方式披露评估机构采用收益现值法评估该类资产的理由和评估机构对于评估假设前提（如折现率、价格、销售量、未来市场增长率等）合理性的说明。

如评估机构不能提供充分合理的理由，说明收益现值法是对该类资产进行评估的唯一方法，上市公司应当报送并披露由评估机构出具的采用可选择的另外一种评估方法进行评估的结果。

（六）具有从事证券业务资格的律师事务所出具的法律意见书。

法律意见书至少应对以下问题发表明确意见：

1、公司本次重大购买、出售、置换资产行为及相关协议和整体方案是否合法有效，上市公司和交易对方是否具备主体条件，交易的实施是否存在法律障碍；

2、公司实施本次重大购买、出售、置换资产行为，是否符合《通知》的要求；

3、本次交易所涉及的债权债务的处理及其他相关权利、义务处理是否合法有效，实施是否存在法律障碍；

4、交易各方是否履行了法定披露和报告义务，是否存在应披露而未披露的合同、协议或安排；

5、其他可能对本次交易构成影响的问题。

六、中国证监会要求的其他文件。

关于证券公司开展集合资产管理业务有关问题的通知

发文机关：中国证券监督管理委员会　　发文时间：2004—10—21

中国证监会各省、自治区、直辖市、计划单列市监管局，上海、深圳证券交易所，中国证券登记结算有限责任公司，中国证券业协会，各证券公司：

为规范证券公司集合资产管理业务活动，根据《证券公司客户资产管理业务试行办法》（证监会令第17号，以下简称《试行办法》）和《关于推进证券业创新活动有关问题的通知》（证监机构字【2004】96号）等规定，现就证券公司设立集合资产管理计划、开展集合资产管理业务的有关问题通知如下：

一、开展集合资产管理业务的试点原则

集合资产管理业务是证券公司一种新的客户资产管理业务形式，目前尚无成熟做法和经验可循。为稳妥推动该项业务的开展，防范可能出现的风险，中国证监会对于证券公司设立集合资产管理计划、办理集合资产管理业务，采取先试点、后推开的原则。在试点阶段，中国证监会将严格限定办理集合资产管理业务的证券公司范围，仅允许已通过评审、成为可从事相关创新活动试点的证券公司试行办理此项业务，待积累一定经验后，再逐步推开此项业务。

证券公司此前已开展的集合性资产管理业务须按照《试行办法》及其他有关规定和要求进行清理。

二、开展集合资产管理业务的基本规范

证券公司开展集合资产管理业务，应当根据《试行办法》的规定，遵循如下业务规范：

（一）内控制度

1、对集合资产管理业务实行集中统一管理，建立严格的业务隔离制度。公司负责客户资产管理业务和负责自营业务的高级管理人员不得由同一人兼任，严禁分支机构对外独立开展集合资产管理业务。

2、建立集合资产管理计划投资主办人员制度，即应当指定专门人员具体负责每一个集合资产管理计划的投资管理事宜。投资主办人员须具有三年以上证券自营、资产管理或证券投资基金从业经历，且应当具备良好的职业道德，无不良行为记录。集合资产管理计划存续期间，其投资主办人员不得管理其他集合资产管理计划。

3、严格执行相关会计制度的要求，为集合资产管理计划建立独立完整的账户、核算、报告、审计和档案管理制度，设定清晰的清算路径和资金划转渠道，保证风险控制部门、监督检查部门能够对集合资产管理业务的运作和管理进行有效的监控，切实防止账外经营、挪用集合资产管理计划资产及其他违法违规情况的发生。

（二）推广安排

1、证券公司可以自行推广集合资产管理计划，也可以委托其他具有证券投资基金代销业务资格的商业银行或证券公司代为推广集合资产管理计划，并签订书面代理推广协议。证券公司对代理推广机构的推广活动负有监督检查义务，发现代理推广机构违反《试行办法》规定的，应当予以制止；情节严重的，应当按约定解除代理推广协议，并报告中国证监会和注册地中国证监会派出机构。

2、证券公司、推广机构应当严格按照经核准的集合资产管理计划说明书、集合资产管理合同推广集合资产管理计划。

3、严禁通过广播、电视、报刊及其他公共媒体推广集合资产管理计划。

4、证券公司、推广机构应当保证每一份集合资产管理合同的金额不得低于《试行办法》规定的最低金额，并防止客户非法汇集他人资金参与集合资产管理计划。

5、集合资产管理计划推广期间，应当由托管银行负责托管与集合资产管理计划推广有关的全部账户和资金，证券公司和推广机构应当将推广期间客户的资金存入在托管银行开立的专门账户。在集合资产管理计划设立完成、开始投资运作之前，任何人不得动用集合资产管理计划的资金。

6、集合资产管理计划推广活动结束后，证券公司应当聘请具有证券相关业务资格的会计师事务所对集合资产管理计划进行验资，并出具验资报告。

7、证券公司、托管银行及推广机构应当明确对客户的后续服务分工，并建立健全档案管理制度，妥善保管集合资产管理计划的合同、协议、客户明细、交易记录等文件资料。

（三）投资风险承担和证券公司资金参与

证券公司应当在集合资产管理计划说明书、集合资产管理合同等有关材料中向投资者进行明确的风险提示，说明集合资产管理计划的投资风险由投资者承担。

证券公司以自有资金参与所设立的集合资产管理计划的，应当根据公司章程的规定，获得公司董事会、股东会或其他内部授权程序的批准，并在计算公司净资本时，根据投入资金所承担的责任如实扣减公司净资本额。

（四）登记、托管与结算

在试点阶段，证券公司应当选择有证券投资基金托管业务资格的商业银行对集合资产管理计划的资产进行托管。证券公司应当按照证券投资基金的结算模式办理集合资产管理计划的结算业务；实现客户交易结算资金严格的独立存管并经中国证监会批准的，可以按照经纪业务的结算模式办理集合资产管理计划的结算业务。证券公司、托管银行应当按照证券登记结算机构的有关规定承担集合资产管理计划交易结算的最终交收责任。

托管银行应当按照《试行办法》的规定，为每一个集合资产管理计划代理开立专门的资金账户，账户名称为集合资产管理计划名称；同时，为每一个集合资产管理计划在证券登记结算机构（上海、深圳分公司）代理开立专门的证券账户，证券账户名称为“证券公司—托管银行—集合资产管理计划名称”。

证券公司应当负责集合资产管理计划资产净值估值等会计核算业务，并由托管银行进行复核。

（五）席位

集合资产管理计划在证券交易所的投资交易活动，应当集中在专用的席位上进行，并向证券交易所、证券登记结算机构备案。集合资产管理计划资产中的债券，不得用于回购。

（六）投资组合

集合资产管理计划的投资范围和投资组合安排应当遵守《试行办法》的规定，并符合集合资产管理计划说明书、集合资产管理合同的约定。证券公司应当在集合资产管理计划开始投资运作之日起六个月内使集合资产管理计划的投资组合比例符合集合资产管理合同的约定。因证券市场波动、投资对象合并、集合资产管理计划规模变动等外部因素致使集合资产管理计划的组合投资比例不符合集合资产管理合同约定的，证券公司应当在十个工作日内进行调整。

集合资产管理计划申购新股，不设申购上限，但所申报的金额不得超过该计划的总资产，所申报的数量不得超过拟发行股票公司本次发行股票的总量。集合资产管理计划投资于证券公司担任保荐机构（主承销商）的股票，应当遵守《试行办法》关于关联交易的限制规定。托管银行、证券交易所应当对集合资产管理计划的投资范围和投资组合进行监控，发现有重大违规行为的，须及时报告中国证监会。

（七）流动性要求

1、证券公司应当根据集合资产管理计划的情况，保持必要的现金或到期日在一年以内的政府债券，以备支付客户的分红或退出款项；

2、集合资产管理合同可以约定，当客户在单个开放日申请退出的金额超过集合资产管理计划资产一定比例时，证券公司可以按比例办理退出申请，并暂停接受超过部分退出申请或暂缓支付，但暂停或暂缓期限不得超过二十个工作日。

3、证券公司及其代理推广机构不得为客户办理集合资产管理合同的转让事宜，但法律、行政法规另有规定的除外。

（八）信息披露

集合资产管理计划开始投资运作后，证券公司、托管银行应当至少每三个月向客户提供一次集合资产管理计划的管理报告和托管报告，并报中国证监会及注册地中国证监会派出机构备案。

证券公司应当按照《试行办法》的规定对集合资产管理计划的运营情况单独进行年度审计，将审计意见提供给客户和托管银行，并报中国证监会及注册地中国证监会派出机构备案。

（九）费用

集合资产管理计划推广期间的费用，不得从集合资产管理计划资产中列支。

集合资产管理计划运作期间发生的费用，可以在集合资产管理计划中列支，但应当在集合资产管理合同中做出明确的约定。

证券公司、托管银行、推广机构不得采用低于成本收费等方式进行不正当竞争。

三、设立集合资产管理计划的备案或批准程序

（一）申报

证券公司申请设立集合资产管理计划，应当根据《试行办法》及本《通知》附件规定的内容与格式制作备案材料或申请材料（以下简称申报材料），并聘请律师事务所对拟设立集合资产管理计划的合规性和申报材料的真实性、准确性、完整性出具法律意见。上述申报材料一式四份（至少一份为原件），其中报送中国证监会三份，报送证券公司注册地中国证监会派出机构一份。

证券公司已依法设立集合资产管理计划，且仍存续的，在申请设立新的集合资产管理计划时，应当就拟设立集合资产管理计划与公司目前所管理的集合资产管理计划进行比较分析，并对其差异进行说明。

（二）受理

中国证监会自收到申报材料后对申报材料的齐备性进行审查，并书面通知证券公司是否受理其申请。

证券公司注册地中国证监会派出机构应当按照《试行办法》及本通知的规定对申报材料进行审查，并自中国证监会决定受理其申报材料后十个工作日内，将对申报材料的书面意见报送到中国证监会。

证券公司已申报的集合资产管理计划尚在审核期间或者已核准的集合资产管理计划未开始运作之前，暂不受理其设立新的集合资产管理计划的申请。

（三）审核

中国证监会受理申报材料后，结合有关证券公司客户资产管理业务的合规情况，对拟设立的集合资产管理计划进行审核。中国证监会对证券公司设立集合资产管理计划的申报材料，经审核符合条件的，作出无异议或批准的决定；经审核不符合条件的，作出有异议或不予批准的决定。

托管银行根据中国证监会出具的无异议或批准的决定到证券登记结算机构（上海、深圳分公司）开立集合资产管理计划的证券账户。

四、证券公司集合资产管理业务的后续监管

（一）集合资产管理计划推广、设立情况的报告

在中国证监会出具批复或无异议函后，证券公司及其代理推广机构方可开展有关集合资产管理计划的推广活动。

证券公司应当将集合资产管理合同、集合资产管理计划说明书等正式推广文件向注册地中国证监会派出机构报备，在合同约定的时间内完成集合资产管理计划的推广和设立工作。集合资产管理计划正式推广文件应当与中国证监会核准的文本内容一致。

集合资产管理计划成立后五个工作日内，证券公司应当将集合资产管理计划的推广、设立情况和验资报告向中国证监会及注册地中国证监会派出机构报备。中国证监会及有关派出机构可对集合资产管理计划的推广设立情况、技术系统情况等进行现场核查。

（二）集合资产管理计划的投资运作和信息披露

集合资产管理计划设立后，证券公司、托管银行、推广机构应当按照法律、法规、《试行办法》、本《通知》的规定和集合资产管理合同、托管协议、代理推广协议的约定履行投资、托管和推广职责，办理客户参与和退出集合资产管理计划及分红等事宜。

证券公司、托管银行应当按照《试行办法》和《本通知》的规定履行信息披露义务。集合资产管理计划运作过程中，发生变更投资主办人员、变更代理推广机构、巨额退出或出现其他可能对集合资产管理计划的持续运作产生重大影响的情形的，证券公司应当及时将有关情况向中国证监会和注册地中国证监会派出机构报告，并向客户披露。

（三）集合资产管理计划的展期、解散或终止

集合资产管理计划存续期届满拟展期的，证券公司应当至少在届满前三个月向中国证监会和证券公司注册地中国证监会派出机构提出展期申请，比照设立集合资产管理计划的规定提交展期申请材料，并提供拟展期的集合资产管理计划设立以来运作情况的说明。集合资产管理计划运作情况良好，未发生违法违规情况，且仍符合设立集合资产管理计划条件的，经中国证监会核准，可以展期。

拟终止或者解散集合资产管理计划的，证券公司应当至少提前一个月向中国证监会及注册地中国证监会派出机构报告，并在集合资产管理计划终止或解散后五个工作日内将有关情况向中国证监会及注册地中国证监会派出机构报告。

（四）日常监管

中国证监会派出机构应当加强对辖区内集合资产管理计划的设立、推广和运作等活动的监督检查，并负责对辖区内证券公司设立的集合资产管理计划建立专门的档案，督促有关证券公司和托管银行按时报送客户资产管理业务季度报告，对集合资产管理计划投资运作、信息披露、客户服务等事项实行持续动态监管，发生重大情况的，及时上报中国证监会并通报相关派出机构。

证券公司注册地中国证监会派出机构与有关集合资产管理计划推广地中国证监会派出机构之间应当及时沟通、协调有关监管事宜。

中国证监会派出机构对辖区内证券机构擅自开展集合性理财活动或从事其他违反《试行办法》或本《通知》规定的活动的，要依法予以处理，并将有关情况及时报告中国证监会。

五、证券交易所、证券登记结算机构、证券业协会的职责

证券交易所、证券登记结算机构应当按照《试行办法》和本《通知》的规定尽快补充完善证券公司办理集合资产管理业务的业务规则，加强对证券公司集合资产管理业务活动中账户开立、投资交易、回购业务、信息披露、托管结算等事项的监管，切实防范业务运作中可能出现的风险。遇到重大情况时，须及时向中国证监会报告，并通报证券公司注册地中国证监会派出机构。证券公司、托管银行应当按照证券交易所、证券登记结算机构的要求报送有关资料。

证券业协会应当根据《试行办法》和本《通知》的规定加强对证券公司办理集合资产管理业务的自律管理和行业指导，制止证券公司集合资产管理业务活动中的不正当竞争行为，并对证券公司办理集合资产管理业务的运作情况跟踪记录。

附件：

1、证券公司设立集合资产管理计划申报材料的内容与格式

2、集合资产管理计划说明书主要内容

3、集合资产管理合同内容指引

4、证券公司集合资产管理业务人员情况登记表

关于期货经纪公司高级管理人员任职资格核准有关问题的通知

发文号：证监期货字［2004］67号　发文时间：2004－09－14

中国证监会各省、自治区、直辖市、计划单列市监管局：

为了进一步规范期货经纪公司高级管理人员任职资格审核工作，根据《行政许可法》、《期货交易管理暂行条例》、《期货经纪公司高级管理人员任职资格管理办法（修订）》（证监发［2002］6号，以下简称《管理办法》）和《中国证监会行政许可实施程序规定（试行）》（证监发［2004］62号）的有关规定，现就期货经纪公司高级管理人员任职资格核准有关问题通知如下：

一、期货经纪公司聘任的董事长、总经理、副总经理、执行董事、财务部门负责人、合规审查部门负责人、风险管理部门负责人和分支机构负责人，必须取得任职资格；未取得任职资格的，不得在期货经纪公司担任相应职务。

二、期货经纪公司董事长应当符合《管理办法》第五条规定的条

件，并从事经济或者与经济相关的管理工作五年以上。

拟任董事长的人员符合下列条件之一的，可不要求其具有期货从业人员资格：

（一）在证券、期货或者其他金融行业的业务管理岗位或者监管岗位工作三年以上；

（二）在教学、科研机构从事与上述金融行业有关的教学、研究工作五年以上；

（三）具有硕士以上学位或者取得经济、管理、法律类高级职称，并从事经济管理工作七年以上；

（四）从事经济管理工作十年以上。

期货经纪公司董事长不具有期货从业人员资格的，在核准其任职资格时，派出机构应当向期货经纪公司提出监管建议，提示公司按照《公司法》和公司章程的规定，严格划分董事长和经理层的职权，董事长不得行使按照章程规定应当由总经理、副总经理行使的经营管理职权，要求公司合理配置其经理层。在持续性监管中，派出机构还应当加强对该公司责任制度执行情况的检查。

三、下列人员不得担任期货经纪公司董事长、总经理、副总经理、执行董事、财务部门负责人、合规审查部门负责人、风险管理部门负责人、分支机构负责人和董事、监事：

（一）无民事行为能力或者限制民事行为能力的；

（二）因犯有贪污、贿赂、侵占财产、挪用财产罪或者破坏社会经济秩序罪，被判处刑罚，执行期满未逾五年，或者因犯罪被剥夺政治权利，执行期满未逾五年的；

（三）担任因经营不善破产清算的公司、企业的董事或者厂长、经理，并对该公司、企业的破产负有个人责任，自该公司、企业破产清算完结之日起未逾三年的；

（四）担任因违法被吊销营业执照的公司、企业的法定代表人，并负有个人责任，自该公司、企业被吊销营业执照之日起未逾三年的；

（五）个人所负数额较大的债务到期未清偿的；

（六）因违法行为或者违纪行为被解除职务的证券、期货交易所交易所、证券登记结算机构、证券公司、期货经纪公司，或者其他金融机构高级管理人员、从业人员、董事、监事，自被解除职务之日起未逾五年的；

（七）因违法行为或者违纪行为被撤销资格的律师、注册会计师或者法定资产评估机构、验证机构的专业人员，自被撤销资格之日起未逾五年的；

（八）被中国证监会宣布为证券、期货市场禁止进入者，禁入期未满的；

（九）被开除的国家公务人员或者事业单位工作人员，自被开除之日起未逾五年的；

（十）因失职造成重大经济损失或者导致发生重大案件的直接责任人和负有直接领导责任的人员，受到警告或者警告以上处罚，执行期满未逾五年的；

（十一）近三年受过中国期货业协会、中国证券业协会等行业自律组织的纪律处分的；

（十二）近三年受过其他监管部门处罚，不适宜担任期货经纪公司高管人员的。

四、期货经纪公司（拟任职公司）申请董事长、总经理和副总经理的任职资格，应当向公司所在地中国证监会派出机构报送下列材料：

（一）申请书；

（二）任职资格申请表（附件一）；

（三）拟任职公司董事会拟选举或者聘任高管人员的决议原件；

（四）拟任职公司董事会出具的从业经历证明；

（五）拟任职公司董事会出具的对拟任人员的鉴定材料和拟聘任的明确意见；

（六）拟任人员身份证复印件（粘贴在申请表中）；

（七）拟任人员学历、学位、职称证书复印件；

（八）拟任人员期货从业人员资格证书复印件；

（九）拟任人员无犯罪记录证明原件（由户籍所在地或者经常居住地公安机关出具，内容应包括姓名、年龄、户籍所在地或者经常居住地、身份证号码、无犯罪记录的结论，该证明在三个月内有效）；

（十）关于不具有本通知第三条所列情形的个人声明（附件四）；

（十一）两位推荐人任职资格证书复印件；

（十二）中国证监会规定的其他材料。以上材料中，第（四）、（五）项可作为董事会决议附件，第（六）、（七）、（八）、（十一）项需加盖拟任职公司公章。

五、拟任人员在其任职资格申请表中的陈述应当真实、完整和准确，拟任职公司要在鉴定材料中予以确认。拟任职公司对拟任人员的鉴定材料应由董事会决议通过，鉴定应当包括以下内容，并有拟聘任高管人员的明确意见：

（一）拟任人员的职业道德水准和诚信表现；

（二）拟任人员遵守期货法律、行政法规、中国证监会有关规定以及自律组织规则的情况；

（三）拟任人员的管理能力和业务能力；

（四）拟任人员的执业表现。

六、期货经纪公司申请董事长、总经理和副总经理任职资格的，必须有两位具有期货、证券、基金等经营机构高管人员任职资格的推荐人的推荐。

推荐人对拟任人员的推荐意见应当如实说明与被推荐人的关系（包括何时认识，如何认识，与被推荐人的熟悉程度等内容），如实说明推荐的理由，并陈述被推荐人的情况。推荐意见中有虚假、遗漏或误导性陈述的，记入推荐人的高管人员诚信档案。推荐意见应当包括以下内容：

（一）与拟任人员的关系及了解的程度；

（二）被推荐人的职业道德情况；

（三）被推荐人的遵规守法情况；

（四）被推荐人的业务水平；

（五）明确的推荐意见。

七、董事长、总经理和副总经理任职资格的审核按照以下程序办理：

（一）中国证监会派出机构按照《管理办法》和本通知的规定受理、审核申请人报送的申请材料。

（二）中国证监会派出机构对申请材料是否齐备和是否符合规定进行审查，并在五个工作日内决定是否受理。申请人报送的申请材料符合要求的，派出机构决定予以受理。申请材料不符合要求的，申请人应按照派出机构的要求予以补正，经补正后符合要求的，派出机构予以受理并进行审核。

（三）中国证监会派出机构审核申请材料过程中，应对拟任人员进行考察谈话并做记录，谈话记录记入高管人员管理档案。

（四）中国证监会派出机构对申请材料审查后，提出是否核准高管人员任职资格的初审意见。无论同意核准或者不予核准高管人员任职资格，派出机构均应出具有明确意见及详细理由的初审报告，连同申请材料一起报中国证监会复审，并同时完成向高管人员数据库的数据报送。除按照规定可以扣除的时间外，派出机构应当在受理后二十个工作日内完成初审工作并上报初审报告。

（五）中国证监会对上报的申请材料进行复审。对申请材料有疑问的，可要求派出机构通过实地核查等方式进行补充调查并做出书面说明。

（六）中国证监会审核申请材料后，对于符合任职条件的，核准其高管人员任职资格；对于不符合任职条件的，做出不予核准的决定，并以书面形式说明理由。

八、期货经纪公司执行董事和分支机构负责人的任职条件与总经理、副总经理的任职条件相同。

财务部门负责人、合规审核部门负责人和风险管理部门负责人应当具备以下条件：

（一）具有期货从业人员资格；

（二）从事期货工作二年以上，或者从事金融工作三年以上，或者从事其他经济管理工作五年以上；

（三）熟悉期货法规、规章和监管制度；

（四）熟悉本岗位的职责和业务规则；

（五）不具有本通知第三条所列情形，且不违反《管理办法》第八条的规定。

九、期货经纪公司任用执行董事、财务部门负责人、合规审查部门负责人、风险管理部门负责人、分支机构负责人，应当向中国证监会派出机构报送下列材料：

（一）申请书；

（二）任职资格申请表（附件二）；

（三）董事会或者经理办公会拟任用决议原件，如公司章程另有规定，拟任用决议须按章程规定作出；

（四）学历、学位、职称证书复印件；

（五）期货从业人员资格证书复印件；

（六）无犯罪记录证明原件；

(七)关于不具有本通知第三条所列情况的个人声明(附件四);

(八)中国证监会规定的其他材料。

十、期货经纪公司非执行董事、监事应当具备以下条件:

(一)熟悉董事、监事职责;

(二)具有经济管理工作经验;

(三)了解期货法规、规章和监管制度;

(四)熟悉期货经纪公司章程;

(五)不具有本通知第三条所列的情形。

十一、期货经纪公司选任非执行董事、监事,应当向中国证监会派出机构报送下列材料:

(一)公司报告文件;

(二)任职报告表(附件三);

(三)股东会决议原件;

(四)关于不具有本通知第三条所列情形的个人声明(附件四);

(五)中国证监会规定的其他材料。

十二、期货经纪公司应当在作出拟任用董事长、总经理、副总经理、执行董事、财务部门负责人、合规审查部门负责人、风险管理部门负责人和分支机构负责人的决议或者决定之日起二十个工作日向中国证监会派出机构上报申请材料。

十三、期货经纪公司应当在作出拟任用非执行董事、监事的决议或者决定之日起二十个工作日内向中国证监会派出机构报告。期货经纪公司选任的非执行董事、监事不符合本通知规定的条件的,中国证监会派出机构应当在收到报告材料之日起十个工作日内要求公司更换符合条件的非执行董事、监事。

十四、已经取得高管人员任职资格的人员,到其他期货经纪公司担任高管人员,同时符合下列条件的,其任职资格核准适用简易程序:

(一)已经取得董事长、总经理、副总经理任职资格,并在期货经纪公司连续任职一年以上并至少参加过一次任职资格年检且通过;

(二)已经取得董事长任职资格的人员到其他期货经纪公司担任董事长,已经取得总经理或者副总经理任职资格的人员到其他期货经纪公司担任董事长、总经理、副总经理;

(三)离开原任职公司不超过六个月(从原任职公司应当向中国证监会派出机构报告时起,到拟任职公司提出任职资格申请时止);

(四)在原任职公司任职期间,没有违法违规记录或者严重失信记录;

(五)未出现《管理办法》和本通知规定的不得担任高管人员的情形。

十五、按照简易程序办理高管人员任职资格核准,拟任职公司应当向中国证监会派出机构报送下列材料:

(一)申请书;

(二)拟任职公司董事会选举或者聘任高管人员决议原件;

(三)拟任人员对其在原任职公司任职情况的陈述;

(四)中国证监会规定的其他材料。

"拟任人员对其在原任职公司任职情况的陈述"的内容应当包括:拟任人员在原任职公司的职务、职责、任职时间、履行职责情况、任职期间是否有违法违规行为、对公司有关问题应负的责任、离开原任职公司的具体原因等。

十六、按照简易程序核准高管人员任职资格的,中国证监会派出机构应当重点考察拟任人员在原任职公司期间的任职表现,包括胜任能力、违法违规记录、诚信记录等。中国证监会派出机构对申请材料审核后,向中国证监会上报是否核准其任职资格的报告,并同时完成向高管人员数据库的数据报送。中国证监会根据派出机构的报告下发核准决定。

受理申请的派出机构可向拟任人员原任职公司所在地派出机构就其陈述等情况进行核查,原任职公司所在地的派出机构应当予以协助。

十七、期货经纪公司总经理、副总经理之间在本公司转任,或者总经理、副总经理转任本公司董事长的,不需要办理任职资格核准,但公司应当在该高管人员职位发生变动之日起五个工作日内向中国证监会派出机构书面报告。

期货经纪公司董事长转任或者兼任本公司总经理的,应当另行申请总经理的任职资格,申请材料可适当简化。

十八、已经取得期货经纪公司执行董事、分支机构负责人,或者财务部门负责人、合规审查部门负责人、风险管理部门负责人任职资格的人员,到其他期货经纪公司仍担任上述职务的,拟任职公司应提交拟任人员对其在原任职公司的任职情况的陈述。符合下列条件的,不要求提供本通知第九条所列的第(四)、(五)、(六)、(七)项材料:

(一)离开原任职公司不超过六个月(从原任职公司应当向中国证监会派出机构报告时起,到拟任职公司提出任职资格申请时止);

(二)在原任职公司任职期间,没有违法违规等不良记录;

(三)符合本通知规定的任职条件。

已经取得执行董事、分支机构负责人,或者财务部门负责人、合规审查部门负责人、风险管理部门负责人任职资格的人员,在本公司内转任上述职务的,不需要办理任职资格核准,但公司应当在发生变动之日起五个工作日内向中国证监会派出机构书面报告。

十九、中国证监会及其派出机构认为必要时,可以对申请材料反映和拟任人员陈述的情况通过实地核查等方式进行调查核实。中国证监会及其派出机构在审核申请材料的过程中,可以要求申请人对申请材料中的有关问题进行书面说明和解释。

二十、中国证监会派出机构在进行高管人员任职资格审核时,应当通过高管人员数据库对拟任人员以往的从业经历和任职情况进行核查,凡发现有不良记录的,应当进行重点审核。

二十一、对于期货经纪公司报送的申请材料中的复印件,中国证监会派出机构在进行审核时,应当与原件进行一一核对并签字确认。

二十二、期货经纪公司申请高管人员任职资格,应当在报送书面材料的同时,按照规定要求向高管人员数据库系统报送高管人员的相关数据,并在取得任职资格后及时进行数据更新。

二十三、如果拟任人员在申请材料中的陈述存在虚假、隐瞒、重要遗漏等问题,或者拟任职公司董事会出具的有关申请材料存在虚假陈述、重大遗漏、故意误导的情形的,责令改正;情节严重的,中国证监会及其派出机构将在一年内不予受理该拟任人员的高管人员任职资格申请。

拟任人员或者拟任职公司以欺骗等不正当手段取得高管人员任职资格的,予以行政处罚,并在三年内不予受理该拟任人员的高级管理人员任职资格申请。

出现上述情形的,中国证监会对拟任职公司及其相关管理人员的行为记入诚信档案,并对该公司相关申请事项予以重点审核,或者对相关管理人员的从业行为施行重点监管。

二十四、期货经纪公司高管人员离职的,公司应当在该高管人员停止履行职责之日起五个工作日内向中国证监会派出机构书面报告。期货经纪公司出现高管人员缺位时,应当指定其他具有相应任职资格的人员代其履行职责,并在五个工作日内向中国证监会派出机构书面报告,同时应当及时申报高管人员的任职资格并任用新的高管人员。

二十五、中国证监会及其派出机构在核准高管人员等任职资格后,通过建立诚信档案,实施量化考核,组织后续培训,进行责任制度检查和任职资格年检等方式对其进行持续性监管。

二十六、期货经纪公司董事长、总经理和副总经理必须在申请任职资格前或者取得任职资格后一年内参加中国证监会组织的期货经纪公司高管人员培训并且考核合格。

二十七、中国证监会以往的规定与本通知不一致的,按照本通知执行。本通知未规定的,仍按照《管理办法》等有关规定执行。

附件:1、期货经纪公司高级管理人员任职资格申请表; 2、任职资格申请表; 3、任职报告表; 4、个人声明(参考格式)。

关于实施《证券投资基金行业高级管理人员任职管理办法》有关问题的通知

发文机关:中国证券监督管理委员会　发文时间:2004－09－23

各基金管理公司、基金托管银行基金托管部门:

为落实《证券投资基金行业高级管理人员任职管理办法》(以下简称《办法》),做好证券投资基金行业高级管理人员任职管理工作,现将实施《办法》的有关问题通知如下:

一、具备下列条件之一的,可以认定为取得基金从业资格:

(一)具有中国证券业协会颁发的基金从业资格证书的;

（二）通过证券业从业资格考试中“证券市场基础知识”及“证券投资基金”科目考试的；

（三）参加过2003年以前中国证监会或中国证券业协会组织的基金业高级管理人员任职资格培训班，且考试成绩合格的；

（四）取得境外基金或资产管理、基金销售等相关从业资格，或者执业所在国家（地区）不要求具备相关从业资格，最近5年一直从事资产管理、证券投资分析、基金营销等业务，并通过中国证监会或者中国证券业协会组织的考试或者考核的。

二、《办法》第二条所称“实际履行上述职务的其他人员”，是指基金管理公司章程规定不设副总经理的，分管投资、销售、运营业务的负责人，以及中国证监会认定的其他人员。

三、对基金管理公司设立申请中的高级管理人员任职资格审核，中国证监会按照《证券投资基金法》第十四条规定的审核期限执行。

四、根据《证券投资基金法》第十八条规定，基金管理公司董事、监事不得担任基金托管人或其他基金管理人的任何职务。基金管理公司及基金托管银行的基金托管部门应立即通知在两家或两家以上基金管理公司、基金托管银行任职的有关人员，确认以上人员是否继续担任该职务，并在最近一次召开的股东会上进行调整。

五、申请高级管理人员任职资格，申请人应在任职资格申请表中参照以下内容做出承诺：

（一）申请材料真实可靠、没有遗漏或隐瞒；

（二）遵守中国法律、行政法规和中国证监会的各项规定，遵守公司章程和行业规范，恪守诚信，审慎勤勉，忠实尽责；

（三）维护所管理基金的合法权益，在发生利益冲突时，坚持基金份额持有人利益优先；

（四）认真履行基金合同、公司章程和公司制度规定的职责，防范和化解经营风险，提高经营管理效率；

（五）在基金投资等业务活动中合规运作，不为其他公司或人员提供配合，不从事不正当关联交易、利益输送等活动，不从事损害基金份额持有人利益的活动，不从事《证券投资基金法》第五十九条规定禁止的投资或活动。

基金管理公司董事、独立董事、基金经理在报送任职登记表时，应当参照以上内容做出承诺，基金管理公司独立董事还应根据《办法》第十三条的有关规定进行承诺。

六、高级管理人员及基金管理公司董事、独立董事、基金经理的相关信息应录入基金业高管人员数据报送系统（登录中国证监会电子数据报送平台 http://data.csrc.gov.cn 中的基金公司进入本系统），各基金管理公司及基金托管银行的基金托管部门应指定一名工作人员负责基金业高管人员数据报送系统数据的录入及更新工作，并对数据的真实、准确、完整负责。

各基金管理公司、基金托管银行任免以上人员应于5个工作日内更新数据内容。

七、根据《办法》的有关规定，我会对相关申请、报告的格式与内容作了统一规定，详见附件，请遵照执行。

关于境外上市的股份制试点企业利润分配问题的通知

发文号：财会字[1995]31号　发文时间：1995—08—24

国务院有关企业主管部门，各省、自治区、直辖市财政厅（局），有关计划单列市财政局：

最近，一些在境内上市同时在境外上市以及仅在境外上市的股份制试点企业询问有关利润分配的问题，现答复如下：

一、企业应当按照《股份制试点企业会计制度》及其补充规定编制的会计报表中确定的净利润数额计提盈余公积，包括计提法定公积金和法定公益金。

二、根据《中华人民共和国公司法》、《到境外上市公司章程必备条款》以及其他有关规定，企业应当将根据《股份制试点企业会计制度》计算确定的当期净利润（税后利润）及其年初未分配利润之和，与按照国际或境外上市地会计准则计算确定的当期净利润（税后利润）及其年初未分配利润之和两者中孰低的数额，扣除企业当期提取的法定公积金和法定公益金后的余额，作为当年向股东分配利润的最大限额，在该最大限额内进行利润分配。

抄送：国务院证券委员会办公室，国家体制改革委员会，中国证券监督管理委员会，各省、自治区、直辖市体改委（办）。

关于期货经纪公司设立、解散、合并有关问题的通知

发文号：证监期货字[2004]46号　发文时间：2004—07—20

中国证监会各省、自治区、直辖市、计划单列市监管局：

为了规范期货经纪公司（以下简称公司）的设立、解散及合并行为，督促公司严格依法履行相关程序，根据《期货交易管理暂行条例》、《期货经纪公司管理办法》等规定，现就公司设立、解散及合并的有关问题通知如下：

一、申请设立公司的条件、程序和文件材料

（一）条件

1、注册资本不低于人民币三千万元，且必须为实缴货币资本；

2、主要管理人员和业务人员必须具有期货从业资格；

3、有固定的经营场所和合格的交易设施；

4、有健全的管理制度；

5、有具备任职资格的高级管理人员；

6、有符合现代企业制度的法人治理结构；

7、全体拟出资人应当符合下列条件：

（1）具有中国公司法人资格，且法律、行政法规未禁止其向期货经纪公司出资；

（2）没有未决诉讼，或者未决诉讼标的金额低于其净资产的百分之三十；

（3）最近两年内没有重大违法违规行为；

（4）没有逃废债务的行为；

（5）没有到期未清偿的债务；

（6）法定代表人、总经理和自然人控股股东不存在《中华人民共和国公司法》第五十七条规定的情形；

（7）期货经纪公司之间、期货经纪公司与其出资人之间不得相互交叉持股；

（8）最近五年内不存在未经许可私自受让或者参股期货经纪公司的行为。

拟出资持有公司百分之十以上股权或者拥有实际控制权的，还应当符合下列条件：

① 注册资本、净资产的最低限额均为人民币一千万元；

② 连续经营两年以上并且最近两年连续盈利；

③ 注册资本、净资产均达到人民币五千万元以上的，对盈利不作要求，但应连续经营一年以上；

④ 若拟出资人及其重要关联方为非银行金融机构或者上市公司等涉及社会公众利益的公司的，还应符合中国证监会的相关规定。

8、有利于期货市场的合理布局和规范发展。

（二）程序

1、筹建

（1）申请设立期货经纪公司，应当由全体拟出资人共同指定的申请人向公司拟设立地中国证监会派驻的监管局（以下简称中国证监会派出机构）提出申请。

（2）中国证监会派出机构应当在规定的期限内将初步审查意见和申请文件及材料报送中国证监会。

（3）中国证监会进行复审，若拟持有公司百分之十以上股权或者拥有实际控制权的拟出资人及其重要关联方为非银行金融机构或者上市公司等涉及社会公众利益的公司，中国证监会将根据审慎监管原

则，征求相关监管部门的意见。中国证监会复审后，向全体拟出资人共同指定的申请人出具准予或者不予批准筹建公司的决定，抄送公司拟设立地中国证监会派出机构。

(4)公司的筹建工作应当自收到准予筹建公司的决定之日起六个月内完成。逾期未完成筹建的，原批准文件自动失效。遇有特殊情况需要延长筹建期限的，应当于筹建期满前三十日内向中国证监会派出机构提出延期筹建的申请，经中国证监会同意后予以延期，但延长期限不得超过三个月。

2、开业

(1)公司筹建工作完成后，申请人应当向中国证监会派出机构提出开业申请。

(2)中国证监会派出机构对公司开业申请文件及材料进行审核，对筹建情况进行现场检查验收。验收标准包括：

①申请文件及材料与实际筹建情况相符；

②注册资本足额到位；

③有规范的公司章程；

④高级管理人员具备任职资格并已经过考核谈话；

⑤从业人员已取得从业资格；

⑥有健全的组织机构；

⑦业务规则、管理制度和内部控制制度符合中国证监会的规定；

⑧有符合期货经纪业务需要的经营场所和有关设施。

(3)中国证监会派出机构应当在规定的期限内将初步审查意见和公司开业申请文件及材料报送中国证监会。

(4)中国证监会进行复审，向申请人出具关于同意或者不同意公司开业的决定，抄送公司所在地中国证监会派出机构。

(5)申请人持《期货经纪公司许可证申领表》(参考格式见附件一)向中国证监会领取《期货经纪业务许可证》，并在一个月内办理工商登记手续，自领取《企业法人营业执照》之日起十个工作日内将《企业法人营业执照》(副本复印件)、《期货经纪业务许可证》(副本复印件)报公司所在地中国证监会派出机构。

(6)公司应当自领取《企业法人营业执照》之日起三个工作日内在其住所的显著位置张贴公告并至少保持三十日，且期间应当在中国证监会指定的报刊上至少公告三次。

(三)申请文件及材料：

1、筹建阶段

(1)申请设立期货经纪公司的请示(参考格式见附件二)；

(2)经全体拟出资人协商认可的期货经纪公司筹建方案，内容至少应当包括期货经纪公司筹建进度安排、可行性分析和业务计划书、拟建立的规章制度等；

(3)全体拟出资人关于共同出资设立期货经纪公司的协议；

(4)具有证券、期货相关业务资格的会计师事务所出具的拟出资持有公司百分之十以上股权或者拥有实际控制权的拟出资人最近两年的审计报告原件并加盖骑缝章(复印件需由该会计师事务所重新盖章确认并加盖骑缝章)；在下半年提出申请的，还需提供具有证券、期货相关业务资格的会计师事务所出具的拟出资持有公司百分之十以上股权或者拥有实际控制权的拟出资人当年度上半年的审计报告原件并加盖骑缝章(复印件需由会计师事务所重新盖章确认并加盖骑缝章)；

(5)全体拟出资人营业执照副本复印件并由其盖章确认；

(6)各拟出资人股东股权背景情况图(参考格式见附件三)；

(7)经全体拟出资人共同指定的筹建负责人的名单、简历和无犯罪记录证明；

(8)中国证监会认为必要时，申请人须提供地方政府关于设立期货经纪公司必要性和其他相关事宜的意见。

2、开业阶段

(1)申请期货经纪公司开业的报告(参考格式见附件四)；

(2)筹建情况的说明；

(3)公司章程(草案)；

(4)具有证券、期货相关业务资格的会计师事务所出具的验资报告；

(5)期货交易风险说明书、经中国期货业协会备案同意的期货经纪合同样本、经纪业务规则(含网上交易风险管理制度)、风险管理制度、内部控制制度、期货保证金封闭管理协议(草案)及管理制度；

(6)公司的承诺书，承诺截止申请开业之日，公司的股东仍符合中国证监会对期货经纪公司股东的所有条件要求；

(7)公司拟任职高级管理人员名册及其高级管理人员任职资格证明；

(8)公司拟任职的董事、监事、财务部门负责人、合规审查部门负责人、风险管理部门负责人的名册及其任职资格证明；

(9)拟聘用的其他期货从业人员名册及其期货从业资格证明、无犯罪记录证明；

(10)拟聘用的其他期货业务辅助人员名册及其无犯罪记录证明；

(11)经营场地所有权或者使用权证明及该场地消防安全验收合格证明；

(12)拟使用的与期货经纪业务有关的设施情况说明；

(13)国家工商行政管理总局的名称预先核准通知书。

二、申请解散期货经纪公司的条件、程序和文件材料

(一)条件

结清受委托的业务，并依法返还客户的保证金。

(二)程序

1、申请解散公司的，公司应当向公司所在地中国证监会派出机构提出申请，同时抄送营业部所在地中国证监会派出机构。

2、公司所在地中国证监会派出机构应当在规定的期限内将初步审查意见和申请文件及材料报送中国证监会。

3、中国证监会进行复审，向公司出具准予或者不予批准解散的决定，同时抄送公司所在地及营业部所在地中国证监会派出机构。

4、公司应当自收到准予解散的决定之日起三个工作日内在其住所、营业部经营场所的显著位置张贴公告并保持到公司停止运营，且应当按照《公司法》的规定成立清算组，进行清算，其间应当在中国证监会指定的报刊上至少公告三次。

5、公司应当自收到准予解散的决定之日起五个工作日内，按照期货经纪合同约定的方式通知所有期货投资者；并组成专门的办事机构负责按照平等自愿的原则，妥善处理全体期货投资者的保证金和持仓。

6、涉及公司解散的事宜依法处理完毕，公司及其营业部应当分别向所在地中国证监会派出机构提交解散处理情况报告。

7、营业部所在地中国证监会派出机构应当对营业部期货投资者保证金和持仓的处理情况进行验收，并及时将验收情况报公司所在地中国证监会派出机构。公司所在地中国证监会派出机构应当结合营业部所在地中国证监会派出机构和公司的报告，对公司处理期货投资者保证金和持仓的情况进行验收，公司所在地中国证监会派出机构验收确认公司已经妥善完成解散事宜的，向中国证监会提交书面报告。

8、中国证监会向公司出具注销《期货经纪业务许可证》、《营业部经营许可证》的通知，同时抄送公司及营业部所在地中国证监会派出机构。

9、公司所在地中国证监会派出机构应当及时收缴公司的《期货经纪业务许可证》(正、副本)并上缴中国证监会；营业部所在地中国证监会派出机构应当及时收缴营业部的《营业部经营许可证》(正、副本)并上缴中国证监会。

(三)申请文件及材料

1、申请解散公司的文件及材料

(1)申请解散期货经纪公司的请示(参考格式见附件五)；

(2)期货经纪公司股东会关于解散公司的决议；

(3)经公司股东会批准的解散方案；

(4)按照平等自愿的原则，公司妥善处理全体期货投资者保证金和持仓的方案。

2、解散事宜处理完毕后的文件及材料

(1)公司解散处理情况的报告；

(2)公司在指定报刊上公告情况的证明；

(3)公司全体期货投资者保证金和持仓妥善处理的证明；

(4)律师事务所出具的关于期货经纪公司解散事宜符合法律、法规和中国证监会规章规定的法律意见书。

三、申请期货经纪公司合并的条件、程序和文件材料

本通知所指期货经纪公司的合并限于《公司法》所规定的吸收合并，新设合并的按照本通知关于期货经纪公司解散和设立的有关规定执行。

(一)条件

1、按照平等自愿的原则，妥善处理被吸收合并的公司全体期货投资者的保证金和持仓；

2、合并后存续的公司(以下简称存续公司)符合中国证监会有关期货经纪公司持续经营的条件；

3、对被吸收合并的公司的营业部有妥善的处理方案。

（二）程序

1、申请公司合并的，应当由存续公司向其所在地中国证监会派出机构提出申请，同时抄送被吸收合并公司及其营业部所在地中国证监会派出机构。

2、存续公司所在地中国证监会派出机构应当在规定的期限内将初步审查意见和申请材料报送中国证监会。

3、中国证监会进行复审，向存续公司出具准予或者不予合并的决定，同时抄送被吸收合并的公司及其营业部所在地中国证监会派出机构、存续公司所在地中国证监会派出机构和被吸收合并的公司。

4、被吸收合并的公司和存续公司应当自收到准予合并的决定之日起三个工作日内在其住所、所有营业部的经营场所的显著位置张贴公告并保持到公司合并完成，且期间应当在中国证监会指定的报刊上至少公告三次。

5、被吸收合并的公司应当自收到准予合并的决定之日起五个工作日内，按照期货经纪合同约定的方式通知所有期货投资者。存续公司应当与被吸收合并的公司联合组成专门的办事机构负责按照平等自愿的原则，妥善处理被吸收合并的公司及其营业部全体期货投资者的保证金和持仓。

6、合并事宜处理完毕，存续公司应当向所在地中国证监会派出机构提交合并处理情况的报告，同时抄送被吸收合并的公司及其营业部所在地中国证监会派出机构。

7、被吸收合并的公司及其营业部所在地中国证监会派出机构应当对期货投资者保证金和持仓的处理情况进行验收，并及时将验收情况报存续公司所在地中国证监会派出机构。存续公司所在地中国证监会派出机构验收存续公司的财务状况、人员、场地、设施等，确认其符合中国证监会有关期货经纪公司持续经营的条件，且已妥善完成合并事宜的，向中国证监会提交书面报告。

8、中国证监会向被吸收合并的公司出具注销《期货经纪业务许可证》的通知，同时抄送被吸收合并的公司所在地中国证监会派出机构。被吸收合并的公司所在地中国证监会派出机构应当及时收缴其《期货经纪业务许可证》（正、副本）并上缴中国证监会。

9、合并后拟保留被吸收合并的公司营业部的，存续公司应当向该营业部所在地中国证监会派出机构提出变更申请，办理相关手续；对不予保留的营业部，存续公司应当向该营业部所在地中国证监会派出机构提出终止申请，办理相关手续。

10、被吸收合并的公司应按照《公司法》的要求完成公司解散的有关事宜。

（三）申请文件及材料

1、申请公司合并的文件及材料

（1）申请合并期货经纪公司的请示（参考格式见附件六）；

（2）合并方案；

（3）存续公司和被吸收合并的公司股东会分别关于合并期货经纪公司的决议；

（4）公司合并协议，包括但不限于以下内容：

① 保证申请文件及材料真实、准确和完整；

② 严格按照法律、法规和中国证监会的规章、政策办理合并事宜；

③ 经中国证监会批准公司合并后，合并协议方生效，合并协议生效后才能实际履行；

④ 中国证监会批准公司合并前，存续公司不得实际控制被吸收合并的公司；

⑤ 公司合并经中国证监会派出机构验收合格，并办理有关工商登记手续后，存续公司才能以新注册资本名义开展经营活动。

（5）被吸收合并的公司按照平等自愿的原则，妥善处理其全体期货投资者保证金和持仓的方案；

（6）被吸收合并公司营业部的处理方案；

（7）律师事务所出具的公司合并事宜符合法律、法规和中国证监会规章规定的法律意见书。

2、公司合并后的文件及材料

（1）合并处理情况的报告；

（2）公司在指定报刊上公告情况的证明；

（3）被吸收合并的公司全部期货投资者持仓、保证金妥善处理的证明。

四、本通知自发布之日起施行。中国证监会《关于印发<设立期货经纪公司

及其营业部报批程序>的通知》（证监期货字[2000]15号）同时废止。

附件：一、《期货经纪公司许可证申领表》

二、申请设立期货经纪公司的请示

三、拟出资人股东股权背景情况图

四、申请期货经纪公司开业的报告

五、申请解散期货经纪公司的请示

六、申请合并期货经纪公司的请示

附件一：

期货经纪公司许可证申领表

日期：

期货公司名称（盖章）		
领证人姓名和身份证号码		
领取许可证依据的文件文号		
许可证类别（打"√"后填写公司或营业部名称）		期货经纪业务许可证
		营业部经营许可证
公司或营业部联系电话和传真	电话号码	
	传真号码	

附件二：

关于申请设立××期货经纪有限公司的请示

中国证监会：

根据××、××……（全体拟出资人）的协商，我们拟在××（地）设立××期货经纪有限公司。拟出资比例为××出资××万元，占××%；……。拟出资形式为现金出资××万元，占××%；……。根据《期货交易管理暂行条例》、《期货经纪公司管理办法》的规定，特向你会申请，请予审批。全体拟出资人承诺：申报材料真实、准确和完整，并将严格按照法律、法规和中国证监会的规章、政策办理相关手续。

全体拟出资人公章

年 月 日

抄送：中国证监会××监管局（公司拟设立中国证监会地派出机构）

附件三：

拟出资人股东股权背景情况图（略）

附件四：

关于申请××期货经纪有限公司开业的报告

中国证监会：

我们已经按照……的要求，于××年××月完成了××期货经纪有限公司（筹）的筹建工作。请予检查验收。

本公司（筹）承诺：申报材料真实、准确和完整，并将严格按照法律、法规和中国证监会的规章、政策办理相关手续。

××期货经纪有限公司（筹）公章

年 月 日

抄送：中国证监会××监管局（公司所在地中国证监会派出机构）

附件五：

关于申请解散××期货经纪有限公司的请示

中国证监会：

由于……（原因），根据公司股东会（或董事会）的决议，我公司拟解散。根据《期货交易管理暂行条例》、《期货经纪公司管理办法》的规定，特向你会申请注销本公司《期货经纪业务许可证》和××营业部、××营业部、……《营业部经营许可证》，解散本公司，请予审批。

本公司承诺：申报材料真实、准确和完整，并将严格按照法律、法规和中国证监会的规章、政策办理有关手续。

××期货经纪有限公司公章

年 月 日

抄送：中国证监会××监管局、中国证监会××监管局（公司所在地、公司营业部所在地中国证监会派出机构）

附件六：

××期货经纪有限公司关于申请合并××期货经纪有限公司的请示

中国证监会：

由于……(原因),根据公司股东会的决议,我公司拟吸收合并××期货经纪有限公司。根据《期货交易管理暂行条例》、《期货经纪公司管理办法》的规定,特向你会申请吸收合并××期货经纪有限公司,合并后拟保留该期货经纪有限公司的××营业部、……,拟终止该期货经纪有限公司的××营业部、……,请予审批。

本公司承诺:申报材料真实、准确和完整,并将严格按照法律、法规和中国证监会的规章、政策办理有关手续。

××期货经纪有限公司公章

年　月　日

抄送:中国证监会××监管局、中国证监会××监管局、中国证监会××监管局(拟存续公司、被吸收合并公司及其营业部所在地中国证监会派出机构)

关于规范上市公司实际控制权转移行为有关问题的通知

发文号:证监公司字[2004]1号　发文时间:2004－01－07

各上市公司:

《上市公司收购管理办法》(以下简称《收购办法》)发布后,上市公司控制权市场得到进一步发展,上市公司收购更加透明和规范,促进了并购市场创新。由于上市公司实际控制权的转移关系到公司的稳定经营、持续发展以及广大中小股东的权益,影响到证券市场的正常秩序,因此,《收购办法》规定控股股东(包括其他实际控制人)和收购人对上市公司及其他股东负有诚信义务,不得通过上市公司收购损害被收购公司及其他股东的合法权益。

但近一段时间以来,部分上市公司控股股东通过与收购人签订协议或者其他方式,违反法定程序,借"股权托管"或者"公司托管"之名将其所持股份的表决权先行转移给收购人,导致收购人在未成为上市公司股东之前,已经通过控制相关股份的表决权而实际控制上市公司。在这种情况下,控股股东不依法履行其控股股东职责,而收购人虽然实际控制上市公司,但是不承担控股股东的责任,上市公司的经营管理处于极不确定的状态,为收购人恶意侵害上市公司和其他股东权益提供了条件。这种行为违反了《公司法》、《收购办法》及《上市公司治理准则》关于上市公司收购的有关规定。

为进一步规范上市公司实际控制权转移行为,保护上市公司和中小投资者的权益,维护证券市场的正常秩序,现就有关问题通知如下:

一、上市公司控制权转移应当按照《收购办法》的有关规定规范进行,自本《通知》发布之日起,上市公司控股股东不得通过所谓的"股权托管"、"公司托管"等任何方式,违反法定程序,规避法律义务,变相转让上市公司控制权。

二、以协议方式进行上市公司收购的,控股股东和收购人应当在收购协议中明确约定,双方在签订收购协议后至相关股份过户前的过渡期间各自的权利、义务,并采取切实有效措施保证控制权转移期间上市公司经营管理的平稳过渡。

在过渡期间,控股股东或者收购人不得利用收购行为损害上市公司和中小股东的权益,并应当遵守以下规定:

(一)控股股东和收购人应当严格按照《上市公司治理准则》的要求,保持上市公司的独立性,完善公司治理;在相关股份过户前,控股股东应当切实履行控股股东的职责,收购人应当按照《收购办法》的规定切实履行其对被收购公司和其他股东的诚信义务。

(二)在过渡期间,收购人原则上不得通过控股股东提议改选上市公司董事会;确有充分理由改选董事会的,来自收购人的董事不得超过董事会三分之一。

(三)在过渡期间,控股股东和收购人应当保证不影响上市公司正常的生产经营;收购人不得将上市公司股权进行质押;上市公司不得进行再融资,不得进行重大购买、出售资产及重大投资行为,但收购人为挽救面临严重财务困难的上市公司的情形除外。

(四)上市公司及其控股股东、收购人应当严格遵守《关于规范上市公司与关联方资金往来及上市公司对外担保若干问题的通知》(证监发[2003]56号)的规定,上市公司不得为收购人及其关联方提供担保,收购人及其关联方不得占用上市公司资金和资产。

(五)在收购行为完成后,收购人应当进行自查,说明过渡期间对上市公司资产、人员、业务及经营管理的调整情况,过渡期间的公司规范运作情况,是否存在上市公司为收购人及其关联方提供担保或借款等损害上市公司利益的情形。

上市公司董事会应当就收购人的自查报告出具明确意见,并聘请具有证券从业资格的注册会计师事务所或财务顾问对过渡期间上市公司经营情况进行专项核查,并就转移实际控制权前后公司业绩对比、收购人是否存在未清偿其对公司的负债、未解除公司为其提供的担保或者存在其他损害公司利益的情形出具意见;如存在上述情形的,上市公司董事会应当采取切实有效措施维护上市公司利益。

收购人的自查报告及董事会意见应当予以公告,并报送上市公司所在地中国证监会派出机构。

三、本《通知》发布前已经发生的控股股东违反法定程序转移上市公司实际控制权行为,应当在本《通知》发布后的6个月内予以纠正;如拟通过协议方式继续进行上市公司收购的,应当按照本《通知》第二条的规定进行规范;如已改选董事会的,上市公司董事应当切实履行诚信义务,审慎对待有关议案,董事会的所有议案应当作为特别议案取得三分之二以上的董事同意,独立董事应当单独发表意见。

收购人未按照《收购办法》的规定披露《上市公司收购报告书》的,应当在本《通知》发布后的2个月内进行补充信息披露,并详细说明收购目的、收购人对上市公司进行资产、业务、人员调整的情况、后续计划、股权转让手续的办理情况等。

在按照本《通知》的规定予以纠正或者规范后,收购人和被收购公司董事会应当比照本《通知》第二条第(五)项的规定分别出具自查报告、核查意见,报送上市公司所在地中国证监会派出机构并予以公告。

四、对于本《通知》发布前已经发生的控股股东违反法定程序转移上市公司实际控制权行为,上市公司控股股东及收购人未按照本《通知》进行纠正或者规范的,中国证监会将依据《收购办法》及证监发[2003]56号文的相关规定责令其改正。

五、因国有资产管理部门实行授权经营而委托国有资产经营单位管理上市公司国有股权的,不适用本《通知》的规定。

六、本《通知》自发布之日起施行。

关于规范境内上市公司所属企业到境外上市有关问题的通知

发文号:证监发[2004]67号　发文时间:2004－09－28

各上市公司:

根据《公司法》、《证券法》、《国务院关于股份有限公司境外募集股份及上市的特别规定》等法律、行政法规的规定,现就规范境内上市公司(以下简称"上市公司")所属企业到境外上市有关问题通知如下:

一、上市公司所属企业到境外上市,是指上市公司有控制权的所属企业(以下简称"所属企业")到境外证券市场公开发行股票并上市的行为。

二、所属企业申请到境外上市,上市公司应当符合下列条件:

(一)上市公司在最近三年连续盈利。

(二)上市公司最近三个会计年度内发行股份及募集资金投向的业务和资产不得作为对所属企业的出资申请境外上市。

(三)上市公司最近一个会计年度合并报表中按权益享有的所属企业的净利润不得超过上市公司合并报表净利润的50%。

(四)上市公司最近一个会计年度合并报表中按权益享有的所属企业净资产不得超过上市公司合并报表净资产的30%。

(五)上市公司与所属企业不存在同业竞争,且资产、财务独立,经理人员不存在交叉任职。

(六)上市公司及所属企业董事、高级管理人员及其关联人员持有所属企业的股份，不得超过所属企业到境外上市前总股本的10%。

（七）上市公司不存在资金、资产被具有实际控制权的个人、法人或其他组织及其关联人占用的情形，或其他损害公司利益的重大关联交易。

（八）上市公司最近三年无重大违法违规行为。

三、所属企业到境外上市事项，上市公司应当按照本通知的要求，依法就下列事项做出决议：

（一）董事会应当就所属企业到境外上市是否符合本通知、所属企业到境外上市方案、上市公司维持独立上市地位承诺及持续盈利能力的说明与前景做出决议，并提请股东大会批准。

（二）股东大会应当就董事会提案中有关所属企业境外上市方案、上市公司维持独立上市地位及持续盈利能力的说明与前景进行逐项审议并表决。

（三）上市公司董事、高级管理人员在所属企业安排持股计划的，独立董事应当就该事项向流通股（社会公众股）股东征集投票权，该事项独立表决并须获得出席股东大会的流通股（社会公众股）股东所持表决权的半数以上通过。

四、上市公司应当聘请经中国证监会注册登记并列入保荐机构名单的证券经营机构担任其维持持续上市地位的财务顾问（以下简称"财务顾问"）。财务顾问承担以下职责：

（一）财务顾问应当按照本通知，对上市公司所属企业到境外上市申请文件进行尽职调查、审慎核查，出具财务顾问报告，承诺有充分理由确信上市公司申请文件不存在虚假记载、误导性陈述或者重大遗漏，确信上市公司在所属企业到境外上市后仍然具备独立的持续上市地位、保留的核心资产与业务具有持续经营能力。

（二）财务顾问应当在所属企业到境外上市当年剩余时间及其后一个完整会计年度，持续督导上市公司维持独立上市地位，并承担下列工作：

1、持续关注上市公司核心资产与业务的独立经营状况、持续经营能力等情况；

2、针对所属企业发生的对上市公司权益有重要影响的资产、财务状况变化，以及其他影响上市公司股票价格的重要信息，督导上市公司依法履行信息披露义务；

3、财务顾问应当自持续督导工作结束后十个工作日内向中国证监会、证券交易所报送"持续上市总结报告书"。

五、所属企业到境外上市，上市公司应当在下述事件发生后次日履行信息披露义务：

（一）所属企业到境外上市的董事会、股东大会决议。

（二）所属企业向中国证监会提交的境外上市申请获得受理。

（三）所属企业获准境外发行上市。

（四）上市公司应当及时向境内投资者披露所属企业向境外投资者披露的任何可能引起股价异常波动的重大事件。上市公司应当在年度报告的重大事项中就所属企业业务发展情况予以说明。

六、财务顾问应当参照《证券发行上市保荐制度暂行办法》的规定，遵守法律、行政法规、中国证监会的规定和行业规范，诚实守信，勤勉尽责，尽职出具相关财务顾问报告，持续督导上市公司维持独立上市地位。中国证监会比照《证券发行上市保荐制度暂行办法》对财务顾问执业情况实施监管。

七、上市公司所属企业申请到境外上市，应当按照中国证监会的要求编制并报送申请文件及相关材料。中国证监会对上市公司所属企业到境外上市申请实施行政许可。

八、同时发行境内上市内资股和境内上市外资股的上市公司不适用本通知。

关于进一步完善境外上市外汇管理有关问题的通知

发文号：汇发［2002］77号　发文时间：2002－09－01

国家外汇管理局各省、自治区、直辖市分局、外汇管理部，深圳、大连、青岛、厦门、宁波市分局；中国证监会各证券监管办公室、办事处、特派员办事处；各境外上市分司：

为规范境外上市有关的外汇收支行为，加强对上市所筹资金的调回及结售汇的外汇管理，现将有关事宜通知如下：

一、本通知所称的境外上市外资股公司是指在境内注册、境外上市的公司，境外中资控股上市公司是指在境外注册、中资控股的境外上市公司。

二、境外上市外资股公司、境外中资控股上市公司的境内股权持有单位应在获得中国证监会关于境外发行股票及上市的批准后30天内，到外汇局办理境外上市股票外汇登记手续（登记表见附件）。办理上述手续时应提供下列文件：

（一）书面申请；

（二）营业执照和组织机构代码证（复印件）；

（三）中国证监会的批准文件（复印件）；

（四）初步招股说明书；

（五）第三条或者第四条规定的有关资金调回境内的计划；

（六）视情况需补充的其他材料。

三、境外上市外资股公司应在募集资金到位后30天内，将扣除相关费用后所余的资金调回境内，未经外汇局批准不得滞留境外。所调回的资金视同外商直接投资资金进行管理，经外汇局批准可以开立专户保留，也可以结汇。办理开户或结汇手续时应向外汇局提供下列文件：

（一）书面申请；

（二）正式招股说明书；

（三）境外上市股票外汇登记文件。

四、境外上市外资股公司和境外中资控股上市公司的境内股权持有单位通过减持上市公司股票、或者通过上市公司出售其资产（或权益）所得的外汇资金，应在资金到位后30天内，将扣除相关费用后的所余资金调回境内，未经外汇局批准不得滞留境外。该项资金调回后，应经外汇局批准结汇。办理结汇手续时应向外汇局提供下列文件：

（一）书面申请；

（二）正式招股说明书；

（三）有关的外汇登记文件；

（四）股票减持应得资金的测算说明；

（五）资产（或权益）的转让合同。

五、本通知第三条和第四条所述的外汇资金，在尚未调回境内之前，如需开立境外账户暂时存放募集资金的，可向外汇局申请开立境外专用外汇账户，期限最长为开立之日起3个月。

六、境外中资控股上市公司将所筹资金作为投资或者外债投入境内的，均应按现行的投资、外债外汇管理有关规定办理相应手续。

七、境外中资控股上市公司的境内股权持有单位向境外注入资产或权益的境外投资行为，应按规定办理境外投资外汇登记手续。拟注入的资产或权益应进行评估，境外投资的金额不得低于评估值，涉及国有资产的，需按国有资产管理部门的规定履行资产评估及确认程序。

八、境外上市外资股公司如需回购本公司境外上市流通的股份，应在获得中国证监会批准后，到外汇局办理境外上市股票外汇登记变更及相关的境外开户和资金汇出核准手续。

九、本规定颁布之前已上市的境外上市外资股公司、境外中资控股上市公司的境内股权持有单位可于本通知发布之日起3个月内到外汇局补办境外上市股票外汇登记手续。

十、境内机构以境内注册、境外私募，或者境外注册、境外私募的方式进行境外股权融资的，以及以其他类似方式进行境外股权融资的，参照上述原则办理外汇管理有关手续，办理时应提供私募方案等相关材料。

十一、本通知由国家外汇管理局和中国证监会负责解释。

十二、本通知自2002年9月1日起施行，原国家外汇管理局发布的《关于境外上市企业外汇账户开立与使用有关问题的通知》（（97）汇资函字第139号）同时废止。

关于进一步规范股票首次发行上市有关工作的通知

发文机关：中国证券监督管理委员会　发文号：证监发行字[2003]116号

各具有主承销商资格的证券公司、资产管理公司，拟首次公开发行股票的公司：

为贯彻落实《公司法》关于股份有限公司发行上市条件的基本精神，提高股票首次发行上市公司（以下简称"发行人"）的质量，促进证券市场结构调整，现就进一步规范股票首次发行上市有关工作通知如下：

一、自2004年1月1日起，发行人申请首次公开发行股票并上市，应当自设立股份有限公司之日起不少于三年。国有企业整体改制设立的股份有限公司、有限责任公司依法整体变更设立的股份有限公司或经国务院批准豁免前款期限的发行人，可不受前款规定期限的限制。

二、发行人申请首次公开发行股票并上市，最近三年内应当在实际控制人没有发生变更和管理层没有发生重大变化的情况下，持续经营相同的业务。因重大购买、出售、置换资产、公司合并或分立、重大增资或减资以及其他重大资产重组行为，导致发行人的业务发生重大变化的，有关行为完成满三年后，方可申请发行上市。

三、发行人申请首次公开发行股票并上市，除需按照《关于对拟发行上市企业改制情况进行调查的通知》（证监发字[1998]259号）的要求，做到人员独立、资产完整和财务独立外，还应当符合下列要求：

（一）与控股股东（或实际控制人）及其全资或控股企业不存在同业竞争；

（二）具有直接面向市场独立经营的能力，最近一年和最近一期，发行人与控股股东（或实际控制人）及其全资或控股企业，在产品（或服务）销售或原材料（或服务）采购方面的交易额，占发行人主营业务收入或外购原材料（或服务）金额的比例，均不超过30%；

（三）具有完整的业务体系，最近一年和最近一期，发行人委托控股股东（或实际控制人）及其全资或控股企业，进行产品（或服务）销售或原材料（或服务）采购的金额，占发行人主营业务收入或外购原材料（或服务）金额的比例，均不超过30%；

（四）具有开展生产经营所必备的资产，最近一年和最近一期，以承包、委托经营、租赁或其他类似方式，依赖控股股东（或实际控制人）及其全资或控股企业的资产进行生产经营所产生的收入，均不超过其主营业务收入的30%；

（五）董事长、副董事长、总经理、副总经理、财务负责人、董事会秘书，没有在控股股东（或实际控制人）中担任除董事以外的其他行政职务，也没有在控股股东（或实际控制人）处领薪；

（六）在独立性方面不存在其他严重缺陷。

四、发行人应当参照《关于在上市公司建立独立董事制度的指导意见》，建立独立董事制度。在申请首次公开发行股票并上市时，董事会成员中应当至少包括三分之一独立董事，且独立董事中至少包括一名会计专业人士（会计专业人士是指具有高级职称或注册会计师资格的人士）。

五、发行人首次公开发行股票所筹集的资金，应当有明确的用途，投资项目应当经过慎重论证，筹资额不得超过发行人上年度末经审计的净资产值的两倍。

六、有关上市公司相关方面的要求另行制定。

本《通知》自2003年10月1日起施行，2003年10月1日前已通过中国证监会股票发行审核委员会审核的发行人，不适用本《通知》的规定。

关于拟发行新股的上市公司中期报告有关问题的通知

发文号：证监公司字[2001]69号　发文时间：2001—07—09

目前，上市公司中期报告披露工作已经开始，根据《中国证券监督管理委员会令》第1号——《上市公司新股发行管理办法》第十六条的规定，对拟发行新股的上市公司中期报告有关问题通知如下：

一、最近3年审计意见均为标准无保留意见的，其申请材料提交发审委审议的时间不受中报披露时间的影响，但应在刊登招股文件前提供已公告的半年度财务会计报告。

二、最近3年审计意见存在非标准无保留意见的，若发行申请于6月30日前提出但发行时间在6月30日以后，按如下情况处理：

（一）申请材料在6月30日前提交发审委审议通过的，应在刊登招股文件前提供已公告并经审计的半年度财务会计报告；

（二）最近3年审计意见存在带解释性说明段的无保留意见、保留意见、拒绝表示意见或否定意见的，或申请材料在6月30日前提交发审委审议但未获通过的，应在申请材料提交发审委审议前提供已公告并经审计的半年度财务会计报告。

三、最近3年审计意见存在非标准无保留意见且发行申请于6月30日后提出的，应在申请材料提交发审委审议前提供已公告并经审计的半年度财务会计报告。

四、上市未满3年及重大重组后距本次发行不满1个会计年度的，应参照本通知第二、三条的规定执行。

五、申请材料在中期报告法定披露期限后提交发审委审议的，均应提供已公告的半年度财务会计报告。

六、中国证监会可以在必要时要求发行人提供相关的财务会计资料。

关于上市公司收购母公司商标等无形资产问题的通知

发文时间：2000—12—06

各上市公司：

根据中国证监会上市公司监管部近日通知要求，现对上市公司收购母公司商标等无形资产关联交易的信息披露要求通知如下：

一、上市公司必须严格执行本所《上市规则》中有关关联交易的规定，必须聘请独立财务顾问发布独立财务顾问报告。独立财务顾问必须就自己是否完全独立作出明确声明，董事会对财务顾问是否独立也要发表意见。财务顾问报告至少应对以下两项内容发表意见：

1、对该无形资产历年形成中关联双方的贡献进行量化分析，确定该无形资产的价值分摊比例；

2、对此次关联交易是否公允发表意见。

二、上市公司董事会必须对此次关联交易是否公允发表意见，同时应至少披露以下事项：

1、此次交易前，上市公司与关联方有偿使用该无形资产的协议情况等；

2、此次交易完成后，该无形资产的摊销年限及对上市公司未来经营产生的影响（用前三年与未来三年对比的方式，披露该项交易对经营财务指标的影响，尤其是对每股收益的影响）。

3、此次交易完成后，关联交易的对方是否还使用该无形资产，如果继续使用，须披露有关协议。

三、上市公司应在指定报刊上披露评估报告的摘要内容，至少包括评估标的、范围、方法、关键结论或建议等。评估报告全文必须上网。如果评估报告内容涉及商业机密的，上市公司可就此项内容向本所申请豁免披露。

自本通知下发之日起，上市公司涉及上述问题的董事会决议，在信息披露前必须备齐上述文件。

本通知即日起生效。

关于上市公司为他人提供担保有关问题的通知

发文号：证监公司字[2000]61号　发文时间：2000—06—06

各上市公司：

为了保护投资者的合法权益和上市公司财产安全，防范证券市场风险，现就上市公司为他人提供担保的有关问题通知如下：

一、上市公司为他人提供担保应当遵守《中华人民共和国公司法》、《中华人民共和国担保法》和其它相关法律、法规的规定。并按照《中华人民共和国证券法》和《证券交易所股票上市规则》的有关规定披露信息。

二、上市公司不得以公司资产为本公司的股东、股东的控股子公司、股东的附属企业或者个人债务提供担保。

三、上市公司为他人提供担保应当遵循平等、自愿、公平、诚信、互利的原则。任何单位和个人不得强令上市公司为他人提供担保，上市公司对强令其为他人提供担保的行为有权拒绝。

四、上市公司为他人提供担保，应当采用反担保等必要措施防范风险。

五、上市公司为他人提供担保必须经董事会或股东大会批准。董事会应当比照公司章程有关董事会投资权限的规定，行使对外担保权。超过公司章程规定权限的，董事会应当提出预案，并报股东大会批准。上市公司董事会在决定为他人提供担保之前(或提交股东大会表决前)，应当掌握债务人的资信状况，对该担保事项的利益和风险进行充分分析，并在董事会有关公告中详尽披露。

股东大会或者董事会对担保事项做出决议时，与该担保事项有利害关系的股东或者董事应当回避表决。

董事会秘书应当详细记录有关董事会会议和股东大会的讨论和表决情况。有关的董事会、股东大会的决议应当公告。

六、当出现被担保人债务到期后十五个工作日内未履行还款义务，或是被担保人破产、清算、债权人主张担保人履行担保义务等情况时，上市公司有义务及时了解被担保人的债务偿还情况，并在知悉后及时披露相关信息。

七、上市公司应当完善内部控制制度，未经公司股东大会或者董事会决议通过，董事、经理以及公司的分支机构不得擅自代表公司签订担保合同。

八、上市公司应当加强担保合同的管理。为他人担保，应当订立书面合同。担保合同应当按照公司内部管理规定妥善保管，并及时通报监事会、董事会秘书和财务部门。

九、上市公司为债务人履行担保义务后，应当采取有效措施向债务人追偿，并将追偿情况及时披露。

十、上市公司董事、经理及其它管理人员未按规定程序擅自越权签订担保合同，对上市公司造成损害的，上市公司应当追究当事人的责任。

上市公司为他人提供担保未按照《证券交易所股票上市规则》的要求履行信息披露义务的，证券交易所应当根据《证券交易所股票上市规则》视情节轻重对有关上市公司及责任人给予相应的处分。

上市公司对担保事项的信息披露违反《中华人民共和国证券法》和本通知规定的，中国证监会依法对有关上市公司及责任人给予处罚。

关于规范上市公司行为若干问题的通知

发文机关：中国证券监督管理委员会　发文时间：1996—07—24

各省、自治区、直辖市、计划单列市证管办(证监会)、上海证券交易所、深圳证券交易所、各上市公司：

为了进一步规范上市公司的行为，维护证券市场的正常秩序，保护投资者的合法权益，现就有关问题通知如下：

一、上市公司确须进行中期分红派息的，其分配方案必须在中期财务报告经过具有从事证券会计业务资格的会计师事务所审计后制定；公布中期分配方案的日期不得先于上市公司中期报告的公布日期；中期分配方案经股东大会批准后，公司董事会应当在股东大会召开后两个月内完成股利(或股份)的派发事项。已发行境外上市外资股的上市公司，其中期分红派息事宜按其公司章程的规定办理。

二、上市公司董事会必须遵照《公司法》第一百三十条关于同股同权、同股同利和《股票发行与交易管理暂行条例》第四条关于股票的发行与交易应当保障国有资产不受侵害的规定，制定公平的分配方案，不得向一部分股东派发现金红利而向其他股东派发股票红利。

三、上市公司制定配股方案同时制定分红送股方案的，不得以配股作为分红送股的先决条件。

四、上市公司的送股方案必须将以利润派送红股和以公积金转为股本予以明确区分，并在股东大会上分别作出决议，分项披露，不得将二者均表述为送红股。

五、上市公司应当密切注意新闻媒介涉及本公司的报道，对已报道的属本公司确须履行信息披露义务的事项，应当及时报告并公告；对报道中与本公司发生的事项不完全相符的，应当及时澄清；对无中生有、捏造事实的报道，应当立即公告说明。证券交易所应督促上市公司履行上述义务。

六、上市公司涉及公司股份变动的行为，如上市公司与非上市公司合并以及上市公司进行股票面值拆细等，应按照“先立法、后试点”的原则进行，在国家有关管理办法出台前，不得擅自行动。

请各地证管办(证监会)督促本地区的上市公司认真执行上述规定；证券交易所和证券登记公司不得为违反上述规定的上市公司办理有关登记、过户和信息披露等事宜。对违反本通知规定的上市公司，中国证监会将不受理其配股申请或其他须报中国证监会审批的事项；情节严重的，中国证监会将按照《股票发行与交易管理暂行条例》的有关规定予以处罚。

关于发布《上市公司章程指引》的通知

发文号：证监公司字[1997]16号　发文时间：1997—12—16

各省、自治区、直辖市及计划单列市证管办(证监会)：

为维护证券市场的健康发展，适应上市公司规范运作的实际需要，根据《中华人民共和国公司法》、《国务院关于原有有限责任公司和股份有限公司依照〈公司法〉进行规范的通知》(国发〔1997〕17号)以及国家经济贸易委员会《关于贯彻〈国务院关于原有有限责任公司和股份有限公司依照〈公司法〉进行规范的通知〉》(国经贸企〔1995〕895号)等文件精神,中国证监会制定了《上市公司章程指引》(以下简称《章程指引》),现发给你们,请督促辖区内上市公司按照本通知的要求,做好公司章程的起草或修订工作。

《章程指引》的内容由正文和注释两部分组成。正文部分中,以"〔〕"标示的内容,由公司按照实际情况填入。

发行内资股(A股)或者境内上市外资股(B股),以及既发行内资股又发行境内上市外资股的上市公司(以下简称"上市公司"),应当按照《章程指引》注释部分的解释和说明,参考《章程指引》正文部分的规定和要求,在其公司章程中载明《章程指引》正文部分所包含的内容。上市公司可以根据具体情况,在其章程中规定《章程指引》包含内容以外的、适合本公司实际需要的其他内容,也可以在不改变《章程指引》正文部分内容含义的前提下,对《章程指引》规定的内容做文字和顺序的调整或变动。上市公司根据需要,对《章程指引》的内容进行删除或者修改的,应当在其向中国证监会申报的股票发行和上市及其他有关报批事项的申请材料中进行说明。无正当理由擅自修改或者删除《章程指引》所规定的必备内容的,中国证监会将不受理该上市公司有关报批事项的申请。

首次公开发行股票的公司,在其向中国证监会报送申请材料时,其公司章程(或公司章程草案)的内容,应当按照《章程指引》及本通知的要求起草或修订。

发行境外上市外资股,或者既发行内资股又发行境外上市外资股的上市公司,应当继续执行《到境外上市公司章程必备条款》的规定,免于执行本通知的要求。

《章程指引》自本通知发布之日起执行。在此以前已经获得批准在证券交易所上市的上市公司的公司章程,没有载明《章程指引》内容的,有关公司应当在本通知发出后的第一次股东年会上,对其公司章程作出相应修改。

关于做好上市公司新股发行工作的通知

发文号:证监发[2001]43号　发文时间:2001－03－15

各上市公司:

为规范上市公司新股发行(配股或增发)行为,建立市场约束机制,保护投资者的合法权益,根据有关法律法规的规定,现将上市公司申请发行新股的有关问题通知如下:

一、上市公司申请配股,除应当符合《上市公司新股发行管理办法》的规定外,还应当符合以下要求:

(一)经注册会计师核验,公司最近3个会计年度加权平均净资产收益率平均不低于6%;扣除非经常性损益后的净利润与扣除前的净利润相比,以低者作为加权平均净资产收益率的计算依据;设立不满3个会计年度的,按设立后的会计年度计算;

(二)公司一次配股发行股份总数,原则上不超过前次发行并募足股份后股本总额的30%;如公司具有实际控制权的股东全额认购所配售的股份,可不受上述比例的限制;

(三)本次配股距前次发行的时间间隔不少于1个会计年度。

二、上市公司申请增发,除应当符合《上市公司新股发行管理办法》的规定外,还应当符合以下要求之一:

(一)经注册会计师核验,公司最近3个会计年度加权平均净资产收益率平均不低于6%,且预测本次发行完成当年加权平均净资产收益率不低于6%;加权平均净资产收益率按本通知第一条第一项的有关规定计算;设立不满3个会计年度的,按设立后的会计年度计算。

(二)经注册会计师核验,如公司最近3个会计年度加权平均净资产收益率平均低于6%,则应符合以下规定:

1、公司及主承销商应当充分说明公司具有良好的经营能力和发展前景;新股发行时,主承销商应向投资者提供分析报告;

2、公司发行完成当年加权平均净资产收益率应不低于发行前一年的水平,并应在招股文件中进行分析论证;

3、公司在招股文件中应当认真做好管理层关于公司财务状况和经营成果的讨论与分析。

三、公司在本次增发中计划向原股东配售或原股东优先认购部分占本次拟发行股份50%以上的,应符合本通知第一条的规定。

四、公司发行新股申请文件在报中国证监会审核的同时,将2份申请文件报公司所在地中国证监会派出机构审核。派出机构应当在10个工作日内将审核意见报中国证监会。

五、本通知自发布之日起施行。

关于做好上市公司可转换公司债券发行工作的通知

证监发行字[2001]115号　发文时间:2001－12－25

各具有主承销商资格的证券公司、金融资产管理公司,申请发行可转换公司债券的上市公司:

为进一步明确上市公司发行可转换公司债券的条件和程序,规范上市公司可转换公司债券发行行为,保护投资者的合法权益,现就《可转换公司债券管理暂行办法》和《上市公司发行可转换公司债券实施办法》执行中的有关问题通知如下:

一、上市公司发行可转换公司债券,除应当符合《可转换公司债券管理暂行办法》第九条规定的条件外,还应当符合以下要求:

1. 经注册会计师核验,公司最近三个会计年度加权平均净资产利润率平均在10%以上;属于能源、原材料、基础设施类的公司可以略低,但是不得低于7%。

经注册会计师核验,公司扣除非经常性损益后,最近三个会计年度的净资产利润率平均值原则上不得低于6%。公司最近三个会计年度净资产利润率平均低于6%的,公司应当具有良好的现金流量。

最近三年内发生过重大重组的公司,以重组后的业务以前年度经审计的盈利情况计算净资产利润率。

上市不满三年的公司,以最近三个会计年度平均的净资产利润率与股份公司设立后会计年度平均的净资产利润率相比较低的数据为准。

2. 上市公司发行可转换公司债券前,累计债券余额不得超过公司净资产额的40%;本次可转换公司债券发行后,累计债券余额不得高于公司净资产额的80%。公司的净资产额以发行前一年经审计的年报数据为准。

二、要求按照能源、原材料、基础设施类公司的标准计算净资产利润率的公司,必须同时符合下列条件:

1. 公司实际从事的主营业务属于能源、原材料、基础设施类业务;

2. 来自能源、原材料、基础设施类业务的业务收入占公司主营业务收入的50%以上;

3. 用于能源、原材料、基础设施类业务的资产占公司资产总额的50%以上。

公司使用合并会计报表的,第2、3项所指的指标以发行前一年经审计的合并会计报表的数据为准。

三、股东大会应当按照《上市公司发行可转换公司债券实施办法》第七条的规定就申请发行可转换公司债券作出决议,对发行规模、向原股东配售的安排、募集资金用途、转股价格的确定及调整原则、转股价格修正等事项必须进行逐项表决,且需作出具体安排,不得授权董事会决定。

四、募集说明书中的回售条款应当就可转换公司债券持有人可以行使回售权的年份作出约定。在募集说明书约定的可以行使回售权的年份内,可转换公司债券持有人每年可以行使一次回售权。

五、募集说明书设置转股价格修正条款的,必须确定修正底限;修正幅度超过底限的,应当由股东大会另行表决通过。

六、可转换公司债券保证人的净资产额不得低于本次可转换公司债券的发行金额；可转换公司债券保证人的净资产额应当经过具有证券从业资格的会计师事务所核验并出具验证报告；证券公司、上市公司不得为可转换公司债券发行提供担保。

七、上市公司发行可转换公司债券时，应当按照下列要求披露有关信息：

1. 本次发行议案经董事会表决通过后，应当在两个工作日内报告证券交易所，公告召开股东大会的通知。

召开股东大会的通知应当包括董事会决议、提交股东大会表决的具体发行方案、董事会关于前次募集资金使用情况的说明和注册会计师出具的有关前次募集资金使用情况的专项报告，并载明“该项决议尚须经股东大会表决后，报中国证券监督管理委员会审核”字样。

2. 董事会应当在股东大会召开日前至少五个工作日就以下内容以公告形式通知股东：涉及运用筹集资金收购资产的，董事会应当公告被收购资产的评估报告；涉及运用筹集资金收购权益的，董事会应当公告被收购企业最近一个会计年度及最近一期经审计的财务会计报告。

3. 股东大会通过本次可转换公司债券发行议案后，公司应当在两个工作日内公布股东大会决议，公告中应当载明“该方案尚须报中国证券监督管理委员会审核”字样；如果股东大会对董事会的发行议案有变更，还应当公告变更后的内容。

4. 公司应当自收到中国证监会核准可转换公司债券发行通知之日起两个工作日内发出获准发行可转换公司债券的公告。

可转换公司债券发行申请未获受理或未获核准的，公司应当自收到中国证监会通知之日起两个工作日内发出未获受理或未获核准发行可转换公司债券的公告。

八、上市公司发行可转换公司债券所募集的资金必须用于公司的主营业务；用于对外投资的，对外投资项目应当与主营业务密切相关，且须对被投资机构拥有实质控制权或事先约定分红方式以保证发行公司有良好的现金流用于偿还债务。

募集资金用于收购控股股东及其关联人的资产或权益的，公司董事会应当保证有关关联交易符合公司的最大利益且不损害非关联股东的利益，并由独立董事发表意见；未聘任独立董事的，应当聘请中介机构出具独立财务顾问报告。关联股东在审议收购事项的股东大会上不得参与表决，其所代表的有表决权的股份数不计入有效表决总数。

上市公司必须严格按照募集说明书披露的用途使用募集资金，原则上不得改变募集资金用途。确实需要改变的，必须经公司股东大会批准，并赋予转债持有人一次回售的权利。

九、上市公司在报送可转换公司债券发行申请文件时，应当提供由注册会计师出具的有关前次募集资金使用情况的专项报告。

十、本通知自发布之日起施行。

关于在上市公司建立独立董事制度的指导意见

发文号：证监发[2003]102号　发文时间：2001－08－16

各上市公司：

为进一步完善上市公司治理结构，促进上市公司规范运作，现就上市公司建立独立的外部董事（以下简称独立董事）制度提出以下指导意见：

一、上市公司应当建立独立董事制度

（一）上市公司独立董事是指不在公司担任除董事外的其他职务，并与其所受聘的上市公司及其主要股东不存在可能妨碍其进行独立客观判断的关系的董事。

（二）独立董事对上市公司及全体股东负有诚信与勤勉义务。独立董事应当按照相关法律法规、本指导意见和公司章程的要求，认真履行职责，维护公司整体利益，尤其要关注中小股东的合法权益不受损害。独立董事应当独立履行职责，不受上市公司主要股东、实际控制人、或者其他与上市公司存在利害关系的单位或个人的影响。独立董事原则上最多在5家上市公司兼任独立董事，并确保有足够的时间和精力有效地履行独立董事的职责。

（三）各境内上市公司应当按照本指导意见的要求修改公司章程，聘任适当人员担任独立董事，其中至少包括一名会计专业人士（会计专业人士是指具有高级职称或注册会计师资格的人士）。在二00二年六月三十日前，董事会成员中应当至少包括2名独立董事；在二00三年六月三十日前，上市公司董事会成员中应当至少包括三分之一独立董事。

（四）独立董事出现不符合独立性条件或其他不适宜履行独立董事职责的情形，由此造成上市公司独立董事达不到本《指导意见》要求的人数时，上市公司应按规定补足独立董事人数。

（五）独立董事及拟担任独立董事的人士应当按照中国证监会的要求，参加中国证监会及其授权机构所组织的培训。

二、独立董事应当具备与其行使职权相适应的任职条件

担任独立董事应当符合下列基本条件：

（一）根据法律、行政法规及其他有关规定，具备担任上市公司董事的资格；

（二）具有本《指导意见》所要求的独立性；

（三）具备上市公司运作的基本知识，熟悉相关法律、行政法规、规章及规则；

（四）具有五年以上法律、经济或者其他履行独立董事职责所必需的工作经验；

（五）公司章程规定的其他条件。

三、独立董事必须具有独立性

下列人员不得担任独立董事：

（一）在上市公司或者其附属企业任职的人员及其直系亲属、主要社会关系（直系亲属是指配偶、父母、子女等；主要社会关系是指兄弟姐妹、岳父母、儿媳女婿、兄弟姐妹的配偶、配偶的兄弟姐妹等）；

（二）直接或间接持有上市公司已发行股份1%以上或者是上市公司前十名股东中的自然人股东及其直系亲属；

（三）在直接或间接持有上市公司已发行股份5%以上的股东单位或者在上市公司前五名股东单位任职的人员及其直系亲属；

（四）最近一年内曾经具有前三项所列举情形的人员；

（五）为上市公司或者其附属企业提供财务、法律、咨询等服务的人员；

（六）公司章程规定的其他人员；

（七）中国证监会认定的其他人员。

四、独立董事的提名、选举和更换应当依法、规范地进行

（一）上市公司董事会、监事会、单独或者合并持有上市公司已发行股份1%以上的股东可以提出独立董事候选人，并经股东大会选举决定。

（二）独立董事的提名人在提名前应当征得被提名人的同意。提名人应当充分了解被提名人职业、学历、职称、详细的工作经历、全部兼职等情况，并对其担任独立董事的资格和独立性发表意见，被提名人应当就其本人与上市公司之间不存在任何影响其独立客观判断的关系发表公开声明。

在选举独立董事的股东大会召开前，上市公司董事会应当按照规定公布上述内容。

（三）在选举独立董事的股东大会召开前，上市公司应将所有被提名人的有关材料同时报送中国证监会、公司所在地中国证监会派出机构和公司股票挂牌交易的证券交易所。上市公司董事会对被提名人的有关情况有异议的，应同时报送董事会的书面意见。中国证监会在15个工作日内对独立董事的任职资格和独立性进行审核。对中国证监会持有异议的被提名人，可作为公司董事候选人，但不作为独立董事候选人。在召开股东大会选举独立董事时，上市公司董事会应对独立董事候选人是否被中国证监会提出异议的情况进行说明。对于本《指导意见》发布前已担任上市公司独立董事的人士，上市公司应将前述材料在本《指导意见》发布实施起一个月内报送中国证监会、公司所在地中国证监会派出机构和公司股票挂牌交易的证券交易所。

（四）独立董事每届任期与该上市公司其他董事任期相同，任期届满，连选可以连任，但是连任时间不得超过六年。

（五）独立董事连续3次未亲自出席董事会会议的，由董事会提请股东大会予以撤换。除出现上述情况及《公司法》中规定的不得担任董事的情形外，独立董事任期届满前不得无故被免职。提前免职的，上市公司应将其作为特别披露事项予以披露，被免职的独立董事认为公司的免职理由不当的，可以作出公开的声明。

（六）独立董事在任期届满前可以提出辞职。独立董事辞职应向董事会提交书面辞职报告，对任何与其辞职有关或其认为有必要引起公司股东和债权人注意的情况进行说明。如因独立董事辞职导致公司董事会中独立董事所占的比例低于本《指导意见》规定的最低要求时，该独立董事的辞职报告应当在下任独立董事填补其缺额后生效。

五、上市公司应当充分发挥独立董事的作用

（一）为了充分发挥独立董事的作用，独立董事除应当具有公司法和其他相关法律、法规赋予董事的职权外，上市公司还应当赋予独立董事以下特别职权：

1、重大关联交易（指上市公司拟与关联人达成的总额高于300万元或高于上市公司最近经审计净资产值的5%的关联交易）应由独立董事认可后，提交董事会讨论；独立董事作出判断前，可以聘请中介机构出具独立财务顾问报告，作为其判断的依据。

2、向董事会提议聘用或解聘会计师事务所；

3、向董事会提请召开临时股东大会；

4、提议召开董事会；

5、独立聘请外部审计机构和咨询机构；

6、可以在股东大会召开前公开向股东征集投票权。

（二）独立董事行使上述职权应当取得全体独立董事的二分之一以上同意。

（三）如上述提议未被采纳或上述职权不能正常行使，上市公司应将有关情况予以披露。

（四）如果上市公司董事会下设薪酬、审计、提名等委员会的，独立董事应当在委员会成员中占有二分之一以上的比例。

六、独立董事应当对上市公司重大事项发表独立意见

（一）独立董事除履行上述职责外，还应当对以下事项向董事会或股东大会发表独立意见：

1、提名、任免董事；

2、聘任或解聘高级管理人员；

3、公司董事、高级管理人员的薪酬；

4、上市公司的股东、实际控制人及其关联企业对上市公司现有或新发生的总额高于300万元或高于上市公司最近经审计净资产值的5%的借款或其他资金往来，以及公司是否采取有效措施回收欠款；

5、独立董事认为可能损害中小股东权益的事项；

6、公司章程规定的其他事项。

（二）独立董事应当就上述事项发表以下几类意见之一：同意；保留意见及其理由；反对意见及其理由；无法发表意见及其障碍。

（三）如有关事项属于需要披露的事项，上市公司应当将独立董事的意见予以公告，独立董事出现意见分歧无法达成一致时，董事会应将各独立董事的意见分别披露。

七、为了保证独立董事有效行使职权，上市公司应当为独立董事提供必要的条件

（一）上市公司应当保证独立董事享有与其他董事同等的知情权。凡须经董事会决策的事项，上市公司必须按法定的时间提前通知独立董事并同时提供足够的资料，独立董事认为资料不充分的，可以要求补充。当2名或2名以上独立董事认为资料不充分或论证不明确时，可联名书面向董事会提出延期召开董事会会议或延期审议该事项，董事会应予以采纳。

上市公司向独立董事提供的资料，上市公司及独立董事本人应当至少保存5年。

（二）上市公司应提供独立董事履行职责所必需的工作条件。上市公司董事会秘书应积极为独立董事履行职责提供协助，如介绍情况、提供材料等。独立董事发表的独立意见、提案及书面说明应当公告的，董事会秘书应及时到证券交易所办理公告事宜。

（三）独立董事行使职权时，上市公司有关人员应当积极配合，不得拒绝、阻碍或隐瞒，不得干预其独立行使职权。

（四）独立董事聘请中介机构的费用及其他行使职权时所需的费用由上市公司承担。

（五）上市公司应当给予独立董事适当的津贴。津贴的标准应当由董事会制订预案，股东大会审议通过，并在公司年报中进行披露。

除上述津贴外，独立董事不应从该上市公司及其主要股东或有利害关系的机构和人员取得额外的、未予披露的其他利益。

（六）上市公司可以建立必要的独立董事责任保险制度，以降低独立董事正常履行职责可能引致的风险。

关于上市公司增发新股有关条件的通知

发文号：证监发[2002]55号　发文时间：2002—07—24

各上市公司、各具有主承销商资格的证券公司：

为完善对上市公司增发新股行为的约束机制，现对上市公司增发新股的有关条件作出补充规定。上市公司申请增发新股，除应当符合《上市公司新股发行管理办法》的规定外，还应当符合以下条件：

一、最近三个会计年度加权平均净资产收益率平均不低于10%，且最近一个会计年度加权平均净资产收益率不低于10%。扣除非经常性损益后的净利润与扣除前的净利润相比，以低者作为加权平均净资产收益率的计算依据。

二、增发新股募集资金量不超过公司上年度末经审计的净资产值。

三、发行前最近一年及一期财务报表中的资产负债率不低于同行业上市公司的平均水平。

四、前次募集资金投资项目的完工进度不低于70%。

五、增发新股的股份数量超过公司股份总数20%的，其增发提案还须获得出席股东大会的流通股（社会公众股）股东所持表决权的半数以上通过。股份总数以董事会增发提案的决议公告日的股份总数为计算依据。

六、上市公司及其附属公司最近12个月内不存在资金、资产被实际控制上市公司的个人、法人或其他组织（以下简称实际控制人）及关联人占用的情况。

七、上市公司及其董事在最近12个月内未受到中国证监会公开批评或者证券交易所公开谴责。

八、最近一年及一期财务报表不存在会计政策不稳健（如资产减值准备计提比例过低等）、或有负债数额过大、潜在不良资产比例过高等情形。

九、上市公司及其附属公司违规为其实际控制人及关联人提供担保的，整改已满12个月。

十、符合《关于上市公司重大购买、出售、置换资产若干问题的通知》（证监公司字〔2001〕105号）规定的重大资产重组的上市公司，重组完成后首次申请增发新股的，其最近三个会计年度加权平均净资产收益率不低于6%，且最近一个会计年度加权平均净资产收益率不低于6%，加权平均净资产收益率按照本通知第一条的有关规定计算；其增发新股募集资金量可不受本通知第二条的限制。

本通知自发布之日起施行。2001年3月15日发布的《关于做好上市公司新股发行工作的通知》（证监发〔2001〕43号）第二条同时废止。

关于境内居民个人投资境内上市外资股若干问题的通知

发文号：证监发[2001]22号　发文时间：2001—02—21

各证券监管办公室、办事处、特派员办事处；国家外汇管理局各分局，北京、重庆外汇管理部；上海、深圳证券交易所；各有关商业银行、证券公司、信托投资公司：

为了促进境内上市外资股（以下简称"B"股）市场的健康发展，维护B股市场和外汇市场的正常秩序，保护投资人的合法权益，规范市场参与者的行为，现就有关问题通知如下：

一、根据1995年《国务院关于股份有限公司境内上市外资股的规定》(国务院第189号令)第四条的规定和中国证券监督管理委员会(以下简称"中国证监会")2001年2月19日发布的境内居民可投资B股市场的决定，境内居民个人可以按照本通知从事B股投资。

二、境内居民个人从事B股交易，在2001年6月1日前，只允许使用在2001年2月19日(含2月19日，下同)前已经存入境内商业银行的现汇存款和外币现钞存款，不得使用外币现钞和其它外汇资金；境内居民个人2001年2月19日前已经存入境内商业银行，2001年2月19日后到期并转存的，可以作为从事B股交易的资金。2001年6月1日后，允许境内居民个人使用2001年2月19日后存入境内商业银行的现汇存款和外币现钞存款以及从境外汇入的外汇资金从事B股交易，但仍不允许使用外币现钞。

三、经中国证监会批准经营B股业务和经国家外汇管理局批准经营外汇业务的证券公司和信托投资公司可以凭中国证监会核发的从事B股业务资格证书和国家外汇管理局核发的经营外汇业务许可证到所在地同一城市所有经批准经营外汇存款、汇款业务的境内商业银行或其分支机构开立B股保证金帐户；上述公司的分支机构可以凭加盖分支机构印章的总公司资格证书复印件和许可证复印件办理开户手续。证券公司和信托投资公司或其分支机构(以下简称"证券经营机构")在一个境内商业银行只能开立一个B股保证金帐户，不得在同一境内商业银行开立一个以上的B股保证金帐户。证券经营机构应当在开户后三个工作日内将开户银行名称报所在地国家外汇管理局或其分支局(以下简称"外汇局")备案，并通过所在地新闻媒体对外公布其开户情况。

四、境内居民个人开立B股资金帐户和股票帐户，应当按照下列程序办理：

(一)凭本人有效的身份证明文件到其原外汇存款银行将其现汇存款和外币现钞存款划入证券经营机构在同城、同行的B股保证金帐户，暂时不允许跨行或异地划转外汇资金。境内商业银行应当向境内居民个人出具进帐凭证，并向证券经营机构出具对帐单。

(二)凭本人有效身份证明和本人进帐凭证到证券经营机构开立B股资金帐户，开立B股资金帐户的最低金额为等值1000美元。

(三)凭B股资金帐户开户证明到该证券经营机构开立B股股票帐户。

五、境内商业银行在为境内居民个人办理外汇划转手续时，必须严格按照本通知的规定审核存款日期和划转资金；2001年6月1日前，从境内居民个人定期存款帐户划转资金时，帐户存款日期不得晚于2001年2月19日；从境内居民个人活期存款帐户划转资金时，划转资金金额不得超过2001年2月19日前的帐户存款余额；在办理外汇划转时，应当将划出资金币种转为与证券经营机构B股保证金帐户相同的币种。

六、境内居民个人的B股资金帐户的收入范围为从现汇存款帐户或外币现钞存款帐户划入的外汇以及从事B股交易所获得的外汇，支出范围为从事B股交易需支付的外汇以及划回境内商业银行存储，不得用于向境外支付。境内居民个人从B股资金帐户划回境内商业银行存储的从事B股交易的所有外汇，按照《境内居民个人外汇管理暂行办法》中有关现钞管理的规定以及其它现钞管理规定进行管理。境内居民个人不得从B股资金帐户提取外币现钞。

七、非居民的B股资金帐户的收入范围为从境外汇入的外汇资金、境内商业银行的合法现汇存款以及从事B股交易所获得的外汇，支出范围为汇出境外、存入其在境内开立的合法外汇帐户以及从事B股交易需支付的外汇。非居民不得从B股资金帐户提取外币现钞。

八、境内居民个人与非居民之间不得进行B股协议转让。境内居民个人所购B股不得向境外转托管。

九、所有为证券经营机构开立B股保证金帐户的境内商业银行，均可以办理B股交易项下证券经营机构与证券登记结算公司之间以及证券经营机构总分支机构之间外汇资金的收付业务。

十、证券经营机构、境内商业银行、境内居民个人、非居民应当严格按照本通知规定以及中国证监会和外汇局的其它相关规定办理B股交易项下的相关业务，防止逃汇、非法套汇等违法行为的发生，对违反规定的，由中国证监会或外汇局根据有关规定进行处罚。

十一、本通知自发布之日起开始施行。自本通知施行之日起，证券经营机构可以向境内商业银行申请办理开立B股保证金帐户事宜，但境内居民个人办理资金划转和开立B股资金帐户事宜应于2001年2月26日起开始。中国证监会《关于严格管理B股开户问题的通知》(证监发字[1996]75号)和《关于清理B股帐户的通知》(证监交字[1996]1号)同时废止。

关于实施《证券发行上市保荐制度暂行办法》有关事项的通知

发文号：证监发[2004]1号　发文时间：2004－01－02

各综合类证券公司，各上市公司及拟上市公司：

为做好《证券发行上市保荐制度暂行办法》(以下简称《办法》)的实施工作，现就有关事项通知如下：

一、首批保荐代表人进行注册登记，对《办法》第十一条第(一)项关于保荐代表人投资银行业务经历的要求按以下标准执行：

(一)具备三年以上投资银行业务经历，且自2002年1月1日以来至少担任过一个境内外首次公开发行股票、上市公司发行新股或可转换公司债券的主承销项目的项目负责人。该项目负责人应是列名于公开发行募集文件的项目负责人。一个项目应只认定一名项目负责人。

(二)具备五年以上投资银行业务经历，且至少参与过两个境内外首次公开发行股票、上市公司发行新股或可转换公司债券的主承销项目。该参与人员应列名于公开发行募集文件。一个项目应只认定两名参与人员，其中包括一名项目负责人。

(三)具备三年以上投资银行业务经历，目前担任主管投资银行业务的公司高级管理人员、投资银行业务部门负责人、内核负责人或投资银行业务其他相关负责人，每家综合类证券公司推荐的该类人员数量不得超过其推荐通道数量的两倍。

具备上述投资银行业务经历之一的个人，可申请参加首次保荐代表人胜任能力考试。

二、首批保荐代表人注册登记结束，其后申请注册登记为保荐代表人的投资银行业务经历的要求为，具备三年以上投资银行业务经历，且最近一年内至少担任过一个境内外已完成首次公开发行股票项目的项目主办人。

三、已注册登记为保荐代表人的个人应持续符合《办法》的要求，其中《办法》第十一条第(一)项"具备中国证监会规定的投资银行业务经历"是指，在两年内至少担任过一个境内外已完成证券发行项目的保荐代表人。

四、自首批保荐机构和保荐代表人名单公布之日起，中国证监会只受理保荐机构提交的证券发行上市推荐文件。

五、保荐制度实施一段时间后，根据市场情况，现行的推荐通道将予以废止。

六、保荐机构和保荐代表人进行注册登记、年度备案、重大事项报告、发行上市推荐等，应按中国证监会的要求填报相关报表。

七、中国证监会《证券公司从事股票发行主承销业务有关问题的指导意见》(证监发[2001]48号)第十六条有关主承销商回访的规定同时废止。

附件

表一 保荐机构注册登记表(I－1)

表二 保荐机构年度备案表(I－2)

表三 保荐机构重大事项报告表(I－3)

表四 保荐总结报告书(I－4)

表五 保荐代表人注册登记表(R－1)

表六 保荐代表人年度备案表(R－2)

表七 保荐代表人重大事项报告表(R－3)

表八 证券发行推荐书(S－1)

表九 证券上市推荐书(S—2)

表一

保荐机构注册登记表(I—1)

申报机构名称：	申报时间：

一、声明与承诺

● 董事会声明：董事会已通过决议，同意本机构申请注册登记为保荐机构，同意做出本项注册登记。

● 本机构及全体董事承诺：

1、本注册登记表和证明文件及其相关资料的内容不存在虚假记载、误导性陈述或重大遗漏，全体董事对其真实性、准确性、完整性承担个别和连带的法律责任。

2、本机构自觉遵守《证券发行上市保荐制度暂行办法》，自愿履行保荐机构的职责。

3、本机构及本人自愿接受中国证监会对注册登记相关事项以及保荐工作进行的任何质询和调查。

4、当本注册登记表和证明文件及其相关资料的内容发生重大变化，本机构将立即以书面形式将有关变化情况报告中国证监会并更新注册登记资料。

5、当本机构出现《证券发行上市保荐制度暂行办法》规定不得注册登记为保荐机构的情形时，本机构将立即以书面方式报告中国证监会，并自愿申请从名单中去除。

6、本机构自愿接受中国证监会按照《证券发行上市保荐制度暂行办法》的有关规定采取的监管措施。

二、保荐机构申请人

名称	
成立时间	
注册地址	
主要办公地址	
法定代表人	

三、保荐机构申请人的主要股东

股东名称或姓名	股份类别	所持有或控制的股份数量	所持有或控制股份占公司总股本比例	是否为实际控制人

四、保荐机构申请人的指定联络人

姓名	职务	联系电话	身份证号码

五、保荐机构申请人董事、监事及其他高级管理人员

姓名	性别	出生年月	学历	职务	联系电话	身份证号码

本表后附上述人员的个人简历(需突出从事证券业务的经历)。

六、拟推荐的保荐代表人

姓名	性别	出生年月	学历	职务	联系电话	身份证号码

本表后附上述人员的个人简历(需突出从事投资银行业务的经历)。

七、对照《证券发行上市保荐制度暂行办法》，逐一说明是否存在不得注册登记为保荐机构的情形

事项	情形	说明
1、是否为综合类证券公司	□是 □否	
2、保荐代表人数量是否不少于两名	□是 □否	
3、公司治理结构是否不存在重大缺陷、风险控制制度不健全或者未有效执行的情况	□是 □否	
4、是否最近二十四个月未因违法违规被中国证监会从名单中去除	□是 □否	
5、是否不存在中国证监会规定的其他不得注册登记为保荐机构的情形	□是 □否	

八、对照《证券发行上市保荐制度暂行办法》，逐一说明下列事项：

(一)保荐工作内部控制体系的建立情况；

(二)证券发行上市尽职调查制度的建立情况；

(三)对证券发行上市申请文件的内部核查制度的建立情况；

(四)持续督导制度的建立情况；

(五)持续培训制度的建立情况；

(六)保荐档案制度的建立情况；

(七)中国证监会规定的其他事项。

九、需要申报的其他重要事项

申报事项	说　明
1	
2	
3	
……	

本表后应附上述各项的证明文件和相关资料。

全体董事对本表及其证明文件和相关资料予以确认，亲笔签名。保荐机构申请人加盖公章。

全体董事签名	年　月　日
保荐机构申请人公章	年　月　日

表二

保荐机构年度备案表(I—2)

保荐机构名称：	申报时间：
保荐机构编号：	

一、保荐机构及全体董事承诺

1、本年度备案表和证明文件及其相关资料的目的是对注册登记资料进行更新。

2、本机构自觉遵守《证券发行上市保荐制度暂行办法》，自愿履行保荐机构的职责。

3、本年度备案表和证明文件及其相关资料的内容不存在虚假记载、误导性陈述或重大遗漏，全体董事对其真实性、准确性、完整性承担个别和连带的法律责任。

4、本机构及本人自愿接受中国证监会对注册登记相关事项以及保荐工作进行的任何质询和调查。

5、本机构自愿接受中国证监会按照《证券发行上市保荐制度暂行办法》的有关规定采取的监管措施。

二、本年度保荐机构发生的重大变化情况汇总

变化事项	情况说明
1	
2	
3	
……	

三、本年度保荐代表人发生的重大变化情况汇总

变化事项	情况说明
1	

2	
3	
……	

四、保荐机构是否存在《证券发行上市保荐制度暂行办法》规定的不得注册登记为保荐机构的情形

事项	情形	说明
1、是否为综合类证券公司	□是　□否	
2、保荐代表人数量是否不少于两名	□是　□否	
3、公司治理结构是否不存在重大缺陷、风险控制制度不健全或者未有效执行的情况	□是　□否	
4、是否最近二十四个月未因违法违规被中国证监会从名单中去除	□是　□否	
5、是否不存在中国证监会规定的其他不得注册登记为保荐机构的情形	□是　□否	

五、最近一年所做的主要保荐工作

(一)针对被保荐的发行人逐个说明最近一年内所从事的主要保荐工作,概述主要

项目名称	保荐工作	异常情况
1		
2		
3		
……		

(二)最近一年内履行保荐职责的自我评估

	内　容
1、主要工作	
2、存在问题	
3、改进措施	

(三)概述最近一年内保荐机构建立和执行内部控制体系、尽职调查制度、内部核查制度、持续督导制度、持续培训制度、保荐档案制度等的情况,指明存在的异常情况。

	建立和执行情况	异常情况
1、内部控制体系		
2、证券发行上市尽职调查制度		
3、内部核查制度		
4、持续督导制度		
5、持续培训制度		
6、保荐档案制度		
……		

六、其他备案事项

备案事项	说　明
1	
2	
3	
……	

全体董事对本表和证明文件及其相关资料予以确认,亲笔签名,保荐机构加盖公章。

全体董事签名	年　月　日
保荐机构公章	年　月　日

表三

保荐机构重大事项报告表(I—3)

保荐机构名称:	申报时间:
保荐机构编号:	

一、保荐机构及全体董事承诺

1、本次申报的内容不存在虚假记载、误导性陈述或重大遗漏。全体董事对其真实性、准确性、完整性承担个别和连带的法律责任。

2、本机构及本人自愿接受中国证监会对申报事项进行的任何质询和调查。

二、申报事项陈述

事　项	情况说明
1、保荐机构基本资料发生的重大变化	
2、保荐机构出现《证券发行上市保荐制度暂行办法》规定不得注册登记为保荐机构的情形	
3、保荐机构或其保荐的发行人出现《证券发行上市保荐制度暂行办法》规定可能采取监管措施的事项	
4、其他需要申报的重要事项	

三、拟采取的措施

措　施	说　明
1	
2	
3	
……	

本表后应附有关说明材料。

全体董事对本表和证明文件及其相关资料予以确认,亲笔签名,保荐机构加盖公章。

全体董事签名	年　月　日
保荐机构公章	年　月　日

表四

保荐总结报告书(I—4)

保荐机构名称:	申报时间:
保荐机构编号:	

一、保荐机构及保荐代表人承诺

1、保荐总结报告书和证明文件及其相关资料的内容不存在虚假记载、误导性陈述或重大遗漏,保荐机构及保荐代表人对其真实性、准确性、完整性承担法律责任。

2、本机构及本人自愿接受中国证监会对保荐总结报告书相关事项进行的任何质询和调查。

3、本机构及本人自愿接受中国证监会按照《证券发行上市保荐制度暂行办法》的有关规定采取的监管措施。

二、保荐机构基本情况

情　况	内　容
保荐机构名称	
注册地址	
主要办公地址	
法定代表人	
联系人	
联系电话	
其他	

三、发行人基本情况

情　况	内　容
发行人名称	
证券代码	
注册资本	
注册地址	
主要办公地址	
法定代表人	
实际控制人	

联系人	
联系电话	
本次证券发行类型	
本次证券发行时间	
本次证券上市时间	
本次证券上市地点	
其他	

四、保荐工作概述

项目	情况
1、说明保荐机构及保荐代表人对发行人所做的主要保荐工作	
2、发行人配合保荐工作的情况	
3、发行人聘请的中介机构配合保荐工作的情况	
4、其他	

五、保荐机构在履行保荐职责和协调发行人及其聘请的中介机构过程中发生的重大事项

事项	说明
1	
2	
3	
……	

六、其他申报事项

申报事项	说明
1	
2	
3	
……	

保荐代表人、保荐机构董事长或总经理对本表和证明文件及其相关资料予以确认，亲笔签名，保荐机构加盖公章。

保荐代表人签名	年 月 日
保荐机构董事长或总经理签名	年 月 日
保荐机构公章	年 月 日

表五

保荐代表人注册登记表（R—1）

申请人姓名：	申报时间：

一、声明与承诺

（一）申请人声明与承诺

● 声明：自愿申请注册登记为保荐代表人，同意通过所任职的保荐机构做出本项注册登记。

● 承诺：

1、本注册登记表和证明文件及其相关资料的内容不存在虚假记载、误导性陈述或重大遗漏，并对其真实性、准确性、完整性承担法律责任。

2、自觉遵守《证券发行上市保荐制度暂行办法》，自愿履行保荐代表人的职责。

3、自愿接受中国证监会对注册登记文件相关事项以及保荐工作进行的任何质询和调查。

4、当本注册登记表和证明文件及其相关资料的内容发生重大变化，本人立即以书面形式将有关变化通过所任职的保荐机构报告中国证监会并更新注册登记。

5、当本人出现不符合《证券发行上市保荐制度暂行办法》规定保荐代表人要求的情形时，将立即通过所任职的保荐机构以书面方式报告中国证监会，并自愿申请从名单中去除。

6、本人自愿接受中国证监会按照《证券发行上市保荐制度暂行办法》的有关规定采取的监管措施。

（二）保荐机构的声明与承诺

1、保荐代表人申请人是本机构投资银行专业人士。

2、本机构已审核过本注册登记表和证明文件及其相关资料，有充分理由确信其内容不存在虚假记载、误导性陈述或重大遗漏，对其真实性、准确性、完整性承担个别和连带的法律责任。

3、本机构有充分理由确信保荐代表人申请人为保荐代表人的适当人选。

4、当保荐代表人出现不符合《证券发行上市保荐制度暂行办法》规定保荐代表人要求的情形时，本机构将立即以书面方式报告中国证监会，并自愿撤回推荐函。

5、本机构同意申报本注册登记表和证明文件及其相关资料。

二、保荐代表人申请人概况

姓名		性别		出生年月	
职务		学历		身份证号码	
联系电话		通讯地址			

三、保荐代表人申请人对照《证券发行上市保荐制度暂行办法》逐一说明是否符合下列要求

事项	情形	说明
1、是否具有证券从业资格并取得执业证书	□是 □否	
2、是否具备中国证监会规定的投资银行业务经历	□是 □否	
3、是否参加中国证监会认可的保荐代表人胜任能力考试且成绩合格	□是 □否	
4、是否有由所任职保荐机构的董事长或总经理签名的推荐函	□是 □否	
5、是否未负有数额较大到期未清偿的债务	□是 □否	
6、是否最近三十六个月未因违法违规被中国证监会从名单中去除或者受到中国证监会行政处罚	□是 □否	
7、是否存在不符合中国证监会规定的其他要求的情形	□是 □否	

四、保荐代表人申请人和保荐机构需要申报的其他重要事项

事项	说明
1	
2	
3	
……	

本表后应附上述各项的证明文件和相关资料。

保荐代表人申请人、保荐机构董事长或总经理对本表和证明文件及其相关资料予以确认，亲笔签名，保荐机构加盖公章。

保荐代表人申请人签名	年 月 日
保荐机构董事长或总经理签名	年 月 日
保荐机构公章	年 月 日

表六

保荐代表人年度备案表（R—2）

保荐代表人姓名：	申报时间：
保荐代表人编号：	

一、承诺

（一）保荐代表人的承诺

1、通过所任职的保荐机构申报本年度备案表和证明文件及其相关资料的目的是对注册登记资料进行更新。

2、自觉遵守《证券发行上市保荐制度暂行办法》，自愿履行保荐代表人的职责。

3、本年度备案表和证明文件及其相关资料的内容不存在虚假记载、误导性陈述或重大遗漏，并对其真实性、准确性、完整性承担法律责任。

4、自愿接受中国证监会对注册登记相关事项以及保荐工作进行的任何质询和调查。

5、自愿接受中国证监会按照《证券发行上市保荐制度暂行办法》的有关规定所采取的监管措施。

（二）保荐机构的承诺

1、本年度备案表和证明文件及其相关资料的目的是对注册登记资料进行更新。

2、已审核过本年度备案表和证明文件及其相关资料，有充分理由确信其内容不存在虚假记载、误导性陈述或重大遗漏，对其真实性、准确性、完整性承担个别和连带的法律责任。

3、本机构有充分理由确信保荐代表人仍为保荐代表人的适当人选。

4、本机构同意申报本年度备案表及其证明文件和附件。

二、保荐代表人重大变化情况

情　　况	说　　明
1	
2	
3	
……	

三、保荐代表人是否存在《证券发行上市保荐制度暂行办法》规定的不得注册登记为保荐代表人的情形

事项	情形		说明
1、是否具有证券从业资格并取得执业证书	□是	□否	
2、是否具备中国证监会规定的投资银行业务经历	□是	□否	
3、是否参加中国证监会认可的保荐代表人胜任能力考试且成绩合格	□是	□否	
4、是否有由所任职保荐机构的董事长或总经理签名的推荐函	□是	□否	
5、是否未负有数额较大到期未清偿的债务	□是	□否	
6、是否最近三十六个月未因违法违规被中国证监会从名单中去除或者受到中国证监会行政处罚	□是	□否	
7、是否存在不符合中国证监会规定的其他要求的情形	□是		□否

四、最近一年所做的主要保荐工作

（一）针对具体负责保荐的发行人逐个说明最近一年内所从事的主要保荐工作，概述主要异常情况。

项目名称	保荐工作	异常情况
1		
2		
3		
……		

（二）最近一年内履行保荐职责的自我评估。

	内　　容
1、主要工作	
2、存在问题	
3、改进措施	

五、其他备案事项

备案事项	说　　明
1	
2	
3	
……	

保荐代表人、保荐机构董事长或总经理对本表和证明文件及其相关资料予以确认，亲笔签名，保荐机构加盖公章。

保荐代表人签名	年　月　日
保荐机构董事长或总经理签名	年　月　日
保荐机构公章	年　月　日

表七

保荐代表人重大事项报告表（R—3）

保荐代表人姓名：	申报时间：
保荐代表人编号：	

一、承诺

（一）保荐代表人的承诺

1、本次申报的内容不存在虚假记载、误导性陈述或重大遗漏，并对其真实性、准确性、完整性承担法律责任。

2、自愿接受中国证监会对申报事项进行的任何质询和调查。

（二）保荐机构的承诺

本机构已审核过本报告表及其证明文件和附件，有充分理由确信其内容不存在虚假记载、误导性陈述或重大遗漏，并对其真实性、准确性、完整性承担个别和连带的法律责任。

二、申报事项陈述

事　　项	情况说明
1、保荐代表人基本资料发生的重大变化	
2、保荐代表人出现《证券发行上市保荐制度暂行办法》规定不得注册登记为保荐代表人的情形	
3、保荐代表人或其具体负责保荐的发行人出现《证券发行上市保荐制度暂行办法》规定可能采取监管措施的事项	
4、其他需要申报的重要事项	

三、拟采取的措施

措　　施	说　　明
1	
2	
3	
……	

保荐代表人、保荐机构董事长或总经理对本表和证明文件及其相关资料予以确认，亲笔签名，保荐机构加盖公章。

保荐代表人签名	年　月　日
保荐机构董事长或总经理签名	年　月　日
保荐机构公章	年　月　日

保荐代表人、保荐机构董事长或总经理对本表和证明文件及其相关资料予以确认，亲笔签名，保荐机构加盖公章。

表八

证券发行推荐书(S—1)

一、本机构名称

二、本机构指定保荐代表人姓名

本表后附“保荐代表人专项授权书”

三、本次推荐的发行人名称

四、本次推荐发行人证券发行上市的类型 (1)股份有限公司首次公开发行股票；(2)上市公司发行新股；(3)上市公司发行可转换公司债券。

五、本机构对本次证券发行上市的推荐结论

本表后附“关于本次推荐的说明”，内容包括但不限于本机构对有关发行人是否符合发行上市条件及其他有关规定的判断、对发行人主要问题和风险的提示、对发行人发展前景的评价、本机构内部审核程序简介及内核意见。

六、本机构承诺

(一)本机构已按照法律、行政法规和中国证监会的规定，对发行人及其发起人、大股东、实际控制人进行了尽职调查、审慎核查。根据发行人的委托，本机构组织编制了申请文件，并据此出具本证券发行推荐书。

(二)本机构已按照中国证监会的有关规定对发行人进行了辅导(适用于首次公开发行股票)、进行了充分的尽职调查，本机构有充分理由确信该发行人至少符合下列要求：

* 符合证券公开发行上市的条件和有关规定，具备持续发展能力；

* 与发起人、大股东、实际控制人之间在业务、资产、人员、机构、财务等方面相互独立，不存在同业竞争、显失公允的关联交易以及影响发行人独立运作的其他行为；

* 公司治理、财务和会计制度等不存在可能妨碍持续规范运作的重大缺陷；

* 高管人员已掌握进入证券市场所必备的法律、行政法规和相关知识，知悉上市公司及其高管人员的法定义务和责任，具备足够的诚信水准和管理上市公司的能力及经验。

(三)本机构通过尽职调查和对申请文件的审慎核查：

* 有充分理由确信发行人符合规定的要求，且其证券适合在证券交易所上市、交易；

* 有充分理由确信发行人申请文件和公开发行募集文件不存在虚假记载、误导性陈述或者重大遗漏；

* 有充分理由确信发行人及其董事在公开发行募集文件中表达意见的依据充分合理；

* 有充分理由确信与其他中介机构发表的意见不存在实质性差异；

* 保证所指定的保荐代表人及本保荐机构的相关人员已勤勉尽责，对发行人申请文件进行了尽职调查、审慎核查；

* 保证推荐文件、与履行保荐职责有关的其他文件不存在虚假记载、误导性陈述或者重大遗漏；

* 保证对发行人提供的专业服务和出具的专业意见符合法律、行政法规、中国证监会的规定和行业规范；

* 自愿接受中国证监会依照本办法采取的监管措施；

* 其他承诺。

(四)本机构保证不存在下列可能影响公正履行保荐职责的情形

* 保荐机构及其大股东、实际控制人、重要关联方持有发行人的股份合计超过百分之七；

* 发行人持有或者控制保荐机构股份超过百分之七；

* 保荐机构的保荐代表人或者董事、监事、经理、其他高级管理人员拥有发行人权益、在发行人任职等可能影响公正履行保荐职责的情形；

* 保荐机构及其大股东、实际控制人、重要关联方为发行人提供担保或融资。

七、其他需要说明的事项

事　项	说　明
1	
2	
3	
……	

本表后应附“保荐代表人专项授权书”和“关于本次推荐的说明”。

本表在发行上市推荐时提交，作为申报文件的必备内容。

项目主办人、保荐代表人、内核负责人、投资银行业务部门负责人、保荐机构法定代表人对本表和证明文件及其相关资料予以确认，亲笔签名，保荐机构加盖公章。

项目主办人签名	年　月　日
保荐代表人签名	年　月　日
内核负责人签名	年　月　日
投资银行业务部门负责人签名	年　月　日
保荐机构法定代表人签名	年　月　日
保荐机构公章	年　月　日

表九

证券上市推荐书(S—2)

一、本机构名称

二、本机构指定保荐代表人姓名

三、本次推荐的发行人名称

四、本次推荐的证券发行上市的类型

1、股份有限公司首次公开发行股票；2、上市公司发行新股；3、上市公司发行可转换公司债券。

五、本机构对本次证券上市的推荐结论

六、本机构承诺

(一)本机构已在证券发行推荐书中作出如下承诺：

* 有充分理由确信发行人符合规定的要求，且其证券适合在证券交易所上市、交易；

* 有充分理由确信发行人申请文件和公开发行募集文件不存在虚假记载、误导性陈述或者重大遗漏；

* 有充分理由确信发行人及其董事在公开发行募集文件中表达意见的依据充分合理；

* 有充分理由确信与其他中介机构发表的意见不存在实质性差异；

* 保证所指定的保荐代表人及本保荐机构的相关人员已勤勉尽责，对发行人申请文件进行了尽职调查、审慎核查；

* 保证推荐文件、与履行保荐职责有关的其他文件不存在虚假记载、误导性陈述或者重大遗漏；

* 保证对发行人提供的专业服务和出具的专业意见符合法律、行政法规、中国证监会的规定和行业规范；

* 自愿接受中国证监会依照本办法采取的监管措施；

* 其他承诺。

(二)本机构自愿按照《证券发行上市保荐制度暂行办法》的规定，自证券上市之日起持续督导发行人履行规范运作、信守承诺、信息披露等义务。

(三)本机构遵守法律、行政法规和中国证监会对推荐证券上市的规定，接受证券交易所的自律管理。

七、本机构关于发行人证券上市后持续督导工作的安排

事　项	安　排
(一)持续督导事项	
1、督导发行人有效执行并完善防止大股东、其他关联方违规占用发行人资源的制度	
2、督导发行人有效执行并完善防止高管人员利用职务之便损害发行人利益的内控制度	
3、督导发行人有效执行并完善保障关联交易公允性和合规性的制度，并对关联交易发表意见	

事　　项	安　　排
4、督导发行人履行信息披露的义务，审阅信息披露文件及向中国证监会、证券交易所提交的其他文件	
5、持续关注发行人募集资金的使用、投资项目的实施等承诺事项	
6、持续关注发行人为他人提供担保等事项，并发表意见	
(二)保荐协议对保荐机构的权利、履行持续督导职责的其他主要约定	
(三)发行人和其他中介机构配合保荐机构履行保荐职责的相关约定	
(四)其他安排	

八、其他需要说明的事项

事　　项	说　　明
1	
2	
3	
……	

本表后应附有关说明材料。

本表在发行上市推荐时提交，作为发行申报文件的必备内容。

保荐代表人、保荐机构董事长或总经理对本表和证明文件及其相关资料予以确认，亲笔签名，保荐机构加盖公章。

保荐代表人签名	年　月　日
保荐机构董事长或总经理签名	年　月　日
保荐机构公章	年　月　日

关于股票发行上市辅导政策有关问题的通知

发文号：证监发[2001]111号　发文时间：2001—09—10

各证券监管办公室、办事处、特派员办事处，上海、深圳证券交易所：

自200年实施股票发行辅导制度以来，辅导工作取得了明显成效。为了进一步强化对拟发行上市公司进行辅导的作用，切实提高拟上市公司的质量，促进证券市场健康发展，经研究决定，今后，所有申请首次公开发行A股的企业都必须按要求进行辅导。现就有关具体问题通知如下：

一、从2002年1月1日起，1997年计划指标企业，申请发行上市，必须完全符合我会有关辅导政策的要求。

二、本通知下发之日起到2001年年底前，1997年计划指标企业申请发行上市，也应进行辅导，但可以不受辅导期限的限制，经派出机构辅导调查合格后，可由主承销商推荐并向我会报送申请文件。

三、对经我会发文确认的清理整顿企业以及2000年3月17日前通过科技部和中科院论证确认的高新技术企业，按照上述两条的要求处理。

四、经国务院批准豁免辅导期的企业或具有辅导资格且辅导过10家以上企业上市的公司或经我会批准已在境外上市的公司申请发行A股，可以不受辅导期限的限制，由有主承销商资格的证券公司进行辅导、考试，经派出机构辅导调查合格后，可由主承销商推荐并向我会报送申请文件。

五、有主承销商资格的证券公司必须严格执行我会《关于发布〈证券公司从事股票发行主承销业务有关问题的指导意见〉的通知》(证监发〔2001〕48号)要求，强化尽职调查，切实做好企业的辅导、推荐工作。

六、各派出机构要按照我会有关辅导政策的要求，认真做好1997年计划指标企业的辅导评估和调查工作。

七、不符合本通知要求的企业，我会不受理其发行上市申请文件。

八、各派出机构接此通知后，请立即将本通知精神传达给有关拟上市公司及中介机构，并督促执行。

九、本通知自下发之日起实施。我会《关于1997年度股票发行计划指标有关问题的通知》(证监发行字〔2000〕77号)和《关于受理历史遗留问题企业申报材料的通知》(证监发字〔1997〕159号)同时废止。

关于发布《上市公司向社会公开募集股份操作指引(试行)》的通知

发文号：证监公司字[2000]45号　发文时间：2000—04—30

各上市公司：

为规范上市公司向社会公开募集股份的行为，我会制定了《上市公司向社会公开募集股份操作指引(试行)》，现予以发布，请遵照执行。

一、上市公司向社会公开募集股份(以下简称“公募增发”)定价可以采取市价折扣或市盈率定价等方法。

二、上市公司公募增发可以采用对公众投资者上网发行和对机构投资者配售相结合的方式，原则上，应预留一定比例的股份向机构投资者配售，上网发行部分和配售部分可以根据投资者认购情况相互进行回拨。具体实施可以选择以下形式：

(一)按机构投资者网下累计投标询价结果定价并配售，对公众投资者上网定价发行：承销期开始前，可以不确定发行定价和上网发行量(也可以确定上网发行量)，发行人在指定报刊刊登招股意向书后，向机构投资者进行推介，根据机构投资者累计投标询价的结果，来确定发行价格及向机构配售的数量，其余部分向公众投资者(包括股权登记日登记在册的流通股股东)上网定价发行。

(二)网下对机构投资者累计投标询价与网上对公众投资者累计投标询价同步进行：经发行人股票上市的证券交易所(以下简称“交易所”)同意，发行人和主承销商可以在定价底限之上(包括定价区间)，采取机构投资者网下累计投标询价和公众投资者网上累计投标询价同时进行的方式，通过累计计算对应不同价格的公众投资者和机构投资者的申购数量之和，按总申购量超过发行量的一定倍数，来确定发行价格以及配售与公开发行的数量。

(三)经中国证券监督管理委员会(以下简称“中国证监会”)认可的其他形式。

三、在配售中，发行人和主承销商应向机构投资者(包括战略投资者)和发行人股东说明新股申购及分配的方法。

四、配售中，申购数量高于配售上限时，可以采取等比例配售等方法进行。对于按某一标准将机构投资者分为不同类型，且不同类型按不同比例配售的，主承销商应披露有关标准。向机构投资者和股权登记日登记在册的股东以外的投资者发行新股，如有超额认购，可以按有效申购数量采取等比例分配、抽签等方法。

五、战略投资者应向发行人以书面方式表达认购意向。发行人选择的战略投资者应对其业务产生协同效应，符合其长期商业利益。有关战略投资者的认购情况应在招股意向书或发行公告中予以披露。

六、主承销商和发行人可以与机构投资者商定，就配售部分的上市流通时间作出限制，并报告交易所，交易所应按有关配售股份的锁定作出相应安排。

七、投资者申购本次发行的股票后，持有发行人股份达到发行人股本总额5%以上的(包括5%)，主承销商应当提醒发行人和该投资者及时履行信息披露义务。

八、经中国证监会同意，发行人可以与主承销商在承销协议中约定授予主承销商超额配售选择权，在包销数额之外预留不超过本次拟发行股份数额15%的股份，预留股份应在发行人股东大会批准的本次发行股票的数量之内，为本次发行的一部分。

九、发行人在发行前，应与交易所协商，作出上网询价、停牌、复牌和新股上市等有关安排。

十、发行完成后，主承销商和发行人应当在15个工作日内，向中国证监会报送发行承销报告，并将配售的详细情况备案。

十一、释义

(一)累计投标询价：在发行中，根据不同价格下投资者认购意愿确定发行价格的一种方法。通常，证券公司将发行价格确定在一定的区间内，投资者在此区间内按照不同的发行价格申报认购数量，证券公司将所有投资者在同一价格之上的申购量累计计算，得出一系列在不同价格之上的总申购量；最后，按照总申购量超过发行量的一定倍数(即超额认购倍数)，确定发行价格。

(二)超额配售选择权：俗称绿鞋。是指发行人授予主承销商的一项选择权，获此授权的主承销商可以根据市场认购情况，在股票发行上市后的一个月内，按同一发行价格超额发售一定比例的股份(通常在15%以内)，即主承销商按不超过包销额115%的股份向投资者发售，发行人取得按包销额发售股份所募集的资金。新股上市后的一个月内，如果市价跌破发行价，主承销商用超额发售股份取得的资金从二级市场购回股票，分配给提出申购的投资者；如果市价高于发行价，主承销商可以要求发行人增发这部分股份，分配给提出申购的投资者，发行人取得增发这部分股份所募集的资金。这样，主承销商在未动用自有资金的情况下，通过行使超额配售选择权，以平衡市场对某只股票的供求，起到稳定市价的作用。

关于境外上市公司进一步做好信息披露工作的若干意见

发文号：证监发[1999]18号　发文时间：1999－03－26

为了规范境外上市公司(以下简称“公司”)信息披露行为，进一步增加公司透明度，切实保护投资者利益及公司的长远利益，树立公司在国际资本市场的良好形象，现就境外上市公司进一步做好信息披露工作问题提出以下意见：

一、要严格按照境内及境外上市地的要求履行信息披露义务

公司全体董事承担诚信义务，须熟悉境内外上市法规，努力增加公司透明度，取得投资者的信任。为此，必须严格履行所签订《上市协议》、《董事的声明及承诺》等的义务及境内外上市法规、规则的相关责任，切实搞好信息披露，保证公司发布的信息没有虚假、严重误导性陈述或重大遗漏，并对此承担相应的法律责任。公司要向聘请的境内外会计师事务所、律师事务所、资产评估公司等中介机构提供全面、及时、准确的资料，上述机构也要做好尽职调查，对其出具文件和内容没有虚假、严重误导性陈述或者重大遗漏承担相应的法律责任。公司与有关中介机构在发行上市和上市后持续经营过程中应严格执行所签定的协议。公司董事及上述相关人士有责任不断推动公司改进信息披露工作，提高信息披露质量。

二、要重视对重大事件及关联交易的信息披露

公司发生重大事件，或发生上市地法规及上市规则要求公布的事件(如香港联交所《上市规则》所涉及的五类“须予公布的交易”以及会影响证券价格的资料)，要做到全面、及时、准确地进行信息披露，并同时报中国证监会备案。上述重大事件至少应包括以下内容：

(1)公司签署包括进行收购或变卖重要资产等方面内容的重要合约；

(2)公司发生重大经营性或者非经营性亏损；

(3)公司资产遭受重大损失；

(4)涉及公司的重大诉讼事项；

(5)公司通过发行债券等进行的融资活动；

(6)公司用营运资产、股权进行抵押的活动；

(7)公司发生的重大关联交易；

(8)公司董事长、总经理、财务负责人、独立董事及董事会秘书发生人事变动，或者百分之三十以上的董事发生变动；

(9)公司或控股公司重组对公司业务存在重大影响的事项；

(10)其他证券监管机构认定的重大事件。当公司进行重大资产和股权的收购和兼并时，在磋商洽谈阶段应注意保守秘密，消息一旦外泄，应及时披露。公司在董事长、监事会主席、总经理、财务负责人、独立董事或监事、董事会秘书发生变动之前，应通告中国证监会。上述人员的简历要送中国证监会备案，并履行有关的信息披露义务。

三、要审慎对待预测性的信息披露，适时披露公司重大风险及潜在风险

公司要对预测(计划)性信息及承诺持审慎负责的态度，在定期报告、临时报告及其它各种场合对公司发展前景、财务和经营状况进行预测及发布时，要充分考虑有关政策及市场风险因素。凡已公开披露的预测性信息和承诺，一旦认为不能实现或对市场可能产生误导，公司应及时披露，并予以必要的解释和说明。

公司在生产经营和资产交易过程中，发现存在重大风险，或者正在发生重大经营亏损或资产损失，或出现其他对股价有重大影响的事件，均应在适当时机发出正式公告提醒投资者，并通知境外监管机构及中国证监会，也可以与上市保荐人等协商披露。对于其他在生产经营和资产交易中出现的非重大事件，公司也可在适当时机采取适当方式告知投资者，以增加公司透明度。公司要学习对股价敏感性信息披露的处理技巧，尽量平缓释放在经营过程中可能对股价有重大影响的因素。

在公司处于困难或逆境的时候，公司领导和董事会秘书尤其要重视信息披露，加强与投资者的沟通。

四、要严格按照境内外上市要求继续做好定期报告的披露，协调好不同上市地的信息披露工作对于在境内、外以及境外不同市场同时发行股票并上市的公司，公开披露的信息要同时公告，并遵从报告内容从多不从少、报告编制时间从短不从长、报告要求从严不从宽的原则。对于因会计制度不同而出现的差异，要在各自披露的信息中加以解释和说明。年度报告、中期报告在报纸公布的当天，须将内容摘要传真至中国证监会，并于公布后10个工作日内将报告一式5套报中国证监会备案。

五、要建立健全公司信息披露的责任和内部

协调制度 公司董事、经理及董事会秘书对公司全面、及时和准确地履行信息披露义务负有直接责任。公司可以建立信息披露发言人制度，董事会秘书承担协调和组织公司信息披露的责任，负责与境内外证券监管机构、新闻媒体及投资者的联系。公司要注意协调对外宣传和披露事宜，适时研究和协调对外发言的口径。公司董事及管理层要为信息披露工作提供必要的条件，在机构设置、人员配备等方面予以支持。董事会秘书要通过列席董事会会议、参加公司管理层会议及其他涉及信息披露的有关会议，充分把握和协调有关信息披露事宜。公司各部门要积极配合董事会秘书开展工作，提供为履行信息披露所需的资料和信息。公司内设机构在进行有关财务、生产、投资、重大人事变动等宣传报道时，应主动与董事会秘书协商。

公司董事、管理层、协助公司处理有关事务的投资银行、律师、会计师及其他中介咨询人士，以及因工作关系触及公司敏感信息的其他人士，必须保守公司资料秘密，并制定行之有效的保密措施。对于各种原因引致的公司股价敏感资料外泄，公司领导及董事会秘书要及时研究采取补救措施，及时加以解释和澄清，并通告境外上市地监管机构及中国证监会。

六、加强公司推介，重视来访接待

公司董事长、总经理等主要负责人应主动保持与投资者及市场分析人士的接触和沟通，加强与资本市场的联系。公司应从实际出发，多渠道接触投资者，每年举办一至两次境内或境外推介活动。在出现或可能出现公司股价异常波动特别是市场出现消极预期的情况下，公司主要负责人要主动与市场人士见面。对投资者和市场分析人士来访，要热情接待，同时应小心谨慎，避免造成不平等的信息披露。公司管理层及董事会秘书要重视和关心市场各界提出的问题和意见，保证有畅通的渠道及必要的人员接受投资者的问询。董事会秘书要密切跟踪和搜集有关公司的市场信息，及时向公司董事和管理层报告，并根据情况加以利导。对市场推介和重要来访等活动要健全记录，形成总结报告。公司对外推介的总结报告要书面抄送中国证监会。

七、公司控股单位要支持公司履行信息披露义务

公司依法按境内外法规及监管机构的要求披露信息，要主动向公司控股单位、有关政府部门和机构说明并解释有关信息披露的法律法规，汇报对敏感信息披露的工作安排。公司控股单位、有关政府部门和机构不得干预公司按有关规定披露信息。

公司要及时了解并积极研究有关重大政策信息，注意协调相关矛盾。公司控股单位及有关政府部门要充分考虑公司信息披露的特殊性，及时将可能对公司生产经营发生重大影响的政策通告公司，以保证公司全面履行信息披露义务。凡涉及对公司有影响的消息应由公司发表，非公司指定的任何人士不得就在香港等地上市的公司随便发表讲话。

八、加强对境外上市公司信息披露的监管

中国证监会支持公司积极进行信息披露，可以帮助协调公司与有关政府部门、控股单位等在信息披露过程中出现的矛盾和需解决的问题。公司在遇到难以协调的问题时，可及时通报中国证监会。中国证监会督促公司严格按照有关要求履行信息披露义务，保持与境外监管机构在信息披露监管方面的交流，协调处理公司在信息披露过程中与境外证券监管机构之间的矛盾。对公司及有关投资银行、会计师、律师及其他中介机构未能履行有关信息披露义务，出现敏感信息泄露并产生重大危害，出现投资者投诉等，中国证监会将及时组织调查，提出协调解决问题的意见或建议。中国证监会对执行本《意见》的公司及有关责任人给予或建议给予必要的奖励或处分。各证券监管机构受中国证监会委托配合督促公司做好信息披露工作，协助调查处理有关问题。

关于进一步促进境外上市公司规范运作和深化改革的意见

发文号：国经贸企改[1999]230号　发文时间：1999－03－29

境外上市公司（以下简称公司）是到境外募集资本的公司，是现代企业制度的一种组织形式，在公司治理结构和信息披露等方面有较高的要求。目前，大多数公司在制度创新和转换经营机制方面取得了进展，但也有一些公司的经营机制转换没有完全到位，在规范运作及内部管理等方面存在问题。为进一步促进公司严格遵循境内外有关法律和法规，切实履行对投资者的持续责任，树立公司在境内外资本市场的良好形象，现对公司规范运作和深化改革提出以下意见：

一、公司的经营机构与控股机构必须分开

公司必须按现代企业制度的要求理顺公司管理体制。公司和控股机构（指对公司控股的具有法人资格的公司、企事业单位，下同）必须各自独立核算，独立承担责任和风险。控股机构主要通过股东会以法定程序对公司行使股东权利。公司的机构，特别是董事会、经理层、财务、营销等机构应独立于控股机构；凡是目前没有独立的，必须在1999年底前分开。控股机构的内设机构与公司的相应部门没有上下级关系，前者不得通过下发文件等形式影响公司机构的独立性。

控股机构向公司派出股权代表依法进入董事会。控股机构的高级管理人员（董事长、副董事长、执行董事）兼任公司董事长、副董事长、执行董事职务的人数不得超过二名，且必须分清各自职务的职责，承担所兼职务的法定责任和行使所兼职务的法定权利，并保证有足够的时间和必要的知识能力承担公司的工作。控股机构的管理人员不得兼任公司经理、副经理、财务主管、营销主管和董事会秘书。

二、进一步深化控股机构和公司的改组工作

国有控股机构的主要业务和资产已纳入公司的，控股机构的职能要逐步划转或合并到其他国有法人实体。除公司业务外还拥有其它资产和业务的控股机构，应减少与公司的关联交易，避免同业竞争。

要逐步分离控股机构的办社会职能以及非经营性资产，通过拍卖、并购、移交地方政府、纳入当地社会保障体系等方式实现社会化经营。对于目前难以彻底分离的，要制定严格的管理办法，保证在财务和人员等方面与公司分开。

分离公司办社会职能以及非经营性资产，要严格执行上市重组时公司与控股机构所签订的协议；对分离不彻底的，要继续分离，限期完成。新上市的公司应在上市前制订分离办社会职能以及非经营性资产的具体方案，有关遗留问题要明确解决的办法和责任，否则不予批准上市。各级政府及有关部门要采取积极措施，支持公司和控股机构的改组工作。

三、明确公司决策程序，强化董事责任

公司必须在公司章程中明确决策程序，不能以非股东大会的任何形式代替股东大会进行决策。公司也不得以其他形式（如联席会议等）代替董事会进行决策。凡须经公司董事会决策的重大事项，必须按法定时间事先通知所有执行董事及外部董事（指不在公司内部任职的董事，下同），并同时提供足够的资料，严格按照规定的程序进行。董事可要求提出补充材料。当1/4以上董事或2名以上外部董事认为资料不充分或论证不明确时，可联名提出缓开董事会或缓议董事会所议的部分事项，董事会应予以采纳。

公司董事负有诚信义务，应当勤勉尽责。董事应当以认真负责的态度出席董事会，对所议事项表达明确的意见。董事无法出席董事会，不得转让其表决权，可以书面形式委托其他董事代为出席，但要独立承担法律责任。凡未按法定程序形成经董事签字的书面决议，即使每一位董事都以不同方式表示过意见，亦不具有董事会决议的法律效力。董事会的决议违反法律、行政法规和公司章程，投赞成票的董事应承担直接责任；对经证明在表决时曾表明异议并记载于会议记录的投反对票的董事，可以免除责任；对在表决中投弃权票或未出席也未委托他人出席的董事不得免除责任；对在讨论中明确提出异议但在表决中未明确投反对票的董事，也不得免除责任。董事会要对会议所议事项及决议进行完整记录。董事会秘书要认真组织记录和整理会议所议事项，并在决议上签字，承担准确记录的责任。

四、强化董事会的战略决策功能，积极利用好社会咨询力量

公司董事会要集中精力组织研究公司的长远发展战略，可根据需要成立战略决策、审计等专业性的委员会。公司在作出有关市场开发、兼并收购、新领域投资等方面的决策前，对投资额或兼并收购资产额达到公司总资产10%以上的项目，应聘请社会咨询机构提供专业意见，作为董事会决策的重要依据。

五、保持公司高级管理人员的稳定，提高公司高级管理人员素质

公司高级管理人员（指董事、监事、经理、副经理、财务主管和董事会秘书，下同）的选举、委派或聘任，应严格按照《中华人民共和国公司法》（以下简称《公司法》）和《到境外上市公司章程必备条款》（以下简称《必备条款》）的有关规定执行。如无特殊原因，有关高级管理人员在公司章程要求的任期内不得随意变动；若变动，必须履行法定的手续和程序，向社会公众披露，并报中国证监会备案。对经营业绩突出的公司，董事长、经理应相对稳定。

公司董事会和经理层应具备合理的知识结构，应吸收在发展战略、财务、营销、技术开发以及法律等方面的专业人才。公司董事长、经理、财务主管、董事会秘书应参加中国证监会认定的境外上市相关知识的培训并通过任职资格考试。公司要立足境内和境外人才市场，择优聘任财务、市场开拓、技术开发等高级管理人员。

六、逐步建立健全外部董事和独立董事制度

公司应增加外部董事的比重。董事会换届时，外部董事应占董事会人数的1/2以上，并应有2名以上的独立董事（独立于公司股东且不在公司内部任职的董事，下同）。外部董事应有足够的时间和必要的知识能力以履行其职责。外部董事履行职责时，公司必须提供必要的信息资料。独立董事所发表的意见应在董事会决议中列明。公司的关联交易必须由独立董事签字后方能生效。2名以上的独立董事可提议召开临时股东大会。独立董事可直接向股东大会、中国证监会和其他有关部门报告情况。

七、加强公司监事会的建设

公司要不断强化监事会的功能，明确监事会的职责和权限，制定监事会的具体工作规则和议事程序，避免监事会流于形式。公司监事会的首要职责是检查公司财务，有了解和查询公司经营情况的权利，可按规定程序向董事会秘书及财务部门索要有关材料，并承担相应的保密义务。监事会可对公司聘用会计师事务所发表建议，可在必要时以公司名义另行委托会计师事务所独立审查公司财务，可直接向中国证监会及其他有关部门报告情况。国家有关部门可委托公司监事会对特定的事项进行调查。公司应增加外部监事（不在公司内部任职的监事，下同）的比重。如果公司监事会换届，外部监事应占监事会人数的1/2以上，并应有2名以上的独立监事（独立于公司股东且不在公司内部任职的监事）。公司外部监事应向股东大会独立报告公司高级管理人员的诚信及勤勉尽责表现。

八、充分发挥董事会秘书的作用

公司董事会秘书由董事会委任，经董事会授权负责协调和组织公司的信息披露工作，负责与投资者、证券监管机构、新闻媒体的联络工作。公司董事会及经理层要注意增强公司透明度，积极支持董事会秘书履行职责，并在工作机构及人员配备方面给予必要的保证。

九、探索对公司高级管理人员的激励办法

公司可从自身经营特点出发，将公司高级管理人员的物质利益与公司业绩联系起来，根据收入公开、提高透明度的原则，设计各具特色的分配和奖励办法。经股东大会同意，公司可采取适当的形式，对公司高级管理人员及在技术创新、经营风险大、挑战性强且绩效易于考核的岗位上的有特殊贡献的人员进行奖励。

十、深化公司内部改革

公司要防止和改变重筹资、轻转制的倾向，要根据市场竞争的要求，组织生产经营活动，深化内部改革，转换经营机制，建立科学有效的管理制度。

公司可自主决定内部机构设置和招工的条件、方式、数量与时间。公司依照法律、法规和公司章程，可实行经济性裁员，解除与职工签订的劳动合同；可辞退、开除职工。公司要取消“干部”和“工人”的称谓，打破“干部”和“工人”的身份界限和岗位界限，不得套用政府机关的行政级别。对管理人员要实行竞争上岗、淘汰下岗。

公司自主决定年度工资总额和内部分配办法。

公司必须按照国家有关规定实行住房制度改革，停止对职工福利分房。公司要参加社会保障制度的改革，按照国家有关规定办理职工的养老、失业、医疗等项保险。

十一、政企分开，规范股东与公司的出资关系

解除公司与政府部门的行政隶属关系，公司与政府部门在资产、财务、人员管理等方面要彻底脱钩。政府部门不得干预公司的生产经营管理，不得向公司收缴任何形式的管理费或监管费。

行使公司国家股股权的机构或公司国有法人股的持股机构委派的股东代表，要按照法律规定的程序出席股东大会，依法行使权利。任何股东机构及其委派的代表不得越过股东大会干预公司的生产经营管理、任免公司的高级管理人员，不得对公司股东大会人事选举决议和董事会人事聘任决议履行批准手续。

关于企业申请境外上市有关问题的通知

发文号：证监发行字[1999]83号　发文时间：1999—07—14

为支持我国企业进入国际资本市场融资，今后国有企业、集体企业及其他所有制形式的企业经重组改制为股份有限公司（以下简称“公司”），并符合境外上市条件的，均可自愿向中国证券监督管理委员会（以下简称“证监会”）提出境外上市申请，证监会依法按程序审批，成熟一家，批准一家。现就公司申请到境外主板市场上市的有关问题通知如下：

一、公司申请境外上市的条件

（一）符合我国有关境外上市的法律、法规和规则。

（二）筹资用途符合国家产业政策、利用外资政策及国家有关固定资产投资立项的规定。

（三）净资产不少于4亿元人民币，过去一年税后利润不少于6000万元人民币，并有增长潜力，按合理预期市盈率计算，筹资额不少于5000万美元。

（四）具有规范的法人治理结构及较完善的内部管理制度，有较稳定的高级管理层及较高的管理水平。

（五）上市后分红派息有可靠的外汇来源，符合国家外汇管理的有关规定。

（六）证监会规定的其他条件。

二、公司申请境外上市须报送的文件

（一）申请报告。内容应包括：公司演变及业务概况，重组方案与股本结构，符合境外上市条件的说明，经营业绩与财务状况（最近三个会计年度的财务报表、本年度税后利润预测及依据），筹资用途。申请报告须经全体董事或全体筹委会成员签字，公司或主要发起人单位盖章。同时，填写境外上市申报简表（见附件）。

（二）所在地省级人民政府或国务院有关部门同意公司境外上市的文件。

（三）境外投资银行对公司发行上市的分析推荐报告。

（四）公司审批机关对设立股份公司和转为境外募集公司的批复。

（五）公司股东大会关于境外募集股份及上市的决议。

（六）国有资产管理部门对资产评估的确认文件、国有股权管理的批复。

（七）国土资源管理部门对土地使用权评估确认文件、土地使用权处置方案的批复。

（八）公司章程。

（九）招股说明书。

（十）重组协议、服务协议及其它关联交易协议。

（十一）法律意见书。

（十二）审计报告、资产评估报告及盈利预测报告。

（十三）发行上市方案。

（十四）证监会要求的其他文件。

三、申请及批准程序

附件：境外上市申报简表

拟上市公司情况	公司名称	主营业务

主要管理人员	姓名	职务	联系电话	从事企业管理工作年限

主要财务指标	当年预测	前一年	前二年	前三年
总资产（万元）				
净资产（万元）				
税后利润（万元）				
每股净资产（元）				
每股收益（元）				
资产负债率（%）				
净资产利润率（%）				
主营业务收入占总收入比例（%）				
主营业务利润占总利润比例（%）				
适用所得税税率（%）				
经常项下外汇余额（万美元）				

股本结构	发行前		发行后			
			不含超额配售		含超额配售	
股票种类	股数（万股）	比例（%）	股数（万股）	比例（%）	股数（万股）	比例（%）
总股本						
国有股						
社会法人股						
境内公众股						
境外上市外资股						

预计发行上市情况			
发行数量（万股）	价格区间（港币）	市盈率区间	筹资额（亿港币）
上市地	提交A1表时间	上市聆讯时间	上市时间

中介机构	律师		会计师		资产评估机构	
保荐人及主承销商	境内	境外	境内	境外	境内	境外

筹资用途			
项目名称	立项审批情况	投资金额（亿元）	计划进度

<table>
<tr><td rowspan="8">控
股
股
东</td><td colspan="2">名　　称</td><td colspan="2">地址及邮编</td></tr>
<tr><td colspan="2"></td><td colspan="2"></td></tr>
<tr><td>负责人</td><td>联系人</td><td>联系电话</td><td>传真</td></tr>
<tr><td></td><td></td><td></td><td></td></tr>
<tr><td>主营业务</td><td>总资产(万元)</td><td>净资产(万元)</td><td>税后利润(万元)</td></tr>
<tr><td></td><td></td><td></td><td></td></tr>
<tr><td colspan="2">与拟上市公司经常性关联
交易的金额/年</td><td colspan="2">与拟上市公司是否
存在同业竞争</td></tr>
<tr><td colspan="2"></td><td colspan="2"></td></tr>
<tr><td rowspan="5">其
他</td><td colspan="2">省级人民政府或
国务院有关部门</td><td>联系人</td><td>电话</td><td>传真</td></tr>
<tr><td colspan="2"></td><td></td><td></td><td></td></tr>
<tr><td colspan="2">出具上市分析推荐
报告的境外投资银行</td><td>联系人</td><td>电话</td><td>传真</td></tr>
<tr><td colspan="2"></td><td></td><td></td><td></td></tr>
<tr><td colspan="2"></td><td></td><td></td><td></td></tr>
</table>

(一)公司在向境外证券监管机构或交易所提出发行上市初步申请(如向香港联交所提交 A1 表)3 个月前,须向证监会报送本通知第二部分所规定的(一)至(三)文件,一式五份。

(二)证监会就有关申请是否符合国家产业政策、利用外资政策以及有关固定资产投资立项规定会商国家计委和国家经贸委。

(三)经初步审核,证监会发行监管部函告公司是否同意受理其境外上市申请。

(四)公司在确定中介机构之前,应将拟选中介机构名单书面报证监会备案。

(五)公司在向境外证券监管机构或交易所提交的发行上市初步申请 5 个工作日前,应将初步申请的内容(如向香港联交所提交 A1 表)报证监会备案。

(六)公司在向境外证券监管机构或交易所提出发行上市正式申请(如在香港联交所接受聆讯)10 个工作日前,须向证监会报送本通知第二部分所规定的(四)至(十四)文件,一式二份。证监会在 10 个工作日内予以审核批复。

关于执行《到境外上市公司章程必备条款》的通知

发文号:证委发[1994]21 号　发文时间:1994—08—27

各省、自治区、直辖市及计划单列市人民政府,国务院各部委、各直属机构:

为适应股份有限公司向境外募集股份和到境外上市的需要,规范到境外上市的股份有限公司的行为,国务院证券委、国家体改委根据《国务院关于股份有限公司境外募集股份及上市的特别规定》第十三条,制定了《到境外上市公司章程必备条款》(以下简称《必备条款》),现印发给你们,请遵照执行。

到境外上市的股份有限公司(以下简称"到境外上市公司"),应当在其公司章程中载明《必备条款》所要求的内容,并不得擅自修改或者删除《必备条款》的内容。到境外上市公司可以根据具体情况,在其公司章程中规定《必备条款》要求载明以外的、适合本公司实际需要的其他内容,也可以在不改变《必备条款》规定含意的前提下,对《必备条款》作文字和条文顺序的变动。《必备条款》中明确规定到香港上市的股份有限公司章程所应当载明的内容,无须载人到香港以外的其他地区或者国家上市的股份有限公司的公司章程。

《必备条款》自本通知印发之日起执行。在此之前已经获得批准的到境外上市公司的公司章程不符合《必备条款》规定要求的,有关公司应当在本通知发出后的第一次股东年会上,对其公司章程作出相应修改。

附件:《到境外上市公司章程必备条款》

到境外上市公司章程必备条款

第一章　总　则

第一条　本公司系依照《中华人民共和国公司法》(简称《公司法》)、《国务院关于股份有限公司境外募集股份及上市的特别规定》(简称《特别规定》)和国家其他有关法律、行政法规成立的股份有限公司。

公司经[批准机关和批准文件名称]批准,于[设立日期],以发起方式[或募集方式]设立,于[登记日期]在[公司登记机关所在地名]工商行政管理局注册登记,取得公司营业执照。公司的营业执照号码为:[号码数字]

公司的发起人为:[发起人全称]

第二条　公司注册名称:[中文全称]

[英文全称]

第三条　公司住所:[公司住所全称,邮政编码,电话、电传号码]

第四条　公司的法字代表人是公司董事长。

第五条　公司的营业期限为[年数]年[或公司为永久存续的股份有限公司]。

第六条　公司章程自公司成立之日起生效。

自公司章程生效之日起,公司章程即成为规范公司的组织与行为、公司与股东之间、股东与股东之间权利义务的,具有法律约束力的文件。

第七条　公司章程对公司及其股东、董事、监事、经理和其他高级管理人员均有约束力;前述人员均可以依据公司章程提出与公司事宜有关的权利主张。

股东可以依据公司章程起诉公司;公司可以依据公司章程起诉股东;股东可以依据公司章程起诉股东;股东可以依据公司章程起诉公司的董事、监事、经理和其他高级管理人员。

前款所称起诉,包括向法院提起诉讼或者向仲裁机构申请仲裁。

第八条　公司可以向其他有限责任公司、股份有限公司投资,并以该出资额为限对所投资公司承担责任。

经国务院授权的公司审批部门批准,公司可以根据经营管理的需要,按照《公司法》第十二条第二款所述控股公司运作。

第二章　经营宗旨和范围

第九条　公司的经营宗旨是:[宗旨内容]。

第十条　公司的经营范围以公司登记机关核准的项目为准。

公司的主营范围包括[公司登记机关核准的项目]。

公司的兼营范围包括[公司登记机关核准的项目]。

第三章　股份和注册资本

第十一条　公司在任何时候均设置普通股;公司根据需要,经国务院授权的公司审批部门批准,可以设置其他种类的股份。

第十二条　公司发行的股票,均为有面值股票,每股面值人民币一元。

第十三条　经国务院证券主管机构批准,公司可以向境内投资人和境外投资人发行股票。

前款所称境外投资人是指认购公司发行股份的外国和香港、澳门、台湾地区的投资人;境内投资人是指认购公司发行股份的,除前述地区以外的中华人民共和国境内的投资人。

第十四条　公司向境内投资人发行的以人民币认购有股份,称为内资股。公司向境外投资人发行的以外币认购的股份,称为外资股。外资股在境外上市的,称为境外上市外资股。

第十五条　经国务院授权的公司审批部门批准,公司可以发行的普通股总数为[股份数额]股,成立时向发起人发行[股份数额]股,占公司可发行的普通股总数的百分之[百分比数]。

第十六条　公司成立后发行普通股[股份数额]股,包括不少于[股份数额]股,不超过[股份数额]股的境外上市外资股,占公司可发行的普通股总数的百分之[百分比数],以及向社会公众发行的[股份数额]股的内资股。

公司的股本结构为：普通股[股份数额]股，其中发起人[各发起人姓名或者名称]持有[股份数额]股，其他内资股股东持有[股份数额]股，境外上市外资股股东持有[股份数额]股。

第十七条 经国务院证券主管机构批准的公司发行境外上市外资股和内资股的计划，公司董事会可以作出分别发行的实施安排。

公司依照前款规定分别发行境外上市外资股和内资股的计划，可以自国务院证券委员会批准之日起15个月内分别实施。

第十八条 公司在发行计划确定的股份总数内，分别发行境外上市外资股和内资股的，应当分别一次募足；有特殊情况不能一次募足的，经国务院证券委员会批准，也可以分次发行。

第十九条 公司的注册资本为人民币[资本数额]元。

第二十条 公司根据经营和发展的需要，可以按照公司章程的有关规定批准增加资本。

公司增加资本可以采取下列方式：

（一）向非特定投资人募集新股；

（二）向现有股东配售新股；

（三）向现有股东派送新股；

（四）法律、行政法规许可的其他方式。

公司增资发行新股，按照公司章程的规定批准后，根据国家有关法律、行政法规规定的程序办理。

第二十一条 除法律、行政法规另有规定外，公司股份可以自由转让，并不附带任何留置权。

第四章 减资和购回股份

第二十二条 根据公司章程的规定，公司可以减少其注册资本。

第二十三条 公司减少注册资本时，必须编制资产负债表及财产清单。

公司应当自作出减少注册资本决议之日起十日内通知债权人，并于三十日内在报纸上至少公告三次。债权人自接到通知书之日起三十日内，未接到通知书的自第一次公告之日起九十日内，有权要求公司清偿债务或者提供相应的偿债担保。

公司减少资本后的注册资本，不得低于法定的最低限额。

第二十四条 公司在下列情况下，可以经公司章程规定的程序通过，报国家有关主管机构批准，购回其发行在外的股份：

（一）为减少公司资本而注销股份；

（二）与持有本公司股票的其他公司合并；

（三）法律、行政法规许可的其他情况。

第二十五条 公司经国家有关主管机构批准购回股份，可以下列方式之一进行：

（一）向全体股东按照相同比例发出购回要约；

（二）在证券交易所通过公开交易方式购回；

（三）在证券交易所外以协议方式购回。

第二十六条 公司在证券交易所外以协议方式购回股份时，应当事先经股东大会按公司章程的规定批准。经股东大会以同一方式事先批准，公司可以解除或者改变经前述方式已订立的合同，或者放弃其合同中的任何权利。

前款所称购回股份的合同，包括（但不限于）同意承担购回股份义务和取得购回股份权利的协议。

公司不得转让购回其股份的合同或者合同中规定的任何权利。

第二十七条 公司依法购回股份后，应当在法律、行政法规规定的期限内，注销该部分股份，并向原公司登记机关申请办理注册资本变更登记。

被注销股份的票面总值应当从公司的注册资本中核减。

第二十八条 到香港上市公司，应当将下列内容载入公司章程：

除非公司已经进入清算阶段，公司购回其发行在外的股份，应当遵守下列规定：

（一）公司以面值价格购回股份的，其款项应当从公司的可分配利润帐面余额、为购回旧股而发行的新股所得中减除；

（二）公司以高于面值价格购回股份的，相当于面值的部分从公司的可分配利润帐面余额、为购回旧股而发行的新股所得中减除；高出面值的部分，按照下述办法办理：

（1）购回的股份是以面值价格发行的，从公司的可分配利润帐面余额中减除；

（2）购回的股份是以高于面值的价格发行的，从公司的可分配利润帐面余额、为购回旧股而发行的新股所得中减除；但是从发行新股所得中减除的金额，不得超过购回的旧股发行时所得的溢价总额，也不得超过购回时公司溢价帐户[或资本公积金帐户]上的金额（包括发行新股的溢价金额）；

（三）公司为下列用途所支付的款项，应当从公司的可分配利润中支出：

（1）取得购回其股份的购回权；

（2）变更购回其股份的合同；

（3）解除其在购回合同中的义务。

（四）被注销股份的票面总值根据有关规定从公司的注册资本中核减后，从可分配的利润中减除的用于购回股份面值部分的金额，应当计入公司的溢价帐户[或资本公积金帐户]中。

第五章 购买公司股份的财务资助

第二十九条 公司或者其子公司在任何时候均不应当以任何方式，对购买或者拟购买公司股份的人提供任何财务资助。前述购买公司股份的人，包括因购买公司股份而直接或者间接承担义务的人。

公司或者其子公司在任何时候均不应当以任何方式，为减少或者解除前述义务人的义务向其提供财务资助。

本条规定不适用于本章第三十一条所述的情形。

第三十条 本章所称财务资助，包括（但不限于）下列方式：

（一）馈赠；

（二）担保（包括由保证人承担责任或者提供财产以保证义务人履行义务）、补偿（但是不包括因公司本身的过错所引起的补偿）、解除或者放弃权利；

（三）提供贷款或者订立由公司先于他方履行义务的合同，以及该贷款、合同当事方的变更和该贷款、合同中权利的转让等；

（四）公司在无力偿还债务、没有净资产或者将会导致净资产大幅度减少的情形下，以任何其他方式提供的财务资助。

本章所称承担义务，包括义务人因订立合同或者作出安排（不论该合同或者安排是否可以强制执行，也不论是由其个人或者与任何其他人共同承担），或者以任何其他方式改变了其财务状况而承担的义务。

第三十一条 下列行为不视为本章第二十九条禁止的行为：

（一）公司提供的有关财务资助是诚实地为了公司利益，并且该项财务资助的主要目的不是为购买本公司股份，或者该项财务资助是公司某项总计划中附带的一部分；

（二）公司依法以其财产作为股利进行分配；

（三）以股份的形式分配股利；

（四）依据公司章程减少注册资本、购回股份、调整股权结构等；

（五）公司在其经营范围内，为其正常的业务活动提供贷款（但是不应当导致公司的净资产减少，或者即使构成了减少，但该项财务资助是从公司的可分配利润中支出的）；

（六）公司为职工持股计划提供款项（但是不应当导致公司的净资产减少，或者即使构成了减少，但该项财务资助是从公司的可分配利润中支出的）。

第六章 股票和股东名册

第三十二条 公司股票采用记名式。

公司股票应当载明的事项，除《公司法》规定的外，还应当包括公司股票上市的证券交易所要求载明的其他事项。

第三十三条 股票由董事长签署。公司股票上市的证券交易所要求公司其他高级管理人员签署的，还应当由其他有关高级管理人员签署。股票经加盖公司印章或者以印刷形式加盖印章后生效。公司董事长或者其他有关高级管理人员在股票上的签字也可以采取印刷形式。

第三十四条 公司应当设立股东名册，登记以下事项：

（一）各股东的姓名（名称）、地址（住所）、职业或性质；

（二）各股东所持股份的类别及其数量；

（三）各股东所持股份已付或者应付的款项；

（四）各股东所持股份的编号；

（五）各股东登记为股东的日期；

（六）各股东终止为股东的日期。

股东名册为证明股东持有公司股份的充分证据；但是有相反证据的除外。

第三十五条 公司可以依据国务院证券主管机构与境外证券监管机构达成的谅解、协议，将境外上市外资股股东名册存放在境外，并委托境外代理机构管理。公司应当将境外上市外资股股东名册的副本备置于公司住所；受委托的境外代理机构应当随时保证境外上市外资股股东名册正、副本的一致性。

境外上市外资股股东名册正、副本的记载不一致时，以正本为准。

第三十六条 公司应当保存有完整的股东名册。

股东名册包括下列部分：

(一)存放在公司住所的、除本款(二)、(三)项规定以外的股东名册；

(二)存放在境外上市的证券交易所所在地的公司境外上市外资股股东名册；

(三)董事会为公司股票上市的需要而决定存放在其他地方的股东名册。

第三十七条 股东名册的各部分应当互不重叠。在股东名册某一部分注册的股份的转让，在该股份注册存续期间不得注册到股东名册的其他部分。

股东名册各部分的更改或者更正，应当根据股东名册各部分存放地的法律进行。

第三十八条 股东大会召开前三十日内或者公司决定分配股利的基准日前五日内，不得进行因股份转让而发生的股东名册的变更登记。

第三十九条 公司召开股东大会、分配股利、清算及从事其他需要确认股权的行为时，应当由董事会决定某一日为股权确定日，股权确定日终止时，在册股东为公司股东。

第四十条 任何人对股东名册持有异议而要求将其姓名(名称)登记在股东名册上，或者要求将其姓名(名称)从股东名册中删除的，均可以向有管辖权的法院申请更正股东名册。

第四十一条 任何登记在股东名册上的股东或者任何要求将其姓名(名称)登记在股东名册上的人，如果其股票(即“原股票”)遗失，可以向公司申请就该股份(即“有关股份”)补发新股票。

内资股股东遗失股票，申请补发的，依照《公司法》第一百五十条的规定处理。

境外上市外资股股东遗失股票，申请补发的，可以依照境外上市外资股股东名册正本存放地的法律、证券交易场所规则或者其他有关规定处理。

到香港上市公司的境外上市外资股股东遗失股票申请补发的，其股票的补发应当符合下列要求：

(一)申请人应当用公司指定的标准格式提出申请并附上公证书或者法定声明文件。公证书或者法定声明文件的内容应当包括申请人申请的理由、股票遗失的情形及证据，以及无其他任何人可就有关股份要求登记为股东的声明。

(二)公司决定补发新股票之前，没有收到申请人以外的任何人对该股份要求登记为股东的声明。

(三)公司决定向申请人补发新股票，应当在董事会指定的报刊上刊登准备补发新股票的公告；公告期间为90日，每30日至少重复刊登一次。

(四)公司在刊登准备补发股票的公告之前，应当向其挂牌上市的证券交易所提交一份拟刊登的公告副本，收到该证券交易所的回复，确认已在证券交易所内展示该公告后，即可刊登。公司在证券交易所内展示的期间为90日。

如果补发股票的申请未得到有关股份的登记在册股东的同意，公司应当将拟刊登的公告的复印件邮寄给该股东。

(五)本条(三)、(四)项所规定的公告、展示的90日期限届满，如公司未收到任何人对补发股票的异议，即可以根据申请人的申请补发新股票。

(六)公司根据本条规定补发新股票时，应当立即注销原股票，并将此注销和补发事项登记在股东名册上。

(七)公司为注销原股票和补发新股票的全部费用，均由申请人负担。在申请人未提供合理的担保之前，公司有权拒绝采取任何行动。

第四十二条 公司根据公司章程的规定补发新股票后，获得前述新股票的善意购买者或者其后登记为该股份的所有者的股东(如属善意购买者)，其姓名(名称)均不得从股东名册中删除。

第四十三条 公司对于任何由于注销原股票或者补发新股票而受到损害的人均无赔偿义务，除非该当事人能证明公司有欺诈行为。

第七章　股东的权利和义务

第四十四条 公司股东为依法持有公司股份并且其姓名(名称)登记在股东名册上的人。

股东按其持有股份的种类和份额享有权利，承担义务；持有同一种类股份的股东，享有同等权利，承担同种义务。

第四十五条 公司普通股股东享有下列权利：

(一)依照其所持有的股份份额领取股利和其他形式的利益分配；

(二)参加或者委派股东代理人参加股东会议，并行使表决权；

(三)对公司的业务经营活动进行监督管理，提出建议或者质询；

(四)依照法律、行政法规及公司章程的规定转让股份；

(五)依照公司章程的规定获得有关信息，包括：

1、在缴付成本费用后得到公司章程；

2、在缴付了合理费用后有权查阅和复印：

(1)所有各部分股东的名册；

(2)公司董事、监事、经理和其他高级管理人员的个人资料，包括：

(a)现在及以前的姓名、别名；

(b)主要地址(住所)；

(c)国籍；

(d)专职及其他全部兼职的职业、职务；

(e)身份证明文件及其号码。

(3)公司股本状况；

(4)自上一会计年度以来公司购回自己每一类别股份的票面总值、数量、最高价和最低价，以及公司为此支付的全部费用的报告；

(5)股东会议的会议记录。

(六)公司终止或者清算时，按其所持有的股份份额参加公司剩余财产的分配；

(七)法律、行政法规及公司章程所赋予的其他权利。

第四十六条 公司普通股股东承担下列义务：

(一)遵守公司章程；

(二)依其所认购股份和入股方式缴纳股金；

(三)法律、行政法规及公司章程规定应当承担的其他义务。

股东除了股份的认购人在认购时所同意的条件外，不承担其后追加任何股本的责任。

第四十七条 除法律、行政法规或者公司股份上市的证券交易所的上市规则所要求的义务外，控股股东在行使其股东的权力时，不得因行使其表决权在下列问题上作出有损于全体或者部分股东的利益的决定：

(一)免除董事、监事应当真诚地以公司最大利益为出发点行事的责任；

(二)批准董事、监事(为自己或者他人利益)以任何形式剥夺公司财产，包括(但不限于)任何对公司有利的机会；

(三)批准董事、监事(为自己或者他人利益)剥夺其他股东的个人权益，包括(但不限于)任何分配权、表决权，但不包括根据公司章程提交股东大会通过的公司改组。

第四十八条 前条所称控股股东是具备以下条件之一的人：

(一)该人单独或者与他人一致行动时，可以选出半数以上的董事；

(二)该人单独或者与他人一致行动时，可以行使公司百分之三十以上(含百分之三十)的表决权或者可以控制公司的百分之三十以上(含百分之三十)表决权的行使；

(三)该人单独或者与他人一致行动时，持有公司发行在外百分之三十以上(含百分之三十)的股份；

(四)该人单独或者与他人一致行动时，以其他方式在事实上控制公司。

第八章　股东大会

第四十九条 股东大会是公司的权力机构，依法行使职权。

第五十条 股东大会行使下列职权：

(一)决定公司的经营方针和投资计划；

(二)选举和更换董事，决定有关董事的报酬事项；

(三)选举和更换由股东代表出任的监事，决定有关监事的报酬事项；

(四)审议批准董事会的报告；

(五)审议批准监事会的报告;

(六)审议批准公司的年度财务预算方案、决算方案;

(七)审议批准公司的利润分配方案和弥补亏损方案;

(八)对公司增加或者减少注册资本作出决议;

(九)对公司合并、分立、解散和清算等事项作出决议;

(十)对公司发行债券作出决议;

(十一)对公司聘用、解聘或者不再续聘会计师事务所作出决议;

(十二)修改公司章程;

(十三)审议代表公司有表决权的股份百分之五以上(含百分之五)的股东的提案;

(十四)法律、行政法规及公司章程规定应当由股东大会作出决议的其他事项。

第五十一条 非经股东大会事前批准,公司不得与董事、监事、经理和其他高级管理人员以外的人订立将公司全部或者重要业务的管理交予该人负责的合同。

第五十二条 股东大会分为股东年会和临时股东大会。股东大会由董事会召集。股东年会每年召开一次,并应于上一会计年度完结之后的六个月之内举行。

有下列情形之一的,董事会应当在两个月内召开临时股东大会:

(一)董事人数不足《公司法》规定的人数或者少于公司章程要求的数额的三分之二时;

(二)公司未弥补亏损达股本总额的三分之一时;

(三)持有公司发行在外的有表决权的股份百分之十以上(含百分之十)的股东以书面形式要求召开临时股东大会时;

(四)董事会认为必要或者监事会提出召开时。

第五十三条 公司召开股东大会,应当于会议召开四十五日前发出书面通知,将会议拟审议的事项以及开会的日期和地点告知所有在册股东。拟出席股东大会的股东,应当于会议召开二十日前,将出席会议的书面回复送达公司。

第五十四条 公司召开股东大会年会,持有公司有表决权的股份总数百分之五以上(含百分之五)的股东,有权以书面形式向公司提出新的提案,公司应当将提案中属于股东大会职责范围内的事项,列入该次会议的议程。

第五十五条 公司根据股东大会召开前二十日时收到的书面回复,计算拟出席会议的股东所代表的有表决权的股份数。拟出席会议的股东所代表的有表决权的股份数达到公司有表决权的股份总数二分之一以上的,公司可以召开股东大会;达不到的,公司应当在五日内将会议拟审议的事项、开会日期和地点以公告形式再次通知股东,经公告通知,公司可以召开股东大会。

临时股东大会不得决定通告未载明的事项。

第五十六条 股东会议的通知应当符合下列要求:

(一)以书面形式作出;

(二)指定会议的地点、日期和时间;

(三)说明会议将讨论的事项;

(四)向股东提供为使股东对将讨论的事项作出明智决定所需要的资料及解释;此原则包括(但不限于)在公司提出合并、购回股份、股本重组或者其他改组时,应当提供拟议中的交易的具体条件和合同(如果有的话),并对其起因和后果作出认真的解释;

(五)如任何董事、监事、经理和其他高级管理人员与将讨论的事项有重要利害关系,应当披露其利害关系的性质和程度;如果将讨论的事项对该董事、监事、经理和其他高级管理人员作为股东的影响有别于对其他同类别股东的影响,则应当说明其区别;

(六)载有任何拟在会议上提议通过的特别决议的全文;

(七)以明显的文字说明,有权出席和表决的股东有权委任一位或者一位以上的股东代理人代为出席和表决,而该股东代理人不必为股东;

(八)载明会议投票代理委托书的送达时间和地点。

第五十七条 股东大会通知应当向股东(不论在股东大会上是否有表决权)以专人送出或者以邮资已付的邮件送出,受件人地址以股东名册登记的地址为准。对内资股股东,股东大会通知也可以用公告方式进行。

前款所称公告,应当于会议召开前四十五日至五十日的期间内,在国务院证券主管机构指定的一家或者多家报刊上刊登,一经公告,视为所有内资股股东已收到有关股东会议的通知。

第五十八条 因意外遗漏未向某有权得到通知的人送出会议通知或者该等人没有收到会议通知,会议及会议作出的决议并不因此无效。

第五十九条 任何有权出席股东会议并有权表决的股东,有权委任一人或者数人(该人可以不是股东)作为其股东代理人,代为出席和表决。该股东代理人依照该股东的委托,可以行使下列权利:

(一)该股东在股东大会上的发言权;

(二)自行或者与他人共同要求以投票方式表决;

(三)以举手或者投票方式行使表决权,但是委任的股东代理人超过一人时,该等股东代理人只能以投票方式行使表决权。

第六十条 股东应当以书面形式委托代理人,由委托人签署或者由其以书面形式委托的代理人签署;委托人为法人的,应当加盖法人印章或者由其董事或者正式委任的代理人签署。

第六十一条 表决代理委托书至少应当在该委托书委托表决的有关会议召开前二十四小时,或者在指定表决时间前二十四小时,备置于公司住所或者召集会议的通知中指定的其他地方。委托书由委托人授权他人签署的,授权签署的授权书或者其他授权文件应当经过公证。经公证的授权书或者其他授权文件,应当和表决代理委托书同时备置于公司住所或者召集会议的通知中指定的其他地方。

委托人为法人的,其法定代表人或者董事会、其他决策机构决议授权的人作为代表出席公司的股东会议。

第六十二条 任何由公司董事会发给股东用于任命股东代理人的委托书的格式,应当让股东自由选择指示股东代理人投赞成票或者反对票,并就会议每项议题所要作出表决的事项分别作出提示。委托书应当说明如果股东不作指示,股东代理人可以按自己的意思表决。

第六十三条 表决前委托人已经去世、丧失行为能力撤回委任、撤回签署委任的授权或者有关股份已被转让的,只要公司在有关会议开始前没有收到该等事项的书面通知,由股东代理人依委托书所作出的表决仍然有效。

第六十四条 股东大会决议分为普通决议和特别决议。

股东大会作出普通决议,应当由出席股东大会的股东(包括股东代理人)所持表决权的二分之一以上通过。

股东大会作出特别决议,应当由出席股东大会的股东(包括股东代理人)所持表决权的三分之二以上通过。

第六十五条 股东(包括股东代理人)在股东大会表决时,以其所代表的有表决权的股份数额行使表决权,每一股份有一票表决权。

第六十六条 除非下列人员在举手表决以前或者以后,要求以投票方式表决,股东大会以举手方式进行表决:

(一)会议主席;

(二)至少两名有表决权的股东或者有表决权的股东的代理人;

(三)单独或者合并计算持有在该会议上有表决权的股份百分之十以上(含百分之十)的一个或者若干股东(包括股东代理人)。

除非有人提出以投票方式表决,会议主席根据举手表决的结果,宣布提议通过情况,并将此记载在会议记录中,作为最终的依据,无须证明该会议通过的决议中支持或者反对的票数或者其比例。

以投票方式表决的要求可以由提出者撤回。

第六十七条 如果要求以投票方式表决的事项是选举主席或者中止会议,则应当立即进行投票表决;其他要求以投票方式表决的事项,由主席决定何时举行投票,会议可以继续进行,讨论其他事项,投票结果仍被视为在该会议上所通过的决议。

第六十八条 在股票表决时,有两票或者两票以上的表决权的股东(包括股东代理人),不必把所有表决权全部投赞成票或者反对票。

第六十九条 当反对和赞成票相等时,无论是举手还是投票表决,会议主席有权多投一票。

第七十条 下列事项由股东大会的普通决议通过:

(一)董事会和监事会的工作报告;

(二)董事会拟订的利润分配方案和亏损弥补方案;

(三)董事会和监事会成员的罢免及其报酬和支付方法;

(四)公司年度预、决算报告,资产负债表、利润表及其他财务报表;

(五)除法律、行政法规规定或者公司章程规定应当以特别决议通过以外的其他事项。

第七十一条 下列事项由股东大会以特别决议通过:

(一)公司增、减股本和发行任何种类股票、认股证和其他类似证券;

(二)发行公司债券;

(三)公司的分立、合并、解散和清算;

(四)公司章程的修改;

(五)股东大会以普通决议通过认为会对公司产生重大影响的、需要以特别决议通过的其他事项。

第七十二条 股东要求召集临时股东大会或者类别股东会议,应当按照下列程序办理:

(一)合计持有在该拟举行的会议上有表决权的股份百分之十以上(含百分之十)的两个或者两个以上的股东,可以签署一份或者数份同样格式内容的书面要求,提请董事会召集临时股东大会或者类别股东会议,并阐明会议的议题。董事会在收到前述书面要求后应当尽快召集临时股东大会或者类别股东会议。前述持股数按股东提出书面要求日计算。

(二)如果董事会在收到前述书面要求后三十日内没有发事召集会议的通告,提出该要求的股东可以在董事会收到该要求后四个月内自行召集会议,召集的程序应当尽可能与董事会召集股东会议的程序相同。

股东因董事会未应前述举行会议而自行召集并举行会议的,其所发生的合理费用,应当由公司承担,并从公司欠付失职董事的款项中扣除。

第七十三条 股东大会由董事长召集并担任会议主席;董事长因故不能出席会议的,应当由副董事长召集会议并担任会议主席;董事长和副董事长均无法出席会议的,董事长可以指定一名公司董事代其召集会议并且担任会议主席;未指定会议主席的,出席会议的股东可以选举一人担任主席;如果因任何理由,股东无法选举主席,应当由出席会议的持有最多表决权股份的股东(包括股东代理人)担任会议主席。

第七十四条 会议主席负责决定股东大会的决议是否通过,其决定为终局决定,并应当在会上宣布和载入会议记录。

第七十五条 会议主席如果对提交表决的决议结果有任何怀疑,可以对所投票数进行点算;如果会议主席未进行点票,出席会议的股东或者股东代理人对会议主席宣布结果有异议的,有权在宣布后立即要求点票,会议主席应当即时进行点票。

第七十六条 股东大会如果进行点票,点票结果应当记入会议记录。

会议记录连同出席股东的签名簿及代理出席的委托书,应当在公司住所保存。

第七十七条 股东可以在公司办公时间免费查阅会议记录复印件。任何股东向公司索取有关会议记录的复印件,公司应当在收到合理费用后七日内把复印件送出。

第九章 类别股东表决的特别程序

第七十八条 持有不同种类股份的股东,为类别股东。

类别股东依据法律、行政法规和公司章程的规定,享有权利和承担义务。

第七十九条 公司拟变更或者废除类别股东的权利,应当经股东大会以特别决议通过和经受影响的类别股东在按第八十一条至第八十五条分别召集的股东会议上通过,方可进行。

第八十条 下列情形应当视为变更或者废除某类别股东的权利:

(一)增加或者减少该类别股份的数目,或者增加或减少与该类别股份享有同等或者更多的表决权、分配权、其他特权的类别股份的数目;

(二)将该类别股份的全部或者部分换作其他类别,或者将另一类别的股份的全部或者部分换作该类别股份或者授予该等转换权;

(三)取消或者减少该类别股份所具有的、取得已产生的股利或者累积股利的权利;

(四)减少或者取消该类别股份所具有的优先取得股利或者在公司清算中优先取得财产分配的权利;

(五)增加、取消或者减少该类别股份所具有的转换股份权、选择权、表决权、转让权、优先配售权、取得公司证券的权利;

(六)取消或者减少该类别股份所具有的,以特定货币收取公司应付款项的权利;

(七)设立与该类别股份享有同等或者更多表决权、分配权或者其他特权的新类别;

(八)对该类别股份的转让或所有权加以限制或者增加该等限制;

(九)发行该类别或者另一类别的股份认购权或者转换股份的权利;

(十)增加其他类别股份的权利和特权;

(十一)公司改组方案会构成不同类别股东在改组中不按比例地承担责任;

(十二)修改或者废除本章所规定的条款。

第八十一条 受影响的类别股东,无论原来在股东大会上是否有表决权,在涉及第八十条(二)至(八)、(十一)至(十二)项的事项时,在类别股东会上具有表决权,但有利害关系的股东在类别股东会上没有表决权。

前款所述有利害关系股东的含义如下:

(一)在公司按本章程第二十五条的规定向全体股东按照相同比例发出购回要约或者在证券交易所通过公开交易方式购回自己股份的情况下,“有利害关系的股东”是指本章程第四十八条所定义的控股股东;

(二)在公司按照本章程第二十五条的规定在证券交易所外以协议方式购回自己股份的情况下,“有利害关系的股东”是指与该协议有关的股东;

(三)在公司改组方案中,“有利害关系股东”是指以低于本类别其他股东的比例承担责任的股东或者与该类别中的其他股东拥有不同利益的股东。

第八十二条 类别股东会的决议,应当经根据第八十一条由出席类别股东会议的有表决权的三分之二以上的股权表决通过,方可作出。

第八十三条 公司召开类别股东会议,应当于会议召开四十五日前发出书面通知,将会议拟审议的事项以及开会日期和地点告知所有该类别股份的在册股东。拟出席会议的股东,应当于会议召开二十日前,将出席会议的书面回复送达公司。

拟出席会议的股东所代表的在该会议上有表决权的股份数,达到在该会议上有表决权的该类别股份总数二分之一以上的,公司可以召开类别股东会议;达不到的,公司应当在五日内将会议拟审议的事项、开会日期和地点以公告形式再次通知股东,经公告通知,公司可以召开类别股东会议。

第八十四条 类别股东会议的通知只须送给有权在该会议上表决的股东。

类别股东会议应当以与股东大会尽可能相同的程序举行,公司章程中有关股东大会举行程序的条款适用于类别股东会议。

第八十五条 如果公司股票上市的证券交易所的规则有要求,公司章程应当载入“除其他类别股份股东外,内资股股东和境外上市外资股股东视为不同类别股东”的内容。

载有前款规定内容的公司章程,应当同时规定“下列情形不适用类别股东表决的特别程序:(一)经股东大会以特别决议批准,公司每间隔十二个月单独或者同时发行内资股、境外上市外资股,并且拟发行的内资股、境外上市外资股的数量各自不超过该类已发行在外股份的百分之二十的;(二)公司设立时发行内资股、境外上市外资股的计划,自国务院证券委员会批准之日起十五个月内完成的。”

第十章 董事会

第八十六条 公司设置董事会,董事会由[人数]名董事组成,设董事长一人,副董事长[人数]人,董事[人数]人。

第八十七条 董事由股东大会选举产生,任期[年数]年。董事任期届满,可以连选连任。

董事长、副董事长由全体董事的过半数选举和罢免,董事长、副董事长任期[年数]年,可以连选连任。

董事无须持有公司股份。

第八十八条 董事会对股东大会负责,行使下列职权:

(一)负责召集股东大会,并向股东大会报告工作;

(二)执行股东大会的决议;

(三)决定公司的经营计划和投资方案;

(四)制定公司的年度财务预算方案、决算方案;

(五)制定公司的利润分配方案和弥补亏损方案;

(六)制定公司增加或者减少注册资本的方案以及发行公司债券的方案;

(七)拟定公司合并、分立、解散的方案;

(八)决定公司内部管理机构的设置;

(九)聘任或者解聘公司经理,根据经理的提名,聘任或者解聘公司副经理、财务负责人,决定其报酬事项;

(十)制定公司的基本管理制度;

（十一）制订公司章程修改方案。

董事会作出前款决议事项，除第（六）、（七）、（十一）项必须由三分之二以上的董事表决同意外，其余可以由半数以上的董事表决同意。

第八十九条 董事会在处置固定资产时，如拟处置固定资产的预期价值，与此项处置建议前四个月内已处置了的固定资产所得到的价值的总和，超过股东大会最近审议的资产负债表所显示的固定资产价值的百分之三十三，则董事会在未经股东大会批准前不得处置或者同意处置该固定资产。

本条所指对固定资产的处置，包括转让某些资产权益的行为，但不包括以固定资产提供担保的行为。

公司处置固定资产进行的交易的有效性，不因违反本条第一款而受影响。

第九十条 董事长行使下列职权：

（一）主持股东大会和召集、主持董事会会议；

（二）检查董事会决议的实施情况；

（三）签署公司发行的证券；

（四）董事会授予的其他职权。

董事长不能履行职权时，可以由董事长指定副董事长代行其职权。

第九十一条 董事会每年至少召开两次会议，由董事长召集，于会议召开[日数]日以前通知全体董事。有紧急事项时，经[人数]名以上董事或者公司经理提议，可以召开临时董事会会议。

第九十二条 董事会及临时董事会会议召开的通知方式为：[具体通知方式]；通知时限为：[具体通知时限]。

第九十三条 董事会会议应当由二分之一以上的董事出席方可举行。

每名董事有一票表决权。董事会作出决议，必须经全体董事的过半数通过。

当反对票和赞成票相等时，董事长有权多投一票。

第九十四条 董事会会议，应当由董事本人出席。董事因故不能出席，可以书面委托其他董事代为出席董事会，委托书中应当载明授权范围。

代为出席会议的董事应当在授权范围内行使董事的权利。董事未出席某次董事会会议，亦未委托代表出席的，应当视作已放弃在该次会议上的投票权。

第九十五条 董事会应当对会议所议事项的决定作成会议记录，出席会议的董事和记录员应当在会议记录上签名。董事应当对董事会的决议承担责任。董事会的决议违反法律、行政法规或者公司章程，致使公司遭受严重损失的，参与决议的董事对公司负赔偿责任；但经证明在表决人时曾表明异议并记载于会议记录的，该董事可以免除责任。

第十一章　公司董事会秘书

第九十六条 公司设董事会秘书。董事会秘书为公司的高级管理人员。

第九十七条 公司董事会秘书应当是具有必备的专业知识和经验的自然人，由董事会委托。其主要职责是：

（一）保证公司有完整的组织文件和记录；

（二）确保公司依法准备和递交有权机构所要求的报告和文件；

（三）保证公司的股东名册妥善设立，保证有权得到公司有关记录和文件的人及时得到有关记录和文件。

第九十八条 公司董事或者其他高级管理人员可以兼任公司董事会秘书。公司聘请的会计师事务所的会计师不得兼任公司董事会秘书。

当公司董事会秘书由董事兼任时，如某一行为应当由董事及公司董事会秘书分别作出，则该兼任董事及公司董事会秘书的人不得以双重身份作出。

第十二章　公司经理

第九十九条 公司设经理一名，由董事会聘任或者解聘。

第一百条 公司经理对董事会负责，行使下列职权：

（一）主持公司的生产经营管理工作，组织实施董事会决议；

（二）组织实施公司年度经营计划和投资方案；

（三）拟订公司内部管理机构设置方案；

（四）拟订公司的基本管理制度；

（五）制定公司的基本规章；

（六）提请聘任或者解聘公司副经理、财务负责人；

（七）聘任或者解聘除应由董事会聘任或者解聘以外的负责管理人员；

（八）公司章程和董事会授予的其他职权。

第一百零一条 公司经理列席董事会会议；非董事经理在董事会会议上没有表决权。

第一百零二条 公司经理在行使职权时，应当根据法律、行政法规和公司章程的规定，履行诚信和勤勉的义务。

第十三章　监事会

第一百零三条 公司设监事会。

第一百零四条 监事会由[人数]人组成，其中一人出任监事会主席。监事任期[年数]年，可以连选连任。

第一百零五条 监事会成员由[人数]名股东代表和[人数]名公司职工代表组成。股东代表由股东大会选举和罢免，职工代表由公司职工民主选举和罢免。

第一百零六条 公司董事、经理和财务负责人不得兼任监事。

第一百零七条 监事会每年至少召开[次数]次会议，由监事会主席负责召集。

第一百零八条 监事会向股东大会负责，并依法行使下列职权：

（一）检查公司的财务；

（二）对公司董事、经理和其他高级管理人员执行公司职务时违反法律、行政法规或者公司章程的行为进行监督；

（三）当公司董事、经理和其他高级管理人员的行为损害公司的利益时，要求前述人员予以纠正；

（四）核对董事会拟提交股东大会的财务报告、营业报告和利润分配方案等财务资料，发现疑问的，可以公司名义委托注册会计师、执业审计师帮助复审。

（五）提议召开临时股东大会；

（六）代表公司与董事交涉或者对董事起诉；

（七）公司章程规定的其他职权。

监事列席董事会会议。

第一百零九条 监事会的议事方式为：[具体议事方式]；表决程序为[具体表决程序]。

第一百一十条 监事会行使职权时聘请律师、注册会计师、执业审计师等专业人员所发生的合理费用，应当由公司承担。

第一百一十一条 监事应当依照法律、行政法规及公司章程的规定，忠实履行监督职责。

第十四章　公司董事、监事、经理和其他高级管理人员的资格和义务

第一百一十二条 有下列情况之一的，不得担任公司的董事、监事、经理或者其他高级管理人员：

（一）无民事行为能力或者限制民事行为能力；

（二）因犯有贪污、贿赂、侵占财产、挪用财产罪或者破坏社会经济秩序罪，被判处刑罚，执行期满未逾五年，或者因犯罪被剥夺政治权利，执行期满未逾五年；

（三）担任因经营管理不善破产清算的公司、企业的董事或者厂长、经理，并对该公司、企业的破产负有个人责任的，自该公司、企业破产清算完结之日起未逾三年；

（四）担任因违法被吊销营业执照的公司、企业的法定代表人，并负有个人责任的，自该公司、企业被吊销营业执照之日起未逾三年；

（五）个人所负数额较大的债务到期未清偿；

（六）因触犯刑法被司法机关立案调查，尚未结案；

（七）法律、行政法规规定不能担任企业领导；

（八）非自然人；

（九）被有关主管机构裁定违反有关证券法规的规定，且涉及有欺诈或者不诚实的行为，自该裁定之日起未逾五年。

第一百一十三条 公司董事、经理和其他高级管理人员代表公司的行为对善意第三人的有效性，不因其在任职、选举或者资格上有任何不合规行为而受影响。

第一百一十四条 除法律、行政法规或者公司股票上市的证券交

易所的上市规则要求的义务外，公司董事、监事、经理和其他高级管理人员在行使公司赋予他们的职权时，还应当对每个股东负有下列义务：

（一）不得使公司超越其营业执照规定的营业范围；

（二）应当真诚地以公司最大利益为出发点行事；

（三）不得以任何形式剥夺公司财产，包括（但不限于）对公司有利的机会；

（四）不得剥夺股东的个人权益，包括（但不限于）分配权、表决权，但不包括根据公司章程提交股东大会通过的公司改组。

第一百一十五条 公司董事、监事、经理和其他高级管理人员都有责任在行使其权利或者履行其义务时，以一个合理的谨慎的人在相似情形下所应表现的谨慎、勤勉和技能为其所应为的行为。

第一百一十六条 公司董事、监事、经理和其他高级管理人员在履行职责时，必须遵守诚信原则，不应当置自己于自身的利益与承担的义务可能发生冲突的处境。此原则包括（但不限于）履行下列义务：

（一）真诚地以公司最大利益为出发点行事；

（二）在其职权范围内行使权力，不得越权；

（三）亲自行使所赋予他的酌量处理权，不得受他人操纵；非经法律、行政法规允许或者得到股东大会在知情的情况下的同意，不得将其酌量处理权转给他人行使；

（四）对同类别的股东应当平等，对不同类别的股东应当公平；

（五）除公司章程另有规定或者由股东大会在知情的情况下另有批准外，不得与公司订立合同、交易或者安排；

（六）未经股东大会在知情的情况下同意，不得以任何形式利用公司财产为自己谋取利益；

（七）不得利用职权收受贿赂或者其他非法收入，不得以任何形式侵占公司的财产，包括（但不限于）对公司有利的机会；

（八）未经股东大会在知情的情况下同意，不得接受与公司交易有关的佣金；

（九）遵守公司章程，忠实履行职责，维护公司利益，不得利用其在公司的地位和职权为自己谋取私利；

（十）未经股东大会在知情的情况下同意，不得以任何形式与公司竞争；

（十一）不得挪用公司资金或者将公司资金借贷给他人，不得将公司资产以其个人名义或者以其他名义开立帐户存储，不得以公司资产为本公司的股东或者其他个人债务提供担保；

（十二）未经股东大会在知情的情况下同意，不得泄露其在任职期间所获得的涉及本公司的机密信息；除非以公司利益为目的，亦不得利用该信息；但是，在下列情况下，可以向法院或者其他政府主管机构披露该信息：

1、法律有规定；

2、公众利益有要求；

3、该董事、监事、经理和其他高级管理人员本身的利益有要求。

第一百一十七条 公司董事、监事、经理和其他高级管理人员，不得指使下列人员或者机构（“相关人”）作出董事、监事、经理和其他高级管理人员不能作的事：

（一）公司董事、监事、经理和其他高级管理人员的配偶或者未成年子女；

（二）公司董事、监事、经理和其他高级管理人员或者本条（一）项所述人员的信托人；

（三）公司董事、监事、经理和其他高级管理人员或者本条（一）、（二）项所述人员的合伙人；

（四）由公司董事、监事、经理和其他高级管理人员在事实上单独控制的公司，或者与本条（一）、（二）、（三）项所提及的人员或者公司其他董事、监事、经理和其他高级管理人员在事实上共同控制的公司；

（五）本条（四）项所指被控制的公司的董事、监事、经理和其他高级管理人员。

第一百一十八条 公司董事、监事、经理和其他高级管理人员所负的诚信义务不一定因其任期结束而终止，其对公司商业秘密保密的义务在其任期结束后仍有效。其他义务的持续期应当根据公平的原则决定，取决于事件发生时与离任之间时间的长短，以及与公司的关系在何种情形和条件下结束。

第一百一十九条 公司董事、监事、经理和其他高级管理人员因违反某项具体义务所负的责任，可以由股东大会在知情的情况下解除，但是本章程第四十七条所规定的情形除外。

第一百二十条 公司董事、监事、经理和其他高级管理人员，直接或者间接与公司已订立的或者计划中的合同、交易、安排有重要利害关系时（公司与董事、监事、经理和其他高级管理人员的聘任合同除外），不论有关事项在正常情况下是否需要董事会批准同意，均应当尽快向董事会披露其利害关系的性质和程度。

除非有利害关系的公司董事、监事、经理和其他高级管理人员按照本条前款的要求向董事会做了披露，并且董事会在不将其计入法定人数，亦未参加表决的会议上批准了该事项，公司有权撤消该合同、交易或者安排，但在对方是对有关董事、监事、经理和其他高级管理人员违反其义务的行为不知情的善意当事人的情形下除外。

公司董事、监事、经理和其他高级管理人员的相关人与某合同、交易、安排有利害关系的，有关董事、监事、经理和其他高级管理人员也应被视为有利害关系。

第一百二十一条 如果公司董事、监事、经理和其他高级管理人员在公司首次考虑订立有关合同、交易、安排前以书面形式通知董事会，声明由于通知所列的内容，公司日后达成的合同、交易、安排与其有利害关系，则在通知阐明的范围内，有关董事、监事、经理和其他高级管理人员视为做了本章前条所规定的披露。

第一百二十二条 公司不得以任何方式为其董事、监事、经理和其他高级管理人员缴纳税款。

第一百二十三条 公司不得直接或者间接向本公司和其母公司的董事、监事、经理和其他高级管理人员提供贷款、贷款担保；亦不得向前述人员的相关人提供贷款、贷款担保。

前款规定不适用于下列情形：

（一）公司向其子公司提供贷款或者为子公司提供贷款担保；

（二）公司根据经股东大会批准的聘任合同，向公司的董事、监事、经理和其他高级管理人员提供贷款、贷款担保或者其他款项，使之支付为了公司目的或者为了履行其公司职责所发生的费用。

（三）如公司的正常业务范围包括提供贷款、贷款担保，公司可以向有关董事、监事、经理和其他高级管理人员及其相关人提供贷款、贷款担保，但提供贷款、贷款担保的条件应当是正常商务条件。

第一百二十四条 公司违反前条规定提供贷款的，不论其贷款条件如何，收到款项的人应当立即偿还。

第一百二十五条 公司违反第一百二十三条第一款的规定所提供的贷款担保，不得强制公司执行；但下列情况除外：

（一）向公司或者其母公司的董事、监事、经理和其他高级管理人员的相关人提供贷款时，提供贷款人不知情的；

（二）公司提供的担保物已由提供贷款人合法地售予善意购买者的。

第一百二十六条 本章前述条款中所称担保，包括由保证人承担责任或者提供财产以保证义务人履行义务的行为。

第一百二十七条 公司董事、监事、经理和其他高级管理人员违反对公司所负的义务时，除法律、行政法规规定的各种权利、补救措施外，公司有权采取以下措施：

（一）要求有关董事、监事、经理和其他高级管理人员赔偿由于其失职给公司造成的损失；

（二）撤消任何由公司与有关董事、监事、经理和其他高级管理人员订立的合同或者交易，以及由公司与第三人（当第三人明知或者理应知道代表公司的董事、监事、经理和其他高级管理人员违反了对公司应负的义务）订立的合同或者交易；

（三）要求有关董事、监事、经理和其他高级管理人员交出因违反义务而获得的收益；

（四）追回有关董事、监事、经理和其他高级管理人员收受的本应为公司所收取的款项，包括（但不限于）佣金；

（五）要求有关董事、监事、经理和其他高级管理人员退还因本应交予公司的款项所赚取的、或者可能赚取的利息。

第一百二十八条 公司应当就报酬事项与公司董事、监事订立书面合同，并经股东大会事先批准。前述报酬事项包括：

（一）作为公司的董事、监事或者高级管理人员的报酬；

（二）作为公司的子公司的董事、监事或者高级管理人员的报酬；

（三）为公司及其子公司的管理提供其他服务的报酬；

（四）该董事或者监事因失去职位或者退休所获补偿的款项。

除按前述合同外，董事、监事不得因前述事项为其应获取的利益向公司提出诉讼。

第一百二十九条 公司在与公司董事、监事订立的有关报酬事项的合同中应当规定，当公司将被收购时，公司董事、监事在股东大会事先批准的条件下，有权取得因失去职位或者退休而获得的补偿或者其他款项。前款所称公司被收购是指下列情况之一：

（一）任何人向全体股东提出收购要约；

（二）任何人提出收购要约，旨在使要约人成为控股股东。控股股东的定义与本章程第四十八条中的定义相同。

如果有关董事、监事不遵守本条规定，其收到的任何款项，应当归那些由于接受前述要约而将其股份出售的人所有，该董事、监事应当承担因按比例分发该等款项所产生的费用，该费用不得从该等款项中扣除。

第十五章　财务会计制度与利润分配

第一百三十条　公司依照法律、行政法规和国务院财政主管部门制定的中国会计准则的规定，制定本公司的财务会计制度。

第一百三十一条　公司应当在每一会计年度终了时制作财务报告，并依法经审查验证。

第一百三十二条　公司董事会应当在每次股东年会上，向股东呈交有关法律、行政法规、地方政府及主管部门颁布的规范性文件所规定由公司准备的财务报告。

第一百三十三条　公司的财务报告应当在召开股东大会年会的二十日以前置备于本公司，供股东查阅。公司的每个股东都有权得到本章中所提及的财务报告。

到香港上市的公司至少应当将前述报告以邮资已付的邮件寄给每个境外上市外资股股东，受件人地址以股东的名册登记的地址为准。

第一百三十四条　公司的财务报表除应当按中国会计准则及法规编制外，还应当按国际或者境外上市地会计准则编制。如按两种会计准则编制的财务报表有重要出入，应当在财务报表附注中加以注明。公司在分配有关会计年度的税后利润时，以前述两种财务报表中税后利润数较少者为准。

第一百三十五条　公司公布或者披露的中期业绩或者财务资料应当按中国会计准则及法规编制，同时按国际或者境外上市地会计准则编制。

第一百三十六条　公司每一会计年度公布两次财务报告，即在一会计年度的前六个月结束后的60天内公布中期财务报告，会计年度结束后的120天内公布年度财务报告。

第一百三十七条　公司除法定的会计帐册外，不得另立会计帐册。

第一百三十八条　资本公积金包括下列款项：

（一）超过股票面额发行所得的溢价款；

（二）国务院财政主管部门规定列入资本公积金的其他收入。

第一百三十九条　公司可以下列形式分配股利：

（一）现金；

（二）股票。

第一百四十条　公司应当为持有境外上市外资股股份的股东委任收款代理人。收款代理人应当代有关股东收取公司就境外上市外资股股份分配的股利及其他应付的款项。

公司委任的收款代理人应当符合上市地法律或者证券交易所有关规定的要求。

第十六章　会计师事务所的聘任

第一百四十一条　公司应当聘用符合国家有关规定的、独立的会计师事务所，审计公司的年度财务报告，并审核公司的其他财务报告。

公司的首任会计师事务所可以由创立大会在首次股东年会前聘任，该会计师事务所的任期在首次股东年会结束时终止。

创立大会不行使前款规定的职权时，由董事会行使该职权。

第一百四十二条　公司聘用会计师事务所的聘期，自公司本次股东年会结束时起至下次股东年会结束时止。

第一百四十三条　经公司聘用的会计师事务所享有下列权利：

（一）随时查阅公司的帐簿、记录或者凭证，并有权要求公司的董事、经理或者其他高级管理人员提供有关资料和说明；

（二）要求公司采取一切合理措施，从其子公司取得该会计师事务所为履行职务而必需的资料和说明；

（三）出席股东会议，得到任何股东有权收到的会议通知或者与会议有关的其他信息，在任何股东会议上就涉及其作为公司的会计师事务所的事宜发言。

第一百四十四条　如果会计师事务所职位出现空缺，董事会在股东大会召开前，可以委任会计师事务所填补该空缺。但在空缺持续期间，公司如有其他在任的会计师事务所，该等会计师事务所仍可行事。

第一百四十五条　不论会计师事务所与公司订立的合同条款如何规定，股东大会可以在任何会计师事务所任期届满前，通过普通决议决定将该会计事务所解聘。有关会计师事务所如有因被解聘而向公司索偿的权利，有关权利不因此而受影响。

第一百四十六条　会计师事务所的报酬或者确定报酬的方式由股东大会决定。由董事会聘任的会计师事务所的报酬由董事会确定。

第一百四十七条　公司聘用、解聘或者不再续聘会计师事务所由股东大会作出决定，并报国务院证券主管机构备案。

第一百四十八条　公司解聘或者不再续聘会计师事务所，应当事先通知会计师事务所，会计师事务所有权向股东大会陈述意见。会计师事务所提出辞聘的，应当向股东大会说明公司有无不当情事。

第十七章　公司的合并与分立

第一百四十九条　公司合并或者分立，应当由公司董事会提出方案，按公司章程规定的程序通过后，依法办理有关审批手续。反对公司合并、分立方案的股东，有权要求公司或者同意公司合并、分立方案的股东、以公平价格购买其股份。公司合并、分立决议的内容应当作成专门文件，供股东查阅。

对到香港上市公司的境外上市外资股股东，前述文件还应当以邮件方式送达。

第一百五十条　公司合并可以采取吸收合并和新设合并两种形式。

公司合并，应当由合并各方签订合并协议，并编制资产负债表及财产清单。公司应当自作出合并决议之日起十日内通知债权人，并于三十日内在报纸上至少公告三次。

公司合并后，合并各方的债权、债务，由合并后存续的公司或者新设的公司承继。

第一百五十一条　公司分立，其财产应当作相应的分割。

公司分立，应当由分立各方签订分立协议，并编制资产负债表及财产清单。公司应当自作出分立决议之日起十日内通知债权人，并于三十日内在报纸至少公告三次。

公司分立前的债务按所达成的协议由分立后的公司承担。

第一百五十二条　公司合并或者分立，登记事项发生变更的，应当依法向公司登记机构办理变更登记；公司解散的，依法办理公司注销登记；设立新公司的，依法办理公司设立登记。

第十八章　公司解散和清算

第一百五十三条　公司有下列情形之一的，应当解散并依法进行清算：

（一）营业期限届满；

（二）股东大会决议解散；

（三）因公司合并或者分立需要解散；

（四）公司因不能清偿到期债务被依法宣告破产；

（五）公司违反法律、行政法规被依法责令关闭。

第一百五十四条　公司因前条（一）、（二）项规定解散的，应当在十五日之内成立清算组，并由股东大会以普通决议的方式确定其人选。

公司因前条（四）项规定解散的，由人民法院依照有关法律的规定，组织股东、有关机关及有关专业人员成立清算组，进行清算。

公司因前条（五）项规定解散的，由有关主管机关组织股东、有关机关及有关专业人员成立清算组，进行清算。

第一百五十五条　如董事会决定公司进行清算（因公司宣告破产而清算的除外），应当在为此召集的股东大会的通知中，声明董事会对公司的状况已经做了全面的调查，并认为公司可以在清算开始后十二个月内全部清偿公司债务。

股东大会进行清算的决议通过之后，公司董事会的职权立即终止。

清算组应当遵循股东大会的指示，每年至少向股东大会报告一次清算组的收入和支出，公司的业务和清算的进展，并在清算结束时向股东大会作最后报告。

第一百五十六条　清算组应当自成立之日起十日内通知债权人，并于六十日内在报纸上至少公告三次。清算组应当对债权进行登记。

第一百五十七条　清算组在清算期间行使下列职权：

（一）清理公司财产，分别编制资产负债表和财产清单；
（二）通知或者公告债权人；
（三）处理与清算有关的公司未了结的业务；
（四）清缴所欠税款；
（五）清理债权、债务；
（六）处理公司清偿债务后的剩余财产；
（七）代表公司参与民事诉讼活动。

第一百五十八条 清算组在清理公司财产、编制资产负债表和财产清单后，应当制定清算方案，并报股东大会或者有关主管机关确认。

公司财产按下列顺序清偿：[清偿顺序]。

公司财产按前款规定清偿后的剩余财产，由公司股东按其持有股份的种类和比例进行分配。清算期间，公司不得开展新的经营活动。

第一百五十九条 因公司解散而清算，清算组在清理公司财产、编制资产负债表和财产清单后，发现公司财产不足清偿债务的，应当立即向人民法院申请宣告破产。

公司经人民法院裁定宣告破产后，清算组应当将清算事务移交给人民法院。

第一百六十条 公司清算结束后，清算组应当制作清算报告以及清算期内收支报表和财务帐册，经中国注册会计师验证后，报股东大会或者有关主管机关确认。

清算组应当自股东大会或者有关主管机关确认之日起30日内，将前述文件报送公司登记机关，申请注销公司登记，公告公司终止。

第十九章　公司章程的修订程序

第一百六十一条 公司根据法律、行政法规及公司章程的规定，可以修改公司章程。

第一百六十二条 公司章程的修改，涉及《到境外上市公司章程必备条款》(简称《必备条款》)内容的，经国务院授权的公司审批部门和国务院证券委员会批准后生效；涉及公司登记事项的，应当依法办理变更登记。

第二十章　争议的解决

第一百六十三条 凡境外上市外资股股东与公司之间，境外上市外资股股东与公司董事、监事、经理或者其他高级管理人员之间，境外上市外资股股东与内资股股东之间，基于公司章程及有关法律、行政法规所规定的权利义务发生的与公司事务有关的争议或者权利主张，国务院证券主管机构未就争议解决方式与境外有关证券监管机构达成谅解、协议的，有关当事人可以依照法律、行政法规规定的方式解决，也可以双方协议确定的方式解决。

到香港上市的公司，应当将下列内容载入公司章程：

（一）凡境外上市外资股股东与公司之间，境外上市外资股股东与公司董事、监事、经理或者其他高级管理人员之间，境外上市外资股股东与内资股股东之间，基于公司章程、《公司法》及其他有关法律、行政法规所规定的权利义务发生的与公司事务有关的争议或者权利主张，有关当事人应当将此类争议或者权利主张提交仲裁解决。

前述争议或者权利主张提交仲裁时，应当是全部权利主张或者争议整体；所有由于同一事由有诉因的人或者该争议或权利主张的解决需要其参与的人，如果其身份为公司或公司股东、董事、监事、经理或者其他高级管理人员，应当服从仲裁。

有关股东界定、股东名册的争议，可以不用仲裁方式解决。

（二）申请仲裁者可以选择中国国际经济贸易仲裁委员会按其仲裁规则进行仲裁，也可以选择香港国际仲裁中心按其证券仲裁规则进行仲裁。申请仲裁者将争议或者权利主张提交仲裁后，对方必须在申请者选择的仲裁机构进行仲裁。

如申请仲裁者选择香港国际仲裁中心进行仲裁，则任何一方可以按香港国际仲裁中心的证券仲裁规则的规定请求该仲裁在深圳进行。

（三）以仲裁方式解决因（一）项所述争议或者权利主张，适用中华人民共和国的法律；但法律、行政法规另有规定的除外。

（四）仲裁机构作出的裁决是终局裁决，对各方均具有约束力。

第二十一章　附　则

第一百六十四条 《必备条款》中明确规定到香港上市的股份有限公司章程所应当载明的内容，无须载入到香港以外的其他地区或者国家上市的股份有限公司的章程。

第一百六十五条 对于到香港上市的公司，《必备条款》中所称会计师事务所的含义与“核数师”相同。

第一百六十六条 《必备条款》中，以“[ ]”标示的内容，由公司按照实际情况填入，以“( )”标示的内容，必须载入公司章程。

国务院关于股份有限公司境外募集股份及上市的特别规定

中华人民共和国国务院令第160号　1994年8月4日

第一条 为适应股份有限公司境外募集股份及境外上市的需要，根据《中华人民共和国公司法》第八十五条、第一百五十五条，制定本规定。

第二条 股份有限公司经国务院证券委员会批准，可以向境外特定的、非特定的投资人募集股份，其股票可以在境外上市。

本规定所称境外上市，最指股份有限公司向境外投资人发行的股票，在境外公司开公的证券交易场所流通转让。

第三条 股份有限公司向境外投资人募集并在境外上市的股份（以下简称境外上市外资股），采取记名股票形式，以人民币标明面值的，以外币认购。

境外上市市外资股在境外上市，可以采取境外存股证形式或者股票的其他派生形式。

第四条 国务院证券委员会或者其监督管理执行机构中国证券监督管理委员会，可能与境外证券监督管理机构达成应谅解、协议，对股份有限公司向境外投资人募集股份并在境外上市及相关活动进行合作监督管理。

第五条 股份有限公司向境外投资人募集股份并在境外上市，应当按照国务院证券委员会的要求提出书面申请并附有关材料，报经国务院证券委员会批准。

第六条 国有企业或者国有资产占主导地位的企业按照国家有关规定改建为向境外投资人募集股份并在境外上市的股份有限公司，以发起方式设立的，发起人可以少于5人；该股份有限公司一经成立，即可以发行新股。

第七条 向境外投资人募集股份并在境外上市的股份有限公司（以下简称公司）向境内投资人发行的股份（以下简称内资股），采取记名股票形式。

第八条 经国务院证券委员会批准的公司发行境外上市外资股和内资股的计划，公司董事会可以作出分别发行的实施安排。公司依照前款规定分别发行境外上市外资股和内资股的计划，可以自国务院证委员会批准之日直15个月内分别实施。

第九条 公司在发行计划确定的股份总数内，分别发行境外上市外资股和内资股的，应当分别一次募足；有特殊情况不能一次募足，经国务院证券委员会批准，也可以分次发行。

第十条 公司发行计划确定的股份未募足的，不得在该发行计划外发行新股。公司需要调整发行计划的，由股东大会作出决议，经国务院授权的公司审批部门核准后，报国务院证券委员会审批。

公司增资发行境外上市外资股与前一次发行股份的间隔期间，可以少于12上月。

第十一条 公司在发行计划确定的股份总数内发行境外上市外资股，经国务院证券委员会批准，可以与包销商在包光彩协议中约定，在包销数额之外预留不超过该次拟募集境外上市外资股数额5%的股份。预留股份的发行，视为该资发行的一部分。

第十二条 公司分别发行境外上市外资股和内资股的计划，应当在公司各资募集股份的招股说明材料中全面、详尽披露。对已经批准并披露的发行计划进行调整的，必须重新披露。

第十三条 国务院证券委员会会同国务院授权的公司审批部门，可以对公司章程必备条款作出规定。公司章程应当载明公司章程必备条款怕要求的内容；公司不得擅自修改或者删除公司章程中有关公司章程必备条款的内容。

第十四条 公司应当在公司章程载明公司的营业期限。公司的营业期限，可以为永久存续。

第十五条 公司章程对公司及其股东、董事、监事、经理和其他高级管理人员具有约束力。公司及其股东、董事、监事、经理和其他高级管理人员均可以依据公司章程主张权利，提出仲裁或者提起诉讼。

本条第一款、第二款所称其他高级管理人员包括公司财务负责人、董事会秘书和公司章程规定的其他人员。

第十六条 依法持有境外上市外资股、其姓名或者名称登记在公司的股东名册上的境外投资人，为公司的境外上市外资股股东。

境外上市外资股的权益拥有人可以依照境外上市外资股股东名册正本存放地或者境外上市地的法律规定，将其股份登记在股份的名义持有人名下。

境外上市外资股股东名册为证明境外上市外资股股东持有公司股份的充分证据；但是有相反证据的除外。

第十七条 依据本规定第四条所指的谅解、协议，公司可以将境外上市外资股股东名册正本存放在境外，委托境外代理机构管理；公司应当将境外代理机构制作的境外上市外资股股东名册的副本备置于公司的住所。受委托的境外代理机构应当随时保证境外上市外资股股东名册正本、副本的一致性。

第十八条 境外上市外资股股东名册正本的更正需要依据司法裁定作出的，可以由名册正本存放地有管辖权的法院裁定。

第十九条 境外上市外资股股东遗失股票，申请补发的，可以依照境外上市外资股股东名册正本存放地的法律、证券交易场所规则或者其他有关规定处理。

第二十条 公司召开股东大会，应当于会议召开45日前发出书面通知，将会议拟审议的事项以及会议日期和地点告知所有在册股东。

拟出席股东大会的股东应当于会议召开20日前，将出席会议的书面复送达公司。

书面通知和书面回复的具体形式由公司在公司章程中作出规定。

第二十一条 公司召开股东大会年会，持有公司有表决权的股份5%以上的股东有权以书面形式向公司提出新的提案，公司应当将提案中属于股东大会职责范围内的事项，列入该次会议的议程。

第二十二条 公司根据股东大会召开前20日时收到的书面回复，计算拟出席会议的股东所代表的有表决权的股份数。拟出席会议的股东所代表的有表决权的股份数达到公司有表决权的股份总数二分之一的，公司可以召开股东大会；达不到的，公司应当于5日内将会议拟审的事项、会议日期和地点以公告形式再资通知股东，经公告通知，公司可以召开股东大会。

第二十三条 公司的董事、监事、经理和其他高级管理人员对公司负有诚信和勤勉的义务。

前款所列人员应当遵守公司章程，忠实履行职务，维护公司利益，不得利用在公司的地位和职权为自己谋取私利。

第二十四条 公司应当聘用符合国家有关规定的、独立的会计师事务所，审计公司的年度报告，并复核公司的其他财务报告。

公司应当向其聘用的会计师事务所提供有关资和答复询问。公司聘用会计师事务所的聘期，自公司本资股东年会结束时起至下年股东年会结束时止。

第二十五条 公司解聘或者不再续聘会计师事务所，应当事先通知会计师事务所，会计师事务所有权向股东大会陈述意见。会计师事务所提辞聘的，应当向股东大会说明公司有无不当情事。

第二十六条 公司聘用、解聘或者不再续聘会计师事务所由股东大会作出决定，并报中国证券监督管理委员会备案。

第二十七条 公司向境外上市外资股股东支付股利以及其他款项，以人民币计价和宣布，以外币支付。公司所筹集的外币资本金的结汇和公司向股东支付股利以及其他款项所需的外币，按照国家有关外汇管理的规定办理。

公司章程规定由其他机构代为况换外币并付给股东的，可以依照公司章程的规定办理。

第二十八条 公司所编制的向境内和境外公布的信息披露文件，内容不得相互矛盾。分别依照境内、境外法律、法规、证券交易场所规则的规定，公司在境内、增多外或者境外不同国家和地区披露的信息有差异的，应当将差异在有关的证券交易场所同时披露。

第二十九条 境外上市外资股股东与公司之间，境外上市外资股股东与公司董事、监事和经理之间，境外上市外资股股东与内资股股东之间发生的与公司章程规定的内容以及公司其他事务有关的争议，依照公司章程规定的解决方式处理。解决胶款所述争议，适用中华人民共和国法律。

第三十条 本规定自发布之日施行。

国务院关于股份有限公司境内上市外资股的规定

国务院令第189号　1995年12月25日

第一条 为了规范股份有限公司境内上市外资股的发行及交易，保护投资人的合法权益，根据《中华人民共和国公司法》(以下简称《公司法》)，的有关规定，制定本规定。

第二条 经国务院证券委员会批准，股份有限公司(以下简称公司)可以发行境内上市外资股；但是，拟发行境内上市外资股的面值总额超过3000万美元的，国务院证券委员会应当报国务院批准。

前款所称公司发行境内上市外资股，包括以募集方式设立公司发行境内上市外资股和公司增加资本发行境内上市外资股。

国务院证券委员会批准发行境内上市外资股的总额应当控制在国家确定的总规模之内。

第三条 公司发行的境内上市外资股，采取记名股票形式，以人民币标明面值，以外币认购、买卖，在境内证券交易所上市交易。

发行境内上市外资股的公司向境内投资人发行的股份(以下简称内资股)，采取记名股票形式。

第四条 境内上市外资股投资人限于：

(一)外国的自然人、法人和其他组织；

(二)中国香港、澳门、台湾地区的自然人、法人和其他组织；

(三)定居在国外的中国公民；

(四)国务院证券委员会规定的境内上市外资股其他投资人。

境内上市外资股投资人认购、买卖境内上市外资股，应当提供证明其投资人身份和资格的有效文件。

第五条 持有同一种类股份的境内上市外资股股东与内资股股东，依照《公司法》享有同等权利和履行同等义务。

公司可以在其公司章程中对股东行使权利和履行义务的特殊事宜，作出具体规定。

第六条 公司章程对公司及其股东、董事、监事、经理和其他高级管理人员具有约束力。

公司的董事、监事、经理和其他高级管理人员对公司负有诚信和勤勉的义务。

本条第一款、第二款所称其他高级管理人员包括公司财务负责人、董事会秘书和公司章程规定的其他人员。

第七条 国务院证券委员会及其监督管理执行机构中国证券监督管理委员会(以下简称中国证监会)，依照法律、行政法规的规定，对境内上市外资股的发行、交易及相关活动实施管理和监督。

第八条 以募集方式设立公司，申请发行境内上市外资股的，应当符合下列条件：

(一)所筹资金用途符合国家产业政策；

(二)符合国家有关固定资产投资立项的规定；

(三)符合国家有关利用外资的规定；

(四)发起人认购的股本总额不少于公司拟发行股本总额的35%；

(五)发起人出资总额不少于1.5亿元人民币；

(六)拟向社会发行的股份达公司股份总数25%以上；拟发行的股本总额超过4亿元人民币的，其拟向社会发行股份的比例达15%以上；

(七)改组设立公司的原有企业或者作为公司主要发起人的国有企业，在最近3

年内没有重大违法行为；

(八)改组设立公司的原有企业或者作为公司主要发起人的国有企业，最近3年连续盈利；

（九）国务院证券委员会规定的其他条件。

第九条 公司增加资本，申请发行境内上市外资股的，除应当符合本规定第八条第（一）、（二）、（三）项的规定外，还应当符合下列条件：

（一）公司前一次发行的股份已经募足，所得资金的用途与募股时确定的用途相符，并且资金使用效益良好；

（二）公司净资产总值不低于1.5亿元人民币；

（三）公司从前一次发行股票到本次申请期间没有重大违法行为；

（四）公司最近3年连续盈利；原有企业改组或者国有企业作为主要发起人设立的公司，可以连续计算；

（五）国务院证券委员会规定的其他条件。以发起方式设立的公司首次增加资本，申请发行境内上市外资股的，还应当符合本规定第八条第（六）项的规定。

第十条 申请发行境内上市外资股，按照下列程序办理：

（一）发起人或者公司向省、自治区、直辖市人民政府或者国务院有关企业主管部门提出申请，由省、自治区、直辖市人民政府或者国务院有关企业主管部门向国务院证券委员会推荐；

（二）国务院证券委员会会商国务院有关部门选定可以发行境内上市外资股的公司；

（三）被选定的公司将本规定第十一条、第十二条所列文件提交中国证监会审核；

（四）经中国证监会审核符合条件的，报经国务院证券委员会批准或者依照本规定第二条第一款的规定经国务院批准后，公司方可发行境内上市外资股。

第十一条 以募集方式设立公司，申请发行境内上市外资股的，应当向中国证监会报送下列文件：

（一）申请报告；

（二）发起人姓名或者名称，发起人认购的股份数、出资种类及验资证明；

（三）发起人会议同意公开发行境内上市外资股的决议；

（四）国务院授权的部门或者省、自治区、直辖市人民政府批准设立公司的文件；

（五）省、自治区、直辖市人民政府或者国务院有关企业主管部门的推荐文件；

（六）公司登记机关颁发的《企业名称预先核准通知书》；

（七）公司章程草案；

（八）招股说明书；

（九）资金运用的可行性报告；所筹资金用于固定资产投资项目需要立项审批的，还应当提供有关部门同意固定资产投资立项的批准文件；

（十）经注册会计师及其所在事务所审计的原有企业或者作为公司主要发起人的国有企业最近3年的财务报告和有2名以上注册会计师及其所在事务所签字、盖章的审计报告；

（十一）经2名以上专业评估人员及其所在机构签字、盖章的资产评估报告；涉及国有资产的，还应当提供国有资产管理部门出具的确认文件及国有股权的批准文件；

（十二）经2名以上律师及其所在事务所就有关事项签字、盖章的法律意见书；

（十三）股票发行承销方案和承销协议；

（十四）中国证监会要求提供的其他文件。

第十二条 公司增加资本，申请发行境内上市外资股的，应当向中国证监会报送下列文件：

（一）申请报告；

（二）股东大会同意公开发行境内上市外资股的协议；

（三）国务院授权的部门或者省、自治区、直辖市人民政府同意增资发行新股的文件；

（四）省、自治区、直辖市人民政府或者国务院有关企业主管部门的推荐文件；

（五）公司登记机关颁发的公司营业执照；

（六）公司章程；

（七）招股说明书；

（八）资金运用的可行性报告；所筹资金用于固定资产投资项目需要立项审批的，还应当提供有关部门同意固定资产投资立项的批准文件；

（九）经注册会计师及其所在事务所审计的公司最近3年的财务报告和有2名以上注册会计师及其所在事务所签字、盖章的审计报告；

（十）经2名以上律师及其所在事务所就有关事项签字、盖章的法律意见书；

（十一）股票发行承销方案和承销协议；

（十二）中国证监会要求提供的其他文件。

第十三条 公司发行境内上市外资股与发行内资股的间隔时间可以少于12个月。

第十四条 公司应当聘用符合国家规定的注册会计师及其所在事务所，对其财务报告进行审计或者复核。

第十五条 公司应当按照国家有关规定进行会计核算和编制财务报告。

公司向境内上市外资股投资人披露的财务报告，按照其他国家或者地区的会计准则进行相应调整的，应当对有关差异作出说明。

第十六条 发行境内上市外资股的公司应当依法向社会公众披露信息，并在其公司章程中对信息披露的地点、方式等事宜作出具体规定。

第十七条 发行境内上市外资股的公司的信息披露文件，以中文制作；需要提供外文译本的，应当提供一种通用的外国语言文本。中文文本、外文文本发生歧义时，以中文文本为准。

第十八条 公司发行境内上市外资股，应当委托中国人民银行依法批准设立并经中国证监会认可的境内证券经营机构为主承销商或者主承商之一。

第十九条 发行境内上市外资股的公司，应当在具有经营外汇业务资格的境内银行开立外汇帐户。公司开立外汇帐户应当按照国家有关外汇管理的规定办理。

承销境内上市外资股的主承销商应当在承销协议约定的期限内，将所筹款项划入发行境内上市外资股的公司的外汇帐户。

第二十条 境内上市外资股股票的代理买卖业务，应当由中国人民银行依法批准设立并经中国证监会认可的证券经营机构办理。

第二十一条 境内上市外资股股东可以委托代理人代为行使其股东权利，代理人代行股东权利时，应当提供证明其代理资格的有效文件。

第二十二条 境内上市外资股的权益拥有人，可以将其股份登记在名义持有人名下。

内上市外资股的权益拥有人应当依法披露其持股变动信息。

第二十三条 境内上市外资股的交易、保管、清算交割、过户和登记，应当遵守法律、行政法规以及国务院证券委员会的有关规定。

第二十四条 经国务院证券委员会批准，境内上市外资股或者其派生形式可以在境外流通转让。

前款所称派生形式，是指股票的认股权凭证和境外存股凭证。

第二十五条 公司向境内上市外资股股东支付股利及其他款项，以人民币计价和宣布，以外币支付。公司所筹集的外币资本金的管理和公司支付股利及其他款项所需的外币，按照国家有关外汇管理的规定办理。公司章程规定由其他机构代为兑换外币并付给股东的，可以按照公司章程的规定办理。

第二十六条 境内上市外资股的股利和其他收益依法纳税后，可以汇出境外。

第二十七条 国务院证券委员会可以根据本规定制定实施细则。

第二十八条 本规定自发布之日起施行。中国人民银行、上海市人民政府1991年11月22日发布的《上海市人民币特种股票管理办法》，中国人民银行、深圳市人民政府1991年12月5日发布的《深圳市人民币特种股票管理暂行办法》同时废止。

关于发布《股份有限公司境内上市外资股规定的实施细则》的通知

发文号：证委发[1996]9号　发文时间：1996—05—03

第一章　总　则

第一条 为了加强对股份有限公司境内上市外资股发行、交易及其相关活动的监督和管理，保护投资人的合法权益，根据《国务院关于股份有限公司境内上市外资股的规定》（以下简称《规定》），制定本实施细则。

第二条 境内上市外资股的发行、交易及其相关活动，应当遵守《规定》和本实施细则。

《规定》和本实施细则未作规定的，适用国家其他证券法律、法规的有关规定。

第三条 经国务院证券委员会（以下简称国务院证券委）或由国务院证券委报经国务院批准，股份有限公司（以下简称公司）可以向特定的、非特定的境内上市外资股投资人募集股份，其股票可以在境内证券交易所上市。

前款所称公司，包括已经成立的公司和经批准拟成立的公司。

第二章　发行与上市

第四条 申请首次发行境内上市外资股的公司，应当向省、自治区、直辖市人民政府或者国务院有关企业主管部门提出申请。

省、自治区、直辖市人民政府或者国务院有关企业主管部门对公司申请审查后，认为符合《规定》所列发行境内上市外资股条件的，可以向国务院证券委推荐，并向国务院证券委报送下列文件：

（一）推荐文件；

（二）公司申请文件；

（三）公司符合《规定》所列发行境内上市外资股条件的说明材料和有关文件；

（四）公司所募资金运用的可行性报告；

（五）经具有从事证券业务资格的中国注册会计师审阅的公司前一年度资产负债表、损益表；

（六）公司当年税后利润预测；

（七）尚未设立公司的，发起人对拟投入公司的资产价值估算意见；

（八）具有承销资格的证券经营机构就公司发行前景所作的分析报告；

（九）国务院证券委要求的其他文件。

第五条 国务院证券委收到本实施细则第四条规定的文件后，会商国务院有关部门选定可以发行境内上市外资股的公司，并将结果通知省、自治区、直辖市人民政府或者国务院有关企业主管部门。

第六条 被选定发行境内上市外资股的公司，应当将《规定》第十一条或第十二条所列文件报经省、自治区、直辖市人民政府或者国务院有关企业主管部门核报中国证券监督管理委员会（以下简称中国证监会）审核。

第七条 已发行境内上市外资股的公司申请再次募集境内上市外资股的（公司向现有股东配股除外），应当将《规定》第十二条所列文件报经省、自治区、直辖市人民政府或者国务院有关企业主管部门核报中国证监会审核。

第八条 如有境外会计师事务所、律师事务所、评估机构等专业机构为公司发行境内上市外资股出具有关专业文件的，公司在根据本实施细则第六条、第七条报送申请文件时，应当将该有关专业文件同时报送。

国家对前款所述机构的资格有要求的，应当符合国家有关规定。

第九条 公司依据本实施细则第六条、第七条报送的文件中，有关承销协议、招股说明书等可以是草签或者是尚未签字、盖章但经有关当事人确认的文件。

第十条 中国证监会对省、自治区、直辖市人民政府或者国务院有关企业主管部门核报的公司申请文件进行审核，经审核同意的，报国务院证券委批准；拟发行境内上市外资股的面值总额超过三千万美元的，由国务院证券委报经国务院批准。

公司在发行境内上市外资股前，应当向中国证监会报送正式签署的承销协议、招股说明书等，领取批准文件，即可发行境内上市外资股。

第十一条 《规定》和本实施细则所称招股说明书，可以是信息备忘录或者其他形式的招股说明材料。

第十二条 公司发行境内上市外资股，应当在境内按照中国有关法律、法规要求的内容、格式和披露方式披露招股说明书；其在境外向投资者提供的招股说明书，除募集行为发生地法律另有规定外，应当按照中国有关法律、法规要求的内容制作和提供。

公司在境内、外提供的招股说明书，在内容上不得相互矛盾，并不得有重大遗漏、严重误导或者虚假陈述。

第十三条 公司向现有股东配股，应当符合中国证监会发布的关于上市公司配股的有关规定。

第十四条 公司根据本实施细则第七条、第十三条报送申请文件时，应当同时报送下列文件：

（一）股东会议通知以及对通知情况的说明；

（二）公司内资股股东和外资股股东出席会议及表决情况。

第十五条 公司在发行计划确定的股份总数内发行境内上市外资股，经国务院证券委批准，可以与包销商在包销协议中约定，在包销数额之外预留不超过该次拟募集境内上市外资股数额百分之十五的股份。预留股份的发行视为该次发行的一部分。

第十六条 境内上市外资股承销期不得超过九十日。

第十七条 境内上市外资股主承销商应当于承销结束后十五日内，向中国证监会提交承销报告及前十名最大境内上市外资股股东名单和所持股份数额。承销报告应当详细说明承销过程和结果。

第十八条 境内证券经营机构因包销业务而持有境内上市外资股，应当向中国证监会报告，并应当遵守有关信息披露的规定。

第十九条 承销协议的订立、履行和争议的解决，应当适用国家法律、法规的有关规定。

第二十条 公司应当在下列文件齐备后七日内报送中国证监会备案：

（一）经二名以上具有从事证券业务资格的中国注册会计师及其所在事务所签字、盖章的关于所募资金的验资报告；

（二）公司营业执照（副本复印件）；

（三）创立大会或股东大会通过的决议和公司章程。

第二十一条 公司发行境内上市外资股，需要向境外证券主管机构申请注册或取得认可的，应当及时将有关申请文件和所取得的注册或认可文件报中国证监会备案。

第二十二条 公司发行的境内上市外资股，可以在证券交易所上市交易。

第二十三条 公司应当遵守其股票上市交易的证券交易所的业务规则。

第三章　交易、登记与结算

第二十四条 买卖境内上市外资股的投资人和境内上市外资股的经纪商，应当遵守证券交易所和证券登记结算机构的业务规则。

第二十五条 买卖境内上市外资股，应当根据证券登记结算机构的有关规定开立境内上市外资股帐户。

第二十六条 境内上市外资股投资人可以委托证券登记结算机构接受的托管机构为其办理境内上市外资股托管业务。

第二十七条 境内上市外资股的股东名册登记、股票存管、过户登记、资金结算应当由股票上市交易的证券交易所指定的证券登记结算机构进行。

境内上市外资股股东名册为证明境内上市外资股股东持有公司股份的充分证据；但是有相反证据的除外。

第二十八条 经纪商、托管机构可以依照登记结算机构的规定申请成为其境内上市外资股结算会员。

第二十九条 结算会员的境内上市外资股资金清算通过外币专门帐户进行。

第三十条 结算会员应当按照证券登记结算机构的规定缴纳风险基金等有关款项。

第四章　证券经营机构

第三十一条 证券经营机构从事境内上市外资股承销业务，应当具有中国证监会认可的境内上市外资股承销商资格。

第三十二条 境内证券经营机构从事境内上市外资股代理买卖业务，应当具有中国证监会认可的境内上市外资股经纪商资格。

第三十三条 境外证券经营机构可以与境内经纪商签订代理协议，也可以按照证券交易所规定的方式从事境内上市外资股代理买卖业务。

第五章　信息披露

第三十四条 除《规定》和本实施细则另有规定外，发行境内上市外资股的公司应当遵守国家有关法律、法规和中国证监会发布的有关公司信息披露的规定。公司还应当遵守证券交易所有关上市公司信息披露的规定。

第三十五条 公司根据《规定》第十七条需要提供外文译本时，应当保证外文文本的准确性。中文文本、外文文本发生歧义时，以中文文本为准。

第三十六条 公司在中期报告、年度报告中，除应当提供按中国会计准则编制的财务报告外，还可以提供按国际会计准则或者境外主要募集行为发生地会计准则调整的财务报告。如果按两种会计准则提供的财务报告存在重要差异，应当在财务报告中加以说明。

公司按国际会计准则或者境外主要募集行为发生地会计准则调整的年度财务报告，应当经过会计师事务所审计。

公司可以聘请符合国家规定或要求的境外会计师事务所对本条第一款所述按国际会计准则或者境外主要募集行为发行审阅或审计；但是在境内披露有关公司财务报告的审阅或审计报告时，应当由中国注册会计师及其所在事务所签署。

第三十七条 公司披露信息时，应当在境内外报刊上或者以其他中国证监会允许的信息披露方式向境内外投资人同时披露，披露内容原则上应当一致。

招股说明书的披露按本实施细则第十二条的规定办理。

第三十八条 任何境内上市外资股股东直接或者间接持有境内上市外资股股份达到公司普通股总股本的百分之五时，应当自该事实发生之日起三个工作日内向中国证监会、证券交易所和公司作出报告并公告，说明其持股情况和意图；并在其持有该股票的增减变化每达到该公司普通股总股本的百分之二时，作出类似的报告和公告。

境内上市外资股股东在作出前款规定的报告和公告之前及当日，不得再行直接或者间接买卖该种股票。

第六章 会计、审计

第三十九条 公司应当按照《企业会计准则》及国家其他有关财务会计法规、规定进行会计核算和编制财务报告，并根据《规定》第十四条聘请具有从事证券业务资格的中国注册会计师及其所在的境内事务所进行审计或者复核。

第四十条 公司分配股利前，应当按国家有关规定计提法定公积金和法定公益金。公司在分配股利时，所依据的税后可分配利润根据下列两个数据按孰低原则确定：

（一）经会计师事务所审计的根据中国会计准则编制的财务报表中的累计税后可分配利润数；

（二）以中国会计准则编制的、已审计的财务报表为基础，按照国际会计准则或者境外主要募集行为发生地会计准则调整的财务报表中的累计税后可分配利润数。

第四十一条 境内上市外资股股利的外汇折算率的确定，由公司章程或者股东大会决议规定。如果公司章程或者股东大会决议未作出规定，应当按股东大会决议日后的第一个工作日的中国人民银行公布的所涉外汇兑人民币的中间价计算。

第四十二条 公司除应当聘请具有从事证券业务资格的境内会计师事务所外，还可以根据需要聘请符合国家规定的境外会计师事务所对其财务报告进行审计或审阅。

第四十三条 公司聘用、解聘或者不再续聘会计师事务所，由股东大会作出决定，并报中国证监会备案。

公司聘用会计师事务所的聘期，自公司本次股东年会结束时起到下次股东年会结束时止。

经批准拟设立的公司发行境内上市外资股时，会计师事务所的聘用决定由公司主要发起人或者改组设立公司的原有企业作出。

第四十四条 公司解聘或者不再续聘会计师事务所，应当事先通知会计师事务所，会计师事务所有权向股东大会陈述意见。

会计师事务所提出辞聘的，应当向股东大会说明公司有无不当情事。

第七章 附 则

第四十五条 境内上市外资股股东与公司之间，境内上市外资股股东与公司董事、监事、经理和其他高级管理人员之间，境内上市外资股股东与内资股股东之间发生的与公司章程规定的内容以及公司其他事务有关的争议，适用中华人民共和国法律。

第四十六条 经国务院确定的计划单列市人民政府比照适用《规定》和本实施细则关于省、自治区、直辖市人民政府的规定。

第四十七条 中国证监会可以依据本实施细则制定专项规定。

第四十八条 本实施细则于《规定》施行之日起同时施行。

关于向外商转让上市公司国有股和法人股有关问题的通知

发文号：证监发［2002］83 号 发文时间：2002－11－02

为引进国外先进管理经验、技术和资金，加快经济结构调整步伐，改善上市公司法人治理结构，提高国际竞争力，保护投资者的合法权益，促进证券市场健康发展，经国务院同意，现就向外商转让上市公司国有股和法人股问题通知如下：

第一条 向外商转让上市公司国有股和法人股，应当遵循以下原则：

（一）遵守国家法律法规，维护国家经济安全和社会公共利益，防止国有资产流失，保持社会稳定；

（二）符合国有经济布局战略性调整和国家产业政策的要求，促进国有资本优化配置和公平竞争；

（三）坚持公开、公正、公平的原则，维护股东特别是中小股东的合法权益；

（四）吸引中长期投资，防止短期炒作，维护证券市场秩序。

第二条 向外商转让上市公司国有股和法人股，应当符合《外商投资产业指导目录》的要求。凡禁止外商投资的，其国有股和法人股不得向外商转让；必须由中方控股或相对控股的，转让后应保持中方控股或相对控股地位。

第三条 受让上市公司国有股和法人股的外商，应当具有较强的经营管理能力和资金实力、较好的财务状况和信誉，具有改善上市公司治理结构和促进上市公司持续发展的能力。向外商转让上市公司国有股和法人股原则上采取公开竞价方式。

第四条 向外商转让上市公司国有股和法人股，涉及产业政策和企业改组的，由国家经贸委负责审核；涉及国有股权管理的，由财政部负责审核；重大事项报国务院批准。向外商转让国有股和法人股必须符合中国证监会关于上市公司收购、信息披露等规定。任何地方、部门不得擅自批准向外商转让上市公司国有股和法人股。

第五条 转让当事人应当凭国家经贸委、财政部的转让核准文件、外商付款凭证等，依法向证券登记结算机构办理股权过户登记手续，向工商行政管理部门办理股东变更登记手续。转让价款支付完毕之前，证券登记结算机构和工商行政管理部门不得办理过户和变更登记手续。

第六条 向外商转让上市公司国有股和法人股，转让当事人应当在股权过户前到外汇管理部门进行外资外汇登记；涉及外商股权再转让的，应当在股权过户前到外汇管理部门变更外资外汇登记。

第七条 外商应当以自由兑换货币支付转让价款。已在中国境内投资的外商，经外汇管理部门审核后，也可用投资所得人民币利润支付。外商在付清全部转让价款十二个月后，可再转让其所购股份。

第八条 转让国有股和法人股的外汇收入，转让方应当在规定期限内，凭转让核准文件报外汇管理部门批准后结汇。外商受让上市公司国有股和法人股后，从上市公司分得的净利润、股权再转让获得的收入、上市公司终止清算后分得的资金，经外汇管理部门审核后，可以依法购汇汇往境外。

第九条 上市公司国有股和法人股向外商转让后，上市公司仍然执行原有关政策，不享受外商投资企业待遇。转让国有股的收入应当按照国家有关规定处置和使用。

第十条 向香港特别行政区、澳门特别行政区、台湾地区的投资者转让上市公司国有股和法人股，适用本通知规定。

证券投资基金运作管理办法

中国证券监督管理委员会令第21号

《证券投资基金运作管理办法》已经2004年6月4日中国证券监督管理委员会第93次主席办公会议审议通过，现予公布，自2004年7月1日起施行。

主席：尚福林

二〇〇四年六月二十九日

第一章　总　则

第一条　为了规范证券投资基金运作活动，保护投资人的合法权益，促进证券投资基金市场健康发展，根据《证券投资基金法》及其他有关法律、行政法规，制定本办法。

第二条　本办法适用于证券投资基金（以下简称基金）的募集、基金份额的申购和赎回、基金财产的投资、基金收益的分配、基金份额持有人大会的召开，以及其他基金运作活动。

第三条　从事基金运作活动，应当遵守法律、行政法规和中国证券监督管理委员会（以下简称中国证监会）的规定，遵循自愿、公平、诚实信用原则，不得损害国家利益和社会公共利益。

第四条　中国证监会及其派出机构依照法律、行政法规、本办法的规定和审慎监管原则，对基金运作活动实施监督管理。

第五条　基金行业的协会依据法律、行政法规、中国证监会的规定和自律规则，对基金运作活动进行自律管理。

第二章　基金的募集

第六条　申请募集基金，拟任基金管理人、基金托管人应当具备下列条件：

（一）拟任基金管理人为依法设立的基金管理公司，拟任基金托管人为具有基金托管资格的商业银行；

（二）有符合中国证监会规定的、与管理和托管拟募集基金相适应的基金经理等业务人员；

（三）基金的投资管理、销售、登记和估值等业务环节制度健全，行为规范，不存在影响基金正常运作、损害或者可能损害基金份额持有人合法权益的情形；

（四）最近一年内没有因违法违规行为受到行政处罚或者刑事处罚；

（五）没有因违法违规行为正在被监管机构调查，或者正处于整改期间；

（六）不存在对基金运作已经造成或可能造成不良影响的重大变更事项，或者诉讼、仲裁等其他重大事项；

（七）不存在公司治理不健全、经营管理混乱、内部控制和风险管理制度无法得到有效执行、财务状况恶化等重大经营风险；

（八）拟任基金管理人前只获准募集的基金，基金合同已经生效，或者募集期限届满，不能满足本办法第十二条规定的条件，自返还全部投资人已缴纳的款项及其利息之日起已满六个月；

（九）中国证监会根据审慎监管原则规定的其他条件。

第七条　申请募集基金，拟募集的基金应当具备下列条件：

（一）有明确、合法的投资方向；

（二）有明确的基金运作方式；

（三）符合中国证监会关于基金品种的规定；

（四）不与拟任基金管理人已管理的基金雷同；

（五）基金合同、招募说明书等法律文件草案符合法律、行政法规和中国证监会的规定；

（六）基金名称表明基金的类别和投资特征，不存在损害国家利益、社会公共利益，欺诈、误导投资人，或者其他侵犯他人合法权益的内容；

（七）中国证监会根据审慎监管原则规定的其他条件。

第八条　基金管理人申请募集基金，应当按照《证券投资基金法》和中国证监会的规定提交申请材料。

申请期间申请材料涉及的事项发生重大变化的，基金管理人应当自变化发生之日起五个工作日内向中国证监会提交更新材料。

第九条　中国证监会依照《行政许可法》和《证券投资基金法》第三十九条的规定，受理基金募集申请，并进行审查，做出决定。

第十条　中国证监会根据审慎监管原则，可以组织专家评审会对基金募集申请进行评审。

第十一条　基金募集期限自基金份额发售之日起不得超过三个月。

第十二条　基金募集期限届满，募集的基金份额总额符合《证券投资基金法》第四十四条的规定，并具备下列条件的，基金管理人应当按照规定办理验资和基金备案手续：

（一）基金募集份额总额不少于两亿份，基金募集金额不少于两亿元人民币；

（二）基金份额持有人的人数不少于两百人。

第十三条　中国证监会自收到基金管理人验资报告和基金备案材料之日起三个工作日内予以书面确认；自中国证监会书面确认之日起，基金备案手续办理完毕，基金合同生效。

基金管理人应当在收到中国证监会确认文件的次日予以公告。

第十四条　基金募集期间的信息披露费、会计师费、律师费以及其他费用，不得从基金财产中列支；基金收取认购费的，可以从认购费中列支。

第三章　基金份额的申购和赎回

第十五条　开放式基金的基金合同应当约定，并在招募说明书中载明基金管理人办理基金份额申购、赎回业务的日期（以下简称开放日）和时间。

第十六条　开放式基金的基金合同可以约定基金管理人自基金合同生效之日起一定期限内不办理赎回；但约定的期限不得超过三个月，并应当在招募说明书中载明。

第十七条　开放式基金份额的申购、赎回价格，依据申购、赎回日基金份额净值加、减有关费用计算。开放式基金份额的申购、赎回价格具体计算方法应当在基金合同和招募说明书中载明。

开放式基金份额净值，应当按照每个开放日闭市后，基金资产净值除以当日基金份额的余额数量计算。具体计算方法应当在基金合同和招募说明书中载明。

第十八条　基金管理人不得在基金合同约定之外的日期或者时间办理基金份额的申购、赎回或者转换。投资人在基金合同约定之外的日期和时间提出申购、赎回或者转换申请的，其基金份额申购、赎回价格为下次办理基金份额申购、赎回时间所在开放日的价格。

第十九条　投资人申购基金份额时，必须全额交付申购款项，但中国证监会规定的特殊基金品种除外；投资人交付款项，申购申请即为有效。

第二十条　基金管理人应当自收到投资人申购、赎回申请之日起三个工作日内，对该申购、赎回的有效性进行确认。基金管理人应当自接受投资人有效赎回申请之日起七个工作日内支付赎回款项，但中国证监会规定的特殊基金品种除外。

第二十一条　开放式基金的基金合同可以约定基金达到一定的规模后，基金管理人不再接受认购、申购申请，但应当在招募说明书中载明。

基金管理人在基金募集期间不得调整基金合同约定的基金规模。基金合同生效后，基金管理人可以按照基金合同的约定，根据实际情况调整基金规模，但应当提前三日公告，并更新招募说明书。

第二十二条　开放式基金的基金合同可以对单个基金份额持有人持有基金份额的比例或者数量设置限制，但应当在招募说明书中载明。

第二十三条　开放式基金单个开放日净赎回申请超过基金总份额的百分之十的，为巨额赎回。

开放式基金发生巨额赎回的，基金管理人当日办理的赎回份额不得低于基金总份额的百分之十，对其余赎回申请可以延期办理。

第二十四条　开放式基金发生巨额赎回的，基金管理人对单个基金份额持有人的赎回申请，应当按照其申请赎回份额占当日申请赎回总份额的比例，确定该单个基金份额持有人当日办理的赎回份额。

基金份额持有人可以在申请赎回时选择将当日未获办理部分予以撤销。基金份额持有人未选择撤销的，基金管理人对未办理的赎回份额，可延迟至下一个开放日办理，赎回价格为下一个开放日的价格。

第二十五条 开放式基金发生巨额赎回并延期办理的，基金管理人应当通过邮寄、传真或者招募说明书规定的其他方式，在三个交易日内通知基金份额持有人，说明有关处理方法，同时在指定报刊及其他相关媒体上予以公告。

第二十六条 开放式基金连续发生巨额赎回，基金管理人可按基金合同的约定和招募说明书的规定，暂停接受赎回申请；已经接受的赎回申请可以延缓支付赎回款项，但延缓期限不得超过二十个工作日，并应当在指定报刊及其他相关媒体上予以公告。第二十七条开放式基金的基金合同可以约定，单个基金份额持有人在单个开放日申请赎回基金份额超过基金总份额一定比例的，基金管理人可以按照本办法第二十六条的规定暂停接受赎回申请或者延缓支付。

第二十八条 开放式基金应当保持不低于基金资产净值百分之五的现金或者到期日在一年以内的政府债券，以备支付基金份额持有人的赎回款项，但中国证监会规定的特殊基金品种除外。

第四章 基金的投资和收益分配

第二十九条 基金合同和基金招募说明书应当按照下列规定载明基金的类别：

(一)百分之六十以上的基金资产投资于股票的，为股票基金；

(二)百分之八十以上的基金资产投资于债券的，为债券基金；

(三)仅投资于货币市场工具的，为货币市场基金；

(四)投资于股票、债券和货币市场工具，并且股票投资和债券投资的比例不符合第(一)项、第(二)项规定的，为混合基金；

(五)中国证监会规定的其他基金类别。

第三十条 基金名称显示投资方向的，应当有百分之八十以上的非现金基金资产属于投资方向确定的内容。

第三十一条 基金管理人运用基金财产进行证券投资，不得有下列情形：

(一)一只基金持有一家上市公司的股票，其市值超过基金资产净值的百分之十；

(二)同一基金管理人管理的全部基金持有一家公司发行的证券，超过该证券的百分之十；

(三)基金财产参与股票发行申购，单只基金所申报的金额超过该基金的总资产，单只基金所申报的股票数量超过拟发行股票公司本次发行股票的总量；

(四)违反基金合同关于投资范围、投资策略和投资比例等约定；

(五)中国证监会规定禁止的其他情形。

完全按照有关指数的构成比例进行证券投资的基金品种可以不受前款第(一)项、第(二)项规定的比例限制。

第三十二条 基金管理人应当自基金合同生效之日起六个月内使基金的投资组合比例符合基金合同的有关约定。

第三十三条 因证券市场波动、上市公司合并、基金规模变动等基金管理人之外的因素致使基金投资不符合本办法第三十一条第一款第(一)项、第(二)项规定的比例或者基金合同约定的投资比例的，基金管理人应当在十个交易日内进行调整。

第三十四条 下列与基金有关的费用可以从基金财产中列支：

(一)基金管理人的管理费；

(二)基金托管人的托管费；

(三)基金合同生效后的信息披露费用；

(四)基金合同生效后的会计师费和律师费；

(五)基金份额持有人大会费用；

(六)基金的证券交易费用；

(七)按照国家有关规定和基金合同约定，可以在基金财产中列支的其他费用。

第三十五条 封闭式基金的收益分配，每年不得少于一次，封闭式基金年度收益分配比例不得低于基金年度已实现收益的百分之九十。

开放式基金的基金合同应当约定每年基金收益分配的最多次数和基金收益分配的最低比例。

第三十六条 基金收益分配应当采用现金方式。

开放式基金的基金份额持有人可以事先选择将所获分配的现金收益，按照基金合同有关基金份额申购的约定转为基金份额；基金份额持有人事先未做出选择的，基金管理人应当支付现金。

第五章 基金份额持有人大会

第三十七条 除《证券投资基金法》第七十一条第(一)项至第(五)项规定的事项外，基金合同还应当按照中国证监会的规定，约定对基金合同当事人权利、义务产生重大影响，须召开基金份额持有人大会的变更合同等其他事项。

第三十八条 基金托管人认为有必要召开基金份额持有人大会的，应当向基金管理人提出书面提议。基金管理人应当自收到书面提议之日起十日内决定是否召集，并书面告知基金托管人。

基金管理人决定召集的，应当自出具书面决定之日起六十日内召开；基金管理人决定不召集，基金托管人仍认为有必要召开的，应当自行召集。

第三十九条 代表基金份额百分之十以上的基金份额持有人认为有必要召开基金份额持有人大会的，应当向基金管理人提出书面提议。基金管理人应当自收到书面提议之日起十日内决定是否召集，并书面告知提出提议的基金份额持有人代表和基金托管人。

基金管理人决定召集的，应当自出具书面决定之日起六十日内召开；基金管理人决定不召集，代表基金份额百分之十以上的基金份额持有人仍认为有必要召开的，应当向基金托管人提出书面提议。

基金托管人应当自收到书面提议之日起十日内决定是否召集，并书面告知提出提议的基金份额持有人代表和基金管理人；基金托管人决定召集的，应当自出具书面决定之日起六十日内召开。

第四十条 基金管理人和基金托管人都不召集基金份额持有人大会的，基金份额持有人可以按照《证券投资基金法》第七十二条第二款的规定自行召集基金份额持有人大会。

基金份额持有人自行召集基金份额持有人大会的，应当至少提前三十日向中国证监会备案。

第四十一条 基金份额持有人依法自行召集基金份额持有人大会的，基金管理人、基金托管人应当配合，不得阻碍、干扰。

第四十二条 基金份额持有人大会按照《证券投资基金法》第七十五条的规定表决通过的事项，召集人应当自通过之日起五日内报中国证监会核准或者备案。

基金份额持有人大会决定的事项自中国证监会依法核准或者出具无异议意见之日起生效。

第四十三条 基金管理人、基金托管人和基金份额持有人应当执行生效的基金份额持有人大会的决定。

第六章 监督管理和法律责任

第四十四条 开放式基金的基金合同生效后，基金份额持有人数量不满两百人或者基金资产净值低于五千万元的，基金管理人应当及时报告中国证监会；连续二十个工作日出现前述情形的，基金管理人应当向中国证监会说明原因和报送解决方案。

第四十五条 中国证监会及其派出机构对基金管理人、基金托管人从事基金运作活动的情况进行定期或者不定期检查，基金管理人、基金托管人应当予以配合。

第四十六条 基金管理人、基金托管人违反法律、行政法规和本办法规定的，中国证监会及其派出机构可以责令整改，暂停办理相关业务；对直接负责的主管人员和其他直接责任人员，可以采取监管谈话、出具警示函、记入诚信档案、暂停履行职务、认定为不适宜担任相关职务者等行政监管措施。

第四十七条 基金管理人、基金托管人及其直接负责的主管人员和其他直接责任人员违反本办法规定从事基金运作活动，中国证监会依照法律、行政法规的有关规定进行行政处罚；法律、行政法规未做规定的，依照本办法的规定进行行政处罚；涉嫌犯罪的，依法移送司法机关，追究其刑事责任。

第四十八条 基金管理人违反本办法第十八条的规定，在基金合同约定之外的日期或时间办理基金份额的申购、赎回或者转换的，依照《证券投资基金法》第八十九条的规定处罚。

第四十九条 基金管理人违反本办法第三十一条的规定，运用基金财产进行证券投资的，依照《证券投资基金法》第九十条的规定处罚。

第五十条 基金管理人、基金托管人不按照本办法第三十八条、第三十九条的规定召集基金份额持有人大会的，依照《证券投资基金法》第九十五条的规定处罚。

第五十一条 基金管理人申请募集基金，隐瞒有关情况或者提供虚假材料的，中国证监会不予受理；已经受理的，不予批准，并处以警告。

第五十二条 基金管理人从事基金运作活动,有下列情形之一的,责令改正,单处或者并处警告、罚款;对直接负责的主管人员和其他直接责任人员,单处或者并处警告、罚款:

(一)未按照本办法第十七条的规定计算基金份额申购、赎回价格;

(二)未按照本办法第二十条的规定确认申购、赎回的有效性,并支付赎回款项;

(三)未按照本办法第二十三条第二款的规定办理赎回申请;

(四)未按照本办法第二十八条的规定保持现金或者政府债券;

(五)未按照本办法第三十三条的规定调整投资比例;

(六)未按照本办法第三十五条、第三十六条的规定进行收益分配;

(七)未按照本办法第四十四条的规定报告、说明有关情况,或者报送解决方案。

第五十三条 基金管理人、基金托管人有下列情形之一的,责令改正,单处或者并处警告、罚款;对直接负责的主管人员和其他直接责任人员,单处或者并处警告、罚款:

(一)未按照本办法第四十一条规定配合基金份额持有人召集基金份额持有人大会;

(二)未按照本办法第四十二条的规定申请核准或者备案基金份额持有人大会决定的事项;

(三)未按照本办法第四十三条的规定执行基金份额持有人大会的生效决定;

(四)未按照本办法第四十五条的规定配合中国证监会及其派出机构进行检查。

第七章 附 则

第五十四条 本办法自 2004 年 7 月 1 日起施行。

证券投资基金销售管理办法

中国证券监督管理委员会令第 20 号 2004 年 6 月 25 日

《证券投资基金销售管理办法》已经 2004 年 6 月 4 日中国证券监督管理委员会第 93 次主席办公会议审议通过,现予公布,自 2004 年 7 月 1 日起施行。

主席:尚福林

二〇〇四年六月二十五日

第一章 总 则

第一条 为了规范证券投资基金的销售活动,促进证券投资基金市场健康发展,根据《证券投资基金法》及其他有关法律、行政法规,制定本办法。

第二条 本办法所称证券投资基金(以下简称基金)销售,包括基金管理人或者基金管理人委托的其他机构(以下简称代销机构)宣传推介基金,发售基金份额,办理基金份额申购、赎回等活动。

第三条 基金管理人、代销机构从事基金销售活动,应当遵守法律、行政法规和中国证券监督管理委员会(以下简称中国证监会)的规定,不得损害国家利益、社会公共利益和投资人的合法权益。

第四条 基金管理人、代销机构从事基金销售活动,应当遵守基金合同、基金代销协议的约定,遵循公开、公平、公正的原则,诚实守信,勤勉尽责,恪守职业道德和行为规范。

第五条 中国证监会及其派出机构依照法律、行政法规和本办法的规定,对基金销售活动实施监督管理。

第六条 基金行业的协会依据法律、行政法规、中国证监会的规定和自律规则,对基金销售活动进行自律管理。

第二章 基金代销机构

第七条 基金销售由基金管理人负责办理;基金管理人可以委托取得基金代销业务资格的其他机构代为办理,未取得基金代销业务资格的机构,不得接受基金管理人委托,代为办理基金的销售。

第八条 商业银行、证券公司、证券投资咨询机构、专业基金销售机构,以及中国证监会规定的其他机构可以向中国证监会申请基金代销业务资格。

第九条 商业银行申请基金代销业务资格,应当具备下列条件:

(一)资本充足率符合国务院银行业监督管理机构的有关规定;

(二)有专门负责基金代销业务的部门;

(三)财务状况良好,运作规范稳定,最近三年内没有因违法违规行为受到行政处罚或者刑事处罚;

(四)具有健全的法人治理结构、完善的内部控制和风险管理制度,并得到有效执行;

(五)有与基金代销业务相适应的营业场所、安全防范设施和其他设施;

(六)有安全、高效的办理基金发售、申购和赎回业务的技术设施,基金代销业务的技术系统已与基金管理人、基金托管人、基金登记机构相应的技术系统进行了联机、联网测试,测试结果符合国家规定的标准;

(七)制定了完善的业务流程、销售人员执业操守、应急处理措施等基金代销业务管理制度;

(八)公司及其主要分支机构负责基金代销业务的部门取得基金从业资格的人员不低于该部门员工人数的二分之一,部门的管理人员已取得基金从业资格,熟悉基金代销业务,并具备从事两年以上基金业务或者五年以上证券、金融业务的工作经历;

(九)中国证监会规定的其他条件。

第十条 证券公司申请基金代销业务资格,除具备本办法第九条第(二)项至第(九)项规定的条件外,还应当具备下列条件:

(一)净资本等财务风险监控指标符合中国证监会的有关规定;

(二)最近两年没有挪用客户资产等损害客户利益的行为;

(三)没有因违法违规行为正在被监管机构调查,或者正处于整改期间;

(四)没有发生已经影响或可能影响公司正常运作的重大变更事项,或者诉讼、仲裁等其他重大事项。

第十一条 证券投资咨询机构申请基金代销业务资格,除具备本办法第九条第(二)项至第(九)项和第十条第(三)项、第(四)项规定的条件外,还应当具备下列条件:

(一)注册资本不低于两千万元人民币,且必须为实缴货币资本;

(二)高级管理人员已取得基金从业资格,熟悉基金代销业务,并具备从事两年以上基金业务或者五年以上证券、金融业务的工作经历;(三)持续从事证券投资咨询业务三个以上完整会计年度;

(四)最近三年没有代理投资人从事证券买卖的行为。

第十二条 专业基金销售机构申请基金代销业务资格,除具备本办法第九条第(三)项至第(七)项、第十条第(三)项和第(四)项,以及第十一条第(一)项和第(二)项规定的条件外,还应当具备下列条件:

(一)有符合规定的组织名称、组织机构和经营范围;

(二)主要出资人是依法设立的持续经营三个以上完整会计年度的法人,注册资本不低于三千万元人民币,财务状况良好,运作规范稳定,最近三年没有因违法违规行为受到行政处罚或者刑事处罚;

(三)取得基金从业资格的人员不少于三十人,且不低于员工人数的二分之一;

(四)中国证监会规定的其他条件。

第十三条 申请基金代销业务资格的机构,应当按照中国证监会的规定提交申请材料。

申请期间申请材料涉及的事项发生重大变化的,申请人应当自变化发生之日起五个工作日内向中国证监会提交变更新材料。

第十四条 中国证监会依照《行政许可法》的规定,受理基金代销业务资格的申请,并进行审查,做出决定。

第十五条 中国证监会根据审慎监管原则,可以组织专家评审会对基金代销业务资格的申请进行评审。

第十六条 依法须办理工商变更登记的,申请人应当在收到批准文件后按照有关规定向工商行政管理机关办理变更登记手续。

第三章 基金宣传推介材料

第十七条 本办法所称基金宣传推介材料，是指为推介基金向公众分发或者公布，使公众可以普遍获得的书面、电子或其他介质的信息，包括：

(一)公开出版资料；

(二)宣传单、手册、信函等面向公众的宣传资料；

(三)海报、户外广告；

(四)电视、电影、广播、互联网资料及其他音像、通讯资料；

(五)中国证监会规定的其他材料。

第十八条 基金管理人和基金代销机构的基金宣传推介材料，应当事先经基金管理人的督察长检查，出具合规意见书，并报中国证监会备案。

中国证监会自收到备案材料之日起二十个工作日内，依法进行审查，出具是否有异议的书面意见。

第十九条 基金宣传推介材料必须真实、准确，与基金合同、基金招募说明书相符，不得有下列情形：

(一)虚假记载、误导性陈述或者重大遗漏；

(二)预测该基金的证券投资业绩；

(三)违规承诺收益或者承担损失；

(四)诋毁其他基金管理人、基金托管人或基金代销机构，或者其他基金管理人募集或管理的基金；

(五)夸大或者片面宣传基金，违规使用安全、保证、承诺、保险、避险、有保障、高收益、无风险等可能使投资人认为没有风险的词语；

(六)登载单位或者个人的推荐性文字；

(七)中国证监会规定禁止的其他情形。

第二十条 基金宣传推介材料可以登载该基金、基金管理人管理的其他基金的过往业绩，但基金合同生效不足六个月的除外。

基金宣传推介材料登载过往业绩，基金合同生效六个月以上但不满一年的，应当登载从合同生效之日起计算的业绩；基金合同生效一年以上但不满十年的，应当登载自合同生效当年开始所有完整会计年度的业绩，宣传推介材料公布日在下半年的，还应登载当年上半年度的业绩；基金合同生效十年以上的，应当登载最近十个完整会计年度的业绩。

第二十一条 基金宣传推介材料登载该基金、基金管理人管理的其他基金的过往业绩，应当遵守下列规定：

(一)按照有关法律、行政法规的规定或者行业公认的准则计算基金的业绩表现数据；

(二)引用的统计数据和资料应当真实、准确，并注明出处，不得引用未经核实、尚未发生或者模拟的数据；

(三)真实、准确、合理地表述基金业绩和基金管理人的管理水平；

基金业绩表现数据应当经基金托管人复核。

第二十二条 基金宣传推介材料登载该基金、基金管理人管理的其他基金的过往业绩，基金管理人应当特别声明，基金的过往业绩并不预示其未来表现，基金管理人管理的其他基金的业绩并不构成新基金业绩表现的保证。

第二十三条 基金宣传推介材料对不同基金的业绩进行比较，应当使用可比的数据来源、统计方法和比较期间，并且有关数据来源、统计方法应当公平、准确，具有关联性。

第二十四条 基金宣传推介材料附有统计图表的，应当清晰、准确；提及第三方专业机构评价结果的，应当列明第三方专业机构的名称及评价日期。

第二十五条 基金宣传推介材料应当含有明确、醒目的风险提示和警示性文字，并使投资人在阅读过程中不易忽略，以提醒投资人注意投资风险，仔细阅读基金合同和基金招募说明书，了解基金的具体情况。

第二十六条 基金宣传推介材料含有基金获中国证监会核准内容的，应当特别声明中国证监会的核准并不代表中国证监会对该基金的风险和收益做出实质性判断、推荐或者保证。

第四章 基金销售费用

第二十七条 基金管理人应当在基金合同、招募说明书中载明收取销售费用的项目、条件和方式，在招募说明书中载明费率标准。

第二十八条 基金管理人发售基金份额、募集基金，可以收取认购费，但费率不得超过认购金额的百分之五。

基金管理人办理开放式基金份额的申购，可以收取申购费，但费率不得超过申购金额的百分之五。

认购费和申购费可以在基金份额发售或者申购时收取，也可以在赎回时从赎回金额中扣除。

第二十九条 基金管理人办理开放式基金份额的赎回，应当收取赎回费，但中国证监会另有规定的除外。

赎回费率不得超过基金份额赎回金额的百分之五，赎回费在扣除手续费后，余额不得低于赎回费总额的百分之二十五，并应当归入基金财产。

第三十条 基金管理人可以根据投资人的认购金额、申购金额的数量适用不同的认购、申购费率标准。

第三十一条 基金管理人可以对选择在赎回时缴纳认购费或者申购费的基金份额持有人，根据其持有基金份额的期限适用不同的认购、申购费率标准。

第三十二条 基金管理人可以根据基金份额持有人持有基金份额的期限适用不同的赎回费率标准。

第三十三条 基金管理人可以从开放式基金财产中计提销售服务费，用于基金的持续销售和服务基金份额持有人，具体管理办法由中国证监会另行规定。

第三十四条 基金行业的协会可以在自律规则中规定基金销售费用的最低标准。

第五章 销售业务规范

第三十五条 基金管理人、代销机构应当建立健全并有效执行基金销售业务制度和销售人员的持续培训制度，加强对基金销售业务合规运作和销售人员行为规范的检查和监督。

第三十六条 基金管理人、代销机构应当建立完善的基金份额持有人账户和资金账户管理制度，以及基金份额持有人资金的存取程序和授权审批制度。

第三十七条 基金管理人、代销机构应当建立健全档案管理制度，妥善保管基金份额持有人的开户资料和与销售业务有关的其他资料，保存期不少于十五年。

第三十八条 专业基金销售机构应当专营基金代销业务，但中国证监会另有规定的除外。

第三十九条 基金管理人委托其他机构办理基金销售业务的，被委托的机构应当取得基金代销业务资格。

未经基金管理人或者代销机构聘任，任何人员不得从事基金销售活动；从事宣传推介基金活动的人员还应当取得基金从业资格。

第四十条 基金管理人委托代销机构办理基金的销售，应当与其签订书面代销协议，约定支付报酬的比例和方式，明确双方的权利和义务；未经签订书面代销协议，代销机构不得办理基金的销售。

代销机构应当将基金代销业务资格的证明文件置备于基金销售网点的显著位置，不得委托其他机构代为办理基金的销售。

基金管理人对代销机构从事基金销售活动负有监督检查义务，发现代销机构违规销售基金的，应当予以制止；情节严重的，应当按约定解除代销协议。

第四十一条 基金募集申请获得中国证监会核准前，基金管理人、代销机构不得办理基金销售业务，不得向公众分发、公布基金宣传推介材料或者发售基金份额。

第四十二条 基金管理人应当对基金宣传推介材料的内容负责，确保向公众分发、公布的材料与备案的材料一致。

代销机构使用的基金宣传推介材料，应当与备案的材料一致，基金管理人应当审查、检查代销机构使用的材料。

第四十三条 基金管理人、代销机构应当在有证券投资基金托管业务资格的商业银行开立与基金销售有关的账户，并由该银行对账户内的资金进行监督。

基金管理人应当将基金募集期间募集的资金存入专门账户，在基金募集行为结束前，任何人不得动用。

第四十四条 开放式基金合同生效后，基金管理人、代销机构应当按照法律、行政法规、中国证监会的规定和基金合同、代销协议的约定，办理基金份额的申购、赎回，不得擅自停止办理基金份额的发售或者拒绝投资人的申购、赎回。

第四十五条 基金管理人、代销机构应当按照基金合同的约定和招募说明书的规定向投资人收取销售费用，并如实核算、记账；基金管理人、代销机构未经基金合同约定，不得向投资人收取额外费用；未经招募说明书载明并公告，不得对不同投资人适用不同费率。

基金管理人应当按照代销协议的约定向代销机构支付报酬，并如实核算、记账。

第四十六条 基金管理人、代销机构应当依法为投资人保守秘密，不得泄漏投资人买卖、持有基金份额的信息或者其他信息。

第四十七条 基金管理人、代销机构从事基金销售活动，不得有下列情形：

（一）以排挤竞争对手为目的，压低基金的收费水平；

（二）采取抽奖、回扣或者送实物、保险、基金份额等方式销售基金；

（三）以低于成本的销售费率销售基金；

（四）募集期间对认购费打折；

（五）承诺利用基金资产进行利益输送；

（六）挪用基金份额持有人的认购、申购、赎回资金；

（七）本办法第十九条规定的情形；

（八）中国证监会规定禁止的其他情形。

第六章　监督管理和法律责任

第四十八条 基金管理人应当自签订代销协议之日起七日内，将代销协议报送中国证监会。

第四十九条 基金管理人的督察长应当检查基金募集期间基金销售活动的合法合规情况，并自基金募集行为结束之日起十日内编制专项报告，予以存档备查。

第五十条 基金管理人的督察长应当定期检查基金销售活动的合法合规情况，在监察稽核季度报告中做专项说明，并报送中国证监会。

第五十一条 中国证监会及其派出机构对基金管理人、基金代销机构从事基金销售活动的情况进行定期或者不定期检查，基金管理人、基金代销机构应当予以配合。

第五十二条 基金管理人、代销机构违反本办法规定的，中国证监会及其派出机构可以责令整改，暂停办理相关业务；对直接负责的主管人员和其他直接责任人员，可以采取监管谈话、出具警示函、记入诚信档案、暂停履行职务、认定为不适宜担任相关职务者等行政监管措施。

第五十三条 基金管理人、代销机构及其直接负责的主管人员和其他直接责任人员违反本办法规定从事基金销售活动，中国证监会依照法律、行政法规的有关规定进行行政处罚；法律、行政法规未做规定的，依照本办法的规定进行行政处罚；涉嫌犯罪的，依法移送司法机关，追究其刑事责任。

第五十四条 商业银行、证券公司、证券投资咨询机构、专业基金销售机构，以及中国证监会规定的其他机构申请基金代销业务资格，隐瞒有关情况或者提供虚假材料的，中国证监会不予受理；已经受理的，不予批准，并处以警告。

第五十五条 未取得基金代销业务资格，擅自开办基金销售业务的，责令改正，并处以警告、罚款；对直接负责的主管人员和其他直接责任人员，处以警告、罚款。

第五十六条 专业基金销售机构未按照本办法第三十八条的规定专营基金代销业务，或者代销机构未按照本办法第四十条第二款的规定置备资格证明文件或违反规定，委托其他机构代为办理基金销售的，责令改正，并处以警告、罚款；情节严重的，责令暂停或者终止基金代销业务；对直接负责的主管人员和其他直接责任人员，处以警告、罚款。

第五十七条 基金管理人违反本办法第三十九条第一款的规定，委托未取得基金代销业务资格的机构代为办理基金销售的，责令改正，并处以警告、罚款；对直接负责的主管人员和其他直接责任人员，处以警告、罚款。

第五十八条 基金管理人、代销机构从事基金销售活动，有下列情形之一的，责令改正，单处或者并处警告、罚款；对直接负责的主管人员和其他直接责任人员，单处或者并处警告、罚款：

（一）违反本办法第三十九条第二款的规定，允许未经聘任的人员销售基金或者未取得基金从业资格的人员宣传推介基金；

（二）未按照本办法第四十条第一款的规定签订书面代销协议；

（三）违反本办法第四十一条的规定，擅自向公众分发、公布基金宣传推介材料；

（四）未按照本办法第四十二条的规定使用基金宣传推介材料；

（五）未按照本办法第四十三条的规定开立与基金销售有关的账户；

（六）违反本办法第四十四条的规定，擅自停止办理基金份额发售或者拒绝投资人的申购、赎回；

（七）未按照本办法第四十五条第一款的规定收取销售费用并核算、记账；

（八）未按照本办法第四十六条的规定为投资人保守秘密；

（九）从事本办法第四十七条规定禁止的行为；

（十）未按照本办法第五十一条的规定配合中国证监会及其派出机构进行监督检查。

代销机构违反前款规定，情节严重的，责令暂停或者终止基金代销业务。

第五十九条 基金管理人从事基金销售活动，有下列情形之一的，责令改正，单处或者并处警告、罚款；对直接负责的主管人员和其他直接责任人员，单处或者并处警告、罚款：

（一）未按照本办法第四十条第三款的规定履行监督检查义务；

（二）未按照本办法第四十五条第二款的规定向代销机构支付报酬并核算、记账；

（三）未按照本办法第四十八条的规定报送代销协议；

（四）未按照本办法第四十九条的规定进行自查，并编制专项监察稽核报告；

（五）未按照本办法第五十条的规定检查基金销售活动的合法合规情况，并做专项说明。

第六十条 代销机构被责令暂停基金代销业务的，暂停期间不得从事下列活动：

（一）签订新的代销协议；

（二）宣传推介基金；

（三）发售基金份额；

（四）办理基金份额申购。

代销机构被责令终止基金代销业务的，应当停止基金销售活动。

代销机构被责令暂停或者终止基金代销业务的，基金管理人应当妥善处理有关投资人的基金份额的申购、赎回，并可按照代销协议的约定，依法要求代销机构赔偿有关损失。

第七章　附　则

第六十一条 本办法自 2004 年 7 月 1 日起施行。中国证监会《关于代理证券投资基金销售业务的商业银行完善内部合规控制制度和员工行为规范的指导意见》（证监发[2001]150 号）、《关于证券公司办理开放式基金代销业务有关问题的通知》（证监基金字[2002]33 号）、《证券投资基金销售管理暂行规定》（证监基金字[2002]66 号）同时废止。

证券投资基金管理公司管理办法

发文时间：2004—09—28

第一章　总　则

第一条 为了加强对证券投资基金管理公司的监督管理，规范证券投资基金管理公司的行为，保护基金份额持有人及相关当事人的合法权益，根据《证券投资基金法》、《公司法》和其他有关法律、行政法规，制定本办法。

第二条 本办法所称证券投资基金管理公司（以下简称基金管理公司），是指经中国证券监督管理委员会（以下简称中国证监会）批准，在中华人民共和国境内设立，从事证券投资基金管理业务的企业法人。

第三条 基金管理公司应当遵守法律、行政法规和中国证监会的规定，恪守诚信，审慎勤勉，忠实尽责，为基金份额持有人的利益管理和运用基金财产。

第四条 中国证监会及其派出机构依照《证券投资基金法》、《公司法》等法律、行政法规、中国证监会的规定和审慎监管原则，对基金管理公司及其业务活动实施监督管理。

第五条 基金行业的协会依据法律、行政法规、中国证监会的规定和自律规则，对基金管理公司及其业务活动进行自律管理。

第二章 基金管理公司的设立

第六条 设立基金管理公司，应当具备下列条件：

(一)股东符合《证券投资基金法》和本办法的规定；

(二)有符合《证券投资基金法》、《公司法》以及中国证监会规定的章程；

(三)注册资本不低于1亿元人民币，且股东必须以货币资金实缴，境外股东应当以可自由兑换货币出资；

(四)有符合法律、行政法规和中国证监会规定的拟任高级管理人员以及从事研究、投资、估值、营销等业务的人员，拟任高级管理人员、业务人员不少于15人，并应当取得基金从业资格；

(五)有符合要求的营业场所、安全防范设施和与业务有关的其他设施；

(六)设置了分工合理、职责清晰的组织机构和工作岗位；

(七)有符合中国证监会规定的监察稽核、风险控制等内部监控制度；

(八)经国务院批准的中国证监会规定的其他条件。

第七条 基金管理公司的主要股东是指出资额占基金管理公司注册资本的比例(以下简称出资比例)最高，且不低于25%的股东。

主要股东应当具备下列条件：

(一)从事证券经营、证券投资咨询、信托资产管理或者其他金融资产管理；

(二)注册资本不低于3亿元人民币；

(三)具有较好的经营业绩，资产质量良好；

(四)持续经营3个以上完整的会计年度，公司治理健全，内部监控制度完善；

(五)最近3年没有因违法违规行为受到行政处罚或者刑事处罚；

(六)没有挪用客户资产等损害客户利益的行为；

(七)没有因违法违规行为正在被监管机构调查，或者正处于整改期间；

(八)具有良好的社会信誉，最近3年在税务、工商等行政机关，以及金融监管、自律管理、商业银行等机构无不良记录。

第八条 基金管理公司除主要股东外的其他股东，注册资本、净资产应当不低于1亿元人民币，资产质量良好，且具备本办法第七条第二款第(四)项至第(八)项规定的条件。

第九条 中外合资基金管理公司中，出资比例最高的境内股东应当具备本办法第七条第二款规定的主要股东的条件；其他境内股东应当具备本办法第八条规定的条件。

中外合资基金管理公司的境外股东应当具备下列条件：

(一)为依其所在国家或者地区法律设立，合法存续并具有金融资产管理经验的金融机构，财务稳健，资信良好，最近3年没有受到监管机构或者司法机关的处罚；

(二)所在国家或者地区具有完善的证券法律和监管制度，其证券监管机构已与中国证监会或者中国证监会认可的其他机构签订证券监管合作谅解备忘录，并保持着有效的监管合作关系；

(三)实缴资本不少于3亿元人民币的等值可自由兑换货币；

(四)经国务院批准的中国证监会规定的其他条件。

香港特别行政区、澳门特别行政区和台湾地区的投资机构比照适用前款规定。

第十条 基金管理公司股东的出资比例应当符合中国证监会的规定。

基金管理公司的股东不得持有其他股东的股份或者拥有其他股东的权益；不得与其他股东同属一个实际控制人或者有其他关联关系。

中外合资基金管理公司外资出资比例或者拥有的权益比例，累计(包括直接持有和间接持有)不得超过国家证券业对外开放所做的承诺。

第十一条 一家机构或者受同一实际控制人控制的多家机构参股基金管理公司的数量不得超过两家，其中控股基金管理公司的数量不得超过一家。

第十二条 申请设立基金管理公司，申请人应当按照中国证监会的规定报送设立申请材料。

主要股东应当组织、协调设立基金管理公司的相关事宜，对申请材料的真实性、完整性负主要责任。

第十三条 申请期间申请材料涉及的事项发生重大变化的，申请人应当自变化发生之日起5个工作日内向中国证监会提交更新材料；股东发生变动的，应当重新报送申请材料。

第十四条 中国证监会依照《行政许可法》和《证券投资基金法》第十四条第一款的规定，受理基金管理公司设立申请，并进行审查，做出决定。

第十五条 中国证监会审查基金管理公司设立申请，可以采取下列方式：

(一)征求相关机构和部门关于股东条件等方面的意见；

(二)采取专家评审、核查等方式对申请材料的内容进行审查；

(三)自受理之日起5个月内现场检查基金管理公司设立准备情况。

第十六条 中国证监会批准设立基金管理公司的，申请人应当自收到批准文件之日起30日内向工商行政管理机关办理注册登记手续；凭工商行政管理机关核发的《企业法人营业执照》向中国证监会领取《基金管理资格证书》。

中外合资基金管理公司还应当按照法律、行政法规的规定，申领《外商投资企业批准证书》，并开设外汇资本金账户。

基金管理公司应当自工商注册登记手续办理完毕之日起10日内，在中国证监会指定的报刊上将公司成立事项予以公告。

第三章 基金管理公司的变更、解散

第十七条 基金管理公司变更下列重大事项，应当报中国证监会批准：

(一)变更股东、注册资本或者股东出资比例；

(二)变更名称、住所；

(三)修改章程；

(四)中国证监会规定的其他重大事项。

第十八条 基金管理公司变更股东、注册资本、股东出资比例后，股东的条件、股东的出资比例、股东参股基金管理公司的数量、注册资本等应当符合本办法第二章的规定。

第十九条 基金管理公司的股东处分其出资，应当遵守下列规定：

(一)股东转让出资应当诚实守信，遵守在认购、受让出资时所做的承诺，不得损害基金份额持有人的合法权益；

(二)股东转让出资应当遵守《公司法》关于其他股东享有优先购买权的规定，不得采取虚报转让价格等不正当手段损害其他股东的合法权益；

(三)股东与受让方应当就转让期间的有关事宜明确约定，确保不损害基金管理公司和基金份额持有人的合法权益，股东不得通过股权托管、信托合同、秘密协议等形式处分其出资；

(四)变更股东的事项未经中国证监会批准并履行相关法律程序，转让方应当继续履行股东义务，承担相应责任，受让方不得以任何形式行使股东权利；

(五)法律、行政法规和公司章程的其他规定。

第二十条 基金管理公司增加的注册资本，股东必须以货币资金实缴。

第二十一条 基金管理公司变更重大事项，应当自董事会或者股东会做出决议之日起15日内按照中国证监会的规定提出变更申请；涉及股东出资转让的，基金管理公司未按规定提出申请时，相关股东可以直接提出申请。

第二十二条 中国证监会依照《行政许可法》和《证券投资基金法》第十四条第二款的规定，受理基金管理公司变更重大事项的申请，并进行审查，做出决定。

第二十三条 中国证监会可以采取约请相关人员谈话、专家评审、核查等方式，审查基金管理公司变更重大事项的申请。

涉及变更基金管理公司主要股东、合计出资比例超过50%以上的股东，或者提名董事人数最多的股东的，中国证监会比照本办法关于基金管理公司设立的规定进行审查。

第二十四条 基金管理公司的重大变更事项涉及变更工商登记的，基金管理公司应当自收到批准文件之日起30日内向工商行政管理机关办理变更登记手续。

变更为中外合资基金管理公司的，还应当按照有关规定申领《外商投资企业批准证书》，并开设外汇资本金账户。

第二十五条 基金管理公司高级管理人员的选任或者改任，应当按照法律、行政法规和中国证监会的规定办理。

第二十六条 基金管理公司的重大变更事项涉及《基金管理资格证书》内容变更的，基金管理公司应当向中国证监会换领《基金管理资格证书》。

第二十七条 基金管理公司应当按照法律、行政法规和中国证监会的规定将重大变更事项予以公告。

第二十八条 基金管理公司的解散，应当在中国证监会取消其基金管理资格后方可进行。

基金管理公司的解散应当按照《公司法》等法律、行政法规的规定办理。

第四章 基金管理公司分支机构的设立、变更、撤销

第二十九条 基金管理公司可以设立分公司或者中国证监会规定的其他形式的分支机构。

基金管理公司分支机构可以从事基金品种开发、基金销售及公司授权的其他业务活动。

第三十条 基金管理公司设立分支机构，应当具备下列条件：

(一)公司治理健全，内部监控完善，经营稳定，有较强的持续经营能力；

(二)公司最近1年内没有因违法违规行为受到行政处罚或者刑事处罚；

(三)公司没有因违法违规行为正在被监管机构调查，或者正处于整改期间；

(四)拟设立的分支机构有符合规定的名称、办公场所、业务人员、安全防范设施和与业务有关的其他设施；

(五)拟设立的分支机构有明确的职责和完善的管理制度；

(六)中国证监会规定的其他条件。

第三十一条 基金管理公司设立分支机构，应当自董事会或者股东会做出决议之日起15日内，按照中国证监会的规定报送申请材料。

第三十二条 中国证监会依照《行政许可法》和《证券投资基金法》第十四条第二款的规定，受理基金管理公司设立分支机构的申请，并进行审查，做出决定。

中国证监会可以对拟设立的分支机构进行现场检查。

第三十三条 基金管理公司变更、撤销分支机构，应当自变更、撤销之日起15日内向中国证监会和分支机构所在地的中国证监会派出机构报告。

第三十四条 基金管理公司设立分支机构，应当自收到批准文件之日起30日内向工商行政管理机关办理登记注册手续。基金管理公司变更、撤销分支机构，应当按照有关规定向工商行政管理机关办理有关手续。

第三十五条 基金管理公司应当按照法律、行政法规和中国证监会的规定将设立、变更或撤销分支机构的事项予以公告。

第五章 基金管理公司的治理和经营

第三十六条 基金管理公司应当按照《公司法》等法律、行政法规和中国证监会的规定，建立组织机构健全、职责划分清晰、制衡监督有效、激励约束合理的治理结构，保持公司规范运作，维护基金份额持有人的利益。

第三十七条 基金管理公司的股东应当履行法定义务，不得虚假出资、抽逃或者变相抽逃出资。

第三十八条 基金管理公司应当明确股东会的职权范围和议事规则。

基金管理公司应当建立和股东之间的业务隔离制度；股东应当通过股东会依法行使权利，不得越过股东会、董事会直接干预基金管理公司的经营管理或者基金财产的投资运作，不得在证券承销、证券投资等业务活动中要求基金管理公司为其提供配合，损害基金份额持有人和其他当事人的合法权益。

第三十九条 基金管理公司主要股东在公司不能正常经营时，应当召集其他股东及有关当事人，按照有利于保护基金份额持有人利益的原则妥善处理有关事宜。

第四十条 基金管理公司应当明确董事会的职权范围和议事规则，董事会应当按照法律、行政法规和公司章程的规定，制定公司基本制度，决策有关重大事项，监督、奖惩经营管理人员。

董事会和董事长不得越权干预经营管理人员的具体经营活动。

第四十一条 基金管理公司应当建立健全独立董事制度，独立董事人数不得少于3人，且不得少于董事会人数的1/3。董事会审议下列事项应当经过2/3以上的独立董事通过：

(一)公司及基金投资运作中的重大关联交易；

(二)公司和基金审计事务，聘请或者更换会计师事务所；

(三)公司管理的基金的半年度报告和年度报告；

(四)法律、行政法规和公司章程规定的其他事项。

第四十二条 基金管理公司应当建立健全督察长制度，督察长由董事会聘任，对董事会负责，对公司经营运作的合法合规性进行监察和稽核。

督察长发现公司存在重大风险或者有违法违规行为，应当告知总经理和其他有关高级管理人员，并向董事会、中国证监会和公司所在地中国证监会派出机构报告。

第四十三条 基金管理公司应当加强监事会或者执行监事对公司财务、董事会履行职责的监督作用，维护股东合法利益。

第四十四条 基金管理公司的总经理负责公司的经营管理。基金管理公司的高级管理人员及其他工作人员应当忠实、勤勉地履行职责，不得为股东、本人或者他人谋取不正当利益。

第四十五条 基金管理公司应当按照中国证监会的规定，建立科学合理、控制严密、运行高效的内部监控体系，制定科学完善的内部监控制度，保持经营运作合法、合规，保持公司内部监控健全、有效。

第四十六条 基金管理公司应当建立健全由授权、研究、决策、执行和评估等环节构成的投资管理系统，公平对待其管理的不同基金财产和客户资产。

第四十七条 基金管理公司应当建立完善的基金财务核算与基金资产估值系统，严格遵守国家有关规定，及时、准确和完整地反映基金财产的状况。

第四十八条 基金管理公司应当建立和维护信息管理系统，严格信息管理，保证客户资料等信息安全、真实和完整。

第四十九条 基金管理公司应当建立和完善客户服务标准，加强销售管理，规范基金宣传推介，不得有不正当销售行为和不正当竞争行为。

第五十条 基金管理公司按照审慎经营原则和业务发展需要，可以相应增加注册资本。

基金管理公司应当按照规定提取风险准备金。

第五十一条 基金管理公司应当按照中国证监会的规定，管理和运用固有资金。

基金管理公司管理、运用固有资金，应当保持公司的正常运营，不得损害基金份额持有人的合法权益。

第五十二条 基金管理公司应当建立有效的管理制度，加强对分支机构的管理，分支机构不得以承包、租赁、托管、合作等方式经营。

基金管理公司可以设立办事处，办事处不得从事经营性活动。

第五十三条 基金管理公司应当建立突发事件处理预案制度，对发生严重影响基金份额持有人利益、可能引起系统性风险、严重影响社会稳定的突发事件，按照预案妥善处理。

第六章 监督管理

第五十四条 基金管理公司、基金管理公司的股东申请批准有关事项，隐瞒有关情况或者提供虚假材料的，中国证监会不予受理；已经受理的，不予批准。

第五十五条 中国证监会依照法律、行政法规、中国证监会规定和审慎监管原则对基金管理公司的公司治理、内部监控、经营运作、风险状况，以及相关业务活动进行非现场检查和现场检查。

第五十六条 非现场检查主要以审阅基金管理公司报送材料的方式进行。

基金管理公司应当向中国证监会和所在地中国证监会派出机构报送下列材料：

(一)经具有从事证券相关业务资格的会计师事务所审计的基金管理公司年度报告；

(二)由具有从事证券相关业务资格的会计师事务所出具的基金管理公司内部监控情况的年度评价报告；

(三)监察稽核季度报告和年度报告；

(四)中国证监会根据审慎监管原则要求报送的其他材料。

第五十七条 基金管理公司应当自年度结束之日起3个月内报送基金管理公司年度报告和年度评价报告；自季度结束之日起15日内报送监察稽核季度报告，自年度结束之日起30日内报送监察稽核年度报告。

第五十八条 基金管理公司发生下列情形之一的，应当自发生之日起5日内向中国证监会和所在地中国证监会派出机构报告：

(一)公司股东的出资被司法机关采取诉讼保全等措施；(二)公司股东处分其出资；

(三)公司股东发生合并、分立或者进行重大资产、债务重组；

(四)公司股东被监管机构或者司法机关立案调查；

(五)公司股东进入清算程序或者被接管；

(六)公司及其董事、高级管理人员、基金经理受到刑事、行政处罚；

(七)公司及其董事、高级管理人员、基金经理被监管机构或者司法机关调查；

(八)公司财务状况发生重大变化；

(九)对公司经营产生重大影响的其他事项。

基金管理公司发生本办法第五十三条规定的突发事件，应当立即向中国证监会和所在地中国证监会派出机构报告。

基金管理公司设立、变更或者撤销办事处，应当自设立、变更或者撤销之日起15日内向中国证监会和所在地中国证监会派出机构报告。

第五十九条 中外合资基金管理公司的境外股东，其注册地或主要经营活动所在地的主管当局对境外投资有备案要求的，该境外股东在依法取得中国证监会的批准文件后，如向其注册地或主要经营活动所在地的主管当局提交有关备案材料，应当同时将副本报送中国证监会。

第六十条 中国证监会可以采取下列措施对基金管理公司进行现场检查，并根据日常监管情况确定现场检查的对象、内容和频率：

(一)进入基金管理公司及其分支机构进行检查；

(二)要求基金管理公司提供与检查事项有关的文件、会议记录、报表、凭证和其他资料；

(三)询问基金管理公司的工作人员，要求其对有关检查事项做出说明；

(四)查阅、复制基金管理公司与检查事项有关的文件、资料，对可能被转移、隐匿或者毁损的文件、资料予以封存；

(五)检查基金管理公司运用电子计算机管理业务数据的系统；

(六)中国证监会规定的其他措施。

第六十一条 中国证监会对基金管理公司进行现场检查，检查人员不得少于两人，并应当出示合法证件；检查人员少于两人或者未出示合法证件的，基金管理公司有权拒绝检查。

中国证监会可以聘请注册会计师、律师等专业人员为检查工作提供专业服务。

第六十二条 基金管理公司及有关人员应当配合中国证监会进行检查，不得以任何理由拒绝、拖延提供有关资料，或者提供不真实、不准确、不完整的资料。

第六十三条 中国证监会对基金管理公司进行现场检查后，应当向被检查的基金管理公司出具检查结论。第六十四条基金管理公司违反法律、行政法规、中国证监会的规定或者存在较大经营风险的，中国证监会可以责令其整改，暂停办理相关业务；对直接负责的主管人员和其他直接责任人员，可以采取监管谈话、出具警示函、记入诚信档案、暂停履行职务、认定为不适宜担任相关职务者等行政监管措施。

基金管理公司整改结束，应当向中国证监会提交整改报告，中国证监会对其进行检查验收。

第六十五条 基金管理公司股东违反本办法第十九条的规定认购、转让出资，或者违反本办法第三十七条的规定不履行法定义务的，中国证监会可以责令其整改；对其有关董事、监事、高级管理人员，可以采取监管谈话、记入诚信档案、认定为不适宜担任相关职务者等行政监管措施。

第六十六条 基金管理公司、基金管理公司的股东及其直接负责的主管人员和其他直接责任人员违反法律、行政法规和中国证监会的规定，依法应予行政处罚的，依照有关规定进行行政处罚；涉嫌犯罪的，依法移送司法机关，追究其刑事责任。

第七章 附 则

第六十七条 本办法所称中外合资基金管理公司，包括境外股东与境内股东共同出资设立的基金管理公司和境外股东受让、认购境内基金管理公司股权而变更的基金管理公司。

第六十八条 自然人参股基金管理公司、基金管理公司采用股份有限公司形式和在境外设立分支机构的具体管理办法，由中国证监会另行规定。

第六十九条 本办法自2004年10月1日起施行。中国证券监督管理委员会令第9号《外资参股基金管理公司设立规则》同时废止。

证券投资基金行业高级管理人员任职管理办法

发文时间：2004—09—29

第一章 总 则

第一条 为了规范证券投资基金行业高级管理人员的任职管理，保护投资人及相关当事人的合法权益和社会公共利益，根据证券投资基金法、公司法和其他法律、行政法规，制定本办法。

第二条 本办法所称证券投资基金行业高级管理人员(以下简称高级管理人员)，是指基金管理公司的董事长、总经理、副总经理、督察长以及实际履行上述职务的其他人员，基金托管银行基金托管部门的总经理、副总经理以及实际履行上述职务的其他人员。

第三条 高级管理人员的选任或者改任，应当报经中国证券监督管理委员会(以下简称中国证监会)审核。

未经中国证监会核准，基金管理公司、基金托管银行不得选任或者改任高级管理人员，不得违反规定决定代为履行高级管理人员职务的人员。

第四条 高级管理人员应当遵守法律、行政法规和中国证监会的规定，遵守公司章程和行业规范，恪守诚信，审慎勤勉，忠实尽责，维护基金份额持有人的合法权益。

第五条 中国证监会依法对高级管理人员进行监督管理，制定高级管理人员、董事、基金经理等人员管理的具体规定。基金管理公司的董事和基金经理的任免，应当向中国证监会报告。

第二章 任职条件和审核程序

第六条 申请高级管理人员任职资格，应当具备下列条件：

(一)取得基金从业资格；

(二)通过中国证监会或者其授权机构组织的高级管理人员证券投资法律知识考试；

(三)具有3年以上基金、证券、银行等金融相关领域的工作经历及与拟任职务相适应的管理经历，督察长还应当具有法律、会计、监察、稽核等工作经历；

(四)没有公司法、证券投资基金法等法律、行政法规规定的不得担任公司董事、监事、经理和基金从业人员的情形；

(五)最近3年没有受到证券、银行、工商和税务等行政管理部门的行政处罚。

第七条 申请基金管理公司高级管理人员任职资格，应当由基金管理公司向中国证监会报送下列申请材料：

(一)对拟任高级管理人员(以下简称拟任人)任职资格进行审核的申请及任职资格申请表；

（二）相关会议的决议；

（三）前条第（三）项规定的从业经历证明；

（四）最近3年工作单位出具的离任审计报告、离任审查报告或者鉴定意见；

（五）对拟任人的考察意见；

（六）拟任人身份、学历、学位证明复印件；

（七）拟任人基金从业资格证明复印件；

（八）拟任人高级管理人员证券投资法律知识考试合格证明复印件；

（九）任职条件、任职程序符合法律、行政法规、中国证监会规定和公司章程的法律意见书；

（十）中国证监会规定的其他材料。

申请基金托管部门高级管理人员任职资格，应当由基金托管银行向中国证监会报送前款除第（二）项、第（九）项以外的申请材料。

上述申请材料应当是中文文本，一式3份。原件是外文的，应当附中文译本。

第八条 中国证监会依法对申请材料进行受理和审查。

中国证监会可以通过考察、谈话等方式对拟任人进行审查。考察、谈话应当由两名工作人员进行，谈话应当作出记录并经考察人和拟任人签字。

第九条 申报机构应当自收到中国证监会核准文件之日起20个工作日内，按照本机构的章程等规定作出选任或者改任的决定，并办理相关手续。

第十条 取得任职资格之日起20个工作日内，拟任人未按照拟任机构的规定履行拟任职务的，除有正当理由的外，其任职资格自动失效。

高级管理人员离任的，其任职资格自离任之日起自动失效。

第十一条 基金管理公司免去高级管理人员职务、任免董事和基金经理，基金托管银行免去基金托管部门高级管理人员职务的，应当在作出决定之日起3个工作日内向中国证监会报告，报送任职、免职报告材料。

第十二条 基金管理公司董事应当具备本办法第六条第（四）项、第（五）项规定的条件。

独立董事还应当具备下列条件：

（一）具有5年以上金融、法律或者财务的工作经历；

（二）有履行职责所需要的时间；

（三）最近3年没有在拟任职的基金管理公司及其股东单位、与拟任职的基金管理公司存在业务联系或者利益关系的机构任职；

（四）与拟任职的基金管理公司的高级管理人员、其他董事、监事、基金经理、财务负责人没有利害关系；

（五）直系亲属不在拟任职的基金管理公司任职。

第十三条 基金管理公司董事任职报告材料应当包括：

（一）董事任职报告和任职登记表；

（二）相关会议的决议；

（三）本办法第七条第（四）项至第（六）项、第（九）项所列材料。

独立董事任职报告材料还应当包括独立董事具有5年以上金融、法律或者财务工作经历的证明，以及独立董事作出的本人符合前条第二款第（二）项至第（五）项规定的书面承诺。

第十四条 基金管理公司基金经理应当具有3年以上证券投资管理经历，并符合本办法第六条第（一）项、第（二）项、第（四）项和第（五）项规定的条件。

第十五条 基金经理任职报告材料应当包括：

（一）基金经理任职报告和任职登记表；

（二）相关会议的决议；

（三）具有3年以上证券投资管理经历的证明；

（四）本办法第七条第（四）项至第（七）项所列材料。

第十六条 基金管理公司免去高级管理人员、董事职务，基金托管银行免去基金托管部门高级管理人员职务的，应当向中国证监会提交下列免职报告材料：

（一）免职报告；

（二）相关会议的决议；

（三）免职程序符合法律、行政法规、中国证监会规定和公司章程等规定的法律意见书。

基金管理公司免去基金经理职务的，应当向中国证监会提交前款第（一）项和第（二）项规定的免职报告材料。

第十七条 中国证监会依法对高级管理人员免职报告材料进行审查。免职程序不符合规定的，中国证监会责令其任职机构改正。

第十八条 中国证监会依法对基金管理公司董事、基金经理的任职和免职报告材料进行审查。董事、基金经理不符合法定任职条件的，中国证监会责令其任职的基金管理公司按照规定予以更换。任免程序不符合规定的，中国证监会责令改正。

第三章 基本行为规范

第十九条 高级管理人员、基金管理公司基金经理应当维护所管理基金的合法利益，在基金份额持有人的利益与基金管理公司、基金托管银行的利益发生冲突时，应当坚持基金份额持有人利益优先的原则。

高级管理人员、基金管理公司基金经理不得从事或者配合他人从事损害基金份额持有人利益的活动，不得从事与所服务的基金管理公司或者基金托管银行的合法利益相冲突的活动。

第二十条 高级管理人员、基金管理公司基金经理应当具有良好的职业道德，勤勉尽责，切实履行基金合同、公司章程和公司制度规定的职责，不得滥用职权，不得违反规定授权他人代为履行职务，不得利用职务之便谋取私利，未经规定程序不得离职。

第二十一条 基金管理公司董事应当按照公司章程的规定出席董事会会议、参加公司的活动，切实履行职责。

独立董事应当审慎和客观地发表独立意见，切实保护基金份额持有人的合法权益。

第二十二条 基金管理公司总经理应当认真执行董事会决议，有效执行公司制度，防范和化解经营风险，提高经营管理效率，确保经营业务的稳健运行和所管理的基金财产安全完整，促进公司持续、稳定、健康发展。

基金管理公司副总经理应当协助总经理工作，忠实履行职责。

第二十三条 基金管理公司督察长应当认真履行职责，对公司各项制度、业务的合法合规性及公司内部控制制度的执行情况进行监察、稽核。

第二十四条 基金管理公司基金经理应当严格遵守基金合同及公司有关投资制度的规定，审慎勤勉，充分发挥专业判断能力，不受他人干预，在授权范围内独立行使投资决策权。

第二十五条 基金托管银行基金托管部门的总经理、副总经理应当建立、健全本部门的各项业务制度和管理制度，确保本部门切实履行托管人职责，监督基金管理人的投资运作，保障基金财产的独立与完整。

第二十六条 高级管理人员和基金管理公司董事、基金经理应当加强业务学习，跟踪行业发展动态，按照中国证监会的规定参加业务培训，不断提高管理水平和专业技能。

第四章 监督管理

第二十七条 拟任人在高级管理人员证券投资法律知识考试中作弊，或者提交虚假任职资格申请材料的，中国证监会3年内不受理其任职资格申请。

第二十八条 基金管理公司和基金托管银行应当建立高级管理人员考核制度，定期对高级管理人员进行考核，建立考核档案。

中国证监会定期或者不定期对高级管理人员考核档案进行检查，对高级管理人员守法合规情况等进行考核。

第二十九条 中国证监会建立高级管理人员管理信息系统，记录高级管理人员从事基金业务的相关情况。

基金管理公司和基金托管银行应当依法对高级管理人员的变动情况予以披露。

第三十条 基金管理公司董事长兼任其他职务的，应当经董事会批准，并自批准之日起3个工作日内向中国证监会报告。其他高级管理人员不得在经营性机构兼职。

基金管理公司董事不得担任基金托管银行或者其他基金管理公司的任何职务。董事兼职的，基金管理公司应当自其兼职之日起3个工作日内向中国证监会报告。

第三十一条 基金管理公司高级管理人员有下列情形之一的，督察长应当在知悉该信息之日起3个工作日内，向中国证监会报告：

（一）因涉嫌违法违纪被有关机关调查或者处理；

（二）辞职、离职、丧失民事行为能力或者因其他原因不能履行职务；

（三）拟因私出境1个月以上或者出境逾期未归；

（四）直系亲属拟移居境外或者已在境外定居；

（五）在非经营性机构兼职；

（六）其他可能影响高级管理人员正常履行职务的情形。

督察长发生以上情形时，公司总经理、其他高级管理人员应当向中国证监会报告。

第三十二条 基金管理公司被行业协会、证券交易所等自律组织纪律处分，或者被工商、税务和审计等行政管理部门立案调查、行政处罚的，公司应当自知悉之日起3个工作日内，将相关情况及负有责任的高级管理人员名单向中国证监会报告。

第三十三条 基金管理公司董事长、总经理或者督察长因故不能履行职务的，公司董事会应当在15个工作日内决定由符合高级管理人员任职条件的人员代为履行职务，并在作出决定之日起3个工作日内报中国证监会报告。

董事会决定的人员不符合高级管理人员任职条件的，中国证监会责令董事会限期另行决定代为履行职务的人员。

代为履行职务的时间不得超过90日，但法律、行政法规另有规定的除外。

第三十四条 基金管理公司董事长和总经理因故同时不能履行职务，董事会不能按照前条规定决定代为履行职务人员的，主要股东应当召开临时股东会议，作出决定。

第三十五条 基金管理公司、基金托管银行基金托管部门或者高级管理人员有下列情形之一的，中国证监会依法对相关高级管理人员出具警示函、进行监管谈话：

（一）业务活动可能严重损害基金财产或者基金份额持有人的利益；

（二）基金管理公司的治理结构、内部控制制度或者基金托管银行基金托管部门的内部控制制度不健全、执行不力，导致出现或者可能出现重大隐患，可能影响其正常履行基金管理人、基金托管人职责；

（三）违反诚信、审慎、勤勉、忠实义务；

（四）中国证监会根据审慎监管原则规定的其他情形。

第三十六条 高级管理人员有下列情形之一的，中国证监会可以建议任职机构暂停或者免除其职务：

（一）最近1年内中国证监会出具警示函、进行监管谈话两次以上，或者在收到警示函、被监管谈话后不按照规定整改；

（二）最近1年内受到行业协会纪律处分、证券交易所公开谴责两次以上；

（三）擅离职守；

（四）向中国证监会提供虚假信息、隐瞒重大事项，或者拒绝配合中国证监会履行监管职责；

（五）中国证监会规定的其他情形。

第三十七条 中国证监会按照前条规定作出建议之前，应当事先告知相关高级管理人员的任职机构。相关高级管理人员可以在3个工作日内向任职机构作出说明，任职机构对中国证监会拟作出的建议有异议的，应当在10个工作日内向中国证监会报告。

任职机构应当自收到中国证监会建议之日起20个工作日内，作出是否暂停或者免除相关高级管理人员职务的决定，并在作出决定之日起3个工作日内向中国证监会报告。

基金管理公司及基金托管银行不得聘用被按照前款规定免职未满两年的人员担任高级管理人员。

第三十八条 基金管理公司应当建立高级管理人员、董事和基金经理的离任制度，对离任审计、离任审查等事项作出规定。

基金托管银行应当建立基金托管部门高级管理人员的离任制度，对离任审查等事项作出规定。

第三十九条 基金管理公司董事长、总经理离任的，公司应当立即聘请具有从事证券相关业务资格的会计师事务所进行离任审计，并自离任之日起30个工作日内将审计报告报送中国证监会。

审计报告应当附有被审计人的书面意见；被审计人员拒绝对审计报告发表意见的，应当注明。

第四十条 基金管理公司副总经理、督察长、基金经理离任的，公司应当立即对其进行离任审查，并自离任之日起30个工作日内将审查报告报送中国证监会。

基金托管部门高级管理人员离任的，基金托管银行应当立即对其进行离任审查，并自离任之日起30个工作日内将审查报告报送中国证监会。审查报告应当附有被审查人的书面意见；被审查人员拒绝对审查报告发表意见的，应当注明。

第四十一条 高级管理人员、基金经理离开任职机构的，应当配合原任职机构完成工作移交，并接受离任审计或者离任审查；在离任审计或者离任审查期间，不得到其他基金管理公司、基金托管银行基金托管部门任职。

第四十二条 高级管理人员、基金经理离开任职机构后，不得泄漏原任职机构的非公开信息，不得利用非公开信息为本人或者他人谋取利益。

基金管理公司不得聘用离任未满3个月的高级管理人员、基金经理从事证券投资业务。

第五章　法律责任

第四十三条 高级管理人员、基金管理公司的董事或者基金经理违反法律、行政法规和中国证监会的规定，依法应予行政处罚的，依照有关规定进行处罚；涉嫌犯罪的，依法移送司法机关，追究刑事责任。

第四十四条 未经中国证监会审核批准，基金管理公司、基金托管银行擅自选任或者改任高级管理人员的，责令改正；对直接负责的主管人员和其他直接责任人员给予警告，并处罚款。

基金管理公司违反本办法的规定，决定代为履行高级管理人员职务人员的，责令改正；对直接负责的主管人员和其他直接责任人员给予警告，并处罚款。

第四十五条 基金管理公司、基金托管银行有下列情形之一的，责令改正，给予警告，并处罚款；对直接负责的主管人员和其他直接责任人员给予警告，并处罚款：

（一）未按照本办法的规定履行报告义务，或者报送的报告材料存在虚假内容；

（二）违反程序免去高级管理人员职务或者任免基金管理公司董事、基金经理；

（三）对中国证监会作出的暂停或者免除高级管理人员职务的建议，未按照规定作出相应处理；

（四）违反本办法第四十二条第二款的规定，聘用从事投资业务的人员；

（五）不按照本办法规定对离任人员进行离任审计、离任审查。

第四十六条 高级管理人员和基金管理公司董事违反本办法的规定兼任其他职务的，责令改正，给予警告，并处罚款。

第四十七条 高级管理人员违反法律、行政法规和中国证监会的规定，情节严重的，依法暂停或者吊销高级管理人员任职资格。

基金管理人、基金托管人违反证券投资基金法和其他有关法律、行政法规和中国证监会的规定，情节严重的，依法暂停或者吊销直接负责的高级管理人员任职资格。

第六章　附　则

第四十八条 本办法自2004年10月1日起施行。中国证监会发布的《基金从业人员资格管理办法暂行规定（证监发[1999]53号）》同时废止。

证券投资基金信息披露管理办法

中国证券监督管理委员会令第19号　发文时间：2004—06—08

第一章　总　则

第一条 为规范证券投资基金（以下简称“基金”）信息披露活动，保护投资人及相关当事人的合法权益，根据《证券投资基金法》（以下简称《基金法》），制定本办法。

第二条 基金信息披露义务人应当按照法律、行政法规和中国证券监督管理委员会（以下简称“中国证监会”）的规定披露基金信息，并保证所披露信息的真实性、准确性和完整性。

基金信息披露义务人包括基金管理人、基金托管人、召集基金份额持有人大会的基金份额持有人等法律、行政法规和中国证监会规定的自然人、法人和其他组织。

第三条 基金信息披露义务人应当在中国证监会规定时间内，将应予披露的基金信息通过中国证监会指定的全国性报刊（以下简称“指定报刊”）和基金管理人、基金托管人的互联网网站（以下简称“网站”）等媒介披露，并保证投资人能够按照基金合同约定的时间和方式查阅或者复制公开披露的信息资料。

第四条 中国证监会及其派出机构依法对基金信息披露活动进行监督管理。

中国证监会根据基金信息披露活动情况，及时制定相关的内容与格式准则、编报规则；根据基金信息披露活动中存在的技术问题，及时做出规范解答。

证券交易所依法对基金信息披露活动进行自律管理。

第二章 基金信息披露一般规定

第五条 公开披露的基金信息包括：

（一）基金招募说明书；

（二）基金合同；

（三）基金托管协议；

（四）基金份额发售公告；

（五）基金募集情况；

（六）基金合同生效公告；

（七）基金份额上市交易公告书；

（八）基金资产净值、基金份额净值；

（九）基金份额申购、赎回价格；

（十）基金定期报告，包括基金年度报告、基金半年度报告和基金季度报告；

（十一）临时报告；

（十二）基金份额持有人大会决议；

（十三）基金管理人、基金托管人的基金托管部门的重大人事变动；

（十四）涉及基金管理人、基金财产、基金托管业务的诉讼；

（十五）澄清公告；

（十六）中国证监会规定的其他信息。

第六条 公开披露基金信息，不得有下列行为：

（一）虚假记载、误导性陈述或者重大遗漏；

（二）对证券投资业绩进行预测；

（三）违规承诺收益或者承担损失；

（四）诋毁其他基金管理人、基金托管人或者基金份额发售机构；

（五）登载任何自然人、法人或者其他组织的祝贺性、恭维性或推荐性的文字；

（六）中国证监会禁止的其他行为。

第七条 公开披露的基金信息应当采用中文文本。同时采用外文文本的，基金信息披露义务人应当保证两种文本的内容一致。两种文本发生歧义的，以中文文本为准。

第八条 公开披露的基金信息应当采用阿拉伯数字；除特别说明外，货币单位应当为人民币元。

第三章 基金募集信息披露

第九条 基金募集申请经中国证监会核准后，基金管理人应当在基金份额发售的三日前，将基金招募说明书、基金合同摘要登载在指定报刊和网站上；基金管理人、基金托管人应当同时将基金合同、基金托管协议登载在网站上。

第十条 基金管理人应当就基金份额发售的具体事宜编制基金份额发售公告，并在披露招募说明书的当日登载于指定报刊和网站上。

第十一条 基金管理人应当在基金合同生效的次日在指定报刊和网站上登载基金合同生效公告。

第十二条 开放式基金的基金合同生效后，基金管理人应当在每六个月结束之日起四十五日内，更新招募说明书并登载在网站上，将更新后的招募说明书摘要登载在指定报刊上。

基金管理人应当在公告的十五日前向中国证监会报送更新的招募说明书，并就有关更新内容提供书面说明。

第四章 基金运作信息披露

第十三条 基金份额获准在证券交易所上市交易的，基金管理人应当在基金份额上市交易的三个工作日前，将基金份额上市交易公告书登载在指定报刊和网站上。

第十四条 基金管理人应当至少每周公告一次封闭式基金的资产净值和份额净值。

第十五条 开放式基金的基金合同生效后，在开始办理基金份额申购或者赎回前，基金管理人应当至少每周公告一次基金资产净值和基金份额净值。

基金管理人应当在每个开放日的次日，通过网站、基金份额发售网点以及其他媒介，披露开放日的基金份额净值和基金份额累计净值。

第十六条 基金管理人应当公告半年度和年度最后一个市场交易日基金资产净值和基金份额净值。

基金管理人应当在前款规定的市场交易日的次日，将基金资产净值、基金份额净值和基金份额累计净值登载在指定报刊和网站上。

第十七条 基金管理人应当在开放式基金的基金合同、招募说明书等信息披露文件上载明基金份额申购、赎回价格的计算方式及有关申购、赎回费率，并保证投资人能够在基金份额发售网点查阅或者复制前述信息资料。

第十八条 基金管理人应当在每年结束之日起九十日内，编制完成基金年度报告，并将年度报告正文登载于网站上，将年度报告摘要登载在指定报刊上。

基金年度报告的财务会计报告应当经过审计。

第十九条 基金管理人应当在上半年结束之日起六十日内，编制完成基金半年度报告，并将半年度报告正文登载在网站上，将半年度报告摘要登载在指定报刊上。

第二十条 基金管理人应当在每个季度结束之日起十五个工作日内，编制完成基金季度报告，并将季度报告登载在指定报刊和网站上。

第二十一条 基金合同生效不足两个月的，基金管理人可以不编制当期季度报告、半年度报告或者年度报告。

第二十二条 基金定期报告应当在公开披露的第二个工作日，分别报中国证监会和基金管理人主要办公场所所在地中国证监会派出机构备案。

报备应当采用电子文本和书面报告两种方式。

第五章 基金临时信息披露

第二十三条 基金发生重大事件，有关信息披露义务人应当在两日内编制临时报告书，予以公告，并在公开披露日分别报中国证监会和基金管理人主要办公场所所在地中国证监会派出机构备案。

前款所称重大事件，是指可能对基金份额持有人权益或者基金份额的价格产生重大影响的下列事件：

（一）基金份额持有人大会的召开；

（二）提前终止基金合同；

（三）基金扩募；

（四）延长基金合同期限；

（五）转换基金运作方式；

（六）更换基金管理人、基金托管人；

（七）基金管理人、基金托管人的法定名称、住所发生变更；

（八）基金管理人股东及其出资比例发生变更；

（九）基金募集期延长；

（十）基金管理人的董事长、总经理及其他高级管理人员、基金经理和基金托管人基金托管部门负责人发生变动；

（十一）基金管理人的董事在一年内变更超过百分之五十；

（十二）基金管理人、基金托管人基金托管部门的主要业务人员在一年内变动超过百分之三十；

（十三）涉及基金管理人、基金财产、基金托管业务的诉讼；

（十四）基金管理人、基金托管人受到监管部门的调查；

（十五）基金管理人及其董事、总经理及其他高级管理人员、基金经理受到严重行政处罚，基金托管人及其基金托管部门负责人受到严重行政处罚；

（十六）重大关联交易事项；

（十七）基金收益分配事项；

（十八）管理费、托管费等费用计提标准、计提方式和费率发生变更；

（十九）基金份额净值计价错误达基金份额净值百分之零点五；

（二十）基金改聘会计师事务所；

（二十一）变更基金份额发售机构；

（二十二）基金更换注册登记机构；

（二十三）开放式基金开始办理申购、赎回；

（二十四）开放式基金申购、赎回费率及其收费方式发生变更；

（二十五）开放式基金发生巨额赎回并延期支付；

（二十六）开放式基金连续发生巨额赎回并暂停接受赎回申请；

（二十七）开放式基金暂停接受申购、赎回申请后重新接受申购、赎回；

（二十八）中国证监会规定的其他事项。

第二十四条 召开基金份额持有人大会的，召集人应当至少提前三十日公告基金份额持有人大会的召开时间、会议形式、审议事项、议事程序和表决方式等事项。

基金份额持有人依法自行召集持有人大会，基金管理人、基金托管人对基金份额持有人大会决定的事项不依法履行信息披露义务的，召集人应当履行相关信息披露义务。

第二十五条 在基金合同期限内，任何公共媒体中出现的或者在市场上流传的消息可能对基金份额价格产生误导性影响或者引起较大波动的，相关信息披露义务人知悉后应当立即对该消息进行公开澄清，并将有关情况立即报告中国证监会、基金上市交易的证券交易所。

第六章 信息披露事务管理

第二十六条 基金管理人、基金托管人应当建立健全信息披露管理制度，指定专人负责管理信息披露事务。

第二十七条 基金信息披露义务人公开披露基金信息，应当符合中国证监会相关基金信息披露内容与格式准则的规定；特定基金信息披露事项和特殊基金品种的信息披露，应当符合中国证监会相关编报规则的规定。

第二十八条 基金托管人应当按照相关法律、行政法规、中国证监会的规定和基金合同的约定，对基金管理人编制的基金资产净值、基金份额净值、基金份额申购赎回价格、基金定期报告和定期更新的招募说明书等公开披露的相关基金信息进行复核、审查，并向基金管理人出具书面文件或者盖章确认。

第二十九条 基金管理人、基金托管人应当在指定报刊中选择披露信息的报刊。

基金管理人、基金托管人除依法在指定报刊和网站上披露信息外，还可以根据需要在其他公共媒体披露信息，但是其他公共媒体不得早于指定报刊和网站披露信息，并且在不同媒介上披露同一信息的内容应当一致。

第三十条 为基金信息披露义务人公开披露的基金信息出具审计报告、法律意见书的专业机构，应当制作工作底稿，并将相关档案至少保存到基金合同终止后十年。

第三十一条 招募说明书公布后，应当分别置备于基金管理人、基金托管人和基金份额发售机构的住所，供公众查阅、复制。

上市交易公告书公布后，应当分别置备于基金管理人的住所和基金上市交易的证券交易所，供公众查阅、复制。

基金定期报告公布后，应当分别置备于基金管理人和基金托管人的住所，以及基金上市交易的证券交易所，供公众查阅、复制。

第七章 法律责任

第三十二条 基金信息披露义务人和为基金信息披露义务人公开披露的基金信息出具审计报告、法律意见书等文件的专业机构应当遵守《基金法》的有关规定。违反规定的，中国证监会依法给予行政处罚；涉嫌犯罪的，依法移送司法机关，追究刑事责任。

第三十三条 基金信息披露义务人的信息披露活动存在违反本办法的下列情形的，责令改正，处以警告，并处罚款；对直接负责的主管人员和其他直接责任人员给予警告，并处罚款，情节严重的，暂停或者取消基金从业资格：

（一）信息披露文件不符合中国证监会相关基金信息披露内容与格式准则的规定；

（二）信息披露文件不符合中国证监会相关编报规则的规定；

（三）未按规定履行信息披露文件备案、置备义务；

（四）年度报告的财务会计报告未经审计即予披露。

第三十四条 基金信息披露义务人的信息披露活动存在下列不依法披露基金信息情形的，按照《基金法》第九十三条的规定处罚：

（一）违反本办法第六条规定；

（二）未公开披露本办法第五条、第二十三条第二款规定的基金信息；

（三）未在中国证监会规定的时间内披露基金信息；

（四）未在指定报刊、网站等媒介披露基金信息；

（五）未能保证投资人按照基金合同约定的时间和方式查阅或者复制公开披露的信息资料；

（六）基金管理人在其他公共媒体上披露的信息早于规定媒介；

（七）基金管理人在不同媒介公开披露同一信息的内容不一致。

第三十五条 基金信息披露义务人的信息披露事务管理活动存在下列情形的，责令改正，处以警告，并处罚款；对直接负责的主管人员和其他直接责任人员给予警告，并处罚款，情节严重的，暂停或者取消基金从业资格：

（一）基金管理人、基金托管人的信息披露管理制度不健全；

（二）基金管理人、基金托管人未指定专人负责管理信息披露事务；

（三）基金托管人未按规定对公开披露的基金信息进行复核、审查或者确认；

（四）基金管理人、基金托管人未按照规定选择中国证监会指定的信息披露报刊。

第三十六条 为基金信息披露义务人公开披露的基金信息出具审计报告、法律意见书等文件的专业机构未勤勉尽责，致使所出具的文件含有虚假记载、误导性陈述或者有重大遗漏的，责令改正，给予警告，并处罚款。

第三十七条 对违反本办法规定的机构及其直接责任人员，依法作诚信档案记载。

第八章 附 则

第三十八条 本办法自2004年7月1日起施行。中国证监会发布的《证券投资基金信息披露指引》（证监发[1999]11号）同时废止。

关于加强社会公众股股东权益保护的若干规定（征求意见稿）

发文号：国发[2004]3号　发文时间：2004—09—26

为进一步贯彻落实《国务院关于推进资本市场改革开放和稳定发展的若干意见》（国发[2004]3号），完善社会公众股股东权益的保护机制，把保护投资者特别是社会公众投资者的合法权益落在实处，现规定如下：

一、完善社会公众股股东对公司重大事项的表决制度

（一）上市公司应建立和完善社会公众股股东对重大事项的表决制度。下列事项按照法律、行政法规和公司章程规定，经全体股东大会表决通过，并经参加表决的社会公众股股东所持表决权的半数以上通过，方可实施或提出申请：

1、上市公司向社会公众增发新股（含发行境外上市外资股或其他股份性质的权证）、发行可转换公司债券、向原有股东配售股份（但具有实际控制权的股东在会议召开前承诺100%现金认购的除外）；

2、上市公司重大资产重组，购买的资产总值达到或超过公司经审计的账面净值20%以上；

3、股东以其持有的上市公司股权偿还其所欠该公司的债务；

4、上市公司所属企业到境外上市；

5、对社会公众股股东利益有重大影响的其他事项。

（二）上市公司应积极采取措施，提高社会公众股股东参加股东大会的比例。上市公司召开股东大会，除现场会议外，还应当向股东提供互联网形式的会议平台。

上市公司股东大会实施网络投票，应按有关实施办法办理。

（三）上市公司应切实保障社会公众股股东参与股东大会的权利。股东可以亲自投票，也可以委托他人代为投票。董事会、独立董事和符合一定条件的股东可以向上市公司股东征集其在股东大会上的投票权。

征集人公开征集上市公司股东投票权，应按有关实施办法办理。

（四）上市公司应切实保障社会公众股股东选择董事、监事的权利。在股东大会选举董事、监事的过程中，应充分反映社会公众股股东的意见，积极推行累积投票制度。上市公司选举独立董事或控股股东控股比例在30%以上的上市公司选举董事、监事时，应当采用累积投票制。

本规定所称累积投票制是指上市公司股东大会选举董事或监事时，有表决权的每一股份拥有与所选出的董事或监事人数相同的表决权，股东拥有的表决权可以集中使用。

（五）上市公司制定或修改章程应贯彻上述规定及有关实施办法的精神，列明有关条款。

二、发挥独立董事的作用，维护社会公众股股东的合法权益

（一）上市公司应当建立独立董事制度。独立董事对上市公司和全体股东负有诚信勤勉义务。独立董事应当认真履行职责，维护公司的整体利益，尤其要关注社会公众股股东的合法权益不受损害。

（二）独立董事应当独立履行职责，不受上市公司主要股东、实际控制人或者与上市公司及其主要股东、实际控制人存在利害关系的单位或个人的影响。

（三）重大关联交易、聘用或解聘会计师事务所，应由二分之一以上独立董事同意后，方可提交董事会讨论。经全体独立董事同意，独立董事可独立聘请外部审计机构和咨询机构，对公司的具体事项进行审计和咨询，相关费用由公司承担。

（四）上市公司应当建立独立董事工作制度，董事会秘书应当积极配合独立董事履行职责。上市公司应当保证独立董事享有与其他董事同等的知情权，及时向独立董事提供相关材料和信息，定期通报公司运营情况，必要时可组织独立董事实地考察。

（五）独立董事应当按时出席董事会会议，了解上市公司的生产经营和运作情况，主动调查、获取做出决策所需要的情况和资料。独立董事应当向公司股东大会提交年度述职报告，对其履行职责的情况进行说明。

（六）独立董事任期届满前，无正当理由不得被免职。提前免职的，上市公司应将其作为特别披露事项予以披露。

三、加强投资者关系管理，保障社会公众股股东的知情权

（一）上市公司应严格按照法律、行政法规和上市规则的规定，及时、准确、完整、充分地披露信息。上市公司披露信息的内容和方式应便于公众投资者阅读、理解和获得。

（二）上市公司应积极开展投资者关系管理工作，建立健全投资者关系管理工作制度，董事会秘书具体负责公司投资者关系管理工作。

（三）上市公司除强制的信息披露以外，应主动披露投资者关心的其他相关信息。上市公司应公平对待公司的所有股东，不得进行选择性信息披露。

（四）上市公司应通过多种形式主动加强与投资者特别是社会公众投资者的沟通和交流，设立专门的投资者咨询电话，在公司网站开设投资者关系专栏，定期举行与公众投资者见面活动，及时答复公众投资者关心的问题。

四、上市公司应实施积极的利润分配办法

（一）上市公司的利润分配应重视对投资者的合理投资回报。

（二）上市公司应当将其利润分配办法载明于公司章程。

（三）上市公司董事会未做出现金利润分配预案的，应当在定期报告中披露原因，独立董事应当对此发表独立意见。

（四）存在股东违规占用上市公司资金情况的，上市公司应当扣减该股东所分配的现金红利，以偿还其占用的资金。

五、加强社会公众股股东对上市公司和高级管理人员的监督

（一）上市公司控股股东及实际控制人对上市公司和社会公众股股东负有诚信义务。控股股东及实际控制人不得违规占用上市公司资金，不得违规为关联方提供担保，不得利用关联交易、利润分配、资产重组、对外投资等方式损害上市公司和社会公众股股东的合法权益。控股股东或实际控制人利用其控制地位，对上市公司和社会公众股股东利益造成损害的，将依法追究其责任。

（二）上市公司被控股股东或实际控制人违规占用资金，或上市公司违规为关联方提供担保的，在上述行为未纠正前，中国证监会不受理其再融资申请；控股股东或实际控制人违规占用上市公司资金的，在其行为未纠正前，中国证监会不受理其公开发行证券的申请或其他审批事项。

（三）上市公司的高级管理人员应当根据公司和全体股东的最大利益，忠实、诚信、勤勉地履行职责。上市公司高级管理人员未勤勉尽责，违背诚信义务的，其行为将被记入诚信档案，并适时向社会公布；违规情节严重的，将实施市场禁入；给上市公司和社会公众股股东的利益造成损害的，应当依法承担赔偿责任。

（四）上市公司不得聘用具有《中华人民共和国公司法》规定的不得担任董事、监事、经理情形的人员，被中国证监会宣布为市场禁入人员且尚在禁入期的人员，或被证券交易所宣布为不适当人选未满两年的人员，担任公司高级管理人员职务。

六、本规定适用于股票在上海、深圳证券交易所挂牌交易的上市公司。

七、本规定自颁布之日起实施。

关于首次公开发行股票试行询价制度若干问题的通知（征求意见稿）

发文机关：中国证券监督管理委员会　发文时间：2004－8－31

各首次公开发行股票的公司、证券公司、基金管理公司、合格境外机构投资者：

为保护投资者合法权益，强化市场约束，完善股票发行价格形成机制，现将首次公开发行股票试行询价制度的若干问题通知如下：

一、首次公开发行股票的公司（以下简称发行人）及其保荐机构应通过向机构投资者询价的方式确定发行价格，询价应采用累计投标询价的方式。

二、发行人及其保荐机构披露发行价格和发行市盈率时，每股收益的计算按以下规定执行：

对于未提供盈利预测的发行人，每股收益为发行前一年经审计的、扣除非经常性损益后的净利润除以发行后总股本；

对于提供盈利预测的发行人，每股收益为发行当年经审核的、扣除非经常性损益后的净利润预测数除以发行后总股本。

三、招股说明书刊登前，发行人及其保荐机构应根据本通知的要求向中国证券监督管理委员会（以下简称中国证监会）提交定价估值报告。

经中国证监会同意，发行人及其保荐机构应向本通知规定的询价对象提供上述定价估值报告，并在征求询价对象意见的基础上确定发行价格区间。

本通知所称询价对象是指依法设立的证券投资基金、合格境外机构投资者（QFII）、符合中国证监会规定条件的证券公司以及其他中国证监会认可的机构投资者。

四、招股说明书刊登后，发行人及其保荐机构应组织路演推介，在招股说明书披露的发行价格区间内进行累计投标询价，并综合累计投标询价结果和市场走势等情况确定发行价格。

五、询价对象参加累计投标询价时应全额缴付申购资金。单一询价对象的申购上限为拟向询价对象配售的股份总量。

六、保荐机构应向参与累计投标的询价对象配售股票：公开发行数量在4亿股以下的，配售数量应不超过本次发行总量的20%；公开发行数量在4亿股以上（含4亿股）的，配售数量应不超过本次发行总量的50%。

经中国证监会同意，发行人及保荐机构可以根据市场情况调整上述比例。

七、发行价格以上的有效申购总量大于拟向询价对象配售的股份数量时，保荐机构应对发行价格以上的全部有效申购进行同比例配售。配售比例为拟向询价对象配售的股份数量除以发行价格以上的有效申购总量。有效申购的标准应在发行公告中明确规定。

八、发行人及其保荐机构应于累计投标询价完成后的第二个交易日在中国证监会指定的信息披露报刊和相关网站披露定价和配售结果公告。定价和配售结果公告至少应包括以下内容：

（一）发行价格及其确定依据；

（二）累计投标询价情况，包括：所有询价对象在不同价位的申购数量，不同价位以上累计申购数量及对应的超额认购倍数，申购总量和冻结资金总额；

（三）发行价格以上的有效申购获得配售的比例及超额认购倍数；

（四）获得配售的询价对象名单、获配数量和退款金额。

九、询价对象应承诺将获配股票锁定3个月以上，锁定期自向社会公众投资者公开发行的股票上市之日起计算。

发行人股票挂牌上市的证券交易所及证券登记结算机构应对配售股份的锁定作出相应安排。

十、发行人及其保荐机构应在累计投标询价完成后，将其余股票以相同价格按照发行公告规定的原则和程序向社会公众投资者公开发行。

十一、保荐机构按本通知规定提供的定价估值报告应对影响发行价格的因素进行全面、客观地分析，报告中所引用的资料必须真实、准确并注明来源。定价估值报告至少应包括以下内容：

（一）发行人的行业分类、在行业中的地位及其对定价的影响；

（二）发行人所属行业上市公司股票的二级市场价格及市场整体走势对定价的影响；

（三）发行人经营状况和发展潜力对定价的影响；

（四）发行人盈利能力和财务状况对定价的影响；

（五）发行人募集资金投资项目对股票定价的影响；

（六）其它对发行人股票定价有重要影响的因素。

十二、本通知自发布之日起实施。《股票发行定价分析报告指引（试行）》（证监发［1999］8号）同时废止。

关于审理公司纠纷案件若干问题的规定（一）（征求意见稿）

发文机关：中国证券监督管理委员会　发文时间：2003－11－4

为正确审理公司纠纷案件，根据《中华人民共和国公司法》（以下简称公司法）、《中华人民共和国民法通则》、《中华人民共和国合同法》、《中华人民共和国民事诉讼法》、《中华人民共和国公司登记管理条例》等法律法规的规定，结合人民法院审判实践，对人民法院审理公司纠纷案件的若干问题作如下规定。

第一节　受理与管辖

第一条　当事人因公司设立过程中产生的民事责任、股权确认、股权转让、股东权益保护、股东对公司债务的直接责任等公司法律关系产生纠纷提起诉讼的，人民法院应予受理。

第二条　根据本规定第一条提起诉讼的案件，由被告住所地或者与诉讼标的直接相关的公司住所地人民法院管辖。

第二节　关于公司设立行为和股东出资

第三条　本规定所指设立公司行为，始于全体出资人或者发起人签订设立协议或者公司章程之日，终于公司成立之日或者确定公司不成立之日。

设立公司行为所产生的债务，在公司成立之前或者当公司不能成立时，由全体出资人或者发起人承担连带清偿责任；在公司成立后，由公司承担责任。

第四条　出资人或者发起人在公司设立过程中以拟设立的公司等名义与他人签订合同，公司成立后，应当由公司享有该合同权利，承担合同义务。

公司有证据证明出资人或者发起人冒用设立中公司的名义，为自己的利益与他人签订合同，向公司转嫁债务，且合同相对人知道或者应当知道，公司请求行为人自行承担责任的，人民法院应予支持。

第五条　在设立公司过程中，出资人或者发起人以自己的名义与他人签订的合同，应当由其本人承担合同责任。

合同相对人有证据证明，公司成立后已确认承担合同责任，或者已实际享有了上述合同的履约利益，其请求人民法院判令公司和缔约人共同承担合同责任的，人民法院应予支持。

第六条　公司成立后，因设立公司行为发生的必要费用由公司承担。公司未成立的，出资人或者发起人内部按照约定的出资比例负担。设立协议或者公司章程对设立公司行为发生的费用负担有特别约定的，从其约定。

出资人或者发起人出资不足或者因其他过错导致公司设立失败的，其他出资人或者发起人可以向人民法院提起诉讼，请求判令有过错的出资人或者发起人负担已发生的设立费用。

第七条　出资人或者发起人以股权、债券等能够确定其价值并具有流通性的财产出资的，人民法院应当认定其符合公司法第二十四条的规定。

第八条　出资人或者发起人约定以土地使用权、房产、船舶、车辆等出资，虽未办理财产权转移登记，但已交付公司实际使用，并在第一审法庭辩论终结前补办了财产权转移登记的，人民法院应当认定其履行了出资义务。

第九条　股东出资不足或者出资存在瑕疵，公司及已适当履行了出资义务的股东可以向人民法院提起诉讼，请求判令其补足出资或者补正瑕疵，并支付利息。

第十条　债权人请求公司清偿债务，公司不能清偿的，债权人可以同时对出资不足的股东和公司设立时的其他股东提起诉讼，请求其在出资不足数额及利息的范围内对公司债务承担补充赔偿责任。公司设立时的其他股东承担责任后，可以向出资不足的股东追偿。

公司设立时的其他股东是指公司设立时以出资方式取得股东地位的原始股东。

股东已经补足出资或者已对公司债务承担了相当于出资不足数额及利息的赔偿责任，债权人提起诉讼，请求股东对公司债务承担赔偿责任的，人民法院不予支持。

第十一条　股东在公司成立后抽逃出资的，公司可以请求人民法院判令其返还出资，并按其抽逃出资的数额和时间计付利息。股东因抽逃出资造成公司其他损失的，公司可请求其承担赔偿责任。为抽逃出资提供帮助或者负有直接管理责任的股东、董事、经理应当对返还出资承担连带责任。

公司怠于起诉的，股东可根据本规定第四十三条的规定提起股东代表诉讼。

第十二条　债权人请求公司清偿债务，公司不能清偿的，债权人可以对抽逃出资且未予返还的股东提起诉讼，请求其在抽逃出资的数额及利息范围内承担补充赔偿责任。为抽逃出资提供帮助或者负有直接管理责任的股东、董事、经理应当对抽逃出资股东的上述债务承担连带责任。

第十三条　公司设立行为存在公司法第二百零六条规定的情形，已实际出资的股东可以向人民法院提起诉讼，请求确认公司设立无效，并返还出资。

人民法院受理公司设立无效纠纷案件后，应当责令公司停止经营，并责令有过错的股东在6个月期限内补足出资。逾期未能纠正瑕疵或者补足出资的，人民法院应当判决公司设立无效，并判令公司进行清算。

人民法院认定公司设立无效的民事判决，不溯及公司此前交易活动的效力。

第三节　关于股权确认

第十四条　自然人、法人或者其他组织向人民法院主张确认其享有公司股权的，须证明以下事实：（一）以货币、实物、知识产权、非专利技术、股权、债券、土地使用权等向公司出资；继受公司股权或者以合法方式取得技术股、赠与股等。

（二）已为公司章程或者公司股东名册记载为公司股东。

第十五条　有限责任公司出资人履行出资义务或者股权受让人受让股权之后，公司未向其签发出资证明书或者未将其记载于公司股东名册的，股东可以向人民法院提起诉讼，请求公司履行签发记载义务。

第十六条 股份有限公司公司成立后，履行出资义务的股东，有权请求公司交付股票；公司不予交付的，股东可以向人民法院提起诉讼，请求公司履行交付义务。

通过证券交易市场购买上市股份有限公司股份而成为股东者，其股东身份可以股票交易记录予以证明，其起诉请求公司交付股票的，人民法院不予支持。

第十七条 记载于有限责任公司股东名册的公司股东向公司主张股东权利，公司无相反证据证明其请求无理的，人民法院应予支持。

有限责任公司未置备股东名册，或者因股东名册登记管理不规范，未及时将出资人或者受让人记载于股东名册，但以其他形式认可出资人或者受让人股东身份的，出资人或者受让人可以依照前款向公司主张权利。

第十八条 有限责任公司应当根据公司登记条例将出资人或者股权受让人作为公司股东向公司登记机关申请登记或者变更登记。公司不予申请登记的，出资人或者受让人可以向人民法院提起诉讼，主张其享有公司股权并请求公司履行登记义务。

股东向公司主张权利，公司仅以其未在公司登记机关办理股东登记抗辩的，人民法院对其抗辩不予支持。

第十九条 出资人与他人约定以该他人名义出资的，其约定不得对抗公司。但有限责任公司半数以上的其他股东明知实际出资人的出资，且公司已经认可其以股东身份行使权利的，如无违反法律强制性规定的情节，人民法院可以认定实际出资人对公司享有股权。

一方出资，另一方以股东名义参加公司，双方约定实际出资人为股东或者实际出资人承担投资风险，实际出资人主张名义出资人转交股息和其他股份财产利益的，如无违反法律强制性规定的情节，人民法院应予支持。

一方出资，另一方以股东名义参加公司，双方未约定出资人为股东或者出资人承担投资风险，且出资人亦未以股东身份参与公司管理或者以股东名义向公司主张过权利的，出资人仅对以股东名义参加公司者享有债权；其起诉主张享有股权或者享有股东利益的，人民法院不予支持。

第二十条 因公司股东有出资不足、抽逃出资等行为，公司债权人向名义出资人主张其承担赔偿责任的，人民法院应予支持。名义出资人向公司债权人承担责任后，可以向实际出资人追偿因此遭受的损失。公司债权人将名义出资人与实际出资人列为共同被告的，人民法院应予准许。

第二十一条 未经他人同意以该他人名义登记为股东的，申请登记行为人应当承担因此产生的后果；公司或者公司债权人主张被冒名登记为股东者承担股东责任的，人民法院应当驳回其诉讼请求。

第四节 关于股权转让

第二十二条 有限责任公司章程规定股权转让的条件，限制股东转让股权，其不违反法律法规强制性规定的，人民法院应当认定其效力。

第二十三条 有限责任公司股东之间转让股权应当通知其他股东，多个股东要求购买股权的，应当按各自持股比例受让。

第二十四条 有限责任公司股东向非股东转让股权，应当向公司和其他股东告知拟受让人和拟转让价格条件。公司应当召开股东会征求其他股东的同意。公司未及时召开股东会的，拟转让股权的股东可以书面形式分别征求其他股东的同意，请求其在确定的期限内答复。请求答复的期限一般不应当少于 30 日。逾期未答复者视为同意。

第二十五条 （指定受让）有限责任公司半数以上其他股东不同意向非股东转让股权的，公司应当在股东会议结束之日或者请求答复期限届满之日起 15 日内指定异议股东购买拟转让的股权。

公司指定购买 30 日内，异议股东应当与拟转让股权的股东签订协议，其价格条件不能协商一致时，当事人主张以评估方式确定股权价值的，人民法院应予支持。

有限责任公司半数以上其他股东不同意向非股东转让股权，但公司在股东会议结束之日或者请求答复期限届满之日起 15 日内未指定受让股权，或者被指定受让的股东在公司指定 30 日内不与拟转让股权的股东签订协议的，拟转让股权的股东可以向非股东转让股权。

第二十六条 有限责任公司股东未经其他股东过半数同意或者未向其他股东通报转让价格等主要条件而与非股东订立股权转让合同，或者与非股东订立股权转让合同，价格或者其他主要条件低于向其他股东告知的价格条件的，其他股东可以请求人民法院撤销该合同。

前款股权转让合同被撤销之后，未经其他股东过半数同意的，其他股东可以主张以协商确定的价格或者评估确定的价格购买股权；经过其他股东过半数同意，但未向其他股东告知转让价格等主要条件，或者合同价格等主要条件低于告知的价格或者条件的，其他股东可以主张以该股权转让合同约定的价格等条件行使优先购买权。

受让人记载于公司股东名册一年后，股东主张撤销前款股权转让合同的，人民法院不予支持。

第二十七条 有限责任公司股东主张优先购买部分股权，导致非股东因份额减少而放弃购买的，拟转让股权的股东可以要求主张优先购买权的股东受让全部拟转让股权，其拒绝受让全部股权的，视为放弃优先购买权。

第二十八条 有限责任公司股东未足额出资即转让股权，公司或者其他股东请求转让人将转让股权价款用于补足出资的，人民法院应予支持。

转让股权价款不足以补足出资，转让人又未继续补足，公司或者其他股东或者债权人依照本规定第九条、第十条的规定请求转让人补足出资或者在出资不足金额及利息的范围内对公司债务承担责任的，人民法院应予支持。

有限责任公司股东未足额出资即转让股权，受让人以转让标的瑕疵或者受欺诈而主张撤销合同的，人民法院不予支持。

第二十九条 名义出资人未经实际出资人同意而将股权转让的，实际出资人可以请求名义出资人赔偿因股权被转让所造成的损失。

实际出资人以其为实际权利人主张股权转让行为无效的，如不能证明受让人为非善意，人民法院应当驳回其诉讼请求。

第三十条 因有限责任公司股权转让产生纠纷，当事人提起诉讼时不包括拟转让股权所属公司的，应当通知该公司作为第三人参加诉讼。

因有限责任公司股东向非股东转让股权，其他股东主张购买权而产生纠纷，当事人提起诉讼时不包括拟受让股权的非股东的，应当通知该非股东作为第三人参加诉讼。

第三十一条 股东转让国有股份的，应当对国有股权的价值进行评估，没有评估的不影响股份转让协议的效力。有关权利人主张补充评估并补足差价的，人民法院应予支持。受让人因为须补足的差价款过高而主张撤销转让协议的，人民法院应予准许。

第三十二条 当事人以股权转让导致有限责任公司股东为一人而主张股权转让合同无效的，人民法院不予支持。

第三十三条 股东会决议决定公司以干股或者技术股形式奖励管理人员或技术人员，并相应提高了公司注册资本，且资本金从资本公积金中列支的，人民法院可以认定其效力。

第三十四条 有限责任公司股权因为继承、被强制执行等非因股东本人的意思发生变动，其他股东主张优先受让的，人民法院应予准许。当事人不能就转让价格达成一致的，可以通过评估方式确定。

第三十五条 有限责任公司股权因被强制执行等原因予以拍卖的，公司股东可以主张以拍卖底价行使优先购买权。股东未行使优先购买权，非股东竞拍成交后，其不得请求以拍卖成交价行使优先购买权。因流拍重新确定底价，公司股东主张以新确定的底价主张优先购买权的，人民法院应予支持。

第五节 关于股东权益诉讼

第三十六条 股东请求阅览、复制公司章程、股东名册、管理人员名册、股东会议记录、财务会计报告、审计报告的，公司应当提供。

股东请求查阅、复制公司会计帐簿的，应当说明正当目的。

有限责任公司股东可以请求查阅董事会会议记录；股份有限公司股东请求查阅董事会会议记录的，应持有公司 1%以上的股份。

股东因行使知情权受到阻碍，以公司为被告提起诉讼的，人民法院应予受理并作出裁定。

第三十七条 有限责任公司股东会决议公司合并、转让、实行股份交换、出租公司全部财产、对公司经营范围进行重大变更或者修改公司章程限制股份转让的，在股东会决议表决时投反对票的股东有权请求公司收购其股份。

公司连续五年或者五年以上盈利，且符合公司法规定的股东分配利润条件，但不分配利润的，在股东会决议表决时投反对票的股东有权请求公司收购其股份。

自股东会决议之日起 60 日内，股东与公司就收购股份协商不成的，股东可以在该期间经过后 30 日内，向人民法院提起诉讼；逾期起诉的，人民法院不予受理。

第三十八条 公司未依据公司法或者公司章程的规定召开定期股东会议的，股东有权请求人民法院裁定公司限期召开股东会议。

有限责任公司代表 1/4 以上表决权的股东，股份有限公司持有 1/10 以上股份的股东提议召开临时股东大会，公司不予召开的，提议股东有权请求人民法院裁定公司限期召开股东会议。

人民法院裁定公司召开股东会议的，应当限定股东会议的召开时间并指定公司法定代表人或者原告股东负责召集和主持会议。

第三十九条 下列情况下股东有权请求人民法院撤销股东会议决议：(一)股东会议的召集程序和表决方式违法或者违反公司章程规定的；(二)股东会议决议内容违反公司章程规定的。

股东主张撤销股东会议决议，应当自股东会议结束之日起 2 个月内提起诉讼；逾期起诉的，人民法院不予受理。

第四十条 股东以股东会议决议违反法律、行政法规或者侵犯股东合法权益为由，请求确认股东会议决议无效的，人民法院应予受理。

股东主张股东会议决议无效，应当自股东会议结束之日起 2 个月内提起诉讼；逾期起诉的，人民法院不予受理。

第四十一条 股东参加了股东会议且对会议召集程序未表示异议，或者虽对会议召集程序表示异议但对决议事项投票赞成，或者虽投票反对但已以自己的行为实际履行了股东会议决议，其提起诉讼，请求撤销股东会议决议或者认定股东会议决议无效的，人民法院应当驳回其诉讼请求。

第四十二条 股东请求公司按照股东会议决议向股东支付股息的，人民法院应予支持。

公司向主张出资不足或者抽逃出资的股东主张以其股息补足或者抵偿出资的，人民法院应予支持。

第四十三条 公司董事、监事、经理等高级管理人员违反忠实义务，或者控制股东利用其控制地位，损害公司利益，致使公司遭受损失的，股东提起代表诉讼，人民法院应予受理。

本规定所称控制股东是指实际参与公司的经营管理，并能对公司的主要决策活动施加影响的股东。

第四十四条 提起代表诉讼的股东应当具备以下条件：(一)损害公司利益行为发生时持有并持续持有公司股份(另一种意见是：损害公司利益行为发生前 6 个月持续持有公司股份)；(二)提起代表诉讼的股东，有限责任公司股东所持公司股份应不少于 10%，股份有限公司股东所持公司股份累计应不少于 1%；

第四十五条 股东提起代表诉讼时，应当提供证据证明存在下列事实之一：(一)其已于 2 个月前请求公司提起诉讼，但公司未起诉的；(二)有关财产即将被转移、有关权利的行使期间或者诉讼时效即将超过的；

(三)其他紧急情况，须立即起诉的。

第四十六条 股东提起代表诉讼后，其他股东以相同理由请求参加诉讼，符合本规定第四十四条规定的，应当允许其作为共同原告参加诉讼，但其增加诉讼请求的，应当告知其另行起诉。

股东提起代表诉讼时将有关交易相对人列为被告或者第三人一并起诉的，人民法院应予准许。

股东提起代表诉讼后，人民法院应当通知公司作为第三人参加诉讼。

第四十七条 股东提起代表诉讼后，被告在答辩期间内提供证据证明原告存在恶意诉讼情形，申请人民法院责令原告提供诉讼费用担保的，人民法院应予准许，担保数额应当相当于被告参加诉讼可能发生的合理费用。

第六节 关于股东对公司债权人直接承担责任

第四十八条 人民法院应当严格遵守公司法规定的公司独立人格和股东有限责任的原则，仅在具体法律关系中存在本规定所列的滥用公司人格的特定事由时，判令控制股东对公司债权人直接承担民事责任。

第四十九条 公司债权人以控制股东滥用公司人格损害其利益为由，直接要求控制股东承担民事责任的，人民法院应予受理。

公司或者公司股东提起否认公司人格诉讼的，人民法院不予支持。

第五十条 公司的实质股东仅一人，其余股东仅为名义股东或者虚拟股东的，公司的实质股东对公司债务承担无限责任，名义股东对公司债务承担赔偿责任。

名为公司实为自然人的独资企业，企业主应当对公司的债务承担无限责任。

有限责任公司因股权转让导致股东为一人，在 6 个月内既未吸纳新股东，又未进行企业性质变更登记的，该股东应当对公司债务承担无限责任。

本条不适用于外商独资企业。

第五十一条 因下列情形致使公司与其股东或者该公司与他公司难以区分，控制股东对公司的债务承担连带责任：(一)公司的盈利与股东的收益不加区分，致使双方财务账目不清的；(二)公司与股东的资金混同，并持续地使用同一账户的；(三)公司与股东之间的业务持续地混同，具体交易行为、交易方式、交易价格受同一控制股东支配或者操纵的。

第五十二条 控制公司滥用从属公司人格的，控制公司对从属公司的债权不享有抵销权；从属公司破产清算时，控制公司不享有别除权或者优先权，其债权分配顺序次于从属公司的其他债权人。

第五十三条 人民法院在具体案件中适用公司人格否认规则的，不得将对公司判决效力扩张适用于未参加诉讼的其他公司或者股东。

商业银行房地产贷款风险管理指引(征求意见稿)

发文机关：中国银行业监督管理委员会　发文时间：2004－03－03

第一章 总　则

第一条 为提高商业银行房地产贷款的风险管理能力，根据有关银行监管法律法规和银行审慎监管要求，制定本指引。

第二条 本指引所称房地产贷款是指与房产或地产的开发、经营、消费活动有关的贷款。主要包括土地储备贷款、房地产开发贷款、个人住房贷款、商业用房贷款等。

本指引所称土地储备贷款是指向借款人发放的用于土地收购及土地前期开发、整理的贷款。

房地产开发贷款是指向借款人发放的用于开发、建造向市场销售、出租等用途的房地产项目的贷款。

个人住房贷款是指向借款人发放的用于购买、建造和大修理各类型住房的贷款。

商业用房贷款是指向借款人发放的用于购置、建造和大修理以商业为用途的各类型房产的贷款。

第二章 风险控制

第三条 商业银行应建立房地产贷款的风险政策及不同类型贷款的操作审核标准，明确不同类型贷款的审批标准、操作程序、风险控制、贷后管理以及中介机构的选择等内容。

第四条 商业银行应建立相应的监控流程，确保工作人员遵守上述风险政策及不同类型贷款的操作审核标准。

第五条 商业银行应根据房地产贷款的专业化分工，按照申请的受理、审核、审批、贷后管理等环节分别制定各自的职业道德标准和行为规范，明确相应的权责和考核标准。

第六条 商业银行房地产贷款余额与总贷款余额比不得超过 30%，但各行可根据不同地区房地产市场发展状况的不同而有所区别。

第七条 商业银行应对内部职能部门和分支机构进行房地产贷款发放质量的年度全面稽核，并形成稽核报告，稽核报告应包括以下内容：(一)对内部职能部门和分支机构上年度发放贷款的稽核情况；(二)稽核中发现的主要问题及处理意见；(三)内部职能部门和分支机构的整改情况；(四)本年度稽核计划。

第八条 商业银行对于介入房地产贷款的中介机构的选择，应着重于其企业资质，业内声誉和业务操作程序等方面的考核，择优选用，并签订责任条款，对于因中介机构的原因造成的银行业务损失应有明确的赔偿措施。

第九条 商业银行应建立房地产行业风险预警和评估体系，对房地产行业市场风险予以关注。

第十条 商业银行应建立完善的房地产贷款统计分析平台，对所发放贷款的情况进行详细记录，并及时对相关信息进行整理分析，保证贷款信息的准确性、真实性、完整性，以有效监控整体贷款状况。

第十一条 商业银行应将发放的房地产贷款情况详实地登记，以确保该信息可以准确进入银行监管部门或其他相关部门的信贷登记咨询系统，以利于各商业银行之间的信息沟通，使各行充分了解借款人的整体情况。

第三章 土地储备贷款的风险管理

第十二条 商业银行对资本金没有到位或资本金严重不足、经营管理不规范的借款人应审慎发放土地储备贷款。

第十三条 商业银行发放土地储备贷款时，应对土地的整体情况调查分析，包括该土地的性质、权属关系、测绘情况、土地契约限制、在城市整体综合规划中的用途与预计开发计划是否相符等。

第十四条 商业银行应密切关注有关政府部门及相关机构等对土地经济环境、土地市场发育状况、土地的未来用途及有关规划计划等方面的政策和研究，实时掌握土地价值状况，以避免由于土地价值虚增或其他情况而导致的贷款风险。

第十五条 商业银行应对发放的土地储备贷款设立土地储备机构资金专户，加强对土地经营收益的监控。

第四章 房地产开发贷款的风险管理

第十六条 商业银行对未取得土地使用证、建设用地规划许可证、建设工程规划许可证和施工许可证的项目不得发放任何形式贷款。

第十七条 商业银行对申请贷款的房地产开发企业，应要求其自有资金不低于开发项目总投资的30%。

第十八条 商业银行在发放房地产开发贷款时，应建立严格的项目审批机制，以确保该项目符合国家房地产发展总体方向，有效满足当地城市规划和房地产市场的需求，保证项目的合法性、合规性、可行性。

第十九条 商业银行应对申请贷款的房地产开发企业进行深入调查审核，包括企业的性质、股东构成、资质信用等级等基本背景、近三年的经营管理和财务状况、以往的开发经验和开发项目情况以及与关联企业的业务往来等，对成立不满三年且开发项目较少的专业性、集团性的房地产开发企业的贷款应审慎发放；对经营管理存在问题、不具备相应资金实力或有不良经营记录的房地产开发企业的贷款发放应严格限制。对于依据项目而成立的房地产开发项目公司，应根据其自身特点对其业务范围、经营管理和财务状况，以及股东及关联公司的上述情况以及彼此间的法律关系等进行深入调查审核。

第二十条 商业银行应严格落实房地产开发企业贷款的担保、抵押，确保其真实、合法、有效。

第二十一条 商业银行应建立完备的贷款发放、使用监控机制和风险防范机制。在房地产开发企业的自筹资金得到保证后，可根据项目的进度和进展状况，分期发放贷款，并对其资金使用情况进行监控，以防止其挪用贷款转作其他项目或其他用途，同时，积极采取措施应对项目开发过程中出现的项目自身的变化、房地产开发企业的变化、建筑施工企业的变化等，及时发现并制止违规使用贷款的情况发生。

第二十二条 商业银行应通过监控建筑施工企业的流动资金贷款的用途，防止建筑施工企业使用其流动资金贷款对房地产开发项目进行垫资。

第二十三条 商业银行应对房地产开发企业的销售款进行监控，防止其挪用该销售款开发其他项目或作其他用途。

第二十四条 商业银行应密切关注房地产开发企业的开发情况，以确保商业银行对购买主体结构已封顶住房的个人发放个人住房贷款后，该房屋能够在合理期限内正式交付使用。

第二十五条 商业银行应密切关注国家政策及市场的变化对房地产开发项目的影响，利用市场风险预警预报机制、区域市场分类的指标体系，建立针对市场风险程度和风险类型的阶段监测方案，并积极采取措施化解因此产生的各种风险。

第五章 个人住房贷款风险管理

第二十六条 商业银行应严格遵照相关个人住房贷款政策规定，不得违反有关贷款年限和贷款与房产价值比率等方面的规定。

第二十七条 商业银行制定的个人住房贷款申请表应包括借款人基本情况、借款人收支情况、借款人资产表、借款人现住房情况、借款人购房贷款资料、担保方式、借款人声明等要素(其中具体项目内容参见附件1)。

第二十八条 商业银行应确保贷款经办人员向借款人说明其所提供的个人信息(包括借款人所提交的所有文件资料和个人资产债务情况)将经过贷款审核人员的调查确认，并要求借款人据此签署书面声明。

第二十九条 商业银行应将经贷款审核人员确认后的所有相关信息以“风险评估报告”的形式记录在案。上述相关信息包括个人信息的确认、银行对申请人偿还能力，偿还意愿的风险审核及对抵押品的评估情况(具体内容参见附件2)。

第三十条 商业银行的贷款经办人员对借款人的借款申请初审同意后，应由贷款审核人员对借款人提交文件资料的完整性、真实性、准确性及合法性进行再审。

第三十一条 商业银行应通过借款人的年龄、学历、工作年限、职业、在职年限等信息判断借款人目前收入的合理性及未来行业发展前景；应通过借款人的收入水平、财务情况和负债情况判断其贷款偿付能力；应通过了解借款人目前居住情况及此次购房的首付支出判断其对于所购房产的拥有意愿等因素，并据此对贷款申请做整体分析。

第三十二条 商业银行应对每一笔贷款申请做内部的信息调查，包括了解借款人在本行的贷款记录及存款情况。

第三十三条 商业银行应通过对包括借款人的聘用单位、税务部门、工商管理部门等独立的第三方进行调查，审核贷款申请的真实性及借款人的信用情况，以了解其本人及家庭的资产、负债情况、信用记录等。

商业银行对自雇人士(即自行成立法人机构或个体经营机构或在上述机构内持有超过10%股份及或其个人收入的主要来源为上述机构的经营收入者)申请个人住房贷款进行审核时，不能仅凭个人开具的收入证明来判断其还款能力，应通过要求其提供有关资产证明(例如银行存单)、银行对帐单、财务报表和实地调查等方式，了解其经营情况和真实财务状况，全面分析其还款能力。

对以个人身份申请的商业用房贷款，如借款人是自雇人士或公司的股东、董事，商业银行应要求借款人提供公司财务报表，业务资料并进行审核。

第三十四条 商业银行应根据各地市场情况的不同制定合理的贷款成数上限，但所有住房贷款的贷款成数不超过80%。

第三十五条 商业银行应着重考核借款人还款能力。应将每笔住房贷款的月房产支出与收入比控制在50%以下(含50%)，月所有债务支出与收入比控制在55%以下(含55%)。

房产支出与收入比的计算公式为：(本次贷款的月还款额＋月物业管理费)/月均收入

所有债务与收入比的计算公式为：(本次贷款的月还款额＋月物业管理费＋其他债务月偿付额)/月均收入

上述计算公式中提到的收入应该是指申请人自身的有效收入，即单一申请为申请人本人有效收入，共同申请为主申请人和共同申请人的有效收入。但对于单一申请的贷款，如商业银行考虑将申请人配偶的收入计算在内，则应该先予以调查核实，同时对于已将配偶收入计算在内的贷款也应相应的把配偶的债务一并计入。

第三十六条 商业银行应通过调查外籍或非国内借款人在国外的工作和收入背景，了解其在华购房的目的，并在对各项信息调查核实的基础上评估借款人的偿还能力和偿还意愿。

第三十七条 商业银行应区别判断抵押品状况。抵押物价值的确定以该物业在该次买卖交易中的成交价或评估价的较低者为准。

商业银行在发放个人住房贷款前应对新建房进行整体性评估，可根据各行实际情况选择内部评估或委托独立评估机构进行，但要出具由具备评估资格的专业人士签署的评估报告；对于精装修楼盘以及售价明显高出周边地区售价的楼盘要进行重新评估。

对再交易房,应对每个用作贷款抵押的房屋进行独立评估。

第三十八条 商业银行在对贷款申请做出最终审批前,贷款经办人员或委托的中介机构办理人员须至少直接与借款人面谈一次,从而基本了解借款人的基本情况及其贷款用途。对于借款人递交的贷款申请表和贷款合约需有上述办理人员的见证签署。

第三十九条 商业银行对未完全按照前述要求发放的贷款,应有专门的处理方法,除将发放原因和理由记录在案外,还应密切关注及监控该笔贷款的还款记录。

第四十条 商业银行应建立逾期贷款的催收系统和催收程序。应将本行内相关的个人信用资料,如信用卡"黑名单",车贷/房贷逾期客户名单行内共享。

第六章 风险监管措施

第四十一条 银监会每年对商业银行房地产贷款发放机构的贷款发放规模、资产质量、偿付状况及催收情况、风险管理和内部贷款审核控制进行综合评价,并确定监管重点。

第四十二条 银监会根据非现场监管情况,每年至少选择两家商业银行,对房地产贷款的下列事项进行全面或者专项检查:(一)贷款质量;(二)偿付状况及催收情况;(三)内部贷款审核控制;(四)贷后资产的风险管理;(五)遵守法律、法规情况;(六)需要进行检查的其他事项。

第四十三条 银监会对现场检查中发现的房地产贷款发放存在严重问题的商业银行,将组织跟踪检查。

第四十四条 银监会对介入房地产贷款的中介机构,一旦发现其有违背行业规定和职业道德的行为,将及时予以通报,列入银行黑名单。

第七章 附 则

第四十五条 本指引由银监会负责解释。

第四十六条 本指引自年月日起施行。

第四十七条 本指引适用于经中国银监会批准,在中华人民共和国境内设立的各类商业银行,包括中资商业银行以及中外合资银行、外资独资银行和外国银行分行。

最高人民法院关于审理保险纠纷案件若干问题的解释(征求意见稿)

中国法院网 发文时间:2003—12—10

为了正确适用《中华人民共和国保险法》,公正、及时审理保险纠纷案件,保护保险活动当事人的合法权益,根据保险法及其他有关法律的规定,结合审判实践,对人民法院审理保险纠纷案件适用法律问题做出如下解释:

第一节 关于保险合同的一般问题

第一条 (保险利益)保险法第十二条所称保险利益,即可保利益,应当是可以确定的经济利益。

除保险法第五十三条规定外,投保人对因下列事由产生的经济利益具有保险利益:(一)物权;(二)合同;(三)依法应当承担的民事赔偿责任。

不同投保人对同一保险标的具有保险利益的,可以在各自保险利益范围内投保。

第二条 (保险利益的时效)财产保险合同订立时被保险人对保险标的具有保险利益但保险事故发生时不具有保险利益的,保险人不承担保险责任;财产保险合同订立时被保险人对保险标的不具有保险利益但发生保险事故时具有保险利益的,保险人应当依法承担保险责任。

人身保险合同订立时投保人对保险标的不具有保险利益的,保险合同无效;人身保险合同订立时投保人对保险标的具有保险利益但是保险事故发生时不具有保险利益的,不因此影响保险合同的效力。

第三条 (保险合同的形式)保险单及其他保险凭证是载有保险合同内容的书面文件。

保险合同应当采用书面形式,包括保险单及符合合同法第十一条规定形式的其他保险凭证。

第四条 (缔约过失责任)财产保险的投保人向保险人交付投保单后,保险人未及时签发保险单或者表示拒绝承保的,保险人应当按照合同法第四十二条的规定承担责任。

第五条 (投保人交费与保险人承担责任的关系)根据保险法第十四条的规定,保险合同成立后,投保人未按照约定交付保险费,应当承担违约责任;发生保险事故的,保险人应当承担保险责任,但是保险法另有规定或者保险合同另有约定除外。

保险合同生效后,投保人未按约定的期限交付保险费,但是约定有交费宽限期的,保险人对在宽限期间内发生的承保损失承担保险责任。

保险人因以上两款情形承担保险责任时,可以从保险赔款中扣除未交的保险费及相应的利息。

第六条 (保险人的解除权)投保人在财产保险合同成立后未按照约定交纳全部或者部分保险费的,保险人有权解除合同。合同解除前,未发生保险事故的,保险人要求投保人支付保险人开始承担责任时至合同解除前期间的保险费的,人民法院应予支持。

第七条 (解除合同时的通知义务)保险合同成立后,当事人一方依据保险法和本解释主张解除合同的,应当书面通知对方,保险合同自通知书送达对方时解除。协议解除的,保险合同自达成解除合同的协议时解除。合同另有约定的,依约定。

第八条 (保险人对保险合同条款内容的说明义务)保险人根据保险法第十七条第一款的规定,向投保人说明保险合同条款内容时,应当以普通人能够理解的程度为限,但是可以根据投保人的投保经验作不同程度的解释。

第九条 (如实告的范围)保险法第十七条规定的投保人'如实告知义务"仅限于保险人"提出询问"的投保人知道或者应当知道的事项。

保险人设计的投保单和风险询问表,视为保险人"提出询问"的书面形式。

告知义务的履行限于保险合同成立前。保险合同成立后,投保人、被保险人履行告知义务的,保险人没有异议的,保险人不得因此解除合同。

第十条 (未告知对保险事故发生的影响)保险法第十七条第四款规定的"严重影响",是指未告知的事项为发生保险事故主要的、决定性的原因。如果保险事故的发生并非投保人未告知的重大事项引起,可以认定该未告知的事项对保险事故的发生没有"严重影响",保险人不得以投保人未告知为由解除保险合同或者不承担保险责任。

第十一条 (免责条款明确说明的要求)保险法第十八条中的"明确说明"是指,保险人在与投保人签订保险合同时,对于保险合同中所约定的有关保险人责任免除条款,应当在保险单上或者其他保险凭证上对有关免责条款做出能够足以引起投保人注意的提示,并且应当对有关免责条款的内容以书面或口头形式向投保人做出解释。

保险人对是否履行了明确说明义务承担举证责任。保险合同中免责条款本身,不能证明保险人履行了说明义务。

保险公司的分支机构与投保人订立保险合同时,不因其他分支机构已与该投保人订立有同类保险合同而可以不履行保险法第十八条规定的"明确说明"义务。

第十二条 (保证条款)保险合同的当事人可以根据保险法第五条和第二十条的规定,在保险合同中约定,被保险人违反保险合同中的保证条款时,保险人可以自被保险人违反保证条款之时解除保险合同,也可以要求修改承保条件,增加保险费,或者免除保险责任或者减轻保险责任。

保险合同中投保人、被保险人以书面承诺为一定行为或不行为或者保持某种状况的内容视为保险合同中的保证条款。

被保险人为无民事行为能力人和限制民事行为能力人的,不受该保险合同中保证条款约束。但是,被保险人的监护人有过错的,应当免除或者减轻保险人的责任。

第十三条 (对保证条款的明确说明义务)保险合同中约定有关保证条款的,保险人应当参照保险法第十八条的规定在订立合同时向投保人或者被保险人明确说明,未明确说明的,该条款不产生效力。

第十四条 (可转让保险单的范围)海上货物运输保险单以外的保险单和非人寿保险单的转让,未经保险人同意,人民法院不应当认定转让有效。

第十五条 （出险通知义务）投保人、被保险人或者受益人知道保险事故发生后，在合理的时间内通知保险人，即履行了保险法第二十二条第一款规定的“及时通知”义务。未及时通知的，不影响保险人的保险责任，但保险合同另有约定的除外。保险人以未及时为由不承担责任的主张，人民法院不予支持。

第十六条 （提供资料的范围）保险法第二十三条第一款规定的证明和资料包括：保险协议、保险单或其他保险凭证、已支付保险费凭证、保险财产证明、被保险人身份的证明、保险事故证明、保险标的损失程度证明或人身伤残程度证明、索赔请求书。合同另有约定，依约定。

投保人、被保险人或受益人未提供前款规定的或者合同约定的文件，保险人应当通知其补充。保险法第二十六条规定的保险人预付赔款的期限从投保人、被保险人或受益人提供资料完整之日起计算。

投保人、被保险人或者受益人提供前款规定的文件或者合同约定的文件，确有困难的，由保险人负举证责任。

保险协议、保险单或者其他保险凭证、已支付保险费凭证灭失的，投保人、被保险人或者受益人可以证明存在保险关系，保险人否认又不提供的，人民法院应当支持投保人、被保险人或者受益人的主张。

第十七条 （理赔时间要求）保险法第二十四条中的“及时”一般为三十日，确有困难的除外。

第十八条 （请求赔款或者保险金的诉讼时效期间）保险法第二十七条中规定的“二年”、“五年”为诉讼时效期间。

责任保险的保险事故发生之日是指依法确定被保险人的民事责任之日。

第十九条 （近因）人民法院对保险人提出的其赔偿责任限于以承保风险为近因造成的损失的主张应当支持。

近因是指造成承保损失起决定性、有效性的原因。

第二十条 （保险合同的解释）在审理保险纠纷案件中，保险人与投保人、被保险人或者受益人对保险合同的条款有争议时，人民法院应当按照通常理解予以解释，即按保险合同的有关词句、有关条款、合同的目的、交易习惯以及诚实信用原则，确定该条款的真实意思，并可以按照下列规则予以认定：(一)书面约定与口头约定不一致时的，以书面约定为准；(二)投保单与保险单或者其他保险凭证不一致的，以保险单或者其他保险凭证载明的内容为准；(三)特约条款与格式条款不一致的，以特约条款为准；(四)保险合同的条款内容因记载方式或者时间不一致的，按照“批单”优于“正文”、“后批注”优于“前批注”、“加贴批注”优于“正文批注”、“手写”优于“打印”的规则解释。

按照通常理解予以解释，仍然有两种以上理解的，应当根据保险法第三十一条的规定解释，但是投保方拟定保险合同的，应当作有利于接受方的解释。

第二十一条 （超出经营范围的合同无效）保险人违反保险法第九十二条的规定超出核定的业务范围从事保险业务的，保险合同无效。

保险事故发生前，保险人应当退还保险费及相应的利息；保险事故发生后，保险人除退还收取的保险费外，还应当在保险金额范围内赔偿人寿保险的被保险人或者受益人可得利益的损失；或者在非人寿保险的保险金额范围内赔偿被保险人的实际损失。

投保人明知保险人超出核定的业务范围从事保险业务仍然投保的，承保损失发生前，投保人只能要求保险人退还保险费；保险事故发生后，保险人承担不超过约定保险金额一半的责任。

第二十二条 （依据未经报批的保险条款、费率而订立的合同无效）保险人制定的保险条款和保险费率未按照保险法第一百零七条的规定报保险监督管理机构审批，保险合同无效。

第二十三条 （法律的修改对合同的影响）保险合同有效期间内，法律的修改影响保险合同内容的，修改的内容有利于被保险人或者受益人的，适用修改后的法律；不利于被保险人或者受益人的，保险合同原约定继续有效。

第二节　财产保险合同

(一)一般财产保险合同

第二十四条 （保险标的的转让对保险合同效力的影响）保险法第三十四条中“转让”是指保险标的的所有权的转移。但是被保险人转让保险标的但未实际交付的，保险合同继续有效。

根据保险法第三十四条的规定，当事人转让保险标的的，保险合同未经保险人同意变更相关事项的，保险合同从转让之日起终止，同时保险人应当退还相应保险费。但是，该条第一款中“保险人不同意继续承保”规定不适用于法定强制保险。

第二十五条 （保险人对与危险程度增加无关因素引起的保险事故应承担保险责任）在合同有效期内，保险标的的危险程度增加，被保险人未通知保险人的，保险人对与保险标的危险程度增加无关的因素而发生的保险事故应承担保险责任，保险人不得依据保险法第三十七条的规定以被保险人未履行“通知”义务为由拒绝承担保险责任。

第二十六条 （定值保险与不定值保险）当事人根据保险法第四十条的规定，在合同中约定了保险价值与保险金额的，保险人以约定的保险价值高于保险标的的实际价值为由不承担保险责任的，人民法院不予支持。

当事人在合同中没有约定保险价值的，保险标的的实际价值按照保险事故发生地的市场价格确定。没有市场价格的，可以依评估价格确定。

第二十七条 （代位权诉讼）保险人因行使代位权向人民法院提起诉讼的，保险人为原告，第三者为被告，被保险人可以作为第三人参加。

被保险人取得的保险赔偿不能弥补第三者造成的全部损失的，被保险人可以向第三者请求赔偿；保险人同时起诉的，作为共同原告。

根据保险法第四十五条第三款的规定，被保险人的损失优先赔偿。

第二十八条 （代位权的诉讼时效期间）保险人向第三者行使代位权的诉讼时效期间与被保险人向第三者行使赔偿请求权的诉讼期间相同。

第二十九条 （被保险人对第三者的诉讼义务）因第三者对保险标的的损害而造成保险事故的，保险人可以按照约定要求被保险人对第三者先向法院提起诉讼。但是保险人不得以被保险人未起诉为由拒绝承担保险责任。被保险人不起诉影响追偿权的行使，依照保险法第四十六条第三款的处理。

（过错的含义）保险法第四十六条第三款中的“过错”，限于被保险人的故意或者重大过失。

第三十条 （保险代位权的相对人限制）人民法院在审理案件中，对于被保险人是自然人的，应当依据保险法四十七条的规定，认定家庭成员包括被保险人的近亲属和与其共同生活的其他亲属。

没有亲属关系但在同一家庭长期共同生活的人视为保险法第四十七条规定的家庭成员。

第三十一条 （责任保险人的诉讼主体）在第三者起诉被保险人要求损害赔偿的，人民法院可以根据当事人的申请将责任保险的保险人列为第三人。

第三十二条 （责任保险的范围）保险法第五十一条中规定的“费用”包括合理的律师费用。

(二)商业信用保险与保证保险第三十三条（商业信用保险）商业信用保险合同是由保险人承保权利人因债务人破产、解散、政府行为等引起的非正常商业信用风险的保险。

商业信用保险合同的投保人为被保险人。

商业信用保险的保险人赔偿被保险人的商业信用损失后，有权依照合同向债务人追偿。

第三十四条 （保证保险性质及当事人）保证保险合同是为保证合同债务的履行而订立的合同，具有担保合同性质。

保证保险法律关系的当事人为保险人（保险公司），权利人（债权人、受益人），投保人（合同的债务人、被保证保险人）。

第三十五条 （保险人的追偿权）投保人违反约定给权利人造成的损失，由保险人按照保证保险合同予以赔偿。保险人承担保险责任后，有权依照合同向投保人追偿。

第三十六条 （法律适用）人民法院审理保证保险合同纠纷确定当事人的权利义务时，适用保险法；保险法没有规定的，适用担保法。

第三十七条 （物的担保优先）同一合同债务既投保保证保险，又设定物的担保，权利人根据物的担保仍不能满足债权的实现时，可以请求保险人承担保证保险责任。

第三十八条 （保险合同与基础合同效力关系）基于无效的合同而订立的保证保险合同无效，保险人不承担保险责任。但保险人明知合同无效而承保的，应当承担相应的赔偿责任。

第三十九条 （诉讼当事人）权利人依据其与债务人（投保人）之间的合同起诉投保人的，不得将保险人列为第三人或者共同被告；保险事故发生后，权利人依据保证保险关系起诉保险人的，人民法院可以将投保人（债务人）列为第三人。

第三节　人身保险合同

第四十条 （无争议条款的适用）自合同成立之日起两年内，保险人未行使保险法第十七条第二款规定的保险合同解除权的，解除权消灭。但是合同已经终止的除外。

第四十一条 （寿险保单的转让）人寿保险的保险单，投保人经过被保险人书面同意，可以转让或者质押。但是保险合同另有约定的除外。

投保人、受让人或质押权人在保险单转让或者质押转让协议签订后未通知保险人的，保险人可以只对受益人履行给付保险金的义务。

质押权人在其享有的债权范围内，要求按照合同行使优先于受益人对保险金或者保险单现金价值请求权的，人民法院应当支持。

第四十二条 （保险人的审查义务）保险人对以死亡为给付保险金条件的合同经被保险人书面同意负有合理的审查义务。保险人未履行此项义务而造成被保险人损害的，保险人应当承担相应的赔偿责任。

第四十三条 （被保险人、受益人维持合同效力的权利）投保人与被保险人、受益人分别为不同的人时，投保人不再继续交纳保险费的，自合同效力中止之日起二年内，被保险人、受益人向保险人提出补交保险费、恢复合同效力的要求，人民法院应予支持。

被保险人、受益人承担交纳保险费义务的，可以依法行使投保人的权利。

第四十四条 （父母一方享有维持合同效力的权利）保险合同以子女为受益人的，夫妻离婚后，作为投保的一方提出解除合同，对方提出继续交纳保险费维持合同效力的要求，人民法院应予支持。

第四十五条 （离婚后对保险的处理）人民法院对于以夫妻共同财产投保后，夫妻又离婚的，应当按照以下情况处理涉及保险的纠纷：(一)一方为投保人并以自己或其亲属为受益人的，应当给予对方相当于保险单现金价值的一半的补偿。

(二)一方为投保人，对方或其亲属为受益人，人民法院应当支持对方继续交纳保险费维持合同效力的请求，但该方当事人应当给予投保人相当于保险单现金价值一半的补偿。

第四十六条 （体检与告知）被保险人应保险人的要求到指定的单位进行体检，保险人知道被保险人的体检结果与投保人的告知不符或者体检单位未将体检结果告知保险人仍然承保的，保险人以投保人未如实告知为由不承担保险责任的，人民法院不予支持。但投保人未如实告的事实属未体检的除外。

第四十七条 （异议期限的性质）保险法第五十四条第一款规定的“二年”为不变期间。

第四十八条 （未指定受益人的另一种情况）人身保险合同的受益人栏中只填写“法定”字样，视为未指定受益人。

（职工为受益人的推定）法人或者其他组织为其职工订立的人身保险合同中未指定受益人的，推定职工为受益人。

第四十九条 （团单）团体人身保险合同是法人及其他组织基于劳动关系、雇用关系或其他法律关系，以其职工、雇员或其管理对象作为被保险人而订立的团体人身保险合同。

团体人身保险合同中指定法人或者其他组织为受益人的，人民法院应当依法支持。但保险费实际上由被保险人承担的除外。

团体人身保险合同的生效及受益人的指定必须以被保险人的书面同意为条件，但以被保险人或其近亲属为受益人的除外。

被保险人离开原单位时，对请求将团体人身保险中涉及自己的部分变个体保险单的，人民法院应予支持。但团体保险合同中明确约定职工不得将涉及自己的部分转变为个人保险单的除外。

第五十条 （手续费的承担依据）保险法第五十九条、六十九条中规定的手续费数额，应当在保险合同中明确约定。未明确约定的，保险人要求投保人承担合理的手续费的要求应予支持。

第五十一条 （死亡顺序的确定）受益人与被保险人在同一事件中死亡的，不能确定死亡先后顺序的，推定受益人死亡在先，被保险人死亡在后。

第五十二条 （对个别受益人先死亡的受益份额的处理）保险合同指定多个受益人的，其中一个受益人先于被保险人死亡，被保险人或者投保人未重新指定受益人的，对该受益人应得份额由其他受益人按照约定份额比例享有。

第五十三条 （对个别受益人丧失受益权的受益份额的处理）保险合同指定多个受益人的，其中某一个受益人因保险法第六十五条第二款规定的原故丧失受益权的，不影响其他受益人的受益权。该受益人应得份额由其他受益人按照约定份额比例享有。

第五十四条 （自杀的例外）以死亡为给付保险金条件的合同，被保险人为无民事行为能力人、限制民事行为能力人的，其自杀后，保险人不得依据保险法第六十六条规定拒绝给付保险金。

已满十六周岁不满十八周岁的以自己劳动收入为主要生活来源的被保险人自杀的，不适用前款的规定。

第五十五条 （犯罪行为的认定）人民法院在审理保险纠纷案件中，可以依据有权机关依照法定程序最终认定被保险人是否故意实施犯罪行为的结论为依据，认定被保险人的行为是否构成保险法第六十七条规定的“故意犯罪”。

（特殊情形下保险事故的认定）被保险人在羁押、服刑期间因意外或者疾病造成的伤残或者死亡，保险人应当承但给付保险金的责任。法律另有规定或保险合同另有约定除外。

第四节　其　他

第五十六条 （保险资料的保存）保险公司未依保险法第一百二十四条的规定妥善保管有关帐簿、原始凭证及资料的，如果被保险人或者受益人在诉讼中主张保险公司持有的有关帐簿、原始凭证及资料对保险人不利而保险人无法提供的，应推定该主张成立。

第五十七条 （表见代理）保险法第一百二十八条第二款中“投保人有理由相信其有代理权”的情形包括：(一)行为人持有保险公司工作证、空白保险合同、盖有保险公司印鉴的收据等；(二)行为人原为保险公司代理人并与投保人签订保险合同的，后行为人丧失代理权而保险人未及时通知投保人，行为人又以保险公司代理人身份与投保人进行了续期保险费收取等业务活动的；(三)保险公司的委托授权文件对代理人的授权不明的；(四)其他使相对人有理由相信行为人有代理权的情况。

但上述证件、文件系伪造、变造的除外。

第五十八条 （管辖法院及诉讼主体问题）保险纠纷由被告住所地人民法院管辖。当事人另有约定的除外。

保险公司依法成立的各级分支机构享有独立的诉讼主体资格。人民法院在审理保险纠纷案件时不将签订保险合同的分支机构的上级公司或者总公司列为共同被告。

第五十九条 （出口信用保险案件的法律适用）人民法院审理出口信用保险纠纷案件，适用保险法第二章第一节及本解释第一部分与该节相关部分的规定。但出口信用保险合同另有约定的除外。

信托投资公司信息披露管理暂行办法(征求意见稿)

发文机关：中国银行业监督管理委员会　发文时间：2004—7—7

第一章　总　则

第一条　为维护客户和相关利益人的合法权益，加强信托投资公司的市场约束，规范信托经营行为和信托投资公司的信息披露行为，促进信托业健康发展，依据《中华人民共和国信托法》、《中华人民共和国银行业监督管理法》、《信托投资公司管理办法》等法律法规，制定本办法。

第二条　本办法适用于在中华人民共和国境内依法设立的信托投资公司。中国银行业监督管理委员会(以下简称银监会)依照法律、法规及本办法的规定对信托投资公司的信息披露行为进行监督管理。

第三条　本办法中信息披露是指信托投资公司依法将反映其经营状况的主要信息，如财务会计报告、各类风险管理状况、公司治理、业务经营、关联交易及其他重大事项等真实、准确、及时、完整地向客户及相关利益人予以公开的过程。

第四条　信托投资公司披露信息应当遵守法律法规、国家统一的会计制度和银监会的有关规定。

第五条　信托投资公司应当遵循真实性、准确性、完整性和可比性原则，规范地披露信息。

第六条　本办法规定为信托投资公司信息披露的最低要求，信托投资公司可在遵守本办法规定的基础上自行决定披露更多信息。

上市信托投资公司除应遵守本办法规定披露信息外，还应遵守证券监督管理机关有关信息披露的规定。

第七条　信托投资公司披露的年度财务会计报告须经会计师事务所审计，其中信托财产是否需要审计，视信托文件约定。

第二章　信息披露的内容

第八条　信托投资公司按照本办法规定披露的信息包括：

(一)年度报告。信托投资公司在会计年度终了后应就公司概况、经营概况、会计报告、财务情况说明、公司治理、重大事项等信息编制年度报告。年度报告摘要是对年度报告全文重点的摘录。

(二)重大事件临时报告。对发生可能影响本公司财务状况、经营成果及客户和相关利益人的重大事件，信托投资公司应当及时发布重大事件临时公告。

(三)法律、行政法规以及银监会规定应予披露的其他信息。

第九条　信托投资公司应当按照本办法的要求编制和披露年度报告及年度报告摘要。年度报告和年度报告摘要应按本办法附件要求的内容与格式进行编制。

第十条　信托投资公司年度报告至少包括以下内容：

(一)公司概况

(二)经营概况

(三)会计报表

(四)会计报表附注

(五)财务情况说明书

(六)公司治理

(七)重大事项揭示

第十一条　信托投资公司应在经营概况中披露下列各类风险和风险管理情况：

(一)风险控制状况。信托投资公司应披露风险管理的情况。包括产生风险的业务活动、风险管理和控制政策、风险管理的组织结构和职责划分等情况。

(二)信用风险状况。信托投资公司应披露信用风险的表现形式、风险程度及对该风险的管理策略。

(三)市场风险状况。信托投资公司应披露因股价、市场汇率、利率及其他价格因素变动而产生的风险，分析上述价格的变化对公司盈利能力和财务状况的影响，说明公司的市场风险管理策略。

(四)操作风险状况。信托投资公司应披露由于内部程序、人员、系统的不完善或失误，或外部事件造成的风险，并就公司对该类风险的控制系统及风险管理策略的完整性、合法性和有效性作出说明。

(五)其他风险状况。其他可能对公司及客户和相关利益人造成严重不利影响的风险因素。

第十二条　信托投资公司应当披露下列公司治理信息：

(一)年度内召开股东大会情况；

(二)董事会履行职责的情况；

(三)监事会履行职责的情况；

(四)高级管理层履行职责的情况；

(五)内部控制情况。

第十三条　对会计师事务所出具的有解释性说明、保留意见、拒绝表示意见或否定意见的审计报告的，信托投资公司董事会应就所涉及事项做出说明。

第十四条　信托投资公司监事会应当对本公司依法运作情况、财务报告是否真实反映公司的财务状况和经营成果等发表独立意见。

第十五条　信托投资公司应在会计附注中披露关联交易的总量及重大关联交易的情况。未与信托投资公司发生关联交易的关联方，信托投资公司可以不予披露。

重大关联交易应当逐笔披露，包括关联交易方、交易内容、定价原则、交易方式、交易金额及报告期内逾期没有偿还的有关情况等。关联交易方是信托投资公司股东的，还应披露该股东对信托投资公司的持股金额和持股比例。

重大关联交易是指信托投资公司与一个关联方之间单笔交易金额占信托投资公司注册资本5%以上，或信托投资公司与一个关联方发生交易后，信托投资公司与该关联方的交易余额占信托投资公司注册资本20%以上交易。

计算关联自然人与信托投资公司的交易余额时，其近亲属与该信托投资公司的交易应当合并计算；计算关联法人或其他组织与信托投资公司的交易余额时，与其构成集团客户的法人或其他组织与该信托投资公司的交易应当合并计算。

关联方是指依据《商业银行与内部人和股东关联交易管理办法》所界定的关联方。

第十六条　信托投资公司披露的公司年度重大事项，至少应包括下列内容：

(一)前五名股东报告期内变动情况及原因；

(二)高级管理人员人员变动情况及原因；

(三)变更注册资本、变更注册地或公司名称、公司分立合并事项；

(四)公司的重大诉讼事项；

(五)公司及其高级管理人员受到任何处罚的情况；

(六)银监会及其派出机构对公司检查后提出整改意见的，应简单说明整改情况；

(七)银监会认定的其他有必要让客户及相关利益人了解的重要信息。

第十七条　信托投资公司发生重大事件，应当向社会发布重大事件临时公告。重大事件包括(但不限于)下列情况：

(一)公司第一大股东变更及原因；

(二)公司董事长、总经理变动及原因；

(三)公司董事报告期内累计变更超过50%；

(四)信托经理或主要业务人员报告期内累计变更超过30%；

(五)公司章程、注册资本、注册地和公司名称的变更；

(六)公司合并、分立、解散等事项；

(七)公司更换为其审计的会计师事务所；

(八)公司更换为其服务的法律事务所；

(九)法律法规规定的其他重要事项。

第十八条　信托投资公司固有财产经营及信托财产管理过程中发生重大情况，足以影响信托投资公司持续经营和投资者利益的，应当于披露前及时报告银监会。

第三章　信息披露的管理

第十九条　信托投资公司应当有专门人员负责信息披露事务，包括建立信息披露制度、接待来访，回答咨询，以及负责与银监会、客户、新闻机构等的联系。

信托投资公司应当将负责信息披露事务人员的姓名、联系电话、电子邮件、图文传真等信息报公司所在地银监会派出机构备案，并在年度报告和年度报告摘要中载明。

第二十条　信托投资公司应于每个会计年度终了后的四个月内披露年度报告和年度报告摘要。因特殊原因不能按时披露的，应至少提前十五日向银监会申请延迟。

第二十一条　信托投资公司应当将年度报告备置于公司主要营业场所，供客户及相关利益人查阅，并将年度报告全文刊登在本公司的网站上。信托投资公司应将年度报告摘要刊登在至少一种银监会指定的全国性报纸上。

第二十二条　信托投资公司应将重大事件临时公告自事实发生之日后两个工作日内刊登在至少一种银监会指定的全国性报刊上。

第二十三条　信托投资公司除在银监会指定的全国性报刊上披露信息外，还可以根据需要在其他报刊上披露信息，但必须保证：

(一)指定报刊不晚于非指定报刊披露信息；

(二)在不同报刊上披露同一信息的文字一致。

第二十四条　信托投资公司应当在年度报告公布后，会计年度结束之日起四个月内，将年度报告全文及摘要两份报送公司所在地的银监会派出机构，并应在会计年度结束之日起六个月内，将年度报告印刷文本两份报送银监会。

第二十五条　信托投资公司董事会负责公司的信息披露。董事会及其董事应当保证所披露的信息真实、准确、完整，承诺其中不存在虚假记载、误导性陈述或重大遗漏，并就其保证承担相应的法律责任。

对公司所披露信息的真实性、准确性、完整性无法保证或存在异议的董事，应当单独陈述理由和发表意见。未参会董事应当单独列示其姓名。

公司设立独立董事的，独立董事应就公司所披露信息的真实性、准确性、完整性发表意见。

第四章　附　则

第二十六条　对违反本办法规定，在信息披露中提供虚假信息或隐瞒重要事实的机构及有关责任人员，按照《中华人民共和国银行业监督管理法》、《金融违法行为处罚办法》等有关法律法规的规定进行处罚，构成犯罪的，依法追究刑事责任。

第二十七条　本办法由银监会负责解释。

第二十八条 本办法自2004年月日起试行。

附件一:年度报告全文的内容与格式

附件二:年度报告摘要的内容与格式

附件一:

年度报告内容与格式

一、重要提示及目录

(一)公司应在年度报告文本扉页刊登如下(不限于)重要提示:本公司董事会及其董事保证本报告所载资料不存在任何虚假记载、误导性陈述或者重大遗漏,并对其内容的真实性、准确性和完整性承担个别及连带责任。

如个别董事对年度报告内容的真实性、准确性、完整性无法保证或存在异议的,应当声明:××董事无法保证本报告内容的真实性、准确性和完整性,理由是:……,请客户及相关利益人特别关注。如有董事未出席董事会,应当单独列示其姓名。建立独立董事制度的公司,独立董事应就年度报告内容的真实性、准确性、完整性发表意见。

如果执行审计的会计师事务所对公司出具了有解释性说明、保留意见、拒绝表示意见或否定意见的审计报告,重要提示中应增加以下陈述:

××会计师事务所为本公司出具了有解释性说明(或保留意见、拒绝表示意见、否定意见)的审计报告,本公司董事会对相关事项亦有详细说明,请客户及相关利益人注意阅读。

公司负责人、主管会计工作负责人及会计机构负责人(会计主管人员)应当声明:保证年度报告中财务报告的真实、完整。

(二)年度报告目录应标明各章、节的标题及其对应的页码。

二、公司概况

(一)公司简介

公司的法定中、英文名称及缩写,法定代表人,注册地址及其邮政编码,公司国际互联网网址、电子信箱,公司负责信息披露事务人的姓名、联系电话、传真、电子信箱,公司选定的信息披露报纸名称,公司年度报告备置地点。公司聘请的会计师事务所、律师事务所名称及住所等

(二)公司组织

1、组织系统(或以图形表示)

2、董事及监事

职务、姓名、性别、年龄、选任日期、任期、所代表的股东的名称及该股东持股比例等

3、主要经理人

职务、姓名、性别、年龄、任职日期、学历、专业等

4、报告期末股东总数,持有本公司10%以上(含10%)股份(或出资比例)的股东名称、持股情况及其法人代表、注册资本、注册地址、主要经营业务等。若股东之间存在关联关系,应予以说明

5、公司前三位股东的主要股东的名称、出资比例、法人代表、注册资本、注册地址、主要经营业务等

三、经营概况

(一)经营目标、方针、战略规划

(二)所经营业务的主要内容

(三)市场分析

1、经济形势分析

2、金融形势分析

3、影响本公司业务发展的主要因素(有利因素、不利因素)

(四)从业员工

最近两个年度职工人数、平均年龄、学历分布比率、岗位分布(如研发人员、信托经理人员、营销人员、财务人员、其他等)

(五)风险管理

1、风险控制状况(风险管理的组织结构、职责划分、控制政策)

2、信用风险状况(表现形式、管理策略)

3、市场风险状况(影响程度、管理策略)

4、操作风险状况(表现形式、管理策略)

5、内部审计状况

四、报告期末及上一年度末的比较式会计报表

(一)自营资产(须经审计)

1、会计师事务所审计意见全文

2、自营资产负债表

3、利润表

4、利润分配表

5、所有者权益变动表

(二)信托资产

1、信托资产来源、运用表

2、信托业务利润表

五、会计报表附注(至少要包括下列内容)

(一)会计报表编制基准不符合会计核算基本前提的说明

(二)重要会计政策和会计估计说明

1、计提资产损失准备的范围和方法

2、短期投资核算方法

3、长期投资核算方法

4、固定资产计价和折旧方法

5、无形资产计价及摊销政策

6、长期待摊费用的摊销政策

7、合并会计报表的编制方法

8、收入确认原则和方法

9、所得税的会计处理方法

10、信托报酬收入方法

如果与上一期年度报告相比,会计政策、会计估计和核算方法发生了变化,应予以说明

(三)或有事项说明

(四)会计报表中重要项目的明细资料

1、自营资产经营情况

(1)按资产风险分类的结果披露资产的期初数、期末数

(2)披露资产损失准备的期初、本期计提、本期转回、本期核销、期末数;一般准备和专项准备应分别披露

(3)披露担保等表外项目的期初数、期末数及其他具体情况

(4)披露自营股票投资、基金投资、债券投资、长期股权投资等投资的期初数、期末数

(5)披露前五名的自营长期股权投资的企业名称、占被投资企业权益的比例、主要经营活动及投资收益情况等

(6)披露原有负债(重新登记前)清理情况

2、信托资产管理情况

(1)披露履行受托人义务的情况

(2)披露信托资产的期初数、期末数

(3)披露本年度信托终止的合同份数、合计金额、加权平均预计收益率、加权平均实际收益率

(4)披露信托财产的损失情况(笔数、合计金额、原因等)

(5)披露因本公司自身责任而导致的信托资产损失(笔数、合计金额、原因等)

(6)信托赔偿准备金的提取、使用和管理情况

(五)关联方关系及其交易的披露

1、关联交易方的数量、关联交易的总金额及关联交易的定价政策等

2、关联交易方与本公司的关系性质、关联交易方的名称、法人代表、注册地址、注册资本及主营业务等

3、逐笔披露本公司与关联方的重大交易事项

(1)自有资产:贷款、投资、应收账款、担保、租赁、其他方式等期初数、期末数

(2)信托资产:贷款、投资、应收账款、担保、租赁、其他方式等期初数、期末数

(3)自有资产与信托财产之间的交易金额合计,笔数合计等期初数、期末数

4、逐笔披露关联方逾期未偿还本公司资金的详细情况以及本公司为关联方担保发生或即将发生垫款的详细情况

六、财务情况说明书

(一)利润实现和分配情况

(二)主要财务指标:资产收益率、资本收益率、信托报酬率、人均利润

(三)对本公司财务状况、经营成果有重大影响的其他事项

七、公司治理信息:

(一)年度内召开股东大会情况

包括召开会议的次数、各次会议的议题、决议的内容等

(二)董事会履行职责情况

包括召开会议的次数、决议的内容、对股东大会决议的执行情况、对股东大会授权事项的执行情况等此外,对会计师事务所出具的有解释性说明、保留意见、拒绝表示意见或否定意见的审计报告的,公司董事会应就所涉及事项做出说明。

（三）监事会履行职责情况

包括召开会议的次数、各次会议的议题，所做工作的描述等此外，公司监事会应当对本公司依法运作情况、财务报告是否真实反映公司的财务状况和经营成果等发表独立意见

（四）高级管理层履职情况；

（五）内部控制情况

包括要说明内控制度的设计及执行的合理性、有效性等

八、重大事项揭示

（一）前五名股东报告期内变动情况及原因；

（二）高管人员变动情况及原因；

（三）变更注册资本、变更注册地或公司名称、公司分立合并事项；

（四）公司的重大诉讼事项

（五）公司及其高级管理人员受到任何处罚的情况

（六）银监会及其派出机构对公司检查后提出整改意见的，应简单说明整改情况

（七）银监会认定的其他有必要让客户及相关利益人了解的重要信息

附件二：

年度报告摘要内容与格式

一、重要提示

公司应在年度报告摘要显要位置刊登如下（不限于）重要提示：本公司董事会及其董事保证本报告所载资料不存在任何虚假记载、误导性陈述或者重大遗漏，并对其内容的真实性、准确性和完整性承担个别及连带责任。本年度报告摘要摘自年度报告全文，客户及相关利益人欲了解详细内容，应阅读年度报告全文。

如个别董事对年度报告内容的真实性、准确性、完整性无法保证或存在异议的，应当声明：××董事无法保证本报告内容的真实性、准确性和完整性，理由是：……，请客户及相关利益人特别关注。如有董事未出席董事会，应当单独列示其姓名。建立独立董事制度的公司，独立董事应就年度报告内容的真实性、准确性、完整性发表意见。

如果执行审计的会计师事务所对公司出具了有解释性说明、保留意见、拒绝表示意见或否定意见的审计报告，重要提示中应增加以下陈述：

××会计师事务所为本公司出具了有解释性说明（或保留意见、拒绝表示意见、否定意见）的审计报告，本公司董事会对相关事项亦有详细说明，请客户及相关利益人注意阅读。

公司负责人、主管会计工作负责人及会计机构负责人（会计主管人员）应当声明：保证年度报告中财务会计报告的真实、完整。

二、公司概况

公司简介

公司的法定中、英文名称及缩写，法定代表人，注册地址及其邮政编码，公司国际互联网网址、电子信箱，公司负责信息披露事务人的姓名、联系电话、传真、电子信箱，公司选定的信息披露报纸名称，公司年度报告备置地点，公司聘请的会计师事务所、律师事务所名称及住所等

（二）公司组织

1、董事及监事

职务、姓名、性别、年龄、选任日期、任期、所代表的股东的名称及该股东持股比例等

2、主要经理人

职务、姓名、性别、年龄、任职日期、学历、专业等

3、报告期末股东总数，持有本公司10%以上（含10%）股份（或出资比例）的股东名称、持股情况及其法人代表等。若股东之间存在关联关系，应予以说明

4、公司控股股东的主要股东的名称、出资（持股）比例、法人代表等

三、经营概况

（一）经营目标、方针、战略规划

（二）所经营业务的主要内容

（三）从业员工

报告期内职工人数、平均年龄、学历分布比率、岗位分布（如研发人员、信托经理人员、营销人员、财务人员、其他等）

（四）风险管理

1、风险控制状况（风险管理的组织结构、职责划分、控制政策）

2、信用风险状况（表现形式、管理策略）

3、市场风险状况（影响程度、管理策略）

4、操作风险状况（表现形式、管理策略）

四、报告期末及上一年度末的比较式会计报表

（一）自营资产（须经审计）

1、会计师事务所审计意见全文

2、自营资产负债表

3、利润表

4、利润分配表

5、所有者权益变动表

（二）信托资产

1、信托资产来源、运用表

2、信托业务利润表

五、会计报表附注（至少要包括下列内容）

（一）会计报表编制基准不符合会计核算基本前提的说明

（二）重要会计政策和会计估计说明

1、计提资产损失准备的范围和方法

2、短期投资核算方法

3、长期投资核算方法

4、固定资产计价和折旧方法

5、合并会计报表的编制方法

6、收入确认原则和方法

7、信托报酬收入方法

（三）会计报表中重要项目的明细资料

1、自营资产经营情况

（1）按资产风险分类的结果披露资产的期初数、期末数

（2）披露资产损失准备的期初、本期计提、本期转回、本期核销、期末数；一般准备和专项准备应分别披露

（3）披露担保等表外项目的期初数、期末数及其他具体情况

（4）披露自营股票投资、基金投资、债券投资、长期股权投资等投资的期初数、期末数

（5）披露前三名的自营长期股权投资的企业名称、占被投资企业权益的比例及投资收益情况等

2、信托资产管理情况

（1）披露履行受托人义务的情况

（2）披露信托资产的期初数、期末数

（3）披露本年度信托终止的合同份数、合计金额、加权平均预计收益率、加权平均实际收益率

（4）披露信托财产的损失情况（笔数、合计金额、原因等）

（5）披露因本公司自身责任而导致的信托资产损失（笔数、合计金额、原因等）及赔偿情况

（五）关联方关系及其交易的披露

1、关联交易方的数量、关联交易的总金额及关联交易的定价政策等

2、关联交易方与本公司的关系性质、关联交易方的名称、法人代表、注册地址、注册资本及主营业务等

3、本公司与关联方的重大交易事项

（1）自有资产：贷款、投资、应收账款、担保、租赁、其他方式等期初数、期末数

（2）信托资产：贷款、投资、应收账款、担保、租赁、其他方式等期初数、期末数

（3）自有资产与信托财产之间的交易金额合计，笔数合计等期初数、期末数

4、逐笔披露关联方逾期未偿还本公司资金的详细情况以及本公司为关联方担保发生或即将发生垫款的详细情况

六、财务情况说明书

（一）利润实现和分配情况

（二）主要财务指标：资产收益率、资本收益率、信托报酬率、人均利润

（三）对本公司财务状况、经营成果有重大影响的其他事项

七、重大事项揭示

（一）前五名股东报告期内变动情况及原因；

（二）高管人员变动情况及原因；

（三）变更注册资本、变更注册地或公司名称、公司分立合并事项；

（四）公司的重大诉讼事项

（五）对会计师事务所出具的有解释性说明、保留意见、拒绝表示意见或否定意见的审计报告的，公司董事会应就所涉及事项做出说明

（六）公司及其高级管理人员受到任何处罚的情况

（七）银监会及其派出机构对公司检查后提出整改意见的，应简单说明整改情况

（八）银监会认定的其他有必要让客户及相关利益人了解的重要信息

八、公司监事会意见

公司监事会应当对本公司依法运作情况、财务报告是否真实反映公司的财务状况和经营成果等发表独立意见

国务院办公厅转发国务院国有资产监督管理委员会关于规范国有企业改制工作意见的通知

发文号：国办发[2003]96号　发文时间：2003－11－30

各省、自治区、直辖市人民政府，国务院各部委、各直属机构：

国务院国有资产监督管理委员会《关于规范国有企业改制工作的意见》已经国务院同意，现转发给你们，请认真贯彻执行。

中华人民共和国国务院办公厅

二〇〇三年十一月三十日

党的十五大以来，各地认真贯彻国有经济有进有退、有所为有所不为的方针，积极推进国有经济布局和结构调整，探索公有制的多种有效实现形式和国有企业改制的多种途径，取得了显著成效，积累了宝贵经验。但前一阶段国有企业改制工作中出现了一些不够规范的现象，造成国有资产的流失。国有企业改制是一项政策性很强的工作，涉及出资人、债权人、企业和职工等多方面的利益，既要积极探索，又要规范有序。为全面贯彻落实党中央关于国有经济布局结构调整和国有企业改革的精神，保证国有企业改制工作健康、有序、规范地进行，现提出以下意见：

第一节　健全制度　规范运作

（一）批准制度。国有企业改制应采取重组、联合、兼并、租赁、承包经营、合资、转让国有产权和股份制、股份合作制等多种形式进行。国有企业改制，包括转让国有控股、参股企业国有股权或者通过增资扩股来提高非国有股的比例等，必须制订改制方案。方案可由改制企业国有产权持有单位制订，也可由其委托中介机构或者改制企业（向本企业经营管理者转让国有产权的企业和国有参股企业除外）制订。国有企业改制方案需按照《企业国有资产监督管理暂行条例》（国务院令第378号，以下简称《条例》）和国务院国有资产监督管理委员会（以下简称国资委）的有关规定履行决定或批准程序，未经决定或批准不得实施。国有企业改制涉及财政、劳动保障等事项的，需预先报经同级人民政府有关部门审核，批准后报国有资产监督管理机构协调审批；涉及政府社会公共管理审批事项的，依照国家有关法律法规，报经政府有关部门审批；国有资产监督管理机构所出资企业改制为国有股不控股或不参股的企业（以下简称非国有的企业），改制方案需报同级人民政府批准；转让上市公司国有股权审批暂按现行规定办理，并由国资委会同证监会抓紧研究提出完善意见。

（二）清产核资。国有企业改制，必须对企业各类资产、负债进行全面认真的清查，做到账、卡、物、现金等齐全、准确、一致。要按照“谁投资、谁所有、谁受益”的原则，核实和界定国有资本金及其权益，其中国有企业借贷资金形成的净资产必须界定为国有产权。企业改制中涉及资产损失认定与处理的，必须按有关规定履行批准程序。改制企业法定代表人和财务负责人对清产核资结果的真实性、准确性负责。

（三）财务审计。国有企业改制，必须由直接持有该国有产权的单位决定聘请具备资格的会计师事务所进行财务审计。凡改制为非国有的企业，必须按照国家有关规定对企业法定代表人进行离任审计。改制企业必须按照有关规定向会计师事务所或政府审计部门提供有关财务会计资料和文件，不得妨碍其办理业务。任何人不得授意、指使、强令改制企业会计机构、会计人员提供虚假资料文件或违法办理会计事项。

（四）资产评估。国有企业改制，必须依照《国有资产评估管理办法》（国务院令第91号）聘请具备资格的资产评估事务所进行资产和土地使用权评估。国有控股企业进行资产评估，要严格履行有关法律法规规定的程序。向非国有投资者转让国有产权的，由直接持有该国有产权的单位决定聘请资产评估事务所。企业的专利权、非专利技术、商标权、商誉等无形资产必须纳入评估范围。评估结果由依照有关规定批准国有企业改制和转让国有产权的单位核准。

（五）交易管理。非上市企业国有产权转让要进入产权交易市场，不受地区、行业、出资和隶属关系的限制，并按照《企业国有产权转让管理暂行办法》的规定，公开信息，竞价转让。具体转让方式可以采取拍卖、招投标、协议转让以及国家法律法规规定的其他方式。

（六）定价管理。向非国有投资者转让国有产权的底价，或者以存量国有资产吸收非国有投资者投资时国有产权的折股价格，由依照有关规定批准国有企业改制和转让国有产权的单位决定。底价的确定主要依据资产评估的结果，同时要考虑产权交易市场的供求状况、同类资产的市场价格、职工安置、引进先进技术等因素。上市公司国有股转让价格在不低于每股净资产的基础上，参考上市公司盈利能力和市场表现合理定价。

（七）转让价款管理。转让国有产权的价款原则上应当一次结清。一次结清确有困难的，经转让和受让双方协商，并经依照有关规定批准国有企业改制和转让国有产权的单位批准，可采取分期付款的方式。分期付款时，首期付款不得低于总价款的30%，其余价款应当由受让方提供合法担保，并在首期付款之日起一年内支付完毕。转让国有产权的价款优先用于支付解除劳动合同职工的经济补偿金和移交社会保障机构管理职工的社会保险费，以及偿还拖欠职工的债务和企业欠缴的社会保险费，剩余价款按照有关规定处理。

（八）依法保护债权人利益。国有企业改制要征得债权金融机构同意，保全金融债权，依法落实金融债务，维护其他债权人的利益。要严格防止利用改制逃废金融债务，金融债务未落实的企业不得进行改制。

（九）维护职工合法权益。国有企业改制方案和国有控股企业改制为非国有的企业的方案，必须提交企业职工代表大会或职工大会审议，充分听取职工意见。其中，职工安置方案需经企业职工代表大会或职工大会审议通过后方可实施改制。改制为非国有的企业，要按照有关政策处理好改制企业与职工的劳动关系。改制企业拖欠职工的工资、医疗费和挪用的职工住房公积金以及企业欠缴的社会保险费等要按有关规定予以解决。改制后的企业要按照有关规定按时足额交纳社会保险费，及时为职工接续养老、失业、医疗、工伤、生育等各项社会保险关系。

（十）管理层收购。向本企业经营管理者转让国有产权必须严格执行国家的有关规定，以及本指导意见的各项要求，并需按照有关规定履行审批程序。向本企业经营管理者转让国有产权方案的制订，由直接持有该企业国有产权的单位负责或其委托中介机构进行，经营管理者不得参与转让国有产权的决策、财务审计、离任审计、清产核资、资产评估、底价确定等重大事项，严禁自卖自买国有产权。经营管理者筹集收购国有产权的资金，要执行《贷款通则》的有关规定，不得向包括本企业在内的国有及国有控股企业借款，不得以这些企业的国有产权或实物资产作标的物为融资提供保证、抵押、质押、贴现等。经营管理者对企业经营业绩下降负有责任的，不得参与收购本企业国有产权。

第二节　严格监督　追究责任

各级监察机关、国有资产监督管理机构和其他有关部门，要加强联系、密切配合，加大对国有企业改制工作的监督检查力度。通过建立重要事项通报制度和重大案件报告制度，以及设立并公布举报电话和信箱等办法，及时发现和严肃查处国有企业改制中的违纪违法案件。对国有资产监督管理机构工作人员、企业领导人员利用改制之机转移、侵占、侵吞国有资产的，隐匿资产、提供虚假会计资料造成国有资产流失的，营私舞弊、与买方串通低价转让国有产权的，严重失职、违规操作、损害国家和群众利益的，要进行认真调查处理。其中涉嫌犯罪的，依法移交司法机关处理；造成国有资产损失的，按照《条例》的规定，追究有关责任人的赔偿责任。对中介机构弄虚作假、提供虚假审计报告、故意压低评估价格等违规违法行为，要加大惩处力度；国有资产监督管理机构和国有及国有控股企业不得再聘请该中介机构及其责任人从事涉及国有及国有控股企业的中介活动。

为加快建设和完善产权交易市场体系，确保产权交易公开、公平、公正，由法制办会同国资委、财政部等有关部门研究有关产权交易市场的法规和监管制度，各地依照法律法规及有关规定，根据实际情况制订具体实施细则。

第三节　精心组织　加强领导

（一）全面准确理解国有经济布局和结构调整战略方针，坚持党的十六大提出的必须毫不动摇地巩固和发展公有制经济，必须毫不动摇地鼓励、支持和引导非公有制经济发展的方针。国有企业改制要坚持国有经济控制重要行业和关键领域，提高国有经济的控制力、影响力和带动力。在其他行业和领域，国有企业通过重组改制、结构调整、深化改革、转换机制，在市场竞争中实现优胜劣汰。

（二）在国有企业改制工作中，各地区要防止和纠正不顾产权市场供求状况及其对价格形成的影响作用、不计转让价格和收益，下指标、限时间、赶进度，集中成批向非国有投资者转让国有产权的做法。防止和避免人为造成买方市场、低价处置和贱卖国有资产的现象。

（三）国有企业改制要从企业实际出发，着眼于企业的发展。要建立竞争机制，充分考虑投资者搞好企业的能力，选择合格的投资者参与国有企业改制，引入资金、技术、管理、市场、人才等资源增量，推动企业制度创新、机制转换、盘活资产、扭亏脱困和增加就业，促进企业加快发展。

（四）地方各级人民政府及其国有资产监督管理机构、国有及国有控股企业，要高度重视国有企业改制工作，全面理解和正确贯彻党中央、国务院有关精神，切实负起责任，加强组织领导。要从实际出发，把握好改制工作的力度和节奏。在国有企业改制的每一个环节都要做到依法运作，规范透明，落实责任。上级国有资产监督管理机构要加强对下级国有资产监督管理机构的指导和监督，及时总结经验，发现和纠正国有企业改制工作中存在的问题，促进国有资产合理流动和重组，实现国有资产保值增值，更好地发挥国有经济的主导作用。

关于加强证券公司营业部内部控制若干措施的意见

发文号：证监机构字[2003]261号　发文时间：2003－12－15

各证券公司：

为规范证券公司经纪业务，加强对证券营业部的管理，有效防范风险，保护投资者的合法权益，根据《中华人民共和国证券法》、《证券公司内部控制指引》的有关规定，现就进一步加强证券营业部内部控制提出如下意见：

第一节　加强对证券营业部的人事管理

（一）证券营业部负责人、证券营业部电脑部、财务部负责人应当由证券公司总部直接委派、垂直管理，并建立公司总部与上述人员的直接、有效沟通渠道。

（二）证券营业部财务部、电脑部负责人对营业部的合规经营负有监督与约束责任。证券公司应加强对证券营业部负责人、证券营业部电脑部、财务部负责人的年度考核，并于次年4月底前将考核结果报证券营业部所在地的中国证监会派出机构备案。

（三）证券营业部负责人、证券营业部电脑部、财务部负责人应当在证券公司范围内实行定期岗位轮换，轮岗周期最长不得超过3年。对于已实行集中交易的证券营业部，经证券营业部所在地中国证监会派出机构同意后，轮岗周期可适当延长至5年。证券营业部其他重要岗位应根据具体情况有计划地在证券营业部范围内实行岗位轮换。首批轮岗应先行安排在上述岗位任职时间超过3年的人员。

对于跨省区证券营业部之间实行轮岗确有困难的证券公司，在征得证券营业部所在地中国证监会派出机构同意后，可以不实行轮岗，但必须每年对相关证券营业部进行全面的现场稽核，稽核报告应向公司总部和证券营业部所在地的中国证监会派出机构备案。

（四）证券营业部负责人、证券营业部财务部负责人离职，应由证券公司总部对其进行离任审计。在离任审计结束前，被审计人员不得离岗。离任审计内容包括但不限于证券营业部的下列事项：有无挪用客户交易结算资金情况；有无为客户透支情况；有无挪用客户债券的情况；有无非法融资情况；有无超范围经营情况；客户投诉及处理情况以及被审计人员在各审计事项中的责任情况。

（五）证券公司必须实行证券营业部负责人、证券营业部电脑部、财务部以及客户部负责人的强制休假制度。在强制休假期间，证券公司监督检查部门可对其负责工作进行现场稽核。对于未实行轮岗制的证券营业部，必须将强制休假和现场稽核相结合。

（六）证券公司应加强对证券营业部关键岗位负责人的外事档案管理。证券营业部负责人、证券营业部电脑部、财务部以及客户部负责人持有护照的复印件和身份证复印件必须向证券营业部所在地中国证监会派出机构备案。其有效联系方式（包括但不限于移动电话号码、固定电话号码和电子邮箱地址）、家庭住址等信息也应报证券营业部所在地中国证监会派出机构备案。

第二节　明确证券营业部的岗位设置和责任

（一）证券公司应建立完善的证券营业部岗位责任制度和规范的业务操作规程。应按照不同岗位，明确工作任务，赋予各岗位相应的责任和职权，建立相互配合、相互监督、相互制约的工作关系。

（二）证券公司应积极发展集中交易等模式，控制证券营业部风险，减少证券营业部需要人工直接介入的业务岗位。在证券营业部的关键岗位建立双人负责制度。直接与资金、有价证券、重要空白凭证、印章等接触的岗位及涉及信息系统技术安全的岗位，必须实行双人负责制；客户存取款、客户交易结算资金划转、转托管和撤销指定交易等岗位必须实行一人办理，一人复核的柜台双人负责制。

（三）证券营业部要实行恰当的责任分离制度，现金、有价证券等的保管应与账务记录相分离。

1、重要空白凭证、空白合同、空白授权书和重要印章的保管与登记、使用相分离。空白的凭证、合同、授权书等文书不得事前加盖印章，证券公司总部应定期检查证券营业部文书的使用、登记及管理情况。证券公司应明确各类印章的使用权限和程序，健全印章的保管和使用登记责任制度。

2、证券营业部的前台交易与后台结算相分离；

3、差错损失的确认与核销确认相分离；

4、电脑人员、会计人员之间及与其它业务人员之间职责不能交叉。

第三节　加强客户交易结算资金的集中统一管理

（一）每家证券营业部开设的客户交易结算资金专用存款账户不得超过5个。

（二）证券营业部必须将不低于70%的客户交易结算资金上划证券公司总部。

（三）证券公司总部应定期和不定期地对证券营业部的客户交易结算资金情况进行检查，并采取将证券营业部客户交易结算资金全额临时上划至公司总部等方式进行压力测试。对于未实行轮岗制的证券营业部，证券公司应当每月进行至少一次的压力测试。

第四节　建立健全证券营业部稽核制度
加大现场稽核力度

（一）证券公司应建立实时监控系统和风险预警体系，该系统应当能够实时监控证券营业部大额资金活动和交易业务活动，并能对异常资金流转和交易提出警示。

（二）证券公司稽核部门原则上应每年（最长不得超过2年，但未实行轮岗的证券营业部必须每年至少一次）对证券营业部的经营情况进行一次现场稽核。中国证监会派出机构可以根据证券公司合规经营的情况，要求证券公司增加稽核次数。

（三）证券公司应将在对证券营业部稽核中发现的问题报送相关证券营业部所在地中国证监会派出机构，将所有营业部的稽核报告在公司总部存档备查，并于每年4月底前将公司上一年度对证券营业部的总体稽核情况及发现的主要问题报送公司所在地中国证监会派出机构。

（四）证券公司应当将稽核结果与人员考核相结合，建立相应的处罚制度，对各种违法、违规行为严肃惩处。

第五节　其他要求

（一）证券公司应建立对证券营业部重大突发事件的应急机制。

证券营业部如发生因技术故障、自然灾害、资金兑付困难或其他原因导致不能正常交易的重大事件，应立即向证券公司总部和证券营业部所在地中国证监会派出机构报告，并向当地有关政府部门报告。事故处理完毕应向上述部门报送处理报告。

（二）证券公司总部应建立由专门部门对重要客户的定期回访制度。

（三）证券营业部应在营业场所显著位置悬挂其《证券经营机构营业许可证》和《营业执照》；提供给投资者的风险揭示书和业务合同文本中明示证券营业部无权在《证券经营机构营业许可证》业务范围之外与投资者签订业务合同，并由投资者签字确认。

（四）证券营业部应在营业场所显著位置公示证券营业部和公司总部的投拆电话、传真、电子信箱和其它相关信息，以利于投资者的投诉能得到及时的反映和处理。

（五）证券公司应结合自身实际情况制定具体的证券营业部内部控制制度，并报证券公司注册地和营业部所在地中国证监会派出机构备案。

（六）证券公司应于每年末将所属证券营业部负责人、证券营业部电脑部、财务部负责人的委派和轮岗情况向注册地中国证监会派出机构备案。

六、尚未完成分业的证券经营机构，比照本意见的要求执行。

七、对于全面实现集中交易的证券公司所属证券营业部的内部控制要求，中国证监会另行规定。

各证券公司要根据本意见的要求，制定轮岗计划，于2004年2月29日前报注册地中国证监会派出机构。经公司注册地中国证监会派出机构审阅无异议后，证券公司应将其轮岗制度和轮岗计划在2004年3月31日前向中国证监会机构监管部报备，同时抄送所属证券营业部所在地的中国证监会派出机构。证券公司应当认真贯彻落实轮岗制度和轮岗计划。

上市公司股东大会规范意见(2000年修订)

发文号：证监公司字[2000]53号　发文时间：2000－5－18

第一节　一般规定

第一条　为规范上市公司行为，保证上市公司股东大会能够依法行使职权，根据《中华人民共和国公司法》（以下简称《公司法》）、《中华人民共和国证券法》（以下简称《证券法》）的规定，制定本规范意见。

第二条　董事会应严格遵守《公司法》及其他法律法规关于召开股东大会的各项规定，认真、按时组织好股东大会。上市公司全体董事对于股东大会的正常召开负有诚信责任，不得阻碍股东大会依法履行职权。

第三条　股东大会分为年度股东大会和临时股东大会。年度股东大会每年召开一次，应当于上一会计年度结束后的六个月内举行。

公司在上述期限内因故不能召开年度股东大会的，应当报告证券交易所，说明原因并公告。

在上述期限内，公司无正当理由不召开年度股东大会的，证券交易所应当依据有关规定，对该公司挂牌交易的股票予以停牌，并要求公司董事会做出解释并公告。董事会应当承担相应的责任。

第四条　股东大会应当在《公司法》规定的范围内行使职权，不得干涉股东对自身权利的处分。

股东大会讨论和决定的事项，应当依照《公司法》和《公司章程》的规定确定，年度股东大会可以讨论《公司章程》规定的任何事项。

第五条　公司召开股东大会，董事会应当在会议召开三十日以前以公告方式通知各股东。

第六条　年度股东大会和应股东或监事会的要求提议召开的股东大会不得采取通讯表决方式；临时股东大会审议下列事项时，不得采取通讯表决方式：

（一）公司增加或者减少注册资本；

（二）发行公司债券；

（三）公司的分立、合并、解散和清算；

（四）《公司章程》的修改；

（五）利润分配方案和弥补亏损方案；

（六）董事会和监事会成员的任免；

（七）变更募股资金投向；

（八）需股东大会审议的关联交易；

（九）需股东大会审议的收购或出售资产事项；

（十）变更会计师事务所；

（十一）《公司章程》规定的不得通讯表决的其他事项。

第七条　公司董事会应当聘请有证券从业资格的律师出席股东大会，对以下问题出具意见并公告：

（一）股东大会的召集、召开程序是否符合法律法规的规定，是否符合《公司章程》；

（二）验证出席会议人员资格的合法有效性；

（三）验证年度股东大会提出新提案的股东的资格；

（四）股东大会的表决程序是否合法有效；

（五）应公司要求对其他问题出具的法律意见。

公司董事会也可同时聘请公证人员出席股东大会。

第八条　董事会发布召开股东大会的通知后，股东大会不得无故延期。公司因特殊原因必须延期召开股东大会的，应在原定股东大会召开日前至少五个工作日发布延期通知。董事会在延期召开通知中应说明原因并公布延期后的召开日期。

公司延期召开股东大会的，不得变更原通知规定的有权出席股东大会股东的股权登记日。

第二节　股东大会讨论的事项与提案

第九条　股东大会的提案是针对应当由股东大会讨论的事项所提出的具体议案，股东大会应当对具体的提案作出决议。

第十条　董事会在召开股东大会的通知中应列出本次股东大会讨论的事项，并将董事会提出的所有提案的内容充分披露。需要变更前次股东大会决议涉及的事项的，提案内容应当完整，不能只列出变更的内容。

列入"其他事项"但未明确具体内容的，不能视为提案，股东大会不得进行表决。

第十一条　会议通知发出后，董事会不得再提出会议通知中未列出事项的新提案，对原有提案的修改应当在股东大会召开的前十五天公告。否则，会议召开日期应当顺延，保证至少有十五天的间隔期。

第十二条　年度股东大会，单独持有或者合并持有公司有表决权总数百分之五以上的股东或者监事会可以提出临时提案。

临时提案如果属于董事会会议通知中未列出的新事项，同时这些事项是属于本规范意见第六条所列事项的，提案人应当在股东大会召开前十天将提案递交董事会并由董事会审核后公告。

第一大股东提出新的分配提案时，应当在年度股东大会召开的前十天提交董事会并由董事会公告，不足十天的，第一大股东不得在本次年度股东大会提出新的分配提案。

除此以外的提案，提案人可以提前将提案递交董事会并由董事会公告，也可以直接在年度股东大会上提出。

第十三条　对于前条所述的年度股东大会临时提案，董事会按以下原则对提案进行审核：

（一）关联性。董事会对股东提案进行审核，对于股东提案涉及事项与公司有直接关系，并且不超出法律、法规和《公司章程》规定的股东大会职权范围的，应提交股东大会讨论。对于不符合上述要求的，不提交股东大会讨论。如果董事会决定不将股东提案提交股东大会表决，应当在该次股东大会上进行解释和说明。

（二）程序性。董事会可以对股东提案涉及的程序性问题做出决定。如将提案进行分拆或合并表决，需征得原提案人同意；原提案人不同意变更的，股东大会会议主持人可就程序性问题提请股东大会做出决定，并按照股东大会决定的程序进行讨论。

第十四条　提出涉及投资、财产处置和收购兼并等提案的，应当充分说明该事项的详情，包括：涉及金额、价格（或计价方法）、资产的帐面值、对公司的影响、审批情况等。如果按照有关规定需进行资产评估、审计或出具独立财务顾问报告的，董事会应当在股东大会召开前至少五个工作日公布资产评估情况、审计结果或独立财务顾问报告。

第十五条　董事会提出改变募股资金用途提案的，应在召开股东大会的通知中说明改变募股资金用作的原因、新项目的概况及对公司未来的影响。

第十六条　涉及公开发行股票等需要报送中国证监会核准的事项，应当作为专项提案提出。

第十七条 董事会审议通过年度报告后，应当对利润分配方案做出决议，并作为年度股东大会的提案。董事会在提出资本公积转增股本方案时，需详细说明转增原因，并在公告中披露。董事会在公告股份派送或资本公积转增方案时，应披露送转前后对比的每股收益和每股净资产，以及对公司今后发展的影响。

第十八条 会计师事务所的聘任，由董事会提出提案，股东大会表决通过。董事会提出解聘或不再续聘会计师事务所的提案时，应事先通知该会计师事务所，并向股东大会说明原因。会计师事务所有权向股东大会陈述意见。

非会议期间，董事会因正当理由解聘会计师事务所的，可临时聘请其他会计师事务所，但必须在下一次股东大会上追认通过。

会计师事务所提出辞聘的，董事会应在下一次股东大会说明原因。辞聘的会计师事务所有责任以书面形式或派人出席股东大会，向股东大会说明公司有无不当。

第三节 股东或监事会提议召开临时股东大会

第十九条 单独或者合并持有公司有表决权总数百分之十以上的股东（下称“提议股东”）或者监事会提议董事会召开临时股东大会时，应以书面形式向董事会提出会议议题和内容完整的提案。书面提案应当报所在地中国证监会派出机构和证券交易所备案。提议股东或者监事会应当保证提案内容符合法律、法规和《公司章程》的规定。

第二十条 董事会在收到监事会的书面提议后应当在十五日内发出召开股东大会的通知，召开程序应符合本规范意见相关条款的规定。

第二十一条 对于提议股东要求召开股东大会的书面提案，董事会应当依据法律、法规和《公司章程》决定是否召开股东大会。董事会决议应当在收到前述书面提议后十五日内反馈给提议股东并报告所在地中国证监会派出机构和证券交易所。

第二十二条 董事会做出同意召开股东大会决定的，应当发出召开股东大会的通知，通知中对原提案的变更应当征得提议股东的同意。通知发出后，董事会不得再提出新的提案，未征得提议股东的同意也不得再对股东大会召开的时间进行变更或推迟。

第二十三条 董事会认为提议股东的提案违反法律、法规和《公司章程》的规定，应当做出不同意召开股东大会的决定，并将反馈意见通知提议股东。提议股东可在收到通知之日起十五日内决定放弃召开临时股东大会，或者自行发出召开临时股东大会的通知。

提议股东决定放弃召开临时股东大会的，应当报告所在地中国证监会派出机构和证券交易所。

第二十四条 提议股东决定自行召开临时股东大会的，应当书面通知董事会，报公司所在地中国证监会派出机构和证券交易所备案后，发出召开临时股东大会的通知，通知的内容应当符合以下规定：

（一）提案内容不得增加新的内容，否则提议股东应按上述程序重新向董事会提出召开股东大会的请求；

（二）会议地点应当为公司所在地。

第二十五条 对于提议股东决定自行召开的临时股东大会，董事会及董事会秘书应切实履行职责。董事会应当保证会议的正常秩序，会议费用的合理开支由公司承担。会议召开程序应当符合以下规定：

（一）会议由董事会负责召集，董事会秘书必须出席会议，董事、监事应当出席会议；董事长负责主持会议，董事长因特殊原因不能履行职务时，由副董事长或者其他董事主持；

（二）董事会应当聘请有证券从业资格的律师，按照本规范意见第七条的规定，出具法律意见；

（三）召开程序应当符合本规范意见相关条款的规定。

第二十六条 董事会未能指定董事主持股东大会的，提议股东在报所在地中国证监会派出机构备案后会议由提议股东主持；提议股东应当聘请有证券从业资格的律师，按照本规范意见第七条的规定出具法律意见，律师费用由提议股东自行承担；董事会秘书应切实履行职责，其余召开程序应当符合本规范意见相关条款的规定。

第四节 股东大会的召开

第二十七条 公司召开股东大会应坚持朴素从简的原则，不得给予出席会议的股东（或代理人）额外的经济利益。

第二十八条 公司董事会、监事会应当采取必要的措施，保证股东大会的严肃性和正常秩序，除出席会议的股东（或代理人）、董事、监事、董事会秘书、高级管理人员、聘任律师及董事会邀请的人员以外，公司有权依法拒绝其他人士入场，对于干扰股东大会秩序、寻衅滋事和侵犯其他股东合法权益的行为，公司应当采取措施加以制止并及时报告有关部门查处。

第二十九条 在年度股东大会上，董事会应当就前次年度股东大会以来股东大会决议中应由董事会办理的各事项的执行情况向股东大会做出报告并公告。

第三十条 在年度股东大会上，监事会应当宣读有关公司过去一年的监督专项报告，内容包括：

（一）公司财务的检查情况；

（二）董事、高层管理人员执行公司职务时的尽职情况及对有关法律、法规、《公司章程》及股东大会决议的执行情况；

（三）监事会认为应当向股东大会报告的其他重大事件。

监事会认为有必要时，还可以对股东大会审议的提案出具意见，并提交独立报告。

第三十一条 注册会计师对公司财务报告出具解释性说明、保留意见、无法表示意见或否定意见的审计报告的，公司董事会应当将导致会计师出具上述意见的有关事项及对公司财务状况和经营状况的影响向股东大会做出说明。如果该事项对当期利润有直接影响，公司董事会应当根据孰低原则确定利润分配预案或者公积金转增股本预案。

第三十二条 股东大会对所有列入议事日程的提案应当进行逐项表决，不得以任何理由搁置或不予表决。年度股东大会对同一事项有不同提案的，应以提案提出的时间顺序进行表决，对事项作出决议。

第三十三条 临时股东大会不得对召开股东大会的通知中未列明的事项进行表决。临时股东大会审议通知中列明的提案内容时，对涉及本规范意见第六条所列事项的提案内容不得进行变更；任何变更都应视为另一个新的提案，不得在本次股东大会上进行表决。

第三十四条 股东大会就关联交易进行表决时，涉及关联交易的各股东，应当回避表决，上述股东所持表决权不应计入出席股东大会有表决权的股份总数。

第三十五条 股东大会审议董事、监事选举的提案，应当对每一个董事、监事候选人逐个进行表决。改选董事、监事提案获得通过的，新任董事、监事在会议结束之后立即就任。

第三十六条 公司股票应当在股东大会召开期间停牌。公司董事会应当保证股东大会在合理的工作时间内连续举行，直至形成最终决议。因不可抗力或其他异常原因导致股东大会不能正常召开或未能做出任何决议的，公司董事会应向证券交易所说明原因并公告，公司董事会有义务采取必要措施尽快召开股东大会。

第三十七条 会议提案未获通过，或者本次股东大会变更前次股东大会决议的，董事会应在股东大会决议公告中做出说明。

第三十八条 股东大会各项决议的内容应当符合法律和《公司章程》的规定。出席会议的董事应当忠实履行职责，保证决议内容的真实、准确和完整，不得使用容易引起歧义的表述。

股东大会的决议违反法律、行政法规，侵犯股东合法权益的，股东有权依法向人民法院提起民事诉讼。

第三十九条 股东大会决议公告应注明出席会议的股东（和代理人）人数、所持（代理）股份总数及占公司有表决权总股份的比例，表决方式以及每项提案表决结果。对股东提案做出的决议，应列明提案股东的姓名或名称、持股比例和提案内容。

发行境内上市外资股的公司，应当对内资股股东和外资股股东出席会议及表决情况分别做出统计并公告。

第四十条 利润分配方案、公积金转增股本方案经公司股东大会批准后，公司董事会应当在股东大会召开后两个月内完成股利（或股份）的派发（或转增）事项。

第五节 其 他

第四十一条 召集、召开股东大会的方式和股东大会决议内容不符合《公司法》、本规范意见和《公司章程》要求的，中国证监会除责令公司限期纠正外，将给予通报批评；拒不纠正的，自该事实发生之日起十二个月内，不受理该公司从证券市场筹资的申请。

任何单位和个人利用召开股东大会之机，从事内幕交易、操纵市场等违法活动的，中国证监会将依法查处。

第四十二条 对股东大会的召集、召开、表决程序及决议的合法有效性发生争议又无法协调的，有关当事人可以向人民法院提起诉讼。

第四十三条 发行外资股的上市公司国家另有规定的，从其规定。

第四十四条 本规范意见自公布之日起施行。1998 年 2 月 23 日中国证监会发布的《上市公司股东大会规范意见》（证监[1998]4 号）同时废止。

第九编

市场统计资料

2819/2857

本栏目由以下单位协办(排名不分先后)

- ★ 天津港股份有限公司
- ★ 芜湖港储运股份有限公司
- ★ 广东冠豪高新技术股份有限公司
- ★ 四川路桥建设集团股份有限公司
- ★ 浙江中国小商品城集团股份有限公司
- ★ 光明乳业股份有限公司
- ★ 徐州维维食品饮料股份有限公司
- ★ 江苏吴中实业股份有限公司
- ★ 浙江航民股份有限公司
- ★ 武汉钢铁股份有限公司

第一章　上海证券市场统计资料

证券品种

在上证所上市的证券包括股票、债券和基金三大类。

股票分为A股和B股，A股仅供境内投资者认购和交易，B股供境内外投资者认购和交易。1990年首批8只A股挂牌，1992年首只B股挂牌。随着大批国企和优质民营、三资企业的上市，上海证券市场开始初步体现国民经济晴雨表的功能。截至2003年底，共有770只A股和54只B股挂牌。债券包括国债、企业债和可转换公司债。上证所国债市场是中国大陆最活跃的国债流通市场。1993年推出的国债回购在丰富品种和活跃交投的同时，发挥了国债的抵押功能。截至2003年底，上证所共有21个国债现货、9个国债回购品种、19个金融债券与企业债券和13个可转换债券。1998年4个证券投资基金在沪发行上市，揭开了基金市场发展的新篇章，到2003年底，在上证所上市交易的证券投资基金共有25个。

交易概貌

2003年上海证券交易所各类证券成交总额82911.56亿元，同比增加70.85%。其中，股票成交总额20824.14亿元，占成交总额的22.79%；A股成交20541.24亿元，占股票成交总额的98.64%，B股成交282.89亿元，占股票成交总额的1.36%。国债成交58481.90亿元，占证券成交总额的70.65%，其中现货交易5500.36亿元，回购交易52981.54亿元。基金成交362.14亿元。日均股票成交86.41亿元，同比增加20.75%；日均债券成交255.57亿元，同比增加96.17%；日均基金成交1.50亿元，较上年有所下降。按流通股数口径计算，A股换手率为268.58%，B股换手率为64.25%。

上证180指数开盘2527.03点，最高3122.16点，最低2453.32点，年底收于2828.8点，涨幅11.64%，振幅27.26%。上证综指开盘1347.43点，最高1649.6点，最低1307.4点，年底收于1497.04点，涨幅11.10%，振幅26.17%。上证B指开盘113.4点，最高131.41点，最低96.23点，年底收于104.94点，跌幅7.46%，振幅36.56%。

2003年，上海证券交易所投资者开户数3643.60万户。其中，A股个人投资者3526.60万户，增幅2.48%；B股投资者98.06万户，增幅1.70%；机构投资者18.94万户，增幅4.66%。

证券发行与上市

至2003年底，上海证券交易所共有上市公司780家，2003年新上市67家。上市股票数824只。股票市价总值29804.92亿元，增幅17.51%；流通市值8201.14亿元，增幅9.83%。上市公司总股本4170亿股，流通股本1157亿股，流通股本占总股本的27.75%。

2003年，上海证券市场股票筹资总额560.96亿元，较上年减少8.68%。其中，新发A股筹资453.51亿元，较去年减少12.27%，再次发行股票（增发、配股、国有股配售）筹资103.90亿元，较去年增加8.46%；B股发行在沉寂近三年后首次出现0.43亿美元的定向增发。

市场概况

	2003年	2002年	2001年
上市证券（年末）			
上市公司数	780	715	646
上市证券数	914	826	744
上市股票数	824	759	690
新上市公司数	67	70	75
发行股本（亿股）	4170.39	3727.84	3164.44
流通股本（亿股）	1157.1	992.53	837.53
市价总值（亿元）	29804.92	25363.72	27590.56
流通总值（亿元）	8201.14	7467.30	8382.11
筹资总额（亿元）			
A股	557.41	614.30	957.49
B股（美元）	0.428	0	0
交易概况			
交易天数	241	237	240
全年成交金额（亿元）	82911.56	48527.72	44144.03
股票	20824.14	16959.09	22709.38
基金	362.16	556.77	1348.92
国债	58481.90	30800.02	19726.04
其他	3243.37	211.84	359.69
日均成交金额（亿元）	344.03	204.76	183.93
日均股票成交金额（亿元）	86.41	71.56	94.62
全年股票成交数量（亿股）	2692.73	1781.10	1819.95
日均股票成交数量（亿股）	11.17	7.52	7.58
全年股票成交笔数（万笔）	20661.06	17556.55	20975.41
日均股票成交笔数（万笔）	85.73	74.08	87.40
股价指数			
上证180指数年内最高	3122.16	3323.22	4118.48
上证180指数年内最低	2453.32	2528.42	2946.42
上证180指数年末收盘	2828.8	2549.60	3069.17
上证综合指数年内最高	1649.61	748.89	2245.44
上证综合指数年内最低	1307.4	1339.20	1514.86
上证综合指数年末收盘	1497.04	1357.65	1645.97
市场比率			
平均市盈率（倍）	36.544	34.43	37.71
换手率1（市值）（%）	68.53	52.46	75.44
换手率2（流通市值）（%）	250.755	197.40	244.27

注：换手率1=（成交金额/市价总值）×100%

注：换手率2=（成交金额/流通市值）×100%

上证所历史年度A、B股合计成交概况

年份	年末市价总值（亿元）	年末流通市值（亿元）	年度总成交笔数（万笔）	年度总成交量（亿笔）	年度总成交金额（亿元）	年末平均市盈率	年月累计交易日
1991	0	0	11.76	1.24	8.07	0	255
1992	0	0	198.45	17.78	248.96	0	255
1993	0	0	2442.52	147.42	2340.54	0	257
1994	0	0	4898.74	656.76	5735.07	0	252
1995	0	0	4436.41	513.83	3103.46	0	251
1996	5335.61	1266.55	18474.34	1101.88	9114.82	31.33	247
1997	0	0	15801.25	1215.68	13763.17	0	243
1998	0	0	15671.23	1123.96	12352.69	0	246
1999	14580.47	4249.69	17971.39	1560.38	16965.79	37.09	239
2000	26930.86	8481.33	30491.81	2437.65	31373.86	58.22	239
2001	27590.56	8382.11	20975.41	1819.95	22709.38	37.71	240
2002	25363.72	7467.3	17556.55	1781.1	16959.09	34.43	237
2003	29804.92	8201.14	20661.06	2692.73	20824.14	36.54	241

上证所历史年度 A 股成交概况

年份	年末市价总值（亿元）	年末流通市值（亿元）	年度总成交笔数（万笔）	年度总成交量（亿笔）	年度总成交金额（亿元）	年末平均市盈率	年月累计交易日
1991	0	0	11.76	1.24	8.07	0	255
1992	0	0	197.53	15.21	234.37	0	255
1993	0	0	2436	133.68	2261.68	0	257
1994	0	0	4887.76	634.33	5626.73	0	252
1995	0	0	4426.49	494.5	3042.63	0	251
1996	5316.13	1247.06	18434.9	1074	9020.24	32.65	247
1997	0	0	15750.68	1166.01	13550.24	0	243
1998	0	0	15635.74	1081.43	12270.81	0	246
1999	14440.72	4109.94	17918.07	1488.25	16826.2	38.14	239
2000	26596.32	8146.79	30367.21	2310.88	31029.69	59.14	239
2001	26934.51	7726.06	19691.21	1429.69	19876.84	37.59	240
2002	24921.42	7025	17149.16	1693.53	16441.71	34.5	237
2003	29400.65	7796.87	20394.47	2632.63	20541.24	36.64	241

上证所历史年度 B 股成交概况

年份	年末市价总值（亿元）	年末流通市值（亿元）	年度总成交笔数（万笔）	年度总成交量（亿笔）	年度总成交金额（亿元）	年末平均市盈率	年月累计交易日
1991	0	0	0	0	0	0	255
1992	0	0	0.91	2.56	14.6	0	255
1993	0	0	6.51	13.74	78.86	0	257
1994	0	0	10.99	22.43	108.35	0	252
1995	0	0	9.92	19.33	60.83	0	251
1996	19.49	19.49	39.44	27.88	94.57	14.04	247
1997	0	0	50.56	49.67	212.93	0	243
1998	0	0	35.49	42.54	81.88	0	246
1999	139.75	139.75	53.32	72.13	139.59	10.05	239
2000	334.54	334.54	124.6	126.78	344.17	25.23	239
2001	656.06	656.06	1284.2	390.26	2832.54	43.39	240
2002	442.3	442.3	407.39	87.56	517.38	30.61	237
2003	404.27	404.27	266.59	60.09	282.89	30.32	241

上海证券交易所 2003 年度
股票交易成交量前 20 位排名

名次	股票代码	股票简称	开盘价	收盘价	平均价	累计成交量（万股）	累计成交金额（万元）	累计涨跌幅（%）	期间振幅（%）	累计换手率
1	600050	中国联通	2.68	3.93	3.25	2212016.31	7333177.67	42.58	2.72	565.64
2	600028	中国石化	3.01	4.95	3.72	901055.86	3544535.63	55.73	3.82	321.81
3	600019	宝钢股份	4.1	7.07	5.52	740220.54	4280971.07	61.32	4.04	394.36
4	600036	招商银行	8.12	10.81	10.49	602340.70	6665233.36	34.04	10.07	438.38
5	600030	中信证券	0	7.81	7.38	437256.77	3116043.02	51.86	10.08	1093.14
6	600653	申华控股	3.32	3.53	3.86	378200.88	1557667.15	11.86	6.09	259.88
7	600029	南方航空	—	4.95	4.19	341584.02	1423188.93	25.6	3.89	341.58
8	600016	民生银行	9.15	9.45	9.89	309761.25	3243853.36	34.79	7.47	476.36
9	600000	浦发银行	9.48	10.53	10.72	306655.77	3405589.45	15.17	2.97	349.41
10	600808	马钢股份	3.01	4.7	3.89	300511.62	1222177.94	50.04	3.50	500.85
11	600104	上海汽车	6.79	13.77	11.37	293601.75	3322420.69	78.56	3.42	388.36
12	600015	华夏银行	—	7.64	7.05	288702.92	2069168.72	12.42	2.21	288.7
13	600900	长江电力	—	8.68	7.46	263651.23	1880266.06	35	4.13	206.09
14	600012	皖通高速	0	5.67	5.46	240647.75	1301356.67	33.14	3.27	962.59
15	600688	上海石化	3.12	5.86	4.19	214576.73	958621.43	68.68	4.33	298.02
16	600026	中海发展	4.7	8.6	6.09	213524.21	1323922.01	67.3	3.62	610.07
17	600609	金杯汽车	5.1	5.92	6.83	199778.78	1451515.65	22.01	4.70	548.84
18	600004	白云机场	—	8.91	8.76	168019.14	1472884.25	3.89	3.12	420.05
19	600231	凌钢股份	6.06	8.18	7.71	167947.84	1403000.23	61.94	8.91	855.12
20	600350	山东基建	0	5	4.67	167474.57	799704.76	22.13	3.70	331.63

上海证券交易所 2003 年度
股票交易成交金额前 20 位排名

名次	股票代码	股票简称	开盘价	收盘价	平均价	累计成交量（万股）	累计成交金额（万元）	累计涨跌幅（%）	期间振幅（%）	累计换手率
1	600050	中国联通	2.68	3.93	3.25	2212016.31	7333177.67	42.58	2.72	565.64
2	600036	招商银行	8.12	10.81	10.49	602340.70	6665233.36	34.04	10.07	438.38
3	600019	宝钢股份	4.1	7.07	5.52	740220.54	4280971.07	61.32	4.04	394.36
4	600028	中国石化	3.01	4.95	3.72	901055.86	3544535.63	55.73	3.82	321.81
5	600000	浦发银行	9.48	10.53	10.72	306655.77	3405589.45	15.17	2.97	349.41
6	600104	上海汽车	6.79	13.77	11.37	293601.75	3322420.69	78.56	3.42	388.36
7	600016	民生银行	9.15	9.45	9.89	309761.25	3243853.36	34.79	7.47	476.36
8	600030	中信证券	0	7.81	7.38	437256.77	3116043.02	51.86	10.08	1093.14
9	600015	华夏银行	—	7.64	7.05	288702.92	2069168.72	12.42	2.21	288.7
10	600018	上港集箱	16.05	14.2	14.10	144126.77	1907178.91	59.36	3.16	386.41
11	600900	长江电力	—	8.68	7.46	263651.23	1880266.06	35	4.13	206.09
12	600653	申华控股	3.32	3.53	3.86	378200.88	1557667.15	11.86	6.09	259.88
13	600602	广电电子	7.85	10.43	9.33	153523.45	1487046.16	36.66	2.92	438.67
14	600004	白云机场	—	8.91	8.76	168019.14	1472884.25	3.89	3.12	420.05
15	600609	金杯汽车	5.1	5.92	6.83	199778.78	1451515.65	22.01	4.70	548.84
16	600029	南方航空	—	4.95	4.19	341584.02	1423188.93	25.6	3.89	341.58
17	600231	凌钢股份	6.06	8.18	7.71	167947.84	1403000.23	61.94	8.91	855.12
18	600026	中海发展	4.7	8.6	6.09	213524.21	1323922.01	67.3	3.62	610.07
19	600012	皖通高速	0	5.67	5.46	240647.75	1301356.67	33.14	3.27	962.59
20	600100	清华同方	15	14.39	15.88	79073.23	1273343.94	2.09	3.58	289.61

上证所历史年度基金成交概况

年份	年度总成交笔数（万笔）	年度总成交量（亿份）	年度总成交金额（亿元）	年月累计交易日
1999	881.52	645.41	839.66	239
2000	786.57	932.44	1159	239
2001	714.01	1145.96	1343.01	240
2002	308.23	573.69	556.77	237
2003	226.61	441.62	362.16	241

上海证券交易所 2003 年度
股票交易涨幅前 20 位排名

名次	股票代码	股票简称	开盘价	收盘价	平均价	累计成交量（万股）	累计成交金额（万元）	累计涨跌幅（%）	期间振幅（%）	累计换手率
1	600205	山东铝业	7.82	17.84	11.57	36429.98	465883.76	88.22	2.77	227.69
2	600104	上海汽车	6.79	13.77	11.37	293601.75	3322420.69	78.56	3.42	388.36
3	600886	国投电力	7.61	15.87	11.12	24763.10	286957.65	77.48	3.65	230.75
4	600780	通宝能源	8.75	8.69	8.76	63543.78	600785.52	71.9	1.89	261.52
5	600002	齐鲁石化	3.74	7.2	5.29	137417.69	776819.23	70.05	4.39	392.62
6	600688	上海石化	3.12	5.86	4.19	214576.73	958621.43	68.68	4.33	298.02
7	600740	山西焦化	7.55	14.29	9.86	19552.90	218493.57	68.59	3.31	231.39
8	600026	中海发展	4.7	8.6	6.09	213524.21	1323922.01	67.3	3.62	610.07
9	600362	江西铜业	4.16	7.78	5.38	129234.70	735002.35	67	3.58	561.89
10	600786	ST东锅	8.17	15.64	11.47	18075.35	216475.63	66.31	4.01	334.73
11	600660	福耀玻璃	9	15.51	11.88	39831.60	468430.14	65.35	2.70	253.83
12	600166	福田汽车	9.31	10.83	12.36	40270.13	492936.14	65.23	5.12	370.69
13	600585	海螺水泥	6.39	11.43	8.41	54408.13	469398.66	63.01	2.54	272.04
14	600863	内蒙华电	7.5	6.78	6.95	75069.70	540884.72	62.62	7.47	244.35
15	600231	凌钢股份	6.06	8.18	7.71	167947.84	1403000.23	61.94	8.91	855.12
16	600019	宝钢股份	4.1	7.07	5.52	740220.54	4280971.07	61.32	4.04	394.36
17	600018	上港集箱	16.05	14.2	14.10	144126.77	1907178.91	59.36	3.16	386.41
18	600499	科达机电	21.71	20.88	23.65	7620.28	195861.63	59.02	6.39	317.53
19	600307	酒钢宏兴	5	8.22	6.61	97789.10	693789.09	57.07	3.91	488.95
20	600282	南钢股份	5.65	9.1	7.77	82755.51	704559.47	56.33	9.51	574.69

上海证券交易所 2003 年度股票交易跌幅前 20 位排名

名次	股票代码	股票简称	开盘价	收盘价	平均价	累计成交量(万股)	累计成交金额(万元)	累计涨跌幅(%)	期间振幅(%)	累计换手率
1	600090	啤酒花	15.68	3.24	14.42	48686.04	292388.36	−149.04	.96	279.61
2	600228	昌九生化	17.42	4.57	13.98	65950.11	476676.66	−122.79	3.28	686.98
3	600159	宁城老窖	8.36	2.59	5.67	45656.58	236801.56	−109.58	2.15	518.78
4	600899	信联股份	9.05	3.25	7.09	21651.07	152228.23	−95.02	3.89	398.69
5	600615	丰华股份	8.31	3.05	6.33	13256.12	82128.77	−93.83	6.30	285.07
6	600878	北大科技	6	2.33	4.66	16562.88	77493.02	−91.04	5.63	186.86
7	600385	山东金泰	8.55	3.3	6.29	29067.90	185514.70	−88.28	4.17	428.51
8	600053	江西纸业	7.61	2.92	7.59	38863.94	233363.36	−86.36	4.52	511.03
9	600246	先锋股份	20.5	8.73	15.42	4029.60	58565.02	−84.67	4.88	134.32
10	600847	万里电池	8.72	3.63	7.09	8092.41	59594.57	−81.95	4.19	202.83
11	600836	界龙实业	16.51	6.96	16.04	12844.39	195955.94	−81.9	5.69	310.79
12	600503	宏智科技	15.7	6.74	11.77	16799.48	179335.26	−79.36	2.10	419.99
13	600338	珠峰摩托	0	3.54	6.47	20685.65	141276.14	−77.75	3.53	413.71
14	600613	永生数据	13.4	5.78	11.34	4290.54	53020.65	−75.97	7.12	470.18
15	600306	商业城	16.66	7.35	12.00	5454.51	68655.92	−75.22	1.80	92.64
16	600187	黑龙股份	11.03	4.93	9.40	40847.55	280819.56	−72.6	3.46	418.95
17	600672	英豪科教	4.95	2.29	3.98	29035.16	117939.74	−72.6	4.43	113.42
18	600774	汉商集团	11.34	5.1	8.89	9418.33	92061.11	−70.4	5.15	247.44
19	600629	ST棱光	—	2.88	4.98	31768.88	181553.98	−68.66	4.44	550.01
20	600275	武昌鱼	11.45	3.84	8.09	42189.35	266083.36	−68.56	2.72	361.55

上海证券交易所 2003 年度股票交易振幅前 20 位排名

名次	股票代码	股票简称	开盘价	收盘价	平均价	累计成交量(万股)	累计成交金额(万元)	累计涨跌幅(%)	期间振幅(%)	累计换手率
1	600478	力元新材	—	7.97	8.02	14821.03	127447.25	−15.85	22.69	370.53
2	600511	国药股份	10.79	8.2	10.74	37114.32	441571.13	−22.19	10.95	700.27
3	600033	福建高速	8.48	8.27	8.30	81405.67	698750.70	17.79	10.69	364.09
4	600743	ST幸福	3.55	2.99	3.99	40249.48	165577.64	−13.8	10.61	514.7
5	600477	杭萧钢构	—	18.87	15.00	6876.50	106445.48	24.69	10.37	275.06
6	600217	秦岭水泥	14.7	14.71	14.74	10928.11	162208.28	1.5	10.33	78.06
7	600400	红豆股份	9.8	7.51	8.98	5449.80	49898.73	−24.26	10.15	109
8	600030	中信证券	0	7.81	7.38	437256.77	3116043.02	51.86	10.08	1093.14
9	600036	招商银行	8.12	10.81	10.49	602340.70	6665233.36	34.04	10.07	438.38
10	600828	成商集团	7.25	5.1	7.15	9108.37	69737.75	−28.07	9.99	178.3
11	600148	离合器	8.38	6.32	8.12	6052.22	53567.41	−24.47	9.92	144.1
12	600135	乐凯胶片	9.7	11.26	11.76	25190.88	300151.03	21.47	9.78	199.93
13	600673	阳之光	0	6.31	7.38	7387.18	56990.63	−48.14	9.62	162.21
14	600282	南钢股份	5.65	9.1	7.77	82755.51	704559.47	56.33	9.51	574.69
15	600196	复星实业	9.12	9.86	10.39	31208.30	338403.63	12.52	9.35	213.39
16	600173	牡丹江	5.86	4.45	5.81	16169.21	102735.67	−22.78	9.13	159.28
17	600488	天药股份	14	7.07	10.32	22428.89	260490.17	−36.47	9.11	327.23
18	600731	湖南海利	6.3	4.61	5.91	12775.74	76356.63	−22.38	8.94	151.37
19	600231	凌钢股份	6.06	8.18	7.71	167947.84	1403000.23	61.94	8.91	855.12
20	600355	精伦电子	17.92	6.47	12.79	28131.44	372967.98	−22.4	8.91	603.43

上海证券交易所 2003 年度股票交易换手率前 20 位排名

名次	股票代码	股票简称	开盘价	收盘价	平均价	累计成交量(万股)	累计成交金额(万元)	累计涨跌幅(%)	期间振幅(%)	累计换手率
1	600030	中信证券	0	7.81	7.38	437256.77	3116043.02	51.86	10.08	1093.14
2	600659	神龙发展	10.43	6.75	9.85	43576.69	304189.73	−32.01	7.22	977.71
3	600012	皖通高速	0	5.67	5.46	240647.75	1301356.67	33.14	3.27	962.59
4	600231	凌钢股份	6.06	8.18	7.71	167947.84	1403000.23	61.94	8.91	855.12
5	600432	吉恩镍业	—	13.7	10.39	48413.75	501772.86	33.21	4.26	806.9
6	600608	上海科技	10.23	9.56	12.24	76292.81	965115.71	4.85	5.20	771.35
7	600489	中金黄金	—	10.29	8.83	73964.60	664881.12	18.39	3.70	739.65
8	600511	国药股份	10.79	8.2	10.74	37114.32	441571.13	−22.19	10.95	700.27
9	600759	ST琼华侨	—	3.03	4.75	47844.12	256510.16	−43.31	4.96	691.79
10	600228	昌九生化	17.42	4.57	13.98	65950.11	476676.66	−122.79	3.28	686.98
11	600710	常林股份	12	9.02	9.49	87497.21	777215.44	45.95	6.42	666.13
12	600547	山东黄金	—	16.46	13.09	39486.59	496989.78	46.15	3.53	658.11
13	600209	罗顿发展	7.1	4.06	6.63	71634.44	496372.75	6.87	3.98	616.94
14	600591	上海航空	6.4	9.3	7.81	123226.76	987459.72	42.5	6.34	616.13
15	600026	中海发展	4.7	8.6	6.09	213524.21	1323922.01	67.3	3.62	610.07
16	600357	承德钒钛	7.06	10.48	8.12	60563.68	515999.59	46.34	4.11	605.64
17	600355	精伦电子	17.92	6.47	12.79	28131.44	372967.98	−22.4	8.91	603.43
18	600525	长园新材	16.47	15.32	17.21	14985.08	269191.11	−2.53	3.75	599.4
19	600429	三元股份	—	5.97	6.36	87115.58	578897.79	−16.82	6.55	580.77
20	600343	航天动力	—	6.78	9.41	37725.57	390009.55	−48.8	5.71	580.39

上海证券交易所 2003 年度债券成交量排序

名次	代码	简称	开盘价	收盘价	累计成交笔数	累计成交量	累计成交金额(万元)	累计涨跌幅%	期间振幅%	累计换手率%
1	010214	XD02国(14)	100.11	100.02	60861	4374.69	4354914.37	−0.07	4.53	195.3
2	010303	XD03国(3)	—	92.44	163362	4194.91	4184612.56	−9.85	17.01	161.34
3	010110	XD21国(10)	100.59	97.45	83058	3082.89	3038143.72	−3.13	8.80	154.14
4	009908	XD99国(8)	102.75	100.33	43107	2938.67	2993616.41	−3.05	5.96	146.93
5	010107	XD21国(7)	112.59	104.44	140501	2918.72	3278515.86	−7.4	14.76	121.82
6	010115	XD21国(15)	101.32	99.57	50006	2889.26	2908094.22	−2.1	4.59	144.46
7	010210	XD02国(10)	99.45	95.33	85840	2387.64	2306031.89	−4.25	7.43	119.38
8	010203	XD02国(3)	99.07	94.72	130117	2325.92	2254442.44	−4.39	12.91	116.3
9	010112	XD21国(12)	101.33	96.94	54517	2280.86	2271581.40	−4.36	8.93	114.04
10	010307	N 03国(7)	—	94.58	26202	2007.59	1943716.32	−5.53	5.72	43.64
11	010004	XD20国(4)	100.94	101.49	18743	1789.50	1810046.51	−0.12	6.84	127.82
12	010213	XD02国(13)	99.53	92.67	92827	1604.99	1555788.12	−7.01	11.62	66.87
13	010308	N 03国(8)	—	94.85	38368	1549.30	1455207.18	−3.21	4.46	94.58
14	010010	XD20国(10)	99.9	100.26	23178	1437.09	1434779.34	−0.49	6.29	119.76
15	010311	N 03国(11)	—	100.62	13557	1410.08	1413488.51	0.62	1.26	77.84
16	010103	XD21国(3)	102.58	101.7	26201	1302.92	1328128.73	−0.87	4.78	108.58
17	009905	XD99国(5)	102.43	101.78	13382	336.31	344628.75	−0.67	3.65	21.02
18	000696	XD96国(6)	130.08	123.4	23497	249.56	317285.26	−5.21	12.47	9.78
19	009704	XD97国(4)	130.5	124.51	13145	188.26	240078.73	−4.67	5.56	14.48

上海证券交易所 2003 年度债券成交额排序

名次	代码	简称	开盘价	收盘价	累计成交笔数	累计成交量	累计成交金额(万元)	累计涨跌幅%	期间振幅%	累计换手率%
1	010214	XD02国(14)	100.11	100.02	60861	4374.69	4354914.37	−0.07	4.53	195.3
2	010303	XD03国(3)	—	92.44	163362	4194.91	4184612.56	−9.85	17.01	161.34
3	010110	XD21国(10)	100.59	97.45	83058	3082.89	3038143.72	−3.13	8.80	154.14
4	009908	XD99国(8)	102.75	100.33	43107	2938.67	2993616.41	−3.05	5.96	146.93
5	010107	XD21国(7)	112.59	104.44	140501	2918.72	3278515.86	−7.4	14.76	121.82
6	010115	XD21国(15)	101.32	99.57	50006	2889.26	2908094.22	−2.1	4.59	144.46
7	010210	XD02国(10)	99.45	95.33	85840	2387.64	2306031.89	−4.25	7.43	119.38
8	010203	XD02国(3)	99.07	94.72	130117	2325.92	2254442.44	−4.39	12.91	116.3
9	010112	XD21国(12)	101.33	96.94	54517	2280.86	2271581.40	−4.36	8.93	114.04
10	010307	N 03国(7)	—	94.58	26202	2007.59	1943716.32	−5.53	5.72	43.64
11	010004	XD20国(4)	100.94	101.49	18743	1789.50	1810046.51	−0.12	6.84	127.82
12	010213	XD02国(13)	99.53	92.67	92827	1604.99	1555788.12	−7.01	11.62	66.87
13	010308	N 03国(8)	—	94.85	38368	1549.30	1455207.18	−3.21	4.46	94.58
14	010010	XD20国(10)	99.9	100.26	23178	1437.09	1434779.34	−0.49	6.29	119.76
15	010311	N 03国(11)	—	100.62	13557	1410.08	1413488.51	0.62	1.26	77.84
16	010103	XD21国(3)	102.58	101.7	26201	1302.92	1328128.73	−0.87	4.78	108.58
17	009905	XD99国(5)	102.43	101.78	13382	336.31	344628.75	−0.67	3.65	21.02
18	000696	XD96国(6)	130.08	123.4	23497	249.56	317285.26	−5.21	12.47	9.78
19	009704	XD97国(4)	130.5	124.51	13145	188.26	240078.73	−4.67	5.56	14.48

50家市价总值最大的上市公司

2003年末，50家市价总值最大的上市公司市价总值合计达到14574.70亿元，比2002年增长49.18%，占上海证券市场全体上市公司市值总和的48.92%。

2001年上市的中国石化继续保持其市价总值最大上市公司的地位，宝钢股份跃升至第二位。

序号	股票简称	股票代码	市价总值（万元）	占全体上市公司市价总值比重(%)
1	中国石化	600028	34611365.75	11.61
2	宝钢股份	600019	8845984	2.97
3	华能国际	600011	7897500	2.65
4	中国联通	600050	7740762.38	2.6
5	长江电力	600900	6819008	2.29
6	招商银行	600036	6169070.29	2.07
7	宁沪高速	600377	4162980.52	1.4
8	浦发银行	600000	4122495	1.38
9	上海汽车	600104	3470039.04	1.16
10	民生银行	600016	3204311.82	1.08
11	上海石化	600688	2853820	0.96
12	华夏银行	600015	2674000	0.9
13	申能股份	600642	2594598	0.87
14	上港集箱	600018	2562248	0.86
15	马钢股份	600808	2219513.9	0.74
16	兖州煤业	600188	2012800	0.68
17	中信证券	600030	1938051.5	0.65
18	上海机场	600009	1848066.51	0.62
19	中海发展	600026	1745800	0.59
20	武钢股份	600005	1728408.86	0.58
21	山东基建	600350	1681900	0.56
22	上海电力	600021	1672950.35	0.56
23	国电电力	600795	1649096.26	0.55
24	南方航空	600029	1584000	0.53
25	原水股份	600649	1499978.43	0.5
26	四川长虹	600839	1463006.92	0.49
27	广州控股	600098	1404388.8	0.47
28	齐鲁石化	600002	1404000	0.47
29	东方明珠	600832	1398624.77	0.47
30	陆家嘴	600663	1394752.27	0.47
31	仪征化纤	600871	1370200	0.46
32	东方航空	600115	1369500	0.46
33	内蒙华电	600863	1343267.18	0.45
34	首创股份	600008	1276000	0.43
35	东风汽车	600006	1239000	0.42
36	新疆屯河	600737	1177793.38	0.4
37	江西铜业	600362	1172878.72	0.39
38	哈药集团	600664	1171306.7	0.39
39	深高速	600548	1104997.2	0.37
40	中房股份	600890	1001702.16	0.34
41	山东铝业	600205	999040	0.34
42	安阳钢铁	600569	994317.3	0.33
43	北大荒	600598	981933.28	0.33
44	海螺水泥	600585	940094.64	0.32
45	双鹤药业	600062	910821.32	0.31
46	白云机场	600004	891000	0.3
47	外运发展	600270	882981.87	0.3
48	邯郸钢铁	600001	862200.8	0.29
49	广电信息	600637	849325.73	0.28
50	凤凰股份	600679	835094.01	0.28

50家流通市值最大的上市公司

2003年末，50家流通市值最大公司的流通市值合计达到2694.48亿元，占上海证券市场全体上市公司流通市值总和的32.83%。

中国联通位列流通市值冠军，2002年的流通市值冠军招商银行退居次席。

序号	股票简称	股票代码	流通市价总值（万元）	占全体上市公司流通市价总值比重(%)
1	中国联通	600050	1863213	2.27
2	招商银行	600036	1621500	1.98
3	中国石化	600028	1386000	1.69
4	宝钢股份	600019	1327039	1.62
5	长江电力	600900	1110432.4	1.35
6	上海汽车	600104	1041011.71	1.27
7	浦发银行	600000	947700	1.16
8	哈药集团	600664	764174.86	0.93
9	华夏银行	600015	764000	0.93
10	上海机场	600009	680406.51	0.83
11	民生银行	600016	669337.3	0.82
12	四川长虹	600839	643147.99	0.78
13	上港集箱	600018	596400	0.73
14	申能股份	600642	594705.42	0.73
15	新疆屯河	600737	593988.71	0.72
16	申华控股	600653	513726.88	0.63
17	南方航空	600029	495000	0.6
18	东电B股	900949	484933.52	0.59
19	原水股份	600649	446437.76	0.54
20	华能国际	600011	438750	0.53
21	中房股份	600890	423727.29	0.52
22	上海石化	600688	421920	0.51
23	方正科技	600601	415351.33	0.51
24	国电电力	600795	413890.83	0.5
25	清华同方	600100	392890.94	0.48
26	青岛海尔	600690	385111.9	0.47
27	双鹤药业	600062	383813.7	0.47
28	飞乐音响	600651	381324.45	0.46
29	东风汽车	600006	371700	0.45
30	广电电子	600602	365020.82	0.45
31	梅雁股份	600868	362311.05	0.44
32	白云机场	600004	356400	0.43
33	首创股份	600008	348000	0.42
34	东方明珠	600832	318919.44	0.39
35	中信证券	600030	312400	0.38
36	东方集团	600811	306289.77	0.37
37	伊利股份	600887	304871.77	0.37
38	爱建股份	600643	303727.38	0.37
39	中海发展	600026	301000	0.37
40	福耀玻璃	600660	299098.03	0.36
41	陆家B股	909322	97402.05	0.36
42	通宝能源	600780	293466.45	0.36
43	山东铝业	600205	285440	0.35
44	邯郸钢铁	600001	284200	0.35
45	马钢股份	600808	282000	0.34
46	张江高科	600895	272258.08	0.33
47	紫江企业	600210	272210.63	0.33
48	天津港	600717	271609.41	0.33
49	爱使股份	600652	268373.96	0.33
50	内蒙华电	600863	268121.9	0.33

上海证券交易所2003年度会员交易总交易额排名

会员名称	席位数	名次	总计	股票	证券投资基金	国债现货	国债回购	金融债、企业债	可转债
中国银河证券有限责任公司	378	1	102533329.5	26033295.75	451373.29	4262168.59	69392400	276869.62	252312.48
海通证券股份有限公司	211	2	82453781.3	18820057.29	198145.02	6316574.26	55244570	90638.63	647686.81
国泰君安证券股份有限公司	241	3	80853813.52	23428455.98	453955.3	4283245.36	49722550	371176.63	443519
南方证券股份有限公司	152	4	76829242.76	14901983.62	211285.84	2213858.85	58801330	24841.15	84040.3
华夏证券股份有限公司	189	5	76795140.99	14657483.61	268711.13	2819904.07	56545860	177211.7	223927.55
中信证券股份有限公司	69	6	74779165.58	8614966.6	166441.26	4389128.14	57041640	454635.7	480470.76
申银万国证券股份有限公司	300	7	57357217.27	19878759.84	275008.22	3014349.03	32582450	177997.5	756414.9
广发证券股份有限公司	81	8	44063703.77	10631449.58	162577.78	1459390.05	30957160	22558.66	161118.99
天同证券有限责任公司	95	9	38733920.41	6905660.54	134280.12	5014443.58	26108980	387242.48	94520.85
湘财证券有限责任公司	46	10	36182244.9	5067850.33	103198.32	3122730.77	26753010	52409.26	54695.62
大鹏证券有限责任公司	50	11	34785191.13	4295524.34	60822.19	1736247.21	26602730	68375.54	92229.77
汉唐证券有限责任公司	32	12	34113625.68	5125917.83	138358.3	4850052.96	23636050	5456.24	56401.58
光大证券有限责任公司	63	13	25768271.43	7369511.25	461679.63	1261715.67	16103010	15549.95	135328.08
东方证券有限责任公司	83	14	25460747	6513030.62	93249.06	1331993.54	17045060	21677.78	192318.02
国信证券有限责任公司	46	15	24299129.79	9232059.26	90077.55	1012350.31	13154120	57977.91	351018.33
闽发证券有限责任公司	58	16	23770607.05	4336853.12	65982.74	2971861.24	15877530	28670.16	310599.85
兴业证券股份有限公司	48	17	22999191.18	5204989.32	98696.37	1058453.02	14753520	189131.31	189216.73
招商证券股份有限公司	55	18	19674942.68	7829881.97	88050.43	1193701.82	8475380	92431.08	215215.69
中国民族证券有限责任公司	40	19	19011251.43	3437074.76	36562.76	3149267.98	12219910	16899.91	47155.98
中国科技证券有限责任公司	37	20	18932297.26	2706507.73	41363.36	847750.17	15157710	11898.67	19073.25
广东证券股份有限公司	46	21	18678118.47	4921113.3	69085.6	1020777.41	12076280	27234.34	105074.63
联合证券有限责任公司	60	22	18353127.38	5272871.78	70546.58	479551.62	10852280	14513.27	73607.26
平安证券有限责任公司	55	23	17433161.7	3887047.86	64232.91	1119338.96	11315240	437061.1	88789.68
辽宁东方证券公司	8	24	16476105.48	681488.54	12124.52	2959997.77	12770990	23886.09	16383.69
金信证券有限责任公司	36	25	16240581.15	3338733.38	26808.06	1315184.28	10503020	70761.96	56899.13
山西证券有限责任公司	31	26	15456441.59	2443234.51	34762.59	1283347.05	11458350	4938.66	140543.97
华泰证券有限责任公司	60	27	15436489.13	7298223.24	120512.04	998025.49	6655690	86004.24	96570.01
世纪证券有限责任公司	21	28	14389545.17	1775093.49	14211.74	981407.05	10912570	98229.98	29516.2
宏源证券股份有限公司	45	29	14014262.79	3718443.34	47984.07	768885.24	6652490	153333.2	42796.03
华鑫证券有限责任公司	49	30	14006379.14	2215132.47	38470.12	360206.92	11272600	3583.83	3754.05
长江证券有限责任公司	41	31	13971323.89	3366299.64	75593.04	2173322.15	7516350	70694.53	47121.13
江南证券有限责任公司	14	32	13894907.62	1948743.66	13885.6	696541.42	11223680	1694.98	5217.82
上海证券有限责任公司	43	33	13258934.97	4225797.02	78730.66	1236278.48	7246220	38080.13	208326.98
西南证券有限责任公司	42	34	12586893.71	4156826	35196.42	1297566.6	6813580	11939.89	49566.8
金通证券股份有限公司	41	35	12558745.03	5381640.73	93903.85	611349.91	6336370	15841.8	21771.34
渤海证券有限责任公司	56	36	12397840.59	4335974.05	65701.98	874315.33	6807330	22731.61	72413.68
东吴证券有限责任公司	35	37	12110477.92	3949776.68	74883.06	1004724.17	6765130	80906.35	59503.69
北京证券有限责任公司	49	38	11733647.39	3455161.43	32100.82	444553.4	7525820	35295.42	83625.96
国海证券有限责任公司	35	39	11732085.78	3306556.98	28376.67	606590.92	6098980	67979.08	20222.6
亚洲证券有限责任公司	67	40	11666052.97	4718928.31	47482.46	742098.02	5710320	25582.12	22864.47
德恒证券有限责任公司	20	41	11346395.76	1437195.63	26088.09	2063040.57	7803420	2973.77	7499.97
国元证券有限责任公司	68	42	11318726.14	5598529.02	91757.59	772279.39	4662820	31641.38	81465.16
长城证券有限责任公司	42	43	11253274.96	4364251.66	75296.49	1053723.3	5411480	21174.09	185969.26
北方证券有限责任公司	29	44	10590556.14	1741114.72	22300.2	552926.84	8249210	3118.48	10565.58
华西证券有限责任公司	28	45	9706915.16	3053532.01	31660.57	429162.26	6069220	9316.14	9778.52
广发华福证券有限责任公司	45	46	9084561.23	2407385.77	54498.34	42568.24	6539310	3358.48	13753.66
中关村证券股份有限公司	11	47	8381508.85	1462560.38	12571.65	256861.29	6588160	1517.86	20837.04
华安证券有限责任公司	48	48	8146067.52	3668493.1	164308.12	982859.49	3146190	9504.28	17299.66
天和证券经纪有限公司	23	49	8056170.63	2527976.33	26134.15	792295.31	4270460	66725.95	23705.3
中国国际金融有限公司	33	50	7948805.85	2186493.98	9692.72	896291.41	4373330	140045.58	135487.57
大通证券股份有限公司	25	51	7642725.44	2288202.23	22064.85	838882.83	4393070	36184.1	34911.02
长财证券经纪有限责任公司	10	52	7465605.03	686942.76	5281.9	158814.12	2551950	251316.32	7309.34
天一证券有限责任公司	37	53	7380864.15	3294547.23	29649.56	271320.67	3719010	6695.77	27434.8
中银国际证券有限责任公司	44	54	6875628.95	2801882.61	23076.85	605201.46	3265170	10624.1	20902.16
新疆证券有限责任公司	23	55	6543070.76	2463456.46	18678.47	358802.23	3650260	2057.17	30042.55
河北证券有限责任公司	52	56	6197653.34	3098737.3	31524.4	385712.81	2444990	28803.68	51083.81
新华证券有限公司	39	57	6189969.46	1797626.54	19001.92	358284.05	3989660	3776.75	4336.41
辽宁省证券公司	35	58	6077649.64	3389848.01	38504.48	801788.18	1717240	25376.66	91085.51
甘肃证券有限责任公司	13	59	5826165.95	603310.08	4993.55	485412.55	4473340	11598.1	1702.62
国都证券有限责任公司	23	60	5460323.29	1803195.31	27137.65	355195.67	2774880	6166.75	74457.22
方正证券有限责任公司	36	61	5314580.26	2552240.57	32043.78	153595.56	2445030	3330.86	14549.13
巨田证券有限责任公司	33	62	5261865.17	1752925.1	36262.8	120868.27	3225880	16060.18	78204.24
东北证券有限责任公司	38	63	4917518.55	3004672.84	32355.93	165379.07	1654580	20689.39	23021.14
国联证券有限责任公司	29	64	4838048.72	2665853.09	28774.7	528344.09	1581490	8232.05	7024.17
财富证券有限责任公司	14	65	4786659.78	1091074.24	10279.39	294136.7	3361340	10191.19	17699.26
健桥证券股份有限公司	14	66	4775895.18	1146703.36	8351.74	422455.93	3176740	1490.01	16178.69
西部证券股份有限公司	43	67	4694573.07	2230929.29	19980.25	379345.73	1891750	16983.19	43738.14
国盛证券有限责任公司	19	68	4563864.77	1151779.18	14293.66	252563.35	3133340	736.28	9531.87
第一创业证券有限责任公司	4	69	4427081.33	901111.97	5396.05	157598.79	3213280	19682.35	22227.62
山东省齐鲁证券经纪有限公司	38	70	4272282.84	1718019.63	20149.41	836411.77	1675140	889.05	1807.28

会员名称	席位数	名次	总计	股票	证券投资基金	国债现货	国债回购	金融债、企业债	可转债
泰阳证券有限责任公司	29	71	4261460.37	3567265.47	56460.54	122420.15	471660	3447.33	20459.39
广东民安证券经纪有限责任公司	19	72	4060129.32	1471118.49	14543.94	225655.51	2286700	2378.41	15913.1
恒泰证券有限责任公司	13	73	3894939.89	1631359.81	15991.13	159982.51	2008230	14990.37	38050.58
万通证券有限责任公司	20	74	3739784.8	1509865.63	19819.76	193000.23	1762450	4563.06	117903.63
民生证券有限责任公司	16	75	3574497.27	1685292.12	12801.29	355650.45	1445990	9313.83	43237.57
东莞证券有限责任公司	8	76	3568380.6	1419935.51	12290.83	40692.86	1983550	3884.68	8704.26
爱建证券有限责任公司	36	77	3535816.93	1357061.22	22864.58	273942.6	1830080	4961.13	44126.02
兴安证券有限责任公司	25	78	3390419.16	1957534.23	17245.47	214089.07	1168520	2213.49	26748.87
联讯证券经纪有限责任公司	11	79	3261492.39	644402.1	4840.64	531844.17	2066980	715	1501.86
中兴信托投资有限责任公司	16	80	3195271.53	893045.52	18230.58	155625.62	1884730	10951.55	53568.58
信泰证券有限责任公司	30	81	3133259.8	1614339.54	23748.09	187252.73	1244990	4451.73	9064.56
中富证券有限责任公司	13	82	3065979.79	1524810.42	16698.11	157997.99	1306270	3211.25	17671.54
武汉证券有限责任公司	27	83	3064345.55	1353201.45	17518.99	179838.27	1492030	4746.36	5165.14
恒信证券有限责任公司	8	84	2826015.01	497684.81	4376.2	437620.99	1874330	1231.05	5707.81
南京证券有限责任公司	33	85	2778324.15	2035942.8	22246.59	88798.31	546950	3901.21	43585.63
西北证券有限责任公司	12	86	2759638.81	1158891.95	7211.42	196361.48	1197570	1817.82	153483.74
沈阳诚浩证券经纪有限责任公司	8	87	2736896.23	301757.65	3675.83	350388.03	2066480	1719	3138.13
河北财达证券经纪有限责任公司	6	88	2658749.86	755841.32	6423.42	186852.31	1706640	197.55	1941.06
富友证券经纪有限责任公司	13	89	2604299.14	854908.5	12055.63	366841.4	1268080	48250.28	17215.79
蔚深证券有限责任公司	24	90	2523067.49	1597682.08	26636.67	20156.26	855980	965.85	5504.9
中国旅游国际信托投资有限公司	15	91	2519568.31	589835.2	6144.26	210507.49	1666950	1123.5	2393.11
广州证券有限责任公司	15	92	2491692.53	1274136.41	18273.02	38883.81	1123810	2322.77	13559.03
德邦证券有限责任公司	25	93	2457328.31	757544.04	8861.95	16446.27	155590	168311.4	16268.81
金元证券有限责任公司	26	94	2360789.5	998115.64	7698.53	91850.1	1079290	3570.84	81272.56
红塔证券股份有限公司	24	95	2275526.69	1363535.5	17983.44	76799.3	792460	2090.34	14959.06
万联证券有限责任公司	17	96	2233312.65	1417197.96	17813.72	13196.71	688480	4191.32	75747.37
中原证券股份有限公司	24	97	2179655.19	1571026.2	17117.75	113889.42	471090	1305.07	3852.66
华龙证券有限责任公司	23	98	2108688.42	1337623.97	14364.66	161547.89	583550	2000.38	2685.65
恒远证券经纪有限公司	9	99	2023680.38	1122241.52	5944.36	26424.56	213730	28745.07	13600.66
天元证券经纪有限责任公司	19	100	1959575.26	1049708.1	14748.26	300561.4	580560	2249.41	2527.73
东海证券有限责任公司	16	101	1953807.76	1136021.07	10843.68	18991.92	579910	1613.28	10434.61
中山证券公司	12	102	1874864.33	916812.82	6748.17	143738.8	692190	268.88	57005.92
成都证券经纪有限责任公司	33	103	1719739.25	1235678.54	13340.18	14906.45	408700	5422.61	11699.47
华林证券有限责任公司	8	104	1703663.72	688099.69	8272.78	11221.91	985800	348.21	9251.16
山西华康信托投资有限责任公司	8	105	1522181.19	418832.65	1472.07	166684.34	909560	532.76	2955.14
和兴证券经纪有限责任公司	40	106	1454249.16	1132538.58	19731.19	17321.01	274720	1334.56	3356.98
首创证券经纪有限责任公司	13	107	1441587.08	916355.51	8912.83	53293.67	454580	738.34	3725.21
青岛国际信托投资公司	4	108	1416918.96	134475.28	1743.12	364.55	1257690	184.1	292.66
大连证券有限责任公司	19	109	1377694.69	881837.16	9821.01	86381.98	394470	2718.97	914.85
航空信托投资有限责任公司	12	110	1368820.14	833774.31	7308.18	35217.38	480780	2319.19	5092.33
华创证券经纪有限责任公司	12	111	1253380.34	342983.55	2705.01	17687.31	869840	1089.24	17908.3
财通证券经纪有限责任公司	18	112	1226565.92	782941.05	7824.78	87860.39	344990	679.67	1887.02
上海久联证券经纪有限责任公司	4	113	1213188.55	289841.12	3233.97	253981.06	616210	703.28	1410.79
富成证券经纪有限公司	9	114	1046126.15	576077.13	13349.45	149926.79	220920	19868.45	65399.33
青岛市弘诚信托投资有限公司	15	115	987672.07	374950.74	6096.49	17328.64	476420	490.84	2818.98
广发北方证券经纪有限责任公司	9	116	918938.98	758095.56	10410.76	10879.28	134810	2053.62	1123.67
厦门证券有限公司	12	117	874960.06	493231.88	10809.4	1942.33	356320	832.65	475.95
万和证券经纪有限责任公司	6	118	839391.96	408141.35	2466.8	3209.06	408820	697.57	221.73
大同证券经纪有限责任公司	13	119	807702.21	613951.67	6060.44	48458.85	123970	3687.45	8732.15
昆仑证券有限责任公司	8	120	794801.96	636126.3	7630.59	19074.29	127350	463.54	2920.97
鞍山证券公司	23	121	735031.74	709748.91	7910.67	14602.85	0	1248.88	789.5
哈尔滨国际信托投资公司	6	122	695860.69	506622.67	3607.92	10117.47	175100	69.4	205.65
众成证券经纪有限公司	11	123	668615.9	457712.38	5097.78	4504.7	200310	424.35	219.53
鞍山市信托投资股份有限公司	12	124	664311.13	424621.84	4025.72	3380.56	164480	151.78	15238.37
云南证券有限责任公司	13	125	558953.94	494021.83	6219.16	1911.89	44450	629.66	213.95
中国金谷国际信托投资有限责任公司	13	126	510247.41	489574.28	10267.59	1658.09	7150	385.83	965.49
洛阳市证券公司	12	127	474018.27	457596.78	6725.79	2941.12	4590	1127.18	592.48
辽宁信托投资公司	10	128	466856.2	456736.13	5666.34	1323.92	0	424.42	2287.47
海南省证券公司	17	129	435274.09	417594.48	6680.26	5587.9	3350	543.53	741.49
第一证券有限公司	18	130	400091.11	363787.58	1852.92	5166.96	26070	241.51	2773.87
齐齐哈尔市证券有限公司	8	131	386639.75	382129.41	3808.43	176.75	0	29.78	158.88
西藏证券经纪有限责任公司	8	132	382736.97	302841.79	3665.99	21517.38	28170	11.64	26415.68
深圳市金牛证券经纪有限责任公司	2	133	373896.21	220561.53	1388.45	4622.29	142590	696.55	4014.83
川财证券经纪有限责任公司	3	134	355131.49	312016.96	3483.21	2892.45	34480	1117.83	1021.16
新时代证券有限责任公司	8	135	336314.67	281834.91	2314.97	17343.7	34390	91.44	246.46
珠海国际信托投资公司	8	136	326398.06	317332.57	3330.63	1382.48	2180	742.67	1063.4
佳木斯市证券公司	8	137	305471.19	244978.88	3970.96	845.02	54560	873.92	41.82
开封市信托投资公司	8	138	286701.7	273163.45	2569.7	1265.31	8740	295.87	266.25
焦作市信托投资公司	6	139	282166.92	251043.14	2973.92	7645.01	18250	404.86	216.72
武汉市信托投资公司	12	140	264857.2	247006.87	10544.45	4899	0	750.42	1534.6
辽宁省国际信托投资公司	14	141	259283.79	252149.87	3269.37	662.59	2500	120.75	353.24
辽宁华盛信托投资股份有限公司	10	142	223438.51	217884.41	2953.68	697.34	0	171.11	1534.08
西安华弘证券经纪有限责任公司	3	143	200603.65	189944.82	1070.97	243.54	9130	39.61	75.44

会员名称	席位数	名次	总计	股票	证券投资基金	国债现货	国债回购	金融债、企业债	可转债
哈尔滨财政证券公司	7	144	194558.37	182803.74	1520.51	1638.91	7980	300.45	144
四川省天风证券有限责任公司	3	145	193015.69	146003.78	1719.68	509.76	40310	53.22	192.27
吉林泛亚信托投资有限公司	2	146	179386.18	142115.1	742.72	282.91	35830	0.93	16.49
德阳市信托投资公司	4	147	174659.5	171839.51	1282.04	569.24	0	69.42	807.21
珠海中业信托投资有限公司	7	148	168491.56	121128.95	1646.48	1539.19	42140	296.15	242.75
上海远东证券有限公司	9	149	164163.73	160181.72	2145.61	793.28	20	329.85	527.98
邯郸市信托投资公司	3	150	157824.2	154389.11	2518.15	563.24	0	114.62	112.48
天津一德证券经纪有限责任公司	1	151	150689.96	97625.38	6536.33	6021.47	29500	52.34	67.54
三江源证券经纪有限公司	5	152	146314.61	130636.53	1106.72	6593	7080	503.72	134.63
镇江市信托投资公司	3	153	122539.38	106376.94	1761.36	653.76	13050	81.54	82.19
陕西开源证券经纪有限责任公司	2	154	97870.18	95888.71	1408.44	362.28	30	123.48	31.39
保定信托投资公司	1	155	97398.26	88227.27	1618.53	5448.29	0	964.58	274.47
广州国际信托投资公司	4	156	84626.38	73739.92	324.02	770.6	3380	6209	137.13
内蒙古日信证券经纪有限责任公司	1	157	71481.66	70122.71	1274.12	61.11	0	0	4.27
河南省信阳地区信托投资公司	3	158	70535.73	69744.49	596.39	117.79	0	39.52	5.49
河南省国际信托投资公司	2	159	44695.48	41670.08	351.33	192.17	2400	15.52	39.22
海南省信托投资公司	1	160	25677.31	24565.08	545.43	0.1	550	0	6.6
武汉科技信托投资公司	3	161	1071.31	1029.19	25.78	16.01	0	0	0.11

上海证券交易所2003年度会员股票交易额前20位排名

会员名称	席位数	名次	总计	股票	证券投资基金	国债现货	国债回购	金融债、企业债	可转债
中国银河证券有限责任公司	378	1	102533329.53	26033295.75	451373.29	4262168.59	69392400	276869.62	252312.48
国泰君安证券股份有限公司	241	2	80853813.52	23428455.98	453955.3	4283245.36	49722550	371176.63	443519
申银万国证券股份有限公司	300	3	57357217.27	19878759.84	275008.22	3014349.03	32582450	177997.5	756414.9
海通证券股份有限公司	211	4	82453781.3	18820057.29	198145.02	6316574.26	55244570	90638.63	647686.81
南方证券股份有限公司	152	5	76829242.76	14901983.62	211285.84	2213858.85	58801330	24841.15	84040.3
华夏证券股份有限公司	189	6	76795140.99	14657483.61	268711.13	2819904.07	56545860	177211.7	223927.55
广发证券股份有限公司	81	7	44063703.77	10631449.58	162577.78	1459390.05	30957160	22558.66	161118.99
国信证券有限责任公司	46	8	24299129.79	9232059.26	90077.55	1012350.31	13154120	57977.91	351018.33
中信证券股份有限公司	69	9	74779165.58	8614966.6	166441.26	4389128.14	57041640	454635.7	480470.76
招商证券股份有限公司	55	10	19674942.68	7829881.97	88050.43	1193701.82	8475380	92431.08	215215.69
光大证券有限责任公司	63	11	25768271.43	7369511.25	461679.63	1261715.67	16103010	15549.95	135328.08
华泰证券有限责任公司	60	12	15436489.13	7298223.24	120512.04	998025.49	6655690	86004.24	96570.01
天同证券有限责任公司	95	13	38733920.41	6905660.54	134280.12	5014443.58	26108980	387242.48	94520.85
东方证券有限责任公司	83	14	25460747	6513030.62	93249.06	1331993.54	17045060	21677.78	192318.02
国元证券有限责任公司	68	15	11318726.14	5598529.02	91757.59	772279.39	4662820	31641.38	81465.16
金通证券股份有限公司	41	16	12558745.03	5381640.73	93903.85	611349.91	6336370	15841.8	21771.34
联合证券有限责任公司	60	17	18353127.38	5272871.78	70546.58	479551.62	10852280	14513.27	73607.26
兴业证券股份有限公司	48	18	22999191.18	5204989.32	98696.37	1058453.02	14753520	189131.31	189216.73
汉唐证券有限责任公司	32	19	34113625.68	5125917.83	138358.3	4850052.96	23636050	5456.24	56401.58
湘财证券有限责任公司	46	20	36182244.9	5067850.33	103198.32	3122730.77	26753010	52409.26	54695.62

上海证券交易所2003年度会员证券投资基金交易额前20位排名

会员名称	席位数	名次	总计	股票	证券投资基金	国债现货	国债回购	金融债、企业债	可转债
光大证券有限责任公司	63	1	25768271.43	7369511.25	461679.63	1261715.67	16103010	15549.95	135328.08
国泰君安证券股份有限公司	241	2	80853813.52	23428455.98	453955.3	4283245.36	49722550	371176.63	443519
中国银河证券有限责任公司	378	3	102533329.53	26033295.75	451373.29	4262168.59	69392400	276869.62	252312.48
申银万国证券股份有限公司	300	4	57357217.27	19878759.84	275008.22	3014349.03	32582450	177997.5	756414.9
华夏证券股份有限公司	189	5	76795140.99	14657483.61	268711.13	2819904.07	56545860	177211.7	223927.55
南方证券股份有限公司	152	6	76829242.76	14901983.62	211285.84	2213858.85	58801330	24841.15	84040.3
海通证券股份有限公司	211	7	82453781.3	18820057.29	198145.02	6316574.26	55244570	90638.63	647686.81
中信证券股份有限公司	69	8	74779165.58	8614966.6	166441.26	4389128.14	57041640	454635.7	480470.76
华安证券有限责任公司	48	9	8146067.52	3668493.1	164308.12	982859.49	3146190	9504.28	17299.66
广发证券股份有限公司	81	10	44063703.77	10631449.58	162577.78	1459390.05	30957160	22558.66	161118.99
汉唐证券有限责任公司	32	11	34113625.68	5125917.83	138358.3	4850052.96	23636050	5456.24	56401.58
天同证券有限责任公司	95	12	38733920.41	6905660.54	134280.12	5014443.58	26108980	387242.48	94520.85
华泰证券有限责任公司	60	13	15436489.13	7298223.24	120512.04	998025.49	6655690	86004.24	96570.01
湘财证券有限责任公司	46	14	36182244.9	5067850.33	103198.32	3122730.77	26753010	52409.26	54695.62
兴业证券股份有限公司	48	15	22999191.18	5204989.32	98696.37	1058453.02	14753520	189131.31	189216.73
金通证券股份有限公司	41	16	12558745.03	5381640.73	93903.85	611349.91	6336370	15841.8	21771.34
东方证券有限责任公司	83	17	25460747	6513030.62	93249.06	1331993.54	17045060	21677.78	192318.02
国元证券有限责任公司	68	18	11318726.14	5598529.02	91757.59	772279.39	4662820	31641.38	81465.16
国信证券有限责任公司	46	19	24299129.79	9232059.26	90077.55	1012350.31	13154120	57977.91	351018.33
招商证券股份有限公司	55	20	19674942.68	7829881.97	88050.43	1193701.82	8475380	92431.08	215215.69

上海证券交易所2003年度会员国债现货交易额前20位排名

会员名称	席位数	名次	总计	股票	证券投资基金	国债现货	国债回购	金融债、企业债	可转债
海通证券股份有限公司	211	1	82453781.3	18820057.29	198145.02	6316574.26	55244570	90638.63	647686.81
天同证券有限责任公司	95	2	38733920.41	6905660.54	134280.12	5014443.58	26108980	387242.48	94520.85
汉唐证券有限责任公司	32	3	34113625.68	5125917.83	138358.3	4850052.96	23636050	5456.24	56401.58
中信证券股份有限公司	69	4	74779165.58	8614966.6	166441.26	4389128.14	57041640	454635.7	480470.76
国泰君安证券股份有限公司	241	5	80853813.52	23428455.98	453955.3	4283245.36	49722550	371176.63	443519
中国银河证券有限责任公司	378	6	102533329.53	26033295.75	451373.29	4262168.59	69392400	276869.62	252312.48
中国民族证券有限责任公司	40	7	19011251.43	3437074.76	36562.76	3149267.98	12219910	16899.91	47155.98
湘财证券有限责任公司	46	8	36182244.9	5067850.33	103198.32	3122730.77	26753010	52409.26	54695.62
申银万国证券股份有限公司	300	9	57357217.27	19878759.84	275008.22	3014349.03	32582450	177997.5	756414.9
闽发证券有限责任公司	58	10	23770607.05	4336853.12	65982.74	2971861.24	15877530	28670.16	310599.85
辽宁东方证券公司	8	11	16476105.48	681488.54	12124.52	2959997.77	12770990	23886.09	16383.69
华夏证券股份有限公司	189	12	76795140.99	14657483.61	268711.13	2819904.07	56545860	177211.7	223927.55
南方证券股份有限公司	152	13	76829242.76	14901983.62	211285.84	2213858.85	58801330	24841.15	84040.3
长江证券有限责任公司	41	14	13971323.89	3366299.64	75593.04	2173322.15	7516350	70694.53	47121.13
德恒证券有限责任公司	20	15	11346395.76	1437195.63	26088.09	2063040.57	7803420	2973.77	7499.97
大鹏证券有限责任公司	50	16	34785191.13	4295524.34	60822.19	1736247.21	26602730	68375.54	92229.77
广发证券股份有限公司	81	17	44063703.77	10631449.58	162577.78	1459390.05	30957160	22558.66	161118.99
东方证券有限责任公司	83	18	25460747	6513030.62	93249.06	1331993.54	17045060	21677.78	192318.02
金信证券有限责任公司	36	19	16240581.15	3338733.38	26808.06	1315184.28	10503020	70761.96	56899.13
西南证券有限责任公司	42	20	12586893.71	4156826	35196.42	1297566.6	6813580	11939.89	49566.8

上海证券交易所2003年度会员国债回购交易额前20位排名

会员名称	席位数	名次	总计	股票	证券投资基金	国债现货	国债回购	金融债、企业债	可转债
中国银河证券有限责任公司	378	1	102533329.53	26033295.75	451373.29	4262168.59	69392400	276869.62	252312.48
南方证券股份有限公司	152	2	76829242.76	14901983.62	211285.84	2213858.85	58801330	24841.15	84040.3
中信证券股份有限公司	69	3	74779165.58	8614966.6	166441.26	4389128.14	57041640	454635.7	480470.76
华夏证券股份有限公司	189	4	76795140.99	14657483.61	268711.13	2819904.07	56545860	177211.7	223927.55
海通证券股份有限公司	211	5	82453781.3	18820057.29	198145.02	6316574.26	55244570	90638.63	647686.81
国泰君安证券股份有限公司	241	6	80853813.52	23428455.98	453955.3	4283245.36	49722550	371176.63	443519
申银万国证券股份有限公司	300	7	57357217.27	19878759.84	275008.22	3014349.03	32582450	177997.5	756414.9
广发证券股份有限公司	81	8	44063703.77	10631449.58	162577.78	1459390.05	30957160	22558.66	161118.99
湘财证券有限责任公司	46	9	36182244.9	5067850.33	103198.32	3122730.77	26753010	52409.26	54695.62
大鹏证券有限责任公司	50	10	34785191.13	4295524.34	60822.19	1736247.21	26602730	68375.54	92229.77
天同证券有限责任公司	95	11	38733920.41	6905660.54	134280.12	5014443.58	26108980	387242.48	94520.85
汉唐证券有限责任公司	32	12	34113625.68	5125917.83	138358.3	4850052.96	23636050	5456.24	56401.58
东方证券有限责任公司	83	13	25460747	6513030.62	93249.06	1331993.54	17045060	21677.78	192318.02
光大证券有限责任公司	63	14	25768271.43	7369511.25	461679.63	1261715.67	16103010	15549.95	135328.08
闽发证券有限责任公司	58	15	23770607.05	4336853.12	65982.74	2971861.24	15877530	28670.16	310599.85
中国科技证券有限责任公司	37	16	18932297.26	2706507.73	41363.36	847750.17	15157710	11898.67	19073.25
兴业证券股份有限公司	48	17	22999191.18	5204989.32	98696.37	1058453.02	14753520	189131.31	189216.73
国信证券有限责任公司	46	18	24299129.79	9232059.26	90077.55	1012350.31	13154120	57977.91	351018.33
辽宁东方证券公司	8	19	16476105.48	681488.54	12124.52	2959997.77	12770990	23886.09	16383.69
中国民族证券有限责任公司	40	20	19011251.43	3437074.76	36562.76	3149267.98	12219910	16899.91	47155.98

上海证券交易所2003年度会员金融债、企业债交易额前20位排名

会员名称	席位数	名次	总计	股票	证券投资基金	国债现货	国债回购	金融债、企业债	可转债
中信证券股份有限公司	69	1	74779165.58	8614966.6	166441.26	4389128.14	57041640	454635.7	480470.76
平安证券有限责任公司	55	2	17433161.7	3887047.86	64232.91	1119338.96	11315240	437061.1	88789.68
天同证券有限责任公司	95	3	38733920.41	6905660.54	134280.12	5014443.58	26108980	387242.48	94520.85
国泰君安证券股份有限公司	241	4	80853813.52	23428455.98	453955.3	4283245.36	49722550	371176.63	443519
中国银河证券有限责任公司	378	5	102533329.53	26033295.75	451373.29	4262168.59	69392400	276869.62	252312.48
长财证券经纪有限责任公司	10	6	7465605.03	686942.76	5281.9	158814.12	2551950	251316.32	7309.34
兴业证券股份有限公司	48	7	22999191.18	5204989.32	98696.37	1058453.02	14753520	189131.31	189216.73
申银万国证券股份有限公司	300	8	57357217.27	19878759.84	275008.22	3014349.03	32582450	177997.5	756414.9
华夏证券股份有限公司	189	9	76795140.99	14657483.61	268711.13	2819904.07	56545860	177211.7	223927.55
德邦证券有限责任公司	25	10	2457328.31	757544.04	8861.95	16446.27	155590	168311.4	16268.81
宏源证券股份有限公司	45	11	14014262.79	3718443.34	47984.07	768885.24	6652490	153333.2	42796.03
中国国际金融有限公司	33	12	7948805.85	2186493.98	9692.72	896291.41	4373330	140045.58	135487.57
世纪证券有限责任公司	21	13	14389545.17	1775093.49	14211.74	981407.05	10912570	98229.98	29516.2
招商证券股份有限公司	55	14	19674942.68	7829881.97	88050.43	1193701.82	8475380	92431.08	215215.69
海通证券股份有限公司	211	15	82453781.3	18820057.29	198145.02	6316574.26	55244570	90638.63	647686.81
华泰证券有限责任公司	60	16	15436489.13	7298223.24	120512.04	998025.49	6655690	86004.24	96570.01
东吴证券有限责任公司	35	17	12110477.92	3949776.68	74883.06	1004724.17	6765130	80906.35	59503.69
金信证券有限责任公司	36	18	16240581.15	3338733.38	26808.06	1315184.28	10503020	70761.96	56899.13
长江证券有限责任公司	41	19	13971323.89	3366299.64	75593.04	2173322.15	7516350	70694.53	47121.13
大鹏证券有限责任公司	50	20	34785191.13	4295524.34	60822.19	1736247.21	26602730	68375.54	92229.77

上海证券交易所2003年度会员可转债交易额前20位排名

会员名称	席位数	名次	总计	股票	证券投资基金	国债现货	国债回购	金融债、企业债	可转债
申银万国证券股份有限公司	300	1	57357217.27	19878759.84	275008.22	3014349.03	32582450	177997.5	756414.9
海通证券股份有限公司	211	2	82453781.3	18820057.29	198145.02	6316574.26	55244570	90638.63	647686.81
中信证券股份有限公司	69	3	74779165.58	8614966.6	166441.26	4389128.14	57041640	454635.7	480470.76
国泰君安证券股份有限公司	241	4	80853813.52	23428455.98	453955.3	4283245.36	49722550	371176.63	443519
国信证券有限责任公司	46	5	24299129.79	9232059.26	90077.55	1012350.31	13154120	57977.91	351018.33
闽发证券有限责任公司	58	6	23770607.05	4336853.12	65982.74	2971861.24	15877530	28670.16	310599.85
中国银河证券有限责任公司	378	7	102533329.53	26033295.75	451373.29	4262168.59	69392400	276869.62	252312.48
华夏证券股份有限公司	189	8	76795140.99	14657483.61	268711.13	2819904.07	56545860	177211.7	223927.55
招商证券股份有限公司	55	9	19674942.68	7829881.97	88050.43	1193701.82	8475380	92431.08	215215.69
上海证券有限责任公司	43	10	13258934.97	4225797.02	78730.66	1236278.48	7246220	38080.13	208326.98
东方证券有限责任公司	83	11	25460747	6513030.62	93249.06	1331993.54	17045060	21677.78	192318.02
兴业证券股份有限公司	48	12	22999191.18	5204989.32	98696.37	1058453.02	14753520	189131.31	189216.73
长城证券有限责任公司	42	13	11253274.96	4364251.66	75296.49	1053723.3	5411480	21174.09	185969.26
广发证券股份有限公司	81	14	44063703.77	10631449.58	162577.78	1459390.05	30957160	22558.66	161118.99
西北证券有限责任公司	12	15	2759638.81	1158891.95	7211.42	196361.48	1197570	1817.82	153483.74
山西证券有限责任公司	31	16	15456441.59	2443234.51	34762.59	1283347.05	11458350	4938.66	140543.97
中国国际金融有限公司	33	17	7948805.85	2186493.98	9692.72	896291.41	4373330	140045.58	135487.57
光大证券有限责任公司	63	18	25768271.43	7369511.25	461679.63	1261715.67	16103010	15549.95	135328.08
万通证券有限责任公司	20	19	3739784.8	1509865.63	19819.76	193000.23	1762450	4563.06	117903.63
广东证券股份有限公司	46	20	18678118.47	4921113.3	69085.6	1020777.41	12076280	27234.34	105074.63

上海证券交易所2003年度会员公司证券营业部总交易额前100位排名

营业部名称	席位数	名次	总计	股票	证券投资基金	国债现货	国债回购	金融债、企业债	可转债
世纪证券有限责任公司深圳深南大道中证券营业部	1	1	16202433.41	63678.13	341.31	92175.62	15717430	0	85.89
汉唐证券有限责任公司深圳福星路证券营业部	1	2	12700822.96	2030563.43	20534.25	294144.18	10287910	315.33	4039.04
宏源证券股份有限公司乌鲁木齐文艺路证券营业部	3	3	11897688.24	304982.58	746.44	165176.54	11272750	436.39	30655.06
世纪证券有限责任公司深圳福虹路证券营业部	1	4	10643245.31	461467.61	2079.02	255640.07	9690680	3095.82	5096.42
华夏证券股份有限公司上海分公司哈密路证券营业部	4	5	10302424.06	1407887.31	8351.63	790282.18	7234760	832.27	5943.73
中国国际金融有限公司北京建国门外大街证券营业部	13	6	10195677.66	1343387.61	17570.82	526398.2	7286900	8693.08	251740.06
山西证券有限责任公司太原府西街营业部	3	7	9850887.16	245920.59	2947.49	290187.81	9216160	75.28	84479.96
东吴证券有限责任公司常熟颜港证券营业部	2	8	9797860.87	609300.03	4007.44	107586.87	9072330	75.24	2495.24
北京证券有限责任公司北京北三环东路证券营业部	2	9	9094021.18	282909.99	1179.61	250753.84	8424530	13581.21	340.1
国信证券有限责任公司深圳红岭中路证券营业部	8	10	8020491.76	5973930.9	48387.19	94305.37	1848190	2909.74	28857.37
中国国际金融有限公司上海陆家嘴东路证券营业部	34	11	7318117.8	2275150.65	11504.63	633565.53	4046030	7919.58	262708.43
国泰君安证券股份有限公司深圳爱国路证券营业部	2	12	7006553.07	237408.33	590.44	49496.02	6003510	0	914.23
华夏证券股份有限公司北京东直门南大街证券营业部	10	13	6841159.9	876609.09	10084.38	80519.97	4730500	16578.22	29009.12
中信证券股份有限公司北京安外大街证券营业部	1	14	6078542.83	627073.62	3199.07	69374.46	5326920	4605.36	2540.82
中国民族证券有限责任公司北京太平桥大街证券营业部	4	15	5974997.9	370151.7	1515.87	1433562.2	4144310	1068.42	14370.43
大鹏证券有限责任公司上海天钥桥路证券营业部	2	16	5506626.45	727446.73	6793.53	114531.98	2835560	2164.39	1197.95
国泰君安证券股份有限公司上海延平路证券营业部	5	17	5252734.39	253558.86	15805.56	49355.09	4931760	1633.71	441.98
中信证券股份有限公司北京北三环中路证券营业部	2	18	5054309.82	401301.64	1656.43	10389.77	4619350	2874.72	12196.81
天同证券有限责任公司济南共青团路证券营业部	6	19	5008971.17	620282	72586.79	104277.28	4203200	739.14	823.78
大通证券股份有限公司大连武汉街证券营业部	5	20	4917204.48	832352.05	5821.72	8438.67	3979310	578.39	2317.01
国盛证券有限责任公司南昌永叔路证券营业部	1	21	4729641.52	421168.58	1631.18	269708.29	4036330	115.38	349.42
联合证券有限责任公司上海牡丹江路证券营业部	4	22	4435517.72	800666.22	7750.87	28989.42	2469620	1371.49	20970.6
湘财证券有限责任公司深圳深南大道证券营业部	3	23	4343152.5	283459.18	137.47	411253.77	3520650	0	26480.4
甘肃证券有限责任公司兰州和政路证券营业部	3	24	4306774.76	82040.27	145.97	23527.34	3999240	15.22	231.1
中国银河证券有限责任公司福州证券营业部	2	25	4190431.71	334304.35	4332.61	19367.01	3804580	385.3	593.87
江南证券有限责任公司南昌广场南路证券营业部	2	26	4124170.72	572526.06	2213.57	227475.93	3308280	21.58	54.32
中国银河证券有限责任公司宁波翠柏路证券营业部	3	27	4104906.97	211962.04	2207.05	90924.01	3798730	62.57	918.87
天元证券经纪有限责任公司上海瞿溪路证券营业部	2	28	4083802.79	129667.2	540.68	279371.58	3673560	138.83	13.99
申银万国证券股份有限公司上海银城东路营业部	21	29	4066739.06	1324446.96	3714.14	140386.12	2374410	47.23	70011.92
中信证券股份有限公司烟台南大街证券营业部	1	30	4048705.79	929250.34	2508.4	161166.33	2583590	4847.93	41314.53
申银万国证券股份有限公司上海兰溪路营业部	3	31	4043020.97	225476.41	15162.91	4801.53	3796020	528.99	882.5
招商证券股份有限公司深圳振华路证券营业部	8	32	3937463.16	3247404.61	21622.37	40345.53	568700	1876.47	40760.92
国泰君安证券股份有限公司上海福山路证券营业部	6	33	3926683.83	1160157.68	4459.78	137933.58	2459450	87774.74	15151.31
国元证券有限责任公司合肥花园街第一证券营业部	1	34	3916874.86	92263.19	1665.13	197.29	3822250	31.61	424.47
北方证券有限责任公司上海赤峰路证券营业部	1	35	3912768.26	118256.97	578.97	30835.39	3761270	1117.88	577.98
国信证券有限责任公司北京呼家楼北街证券营业部	2	36	3890354.43	783531.15	5742.15	24922.74	3008100	416.61	66514.81
汉唐证券有限责任公司北京裕民路证券营业部	9	37	3845479.69	1017928.64	11650.7	166129.23	2533240	6295.31	16683.32
申银万国证券股份有限公司上海余姚路证券营业部	8	38	3768504.2	587980.81	2188.46	448592.14	2622560	34202.64	20155.55
国泰君安证券股份有限公司上海江苏路证券营业部	6	39	3753948.52	1411453.55	7441.34	6009.61	2251040	4014.23	11331.16
金信证券有限责任公司杭州杭大路证券营业部	2	40	3736626.39	352666.89	774.07	213212.89	1593240	9676.01	1147.53
天和证券经纪有限公司杭州清泰街证券营业部	2	41	3717060.87	274581.56	3691.32	104029.14	2802610	12087.35	35.86
国海证券有限责任公司北京和平街证券营业部	1	42	3622556.14	138902.4	1479.1	249.53	3479390	10.24	19.28
光大证券有限责任公司南京中山路证券营业部	2	43	3532199.42	260087.23	3022.53	11476.92	2881950	914.56	314.93
广发证券股份有限公司广州环市东路证券营业部	6	44	3413389.7	1052189.69	8330.41	131850.34	2103490	491.55	79686.57
天同证券有限责任公司淄博新村西路营业部	7	45	3380116.88	582770.57	97714.17	76864.8	2580820	216.5	2179.84

营业部名称	席位数	名次	总计	股票	证券投资基金	国债现货	国债回购	金融债、企业债	可转债
武汉证券有限责任公司上海普安路证券营业部	2	46	3379740.75	102231.81	596.66	60078.37	3216670	93.39	19.65
中国银河证券有限责任公司上海复兴东路证券营业部	3	47	3348073.08	309274.36	1843.22	161160.36	2875250	394.17	41.95
光大证券有限责任公司上海张杨路证券营业部	5	48	3337703.28	2257937.51	35527.82	90487.53	928160	1266.71	14909.73
华夏证券股份有限公司西安南大街证券营业部	4	49	3288531.81	323639.93	1751.05	90842.38	2863430	967.66	7732.95
中国银河证券有限责任公司北京双榆树证券营业部	5	50	3261291.92	283631.41	1967.63	159222.31	2796130	48.46	20020.88
金信证券有限责任公司金华青春路证券营业部	2	51	3251758.14	522220.09	1055.29	206917.39	2520370	6.38	61.96
长城证券有限责任公司北京阜成门北大街证券营业部	4	52	3198785.96	749851.74	1731.14	79205.5	2363020	296.3	4238.46
金信证券有限责任公司上海长乐路证券营业部	4	53	3175835.06	386623.1	998.03	341858.01	2439560	419.49	676.09
巨田证券有限责任公司北京北太平庄路证券营业部	2	54	3115796.99	465717.52	2149.52	4221.59	2603530	48.23	39537.7
国泰君安证券股份有限公司北京知春路证券营业部	4	55	3092373.67	1142044.51	14315.39	28822.92	1848120	852.5	16914.41
招商证券股份有限公司上海澳门路证券营业部	7	56	3058396.25	611604.69	2562.79	294435.89	1568980	6535.03	68708.63
北方证券有限责任公司上海张扬路证券营业部	6	57	3054053.79	340145.72	2351.36	83296.28	2621050	5349.64	641.96
天一证券有限责任公司上海北京西路证券营业部	5	58	3027310.81	524233.66	912.89	68834.87	2428320	170.6	4644.35
中银国际证券有限责任公司上海黄浦路证券营业部	2	59	3007369.09	167987.88	1900.06	941892.73	1886070	428.95	9061.4
西南证券有限责任公司北京北三环中路证券营业部	2	60	2933773.78	1040446.73	4352.05	6721.94	1880110	382.79	883.1
华夏证券股份有限公司福州东街证券营业部	3	61	2896443.06	403336.45	4580.61	79490.08	2407630	566.44	363.02
第一创业证券有限责任公司佛山季华五路证券营业部	1	62	2822486	494400.21	1501.39	42101.37	1053530	24837.35	2185.49
中国银河证券有限责任公司中山证券营业部	3	63	2801406.78	519363.34	12964.5	28952.28	2235930	206.82	3558.99
大鹏证券有限责任公司杭州浣纱路证券营业部	3	64	2800775.15	259240.96	1590.12	55880.85	2478920	1601.12	1603.83
兴业证券股份有限公司上海金陵东路证券营业部	7	65	2755235.79	845965.43	11735.04	30878.23	1822210	77.06	19295.15
光大证券有限责任公司北京月坛北街证券营业部	3	66	2696035.51	734292.81	11114.28	126392.66	1809380	5529.15	6996.46
华夏证券股份有限公司北京海淀南路证券营业部	6	67	2695660.54	634784.5	4195.51	71976.81	1769050	1282.07	3784.85
兴业证券股份有限公司厦门兴隆路证券营业部	3	68	2661685.08	1043871.38	8467.68	250228.58	1278270	482.13	10978.54
华鑫证券有限责任公司上海斜土路证券营业部	4	69	2586742	344375.14	8244.23	27996.95	2203350	81.64	1663.56
湘财证券有限责任公司上海枣阳路证券营业部	3	70	2564748.12	297525.78	1879.71	100152.05	2129550	572.04	3853.22
汉唐证券有限责任公司上海武进路证券营业部	3	71	2561545.56	1550788.62	28182.11	180538.15	794750	1156.13	5414.13
中关村证券股份有限公司北京中关村南大街证券营业部	2	72	2438943.25	498113.47	2733.43	35016.14	1896960	20.61	5901.94
中信证券股份有限公司苏州中新路证券营业部	2	73	2438020.65	236693.16	1284.11	119624.33	1974960	5233.84	8159
汉唐证券有限责任公司海口滨海大道证券营业部	1	74	2426501.48	19605.15	32.56	198686.55	2094440	0	0.21
中银国际证券有限责任公司杭州新市街证券营业部	3	75	2355109.17	270537.81	3921.19	254031.96	1682390	9518.53	826.52
海通证券股份有限公司北京中关村南大街证券营业部	2	76	2319957.95	405589.74	469.31	168648.02	1703120	407.14	41595.64
华西证券有限责任公司成都抚琴街证券营业部	1	77	2314620.53	57321.33	44.48	845.61	2256350	9.9	2.01
中国银河证券有限责任公司上海红松路证券营业部	3	78	2293923.71	282181.61	5506.82	21053.93	1978170	76.83	1197.6
国泰君安证券股份有限公司深圳华发北路营业部	2	79	2221346.32	329653.79	1011.96	4519.28	702120	2.93	5046.22
亚洲证券有限责任公司上海新闸路证券营业部	2	80	2217679.51	162594.93	330.15	19235.51	1795060	3008.19	13.61
海通证券股份有限公司上海铜川路证券营业部	5	81	2208759.49	346717.49	1202.84	27573.71	1827300	81.92	3497.93
华泰证券有限责任公司无锡解放西路证券营业部	8	82	2204657.79	1212963.76	8868.63	26210.13	934050	1311.16	5317.08
国泰君安证券股份有限公司海口滨海大道证券营业部	1	83	2200591.84	105390.81	1399.05	81171.54	1825750	28.52	406.48
闽发证券有限责任公司上海水电路证券营业部	4	84	2139940.81	293569.81	3184.95	98110.67	1737560	1967.1	5283.61
中信证券股份有限公司北京张自忠路证券营业部	1	85	2089419.47	297350.62	838.45	232563.3	1515440	6611.05	8224.55
中国科技证券有限责任公司天津赤峰道证券营业部	1	86	2087997.95	96257.99	1054.51	54396.49	1925480	85.46	2.24
广东证券股份有限公司顺德大良证券营业部	2	87	2087180.71	558419.97	5207.94	17301.63	1174630	331.45	2240.8
兴安证券有限责任公司上海桂林路证券营业部	2	88	2064836.49	458663.6	1541.39	49333.12	1534460	259.65	15203.58
中信证券股份有限公司北京白家庄东里证券营业部	3	89	2039439.2	326241.78	1778.78	351959.87	1357680	300.48	899.25
中信证券股份有限公司上海沪闵路证券营业部	2	90	2021186.12	316365.89	4350.51	4579.38	977140	2095.19	3387.06
广东证券股份有限公司广州西华路证券营业部	1	91	2012740.48	89589.37	418.54	157415.46	1762030	10.86	970.69
兴业证券股份有限公司杭州建国南路证券营业部	3	92	1994157.02	123967.46	220.23	66492.87	1713620	1147.87	41.59
天一证券有限责任公司宁波解放南路证券营业部	2	93	1980072.56	962858.31	5397.05	26615.52	956520	113.15	14481.6
湘财证券有限责任公司上海泰兴路证券营业部	1	94	1977860.89	388665.93	13312.59	40296.19	1532890	412.23	753.21
中信证券股份有限公司上海辽源西路证券营业部	2	95	1971606.59	170810.52	3572.28	27468.42	1254910	1364.49	1467.8
国信证券有限责任公司上海北京东路证券营业部	4	96	1965861.21	587888.98	3358.56	15504.99	1198100	700.92	732.61
山西证券有限责任公司深圳华富路证券营业部	1	97	1961971.6	114796.67	76.46	41156.6	1804490	0	1135.49
国泰君安证券股份有限公司上海商城路证券营业部	3	98	1959114.62	831479.05	10932.73	9837.65	1099970	744.79	4076.4
国泰君安证券股份有限公司北京方庄路证券营业部	3	99	1951001.89	655090.29	4563.17	96543.93	1178150	425.56	4320.33
东方证券股份有限公司上海巨鹿路营业部	4	100	1947124.22	442716.63	1357.44	77960.87	1422880	0	2138.68

上海证券交易所2003年度A股股票首发情况

证券代码	证券简称	发行日期	发行股数（万股）	发行价格	筹资金额（万元）	发行市盈率（加权法/摊薄法）	发行方式	主承销商	中签率%	上市日
600354	敦煌种业	2003—12—29	7500	5.68	42600	—／18.48	上网配售	西南证券	0.1	2004—1—15
600540	新赛股份	2003—12—19	5000	6.67	33350	—／15.51	上网配售	招商证券	0.07	2004—1—7
600340	国祥股份	2003—12—15	4000	7.3	29200	—／20	上网配售	联合证券	—	2003—12—30
600446	金证股份	2003—12—9	1800	13.11	23598	—／19.71	上网配售	天一证券	0.03	2003—12—24
600570	恒生电子	2003—12—1	1700	15.53	26401	—／19.99	上网配售	中国国际金融有限公司	0.03	2003—12—16
600476	湘邮科技	2003—11—25	3500	5.18	18130	—／18.5	上网配售	长江证券	0.05	2003—12—10
600545	新疆城建	2003—11—18	6000	5.96	35760	—／19.75	上网配售	华泰证券	0.09	2003—12—3
600527	江南高纤	2003—11—12	3000	5.52	16560	—／14.6	上网配售	申银万国	0.05	2003—11—27
600900	长江电力	2003—11—5	232600	4.3	1000180	—／—	上网配售	中信证券	1.43	2003—11—18
600477	杭萧钢构	2003—10—24	2500	11.24	28100	—／13.38	上网配售	大鹏证券	0.04	2003—11—10
600184	新华光	2003—10—22	3000	6.14	18420	—／19.37	上网配售	西部证券	0.05	2003—11—6
600021	上海电力	2003—10—14	24000	5.8	139200	—／18.52	上网配售	国泰君安	0.28	2003—10—29
600469	风神股份	2003—9—29	7500	4.3	32250	—／20	上网配售	河北证券	0.1	2003—10—21
600406	国电南瑞	2003—9—24	4000	10.39	41560	—／20	上网配售	南方证券	0.06	2003—10—16
600517	置信电气	2003—9—18	2500	6.3	15750	—／20	上网配售	华泰证券	0.04	2003—10—10
600403	欣网视讯	2003—9—17	3000	6.67	20010	—／19.62	上网配售	泰阳证券	0.05	2003—10—9
600507	长力股份	2003—9—16	5000	6.5	32500	—／13.54	上网配售	华融资产	0.07	2003—9—30
600401	江苏申龙	2003—9—10	3000	8	24000	—／16.67	上网配售	东北证券	0.05	2003—9—24
600478	力元新材	2003—9—3	4000	4.93	19720	—／17.61	上网配售	泰阳证券	0.06	2003—9—18
600429	三元股份	2003—8—29	15000	2.6	39000	—／20	上网配售	兴业证券	0.17	2003—9—15
600015	华夏银行	2003—8—28	100000	5.6	560000	—／19.86	上网配售	南方证券	0.64	2003—9—12
600015	华夏银行	2003—8—26	100000	5.6	560000	—／19.86	上网定价发行	南方证券	0.64	2003—9—12
600432	吉恩镍业	2003—8—21	6000	4.66	27960	—／17.92	上网配售	东北证券	0.08	2003—9—5
600462	石岘纸业	2003—8—20	5000	4.54	22700	—／26.09	上网配售	中国信达	0.07	2003—9—3
600449	赛马实业	2003—8—14	4800	6.7	32160	—／19.82	上网配售	海通证券	0.07	2003—8—29
600547	山东黄金	2003—8—13	6000	4.78	28680	—／17.84	上网配售	天同证券	0.08	2003—8—28
600487	亨通光电	2003—8—7	3500	11.2	39200	—／20	上网配售	平安证券	0.05	2003—8—22
600348	国阳新能	2003—8—6	15000	8.2	123000	—／15.77	上网配售	华夏证券	0.17	2003—8—21
600480	凌云股份	2003—7—31	6800	3.48	23664	—／14.26	上网配售	华安证券	0.09	2003—8—15
600489	中金黄金	2003—7—30	10000	4.05	40500	—／20	上网配售	银河证券	0.12	2003—8—14
600020	中原高速	2003—7—24	28000	6.36	178080	—／15.96	上网配售	中信证券	0.31	2003—8—8
600485	中创信测	2003—7—23	1800	10.21	18378	—／18.23	上网配售	广发证券	0.03	2003—8—7
600352	浙江龙盛	2003—7—17	5700	8.51	48507	—／14.05	上网配售	兴业证券	0.07	2003—8—1
600546	中油化建	2003—7—16	4000	10.51	42040	—／19.99	上网配售	广州证券	0.06	2003—7—31
600029	南方航空	2003—7—10	100000	2.7	270000	—／18	上网配售	银河证券	1.05	2003—7—25
600425	青松建化	2003—7—9	6000	4.3	25800	—／19.55	上网配售	河北证券	0.08	2003—7—24
600475	华光股份	2003—7—4	6000	4.92	29520	—／16.85	上网配售	华泰证券	0.08	2003—7—21
600423	柳化股份	2003—7—2	6000	6.96	41760	—／16.98	上网配售	大鹏证券	0.08	2003—7—17
600475	华光股份	2003—7—2	6000	4.92	29520	—／16.85	上网配售	华泰证券	—	2003—7—21
600271	航天信息	2003—6—26	4200	23.04	96768	—／16.94	上网配售	国泰君安	0.06	2003—7—11
600439	瑞贝卡	2003—6—25	2400	10.4	24960	—／20	上网配售	中信证券	0.04	2003—7—10
600435	北方天鸟	2003—6—19	4000	9.6	38400	—／19.2	上网配售	华龙证券	0.06	2003—7—4
600273	华芳纺织	2003—6—12	9000	4.83	43470	—／19.32	上网配售	平安证券	0.11	2003—6—27
600490	中科合臣	2003—6—11	3000	7	21000	—／20	上网配售	湘财证券	0.05	2003—6—26
600433	冠豪高新	2003—6—5	6000	4.6	27600	—／20	上网配售	广东证券	0.08	2003—6—19
600409	三友化工	2003—6—4	10000	6	60000	—／20	上网配售	国泰君安	0.12	2003—6—18
600436	片仔癀	2003—5—30	4000	8.55	34200	—／14.54	上网配售	光大证券	—	2003—6—16
600251	冠农股份	2003—5—26	4000	5.75	23000	—／19.99	上网配售	新疆证券	0.06	2003—6—9
600584	长电科技	2003—5—19	5500	7.19	39545	—／18.92	上网配售	泰阳证券	0.08	2003—6—3
600392	太工天成	2003—5—14	2370	9.73	23060.1	—／17.69	上网配售	国信证券	—	2003—5—29
600570	恒生电子	2003—4—28	1700	15.53	26401	—／19.99	上网配售	中金公司	—	2003—12—16
600459	贵研铂业	2003—4—21	4000	6.8	27200	—／19.3	上网配售	长城证券	0.06	2003—5—16
600004	白云机场	2003—4—14	40000	5.88	235200	—／12.25	上网配售	中金公司	0.43	2003—4—28
600481	双良股份	2003—4—7	8000	7.24	57920	—／20	上网配售	国泰君安	0.1	2003—4—22
600502	安徽水利	2003—3—31	5800	5.68	32944	—／20	上网配售	华安证券	0.08	2003—4—15
600343	航天动力	2003—3—24	6500	3.68	23920	—／20	上网配售	中银国际	0.09	2003—4—8
600375	星马汽车	2003—3—17	3000	9.9	29700	—／6.78	上网配售	申银万国	—	2003—4—1
600513	联环药业	2003—3—4	2000	7.88	15760	—／19.98	上网配售	南方证券	—	2003—3—19
600460	士兰微	2003—2—24	2600	11.6	30160	—／20	上网配售	光大证券	0.04	2003—3—11
600370	三房巷	2003—2—19	5500	7.62	41910	—／20	上网配售	兴业证券	0.08	2003—3—6
600521	华海药业	2003—2—17	3500	15.55	54425	—／19.98	上网配售	招商证券	0.05	2003—3—4
600576	庆丰股份	2003—1—27	6000	6.28	37680	—／20	上网配售	光大证券	0.08	2003—2—20
600408	安泰集团	2003—1—20	7000	5.09	35630	—／19.99	上网配售	华龙证券	0.1	2003—2—12
600562	高淳陶瓷	2003—1—13	3000	7.2	21600	—／19.89	上网配售	华泰证券	0.05	2003—1—28
600537	海通集团	2003—1—8	5000	6	30000	—／20	上网配售	广发证券	0.08	2003—1—23

上海证券交易所2003年度A股股票增发情况

证券简称	发行日期	发行股数（万股）	发行价格	筹资金额（万元）	发行方式	主承销商	上市日	招股说明书	发行公告
浦发银行	2003－01－03至2003－01－03	30000	8.45	253500	网上、网下询价发行	光大证券有限责任公司	2003－1－20	2003－1－2	2003－1－2
浦发银行	2003－01－03至2003－01－03	30000	—	—	上网配售	光大证券	2003－1－20	2002－1－2	2002－1－2
厦门建发	2003－09－09至2003－09－09	9000	8.93	80370	网上、网下询价发行	国信证券有限责任公司	2003－9－23	2003－9－3	2003－9－3
天坛生物	2003－08－21至2003－08－21	2500	11.2	28000	网上、网下询价发行	渤海证券有限责任公司	2003－9－5	2003－8－15	2003－8－15
罗顿发展	2003－01－06至2003－01－06	2250	6.7	15075	网上累计投标询价	长江证券有限责任公司	2003－1－20	2003－1－3	2003－1－3
紫江企业	2003－12－11至2003－12－11	9500	9.45	89775	网上、网下询价发行	银河证券	2003－12－26	2003－12－5	2003－12－10
民丰特纸	2003－06－24至2003－06－24	1560	16	24960	网上、网下询价发行	大鹏证券有限责任公司	2003－7－9	2003－6－19	2003－6－19
福耀玻璃	2003－08－06至2003－08－06	4835.2	12	58022.42	网上、网下询价发行	招商证券股份有限公司	2003－8－21	2003－8－1	2003－8－1
新潮实业	2003－06－10至2003－06－10	6000	8.37	50220	网上、网下询价发行	天同证券有限责任公司	2003－6－25	2003－6－5	2003－6－5
鲁抗医药	2003－05－27至2003－05－27	4700	7.66	36002	网上、网下询价发行	华夏证券股份有限公司	2003－6－10	2003－5－23	2003－5－23

上海证券交易所2003年度A股股票配股情况

股票简称	A股股权登记日	A股除权交易日	A股配股价格	配股比例10:?	配股缴款起始日	配股缴款截止日	实际配股量（万股）	配股上市日
尖峰集团	2003－1－20	2003－1－21	5	3	2003－1－21	2003－2－12	4362.47	2003－3－4
福田汽车	2003－3－10	2003－3－11	9.35	3	2003－3－11	2003－3－24	2400	2003－4－2
澄星股份	2003－4－14	2003－4－15	8.98	3	2003－4－15	2003－4－28	1988.3	2003－5－20
欧亚集团	2003－5－13	2003－5－14	6.6	3	2003－5－14	2003－5－27	1947.37	2003－6－9
湖南海利	2003－5－26	2003－5－27	5.44	3	2003－5－27	2003－6－9	2239.29	2003－6－23
长春经开	2003－6－2	2003－6－3	8	3	2003－6－3	2003－6－16	5171.76	2003－6－25
亚泰集团	2003－6－16	2003－6－17	4.77	3	2003－6－17	2003－6－30	8265.47	2003－7－8
方正科技	2003－7－8	2003－7－9	5.58	3	2003－7－9	2003－7－22	11197.44	2003－7－31
铁龙股份	2003－8－6	2003－8－7	6.66	3	2003－8－7	2003－8－20	3023.28	2003－8－29
上海贝岭	2003－7－31	2003－8－1	7.27	2.31	2003－8－1	2003－8－14	4778.83	2003－8－29
哈飞股份	2003－9－8	2003－9－9	14.09	1.88	2003－9－9	2003－9－22	1950	2003－10－8
上海科技	2003－9－12	2003－9－15	10.26	3	2003－9－15	2003－9－26	2911.23	2003－10－15
辽宁成大	2003－10－27	2003－10－28	8	3	2003－10－28	2003－11－10	2934.36	2003－11－24
凯诺科技	2003－12－26	2003－12－29	6.79	2.31	2003－12－29	2004－1－12	2295	2004－1－30

上海证券交易所2003年度会员B股券商交易排名

券商名称	名次	交易金额(万元)
申银万国证券股份有限公司	1	756828.48
国泰君安证券股份有限公司	2	434516.92
中国银河证券有限责任公司	3	404737.45
海通证券股份有限公司	4	373906.66
广发证券股份有限公司	5	272125.01
华夏证券股份有限公司	6	254961.52
南方证券股份有限公司	7	254756.53
中信证券股份有限公司	8	236825.35
方正证券有限责任公司	9	150466.47
华泰证券有限责任公司	10	141319.58
金通证券股份有限公司	11	127883.15
东方证券有限责任公司	12	121226.84
渤海证券有限责任公司	13	110962.48
光大证券有限责任公司	14	96172.46
大鹏证券有限责任公司	15	88652.18
国信证券有限责任公司	16	85896.65
招商证券股份有限公司	17	82890.24
亚洲证券有限责任公司	18	81464.43
平安证券有限责任公司	19	69712.42
广东证券股份有限公司	20	66892.45
长江证券有限责任公司	21	66349
湘财证券有限责任公司	22	65606.65
上海证券有限责任公司	23	64904.37
辽宁省证券公司	24	61016.19
中国民族证券有限责任公司	25	57040.39
华安证券有限责任公司	26	51952.23
长城证券有限责任公司	27	47772.63
信泰证券有限责任公司	28	46803.62
摩根大通证券(远东)有限公司	29	45994.58
中国科技证券有限责任公司	30	43110.21
西南证券有限责任公司	31	37562.31
东北证券有限责任公司	32	36283.31
里昂证券有限公司(Credit yonnais)	33	34929.7
联合证券有限责任公司	34	34135.03
国元证券有限责任公司	35	32212.99
天同证券有限责任公司	36	32111.07
兴安证券有限责任公司	37	31735.62
民生证券有限责任公司	38	27664.39
泰阳证券有限责任公司	39	27116.4
东吴证券有限责任公司	40	27049.07
闽发证券有限责任公司	41	25961.62
辽宁省国际信托投资公司	42	25665.02
兴业证券股份有限公司	43	25498.05
京华山一国际(香港)有限公司	44	23563.46
万联证券有限责任公司	45	23072.94
华西证券有限责任公司	46	20974.91
宏源证券股份有限公司	47	19358.94
德意志证券亚洲有限公司	48	17118.98
国联证券有限责任公司	49	16484.55
广州证券有限责任公司	50	16137.64
大通证券股份有限公司	51	15885.57
华鑫证券有限责任公司	52	15415.96
野村国际(香港)公司(Nomura)	53	14053.6
北京证券有限责任公司	54	13960.95
汉唐证券有限责任公司	55	12756.97
天一证券有限责任公司	56	11775.07
美林国际(Merrill Lynch)	57	11429.6
法国巴黎百富勤证券有限公司	58	10598.98
荷银证券亚洲有限公司	59	10294.3
新华证券有限公司	60	10242.29
凯基证券亚洲有限公司	61	9828.37
国海证券有限责任公司	62	9201.2
中国国际金融有限公司	63	9153.21
河北证券有限责任公司	64	7623.62
汇丰证券(亚洲)有限公司	65	7549.84
华龙证券有限责任公司	66	6404.3
巨田证券有限责任公司	67	6193.58
群益证券(香港)有限公司	68	5940.29
恒泰证券有限责任公司	69	5851.59
东莞证券有限责任公司	70	5620.19
中国旅游国际信托投资有限公司	71	5390.49
南京证券有限责任公司	72	5374.93
西部证券股份有限公司	73	4748.5
大华继显(香港)有限公司	74	4667.55
新疆证券有限责任公司	75	4468.54
大和证券住银资本市场(香港)有限公司	76	4448.28
山西证券有限责任公司	77	4354.37
广东民安证券经纪有限责任公司	78	4106.78
天元证券经纪有限责任公司	79	3935.83
西北证券有限责任公司	80	3734.65
中关村证券股份有限公司	81	3322.07
新鸿基投资服务有限公司(Sun Hung Kai)	82	2527.79
首创证券经纪有限责任公司	83	2407.48
蔚深证券有限责任公司	84	2262.86
法国兴业证券(香港)有限公司	85	2082.97
天和证券经纪有限公司	86	1842.82
北方证券有限责任公司	87	1720.43
西藏证券经纪有限责任公司	88	1576.11
武汉证券有限责任公司	89	1575.33
瑞银华宝国际证券有限公司(SBC)	90	1371.9
第一创业证券有限责任公司	91	1170.64
恒远证券经纪有限公司	92	1046.43
DBS唯高达香港有限公司	93	1013.29
山东省齐鲁证券经纪有限公司	94	871.63
红塔证券股份有限公司	95	623.99
摩根.士丹利亚洲有限公司(Morgan Stanley)	96	547.88
上海久联证券经纪有限责任公司	97	520.72
富友证券经纪有限责任公司	98	467.33
恒信证券有限责任公司	99	433.94
汇富金融服务有限公司	100	261.06
万通证券有限责任公司	101	213.9
华林证券有限责任公司	102	161.7
世纪证券有限责任公司	103	122.88
华创证券经纪有限责任公司	104	95.76
东亚证券有限公司	105	8.81

上海证券交易所2003年度股票总貌

	上市公司/股票数	股本数(亿股)	金额(万元)
募资	—		5367839.09
首发	64	81.73	4350211.1
增发	10	10.03	635924.42
配股	14	5.55	381703.57
流通	—		—
上市*	75	397.89	—
非流通股流通			—
分红	354	—	0
送股及转增	87	179.99	—

2003年上市公司红利分配情况

红利代码	红利简称	发放日期	税前红利(元)	税后红利(元)	代发总股本(股)	代发红利总额(元)
720161	天坛红利	20030319	0.1	0.08	48000000	3840000
720660	福耀红利	20030320	0.15	0.12	144490039	17338805
720725	云维红利	20030331	0.2	0.16	37500000	6000000
720125	铁龙红利	20030402	0.1	0.08	90776000	7262080
720296	兰铝红利	20030404	0.15	0.12	110000000	13200000
720791	天创红利	20030404	0.05	0	99000000	0
720881	亚泰红利	20030404	0.05	0.04	275515620	11020625
720215	经开红利	20030411	0.1	0.08	165360000	13228800
720697	欧亚红利	20030411	0.2	0.16	64912299	10385968
720580	卧龙红利	20030411	0.2	0.16	35000000	5600000
720155	宝硕红利	20030415	0.1	0.08	120000000	9600000
720317	营口港利	20030416	0.024	0.019	100000000	1900000
720018	上海红利	20030417	0.4	0.32	210000000	67200000
720016	民生红利	20030418	0.06	0.008	523250000	4186000
720235	民丰红利	20030418	0.21	0.168	52000000	8736000
720303	曙光红利	20030418	0.2	0.16	92250000	14760000
720238	椰岛红利	20030418	0.06	0.048	7400000	3552000
720200	吴中红利	20030418	0.07	0.056	125100000	7005600
720710	常林红利	20030421	0.07	0.016	74399999	1190400

红利代码	红利简称	发放日期	税前红利(元)	税后红利(元)	代发总股本(股)	代发红利总额(元)
720010	钢联红利	20030422	0.15	0.12	350000000	42000000
720210	紫江红利	20030422	0.3	0.24	171350913	41124219
720567	山鹰红利	20030422	0.05	0.04	60000000	2400000
720063	皖维红利	20030423	0.125	0.1	99000000	9900000
720231	凌钢红利	20030423	0.15	0.12	164450000	19734000
720205	铝业红利	20030423	0.15	0.12	160000000	19200000
720132	渝啤红利	20030423	0.15	0.12	52000000	6240000
720563	法拉红利	20030425	0.3	0.24	50000000	12000000
720868	梅雁红利	20030425	0.11	0.08	853862775	68309022
720731	海利红利	20030428	0.02	0.016	74643075	1194289
720500	中化红利	20030428	0.25	0.2	180000000	36000000
720510	黑牡丹利	20030430	0.5	0.4	48800000	19520000
720219	南山红利	20030514	0.15	0.12	135000000	16200000
720033	闽高速利	20030515	0.05	0	200000000	0
720711	雄震红利	20030515	0.05	0.04	15120000	604800
720008	首创红利	20030516	0.35	0.28	300000000	84000000
720656	华源药利	20030516	0.04	0.032	50959989	1630720
720863	蒙电红利	20030516	0.12	0.096	197730013	18982081
720720	祁连山利	20030520	0.05	0.04	163160266	6526411
720268	国电红利	20030521	0.15	0.12	40000000	4800000
720880	博瑞红利	20030521	0.1	0.08	41877450	3350196
720316	洪都红利	20030521	0.3	0.24	90000000	21600000
720171	贝岭红利	20030522	0.06	0.048	202800000	9734400
720355	精伦红利	20030522	0.4	0.32	31000000	9920000
720098	控股红利	20030523	0.3	0.24	234000002	56160000
720178	东安红利	20030523	0.2	0.16	138580000	22172800
720177	雅戈红利	20030523	0.2	0.16	225086558	36013849
720705	北亚红利	20030523	0.05	0.04	358915200	14356608
720381	白唇鹿利	20030526	0.068	0.054	35000000	1890000
720632	华联红利	20030526	0.12	0.096	124467083	11948840
720062	双鹤红利	20030528	0.1	0.08	185866200	14869296
720328	兰太红利	20030528	0.16	0.128	60000000	7680000
720310	桂东红利	20030528	0.3	0.24	45000000	10800000
720227	赤天红利	20030528	0.2	0.16	70000000	11200000
720087	水运红利	20030528	0.4	0.32	72800000	23296000
720529	药玻红利	20030528	0.1	0.02	45463762	909275
720736	苏高新利	20030528	0.12	0.096	150930000	14489280
720724	富达红利	20030528	0.125	0.1	157475762	15747576
720556	北生红利	20030528	0.1	0.06	45405000	2724300
720160	巨化红利	20030529	0.25	0.2	114400000	22880000
720232	金鹰红利	20030529	0.1	0.08	58500000	4680000
720560	金自天利	20030529	0.2	0.16	30000000	4800000
720290	苏福马利	20030529	0.03	0.024	45000000	1080000
720801	华新红利	20030529	0.04	0.032	48000000	1536000
720102	莱钢红利	20030530	0.25	0.2	202800000	40560000
720262	北方红利	20030530	0.11	0.088	55000000	4840000
720549	钨业红利	20030530	0.3	0.24	30000000	7200000
720717	津港红利	20030530	0.12	0.096	215221406	20661255
720299	星新红利	20030530	0.1	0.08	80000000	6400000
720308	华泰红利	20030602	0.05	0	108000000	0
720416	湘电红利	20030602	0.22	0.176	75000000	13200000
720456	宝钛红利	20030602	0.15	0.12	60000000	7200000
720537	海通红利	20030602	0.25	0.2	50000000	10000000
720111	稀土红利	20030603	0.05	0.04	145600002	5824000
720371	华冠红利	20030603	0.03	0.004	40000000	160000
720532	华阳红利	20030603	0.125	0.1	40000000	4000000
720552	方兴红利	20030603	0.1	0.08	40000000	3200000
720562	高淳红利	20030603	0.1	0.08	31352232	2508179
720079	人福红利	20030604	0.025	0	83486000	0
720126	杭钢红利	20030604	0.2	0.16	165750000	26520000
720278	创业红利	20030604	0.1	0.08	80000000	6400000
720312	平高红利	20030604	0.1	0.08	60000000	4800000
720383	金地红利	20030604	0.25	0.2	90000000	18000000
720512	腾达红利	20030604	0.15	0.12	60000000	7200000
720595	中孚红利	20030604	0.2	0.1	50000000	5000000
720180	九发红利	20030605	0.2	0.16	79872000	12779520
720226	升华红利	20030605	0.15	0.12	97440000	1169280
720297	美罗红利	20030605	0.1	0.08	40000000	3200000
720356	恒丰红利	20030605	0.05	0.04	60000000	2400000
720366	韵升红利	20030605	0.15	0.12	78750000	9450000
720536	中软红利	20030605	0.3	0.24	30000000	7200000
720566	洪城红利	20030605	0.05	0.04	44000000	1760000
720675	中华红利	20030605	0.2	0.16	318560122	50969620

红利代码	红利简称	发放日期	税前红利(元)	税后红利(元)	代发总股本(股)	代发红利总额(元)
720006	东风红利	20030606	0.2	0.16	300000000	48000000
720051	联合红利	20030606	0.1	0.08	85397858	6831829
720300	维维红利	20030606	0.23	0.184	100000000	18400000
720307	酒钢红利	20030606	0.18	0.144	200000000	28800000
720332	穗药业利	20030606	0.06	0.048	78000000	374400
720418	江汽红利	20030606	0.25	0.2	88000000	17600000
720426	华鲁红利	20030606	0.12	0.096	60000000	5760000
720486	扬农红利	20030606	0.2	0.16	30000000	4800000
720531	豫光红利	20030606	0.1	0.08	45000000	3600000
720561	长运红利	20030606	0.15	0.12	30000000	3600000
720581	八钢红利	20030606	0.2	0.12	130000000	15600000
720780	通宝红利	20030606	0.05	0	168852961	0
720824	益民红利	20030606	0.15	0.12	89865492	10783859
720874	创业红利	20030606	0.085	0.068	150980000	10266640
720237	铜峰红利	20030609	0.1	0.04	40000000	1600000
720372	昌河红利	20030609	0.17	0.136	110000000	14960000
720511	国药红利	20030609	0.1	0.08	53000000	4240000
720526	菲达红利	20030609	0.2	0.16	40000000	6400000
720535	天士红利	20030609	0.5	0.4	50000000	20000000
720558	大西洋利	20030609	0.12	0.096	45000000	4320000
720599	花炮红利	20030609	0.1	0.08	39600000	3168000
720655	豫园红利	20030609	0.08	0.064	149079457	9541085
720674	川投红利	20030609	0.025	0.02	154740608	3094812
720884	杉杉红利	20030609	0.2	0.16	227984820	36477571
720057	夏新红利	20030610	0.38	0.264	144000000	38016000
720183	生益红利	20030610	0.1	0.08	193689844	15495188
720253	天方红利	20030610	0.05	0.04	120000000	4800000
720377	宁沪红利	20030610	0.13	0.104	150000000	15600000
720750	江中红利	20030610	0.1	0.08	62400000	4992000
720782	新华红利	20030610	0.125	0.1	56160000	5616000
720152	维科红利	20030611	0.1	0.08	110975000	8878000
720196	复星红利	20030611	0.16	0.128	14625000	18720000
720363	联创红利	20030611	0.08	0.064	90000000	5760000
720680	邮通红利	20030611	0.04	0.032	27040000	865280
720084	新天红利	20030612	0.1	0.08	89232000	7138560
720131	岷江红利	20030612	0.1	0.04	99950009	3998000
720207	安彩红利	20030612	0.2	0.16	18000000	28800000
720005	武钢红利	20030613	0.05	0	320000000	0
720138	青旅红利	20030613	0.12	0.1	117000000	11700000
720168	控股红利	20030613	0.15	0.12	127500000	15300000
720327	大厦红利	20030613	0.1	0.08	40000000	3200000
720339	天利红利	20030613	0.15	0.12	126000000	15120000
720518	康美红利	20030613	0.25	0.2	18000000	3600000
720577	精达红利	20030613	0.1	0.08	2000000	1600000
720589	榕泰红利	20030613	0.2	0.16	40000000	6400000
720123	兰花红利	20030616	0.1	0.08	144000000	11520000
720128	弘业红利	20030616	0.05	0.04	74123100	2964924
720380	太太红利	20030616	0.35	0.28	105000000	29400000
720516	海龙红利	20030616	0.1	0.08	80000000	6400000
720522	中天红利	20030616	0.12	0.096	70000000	6720000
720565	迪马红利	20030616	0.36	0.288	20000000	5760000
720585	海螺红利	20030616	0.05	0.04	200000000	8000000
720699	辽源红利	20030616	0.016	0.01	91444830	914448
720785	新华红利	20030616	0.12	0.096	64642511	6205681
720056	中技红利	20030617	0.1	0.08	39000000	3120000
720597	光明红利	20030617	0.1	0.08	150000000	12000000
720117	特钢红利	20030618	0.52	0.416	160000000	66560000
720135	乐凯红利	20030618	0.36	0.288	126000000	36288000
720148	一东红利	20030618	0.06	0.048	42000000	2016000
720195	中牧红利	20030618	0.123	0.098	120000000	11760000
720250	南纺红利	20030618	0.13	0.064	56941600	3644262
720258	首旅红利	20030618	0.19	0.152	70000000	10640000
720326	天路红利	20030618	0.15	0.12	72000000	8640000
720357	钒钛红利	20030618	0.3	0.24	100000000	24000000
720428	中航红利	20030618	0.13	0.104	130000000	13520000
720468	特精红利	20030618	0.05	0.04	30000000	1200000
720571	信雅达利	20030618	0.3	0.24	18000000	4320000
720590	泰豪红利	20030618	0.1	0.08	40000000	3200000
720661	南洋红利	20030618	0.1	0.08	25455375	2036430
720795	国电红利	20030618	0.06	0.048	351947981	16893503
720796	钱江红利	20030618	0.2	0.16	42237000	6757920
720888	众和红利	20030618	0.08	0.064	29250004	1872000
720007	国贸红利	20030619	0.104	0.087	160000000	13920000

红利代码	红利简称	发放日期	税前红利(元)	税后红利(元)	代发总股本(股)	代发红利总额(元)
720295	鄂绒红利	20030619	0.29	0.232	80000000	18560000
720309	万华红利	20030619	0.2	0.16	128000000	20480000
720331	宏达红利	20030619	0.15	0.12	50000000	6000000
720367	红星红利	20030619	0.2	0.12	39000000	4680000
720419	天宏红利	20030619	0.05	0.04	30000000	1200000
720499	科达红利	20030619	0.1	0.04	20000000	800000
720058	龙腾红利	20030620	0.3	0.24	120000000	28800000
720104	上汽红利	20030620	0.36	0.288	755999790	217727940
720218	全柴红利	20030620	0.02	0.016	101400000	1622400
720223	万杰红利	20030620	0.5	0.4	211315000	84526000
720236	桂冠红利	20030620	0.21	0.168	143333333	24080000
720267	海正红利	20030620	0.05	0.04	64000000	2560000
720301	南化红利	20030620	0.18	0.144	72890345	10496210
720311	荣华红利	20030620	0.1	0.08	80000000	6400000
720323	南海红利	20030620	0.2	0.16	132419660	21187146
720389	江山红利	20030620	0.05	0.04	48000000	1920000
720515	一投红利	20030620	0.02	0	61426175	0
720559	裕丰红利	20030620	0.05	0.04	40000000	1600000
720569	安阳红利	20030620	0.2	0.16	275000000	44000000
720578	京能红利	20030620	0.115	0.092	100000000	9200000
720602	广电红利	20030620	0.05	0.04	349972019	13998881
720640	国脉红利	20030620	0.03	0.024	55335771	1328059
720719	热电红利	20030620	0.08	0.064	76050000	4867200
720798	海运红利	20030620	0.1	0.08	141449995	11316000
720857	工大红利	20030620	0.05	0.04	91508797	3660352
720070	富润红利	20030623	0.15	0.12	40560002	4867200
720551	科大红利	20030623	0.08	0.064	25000000	1600000
720778	友好红利	20030623	0.1	0.08	171312867	13705029
720682	新百红利	20030623	0.15	0.12	152880000	18345600
720351	亚宝红利	20030623	0.14	0.112	40000000	4480000
720528	中铁红利	20030623	0.3	0.24	110000000	26400000
720548	深高速利	20030623	0.12	0.096	165000000	15840000
720019	宝钢红利	20030624	0.2	0.16	1877000000	300320000
720130	波导红利	20030624	0.35	0.28	40000000	11200000
720213	亚星红利	20030624	0.06	0.048	60000000	2880000
720302	标准红利	20030624	0.15	0.12	90000000	10800000
720319	亚化红利	20030624	0.1	0.08	80000000	6400000
720333	燃气红利	20030624	0.1	0.08	161731200	12938496
720586	金晶红利	20030624	0.3	0.18	35000000	6300000
720666	西南红利	20030624	0.1	0.08	63194176	5055534
720728	新太红利	20030624	0.05	0.04	81120000	3244800
720849	沪医红利	20030624	0.2	0.16	190708402	30513344
720026	中海红利	20030625	0.1	0.08	350000000	28000000
720120	东方红利	20030625	0.05	0.02	131175677	2623514
720321	国栋红利	20030625	0.25	0.2	82500000	16500000
720382	粤明珠利	20030625	0.15	0.12	60000000	7200000
720466	迪康红利	20030625	0.1	0.08	50000000	4000000
720596	新安红利	20030625	0.18	0.144	81143963	11684731
720694	大商红利	20030625	0.1	0.08	156171380	12493710
720820	隧道红利	20030625	0.05	0.04	266473435	10658937
720879	火箭红利	20030625	0.05	0	137141235	0
720050	联通红利	20030626	0.035	0.029	5000000000	145000000
720336	澳柯玛利	20030626	0.08	0.064	90000000	5760000
720350	基建红利	20030626	0.11	0.088	505000000	44440000
720000	浦发红利	20030627	0.1	0.08	900000000	72000000
720011	华能红利	20030627	0.34	0.272	250000000	68000000
720055	万东红利	20030627	0.1	0.08	39000000	3120000
720153	建发红利	20030627	0.5	0.4	80000000	32000000
720229	碱业红利	20030627	0.15	0.12	124445373	14933445
720257	洞庭红利	20030627	0.1	0.08	40000000	3200000
720283	钱江红利	20030627	0.15	0.12	85000000	10200000
720298	安琪红利	20030627	0.1	0.08	35000000	2800000
720315	家化红利	20030627	0.15	0.12	80000000	9600000
720337	美克红利	20030627	0.1	0.08	48000000	3840000
720557	康缘红利	20030627	0.3	0.24	40000000	9600000
720620	天宸红利	20030627	0.04	0.032	80465487	2574896
720676	交运红利	20030627	0.15	0.12	73400000	8808000
720707	彩虹红利	20030627	0.18	0.144	143644801	20684851
720747	大显红利	20030627	0.062	0.05	226432109	11321605
720787	中储红利	20030627	0.035	0.028	126164986	3532620
720835	上菱红利	20030627	0.1	0.08	186912000	14952960
720854	春兰红利	20030627	0.1	0.08	198241871	15859350
720896	海盛红利	20030627	0.1	0.08	156078044	12486244
820058	银丰红利	20030630	0.02	0.02	3000000000	60000000
720028	中石化利	20030630	0.06	0.048	2800000000	134400000
720141	兴发红利	20030630	0.1	0.08	40000000	3200000
720281	太化红利	20030630	0.015	0.012	105000000	1260000
720287	舜天红利	20030630	0.22	0.176	57200000	10067200
720288	大恒红利	20030630	0.1	0.08	75000000	6000000
720289	亿阳红利	20030630	0.2	0.16	40000000	6400000
720400	红豆红利	20030630	0.1	0.08	50000000	4000000
720761	合力红利	20030701	0.2	0.16	94220318	15075251
720105	永鼎红利	20030702	0.12	0.096	97500000	9360000
720176	化建红利	20030702	0.05	0.04	74200000	2968000
720509	天富红利	20030702	0.25	0.2	60000000	12000000
720362	江铜红利	20030704	0.03	0.024	230000000	5520000
720587	新医红利	20030740	0.05	0.04	28800000	1152000
720600	青啤红利	20030704	0.22	0.176	200000000	35200000
720755	国贸红利	20030704	0.1	0.08	126999999	10160000
720616	食品红利	20030704	0.14	0.112	68481054	7669878
720172	旋风红利	20030707	0.05	0.04	104000000	4160000
720397	安源红利	20030707	0.1	0.08	80000000	6400000
720636	三爱富利	20030707	0.1	0.08	82372088	6589767
720189	森工红利	20030708	0.3	0.24	110500000	26520000
720202	哈空调利	20030708	0.01	0.008	100777600	806221
720704	中大红利	20030708	0.1	0.08	128383875	10270710
720458	时代红利	20030709	0.1	0.08	35000000	2800000
720637	广电红利	20030709	0.1	0.08	203805161	16304413
720845	宝信红利	20030709	0.05	0.04	24200004	968000
720808	马钢红利	20030710	0.035	0.028	600000000	16800000
720809	汾酒红利	20030710	0.024	0.019	76684113	1456999
720614	三九红利	20030710	0.1	0.08	8349393	667951
720688	石化红利	20030710	0.05	0.04	720000000	28800000
720220	阳光红利	20030711	0.02	0.016	135794241	2172708
720241	时代红利	20030711	0.12	0.096	30000000	2880000
720275	武昌鱼利	20030711	0.02	0.006	91000000	546000
720505	昌电红利	20030711	0.2	0.16	55000000	8800000
720588	用友软件	20030711	0.6	0.48	25000000	12000000
720611	交通红利	20030711	0.18	0.144	142323426	20494573
720633	白猫红利	20030711	0.05	0.04	13200012	528000
720832	明珠红利	20030711	0.1	0.08	156886776	12550942
720163	南纸红利	20030714	0.2	0.16	91000000	14560000
720365	通葡红利	20030714	0.1	0.08	60000000	4800000
720867	通化红利	20030714	0.2	0.16	157697280	25231565
720054	黄山红利	20030715	0.02	0.016	52000000	832000
720390	金瑞红利	20030715	0.14	0.112	40000000	4480000
720415	小商品利	20030715	0.1	0.08	31974499	2557960
720422	昆制药利	20030715	0.32	0.256	40000000	10240000
720523	贵航红利	20030715	0.015	0.012	70000000	840000
720538	国发红利	20030715	0.1	0.08	58160000	4652800
720887	伊利红利	20030715	0.2	0.16	128855355	20616857
720197	伊利特利	20030716	0.28	0.224	75000000	16800000
720280	中商红利	20030716	0.06	0.048	72636584	3486556
720376	天鸿红利	20030716	0.2	0.16	64000000	10240000
720686	厦汽红利	20030716	0.2	0.16	57600000	9216000
720865	百大红利	20030716	0.13	0.104	135340088	14075369
720841	上柴红利	20030716	0.1	0.08	21600000	1728000
720012	皖通红利	20030717	0.03	0.024	250000000	6000000
720001	邯钢红利	20030718	0.11	0.088	490000000	43120000
720085	同仁堂利	20030718	0.3	0.24	99616608	23907986
720188	兖煤红利	20030718	0.104	0.083	180000000	14940000
720201	金宇红利	20030718	0.3	0.24	50313250	12075180
720230	大化红利	20030718	0.05	0.04	80000000	3200000
720243	华鼎红利	20030718	0.03	0.024	55000000	1320000
720246	先锋红利	20030718	0.1	0.08	30000000	2400000
720279	港九红利	20030718	0.07	0.056	86000000	4816000
720519	茅台红利	20030718	0.2	0.14	78650000	11011000
720690	海尔红利	20030718	0.3	0.24	449897074	107975298
720737	屯河红利	20030718	0.05	0	290203590	0
720861	城乡红利	20030718	0.06	0.048	167310000	8030880
720508	能源红利	20030718	0.35	0.28	110000000	30800000
720635	公用红利	20030718	0.18	0.144	329298542	47418990
720741	巴士红利	20030718	0.1	0.08	336000000	26880000
720330	天通红利	20030721	0.125	0.1	60000000	6000000
720346	冰山红利	20030721	0.05	0.04	38500000	1540000
720353	旭光红利	20030721	0.28	0.224	36905728	8266883

红利代码	红利简称	发放日期	税前红利(元)	税后红利(元)	代发总股本(股)	代发红利总额(元)
720378	天科红利	20030721	0.04	0.032	76050000	2433600
720742	四环红利	20030721	0.08	0.064	103194000	6604416
720530	昂立红利	20030721	0.21	0.168	50000000	8400000
720663	陆家嘴利	20030721	0.05	0.04	160524000	6420960
720181	云大红利	20030722	0.02	0.016	168000000	2688000
720368	五洲红利	20030722	0.09	0.072	102000000	7344000
720036	招行红利	20030723	0.12	0.096	1500000000	144000000
720089	特变红利	20030723	0.1	0.08	130416000	10433280
720292	九龙红利	20030723	0.4	0.32	60000000	19200000
720305	恒顺红利	20030723	0.14	0.112	40000000	4480000
720359	新农红利	20030723	0.1	0.08	117000000	9360000
720664	哈药红利	20030723	0.12	0.096	415538260	39891673
720209	罗顿红利	20030724	0.03	0.024	97500000	2340000
720386	京巴士利	20030724	0.32	0.256	80000000	20480000
720108	亚盛红利	20030725	0.05	0.04	329165200	13166608
720212	江泉红利	20030725	0.08	0.064	191796347	12274966
720388	龙净红利	20030725	0.07	0.056	65000000	3640000
720498	烽火红利	20030725	0.12	0.096	88000000	8448000
720553	太行股份	20030725	0.05	0.04	50000000	2000000
720797	浙大红利	20030725	0.06	0.048	232631818	11166327
720810	神马红利	20030725	0.05	0.04	141570000	5662800
720828	成商股份	20030725	0.05	0.04	51084026	2043361
720889	化纤红利	20030725	0.03	0.024	66818544	1603645
720621	金陵红利	20030725	0.1	0.08	209955357	16796429
720631	一百红利	20030725	0.06	0.048	188313380	9039042
720642	申能红利	20030725	0.3	0.24	410992000	98638080
720118	卫星红利	20030728	0.05	0	72000000	0
720282	南钢红利	20030728	0.2	0.16	144000000	23040000
720322	天房红利	20030728	0.04	0.032	121000000	3872000
720871	仪征红利	20030728	0.015	0.012	200000000	2400000
720626	申达红利	20030728	0.2	0.16	140481600	22477056
720037	歌华红利	20030729	0.15	0.12	104000000	12480000
720270	外运红利	20030729	0.25	0.16	92400000	14784000
720345	通信红利	20030729	0.05	0.04	54000000	2160000
720726	龙电红利	20030729	0.1	0.08	189333524	15146682
720607	上实红利	20030730	0.12	0.096	132932010	12761473
720860	北人红利	20030731	0.1	0.08	72000000	5760000
720320	振华红利	20030731	0.2	0.16	88000000	14080000
720827	友谊红利	20030731	0.15	0.12	82820472	9938457
720834	申通红利	20030731	0.1	0.08	80040000	6403200
720261	阳光红利	20030801	0.25	0.2	40000000	8000000
720744	华银红利	20030801	0.004	0.003	288288000	864864
720533	栖霞红利	20030801	0.25	0.2	40000000	8000000
720329	中新红利	20030801	0.15	0.12	40000000	4800000
720082	海泰红利	20030804	0.027	0.022	79188202	1742140
720361	综超红利	20030804	0.2	0.16	50000000	8000000
720248	泰丰红利	20030804	0.05	0.04	48000000	1920000
720771	东盛红利	20030805	0.068	0.055	49500012	2722501
720819	耀皮红利	20030805	0.2	0.16	31250052	5000008
720606	金丰红利	20030806	0.1	0.08	113581599	9086528
720630	龙头红利	20030806	0.06	0.048	191099999	9172800
720628	新世界利	20030806	0.12	0.096	139371397	13379654
720851	海欣红利	20030808	0.1	0.08	183678936	14694315
720221	海航红利	20030812	0.02	0.016	371957765	5951324
720496	长江红利	20030812	0.05	0.04	40000000	1600000
720276	恒瑞红利	20030812	0.1	0.08	76800000	6144000
720009	机场红利	2003084	0.199	0.159	522143800	83020864
720598	北大荒利	20030814	0.13	0.104	300000000	31200000
720395	盘江红利	20030815	0.1	0.08	120000000	9600000
720501	晨光红利	20030815	0.15	0.12	72000000	8640000
720846	同济红利	20030815	0.1	0.08	134336869	10746950
720641	中远红利	20030815	0.1	0.08	179066240	143225299
720247	物华红利	20030820	0.06	0.008	47000000	376000
720272	开开红利	20030820	0.08	0.064	60000000	3840000
720764	三星红利	20030820	0.08	0.004	58985630	235943
720662	强生红利	20030820	0.3	0.24	165371713	39689211
720233	创世红利	20030821	0.1	0.08	75000000	6000000
720059	古越红利	20030822	0.2	0.16	106469998	17035200
720151	航天红利	20030822	0.13	0.104	141440000	14709760
720269	赣粤红利	20030822	0.2	0.16	156000000	24960000
720684	珠江红利	20030822	0.05	0.04	100035010	4001400
720064	宁高科利	20030822	0.2	0.16	155487600	24878016
720110	英华红利	20030822	0.03	0.024	137676350	3304232

红利代码	红利简称	发放日期	税前红利(元)	税后红利(元)	代发总股本(股)	代发红利总额(元)
720096	云天化利	20030825	0.4	0.32	100000000	32000000
720649	原水红利	20030825	0.08	0.064	560851462	35894494
720252	中恒红利	20030826	0.05	0	49500000	0
720266	城建红利	20030826	0.15	0.12	150000000	18000000
720897	厦机红利	20030826	0.1	0.08	67500000	5400000
720864	岁宝红利	20030826	0.07	0.056	45375000	2541000
720100	清华红利	20030827	0.2	0.16	273030533	43684885
720716	耀华玻璃	20030827	0.03	0.024	105300001	2527200
720883	富邦红利	20030827	0.02	0.016	63180000	1010880
720815	厦工红利	20030827	0.1	0.08	119700149	9576012
720373	鑫新红利	20030828	0.022	0.017	45000000	765000
720101	明星红利	20030829	0.25	0.2	95004050	19000810
720729	渝百红利	20030829	0.15	0.12	5100000	36120000
720391	成发红利	20030903	0.17	0.136	50000000	6800000
720030	中信红利	20030905	0.003	0.003	400000000	1200000
720593	圣亚红利	20030905	0.05	0.04	32000000	1280000
720170	建工红利	20030910	0.125	0.1	234000000	23400000
720591	沪航红利	20030912	0.05	0.04	200000000	8000000
720859	王府井利	20030925	0.05	0.0	4198378626	7935145
721028	中石化利	20030930	0.03	0.024	2800000000	67200000
720754	锦江红利	20030930	0.1	0.08	98360000	7868800
720555	莱织华利	20031009	0.15	0.12	81000000	9720000
720583	海油红利	20031021	0.1	0.08	80000000	6400000
721428	中航红利	20031022	0.1	0.08	130000000	10400000
721301	南化红利	20031024	0.1	0.08	72890345	5831228
720078	澄星红利	20031027	0.2	0.16	86159736	13785558
720713	宁医药利	20031027	0.1	0.08	83097399	6647792
720166	福田红利	20031027	0.11	0.008	104000000	832000
720730	高科红利	20031029	0.05	0.04	54600001	2184000
720015	华夏红利	20031110	0.353	0.282	1000000000	282000000
720158	中体红利	20031113	0.02	0.016	76050000	1216800
821058	银丰红利	20031226	0.02	0.02	3000000000	60000000
720789	鲁抗红利	20031230	0.1	0.08	205097945	16407836

2003年末上市公司股权结构分布

股份名称	发行总额(亿元)	发行比例(%)	市价总值(亿元)	市价比例(%)
一、尚未流通股份				
1.发起人股份	2786.95	61.672	19910.29	66.802
国家拥有股份	2429.68	53.766	17202.75	57.718
境内法人持有股份	310.55	6.872	2263.34	7.594
外资法人持有股份	34.93	0.773	309.17	1.037
其他	11.79	0.261	135.03	0.453
2.募集法人股	201.42	4.457	1505.63	5.052
3.内部职工股	7	0.155	56.75	0.19
转配遗留及其它	13.06	0.289	101.03	0.339
机构配售	4.86	0.108	30.09	0.101
尚未流通股份合计	3013.29	66.681	21603.78	72.484
二、已流通股份				
1.境内上市的人民				
币普通股	1062.25	23.506	7796.87	26.16
2.境内上市外资股	94.85	2.099	404.27	1.356
3.境外上市外资股	348.59	7.714	0	0
4.其他	0	0	0	0
已流通股份合计	1505.69	33.319	8201.14	27.516
三、股份总数	4518.98	100	29804.92	100

2003年暂停上市的公司

股票代码	股票简称	暂停上市公告刊登日	暂停上市实施日
600698	ST轻骑	2003—5—16	2003—5—19
900946	ST轻骑B	2003—5—16	2003—5—19
600842	ST中西	2003—5—16	2003—5—19
600858	ST渤海	2003—5—16	2003—5—19
600646	ST国嘉	2003—5—16	2003—5—19

2003 年特别处理的公司

股票代码	新简称	旧简称	公告日期	实施起始日
600873	ST 藏明珠	西藏明珠	2003－2－20	2003－2－21
600784	ST 鲁银	鲁银投资	2003－2－28	2003－3－3
600807	ST 济百	济南百货	2003－3－6	2003－3－7
600886	ST 华靖	国投电力	2003－3－7	2003－3－10
600749	ST 藏圣地	西藏圣地	2003－3－7	2003－3－10
600760	ST 黑豹	山东黑豹	2003－3－13	2003－3－14
600385	ST 金泰	山东金泰	2003－4－8	2003－4－9
600139	ST 鼎天	鼎天科技	2003－4－10	2003－4－11
600234	ST 天龙	天龙集团	2003－4－16	2003－4－17
600313	ST 中农	中农资源	2003－4－22	2003－4－23
600190	ST 锦州港	锦州港	2003－4－22	2003－4－23
900952	ST 锦港 B	锦港 B 股	2003－4－22	2003－4－23
600738	ST 民百	兰州民百	2003－4－24	2003－4－25
600182	ST 桦林	桦林轮胎	2003－4－25	2003－4－26
600766	ST 烟发	烟台发展	2003－4－28	2003－4－29
600769	ST 祥龙	祥龙电业	2003－4－28	2003－4－29
600695	ST 大江	大江股份	2003－4－28	2003－4－29
900919	ST 大江 B	大江 B 股	2003－4－28	2003－4－29
600758	ST 金帝	金帝建设	2003－4－28	2003－4－29
600793	ST 宜纸	宜宾纸业	2003－4－28	2003－4－29
600878	ST 北科	北大科技	2003－4－29	2003－4－30
600053	ST 江纸	江西纸业	2003－4－29	2003－4－30
600781	ST 民丰	民丰实业	2003－4－29	2003－4－30
600672	ST 英教	英豪科技	2003－4－29	2003－4－30
600617	ST 联华	联华合纤	2003－4－30	2003－5－12
900913	ST 联华 B	联华 B 股	2003－4－30	2003－5－12
600847	ST 渝万里	万里电池	2003－5－16	2003－5－19
600751	ST 天海	天津海运	2003－6－27	2003－6－30
900938	ST 天海 B	天海 B 股	2003－6－27	2003－6－30
600338	ST 珠峰	珠峰摩托	2003－8－28	2003－8－29
600899	ST 信联	信联股份	2003－9－18	2003－9－19
600090	ST 啤酒花	啤酒花	2003－11－24	2003－11－25

2003 年终止上市的公司

股票代码	股票简称	终止上市公告刊登日	终止上市实施起始日
600709	ST 生态	2003－5－24	2003－5－23
600646	ST 国嘉	2003－9－22	2003－9－22

2003 年恢复上市的公司

股票代码	恢复上市股票简称	恢复上市公告刊登日	恢复上市日期
600858	*ST 渤海	2003－8－30	2003－9－8
600898	郑百文	2003－7－11	2003－7－18
600842	*ST 中西	2003－11－28	2003－12－5

2003 年取消特别处理的公司

股票代码	原股票简称	取消特别处理后股票简称	取消特别处理实施起始日
600167	ST 沈新开	沈阳新开	2003－2－12
600792	ST 马龙	云南马龙	2003－3－21
600768	ST 甬富邦	宁波富邦	2003－3－28
600610	ST 中纺机	中国纺机	2003－4－1
900906	ST 中纺 B	中纺 B 股	2003－4－1
600622	ST 嘉宝	嘉宝集团	2003－4－7
600109	ST 成百	成都建设	2003－4－7
900950	ST 新城 B	新城 B 股	2003－4－9
600057	ST 夏新	厦新电子	2003－4－21
600745	ST 康赛	天华股份	2003－4－30
600853	ST 龙建	龙建股份	2003－5－26
600082	ST 海泰	海泰发展	2003－8－25

2003 年上市公司名称更改一览表

股票代码	新简称	旧简称	更名日期
600844	大盈股份	英雄股份	2003－2－24
900921	大盈 B 股	英雄 B 股	2003－2－24
600175	美都控股	宝华实业	2003－2－26
900935	金泰 B 股	阳晨 B 股	2002－2－28
600748	上实发展	浦东不锈	2003－3－3
600138	中青旅	青旅控股	2003－3－19
600148	长春一东	离合器	2003－3－28
600677	航天通信	航天中汇	2003－4－18
600708	海博股份	东海股份	2003－4－18
600792	马龙产业	云南马龙	2003－5－15
600083	ST 博讯	ST 红光	2003－5－15
600840	新湖创业	浙江创业	2003－5－16
600635	大众公用	大众科创	2003－5－28
600614	三九发展	胶带股份	2003－6－18
900907	发展 B 股	胶带 B 股	2003－6－18
600691	林凤控股	东新电碳	2003－7－8
600890	中房股份	长春长铃	2003－7－8
600681	奥园发展	诚成文化	2003－7－10
600067	冠城大通	福州大通	2003－7－25
600057	夏新电子	厦新电子	2003－8－5
600835	上海电气	上菱电器	2003－8－18
900925	电气 B 股	上菱 B 股	2003－8－18
600898	三联商社	郑百文	2003－8－27
600252	中恒集团	梧州中恒	2003－9－9
600754	锦江酒店	新亚股份	2003－9－10
900934	锦江 B 股	新亚 B 股	2003－9－10
600058	五矿发展	龙腾科技	2003－9－26
600074	中达股份	南京中达	2003－10－10
600673	阳之光	成量股份	2003－10－10
600665	天地源	沪昌特钢	2003－11－4
600869	三普药业	青海三普	2003－11－12
600681	万鸿集团	奥园发展	2003－12－12
600380	健康元	太太药业	2003－12－18

债券市场概述

2003 年是上海证券交易所债券市场快速发展的一年，无论是债券上市品种、交易规模，还是市场规范和创新等方面均取得了可喜进展。

2003 年财政部继续维持在交易所市场的发债力度，全年在交易所市场新发行 5 期国债，并对 03 年第一期国债进行了一次增发，交易所市场发债总额 1007 亿元，其中注册在上证所的国债托管量达到 973 亿，占交易所市场国债发行量的 97%；企业债市场也是去年令人瞩目的热点之一，上证所全年新增挂牌上市企业债 9 只；同时全年新增上市可转债 10 只。截至 2003 年 12 月 31 日，上证所上市国债 21 只，托管量 3507 亿元；企业债 19 只，托管量 280 亿元，可转债 13 只，托管量 123 亿元。债券托管总量达到近 4000 亿元。

上证所债券市场的交易量也连创新高，2003 年全年，上证所国债现券成交 5500.36 亿元，国债回购成交 52981.54 亿元，国债成交总额达到 58481.90 亿元，比上年同期增长 90%；企业债现券市场的流动性也大大增强，企业债现券成交 316.04 亿元，为上年同期的 6.19 倍，而企业债回购成交达到 2353.14 亿元，企业债回购逐渐成为市场参与者短期融资的重要工具；可转债成交 445.31 亿元，是去年同期的 19.51 倍。

上证所历来注重债券市场的规范发展，2003 年的工作重点之一就是拟定债券交易实施细则，目前该细则已获理事会审议通过。与此同时，上证所也加强了市场创新的力度，在 2003 年推出了发展债券市场的一系列新举措：为使债券市场能有一个科学权威的判断指标体系，适时推出了上证国债指数和企债指数；为满足机构投资者的大额交易需求，开设了大宗交易业务，债券交易机制更加灵活；上证所还于 2003 年上半年推出了两天国债回购新品种，使债券回购的期限结构更加完善。此外，上证所对国债开放式回购和远期交易等创新品种也在积极研究和准备，力争不断推出满足投资者需要的交易品种。

2003 年上市国债概貌

简称	发行方式	数量(亿元)	计息日	上市日	到期日	年限(年)	票面利率(%)
96 国债(6)	记账式	255.3	1996—6—14	1996—7—12	2006—6—14	10	11.83
96 国债(8)	记账式	201.1	1996—11—1	1996—11—21	2003—11—1	7	8.56
97 国债(4)	记账式	130	1997—9—5	1997—9—25	2007—9—5	10	9.78
99 国债(5)	记账式	160	1999—8—20	1999—9—6	2007—8—20	8	3.28
99 国债(8)	记账式	200	1999—9—23	1999—10—13	2009—9—23	10	3.3
20 国债(4)	记账式	140	2000—5—23	2000—6—2	2010—5—23	10	2.6
20 国债(10)	记账式	120	2000—11—14	2000—11—27	2007—11—14	7	2.36
21 国债(3)	记账式	120	2001—4—24	2001—5—10	2008—4—24	7	3.27
21 国债(7)	记账式	239.6	2001—7—31	2001—8—20	2021—7—31	20	4.26
21 国债(10)	记账式	200	2001—9—25	2001—10—11	2011—9—25	10	2.95
21 国债(12)	记账式	200	2001—10—30	2001—11—13	2011—10—30	10	3.05
21 国债(15)	记账式	200	2001—12—18	2002—1—4	2008—12—18	7	3
02 国债(3)	记账式	200	2002—4—18	2002—4—29	2012—4—18	10	2.54
02 国债(10)	记账式	200	2002—8—16	2002—9—2	2009—8—16	7	2.39
02 国债(13)	记账式	240	2002—9—20	2002—10—9	2017—9—20	15	2.6
02 国债(14)	记账式	224	2002—10—24	2002—11—1	2007—10—24	5	2.65
02 国债(15)	记账式	179.54	2002—12—6	2002—12—16	2009—12—6	7	2.93
03 国债(1)	记账式	324.27	2003—2—19	2003—2—26	2010—2—19	7	2.66
03 国债(3)	记账式	260	2003—4—17	2003—4—25	2023—4—17	20	3.4
03 国债(7)	记账式	460	2003—8—20	2003—9—1	2010—8—20	7	2.66
03 国债(8)	记账式	163.8	2003—9—17	2003—9—25	2013—9—17	10	3.02
03 国债(11)	记账式	360		2003—12—2	2010—11—19	7	3.5

2003 年企业债券概貌

简称	发行量(亿元)	到期日	开盘(元)	收盘(元)	最高(元)	最低(元)	成交金额(万元)
99 宝钢债	20	20050810	103.25	102.86	112.61	100	42867.3
01 中移动	50	20110617	102.35	104.1	110.8	102	70206.75
01 三峡债	30	20161108	108.6	103.55	116	103.1	214292.86
02 三峡债	39.69	20220920	103.52	97.55	112.28	95.64	1073827.93
02 中移(5)	12.46	20071028	102.77	99.73	107.34	97.9	81081.08
02 中移(15)	33.17	20171028	103	97.15	108.65	93.5	776056.95
02 苏交通	9.13	20171212	104.8	95.53	108.1	95.01	206317.85
02 渝城投	15	20121209	107.02	97.42	107.5	97	89731.38
02 武钢(3)	5	20051104	103.58	106.57	134.08	88.88	14598.81
02 武钢(7)	15	20091104	103.8	101.7	103.9	98.01	39834.78
02 金茂债	2.65	20120428	106.15	99.42	106.7	93	48125.83
03 沪轨道	40	20180219	106.8	99.77	106.8	98.8	131335.31
03 苏园建	10	20130717	101	98	101.2	97.25	28137.14
98 三峡(8)	10	20070117	115.8	112.65	116.08	110	37750.85
98 中铁(1)	16	20031224	130.9	134.51	135.25	125.08	62612.84
98 中铁(2)	10	20041012	112.55	116.18	125.31	106.7	17822.33
98 中铁(3)	24	20091012	107.35	101.99	111.3	100	38394.16
99 三峡债	30	20100725	102.45	104.1	108.8	102	117297.55
98 中信(7)	7	20060615	109.53	107.21	112.95	105.56	19469.91
98 石油债	13.5	20070908	105.55	103.65	109.69	101.03	46950.96

2003 年可转换公司债券概貌

简称	发行量(亿元)	到期日(元)	开盘(元)	收盘(元)	最高(元)	最低(元)	成交金额(万元)
机场转债	13.5	20050224	102.98	129.69	131	102.81	136043.61
民生转债	40	20080227	99.87	122.5	138.18	99.68	2779071.93
水运转债	3.2	20070812	94.93	130.36	143	94	138406.97
云化转债	4.1	20060909	100.5	109.99	112.88	99.2	44706.96
西钢转债	4.9	20080810	104	102.51	106.9	98.05	97717
雅戈转债	11.9	20060403	108.11	107.37	120	102.5	266329.32
复星转债	9.5	20081027	99.99	101.5	102.99	98.05	76562.83
阳光转债	8.3	20050418	97.57	100.7	113.5	96	177863.81
桂冠转债	8	20080629	104	105.16	107.3	100.5	126522.48
山鹰转债	2.5	20080615	101.54	107	109	101.52	48188.1
龙电转债	8	20080602	106	115	116.49	103.99	127548.69
国电转债	20	20080717	108.5	116.7	122	95.05	262652.96
邯钢转债	20	20081125	104	105.72	109.1	102.8	171506.28

2003 年各月国债交易金额

月份	成交金额(万元)	成交数量(万股)
1 月	37435799.75	37351.05
2 月	32049183.71	31970.88
3 月	49089578.01	48959.28
4 月	50400185.02	50273.01
5 月	38781680.21	38685.01
6 月	52635254.33	52552.47
7 月	50613902.7	50554.88
8 月	48110554.54	48058.5
9 月	57732911.61	57767.42
10 月	53355251.45	53498.89
11 月	50240737.07	50370.61
12 月	64373907.84	64611.64

2003 年各月国债回购交易金额

月份	成交金额(万元)	成交数量(万股)
1 月	33705950	33705.95
2 月	28440030	28440.03
3 月	43813720	43813.72
4 月	44352220	44352.22
5 月	34516780	34516.78
6 月	47412580	47412.58
7 月	46749060	46749.06
8 月	44664000	44664
9 月	53748170	53748.17
10 月	49920640	49920.64
11 月	46551560	46551.56
12 月	55940670	55940.67

2003 年各月国债现货交易金额

月份	成交金额(万元)	成交数量(万股)
1 月	3729849.75	3645.1
2 月	3609153.71	3530.85
3 月	5275858.01	5145.57
4 月	6047965.02	5920.79
5 月	4264900.21	4168.23
6 月	5222674.33	5139.89
7 月	3864842.7	3805.82
8 月	3446554.54	3394.5
9 月	3984741.61	4019.25
10 月	3434611.45	3578.25
11 月	3689177.07	3819.05
12 月	8433237.84	8670.97

基金概述

扩容:全年共有 16 家基金管理公司获准筹建,12 家公司获准正式开业。全年共有 24 只开放式基金成立,首发规模达到 678 亿元,全年没有封闭式基金发行。截至年底,全国共有基金管理公司 33 家,基金 95 只,基金总规模 1630 亿元左右,54 只封闭式基金与 41 只开放式基金的规模几乎相等。

业绩:全年所有基金简单平均净值增长率高达 20%,其中封闭式基金表现略好于开放式基金,基金业彻底扭转了去年亏损超百亿的尴尬局面。2003 年基金整体的收益高出同期市场收益近一倍,其所倡导并率先实践的价值投资成为市场的主流。

封闭式基金:在净值高涨的同时,封闭式基金的二级市场价格继续背道而驰,折价率屡创新高,到 2003 年底,封闭式基金平均折价率接近 25%。

开放式基金:与封闭式基金的大折价相呼应,尽管开放式基金净值大涨,但赎回势头依旧不减。具有可比的 14 只开放式基金的规模由 2002 年底的 440 亿元下降为 2003 年底的 266 亿元,赎回比例达到 40%。

创新:系列基金、准保本基金及准货币基金在 2003 年相继推出。

立法:《证券投资基金法》在 10 月正式出台,将大力促进中国基金市场的发展。

2003 年各基金一览

基金代码	基金简称	发行数量（万元）	最高（元）	最低（元）	开盘（元）	收盘（元）	年涨跌幅(%)	成交数量（万份）	成交金额（万元）
500001	基金金泰	200000	0.826	0.675	0.78	0.799	1.14	145116.61	108352.21
500002	基金泰和	200000	0.875	0.698	0.77	0.84	7.69	157910.46	124452.72
500003	基金安信	200000	0.95	0.78	0.86	0.861	0.12	108971.23	94146.26
500005	基金汉盛	200000	0.82	0.663	0.71	0.787	7.81	230369.82	171161.6
500006	基金裕阳	200000	0.967	0.72	0.78	0.86	8.86	189864.06	161728.73
500007	基金景阳	100000	0.885	0.74	0.77	0.84	9.09	381576.56	315239.89
500008	基金兴华	200000	1.112	0.82	0.87	1.097	26.09	277234.43	279959.13
500009	基金安顺	300000	0.929	0.754	0.82	0.849	2.29	190109.87	159726.37
500010	基金金元	50000	0.827	0.665	0.72	0.758	3.84	57623.93	42780.27
500011	基金金鑫	300000	0.843	0.706	0.77	0.804	4.42	171307.31	133666.25
500013	基金安瑞	50000	0.925	0.68	0.83	0.748	−12	70139.83	56783.38
500015	基金汉兴	300000	0.748	0.606	0.68	0.702	1.74	192960.48	131236.75
500016	基金裕元	150000	0.965	0.8	0.84	0.959	12.82	212177.97	187468.53
500017	基金景业	50000	0.79	0.6	0.7	0.687	−1.86	104692.27	74118.24
500018	基金兴和	300000	0.96	0.74	0.78	0.909	15.06	259496.8	225914.27
500019	基金普润	50000	0.859	0.661	0.76	0.748	−1.58	71384.75	54336.59
500021	基金金鼎	50000	0.82	0.679	0.72	0.77	5.48	62417.28	46663.6
500025	基金汉鼎	50000	0.85	0.606	0.72	0.695	−3.47	119700.41	90014.74
500028	基金兴业	50000	0.82	0.641	0.74	0.743	−0.93	58594.46	43702.39
500029	基金科讯	80000	0.943	0.72	0.78	0.94	18.99	109716.98	90978.54
500035	基金汉博	50000	0.84	0.633	0.73	0.729	−1.49	67725.67	49072.07
500038	基金通乾	200000	0.844	0.704	0.75	0.798	6.4	208398.45	160428.47
500039	基金同德	50000	0.91	0.719	0.79	0.811	1.38	107689.98	88471.81
500056	基金科瑞	300000	0.905	0.73	0.77	0.89	14.1	345361.39	283407.28
500058	基金银丰	300000	0.935	0.805	0.84	0.913	8.69	515656.95	447819.93

A 股投资者地区分布情况

地区	开户总数	占总开户数比例(%)	2003 年新增开户数	占总新增数比例(%)
广东	3680178	10.38	146282	19.33
上海	4637875	13.08	95379	12.6
江苏	3353392	9.46	52701	6.96
山东	2220816	6.26	46476	6.14
浙江	1824234	5.14	36511	4.82
四川	2392855	6.75	34375	4.54
北京	1595827	4.5	34083	4.5
湖南	945857	2.67	30637	4.05
河北	831648	2.35	28087	3.71
辽宁	2145622	6.05	27341	3.61
福建	1350241	3.81	23942	3.16
海南	453124	1.28	23851	3.15
河南	1071471	3.02	19516	2.58
湖北	1196108	3.37	19218	2.54
黑龙江	990672	2.79	14698	1.94
陕西	852163	2.4	14042	1.86
安徽	860296	2.43	13750	1.82
江西	636140	1.79	12735	1.68
天津	803038	2.26	12116	1.6
广西	468831	1.32	11174	1.48
山西	577266	1.63	10953	1.45
重庆	141649	0.4	9703	1.28
吉林	648084	1.83	8389	1.11
云南	284788	0.8	7978	1.05
新疆	461624	1.3	6615	0.87
甘肃	296034	0.83	4455	0.59
贵州	172475	0.49	3797	0.5
内蒙古	242350	0.68	3133	0.41
青海	191295	0.54	2766	0.37
宁夏	110571	0.31	1964	0.26
西藏	22186	0.06	165	0.02
合计	35458710	100	756832	100

上证所历年开户数

年份	1991	1992	1993	1994	1995	1996	1997
户数(万)	11	111	424	575	685	1208	1713
年份	1998	1999	2000	2001	2002	2003	
户数(万)	1999	2272	2940	3430	3556	3644	

B 股投资者地区分布情况

国家或地区	开户累计数	占总开户数比例(%)	2003 年新增开户数	占总新增数比例(%)
中国(境内)	804635	82.05	15583	94.45
美国	9480	0.97	212	1.28
中国台湾	5813	0.59	135	0.82
中国香港	15464	1.58	93	0.56
日本	3551	0.36	76	0.46
英国	1706	0.17	57	0.35
加拿大	2559	0.26	52	0.32
新加坡	1541	0.16	38	0.23
中国(境外)	124666	12.71	32	0.19
澳大利亚	2503	0.26	25	0.15
韩国	467	0.05	15	0.09
法国	490	0.05	8	0.05
荷兰	306	0.03	7	0.04
中国澳门	708	0.07	5	0.03
德国	524	0.05	2	0.01
其他	6248	0.64	159	0.96
合计	980661	100	16499	100

会员概述

截至 2003 年底，上海证券交易所拥有会员 177 家，其中证券公司类会员 135 家，非证券公司类会员 42 家。会员下属营业部达 2968 个，开通交易席位 4522 个，其中，A 股席位 4222 个，B 股席位 300 个。在证券公司类会员中，注册资本 10 亿元以上会员 50 家，20 亿元以上会员 17 家，30 亿元以上会员 5 家。

为了更好地履行自律管理职能，加强对会员风险的防范，上海证券交易所依据《中华人民共和国证券法》、《证券交易所管理办法》等法律、法规、规章以及有关业务规则，在中国证监会的领导下，采取了一系列有效措施规范会员的经营运作行为，为会员提供服务：

一、强化相关制度建设，在讨论修改会员管理基本业务规则的同时，颁布了《会员自律准则》及《会员业务规范指引》，完善了会员业务代表和会员业务联络员制度，并探讨了建立会员交易资格管理制度的可行性，会员管理业务规则框架体系逐步建立。

二、按照既定计划完成了会员综合管理信息系统建设，该系统承担的会员信息存储、风险会员预警、分析及处置等功能初见成效。

三、加强日常监督

1. 继续作好会员年度检查工作，一方面对会员、境外证券经营机构年报进行汇总分析，另一方面，开展了证券公司类会员风险等级评定工作，向重点监管类会员发出监管关注函，对会员实施跟踪监管，并将评级情况通报中国证券登记结算有限公司，作为其调整会员结算备付金的参考依据。

2. 开展了经纪业务专题自查以及现场检查工作

依据《会员业务规范指引》，上证所开展了会员的自查工作，帮助会员迅速掌握上证所的业务规范要求。同时，启动了 2003 年会员经纪业务专题现场检查工作，对申银万国证券等 9 家会员进行了现场检查，达到了督促会员规范运作的目的，同时在检查中积累、总结了监管经验。

3. 广泛采取制度化的监管措施

上证所除了对会员交易行为进行实时监控之外，密切关注媒体、网站关于会员的报道以及其他渠道获取的监管信息，依据部门内部制度化的工作程序对会员采取电话提醒、发监管函、谈话提醒等监管措施，及时发现会员风险，制止会员涉嫌违规行为。

四、加强与中国证券业协作监管

上证所与中国证券业协会签署了工作合作备忘录，并召集了与中国证券业协会、深圳证券交易所的首次季度例会，启动了联合监管工作，形成了的内监管合力，促进了监管效率的提高。

五、进一步强化上证所服务职能

围绕以市场需求为导向，同时配合推出服务项目以及强化网站服务功能这两个服务工作重点，上证所在西北、北京等四地开展了技术服务调研工作，一方面，向会员反馈了上证所在落实意见和改进技术服务方面的相关措施；另一方面，进一步听取了会员对上证所提高技术服务水平的意见和建议。

另外，本年度推出了上市公司部“上市公司监管信息共享”、信息披露业务指南，监察部“好人举手”信息上网，法律部上证所业务规则汇编，信息中心指数信息披露和推广服务、统计指标优化服务，财务部网上设立上证所收返费工作信息发布窗口，交易运行部综合服务语音系统二期项目，技术中心会员单位信息系统技术管理指引、基金管理公司场外席位报盘应用程序等 10 个服务项目。

根据会员业务发展需要，上证所还举办了会员业务网上办理人员培训，QFII、QFII托管银行以及相关会员的业务培训。

2003年新股主承销商前十名(按承销家数)

序号	主承销商	承销家数
1	西南证券	3
2	银河证券	1
3	国信证券	1
4	南方证券	1
5	上海证券	1
6	闽发证券	1
7	北京证券	1
8	山西证券	1
9	联合证券	1
10	巨田证券	1

注：承销家数相同的按筹资金额排序。

2003年新股主承销商十名(按承销股数)

序号	主承销商	承销股数(万股)
1	银河证券	11197
2	西南证券	9372
3	国信证券	8265
4	南方证券	4679
5	北京证券	4345
6	闽发证券	2934
7	上海证券	2795
8	山西证券	2723
9	长城证券	2239
10	联合证券	1988

2003年新股主承销商前十名(按筹资金额)

序号	主承销商	金额(万元)
1	西南证券	91290
2	银河证券	62482
3	国信证券	39426
4	南方证券	34742
5	上海证券	29869
6	闽发证券	23475
7	北京证券	21812
8	山西证券	20135
9	联合证券	17855
10	巨田证券	12853

2003年配股主承销商前十名(按承销家数)

序号	配股承销商	承销家数
1	西南证券	3
2	银河证券	1
3	国信证券	1
4	南方证券	1
5	上海证券	1
6	闽发证券	1
7	北京证券	1
8	山西证券	1
9	联合证券	1
10	巨田证券	1

注：承销家数相同的按筹资金额排序

2003年配股主承销商前十名(按承销股数)

序号	承销商	承销股份(万股)
1	银河证券	11197
2	西南证券	9372
3	国信证券	8265
4	南方证券	4679
5	北京证券	4345
6	闽发证券	2934
7	上海证券	2795
8	山西证券	2723
9	长城证券	2239
10	联合证券	1988

2003年配股主承销商前十名(按筹资金额)

序号	配股承销商	金额(万元)
1	西南证券	91290
2	银河证券	62482
3	国信证券	39426
4	南方证券	34742
5	上海证券	29869
6	闽发证券	23475
7	北京证券	21812
8	山西证券	20135
9	联合证券	17855
10	巨田证券	12853

深圳证券市场统计资料

2003 年市场总体指标

深市			
数值	比年初增减	增减幅度(%)	指标名称(存量指标)
3479.8	0	0	成份指数
378.63	0	0	综合指数
272.05	0	0	B股指数
505	0	0	上市公司总数(家)
627	0	0	上市证券总数(只)
548	0	0	上市股票总数(只)
491	0	0	上市 A 股总数(只)
57	0	0	上市 B 股总数(只)
1827.54	0	0	总股本(亿元)
12652.79	0	0	总市值(亿元)
740.22	0	0	流通股本(亿元)
4977.38	0	0	流通市值(亿元)
3381.47	0	0	投资者开户总数(万户)
12.36	0	0	总市值占 2002 年 GDP 比重(%)
36.19	0	0	平均市盈率(倍)
37.43	0	0	A 股平均市盈率(倍)
20.92	0	0	B 股平均市盈率(倍)
数值	比上年增减	增减幅度(%)	指标名称(流量指标)
65.71	−76.75	−53.87	本年 A 股累计筹资金额(亿元)
0	0	0	本年 B 股累计筹资金额(亿港元)
11611.63	−29.59	−.25	本年股票、基金累计成交金额(亿元)
10728.72	28.39	.27	本年 A 股累计成交金额(亿元)
562.41	231.38	69.9	本年 B 股累计成交金额(亿元)
320.49	−289.36	−47.45	本年基金累计成交金额(亿元)
539.7	−1858.77	−77.5	本年债券累计成交金额(亿元)
42.91	.11	.26	本年代扣 A 股交易印花税(亿元)
2.25	.93	70.45	本年代扣 B 股交易印花税(亿元)

市价总值最大二十家 A 股上市公司

名次	代码	简称	市价总值(万元)	流通市值(万元)	占市值总额比例(%)
1	000866	扬子石化	2563000	384974	2.0963
2	000539	粤电力 A	2119690	416132	1.7337
3	000800	一汽轿车	1723523	578156	1.4097
4	000001	深发展 A	1692865	1223682	1.3846
5	000858	五粮液	1544145	434677	1.263
6	000549	湘火炬 A	1507421	963623	1.2329
7	000959	首钢股份	1439130	218050	1.1771
8	000927	*ST 夏利	1424490	214141	1.1651
9	000088	盐田港 A	1398150	298493	1.1436
10	000625	长安汽车	1364969	261543	1.1164
11	000063	中兴通讯	1261189	474059	1.0315
12	000898	鞍钢新轧	1181210	429363	.9661
13	000633	合金投资	1122200	485256	.9179
14	000817	辽河油田	1118700	203327	.915
15	000027	深能源 A	1099081	444186	.8989
16	000709	唐钢股份	1043959	302131	.8539
17	000956	中原油气	1032962	301153	.8449
18	000932	华菱管线	1002733	255600	.8201
19	000629	新钢钒	942817	395727	.7711
20	000839	中信国安	913440	343353	.7471
合计			27495674	8627626	22.49
市场总额			122263716	45440789	

流通市值最大二十家 A 股上市公司

名次	代码	简称	流通市值(万元)	市价总值(万元)	占流通市值比例(%)
1	000001	深发展 A	1223682	1692865	2.6929
2	000549	湘火炬 A	963623	1507421	2.1206
3	000002	万科 A	599533	743259	1.3194
4	000800	一汽轿车	578156	1723523	1.2723
5	000633	合金投资	485256	1122200	1.0679
6	000720	鲁能泰山	481239	833239	1.059
7	000063	中兴通讯	474059	1261189	1.0432
8	000027	深能源 A	444186	1099081	.9775
9	000858	五粮液	434677	1544145	.9566
10	000898	鞍钢新轧	429363	1181210	.9449
11	000539	粤电力 A	416132	2119690	.9158
12	000629	新钢钒	395727	942817	.8709
13	000717	韶钢松山	388665	880110	.8553
14	000866	扬子石化	384974	2563000	.8472
15	000039	中集集团	381785	588835	.8402
16	000839	中信国安	343353	913440	.7556
17	000554	泰山石油	312139	509160	.6869
18	000825	太钢不锈	303533	670239	.668
19	000709	唐钢股份	302131	1043959	.6649
20	000956	中原油气	301153	1032962	.6627
合计			9643366	23972344	21.22
市场总额			45440789	122263716	

成交额最大二十家上市公司

名次	代码	简称	成交金额(万元)	成交量(万股)	占成交金额比例(%)
1	000001	深发展 A	2384762	211316	1.6
2	000800	一汽轿车	2261664	241141	1.6
3	000717	韶钢松山	2059645	198013	1.6
4	000503	海虹控股	1676779	97655	1.5
5	000875	吉电股份	1671030	299630	1.1
6	000866	扬子石化	1603057	215726	1.3
7	000839	中信国安	1584368	100979	1.3
8	000625	长安汽车	1406382	97936	1.1
9	000002	万科 A	1302457	155162	.9
10	000510	金路集团	1103750	175690	.8
11	000956	中原油气	1058760	97421	1
12	000063	中兴通讯	1043647	57335	.8
13	000898	鞍钢新轧	1043480	234202	.9
14	000817	辽河油田	997794	113526	.8
15	000629	新钢钒	969438	138323	.8
16	000927	*ST 夏利	955327	107152	.6
17	000825	太钢不锈	948963	190410	.7
18	000562	宏源证券	859611	104478	.8
19	000027	深能源 A	848627	100165	.5
20	000021	深科技 A	820079	61723	.7
合计			26599620	2997983	20.52
市场总额			129617062	13486156	

成交量最大二十家上市公司

名次	代码	简称	成交量（万股）	成交金额（万元）	占成交量比例（%）
1	000875	吉电股份	299630	1671030	1.8
2	000800	一汽轿车	241141	2261664	1.6
3	000898	鞍钢新轧	234202	1043480	1.6
4	000866	扬子石化	215726	1603057	1.5
5	000001	深发展A	211316	2384762	1.4
6	000717	韶钢松山	198013	2059645	1.4
7	000825	太钢不锈	190410	948963	1.3
8	000510	金路集团	175690	1103750	1.3
9	000002	万科A	155162	1302457	1.1
10	000682	ST东方	143758	542676	1.3
11	000629	新钢钒	138323	969438	.9
12	000557	ST银广夏	126007	482562	.9
13	000009	深宝安A	121976	628785	.9
14	000817	辽河油田	113526	997794	.9
15	000927	*ST夏利	107152	955327	.7
16	000562	宏源证券	104478	859611	.8
17	000839	中信国安	100979	1584368	.7
18	000932	华菱管线	100723	531123	.7
19	000027	深能源A	100165	848627	.6
20	000625	长安汽车	97936	1406382	.8
合计			3176313	24185501	23.55
市场总额			13486156	129617062	

升幅最大二十家上市公司

名次	代码	简称	前收市价（元）	收市价（元）	升幅（%）
1	000866	扬子石化	4.7	10.79	129.57
2	000625	长安汽车	8.1	15.16	87.16
3	000898	鞍钢新轧	3.13	5.53	76.68
4	000951	*ST小鸭	5.5	9.39	70.73
5	000800	一汽轿车	5.93	10.12	70.66
6	000528	桂柳工A	6.95	11.49	65.32
7	000088	盐田港A	14.77	23.84	61.41
8	000022	深赤湾A	11.39	18.33	60.93
9	000983	西山煤电	6.11	9.67	58.27
10	000895	双汇发展	10.38	16.06	54.72
11	000923	河北宣工	7.37	11.39	54.55
12	000927	*ST夏利	5.79	8.92	54.06
13	000531	穗恒运A	6.52	10.04	53.99
14	000630	铜都铜业	5.77	8.82	52.86
15	000725	京东方A	9.46	14.16	49.68
16	000037	深南电A	9.85	14.53	47.51
17	000949	新乡化纤	4.83	7.12	47.41
18	000063	中兴通讯	12.85	18.7	45.53
19	000027	深能源A	6.25	9.08	45.28
20	000717	韶钢松山	7.63	10.83	41.94

跌幅最大二十家上市公司

名次	代码	简称	前收市价（元）	收市价（元）	跌幅（%）
1	000540	世纪中天	22.22	3.87	−82.58
2	000425	徐工科技	19.21	5.93	−69.13
3	000702	正虹科技	13.8	4.27	−69.06
4	000627	百科药业	10.19	3.35	−67.12
5	000409	*ST四通	7.83	2.67	−65.9
6	000765	*ST华信	5.89	2.22	−62.31
7	000901	航天科技	17.46	6.6	−62.2
8	000695	*ST灯塔	11.56	4.58	−60.38
9	000810	华润锦华	17.27	6.92	−59.93
10	000978	桂林旅游	16.23	6.8	−58.1
11	000061	农产品	15.1	6.44	−57.35
12	000151	中成股份	12.1	5.2	−57.02
13	000603	ST威达	12.8	5.57	−56.48
14	000953	河池化工	8.11	3.54	−56.35
15	000988	华工科技	26.03	11.39	−56.24
16	000699	ST佳纸	6.44	2.85	−55.75
17	000607	华立控股	15.79	7.1	−55.03
18	000700	模塑科技	11.35	5.18	−54.36
19	000510	金路集团	9.04	4.14	−54.2
20	000859	国风塑业	7.9	3.64	−53.92

振幅最大二十家上市公司

名次	代码	简称	最高价（元）	最低价（元）	振幅（%）
1	000540	世纪中天	24.04	3.7	549.73
2	000702	正虹科技	22.98	3.98	477.39
3	000901	航天科技	25	5.81	330.29
4	000627	百科药业	12.85	3.05	321.31
5	000425	徐工科技	19.48	5.28	268.94
6	000409	*ST四通	9.38	2.57	264.98
7	000765	*ST华信	7.39	2.06	258.74
8	000953	河池化工	10.98	3.22	240.99
9	000685	公用科技	18	5.4	233.33
10	000988	华工科技	32.77	9.98	228.36
11	000700	模塑科技	16.58	5.07	227.02
12	000402	金融街	28.01	8.61	225.32
13	000978	桂林旅游	20.4	6.6	209.09
14	000859	国风塑业	10.38	3.42	203.51
15	000069	华侨城A	16.84	5.6	200.71
16	000721	西安饮食	13	4.39	196.13
17	000699	ST佳纸	8.25	2.82	192.55
18	000655	华光陶瓷	10.28	3.53	191.22
19	000950	民丰农化	14.88	5.11	191.19
20	000061	农产品	15.63	5.39	189.98

市盈率最低二十只 A 股

名次	代码	简称	收市价（元）	每股盈利（元）	市盈率（倍）
1	000036	华联控股	4.84		12.91
2	000619	海螺型材	7.22		13.86
3	000035	中科健A	7.89		14.64
4	000629	新钢钒	7.34		15.65
5	000061	农产品	6.44		15.82
6	000778	新兴铸管	11.32		16.62
7	000651	格力电器	8.87		16.64
8	000014	沙河股份	6.69		16.77
9	000615	湖北金环	6.68		17.91
10	000680	山推股份	9.5		18.1
11	000402	金融街	10.23		18.17
12	000709	唐钢股份	5.24		18.26
13	000527	粤美的A	5.8		18.47
14	000659	珠海中富	6.32		18.75
15	000932	华菱管线	5.6		18.86
16	000807	云铝股份	7.65		18.94
17	000559	万向钱潮	6.97		19.52
18	000006	深振业A	5.25		19.81
19	000930	丰原生化	7.03		20.32
20	000406	石油大明	8.17		20.48

市盈率最低二十只 B 股

名次	代码	简称	收市价（元）	每股盈利（元）	市盈率（倍）
1	200512	闽灿坤B	3.53		13.68
2	200625	长安B	10.24		16.15
3	200037	深南电B	9.62		16.17
4	200024	招商局B	7.68		16.34
5	200539	粤电力B	6.71		16.69
6	200761	ST板材B	3.69		16.93
7	200541	粤照明B	8.7		17.03
8	200002	万科B	4.91		17.6
9	200530	大冷B	4.15		17.89
10	200488	晨鸣B	7.2		18.14
11	200581	苏威孚B	8.15		19
12	200986	粤华包B	4		20.1
13	200012	南玻B	4.47		20.41
14	200160	帝贤B	5.16		20.81
15	200039	中集B	14.86		21.44
16	200869	张裕B	7.07		21.62
17	200550	江铃B	6.65		21.66
18	200726	鲁泰B	5.96		22.32
19	200596	古井贡B	4.41		23.97
20	200168	雷伊B	3.49		24.41

2003 年深圳行业指数

深圳行业指数	开市	最高	最低	收市	变化情况（点）
采掘业指数	381.5615	508.9955	374.404	497.174	111.2306
传播文化指数	323.4213	408.5341	257.4922	294.9224	−30.2304
电子指数	346.5546	406.2773	285.1881	327.6694	−21.395
房地产业指数	388.0766	487.7665	320.2034	341.0032	−47.9795
纺织服装指数	389.4157	425.5395	307.3189	317.3579	−73.2182
机械设备指数	421.5057	534.6038	414.2989	445.0073	20.1634
建筑业指数	363.3677	422.7207	245.9883	272.2284	−91.3662
金融保险指数	425.0893	574.5709	319.5739	365.2142	−64.1706
金属非金属指	379.9756	468.0999	370.6126	453.65	72.1501
木材家具指数	284.1544	339.2155	169.117	177.4745	−106.6799
农林牧渔指数	329.4542	368.3117	247.7155	267.6731	−62.9611
批发零售指数	372.2948	429.7913	298.5118	315.1089	−59.4928
社会服务指数	408.8238	459.5796	274.6759	285.7075	−124.6976
石化塑胶指数	388.9795	436.855	334.6711	374.0936	−16.8386
食品饮料指数	393.5915	440.4295	326.8742	350.4852	−44.9891
水电煤气指数	428.8841	562.9007	417.4881	528.8082	97.1377
信息技术指数	324.5046	396.4332	293.7309	320.7199	−4.6167
医药生物指数	327.8069	380.1387	252.5975	264.7967	−65.7801
运输仓储指数	427.426	534.5491	419.0399	502.0262	72.4758
造纸印刷指数	414.8078	471.951	364.3076	403.5718	−14.2863
制造业指数	386.7939	453.1	353.036	387.5591	−1.518
综合企业指数	409.741	456.341	309.5862	333.3551	−77.9976

2003 年度证券发行筹资（总体情况）

指标名称	深市	沪市	全国
集资金额（元）	7,769,327,402	53,980,588,212	61,749,915,614
新股发行集资金额（元）	4,936,292,149	50,329,031,117	55,265,323,266
配股集资金额（元）	2,833,035,253	3,651,557,095	6,484,592,348
上市家数	0	67	67
上市股数（股）	527,571,433	527,571,433	1,055,142,866
新股发行家数	0	66	66
新股发行股数（股）	0	8,363,700,000	8,363,700,000
配股家数	11	14	25
配股股数（股）	363,186,377	554,648,035	917,834,412
新股冻结资金（元）	0	36,138,252	36,138,252

2003 年各类证券成交金额

单位：百万

	全年成交金额	占市场比重%
股票	1129113.29	92.91
基金	32049.44	2.63
债券现货	52139.54	4.29
债券回购	1857.73	0.15
合计	1215160.00	100.00

2003年度股份质押统计

代码	简称	公告日期	质押时间	质押股份性质	质押股份数量	占总股本比例	质押人	质权人	借款金额
000585	ST东北电	20031231	20031229—20041230	股票	50,000,000	5.72	上海宝裕房地产咨询有限责任公司	上海泓泰汽车销售服务有限公司	
000669	领先科技	20031231	20031229	股票	10,000,000	16.22	天津泰森科技实业有限公司	上海浦东发展银行深圳分行	20,000,000.00
600101	明星电力	20031231	20031229—20061229	股票	47,780,000	28.14	深圳市明伦集团有限公司	中国农业银行深圳上步支行	300,000,000.00
600186	莲花味精	20031230	20031226—20041226	股票	25,000,000	2.83	河南省莲花味精集团有限公司3	中国工商银行项城市支行	
600186	莲花味精	20031230	20031226—20041226	股票	100,000,000	11.31	河南省莲花味精集团有限公司2	广东发展银行郑州分行花园路支行	
600186	莲花味精	20031230	20031226—20041226	股票	125,000,000	14.14	河南省莲花味精集团有限公司1	交通银行郑州分行	
000982	圣雪绒	20031227	20031125—20061124	股票	20,000,000	27.027	宁夏圣雪绒国际企业集团有限公司	广东发展银行深圳分行	160,000,000.00
600001	邯郸钢铁	20031227	20031226—20101225	股票	455,835,240		邯郸钢铁集团有限责任公司	广东发展银行杭州分行	
600016	民生银行	20031227	20031225—20041226	股票	252,655,000	7.45	中国泛海控股有限公司	北京首都旅游集团有限责任公司	
600312	平高电气	20031227	20031222—20041221	股票	29,510,000	9.46	南昌科瑞集团有限公司1	华夏银行总行营业部	50,000,000.00
600312	平高电气	20031227	20031225—20041224	股票	23,610,000	7.57	南昌科瑞集团有限公司2	华夏银行总行营业部	40,000,000.00
600657	青岛天桥	20031227	20031225—20041225	股票	45,750,000	15.03	北京北大青鸟有限责任公司	借款银行	
600293	三峡新材	20031225	20031223—20041229	股票	40,000,000	14.58	当阳市国有资产管理局	中国建设银行当阳市支行	
000923	河北宣工	20031224	20031222	股份	22,308,300		宣化工程机械集团有限公司	河北宣工福田重工有限公司	
600065	大庆联谊	20031224	20031222—20041225	股票	6,000,000	31.25	大庆市油脂化工厂	交通银行大庆分行	15,000,000.00
600065	大庆联谊	20031224	20031222—20041225	股票	16,000,000		大庆市油脂化工厂2	交通银行大庆分行2	
600239	红河光明	20031224	20031222—20041229	股票	16,961,368	9.56	北京步长创业投资有限公司	上海浦发银行西安分行	
600720	祁连山	20031224	20031222—20041231	股票	55,000,000	15.85	甘肃祁连山建材控股有限公司	中国建设银行永登县支行	
600067	冠城大通	20031223	20031222—20041123	股票	44,153,904	26.28	福州盈榕投资有限公司	福州市商业银行	
600275	武昌鱼	20031223	20031223—20040623	股票	40,000,000	8.986	北京华普产业集团有限公司	中国工商银行鄂州支行	35,000,000.00
600145	四维瓷业	20031219	20031216—20040616	股票	25,000,000	7.26	伟星集团有限公司	招商银行重庆分行上清寺支行	
600225	天香集团	20031218	20031216—20041215	股票	13,200,000		华通国际招商集团股份有限公司	中国银行福建省分行	10,000,000.00
600556	北生药业	20031218	20031215—20041215	股票	16,055,746		北海腾辉商贸有限公司	中国农业银行北海市分行	
600722	沧州化工	20031218	20031217—20041217	股票	55,000,000	13.05	河北沧州化工实业集团有限公司	福建兴业银行深圳分行科技支行	70,000,000.00
000549	湘火炬A	20031217	20031216—20050610	股票	100,200,000	10.7	新疆德隆(集团)有限责任公司	招商银行上海分行	
000835	隆源双登	20031216	20031212	股票	7,776,000	7.2	深圳市巨擘网投资有限公司	上海银行浦东分行	
000835	隆源双登	20031216	20031212	股票	17,317,800	16.035	中泛投资有限公司	上海银行浦东分行	
600573	惠泉啤酒	20031216	20031212—20061212	股票	28,950,000	11.58	中国武夷实业股份有限公司	福建联华国际信托投资有限公司	
600885	力诺工业	20031216	20031212—20041220	股票	28,533,960	21.98	山东力诺新材料有限公司	华夏银行济南分行营业部	
000793	燃气股份	20031213	20031211—20051211	股票	30,000,000	8.82	北京华光泰投资管理有限公司	交通银行北京分行西单支行	
000799	*ST酒鬼	20031213	20031212	股票	30,000,000	9.899	上海鸿仪投资发展有限公司	中国建设银行长沙市天心支行	
000889	渤海物流	20031213	20031211	股票	10,000,000	3.39	安徽新长江投资股份有限公司	中国光大银行合肥分行	20,000,000.00
600898	三联商社	20031213	20031211—20060722	股票	31,800,000		山东三联集团有限责任公司	中国信达资产管理公司	
600298	安琪酵母	20031212	20031210—20060115	股票	34,000,000	25.05	湖北安琪生物集团有限公司	中国工商银行三峡分行伍家岗支行	
600731	湖南海利	20031211	20031209—20041208	股票	45,000,000	17.56	湖南海利高新技术产业集团有限公司	中国工商银行长沙市东塘支行	50,000,000.00
000901	航天科技	20031210	20031124—20040806	股票	14,840,000		航天固体运载火箭有限公司	航天科工财务有限责任公司	
600248	秦丰农业	20031206	20031127—20041126	股票	11,000,000		陕西省种业集团有限责任公司	中国交通银行西安市分行	
600179	黑化股份	20031204	20030924—20040826	股票	5,300,000		上海金轮橡胶轮胎有限公司	深圳发展银行宁波慈溪支行	
600286	国光瓷业	20031203	20031201—20040601	股票	11,480,000	10.07	上海鸿仪投资发展有限公司	贷款银行	
600711	雄震集团	20031203	20031201—20061130	股票	16,776,000		上海汇衡科技发展有限公司	中国光大银行深圳红荔路支行	
600711	雄震集团	20031203	20031201—20061130	股票	24,000,000		深圳雄震集团有限公司	中国光大银行深圳红荔路支行	
000510	金路集团	20031128	20031125—20041124	股票	89,205,293	14.64	汉龙实业发展有限公司	中国光大银行成都分行	60,000,000.00
000301	丝绸股份	20031127	20031126	股票	83,300,000	17.8	江苏吴江丝绸集团有限公司	中国东方资产管理有限公司	
600065	大庆联谊	20031127	20031125—20041124	股票	30,000,000	15.625	黑龙江省大庆联谊石油化工总厂及其下属企业	大庆市商业银行股份有限公司	55,000,000.00
600071	凤凰光学	20031126	20031124—20041124	股票	32,100,000	13.52	凤凰光学控股有限公司	中国进出口银行	
600093	禾嘉股份	20031126	20031124—20050623	股票	18,000,000	6.27	四川禾嘉实业集团有限公司	中国光大银行成都分行	18,000,000.00
600391	成发科技	20031125	20031121—20041120	股票	14,000,000	17.11	成都发动机(集团)有限公司	交通银行成都分行	
600687	华盛达	20031124	20031121—20051120	股票	29,105,414		浙江华盛达控股集团有限公司	上海浦东发展银行杭州分行西湖支行	
600079	人福科技	20031122	20031121—20040720	股票	30,850,000	15.17	武汉当代科技投资集团股份有限公司	中国工商银行武汉市东湖开发区支行	
600286	国光瓷业	20031122	20031119—20040301	股票	4,920,000	4.3	上海鸿仪投资发展有限公司	贷款银行	
600704	中大股份	20031121	20031119—20051119	股票	15,000,000		浙江中大集团控股有限公司	中国工商银行杭州半山支行	
600704	中大股份	20031121	20031119—20051119	股票	35,000,000		浙江中大集团控股有限公司	中国银行浙江省分行	
000408	河北华玉	20031119	20031107—20041206	股票	19,700,000	17.17	北京九台投资管理有限公司	上海浦东发展银行深圳分行景田支行	
000669	领先科技	20031119	20031114—20041021	股票	19,110,000	30.99	吉林中讯新技术有限公司	天津市塘沽区农村信用合作社联合社营业部	35,000,000.00
000880	山东巨力	20031119	20030930—20040929	股票	31,000,000	11.23	北京盛邦投资有限公司	上海浦东发展银行广州分行	
000880	山东巨力	20031119	20031113—20040516	股票	7,500,000	2.72	潍坊巨力机械总厂	淄博市商业银行张店支行	
000880	山东巨力	20031119	20031030—20041029	股票	28,500,000	10.32	北京盛邦投资有限公司	华夏银行北京万柳支行	
000611	时代科技	20031115	20031111	股票	51,247,931		时代集团公司	中信信托投资有限责任公司	
600079	人福科技	20031115	20031113—20041110	股票	7,000,000	3.44	武汉奥兴高科技开发有限公司	中国工商银行武汉市东湖开发区支行	20,000,000.00
600079	人福科技	20031115	20031113—20041110	股票	10,630,000	5.23	武汉市仁军投资咨询有限责任公司	中国工商银行武汉市东湖开发区支行	20,000,000.00
600667	名流置业	20031112	20031024	股票	45,000,000		海南洋浦众森科技投资有限公司	华夏银行昆明分行圆通支行	45,000,000.00
000651	格力电器	20031108	20031105—20100910	股票	50,000,000		珠海格力集团公司	珠海格力集团财务有限责任公司	
600515	第一投资	20031108	20031106—20061106	股票	69,722,546		海南第一投资集团有限公司	中国民生银行股份有限公司广州分行	
600093	禾嘉股份	20031106	20031104—20041130	股票	15,000,000	5.22	四川禾嘉实业集团有限公司	交通银行成都分行	15,000,000.00
000739	普洛药业	20031104	20031030—20041030	股票	29,313,233	20.11	上海光泰投资发展有限公司	上海浦东发展银行广州分行天誉支行	
600123	兰花科创	20031104	20031031—20041030	股票	18,280,000		山西兰花煤炭实业集团有限公司	晋城市城市信用社	
600123	兰花科创	20031104	20031031—20041030	股票	30,460,000	8.2	山西兰花煤炭实业集团有限公司	光大银行太原分行	
600070	浙江富润	20031030	20031028—20041027	股票	15,030,000	17.56	富润集团有限公司	中国工商银行诸暨市支行	
600201	金宇集团	20031028	20031017—20041010	股票	16,800,000		内蒙古农牧药业有限责任公司	中国工商银行呼和浩特市石羊桥东路支行	
600751	*ST天海	20031028	20020919—20041013	股票	9,500,000	1.93	天津市天海集团有限公司	交通银行天津分行滨江支行	

代码	简称	公告日期	质押时间	质押股份性质	质押股份数量	占总股本比例	质押人	质权人	借款金额
600328	兰太实业	20031025	20031022—20070926	股票	66,000,000		内蒙古吉兰泰盐化集团公司	上海浦东发展银行广州分行	110,000,000.00
000797	中国武夷	20031024	20031021—20041020	股票	50,000,000		福建建工集团总公司2	中国建设银行福建省分行	96,000,000.00
000797	中国武夷	20031024	20031021—20051020	股票	67,410,000		福建建工集团总公司1	中国银行福建省分行	110,000,000.00
600094	华源股份	20031024	20031022—20120319	股票	77,460,000	15.755	中国华源集团有限公司	中国建设银行上海市分行	
600767	运盛实业	20031022	20031020—20041130	股票	14,625,000		上海静安协和房地产有限公司	中信实业银行上海分行	
600767	运盛实业	20031022	20031020—20041130	股票	157,415,625		香港运盛有限公司	中信实业银行上海分行	
000707	双环科技	20031021	20031013—20061013	股票	26,000,000		湖北双环化工集团有限公司	中国建设银行应城化工分理处	60,000,000.00
600185	海星科技	20031021	20030929—20040930	股票	35,000,000		西安海星科技投资控股集团有限公司	中国光大银行西安分行营业部	
000156	嘉瑞新材	20031018	20031009	股票	17,809,000	18.45	洪江市大有有发展有限公司	上海浦东发展银行深圳中心区分行	
600803	威远生化	20031018	20031016—20041016	股票	21,441,860	18.14	河北威远集团有限公司	中信实业银行石家庄分行	
600722	沧州化工	20031017	20031015—20051015	股票	50,000,000	11.86	深圳市贵速实业发展有限公司	中国光大银行深圳红荔路支行	70,000,000.00
000509	同人华塑	20031016	20030926	股票	13,000,000	5.19	山东同人实业有限公司	华夏银行济南分行营业部	
000753	漳州发展	20031015	20030925	股票	46,430,000		漳州公路交通实业总公司	贷款银行	
000702	正虹科技	20031011	20030916—20040916	股票	20,000,000	7.07	岳阳屈原农垦有限责任公司	兴业银行长沙分行	
600222	竹林众生	20031010	20031008—20051007	股票	11,760,000	8.64	郑州众生实业集团有限公司	上海浦东发展银行郑州东明支行	
000415	汇通水利	20031009		股票	36,400,000	15.61	深圳市淳大投资有限公司	中国银行新疆分行	27,000,000.00
000659	珠海中富	20031009	20030925—20050930	股票	150,000,000		珠海中富工业集团有限公司	中国银行珠海市分行	1,200,000,000.00
600505	西昌电力	20031009	20030929—20040112	股票	43,461,000		朝华科技(集团)股份有限公司	上海浦东发展银行重庆分行涪陵支行	
600702	沱牌曲酒	20031009	20001215—20030930	股票	17,000,000	5.04	四川射洪广厦房地产开发公司	中国农业银行遂宁市分行	
000708	大冶特钢	20031008	20030930	股票	48,000,000	10.68	冶钢集团有限公司	中国银行黄石市八卦嘴支行	80,000,000.00
600888	新疆众和	20031008	20030930—20040929	股票	5,219,500	5.05	上海宝山杨行铜材厂	中国民生银行上海分行	
000760	博盈投资	20030930		股票	10,947,600		公安县经济开发投资公司	中国银行公安县支行	
600275	武昌鱼	20030930	20030925—20060925	股票	50,000,000	11.23	北京华普产业集团有限公司	华夏银行北京朝阳门支行	40,000,000.00
600306	商业城	20030930	20030926—20040926	股票	43,000,000	24.13	沈阳商业城(集团)	华厦银行沈阳分行盛京支行	
600752	*ST哈慈	20030930	20030929—20050928	股票	24,000,000		哈慈集团有限公司	哈尔滨市商业银行科技支行	30,000,000.00
600800	天津磁卡	20030927	20030924—20040923	股票	91,690,000	16.62	天津环球磁卡集团有限公司	中国光大银行天津分行和平支行	
000046	光彩建设	20030926	20030923—20040824	股票	77,566,103	31.78	光彩事业投资集团有限公司	交通银行北京分行	
600722	沧州化工	20030926	20030925—20040406	股票	50,000,000	11.86	广州利德龙科技有限公司	广东发展银行广州分行	115,000,000.00
600272	开开实业	20030925	20030922—20060922	股票	15,000,000	6.17	上海怡邦针织品有限公司	中国农业银行深圳市分行上步支行	
600272	开开实业	20030925	20030922—20060922	股票	19,000,000	7.82	上海九豫服饰有限公司	中国农业银行深圳市分行上步支行	
600369	长运股份	20030925	20030922—20060922	股票	14,000,000	8.13	华融投资有限公司	广东发展银行广州分行	60,000,000.00
600369	长运股份	20030925	20030922—20060922	股票	16,400,000	9.52	北海现代投资股份有限公司	广东发展银行广州分行	60,000,000.00
000546	ST吉轻工	20030919	20030916	股票	50,168,800	29.6	新时代教育发展有限责任公司	吉林泛亚信托投资有限责任公司	
600243	青海华鼎	20030919	20030917—20040915	股票	24,860,000	15.875	广东万鼎企业集团有限公司1	中国工商银行广州市番禺支行	
600243	青海华鼎	20030919	20030917—20041009	股票	24,860,000	15.875	广东万鼎企业集团有限公司2	中国工商银行广州市番禺支行	
600771	东盛科技	20030919	20030917—20041111	股票	20,000,000	10.7	陕西东盛药业股份有限公司	中国建设银行黄南州分行	38,850,000.00
600225	天香集团	20030918	20030916—20050316	股票	15,807,000		华通国际招商集团股份有限公司	交通银行福州分行	13,000,000.00
000930	丰原生化	20030917	20030915—20050915	股票	63,000,000	19.78	安徽丰原集团有限公司	中国光大银行合肥分行	
000547	闽福发A	20030916	20030912	股票	30,545,112	24.95	福建国力民生科技投资有限公司	中国工商银行福州市五一支行	52,000,000.00
600369	长运股份	20030912	20030911—20050910	股票	9,120,000	5.29	华融投资有限公司	上海浦东发展银行新虹桥支行	15,000,000.00
000812	陕西金叶	20030911	20030904—20060904	股票	5,475,225		当阳市兴利贸易公司	中国建设银行当阳市支行	
000812	陕西金叶	20030911	20030904—20060904	股票	20,953,243		当阳市玉阳实业总公司	中国建设银行当阳市支行	
600687	华盛达	20030911	20030909—20031114	股票	13,873,760		汕头市龙湖区创新科技投资有限公司	交通银行厦门分行	20,000,000.00
600223	万杰高科	20030909	20030904—20050904	股票	30,000,000		万杰集团有限责任公司	中国光大银行青岛市市北支行	
600388	龙净环保	20030909	20030905—20040910	股票	6,800,000		福建东正投资股份有限公司	中国光大银行厦门分行	20,000,000.00
600388	龙净环保	20030909	20030905—20040910	股票	13,600,000		福建东正投资股份有限公司1	中国光大银行厦门分行	40,000,000.00
000979	科苑集团	20030906	20030903	股票	8,100,000	8.62	安徽省应用技术研究所	华夏银行上海分行	
600788	*ST达曼	20030905	20030904—20040905	股票	28,700,000	28.68	西安翠宝首饰集团公司	中国光大银行深圳华丽支行	
600311	荣华实业	20030904	20030901—20050301	股票	1,100,000	.55	武威塑料包装有限公司	中国光大银行广州分行	
600311	荣华实业	20030904	20030901—20050301	股票	2,000,000	1	甘肃省武威荣华工贸总公司	中国光大银行广州分行	
600311	荣华实业	20030904	20030901—20050301	股票	11,000,000	5.5	武威市华信食品供销有限责任公司	中国光大银行广州分行	
600760	ST黑豹	20030904	20030903—20031119	股票	17,000,000	6.23	山东黑豹集团有限公司	中国光大银行青岛市市南支行	10,000,000.00
600890	中房股份	20030904	20030829—20050828	股票	72,193,506	14.89	中国房地产开发集团公司	中国对外经济贸易信托投资有限公司	
000688	朝华集团	20030903	20030828—20040828	股票	7,650,000	2.2	四川立信投资有限责任公司1	上海浦东发展银行成都分行	15,000,000.00
000688	朝华集团	20030903	20030828—20040828	股票	15,300,000	4.39	四川立信投资有限责任公司2	上海浦东发展银行成都分行	30,000,000.00
000948	南天信息	20030903	20030827—20040827	股票	29,349,155	20.96	深圳市九夷投资有限责任公司	广东发展银行深圳分行	65,000,000.00
600566	洪城股份	20030903	20030901—20040831	股票	16,300,000	15.33	荆州市国有资产管理局	中国民生银行武汉水果湖支行	
000823	超声电子	20030902	20030829—20100730	股票	98,000,000	27.28	汕头超声电子(集团)公司	中国银行汕头市分行	
600193	创兴科技	20030902	20030829—20040901	股票	18,538,980		厦门百汇兴投资有限公司	厦门市商业银行	
000156	嘉瑞新材	20030830	20030822	股票	11,000,000	11.39	湖南盛华投资管理有限公司	华夏银行上海分行	
000968	煤气化	20030830	20030820	股票	52,300,000	13.23	太原煤炭气化(集团)有限责任公司	亚洲开发银行	110,190,000.00
600089	特变电工	20030830	20030827—20050831	股票	15,761,216	6.07	上海鼎丰科技发展有限公司	上海爱建信托投资有限责任公司	
600136	道博股份	20030830	20030827—20040827	股票	7,308,000	7	武汉远洲生物工程有限公司	华夏银行武汉分行	12,000,000.00
600203	*ST福日	20030829	20030827—20040930	股票	93,200,000	36.35	福建福日集团公司	中国进出口银行	200,000,000.00
600433	冠豪高新	20030827	20030822—20060822	股票	30,000,000		湛江经济技术开发区新亚实业有限公司	兴业银行广州分行	
600614	三九发展	20030827	20030825—20070825	股票	22,726,031	19.74	北京世纪尊博投资有限公司	华夏银行北京中关村支行	
000782	美达股份	20030825	20030714	股票	81,818,182	23.92	广东天健实业集团有限公司	交通银行广州分行	
000616	亿城股份	20030823	20030823	股票	26,000,000	13.76	北京乾通投资有限公司	华夏银行昆明分行高新支行	
000893	广州冷机	20030823	20030819—20031105	股票	17,500,000	7.88	广州万宝集团有限公司	中国工商银行广州市大德路支行	
000751	锌业股份	20030822	20030815	股票	200,000,000		葫芦岛锌厂	中国农业银行葫芦岛龙港支行	
600311	荣华实业	20030821	20030818—20050218	股票	1,900,000	.95	武威塑料包装有限公司	中国光大银行广州分行	
600311	荣华实业	20030821	20030818—20050218	股票	11,550,000	5.775	甘肃省武威荣华工贸总公司	中国光大银行广州分行	
600331	宏达股份	20030821	20030818—20040818	股票	19,532,800	9.39	成都宏昌化工建材商贸公司	中国光大银行成都分行	

代码	简称	公告日期	质押时间	质押股份性质	质押股份数量	占总股本比例	质押人	质权人	借款金额
600209	罗顿发展	20030819	20030818—20050818	股票	54,652,236		海口金海岸罗顿国际旅业发展有限公司	中国光大银行海口支行	
600311	荣华实业	20030818	20030430—20030904	股票	2,000,000	1	甘肃省武威荣华工贸总公司	交通银行兰州分行	
600311	荣华实业	20030818	20030430—20030904		11,000,000	5.5	武威市华信食品供销有限责任公司	交通银行兰州分行	
000611	时代科技	20030816	20030814—20031111	股票	51,247,931		时代集团公司	北京康得投资有限公司	
600093	禾嘉股份	20030816	20030814—20040930	股票	14,850,000	7.76	四川禾嘉实业集团有限公司	交通银行成都分行	15,000,000.00
600358	国旅联合	20030814	20030807—20060807	股票	12,000,000		深圳市思强实业发展有限公司	广东发展银行深圳分行春风支行	14,000,000.00
600152	维科精华	20030809	20030807—20040614	股票	43,584,600	14.85	宁波维科集团股份有限公司	中国工商银行宁波市分行东门支行	50,000,000.00
000955	欣龙无纺	20030808	20030729—20040121	股票	21,021,000	9.32	合盛投资有限公司	中国工商银行上海市虹桥开发区支行	
000631	兰宝信息	20030807	20020204—20030204	股票	28,000,000	11.65	长春通信发展股份有限公司	中国银行长春市西安大路支行	
000631	兰宝信息	20030807	20030804—20040604	股票	43,540,000	18.11	长春君子兰集团有限公司	中国银行长春市西安大路支行	
000631	兰宝信息	20030807	20020711—20030711	股票	4,660,000	1.94	长春通信发展股份有限公司 2	中国工商银行长春经济技术开发区支行	
600201	金宇集团	20030806	20030807—20060807	股票	20,600,000		大象创业投资有限公司	兴业银行深圳深南支行	
600222	竹林众生	20030806	20030804—20050804	股票	4,190,000	3.08	郑州众生实业集团有限公司	交通银行郑州分行	
600870	厦华电子	20030802	20030730—20040730	股票	40,000,000	0	厦门华侨电子企业公司	厦门市商业银行湖里支行	50,000,000.00
600093	禾嘉股份	20030801	20030730—20031031	股票	20,000,000	6.97	四川禾嘉实业集团有限公司	中国工商银行广汉市支行	20,000,000.00
000632	三木集团	20030731	20030725	股票	10,187,166	4.84	福建大野投资有限公司	中国建设银行福州市城南支行	
600311	荣华实业	20030731	20030728—20050128	股份	13,500,000	6.75	武威塑料包装有限公司	上海浦东发展银行广州分行东湖支行	
000425	徐工科技	20030730	20030721	股票	85,000,000	15.59	徐工集团工程机械有限公司	中国工商银行徐州市分行营业部	204,000,000.00
600898	三联商社	20030730	20030728—20060722	股票	14,200,000		山东三联集团有限责任公司	中国信达资产管理公司	
600195	中牧股份	20030726	20030724—20081231	股票	93,200,000	28.9	中国牧工商(集团)总公司	中国农业银行北京市分行宣武区支行	
600883	博闻科技	20030726	20030723—20040717	股票	25,200,000	12.72	云南圣地投资有限公司	中国建设银行保山市分行	20,000,000.00
000537	*ST 戈德	20030725	20030721	股票	27,500,000	6.77	天津南开戈德集团有限公司	中国建设银行天津市分行南开支行	70,000,000.00
000928	吉林炭素	20030725	20030718—20040718	股票	50,000,000	17.67	吉林炭素集团有限责任公司	上海浦东发展银行大连分行	80,000,000.00
000952	广济药业	20030725	20030724—20040723	股票	9,100,000	5.31	琼海梅恩房地产开发公司	中国工商银行海口市海甸支行	
600759	ST 琼华侨	20030725	20030724	股票	62,304,000	29.88	福建北方发展股份有限公司	福州民升投资咨询服务有限公司	
600311	荣华实业	20030724	20030718—20050118	股票	11,000,000	5.5	武威市融达饲料有限责任公司	上海浦东发展银行广州分行东湖支行	
600311	荣华实业	20030724	20030718—20050118	股票	16,000,000	8	甘肃省武威荣华工贸总公司	上海浦东发展银行广州分行东湖支行	
600093	禾嘉股份	20030723	20030718—20040717	股票	37,500,000	13	四川禾嘉实业集团有限公司	农业银行成都市总府支行	37,500,000.00
600187	黑龙股份	20030723	20030721	股票	50,000,000		黑龙集团	黑龙江省宇华担保投资股份有限公司	50,000,000.00
600077	*ST 国能	20030722	20030718—20060718	股票	8,000,000	6.3	辽宁节能投资控股有限公司	交通银行沈阳分行	
600615	湖北金环	20030719	20030708—20040708	股票	44,923,465	29	湖北泰跃投资集团有限公司	上海浦东发展银行广州分行天誉支行	
000757	方向光电	20030719	20030715	股票	5,500,000	3.67	深圳市汇银峰投资有限公司	银川新华百货购物中心有限公司	
000757	方向光电	20030719	20030716	股票	18,500,000	12.35	深圳市汇银峰投资有限公司	上海浦东发展银行广州分行	
000033	新都酒店	20030718	20030716—20040716	股票	66,150,000	22.991	深圳市瀚明投资有限公司	中国航空技术进出口总公司	65,750,000.00
000679	大连友谊	20030718	20030715	股票	64,800,000	27.27	大连友谊集团有限公司	上海浦东发展银行大连分行	
000806	银河科技	20030717	20030613—20031213	股票	17,915,040	5.9	苏州工业园区盛银投资有限公司	中国农业银行北海市分行	
000972	新中基	20030717	20030709—20040518	股票	10,996,453	8.83	乌鲁木齐三木实业有限公司	中国银行新疆维吾尔自治区分行	
600466	迪康药业	20030717	20030716—20040422	股票	48,173,000		四川迪康产业控股集团股份有限公司	中国光大银行成都分行	
600466	迪康药业	20030717	20030716—20040715	股票	20,000,000		四川迪康产业控股集团股份有限公司 1	招商银行成都分行红照壁支行	
000757	方向光电	20030715	20030711	股票	45,000,000	29.52	沈阳北泰方向集团有限公司	上海浦东发展银行成都分行	
000537	*ST 戈德	20030712	20030702—20040702	股票	20,000,000	4.92	天津南开戈德集团有限公司 1	工行天津南开支行	59,900,000.00
000537	*ST 戈德	20030712	—20030625	股票	20,000,000	4.92	天津南开戈德集团有限公司	工行天津南开支行	59,990,000.00
600193	创兴科技	20030711	20030709—20050630	股票	16,000,000	9.535	厦门市迈克化学实业有限公司	中国进出口银行	
600720	祁连山	20030711	20030708—20030831	股票	55,000,000	15.85	甘肃祁连山建材控股有限公司	中国建设银行永登县支行	
600086	多佳股份	20030710	20030704—20041009	股票	77,501,974	22	西安开元科教控股有限公司	西安商业银行碑林支行	
600108	亚盛集团	20030710	20030707—20040707	股票	10,160,000	1.63	甘肃省国营生地湾双丰化工厂	中国工商银行甘肃省分行营业部	60,000,000.00
600108	亚盛集团	20030710	20030707—20040707	股票	26,830,000	4.29	甘肃金盛实业有限公司	中国工商银行甘肃省分行营业部	60,000,000.00
600852	*ST 中川	20030710	20030707—20041207	股票	84,000,000	51.12	深圳市通富达实业发展有限公司	中国光大银行深圳分行福田支行	
000046	光彩建设	20030709	20030707—20030916	股票	77,566,103	31.78	光彩事业投资集团有限公司	交通银行北京分行	
000633	合金投资	20030708	20030704—20040703	股票	16,000,000	4.98	中企资产托管经营有限公司	中国建设银行济南市珍珠泉支行	
000736	ST 重实	20030708	20030704—20040704	股票	12,000,000	18.18	东北京中经四通信息技术发展有限公司	建行济南市珍珠泉支行	48,000,000.00
600358	国旅联合	20030708	20030625—20040324	股票	13,860,045		浙江富春江旅游股份有限公司 1	中国光大银行杭州分行	23,500,000.00
600358	国旅联合	20030708	20030625—20080624	股票	11,820,000		浙江富春江旅游股份有限公司	中国光大银行杭州分行	20,000,000.00
000408	河北华玉	20030705	20030627	股票	27,600,000	24.06	北京路源世纪投资管理有限公司	夏银行北京长安支行	
000511	银基发展	20030705	20030627	股票	14,100,000	5.2	阳银基集团股份有限公司	交通银行沈阳分行大东支行	30,000,000.00
000632	三木集团	20030705	20030630—20040630	股票	20,370,000	9.67	福建三联投资有限公司	中国建设银行福州市广达支行	
000726	鲁泰A	20030705	20030703—20040703	股票	59,116,200	14	淄博鲁诚纺织有限公司	中国民生银行济南分行	
000791	西北化工	20030705	20030627—20030926	银行存款			本公司	中国建设银行兰州市开发区办事处	35,000,000.00
000795	太原刚玉	20030705	20030620—20080616	股票	24,680,000	8.91	太原东山煤矿有限责任公司	中国工商银行太原市建设路支行	60,000,000.00
000955	欣龙无纺	20030705	20030618	股票	19,800,000	8.78	海南欣安实业总公司	深圳发展银行海口分行	
600788	*ST 达曼	20030705	20030701—20040701	股票	13,500,000	0	西安翠宝首饰集团公司	中国光大银行西安南郊支行	
600016	民生银行	20030704	20030702—20031225	股票	66,655,000		中国泛海控股有限公司 3	宁波市金港信托投资有限公司	
600016	民生银行	20030704	20030702—20031225	股票	93,000,000		中国泛海控股有限公司 1	宁波市金港信托投资有限公司	
600016	民生银行	20030704	20030702—20031225	股票	93,000,000		中国泛海控股有限公司 2	宁波市金港信托投资有限公司	
600606	金丰投资	20030704	20030702—20040621	股票	70,680,473	27.72	上海房地(集团)公司	中国农业银行上海市分行营业部	250,000,000.00
000058	深赛格	20030703	20030702	股票	57,803,469	7.96	广州福达企业集团有限公司	华夏银行深圳分行宝安支行	
000976	春晖股份	20030703	20030630—20040623	股票	41,400,000	9.83	开平市工业材料公司	中国光大银行广州东环支行	120,000,000.00
000769	*ST 大菲	20030702	20030627—20040415	股票	5,850,000	3.16	沈阳嘉达投资管理有限公司	广东发展银行大连分行	.00
600730	中国高科	20030702	20030701—20040114	股票	11,600,000		东方时代投资有限公司	利德科技发展有限公司	
600760	ST 黑豹	20030702		股票	11,000,000		山东黑豹集团有限公司	中国光大银行青岛市市南支行	16,000,000.00
600209	罗顿发展	20030701	20030627—20050626	股票	105,125,179		海南黄金海岸集团有限公司	中国光大银行海口支行	200,000,000.00
600804	鹏博士	20030701	20030627—20040630	股票	14,061,600	12.06	深圳市联众创业投资有限公司	福建兴业银行深圳市分行高新区支行	13,000,000.00
000150	*ST 光电	20030628	20030627	股票	3,762,000		麦科特集团制冷有限公司	上海北大青鸟企业发展有限公司	

代码	简称	公告日期	质押时间	质押股份性质	质押股份数量	占总股本比例	质押人	质权人	借款金额
000150	*ST 光电	20030628	20030627	股票	31,680,000		惠州市科技投资有限公司	上海北大青鸟企业发展有限公司	
000150	*ST 光电	20030628	20030627	股票	54,034,200	16.68	惠州市益发光学机电有限公司	上海北大青鸟企业发展有限公司	
000150	*ST 光电	20030628	20030627	股票	7,543,800		新标志有限公司	上海北大青鸟企业发展有限公司	
000159	国际实业	20030628	20030627—20040626	股票	10,000,000	5.82	新疆对外经济贸易(集团)有限责任公司	中国工商银行新疆分行营业部	30,400,000.00
000159	国际实业	20030628	20030627—20040626	股票	30,000,000	17.46	新疆对外经济贸易(集团)有限责任公司	中国工商银行新疆分行营业部 2	75,300,000.00
600107	美尔雅	20030625	20030523—20050523	股票	19,235,000	5.34	武汉聚鑫科技发展有限公司	华夏银行武汉分行营业部	25,000,000.00
600298	安琪酵母	20030625	20030623—20060623	股票	19,500,000	14.37	上海新理益投资管理有限公司	中国光大银行海口支行	.00
600558	大西洋	20030625	20030624—20040623	股票	16,400,000	13.67	四川大西洋集团有限责任公司	上海浦东发展银行重庆分行高新区支行	
000616	亿城股份	20030624	20030617	股票	18,556,803	.96	天津市汇邦商贸有限公司	华夏银行昆明分行高新支行	
000780	草原兴发	20030624	20030623—20040525	股票	87,154,840	21.3	赤峰市银联投资有限责任公司	中国建设银行平庄支行	
600644	乐山电力	20030624	20030619—20050615	股票	15,940,459	6.39	四川川投峨眉铁合金(集团)有限责任公司	四川省投资集团有限责任公司	
000046	光彩建设	20030621	20030619—20060618	股票	40,000,000	16.39	光彩事业投资集团有限公司	交通银行北京分行西单支行	100,000,000.00
000665	武汉塑料	20030621	20020601—20030601	股票	5,250,000		武汉国兴投资有限公司 1	华夏银行武汉市东湖支行	
000665	武汉塑料	20030621	20030616—20040615	股票	12,310,190	8.73	武汉国兴投资有限公司	华夏银行武汉市东湖支行	
600067	冠城大通	20030621	20030620—20031222	股票	44,153,904	26.28	福州盈榕投资有限公司	中国工商银行福州市闽都支行	
600797	浙大网新	20030621	20030619—20031202	股票	15,797,040		浙江天声信息产业投资有限公司	金华市城区农村信用合作社联合社社团	25,000,000.00
600797	浙大网新	20030621	20030619—20031202	股票	50,400,000		浙江天声信息产业投资有限公司 1	金华市城区农村信用合作社联合社社团	80,000,000.00
600742	一汽四环	20030620	20030618—20081005	股票	25,515,000	12.06	长春一汽四环集团有限公司	中国工商银行长春市驻第一汽车集团支行	
000631	兰宝信息	20030618		股票	43,540,000	18.114	长春君子兰集团有限公司	中国银行西安大路支行	5,000,000.00
600179	黑化股份	20030618	20030616—20041231	股票	30,000,000		黑龙江黑化集团有限公司	广东发展银行大连分行	
600869	*ST 三普	20030618	20030616—20040430	股票	8,400,000	7	青海创业集团有限公司	工商银行青海省分行	
600858	ST 渤海	20030617	20030613—20050612	股票	11,126,720		济南中金投资管理有限公司	淄博市诚信资产管理有限公司	
000637	茂化实华	20030614	20030613	股票	85,486,751	29.5	北京泰跃房地产开发有限责任公司	广东发展银行茂名办事处	
000760	博盈投资	20030614		股票	8,558,517	7.83	坦博风险投资有限公司	中国农业银行北京崇文支行	
000760	博盈投资	20030614		股票	24,491,300	22.4	东北京嘉利恒德房地产开发有限公司	中国农业银行北京崇文支行	
000736	ST 重实	20030612	20030404—20040404	股票	9,266,000	14.04	重庆皇丰实业有限公司	交通银行重庆分行大坪支行	35,000,000.00
000875	吉电股份	20030612	20040907	股票	59,002,500	9.37	吉林省能源交通总公司	光大银行长春分行	
000880	山东巨力	20030612	20030516	股票	20,500,000	7.42	北京盛邦投资有限公司	未公布	
000511	银基发展	20030611		股票	26,450,000		沈阳银基集团股份有限公司	中信银行沈阳分行	50,000,000.00
000707	双环科技	20030611	20030417	股票	27,000,000	5.81	湖北双环化工集团有限公司	交通银行武汉分行江汉支行	80,000,000.00
600122	宏图高科	20030611	20030606—20040306	股票	29,820,000		南京有线电厂	中国工商银行江苏省分行	
000033	新都酒店	20030610	20030605—20040605	股票	55,125,000	19.159	(香港)建辉投资有限公司	交通银行济宁分行	
000600	建投能源	20030610	20030527—20050820	股票	4,300,000	2.8	石家庄市国瑞信息服务中心	华夏银行石家庄支行	
000803	金宇车城	20030610	20030606—20050606	股票	30,026,000	29.6	成都金宇集团有限公司	中国农业银行成都市蜀都分行	
000712	锦龙股份	20030607		股票	23,000,000	15.1	东莞市荣富实业有限公司	广东发展银行东莞分行	
000851	ST 鸿股	20030607		股票	14,454,949		贵州达众磨料磨具有限责任公司	大唐电信科技股份有限公司	
000851	ST 鸿股	20030607		股票	52,828,491	0	贵州达众磨料磨具有限责任公司	电信科学技术研究院	
000917	电广传媒	20030607		股票	6,000,000		湖南广播电视产业中心	中国建设银行湖南省分行长沙新世纪支行	
600179	黑化股份	20030606		股票	30,000,000		黑化集团有限公司	广东发展银行大连分行	30,000,000.00
000408	河北华玉	20030605	20030530	股票	6,300,000		上海新理益投资管理有限公司	招商银行上海分行曹家渡支行	
000835	隆源双登	20030605	20030602—20040601	股票	17,317,800	16.035	怡威发展有限公司	兴业银行深圳中心区支行	.00
600844	*ST 大盈	20030605	20030602—20050606	股票	45,684,673	15	上海市农业产业化发展(集团)有限公司	兴业银行上海分行	575,000,000.00
000835	隆源双登	20030604	20030602—20040601	股票	20,250,000		洋浦吉晟实业发展有限公司	兴业银行深圳中心区支行	
600645	望春花	20030604	20030530—20040511	股票	24,000,000	9.6	上海望春花实业有限公司	中国工商银行上海分行漕河泾开发区支行	15,000,000.00
600286	国光瓷业	20030603	20030530—20031130	股票	11,480,000	10.07	上海鸿仪投资发展有限公司	华夏银行上海分行	
600771	东盛科技	20030603	20030530—20050604	股票	15,000,000	8.03	陕西东盛药业股份有限公司	中国工商银行西安高新技术开发区支行	20,000,000.00
000156	嘉瑞新材	20030530	20030527	股票	9,000,000	9.33	上海沪荣物资有限公司	华夏银行上海分行	
600280	南京中商	20030530	20030528—20040615	股票	28,000,000	16.17	美都控股股份有限公司	中国建设银行杭州市宝石支行	
600836	界龙实业	20030530	20030528—20040615	股票	28,000,000	16.17	美都控股股份有限公司	中国建设银行杭州市宝石支行	
600179	黑化股份	20030528	20030526—20040528	股票	42,000,000	12.79	黑龙江黑化集团有限公司	中信实业银行沈阳分行	
600193	创兴科技	20030528	20030521—20040526	股票	11,162,970	6.652	厦门大洋集团股份有限公司 1	上海浦东发展银行广州分行天誉支行	12,500,000.00
600193	创兴科技	20030528	20030523—20040526	股票	11,162,970	6.652	厦门大洋集团股份有限公司	上海浦东发展银行广州分行天誉支行	12,500,000.00
000651	格力电器	20030524	20030521	股票	50,000,000		珠海格力集团公司	中国银行珠海分行	
000637	茂化实华	20030523	20030522—20040419	股票	49,490,356	17.08	天津港保税区裕丰伟业商贸有限公司	茂名石化公司职工互助会	
600311	荣华实业	20030522	20030519—20040312	股票	13,000,000	6.5	甘肃省武威荣华工贸总公司	广东发展银行沈阳分行	30,000,000.00
600311	荣华实业	20030522	20030520—20041120	股票	16,500,000	8.25	甘肃省武威荣华工贸总公司	上海浦东发展银行广州分行东湖支行	40,000,000.00
600378	天科股份	20030521		股票	10,756,536	5.5	成都美辰科技有限责任公司	上海浦东发展银行成都分行	
600378	天科股份	20030521		股票	41,070,412	21	深圳市华润丰实业发展有限公司	上海浦东发展银行成都分行	
000409	*ST 四通	20030520	20030516	股票	23,000,000	13.42	深圳市纬基投资发展有限公司	深圳市乐天世纪投资发展有限公司	
000540	世纪中天	20030517	20030515	股份	109,956,000	33.6	世纪兴业投资有限公司	重庆海德实业有限公司	
600016	民生银行	20030517	20030514—20080108	股份	208,445,000		东方集团股份有限公司	中信实业银行沈阳分行	
600286	国光瓷业	20030517	20030514—20031115	股票	4,920,000	4.3	上海鸿仪投资发展有限公司	华夏银行上海分行	
600590	泰豪科技	20030517	20030512—20050511	股票	10,000,000	7.52	凤凰光学股份有限公司	上饶市城市信用社	.00
600811	东方集团	20030517	20030514—20080108	股票	208,445,000		本公司	中信实业银行沈阳分行	330,000,000.00
600193	创兴科技	20030516	20030513—20050317	股票	16,000,000		厦门市迈克化学实业有限公司	中国建设银行厦门市分行	
000762	西藏矿业	20030515	20030408—20030514	股票	40,218,500	20.058	西藏自治区矿业发展总公司	中国农业银行拉萨市康昂东路支行	
600226	升华拜克	20030515	20030513—20040603	股票	13,519,702	5	天津开发区鸿基置业有限公司	中国建设银行天津分行和平支行	
600065	大庆联谊	20030514	20030430—20060428	股票	10,000,000		黑龙江省大庆联谊石油化工总厂	中国农业银行大庆市分行萨尔图支行	30,000,000.00
000010	深华新	20030512	20030430—20040430	股票	35,393,074	24.07	深圳市华润丰实业发展有限公司	中行深圳市分行	30,000,000.00
000035	中科健 A	20030512	20030424—20040424	股票	15,000,000	12.94	深圳科健集团有限公司	招商银行松岗支行	15,000,000.00
000610	西安旅游	20030512	20030430	股票	10,000,000	5.97	浙江博鸿投资顾问有限公司	华夏银行杭州庆春支行	14,000,000.00
000504	赛迪传媒	20030430	20030429—20040929	股票	35,000,000	11.23	信息产业部计算机与微电子发展研究中心	华夏银行北京亚运村支行	
600505	西昌电力	20030430	20030429—20060429	股票	20,626,900	12.5	朝华科技(集团)股份有限公司	中国建设银行重庆渝涪支行	45,000,000.00

代码	简称	公告日期	质押时间	质押股份性质	质押股份数量	占总股本比例	质押人	质权人	借款金额
000680	山推股份	20030429	20030427—20040630	股票	39,500,000	13.97	山东工程机械集团有限公司	中国光大银行济南舜耕支行	100,000,000.00
600093	禾嘉股份	20030429	20030425—20040425	股票	15,000,000	7.84	四川禾嘉实业集团有限公司	农业银行成都总府支行	
000997	新大陆	20030425	20030421—20040422	股票	11,120,000		福建新大陆科技集团有限公司	中国工商银行福州市南门支行	
000806	银河科技	20030424	20030418—20040418	股票	26,872,560	8.86	广西银河集团有限公司	中国农业银行北海市分行	
000979	科苑集团	20030424	20030421—20050421	股票	15,000,000	15.96	安徽省应用技术研究所	华夏银行上海分行	
600556	北生药业	20030422	20030418—20040418	股票	20,008,000	22.23	广西北生集团有限责任公司	中国农业银行北海市分行	
000058	深赛格	20030419	20030417	股票	5,000,000	.69	深圳市赛格集团有限公司	招商银行深圳罗湖支行	
600840	新湖创业	20030419	20030417—20050409	股票	40,533,354		浙江新湖集团股份有限公司	中国光大银行杭州西湖支行	60,000,000.00
000979	科苑集团	20030418	20030411—20040409	股票	6,400,000	6.81	安徽省应用技术研究所	交通银行上海浦东分行	
600699	辽源得亨	20030418	20011204—20030415	股票	14,208,480		上海二纺机股份有限公司	上海银行新市支行	10,000,000.00
000627	百科药业	20030417	20030404	股票	26,342,993	4.43	海南陆达科技有限公司	中国光大银行海口支行	
000627	百科药业	20030417	20030404	股票	26,342,993	4.43	海南中皓实业投资有限公司	中国光大银行海口支行	.00
600734	实达集团	20030417	20030415—20050414	股票	50,000,000	14.22	北京盛邦投资有限公司	中国农业银行青岛市南区第三支行	
600777	新潮实业	20030417	20030416—20050512	股票	15,800,000	5.97	新牟国际集团公司	上海浦东发展银行广州分行	
600234	ST天龙	20030416	20030410—20050430	股票	16,274,300	17.34	山西天龙山古文化发展有限公司	中国光大银行太原分行	
600696	利嘉股份	20030416	20030414—20031223	股票	64,000,000	24.43	豪盛(香港)有限公司	中国建设银行上海虹口支行	64,000,000.00
000593	宝光药业	20030412	20030411	股票	6,160,000	3.24	泸州宝光集团有限公司	中国光大银行成都小天竺支行	40,000,000.00
000593	宝光药业	20030412	20030411	股票	8,008,000	4.21	成都市同乐房屋开发有限责任公司	中国光大银行成都小天竺支行	40,000,000.00
000593	宝光药业	20030412	20030411	股票	21,252,000	11.17	四川郎酒集团有限责任公司	中国光大银行成都小天竺支行	40,000,000.00
600260	凯乐科技	20030410	20030407—20041019	股票	12,000,000		荆州市科达商贸投资有限公司	中国建设银行公安县支行	
600080	金花股份	20030405	20030325—20040320	股票	53,250,000		金花投资有限公司	中国工商银行西安市钟楼支行	
600080	金花股份	20030405	20030328—20040327	股票	14,580,000		金花投资有限公司	光大银行西安市友谊路支行	
600609	金杯汽车	20030405	20030403—20040403	股票	122,427,200	11.2	上海申华控股股份有限公司	华夏银行上海分行	112,000,000.00
600788	*ST达曼	20030405	20030401—20040401	股票	20,000,000		西安翠宝首饰集团公司	中国光大银行西安南郊支行	
000731	四川美丰	20030404	20030331	股票	27,437,910	11.17	四川天晨投资控股集团有限公司	中国工行绵阳市涪城区支行	
000731	四川美丰	20030404	20030331—20040330	股票	18,617,300	7.58	重庆国际信托投资有限公司	中国工商银行绵阳市涪城区支行	
600696	利嘉股份	20030404	20030402—20090911	股票	40,000,000	15.27	豪盛(香港)有限公司	中国银行(香港)有限公司	9,100,000.00
000415	汇通水利	20030403		股票	16,500,000	7.08	深圳市淳大投资有限公司	深圳市淳大投资有限公司	
600801	华新水泥	20030403	20030401—20060331	股票	16,000,000		华新集团有限公司	交通银行黄石支行	
000750	桂林集琦	20030402	20030327	股票	44,000,000		桂林集琦集团有限公司	中国农业银行桂林分行	80,000,000.00
000968	煤气化	20030402	20030321—20040323	股票	25,330,000	6.41	太原煤炭气化集团有限责任公司	中国光大银行太原支行	50,000,000.00
000968	煤气化	20030402	20040326	股票	25,330,000	6.41	太原煤炭气化(集团)有限责任公司	中国光大银行太原支行	50,000,000.00
600788	*ST达曼	20030402	20030328—20040328	股票	20,000,000	28.68	西安翠宝首饰集团公司	华夏银行深圳分行罗湖支行	
600870	厦华电子	20030402	20030328—20040528	股票	20,000,000	5.39	厦门华侨电子企业公司	中国进出口银行	75,000,000.00
600016	民生银行	20030401	20030328—20040328	股票	53,950,000		中国泛海控股有限公司	交通银行北京分行西单支行	
600580	卧龙科技	20030401	20030328—20060628	股票	186,298,839		东方集团实业股份有限公司	中国银行黑龙江省分行	370,000,000.00
600719	大连热电	20030401	20030324—20060324	股票	24,300,000	12.01	深圳市深港产学研创业投资有限公司	中国光大银行深圳莲花路支行	
600777	新潮实业	20030401	20030328—20040324	股票	30,000,000	14.6	新牟国际集团公司	烟台市商业银行股份有限公司芝罘支行	
600787	中储股份	20030401	20030326—20070325	股票	50,000,000		中国物资储运总公司	广东发展银行北京分行	
600811	东方集团	20030401	20030328—20060628	股票	186,298,839		东方集团实业股份有限公司	中国银行黑龙江省分行	370,000,000.00
000712	锦龙股份	20030329	20030329—20040329	股票	21,000,000	13.8	东莞市荣富实业有限公司	华夏银行广州分行	30,000,000.00
000712	锦龙股份	20030329		股票	24,721,356	16.24	广州市锦麟投资有限公司	中国建设银行清远分行	30,000,000.00
000795	太原刚玉	20030329	20030312—20040308	股票	32,000,000	5.92	太原双塔刚玉(集团)有限公司	中国光大银行杭州西湖支行	60,000,000.00
000795	太原刚玉	20030329	20030317	股票	25,850,000	0	太原双塔刚玉(集团)有限公司	中信实业银行杭州分行天水支行	50,000,000.00
000918	亚华种业	20030329	20030328—20060326	股票	35,000,000	20.59	深圳市舟仁创业投资有限公司	广东发展银行深圳分行发展中心支行	
00627	百科药业	20030328	20030325	股票	15,837,727	2.67	海南陆达科技有限公司	中国光大银行海口支行	
000627	百科药业	20030328	20030325	股票	36,878,257	6.2	海南中皓实业投资有限公司	中国光大银行海口支行	
000806	银河科技	20030328	20030321—20040321	股票	15,000,000	4.94	苏州工业园区盛银投资有限公司	招商银行苏州分行	
000923	河北宣工	20030328	20030312—20040229	股票	16,700,000	10.12	宣化工程机械集团有限公司	建行张家口宣化支行	
600275	武昌鱼	20030328	20030326—20040326	股票	21,280,000		北京华普产业集团有限公司	中国银行鄂州市鄂城支行	30,000,000.00
000662	索芙特	20030327	20030327—20030925	股票	10,035,550		杭州天安置业有限公司	中国工商银行浙江省分行营业部	3,240,000.00
600711	雄震集团	20030327	20030325—20031201	股票	16,776,000		上海汇衡科技发展有限公司	中国光大银行深圳红荔路支行	
600133	东湖高新	20030325	20030320—20040708	股票	23,000,000		红桃开集团股份有限公司	中国工商银行武汉市洪山区支行	
000893	广州冷机	20030322	20030311	股票	57,705,000	25.99	广州万宝集团有限公司	中国建设银行广州市城建支行	
000540	世纪中天	20030319	20030313	股票	109,956,000	33.6	世纪兴业投资有限公司	中投信用担保有限公司	
000637	茂化实华	20030318	20030317—20030612	股票	53,001,786	18.29	北京泰跃房地产开发有限责任公司	茂名石化公司职工互助会	
600691	*ST林控	20030318	20030314—20040312	股票	22,082,299	28.58	中兆实业有限责任公司	中国农业银行成都市蜀都支行	
000979	科苑集团	20030315	20030313—20030903	股票	16,600,000	17.66	安徽省应用技术研究所	上海浦东发展银行静安支行	
600681	*ST万鸿	20030315	20030314—20030514	股票	23,500,000	11.3	湖南出版集团有限责任公司	广东奥园置业集团有限公司	
600728	新太科技	20030315	20030313—20051231	股票	56,648,594		广州新太新技术研究设计有限公司	中国银行广州市沿江支行	90,000,000.00
000632	三木集团	20030314	20030306—20040306	股票	11,640,000	5.53	福建兴通投资有限公司	中国工商银行福州市仓山支行	
600816	安信信托	20030313	20030311—20051203	股票	90,821,956	20	上海国之杰投资发展有限公司	民生银行上海长宁支行	
000035	中科健A	20030308	20030308	股票	11,000,000	9.49	深圳科健集团有限公司	中国光大银行深圳工业大道支行	
600169	太原重工	20030308	20030306—20050128	股票	23,750,000		太原重型机械(集团)制造有限公司1	中国工商银行山西省分行营业部	.00
600169	太原重工	20030308	20030306—20070621	股票	11,880,000	0	太原重型机械(集团)制造有限公司2	中国工商银行山西省分行营业部	
600169	太原重工	20030308	20030306—20080410	股票	22,070,000	0	太原重型机械(集团)制造有限公司3	中国工商银行太原市万柏林支行	46,000,000.00
600312	平高电气	20030307	20030305—20050305	股票	11,975,000	6.53	南昌科瑞集团有限公司	兴业银行北京分行	
000060	中金岭南	20030306	20030102	股票	100,800,000	23.33	广东省广晟资产经营有限公司	中国光大银行深圳分行玉泉路办事处	
600080	金花股份	20030306	20030224—20040221	股票	15,000,000	6.5	金花投资有限公司	光大银行西安市友谊路支行	
600311	荣华实业	20030306	20030304—20030423	股票	13,000,000	6.5	甘肃省武威荣华工贸总公司	广东发展银行沈阳支行	
000504	赛迪传媒	20030305	20030304—20030818	股票	55,000,000	17.65	信息产业部计算机与微电子发展研究中心	交通银行北京分行公主坟支行	
600391	成发科技	20030304	20030303—20030927	股票	15,000,000	10.7	成都发动机(集团)有限公司	中国光大银行成都分行	3,000,000.00
600278	东方创业	20030301	20030227—20040304	股票	102,030,000	31.88	东方国际(集团)有限公司	中国银行上海分行	

代码	简称	公告日期	质押时间	质押股份性质	质押股份数量	占总股本比例	质押人	质权人	借款金额
600448	华纺股份	20030301	20021118—20030212				银行定期存款帐户公司 1	福建兴业银行济南分行	50,000,000.00
000068	赛格三星	20030228	20021204—20031029	股票	27,472,527	3.5	三星康宁投资有限公司	中国银行深圳市分行	180,000,000.00
000571	新大洲 A	20030227	20030226—20040224	股票	45,000,000	6.11	上海浩洲车业有限公司	浦东发展银行嘉定支行	
600247	物华股份	20030227	20030224—20031124	股票	12,500,000		深圳市红旗渠实业发展有限公司	中国工商银行上海市外高桥保税区支行	
600681	*ST 万鸿	20030227	20030225—20040225	股票	20,000,000	9.61	海南诚成企业集团有限公司	中国银行海南省分行	
000613	ST 东海 A	20030226	20030225—20030531	股票	20,000,000	5.49	海口食品有限公司	中国长城资产管理公司	10,000,000.00
600823	世茂股份	20030225	20030219—20040116	股票	62,500,000		上海世茂企业发展有限公司	上海国际信托投资有限公司	
000897	津滨发展	20030222	20021227—20031110	股票	40,525,865		天津华泰集团股份有限公司	中国工商银行天津经济技术开发区分行	
000910	大亚科技	20030222	20030217	股票	64,960,000	28.09	江苏大亚集团公司	中国银行丹阳支行	
000955	欣龙无纺	20030222	20040116—20040715	股票	35,000,000	15.52	海南柯鑫投资有限公司	中国工商银行上海市虹桥开发区支行	
600220	江苏阳光	20030222	20030218—20041220	股票	32,500,000		江苏阳光集团有限公司	中国工商银行无锡分行	72,000,000.00
600220	江苏阳光	20030222	20030220—20071020	股票	32,500,000		江苏阳光集团有限公司 2	中国工商银行无锡分行	90,000,000.00
600077	*ST 国能	20030218	20030214—20030718	股票	12,000,000	9.47	辽宁节能投资控股有限公司	招商银行沈阳分行	
600275	武昌鱼	20030218	20030214—20040114	股份	36,564,845	11.5	北京中联普拓技术开发有限公司	华夏银行武汉分行	36,000,000.00
600286	国光瓷业	20030218	20030217—20040316	股票	16,000,000	14.04	上海鸿仪投资发展有限公司	华夏银行上海分行	
000917	电广传媒	20030215	20030128—20040128	股份	20,000,000		湖南广播电视产业中心	中国农业银行上海市长宁支行	
600883	博闻科技	20030215	20030213—20040212	股票	13,500,000	6.81	云南省保山建材实业集团公司	中国建设银行保山市分行	10,600,000.00
000955	欣龙无纺	20030214	—20031230	股票	9,900,000	4.39	合盛投资有限公司	上海银行淮海支行	
000592	ST 昌源	20030212		股票	34,060,000	11.57	福州中威实业有限公司	交行福州分行	
000592	ST 昌源	20030212		股票	58,890,000	20	福建省神龙企业集团有限公司	交通银行福州分行	
600292	九龙电力	20030212	20030210—20060208		14,500,000	8.67	重庆市建设投资公司	中国民生银行重庆分行	
600899	*ST 信联	20030212	20030210—20040211	股票	17,000,000	9.577	杭州宏兴电子科技开发有限公司	中国建设银行河南省分行	20,000,000.00
000757	方向光电	20030211	20030122—20030718	股票	8,000,000		深圳市汇银峰投资有限公司	银川新华百货购物中心有限公司	
000793	燃气股份	20030211	20030129	股票	30,000,000	0	上海新华闻投资有限公司	交通银行北京分行西单支行	100,000,000.00
600247	物华股份	20030211	20030127—20050127	股份	7,000,000		哈尔滨供销物资集团公司	深圳中技实业发展有限公司	
000517	甬成功	20030129	20030101—20040311	股票	31,833,924	13.6	深圳市新海工贸发展有限公司	上海浦东发展银行广州分行天誉支行	
000560	ST 昆百大	20030129		股权			公司	华夏西部投资有限公司	30,000,000.00
600086	多佳股份	20030129	20030124—20040129	股权	23,000,000	0	鄂州市多佳科工贸有限公司	广东发展银行郑州分行纬五路支行	20,000,000.00
600086	多佳股份	20030129	20030127—20050128	股权	52,000,000		鄂州市多佳科工贸有限公司	华夏银行武汉市青山支行	45,000,000.00
600381	白唇鹿	20030129	20030128—20070128	股票	33,790,000	30.72	西宁市国新投资控股有限公司	中国光大银行深圳莲花路支行	
000033	新都酒店	20030128		股份	33,075,000		深圳市卢堡工贸有限公司	华夏银行	25,000,000.00
600139	ST 绵高新	20030128	20030123—20030722	股份	16,000,000	21.05	鼎天软件有限公司	中国光大银行成都分行	
600931	*ST 中科	20030125		股权	649,000,000		公司	中国农业银行北京分行	400,000,000.00
600288	大恒科技	20030125	20030123—20040423	股权	22,500,000	10.7	中国华星汽车贸易(集团)公司	交通银行北京分行海淀新技术产业开发区实验区支行	
600311	荣华实业	20030125	20030123—20030821	股权	7,000,000	3.5	甘肃省武威荣华工贸总公司	中国光大银行广州分行	
000033	新都酒店	20030124	20021201—20030731	股票	55,125,000		(香港)建辉投资有限公司	交通银行济宁分行	50,000,000.00
000687	保定天鹅	20030124	20030117—20040116	股票	111,640,000	34.8	保定天鹅化纤集团有限公司	中国建设银行保定西效办事处	.00
600016	民生银行	20030123	20010614—20040630	股票	100,080,000		中国中小企业投资有限公司	中信实业银行	
600016	民生银行	20030123	20020620—20040630	股票	30,000,000		中国中小企业投资有限公司	交通银行北京分行和平支行	
600016	民生银行	20030123	20020620—20040630	股票	19,515,600		中国中小企业投资有限公司 1	交通银行北京分行和平支行	
600185	海星科技	20030123	20030121—20050421	股票	10,000,000	14.46	西安海星现代科技股份有限公司	招商银行西安分行高新技术开发区支行	
000622	岳阳恒立	20030121		股票	38,700,000	27.3	成功控股集团有限公司	中国建设银行长沙市华兴支行	30,000,000.00
000965	天水股份	20030118	20021230—20051118	股票	60,000,000	25.14	天津市建筑材料集团(控股)有限公司	中国工商银行天津市河北支行	100,000,000.00
000722	沧州化工	20030118	20030109—20030923	股票	33,000,000	7.83	广州利德龙科技有限公司	福建兴业银行广州分行	40,000,000.00
600672	*ST 英教	20030117	20030115—20040113	股票	35,200,000	7.98	深圳市天骥控股有限公司	深圳市商业银行车公庙支行	
600183	生益科技	20030115	20030110—20051231	股票	34,131,703	5.35	广东省外贸开发公司	中国银行广东省分行	
600016	民生银行	20030114	20030110—20080110	股票	194,350,000	7.51	东方集团股份有限公司	中信实业银行沈阳分行	
600811	东方集团	20030114	20030110—20080110	股票	194,350,000		公司	中信实业银行沈阳分行	400,000,000.00
000551	创元科技	20030111	20021219	股票	10,310,000	4.27	中国物资开发投资总公司	嘉成企业发展有限公司	
000798	中水渔业	20030108	20021201—20050601	股票	26,500,000	10.52	中国水产舟山海洋渔业公司	中国银行舟山市分行	
600715	ST 松辽	20030108	20021217—20031230	股票	66,760,000		沈阳松辽企业(集团)有限公司	上海中顺实业有限公司	25,000,000.00
600870	厦华电子	20030108	20030101—20031231	股票	28,000,000	7.6	厦门华侨电子企业公司	厦门市商业银行银隆支行	50,000,000.00
000018	深中冠 A	20030104	20021220	股票	12,229,115	7.23	深圳市纺织集团股份有限公司	招商银行深圳深纺大厦支行	20,000,000.00
600016	民生银行	20030103	20021231—20040430	股票	45,000,000	0	厦门福信集团有限公司	融基伟业投资有限公司	
000688	朝华集团	20030102	20021226—20031226	股票	21,880,000	6.28	浙江天声信息产业投资有限公司	中国建设银行金华市支行	40,000,000.00
600079	人福科技	20030102	20021230—20031029	股票	5,000,000	3.44	武汉奥兴科技开发有限公司	中国工商银行武汉市东湖开发区支行	
600079	人福科技	20030102	20021230—20031029	股票	10,263,000	7.07	武汉市仁军投资咨询有限责任公司	中国工商银行武汉市东湖开发区支行	
600079	人福科技	20030102	20021230—20031121	股票	18,007,000	8.86	武汉当代科技投资股份有限公司	中国工商银行武汉市东湖开发区支行	
600079	人福科技	20030102	20021230—20031222	股票	5,150,000		武汉当代科技投资股份有限公司 1	中国工商银行武汉市东湖开发区支行 1	
600107	美尔雅	20030102	20021227—20030523	股票	19,235,000	5.34	武汉聚鑫科技发展有限公司	华夏银行武汉分行营业部	25,000,000.00
600599	浏阳花炮	20030102	20021230—20031230	股票	13,500,000	10.71	凯达(湖南)房地产开发有限公司	福建兴业银行长沙分行	18,000,000.00
600804	鹏博士	20030102	20021230—20030523	股票	14,061,600	12.06	深圳市联众创业投资有限公司	福建兴业银行深圳市分行	13,000,000.00
600870	厦华电子	20030102	20021230—20030730	股票	40,000,000	10.8	厦门华侨电子企业公司	厦门市商业银行湖里支行	50,000,000.00

2003 年度上市公司主要财务指标概况

财务指标	深市			沪市			全国		
	2003 年(543 家)	2002 年(548 家)	同比增减(%)	2003 年(841 家)	2002 年(841 家)	同比增减(%)	2003 年(1384 家)	2002 年(1389 家)	同比增减(%)
主营业务收入(百万元)	807698.02	636199.44	26.96	1820830.63	1416688.37	28.53	2628528.48	2052887.68	28.04
主营业务利润(百万元)	147674.87	120065.53	23.0	382338.39	287724.38	32.88	530013.24	407789.92	29.97
净利润(百万元)	33133.42	20737.95	59.77	97015.18	71656.91	35.39	130148.6	92394.86	40.86
总资产(百万元)	1339283.19	1169910.8	14.48	4073284.57	3345229.81	21.76	5412568.32	4515140.48	19.88
股东权益(百万元)	44913.66	37023.21	21.31	123764.82	104756.6	18.15	168678.48	141779.82	18.97
每股收益(元)	.11	0.1	10.0	.17	.15	13.33	0.15	0.13	12.0
每股净资产(元)	2.52	2.5	0.8	2.92	2.72	7.35	2.76	2.63	4.21
净资产收益率(%)	6.56	4.5	45.78	7.9	6.67	18.44	7.37	5.81	29.45
股东权益比率(%)	39.63	44.65	−11.24	44.19	46.54	−5.05	42.4	45.79	−8.08
主营业务利润率(%)	23.45	24.33	−3.62	23.92	24.1	−0.75	23.74	24.19	−2.19
调整后每股净资产(元)	2.43	2.44	−0.41	2.85	2.74	4.01	2.69	2.62	1.93
每股现金(元)	.28	0.28	0.0	.31	.36	−13.89	0.3	0.33	−7.81

2003 年每日成交金额表

单位：百万

日期	1 月	2 月	3 月	4 月	5 月	6 月	7 月	8 月	9 月	10 月	11 月	12 月
1				6462.04			3340.83	3323.67	3214.37			6076.65
2	2655.05			4946.41		7140.80	3433.05		3701.95			6424.58
3	2111.81		4196.14	4691.81		6593.05	3101.34		2979.96		3898.76	6959.61
4			3977.66	5354.52		7730.39	3244.02	4202.36	2994.08		8291.73	6397.23
5			4438.54			5827.41		3504.99	3060.17		5088.74	5912.28
6	2423.90		4357.20			5570.68		3598.52			5964.48	
7	2649.11		3950.53	5689.49			3437.24	2962.32			5018.56	
8	3594.85			6343.23			3800.79	3361.72	2606.43	2326.38		5237.83
9	6742.90			8485.69		4540.87	3044.08		2350.50	2181.21		3902.13
10	6108.25	3305.36	4002.54	12786.97		3485.68	5829.01		1924.29	4554.76	3109.15	5526.18
11		3225.68	2928.37	12502.05		5586.44	3980.20	2374.07	1846.21		3100.81	6025.47
12		5040.40	3258.65		7235.45	4544.00		2486.04	2025.65		2760.84	4466.24
13	3659.64	6246.42	3055.90		10161.71	5024.09		2693.41		3796.83	3057.51	
14	12579.33	4477.95	3461.01	17265.82	9008.91		3584.81	3154.74		3154.55	2786.66	
15	10544.25			14450.55	11772.88		4252.51	2727.39	1978.14	3405.45		4301.29
16	7565.61			19746.49	9157.16	4073.49	3737.98		2421.95	2700.41		5101.17
17	7188.27	5071.95	3961.17	13062.42		3909.99	6474.31		2473.09	2134.52	2266.64	5822.78
18		3692.09	4107.53	11579.59		4292.11	5789.64	2720.17	2181.67		2650.22	5456.49
19		3895.05	3453.79		8352.66	4975.03		2622.45	2087.03		3338.84	8856.21
20	6256.24	4112.57	3503.64		7172.95	3919.82		2523.96		2180.78	6560.29	
21	6171.66	5106.76	3327.84	11322.29	6025.18		4760.35	2119.80		2473.42	6644.29	
22	5319.23			6857.47	20082.08		3804.83	2661.32	1801.73	4825.44		9633.13
23	5135.66			9577.92	10725.81	4008.44	3173.02		2073.96	3419.19		7919.81
24	5037.28	3444.98	2748.83	10545.66		3136.61	2876.45		2224.26	3131.74	6193.49	7856.39
25		5488.39	2915.13	8076.90		3458.70	3949.52	2650.78	2528.09		8912.15	7588.54
26		3899.01	3055.87		8559.74	4640.72		2343.35	2341.04		6620.53	5656.45
27	5975.62	4034.94	5448.32		7735.26	3888.99		2168.35		3194.45	5517.90	
28	4528.84	3524.79	6133.50	11847.32	8696.57		2615.19	2338.33		3648.79	4092.68	
29	5320.18			9423.44	9703.11		2489.05	2443.20	2270.71	4665.01		5585.66
30				7969.21	9579.79	3339.43	2462.59		2532.37	2931.42		5316.69
31			5586.44				2901.99			3181.85		6029.46
最高	12579.33	6246.42	6133.50	19746.49	20082.08	7730.39	6474.31	4202.36	3701.95	4825.44	8912.15	9633.13
最低	2111.81	3225.68	2748.83	4691.81	6025.18	3136.61	2462.59	2119.80	1801.73	2134.52	2266.664	3902.13

2003 年每日成交笔数表

单位:万笔

日期	1月	2月	3月	4月	5月	6月	7月	8月	9月	10月	11月	12月
1				66.79			39.12	38.71	39.93			65.33
2	38.23			52.62		73.14	41.34		45.79			72.08
3	32.18		45.31	50.65		71.87	36.82		38.41		40.59	75.88
4			41.97	56.15		82.83	35.76	48.49	38.58		79.92	71.91
5			45.29			63.13		42.15	38.88		57.63	62.35
6	35.14		50.80			62.29		42.87			70.77	
7	38.78		44.68	62.72			35.31	35.76			60.92	
8	46.36			68.51			41.88	43.11	33.32	29.06		53.62
9	81.86			88.19		49.72	34.37		28.09	25.79		43.14
10	73.39	38.74	47.92	119.40		39.93	57.10		24.88	47.76	37.20	59.71
11		37.05	34.19	120.95		56.79	44.06	29.65	23.28		37.23	65.73
12		58.61	35.85		66.91	51.19		30.52	28.22		35.19	52.96
13	45.43	72.36	36.12		99.89	53.37		31.97		39.70	39.02	
14	127.92	50.99	37.42	153.04	87.87		41.77	38.99		32.51	33.92	
15	109.78			132.80	113.79		45.63	32.98	28.32	38.70		47.72
16	80.64			167.46	89.95	45.16	40.46		31.29	33.36		60.46
17	82.80	56.60	44.93	115.08		43.33	62.71		32.98	25.54	28.75	63.83
18		42.44	43.25	105.84		43.66	61.96	24.81	29.04		33.08	62.92
19		43.59	37.78		79.18	57.41		26.43	27.19		44.43	99.73
20	70.26	46.20	39.64		71.53	43.91		29.31		25.95	83.29	
21	72.68	63.67	35.20	99.17	59.32		53.95	24.85		31.05	82.62	
22	62.85			67.52	63.17		41.56	32.72	23.93	54.62		104.79
23	61.24			94.85	104.45	43.18	34.80		24.63	41.32		84.59
24	58.58	40.11	28.76	103.02		34.40	29.63		26.56	38.33	72.22	78.50
25		57.64	31.70	73.67		37.28	42.98	32.00	28.44		106.11	76.64
26		43.05	33.03		84.20	51.65		30.30	26.32		80.29	55.76
27	64.03	43.62	56.90		85.11	40.68		28.91		39.28	69.63	
28	49.32	39.30	59.93	96.76	91.77		31.57	31.64		42.44	50.57	
29	56.87			89.22	98.55		28.43	33.10	28.18	53.45		55.30
30				82.15	95.15	33.52	26.54		31.94	37.64		53.08
31			53.99				29.90			36.78		54.30
最高	127.92	72.36	59.93	167.46	113.79	82.83	62.71	48.49	45.79	54.62	106.11	104.79
最低	32.18	37.05	28.76	50.65	59.32	33.52	26.54	24.81	23.28	25.54	28.75	43.14

2003 年深证综合指数每日收市表

1991.4.3=100

日期	1月	2月	3月	4月	5月	6月	7月	8月	9月	10月	11月	12月
1				426.81			405.57	402.10	398.88			378.97
2	380.43			426.41		441.99	408.46		398.04			379.13
3	381.41		433.60	424.59		437.07	410.25		398.98		369.20	380.79
4			433.42	426.30		437.60	409.96	407.19	398.18		375.20	381.99
5			431.67			432.56		407.50	393.52		371.83	382.10
6	387.16		426.03			426.20		406.98			364.28	
7	386.14		424.95	423.02			410.21	406.91			358.84	
8	395.90			421.48			413.56	401.74	391.74	376.97		378.47
9	402.92			425.82		422.10	411.10		390.48	376.52		379.86
10	398.89	422.52	416.80	428.94		424.97	418.05		391.07	386.18	358.61	383.31
11		427.06	416.86	434.74		431.80	416.92	403.26	391.32		359.84	383.83
12		432.21	418.85		418.65	430.73		405.46	387.03		353.45	382.80
13	400.82	430.41	416.38		406.50	432.00		400.62		385.17	354.55	
14	419.45	431.84	417.26	444.81	415.95		415.57	398.73		382.61	356.93	
15	416.34			449.42	426.95		416.57	398.44	382.92	381.67		383.32
16	423.49			443.65	427.30	430.66	417.65		386.68	376.19		380.77
17	421.90	428.49	416.91	445.78		429.15	419.02		382.39	376.85	355.46	378.31
18		428.63	413.42	444.38		429.11	409.54	397.23	382.07		350.73	377.32
19		432.31	414.57		429.94	424.07		398.12	382.56		356.15	370.38
20	424.35	431.89	412.39		426.28	422.00		395.86		374.33	367.32	
21	416.27	423.07	416.47	437.30	425.85		404.92	395.61		375.41	362.44	
22	418.76			437.90	428.81		407.05	395.65	381.07	383.76		378.67
23	414.86			432.41	433.43	416.55	408.60		382.99	380.64		381.33
24	420.42	423.63	416.99	420.67		417.75	405.34		384.42	378.26	372.29	384.29
25		432.05	412.72	415.09		414.27	400.83	391.07	379.46		374.91	383.77
26		432.03	410.33		436.31	416.64		392.29	377.38		376.62	384.15
27	425.93	431.63	420.04	437.47		410.50	292.38		373.40		369.14	
28	426.99	431.29	419.14	425.45	434.06		398.71	389.59		371.99	371.24	
29	426.53			418.57	438.95		400.96	391.71	371.57	367.27		380.75
30				418.66	441.19	407.35	400.96		374.81	362.56		381.95
31			423.81				401.19			364.80		378.62
最高	426.99	432.31	433.60	449.42	441.19	441.99	419.02	407.50	398.98	386.18	376.52	384.29
最低	380.43	422.52	410.33	415.09	406.50	407.35	398.71	389.59	371.57	362.56	350.73	370.38

2003年深证A股指数每日收市表

1991.4.3=100

日期	1月	2月	3月	4月	5月	6月	7月	8月	9月	10月	11月	12月
1				450.16			426.38	421.60	418.23			393.81
2	401.05			449.72		465.21	429.42		417.39			394.01
3	402.03		457.36	447.73		460.01	431.29		418.37		383.05	395.68
4			457.16	449.05		460.62	430.93	426.80	417.57		389.82	396.57
5			455.33			455.35		427.19	412.67		385.80	397.18
6	408.08		449.36			448.78		426.70			377.31	
7	406.99		448.23	445.59			431.08	426.02			371.73	
8	417.33			444.08			434.66	421.20	410.78	394.19		393.40
9	424.77			448.58		444.33	431.99		409.47	393.57		394.92
10	420.49	445.38	439.69	452.02		447.32	439.17		410.08	402.83	372.03	398.68
11		450.22	439.77	457.93		454.50	437.94	422.75	410.29		373.07	399.21
12		455.60	441.87		440.73	453.33		425.07	405.75		366.17	398.01
13	422.55	453.74	439.27		428.03	454.60		419.92		402.06	367.38	
14	442.07	455.33	440.15	468.39	438.03		436.26	417.88		398.76	370.22	
15	438.87			472.88	449.68		437.07	417.56	401.36	398.02		398.58
16	446.43			466.98	449.90	453.20	438.15		405.19	392.45		395.76
17	444.75	451.80	439.89	469.13		451.61	439.52		400.57	393.03	368.70	393.24
18		451.97	436.13	467.80		451.51	429.76	416.39	400.07		364.25	392.12
19		455.88	437.34		452.67	446.18		417.84	400.58		369.91	384.79
20	447.41	455.48	434.95		448.91	443.89		415.60		390.03	381.38	
21	438.85	446.08	439.38	460.50	448.49		424.74	415.22		391.17	376.49	
22	441.48			461.17	451.56		426.93	415.07	399.00	399.95		393.69
23	437.37			455.40	456.42	438.18	428.59		401.03	396.83		396.36
24	443.13	446.70	439.94	442.80		439.38	425.18		402.55	394.38	386.79	399.33
25		455.66	435.47	437.02		435.54	420.40	410.11	397.24		389.65	398.90
26		455.59	432.86		459.34	438.05		411.32	395.09		391.57	399.28
27	448.99	455.20	443.05		460.53	431.60		411.49		389.14	383.70	
28	450.05	454.85	442.09	447.82	456.82		418.15	408.54		387.27	385.83	
29	449.63			440.72	462.10		420.51	410.69	388.76	382.03		395.67
30				440.79	464.39	428.31	420.53		392.23	376.95		396.94
31			446.97				420.70			379.05		393.47
最高	450.05	455.88	457.36	472.88	464.39	465.21	439.52	427.19	418.37	402.83	391.57	399.33
最低	401.05	445.38	432.86	437.02	428.03	428.31	418.15	408.54	388.76	376.95	364.25	384.79

2003年深证B股指数每日收市表

1992.2.28=100

日期	1月	2月	3月	4月	5月	6月	7月	8月	9月	10月	11月	12月
1				204.11			215.70	231.26	229.41			272.88
2	184.89			204.21		226.43	217.19		228.23			272.29
3	186.18		206.69	204.48		224.32	218.38		228.87		275.63	274.52
4			206.69	212.78		223.65	219.02	236.26	227.70		271.52	274.46
5			205.62			220.51		235.44	225.29		277.15	273.02
6	189.07		203.36			215.46		234.43			281.78	
7	188.85		202.75	211.36			220.86	234.53			276.70	
8	192.93			208.85			221.67	231.52	224.84	233.40		270.59
9	195.67			212.02		215.36	221.67		223.78	235.43		270.29
10	194.26	206.07	197.87	211.11		217.30	227.29		224.21	254.53	268.11	270.15
11		207.36	197.58	217.24		221.00	227.46	233.04	225.23		272.78	270.56
12		210.65	198.57		212.98	221.18		234.08	223.45		272.30	271.79
13	194.80	209.19	197.37		205.64	222.84		232.34		249.61	272.06	
14	205.80	208.58	198.51	224.57	209.50		230.83	232.20		257.55	268.07	
15	202.82			232.67	214.01		235.13	232.33	222.73	253.26		271.94
16	206.03			226.99	216.53	222.16	236.55		226.14	247.39		272.47
17	205.33	207.00	196.66	229.45		221.24	238.34		225.55	249.48	266.76	270.31
18		206.58	196.11	226.40		222.16	229.97	230.13	228.07		256.11	270.96
19		207.98	196.90		218.02	219.96		222.56	228.43		259.58	267.83
20	205.36	206.98	195.53		214.69	220.64		219.39		253.54	269.92	
21	202.04	204.24	197.13	220.41	213.97		230.18	220.95		254.20	263.42	
22	203.26			220.24	216.19		232.00	223.96	227.71	258.59		269.39
23	201.30			217.15	218.47	217.41	232.39		228.65	254.38		272.71
24	205.58	204.25	197.12	215.01		219.17	230.34		229.06	252.40	269.23	276.48
25		206.95	194.54	210.67		220.09	228.47	223.86	227.86		268.84	274.38
26		207.60	194.76		221.71	221.01		225.56	226.22		267.57	274.93
27	207.36	207.11	200.29	222.99		217.63	224.40		251.71		263.90	
28	208.76	206.72	200.06	216.00	223.05		227.73	223.36		257.13	266.38	
29	209.30			211.91	223.38		229.07	225.54	226.71	258.89		273.62
30				212.36	225.57	215.73	228.64		227.48	258.26		274.10
31			203.07				229.97			263.47		272.04
最高	209.30	210.65	206.69	232.67	225.57	226.43	238.34	236.26	229.41	263.47	281.78	276.48
最低	184.89	204.24	194.54	204.11	205.64	215.36	215.70	219.39	222.73	233.40	256.11	267.83

2003年深证成份指数每日收市表

1994.7.20＝1000

日期	1月	2月	3月	4月	5月	6月	7月	8月	9月	10月	11月	12月
1				3118.91			3226.33	3326.86	3249.19			3343.73
2	2689.49			3127.66		3498.84	3263.96		3238.85			3336.34
3	2687.72		3073.44	3118.45		3455.36	3276.10		3233.79		3237.06	3357.63
4			3076.99	3154.84		3491.43	3280.28	3362.56	3226.90		3296.53	3370.51
5			3070.35			3433.27		3361.25	3181.68		3287.60	3353.17
6	2722.28		3030.94			3362.30		3341.36			3271.65	
7	2718.32		3027.73	3140.13			3306.69	3346.05			3214.38	
8	2790.03			3146.30			3329.51	3294.31	3157.37	3085.94		3320.75
9	2835.48			3219.08		3327.97	3306.42		3136.61	3089.90		3335.99
10	2811.19	3010.63	2974.37	3259.94		3347.61	3383.05		3148.66	3199.56	3216.62	3368.35
11		3031.31	2971.49	3310.48		3411.09	3377.03	3305.13	3160.81		3227.57	3365.71
12		3063.02	2995.96		3307.01	3395.65		3318.66	3135.53		3182.26	3359.93
13	2821.59	3043.88	2978.22		3221.28	3402.87		3273.86		3181.50	3183.62	
14	2999.39	3046.60	2994.66	3382.95	3292.95		3378.68	3258.21		3171.46	3190.52	
15	2963.99			3433.38	3393.58		3395.91	3261.66	3100.54	3154.67		3367.93
16	3010.61			3445.87	3414.12	3392.77	3412.38		3128.90	3107.15		3357.42
17	2998.66	3021.91	2989.83	3453.32		3376.40	3443.69		3093.60	3116.71	3172.30	3333.71
18		3018.69	2979.29	3408.35		3381.24	3341.50	3255.83	3098.73		3110.67	3359.43
19		3046.26	3000.76		3434.62	3327.29		3246.43	3095.74		3147.89	3347.01
20	3012.07	3041.89	2976.10		3395.35	3307.21		3215.49		3116.12	3231.93	
21	2953.51	2990.00	3005.59	3325.71	3394.14		3323.13	3212.10		3128.17	3188.50	
22	2961.89			3334.18	3431.02		3328.89	3208.77	3075.77	3215.82		3438.59
23	2942.16			3285.11	3478.25	3258.91	3342.71		3092.25	3187.06		3470.62
24	2992.10	2990.08	3012.27	3188.61		3273.45	3316.48		3102.99	3185.53	3275.47	3530.67
25		3043.16	2979.08	3150.95		3248.84	3276.38	3181.07	3069.43		3278.77	3506.78
26		3044.07	2968.82		3503.37	3286.30		3188.39	3054.58		3289.43	3505.55
27	3031.44	3051.91	3046.34		3488.85	3227.62		3181.05		3174.51	3237.40	
28	3044.03	3057.24	3048.61	3293.92	3440.52		3263.60	3155.52		3194.71	3267.63	
29	3051.21			3238.81	3489.88		3289.39	3192.36	3017.41	3193.17		3478.21
30				3260.75	3503.69	3224.80	3303.15		3054.89	3163.02		3509.70
31			3101.85				3318.41			3167.33		3479.79
最高	3051.21	3063.02	3101.85	3453.32	3503.69	3498.84	3443.69	3362.56	3249.19	3215.82	3296.53	3530.67
最低	2687.72	2990.00	2968.82	3118.45	3221.28	3224.80	3226.33	3155.52	3017.41	3085.94	3110.67	3320.75

2003年成份A股指数每日收市表

1994.7.20＝1000

日期	1月	2月	3月	4月	5月	6月	7月	8月	9月	10月	11月	12月
1				3444.40			3522.95	3597.52	3504.12			3477.69
2	2972.08			3453.15		3831.17	3563.88		3494.27			3471.38
3	2964.81		3395.26	3438.90		3874.84	3578.53		3486.09		3347.66	3491.77
4			3399.24	3465.97		3829.44	3579.76	3630.14	3480.12		3427.35	3506.66
5			3393.51			3766.71		3628.05	3430.40		3408.08	3491.73
6	2999.72		3348.88			3694.71		3607.12			3372.83	
7	2994.41		3345.77	3449.15			3600.27	3612.52			3311.58	
8	3075.74			3461.18			3628.70	3554.32	3402.26	3279.28		3458.52
9	3127.60			3539.92		3651.05	3596.24		3379.60	3277.59		3478.20
10	3099.95	3320.70	3288.53	3592.56		3671.69	3673.71		3393.30	3366.20	3341.65	3519.31
11		3344.10	3284.68	3629.66		3744.06	3664.39	3564.48	3404.07		3341.75	3515.26
12		3377.30	3313.17		3621.42	3726.49		3579.68	3376.61		3276.86	3503.12
13	3112.18	3358.14	3291.49		3524.68	3733.74		3528.18		3357.06	3281.09	
14	3310.86	3364.81	3308.97	3703.52	3603.85		3659.55	3507.69		3324.46	3301.00	
15	3273.61			3750.85	3719.98		3670.52	3512.27	3333.29	3318.37		3513.46
16	3326.73			3775.14	3740.17	3718.18	3688.32		3358.40	3268.35		3499.30
17	3314.39	3336.43	3307.42	3781.17		3698.77	3727.15		3314.90	3276.42	3283.35	3471.44
18		3333.13	3292.06	3735.23		3700.65	3619.36	3508.54	3312.08		3233.61	3501.77
19		3363.66	3314.27		3764.99	3638.88		3518.29	3309.20		3271.94	3492.93
20	3330.98	3359.89	3285.76		3725.82	3613.02		3487.03		3261.73	3356.37	
21	3262.23	3299.32	3319.62	3647.90	3724.63		3596.65	3480.27		3277.37	3316.71	
22	3268.59			3657.69	3762.92		3598.74	3469.21	3285.37	3375.63		3599.93
23	3247.23			3604.59	3816.51	3563.87	3615.03		3304.66	3351.63		3631.86
24	3299.03	3299.47	3327.93	3483.75		3578.87	3587.93		3315.88	3352.03	3408.57	3691.90
25		3360.03	3292.29	3448.49		3545.45	3543.37	3432.93	3276.08		3414.46	3668.41
26		3359.84	3278.02		3838.44	3588.18		3438.33	3264.20		3430.01	3663.11
27	3345.63	3369.93	3363.55		3821.32	3524.17		3432.25		3335.40	3371.56	
28	3358.48	3376.23	3365.85	3609.42	3766.10		3528.71	3403.35		3343.51	3401.69	
29	3365.64			3546.58	3826.93		3556.34	3443.61	3214.60	3332.46		3630.31
30				3571.47	3839.53	3522.19	3574.05		3260.35	3293.43		3660.66
31			3425.07				3588.74			3291.55		3620.89
最高	3365.64	3377.30	3425.07	3781.17	3839.53	3831.17	3727.15	3630.14	3504.01	3375.63	3430.01	3691.90
最低	2964.81	3299.32	3278.02	3438.68	3524.68	3522.19	3522.95	3403.35	3214.60	3261.73	3233.61	3458.52

2003年成份B股指数每日收市表

1994.7.20=1000

日期	1月	2月	3月	4月	5月	6月	7月	8月	9月	10月	11月	12月
1				1316.53			1468.51	1605.70	1592.62			1997.17
2	1130.36			1322.57		1562.84	1486.03		1584.18			1988.33
3	1143.49		1294.57	1329.22		1540.14	1487.92		1588.75		1988.19	2006.72
4			1295.90	1378.38		1541.82	1498.51	1638.48	1581.60		1973.64	2009.55
5			1288.96			1513.20		1639.56	1561.90		1996.40	1989.06
6	1166.63		1275.21			1465.66		1628.49			2039.39	
7	1167.43		1272.73	1373.65			1532.18	1629.90			2009.91	
8	1192.09			1362.80			1533.43	1610.75	1554.95	1648.77		1968.25
9	1206.92			1397.73		1467.13	1541.77		1545.49	1667.48		1966.23
10	1198.80	1281.45	1245.83	1395.63		1478.30	1592.75		1549.57	1804.50	1933.04	1963.97
11		1288.71	1246.35	1465.20		1498.74	1597.15	1619.99	1561.58		1971.43	1966.14
12		1306.80	1252.89		1475.11	1493.69		1625.03	1549.67		1994.43	1980.47
13	1201.28	1293.62	1250.80		1444.28	1498.73		1611.33		1766.75	1987.29	
14	1270.26	1285.32	1259.50	1511.26	1474.48		1615.16	1613.01		1822.71	1955.52	
15	1250.45			1554.56	1503.99		1643.37	1612.48	1548.29	1780.89		1979.39
16	1265.84			1532.74	1519.12	1506.71	1651.34		1577.60	1754.12		1982.32
17	1258.59	1277.77	1247.43	1541.54		1503.51	1653.56		1575.63	1765.07	1940.97	1977.29
18		1275.76	1252.83	1512.96		1515.17	1597.19	1603.01	1601.66		1863.61	1984.45
19		1287.19	1265.74		1522.18	1498.54		1546.82	1599.23		1886.95	1963.42
20	1259.65	1282.62	1258.63		1494.11	1500.34		1526.20		1804.05	1946.70	
21	1245.45	1269.12	1267.76	1467.92	1493.18		1595.71	1532.60		1802.56	1902.90	
22	1256.42			1470.37	1515.68		1609.22	1550.32	1595.91	1835.11		1984.53
23	1247.00			1446.85	1531.23	1468.37	1612.41		1599.68	1801.41		2007.58
24	1276.75	1268.98	1268.17	1443.03		1477.42	1596.45		1605.96	1794.94	1950.32	2050.28
25		1286.40	1251.54	1410.77		1484.49	1580.23	1553.32	1599.73		1944.31	2032.18
26		1289.85	1254.78		1558.26	1496.44		1563.37	1580.80		1936.24	2042.91
27	1285.21	1289.49	1287.71		1555.27	1469.58		1555.03		1802.81	1919.20	
28	1293.24	1290.65	1289.19	1463.24	1539.99		1576.24	1546.08		1850.99	1942.72	
29	1298.26			1445.08	1543.38		1589.34	1562.76	1589.30	1876.55		2039.04
30				1452.65	1556.52	1465.44	1588.63		1592.68	1880.06		2064.70
31			1310.62				1600.71			1900.47		2071.24
最高	1298.26	1306.80	1310.62	1554.56	1558.26	1562.84	1653.56	1639.56	1605.96	1900.47	2039.39	2071.24
最低	1130.36	1268.98	1245.83	1316.53	1444.28	1465.44	1468.51	1526.20	1545.49	1648.77	1863.61	1963.42

2003年深市基金指数每日收市表

2000.6.30=1000

日期	1月	2月	3月	4月	5月	6月	7月	8月	9月	10月	11月	12月
1				897.58			921.48	902.55	880.12			862.35
2	840.20			897.89		912.19	921.15		877.45			861.75
3	832.86		918.65	896.37		906.09	919.51		875.12		858.56	863.08
4			916.32	902.24		906.63	918.25	904.61	872.47		868.84	865.24
5			909.41			903.59		902.94	867.36		862.01	870.88
6	835.29		898.58			904.95		900.07			854.96	
7	835.69		895.80	901.42			916.54	898.91			846.28	
8	856.64			902.27			918.28	895.11	862.22	832.45		870.34
9	867.92			914.83		900.22	915.61		858.89	833.00		871.74
10	859.39	905.54	883.59	935.03		900.62	923.85		859.62	849.16	851.65	879.00
11		910.65	882.50	967.20		908.70	924.07	893.80	860.05		855.67	881.25
12		916.47	881.80		896.07	905.25		893.50	856.33		845.17	882.77
13	858.66	913.56	878.56		879.01	906.65		890.92		846.94	842.79	
14	905.44	914.11	878.23	965.81	887.38		924.33	887.75		844.20	845.64	
15	894.78			959.29	906.79		928.13	884.94	852.25	841.45		885.63
16	907.30			949.33	905.68	906.65	932.69		850.86	834.28		879.99
17	907.29	908.02	874.09	943.84		912.92	935.13		842.43	835.47	842.14	874.87
18		910.07	871.22	935.07		922.53	925.90	882.25	839.47		835.72	874.06
19		918.56	870.87		912.70	918.71		883.54	839.39		840.54	875.40
20	923.44	912.06	871.64		904.27	918.49		880.25		830.95	853.42	
21	901.45	897.39	882.28	920.77	903.50		921.19	878.74		831.85	845.49	
22	899.45			919.24	904.75		921.93	878.17	838.83	845.41		890.18
23	893.48			909.90	913.74	916.62	919.43		841.27	841.07		895.30
24	903.94	903.04	876.88	887.64		916.92	915.52		842.78	839.19	856.50	906.53
25		918.55	869.87	883.77		917.11	910.08	874.97	839.07		858.51	915.60
26		917.21	870.05		914.42	921.15		872.38	837.93		854.36	929.82
27	913.11	921.09	884.67		910.93	921.77		871.81		837.59	852.72	
28	911.99	927.35	883.87	900.72	909.64		905.92	868.73		840.93	854.00	
29	915.77			884.21	909.03		907.65	869.55	831.90	839.84		932.65
30				891.40	912.97	928.82	904.79		833.44	836.36		935.04
31			890.85				903.92			837.41		938.47
最高	923.44	927.35	918.59	967.20	914.42	928.82	935.13	904.61	880.12	849.16	868.84	938.47
最低	832.86	897.39	869.87	883.77	879.01	900.22	903.92	868.73	831.90	830.95	835.72	861.75

2003年每日成交股数表

单位：百万股

日期	1月	2月	3月	4月	5月	6月	7月	8月	9月	10月	11月	12月
1				741.66			436.96	397.22	419.49			856.89
2	338.80			565.82		821.48	442.10		465.46			906.29
3	287.94		459.83	539.89		782.37	387.25		392.28		598.14	987.27
4			415.80	647.24		938.80	379.74	521.06	402.36		1173.18	900.55
5			463.03			679.99		458.59	402.75		743.80	786.66
6	317.40		497.35			622.03		434.41			924.59	
7	344.43		439.82	684.11			400.52	364.88			753.59	
8	463.95			790.78			444.91	432.99	350.52	324.66		653.72
9	872.63			1066.25		514.75	355.70		315.17	282.35		529.51
10	781.27	389.77	471.92	1427.14		418.72	656.71		258.87	636.40	480.27	755.45
11		382.48	327.88	1478.10		662.85	455.69	295.17	244.37		470.43	796.20
12		613.79	353.99		794.77	550.78		319.57	279.99		420.43	642.00
13	450.13	731.19	343.41		1189.21	621.26		318.47		523.70	460.94	
14	1513.57	524.23	382.23	1960.23	1109.11		440.95	384.77		418.70	408.34	
15	1276.22			1599.31	1342.69		516.11	328.50	275.77	484.15		584.91
16	900.40			2101.47	1035.18	500.41	450.50		327.59	384.09		715.75
17	869.62	586.97	458.69	1361.83		465.32	738.93		340.23	298.49	336.44	799.34
18		437.78	447.71	1224.65		468.07	683.33	240.37	308.60		418.52	753.46
19		425.26	391.67		905.01	574.96		296.60	291.10		508.04	1230.28
20	674.80	459.19	397.18		778.73	445.73		312.36		310.65	1011.59	
21	727.27	604.82	353.50	1096.42	657.08		596.39	257.02		372.19	1008.49	
22	649.72			715.90	693.99		462.78	337.57	246.94	698.75		1356.63
23	655.53			1026.20	1187.77	470.63	374.17		269.33	498.41		1056.03
24	642.36	381.18	284.10	1164.76		359.96	332.93		279.38	449.94	923.53	1039.93
25		592.86	308.73	801.36		408.77	473.65	340.93	292.22		1340.49	976.23
26		417.66	324.91		972.92	·536.08		300.91	289.65		1000.70	704.33
27	759.24	431.15	617.28		921.92	459.15		287.76		457.24	831.17	
28	542.78	375.68	665.64	1127.88	998.73		325.80	300.92		521.03	598.33	
29	606.12			1072.21	1052.50		300.27	325.88	297.08	684.68		702.24
30				958.88	1058.45	357.11	289.34		339.78	431.37		723.86
31			645.65				312.18			491.41		709.51
最高	1513.57	731.19	665.64	2101.07	1342.69	938.80	738.93	521.06	465.46	698.75	1340.49	1356.63
最低	287.94	375.68	284.10	539.89	657.08	357.11	289.34	240.37	244.37	282.35	336.44	529.51

2003年每日成交金额表

单位：百万

日期	1月	2月	3月	4月	5月	6月	7月	8月	9月	10月	11月	12月
1				6170.57			3188.41	3228.57	3110.43			5804.88
2	2473.41			4778.32		6883.45	3265.40		3627.88			6186.36
3	2007.18		4028.15	4534.54		6312.08	2952.80		2912.84		3690.88	6715.05
4			3701.13	5142.89		7010.87	2997.61	4119.40	2928.07		7686.17	6198.17
5			4038.42			5460.26		3410.34	2920.67		4778.83	5663.08
6	2320.69		4168.97			5100.93		3464.00			5773.78	
7	2535.86		3694.65	5518.31			3197.59	2854.13			4696.51	
8	3424.16			6162.44			3578.77	3243.02	2529.81	2101.53		4537.81
9	6485.06			8078.83		4234.97	2906.02		2280.34	1889.25		3609.64
10	5928.03	3109.92	3827.17	11596.18		3346.63	5466.11		1870.02	4248.61	3018.32	5211.22
11		3107.22	2794.58	11374.89		5316.43	3750.46	2271.25	1794.91		2967.89	5481.11
12		4914.92	3132.34		6501.49	4306.25		2382.62	1974.36		2652.97	4289.92
13	3532.21	6019.06	2933.01		9827.36	4752.76		2562.45		3440.52	2897.12	
14	11747.65	4375.14	3356.96	16037.04	8704.74		3411.37	3088.39		2766.98	2587.87	
15	10111.05			13829.93	11235.73		3974.02	2603.14	1927.39	3078.72		4040.81
16	7234.20			18940.70	8881.00	3852.97	3424.75		2269.29	2536.74		4771.19
17	6907.78	4724.45	3859.76	12175.64		3640.86	6004.35		2402.66	1984.14	2137.23	5560.85
18		3533.34	3936.60	10748.22		10748.22	3837.54	5433.86	1885.59		2118.63	5076.83
19		3449.42	3279.39		7735.49	4528.61		2185.68	1998.62		3217.28	8386.65
20	5485.96	3865.75	3310.06		6691.52	3510.02		2313.36		2022.11	6433.52	
21	5809.59	4790.92	3117.81	9465.29	5784.88		4519.95	2018.25		2363.06	6425.12	
22	5106.21			6350.18	5991.29		3640.92	2550.11	1758.59	4606.64		9203.19
23	4928.64			8841.96	10254.55	3691.82	3008.17		1923.97	3299.80		7449.73
24	4822.85	3172.34	2530.07	9817.04		2877.28	2699.67		2073.64	2983.96	5915.40	7337.57
25		5081.36	2647.98	6576.72		3156.76	3767.91	2539.11	2110.66		8655.15	7028.31
26		3704.86	2781.14		8091.91	4314.20		2244.01	2003.93		6414.04	5168.21
27	5722.32	3722.84	5118.66	7455.12		3415.63	2091.42		3052.61		5308.96	
28	4388.54	3278.43	5629.18	9334.42	8288.07		2533.40	2274.77		3410.07	3942.54	
29	5075.23			9159.00	9406.88		2364.08	2382.75	2031.42	4406.93		5022.20
30				7751.31	9204.79	2645.25	2304.68		2333.97	2815.76		4951.46
31			5387.01				2742.07			3058.05		4979.04
最高	11747.65	6019.06	5629.18	18940.70	11235.73	7010.87	6004.35	4119.40	3627.88	4606.64	8655.15	9203.19
最低	2007.18	3107.22	2530.07	4534.54	5784.88	2645.25	2304.68	1885.59	1758.59	1889.25	2137.23	3609.64

2003 年每日成交笔数表

单位：万笔

日期	1月	2月	3月	4月	5月	6月	7月	8月	9月	10月	11月	12月
1				65.47			38.17	38.22	39.31			64.11
2	36.98			51.74		72.18	40.60		45.36			71.08
3	31.38		44.43	49.88		71.02	36.31		38.05		39.19	74.86
4			41.15	55.21		81.28	35.22	48.03	38.27		78.02	71.08
5			44.43			61.91		41.75	38.49		46.73	61.09
6	34.49		49.84			59.23		42.42			69.89	
7	38.16		43.67	61.68			34.69	35.29			60.14	
8	45.46			67.73			41.31	42.54	32.93	28.79		52.25
9	80.42			86.60		48.52	33.89		27.70	25.53		42.41
10	72.42	37.94	46.92	115.53		39.17	55.90		24.53	47.16	36.66	58.64
11		36.53	33.48	116.70		55.75	43.40	29.22	22.92		36.67	64.67
12		58.00	35.18		65.97	50.37		30.10	27.86		34.71	52.15
13	44.82	71.17	35.53		98.48	52.62		31.47		39.21	38.49	
14	124.17	50.45	36.83	148.59	86.82		41.15	38.53		32.17	33.49	
15	107.77			130.09	111.87		44.67	32.54	27.89	38.39		46.60
16	79.19			164.34	88.85	44.48	39.33		30.31	33.05		59.13
17	81.50	55.81	44.30	113.16		42.14	61.55		32.31	25.23	28.36	62.88
18		41.97	42.57	104.06		41.53	60.88	24.32	28.61		32.66	61.99
19		42.08	37.12		77.66	55.45		26.04	26.86		43.93	98.40
20	65.88	45.41	39.09		70.09	42.69		28.79		25.65	82.26	
21	70.61	62.53	34.42	97.20	58.42		52.99	24.45		30.74	81.71	
22	61.88			66.52	62.28		40.92	32.31	23.59	53.90		103.08
23	60.46			93.71	102.82	42.17	34.16		24.27	40.84		82.81
24	57.69	39.35	28.24	101.05		33.69	29.12		26.21	37.96	71.21	76.85
25		55.99	31.14	72.29		36.41	42.31	31.53	28.06		104.55	74.70
26		42.45	32.12		82.98	50.36		29.79	25.98		79.46	53.43
27	62.98	42.52	55.75		84.20	39.45		28.56		38.91	68.23	
28	48.56	38.25	58.90	95.07	90.76		31.07	31.30		41.86	49.80	
29	55.71			87.93	97.52		28.00	32.72	27.80	52.70		52.08
30				80.95	93.76	31.78	26.00		31.55	36.31		51.12
31			53.08				29.43			36.26		51.43
最高	124.17	71.17	58.90	164.34	111.87	81.28	61.55	48.03	45.36	53.90	104.55	103.08
最低	31.38	36.53	28.24	49.88	58.42	31.78	26.00	24.32	22.92	25.23	28.36	42.41

2003 年每日市价总值表

单位：十亿

日期	1月	2月	3月	4月	5月	6月	7月	8月	9月	10月	11月	12月
1				1422.78			1330.59	1318.03	1307.09			1260.81
2	1268.86			1421.45		1453.21	1339.95		1304.41			1261.62
3	1272.10		1445.71	1415.49		1437.10	1345.95		1307.48		1225.07	1267.11
4			1445.09	1421.14		1438.84	1344.89	1334.65	1304.80		1244.89	1271.44
5			1439.31			1422.42		1335.65	1289.38		1233.97	1274.41
6	1291.23		1420.67			1401.26		1333.93			1211.74	
7	1287.84		1417.11	1410.28			1345.63	1333.64			1193.87	
8	1320.34			1404.37			1356.13	1317.18	1283.60	1248.76		1262.36
9	1343.68			1418.72		1387.71	1348.65		1279.62	1247.28		1266.93
10	1330.28	1410.82	1390.15	1429.02		1396.83	1371.22		1281.54	1279.16	1193.07	1278.40
11		1426.10	1390.34	1448.22		1417.97	1367.33	1322.14	1282.35		1197.17	1280.08
12		1443.17	1396.85		1378.28	1414.37		1329.35	1268.36		1176.00	1276.67
13	1336.72	1437.06	1388.64		1338.56	1418.11		1313.47		1276.62	1179.65	
14	1398.71	1441.91	1391.55	1481.49	1369.44		1362.97	1307.25		1268.16	1187.52	
15	1388.34			1496.77	1406.45		1366.00	1306.23	1255.56	1265.05		1278.42
16	1412.15			1477.68	1407.73	1414.60	1368.96		1267.76	1247.02		1271.20
17	1406.86	1430.65	1390.40	1484.76		1409.63	1373.39		1253.58	1249.11	1182.72	1262.96
18		1431.10	1378.83	1480.16		1409.16	1342.38	1302.07	1252.55		1167.11	1259.77
19		1443.38	1382.65		1414.16	1392.26		1304.96	1254.15		1185.02	1238.20
20	1415.02	1441.96	1375.13		1404.02	1385.45		1297.57		1240.86	1221.74	
21	1388.99	1410.87	1388.90	1456.90	1401.58		1327.69	1296.59		1244.25	1205.73	
22	1397.24			1459.23	1410.71		1334.65	1296.43	1249.26	1271.78		1265.82
23	1384.32			1439.36	1424.95	1367.35	1339.69		1255.55	1261.49		1274.28
24	1402.82	1412.73	1390.75	1401.39		1371.16	1328.81		1260.22	1253.67	1238.12	1284.25
25		1440.56	1375.70	1382.66		1359.73	1313.88	1281.62	1257.26		1247.13	1282.39
26		1440.50	1368.36		1435.29	1367.15		1285.53	1250.37		1252.71	1283.47
27	1421.14	1439.19	1400.43	1439.01		1346.79	1285.82		1238.20		1228.22	
28	1424.74	1438.05	1397.44	1416.75	1428.41		1307.27	1276.72		1233.57	1235.15	
29	1424.46			1394.02	1444.36		1314.48	1283.63	1230.95	1218.09		1272.15
30				1378.41	1450.55	1336.43	1314.43		1241.64	1202.57		1276.38
31			1412.92				1315.20			1209.95		1265.28
最高	1424.74	1443.38	1445.71	1496.77	1450.55	1453.21	1373.39	1335.65	1307.48	1279.16	1252.71	1284.25
最低	1268.86	1410.82	1368.36	1378.41	1338.56	1336.43	1307.27	1276.72	1230.95	1202.57	1167.11	1238.20

2003年基金每日成交单位表

单位：百万

日期	1月	2月	3月	4月	5月	6月	7月	8月	9月	10月	11月	12月
1				210.35			154.60	46.00	86.00			158.38
2	180.98			131.55		172.49	115.37		61.71			132.93
3	105.25		134.70	111.25		186.35	75.97		40.83		192.12	152.71
4			122.16	131.77		180.67	81.07	53.81	38.69		313.96	124.08
5			132.65			214.59		48.23	47.59		113.42	206.74
6	103.59		129.29			469.93		45.97			114.47	
7	120.20		170.33	133.98			85.28	54.11			86.96	
8	161.95			105.37			85.66	71.20	35.74	30.72		235.00
9	282.99			249.81		154.87	72.61		38.58	35.35		94.43
10	174.73	156.92	148.10	1010.17		102.03	258.29		34.21	73.04	63.99	190.40
11		82.40	134.18	928.44		158.00	111.20	48.29	38.95		80.40	175.80
12		113.36	98.44		146.67	91.29		63.88	45.16		72.69	145.74
13	107.15	216.10	87.91		223.12	114.28		41.57		58.26	74.99	
14	965.45	84.77	86.30	1118.56	164.98		95.93	48.13		46.69	65.76	
15	454.02			498.49	333.25		181.91	52.98	45.67	44.51		189.80
16	354.98			559.88	194.94	95.32	228.94		57.20	38.74		246.53
17	259.32	129.65	102.50	327.49		227.01	205.28		54.54	25.32	43.49	163.96
18		60.83	104.07	332.78		432.93	227.74	63.39	52.23		55.11	148.96
19		310.86	85.72		291.29	409.77		44.67	28.18		67.60	220.93
20	798.31	153.53	86.30		174.82	261.28		90.73		25.71	147.12	
21	406.70	274.65	114.49	365.49	131.84		185.10	42.37		28.31	121.12	
22	146.46			173.60	109.83		116.36	54.28	37.36	69.14		289.81
23	165.18			142.67	246.98	171.80	107.64		48.87	52.98		370.03
24	203.34	131.85	75.30	354.99		136.31	75.93		35.54	49.79	146.36	348.72
25		410.78	70.93	190.85		192.22	127.12	59.23	31.59		221.23	376.94
26		160.69	104.84		229.90	312.07		75.39	24.29		105.78	379.09
27	246.38	301.18	182.65		163.38	267.99		44.10		40.80	192.97	
28	133.91	235.45	178.76	269.81	203.64		57.64	39.75		52.59	114.56	
29	275.28			216.62	204.47		51.05	51.02	43.36	80.93		539.03
30				190.93	227.36	493.60	52.64		42.22	48.45		375.40
31			129.37				52.78			50.11		736.18
最高	965.45	410.78	182.65	1118.65	333.25	493.60	258.29	90.73	86.00	80.93	313.96	736.18
最低	103.59	60.83	70.93	105.37	109.83	91.29	51.05	39.75	24.29	25.32	43.49	94.43

2003年基金每日成交金额表

单位：百万

日期	1月	2月	3月	4月	5月	6月	7月	8月	9月	10月	11月	12月
1				169.58			122.94	35.67	65.90			117.86
2	133.35			104.96		134.27	91.82		47.05			99.40
3	74.72		108.05	88.37		143.92	59.40		31.30		141.53	114.53
4			97.86	104.59		141.43	65.17	42.20	30.01		244.70	94.55
5			105.15			165.87		39.10	35.58		86.23	158.65
6	73.91		101.44			368.57		36.52			85.64	
7	87.30		134.75	104.85			69.42	41.98			63.38	
8	118.36			82.38			68.94	56.30	26.19	21.53		177.70
9	211.64			196.07		121.00	59.33		28.22	25.18		71.58
10	131.08	123.36	114.82	824.51		79.02	214.39		25.23	52.54	47.85	146.05
11		64.64	104.31	763.30		122.60	92.04	37.72	28.29		59.56	136.04
12		89.70	75.30		113.48	71.27		51.33	33.48		53.13	113.50
13	79.66	170.97	68.01		171.58	88.55		32.60		41.55	53.99	
14	744.30	68.25	66.06	927.82	125.67		79.72	37.40		33.29	47.22	
15	352.01			411.51	259.21		152.00	41.27	33.06	32.44		151.11
16	278.06			463.05	150.63	74.10	191.31		41.98	27.74		194.22
17	203.51	102.45	78.08	269.06		180.02	174.36		39.72	18.15	31.20	127.15
18		46.79	79.93	271.65		350.89	191.23	49.18	37.28		39.39	115.10
19		249.84	65.32		227.21	327.75		34.81	20.04		48.25	170.12
20	639.90	122.40	65.77		136.12	208.46		72.30		18.30	106.20	
21	322.17	215.33	88.20	293.02	101.49		151.81	32.27		19.96	88.08	
22	114.39			140.12	84.96		98.30	41.47	26.52	50.10		224.57
23	128.41			113.17	195.96	137.30	85.19		35.21	37.90		295.44
24	159.08	104.59	58.18	276.20		107.78	62.87		25.44	35.36	107.41	280.61
25		329.33	53.69	151.71		152.62	101.15	44.77	23.16		161.41	301.03
26		130.23	83.74		184.33	246.38		57.16	17.24		76.83	301.23
27	194.95	240.44	140.23		127.99	211.20		33.06		28.85	141.93	
28	107.25	191.58	140.52	210.70	159.02		46.10	30.14		37.75	84.61	
29	220.63			167.84	160.60		41.30	38.16	31.34	57.86		441.31
30				147.47	178.67	395.46	41.52		29.97	33.91		309.60
31			100.39				40.30			35.62		592.05
最高	744.30	329.33	140.52	927.82	259.21	392.46	214.39	72.30	65.90	57.86	244.70	592.05
最低	73.91	46.79	53.69	82.38	84.96	71.27	40.30	30.14	17.24	18.15	31.20	71.58

2003 年基金每日成交笔数表

单位:笔

日期	1月	2月	3月	4月	5月	6月	7月	8月	9月	10月	11月	12月
1				12121			8857	4101	5453			10258
2	12090			7853		7669	6558		3869			8316
3	7623		8061	6885		6794	4250		2989		13186	8407
4			6727	8247		7893	4286	3873	2537		16441	7167
5			7104			8949		3093	3273		7571	11638
6	6229		8117			28938		3044			7663	
7	5889		9113	9592			4910	3468			6855	
8	8604			6818			4403	4602	3234	2238		12329
9	13850			14026		10433	3825		3086	2102		5885
10	9106	6558	8854	35916		6567	10503		2918	4975	4510	9257
11		4261	6490	39198		8712	5526	3214	3135		4476	9320
12		5259	5998		8410	6109		3130	2975		4008	7098
13	5336	10485	5012		12524	6129		3348		4034	4246	
14	36253	4706	4935	40997	9427		5346	3787		2415	3209	
15	18236			24092	17547		8377	3605	3662	2479		8865
16	13151			28218	9803	5491	10228		6155	2478		11139
17	12080	5791	5770	16825		10836	9621		5662	2168	3149	7819
18		3437	5518	14979		19788	9429	3470	3475		3794	6679
19		13720	5469		13856	18116		2684	2315		4377	10522
20	43174	6616	4698		9360	10984		4005		2234	9710	
21	20079	10055	7045	17263	6743		8415	2847		2245	7714	
22	8958			9023	6180		5587	3239	2494	5385		14251
23	7244			9488	12925	9297	5260		2693	3698		15654
24	8293	6173	4136	17835		6244	3941		2459	2917	8477	14570
25		15442	4192	12366		7802	5676	3708	2267		14030	16941
26		5439	7014		9991	11770		4251	2126		6870	21354
27	9772	10327	9985		7426	11628		2787		3032	13050	
28	6790	9903	9030	14843	7959		4254	2780		4101	7049	
29	10679			11703	8792		3178	3177	3038	5952		30135
30				10860	11542	16573	4172		2803	12086		18545
31			8151				3738			3843		24227
最高	43174	15442	9985	40997	17547	28938	10503	4602	6155	12086	16441	30135
最低	5336	3437	4136	6818	6180	5491	3178	2684	2126	2102	3149	5885

2003 年上市债券一览表

品种	证券简称	证券代码	种类	发行量(亿元)	起息日期	到期日	票面利率(%)	到期本息	备注
1996 年 10 年期	国债 966	101966	记帐式	254.00	1996/06/14	2006/06/14	11.83	218.30	每年付息
1996 年 7 年期	国债 968	101968	记帐式	201.00	1996/11/01	2003/11/01	8.56	159.92	不保值,每年付息
1997 年 10 年期	国债 973	101973	记帐式	130.00	1997/09/05	2007/09/05	9.78	197.80	每年付息,最后一年还本金
1998 年 5 年期	丝绸转债	125301	记帐式	2.00	1998/08/28	2003/08/27	1.00	107.00	每年付息,首年利率 1.0%,以后每年递增 0.2%
1999 年 5 年期	茂炼转债	125302	记帐式	15.00	1999/07/28	2004/07/27	1.30	109.50	每年付息,首年利率 1.3%,以后每年递增 0.3%
1999 年 8 年期	国债 995	101995	记帐式	160.00	1999/08/20	2007/08/20	3.28	126.24	每年付息
1999 年 10 年期	国债 998	101998	记帐式	200.00	1999/09/23	2009/09/23	3.30	133.00	每年付息
2000 年 5 年期	鞍钢转债	125898	记帐式	15.00	2003/03/15	2005/03/14	1.20	106.00	每年付息
2000 年 10 年期	国债 904	101904	记帐式	140.00	2000/05/23	2010/05/23			每年付息,利率为 0.62%加各年一年期存款利率
2000 年 7 年期	国债 905	101905	记帐式	120.00	2000/11/14	2007/11/14			每年付息,利率为 0.38%加各年一年期存款利率
2001 年 7 年期	国债 903	101903	记帐式	120.00	2001/04/24	2008/04/24	3.27	122.89	每年付息
2001 年 20 年期	国债 917	101917	记帐式	240.00	2001/07/31	2021/07/31	4.26	185.20	每半年付息一次
2001 年 10 年期	国债 912	101912	记帐式	200.00	2001/10/30	2011/10/30	3.05	130.50	每年付息
三峡债券 10 年	01 三峡 10	111015	记帐式	20.00	2001/11/08	2011/11/08			每年付息,利率为 1.75%加各年一年期存款利率
广核债券 7 年	01 广核债	111016	记帐式	25.00	2001/12/11	2008/12/10	4.12	128.84	每年付息
2001 年 7 年期	国债 0115	100115	记帐式	200.00	2001/12/18	2008/12/18	3.00	121.00	每年付息
2001 年 10 年期	国债 0203	100203	记帐式	200.00	2002/04/18	2012/04/18	2.54	125.40	每年付息
2002 年 5 年期	万科转债	125002	记帐式	15.00	2002/06/13	2007/06/13	1.50	107.50	每年付息
电网债券 3 年	02 电网 3	111017	记帐式	5.00	2002/06/19	2005/06/18	3.50	110.50	到期还本付息
电网债券 15 年	02 电网 15	111018	记帐式	35.00	2002/06/19	2017/06/18	4.86	172.90	每年付息
2002 年 7 年期	国债 0210	100210	记帐式	200.00	2002/08/16	2009/08/16	2.39	116.73	每年付息
2002 年 5 年期	丝绸转 2	126301	记帐式	8.00	2002/09/09	2007/09/09	1.80	109.00	每年付息
2002 年 15 年期	国债 0213	100213	记帐式	240.00	2002/09/20	2017/09/20	2.60	139.00	每半年付息一次
2002 年 5 年期	燕京转债	125729	记帐式	7.00	2002/10/16	2007/10/16	1.20	106.00	每年付息
2002 年 5 年期	国债 0214	100214	记帐式	224.00	2002/10/24	2007/10/24	2.65	113.25	每年付息
2002 年 7 年期	国债 0215	100215	记帐式	340.00	2002/12/06	2009/12/06	2.93	120.51	每年付息
2003 年 5 年期	钢钒转债	125629	记帐式	16.00	2003/01/22	2008/01/21	1.50	110.50	每年付息,首年利率 1.5%,以后每年递增 0.3%
2003 年 7 年期	国债 0301	100301	记帐式	700.00	2003/02/19	2010/02/19	2.66	118.62	每年付息
2003 年 20 年期	国债 0303	100303	记帐式	260.00	2003/04/17	2023/04/17	3.40	168.00	每半年付息一次
2003 年 5 年期	丰原转债	125930	记帐式	5.00	2003/04/24	2008/04/23	1.80	109.00	每年付息
2003 年 5 年期	铜都转债	125630	记帐式	7.60	2003/05/21	2008/05/20	1.20	106.00	每年付息
广核债券 15 年	02 广核债	111019	记帐式	40.00	2002/11/11	2017/11/11	4.50	167.50	每年付息
2003 年 7 年期	国债 0307	100307	记帐式	460.00	2003/08/20	2010/08/20	2.66	118.62	每年付息
2003 年 5 年期	华西转债	125936	记帐式	4.00	2003/09/01	2008/09/01	1.60	108.00	每年付息
2003 年 10 年期	国债 0308	100308	记帐式	163.80	2003/09/17	2013/09/17	3.02	130.20	每年付息
2003 年 7 年期	国债 0311	100311	记帐式	360.00	2003/11/19	2010/11/19	3.50	124.50	每年付息
2003 年 5 年期	首钢转债	125959	记帐式	20.00	2003/12/16	2008/12/15	1.50	107.50	每年付息

2003年债券每日成交面值表

单位：百万

日期	1月	2月	3月	4月	5月	6月	7月	8月	9月	10月	11月	12月
1				117.14			26.94	54.51	34.16			141.91
2	44.31			58.80		107.56	67.83		24.98			126.67
3	24.86		57.73	64.24		116.46	80.46		32.88		59.34	112.72
4			165.45	103.11		515.19	157.39	35.96	32.11		314.14	93.19
5			269.67			177.69		48.34	101.03		196.72	82.45
6	27.88		82.02			89.34		86.79			92.40	
7	22.04		117.23	63.43			145.20	59.50			241.19	
8	50.85			92.37			127.17	57.29	46.85	208.12		527.57
9	41.80			204.05		172.59	66.31		39.64	273.28		207.44
10	47.51	61.87	57.60	346.43		53.49	121.42		26.96	254.65	38.96	153.38
11		50.44	28.05	336.01		121.63	115.52	58.89	22.04		66.13	408.82
12		33.89	50.72		605.89	145.52		45.45	16.92		51.22	57.59
13	43.37	51.22	50.68		148.89	156.86		82.89		301.42	93.82	
14	81.41	29.35	37.34	268.97	169.11		77.00	25.29		347.95	130.96	
15	71.19			184.26	250.14		104.40	71.65	16.82	300.91		96.64
16	45.95			297.57	114.00	128.46	100.90		108.94	135.16		117.68
17	62.04	240.98	22.07	584.72		78.30	261.65		29.90	127.80	89.99	119.67
18		106.67	69.80	520.93		92.30	143.65	723.90	24.52		34.09	222.24
19		134.78	57.14		351.76	103.90		359.47	67.58		66.29	250.11
20	125.26	122.27	89.08		316.88	184.80		117.14		141.09	19.39	
21	37.79	97.19	119.46	337.74	126.01		77.92	63.09		90.62	117.16	
22	88.62			353.05	13976.24		56.14	65.50	15.79	149.83		167.11
23	77.41			596.39	246.42	165.60	67.86		106.58	73.15		160.05
24	52.39	162.37	157.74	434.71		138.23	97.88		121.55	97.38	146.29	228.95
25		73.14	211.29	1318.23		133.94	71.84	60.47	390.73		89.65	241.43
26		62.15	161.78		260.16	72.30		38.75	322.92		116.79	180.08
27	54.75	69.44	181.99		136.10	246.28		40.32		104.22	59.00	
28	30.90	53.05	352.19	1759.97	215.47		32.03	31.17		183.94	57.86	
29	22.07			89.08	119.07		76.57	20.98	211.52	183.42		111.43
30				63.89	170.94	277.44	104.78		170.54	78.21		47.01
31			95.13				102.17			82.41		452.30
最高	125.26	240.98	352.19	1759.97	13976.24	515.19	261.65	723.90	390.73	347.95	314.14	527.57
最低	22.04	29.35	22.07	58.80	114.00	53.49	26.94	20.98	15.79	73.15	19.39	47.01

2003年债券每日成交金额表

单位：百万

日期	1月	2月	3月	4月	5月	6月	7月	8月	9月	10月	11月	12月
1				121.89			29.48	59.43	38.04			153.91
2	45.29			63.13		123.08	75.83		27.03			138.81
3	26.40		59.95	68.90		137.06	89.13		35.81		66.35	130.02
4			178.68	107.04		578.10	181.24	40.75	36.00		360.86	104.52
5			294.97			201.28		55.55	103.91		223.68	90.55
6	29.30		86.29			101.17		98.00			105.06	
7	23.95		121.13	66.32			170.24	66.21			258.67	
8	52.33			98.41			153.08	62.40	50.43	203.32		522.33
9	44.20			210.80		184.91	78.73		41.94	266.78		220.91
10	49.14	72.09	60.55	366.28		60.03	148.51		29.04	253.60	42.98	168.91
11		53.82	29.49	363.86		139.70	137.70	65.10	23.01		73.36	408.32
12		35.78	51.00		620.47	166.48		52.09	17.81		54.74	62.81
13	45.77	56.39	54.89		162.78	182.78		98.36		314.76	106.40	
14	85.38	34.56	37.99	300.59	178.49		93.72	28.96		354.28	151.56	
15	81.16			209.12	277.93		126.48	82.97	17.69	294.29		109.38
16	49.35			342.73	125.53	146.42	121.93		110.68	135.93		135.75
17	66.98	245.05	23.32	617.73		89.11	295.60		30.71	132.23	98.21	134.78
18		111.96	73.61	559.73		103.68	164.55	785.40	25.77		37.45	264.55
19		145.78	65.58		389.96	118.68		401.96	68.37		73.30	299.45
20	130.38	124.42	93.02		345.31	201.33		138.29		140.36	20.57	
21	39.89	100.50	121.83	363.77	138.80		88.59	69.27		90.41	131.10	
22	98.63			367.18	14005.83		65.61	69.73	16.62	168.70		205.37
23	78.61			622.79	275.69	179.31	79.67		114.77	81.49		174.65
24	55.35	168.15	160.58	452.42		151.55	113.91		125.18	112.43	170.68	238.21
25		77.70	213.46	1348.47		149.33	80.46	66.89	394.27		95.59	259.19
26		63.93	164.90		283.50	80.14		42.19	319.88		129.66	187.01
27	58.36	71.67	189.43		152.15	262.16		43.88		112.99	67.01	
28	33.05	54.77	363.80	1803.20	249.48		35.69	33.42		200.96	65.54	
29	24.31			96.60	135.64		83.67	22.29	207.95	200.21		122.15
30				70.44	196.33	298.73	116.39		168.44	81.75		55.63
31			99.04				119.62			88.18		458.38
最高	130.38	245.05	363.80	1803.20	14005.83	578.10	295.60	785.40	394.27	354.28	360.86	522.33
最低	23.95	34.56	23.32	63.13	125.53	60.03	29.48	22.29	16.62	81.49	20.57	55.63

第十编

中国证券业人物

2859/2867

本栏目由以下单位协办(排名不分先后)

★ 大连圣亚旅游控股股份有限公司
★ 宁波东睦新材料股份有限公司
★ 南京钢铁股份有限公司
★ 湖北楚天高速公路股份有限公司
★ 甘肃省敦煌种业股份有限公司
★ 武汉马应龙药业集团股份有限公司
★ 北京空港科技园区股份有限公司
★ 开滦精煤股份有限公司
★ 广州东方宝龙汽车工业股份有限公司
★ 安徽雷鸣科化股份有限公司
★ 北京华胜天成科技股份有限公司
★ 金融街控股股份有限公司
★ 中国航空科技工业股份有限公司

「陈耀先」先生

陈耀先，研究员，男，汉族，1940年1月生于吉林省吉林市。现任全国政协经济委员会副主任、中国证券登记结算公司董事长。

其本人经历是：

1961年毕业于吉林财贸学院财政金融系，同年参加工作于吉林省财贸干校政策教研室任教。

1962年9月调中国人民银行长春市人民广场办事处从事基层银行业务，先后做工商外贸信贷员、计划员、结算、货币管理等。

1968年3月上调市分行任政工干事、办公室综合员，71年4月加入中国共产党，75年1月任长春市分行宣传科副科长兼市分行工会副主席（常务）。

1981年9月调至中国人民银行吉林省分行工业信贷处，负责综合及技术改造信贷业务。1982年获经济师职称。

1984年5月任中国人民银行吉林省分行调查研究处副处长、处长。

1985年5月调北京中国人民银行总行，任中国人民银行理事会秘书。86年10月任调查统计司经济分析处处长。87年6月任副司长、司长。1987年获高级经济师职称，是国务院国民经济核算委员会委员。

1994年10月任中国人民银行行长助理兼调查统计司司长。

1995年10月获研究员职称。

1996年4月任中国人民银行副行长。是全国国有银行资产保全联席会主席。

1997年4月调任国务院证券委员会副主任，中国证监会党组书记、副主席，主持中国证监会全面工作。是中国人民银行货币政策委员会第一届委员。

1998年4月任中国证监会党委副书记、常务副主席，主持中国证监会日常工作。

2000年6月调任国务院经济专题调研办公室副主任。

2002年5月任中国证券登记结算公司董事长。

2003年3月当选为全国政协委员、全国政协经济委员会副主任委员。

现兼任中国国际跨国公司研究会副会长、中外企业信用联盟副理事长、中国金融学会副会长，中国国际金融学会副会长、资本市场研究会副主席、中国北京金融街商会会长；国家行政学院、北京大学、人民大学兼职教授，西南财大教授、博士生导师，中国人民银行研究生部教授、硕士生导师。

发表专业论文和报告三百多篇，参与撰写多部金融理论与改革业务书籍。主编我国第一部《中央银行知识辞典》和《中国金融展望》，参与编写了《证券知识读本》和《证券市场导论》。主要著作有：《中国的金融分析与对策研究》、《中国证券市场的规范与发展》等。

「田 源」先生

田源，男，汉族，河南郑州人，生于1954年8月31日，1977年7月1日加入中国共产党

一、 学习经历：

1975年在武汉大学经济系学习，1978年获经济学学士学位。

1978年在武汉大学经济系攻读研究生，1981年获经济学硕士学位。

1988年攻读武汉大学经济学博士研究生，后出国研修，1992年获经济学博士学位。

1990年6月—1991年12月由国务院发展研究中心选派，作为访问学者在美国科罗拉多大学学习，并在芝加哥期货交易所进行访问研究。

2000年09月，参加中央企业工委在国家行政管理学院举办的国家重点企业领导培训班。

2001年05月，参加中央党校进修四部第一期培训班。

二、 工作经历：

1970年12月—1974年12月河南郑州市花园口农场八连知识青年

1975年01月—1975年10月昆明军区政治部战士

1975年10月—1978年10月武汉大学经济系学生

1978年10月—1981年10月武汉大学经济系研究生

1981年10月—1983年12月武汉大学经济系教师

1983年12月—1991年12月国务院发展研究中心党组成员、常务干事、局长

1992年01月—1992年12月国家物资部对外经济合作司司长

1992年12月—现在中国国际期货经纪有限公司董事长

1997年07月16日—2000年05月中国诚通集团中国诚通控股公司董事长、总裁

2000年05月—2002年09月26日中国诚通控股公司董事长、党委书记

1991年，由欧洲共同体邀请作为"国家访问者"访问欧洲七国，对访问国的宏观经济发展及期货市场的作用与管理进行了对比研究。

1994年7月，应联合国开发署邀请代表中国期货市场赴印度尼西亚参加国际期货市场区域性合作研讨会。

1995年1月，赴瑞士参加"世界经济论坛"和"明日世界领导人"会议。

1997年8月，赴美国参加"中国金融市场发展研讨会"并应邀演讲，介绍了中国金融市场及期货市场的发展情况。

1999年10月，赴加拿大参加世界物流管理年会并作"中国物流的发展"演讲。

2001年2月，赴瑞士达沃斯参加第30届"世界经济论坛"会议。

2001年5月在北京参加"世界经济论坛"中国峰会并发表演讲。

2002年10月作为中国期货业协会会长，应美国期货业协会和美国证监会邀请赴美考察并交流。

「沈东新」先生

一、工作简历

沈东新先生：男，1963年出生，汉族，中共党员，研究生学历，高级会计师，曾任新疆钢铁公司轧钢厂财务科科长、新疆八一钢铁集团有限责任公司计划财务部部长助理、证券管理办公室主任、公司董事会秘书兼总会计师。现任公司董事长。

二、管理实践

1、负责公司改制运行，协调各中介机构做好股票上市前的各项工作，规范公司运作；

2、处理证券投资业务、指导首次公开发行股票申报材料的制作，实现公司股票成功上市；

3、强化公司财务管理，提高财务分析质量，参与公司重大决策；

4、行使董事会赋予的各项权利，采取有效措施，完善公司法人治理结构。

三、成就业绩

自公司成立至今，始终以公司和股东的最大利益为目标，认真履行有关法律、法规和公司章程规定的职责，积极维护投资者的权益。深化公司现代企业制度的建立健全，推动了公司的健康发展。使公司成为"中国企业最佳形象AAA级"企业和"2003年新疆最具成长力的十强企业"。

面对不断变化的内外部环境，突破传统的思维模式和运作方式，形成适应现代市场经济的管理和运营新模式，使公司生产、销售创造出有史以来最好水平，促进了公司经营业绩的快速增长。2003年，公司产钢200万吨，销售钢材200万吨，实现净利润3.21亿元。公司股本由成立之初的27,943万股增至58,958万股，连续两年向股东分红派转达3.6亿元，不仅为广大投资者提供了良好的投资收益，还树立了公司的重筹资、重回报的市场形象。

「陈兴汉」女士

陈兴汉，女，汉族，共产党员，浙江宁波人。东南大学教授，高级工程师。

工作简历：

1977年8月从南京工学院（东南大学前身）土木工程系工民建专业毕业后，历任栖霞区建设公司施工技术员、技术科副科长、生产技术副经理、栖霞区建筑设计所所长。1989年3月至今，任南京栖霞建设（集团）公司党委书记、总裁。1999年起兼任南京栖霞建设股份有限公司董事长、南京东方房地产开发有限公司董事长、苏州栖霞建设有限责任公司董事长、南京栖霞建设仙林有限公司董事长。在此期间，陈兴汉女士于1998年1月当选南京市第十二届人大代表，于2003年1月当选南京市第十三届人大代表。

陈兴汉女士获得的主要荣誉：

94年6月，被全国侨联授予"全国侨联先进个人"称号，并获得"爱国奉献奖"；

98年1月，被建设部授予"建设部全国工程建设管理先进个人"称号；

99年7月，被国务院侨务办公室、全国侨联授予"1999年全国归侨侨眷先进个人"称号；

99年11月，因"在国家小康住宅示范小区月牙湖花园的建设中做出重大贡献"获国家科技部、建设部表彰；

2000年3月，被全国妇联授予"全国'三八'红旗手"荣誉称号；

2001年4月，被江苏省人民政府授予"江苏省劳动模范"称号；

2001年11月，被评为中国房地产"十大风云人物"；

2003年1月，被评为"中国房地产企业十大功勋人物"；

2003年4月，被全国总工会授予"全国'五一'劳动奖章"。

此外，陈兴汉女士还获得由江苏省妇联、江苏省侨联、江苏省女企业家协会、南京市委、南京市人民政府等有关部门授予的"江苏省'三八'红旗手"、"江苏省侨联先进个人"、"江苏省优秀女企业家"、"南京市劳动模范"、"建设南京有功共产党员"、"建设新南京有功个人"等省、市级荣誉称号17项。

陈兴汉女士担任的主要社会、学术职务：东南大学兼职教授、硕士生导师；建设部第一届、第二届高等教育工程管理专业评估委员会委员；中国房地产协会常务理事；中国妇女第八次全国代表大会代表；江苏省高等教育工程管理专业学术委员会副主任委员；东南大学董事会董事；南京师范大学董事会董事。

「刘晓光」先生

刘晓光，北京首都创业集团有限公司（以下简称首创集团）总经理，高级经济师，中国企业家联合会常务理事，北京企业家联合会、北京国际投资促进会和北京市房地产协会副会长，阿拉善SEE生态协会会长，北京工商大学客座教授。

刘晓光先生同时兼任北京首创股份有限公司董事长、首创置业有限公司董事长、ING北京投资公司董事局主席、中国《资本市场》杂志社社长等职。

刘晓光先生从1982年起，历任北京市计委商贸处副处长、北京市百货公司副总经理、北京齿轮总厂副厂长、北京市计委总经济师、副主任等职。自1995年首创集团重组成立以来，一直担任集团领导职务。作为集团的党组副书记、副董事长、总经理，他团结带领全体员工艰苦创业，不断创新，通过创新集团战略，创新商业模式，创新内部机制，坚持改革，加快改制，坚持自我改造，坚持资本运作，加强企业管理，加速企业扩张，使首创集团成功地走出了重组初期的艰难困境，获得了"一次创业"的辉煌成绩，并把集团带进了"二次创业"的新的发展阶段。

刘晓光先生具有很高的业务开拓素质，思维敏捷，知识渊博。他善于分析国内外经济形势、捕捉经济信息和发展机会，精通投资银行、房地产开发和基础设施投资业务，注重企业战略，擅长资本运作。在企业的持续高速发展中，不仅充分展示了他作为企业家所具有的胆识、魄力和战略眼光，而且还充分表现出企业家的超前意识和创新精神以及创造社会财富的激情和责任感。他为首创集团的可持续发展做出了突出的贡献，深受首创人的尊敬与爱戴。

「朱崇仁」先生

朱崇仁，男，1968年毕业于西安交通大学。1983年至2000年，曾任云南红河州人民政府劳动人事局副局长、局长，红河州人民政府经贸委副主任（主持工作），云南个旧市委副书记、个旧市市长。曲靖行署副专员、曲靖市副市长。2000年4月至今，任云南冶金集团总公司副总经理，兼云南驰宏锌锗股份有限公司董事长。

「唐棣华」女士

唐棣华，中国银行基金托管部总经理。从事金融工作27年，曾在中国银行江西省分行、中国银行信托咨询公司任职。1997年被派往巴西圣保罗市筹建中国银行圣保罗代表处，并就任代表处首席代表。2001年6月就任中国银行基金托管部总经理至今。唐棣华在中国银行先后从事过本外币信贷、国际结算、信托、证券业务。具有较丰富的银行从业经验，对银行业务尤其是国际贸易结算及信贷业务较为熟悉。

「孙 云」先生

孙云，男，41岁，高级工程师，享受政府津贴的青年专家，现任四川公路桥梁建设集团有限公司董事长、党委书记、总裁。孙云同志1981年参加工作，1981年7月至1996年12月，他历任四川省交通厅公路第一工程处(川交一处)技术员、工程股长、副队长、队长、副处长，四川省桥梁工程公司副经理，四川公路桥梁工程总公司副总经理兼三公司经理(川交三处处长)；1997年5月起任四川路桥总公司总经理、党委副书记，1998年3月起任四川路桥集团董事长、总裁、党委副书记，2002年11月至今任现职。

孙云同志主持修建的涪凌乌江大桥获中国科学技术基金会颁发的全国"茅以升桥梁青年奖"、"交通部优质工程二等奖"，武隆乌江大桥获"交通部科技进步二等奖"，内江互通式立交桥获"交通部优质工程三等奖"、涪陵长江大桥获四川省"天府杯"金奖，泸州长江二桥获中国公路建设行业协会"科技进步三等奖"。此外，他还主持了四川10多条高速公路的施工，为全省建成1500公里高速公路做出了重要贡献，是国内路桥行业知名的青年专家。

1998年至今，孙云同志带领四川路桥集团坚持"一业为主、两翼并举、多元发展"的经营战略，以缔造"百年路桥"为目标，锐意改革、大胆创新，使公司的市场占有份额从不足10亿元上升到近70亿元，年产值从不足6亿元提高到30多亿元，从亏损2600万元到实现利税2亿多元，成为国内最大经营规模的省级路桥企业。公司荣获"四川省国有建筑企业综合实力首强"及"最佳效益首强"、"四川省大型企业集团经营规模10强"及"综合实力10强"、"四川省重点建设AAA等级信誉企业"、"四川省建筑业先进企业"、"四川省先进单位"、"四川省文明单位"等称号，2002年、2003均跻身"中国企业500强"。

孙云同志80年代起连续多年荣获四川省交通厅"先进工作者"、四川省直属机关"优秀共产党员"称号，3次荣获四川省人民政府表彰的"重点建设先进工作者"。1997年被评为四川省"十大杰出青年"，1998年被评为"全国交通系统劳动模范"。1999年荣获"四川省杰出青年厂长(经理)"、首届"依靠职工办企业的好厂长(经理)"称号，2000年获团中央、全国青联授予的中国青年最高荣誉--"中国青年五四奖章"，2003年荣获首届"四川省首届优秀创业企业家"、"四川省有突出贡献的优秀专家"称号。先后三次在北京受到胡锦涛、江泽民等党和国家领导人的亲切接见。

「张洪飏」先生

[工作简历] 张洪飏，中国航空工业第二集团公司党组书记、总经理，中国航空科技工业股份有限公司董事长，研究员级高级工程师。1968年毕业于北京航空学院飞行器设计系，1979年考入重庆大学，获工学硕士学位。历任哈尔滨东安发动机公司技术员，哈尔滨东安发动机公司车间主任、副总经理、总经理，航空航天工业部党组成员、总工程师，中国航空工业总公司党组成员、副总经理，国防科学技术委员会党组成员、副主任等职。1989年被评为部级劳动模范。1991年，被授予"做出突出贡献的硕士博士学位获得者"称号。

[成就业绩] 二十世纪八十年代中期，在担任哈尔滨东安发动机公司领导工作期间，主持完成了我国第一条汽车发动机自动铸造生产线的建设，同时大胆调整生产结构，狠抓产品质量和市场营销，企业得到较大发展。

1990年调入航空航天工业部工作，从航空航天工业部到中国航空工业总公司一直主管航空发动机科研工作，并先后主管军转民与民品发展、资产经营、外事外贸等工作，担任过多项国家重点航空发动机科研、型号工程的行政总指挥。主持制定研制方案的某航空发动机研究项目和组织研制的某核心机的项目，分别获得1995年国家科技进步二等奖和1996年国家科技进步一等奖，在担任重点型号行政总指挥中，多次果断决策，及时调整方案，为确保研制任务的完成创造了有利条件。

在主管航空工业资产经营与民品发展期间，大力推进航空工业企业的军民结合和民用产品的调整与发展，主持了航空工业第一批企业股份制改造和上市工作，为我国航空工业利用资本市场取得资源、转换体制、加快发展的工作取得了丰富的经验，也促进了我国资本市场对航空工业的认识。

1998年3月调国防科学技术工业委员会工作，分管航空及船舶业务、国防科技工业体制改革和军转民等项工作。主持提出的航空推进技术演示验证计划和航空发动机基础建设专项等工作思路得到国务院赞同并以专款支持。主持了中国民用飞机发展的研究，其中支线飞机发展方案经国务院批准后正在实施。他提出的航空工业发展的十个关系，为航空工业的全面、协调和可持续发展理清了思路。为建立强大的国防科技工业，他积极稳妥地推进国防科技工业改革调整脱困等各项工作，以创新的思维积极组织研究和探索国防科技工业新的经济增长点，取得了显著的经济效益和社会效益。

2003年底，调中国航空工业第二集团公司工作，并在2004年6月由中国航空科技工业股份有限公司第二次董事会会议选举为中国航空科技工业股份有限公司董事长。结合国际航空工业的变化格局和我国宏观经济的发展趋势，按照科学发展观的要求，他提出了树立"诚信经营、品质一流"的理念，以及"强化自我发展意识和市场竞争意识"，"搞好为国防、为用户、为国家发展服务"，"坚持符合产业技术和市场规律的发展思路"，"完成五大工程奠定军民结合发展的产业基础"，"搞好企业管理，练好企业内功"等一系列战略构想，并大力推动企业资源的重新整合，促进了企业资源按市场规律更加有效的配置，为中国航空科技工业股份有限公司下一步快速、稳健的发展奠定了良好的基础。

「庄东辰」先生

庄东辰，1955年出生，华东师范大学统计学博士，高级经济师。进入申银万国至今，历任申银万国证券公司研发中心主任、研究所所长、研究所有限公司董事长。现为上海申银万国证券研究所有限公司董事长，中国证券业协会副会长，中国证券业协会证券分析师专业委员会副主任，上海市金融工程研究会副理事长， 上海市互联网信息服务业协会副理事长。先后荣获上海市劳动模范、上海市优秀共产党员、上海市金融系统优秀共产党员、上海市职工职业道德"十佳标兵"、全国五一劳动奖章等荣誉称号、上海实施发明成果优秀企业家。

《保值贴补率预测分析模型》、《国债期货套利分析系统》、《中国利率期限结构模型》、《国债回购套利分析模型》和《中国国债投资分析原理与方法》是庄东辰的代表性研究成果，其对中国国债市场的投资运作产生了积极的影响。

庄东辰带领研究所大胆探索实践，走一条适合中国证券咨询业发展的道路。他以自己的远见卓识领导研究所不断创新和调整研究咨询产品的体系和形式。使研究所形成了体系完整、质量一流的核心报告产品系列，形成了丰富多彩的个性化投资顾问服务项目，以及收购兼并、企业重组、投融资顾问等财务顾问服务的特色项目。组织开发了"经纪通"客户关系管理、基金绩效评价、债券分析等证券投资分析系统产品。他以各种活动为载体建设"以人为本，务实创新"的企业文化，增强员工凝聚力、提高企业竞争力。为资助贫困学生，他积极支持和参与申银万国证券研究所爱心助学活动。在他的带领下，研究所创造了连续三年基金服务佣金收入名列全国第一，2003年业务收入突破5000万元等业绩，成为行业的领头羊。在业内，他大规模组织"行业研究"的工作和大型研讨会；召开系列资产重组的研讨会，并运用理论于实务中；他远见地提出"网络经济必将与资本市场相结合"的观点，准确预测了519行情；提出证券咨询业要走市场化道路，并成立独立法人的研究所。他提出"以市场为导向，以客户为中心"的经营理念和"绿色咨询"的理念，强调个性化、特色化、市场化服务。这些都得到业内的广泛认可。

庄东辰博士的追求是把研究所建设成具有国际水准的综合性证券研究机构，并为中国证券投资咨询行业的发展探索一条成功之路。

周月秋

中国工商银行资产托管部 总经理

周月秋，男，汉族，1963年生于湖南省，中共党员，经济学博士，副研究员，从事金融工作20年。1983年至1990年，在河南省金融干部管理学院工作，任教研室副主任。1990年至1993年，在陕西财经学院攻读博士学位。1993年至1997年，在中国工商银行资金计划部任副处长，1997年至1998年在中国工商银行安徽分行合肥市分行任副行长，1998年至2000年任中国工商银行资金营运部处长，2001年任中国工商银行资金营运部副总经理，2002年任中国工商银行基金托管部副总经理（主持工作），2003年至今任中国工商银行资产托管部总经理。

江先周

中国建设银行基金托管部 总经理

江先周，中国建设银行基金托管部总经理.负责全行证券投资基金、产业投资基金以及委托资产托管业务的经营管理。1996年加入建设银行，先后在行长办公室、国际业务部、基金托管部、机构业务部工作。1995年5月至1997年5月，任办公室副主任，主要负责全行法规与法律事务管理，信息交流、对外宣传、档案管理等。1997年5月2000年8月任国际业务部副总经理，负责全球代理行关系管理、全行贸易融资、外汇清算、商人银行等业务管理。

在十余年银行工作实践中、对中国金融理论与实务问题做了深入研究，在中央级刊物发表专业论文十篇，20余万字。合作编著、翻译专著近十部。

田仁灿

海富通基金管理有限公司 总裁

田仁灿，1961年7月出生，比利时国籍，上海外国语大学法国语言与文学学士、政治研究国际关系硕士，英国曼彻斯特商业学校和威尔斯大学联合颁发工商管理学硕士(金融专业)。

1997年11月至2003年3月先后任富通基金管理公司(集团)执行董事局扩大会议成员，富通基金管理亚洲有限公司首席执行官，富通银行北亚区首席执行官特别顾问，广通亚洲有限公司董事兼秘书长(富通集团)。

2003年4月至今任海富通基金管理有限公司总裁、董事。

詹原竞

天津中新药业集团股份有限公司 董事长

詹原竞，天津中新药业集团股份有限公司董事长，高级工程师，中国医药企业管理协会、企业家协会理事，天津市企业管理协会、企业家协会理事。2000年4月，被天津市总工会授予"九五"立功优秀经营者称号，荣获"九五"立功奖章。2002年，被天津市政府授予"劳动模范"称号。

陈智

云南铝业股份有限公司 董事长

陈智，男，1982年毕业于四川大学经济学系。1982年至1985年在云南省政府工作，曾任正处级秘书、处长。1985年至1998年，陈智先生先后担任云南省工商行政管理局副局长，党组成员，云南省红河州人民政府副州长，云南省地方税务局副局长、党组成员。1998年至今，在云南冶金集团总公司任党委书记，董事长、总经理，并兼任云南兰坪有色金属有限责任公司董事长、云南铝业股份有限公司董事长。

邹韶禄

云南铜业股份有限公司 董事长

邹韶禄，男，1950年12月生，中共党员，研究生学历，高级政工师、高级经济师，云南铜业（集团）有限公司董事长、党委书记、总经理。曾任云锡公司党委副书记、纪委书记、副经理；1995年12月提任中国有色金属工业昆明公司党委书记，经理；1996年4月兼任云南铜业（集团）有限公司董事长、党委书记；1999年10月任云南铜业（集团）有限公司总经理。

宋春雷

河南中原高速公路股份有限公司 董事长

宋春雷，1960年4月出生，中共党员，硕士，高级会计师。享受国务院政府津贴专家，河南省优秀专家，河南省学术技术带头人，并获中国企业联合会、中国企业家协会优秀企业家，中国上市公司杰出企业家等荣誉称号。现任河南中原高速公路股份有限公司董事长、党委副书记，河南高速公路发展有限责任公司副董事长，中国企业联合会和中国企业家协会第七届理事，中国国际商会河南商会副会长，河南上市公司协会理事。

何清华

湖南山河智能机械股份有限公司 董事长

何清华，博士生导师，民盟湖南省委副主委，湖南省政协常委。1965年9月至1969年7月湖南江永县桃川农场知青，生产队长。1969年7月至1974年12月湖南益阳泞湖公社农机厂知青。1974年12月至1980年10月长沙客车厂（车工）。1980年10月至1983年9月中南大学（研究生学习）。1983年9月至1987年7月任中南大学机械系教师。1987年8月至1988年12月任中南大学机械系讲师。1988年破格晋升为中南大学副教授。1991年破格晋升为中南大学教授。1996年中南大学智能机械研究所所长。1999年8月创办湖南山河智能机械股份有限公司任董事长。

郑华

贵州盘江精煤股份有限公司 董事长

郑华，汉族，1966年3月出生，重庆江津县人，大学文化，中共党员，高级工程师。现任盘江煤电（集团）有限责任公司副董事长、总经理、党委委员，贵州盘江精煤股份有限公司董事长。

谢红兵

交通银行证券投资基金托管部 总经理

谢红兵，男，汉族，1950年7月生，江西高安人，中共党员，大学学历。现任交通银行证券投资基金托管部总经理。

谢红兵1968年3月参加工作；1970年加入中国共产党，政工师。1968年3月至1983年3月在空四军通信营历任班长、排长、营政治教导员。1983年3月至1992年9月历任空四军司令部直属政治处副主任、主任（其中1985年7月由高等教育自学考试复旦大学马列主义理论专科学习毕业）。1992年9月至1993年12月交通银行上海分行杨浦办事处负责人、副主任。1993年12月至1994年9月任交通银行上海分行营业处处长。1994年9月至1997年3月交通银行上海分行静安支行行长，1997年3月至1998年5月交通银行上海分行杨浦支行行长（期间在复旦大学国际金融专业学习）。1998年5至今历任交通银行证券投资基金托管部副总经理、总经理。

姜国芳

申万巴黎基金管理有限公司 董事长

姜国芳，男，1957年10月出生，工商管理学硕士，高级经济师，现任申万巴黎基金管理有限公司董事长兼党总支书记。1976年2月参加工作，1977年12月加入中国共产党，历任中国人民银行、中国工商银行上海分行科长、处长、上海申银证券有限公司副总经理、申银万国证券股份有限公司执行副总裁兼申银万国（香港）有限公司董事长等职。长期从事金融领域工作，有20年金融工作经历，非常熟悉银行、证券等金融业务。曾在《上海金融》、《证券业》等专业刊物上发表文章，如：《WTO与证券公司的应对策略》、《论证券公司专业化、集团化和国际化》、《论证券公司投资银行化与证券市场国际化》、《证券公司面临的困难与出路》、《B股市场需要制度创新》等。

刘龙华

北京城建投资发展股份有限公司 董事长

刘龙华，大学学历。1968年11月至1969年4月在北京顺义县张喜庄公社插队；1972年4月至1975年12月在清华大学建工系供热与通风专业学习；1975年12月至1999年8月任北京建工集团设备安装公司工长、副经理、经理；1999年8月至2002年4月任北京建工集团党委副书记、董事长、总经理；2002年4月至今任北京城建集团党委书记、董事长、2002年6月至今兼任北京城建投资发展股份有限公司董事长。

王忠民

中诚信托投资有限责任公司 党委书记、董事长

王忠民，高级会计师，曾任原煤炭工业部财务司资金处处长、副司长，1995年经中国人民银行批准担任中煤信托投资有限责任公司董事长、总经理，现任中诚信托投资有限责任公司（原中煤信托）党委书记、董事长，中国煤炭工业协会副会长，中国信托业协会会长。

王纯

中央国债登记结算公司 党委书记、董事长

王纯先生1984年工作于农业银行北京朝阳支行，期间担任了副行长、行长。1988年工作于农业银行北京市分行，期间担任了副行长、行长。1997年工作于中国农业银行人事部，期间担任人事部总经理、党委组织部部长。2001年任中央国债登记结算公司董事长、党委书记。

张钢

中国科技证券有限责任公司 董事长、总裁

张钢，中国人民银行研究生部硕士、中国社科院经济学博士，研究员。曾先后获得国务院政府特殊津贴、中科院管理成就奖、省部级劳动模范等一系列奖励与荣誉称号。历任中国银行总行政策研究室负责人，总行办公室主任。1992年起先后担任中国科技财务公司、中国科技国际信托投资有限责任公司的董事长、总经理。2002年起，担任中国科技证券有限责任公司董事长、总裁。

张钢董事长在金融企业管理、金融市场改革、科技金融、风险投资等方面有较系统的理论研究，发表论文、著作或编译十多篇（部）。现兼任中国人民银行研究生部硕士研究生导师。

刘新来

中国经济技术投资担保有限公司 总裁

刘新来先生1993年作为主要创办人，组建了国内首家专业担保公司--中国经济技术投资担保公司。任常务副总裁，对中国担保业的开拓发展及管理运作做了深入的理论探索和大量实践。1998至今任中国经济技术投资担保有限公司总裁。2001年，作为主要发起人，发起缔结了“中国担保联盟”，联盟现有成员125家。

王功伟

金融街控股股份有限公司 董事长

王功伟，1956年6月出生，研究生学历，中共党员，北京市劳动模范、北京市人大代表，现任金融街控股股份有限公司董事长。1978年9月至1983年12北京市西城区建筑工程公司干部，1983年12月至1993年12月任北京市西城区计划经济委员会副主任，1993年12月至2000任金融街建设开发有限责任公司董事长兼总经理，2000年至今任金融街控股股份有限公司董事长。

廖礼村

江西江中药业股份有限公司 董事长

廖礼村，男，1976年毕业于江西中医学院中医专业并留校任教。1984年至1996年任江西中医学院中医系党委总支副书记、书记。1996年任江西江中制药厂党委副书记；2000年1月任江西江中制药厂党委书记。2001年至今，任江西江中药业股份有限公司董事长。

张斌

中国外运股份有限公司 董事长

张斌，北京大学国际工商管理硕士，中国外运股份有限公司执行董事兼董事长。一九八二年加入中国外运（集团）总公司。一九八二年至一九八八年六月任职港口部。一九八八年至一九九二获调派到美国华运公司任职，之后回国担任中国外运（集团）总公司港口部副总经理。一九九三年一月至一九九七年二月，历任中国航空货运公司副总经理、总经理。一九九七年出任中国外运（集团）总公司执行董事副总裁。自二零零一年五月起担任中国外运（集团）总公司总裁。中外运空运发展股份有限公司董事长。

王世超

新疆天宏纸业股份有限公司 董事长

王世超，男，汉族，1953年7月出生，四川合江人，1969年1月参加工作，中共党员，大学学历，高级农艺师。曾任农八师121团修造厂文教，121团机井连党支部书记、连长，121团建安公司经理，121团水电公司经理兼水管站站长，121团党委常委，农八师122团党委常委、副团长，122团党委副书记、团长，农八师142团党委常委、书记、政委，农八师石河子市副总畜牧师、西部牧业有限责任公司董事长，农八师石河子市副秘书长，现任新疆石河子造纸厂党委书记，新疆天宏纸业股份有限公司第二届董事会董事长。

曹朝阳

风神轮胎股份有限公司 党委书记、董事长

曹朝阳，41岁，中共党员，研究生学历，高级工程师，风神轮胎股份有限公司董事长，党委书记。兼任河南轮胎集团公司副董事长、党委书记、总经理，第十届全国人大代表。历任河南轮胎厂电力车间副主任，电力分厂副厂长、厂长；焦作市合成纤维厂副厂长、党委书记兼厂长；集团公司副总经理、董事长。

2000年曹朝阳上任以来，公司工业产值由11.4亿元增加到30.6亿元；资产总额由9亿元增加到18亿元；在世界轮胎行业75强排名中也由67位前移至37位。公司先后被评为全国首批520家"守合同、重信用"企业、全国百家最佳汽车零部件供应商（轮胎行业仅两家）、风神品牌荣获全国十大轮胎民族品牌、中国500最具价值品牌、2004年9月1日，全钢载重子午胎被评为全国首批轮胎类中国名牌产品。

王春鹏

辽河金马油田股份有限公司 董事长

王春鹏，现任辽河油田分公司总经理兼辽河金马油田股份有限公司董事长。曾任辽河油田作业大队教导员，生产科长；1984至1994年，先后任采油厂副厂长、厂长；1994至1999年，历任辽河油田副局长、局长。王春鹏先生主持过多项科技攻关项目和管理项目，曾获得国家科技进步二等奖和国家级管理创新成果二等奖；曾荣获“中国企业管理杰出贡献奖”、“辽宁省五一劳动奖章”、“全国五一劳动奖状”、“ 中国创业企业家称号”。

王林祥

内蒙古鄂尔多斯羊绒制品股份有限公司 董事长

王林祥，1951年出生，高级经济师。1970年参加工作，曾任原伊盟羊绒衫厂筹建指挥部总指挥，原伊盟羊绒衫厂厂长，内蒙古鄂尔多斯羊绒集团有限责任公司总裁、党委书记，兼任内蒙古鄂尔多斯羊绒制品股份有限公司董事长，曾被评选为纺织工业劳模全国劳模、中国经营管理大师。

高巨谦

青岛黄海橡胶股份有限公司 董事长

高巨谦，男，1949年3月出生，本科文化程度，高级经济师，青岛黄海橡胶股份有限公司董事长。2003年分别被评为全国首届化工风云人物、山东省优秀企业家、青岛市专业技术拔尖人才、青岛市劳动模范。

李建新

湖南长丰汽车制造股份有限公司 董事长

1970年3月-1973年8月	进入中国人民解放军第7319工厂。
1973年9月-1976年9月	进入华中工学院（现华中科技大学）学习。
1976年10月-1981年6月	任中国人民解放军第7319工厂技术科技术员。
1981年7月-1984年2月	任中国人民解放军第7319工厂技术科助理工程师。
1984年3月-1984年9月	任中国人民解放军第7319工厂技术科副科长、工程师。
1984年10月-1996年9月	任中国人民解放军第7319工厂厂长。
1996年10月至今	任长丰（集团）有限责任公司董事长、党委书记。
1996年12月至今	任湖南长丰汽车制造股份有限公司董事长。

阮水龙

浙江龙盛集团股份有限公司 董事长

阮水龙，浙江上虞人，中共党员，高级经济师。现任浙江龙盛集团股份有限公司董事长、党委书记，兼任中国染料工业协会副理事长、浙江染料工业协会理事长、绍兴市染料协会理事长、绍兴市第二、三、四、五届人大代表、上虞市第四、五、六届政协委员、常委。自1970年以来，历任“浬海公社微生物农药厂”、“上虞纺织印染助剂厂”、“上虞县助剂总厂”、“浙江助剂总厂”、“浙江燃料助剂总厂”厂长，“浙江龙盛集团公司”董事长、党委书记。

阮水龙先生多次荣获“浙江省企业创业功臣”、“浙江省优秀企业家”、“浙江省创业企业家”等一系列荣誉称号。

张连选

天津市房地产发展（集团）股份有限公司 董事长

张连选，男，1953年11月生，中共党员，工商管理硕士研究生，高级工程师。现任天津市房地产发展（集团）股份有限公司董事长。1994年至2001年人天津市建工集团党委副书记、副总经理；2001年至2002年任天津市房地产发展（集团）股份有限公司总经理；2002年至今任天津市房地产发展（集团）股份有限公司董事长。

李泽民

大同煤业股份有限公司　副董事长兼总经理

李泽民，男，50岁，中共党员，大学文化，高级工程师。曾任大同矿务局大斗沟矿技术员、副区长、区长、副矿长、煤峪口矿、四台矿矿长、大同矿务局劳动服务总公司经理、书记、大同煤矿集团公司总经理助理。现任大同煤业股份有限公司副董事长、总经理。

高峰

陕西建设机械股份有限公司　董事长

高峰，1951年生，硕士研究生学历，高级经济师。曾任陕西省建筑工程机械厂金工车间主任兼党支部书记、副厂长、厂长兼厂党委书记；集团公司董事长、党委副书记兼总经理。现任陕西建设机械股份公司董事长。高峰先生曾先后荣获“第七届全国优秀企业家（金球奖）”、“全国劳动模范”等荣誉，并作为受国务院表彰的为我国工业事业作出突出贡献的专家而享受政府特殊津贴。

孙新华

芜湖港储运股份有限公司　董事长

孙新华，1955年10月生，大学文化，中共党员，高级经济师。1994年元月以来，孙新华同志先后担任芜湖港务管理局党委书记，局长，芜湖港口有限责任公司党委书记、总裁、芜湖港储运股份有限公司党委书记、董事长。企业由乱而治、兴旺发达、蒸蒸日上。2003年当选为“中国经济百名杰出人物”。先后多次荣获交通部长航局党委“优秀班长”、中国海员工会全国委员会“金锚奖”、交通部和人事部全国交通系统劳动模范、“安徽省质量管理先进工作者”、中国质检总局“全国质量管理先进工作者”荣誉称号。

高钟

华安证券有限责任公司 总裁

高钟，1955年生，毕业于南开大学经济系，高级经济师，现任华安证券有限责任公司总裁。先后在政府经济部门、实业投资公司和金融证券领域工作，长期从事经济研究和经济管理工作，特别是财政、金融、证券方面的管理工作，具有丰富的专业学养和工作经验。长于经济分析和研究，曾承担和参与多项科研课题并且获奖；较早涉足证券领域，曾参与美菱、皖能、马钢等公司的上市有关工作；富有实践经验，曾在实业投资公司担任领导职务，取得不俗的经营业绩。自2001年起，担任华安证券有限责任公司总裁，带领员工在荆棘丛生和充满希望的证券园地里，栉风沐雨，勤耕不缀。公司的持续健康稳定发展是其不懈追求的目标，公司连续多年的良好业绩是其辛劳付出的最好回报。

张郁平

招商证券股份有限公司 副总裁

张郁平，1958年出生，中南财经大学经济学硕士，中国证券业协会投资银行业委员会委员。现任招商证券股份有限公司副总裁，主管投资银行业务。曾任招商证券股份有限公司研究发展中心总经理。

张桂庆

国信证券有限责任公司 副总裁

张桂庆，1966年出生，经济学硕士，现任国信证券副总裁兼投资银行事业部总裁。1992年至2001年在中国证监会任职，历任中国证监会发行监管部处长、上市监管部处长，具有较强的理论功底、丰富的证券发行审核经验和实务操作能力。著有《中国证券发行制度与市场研究》等多部专著。

李名岷

莱芜钢铁股份有限公司 董事长

李名岷，男，汉族，山东五莲人，1946年3月出生，大学文化，高级经济师，山东省第九届人民代表大会代表，全国第十届人民代表大会代表。历任莱芜钢铁总厂机械厂副厂长、厂长，莱芜钢铁总厂副厂长，莱芜钢铁股份有限公司董事、副董事长，莱芜钢铁集团有限公司董事等职。现任莱芜钢铁股份有限公司董事长，莱芜钢铁集团有限公司副董事长、总经理。

王佳芬

光明乳业股份有限公司 董事长、总经理

王佳芬，女，1951年10月生，大学毕业，EMBA在读。中共党员，高级经济师。全国优秀企业家，全国“五.一”劳动奖章获得者，上海市劳动模范。现任光明乳业有限公司董事长兼总经理，上海牛奶（集团）有限公司董事，国际乳品联合会中国副主席，中国奶业协会副理事长，中国乳品工业协会副理事长，上海奶业协会会长，中国食品协会常务理事，上海市女企业家协会常务理事，上海市人民政府决策咨询研究专家。曾任上海市星火农场五七连队党支部副书记、副指导员，上海市星火农场党委副书记、工会主席，上海市芦潮港农场场长、党委副书记，上海市农场局工业外经处处长，上海牛奶（集团）有限公司董事长、总经理、党委副书记等职。

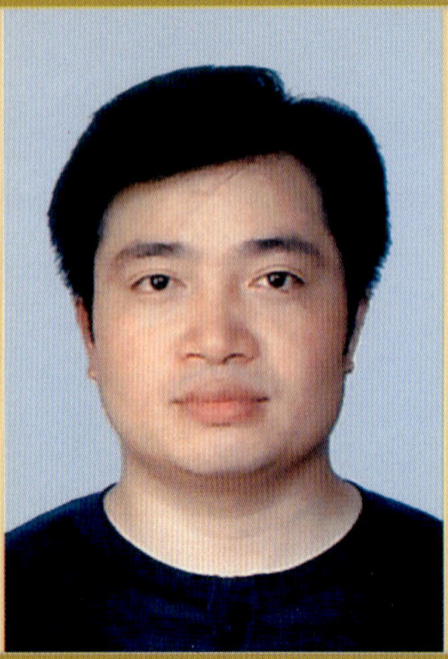

孔德双

江苏高淳陶瓷股份有限公司 党委书记、董事长

孔德双，男，1966年出生。1987年至1992年高淳陶瓷厂技术科技术员；1992年至1995年1月高淳陶瓷厂技术科副科长；1995年1月2004年5月历任江苏高淳陶瓷股份有限公司副总经理、总经理、董事长兼党委书记。

王德贤

安徽山鹰纸业股份有限公司 董事长

王德贤，男，汉族，1947年3月出生，大学文化，高级经济师。1966年参加工作，在马鞍山市造纸厂先后担任劳资员、车间主任、生产股长，1981年调至马鞍山市轻工业局工作，1982年任马鞍山市造纸厂副厂长，1984年任厂长，1984年企业改制后任马鞍山山鹰造纸有限责任公司董事长、总经理，1999年变更成立安徽山鹰纸业股份有限公司后任董事长。

孙东兴

安徽方兴科技股份有限公司 董事长

孙东兴，男，汉族，1951年6月出生于安徽滁州，中共党员，中国社会科学院研究生院硕士研究生毕业，高级经济师、高级政工师，安徽华光玻璃集团有限公司党委书记、总裁，方兴科技股份有限公司董事长，安徽省建材工业协会副会长，安徽省人大代表、省政协委员，中共蚌埠市市委委员、市人大常委，安徽省企业家协会副会长，全国性建材科技期刊《玻璃》第四届编委会副主任委员。

孙东兴同志荣获“全国五一劳动奖章”、“中国十大管理精英”、“全国质量管理突出贡献者”、“联合国国际科学与和平周和平使者”、“全国建材系统劳动模范”、“全国建材行业优秀企业家”、“中国建材行业十大新闻人物”、“2001年全国建材行业全面质量管理卓越领导者”、“安徽省十佳经济人物”等称号。

齐民

武汉三特索道集团股份有限公司 董事长

齐民、男，武汉三特索道集团股份有限公司董事长。武汉大学经济系毕业，经济博士，高级经济师；1950年年出生于湖北省武汉市，1968年参加工作，曾在农村、企业基层和党政机关工作。曾任湖北省政府办公厅科长、处长、研究室副主任；中共湖北省委财经办公室主任；湖北清江水电开发公司副总经理；华中科技大学、武汉大学兼职教授，湖北经济学院客座教授，现任武汉三特索道集团股份有限公司董事长，党委书记，湖北省经济学会副会长。

王文京

北京用友软件股份有限公司 董事长

王文京，40岁，现任北京用友软件股份有限公司董事长、第九届和第十届全国人大代表、中国软件行业协会副理事长。

1983至1988年在国务院机关事务管理局工作。1988年以5万元借款与苏启强先生合伙创办用友软件公司。

王文京先生及其领导的用友公司为中国软件产业的发展作出了重要贡献。王文京先生曾荣获"中国优秀民营企业家"、"北京市劳动模范"、"第一届中国软件行业杰出青年"、"2001中国年度经济人物"、美国《商业周刊》评选的2002年度"亚洲之星"、"2003年信息产业年度人物"、民政部2003年"爱心捐助奖"等称号及荣誉。

朱重庆

浙江航民股份有限公司 董事长

朱重庆，男，1953年2月出生，浙江杭州萧山人，汉族，中共党员，高级经济师。1979年7月至1988年12月任萧山瓜沥镇航民村党支部副书记。1989年1月至2003年12月历任萧山市航民实业公司（航民村）党委书记、董事长、总经理；浙江航民实业集团有限公司（航民村）党委书记、董事长、总经理；浙江航民股份有限公司董事长。

2004年至今任浙江航民实业集团有限公司（航民村）党委书记、浙江航民股份有限公司董事长。

何国杰

广东省风险投资集团 董事长

何国杰，现任广东省风险投资集团董事长，广东省风险投资促进会理事长，广东省科技风险投资有限公司董事长，广东省科技创业投资公司总经理，广东清华科技创业中心理事长，华南理工大学商学院兼职教授，中国科技金融促进会风险投资专业委员会副主任，中国风险投资杂志编委，2002年中国证券业年鉴顾问。何国杰先生曾被“2002年大中华区创业投融资高峰会暨中国创业投资年度论坛”

评选为“2002年中国创业投资10佳基金投资人”；被“2001年中国创业投资年度论坛”评选为“2001年中国最活跃的10位风险投资人”。

闫希军

天士力制药股份有限公司 董事长

闫希军，主任药师，博士研究生，天士力集团创始人，现任天士力制药股份有限公司董事长。曾荣获联合国“和平使者”、全国医药系统劳动模范、全国优秀科技工作者、全国卫生产业先进个人、全国优秀企业家、全国药材工作先进个人、天津市“科技兴工”带头人、天津市特等劳动模范、天津市“科技兴市”突出贡献奖、天津市“技术创新”带头人等多项殊荣，并荣立军队二等功。

聂祖荣

长江证券有限责任公司研究所 所长

聂祖荣，博士，长江证券有限责任公司研究所所长。先后担任公司资产管理事业部投资部副经理、策划部经理、投资银行总部副总经理、研究所副所长等职。聂先生长期致力于企业基本面分析及证券公司发展战略、并购理论与实务等方面的研究。近几年，先后有十几项成果分别获中国发展研究奖、中国证券业协会、湖北省、深圳证券交易所、湖北省金融学会奖项，被世界经纪人周刊、财经时报、证券日报联合主办的“世界金融实验室年度大奖”授予“2004年最具声望的100位证券分析师”称号，名列15位。

聂先生同时还担任湖北省金融学会副秘书长、湖北省信息学会理事职务。

刘兴亮

山东铝业股份有限公司 董事长

刘兴亮，男，汉族，1960年9月生，山东省潍坊市人，天津大学工商管理硕士（MBA），高级工程师。1982年2月参加工作，1985年6月加入中国共产党，现任山东铝业股份有限公司董事长。历任山东铝厂电解铝厂助理工程师、山东铝厂研究院助理工程师、山东铝厂电解铝厂厂长助理、山东铝厂电解铝厂副厂长、山东铝业公司电解铝厂厂长、山东铝业公司副总工程师兼生产技术处处长、山东铝业公司副经理、山东铝业公司经理、山东铝业股份有限公司副董事长等职务。

段虎

天同证券有限责任公司　董事长

段虎，1950年出生，硕士研究生，中共党员，天同证券有限责任公司董事长。从1987年至1996年，段虎先生历任山东省经济体制改革委员会生产处处长、委员、党组成员、副主任和省证管办负责人。在1999年4月27日上海证券交易所第六次会员大会上，段虎先生当选为上交所第三届理事会理事。1999年12月，当选为中国证券协会理事会理事。2003年，当选为中国企业家协会理事。2003年2月，在上海证券交易所第三届理事会第十五次会议上，当选为上证所理事会监督委员会主任。

姜长龙

华西证券有限责任公司　副总裁

姜长龙，华西证券副总裁，北京大学经济学硕士，全国金融青年联合会委员、北京大学光华管理学院EMBA校友会副主席。曾任职于国家计委长期规划司和财政金融司、国务院证券委员会办公厅。1996年12月起历任国信证券总裁助理兼投资银行总部总经理、副总裁、常务副总裁，2002年6月起任深圳国际信托投资有限责任公司董事、副总经理，2003年6月起任大通证券总裁，2004年4月出任华西证券副总裁，主管投资银行业务。

姜长龙先生在国家宏观经济管理部门工作多年，并有近十年大型金融机构领导岗位的经历，尤其是投资银行的工作经验。具有深厚的企业管理实践经验，深刻了解国内证券市场、证券公司和上市公司经营和运作。

田国立

宏源证券股份有限公司　董事长

田国立，1960年出生，高级经济师，中共党员，自1983年7月大学毕业后就从事金融工作，26岁担任建设银行支行建设银行支行副行长，并先后担任过建设银行支行行长、建设银行北京市分行副行长、建行总行营业部总经理、建设总行行长助理、中国信达资产管理公司副总裁等领导职务。

现任中国信达资产管理公司副总裁，宏源证券股份有限公司董事长。

安保和

西部证券股份有限公司 副董事长、总经理

安保和，工商管理硕士，高级经济师。曾任陕西省委经济部、陕西省委组织部副处级干部，陕西省科技风险投资公司部门经理，工行陕西省信托投资有限公司部门经理，陕西信托投资有限公司董事会秘书、总经理助理、副总经理，陕西证券筹备组组长等职。2001年1月至今任西部证券股份有限公司副董事长、总经理。

桂水发

东方证券股份有限公司 副总裁

桂水发，1965年出生，经济学学士，香港大学EMBA，注册会计师、审计师。历任上交所上市部及市场发展部总监、北京办事处主任等职。现任东方证券股份有限公司副总裁，中国证券业协会投资银行业委员会委员、长城基金管理有限公司公司董事、上海耀华皮尔金顿玻璃股份有限公司独立董事。

桂水发先生从事证券业十几年，精通改制重组上市业务、主持了多家企业的发行上市工作，对国内外证券市场运作有丰富的经验。

彭世平

江南证券有限责任公司 副总裁

彭世平，38岁，管理学博士，会计学硕士，现任江南证券有限责任公司副总裁。1994年至2003年，在中国证监会、深圳证券交易所及深圳证券登记结算公司从事发行审核和证券监管等工作，曾任深圳证券交易所借调中国证监会小组组长。

彭世平先生具有很高的专业水平和管理实践经验。自2004年6月任江南证券副总裁分管投行工作以来，带领江南证券投资银行事业部全体员工精诚团结，锐利进取，投行业务取得了很大发展。同时，江南证券投行人员的素质也得到很大提高，江南证券有8人通过第一次和第二次保荐代表人胜任能力考试，并吸纳2名保荐代表人加盟，在中小券商中崭露头角。

邓中华

湖南郴电国际发展股份有限公司 董事长

邓中华，男，汉族，1958年9月出生，大学文化，中共党员，高级政工师，特一级摄影师，“全国五一劳动奖章”获得者。现任湖南郴电国际发展股份有限公司董事长、联合国国际小水电洲基地主任，洲市电力有限责任公司董事长。

周建雄

湘潭电机股份有限公司 董事长

周建雄，男，1955年1月出生，湖南长沙人，中共党员，博士，高级经济师、教授级高级政工师。周建雄先生1976年参加工作，一直从事企业生产经营管理工作，1995年5月任湘潭电机集团有限公司党委副书记、人事副总经理，1997年2月任湘潭电机集团有限公司监事会主席，兼党委副书记、纪委书记，2003年3月至今担任湘潭电机股份有限公司董事长。

周建雄先生认真探索国有企业改革发展之路，大力推进国有企业机制创新、管理创新，企业改革发展取得丰硕成果。2003年公司荣获了“全国五一劳动奖状”、“全国模范职工之家”、“湖南省优秀企业”称号，公司生产的交直流电机荣获”全国免检产品”证书。

汤琪

华联超市股份有限公司 董事长

汤琪，男，51岁，中共党员，研究生结业，高级经济师，曾任中国丝绸上海内销公司副总经理、上海华联（集团）经济发展有限公司副总经理、上海时装股份有限公司副总经理、上海时装有限公司总经理兼党总支副书记、上海华联商厦股份有限公司新华联大厦有限公司总经理、华联超市股份有限公司总经理、现任华联超市股份有限公司董事长、总经理、党委副书记。

黄忠渠

贵州钢绳股份有限公司 董事长

黄忠渠先生1982年至1985年任贵州钢绳厂技术员；1985年至1990年任贵州钢绳厂普绳车间主任；1991年至1998年任贵州钢绳倡一分厂厂长；1998年至2001年，贵州钢绳（集团）有限公司副总经理、总经理；2001年至今任贵州钢绳股份有限公司董事长。

李勇

贵州长征电器股份有限公司 董事、总经理

李勇，男，1964年出生，高级工程师，1985年毕业与湖南大学电气工程系，2002-2003年攻读中国改革发展研究所(海南)和荷兰马斯特里赫特管理学院的总经理战略管理MBA。

曾任职于西安电力机械制造公司成套所、北海城建信息中心、北海银河高科技产业股份有限公司，现任广西银河集团有限公司董事、贵州长征电器股份有限公司董事、总经理(首席执行官）。

袁仁国

贵州茅台酒股份有限公司 董事长

袁仁国，汉族，1956年10月生于贵州省仁怀市，中共党员，大专文化，高级经济师，在读研究生。曾任贵州茅台酒厂厂长助理、副厂长、中国贵州茅台酒厂（集团）有限责任公司董事、党委副书记、副总经理。现任中国贵州茅台酒厂有限责任公司党委副书记、副董事长、总经理；贵州茅台酒股份有限公司董事长；贵州茅台酒销售有限公司董事长；贵州茅台酒厂进出口公司总经理，贵州省政协委员。

肖同友

南京钢铁股份有限公司 董事长

肖同友，1947年8月生，1969年毕业于昆明理工大学，教授级高工，南京市人大常委，江苏省劳模，十届全国人大代表。先后任南京铅锌银矿党委书记，南京钢铁集团有限公司董事长、党委书记。现任南京钢铁股份有限公司董事长，南京钢铁联合有限公司董事长、党委书记。

刘洪德

哈尔滨东安汽车动力股份有限公司 董事长

刘洪德，1982年毕业于西北工业大学，中共党员，博士学历，研究员级高级工程师。历任哈尔滨东安发动机（集团）有限公司铸造厂工艺员，技术科副科长，37车间技术副主任，总工程师，东安集团副总工程师，副总经理，哈尔滨东安汽车动力股份有限公司副总经理，总经理，东安集团董事，副总经理（总经济师）。现任哈尔滨航空工业集团有限公司常务副总经理，东安动力董事长，哈飞汽车总经理。

2002年，《汽车发动机铸件铸造缺陷分析专家系统的研制及应用》获黑龙江省高校科学技术奖二等奖。2003年，相继发表了《中国汽车工业产业政策战略性调整的研究》，《技术进步在促进中国汽车工业发展中的作用探析》。

刘克林

西宁特钢股份有限公司 董事长

刘克林，男，汉族，1956年4月出生，中共党员，毕业于西安冶金建筑学院金属压力加工专业，历任西宁钢厂一轧车间技术科长、质量监督处处长、三轧车间主任，西宁特钢股份有限公司总工程师、总经理，现为西宁特殊钢股份有限公司董事长。

2000年、2001年连续被评为“青海省优秀青年企业家”。

郑明坦

江西洪城水业股份有限公司 董事长

郑明坦，高级工程师。1967年至1976年在江西进贤机械厂工作；1976年至1984年在南昌市政工程管理处任副处长；1984年至1987年任南昌煤气公司经理；1987年至1995年任南昌市自来水公司副经理、高级工程师；1995年至2001年任南昌水业集团党委书记，副董事长；2001年11月至今任江西洪城水业股份有限公司董事长。

刘绍喜

广东省宜华木业股份有限公司 董事长、总经理

刘绍喜，男，1963年12月生，广东澄海人，汉族，工商管理硕士（MBA）1987年7月参加工作，1982年7月加入中国共产党。现任广东省宜华木业股份有限公司董事长兼总经理。

主要社会职务：全国青联委员、广东省青联副主席、广东省青年企业家协会副会长、广东省海外联谊会副会长、广东省企业文化研究会副会长、汕头市工商联常委、广东省汕头市第十届人大代表和第五届政协委员、第六届政协常委、澄海区政协常委、人大代表，中共广东省第九次代表大会代表。

主要荣誉称号：被评为“汕头市优秀共产党员”、“汕头市优秀青年乡镇企业家”、“汕头市十佳青年”、“全国乡镇企业家”、“广东省十大杰出青年企业家”、“广东省劳动模范”、“广东省十大杰出青年”、“全国十大杰出青年”提名奖、第三届“中华管理英才”。

于金周

安徽雷鸣科化股份有限公司 董事长

于金周，1966年毕业于合肥工业大学，享受政府津贴教授级高级工程师。现任安徽雷鸣科化股份有限公司董事长，兼任中国民爆器材流通协会副理事长、中国民爆协会常务理事。

于金周董事长是国内民爆行业著名的专家，他主持或参与了数十项科研创新项目，其中“化学发泡水胶炸药”等科研成果被列入国家级火炬计划。他本人也多次受到各级部门的嘉奖，获得原煤炭部“优秀企业家”，及安徽省“优秀企业管理工作者”等荣誉。

周有道

上海国际信托投资有限公司 董事长

周有道，男，大学本科。1985年12月至1991年3月，任上海市财政局副局长、党组成员；1991年3月至1998年4月，任上海市财政局局长（地方税务局局长）、党组书记、市财税党委书记；1998年4月至2000年5月，任上海国际信托投资公司党组书记、董事长、总经理；2000年5月至今，任上海国际集团有限公司党委书记、董事长，兼任上海国际信托投资有限公司党委书记、董事长。

王珠林

西南证券有限责任公司 副总裁

王珠林，38岁，西南证券副总裁、内核小组组长、天同证券董事、中国证券业协会投资银行专业委员会委员，金融学博士研究生。曾任职于甘肃省证券公司、蓝星清洗股份有限公司、中国蓝星总公司、中国证监会上市部，历任投资银行部经理、常务副总、处长等职，在资本市场主要环节都担任过管理工作，熟悉各个环节的具体运作，并有着丰富的投资银行理论、实务及上市公司运作的经验和优秀的沟通协调能力。

李刚剑

上海远东证券有限公司 董事长、总经理

李刚剑，男，1964年出生，中国人民大学经济学博士，中共党员。1991年至1997年，历任中国科学院资源综合考察委员会工业研究室助理研究员、中国诚信证券评估有限公司企业改组部副经理、中国证券市场研究设计中心（“联办”）中国证券业培训中心咨询部主任等职。1998年至2002年，任北京汇正财经顾问有限公司总经理。2002年至今，任上海远东证券有限公司董事长兼总经理。

李刚剑博士长期从事企业重组、股票发行和上市公司财务顾问工作，在公司财务管理、成本会计、资产重组等方面具有丰富经验，先后为茂名石化、南宁化工、兰花科创、吴江丝绸、广聚能源、中信海直、三九医药、北京比特、西北实业等30多家公司担任财务顾问。李博士还在可转换公司债券的理论研究和实务方面的有较深入探索，发表相关文章论著30多万字。具有深厚的投资银行业务实践经验及丰富的金融企业经营与管理经验。

梁斌

华林证券有限责任公司 副总裁

梁斌，华林证券有限责任公司副总裁。曾先后担任赛格集团（惠州）股份有限公司董事总经理，百仕达控股资本市场部总经理，泰阳证券投资银行总部副总经理等职。

梁先生具有多年证券从业经验，在证券公司工作期间，作为投资银行的主要领导之一，狠抓优质企业的价值发现、价值评估和价值实现工作，2002年创造了企业过会率和通道周转率双项全国第一。由于秉承"诚信、稳健、创新"的经营理念，实施专业化、特色化的发展战略，在市场上获得客户的高度认同并创造了独特的华林品牌。

陆景烽

万联证券有限责任公司 董事长

陆景烽同志1984年开始从事金融改革工作，先后任广州市体改办副主任，自1992年起兼任广州市证券委常务副主任，负责企业上市，上市公司监管等工作，2003年2月14日经中国证监会证监机字[2003]50号"关于万联证券有限责任公司陆景烽同志任职资格的批复"核准，担任万联证券有限责任公司董事长，法定代表人。陆景烽同志具有较高的的政治素质，丰富的工作经验和较强的组织领导管理能力。2003年，在陆景 同志带领下，万联证券有限责任公司取得了长足的进步和发展，深沪市的股票交易排在同等规模券商中名列前茅，公司成功由经济类证券公司转型为准综合类证券公司，并于2003年11月取得股票（转债）的主承商资格。

李康

上海金信证券研究所有限责任公司 董事长、总经理

李康，高级经济师，上海金信证券研究所有限责任公司董事长兼总经理、研究所所长，《金信证券研究》主编。中国证券业协会监事、证券分析师委员会副主任委员，上海金融工程研究会副理事长，中国经济体制改革研究会特邀研究员、华东政法学院经济法研究中心特约研究员，上海市青年联合会委员。

李康同志作为我国著名的证券市场研究专家，致力于证券研究工作达10余年之久，2001-2004年连续4年受中国证监会及中国证券业协会委托担任中国证券从业人员资格考试教材《证券投资分析》主编。

徐根雪

浙江金迪期货经纪有限公司 总经理

1984.11-1993.7	杭州市食品公司	
1993.08-1997.7	浙江金马期货经纪有限公司	副总经理
1997.08-1999.1	浙江中大期货经纪有限公司	副总经理
1999.03-2000.3	浙江大地期货经纪有限公司	副总经理
2000.03-2002.8	浙江永安期货经纪有限公司	副总经理
2002.09至今	浙江金迪期货经纪有限公司	总经理

付思福

重庆天健会计师事务所 总经理

付思福，研究生学历，中国注册会计师，证券业特许会计师，中国注册资产评估师，高级会计师，长期从事会计、审计和管理咨询工作，具有丰富的专业服务和管理经验。同时担任中国注册会计师协会理事、中国资产评估协会理事、重庆市注册会计师协会副会长、重庆市司法鉴定委员会委员、重庆市渝中区政协委员等职务。曾组织领导本所在渝钛铂（股票代码：000515）资产重组过程中的财务策划和方案设计工作，使渝钛铂资产重组成为我国上市公司实现成功资产重组的经典范例。

梁英奇

柳州两面针股份有限公司 董事长

梁英奇，高级经济师，现任柳州两面针股份有限公司董事长。曾任柳州市牙膏厂劳资科长、副厂长，本公司董事、副总经理，柳州市人大常委委员。现任中国牙膏工业协会理事长，中国牙防基金会副理事长，广西企业家协会副理事长，中共柳州市委候补委员，桂康公司董事长，惠好公司董事长，洗涤用品厂董事长，玉洁公司董事长，中信证券股份有限公司独立董事和柳州市商业银行董事。

束龙胜

安徽鑫龙电器股份有限公司　董事长

束龙胜，男，汉族，1963年5月出生，安徽无为人，工学学士，高级工程师，现任安徽省政协委员、芜湖市政协常委、芜湖市工商业联合会会长、安徽鑫龙电器股份有限公司董事长。

束龙胜同志曾先后多次荣获芜湖市“青年星火带头人”、芜湖市鸠江区“十佳青年”、芜湖市“优秀企业厂长（经理）”、安徽省“创业之星”等称号。

束龙胜同志坚持以“人才为本”经营思想，以“求实，创新，鑫龙之本”经营之道，偕同公司全体员工，使公司经营业绩连续十几年保持了高速增长。

王晋勇

兴业证券股份有限公司　副总裁

王晋勇，男，博士，1964年5月出生，山西省太原市人。现任兴业证券副总裁兼投资银行总监，兼任上海证券同业公会副会长、福建省股份制企业协会常务理事。

王晋勇先生曾任北京市计划委员会工业处助理研究员、国家计划委员会产业经济研究所副研究员，中国证监会发行监管部综合处、发审委工作处，副处长、处长等职。

在国内主要刊物发表《国有企业产权制度变革的思路》等近二十篇论文，著有《体制转换中的中国产业组织研究》。并发表了《公司并购融资的安排研究》等多篇论文。

刘丹军

武汉三特索道集团股份有限公司　总裁

刘丹军、男、1955年2月出生，武汉市人，中共党员，硕士研究生，高级经济师，现任武汉三特索道集团股份有限公司总裁。

1972年至1976年，国营96262厂工人；1976年至1977年，武汉大学理论班学员；1977年只1981年武汉大学经济系教师；1981年至1984年武汉大学社科系教师；1984年1987年，中南财经政法大学财经系研究生；1987年至1994年武汉信托投资公司副总经理；1994年至今，武汉三特索道集团股份有限公司副总经理、总经理、总裁。

周到

西南证券有限责任公司研发中心 副总经理

周到，1957年6月生，中国证券业协会证券史研究室高级研究员；中国民主建国会会员；上海市宁波经济建设促进协会会员；美国国际东西方大学工商管理硕士。在诺贝尔经济学奖获得者罗伯特·蒙代尔所属世界金融实验室推出的2004年最具声望一百位分析师中，排名十二。《中国证券史（1978～1998）》（中信出版社2003年8月版）副主编，《聚焦："代办"与PT--股份转让和特别转让股票解析》（知识出版社2001年10月版）等书主编。《"破"译书--绩差公司剖析》（立信会计出版社2001年1月版）作者。另有证券研究文章约500万字，散见于报刊杂志。

龙大伟

诚志股份有限公司 副董事长、总裁

1981年9月--1986年7月	清华大学热能工程系
1990年2月--1994年5月	清华大学校团委副书记
1989年2月--1994年5月	清华大学三联试验工厂厂长
1993年7月--1997年3月	清华大学经济管理学院MBA
1994年12月--2003年	清华大学企业集团副总裁
1997年6月--2003年8月	清华同方股份有限公司董事
1998年10月--至今	诚志股份有限公司副董事长、总裁

李勇智

吉林炭素股份有限公司 董事、副总经理

李勇智，毕业于吉林工业大学，研究生学历，高级工程师。曾任吉林炭素总厂计算机应用科副科长、科长、处长、厂办主任、厂长助理、副厂长。现任吉林炭素集团有限责任公司总经理，吉林炭素股份有限公司董事、副总经理。

汪方怀

海南民生燃气（集团）股份有限公司 总裁

1980年4月-1984年7月	复旦大学，经济系学生。
1984年8月-1992年7月	中共安徽省政策研究室、经济处巡视员综合协调处副处长、处长。
1992年8月-1998年10月	安徽发展投资股份有限公司总经理。
1998年11月-1999年12月	安徽省决策咨询中心主任。
2000年1月-2000年6月	人民日报社事业发展局重大项目室副主任。
2000年7月至今	海南民生燃气（集团）股份有限公司副总经理、副总裁、总裁。

张峻

上海万申信息产业股份有限公司 董事、总经理

张峻，上海万申信息产业股份有限公司董事、总经理，兼任上海市工商理事会副理事长，2004年又被授予“上海市优秀中国特色社会主义事业建设者”荣誉称号。

张峻是公司的主要创始人和开拓者。在他的领导下，万申的注册资本达到3300万元，总资产超过5000万元，年销售额7000万元，客户遍及全国30个省市的160多个大中城市，成为金融证券业系统集成和应用软件业服务业当之无愧的领头羊。

王永禄

北京国友大正资产评估有限公司 董事长

王永禄，男，汉族，1948年生于重庆，1982年毕业于西南财经大学。中国注册资产评估师、中国注册会计师，高级会计师、经济师、律师。自1982年以来，先后在大型国企、外资企业从事财务管理工作，在律师事务所、会计师事务所执业。1992年起从事资产评估工作，组织和实施中国投资银行改制、大唐电信改制上市、海南罗顿改制上市等几十项资产评估项目。现任北京注册会计师协会常务理事、北京国友大正资产评估有限公司董事长。先后在《中国资产评估》和《北京注册会计师》等刊物发表过有关资产评估的多篇论文。

唐民伟

重庆钢铁股份有限公司 董事长

1959年9月-1964年8月 重庆大学冶金系压力加工专业读书。
1964年9月-1985年1月 重庆集团小轧厂、总工程师室工程师质管处副处长。
1985年1月-1992年3月 重钢公司总工程师、副经理。
1992年3月-1999年9月 四川冶金厅副厅长、党组副书记（主持工作）

梁棠

易方达基金管理有限公司 董事长

梁棠、1958年2月出生，广东省茂名市人，武汉大学经济学学士，中共党员。现任广东粤财信托投资公司董事、总经理、广东粤财投资控股有限公司董事、总经理，易方达基金管理有限公司董事长。梁棠同志1982年至1993年，任广东省财政学校党委副书记、副校长；1993年1月至9月，任广东南方证券有限公司证券部经理；1993年9月至今，一直从事金融、证券、投资领域的管理工作，自2001年易方达基金管理公司成立以来，梁棠同志一直担任该公司董事长。目前，该公司管理的资产规模90多亿元人民币，身国内最大的基金管理公司之列。

郑文捷

云晨期货经纪有限公司 董事、总经理

郑文捷，男，1969年4月出生、布衣族、中共党员、高级经济师。1991年7月毕业于中南理工大学管理系调度管理专业、同年分配到云南冶炼厂电炉工段工作，1994年6月调到云南冶炼厂办公室任秘书工作；1996年8月任云南冶炼厂生产处副处长；1997年至1998年参与云南冶炼厂改制上市工作；1998年起任云南铜业股份有限公司证券部副主任、同年考入中南大学工商管理学院，攻读证券与期货专业硕士研究生，2001年获得原中国有色总公司高级经济师任职资格证书；2001年7月4日任云晨期货经纪有限公司董事、总经理职务。

金迪期货
浙江金迪期货经纪有限公司

浙江金迪期货经纪有限公司
金迪期货

股票简称：中新药业
股票代码：600329

中新药业
ZHONGXIN PHARMACEUTICALS

华立达生物园

华立达生物园是国家级火炬计划项目，总建筑面积约三万平方米，由中新药业和美国西康制药集团共同投资兴建，是符合国际cGMP标准的现代生物技术药物开发与生产基地。一期工程已竣工并通过了国家GMP认证，正式投入运行。

园区内建有国家级基因工程制药中试生产基地、企业博士后科研工作站、天津市企业技术中心成功开发展了世界上第一支预充式干扰素和世界上第一支喷雾式干扰素。

华立达生物园的落成，标志着中新药业生物工程进入了战略腾飞阶段。按照天津市“三步走”战略，中新药业生物工程制定了三步腾飞计划（2003-2010）：第一步，利用三年左右的时间搭建面向全球的硬件平台、管理平台和人才平台，引进国际先进管理制度和国际化人才，建成国际化生物药开发和产业化基地；第二步，利用五年左右的时间实现产品多元化；第三步，利用八年左右的时间构建具有国际竞争力的生物医药公司。

中共中央政治局委员 北京市委书记 刘 淇

中共中央政治局委员 天津市委书记 张立昌

天津市市长 戴相龙

视察产业园

化学药基地

以新新制药厂为核心的化学药基地建设2001年开始实施，经过两年时间完成了格列齐特扩产、新建制剂车间、新建质检中心等企业设施改造，2003年通过了国家GMP认证，通过了美国FDA的复查，通过了欧洲COS的认证。在一年内通过三个认证，得到了全球三个最大药品市场的准入证。

化学药物科研中心聘请了外籍博士为科研带头人。

化学原料产品出口美国、欧洲和东南亚市场，产品质量在国际市场享有很高声誉，有三个品种通过了美国FDA认证和欧洲COS认证。

计划5年内的开发上市原料产品7个，到2010年达到销售收入10亿元，把基地建设成为全国最大的原料药生产基地，建设成为全球知名的抗糖尿病药物生产企业。

中新药业
ZHONGXIN PHARMACEUTICALS

现代中药产业园

中新药业一期投资6亿元，在天津经济技术开发区建设占地24万平方米、总建筑面积6.2万平方米、以现代中药研发、提取和制剂为核心的现代中药产业园，被列入天津市重大高新技术产业化项目计划。

现代中药产业园厂房由德国专业设计院按照FDA cGMP、欧盟GMP以及中国GMP标准设计，配备了中药生产全过程质控检测设备，是目前国内最大的现代中药生产基地。

提取中心 严格按国际药品生产要求设计施工，大孔吸附树脂、膜分离、超临界萃取等技术的应用，可对植物有效部位进行精确分离及单体制备，采用先进的低温浓缩技术、低温干燥技术，提高有效成分含量，实现了生产程控化、输送管道化、检测自动化，形成了3700吨/年中药提取物的生产规模，成为国内最大的GMP中药提取生产出口企业。

制剂中心 引进先进设备和生产线，应用缓释和控释技术、软胶囊脱湿干燥技术、喷雾干燥、流化床制粒等技术，有效提高了中药制剂水平，生产规模为22亿粒/年胶囊剂、22亿片/年片剂、1500万支/年糖浆剂。

姚培春总经理为来访客人介绍提取中心

技术中心 设有植化室、制剂室、中药室等12个研究室及7个博士后、专家工作室，是国家批准的企业博士后科研工作站。现有研发人员60余名，全部具有本科以上学历，研发能力居国内同行业领先水平。

技术中心配有液质联用仪、气质联用仪、蒸发光散射检测仪等分析仪器，参照国际水平将分离设备与分析设备联机，可进行有效单体、有效部位、新的中药复方、中药保健食品植物提取物研究。现有在研项目76项，研发方向为一、二类中药新药、疗效确切的三类新药，采用新技术对老产品进行二次开发。

工程技术中心 引进先进的植物提取、浓缩、干燥与制剂中试设备，实现程控化、自动化在线检测，开展酶解技术，大孔树脂纯化技术，膜分离技术，三相流化床技术，透皮吸收技术，缓释技术，低温动态逆流提取等高新技术的应用研究，提升产业水平。

工程技术中心设有专家委员会，其中有工程院院士3名，教授4名，博士5名，企业外脑不断延伸。

股票代码：600497　　　股票简称：驰宏锌锗

董事长：朱崇仁

2004年4月20日“驰宏锌锗”在上海证券交易所隆

董事长: 李名岷

公司主导产品H型钢构筑的莱钢住宅小区

齿轮钢市场占有率全国第一的特殊钢生产线

公司办公大楼

上海证券交易所副总经理周勤业(左)到公司视察，公司董事长李名岷(右)与周总进行座谈，共商莱钢发展前景

http://www.laigang.com

莱芜钢铁股份有限公司
LAI WU STEEL CORPORATION

莱芜钢铁股份有限公司(以下简称莱钢股份)是由莱芜钢铁集团有限公司(原莱芜钢铁总厂)作为独家发起人，以其下属的钢铁生产厂为主体，进行股份制改造，采用募集方式于1997年8月创立的股份有限公司。公司上市时总股本为52980万股，其中社会公众股为8000万股；总资产为24.19亿元，其中股东权益为12.30亿元。至2003年底，公司总股本为922，273，092股，其中社会公众股为202，800，000股；总资产为82.65亿元，其中股东权益为43.81亿元。公司在总股本增长70%的情况下，在证券市场上始终保持了绩优股的良好形象。

莱钢股份以提高核心竞争力，创建一流的钢铁企业为目标，不断优化工艺和产品结构，形成了工艺配套完善的转炉钢和电炉钢两大生产系统。转炉钢系统形成了4座转炉对4台连铸机和4条轧材生产线的生产模式，实施炉、机、轧匹配新工艺生产；电炉钢系统形成了两炼钢对两台连铸机对两条准轧材线工艺模式。主体工艺技术装备达到国内领先水平，部分装备水平达到当今国际先进水平。两大生产系统具有年产500万吨钢生产能力。主要产品有H型钢、螺纹钢、优碳圆钢、轴承钢、齿轮钢、合金钢圆钢等6大系列产品，多种产品荣获省级和国家级优质产品称号。产品销往全国25个省市区和美国、日本及西欧等国家和地区。

2003年，公司共生产铁302.30万吨、钢404.29万吨、钢材415.11万吨,钢材实物产销率达到100.01%；实现主营业务收入108.97亿元，主营业务利润15.34亿元，净利润5.73亿元，每股收益0.621元，净资产收益率13.08%。

莱钢股份以筑钢铁栋梁、树强者风范、实现可持续发展为追求，注重大力加强企业文化建设。坚持“实事求是，积极奋斗，系统思考，超越自我”的思想作风；坚持“疾慢如仇，追求高效，攻击前进，持续挖潜”的工作作风；坚持“诚实守信，顾客第一，创新求变，与时俱进”的经营理念，深入开展创建学习型企业活动，凝聚员工的智慧和力量，推进公司持续、快速、健康发展。

莱钢股份发展前景广阔。2004年将实现500余万吨钢、135亿元销售收入的目标，最终将发展成为“精、细、优、强、美”的现代化钢铁企业。

地址：山东省莱芜市钢城区

电话：0634－682 0601

传真：0634－682 1094

网址：http://www.laigang.com

E-mail：600102@secure.sse.com.cn

GUOYANGNEWENERGY

山西国阳新能股份有限公司

山西国阳新能股份有限公司是由阳泉煤业（集团）有限责任公司作为主发起人，经山西省人民政府批准，于1999年12月30日在山西省工商局注册成立。

国阳新能控股股东阳泉煤业（集团）有限责任公司是我国目前最大的无烟煤生产基地，最大的无烟煤出口基地，最大的冶金喷粉煤生产基地，是国家首批和历次确认的特大型工业企业，也是国务院命名的全国520家国有重点企业之一。

国阳新能是我国股票发行方式由额度制变为核准制以后报批的第一批上市公司，于2003年8月6日在上海证券交易所公开发行人民币普通股15000万股，8月21日挂牌交易（股票简称：国阳新能，股票代码：600348）。每股发行价8.20元，发行总市值123000万元，扣除发行费用后，实际募集资金118900万元。注册资本48100万元，主营业务为煤炭生产、洗选加工、销售和电力生产、销售。截止2003年9月末，总资产320449万元，净资产187186万元。

总经理：

国阳新能具有独特的资源优势，煤炭地质储量21.04亿吨，可采储量10.14亿吨，开采年限百年以上。主要煤种无烟煤，低灰、低硫、低磷、发热量高、固定碳含量高、可磨性好、反应性好的优点使其具备了生产电煤、冶金喷粉煤、烧结煤、块煤得天独厚的优势。“阳优”品牌是我国首家注册的煤炭产品商标，荣获“山西省知名品牌”称号。有块煤、喷粉煤、选末煤、副产品四大系列12个主导品种，多个品种获国家、部、省级优质产品称号。国阳新能采用了当今世界上最先进的采煤设备，采煤机械化程度为100%。一矿、二矿多年来致力技术进步，在全国率先实验成功并推广使用了综采放顶煤技术，实现了采煤工艺的重大变革，连续多年被评为“高产高效矿井”和“特级质量标准化、现代化矿井”；国阳新能瓦斯治理全部实现了自动监控，连续24年杜绝了瓦斯、煤尘事故，被树为全国瓦斯治理的一面旗帜。国阳新能的管理基础扎实、科学严谨。先后获得首届“中国煤炭工业优秀企业奖”、“煤炭工业优秀奖——金石奖”等荣誉，连续多年被评为“重合同守信用企业”、“AAA级信用度企业”。

国阳新能确立了“优化国内市场结构，大力拓展国际市场”的营销策略。国内与宝钢、鞍钢、首钢、山东鲁能等大型企业保持着长期稳定的战略合作关系，在东北、华北、山东等地拥有稳固的市场。国际上与日本新日铁、韩国浦项、巴西制铁等世界大型钢铁企业签订了长期供货合同，煤炭出口呈持续增长的态势。

“诚信创新”的企业精神，“驰骋大市场，运营大资本，成就大事业”的企业目标，“路在脚下，事在人为”的企业经营理念。国阳新能将以建立现代企业制度为方向，以突出主业为核心，以下游延伸为主体，以多元发展为突破，以最大限度实现公司整体利益为目标。

成功登陆资本市场将推动国阳新能进行一场腾飞跳跃式的发展创新。公司将全面推进现代企业制度建设，形成机制优势明显、产业优势强劲、经营优势持续的现代化企业集团，使国阳新能不仅成为国内知名的大型煤炭企业，更向国际知名的煤炭企业迈进！

PAN NG

D COAL CO,.L

中国大西南川、滇、黔接壤的“攀西——六盘水地区”是能源、矿产资源和生物资源富集的一块宝地。其中煤炭储量就居江南第一。该地区在中国地图上呈倒三角形，人们形象地称之为资源富集的“金三角”。贵州盘江精煤股份有限公司位于贵州省红果经济开发区内，是这个资源富集的“金三角”下的一颗明珠。

贵州盘江精煤股份有限公司是集原煤开采，选洗精煤、特殊加工煤、焦炭销售、煤炭副产品深加工为一体的经营实体。公司生产工艺成熟领先，部分设备已达到国际或国内领先水平。公司主要进行煤炭的洗选加工，工艺流程为跳汰、浮选联合流程。该工艺具有分选下限底、适应性强、分选精度高、带煤损失小、易于实现自动控制等优势。其中：选煤工艺系统、三产品重介旋流器及筛分破碎机等已达到国际领先水平；重介系统过程、浮选系统过程自动控制，浮选机、干燥机、脱介筛、离心机、渣浆泵及计量系统等均已达到国内领先水平。尤其是公司所属的老屋基选煤厂具备国内一流的洗选工艺。该厂采用大型、高效全重介选煤简化流程新工艺及设备。其中，大型无压给料产品重介质旋流器（2NWX1200/850）是目前世界上直径最大的旋流器，不脱泥入选、直接磁选、单一低密度悬浮一次分选出精煤、中煤、矸石三个产品，此项新工艺对传统洗选工艺是一个突破性进步。其自动控制系统也位于同行业前列。

盘江矿区煤炭储量丰富，而且易于开发。煤炭远景储量为383亿吨；在勘探深度500米内，地质储量95亿吨。煤田地质界权威人士认为：“六盘水是华南最大的煤仓。”可以说，盘江则是这个大煤仓的主仓，被誉为“江南煤都”。矿区地质条件较好，煤层副层稳定，属缓倾斜煤层，构造比较简单，埋藏浅，易开发，适宜发展机械化，建设高产高效的大型和特大型矿井。矿区还拥有金、银、锌、铅、汞、镁、锑、镍、钴、钼等金属矿藏和大理石、石膏、石灰岩、冰洲石、硅石等非金属矿藏，并有丰富的煤层气资源，综合开发的条件十分优越，是资源丰富的一块宝地。

盘江矿区煤种齐全，有气、肥、焦、瘦、贫煤和无烟煤。煤质优良，低灰、低硫、微磷、发热量高。煤层灰分4.8–3.2%，全硫含量小于0.5%，挥发分为25–37%，发热量25.1百万焦耳/公斤。其中肥煤和1/3焦煤属稀缺煤种。

目前，公司生产的煤炭产品主要供攀钢、黔桂发电、广西建设燃料、柳钢、贵阳煤气气源厂、广钢、水钢、涟钢、昆钢、江西新余钢铁、湘潭钢铁等公司，远销全国10个省、自治区，还出口韩国、日本、印度、台湾等国家和地区。

AL CO,.LTD.

TIBET TIANLU COMMUNICATIONS CO., LTD.

辽河金马油田

董事长：王春鹏

总经理：于洪坤

股份有限公司

地址：辽宁省盘锦市兴隆台区振兴街迎宾路13号
电话：0427-729 8293　传真：0427-729 8293
网址：http://www.lhjm.com
电子信箱：lhyt0817@sohu.com

辽河金马油田股份有限公司是以原辽河石油勘探局为独家发起人，以其所属的海外河油田、小洼油田经营性资产为基础，通过向社会公开发行股票设立的中国油气田企业第一家境内上市公司。公司总部位于辽宁省盘锦市，主营业务为石油天然气勘探、开采，主要产品是原油和天然气。

公司股本总额为11亿元，第一大股东中国石油天然气股份有限公司持有9亿股国有法人股，其余2亿股社会流通股于1998年5月在深圳证券交易所上市流通。

公司机关职能部室13个，下辖3个采油区、一个热注作业区、2个科研所。现有职工1500人。

目前公司拥有海外河油田、小洼油田2个较为整装、经济效益较高的开采区块，1990年正式投入勘探开发，现已探明含油面积为30.8平方公里，探明石油地质储量为9643万吨，可采储量2019万吨，拥有油气井千余口，年油气生产量近100万吨。

上市6年来，公司累计生产原油598.3万吨，实现主营业务收入66.4亿元，实现净利润17.5亿元，上交各种税费20.1亿元。

公司创立以来，坚持"规范、创新、务实、发展"的工作方针，以突出主营业务、增加效益产量、追求利润最大化为经营目标，以"超产创收、降本创效、科技创新、管理创优"为主线，严格按照《公司法》的要求规范运作，建立并完善了一整套内部管理制度和办法。

几年来，在经历了油价并轨、国际油价大辐动荡的复杂外部环境下，公司生产经营始终保持平稳运行，经营业绩呈现出逐步上升的好趋势。上市6年来，每股收益分别为0.13元、0.15元、0.42元、0.32元、0.36元、0.49元，在证券市场上树立了绩优股的良好形象，并连续5年对全体股东进行红利分配，累计分配股利13.2亿元，给投资者以较好的回报。同时，公司在基础管理、生产经营、精神文明建设各方面也取得了丰硕成果，先后获得国家级管理成果奖4项。

截止到2003年底，公司已发展成为拥有资产总额32.1亿元，净资产30.5亿元的大型股份制企业，拥有自有货币资金12.6亿元。公司将充分利用雄厚的资产和资金优势，进一步拓宽生产经营领域，增强抵御风险的能力，以更加优良的业绩回报股东、回报社会。

董事长:郑明坦

总经理:刘忠

江西洪城水业股份有限公司是经江西省人民政府赣股(2001)4号文件批准，并在江西省工商行政管理局登记注册，主要从事自来水生产和供应的企业。

本公司由南昌水业集团有限责任公司为主发起人，以其主业突出、效益稳定的青云水厂、朝阳水厂、下正街水厂、长堎水厂全部生产经营性资产作为投入，联合北京市自来水集团有限责任公司、泰豪软件股份有限公司、南昌市煤气公司、南昌市公用信息技术有限公司共同发起设立的股份公司。

经中国证监会证监发行字2004年52号文件核准,公司于2004年5月17日向社会公众成功发行5000万股，人民币普通股,每股发行价5.5元，并于2004年6月1日在上海证券交易所挂牌交易，发行后公司总股本变更为14000万股，证券简称：洪城水业，证券代码：600461。

公司将在国家产业政策指导下，严格按照《公司法》、《证券法》的规定和现代企业制度的要求，以追求利润最大化为公司目标，规范运作，拓宽经营领域，依托资本市场，强化资本运营，壮大企业实力，逐步成为经济效益显著、具有竞争力的规范的水务上市公司。

江西省主要领导与公司董事长郑明坦先生在上交所共同敲响洪城水业上市铜锣

各级领导参加洪城水业5000万股A股上市挂牌仪式

不断推进资本市场改革开放和稳定发展

2004年，影响资本市场发展的诸多因素正在发生积极变化，资本市场正面临十分重要的发展机遇。2005年要以加强市场基础性制度建设为主线，围绕推进资本市场的改革和发展、加强市场监管、扩大对外开放和强化自身建设等工作重点，逐步解决市场存在的深层次问题和结构性矛盾。

2004年，证券期货市场改革的力度很大，是出台重大改革和发展政策措施最多的一年，是贯彻落实《国务院关于推进资本市场改革开放和稳定发展的若干意见》的第一年，是在社会主义市场经济体制下对资本市场重要性、规律性认识进一步深化的一年，是资本市场基础性制度建设积极推进的一年，是资本市场改革、创新取得重大进展的一年。围绕贯彻《若干意见》，在发行制度改革、上市公司持续监管、维护社会公众股股东合法权益、规范证券公司运作、发展机构投资者、市场建设、产品创新等诸多方面，推出了一系列改革措施，保持了市场的平稳运行，证券期货市场的改革和发展都取得了显著成效。

一是认真学习和深入领会《若干意见》精神，努力推动《若干意见》的贯彻落实。二是多层次市场体系建设迈出重要步伐，品种创新取得新进展。三是发行制度改革不断深化，市场约束进一步加强。四是进一步规范市场主体行为，切实保护投资者合法权益。五是稳妥处置市场风险，积极维护市场和社会稳定。六是狠抓大案要案急案调查，严厉打击违法违规活动。七是全面推进依法行政，法制诚信建设取得新进展。八是着力夯实期货市场发展基础，期货市场功能进一步显现。九是全面整合证券期货监管系统资源，进一步增强监管合力。十是加大与相关部门的协调力度，改善市场发展的外部环境。十一是对外开放逐步深入，国际交流不断拓展。

从2004年的市场情况看，虽然受宏观调控、金融政策调整、历史积累的风险相对集中释放等多方面因素的影响，市场出现了一些波动，但证券市场总体上保持了平稳运行的态势。全年境内市场共有133家企业发行股票，16家企业发行可转债和公司债，境内市场筹资866.6亿元，增长5.28%，新增上市公司97家，上市公司总数已达1377家。发行证券投资基金55只，募集金额1862.5亿元，同比增长168.7%，基金发行规模超过了过去历年的总和。期货市场稳步发展，规模进一步扩大，呈现较好的发展态势，市场交易量继续保持增长，全年总成交金额14万亿元，交易手数2.77亿手，同比分别增长了45%和12.7%。

2004年取得的成绩得益于牢固树立和认真落实科学发展观，不断提高对社会主义市场经济体制下发展资本市场重要性及其规律的认识，坚持不懈地推进《若干意见》的落实。目前，贯彻落实《若干意见》已经有了良好的开端，但这只是一个起步，全面贯彻落实《若干意见》是一个长期的过程，任务还十分艰巨，必须做坚持不懈的努力。

当前，我国资本市场的改革和发展正处于一个关键时期，影响市场发展的诸多因素正在发生积极变化，资本市场正面临十分重要的发展机遇。

首先，证券期货市场的重要作用已得到社会各界的广泛认同，大力发展资本市场并全面发挥其功能已成为全社会的共识。第二，国民经济持续快速健康发展，证券期货市场发展的宏观环境良好，为证券期货市场的进一步发展奠定了扎实的基础。第三，金融改革、投资体制改革、国有企业改革不断深入，大力发展资本市场已成为改革的客观需要。第四，各类社会资金保值增值的需求不断扩大，为证券期货市场的发展提供了广阔的资源。第五，中国经济在全球的地位和作用日益凸显，资本市场吸引力进一步提升，为我们综合利用境内外市场和资源促进资本市场发展，提供了良好的机遇。

资本市场的改革发展还面临着法制建设和执法环境不配套、市场主体运作不规范、市场结构仍需完善以及监管工作有待进一步加强和改善等方面的挑战。资本市场改革发展的形势是机遇与挑战并存，把握机遇关键在于夯实基础。近几年，证监会坚持不懈地狠抓市场基础性建设，特别是全面贯彻落实《若干意见》，影响市场发展的一些关键因素正在发生积极变化：投资产品在丰富，上市公司结构在改善，投资者结构在优化，合规资金入市渠道在拓宽，市场秩序在规范，投资者权益保护在加强。市场基础建设所取得的这些成绩，为市场功能的进一步发挥打下了坚实的基础。总之，对当前资本市场的发展形势要有一个科学和全面的认识，既要看到存在的问题，更要看到面临的机遇。只要坚定信心，坚持不懈地狠抓基础性建设，市场运行的效率就会不断提高，市场的结构就会逐步改善，市场优化资源配置的作用就会日益增强，市场的发展就会越来越健康。

2005 年，证券期货监管工作要贯彻这样的指导思想：以邓小平理论和“三个代表”重要思想为指导，全面贯彻党的十六大、十六届三中、四中全会和中央经济工作会议精神，坚持求真务实，牢固树立科学发展观，全面落实《若干意见》，要以加强市场基础性制度建设为主线，围绕推进资本市场的改革和发展、加强市场监管、扩大对外开放和强化自身建设等工作重点，逐步解决市场存在的深层次问题和结构性矛盾，促进资本市场持续稳定健康发展。

2005 年资本市场各方面要重点做好以下工作：

一是要深入学习领会《若干意见》，做好 2005 年落实《若干意见》的工作安排。二是要继续推进多层次市场体系建设，完善市场功能。三是要深化发行制度改革，提高市场融资效率。四是要推动上市公司完善法人治理结构，维护公众股东合法权益。五是要促进证券公司规范发展，做好高风险证券公司的处置工作。六是要大力发展机构投资者，加快投资者结构改善步伐。七是要推动期货市场健康发展，提高市场运行质量。八是要加强法制建设，进一步提高稽查办案水平。九是要稳步扩大对外开放，积极开展国际交流与合作。十是要加强自律管理，发挥自律组织的功能与作用。

总之，我们要要深入贯彻落实中央经济工作会议和国务院的指示精神，扎扎实实地做好资本市场各方面的工作，努力开创证券期货市场改革开放和稳定发展的新局面。

尚福林

2004

中國證券業年鑒

CHINA SECURITIES

中

总第十二期

总编辑 陈乃进 朱从玖 张育军
上海证券交易所 深圳证券交易所
天津中新药业集团股份有限公司
中国证券业年鉴编辑委员会
新华出版社

图书在版编目(CIP)数据

中国证券业年鉴. 2004年/《中国证券业年鉴》编辑委员会 编.
—北京:新华出版社，2005.4
ISBN 7-5011-6913-6

Ⅰ.中… Ⅱ.中… Ⅲ.证券市场—中国—2004—年鉴 Ⅳ.F832.51-54

中国版本图书馆CIP数据核字(2004)第127825号

责任编辑:吕仙珽　陈洁

中國證券業年鑒(2004・总第十二期)
中国证券业年鉴编辑委员会编

新华出版社出版发行
新华书店经销
上海中证鉴广告有限公司数据植字
上海出版印刷有限公司承印
开本:850mm×1168mm　1/16　印张:180　插页:360　字数:6800千字
2005年2月第一版　　2005年2月第一次印刷
ISBN 7—5011—6913—6/F・996

总定价:人民币780元　港币780元　美元120元

编辑说明

《中国证券业年鉴》是一部全面反映我国证券市场发展史的大型史料性年刊。自1993年创刊以来，《中国证券业年鉴》已逐渐成为一个展示公司业绩、总结市场成就、记录证券业历史、促进我国证券市场对外交流与合作的重要窗口。《中国证券业年鉴》每年出版一次，国内外公开发行。

《中国证券业年鉴》主要反映上一年度中国证券、期货、基金、保险、金融、债券市场及企业制度建设和发展方面的情况和最新动态，供海内外有关机关、社团、学校、研究部门、企事业单位及社会各界人士做进一步研究参考使用。为推动中国证券业的规范化和国际化、建设有中国特色的社会主义市场经济服务。

《中国证券业年鉴》(2004.总第十二期)共分十编，内容设置专论、中国证券市场、中国金融市场、中国期货市场、中国基金市场、中国保险市场、中国债券市场、政策与法规、市场统计资料、中国证券业人物等部分。另有彩色图片1230幅。

《中国证券业年鉴》的资料直接来源于公司的公告和报告、国务院有关部委及各省、市相关单位提供的材料，保证了《年鉴》的权威性和准确性。《中国证券业年鉴》(2004)在基本保持上一期的内容和体例的基础上作了较大的改版。整合了原有的编章，同时重点充实了中小企业板、投资银行、非银行金融机构、保险市场等部分内容，突出反映了2004年我国证券市场的整体发展状况。但由于中国证券业仍处于发展阶段，加上各地区的发展不平衡以及我们的水平有限，难免出现一些疏漏，敬请读者谅解和指正。

《中国证券业年鉴》由中国证券业年鉴编辑部组织编辑，由新华出版社出版，在编辑出版过程中得到了国务院有关部门及中国证券监督管理委员会、各省、直辖市、自治区证券监管机构、中国证券报社、上海证券交易所、深圳证券交易所、证券界有关领导、专家的指导和支持，在此我们表示最诚挚的感谢。

中国证券业年鉴编辑部

中国证券业年鉴顾问委员会

陆建新	中国证券监督管理委员会厦门监管局	局长
方向瑜	中国证券监督管理委员会甘肃监管局	局长
丁文奇	中国证券监督管理委员会大连监管局	局长
夏业成	中国证券监督管理委员会宁夏监管局	局长
毕恩元	中国证券监督管理委员会青岛监管局	局长
王建军	中国证券监督管理委员会青海监管局	局长
洪　磊	中国证券监督管理委员会基金监管部	副主任

特别顾问：	朱　利	中国银河证券有限责任公司	总　裁
	袁仁国	贵州茅台酒股份有限公司	董事长
	张　跃	大同煤业股份有限公司	董事长
	刘本仁	武汉钢铁股份有限公司	董事长
	唐民伟	重庆钢铁股份有限公司	董事长
	石盛奎	山西国阳新能股份有限公司	董事长
	王功伟	金融街控股股份有限公司	董事长
	叶湘武	贵州益佰制药股份有限公司	总经理
	邹韶禄	云南铜业股份有限公司	董事长
	陈　智	云南铝业股份有限公司	董事长
	沈东新	新疆八一钢铁股份有限公司	董事长
	王德贤	安徽山鹰纸业股份有限公司	董事长
	郑明坦	江西洪城水业股份有限公司	董事长

特邀顾问：	李名岷	莱芜钢铁股份有限公司	董事长
	刘兴亮	山东铝业股份有限公司	董事长
	王春鹏	辽河金马油田股份有限公司	董事长
	孙家琪	中投信用担保有限公司	董事长
	汪永茂	安徽恒源煤电股份有限公司	董事长
	牛建国	晋西车轴股份有限公司	董事长
	冯崇武	云南文山电力股份有限公司	董事长
	赖振元	龙元建设集团股份有限公司	董事长
	刘汉元	通威股份有限公司	董事长
	刘学义	国投中鲁果汁股份有限公司	董事长
	古共伟	四川天一科技股份有限公司	董事长
	陈澄清	福建凤竹纺织科技股份有限公司	董事长
	芦德宝	宁波东睦新材料股份有限公司	董事长兼总经理
	高　峰	陕西建设机械股份有限公司	董事长
	袁小波	珠海华发实业股份有限公司	董事长
	何国杰	广东科技风险投资集团有限公司	董事长
	王鸿茂	广州科技风险投资有限公司	总经理
	孔德双	江苏高淳陶瓷股份有限公司	董事长
	刘洪德	哈尔滨东安动力股份有限公司	董事长

王锡高	江铃汽车股份有限公司	董事长
王正元	甘肃华亭煤电股份有限公司	董事长
束龙胜	安徽鑫龙电器股份有限公司	董事长
张　峻	上海万申信息产业股份有限公司	董事、总经理
季松桥	精业胜龙信息系统有限公司	总经理
韩晓进	广东冠豪高新技术股份有限公司	董事长
骆家刚	浙江金迪期货经纪有限公司	董事长
刘丹军	武汉三特索道集团股份有限公司	总　裁
温显来	江西鑫新实业股份有限公司	董事长
汤　琪	华联超市股份有限公司	董事长兼总经理
王世超	新疆天宏纸业股份有限公司	董事长
袁建华	浙江华盛达实业集团股份有限公司	董事长兼总经理
李勇智	吉林炭素股份有限公司	董事长
庄国蔚	上海海博股份有限公司	董事长
徐　征	上海建工股份有限公司	董事长
崔　杰	通化钢铁股份有限公司	董事长
刘克林	西宁特殊钢股份有限公司	董事长
李　勇	贵州长征电器股份有限公司	董事长
汪方怀	海南民生燃气(集团)股份有限公司	总　裁
张汉荣	交大昆机科技股份有限公司	董事、总经理
候文虎	云南盐化股份有限公司	董事长
丁兆贵	贵州黔源电力股份有限公司	总经理
蔡景章	江西黑猫炭黑股份有限公司	董事长
龙大伟	诚志股份有限公司	总　裁
姚迪明	江西赣能股份有限公司	董事长
吴绍明	江西赣粤高速公路股份有限公司	董事长
刘永贤	重庆渝开发股份有限公司	董事长
阎洪生	湖南湘邮科技股份有限公司	董事长
徐春生	湖南华升益鑫泰股份有限公司	董事长
罗祖亮	湖南洞庭水殖股份有限公司	董事长
丁　亮	创智信息科技股份有限公司	董事长
齐　民	武汉三特索道集团股份有限公司	董事长
刘兴华	国电长源电力股份有限公司	总经理
王新刚	湖北通达股份有限公司	董事长
杨业新	海洋石油富岛股份有限公司	董事长
彭少希	昆明世博园股份有限公司	董事长
张小棣	广东有线广播电视网络股份有限公司	董事长
杨运成	北京城建投资发展股份有限公司	董事会秘书兼副总经理
孙玉发	中油燃料油股份有限公司	副总经理

中国证券业年鉴编辑委员会

杨重谊	四川天一科技股份有限公司	董事会秘书
周海红	晋西车轴股份有限公司	董事会秘书、总经理助理
唐华俊	云南文山电力股份有限公司	董事会秘书
白海红	陕西建设机械股份有限公司	董事会秘书
陈运涛	珠海华发实业股份有限公司	董事会秘书
曹　阳	宁波东睦新材料股份有限公司	副总经理、董事会秘书
朱占军	龙元建设集团股份有限公司	董事会秘书
胡　萍	通威股份有限公司	董事、董事会秘书
苏志强	福建凤竹纺织科技股份有限公司	行政副总经理、董事会秘书
张　韬	上海汽车股份有限公司	证券事务代表
王忠柱	安徽恒源煤电股份有限公司	董事会秘书
庞甲青	国投中鲁果汁股份有限公司	董事、董事会秘书
迟才功	济南钢铁股份有限公司	董事、董事会秘书
许良枝	江苏吴中实业股份有限公司	董事会秘书
武　雄	宁夏赛马实业股份有限公司	董事、副总经理、董事会秘书
丁亚平	浙江国祥制冷工业股份有限公司	财务负责人
陈欠根	湖南山河智能机械股份有限公司	董事
夏光明	重庆渝开发股份有限公司	董事会秘书
邱三桃	中国振华(集团)科技股份有限公司	董事会秘书
孙　宇	大连圣亚旅游控股股份有限公司	证券事务代表
王国军	新疆赛里木现代农业股份有限公司	董事会秘书
范敬九	宝胜科技创新股份有限公司	证券事务代表
徐惊宇	诚志股份有限公司	证券事务代表
赖　新	浙江华盛达实业集团股份有限公司	董事会秘书
王东亮	华联超市股份有限公司	董事会秘书
王巧玲	新疆天宏纸业股份有限公司	董事、董事会秘书
姜俊奇	哈尔滨东安动力股份有限公司	董事会秘书
熊　波	上海海博股份有限公司	董事会秘书
尤卫平	上海建工股份有限公司	董事会秘书
庞志光	吉林炭素股份有限公司	董事、总会计师、董事会秘书
汪　宇	安徽鑫龙电器股份有限公司	董事会秘书
彭国菊	重庆钢铁股份有限公司	董事会秘书室科长
和国忠	云南盐化股份有限公司	副总经理、董事会秘书
李保泉	江西黑猫炭黑股份有限公司	董事会秘书
熊长水	江西赣粤高速公路股份有限公司	董事会秘书
王　飞	湖南湘邮科技股份有限公司	副总经理、董事会秘书
周竞东	湖南电广传媒股份有限公司	董事、董事会秘书
欧阳知宇	湖北通达股份有限公司	董事会秘书
吴启东	创智信息科技股份有限公司	董事会秘书
夏　雪	重庆太极实业(集团)股份有限公司	董事会秘书
苏千里	长沙通程控股股份有限公司	董事、董事会秘书

汪　俊	湖南华菱管线股份有限公司	副总经理、董事会秘书
李建达	长沙中联重工科技发展股份有限公司	董事会秘书
朱小明	湖南华升益鑫泰股份有限公司	副总经理、董事会秘书
刘　丹	金瑞新材料科技股份有限公司	董事会秘书
陈筱平	湖南金德发展股份有限公司	常务副总经理、董事会秘书
顾卫华	海洋石油富岛股份有限公司	董事会秘书

中国证券业年鉴编辑部

主　　任： 曹文桥
副 主 任： 张学军　邢　达　黄八一　秦　朝
编　　辑： 邱　天　黄爱斌　陈　冀　肖　龙　丁　红　吴兵兵　陈赛敏　周晓燕
江小嫣　胡文雅　王治涛　蒋文俊　刘思凯　韩　滔　威泽铎　曹林东
郭　平　刘　辉　姚　玲　吴美珍　秦智渊　黄昊华　张　昊　李　青

地　　址： 上海市浦东南路1550号5号楼1003室
邮　　编： 200122
电　　话： 021—68670009
传　　真： 021—58206180

目　录

第一编　专　论

第二编　中国证券市场

第一章　中国证券市场概况

第二章　证券监管与经营机构

第三章　上市公司

第一节　上市公司/业绩报告

第四节 深圳证券交易所上市公司/财务报表

第四章 证券业中介服务机构

第六章 证券业大事记

第三编 中国金融市场

第一章 中国金融市场概况

第二章 报告与统计数据

第三章 金融管理机构

第四章 商业银行

第五章 非银行金融机构

第四编　中国期货市场

第一章　中国期货市场概况

第二章　统计数据

第三章　期货交易机构

第四章　期货经纪公司

第五编　中国基金市场

第一章　中国基金市场概况

第二章　基金托管机构

第三章　基金管理公司

第六编　中国保险市场

第一章　中国保险市场

第二章　保险经营机构

第七编　中国债券市场

第八编　政策与法规

第九编　中国证券市场统计资料

第一章　上海证券市场统计资料

第二章　深圳证券市场统计资料

第十编　中国证券业人物

插页目录

上　册

中　册

下 册

深圳证券交易所中小企业板块上市公司专栏

证券公司、投资银行专栏

中国证券业人物成就展

中国证券业人物成就展

上海证券市场表现

上证指数

上证180

上证B股

上海

理事长：耿亮

总经理：朱从玖

上海证券交易所成立于1990年11月26日，同年12月19日开业，为不以营利为目的的法人，归属中国证监会直接管理。秉承“法制、监管、自律、规范”的八字方针，上海证券交易所致力于创造透明、开放、安全、高效的市场环境，切实保护投资者权益，其主要职能包括：提供证券交易的场所和设施；制定证券交易所的业务规则；接受上市申请，安排证券上市；组织、监督证券交易；对会员、上市公司进行监管；管理和公布市场信息。

上证所下设办公室、人事（组织）部、党办纪检办、交易运行部、上市公司部、监察部、债券基金部、会员部、法律部、技术中心、信息中心、国际发展部、研究中心、财务部、行政服务中心等共十五个部门，一个临时机构——新一代信息系统项目组，以及两个子公司——上海证券通信有限责任公司、上证所信息网络有限公司，通过它们的合理分工和协调运作，有效地担当起证券市场组织者的角色。

地址：上海市浦东南路528号证券大厦
邮政编码：200120
电话：68808888
传真：68804868
电子邮件：webmaster@secure.sse.com.cn
因特网网址：http://www.sse.com.cn

证券交易所

扛起世纪之重

迈向辉煌明天

上证所市场交易采用电子竞价交易方式，所有上市交易证券的买卖均须通过电脑主机进行公开申报竞价，由主机按照价格优先、时间优先的原则自动撮合成交。目前交易主机日处理能力为委托2900万笔，成交6000万笔，每秒可完成8000笔交易。

经过十一年的持续发展，上海证券市场已成为中国内地首屈一指的市场，上市公司数、上市股票数、市价总值、流通市值、证券成交总额、股票成交金额和国债成交金额等各项指标均居首位。至2004年12月底，上证所拥有3787.22万投资者和838家上市公司，上市证券品种996个。上市股票市价总值349525630元；2004年，上市公司累计筹资达584.031亿元；一大批国民经济支柱企业、重点企业、基础行业企业和高新科技企业通过上市，既筹集了发展资金，又转换了经营机制。

迈入新世纪后，上证所肩负着规范发展市场的艰巨任务，也面临着进一步推进市场各项建设的良好机遇。凭借一流的硬件设施和浦东优越的区位优势与强大辐射力，凭借上海经济良好发展势头和特有的龙头效应，凭借国企改革和金融中心建设对上海资本市场的积极推动，上证所将按照坚定信心、加强监管、保持稳定、规范发展的思路，在技术、监管、人才、服务等方面多管齐下，为建设一个规范透明、高效开放、充满生机活力的世界一流交易所开启新的篇章。

深圳证券通信有限公司
SHENZHEN SECURITIES COMMUNICATION CO.,LTD.

托管合同签约仪式

深圳证券通信有限公司（原深圳证券卫星通信有限公司）成立于一九九三年八月，现股东单位包括深圳证券交易所、中国空间技术研究院和中国卫星通信集团公司，是一家为证券市场提供数据通信服务的专业通信公司，承担着深圳证券交易所、中国结算深圳分公司和全国所有的证券公司、基金管理公司、商业银行及证券信息公司之间全部的证券信息传输任务。王侯先生为现任董事长，孙辰健先生为现任董事、总经理。

深圳证券通信有限公司成立以来，一直以为证券市场提供优质的通信服务为己任，努力吸收先进的卫星通信技术和地面通信技术，力争建设一流的证券通信网络，为确保证券市场信息的安全传输做出了重要的贡献。

公司分别于1993年和1994年在全国率先推出了证券卫星单向通信网和证券卫星双向通信网，为解决深圳证券市场通信瓶颈问题和推动交易自动化进程做出了突出的贡献。为了满足证券市场发展需要，公司先后对单、双向卫星通信系统进行了多次升级、扩容。2001年公司建成了覆盖全国的证券地面通信网，并于2002年底完成了90%以上报盘证券营业部的接入工作，基本实现了全网天地自动实时互备。目前深圳证券通信有限公司的卫星和地面网用户已遍布全国所有的省、直辖市、自治区，其中双向卫星网开通用户小站二千多家，单向卫星网开通小站三千多家，地面网接入用户达二千多家。

2003年底公司建成了深圳证券通信容灾备份中心。一旦深圳证券通信中心出现灾难性故障，容灾备份中心能够在较短时间内启动，完成证券市场各项通信任务。同年，公司还建成了多媒体卫星广播系统。该系统除能提供行情广播等传统服务外，还可提供语音、视频传输等服务，并与双向卫星系统和地面通信系统互联互备，进一步提高了深圳证券通信网的通信效率和安全性。通过多年建设，深圳证券通信系统形成了天地互备、双通信中心互备的通信格局，系统整体抗风险能力得到很大提高。

通信中心

公司前台

在加强证券通信系统建设、保障证券通信安全、完善用户服务的同时，公司一直致力于优化整合证券通信资源，积极探索降低证券市场通信成本的有效途径。公司加强技术创新，先后建成了证券IT托管中心、银证数据交换平台、网上证券交易综合平台等先进的技术系统，为证券行业提供多种安全性高、成本较低的新型通信服务，使用户在获得优质专业化服务的同时，也大幅降低了系统建设和运行成本，受到了市场的广泛欢迎。目前招商证券、银河证券、华林证券、长城证券、国信证券、中山证券等证券公司已将容灾备份系统或主用交易系统托管在证券IT托管中心，银证数据交换平台和网上证券交易综合平台都已在银行和券商中进行应用。

公司拥有一支高学历、高素质、技术全面的计算机、通信专业人才队伍，技术实力十分雄厚，多年来自主研究开发了一系列先进的证券通信专用软件，为保障证券通信的安全、高效、实时、畅通提供了可靠的技术支持。

安全、高效、实时、畅通是公司服务证券市场永远不变的理念。近年来，为了进一步确保证券通信安全，更好地向客户提供专业化和标准化的服务，公司采取了一系列的服务措施，坚持把“服务为本，用户至上”作为公司用户服务工作的宗旨，确保用户小站通信安全。公司通过36小时内排障、定期用户培训、小站巡检、网上远程服务等措施，使得用户服务工作走上了规范化、制度化的轨道，赢得了用户的广泛赞誉。

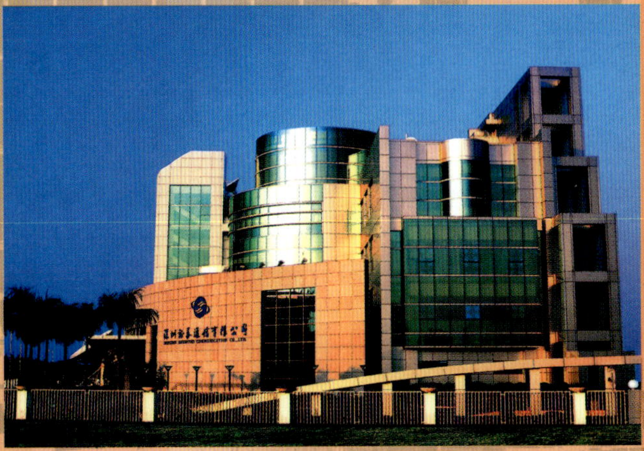

公司夜外景

地址：深圳市福田区滨海大道1002号
邮编：518040
运行热线：0755-8318 2222
总机：0755-8318 3333
传真：0755-8385 1029
网址：www.sssccc.com.cn

瑞士信贷第一波士顿（Credit Suisse First Boston）是一家居世界领先地位的全球性投资银行，为各类机构、企业、政府和个人客户提供高质量的服务。CSFB的业务主要涵盖证券承销、销售和交易、投资银行、私人股本、财务顾问服务、投资研究、风险投资和资产管理。

瑞士信贷第一波士顿以其卓越的技术、遍布全球的营销网络、坚实的营运基础、雄厚的财务实力和经验丰富的专业队伍，深受客户信赖。CSFB是投资银行、资本市场和金融服务领域公认的领袖，在几乎所有的主要业务领域都名列前茅。公司的员工超过18,000人，所管理的资产值超过3,000亿美元。瑞士信贷第一波士顿是世界上最大的投资银行之一，与其母公司瑞士信贷集团(Credit Suisse Group)同为市场上举足轻重的全球性金融机构。瑞士信贷集团所管理的资产超过9,700亿美元。

首席执行官
杜德恒(Dougan)先生

亚太区主席兼首席执行官
柯磊洛(Paul Calello)先生

董事总经理
高力(Gallagher)先生

中国区主管兼董事总经理
张利平先生

瑞士

CREDIT SUISSE | FIRST BOSTON

早在70年代，瑞士信贷第一波士顿即在香港设立了办事点。之后，瑞士信贷第一波士顿相继于1993年设立了北京代表处，并于1994年开设了上海分行。瑞士信贷第一波士顿在香港和中国大陆地区有着强大的投资银行队伍，共有60余名投行专业人员。

信贷第一波士顿

刘总在泛美担保协会第十七届年会上作题为“中国担保业的现状与发展趋势”的大会演讲

刘总与国外和我国台湾地区担保业同行在论坛闭幕式上合影

刘总与意大利SIC担保公司总经理齐马卡利、杨昌基、朱志刚亲切交谈

中国经济技术投资担保有限公司是由国务院国有资产监督管理委员会管理的中央直属重点国有企业，是国内首家以信用担保为主要业务的全国性专业担保机构。公司由财政部和国家经贸委共同发起组建，于1993年注册成立，注册资本金6.645亿元人民币。

公司的经营宗旨是：以担保和投资为手段，促进企业技术进步和科技成果转化，推进中小企业的创立与发展；提升企业信用，促进资金融通和商品流通，提高资源配置效率，推进社会信用体系建设，为市场经济和社会发展服务。公司主要业务有：担保、投资、评审咨询、投资顾问等。

公司下设担保业务管理、研究开发管理、投资与资产管理、咨询与法律管理四个业务中心及办公室、人力资源部、计划财务部、审计委员会办公室等管理部门。公司对中国国际金融有限公司、杭州恒生电子有限公司等单位进行了投资，初步形成了以担保、投资为主导，涵盖资产管理、咨询、投资顾问、风险投资、基金管理、证券、环保、软件等多个领域的集约经营模式。公司是智力密集型企业，拥有员工200多名，先后设立了上海分公司、北京分公司、大连分公司和上海华东分公司。

总裁：刘新来

交通银行上海分行
行长：金大建
地址：上海市中山南路99号
电话：021-6311 1000
邮编：200010
网址：www.shanghai.bankcomm.com

2003年，交通银行上海分行紧紧抓住上海经济快速发展以及建设上海国际金融中心的历史机遇，承接前三年持续发展的态势，业务发展实现了前所未有的重大突破，特别是从深层次触发了员工的观念转变，企业和员工切切实实得到"双发展"。

一、早投放、早见效、早得益

2003年交通银行上海分行继续贯彻"早投放、早见效、早得益"的工作方针，各项业务均呈现出快速、稳定、协调的发展态势。资产与负债业务齐头并进、均衡发展，分别较前一年增长了27.01%和27.24%；私金业务在全行业务发展中的稳定作用日益明显，其中，个人消费贷款余额同比增长93%，人民币储蓄存款同比增长32.71%，银行卡业务同比增长38.76%；中间业务发展的明显提速又成为2003年的一大亮点。同时，资产质量也得到进一步好转，创利能力继续增强，不良贷款余额与占比已连续第四年保持"双降"，利息回收率创历史最好水平。

二、发展方向明确，整体营销能力进一步增强

2003年，交行上海分行从经营理念着手，强调基本客户、风险收益、营销合力三大主题，突出渠道整合、营销方案编制、全员绩效管理三项重点，重视营销任务和营销人员绩效管理相互结合、发展速度和发展质量相互兼顾；确定了票据业务、单证业务、保险兼业代理和太平洋卡"消费通"等四大主推产品，并坚持以风险收益平衡理念贯穿营销工作始终。配合上海市经济发展步伐，交行上海分行及时推出中远郊支行和二级支行发展战略，成立了奉贤、青浦、南汇等中远郊支行，为业务发展提供了新的支撑点。在营销过程中，积极实施营销制度创新，建立了营销信息发布会和项目招投标等制度，普及营销方案编制要求，有效促进了营销合力的形成和发挥，带动了营销队伍的自身建设。

三、后台服务支撑和监督管理职能得到强化，有效促进业务健康稳定发展

1、加强分行管理部门的工作作风建设，提高服务效率和质量，建设面向市场、有利于增强竞争力、高效率的大后台。上海分行管理部门通过连续几年的努力，建立了有效、畅通的信息沟通渠道和上下协调机制，逐步的完善年度工作述职和评议制度，使管理服务水平进一步提高，改革成效显著。

2、加强对基层营销的支持。上海分行管理部门为基层一线服务、为业务发展服务的意识不断提高，后台服务手段和支撑力度进一步加强。分行管理部门积极参与重点客户、重大项目营销和维护工作，并坚持定期召开计划调度会，把信贷分析系统功能不断提升和完善，在支撑一线营销方面发挥了积极作用。同时，针对日益严峻的金融犯罪形势，以多种方式增强基层单位案件防范意识和能力，并不断增加科技投入，确保业务运行安全。同时，在基层经营单位和分行签订服务条约、全行倡导优质规范服务的情况下，管理部门通过建立内部投诉、督办、"直通车"等制度，形成了较为完善的问题管理和快速处理机制。

四、企业文化得到加强，进一步提高凝聚力

交行上海分行在实现跨越式发展的同时，还从深层次触发了干部员工的观念转变和思想解放，更加清晰地看到了业务发展的潜力和空间，坚定了今后几年加快持续发展的决心和信念。上海分行以全员绩效管理制度的成功推行为标志，有力推动了企业文化建设，业务和人才两大竞争力继续增强，两个文明建设结出新硕果。

2003年，分行按照"三个代表"重要思想要求，以"企业员工双发展"为核心理念，重点推行"全员绩效管理、全员培训计划、全员健康计划"，得到了广大干部员工的拥护和支持。全员绩效管理制度经过一年的运行，日益显现出在引导员工、评价员工和发展员工中的作用；全员培训计划大大提高了干部员工的业务技能和综合素质；全员健康计划深得人心，通过开办培训班和有计划组织专项比赛相结合、培养骨干和广泛发动相结合，使广大干部员工在参与身体锻炼和团队活动的过程中，增强了体能、陶冶了情操、融洽了关系。随着"三个全员"的推进，员工的发展和成长正成为推动上海分行各项事业顺利前进的有效动力。

交汇四海通融入方
交通銀行
BANK OF COMMUNICATIONS
上海分行
SHANGHAI BRANKCH

广州科技风险投资有限公司
CANTON VENTURE CAPITAL CO., LTD.

广州科技风险投资有限公司成立于一九九九年十二月二十三日，注册资本为人民币7亿元。在公司成立五年多的时间里，得到广州市委、广州市人民政府和社会各界的大力支持，遵循“专家管理、科学决策”的原则，从近4000个项目资料中选择400个项目重点跟踪，在开展细致的调研及评估工作后，投资52个项目，总投资金额超过3.8亿元人民币。

公司十分注重为企业提供各种增值服务，包括企业诊断、股权结构及资产结构的优化、企业管理的规范化、企业中长期的发展规划以及引入会计师事务所、律师事务所、证券公司等中介机构等，扶持企业发展、帮助企业快速增值。

公司积极探索多种形式的风险投资合作方式，目前与多家国内外投资机构达成合作事宜，其中与美国梧桐基金和新加坡大华银行集团已经开展了中外合资的创业基金业务。

公司的目标是：与各方合作，成为以广州科技风险投资基金为主导的、以引进国外风险投资和民间风险投资为主体的、具备相当资产规模的国内一流的风险投资机构。

王鸿茂总经理与美国梧桐基金管理公司总裁Kilin To（吴奇仁先生）

王鸿茂总经理与新加坡亚太资本管理私人有限公司钟伟昌董事长

王鸿茂总经理与新加坡大华创业投资管理公司
郭子德总经理签约合作

积极

敏锐

谨慎

细致

地址：广州市天河北路183号大都会广场11楼 邮编：510075 电话：020-8755 6020 传真：020-8755 6023 电子邮箱：cvcc@c-vcc.com

ITO导电膜玻璃生产线

方兴科技股份有限公司

董事长：孙东兴

安徽方兴科技股份有限公司是由安徽华光玻璃集团有限公司为主要发起人与浙江大学、国家建材局蚌埠玻璃设计研究院、蚌埠市建设投资有限公司、蚌埠珠光复合材料有限公司五家共同发起、经省人民政府批准设立的股份有限公司。是国家火炬计划重点高新技术企业。2002年11月8日，方兴科技在上海证券交易所成功上市，企业从此步入了资本运营的快车道。

方兴科技充分发挥上市公司的融资优势，充分利用企业的技术平台、产品平台、资本平台，实施产品经营和资本经营相结合的发展战略，稳步发展浮法玻璃的下游衍生产品、ITO导电膜玻璃的生产，不断优化产品结构，形成最佳规模，实现在线复合镀膜玻璃、ITO导电膜玻璃、玻璃深加工制品的产销能力居全国领先地位；显示器用基片填补国内空白，替代进口；玻璃深加工制品、电子系列玻璃等产品实现高档化、功能强和系列配套化生产与供应。同时，坚持技术进步，依托技术中心和院校科技开发力量，发展科技含量高和附加值大的下游产品，进入有市场前景的透明导电材料生产领域，努力培育利润增长点，积极开拓国际市场，把股份公司建成技术密集型、外向型、市场竞争力强、高速发展的具有国际影响力的大型跨国新材料企业。

党和国家领导人亲切会见孙东兴董事长

重点项目表彰大会

浮法玻璃生产线

地址：安徽省蚌埠市涂山路767号
邮编：233054
电话：0552-407 7780
传真：0552-407 7780
网址：www.fangxingkj.com
电子信箱：fxkj@fangxingkj.com

玉 泉

江苏高淳陶瓷股份有限公司

JIANGSU GAOCHUN CERAMICS CO., LTD.

印花餐具

手绘餐具

和式餐具

十六头餐具

手绘和式餐具

中餐具

玉泉

江苏高淳陶瓷股份有限公司是一家国有控股的上市公司（股票简称：高淳陶瓷；股票代码：600562），地处我国经济发达的长江三角洲，位于六朝古都南京郊县，距南京禄口机场40公里，交通十分便捷。

历经四十五年的发展，公司已经从一个生产单一粗陶、年产值不上百万元的手工作坊发展成为一家以日用陶瓷为主营业务，高新技术陶瓷、房地产、国际贸易多元发展的现代化企业。公司现有员工1500名，净资产3亿元。2003年自营出口1240万美元，完成销售收入2.4亿元，实现利税3600万元，综合经济效益继续位居全国日用陶瓷行业首位。近年来先后获得“全国轻工系统先进集体”、“全国自营进出口先进生产企业”和“全国轻工行业质量效益型先进企业”、“江苏省文明单位”等荣誉称号。

公司日用陶瓷产业是我国的重要出口基地和陶瓷行业的创汇创利大户。“玉泉”牌炻器餐具是我国十大陶瓷出口知名品牌，江苏省著名商标。产品畅销美国、日本等国际市场二十多年。现有和式、窑变釉、金属釉、还原焰等25个系列、上千个品种，年产量达5000万件。近来，引进国际先进技术生产的高档强化瓷又将以健康餐具新概念进入国内外市场。

2004年，引进国际先进技术装备建成的100万立升蜂窝陶瓷汽车尾气净化装置载体生产线将建成投产，成为我国内资建设的第一条现代化蜂窝陶瓷汽车尾气净化装置载体生产线，在热膨胀系数、孔数和壁厚等技术指标方面达到国内领先水平，是我国“高技术产业化示范工程”，适应了我国汽车工业配套和环保标准日益提高的要求。

目前，公司正遵循“绿色环保、服务社会、美化生活”的发展理念，发扬“艰苦创业、求实创新、诚信创誉”的企业精神，积极推进企业集团化、产品名牌化、产业多元化和经营国际化战略，力争在本世纪前十年将公司建成规模一流、具有相当国际竞争力和品牌认知度的企业集团，为振兴我国陶瓷工业做出新贡献。

地址：江苏省南京市高淳县固城镇秀山
电话：025-5737 7228 / 5737 7918
传真：025-5737 7688
网址：www.gctc.cn
电子信箱：bgs@gctc.cn / ff811@gctc.cn

福建凤竹纺织

FUJIAN FENGZHU TEXTILE

董事长：陈澄清

总经理：李常春

福建凤竹纺织科技股份有限公司是以染整加工和针织面料、筒子色纱的生产、销售及环保设施运营为主营业务的上市公司，福建省百家重点企业之一。公司注册资本1.7亿元，现有总资产6亿元，净资产5亿元，2003年实现主营业务收入2.82亿元，净利润3304.29万元。经过十多年的快速稳健的发展，公司的技术装备始终处于国内领先水平，其中进口设备的80%以上已达到世界同行先进水平，是福建省和华东地区的主要针织染整专业厂家和针织品出口基地，被认定为“福建省两个密集型企业”、“福建省高新技术企业”和“国家火炬计划重点高新技术企业”，跻身于“2003年度中国纺织工业针织行业竞争力前50名”和“福建企业竞争力100强”行列。

引进瑞士Santex平幅预缩机

针织车间一角

科技股份有限公司
SCIENCE & TECHNOLOGY CO., LTD.

公司是国家纺织行业标准《针织成品布》和《针织坯布》的起草单位之一，“国家纺织开发中心棉针织面料开发基地”、“中国针织业协会面料科技中心”和“省级企业技术中心。在行业内率先通过ISO9001：2000质量体系管理体系认证和Oeko-Tex Standard100”生态纺织品标准认证，并获得国家环保总局颁发的“环境保护设施运营资质证书”。目前，公司ISO10012:2003测量管理体系确认和ISO14001环境管理体系认证已通过现场审核。凤竹牌针织成品布属绿色环保型中高档产品，其品质、功能性、技术含量、环保性和档次方面在同行业具有显著优势，入围“05/06秋冬流行面料”，荣获2003年度“福建省用户满意产品”、“福建省名牌产品”和2004年度“国家免检产品”称号。公司研制生产的环保型高档针织弹力布被列入“国家级火炬计划项目”，获得“第十四届全国发明展览会铜奖”、“全国商业优秀科技创新产品奖”和“2004年中国纺织工业协会科学技术贡献奖”。

2004年4月21日“凤竹纺织”在上海证券交易所隆重上市

2004年4月，“凤竹纺织”6000万A股成功在上海证券交易所发行上市，募集资金主要用于扩建2万吨/年中高档针织面料技改项目和新增2万吨/年高档面料染色及后整理技改项目。项目建成后，将进一步提升公司规模、效益和质量，逐步建立符合纺织发展要求的一体化生产经营体系，在新产品、新工艺、新面料的开发方面争取达到世界先进水平，打造一流品牌。

功能性面料

地址：福建省晋江市青阳凤竹工业区　电话：0595-565 6506　传真：0595-565 6941

网址：http://www.fengzhu.cn　电子信箱：fengzhu@public.qz.fj.cn

董事长：陈军华

福建南纺股份有限公司
FUJIAN NANFANG TEXTILE CO., LTD

福建南纺股份有限公司是以原福建省南平纺织厂为主体和主发起人，于1994年以定向募集方式设立的股份有限公司。1997年3月，经福建省人民政府批准，福建南纺进行了定向增资扩股，形成由福建省天成集团有限公司控股，以国有股份为主体的工贸结合型股份有限公司。经中国证监会核准，2004年5月14日，福建南纺股份有限公司首次公开发行8000万A股股票。此次发行后，福建南纺总股本为19232.2475万股。

2004年5月31日，福建南纺股份有限公司首次公开发行的8000万A股股票在上海证券交易所挂牌上市。股票简称“福建南纺”。股票代码“600483”。

福建南纺是一家拥有六个生产厂、五家控股子公司的集团式公司，是国家大一型企业、国家经贸委千户重点联系企业、福建省百家重点企业。公司主要生产棉纱、棉布、PU革基布、PU革、非织造布等五大类百余个花色品种，是目前国内规模最大、品种最多、质量最好的PU革基布龙头企业，多年来引导着国内PU革基布产品开发、市场拓展的潮流。“闽牌”PU革基布获得国家级新产品、福建省名牌产品等称号。产品国内市场占有率30%左右。公司整体经营业绩在棉纺织行业中处于领先位置。1997年至今，公司已连续七年在中国棉纺行业协会统计的销售收入、人均利税、利税总额三项指标中获得棉纺织行业前五十强“排头兵”企业（集团）荣誉称号。企业先后荣获全国五一劳动奖状、全国质量效益型先进企业、全国纺织科技进步先进单位、全国纺织工业管理优秀企业等称号。

地址：福建省南平市安丰桥　邮编：353000　电话：0599－881 3015　传真：0599－880 5190

网址：www.fjnf.com　电邮：nfgf@public.npptt.fj.cn

2004年5月31日“福建南纺”在上海交易所隆重上市

“福建南纺”成功上市庆祝酒会

山东博汇纸

SHANDONG BOHUI

公司外景

山东博汇纸业股份有限公司是一家集纸张研发、生产、销售于一体的大型股份制企业。公司股票于2004年6月8日在上海证券交易所发行上市，企业综合实力居全国同行业第五位，是银行和税务部门授予的“AAA”等级企业、全国环保先进单位、全省节能先进单位。

多年来，公司坚持把技术创新作为企业加快发展的不竭动力，充分发挥技术中心先进科研设备和雄厚科研力量的优势，2004年被国家科技部认定为国家火炬计划重点高新技术企业，先后获15余项专利，并承担了国家火炬计划项目--环保健视纸、高档涂布白卡纸的研究开发。

公司视产品质量为企业生存的根本，对质量标准不断提出新的要求。2003年“博汇”牌获准采用国际标准；顺利通过ISO9001认证；被国家质监总局认定为国家免检产品；山东省名牌产品；中国国际农业博览会名牌产品；山东省著名商标等20余项荣誉称号。公司在发展中还培养了一支熟悉市场、经验丰富的销售人员队伍，凭借着良好的信誉和产品质量，进一步抢占国际和国内市场，优质、快捷的服务又为公司赢得了国内外客户的长期信赖，被评为客户满意的“十佳”造纸企业。

公司将继续调整和优化产品结构，扩大产能，提高生产水平，降低产品成本，提升产品档次，以适应纸产品消费结构的变化，使公司综合实力再上一个台阶，力争成为同行业竞争实力强、经济效益好、国内一流的大型造纸企业。

现代化生产流水线

业股份有限公司

PAPER INDUSTRIAL CO., LTD

产品质量免检证书
CERTIFICATE FOR PRODUCT EXEMPTION FROM QUALITY SURVEILLANCE INSPECTION

经审查
山东博汇纸业股份有限公司

博汇牌胶版印刷纸、书写纸符合《产品免于质量监督检查管理办法》规定，批准免检，特此证明。

免检有效期：2003 年 12 月 至 2006 年 12 月

证书编号：（2003）国免字（062370206）号

中华人民共和国
国家质量监督检验检疫总局
STATE GENERAL ADMINISTRATION OF THE PEOPLE'S REPUBLIC OF CHINA FOR QUALITY SUPERVISION AND INSPECTION AND QUARANTINE

电话：0533-853 8020
传真：0533-853 8020
地址：山东省淄博市桓台县马桥镇工业路北首
网址：http://www.bohui.net
电子信箱：sdbhpaper@163.com

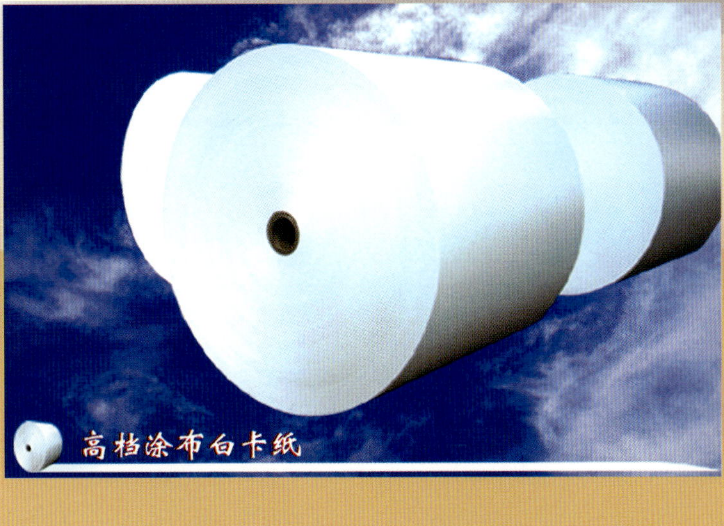

质量第一

信誉至上

董事长：朱重庆

浙江航民股份有限公司

浙江航民股份有限公司成立于1998年1月，位于杭州市萧山东部航民工业园内，由浙江航民实业集团有限公司作为主发起人，联合万向集团公司、杭州钢铁集团公司、佛山市顺德金纺集团有限公司、上海二纺机股份有限公司（现已变更为太平洋机电集团有限公司）、国营邵阳第二纺织机械厂等六家企业共同发起设立。2004年8月9日，公司首次公开发行8500万A股在上海证券交易所挂牌上市，股票简称为“航民股份”，股票代码为600987，上市后注册资本为人民币28500万元。

航民股份自成立以来，依靠制度创新、技术创新和管理创新，不断做大做强主营业务，形成了以印染为主，热电、织布、染料配套发展的稳健高效产业链，年印染各档纺织面料4亿米、织布850万米、染料8000吨、发电1.7亿度、供汽130万吨，具有较强的规模优势和竞争优势。

航民股份坚持“质量第一，信誉至上”的经营方针，印染主营业务的各项经济技术指标在同行业中处于领先水平，连续多年在中国印染行业协会“十佳企业”排名中名列前茅，“飞航”牌多种纤维混纺面料、高仿镇面料及印花面料等在市场上享有较高的知名度。

总经理：朱德水

www.hmgf.com

2004年8月9日“航民股份”在上海证券交易所隆重上市

“航民股份”董事长朱重庆先生在上市仪式上宣读诚信宣言

展望未来，任重道远。航民股份将严格按照现代企业制度要求规范运作，进一步发挥产业配套优势，坚持以绿色纺织品印染为己任，努力把公司建设成为技术先进、管理科学、高效稳健的现代化企业。

地址：浙江省杭州市萧山区瓜沥镇航民村 电话：0571-8255 7359 传真：0571-8255 3288
网址：http://www.hmgf.com 电子信箱：hmgf@xs.hz.zj.cn

武钢股份

董事长：刘本仁

产品与规模优势

作为我国三大钢铁生产企业之一，武钢股份是我国板材主要生产基地之一，也是全国最大的硅钢片生产基地。为公司通过向社会公众公募增发流通股与向武汉钢铁（集团）公司定向增发国有法人股相结合的方式发行新股，募集资金用于收购武钢集团钢铁主业。收购完成后，公司拥有烧结、冶炼、轧钢等一整套钢铁生产工艺设备。主要产品为冷轧及涂镀板（包括冷轧薄板、镀锌板、镀锡板、彩涂板）、冷轧硅钢片、热轧薄板、中厚板、大型材、高速线板、棒材等。公司2004年钢材产量已突破800万吨，具有较强的产品与规模优势。

装备与技术创新优势

武钢股份是国内最早成套引进具有世界先进水平的冷轧及涂镀板和冷轧硅钢生产装备的企业。公司整体工艺技术装备达到了当代国际先进水平。公司拥有完善的技术创新体系和运作机制。本公司建立了一个开放型的生产、科研和销售一体化、质量、品种、效益相结合、产、学、研协同开发的科研体系，具有较强的技术开发能力，科技进步贡献率一直保持在70%以上。在工艺和生产方面形成了如大型高炉长寿技术、顶底复吹转炉溅渣护炉技术、RH多功能真空精练技术、热连轧计算机系统技术、连铸保护渣系列研究及生产技术、新型节能烧嘴技术、洁净钢冶炼生产技术、结晶器液面控制技术等一批具有知识产权的工艺和生产技术。

管理优势

武钢坚持走质量效益型道路。近年来先后获得国家技术创新奖、全国质量管理奖、全国质量效益型先进企业、全过用户满意先进单位、全国企业管理杰出贡献奖和全国先进党组织、全国精神文明建设先进单位等荣誉称号。1991年，国务院办公厅发出通知号召学武钢走质量效益型道路，在全国推广武钢股份经验。1994年，武钢在全国特大型工业企业中率先通过了ISO9002质量体系认证。

区位优势

公司位于"九省通衢"的武汉市，铁路、公路、水运等交通运输十分便利。收购后，本公司是华中地区唯一的大型钢铁联合企业，市场周边辐射力强，具有承东启西、接南转北的区位优势。

开拓中国钢铁的

打造国

高端领域
际一流的钢铁航母

公司纺织新材料实验基地

江苏省纺织品进出口

董事长：陈树扬

总经理：蒋金华

江苏省纺织品进出口集团股份有限公司是江苏省最早从事进出口贸易的省级专业公司之一，原公司成立于1973年。自1974年正式对外自营出口至今，公司累计出口总额已超过78亿美元，业务遍及世界一百多个国家和地区，在国际纺织品贸易界素享盛誉。

江苏省纺织品进出口集团股份有限公司以经营各类纺织原料和纺织产品的进出口贸易为主，兼营其他各类商品的进出口、内销及专业服务等各项业务，素以优良的资信、周到的服务闻名于海内外。自江苏省实行对全省外经贸企业进行24项指标综合考评以来，公司曾连续4年名列榜首，并连续5届/10年被省政府命名为“省级文明单位”，1998年荣获“全国外经贸系统先进集体”荣誉称号。2002年初，公司通过了ISO9001：2000质量体系标准认证。2003年，公司又被评为全国外经贸系统“质量效益型先进企业”的荣誉称号。

公司奉行“以人为本”的企业文化，崇尚“精诚团结，求真务实，民主科学，诚信进取”的精神，确立了“经纬分明，纺诚信商誉；精益求精，织JSTEX品牌”的质量方针，在30年的经营中，已形成了诚信待人、以质取胜的经营风格和在激烈的市场竞争中大胆创新、拼搏进取的文化氛围。

求真务实 民主科学

精诚团结 诚信进取

集团股份有限公司

经中国证监会核准,"江苏纺织"5000万股A股2004年6月30日在上海证券交易所挂牌上市,正式登陆资本舞台,公司必将以上市为契机,在更广阔的平台上进行产品经营和资本运营,为企业发展创造更广阔的空间, 公司将着力实施品牌战略, 打造企业核心竞争力, 将企业建设成以科技为依托, 以实业为基础, 以品牌为核心, 以贸易为龙头的战略优势企业。

公司部分产品展示

公司车间

地址：山东省淄博市高新技术产业开发区柳泉路北首　电话：0533-293 0136　邮编：255086

山东铝业股份有限公司注册成立于1999年6月18日，是由山东铝业公司作为独家发起人，将其所属的氧化铝厂、第二氧化铝厂、电解铝厂、热电厂、铝加工厂、研究院等经营性资产剥离组建的股份制企业，1999年6月30日在上海证券交易所挂牌上市，总股本56000万股，其中流通股16000万股。

2001年9月12日，中国铝业重组海外上市，原山东铝业公司持有的71.43%的40000万国有法人股划转给中国铝业股份有限公司，中国铝业股份有限公司成为本公司的第一大股东。

目前公司生产130余种产品，有14种产品先后被评为国家、部、省优质产品，优质产品产值率86%以上。主要产品生产能力：氧化铝95万吨，电解铝6万吨，碳素制品4.5万吨，铝型材10000吨，化学品氧化铝20万吨，金属镓20000千克。产品广泛销往国内二十多个省市，远销美国、东南亚等十几个国家和地区。

公司决策层将通过健全和完善内部经营运作体系，实施企业多元化发展战略，不断壮大企业的竞争实力。拓展现有融资渠道，加大产业和产品结构调整力度，大力发展化学品氧化铝，延伸现有的主导产品产业链，提高产品的技术含量和附加值，形成有自我知识产权的、有核心竞争力的产品组群；利用高新技术改造传统产业，进一步提升企业的工艺技术和装备水平，大力降低生产成本，提高产品质量，增强企业可持续发展能力，确保2005年公司实现较快发展，力争2010年公司总体规模和竞争力实现超常规发展的目标。

公司经营业务范围：氧化铝、氢氧化铝、化学品氧化铝、金属镓、电解铝、铝合金、铝制品、碳素制品的生产、销售；建筑幕墙设计、施工。

2003年公司生产全部氧化铝93.04万吨，电解铝产品4.54万吨，实现主营业务收入265665万元，实现主营业务利润85429万元，净利润52271万元，每股收益0.9334元，每股净资产3.41元，净资产收益率27.38%(全面摊薄)。冶金级氧化铝国内市场占有率12.22%; 化学品氧化铝国内市场占有率35.79%; 电解铝产品国内市场占有率为0.91%。

自1999年上市以来，山东铝业坚持"诚信为本，回报至上"的经营理念，始终将股东的利益放在首位，在奋发努力，不断做大、做强企业自身实力的同时，不忘回报广大股东，截至2003年累计每股派发现金红利1.147元(含税)，送红股0.2股。

经营理念　**诚信为本　回报至上**

企业精神　**励精图治　创新求强**

邮箱：sdal@sdly.com 网址：http://www.sd-al.com

氧化铝循环焙烧炉夜景

股份有限公司

董事长：邹韶禄 全国劳动模范、高级工程师

总经理：何云辉　高级经济师

云南铜业股份有限公司为云南铜业（集团）有限公司控股的上市公司。

云南铜业股份有限公司股票（000878）“云南铜业”1998年6月2日上市交易。1999年4月1日入选美国道中88指数股，1999年10月8日入选深圳成份指数股。

云南铜业股份有限公司是中国闻名的铜冶炼企业，前身为云南冶炼厂，成立于1958年。云南悠久的铜历史及世界铜技术的进步，推动着公司的发展。以实现现代化和优美的环境为宗旨，公司约2800名员工，生产高纯阴极铜、电工铜线坯、工业硫酸、金银硫酸铜等，并能回收铅锌以及铋、硒、铂、钯等多种有色金属和稀贵金属。

公司按GB/T19002-1994 idt ISO9002:1994建立的质量保证体系，通过北京新世纪质量体系认证中心及英国国家质量保证有限公司认证。

公司生产的5种主要产品高纯阴极铜、电工用铜线坯、工业硫酸、金锭、银锭均采用国际标准组织生产，确保出厂产品合格率100%，努力实现“质量一流，服务优良，遵守合同，确保信誉”的质量承诺。

公司2003年生产高纯阴极铜186万吨、电工用铜线坯35万吨、工业硫酸52万吨、金锭3吨、银锭300吨。

公司继承云南铜和金的光辉历史，塑造“有色金属王国”的品牌。主产品“铁峰”高纯阴极铜曾先后荣获部优、省优、全国“用户满意产品”、“中国名牌产品”称号，并获国家银质奖；已在上海有色金属交易所注册交易，并于1998年3月在伦敦金属交易所注册交易，另一主产品“铁峰”牌白银于2004年3月在伦敦金银市场协会（LBMA）注册成功。公司主产品在国内外铜市场享有较高的声誉，产销率一直保持100%。公司被评为“全国质量效益先进企业”，并荣获52家“全国用户满意企业”之一，十个主要经济技术指标均为全国同行业领先水平，银行信用等级为AAA。

本着节约能源、降低成本、提高生产率、优化环境的目的，公司紧紧依靠科技进步推动公司的发展，不断对生产工艺流程进行改造。

2002年5月，公司引进的具有当今世界先进水平的熔池熔炼技术改造工程--艾萨炉一次投产成功，并于2003年10月31日通过国家验收，为公司实现跨越式发展奠定了坚实的基础。

公司以客户为导向，以创“国内一流、国际闻名”的现代企业为目标，集技术能力、成本效率和环境标准为一体，在提供优质产品的同时，将逐步实现产品多样化为公司获得更好的经济效益，为中国铜工业做出更大的贡献。

地 址：云南省昆明市西山区王家桥

电 话：0871-839 0888 / 0871-839 0991

传 真：0871-839 0800

云南铝 YUNNAN

董事长：陈智

董事、总经理：田永

云南铝业股份有限公司是1997年由云南铝厂整体改制、1998年4月上市的股份有限公司。目前，公司总股本为36400万股，其中云南冶金集团总公司持有23000万股，占总股本的63.19%，社会公众持有13400万股，占总股本的36.81%。

在长期发展过程中，云铝股份通过在国际、国内两个市场合理调配资源，在期货与现货之间灵活经营，取得了显著的经济效益和社会效益。公司现有铝电解生产能力30万吨、阳极18万吨、铝加工能力10万吨，综合生产能力近60万吨，是全国最大铝生产企业之一。

多年来，云铝苦练内功，狠抓内部管理，曾先后荣获全国五一劳动奖状、云南省企业优秀奖，双文明建设单位，“AAA”银行信用等级诚信企业等近百项荣誉称号。公司积极实施标准化管理和信息化建设，积极推进创建学习型企业工作，加快与国际接轨的步伐。1998年至2001年间，先后通过ISO9001、ISO14001、ISO10012、OHSMS、QS9000五个国际管理标准认证，是国内为数不多通过“五标一体”认证的企业，目前正在进行ISO10015培训管理标准体系认证工作。

重熔用铝锭

业股份有限公司

ALUMINIUM CO., LTD.

铝型材生产线

云铝股份是一个有强烈社会责任感和使命感的企业，多年来培育形成了对国家、社会、股东、用户、员工高度负责的企业价值观，实现了企业、社会、环境、资源的协调发展。挂牌上市六年来（1998年-2004年），净资产平均收益率达10.83%，每股平均收益为0.30元。凭借稳健优良的经营业绩，已连续6年实施高比例现金分红，累计派发金额达47,795万元，派发金额为两次发行股票募集资金的53%，使广大投资者获得了丰厚的回报，充分体现了股东利益的最大化。

云铝在新的发展中，将以更好的效益回报社会和股东的厚爱。

铸锭车间

技术创新中心

董事长：冯崇武　　总经理：杨朝文

云南文山电力股份有限公司是于1997年12月29日由文山州电力公司采取分立式改制，以经营性净资产与其他四家法人按照“产权清晰、权责明确、政企分开、管理科学”的现代企业制度运行模式组建的股份有限公司。

公司属水利电力行业，主营水力发电、供电业务，为文山州下辖文山县、砚山县、丘北县和富宁县境内唯一拥有供电经营许可权，集发供用电为一体的中二型企业。截止2003年12月，公司拥有小河沟电站、格雷电站、木垢电站、官寨电站等11座水电站，总装机容量为4.051万千瓦；拥有110千伏输电线路562.49千米；35千伏输电线路871.74千米、10千伏输电线路6619千米；110千伏变电站7座，总容量30.50万千伏安、35千伏变电站30座，容量11.94万千伏安。

几年来，公司深化企业改革，强化内部管理，拓展市场营销，狠抓电站、电网的建设与发展，各项工作取得了辉煌的成绩。1998年以来，公司先后被评为“全国水利系统水电先进单位”、“全国水利系统质量效益型先进单位”、“全国群众体育先进集体”、“云南省模范职工之家”、“云南省水利系统地方电工工作先进集体”、“云南省退役士兵安置工作先进单位”、“云南省厂务公开先进单位”、“云南省‘三八’红旗集体”、“云南省管理达标企业”、“云南省管理优秀达标企业”，获云南省“科技进步奖”，入选“中国优秀企业数据库”，被命名为“省级文明单位”等。公司董事长冯崇武被授予“云南省劳动模范”、获“全国‘五一’劳动奖章”、被评为“第九届云南省优秀企业家”，公司总经理杨朝文被评为第三届文山州“十大杰出青年”。

董事长冯崇武先生与上海证券交易所副总经理吴雅伦先生互换上市纪念

同心创业　科技兴企

地址：安徽省淮北市濉溪县刘桥镇

邮编：235162

电话：0561-708 1633

传真：0557-398 6565

Email：hbplhy@mail.ahbbptt.net.cn

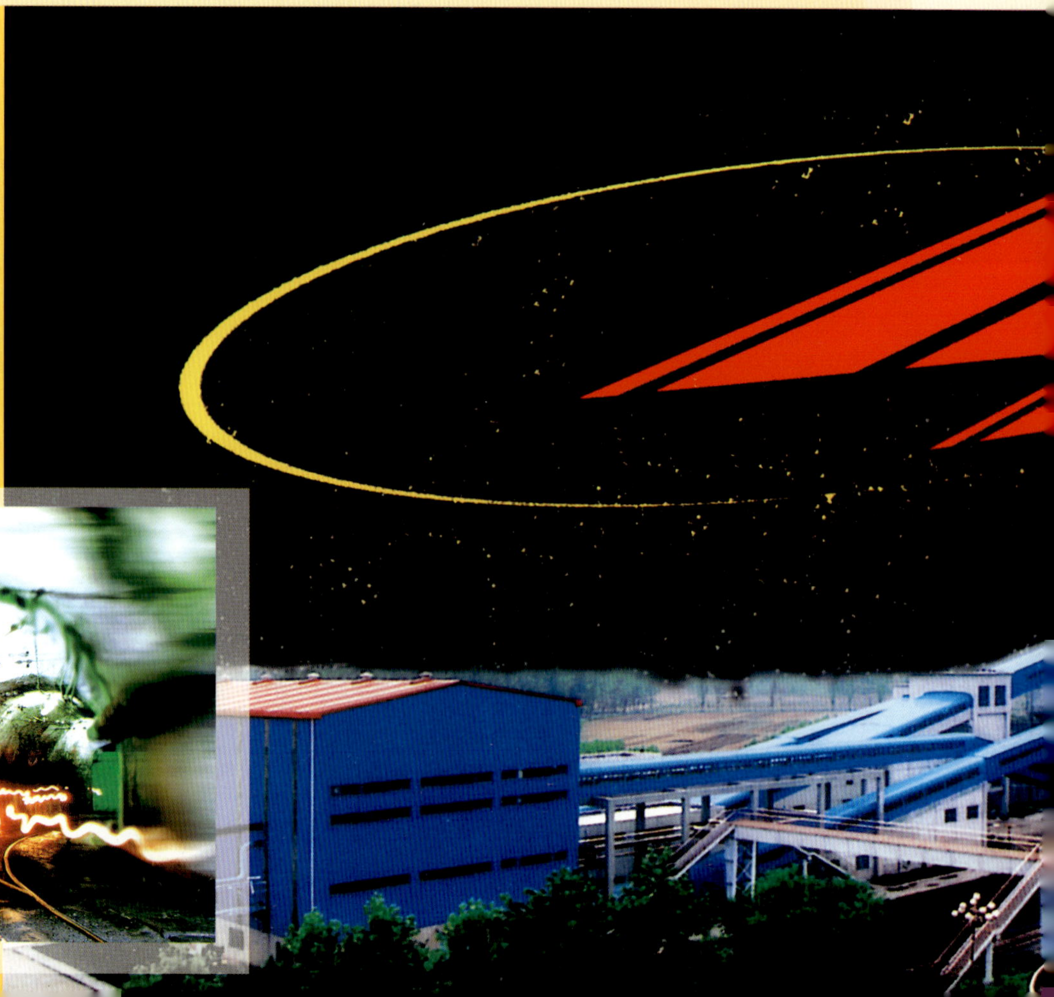

安徽恒源煤电股份有限公司是经安徽省人民政府批准，由安徽省皖北煤电集团有限责任公司作为主发起人，联合安徽省燃料总公司、合肥四方化工集团有限责任公司、合肥开元精密工程有限责任公司和深圳高斯达实业有限公司共同发起设立的，公司成立于2000年12月29日。公司位于安徽省淮北市境内，主营煤炭开采、洗选加工、销售，煤炭产品主要用于电力行业和冶金行业高炉喷吹。

公司前身皖北煤电集团刘桥二矿于1993年12月投产，矿井年设计生产能力60万吨，后经技术改造，矿井设计年生产能力达120万吨。

公司设立以来，紧紧围绕“做大做强煤炭主业，辅以资源综合利用，全面提升综合竞争力”的发展战略，坚持“以人为本、安全至上，发展企业，回报社会”的经营理念，以发展为主题，以效益为中心，依靠科技进步，强化安全生产，实现了管理科学化、装备现代化、质量标准化、行为规范化、环境花园化，先后荣获“中国煤炭工业百强企业”、“全国煤炭行业科技进步双十佳矿井”、“全国文明煤矿”等荣誉称号，树立了“恒源煤”的良好市场形象。

2001年至2003年，公司分别生产原煤172.2万吨、168.2万吨、174.46万吨，实现净利润分别为4270.53万元、6052.07万元、6360.16万元，每股收益分别为0.52元、0.74元、0.78元。截止2003年12月31日，公司总资产近5亿元，在册员工4090人。

经中国证监会核准和上海证券交易所批准，2004年8月17日，公司首次发行4400万A股在上海证券交易所上市，公司股票简称“恒源煤电”，股票代码“600971”，本次发行后公司总股本为12560万股。公司将以本次股票发行上市为契机，坚持以市场和国家产业政策为导向，以煤炭产业为依托，积极调整产业结构，不断提升公司科技含量，开拓创新，争创更优，打造核心竞争力，走出了一条发展速度快、经济效益高、综合竞争力强，企业形象好的现代化煤炭企业建设之路。

安徽恒源煤电股份有限公司

大连圣亚海洋世界股份有限公司的前身是成立于1994年1月18日的大连圣麦尔索海洋世界有限公司，1995年3月更名为大连圣亚海洋世界有限责任公司。1999年5月28日，公司由有限责任公司整体变更为大连圣亚海洋世界股份有限公司。2002年6月26日，大连圣亚海洋世界股份有限公司3200万社会公众股首次公开发行，同年7月11日，公司在上海证券交易所正式挂牌，成为中国唯一的以人造景观为主营业务的上市公司，同时也是东北三省唯一的旅游行业上市公司、核准制下大连市首家上市公司。截止2004年6月30日，公司总资产为4.31亿元人民币，净资产为2.98亿元人民币，拥有货币资金1.19亿元人民币，是大连旅游行业中最具竞争力的企业之一。

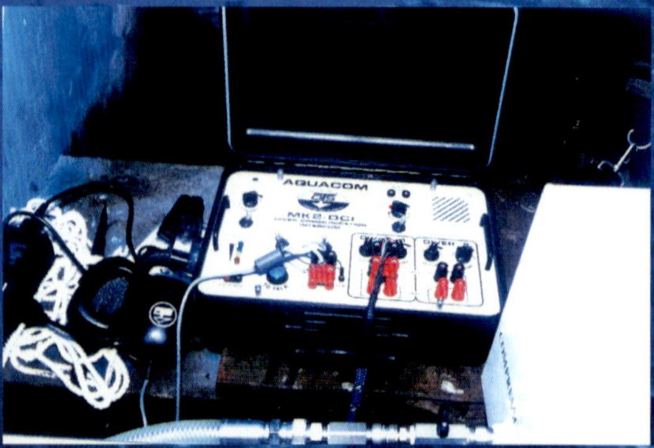

水底行走设备

五一期间公司门口盛况

五一期间公司门口盛况

大连圣亚海洋世界股份有限公司

2004年5月11日宁波市副市长与小山星儿共同为“宁波东睦”上市鸣锣

第一届董事长小山星儿先生与上交所副总刘啸东先生交换上市协议书

芦德宝董事长向贵宾介绍生产工艺

主要产品一览

宁波东睦新材料股份有限公司是由原宁波东睦粉末冶金有限公司改制而成的，第一家在国内上市的外资控股公司。公司注册资本11,500万元，其中日本国睦特殊金属工业株式会社持有公司36.52%的股份，流通股占公司股份总数的39.13%。

宁波东睦新材料股份有限公司是目前国内最大的粉末冶金机械零件制造企业之一，是“国家重点高新企业”。公司目前拥有五家控股子公司，净资产5.4亿元人民币，总资产超过9亿元人民币，总产能超过25,000吨/年。产品广泛应用于轿车、摩托车、冰箱和空调压缩机、电动工具、家用电器等行业，其中部分产品出口到美国、日本和欧洲等国家和地区。

公司具有四十余年的粉末冶金专业生产经验，拥有一整套国际先进的粉末冶金生产设备和技术，同时，公司十分重视科技进步和新产品开发，建立了“宁波粉末冶金工程技术中心（省级）”和“宁波市区模具中心”，能自制各种粉末冶金模具，生产各种粉末冶金零件。

主要设备

模具中心

上市仪式上，董事长芦德宝先生宣读诚信宣言

地址：浙江省宁波市江东南路147号
电话：0574-8784 1061
传真：0574-8783 1133
网址：http://www.pm-china.com
邮箱：tongmuo@pm-china.com

宁波东睦新材料股份有限公司

NINGBO TONGMUO NEW MATERIALS Co., Ltd.

宁波明州东睦粉末冶金有限公司是公司控股75%的中外合资粉末冶金专业生产企业，注册资本为770万美元，总资产超过1.5亿元人民币，拥有包括CNC成形压机在内的各种先进的粉末冶金专用设备和模具制造设备，年生产能力已超过5,000吨，是公司重要的生产基地之一。

连云港东睦江河粉末冶金有限公司是公司控股60%的子公司，注册资本为1,200万元人民币，专业生产各种粉末冶金摩托车、汽车零件；山西东睦华晟粉末冶金有限公司是公司控股60%的子公司，注册资本为3,000万元人民币，专业生产各种摩托车、汽车、家用电器等粉末冶金零件；天津东睦欧意工贸有限公司是公司控股60%的子公司，注册资本为500万元人民币，主要从事汽车零部件销售、物流和服务的贸易公司；东睦（天津）粉末冶金有限公司是中外合资粉末冶金企业，将专业生产各种高端汽车、摩托车和家用电器粉末冶金零件，注册资本为600万元美元，投资总额为1,500万美元，宁波东睦新材料股份有限公司控股70%，是宁波东睦新材料股份有限公司重要的生产基地之一。东睦（江门）粉末冶金有限公司是公司控股60%的中外合资粉末冶金企业，注册资本为250万元美元，投资总额为500万美元，专业生产各种含油轴承和家用电器、汽车等用粉末冶金零件。

公司拥有先进的技术和质量管理方法，并于1997年通过了ISO9002的质量体系认证，于2002年通过了QS9000和VDA6.1的质量体系认证；2004年公司获ISO9001及ISO/TS16949质量体系认证。

车间一角

董事长：肖同友

南京钢铁股份有限公司由南京钢铁集团有限公司作为主要发起人，联合中国第二十冶金建设公司、中冶集团北京钢铁设计研究总院、中国冶金进出口公司江苏公司、江苏冶金物资供销有限公司等四家企业共同发起设立，经江苏省人民政府批准，于1999年3月18日成立，公司董事长肖同友。公司下设一室九部（办公室、生产计划部、技术质量部、财务部、经销部、供应部、事业发展部、人事部、证券部和综合管理部）和八个生产厂（焦化厂、烧结厂、炼铁厂、炼钢厂、带钢厂、棒材厂、中板厂和中厚板卷厂），截止2003年底有员工5543人。

总经理：秦勇

经中国证券监督管理委员会批准，公司12000万股A股股票于2000年9月1日至2日在上海证券交易所成功发行，并于2000年9月19日隆重上市，股票简称：南钢股份，股票代码：600282。目前公司总股本为50400万股，其中流通A股14400万股。根据中国证券监督管理委员会股票发行审核委员会2004年7月27日召开的2004年第56次工作会议审核结果，公司增发12000万股新股的申请获得审核通过。

公司经江苏省工商行政管理局登记核准的经营范围是：黑色金属冶炼及压延加工，钢材、钢坯及其它金属销售。焦炭及其副产品生产（危险化学品除外）。公司拥有从焦化、烧结、炼铁、炼钢到轧钢的完整生产系统，具有独立面向市场的供应和销售系统，主要产品包括普碳板、船用板、压力容器板、桥梁板、锅炉板、圆钢、螺纹钢、普碳钢带和优质钢带等。公司拥有国家批准建设的国内第一条宽中厚板（卷）生产线。项目采用“中板坯连铸卷轧”工艺，具有高生产效率、高产品质量、高成材率和低能源消耗、低生产成本的优势。

公司经营业绩连年不断攀升。2003年又取得了可喜的成果，全年产钢183.49万吨、产生铁192.42万吨、产钢材204.44万吨，分别比上年增长5.87%、2.14%和22.12%；主营业务收入达到68.27亿元，实现净利润4.90亿元，分别比上年增长46.34%和101.33%；每股收益0.97元，净资产收益率22.28%，每股净资产4.36元；截止2003年底，公司总资产48.83亿元，净资产21.97亿元。

公司以实现全体股东利益最大化为己任，坚持“以人为本、科技领先、开拓创新、争创一流”的宗旨和“一业为主、多种经营、低成本、高效益、整体持续发展”的经营方针，已形成独具特色的区位优势、成本优势、管理优势和产品质量优势。

VILLE DE BORDEAUX

中国天地卫星股份有限公司

公司概况							
公司名称	中国天地卫星股份有限公司			股票代码	600118		
注册地址	北京市海淀区阜成路16号			邮政编码	100037		
法人代表	芮晓武			董秘	李世锋		
电话	010-68768890,68371188			传真	010-68768891		
主营业务	卫星及相关产品的研发、设计等						
总股本	22740.48	流通A	8640.00	流通B		流通H	
审计单位				审计意见	未审计		

主要财务指标 年度	2004.6	2003	2002
每股收益/扣除后(元)	0.0158	0.1000	0.1300
每股经营现金流量(元)	-0.5050	0.6000	0.0010
每股净资产/调整后(元)	1.3900	1.3600	1.5700
每股公积金(元)	0.0868	0.0866	0.0988
净资产收益率(%)	1.4300	7.3700	8.2800
总资产(万元)	79840.87	84697.30	62275.01
股东权益(万元)	32263.26	31797.96	30303.91
未分配利润(万元)	2873.21	2410.68	5797.10
主营收入(万元)	11585.32	41460.62	34619.07
资本公积金(万元)	1972.99	1970.23	1871.75
主营利润(万元)	4296.56	8508.34	7399.01
其他业务利润(万元)	21.42	16.52	0.18
营业利润(万元)	1088.86	4532.25	4545.94
投资收益(万元)	-289.38	-483.95	168.20
补贴收入(万元)	95.53		
营业外收支(万元)	-0.05	-62.02	0.73
利润总额(万元)	894.96	3986.27	4266.66
净利润(万元)	462.54	2343.09	2508.01

十大股东 序号	股东名称	股份性质	持股数(万股)	比例(%)
1	北京航天卫星应用总公司	国有法人股	9476.90	41.67
2	中国航天科技集团公司第五研究院	国有法人股	2120.75	9.33
3	中国旅游商贸服务总公司	国有法人股	947.64	4.17
4	北京波菲特旅游礼品有限责任公司	法人股	691.20	3.04
5	港旅建筑装饰工程有限公司	法人股	518.40	2.28
6	北京万通达储运公司	国有法人股	345.60	1.52
7	曲桂芝	流通股	78.05	0.34
8	李刚	流通股	54.42	0.24
9	贾徽	流通股	40.02	0.18
10	张天杰	流通股	38.48	0.17

股东人数	2004.6	2003.12	2003.6	2002
	12371	11578	9500	10456

近年分配		近年配股/增发	

重大事项

公司从航天科技财务有限责任公司累计贷款11000万元,累计归还贷款8500万元,其中归还上一报告期贷款3500万元,报告期末贷款余额为6000万元。报告期内最高贷款余额为6500万元。贷款年利率为4.54%。

二〇〇三年以来市场表现

2003年涨跌幅(%)	-14.55
2003年最高(元)	13.94
2003年最低(元)	8.12
2003年换手率(%)	141.63
2004.06涨跌幅(%)	-16.17
2004.06最高(元)	12.40
2004.06最低(元)	7.58
2004.06换手率(%)	58.93

长发集团长江投资实业股份有限公司

公司概况							
公司名称	长发集团长江投资实业股份有限公司			股票代码	600119		
注册地址	上海市浦东世纪大道1500号9楼			邮政编码	200122		
法人代表	居亮			董秘	朱联		
电话	021-68407009			传真	021-68407010		
主营业务	区域商贸综合开发						
总股本	25740.00	流通A	8236.80	流通B		流通H	
审计单位				审计意见	未审计		

主要财务指标 年度	2004.6	2003	2002
每股收益/扣除后(元)	0.0241	0.0897	0.0937
每股经营现金流量(元)	-0.1760	0.5304	0.1276
每股净资产/调整后(元)	1.6490	1.6031	1.4260
每股公积金(元)	0.3652	0.3652	0.3652
净资产收益率(%)	1.4130	6.0184	6.0267
总资产(万元)	85592.96	85092.18	85384.04
股东权益(万元)	43175.76	42565.82	40004.02
未分配利润(万元)	5814.99	5205.04	3093.93
主营收入(万元)	37660.70	74571.69	57063.14
资本公积金(万元)	9399.64	9399.64	9399.64
主营利润(万元)	5338.20	11328.41	9576.84
其他业务利润(万元)	1092.12	821.91	11.59
营业利润(万元)	669.80	2356.20	2865.96
投资收益(万元)	106.94	1281.44	438.10
补贴收入(万元)	13.34	17.67	0.19
营业外收支(万元)	-24.05	-86.65	-0.06
利润总额(万元)	766.04	3568.66	3510.77
净利润(万元)	609.94	2561.80	2410.91

十大股东 序号	股东名称	股份性质	持股数(万股)	比例(%)
1	长江经济联合发展集团股份有限公司	国有法人股	14210.25	55.21
2	宁波长江发展商城有限公司	国有法人股	1722.81	6.69
3	上海长发资产经营有限公司	国有法人股	1438.62	5.59
4	常州投资集团有限公司	流通A股	462.89	1.80
5	常州安邦工程项目管理有限公司	流通A股	325.91	1.27
6	常州鼎元科技创业投资有限公司	流通A股	137.96	0.54
7	交通银行-科讯证券投资基金	流通A股	93.61	0.36
8	武汉长发物业发展有限公司	国有法人股	87.68	0.34
9	朱进英	流通A股	63.22	0.25
10	王在强	流通股	50.00	0.19

股东人数	2004.6	2003.12	2003.6	2002
	19738	19354	12434	

近年分配		近年配股/增发	

重大事项

经公司三届二次董事会研究决定,公司受让上海仪电控股(集团)公司拥有的上海仪电科技有限公司的89.42%股权(即7180万股)。该公司资产评估总价为8582万元,经双方友好协商,确定89.42%股权的受让价格为人民币7243万元,该交易不构成关联交易,协议签署日期为2004年8月4日,股权受让基准日为2004年6月30日。

二〇〇三年以来市场表现

2003年涨跌幅(%)	-45.83
2003年最高(元)	11.02
2003年最低(元)	4.87
2003年换手率(%)	350.35
2004.06涨跌幅(%)	-12.14
2004.06最高(元)	7.59
2004.06最低(元)	4.69
2004.06换手率(%)	199.85

浙江东方集团股份有限公司

公司概况

公司名称	浙江东方集团股份有限公司		股票代码	600120	
注册地址	浙江省杭州市西湖大道12号		邮政编码	310009	
法人代表	何志亮		董秘	汪涛	
电话	0571-87600255		传真	0571-87600256	
主营业务	进出口贸易				
总股本	50547.34	流通A	20988.11	流通B	流通H
审计单位			审计意见	未审计	

主要财务指标

年度	2004.6	2003	2002
每股收益/扣除后(元)	0.0431	0.1200	0.3700
每股经营现金流量(元)	1.2220	0.1300	–0.8300
每股净资产/调整后(元)	1.8600	1.8400	2.5600
每股公积金(元)	0.1161	0.1161	0.6816
净资产收益率(%)	2.9100	10.4200	13.4800
总资产(万元)	254582.86	258966.23	244486.00
股东权益(万元)	94374.30	93791.01	82235.89
未分配利润(万元)	22335.93	21752.65	15457.61
主营收入(万元)	216166.70	512277.37	364176.87
资本公积金(万元)	5870.60	5870.60	21533.97
主营利润(万元)	18498.23	42494.35	38123.63
其他业务利润(万元)	101.47	125.87	–2.18
营业利润(万元)	5192.62	12764.83	17054.84
投资收益(万元)	242.69	3782.76	2341.53
补贴收入(万元)	874.97	1959.69	92.31
营业外收支(万元)	–292.96	–64.30	0.73
利润总额(万元)	6017.31	18442.98	20919.13
净利润(万元)	2773.44	9651.27	11084.51

十大股东

序号	股东名称	股份性质	持股数(万股)	比例(%)
1	浙江东方集团控股有限公司	国有法人股	21901.60	43.33
2	浙江天业投资有限公司	境内法人股	5160.96	10.21
3	浙江中大集团控股有限公司	境内法人股	2304.73	4.56
4	浙江国际信托投资公司	流通A股	1687.46	3.34
5	杭州万泰认证有限公司	境内法人股	191.95	0.38
6	上海市拥军优属基金会	流通A股	87.04	0.17
7	钟浚云	流通A股	78.50	0.16
8	丁来兄	流通A股	72.21	0.14
9	宋兰英	流通A股	66.31	0.13
10	北京力成投资管理有限公司	流通A股	64.45	0.13

股东人数	2004.6	2003.12	2003.6	2002
	45651	32306	5440	5300

近年分配	2004年7月22日10派1.00	近年配股/增发	

重大事项

根据本公司与浙江国益敷纺集团有限公司、浙江永通染织集团有限公司、浙江永通纺织品进出口有限公司在杭州市中级人民法院执行庭主持下签定的和解协议，本公司原下属全资子公司浙江东方集团原辅料公司应收浙江国益敷纺集团有限公司货款1,780万元由浙江国益敷纺集团有限公司、浙江永通染织集团有限公司、浙江永通纺织品进出口有限公司三公司负连带责任清偿，其中在2000年12月15日前归还800万元，在2001年6月25日前还清余款。

二〇〇三年以来市场表现

2003年涨跌幅(%)	–46.08
2003年最高(元)	11.50
2003年最低(元)	4.30
2003年换手率(%)	289.66
2004.06涨跌幅(%)	–9.05
2004.06最高(元)	7.47
2004.06最低(元)	4.40
2004.06换手率(%)	352.83

郑州煤电股份有限公司

公司概况

公司名称	郑州煤电股份有限公司		股票代码	600121	
注册地址	河南省郑州市二七区大学路30号		邮政编码	450052	
法人代表	李国安		董秘	付胜龙	
电话	0371-6591333,13603982629		传真	0371-6950227,6982868	
主营业务	煤炭生产及销售				
总股本	81000.00	流通A	21600.00	流通B	流通H
审计单位			审计意见	未审计	

主要财务指标

年度	2004.6	2003	2002
每股收益/扣除后(元)	0.0931	0.1000	0.1000
每股经营现金流量(元)	0.0560	0.3120	0.3130
每股净资产/调整后(元)	1.7920	1.7100	1.6040
每股公积金(元)	0.2762	0.2762	0.2762
净资产收益率(%)	5.1800	6.1300	6.1600
总资产(万元)	258214.69	251509.03	218382.87
股东权益(万元)	146418.64	138820.09	130307.50
未分配利润(万元)	27335.84	19737.29	12927.21
主营收入(万元)	55724.92	90801.23	83115.54
资本公积金(万元)	22371.87	22371.87	22371.87
主营利润(万元)	20648.13	27296.36	25576.80
其他业务利润(万元)	151.62	215.49	–4.58
营业利润(万元)	11260.17	13007.43	12812.97
投资收益(万元)	–2.05	–315.02	–404.23
补贴收入(万元)		176.61	176.61
营业外收支(万元)	83.00	–5.65	0.06
利润总额(万元)	11341.12	12863.37	12031.81
净利润(万元)	7598.55	8512.59	8029.35

十大股东

序号	股东名称	股份性质	持股数(万股)	比例(%)
1	郑州煤炭工业集团	国有法人股	59400.00	73.33
2	中国建设银行博时裕富投资基金	社会公众股	101.71	0.13
3	北京炎黄教育投资管理有限公司	社会公众股	100.00	0.12
4	王平	社会公众股	94.95	0.12
5	吕庄	社会法人股	83.68	0.10
6	迟人凤	社会公众股	68.99	0.09
7	张惠清	社会公众股	65.71	0.08
8	雷蓉	社会公众股	68.99	0.09
9	杭州同和房地产开发有限公司	社会公众股	63.52	0.08
10	蒋兰	社会公众股	65.30	0.08

股东人数	2004.6	2003.12	2003.6	2002
	65038	54733	37732	24608

近年分配		近年配股/增发	

重大事项

报告期内继续就煤炭运销、供电、供水、安全生产管理等综合服务事项按公司和集团公司已签订的《综合服务协议》执行。煤炭价格按市场销售价格结算；电力按物价、电力部门批复的入网价格计算。交易内容的款项结算按实际发生额每半个月或一个月结算一次。

二〇〇三年以来市场表现

2003年涨跌幅(%)	–11.38
2003年最高(元)	8.29
2003年最低(元)	5.00
2003年换手率(%)	290.31
2004.06涨跌幅(%)	–18.96
2004.06最高(元)	7.80
2004.06最低(元)	5.07
2004.06换手率(%)	456.37

江苏宏图高科技股份有限公司

公司概况

公司名称	江苏宏图高科技股份有限公司			股票代码	600122
注册地址	南京浦口高新区03栋2楼			邮政编码	210009
法人代表	张琉		董秘	陈刚	
电话	025-83300922		传真	025-83300230	
主营业务	软件、系统集成				
总股本	31920.00	流通A	14400.00	流通B	流通H
审计单位			审计意见	未审计	

主要财务指标

年度	2004.6	2003	2002
每股收益/扣除后(元)	0.0213	0.0550	0.1040
每股经营现金流量(元)	0.0080	-0.0910	0.3230
每股净资产/调整后(元)	2.7780	2.9750	2.9100
每股公积金(元)	1.3507	1.3507	1.3507
净资产收益率(%)	0.4350	1.8100	3.5400
总资产(万元)	323885.84	323104.37	292735.53
股东权益(万元)	100202.65	99766.30	97960.62
未分配利润(万元)	18248.20	17812.00	16835.85
主营收入(万元)	125534.54	293320.62	221015.20
资本公积金(万元)	43115.12	43115.12	43114.61
主营利润(万元)	14747.42	31012.27	25300.89
其他业务利润(万元)	764.99	2900.73	-245.61
营业利润(万元)	1329.30	4199.25	3626.44
投资收益(万元)	90.59	400.53	1607.79
补贴收入(万元)	11.02	17.45	0.18
营业外收支(万元)	-238.76	-31.74	0.39
利润总额(万元)	1192.15	4585.48	5415.23
净利润(万元)	436.35	1805.17	3466.78

十大股东

序号	股东名称	股份性质	持股数(万股)	比例(%)
1	江苏宏图电子信息集团有限公司	国有法人股	7587.07	23.77
2	南京有线电厂	国有法人股	5965.43	18.69
3	镇江江奎集团公司	国有法人股	3864.89	12.11
4	武辉	流通A股	144.83	0.45
5	华泰证券有限责任公司	流通A股	110.60	0.35
6	上海里奥高新技术投资有限公司	流通A股	60.62	0.19
7	江苏电子工业技术经济开发公司	国有法人股	51.31	0.16
8	南京中林泰富科技发展有限公司	境内法人股	51.31	0.16
9	长盛成长价值证券投资基金	流通A股	50.02	0.16
10	四川新华投资有限责任公司	流通A股	47.90	0.15

股东人数	2004.6	2003.12	2003.6	2002
	73425	80258	83187	81724

近年分配		近年配股/增发	

重大事项

因产品质量纠纷，本公司曾于2003年向南京市中级人民法院起诉索尼香港有限公司、日本索尼株式会社，要求两被告承担产品质量侵权责任，赔偿因质量侵权造成本公司的财产损失，并承担本案诉讼费用。目前该案在审理过程中。

二〇〇三年以来市场表现

2003年涨跌幅(%)	-25.32
2003年最高(元)	8.50
2003年最低(元)	4.60
2003年换手率(%)	129.92
2004.06涨跌幅(%)	8.95
2004.06最高(元)	7.49
2004.06最低(元)	5.19
2004.06换手率(%)	122.59

山西兰花科技创业股份有限公司

公司概况

公司名称	山西兰花科技创业股份有限公司			股票代码	600123
注册地址	山西省晋城市泽州路181号			邮政编码	048000
法人代表	贺贵元		董秘	王立印	
电话	0356-2040123		传真	0356-2033799	
主营业务	煤炭、化工产品				
总股本	37125.00	流通A	14400.00	流通B	流通H
审计单位	北京兴华会计师事务所有限责任公司		审计意见	标准无保留	

主要财务指标

年度	2004.6	2003	2002
每股收益/扣除后(元)	0.3427	0.4798	0.2330
每股经营现金流量(元)	0.5610	0.5040	0.4800
每股净资产/调整后(元)	3.0040	2.8280	2.2700
每股公积金(元)	1.1954	1.1912	1.1489
净资产收益率(%)	10.5300	16.3500	9.6800
总资产(万元)	195702.84	168046.87	166239.67
股东权益(万元)	112223.57	105939.20	87046.39
未分配利润(万元)	24266.65	18017.71	4165.66
主营收入(万元)	60184.78	87548.86	64622.60
资本公积金(万元)	44380.53	44222.02	42653.48
主营利润(万元)	30684.38	41759.54	26939.52
其他业务利润(万元)	161.19	497.67	7.61
营业利润(万元)	20965.59	24805.20	12590.16
投资收益(万元)	510.93	-2872.84	-1043.34
补贴收入(万元)		790.08	-3.38
营业外收支(万元)	-1534.62	-640.34	-3.65
利润总额(万元)	19941.89	22082.10	11549.56
净利润(万元)	11817.71	17324.27	8422.83

十大股东

序号	股东名称	股份性质	持股数(万股)	比例(%)
1	山西兰花煤炭实业集团公司	国有法人股	22725.00	61.21
2	海富通精选	流通A股	719.95	1.94
3	海富通收益	流通A股	610.97	1.65
4	通乾基金	流通A股	423.16	1.14
5	兴和基金	流通A股	290.17	0.78
6	裕元基金	流通A股	280.96	0.76
7	裕隆基金	流通A股	280.00	0.75
8	中信经典	流通A股	273.58	0.74
9	盛利精选	流通A股	256.46	0.69
10	华安证券	流通A股	249.87	0.67

股东人数	2004.6	2003.12	2003.6	2002
	43956	71227	82168	93507

近年分配		近年配股/增发	
	2004年6月17日10派1.50		

重大事项

公司2003年度的利润分配方案为每10股派发现金红利1.50元(含税)，该方案经2004年5月28日召开的公司2003年度股东大会审议通过后，于2004年6月22日实施完成。

二〇〇三年以来市场表现

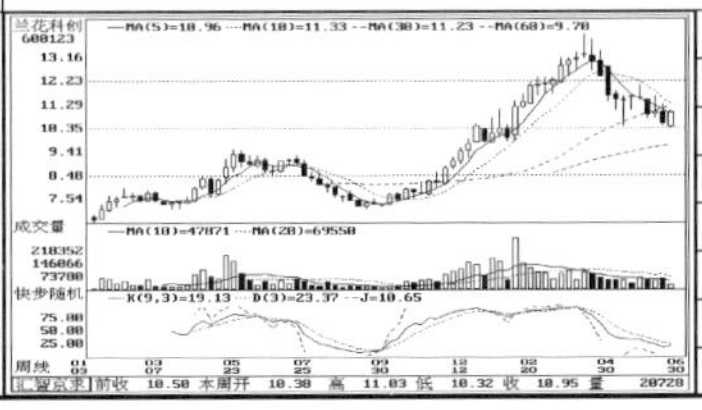

2003年涨跌幅(%)	47.34
2003年最高(元)	10.35
2003年最低(元)	6.35
2003年换手率(%)	174.75
2004.06涨跌幅(%)	13.12
2004.06最高(元)	13.95
2004.06最低(元)	9.62
2004.06换手率(%)	144.08

大连铁龙实业股份有限公司

公司概况							
公司名称	大连铁龙实业股份有限公司			股票代码	600125		
注册地址	大连高新技术产业园区七贤岭产业化基地高新街3号			邮政编码	116001		
法人代表	王占柱			董秘	畅晓东		
电话	0411-82810881			传真	0411-82816639		
主营业务	从事铁路运输服务						
总股本	28731.14	流通A	15341.14	流通B		流通H	
审计单位	北京中兴宇会计师事务所			审计意见	标准无保留		

主要财务指标

年度	2004.6	2003	2002
每股收益/扣除后(元)	0.1616	0.3310	0.3450
每股经营现金流量(元)	0.2440	0.3600	0.4790
每股净资产/调整后(元)	3.0430	3.8430	3.0040
每股公积金(元)	0.5337	0.9938	0.2970
净资产收益率(%)	5.2000	9.4000	11.0000
总资产(万元)	99699.44	100836.93	87205.49
股东权益(万元)	89451.06	87008.66	59509.14
未分配利润(万元)	31293.21	28850.81	22067.47
主营收入(万元)	18641.12	36348.38	32067.85
资本公积金(万元)	15333.34	21963.61	5665.68
主营利润(万元)	8948.90	16041.52	15703.14
其他业务利润(万元)			
营业利润(万元)	5838.62	9619.47	8237.98
投资收益(万元)	20.16	552.89	135.60
补贴收入(万元)			
营业外收支(万元)	30.23	-62.58	-0.81
利润总额(万元)	5889.02	10109.78	8338.14
净利润(万元)	4652.49	8178.32	6543.26

十大股东

序号	股东名称	股份性质	持股数(万股)	比例(%)
1	沈阳铁路局经济发展总公司	国有法人股	7364.50	25.63
2	大连铁道有限责任公司	国有法人股	4201.92	14.62
3	大连铁路经济技术开发总公司	国有法人股	1662.90	5.79
4	丰和价值证券投资基金	流通A股	370.26	1.29
5	中国银行-易方达平稳增长证券投资基金	流通A股	289.12	1.01
6	杭州常春滕工贸有限公司	流通A股	277.00	0.96
7	中国银行-嘉实增长开放式投资基金	流通A股	264.24	0.92
8	海通证券股份有限公司	流通A股	202.01	0.70
9	中国银行-嘉实服务增值行业证券投资基金	流通A股	73.59	0.26
10	交通银行-科瑞证券投资基金	流通A股	60.99	0.21

股东人数	2004.6	2003.12	2003.6	2002
	45909	49408	43733	43150

近年分配	近年配股/增发
2004年5月11日10派1.00	2004年5月11日10转3

重大事项

大连铁龙混凝土有限公司扩建项目于2004年2月开始，计划投资3500万元，截止报告期末，一期工程基本完工，实际投入资金3607万元，部分运输传送设备已投入使用，生产设备预计8月上旬可形成生产能力，投入运营生产。

二〇〇三年以来市场表现

2003年涨跌幅(%)	-5.63
2003年最高(元)	7.15
2003年最低(元)	5.09
2003年换手率(%)	110.68
2004.06涨跌幅(%)	3.49
2004.06最高(元)	8.19
2004.06最低(元)	5.92
2004.06换手率(%)	118.81

杭州钢铁股份有限公司

公司概况							
公司名称	杭州钢铁股份有限公司			股票代码	600126		
注册地址	浙江省杭州市拱墅区半山镇			邮政编码	310022		
法人代表	童云芳			董秘	韩晓通		
电话	0571-88132917			传真	0571-88132919		
主营业务	钢、铁(包括压延)						
总股本	64533.75	流通A	16575.00	流通B		流通H	
审计单位				审计意见	未审计		

主要财务指标

年度	2004.6	2003	2002
每股收益/扣除后(元)	0.5118	0.8400	0.4200
每股经营现金流量(元)	0.6530	0.6300	1.1600
每股净资产/调整后(元)	4.3800	4.2200	3.3700
每股公积金(元)	1.1439	1.1439	1.1315
净资产收益率(%)	11.6500	19.5000	12.4000
总资产(万元)	508080.66	464754.12	387688.81
股东权益(万元)	283069.62	272666.66	218703.78
未分配利润(万元)	114763.61	104360.67	59181.33
主营收入(万元)	533405.00	747153.44	516574.91
资本公积金(万元)	73820.84	73820.84	73020.50
主营利润(万元)	71110.28	105969.46	58866.97
其他业务利润(万元)	1579.18	2600.16	-9.84
营业利润(万元)	51771.04	79299.72	43372.09
投资收益(万元)	-468.93	277.44	266.59
补贴收入(万元)			
营业外收支(万元)	-59.68	-1755.29	-1429.97
利润总额(万元)	51242.42	77821.86	41887.37
净利润(万元)	32989.76	53162.55	27113.42

十大股东

序号	股东名称	股份性质	持股数(万股)	比例(%)
1	杭钢集团公司	国有法人股	47958.75	74.32
2	裕隆证券投资基金	流通A股	198.50	0.31
3	兴和证券投资基金	流通A股	191.61	0.30
4	中国建设银行-博时裕富证券投资基金	流通A股	100.26	0.16
5	浙江城建投资发展公司	流通A股	50.00	0.08
6	中国工商银行-华安上证180指数增强型基金	流通A股	35.56	0.06
7	中国银行-天同180指数证券投资基金	流通A股	28.16	0.04
8	阚建平	流通A股	27.07	0.04
9	轻纺城集团发展有限公司	流通A股	25.00	0.04
10	上海市企业年金发展中心湘财平衡	流通A股	24.06	0.04

股东人数	2004.6	2003.12	2003.6	2002
	71779	74241	73819	82902

近年分配	近年配股/增发

重大事项

经公司三届一次董事会会议决议，公司拟向中国证券监督管理委员会申请增发不超过12,500万股A股，该项议案已经公司2003年度股东大会审议通过，将报中国证券监督委员会核准后实施。

二〇〇三年以来市场表现

2003年涨跌幅(%)	42.79
2003年最高(元)	9.11
2003年最低(元)	5.77
2003年换手率(%)	214.85
2004.06涨跌幅(%)	-16.84
2004.06最高(元)	9.50
2004.06最低(元)	6.90
2004.06换手率(%)	156.58

湖南金健米业股份有限公司

公司概况

公司名称	湖南金健米业股份有限公司	股票代码	600127
注册地址	湖南省常德市德山经济科技开发区崇德路	邮政编码	415001
法人代表	梁宋模	董秘	李安云
电话	0736-7308616,7308643	传真	0736-7308666
主营业务	优质粮油		
总股本	43250.00	流通 A	19143.44
流通 B		流通 H	
审计单位		审计意见	未审计

主要财务指标

年度	2004.6	2003	2002
每股收益/扣除后(元)	-0.0325	-0.0770	-0.2990
每股经营现金流量(元)	-0.3150	0.0300	-0.1300
每股净资产/调整后(元)	2.6340	2.6200	2.5980
每股公积金(元)	1.8851	1.8851	1.8851
净资产收益率(%)	0.5040	1.1400	-11.8960
总资产(万元)	204465.06	203148.86	237092.62
股东权益(万元)	113905.40	113330.94	112352.40
未分配利润(万元)	-12953.97	-13528.43	-14422.98
主营收入(万元)	30064.81	54592.12	54505.59
资本公积金(万元)	81530.81	81530.81	81530.81
主营利润(万元)	3964.79	9163.91	6969.01
其他业务利润(万元)	2341.05	2792.67	-13.81
营业利润(万元)	-985.49	-5643.29	-12553.49
投资收益(万元)	2135.05	7075.01	-207.61
补贴收入(万元)		40.00	40.00
营业外收支(万元)	-114.41	-6.85	0.07
利润总额(万元)	1035.15	1464.86	-13524.55
净利润(万元)	574.46	1295.02	-13364.94

十大股东

序号	股东名称	股份性质	持股数(万股)	比例(%)
1	常德市粮油总公司	国有法人股	24106.56	55.74
2	湘财证券有限责任公司	流通 A 股	493.76	1.14
3	蔡远松	流通 A 股	54.71	0.13
4	袁玉珍	流通 A 股	54.08	0.13
5	周秋香	流通 A 股	30.06	0.07
6	李盛	流通 A 股	38.45	0.09
7	赵艺辉	流通 A 股	23.00	0.05
8	潘惠贞	流通 A 股	21.92	0.05
9	夏文若	流通 A 股	20.91	0.05
10	何海明	流通 A 股	20.30	0.05

股东人数

2004.6	2003.12	2003.6	2002
98948	93356	95033	105442

近年分配		近年配股/增发	

重大事项

2004 年 3 月 10 日,公司与常德市粮食局签订《金海大酒店资产转让合同书》。常德市粮食局以承担本公司银行贷款 2500 万元及支付现金 500 万元的价格受让金海大酒店。

二○○三年以来市场表现

2003 年涨跌幅(%)	-15.36
2003 年最高(元)	6.59
2003 年最低(元)	4.45
2003 年换手率(%)	109.00
2004.06 涨跌幅(%)	-14.64
2004.06 最高(元)	6.75
2004.06 最低(元)	4.09
2004.06 换手率(%)	153.64

江苏弘业股份有限公司

公司概况

公司名称	江苏弘业股份有限公司	股票代码	600128
注册地址	江苏省南京市中华路 50 号弘业大厦	邮政编码	210001
法人代表	刘绥芝	董秘	姜琳
电话	025-52308738	传真	025-2307117
主营业务	工艺品等商品的进出口		
总股本	19944.75	流通 A	7412.31
流通 B		流通 H	
审计单位		审计意见	未审计

主要财务指标

年度	2004.6	2003	2002
每股收益/扣除后(元)	0.0231	0.0124	0.0800
每股经营现金流量(元)	0.7850	0.2700	0.1100
每股净资产/调整后(元)	2.8500	2.8700	2.7300
每股公积金(元)	1.1346	1.1346	1.1217
净资产收益率(%)	1.0600	3.2800	2.8800
总资产(万元)	94776.29	102206.87	92338.43
股东权益(万元)	57604.87	57965.93	55806.52
未分配利润(万元)	7432.02	7793.08	6564.28
主营收入(万元)	75410.37	158438.81	165257.55
资本公积金(万元)	22629.56	22629.56	22372.99
主营利润(万元)	5654.03	12600.13	11892.56
其他业务利润(万元)	145.07	585.27	-1834.14
营业利润(万元)	1284.45	3589.80	3171.65
投资收益(万元)	331.50	215.22	191.54
补贴收入(万元)	175.93	967.96	-12.77
营业外收支(万元)	21.67	-87.09	1.25
利润总额(万元)	1813.54	4685.89	3615.82
净利润(万元)	610.49	1901.30	1606.71

十大股东

序号	股东名称	股份性质	持股数(万股)	比例(%)
1	江苏弘业国际集团有限公司	国家股	10340.53	51.85
2	中国烟草总公司江苏省公司	法人股	338.69	1.70
3	江苏苏豪国际集团股份有限公司	法人股	307.90	1.54
4	招商证券股份有限公司	法人股	175.19	0.88
5	南京纺织品进出口股份有限公司	法人股	153.95	0.77
6	江苏开元国际集团轻工业品进出口股份有限公司	法人股	153.95	0.77
7	江苏省东晟燃料有限公司	法人股	153.95	0.77
8	江苏汇鸿国际集团针棉织品进出口股份有限公司	法人股	153.95	0.77
9	江苏舜天股份有限公司	法人股	153.95	0.77
10	江苏陶瓷进出口(集团)有限公司	法人股	123.16	0.62

股东人数

2004.6	2003.12	2003.6	2002
45494	48262	51119	53305

近年分配	2004 年 6 月 23 日 10 派 0.50	近年配股/增发	

重大事项

2004 年 6 月 1 日,公司 2003 年度股东大会通过了 2003 年度利润分配方案:以 2003 年末 199,447,500 股为基数,向全体股东以每 10 股派发现金红利 0.50 元(含税),共分配 9,972,375.00 元,剩余 74,134,413.97 元,滚存至下次分配。2003 年度不实施资本公积金转增股本方案。

二○○三年以来市场表现

2003 年涨跌幅(%)	-27.21
2003 年最高(元)	8.44
2003 年最低(元)	4.66
2003 年换手率(%)	99.33
2004.06 涨跌幅(%)	-3.91
2004.06 最高(元)	6.63
2004.06 最低(元)	4.86
2004.06 换手率(%)	124.47

重庆太极实业(集团)股份有限公司

公司概况

公司名称	重庆太极实业(集团)股份有限公司	股票代码	600129
注册地址	重庆市涪陵市建设路 68 号	邮政编码	408000
法人代表	白礼西	董秘	夏雪
电话	023-72800072	传真	023-72800072
主营业务	中成药的开发		
审计单位		审计意见	未审计

总股本	流通 A	流通 B	流通 H
25260.00	7500.00		

主要财务指标

年度	2004.6	2003	2002
每股收益/扣除后(元)	0.1384	0.1600	0.2000
每股经营现金流量(元)	0.0450	1.0700	1.0300
每股净资产/调整后(元)	3.5400	3.3200	3.1500
每股公积金(元)	1.9714	1.9714	1.9658
净资产收益率(%)	4.8100	6.4100	6.4500
总资产(万元)	416964.53	394415.37	319560.16
股东权益(万元)	93736.24	89265.38	84819.22
未分配利润(万元)	10806.35	6300.17	2226.17
主营收入(万元)	212259.62	321096.06	233912.27
资本公积金(万元)	49798.54	49798.54	49657.04
主营利润(万元)	48961.76	87294.35	78663.87
其他业务利润(万元)	1018.40	1156.72	-189.66
营业利润(万元)	6313.57	8293.33	7651.91
投资收益(万元)	-344.93	-1771.43	-770.99
补贴收入(万元)	416.19	398.06	-0.60
营业外收支(万元)	87.40	1083.89	-2.22
利润总额(万元)	6472.23	8003.85	7116.90
净利润(万元)	4506.18	5720.39	5470.16

十大股东

序号	股东名称	股份性质	持股数(万股)	比例(%)
1	太极集团有限公司	国有法人股	14778.96	58.51
2	重庆涪陵区希兰生物科技有限公司	境内法人股	1655.51	6.55
3	重庆涪陵药用植物资源开发研究所	境内法人股	1284.73	5.09
4	华夏证券有限责任公司	流通 A 股	1178.86	4.67
5	嘉峪关市杰华物资商贸有限责任公司	流通 A 股	526.34	2.08
6	上海国拍电子商务有限公司	流通 A 股	303.57	1.20
7	上海同盛投资(集团)有限公司	流通 A 股	302.18	1.20
8	上海市企业年金发展中心华夏成长证券投资基金	流通 A 股	289.09	1.14
9	上海浦东发展(集团)有限公司	流通 A 股	201.13	0.80
10	济南点阵科技有限公司	流通 A 股	192.03	0.76

股东人数	2004.6	2003.12	2003.6	2002
	6795	2483	2409	3062

近年分配		近年配股/增发	

重大事项

司受让太极集团有限公司持有太极集团四川天诚制药有限公司(以下简称:天诚制药)86.48%的股权,即 2,271.18 万股,转让总价款为 1,676.13 万元,受让后,太极集团有限公司不再持有天诚制药的股权,公司为天诚制药的第一大股东。

二○○三年以来市场表现

2003 年涨跌幅(%)	-29.69
2003 年最高(元)	30.00
2003 年最低(元)	13.50
2003 年换手率(%)	172.52
2004.06 涨跌幅(%)	-50.27
2004.06 最高(元)	20.58
2004.06 最低(元)	10.80
2004.06 换手率(%)	94.69

宁波波导股份有限公司

公司概况

公司名称	宁波波导股份有限公司	股票代码	600130
注册地址	浙江省奉化市城山路 99 号	邮政编码	315500
法人代表	徐立华	董秘	马思甜
电话	0574-88918855	传真	0574-88929054
主营业务	寻呼机、手机		
审计单位		审计意见	未审计

总股本	流通 A	流通 B	流通 H
16000.00	4000.00		

主要财务指标

年度	2004.6	2003	2002
每股收益/扣除后(元)	0.6606	1.4585	1.3500
每股经营现金流量(元)	-1.3150	5.3500	3.7100
每股净资产/调整后(元)	8.2200	7.9200	6.1600
每股公积金(元)	3.9258	3.9258	3.7058
净资产收益率(%)	8.4300	19.2500	21.7600
总资产(万元)	420698.50	394742.72	380741.47
股东权益(万元)	132002.06	127268.36	99246.71
未分配利润(万元)	44528.09	39794.38	18293.06
主营收入(万元)	464823.47	1084147.62	636761.62
资本公积金(万元)	62812.32	62812.32	59293.03
主营利润(万元)	79596.20	182909.25	149674.73
其他业务利润(万元)	2785.34	5785.93	-52.58
营业利润(万元)	17033.81	33084.02	28220.68
投资收益(万元)	303.26	680.68	-773.20
补贴收入(万元)	632.83	2033.24	-4.10
营业外收支(万元)	102.58	-823.49	-22.32
利润总额(万元)	18072.48	34974.45	27182.28
净利润(万元)	11133.71	24502.36	21592.22

十大股东

序号	股东名称	股份性质	持股数(万股)	比例(%)
1	宁波电子信息集团有限公司	境内法人股	5400.00	33.75
2	波导科技集团股份有限公司	境内法人股	5280.00	33.00
3	奉化市大桥镇资产经营总公司	境内法人股	607.20	3.80
4	宁波市工业投资有限责任公司	境内法人股	603.60	3.77
5	国信证券有限责任公司	流通 A 股	229.58	1.43
6	中国电子进出口宁波公司	境内法人股	109.20	0.68
7	中国建设银行-宝康灵活配置证券投资基金	流通 A 股	31.43	0.20
8	中国建设银行-华宝兴业多策略增长证券投资基金	流通 A 股	30.08	0.19
9	沈芳	流通 A 股	24.44	0.15
10	芦盛河	流通 A 股	16.88	0.11

股东人数	2004.6	2003.12	2003.6	2002
	26671	29166	27367	26469

近年分配		近年配股/增发	
	2004 年 5 月 31 日 10 派 4.00		

重大事项

公司二届董事会第十三次会议审议通过了本公司和宁波波导萨基姆电子有限公司签订的《进口设备买卖协议》和《非进口设备买卖协议》,公司将原值为 44,455,528.58 元,折旧为 10,953,464.38 元净值为 33,502, 064.20 元的 393 台进口设备和 365 台非进口设备出售给宁波波导萨基姆电子有限公司,价款分别为 31,279,145.50 元和 2,222,918.70 元。

二○○三年以来市场表现

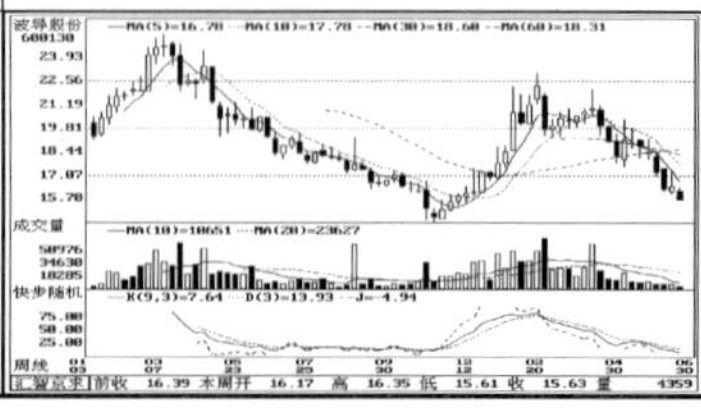

2003 年涨跌幅(%)	-15.47
2003 年最高(元)	24.55
2003 年最低(元)	13.93
2003 年换手率(%)	141.06
2004.06 涨跌幅(%)	-5.27
2004.06 最高(元)	22.58
2004.06 最低(元)	15.61
2004.06 换手率(%)	88.38

四川岷江水利电力股份有限公司

公司概况

公司名称	四川岷江水利电力股份有限公司	股票代码	600131
注册地址	四川省汶川县下索桥	邮政编码	623007
法人代表	胡柏初	董秘	蒲和翔
电话	028-87731485	传真	028-87764010
主营业务	发电、售电及转售电		
审计单位		审计意见	未审计

总股本	50412.52	流通 A	16991.50	流通 B		流通 H	

主要财务指标

年度	2004.6	2003	2002
每股收益/扣除后(元)	0.0154	0.0500	0.1500
每股经营现金流量(元)	-0.0300	0.1800	0.1100
每股净资产/调整后(元)	1.2200	1.2200	2.0500
每股公积金(元)	0.0495	0.0495	0.5716
净资产收益率(%)	1.1900	4.2000	8.2000
总资产(万元)	160749.73	153831.44	168086.02
股东权益(万元)	65205.24	64431.11	61887.14
未分配利润(万元)	6514.33	5740.21	9823.96
主营收入(万元)	15454.97	26950.41	34373.21
资本公积金(万元)	2493.43	2493.43	16949.76
主营利润(万元)	4693.82	10864.36	13358.25
其他业务利润(万元)	1.70	3.95	-0.03
营业利润(万元)	910.24	4242.57	6759.13
投资收益(万元)	3.17	-477.10	-7.56
补贴收入(万元)			
营业外收支(万元)	-0.82	-22.94	-0.20
利润总额(万元)	912.59	3742.53	6949.36
净利润(万元)	774.13	2703.55	5317.29

十大股东

序号	股东名称	股份性质	持股数(万股)	比例(%)
1	阿坝州水利电网资产经营公司	国有法人股	14423.31	28.61
2	水利部经济局	国有法人股	10098.00	20.03
3	阿坝州下庄电厂	境内法人股	4231.06	8.39
4	阿坝州信托投资公司	境内法人股	1683.00	3.34
5	鹏信经贸	境内法人股	374.00	0.74
6	四川省电力开发公司	境内法人股	336.60	0.67
7	阿坝州甘堡水电厂	境内法人股	336.60	0.67
8	茂新贸易	境内法人股	181.90	0.36
9	四川岷山机械厂	境内法人股	163.00	0.32
10	阿坝州马尔康水电厂	境内法人股	163.00	0.32

股东人数

2004.6	2003.12	2003.6	2002
41285	38576	31817	26399

近年分配		近年配股/增发	

重大事项

2003年10月,本公司董事会审议通过岷江电子材料有限责任公司(以下简称"电子材料")《企业承包经营合同》,将电子材料整体租赁给自然人江河,期限6年,从2003年10月1日起至2009年10月1日止。

二〇〇三年以来市场表现

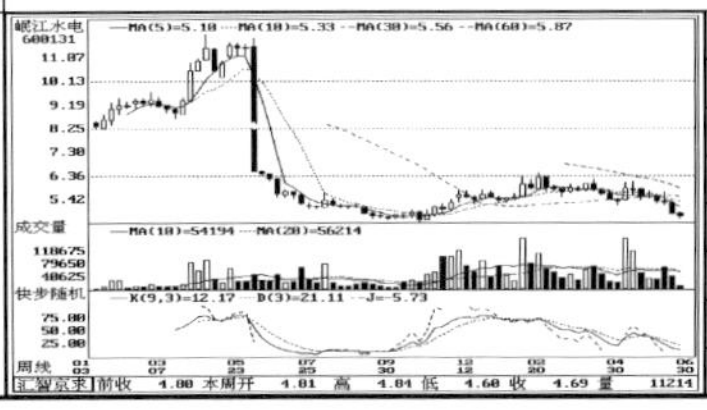

2003年涨跌幅(%)	11.79
2003年最高(元)	7.01
2003年最低(元)	4.48
2003年换手率(%)	102.25
2004.06涨跌幅(%)	-14.88
2004.06最高(元)	6.46
2004.06最低(元)	4.60
2004.06换手率(%)	84.01

重庆啤酒股份有限公司

公司概况

公司名称	重庆啤酒股份有限公司	股票代码	600132
注册地址	重庆市九龙坡区石桥铺石杨路16号	邮政编码	400039
法人代表	华正兴	董秘	苏甫玉
电话	023-68882299	传真	023-68882266
主营业务	啤酒生产		
审计单位		审计意见	未审计

总股本	25630.80	流通 A	7800.00	流通 B		流通 H	

主要财务指标

年度	2004.6	2003	2002
每股收益/扣除后(元)	0.1196	0.2300	0.2600
每股经营现金流量(元)	0.5730	0.8900	0.7300
每股净资产/调整后(元)	2.4500	2.5300	3.4200
每股公积金(元)	0.9848	0.9848	1.9744
净资产收益率(%)	5.0900	8.5200	7.4800
总资产(万元)	199065.55	180133.36	141555.48
股东权益(万元)	63251.02	65157.69	59555.98
未分配利润(万元)	3689.51	5596.18	1153.85
主营收入(万元)	57564.39	94388.66	77874.63
资本公积金(万元)	25241.65	25241.65	33736.45
主营利润(万元)	19921.93	35195.26	28540.88
其他业务利润(万元)	433.32	462.01	-48.33
营业利润(万元)	3787.94	7949.20	5796.19
投资收益(万元)	94.96	-756.40	-274.45
补贴收入(万元)		65.27	-1.20
营业外收支(万元)	23.47	-120.51	-0.35
利润总额(万元)	3906.36	7137.56	5536.29
净利润(万元)	3219.49	5552.91	4455.43

十大股东

序号	股东名称	股份性质	持股数(万股)	比例(%)
1	重庆啤酒集团有限责任公司	国家股	13854.75	54.06
2	合川市银源商贸有限公司	法人股	1205.63	4.70
3	国泰君安证券股份有限公司	社会公众股	664.57	2.59
4	东方证券有限责任公司	社会公众股	600.00	2.34
5	重庆钰鑫实业集团有限公司	社会法人股	432.38	1.69
6	申银万国证券股份有限公司	社会公众股	156.95	0.61
7	全国社保基金一零七组合	社会公众股	100.00	0.39
8	重庆市九龙坡区渝宏副食经营部	法人股	92.63	0.36
9	上海华氏资产经营有限公司	社会公众股	85.05	0.33
10	宏源证券股份有限公司	社会法人股	79.02	0.31

股东人数

2004.6	2003.12	2003.6	2002
6284	6142	6284	5229

近年分配	2004年6月22日10派2.00	近年配股/增发	

重大事项

本公司大股东重庆啤酒(集团)有限责任公司向S&N ASIA PACIFICLIMITED(苏纽亚太有限公司)转让本公司5000万股国家股的事项,已经重庆市人民政府(渝府【2004】153号文)批准,目前该股份转让事项已报送国务院国资委审批,待国务院国资委审核批准后,还需报国家商务部等机关审批。

二〇〇三年以来市场表现

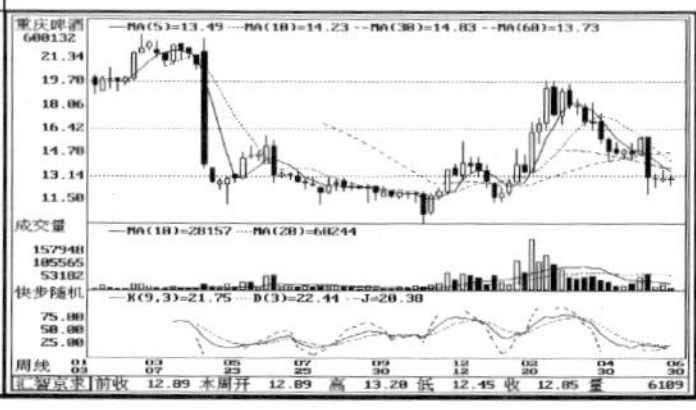

2003年涨跌幅(%)	-6.28
2003年最高(元)	15.70
2003年最低(元)	9.66
2003年换手率(%)	113.49
2004.06涨跌幅(%)	-1.31
2004.06最高(元)	19.58
2004.06最低(元)	11.10
2004.06换手率(%)	185.20

武汉东湖高新集团股份有限公司

公司概况

公司名称	武汉东湖高新集团股份有限公司	股票代码	600133
注册地址	武汉市洪山区华光大道1号东湖高新大楼	邮政编码	430074
法人代表	黄立平	董秘	舒春萍
电话	027-87172003	传真	027-87172021
主营业务	科技工业园开发建设		
审计单位		审计意见	未审计

总股本	流通A	流通B	流通H
27559.22	8320.00		

主要财务指标

年度	2004.6	2003	2002
每股收益/扣除后(元)	0.0567	0.1580	0.1480
每股经营现金流量(元)	0.0926	0.1209	–0.1137
每股净资产/调整后(元)	2.3930	2.4638	2.3231
每股公积金(元)	1.0350	1.0002	1.0002
净资产收益率(%)	2.1840	6.0400	6.1000
总资产(万元)	155388.73	153756.17	135207.70
股东权益(万元)	74599.25	72012.27	67665.71
未分配利润(万元)	11476.45	9847.40	6152.82
主营收入(万元)	20923.78	34662.43	39090.59
资本公积金(万元)	28522.86	27564.93	27564.93
主营利润(万元)	4663.22	12304.54	10794.83
其他业务利润(万元)	0.57	0.09	0.00
营业利润(万元)	1906.68	5466.53	5419.52
投资收益(万元)	19.88	–80.68	–305.47
补贴收入(万元)		4.99	4.99
营业外收支(万元)	–48.26	–167.67	–1.74
利润总额(万元)	1878.31	5223.18	5028.17
净利润(万元)	1629.05	4346.56	4129.12

十大股东

序号	股东名称	股份性质	持股数(万股)	比例(%)
1	武汉红桃开集团股份有限公司	社会法人股	8152.00	29.58
2	武汉长江通信产业集团有限公司	社会法人股	5041.46	18.29
3	武汉城市综合开发集团有限公司	国有法人股	2396.16	8.69
4	武汉金丹科技有限责任公司	社会法人股	1867.84	6.78
5	武汉庙山实业发展总公司	国有法人股	1781.76	6.47
6	中国工商银行南方稳健成长证券投资基金	社会公众股	248.22	0.90
7	中国工商银行开元证券投资基金	社会公众股	232.12	0.84
8	中国银行嘉实成长型证券投资基金	社会公众股	65.27	0.24
9	兴和证券投资基金	社会公众股	30.76	0.11
10	张哲	社会公众股	24.60	0.09

股东人数

2004.6	2003.12	2003.6	2002
44847	52192	54627	54209

近年分配		近年配股/增发	

重大事项

报告期内公司对控股子公司及其关联方提供担保金额为3000万元，担保余额为8000万元。武汉科诺生物农药有限公司由母公司提供贷款担保，从华夏银行东湖支行获得2000万元贷款，从建设银行洪山支行获得1000万元贷款。

二〇〇三年以来市场表现

2003年涨跌幅(%)	–31.37
2003年最高(元)	10.39
2003年最低(元)	5.16
2003年换手率(%)	178.83
2004.06涨跌幅(%)	15.11
2004.06最高(元)	8.40
2004.06最低(元)	5.30
2004.06换手率(%)	167.39

乐凯胶片股份有限公司

公司概况

公司名称	乐凯胶片股份有限公司	股票代码	600135
注册地址	河北省保定国家高新技术产业开发区	邮政编码	071054
法人代表	杜昌焘	董秘	李建新
电话	0312-7922899	传真	0312-3217937
主营业务	彩色胶卷、彩色相纸		
审计单位		审计意见	未审计

总股本	流通A	流通B	流通H
34200.00	12600.00		

主要财务指标

年度	2004.6	2003	2002
每股收益/扣除后(元)	0.1257	0.2436	0.3770
每股经营现金流量(元)	0.2340	0.3620	0.4690
每股净资产/调整后(元)	2.6800	3.0540	2.8330
每股公积金(元)	0.9721	0.9721	0.9721
净资产收益率(%)	4.7200	7.6460	12.7850
总资产(万元)	101843.25	112452.76	117302.73
股东权益(万元)	92055.62	104660.23	97130.56
未分配利润(万元)	13184.14	8840.93	19134.94
主营收入(万元)	30911.34	56427.91	59295.89
资本公积金(万元)	33245.62	33245.62	33245.62
主营利润(万元)	10044.61	18366.28	24544.67
其他业务利润(万元)	–4.57	60.19	–0.35
营业利润(万元)	5268.30	9452.44	14351.27
投资收益(万元)	15.36	–278.43	562.29
补贴收入(万元)			
营业外收支(万元)	4.34	–32.76	0.67
利润总额(万元)	5288.01	9141.25	14848.13
净利润(万元)	4343.21	8002.13	12418.37

十大股东

序号	股东名称	股份性质	持股数(万股)	比例(%)
1	中国乐凯胶片集团	国有法人股	17154.00	50.16
2	柯达(中国)投资有限公司	外资法人股	4446.00	13.00
3	裕元证券投资基金	流通A股	301.74	0.88
4	宝盈鸿利收益证券投资基金	流通A股	250.57	0.73
5	博时精选股票证券投资基金	流通A股	243.55	0.71
6	同盛证券投资基金	流通A股	199.82	0.58
7	中原证券股份有限公司	流通A股	138.33	0.40
8	国联安德盛小盘精选证券投资基金	流通A股	126.41	0.37
9	上海汽车集团财务有限责任公司	流通A股	116.56	0.34
10	中国科技证券有限责任公司	流通A股	103.88	0.30

股东人数

2004.6	2003.12	2003.6	2002
31399	32226	34921	49568

近年分配	2004年5月19日10派5.00	近年配股/增发	

重大事项

根据同中国乐凯胶片集团公司签订的《综合服务协议》，本公司2004年上半年向中国乐凯胶片集团公司支付水电汽等动力费用9,733,826.12元；根据与中国乐凯胶片集团公司签署的《房屋租赁协议》，2004年上半年支付6#机涂布生产线所属厂房租赁费603,396.72元。由中国乐凯胶片集团公司代理采购进口设备4,953,281.15元。中国乐凯胶片集团公司的控股子公司乐凯保定化工设计研究院为本公司提供咨询、设计等服务事宜，2004年上半年本公司向其支付咨询设计费用1,185,342元。

二〇〇三年以来市场表现

2003年涨跌幅(%)	19.82
2003年最高(元)	14.54
2003年最低(元)	8.53
2003年换手率(%)	199.93
2004.06涨跌幅(%)	–6.78
2004.06最高(元)	14.07
2004.06最低(元)	9.40
2004.06换手率(%)	78.47

武汉道博股份有限公司

公司概况

公司名称	武汉道博股份有限公司	股票代码	600136
注册地址	武汉市汉南区纱帽镇汉南大道367号	邮政编码	430020
法人代表	刘家清	董秘	廖可亚
电话	027-82702848	传真	027-82702818
主营业务	螺旋藻制品，羊绒制品		
总股本	10444.00	流通A	4092.40
流通B		流通H	
审计单位		审计意见	未审计

主要财务指标

年度	2004.6	2003	2002
每股收益/扣除后(元)	-0.1971	-0.1900	-1.3800
每股经营现金流量(元)	0.0170	0.7100	-0.5500
每股净资产/调整后(元)	2.2900	2.4800	2.4600
每股公积金(元)	2.3729	2.3729	2.3729
净资产收益率(%)	-0.0800	1.0900	-44.5300
总资产(万元)	83605.09	81970.68	76791.75
股东权益(万元)	24736.19	26740.75	26627.53
未分配利润(万元)	-12598.30	-10593.74	-10760.61
主营收入(万元)	2713.63	9894.22	11044.38
资本公积金(万元)	24783.89	24783.89	24783.65
主营利润(万元)	512.85	2693.11	580.05
其他业务利润(万元)	0.04	30.85	0.41
营业利润(万元)	-2128.30	-1511.05	-17124.10
投资收益(万元)	26.87	2250.32	1447.59
补贴收入(万元)	6.08	35.54	0.39
营业外收支(万元)	5.04	-64.00	0.91
利润总额(万元)	-2090.32	710.82	-15517.87
净利润(万元)	-2004.56	292.34	-15233.36

十大股东

序号	股东名称	股份性质	持股数(万股)	比例(%)
1	赛尔网络	法人股	2200.00	21.06
2	武汉汇华科技	法人股	1861.20	17.82
3	武汉合信实业	法人股	880.00	8.43
4	武汉远洲生物	法人股	730.80	7.00
5	武汉银峰综合开发	法人股	180.00	1.72
6	深圳市招商安达实业有限公司	法人股	120.00	1.15
7	北京新恒基投资	法人股	110.00	1.05
8	潘丽华	流通股	36.95	0.35
9	上海金梦经济发展有限公司	法人股	30.00	0.29
10	任广英	流通股	28.38	0.27

股东人数

2004.6	2003.12	2003.6	2002
17406	11468	14787	17777

近年分配		近年配股/增发	

重大事项

2004年2月，公司下属子公司武汉道博营销有限公司董事会审议通过了《关于转让本公司持有的武汉博茂光通信发展有限公司60%股权的议案》，将该公司48%的股权(480万股)转让给鲍思存(个人)，转让总价款480万元；将该公司12%的股权(120万股)转让给谌红(个人)，转让总价款120万元。转让完成后武汉道博营销有限公司不再持有该公司股份，本次股权转让实现投资收益54.6万元。

二〇〇三年以来市场表现

2003年涨跌幅(%)	21.29
2003年最高(元)	12.40
2003年最低(元)	8.00
2003年换手率(%)	187.44
2004.06涨跌幅(%)	-40.66
2004.06最高(元)	13.96
2004.06最低(元)	6.78
2004.06换手率(%)	357.99

四川长江包装控股股份有限公司

公司概况

公司名称	四川长江包装控股股份有限公司	股票代码	600137
注册地址	四川省宜宾市马鞍石	邮政编码	644004
法人代表	杨盛奎	董秘	傅相林
电话	0831-7115019	传真	0831-7115019
主营业务	包装用纸，纸张检测		
总股本	6071.13	流通A	1740.00
流通B		流通H	
审计单位		审计意见	未审计

主要财务指标

年度	2004.6	2003	2002
每股收益/扣除后(元)	-0.2669	-0.9190	-1.1920
每股经营现金流量(元)	0.0200	0.9260	-0.3550
每股净资产/调整后(元)	-8.0700	-8.4770	-8.6010
每股公积金(元)	2.9383	2.1958	2.1220
净资产收益率(%)	-3.7100		
总资产(万元)	19347.57	15365.58	10534.52
股东权益(万元)	-48732.98	-51370.13	-52138.74
未分配利润(万元)	-72939.74	-71758.02	-72078.73
主营收入(万元)	3802.11	6606.31	3056.21
资本公积金(万元)	17838.96	13330.78	12882.88
主营利润(万元)	261.32	628.92	-871.79
其他业务利润(万元)	-55.41	-177.04	-0.52
营业利润(万元)	-1891.28	-5873.55	-7401.65
投资收益(万元)	34.62	36.75	-43363.28
补贴收入(万元)		6200.65	6200.65
营业外收支(万元)	-13.38	-73.47	0.75
利润总额(万元)	-1870.05	290.39	-66764.12
净利润(万元)	-1807.61	320.70	-66758.60

十大股东

序号	股东名称	股份性质	持股数(万股)	比例(%)
1	四川国有资产投资管理公司	国家股	3467.13	57.11
2	深圳中投信息咨询中心	境内法人股	120.00	1.98
3	深圳有色金属财务有限公司	境内法人股	120.00	1.98
4	深圳市旭能投资有限公司	境内法人股	120.00	1.98
5	成都嘉泰投资有限公司	境内法人股	120.00	1.98
6	深圳能源投资有限公司	境内法人股	120.00	1.98
7	上海特力金属制品厂	流通A股	34.26	0.56
8	王魁仑	流通A股	25.61	0.42
9	上海嘉年华纺织品有限公司	境内法人股	25.00	0.41
10	四川省长江木业总公司	境内法人股	24.00	0.40

股东人数

2004.6	2003.12	2003.6	2002
7290	8286	9309	10502

近年分配		近年配股/增发	

重大事项

成都市金牛区人民法院2004年3月24日下达应诉通知书，原告成都市商业银行金牛支行要求本公司所属成都新泰长江浆纸有限责任公司归还其借款100万元本金及相应利息。本公司因为成都新泰长江浆纸有限责任公司借款提供连带担保责任被诉，该诉讼事项于2004年4月12日开庭。

二〇〇三年以来市场表现

2003年涨跌幅(%)	-39.80
2003年最高(元)	11.22
2003年最低(元)	4.40
2003年换手率(%)	299.37
2004.06涨跌幅(%)	18.74
2004.06最高(元)	8.30
2004.06最低(元)	5.58
2004.06换手率(%)	155.78

中青旅控股股份有限公司

公司概况							
公司名称	中青旅控股股份有限公司			股票代码	600138		
注册地址	北京市海淀区知春路128号泛亚大厦八层			邮政编码	100022		
法人代表	张骏			董秘	刘广明		
电话	010-65679900-7720/7721			传真	010-65686317		
主营业务	旅游、高科技						
总股本	26700.00	流通A	11700.00	流通B		流通H	
审计单位				审计意见	未审计		

主要财务指标

年度	2004.6	2003	2002
每股收益/扣除后(元)	0.0297	-0.1067	0.2260
每股经营现金流量(元)	0.0180	0.1600	0.3000
每股净资产/调整后(元)	4.4900	4.3300	4.1700
每股公积金(元)	2.2711	2.2711	2.2711
净资产收益率(%)	3.3830	2.7900	7.3200
总资产(万元)	177474.22	170650.02	182796.20
股东权益(万元)	120735.35	116650.86	113565.55
未分配利润(万元)	26506.05	22421.56	19820.99
主营收入(万元)	64714.64	109774.83	169937.77
资本公积金(万元)	60637.89	60637.89	60637.89
主营利润(万元)	6773.39	11785.39	24630.89
其他业务利润(万元)	784.49	1286.39	-6.79
营业利润(万元)	337.25	-4854.26	8513.28
投资收益(万元)	3865.39	7914.32	-243.47
补贴收入(万元)		49.73	49.73
营业外收支(万元)	51.27	181.01	2.04
利润总额(万元)	4253.90	3290.80	9723.38
净利润(万元)	4084.50	3250.31	8318.59

十大股东

序号	股东名称	股份性质	持股数(万股)	比例(%)
1	中国青年旅行社总社	国有法人股	6907.89	25.87
2	嘉事堂药业有限责任公司	国有法人股	2171.05	8.13
3	北京国寿投资管理有限公司	国有法人股	1973.68	7.39
4	深圳明思克航母世界实业有限公司	境内法人股	1506.41	5.64
5	金鑫证券投资基金	流通A股	1006.06	3.77
6	景福证券投资基金	流通A股	908.27	3.40
7	中国东方资产管理公司	国家股	731.00	2.74
8	广西壮族自治区青年联合会	国有法人股	493.42	1.85
9	吴县市农村信用合作社联合社	国有法人股	465.54	1.74
10	中国农业银行	国有法人股	436.00	1.63

股东人数	2004.6	2003.12	2003.6	2002
	32908	58292	57289	46939

近年分配		近年配股/增发	

重大事项

公司向江苏吴中集团有限公司转让所持中青旅苏州太湖国家旅游度假区发展有限公司29%的股权取得收益21,281,368.93元，占报告期利润总额的50.03%。截止报告日，交易款项已全部收到。

二〇〇三年以来市场表现

2003年涨跌幅(%)	-27.16
2003年最高(元)	10.46
2003年最低(元)	5.98
2003年换手率(%)	284.33
2004.06涨跌幅(%)	20.61
2004.06最高(元)	13.25
2004.06最低(元)	6.70
2004.06换手率(%)	244.56

绵阳高新发展(集团)股份有限公司

公司概况							
公司名称	绵阳高新发展(集团)股份有限公司			股票代码	600139		
注册地址	四川省绵阳高新区火炬大厦B区			邮政编码	621000		
法人代表	王勇			董秘	王祺		
电话	0816-2545906			传真	0816-2545906		
主营业务	移动通讯、宽带通讯						
总股本	7601.02	流通A	2940.00	流通B		流通H	
审计单位				审计意见	未审计		

主要财务指标

年度	2004.6	2003	2002
每股收益/扣除后(元)	-0.0551	-0.5420	-0.62
每股经营现金流量(元)	-0.2300	0.6900	-0.9300
每股净资产/调整后(元)	1.2600	1.2800	0.8300
每股公积金(元)	0.3015	1.0922	0.9319
净资产收益率(%)	0.0020	8.3700	-60.9100
总资产(万元)	32750.28	32049.87	40074.29
股东权益(万元)	9779.22	9759.05	7723.71
未分配利润(万元)	-743.88	-8313.53	-9130.51
主营收入(万元)	6392.50	13304.89	40451.11
资本公积金(万元)	2291.43	8302.07	7083.72
主营利润(万元)	490.09	448.08	1191.07
其他业务利润(万元)	136.55	40.19	-0.15
营业利润(万元)	-202.19	-2246.83	-3558.44
投资收益(万元)	156.60	1089.19	-1006.08
补贴收入(万元)		1960.00	-0.25
营业外收支(万元)	114.48	26.23	-0.22
利润总额(万元)	68.88	828.59	-4670.40
净利润(万元)	20.17	816.98	-4704.40

十大股东

序号	股东名称	股份性质	持股数(万股)	比例(%)
1	绵阳市高新区投资控股集团	法人股	2200.00	28.94
2	四川鼎天集团	法人股	1769.02	23.27
3	绵阳市华力达房地产	法人股	692.00	9.10
4	欧阳泽华	流通股	30.03	0.40
5	苏成美	流通股	24.71	0.33
6	李宏涛	流通股	24.27	0.32
7	朱素凤	流通股	16.11	0.21
8	梁荣富	流通股	16.04	0.21
9	徐燕	流通股	11.71	0.15
10	刘家军	流通股	9.36	0.12

股东人数	2004.6	2003.12	2003.6	2002
	8385	6645	8561	7174

近年分配		近年配股/增发	

重大事项

2004年2月23日，公司收到编号为"[2003]民二终字第174号的中华人民共和国最高人民法院民事判决书"，系本公司为东方光盘制造有限公司4000万元借款担保而涉及的诉讼事项，由于一审判决和二审判决在抵押物范围的认定上不一致，且二审判决为终审判决，将有可能使公司原预期承担的担保责任加大，进而对公司2004年度经营业绩形成影响。该判决为终审判决。

二〇〇三年以来市场表现

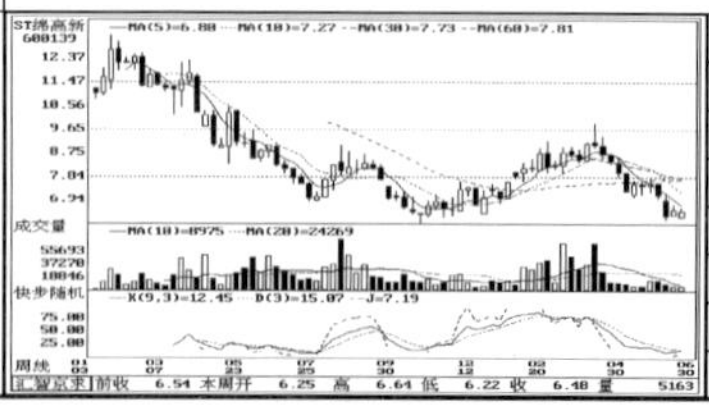

2003年涨跌幅(%)	-34.51
2003年最高(元)	13.28
2003年最低(元)	6.03
2003年换手率(%)	374.49
2004.06涨跌幅(%)	-12.67
2004.06最高(元)	9.88
2004.06最低(元)	6.16
2004.06换手率(%)	188.35

湖北兴发化工集团股份有限公司

公司概况

公司名称	湖北兴发化工集团股份有限公司			股票代码	600141		
注册地址	湖北省兴山县古夫镇昭君路昭君山庄			邮政编码	443711		
法人代表	牛涛			董秘	孙卫东		
电话	0717-2587999			传真	0717-2582619		
主营业务	磷化工精细化工系列产品生产销售						
总股本	16000.00	流通 A	4000.00	流通 B		流通 H	
审计单位				审计意见	未审计		

主要财务指标

年度	2004.6	2003	2002
每股收益 / 扣除后(元)	0.0385	0.1290	0.1100
每股经营现金流量(元)	0.3320	1.1700	0.0530
每股净资产 / 调整后(元)	2.9200	2.8200	2.5300
每股公积金(元)	1.3228	1.2587	1.0842
净资产收益率(%)	1.3100	4.4600	4.3900
总资产(万元)	160835.17	146774.87	95419.79
股东权益(万元)	45518.24	45308.09	40496.67
未分配利润(万元)	4684.32	4093.01	4093.01
主营收入(万元)	37814.39	68562.19	46207.77
资本公积金(万元)	21165.05	20139.05	17347.90
主营利润(万元)	7607.13	13514.02	9921.21
其他业务利润(万元)	236.04	412.49	-16.05
营业利润(万元)	1373.38	3256.97	2793.36
投资收益(万元)		19.80	71.53
补贴收入(万元)			
营业外收支(万元)	-24.53	-56.05	1.57
利润总额(万元)	1348.84	3220.72	2776.39
净利润(万元)	591.30	2020.79	1779.36

十大股东

序号	股东名称	股份性质	持股数(万股)	比例(%)
1	宜昌兴发集团有限责任公司	国家股	4878.00	30.49
2	兴山县水电专业公司	境内法人股	3386.00	21.16
3	宜昌市夷陵国有资产经营公司	国家股	1500.00	9.38
4	中国民生银行武汉分行	境内法人股	1000.00	6.25
5	兴山县高岚河电业有限责任公司	境内法人股	1000.00	6.25
6	宏源证券股份有限公司	流通 A 股	100.01	0.63
7	湖北双环化工集团有限责任公司	境内法人股	100.00	0.63
8	华资资产管理有限公司	境内法人股	6.00	0.04
9	深圳市华之辉投资有限公司	流通 A 股	36.89	0.23
10	梁俊义	流通 A 股	35.00	0.22

股东人数	2004.6	2003.12	2003.6	2002
	17395	22320	21963	22317

近年分配		近年配股 / 增发	

重大事项

公司之控股子公司宜昌楚磷化工有限公司收购了宜昌中磷化工有限责任公司经营性资产。截止评估基准日 2003 年 12 月 31 日，交易标的帐面价值为 7236.14 万元，对于本次收购所涉及的经营性资产，经交易双方协商，一致同意在湖北万信资产评估有限公司出具的《资产评估报告书》(鄂万信评报字[2004]第 014 号)资产评估值 6062.06 万元的基础上，将本次交易价格确定为 6000 万元，宜昌楚磷化工有限公司以自筹资金收购。收购工作在报告期内已经全部完成，宜昌楚磷化工有限公司上半年实现净利润 58.73 万元。

二〇〇三年以来市场表现

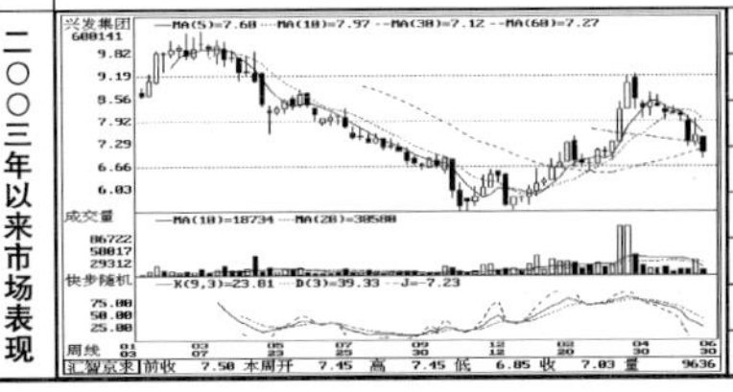

2003 年涨跌幅(%)	-34.07
2003 年最高(元)	10.35
2003 年最低(元)	5.40
2003 年换手率(%)	130.10
2004.06 涨跌幅(%)	23.99
2004.06 最高(元)	9.21
2004.06 最低(元)	5.55
2004.06 换手率(%)	182.14

广州金发科技股份有限公司

公司概况

公司名称	广州金发科技股份有限公司			股票代码	600143		
注册地址	广东省广州市天河区天河北路 890 号广州国际贸易中心 12 楼			邮政编码	510520		
法人代表	袁志敏			董秘	吴诚		
电话	020-87037333			传真	020-87037827		
主营业务	改性塑料的研制、生产、销售等						
总股本	17500.00	流通 A	4500.00	流通 B		流通 H	
审计单位				审计意见	未审计		

主要财务指标

年度	2004.6	2003	2002
每股收益 / 扣除后(元)	0.2353		
每股经营现金流量(元)	-0.9150		
每股净资产 / 调整后(元)	4.3700		
每股公积金(元)	2.5140		
净资产收益率(%)	5.4900		
总资产(万元)	146420.56		
股东权益(万元)	76470.23		
未分配利润(万元)	12059.13		
主营收入(万元)	96414.29		
资本公积金(万元)	43995.73		
主营利润(万元)	11044.29		
其他业务利润(万元)	0.25		
营业利润(万元)	4642.30		
投资收益(万元)			
补贴收入(万元)			
营业外收支(万元)	-17.94		
利润总额(万元)	4624.36		
净利润(万元)	4195.02		

十大股东

序号	股东名称	股份性质	持股数(万股)	比例(%)
1	袁志敏	自然人股	4213.44	24.08
2	宋子明	自然人股	3918.78	22.39
3	熊海涛	自然人股	1461.78	8.35
4	夏世勇	自然人股	875.33	5.00
5	李南京	自然人股	823.33	4.70
6	张振广	自然人股	287.44	1.64
7	梁荣朗	自然人股	180.56	1.03
8	鸿阳证券投资基金	流通 A 股	149.99	0.86
9	裕元证券投资基金	流通 A 股	121.04	0.69
10	谭头文	自然人股	118.44	0.68

股东人数	2004.6	2003.12	2003.6	2002
	24143			

近年分配		近年配股 / 增发	

重大事项

经中国证券监督管理委员会证监发行字[2004]73 号《关于核准广州金发科技股份有限公司公开发行股票的通知》核准，公司于 2004 年 6 月 8 日通过上海证券交易所和深圳证券交易所的交易系统向二级市场投资者公开发行人民币普通股(A 股)股票 4500 万股，每股面值 1.00 元，每股发行价格人民币 10.93 元，并于 2004 年 6 月 23 日在上海证券交易所挂牌上市。

二〇〇三年以来市场表现

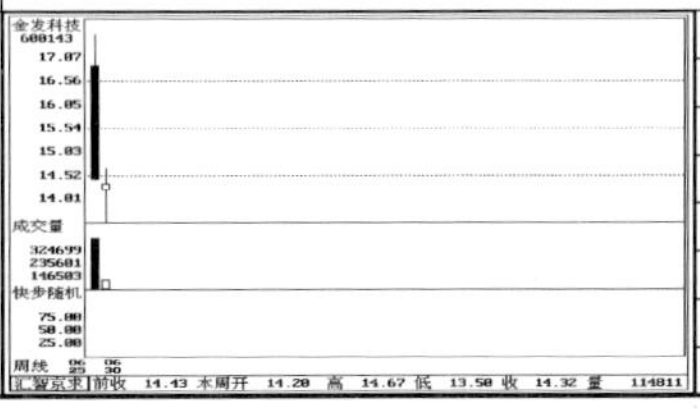

2003 年涨跌幅(%)	0.00
2003 年最高(元)	0.00
2003 年最低(元)	0.00
2003 年换手率(%)	0.00
2004.06 涨跌幅(%)	0.00
2004.06 最高(元)	17.58
2004.06 最低(元)	13.50
2004.06 换手率(%)	117.47

重庆四维瓷业(集团)股份有限公司

公司概况

公司名称	重庆四维瓷业(集团)股份有限公司	股票代码	600145
注册地址	重庆市江津油溪镇	邮政编码	402285
法人代表	陈宗云	董秘	乔昌志
电话	023-61088699	传真	023-61088698
主营业务	自产自销陶瓷制品		

总股本	34650.00	流通 A	12474.00	流通 B		流通 H	
审计单位		审计意见	未审计				

主要财务指标

年度	2004.6	2003	2002
每股收益/扣除后(元)	0.0403	0.0820	0.1100
每股经营现金流量(元)	-0.0600	0.1200	0.1000
每股净资产/调整后(元)	1.4100	1.3900	1.3000
每股公积金(元)	0.0918	0.0918	0.0836
净资产收益率(%)	2.7700	6.2900	8.7000
总资产(万元)	90491.25	85830.94	74223.30
股东权益(万元)	50374.56	48717.35	45384.41
未分配利润(万元)	9076.84	7419.57	4875.05
主营收入(万元)	16146.09	32909.85	29391.14
资本公积金(万元)	3180.60	3180.66	2896.45
主营利润(万元)	6387.37	11476.28	11104.33
其他业务利润(万元)	11.63	118.90	15.23
营业利润(万元)	1891.40	3837.58	4702.62
投资收益(万元)	184.52	-78.08	-7.60
补贴收入(万元)	0.07	27.27	-1.62
营业外收支(万元)	-28.09	-112.12	-0.71
利润总额(万元)	2047.90	3674.65	4674.38
净利润(万元)	1657.27	3065.49	3949.74

十大股东

序号	股东名称	股份性质	持股数(万股)	比例(%)
1	伟星集团有限公司	境内法人股	9940.00	28.69
2	重庆轻纺控股集团公司	国家股	9645.73	27.84
3	重庆万吉实业发展有限公司	境内法人股	1863.50	5.38
4	四川石油输气广汉公用实业开发公司	境内法人股	372.70	1.08
5	广州科技风险投资有限公司	流通 A 股	291.12	0.84
6	重庆天和洁具有限公司	境内法人股	260.89	0.75
7	成都干道建设综合开发总公司	国有法人股	93.18	0.27
8	泮美雪	流通 A 股	44.03	0.13
9	王立影	流通 A 股	38.51	0.11
10	平湖市财建物业租赁有限责任公司	流通 A 股	36.51	0.11

股东人数	2004.6	2003.12	2003.6	2002
	39321	38995	36610	33615

近年分配		近年配股/增发	

重大事项

2004年6月,公司二届十九次董事会通过了《关于转让将临海市四维置业有限公司股份的议案》,将临海市四维置业有限公司3840万股,占该公司注册资本的48%,以每股1.08元人民币的价格转让给自然人邓迎聚,转让价款4150万元。该股权转让事宜使公司本期获利312.47万元。

二〇〇三年以来市场表现

2003年涨跌幅(%)	-21.98
2003年最高(元)	6.09
2003年最低(元)	3.93
2003年换手率(%)	217.63
2004.06涨跌幅(%)	12.22
2004.06最高(元)	5.25
2004.06最低(元)	3.84
2004.06换手率(%)	177.50

宁夏大元化工股份有限公司

公司概况

公司名称	宁夏大元化工股份有限公司	股票代码	600146
注册地址	银川经济技术开发区经天东路南侧8号	邮政编码	750001
法人代表	王朝刚	董秘	李占奇
电话	0951-6199875	传真	0951-6199875,6199925
主营业务	塑料制造业、生化制品		

总股本	20000.00	流通 A	6000.00	流通 B		流通 H	
审计单位		审计意见	未审计				

主要财务指标

年度	2004.6	2003	2002
每股收益/扣除后(元)	-0.0372	-0.0271	0.0124
每股经营现金流量(元)	-0.1430	0.0930	0.0300
每股净资产/调整后(元)	1.7450	1.7820	1.7950
每股公积金(元)	1.2514	1.2514	1.2514
净资产收益率(%)	-2.1100	-0.6900	0.5800
总资产(万元)	41376.78	41503.39	41757.48
股东权益(万元)	34955.63	35691.51	35938.05
未分配利润(万元)	-10913.75	-10177.90	-9931.36
主营收入(万元)	2116.80	3186.44	4074.02
资本公积金(万元)	25028.43	25028.43	25028.43
主营利润(万元)	-33.73	320.27	848.09
其他业务利润(万元)	0.73	284.69	-0.96
营业利润(万元)	-739.15	-446.42	38.38
投资收益(万元)	-2.26	124.45	289.48
补贴收入(万元)			
营业外收支(万元)	8.98	17.04	-0.12
利润总额(万元)	-732.43	-304.93	288.73
净利润(万元)	-735.84	-246.54	209.39

十大股东

序号	股东名称	股份性质	持股数(万股)	比例(%)
1	宁夏回族自治区综合投资公司	国家股	14000.00	70.00
2	陈昌珍	流通 A 股	31.06	0.16
3	孟禅金	流通 A 股	30.42	0.15
4	王泽志	流通 A 股	22.85	0.11
5	汪进	流通 A 股	22.28	0.11
6	林川	流通 A 股	21.15	0.11
7	关淑彦	流通 A 股	18.95	0.09
8	王冬青	流通 A 股	18.94	0.09
9	张连和	流通 A 股	17.43	0.09
10	王郁	流通 A 股	16.23	0.08

股东人数	2004.6	2003.12	2003.6	2002
	14301	13659	12758	10588

近年分配		近年配股/增发	

重大事项

公司与中国石油集团宁夏大元炼油化工有限责任公司有1700万元债权,是因为2001年底资产重组时债权转移所致。由于中国石油集团宁夏大元炼油化工有限责任公司持有本公司的14000万股权已经于2004年5月14日正式过户到宁夏综合投资公司名下,宁夏综合投资公司已经成为本公司第一大股东,故本公司今后不再将该笔欠款列入关联方资金往来披露。

二〇〇三年以来市场表现

2003年涨跌幅(%)	-34.95
2003年最高(元)	11.10
2003年最低(元)	4.38
2003年换手率(%)	284.72
2004.06涨跌幅(%)	-25.04
2004.06最高(元)	7.38
2004.06最低(元)	4.30
2004.06换手率(%)	190.53

长春一东离合器股份有限公司

公司概况

公司名称	长春一东离合器股份有限公司	股票代码	600148
注册地址	吉林省长春市繁荣路 17-1 号	邮政编码	130012
法人代表	姜成颜	董秘	王有年
电话	0431-5173591-6224	传真	0431-5174234
主营业务	汽车离合器		
审计单位		审计意见	未审计

总股本	14151.65	流通 A	4200.00	流通 B		流通 H	

主要财务指标

年度	2004.6	2003	2002
每股收益 / 扣除后(元)	0.0640	0.1290	0.0960
每股经营现金流量(元)	-0.0770	0.0700	0.1000
每股净资产 / 调整后(元)	1.9000	1.9100	1.7200
每股公积金(元)	0.6364	0.6364	0.6362
净资产收益率(%)	3.1700	7.1800	5.3500
总资产(万元)	41547.24	35573.66	34999.16
股东权益(万元)	27527.95	27786.87	25776.96
未分配利润(万元)	2790.28	1917.07	1345.43
主营收入(万元)	15253.92	25599.97	21396.82
资本公积金(万元)	9006.36	9006.36	9003.89
主营利润(万元)	3524.14	7166.25	6421.20
其他业务利润(万元)	323.19	244.71	-8.18
营业利润(万元)	1121.34	2715.39	1824.81
投资收益(万元)			66.67
补贴收入(万元)			
营业外收支(万元)	-38.17	-24.75	0.57
利润总额(万元)	1083.17	2690.64	1846.99
净利润(万元)	873.21	1995.09	1379.64

十大股东

序号	股东名称	股份性质	持股数(万股)	比例(%)
1	吉林东光集团有限公司	国有法人股	6085.43	43.00
2	中国第一汽车集团公司	国有法人股	3866.21	27.32
3	徐长清	社会公众股	52.47	0.37
4	北京大亚伟业科技发展有限公司	社会公众股	42.95	0.30
5	汪延秀	社会公众股	36.88	0.26
6	刘永	社会公众股	16.51	0.12
7	苏建民	社会公众股	10.52	0.07
8	周斌	社会公众股	10.50	0.07
9	何清秀	社会公众股	10.00	0.07
10	林训琴	社会公众股	10.00	0.07

股东人数	2004.6	2003.12	2003.6	2002
	25934	27675	28787	29924

近年分配	2004 年 7 月 14 日 10 派 0.80	近年配股 / 增发	

重大事项

公司 2003 年度利润分配方案经公司 2003 年度股东大会审议通过，以 2003 年底总股本 141516450 股为基数，向全体股东每 10 股派发现金红利 0.80 元(含税)，除税后每 10 股 0.64 元。股权登记日 2004 年 7 月 13 日，除息日 2004 年 7 月 14 日，红利发放日 2004 年 7 月 20 日。

二〇〇三年以来市场表现

2003 年涨跌幅(%)	-24.49
2003 年最高(元)	10.91
2003 年最低(元)	6.03
2003 年换手率(%)	144.10
2004.06 涨跌幅(%)	2.85
2004.06 最高(元)	8.28
2004.06 最低(元)	6.17
2004.06 换手率(%)	71.68

华夏建通科技开发股份有限公司

公司概况

公司名称	华夏建通科技开发股份有限公司	股票代码	600149
注册地址	河北省邢台市新兴西路 1 号	邮政编码	054025
法人代表	何强	董秘	靳电人
电话	0319-2116168	传真	0319-2022061
主营业务	各类轧辊的设计		
审计单位		审计意见	未审计

总股本	30564.00	流通 A	12420.00	流通 B		流通 H	

主要财务指标

年度	2004.6	2003	2002
每股收益 / 扣除后(元)	0.0373	0.1230	0.0950
每股经营现金流量(元)	0.2250	-0.2700	0.0630
每股净资产 / 调整后(元)	1.8900	1.7800	1.7600
每股公积金(元)	0.4048	0.4048	0.3955
净资产收益率(%)	2.1000	5.9600	5.3800
总资产(万元)	83373.93	82836.53	89287.19
股东权益(万元)	59219.13	57977.06	54235.71
未分配利润(万元)	11677.37	10436.31	7693.72
主营收入(万元)	8696.23	31382.34	41053.75
资本公积金(万元)	12373.76	12372.75	12089.52
主营利润(万元)	2570.58	8237.28	11000.72
其他业务利润(万元)	59.42	216.76	-1.23
营业利润(万元)	1050.14	3796.85	4284.97
投资收益(万元)	383.46	1100.95	80.38
补贴收入(万元)			
营业外收支(万元)	-21.37	-554.18	-0.60
利润总额(万元)	1412.23	4343.61	4311.27
净利润(万元)	1241.07	3458.11	2918.81

十大股东

序号	股东名称	股份性质	持股数(万股)	比例(%)
1	华夏建设科技开发集团有限责任公司	国有法人股	8863.56	29.00
2	邢台机械轧辊集团有限公司	国家股	4974.02	16.27
3	江西洪都航空工业股份	国有法人股	3545.42	11.60
4	邢台顺达实业	社会法人股	576.00	1.88
5	河北省经济贸易投资有限公司	国有股	185.00	0.61
6	许鹏	社会公众股	48.72	0.16
7	苏州南方金鹏通信技术有限公司	社会公众股	46.59	0.15
8	李丹	社会公众股	42.60	0.14
9	杜学金	社会公众股	42.00	0.14
10	王燕华	社会公众股	36.07	0.12

股东人数	2004.6	2003.12	2003.6	2002
	33449	25491	23285	21648

近年分配		近年配股 / 增发	

重大事项

2000 年 8 月，邢机集团向本公司拆借资金 9000 万元，期初余额 3000 万元，报告期归还 3000 万元，已偿还完毕。本公司向其收取拆借资金占用费，年利率为 1.98%，按季度支付，本期共收拆借资金利息 128 342.50 元。

二〇〇三年以来市场表现

2003 年涨跌幅(%)	-32.64
2003 年最高(元)	8.70
2003 年最低(元)	4.75
2003 年换手率(%)	226.49
2004.06 涨跌幅(%)	20.53
2004.06 最高(元)	7.76
2004.06 最低(元)	4.75
2004.06 换手率(%)	255.43

沪东重机股份有限公司

公司概况	公司名称	沪东重机股份有限公司			股票代码	600150	
	注册地址	上海市浦东大道2851号			邮政编码	200129	
	法人代表	周建能		董秘	林勤国,范成友		
	电话	021-58461891		传真	021-38710103		
	主营业务	船用柴油机及配备件					
	总股本	24149.31	流通 A	7700.00	流通 B		流通 H
	审计单位			审计意见	未审计		

主要财务指标 年度	2004.6	2003	2002
每股收益/扣除后(元)	0.0982	0.1310	0.0380
每股经营现金流量(元)	0.6650	0.8290	0.2560
每股净资产/调整后(元)	2.2410	2.1370	1.9720
每股公积金(元)	1.2212	1.2186	1.2131
净资产收益率(%)	4.4550	7.7270	1.8900
总资产(万元)	142584.25	122225.51	113135.40
股东权益(万元)	54773.40	52271.94	48098.00
未分配利润(万元)	724.82	–1715.56	–5754.40
主营收入(万元)	50170.21	95778.99	86628.72
资本公积金(万元)	29490.49	29429.41	29294.32
主营利润(万元)	5632.38	10120.40	9392.39
其他业务利润(万元)	212.15	645.32	–2.73
营业利润(万元)	2780.58	4513.18	2047.74
投资收益(万元)	–13.19	360.40	90.67
补贴收入(万元)	114.99	50.00	–0.15
营业外收支(万元)	–12.94	17.52	–0.16
利润总额(万元)	2869.45	4941.10	1935.58
净利润(万元)	2440.38	4038.84	909.25

十大股东 序号	股东名称	股份性质	持股数(万股)	比例(%)
1	沪东中华造船集团有限公司	国有法人股	12284.12	50.87
2	上海船厂	国有法人股	4165.19	17.25
3	华夏回报	流通A股	615.47	2.55
4	博时成长	流通A股	236.85	0.98
5	德盛小盘	流通A股	122.16	0.51
6	德盛稳健	流通A股	108.21	0.45
7	鸿飞基金	流通A股	100.00	0.41
8	中原证券	流通A股	92.14	0.38
9	普丰基金	流通A股	42.30	0.18
10	龙虎鑫	流通A股	27.10	0.11

股东人数	2004.6	2003.12	2003.6	2002
	27956	35871	36981	38037

近年分配		近年配股/增发	

重大事项

报告期内公司向控股股东沪东中华造船(集团)有限公司销售了4台船用柴油机,总金额为46,675,776.11元,销售了船用零件等产品1,883,339.88元,共占报告期销售额的9.57%。

二〇〇三年以来市场表现

2003年涨跌幅(%)	–31.11
2003年最高(元)	9.15
2003年最低(元)	5.02
2003年换手率(%)	174.15
2004.06涨跌幅(%)	33.27
2004.06最高(元)	9.25
2004.06最低(元)	5.41
2004.06换手率(%)	207.99

上海航天汽车机电股份有限公司

公司概况	公司名称	上海航天汽车机电股份有限公司			股票代码	600151	
	注册地址	上海市浦东新区榕桥路661号			邮政编码	200235	
	法人代表	曲雁		董秘	陈平平		
	电话	021-64827176		传真	021-64827177		
	主营业务	研制、开发卫星、高压容器、汽配					
	总股本	46784.00	流通 A	14144.00	流通 B		流通 H
	审计单位			审计意见	未审计		

主要财务指标 年度	2004.6	2003	2002
每股收益/扣除后(元)	0.1234	0.1800	0.1550
每股经营现金流量(元)	0.0351	0.3380	0.4410
每股净资产/调整后(元)	2.6480	2.7440	2.4310
每股公积金(元)	1.1902	1.1905	1.1889
净资产收益率(%)	4.5900	7.7300	6.5100
总资产(万元)	256109.37	242694.39	220896.70
股东权益(万元)	125404.62	129017.76	118967.04
未分配利润(万元)	7097.40	1355.04	3471.53
主营收入(万元)	97906.70	192715.87	129317.54
资本公积金(万元)	55683.27	55695.06	55620.21
主营利润(万元)	20527.53	46620.72	31417.02
其他业务利润(万元)	683.42	1216.51	–0.44
营业利润(万元)	9820.72	19171.79	12916.13
投资收益(万元)	897.13	2372.94	1463.51
补贴收入(万元)	223.07	332.02	7.71
营业外收支(万元)	8.53	–672.12	–0.61
利润总额(万元)	10949.46	21204.63	14897.04
净利润(万元)	5755.45	9975.88	7740.51

十大股东 序号	股东名称	股份性质	持股数(万股)	比例(%)
1	上海航天工业总公司	境内法人股	27387.06	58.54
2	上海新光电讯厂	境内法人股	2546.20	5.44
3	上海舒乐电器总厂	境内法人股	2514.80	5.38
4	深圳市新中泰投资有限公司	流通A股	314.60	0.67
5	上海仪表厂有限公司	境内法人股	191.94	0.41
6	陈志在	流通A股	42.57	0.09
7	广东粤财信托	流通A股	39.81	0.09
8	中国工商银行-华安上证180指数	流通A股	33.67	0.07
9	黄凤清	流通A股	32.24	0.07
10	郑加旺	流通A股	32.00	0.07

股东人数	2004.6	2003.12	2003.6	2002
	48838	45337	42456	39285

近年分配	2004年7月15日10派2.00	近年配股/增发	

重大事项

汽空厂自2003年4月至报告期末,为其控股子公司上海莲南汽车附件有限公司银行贷款提供担保累计发生额为2500万元,其中1700万元担保事项已在2003年半年报、第三季度报告、年报中予以披露,且800万元已解除担保责任。报告期内新增800万元担保,期限自2004年4月23日至2005年4月22日的担保500万元,期限自2004年6月21日至2005年6月20日的担保300万元。报告期末担保余额为1700万元。

二〇〇三年以来市场表现

2003年涨跌幅(%)	–19.77
2003年最高(元)	8.83
2003年最低(元)	5.65
2003年换手率(%)	166.78
2004.06涨跌幅(%)	–6.68
2004.06最高(元)	8.18
2004.06最低(元)	5.81
2004.06换手率(%)	179.15

宁波维科精华集团股份有限公司

公司概况

公司名称	宁波维科精华集团股份有限公司	股票代码	600152
注册地址	浙江省宁波市和义路99号	邮政编码	315016
法人代表	周正一	董秘	王学明
电话	0574-87341480	传真	0574-87279527
主营业务	生产涤纶缝纫线		
总股本	29349.00	流通A	11097.50
流通B		流通H	
审计单位		审计意见	未审计

主要财务指标

年度	2004.6	2003	2002
每股收益/扣除后(元)	0.0804	0.1143	0.1537
每股经营现金流量(元)	0.1440	0.5305	0.5151
每股净资产/调整后(元)	2.2650	2.2285	2.0632
每股公积金(元)	0.7216	0.7254	0.7187
净资产收益率(%)	4.2500	7.1300	7.4000
总资产(万元)	152222.81	148699.97	128609.23
股东权益(万元)	67188.71	66002.00	61004.23
未分配利润(万元)	11470.55	10169.38	6159.27
主营收入(万元)	71360.93	154585.97	134640.91
资本公积金(万元)	21177.78	21290.25	21091.99
主营利润(万元)	10148.00	21100.33	18999.55
其他业务利润(万元)	358.16	372.56	11.13
营业利润(万元)	2836.70	8282.70	8672.42
投资收益(万元)	983.67	-5.00	-186.35
补贴收入(万元)	358.51	262.05	8.78
营业外收支(万元)	176.11	1865.11	-5.30
利润总额(万元)	4354.98	10404.86	8115.90
净利润(万元)	2856.03	4703.71	4511.78

十大股东

序号	股东名称	股份性质	持股数(万股)	比例(%)
1	维科控股集团股份有限公司	国有法人股	8716.92	29.70
2	宁波工业投资有限责任公司	国有法人股	5135.00	17.50
3	宁波纺织(控股)集团有限公司	国家股	1800.00	6.13
4	宁波华泰投资有限公司	境内法人股	780.00	2.66
5	上海南方房地产公司	境内法人股	428.00	1.46
6	杭州一生工贸有限公司	境内法人股	272.00	0.93
7	杭州天目山药业股份有限公司	境内法人股	260.00	0.89
8	宁波银盛投资有限公司	境内法人股	255.00	0.87
9	海南普林投资股份有限公司	境内法人股	200.00	0.68
10	上海佳事达贸易有限责任公司	境内法人股	108.00	0.37

股东人数	2004.6	2003.12	2003.6	2002
	66142	70289	72946	75304

近年分配	2004年4月19日10派0.50	近年配股/增发	

重大事项

2002年11月25日，本公司与宁波维科投资发展有限公司签订了《出让人丰布厂南区厂房及土地的协议》，拟将所属的人丰布厂南区的土地及厂房(土地面积7,118.1平方米、建筑面积16,403.48平方米)出让给该公司，转让价格为该些土地及厂房以2002年9月30日为基准日的评估价值21,752,270.00元，该项资产出让业经本公司2002年第四次临时股东大会审议通过。

二〇〇三年以来市场表现

2003年涨跌幅(%)	-13.51
2003年最高(元)	6.85
2003年最低(元)	4.83
2003年换手率(%)	86.87
2004.06涨跌幅(%)	-9.38
2004.06最高(元)	6.41
2004.06最低(元)	4.58
2004.06换手率(%)	81.48

厦门建发股份有限公司

公司概况

公司名称	厦门建发股份有限公司	股票代码	600153
注册地址	福建省厦门市鹭江道海滨大厦六楼	邮政编码	361001
法人代表	王宪榕	董秘	林茂
电话	0592-2132319	传真	0592-2132319
主营业务	进出口贸易		
总股本	61760.00	流通A	27200.00
流通B		流通H	
审计单位		审计意见	未审计

主要财务指标

年度	2004.6	2003	2002
每股收益/扣除后(元)	0.2098	0.4200	0.5600
每股经营现金流量(元)	0.3190	0.8100	0.1400
每股净资产/调整后(元)	3.8800	6.2700	4.8800
每股公积金(元)	2.1756	4.0810	2.9934
净资产收益率(%)	6.6000	7.8200	10.8400
总资产(万元)	608282.50	629445.81	412495.00
股东权益(万元)	246468.59	249519.05	152086.34
未分配利润(万元)	38135.77	41177.95	24586.08
主营收入(万元)	665849.06	917648.75	746432.19
资本公积金(万元)	134365.05	157525.05	88603.49
主营利润(万元)	27509.91	45629.16	41089.97
其他业务利润(万元)	5717.80	2266.08	-24.45
营业利润(万元)	14056.83	19040.99	17366.59
投资收益(万元)	2158.99	2467.89	3611.50
补贴收入(万元)	3000.00	3000.00	3000.00
营业外收支(万元)	-80.86	-59.22	-0.37
利润总额(万元)	19134.96	24449.66	21074.91
净利润(万元)	16257.82	19519.84	16493.73

十大股东

序号	股东名称	股份性质	持股数(万股)	比例(%)
1	厦门建发集团有限公司	国有股	34560.00	55.96
2	银丰证券投资基金	法人股	882.54	1.43
3	五矿集团财务有限责任公司	法人股	490.00	0.79
4	红塔创新投资股份有限公司	法人股	169.80	0.27
5	红塔兴业投资有限公司	法人股	140.46	0.23
6	刘春林	自然人股	107.22	0.17
7	苏州爱能吉发展有限公司	法人股	100.80	0.16
8	黄一勤	自然人股	88.00	0.14
9	苏建杰	自然人股	79.63	0.13
10	华宝信托投资有限责任公司	法人股	70.67	0.11

股东人数	2004.6	2003.12	2003.6	2002
	49585	46656	42675	37655

近年分配	2004年6月24日10派5.00	近年配股/增发	2004年6月24日10转6

重大事项

2004年5月21日，公司2003年度股东大会通过了《2003年度利润分配及资本公积金转增股本方案》：每10股派发现金红利5.00元(含税)，以资本公积金转增股本，每10股转增6股，公司已于2004年6月30日实施完毕。

二〇〇三年以来市场表现

2003年涨跌幅(%)	-16.64
2003年最高(元)	7.00
2003年最低(元)	4.50
2003年换手率(%)	85.49
2004.06涨跌幅(%)	9.79
2004.06最高(元)	7.65
2004.06最低(元)	4.71
2004.06换手率(%)	150.21

河北宝硕股份有限公司

公司概况

公司名称	河北宝硕股份有限公司	股票代码	600155
注册地址	河北省保定市国家高新技术产业开发区朝阳北路176号	邮政编码	071051
法人代表	周山	董秘	何胜利
电话	0312-3109607	传真	0312-3109605
主营业务	PE农地膜、包装薄膜		
总股本	41250.00	流通A	12000.00
流通B		流通H	
审计单位		审计意见	未审计

主要财务指标

年度	2004.6	2003	2002
每股收益/扣除后(元)	0.0811	0.1490	0.1480
每股经营现金流量(元)	0.2130	0.3130	0.3680
每股净资产/调整后(元)	2.1160	2.1260	1.9360
每股公积金(元)	0.5667	0.5621	0.5234
净资产收益率(%)	3.7490	6.9480	7.6740
总资产(万元)	236135.45	219937.98	228395.52
股东权益(万元)	88015.54	88651.14	80895.22
未分配利润(万元)	16398.30	17223.73	12305.96
主营收入(万元)	95280.01	152197.30	120113.42
资本公积金(万元)	23376.22	23186.39	21590.23
主营利润(万元)	12778.08	22749.54	20869.86
其他业务利润(万元)	108.70	598.22	22.49
营业利润(万元)	5569.54	5940.96	9458.00
投资收益(万元)	-401.25	-159.64	36.84
补贴收入(万元)		33.05	-3.61
营业外收支(万元)	-20.62	-16.18	-0.09
利润总额(万元)	5147.67	5798.18	9547.00
净利润(万元)	3299.57	6159.76	6207.97

十大股东

序号	股东名称	股份性质	持股数(万股)	比例(%)
1	河北宝硕集团有限公司	国家股	26030.00	63.10
2	浙江传化集团有限公司	境内法人股	3220.00	7.81
3	兴和基金	流通A股	55.64	0.13
4	顾丽娅	流通A股	36.61	0.09
5	高峰	流通A股	17.30	0.04
6	陈芙莉	流通A股	17.05	0.04
7	项兴良	流通A股	15.80	0.04
8	韩彩琴	流通A股	15.32	0.04
9	周利民	流通A股	15.00	0.04
10	黄驭卿	流通A股	15.00	0.04

股东人数	2004.6	2003.12	2003.6	2002
	59242	61136	63577	66733

近年分配	2004年6月23日10派1.00	近年配股/增发	

重大事项

公司于2004年6月18日与风神轮胎股份有限公司签署了《互保合同》，双方同意相互为对方进行的商业银行贷款提供连带责任保证，一方为另一方提供担保的额度不超过人民币7000万元，协议期限为两年，自2004年6月18日至2006年6月17日，该该议案已经公司于2004年6月18日召开的第二届董事会第十七次会议审议通过。

二〇〇三年以来市场表现

2003年涨跌幅(%)	-17.33
2003年最高(元)	6.14
2003年最低(元)	4.14
2003年换手率(%)	82.57
2004.06涨跌幅(%)	0.23
2004.06最高(元)	5.54
2004.06最低(元)	4.25
2004.06换手率(%)	90.56

湖南华升益鑫泰股份有限公司

公司概况

公司名称	湖南华升益鑫泰股份有限公司	股票代码	600156
注册地址	湖南省长沙市天心区芙蓉中路三段420号	邮政编码	410015
法人代表	刘郁文	董秘	郝利民
电话	0731-5237867	传真	0731-5237861
主营业务	苎麻纺织品		
总股本	43890.00	流通A	13600.00
流通B		流通H	
审计单位		审计意见	未审计

主要财务指标

年度	2004.6	2003	2002
每股收益/扣除后(元)	-0.0191	-0.4309	-0.2895
每股经营现金流量(元)	0.1390	-0.0400	-0.2700
每股净资产/调整后(元)	1.8300	1.8500	2.3800
每股公积金(元)	1.3567	1.3567	1.3730
净资产收益率(%)	-0.7600	-27.4300	-14.0000
总资产(万元)	136902.95	134660.86	153747.62
股东权益(万元)	81083.31	81699.15	105599.07
未分配利润(万元)	-26563.79	-25947.96	-2812.65
主营收入(万元)	34580.16	74954.30	70722.75
资本公积金(万元)	59545.94	59545.94	60259.38
主营利润(万元)	2255.67	-4241.72	4021.87
其他业务利润(万元)	94.49	182.32	4.74
营业利润(万元)	-831.49	-16970.23	-12723.66
投资收益(万元)	197.06	759.38	1024.97
补贴收入(万元)			
营业外收支(万元)	9.07	-6154.36	-72.86
利润总额(万元)	-625.36	-22365.21	-15025.73
净利润(万元)	-615.83	-22413.21	-14779.15

十大股东

序号	股东名称	股份性质	持股数(万股)	比例(%)
1	湖南华升工贸进出口(集团)公司	国有法人股	29120.00	66.35
2	益阳市财源建设投资有限公司	境内法人股	715.00	1.63
3	中国服装集团公司	境内法人股	455.00	1.04
4	郭才顺	流通A股	66.09	0.15
5	王德常	流通A股	47.38	0.11
6	河北省冀东水泥集团有限责任公司	流通A股	47.20	0.11
7	汪星	流通A股	42.19	0.10
8	贾瑞凡	流通A股	37.21	0.08
9	田永成	流通A股	37.00	0.08
10	王素芳	流通A股	37.00	0.08

股东人数	2004.6	2003.12	2003.6	2002
	60294	75238	77652	81591

近年分配		近年配股/增发	

重大事项

二〇〇三年以来市场表现

2003年涨跌幅(%)	-39.12
2003年最高(元)	6.93
2003年最低(元)	3.38
2003年换手率(%)	120.14
2004.06涨跌幅(%)	8.03
2004.06最高(元)	5.18
2004.06最低(元)	3.48
2004.06换手率(%)	111.85

泰安鲁润股份有限公司

公司概况

公司名称	泰安鲁润股份有限公司	股票代码	600157
注册地址	山东省泰安市青年路 111 号	邮政编码	271000
法人代表	王振宣	董秘	尚福平
电话	0538-8201817	传真	0538-8226885
主营业务	成品油经营		
总股本	17044.62	流通 A	6355.84
流通 B		流通 H	
审计单位		审计意见	未审计

主要财务指标

年度	2004.6	2003	2002
每股收益/扣除后(元)	0.0291	0.0740	0.0666
每股经营现金流量(元)	0.4310	0.4200	0.9800
每股净资产/调整后(元)	1.8010	1.7280	1.6650
每股公积金(元)	0.0354	0.0354	0.0354
净资产收益率(%)	3.2600	3.6500	3.8100
总资产(万元)	92559.82	99420.18	91905.56
股东权益(万元)	31392.65	30409.33	29511.65
未分配利润(万元)	9187.64	8164.58	7422.09
主营收入(万元)	38907.41	98122.56	64900.42
资本公积金(万元)	602.86	602.86	602.86
主营利润(万元)	4576.44	8799.16	7619.50
其他业务利润(万元)	144.29	35.96	0.51
营业利润(万元)	1139.66	1939.11	1367.82
投资收益(万元)	536.35	18.59	52.05
补贴收入(万元)		490.78	–30.09
营业外收支(万元)	–9.90	–150.76	–0.11
利润总额(万元)	1666.11	2297.71	1828.15
净利润(万元)	1023.06	1111.05	1125.28

十大股东

序号	股东名称	股份性质	持股数(万股)	比例(%)
1	中国石化泰山石油股份有限公司	境内法人股	5028.00	29.50
2	泰安鲁浩贸易公司	境内法人股	2651.17	15.55
3	山东童海集团公司	境内法人股	1725.00	10.12
4	泰安市国有资产管理局	国家股	1101.60	6.46
5	日照市岚山黄海紫菜厂	境内法人股	183.00	1.07
6	嘉实服务增值行业证券投资基金	流通 A 股	38.73	0.23
7	刘锦锋	流通 A 股	22.70	0.13
8	邓炳廉	流通 A 股	19.82	0.12
9	兴和基金	流通 A 股	19.35	0.11
10	吴小军	流通 A 股	17.63	0.10

股东人数	2004.6	2003.12	2003.6	2002
	45130	48202	49347	51444

近年分配		近年配股/增发	

重大事项

公司原大股东泰安鲁浩贸易公司自 2000 年至 2003 年间，通过本公司以银行借款、签发银行承兑汇票的方式向银行融资涉及累计金额 7.16 亿元，以上资金到期由泰安鲁浩贸易公司偿还，融资费用由其承担，没有逾期、欠息的现象发生，至 2003 年末占用资金 2.31 亿元。截止 2004 年 4 月底，泰安鲁浩贸易公司已将占用资金全部归还公司，公司将上述资金中到期的 1.16 亿元借款归还银行，其余 1.15 亿元纳入公司账内核算。

二〇〇三年以来市场表现

2003 年涨跌幅(%)	–3.40
2003 年最高(元)	11.09
2003 年最低(元)	6.05
2003 年换手率(%)	274.64
2004.06 涨跌幅(%)	–13.38
2004.06 最高(元)	8.45
2004.06 最低(元)	6.08
2004.06 换手率(%)	114.90

中体产业集团股份有限公司

公司概况

公司名称	中体产业集团股份有限公司	股票代码	600158
注册地址	北京市朝阳区朝外大街 225 号	邮政编码	100020
法人代表	王俊生	董秘	王戊一
电话	010-65536158	传真	010-65515338
主营业务	承办体育比赛		
总股本	25364.82	流通 A	7605.00
流通 B		流通 H	
审计单位		审计意见	未审计

主要财务指标

年度	2004.6	2003	2002
每股收益/扣除后(元)	–0.0006	0.0473	0.0555
每股经营现金流量(元)		0.0092	0.2898
每股净资产/调整后(元)	2.9690	2.9822	2.9900
每股公积金(元)	1.9283	1.9283	1.9270
净资产收益率(%)	0.1000	1.8900	1.7900
总资产(万元)	267504.09	213426.12	160883.08
股东权益(万元)	79433.66	79709.50	78483.54
未分配利润(万元)	186.16	360.94	87.88
主营收入(万元)	16949.70	76424.36	22884.45
资本公积金(万元)	48911.06	48911.06	48878.81
主营利润(万元)	7776.41	22261.06	11806.01
其他业务利润(万元)	176.48	256.74	–0.26
营业利润(万元)	31.30	4546.54	–860.15
投资收益(万元)	–139.74	795.62	1870.92
补贴收入(万元)		307.60	307.60
营业外收支(万元)	65.71	–28.41	–0.14
利润总额(万元)	–42.73	5621.35	1039.36
净利润(万元)	78.87	1506.01	1408.45

十大股东

序号	股东名称	股份性质	持股数(万股)	比例(%)
1	国家体育总局体育基金管理中心	国有法人股	10181.60	40.14
2	沈阳房产实业有限公司	国有法人股	5634.72	22.21
3	中华全国体育基金会	国有法人股	929.50	3.66
4	国家体育总局体育彩票管理中心	国有法人股	929.50	3.66
5	国家体育总局体育器材装备中心	国有法人股	84.50	0.33
6	北京资和信咨询中心	流通 A 股	53.44	0.21
7	许忠甫	流通股	38.15	0.15
8	刘敬国	流通 A 股	28.44	0.11
9	北京资和信担保有限公司	流通 A 股	21.26	0.08
10	夏正会	流通 A 股	20.00	0.08

股东人数	2004.6	2003.12	2003.6	2002
	42515	39739	40898	40698

近年分配		近年配股/增发	
	2004 年 7 月 12 日 10 派 0.10		

重大事项

公司对外担保，除控股公司为其控股子公司提供 2000 万元连带责任担保外，主要是下属奥林匹克花园项目公司为商品房承购人贷款购房提供抵押贷款担保，共计 38,803.9 万元。

二〇〇三年以来市场表现

2003 年涨跌幅(%)	–13.25
2003 年最高(元)	11.58
2003 年最低(元)	6.88
2003 年换手率(%)	178.38
2004.06 涨跌幅(%)	9.81
2004.06 最高(元)	12.75
2004.06 最低(元)	7.99
2004.06 换手率(%)	304.38

内蒙古宁城老窖生物科技股份有限公司

公司概况

公司名称	内蒙古宁城老窖生物科技股份有限公司	股票代码	600159
注册地址	内蒙古自治区宁城县八里罕镇	邮政编码	024231
法人代表	尹殿增	董秘	马志方
电话	0476-4800167	传真	0476-4800131,4800807
主营业务	酒类、饮料、饲料等的制造与销售		
总股本	30500.16 流通 A 8800.77	流通 B	流通 H
审计单位		审计意见	未审计

主要财务指标

年度	2004.6	2003	2002
每股收益/扣除后(元)	-0.0673	-0.1530	-1.6400
每股经营现金流量(元)	-0.1230	0.1300	-0.0750
每股净资产/调整后(元)	0.1360	0.2500	0.1200
每股公积金(元)	1.2401	1.2401	1.2392
净资产收益率(%)	-51.7300	23.7900	
总资产(万元)	45099.04	51409.02	49083.93
股东权益(万元)	5705.35	8891.47	7275.38
未分配利润(万元)	-63676.69	-60725.44	-62840.29
主营收入(万元)	548.00	1569.14	8115.18
资本公积金(万元)	37822.18	37822.18	37794.49
主营利润(万元)	-204.78	-1133.32	-1487.73
其他业务利润(万元)	9.96	65.31	1.57
营业利润(万元)	-2286.96	-1938.77	-57794.46
投资收益(万元)		0.34	-288.82
补贴收入(万元)		2300.00	2300.00
营业外收支(万元)	-899.54	-343.28	-5.45
利润总额(万元)	-3186.50	18.30	-58295.18
净利润(万元)	-2951.24	2114.84	-55235.68

十大股东

序号	股东名称	股份性质	持股数(万股)	比例(%)
1	宁城县国有资产管理局	国家股	21699.39	71.15
2	孙建华	流通A股	39.69	0.13
3	李玮	流通A股	34.09	0.11
4	矫庆滨	流通A股	30.26	0.10
5	陈德深	流通A股	29.69	0.10
6	李铭英	流通A股	24.95	0.08
7	史习瑶	流通A股	24.00	0.08
8	李吴胜	流通A股	23.69	0.08
9	涂俊华	流通A股	22.38	0.07
10	徐大通	流通A股	20.50	0.07

股东人数	2004.6	2003.12	2003.6	2002
	16599	17063	19443	

近年分配		近年配股/增发	

重大事项

二〇〇三年以来市场表现

2003年涨跌幅(%)	-69.02
2003年最高(元)	8.56
2003年最低(元)	2.54
2003年换手率(%)	518.78
2004.06涨跌幅(%)	6.95
2004.06最高(元)	4.57
2004.06最低(元)	2.51
2004.06换手率(%)	207.95

浙江巨化股份有限公司

公司概况

公司名称	浙江巨化股份有限公司	股票代码	600160
注册地址	浙江省衢州市柯城区	邮政编码	324004
法人代表	叶志翔	董秘	余洁敏
电话	0570-3091704,3091688	传真	0571-3091777
主营业务	氟化工原料		
总股本	37120.00 流通 A 11440.00	流通 B	流通 H
审计单位	浙江天健会计师事务所有限公司	审计意见	标准无保留

主要财务指标

年度	2004.6	2003	2002
每股收益/扣除后(元)	0.1988	0.3150	0.2340
每股经营现金流量(元)	0.3280	0.8800	0.9800
每股净资产/调整后(元)	3.8600	3.7900	3.4800
每股公积金(元)	1.9554	1.9554	1.9538
净资产收益率(%)	5.3900	8.1100	6.6200
总资产(万元)	318046.34	276277.78	253275.27
股东权益(万元)	144228.95	142051.94	131109.12
未分配利润(万元)	29628.01	27424.63	17572.63
主营收入(万元)	115233.62	183687.59	152001.81
资本公积金(万元)	72583.39	72583.39	72523.97
主营利润(万元)	28782.16	42976.37	31863.26
其他业务利润(万元)	274.15	478.63	9.70
营业利润(万元)	11670.43	14335.97	10632.32
投资收益(万元)	19.91	605.38	776.08
补贴收入(万元)	27.36	116.71	1.58
营业外收支(万元)	374.15	-863.51	-3.96
利润总额(万元)	12091.84	14194.55	11567.80
净利润(万元)	7771.38	11523.78	8673.85

十大股东

序号	股东名称	股份性质	持股数(万股)	比例(%)
1	巨化集团公司	国有法人股	25130.00	67.70
2	浙江经济建设投资公司	国有法人股	550.00	1.48
3	富国动态平衡证券投资基金	流通A股	515.97	1.39
4	上海叠加物业管理有限公司	流通A股	174.17	0.47
5	博时精选股票证券投资基金	流通A股	168.51	0.45
6	嘉实增长开放式证券基金	流通A股	120.39	0.32
7	国元证券有限责任公司	流通A股	101.66	0.27
8	华宝兴业多策略增长证券投资基金	流通A股	98.99	0.27
9	蚌埠市社会保险事业局	流通A股	55.01	0.15
10	兴和证券投资基金	流通A股	42.51	0.11

股东人数	2004.6	2003.12	2003.6	2002
	51498	56951	58511	60429

近年分配	2004年5月20日10派1.50	近年配股/增发	

重大事项

本公司与浙江省衢州市土地管理局于1998年1月12日签订《国有土地使用权租赁合同》，本公司向衢州市土地管理局租赁国有土地809,378.63平方米(含浙江衢化氟化学有限公司使用土地141,573.70平方米)，土地租赁期为伍拾年，从1998年2月1日起至2047年1月31日止。每年支付租金总额2,428,135.80元。

二〇〇三年以来市场表现

2003年涨跌幅(%)	-2.95
2003年最高(元)	8.14
2003年最低(元)	5.85
2003年换手率(%)	50.01
2004.06涨跌幅(%)	-1.73
2004.06最高(元)	8.81
2004.06最低(元)	6.40
2004.06换手率(%)	51.67

北京天坛生物制品股份有限公司

公司概况

公司名称	北京天坛生物制品股份有限公司			股票代码	600161		
注册地址	北京市海淀区紫竹院南路十七号			邮政编码	100024		
法人代表	倪道明			董秘	张翼		
电话	010-65772354,65724045			传真	010-65792747		
主营业务	各类生物制品						
总股本	21700.00	流通 A	7300.00	流通 B		流通 H	
审计单位	北京兴华会计师事务所有限责任公司			审计意见	标准无保留		

主要财务指标

年度	2004.6	2003	2002
每股收益 / 扣除后(元)	0.1600	0.2000	0.1770
每股经营现金流量(元)	0.2013	0.2900	0.4400
每股净资产 / 调整后(元)	2.9130	2.7550	1.5000
每股公积金(元)	1.3568	1.3568	0.2708
净资产收益率(%)	5.5300	7.2200	12.5800
总资产(万元)	80111.53	75894.79	50477.02
股东权益(万元)	63423.01	59917.73	28852.22
未分配利润(万元)	6954.78	4150.75	692.86
主营收入(万元)	14817.52	24491.31	19965.77
资本公积金(万元)	29442.81	29442.81	5200.17
主营利润(万元)	8161.65	12088.25	10520.01
其他业务利润(万元)		–1.09	–0.01
营业利润(万元)	4330.75	5436.29	4525.96
投资收益(万元)	–222.03	–293.14	–295.10
补贴收入(万元)			
营业外收支(万元)	37.86	–25.67	–0.23
利润总额(万元)	4146.57	5117.47	4489.33
净利润(万元)	3505.28	4322.86	3630.08

十大股东

序号	股东名称	股份性质	持股数(万股)	比例(%)
1	北京生物制品研究所	国有法人股	14400.00	66.36
2	光大证券有限责任公司	流通 A 股	170.31	0.78
3	郑州威格电子技术有限公司	流通 A 股	164.07	0.76
4	全国社保基金一零六组合	流通 A 股	133.43	0.61
5	中国成都国际经济技术合作公司通信工程公司	流通 A 股	117.79	0.54
6	汉盛证券投资基金	流通 A 股	116.76	0.54
7	上海市职工保障互助中心	流通 A 股	115.73	0.53
8	上海声声食品经营部	流通 A 股	107.74	0.50
9	全国社保基金一零七组合	流通 A 股	100.24	0.46
10	兴业证券投资基金	流通 A 股	94.79	0.44

股东人数	2004.6	2003.12	2003.6	2002
	31668	42424	35918	38430

近年分配		近年配股 / 增发	

重大事项

公司于 2004 年 3 月 8 日分别与长春生物制品研究所(以下简称“长生所”)和长春生物高技术应用研究所(以下简称“应用所”)签订了《出资转让协议》,并经公司第二届董事会十六次会议和 2003 年度股东大会审议通过。

二〇〇三年以来市场表现

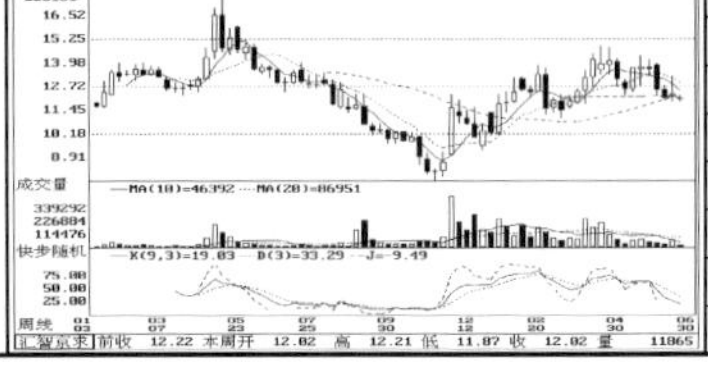

2003 年涨跌幅(%)	–12.56
2003 年最高(元)	17.79
2003 年最低(元)	7.64
2003 年换手率(%)	418.27
2004.06 涨跌幅(%)	17.50
2004.06 最高(元)	14.82
2004.06 最低(元)	10.05
2004.06 换手率(%)	337.08

山东临沂工程机械股份有限公司

公司概况

公司名称	山东临沂工程机械股份有限公司			股票代码	600162		
注册地址	山东省临沂市金雀山路 17 号			邮政编码	276004		
法人代表	翟羡卿			董秘	高树建		
电话	0539-8308809			传真	0539-8316202		
主营业务	轮式装载机						
总股本	17589.00	流通 A	10752.00	流通 B	10752.00	流通 H	
审计单位	深圳大华天诚会计师事务所			审计意见	标准无保留		

主要财务指标

年度	2004.6	2003	2002
每股收益 / 扣除后(元)	0.3375	0.2300	0.1500
每股经营现金流量(元)	0.4170	–0.2400	0.6700
每股净资产 / 调整后(元)	4.0500	3.7400	3.4400
每股公积金(元)	1.7375	1.6496	1.6364
净资产收益率(%)	7.7000	6.0300	4.1500
总资产(万元)	178794.59	146540.20	134008.41
股东权益(万元)	72192.52	65723.23	61525.58
未分配利润(万元)	17989.07	12538.32	9991.11
主营收入(万元)	127923.62	177510.20	102652.03
资本公积金(万元)	30561.46	29015.25	28781.76
主营利润(万元)	19352.18	27245.88	15300.73
其他业务利润(万元)	887.39	491.66	–0.31
营业利润(万元)	9300.61	6819.58	3417.10
投资收益(万元)	–39.13	27.28	573.05
补贴收入(万元)		7.50	7.50
营业外收支(万元)	–91.97	–251.80	–2.23
利润总额(万元)	8889.50	6602.57	3871.44
净利润(万元)	5556.08	3964.16	2551.02

十大股东

序号	股东名称	股份性质	持股数(万股)	比例(%)
1	深圳市南方香江集团有限公司	募集法人股	5095.00	28.97
2	山东工程机械集团有限公司	国家股	1500.00	8.53
3	中国银行-同盛证券投资基金	流通 A 股	212.00	1.21
4	中国工商银行机械厂配件中心	流通 A 股	181.00	1.03
5	临沂工程机械厂配件中心	境内法人股	121.00	0.69
6	临沂友谊宾馆	境内法人股	121.00	0.69
7	陈茂华	流通 A 股	75.53	0.43
8	蔡文华	流通 A 股	68.62	0.39
9	邓春燕	流通 A 股	58.12	0.33
10	朱正周	流通 A 股	55.13	0.31

股东人数	2004.6	2003.12	2003.6	2002
	36215	45403	49456	49292

近年分配	2004 年 7 月 5 日 10 派 0.3	近年配股 / 增发	

重大事项

2004 年 3 月 1 日公司召开 2004 年度第一次临时股东大会,审议通过了《关于资产置换的议案》:公司与控股股东深圳市南方香江集团有限公司(以下称“南方香江”)之间进行总额为 29,019.53 万元的等额资产置换。

二〇〇三年以来市场表现

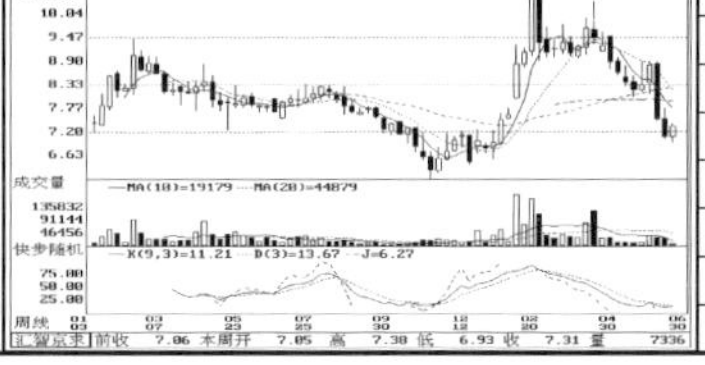

2003 年涨跌幅(%)	–10.58
2003 年最高(元)	9.41
2003 年最低(元)	6.06
2003 年换手率(%)	116.19
2004.06 涨跌幅(%)	9.43
2004.06 最高(元)	10.61
2004.06 最低(元)	6.51
2004.06 换手率(%)	110.55

福建省南纸股份有限公司

公司概况							
公司名称	福建省南纸股份有限公司			股票代码	600163		
注册地址	福建省南平市滨江北路177号			邮政编码	353000		
法人代表	黄国英			董秘	黄金镖		
电话	0599-8808806			传真	0599-8801260		
主营业务	新闻纸、纸制品						
总股本	30594.66	流通A	9100.00	流通B		流通H	
审计单位				审计意见	未审计		

主要财务指标

年度	2004.6	2003	2002
每股收益/扣除后(元)	0.0024	0.0300	0.2300
每股经营现金流量(元)	0.6734	0.2200	0.8900
每股净资产/调整后(元)	3.6400	3.6300	3.6200
每股公积金(元)	2.0147	2.0147	2.0147
净资产收益率(%)	0.0900	0.3600	6.1900
总资产(万元)	277227.19	279819.37	258923.28
股东权益(万元)	112078.35	111977.48	111569.26
未分配利润(万元)	12805.53	12704.66	12359.52
主营收入(万元)	71698.25	136341.27	124289.89
资本公积金(万元)	61639.37	61639.37	61639.37
主营利润(万元)	10623.67	22278.29	26834.87
其他业务利润(万元)	34.32	99.87	-0.15
营业利润(万元)	44.47	1507.79	7611.78
投资收益(万元)	66.37	86.50	665.23
补贴收入(万元)			
营业外收支(万元)	13.45	-1144.96	-0.01
利润总额(万元)	124.28	449.34	8278.12
净利润(万元)	100.87	408.22	6906.86

十大股东

序号	股东名称	股份性质	持股数(万股)	比例(%)
1	福建轻纺控股有限责任公司	国家股	21494.66	70.26
2	中国银河证券有限责任公司	流通股	497.44	1.63
3	刘月	流通股	63.52	0.21
4	宁波丽缘	流通股	41.76	0.14
5	刘国军	流通股	40.00	0.13
6	兴和证券投资基金	流通股	33.62	0.11
7	黄隆华	流通股	33.43	0.11
8	王忠仁	流通股	17.93	0.06
9	林娟	流通股	13.50	0.04
10	杨培凯	流通股	12.97	0.04

股东人数	2004.6	2003.12	2003.6	2002
	42710	44722	47197	50277

近年分配		近年配股/增发	

重大事项

2004年3月26日,公司根据二届二十七次董事会决定,将日产100吨废纸脱墨浆系统改扩建拆除的部分固定资产及一抄车间1#纸机部分设备,经福建中兴资产评估有限公司评估,通过福建省产权交易中心采取招投标方式转让。鉴于只有山东省单县麻纺集团天元纸业有限公司一家参于投标,经福建省国有资产管理部门核准,中标价为人民币805万元。公司于2004年4月9日、2004年5月8日分别与中标方签订了《设备转让合同》、《设备转让合同补充协议》、《搬迁竞标物安全协议》,协议规定90个工作日内应将竞标物搬迁完毕。

二〇〇三年以来市场表现

2003年涨跌幅(%)	-25.68
2003年最高(元)	7.63
2003年最低(元)	4.55
2003年换手率(%)	96.16
2004.06涨跌幅(%)	-14.11
2004.06最高(元)	6.49
2004.06最低(元)	4.13
2004.06换手率(%)	113.88

宁夏恒力钢丝绳股份有限公司

公司概况							
公司名称	宁夏恒力钢丝绳股份有限公司			股票代码	600165		
注册地址	宁夏回族自治区银川市			邮政编码	753202		
法人代表	苑尔卓			董秘	张文彬		
电话	0952-3671240			传真	0952-3671799		
主营业务	钢丝绳、钢丝						
总股本	25120.00	流通A	10144.00	流通B		流通H	
审计单位				审计意见	未审计		

主要财务指标

年度	2004.6	2003	2002
每股收益/扣除后(元)	0.0292	-0.1200	0.0700
每股经营现金流量(元)	0.1540	0.1130	0.2100
每股净资产/调整后(元)	2.6800	2.6400	2.7300
每股公积金(元)	1.4029	1.4029	1.4024
净资产收益率(%)	1.0100	-4.1000	3.6500
总资产(万元)	129847.85	132917.81	123894.62
股东权益(万元)	67967.90	67282.07	70028.90
未分配利润(万元)	2923.35	2237.52	5210.80
主营收入(万元)	29163.30	46713.39	36690.09
资本公积金(万元)	35241.19	35241.19	35228.91
主营利润(万元)	4116.64	5714.15	8239.29
其他业务利润(万元)	-2.22	53.46	-3.83
营业利润(万元)	320.36	-3575.49	2410.09
投资收益(万元)	54.03	813.16	55.40
补贴收入(万元)	362.33	508.20	-18.96
营业外收支(万元)	-47.56	-484.67	-0.79
利润总额(万元)	689.17	-2738.80	2958.28
净利润(万元)	685.83	-2759.11	2556.49

十大股东

序号	股东名称	股份性质	持股数(万股)	比例(%)
1	宁夏电力开发投资有限责任公司	国有法人股	7400.00	29.46
2	宁夏恒力集团有限公司	国有法人股	5800.00	23.09
3	荣成市邱家镇资产经营中心	境内法人股	816.00	3.25
4	宁夏综合投资公司	国有法人股	480.00	1.91
5	酒泉钢铁公司	境内法人股	160.00	0.64
6	宁夏有色金属冶炼厂	境内法人股	160.00	0.64
7	太西集团有限公司	境内法人股	160.00	0.64
8	赵立刚	流通A股	35.80	0.14
9	马坤明	流通A股	34.20	0.14
10	刘锁成	流通A股	29.80	0.12

股东人数	2004.6	2003.12	2003.6	2002
	35935	36130	33596	33350

近年分配		近年配股/增发	

重大事项

公司以13650万元的价格向天津市政投资有限责任公司转让本公司持有的13000万股股权,占总股本的17.91%,转让完成后本公司不再持有西北证券有限公司股权。该项投资转让使公司获得650万元的转让收益。

二〇〇三年以来市场表现

2003年涨跌幅(%)	-13.66
2003年最高(元)	9.64
2003年最低(元)	4.00
2003年换手率(%)	364.96
2004.06涨跌幅(%)	-28.34
2004.06最高(元)	7.40
2004.06最低(元)	4.34
2004.06换手率(%)	217.93

北汽福田汽车股份有限公司

公司概况

公司名称	北汽福田汽车股份有限公司	股票代码	600166
注册地址	北京市昌平区沙河镇沙阳路	邮政编码	102206
法人代表	安庆衡	董秘	龚敏
电话	010-80716459	传真	010-80716402-12#
主营业务	汽车、农用运输车		
总股本	45669.90	流通 A	15600.00
流通 B		流通 H	
审计单位	北京京都会计师事务所	审计意见	标准无保留

主要财务指标

年度	2004.6	2003	2002
每股收益/扣除后(元)	0.1366	0.4890	0.4070
每股经营现金流量(元)	0.2810	1.1600	1.7300
每股净资产/调整后(元)	3.3500	3.2200	3.7500
每股公积金(元)	1.5150	1.5091	1.8643
净资产收益率(%)	4.1000	14.5500	10.9900
总资产(万元)	478987.59	416542.37	332187.09
股东权益(万元)	163191.47	156378.41	114899.68
未分配利润(万元)	26652.59	20105.14	19743.60
主营收入(万元)	861589.25	1388921.25	757981.00
资本公积金(万元)	69188.03	68922.41	52286.93
主营利润(万元)	63178.52	118248.08	72391.89
其他业务利润(万元)	389.86	1747.72	-5.04
营业利润(万元)	10223.08	32959.39	20264.46
投资收益(万元)	185.35	255.98	59.17
补贴收入(万元)		79.57	19.01
营业外收支(万元)	558.61	-1227.50	1330.34
利润总额(万元)	10967.04	32067.44	19154.24
净利润(万元)	6547.45	22747.71	12632.93

十大股东

序号	股东名称	股份性质	持股数(万股)	比例(%)
1	北京汽车摩托车联合制造公司	国有法人股	17574.15	38.48
2	常柴股份有限公司	国有法人股,境内法人股	3075.00	6.73
3	诸城市义和车桥有限公司	国有法人股,境内法人股	1739.25	3.81
4	华夏成长证券投资基金	流通 A 股	1552.95	3.40
5	华宝信托投资有限责任公司	国有法人股,境内法人股	1371.50	3.00
6	中国工商银行-同益证券投资基金	流通 A 股	1069.37	2.34
7	山东莱动内燃机有限公司	国有法人股	1065.00	2.33
8	银丰证券投资基金	流通 A 股	788.04	1.73
9	杭州永盛化纤有限公司	境内法人股	540.00	1.18
10	全国社保基金一零七组合	流通 A 股	518.89	1.14

股东人数

2004.6	2003.12	2003.6	2002
26528	22992	19624	37048

近年分配		近年配股/增发	

重大事项

北京市第二中级人民法院于2004年2月2日出具了(2003)二中执字第572-1号民事裁定书,将280万股依法拍卖给华宝信托投资有限责任公司,拍卖款8,780,000.00元已全部缴至北京市第二中级人民法院账户。截止目前,过户手续已办理完毕。

二〇〇三年以来市场表现

2003 年涨跌幅(%)	75.95
2003 年最高(元)	11.34
2003 年最低(元)	6.06
2003 年换手率(%)	258.14
2004.06 涨跌幅(%)	-32.59
2004.06 最高(元)	13.11
2004.06 最低(元)	6.70
2004.06 换手率(%)	138.82

沈阳新区开发建设股份公司

公司概况

公司名称	沈阳新区开发建设股份公司	股票代码	600167
注册地址	辽宁省沈阳市浑南新区世纪路1号	邮政编码	110004
法人代表	赵家祯	董秘	刘思生
电话	024-23904434	传真	024-23993579
主营业务	高中档服装		
总股本	19000.00	流通 A	7000.00
流通 B		流通 H	
审计单位	利安达信隆会计师事务所有限责任公司	审计意见	标准无保留

主要财务指标

年度	2004.6	2003	2002
每股收益/扣除后(元)	0.0076	0.0588	0.1200
每股经营现金流量(元)	-0.1580	0.3700	0.3700
每股净资产/调整后(元)	2.1800	2.1300	2.2243
每股公积金(元)	1.7523	1.7523	1.7500
净资产收益率(%)	2.4600	4.3400	14.3200
总资产(万元)	79797.99	85613.86	66832.77
股东权益(万元)	41405.78	40385.25	42401.73
未分配利润(万元)	-10900.15	-11920.69	-9851.22
主营收入(万元)	4639.33	10322.21	15999.17
资本公积金(万元)	33293.89	33293.89	33250.42
主营利润(万元)	2009.93	4025.16	7606.36
其他业务利润(万元)	4.17	2.63	0.10
营业利润(万元)	259.47	1481.39	5883.08
投资收益(万元)	790.40	180.47	-32.55
补贴收入(万元)			
营业外收支(万元)	-35.70	172.58	-14.49
利润总额(万元)	1014.17	1834.45	6088.39
净利润(万元)	1020.53	1750.86	6072.82

十大股东

序号	股东名称	股份性质	持股数(万股)	比例(%)
1	沈阳南湖科技开发集团公司	国有股	12000.00	63.16
2	刘忠环	流通股	200.66	1.06
3	大庆油田水泥有限责任公司	流通股	132.04	0.69
4	邬群	流通股	33.15	0.17
5	沈阳仟树实业发展集团有限公司	流通股	26.51	0.14
6	陈金郎	流通股	16.76	0.09
7	徐惠兰	流通股	16.37	0.09
8	黄祖麟	流通股	14.44	0.08
9	刘涛	流通股	12.85	0.07
10	李琦	流通股	12.46	0.07

股东人数

2004.6	2003.12	2003.6	2002
28069	30086	29624	29375

近年分配		近年配股/增发	

重大事项

公司第二届董事会第二十三次会议通过了关于对沈阳浑南市政工程有限公司增资的议案,决定对其进行现金增资2,000万元,本次增资后市政公司的注册资本将由500万元变更为2,500万元,公司占增资后的市政公司注册资本的98%。该项工作的相关手续尚未完成。

二〇〇三年以来市场表现

2003 年涨跌幅(%)	-28.39
2003 年最高(元)	9.38
2003 年最低(元)	4.82
2003 年换手率(%)	240.56
2004.06 涨跌幅(%)	0.77
2004.06 最高(元)	6.85
2004.06 最低(元)	5.00
2004.06 换手率(%)	150.78

武汉三镇实业控股股份有限公司

公司概况

公司名称	武汉三镇实业控股股份有限公司				股票代码	600168	
注册地址	湖北省武汉经济技术开发区联发大厦				邮政编码	430023	
法人代表	陈莉茜			董秘	曾牧		
电话	027-85600546			传真	027-85877108		
主营业务	城市给排水、污水						
总股本	44115.00	流通 A	12750.00	流通 B		流通 H	
审计单位				审计意见	未审计		

主要财务指标

年度	2004.6	2003	2002
每股收益/扣除后(元)	0.0318	0.0800	0.1800
每股经营现金流量(元)	-0.0780	0.1700	0.1707
每股净资产/调整后(元)	3.0500	3.0700	3.0060
每股公积金(元)	1.7595	1.7595	1.7595
净资产收益率(%)	1.0300	2.2200	5.9100
总资产(万元)	143204.47	145053.55	146079.28
股东权益(万元)	134366.81	135629.00	132621.67
未分配利润(万元)	2552.63	3814.81	1258.58
主营收入(万元)	8222.86	16036.81	21485.86
资本公积金(万元)	77619.49	77619.49	77619.49
主营利润(万元)	2890.14	6291.58	10302.52
其他业务利润(万元)	6.92	13.52	-0.18
营业利润(万元)	2383.79	5406.23	9271.80
投资收益(万元)	-176.20	126.77	1575.19
补贴收入(万元)			
营业外收支(万元)	-53.94	-702.96	-0.85
利润总额(万元)	2153.65	4830.04	11171.07
净利润(万元)	1384.72	3007.33	7840.75

十大股东

序号	股东名称	股份性质	持股数(万股)	比例(%)
1	武汉市水务集团有限公司	国有法人股	31365.00	71.10
2	信泰证券有限责任公司	流通A股	320.61	0.73
3	中海信托投资有限责任公司	流通A股	279.56	0.63
4	江苏省国际信托投资有限责任公司	流通A股	170.42	0.39
5	上海沪工汽车电器有限公司	流通A股	82.00	0.19
6	中国工商银行-国联安德盛小盘精选证券投资基金	流通A股	70.41	0.16
7	景福证券投资基金	流通A股	69.26	0.16
8	中国银河证券有限责任公司	流通A股	65.07	0.15
9	华安证券有限责任公司	流通A股	44.24	0.10
10	沈伟超	流通A股	36.57	0.08

股东人数	2004.6	2003.12	2003.6	2002
	55478	61507	63039	61867

近年分配	2004年6月21日10派0.60	近年配股/增发	

重大事项

2004年6月，经公司三届二次董事会审议通过，公司利用自有资金投资7249.80万元，分别用于宗关水厂25万吨/日新系统2003年因设计变更而调整发生的工程项目(总概算为1377.06万元)、2004年拟实施的25万吨/日新系统第二阶段工程项目及老系统配套改造项目(总概算为5872.74万元)。

二〇〇三年以来市场表现

2003年涨跌幅(%)	-19.74
2003年最高(元)	8.67
2003年最低(元)	4.89
2003年换手率(%)	114.57
2004.06涨跌幅(%)	-1.06
2004.06最高(元)	7.56
2004.06最低(元)	5.32
2004.06换手率(%)	109.63

太原重工股份有限公司

公司概况

公司名称	太原重工股份有限公司				股票代码	600169	
注册地址	太原市高新技术产业开发区				邮政编码	030024	
法人代表	岳普煜			董秘	李迎魁		
电话	0351-6361155,6366304			传真	0351-6362554		
主营业务	制造销售火车轴						
总股本	37217.24	流通 A	14400.00	流通 B		流通 H	
审计单位				审计意见	未审计		

主要财务指标

年度	2004.6	2003	2002
每股收益/扣除后(元)	0.0304	-0.2230	0.0287
每股经营现金流量(元)	0.2090	0.3718	-0.0699
每股净资产/调整后(元)	2.0500	2.0600	2.2500
每股公积金(元)	0.9895	0.9895	0.9892
净资产收益率(%)	1.0000	-9.8600	1.2200
总资产(万元)	270931.31	233739.56	209844.23
股东权益(万元)	80928.34	80116.35	88006.18
未分配利润(万元)	3991.68	3179.69	11080.30
主营收入(万元)	80956.39	100563.53	81642.00
资本公积金(万元)	36826.01	36826.01	36815.23
主营利润(万元)	11190.25	8552.06	14197.36
其他业务利润(万元)	294.78	568.91	-35.76
营业利润(万元)	1117.27	-7260.11	1750.22
投资收益(万元)	0.09	0.53	0.05
补贴收入(万元)		30.00	0.38
营业外收支(万元)	-321.24	-406.37	-0.40
利润总额(万元)	796.12	-7635.96	1843.69
净利润(万元)	811.99	-7900.61	1069.50

十大股东

序号	股东名称	股份性质	持股数(万股)	比例(%)
1	太原重型机械集团制造有限公司	国有法人股	16931.42	45.49
2	山西大同齿轮集团有限责任公司	国有法人股	4715.82	12.67
3	山西省经贸资产经营有限责任公司	国有法人股	1170.00	3.14
4	天津天利远中国际贸易有限公司	流通A股	210.74	0.57
5	杨岭森	流通A股	101.55	0.27
6	北京寰岛中安安全系统工程技有限公司	流通A股	96.11	0.26
7	兴和证券投资基金	流通A股	68.53	0.18
8	盐城市巨能燃料有限公司	流通A股	50.84	0.14
9	文斌	流通A股	50.51	0.14
10	张克斌	流通A股	50.00	0.13

股东人数	2004.6	2003.12	2003.6	2002
	66090	77716	82319	81874

近年分配		近年配股/增发	

重大事项

司控股股东及其子公司占用公司资金的总体情况，至2004年6月30日，本公司对公司控股股东的其他应收款余额为132,690,259.23元。

二〇〇三年以来市场表现

2003年涨跌幅(%)	-25.24
2003年最高(元)	6.84
2003年最低(元)	3.80
2003年换手率(%)	117.51
2004.06涨跌幅(%)	25.19
2004.06最高(元)	6.23
2004.06最低(元)	3.53
2004.06换手率(%)	177.27

上海建工股份有限公司

公司概况								
公司名称	上海建工股份有限公司				股票代码	600170		
注册地址	上海市浦东新区福山路 33 号				邮政编码	200120		
法人代表	徐征			董秘	尤卫平			
电话	021-68872178			传真	021-58795500			
主营业务	建筑工程总承包							
总股本	71929.80	流通 A	23400.00	流通 B		流通 H		
审计单位				审计意见	未审计			

主要财务指标

年度	2004.6	2003	2002
每股收益/扣除后(元)	0.1519	0.2600	0.2700
每股经营现金流量(元)	0.1100	1.1500	0.7300
每股净资产/调整后(元)	4.1700	4.1600	3.9100
每股公积金(元)	2.0802	2.0802	2.0802
净资产收益率(%)	3.6200	6.1200	6.8500
总资产(万元)	943749.62	934060.06	913092.00
股东权益(万元)	302157.37	300216.41	281835.78
未分配利润(万元)	55981.13	54040.17	39335.65
主营收入(万元)	585196.37	1092259.25	800374.75
资本公积金(万元)	149629.87	149629.87	149629.86
主营利润(万元)	25627.98	46369.79	43072.33
其他业务利润(万元)	391.27	846.86	22.55
营业利润(万元)	10064.46	16029.64	
投资收益(万元)	2251.33	5502.23	5093.93
补贴收入(万元)			
营业外收支(万元)	10.75	-342.84	-0.99
利润总额(万元)	12326.54	21189.03	22132.74
净利润(万元)	10932.19	18380.65	19295.75

十大股东

序号	股东名称	股份性质	持股数(万股)	比例(%)
1	上海国有资产管理办公室(授权上海建工集团总公司经营)	国有法人股	48529.80	67.47
2	上海安联投资发展公司	流通 A 股	175.77	0.24
3	博时裕富证券投资基金	流通 A 股	100.80	0.14
4	国联安德盛小盘精选证券投资基金	流通 A 股	96.71	0.13
5	上海永银房地产有限公司	流通 A 股	94.05	0.13
6	廖建玲	流通 A 股	80.00	0.11
7	民生证券有限公司	流通 A 股	79.99	0.11
8	华安上证 180 指数增强型证券投资基金	流通 A 股	60.27	0.08
9	长城久泰中信标普 300 指数投资基金	流通 A 股	51.32	0.07
10	丘维远	流通 A 股	50.00	0.07

股东人数	2004.6	2003.12	2003.6	2002
	98099	97890	101436	91512

近年分配	2004 年 7 月 21 日 10 派 1.25	近年配股/增发	

重大事项

1998 年 4 月 22 日，本公司分别与上海市安装工程有限公司(原上海市工业设备安装公司)、上海市机械施工公司、上海市基础工程公司签订了《工程分包协议书》。根据协议书规定：上述三家公司并不当然成为工程分包商，本公司可根据其他工程承建单位的报价确定分包商，但在同等报价条件下选择上述三家公司作为分包商，并需逐笔签订有关《工程分包合同》。

二〇〇三年以来市场表现

2003 年涨跌幅(%)	-9.63
2003 年最高(元)	8.88
2003 年最低(元)	6.23
2003 年换手率(%)	138.74
2004.06 涨跌幅(%)	-12.12
2004.06 最高(元)	8.06
2004.06 最低(元)	6.17
2004.06 换手率(%)	84.58

上海贝岭股份有限公司

公司概况								
公司名称	上海贝岭股份有限公司				股票代码	600171		
注册地址	上海市漕河泾开发区宜山路 810 号				邮政编码	200233		
法人代表	方培琦			董秘	严海容			
电话	021-64850700-157			传真	021-64854424			
主营业务	信成电路、分立器件							
总股本	61255.25	流通 A	24958.60	流通 B		流通 H		
审计单位				审计意见	未审计			

主要财务指标

年度	2004.6	2003	2002
每股收益/扣除后(元)	0.0593	0.0700	0.1700
每股经营现金流量(元)	0.0930	0.1400	0.4500
每股净资产/调整后(元)	2.8600	2.8300	2.3600
每股公积金(元)	1.1523	1.1523	0.7395
净资产收益率(%)	2.4960	3.5400	7.8200
总资产(万元)	204257.92	205686.80	159971.75
股东权益(万元)	175511.45	174200.36	134465.27
未分配利润(万元)	32525.24	31643.70	24319.85
主营收入(万元)	34503.29	75692.65	76299.29
资本公积金(万元)	70582.06	70582.06	41762.43
主营利润(万元)	5055.72	11476.59	18322.41
其他业务利润(万元)	624.20	93.86	10.52
营业利润(万元)	2707.08	3902.45	8206.31
投资收益(万元)	1485.50	2338.28	548.95
补贴收入(万元)	1300.38	920.62	25.66
营业外收支(万元)	-574.15	-308.62	-2.08
利润总额(万元)	4918.82	6852.73	10824.50
净利润(万元)	4381.59	6169.71	10509.16

十大股东

序号	股东名称	股份性质	持股数(万股)	比例(%)
1	上海华虹(集团)有限公司	国有法人股	21508.09	35.11
2	上海贝尔阿尔卡特股份有限公司	境内法人股	14478.57	23.64
3	上海张江(集团)有限公司	国家股	310.00	0.51
4	上海证券有限责任公司	流通 A 股	118.86	0.19
5	博时裕富证券投资基金	流通 A 股	98.50	0.16
6	易方达 50 指数证券投资基金	流通 A 股	85.00	0.14
7	华安上证 180 指数增强证券投资基金	流通 A 股	55.85	0.09
8	天同 180 指数证券投资基金	流通 A 股	46.16	0.08
9	长城久泰中信标普 300 指数证券投资基金	流通 A 股	45.19	0.07
10	白友香	流通 A 股	40.80	0.07

股东人数	2004.6	2003.12	2003.6	2002
	128449	123789	111171	105112

近年分配	2004 年 5 月 24 日 10 派 0.50	近年配股/增发	

重大事项

本公司于 2002 年 9 月与 INTERTEC 公司签订设备采购合同，合同金额 991 万美元，该项合同因故一直未履行。2003 年 10 月，INTERTEC 公司向香港国际仲裁中心提交仲裁申请书，要求公司赔偿合同违约金。目前，在香港国际仲裁中心主持下公司与 INTERTEC 公司达成和解协议，公司共支付 INTERTEC 公司美金六十万元。本报告期内，公司已向 INTERTEC 公司支付上述款项。此款项计入营业外支出，占本报告期净利润的 13%。

二〇〇三年以来市场表现

2003 年涨跌幅(%)	-23.25
2003 年最高(元)	12.64
2003 年最低(元)	7.71
2003 年换手率(%)	272.62
2004.06 涨跌幅(%)	2.53
2004.06 最高(元)	13.75
2004.06 最低(元)	8.48
2004.06 换手率(%)	278.41

河南黄河旋风股份有限公司

公司概况

公司名称	河南黄河旋风股份有限公司		股票代码	600172	
注册地址	河南省长葛市人民路 200 号		邮政编码	461500	
法人代表	乔秋生		董秘	李建中	
电话	0374-6165530,6108532		传真	0374-6128688	
主营业务	人造金刚石				
总股本 26800.00	流通 A 10400.00	流通 B		流通 H	
审计单位			审计意见	未审计	

主要财务指标

年度	2004.6	2003	2002
每股收益/扣除后(元)	0.0904	0.1200	0.1100
每股经营现金流量(元)	0.1914	0.1150	0.0570
每股净资产/调整后(元)	3.0500	2.9700	2.8500
每股公积金(元)	1.4657	1.4657	1.4657
净资产收益率(%)	3.0000	4.0700	3.9300
总资产(万元)	154318.37	128277.03	104389.59
股东权益(万元)	82140.79	79712.27	76471.84
未分配利润(万元)	11308.10	8879.57	6287.23
主营收入(万元)	25151.50	34828.54	30037.52
资本公积金(万元)	39280.17	39280.17	39280.17
主营利润(万元)	7620.09	10656.58	8499.60
其他业务利润(万元)	337.58	626.45	-16.38
营业利润(万元)	3511.30	4819.59	3869.63
投资收益(万元)	97.62	70.06	9.61
补贴收入(万元)			
营业外收支(万元)	7.11	-41.59	-0.37
利润总额(万元)	3616.20	4848.07	4244.12
净利润(万元)	2428.53	3240.43	2917.10

十大股东

序号	股东名称	股份性质	持股数(万股)	比例(%)
1	河南黄河实业集团股份有限公司	境内法人股	11152.00	41.61
2	日本联合材料公司	外资法人股	4100.00	15.30
3	郑州磨料磨具磨削研究所	境内法人股	820.00	3.06
4	长葛市星星电子制品厂	境内法人股	164.00	0.61
5	长葛市树脂磨具厂	境内法人股	164.00	0.61
6	邹云国	流通 A 股	30.00	0.11
7	周春燕	流通 A 股	30.00	0.11
8	吕静婷	流通 A 股	30.00	0.11
9	王二龙	流通 A 股	29.95	0.11
10	庞俊	流通 A 股	24.80	0.09

股东人数	2004.6	2003.12	2003.6	2002
	52318	50957	51667	43801

近年分配		近年配股/增发	

重大事项

根据河南黄河旋风股份有限公司(以下简称上市公司)于 2002 年 4 月 20 日同河南黄河汇城进出口有限公司(以下简称汇城公司)签定的《产品出口框架协议》。2004 年 1–6 月份,上市公司和汇城公司之间交易发生额为 11,994,503.31 元,期末余额为 6,418,730.74 元,占同类交易金额的 4.77%。

二〇〇三年以来市场表现

2003 年涨跌幅(%)	-37.80
2003 年最高(元)	9.53
2003 年最低(元)	4.55
2003 年换手率(%)	244.10
2004.06 涨跌幅(%)	-0.81
2004.06 最高(元)	6.80
2004.06 最低(元)	4.76
2004.06 换手率(%)	182.44

黑龙江省牡丹江新材料科技股份有限公司

公司概况

公司名称	黑龙江省牡丹江新材料科技股份有限公司		股票代码	600173	
注册地址	黑龙江省牡丹江市温春镇		邮政编码	157041	
法人代表	王奎廷		董秘	李红旗	
电话	0453-6497427		传真	0453-6499002	
主营业务	硅酸盐水泥				
总股本 23000.00	流通 A 10151.55	流通 B		流通 H	
审计单位			审计意见	未审计	

主要财务指标

年度	2004.6	2003	2002
每股收益/扣除后(元)	-0.0842	-0.1200	0.0400
每股经营现金流量(元)	0.0470	0.0500	-0.2660
每股净资产/调整后(元)	2.6500	2.7200	2.6400
每股公积金(元)	1.2345	1.2345	1.1860
净资产收益率(%)	-3.2300	0.2100	0.5400
总资产(万元)	112660.48	110633.32	115756.16
股东权益(万元)	60851.91	62816.77	61569.02
未分配利润(万元)	4550.42	6515.28	6403.29
主营收入(万元)	18426.62	40945.16	41130.45
资本公积金(万元)	28394.40	28394.40	27278.40
主营利润(万元)	1574.76	8107.58	9927.43
其他业务利润(万元)	-7.48	94.75	1.71
营业利润(万元)	-2848.21	-303.99	1372.90
投资收益(万元)			-697.10
补贴收入(万元)	912.08	525.95	-0.88
营业外收支(万元)	-28.74	-90.21	-0.95
利润总额(万元)	-1964.86	131.75	704.58
净利润(万元)	-1964.86	131.75	333.13

十大股东

序号	股东名称	股份性质	持股数(万股)	比例(%)
1	牡丹江水泥集团有限责任公司	国有法人股	12210.95	53.09
2	牡丹江水泥集团社会福利编织厂	境内法人股	200.00	0.87
3	黑龙江达华经济贸易公司	境内法人股	100.00	0.43
4	黑龙江交通物资公司	境内法人股	100.00	0.43
5	吴德刚	流通 A 股	50.00	0.22
6	黑龙江友联经济贸易公司	境内法人股	50.00	0.22
7	哈尔滨市物资建筑材料总公司	境内法人股	50.00	0.22
8	牟元海	流通 A 股	30.88	0.13
9	哈尔滨恒森建材有限责任公司	境内法人股	30.00	0.13
10	贾菊妹	流通 A 股	29.51	0.13

股东人数	2004.6	2003.12	2003.6	2002
	45087	49105	51268	51880

近年分配		近年配股/增发	

重大事项

公司控股股东牡丹江水泥集团有限责任公司持有本公司国有法人股 122,109,500 股(占总股本的 53.09%)中的 64,759,526 股(占其持有公司股本的 53.03%,占公司总股本的 28.16%),因为桦林集团有限责任公司、桦林轮胎股份有限公司在交通银行哈尔滨分行汇通支行贷款担保一案,被黑龙江省高级人民法院依法冻结,其中 55,582,244 股为续冻,续冻期为 2004 年 5 月 19 日至 2004 年 11 月 18 日;其中 9,177,282 股冻结期限自 2004 年 5 月 19 日至 2005 年 5 月 18 日。

二〇〇三年以来市场表现

2003 年涨跌幅(%)	-24.19
2003 年最高(元)	8.13
2003 年最低(元)	4.29
2003 年换手率(%)	159.28
2004.06 涨跌幅(%)	10.56
2004.06 最高(元)	6.55
2004.06 最低(元)	4.36
2004.06 换手率(%)	139.99

美都控股股份有限公司

公司概况

公司名称	美都控股股份有限公司			股票代码	600175		
注册地址	杭州市湖墅南路古河巷56号			邮政编码	310005		
法人代表	闻掌华			董秘	周冀		
电话	0571-88301388			传真	0571-88301607		
主营业务	旅游资源开发						
总股本	10668.00	流通A	4068.00	流通B		流通H	
审计单位				审计意见	未审计		

主要财务指标

年度	2004.6	2003	2002
每股收益/扣除后(元)	–0.0439	–0.0004	0.0400
每股经营现金流量(元)	0.4300	–1.8100	–0.2100
每股净资产/调整后(元)	4.0200	4.2900	4.2200
每股公积金(元)	2.7003	2.7003	2.6760
净资产收益率(%)	–0.0100	0.5100	0.8800
总资产(万元)	99798.55	87478.06	72318.58
股东权益(万元)	45948.38	46414.95	45917.80
未分配利润(万元)	–1229.91	–763.34	–1070.91
主营收入(万元)	11262.67	7874.95	4979.34
资本公积金(万元)	28806.64	28806.64	28547.27
主营利润(万元)	1476.99	3911.63	3193.76
其他业务利润(万元)	–3.18	–25.61	1.90
营业利润(万元)	–712.87	–576.62	–17771.68
投资收益(万元)	212.94	384.10	1780.78
补贴收入(万元)	6.15		
营业外收支(万元)	1.51	341.23	–0.02
利润总额(万元)	–492.27	148.70	7.56
净利润(万元)	–466.57	237.78	404.04

十大股东

序号	股东名称	股份性质	持股数(万股)	比例(%)
1	浙江美都控股集团有限公司	境内法人股	3012.00	28.23
2	北京天鸿集团公司	国有法人股	2264.00	21.22
3	浙江天成投资管理有限公司	境内法人股	830.00	7.78
4	京华房产公司	境内法人股	386.00	3.62
5	北京房屋建筑设计院	境内法人股	54.00	0.51
6	北京宝华饭店	境内法人股	54.00	0.51
7	秦友香	流通A股	16.50	0.15
8	张艳玲	流通A股	13.34	0.13
9	李雪梅	流通A股	10.78	0.10
10	杨大骚	流通A股	10.17	0.10

股东人数	2004.6	2003.12	2003.6	2002
	18678	19428	20081	21205

近年分配		近年配股/增发	

重大事项

公司为海南汇祥旅业投资有限公司向中国工商银行海南省行营业部5000万元抵押贷款提供的连带责任余额为4000万元。截至本报告出具日,该担保已经解除。

二〇〇三年以来市场表现

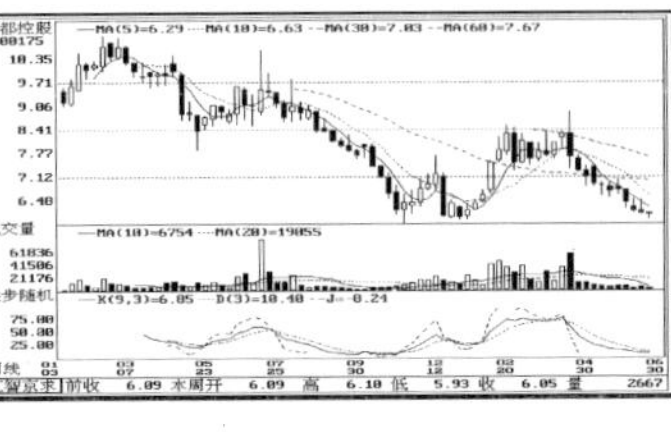

2003年涨跌幅(%)	–36.15
2003年最高(元)	11.00
2003年最低(元)	5.83
2003年换手率(%)	144.83
2004.06涨跌幅(%)	0.17
2004.06最高(元)	8.88
2004.06最低(元)	5.92
2004.06换手率(%)	115.57

中国化学建材股份有限公司

公司概况

公司名称	中国化学建材股份有限公司			股票代码	600176		
注册地址	北京市海淀区紫竹院南路2号			邮政编码	100044		
法人代表	曹江林			董秘	贾建军		
电话	010-68434863,88411666			传真	010-88418866		
主营业务	新材料的科研开发和生产经营						
总股本	42739.20	流通A	14246.40	流通B		流通H	
审计单位				审计意见	未审计		

主要财务指标

年度	2004.6	2003	2002
每股收益/扣除后(元)	0.0941	0.1902	0.0919
每股经营现金流量(元)	0.2810	0.2085	0.3980
每股净资产/调整后(元)	1.3530	1.4960	2.1000
每股公积金(元)	0.0843	0.2012	0.9201
净资产收益率(%)	6.5910	12.8188	3.0900
总资产(万元)	234274.02	174073.62	150259.97
股东权益(万元)	58508.95	55586.66	48795.95
未分配利润(万元)	6426.11	6065.42	3603.41
主营收入(万元)	52737.89	85223.10	63439.42
资本公积金(万元)	3605.16	7166.76	20480.70
主营利润(万元)	16310.27	27207.26	20574.82
其他业务利润(万元)	1010.82	726.02	–7.76
营业利润(万元)	8153.29	12591.24	3588.06
投资收益(万元)	161.63	281.31	94.75
补贴收入(万元)	247.43	494.32	–1.37
营业外收支(万元)	–88.48	–57.74	0.67
利润总额(万元)	8473.86	13309.13	3323.08
净利润(万元)	3922.29	7125.52	1506.49

十大股东

序号	股东名称	股份性质	持股数(万股)	比例(%)
1	北新建材集团有限公司	国有法人股	16149.31	37.79
2	浙江桐乡振石股份有限公司	境内法人股	9514.56	22.26
3	江阴市长江钢管有限公司	国有法人股	1811.33	4.24
4	中国建筑材料及设备进出口公司	国有法人股	1017.60	2.38
5	深圳市新江南实业有限公司	流通A股	400.02	0.94
6	北京中食聚信投资咨询有限公司	流通A股	150.27	0.35
7	王志先	流通A股	142.13	0.33
8	魏莲菊	流通A股	137.86	0.32
9	付火生	流通A股	100.99	0.24
10	李佑志	流通A股	91.74	0.21

股东人数	2004.6	2003.12	2003.6	2002
	26915	20247	23003	36705

近年分配	2004年6月30日10派0.50	近年配股/增发	2004年6月30日10送1转1

重大事项

公司2003年度股东大会表决通过2003年度分配方案:以2003年12月31日的总股本356,160,000股为基数,向全体股东每10股送1股股票股利,派0.5元现金(含税);以公司2003年12月31日的总股本为基数,向全体股东按每10股转增1股实施资本公积金转增股本。股权登记日为2004年6月29日,除权除息日为:2004年6月30日;新增可流通股份上市日为2004年7月1日;现金红利发放日为2004年7月6日。

二〇〇三年以来市场表现

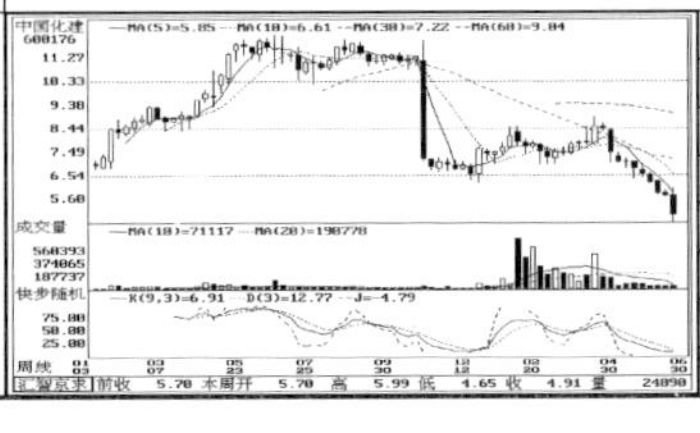

2003年涨跌幅(%)	5.67
2003年最高(元)	10.10
2003年最低(元)	5.13
2003年换手率(%)	107.82
2004.06涨跌幅(%)	–20.91
2004.06最高(元)	7.36
2004.06最低(元)	4.54
2004.06换手率(%)	338.64

雅戈尔集团股份有限公司

公司概况

公司名称	雅戈尔集团股份有限公司			股票代码	600177		
注册地址	浙江省宁波市雅戈尔大道1号			邮政编码	315153		
法人代表	李如成			董秘	刘新宇		
电话	0574-87425136			传真	0574-87425390		
主营业务	服装服饰产品						
总股本	106395.43	流通A	48083.99	流通B		流通H	
审计单位				审计意见	未审计		

主要财务指标

年度	2004.6	2003	2002
每股收益/扣除后(元)	0.1586	0.5990	0.7021
每股经营现金流量(元)	0.9870	0.5864	1.3065
每股净资产/调整后(元)	2.7430	4.3920	3.7798
每股公积金(元)	0.6277	0.5856	1.0833
净资产收益率(%)	5.9700	15.7100	18.5400
总资产(万元)	971009.75	743199.31	532467.44
股东权益(万元)	296152.62	254715.98	215113.31
未分配利润(万元)	68026.44	81303.62	52390.94
主营收入(万元)	120078.97	270306.81	247120.23
资本公积金(万元)	66788.02	61658.72	61542.78
主营利润(万元)	48450.44	95472.07	100971.71
其他业务利润(万元)	834.32	1334.67	-11.89
营业利润(万元)	16020.26	37126.02	33122.40
投资收益(万元)	2744.18	4646.66	7816.28
补贴收入(万元)	3280.56	8246.93	7162.52
营业外收支(万元)	-294.72	1511.38	-8.59
利润总额(万元)	21750.27	51530.98	49743.68
净利润(万元)	17693.14	40018.35	39887.45

十大股东

序号	股东名称	股份性质	持股数(万股)	比例(%)
1	宁波盛达发展公司	境内法人股	28644.94	26.92
2	宁波青春服装厂	境内法人股,流通A股	21541.63	20.25
3	宁波鄞州区石矸镇资产经营投资公司	境内法人股	7366.25	6.92
4	鄞县青春职工持股会	境内法人股	2209.88	2.08
5	中国建设银行-宝康消费品证券投资基金	流通A股	1305.00	1.23
6	中国建设银行-华宝兴业多策略增长证券投资基金	流通A股	1123.41	1.06
7	长城证券有限责任公司	流通A股	919.25	0.86
8	金鑫证券投资基金	流通A股	862.19	0.81
9	银丰证券投资基金	流通A股	730.03	0.69
10	中国工商银行-开元证券投资基金	流通A股	670.25	0.63

股东人数	2004.6	2003.12	2003.6	2002
	120317	103780	103858	115561

近年分配	2004年4月16日10派5.00	近年配股/增发	2004年4月16日10转7

重大事项

报告期内，公司出资4,500万元与公司控股子公司-宁波雅戈尔钱湖投资开发有限公司共同组建宁波雅戈尔动物园有限公司,该公司注册资本5,000万元,公司持股90%。该公司主要从事动物展览、动物饲养、项目投资、房地产开发、物业管理等。宁波雅戈尔动物园于2004年4月对外营业，一期动物园项目占地1,900亩,截止报告期末,累计投入23,100.70万元。

二〇〇三年以来市场表现

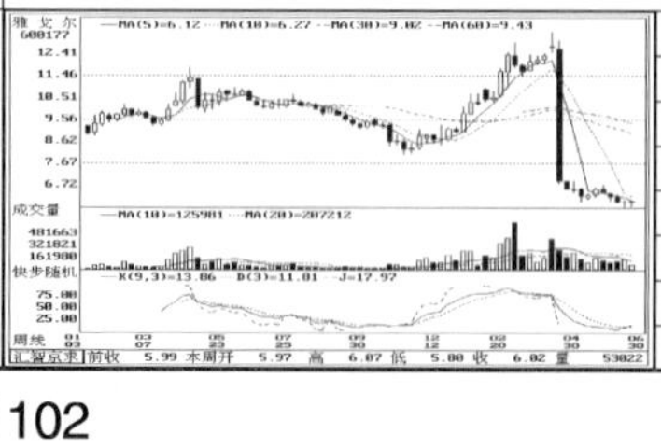

2003年涨跌幅(%)	0.12
2003年最高(元)	6.53
2003年最低(元)	4.41
2003年换手率(%)	70.73
2004.06涨跌幅(%)	18.71
2004.06最高(元)	7.57
2004.06最低(元)	4.99
2004.06换手率(%)	103.94

哈尔滨东安汽车动力股份有限公司

公司概况

公司名称	哈尔滨东安汽车动力股份有限公司			股票代码	600178		
注册地址	哈尔滨市南岗区高新技术开发区13栋			邮政编码	150066		
法人代表	刘洪德			董秘	姜俊奇		
电话	0451-86528172,86528173			传真	0451-86505502		
主营业务	微型汽车发动机						
总股本	46208.00	流通A	13858.00	流通B		流通H	
审计单位	岳华会计师事务所有限责任公司			审计意见	标准无保留		

主要财务指标

年度	2004.6	2003	2002
每股收益/扣除后(元)	0.1311	0.2013	0.2547
每股经营现金流量(元)	0.1480	0.5964	0.3210
每股净资产/调整后(元)	3.3100	3.2760	3.1152
每股公积金(元)	1.8477	1.8477	1.8477
净资产收益率(%)	4.0800	5.9000	8.0400
总资产(万元)	249247.12	252862.58	226830.11
股东权益(万元)	153797.19	154460.48	145352.14
未分配利润(万元)	9047.38	2779.47	2423.99
主营收入(万元)	152836.70	288811.37	219099.28
资本公积金(万元)	85379.24	85379.24	85379.24
主营利润(万元)	23367.81	45706.99	39728.47
其他业务利润(万元)	278.86	232.85	4.74
营业利润(万元)	6845.35	9539.78	13181.98
投资收益(万元)	749.44	1533.12	-95.36
补贴收入(万元)			
营业外收支(万元)	-314.47	-429.08	-1.38
利润总额(万元)	7280.32	10643.81	12981.90
净利润(万元)	6267.91	9108.34	11680.77

十大股东

序号	股东名称	股份性质	持股数(万股)	比例(%)
1	中国航空科技工业股份有限公司	国有法人股	32350.00	70.01
2	天同证券有限责任公司	流通A股	117.17	0.25
3	刘维四	流通A股	39.63	0.09
4	上海东创实业投资有限公司	流通A股	34.34	0.07
5	王春蕾	流通A股	21.06	0.05
6	钟达林	流通A股	19.55	0.04
7	陈华	流通A股	19.05	0.04
8	黄仁强	流通A股	17.03	0.04
9	邢世芳	流通A股	15.99	0.03
10	苏伟	流通A股	15.23	0.03

股东人数	2004.6	2003.12	2003.6	2002
	66798	69200	69084	67166

近年分配	2004年7月21日10派1.50	近年配股/增发	

重大事项

公司2003年度的利润分配方案为:以2003年末总股本46208万股为基数,按每10股派发现金人民币1.50元(含税)。

该分配方案经2004年5月28日召开的公司2003年度股东大会审议通过。本报告期内,该项利润分配方案尚未实施。

二〇〇三年以来市场表现

2003年涨跌幅(%)	-17.93
2003年最高(元)	8.99
2003年最低(元)	5.46
2003年换手率(%)	178.83
2004.06涨跌幅(%)	-17.88
2004.06最高(元)	7.35
2004.06最低(元)	4.91
2004.06换手率(%)	94.05

黑龙江黑化股份有限公司

公司概况

公司名称	黑龙江黑化股份有限公司				股票代码	600179	
注册地址	黑龙江省齐齐哈尔市富拉尔基区向阳大街2号				邮政编码	161041	
法人代表	阎树忠			董秘	王宏伟		
电话	0452-8927411			传真	0452-6884805		
主营业务	焦炭、焦化产品						
总股本	33000.00	流通A	10000.00	流通B		流通H	
审计单位				审计意见	未审计		

主要财务指标

年度	2004.6	2003	2002
每股收益/扣除后(元)	0.0414	0.1100	0.0200
每股经营现金流量(元)	0.0340	–0.3400	0.2100
每股净资产/调整后(元)	2.4800	2.4400	2.3600
每股公积金(元)	1.1735	1.1735	1.1735
净资产收益率(%)	1.6200	4.7100	0.9800
总资产(万元)	187359.89	179327.72	170794.55
股东权益(万元)	84167.23	82804.74	78898.23
未分配利润(万元)	10630.68	9268.19	5948.75
主营收入(万元)	36638.55	64395.40	54924.30
资本公积金(万元)	38726.28	38726.28	38725.00
主营利润(万元)	4680.03	16039.97	9873.25
其他业务利润(万元)	403.41	–872.55	–115.82
营业利润(万元)	1987.92	6401.78	1442.51
投资收益(万元)			
补贴收入(万元)			
营业外收支(万元)	46.95	–92.86	–0.47
利润总额(万元)	2034.87	6308.93	1536.98
净利润(万元)	1362.49	3905.23	775.02

十大股东

序号	股东名称	股份性质	持股数(万股)	比例(%)
1	黑化集团	国有法人股	21140.00	64.06
2	金轮橡胶	境内法人股	1660.00	5.03
3	隆泰资产	境内法人股	200.00	0.61
4	日信集团	流通A股	70.00	0.21
5	张先鹏	流通A股	15.00	0.05
6	黄春梅	流通A股	13.28	0.04
7	兴和基金	流通A股	12.12	0.04
8	宋琼	流通A股	11.05	0.03
9	陈益铤	流通A股	11.00	0.03
10	张玉仕	流通A股	10.00	0.03

股东人数

2004.6	2003.12	2003.6	2002
56865	60368	60293	61580

近年分配		近年配股/增发	

重大事项

2003年12月5日,公司第二届董事会第25次会议审议通过《黑化集团以非现金资产抵偿占用公司资金的方案》,黑化集团将其拥有的净化装置置入本公司,抵偿对本公司的欠款,该装置评估确认价值为30008.29万元。2004年1月14日,公司2004年第一次临时股东大会审议通过该议案。

二〇〇三年以来市场表现

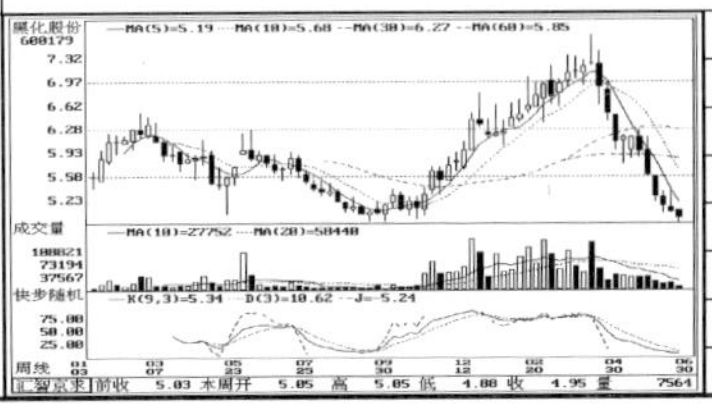

2003年涨跌幅(%)	9.66
2003年最高(元)	6.80
2003年最低(元)	4.90
2003年换手率(%)	131.20
2004.06涨跌幅(%)	–19.25
2004.06最高(元)	7.67
2004.06最低(元)	4.88
2004.06换手率(%)	146.89

山东九发食用菌股份有限公司

公司概况

公司名称	山东九发食用菌股份有限公司				股票代码	600180	
注册地址	山东省烟台市胜利路201-209号10楼				邮政编码	264001	
法人代表	蒋绍庆			董秘	许爱民		
电话	0535-6623880			传真	0535-6623798		
主营业务	食用菌菌种培育						
总股本	25099.01	流通A	7987.20	流通B		流通H	
审计单位				审计意见	未审计		

主要财务指标

年度	2004.6	2003	2002
每股收益/扣除后(元)	0.1615	0.2995	0.3300
每股经营现金流量(元)	0.1150	0.1549	0.0600
每股净资产/调整后(元)	3.6700	3.5250	3.2300
每股公积金(元)	1.4631	1.4631	1.4631
净资产收益率(%)	4.3000	8.3900	10.0400
总资产(万元)	170709.86	169920.27	136102.37
股东权益(万元)	94202.58	90218.25	82679.85
未分配利润(万元)	26640.48	22589.84	16252.83
主营收入(万元)	52597.72	83331.60	69554.51
资本公积金(万元)	36721.48	36721.48	36721.48
主营利润(万元)	7415.78	13438.21	12502.02
其他业务利润(万元)	254.21	398.10	–1.11
营业利润(万元)	4033.42	8087.15	8518.73
投资收益(万元)	292.18	–261.61	24.36
补贴收入(万元)			
营业外收支(万元)	–3.25	–15.36	–0.03
利润总额(万元)	4322.35	7810.18	8996.44
净利润(万元)	4050.63	7567.39	8384.19

十大股东

序号	股东名称	股份性质	持股数(万股)	比例(%)
1	山东九发集团公司	国有法人股	14001.41	55.78
2	中泰信托投资有限责任公司	境内法人股	3110.40	12.39
3	苏长荣	流通A股	76.82	0.31
4	李前松	流通A股	49.11	0.20
5	胡八昌	流通A股	44.90	0.18
6	徐明月	流通A股	44.24	0.18
7	李君珍	流通A股	39.34	0.16
8	周秀华	流通A股	38.48	0.15
9	张晋强	流通A股	36.35	0.14
10	肖启燕	流通A股	33.72	0.13

股东人数

2004.6	2003.12	2003.6	2002
13110	12061	15089	16440

近年分配		近年配股/增发	

重大事项

根据公司2004年第二次临时股东大会审议通过的《公司与烟台市牟平九发包装材料有限公司关联交易协议》,公司上半年从烟台市牟平九发包装材料有限公司采购空罐、纸箱、商标等,合计金额14,693,805.02元。烟台市牟平九发包装材料有限公司与公司属同一母公司。

二〇〇三年以来市场表现

2003年涨跌幅(%)	11.04
2003年最高(元)	11.90
2003年最低(元)	9.45
2003年换手率(%)	222.86
2004.06涨跌幅(%)	–17.64
2004.06最高(元)	11.80
2004.06最低(元)	8.50
2004.06换手率(%)	97.19

云大科技股份有限公司

公司概况

公司名称	云大科技股份有限公司	股票代码	600181
注册地址	昆明市国家高新技术产业开发区科医路	邮政编码	650106
法人代表	黎志明	董秘	李畅鸿
电话	0871-8350069	传真	0871-8315072
主营业务	植物生长调节剂		
总股本	34813.62	流通 A	16800.00
流通 B		流通 H	
审计单位		审计意见	未审计

主要财务指标

年度	2004.6	2003	2002
每股收益/扣除后(元)	-0.1927	-0.7500	0.0900
每股经营现金流量(元)	-0.0190	-0.3500	-0.3600
每股净资产/调整后(元)	1.6300	1.8000	2.5300
每股公积金(元)	1.2545	1.2469	1.2396
净资产收益率(%)	-10.9500	-39.2500	3.3300
总资产(万元)	197664.23	201964.30	237957.95
股东权益(万元)	60481.55	66841.93	93146.42
未分配利润(万元)	-22987.48		10402.74
主营收入(万元)	18136.60	41939.90	60432.13
资本公积金(万元)	43672.04	43410.02	43154.28
主营利润(万元)	4032.66	9464.52	19452.41
其他业务利润(万元)	37.94	253.77	2.73
营业利润(万元)	-6047.72	-24029.93	3087.66
投资收益(万元)	-755.87	-3201.23	-815.50
补贴收入(万元)	310.26	919.91	47.82
营业外收支(万元)	-2.85	-976.52	-4.61
利润总额(万元)	-6496.17	-27287.77	4278.68
净利润(万元)	-6622.39	-26232.16	3103.30

十大股东

序号	股东名称	股份性质	持股数(万股)	比例(%)
1	云南云大投资控股有限公司	国有法人股	7293.11	20.95
2	云南龙泰农业资源开发有限公司	境内法人股	3107.81	8.93
3	中国和平(北京)投资有限公司	境内法人股	3040.09	8.73
4	深圳蛇口大赢工贸有限公司	境内法人股	1734.42	4.98
5	深圳捷发信息咨询服务有限公司	境内法人股	1655.48	4.76
6	中国抽纱汕头进出口公司	境内法人股	600.00	1.72
7	云南正通经贸有限责任公司	境内法人股	582.71	1.67
8	天津北方国际信托投资股份有限公司	流通A股	253.37	0.73
9	周汉明	流通A股	123.41	0.35
10	祝水根	流通A股	84.13	0.24

股东人数	2004.6	2003.12	2003.6	2002
	36845	31911	38219	40853

近年分配		近年配股/增发	

重大事项

经2003年7月24日公司董事会审议通过，公司将所持有的云南特安呐股份有限公司51%股份以1,945万元转让给该公司股东唐修文(详见本公司2003年度报告)。截止2003年年末公司已全额收到上述款项。目前该公司股权变更事宜尚在办理过程中。股权变更事宜完成后，本公司不再持有该公司股权。

二〇〇三年以来市场表现

2003年涨跌幅(%)	-27.19
2003年最高(元)	8.61
2003年最低(元)	5.65
2003年换手率(%)	89.29
2004.06涨跌幅(%)	-3.19
2004.06最高(元)	7.08
2004.06最低(元)	5.02
2004.06换手率(%)	89.71

广东生益科技股份有限公司

公司概况

公司名称	广东生益科技股份有限公司	股票代码	600183
注册地址	广东省东莞市万江区莞穗大道411号	邮政编码	523039
法人代表	李锦	董秘	温世龙
电话	0769-2271828-8225	传真	0769-2174183
主营业务	印刷线路用敷铜板		
总股本	63801.56	流通 A	19368.98
流通 B		流通 H	
审计单位		审计意见	未审计

主要财务指标

年度	2004.6	2003	2002
每股收益/扣除后(元)	0.1709	0.2000	0.1400
每股经营现金流量(元)	-0.0250	0.0600	0.1606
每股净资产/调整后(元)	1.8100	1.7600	1.5610
每股公积金(元)	0.3425	0.3425	0.3425
净资产收益率(%)	9.3550	11.5300	9.1100
总资产(万元)	230335.81	208595.84	162508.98
股东权益(万元)	116429.12	113193.01	99654.30
未分配利润(万元)	17304.46	6412.17	2560.45
主营收入(万元)	81262.52	121743.68	88608.23
资本公积金(万元)	21850.68	21850.68	21850.68
主营利润(万元)	19070.67	22170.23	16516.43
其他业务利润(万元)	695.35	802.06	-27.36
营业利润(万元)	12771.09	12769.55	8571.66
投资收益(万元)	759.88	1603.43	1699.87
补贴收入(万元)		25.98	25.98
营业外收支(万元)	-12.57	28.51	0.38
利润总额(万元)	13518.40	14427.48	10377.83
净利润(万元)	10892.29	13051.96	9077.37

十大股东

序号	股东名称	股份性质	持股数(万股)	比例(%)
1	东莞电子工业总公司	国有法人股	16621.13	26.05
2	香港伟华电子有限公司	外资法人股	16530.51	25.91
3	广东外贸开发公司	国有法人股	6826.34	10.70
4	广东外贸开发公司开发工会委员会	国有法人股	1909.66	2.99
5	中国银行-同盛证券投资基金	流通A股	884.89	1.39
6	中国工商银行-天元证券投资基金	流通A股	600.54	0.94
7	东莞生益电子公司工会委员会	国有法人股	575.07	0.90
8	中国工商银行-南方稳健成长证券	流通A股	326.60	0.51
9	通乾证券投资基金	流通A股	280.00	0.44
10	中国民族证券有限责任公司	流通A股	198.31	0.31

股东人数	2004.6	2003.12	2003.6	2002
	60294	41492	38964	46927

近年分配		近年配股/增发	
	2004年6月15日10派1.20		

重大事项

2004年3月29日公司与东莞松山湖科技产业园区签定了土地转让合同，土地价款总金额为人民币陆仟贰佰叁拾叁万柒仟肆佰元。

二〇〇三年以来市场表现

2003年涨跌幅(%)	27.70
2003年最高(元)	9.63
2003年最低(元)	5.77
2003年换手率(%)	187.38
2004.06涨跌幅(%)	1.26
2004.06最高(元)	11.69
2004.06最低(元)	7.88
2004.06换手率(%)	224.48

湖北新华光信息材料股份有限公司

公司概况

公司名称	湖北新华光信息材料股份有限公司	股票代码	600184
注册地址	湖北省襄樊市长虹北路 129 号	邮政编码	441003
法人代表	詹祖盛	董秘	樊后楷
电话	0710-3349712	传真	0710-3349308
主营业务	光学玻璃等及电子材料的生产销售		
审计单位		审计意见	未审计

总股本	流通 A	流通 B	流通 H
7000.00	3000.00		

主要财务指标

年度	2004.6	2003	2002
每股收益/扣除后(元)	0.1151	0.1900	0.3200
每股经营现金流量(元)	0.0490	0.0900	0.4400
每股净资产/调整后(元)	3.8500	3.8500	2.2300
每股公积金(元)	2.3317	2.3308	0.2605
净资产收益率(%)	2.9400	4.9300	14.2000
总资产(万元)	40868.67	40752.71	21878.72
股东权益(万元)	27053.06	26950.54	8929.08
未分配利润(万元)	2844.10	2747.81	2484.43
主营收入(万元)	6131.52	9700.68	9028.78
资本公积金(万元)	16341.41	16315.78	1823.54
主营利润(万元)	1884.59	3348.94	3077.28
其他业务利润(万元)	7.01	62.06	3.36
营业利润(万元)	562.21	1104.71	1415.26
投资收益(万元)	41.03	24.47	27.24
补贴收入(万元)	189.94	189.72	−1.83
营业外收支(万元)	−10.84	−5.92	0.11
利润总额(万元)	782.34	1312.99	1522.64
净利润(万元)	796.29	1329.23	1267.58

十大股东

序号	股东名称	股份性质	持股数(万股)	比例(%)
1	湖北华光新材料有限公司	境内法人股	3170.00	45.29
2	襄樊华天元件有限公司	境内法人股	530.00	7.57
3	国信证券有限责任公司	流通 A 股	226.31	3.23
4	南阳市卧龙光学有限公司	境内法人股	100.00	1.43
5	北方光电工贸有限公司	境内法人股	100.00	1.43
6	深圳市同仁和实业有限公司	境内法人股	100.00	1.43
7	柯伟川	流通 A 股	20.20	0.29
8	浙江湖州丝绸集团进出口有限公司	流通 A 股	11.00	0.16
9	常州新区河海街道茶亭割绒厂	流通 A 股	10.50	0.15
10	邱伦	流通 A 股	8.80	0.13

股东人数	2004.6	2003.12	2003.6	2002
	14736	19334		

近年分配	2004 年 6 月 16 日 10 派 1.00	近年配股/增发	

重大事项

经 2003 年第一次临时股东大会审议批准，公司与凤凰光学股份有限公司、科力私人有限公司、上海光盛投资有限公司和江西三清山旅游集团有限公司合资组建凤凰光学(上海)有限公司，公司拟出资 400 万元，占该公司 5%股权。公司于 2004 年 1 月首期出资 240 万元，于 2004 年 7 月第二期出资 160 万元，该公司已于 2004 年 3 月 24 日注册成立。

二〇〇三年以来市场表现

2003 年涨跌幅(%)	0.00
2003 年最高(元)	11.00
2003 年最低(元)	8.00
2003 年换手率(%)	308.68
2004.06 涨跌幅(%)	20.20
2004.06 最高(元)	13.40
2004.06 最低(元)	8.98
2004.06 换手率(%)	511.88

西安海星现代科技股份有限公司

公司概况

公司名称	西安海星现代科技股份有限公司	股票代码	600185
注册地址	西安市高新技术产业开发区科技二路 62 号	邮政编码	710075
法人代表	荣海	董秘	于晓东
电话	029-82307605	传真	029-82307607
主营业务	“海星”牌系列电脑		
审计单位		审计意见	未审计

总股本	流通 A	流通 B	流通 H
21780.00	7480.00		

主要财务指标

年度	2004.6	2003	2002
每股收益/扣除后(元)	0.0298	0.0311	0.0393
每股经营现金流量(元)	−0.0730	0.2307	0.1224
每股净资产/调整后(元)	2.3600	2.3134	2.2930
每股公积金(元)	1.0978	1.0978	1.0978
净资产收益率(%)	1.2800	2.2400	1.6700
总资产(万元)	123032.69	124537.20	98255.99
股东权益(万元)	52843.51	52294.94	51193.41
未分配利润(万元)	4802.15	4128.34	3121.24
主营收入(万元)	34942.15	62700.78	29188.82
资本公积金(万元)	23909.20	23909.20	23909.20
主营利润(万元)	5773.69	11005.02	5497.78
其他业务利润(万元)	172.89	358.20	−4.63
营业利润(万元)	1074.63	1877.06	953.31
投资收益(万元)	−212.98	−82.29	308.99
补贴收入(万元)	122.21	41.79	−0.68
营业外收支(万元)	−1.04	−18.34	−0.08
利润总额(万元)	982.82	1818.22	1282.27
净利润(万元)	673.81	1169.64	856.21

十大股东

序号	股东名称	股份性质	持股数(万股)	比例(%)
1	西安海星科技投资控股(集团)有限公司	法人股	6916.25	31.76
2	西安飞机工业集团有限责任公司	法人股	1100.00	5.05
3	陕西技术进步投资有限责任公司	法人股	1100.00	5.05
4	上海发光经贸发展有限公司	法人股	979.00	4.49
5	石家庄神威药业股份有限公司	法人股	462.00	2.12
6	海南博妮达贸易有限公司	法人股	389.80	1.79
7	上海葆鑫企业发展有限公司	法人股	337.70	1.55
8	上海东方国信投资管理有限公司	法人股	220.00	1.01
9	无锡市华信投资管理有限公司	法人股	220.00	1.01
10	西安协同软件股份有限公司	法人股	220.00	1.01

股东人数	2004.6	2003.12	2003.6	2002
	45230	48176	49074	50148

近年分配		近年配股/增发	

重大事项

2003 年公司为子公司西安海星万山计算机软件有限公司提供了贷款额为 80 万元的连带责任担保，担保期限为 2003 年 12 月 23 日至 2004 年 3 月 22 日；为子公司陕西海星连锁超级市场有限责任公司提供了贷款额为 500 万元的连带责任担保，担保期限为 2003 年 12 月 31 日至 2004 年 3 月 30 日。报告期内被担保公司已归还贷款，担保责任已经解除。

二〇〇三年以来市场表现

2003 年涨跌幅(%)	−23.85
2003 年最高(元)	9.96
2003 年最低(元)	5.20
2003 年换手率(%)	93.64
2004.06 涨跌幅(%)	−12.87
2004.06 最高(元)	8.40
2004.06 最低(元)	5.51
2004.06 换手率(%)	93.82

河南莲花味精股份有限公司

公司概况							
公司名称	河南莲花味精股份有限公司			股票代码	600186		
注册地址	河南省项城市莲花大道18号			邮政编码	466200		
法人代表	郑献锋		董秘	高军			
电话	0394-4298666,4298889		传真	0394-4298899			
主营业务	味精及其副产品						
总股本	88400.00	流通A	36400.00	流通B		流通H	
审计单位			审计意见	未审计			

主要财务指标			
年度	2004.6	2003	2002
每股收益/扣除后(元)	-0.0882	-0.1730	0.0199
每股经营现金流量(元)	-0.0550	-0.2890	0.0963
每股净资产/调整后(元)	2.0520	2.1650	
每股公积金(元)	1.0072	1.0072	1.0072
净资产收益率(%)	-4.0300	-7.4980	0.9270
总资产(万元)	464661.62	465299.41	460838.00
股东权益(万元)	184274.78	193896.33	208438.00
未分配利润(万元)	-20.15	7486.73	22499.00
主营收入(万元)	45377.15	117355.06	121965.00
资本公积金(万元)	89037.19	89037.19	89037.00
主营利润(万元)	2480.67	13856.23	
其他业务利润(万元)	472.63	913.86	38.74
营业利润(万元)	-6057.81	-10310.32	3115.19
投资收益(万元)	-1709.69	-2828.73	-3612.00
补贴收入(万元)			
营业外收支(万元)	285.62	-355.69	-1.47
利润总额(万元)	-7481.88	-13494.73	2645.77
净利润(万元)	-7506.88	-14537.71	1932.00

十大股东				
序号	股东名称	股份性质	持股数(万股)	比例(%)
1	河南莲花味精集团有限公司	国家股	52000.00	58.82
2	渤海证券有限责任公司	流通A股	4075.08	4.61
3	博时裕富证券投资基金	流通A股	199.66	0.23
4	韩玉深	流通A股	182.86	0.21
5	张宏亮	流通A股	116.40	0.13
6	曹洪武	流通A股	116.39	0.13
7	叶丽娟	流通A股	107.56	0.12
8	薛佩玲	流通A股	79.53	0.09
9	王强	流通A股	73.39	0.08
10	梁益民	流通A股	69.77	0.08

股东人数			
2004.6	2003.12	2003.6	2002
76282	37736	38447	42706

近年分配		近年配股/增发	

重大事项

公司控股股东河南省莲花味精集团有限公司及其他关联方占用本公司资金共计1,135,469,659.61元，其中控股股东占用1,007,039,076.02元，其他关联方占用资金128,430,583.59元。控股股东河南省莲花味精集团有限公司占用本公司资金构成情况如下：销售货物为6,446,567.44元，周转借款988,967,885.44元，收取资金占用费为11,624,623.14元。面对控股股东及其子公司占用本公司资金问题，本公司、控股股东及当地政府极为重视，目前莲花集团正在进行改制，分离辅助产业。

二〇〇三年以来市场表现

2003年涨跌幅(%)	-18.79
2003年最高(元)	7.57
2003年最低(元)	4.55
2003年换手率(%)	89.46
2004.06涨跌幅(%)	-34.51
2004.06最高(元)	6.42
2004.06最低(元)	3.36
2004.06换手率(%)	225.94

黑龙江黑龙股份有限公司

公司概况							
公司名称	黑龙江黑龙股份有限公司			股票代码	600187		
注册地址	黑龙江省齐齐哈尔市龙沙区长青路27号			邮政编码	161005		
法人代表	张伟东		董秘	李国民			
电话	0452-2816277		传真	0452-2816277			
主营业务	新闻纸和冰雪运动器材						
总股本	32722.50	流通A	9750.00	流通B		流通H	
审计单位			审计意见	未审计			

主要财务指标			
年度	2004.6	2003	2002
每股收益/扣除后(元)	-0.3874	-0.1930	0.0036
每股经营现金流量(元)	-0.1080	-0.2344	0.2841
每股净资产/调整后(元)	1.1500	2.1400	2.3100
每股公积金(元)	1.0538	1.0538	1.0538
净资产收益率(%)	-28.6500	-8.8300	0.5000
总资产(万元)	193581.06	220153.16	217336.06
股东权益(万元)	44042.96	70891.19	77154.38
未分配利润(万元)	-25731.32	1117.52	7376.96
主营收入(万元)	4816.62	50637.17	72879.54
资本公积金(万元)	34483.60	34483.00	34483.00
主营利润(万元)	238.67	7839.27	10886.86
其他业务利润(万元)		5.21	0.18
营业利润(万元)	-12677.92	-6684.24	457.09
投资收益(万元)			
补贴收入(万元)			
营业外收支(万元)	57.45	67.54	0.90
利润总额(万元)	-12620.47	-6616.70	725.30
净利润(万元)	-12620.47	-6263.19	385.22

十大股东				
序号	股东名称	股份性质	持股数(万股)	比例(%)
1	黑龙集团公司	国有法人股	22972.50	70.20
2	中国银行-嘉实成长收益型证券投资基金	流通股	260.71	0.80
3	郑州鑫成家电有限公司	流通股	136.05	0.42
4	吕学灯	流通股	120.85	0.37
5	中国银行-嘉实增长开放式证券投资基金	流通股	100.93	0.31
6	泰和证券投资基金	流通股	82.38	0.25
7	张振龙	流通股	40.30	0.12
8	陈竟	流通股	36.17	0.11
9	潘松清	流通股	32.85	0.10
10	刘鸿鹏	流通股	32.83	0.10

股东人数			
2004.6	2003.12	2003.6	2002
30815	29966	13143	20442

近年分配		近年配股/增发	

重大事项

截止2004年6月30日，黑龙股份其他应收款余额为877,000,728.59元，其中属于同一母公司控制下的关联单位齐齐哈尔造纸有限公司欠款为853,509,455.89元，上年末齐齐哈尔造纸有限公司欠款为801,492,840.13元；较上年末增加了52,016,615.76元；由于数额巨大，黑龙股份董事会出于谨慎的考虑，决定对齐齐哈尔造纸有限公司的欠款在本报告期内按上年期末余额的10%补提坏账准备金75,149,284.04元。

二〇〇三年以来市场表现

2003年涨跌幅(%)	-55.90
2003年最高(元)	12.57
2003年最低(元)	4.38
2003年换手率(%)	418.95
2004.06涨跌幅(%)	-25.56
2004.06最高(元)	7.38
2004.06最低(元)	3.60
2004.06换手率(%)	399.13

兖州煤业股份有限公司

公司概况

公司名称	兖州煤业股份有限公司		股票代码	600188	
注册地址	山东省邹城市凫山路 40 号		邮政编码	273500	
法人代表	王信		董秘	陈广水	
电话	0537-5382319		传真	0537-5383311	
主营业务	煤炭开采、洗选和销售				
总股本	287000.00	流通 A	18000.00	流通 B	
流通 H	102000.00				
审计单位			审计意见	未审计	

主要财务指标

年度	2004.6	2003	2002
每股收益 / 扣除后(元)	0.0004	0.3800	0.3500
每股经营现金流量(元)	0.0010	0.9600	0.8300
每股净资产 / 调整后(元)	4.0600	3.8100	3.3300
每股公积金(元)	1.6840	1.6426	1.5521
净资产收益率(%)	9.0200	10.0300	10.3900
总资产(万元)	1503100.00	1393859.87	1298354.87
股东权益(万元)	1173008.00	1102361.12	965857.31
未分配利润(万元)	327877.00	222050.06	175170.83
主营收入(万元)	533266.37	866523.25	805525.87
资本公积金(万元)	483307.12	471419.50	445452.12
主营利润(万元)	310016.37	452651.78	432127.47
其他业务利润(万元)	1986.06	4302.03	–103.23
营业利润(万元)	164980.87	168047.97	152013.98
投资收益(万元)	588.28	1041.70	368.80
补贴收入(万元)		819.45	13.58
营业外收支(万元)	–526.80	–542.89	9.35
利润总额(万元)	165042.36	169366.23	153071.45
净利润(万元)	105826.81	110536.46	100311.55

十大股东

序号	股东名称	股份性质	持股数(万股)	比例(%)
1	兖矿集团有限公司	国有法人股	167000.00	58.19
2	香港中央结算(代理人)有限公司	流通 H 股	101785.50	35.47
3	华夏回报证券投资基金	流通 A 股	1374.16	0.48
4	海富通收益增长证券投资基金	流通 A 股	822.90	0.29
5	兴华证券投资基金	流通 A 股	793.14	0.28
6	华夏成长证券投资基金	流通 A 股	700.00	0.24
7	海富通精选证券投资基金	流通 A 股	543.37	0.19
8	中信经典配置证券投资基金	流通 A 股	483.24	0.17
9	融通新蓝筹证券投资基金	流通 A 股	465.86	0.16
10	全国社保基金一零七组合	流通 A 股	450.00	0.16

股东人数	2004.6	2003.12	2003.6	2002
	22851	57815	66978	68027

近年分配	2004 年 7 月 9 日 10 派 1.64	近年配股 / 增发	

重大事项

经公司 2004 年 6 月 25 日召开的 2003 年度股东周年大会授权及 2004 年 7 月 7 日召开的董事会会议批准，公司于 2004 年 7 月 7 日与法国巴黎百富勤融资有限公司签署《配售及承销协议》，以 8.30 港元/股的价格配售 204,000,000 股每股面值人民币 1.00 元的新 H 股（"增发 H 股"）。

二〇〇三年以来市场表现

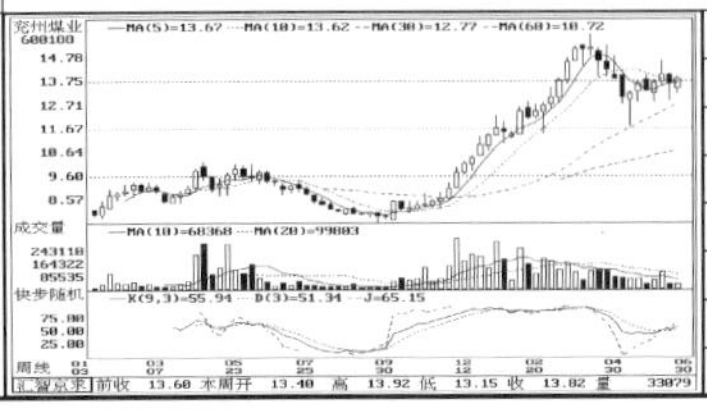

2003 年涨跌幅(%)	33.73
2003 年最高(元)	11.29
2003 年最低(元)	7.53
2003 年换手率(%)	225.65
2004.06 涨跌幅(%)	27.02
2004.06 最高(元)	15.82
2004.06 最低(元)	10.88
2004.06 换手率(%)	157.87

吉林森林工业股份有限公司

公司概况

公司名称	吉林森林工业股份有限公司		股票代码	600189	
注册地址	吉林省长春市高新技术产业开发区		邮政编码	130021	
法人代表	田树华		董秘	王海	
电话	0431-8912969		传真	0431-8930595	
主营业务	木材及刨花板、贴面板				
总股本	31050.00	流通 A	11046.64	流通 B	
流通 H					
审计单位			审计意见	未审计	

主要财务指标

年度	2004.6	2003	2002
每股收益 / 扣除后(元)	0.1633	0.3300	0.3200
每股经营现金流量(元)	–0.0710	0.4700	0.8600
每股净资产 / 调整后(元)	4.1200	4.2000	3.8800
每股公积金(元)	2.0948	2.0944	2.0944
净资产收益率(%)	3.8700	7.5600	8.5200
总资产(万元)	210161.70	186193.77	150898.44
股东权益(万元)	131432.70	132548.95	122543.29
未分配利润(万元)	23615.73	24744.58	16239.18
主营收入(万元)	54516.97	82863.30	72242.19
资本公积金(万元)	65042.79	65030.20	65029.70
主营利润(万元)	14293.87	22660.10	20171.90
其他业务利润(万元)	161.43	223.48	4.01
营业利润(万元)	4525.54	7363.92	7711.85
投资收益(万元)	168.55	807.51	1668.20
补贴收入(万元)	715.09	2101.05	–214.47
营业外收支(万元)	–21.52	–121.98	1.87
利润总额(万元)	5387.65	10150.50	10913.91
净利润(万元)	5081.15	10025.97	10437.27

十大股东

序号	股东名称	股份性质	持股数(万股)	比例(%)
1	中国吉林森林工业集团总公司	国有法人股	20000.00	64.41
2	陈正兰	流通 A 股	58.13	0.19
3	王秀红	流通 A 股	35.00	0.11
4	樊安方	流通 A 股	34.16	0.11
5	江南证券有限责任公司	流通 A 股	31.81	0.10
6	兴和证券投资基金	流通 A 股	26.65	0.09
7	于英	流通 A 股	26.60	0.09
8	罗添富	流通 A 股	19.62	0.06
9	桑庆	流通 A 股	15.80	0.05
10	薛建新	流通 A 股	15.30	0.05

股东人数	2004.6	2003.12	2003.6	2002
	48033	40304	36605	33933

近年分配	2004 年 6 月 18 日 10 派 2.00	近年配股 / 增发	

重大事项

报告期内，公司第二届董事会第十五次会议审议通过了公司 2003 年度利润分配方案，决定以 2003 年末总股本 310,500,000 股为基数，每 10 股派发现金红利 2.00 元（含税）。2004 年 4 月 25 日召开的公司 2003 年度股东大会审议通过了该项议案，公司于 2004 年 6 月 14 日在《中国证券报》、《上海证券报》上发表了分红派息实施公告，并于 2004 年 6 月 23 日向全体股东进行了派发。

二〇〇三年以来市场表现

2003 年涨跌幅(%)	2.52
2003 年最高(元)	8.79
2003 年最低(元)	5.98
2003 年换手率(%)	175.07
2004.06 涨跌幅(%)	–17.05
2004.06 最高(元)	9.05
2004.06 最低(元)	6.05
2004.06 换手率(%)	189.25

锦州港股份有限公司

公司概况								
公司名称	锦州港股份有限公司				股票代码	600190		
注册地址	锦州经济技术开发区锦港大街一段1号				邮政编码	121007		
法人代表	关国亮			董秘	王健			
电话	0416-3586462			传真	0416-3582431			
主营业务	原油接卸、成品油输出							
总股本	94650.00	流通 A	22800.00	流通 B	16650.00	流通 H		
审计单位				审计意见	未审计			

主要财务指标 年度	2004.6	2003	2002
每股收益/扣除后(元)	0.0727	0.0750	0.0034
每股经营现金流量(元)	0.1100	0.2340	0.1590
每股净资产/调整后(元)	1.0960	1.0240	0.9310
每股公积金(元)	0.2133	0.2076	0.2070
净资产收益率(%)	6.3500	7.4500	-0.1920
总资产(万元)	222113.52	206651.34	202570.62
股东权益(万元)	106357.93	99075.74	90770.82
未分配利润(万元)	-12214.74	-18964.68	-27252.80
主营收入(万元)	23202.56	40675.06	38436.76
资本公积金(万元)	20185.20	19652.96	19591.72
主营利润(万元)	14432.32	21388.77	14746.55
其他业务利润(万元)	197.46	483.51	-4.89
营业利润(万元)	10344.26	12670.29	2421.23
投资收益(万元)	31.27	82.75	28.58
补贴收入(万元)			
营业外收支(万元)	-218.51	-140.72	1.84
利润总额(万元)	10157.02	12612.32	1331.30
净利润(万元)	6749.94	7380.35	-174.26

十大股东 序号	股东名称	股份性质	持股数(万股)	比例(%)
1	东方集团股份有限公司	境内法人股	25681.50	27.13
2	锦州港务局	国家股	15000.00	15.85
3	锦州石油化工公司	境内法人股	8347.00	8.82
4	辽宁省投资集团公司	境内法人股	4050.00	4.28
5	锦西炼油化工总厂	境内法人股	1500.00	1.58
6	辽宁省建设投资公司	境内法人股	453.00	0.48
7	兴和证券投资基金	流通 A 股	208.90	0.22
8	SKANDIA GLOBAL FUNDS PLC	流通 B 股	172.58	0.18
9	锦州碧海石油化工公司	境内法人股	168.00	0.18
10	JTSB S/A DAIWA CHINA FUND	流通 B 股	121.00	0.13

股东人数	2004.6	2003.12	2003.6	2002
	121208	94506	129653	136512

近年分配		近年配股/增发	

重大事项

东方集团股份有限公司持有锦州港股份有限公司法人股25681.5万股，该公司于2004年1月15日将其持有的公司法人股7500万股质押给哈尔滨市商业银行东莱支行，为东方集团股份有限公司借款提供出质，质押期限自2004年1月15日至2007年1月25日。另将公司法人股6375万股质押给哈尔滨市商业银行地灵支行，为东方集团股份有限公司借款提供出质，质押期限自2004年1月15日至2007年1月15日。

二〇〇三年以来市场表现

2003年涨跌幅(%)	18.67
2003年最高(元)	6.53
2003年最低(元)	4.78
2003年换手率(%)	309.43
2004.06涨跌幅(%)	-10.27
2004.06最高(元)	7.58
2004.06最低(元)	5.20
2004.06换手率(%)	143.43

包头华资实业股份有限公司

公司概况								
公司名称	包头华资实业股份有限公司				股票代码	600191		
注册地址	内蒙古自治区包头市国家				邮政编码	014030		
法人代表	张洪新			董秘	李志文			
电话	0472-4192200			传真	0472-4190473			
主营业务	甜菜制糖业和电子业							
总股本	30308.25	流通 A	10465.00	流通 B		流通 H		
审计单位				审计意见	未审计			

主要财务指标 年度	2004.6	2003	2002
每股收益/扣除后(元)	0.1464	0.2500	0.2400
每股经营现金流量(元)	0.1510	0.4800	0.2700
每股净资产/调整后(元)	4.0400	3.9400	3.6900
每股公积金(元)	1.9909	1.9909	1.9824
净资产收益率(%)	3.6000	6.4200	6.8400
总资产(万元)	206972.37	202397.98	153993.31
股东权益(万元)	123323.83	120399.80	112412.61
未分配利润(万元)	26691.99	23767.96	17199.13
主营收入(万元)	52225.83	98119.21	80214.73
资本公积金(万元)	60341.34	60341.34	60082.18
主营利润(万元)	10801.82	19326.55	15334.15
其他业务利润(万元)	577.33	-74.05	-0.49
营业利润(万元)	5641.04	9373.33	8455.26
投资收益(万元)		96.54	
补贴收入(万元)	31.59	89.69	-0.30
营业外收支(万元)	-37.17	-53.05	-0.42
利润总额(万元)	5635.46	9506.52	8696.21
净利润(万元)	4439.44	7728.03	7430.76

十大股东 序号	股东名称	股份性质	持股数(万股)	比例(%)
1	包头草原糖业集团有限责任公司	国有法人股	11482.73	37.89
2	包头市创业经济技术开发公司	法人股	6421.52	21.19
3	包头市北普实业有限公司	法人股	1939.00	6.40
4	王永团	流通股	29.27	0.10
5	北京市能投物资贸易有限责任公司	流通股	29.00	0.10
6	周燕云	流通股	23.86	0.08
7	李敏	流通股	18.24	0.06
8	史向宁	流通股	16.80	0.06
9	黄学诚	流通股	16.36	0.05
10	连林耀	流通股	15.68	0.05

股东人数	2004.6	2003.12	2003.6	2002
	48696	50850	53014	53589

近年分配		近年配股/增发	
	2004年6月3日10派0.50		

重大事项

2004年3月31日，公司2003年股东大会审议通过了公司于2003年拟订的2003年度利润分配方案，以公司2003年末总股本303,082,500股为基数，以每10股派送现金红利0.5元(含税)进行分配，共计派发现金15,154,125元。持社会公众股的个人股东，公司按20%的税率代扣个人所得税，实际每股派发现金红利0.04元；持社会公众股的机构投资者及法人股股东，实际每股派发现金红利0.05元。此次利润分配的分红派息日为2004年6月10日。

二〇〇三年以来市场表现

2003年涨跌幅(%)	-10.01
2003年最高(元)	8.48
2003年最低(元)	5.80
2003年换手率(%)	101.94
2004.06涨跌幅(%)	-10.02
2004.06最高(元)	8.35
2004.06最低(元)	5.65
2004.06换手率(%)	91.60

兰州长城电工股份有限公司

公司概况								
公司名称	兰州长城电工股份有限公司				股票代码	600192		
注册地址	甘肃省兰州市农民巷 125 号				邮政编码	730000		
法人代表	张晓喜			董秘	何世民			
电话	0931-8415912			传真	0931-8414606			
主营业务	一般交流发电机							
总股本	32050.00	流通 A	11950.00	流通 B		流通 H		
审计单位				审计意见	未审计			

主要财务指标 年度	2004.6	2003	2002
每股收益 / 扣除后(元)	0.0345	0.0501	0.0382
每股经营现金流量(元)	–0.0468	–0.0711	0.0074
每股净资产 / 调整后(元)	3.3230	3.2862	3.2405
每股公积金(元)	1.9475	1.9475	1.9374
净资产收益率(%)	1.0800	1.5800	1.6000
总资产(万元)	226095.19	217084.05	188773.64
股东权益(万元)	107058.63	105900.24	104494.80
未分配利润(万元)	9158.78	8000.39	7134.89
主营收入(万元)	47508.79	89378.61	75905.59
资本公积金(万元)	62417.88	62417.88	62094.33
主营利润(万元)	11805.48	21289.62	19359.10
其他业务利润(万元)	405.04	639.37	–15.31
营业利润(万元)	1586.20	2329.68	2302.13
投资收益(万元)	–110.18	–23.14	–15.74
补贴收入(万元)		100.00	100.00
营业外收支(万元)	–30.35	–143.43	–8.09
利润总额(万元)	1445.67	2263.11	2162.92
净利润(万元)	1158.39	1677.09	1671.89

十大股东 序号	股东名称	股份性质	持股数(万股)	比例(%)
1	甘肃长城电工集团有限责任公司	国有股	21000.00	65.52
2	谢胜利	流通 A 股	22.37	0.07
3	张立伟	流通 A 股	21.98	0.07
4	田永光	流通 A 股	16.57	0.05
5	吴懿兵	流通 A 股	16.00	0.05
6	莫海	流通 A 股	15.58	0.05
7	能巳卫	流通 A 股	14.13	0.04
8	兴和证券投资基金	流通 A 股	12.06	0.04
9	喻俭生	流通 A 股	11.92	0.04
10	相美英	流通 A 股	11.82	0.04

股东人数	2004.6	2003.12	2003.6	2002
	67158	70825	72162	74129

近年分配		近年配股 / 增发	

重大事项

根据甘肃省政府和甘肃省经贸委《关于同意甘肃长城电工集团有限责任公司并入甘肃机械集团公司的批复》精神，电工集团并入机械集团；电工集团的债权、债务由机械集团依法承继；电工集团公司所持有的本公司 21000 万国有法人股无偿划转给机械集团，由其行使国有法人股代表职能。但由于甘肃省委、省政府于 2003 年底推行了省属国有企业属地化管理改革，受让方机械集团和出让方电工集团均在此次改革的范围之内，均需进行改制重组。所以到目前为止此项股权划转工作处于停止状态。

二〇〇三年以来市场表现

2003 年涨跌幅(%)	–7.81
2003 年最高(元)	7.18
2003 年最低(元)	4.55
2003 年换手率(%)	85.33
2004.06 涨跌幅(%)	–11.17
2004.06 最高(元)	6.96
2004.06 最低(元)	4.86
2004.06 换手率(%)	119.98

厦门创兴科技股份有限公司

公司概况								
公司名称	厦门创兴科技股份有限公司				股票代码	600193		
注册地址	厦门市建业路 18 号阳明楼 9 层				邮政编码	361012		
法人代表	陈榕生			董秘	李晓玲			
电话	0592-5311832-399			传真	0592-5311821			
主营业务	电子产品,通讯器材							
总股本	16780.00	流通 A	4600.00	流通 B		流通 H		
审计单位				审计意见	未审计			

主要财务指标 年度	2004.6	2003	2002
每股收益 / 扣除后(元)	0.0197	–0.0400	0.1200
每股经营现金流量(元)	0.0380	–0.2340	0.1450
每股净资产 / 调整后(元)	1.6370	1.6290	1.6390
每股公积金(元)	0.2890	0.2890	0.2890
净资产收益率(%)	0.4400	–0.6600	6.0200
总资产(万元)	75657.18	80666.18	72629.47
股东权益(万元)	27507.43	27387.16	27567.17
未分配利润(万元)	4522.08	4401.80	4581.81
主营收入(万元)	3240.24	7030.74	18333.89
资本公积金(万元)	4850.09	4850.09	4850.09
主营利润(万元)	1108.54	2649.85	5250.27
其他业务利润(万元)	3.52	33.07	0.38
营业利润(万元)	–288.61	–132.24	2932.99
投资收益(万元)	595.49	273.98	–457.25
补贴收入(万元)			
营业外收支(万元)	–34.51	–12.80	–0.00
利润总额(万元)	272.37	128.94	2485.64
净利润(万元)	120.28	–180.01	1659.95

十大股东 序号	股东名称	股份性质	持股数(万股)	比例(%)
1	厦门市迈克化学实业有限公司	境内法人股	3248.41	19.36
2	厦门大洋集团股份有限公司	境内法人股	2833.07	16.88
3	厦门百汇兴投资有限公司	境内法人股	2753.90	16.41
4	厦门博纳科技有限公司	境内法人股	2735.63	16.30
5	厦门海洋三所科技开发公司	国有法人股	609.00	3.63
6	罗云武	流通 A 股	25.94	0.15
7	康俊杰	流通 A 股	25.44	0.15
8	康桥半岛	流通 A 股	22.97	0.14
9	韩亚陆	流通 A 股	15.00	0.09
10	实久公司	流通 A 股	13.55	0.08

股东人数	2004.6	2003.12	2003.6	2002
	24880	26951	28569	28142

近年分配		近年配股 / 增发	

重大事项

收购上海振龙房地产开发有限公司 39.93%的股权，交易方式为资产置换：

即以本公司持有的上海华美科技园开发有限公司 90%的股权、应收款项净额 114,006,629.84 元(置出资产合计价值 141,006,629.84 元)与李振华先生所持有的上海振龙 39.93%的股权(置入资产评估值为 143,142,402.10 元)进行置换。公司 12 个月累计购买、出售或置换资产的数额达到重大资产重组的标准。

二〇〇三年以来市场表现

2003 年涨跌幅(%)	–36.62
2003 年最高(元)	10.70
2003 年最低(元)	4.96
2003 年换手率(%)	190.40
2004.06 涨跌幅(%)	5.44
2004.06 最高(元)	7.16
2004.06 最低(元)	5.15
2004.06 换手率(%)	129.48

中牧实业股份有限公司

公司概况

公司名称	中牧实业股份有限公司			股票代码	600195		
注册地址	北京市丰台区星火路1号			邮政编码	100070		
法人代表	区仲生			董秘	高奇志		
电话	010-83607777			传真	010-83607995,83607998		
主营业务	动物保健品、饲料						
总股本	39000.00	流通 A	12000.00	流通 B		流通 H	
审计单位				审计意见	未审计		

主要财务指标

年度	2004.6	2003	2002
每股收益/扣除后(元)	0.1266	0.0600	0.0500
每股经营现金流量(元)	-0.7220	0.9000	0.1800
每股净资产/调整后(元)	2.1300	2.0700	2.0100
每股公积金(元)	0.8556	0.8549	0.8527
净资产收益率(%)	6.0500	2.7900	2.5400
总资产(万元)	161987.52	131076.27	130742.34
股东权益(万元)	85114.49	82277.10	80056.61
未分配利润(万元)	6155.54	3344.10	1635.56
主营收入(万元)	56287.43	111225.18	146384.41
资本公积金(万元)	33367.14	33341.18	33256.38
主营利润(万元)	17913.73	26747.18	30819.04
其他业务利润(万元)	256.77	219.97	-2.06
营业利润(万元)	5238.86	3434.58	5809.43
投资收益(万元)	133.14	-273.11	-3217.95
补贴收入(万元)	110.72	251.61	-3.95
营业外收支(万元)	119.97	-271.32	-0.37
利润总额(万元)	5602.68	3141.77	2728.26
净利润(万元)	5151.44	2296.18	2031.07

十大股东

序号	股东名称	股份性质	持股数(万股)	比例(%)
1	中国牧工(集团)总公司	国有法人股	27000.00	69.23
2	久富证券投资基金	流通A股	119.98	0.31
3	上海安联投资发展公司	流通A股	105.32	0.27
4	上海申能创业投资有限公司工会委员会	流通A股	100.18	0.26
5	金鹰中小盘精选证券投资基金	流通A股	80.99	0.21
6	国联安德盛小盘精选证券投资基金	流通A股	72.69	0.19
7	兴和证券投资基金	流通A股	31.07	0.08
8	厦门永红电子有限公司	流通A股	30.00	0.08
9	高翠玲	流通A股	22.50	0.06
10	关珍珍	流通A股	22.00	0.06

股东人数	2004.6	2003.12	2003.6	2002
	60973	62594	63603	59323

近年分配	2004年6月11日10派0.60	近年配股/增发	

重大事项

经公司第二届董事会第十五次会议审议通过,自2004年1月1日起至2006年12月31日的三年间,公司每年向中牧集团支付土地租金为391.15万元。

二〇〇三年以来市场表现

2003年涨跌幅(%)	-42.07
2003年最高(元)	8.52
2003年最低(元)	3.97
2003年换手率(%)	247.02
2004.06涨跌幅(%)	38.37
2004.06最高(元)	7.87
2004.06最低(元)	4.39
2004.06换手率(%)	277.14

上海复星实业股份有限公司

公司概况

公司名称	上海复星实业股份有限公司			股票代码	600196		
注册地址	上海市曹杨路510号九楼			邮政编码	200010		
法人代表	郭广昌			董秘	陈启宇		
电话	021-63325070			传真	021-63325079		
主营业务	基因工程药物						
总股本	81782.48	流通 A	34654.89	流通 B		流通 H	
审计单位				审计意见	未审计		

主要财务指标

年度	2004.6	2003	2002
每股收益/扣除后(元)	0.1447	0.2850	0.3850
每股经营现金流量(元)	0.1450	0.3930	0.2680
每股净资产/调整后(元)	2.5910	4.3030	3.7410
每股公积金(元)	0.8524	1.8860	1.8133
净资产收益率(%)	5.6800	15.5050	10.4440
总资产(万元)	497680.47	421882.09	313957.00
股东权益(万元)	215370.53	170018.31	140951.09
未分配利润(万元)	41304.42	37249.69	18210.64
主营收入(万元)	128346.92	215455.75	103166.13
资本公积金(万元)	69708.11	72023.11	69247.02
主营利润(万元)	37812.47	58014.16	35549.75
其他业务利润(万元)	1678.64	2422.87	-22.21
营业利润(万元)	7882.63	2627.57	3774.78
投资收益(万元)	9384.01	30313.86	13074.90
补贴收入(万元)	473.17	1144.77	-11.80
营业外收支(万元)	-7.04	698.47	-0.90
利润总额(万元)	17732.77	34784.67	17507.53
净利润(万元)	12232.97	26361.94	14721.02

十大股东

序号	股东名称	股份性质	持股数(万股)	比例(%)
1	上海复星高科技(集团)有限公司	境内法人股	44559.12	54.48
2	上海广信科技发展有限公司	境内法人股	1602.34	1.96
3	中国建设银行-华宝兴业多策略增长证券投资基金	流通A股	1294.08	1.58
4	上海西大堂科技投资发展有限公司	境内法人股	443.01	0.54
5	上海申新(集团)有限公司	境内法人股	443.01	0.54
6	国泰君安证券股份有限公司	流通A股	336.68	0.41
7	朱志兴	流通A股	199.10	0.24
8	杨贤茂	流通A股	192.00	0.23
9	德邦证券有限责任公司	流通A股	168.00	0.21
10	上海东银地产开发有限公司	流通A股	109.54	0.13

股东人数	2004.6	2003.12	2003.6	2002
	70883	66854	59220	65878

近年分配	2004年6月24日10派2.00	近年配股/增发	2004年6月24日10转10

重大事项

2004年2月4日,公司第二届董事会第二十三次会议审议同意公司、公司下属子公司上海复星大药房连锁经营有限公司与上海复星产业投资有限公司签署《股权转让合同》,公司、复星大药房分别出资9767万元、43408万元,受让复星产业所持有的国药控股9%、40%的股权。本次股权转让构成了公司的关联交易。2004年3月9日,公司2004年度第一次临时股东大会审议通过了本次关联交易,与该关联交易有利害关系的关联人复星集团、上海广信科技发展有限公司放弃了在股东大会上对该议案的投票权。

二〇〇三年以来市场表现

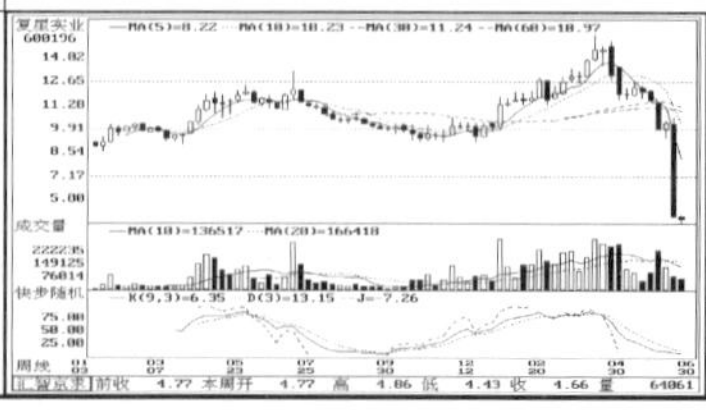

2003年涨跌幅(%)	10.02
2003年最高(元)	6.51
2003年最低(元)	4.10
2003年换手率(%)	90.05
2004.06涨跌幅(%)	-3.52
2004.06最高(元)	7.59
2004.06最低(元)	4.43
2004.06换手率(%)	114.66

新疆伊力特实业股份有限公司

公司概况

公司名称	新疆伊力特实业股份有限公司	股票代码	600197
注册地址	新疆新源县肖尔布拉克	邮政编码	835811
法人代表	徐勇辉	董秘	侯宇洲
电话	0991-3667490	传真	0991-3672172
主营业务	白酒、葡萄酒、饮料		
总股本	44100.00	流通 A	15000.00
流通 B		流通 H	
审计单位		审计意见	未审计

主要财务指标

年度	2004.6	2003	2002
每股收益/扣除后(元)	0.0609	0.2100	0.3100
每股经营现金流量(元)	-0.1100	0.4120	0.3060
每股净资产/调整后(元)	1.8290	3.7900	3.4280
每股公积金(元)	0.4724	0.9638	1.9276
净资产收益率(%)	3.4900	9.5400	10.4300
总资产(万元)	106942.90	118676.87	101838.14
股东权益(万元)	80677.42	83570.25	75595.49
未分配利润(万元)	6102.74	3851.85	3660.94
主营收入(万元)	13423.87	37965.35	36693.23
资本公积金(万元)	20833.54	42504.17	42504.17
主营利润(万元)	5241.87	13277.26	13311.15
其他业务利润(万元)	32.13	-15.45	-0.03
营业利润(万元)	2797.96	7693.31	8572.80
投资收益(万元)	473.83	2147.90	1007.51
补贴收入(万元)	91.20	7.89	7.89
营业外收支(万元)	9.43	-26.92	-1.22
利润总额(万元)	3372.41	9822.19	9558.08
净利润(万元)	2813.61	7974.76	7886.43

十大股东

序号	股东名称	股份性质	持股数(万股)	比例(%)
1	新疆伊犁酿酒总厂	国有法人股	26500.00	60.09
2	四川德阳市黄许印刷厂	流通 A 股	1000.00	2.27
3	大鹏证券有限责任公司	境内法人股	803.04	1.82
4	新疆副食(集团)有限责任公司	境内法人股	700.00	1.59
5	新疆生产建设兵团投资中心	国家股	400.00	0.91
6	伊犁糖烟酒有限责任公司	境内法人股	300.00	0.68
7	南方证券有限公司	境内法人股	200.00	0.45
8	汤素芳	流通 A 股	60.79	0.14
9	丁福春	流通 A 股	47.66	0.11
10	姚潞菲	流通 A 股	45.96	0.10

股东人数	2004.6	2003.12	2003.6	2002
	34561	27253	29630	32031

近年分配	近年配股/增发
2004 年 4 月 8 日 10 派 2.76	2004 年 4 月 8 日 10 转 10

重大事项

2004 年 6 月 10 日，公司第二届第十三次董事会通过决议，同意以伊力特大厦经评估确认的资产 78,595,026.00 元作为对新疆伊力特酒店有限责任公司追加的投资。2004 年 7 月 15 日，公司 2004 年第二次临时股东大会审议通过了公司董事会关于向伊力特酒店追加投资的议案。追加投资后，伊力特酒店有限责任公司的股本由 1,000 万元增至 8,859.5026 万元。

二〇〇三年以来市场表现

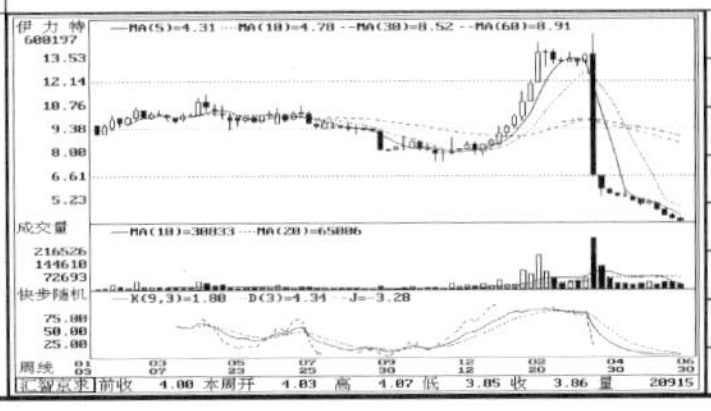

2003 年涨跌幅(%)	-8.58
2003 年最高(元)	5.41
2003 年最低(元)	3.55
2003 年换手率(%)	41.20
2004.06 涨跌幅(%)	-7.14
2004.06 最高(元)	7.34
2004.06 最低(元)	3.85
2004.06 换手率(%)	99.45

大唐电信科技股份有限公司

公司概况

公司名称	大唐电信科技股份有限公司	股票代码	600198
注册地址	北京市海淀区学院路 40 号研一楼	邮政编码	100083
法人代表	周寰	董秘	李大伟
电话	010-62303607	传真	010-62303607
主营业务	通信网络系统、软硬件		
总股本	43898.64	流通 A	16537.38
流通 B		流通 H	
审计单位		审计意见	未审计

主要财务指标

年度	2004.6	2003	2002
每股收益/扣除后(元)	0.0034	-0.4371	0.0052
每股经营现金流量(元)	1.3160	-0.3500	-1.9300
每股净资产/调整后(元)	3.6830	3.1152	4.2539
每股公积金(元)	2.9813	2.9811	2.9811
净资产收益率(%)	0.1600	-10.8300	1.1700
总资产(万元)	530414.50	576173.19	559203.06
股东权益(万元)	172804.19	172524.59	194290.53
未分配利润(万元)	-7953.14	-8222.08	9849.50
主营收入(万元)	124817.18	176383.16	209140.31
资本公积金(万元)	130874.76	130864.10	130864.10
主营利润(万元)	27326.56	50137.54	56526.09
其他业务利润(万元)	101.27	21.10	0.26
营业利润(万元)	-423.12	-21257.18	2847.83
投资收益(万元)	27.68	404.68	1396.65
补贴收入(万元)	2411.82	3219.20	-10.96
营业外收支(万元)	23.23	39.28	-0.01
利润总额(万元)	2039.61	-17594.01	5061.06
净利润(万元)	268.94	-18683.07	2280.69

十大股东

序号	股东名称	股份性质	持股数(万股)	比例(%)
1	电信科学技术研究院	国有法人股	16973.00	38.66
2	电信科学技术第十研究所	国有法人股	3461.00	7.88
3	国际电话数据传输公司(ITTI)	境外法人股	3365.00	7.67
4	西安高科集团公司	国有法人股	1010.00	2.30
5	北京凯腾飞信息技术有限公司	法人股	662.00	1.51
6	陕西国际信托投资公司	法人股	646.00	1.47
7	湖南南天集团公司	法人股	414.00	0.94
8	山西鸿飞通信实业公司	法人股	165.00	0.38
9	广东益源通信技术有限公司	法人股	165.00	0.38
10	山东邮电实业总公司	法人股	165.00	0.38

股东人数	2004.6	2003.12	2003.6	2002
	77744	96907	102393	105755

近年分配	近年配股/增发

重大事项

司第二届第四十三次董事会和 2004 年第三次临时股东大会审议通过《关于转让大唐微电子技术有限公司部分股权》议案，同意公司以 8200 万元的价格转让所持有的 31.71%大唐微电子技术有限公司股权给大唐电信(控股)有限公司(DatangTelecom(Holdings) Limited)，以 1300 万元的价格转让所持有的 5%大唐微电子技术有限公司股权给华平中国投资第一有限公司（WP China Investment I Limited）。

二〇〇三年以来市场表现

2003 年涨跌幅(%)	-29.75
2003 年最高(元)	15.10
2003 年最低(元)	7.53
2003 年换手率(%)	253.04
2004.06 涨跌幅(%)	14.12
2004.06 最高(元)	14.68
2004.06 最低(元)	8.50
2004.06 换手率(%)	203.46

安徽金牛实业股份有限公司

公司概况

公司名称	安徽金牛实业股份有限公司	股票代码	600199
注册地址	安徽省阜阳市河滨路 302 号	邮政编码	236023
法人代表	锁炳勋	董秘	朱火生
电话	0558-2210568	传真	0558-2212666
主营业务	黄牛产业开发		
总股本	34640.00	流通 A	13000.00
流通 B		流通 H	
审计单位		审计意见	未审计

主要财务指标

年度	2004.6	2003	2002
每股收益 / 扣除后(元)	0.0112	-0.4610	0.0520
每股经营现金流量(元)	0.1990	-0.1000	-0.0600
每股净资产 / 调整后(元)	2.2300	2.1700	2.8000
每股公积金(元)	1.5037	1.5037	1.5037
净资产收益率(%)	0.5800	-18.3500	1.8400
总资产(万元)	144798.08	145962.16	161227.64
股东权益(万元)	83358.15	82974.52	98338.26
未分配利润(万元)	-6185.23	-6671.29	8555.29
主营收入(万元)	19214.60	37390.12	41181.22
资本公积金(万元)	52087.54	52087.54	52087.54
主营利润(万元)	3273.71	4432.57	8260.83
其他业务利润(万元)	-36.60	106.66	2.16
营业利润(万元)	519.31	-14713.82	1661.50
投资收益(万元)	20.76	-40.10	-55.63
补贴收入(万元)	42.00	216.70	261.40
营业外收支(万元)	40.98	-911.21	-2.33
利润总额(万元)	623.05	-15448.42	2136.59
净利润(万元)	486.06	-15226.58	1810.80

十大股东

序号	股东名称	股份性质	持股数(万股)	比例(%)
1	安徽金种子集团有限公司	国有法人股	21640.00	62.47
2	曾郁扬	流通 A 股	35.93	0.10
3	牛世峡	流通 A 股	34.97	0.10
4	董幼菊	流通 A 股	32.45	0.09
5	杨彪	流通 A 股	25.67	0.07
6	吴江商业	流通 A 股	22.94	0.07
7	季正元	流通 A 股	18.01	0.05
8	郑君坦	流通 A 股	15.69	0.05
9	周月仙	流通 A 股	15.17	0.04
10	钱金华	流通 A 股	15.14	0.04

股东人数	2004.6	2003.12	2003.6	2002
	69909	72048	74985	74945

近年分配		近年配股 / 增发	

重大事项

2003 年 10 月 9 日，本公司接到控股股东安徽金种子集团有限公司的通知，根据安徽省高级人民法院(2003)皖民二初字第 11 号《民事裁定书》，本公司控股股东安徽金种子集团有限公司因中国东方资产管理公司合肥办事处诉阜阳塑胶制品有限公司借款担保合同纠纷一案，被安徽高级人民法院于 2003 年 9 月 30 日冻结其持有的本公司 2200 万股国有法人股，期限一年，自 2003 年 9 月 30 日至 2004 年 9 月 30 日止。

二〇〇三年以来市场表现

2003 年涨跌幅(%)	-25.75
2003 年最高(元)	6.44
2003 年最低(元)	3.88
2003 年换手率(%)	102.95
2004.06 涨跌幅(%)	1.43
2004.06 最高(元)	6.08
2004.06 最低(元)	4.02
2004.06 换手率(%)	165.13

江苏吴中实业股份有限公司

公司概况

公司名称	江苏吴中实业股份有限公司	股票代码	600200
注册地址	江苏省吴县市城区宝带东路 388 号	邮政编码	215128
法人代表	赵唯一	董秘	许良枝
电话	0512-65272131	传真	0512-65270086
主营业务	服装、工艺美术品		
总股本	41580.00	流通 A	18765.00
流通 B		流通 H	
审计单位	上海立信长江会计师事务所有限公司	审计意见	标准无保留

主要财务指标

年度	2004.6	2003	2002
每股收益 / 扣除后(元)	0.0686	0.1110	0.2170
每股经营现金流量(元)	0.1973	-0.0090	0.0830
每股净资产 / 调整后(元)	2.0160	2.0100	2.8110
每股公积金(元)	0.5080	0.5080	1.2609
净资产收益率(%)	3.2500	6.1700	7.6000
总资产(万元)	19713.20	176565.55	122851.58
股东权益(万元)	84651.22	84396.71	79163.30
未分配利润(万元)	10260.17	10360.15	6566.71
主营收入(万元)	53726.21	112700.77	66623.45
资本公积金(万元)	21122.81	21122.31	34952.24
主营利润(万元)	11832.86	22300.74	17036.90
其他业务利润(万元)	137.47	616.33	18.23
营业利润(万元)	4338.86	6974.56	7604.40
投资收益(万元)	317.80	672.01	223.41
补贴收入(万元)	104.17	168.83	2.30
营业外收支(万元)	-157.18	-77.95	-0.60
利润总额(万元)	4603.65	7737.45	8406.14
净利润(万元)	2748.80	5203.35	6017.71

十大股东

序号	股东名称	股份性质	持股数(万股)	比例(%)
1	江苏吴中集团公司	境内法人股	15036.84	36.16
2	苏州吴中区协力商社	境内法人股	3276.00	7.88
3	海南颐科科技开发公司	境内法人股	3215.16	7.73
4	苏州大有物贸公司	境内法人股	819.00	1.97
5	江苏吴中集团万利发展公司	境内法人股	468.00	1.13
6	邹延菊	流通 A 股	37.38	0.09
7	方旭东	流通 A 股	36.56	0.09
8	马志云	流通 A 股	35.06	0.08
9	凌抗美	流通 A 股	33.31	0.08
10	朱茜	流通 A 股	32.31	0.08

股东人数	2004.6	2003.12	2003.6	2002
	8097	6258	3734	3779

近年分配	2004 年 4 月 12 日 10 派 0.60	近年配股 / 增发	

重大事项

报告期内，公司控股子公司江苏兴业投资有限公司(报告期内更名为江苏兴业实业有限公司)出资人民币 3000 万元参与苏州市吴中区吴中建设实业总公司合作项目"苏州 41 号街坊"的开发，项目收益按出资额占项目实际投资额的比例分配。

二〇〇三年以来市场表现

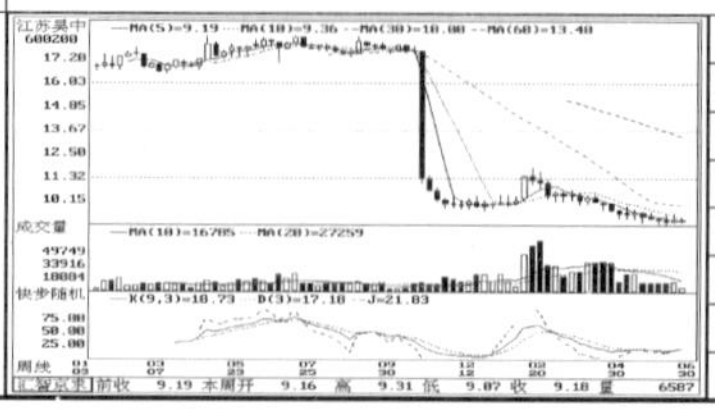

2003 年涨跌幅(%)	-11.93
2003 年最高(元)	12.19
2003 年最低(元)	9.57
2003 年换手率(%)	33.38
2004.06 涨跌幅(%)	-6.04
2004.06 最高(元)	11.79
2004.06 最低(元)	8.97
2004.06 换手率(%)	34.17

内蒙古金宇集团股份有限公司

公司概况

公司名称	内蒙古金宇集团股份有限公司			股票代码	600201		
注册地址	内蒙古呼和浩特市鄂尔多斯大街26号			邮政编码	010020		
法人代表	张撷宇			董秘	李树剑		
电话	0471-5972266-8259,8269			传真	0471-5972931		
主营业务	绒毛纱加工						
总股本	21842.65	流通A	10062.65	流通B		流通H	
审计单位				审计意见	未审计		

主要财务指标

年度	2004.6	2003	2002
每股收益/扣除后(元)	0.1503	0.4000	0.3680
每股经营现金流量(元)	-0.6950	-0.4670	0.8730
每股净资产/调整后(元)	2.7280	5.1190	4.7540
每股公积金(元)	1.2781	3.5562	3.5562
净资产收益率(%)	5.4870	7.7820	7.6770
总资产(万元)	101614.81	95842.78	81321.50
股东权益(万元)	60000.60	56736.61	52321.20
未分配利润(万元)	7239.92	3975.93	216.79
主营收入(万元)	19796.88	33403.34	29323.63
资本公积金(万元)	27917.22	38838.54	38838.54
主营利润(万元)	8188.36	12742.18	11329.56
其他业务利润(万元)	16.87	162.39	4.34
营业利润(万元)	3226.21	4317.22	4011.91
投资收益(万元)		-53.60	543.20
补贴收入(万元)			
营业外收支(万元)	10.01	61.09	-0.30
利润总额(万元)	3236.22	4324.70	4495.70
净利润(万元)	3292.34	4415.41	4016.53

十大股东

序号	股东名称	股份性质	持股数(万股)	比例(%)
1	大象创业投资有限公司	募集法人股	4120.00	18.86
2	内蒙古农牧药业有限责任公司	募集法人股	3360.00	15.38
3	呼和浩特立鑫投资有限责任公司	募集法人股	1200.00	5.49
4	深圳艾韬投资有限公司	募集法人股	800.00	3.66
5	深圳置信实业有限公司	法人股	600.00	2.75
6	内蒙古元迪投资公司	募集法人股	500.00	2.29
7	上海申能实业有限公司	流通A股	459.00	2.10
8	鄂托克旗维宝商贸有限责任公司	募集法人股	400.00	1.83
9	金鑫证券投资基金	流通股	308.00	1.41
10	上海纳年乐普贸易有限公司	流通股	300.00	1.37

股东人数

2004.6	2003.12	2003.6	2002
8988	12269	13897	13569

近年分配		近年配股/增发	2004年6月15日10转10

重大事项

公司与复旦大学等单位的合作项目——"863"生物基因工程疫苗项目,合作双方已按新标准重新申报,目前已进行了实验并上报补充材料,可望近期获得新兽药证书和生产文号。 根据农业部要求,公司于6月18日和6月25日参加禽流感疫苗生产竞标,已在两个省份中标。

二〇〇三年以来市场表现

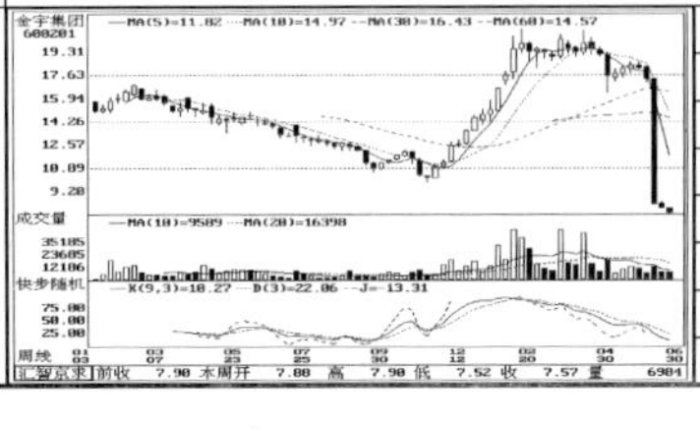

2003年涨跌幅(%)	-4.30
2003年最高(元)	8.34
2003年最低(元)	4.91
2003年换手率(%)	36.10
2004.06涨跌幅(%)	1.54
2004.06最高(元)	10.50
2004.06最低(元)	7.10
2004.06换手率(%)	43.58

哈尔滨空调股份有限公司

公司概况

公司名称	哈尔滨空调股份有限公司			股票代码	600202		
注册地址	哈尔滨市南岗区高新技术开发区嵩山路26号楼			邮政编码	150010		
法人代表	贾剑涛			董秘	王作海		
电话	0451-84644521			传真	0451-84676205		
主营业务	空气冷却冷凝设备						
总股本	24573.12	流通A	10077.76	流通B		流通H	
审计单位				审计意见	未审计		

主要财务指标

年度	2004.6	2003	2002
每股收益/扣除后(元)	0.0021	-0.2360	0.0150
每股经营现金流量(元)	-0.0280	-0.1910	-0.0535
每股净资产/调整后(元)	1.5050	1.5140	1.4367
每股公积金(元)	0.2697	0.2697	0.2697
净资产收益率(%)	1.9100	5.3800	1.0400
总资产(万元)	67794.45	63309.13	62948.94
股东权益(万元)	38104.97	37385.17	35372.27
未分配利润(万元)	3375.47	2655.67	944.71
主营收入(万元)	12142.31	16462.32	17336.83
资本公积金(万元)	6628.51	6628.51	6628.51
主营利润(万元)	2509.58	1497.70	3645.21
其他业务利润(万元)	5.66	26.34	0.45
营业利润(万元)	650.15	-4943.29	9.92
投资收益(万元)	24.37	-475.00	
补贴收入(万元)			
营业外收支(万元)	-23.21	7254.29	-0.36
利润总额(万元)	651.31	1836.01	45.63
净利润(万元)	719.80	2012.89	369.36

十大股东

序号	股东名称	股份性质	持股数(万股)	比例(%)
1	哈尔滨金工资产经营有限责任公司	国有股	14495.36	58.99
2	东方证券有限责任公司	流通A股	230.62	0.94
3	中国工商银行-兴业可转债混合型证券投资基金	流通A股	173.17	0.70
4	冯大真	流通A股	135.23	0.55
5	赵玉芳	流通A股	119.74	0.49
6	胡先栋	流通A股	104.42	0.42
7	交通银行--金鹰中小盘精选证券投资基金	流通A股	97.07	0.40
8	内蒙古九合置业发展有限责任公司	流通A股	75.53	0.31
9	金鼎证券投资基金	流通A股	70.00	0.28
10	王艳华	流通A股	68.60	0.28

股东人数

2004.6	2003.12	2003.6	2002
18725	27196	28179	27768

近年分配	2004年7月16日10派0.50	近年配股/增发	

重大事项

公司于2004年5月17日召开年度股东大会,审议通过了《2003年度利润分配方案》,以2003年度末公司总股本245,731,200股为基数,向全体股东实施每10股派送现金红利0.50元(含税),该方案于2004年7月21日实施。

二〇〇三年以来市场表现

2003年涨跌幅(%)	-4.23
2003年最高(元)	7.07
2003年最低(元)	5.24
2003年换手率(%)	256.00
2004.06涨跌幅(%)	29.65
2004.06最高(元)	8.15
2004.06最低(元)	4.82
2004.06换手率(%)	301.66

福建福日电子股份有限公司

公司概况

公司名称	福建福日电子股份有限公司	股票代码	600203
注册地址	福州开发区科技园区快安大道创新楼	邮政编码	350005
法人代表	刘捷明	董秘	江骞龙
电话	0591-83315984,83318998	传真	0591-83319978
主营业务	电视机的生产与销售		
总股本	25640.00	流通 A	7000.00
流通 B		流通 H	
审计单位		审计意见	未审计

主要财务指标

年度	2004.6	2003	2002
每股收益/扣除后(元)	0.0734	-0.4190	-0.1400
每股经营现金流量(元)	-0.2990	-0.1790	0.0220
每股净资产/调整后(元)	1.3570	1.2700	2.1800
每股公积金(元)	1.1368	1.1367	1.1309
净资产收益率(%)	4.5100	-20.3400	-4.6900
总资产(万元)	168544.27	164685.56	180468.36
股东权益(万元)	49571.65	47332.63	56813.60
未分配利润(万元)	-7228.32	-9462.60	188.60
主营收入(万元)	68935.34	93103.87	137635.23
资本公积金(万元)	29148.87	29144.12	28996.97
主营利润(万元)	2193.92	2111.34	6501.47
其他业务利润(万元)	487.61	605.67	23.70
营业利润(万元)	-1806.03	-13175.18	-5034.19
投资收益(万元)	3812.82	2058.31	1375.49
补贴收入(万元)		253.42	7.85
营业外收支(万元)	-4.16	-349.62	-1.20
利润总额(万元)	2002.64	-11213.08	-284.75
净利润(万元)	2234.27	-9628.12	-2661.92

十大股东

序号	股东名称	股份性质	持股数(万股)	比例(%)
1	福建福日集团公司	国有法人股	18640.00	72.70
2	商力	流通A股	33.20	0.13
3	俞文嘉	流通A股	30.33	0.12
4	许光大	流通A股	28.21	0.11
5	王红	流通A股	24.37	0.10
6	郑静	流通A股	21.86	0.09
7	李盛	流通A股	19.64	0.08
8	赵爱玲	流通A股	19.40	0.08
9	张可	流通A股	18.27	0.07
10	黄建山	流通A股	18.08	0.07

股东人数

2004.6	2003.12	2003.6	2002
30055	30050	32876	32295

近年分配		近年配股/增发	

重大事项

二〇〇三年以来市场表现

2003年涨跌幅(%)	-35.45
2003年最高(元)	8.98
2003年最低(元)	4.05
2003年换手率(%)	258.24
2004.06涨跌幅(%)	-7.69
2004.06最高(元)	7.11
2004.06最低(元)	4.26
2004.06换手率(%)	323.83

山东铝业股份有限公司

公司概况

公司名称	山东铝业股份有限公司	股票代码	600205
注册地址	山东省淄博市淄博高新技术产业开发区柳泉路北首	邮政编码	255086
法人代表	刘兴亮	董秘	王国忠
电话	0533-2930136,2943467	传真	0533-2985999
主营业务	氧化铝、铝锭		
总股本	67200.00	流通 A	19200.00
流通 B		流通 H	
审计单位	北京中兴宇会计师事务所有限责任公司	审计意见	标准无保留

主要财务指标

年度	2004.6	2003	2002
每股收益/扣除后(元)	0.8012	0.9699	0.2802
每股经营现金流量(元)	0.7500	1.0700	0.4500
每股净资产/调整后(元)	3.5500	3.4100	2.4100
每股公积金(元)	0.7227	0.7213	0.8650
净资产收益率(%)	22.4700	27.3800	10.6800
总资产(万元)	328695.72	293856.75	259216.31
股东权益(万元)	239122.72	190898.47	136034.91
未分配利润(万元)	101622.60	59089.10	18118.92
主营收入(万元)	182377.84	265664.94	204822.64
资本公积金(万元)	48565.21	48474.46	48440.13
主营利润(万元)	75882.58	85429.44	34107.16
其他业务利润(万元)	414.34	6178.95	269.57
营业利润(万元)	63327.31	60567.29	15870.79
投资收益(万元)	-184.61	-297.92	-75.30
补贴收入(万元)	196.95		
营业外收支(万元)	-364.91	-2399.15	-0.97
利润总额(万元)	62974.73	57870.22	15896.35
净利润(万元)	53733.50	52270.97	14526.54

十大股东

序号	股东名称	股份性质	持股数(万股)	比例(%)
1	中国铝业股份有限公司	国有法人股	48000.00	71.43
2	中国建设银行-华宝兴业多策略增长证券投资基金	流通股	513.91	0.76
3	鸿阳证券投资基金	流通股	483.57	0.72
4	华安证券有限责任公司	流通股	451.60	0.67
5	交通银行-海富通精选证券投资基金	流通股	450.00	0.67
6	全国社保基金-零四组合	流通股	311.64	0.46
7	交通银行-安久证券投资基金	流通股	305.01	0.45
8	中国工商银行-德盛稳健证券投资基金	流通股	300.98	0.45
9	中国工商银行-安信证券投资基金	流通股	280.00	0.42
10	中国工商银行-兴业可转债混合型证券投资基金	流通股	272.54	0.41

股东人数

2004.6	2003.12	2003.6	2002
30242	33031	72347	109103

近年分配	2004年3月24日10派1.00	近年配股/增发	2004年3月24日10送2

重大事项

2003年12月4日公司第二次临时股东大会审议通过议案,收购山东铝业公司φ4.5×100米、φ5×125米回转窑,用于氧化铝生产。根据北京六合正旭资产评估有限责任公司出具的六合正旭评报字[2003]第050号《评估报告》,以2003年8月31日为评估基准日,山东铝业公司φ4.5×100米回转窑、φ5×125米回转窑的总评估值为11,509.82万元。公司收购总价款11,509.82万元。截止2004年3月,公司以自有资金将全部收购价款支付完毕。。

二〇〇三年以来市场表现

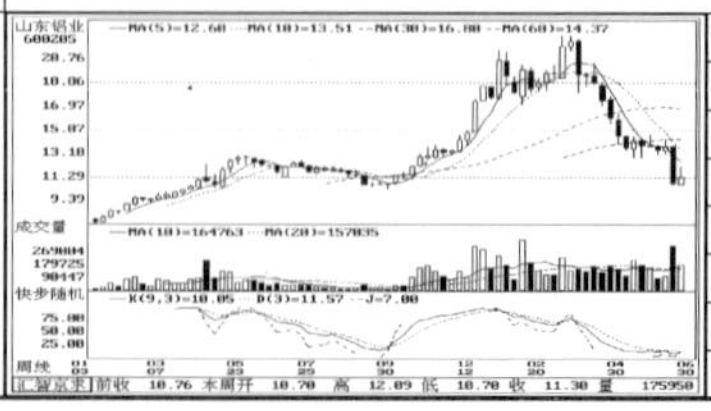

2003年涨跌幅(%)	133.43
2003年最高(元)	15.38
2003年最低(元)	6.07
2003年换手率(%)	189.74
2004.06涨跌幅(%)	-23.56
2004.06最高(元)	20.41
2004.06最低(元)	10.60
2004.06换手率(%)	209.64

有研半导体材料股份有限公司

公司概况

公司名称	有研半导体材料股份有限公司			股票代码		600206	
注册地址	北京市海淀区北三环中路43号			邮政编码		100088	
法人代表	敖宏			董秘		陶森	
电话	010-62355380			传真		010-62355381	
主营业务	硅单晶抛光片						
总股本	14500.00	流通A	6500.00	流通B		流通H	
审计单位				审计意见		未审计	

主要财务指标

年度	2004.6	2003	2002
每股收益/扣除后(元)	-0.0670	-0.1740	-0.2450
每股经营现金流量(元)	0.0605	-0.0060	0.1330
每股净资产/调整后(元)	4.3700	4.4400	4.3740
每股公积金(元)	3.5595	3.5702	3.5849
净资产收益率(%)	-1.4700	0.2260	-5.1800
总资产(万元)	112794.08	109012.58	97420.20
股东权益(万元)	64047.82	65091.89	65219.92
未分配利润(万元)	-3819.68	-2879.18	-2963.23
主营收入(万元)	11876.17	19669.05	12083.12
资本公积金(万元)	51664.74	51768.31	51980.39
主营利润(万元)	1015.04	2499.37	-419.16
其他业务利润(万元)	202.87	157.09	-2.32
营业利润(万元)	-769.69	-300.15	-3305.62
投资收益(万元)	53.36	230.54	176.69
补贴收入(万元)		4.00	4.00
营业外收支(万元)	5.45	921.34	-0.32
利润总额(万元)	-710.89	855.73	-3097.95
净利润(万元)	-940.50	146.91	-3375.86

十大股东

序号	股东名称	股份性质	持股数(万股)	比例(%)
1	北京有色金属研究总院	国有法人股	8000.00	55.17
2	哈尔滨哈里投资股份有限公司	流通A股	404.07	2.79
3	哈尔滨哈里投资股份有限公司	流通A股	270.58	1.87
4	重庆市水务控股(集团)有限公司	流通A股	146.36	1.01
5	王文庆	流通A股	143.85	0.99
6	哈尔滨哈里慈善基金会	流通A股	124.65	0.86
7	哈尔滨哈里实业股份有限公司	流通A股	108.73	0.75
8	昆明天竟商贸有限公司	流通A股	77.93	0.54
9	哈尔滨道里投资股份有限公司	流通A股	59.61	0.41
10	哈尔滨市新阳菜市场	流通A股	47.50	0.33

股东人数	2004.6	2003.12	2003.6	2002
	35347	37181	39619	44977

近年分配		近年配股/增发	

重大事项

公司与第一大股东北京有色金属研究总院(以下简称"有研总院")于2004年5月26日签订了《资产置换意向协议》,本公司将所持有的国瑞电子材料有限责任公司90%的股权和北京国晶辉红外光学科技有限公司75%的股权(即置出资产)与北京有色金属研究总院所拥有的部分单晶硅生产设备(即置入资产)进行置换。本次关联交易已经公司2004年6月30日召开的2003年年度股东大会审议通过。

二○○三年以来市场表现

2003年涨跌幅(%)	-10.07
2003年最高(元)	14.58
2003年最低(元)	9.00
2003年换手率(%)	73.96
2004.06涨跌幅(%)	-4.54
2004.06最高(元)	13.51
2004.06最低(元)	9.41
2004.06换手率(%)	78.38

河南安彩高科股份有限公司

公司概况

公司名称	河南安彩高科股份有限公司			股票代码		600207	
注册地址	河南安阳市中州路南段			邮政编码		455000	
法人代表	李留恩			董秘		许应中	
电话	0372-3932916-2533			传真		0372-3938035	
主营业务	彩电显像管玻壳						
总股本	44000.00	流通A	18000.00	流通B		流通H	
审计单位				审计意见		未审计	

主要财务指标

年度	2004.6	2003	2002
每股收益/扣除后(元)	0.2670	0.5302	0.2207
每股经营现金流量(元)	0.6610	0.9570	0.8740
每股净资产/调整后(元)	5.4100	5.4060	4.9080
每股公积金(元)	2.8016	2.8016	2.8002
净资产收益率(%)	5.0700	9.6300	4.4900
总资产(万元)	463949.34	377868.22	321740.31
股东权益(万元)	238037.52	239166.92	216070.23
未分配利润(万元)	35259.87	36389.26	16992.45
主营收入(万元)	123767.83	213987.23	177661.19
资本公积金(万元)	123270.06	123270.06	123209.55
主营利润(万元)	38452.32	69994.75	43751.54
其他业务利润(万元)	28.65	476.35	-0.03
营业利润(万元)	20083.52	39903.35	17325.20
投资收益(万元)	-60.74	961.95	362.26
补贴收入(万元)	107.95	400.40	-3.45
营业外收支(万元)	7.89	-1950.04	-0.87
利润总额(万元)	20138.61	39315.66	17788.42
净利润(万元)	12070.61	23036.17	9711.28

十大股东

序号	股东名称	股份性质	持股数(万股)	比例(%)
1	河南安阳彩色显像玻壳有限公司	国有法人股	25916.00	58.90
2	中国工商银行-融鑫证券投资基金	流通A股	666.19	1.51
3	中国银行-华夏回报证券投资基金	流通A股	445.75	1.01
4	裕阳证券投资基金	流通A股	442.32	1.01
5	南方证券有限公司	流通A股	389.27	0.88
6	丰和价值证券投资基金	流通A股	366.25	0.83
7	中国工商银行-兴业可转债混和型证券投资基金	流通A股	351.62	0.80
8	中国工商银行-申万巴黎盛利精选证券投资基金	流通A股	330.57	0.75
9	长盛成长价值证券投资基金	流通A股	300.76	0.68
10	中国工商银行-同益证券投资基金	流通A股	299.15	0.68

股东人数	2004.6	2003.12	2003.6	2002
	44225	69737	66865	73304

近年分配	2004年7月5日10派3.00	近年配股/增发	

重大事项

2004年5月22日第二届董事会第十二次会议,2004年6月22日公司2003年度股东大会先后审议通过了以货币资金收购河南安阳彩色显像管玻壳有限公司(以下简称"安玻公司")四期工程彩玻生产线及其相关资产的议案。本次收购的安玻公司四期工程彩玻生产线及其相关资产,包括机器设备、在产品及材料存货等流动资产,不包括与被收购资产相关的负债和应收账款。

二○○三年以来市场表现

2003年涨跌幅(%)	1.29
2003年最高(元)	10.77
2003年最低(元)	7.50
2003年换手率(%)	331.21
2004.06涨跌幅(%)	19.91
2004.06最高(元)	13.02
2004.06最低(元)	8.05
2004.06换手率(%)	202.36

中宝科控投资股份有限公司

公司概况

公司名称	中宝科控投资股份有限公司	股票代码	600208
注册地址	浙江省嘉兴市禾兴路 366 号	邮政编码	200122
法人代表	沈建伟	董秘	钱春
电话	021-68765152	传真	021-68765152
主营业务	稀贵金属、珠宝玉器		
总股本	25084.03	流通 A	10320.00
流通 B		流通 H	
审计单位		审计意见	未审计

主要财务指标

年度	2004.6	2003	2002
每股收益 / 扣除后(元)	-0.0025	0.0200	0.0600
每股经营现金流量(元)	0.0160	0.0700	0.1900
每股净资产 / 调整后(元)	2.2600	2.2600	2.3300
每股公积金(元)	0.9329	0.9329	0.9150
净资产收益率(%)	0.5200	0.6900	2.4600
总资产(万元)	244001.45	257783.22	266655.41
股东权益(万元)	62088.79	61765.89	62192.86
未分配利润(万元)	6846.74	6523.83	8786.86
主营收入(万元)	43495.49	55146.85	40341.63
资本公积金(万元)	23402.05	23402.06	22951.27
主营利润(万元)	6507.47	8219.48	10286.59
其他业务利润(万元)	3800.24	660.81	-21.29
营业利润(万元)	-296.03	-5799.04	-6119.62
投资收益(万元)	1050.14	6282.65	5646.49
补贴收入(万元)	25.47	431.70	4.59
营业外收支(万元)	-3.16	-113.42	-0.65
利润总额(万元)	776.43	801.89	5826.69
净利润(万元)	325.22	428.73	1532.20

十大股东

序号	股东名称	股份性质	持股数(万股)	比例(%)
1	浙江恒兴力控股集团有限公司	法人股	4680.00	18.66
2	浙江新湖集团股份有限公司	法人股	1800.00	7.18
3	嘉兴商业控股	国家股	1720.77	6.86
4	上海子江投资发展	法人股	1204.51	4.80
5	涌金实业	法人股	812.43	3.24
6	浙江丰控股集团	法人股	770.70	3.07
7	深圳东海潮投资	法人股	630.00	2.51
8	浙江钱江生物化学	法人股	378.00	1.51
9	杭州方豪实业	法人股	246.00	0.98
10	嘉兴未来工艺美术品有限公司	法人股	243.40	0.97

股东人数	2004.6	2003.12	2003.6	2002
	35636	35781	38295	40524

近年分配		近年配股 / 增发	

重大事项

浙江恒兴力控股集团有限公司继收购中国圣出瑞资源投资控股有限公司所持有的本公司 2760 万股法人股成为第一大股东后，2004 年 1 月 13 日，浙江恒兴力控股集团有限公司再次发布公告，与本公司原第二大股东合升实业发展有限公司签订股权转让合同，继续增持本公司法人股 1920 万股，并于 2004 年 3 月 5 日前完成了股权转让的变更手续。

二〇〇三年以来市场表现

2003 年涨跌幅(%)	-25.52
2003 年最高(元)	8.15
2003 年最低(元)	4.20
2003 年换手率(%)	165.95
2004.06 涨跌幅(%)	-18.24
2004.06 最高(元)	6.30
2004.06 最低(元)	4.05
2004.06 换手率(%)	108.24

罗顿发展股份有限公司

公司概况

公司名称	罗顿发展股份有限公司	股票代码	600209
注册地址	海南省海口市人民大道 68 号	邮政编码	570208
法人代表	李维	董秘	韦胜杭
电话	0898-66258868	传真	0898-66254868
主营业务	酒店经营、装饰工程		
总股本	43901.17	流通 A	16575.00
流通 B		流通 H	
审计单位		审计意见	未审计

主要财务指标

年度	2004.6	2003	2002
每股收益 / 扣除后(元)	0.0062	0.0200	0.1836
每股经营现金流量(元)	-0.3250	0.0472	0.8055
每股净资产 / 调整后(元)	1.7270	1.6621	2.2789
每股公积金(元)	0.2712	0.2712	0.7670
净资产收益率(%)	0.4300	1.1000	7.1300
总资产(万元)	122768.00	129228.81	110299.65
股东权益(万元)	76014.02	75686.45	60701.20
未分配利润(万元)	15541.55	15213.97	14389.29
主营收入(万元)	11877.05	39604.59	37959.64
资本公积金(万元)	11907.06	11907.06	18082.27
主营利润(万元)	2483.77	8386.62	9182.81
其他业务利润(万元)	3.50		
营业利润(万元)	104.97	1245.44	2646.48
投资收益(万元)	-8.67	-15.20	2384.20
补贴收入(万元)	64.70	4.22	0.04
营业外收支(万元)	-0.19	-71.19	-0.02
利润总额(万元)	160.81	1163.27	5345.94
净利润(万元)	327.57	833.53	4328.62

十大股东

序号	股东名称	股份性质	持股数(万股)	比例(%)
1	海南黄金海岸集团	法人股	17871.28	40.71
2	海口金海岸罗顿国际旅业发展	法人股	5465.22	12.45
3	海口黄金海岸技术产业投资	法人股	2076.78	4.73
4	海口国能物业发展	法人股	1366.31	3.11
5	海南大宇实业	法人股	546.22	1.24
6	吴松林	流通股	53.28	0.12
7	陈裕红	流通股	46.50	0.11
8	北京明顺昌贸易有限公司	流通股	40.51	0.09
9	季田号	流通股	38.78	0.09
10	冯东东	流通股	37.40	0.09

股东人数	2004.6	2003.12	2003.6	2002
	53547	41987	34011	24378

近年分配		近年配股 / 增发	

重大事项

2004 年 4 月 15 日，经公司二届十四次董事会审议，并经公司 2004 年 5 月 18 日召开的 2003 年年度股东大会批准，同意本公司与海南金海岸罗顿大酒店有限公司的其他股东——海南黄金海岸集团有限公司和海南黄金海岸综合开发有限公司签署协议，对酒店公司进行增资。

二〇〇三年以来市场表现

2003 年涨跌幅(%)	-2.10
2003 年最高(元)	5.82
2003 年最低(元)	3.35
2003 年换手率(%)	432.18
2004.06 涨跌幅(%)	-2.22
2004.06 最高(元)	6.06
2004.06 最低(元)	3.83
2004.06 换手率(%)	326.98

上海紫江企业集团股份有限公司

公司概况

公司名称	上海紫江企业集团股份有限公司				股票代码	600210	
注册地址	上海市莘庄工业区申富路 618 号				邮政编码	201108	
法人代表	李彧			董秘	高军		
电话	021-54421100-167			传真	021-54422693		
主营业务	PET 瓶和瓶坯、皇冠盖						
总股本	102624.01	流通 A	42616.14	流通 B		流通 H	
审计单位	上海立信长江会计师事务所有限公司			审计意见	标准无保留		

主要财务指标

年度	2004.6	2003	2002
每股收益 / 扣除后(元)	0.1314	0.3590	0.4630
每股经营现金流量(元)	0.0700	0.7100	0.9700
每股净资产 / 调整后(元)	2.5200	4.1100	2.8100
每股公积金(元)	1.1719	1.5449	1.4897
净资产收益率(%)	5.5800	8.9200	16.2100
总资产(万元)	674129.56	547504.31	454194.16
股东权益(万元)	261662.11	266113.37	155727.00
未分配利润(万元)	23990.92	28872.34	8767.07
主营收入(万元)	146149.37	230721.91	182134.70
资本公积金(万元)	120260.24	158545.39	81395.21
主营利润(万元)	34298.58	59848.52	55779.30
其他业务利润(万元)	61.85	662.12	-10.79
营业利润(万元)	18729.62	30420.30	29355.70
投资收益(万元)	1781.13	3018.76	2601.79
补贴收入(万元)	38.46	13.35	0.43
营业外收支(万元)	33.12	-178.45	-0.17
利润总额(万元)	20582.34	33273.96	31961.33
净利润(万元)	14591.86	23736.22	25249.00

十大股东

序号	股东名称	股份性质	持股数(万股)	比例(%)
1	上海紫江(集团)有限公司	境内法人股	37796.47	36.83
2	▮氏达投资(香港)有限公司	外资法人股	21856.50	21.30
3	兴业证券股份有限公司	流通 A 股	1486.98	1.45
4	中信经典配置证券投资基金	流通 A 股	1186.20	1.16
5	金鑫证券投资基金	流通 A 股	1086.38	1.06
6	安顺证券投资基金	流通 A 股	800.00	0.78
7	通用技术集团投资管理有限公司	流通 A 股	666.74	0.65
8	华宝兴业多策略增长证券投资基金	流通 A 股	662.39	0.65
9	华泰证券有限责任公司	流通 A 股	617.33	0.60
10	兵器财务有限责任公司	流通 A 股	517.55	0.50

股东人数

2004.6	2003.12	2003.6	2002
43307	22394	12276	15868

近年分配		近年配股 / 增发	

重大事项

报告期内,公司为购置上市公司总部办公用房并建立不动产出租业务平台,与控股子公司上海紫江创业投资有限公司共同出资 399,897,249.72 元收购上海虹桥商务大厦有限公司 100%股权,目前相关手续正在办理中,对报告期内公司的收益没有影响。

二〇〇三年以来市场表现

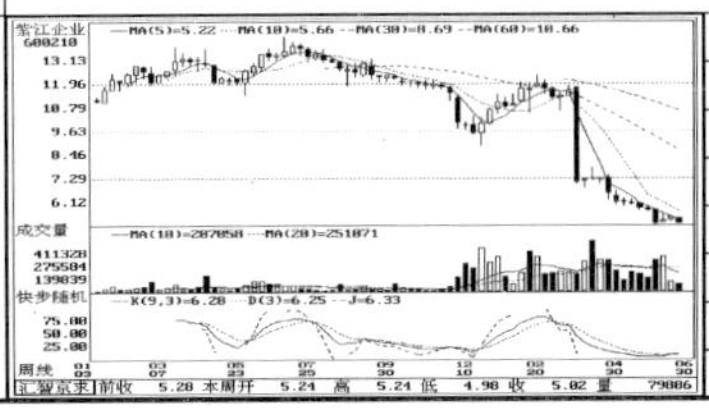

2003 年涨跌幅(%)	-6.77
2003 年最高(元)	8.75
2003 年最低(元)	5.36
2003 年换手率(%)	129.89
2004.06 涨跌幅(%)	-19.03
2004.06 最高(元)	7.80
2004.06 最低(元)	4.95
2004.06 换手率(%)	222.62

西藏诺迪康药业股份有限公司

公司概况

公司名称	西藏诺迪康药业股份有限公司				股票代码	600211	
注册地址	拉萨市北京中路 93 号				邮政编码	850000	
法人代表	陈达彬			董秘	高自力		
电话	028-86653915			传真	028-86660740		
主营业务	诺迪康系列藏药						
总股本	12260.00	流通 A	4500.00	流通 B		流通 H	
审计单位				审计意见	未审计		

主要财务指标

年度	2004.6	2003	2002
每股收益 / 扣除后(元)	-0.0146	-0.0815	0.0830
每股经营现金流量(元)	0.0920	0.3850	0.2680
每股净资产 / 调整后(元)	3.3950	3.3160	3.3000
每股公积金(元)	1.9454	1.9455	1.9455
净资产收益率(%)	0.7200	1.3750	2.4610
总资产(万元)	74609.07	75435.62	73307.86
股东权益(万元)	42318.42	42014.55	41437.05
未分配利润(万元)	4786.07	4482.20	3998.51
主营收入(万元)	4007.10	7507.95	7449.05
资本公积金(万元)	23851.22	23851.22	23851.22
主营利润(万元)	3390.63	5727.05	6040.57
其他业务利润(万元)	109.14	236.46	31.56
营业利润(万元)	127.46	-441.84	739.03
投资收益(万元)	-81.42	916.49	72.27
补贴收入(万元)	269.35	121.80	2.77
营业外收支(万元)	0.73	-27.69	-0.17
利润总额(万元)	316.12	568.76	1014.46
净利润(万元)	303.87	577.50	1019.75

十大股东

序号	股东名称	股份性质	持股数(万股)	比例(%)
1	西藏华西药业集团有限公司	国有法人股	6992.00	57.03
2	西藏自治区藏药厂	国有法人股	384.00	3.13
3	西藏自治区科技开发交流中心	国有法人股	192.00	1.57
4	西藏科龙建材有限公司	国有法人股	128.00	1.04
5	西藏科光太阳能工程技术有限公司	国有法人股	64.00	0.52
6	王涛	流通 A 股	15.87	0.13
7	张敏	流通 A 股	15.72	0.13
8	支国顺	流通 A 股	13.63	0.11
9	江伟	流通 A 股	12.40	0.10
10	大庆油田水泥有限责任公司	流通 A 股	12.14	0.10

股东人数

2004.6	2003.12	2003.6	2002
25418	26617	27591	28120

近年分配		近年配股 / 增发	

重大事项

公司于 2002 年 9 月为西藏珠峰工业股份有限公司在中国银行西藏分行贷款 5000 万元提供担保,担保期限为一年,现西藏珠峰工业股份有限公司尚未归还该贷款,贷款已逾期。西藏珠峰工业股份有限公司也未向我公司提供实质性反担保。

二〇〇三年以来市场表现

2003 年涨跌幅(%)	-37.61
2003 年最高(元)	12.81
2003 年最低(元)	6.10
2003 年换手率(%)	146.78
2004.06 涨跌幅(%)	1.05
2004.06 最高(元)	9.10
2004.06 最低(元)	6.31
2004.06 换手率(%)	76.10

山东江泉实业股份有限公司

公司概况

公司名称	山东江泉实业股份有限公司			股票代码	600212		
注册地址	山东省临沂市罗庄区双月门北江泉商务楼			邮政编码	276017		
法人代表	王廷江			董秘	田英智		
电话	0539-8246243			传真	0539-8271388		
主营业务	建筑陶瓷、日用陶瓷						
总股本	31990.09	流通 A	19179.63	流通 B		流通 H	
审计单位				审计意见	未审计		

主要财务指标

年度	2004.6	2003	2002
每股收益 / 扣除后(元)	0.0536	0.0800	0.1350
每股经营现金流量(元)	0.0780	-0.2100	0.6100
每股净资产 / 调整后(元)	4.0800	3.9800	4.0100
每股公积金(元)	1.7809	1.7809	1.7809
净资产收益率(%)	1.3100	1.6700	3.1000
总资产(万元)	170988.97	170732.70	169217.81
股东权益(万元)	132037.41	130309.48	130685.65
未分配利润(万元)	32866.97	31139.05	31877.61
主营收入(万元)	34548.68	64945.44	60979.31
资本公积金(万元)	56969.75	56969.75	56969.75
主营利润(万元)	5744.88	9681.65	9443.59
其他业务利润(万元)	81.73	335.79	12.47
营业利润(万元)	2546.68	4427.48	6901.02
投资收益(万元)			-160.68
补贴收入(万元)			
营业外收支(万元)	13.88	-338.60	-10.19
利润总额(万元)	2560.56	4088.88	6484.29
净利润(万元)	1727.93	2183.04	4056.73

十大股东

序号	股东名称	股份性质	持股数(万股)	比例(%)
1	华盛江泉集团有限公司	境内法人股	9413.53	29.43
2	山东省沂滨水泥厂	境内法人股	1744.27	5.45
3	山东罗庄集团总公司	境内法人股	795.37	2.49
4	临沂宝泉实业有限公司	境内法人股	450.17	1.41
5	翔和控股有限公司	境内法人股	200.00	0.63
6	陈修军	流通 A 股	134.16	0.42
7	王秀英	流通 A 股	104.95	0.33
8	沈庆云	流通 A 股	97.56	0.30
9	韩红	流通 A 股	90.00	0.28
10	陆振云	流通 A 股	67.31	0.21

股东人数

2004.6	2003.12	2003.6	2002
61919	63027	65496	65195

近年分配		近年配股 / 增发	

重大事项

2004 年 3 月 25 日,公司召开的第四届董事会第十次会议通过了《关于变更董事的议案》,同意王廷江先生辞去公司董事长职务的请求,提名孙兰方先生为公司董事长,并增补田英智先生为公司董事。上述事项已经 2004 年 4 月 23 日公司召开的 2003 年度股东大会批准。

二〇〇三年以来市场表现

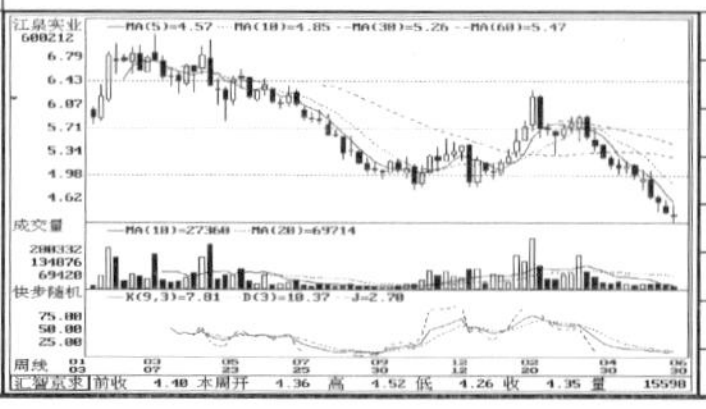

2003 年涨跌幅(%)	-14.75
2003 年最高(元)	7.07
2003 年最低(元)	4.75
2003 年换手率(%)	157.59
2004.06 涨跌幅(%)	-13.52
2004.06 最高(元)	6.28
2004.06 最低(元)	4.26
2004.06 换手率(%)	91.72

扬州亚星客车股份有限公司

公司概况

公司名称	扬州亚星客车股份有限公司			股票代码	600213		
注册地址	江苏省扬州市经济开发区扬子江中路 188 号			邮政编码	225009		
法人代表	顾雏军			董秘	张榕森		
电话	0514-7850400,5118805			传真	0514-7868811		
主营业务	大、中、轻型客车						
总股本	19000.00	流通 A	6000.00	流通 B		流通 H	
审计单位				审计意见	未审计		

主要财务指标

年度	2004.6	2003	2002
每股收益 / 扣除后(元)	0.0657	-0.8332	0.1100
每股经营现金流量(元)	-0.2670	-0.7200	-0.5800
每股净资产 / 调整后(元)	2.4800	2.4900	3.3600
每股公积金(元)	1.9381	1.9379	1.9341
净资产收益率(%)	2.2500	-30.7200	3.4700
总资产(万元)	127720.96	124595.78	115699.44
股东权益(万元)	49141.26	48030.22	64308.75
未分配利润(万元)	-10957.25	-12063.41	3967.38
主营收入(万元)	40240.20	79872.03	87654.36
资本公积金(万元)	36824.64	36819.77	36748.74
主营利润(万元)	4799.35	2878.82	9394.38
其他业务利润(万元)	279.50	58.82	0.62
营业利润(万元)	689.96	-13118.30	2565.70
投资收益(万元)	517.11	-608.09	682.79
补贴收入(万元)	3.70		
营业外收支(万元)	-138.45	-1185.97	-5.70
利润总额(万元)	1072.32	-14912.36	2862.35
净利润(万元)	1106.17	-14755.76	2229.65

十大股东

序号	股东名称	股份性质	持股数(万股)	比例(%)
1	扬州格林柯尔创业投资有限公司	境内法人股	11527.25	60.67
2	江苏亚星客车集团有限公司	国家股	1330.00	7.00
3	南京绿洲机器厂	国有法人股	42.82	0.23
4	扬州经济技术开发区开发总公司	国有法人股	35.69	0.19
5	扬农化工集团有限公司	国有法人股	35.69	0.19
6	扬州冶金机械有限公司	国有法人股	28.55	0.15
7	胡海麟	流通 A 股	19.07	0.10
8	韩燕军	流通 A 股	16.00	0.08
9	杨殿祥	流通 A 股	12.98	0.07
10	洪玉华	流通 A 股	11.86	0.06

股东人数

2004.6	2003.12	2003.6	2002
35260	37096	39130	39833

近年分配		近年配股 / 增发	

重大事项

2004 年 5 月 21 日,公司二 00 三年度股东大会审议通过,公司 2003 年度实现净利润-154,588,154.57 元(因净利润为负数,故不提取 10% 的法定盈余公积金和 10% 的公益金)。年初未分配利润 37,586,433.50 元,可供分配利润-116,971,721.07 元,可供投资者分配的利润-116,971,721.07 元,支付 2002 年度普通股股利 11,400,000.00 元,剩余的未分配利润-128,371,721.07 元,本年度不予分红派现,并将在以后年度净利润予以弥补。

二〇〇三年以来市场表现

2003 年涨跌幅(%)	-27.04
2003 年最高(元)	9.82
2003 年最低(元)	5.00
2003 年换手率(%)	190.82
2004.06 涨跌幅(%)	-9.62
2004.06 最高(元)	8.04
2004.06 最低(元)	5.12
2004.06 换手率(%)	131.07

长春经开(集团)股份有限公司

公司概况

公司名称	长春经开(集团)股份有限公司			股票代码	600215
注册地址	长春市自由大路 5188 号			邮政编码	130031
法人代表	江才		董秘	杨永学	
电话	0431-4644225		传真	0431-4630035	
主营业务	配套设施建设				
总股本	35771.76	流通 A	21496.80	流通 B	流通 H
审计单位			审计意见	未审计	

主要财务指标

年度	2004.6	2003	2002
每股收益/扣除后(元)	0.0489	0.1721	0.4579
每股经营现金流量(元)	–0.6270	–0.5800	0.2305
每股净资产/调整后(元)	6.0700	6.0000	5.5200
每股公积金(元)	3.0349	2.9927	2.3639
净资产收益率(%)	1.0400	3.4000	8.2600
总资产(万元)	393213.72	391074.75	343679.50
股东权益(万元)	220521.70	216785.03	169651.55
未分配利润(万元)	59141.71	56856.85	50909.07
主营收入(万元)	26959.57	71808.84	105947.27
资本公积金(万元)	108564.86	107053.54	72334.49
主营利润(万元)	10500.75	25779.98	30578.05
其他业务利润(万元)	2.69	3286.05	–39.40
营业利润(万元)	2833.66	12057.95	18426.97
投资收益(万元)	–9.60	–11.58	289.17
补贴收入(万元)	829.88	1877.00	37.78
营业外收支(万元)	–50.79	–209.43	–0.93
利润总额(万元)	3603.15	13713.94	22309.50
净利润(万元)	2284.86	7374.93	14006.39

十大股东

序号	股东名称	股份性质	持股数(万股)	比例(%)
1	长春经济技术开发区创业投资控股	国家股	14274.96	39.91
2	北京华尔富投资咨询有限公司	流通 A 股	351.50	0.98
3	北京北富投资有限公司	流通 A 股	200.00	0.56
4	中国银行-天同 180 指数证券投资基	流通 A 股	37.10	0.10
5	曾红革	流通 A 股	35.87	0.10
6	叶益明	流通 A 股	32.39	0.09
7	中工商银行-华安上证 180 指数增强型证券投资基金	流通 A 股	31.24	0.09
8	招商银行股份有限公司-长城久泰中信标普 300 指数证券投资基金	流通 A 股	30.59	0.09
9	上海松源投资发展有限公司	流通 A 股	27.19	0.08
10	张雅秋	流通 A 股	26.83	0.08

股东人数	2004.6	2003.12	2003.6	2002
	82441	85465	86349	71293

近年分配		近年配股/增发	

重大事项

2004 年 3 月 22 日公司股东大会通过了《关于将长春国际会展中心委托经营的议案》,将长春国际会展中心及其全部附属设施设备(帐面资产总价值 768,562,700.54 元人民币)委托给长春经济技术开发区管委会经营。委托经营期限自 2004 年 1 月 1 日至 2005 年 1 月 1 日,经营收入按季结算,每季经营收入为 1500 万元,合同期内经营收入为 6000 万元。

二〇〇三年以来市场表现

2003 年涨跌幅(%)	–21.88
2003 年最高(元)	10.61
2003 年最低(元)	6.10
2003 年换手率(%)	232.90
2004.06 涨跌幅(%)	–8.02
2004.06 最高(元)	8.23
2004.06 最低(元)	6.13
2004.06 换手率(%)	107.65

浙江医药股份有限公司

公司概况

公司名称	浙江医药股份有限公司			股票代码	600216
注册地址	杭州市中河路司马渡巷 60 号			邮政编码	310003
法人代表	李春波		董秘	俞祝军	
电话	0571-87213883		传真	0571-87213883	
主营业务	化学原料药				
总股本	45006.00	流通 A	13214.72	流通 B	流通 H
审计单位			审计意见	未审计	

主要财务指标

年度	2004.6	2003	2002
每股收益/扣除后(元)	0.0137	–0.0310	0.0420
每股经营现金流量(元)	0.1260	0.1470	0.0510
每股净资产/调整后(元)	1.2740	1.3040	1.3360
每股公积金(元)	0.2774	0.2774	0.2715
净资产收益率(%)	1.1970	0.9200	3.0300
总资产(万元)	179309.55	166881.28	163667.17
股东权益(万元)	61727.78	62469.80	61910.18
未分配利润(万元)	1750.75	2362.19	2142.94
主营收入(万元)	70293.43	113288.40	111339.93
资本公积金(万元)	12485.92	12485.92	12220.11
主营利润(万元)	8386.01	14511.23	24562.84
其他业务利润(万元)	189.84	558.74	–10.41
营业利润(万元)	749.87	–1218.08	1577.48
投资收益(万元)	5.22	450.28	36.90
补贴收入(万元)	65.08	318.29	–4.85
营业外收支(万元)	–11.41	1470.54	–164.94
利润总额(万元)	808.76	1021.04	3143.23
净利润(万元)	738.74	577.78	1873.77

十大股东

序号	股东名称	股份性质	持股数(万股)	比例(%)
1	新昌县昌欣投资发展有限公司	国有法人股	13346.50	29.65
2	国投创业投资有限公司	境内法人股	9730.76	21.62
3	天一证券有限责任公司	流通 A 股	1888.13	4.20
4	浙江省建材集团	国家股	1184.99	2.63
5	仙居制药厂职工技协	境内法人股	1144.07	2.54
6	浙江省仙居县资产经营公司	国有法人股	1110.34	2.47
7	新昌金昌实业发展有限公司	境内法人股	981.51	2.18
8	浙江省信托投资公司台州办事处	境内法人股	948.11	2.11
9	上海天迪科技投资发展公司	境内法人股	820.20	1.82
10	浙江省经济建设投资公司	境内法人股	632.07	1.40

股东人数	2004.6	2003.12	2003.6	2002
	27698	21079	20849	20876

近年分配	2004 年 6 月 25 日 10 派 0.30	近年配股/增发	

重大事项

2003 年 12 月,公司与中国工商银行新昌县支行签订《最高额抵押合同》,以 59,197.46 平方米房产、92,439.44 平方米的土地使用权及 16,172 台设备作抵押,为取得借款总余额不超过人民币 14,800 万元的可周转限额内抵押借款提供担保。抵押期限自 2003 年 12 月至 2005 年 11 月。截至 2004 年 6 月 30 日,以此抵押尚未归还的短期借款为 9,685 万元。

二〇〇三年以来市场表现

2003 年涨跌幅(%)	–31.32
2003 年最高(元)	8.53
2003 年最低(元)	4.42
2003 年换手率(%)	163.83
2004.06 涨跌幅(%)	–12.45
2004.06 最高(元)	6.67
2004.06 最低(元)	4.57
2004.06 换手率(%)	130.66

陕西秦岭水泥(集团)股份有限公司

公司概况

公司名称	陕西秦岭水泥(集团)股份有限公司	股票代码	600217
注册地址	陕西省铜川市耀州区东郊	邮政编码	727100
法人代表	兰建文	董秘	韩保平
电话	0919-6231630	传真	0919-6233344
主营业务	各种建筑用水泥		
总股本	66080.00	流通A	22400.00
流通B		流通H	
审计单位		审计意见	未审计

主要财务指标

年度	2004.6	2003	2002
每股收益/扣除后(元)	0.0438	0.1500	0.1100
每股经营现金流量(元)	0.0700	0.0800	0.0400
每股净资产/调整后(元)	1.2100	1.9200	1.7800
每股公积金(元)	0.0615	0.3103	0.4937
净资产收益率(%)	3.5400	7.6600	6.1400
总资产(万元)	163300.48	156283.20	129558.68
股东权益(万元)	81069.83	80187.45	73927.51
未分配利润(万元)	4722.38	12174.44	6973.53
主营收入(万元)	31866.76	54716.07	50148.82
资本公积金(万元)	4060.76	20506.32	20391.64
主营利润(万元)	11481.31	21668.77	19842.48
其他业务利润(万元)	28.53	18.79	–1.21
营业利润(万元)	3319.05	6893.80	7040.41
投资收益(万元)	–77.55	–42.96	–37.19
补贴收入(万元)	194.88	368.08	–6.25
营业外收支(万元)	–20.91	–91.66	3.97
利润总额(万元)	3415.49	7127.26	7112.59
净利润(万元)	2872.94	6145.26	4536.43

十大股东

序号	股东名称	股份性质	持股数(万股)	比例(%)
1	陕西耀县水泥厂	国有法人股	25600.00	38.74
2	耀县水泥厂劳动服务公司	法人股	10880.00	16.46
3	礼泉县袁家集团	法人股	2880.00	4.36
4	中国建筑材料西北公司	法人股	1920.00	2.91
5	上海荣福室内装潢公司	法人股	1072.00	1.62
6	上海政资产经营发展	法人股	640.00	0.97
7	陕西铜鑫科技开发公司	法人股	320.00	0.48
8	上海宏亿投资咨询有限公司	法人股	200.00	0.30
9	上海上投国际投资咨询有限公司	法人股	160.00	0.24
10	曹桂花	流通A股	132.48	0.20

股东人数	2004.6	2003.12	2003.6	2002
	8851	8226	10031	11308

近年分配	2004年4月20日10派0.50	近年配股/增发	2004年4月20日10送2转4

重大事项

司于2004年3月30日召开2003年度股东大会,审议通过了公司董事会关于2003年度利润分配方案:每10股送红股2股,另用公积金转增4股。

二〇〇三年以来市场表现

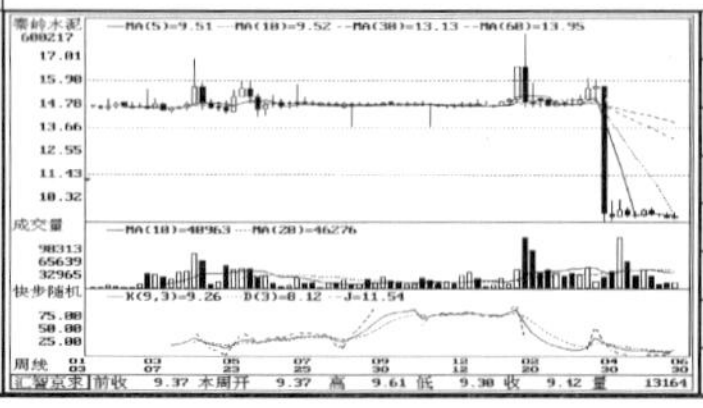

2003年涨跌幅(%)	0.47
2003年最高(元)	10.52
2003年最低(元)	8.54
2003年换手率(%)	48.79
2004.06涨跌幅(%)	2.82
2004.06最高(元)	11.30
2004.06最低(元)	9.07
2004.06换手率(%)	45.27

安徽全柴动力股份有限公司

公司概况

公司名称	安徽全柴动力股份有限公司	股票代码	600218
注册地址	安徽省全椒县襄河镇建设东路70号	邮政编码	239500
法人代表	肖正海	董秘	马国友
电话	0550-5018888-2289	传真	0550-5015888
主营业务	单缸、多缸柴油机		
总股本	28340.00	流通A	10140.00
流通B		流通H	
审计单位		审计意见	未审计

主要财务指标

年度	2004.6	2003	2002
每股收益/扣除后(元)	0.0193	0.0400	0.0400
每股经营现金流量(元)	0.3190	0.2500	0.3100
每股净资产/调整后(元)	3.0700	3.0500	3.0300
每股公积金(元)	1.6127	1.6127	1.6127
净资产收益率(%)	0.7100	1.2800	1.2400
总资产(万元)	133926.37	128937.90	124301.16
股东权益(万元)	87844.53	87219.66	86103.15
未分配利润(万元)	10195.43	9570.65	8633.26
主营收入(万元)	48548.51	79824.59	55621.71
资本公积金(万元)	45702.85	45702.85	45702.85
主营利润(万元)	4687.91	6921.75	5711.86
其他业务利润(万元)	395.59	480.21	–6.74
营业利润(万元)	981.01	1798.89	1671.85
投资收益(万元)	249.00	82.91	228.14
补贴收入(万元)			
营业外收支(万元)	–109.98	–47.25	–0.03
利润总额(万元)	1119.97	1834.55	1896.84
净利润(万元)	624.79	1116.07	1064.04

十大股东

序号	股东名称	股份性质	持股数(万股)	比例(%)
1	安徽全柴集团有限公司	国家股	16250.00	57.34
2	北汽福田汽车股份有限公司	国有法人股	1950.00	6.88
3	左玉英	流通A股	26.03	0.09
4	陈远江	流通A股	24.98	0.09
5	张雪	流通A股	24.95	0.09
6	杨在文	流通A股	24.53	0.09
7	北京鑫侨置业有限公司	流通A股	24.00	0.08
8	俞菊亚	流通A股	21.00	0.07
9	史长艳	流通A股	20.81	0.07
10	徐建伟	流通A股	20.00	0.07

股东人数	2004.6	2003.12	2003.6	2002
	48584	42442	42689	56741

近年分配		近年配股/增发	

重大事项

经公司二届十四次董事会审议:表决通过了《关于委托贷款的议案》。决定公司用自有资金(非募集资金)人民币伍仟万元委托中国光大银行合肥分行办理委托贷款,委托贷款的对象为合肥宝雍阁房地产开发有限公司,委托贷款的用途为房地产开发,委托贷款的年利率为10%,委托贷款的期限为2003年11月19日至2004年11月18日。

二〇〇三年以来市场表现

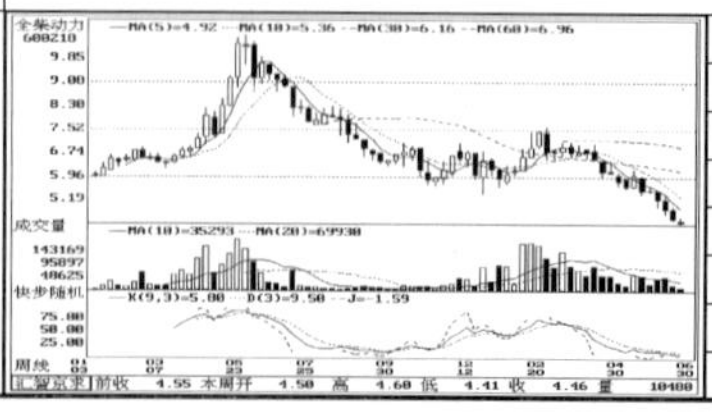

2003年涨跌幅(%)	0.98
2003年最高(元)	10.61
2003年最低(元)	5.41
2003年换手率(%)	200.86
2004.06涨跌幅(%)	–27.71
2004.06最高(元)	7.59
2004.06最低(元)	4.41
2004.06换手率(%)	176.10

山东南山实业股份有限公司

公司概况

公司名称	山东南山实业股份有限公司			股票代码	600219		
注册地址	山东省龙口市东江镇前宋村			邮政编码	265718		
法人代表	宋建波			董秘	宋晓		
电话	0535-8616188,8666352			传真	0535-8616180		
主营业务	毛纺织品、服装、铝材、板材						
总股本	25700.00	流通 A	13500.00	流通 B		流通 H	
审计单位				审计意见	未审计		

主要财务指标

年度	2004.6	2003	2002
每股收益 / 扣除后(元)	0.2723	0.6100	0.5100
每股经营现金流量(元)	0.3960	1.2100	0.8900
每股净资产 / 调整后(元)	6.1300	5.9600	5.3700
每股公积金(元)	2.7846	2.7846	2.7846
净资产收益率(%)	4.4500	9.7700	9.5000
总资产(万元)	210315.80	206774.02	197526.80
股东权益(万元)	157535.94	153090.95	138130.42
未分配利润(万元)	45593.51	41148.53	28381.40
主营收入(万元)	54067.75	102709.07	115694.67
资本公积金(万元)	71564.38	71564.38	71564.38
主营利润(万元)	13570.66	27936.41	24807.38
其他业务利润(万元)	944.78	1811.10	155.48
营业利润(万元)	10605.54	23153.54	18343.45
投资收益(万元)			5.98
补贴收入(万元)			
营业外收支(万元)	26.74	-628.02	-0.23
利润总额(万元)	10632.29	22525.52	18372.86
净利润(万元)	7014.98	14960.55	13117.01

十大股东

序号	股东名称	股份性质	持股数(万股)	比例(%)
1	南山集团公司	法人股	12200.00	47.47
2	林德英	流通 A 股	120.00	0.47
3	卞玉环	流通 A 股	117.95	0.46
4	王国友	流通 A 股	100.00	0.39
5	王文训	流通 A 股	99.00	0.39
6	深圳市期盈信息咨询有限公司	流通 A 股	70.48	0.27
7	王淑兰	流通 A 股	67.18	0.26
8	王善凛	流通 A 股	57.69	0.22
9	哈尔滨东安机电制造有限责任公司	流通 A 股	55.13	0.21
10	国海证券有限责任公司	流通 A 股	50.00	0.19

股东人数	2004.6	2003.12	2003.6	2002
	53373	58834	58496	54073

近年分配	2004 年 4 月 21 日 10 派 1.00	近年配股 / 增发	

重大事项

经公司第四届董事会第二十五次会议决议通过了《公司为控股子公司烟台南山铝业新材料有限公司向广东发展银行杭州分行申请进口设备开证提供担保的议案》,同意公司在可转债资金尚未到位前,为加快新材料公司项目进度,为公司控股 75%的新材料公司向广东发展银行杭州分行申请 7000 万美元(约合 579,600,000 元人民币)进口设备开证提供保证担保,担保期限一年。

二〇〇三年以来市场表现

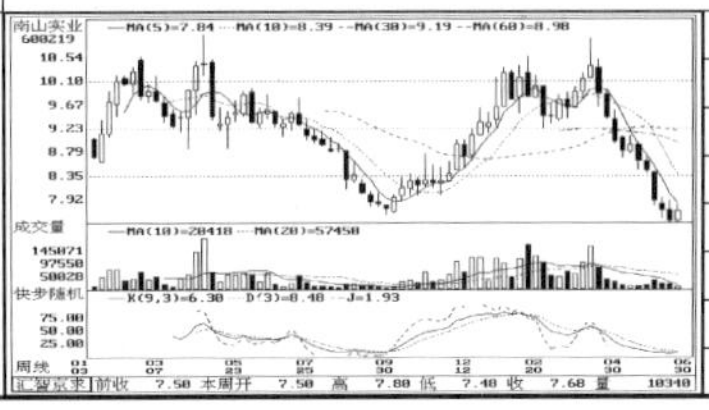

2003 年涨跌幅(%)	3.40
2003 年最高(元)	10.73
2003 年最低(元)	7.50
2003 年换手率(%)	164.69
2004.06 涨跌幅(%)	-15.79
2004.06 最高(元)	10.79
2004.06 最低(元)	7.48
2004.06 换手率(%)	112.82

江苏阳光股份有限公司

公司概况

公司名称	江苏阳光股份有限公司			股票代码	600220		
注册地址	江苏省江阴市新桥镇马嘶桥			邮政编码	214426		
法人代表	陈丽芬			董秘	陈浩		
电话	0510-6121688			传真	0510-6121188		
主营业务	精毛纺呢绒产品						
总股本	91290.38	流通 A	44878.79	流通 B		流通 H	
审计单位				审计意见	未审计		

主要财务指标

年度	2004.6	2003	2002
每股收益 / 扣除后(元)	0.0670	0.2600	0.4300
每股经营现金流量(元)	-0.1270	-1.3500	0.5200
每股净资产 / 调整后(元)	2.3900	4.2000	4.5000
每股公积金(元)	0.7411	1.6540	2.1046
净资产收益率(%)	3.1900	6.1400	9.6000
总资产(万元)	438933.00	350431.62	269387.87
股东权益(万元)	218320.34	166210.53	140474.55
未分配利润(万元)	46780.41	42146.46	34474.35
主营收入(万元)	87343.63	145877.81	92547.08
资本公积金(万元)	67659.76	73234.52	65745.23
主营利润(万元)	16630.92	27637.40	27741.39
其他业务利润(万元)	-172.62	678.28	81.63
营业利润(万元)	8560.17	15944.59	17581.78
投资收益(万元)	-37.77	-106.34	316.82
补贴收入(万元)	17.68		
营业外收支(万元)	0.08	13.92	-0.02
利润总额(万元)	8540.15	15852.17	17896.36
净利润(万元)	6135.02	10207.37	13490.16

十大股东

序号	股东名称	股份性质	持股数(万股)	比例(%)
1	江苏阳光集团有限公司	境内法人股	36259.06	39.72
2	江阴市盛银投资有限公司	境内法人股	5801.45	6.35
3	江阴赛特科技有限公司	境内法人股	4351.09	4.77
4	同盛证券投资基金	流通 A 股	2219.96	2.43
5	银丰证券投资基金	流通 A 股	2161.31	2.37
6	渤海证券有限公司	流通 A 股	506.90	0.56
7	国都证券有限责任公司	流通 A 股	287.39	0.31
8	嘉实债券开放式证券投资基金	流通 A 股	234.52	0.26
9	国泰君证券股份有限公司	流通 A 股	216.39	0.24
10	彭晓梅	流通 A 股	174.78	0.19

股东人数	2004.6	2003.12	2003.6	2002
	69689	61604	60496	61604

近年分配		近年配股 / 增发	2004 年 6 月 21 日 10 转 10

重大事项

根据 2004 年第二次临时股东大会决议,公司在报告期内收购了江阴施威特毛纺织有限公司 75%的股权和江苏庞贝制衣有限公司 75%的股权。受让价格分别为 8520.55 万元和 4577.76 万元。截止本报告期末,本项目的股权转让行为已实施完毕。

二〇〇三年以来市场表现

2003 年涨跌幅(%)	-7.36
2003 年最高(元)	4.38
2003 年最低(元)	3.01
2003 年换手率(%)	47.13
2004.06 涨跌幅(%)	9.43
2004.06 最高(元)	4.97
2004.06 最低(元)	3.02
2004.06 换手率(%)	110.45

海南航空股份有限公司

公司概况				
公司名称	海南航空股份有限公司	股票代码	600221	
注册地址	海南省海口市机场西路 168 号	邮政编码	570206	
法人代表	陈峰	董秘	张尚辉	
电话	0898-66739961	传真	0898-66739960	
主营业务	航空客货运输业务			
总股本	73025.28	流通 A 37195.78	流通 B 18472.32	流通 H
审计单位		审计意见	未审计	

主要财务指标

年度	2004.6	2003	2002
每股收益/扣除后(元)	0.1127	-1.7300	0.1400
每股经营现金流量(元)	1.4010	-0.8800	1.4500
每股净资产/调整后(元)	0.9600	0.8000	2.3100
每股公积金(元)	1.4220	1.4220	1.4220
净资产收益率(%)	7.1600	-113.7000	7.6000
总资产(万元)	2211317.00	2310673.25	1940095.75
股东权益(万元)	120244.24	111635.96	238294.56
未分配利润(万元)	-73531.39	-82139.00	44120.69
主营收入(万元)	378771.66	537209.12	502828.16
资本公积金(万元)	103840.59	103840.59	103840.59
主营利润(万元)	82772.08	4530.40	127395.01
其他业务利润(万元)	402.99	3180.18	126.59
营业利润(万元)	8541.14	-145887.23	20144.33
投资收益(万元)	-385.52	-1263.12	1219.20
补贴收入(万元)		846.64	-41.39
营业外收支(万元)	-375.46	-1157.78	-1.72
利润总额(万元)	7780.16	-147461.50	21910.32
净利润(万元)	8608.28	-126924.62	18115.09

十大股东

序号	股东名称	股份性质	持股数(万股)	比例(%)
1	AMERICANVIATIONLDC.	流通 B 股	10804.32	14.80
2	海航集团有限公司	境内法人股/流通A股	8654.90	11.85
3	海南琪兴实业投资有限公司	境内法人股/流通A股	4990.47	6.83
4	金城资产管理公司	国有法人股	1728.94	2.37
5	交通银行海南分行	境内法人股	648.00	0.89
6	中国国际旅行总社	境内法人股	648.00	0.89
7	北京田野商贸总公司	境内法人股	432.00	0.59
8	中信投托投资公司海南办事处	境内法人股	324.00	0.44
9	中国教育信托投资有限公司	境内法人股	297.00	0.41
10	国泰君安	境内法人股	194.40	0.27

股东人数	2004.6	2003.12	2003.6	2002
	118980	117536	121269	109544

近年分配		近年配股/增发	

重大事项

经公司四届五次董事会和2003年年度股东大会审议通过，决定对海航集团财务公司由原来的10000万元增加至30000万元。其中中国新华航空有限责任公司出资10000万元,占注册资本33.33%；海口美兰机场有限责任公司出资5000万元,占注册资本16.67%；海航酒店(集团)有限公司出资5000万元,占注册资本16.67%。原有股东海航集团有限公司出资7000万元,占注册资本23.33%,中国建筑材料集团公司出资2990万元,占注册资本9.97%；中国新型建筑材料公司大洼稻草板厂出资10万元,占注册资本0.03%。

二〇〇三年以来市场表现

2003年涨跌幅(%)	-2.50
2003年最高(元)	7.33
2003年最低(元)	4.01
2003年换手率(%)	238.61
2004.06涨跌幅(%)	-19.88
2004.06最高(元)	6.27
2004.06最低(元)	3.95
2004.06换手率(%)	137.55

河南竹林众生制药股份有限公司

公司概况				
公司名称	河南竹林众生制药股份有限公司	股票代码	600222	
注册地址	河南省郑州高新技术产业开发区金梭路8号	邮政编码	450001	
法人代表	李景亮	董秘	罗剑超	
电话	0371-7982194	传真	0371-7981036	
主营业务	中成药			
总股本	13614.52	流通 A 3500.00	流通 B	流通 H
审计单位		审计意见	未审计	

主要财务指标

年度	2004.6	2003	2002
每股收益/扣除后(元)	0.0266	0.0414	0.0815
每股经营现金流量(元)	0.1100	0.0275	0.0548
每股净资产/调整后(元)	3.2580	3.1788	3.1413
每股公积金(元)	1.6985	1.6983	1.6951
净资产收益率(%)	0.8000	3.3500	2.5500
总资产(万元)	70921.16	70896.84	69299.48
股东权益(万元)	44351.07	44103.51	42811.98
未分配利润(万元)	5384.75	5031.87	3818.75
主营收入(万元)	6145.76	17044.87	18181.33
资本公积金(万元)	23124.58	23121.31	23078.12
主营利润(万元)	2474.13	8379.92	8724.07
其他业务利润(万元)	-7.20	0.88	-0.01
营业利润(万元)	295.63	921.84	1536.61
投资收益(万元)		-164.07	-18.40
补贴收入(万元)		1000.00	1000.00
营业外收支(万元)	-11.03	-96.46	-0.19
利润总额(万元)	284.61	1661.32	1502.14
净利润(万元)	352.88	1477.24	1091.44

十大股东

序号	股东名称	股份性质	持股数(万股)	比例(%)
1	众生集团	国有法人股	9995.52	73.42
2	仙竹洗涤	法人股	35.00	0.26
3	智益投资	法人股	35.00	0.26
4	竹林耐材	法人股	35.00	0.26
5	新华包装	法人股	14.00	0.10
6	王其录	流通股	13.73	0.10
7	刘富友	流通股	13.51	0.10
8	张发知	流通股	11.00	0.08
9	梁学华	流通股	10.00	0.07
10	郭德清	流通股	9.64	0.07

股东人数	2004.6	2003.12	2003.6	2002
	10137	10368	11352	13039

近年分配		近年配股/增发	

重大事项

报告期内,公司利用自有资金投资建设了"新建帕珠沙星原料车间项目",已投入资金8,377,586.00元,项目正在建设中,预计下半年将竣工。

二〇〇三年以来市场表现

2003年涨跌幅(%)	4.53
2003年最高(元)	16.98
2003年最低(元)	13.00
2003年换手率(%)	40.45
2004.06涨跌幅(%)	-8.67
2004.06最高(元)	16.23
2004.06最低(元)	13.02
2004.06换手率(%)	22.14

山东万杰高科技股份有限公司

公司概况							
公司名称	山东万杰高科技股份有限公司			股票代码	600223		
注册地址	山东省淄博高新技术开发区			邮政编码	255086		
法人代表	刘东			董秘	孙峰		
电话	0533-3585809			传真	0533-3585836		
主营业务	医疗康复、医用新材料						
总股本	53625.00	流通 A	21131.50	流通 B		流通 H	
审计单位				审计意见	未审计		

主要财务指标 年度	2004.6	2003	2002
每股收益 / 扣除后(元)	0.0769	0.1900	0.1800
每股经营现金流量(元)	0.1580	0.6300	0.3100
每股净资产 / 调整后(元)	3.1600	3.0900	2.9000
每股公积金(元)	1.4084	1.4084	1.3864
净资产收益率(%)	2.4300	6.0800	6.5500
总资产(万元)	419541.34	399402.47	290205.59
股东权益(万元)	170521.31	166371.31	156072.87
未分配利润(万元)	14879.46	10729.46	11021.71
主营收入(万元)	118017.96	211950.67	113252.20
资本公积金(万元)	75526.72	75526.72	74347.69
主营利润(万元)	9919.74	23334.79	17516.46
其他业务利润(万元)	710.35	977.46	-19.80
营业利润(万元)	5240.08	13390.37	12242.35
投资收益(万元)	-79.53	-79.53	
补贴收入(万元)	8.42	38.64	38.64
营业外收支(万元)	26.78	-122.67	-0.48
利润总额(万元)	5195.76	13226.82	12320.75
净利润(万元)	4150.01	10115.28	10222.39

十大股东 序号	股东名称	股份性质	持股数(万股)	比例(%)
1	万杰集团有限责任公司	法人股	29178.50	54.41
2	博山万通达建筑安装公司	法人股	1950.00	3.64
3	淄博第五棉纺织厂	法人股	559.00	1.04
4	淄博岜山博山毛巾厂	法人股	234.00	0.44
5	淄博岜山染料化工厂	法人股	234.00	0.44
6	山东淄博万通达工业技术研究所	法人股	234.00	0.44
7	兴业证券投资基金	法人股	145.00	0.27
8	刘文武	流通股	132.37	0.25
9	中信证券股份有限公司	流通股	94.40	0.18
10	邵福喜	流通股	85.41	0.16

股东人数	2004.6	2003.12	2003.6	2002
	104503	113520	116781	110251

近年分配	2004 年 7 月 6 日 10 派 1.50	近年配股 / 增发	

重大事项

公司根据 2002 年续签的《综合服务协议》,向万杰集团有限责任公司及其子公司提供供电、供汽服务,其定价原则以本地区的市场价格为交易价格。报告期内关联交易金额为 30,239,682.65 元,均以现金方式结算。该项关联交易占同类项目交易比例为:30.1%。。

二〇〇三年以来市场表现

2003 年涨跌幅(%)	-1.49
2003 年最高(元)	7.80
2003 年最低(元)	5.60
2003 年换手率(%)	134.30
2004.06 涨跌幅(%)	-5.88
2004.06 最高(元)	7.92
2004.06 最低(元)	5.52
2004.06 换手率(%)	136.07

华通天香集团股份有限公司

公司概况							
公司名称	华通天香集团股份有限公司			股票代码	600225		
注册地址	上海市浦东新区张江高科技园区郭守敬路 351 号 2 号楼			邮政编码	200002		
法人代表	薛仕成			董秘	吴云韵		
电话	021-63372666,63372066,0591-7616387			传真	021-63372100,0591-7557949		
主营业务	项目投资开发管理、农业技术						
总股本	22100.01	流通 A	9514.81	流通 B		流通 H	
审计单位				审计意见	未审计		

主要财务指标 年度	2004.6	2003	2002
每股收益 / 扣除后(元)	0.0228	-0.0750	0.1100
每股经营现金流量(元)	0.0980	-0.2100	-0.4400
每股净资产 / 调整后(元)	1.9400	1.8900	2.9300
每股公积金(元)	0.6107	0.6107	0.7713
净资产收益率(%)	1.4300	2.7900	5.1100
总资产(万元)	132615.81	140055.05	127929.90
股东权益(万元)	43798.79	43173.40	41866.31
未分配利润(万元)	6491.93	5866.53	4763.51
主营收入(万元)	19592.55	42715.39	42000.07
资本公积金(万元)	13502.20	13502.20	15502.79
主营利润(万元)	4070.54	4296.44	7439.41
其他业务利润(万元)	6.82	24.82	-2.43
营业利润(万元)	465.26	-4090.83	720.34
投资收益(万元)	61.57	6249.76	2982.39
补贴收入(万元)	100.93	94.52	-0.47
营业外收支(万元)	-18.86	23.42	0.26
利润总额(万元)	608.91	2276.87	3984.74
净利润(万元)	625.40	1202.52	2129.17

十大股东 序号	股东名称	股份性质	持股数(万股)	比例(%)
1	福建华通置业	法人股	4422.00	20.01
2	华通国际招商集团	法人股	2901.00	13.13
3	福清市国有资产营运投资	国有股	1947.00	8.81
4	福清市粮食经济开发总公司	法人股	724.14	3.28
5	景宁自治县金泰商贸易有限公司	法人股	567.83	2.57
6	福建华兴信托	法人股	495.00	2.24
7	浙江耀江投资管理有限公司	法人股	398.12	1.80
8	杭州国梁经济信息咨询有限公司	法人股	165.00	0.75
9	海城市第一粮库	法人股	165.00	0.75
10	福州市粮食购销有限公司	法人股	132.00	0.60

股东人数	2004.6	2003.12	2003.6	2002
	27682	16479	16185	13753

近年分配		近年配股 / 增发	

重大事项

2004 年 6 月 17 日,五届董事会第八次会议审议通过关于受让新沃科技发展(深圳)有限公司在北京天香园生物科技投资有限公司(以下简称"北京天香园")的出资 1260.48 万元的议案。转让后,公司在北京天香园的出资为 7860.48 万元,占北京天香园注册资金的 46.79%。

二〇〇三年以来市场表现

2003 年涨跌幅(%)	-29.55
2003 年最高(元)	9.64
2003 年最低(元)	4.81
2003 年换手率(%)	219.44
2004.06 涨跌幅(%)	-10.66
2004.06 最高(元)	6.80
2004.06 最低(元)	4.35
2004.06 换手率(%)	306.94

浙江升华拜克生物股份有限公司

公司概况

公司名称	浙江升华拜克生物股份有限公司			股票代码	600226		
注册地址	浙江省湖州市经济技术开发区			邮政编码	313220		
法人代表	吴梦根			董秘	唐劲然		
电话	0572-8402738			传真	0572-8402738		
主营业务	生物农药、兽药						
总股本	27036.62	流通 A	9744.00	流通 B		流通 H	
审计单位				审计意见	未审计		

主要财务指标

年度	2004.6	2003	2002
每股收益/扣除后(元)	0.0829	0.1483	0.1870
每股经营现金流量(元)	0.0250	0.3700	0.2990
每股净资产/调整后(元)	2.9900	3.0500	3.0100
每股公积金(元)	1.6511	1.6508	1.6450
净资产收益率(%)	3.0700	6.0600	6.1800
总资产(万元)	114317.41	111418.60	99034.60
股东权益(万元)	81198.26	82675.35	77514.75
未分配利润(万元)	5317.39	6882.08	2618.62
主营收入(万元)	38330.93	60372.92	24308.95
资本公积金(万元)	44640.54	44632.83	44474.81
主营利润(万元)	6367.73	10805.66	7519.72
其他业务利润(万元)	48.34	66.08	-0.66
营业利润(万元)	3371.53	5500.37	4985.08
投资收益(万元)	7.65	357.68	641.00
补贴收入(万元)	336.15	446.90	89.82
营业外收支(万元)	37.00	-99.39	4.36
利润总额(万元)	3752.34	6205.56	6235.37
净利润(万元)	2490.80	5010.27	5041.00

十大股东

序号	股东名称	股份性质	持股数(万股)	比例(%)
1	升华集团控股有限公司	法人股	13020.84	48.16
2	源裕投资有限公司	外资法人股	1875.48	6.94
3	天津开发区鸿基置业有限公司	法人股	1351.97	5.00
4	浙江省科技风险投资有限公司	国有股	698.61	2.58
5	华泰证券有限责任公司	流通 A 股	682.38	2.52
6	华宝兴业多策略增长证券投资基金	流通 A 股	411.76	1.52
7	浙江名策投资有限公司	法人股	345.72	1.28
8	嘉实成长收益型证券投资基金	流通 A 股	320.61	1.19
9	嘉实增长开放式证券投资基金	流通 A 股	194.89	0.72
10	嘉实服务增值行业证券投资基金	流通 A 股	149.99	0.55

股东人数	2004.6	2003.12	2003.6	2002
	26435	31568	32956	32560

近年分配	2004 年 5 月 25 日 10 派 1.50	近年配股/增发	

重大事项

根据公司第二届十四次董事会会议通过的《关于向德清县国土资源局办理国有土地出让手续的议案1》,公司本期与浙江省德清县国土资源局签订《国有土地使用权出让合同》,以出让方式取得 85848.36 平方米国有土地使用权,截止 2004 年 6 月 30 日已付清土地全部价款 8,498,962.24 元,2004 年 7 月 16 日,公司已取得上述土地的国有土地使用证。

二〇〇三年以来市场表现

2003 年涨跌幅(%)	-48.95
2003 年最高(元)	12.78
2003 年最低(元)	5.23
2003 年换手率(%)	419.28
2004.06 涨跌幅(%)	14.24
2004.06 最高(元)	8.23
2004.06 最低(元)	5.59
2004.06 换手率(%)	256.16

贵州赤天化股份有限公司

公司概况

公司名称	贵州赤天化股份有限公司			股票代码	600227		
注册地址	贵州省贵阳市新添大道 310 号			邮政编码	564707		
法人代表	郑才友			董秘	杨呈祥		
电话	0852-2878788			传真	0852-2878874		
主营业务	氮肥,磷肥,复合肥,化工产品生产						
总股本	17000.00	流通 A	7000.00	流通 B		流通 H	
审计单位				审计意见	未审计		

主要财务指标

年度	2004.6	2003	2002
每股收益/扣除后(元)	0.3094	0.3340	0.2930
每股经营现金流量(元)	1.3038	0.5620	0.3970
每股净资产/调整后(元)	4.7940	4.8210	4.4020
每股公积金(元)	2.7535	2.7535	2.7535
净资产收益率(%)	6.2600	8.7000	8.1900
总资产(万元)	112348.16	97040.77	86851.57
股东权益(万元)	83816.25	81973.48	74838.25
未分配利润(万元)	12855.74	12061.52	6353.34
主营收入(万元)	31075.51	58946.86	65939.32
资本公积金(万元)	46809.08	46809.08	46809.08
主营利润(万元)	8394.35	11677.53	10707.29
其他业务利润(万元)	58.17	64.19	-0.45
营业利润(万元)	6187.57	6586.33	6048.90
投资收益(万元)	172.00	1172.78	594.78
补贴收入(万元)		396.90	-2.53
营业外收支(万元)		-1.94	-0.02
利润总额(万元)	6359.56	8154.08	7236.48
净利润(万元)	5242.78	7135.22	6125.92

十大股东

序号	股东名称	股份性质	持股数(万股)	比例(%)
1	贵州赤天化集团有限责任公司	国有法人股	9708.12	57.11
2	贵州赤天化集团有限责任公司工会	境内法人股	221.88	1.31
3	中国工商银行-国联安德盛小盘精选证券投资基金	流通 A 股	67.25	0.40
4	贵州大隆电子有限公司	境内法人股	40.00	0.24
5	上海港集装箱股份有限公司	流通 A 股	20.95	0.12
6	贵州新锦竹木制品有限公司	境内法人股	20.00	0.12
7	中国银行-嘉实服务增值行业证券投资基金	流通 A 股	20.00	0.12
8	王明利	流通 A 股	19.10	0.11
9	李钢	流通 A 股	17.25	0.10
10	胡媛媛	流通 A 股	14.98	0.09

股东人数	2004.6	2003.12	2003.6	2002
	41259	42758	44562	46323

近年分配	2004 年 5 月 24 日 10 派 2.00	近年配股/增发	

重大事项

按照已签合同,公司支付控股股东赤天化集团有限责任公司液氨委托加工费 5,700.27 万元,支付转供电费 478.45 万元,支付水、汽供应费用 5,065.81 万元,支付零星购材料及劳务费 554.97 万元;按照已签合同,公司支付关联方赤天化天鑫化工有限公司购甲醛费 298.45 万元。

二〇〇三年以来市场表现

2003 年涨跌幅(%)	7.53
2003 年最高(元)	10.60
2003 年最低(元)	7.70
2003 年换手率(%)	135.83
2004.06 涨跌幅(%)	-10.10
2004.06 最高(元)	9.88
2004.06 最低(元)	7.76
2004.06 换手率(%)	89.73

江西昌九生物化工股份有限公司

公司概况							
公司名称	江西昌九生物化工股份有限公司			股票代码	600228		
注册地址	江西省南昌市高新区高新一路创业大厦			邮政编码	330077		
法人代表	肖建国			董秘	张浩		
电话	0791-8504560,8504386			传真	0791-8504797		
主营业务	化肥、化工产品						
总股本	28800.00	流通 A	9600.00	流通 B		流通 H	
审计单位				审计意见	未审计		

主要财务指标

年度	2004.6	2003	2002
每股收益/扣除后(元)	0.0187	-0.0810	0.0040
每股经营现金流量(元)	0.0070	-0.0110	-0.0770
每股净资产/调整后(元)	1.2110	1.1790	1.5490
每股公积金(元)	0.4949	0.4949	0.4949
净资产收益率(%)	1.4970	-26.4350	0.2320
总资产(万元)	77777.78	77551.78	78588.84
股东权益(万元)	36913.41	36364.91	45978.15
未分配利润(万元)	-7587.73	-8136.23	1477.49
主营收入(万元)	23847.95	41441.24	30201.83
资本公积金(万元)	14252.05	14252.05	14252.05
主营利润(万元)	3279.25	5199.69	4036.87
其他业务利润(万元)	-115.20	343.35	-3.83
营业利润(万元)	633.39	-8282.31	-210.46
投资收益(万元)	24.37	-1160.91	500.92
补贴收入(万元)		131.33	2.73
营业外收支(万元)	-88.04	-166.09	-0.74
利润总额(万元)	569.72	-9477.99	485.46
净利润(万元)	548.50	-9613.24	106.74

十大股东

序号	股东名称	股份性质	持股数(万股)	比例(%)
1	江西昌九化工集团有限公司	国有法人股	18950.00	65.80
2	景德镇市开门子农用化工有限公司	国有法人股	250.00	0.87
3	王青	流通A股	47.24	0.16
4	吴惠霞	流通A股	44.45	0.15
5	苏伟强	流通A股	40.00	0.14
6	郭峰	流通A股	34.64	0.12
7	冯锡如	流通A股	31.26	0.11
8	赵霞	流通A股	29.80	0.10
9	李寿梅	流通A股	28.77	0.10
10	上官火山	流通A股	28.38	0.10

股东人数	2004.6	2003.12	2003.6	2002
	34304	28931	4431	3402

近年分配		近年配股/增发	

重大事项

2004年6月10日召开的公司2003年度股东大会审议通过了《关于修改公司章程部分条款的议案》,根据中国证监会《关于规范上市公司与关联方资金往来及上市公司对外担保若干问题的通知》的精神,修订了《公司章程》中的相应条款。

二〇〇三年以来市场表现

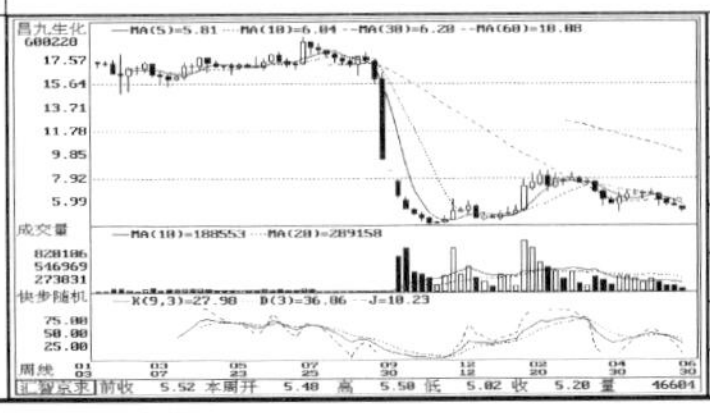

2003年涨跌幅(%)	-73.80
2003年最高(元)	19.50
2003年最低(元)	4.06
2003年换手率(%)	686.98
2004.06涨跌幅(%)	13.79
2004.06最高(元)	8.48
2004.06最低(元)	4.38
2004.06换手率(%)	803.12

青岛碱业股份有限公司

公司概况							
公司名称	青岛碱业股份有限公司			股票代码	600229		
注册地址	山东省青岛市四流北路78号			邮政编码	266043		
法人代表	罗方辉			董秘	邹怀基		
电话	0532-4822574			传真	0532-4815402		
主营业务	纯碱、肥料、农药						
总股本	29512.62	流通 A	12444.54	流通 B		流通 H	
审计单位				审计意见	未审计		

主要财务指标

年度	2004.6	2003	2002
每股收益/扣除后(元)	0.0670	0.1300	0.1600
每股经营现金流量(元)	0.1330	0.3700	0.3500
每股净资产/调整后(元)	2.8400	2.9400	2.7900
每股公积金(元)	1.2772	1.2772	1.2596
净资产收益率(%)	2.2600	4.4300	5.8200
总资产(万元)	183474.53	177260.66	167010.87
股东权益(万元)	86127.71	88020.01	83596.37
未分配利润(万元)	11695.46	13587.76	10465.35
主营收入(万元)	54769.26	94663.78	95977.22
资本公积金(万元)	37693.32	37693.32	37172.70
主营利润(万元)	9674.71	19309.58	20769.67
其他业务利润(万元)	347.79	385.31	11.41
营业利润(万元)	2193.04	5168.03	6543.22
投资收益(万元)	508.67	399.75	86.24
补贴收入(万元)			
营业外收支(万元)	-50.25	-84.74	15.43
利润总额(万元)	2651.47	5483.04	6820.92
净利润(万元)	1944.34	3903.01	4863.93

十大股东

序号	股东名称	股份性质	持股数(万股)	比例(%)
1	青岛海湾集团有限公司	国家股	13624.58	46.17
2	青岛天柱化工集团有限公司	境内法人股	2730.43	9.25
3	青岛凯联集团有限责任公司	国家股	550.00	1.86
4	青岛天柱化工机械厂	境内法人股	65.22	0.22
5	同德证券投资基金	流通A股	46.72	0.16
6	青岛天柱橡胶厂	境内法人股	43.48	0.15
7	青岛天柱煤气公司	境内法人股	30.43	0.10
8	青岛财信资产经营有限责任公司	流通A股	28.92	0.10
9	朱明	流通A股	25.93	0.09
10	王西荣	流通A股	27.44	0.09

股东人数	2004.6	2003.12	2003.6	2002
	65686	68883	71343	70876

近年分配	2004年6月22日10派1.30	近年配股/增发	

重大事项

司2004年4月28日召开的第四届董事会第三次会议审议通过《关于住商肥料(青岛)有限公司年产20万吨复合肥项目的议案》,该议案审议通过后,公司与日本住友商事株式会社于2004年6月15日在青岛平度正式签署《住商肥料(青岛)有限公司合资经营合同》,现该公司按照程序正在抓紧公司注册、工程设计等前期工作。

二〇〇三年以来市场表现

2003年涨跌幅(%)	-22.41
2003年最高(元)	7.47
2003年最低(元)	4.50
2003年换手率(%)	108.74
2004.06涨跌幅(%)	-6.06
2004.06最高(元)	6.35
2004.06最低(元)	4.60
2004.06换手率(%)	70.26

河北沧州大化股份有限公司

公司概况

公司名称	河北沧州大化股份有限公司			股票代码	600230		
注册地址	河北省沧州市北环中路66号			邮政编码	061000		
法人代表	杨立			董秘	王游		
电话	0317-3556143			传真	0317-3025065		
主营业务	合成氨、尿素、硝酸						
总股本	25933.16	流通 A	8000.00	流通 B		流通 H	
审计单位				审计意见	未审计		

主要财务指标

年度	2004.6	2003	2002
每股收益/扣除后(元)	0.0833	0.0947	0.0780
每股经营现金流量(元)	0.5630	0.6600	0.4180
每股净资产/调整后(元)	2.5520	2.5400	2.4460
每股公积金(元)	1.3743	1.3743	1.3728
净资产收益率(%)	3.2030	4.4500	3.1520
总资产(万元)	172132.03	174092.98	85008.14
股东权益(万元)	67158.66	67082.35	64057.53
未分配利润(万元)	2572.84	421.88	108.26
主营收入(万元)	56282.10	100465.88	68631.19
资本公积金(万元)	35640.83	35640.83	35601.18
主营利润(万元)	8619.17	13523.09	11165.31
其他业务利润(万元)	210.77	287.78	-0.24
营业利润(万元)	3263.77	3066.01	7005.04
投资收益(万元)		-4.53	-2521.89
补贴收入(万元)		1152.26	1152.26
营业外收支(万元)	-12.48	-129.79	-0.74
利润总额(万元)	3251.29	4083.96	4436.00
净利润(万元)	2150.96	2985.16	2019.33

十大股东

序号	股东名称	股份性质	持股数(万股)	比例(%)
1	河北沧州大化集团有限责任公司	国家股	17724.16	68.35
2	北京证券有限责任公司	流通A股	759.80	2.93
3	中国工商银行-国联安德盛小盘精选证券投资基金	流通A股	82.68	0.32
4	河北经济贸易投资有限公司	国家股	79.00	0.30
5	河北沧州塑料集团股份有限公司	境内法人股	32.50	0.13
6	河北三威贸易有限公司	境内法人股	32.50	0.13
7	中国农业生产资料天津公司	境内法人股	32.50	0.13
8	中国化学工程第十三建设公司	境内法人股	32.50	0.13
9	路芳萍	流通A股	28.21	0.11
10	岑岗崎	流通A股	26.82	0.10

股东人数	2004.6	2003.12	2003.6	2002
	36204	37670	38990	39630

近年分配	2004年5月12日10派0.80	近年配股/增发	

重大事项

根据河北省沧州市中级人民法院裁定，沧州市供销社第一农业生产资料公司和沧州市供销社第二农业生产资料公司进入破产程序。两公司在经营期间分别拖欠我公司货款334.18万元和172.48万元，我公司已依法按期向沧州市中级人民法院申报债权。目前本案还在审理之中。本公司已根据实际情况全额计提坏账损失合计506.66万元。

二〇〇三年以来市场表现

2003年涨跌幅(%)	-17.00
2003年最高(元)	8.37
2003年最低(元)	5.50
2003年换手率(%)	101.01
2004.06涨跌幅(%)	-1.02
2004.06最高(元)	7.46
2004.06最低(元)	5.59
2004.06换手率(%)	95.14

凌源钢铁股份有限公司

公司概况

公司名称	凌源钢铁股份有限公司			股票代码	600231		
注册地址	辽宁省凌源市钢铁路3号			邮政编码	122500		
法人代表	高益荣			董秘	何东生		
电话	0421-6834429			传真	0421-6830436		
主营业务	连铸钢坯、热轧小型材						
总股本	52390.00	流通 A	21378.50	流通 B		流通 H	
审计单位				审计意见	未审计		

主要财务指标

年度	2004.6	2003	2002
每股收益/扣除后(元)	0.2919	0.8040	0.4660
每股经营现金流量(元)	0.3422	0.5080	0.4900
每股净资产/调整后(元)	3.7030	3.5390	3.4890
每股公积金(元)	0.8355	0.8355	1.3836
净资产收益率(%)	8.4900	23.7400	14.4100
总资产(万元)	282244.12	304514.22	225705.80
股东权益(万元)	194061.77	185452.66	141334.94
未分配利润(万元)	74142.24	57674.63	28118.08
主营收入(万元)	291004.25	359563.37	247509.42
资本公积金(万元)	43769.85	43769.85	55759.85
主营利润(万元)	27047.06	71650.72	39569.91
其他业务利润(万元)	602.75	1044.40	-7.60
营业利润(万元)	23326.74	60140.96	26156.75
投资收益(万元)	21.42	50.56	130.85
补贴收入(万元)			
营业外收支(万元)	-560.68	-6080.50	-7.35
利润总额(万元)	22787.48	54111.02	25630.96
净利润(万元)	16467.61	44017.71	20368.69

十大股东

序号	股东名称	股份性质	持股数(万股)	比例(%)
1	凌源钢铁集团有限责任公司	国家股	30166.50	57.58
2	同德证券投资基金	流通A股	140.00	0.27
3	阿克苏地区民用爆破器材专卖有限公司	境内法人股	84.50	0.16
4	朝阳市第一建筑工程公司	境内法人股	84.50	0.16
5	凌源市万元店铁矿	境内法人股	84.50	0.16
6	凌钢集团汽车运输有限责任公司	境内法人股	67.60	0.13
7	凌钢集团生活服务有限责任公司	境内法人股	67.60	0.13
8	杨传刚	流通A股	55.53	0.11
9	上海市企业年金发展中心湘财平衡	流通A股	55.47	0.11
10	凌钢集团机械制造有限责任公司	境内法人股	50.70	0.10

股东人数	2004.6	2003.12	2003.6	2002
	73060	68209	73963	67947

近年分配	2004年5月17日10派1.50	近年配股/增发	

重大事项

根据国税发[1999]49号文《企业技术开发费税前扣除管理办法》，报告期，公司按发生技术开发费50%抵扣应纳税所得额3636万元，抵减企业所得税1200万元。

二〇〇三年以来市场表现

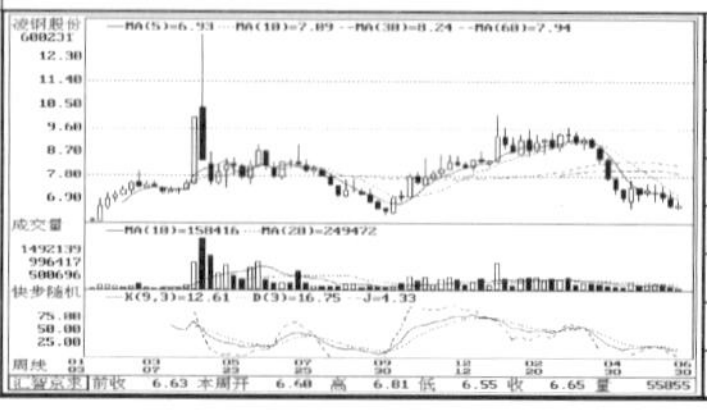

2003年涨跌幅(%)	75.60
2003年最高(元)	10.10
2003年最低(元)	4.35
2003年换手率(%)	785.59
2004.06涨跌幅(%)	-17.19
2004.06最高(元)	9.96
2004.06最低(元)	6.55
2004.06换手率(%)	328.38

浙江金鹰股份有限公司

公司概况

公司名称	浙江金鹰股份有限公司			股票代码	600232		
注册地址	浙江省舟山市定海区			邮政编码	316051		
法人代表	傅国定			董秘	焦康涛		
电话	0580-8021228			传真	0580-8020228		
主营业务	绢、麻、丝、毛纺机械						
总股本	21885.19	流通 A	5850.00	流通 B		流通 H	
审计单位				审计意见	未审计		

主要财务指标

年度	2004.6	2003	2002
每股收益/扣除后(元)	0.2324	0.5990	0.2880
每股经营现金流量(元)	-0.1410	0.8420	0.2210
每股净资产/调整后(元)	2.9500	2.7960	2.1460
每股公积金(元)	0.7000	0.7000	0.6517
净资产收益率(%)	8.5100	21.1800	13.8800
总资产(万元)	124962.14	108079.65	84992.18
股东权益(万元)	65194.43	61831.73	47696.53
未分配利润(万元)	21581.38	9348.63	7160.11
主营收入(万元)	54928.81	105555.43	71405.08
资本公积金(万元)	15320.20	15320.20	14263.09
主营利润(万元)	10756.77	24719.75	14206.51
其他业务利润(万元)	137.67	199.72	513.94
营业利润(万元)	7368.84	17682.65	9216.69
投资收益(万元)	60.61	1.22	82.63
补贴收入(万元)	172.27	127.30	1.63
营业外收支(万元)	437.73	-749.61	-17.51
利润总额(万元)	8039.45	17061.56	9327.21
净利润(万元)	5551.22	13093.86	6475.62

十大股东

序号	股东名称	股份性质	持股数(万股)	比例(%)
1	浙江金鹰集团公司	境内法人股	14840.49	67.81
2	定海小沙实业总公司	境内法人股	910.00	4.16
3	富国动态平衡证券投资基金	流通 A 股	364.00	1.66
4	汉盛基金证券投资基金	流通 A 股	223.84	1.02
5	舟山制衣有限公司	境内法人股	198.25	0.91
6	定海绢纺炼绸厂	境内法人股	86.45	0.40
7	金鼎基金证券投资基金	流通 A 股	60.00	0.27
8	金盛基金证券投资基金	流通 A 股	54.10	0.25
9	刁燕燕	流通 A 股	28.41	0.13
10	刘永刚	流通 A 股	25.57	0.12

股东人数

2004.6	2003.12	2003.6	2002
7800	10454	9946	11792

近年分配	近年配股/增发
2004 年 6 月 16 日 10 派 1.00	

重大事项

公司 2003 年度股东大会审议通过了公司 2003 年度利润分配方案：以 2003 年末总股本 218851880 股为基数，向全体股东每 10 股派发现金红利 1.00 元(含税)，共派发现金红利 21885188.00 元。股权登记日 2004 年 6 月 15 日，除息日 2004 年 6 月 16 日，红利发放日 2004 年 6 月 25 日。

二〇〇三年以来市场表现

2003 年涨跌幅(%)	-16.54
2003 年最高(元)	11.55
2003 年最低(元)	7.49
2003 年换手率(%)	118.05
2004.06 涨跌幅(%)	43.57
2004.06 最高(元)	11.89
2004.06 最低(元)	7.63
2004.06 换手率(%)	140.22

大连大杨创世股份有限公司

公司概况

公司名称	大连大杨创世股份有限公司			股票代码	600233		
注册地址	大连市杨树房经济开发小区			邮政编码	116600		
法人代表	石祥麟			董秘	胡冬梅		
电话	0411-87610778			传真	0411-87612800		
主营业务	中高档男西装、女时装						
总股本	16500.00	流通 A	7500.00	流通 B		流通 H	
审计单位				审计意见	未审计		

主要财务指标

年度	2004.6	2003	2002
每股收益/扣除后(元)	0.0279	0.1300	0.1500
每股经营现金流量(元)	0.0690	0.4700	0.3300
每股净资产/调整后(元)	2.6500	2.7300	2.5700
每股公积金(元)	1.1282	1.1281	1.1276
净资产收益率(%)	1.0900	5.7400	6.3500
总资产(万元)	57818.73	59488.05	56662.49
股东权益(万元)	44426.70	45591.94	42965.83
未分配利润(万元)	2386.90	3848.86	1931.95
主营收入(万元)	16940.11	37060.87	35496.02
资本公积金(万元)	18614.45	18614.45	18605.40
主营利润(万元)	3031.75	7105.72	6979.81
其他业务利润(万元)	40.34	141.36	3.05
营业利润(万元)	1144.73	4176.82	3933.68
投资收益(万元)	-185.60	-494.68	-511.82
补贴收入(万元)	10.00	609.80	17.18
营业外收支(万元)	2.01	30.08	-1.17
利润总额(万元)	971.14	4322.03	4376.53
净利润(万元)	484.76	2617.06	2726.28

十大股东

序号	股东名称	股份性质	持股数(万股)	比例(%)
1	大杨集团有限责任公司	法人股	9000.00	54.55
2	王翠玉	流通 A 股	25.43	0.15
3	林宝富	流通 A 股	21.50	0.13
4	董仲喜	流通 A 股	21.40	0.13
5	陈长盛	流通 A 股	19.94	0.12
6	卢其美	流通 A 股	18.16	0.11
7	何文秀	流通 A 股	17.97	0.11
8	李桂莲	流通 A 股	17.63	0.11
9	谢彦鹏	流通 A 股	16.67	0.10
10	任文书	流通 A 股	16.64	0.10

股东人数

2004.6	2003.12	2003.6	2002
28702	28416	28873	28239

近年分配	近年配股/增发
2004 年 8 月 18 日 10 派 0.8	

重大事项

2004 年 3 月 24 日公司 2004 年第一次董事会审议通过了公司 2003 年度利润分配预案：以 2003 年总股本 16,500 万股为基数，向全体股东按每 10 股派现金股利 1.00 元(含税)，可分配利润支出总额为 16,500,000.00 元，剩余利润 21,988,619.98 元结转下年度。该方案于 2004 年 6 月 26 日获公司第十三次股东大会(2003 年度股东大会)批准。

二〇〇三年以来市场表现

2003 年涨跌幅(%)	-35.76
2003 年最高(元)	8.54
2003 年最低(元)	4.54
2003 年换手率(%)	104.52
2004.06 涨跌幅(%)	4.12
2004.06 最高(元)	6.43
2004.06 最低(元)	4.69
2004.06 换手率(%)	135.41

太原天龙集团股份有限公司

公司概况

公司名称	太原天龙集团股份有限公司	股票代码	600234
注册地址	太原市迎泽大街 291 号	邮政编码	030001
法人代表	田家俊	董秘	白耀宏
电话	0351-4040922	传真	0351-4810073
主营业务	生产和销售电子产品和家用电器		
总股本	9386	流通 A	4300
流通 B		流通 H	
审计单位	山西天元会计师事务所	审计意见	无法表示意见

主要财务指标

年度	2004.6	2003	2002
每股收益 / 扣除后(元)	-0.2400	0.0400	-0.7100
每股经营现金流量(元)	-1.2897	1.0800	-0.3300
每股净资产 / 调整后(元)	1.2200	1.4700	0.7200
每股公积金(元)	2.4746	2.4746	1.9310
净资产收益率(%)	-16.4025	13.7400	-177.2900
总资产(万元)	98661.40	79222.14	58372.56
股东权益(万元)	12830.55	15123.10	7941.73
未分配利润(万元)	-21580.15	-19287.59	-20830.05
主营收入(万元)	65679.98	67549.10	13985.41
资本公积金(万元)	23226.77	23226.77	18123.99
主营利润(万元)	5270.87	11422.22	-2142.07
其他业务利润(万元)	69.93	143.51	45.31
营业利润(万元)	-1939.56	1319.15	-12508.12
投资收益(万元)	3.19	1718.51	-1468.24
补贴收入(万元)			
营业外收支(万元)	-25.98	-29.60	0.42
利润总额(万元)	-1962.35	3008.06	-14080.14
净利润(万元)	-2292.55	2078.60	-14080.14

十大股东

序号	股东名称	股份性质	持股数(万股)	比例(%)
1	东莞市金正数码科技有限公司	社会法人股	2721.94	29.00
2	山西天龙山古文化发展有限公司	社会法人股	1627.43	17.34
3	太原市财政局	国有法人股	664.06	7.08
4	中国五矿贵稀矿产品进出口公司	社会法人股	30.00	0.32
5	韩炜光	流通 A 股	17.62	0.19
6	曹玉宝	流通 A 股	15.93	0.17
7	郭建中	流通 A 股	13.90	0.15
8	张铁军	流通 A 股	12.50	0.13
9	刘刚	流通 A 股	12.20	0.13
10	赵永强	流通 A 股	10.02	0.11

股东人数	2004.6	2003.12	2003.6	2002
	21896	23757	26868	28526

近年分配		近年配股/增发	

重大事项

公司与广东金正电子有限公司进行了资产置换，在原经营范围的基础上增加了 生产及销售 VCD 机、DVD 机、功放、音箱等电子产品及家用电器及销售通信器材等。置换双方已按资产置换方案实施，原广东金正电子有限公司的视频业务已置换进入天龙集团，由天龙集团东莞分公司管理、经营，与视频业务相关人员进入天龙集团东莞分公司。

二〇〇三年以来市场表现

2003 年涨跌幅(%)	-53.33
2003 年最高(元)	12.98
2003 年最低(元)	4.45
2003 年换手率(%)	318.73
2004.06 涨跌幅(%)	7.25
2004.06 最高(元)	10.94
2004.06 最低(元)	4.59
2004.06 换手率(%)	316.49

民丰特种纸股份有限公司

公司概况

公司名称	民丰特种纸股份有限公司	股票代码	600235
注册地址	浙江省嘉兴市用里街 70 号	邮政编码	314000
法人代表	吕士林	董秘	郑健
电话	0573-2812992	传真	0573-2812992
主营业务	特种用纸和卷烟配套用纸		
总股本	26340.00	流通 A	8840.00
流通 B		流通 H	
审计单位		审计意见	未审计

主要财务指标

年度	2004.6	2003	2002
每股收益 / 扣除后(元)	0.1077	0.2281	0.2614
每股经营现金流量(元)	0.0200	0.1798	0.4119
每股净资产 / 调整后(元)	3.1550	3.2080	3.1077
每股公积金(元)	1.8585	1.8585	1.9151
净资产收益率(%)	3.3800	6.8764	8.4703
总资产(万元)	214257.47	198478.84	148422.09
股东权益(万元)	83919.61	85036.86	55576.25
未分配利润(万元)	5191.69	6308.94	1267.35
主营收入(万元)	27492.49	47175.87	38801.42
资本公积金(万元)	48952.31	48952.31	33897.60
主营利润(万元)	8259.83	15307.53	12568.06
其他业务利润(万元)	435.80	472.71	77.10
营业利润(万元)	2686.82	6309.43	5224.42
投资收益(万元)	678.41	1043.38	1319.02
补贴收入(万元)	84.00		
营业外收支(万元)	-134.87	-317.97	-1.59
利润总额(万元)	3314.37	7034.83	6437.15
净利润(万元)	2833.75	5847.44	4707.49

十大股东

序号	股东名称	股份性质	持股数(万股)	比例(%)
1	民丰集团公司	国有法人股	17346.00	65.85
2	金通证券股份有限公司	流通 A 股	720.72	2.74
3	杭州金理财投资咨询有限公司	流通 A 股	290.58	1.10
4	浙江省信鸿实业有限责任公司	流通 A 股	120.00	0.46
5	嘉兴市商贸资产经营投资有限公司	境内法人股	91.00	0.35
6	中信信托投资有限责任公司	流通 A 股	89.71	0.34
7	五矿集团财务有限责任公司	流通 A 股	82.00	0.31
8	陆勤勋	流通 A 股	51.52	0.20
9	深圳市国傲通实业有限公司	流通 A 股	42.56	0.16
10	浙江诚信包装材料有限公司	流通 A 股	41.87	0.16

股东人数	2004.6	2003.12	2003.6	2002
	5536	5047	5265	3856

近年分配	2004 年 6 月 2 日 10 派 1.50	近年配股/增发	

重大事项

本公司分别于 2003 年 8 月 9 日(公告编号:临 2003-014)、2004 年 2 月 7 日(公告编号:临 2004-001)公告了富春投资有限公司诉民丰集团公司和本公司代付分红款纠纷案、支付股份转让款案两起诉讼的进展情况。近日，该两案的当事人三方本着友好、协商、互谅、互让的精神，进行了庭外和解，并共同签署了《执行和解协议书》。

二〇〇三年以来市场表现

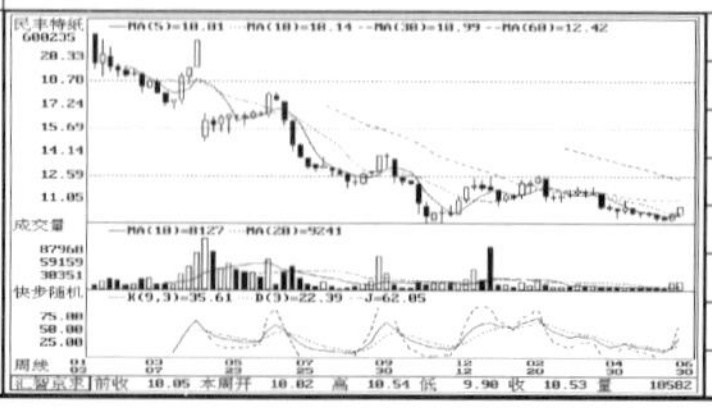

2003 年涨跌幅(%)	-19.44
2003 年最高(元)	17.89
2003 年最低(元)	9.35
2003 年换手率(%)	169.45
2004.06 涨跌幅(%)	-14.81
2004.06 最高(元)	12.50
2004.06 最低(元)	9.63
2004.06 换手率(%)	26.61

广西桂冠电力股份有限公司

公司概况

公司名称	广西桂冠电力股份有限公司			股票代码	600236		
注册地址	广西南宁市民主路北四里6号			邮政编码	530023		
法人代表	杨庆			董秘	张云		
电话	0771-5636271			传真	0771-5620664		
主营业务	水力发电						
总股本	67536.30	流通A	14333.33	流通B		流通H	
审计单位				审计意见	未审计		

主要财务指标

年度	2004.6	2003	2002
每股收益/扣除后(元)	0.1765	0.4300	0.3750
每股经营现金流量(元)	0.0818	0.5900	0.5900
每股净资产/调整后(元)	4.1400	4.2600	3.8600
每股公积金(元)	2.2884	2.2879	2.2876
净资产收益率(%)	4.2500	10.0800	9.8800
总资产(万元)	733806.62	667844.06	385930.62
股东权益(万元)	282468.19	290700.25	261874.69
未分配利润(万元)	16654.27	42985.98	18127.60
主营收入(万元)	29085.29	67730.25	63476.18
资本公积金(万元)	154548.70	154515.02	154493.37
主营利润(万元)	16087.05	39483.65	35427.71
其他业务利润(万元)			
营业利润(万元)	13134.55	33849.15	30833.68
投资收益(万元)	900.44	704.14	45.27
补贴收入(万元)			
营业外收支(万元)	-55.25	-174.98	5.60
利润总额(万元)	13979.74	34378.31	30620.78
净利润(万元)	11995.13	29288.95	25871.66

十大股东

序号	股东名称	股份性质	持股数(万股)	比例(%)
1	广西电力有限公司	国有法人股	36253.73	53.68
2	广西投资集团有限公司	国有法人股	13126.57	19.44
3	黑龙江华富电力投资有限公司	流通A股	647.97	0.96
4	红塔证券股份有限公司	流通A股	595.74	0.88
5	江苏省江海粮油贸易公司	流通A股	443.00	0.66
6	广西壮族自治区水电工程局	境内法人股	384.66	0.57
7	安信证券投资基金	流通A股	300.00	0.44
8	黑龙江省华富发电有限责任公司	流通A股	294.40	0.44
9	天华证券投资基金	流通A股	289.28	0.43
10	广西壮族自治区送变电建设公司	境内法人股	280.10	0.41

股东人数	2004.6	2003.12	2003.6	2002
	63191	73575	72433	78710

近年分配	2004年6月10日10派3.00	近年配股/增发	

重大事项

根据2003年8月15日召开的第四届董事会第九次会议决议，公司于2003年8月21日与中国电力财务公司签订委托贷款协议，委托中国电力财务公司向我公司参股的广西百色银海铝业有限责任公司提供2,000.00万元贷款。贷款期限从2003年8月22日起至2004年8月22日止，委托贷款利率为5.799%。该委托贷款已于2004年6月23日提前收回全部本息。

二〇〇三年以来市场表现

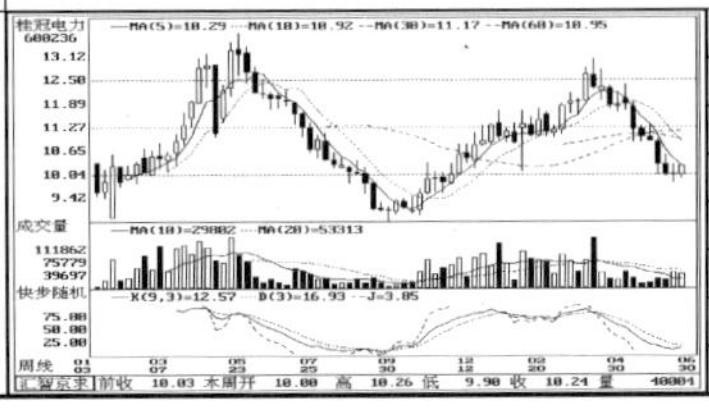

2003年涨跌幅(%)	9.91
2003年最高(元)	13.27
2003年最低(元)	8.40
2003年换手率(%)	190.77
2004.06涨跌幅(%)	-5.62
2004.06最高(元)	12.74
2004.06最低(元)	9.80
2004.06换手率(%)	98.24

安徽铜峰电子股份有限公司

公司概况

公司名称	安徽铜峰电子股份有限公司			股票代码	600237		
注册地址	安徽省铜陵市石城路168号			邮政编码	244000		
法人代表	陈升斌			董秘	周小平		
电话	0562-2819178			传真	0562-2809105		
主营业务	薄膜电容器及其相关材料						
总股本	20000.00	流通A	8000.00	流通B		流通H	
审计单位				审计意见	未审计		

主要财务指标

年度	2004.6	2003	2002
每股收益/扣除后(元)	0.1544	0.1900	0.2600
每股经营现金流量(元)	0.0570	0.4100	0.7400
每股净资产/调整后(元)	2.6300	2.5700	4.6200
每股公积金(元)	0.8565	0.8565	2.5131
净资产收益率(%)	5.9500	9.6200	6.4800
总资产(万元)	83471.27	76783.58	70243.45
股东权益(万元)	53695.12	52501.73	47448.72
未分配利润(万元)	10811.19	10127.49	7871.88
主营收入(万元)	21304.67	31464.33	23644.46
资本公积金(万元)	17130.60	17130.60	25130.60
主营利润(万元)	6859.60	10177.49	7307.29
其他业务利润(万元)	178.55	263.41	-1.69
营业利润(万元)	4077.00	5765.55	3597.45
投资收益(万元)		101.50	159.93
补贴收入(万元)		1142.00	-7.18
营业外收支(万元)	7.78	18.19	0.23
利润总额(万元)	4084.77	7027.23	4285.16
净利润(万元)	3193.39	5053.01	3073.71

十大股东

序号	股东名称	股份性质	持股数(万股)	比例(%)
1	安徽铜峰电子(集团)公司	国有法人股	6219.60	31.10
2	上海泓源聚实业有限公司	境内法人股	3000.00	15.00
3	铜陵市天时投资有限责任公司	境内法人股	1880.40	9.40
4	中国新时代控股(集团)公司	国有法人股	1200.00	6.00
5	汉唐证券有限责任公司	流通A股	774.93	3.87
6	李润发	流通A股	30.07	0.15
7	谭波	流通A股	30.00	0.15
8	陈和平	流通A股	28.39	0.14
9	中国国际钢铁投资公司	流通A股	25.00	0.13
10	罗玉光	流通A股	22.77	0.11

股东人数	2004.6	2003.12	2003.6	2002
	22841	22910	25011	23152

近年分配	2004年4月29日10派1.00	近年配股/增发	

重大事项

根据本公司第二届董事会第十四次会议讨论通过,本公司与安徽铜峰电子(集团)公司签订了《财产租赁协议》,安徽铜峰电子(集团)公司承租本公司办公楼,年租金为105,000.00元,期限暂定为10年,自2002年4月1起计算。2004年1-6月,本公司已实际收到租金52,500.00元。

二〇〇三年以来市场表现

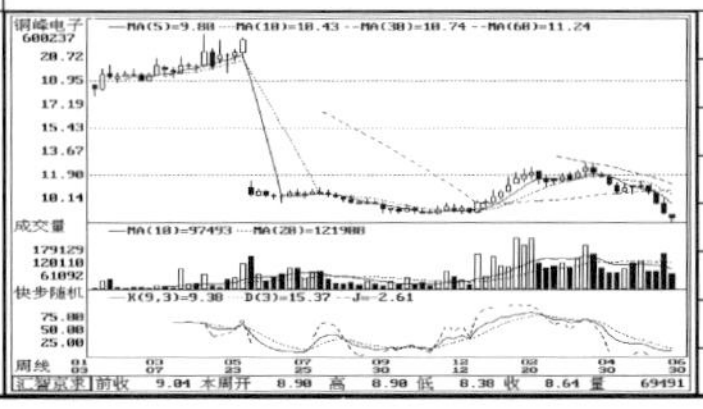

2003年涨跌幅(%)	6.55
2003年最高(元)	11.32
2003年最低(元)	8.75
2003年换手率(%)	271.57
2004.06涨跌幅(%)	-10.74
2004.06最高(元)	12.68
2004.06最低(元)	8.38
2004.06换手率(%)	380.52

海南椰岛股份有限公司

公司概况

公司名称	海南椰岛股份有限公司	股票代码	600238
注册地址	海南省海口市龙华路 43 号	邮政编码	570135
法人代表	张春昌	董秘	王国盛
电话	0898-66532987	传真	0898-66532908
主营业务	保健品、白酒、药酒		
审计单位		审计意见	未审计

总股本	流通 A	流通 B	流通 H
16600.00	7400.00		

主要财务指标

年度	2004.6	2003	2002
每股收益/扣除后(元)	0.1161	0.1640	0.2850
每股经营现金流量(元)	0.0810	0.0190	0.3640
每股净资产/调整后(元)	2.7610	2.7490	2.6880
每股公积金(元)	0.9684	0.9658	0.9658
净资产收益率(%)	2.3800	5.8100	9.9200
总资产(万元)	114578.05	114442.44	98997.07
股东权益(万元)	45990.22	46036.93	44660.61
未分配利润(万元)	8848.48	8297.23	7814.45
主营收入(万元)	41707.35	101250.27	56281.48
资本公积金(万元)	16074.69	16031.96	16031.96
主营利润(万元)	11882.03	23905.44	24554.02
其他业务利润(万元)	-12.78	21.73	-0.15
营业利润(万元)	2460.58	5075.98	5340.96
投资收益(万元)	18.53	9.43	-272.83
补贴收入(万元)		368.33	5.31
营业外收支(万元)	-832.76	-52.40	0.56
利润总额(万元)	1646.34	5401.34	5311.28
净利润(万元)	1093.70	2674.12	4428.15

十大股东

序号	股东名称	股份性质	持股数(万股)	比例(%)
1	海口市国有资产经营有限公司	国有股	4639.00	27.95
2	贵阳神采广告有限公司	境内法人股	760.00	4.58
3	上海新理益投资管理有限公司	境内法人股	674.46	4.06
4	海南琪琳包装有限公司	境内法人股	587.99	3.54
5	化州市乐岭玻璃厂	境内法人股	300.00	1.81
6	新疆石油管理局住房管理中心	流通 A 股	189.50	1.14
7	海口市社会保障局	境内法人股	180.00	1.08
8	连云港海上明珠酒楼有限公司	流通 A 股	159.50	0.96
9	上海丰德企业发展有限公司	境内法人股	154.38	0.93
10	深圳市慧能(集团)有限公司	境内法人股	150.00	0.90

股东人数	2004.6	2003.12	2003.6	2002
	27370	29281	29883	29831

近年分配		近年配股/增发	

重大事项

2004 年度利润分配方案为:以公司 2003 年 12 月 31 日总股本 16600 万股为基数,向全体股东每 10 股派发现金红利 0.7 元(含税)。2003 年度不进行公积金转增股本。派发现金红利股权登记日为 2004 年 4 月 28 日,红利发放日为 2004 年 5 月 14 日。

二○○三年以来市场表现

2003 年涨跌幅(%)	-14.92
2003 年最高(元)	10.09
2003 年最低(元)	5.74
2003 年换手率(%)	242.81
2004.06 涨跌幅(%)	-17.95
2004.06 最高(元)	8.83
2004.06 最低(元)	5.90
2004.06 换手率(%)	128.82

云南红河光明股份有限公司

公司概况

公司名称	云南红河光明股份有限公司	股票代码	600239
注册地址	云南省开远市市西南路 120 号	邮政编码	661600
法人代表	王劲松	董秘	徐晖
电话	0873-7123420	传真	0873-7122528
主营业务	啤酒等的生产与销售		
审计单位		审计意见	未审计

总股本	流通 A	流通 B	流通 H
17733.82	9453.02		

主要财务指标

年度	2004.6	2003	2002
每股收益/扣除后(元)	-0.0133	-0.1000	0.0500
每股经营现金流量(元)	0.0680	-0.1637	0.1000
每股净资产/调整后(元)	1.7800	1.8200	1.9000
每股公积金(元)	0.7169	0.7169	0.7169
净资产收益率(%)	-0.7300	-5.3300	3.1400
总资产(万元)	33142.65	34136.47	35422.17
股东权益(万元)	32089.36	32322.95	34242.00
未分配利润(万元)	-1209.71	-976.12	913.61
主营收入(万元)	2600.00	5300.30	6304.66
资本公积金(万元)	12714.07	12714.07	12714.07
主营利润(万元)	735.82	1499.87	2562.22
其他业务利润(万元)	-60.19	-55.74	
营业利润(万元)	-242.63	-1314.43	1631.48
投资收益(万元)		-21.12	
补贴收入(万元)			
营业外收支(万元)	1.39	81.11	
利润总额(万元)	-241.24	-1824.55	1712.30
净利润(万元)	-233.59	-1772.41	1075.50

十大股东

序号	股东名称	股份性质	持股数(万股)	比例(%)
1	北京步长创业投资有限公司	境内法人股	5108.50	28.81
2	驻昆解放军化肥厂	国有法人股	2462.40	13.89
3	云南省小龙潭矿务局	境内法人股	583.20	3.29
4	华鑫证券有限公司	流通 A 股	563.13	3.18
5	开远市恒虹经贸公司	境内法人股	107.24	0.60
6	黄秋佳	流通 A 股	81.20	0.46
7	杜才信	流通 A 股	48.13	0.27
8	高天富	流通 A 股	34.05	0.19
9	何琳	流通 A 股	30.51	0.17
10	廖敏	流通 A 股	30.00	0.17

股东人数	2004.6	2003.12	2003.6	2002
	17649		18415	21240

近年分配		近年配股/增发	

重大事项

公司继续履行麦芽购销合同,合同金额 876 万元,大米购销合同,合同金额 185 万元,瓶盖购销合同,合同金额 124 万元。

二○○三年以来市场表现

2003 年涨跌幅(%)	-24.68
2003 年最高(元)	8.22
2003 年最低(元)	4.44
2003 年换手率(%)	189.50
2004.06 涨跌幅(%)	-3.02
2004.06 最高(元)	6.22
2004.06 最低(元)	4.01
2004.06 换手率(%)	104.70

内蒙古仕奇实业股份有限公司

公司概况

公司名称	内蒙古仕奇实业股份有限公司			股票代码	600240
注册地址	内蒙古自治区呼和浩特市诺和木勒大街54号			邮政编码	010020
法人代表	于澍			董秘	隋学军
电话	0471-5920636			传真	0471-5920304
主营业务	“仕奇”牌中高档西装				
总股本	17500.00	流通A	7500.00	流通B	
流通H					
审计单位				审计意见	未审计

主要财务指标

年度	2004.6	2003	2002
每股收益/扣除后(元)	-0.0099	-0.4300	-0.3100
每股经营现金流量(元)	0.6080	-1.2300	0.5800
每股净资产/调整后(元)	3.3000	3.3600	3.8400
每股公积金(元)	3.0740	3.0740	3.0740
净资产收益率(%)	-0.2100	-14.1400	-8.0100
总资产(万元)	63577.08	65765.19	75510.22
股东权益(万元)	57771.16	58764.31	67163.72
未分配利润(万元)	-14598.92		-5351.40
主营收入(万元)	930.80	3030.86	5652.67
资本公积金(万元)	53794.57	53794.57	53794.57
主营利润(万元)	83.02	168.27	712.00
其他业务利润(万元)	246.13	11.85	0.24
营业利润(万元)	-278.11	-7911.08	-5292.73
投资收益(万元)	-3.41		
补贴收入(万元)			
营业外收支(万元)	105.79	-494.47	-0.93
利润总额(万元)	-175.96	-8405.55	-5371.21
净利润(万元)	-123.24	-8307.08	-5377.02

十大股东

序号	股东名称	股份性质	持股数(万股)	比例(%)
1	华业发展	境内法人股	5075.00	29.00
2	华保宏	境内法人股	4848.11	27.70
3	曾新荣	流通A股	79.00	0.45
4	华明辉	流通A股	54.27	0.31
5	燕飞	流通A股	48.50	0.28
6	王阆红	流通A股	47.78	0.27
7	纺建公司	境内法人股	38.45	0.22
8	第一针织	境内法人股	38.45	0.22
9	宏源建信	流通A股	31.26	0.18
10	青岛国信	流通A股	31.00	0.18

股东人数	2004.6	2003.12	2003.6	2002
	35657	16696	46028	51156

近年分配		近年配股/增发	

重大事项

二〇〇三年以来市场表现

2003年涨跌幅(%)	-44.65
2003年最高(元)	9.45
2003年最低(元)	4.34
2003年换手率(%)	135.86
2004.06涨跌幅(%)	7.25
2004.06最高(元)	6.50
2004.06最低(元)	4.40
2004.06换手率(%)	92.19

辽宁时代服装进出口股份有限公司

公司概况

公司名称	辽宁时代服装进出口股份有限公司			股票代码	600241
注册地址	辽宁省大连市中山区港湾街7号			邮政编码	116001
法人代表	范晓远			董秘	马雨
电话	0411-82798317			传真	0411-82798000
主营业务	纺织服装,服饰的出口业务				
总股本	10600.00	流通A	3000.00	流通B	
流通H					
审计单位				审计意见	未审计

主要财务指标

年度	2004.6	2003	2002
每股收益/扣除后(元)	0.0717	0.2300	0.2900
每股经营现金流量(元)	0.5390	0.7100	0.1700
每股净资产/调整后(元)	4.0800	4.0500	3.8000
每股公积金(元)	2.1197	2.1197	2.1197
净资产收益率(%)	1.9600	6.1500	8.2500
总资产(万元)	64659.84	68864.76	66938.72
股东权益(万元)	43348.61	42998.68	40354.86
未分配利润(万元)	7639.77	-13658.48	5392.53
主营收入(万元)	57097.27	154207.23	161901.25
资本公积金(万元)	22468.71	22468.71	22468.71
主营利润(万元)	4644.11	11154.26	10454.86
其他业务利润(万元)	304.60	701.49	32.81
营业利润(万元)	1257.67	3955.75	4160.35
投资收益(万元)	47.88	-121.52	-76.18
补贴收入(万元)			
营业外收支(万元)	4.71	92.03	-96.98
利润总额(万元)	1310.27	3926.26	4174.45
净利润(万元)	849.94	2643.82	3329.02

十大股东

序号	股东名称	股份性质	持股数(万股)	比例(%)
1	辽宁时代集团有限责任公司	国有法人股	7000.00	66.04
2	辽宁万恒集团有限公司	境内法人股	300.00	2.83
3	中粮辽宁粮油进出口公司	境内法人股	100.00	0.94
4	辽宁省纺织品进出口公司	境内法人股	100.00	0.94
5	辽宁省机械进出口公司	境内法人股	100.00	0.94
6	王辉	流通A股	15.73	0.15
7	宁夏百福勤贸有限责任公司	流通A股	10.49	0.10
8	潘惠芬	流通A股	10.34	0.10
9	赵才	流通A股	9.71	0.09
10	方娜	流通A股	8.99	0.08

股东人数	2004.6	2003.12	2003.6	2002
	17695	43698	18659	19563

近年分配	2004年7月8日10派0.5	近年配股/增发	

重大事项

经2004年5月18日公司2003年度股东大会审议批准,公司2003年度利润分配方案为:以2003年末总股本106,000,000股为基数,向全体股东每股派0.05元(含税)现金红利。2004年7月2日公司刊登了《分红派息实施公告》,股权登记日为2004年7月7日,除息日为2004年7月8日,红利发放日为2004年7月15日。

二〇〇三年以来市场表现

2003年涨跌幅(%)	-36.76
2003年最高(元)	14.17
2003年最低(元)	7.18
2003年换手率(%)	123.14
2004.06涨跌幅(%)	1.17
2004.06最高(元)	10.57
2004.06最低(元)	7.56
2004.06换手率(%)	106.00

广东华龙集团股份有限公司

公司概况

公司名称	广东华龙集团股份有限公司	股票代码	600242
注册地址	广东省阳江市上炕路七号之一	邮政编码	510600
法人代表	岑长篇	董秘	王晓
电话	020-87377000	传真	020-87377000
主营业务	海洋捕捞、海洋养殖		
总股本	17402.98	流通 A	8795.98
流通 B		流通 H	
审计单位		审计意见	未审计

主要财务指标

年度	2004.6	2003	2002
每股收益 / 扣除后(元)	0.0072	0.0400	0.0500
每股经营现金流量(元)	–1.0430	0.0700	–0.0200
每股净资产 / 调整后(元)	2.7900	2.8000	2.7900
每股公积金(元)	1.5655	1.5655	1.5655
净资产收益率(%)	0.2600	1.7900	1.7800
总资产(万元)	97674.02	100328.04	75248.08
股东权益(万元)	50159.74	50056.15	49264.32
未分配利润(万元)	3612.06	7639.77	2798.82
主营收入(万元)	10868.95	23303.87	11047.13
资本公积金(万元)	27244.53	27244.53	27244.53
主营利润(万元)	3647.22	5702.10	4374.93
其他业务利润(万元)	0.01	898.58	–1.14
营业利润(万元)	1399.24	1001.86	573.34
投资收益(万元)	–85.18	–105.07	217.19
补贴收入(万元)		180.00	–0.36
营业外收支(万元)	–5.83	–28.22	–0.03
利润总额(万元)	1308.23	1048.58	817.42
净利润(万元)	129.88	893.83	876.00

十大股东

序号	股东名称	股份性质	持股数(万股)	比例(%)
1	阳江市长发实业公司	国有法人股	3014.60	17.32
2	北京国力神州投资有限公司	境内法人股	1005.25	5.78
3	四川省永成电子系统有限公司	境内法人股	402.00	2.31
4	茂名市茂南区南方开发公司	境内法人股	150.00	0.86
5	镇江市环宇投资咨询有限责任公司	境内法人股	150.00	0.86
6	上海宏亿投资咨询有限公司	境内法人股	140.00	0.80
7	阳东县合山城建开发公司	境内法人股	132.00	0.76
8	阳江市东田科技开发公司	境内法人股	126.00	0.72
9	珠海市珠海澳旅游出租汽车	境内法人股	125.00	0.72
10	阳东县合山化工助剂厂	境内法人股	121.20	0.70

股东人数	2004.6	2003.12	2003.6	2002
	31989	18108	32384	32560

近年分配		近年配股 / 增发	

重大事项

公司 2003 年 3 月 31 日与中国光大银行广州五羊支行(以下简称"光大银行")签定《保证合同》,为广东英豪科技教育投资股份有限公司向光大银行 A120302002 号主合同项下的 1980 万元人民币提供担保,担保期限为 2003 年 3 月 31 日至 2006 年 3 月 31。

二〇〇三年以来市场表现

2003 年涨跌幅(%)	–39.82
2003 年最高(元)	9.44
2003 年最低(元)	4.40
2003 年换手率(%)	137.04
2004.06 涨跌幅(%)	–6.94
2004.06 最高(元)	6.68
2004.06 最低(元)	4.25
2004.06 换手率(%)	149.80

青海华鼎实业股份有限公司

公司概况

公司名称	青海华鼎实业股份有限公司	股票代码	600243
注册地址	青海省西宁市解放路 16 号	邮政编码	810000
法人代表	于世光	董秘	刘文忠
电话	0971-8224981	传真	0971-8224982
主营业务	高科技机械产品开发		
总股本	15660.00	流通 A	5500.00
流通 B		流通 H	
审计单位		审计意见	未审计

主要财务指标

年度	2004.6	2003	2002
每股收益 / 扣除后(元)	0.0265	0.0600	0.0763
每股经营现金流量(元)	–0.0290	0.0580	0.0040
每股净资产 / 调整后(元)	2.6100	2.6400	2.4600
每股公积金(元)	1.4632	1.4632	1.4593
净资产收益率(%)	1.2200	2.6000	3.3000
总资产(万元)	81632.35	78699.19	72633.28
股东权益(万元)	41903.56	41392.39	40254.62
未分配利润(万元)	2269.54	3482.18	842.76
主营收入(万元)	18707.60	39915.51	34615.12
资本公积金(万元)	22913.22	22913.22	22852.64
主营利润(万元)	3248.01	7689.82	7349.52
其他业务利润(万元)	142.01	216.87	–411.74
营业利润(万元)	470.63	1326.33	1586.92
投资收益(万元)	11.94	6.34	0.05
补贴收入(万元)			
营业外收支(万元)	111.49	144.51	43.80
利润总额(万元)	594.05	1477.17	1734.87
净利润(万元)	511.17	1077.19	1327.64

十大股东

序号	股东名称	股份性质	持股数(万股)	比例(%)
1	青海重型机床有限责任公司	国有法人股	5000.00	31.93
2	广东万鼎企业集团有限公司	境内法人股	4972.00	31.75
3	番禺万鸣实业有限公司	境内法人股	120.00	0.77
4	唐山重型机床厂	国有法人股	34.00	0.22
5	庄河市观驾山建筑工程公司	境内法人股	34.00	0.22
6	胡敏杰	流通 A 股	15.73	0.10
7	陈吉敏	流通 A 股	15.71	0.10
8	姜琼	流通 A 股	15.00	0.10
9	吴岩	流通 A 股	14.26	0.09
10	沈建龙	流通 A 股	11.17	0.07

股东人数	2004.6	2003.12	2003.6	2002
	26773	32944	29006	29769

近年分配		近年配股 / 增发	

重大事项

根据公司与第一大股东青海重型机床厂(已改制为青海重型机床有限责任公司)及第二大股东广东万鼎企业集团有限公司签订的《商标使用许可协议》,报告期内公司继续无偿使用青海重型机床有限责任公司的"青重牌"商标和广东万鼎企业集团有限公司的"恒联牌"、"力嘉牌"商标。

二〇〇三年以来市场表现

2003 年涨跌幅(%)	–36.40
2003 年最高(元)	10.37
2003 年最低(元)	5.08
2003 年换手率(%)	170.95
2004.06 涨跌幅(%)	–3.11
2004.06 最高(元)	7.18
2004.06 最低(元)	5.30
2004.06 换手率(%)	156.90

北京万通先锋置业股份有限公司

公司概况

公司名称	北京万通先锋置业股份有限公司			股票代码	600246		
注册地址	北京市海淀区苏州街29号			邮政编码	100012		
法人代表	张研			董秘	程晓晞		
电话	010-51737536			传真	010-51737535		
主营业务	农副产品,粮油制品的加工						
总股本	9200.00	流通A	3000.00	流通B		流通H	
审计单位				审计意见	未审计		

主要财务指标

年度	2004.6	2003	2002
每股收益/扣除后(元)	0.4363	0.2881	0.3299
每股经营现金流量(元)	2.5760	0.4603	-1.6141
每股净资产/调整后(元)	4.1960	3.8476	3.4623
每股公积金(元)	2.1136	2.0826	2.0653
净资产收益率(%)	11.0500	10.2700	9.5300
总资产(万元)	157211.30	194144.45	162943.72
股东权益(万元)	38884.37	35683.55	31858.45
未分配利润(万元)	8516.68	1758.37	2507.94
主营收入(万元)	76536.14	95590.29	49315.68
资本公积金(万元)	19445.51	19159.71	19000.73
主营利润(万元)	14043.20	14370.44	10989.05
其他业务利润(万元)			
营业利润(万元)	10671.84	6087.12	3565.43
投资收益(万元)	-538.08	-464.21	-795.94
补贴收入(万元)	699.43	1515.50	1515.50
营业外收支(万元)	-3.66	1.22	-0.01
利润总额(万元)	10829.54	7139.62	2768.18
净利润(万元)	4295.02	3666.12	3034.84

十大股东

序号	股东名称	股份性质	持股数(万股)	比例(%)
1	北京顺通实业公司	国有法人股	1943.00	21.12
2	山东邹平西王实业有限公司	境内法人股	1566.00	17.02
3	延吉吉辰经济发展有限公司	境内法人股	1281.00	13.92
4	北京万通星河实业有限公司	境内法人股	1092.00	11.87
5	中建一局五公司	国有法人股	318.00	3.46
6	李新兰	流通A股	28.71	0.31
7	刘丹	流通A股	26.51	0.29
8	程瑞兰	流通A股	26.50	0.29
9	洪亚莉	流通A股	24.67	0.27
10	焦金珍	流通A股	24.36	0.26

股东人数	2004.6	2003.12	2003.6	2002
	8960	27383	8337	8496

近年分配	2004年6月24日10派1.50	近年配股/增发	

重大事项

公司于2003年12月与山东西王投资有限公司签订了股权转让协议,将持有的山东西王糖业有限公司19.6%股权转让给对方,转让价格为1959.77万元,截止报告期末,公司已收回转让款1500万元。

二〇〇三年以来市场表现

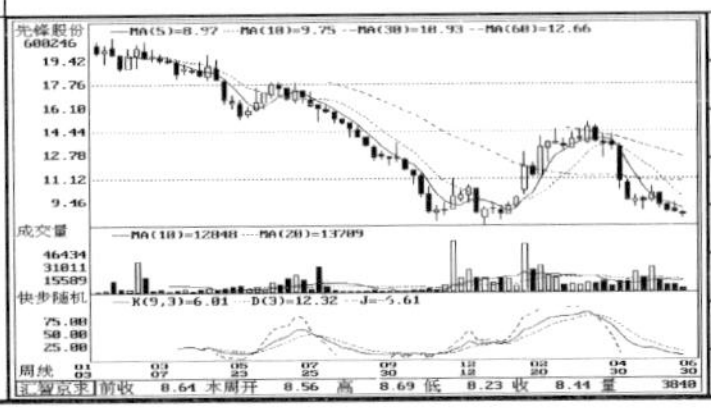

2003年涨跌幅(%)	-60.19
2003年最高(元)	20.83
2003年最低(元)	7.65
2003年换手率(%)	134.32
2004.06涨跌幅(%)	-1.63
2004.06最高(元)	14.83
2004.06最低(元)	7.97
2004.06换手率(%)	122.93

吉林物华集团股份有限公司

公司概况

公司名称	吉林物华集团股份有限公司			股票代码	600247		
注册地址	吉林省吉林市怀德街29号公司			邮政编码	132001		
法人代表	成卫文			董秘	周桂华		
电话	0432-2491247			传真	0432-2452677		
主营业务	柜台和场地出租						
总股本	13200.00	流通A	5640.00	流通B		流通H	
审计单位				审计意见	未审计		

主要财务指标

年度	2004.6	2003	2002
每股收益/扣除后(元)	0.0685	0.1300	0.2000
每股经营现金流量(元)	0.6750	-0.5000	0.3200
每股净资产/调整后(元)	2.8700	2.8000	3.2100
每股公积金(元)	1.1727	1.1728	1.4073
净资产收益率(%)	2.3200	4.5000	6.0700
总资产(万元)	58277.68	56815.55	58611.02
股东权益(万元)	38534.05	37638.16	35947.49
未分配利润(万元)	6958.73	5601.66	6710.46
主营收入(万元)	3935.09	15667.26	10366.42
资本公积金(万元)	15480.30	15480.30	15480.30
主营利润(万元)	2958.36	6728.77	5640.20
其他业务利润(万元)			
营业利润(万元)	1661.28	3169.48	3373.24
投资收益(万元)	-42.42	-96.40	-42.00
补贴收入(万元)			
营业外收支(万元)	-11.73	-28.57	-0.11
利润总额(万元)	1607.12	3044.50	3350.30
净利润(万元)	895.90	1690.67	2180.92

十大股东

序号	股东名称	股份性质	持股数(万股)	比例(%)
1	深圳中技实业发展有限公司	境内法人股	3798.00	28.77
2	深圳红旗渠实业发展有限公司	境内法人股	1500.00	11.36
3	中国再生资源开发公司	境内法人股	1470.00	11.14
4	吉林市物资回收利用总公司	境内法人股	600.00	4.55
5	深圳市亚鑫源计算机技术有限公司	境内法人股	180.00	1.36
6	李大勇	流通A股	45.38	0.34
7	封德	流通A股	21.60	0.16
8	邱秀丽	流通A股	18.17	0.14
9	于云龙	流通A股	18.12	0.14
10	北京兴华泰企业管理咨询有限公司	流通A股	16.50	0.13

股东人数	2004.6	2003.12	2003.6	2002
	21785	8437	20068	18620

近年分配		近年配股/增发	

重大事项

2004年6月9日公司监事会提出的《公司关于购置土地使用权的议案》,该议案经董事会审核通过后提交2003年度股东大会审议通过。公司向第四大股东吉林市物资回收利用总公司购置面积为9178.76平方米土地使用权,购置价格2792万元。本次购置完成后每年将影响净损益3万元。

二〇〇三年以来市场表现

2003年涨跌幅(%)	-46.04
2003年最高(元)	11.87
2003年最低(元)	5.28
2003年换手率(%)	220.23
2004.06涨跌幅(%)	22.56
2004.06最高(元)	8.04
2004.06最低(元)	5.51
2004.06换手率(%)	228.60

杨凌秦丰农业科技股份有限公司

公司概况							
公司名称	杨凌秦丰农业科技股份有限公司				股票代码	600248	
注册地址	杨凌农业高新技术产业示范区新桥北路2号				邮政编码	710016	
法人代表	庄峰			董秘	刘晓亮		
电话	029-86522223-8407			传真	029-86522826		
主营业务	农作物种子的培育						
总股本	12882.00	流通A	4800.00	流通B		流通H	
审计单位				审计意见	未审计		

主要财务指标

年度	2004.6	2003	2002
每股收益/扣除后(元)	–0.1574	0.0490	0.1539
每股经营现金流量(元)	0.0720	–0.3870	0.1840
每股净资产/调整后(元)	4.0300	4.1700	4.0400
每股公积金(元)	2.6900	2.6897	2.6436
净资产收益率(%)	–3.3400	1.1700	3.6600
总资产(万元)	109238.29	110561.32	95062.79
股东权益(万元)	51915.66	53675.49	52216.11
未分配利润(万元)	1224.08	6062.84	2862.33
主营收入(万元)	22897.79	46530.77	34297.44
资本公积金(万元)	34653.17	34648.35	34054.98
主营利润(万元)	2913.96	10971.20	9033.17
其他业务利润(万元)	5.52	590.86	–1.34
营业利润(万元)	–1917.03	1564.67	2297.68
投资收益(万元)	–21.06	147.50	118.23
补贴收入(万元)	324.94	36.09	2.45
营业外收支(万元)	–30.53	–38.53	0.70
利润总额(万元)	–1643.69	1709.73	2370.34
净利润(万元)	–1764.66	628.41	1937.52

十大股东

序号	股东名称	股份性质	持股数(万股)	比例(%)
1	陕西种业集团有限责任公司	国有法人股	4708.00	36.55
2	陕西高新技术产业投资公司	国有法人股	1000.00	7.76
3	陕西嘉业科工贸有限公司	境内法人股	825.00	6.40
4	杨凌现代农业开发有限公司	国有法人股	799.00	6.20
5	陕西省投资公司	国有法人股	450.00	3.49
6	西北农林科技大学科技发展公司	国有法人股	225.00	1.75
7	中科院西北植物研究所科飞农业科技开发中心	国有法人股	75.00	0.58
8	天津泰达科技风险投资股份有限公司	流通A股	31.80	0.25
9	乌克学	流通A股	23.60	0.18
10	吴朝晖	流通A股	13.69	0.11

股东人数	2004.6	2003.12	2003.6	2002
	25239	20307	22199	24553

近年分配		近年配股/增发	

重大事项

公司于2004年3月4日召开了2004年第一次临时股东大会，会议审议通过了分别以评估价值7762.52万元和7863.25万元转让公司持有的内蒙古秦丰农业综合开发有限公司97%的股权和公司持有的西安秦丰大酒店有限公司99.875%的股权，受让方为公司控股股东陕西省种业集团有限责任公司，此项交易构成了公司的关联交易。

二〇〇三年以来市场表现

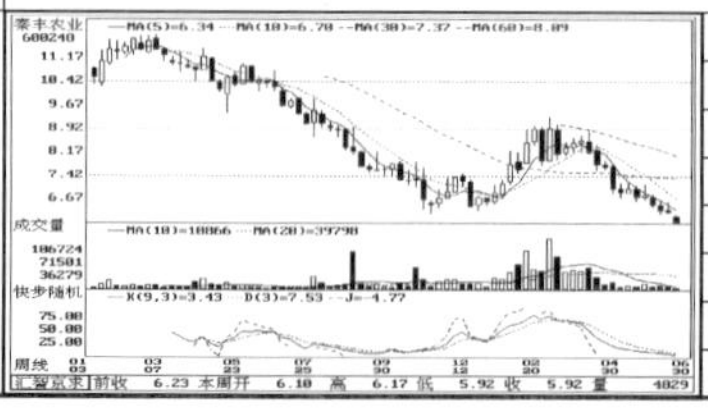

2003年涨跌幅(%)	-39.83
2003年最高(元)	11.87
2003年最低(元)	6.20
2003年换手率(%)	154.64
2004.06涨跌幅(%)	-9.06
2004.06最高(元)	9.27
2004.06最低(元)	5.92
2004.06换手率(%)	202.08

柳州两面针股份有限公司

公司概况							
公司名称	柳州两面针股份有限公司				股票代码	600249	
注册地址	广西壮族自治区柳州市柳北区长风路2号				邮政编码	545001	
法人代表	梁英奇			董秘	王为民		
电话	0772-2506159			传真	0772-2506158		
主营业务	牙膏等日用品的生产销售						
总股本	15000.00	流通A	6000.00	流通B		流通H	
审计单位				审计意见	未审计		

主要财务指标

年度	2004.6	2003	2002
每股收益/扣除后(元)	0.0713	0.3100	0.3600
每股经营现金流量(元)	–0.7760	0.4300	–0.0800
每股净资产/调整后(元)	7.0100	4.5600	4.2700
每股公积金(元)	4.4141	0.5390	0.5390
净资产收益率(%)	1.9950	9.7500	13.09
总资产(万元)	128601.72	80276.20	74871.35
股东权益(万元)	106152.37	42022.09	39336.47
未分配利润(万元)	5538.26	2988.74	6052.62
主营收入(万元)	22559.10	58590.61	57418.59
资本公积金(万元)	66212.06	8085.01	8085.01
主营利润(万元)	6995.53	16318.63	16321.61
其他业务利润(万元)	163.19	403.18	10.08
营业利润(万元)	1521.61	5494.52	4919.11
投资收益(万元)	1045.00	537.63	2197.80
补贴收入(万元)	2.86	772.80	–0.02
营业外收支(万元)	–0.22	–8.09	0.08
利润总额(万元)	2569.25	6796.86	6845.73
净利润(万元)	2117.38	4096.79	5151.76

十大股东

序号	股东名称	股份性质	持股数(万股)	比例(%)
1	柳州财政局	国有法人股	3628.00	24.19
2	广西柳州钢铁(集团)公司	境内法人股	1575.05	10.50
3	柳州市经济发展总公司	境内法人股	1434.44	9.56
4	汕头市方大印刷有限公司	境内法人股	865.20	5.77
5	柳州市两面针旅游用品厂	境内法人股	737.36	4.92
6	广西柳州市建设投资开发有限责任公司	境内法人股	496.00	3.31
7	华宝信托投资有限责任公司	流通A股	40.00	0.27
8	柳州市环达实业投资有限公司	境内法人股	33.60	0.22
9	王小野	流通A股	16.50	0.11
10	易琳	流通A股	14.40	0.10

股东人数	2004.6	2003.12	2003.6	2002
	34306	23870		

近年分配	2004年8月19日10派2.8	近年配股/增发	

重大事项

公司于2004年6月21日召开的2003年度股东大会决定，公司按总股本15000万股，向全体股东每10股派发现金红利3.5元(含税)，扣税后个人股东实际每10股派发现金红利2.8元。

二〇〇三年以来市场表现

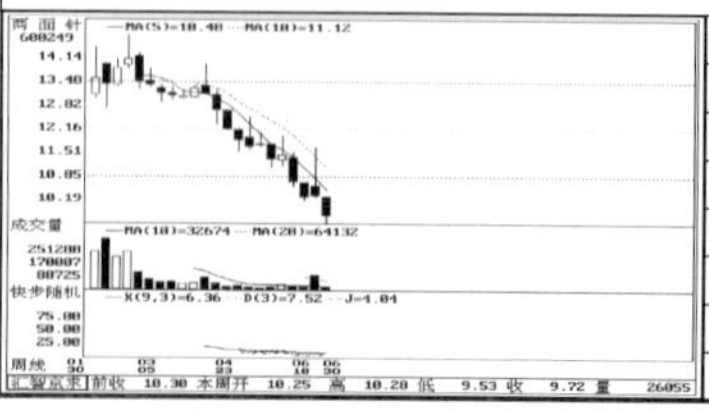

2003年涨跌幅(%)	0.00
2003年最高(元)	0.00
2003年最低(元)	0.00
2003年换手率(%)	0.00
2004.06涨跌幅(%)	0.00
2004.06最高(元)	14.80
2004.06最低(元)	9.53
2004.06换手率(%)	309.73

南京纺织品进出口股份有限公司

公司概况

公司名称	南京纺织品进出口股份有限公司	股票代码	600250
注册地址	江苏省南京市鼓楼区云南北路 77 号	邮政编码	210009
法人代表	单晓钟	董秘	丁杰
电话	025-83331602	传真	025-3300518
主营业务	纺织、丝绸、针织		
审计单位		审计意见	未审计

总股本	流通 A	流通 B	流通 H
25869.25	11103.61		

主要财务指标

年度	2004.6	2003	2002
每股收益/扣除后(元)	0.1778	0.3300	0.3200
每股经营现金流量(元)	-0.7600	0.5700	-2.0000
每股净资产/调整后(元)	2.8600	3.6200	4.9600
每股公积金(元)	1.0955	1.7242	2.8859
净资产收益率(%)	6.1200	9.0900	7.0400
总资产(万元)	368053.87	425307.97	232488.67
股东权益(万元)	77005.25	73516.75	67102.00
未分配利润(万元)	14381.26	9810.40	8286.77
主营收入(万元)	376236.00	703308.25	390635.53
资本公积金(万元)	28340.60	34310.43	38285.69
主营利润(万元)	20991.33	43751.42	27714.45
其他业务利润(万元)	577.75	948.29	-8.28
营业利润(万元)	7144.31	10913.79	6377.78
投资收益(万元)	50.34	385.63	482.31
补贴收入(万元)	21.80	14.30	14.30
营业外收支(万元)	66.91	-94.28	-0.28
利润总额(万元)	7283.36	11219.44	6859.39
净利润(万元)	4709.91	6717.75	4726.27

十大股东

序号	股东名称	股份性质	持股数(万股)	比例(%)
1	南京国有资产经营(控股)有限公司	国有股	12160.75	47.01
2	南京商厦股份有限公司	境内法人股	1434.89	5.55
3	汉唐证券	流通 A 股	895.58	3.46
4	南京斯亚实业有限公司	境内法人股	585.00	2.26
5	中国外运江苏公司	境内法人股	390.00	1.51
6	江苏弘业股份有限公司	境内法人股	195.00	0.75
7	张明亮	流通 A 股	77.95	0.30
8	刘婷	流通 A 股	56.72	0.22
9	黄双好	流通 A 股	55.82	0.22
10	邓高香	流通 A 股	48.30	0.19

股东人数

2004.6	2003.12	2003.6	2002
16133	19913	22636	27237

近年分配	近年配股/增发
2004 年 6 月 16 日 10 派 0.50	2004 年 6 月 16 日 10 转 3

重大事项

公司 2003 年度利润分配方案为:以 2003 年 12 月末总股本 19,899.42 万股为基数,以资本公积金每 10 股转增 3 股,同时每 10 股派发现金红利 0.5 元(含税)。2004 年 6 月 15 日为股权登记日,6 月 16 日为除权除息基准日,6 月 22 日为红利发放日。至报告期末,资本公积金转增股本方案已经实施完毕,社会公众股与法人股的红利款也已发放完毕,国家股的红利暂未发放。

二〇〇三年以来市场表现

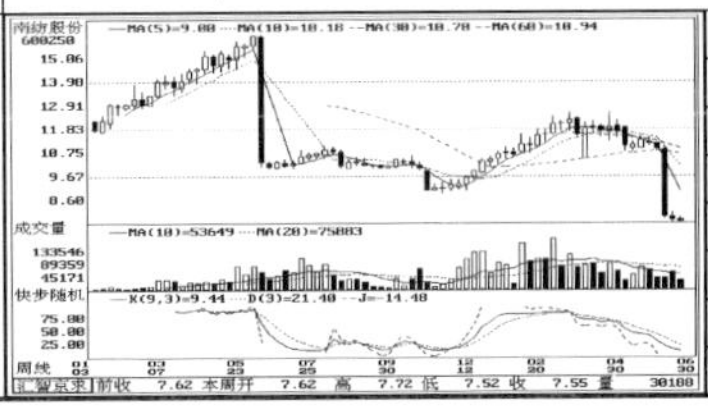

2003 年涨跌幅(%)	27.87
2003 年最高(元)	8.44
2003 年最低(元)	5.87
2003 年换手率(%)	183.51
2004.06 涨跌幅(%)	-4.33
2004.06 最高(元)	9.64
2004.06 最低(元)	7.52
2004.06 换手率(%)	170.00

新疆冠农果茸股份有限公司

公司概况

公司名称	新疆冠农果茸股份有限公司	股票代码	600251
注册地址	新疆维吾尔自治区库尔勒市人民西路 86 号	邮政编码	841000
法人代表	王平	董秘	孟琳
电话	0996-2038156	传真	0996-2018767
主营业务	特色农产品栽培及综合利用		
审计单位		审计意见	未审计

总股本	流通 A	流通 B	流通 H
18000.00	6000.00		

主要财务指标

年度	2004.6	2003	2002
每股收益/扣除后(元)	0.0141	0.2804	0.2876
每股经营现金流量(元)	0.0920	0.1713	0.1652
每股净资产/调整后(元)	2.0200	3.2260	1.7420
每股公积金(元)	0.8385	1.7577	0.2901
净资产收益率(%)	1.1600	8.0030	15.47
总资产(万元)	86725.83	61471.37	24596.02
股东权益(万元)	37694.33	39657.08	14871.78
未分配利润(万元)	2761.43	2324.18	2254.20
主营收入(万元)	7984.25	21061.67	6259.16
资本公积金(万元)	15092.66	21092.66	3481.14
主营利润(万元)	2023.55	6649.19	2287.56
其他业务利润(万元)	590.51	1534.10	134.40
营业利润(万元)	286.15	4764.14	2116.91
投资收益(万元)	124.68	-7.45	
补贴收入(万元)	132.76	162.80	6.69
营业外收支(万元)	0.07	-380.38	-0.31
利润总额(万元)	543.65	4539.10	2300.61
净利润(万元)	437.24	3173.78	2300.61

十大股东

序号	股东名称	股份性质	持股数(万股)	比例(%)
1	新疆生产建设兵团农业建设第二师二十九团	国有法人股	4857.02	26.98
2	新疆生产建设兵团农业建设第二师二十八团	国有法人股	4306.35	23.92
3	新疆生产建设兵团农业建设第二师三十团	国有法人股	2794.82	15.53
4	黄礼林	社会流通股	46.27	0.26
5	徐逸君	社会流通股	36.36	0.20
6	曹清云	社会流通股	30.00	0.17
7	应强振	社会流通股	28.50	0.16
8	梁锦华	社会流通股	24.41	0.14
9	黄支前	社会流通股	24.00	0.13
10	新疆生产建设兵团农业建设第二师永兴供销有限责任公司	国有法人股	20.91	0.12

股东人数

2004.6	2003.12	2003.6	2002
22473	22214	27339	

近年分配	近年配股/增发
2004 年 6 月 21 日 10 派 2.00	2004 年 6 月 21 日 10 转 5

重大事项

2004 年 5 月 19 日,公司与新疆巴州三维罗布泊矿业投资有限责任公司签订《股权转让协议》,公司以 8700 万元受让了新疆巴州三维罗布泊矿业投资有限责任公司持有的新疆罗布泊钾盐科技开发有限责任公司 51.25%的股权。该公司股权转让的相关手续已办理完毕,因此从 2004 年 6 月 1 日将该公司纳入合并范围。报告期内并入其资产总额 191,609,679.64 元,负债总额 15,508,341.05 元,主营业务收入 3,497,166.19 元,净利润 14,832.55 元。

二〇〇三年以来市场表现

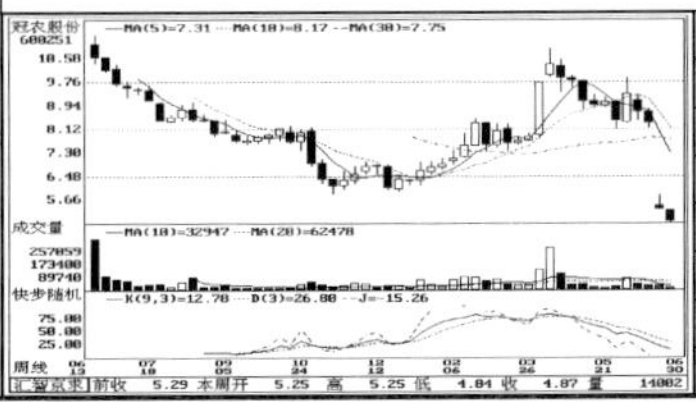

2003 年涨跌幅(%)	0.00
2003 年最高(元)	7.47
2003 年最低(元)	3.75
2003 年换手率(%)	223.55
2004.06 涨跌幅(%)	22.15
2004.06 最高(元)	7.13
2004.06 最低(元)	3.97
2004.06 换手率(%)	239.92

广西梧州中恒集团股份有限公司

公司概况

公司名称	广西梧州中恒集团股份有限公司	股票代码	600252
注册地址	广西梧州市蝶山一路3号	邮政编码	543002
法人代表	黄葆源	董秘	彭伟民
电话	0774-5830828	传真	0774-5830900
主营业务	城市基础设施的建设		
总股本	16726.72	流通A	7521.95
流通B		流通H	
审计单位	华寅会计师事务所	审计意见	标准无保留

主要财务指标

年度	2004.6	2003	2002
每股收益／扣除后(元)	0.0163	0.1590	0.1900
每股经营现金流量(元)	0.2070	-0.7400	-0.4800
每股净资产／调整后(元)	2.5800	2.5900	2.9300
每股公积金(元)	1.1254	1.1254	1.3505
净资产收益率(%)	1.3900	6.1100	6.6100
总资产(万元)	187656.25	109435.67	78405.79
股东权益(万元)	43956.40	43762.43	41089.33
未分配利润(万元)	4337.83	4416.02	4752.45
主营收入(万元)	15788.91	33881.08	28487.07
资本公积金(万元)	18824.74	18824.74	18824.74
主营利润(万元)	6808.73	10306.67	8645.77
其他业务利润(万元)	141.92	315.23	-2.75
营业利润(万元)	1342.67	3597.50	4742.03
投资收益(万元)	-259.27	-10.65	372.42
补贴收入(万元)	0.18	4.21	0.08
营业外收支(万元)	-10.57	17.01	-0.14
利润总额(万元)	1073.02	3608.07	5048.77
净利润(万元)	612.14	2673.09	2716.96

十大股东

序号	股东名称	股份性质	持股数(万股)	比例(%)
1	梧州市国有资产管理局	国家股	6584.16	39.36
2	梧州地产发展公司	法人股	958.32	5.73
3	广西梧州恒宝贸易有限责任公司	法人股	660.00	3.95
4	梧州住宅配套服务公司	法人股	596.39	3.57
5	广西梧州融兴贸易有限公司	法人股	264.00	1.58
6	裕隆证券投资基金	流通股	242.14	1.45
7	陈连新	流通股	117.16	0.70
8	中房集团柳州房地产开发公司	法人股	102.30	0.61
9	刘津	流通股	80.69	0.48
10	贺慧芳	流通股	48.06	0.29

股东人数

2004.6	2003.12	2003.6	2002
29225	33718	33766	31017

近年分配		近年配股／增发	

重大事项

经公司董事会批准，公司以人民币6,500万元增加对控股子公司广西梧州制药(集团)股份有限公司(简称：制药公司)的投资，并按1:1的比例相应增加制药公司的股本，增资后本公司共计持有制药公司的股本11,687.36万股，占总股本的比例为94.06%。

二〇〇三年以来市场表现

2003年涨跌幅(%)	-36.85
2003年最高(元)	9.84
2003年最低(元)	4.73
2003年换手率(%)	168.41
2004.06涨跌幅(%)	4.27
2004.06最高(元)	8.38
2004.06最低(元)	5.31
2004.06换手率(%)	111.14

河南天方药业股份有限公司

公司概况

公司名称	河南天方药业股份有限公司	股票代码	600253
注册地址	河南省驻马店市光明路2号	邮政编码	463003
法人代表	崔晓峰	董秘	梁耀武
电话	0396-3823517	传真	0396-3815761
主营业务	研制、开发成品药		
总股本	42000.00	流通A	12000.00
流通B		流通H	
审计单位		审计意见	未审计

主要财务指标

年度	2004.6	2003	2002
每股收益／扣除后(元)	0.0705	0.1300	0.1300
每股经营现金流量(元)	-0.0710	0.0200	0.2300
每股净资产／调整后(元)	1.9300	1.9000	1.7700
每股公积金(元)	0.6126	0.6126	0.6126
净资产收益率(%)	3.8200	6.7500	7.2700
总资产(万元)	146979.53	130161.89	114197.12
股东权益(万元)	81320.56	80310.59	74886.09
未分配利润(万元)	10329.23	9319.26	4706.97
主营收入(万元)	43319.06	68044.67	47987.04
资本公积金(万元)	25730.10	25730.10	25730.10
主营利润(万元)	10831.90	21449.06	16175.36
其他业务利润(万元)	20.07	55.39	-1.00
营业利润(万元)	4744.97	8187.44	8018.01
投资收益(万元)	-1.49	-48.58	-1.99
补贴收入(万元)	12.19	9.03	-0.03
营业外收支(万元)	-41.02	-79.46	-0.31
利润总额(万元)	4714.65	8068.43	7995.83
净利润(万元)	3109.97	5424.50	5447.64

十大股东

序号	股东名称	股份性质	持股数(万股)	比例(%)
1	河南天方药业集团公司	国有法人股	29872.16	71.12
2	徐道明	流通A股	44.00	0.10
3	驻马店市第一造纸厂	国有法人股	37.42	0.09
4	富国动态平衡证券投资基金	流通A股	35.00	0.08
5	李守德	流通A股	33.74	0.08
6	驻马店市飞龙房地产综合开发有限公司	境内法人股	30.14	0.07
7	驻马店市佳梦燃气具有限公司	国有法人股	30.14	0.07
8	驻马店市液化有限公司	国有法人股	30.14	0.07
9	曹文乔	流通A股	29.23	0.07
10	上海衡和企业发展有限公司	流通A股	26.59	0.06

股东人数

2004.6	2003.12	2003.6	2002
42125	43971	45442	33725

近年分配		近年配股／增发	
	2004年5月31日10派0.50		

重大事项

公司以自有资金1,268万元增资重组新疆恒德医药有限公司，重组完成后该公司更名为“新疆天方恒德医药有限公司”，公司持有其52.83%的股权。该公司主要从事药品的批发销售。

二〇〇三年以来市场表现

2003年涨跌幅(%)	-13.17
2003年最高(元)	8.65
2003年最低(元)	4.35
2003年换手率(%)	473.04
2004.06涨跌幅(%)	-7.79
2004.06最高(元)	6.49
2004.06最低(元)	4.50
2004.06换手率(%)	185.95

安徽鑫科新材料股份有限公司

公司概况

公司名称	安徽鑫科新材料股份有限公司	股票代码	600255
注册地址	安徽省芜湖市经济技术开发区珠江路 23 号	邮政编码	214009
法人代表	周瑞庭	董秘	宋志刚
电话	0553-5847323,5847423	传真	0553-5847423
主营业务	稀土光亮铜杆		

总股本	9500.00	流通 A	3000.00	流通 B		流通 H	
审计单位		审计意见	未审计				

主要财务指标

年度	2004.6	2003	2002
每股收益 / 扣除后(元)	0.1470	0.0800	0.0500
每股经营现金流量(元)	0.4150	-0.2100	0.0300
每股净资产 / 调整后(元)	5.2700	5.1900	5.0200
每股公积金(元)	3.6542	3.6542	3.6542
净资产收益率(%)	2.0900	2.4700	0.8700
总资产(万元)	102200.44	96412.52	76516.29
股东权益(万元)	50458.00	49405.55	48184.26
未分配利润(万元)	3548.70	2496.04	2426.31
主营收入(万元)	77750.22	99860.49	86678.78
资本公积金(万元)	34715.05	34715.05	34715.05
主营利润(万元)	6295.29	7236.92	6488.45
其他业务利润(万元)	396.36	300.70	-49.19
营业利润(万元)	2247.95	817.54	854.11
投资收益(万元)	-182.41	949.37	182.13
补贴收入(万元)			
营业外收支(万元)	-331.02	352.35	-2.74
利润总额(万元)	1734.52	2204.00	1189.58
净利润(万元)	1052.66	1221.29	419.77

十大股东

序号	股东名称	股份性质	持股数(万股)	比例(%)
1	芜湖恒鑫铜业	法人股	4917.63	51.76
2	合肥工大复合材料高新技术开发	法人股	756.05	7.96
3	芜湖鸠江工业投资	国有股	355.40	3.74
4	安徽冶金科学研究所	国有股	241.85	2.55
5	芜湖建设投资	国有股	229.07	2.41
6	赵炎林	社会公众股	15.90	0.17
7	沈光荣	社会公众股	10.90	0.11
8	贾连娣	社会公众股	9.46	0.10
9	王西克	社会公众股	7.89	0.08
10	盛沛瑶	社会公众股	7.75	0.08

股东人数	2004.6	2003.12	2003.6	2002
	23558	24764	25997	28098

近年分配	2004 年 7 月 22 日 10 派 1.00	近年配股 / 增发	

重大事项

公司向控股股东芜湖恒鑫铜业集团有限公司的控股子公司芜湖恒昌铜精炼有限公司购买水、电、蒸气，此项关联交易总金额 104.55 万元，占该类交易总额的 6.80%；向控股东芜湖恒鑫铜业集团有限公司及其控股子公司芜湖恒昌铜精炼有限责任公司、芜湖市特种铜线厂购买电解铜 12987.35 吨，总金额 29844.78 万元，占该类交易总额的 42.15%。以上关联交易价格按照公司与芜湖恒鑫铜业集团有限公司签订的《电解铜供应合同》、《生产经营综合服务合同》的规定，依照市场价格公平、合理地确定。

二〇〇三年以来市场表现

2003 年涨跌幅(%)	-38.30
2003 年最高(元)	16.36
2003 年最低(元)	8.06
2003 年换手率(%)	120.90
2004.06 涨跌幅(%)	10.75
2004.06 最高(元)	12.88
2004.06 最低(元)	8.83
2004.06 换手率(%)	102.25

新疆广汇实业股份有限公司

公司概况

公司名称	新疆广汇实业股份有限公司	股票代码	600256
注册地址	乌鲁木齐经济技术开发区上海路 6 号	邮政编码	830026
法人代表	杨铁军	董秘	闫金生
电话	0991-3762327	传真	0991-3719668
主营业务	花岗岩装饰材料		

总股本	86606.13	流通 A	24480.00	流通 B		流通 H	
审计单位		审计意见	未审计				

主要财务指标

年度	2004.6	2003	2002
每股收益 / 扣除后(元)	0.1593	0.4062	0.4370
每股经营现金流量(元)	0.1130	0.5940	0.5640
每股净资产 / 调整后(元)	1.7140	1.9210	1.5200
每股公积金(元)	0.0673	0.0807	0.0796
净资产收益率(%)	9.2500	21.1500	28.4190
总资产(万元)	475428.06	469637.44	300508.16
股东权益(万元)	151258.61	140868.37	110992.42
未分配利润(万元)	28958.99	29394.85	12075.61
主营收入(万元)	117424.09	241417.05	239787.31
资本公积金(万元)	5826.95	5826.62	5744.33
主营利润(万元)	30244.27	49305.83	48855.30
其他业务利润(万元)	110.41	349.03	-4.53
营业利润(万元)	18637.41	34094.32	37520.89
投资收益(万元)	74.39	223.71	32.57
补贴收入(万元)			
营业外收支(万元)	185.16	384.71	-2.73
利润总额(万元)	18896.96	34702.73	36637.12
净利润(万元)	13998.49	29793.67	31542.63

十大股东

序号	股东名称	股份性质	持股数(万股)	比例(%)
1	新疆广汇实业投资集团有限责任公司	境内法人股	39040.06	45.08
2	上海汇能投资管理有限公司	境内法人股	16711.93	19.30
3	新疆维吾尔自治区技术改造投资公司	国有法人股	2485.05	2.87
4	新疆维吾尔自治区哈密地区国有资产投资经营公司	国有法人股	1242.52	1.43
5	新疆银星科技发展有限责任公司	境内法人股	1242.52	1.43
6	托里县花岗岩资源开发总公司	国有法人股	931.89	1.08
7	嘉峪关龙泰矿山建设公司有限责任公司	流通 A 股	566.82	0.65
8	海南格方网络安全有限公司	流通 A 股	539.27	0.62
9	昆明天豪舞台声光工程有限公司	流通 A 股	520.28	0.60
10	上海莱思利发型设计室	流通 A 股	484.04	0.56

股东人数	2004.6	2003.12	2003.6	2002
	6306	7389	5830	5876

近年分配	2004 年 6 月 23 日 10 派 0.50	近年配股 / 增发	2004 年 6 月 23 日 10 送 2

重大事项

本公司以自有资金 25000 万元人民币对控股子公司新疆广汇液化天然气发展有限责任公司追加投资。追加投资后，本公司占其注册资本 50000 万元人民币的 91%。现该公司增加注册资本的工商登记变更手续已办理完毕。

二〇〇三年以来市场表现

2003 年涨跌幅(%)	-18.64
2003 年最高(元)	10.88
2003 年最低(元)	7.28
2003 年换手率(%)	52.43
2004.06 涨跌幅(%)	-5.58
2004.06 最高(元)	9.71
2004.06 最低(元)	7.14
2004.06 换手率(%)	40.44

湖南洞庭水殖股份有限公司

公司概况

公司名称	湖南洞庭水殖股份有限公司				股票代码	600257	
注册地址	湖南省常德市建设东路 348 号				邮政编码	415000	
法人代表	罗祖亮			董秘	黄新元		
电话	0736-7252796			传真	0736-7266736		
主营业务	水产品及水禽养殖						
总股本	14600.00	流通 A	8000.00	流通 B		流通 H	
审计单位				审计意见	未审计		

主要财务指标

年度	2004.6	2003	2002
每股收益 / 扣除后(元)	0.0918	0.2700	0.4000
每股经营现金流量(元)	0.0500	0.5210	0.3940
每股净资产 / 调整后(元)	3.0500	5.9200	5.7700
每股公积金(元)	1.6512	4.3024	4.3024
净资产收益率(%)	2.7600	4.2200	6.5300
总资产(万元)	106640.89	103791.90	89774.52
股东权益(万元)	47367.47	46060.64	44118.28
未分配利润(万元)	6683.46	5376.63	3882.11
主营收入(万元)	13214.92	30987.34	28665.72
资本公积金(万元)	24107.17	31407.17	31407.17
主营利润(万元)	4905.94	8274.36	8952.13
其他业务利润(万元)	75.92	-58.90	-0.09
营业利润(万元)	1672.18	2118.11	3446.22
投资收益(万元)	52.75	163.82	21.60
补贴收入(万元)		11.00	11.00
营业外收支(万元)	-26.21	-44.13	2.19
利润总额(万元)	1698.72	2248.80	3411.87
净利润(万元)	1306.83	1942.36	2881.81

十大股东

序号	股东名称	股份性质	持股数(万股)	比例(%)
1	湖南泓鑫控股有限公司	境内法人股	4366.00	29.90
2	安乡水产养殖有限公司	境内法人股	1320.00	9.04
3	常德财政局	国家股	689.60	4.72
4	中国高新投资集团公司	流通 A 股	379.00	2.60
5	中国水产科学研究院	境内法人股	92.40	0.63
6	常德市武陵镇信用合作社	境内法人股	72.00	0.49
7	常德明珠物业管理有限公司	境内法人股	60.00	0.41
8	伍凤玲	流通 A 股	58.08	0.40
9	李凤先	流通 A 股	51.37	0.35
10	潘明新	流通 A 股	42.72	0.29

股东人数	2004.6	2003.12	2003.6	2002
	20972	22798	23933	25318

近年分配		近年配股 / 增发	2004 年 6 月 16 日 10 转 10

重大事项

2004 年 3 月 8 日，本公司与湖南泓鑫控股有限公司签订《追加投资协议》，本次追加的投资总额为 4440 万元人民币，本公司按其持股比例 55% 追加 2442 万元投资额，湖南泓鑫控股有限公司按其持股比例 45% 追加投资 1998 万元，此次追加的投资额全部用于补充上海泓鑫置业有限公司的自有资金。本次关联交易经公司第二届董事会第十三次会议和公司 2003 年年度股东大会审议通过。

二〇〇三年以来市场表现

2003 年涨跌幅(%)	-30.36
2003 年最高(元)	8.24
2003 年最低(元)	4.31
2003 年换手率(%)	57.70
2004.06 涨跌幅(%)	1.92
2004.06 最高(元)	7.62
2004.06 最低(元)	4.78
2004.06 换手率(%)	53.35

北京首都旅游股份有限公司

公司概况

公司名称	北京首都旅游股份有限公司				股票代码	600258	
注册地址	北京市西城区复兴门内大街 51 号(民族饭店四层)				邮政编码	100031	
法人代表	杨华			董秘	段中鹏		
电话	010-66014466-446			传真	010-66019471		
主营业务	旅游饭店经营管理						
总股本	23140.00	流通 A	7000.00	流通 B		流通 H	
审计单位				审计意见	未审计		

主要财务指标

年度	2004.6	2003	2002
每股收益 / 扣除后(元)	0.1140	0.2167	0.2139
每股经营现金流量(元)	0.3680	0.5200	0.5200
每股净资产 / 调整后(元)	3.3000	3.3400	3.1100
每股公积金(元)	1.8289	1.8289	1.8222
净资产收益率(%)	3.4000	6.8500	9.1400
总资产(万元)	159587.48	154733.05	161535.09
股东权益(万元)	77576.01	78409.06	72879.68
未分配利润(万元)	4869.31	5702.36	2031.28
主营收入(万元)	62268.95	86633.62	105997.38
资本公积金(万元)	42320.93	42320.93	42165.77
主营利润(万元)	21335.21	35930.27	33401.81
其他业务利润(万元)	69.26	46.91	-0.11
营业利润(万元)	3816.93	5145.01	6824.93
投资收益(万元)	208.63	1891.96	1171.72
补贴收入(万元)			
营业外收支(万元)	-27.94	-31.77	0.39
利润总额(万元)	3997.63	7005.21	7817.03
净利润(万元)	2637.95	5374.22	6661.39

十大股东

序号	股东名称	股份性质	持股数(万股)	比例(%)
1	北京首都旅游集团有限责任公司	国有法人股	16000.00	69.14
2	全国社保基金一零三组合	流通股	411.84	1.78
3	中国银行-嘉实服务增值行业证券投资基金	流通股	261.69	1.13
4	桂林旅游发展总公司	流通股	185.00	0.80
5	招商证券股份有限公司	流通股	165.12	0.71
6	上海职工保障互助会	流通股	108.84	0.47
7	中国工商银行-国联安德盛小盘精选证券投资基金	流通股	79.62	0.34
8	全国社保基金一零四组合	流通股	26.57	0.11
9	交通银行-金鹰中小盘证券投资基金	流通股	62.89	0.27
10	招商银行股份有限公司-中信经典配置证券投资基金	流通股	62.11	0.27

股东人数	2004.6	2003.12	2003.6	2002
	26279	22607	24097	26439

近年分配	2004 年 6 月 10 日 10 派 1.50	近年配股 / 增发	

重大事项

2004 年 6 月 23 日，公司分别与泰豪科技股份有限公司和江西清华泰豪集团有限公司就出让清华同方人工环境有限公司和深圳清华同方股份有限公司各 20% 股权事宜，签订了《股权转让协议》。

二〇〇三年以来市场表现

2003 年涨跌幅(%)	-32.81
2003 年最高(元)	15.19
2003 年最低(元)	6.57
2003 年换手率(%)	264.88
2004.06 涨跌幅(%)	-8.53
2004.06 最高(元)	11.38
2004.06 最低(元)	7.61
2004.06 换手率(%)	269.37

海南兴业聚酯股份有限公司

公司概况

公司名称	海南兴业聚酯股份有限公司	股票代码	600259
注册地址	海南省海口市港澳工业区19号	邮政编码	570314
法人代表	刘连莛	董秘	欧大潭
电话	0898-68669470	传真	0898-68664045
主营业务	聚酯切片及FDY长丝		
总股本	21340.00	流通A	9460.00
流通B		流通H	
审计单位		审计意见	未审计

主要财务指标

年度	2004.6	2003	2002
每股收益/扣除后(元)	-0.1135	0.0100	0.0100
每股经营现金流量(元)	0.0010	0.5200	-0.1100
每股净资产/调整后(元)	1.9500	2.0600	2.0480
每股公积金(元)	1.2120	1.2120	1.2120
净资产收益率(%)	-5.7900	0.6400	0.5200
总资产(万元)	130734.36	130030.68	123138.14
股东权益(万元)	41762.88	44180.87	43824.53
未分配利润(万元)	-8482.15	-6064.16	-5902.89
主营收入(万元)	25462.22	56117.85	40862.95
资本公积金(万元)	25864.21	25864.21	25864.21
主营利润(万元)	1048.10	6111.38	4758.86
其他业务利润(万元)	7.33	0.99	0.99
营业利润(万元)	-2777.49	316.04	-1609.36
投资收益(万元)	2.74		
补贴收入(万元)			
营业外收支(万元)	3.37		
利润总额(万元)	-2771.39	316.04	232.39
净利润(万元)	-2417.99	283.52	227.86

十大股东

序号	股东名称	股份性质	持股数(万股)	比例(%)
1	海南华顺实业有限责任公司	国家股,国有法人股	6736.00	31.57
2	中国东方资产管理公司海口办事处	国家股	3600.00	16.87
3	海南省纺织工业总公司	国有法人股	1160.00	5.44
4	海口盛业贸易有限公司	境内法人股	240.00	1.12
5	中国技术进出口总公司	境内法人股	144.00	0.67
6	天津科技开发投资总公司	流通A股	134.90	0.63
7	中国天津国际经济技术合作公司	流通A股	100.31	0.47
8	杨志文	流通A股	94.50	0.44
9	吴潮平	流通A股	74.10	0.35
10	天津中天国际投资合作公司	流通A股	39.44	0.18

股东人数

2004.6	2003.12	2003.6	2002
32362	39428	38777	41463

近年分配		近年配股/增发	

重大事项

公司年产16万吨瓶级聚酯切片国债技改(贴息)项目自2003年7月开工建设以来,已取得了很大进展,截止2004年6月30日共完成投资13898.48万元,占计划投资39.02%;主体厂房基本竣工,已进入设备安装阶段,预计项目将按计划于2004年底建成投产。

二〇〇三年以来市场表现

2003年涨跌幅(%)	-35.59
2003年最高(元)	8.34
2003年最低(元)	4.10
2003年换手率(%)	167.97
2004.06涨跌幅(%)	4.57
2004.06最高(元)	7.85
2004.06最低(元)	4.35
2004.06换手率(%)	191.38

湖北凯乐新材料科技股份有限公司

公司概况

公司名称	湖北凯乐新材料科技股份有限公司	股票代码	600260
注册地址	湖北省公安县斗湖堤镇城关	邮政编码	434300
法人代表	朱弟雄	董秘	陈杰
电话	0716-5209491	传真	0716-5209433
主营业务	塑料硬管及管件		
总股本	17588.00	流通A	7917.60
流通B		流通H	
审计单位	中勤万信会计师事务所	审计意见	标准无保留

主要财务指标

年度	2004.6	2003	2002
每股收益/扣除后(元)	0.1255	0.2100	0.2200
每股经营现金流量(元)	-0.3400	0.4800	-0.3700
每股净资产/调整后(元)	5.4200	5.2500	5.0000
每股公积金(元)	2.7224	2.7224	2.7224
净资产收益率(%)	3.1200	4.6300	6.0500
总资产(万元)	130686.69	118616.32	102001.46
股东权益(万元)	95400.73	92426.63	88199.12
未分配利润(万元)	22345.46	19371.40	16093.99
主营收入(万元)	23427.10	42027.61	36301.37
资本公积金(万元)	47881.47	47881.44	47881.07
主营利润(万元)	5221.30	9489.95	8662.28
其他业务利润(万元)		0.11	-0.00
营业利润(万元)	3466.17	5513.68	6166.74
投资收益(万元)	20.00	345.62	420.53
补贴收入(万元)	800.00	512.00	11.96
营业外收支(万元)	72.77	118.80	-0.80
利润总额(万元)	4358.93	6490.10	7515.02
净利润(万元)	2974.06	4275.51	5334.16

十大股东

序号	股东名称	股份性质	持股数(万股)	比例(%)
1	荆州市科达商贸投资有限公司	境内法人股	6770.40	38.49
2	公安县国有资产管理局	国有法人股	1500.00	8.53
3	湖北长信投资有限责任公司	境内法人股	600.00	3.41
4	北海银河高科技产业股份有限公司	境内法人股	300.00	1.71
5	广西银河集团有限公司	境内法人股	200.00	1.14
6	武汉华工创业投资有限责任公司	境内法人股	100.00	0.57
7	深圳天成投资有限责任公司	境内法人股	100.00	0.57
8	沈阳裕鹏实业投资有限责任公司	境内法人股	100.00	0.57
9	东风汽车股份有限公司	流通A股	68.65	0.39
10	裕元证券投资基金	流通A股	50.44	0.29

股东人数

2004.6	2003.12	2003.6	2002
23567	23570	23970	19690

近年分配		近年配股/增发	

重大事项

2004年3月,公司与武汉中衡置业有限公司签署协议,公司投资1000万元用于武汉大学桂子山庄三期教师住宅楼项目,投资期限为2004年3月至2004年12月20日止。公司按20%的固定回报率收取投资回报。

二〇〇三年以来市场表现

2003年涨跌幅(%)	-38.41
2003年最高(元)	14.58
2003年最低(元)	7.18
2003年换手率(%)	139.90
2004.06涨跌幅(%)	30.73
2004.06最高(元)	11.18
2004.06最低(元)	7.81
2004.06换手率(%)	141.34

浙江阳光集团股份有限公司

公司概况

公司名称	浙江阳光集团股份有限公司	股票代码	600261
注册地址	浙江省上虞市凤山路485号	邮政编码	312300
法人代表	陈森洁	董秘	吴青谊
电话	0575-2027720	传真	0575-2027720
主营业务	一体化电子节能灯		
审计单位		审计意见	未审计

总股本	12316.00	流通A	4000.00	流通B		流通H	

主要财务指标

年度	2004.6	2003	2002
每股收益/扣除后(元)	0.1795	0.3800	0.3200
每股经营现金流量(元)	-0.1390	0.6400	0.9300
每股净资产/调整后(元)	5.0800	4.8500	4.4200
每股公积金(元)	2.7089	2.7089	2.7087
净资产收益率(%)	4.1300	8.4200	8.2600
总资产(万元)	107657.49	93726.37	86806.98
股东权益(万元)	63130.00	60520.73	55523.53
未分配利润(万元)	11725.43	9116.16	5290.08
主营收入(万元)	32763.74	51322.63	40449.65
资本公积金(万元)	33363.24	33363.24	33359.80
主营利润(万元)	6772.59	13988.46	9686.23
其他业务利润(万元)	151.06	120.61	-0.65
营业利润(万元)	3941.98	8102.97	5539.63
投资收益(万元)	285.26	118.86	347.35
补贴收入(万元)		219.51	219.51
营业外收支(万元)	-6.45	-224.71	-0.10
利润总额(万元)	4220.79	8216.62	5897.40
净利润(万元)	2609.27	5094.16	4584.52

十大股东

序号	股东名称	股份性质	持股数(万股)	比例(%)
1	浙江阳光控股集团有限公司	境内法人股	5312.26	43.13
2	陈森洁	自然人股	989.61	8.04
3	杭州易安投资有限公司	境内法人股	600.00	4.87
4	浙江桢利信息科技有限公司	境内法人股	350.00	2.84
5	叶建庆	自然人股	246.15	2.00
6	陈吉庭	自然人股	246.15	2.00
7	浙江上虞市沥东镇集体资产经营公司	境内法人股	212.58	1.73
8	李汉军	自然人股	206.24	1.67
9	东方证券有限责任公司	流通A股	127.87	1.04
10	全国社保基金一零八组合	流通A股	109.90	0.89

股东人数	2004.6	2003.12	2003.6	2002
	18030	17439	18511	18662

近年分配		近年配股/增发	

重大事项

公司2003年股东大会决议批准公司以4200万元原始出资额将天津阳光天房置业有限公司70%的股权转让给世纪阳光控股有限公司，世纪阳光控股有限公司已向公司支付该4200万元转让款，相关工商变更登记手续正在办理之中。

二〇〇三年以来市场表现

2003年涨跌幅(%)	-25.06
2003年最高(元)	14.20
2003年最低(元)	8.87
2003年换手率(%)	119.71
2004.06涨跌幅(%)	-7.62
2004.06最高(元)	12.37
2004.06最低(元)	8.50
2004.06换手率(%)	156.26

内蒙古北方重型汽车股份有限公司

公司概况

公司名称	内蒙古北方重型汽车股份有限公司	股票代码	600262
注册地址	内蒙古包头稀土高新技术产业开发区	邮政编码	014030
法人代表	周宝亮	董秘	张勇
电话	0472-2207888	传真	0472-2207538
主营业务	矿用自卸汽车		
审计单位		审计意见	未审计

总股本	17000.00	流通A	5500.00	流通B		流通H	

主要财务指标

年度	2004.6	2003	2002
每股收益/扣除后(元)	0.0517	0.0800	0.1709
每股经营现金流量(元)	-0.3180	0.1246	0.2345
每股净资产/调整后(元)	3.4510	3.4700	3.3570
每股公积金(元)	2.1829	2.1821	2.1802
净资产收益率(%)	1.3900	2.5600	5.0549
总资产(万元)	117369.47	105513.45	86923.72
股东权益(万元)	58669.01	59032.82	57488.92
未分配利润(万元)	1359.25	1736.07	533.92
主营收入(万元)	13074.42	29486.74	26961.75
资本公积金(万元)	37108.64	37095.63	37063.00
主营利润(万元)	3994.15	7761.19	6450.07
其他业务利润(万元)	-13.64	-94.16	-0.49
营业利润(万元)	1085.33	1789.96	2001.31
投资收益(万元)	-15.85	157.85	1303.00
补贴收入(万元)			
营业外收支(万元)	-57.71	-177.36	-1.87
利润总额(万元)	1011.77	1770.45	3212.88
净利润(万元)	816.93	1511.27	2906.00

十大股东

序号	股东名称	股份性质	持股数(万股)	比例(%)
1	内蒙北方重工业集团有限公司	国有法人股	7107.00	41.81
2	特雷克斯设备有限公司	外资法人股	4278.00	25.16
3	王立成	流通A股	142.04	0.84
4	包头华中实业总公司	境内法人股	46.00	0.27
5	包头市华隆综合企业有限责任公司	境内法人股	34.50	0.20
6	包头市盛化工贸有限责任公司	境内法人股	34.50	0.20
7	王景路	流通A股	33.13	0.19
8	于洪仁	流通A股	25.04	0.15
9	张渝强	流通A股	23.96	0.14
10	尚永富	流通A股	23.65	0.14

股东人数	2004.6	2003.12	2003.6	2002
	27109	27348	28036	27563

近年分配	2004年6月4日10派0.70	近年配股/增发	

重大事项

公司与内蒙古北方重工业集团有限公司在原材料供应及零部件的加工服务、保安、共用道路使用养护和动力供应方面等签有《综合服务供应协议》，公司与公司第二大股东特雷克斯设备有限公司在原材料供应方面签有合同，特雷克斯设备有限公司按照市场价格向本公司提供关键零配件。

二〇〇三年以来市场表现

2003年涨跌幅(%)	-10.15
2003年最高(元)	12.32
2003年最低(元)	6.71
2003年换手率(%)	315.12
2004.06涨跌幅(%)	-23.38
2004.06最高(元)	9.02
2004.06最低(元)	5.79
2004.06换手率(%)	103.46

路桥集团国际建设股份有限公司

公司概况

公司名称	路桥集团国际建设股份有限公司	股票代码	600263
注册地址	北京市海淀区三里河路 15 号	邮政编码	100027
法人代表	马国栋	董秘	蔺成新
电话	010-64181166,64181913	传真	010-64182080
主营业务	公路、桥梁、机场建设总承包		
审计单位		审计意见	未审计

总股本	40813.30	流通 A	11500.00	流通 B		流通 H	

主要财务指标

年度	2004.6	2003	2002
每股收益 / 扣除后(元)	0.0521	0.1510	0.0590
每股经营现金流量(元)	–0.2270	0.5040	0.3520
每股净资产 / 调整后(元)	3.3410	3.4260	3.3090
每股公积金(元)	2.1066	2.1065	2.1059
净资产收益率(%)	1.3830	4.2530	2.0150
总资产(万元)	333832.78	302833.66	301093.25
股东权益(万元)	144411.91	143675.89	137877.17
未分配利润(万元)	10493.81	9721.15	5695.41
主营收入(万元)	122850.59	234218.62	211222.36
资本公积金(万元)	85976.74	85971.24	85947.73
主营利润(万元)	8486.32	18575.89	13560.97
其他业务利润(万元)	185.03	357.76	23.68
营业利润(万元)	326.60	3446.97	–220.43
投资收益(万元)	2063.34	3064.07	3359.38
补贴收入(万元)		0.75	0.75
营业外收支(万元)	–159.33	–192.71	–0.19
利润总额(万元)	2230.61	6319.08	3160.26
净利润(万元)	1997.06	6111.20	2778.07

十大股东

序号	股东名称	股份性质	持股数(万股)	比例(%)
1	中国路桥(集团)总公司	国有法人股	29150.80	71.42
2	中国港湾建设(集团)总公司	流通 A 股	793.95	1.95
3	中交第一公路勘察设计研究院	国有股	65.00	0.16
4	中交第二公路勘察设计研究院	国有股	58.50	0.14
5	京津塘高速公路北京公司	流通 A 股	30.00	0.07
6	河南兆鑫实业有限公司	流通 A 股	20.00	0.05
7	中交公路规划设计院	国有股	19.50	0.05
8	中国公路工程咨询监理总公司	国有股	19.50	0.05
9	杨健	流通 A 股	15.50	0.04
10	桑庆	流通 A 股	15.00	0.04

股东人数	2004.6	2003.12	2003.6	2002
	65169	63061	64577	62662

近年分配	2004 年 6 月 16 日 10 派 0.30	近年配股 / 增发	

重大事项

西安筑路机械有限公司诉河北省邯郸市交通局第一工程公司等 13 家公司拖欠三年以上货款金额计人民币 18,664,960.00 元案,经西安等仲裁委员会仲裁胜诉或和解达成协议并应由债务人偿还的欠款及相关费用计 21,909,678.04 元。截止 2004 年 6 月 30 日,已收到欠款计人民币 7,028,000 元,抵偿债务的设备一套,账面价值人民币 3,000,000 元。本公司对上述应收款项计提的坏账准备计 535,246.85 元。

二〇〇三年以来市场表现

2003 年涨跌幅(%)	–20.31
2003 年最高(元)	10.35
2003 年最低(元)	6.12
2003 年换手率(%)	149.71
2004.06 涨跌幅(%)	4.65
2004.06 最高(元)	10.57
2004.06 最低(元)	6.17
2004.06 换手率(%)	253.26

云南景谷林业股份有限公司

公司概况

公司名称	云南景谷林业股份有限公司	股票代码	600265
注册地址	云南省景谷傣族彝族自治县威远路 47 号	邮政编码	666400
法人代表	马春华	董秘	吴宁
电话	0879-5224784	传真	0879-5228008
主营业务	林产化工产品制造		
审计单位		审计意见	未审计

总股本	10500.00	流通 A	4000.00	流通 B		流通 H	

主要财务指标

年度	2004.6	2003	2002
每股收益 / 扣除后(元)	0.0362	0.1100	0.2100
每股经营现金流量(元)	0.2220	–0.1000	0.6000
每股净资产 / 调整后(元)	3.0600	3.0600	2.8900
每股公积金(元)	1.7578	1.7527	1.7266
净资产收益率(%)	1.0700	3.3800	6.7300
总资产(万元)	91340.37	86145.38	71134.71
股东权益(万元)	34667.20	34242.69	32901.29
未分配利润(万元)	4640.11	4269.78	3393.41
主营收入(万元)	13086.40	20943.33	41723.61
资本公积金(万元)	18457.15	18402.96	18129.44
主营利润(万元)	3058.62	5076.43	7530.72
其他业务利润(万元)	229.51	78.48	–0.29
营业利润(万元)	209.23	287.78	3613.57
投资收益(万元)	–40.55	–95.89	–60.14
补贴收入(万元)	254.56	1323.59	–7.57
营业外收支(万元)	–11.46	–24.65	0.35
利润总额(万元)	411.78	1490.83	3949.07
净利润(万元)	370.33	1156.18	2213.65

十大股东

序号	股东名称	股份性质	持股数(万股)	比例(%)
1	景谷林总	国家股	6132.00	58.40
2	景谷泰裕	境内法人股	133.82	1.27
3	景谷电力	国有法人股	133.82	1.27
4	景谷投资	国有法人股	66.91	0.64
5	景谷糖业	国有法人股	33.45	0.32
6	深水咨询	流通 A 股	26.58	0.25
7	深水投资	流通 A 股	23.03	0.22
8	郭道国	流通 A 股	12.82	0.12
9	姜美玉	流通 A 股	12.33	0.12
10	孙明旭	流通 A 股	11.67	0.11

股东人数	2004.6	2003.12	2003.6	2002
	25222	26688	28404	29358

近年分配		近年配股 / 增发	

重大事项

2004 年 4 月 18 日公司第二届董事会第十五次会议,审议通过为控股子公司云南玉加宝人造板有限公司融资担保:1、向广东发展银行玉溪支行申请综合授信 8,000 万元人民币,期限为一年,未履行;2、向建设银行玉溪市分行城区办事处申请流动资金贷款 1,000 万元,期限为一年,已履行。

二〇〇三年以来市场表现

2003 年涨跌幅(%)	–34.39
2003 年最高(元)	11.46
2003 年最低(元)	6.46
2003 年换手率(%)	110.99
2004.06 涨跌幅(%)	–5.91
2004.06 最高(元)	8.92
2004.06 最低(元)	6.11
2004.06 换手率(%)	81.13

北京城建投资发展股份有限公司

公司概况

公司名称	北京城建投资发展股份有限公司			股票代码	600266		
注册地址	北京市海淀区学院南路62号			邮政编码	100029		
法人代表	刘龙华			董秘	杨运成		
电话	010-82275566-608,82275516			传真	010-82275533		
主营业务	房地产开发						
总股本	60000.00	流通A	15000.00	流通B		流通H	
审计单位				审计意见	未审计		

主要财务指标

年度	2004.6	2003	2002
每股收益/扣除后(元)	0.0293	0.0900	0.2400
每股经营现金流量(元)	0.9810	0.3990	-0.2837
每股净资产/调整后(元)	2.4740	2.5820	2.6034
每股公积金(元)	1.1379	1.1379	1.1394
净资产收益率(%)	0.8700	4.8200	10.0400
总资产(万元)	887354.12	855691.81	841587.75
股东权益(万元)	168627.22	167162.45	159200.66
未分配利润(万元)	24477.02	23012.27	18163.92
主营收入(万元)	60869.98	224394.27	168100.08
资本公积金(万元)	68276.09	68276.09	68366.61
主营利润(万元)	11746.50	44090.72	26060.67
其他业务利润(万元)	691.11	2920.13	-34.78
营业利润(万元)	2699.24	17177.06	5349.94
投资收益(万元)	894.66	445.96	4753.56
补贴收入(万元)			
营业外收支(万元)	-224.99	2946.25	-12.41
利润总额(万元)	3368.91	20569.27	10974.07
净利润(万元)	1464.76	8052.32	15985.04

十大股东

序号	股东名称	股份性质	持股数(万股)	比例(%)
1	北京城建集团有限责任公司	国有法人股	45000.00	75.00
2	全国社保基金一零六组合	流通A股	245.41	0.41
3	泰和证券投资基金	流通A股	121.71	0.20
4	深圳市企业年金管理中心	流通A股	112.81	0.19
5	扬子石油化工有限责任公司工会委	流通A股	94.92	0.16
6	浙江万方计算机软件有限公司	流通A股	77.22	0.13
7	博时裕富证券投资基金	流通A股	75.05	0.13
8	深圳国际信托投资有限责任公司	流通A股	50.00	0.08
9	太原市阁服务有限公司	流通A股	45.33	0.08
10	全国社保基金一零四组合	流通A股	45.00	0.08

股东人数	2004.6	2003.12	2003.6	2002
	85400	91757	95563	91978

近年分配		近年配股/增发	

重大事项

由于康实公司未能按照其与东华公司签订的《北京东华广场置业有限公司合同》、《东直门综合交通枢纽暨东华广场商务区项目合作合同》及《补充协议》支付款项，已经违约。东华公司向北京市第二中级人民法院提起诉讼，请求人民法院判令解除上述合同，并由康实公司支付东华公司违约金1,848万元。北京市第二中级人民法院已受理东华公司的诉讼请求。

二〇〇三年以来市场表现

2003年涨跌幅(%)	-9.85
2003年最高(元)	11.33
2003年最低(元)	8.15
2003年换手率(%)	126.99
2004.06涨跌幅(%)	-4.39
2004.06最高(元)	11.50
2004.06最低(元)	7.90
2004.06换手率(%)	140.79

浙江海正药业股份有限公司

公司概况

公司名称	浙江海正药业股份有限公司			股票代码	600267		
注册地址	浙江省台州市椒江区外沙路46号			邮政编码	318000		
法人代表	白骅			董秘	张薇		
电话	0571-85278141,0576-8827809			传真	0571-85270053		
主营业务	化学原料药						
总股本	24960.00	流通A	6400.00	流通B		流通H	
审计单位	浙江天健会计师事务所			审计意见	标准无保留		

主要财务指标

年度	2004.6	2003	2002
每股收益/扣除后(元)	0.5145	0.6990	0.2030
每股经营现金流量(元)	0.4038	1.1560	0.4840
每股净资产/调整后(元)	4.2620	3.9010	3.2020
每股公积金(元)	1.7692	1.7692	1.7651
净资产收益率(%)	11.9500	17.6400	6.2400
总资产(万元)	208015.80	187373.94	157552.17
股东权益(万元)	106561.68	97568.61	80253.06
未分配利润(万元)	29334.62	20341.55	6569.99
主营收入(万元)	89921.87	155095.41	76231.73
资本公积金(万元)	44158.09	44158.09	44058.09
主营利润(万元)	34766.93	66614.33	25943.98
其他业务利润(万元)	27.59	83.19	-10.90
营业利润(万元)	18492.15	25186.00	7123.79
投资收益(万元)	2.10	-0.11	198.00
补贴收入(万元)			
营业外收支(万元)	-973.61	-2061.39	-2.79
利润总额(万元)	17520.64	23124.50	7118.52
净利润(万元)	12737.07	17215.55	5010.36

十大股东

序号	股东名称	股份性质	持股数(万股)	比例(%)
1	浙江海正集团有限公司	国家股	13867.46	55.56
2	国投创业投资有限公司	国有法人股	4052.54	16.24
3	华夏成长证券投资基金	流通A股	505.06	2.02
4	中国银行-嘉实增长开放式证券投资基金	流通A股	391.58	1.57
5	国海证券有限责任公司	流通A股	382.94	1.53
6	中国银行-嘉实成长收益型证券投资基金	流通A股	371.90	1.49
7	全国社保基金一零七组合	流通A股	337.39	1.35
8	三龙投资(中国)有限公司	外资法人股	240.00	0.96
9	交通银行-兴科证券投资基金	流通A股	196.00	0.79
10	兴华证券投资基金	流通A股	181.69	0.73

股东人数	2004.6	2003.12	2003.6	2002
	7969	16803	25943	27499

近年分配		近年配股/增发	
	2004年5月25日10派1.50		

重大事项

2003年3月19日，公司与控股股东浙江海正集团有限公司签订《货物销售框架协议》，根据协议本公司向海正集团销售部分医药原料、中间体等产品，定价以市场价为基本原则。2004年1-6月公司向海正集团销售原辅料共计299,331.06元。

二〇〇三年以来市场表现

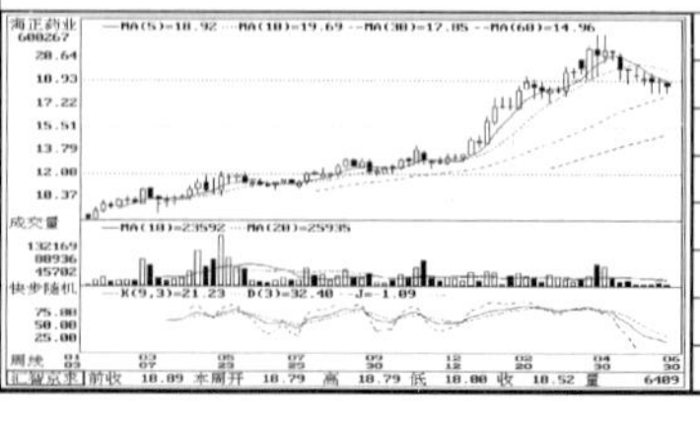

2003年涨跌幅(%)	58.16
2003年最高(元)	14.73
2003年最低(元)	8.47
2003年换手率(%)	314.13
2004.06涨跌幅(%)	32.76
2004.06最高(元)	22.20
2004.06最低(元)	13.85
2004.06换手率(%)	103.21

国电南京自动化股份有限公司

公司概况

公司名称	国电南京自动化股份有限公司	股票代码	600268
注册地址	江苏省南京市江宁经济技术开发区中新路	邮政编码	210003
法人代表	江自生	董秘	邹峰
电话	025-83410173	传真	025-83410871
主营业务	电力系统自化系统		
总股本	11800.00	流通 A	4000.00
流通 B		流通 H	
审计单位		审计意见	未审计

主要财务指标

年度	2004.6	2003	2002
每股收益/扣除后(元)	0.1633	0.2850	0.2440
每股经营现金流量(元)	–0.3740	0.6100	0.9200
每股净资产/调整后(元)	3.7990	3.8210	3.7630
每股公积金(元)	2.5725	2.5725	2.5725
净资产收益率(%)	3.1370	6.7100	6.4200
总资产(万元)	126955.24	106101.08	97582.04
股东权益(万元)	50015.29	49862.39	46781.76
未分配利润(万元)	2627.90	2475.00	837.15
主营收入(万元)	31436.30	58098.87	52971.89
资本公积金(万元)	30355.51	30355.51	30355.51
主营利润(万元)	10465.06	18375.80	13875.43
其他业务利润(万元)	–149.50	119.53	7.16
营业利润(万元)	1730.96	2408.88	1957.60
投资收益(万元)	–321.88	240.09	241.91
补贴收入(万元)	1196.70	2292.19	–54.09
营业外收支(万元)	–7.54	–101.61	–0.41
利润总额(万元)	2598.24	4839.55	3768.88
净利润(万元)	1568.91	3347.50	3003.87

十大股东

序号	股东名称	股份性质	持股数(万股)	比例(%)
1	国家电力公司南京电力自动化设备总厂	国有法人股	7800.00	66.10
2	汉兴基金	流通 A 股	36.30	0.31
3	王少中	流通 A 股	20.73	0.18
4	徐群英	流通 A 股	17.60	0.15
5	周林	流通 A 股	12.35	0.10
6	卫战士	流通 A 股	12.24	0.10
7	梁建生	流通 A 股	12.00	0.10
8	王军若	流通 A 股	11.19	0.09
9	周振权	流通 A 股	10.00	0.08
10	樊来增	流通 A 股	10.00	0.08

股东人数	2004.6	2003.12	2003.6	2002
	25554	28841	29844	29604

近年分配	2004 年 6 月 9 日 10 派 1.20	近年配股/增发	

重大事项

2004 年 3 月 14 日召开的公司 2004 年第一次临时董事会通过决议，同意投资组建"北京华电南自天元控制系统有限公司"。该公司注册资本 600 万元，注册地为北京中关村丰台高科技园区。该公司主营业务为：从事电厂自动化（热控岛、电气岛、信息岛）一次及二次控制设备的成套销售。本公司投入资金 306 万元人民币，占 51% 股份，自然人股东出资 294 万元，占 49% 股份。

二〇〇三年以来市场表现

2003 年涨跌幅(%)	–11.44
2003 年最高(元)	13.98
2003 年最低(元)	8.33
2003 年换手率(%)	153.07
2004.06 涨跌幅(%)	9.21
2004.06 最高(元)	15.06
2004.06 最低(元)	9.99
2004.06 换手率(%)	121.47

江西赣粤高速公路股份有限公司

公司概况

公司名称	江西赣粤高速公路股份有限公司	股票代码	600269
注册地址	江西省南昌高新技术开发区火炬大街 998 号高新大厦	邮政编码	330025
法人代表	吴绍明	董秘	熊长水
电话	0791-6532505,6527021,6504265	传真	0791-6507178
主营业务	公路桥梁，交通基础设施的投资		
总股本	77844.50	流通 A	31200.00
流通 B		流通 H	
审计单位		审计意见	未审计

主要财务指标

年度	2004.6	2003	2002
每股收益/扣除后(元)	0.1838	0.3700	0.4800
每股经营现金流量(元)	0.3069	1.2500	0.6000
每股净资产/调整后(元)	4.3100	8.4400	7.8700
每股公积金(元)	2.8606	6.2193	6.2193
净资产收益率(%)	4.3300	5.6700	6.0000
总资产(万元)	632938.19	639112.69	451334.12
股东权益(万元)	336056.94	329048.03	309741.81
未分配利润(万元)	18421.68	31105.54	15705.35
主营收入(万元)	47486.50	61692.57	46405.49
资本公积金(万元)	222679.44	242069.56	242069.56
主营利润(万元)	32300.57	36025.18	25965.29
其他业务利润(万元)	295.89	96.33	–0.13
营业利润(万元)	28456.22	30864.02	22927.03
投资收益(万元)	–413.34	–2232.46	620.81
补贴收入(万元)		6286.99	–1482.78
营业外收支(万元)	295.82	–6.69	–0.06
利润总额(万元)	28338.70	34911.86	29479.58
净利润(万元)	14561.72	18656.86	18577.07

十大股东

序号	股东名称	股份性质	持股数(万股)	比例(%)
1	江西高速公路投资发展控股有限公司	国有法人股	46352.81	59.55
2	富国动态平衡证券投资基金	流通 A 股	992.19	1.27
3	金鑫证券投资基金	流通 A 股	799.46	1.03
4	中信证券股份有限公司	流通 A 股	627.03	0.81
5	江西赣能股份有限公司	流通 A 股	595.80	0.77
6	奥伊尔投资管理有限责任公司	流通 A 股	573.11	0.74
7	李小民	流通 A 股	538.05	0.69
8	包涵稚	流通 A 股	243.64	0.31
9	陈红梅	流通 A 股	233.74	0.30
10	上海宝钢设备检测公司	流通 A 股	221.90	0.29

股东人数	2004.6	2003.12	2003.6	2002
	38765	59106	57196	61229

近年分配	2004 年 6 月 10 日 10 派 2.00	近年配股/增发	2004 年 6 月 10 日 10 送 5 转 5

重大事项

本公司 2000 年 2 月 10 日与江西高速公路投资发展（控股）有限公司签订了将 1999 年度应付江西高速公路投资发展（控股）有限公司的股利 9800 万元转为长期应付款的合同，从 2001 年至 2004 年每年支付 2000 万元，2005 年支付 1800 万元。

二〇〇三年以来市场表现

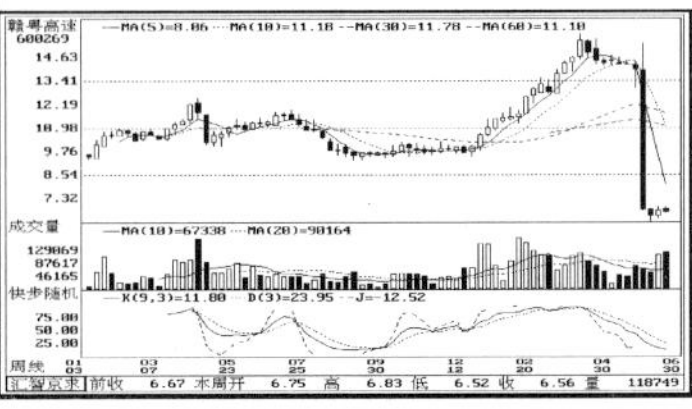

2003 年涨跌幅(%)	7.66
2003 年最高(元)	6.05
2003 年最低(元)	4.47
2003 年换手率(%)	81.32
2004.06 涨跌幅(%)	31.46
2004.06 最高(元)	7.82
2004.06 最低(元)	4.97
2004.06 换手率(%)	71.88

中外运空运发展股份有限公司

公司概况							
公司名称	中外运空运发展股份有限公司			股票代码	600270		
注册地址	北京市海淀区西三环北路21号久凌大厦			邮政编码	100089		
法人代表	张斌			董秘	张葵		
电话	010-68405635			传真	010-68405628		
主营业务	空运进出口货物						
总股本	82316.52	流通A	20790.00	流通B		流通H	
审计单位				审计意见	未审计		

主要财务指标

年度	2004.6	2003	2002
每股收益/扣除后(元)	0.2204	0.6138	0.7402
每股经营现金流量(元)	0.4270	1.2300	1.1500
每股净资产/调整后(元)	2.5800	3.6600	4.5500
每股公积金(元)	0.7377	1.6062	2.7094
净资产收益率(%)	8.3000	16.3400	15.6100
总资产(万元)	347565.94	308912.06	255839.41
股东权益(万元)	220146.30	207351.91	173473.77
未分配利润(万元)	61345.95	48569.15	27090.37
主营收入(万元)	167961.75	300294.91	226666.23
资本公积金(万元)	60725.83	88147.09	99121.91
主营利润(万元)	66777.89	133811.12	138045.61
其他业务利润(万元)	735.15	1346.17	-33.27
营业利润(万元)	34909.41	74331.81	55816.21
投资收益(万元)	2876.96	4364.44	2986.18
补贴收入(万元)			
营业外收支(万元)	133.95	193.34	-1.28
利润总额(万元)	37920.31	78889.59	58431.40
净利润(万元)	18264.57	33877.42	27079.92

十大股东

序号	股东名称	股份性质	持股数(万股)	比例(%)
1	中国外运股份有限公司	国有法人股	57915.00	70.36
2	中国机械进出口(集团)有限公司	法人股	2673.00	3.25
3	博时价值增长证券投资基金	流通A股	1805.44	2.19
4	天华证券投资基金	流通A股	940.64	1.14
5	裕隆证券投资基金	流通A股	870.00	1.06
6	申银万国-花旗-UBS LIMITED	流通A股	856.45	1.04
7	中国银行-同盛证券投资基金	流通A股	812.24	0.99
8	招商银行股份有限公司-中信经典配置证券投资基金	流通A股	742.20	0.90
9	裕阳证券投资基金	流通A股	707.38	0.86
10	中国银行-嘉实服务增值行业证券投资基金	流通A股	646.81	0.79

股东人数	2004.6	2003.12	2003.6	2002
	19412	18382	21228	25468

近年分配	2004年6月7日10派1.00	近年配股/增发	2004年6月7日10转5

重大事项

本公司与中国对外贸易运输(集团)总公司已于2000年4月份签署了《商标使用许可合同》,由股份公司无偿使用中国对外贸易运输(集团)总公司注册号为779072的"SINOTRANS"的商标。该合同有效期5年,同时规定给予本公司永久性的无偿许可。

二〇〇三年以来市场表现

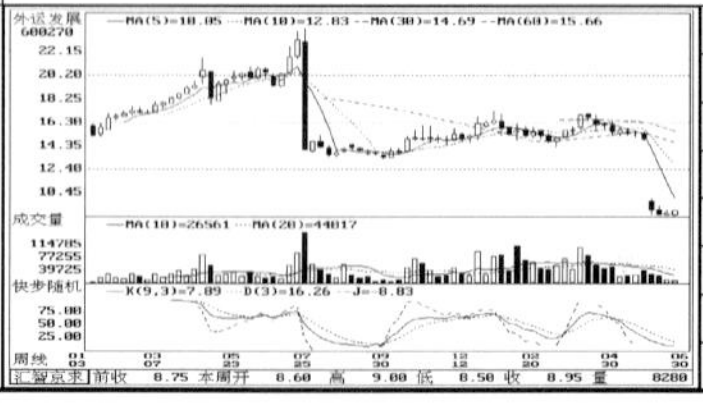

2003年涨跌幅(%)	50.48
2003年最高(元)	11.12
2003年最低(元)	6.53
2003年换手率(%)	80.84
2004.06涨跌幅(%)	-16.04
2004.06最高(元)	11.43
2004.06最低(元)	8.50
2004.06换手率(%)	57.46

航天信息股份有限公司

公司概况							
公司名称	航天信息股份有限公司			股票代码	600271		
注册地址	北京市海淀区中关村南大街2号北京科技会展中心写字楼30层			邮政编码	100086		
法人代表	夏国洪			董秘	赵炜		
电话	010-82513232-421			传真	010-82511986		
主营业务	电子及通信设备						
总股本	16200.00	流通A	4200.00	流通B		流通H	
审计单位				审计意见	未审计		

主要财务指标

年度	2004.6	2003	2002
每股收益/扣除后(元)	0.5931	2.3600	1.4000
每股经营现金流量(元)	1.5130	3.6300	2.4100
每股净资产/调整后(元)	10.2800	10.5800	3.6800
每股公积金(元)	6.0233	6.0234	0.2170
净资产收益率(%)	6.0200	22.7100	36.91
总资产(万元)	238536.16	229293.87	83294.99
股东权益(万元)	167070.44	171586.20	44308.04
未分配利润(万元)	40384.84	30320.60	13783.97
主营收入(万元)	80109.46	209171.70	102674.35
资本公积金(万元)	97578.32	97578.32	3515.46
主营利润(万元)	25672.97	84842.81	33158.03
其他业务利润(万元)	916.85	2305.93	-10.40
营业利润(万元)	11195.98	41342.12	17905.48
投资收益(万元)	712.80	1364.15	521.91
补贴收入(万元)	374.21	794.74	794.74
营业外收支(万元)	-35.16	-225.44	4.35
利润总额(万元)	12247.83	43275.58	17948.93
净利润(万元)	10064.24	38975.30	16354.02

十大股东

序号	股东名称	股份性质	持股数(万股)	比例(%)
1	中国航天科工集团公司	国有法人股	6360.00	39.26
2	航天新概念科技有限公司	国有法人股	1017.00	6.28
3	中国航天科技集团第一研究院	国有法人股	995.00	6.14
4	中国长城工业总公司	国有法人股	760.00	4.69
5	中国航天科工集团第三研究院	国有法人股	714.00	4.41
6	中国航天科技集团第五研究院	国有法人股	714.00	4.41
7	北京市爱威电子技术公司	国有法人股	523.00	3.23
8	北京遥测技术研究所	国有法人股	430.00	2.65
9	中国航天科工集团第四总体设计部	国有法人股	160.00	0.99
10	哈尔滨工业大学	国有法人股	160.00	0.99

股东人数	2004.6	2003.12	2003.6	2002
	25816	20322	12	

近年分配	2004年6月9日10派9.00	近年配股/增发	

重大事项

本公司于2004年4月16日召开2003年度股东大会,审议通过了《公司2003年度利润分配方案》:以2003年12月31日总股本16,200万股为基数,每10股派发现金股利9元(含税),总派发金额为14,580万元,公司剩余未分配利润结转2004年度。2003年度不进行公积金转增股本。

二〇〇三年以来市场表现

2003年涨跌幅(%)	0.00
2003年最高(元)	41.30
2003年最低(元)	26.63
2003年换手率(%)	477.13
2004.06涨跌幅(%)	-33.65
2004.06最高(元)	41.78
2004.06最低(元)	21.71
2004.06换手率(%)	283.69

上海开开实业股份有限公司

公司概况

公司名称	上海开开实业股份有限公司	股票代码	600272
注册地址	上海万航渡路 888 号	邮政编码	200042
法人代表	江玉森	董秘	徐笑白
电话	021-62127558	传真	021-62125575
主营业务	生产和销售衬衫、羊毛衫		
总股本	24300.00	流通 A	6000.00
流通 B	8000.00	流通 H	
审计单位		审计意见	未审计

主要财务指标

年度	2004.6	2003	2002
每股收益/扣除后(元)	0.0481	0.1030	0.2090
每股经营现金流量(元)	0.0940	0.1920	–0.0250
每股净资产/调整后(元)	3.4450	3.5250	3.4460
每股公积金(元)	1.8785	1.8785	1.8713
净资产收益率(%)	1.3540	3.5400	6.0550
总资产(万元)	317559.62	207940.91	200774.59
股东权益(万元)	86446.52	86918.89	83959.32
未分配利润(万元)	4108.41	4395.84	2281.02
主营收入(万元)	135929.39	217979.94	168887.59
资本公积金(万元)	45647.72	45647.55	45472.14
主营利润(万元)	11932.40	23833.58	18701.29
其他业务利润(万元)	666.20	1554.21	157.47
营业利润(万元)	1686.32	3360.26	4655.54
投资收益(万元)	278.71	862.69	1767.96
补贴收入(万元)		344.08	–52.23
营业外收支(万元)	–1.98	–90.01	–0.22
利润总额(万元)	1963.05	4477.01	6772.91
净利润(万元)	1170.57	3077.15	5083.89

十大股东

序号	股东名称	股份性质	持股数(万股)	比例(%)
1	上海开开集团有限公司	国家股	3509.02	14.44
2	上海九豫服饰有限公司	境内法人股	1900.00	7.82
3	上海怡邦针织品有限公司	境内法人股	1500.00	6.17
4	上海和康旅游用品有限公司	境内法人股	1100.00	4.53
5	中国石油化工公司上海石油零售公司	境内法人股	450.00	1.85
6	上海华凯贸易发展有限公司	境内法人股	450.00	1.85
7	上海东方明珠集团股份有限公司	境内法人股	300.00	1.23
8	上海金兴贸易发展中心	境内法人股	300.00	1.23
9	上海现代建筑设计(集团)有限公司	境内法人股	90.00	0.37
10	上海市医药保健品进出口公司	境内法人股	60.00	0.25

股东人数	2004.6	2003.12	2003.6	2002
	49262	32318	50645	52492

近年分配	近年配股/增发
2004 年 7 月 29 日 10 派 0.6	

重大事项

本公司以每股 4.69 元受让兰州三毛纺织(集团)有限责任公司所持有的兰州三毛实业股份有限公司的 51,283,344 股非国有股(占其总股本 28%),已于 2004 年 4 月 24 日获得国务院国有资产监督管理委员会国资产权(2004)286 号文批准,股权过户手续已于 2004 年 5 月 28 日在中国证券登记结算有限责任公司办理完毕。本公司成为兰州三毛实业股份有限公司的第一大股东。

二〇〇三年以来市场表现

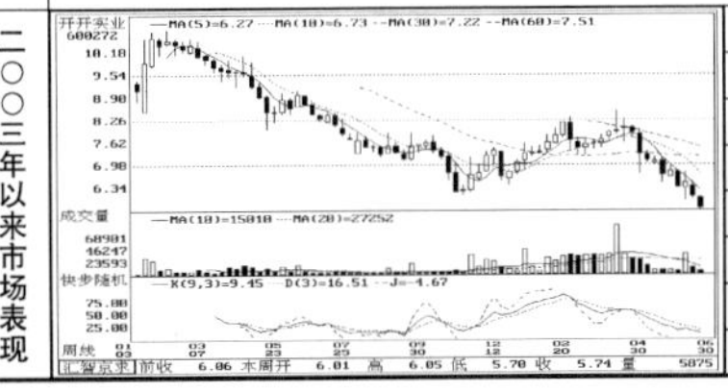

2003 年涨跌幅(%)	–27.31
2003 年最高(元)	10.74
2003 年最低(元)	6.10
2003 年换手率(%)	77.88
2004.06 涨跌幅(%)	–15.09
2004.06 最高(元)	8.49
2004.06 最低(元)	5.70
2004.06 换手率(%)	107.33

华芳纺织股份有限公司

公司概况

公司名称	华芳纺织股份有限公司	股票代码	600273
注册地址	江苏省张家港市塘桥镇人民南路 1 号	邮政编码	215611
法人代表	张正龙	董秘	宋满元
电话	0512-58438202	传真	0512-58441898
主营业务	针纺织品、服装制造		
总股本	21500.00	流通 A	9000.00
流通 B		流通 H	
审计单位		审计意见	未审计

主要财务指标

年度	2004.6	2003	2002
每股收益/扣除后(元)	0.0408	0.1200	0.2500
每股经营现金流量(元)	–0.0870	–0.0100	0.1700
每股净资产/调整后(元)	2.8800	2.8400	1.3300
每股公积金(元)	1.5231	1.5231	
净资产收益率(%)	1.5400	4.4700	18.59
总资产(万元)	91617.84	75040.77	27645.98
股东权益(万元)	62018.07	61064.18	16587.67
未分配利润(万元)	5972.00	5018.11	2698.52
主营收入(万元)	24736.11	48410.08	23382.02
资本公积金(万元)	32747.58	32747.58	
主营利润(万元)	2264.61	6824.64	5667.48
其他业务利润(万元)	96.19	1.12	0.01
营业利润(万元)	1347.62	4162.54	4641.35
投资收益(万元)			
补贴收入(万元)			
营业外收支(万元)	76.11	64.72	–0.16
利润总额(万元)	1423.72	4227.26	4620.96
净利润(万元)	953.90	2728.92	3084.47

十大股东

序号	股东名称	股份性质	持股数(万股)	比例(%)
1	华芳集团有限公司	境内法人股	10000.00	46.51
2	张家港塘桥福利毛织厂	境内法人股	2000.00	9.30
3	张家港青龙铜材厂	境内法人股	450.00	2.09
4	中国工商银行-国联安德盛小盘精选证券投资基金	流通股	349.66	1.63
5	中国工商银行-金泰证券投资基金	流通 A 股	280.77	1.31
6	招商银行股份有限公司-中信经典配置证券投资基金	流通股	239.24	1.11
7	全国社保基金一零三组合	流通股	122.26	0.57
8	景业证券投资基金	流通股	115.44	0.54
9	中国工商银行-南方宝元债券型基金	流通股	110.09	0.51
10	国泰君安证券股份有限公司	流通股	101.71	0.47

股东人数	2004.6	2003.12	2003.6	2002
	32482	44069	61802	

近年分配	近年配股/增发
2004 年 8 月 11 日 10 派 0.5	

重大事项

2004 年 6 月 25 日召开的公司 2003 年度股东大会审议通过了《关于收购部分厂房与设施用于募集资金投资项目建设的议案》。

二〇〇三年以来市场表现

2003 年涨跌幅(%)	0.00
2003 年最高(元)	7.45
2003 年最低(元)	4.87
2003 年换手率(%)	353.75
2004.06 涨跌幅(%)	–8.43
2004.06 最高(元)	6.24
2004.06 最低(元)	4.53
2004.06 换手率(%)	230.11

湖北武昌鱼股份有限公司

公司概况

公司名称	湖北武昌鱼股份有限公司	股票代码	600275
注册地址	湖北省鄂州市鄂城区南蒲南路特1号	邮政编码	436000
法人代表	傅小安	董秘	李强
电话	0711-3200331,3200330	传真	0711-3200330
主营业务	淡水鱼类		
总股本	44513.72	流通A	12740.00
流通B		流通H	
审计单位		审计意见	未审计

主要财务指标

年度	2004.6	2003	2002
每股收益/扣除后(元)	−0.0521	0.0025	0.1221
每股经营现金流量(元)	0.0090	−0.2730	−0.4996
每股净资产/调整后(元)	1.7040	1.7595	2.4737
每股公积金(元)	0.6751	0.6750	1.3044
净资产收益率(%)	−3.1800	0.1400	4.9200
总资产(万元)	256526.23	262762.53	264995.41
股东权益(万元)	76206.83	78670.71	78859.24
未分配利润(万元)	−874.84	1589.05	3069.60
主营收入(万元)	733.14	7639.84	57218.15
资本公积金(万元)	30048.98	30048.98	41475.16
主营利润(万元)	393.56	2662.00	12779.00
其他业务利润(万元)	99.74	2300.01	87.14
营业利润(万元)	−1126.95	592.87	12384.73
投资收益(万元)	−1007.94	−2289.94	−292.97
补贴收入(万元)	39.98	3200.00	3200.00
营业外收支(万元)	−288.27	200.29	−1.90
利润总额(万元)	−2383.17	1703.22	8995.40
净利润(万元)	−2463.89	109.22	3881.65

十大股东

序号	股东名称	股份性质	持股数(万股)	比例(%)
1	北京华普产业集团有限公司	境内法人股	12908.98	29.00
2	湖北鄂州武昌鱼集团有限责任公司	国有法人股	12547.94	28.19
3	北京中联普拓技术开发有限公司	境内法人股	5119.08	11.50
4	鄂州市建设投资公司	国有法人股	495.60	1.11
5	湖北多佳集团实业有限公司	国有法人股	330.40	0.74
6	湖北辰隆经济开发公司	国有法人股	247.81	0.56
7	鄂州市市场开发服务中心	国有法人股	123.91	0.28
8	陈庆红	流通A股	70.35	0.16
9	王伟	流通A股	45.01	0.10
10	太原西迪计算机公司	流通A股	41.81	0.09

股东人数	2004.6	2003.12	2003.6	2002
	48485	46004	28929	29752

近年分配		近年配股/增发	

重大事项

湖北武昌鱼股份有限公司(以下简称"公司")于2002年12月24日,在中国工商银行鄂州支行贷款4000万元(一年期),公司与中国工商银行鄂州支行协商决定,于2003年12月,将该笔贷款中的3800万元展期6个月;另外还贷款本金200万元,公司大股东北京华普产业集团有限公司以其持有的公司4000万股股权质押贷款3500万元和300万元贷款连带保证责任(详见公司2003年12月23日公告)。由于公司至今尚未还本金200万元,中国工商银行鄂州支行于2004年1月8日和2月18日向湖北省鄂州市中级人民法院提起了诉讼,要求公司及华普集团归还本金及支付利息。

二〇〇三年以来市场表现

2003年涨跌幅(%)	−52.96
2003年最高(元)	8.63
2003年最低(元)	3.48
2003年换手率(%)	331.16
2004.06涨跌幅(%)	−6.51
2004.06最高(元)	5.89
2004.06最低(元)	3.50
2004.06换手率(%)	311.94

江苏恒瑞医药股份有限公司

公司概况

公司名称	江苏恒瑞医药股份有限公司	股票代码	600276
注册地址	江苏省连云港市经济技术开发区黄河路38号	邮政编码	222002
法人代表	孙飘扬	董秘	戴洪斌
电话	0518-5465745	传真	0518-5453845
主营业务	原料药、片剂、硬胶囊剂、注射剂		
总股本	25507.20	流通A	7680.00
流通B		流通H	
审计单位		审计意见	未审计

主要财务指标

年度	2004.6	2003	2002
每股收益/扣除后(元)	0.2445	0.3330	0.3100
每股经营现金流量(元)	0.3890	0.5360	0.1950
每股净资产/调整后(元)	3.5320	3.3420	3.0430
每股公积金(元)	1.5478	1.5478	1.5478
净资产收益率(%)	5.6300	10.6600	9.9700
总资产(万元)	125002.20	145068.66	120457.58
股东权益(万元)	91255.77	88666.05	79210.00
未分配利润(万元)	17771.89	12439.27	7453.69
主营收入(万元)	51457.72	105035.23	75602.55
资本公积金(万元)	39480.66	39480.66	39480.66
主营利润(万元)	41933.97	68877.27	46814.58
其他业务利润(万元)	175.34	398.73	−5.03
营业利润(万元)	8257.08	13766.17	10631.07
投资收益(万元)	−1010.48	247.90	428.28
补贴收入(万元)		1377.10	−5.84
营业外收支(万元)	−192.28	−321.69	14.66
利润总额(万元)	7054.33	15069.49	11050.90
净利润(万元)	5140.44	9452.00	7895.40

十大股东

序号	股东名称	股份性质	持股数(万股)	比例(%)
1	连云港天宇医药有限公司	境内法人股	6925.20	27.15
2	中泰信托投资有限责任公司	境内法人股	4846.37	19.00
3	连云港恒创医药科技有限公司	境内法人股	2550.72	10.00
4	中国医药工业公司	国家股	1782.72	6.99
5	连云港恒瑞集团有限公司	境内法人股	1530.19	6.00
6	裕隆证券投资基金	流通A股	408.41	1.60
7	海富通精选证券投资基金	流通A股	315.00	1.23
8	招商股票投资基金	流通A股	266.58	1.05
9	海富通收益增长证券投资基金	流通A股	236.85	0.93
10	金泰证券投资基金	流通A股	212.99	0.84

股东人数	2004.6	2003.12	2003.6	2002
	16324	24318	24357	21557

近年分配	2004年5月28日10派1.00	近年配股/增发	

重大事项

2004年5月10日公司召开了三届五次董事会,审议通过了《关于出售连云港中金医药包装有限公司全部股权的议案》,2004年6月15日公司召开了2004年第一次临时股东大会审议并批准了上述议案。

二〇〇三年以来市场表现

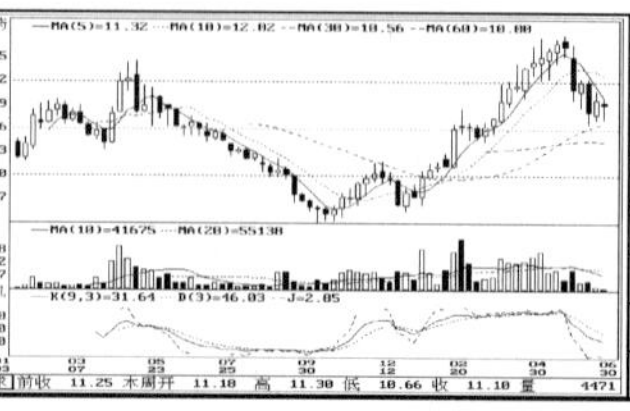

2003年涨跌幅(%)	−15.75
2003年最高(元)	12.25
2003年最低(元)	7.34
2003年换手率(%)	182.66
2004.06涨跌幅(%)	33.90
2004.06最高(元)	13.28
2004.06最低(元)	7.88
2004.06换手率(%)	172.67

内蒙古亿利科技实业股份有限公司

公司概况

公司名称	内蒙古亿利科技实业股份有限公司			股票代码	600277	
注册地址	内蒙古鄂尔多斯市东胜区鄂尔多斯西街亿利科技大厦			邮政编码	017000	
法人代表	王瑞丰		董秘	王芳		
电话	0477-8372708		传真	0477-8371744		
主营业务	无机化学品、医药产品					
总股本	17380.00	流通 A	6380.00	流通 B		流通 H
审计单位			审计意见	未审计		

主要财务指标

年度	2004.6	2003	2002
每股收益/扣除后(元)	0.1056	0.1283	0.2300
每股经营现金流量(元)	0.0550	0.1567	0.1900
每股净资产/调整后(元)	4.8530	4.7500	4.4800
每股公积金(元)	3.1134	3.1134	3.1132
净资产收益率(%)	2.3300	4.6300	5.0900
总资产(万元)	177119.86	161682.27	137344.44
股东权益(万元)	77694.83	75887.65	72367.05
未分配利润(万元)	9690.69	7883.51	5259.03
主营收入(万元)	50563.90	96278.77	55942.83
资本公积金(万元)	49191.78	49191.78	49188.06
主营利润(万元)	7562.72	15709.68	12895.54
其他业务利润(万元)	300.85	805.38	-1.27
营业利润(万元)	2145.83	3488.97	4586.79
投资收益(万元)	-53.42	604.75	-8.34
补贴收入(万元)	7.80	321.22	-0.09
营业外收支(万元)	-41.49	-2.33	0.03
利润总额(万元)	2058.82	4412.61	4545.59
净利润(万元)	1807.18	3516.88	3681.86

十大股东

序号	股东名称	股份性质	持股数(万股)	比例(%)
1	亿利资源集团公司	国有法人股	9737.10	56.02
2	杭锦旗金田农业开发公司	境内法人股	98.60	0.57
3	鄂尔多斯市富强建筑安装有限公司	境内法人股	65.70	0.38
4	伊金霍洛旗景金泓塑料制品有限公司	境内法人股	65.70	0.38
5	鄂尔多斯市亿通煤化有限责任公司	境内法人股	32.90	0.19
6	张坚勇	流通 A 股	10.98	0.06
7	谭建民	流通 A 股	8.70	0.05
8	上海银盛高新技术有限公司	流通 A 股	8.30	0.05
9	姜薇	流通 A 股	7.77	0.04
10	沈海珍	流通 A 股	7.00	0.04

股东人数	2004.6	2003.12	2003.6	2002
	40639	41584	43747	44760

近年分配	2004 年 8 月 2 日 10 派 0.5	近年配股/增发	2004 年 8 月 2 日 10 送 1

重大事项

经 2004 年 3 月 19 日召开的公司第二届董事会第十六次会议审议通过，并经 2004 年 5 月 28 日召开的 2003 年度股东大会审议批准，将本公司持有的信海丰园 60%股权、持有的大药房 80%的股权、持有的鄂医药 55%的股权，以 2003 年度审计报告所显示的净资产数据为依据，其中信海丰园按照本公司的出资额所享有的权益数的 1.344 倍为本次股权转让价款，大药房、鄂医药按照本公司的出资额所享有的权益数为本次股权转让价款，本次股权转让价款合计为 58,643,823.80 元，所得资金全部用于补充公司流动资金。2

二〇〇三年以来市场表现

2003 年涨跌幅(%)	-30.78
2003 年最高(元)	11.75
2003 年最低(元)	6.90
2003 年换手率(%)	73.40
2004.06 涨跌幅(%)	2.66
2004.06 最高(元)	9.98
2004.06 最低(元)	7.13
2004.06 换手率(%)	76.76

东方国际创业股份有限公司

公司概况

公司名称	东方国际创业股份有限公司			股票代码	600278	
注册地址	上海市浦东新区陆家嘴路 166 号			邮政编码	200336	
法人代表	蔡鸿生		董秘	黄大瑜		
电话	021-62789999,62785521		传真	021-62784020,62785384		
主营业务	服装、医药化工					
总股本	32000.00	流通 A	8000.00	流通 B		流通 H
审计单位			审计意见	未审计		

主要财务指标

年度	2004.6	2003	2002
每股收益/扣除后(元)	0.0933	0.2300	0.2100
每股经营现金流量(元)	1.1830	-0.0800	0.0400
每股净资产/调整后(元)	3.1500	3.1900	2.9300
每股公积金(元)	1.7100	1.7099	1.7012
净资产收益率(%)	3.0100	6.8100	6.5400
总资产(万元)	209406.69	232284.33	215617.45
股东权益(万元)	106344.67	106979.11	98146.67
未分配利润(万元)	9978.07	10612.51	3903.20
主营收入(万元)	138928.58	344404.09	318658.75
资本公积金(万元)	54717.15	54717.15	54436.83
主营利润(万元)	15797.99	38442.26	33542.46
其他业务利润(万元)	551.16	1073.58	165.40
营业利润(万元)	3749.41	9647.01	5667.50
投资收益(万元)	-161.14	516.20	2626.94
补贴收入(万元)	829.86	166.30	2.26
营业外收支(万元)	84.14	19.21	0.26
利润总额(万元)	4502.27	10348.71	8972.43
净利润(万元)	3205.57	7284.70	6419.68

十大股东

序号	股东名称	股份性质	持股数(万股)	比例(%)
1	东方国际(集团)有限公司	国家股	23689.05	74.03
2	中国银河证券有限责任公司	流通 A 股	729.72	2.28
3	上海国际港务(集团)公司	流通 A 股	619.00	1.93
4	江苏舜天国际集团服装进出口股份公司	流通 A 股	450.00	1.41
5	上海杨浦工贸集团有限公司	流通 A 股	380.13	1.19
6	东方国际集团上海市针织品进出口股份有限公司	国有法人股	65.00	0.20
7	东方国际集团上海市丝绸进出口股份有限公司	国有法人股	65.00	0.20
8	东方国际集团上海市纺织品进出口股份有限公司	国有法人股	65.00	0.20
9	东方国际集团上海市家用纺织品进出口公司	国有法人股	65.00	0.20
10	东方国际集团上海市对外贸易有限公司	国有法人股	50.95	0.16

股东人数	2004.6	2003.12	2003.6	2002
	31223	30979	31457	35857

近年分配	2004 年 5 月 31 日 10 派 1.20	近年配股/增发	

重大事项

因本公司总额为 3000 万元的 3 万手 03 国债(3)被托管人闽发证券有限责任公司上海水电路证券营业部质押，故本公司依法于 2004 年 6 月 21 日向上海市第二中级人民法院提起诉讼。(详见 2004 年 6 月 12 日、2004 年 6 月 29 日的《上海证券报》)，2004 年 6 月 28 日，上海市第二中级人民法院下达了案件受理通知书。

二〇〇三年以来市场表现

2003 年涨跌幅(%)	-21.24
2003 年最高(元)	10.93
2003 年最低(元)	5.73
2003 年换手率(%)	147.20
2004.06 涨跌幅(%)	-18.94
2004.06 最高(元)	8.52
2004.06 最低(元)	5.90
2004.06 换手率(%)	101.10

重庆港九股份有限公司

公司概况

公司名称	重庆港九股份有限公司			股票代码	600279		
注册地址	重庆市九龙坡区盘龙镇盘龙五村 113-13 号			邮政编码	400011		
法人代表	张延礼			董秘	周小雄		
电话	023-63100879			传真	023-63801564		
主营业务	装卸业务						
总股本	22839.10	流通 A	8600.00	流通 B		流通 H	
审计单位				审计意见	未审计		

主要财务指标

年度	2004.6	2003	2002
每股收益 / 扣除后(元)	0.0859	0.0500	0.1170
每股经营现金流量(元)	0.1250	0.2520	0.1820
每股净资产 / 调整后(元)	3.2640	3.2450	3.1020
每股公积金(元)	1.9659	1.9659	1.9530
净资产收益率(%)	2.8300	3.1500	3.7200
总资产(万元)	91291.64	88584.16	80060.46
股东权益(万元)	75015.70	74487.47	71845.61
未分配利润(万元)	3523.04	2994.80	995.88
主营收入(万元)	9217.33	11378.38	9728.50
资本公积金(万元)	44899.45	44899.45	44604.53
主营利润(万元)	3592.25	3804.78	3122.49
其他业务利润(万元)	391.46	659.73	-17.18
营业利润(万元)	2414.36	1541.52	1435.78
投资收益(万元)	140.52	1521.17	1326.66
补贴收入(万元)		320.00	-56.47
营业外收支(万元)	8.12	-610.71	-0.76
利润总额(万元)	2563.00	2771.97	3149.80
净利润(万元)	2126.97	2346.94	2673.39

十大股东

序号	股东名称	股份性质	持股数(万股)	比例(%)
1	重庆港务集团有限责任公司	国有法人股	12000.00	52.54
2	重庆市城市建设投资公司	国有法人股	2000.00	8.76
3	重庆铁路分局	国有法人股	91.96	0.40
4	成都铁路局	国有法人股	73.57	0.32
5	重庆未来投资有限公司	流通 A 股	49.80	0.22
6	李城	流通 A 股	47.44	0.21
7	重庆长江轮船公司	国有法人股	45.98	0.20
8	邓洪玲	流通 A 股	41.39	0.18
9	王飞	流通 A 股	39.04	0.17
10	刘寿平	流通 A 股	32.52	0.14

股东人数	2004.6	2003.12	2003.6	2002
	48964	51564	47730	46409

近年分配	2004 年 7 月 14 日 10 派 0.70	近年配股 / 增发	

重大事项

公司为重庆集海航运有限责任公司在中国建设银行重庆渝中支行提供 3000 万元短期借款的最高额保证，担保期限 3 年，截止 2004 年 6 月 30 日，重庆集海航运有限责任公司实际借款为 2290 万元。公司持有重庆集海航运有限责任公司 50% 的股份。

二〇〇三年以来市场表现

2003 年涨跌幅(%)	-20.29
2003 年最高(元)	12.06
2003 年最低(元)	7.20
2003 年换手率(%)	314.56
2004.06 涨跌幅(%)	-25.21
2004.06 最高(元)	9.60
2004.06 最低(元)	6.15
2004.06 换手率(%)	125.93

南京中央商场股份有限公司

公司概况

公司名称	南京中央商场股份有限公司			股票代码	600280		
注册地址	南京市白下区中山南路 79 号			邮政编码	210005		
法人代表	胡晓军			董秘	杨学萍		
电话	025-84728470			传真	025-84707466		
主营业务	百货、食品、针织服装						
总股本	12126.09	流通 A	7263.66	流通 B		流通 H	
审计单位				审计意见	未审计		

主要财务指标

年度	2004.6	2003	2002
每股收益 / 扣除后(元)	0.2137	0.3000	0.2400
每股经营现金流量(元)	0.7950	1.3400	1.2600
每股净资产 / 调整后(元)	3.9100	3.8100	3.7200
每股公积金(元)	1.6622	1.6622	1.6622
净资产收益率(%)	4.8600	7.3400	6.7100
总资产(万元)	152978.75	146929.87	104773.04
股东权益(万元)	49467.98	48275.42	45424.33
未分配利润(万元)	9276.64	7560.11	5804.21
主营收入(万元)	114683.14	193994.27	127036.83
资本公积金(万元)	20155.60	20155.60	20155.60
主营利润(万元)	18807.73	31057.96	20664.80
其他业务利润(万元)	952.27	1140.08	-14.75
营业利润(万元)	3934.33	5464.18	4529.23
投资收益(万元)	-163.67	95.30	83.02
补贴收入(万元)			
营业外收支(万元)	-31.84	-178.24	-3.62
利润总额(万元)	3738.81	5381.24	4592.04
净利润(万元)	2405.16	3543.91	3049.07

十大股东

序号	股东名称	股份性质	持股数(万股)	比例(%)
1	南京国有资产经营(控股)有限公司	国有法人股	3262.43	26.90
2	南京中天投资发展有限公司	境内法人股	1393.22	11.49
3	南京斯威特新技术创业有限公司	境内法人股	206.78	1.71
4	江苏地华房地产发展有限公司	流通 A 股	194.52	1.60
5	中国农村发展信托投资公司北京证券业务部	流通 A 股	69.88	0.58
6	江南证券	流通 A 股	64.69	0.53
7	陈小东	流通 A 股	55.69	0.46
8	昆明云内动力股份有限公司	流通 A 股	48.27	0.40
9	张仁梅	流通 A 股	43.13	0.36
10	南京宏润石化工贸开发中心	流通 A 股	39.60	0.33

股东人数	2004.6	2003.12	2003.6	2002
	28137	29476	25465	27158

近年分配	2004 年 5 月 24 日 10 派 1.00	近年配股 / 增发	

重大事项

2004 年 3 月 19 日公司 2003 年年度股东大会审议通过了 2003 年年度利润分配方案，该方案于 2004 年 5 月 18 日公告实施，公司 2003 年度利润分配方案已实施完毕。

公司增资配股申请方案，于 2004 年 4 月 12 日经中国证券监督管理委员会股票发行审核委员会 2004 年第 19 次股票发行审核委员会工作会议审议，本公司配股申请获得通过。

二〇〇三年以来市场表现

2003 年涨跌幅(%)	-29.88
2003 年最高(元)	10.87
2003 年最低(元)	5.92
2003 年换手率(%)	158.86
2004.06 涨跌幅(%)	19.85
2004.06 最高(元)	8.64
2004.06 最低(元)	6.52
2004.06 换手率(%)	151.57

AviChina 中国航空科技工业股份有限公司

AviChina Industry & Technology Company Limited

董事局主席：张洪飚

中国航空科技工业股份有限公司（简称"中航科工"）系由中国航空工业第二集团公司、中国华融资产管理公司、中国信达资产管理公司、中国东方资产管理公司共同发起设立的股份有限公司，于2003年4月30日在中国北京注册成立，并于2003年10月30日在香港联交所上市，股票编号为：2357。

在中航科工发行上市过程中，欧洲宇航防务集团(EADS)购买公司5%的股份，成为中航科工的战略合作伙伴。

公司注册资本为46亿元人民币。

公司两大主业为民用航空产品研发制造与汽车产品研发制造，包括直升机、支线飞机、教练机、通用飞机、飞机零部件、航空电子产品和汽车、汽车发动机、汽车零部件等。中航科工是中国领先的微型汽车制造商、规模最大的直升机制造商及主要的飞机制造商。

直升机包括直-8系列、直-9系列、直-11系列和HC-120；支线飞机主要包括ERJ-145；教练机包括K-8和CJ-6；通用飞机包括：Y-12系列运输机和N-5型农林飞机。

汽车产品主要包括微型客货车和经济型轿车，"松花江"、"昌河"、"中意"、"民意"等品牌在中国享有较高的知名度。近几年公司陆续推出的"赛马"、"赛豹"、"北斗星"、"路宝"、"爱迪尔"和"利亚纳"等新车型，具有"安全、环保、节能、经济、实用"等特点，深受客户欢迎。

公司下属有四家A股上市公司，具有较为完善的公司治理结构和丰富的资本运作经验。同时，本公司拥有一支高学历、经验丰富，具有优秀专业能力的管理层团队和技术队伍，具有航空及汽车制造领域多年的经营、管理经验。

中航科工的总体发展目标为：进一步巩固公司在中国直升机、支线飞机、教练机、通用飞机及汽车领域的领导者地位，不断提升公司核心竞争能力，使公司成为一家业务突出、结构合理、市场竞争力强的国际化公司。

中航科工秉承"诚信经营，品质一流"的理念，竭诚与国内外各界进行广泛的交流与合作，相互促进，共创美好未来。

通信联络

信箱：中国北京1655信箱

邮编：100009

电话：86-10-6409 4832/6409 4825

传真：86-10-6409 4836/6409 4826

网址：www.avichina.com

电子信箱：avichina@avichina.com

公司法定中文名称：金融街控股股份有限公司
公司法定英文名称：FINANCIAL STREET HOLDING CO., LTD.
公司注册地址：北京市西城区金融大街19号富凯大厦B座5层

金融街控股股份有限公司
FINANCIAL STREET HOLDING CO., LTD.

董事团队

金融街内景

金融街控股股份有限公司系在深圳证券交易所上市的股份有限公司，证券代码：000402，证券简称：金融街。公司注册资本为人民币38，312.664万元，法定代表人王功伟。目前的主要业务是承担北京金融街区域的开发建设。

北京金融街是经国务院批复的《北京城市总体规划》确定的跨世纪宏伟工程，位于长安街北侧，占地面积103公顷，规划建筑面积超过300万平方米，集办公、会议、住宿、休闲、娱乐、餐饮、购物、运动、演艺等多种功能于一体，以金融文化、国际化、生态和人性化，引领充满活力的21世纪城市发展理念。金融街是各大银行总行、保险、中央部委机关、金融监管机构等聚集地，是中国经济决策中心和信息中心。区域内资金管理规模巨大，控制着全国90%的信贷资金和65%的保费资金的运用，目前区域内及周边已拥有530多家知名企业和机构，已成为法制完善、功能齐全的国家级金融管理中心。

公司高层管理人员

金融街外景

办公地址：北京市西城区金融大街19号富凯大厦B座5层
联系电话：010-6657 3955/6657 3068/6657 3069
传真电话：010-6657 3956
邮政编码：100032
电子信箱：investors@jrjkg.com
互联网址：www.jrjkg.com.cn

广东省宜华木业股

汕头市委副书记、市长黄志光和“宜华木业”
董事长刘绍喜为股票上市鸣锣

广东省宜华木业股份有限公司是于2001年4月27日经对外贸易经济合作部批准整体变更而成的股份有限公司。公司主要从事木家具、木地板等产品的生产和销售，主导产品是实木家具、实木地板和实木复合地板。

公司始终专注于实木制品行业的深加工和开发研究，产品获得“中国驰名商标”、“国家免检产品”、“中国名牌产品”称号，产品远销大洋彼岸。公司已通过ISO9001、ISO14001管理体系，在行业中率先启用了FSC森林认证，各项财务指标均居同行业上市公司领先水平。

份有限公司

董事长: 刘绍喜

地址: 广东省澄海市莲下槐东工业区
电话: 0754-510 0989
传真: 0754-574 5583
网址: http://www.yihuatimber.com
电子信箱: yihua@pub.shantou.gd.cn

董事长：高峰

总经理：金敬涛

陕西建设机械股份有限公司
SHANXI CONSTRUCTION MACHINERY CO., LTD.

联系地址：西安市金花北路48号　邮政编码：710032
电话：029-8259 2288　传真：029-8259 2287
网址：http://www.scmc-xa.com　电子信箱：zqc_scmc_s@163.com

公司前身始建于1954年，是我国“一五”期间158项重点工程的配套企业之一。

走过近半个世纪的陕西建设机械股份有限公司，其高科技、高精度、高自动化的精良设备和训练有素的企业员工，是高效率、高质量的根本保证，为中国和世界的建设事业作出了突出的贡献。

公司主要从事道路工程机械产品的研制、开发、制造与销售，产品品种包括沥青混凝土摊铺机、全液压稳定土拌和机、稳定土厂拌设备、翻斗车、四履带水泥混凝土滑模摊铺机、改性沥青设备、路面铣刨机等，其中主导产品大型沥青混凝土摊铺机目前国内市场占有率居同行业首位。

公司TITAN423型号及LTL60型沥青混凝土摊铺机被认定为国家重点新产品，WBZ21型稳定土拌和机被列入重点国家级火炬计划项目，JS-1(F10)型翻斗车曾获得国家银质奖。“三捷”牌沥青混凝土摊铺机、WBZ21型稳定土拌和机及“建设”牌翻斗车曾多次被评为陕西省名牌产品。本公司大型沥青混凝土摊铺机系列产品凭借先进的技术和可靠的质量，先后被选用于成渝、沪宁、京广、太旧、西宝、呼包、杭甬、郑洛、广湛等高速公路及北京国际机场、上海虹桥机场、广州白云机场等重大项目的建设。

公司被认定为国家火炬计划重点高新技术企业、陕西省企业技术中心，先后被西安市及陕西省认定为高新技术企业，并通过了ISO9001质量体系认证。

全国劳动模范，全国优秀企业家高峰董事长率股份公司全体员工向社会郑重承诺：用我们的真诚和勤奋与用户和各方贤达合作共事、同筑未来。我们将发扬企业精神：锲而不舍，创造卓越。

作为中国建设机械制造业的先驱者，正在拓展更新更广阔的发展空间。

天津市房地产发展(集团)股份有

TIANJIN REALITY DEVELOPMENT (GROUP)

公司高管人员

股票简称：天房发展

股票代码：600322

地址：天津市和平区常德道80号

电话：022-2331 7185

传真：022-2331 7185

邮编：300050

邮箱：tffz@sina.com.cn

www.tfgroup

www.tfgroup.

www

天津市房地产发展（集团）股份有限公司（以下简称公司或本公司）。创建于1981年，前身为天津市政府住宅统一建设办公室，后改建为天津市建设开发公司，1988年1月在建设开发公司的基础上，组建了天津市房地产开发经营集团，是天津市最早成立的房地产综合开发企业。1992年5月30日经天津市经济体制改革委员会以津体改委字（1992）33号文批准，实行股份制试点，更名为天津市房地产发展（集团）股份有限公司，并经中国人民银行天津市分行津银金（1992）479号文件批复，通过定向募集的方式向法人单位和内部职工发行股票，正式改组为股份有限公司，成为天津市第一批股份制试点企业之一，1999年经天津市人民政府以津股批（1999）8号文件批复，公司注册资本由627,414,835.00元按50%比例进行缩减，缩减后的股本为313,707,417.00元。根据中国证券监督管理委员会证监发行字[2001]50号《关于核准天津市房地产发展（集团）股份有限公司公开发行股票的通知》，公司利用上海证券交易所交易系统，于2001年8月6日采用上网定价发行方式向社会公开发行人民币普通股股票11000万股，至此，公司总股本金为423,707,417.00。

公司是天津市首家以房地产为主，贸易流通为辅的大型企业集团，其经营范围为房地产开发及商品房销售、危房改造、基础设施建设、建筑设计、物业管理、咨询、商业（内贸）、物资供销及仓储业、货物运输等。截止2003年12月31日、公司总资产为3,178,469,898.98元，净资产1,659,958,781.86元，其中股本金为423,707,417.00元。

瑞江花园小区

海景假日公寓

新纪元小区

限公司

CO., LTD.

董事长：张连选

总经理：张建台

com.cn

com.cn

:fgroup.com.cn

平诚大厦

SAIMA

董事长：李永进

花园式厂区

厂区外景

宁夏赛马实业股份有限公司

Ningxia Saima Industry Co., Ltd

营销网络图

宁夏赛马实业股份有限公司是于1998年12月4日以发起方式设立的股份有限公司。2003年8月公司在上海证券交易所成功发行股票并上市。公司注册资本12300万元，法定代表人李永进，注册地址银川市西夏区新小线二公里处，主要从事水泥制造、销售，水泥制品、水泥熟料的制造与销售。公司截止2004年9月总资产9.30亿元，净资产5.46亿元。

公司主业水泥具有年产120万吨的生产能力，生产技术主要采用新型干法及湿法旋窑技术。主要产品有“赛马”牌32.5级、42.5级、52.5级普通硅酸盐、硅酸盐、复合水泥及道路硅酸盐水泥、中热硅酸盐水泥、抗硫酸盐硅酸盐水泥、油井水泥等。其中32.5级、42.5级普通硅酸盐水泥产品通过了中国水泥产品质量认证委员会产品质量认证。“赛马”牌32.5级、42.5级普通硅酸盐水泥是宁夏自治区优质产品。

公司“赛马”商标被评为“宁夏著名商标”。公司被评为“全国质量百佳企业”，“自治区先进企业”。公司产品广泛应用于区内外的重点工程建设，远销北京、内蒙、陕西、甘肃、山西、西藏等省区，并获得了陕西咸阳国际机场、甘肃中川机场、银川河东机场、山西运城机场、宁夏贺兰山军用机场、拉萨贡嘎机场等重大工程项目的大量使用和好评。

公司现控股两家水泥企业宁夏中宁赛马水泥有限公司和宁夏青铜峡水泥股份有限公司，使得公司所控制水泥产能达300万吨。

地址：宁夏回族自治区银川市西夏区新小线二公里处　电话：0951-208 5256　传真：0951-208 5256

网址：http://www.saimasy.com.cn　电子信箱：wuwux@vip.sina.com

SAIMA

晋西车

董事长：牛建国

公司高管人员

铁路运输是国民经济发展的一条大动脉。晋西车轴就是为这条大动脉提供重要装备的企业之一，改革开放以来，它为中国国民经济的发展做出了不可磨灭的贡献。

晋西车轴的前身，是中国兵器晋西机器工业集团有限责任公司所属的车轴分公司，其生产铁路车轴的历史可以追溯到上个世纪七十年代末。在中国国防工业实施“保军转民”战略，大规模进行产品结构调整时，晋西机器厂利用军工先进的锻造技术，成功地实现了生产铁路车轴的战略转移。二十多年来，晋西车轴由小到大，由弱到强，逐步成长为中国最大的铁路车轴科研生产基地。

2000年12月27日，晋西机器工业集团有限责任公司按“靓女先嫁”的法则，以其晋西车轴这块优质资产，与其他四家企业共同发起组建了晋西车轴股份有限公司，从而实现了铁路车轴生产的体制嬗变。近三年来，晋西车轴以新的机制面向国际国内市场，取得了骄人的业绩。2001年至2003年，销售额每年平均以26.34%的速度增长，净利润每年平均以121.69%增长。

晋西车轴是中国生产铁路车轴的龙头企业。它拥有精锻、热处理、精密加工等完整的生产线，其关键设备主要从国外引进，总体工艺技术装备达到国际先进水平；它拥有一支能力较强的研发团队，曾先后完成40钢车轴、50钢车轴及各种机车轴、外贸车轴的开发任务。它是目前国内生产铁路车轴规格品种最多、产品型号最全、自动化程度最高、市场占有率最大的企业，也是唯一具有轻轨轴、地铁轴、空心轴设计生产能力的企业。

晋西车轴是最早注重品牌文化的企业之一。早在八十年代初年就注册了自己的产品商标；1988年其产品荣获国家质量银质奖章；1991年率先通过了美国铁路协会AAR车轴生产质量体系认证；2002年获得ISO9002国际质量体系认证；2003年又先后完成了ISO14001环境认证和职业安全健康体系认证。强烈的品牌意识和完善的质量保证体系，使晋西车轴品牌在国际市场享有一定声誉，这两年美国通用电器把晋西车轴确定为车轴主要采购厂家。

轴股份有限公司

总经理：鲁天喜

2004年5月26日"晋西车轴"在上海证券交易所隆重上市

"晋西车轴"上市签字仪式

晋西车轴坚持把企业文化作为提升公司竞争力的重要手段。他们把"勇于竞争、艰苦创业、细致工作"作为公司的核心理念，注重培育员工的团队精神，积极营造公司内部和谐有序的人文环境和优美整洁的工作环境，注重培养员工对公司的归属感和自豪感。今天，只要你走进晋西车轴，一定会产生宾至如归的感觉。

21世纪头二十年，中国铁路要实现跨越式发展，这是晋西车轴千载难逢的良机。面对良好的产品市场机遇和资本市场机遇，晋西车轴将在战略上实现从做产品向做行业的转变，以铁路产品为起点，以晋西品牌为旗帜，以资本运作为手段，以科技创新为动力，逐步实现多元化经营，努力建设国际化公司。

成功上市将使晋西车轴变得更加强大、更加富有生命力。相信在不久的将来，晋西车轴一定会成为一个全面国际化的公司，晋西品牌将享誉全球，所有的

地址：山西省太原市高新技术开发区
长治路436号科祥大厦
电话：0351-662 8286
传真：0351-662 8281
网址：http://www.jinxiaxle.com
电子信箱：600495@secure.sse.com.cn

国祥空调®
kingair

浙江国祥制冷工

浙江国祥制冷工业股份有限公司是由台湾省知名企业家陈和贵先生主要发起设立的合资企业。公司主要从事中央空调机组及空调末端设备的设计、生产、销售和服务。浙江国祥制冷工业股份有限公司位于浙江省上虞市大三角经济开发区，地处104、329国道及沪杭甬高速公路间，紧临杭甬铁路线，交通极为便利。

浙江国祥制冷工业股份有限公司从设立之初就定下了以市场为先导、以管理为保障，以技术为依托的发展思路，多项产品和技术指标均处于国内同行业领先水平。

公司不仅具有按国际标准设计建造的厂房和一流的生产设备，而且拥有国内同行业中最大的产品测试中心。公司主要生产设备均从美国、日本等国家的著名公司引进，专业制造复合式风冷式冷热水机组、户式中央空调机组、盐水机组、精密机房专用空调、储冰系统、节能环保空气净化机组等产品，技术性能先进，产品部分性能指标已处于国际领先水平。

作为以高新技术为先导的专业制冷厂家，公司特别注重新产品的开发研制、品质保证、售后服务和内部管理，并为此建立了健全科学的公司运行体制。公司技术开发实力雄厚，技术硕果累累，已经独立自主开发并拥有10多项国家专利技术，并有6项专利技术正在申请。公司制造部拥有现代化的生产设备和庞大的生产队伍，所有人员都经过了严格的岗前培训，具有精益求精的工作精神和娴熟的操作技能。《生产管理办法》，《生产管理程序》等生产管理制度的制订，也为公司生产管理的制度化、规范化、标准化创造了前提。

为确保国祥产品的品质卓越，公司品保部配有先进的质量检测设备和工作一丝不苟的专业人员，对产品设计、物料采购、过程控制及销售服务实施全过程的质量监控，对每件产品的风量、水流量、噪音等各项指标进行严格的品质测试，并对出厂产品实行“质量一票否决制”。公司全部产品均严格按照国家和国际标准实施质量控制，并于1995年就提出了“产品实现零故障，信用保持一百分”的质量控制目标。公司还率先通过了ISO9001、ISO14001、CE欧洲产品安全认证及国家检测中心认证。

公司已在全国建立了强大的营销网络，在全国中心城市设立了33个办事机构。公司还将根据“提高素质、区域整合、两网并轨、双向引导、四位一体”的主导思想实施市场开发和营销网络建设战略，计划发展100家指定经销商，建立经销商与直销方式并轨的销售网络，充分发挥办事处“销售、维修、技术支持、信息服务”四位一体的功能优势和经销商的本地化优势。

本着让客户满意的经营宗旨，公司内部还设立了专门的技术服务部门，为客户提供售前、售中及售后的一条龙服务，并对客户提出的产品质量异议进行全面，认真的分析，及时提出解决措施，使质量纠纷对公司市场形象的影响降低到最低限度。

诚信、创新、公义

业股份有限公司

公司主要产品均获得了国家强制性产品3C认证，其各项性能指标在国内同行业处于领先水平，1997年获得“中国制冷空调设备信得过产品”荣誉证书及中国制冷空调工业协会颁发的“推荐产品合格证书”。其中集中式空气处理机组分别获得国家五个部、局共同认定的“国家重点新产品”称号，以及国家及火炬计划项目证书等荣誉称号；水冷螺杆式冷水机组、风机盘管机组获得国家级火炬计划项目证书等殊荣。

公司于2001年成为中国制冷空调工业协会会员，还是全国冷冻设备国家行业标准起草者之一，负责起草《机房用单元式空气调节机》国家标准。公司被确认为“国家重点高新技术企业”、“外商投资先进技术企业”和“浙江省区外高新技术企业”。

公司坚持“诚信、创新、公义”的经营理念，让每一位顾客真真实实地感受到：采用国祥的产品不会被欺骗，采用国祥的产品不会有麻烦，采用国祥的产品永远有保障！——这是国祥全体员工奋斗不息的目标，也是国祥文化之精华。即：信用王牌、品质王牌、服务王牌。

新世纪，新气象，浙江国祥制冷工业股份有限公司现在又吹响了向资本市场进军的号角，公司将在国内向全社会发行4000万股A股，全部向二级市场投资者定价配售，发行后总股本价格为10000万股，每股7.3元，发行募集资金人民币2.92亿元。

本次股票发行并上市成功后，公司将成为台资企业在大陆A股市场上市的第一股，公司也将逐步从单纯的产品经营向产品经营与资本运营相结合的发展阶段过渡，为公司在未来的发展奠定更坚实的基础。

“四海一家，舒适之道”，浙江国祥制冷工业股份有限公司将以此为新的起跑点，为客户、为投资者、为全社会创造更高的价值。

中文名称：浙江国祥制冷工业股份有限公司
英文名称：ZHEJIANG KING REFRIGERATION INDUSTRY CO.
法定代表人：陈天麟

公司地址：浙江省上虞市百官镇中塘
邮政编码：312300
联系电话：0575-2158818
传真号码：0575-2151888
互联网址：http://www.ekingair.com
电子信箱：Syplant@ekingair.com

公司召开2003年股东大会

公司参股兴建的华亭发电有限责任公司华亭矿区煤矸石电厂工程奠基

先进的自动化监测

甘肃华亭煤电股份有限公司

Coal and Electricity Joint-stock company Ltd.

2002年6月28日，甘肃华亭煤电股份有限公司挂牌成立了，是甘肃省第一家煤炭行业股份制企业。两年来，该司通过大力实施科技兴企战略，狠抓矿井安全文明生产，不断强化内部管理，生产、经营等各项指标达到或超过历史最好水平。

2003年，全公司生产商品煤950万吨，同比667万吨42.33%；完成销售收入7.55亿元，同比4.83亿元增长56.32%；实现利税17272万元，其中利润6537万元，同比4185万元增长56.2%，上缴税金10735万元，同比7348万元增长46.1%；完成固定资产投资21837万元，同比9956万元增长120%；安全生产百万吨死亡率为0.21；职工年均收入1.94万元。2004年元至六月份，全公司累计产煤556万吨，占年计划850万吨的65%；销售商品煤571万吨，占年计划850万吨的68%；完成销售收入5.15亿元，完成年计划7.65亿元的67%；实现利润7386万元，完成年计划7300万元的101%。

党的十六届三中全会提出了大力发展股份制企业的号角。面对新机遇，新挑战，以全国"五一"劳动奖章获得者、全省优秀企业家王正元同志为首的公司领导班子对华亭煤矿股份公司的改革发展提出了更高、更远的目标。在今后的工作中，公司将认真贯彻落实党的十六届三中全会精神，坚持以上市为依托，以科技进步为动力，以项目开发为重点，突出和发挥主业优势，大力发展煤基产业链，多元化、多层次、多方位发展，努力把股份公司建成集煤炭生产与深加工综合利用、集生产经营与资本经营为一体的现代化特大型煤炭企业。

发挥优势，做大做强主业。公司将充分发挥华、砚两矿技术、人才、装备、资源和管理等优势，抓好华砚煤矿1000万吨/年矿井改扩建工程质量和进度，合理组织，精心安排，从采煤工艺、掘进支护、提升运输、煤炭洗选、防灭火、现代化管理等6个方面引进新技术、推广新工艺、购置新装备，提高技术装备水平，力争使工程提前竣工投产。同时，对陈家沟煤矿和东峡煤矿通过技术改造，使两矿井生产能力均扩大到120万吨/年。到2005年，公司生产能力将达到1240万吨，使华亭煤电进入全国1000万吨特大型煤炭企业行列。第二步，从2005年起，投资5亿元，在华亭煤矿现有主斜井的基础上补凿一条皮带下山(暗斜井)；对砚北煤矿的主井皮带改成1.6m大倾角强力胶带输送机，或新增一条主提升皮带井；打通华砚矿至安口南集运站的运煤皮带走廊；在安口南兴建1000万吨/年的模块式的现代化洗煤厂，到2007年，把华砚煤矿建设成为国内产量一流，人均产能最大，具有世界领先水平的双千万吨高产高效现代化矿井。

年矿井改扩建工程全貌

监控系统

甘肃省人民政府常务副省长徐守盛同志（右一）与
公司董事长、总经理王正元同志（左一）在井下观察

装备精良的综采工作面

地址：甘肃省华亭县城东大街1号

邮编：744100

电话：0933-773 1984

传真：0933-772 1929

公司董事长/总经理 王正元

上市融资，进入资本市场。公司在成立时，省、市、县各级政府和各股东单位将华亭煤电股份公司定位为拟上市公司，通过资本运作，实现跨越式发展。华亭煤电股份公司资产优良、行业优势突出，有丰富的煤炭资源、先进的技术设备、超前的管理手段，具备上市发行股票融资的条件和能力，我们将按照《证券法》、《公司法》及中国证监会的有关规定进行规范运作，争取早日上市发行股票，融集8-10亿元资金，为公司实施战略扩张提供资金来源。

调整结构，延伸煤基产业链。公司将按照省上把华亭矿区建设成甘肃能源煤化工基地的战略部署，充分利用华亭煤储量丰富、赋存条件好、煤质优良的特点，立足煤炭、联合电力、瞄准冶金、着眼化工，按照顺向延伸，逆向拉动的战略思路，重点调研、论证硅铝、硅铁等高耗能项目和煤炭深加工项目，为公司上市储备项目，形成煤、电、冶、化等多业并举的开发格局。到2010年，使公司总产值达到40亿元，实现利润8亿元。

年主井改扩建工程全貌

主井提升

重庆涪陵

董事长：何福俊先生

重庆涪陵电力实业股份有限公司成立于1999年12月29日，注册资本10，800万元，是以重庆川东电力集团有限责任公司作为主发起人，联合重庆市涪陵有色金属工业公司、重庆市涪陵川东房地产开发有限公司、重庆市涪陵投资集团公司、重庆博联变压器有限公司等五家股东共同发起设立的一家以电网运营为主营业务的股份制电力企业。目前公司经营的涪陵电网，直接供电面积近3000平方公里，受电人口110余万人，年供电能力20亿千瓦时，是国内三大地方电网之一。

电力实业股份有限公司

重庆涪陵电力实业股份有限公司高层领导合影

地　址：四川省成都市外南机场路445信箱
邮　编：610225
电　话：028-85961516
传　真：028-85884329
电子邮件：zjb@tianke.com

董事长:袁志敏

地址：广东省广州市天河区天河北路890号
广州国际贸易中心12楼
电话：020-8703 7333
传真：020-8703 7827
网址：http://www.kingfa.com.cn
电子信箱：wucheng@kingfa.com.cn

公司生产线

公司外景

董事长：温显来

江西鑫新实业股份有限公司上饶线材厂

江西鑫新实业股份有限公司成立于1998年11月，注册资本12500万元，是由江西信江实业有限公司作为主发起人，联合江西省投资公司、江西铜业集团公司、江西长运集团有限公司、常州绝缘材料总厂有限公司、常州市智通树脂厂等五家企业共同发起设立的。公司主要从事客车制造、发动机及电器使用的各类铜线材、管材的制造等业务。2002年3月，鑫新股份在上海证券交易所成功上市，企业正式步入了市场化、资本化运作轨道。2002年9月，江西省著名民营企业--江西博能集团有限公司成功收购江西上饶信江实业有限公司，重组江西鑫新实业股份有限公司，成为绝对控股股东，使企业的体制得到了彻底变化。

公司下属企业之一--江西鑫新实业股份有限公司上饶客车厂,始建于1969年，是全国客车重点生产企业之一。其产品“上饶”牌客车以首创国内发动机后置式结构、中国最先出口客车而闻名于海内外。上饶客车厂拥有大型客车、中型客车、轻型客车高档豪华客车、特种车和箱型专用车等多条生产线，具备各类客车整车生产、开发和车辆改装能力，年生产客车3500辆，产品涵盖6米至12米规格、普中高档次的10大系列近50个品种，各类产品均通过ISO9001:2000质量体系认证，产品的动力性、制动性、舒适性、安全性及环保性等综合指标已达到国家高一级客车标准。1984年以来产品连续荣获江西省和机械工业部优质产品称号，1995年跻身江西省首批名牌产品行列，2001年蝉联名牌称号，并多次被评为江西省著名商标。

公司下属企业之一--江西鑫新实业股份有限公司上饶线材厂，专业生产各类铜线材和管材已有30多年的历史，其产品“方圆”牌线材是鑫新股份旗下的知名品牌，是江西省名牌产品，著名商标，主要产品为各种规格类型的绕组线、漆包线及裸铜线等，产销量连续多年位居全国行业前列。“方圆”牌线材注重质量标准管理，先后通过各类专业认证，产品质量达到国际水平，连续多年产销量位列同行业第一，并出口国外多个国家。“方圆”牌线材产品性能可靠，品质优良，先后获得江西省优质产品、名牌产品、免检产品等荣誉称号，各类产品均获得ISO9001:2000质量体系认证，多个品种通过美国UL认证，产品畅销全国。

诚志股份有限公司

总裁 龙大伟

诚志股份有限公司是一家清华大学控股的高科技上市公司。公司于 1998 年 10 月 9 日成立，2000 年 7 月 6 日在深交所挂牌上市（股票代码 000990），是江西省与清华大学省校全面合作的重要成果。目前总资产 16.9 亿元，建立了以北京为科研基地和营销窗口，以江西为高新技术产业基地、以广东为海外业务拓展基地的产业布局。

公司以生命科技、生物制药、中药制药、精细化工、信息技术等高新技术领域为主要发展方向，依靠现代管理制度和科技创新的力量，稳步向国内一流高新技术企业的目标迈进。在生命科技领域，运用生物高科技发酵法生产的 D- 核糖和 L- 谷氨酰胺，其工艺技术水平、质量指标均达到或超过国外先进水平；在医药产业领域，有千喜片、化积口服液、肾宝等一批市场畅销产品，并建立了全国范围内的医药营销网络；在医疗服务领域，现已经建成的健康管理公司以及正在建设的协和医学中心可以提供国际标准的系统化的医疗保健服务；在信息技术领域，以机械制造集成软件为代表的高新技术产品，已在业内赢得了良好的声誉；在精细化工领域，有高分子助洗剂、荧光增白剂、恒威油品等优势产品；在日化产品领域，有传统著名品牌"草珊瑚"牙膏、月月红洗涤用品及"莎筠"系列产品。

公司先后被评为南昌市和江西省的经济二十强企业、中国科技百强企业，并于 2004 年入选国家统计局权威发布的首届"全国工业重点行业效益十佳企业"。随着公司医药生产企业通过国家 GMP 认证和清华科技园（江西）区内草珊瑚新厂区的建设完成，公司以生物医药和生命健康为主要产业特征的企业发展前景愈加清晰。

诚志股份拥有一支高素质的技术骨干队伍，目前拥有一批教授、博士、硕士以及一大批高级工程师等专业人才。全体员工秉承清华精神，以人为本，努力把诚志股份建设成国内一流的高科技上市公司。

药厂生产线（一）

药厂生产线（二）

南昌总部 华江大厦

诚志 产品、服务

生命医药产品

D-核糖和L-谷氨酰胺

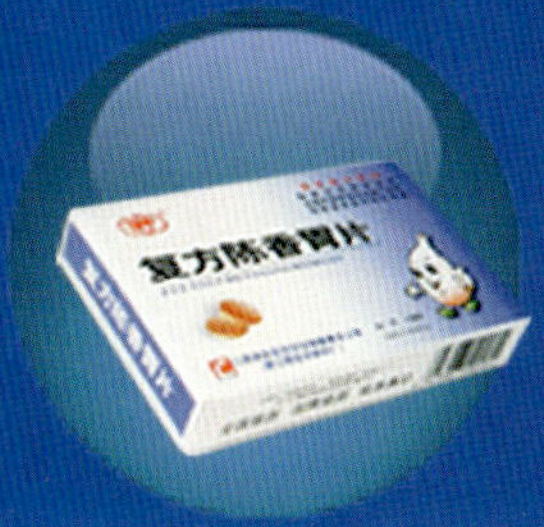

复方陈香胃片

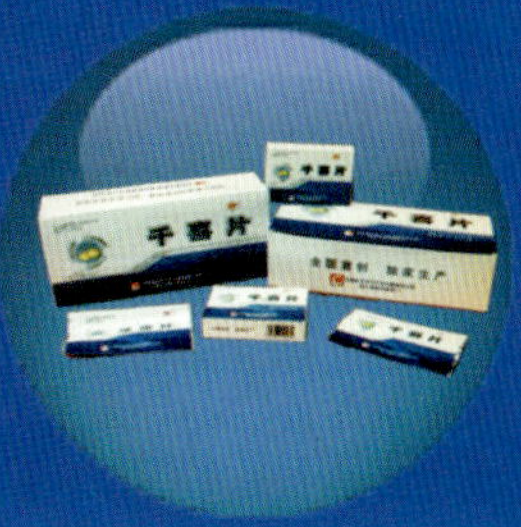

千喜片

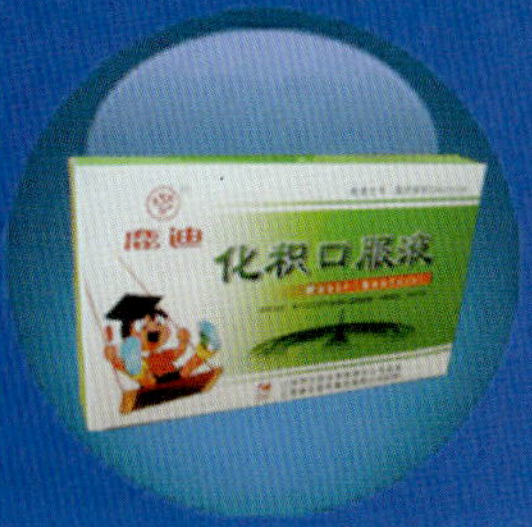

鹿迪牌化积口服液

信息技术产品

设计之星

XTPDM产品数据管理系统

艾克斯特企业资源计划系统

化工技术产品

草珊瑚系列牙膏

莎钧系列日化用品

高分子助洗剂

医疗保健服务

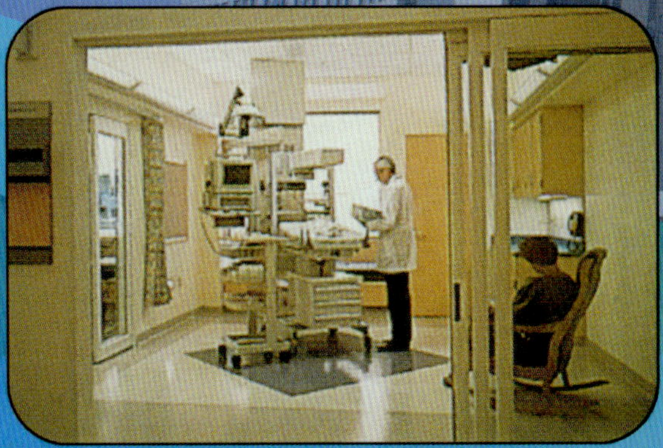

诚志健康管理中心

筹建中的协和医学中心

CHINA FOREIGN EXCHANGE TRADE SYSTEM

中国外汇交易中心

全国银行间同业拆借中心

NATIONAL INTERBANK FUNDING CENTER

中国外汇交易中心暨全国银行间同业拆借中心（以下简称交易中心）是中国人民银行直属事业单位，专事提供银行间市场中介服务。主要职能是：提供银行间外汇交易、人民币同业拆借、债券交易系统并组织市场交易；办理外汇交易的资金清算、交割，负责人民币同业拆借及债券交易的清算监督；提供网上票据报价系统；提供银行间市场的信息服务；开展经人民银行批准的其他业务。

交易中心总部设在上海，在北京建有备份中心。10年来，交易中心贯彻“多种技术手段，多种交易方式，满足不同层次市场需要”的业务工作方针，利用先进的电子信息技术，依托专线网和互联网，面向银行间外汇市场、债券市场和货币市场，建成了交易、信息和监管三大服务平台，在支持人民币汇率稳定、传导央行货币政策、服务金融机构和监管部门等方面发挥了重要的作用。

截止2004年12月底，共有外汇市场会员353家，涉及外汇交易折合美元8972亿；人民币同业拆借和债券市场成员1037家，达成交易516490亿元人民币。

地址：上海市中山东一路15号　　邮编：200002

电话：021-6329 8988　　传真：021-6321 0294

网址：www.chinamoney.com.cn / www.chinacp.com.cn

天治基金管理有限公司

CHINA NATURE ASSET MANAGEMENT CO.,LTD.

公司简介

天治基金管理有限公司拥有一支过硬的投资管理团队，投资理念先进，管理科学、有效，具有突出和创新的产品开发设计能力。作为一个新锐的专业化公众投资理财机构，“天治基金”时刻把广大投资人的根本利益放在首位，将诚信、守法、创造性和运用策略作为公司特别强调的行为准则。公司非常强调尊重市场规律，稳健运作，不违背市场规律而急于求成。公司严格遵守国家法律、法规及其他相关规定，本着取信于市场、取信于社会投资公众的原则，诚实信用、勤勉尽责，力求为基金持有人谋求最大利益，为股东谋取满意的回报，为员工拓展良好的发展空间，使公司迅速走上了快步前进的发展轨道。

天治基金管理有限公司愿不断迎接新的挑战，开拓创新，与时俱进，为推动中国基金市场和基金事业的进一步发展而作出应有的贡献!

天治基金董事长：

天治基金总经理：

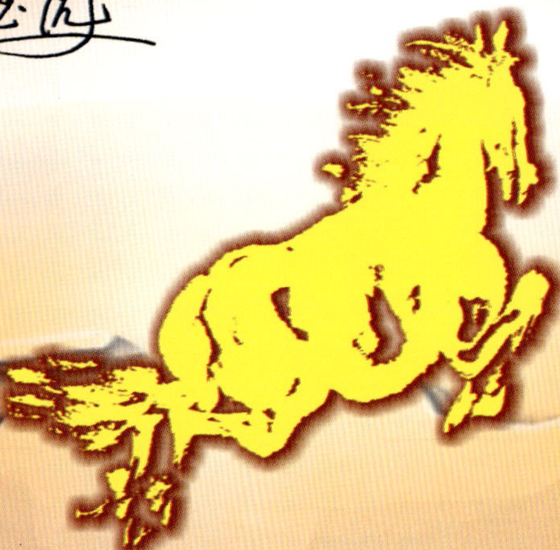

S 睿智 AGACITY　I 诚信 NTEGRITY　D 勤勉 ILIGENCE　I 自省 NTROSPECTION

公司地址：上海市复兴西路159号　公司电话：021-64371155　公司传真：021-64713758

邮政编码：200031　客服热线：021-34064800　公司网址：http://www.chinanature.com.cn

精業勝龍
SYSLON.COM.CN

公司介绍

北京精业胜龙信息系统有限公司属中台合资高科技企业。公司总部位于北京中关村新技术开发区，在上海设有分公司。主要产品为证券行情及投资分析系统、证券经纪业务管理服务平台、国际化证券交易系统（支持QFII）。产品皆居业内领先水平，且在海内外具有广泛应用实例。公司主要股东为台湾最大证券系统提供商精业股份有限公司（上市公司）及国内证券信息技术知名企业胜龙科技股份有限公司。

国际化证券委托交易系统（ iTrade for QFII ）

该系统（iTrade）借鉴了国际上流行的交易系统和台湾券商服务QFII的经验，由精业胜龙公司自行开发完成。其中iTrade for QFII版已经由国泰君安、申银万国、东方证券、中信证券等券商及其QFII客户，汇丰银行、瑞银华宝、德意志银行、美林证券等机构的专业人员采用，获得高度评价。在此基础上开发的iTrade for内资机构版，是为适应国内券商及投资机构在投资理念、投资工具和交易手法上向专业化、国际化靠拢的趋势而设计开发的集行情资讯、委托交易、风险控制、资产管理于一体的全新概念的证券交易平台。

新一代证券经纪业务管理服务平台（New Broker）

该平台把证券经纪业务及其管理的全过程用通讯和计算机技术等手段联系起来，并联接券商研究部门、咨询公司等资源单位，目的在于提供一个帮助证券商转变经营模式，能主动为客户提供个性化服务的运作平台，为经纪业务的管理者提供一个方便有效的监督、培训、支援下属工作人员的管理平台，构成新一代无形化证券营业部的完整解决方案。

北京精业胜龙信息系统有限公司

电话：010-88018800　传真：010-88018802
地址：北京海淀区车公庄西路乙19号华通大厦B座17层
邮编：100044
网址：www.syslon.com.cn

精业胜龙上海分公司

电话：021-52280088　传真：021-62153200
地址：上海静安区威海路511绅士大厦2108室
邮编：200041
网址：www.syslon.com.cn

深圳市赢时胜信息技术有限公司

SHENZHEN YSSTECH INFO-TECH CO., LTD.

董事长兼总经理：唐球

作为金融行业专用软件开发商，赢时胜公司在开发技术上不断创新，紧跟行业动态，致力于为客户提供最切合其金融行业需要的创新性软件解决方案，并在软件的设计、实施、应用及性能优化等方面提供全面专业的支持。近年来，金手指软件在金融业（银行，基金，证券，保险，信托，企业年金）不断获得了客户的广泛的认同和部署，得到客户大力的支持和关照，我们将秉承赢时胜"凝聚、创新、高效"的理念，为"创造卓越每一天"而努力工作，为中国的金融信息化建设提供卓越品质的产品，我们将继续发挥服务上的优势，以顾客导向观的理念为产品的使用者提供快速、无忧化的服务。为中国的金融业客户提供最优化的智能解决方案，以更好的满足客户不断变化的需求。

赢时胜将伴随着中国金融信息化发展的步伐一同前行！

业务范围

银行、基金、证券、保险、信托、企业年金

经营业绩

托管银行：

已获得托管资格的基金托管银行为11家，采用金手指后台处理系统的银行为9家，占有率为82%。

主要客户有：中行、交行、农行、建行、招行、光大银行、民生银行，中信实业银行，华夏银行等九大基金托管银行。

基金管理公司：

已获开业或已获准筹建的基金管理公司为51家，其中中外合资基金管理公司为13家。采用金手指后台处理系统的公司为46家，占有率为92%，其中中外合资基金管理公司客户为12家，占有率为93%。主要客户有：南方、华夏、博时、大成、鹏华、富国、易方达等五十多家基金管理有限公司。

全国社保理事会：

已获全国社保理事会基金托管资格的基金托管银行为2家，获全国社保理事会基金管理资格的管理公司为10家。均采用金手指社保基金后台处理系统，占有率100%。

保险：

中国人保资产管理公司，中国人寿保险资产管理公司、华泰财险资产管理公司

信托：金信信托股份有限公司

地址：深圳市深南中路3037号南光捷佳大厦1716室
邮编：518033
电话：0755-8398 1299/8398 2396/8398 1194
传真：0755-8398 2396
北京分公司：010-6407 9610/11/12
上海分公司：021-5882 8775/5882 8455
网址：www.ysstech.com
E-mail: ysstech@vip.163.com

中国振华（集团）科技股份有限公司

董事长：陈清洁

总经理：刘一凡

股票名称：振华科技

股票代码：000733

CDMA手机

片式电解电器

中国振华（集团）科技股份有限公司是中国振华电子集团有限公司按照“有效资产--有效重组--重组有效”的改制思路，实施优势发展战略，以优势企业为主体、优势产品为基础、优势资产为国有法人股本，进行“三优”叠加而于1997年组建起来的高科技上市公司。2003年3月被国家科技部认定为国家级重点高新技术企业，是国家高新技术研究发展计划（863计划）成果产业化基地。公司拥有国家批准的技术中心和博士后科研工作站，有自己的进出口公司和财务公司。

公司主要从事电子信息产品的研制与生产。其主要产品有：以片式钽电容器、片式电阻器、片式电感器、片式二三极管、厚薄膜混合集成电路和高压真空开关管为代表的新型电子元器件；以程控交换机、电子电话机（移动、无绳、有绳、可视）、卫星与微波通讯天线为代表的通信整机；以电力自动化控制系统为代表的光机电一体化设备等。这些产品无论在性能、质量，还是市场占有率方面均在国内同类产品中处于领先水平。

片式二三极管生产线

片式电阻器生产线

振华科技自成立以来，始终遵循“发展高科技、挤占大市场、争创高效益、佳绩报股东”的宗旨，注重实际，科学决策，严格管理，规范运作，形成了颇具特色的企业精神、经营理念和价值取向。

在国家实施西部大开发战略中，振华科技按照“抢抓机遇、发挥优势、调整结构、求实求效”的发展思路，高起点、高标准建设规模化、系列化、国际化的新型电子元器件基地。经过三年的努力，一个以数字化技术、规模化经济、专业化生产、科学化管理的新型电子元器件研发、生产基地的框架已基本形成。公司的经济实力和竞争力得到了进一步增强。

中国·振华

地址：贵州省贵阳市国家高新技术产业开发区新天大道150号
邮编：550018
电话：0851-630 2675　传真：0851-630 2674
网址：http://www.czelec.com.cn
电子信箱：zhkj9@mail.guz.cei.gov.cn

渝开发 YUKAIFA

董事长：刘永贤先生

公司前身为重庆市城市住宅统建办公室，成立于1978年底，1984年2月改为重庆市房屋开发建设公司（正局级企业）；1992年5月经重庆市体改委批准，公司由重庆市房屋开发建设公司改制为重庆市房地产开发股份有限公司，并向社会公开发行了股票，1993年7月公司股票在深交所上市，成为重庆市首家上市公司;1999年8月公司更名为重庆渝开发股份有限公司。

公司自成立26年来，曾率先在重庆市实施“六统一”旧城改造建设、新区综合开发和推行住房商品化改革试点。先后建成各类房屋300余万平方米，提供成套住宅近4万套，建成各类公共建筑及商业等40余万平方米，为重庆市的城市建设做出了令人瞩目的成绩，受到社会各界的广泛赞誉。

近三年来，公司在市政府和控股股东重庆市城市建设投资公司的领导和支持下，迅速摆脱了历史遗留的各种问题和经营困境，实施资源的重新整合，在深化内部改革和完善经营机制，内强管理，外抓发展，增强核心竞争力等方面取得了显著成效。公司初步形成了集房地产开发、土地整治、市政工程建设代理三大主业链，进一步增强了参与市场竞争的能力，公司的经营管理和整体效益均上了一个新台阶，公司的持续经营能力不断得到提高和增强，为实现公司五年规划目标奠定了坚实的基础。

2005年公司开发建设的凤天锦园、世纪新城、渝北冉家坝、溉澜溪等小区，计划施工面积近24万平方米，计划竣工面积近14万平方米。

公司投资开发建设中的凤天锦园高档住宅小区规划占地55300平方米，规划建筑面积129455平方米，建筑密度为24.6%,小区内部绿地率达45%以上。小区设计充分体现了时代化、主题化、实用化以及均好性、安全性、标志性等当今住宅设计要素的趋势，着重于住宅风格和居住环境的时代特征，营造出灵动、隽秀、健康的阳光生态生活空间。

公司投资开发建设中的长寿晏家工业园-----世纪新城，规划总占地320亩、规划总建设规模39万余平方米（其中商业10余万平方米）。一期开发建设的“风情一条街”定位着眼于服务园区的高端商务接待和休闲餐饮娱乐。

董事长兼总经理：汤琪

华联超市股份有限公司的前身为上海华联商厦股份有限公司1993年全额投资的上海华联超市公司，是以经营日常生活用品和主副食品为主的大型连锁超市公司。2000年10月，公司通过资产重组借壳“时装股份”成功登陆股市，成为中国连锁超市行业第一股。

公司成立11年来，秉承“华联无假货、件件都放心”的经营宗旨和“低投入、低风险、高效率、高产出”的经营战略，贯彻“比竞争对手成本更低”的策略，在激烈的市场竞争中脱颖而出，连续多年在中国连锁超市行业中排名第二，在特许经营领域更是头筹。上市以来公司业务持续迅猛发展：业务区域已由上海走向全国，营业网点遍及全国14个省市；业态类型由原来单一的标准型超市，发展为标准型超市和大型综合超市两种业态共同发展；网点数量由2000年的682家发展到2003年末的1388家，其中加盟店数量由543家增加至1133家，直营店数量由139家增至255家。

高效的信息管理和配送系统是连锁商业成本控制的关键，华联超市率先在业内建立了一流的信息管理和配送系统，为公司整个连锁网络提供了强大的物流和信息系统支撑，显著提升了公司整体的核心竞争能力。其中桃浦配送中心一期工程，其占地面积为28,085平方米，无论是规模还是技术的先进性都是国内首屈一指的现代化配送中心。

经过十年多的发展，公司的连锁超市经营模式，特别是遵循国际惯例的特许加盟经营模式取得了巨大的成功，“华联超市”的优秀品牌在中国连锁业中含金量较高，连续4年被中国连锁经营协会评为中国优秀特许经营品牌。“华联无假货、件件都放心”的经营宗旨，赢得了广大顾客的信赖，公司连续数年被评为上海市“物价、计量信得过单位”，连续数届获得“上海市文明单位”光荣称号。

华联超市股份有限公司

HUALIAN SUPERMARKET CO., LTD.

HUALIAN

SUPERMARKET

证券简称：华联超市

证券代码：600825

公司董事长：汤　琪

公司总经理：汤　琪

公司 董 秘：王东亮

办公地址：上海市隆昌路609号

联系电话：021-6520 1818

邮政编码：200090

公司坚持“科学、规范、严格”的管理原则，成立了国内连锁超市行业首家连锁经营进修学院，制定了四百多套、条内部规章制度，内部控制制度日趋完善。1998年9月获得ISO9002“经营连锁超市形式商品与百货的销售”国内认证证书；1999年5月通过新加坡国际认证有限公司的审核，获得了ISO9002“商品及日用百货连锁经营管理输出”认证书，成为我国超市行业首家取得加盟连锁管理输出模式的国际认证的连锁超市公司；2003年获得BSI英国国际标准认证有限公司颁布的ISO9001“连锁和特许经营管理及零售服务的提供”国际认证证书。

上海海博股份有限公司

上海海博股份有限公司是由上海农工商（集团）有限公司控股的、在上海证券交易所挂牌的以都市服务业、都市工业和现代物流业为主的综合类上市公司。1992年12月经上海市经济体制改革办公室沪体改办（92）15号文、上海市农业委员会沪东委（92）327号文批准，由十六家国有农垦骨干企业采用定向募集方式组建成立。1996年5月23日，经中国证监会批准，向社会公众公开发行2710万股A股，于1996年6月6日正式挂牌上市，公司股票代码600708。2003年4月18日由原"上海东海股份有限公司"正式更名为"上海海博股份有限公司"，简称"海博股份"，目前公司总股本为356,902,274股，流通股为129,888,002股，公司资产总额近16亿元。现有员工8000余人。

公司拥有控股子公司8家，参股公司4家，经营范围为工业品加工、批发、零售、有色金属加工、农副产品加工、出租车队、商业服务业、房地产开发等。控股子公司上海市农工商出租汽车有限公司拥有各类营运出租汽车4000余辆，是上海出租汽车行业五大骨干企业之一，乘客满意度指数名列前茅；2000年至2003年连续两届被评为上海市文明单位、上海市用户满意企业，2003年荣获全国用户满意服务单位称号。控股子公司上海思乐得不锈钢制品有限公司是国内较早生产不锈钢真空制品的企业之一，公司产品已拥有八大系列，近百个品种，远销国内外三十多个国家和地区，是国内外消费者的首选产品，产品曾获得第五届亚太国际博览会金奖等多项奖项。目前，公司正积极对外拓展，发展现代物流业，初步形成了以仓储、货运、装卸等为一条龙的服务体系，拥有各类运输车辆上百辆。未来将成为由陆上货运物流发展成与水上运输并进的、成为上海地区乃至全国颇具规模和影响的物流企业，使现代物流业成为公司的第二大支柱产业。

几年来，公司坚持科学的发展观，实施做强做大的战略规划，始终把发展生产力作为第一要务，使企业具有持续发展的竞争力，现拥有"农工商出租"、"农工商搬场"，"思乐得"牌不锈钢真空保温制品、"一只鼎"牌中华传统食品等一批具有市场竞争力的著名品牌。2001年以来，年盈利能力连续增长50%以上。2003年实现主营业务收入5.91亿元，净利润1亿元，每股收益0.4215元，净资产收益率19.56%，每股经营活动产生现金流量净额0.8113元。

公司将不断发扬"超越自我，永不满足"的企业精神和"海纳百川，博采众长"的企业风格，立足上海，面向全国，融入世界，以更快、更稳、更高效的持续发展，把公司建设成为"业绩稳定优良，管理规范有效，文化积极向上，员工直奔小康"的绩优上市公司，实现企业价值的最大化，为社会的进步，为国家的强盛作出新贡献！

地址：上海市长宁区定西路1016号银统大厦北楼11楼

邮政编码：200050

电话：6252 6024　传真：6252 6043

网址：www.hb600708.com

新疆天宏纸业股份有限公司

Xingjiang Tianhong Papermaking CO., LTD

TIANHONG

董事长：王世超

总经理：赵云忠

新疆天宏纸业股份有限公司是新疆首家上市的最大的文化用纸生产企业。是由新疆石河子造纸厂为主要发起人，以其与造纸相关的生产经营性资产入股，新疆教育出版社、新疆出版印刷集团公司、新疆生产建设兵团印刷厂、新疆石河子白杨酒厂四家法人单位以货币资金入股，采用发起方式设立的股份公司。公司设立于1999年12月30日，2001年6月28日在上海证券交易所挂牌交易。股票简称“新疆天宏”，股票代码“600419”。公司总股本8016万股，总资产5.08亿元，净资产2.97亿元。

公司主营业务范围：造纸、纸制品及纸料的加工、销售、化工产品(有毒除外)，印刷物资的销售，造纸机械加工，物业管理，造纸原料的开发。

主要产品有：双胶纸、胶印书刊纸、书写纸、日历纸、精品书写纸、静电复印纸、钢纸原纸、打印纸及“天宏”“柔韵”牌生活用纸系列产品等30多个品种。博雪牌文化用纸被评为新疆名牌产品，2002年度公司文化用纸在中国市场名牌轻工产品“质量服务满意名牌”活动中，荣获“中国市场同行业十大名牌”称号。2003年11月企业通过了中国轻工质量认证中心ISO9001-2000质量管理体系认证，2001年至2003年先后被石河子人民政府、中国农业银行兵团分行授予“AAA级信用企业”、“重合同守信用企业”。

公司在充分发挥主业优势，优化产业结构中，不断培育和寻求新的经济增长点，2003年度实现主营业务收入1.53亿元，主营业务利润4016万元，净利润1026万元。

在风云变幻的市场竞争中，新疆天宏将坚持不懈地以发展为主体，以市场为导向，加快企业科技进步和产业升级，不失时机的拓展其他领域，不断加强企业的核心竞争力，做精、做实、做强、做大企业，以优异的业绩回报股东，回报社会。

TIANHONG

联系地址：新疆石河子市西三路　网址：http://www.thpaper.com　邮政编码：832009　联系电话：0993-7526011

吉林炭素股份有限公司

董事长：李勇智

吉林炭素是国家“一五”期间建设的156项重点工程之一，1952年开始筹建，1955年建成投产。经过近50年的创造与积淀，生产能力由初期设计的2.2万吨/年扩建到现在的11万吨/年，产品远销国内30多个省、市、自治区及美国、日本、德国等40多个国家和地区。

经过近50年的发展，吉炭公司不断发展壮大，在工艺技术、装备水平、产品换代、技术指标和经济效益上均保持了国内同行业的一流水平，吉炭累计为国家生产各种炭素制品300余万吨；上缴国家利税24亿元，成为集生产、经营、开发、内外贸易于一体的国际化大型企业集团。吉林炭素股份有限公司是目前中国最大的综合性炭素制品生产企业，中国炭素行业新产品研究开发中心、新技术应用中心、产品检测和出口产品检测中心。其中：主导产品石墨电极国内市场占有率达到了40%以上，同时在替代进口、增加出口方面也迈上了新的台阶，尤其是超高功率电极打破了国外的垄断地位，使石墨电极的价格保持在一个合理的水平，为中国冶金工业的发展做出了应有贡献。

为适应市场经济发展，吉炭于1992年建立现代企业制度，实行股份制；1998年，股份公司股票在深交所上市发行；1999年通过了ISO9002质量体系认证。

生产规模及技术水平

公司具有12万吨以上的年炭素制品生产能力，先后从美国、日本引进石墨电极及接头加工数控组合机床，从德国引进高压浸渍、二次焙烧设备及部分石墨化工艺，基础装备达到国际水平；并逐步完善了技术研发和质量检测设备，并建立了全过程的技术、质量控制体系，产品质量达到了国际标准，公司整体工艺技术水平达到国际先进水平。

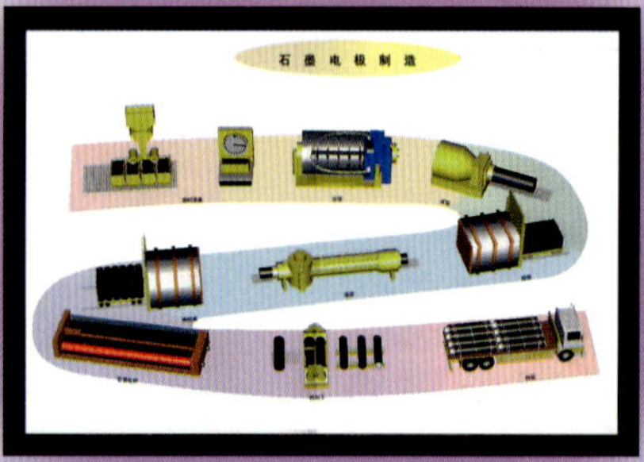

发展前景

吉炭股份公司将建成具有一流水平（包括一流的规模、装备、工艺、产品、管理、服务等）的世界知名企业，进入世界三强。同时成为电极类新产品研制中心；军工及特种石墨生产骨干企业；中国炭素技术研发中心；炭素工艺技术软件开发中心。

企业精神

敬业　　创新

诚信　　卓越

企业特征

中国炭素工业摇篮

精优品牌生产基地

优良装备国内领先

行业人才精英荟萃

XIN LONG

安徽鑫龙电器股份有限公司于1998年经安徽省人民政府批准设立的高新技术企业。公司位于芜湖市经济技术开发区九华北路118号，注册资本为人民币5168万元。公司现有员工931人，其中工程技术人员185人，具有高级职称25人，享受政府津贴的专家有4人。近几年来相继从国家级研究院所、大专院校、大中型企业引进了数十名管理人才和专业技术人才，为公司的科学化管理、产品研发水平的提高奠定了良好的基础，同时也为公司的全面快速增长，提供了强有力的保证。

近年来，公司通过自身的不断努力与发展，先后多次被评为省优秀民营企业、省市重合同守信用企业、省级A类诚信纳税企业、市科教兴企示范企业、安徽省民营企业二十强，连续六年被中国农业银行安徽省分行评为AAA级资信企业等光荣称号。公司于2002年4月取得了“生产企业自营进出口经营权”，公司产品通过了3C认证以及2000版ISO9001质量体系认证和ISO14001环境体系认证。“鑫龙牌”图形商标被评定为安徽省著名商标，“鑫龙牌”高低压开关柜连续两届获安徽省名牌产品称号；公司的研发中心被安徽省经贸委确认为“省级技术中心”。

公司将以提高市场竞争力为准绳，以满足市场需求为己任，建立健全与现代企业制度和市场机制相适应的各项管理制度，实施品牌战略，弘扬企业文化，使鑫龙电器在国际化经营和专业化发展中成为现代化的企业集团。

董事长：束龙胜

地址：安徽省芜湖市经济技术开发区电器部件园（九华北路118号）
电话：0553－577 2678　　传真：0553－531 2688
服务热线：800 8688 878 / 571 9616　　邮编：241008
电子邮件：sales@ah－xinlong.com

安徽鑫龙电器股份有限公司

上海金信证券研究所有限责任公司

Shanghai Golden-Trust Securities Research Institute Co., LTD.

董事长兼所长：李康

上海金信证券研究所有限责任公司是经中国证监会批准的证券投资咨询专业研究机构，由1996年10月15日成立的金华信托证券管理总部研究发展部发展而来，1998年1月18日定名为金信证券研究所，1999年8月2日，经上海市工商行政管理局批准，改制为“上海金信证券研究所有限责任公司”，成为国内三大独立证券研究机构之一。2002年7月，公司当选为中国证券业协会监事单位。2002年12月，研究所所长连任中国证券业协会证券分析师委员会副主任委员。

目前研究所下设主要业务部门有：财务顾问部、专题研究部、综合信息部、行业与公司研究部、市场咨询部，汇集了许多学历高、实践经验丰富的研究人员，硕士以上学历者达90%，分别来自国内外各著名高等院校，并拥有包括著名经济学家樊纲、邱晓华、魏杰、吴晓求、曹凤岐、石小敏以及著名法学家李曙光、顾功耘等在内的强大的学术顾问委员会。

作为一家专业的证券投资咨询公司，研究所的研究人员为社会各界提供了大量高质量的研究成果，内容涉及宏观经济、国民经济产业与行业、上市公司研究、金融前沿理论研究、国际国内资本市场、企业经营与管理、资产重组和收购兼并、投资策略与投资方案、产业投资基金理论与实务以及企业诊断与管理咨询等，其研究水平已达到国内同行业领先地位。

1997年以研究所人员为核心的金华信托证券管理总部作为中国证券市场上首家“独立财务顾问”，创造了资产重组经典案例和模式，即“钢运模式”。此外，研究所还曾先后为多家上市公司提供财务顾问服务，主要项目包括：青岛海尔、泰山旅游等公司中长期资本运作规划、联合实业产业构架与资本运作设想、浙江富润管理咨询报告、宁波联合投资战略规划、上海大唐电信职工持股会试点等，并担任过包括申通地铁、福州大通、农垦商社、泰山旅游等在内的多家上市公司、集团公司的财务顾问，并策划了多起资产重组与买壳上市案例。

经过多年的发展，金信证券研究所在部门结构和业务专攻领域发生了转变，由过去的宏观分析、行业分析为主，市场分析为辅，转为各类专题研究与财务顾问项目相结合的国内新型研究模式。事实证明，这一转型是成功的。从2001年首次参加深圳证券交易所第四届会员单位研究成果评选并获一等奖，至入选“上证联合研究计划”，在不到两年的时间里，金信证券研究所已囊括了国内证券专题研究领域的所有荣誉，提前实现了原定的证券研究五年“3+1”（即中国证券业协会一等奖、深圳证券交易所一等奖、上海市政府重大决策咨询研究课题A级成果+入选上海证券交易所联合研究计划）“大满贯”计划，充分体现了金信证券研究所“人无我有，人有我优，人优我特”的研究风格，进一步奠定了金信证券研究所在中国证券研究业专题研究方面的领先地位。

上海金信证券研究所将一如既往地秉承“发展力求稳健，服务必尽忠良”的经营理念，努力为广大投资者与市场主体提供更好的服务。

地址：上海市江宁路167号新城大厦23层　邮编：200041　网址：www.goldentrust.com.cn
电话：021-6255 4521/4522　传真：021-6255 4528　E-mail: research@kinghing.com

中国平安

专业·价值 PING AN OF CHINA

平安证券综合研究所成立于2000年1月。作为平安证券经营与服务的智囊，平安证券综合研究所汇聚了一批素质优良、经验丰富的专业人士，形成了在业内较具影响力的证券研究专家团队。研究所现拥有各类专业人员约20人，85%的研究人员具有硕士以上学历，研究人员中高级分析师比例达到35%，分析师占45%，分析师大多具有多年的相关行业从业经历。

2003年，在基金服务市场竞争日趋激烈的情况下，平安研究所的排名由上年的第8位上升至第7位，充分反映出平安研究所在国内研究领域的综合竞争实力。2004年5月《上海证券报》发表“对国内主要证券研究机构2003年上市公司业绩预测准确率统计评价”，在入围参评的9家研究机构中，平安研究所重点公司预测准确率评分排名列第1位。

平安证券综合研究所推崇“专业、信誉、责任、职业精神”的研究理念，重视研究规范化管理，确立“以研究为基础、以服务为导向，向一流证券研究所迈进”的发展战略，力争在未来的几年内逐步发展成为国内外具有相当影响力和知名度的国内一流证券研究机构。

专业致力领先

平安证券有限责任公司

PING AN SECURITIES COMPANY LIMITED

股市有风险

投资需谨慎

所长：聂祖荣

长江证券有限责任公司研究所

长江证券有限责任公司一直坚持把研究能力作为形成公司核心竞争力的关键因素，认为高水平的研究是公司对客户、对市场有责任感的表现。公司一直高度重视研究工作，在国内券商中率先设立研究所，十多年来，公司始终认为研究的精髓在于长期积累沉淀、厚积薄发。研究所发挥团队智慧，坚持独立发表自己的观点和见解，在业内树立了良好形象和品牌，是国内首批获得证券投资咨询资格的机构之一。博士后科研工作站是由国家人事部审批的业内首批工作站之一。

研究所代表公司多次与国内部分省、市人民政府和国务院有关部委联合举办研讨会。公司协办并参与策划的由国家科技部、湖北省人民政府等单位主办的“中国高新技术产业与资本市场国际论坛”已成为一年一度的高新技术企业的盛会。研究所从2000年开始组织长江证券有限责任公司发展战略咨询委员会年会，已成功举办“2004年中国金融市场焦点问题高级论坛”等四次高规格研讨会，这些活动已成为资本市场有影响力的研讨活动。

2004年，长江证券有限责任公司进入全国证券行业8家创新试点券商行列，研究所正在实施研究咨询管理体制和业务流程的再造工作，目前研究所已经搭建武汉和上海两大平台，拥有研究人员50名，根据公司提出的“客户导向、研究驱动、技术领先、内控先行”的经营策略，围绕“服务决策、服务业务、走进客户”的要求，进一步推动研究工作和服务模式的转型，引进国外先进券商研发部门的管理模式，扩大咨询产品的市场影响力，实现研究咨询业务的发展和扩张。

太原化工股份有限公司

公司概况

公司名称	太原化工股份有限公司	股票代码	600281
注册地址	山西省太原市学府西街高科技园区长治路工西三条2号	邮政编码	030021
法人代表	刑亚东	董秘	吴洪山
电话	0351-5638123	传真	0351-5638000
主营业务	基本化工原料		

总股本	35890.60	流通 A	10500.00	流通 B		流通 H	
审计单位				审计意见	未审计		

主要财务指标

年度	2004.6	2003	2002
每股收益/扣除后(元)	0.0580	0.0759	0.0500
每股经营现金流量(元)	0.1950	0.0250	–0.1200
每股净资产/调整后(元)	2.9730	2.8880	2.8560
每股公积金(元)	1.6461	1.6461	1.6461
净资产收益率(%)	2.0260	2.8089	2.1500
总资产(万元)	240418.08	229805.53	199656.59
股东权益(万元)	109402.29	107186.18	104175.41
未分配利润(万元)	11383.56	9167.45	6651.22
主营收入(万元)	55046.15	85300.06	68245.91
资本公积金(万元)	59078.33	59078.33	59078.33
主营利润(万元)	8540.16	14897.09	10101.33
其他业务利润(万元)	140.96	150.47	–0.22
营业利润(万元)	2311.41	3359.18	2221.48
投资收益(万元)	–20.66	10.31	–40.81
补贴收入(万元)	201.75		
营业外收支(万元)	178.48	327.81	8.07
利润总额(万元)	2670.98	3697.30	2723.77
净利润(万元)	2216.11	3010.77	2236.35

十大股东

序号	股东名称	股份性质	持股数(万股)	比例(%)
1	太原化学工业集团有限公司	国有法人股	23778.60	66.25
2	上海东点房地产有限公司	法人股	430.00	1.20
3	山西永兴化工有限公司	法人股	325.29	0.91
4	天津开发区今朝工贸发展有限公司	法人股	300.00	0.84
5	上海金轮橡胶轮胎有限公司	法人股	264.00	0.74
6	太原双凯化工有限公司	法人股	97.59	0.27
7	太原市中都物资贸易有限公司	法人股	97.59	0.27
8	国元证券	流通股	48.22	0.13
9	安佰约	流通股	35.85	0.10
10	上海良琪投资咨询有限公司	法人股	35.00	0.10

股东人数	2004.6	2003.12	2003.6	2002
	49797	55643	54224	55927

近年分配	2004年7月8日10派0.175	近年配股/增发	

重大事项

公司2004年5月19日召开的股东大会上通过了2003年度利润分配方案，即以公司2003年12月31日总股本358906000股为基数，每10股派发现金红利0.175元(含税)，共计分配股利6280855元，余额转至下一年度由新老股东共享。

二〇〇三年以来市场表现

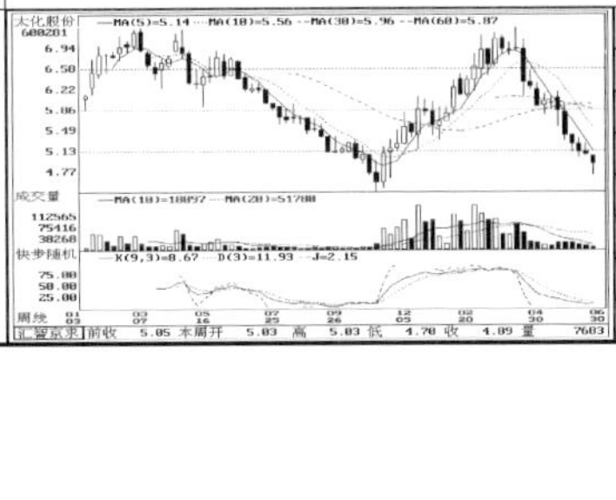

2003年涨跌幅(%)	–4.51
2003年最高(元)	7.26
2003年最低(元)	4.41
2003年换手率(%)	126.65
2004.06涨跌幅(%)	–15.98
2004.06最高(元)	7.30
2004.06最低(元)	4.70
2004.06换手率(%)	124.63

南京钢铁股份有限公司

公司概况

公司名称	南京钢铁股份有限公司	股票代码	600282
注册地址	江苏省南京市大厂区卸甲甸	邮政编码	210035
法人代表	肖同友	董秘	徐林
电话	025-57056780	传真	025-57052184
主营业务	钢铁冶炼、钢材轧制		

总股本	50400.00	流通 A	14400.00	流通 B		流通 H	
审计单位				审计意见	未审计		

主要财务指标

年度	2004.6	2003	2002
每股收益/扣除后(元)	0.5912	0.9600	0.4900
每股经营现金流量(元)	–0.2940	0.9700	0.4800
每股净资产/调整后(元)	4.6500	4.3300	3.4100
每股公积金(元)	1.5862	1.5862	1.5829
净资产收益率(%)	13.2700	22.2800	13.9500
总资产(万元)	626426.31	488321.94	320971.37
股东权益(万元)	235863.30	219691.89	174252.72
未分配利润(万元)	74876.01	56818.85	25670.98
主营收入(万元)	498074.56	682737.25	466526.31
资本公积金(万元)	79945.11	79945.11	79778.03
主营利润(万元)	52915.02	95285.75	51186.24
其他业务利润(万元)	128.16	349.52	–0.63
营业利润(万元)	42460.20	78233.99	40055.72
投资收益(万元)	252.33		
补贴收入(万元)			
营业外收支(万元)	1499.73	–4577.37	–12.68
利润总额(万元)	44212.25	73656.61	39060.87
净利润(万元)	31291.40	48953.81	24315.50

十大股东

序号	股东名称	股份性质	持股数(万股)	比例(%)
1	南京钢铁联合有限公司	社会法人	35760.00	70.95
2	景博证券投资基金	社会公众	492.54	0.98
3	招商银行股份有限公司-中信经典配置证券投资基金	社会公众股	357.30	0.71
4	景阳证券投资基金	社会公众	342.88	0.68
5	中国光大银行股份有限公司-巨田基础行业证券投资基金	社会公众股	211.55	0.42
6	大成价值增长证券投资基金	社会公众	203.34	0.40
7	中国工商银行-安瑞证券投资基金	社会公众	188.00	0.37
8	中国银行-嘉实增长开放式证券投资基金	社会公众	179.67	0.36
9	交通银行-科瑞证券投资基金	社会公众	125.02	0.25
10	长盛成长价值证券投资基金	社会公众	100.89	0.20

股东人数	2004.6	2003.12	2003.6	2002
	33507	43312	55086	64854

近年分配	2004年3月30日10派3.00	近年配股/增发	

重大事项

2004年6月26日，公司宽中厚板(卷)项目炼钢系统120吨转炉、LF精炼炉和板坯连铸机成功进行热负荷试车，并顺利生产出第一块板坯，标志着炼钢系统已具备生产条件，为公司宽中厚板(卷)项目全线贯通出材奠定了坚实的基础。

二〇〇三年以来市场表现

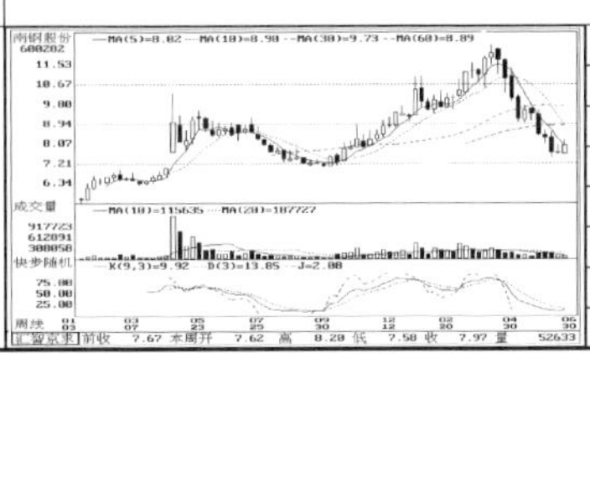

2003年涨跌幅(%)	69.56
2003年最高(元)	9.75
2003年最低(元)	4.98
2003年换手率(%)	574.69
2004.06涨跌幅(%)	–9.43
2004.06最高(元)	12.40
2004.06最低(元)	7.45
2004.06换手率(%)	339.64

钱江水利开发股份有限公司

公司概况

公司名称	钱江水利开发股份有限公司	股票代码	600283
注册地址	浙江省杭州市天目山路166号投资大厦	邮政编码	310013
法人代表	何中辉	董秘	吉清
电话	0571-87974386,87974387	传真	0571-87974400
主营业务	供水、电		
总股本	28533.00	流通A	8500.00
流通B		流通H	
审计单位		审计意见	未审计

主要财务指标

年度	2004.6	2003	2002
每股收益/扣除后(元)	-0.0135	0.0500	0.1700
每股经营现金流量(元)	-0.1503	-0.4100	0.3300
每股净资产/调整后(元)	2.6000	2.6300	2.5100
每股公积金(元)	1.8049	1.8049	1.8016
净资产收益率(%)	0.5200	3.2436	5.6500
总资产(万元)	178616.69	156835.73	156855.75
股东权益(万元)	87991.39	88962.46	85982.30
未分配利润(万元)	5033.16	6004.23	3118.63
主营收入(万元)	7096.98	21842.59	25092.22
资本公积金(万元)	51498.89	51498.89	51404.33
主营利润(万元)	3743.59	11710.14	12870.58
其他业务利润(万元)	196.59	441.13	4.66
营业利润(万元)	843.06	2455.11	10182.36
投资收益(万元)	287.82	608.84	109.39
补贴收入(万元)		8.19	8.19
营业外收支(万元)	-14.74	480.51	-2.48
利润总额(万元)	1116.13	3552.64	9783.35
净利润(万元)	455.58	2885.60	4856.86

十大股东

序号	股东名称	股份性质	持股数(万股)	比例(%)
1	水利部综合开发管理中心	国家股	6033.00	21.14
2	浙江水利水电建设投资集团有限公司	国有法人股	5767.00	20.21
3	浙江水电实业公司	国有法人股	4399.00	15.42
4	嵊州水电开发有限公司	国有法人股	3801.00	13.32
5	山西信托投资有限责任公司	流通A股	95.54	0.33
6	李国祥	自然人股	33.00	0.12
7	合力其汗	流通A股	25.60	0.09
8	楼文睿	流通A股	22.54	0.08
9	王国英	流通A股	20.40	0.07
10	马诗韬	流通A股	18.00	0.06

股东人数	2004.6	2003.12	2003.6	2002
	49649	53554	54981	54782

近年分配	2004年7月12日10派0.50	近年配股/增发	

重大事项

根据2000年2月3日公司与浙江省现代农业基地办公室签订的《关于新昌兔业产业化经营示范工程项目协议书》,公司长期受托对该项目500万人民币的管理,本公司仅作为受托管理这部分资金,不拥其所有权。

二〇〇三年以来市场表现

2003年涨跌幅(%)	-13.75
2003年最高(元)	9.36
2003年最低(元)	5.65
2003年换手率(%)	117.76
2004.06涨跌幅(%)	-16.23
2004.06最高(元)	8.15
2004.06最低(元)	5.70
2004.06换手率(%)	79.36

上海浦东路桥建设股份有限公司

公司概况

公司名称	上海浦东路桥建设股份有限公司	股票代码	600284
注册地址	上海市浦东新区张桥镇佳林路1028号	邮政编码	200122
法人代表	葛培健	董秘	董汉有
电话	021-58205677	传真	021-68765759
主营业务	钢材、石料、水泥、沥青		
总股本	22600.00	流通A	8000.00
流通B		流通H	
审计单位		审计意见	未审计

主要财务指标

年度	2004.6	2003	2002
每股收益/扣除后(元)	0.0338	0.2500	0.2690
每股经营现金流量(元)	-0.2340	0.3816	0.2767
每股净资产/调整后(元)	2.7100	1.6500	1.4700
每股公积金(元)	1.3013	0.0087	0.0087
净资产收益率(%)	2.1000	16.1800	17.16
总资产(万元)	120958.87	76612.85	42082.93
股东权益(万元)	62647.80	25579.38	22901.09
未分配利润(万元)	7064.74	7209.85	5158.88
主营收入(万元)	22178.80	64625.52	43307.83
资本公积金(万元)	29409.62	196.09	196.09
主营利润(万元)	1697.16	6549.77	6131.38
其他业务利润(万元)	102.07	39.22	-0.19
营业利润(万元)	569.77	4087.07	3986.02
投资收益(万元)	332.85	298.24	601.96
补贴收入(万元)	677.34	558.53	-0.12
营业外收支(万元)	-28.88	-40.62	-0.04
利润总额(万元)	1551.08	4903.22	4595.86
净利润(万元)	1314.89	4138.29	3930.54

十大股东

序号	股东名称	股份性质	持股数(万股)	比例(%)
1	上海市浦东新区建设	国有股	5000.00	22.12
2	上海市浦东新区公路管理署	国有股	4500.00	19.91
3	上海鹏欣(集团)有限公司	法人股	2150.00	9.51
4	上海张桥经济发展总公司	法人股	1500.00	6.64
5	上海东缆技术工程有限公司	法人股	1000.00	4.42
6	上海同济企业发展总公司	法人股	350.00	1.55
7	上海弘城实业有限公司	法人股	100.00	0.44
8	王建军	自然人股	72.00	0.32
9	李神彪	自然人股	47.54	0.21
10	国元证券有限责任公司	自然人股	41.37	0.18

股东人数	2004.6	2003.12	2003.6	2002
	41073			

近年分配		近年配股/增发	

重大事项

公司拟出资11000万元人民币,追加投资上海浦东发展集团财务有限责任公司(下称:财务公司)股份9000万股。增持前,我司持有该公司股份1000万股,持股比例为3.33%。增资完成后,公司将持有财务公司5亿总股本中的1亿股,持股比例将达20%。

二〇〇三年以来市场表现

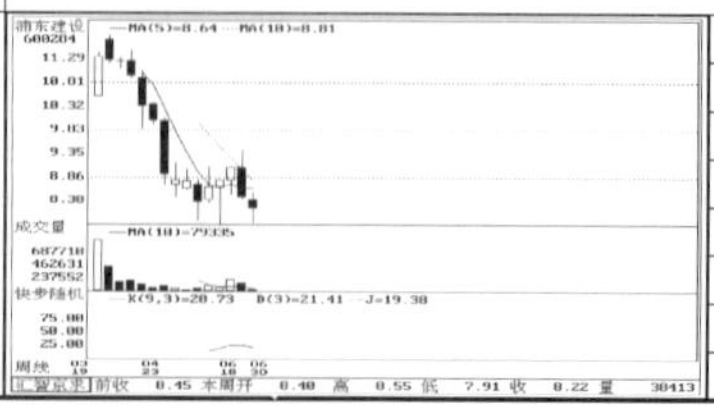

2003年涨跌幅(%)	0.00
2003年最高(元)	0.00
2003年最低(元)	0.00
2003年换手率(%)	0.00
2004.06涨跌幅(%)	0.00
2004.06最高(元)	11.78
2004.06最低(元)	7.89
2004.06换手率(%)	324.94

河南羚锐制药股份有限公司

公司概况

公司名称	河南羚锐制药股份有限公司	股票代码	600285
注册地址	河南省新县向阳路232号	邮政编码	465550
法人代表	熊维政	董秘	郜强
电话	0397-2973606	传真	0397-2987888
主营业务	中药硬膏剂、冲剂		
审计单位		审计意见	未审计

总股本	流通 A	流通 B	流通 H
10036.00	4000.00		

主要财务指标

年度	2004.6	2003	2002
每股收益/扣除后(元)	0.0711	0.1300	0.1200
每股经营现金流量(元)	-0.0080	0.2400	0.6900
每股净资产/调整后(元)	4.2700	4.2500	4.0800
每股公积金(元)	2.8307	2.8240	2.7945
净资产收益率(%)	2.1100	3.2800	3.1500
总资产(万元)	83556.93	74133.65	69774.51
股东权益(万元)	43381.57	43201.11	41487.28
未分配利润(万元)	3766.03	3653.24	2448.28
主营收入(万元)	17097.28	23634.79	18954.61
资本公积金(万元)	28409.13	28341.45	28045.24
主营利润(万元)	9761.70	15639.45	13293.79
其他业务利润(万元)	13.43	34.74	-0.36
营业利润(万元)	935.48	892.91	983.93
投资收益(万元)	218.40	520.24	214.39
补贴收入(万元)		5.82	5.82
营业外收支(万元)	211.23	423.95	-10.73
利润总额(万元)	1365.12	1842.92	1500.07
净利润(万元)	915.66	1417.61	1308.63

十大股东

序号	股东名称	股份性质	持股数(万股)	比例(%)
1	信阳羚锐发展有限公司	国有股	1901.34	18.95
2	上海复星医药产业发展有限公司	法人股	1509.00	15.04
3	信阳市建设投资总公司	国有股	663.96	6.62
4	新县鑫源贸易有限公司	法人股	603.60	6.01
5	武汉虹惠投资有限公司	法人股	600.00	5.98
6	香港锐星企业公司	外资法人股	524.45	5.23
7	熊维政	外资法人股	125.00	1.25
8	张军兵	法人股	108.65	1.08
9	中国银河证券有限责任公司	自然人股	76.05	0.76
10	周氏	自然人股	24.20	0.24

股东人数

2004.6	2003.12	2003.6	2002
25515	26014	27999	27367

近年分配	近年配股/增发
2004年8月18日10派0.64	

重大事项

司第二届董事会第十二次会议于2004年5月21日以通讯方式召开，会议审议并通过《关于河南羚锐投资发展有限公司出售其子公司股权的议案》，董事会同意河南羚锐投资发展有限公司出售其持有的河南羚锐房地产有限公司80%的股权。

二〇〇三年以来市场表现

2003年涨跌幅(%)	-24.54
2003年最高(元)	13.70
2003年最低(元)	7.84
2003年换手率(%)	200.46
2004.06涨跌幅(%)	-12.07
2004.06最高(元)	10.60
2004.06最低(元)	7.52
2004.06换手率(%)	131.61

湖南国光瓷业集团股份有限公司

公司概况

公司名称	湖南国光瓷业集团股份有限公司	股票代码	600286
注册地址	株洲市高新技术产业开发区创业服务中心A1栋3层	邮政编码	412200
法人代表	陈旭光	董秘	李建平
电话	0731-4323110	传真	0731-4313467
主营业务	日用陶瓷、碳化硅窑具		
审计单位		审计意见	未审计

总股本	流通 A	流通 B	流通 H
11400.00	7512.00		

主要财务指标

年度	2004.6	2003	2002
每股收益/扣除后(元)	-0.4405	-0.0200	0.2090
每股经营现金流量(元)	-0.5730	-0.1700	0.2520
每股净资产/调整后(元)	2.7700	3.2200	3.0900
每股公积金(元)	1.7930	1.7930	1.7075
净资产收益率(%)	-15.8700	1.7800	6.7100
总资产(万元)	139666.48	130289.31	111351.43
股东权益(万元)	31916.54	37049.84	35423.77
未分配利润(万元)	-2311.90	2761.39	2378.31
主营收入(万元)	21450.81	47833.10	49826.45
资本公积金(万元)	20440.67	20440.67	19465.67
主营利润(万元)	3050.42	11968.49	13115.12
其他业务利润(万元)	51.10	303.41	-1.55
营业利润(万元)	-4810.03	53.13	3609.78
投资收益(万元)	16.21	1401.50	536.10
补贴收入(万元)		26.24	26.24
营业外收支(万元)	-55.65	-76.89	4.04
利润总额(万元)	-4849.47	1403.98	4049.74
净利润(万元)	-5073.30	660.09	2377.10

十大股东

序号	股东名称	股份性质	持股数(万股)	比例(%)
1	上海鸿仪投资发展有限公司	境内法人股	3240.00	28.42
2	株洲市财政局	国有法人股	360.00	3.16
3	湖南日升物资贸易有限公司	境内法人股	64.80	0.57
4	湖南省醴陵兴业总公司	境内法人股	41.60	0.36
5	湖南轻工业品进出口公司	境内法人股	24.00	0.21
6	醴陵东岩橡胶防水卷材厂	境内法人股	21.89	0.19
7	李玉萍	流通A股	18.06	0.16
8	醴陵市人民政府仙园宾馆	境内法人股	18.00	0.16
9	醴陵市保安服务公司	境内法人股	17.40	0.15
10	钱武	流通A股	17.29	0.15

股东人数

2004.6	2003.12	2003.6	2002
25814	26623	28188	28172

近年分配	近年配股/增发

重大事项

经第四届董事会第十次会议决议通过，公司于2004年2月27日与湖南斯力特生物工程有限公司(以下简称：斯力特公司)签署了增资扩股协议，公司以400万元货币资金增资斯力特公司，增资后，公司占有40%的股权。此次增资事项已处理完毕。

二〇〇三年以来市场表现

2003年涨跌幅(%)	-34.37
2003年最高(元)	10.95
2003年最低(元)	5.15
2003年换手率(%)	231.28
2004.06涨跌幅(%)	-9.67
2004.06最高(元)	7.41
2004.06最低(元)	4.90
2004.06换手率(%)	131.44

江苏舜天股份有限公司

公司概况

公司名称	江苏舜天股份有限公司			股票代码		600287	
注册地址	南京市建邺路98号			邮政编码		210004	
法人代表	董启彬			董秘		杨青峰	
电话	025-84208688-81424			传真		025-4201927	
主营业务	各类服装、面料						
总股本	43679.61	流通A	12245.99	流通B		流通H	
审计单位				审计意见		未审计	

主要财务指标

年度	2004.6	2003	2002
每股收益/扣除后(元)	0.1016	0.3800	0.4100
每股经营现金流量(元)	0.9570	0.2269	–0.1485
每股净资产/调整后(元)	1.8480	3.7639	3.3362
每股公积金(元)	0.4809	1.9619	1.9773
净资产收益率(%)	5.7300	12.1200	12.3200
总资产(万元)	248991.59	254394.77	180730.37
股东权益(万元)	81496.36	82587.36	73234.93
未分配利润(万元)	10252.36	11206.71	3103.97
主营收入(万元)	218454.37	411530.78	322576.03
资本公积金(万元)	21007.71	42847.51	43184.56
主营利润(万元)	24138.45	45240.36	34541.26
其他业务利润(万元)	112.46	246.28	92.48
营业利润(万元)	7403.07	14895.97	10913.64
投资收益(万元)	–19.04	782.77	1205.22
补贴收入(万元)	203.05	1728.06	–21.53
营业外收支(万元)	–145.73	–161.43	2.66
利润总额(万元)	7441.35	17245.37	12650.35
净利润(万元)	4667.49	10009.22	9020.22

十大股东

序号	股东名称	股份性质	持股数(万股)	比例(%)
1	江苏舜天国际集团有限公司	国家股	26376.61	60.39
2	江苏纺织进出口集团股份有限公司	法人股	1024.41	2.35
3	江苏航空产业集团有限责任公司	法人股	572.00	1.31
4	中国外运江苏公司	法人股	543.40	1.24
5	江苏开元国际集团轻工业品进出口集团股份有限公司	法人股	429.00	0.98
6	江苏弘业股份有限公司	法人股	286.00	0.65
7	广东省纺织品进出口集团公司	法人股	286.00	0.65
8	江苏东恒国际集团有限公司	法人股	286.00	0.65
9	江苏汇鸿国际集团有限公司	法人股	286.00	0.65
10	江苏苏豪国际集团股份有限公司	法人股	228.80	0.52

股东人数	2004.6	2003.12	2003.6	2002
	28741	23688	25801	26721

近年分配	2004年6月11日10派2.50	近年配股/增发	2004年6月11日10转10

重大事项

2004年5月28日,公司召开了2003年度股东大会,大会通过公司2003年度利润分配及资本公积金转增股本的方案:以公司2003年12月31日的总股本218,398,037股为基数,向全体股东每10股派发现金2.50元(含税),共计分配股利54,599,509.25元;以资本公积金每10股转增10股,转增股本完成后,公司总股本为436,796,074股。

二〇〇三年以来市场表现

2003年涨跌幅(%)	–15.08
2003年最高(元)	6.26
2003年最低(元)	3.63
2003年换手率(%)	59.95
2004.06涨跌幅(%)	–4.27
2004.06最高(元)	6.64
2004.06最低(元)	4.03
2004.06换手率(%)	101.11

大恒新纪元科技股份有限公司

公司概况

公司名称	大恒新纪元科技股份有限公司			股票代码		600288	
注册地址	北京市海淀区中关村大街22号中科大厦十一层			邮政编码		100080	
法人代表	张家林			董秘		严宏深	
电话	010-62628443			传真		010-62628384	
主营业务	光机电一体化产品						
总股本	21000.00	流通A	7500.00	流通B		流通H	
审计单位				审计意见		未审计	

主要财务指标

年度	2004.6	2003	2002
每股收益/扣除后(元)	0.0692	0.2187	0.2196
每股经营现金流量(元)	–0.5200	0.1900	0.4100
每股净资产/调整后(元)	3.4900	3.5900	3.3800
每股公积金(元)	1.7992	1.7992	1.7942
净资产收益率(%)	1.8800	6.4400	6.4700
总资产(万元)	176753.14	172313.36	135207.94
股东权益(万元)	76933.88	76237.76	71222.47
未分配利润(万元)	12165.91	11469.79	7893.37
主营收入(万元)	109956.75	242295.98	169574.64
资本公积金(万元)	37783.42	37783.42	37678.37
主营利润(万元)	12080.41	27144.18	18431.53
其他业务利润(万元)	1085.57	1298.60	133.68
营业利润(万元)	1302.82	6340.16	5609.30
投资收益(万元)	187.74	–57.44	467.99
补贴收入(万元)	745.91	872.79	–1.66
营业外收支(万元)	–8.15	550.95	–0.03
利润总额(万元)	2228.32	7706.46	6213.58
净利润(万元)	1446.12	4909.13	4610.36

十大股东

序号	股东名称	股份性质	持股数(万股)	比例(%)
1	中国新纪元有限公司	国有股东	9000.00	42.86
2	百瑞信托投资有限责任公司	非国有股东	4500.00	21.43
3	裕隆证券投资基金	社会公众股	314.20	1.50
4	泰和证券投资基金	社会公众股	192.52	0.92
5	中国银行-嘉成长收益型证券投资基金	社会公众股	106.53	0.51
6	兴业证券投资基金	社会公众股	97.49	0.46
7	中国银河证券有限责任公司	社会公众股	54.19	0.26
8	中国工商银行-国联安德盛小盘精选证券投资基金	社会公众股	46.89	0.22
9	王秀伶	社会公众股	25.06	0.12
10	徐瑞金	社会公众股	23.80	0.11

股东人数	2004.6	2003.12	2003.6	2002
	37028	42203	43373	44383

近年分配	2004年6月23日10派1.00	近年配股/增发	

重大事项

公司控股子公司中国大恒(集团)有限公司于2003年11月15日为时代集团公司的贷款11,000,000.00元提供为期一年的信用担保,为上年度持续至本报告期的担保;除此以外,公司未发生也没有以前期间发生但持续到报告期的重大担保事项。担保总额占公司净资产的比例为1.4%。

二〇〇三年以来市场表现

2003年涨跌幅(%)	–20.78
2003年最高(元)	11.25
2003年最低(元)	7.03
2003年换手率(%)	105.62
2004.06涨跌幅(%)	25.70
2004.06最高(元)	11.88
2004.06最低(元)	7.45
2004.06换手率(%)	168.31

亿阳信通股份有限公司

公司概况

公司名称	亿阳信通股份有限公司	股票代码	600289
注册地址	哈尔滨市南岗区高新技术产业开发区一号楼	邮政编码	100036
法人代表	邓伟	董秘	郭士斌
电话	010-82666789,0451-2326789	传真	010-888140589,0451-2320579
主营业务	电信、金融等行业		

总股本	21178.00	流通 A	8000.00	流通 B		流通 H	
审计单位				审计意见	未审计		

主要财务指标

年度	2004.6	2003	2002
每股收益/扣除后(元)	0.3238	0.8225	0.6391
每股经营现金流量(元)	0.0360	0.8745	1.3360
每股净资产/调整后(元)	4.8000	9.5389	8.7960
每股公积金(元)	2.6979	6.3957	6.3956
净资产收益率(%)	6.5800	9.3500	7.2500
总资产(万元)	157201.22	154359.83	138738.91
股东权益(万元)	103357.50	102016.40	93357.43
未分配利润(万元)	19508.10	18003.41	9904.79
主营收入(万元)	36257.52	63520.93	48337.50
资本公积金(万元)	57136.20	67723.79	67723.45
主营利润(万元)	12266.57	25071.85	21808.82
其他业务利润(万元)	13.19		
营业利润(万元)	6677.41	10971.63	11248.42
投资收益(万元)	-353.20	-1060.15	-863.54
补贴收入(万元)	1452.20	1994.33	-0.94
营业外收支(万元)	-705.43	-1328.37	204.13
利润总额(万元)	7070.98	10577.43	9038.08
净利润(万元)	6799.18	9533.66	6767.44

十大股东

序号	股东名称	股份性质	持股数(万股)	比例(%)
1	亿阳集团有限公司	境内法人股	10288.08	48.58
2	哈尔滨市光大电脑有限公司	境内法人股	1444.96	6.82
3	哈尔滨现代设备安装有限公司	境内法人股	751.38	3.55
4	丰和价值证券投资基金	流通 A 股	688.38	3.25
5	中国银行-嘉实服务增值行业证券投资基金	流通 A 股	626.36	2.96
6	北京北邮通信技术公司	流通 A 股	404.58	1.91
7	北京北邮新大科技开发公司	流通 A 股	289.00	1.36
8	上海证券有限责任公司	流通 A 股	241.25	1.14
9	全国社保基金 106 组合	流通 A 股	154.35	0.73
10	徐州维维乳业有限公司	流通 A 股	90.06	0.43

股东人数	2004.6	2003.12	2003.6	2002
	22108	22698	27851	31883

近年分配	近年配股/增发
2004 年 6 月 18 日 10 派 5.00	2004 年 6 月 18 日 10 转 10

重大事项

公司 2004 年 4 月 23 日召开公司 2003 年度股东大会，审议通过了公司 2003 年度利润分配及资本公积金转增股本的方案：以 2003 年末总股本 105,890,000 股为基准，向全体股东每 10 股派发现金红利人民币 5 元(含税)，以公司 2003 年末资本公积金每 10 股转增 10 股。

二〇〇三年以来市场表现

2003 年涨跌幅(%)	24.44
2003 年最高(元)	13.72
2003 年最低(元)	9.69
2003 年换手率(%)	58.43
2004.06 涨跌幅(%)	-5.13
2004.06 最高(元)	17.18
2004.06 最低(元)	11.80
2004.06 换手率(%)	32.57

苏福马股份有限公司

公司概况

公司名称	苏福马股份有限公司	股票代码	600290
注册地址	江苏省苏州市新区何山路 378 号	邮政编码	215003
法人代表	蒋祖辉	董秘	胡其新
电话	0512-67513621	传真	0512-67513633
主营业务	林业机械		

总股本	17430.00	流通 A	6300.00	流通 B		流通 H	
审计单位				审计意见	未审计		

主要财务指标

年度	2004.6	2003	2002
每股收益/扣除后(元)	0.0255	0.0600	0.0500
每股经营现金流量(元)	0.3335	0.5900	0.0500
每股净资产/调整后(元)	1.2600	1.2600	1.6600
每股公积金(元)	0.1859	0.1859	0.6603
净资产收益率(%)	1.5500	4.6900	4.6200
总资产(万元)	63076.16	53298.51	48494.53
股东权益(万元)	23642.32	23275.51	22183.92
未分配利润(万元)	2136.38	1769.57	841.72
主营收入(万元)	17971.47	31203.89	21860.98
资本公积金(万元)	3240.36	3240.36	8220.36
主营利润(万元)	3764.95	7740.24	6021.80
其他业务利润(万元)	145.59	780.03	-8.42
营业利润(万元)	508.96	1684.33	963.35
投资收益(万元)	-69.60	-258.55	424.02
补贴收入(万元)			
营业外收支(万元)	-4.56	77.52	-0.27
利润总额(万元)	434.80	1503.30	1346.73
净利润(万元)	366.81	1091.59	1017.11

十大股东

序号	股东名称	股份性质	持股数(万股)	比例(%)
1	中国福马林业机械集团有限公司	国有法人股	10402.29	59.68
2	东北证券有限责任公司	流通 A 股	616.29	3.54
3	吴江电子仪器厂	境内法人股	257.80	1.48
4	吉林省高新技术产业发展投资担保有限公司	流通股	198.32	1.14
5	吴县市黄桥林机配套厂	境内法人股	163.17	0.94
6	吴县市冷作二厂	境内法人股	143.58	0.82
7	黄亚琴	流通 A 股	86.64	0.50
8	赵立国	流通 A 股	85.40	0.49
9	中国林业机械广州公司	境内法人股	81.59	0.47
10	吴县市环境保护设备厂	境内法人股	81.59	0.47

股东人数	2004.6	2003.12	2003.6	2002
	8974	6905	7528	7319

近年分配	近年配股/增发

重大事项

2003 年 9 月 28 日，公司与苏州市土地储备中心签订《国有土地使用权收购协议》，公司将从拥有的位于苏州市古城区西大营门 57 号 98422.8 平方米土地使用权退出（另有受托办理控股股东的土地使用权 4040.2 平方米），搬迁至苏州国家高新技术产业开发区。根据苏州市政府苏府办[2003]90 号文件规定和《国有土地使用权收购协议》，本报告期公司收到苏州市土地储备中心拨付的土地补偿金预付款 7,295 万元。

二〇〇三年以来市场表现

2003 年涨跌幅(%)	-36.30
2003 年最高(元)	11.19
2003 年最低(元)	6.04
2003 年换手率(%)	126.47
2004.06 涨跌幅(%)	-18.46
2004.06 最高(元)	7.69
2004.06 最低(元)	5.30
2004.06 换手率(%)	85.37

内蒙古西水创业股份有限公司

公司概况

公司名称	内蒙古西水创业股份有限公司	股票代码	600291
注册地址	内蒙古乌海市	邮政编码	016032
法人代表	胡佃平	董秘	白雪峰
电话	0473-4663855	传真	0473-4663855
主营业务	建筑用水泥研制		

总股本	16000.00	流通 A	6000.00	流通 B		流通 H	
审计单位				审计意见	未审计		

主要财务指标

年度	2004.6	2003	2002
每股收益/扣除后(元)	0.1278	0.3000	0.2200
每股经营现金流量(元)	0.5040	0.3100	0.6000
每股净资产/调整后(元)	3.8500	3.7400	3.4900
每股公积金(元)	2.1590	2.1590	2.1590
净资产收益率(%)	3.5700	7.6300	6.0300
总资产(万元)	123058.35	131694.77	114087.18
股东权益(万元)	65235.90	62904.97	58107.30
未分配利润(万元)	10465.72	8134.78	4836.48
主营收入(万元)	33399.33	67963.40	47927.88
资本公积金(万元)	34543.94	34543.94	34543.99
主营利润(万元)	7824.43	13658.70	10356.06
其他业务利润(万元)	64.00	336.61	-0.98
营业利润(万元)	2586.96	5679.13	3996.31
投资收益(万元)	4.74	63.90	
补贴收入(万元)	65.50		
营业外收支(万元)	377.83	-39.02	-3.08
利润总额(万元)	3035.03	5704.02	3961.38
净利润(万元)	2330.94	4797.73	3506.34

十大股东

序号	股东名称	股份性质	持股数(万股)	比例(%)
1	乌海市国有资产管理局	国有法人股	2653.20	16.58
2	上海德莱科技有限公司	境内法人股	2282.80	14.27
3	内蒙古乌海西卓子山第三产业开发公司	境内法人股	2253.00	14.08
4	内蒙古乌海西卓子山建筑安装公司	境内法人股	1447.00	9.04
5	北京新天地互动多媒体技术公司	境内法人股	1421.00	8.88
6	景阳基金	流通 A 股	212.50	1.33
7	乌海市工业设计研究所	法人股	33.00	0.21
8	黄振	流通 A 股	27.23	0.17
9	黄佳培	流通 A 股	12.00	0.08
10	许键	流通 A 股	12.00	0.08

股东人数	2004.6	2003.12	2003.6	2002
	34565	36842	38333	38974

近年分配		近年配股/增发	

重大事项

根据铁道部下发的《关于收购地方企业自备敞车有关问题的通知》，报告期内公司将100辆自备货车(原值1789万元、已提折旧932万元)以1274.4万元出售给呼和浩特铁路局。

二〇〇三年以来市场表现

2003年涨跌幅(%)	-10.30
2003年最高(元)	10.43
2003年最低(元)	6.45
2003年换手率(%)	155.39
2004.06涨跌幅(%)	-17.70
2004.06最高(元)	10.89
2004.06最低(元)	6.62
2004.06换手率(%)	170.39

重庆九龙电力股份有限公司

公司概况

公司名称	重庆九龙电力股份有限公司	股票代码	600292
注册地址	重庆市高新技术产业开发区九龙园区盘龙村113号	邮政编码	400041
法人代表	田勇	董秘	黄青华
电话	023-68637303	传真	023-68635244
主营业务	电力生产		

总股本	16725.00	流通 A	6000.00	流通 B		流通 H	
审计单位	重庆天健会计师事务所			审计意见	标准无保留		

主要财务指标

年度	2004.6	2003	2002
每股收益/扣除后(元)	0.2214	0.3640	0.4200
每股经营现金流量(元)	0.3250	0.2810	0.5670
每股净资产/调整后(元)	4.9820	5.0470	4.6970
每股公积金(元)	2.7617	2.7617	2.7606
净资产收益率(%)	4.7600	7.2360	8.9150
总资产(万元)	265285.69	225593.28	152959.86
股东权益(万元)	83981.38	85001.94	78867.89
未分配利润(万元)	13612.10	14531.91	9780.73
主营收入(万元)	22180.40	39731.31	40519.62
资本公积金(万元)	46189.05	46189.05	46170.66
主营利润(万元)	6446.41	11113.65	12190.68
其他业务利润(万元)	18.47	44.24	-0.51
营业利润(万元)	4750.48	7848.17	8268.27
投资收益(万元)	16.97	-821.71	52.80
补贴收入(万元)	210.00	109.50	109.50
营业外收支(万元)	76.55	440.95	-1.17
利润总额(万元)	5054.01	7576.91	8413.33
净利润(万元)	3996.94	6150.91	7030.88

十大股东

序号	股东名称	股份性质	持股数(万股)	比例(%)
1	重庆市电力公司	国有法人股	4429.10	26.48
2	重庆建设投资公司	国有法人股	3000.00	17.94
3	中国电力投资集团公司	境内法人股	1808.10	10.81
4	国信证券有限责任公司	流通 A 股	471.09	2.82
5	松藻矿务局	境内法人股	300.00	1.79
6	招商银行股份有限公司-中信经典配置证券投资基金	流通 A 股	238.38	1.43
7	重庆路电实业有限责任公司	境内法人股	200.00	1.20
8	重庆铁路投资开发有限责任公司	境内法人股	200.00	1.20
9	天府矿务局	国有法人股	200.00	1.20
10	南桐矿务局	境内法人股	200.00	1.20

股东人数	2004.6	2003.12	2003.6	2002
	30146	35626	34780	36354

近年分配	2004年5月21日10派3.00	近年配股/增发	

重大事项

由于重庆市电力公司与中国电力投资集团公司的股权过户手续正在办理中，因此截止2004年6月30日，重庆市电力公司仍是公司第一大股东。公司向重庆市电力公司出售电能产品构成关联交易，关联方为公司第一大股东重庆市电力公司。根据国家有关政策和公司生产经营的实际情况，公司只能将生产的电能产品销售给经营电网的重庆市电力公司，公司仍将持续向重庆市电力公司销售电能产品。报告期内发生的交易金额为182,367,159.20元，占同类交易金额的96.83%。电能销售价格按国家定价执行。

二〇〇三年以来市场表现

2003年涨跌幅(%)	-8.23
2003年最高(元)	14.35
2003年最低(元)	9.35
2003年换手率(%)	68.64
2004.06涨跌幅(%)	11.03
2004.06最高(元)	15.15
2004.06最低(元)	10.58
2004.06换手率(%)	81.27

湖北三峡新型建材股份有限公司

公司概况

公司名称	湖北三峡新型建材股份有限公司	股票代码	600293
注册地址	湖北省当阳市经济技术开发区	邮政编码	444105
法人代表	徐麟	董秘	张光春
电话	0717-3280108	传真	0717-3285258
主营业务	平板玻璃		
审计单位		审计意见	未审计

总股本	流通 A	流通 B	流通 H
27430.00	10800.40		

主要财务指标

年度	2004.6	2003	2002
每股收益/扣除后(元)	0.0249	0.0200	0.0039
每股经营现金流量(元)	0.3030	-0.0980	0.0540
每股净资产/调整后(元)	2.6760	2.6520	2.6400
每股公积金(元)	1.4352	1.4352	1.4352
净资产收益率(%)	0.8450	1.1100	0.6600
总资产(万元)	142760.69	129687.50	114144.94
股东权益(万元)	73534.63	72913.19	72618.90
未分配利润(万元)	2318.47	1697.03	1422.48
主营收入(万元)	18521.90	37987.45	35735.86
资本公积金(万元)	39366.85	39366.85	39366.85
主营利润(万元)	4231.75	6855.56	5510.27
其他业务利润(万元)	-316.40	-67.48	-0.22
营业利润(万元)	862.60	880.83	590.54
投资收益(万元)	81.79	247.17	188.21
补贴收入(万元)			
营业外收支(万元)	-93.46	320.86	8.23
利润总额(万元)	850.94	1448.86	756.72
净利润(万元)	621.44	808.46	494.10

十大股东

序号	股东名称	股份性质	持股数(万股)	比例(%)
1	当阳市国有资产管理局	国有股	9000.94	32.81
2	当阳市国中安投资有限公司	法人股	2889.90	10.54
3	海南宗宣达实业投资有限公司	法人股	2600.00	9.48
4	湖北荆玻(集团)玻璃总厂	法人股	364.00	1.33
5	中国东方资产管理公司	法人股	267.93	0.98
6	上海邦联创业投资有限公司	法人股	260.00	0.95
7	国家建材局蚌埠玻璃工业设计研究院	法人股	253.50	0.92
8	深圳万维实业发展有限公司	流通A股	232.89	0.85
9	当阳电力联营公司	法人股	219.70	0.80
10	福建省鑫源建设发展有限公司	法人股	169.00	0.62

股东人数

2004.6	2003.12	2003.6	2002
29772	28943	28924	27059

近年分配		近年配股/增发	

重大事项

经公司第四届董事会第十四次会议和2003年度股东大会审议通过，公司拟联合其他投资者出资组建当阳三峡新材特种玻璃有限责任公司。该公司拟建项目为自洁玻璃基片及配套工程(详见2004年4月29日、2004年6月1日《中国证券报》、《上海证券报》和《证券时报》)。目前，该公司正在筹建之中。

二○○三年以来市场表现

2003年涨跌幅(%)	-44.88
2003年最高(元)	9.80
2003年最低(元)	4.35
2003年换手率(%)	139.09
2004.06涨跌幅(%)	5.62
2004.06最高(元)	6.48
2004.06最低(元)	4.42
2004.06换手率(%)	151.93

内蒙古鄂尔多斯羊绒制品股份有限公司

公司概况

公司名称	内蒙古鄂尔多斯羊绒制品股份有限公司	股票代码	600295
注册地址	内蒙古鄂尔多斯市东胜区达拉特南路102号	邮政编码	017000
法人代表	王林祥	董秘	李成君
电话	0477-8543509,8543200	传真	0477-8536699
主营业务	生产及销售羊绒制品		
审计单位		审计意见	未审计

总股本	流通 A	流通 B	流通 H
103200.00	16000.00	42000.00	

主要财务指标

年度	2004.6	2003	2002
每股收益/扣除后(元)	0.0761	0.1700	0.3100
每股经营现金流量(元)	-0.0500	0.2400	-0.0900
每股净资产/调整后(元)	2.9500	3.0000	5.6700
每股公积金(元)	1.6269	1.6269	4.2538
净资产收益率(%)	2.5900	5.6300	5.5300
总资产(万元)	579949.81	518409.97	475041.37
股东权益(万元)	308955.69	311287.12	293763.87
未分配利润(万元)	16397.82	18729.25	3834.50
主营收入(万元)	96209.81	291719.78	221502.05
资本公积金(万元)	167895.28	167895.28	219495.28
主营利润(万元)	30776.33	74838.37	59331.97
其他业务利润(万元)	891.25	2002.45	75.69
营业利润(万元)	10369.92	23703.86	21482.80
投资收益(万元)	605.56	1650.63	205.73
补贴收入(万元)	343.69	31.71	-0.01
营业外收支(万元)	-88.00	-382.22	-0.60
利润总额(万元)	11231.16	25003.98	21761.06
净利润(万元)	7988.57	17523.24	16241.82

十大股东

序号	股东名称	股份性质	持股数(万股)	比例(%)
1	内蒙古鄂尔多斯羊绒集团有限责任公司	境内法人股	45200.00	43.80
2	TOYO SECURIT	流通B股	908.17	0.88
3	DEUTSCHE BAN	流通B股	635.17	0.62
4	NAITO SECURI	流通B股	433.75	0.42
5	战毓春	流通B股	238.90	0.23
6	银河证券	流通A股	204.25	0.20
7	瑞宏国际有限	流通B股	165.30	0.16
8	SHENYIN WANG	流通B股	117.20	0.11
9	ERDOS GROUP	流通B股	107.73	0.10
10	俞玄军	流通B股	105.20	0.10

股东人数

2004.6	2003.12	2003.6	2002
98106	55457	74668	94354

近年分配		近年配股/增发	
	2004年6月10日10派1.00		

重大事项

报告期内，公司第一大股东——内蒙古鄂尔多斯羊绒集团有限责任公司将所持有公司30000万社会法人股(占公司总股本29.07%)质押给中国建设银行鄂尔多斯市分行，质押期限自2004年6月7日至2005年5月14日。内蒙古鄂尔多斯羊绒集团有限责任公司已于2004年6月7日在中国证券登记结算有限责任公司上海分公司完成了证券质押登记手续。

二○○三年以来市场表现

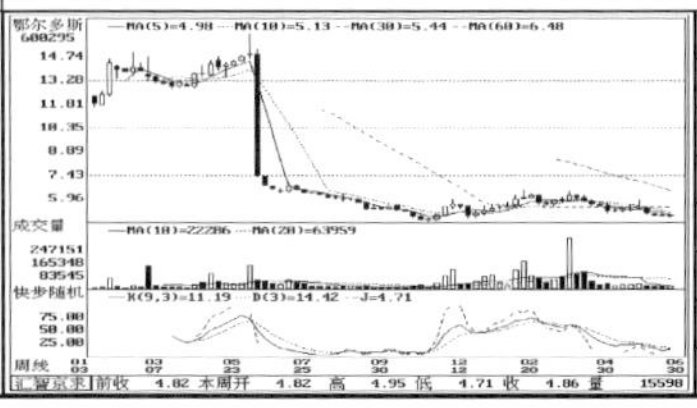

2003年涨跌幅(%)	-15.50
2003年最高(元)	7.88
2003年最低(元)	4.40
2003年换手率(%)	105.48
2004.06涨跌幅(%)	-5.08
2004.06最高(元)	6.36
2004.06最低(元)	4.71
2004.06换手率(%)	96.98

兰州铝业股份有限公司

公司概况

公司名称	兰州铝业股份有限公司	股票代码	600296
注册地址	兰州市城关区东岗西路 316 号	邮政编码	730060
法人代表	冯诗伟	董秘	钦义发
电话	0931-7549414	传真	0931-7558888
主营业务	铝冶炼		
总股本	54232.66	流通 A	30182.07
流通 B		流通 H	
审计单位		审计意见	未审计

主要财务指标

年度	2004.6	2003	2002
每股收益 / 扣除后(元)	0.1748	0.5830	0.5650
每股经营现金流量(元)	0.1770	0.2080	0.0370
每股净资产 / 调整后(元)	5.0530	5.5950	4.4870
每股公积金(元)	3.1127	2.2412	2.6081
净资产收益率(%)	3.4100	10.1600	12.6000
总资产(万元)	357184.84	330281.97	322428.09
股东权益(万元)	275202.34	165767.45	132374.45
未分配利润(万元)	36674.63	27283.66	15498.73
主营收入(万元)	126152.72	256185.86	182931.27
资本公积金(万元)	168809.16	93497.43	76940.06
主营利润(万元)	21691.64	46270.65	33773.33
其他业务利润(万元)	175.89	1054.84	-29.85
营业利润(万元)	11708.35	19274.31	18430.19
投资收益(万元)		-35.34	
补贴收入(万元)		2.54	0.07
营业外收支(万元)	-587.44	-401.94	15.00
利润总额(万元)	10785.33	18839.56	18079.97
净利润(万元)	9390.97	16835.62	16676.45

十大股东

序号	股东名称	股份性质	持股数(万股)	比例(%)
1	兰州铝厂	国有法人股	22994.66	42.40
2	山西铝厂	流通 A 股	1040.00	1.92
3	兰州经济信息咨询公司	国有法人股	918.19	1.69
4	中国工商银行-裕元证券投资基金	流通 A 股	514.44	0.95
5	中国工商银行-国联安德盛小盘精选证券投资基金	流通 A 股	494.49	0.91
6	中国银行-嘉实服务增值行业证券投资基金	流通 A 股	272.43	0.50
7	上海光明乳业股份有限公司	流通 A 股	189.01	0.35
8	中国工商银行-南方宝元债券型基金	流通 A 股	179.71	0.33
9	北京中证伟业投资有限公司	流通 A 股	159.91	0.29
10	长盛成长价值证券投资基金	流通 A 股	130.99	0.24

股东人数

2004.6	2003.12	2003.6	2002
85686	65105	63178	62713

近年分配		近年配股/增发	2004 年 5 月 27 日 10 转 3

重大事项

2004 年 6 月 16 日，中国铝业股份有限公司与甘肃省国有资产监督管理委员会、兰州铝厂、兰州铝业股份有限公司在兰州签订了《合作意向书》。

二〇〇三年以来市场表现

2003 年涨跌幅(%)	22.83
2003 年最高(元)	9.30
2003 年最低(元)	6.05
2003 年换手率(%)	116.67
2004.06 涨跌幅(%)	-26.75
2004.06 最高(元)	9.35
2004.06 最低(元)	5.45
2004.06 换手率(%)	222.60

大连美罗药业股份有限公司

公司概况

公司名称	大连美罗药业股份有限公司	股票代码	600297
注册地址	大连市高新技术产业园区七贤岭敬贤街 29 号	邮政编码	116001
法人代表	张成海	董秘	孙安民
电话	0411-83631991-905	传真	0411-83686363
主营业务	医药产品的生产		
总股本	11500.00	流通 A	4000.00
流通 B		流通 H	
审计单位		审计意见	未审计

主要财务指标

年度	2004.6	2003	2002
每股收益 / 扣除后(元)	0.0766	0.1015	0.1824
每股经营现金流量(元)	-0.0430	0.1100	0.0900
每股净资产 / 调整后(元)	4.7400	4.6400	4.5700
每股公积金(元)	3.1696	3.1696	3.1696
净资产收益率(%)	1.5800	2.4300	4.4300
总资产(万元)	107182.03	105489.42	92562.36
股东权益(万元)	56212.28	55323.69	54085.39
未分配利润(万元)	6894.85	6004.42	4849.99
主营收入(万元)	35362.60	73461.21	67861.26
资本公积金(万元)	36450.53	36450.53	36450.53
主营利润(万元)	6036.05	14875.79	13299.65
其他业务利润(万元)	105.90	35.33	-0.32
营业利润(万元)	1142.23	1416.21	2168.74
投资收益(万元)	-45.22	-70.55	-58.03
补贴收入(万元)			
营业外收支(万元)	14.30	27.92	0.29
利润总额(万元)	1111.31	1373.58	2556.50
净利润(万元)	890.43	1344.79	2395.71

十大股东

序号	股东名称	股份性质	持股数(万股)	比例(%)
1	大连美罗集团有限公司	国有法人股	7290.00	63.39
2	大连凯飞化学股份有限公司	境内法人股	102.00	0.89
3	大连金斯曼医药科技开发有限公司	境内法人股	60.00	0.52
4	大连德生医疗器械有限公司	境内法人股	36.00	0.31
5	大连联合信用担保有限公司	流通 A 股	20.59	0.18
6	赵欣	流通 A 股	19.50	0.17
7	王治业	流通 A 股	13.55	0.12
8	大连唐兴汽车维修公司	境内法人股	12.00	0.10
9	吕世远	流通 A 股	10.00	0.09
10	刘霞	流通 A 股	9.99	0.09

股东人数

2004.6	2003.12	2003.6	2002
28660	31039	32529	33188

近年分配		近年配股/增发	

重大事项

大连美罗药业股份有限公司于 2004 年 1 月 8 日接到公司第一大股东大连美罗集团有限公司通知，大连市人民政府决定对大连美罗集团有限公司进行改制，同意将大连美罗集团有限公司 40%、37%、15%、8%股权分别转让给西城投资(香港)有限公司、大连凯基投资有限公司、大连海洋药业有限公司、哈药集团股份有限公司。2004 年 1 月 7 日，大连市财政局、经贸委代表大连市人民政府与以上四家受让方签署了《股权转让协议》，股权转让总金额为人民币 5767.25 万元。

二〇〇三年以来市场表现

2003 年涨跌幅(%)	-35.88
2003 年最高(元)	13.84
2003 年最低(元)	7.30
2003 年换手率(%)	119.26
2004.06 涨跌幅(%)	6.02
2004.06 最高(元)	10.59
2004.06 最低(元)	7.70
2004.06 换手率(%)	84.66

安琪酵母股份有限公司

公司概况

公司名称	安琪酵母股份有限公司			股票代码	600298		
注册地址	湖北省宜昌市中南路24号			邮政编码	443003		
法人代表	俞学锋		董秘	周帮俊			
电话	0717-6369865		传真	0717-6369865			
主营业务	酵母及深加工产品						
总股本	13570.00	流通 A	3500.00	流通 B		流通 H	
审计单位			审计意见	未审计			

主要财务指标

年度	2004.6	2003	2002
每股收益／扣除后(元)	0.1922	0.2800	0.2174
每股经营现金流量(元)	0.1370	0.5833	0.4066
每股净资产／调整后(元)	4.3820	4.5514	4.2407
每股公积金(元)	2.7734	2.7734	2.7722
净资产收益率(%)	4.2000	6.7000	5.1100
总资产(万元)	81047.29	77896.11	72588.16
股东权益(万元)	59681.06	61927.07	57762.29
未分配利润(万元)	5481.62	2978.13	4224.96
主营收入(万元)	23681.23	39500.78	29369.43
资本公积金(万元)	37635.61	37635.61	37618.92
主营利润(万元)	8750.11	14949.32	10829.07
其他业务利润(万元)	11.61	20.11	0.64
营业利润(万元)	3926.71	5806.32	3201.96
投资收益(万元)	33.43	-1009.82	440.39
补贴收入(万元)		11.98	-0.97
营业外收支(万元)	-139.26	398.71	-18.89
利润总额(万元)	3820.88	5207.18	3979.45
净利润(万元)	2503.49	4148.08	2950.24

十大股东

序号	股东名称	股份性质	持股数(万股)	比例(%)
1	湖北安琪生物集团有限公司	国有法人股	6920.00	50.99
2	上海新理益投资管理有限公司	境内法人股	1950.00	14.37
3	大鹏资产管理有限责任公司	境内法人股	670.00	4.94
4	宜昌西陵酒业有限公司	境内法人股	330.00	2.43
5	贵州润丰(集团)实业有限公司	境内法人股	100.00	0.74
6	华宝兴业多策略增长基金	流通 A 股	53.04	0.39
7	宜昌溢美堂调味品有限公司	国有法人股	50.00	0.37
8	泛罡网络	境内法人股	45.00	0.33
9	德盛小盘精选基金	流通 A 股	21.11	0.16
10	华宝兴业宝康系列-宝康灵活配置基金	流通 A 股	20.55	0.15

股东人数	2004.6	2003.12	2003.6	2002
	21234	22057	23025	23395

近年分配	2004年4月14日 10派3.50	近年配股／增发	

重大事项

本公司为维护公司及广大股东的合法权益，于2004年1月9日向宜昌市中级人民法院提起了诉讼。宜昌市中级人民法院于2004年2月3日正式立案，并于2月17日以(2004)宜民初字第153号民事裁定，查封了海通证券股份有限公司位于上海广东路689号一处3984.72平方米的房产和冻结了该公司部分帐户。

二〇〇三年以来市场表现

2003年涨跌幅(%)	-28.88
2003年最高(元)	13.80
2003年最低(元)	8.15
2003年换手率(%)	90.47
2004.06涨跌幅(%)	10.44
2004.06最高(元)	12.23
2004.06最低(元)	8.52
2004.06换手率(%)	103.62

蓝星化工新材料股份有限公司

公司概况

公司名称	蓝星化工新材料股份有限公司			股票代码	600299		
注册地址	北京市海淀区花园东路30号花园饭店6201室			邮政编码	100083		
法人代表	文亚非		董秘	陈凤林			
电话	010-64411094		传真	010-64429425			
主营业务	有机硅单体						
总股本	24000.00	流通 A	8000.00	流通 B		流通 H	
审计单位			审计意见	未审计			

主要财务指标

年度	2004.6	2003	2002
每股收益／扣除后(元)	0.1473	0.2400	0.1950
每股经营现金流量(元)	0.0930	0.7230	0.7450
每股净资产／调整后(元)	3.5500	3.6100	3.2800
每股公积金(元)	1.9424	1.9424	1.9394
净资产收益率(%)	4.0900	6.6500	6.4000
总资产(万元)	275584.62	254615.70	227834.62
股东权益(万元)	86143.15	87420.06	78578.84
未分配利润(万元)	13605.09	7797.79	4700.86
主营收入(万元)	75150.93	117462.06	75064.04
资本公积金(万元)	46618.53	46618.53	46546.71
主营利润(万元)	10599.35	17268.43	11224.77
其他业务利润(万元)	371.03	683.48	13.82
营业利润(万元)	4474.40	6929.98	6124.18
投资收益(万元)			
补贴收入(万元)		114.44	-0.08
营业外收支(万元)	-12.07	-44.02	0.79
利润总额(万元)	4462.34	7000.40	6029.26
净利润(万元)	3523.09	5816.43	5031.16

十大股东

序号	股东名称	股份性质	持股数(万股)	比例(%)
1	中国蓝星集团总公司	境内法人股	15098.10	62.91
2	国营长风机器厂	境内法人股	225.48	0.94
3	化学工业部合成材料研究院	境内法人股	225.48	0.94
4	化学工业部连云港设计研究	境内法人股	225.48	0.94
5	化学工业部北京橡胶工业研究设计院	境内法人股	225.48	0.94
6	中国建设银行-华宝兴业多策略增长型证券投资基金	流通 A 股	186.35	0.78
7	中国工商银行-同益证券投资基金	流通 A 股	103.73	0.43
8	全国社保基金一零五组合	流通 A 股	70.96	0.30
9	裕阳证券投资基金	流通 A 股	54.20	0.23
10	广州南新兴物业管理公司	流通 A 股	25.77	0.11

股东人数	2004.6	2003.12	2003.6	2002
	40064	45398	45471	46042

近年分配	2004年5月27日 10派2.00	近年配股／增发	

重大事项

公司与中国农业银行南通市经济技术开发区支行签订《保证合同》(合同号为(51038)农银高保字(2003)第0001号)，合同商定本公司为下属子公司南通星辰合成材料有限公司提供3000万元短期借款担保。本次担保的主债权最高限额为依据南通星辰合成材料有限公司(债务人)与中国农业银行南通市经济技术开发区支行自二零零三年三月三十一日至二零零五年三月三十一日期间签订的所有借款合同项下的借款本金之和不超过人民币4800万元，履行期限自每个借款合同生效之日起至该借款合同约定的借款期限届满为止。

二〇〇三年以来市场表现

2003年涨跌幅(%)	-28.29
2003年最高(元)	11.08
2003年最低(元)	6.10
2003年换手率(%)	162.08
2004.06涨跌幅(%)	-3.96
2004.06最高(元)	9.77
2004.06最低(元)	6.51
2004.06换手率(%)	131.39

徐州维维食品饮料股份有限公司

公司概况

公司名称	徐州维维食品饮料股份有限公司			股票代码	600300		
注册地址	江苏省徐州市建国东路 205 号			邮政编码	221111		
法人代表	崔桂亮			董秘	丁金礼		
电话	0516-3290169			传真	0516-2704888		
主营业务	食品、饮料的制造						
总股本	33000.00	流通 A	10009.00	流通 B		流通 H	
审计单位				审计意见	未审计		

主要财务指标

年度	2004.6	2003	2002
每股收益/扣除后(元)	0.1669	0.3000	0.2800
每股经营现金流量(元)	–1.2020	0.4000	1.0600
每股净资产/调整后(元)	4.2000	4.2300	3.8900
每股公积金(元)	2.7331	2.7323	2.7182
净资产收益率(%)	4.3700	7.1700	7.2800
总资产(万元)	305693.62	245765.62	200834.47
股东权益(万元)	139324.03	139775.27	129241.37
未分配利润(万元)	7502.10	8019.05	2.39
主营收入(万元)	89366.80	166065.11	137025.72
资本公积金(万元)	90191.80	90166.33	89701.47
主营利润(万元)	23075.01	40500.48	34776.18
其他业务利润(万元)	2919.86	6760.60	664.80
营业利润(万元)	9319.82	10593.55	17979.07
投资收益(万元)	215.25	5241.79	–3662.48
补贴收入(万元)	417.37	700.69	–0.32
营业外收支(万元)	0.76	259.11	4.59
利润总额(万元)	9953.20	16795.14	14928.61
净利润(万元)	6083.05	10027.55	9402.90

十大股东

序号	股东名称	股份性质	持股数(万股)	比例(%)
1	维维集团股份有限公司	境内法人股	14664.80	44.44
2	五丰食品(中国)有限公司	外资股法人股	8280.00	25.09
3	徐州鑫宇经贸有限公司	流通 A 股	300.00	0.91
4	基金丰和	流通 A 股	164.70	0.50
5	嘉实服务	流通 A 股	76.26	0.23
6	何伟	流通 A 股	61.95	0.19
7	宋证海	流通 A 股	55.38	0.17
8	中牧集团	流通 A 股	48.00	0.15
9	松林工贸	流通 A 股	36.60	0.11
10	基金泰和	流通 A 股	30.00	0.09

股东人数	2004.6	2003.12	2003.6	2002
	30218	32549	33617	35862

近年分配	2004 年 6 月 1 日 10 派 2.00	近年配股/增发	

重大事项

司所属控子公司西安维维乳业有限公司下属的银川维维北塔乳业股份有限公司于 1999 年 12 月份为非关联法人单位宁夏大田农业开发有限公司担保 80 万元贷款，同时宁夏大田开发有限公司以财产作抵押提供反担保。担保贷款合同履行期限为 1999 年 12 月 26 日至 2002 年 12 月 26 日。保证期间为 1999 年 12 月 10 日至 2004 年 12 月 10 日。

二〇〇三年以来市场表现

2003 年涨跌幅(%)	–19.48
2003 年最高(元)	12.60
2003 年最低(元)	7.48
2003 年换手率(%)	55.36
2004.06 涨跌幅(%)	–5.68
2004.06 最高(元)	10.14
2004.06 最低(元)	7.45
2004.06 换手率(%)	56.74

南宁化工股份有限公司

公司概况

公司名称	南宁化工股份有限公司			股票代码	600301		
注册地址	广西南宁市亭洪路 80 号			邮政编码	530031		
法人代表	陈栽华			董秘	高友志		
电话	0771-4835135,4821093			传真	0771-4835643,4821093		
主营业务	氯碱化学工业及其系列产品、农药						
总股本	18514.81	流通 A	7289.03	流通 B		流通 H	
审计单位	深圳鹏城会计师事务所			审计意见	标准无保留		

主要财务指标

年度	2004.6	2003	2002
每股收益/扣除后(元)	0.2171	0.2774	0.1765
每股经营现金流量(元)	0.3810	0.3400	0.4660
每股净资产/调整后(元)	3.0500	2.9400	2.8500
每股公积金(元)	1.7487	1.7487	1.7481
净资产收益率(%)	7.0000	8.9500	6.1900
总资产(万元)	85815.84	86131.15	77252.71
股东权益(万元)	57530.00	55911.20	52746.65
未分配利润(万元)	3640.38	2625.45	222.38
主营收入(万元)	38168.02	66912.85	50216.80
资本公积金(万元)	32377.17	32377.17	32366.49
主营利润(万元)	9493.34	15522.73	10446.93
其他业务利润(万元)	137.79	204.50	–0.30
营业利润(万元)	4708.63	6555.95	3880.33
投资收益(万元)	28.34	–391.97	2.85
补贴收入(万元)		20.48	20.48
营业外收支(万元)	5.73	–152.03	–0.44
利润总额(万元)	4742.71	6032.43	3848.94
净利润(万元)	4025.71	5005.35	3266.99

十大股东

序号	股东名称	股份性质	持股数(万股)	比例(%)
1	南宁化工集团有限公司	国有法人股	11076.28	59.82
2	南宁统一综合服务有限责任公司	国有法人股	65.00	0.35
3	兴和证券投资基金	流通 A 股	37.18	0.20
4	南宁荷花味精有限公司	境内法人股	32.50	0.18
5	邕宁县纸业有限公司	境内法人股	32.50	0.18
6	丰和价值证券投资基金	流通 A 股	25.60	0.14
7	王炜	流通 A 股	20.56	0.11
8	广西赖氨酸厂	国有法人股	19.50	0.11
9	文曼丽	流通 A 股	17.39	0.09
10	李建民	流通股	16.00	0.09

股东人数	2004.6	2003.12	2003.6	2002
	40865	42164	43657	44204

近年分配	2004 年 5 月 21 日 10 派 1.30	近年配股/增发	

重大事项

公司 2003 年度股东大会通过利润分配方案为：以 2003 年 12 月 31 日的总股本 185,148,140.00 股为基数，每 10 股派发现金 1.30 元(含税)；不进行公积金转增股本。

二〇〇三年以来市场表现

2003 年涨跌幅(%)	–2.58
2003 年最高(元)	8.38
2003 年最低(元)	5.76
2003 年换手率(%)	150.64
2004.06 涨跌幅(%)	2.72
2004.06 最高(元)	8.12
2004.06 最低(元)	6.10
2004.06 换手率(%)	94.83

西安标准工业股份有限公司

公司概况

公司名称	西安标准工业股份有限公司	股票代码	600302
注册地址	陕西省西安市太白南路1号	邮政编码	710068
法人代表	赵新庆	董秘	吴涛
电话	029-88279352	传真	029-88263001
主营业务	生产、销售高速平缝机		
总股本	31900.98	流通A	9000.00
流通B		流通H	
审计单位	西安希格玛有限责任会计师事务所	审计意见	标准无保留

主要财务指标

年度	2004.6	2003	2002
每股收益/扣除后(元)	0.1924	0.3467	0.2258
每股经营现金流量(元)	–0.0363	0.2750	0.3000
每股净资产/调整后(元)	2.4390	2.4500	2.0900
每股公积金(元)	0.7445	0.7445	0.7436
净资产收益率(%)	7.8400	14.1400	10.5800
总资产(万元)	111021.77	110914.39	101719.72
股东权益(万元)	78353.43	78589.66	67446.54
未分配利润(万元)	12810.47	13046.73	5265.65
主营收入(万元)	49778.00	88271.84	70759.29
资本公积金(万元)	23749.06	23749.02	23721.74
主营利润(万元)	12984.82	25594.11	21970.45
其他业务利润(万元)	97.16	389.68	–3.68
营业利润(万元)	5801.82	12001.42	8966.51
投资收益(万元)	1606.65	1735.88	109.02
补贴收入(万元)			
营业外收支(万元)	7.32	–78.51	–4.03
利润总额(万元)	7415.78	13658.78	9009.27
净利润(万元)	6143.93	11115.83	7136.83

十大股东

序号	股东名称	股份性质	持股数(万股)	比例(%)
1	中国标准缝纫机集团有限公司	国家股	19606.27	61.46
2	吴江蒸坪镇工业公司	境内法人股	2734.71	8.57
3	国泰君安证券股份有限公司	社会公众股	954.56	2.99
4	陕西信托投资有限公司	境内法人股	350.00	1.10
5	西安临潼区新丰缝纫机零件厂	境内法人股	140.00	0.44
6	王燕燕	社会公众股	72.86	0.23
7	裕阳证券投资基金	社会公众股	70.47	0.22
8	庆安集团有限公司	境内法人股	70.00	0.22
9	倪成	社会公众股	63.53	0.20
10	郭天英	社会公众股	58.68	0.18

股东人数	2004.6	2003.12	2003.6	2002
	20539	16246	17197	14526

近年分配	2004年4月12日10派2.00	近年配股/增发	

重大事项

2004年3月10日召开的公司2003年度股东大会决议公司2003年度利润分配方案为每10股派发现金红利2.0元(含税)。2004年4月16日(现金红利到账日)公司实施了上述方案。本年度中期公司拟不进行利润分配也不进行公积金转增股本。

二〇〇三年以来市场表现

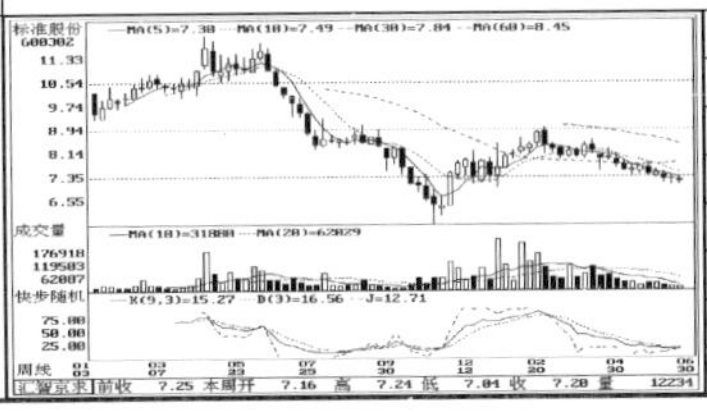

2003年涨跌幅(%)	–26.44
2003年最高(元)	11.78
2003年最低(元)	5.55
2003年换手率(%)	259.26
2004.06涨跌幅(%)	–4.51
2004.06最高(元)	8.80
2004.06最低(元)	6.75
2004.06换手率(%)	206.21

辽宁曙光汽车集团股份有限公司

公司概况

公司名称	辽宁曙光汽车集团股份有限公司	股票代码	600303
注册地址	辽宁省丹东市振安区曙光路50号	邮政编码	118001
法人代表	李进巅	董秘	那涛
电话	0415-4146825	传真	0415-4142821
主营业务	轻型汽车的前后桥总成		
总股本	16200.00	流通A	9225.00
流通B		流通H	
审计单位		审计意见	未审计

主要财务指标

年度	2004.6	2003	2002
每股收益/扣除后(元)	0.3441	0.5800	0.2300
每股经营现金流量(元)	0.1930	1.6800	0.1700
每股净资产/调整后(元)	3.3800	3.2200	2.5500
每股公积金(元)	1.4616	1.4559	1.4505
净资产收益率(%)	11.4600	17.5400	8.1900
总资产(万元)	199453.58	208855.55	154264.98
股东权益(万元)	55048.03	53505.10	44033.66
未分配利润(万元)	9649.08	8198.75	1482.94
主营收入(万元)	136741.12	220797.83	67258.02
资本公积金(万元)	23678.29	23585.68	23498.24
主营利润(万元)	20257.97	39397.07	15105.12
其他业务利润(万元)	806.09	829.71	–1.86
营业利润(万元)	7413.74	14195.58	6358.04
投资收益(万元)	1389.87	334.31	–123.74
补贴收入(万元)	170.80	813.88	–3.20
营业外收支(万元)	–75.37	–162.20	–34.19
利润总额(万元)	8899.05	15181.56	6306.78
净利润(万元)	6310.32	9384.01	3711.77

十大股东

序号	股东名称	股份性质	持股数(万股)	比例(%)
1	丹东曙光实业集团有限责任公司	境内法人股	6975.00	43.06
2	交通银行–科瑞证券投资基金	流通A股	538.52	3.32
3	中国工商银行–天元证券投资基金	流通A股	483.52	2.98
4	中国工商银行–国联安德盛小盘精选证券投资基金	流通A股	240.34	1.48
5	中国建行–华夏回报证券投资基金	流通A股	236.62	1.46
6	中国建设银行–华宝兴业多策略增长证券投资基金	流通A股	210.72	1.30
7	中国工商银行–科翔证券投资基金	流通A股	191.55	1.18
8	交通银行–华安创新证券投资基金	流通A股	180.00	1.11
9	华夏成长证券投资基金	流通A股	164.47	1.02
10	海通证券股份有限公司	流通A股	100.00	0.62

股东人数	2004.6	2003.12	2003.6	2002
	22102	25993	24764	30409

近年分配	2004年5月20日10派3.00	近年配股/增发	

重大事项

经2004年2月27日召开的公司四届五次董事会、2004年4月2日召开的2003年度股东大会审议通过，公司将持有的河南省汽车制动器有限责任公司51%股权转让给浙江万向系统有限公司。本报告期由于河南汽车制动器有限责任公司股权转让，减少销售收入7,672万元，净利润987.1万元，增加股权处置收益1,154万元。

二〇〇三年以来市场表现

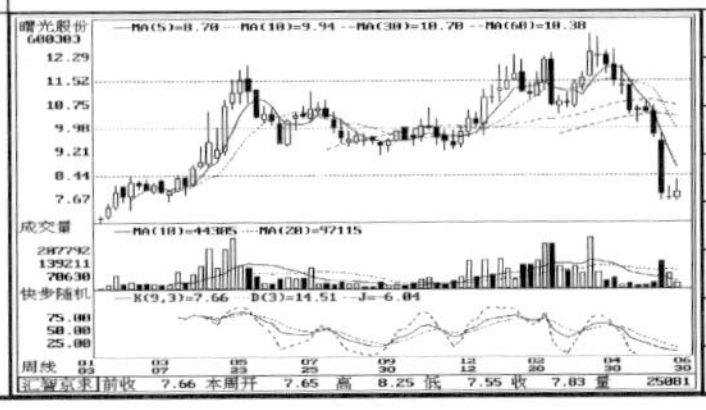

2003年涨跌幅(%)	61.14
2003年最高(元)	11.70
2003年最低(元)	6.40
2003年换手率(%)	329.76
2004.06涨跌幅(%)	–25.36
2004.06最高(元)	12.76
2004.06最低(元)	7.55
2004.06换手率(%)	258.24

江苏恒顺醋业股份有限公司

公司概况

公司名称	江苏恒顺醋业股份有限公司	股票代码	600305
注册地址	江苏省镇江市中山西路84号	邮政编码	212004
法人代表	叶有伟	董秘	王明法
电话	0511-5233758	传真	0522-5230209
主营业务	食醋、酱油、酱菜		
总股本	12715.00	流通A	4000.00
流通B		流通H	
审计单位		审计意见	未审计

主要财务指标

年度	2004.6	2003	2002
每股收益/扣除后(元)	0.0893	0.1074	0.2073
每股经营现金流量(元)	-0.2060	-3.6300	0.0624
每股净资产/调整后(元)	3.1920	3.1270	2.9616
每股公积金(元)	1.8965	1.8965	1.8884
净资产收益率(%)	3.2500	4.4100	7.1900
总资产(万元)	148741.17	141794.62	61133.50
股东权益(万元)	41097.71	39762.97	38104.71
未分配利润(万元)	2651.47	1316.72	80.28
主营收入(万元)	26301.22	34101.56	26690.14
资本公积金(万元)	24114.56	24114.56	24010.91
主营利润(万元)	6925.94	11002.07	9532.01
其他业务利润(万元)	12.03	22.07	-0.35
营业利润(万元)	2303.68	2733.70	4766.78
投资收益(万元)	215.58	95.60	-72.61
补贴收入(万元)			
营业外收支(万元)	-88.50	-240.67	-50.46
利润总额(万元)	2415.69	2588.62	4462.38
净利润(万元)	1334.74	1754.02	2740.70

十大股东

序号	股东名称	股份性质	持股数(万股)	比例(%)
1	江苏恒顺集团有限公司	国家股	7843.50	61.69
2	镇江市牛奶公司	境内法人股	217.88	1.71
3	镇江三联房地产实业发展有限公司	境内法人股	217.88	1.71
4	江苏瑞华投资发展有限公司	境内法人股	217.88	1.71
5	上海智联创业投资有限公司	境内法人股	217.88	1.71
6	交通银行-海富通精选证券投资基金	流通A股	180.05	1.42
7	全国社保基金一零三组合	流通A股	138.99	1.09
8	中国银行-海富通收益增长证券投资基金	流通A股	103.13	0.81
9	全国社保基金一零七组合	流通A股	49.32	0.39
10	中国工商银行-国联安德盛小盘精选证券投资基金	流通A股	48.49	0.38

股东人数	2004.6	2003.12	2003.6	2002
	20983	24889	25775	24841

近年分配		近年配股/增发	

重大事项

2004年1月6日，公司公布《第二届董事会第八次会议决议》(临时公告编号:临2004—001)的公告。会议通过《关于南京特派办2003年巡回检查的整改报告》、《投资者关系管理制度》。

二〇〇三年以来市场表现

2003年涨跌幅(%)	-29.04
2003年最高(元)	13.83
2003年最低(元)	7.45
2003年换手率(%)	117.41
2004.06涨跌幅(%)	5.58
2004.06最高(元)	10.95
2004.06最低(元)	8.35
2004.06换手率(%)	82.33

沈阳商业城股份有限公司

公司概况

公司名称	沈阳商业城股份有限公司	股票代码	600306
注册地址	沈阳市沈河区中街路212号	邮政编码	110011
法人代表	张殿华	董秘	张黎明
电话	024-24865832	传真	024-24848007
主营业务	日用百货、箱包皮具		
总股本	17813.89	流通A	6344.52
流通B		流通H	
审计单位		审计意见	未审计

主要财务指标

年度	2004.6	2003	2002
每股收益/扣除后(元)	0.0539	0.1000	0.0900
每股经营现金流量(元)	-0.0370	0.4400	0.2900
每股净资产/调整后(元)	2.5300	2.4900	2.3900
每股公积金(元)	1.1587	1.1587	1.1587
净资产收益率(%)	2.0900	4.4000	4.1300
总资产(万元)	100845.36	106274.31	77588.87
股东权益(万元)	45637.27	44681.89	42716.84
未分配利润(万元)	5349.23	4393.84	2925.21
主营收入(万元)	66264.63	115230.42	79914.68
资本公积金(万元)	20641.33	20641.33	20641.33
主营利润(万元)	8584.51	16959.27	12319.29
其他业务利润(万元)	155.44	201.18	3.54
营业利润(万元)	1253.83	2266.47	1817.71
投资收益(万元)	219.35	192.15	547.55
补贴收入(万元)			
营业外收支(万元)	-8.11	335.35	-1.80
利润总额(万元)	1465.06	2793.97	2481.89
净利润(万元)	955.39	1965.05	1763.73

十大股东

序号	股东名称	股份性质	持股数(万股)	比例(%)
1	沈阳商业城集团	国有法人股	8921.80	50.08
2	沈阳商业国有资产经营有限公司	国有股	1595.75	8.96
3	北京证券有限责任公司	社会公众股	388.93	2.18
4	上海名成投资咨询有限公司	法人股	350.00	1.96
5	上海锋泽投资咨询有限公司	法人股	160.00	0.90
6	北京二维投资管理有限公司	法人股	145.00	0.81
7	沈阳市联营公司	国有法人股	43.30	0.24
8	沈阳储运集团公司	国有法人股	43.30	0.24
9	沈阳化工原料总公司	国有法人股	43.30	0.24
10	沈阳铁西商业大厦	法人股	43.30	0.24

股东人数	2004.6	2003.12	2003.6	2002
	6930	7097	6732	6450

近年分配		近年配股/增发	

重大事项

2004年2月28日，沈阳商业城股份有限公司与中信实业银行沈阳分行签署保证合同，为控股子公司辽宁国联家电有限公司向该行申请授信期限为一年，金额为3000万元贷款提供连带责任保证方式担保。辽宁国联家电有限公司为该项担保提供了反担保。

二〇〇三年以来市场表现

2003年涨跌幅(%)	-55.94
2003年最高(元)	16.99
2003年最低(元)	6.25
2003年换手率(%)	85.97
2004.06涨跌幅(%)	-9.12
2004.06最高(元)	9.49
2004.06最低(元)	6.25
2004.06换手率(%)	36.99

甘肃酒钢集团宏兴钢铁股份有限公司

公司概况

公司名称	甘肃酒钢集团宏兴钢铁股份有限公司			股票代码	600307		
注册地址	甘肃省嘉峪关市雄关东路12号			邮政编码	735100		
法人代表	秦治庚			董秘	王清慧		
电话	0937-6715370			传真	0937-6715507		
主营业务	钢铁压延加工						
总股本	72800.00	流通A	20000.00	流通B		流通H	
审计单位				审计意见	未审计		

主要财务指标

年度	2004.6	2003	2002
每股收益/扣除后(元)	0.5105	0.8300	0.3200
每股经营现金流量(元)	1.2390	0.9800	0.8100
每股净资产/调整后(元)	4.4100	3.9100	2.9800
每股公积金(元)	1.5900	1.5909	1.5909
净资产收益率(%)	11.5500	21.1100	10.4400
总资产(万元)	601033.75	381848.56	337105.22
股东权益(万元)	321918.22	284752.12	218418.41
未分配利润(万元)	105436.70	68446.70	15379.72
主营收入(万元)	374423.12	589237.50	359583.72
资本公积金(万元)	115815.77	115815.77	115815.77
主营利润(万元)	61827.66	109628.26	56147.74
其他业务利润(万元)		169.76	2.51
营业利润(万元)	43724.81	74301.92	35554.84
投资收益(万元)			
补贴收入(万元)			
营业外收支(万元)		-3092.27	-23.32
利润总额(万元)	43724.81	71209.65	34219.81
净利润(万元)	37166.09	60114.08	22801.27

十大股东

序号	股东名称	股份性质	持股数(万股)	比例(%)
1	酒泉钢铁(集团)有限责任公司	国有法人股	51500.00	70.74
2	中国工商银行-银河银泰理财分红证券投资基金	流通A股	972.91	1.34
3	中国农业银行-银河稳健证券投资基金	流通A股	623.50	0.86
4	昆明云内动力股份有限公司	流通A股	582.10	0.80
5	甘肃省电力公司	国有法人股	500.00	0.69
6	兰州铁路局	国有法人股	500.00	0.69
7	金川有色金属公司	国有法人股	250.00	0.34
8	中国建设银行-博时裕富证券投资基金	流通A股	114.16	0.16
9	白瑞信托投资有限责任公司	流通A股	78.00	0.11
10	刘长怀	流通A股	77.00	0.11

股东人数	2004.6	2003.12	2003.6	2002
	55182	53349	85442	99192

近年分配	2004年8月20日10派1.68	近年配股/增发	

重大事项

公司于2004年6月12日分别与酒泉钢铁(集团)有限责任公司、嘉峪关宏晟电热有限责任公司(简称宏晟公司)签定了《关于山西宏阳钢铁有限责任公司股权转让协议书》,受让山西宏阳钢铁有限责任公司(简称宏阳公司)90%的股权。2004年6月30日公司召开的2003年度股东大会审议通过了此项议案。

二〇〇三年以来市场表现

2003年涨跌幅(%)	70.54
2003年最高(元)	8.78
2003年最低(元)	4.59
2003年换手率(%)	488.95
2004.06涨跌幅(%)	-26.89
2004.06最高(元)	9.36
2004.06最低(元)	5.73
2004.06换手率(%)	273.70

山东华泰纸业股份有限公司

公司概况

公司名称	山东华泰纸业股份有限公司			股票代码	600308		
注册地址	山东省东营市广饶县大王镇			邮政编码	257335		
法人代表	李建华			董秘	李刚		
电话	0546-6871957			传真	0546-6871957		
主营业务	造纸及纸制品的加工						
总股本	30025.84	流通A	18041.40	流通B		流通H	
审计单位				审计意见	未审计		

主要财务指标

年度	2004.6	2003	2002
每股收益/扣除后(元)	0.3922	0.7500	0.8100
每股经营现金流量(元)	0.6960	0.4000	1.6800
每股净资产/调整后(元)	6.7500	6.3500	7.1000
每股公积金(元)	3.3163	3.3163	4.2237
净资产收益率(%)	5.9500	11.8300	11.5900
总资产(万元)	380321.87	338259.75	275248.06
股东权益(万元)	202931.06	190864.45	164090.03
未分配利润(万元)	45592.93	33526.66	29254.40
主营收入(万元)	116246.51	159642.39	132646.08
资本公积金(万元)	99576.25	99575.89	97554.63
主营利润(万元)	28768.60	44929.53	38420.76
其他业务利润(万元)	110.81	376.43	-16.06
营业利润(万元)	18206.51	30220.54	26678.84
投资收益(万元)	139.84	33.47	339.06
补贴收入(万元)	76.04	146.12	-5.80
营业外收支(万元)	-234.61	-44.07	0.61
利润总额(万元)	18187.78	30356.06	26968.89
净利润(万元)	12066.28	22588.40	19009.98

十大股东

序号	股东名称	股份性质	持股数(万股)	比例(%)
1	华泰集团有限公司	境内法人股	11984.44	39.91
2	裕阳证券投资基金	流通A股	484.25	1.61
3	南方避险增值基金	流通A股	478.40	1.59
4	同盛证券投资基金	流通A股	339.81	1.13
5	华宝兴业多策略增长证券投资基金	流通A股	299.74	1.00
6	申万巴黎盛利精选证券投资基金	流通A股	295.34	0.98
7	全国社保基金一零三组合	流通A股	294.28	0.98
8	中信经典配置证券投资基金	流通A股	282.96	0.94
9	国联安德盛小盘精选证券投资基金	流通A股	249.45	0.83
10	云南国际信托投资有限公司	流通A股	219.58	0.73

股东人数	2004.6	2003.12	2003.6	2002
	36496	42250	44444	51634

近年分配	2004年7月28日10派3.00	近年配股/增发	

重大事项

公司控股子公司日照华建纸业有限公司于2004年5月27日与山东华远造纸股份有限公司和山东华远造纸集团有限公司签署《资产负债转让协议》,日照华建纸业有限公司以人民币4494.27万元收购山东华远造纸股份有限公司和山东华远造纸集团有限公司造纸主业资产及负债。

二〇〇三年以来市场表现

2003年涨跌幅(%)	22.00
2003年最高(元)	12.65
2003年最低(元)	8.82
2003年换手率(%)	129.32
2004.06涨跌幅(%)	-11.12
2004.06最高(元)	14.01
2004.06最低(元)	9.99
2004.06换手率(%)	117.19

烟台万华聚氨酯股份有限公司

公司概况

公司名称	烟台万华聚氨酯股份有限公司			股票代码	600309		
注册地址	烟台市幸福南路7号			邮政编码	264002		
法人代表	丁建生			董秘	郭兴田		
电话	0535-6837888-8537,6837894			传真	0535-6837894		
主营业务	聚氨酯及助剂						
总股本	65280.00	流通A	21760.00	流通B		流通H	
审计单位				审计意见	未审计		

主要财务指标

年度	2004.6	2003	2002
每股收益/扣除后(元)	0.3540	0.6000	0.4000
每股经营现金流量(元)	0.4430	0.9700	0.3200
每股净资产/调整后(元)	1.6900	2.5100	1.9000
每股公积金(元)	0.0468	0.5796	0.5795
净资产收益率(%)	19.5200	24.0900	21.0900
总资产(万元)	223565.12	143887.05	92813.31
股东权益(万元)	110263.68	96415.63	73185.88
未分配利润(万元)	27973.29	21805.24	4384.38
主营收入(万元)	105405.53	134370.55	88174.40
资本公积金(万元)	3056.38	22256.38	22254.45
主营利润(万元)	47378.68	47221.45	30043.01
其他业务利润(万元)	141.90	-52.43	-0.12
营业利润(万元)	34505.39	30186.05	19103.02
投资收益(万元)	-25.07	94.69	-29.61
补贴收入(万元)			
营业外收支(万元)	-2313.16	-70.99	8.32
利润总额(万元)	32167.16	30209.75	18994.94
净利润(万元)	21528.05	23227.82	15432.64

十大股东

序号	股东名称	股份性质	持股数(万股)	比例(%)
1	烟台万华华信合成革有限公司	国有法人股	40582.40	62.17
2	东方证券有限责任公司	流通A股	1962.88	3.01
3	安信证券投资基金	流通A股	1409.96	2.16
4	广发聚富开放式证券投资基金	流通A股	1094.34	1.68
5	烟台东方电子信息产业集团有限公司	国有法人股	1088.00	1.67
6	烟台冰轮股份有限公司	境内法人股	1088.00	1.67
7	安顺证券投资基金	流通A股	995.45	1.52
8	华安创新证券投资基金	流通A股	661.62	1.01
9	申银万国证券股份有限公司	流通A股	591.22	0.91
10	通乾证券投资基金	流通A股	577.27	0.88

股东人数	2004.6	2003.12	2003.6	2002
	24391	26947	29902	33082

近年分配	2004年5月17日10派2.00	近年配股/增发	2004年5月17日10送2转5

重大事项

本公司2004年4月26日召开的2003年度股东大会通过了如下利润分配方案：以2003年末总股本384,000,000股为基数,用可供股东分配的利润向全体股东每10股送红股2股、向全体股东每10股派发2元现金红利(含税)；以2003年末总股本384,000,000股为基数,用资本公积金向全体股东每10股转增5股。

二〇〇三年以来市场表现

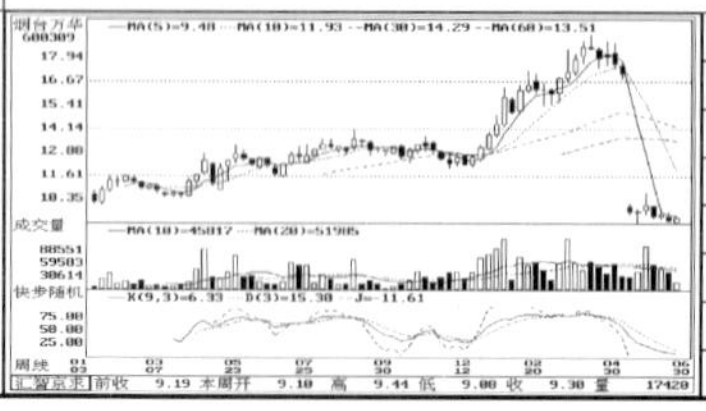

2003年涨跌幅(%)	23.79
2003年最高(元)	8.15
2003年最低(元)	5.66
2003年换手率(%)	66.26
2004.06涨跌幅(%)	17.72
2004.06最高(元)	11.18
2004.06最低(元)	7.71
2004.06换手率(%)	62.42

广西桂东电力股份有限公司

公司概况

公司名称	广西桂东电力股份有限公司			股票代码	600310		
注册地址	广西贺州市平安西路12号			邮政编码	542800		
法人代表	温昌伟			董秘	刘世盛		
电话	0774-5297881,5283977			传真	0774-5283343		
主营业务	水电生产和销售业务						
总股本	15675.00	流通A	4500.00	流通B		流通H	
审计单位				审计意见	未审计		

主要财务指标

年度	2004.6	2003	2002
每股收益/扣除后(元)	0.0617	0.3587	0.4044
每股经营现金流量(元)	0.2250	0.6927	0.7428
每股净资产/调整后(元)	3.9790	4.2207	3.8357
每股公积金(元)	2.5691	2.5696	2.5686
净资产收益率(%)	1.4400	9.3700	10.3800
总资产(万元)	159520.52	130396.66	78434.11
股东权益(万元)	62630.63	66442.66	60203.47
未分配利润(万元)	2482.85	1583.58	997.00
主营收入(万元)	16245.03	33000.35	31275.81
资本公积金(万元)	40270.26	40279.07	40262.32
主营利润(万元)	3697.46	11247.52	13336.77
其他业务利润(万元)	7.60	2.74	-0.02
营业利润(万元)	981.44	7711.17	8458.00
投资收益(万元)	577.79	80.00	-112.26
补贴收入(万元)			
营业外收支(万元)	-80.50	-56.14	1.39
利润总额(万元)	1478.73	7735.04	8249.90
净利润(万元)	899.28	6222.44	6248.13

十大股东

序号	股东名称	股份性质	持股数(万股)	比例(%)
1	广西贺州市电业公司	国家股	11075.00	70.65
2	国信证券有限责任公司	流通A股	283.93	1.81
3	广西水利厅那板水库管理处	国有法人股	40.00	0.26
4	吴维德	流通A股	32.95	0.21
5	李海滨	流通A股	20.00	0.13
6	广西昭平县汇能电力有限公司	国有法人股	15.00	0.10
7	广西贺州供电股份有限公司	国有法人股	15.00	0.10
8	钟山县电力公司	国有法人股	15.00	0.10
9	富川瑶族自治县电力公司	国有法人股	15.00	0.10
10	余寿	流通A股	13.38	0.09

股东人数	2004.6	2003.12	2003.6	2002
	27407	29589	28880	26854

近年分配	2004年5月17日10派3.00	近年配股/增发	

重大事项

告期内，公司投资3,326.25万元受让控股子公司平乐桂江电力有限责任公司股权及对其增资（详见2004年3月18日《上海证券报》公告）,公司已经支付该股权转让金及增资款,桂江电力有关工商变更手续已于4月底完成。桂江电力注册资本变更为1亿元,公司出资占其注册资本的58.50%。

二〇〇三年以来市场表现

2003年涨跌幅(%)	-10.06
2003年最高(元)	14.18
2003年最低(元)	8.90
2003年换手率(%)	165.34
2004.06涨跌幅(%)	-24.58
2004.06最高(元)	15.20
2004.06最低(元)	8.47
2004.06换手率(%)	214.27

甘肃荣华实业(集团)股份有限公司

公司概况

公司名称	甘肃荣华实业(集团)股份有限公司			股票代码	600311		
注册地址	甘肃省武威市东关街荣华路1号			邮政编码	733000		
法人代表	张严德			董秘	程浩		
电话	0935-6151222			传真	0935-6151333		
主营业务	玉米淀粉及其副产品						
总股本	20000.00	流通A	8000.00	流通B		流通H	
审计单位				审计意见	未审计		

主要财务指标

年度	2004.6	2003	2002
每股收益/扣除后(元)	0.1671	0.2400	0.2900
每股经营现金流量(元)	-0.2910	1.2200	-0.4600
每股净资产/调整后(元)	5.4200	5.2500	4.9700
每股公积金(元)	3.3921	3.3921	3.3913
净资产收益率(%)	3.0800	5.3800	5.8800
总资产(万元)	141594.62	143125.66	122105.57
股东权益(万元)	108438.95	105097.78	99422.80
未分配利润(万元)	16516.82	13175.65	8438.20
主营收入(万元)	22227.90	44094.17	45085.33
资本公积金(万元)	67841.28	67841.28	67825.15
主营利润(万元)	4947.45	8413.95	9933.10
其他业务利润(万元)	1.21	-4.59	-4.59
营业利润(万元)	3449.04	6005.05	6178.34
投资收益(万元)	-5.90	-11.80	
补贴收入(万元)			
营业外收支(万元)			
利润总额(万元)	3443.14	5993.25	6178.34
净利润(万元)	3341.17	5658.84	5846.68

十大股东

序号	股东名称	股份性质	持股数(万股)	比例(%)
1	甘肃武威荣华工贸总公司	境内法人股	5905.00	29.53
2	武威塑料包装有限公司	境内法人股	3300.00	16.50
3	武威市华信食品供销有限责任公司	境内法人股	1100.00	5.50
4	武威市融达饲料有限责任公司	境内法人股	1100.00	5.50
5	甘肃武威饴糖厂	境内法人股	270.00	1.35
6	华宝兴业多策略增长证券投资基金	流通A股	183.96	0.92
7	武威市永鼎商贸有限公司	境内法人股	165.00	0.83
8	武威远通贸易有限公司	境内法人股	160.00	0.80
9	长江证券有限责任公司	流通A股	109.17	0.55
10	国联安德盛小盘精选证券投资基金	流通A股	84.00	0.42

股东人数

2004.6	2003.12	2003.6	2002
36271	41264	44733	42057

近年分配		近年配股/增发	

重大事项

报告期向甘肃荣华味精有限公司销售淀粉乳,价格1620元/吨,关联交易价格与市场价格相同,交易总金额83,576,010.89元,占同类交易金额的77.50%,产生毛利约占公司毛利总额的40.29%。本公司同关联方之间购销及提供其他劳务服务的价格,有国家定价的,适用国家定价,没有国家定价的,按市场价格确定,没有市场价格的,参照实际成本加合理的费用由双方定价,对于某些无法按照"成本加费用"的原则确定价格的特殊服务,由双方协商定价。

二〇〇三年以来市场表现

2003年涨跌幅(%)	-13.74
2003年最高(元)	10.30
2003年最低(元)	7.40
2003年换手率(%)	166.49
2004.06涨跌幅(%)	-3.06
2004.06最高(元)	10.35
2004.06最低(元)	7.55
2004.06换手率(%)	154.50

河南平高电气股份有限公司

公司概况

公司名称	河南平高电气股份有限公司			股票代码	600312		
注册地址	河南省平顶山市南环东路22号			邮政编码	467001		
法人代表	韩海林			董秘	杨威		
电话	0375-3804029			传真	0375-3804464		
主营业务	制造销售高压开关设备						
总股本	31195.00	流通A	10200.00	流通B		流通H	
审计单位				审计意见	未审计		

主要财务指标

年度	2004.6	2003	2002
每股收益/扣除后(元)	0.0614	0.0300	0.1500
每股经营现金流量(元)	0.1590	-0.0700	0.1800
每股净资产/调整后(元)	2.9900	2.9500	4.9400
每股公积金(元)	1.7357	1.7357	3.6541
净资产收益率(%)	2.0390	2.5000	4.9900
总资产(万元)	169283.58	152421.05	135383.11
股东权益(万元)	94189.82	92269.76	90602.27
未分配利润(万元)	5604.89	3684.83	2302.66
主营收入(万元)	47798.50	74714.03	55407.84
资本公积金(万元)	54145.98	54145.98	67052.84
主营利润(万元)	7481.47	14101.74	15199.21
其他业务利润(万元)	312.91	70.69	2.23
营业利润(万元)	3007.45	2816.36	7346.33
投资收益(万元)		303.41	-1467.12
补贴收入(万元)	19.00	85.00	1.06
营业外收支(万元)	-10.18	-271.68	-56.32
利润总额(万元)	3016.27	2933.08	6081.29
净利润(万元)	1920.06	2310.34	4518.37

十大股东

序号	股东名称	股份性质	持股数(万股)	比例(%)
1	平顶山天鹰集团有限责任公司	国有法人股	8293.02	26.58
2	南昌科瑞集团有限公司	境内法人股	7348.25	23.56
3	北京亚太世纪科技发展有限责任公司	境内法人股	5038.80	16.15
4	国海证券有限责任公司	流通A股	789.79	2.53
5	北京瑞泽网络销售有限责任公司	境内法人股	209.95	0.67
6	广西南宁二环企业营销策划有限公司	流通A股	196.48	0.63
7	平顶山天鹰投资咨询有限责任公司	境内法人股	104.97	0.34
8	南宁涌铂外文翻译有限公司	流通A股	73.85	0.24
9	杨启荣	流通A股	60.57	0.19
10	卢爱莲	流通A股	56.07	0.18

股东人数

2004.6	2003.12	2003.6	2002
19700	19015	19709	21229

近年分配		近年配股/增发	

重大事项

公司与第一大股东平顶山天鹰集团有限责任公司签署了《河南平高电气股份有限公司与平顶山天鹰集团有限责任公司关于平顶山天鹰铸造有限责任公司的增资扩股协议》,以本公司投资控股、天鹰集团的全资子公司平顶山天鹰铸造有限责任公司增资扩股形式共同组建新公司—平顶山平高铸造有限责任公司(暂定名)。

二〇〇三年以来市场表现

2003年涨跌幅(%)	-23.62
2003年最高(元)	10.61
2003年最低(元)	5.75
2003年换手率(%)	164.88
2004.06涨跌幅(%)	-4.95
2004.06最高(元)	8.38
2004.06最低(元)	6.41
2004.06换手率(%)	105.77

上海家化联合股份有限公司

公司概况

公司名称	上海家化联合股份有限公司			股票代码	600315
注册地址	上海市保定路 527 号			邮政编码	200082
法人代表	葛文耀			董秘	冯珊
电话	021-65456400-3725			传真	021-65129748
主营业务	日用化学制品				
总股本	27000.00	流通 A	8000.00	流通 B	流通 H
审计单位				审计意见	未审计

主要财务指标

年度	2004.6	2003	2002
每股收益 / 扣除后(元)	0.1510	0.2740	0.2791
每股经营现金流量(元)	0.0260	0.4047	0.0734
每股净资产 / 调整后(元)	4.3700	4.3264	4.0224
每股公积金(元)	2.7858	2.7854	2.7826
净资产收益率(%)	3.8200	6.8300	6.8200
总资产(万元)	173463.95	158851.86	152194.31
股东权益(万元)	119217.48	118704.91	110523.34
未分配利润(万元)	12696.31	12191.63	5850.90
主营收入(万元)	77435.58	148637.64	136388.45
资本公积金(万元)	75216.43	75205.94	75131.30
主营利润(万元)	29528.56	56827.68	51563.14
其他业务利润(万元)	347.94	538.39	-21.94
营业利润(万元)	5608.82	8843.73	6965.38
投资收益(万元)	-167.11	972.56	1780.90
补贴收入(万元)	11.87	15.73	0.16
营业外收支(万元)	46.71	-135.50	-0.49
利润总额(万元)	5500.30	9696.53	9420.38
净利润(万元)	4554.67	8106.94	7536.20

十大股东

序号	股东名称	股份性质	持股数(万股)	比例(%)
1	上海家化集团有限公司	国有法人股	7600.00	28.15
2	上实日化控股有限公司	外资法人股	7600.00	28.15
3	上海工业投资集团有限公司	国有法人股	1396.50	5.17
4	福建恒安集团有限公司	境内法人股	1248.30	4.62
5	上海广虹集团有限公司	境内法人股	661.20	2.45
6	上海惠盛实业有限公司	境内法人股	494.00	1.83
7	裕隆证券投资基金	流通 A 股	319.99	1.19
8	全国社保基金一零二组合	流通 A 股	132.26	0.49
9	嘉实服务增值行业证券投资基金	流通 A 股	113.01	0.42
10	国联安德盛小盘精选证券投资基金	流通 A 股	80.99	0.30

股东人数	2004.6	2003.12	2003.6	2002
	39242	39484	40147	41713

近年分配	2004 年 7 月 7 日 10 派 1.50	近年配股/增发	

重大事项

经公司二届十三次董事会同意,公司出资 800 万元对三亚家化旅业有限公司增资。三亚家化旅业有限公司是本公司与本公司的控股股东上海家化(集团)有限公司共同投资的,故构成关联交易。

二〇〇三年以来市场表现

2003 年涨跌幅(%)	-16.39
2003 年最高(元)	12.39
2003 年最低(元)	8.24
2003 年换手率(%)	159.19
2004.06 涨跌幅(%)	-12.69
2004.06 最高(元)	10.72
2004.06 最低(元)	7.70
2004.06 换手率(%)	123.60

江西洪都航空工业股份有限公司

公司概况

公司名称	江西洪都航空工业股份有限公司			股票代码	600316
注册地址	南昌高新技术产业开发区南飞点			邮政编码	330024
法人代表	田民			董秘	陈文浩
电话	0791-8467844			传真	0791-8467844
主营业务	研制、销售教练机				
总股本	25200.00	流通 A	10800.00	流通 B	流通 H
审计单位				审计意见	未审计

主要财务指标

年度	2004.6	2003	2002
每股收益 / 扣除后(元)	0.1128	0.2800	0.3200
每股经营现金流量(元)	-0.1190	-0.2200	0.6500
每股净资产 / 调整后(元)	4.5100	5.3700	5.0500
每股公积金(元)	3.1236	3.7483	3.7483
净资产收益率(%)	1.7700	5.9400	6.3300
总资产(万元)	150086.91	136722.50	137429.34
股东权益(万元)	113712.62	112744.62	106042.48
未分配利润(万元)	5225.20	7407.19	3101.67
主营收入(万元)	22198.99	51954.28	51684.99
资本公积金(万元)	78714.05	78714.05	78714.05
主营利润(万元)	5775.46	9465.02	7686.33
其他业务利润(万元)	0.75	-32.35	-0.21
营业利润(万元)	3281.02	6979.16	5776.40
投资收益(万元)	-962.40	854.97	1575.59
补贴收入(万元)	0.44		
营业外收支(万元)	55.57	57.59	1.37
利润总额(万元)	2374.63	7891.72	7449.70
净利润(万元)	2018.00	6702.13	6710.98

十大股东

序号	股东名称	股份性质	持股数(万股)	比例(%)
1	江西洪都飞机工业有限公司	国有法人股	13796.28	54.75
2	南昌长江机械工业公司	境内法人股	334.62	1.33
3	宜春第一机械厂	国有法人股	152.10	0.60
4	王富英	流通 A 股	84.95	0.34
5	刘清泉	流通 A 股		
6	朱本旺	国有法人股	64.08	0.25
7	江西第二机床厂	国有法人股	58.50	0.23
8	江西爱民机械厂	国有法人股	58.50	0.23
9	李敏	流通 A 股	45.93	0.18
10	王全新	流通 A 股	43.58	0.17

股东人数	2004.6	2003.12	2003.6	2002
	26258	30499	31720	31330

近年分配	2004 年 5 月 28 日 10 派 0.50	近年配股/增发	2004 年 5 月 28 日 10 送 2

重大事项

北京富瑞达资产管理有限责任公司(简称北京富瑞达)为公司进行 8000 万元委托理财,由于证券市场形势变化,所持有的有价证券市值下降,截止到今年 6 月 30 日已形成 800 万元的短期投资净亏损。为此,公司根据委托理财协议有关约定,已先后向南昌市青云谱区人民法院提出诉前保全和向南昌市中级人民法院提出诉讼,请求冻结并查封北京富瑞达的在申银万国南昌八一大道营业部和洪都大道营业部开设帐户中的全部有价证券资产计 1200 万元。此项诉讼法院正在受理之中。

二〇〇三年以来市场表现

2003 年涨跌幅(%)	-18.04
2003 年最高(元)	9.03
2003 年最低(元)	5.41
2003 年换手率(%)	120.81
2004.06 涨跌幅(%)	-8.74
2004.06 最高(元)	9.46
2004.06 最低(元)	5.35
2004.06 换手率(%)	170.54

营口港务股份有限公司

公司概况

公司名称	营口港务股份有限公司			股票代码	600317		
注册地址	营口市鲅鱼圈区新港大路一号			邮政编码	115007		
法人代表	高宝玉			董秘	杨会君		
电话	0417-6268506			传真	0417-6268506		
主营业务	港口装卸、堆存、运输						
总股本	25000.00	流通 A	10000.00	流通 B		流通 H	
审计单位				审计意见	未审计		

主要财务指标

年度	2004.6	2003	2002
每股收益/扣除后(元)	0.2121	0.2800	0.2500
每股经营现金流量(元)	-0.1780	0.4000	0.1900
每股净资产/调整后(元)	4.0400	3.8500	3.5900
每股公积金(元)	2.2363	2.2363	2.2363
净资产收益率(%)	5.2500	6.9200	6.6900
总资产(万元)	238357.06	137864.53	121196.14
股东权益(万元)	100986.54	96433.95	89758.23
未分配利润(万元)	16310.12	11757.53	6283.44
主营收入(万元)	28550.82	42799.97	34623.73
资本公积金(万元)	55908.01	55908.01	55908.01
主营利润(万元)	10498.58	14741.39	13218.33
其他业务利润(万元)	331.35	663.72	50.29
营业利润(万元)	7886.81	10135.03	9059.19
投资收益(万元)			
补贴收入(万元)			
营业外收支(万元)		-260.46	-1.33
利润总额(万元)	7886.81	9874.57	8967.04
净利润(万元)	5302.58	6671.79	6006.61

十大股东

序号	股东名称	股份性质	持股数(万股)	比例(%)
1	营口港务集团有限公司	国有法人股	14862.00	59.45
2	中国光大银行股份有限公司-中融景气行业证券投资基金	流通 A 股	304.51	1.22
3	中国工商银行-国联安德盛小盘精选证券投资基金	流通 A 股	109.85	0.44
4	广州天广发投资有限公司	流通 A 股	71.80	0.29
5	葛利	流通 A 股	41.48	0.17
6	曹仁均	流通 A 股	37.87	0.15
7	中粮辽宁粮油进出口公司	国有法人股	34.50	0.14
8	大连吉粮海运有限公司	国有法人股	34.50	0.14
9	江苏瑞华投资发展有限公司	国有法人股	34.50	0.14
10	辽宁利丰企业(集团)有限公司	国有法人股	34.50	0.14

股东人数	2004.6	2003.12	2003.6	2002
	40800	45830	41218	40632

近年分配	近年配股/增发
2004 年 3 月 24 日 10 派 0.30	

重大事项

根据股东大会的上述决议，2004 年 3 月 18 日，公司在《上海证券报》和《中国证券报》刊登了《2003 年度分红派息实施公告》，按每 10 股派发现金人民币 0.3 元（含税）的原则向全体股东派发红利，共计派发股利人民币 7,500,000 元，本次分红派息的股权登记日为 3 月 23 日，除息日为 3 月 24 日，现金红利发放日为 3 月 30 日。

二〇〇三年以来市场表现

2003 年涨跌幅(%)	3.63
2003 年最高(元)	11.40
2003 年最低(元)	7.30
2003 年换手率(%)	481.10
2004.06 涨跌幅(%)	-12.76
2004.06 最高(元)	10.84
2004.06 最低(元)	7.89
2004.06 换手率(%)	300.36

安徽巢东水泥股份有限公司

公司概况

公司名称	安徽巢东水泥股份有限公司			股票代码	600318		
注册地址	安徽省巢湖市健康路 238 号			邮政编码	238001		
法人代表	王俊			董秘	谢旻		
电话	0565-2391720			传真	0565-2391918,2391720		
主营业务	各种建筑用水泥						
总股本	20000.00	流通 A	8000.00	流通 B		流通 H	
审计单位				审计意见	未审计		

主要财务指标

年度	2004.6	2003	2002
每股收益/扣除后(元)	0.1470	0.0500	0.0700
每股经营现金流量(元)	0.4794	0.5700	0.4500
每股净资产/调整后(元)	3.2600	3.1100	3.0600
每股公积金(元)	1.8375	1.8375	1.8375
净资产收益率(%)	4.5000	1.5700	2.6100
总资产(万元)	152928.81	144700.02	138885.34
股东权益(万元)	65173.99	62243.09	61268.72
未分配利润(万元)	6640.13	3709.23	2881.01
主营收入(万元)	38650.21	63313.01	59535.58
资本公积金(万元)	36750.45	36750.45	36750.45
主营利润(万元)	12131.93	15338.30	13902.41
其他业务利润(万元)	132.38	-26.97	-0.18
营业利润(万元)	4371.79	2127.38	2594.81
投资收益(万元)	-14.90	-29.79	-29.79
补贴收入(万元)	127.34	181.87	-2.34
营业外收支(万元)	-13.93	-27.62	0.32
利润总额(万元)	4470.30	2251.84	2460.53
净利润(万元)	2930.90	974.37	1601.92

十大股东

序号	股东名称	股份性质	持股数(万股)	比例(%)
1	安徽巢东水泥集团有限责任公司	国有法人股	11925.11	59.63
2	兴和证券投资基金	流通 A 股	70.97	0.35
3	巢湖市安得房地产开发有限公司	境内法人股	34.04	0.17
4	王忠	流通 A 股	26.78	0.13
5	姜殿成	流通 A 股	24.61	0.12
6	苏廷辉	流通 A 股	23.60	0.12
7	林春	流通 A 股	22.90	0.11
8	贺铭华	流通 A 股	19.11	0.10
9	孙月馥	流通 A 股	18.00	0.09
10	安徽省巢湖市燃料总公司	境内法人股	17.02	0.09

股东人数	2004.6	2003.12	2003.6	2002
	49162	53550	55252	57652

近年分配	近年配股/增发

重大事项

经公司 2001 年 8 月 5 日召开的 2001 年度第一次临时股东大会审议通过，公司与安徽国风塑业股份有限公司建立了互保关系，双方相互担保的贷款总额以一方为另一方担保 25,000 万元人民币为限，期限为七年。截止报告期末，公司为安徽国风塑业股份有限公司 9,200 万元的银行贷款提供了担保。

二〇〇三年以来市场表现

2003 年涨跌幅(%)	-24.79
2003 年最高(元)	8.70
2003 年最低(元)	5.10
2003 年换手率(%)	123.88
2004.06 涨跌幅(%)	13.78
2004.06 最高(元)	9.34
2004.06 最低(元)	5.28
2004.06 换手率(%)	269.38

潍坊亚星化学股份有限公司

公司概况

公司名称	潍坊亚星化学股份有限公司	股票代码	600319
注册地址	山东省潍坊市奎文区鸢飞路 899 号	邮政编码	261031
法人代表	董顺兴	董秘	汪波
电话	0536-8667941	传真	0536-8666877
主营业务	氯化聚乙烯		
总股本	31559.00	流通 A	8000.00
流通 B		流通 H	
审计单位		审计意见	未审计

主要财务指标

年度	2004.6	2003	2002
每股收益 / 扣除后(元)	0.0578	0.1500	0.1450
每股经营现金流量(元)	0.1512	0.3270	0.1860
每股净资产 / 调整后(元)	3.2760	3.3120	3.1450
每股公积金(元)	2.1000	2.1017	2.1004
净资产收益率(%)	1.7800	4.9800	4.7400
总资产(万元)	147975.56	144971.56	137699.58
股东权益(万元)	104439.23	105728.74	100460.78
未分配利润(万元)	3101.08	4409.89	228.76
主营收入(万元)	46674.00	67406.47	60628.92
资本公积金(万元)	86351.47	66328.80	66287.25
主营利润(万元)	4821.53	12267.49	10483.40
其他业务利润(万元)	5.77	43.25	2.76
营业利润(万元)	1333.16	6219.79	5271.18
投资收益(万元)		600.00	300.00
补贴收入(万元)			
营业外收支(万元)	50.91	-76.83	-11.58
利润总额(万元)	1384.06	6742.96	5506.14
净利润(万元)	1860.66	5269.69	4762.20

十大股东

序号	股东名称	股份性质	持股数(万股)	比例(%)
1	潍坊亚星集团有限公司	国有股	14159.20	44.87
2	香港嘉耀国际投资有限公司	外资股	8175.11	25.90
3	衡平信托投资有限责任公司	法人股	1177.97	3.73
4	尉迟琨	自然人股	39.40	0.12
5	刘振明	自然人股	31.27	0.10
6	大连实德集团有限公司	法人股	23.56	0.07
7	中国化学工程第十六建设公司	国有股	23.56	0.07
8	同德证券投资基金	法人股	22.00	0.07
9	孙洪玲	自然人股	20.42	0.06
10	广州南新兴物业管理公司	法人股	20.00	0.06

股东人数	2004.6	2003.12	2003.6	2002
	44315	48270	50261	50792

近年分配	2004 年 6 月 11 日 10 派 1.00	近年配股/增发	

重大事项

2004 年 3 月 29 日，公司 2004 年度第一次临时股东大会通过，将年产 3 万吨氯化聚乙烯(CPE)项目计划利用募集资金 19,994.2 万元中，转换为对外投资 18,074.35 万元，折 2185.52 万美元，与韩国湖南化学株式会社合作建设年产 4 万吨氯化聚乙烯项目，占出资比例 75%，剩余 1919.85 万元用于募集资金投资的年产 6 万吨离子膜烧碱项目。

二〇〇三年以来市场表现

2003 年涨跌幅(%)	-25.68
2003 年最高(元)	11.10
2003 年最低(元)	6.00
2003 年换手率(%)	151.17
2004.06 涨跌幅(%)	-13.97
2004.06 最高(元)	8.39
2004.06 最低(元)	5.79
2004.06 换手率(%)	100.08

上海振华港口机械(集团)股份有限公司

公司概况

公司名称	上海振华港口机械(集团)股份有限公司	股票代码	600320
注册地址	上海浦东南路 3470 号	邮政编码	200125
法人代表	刘怀远	董秘	高莉娟
电话	021-38810381	传真	021-58399555
主营业务	设计,建造和安装大型港口设备		
总股本	91300.00	流通 A	17600.00
流通 B	22000.00	流通 H	
审计单位		审计意见	未审计

主要财务指标

年度	2004.6	2003	2002
每股收益 / 扣除后(元)	0.2380	0.6000	0.3000
每股经营现金流量(元)	-0.6440	-0.2700	-0.3300
每股净资产 / 调整后(元)	2.4700	4.6600	4.0500
每股公积金(元)	0.9229	2.4458	2.4458
净资产收益率(%)	9.5500	13.0500	7.4000
总资产(万元)	942111.31	727117.00	520528.87
股东权益(万元)	225255.50	212872.91	185103.62
未分配利润(万元)	21789.42	27666.83	8314.65
主营收入(万元)	353054.87	462817.28	307423.75
资本公积金(万元)	84259.30	111649.30	111649.30
主营利润(万元)	36972.48	50751.39	27655.20
其他业务利润(万元)	558.81	1039.30	30.91
营业利润(万元)	24344.03	30193.92	16298.65
投资收益(万元)	88.93	1075.97	-943.67
补贴收入(万元)			
营业外收支(万元)	-238.77	-272.29	-1.08
利润总额(万元)	24194.19	30997.60	15536.41
净利润(万元)	21512.59	27769.27	13700.45

十大股东

序号	股东名称	股份性质	持股数(万股)	比例(%)
1	中国港湾建设集团总公司	国有法人股	32111.20	35.17
2	香港振华工程有限公司	外资法人股	19222.50	21.05
3	TOYO SECURITIES ASIA LTD. A/C CLENT	流通 B 股	1907.93	2.09
4	HKSBCSB S/A-BANQUE INT.A LUXEMBOURG S/A HSBC GLOBAL INV.FUNDS CHINESE EQUITY	流通 B 股	1053.62	1.15
5	SCBHK A/C BONY S/A MATTHEWS INTL FUNDS - MATTHEWS	流通 B 股	872.97	0.96
6	SCBHK A/C CA-IS BK LUX S/A CARLSON FUND MANAGEMENT COMPANY	流通 B 股	865.21	0.95
7	NIKKOCITI TRUST AND BANKING CORPORATION S/A RE; JF	流通 B 股	750.00	0.82
8	NAITO SECURITIESCO.,LTD	流通 B 股	613.49	0.67
9	JPMCB /FF GREATER CHINA FUND	流通 B 股	460.00	0.50
10	天华证券投资基金	流通 A 股	418.09	0.46

股东人数	2004.6	2003.12	2003.6	2002
	53420	42007	59071	59186

近年分配	2004 年 5 月 10 日 10 派 2.00	近年配股/增发	2004 年 5 月 10 日 10 送 4 转 6

重大事项

公司与国内外港口分别签订了多笔大额集装箱起重机械供货合同：韩国釜山项目涉及总金额为 9,330 万美元，约定交货时间为 2005 年至 2007 年；外高桥项目涉及总金额约为 4,470 万美元，合同约定交货时间为 2004 年年底前；与 AP MOLLER(马士基集团)签订的岸桥采购框架协议，协议有效期为三年(2004 年 2 月 17 日-2007 年 2 月 16 日)，公司估计每年订单量约在一亿美元左右；

二〇〇三年以来市场表现

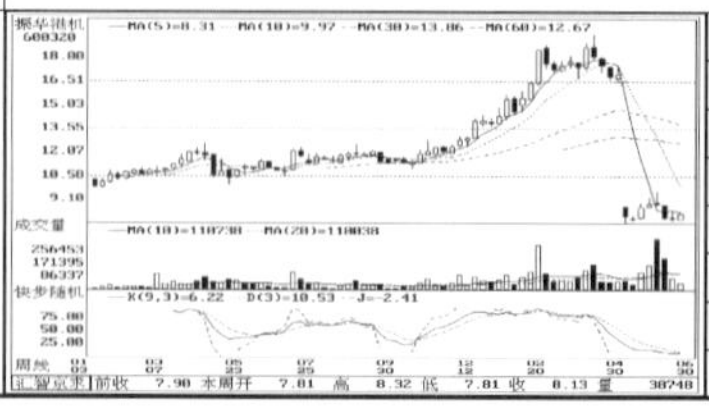

2003 年涨跌幅(%)	38.24
2003 年最高(元)	7.09
2003 年最低(元)	4.70
2003 年换手率(%)	104.47
2004.06 涨跌幅(%)	18.69
2004.06 最高(元)	9.64
2004.06 最低(元)	6.77
2004.06 换手率(%)	140.90

四川国栋建设股份有限公司

公司概况

公司名称	四川国栋建设股份有限公司			股票代码	600321		
注册地址	四川省成都市双流板桥			邮政编码	610206		
法人代表	王春鸣			董秘	王效明		
电话	028-85805811			传真	028-85804146		
主营业务	玻璃深加工						
总股本	22776.00	流通 A	10725.00	流通 B		流通 H	
审计单位				审计意见	未审计		

主要财务指标

年度	2004.6	2003	2002
每股收益/扣除后(元)	0.0717	0.1000	0.2800
每股经营现金流量(元)	0.1020	0.6400	0.3400
每股净资产/调整后(元)	4.8500	6.2100	6.0200
每股公积金(元)	3.4011	4.6214	4.6214
净资产收益率(%)	1.8900	3.0200	4.5900
总资产(万元)	128236.30	122498.97	128524.75
股东权益(万元)	110428.24	108782.29	105498.90
未分配利润(万元)	4381.23	4487.28	1696.40
主营收入(万元)	13285.71	17115.31	22276.49
资本公积金(万元)	77462.27	80966.27	80966.27
主营利润(万元)	2714.82	4478.01	6052.69
其他业务利润(万元)	138.02	112.88	-1.01
营业利润(万元)	376.89	2117.71	4623.81
投资收益(万元)	531.65	1799.94	1104.61
补贴收入(万元)			
营业外收支(万元)	-1.92	16.05	-0.04
利润总额(万元)	2414.81	3933.70	5723.66
净利润(万元)	2083.95	3283.39	4841.50

十大股东

序号	股东名称	股份性质	持股数(万股)	比例(%)
1	四川国栋建设集团	法人股	12051.00	52.91
2	刘玉琼	流通股	45.25	0.20
3	王国相	流通 A 股	40.22	0.18
4	曾仕贤	流通 A 股	36.73	0.16
5	陆丰市怀轩实业有限公司	流通 A 股	32.22	0.14
6	陈恋娇	流通 A 股	32.14	0.14
7	蒋仁瑶	流通 A 股	31.46	0.14
8	张显全	流通 A 股	22.75	0.10
9	陈桂萍	流通 A 股	22.41	0.10
10	余汉松	流通 A 股	22.31	0.10

股东人数	2004.6	2003.12	2003.6	2002
	41214	45012	50636	45650

近年分配	2004 年 6 月 22 日 10 派 0.25	近年配股/增发	2004 年 6 月 22 日 10 送 1 转 2

重大事项

2004 年 1 月 16 日,公司新材基地堆场的秸秆发生火灾。根据公司与中国太平洋保险股份有限公司成都分公司签订的保险协议,该事故对公司造成的直接经济损失可获得全额赔偿。2004 年 7 月 29 日,公司已收到中国太平洋保险股份有限公司成都分公司的赔付款 83 万元。

二〇〇三年以来市场表现

2003 年涨跌幅(%)	-13.44
2003 年最高(元)	10.14
2003 年最低(元)	5.83
2003 年换手率(%)	150.43
2004.06 涨跌幅(%)	-18.64
2004.06 最高(元)	8.51
2004.06 最低(元)	5.66
2004.06 换手率(%)	77.95

天津市房地产发展(集团)股份有限公司

公司概况

公司名称	天津市房地产发展(集团)股份有限公司			股票代码	600322		
注册地址	天津市和平区常德道 80 号			邮政编码	300050		
法人代表	张连选			董秘	陈长来		
电话	022-23317185			传真	022-23317185		
主营业务	房地产的开发与经营						
总股本	42370.74	流通 A	12100.00	流通 B		流通 H	
审计单位				审计意见	未审计		

主要财务指标

年度	2004.6	2003	2002
每股收益/扣除后(元)	0.0114	0.0593	0.0650
每股经营现金流量(元)	-0.0490	0.2215	-0.3730
每股净资产/调整后(元)	3.8520	3.8521	3.7440
每股公积金(元)	2.3177	2.3177	2.3168
净资产收益率(%)	0.2300	1.2579	2.0709
总资产(万元)	325057.22	317847.00	295959.97
股东权益(万元)	166378.00	165995.87	165603.87
未分配利润(万元)	7343.57	6961.46	7194.66
主营收入(万元)	27036.49	72052.09	51554.17
资本公积金(万元)	98202.32	98202.32	98165.86
主营利润(万元)	7282.91	19149.79	14776.08
其他业务利润(万元)	28.89	53.78	1.32
营业利润(万元)	834.52	4596.15	3437.84
投资收益(万元)	28.00	137.03	993.60
补贴收入(万元)			
营业外收支(万元)	-161.01	-1278.73	-11.78
利润总额(万元)	701.02	3454.45	4676.41
净利润(万元)	382.11	2088.04	3429.43

十大股东

序号	股东名称	股份性质	持股数(万股)	比例(%)
1	天津市房地产开发经营集团	国家股	17845.74	42.12
2	泰和证券投资	流通股	158.40	0.37
3	天津交行	法人股	125.00	0.30
4	普润证券投资	流通股	119.52	0.28
5	上海海基物业民有限公司	法人股	100.00	0.24
6	深圳市建鹏达	法人股	100.00	0.24
7	中国家业生产资料	法人股	100.00	0.24
8	海南农业租凭股	法人股	100.00	0.24
9	广不广控集团	法人股	75.00	0.18
10	山西宏丰	法人股	70.00	0.17

股东人数	2004.6	2003.12	2003.6	2002
	87310	95613	99421	98149

近年分配	2004 年 7 月 13 日 10 派 0.40	近年配股/增发	

重大事项

为积极参与海河综合开发、加大公司项目储备力度,公司于 2003 年 6 月 30 日与天津市滨河投资发展有限公司就"海河水上运动世界项目中杨庄子高级公寓开发事宜"签订了《土地整理及前期规划、配套工作委托协议》。公司委托天津市滨河投资发展有限公司完成海河水上运动世界杨庄子片 11.71 公顷的土地整理、规划招标、前期配套等工作。

二〇〇三年以来市场表现

2003 年涨跌幅(%)	-31.22
2003 年最高(元)	8.85
2003 年最低(元)	4.99
2003 年换手率(%)	135.69
2004.06 涨跌幅(%)	-5.19
2004.06 最高(元)	7.70
2004.06 最低(元)	4.92
2004.06 换手率(%)	111.48

南海发展股份有限公司

公司概况

公司名称	南海发展股份有限公司	股票代码	600323
注册地址	广东省佛山市南海区桂城南桂东路 43 号	邮政编码	528200
法人代表	何向明	董秘	郭展全
电话	0757-86280996	传真	0757-86328565
主营业务	自来水的生产、供应		

总股本	20851.42	流通 A	13241.97	流通 B		流通 H	
审计单位	广东正中珠江会计师事务所			审计意见	标准无保留		

主要财务指标

年度	2004.6	2003	2002
每股收益 / 扣除后(元)	0.1639	0.3100	0.3500
每股经营现金流量(元)	0.2840	0.6700	0.6000
每股净资产 / 调整后(元)	3.6200	3.6600	3.3400
每股公积金(元)	1.8451	1.8451	1.8451
净资产收益率(%)	4.5400	8.2900	10.1700
总资产(万元)	95269.99	93612.66	91062.43
股东权益(万元)	76608.49	77302.44	70897.14
未分配利润(万元)	7955.65	4479.31	3845.62
主营收入(万元)	12407.05	25538.84	23391.93
资本公积金(万元)	38473.16	38473.16	38473.16
主营利润(万元)	6394.20	13019.42	11448.44
其他业务利润(万元)	380.66	250.16	–15.11
营业利润(万元)	5646.53	11027.69	9396.99
投资收益(万元)	–62.61	0.01	0.02
补贴收入(万元)			
营业外收支(万元)	–6.86	–207.02	7.23
利润总额(万元)	5577.07	10820.68	9102.79
净利润(万元)	3476.34	6405.30	7210.01

十大股东

序号	股东名称	股份性质	持股数(万股)	比例(%)
1	佛山市南海供水集团有限公司	国有法人股	7609.45	36.49
2	福建华兴信托投资公司	流通 A 股	360.80	1.73
3	裕阳证券投资基金	流通 A 股	145.13	0.70
4	林兵	流通 A 股	52.12	0.25
5	南海市里水农业经济发展公司	流通 A 股	47.77	0.23
6	中国光大银行股份有限公司–巨田基础行业证券投资基金	流通 A 股	45.83	0.22
7	林海	流通 A 股	28.66	0.14
8	杨学礼	流通 A 股	24.20	0.12
9	黎少明	流通 A 股	23.48	0.11
10	窦荷世	流通 A 股	22.58	0.11

股东人数	2004.6	2003.12	2003.6	2002
	47540	48117	43333	42873

近年分配	2004 年 6 月 17 日 10 派 2.00	近年配股 / 增发	

重大事项

公司与佛山市南海供水集团有限公司签订《办公场地租赁协议书》，由佛山市南海供水集团有限公司将建筑面积为 2172.94 平方米的办公场地租给公司作为办公场地使用，租金为每月 54,323.50 元，公司本期共向佛山市南海供水集团有限公司支付了 2004 年全年租金 651,882.00 元。

二〇〇三年以来市场表现

2003 年涨跌幅(%)	–10.91
2003 年最高(元)	11.34
2003 年最低(元)	7.55
2003 年换手率(%)	85.84
2004.06 涨跌幅(%)	–8.20
2004.06 最高(元)	10.08
2004.06 最低(元)	7.79
2004.06 换手率(%)	142.21

珠海华发实业股份有限公司

公司概况

公司名称	珠海华发实业股份有限公司	股票代码	600325
注册地址	广东省珠海市拱北丽景花园华发大楼	邮政编码	519012
法人代表	刘亚非	董秘	陈运涛
电话	0756-8282111	传真	0756-8883298
主营业务	房地产开发和销售		

总股本	20000.00	流通 A	6000.00	流通 B		流通 H	
审计单位				审计意见	未审计		

主要财务指标

年度	2004.6	2003	2002
每股收益 / 扣除后(元)	0.1269	0.4000	0.4000
每股经营现金流量(元)	–0.5610	0.9000	
每股净资产 / 调整后(元)	4.5700	3.1900	2.7900
每股公积金(元)	2.0705	0.1505	0.1498
净资产收益率(%)	2.7700	12.5800	14.4300
总资产(万元)	136383.66	94133.85	76386.76
股东权益(万元)	91664.80	44726.16	39086.76
未分配利润(万元)	20901.50	18362.57	13581.23
主营收入(万元)	27941.53	39276.27	28984.92
资本公积金(万元)	41409.29	3009.58	2995.29
主营利润(万元)	5146.98	9414.67	8754.20
其他业务利润(万元)	126.91	380.60	8.67
营业利润(万元)	2952.19	6638.49	6676.25
投资收益(万元)	0.94	3.20	5.20
补贴收入(万元)			
营业外收支(万元)	0.50	3.54	–0.03
利润总额(万元)	2953.63	6645.23	6666.35
净利润(万元)	2538.92	5625.11	5638.81

十大股东

序号	股东名称	股份性质	持股数(万股)	比例(%)
1	珠海经济特区华发集团公司	国有法人股	7231.95	36.16
2	珠海经济特区华发汽车展销中心	国有法人股	480.00	2.40
3	珠海经济特区华发物业管理公司	国有法人股	480.00	2.40
4	杨叠清	个人股	119.33	0.60
5	罗启德	个人股	71.49	0.36
6	中国工商银行–国联安德盛小盘精选证券投资基金	流通 A 股	57.29	0.29
7	何其宗	流通 A 股	47.00	0.24
8	罗冰珊	流通 A 股	39.45	0.20
9	欧益永	流通 A 股	32.75	0.16
10	肖晖	个人股	30.00	0.15

股东人数	2004.6	2003.12	2003.6	2002
	40123			

近年分配		近年配股 / 增发	

重大事项

根据本公司 2004 年第一次临时股东大会通过《关于出资合作开发中山华发生态园项目的议案》的决议，本公司与合作方签订了合同，本公司收购中山华发生态园项目公司股权的工作已完成，目前该项目正在进行规划设计。

二〇〇三年以来市场表现

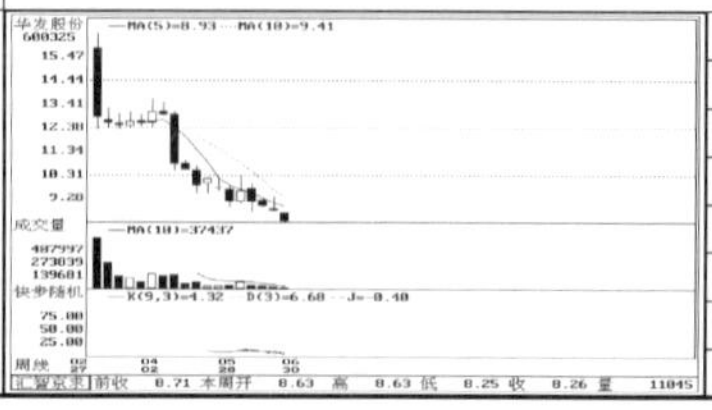

2003 年涨跌幅(%)	0.00
2003 年最高(元)	0.00
2003 年最低(元)	0.00
2003 年换手率(%)	0.00
2004.06 涨跌幅(%)	0.00
2004.06 最高(元)	16.50
2004.06 最低(元)	8.25
2004.06 换手率(%)	319.09

西藏天路交通股份有限公司

公司概况

公司名称	西藏天路交通股份有限公司			股票代码	600326		
注册地址	西藏自治区拉萨市夺底路 14 号			邮政编码	850000		
法人代表	扎西江措			董秘	多吉罗布		
电话	0891-6386578			传真	0891-6383071		
主营业务	公路、桥梁的建设						
总股本	18000.00	流通 A	7200.00	流通 B		流通 H	
审计单位				审计意见	未审计		

主要财务指标

年度	2004.6	2003	2002
每股收益 / 扣除后(元)	0.0482	0.1454	0.1672
每股经营现金流量(元)	-0.2710	-0.3096	0.2886
每股净资产 / 调整后(元)	2.3070	2.2565	2.0864
每股公积金(元)	0.9577	0.9577	0.9577
净资产收益率(%)	2.0000	7.4300	7.9700
总资产(万元)	64233.46	62781.82	70315.51
股东权益(万元)	41622.53	40788.16	37758.04
未分配利润(万元)	3957.02	589.53	865.43
主营收入(万元)	10015.84	34690.23	50902.22
资本公积金(万元)	17239.36	17239.36	17239.36
主营利润(万元)	1659.96	5114.20	7366.63
其他业务利润(万元)	12.00	19.96	-0.07
营业利润(万元)	388.39	2823.22	3654.84
投资收益(万元)	540.40	793.23	447.82
补贴收入(万元)	99.89	444.28	444.28
营业外收支(万元)	-100.00	3.14	-0.03
利润总额(万元)	928.68	4063.87	3530.00
净利润(万元)	834.36	3030.13	3009.24

十大股东

序号	股东名称	股份性质	持股数(万股)	比例(%)
1	西藏公路工程总公司	国有法人股	6602.18	36.68
2	西藏自治区交通工业总公司	国有法人股	1574.78	8.75
3	西藏拉萨汽车运输总公司	国有法人股	1287.52	7.15
4	西藏自治区汽车工业贸易总公司	国有法人股	1258.04	6.99
5	西藏自治区交通厅格尔木运输总公司	国有法人股	77.47	0.43
6	袁宏	流通 A 股	20.28	0.11
7	吴小刚	流通 A 股	19.80	0.11
8	潘敏	流通 A 股	14.00	0.08
9	虞唯佳	流通 A 股	11.64	0.06
10	张耀刚	流通 A 股	10.54	0.06

股东人数	2004.6	2003.12	2003.6	2002
	26958	23922	24197	21055

近年分配	2004 年 7 月 22 日 10 派 1.50	近年配股 / 增发	

重大事项

2004 年 5 月 27 日公司(借款人)与中国建设银行西藏自治区分行(贷款人)签署借款合同,贷款人向公司提供贷款 8,000.00 万元用于流动资金周转。借款期限为 1 年,从 2004 年 5 月 27 日至 2005 年 5 月 26 日,年利率 3.33%,利息由借款人负担。

二〇〇三年以来市场表现

2003 年涨跌幅(%)	-35.25
2003 年最高(元)	9.82
2003 年最低(元)	4.48
2003 年换手率(%)	266.85
2004.06 涨跌幅(%)	-2.74
2004.06 最高(元)	6.62
2004.06 最低(元)	4.55
2004.06 换手率(%)	202.78

无锡商业大厦股份有限公司

公司概况

公司名称	无锡商业大厦股份有限公司			股票代码	600327		
注册地址	江苏省无锡市中山路 343 号			邮政编码	214001		
法人代表	潘霄燕			董秘	张斌		
电话	0510-2702093			传真	0510-2700159		
主营业务	国内一般商业百货零售						
总股本	21737.99	流通 A	8000.00	流通 B		流通 H	
审计单位				审计意见	未审计		

主要财务指标

年度	2004.6	2003	2002
每股收益 / 扣除后(元)	0.1730	0.4100	0.3380
每股经营现金流量(元)	0.0581	1.3600	0.7700
每股净资产 / 调整后(元)	2.5600	4.8400	4.5400
每股公积金(元)	1.2009	2.9876	2.9777
净资产收益率(%)	6.6300	8.2700	7.3400
总资产(万元)	115863.95	121183.32	77807.15
股东权益(万元)	57567.75	54683.32	50050.60
未分配利润(万元)	6167.62	7785.62	4273.27
主营收入(万元)	139584.11	263378.56	153223.61
资本公积金(万元)	26105.41	32471.97	32364.29
主营利润(万元)	16351.83	25908.64	14603.81
其他业务利润(万元)	292.23	399.03	-5.55
营业利润(万元)	6660.02	8440.65	5667.86
投资收益(万元)	244.85	103.62	110.75
补贴收入(万元)	66.38	35.30	35.30
营业外收支(万元)	-355.57	-764.13	-5.99
利润总额(万元)	6615.69	7815.44	5441.32
净利润(万元)	3816.50	4525.03	3674.13

十大股东

序号	股东名称	股份性质	持股数(万股)	比例(%)
1	江苏无锡商业大厦集团有限公司	国有法人股	12364.19	56.88
2	无锡市商业实业有限公司	国有法人股	1246.04	5.73
3	金鑫证券投资基金	流通 A 股	379.29	1.74
4	金信证券有限责任公司	流通 A 股	157.05	0.72
5	尤卫东	流通 A 股	76.88	0.35
6	魏国荣	流通 A 股	64.66	0.30
7	李家川	流通 A 股	59.63	0.27
8	胡美琴	流通 A 股	53.63	0.25
9	张伟	流通 A 股	46.45	0.21
10	无锡市商业建设发展有限公司	国有法人股	42.59	0.20

股东人数	2004.6	2003.12	2003.6	2002
	10916	12120	17591	19639

近年分配	2004 年 5 月 13 日 10 派 1.00	近年配股 / 增发	2004 年 5 月 13 日 10 送 4 转 6

重大事项

报告期内,公司依据 2004 年 3 月 14 日董事会决议,对公司控股资公司无锡商业大厦集团东方汽车有限公司增资 2,854.20 万元,因是各股东同比例增资,故增资后,公司仍持有该公司 94.84%的股权。公司于 2004 年 4 月 16 日划款 2,854.20 万元,完成了增资。

二〇〇三年以来市场表现

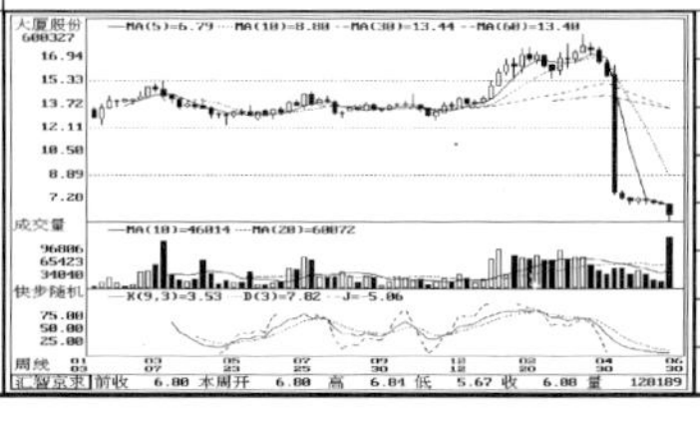

2003 年涨跌幅(%)	4.26
2003 年最高(元)	7.53
2003 年最低(元)	6.04
2003 年换手率(%)	178.99
2004.06 涨跌幅(%)	-12.77
2004.06 最高(元)	9.23
2004.06 最低(元)	5.67
2004.06 换手率(%)	186.65

内蒙古兰太实业股份有限公司

公司概况

公司名称	内蒙古兰太实业股份有限公司			股票代码	600328		
注册地址	内蒙古阿拉善左旗吉兰泰镇			邮政编码	016041		
法人代表	王刚			董秘	李晶		
电话	0473-3443696			传真	0473-3443699		
主营业务	加碘食用盐						
总股本	35911.80	流通 A	12480.00	流通 B		流通 H	
审计单位				审计意见	未审计		

主要财务指标

年度	2004.6	2003	2002
每股收益 / 扣除后(元)	0.0622	0.1400	0.2500
每股经营现金流量(元)	0.0830	0.1400	0.0600
每股净资产 / 调整后(元)	1.9500	3.0300	3.7500
每股公积金(元)	0.7473	1.7953	2.6258
净资产收益率(%)	2.8300	4.4600	6.6700
总资产(万元)	146036.53	139512.78	121388.54
股东权益(万元)	70283.02	68289.23	65103.99
未分配利润(万元)	5022.01	3035.88	790.27
主营收入(万元)	27504.48	48366.42	38843.21
资本公积金(万元)	26835.78	40295.05	45334.95
主营利润(万元)	12152.41	19382.63	16115.49
其他业务利润(万元)	-6.39	66.26	0.81
营业利润(万元)	3141.84	3749.57	4894.19
投资收益(万元)	-66.05	25.10	-37.18
补贴收入(万元)			
营业外收支(万元)	-375.28	-148.29	-1.01
利润总额(万元)	2700.51	3626.39	5180.22
净利润(万元)	1986.13	3045.55	4381.31

十大股东

序号	股东名称	股份性质	持股数(万股)	比例(%)
1	内蒙古吉兰泰盐化集团公司	国有法人股	21268.60	59.22
2	内蒙古吉兰泰达康公司	境内法人股	1757.60	4.89
3	天津帅普视频数据科技有限公司	流通 A 股	789.67	2.20
4	内蒙古自治区盐业公司	境内法人股	270.40	0.75
5	亚信投资咨询有限责任公司	流通 A 股	199.97	0.56
6	宁夏回族自治区盐业公司	境内法人股	67.60	0.19
7	山西盐业公司	境内法人股	67.60	0.19
8	潘家君	流通 A 股	44.72	0.12
9	天津市开发区南华投资有限公司	流通 A 股	43.89	0.12
10	苏州证券有限责任公司	流通 A 股	37.00	0.10

股东人数	2004.6	2003.12	2003.6	2002
	11605	13367	13293	26841

近年分配		近年配股/增发	2004 年 5 月 25 日 10 转 6

重大事项

2004 年 4 月 12 日，本公司与达康公司签署了《资产置换协议书》，公司以持有的宁夏日盛实业有限公司 51%的股权及本公司所属的塑制品厂置换内蒙古达康精细化工股份有限公司精细化工一分厂相关资产，交易标的 3,892.4 万元。已经公司第二届董事会第十五次会议审议通过。

二〇〇三年以来市场表现

2003 年涨跌幅(%)	-17.41
2003 年最高(元)	9.69
2003 年最低(元)	4.84
2003 年换手率(%)	73.38
2004.06 涨跌幅(%)	29.27
2004.06 最高(元)	8.88
2004.06 最低(元)	5.22
2004.06 换手率(%)	83.40

天津中新药业集团股份有限公司

公司概况

公司名称	天津中新药业集团股份有限公司			股票代码	600329		
注册地址	天津市南开区白堤路云居里 5 号			邮政编码	300193		
法人代表	詹原竟			董秘	封浩		
电话	022-27020892			传真	022-27020599		
主营业务	中成药,化学原料药						
总股本	36965.44	流通 A	6295.00	流通 B		流通 H	
审计单位				审计意见	未审计		

主要财务指标

年度	2004.6	2003	2002
每股收益 / 扣除后(元)	0.1504	0.1300	0.2300
每股经营现金流量(元)	0.0389	0.2100	0.5100
每股净资产 / 调整后(元)	4.3100	4.3100	4.0300
每股公积金(元)	2.5117	2.5101	2.5050
净资产收益率(%)	3.5200	5.4200	5.6500
总资产(万元)	404646.37	379711.59	300812.59
股东权益(万元)	159638.02	159502.00	150667.09
未分配利润(万元)	13309.34	13233.10	6092.70
主营收入(万元)	105172.35	206424.70	183925.91
资本公积金(万元)	92845.73	92786.00	92597.00
主营利润(万元)	47315.36	86193.10	67743.50
其他业务利润(万元)	266.62	694.50	36.71
营业利润(万元)	3751.64	5679.80	4647.90
投资收益(万元)	2993.16	3675.10	5539.30
补贴收入(万元)	11.93		
营业外收支(万元)	165.95	2879.40	-0.04
利润总额(万元)	6922.68	12234.30	10191.30
净利润(万元)	5621.05	8645.90	8511.10

十大股东

序号	股东名称	股份性质	持股数(万股)	比例(%)
1	天津市医药集团有限公司	国有法人股	19465.44	52.66
2	KIM ENG SECURITIES PTE.LTD.	外资股	292.20	0.79
3	TAN SWEE TECK MICHAEL ORTAN TOH HEAH	外资股	268.00	0.73
4	UOB KAY HIAN PTE LTD	外资股	267.90	0.72
5	OCBC SECURITIES PRIVATE LTD	外资股	239.20	0.65
6	PHILLIP SECURITIES PTE LTD	外资股	227.70	0.62
7	G K GOH STOCKBROKERS PTE LTD	外资股	149.90	0.41
8	中国银行-嘉实服务增值行业证券投资基金	流通股	134.15	0.36
9	CHAN WAI MAN	外资股	130.00	0.35
10	CITYBANK CONSUMER NOMSPTE LTD	外资股	119.00	0.32

股东人数	2004.6	2003.12	2003.6	2002
	46264	41850	49758	49477

近年分配	2004 年 7 月 22 日 10 派 1.50	近年配股/增发	

重大事项

公司与金耀氨基酸公司的诉讼事项，诉讼进展情况公司已经持续进行批露。在本报告期内，该诉讼事项已于 2004 年 6 月 4 日进行了第一次开庭，该次开庭进行了原被告双方证据交换，但并未进入法庭辨论阶段，法庭也没有做出判决结果。截止目前，天津市高级人民法院尚未通知公司再次开庭的日期。

二〇〇三年以来市场表现

2003 年涨跌幅(%)	-35.22
2003 年最高(元)	17.37
2003 年最低(元)	7.32
2003 年换手率(%)	165.92
2004.06 涨跌幅(%)	-6.38
2004.06 最高(元)	10.70
2004.06 最低(元)	7.33
2004.06 换手率(%)	88.20

浙江天通电子股份有限公司

公司概况

公司名称	浙江天通电子股份有限公司			股票代码	600330	
注册地址	浙江省海宁市郭让镇建设路 11 号			邮政编码	314400	
法人代表	潘广通			董秘	许丽秀	
电话	0573-7230878			传真	0573-7230228	
主营业务	磁性材料、电子元件					
总股本	22947.00	流通 A	6000.00	流通 B		流通 H
审计单位				审计意见	未审计	

主要财务指标

年度	2004.6	2003	2002
每股收益/扣除后(元)	0.1297	0.2820	0.2580
每股经营现金流量(元)	0.1460	0.1510	0.3250
每股净资产/调整后(元)	2.8640	2.8540	2.5470
每股公积金(元)	1.0534	1.0533	1.0408
净资产收益率(%)	4.9800	10.7400	10.7900
总资产(万元)	110996.22	111329.54	79995.57
股东权益(万元)	66040.27	65619.37	58544.67
未分配利润(万元)	14683.23	11395.42	8492.38
主营收入(万元)	19773.84	35049.99	30918.14
资本公积金(万元)	24171.99	24170.52	23884.22
主营利润(万元)	6072.99	11564.46	9845.98
其他业务利润(万元)	243.13	451.96	–1.16
营业利润(万元)	3123.93	7094.76	5659.08
投资收益(万元)	369.41	66.77	377.43
补贴收入(万元)	511.74	944.02	–65.49
营业外收支(万元)	–73.99	–78.05	–6.42
利润总额(万元)	3931.10	8027.50	6784.23
净利润(万元)	3287.81	7047.72	6319.48

十大股东

序号	股东名称	股份性质	持股数(万股)	比例(%)
1	潘广通	自然人股	2532.00	11.03
2	潘建清	自然人股	2397.00	10.45
3	海宁市天成投资发展有限公司	境内法人股	2196.19	9.57
4	宝钢集团企业开发总公司	国有法人股	1800.00	7.84
5	海宁市郭店镇资产经营公司	境内法人股	900.00	3.92
6	海宁市经济发展投资公司	国有法人股	813.75	3.55
7	中国电子科技集团公司第 48 研究所	国有法人股	750.00	3.27
8	泰阳证券有限责任公司	流通 A 股	556.00	2.42
9	潘金兴	自然人股	452.58	1.97
10	金建清	自然人股	321.44	1.40

股东人数	2004.6	2003.12	2003.6	2002
	9755	9223	10175	17928

近年分配	2004 年 5 月 20 日 10 派 1.25	近年配股/增发	

重大事项

根据财政部、国家税务总局财税[2003]222 号文《财政部、国家税务总局关于调整出口货物退税率的通知》，本公司产品出口退税率自 2004 年 1 月 1 日起由 17%调整到 13%，这将影响公司 2004 年度的经营业绩。

二〇〇三年以来市场表现

2003 年涨跌幅(%)	–3.50
2003 年最高(元)	14.93
2003 年最低(元)	10.07
2003 年换手率(%)	148.57
2004.06 涨跌幅(%)	–7.13
2004.06 最高(元)	14.26
2004.06 最低(元)	11.13
2004.06 换手率(%)	117.22

四川宏达股份有限公司

公司概况

公司名称	四川宏达股份有限公司			股票代码	600331	
注册地址	四川省什邡市民主镇			邮政编码	618418	
法人代表	刘沧龙			董秘	王延俊	
电话	028-86141081			传真	028-86140372	
主营业务	普通过磷酸钙生产销售					
总股本	20800.00	流通 A	8000.00	流通 B		流通 H
审计单位	华证会计师事务所			审计意见	标准无保留	

主要财务指标

年度	2004.6	2003	2002
每股收益/扣除后(元)	0.1514	0.3030	0.2426
每股经营现金流量(元)	0.4990	1.0900	–0.3900
每股净资产/调整后(元)	3.6400	5.6900	5.1800
每股公积金(元)	1.5744	3.1949	3.0450
净资产收益率(%)	4.1300	6.2100	5.8100
总资产(万元)	241203.30	225566.80	144161.59
股东权益(万元)	75621.28	74787.26	68195.55
未分配利润(万元)	13139.29	10017.67	7835.53
主营收入(万元)	70147.93	100105.19	52168.98
资本公积金(万元)	32746.56	41534.16	39585.31
主营利润(万元)	16739.46	18991.62	10550.80
其他业务利润(万元)	448.21	974.70	–19.79
营业利润(万元)	6106.20	6152.82	3769.10
投资收益(万元)	–40.73	131.52	–10.00
补贴收入(万元)	5.90	18.11	18.11
营业外收支(万元)	–167.01	815.80	49.87
利润总额(万元)	5904.36	7118.25	4722.92
净利润(万元)	3121.62	4642.85	3964.06

十大股东

序号	股东名称	股份性质	持股数(万股)	比例(%)
1	什邡宏达发展有限公司	境内法人股	4766.72	22.92
2	广汉平原实业发展有限公司	境内法人股	3345.92	16.09
3	绵阳益多园房地产开发有限责任公司	境内法人股	2368.00	11.38
4	成都宏昌化工建材商贸公司	境内法人股	1953.28	9.39
5	同德证券投资基金	流通 A 股	568.72	2.73
6	中翔(天津)路桥建设有限公司	境内法人股	64.93	0.31
7	什邡明珠电力有限责任公司	流通 A 股	46.08	0.22
8	长盛长成价值证券投资基金	流通 A 股	41.35	0.20
9	华允山	流通 A 股	37.92	0.18
10	范文涛	流通 A 股	35.93	0.17

股东人数	2004.6	2003.12	2003.6	2002
	15421	18923	21243	22597

近年分配	2004 年 5 月 11 日 10 派 1.00	近年配股/增发	2004 年 5 月 11 日 10 转 6

重大事项

本公司于 2002 年 8 月 30 日与四川省什化股份有限公司签订了《场地、房屋、设备租赁合同》，租赁四川省什化股份有限公司账面价值为人民币 46,961,014.11 元的场地、房屋、设备等资产，租赁期自 2002 年 9 月 1 日起共 15 年，年租金人民币 5,000,000.00 元。

二〇〇三年以来市场表现

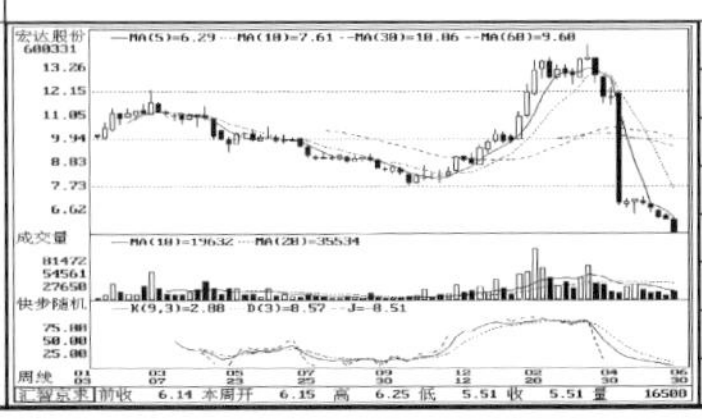

2003 年涨跌幅(%)	–5.66
2003 年最高(元)	7.49
2003 年最低(元)	4.78
2003 年换手率(%)	86.44
2004.06 涨跌幅(%)	–5.51
2004.06 最高(元)	8.92
2004.06 最低(元)	5.51
2004.06 换手率(%)	105.42

广州药业股份有限公司

公司概况								
公司名称	广州药业股份有限公司				股票代码	600332		
注册地址	广东省广州市沙面北街 45 号				邮政编码	510130		
法人代表	蔡志祥		董秘		何舒华			
电话	020-81218119,81218086		传真		020-81216408			
主营业务	中成药的研究开发							
总股本	81090.00	流通 A	7800.00	流通 B		流通 H	21990.00	
审计单位			审计意见		未审计			

主要财务指标 年度	2004.6	2003	2002
每股收益 / 扣除后(元)	0.0427	0.1800	0.2000
每股经营现金流量(元)	0.1540	-0.0100	0.2100
每股净资产 / 调整后(元)	2.8900	2.9200	2.7400
每股公积金(元)	1.3820	1.3807	1.3742
净资产收益率(%)	1.3200	5.7500	6.9300
总资产(万元)	488799.44	470703.94	417319.44
股东权益(万元)	241369.80	242947.64	228692.87
未分配利润(万元)	65713.14	8255.85	2526.46
主营收入(万元)	399069.41	697196.31	594382.31
资本公积金(万元)	112063.91	111957.22	111433.42
主营利润(万元)	70473.37	137271.37	128940.93
其他业务利润(万元)	1838.82	4333.16	-122.87
营业利润(万元)	9633.03	29606.01	33061.30
投资收益(万元)	-77.74	271.48	-1689.89
补贴收入(万元)		27.62	2.12
营业外收支(万元)	-449.93	-1427.76	31.61
利润总额(万元)	9105.35	28477.34	28750.61
净利润(万元)	3180.86	13979.54	15847.77

十大股东 序号	股东名称	股份性质	持股数(万股)	比例(%)
1	广州医药集团有限公司("广药集团")	国家股	51300.00	63.26
2	香港中央结算(代理人)有限公司	流通 H 股	21820.30	26.91
3	HSBC NOMINEES (HONG KONG)LIMITED	流通 H 股	86.20	0.11
4	WONG GHUNG KING	流通 H 股	30.80	0.04
5	刘大凯	流通 A 股	30.57	0.04
6	徐伟平	流通 A 股	22.00	0.03
7	兴和证券投资基金	流通 A 股	21.64	0.03
8	陈宇亮	流通 A 股	17.14	0.02
9	邢贵松	流通 A 股	14.27	0.02
10	张腊	流通 A 股	12.30	0.02

股东人数	2004.6	2003.12	2003.6	2002
	49746	52675	54583	53926

近年分配	2004 年 6 月 25 日 10 派 0.60	近年配股 / 增发	

重大事项

于 2004 年 6 月 30 日,本集团之银行借款、透支及其他借款情况载于第页、第页及第页。截至 2004 年 6 月 30 日,本集团的银行长期借款比年初增加人民币 2,000 万元、一年内到期的长期负债比年初减少人民币 1,000 万元、短期借款比年初增加人民币 2,489 万元。

二〇〇三年以来市场表现

2003 年涨跌幅(%)	-22.85
2003 年最高(元)	11.48
2003 年最低(元)	6.24
2003 年换手率(%)	164.74
2004.06 涨跌幅(%)	-7.94
2004.06 最高(元)	8.21
2004.06 最低(元)	6.03
2004.06 换手率(%)	81.53

长春燃气股份有限公司

公司概况								
公司名称	长春燃气股份有限公司				股票代码	600333		
注册地址	吉林省长春市朝阳区延安大路 421 号				邮政编码	130061		
法人代表	王振		董秘		孙树怀			
电话	0431-5954770-604		传真		0431-5954665			
主营业务	城市管道燃气生产							
总股本	40653.12	流通 A	16173.12	流通 B		流通 H		
审计单位			审计意见		未审计			

主要财务指标 年度	2004.6	2003	2002
每股收益 / 扣除后(元)	0.2843	0.3600	0.2200
每股经营现金流量(元)	0.2210	0.2700	0.2600
每股净资产 / 调整后(元)	2.4200	2.2800	1.9100
每股公积金(元)	0.5662	0.5637	0.5515
净资产收益率(%)	11.8100	15.7600	11.5800
总资产(万元)	140902.73	137114.84	115433.77
股东权益(万元)	98606.54	92956.07	77811.16
未分配利润(万元)	29021.66	23469.68	11021.05
主营收入(万元)	52997.84	77386.48	44743.96
资本公积金(万元)	23016.45	22917.96	22418.50
主营利润(万元)	20080.14	25785.07	14095.95
其他业务利润(万元)	-531.42	840.16	20.48
营业利润(万元)	13901.46	19332.96	11047.16
投资收益(万元)	-102.30	-51.78	-9.75
补贴收入(万元)	23.70	30.00	-3.21
营业外收支(万元)	52.74	-1566.52	-1.52
利润总额(万元)	13875.61	17744.66	10926.13
净利润(万元)	11649.94	14645.45	9009.97

十大股东 序号	股东名称	股份性质	持股数(万股)	比例(%)
1	长春市建设投资公司	国有法人股	24480.00	60.22
2	中国银行-海富通收益增长证券投资基金	流通 A 股	788.20	1.94
3	中国农业银行-银河稳健证券投资基金	流通 A 股	511.65	1.26
4	交通银行-海富通精选证券投资基金	流通 A 股	477.20	1.17
5	交通银行-安顺证券投资基金	流通 A 股	420.70	1.03
6	中国工商银行-安信证券投资基金	流通 A 股	409.66	1.01
7	中国工商银行-银河银泰理财分红证券投资基金	流通 A 股	386.61	0.95
8	中国银行-嘉实服务增值行业证券投资基金	流通 A 股	326.84	0.80
9	国都证券有限责任公司	流通 A 股	109.32	0.27
10	中国工商银行-金泰证券投资基金	流通 A 股	49.39	0.12

股东人数	2004.6	2003.12	2003.6	2002
	37022	45140	43540	40282

近年分配	2004 年 6 月 11 日 10 派 1.50	近年配股 / 增发	

重大事项

公司于 2004 年 4 月 25 日召开的公司 203 年年度股东大会审议通过了 2003 年度利润分配方案。以 2003 年年末股本 406,531,200 股为基数,向全体股东每 10 股派发现金红利 1.5 元(含税),扣税 f 前为每股 0.15 元,扣税后为每股 0.12 元,共计应向股东支付股利 60,979,680.00 元,未分配利润 173,717,169.55 元,结转下年。

二〇〇三年以来市场表现

2003 年涨跌幅(%)	15.35
2003 年最高(元)	8.65
2003 年最低(元)	6.35
2003 年换手率(%)	185.01
2004.06 涨跌幅(%)	-2.28
2004.06 最高(元)	10.71
2004.06 最低(元)	7.25
2004.06 换手率(%)	186.02

中外建发展股份有限公司

公司概况

公司名称	中外建发展股份有限公司	股票代码	600335
注册地址	天津市华苑产业区火炬大厦410室	邮政编码	300180
法人代表	李鹤鹏	董秘	叶志玲
电话	022-24935580	传真	022-24935580
主营业务	工程建设机械		
总股本	11662.86	流通A 3500.00	流通B / 流通H
审计单位		审计意见	未审计

主要财务指标

年度	2004.6	2003	2002
每股收益/扣除后(元)	-0.0033	-0.0616	-0.3195
每股经营现金流量(元)	-0.1310	0.2600	-0.5900
每股净资产/调整后(元)	2.3550	2.3056	2.3415
每股公积金(元)	1.7900	1.7913	1.7638
净资产收益率(%)	0.1000	-1.5800	-13.2000
总资产(万元)	62642.25	60939.16	62726.07
股东权益(万元)	28143.36	28115.92	28238.00
未分配利润(万元)	-4624.25	-4651.69	-4208.48
主营收入(万元)	17332.15	28775.21	25882.10
资本公积金(万元)	20891.93	20891.93	20570.80
主营利润(万元)	3265.40	6191.47	3573.56
其他业务利润(万元)	139.61	-67.37	-0.43
营业利润(万元)	62.71	-469.35	-3710.56
投资收益(万元)			
补贴收入(万元)			
营业外收支(万元)	-30.42	26.15	-0.10
利润总额(万元)	32.29	-443.21	-3726.74
净利润(万元)	27.45	-443.21	-3726.74

十大股东

序号	股东名称	股份性质	持股数(万股)	比例(%)
1	中国对外建设总公司	国有法人股	7755.11	66.49
2	武汉当代科技发展有限公司	境内法人股	195.59	1.68
3	天津泰鑫实业开发有限公司	境内法人股	79.56	0.68
4	天津华泽(集团)有限公司	境内法人股	66.30	0.57
5	渤海证券有限责任公司	流通A股	44.85	0.38
6	李金良	流通A股	42.20	0.36
7	杨培胜	流通A股	40.30	0.35
8	北京金豪力海文科持技发展有限公司	境内法人股	33.15	0.28
9	天津机电业控股集团公司	国有法人股	33.15	0.28
10	邹膺	流通A股	26.57	0.23

股东人数	2004.6	2003.12	2003.6	2002
	19286	22205	23496	24922

近年分配		近年配股/增发	

重大事项

公司2001年为其控股子公司——深圳市中发展新型建材有限公司投资800万元用于引进新型建材项目的基础设施建设，总投资需3182万元，已投入2100万元，截止目前，因资金紧张等缘故，该项目建设尚未完工，公司正在积极的采取措施解决有关问题，推进项目进行。

二〇〇三年以来市场表现

2003年涨跌幅(%)	-34.96
2003年最高(元)	11.39
2003年最低(元)	5.86
2003年换手率(%)	135.87
2004.06涨跌幅(%)	-20.67
2004.06最高(元)	8.41
2004.06最低(元)	5.03
2004.06换手率(%)	148.28

青岛澳柯玛股份有限公司

公司概况

公司名称	青岛澳柯玛股份有限公司	股票代码	600336
注册地址	山东省青岛经济技术开发区前湾港路315号	邮政编码	266510
法人代表	鲁群生	董秘	孙武
电话	0532-6765129	传真	0532-6765129
主营业务	冷柜的制造与销售		
总股本	34103.60	流通A 9000.00	流通B / 流通H
审计单位		审计意见	未审计

主要财务指标

年度	2004.6	2003	2002
每股收益/扣除后(元)	0.0242	0.0212	0.5200
每股经营现金流量(元)	-1.1540	0.0200	0.5200
每股净资产/调整后(元)	3.4900	3.5000	3.4200
每股公积金(元)	2.4719	2.4718	2.4718
净资产收益率(%)	1.3100	1.7000	2.8800
总资产(万元)	390077.34	368813.50	321954.84
股东权益(万元)	120954.24	121210.87	119715.56
未分配利润(万元)	1638.69	1755.41	105.06
主营收入(万元)	134347.23	183649.91	166630.69
资本公积金(万元)	84301.72	84296.72	84296.72
主营利润(万元)	21776.12	33763.89	32669.04
其他业务利润(万元)	328.20	219.59	5.37
营业利润(万元)	920.91	300.95	3433.09
投资收益(万元)	745.08	1791.87	348.40
补贴收入(万元)			
营业外收支(万元)	-107.56	-54.60	0.77
利润总额(万元)	1558.43	2038.22	3589.60
净利润(万元)	1588.46	2065.14	3425.69

十大股东

序号	股东名称	股份性质	持股数(万股)	比例(%)
1	青岛澳柯玛集团总公司	国有法人股	24833.60	72.82
2	广州科源中小企业投资经营有限公司	国有法人股	100.00	0.29
3	荆州市泰隆股份合作公司	境内法人股	34.00	0.10
4	山东凌云工贸股份有限公司	境内法人股	34.00	0.10
5	牡丹江市广汇交电有限责任公司	境内法人股	34.00	0.10
6	重庆长风压缩机厂	境内法人股	34.00	0.10
7	河北五通商贸有限公司	境内法人股	34.00	0.10
8	孙雷	流通A股	16.86	0.05
9	李文义	流通A股	13.68	0.04
10	皇浦海顺	流通A股	12.01	0.04

股东人数	2004.6	2003.12	2003.6	2002
	54626	57850	59478	61798

近年分配	2004年7月22日10派0.50	近年配股/增发	

重大事项

2004年2月11日本公司与青岛海协信托投资有限公司《即墨市基础设施建设集合资金信托合同》，信托资金总额500万元，本合同项下的信托资产由受托人贷款给即墨市城市开发投资有限公司用于即墨市基础设施建设，期限三年。

二〇〇三年以来市场表现

2003年涨跌幅(%)	-26.22
2003年最高(元)	8.74
2003年最低(元)	4.80
2003年换手率(%)	90.15
2004.06涨跌幅(%)	-8.19
2004.06最高(元)	7.45
2004.06最低(元)	5.18
2004.06换手率(%)	91.43

美克国际家具股份有限公司

公司概况

公司名称	美克国际家具股份有限公司	股票代码	600337
注册地址	乌鲁木齐市经济技术开发区迎宾南路15号	邮政编码	830014
法人代表	寇卫平	董秘	黄新
电话	0991-3836028	传真	0991-3838191,3836028
主营业务	茶几、餐桌、餐椅		

总股本	11049.60	流通 A	4800.00	流通 B		流通 H	
审计单位				审计意见	未审计		

主要财务指标

年度	2004.6	2003	2002
每股收益/扣除后(元)	0.0638	0.2800	0.2600
每股经营现金流量(元)	–0.0630	0.3400	–0.0600
每股净资产/调整后(元)	6.2300	6.2200	5.8600
每股公积金(元)	4.0820	4.0802	4.0800
净资产收益率(%)	1.7300	5.7000	6.1300
总资产(万元)	99447.16	104810.63	90469.60
股东权益(万元)	69304.74	69188.97	65241.69
未分配利润(万元)	8676.14	8579.37	5889.89
主营收入(万元)	31594.64	57586.58	46144.08
资本公积金(万元)	45103.94	45084.94	45082.65
主营利润(万元)	8371.35	15451.07	10648.05
其他业务利润(万元)	119.59	113.85	–4.58
营业利润(万元)	834.40	3127.02	3772.22
投资收益(万元)	8.72	17.43	17.43
补贴收入(万元)	227.15	515.87	21.21
营业外收支(万元)	328.63	633.72	–51.66
利润总额(万元)	1398.89	4294.04	5021.88
净利润(万元)	1201.73	3944.99	3997.98

十大股东

序号	股东名称	股份性质	持股数(万股)	比例(%)
1	新疆美克实业	法人股	3624.77	32.80
2	香港博伊西家具有限公司	外资股	1562.40	14.14
3	湘财证券	流通股	473.25	4.28
4	新疆天山西部林业局	国有股	406.22	3.68
5	富蕴林场	国有股	406.22	3.68
6	裕隆证券投资	流通股	285.10	2.58
7	新疆技术改选投资	国有股	249.98	2.26
8	中国建设银行——华宝兴业多策略增长证券投资	流通股	82.30	0.74
9	中国银河证券	流通股	66.41	0.60
10	中国工商银行——国联安德盛小盘精选证券	流通股	43.09	0.39

股东人数	2004.6	2003.12	2003.6	2002
	17049	20486	19487	20429

近年分配	2004年6月21日10派1.00	近年配股/增发	

重大事项

据公司控股子公司美克美家家具装饰有限公司(以下简称"美克美家")与天津美克签订的《商品采购合同》,美克美家按其经营业务需要向天津美克采购房间组家具产品,定价原则为按市场价结算,结算方式为货到月结。报告期内美克美家向天津美克采购家具产品5,676,770.84元。

二○○三年以来市场表现

2003年涨跌幅(%)	–34.05
2003年最高(元)	15.79
2003年最低(元)	8.01
2003年换手率(%)	110.96
2004.06涨跌幅(%)	6.85
2004.06最高(元)	12.87
2004.06最低(元)	8.80
2004.06换手率(%)	59.04

西藏珠峰工业股份有限公司

公司概况

公司名称	西藏珠峰工业股份有限公司	股票代码	600338
注册地址	西藏自治区拉萨市北京中路85号	邮政编码	610225
法人代表	旦增	董秘	侯映学
电话	028-85885216	传真	028-85885156
主营业务	生产销售摩托车及零部件		

总股本	15833.33	流通 A	5000.00	流通 B		流通 H	
审计单位				审计意见	未审计		

主要财务指标

年度	2004.6	2003	2002
每股收益/扣除后(元)	–0.1196	–1.5200	–1.0400
每股经营现金流量(元)	0.0740	0.1300	0.3900
每股净资产/调整后(元)	–0.0800	0.0300	2.7600
每股公积金(元)	2.5553	2.5543	2.5521
净资产收益率(%)		–8140.7202	–37.6000
总资产(万元)	42343.62	43644.89	99908.00
股东权益(万元)	–1033.17	527.02	43766.00
未分配利润(万元)	–60021.25	–58446.06	–15246.00
主营收入(万元)	15825.30	33571.44	35328.00
资本公积金(万元)	40458.61	40443.62	40407.76
主营利润(万元)	1902.60	–1763.09	4620.00
其他业务利润(万元)	152.90	–21.23	–0.19
营业利润(万元)	–1551.00	–43352.21	–17124.81
投资收益(万元)	–96.37	423.22	–302.00
补贴收入(万元)	8.00	79.10	0.83
营业外收支(万元)	89.35	–994.25	–6.43
利润总额(万元)	–1550.36	–43844.14	–16540.58
净利润(万元)	–1575.19	–42903.09	–16455.00

十大股东

序号	股东名称	股份性质	持股数(万股)	比例(%)
1	西藏珠峰摩托车工业公司	法人股	6500.00	41.05
2	西藏自治区信托投资	国家股	2375.00	15.00
3	西藏自治区国有资产经营公司	国家股	1200.00	7.58
4	西藏自治区土产畜产进出口公司	国家股	541.67	3.42
5	西藏国际经济技术合作公司	国家股	108.33	0.68
6	西藏赛业经贸服务公司	法人股	108.33	0.68
7	成都迈普产业集团有限公司	公众股	106.64	0.67
8	山东省塑包装材料有限公司	公众股	28.03	0.18
9	姚明园	公众股	20.18	0.13
10	颜天增	公众股	19.05	0.12

股东人数	2004.6	2003.12	2003.6	2002
	16730	20423	23242	21609

近年分配		近年配股/增发	

重大事项

二○○三年以来市场表现

2003年涨跌幅(%)	–57.40
2003年最高(元)	9.96
2003年最低(元)	3.43
2003年换手率(%)	413.71
2004.06涨跌幅(%)	1.98
2004.06最高(元)	4.55
2004.06最低(元)	3.40
2004.06换手率(%)	217.49

新疆独山子天利高新技术股份有限公司

公司概况

公司名称	新疆独山子天利高新技术股份有限公司	股票代码	600339
注册地址	新疆独山子区大庆东路 2 号	邮政编码	833600
法人代表	付德新	董秘	马新海
电话	0992-3655959,3877118	传真	0992-3659999
主营业务	高碱性环烷酸钙		
总股本	35700.00	流通 A	12600.00
流通 B		流通 H	
审计单位		审计意见	未审计

主要财务指标

年度	2004.6	2003	2002
每股收益 / 扣除后(元)	0.1146	0.1700	0.1500
每股经营现金流量(元)	0.2240	0.0300	0.3100
每股净资产 / 调整后(元)	1.9600	1.9900	1.7600
每股公积金(元)	0.7053	0.7053	0.6405
净资产收益率(%)	5.0100	8.4300	7.9400
总资产(万元)	136918.19	137080.30	108216.66
股东权益(万元)	70299.95	71064.82	62789.92
未分配利润(万元)	5082.67	1563.54	1082.05
主营收入(万元)	80318.97	124170.33	73398.79
资本公积金(万元)	25180.44	25180.44	22865.64
主营利润(万元)	9263.88	14980.35	11881.55
其他业务利润(万元)	25.68	163.72	-4.04
营业利润(万元)	4977.89	6925.82	6022.45
投资收益(万元)	-646.78	314.17	151.56
补贴收入(万元)			
营业外收支(万元)	-0.63	-107.39	-1.64
利润总额(万元)	4330.48	7132.61	6108.87
净利润(万元)	3519.13	5992.68	5203.75

十大股东

序号	股东名称	股份性质	持股数(万股)	比例(%)
1	新疆独山子天利实业总公司	国有法人股	11771.42	32.97
2	新疆维吾尔自治区石油管理局	国有法人股	9187.50	25.74
3	新疆高新房地产有限责任公司	法人股	1299.02	3.64
4	特变电工股份有限公司	法人股	764.13	2.14
5	新疆国际信托投资有限公司	流通 A 股	172.07	0.48
6	新疆鸿鑫投资有限公司	流通 A 股	154.24	0.43
7	上海中大高新电子技术有限公司	法人股	77.93	0.22
8	张文英	流通 A 股	39.99	0.11
9	李莎	流通 A 股	34.81	0.10
10	李玉琴	流通 A 股	33.88	0.09

股东人数	2004.6	2003.12	2003.6	2002
	10136	9011	9038	11950

近年分配	2004 年 6 月 14 日 10 派 1.20	近年配股 / 增发	

重大事项

本公司控股子公司新疆天利期货经纪有限公司委托闽发证券有限公司购买短期债券,闽发证券有限公司在未经该公司授权许可的情况下,对此国债进行了回购并质押。该公司为降低财产风险,保护公司权益,于 2004 年 5 月 26 日向上海市第二中级人民法院提起诉讼保全申请并获准对帐户进行冻结。

二○○三年以来市场表现

2003 年涨跌幅(%)	-27.84
2003 年最高(元)	16.93
2003 年最低(元)	7.09
2003 年换手率(%)	114.06
2004.06 涨跌幅(%)	-9.86
2004.06 最高(元)	12.06
2004.06 最低(元)	8.21
2004.06 换手率(%)	85.30

浙江国祥制冷工业股份有限公司

公司概况

公司名称	浙江国祥制冷工业股份有限公司	股票代码	600340
注册地址	浙江省上虞市百官镇中塘	邮政编码	312300
法人代表	陈天麟	董秘	陈根伟
电话	0575-2158818	传真	0575-2151888
主营业务	各式螺杆式空调机产品的产销		
总股本	10000.00	流通 A	4000.00
流通 B		流通 H	
审计单位		审计意见	未审计

主要财务指标

年度	2004.6	2003	2002
每股收益 / 扣除后(元)	0.0418	0.2200	0.3700
每股经营现金流量(元)	-0.1750	0.3500	0.2400
每股净资产 / 调整后(元)	3.8400	3.9800	1.6800
每股公积金(元)	2.3429	2.3429	
净资产收益率(%)	1.4000	5.4100	21.1700
总资产(万元)	49632.08	49775.86	19848.49
股东权益(万元)	38477.28	39939.76	10348.87
未分配利润(万元)	4071.68	5534.17	3696.54
主营收入(万元)	8031.15	17483.59	16246.19
资本公积金(万元)	23428.98	23428.98	
主营利润(万元)	2342.15	5877.95	6159.80
其他业务利润(万元)	119.11	113.37	1.69
营业利润(万元)	608.76	2507.92	2591.14
投资收益(万元)			
补贴收入(万元)			
营业外收支(万元)	160.09	-17.65	-1.86
利润总额(万元)	768.86	2490.27	2585.94
净利润(万元)	537.52	2161.92	2191.27

十大股东

序号	股东名称	股份性质	持股数(万股)	比例(%)
1	陈和贵	个人股	2700.00	27.00
2	浙江上风实业股份有限公司	境内法人股	1500.00	15.00
3	浙江春晖集团有限公司	境内法人股	1200.00	12.00
4	上虞市上浦金属加工厂	境内法人股	300.00	3.00
5	上虞上峰压力容器厂	境内法人股	300.00	3.00
6	吴惠霞	流通 A 股	44.80	0.45
7	唐水莲	流通 A 股	22.94	0.23
8	罗越峰	流通 A 股	21.00	0.21
9	吕建新	流通 A 股	20.34	0.20
10	张列华	流通 A 股	19.70	0.20

股东人数	2004.6	2003.12	2003.6	2002
	20758	27375		

近年分配	2004 年 5 月 24 日 10 派 2.00	近年配股 / 增发	

重大事项

2003 年 8 月 20 日,厦门华侨电子企业有限公司分别向厦门、广州、北京、上海四地法院起诉我公司使用的"HDTVready"标识侵犯了其"CHDTV"注册商标权。目前,广州、北京、上海三地中级人民法院已作出一审判决,均认为长虹使用的"HDTVready"标识与厦华公司注册的"CHDTV"商标既不相同也不相似,长虹属正当使用,不构成侵权,驳回了厦华公司的诉讼请求。

二○○三年以来市场表现

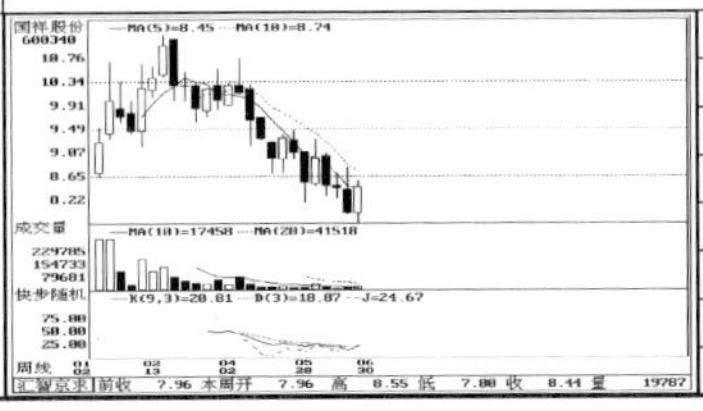

2003 年涨跌幅(%)	0.00
2003 年最高(元)	8.96
2003 年最低(元)	8.43
2003 年换手率(%)	59.75
2004.06 涨跌幅(%)	-3.65
2004.06 最高(元)	10.98
2004.06 最低(元)	7.80
2004.06 换手率(%)	380.50

陕西航天动力高科技股份有限公司

公司概况				
公司名称	陕西航天动力高科技股份有限公司	股票代码	600343	
注册地址	陕西省西安市高新一路17号	邮政编码	710075	
法人代表	王新敏	董秘	崔积堂	
电话	029-85208628	传真	029-85614949	
主营业务	特种泵、钣金冲焊型液力变矩器			
总股本 18500.00	流通A 6500.00	流通B	流通H	
审计单位		审计意见	未审计	

主要财务指标

年度	2004.6	2003	2002
每股收益/扣除后(元)	0.0569	0.1262	0.1836
每股经营现金流量(元)	–0.2020	0.0383	0.1280
每股净资产/调整后(元)	2.2020	2.1442	1.2059
每股公积金(元)	0.8842	0.8842	
净资产收益率(%)	2.4180	5.8628	15.0692
总资产(万元)	55681.25	54359.49	29933.64
股东权益(万元)	40794.87	39808.58	14616.91
未分配利润(万元)	4726.49	3740.20	1756.38
主营收入(万元)	5755.47	10574.63	10287.29
资本公积金(万元)	16357.77	16357.77	
主营利润(万元)	2140.66	4398.18	4304.72
其他业务利润(万元)	252.17	129.48	–2.39
营业利润(万元)	1255.20	2533.95	2632.08
投资收益(万元)	–74.40	224.60	8.11
补贴收入(万元)	0.07	0.36	0.00
营业外收支(万元)		–2.96	0.04
利润总额(万元)	1180.87	2755.95	2631.82
净利润(万元)	986.29	2333.90	2202.66

十大股东

序号	股东名称	股份性质	持股数(万股)	比例(%)
1	西安航天科技工业公司	国有法人股	4400.00	23.78
2	陕西苍松机械厂	国有法人股	2740.00	14.81
3	西安航天发动机厂	国有法人股	2200.00	11.89
4	陕西动力机械设计研究所	国有法人股	1230.00	6.65
5	万向创业投资股份	境内法人股	1000.00	5.41
6	航天时代仪器公司	国有法人股	430.00	2.32
7	杭州萧山长明机械厂	流通A股	213.08	1.15
8	江苏力宝建材工业有限公司	流通A股	117.98	0.64
9	嘉兴市正原电气智能设备有限公司	流通A股	102.98	0.56
10	海玉公司	流通A股	52.30	0.28

股东人数	2004.6	2003.12	2003.6	2002
	22490	24782	23365	

近年分配		近年配股/增发	

重大事项

公司2004年3月22日第二届董事会第六次会议决议，为公司控股子公司宝鸡航天动力泵业有限公司担保贷款300万元，期限3年。公司募集资金净额228,577,719.82元，截至6月30日，公司利用闲置募集资金委托健桥证券进行国债投资尚有20,000,000.00元未收回，按照募集资金投向承诺已累计投入93,291,886.79元，募集资金剩余115,285,833.03元，存放于公司银行账户。

二○○三年以来市场表现

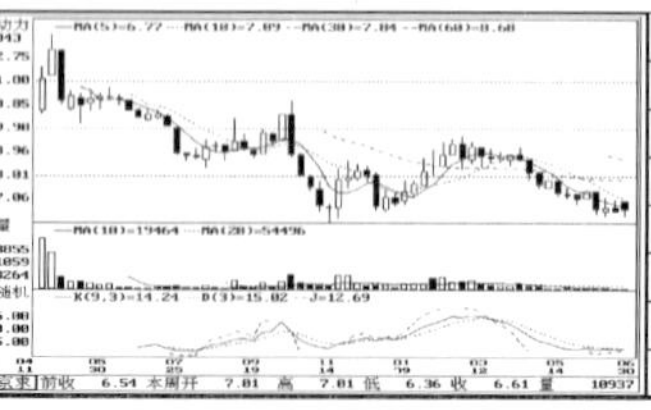

2003年涨跌幅(%)	0.00
2003年最高(元)	13.70
2003年最低(元)	6.11
2003年换手率(%)	580.39
2004.06涨跌幅(%)	–2.51
2004.06最高(元)	9.58
2004.06最低(元)	6.35
2004.06换手率(%)	231.95

武汉长江通信产业集团股份有限公司

公司概况				
公司名称	武汉长江通信产业集团股份有限公司	股票代码	600345	
注册地址	武昌路瑜路546号东湖新技术开发区管理大楼16-17层	邮政编码	430079	
法人代表	熊瑞忠	董秘	胡湘建	
电话	027-67880340	传真	027-67880340	
主营业务	通信、电子			
总股本 19800.00	流通A 5400.00	流通B	流通H	
审计单位		审计意见	未审计	

主要财务指标

年度	2004.6	2003	2002
每股收益/扣除后(元)	0.0454	0.0600	0.0500
每股经营现金流量(元)	–0.2558	0.1400	0.2800
每股净资产/调整后(元)	4.6400	4.6100	4.5600
每股公积金(元)	1.7361	1.7179	1.7091
净资产收益率(%)	0.9700	1.4200	1.3500
总资产(万元)	146483.62	140558.33	140954.00
股东权益(万元)	92449.87	91459.98	90486.00
未分配利润(万元)	22357.42	21456.00	21887.00
主营收入(万元)	25827.47	41625.98	37785.00
资本公积金(万元)	34373.99	34014.78	33840.00
主营利润(万元)	4903.37	7749.63	6936.00
其他业务利润(万元)	32.47	5.20	0.10
营业利润(万元)	919.00	281.93	2033.98
投资收益(万元)	921.91	2276.57	983.00
补贴收入(万元)			
营业外收支(万元)	–12.19	–467.21	21.36
利润总额(万元)	1828.75	2091.29	2411.06
净利润(万元)	900.69	1303.11	1220.00

十大股东

序号	股东名称	股份性质	持股数(万股)	比例(%)
1	武汉长江光通信实业	国有法人股	6684.00	33.76
2	武汉高科国控股集团有限公司	国家股	5820.00	29.39
3	青岛中金信投资发展	法人股	1128.00	5.70
4	武汉新能实业发展有限公司	法人股	421.20	2.13
5	长江经济联合发展集团武汉分公司	法人股	178.80	0.90
6	华中科技实业总公司	国有法人股	96.00	0.48
7	重庆美丽人生化妆品有限公司	法人股	72.00	0.36
8	交通银行–融通行业景气证券投资基金	流通股	52.00	0.26
9	裕隆证券投资基金	流通股	26.18	0.13
10	北京华星世纪房地产开发有限公司	流通股	25.45	0.13

股东人数	2004.6	2003.12	2003.6	2002
	32449	32359	34830	34579

近年分配	2004年6月24日10派0.50	近年配股/增发	

重大事项

经公司第三届董事会第四次会议审议通过，公司为控股子公司武汉日电光通信工业有限公司提供8500万元人民币流动资金贷款总额担保，担保期限为壹年。

二○○三年以来市场表现

2003年涨跌幅(%)	–35.18
2003年最高(元)	16.29
2003年最低(元)	7.47
2003年换手率(%)	324.51
2004.06涨跌幅(%)	34.42
2004.06最高(元)	12.94
2004.06最低(元)	7.90
2004.06换手率(%)	284.37

大连冰山橡塑股份有限公司

公司概况

公司名称	大连冰山橡塑股份有限公司			股票代码	600346		
注册地址	大连市甘井子区周水子广场1号			邮政编码	116033		
法人代表	穆传江			董秘	孙培德		
电话	0411-86641378			传真	0411-86641645		
主营业务	橡胶机械专用设备						
总股本	10500.00	流通A	3850.00	流通B		流通H	
审计单位				审计意见	未审计		

主要财务指标

年度	2004.6	2003	2002
每股收益/扣除后(元)	0.0227	0.0500	0.0800
每股经营现金流量(元)	0.3040	-0.2000	-0.0700
每股净资产/调整后(元)	3.0300	3.0100	3.0000
每股公积金(元)	1.8122	1.8122	1.8122
净资产收益率(%)	0.8300	1.4500	2.7200
总资产(万元)	57853.52	56344.52	54554.20
股东权益(万元)	32207.89	31941.97	31479.12
未分配利润(万元)	1742.07	1476.15	1105.87
主营收入(万元)	15114.90	25231.39	20917.96
资本公积金(万元)	19028.03	19028.03	19028.03
主营利润(万元)	3012.27	5653.22	6035.41
其他业务利润(万元)	28.97	179.25	-0.90
营业利润(万元)	373.17	523.26	1169.70
投资收益(万元)	-11.87	22.31	102.96
补贴收入(万元)		7.88	-43.29
营业外收支(万元)	41.67	-80.45	-0.11
利润总额(万元)	402.98	473.00	1292.58
净利润(万元)	265.92	462.85	855.33

十大股东

序号	股东名称	股份性质	持股数(万股)	比例(%)
1	大连冰山集团有限公司	国家股	6383.00	60.79
2	大连冷冻机股份有限公司	境内法人股	150.00	1.43
3	大连冶金轴承集团公司	境内法人股	52.00	0.50
4	大连金州锻压件厂	境内法人股	32.50	0.31
5	烟台未来自动装备有限责任公司	境内法人股	32.50	0.31
6	关光	流通A股	29.54	0.28
7	王庆滨	流通A股	15.34	0.15
8	梁富起	流通A股	14.41	0.14
9	曹志敏	流通A股	11.20	0.11
10	林财宝	流通A股	10.86	0.10

股东人数	2004.6	2003.12	2003.6	2002
	19836	22714	21938	22714

近年分配	2004年7月15日10派0.50	近年配股/增发	

重大事项

公司于2003年9月3日至9月11日接受大连证券监管特派员办事处的巡回检查，截止本报告期，公司控股股东尚有2,483,936.83元没有结清，此费用是公司为其垫付的公司改制前下属企业的破产职工安置费用以及公司改制时应由控股股东管理的离退休人员、在职内退人员以及非生产经营性资产劳务人员的费用。此项费用控股股东将在2004年12月31日前结清。

二〇〇三年以来市场表现

2003年涨跌幅(%)	-36.66
2003年最高(元)	11.80
2003年最低(元)	6.11
2003年换手率(%)	237.30
2004.06涨跌幅(%)	-0.47
2004.06最高(元)	8.65
2004.06最低(元)	6.27
2004.06换手率(%)	101.91

山西国阳新能股份有限公司

公司概况

公司名称	山西国阳新能股份有限公司			股票代码	600348		
注册地址	山西省阳泉市北大街5号			邮政编码	045000		
法人代表	石盛奎			董秘	李国基		
电话	0353-7078728			传真	0353-7078718		
主营业务	煤炭生产、洗选加工和销售等						
总股本	48100.00	流通A	15000.00	流通B		流通H	
审计单位				审计意见	未审计		

主要财务指标

年度	2004.6	2003	2002
每股收益/扣除后(元)	0.2672	0.4400	0.5300
每股经营现金流量(元)	0.6290	0.9000	1.4900
每股净资产/调整后(元)	4.1600	3.9300	2.0600
每股公积金(元)	2.5186	2.5186	0.5486
净资产收益率(%)	6.3460	10.6600	25.1100
总资产(万元)	375254.25	325681.44	150325.28
股东权益(万元)	200784.56	192852.66	68533.15
未分配利润(万元)	19537.10	6795.19	1780.79
主营收入(万元)	209163.95	224218.25	136398.37
资本公积金(万元)	121143.67	121143.67	17815.67
主营利润(万元)	51716.42	66784.37	52388.99
其他业务利润(万元)	59.17	-834.97	-1.68
营业利润(万元)	19185.34	27291.40	24030.37
投资收益(万元)			
补贴收入(万元)			
营业外收支(万元)	-167.57	-523.10	38.78
利润总额(万元)	19017.77	26768.30	23418.64
净利润(万元)	12741.91	20555.50	17205.84

十大股东

序号	股东名称	股份性质	持股数(万股)	比例(%)
1	阳泉煤业(集团)有限责任公司	境内法人股	32475.92	67.52
2	通乾证券投资基金	流通A股	839.62	1.75
3	银河银泰理财分红证券投资基金	流通A股	607.19	1.26
4	融通新蓝筹证券投资基金	流通A股	531.93	1.11
5	华宝兴业多策略增长证券投资基金	流通A股	365.68	0.76
6	同盛证券投资基金	流通A股	301.48	0.63
7	汉兴证券投资基金	流通A股	277.59	0.58
8	国联安德盛小盘精选证券投资基金	流通A股	276.19	0.57
9	博时精选股票证券投资基金	流通A股	252.89	0.53
10	融通行业景气证券投资基金	流通A股	244.06	0.51

股东人数	2004.6	2003.12	2003.6	2002
	29630	41301		

近年分配	2004年6月24日10派1.00	近年配股/增发	

重大事项

根据公司与阳泉煤业(集团)有限责任公司(下称阳煤集团)签订的《委托经营合同》，报告期内，公司收到2003年阳煤集团支付的托管收入1,888,710.80元。

二〇〇三年以来市场表现

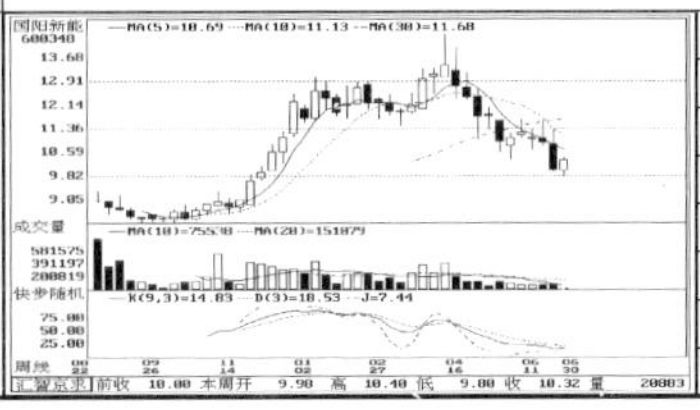

2003年涨跌幅(%)	0.00
2003年最高(元)	12.36
2003年最低(元)	8.18
2003年换手率(%)	332.07
2004.06涨跌幅(%)	-11.87
2004.06最高(元)	14.35
2004.06最低(元)	9.80
2004.06换手率(%)	269.98

山东基建股份有限公司

公司概况

公司名称	山东基建股份有限公司	股票代码	600350
注册地址	济南市经十路71号山东大学科技园创业中心	邮政编码	250061
法人代表	孙亮	董秘	王大为
电话	0531-2662952	传真	0531-2662950
主营业务	公路建设、经营管理		
总股本	336380.00	流通A	50500.00
流通B		流通H	
审计单位		审计意见	未审计

主要财务指标

年度	2004.6	2003	2002
每股收益/扣除后(元)	0.0865	0.1400	0.1410
每股经营现金流量(元)	0.1280	0.2300	0.2100
每股净资产/调整后(元)	1.9400	1.9000	1.7600
每股公积金(元)	0.6899	0.6899	0.6899
净资产收益率(%)	4.5100	7.3200	8.0400
总资产(万元)	784937.06	755294.87	728297.12
股东权益(万元)	653687.50	637670.87	591007.06
未分配利润(万元)	58919.49	42902.85	3321.45
主营收入(万元)	86061.60	154636.19	140135.22
资本公积金(万元)	232074.02	232074.02	232074.02
主营利润(万元)	49626.80	78714.93	78875.71
其他业务利润(万元)	510.71	1135.81	502.17
营业利润(万元)	44958.15	67293.16	68264.99
投资收益(万元)	-64.65	10.47	-1224.71
补贴收入(万元)	22.23	43.46	43.46
营业外收支(万元)	529.87	-472.62	-2.53
利润总额(万元)	45445.59	66874.46	67589.03
净利润(万元)	29471.84	46663.84	47530.98

十大股东

序号	股东名称	股份性质	持股数(万股)	比例(%)
1	山东省高速公路	国家股	209705.00	62.34
2	华建交通经济开发中心	国家股	76175.00	22.65
3	兴和基金	流通股	658.60	0.20
4	嘉实服务基金	流通股	394.49	0.12
5	华宝增长基金	流通股	318.17	0.09
6	博时裕富基金	流通股	290.30	0.09
7	博时精选基金	流通股	250.00	0.07
8	社保基金	流通股	202.31	0.06
9	南京证券	流通股	190.19	0.06
10	华安上指180基金	流通股	140.00	0.04

股东人数	2004.6	2003.12	2003.6	2002
	146399	133918	126200	134047

近年分配	2004年6月29日10派0.40	近年配股/增发	

重大事项

2004年6月8日公司召开2003年度股东大会审议通过了公司2003年度利润分配方案，经公司股东大会批准，以2002年12月31日总股本336,380万股为基数，向全体股东每10股派发现金红利0.4元(含税)，共计分配134,552,000元，剩余未分配利润296,085,952元结转以后年度分配。2003年度不进行公积金转增股本。

二〇〇三年以来市场表现

2003年涨跌幅(%)	21.27
2003年最高(元)	5.17
2003年最低(元)	3.87
2003年换手率(%)	331.63
2004.06涨跌幅(%)	-16.13
2004.06最高(元)	5.61
2004.06最低(元)	3.99
2004.06换手率(%)	186.02

山西亚宝药业集团股份有限公司

公司概况

公司名称	山西亚宝药业集团股份有限公司	股票代码	600351
注册地址	山西省芮城县富民路43号	邮政编码	044600
法人代表	任武贤	董秘	任蓬勃
电话	0359-3088178	传真	0359-3088347
主营业务	生产及销售原料药		
总股本	17250.00	流通A	6000.00
流通B		流通H	
审计单位		审计意见	未审计

主要财务指标

年度	2004.6	2003	2002
每股收益/扣除后(元)	0.0807	0.2200	0.1800
每股经营现金流量(元)	0.2050	-0.0800	0.2100
每股净资产/调整后(元)	1.6300	2.5600	2.3400
每股公积金(元)	0.5241	1.2861	1.2861
净资产收益率(%)	4.6700	8.4100	7.1600
总资产(万元)	87146.12	66493.10	44737.60
股东权益(万元)	26730.72	29692.53	27177.08
未分配利润(万元)	1475.19	96.82	44.05
主营收入(万元)	27016.82	37349.02	21262.80
资本公积金(万元)	9040.46	14790.46	14790.46
主营利润(万元)	9746.88	16743.89	11367.96
其他业务利润(万元)	10.98	101.97	-0.81
营业利润(万元)	2095.99	3857.38	3134.27
投资收益(万元)	-145.39	16.84	
补贴收入(万元)			
营业外收支(万元)	-38.53	-41.07	0.79
利润总额(万元)	1912.06	3833.14	3047.35
净利润(万元)	1353.03	2497.38	1945.95

十大股东

序号	股东名称	股份性质	持股数(万股)	比例(%)
1	山西芮城制药厂	国家股	4111.50	23.83
2	山西省风陵渡开发区众力投资发展	境内法人股	3750.00	21.74
3	山西经济建设投资公司	国家股	1110.00	6.43
4	山西科技基金发展总公司	国有股	832.50	4.83
5	大同中药厂	国有法人股	822.00	4.77
6	泰阳证券有限责任公司	流通A股	724.74	4.20
7	山西经贸资产经营有限责任公司	国家股	624.00	3.62
8	钟家生	流通A股	117.96	0.68
9	北京中水远洋咨询服务有限公司	流通A股	92.51	0.54
10	黄辉	流通A股	86.30	0.50

股东人数	2004.6	2003.12	2003.6	2002
	8972	9627	10412	12150

近年分配	2004年5月25日10派1.80	近年配股/增发	2004年5月25日10转5

重大事项

2004年4月15日经公司第二届董事会第十一次会议审议通过，公司向本公司的控股子公司山西亚宝新龙药业有限公司提供2000万人民币担保，担保期限为两年。

二〇〇三年以来市场表现

2003年涨跌幅(%)	-29.39
2003年最高(元)	9.52
2003年最低(元)	4.81
2003年换手率(%)	144.77
2004.06涨跌幅(%)	6.77
2004.06最高(元)	8.55
2004.06最低(元)	5.77
2004.06换手率(%)	98.00

浙江龙盛集团股份有限公司

公司概况

公司名称	浙江龙盛集团股份有限公司	股票代码	600352
注册地址	浙江省上虞市道墟镇	邮政编码	312368
法人代表	阮水龙	董秘	阮兴祥
电话	0575-2048616	传真	0575-2041589
主营业务	化工染料的开发生产销售		
总股本	45400.00	流通 A	11400.00
流通 B		流通 H	
审计单位		审计意见	未审计

主要财务指标

年度	2004.6	2003	2002
每股收益 / 扣除后(元)	0.1487	0.4869	0.6100
每股经营现金流量(元)	0.3100	-0.1526	1.3328
每股净资产 / 调整后(元)	1.8330	3.5544	1.7747
每股公积金(元)	0.4766	1.9532	0.1421
净资产收益率(%)	8.1500	15.2600	34.06
总资产(万元)	199392.91	194124.98	74317.74
股东权益(万元)	84009.93	81706.22	30247.15
未分配利润(万元)	10975.60	8672.00	5906.88
主营收入(万元)	62742.28	112943.85	91063.36
资本公积金(万元)	21637.31	44337.31	3226.31
主营利润(万元)	15255.33	26468.18	21462.07
其他业务利润(万元)	242.58	135.12	-23.60
营业利润(万元)	9780.70	17355.07	14736.94
投资收益(万元)	30.63	11.98	-3.96
补贴收入(万元)	0.10	820.00	820.00
营业外收支(万元)	-125.70	-181.48	-0.43
利润总额(万元)	9685.73	18005.58	14698.27
净利润(万元)	6843.70	12469.44	10302.07

十大股东

序号	股东名称	股份性质	持股数(万股)	比例(%)
1	阮水龙	自然人	8140.00	17.93
2	阮伟祥	自然人	4678.00	10.30
3	阮伟兴	自然人	4430.00	9.76
4	苏紫薇	自然人	4100.00	9.03
5	章荣夫	自然人	2177.22	4.80
6	项志峰	自然人	2114.90	4.66
7	浙江龙盛控股有限公司	法人股	2056.00	4.53
8	上虞市龙盛投资发展	法人股	1732.90	3.82
9	潘小成	自然人	1286.80	2.83
10	景福证券投资基金	法人股	460.00	1.01

股东人数	2004.6	2003.12	2003.6	2002
	14812	12252	38	

近年分配	2004 年 5 月 11 日 10 派 2.00	近年配股/增发	2004 年 5 月 11 日 10 转 10

重大事项

2004 年 5 月 11 日，公司实施 2003 年年度利润分配及资本公积转增股本方案。具体方案为：以公司 2003 年年末总股本 22,700 万股为基数，用资本公积金向全体股东每 10 股转增 10 股，并派发现金 2 元人民币(含税)。公司于 2004 年 4 月 28 日在《中国证券报》、《上海证券报》、《证券时报》上公告公司分配及转增股本实施公告，截止 2004 年 6 月 30 日公司总股本为 45,400 万股。

二〇〇三年以来市场表现

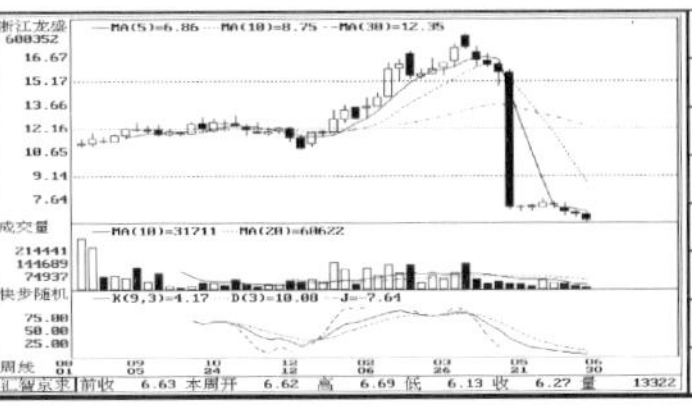

2003 年涨跌幅(%)	0.00
2003 年最高(元)	6.39
2003 年最低(元)	5.30
2003 年换手率(%)	129.65
2004.06 涨跌幅(%)	9.62
2004.06 最高(元)	8.99
2004.06 最低(元)	5.74
2004.06 换手率(%)	142.98

成都旭光电子股份有限公司

公司概况

公司名称	成都旭光电子股份有限公司	股票代码	600353
注册地址	四川省成都市新都区新都镇电子路 172 号	邮政编码	610500
法人代表	何琼	董秘	周敏
电话	028-83967182,83967187	传真	028-83967187
主营业务	研制、开发、生产电子真空器件		
总股本	9499.06	流通 A	3450.00
流通 B		流通 H	
审计单位		审计意见	未审计

主要财务指标

年度	2004.6	2003	2002
每股收益 / 扣除后(元)	0.1003	0.2863	0.1715
每股经营现金流量(元)	-0.1590	-0.1000	0.0900
每股净资产 / 调整后(元)	4.6600	4.5400	4.2400
每股公积金(元)	2.6346	2.6344	2.6322
净资产收益率(%)	2.4400	6.4000	4.0000
总资产(万元)	49240.18	49196.66	57207.90
股东权益(万元)	38794.44	37845.84	35406.36
未分配利润(万元)	3693.18	2746.28	1463.10
主营收入(万元)	10698.54	20703.62	17006.53
资本公积金(万元)	21761.67	21759.97	21742.40
主营利润(万元)	3829.96	8438.76	7641.90
其他业务利润(万元)	431.62	542.85	-7.62
营业利润(万元)	1163.59	2902.33	1468.66
投资收益(万元)		-12.14	5.24
补贴收入(万元)	0.61		
营业外收支(万元)	-6.02	19.10	0.24
利润总额(万元)	1158.18	2909.29	1587.79
净利润(万元)	946.91	2421.91	1416.63

十大股东

序号	股东名称	股份性质	持股数(万股)	比例(%)
1	成都国有资产管理局	国家股	1784.33	18.78
2	成都国腾通讯集团有限公司	境内法人股	1690.74	17.80
3	成都励达事投资有限责任公司	境内法人股	390.00	4.11
4	四川聚鹏物业有限责任公司	境内法人股	200.00	2.11
5	四川道亨计算机软件有限责任公司	境内法人股	154.90	1.63
6	四川通利投资实业有限公司	境内法人股	100.00	1.05
7	四川锅炉厂	境内法人股	35.00	0.37
8	三峡证券有限责任公司	流通 A 股	29.29	0.31
9	四川电器股份有限公司	境内法人股	21.00	0.22
10	成都同利来商贸有限责任公司	境内法人股	20.00	0.21

股东人数	2004.6	2003.12	2003.6	2002
	17998	18720	20950	23564

近年分配	2004 年 7 月 2 日 10 派 0.50	近年配股/增发	2004 年 7 月 2 日 10 转 1.50

重大事项

公司 2003 年年度股东大会决定提取 2003 年度法定公积金 242.2 万元，提取 2003 年度法定公益金 242.2 万元(以上均以 2003 年净利润的 10%计提)，计提 2003 年任意盈余公积金 242.2 万元(以 2003 年净利润的 10%计提)，以 2002 年度末总股本 8260.0494 万股为基数，每 10 股用资本公积金转增 1.5 股，派发现金红利 0.50 元(含税)。

二〇〇三年以来市场表现

2003 年涨跌幅(%)	-24.19
2003 年最高(元)	14.69
2003 年最低(元)	8.40
2003 年换手率(%)	262.86
2004.06 涨跌幅(%)	18.09
2004.06 最高(元)	15.05
2004.06 最低(元)	9.37
2004.06 换手率(%)	235.13

甘肃省敦煌种业股份有限公司

公司概况

公司名称	甘肃省敦煌种业股份有限公司	股票代码	600354
注册地址	甘肃省酒泉市盘旋东路 16 号	邮政编码	735000
法人代表	王大和	董秘	赵明
电话	0937-2663938	传真	0937-2663908
主营业务	农作物种的生产、加工、销售		
总股本	18596.64	流通 A	7500.00
流通 B		流通 H	
审计单位		审计意见	未审计

主要财务指标

年度	2004.6	2003	2002
每股收益 / 扣除后(元)	0.0633	0.2300	0.2200
每股经营现金流量(元)	0.3000	-1.9400	1.7200
每股净资产 / 调整后(元)	3.6200	2.3400	1.8100
每股公积金(元)	1.9964	0.2099	0.1925
净资产收益率(%)	0.0200	11.7500	14.34
总资产(万元)	116016.16	88083.37	62454.54
股东权益(万元)	67870.13	27319.44	23784.98
未分配利润(万元)	9682.97	9855.27	7287.29
主营收入(万元)	35969.84	44899.90	55550.88
资本公积金(万元)	37126.71	3903.71	3579.23
主营利润(万元)	6723.63	11061.02	12057.66
其他业务利润(万元)	9.57	78.81	1.91
营业利润(万元)	1177.76	2509.19	3141.57
投资收益(万元)	0.34	59.17	
补贴收入(万元)	518.00	906.00	34.66
营业外收支(万元)	-24.91	-264.39	-1.30
利润总额(万元)	1671.20	3209.98	4264.50
净利润(万元)	1687.36	3209.98	3411.52

十大股东

序号	股东名称	股份性质	持股数(万股)	比例(%)
1	酒泉地区现代农业(控股集团)有限公司	国有法人股	4999.35	26.88
2	敦煌市供销合作联合社	境内法人股	2869.52	15.43
3	金塔县供销合作联合社	境内法人股	2240.72	12.05
4	安西县供销联合社	境内法人股	504.78	2.71
5	酒泉市农业科学研究所	国有法人股	482.28	2.59
6	徐建山	流通 A 股	36.41	0.20
7	叶选朋	流通 A 股	27.50	0.15
8	中信中原汽车有限公司	流通 A 股	21.26	0.11
9	崔延平	流通 A 股	20.41	0.11
10	苏威	流通 A 股	19.87	0.11

股东人数

2004.6	2003.12	2003.6	2002
33434	35818		

近年分配：2004 年 6 月 4 日 10 派 1.00　　**近年配股 / 增发**：

重大事项

2004 年 4 月 18 日公司 2003 年度股东大会通过了 2003 年度利润分配方案，并于 2004 年 5 月 31 日在上海证券报、证券日报上刊登了 2003 年度分红派息实施公告，股权登记日为 2004 年 6 月 3 日，除息日为 2004 年 6 月 4 日，利润分配已于 2004 年 6 月 11 日实施完毕。

二〇〇三年以来市场表现

2003 年涨跌幅(%)	0.00
2003 年最高(元)	0.00
2003 年最低(元)	0.00
2003 年换手率(%)	0.00
2004.06 涨跌幅(%)	0.00
2004.06 最高(元)	11.56
2004.06 最低(元)	6.07
2004.06 换手率(%)	679.99

武汉精伦电子股份有限公司

公司概况

公司名称	武汉精伦电子股份有限公司	股票代码	600355
注册地址	武汉市洪山区卓豹路双塘小区	邮政编码	430223
法人代表	张学阳	董秘	金家明
电话	027-87921111-3221	传真	027-87921111-3223
主营业务	公用电话计费器		
总股本	24604.46	流通 A	6200.00
流通 B		流通 H	
审计单位		审计意见	未审计

主要财务指标

年度	2004.6	2003	2002
每股收益 / 扣除后(元)	0.0072	0.1800	0.6700
每股经营现金流量(元)	-0.2160	-0.0200	0.0800
每股净资产 / 调整后(元)	3.0300	3.0100	5.6400
每股公积金(元)	1.3222	1.3202	3.6403
净资产收益率(%)	0.7400	6.0400	11.8400
总资产(万元)	89006.78	89266.75	85431.36
股东权益(万元)	74781.62	74176.13	69698.82
未分配利润(万元)	13572.39	13017.90	9212.18
主营收入(万元)	12467.76	36319.14	36308.28
资本公积金(万元)	32533.08	32482.08	44784.31
主营利润(万元)	5631.92	16571.32	18949.28
其他业务利润(万元)	116.95	430.27	-13.25
营业利润(万元)	-69.00	4492.01	9914.48
投资收益(万元)	473.78		
补贴收入(万元)			
营业外收支(万元)	-38.30	-73.79	2.50
利润总额(万元)	366.47	4418.22	9808.20
净利润(万元)	554.49	4477.32	8249.72

十大股东

序号	股东名称	股份性质	持股数(万股)	比例(%)
1	张学阳	个人股、流通 A 股	5585.69	22.70
2	曹若欣	个人股	3506.04	14.25
3	罗剑峰	个人股	3506.04	14.25
4	蔡远宏	个人股	3506.04	14.25
5	刘起滔	个人股	2300.58	9.35
6	胡煜君	流通 A 股	69.97	0.28
7	杨楚辉	流通 A 股	30.97	0.13
8	范康林	流通 A 股	28.22	0.11
9	刘宏杰	流通 A 股	18.13	0.07
10	葛伟国	流通 A 股	17.77	0.07

股东人数

2004.6	2003.12	2003.6	2002
28387	24506	24335	18009

近年分配：　　**近年配股 / 增发**：

重大事项

2004 年 5 月，公司向武汉精轮软件有限公司出售办公设备一批，以该批资产的账面价值 121,860.11 元为交易价格，并以现金方式进行了结算。截止 2004 年 6 月 30 日公司为武汉精伦软件有限公司垫付办公费用累计发生额为 44,045.27 元，期末余额为 14,724.64，武汉精伦软件有限公司影响本公司收益-86,925.51 元。

二〇〇三年以来市场表现

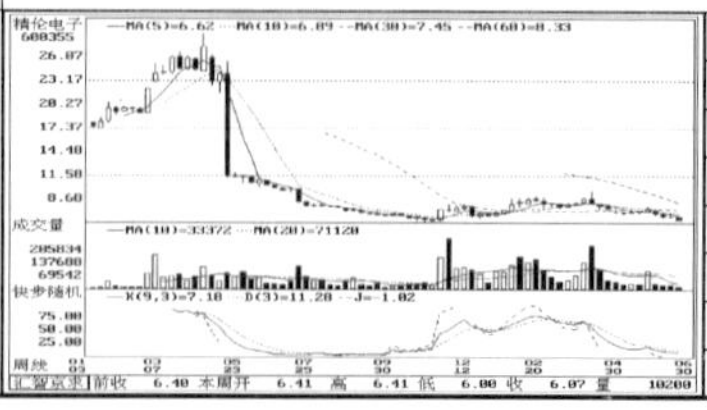

2003 年涨跌幅(%)	-26.27
2003 年最高(元)	14.28
2003 年最低(元)	5.78
2003 年换手率(%)	453.73
2004.06 涨跌幅(%)	-6.18
2004.06 最高(元)	9.67
2004.06 最低(元)	6.00
2004.06 换手率(%)	306.91

牡丹江恒丰纸业股份有限公司

公司概况

公司名称	牡丹江恒丰纸业股份有限公司	股票代码	600356
注册地址	黑龙江省牡丹江市阳明区造纸路11号	邮政编码	157013
法人代表	徐祥	董秘	李荣伟
电话	0453-6336668	传真	0453-6330989
主营业务	卷烟配套系列用纸		
总股本	14000.00	流通A	6000.00
流通B		流通H	
审计单位		审计意见	未审计

主要财务指标

年度	2004.6	2003	2002
每股收益/扣除后(元)	0.2488	0.5200	0.3651
每股经营现金流量(元)	0.1710	0.3900	0.6500
每股净资产/调整后(元)	4.3100	4.2700	3.7600
每股公积金(元)	1.9624	1.9624	1.9624
净资产收益率(%)	5.9100	11.6600	8.9800
总资产(万元)	107881.84	94709.27	70085.83
股东权益(万元)	60559.02	59780.87	52810.26
未分配利润(万元)	13866.37	10288.23	7163.21
主营收入(万元)	27136.25	50350.18	42622.46
资本公积金(万元)	27472.97	27472.97	27472.97
主营利润(万元)	10248.03	19229.22	16376.93
其他业务利润(万元)	6.26	-4.45	0.05
营业利润(万元)	5199.15	10617.91	7773.89
投资收益(万元)	167.38	-512.44	-323.43
补贴收入(万元)			
营业外收支(万元)	-26.02	-24.22	0.30
利润总额(万元)	5340.51	10081.24	7323.85
净利润(万元)	3578.14	6970.61	4740.62

十大股东

序号	股东名称	股份性质	持股数(万股)	比例(%)
1	牡丹江恒丰纸业集团有限责任公司	国有法人股	7980.00	57.00
2	中国银河证券有限责任公司	流通A股	209.55	1.50
3	南京国轩担保投资有限公司	流通A股	101.71	0.73
4	裕阳证券投资基金	流通A股	99.22	0.71
5	中国工商银行-国联安德盛小盘精选证券投资基金	流通A股	54.40	0.39
6	任金波	流通A股	25.20	0.18
7	延吉卷烟厂	境内法人股	20.00	0.14
8	蔡荣娟	流通A股	16.47	0.12
9	汪素芬	流通A股	15.83	0.11
10	韩小线	流通A股	15.45	0.11

股东人数

2004.6	2003.12	2003.6	2002
25091	27793	28119	29873

近年分配

近年分配	近年配股/增发
2004年6月3日10派2.00	

重大事项

公司司2003年度利润分配方案为:以公司二OO三年末总股本140,000,000股为基数,向全体股东每10股派现金红利2元(含税),不进行公积金转增股本。股权登记日为2004年6月2日,现金红利发放日为2004年6月10日。

二〇〇三年以来市场表现

2003年涨跌幅(%)	-12.94
2003年最高(元)	13.95
2003年最低(元)	9.30
2003年换手率(%)	117.02
2004.06涨跌幅(%)	-7.43
2004.06最高(元)	12.67
2004.06最低(元)	9.46
2004.06换手率(%)	144.42

承德新新钒钛股份有限公司

公司概况

公司名称	承德新新钒钛股份有限公司	股票代码	600357
注册地址	河北省承德市双滦区	邮政编码	067002
法人代表	晋心翠	董秘	王世杰
电话	0314-4073574,4074783	传真	0314-4079279
主营业务	含钒低合金钢产品生产销售		
总股本	38033.35	流通A	10000.00
流通B		流通H	
审计单位	河北华安会计师事务所	审计意见	标准无保留

主要财务指标

年度	2004.6	2003	2002
每股收益/扣除后(元)	0.2665	0.6200	0.2100
每股经营现金流量(元)	0.1220	1.1000	0.6500
每股净资产/调整后(元)	4.4000	4.2000	3.6100
每股公积金(元)	2.2254	2.2254	2.2254
净资产收益率(%)	5.9100	14.0400	5.8900
总资产(万元)	510275.12	423174.06	398534.84
股东权益(万元)	170201.95	162044.31	139292.62
未分配利润(万元)	32152.25	23994.61	6120.74
主营收入(万元)	303056.81	420090.69	276739.81
资本公积金(万元)	84640.98	84640.98	84640.98
主营利润(万元)	43704.11	76687.45	39160.34
其他业务利润(万元)	-375.72	82.25	0.93
营业利润(万元)	17163.90	30357.79	12382.73
投资收益(万元)	27.29	1.67	
补贴收入(万元)			
营业外收支(万元)	-116.17	-1635.98	-1.65
利润总额(万元)	17075.01	28723.48	12232.66
净利润(万元)	10059.31	22751.68	8200.72

十大股东

序号	股东名称	股份性质	持股数(万股)	比例(%)
1	承德钢铁集团有限公司	国家股	22477.35	59.10
2	国华能源有限公司	境内法人股	1480.00	3.89
3	国信证券有限责任公司	流通A股	679.29	1.79
4	承德昌达经营开发有限公司	境内法人股	494.32	1.30
5	山西焦化集团有限公司	境内法人股	400.00	1.05
6	浙江省饲料公司	境内法人股	200.00	0.53
7	河北省物产企业(集团)公司	境内法人股	131.00	0.34
8	石家庄焦化厂	境内法人股	120.00	0.32
9	中国诚通金属集团公司	境内法人股	120.00	0.32
10	中国钢铁炉料华北公司	境内法人股	80.00	0.21

股东人数

2004.6	2003.12	2003.6	2002
58182	54580	62297	70956

近年分配

近年分配	近年配股/增发
2004年4月30日10派0.50	

重大事项

以2003年末总股本380,333,520股为基数,向股东每10股派现金股利0.50元(含税)共计19,016,676.00元。2003年度不进行资本公积金转增股本。该方案经2004年3月15日公司2003年度股东大会审议通过,股权登记日为2004年4月29日,除息日为2004年4月30日,现金红利发放日为2004年5月14日。

二〇〇三年以来市场表现

2003年涨跌幅(%)	54.29
2003年最高(元)	10.85
2003年最低(元)	6.47
2003年换手率(%)	302.82
2004.06涨跌幅(%)	-26.75
2004.06最高(元)	12.00
2004.06最低(元)	7.25
2004.06换手率(%)	160.17

国旅联合股份有限公司

公司概况	公司名称	国旅联合股份有限公司		股票代码	600358	
	注册地址	江苏省南京市汉中路89号金鹰国际商城18楼A座		邮政编码	210029	
	法人代表	李禄安		董秘	阎晨光	
	电话	025-84700026		传真	025-84702099	
	主营业务	旅游交通客运业务				
	总股本	21000.00	流通A	7500.00	流通B	流通H
	审计单位			审计意见	未审计	

主要财务指标 年度	2004.6	2003	2002
每股收益/扣除后(元)	0.0340	0.0400	0.0500
每股经营现金流量(元)	-0.4107	-1.0900	-0.1600
每股净资产/调整后(元)	1.7600	1.6300	1.9400
每股公积金(元)	0.9903	0.9903	0.9734
净资产收益率(%)	2.5100	2.2100	2.6900
总资产(万元)	268883.66	236917.23	57642.60
股东权益(万元)	43576.08	42709.62	41827.85
未分配利润(万元)	2532.44	1637.27	873.96
主营收入(万元)	28986.65	23746.64	7530.04
资本公积金(万元)	20796.72	20796.72	20441.05
主营利润(万元)	7898.81	11733.88	4054.34
其他业务利润(万元)	587.76	143.22	-14.98
营业利润(万元)	4363.05	3542.84	293.45
投资收益(万元)	210.20	-71.58	1188.98
补贴收入(万元)	23.07	98.37	2.26
营业外收支(万元)	39.36	-84.79	6.74
利润总额(万元)	4635.68	3484.83	1555.25
净利润(万元)	1095.22	944.53	1123.81

十大股东 序号	股东名称	股份性质	持股数(万股)	比例(%)
1	中国国际旅行社总社	国有法人股	4935.14	23.50
2	南京江宁区国有资产经营(控股)有限公司	国有法人股	3024.60	14.40
3	浙江富春江旅游股份有限公司	法人股	2568.05	12.23
4	深圳思强实业发展有限公司	法人股	1200.00	5.71
5	上海大世界(集团)公司	国有法人股	1013.25	4.83
6	杭州市之江发展总公司	国有法人股	758.97	3.61
7	华龙证券有限责任公司	社会流通股	255.10	1.21
8	李少维	社会流通股	42.47	0.20
9	刘小琼	社会流通股	28.03	0.13
10	华祥投资	社会流通股	25.59	0.12

股东人数	2004.6	2003.12	2003.6	2002
	20535	7271	8303	9347

近年分配		近年配股/增发	2004年8月25日10转增8

重大事项

本公司之子公司海南国旅联合实业公司之子公司海南金色海湾度假村有限公司于2004年4月将其拥有的38.6亩土地对外转让,价款为4,573,643.75元,实现转让收益1,167,372.62元。

二〇〇三年以来市场表现

2003年涨跌幅(%)	-16.02
2003年最高(元)	14.60
2003年最低(元)	10.60
2003年换手率(%)	104.90
2004.06涨跌幅(%)	-39.91
2004.06最高(元)	11.90
2004.06最低(元)	6.42
2004.06换手率(%)	214.40

新疆塔里木农业综合开发股份有限公司

公司概况	公司名称	新疆塔里木农业综合开发股份有限公司		股票代码	600359	
	注册地址	新疆阿拉尔南口镇迎宾路1号		邮政编码	843000	
	法人代表	李兵		董秘	晏正君	
	电话	0997-2134018		传真	0997-2125238	
	主营业务	农业种植;牧渔养殖				
	总股本	32100.00	流通A	11700.00	流通B	流通H
	审计单位			审计意见	未审计	

主要财务指标 年度	2004.6	2003	2002
每股收益/扣除后(元)	0.1491	0.2320	0.0910
每股经营现金流量(元)	-0.3810	-0.0280	0.6220
每股净资产/调整后(元)	2.4300	2.2700	1.9220
每股公积金(元)	1.8629	1.8629	1.8629
净资产收益率(%)	4.9200	7.1640	3.1470
总资产(万元)	196752.80	218451.78	169204.67
股东权益(万元)	111680.38	106191.32	98383.66
未分配利润(万元)	14502.22	9013.17	2666.57
主营收入(万元)	31611.83	88835.82	66229.73
资本公积金(万元)	59797.90	59797.90	59797.90
主营利润(万元)	10815.46	23540.91	17084.48
其他业务利润(万元)	305.06	678.41	-4.42
营业利润(万元)	5021.71	9268.22	3380.47
投资收益(万元)	458.75	-17.03	392.32
补贴收入(万元)	680.35		
营业外收支(万元)	243.26	199.42	-0.26
利润总额(万元)	6404.07	9450.61	3740.79
净利润(万元)	5489.05	7607.41	3096.40

十大股东 序号	股东名称	股份性质	持股数(万股)	比例(%)
1	新疆阿克苏农垦农工商联合总公司	国有法人股	20400.00	63.55
2	中国工商银行-国联安德盛小盘精选证券投资基金	流通A股	105.24	0.33
3	吴培丰	流通A股	29.85	0.09
4	李孝会	流通A股	24.00	0.07
5	孙三洪	流通A股	21.98	0.07
6	邹征宁	流通A股	21.00	0.07
7	李建民	流通A股	16.42	0.05
8	文艳红	流通A股	15.70	0.05
9	林景新	流通A股	15.21	0.05
10	李旺兴	流通A股	14.77	0.05

股东人数	2004.6	2003.12	2003.6	2002
	61353	62098	65706	69371

近年分配		近年配股/增发	

重大事项

本公司下属控股子公司阿克苏新农房地产有限责任公司(简称"新农房产公司"),于2004年3月10日召开股东大会审议通过了新农房产公司利润分配及增资扩股方案,以2003年末总股本1000万股为基数,向公司全体股东每10股派发红股20股,使公司股本由1000万元扩股为3000万元,同时自然人股东又增资300万元。目前该公司注册资本为3300万元人民币,本公司占注册资本的比例为62.18%。

二〇〇三年以来市场表现

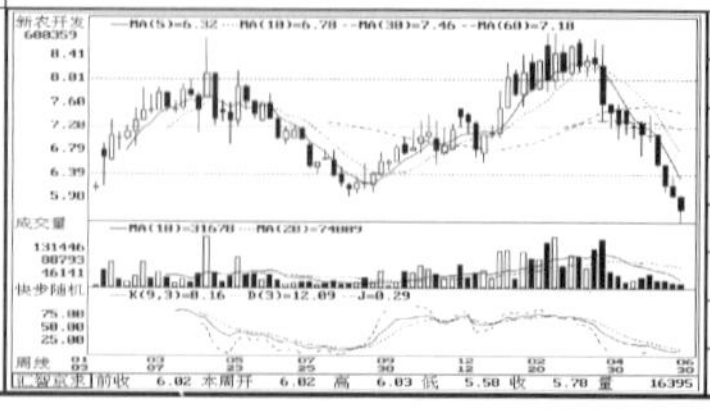

2003年涨跌幅(%)	15.01
2003年最高(元)	8.69
2003年最低(元)	6.00
2003年换手率(%)	173.07
2004.06涨跌幅(%)	-18.01
2004.06最高(元)	8.82
2004.06最低(元)	5.58
2004.06换手率(%)	161.02

吉林华微电子股份有限公司

公司概况

公司名称	吉林华微电子股份有限公司	股票代码	600360
注册地址	吉林省吉林市深圳街99号	邮政编码	132013
法人代表	夏增文	董秘	丁大月
电话	0432-4678411	传真	0432-4665812
主营业务	功率半导体器件		
总股本	11800.00	流通A	5000.00
流通B		流通H	
审计单位		审计意见	未审计

主要财务指标

年度	2004.6	2003	2002
每股收益/扣除后(元)	0.1603	0.3000	0.2300
每股经营现金流量(元)	0.2730	1.1100	0.4100
每股净资产/调整后(元)	5.2800	5.2100	4.9000
每股公积金(元)	3.5122	3.5122	3.4950
净资产收益率(%)	2.9100	6.0500	4.5200
总资产(万元)	137283.30	142784.36	107230.58
股东权益(万元)	63700.30	63026.62	59008.65
未分配利润(万元)	8700.55	8026.88	4783.77
主营收入(万元)	18614.71	37153.70	28412.37
资本公积金(万元)	41443.48	41443.48	41240.93
主营利润(万元)	6494.22	12368.33	8761.68
其他业务利润(万元)	177.13	398.62	-13.66
营业利润(万元)	2219.43	4117.20	2706.06
投资收益(万元)	-48.60	291.55	13.25
补贴收入(万元)		19.81	19.81
营业外收支(万元)	10.29	-24.18	0.42
利润总额(万元)	2181.13	4404.38	2661.48
净利润(万元)	1853.68	3815.41	2664.42

十大股东

序号	股东名称	股份性质	持股数(万股)	比例(%)
1	上海盈瀚科技实业有限公司	境内法人股	3372.65	28.58
2	吉林华星电子股份有限公司	国有法人股	3227.35	27.35
3	金鑫证券投资基金	流通A股	219.78	1.86
4	同盛证券投资基金	流通A股	188.42	1.60
5	金盛证券投资基金	流通A股	146.88	1.24
6	华安创新证券投资基金	流通A股	135.84	1.15
7	国泰金鹰增长证券投资基金	流通A股	135.55	1.15
8	金泰证券投资基金	流通A股	119.35	1.01
9	上海申能创业投资有限公司	流通A股	100.15	0.85
10	金鼎证券投资基金	流通A股	79.64	0.67

股东人数	2004.6	2003.12	2003.6	2002
	20617	27201	28821	30103

近年分配	2004年6月16日10派1.00	近年配股/增发	

重大事项

公司于2004年3月23日召开的2003年度股东大会审议通过了《2004年利润分配预案》:以2003年末总股本118,000,000股为基数,向全体股东每10股派送现金红利1元(含税),共计分配11,800,000元。公司已于2004年6月10日在《中国证券报》、《上海证券报》刊登了上述方案的实施公告,并且已在报告期内实施完毕。

二〇〇三年以来市场表现

2003年涨跌幅(%)	-21.42
2003年最高(元)	13.37
2003年最低(元)	8.20
2003年换手率(%)	111.02
2004.06涨跌幅(%)	32.53
2004.06最高(元)	16.50
2004.06最低(元)	9.08
2004.06换手率(%)	200.52

北京华联综合超市股份有限公司

公司概况

公司名称	北京华联综合超市股份有限公司	股票代码	600361
注册地址	北京市西城区阜外大街1号四川经贸大厦负2层3号	邮政编码	100037
法人代表	赵国清	董秘	牛晓华
电话	010-88363718	传真	010-68364733
主营业务	百货、食品、服装		
总股本	25114.58	流通A	10000.00
流通B		流通H	
审计单位	北京京都会计师事务所	审计意见	标准无保留

主要财务指标

年度	2004.6	2003	2002
每股收益/扣除后(元)	0.1371	0.5300	0.2500
每股经营现金流量(元)	0.3860	3.7600	1.0600
每股净资产/调整后(元)	2.1100	3.9300	3.9100
每股公积金(元)	0.9418	2.8810	2.8708
净资产收益率(%)	5.6000	10.2000	6.1700
总资产(万元)	202709.62	221085.62	233325.53
股东权益(万元)	64434.21	63307.57	59233.61
未分配利润(万元)	12621.53	11527.26	8853.56
主营收入(万元)	231492.19	441729.34	263641.81
资本公积金(万元)	23652.37	36177.30	36049.16
主营利润(万元)	25269.63	50435.20	38182.43
其他业务利润(万元)	15501.95	27886.16	-90.83
营业利润(万元)	5116.97	10105.05	6857.21
投资收益(万元)	-18.26	-19.13	-19.13
补贴收入(万元)	10.00		
营业外收支(万元)	182.14	-346.36	-1.61
利润总额(万元)	5290.85	9739.57	7140.39
净利润(万元)	3605.73	6457.29	3655.52

十大股东

序号	股东名称	股份性质	持股数(万股)	比例(%)
1	北京华联集团投资控股有限公司	境内法人股	7708.44	30.69
2	北京华联商厦股份有限公司	境内法人股	4534.37	18.05
3	海口金绥实业有限公司	境内法人股	1662.60	6.62
4	海南亿雄商业投资管理有限公司	境内法人股	1209.17	4.81
5	招商银行股份有限公司-招商股票投资基金	流通A股	272.71	1.09
6	北京中鸿盛业科贸有限公司	流通A股	66.21	0.26
7	中国银行-招商先锋证券投资基金	流通A股	46.18	0.18
8	洋浦华洲投资有限公司	流通A股	34.32	0.14
9	招商银行股份有限公司-招商平衡型证券投资基金	流通A股	32.76	0.13
10	钱红兵	流通A股	21.61	0.09

股东人数	2004.6	2003.12	2003.6	2002
	7555	5045	5880	

近年分配	2004年5月28日10派2.00	近年配股/增发	2004年5月28日10转10

重大事项

2004年5月9日召开的公司2003年年度股东大会审议通过《关于2003年年度利润分配预案》以及《关于公司2003年年度资本公积金转增股本的预案》。公司将以2003年12月31日的公司总股本125,572,900股为基数实施利润分配,分配方案为:每10股公司股份派发现金红利人民币2.00元(含税);2003年度公司资本公积转增股本方案为:公司以2003年年末总股本125,572,900股为基数,每10股以资本公积金转增10股,共计转增125,572,900股。

二〇〇三年以来市场表现

2003年涨跌幅(%)	-12.73
2003年最高(元)	7.80
2003年最低(元)	5.80
2003年换手率(%)	56.55
2004.06涨跌幅(%)	13.15
2004.06最高(元)	8.90
2004.06最低(元)	6.09
2004.06换手率(%)	44.25

江西铜业股份有限公司

公司概况

公司名称	江西铜业股份有限公司		股票代码	600362	
注册地址	江西省贵溪市冶金大道15号		邮政编码	335424	
法人代表	何昌明		董秘	黄东风	
电话	0701-3777735		传真	0701-3777013	
主营业务	铜的采矿、选矿、熔炼及精炼				
总股本	266403.81	流通A	23000.00	流通B	流通H 115648.20
审计单位			审计意见	未审计	

主要财务指标

年度	2004.6	2003	2002
每股收益/扣除后(元)	0.2411	0.2000	0.0700
每股经营现金流量(元)	0.2590	0.1300	0.2900
每股净资产/调整后(元)	2.0800	1.9600	1.7400
每股公积金(元)	0.5168	0.5168	0.4853
净资产收益率(%)	11.2700	9.6200	3.6400
总资产(万元)	1058731.00	1016925.50	882313.81
股东权益(万元)	555835.87	525162.56	466238.25
未分配利润(万元)	96990.50	34348.73	33478.61
主营收入(万元)	484891.00	542089.06	332707.28
资本公积金(万元)	137674.70	137674.70	129274.70
主营利润(万元)	80476.11	107645.26	61490.72
其他业务利润(万元)	19290.45	-3934.58	-15.60
营业利润(万元)	72686.04	57116.00	21049.44
投资收益(万元)	-1157.50	-174.98	283.61
补贴收入(万元)			
营业外收支(万元)	-2676.47	-3176.20	162.19
利润总额(万元)	68852.06	53764.82	17333.66
净利润(万元)	62641.77	50524.31	16950.43

十大股东

序号	股东名称	股份性质	持股数(万股)	比例(%)
1	江西铜业集团公司	国有法人股	127555.62	47.88
2	HKSCC NOMINEES LIMITED	流通H股	114565.60	43.00
3	中国工商银行-同益证券投资基金	流通A股	892.22	0.33
4	全国社保基金一零三组合	流通A股	754.26	0.28
5	兴和证券投资基金	流通A股	753.01	0.28
6	中国银行-嘉实成长收益型证券投资基金	流通A股	701.09	0.26
7	裕隆证券投资基金	流通A股	459.99	0.17
8	招商银行股份有限公司-中信经典配置证券投资基金	流通A股	381.29	0.14
9	中原证券股份有限公司	流通A股	368.13	0.14
10	中国工商银行-博时精选股票证券投资基金	流通A股	364.22	0.14

股东人数	2004.6	2003.12	2003.6	2002
	51915	48950	78926	79457

近年分配	2004年6月2日10派1.20	近年配股/增发	

重大事项

二零零四年五月十九日召开的二零零三年度股东大会审议通过了分红派息议案。即以二零零三年末总股本2,664,038,200股为基数，向全体股东每股派发末期股息每股为人民币0.12元(A股含税)，总额为人民币319,684,584元。该股东周年大会决议公告已刊登于二零零四年五月二十一日的《中国证券报》、《上海证券报》、《证券时报》、《香港经济日报》及《The Standard》报刊上。

二○○三年以来市场表现

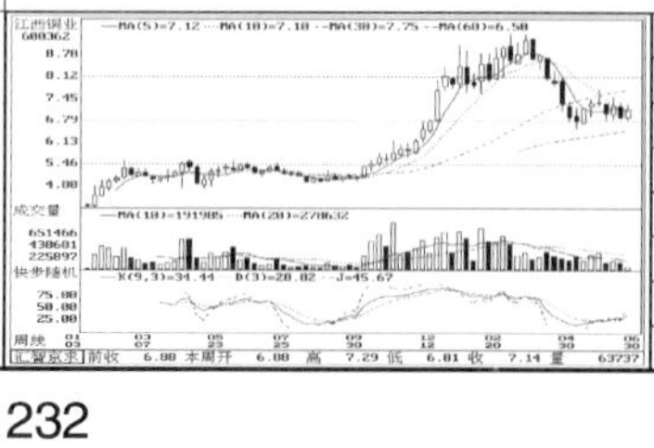

2003年涨跌幅(%)	89.60
2003年最高(元)	8.27
2003年最低(元)	3.98
2003年换手率(%)	561.89
2004.06涨跌幅(%)	-6.79
2004.06最高(元)	9.33
2004.06最低(元)	6.43
2004.06换手率(%)	339.33

江西联创光电科技股份有限公司

公司概况

公司名称	江西联创光电科技股份有限公司		股票代码	600363	
注册地址	南昌国家高新开发区京东大道168号		邮政编码	330029	
法人代表	程德保		董秘	姚伟彪	
电话	0791-8161878		传真	0791-8162001	
主营业务	光电器件				
总股本	24720.45	流通A	9000.00	流通B	流通H
审计单位			审计意见	未审计	

主要财务指标

年度	2004.6	2003	2002
每股收益/扣除后(元)	0.0677	0.1615	0.1884
每股经营现金流量(元)	0.0200	0.1827	0.3565
每股净资产/调整后(元)	2.7160	2.7047	2.5151
每股公积金(元)	1.3124	1.3124	1.3062
净资产收益率(%)	2.9700	6.9100	7.4300
总资产(万元)	170097.55	154687.69	126253.91
股东权益(万元)	67517.38	67485.14	62733.57
未分配利润(万元)	4365.81	4333.57	1424.52
主营收入(万元)	57553.88	86511.23	74535.01
资本公积金(万元)	32444.25	32444.25	32288.72
主营利润(万元)	13861.40	23877.05	20136.49
其他业务利润(万元)	591.60	523.38	-8.64
营业利润(万元)	4426.03	8374.35	7184.48
投资收益(万元)	-86.72	-16.69	-10.28
补贴收入(万元)	133.72	443.22	-112.89
营业外收支(万元)	-110.53	-493.86	-8.23
利润总额(万元)	4362.50	8307.02	7285.97
净利润(万元)	2009.88	4663.18	4661.74

十大股东

序号	股东名称	股份性质	持股数(万股)	比例(%)
1	江西电子集团公司	国有法人股	7620.95	30.83
2	江西电线电缆总厂	国有法人股	5151.68	20.84
3	江西华声通信集团	国有法人股	2548.13	10.31
4	李春辉	流通A股	220.28	0.89
5	江西清华泰豪科技集团公司	境内法人股	199.80	0.81
6	招商银行股份有限公司-招商股票证券投资基金	流通A股	163.49	0.66
7	中国农业银行江西省井冈山培训中心	国有法人股	100.00	0.40
8	江西红声器材厂	国有法人股	99.90	0.40
9	上海淀山湖新城发展有限公司	流通A股	80.38	0.33
10	交通银行-金鹰中小盘精选证券投资基金	流通A股	71.56	0.29

股东人数	2004.6	2003.12	2003.6	2002
	40171	43519	45040	43577

近年分配	2004年6月17日10派0.80	近年配股/增发	

重大事项

2004年4月24日，公司2003年年度股东大会审议通过2003年度利润分配方案。该方案以公司2003年末总股本247204500为基数，向全体股东每10股派现金人民币0.8元(含税)，分配后尚余未分配利润人民币23,544,633.61元结转以后年度分配。公司2003年度不进行资本公积金转增股本。

二○○三年以来市场表现

2003年涨跌幅(%)	-20.17
2003年最高(元)	9.91
2003年最低(元)	5.60
2003年换手率(%)	213.00
2004.06涨跌幅(%)	35.64
2004.06最高(元)	9.56
2004.06最低(元)	5.78
2004.06换手率(%)	251.10

通化葡萄酒股份有限公司

公司概况

公司名称	通化葡萄酒股份有限公司	股票代码	600365
注册地址	吉林省通化市前兴路28号	邮政编码	134002
法人代表	王鹏	董秘	高振才
电话	0435-3948012	传真	0435-3949616
主营业务	原汁葡萄酒		

总股本	14000.00	流通A	6000.00	流通B		流通H	
审计单位				审计意见	未审计		

主要财务指标

年度	2004.6	2003	2002
每股收益/扣除后(元)	0.0142	0.0263	0.0507
每股经营现金流量(元)	-0.0910	0.3890	-0.1047
每股净资产/调整后(元)	3.6010	3.6502	3.6046
每股公积金(元)	2.5047	2.5047	2.5047
净资产收益率(%)	0.3750	0.9370	1.7474
总资产(万元)	62011.46	61240.87	65066.29
股东权益(万元)	53265.18	53065.68	52568.48
未分配利润(万元)	3263.14	3063.64	2641.02
主营收入(万元)	2404.87	8754.43	10246.33
资本公积金(万元)	35066.13	35066.13	35066.13
主营利润(万元)	718.73	2943.90	3562.40
其他业务利润(万元)	1.93	-2.70	0.06
营业利润(万元)	304.19	951.33	1603.12
投资收益(万元)	0.22	0.85	
补贴收入(万元)			
营业外收支(万元)	0.32	4.64	0.05
利润总额(万元)	304.73	956.82	1662.47
净利润(万元)	199.50	497.20	918.57

十大股东

序号	股东名称	股份性质	持股数(万股)	比例(%)
1	通化长生农业综合经济开发公司	境内法人股	4070.40	29.07
2	通化东宝药业股份有限公司	境内法人股	3368.80	24.06
3	通化石油工具股份有限公司	境内法人股	560.80	4.01
4	严建定	流通A股	174.05	1.24
5	竺大可	流通A股	127.90	0.91
6	兴和证券投资基金	流通A股	35.98	0.26
7	谢长弟	流通A股	25.71	0.18
8	胡柏君	流通A股	16.00	0.11
9	徐春祥	流通A股	15.51	0.11
10	张千群	流通A股	14.69	0.10

股东人数	2004.6	2003.12	2003.6	2002
	33556	36700	38525	39132

近年分配		近年配股/增发	

重大事项

2004年3月2日,公司收到从国家工商行政管理总局商标局文件(商标驰字[2004]第37号),根据《商标法》、《商标法实施条例》及《驰名商标认定和保护规定》的有关规定,经审查研究,认定通化葡萄酒股份有限公司使用在商标注册用品和服务国际分类等33类葡萄酒商标上的"通化"注册商标为驰名商标。

二〇〇三年以来市场表现

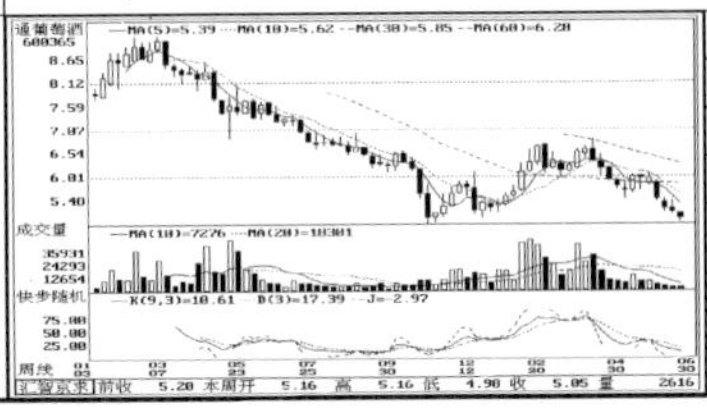

2003年涨跌幅(%)	-33.04
2003年最高(元)	9.08
2003年最低(元)	4.95
2003年换手率(%)	109.13
2004.06涨跌幅(%)	-4.54
2004.06最高(元)	6.82
2004.06最低(元)	4.98
2004.06换手率(%)	76.38

宁波韵升股份有限公司

公司概况

公司名称	宁波韵升股份有限公司	股票代码	600366
注册地址	浙江省宁波市江东民安路348号	邮政编码	315040
法人代表	竺韵德	董秘	傅健杰
电话	0574-87776804	传真	0574-87776466
主营业务	钕铁硼产品		

总股本	28597.50	流通A	8320.50	流通B		流通H	
审计单位				审计意见	未审计		

主要财务指标

年度	2004.6	2003	2002
每股收益/扣除后(元)	0.0375	0.1488	0.1755
每股经营现金流量(元)	0.8070	0.1899	0.2596
每股净资产/调整后(元)	2.2040	2.1349	1.9733
每股公积金(元)	0.6414	0.6414	0.6387
净资产收益率(%)	3.3800	8.1700	9.0600
总资产(万元)	166284.61	152783.08	110942.57
股东权益(万元)	65245.42	62381.42	56833.24
未分配利润(万元)	7831.85	6706.07	2367.64
主营收入(万元)	60217.28	131891.73	70906.34
资本公积金(万元)	18343.23	18343.23	18265.12
主营利润(万元)	8819.63	19001.59	14407.72
其他业务利润(万元)	401.26	630.16	-362.93
营业利润(万元)	1841.92	7080.47	7202.19
投资收益(万元)	66.39	-62.08	32.49
补贴收入(万元)	1122.97	940.04	-28.65
营业外收支(万元)	175.39	-234.01	-1.87
利润总额(万元)	3206.68	7724.43	7832.66
净利润(万元)	2169.84	5095.17	5149.55

十大股东

序号	股东名称	股份性质	持股数(万股)	比例(%)
1	宁波韵声精机公司	境内法人股	17162.00	60.01
2	宁波中建房地产开发公司	国有法人股	2025.00	7.08
3	中国机电出口产品投资公司	国有法人股	1090.00	3.81
4	广州证券有限责任公司	流通A股	860.27	3.01
5	国联安德盛小盘精选证券投资基金	流通A股	314.50	1.10
6	全国社保基金一零三组合	流通A股	297.89	1.04
7	兴业证券投资基金	流通A股	145.00	0.51
8	竺韵德	流通A股	133.65	0.47
9	史正文	流通A股	84.62	0.30
10	浙江景源贸易有限公司	流通A股	49.56	0.17

股东人数	2004.6	2003.12	2003.6	2002
	11617	11847	11358	9356

近年分配		近年配股/增发	

重大事项

宁波韵声精机公司租赁本公司的办公用房及相关办公设备,签订租房等协议,协议规定宁波韵声精机公司2004年应付股份公司房租费等计216万元,报告期内宁波韵声精机公司已支付公司房租费等108万元。

二〇〇三年以来市场表现

2003年涨跌幅(%)	-25.63
2003年最高(元)	11.33
2003年最低(元)	6.03
2003年换手率(%)	123.42
2004.06涨跌幅(%)	-7.70
2004.06最高(元)	8.87
2004.06最低(元)	6.40
2004.06换手率(%)	99.16

贵州红星发展股份有限公司

公司概况

公司名称	贵州红星发展股份有限公司			股票代码	600367		
注册地址	贵州省安顺地区镇宁县丁旗镇			邮政编码	561206		
法人代表	姜志光			董秘	温霞		
电话	0853-6780066,6780388			传真	0853-6780074,6780388		
主营业务	无机化工产品						
总股本	29120.00	流通 A	8736.00	流通 B		流通 H	
审计单位				审计意见	未审计		

主要财务指标

年度	2004.6	2003	2002
每股收益/扣除后(元)	0.1992	0.5900	0.7400
每股经营现金流量(元)	0.1410	0.4400	0.7700
每股净资产/调整后(元)	2.6700	4.0900	5.0700
每股公积金(元)	0.9737	1.8579	2.8011
净资产收益率(%)	7.1900	14.6000	15.9100
总资产(万元)	121990.30	111265.35	97005.02
股东权益(万元)	78408.01	74725.12	63384.40
未分配利润(万元)	2776.29	16553.44	9477.21
主营收入(万元)	40715.57	69115.04	50370.18
资本公积金(万元)	28353.75	33813.75	36413.75
主营利润(万元)	17558.47	31331.42	25147.69
其他业务利润(万元)	119.34	6.63	0.07
营业利润(万元)	9152.11	15966.85	13734.88
投资收益(万元)	-139.26	20.79	-87.82
补贴收入(万元)			
营业外收支(万元)	-52.94	-14.36	0.19
利润总额(万元)	8959.91	15973.28	13586.16
净利润(万元)	5638.49	10906.92	9522.89

十大股东

序号	股东名称	股份性质	持股数(万股)	比例(%)
1	青岛红星化工集团有限责任公司	国有法人股	19976.32	68.60
2	安顺证券投资基金	流通 A 股	680.00	2.34
3	裕隆证券投资基金	流通 A 股	399.50	1.37
4	国联安德盛小盘精选证券投资基金	流通 A 股	301.90	1.04
5	裕阳证券投资基金	流通 A 股	297.49	1.02
6	广发证券股份有限公司	流通 A 股	206.88	0.71
7	华宝兴业多策略增长证券投资基金	流通 A 股	200.34	0.69
8	安瑞证券投资基金	流通 A 股	177.00	0.61
9	安顺地区国有资产投资营运有限公司	境内法人股	145.60	0.50
10	招商股份投资基金	流通 A 股	142.92	0.49

股东人数	2004.6	2003.12	2003.6	2002
	16897	17387	18800	17625

近年分配	2004 年 5 月 21 日 10 派 1.00	近年配股/增发	2004 年 5 月 21 日 10 送 3 转 3

重大事项

2004 年 4 月 28 日召开的公司 2003 年度股东大会上审议通过了公司成立董事会专门委员会的议案，同时审议通过多个规章制度及实施细则。通过成立董事会专门委员会，以及规章制度的实施，进一步完善了公司董事会的职能，规范了公司董事会的运作。2004 年 3 月 12 日召开的公司第二届董事会第八次会议上审议通过了《贵州红星发展股份有限公司投资者关系管理办法》。

二〇〇三年以来市场表现

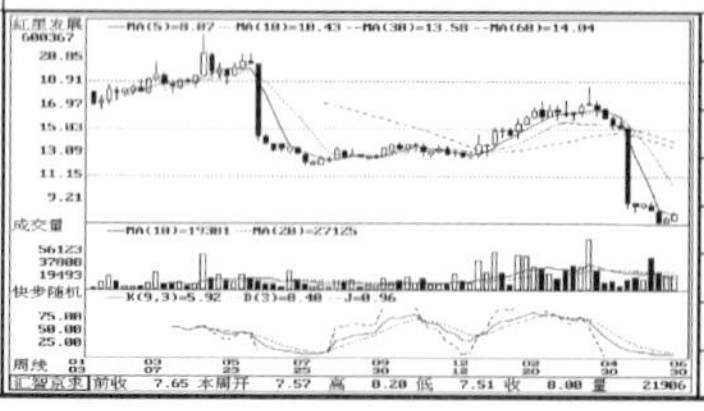

2003 年涨跌幅(%)	4.25
2003 年最高(元)	10.02
2003 年最低(元)	7.24
2003 年换手率(%)	74.77
2004.06 涨跌幅(%)	-3.75
2004.06 最高(元)	11.46
2004.06 最低(元)	7.27
2004.06 换手率(%)	78.12

广西五洲交通股份有限公司

公司概况

公司名称	广西五洲交通股份有限公司			股票代码	600368		
注册地址	广西壮族自治区南宁市新民路 48 号			邮政编码	530012		
法人代表	王维平			董秘	陈仕岳		
电话	0771-2838485			传真	0771-2115590		
主营业务	公路建设、经营管理						
总股本	44200.00	流通 A	10200.00	流通 B		流通 H	
审计单位				审计意见	未审计		

主要财务指标

年度	2004.6	2003	2002
每股收益/扣除后(元)	0.0813	0.1800	0.2600
每股经营现金流量(元)	0.1270	0.3300	0.4100
每股净资产/调整后(元)	2.7300	2.7500	2.5200
每股公积金(元)	0.8327	0.8327	0.8327
净资产收益率(%)	3.0200	8.3200	10.4500
总资产(万元)	153374.16	150519.28	144618.16
股东权益(万元)	120622.67	121394.28	111294.17
未分配利润(万元)	22539.93	18891.54	14726.45
主营收入(万元)	8342.75	17441.74	18839.96
资本公积金(万元)	36806.65	36806.65	36806.65
主营利润(万元)	5190.07	11110.05	12643.27
其他业务利润(万元)	54.53	2785.65	1725.72
营业利润(万元)	4261.38	12406.29	13705.58
投资收益(万元)	-3.64	-46.61	158.10
补贴收入(万元)			
营业外收支(万元)		-315.31	-0.88
利润总额(万元)	4257.74	12044.38	13794.58
净利润(万元)	3648.38	10100.11	11629.62

十大股东

序号	股东名称	股份性质	持股数(万股)	比例(%)
1	广西壮族自治区高速公路管理局	国家股	13480.00	30.50
2	华建交通经济开发中心	国有法人股	8520.00	19.28
3	广西壮族自治区公路管理局	国有法人股	6400.00	14.48
4	广西民族经济发展资金管理局	国有法人股	4600.00	10.41
5	广西壮族自治区公路运输管理局	国有法人股	1000.00	2.26
6	兴和证券投资基金	流通 A 股	69.10	0.16
7	黄国明	流通 A 股	22.37	0.05
8	朱朝晖	流通 A 股	13.47	0.03
9	邓丽华	流通 A 股	13.00	0.03
10	林媛贞	流通 A 股	10.00	0.02

股东人数	2004.6	2003.12	2003.6	2002
	64195	65432	67873	70217

近年分配	2004 年 6 月 24 日 10 派 1.00	近年配股/增发	

重大事项

2004 年 5 月 13 日，公司 2003 年年度股东大会决议通过了公司 2003 年度利润分配方案，以 2003 年 12 月 31 日止的总股本 44,200 万股为基数，向全体股东每 10 股派现 1 元(含税)，本年度不送红股也不进行公积金转增股本。根据 2004 年 6 月 15 日召开的公司 2003 年度股东大会通过的决议，2003 年度利润分配方案是：以 2003 年末公司总股本 4.1 亿股为基数，向全体股东每 10 股派发现金红利 1.0 元(含税)，共计派发现金 41,000,000.00 元。公司定于 2004 年 7 月 19 日为股权登记日；2004 年 7 月 20 日为除息日；2004 年 7 月 26 日为现金红利发放日。

二〇〇三年以来市场表现

2003 年涨跌幅(%)	-19.20
2003 年最高(元)	9.06
2003 年最低(元)	5.50
2003 年换手率(%)	64.13
2004.06 涨跌幅(%)	-13.98
2004.06 最高(元)	7.64
2004.06 最低(元)	5.49
2004.06 换手率(%)	66.01

重庆长江水运股份有限公司

公司概况

公司名称	重庆长江水运股份有限公司			股票代码	600369		
注册地址	重庆市涪陵区中山东路2号			邮政编码	400011		
法人代表	陈建威			董秘	饶正力		
电话	023-63819926			传真	023-63819708		
主营业务	水上客、货运输						
总股本	17230.00	流通A	7255.75	流通B		流通H	
审计单位				审计意见	未审计		

主要财务指标

年度	2004.6	2003	2002
每股收益/扣除后(元)	-0.1806	-0.4300	0.1400
每股经营现金流量(元)	-0.2640	-0.2570	0.0670
每股净资产/调整后(元)	2.6740	2.8900	3.2970
每股公积金(元)	2.0383	2.0383	2.0368
净资产收益率(%)	-7.2180	-14.9600	3.2730
总资产(万元)	133460.48	137534.37	131752.84
股东权益(万元)	46825.96	50289.68	57150.23
未分配利润(万元)	-9434.14	-6054.09	830.78
主营收入(万元)	3676.25	8265.27	15568.73
资本公积金(万元)	35120.56	35120.56	35094.84
主营利润(万元)	-200.82	170.10	4552.55
其他业务利润(万元)	-90.37	429.53	8.28
营业利润(万元)	-3131.76	-5711.56	650.53
投资收益(万元)	-155.52	87.53	1681.28
补贴收入(万元)	39.53	81.94	81.94
营业外收支(万元)	-175.65	-2093.29	-3.56
利润总额(万元)	-3423.40	-7635.38	2027.08
净利润(万元)	-3380.05	-7523.95	1870.39

十大股东

序号	股东名称	股份性质	持股数(万股)	比例(%)
1	重庆市涪陵国有资产经营公司	国家股	2888.80	16.77
2	华融投资	法人股	2325.00	13.49
3	温洲新城投资管理有限公司	法人股	1860.00	10.80
4	北海现代投资股份	法人股	1640.30	9.52
5	四川省港航开发	法人股	775.00	4.50
6	北京和泉投资	法人股	465.00	2.70
7	薛国平	法人股	48.72	0.28
8	熊广明	自然人股	39.29	0.23
9	许银财	自然人股	38.50	0.22
10	吴艳春	自然人股	24.12	0.14

股东人数	2004.6	2003.12	2003.6	2002
	27343	31880	34133	33501

近年分配		近年配股/增发	

重大事项

2004年1月18日,公司以通讯表决方式召开四届董事会第八次会议。会议审议通过了《关于为佛山宝达船舶工程有限公司担保的议案》:同意为佛山宝达船舶工程有限公司向深圳发展银行佛山支行借款1,000万元人民币提供担保,担保期限以公司与银行签订的正式担保合同为准。

二〇〇三年以来市场表现

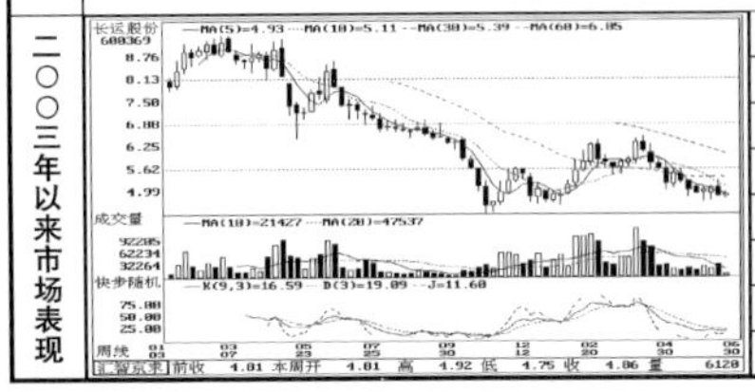

2003年涨跌幅(%)	-42.67
2003年最高(元)	9.39
2003年最低(元)	4.36
2003年换手率(%)	242.35
2004.06涨跌幅(%)	3.62
2004.06最高(元)	6.51
2004.06最低(元)	4.58
2004.06换手率(%)	168.30

江苏三房巷实业股份有限公司

公司概况

公司名称	江苏三房巷实业股份有限公司			股票代码	600370		
注册地址	江苏省江阴市周庄镇三房巷村			邮政编码	214423		
法人代表	卞平刚			董秘	张民		
电话	0510-6229867			传真	0510-6229823		
主营业务	化纤原料及制品、棉制品						
总股本	15826.00	流通A	5500.00	流通B		流通H	
审计单位				审计意见	未审计		

主要财务指标

年度	2004.6	2003	2002
每股收益/扣除后(元)	0.1968	0.2600	0.3800
每股经营现金流量(元)	0.3400	0.0700	0.2800
每股净资产/调整后(元)	4.0200	3.9700	
每股公积金(元)	2.3531	2.3531	0.1927
净资产收益率(%)	4.9700	6.5800	20.6600
总资产(万元)	128950.39	105904.65	49164.74
股东权益(万元)	63675.26	62886.23	19064.74
未分配利润(万元)	4304.00	1141.08	
主营收入(万元)	41960.68	78470.14	60803.31
资本公积金(万元)	37240.55	37240.55	3050.31
主营利润(万元)	5959.80	9327.86	7857.79
其他业务利润(万元)	3.05	273.35	-0.02
营业利润(万元)	4568.76	5948.60	5900.11
投资收益(万元)	40.00	50.00	40.00
补贴收入(万元)	72.32	44.24	1.01
营业外收支(万元)	-72.24	-134.82	-13.27
利润总额(万元)	4608.84	5908.02	5894.22
净利润(万元)	3162.93	4135.27	3938.67

十大股东

序号	股东名称	股份性质	持股数(万股)	比例(%)
1	江苏三房巷集团有限公司	境内法人股	8067.85	50.98
2	江阴市化学纤维厂	境内法人股	2000.00	12.64
3	北京千秋基业投资顾问有限公司	流通A股	33.59	0.21
4	方日照	流通A股	19.80	0.13
5	杨惠占	流通A股	13.91	0.09
6	周志丹	流通A股	13.46	0.09
7	沈二妹	流通A股	11.36	0.07
8	何志刚	流通A股	11.20	0.07
9	何福康	流通A股	11.20	0.07
10	陆晖	流通A股	11.07	0.07

股东人数	2004.6	2003.12	2003.6	2002
	23262	28275	32220	

近年分配	2004年5月27日10派1.50	近年配股/增发	

重大事项

本公司租用江苏三房巷集团有限公司土地面积,共22,677.8平方米,每平方米月租金为0.7元人民币,租赁土地年租金为19.05万元人民币,每年12月31日前支付结清。报告期末支付土地租赁费。

二〇〇三年以来市场表现

2003年涨跌幅(%)	0.00
2003年最高(元)	11.65
2003年最低(元)	6.86
2003年换手率(%)	299.48
2004.06涨跌幅(%)	-3.31
2004.06最高(元)	8.95
2004.06最低(元)	7.02
2004.06换手率(%)	106.93

黑龙江华冠科技股份有限公司

公司概况

公司名称	黑龙江华冠科技股份有限公司	股票代码	600371
注册地址	哈尔滨市南岗区玉山路 18 号	邮政编码	150090
法人代表	付华廷	董秘	霍光
电话	0451-82368448-8807	传真	0451-82368448
主营业务	生产、销售农产品		
总股本	15500.00	流通 A	6200.00
流通 B		流通 H	
审计单位		审计意见	未审计

主要财务指标

年度	2004.6	2003	2002
每股收益/扣除后(元)	0.0811	0.1100	0.1600
每股经营现金流量(元)	0.3180	–0.3670	0.1160
每股净资产/调整后(元)	1.8200	1.7500	2.5600
每股公积金(元)	0.2960	0.2960	0.9082
净资产收益率(%)	4.0000	6.2500	6.2200
总资产(万元)	50727.43	66482.26	31032.79
股东权益(万元)	28546.73	27305.10	25593.16
未分配利润(万元)	6118.00	4919.16	4969.74
主营收入(万元)	24756.33	27887.45	15989.63
资本公积金(万元)	4587.38	4587.38	9081.68
主营利润(万元)	6893.73	8498.25	3574.90
其他业务利润(万元)	–3.22	134.39	–0.94
营业利润(万元)	819.83	2648.53	2370.32
投资收益(万元)	–183.31	–261.09	
补贴收入(万元)	1434.73	1345.66	1345.66
营业外收支(万元)	–14.78	28.78	–0.00
利润总额(万元)	2056.48	3761.89	2370.70
净利润(万元)	1241.63	1706.24	1591.05

十大股东

序号	股东名称	股份性质	持股数(万股)	比例(%)
1	黑龙江富华集团总公司	境内法人股	4254.75	27.45
2	万向三农有限公司	境内法人股	3681.25	23.75
3	哈尔滨曼哈顿多元集团公司	境内法人股	1085.00	7.00
4	民生证券有限责任公司	流通 A 股	200.48	1.29
5	上海东信投资管理有限公司	境内法人股	186.00	1.20
6	季静	流通 A 股	75.01	0.48
7	哈尔滨澳克斯商贸公司	境内法人股	66.65	0.43
8	李晓峰	流通 A 股	28.99	0.19
9	三联正丰	流通 A 股	27.57	0.18
10	哈尔滨安平消防设施安装有限公司	境内法人股	26.35	0.17

股东人数	2004.6	2003.12	2003.6	2002
	22036	17123	15545	

近年分配		近年配股/增发	

重大事项

因与山东德农农资超市有限公司的往来款纠纷，于 2004 年 5 月 25 日接到济南市中级人民法院(2004)济民四初字 72 号民事裁定书，对方要求偿还 2900 万元借款及孳息，并已对公司持有的北京德农种业有限公司 75%股权进行了诉讼财产保全冻结，定于 2004 年 8 月 21 日开庭审理本案。

二〇〇三年以来市场表现

2003 年涨跌幅(%)	–48.27
2003 年最高(元)	11.43
2003 年最低(元)	4.83
2003 年换手率(%)	420.31
2004.06 涨跌幅(%)	–7.61
2004.06 最高(元)	8.36
2004.06 最低(元)	5.10
2004.06 换手率(%)	377.05

江西昌河汽车股份有限公司

公司概况

公司名称	江西昌河汽车股份有限公司	股票代码	600372
注册地址	江西省景德镇	邮政编码	333002
法人代表	徐恒武	董秘	杜端甫
电话	0798-8448974,8462778	传真	0798-8448974
主营业务	微型客车		
总股本	41000.00	流通 A	11000.00
流通 B		流通 H	
审计单位		审计意见	未审计

主要财务指标

年度	2004.6	2003	2002
每股收益/扣除后(元)	0.0430	0.0900	0.2200
每股经营现金流量(元)	0.3140	0.3600	0.8000
每股净资产/调整后(元)	3.1300	3.2000	3.0400
每股公积金(元)	2.0440	2.0440	2.0440
净资产收益率(%)	1.5800	3.7400	6.5100
总资产(万元)	410100.03	388557.84	386729.06
股东权益(万元)	133447.92	135445.34	130393.29
未分配利润(万元)	2395.03	4392.45	39.53
主营收入(万元)	189542.30	415051.37	437298.31
资本公积金(万元)	83802.66	83802.66	83802.04
主营利润(万元)	23432.46	54906.91	67867.52
其他业务利润(万元)	710.56	880.23	–384.28
营业利润(万元)	3484.49	8643.29	13034.76
投资收益(万元)	63.50	104.65	190.85
补贴收入(万元)	133.76	398.90	–0.07
营业外收支(万元)	–181.48	–503.97	9.47
利润总额(万元)	3500.26	8642.87	12132.66
净利润(万元)	212.58	5072.23	8483.85

十大股东

序号	股东名称	股份性质	持股数(万股)	比例(%)
1	江西昌河航空工业有限公司	国有法人股	26189.34	63.88
2	合肥昌河汽车有限公司	境内法人股	3155.36	7.70
3	中国银河证券有限责任公司	流通 A 股	1541.95	3.76
4	中信信托投资有限责任公司	流通 A 股	955.95	2.33
5	哈尔滨东安汽车动力股份有限公司	国有法人股	393.06	0.96
6	中国民用飞机开发公司	国有法人股	131.06	0.32
7	郭彦力	流通 A 股	83.39	0.20
8	赵书丽	流通 A 股	74.27	0.18
9	中国航空工业供销总公司	国有法人股	65.53	0.16
10	安徽江南机械股份有限公司	境内法人股	65.53	0.16

股东人数	2004.6	2003.12	2003.6	2002
	37392	39252	45769	42809

近年分配	2004 年 7 月 20 日 10 派 1.00	近年配股/增发	

重大事项

根据 2004 年 6 月 15 日召开的公司 2003 年度股东大会通过的决议，2003 年度利润分配方案是：以 2003 年末公司总股本 4.1 亿股为基数，向全体股东每 10 股派发现金红利 1.0 元(含税)，共计派发现金 41,000,000.00 元。公司定于 2004 年 7 月 19 日为股权登记日；2004 年 7 月 20 日为除息日；2004 年 7 月 26 日为现金红利发放日。

二〇〇三年以来市场表现

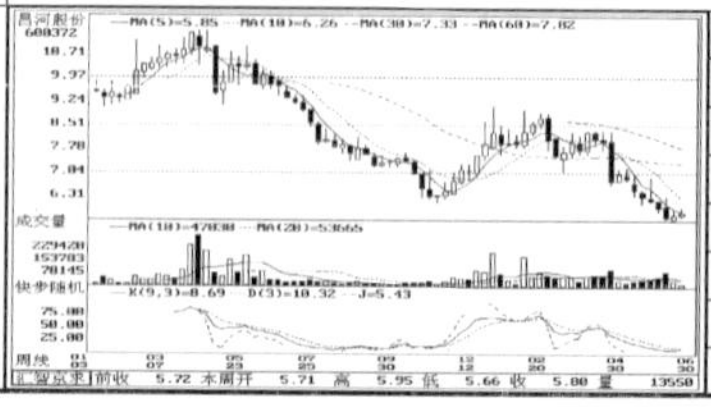

2003 年涨跌幅(%)	–11.09
2003 年最高(元)	11.27
2003 年最低(元)	6.09
2003 年换手率(%)	262.64
2004.06 涨跌幅(%)	–34.83
2004.06 最高(元)	8.97
2004.06 最低(元)	5.58
2004.06 换手率(%)	126.92

江西鑫新实业股份有限公司

公司概况

公司名称	江西鑫新实业股份有限公司	股票代码	600373
注册地址	江西省上饶市南环路2号	邮政编码	334000
法人代表	温显来	董秘	彭震
电话	0793-8222958-6813	传真	0793-8222255
主营业务	中、普档客车及漆包线生产销售		

总股本	12500.00	流通A	4500.00	流通B		流通H	
审计单位				审计意见	未审计		

主要财务指标

年度	2004.6	2003	2002
每股收益/扣除后(元)	0.0380	0.0200	0.0530
每股经营现金流量(元)	–0.0790	0.1500	–0.1300
每股净资产/调整后(元)	2.0200	2.0100	1.9900
每股公积金(元)	0.8392	0.8385	0.8379
净资产收益率(%)	1.7800	1.9700	2.9600
总资产(万元)	69781.39	70605.05	56686.00
股东权益(万元)	26412.02	25933.58	25508.98
未分配利润(万元)	11898.00	2283.06	1927.34
主营收入(万元)	21841.03	39065.48	32394.37
资本公积金(万元)	10490.36	10481.84	10473.49
主营利润(万元)	2849.00	5573.79	4649.03
其他业务利润(万元)	72.32	89.65	–0.54
营业利润(万元)	613.83	595.94	807.70
投资收益(万元)	–8.45	–32.33	–32.03
补贴收入(万元)		500.00	500.00
营业外收支(万元)	–10.20	–203.99	–0.34
利润总额(万元)	595.18	859.63	1246.70
净利润(万元)	469.93	509.71	755.40

十大股东

序号	股东名称	股份性质	持股数(万股)	比例(%)
1	江西上饶信江实业集团有限公司	境内法人股	7813.10	62.50
2	江西长运集团有限公司	国有法人股	37.38	0.30
3	江西铜业集团公司	国有法人股	37.38	0.30
4	江西省投资公司	国有法人股	37.38	0.30
5	常州绝缘材料总厂有限公司	国有法人股	37.38	0.30
6	常州市智通树脂厂	境内法人股	37.38	0.30
7	冯艳芬	流通A股	18.05	0.14
8	许巧珊	流通A股	14.18	0.11
9	张广坤	流通A股	11.00	0.09
10	阳泉泉信实业公司	流通A股	11.00	0.09

股东人数	2004.6	2003.12	2003.6	2002
	21737	23557	24084	24590

近年分配		近年配股/增发	

重大事项

2004年7月20日，公司将持有江西博能鑫新房地产开发有限公司的97.75%股权转让给江西博能房地产开发有限公司。

二〇〇三年以来市场表现

2003年涨跌幅(%)	–36.93
2003年最高(元)	10.33
2003年最低(元)	5.45
2003年换手率(%)	347.11
2004.06涨跌幅(%)	–0.71
2004.06最高(元)	7.39
2004.06最低(元)	5.50
2004.06换手率(%)	145.58

安徽星马汽车股份有限公司

公司概况

公司名称	安徽星马汽车股份有限公司	股票代码	600375
注册地址	安徽省马鞍山经济技术开发区	邮政编码	243061
法人代表	沈伟良	董秘	金方放
电话	0555-8323038	传真	0555-8323038
主营业务	专用汽车(不含小轿车)		

总股本	12498.75	流通A	4500.00	流通B		流通H	
审计单位				审计意见	未审计		

主要财务指标

年度	2004.6	2003	2002
每股收益/扣除后(元)	0.1554	0.6700	1.4600
每股经营现金流量(元)	–0.6000	–1.5300	2.4200
每股净资产/调整后(元)	3.8300	5.8600	2.8300
每股公积金(元)	1.7239	3.0858	0.0458
净资产收益率(%)	4.0600	12.7000	53.84
总资产(万元)	119351.03	98804.41	46600.06
股东权益(万元)	48049.26	49013.21	15096.89
未分配利润(万元)	11188.75	12152.70	7501.41
主营收入(万元)	76759.50	169122.86	118445.71
资本公积金(万元)	21546.55	25712.80	381.50
主营利润(万元)	6279.54	12990.39	17740.86
其他业务利润(万元)	381.89	662.15	–3.69
营业利润(万元)	3341.85	7672.04	12200.28
投资收益(万元)			
补贴收入(万元)		1000.00	1000.00
营业外收支(万元)	15.92	–107.83	1.52
利润总额(万元)	3357.77	8564.20	11817.55
净利润(万元)	1952.43	6224.92	7784.33

十大股东

序号	股东名称	股份性质	持股数(万股)	比例(%)
1	马鞍山华神建材工业有限公司	国有法人股	3840.99	30.73
2	马鞍山金星化工集团有限公司	国有法人股	1446.19	11.57
3	马鞍山经济技术开发区	国有法人股	1039.03	8.31
4	安徽经贸投资集团有限责任公司	国有法人股	903.86	7.23
5	安徽信托投资投资公司	国有法人股	768.69	6.15
6	国信证券有限责任公司	社会流通股	292.68	2.34
7	鹏华行业成长证券投资基金	社会流通股	231.72	1.85
8	北京泰来投资管理有限公司	社会流通股	30.45	0.24
9	程序	社会流通股	27.00	0.22
10	镇江希望投资信息管理有限公司	社会流通股	20.00	0.16

股东人数	2004.6	2003.12	2003.6	2002
	11198	8549	8362	

近年分配	2004年5月20日10派3.50	近年配股/增发	2004年5月20日10转5

重大事项

公司2003年度利润分配方案及公积金转增股本方案为：以2003年末总股本8332.5万股为基数，每10股派发现金红利3.5元(含税)并转增5股。此方案已经2004年4月30日召开的公司2003年度股东大会审议通过，2004年5月15日公司刊登《2003年度利润分配及资本公积金转增股本实施公告》，股权登记日为2004年5月19日，除权除息日为2004年5月20日，新增可流通股份上市日为2004年5月21日，现金红利发放日为2004年5月26日。

二〇〇三年以来市场表现

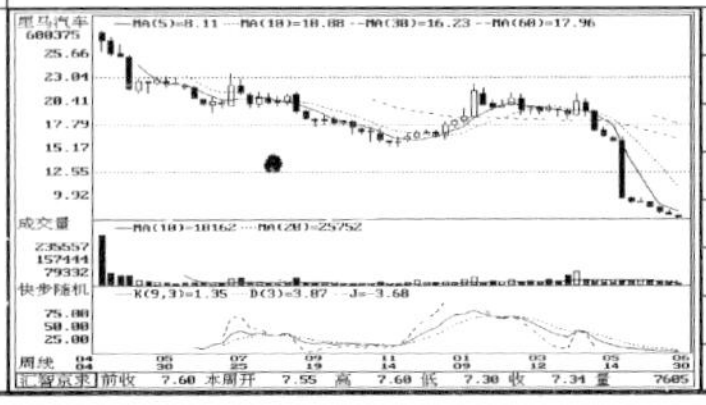

2003年涨跌幅(%)	0.00
2003年最高(元)	18.62
2003年最低(元)	9.95
2003年换手率(%)	342.50
2004.06涨跌幅(%)	–36.21
2004.06最高(元)	14.62
2004.06最低(元)	7.30
2004.06换手率(%)	211.59

北京天鸿宝业房地产股份有限公司

公司概况

公司名称	北京天鸿宝业房地产股份有限公司	股票代码	600376
注册地址	北京市东城区安定门外大街183号京宝花园二层	邮政编码	100011
法人代表	潘刚升	董秘	龚谦炜
电话	010-64401653,64401277	传真	010-64401637
主营业务	房地产的开发与经营		
审计单位		审计意见	未审计

总股本	流通A	流通B	流通H
17320.00	6400.00		

主要财务指标

年度	2004.6	2003	2002
每股收益/扣除后(元)	0.0762	0.1900	0.3800
每股经营现金流量(元)	0.0942	-1.4900	1.7000
每股净资产/调整后(元)	4.0800	4.1500	3.9300
每股公积金(元)	2.1265	2.1265	2.1265
净资产收益率(%)	1.8700	5.1700	9.7600
总资产(万元)	122354.92	121106.09	135420.81
股东权益(万元)	70586.37	71867.50	68152.42
未分配利润(万元)	9590.58	10871.71	7713.89
主营收入(万元)	17435.23	39819.00	123722.26
资本公积金(万元)	36831.62	36831.62	36831.62
主营利润(万元)	4002.15	8743.33	16383.08
其他业务利润(万元)		2.53	2.53
营业利润(万元)	1886.17	5200.27	10927.40
投资收益(万元)	96.82	293.49	211.00
补贴收入(万元)			
营业外收支(万元)	-17.51	-70.80	-2.32
利润总额(万元)	1965.48	5422.96	11083.74
净利润(万元)	1316.87	3715.08	6648.63

十大股东

序号	股东名称	股份性质	持股数(万股)	比例(%)
1	北京天鸿集团公司	国有法人股	5760.00	33.26
2	美都控股股份有限公司	社会法人股	2800.00	16.17
3	深圳金阳投资有限责任公司	国有法人股	1572.80	9.08
4	京华房产有限公司	社会法人股	416.00	2.40
5	北京宝信实业发展有限公司	社会法人股	211.20	1.22
6	北京市房屋建筑设计院	国有法人股	80.00	0.46
7	北京宝华饭店	社会法人股	80.00	0.46
8	中国银河证券有限责任公司	流通股	33.95	0.20
9	李梅	流通股	29.08	0.17
10	张怀义	流通股	20.60	0.12

股东人数	2004.6	2003.12	2003.6	2002
	18690	17099	16411	18582

近年分配	近年配股/增发
2004年6月10日10派1.50	

重大事项

2004年6月23日,公司召开的四届九次董事会审议通过了股份公司与北京天鸿宝威土地开发有限责任公司、北京嘉麟投资有限公司共同对上述三方合资成立的北京天鸿嘉诚房地产开发有限公司增资的议案,股份公司拟增加投资1020万元,总计出资1530万元,仍占天鸿嘉诚51%的股份。

二〇〇三年以来市场表现

2003年涨跌幅(%)	-26.34
2003年最高(元)	15.30
2003年最低(元)	7.01
2003年换手率(%)	142.44
2004.06涨跌幅(%)	-6.70
2004.06最高(元)	10.81
2004.06最低(元)	6.47
2004.06换手率(%)	177.33

江苏宁沪高速公路股份有限公司

公司概况

公司名称	江苏宁沪高速公路股份有限公司	股票代码	600377
注册地址	江苏省南京市石鼓路69号江苏交通大厦	邮政编码	210004
法人代表	沈长全	董秘	姚永嘉
电话	025-84469332	传真	025-84466643
主营业务	投资、建设沪宁高速		
审计单位		审计意见	未审计

总股本	流通A	流通B	流通H
503774.75	15000.00		122200.00

主要财务指标

年度	2004.6	2003	2002
每股收益/扣除后(元)	0.1546	0.1875	0.1620
每股经营现金流量(元)	0.2322	0.2900	0.2600
每股净资产/调整后(元)	2.8760	2.8900	2.7000
每股公积金(元)	1.4857	1.4857	1.4857
净资产收益率(%)	4.5300	6.5300	6.0000
总资产(万元)	1892069.75	1673235.75	1508179.37
股东权益(万元)	1448793.62	1456232.50	1361320.25
未分配利润(万元)	120367.11	127750.95	49091.27
主营收入(万元)	189328.67	235312.95	202623.84
资本公积金(万元)	748473.50	748473.50	748453.87
主营利润(万元)	123828.98	148918.84	127225.56
其他业务利润(万元)	-40.90	3080.20	73.53
营业利润(万元)	110260.22	135705.75	118570.02
投资收益(万元)	6429.00	6994.76	4263.90
补贴收入(万元)		1964.77	1964.77
营业外收支(万元)	-11938.68	118.06	1.41
利润总额(万元)	104750.54	144783.33	123527.21
净利润(万元)	65663.00	95053.07	81683.33

十大股东

序号	股东名称	股份性质	持股数(万股)	比例(%)
1	江苏交通控股	国家股	278174.37	55.22
2	华建交通经济开发中心	国有法人股	59747.10	11.86
3	Sumitomo Life Insurance Company	H股	8638.00	1.71
4	J.P.Morgn Chanse &Co.	H股	8544.27	1.70
5	HCBC ASSet Mangement (Hong Kong)Limited	H股	7822.80	1.55
6	The Capital Group Companies, Inc.	H股	7168.20	1.42
7	银河证券有限责任公司	A股	2420.76	0.48
8	华夏证券有限公司	社会法人股	1666.00	0.33
9	申银万国证券股份有限公司	社会法人股	1415.00	0.28
10	Winner Glory Development Ltd	H股	1200.00	0.24

股东人数	2004.6	2003.12	2003.6	2002
	40390	14433	14682	18352

近年分配	近年配股/增发
2004年7月12日10派1.45	

重大事项

2004年4月26日,本公司与广靖锡澄就沪宁高速公路江苏段、广靖高速公路和锡澄高速公路的维修与养护服务分别与现代路桥订立养护合同,合同期限自2004年5月1日至2004年12月31日止,合同最高预计养护费分别不超过人民币46,000千元及人民币20,000千元。

二〇〇三年以来市场表现

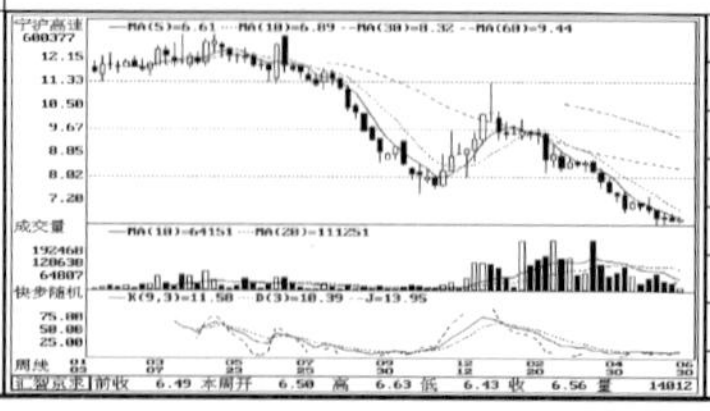

2003年涨跌幅(%)	-10.35
2003年最高(元)	12.90
2003年最低(元)	7.40
2003年换手率(%)	104.10
2004.06涨跌幅(%)	-39.87
2004.06最高(元)	10.50
2004.06最低(元)	6.37
2004.06换手率(%)	178.32

四川天一科技股份有限公司

公司概况							
公司名称	四川天一科技股份有限公司			股票代码	600378		
注册地址	四川省成都市机场路445信箱			邮政编码	610225		
法人代表	冯孝庭			董秘	杨重谊		
电话	028-85963659,85963417			传真	028-85963659		
主营业务	催化剂,PSA 技术						
总股本	19557.34	流通 A	7605.00	流通 B		流通 H	
审计单位				审计意见	未审计		

主要财务指标

年度	2004.6	2003	2002
每股收益/扣除后(元)	0.0493	0.1600	0.0700
每股经营现金流量(元)	-0.2070	0.1200	0.0100
每股净资产/调整后(元)	2.2500	2.3100	2.1300
每股公积金(元)	1.0458	1.0458	1.0458
净资产收益率(%)	1.8400	7.4600	3.1700
总资产(万元)	58508.47	56001.96	52211.23
股东权益(万元)	43972.01	45118.23	41752.00
未分配利润(万元)	2311.79	3458.01	596.72
主营收入(万元)	12011.90	19324.25	15217.73
资本公积金(万元)	20452.75	20452.75	20452.75
主营利润(万元)	2720.96	6052.51	3537.87
其他业务利润(万元)	47.90	-0.03	-0.00
营业利润(万元)	956.02	3046.49	1428.10
投资收益(万元)	35.46	547.91	-109.95
补贴收入(万元)			
营业外收支(万元)	-154.65	-289.30	-0.04
利润总额(万元)	836.83	3305.09	1322.43
净利润(万元)	809.52	3366.23	1321.53

十大股东

序号	股东名称	股份性质	持股数(万股)	比例(%)
1	西南化工研究设计院	国有法人股	5682.13	29.05
2	深圳华润丰实业发展有限公司	境内法人股	4107.04	21.00
3	成都美辰科技有限责任公司	境内法人股	1075.65	5.50
4	浙江芳华日化集团公司	境内法人股	836.55	4.28
5	水质汇金融租赁股份有限公司	流通 A 股	155.76	0.80
6	中化化工科学技术研究总院	境内法人股	83.66	0.43
7	中橡集团碳黑工业研究设计院	境内法人股	83.66	0.43
8	中蓝晨光化工研究院	境内法人股	83.66	0.43
9	南方证券有限公司	流通 A 股	68.55	0.35
10	赵秀云	流通 A 股	37.34	0.19

股东人数	2004.6	2003.12	2003.6	2002
	28016	26612	28328	26418

近年分配	2004年4月29日10派1.00	近年配股/增发	

重大事项

公司2003年度股东大会审议通过了2003年度利润分配方案:按2003年12月31日末总股本195,573,391股为基数,向全体股东按每10股分配现金股利1.00元(含税),实际分配19,557,339.10元,经本次分配后2003年未分配利润15,022,751.67元,滚入下一年度。公司于2004年4月23日刊登分红派息公告,派发股息的股权登记日为2004年4月28日,除息日为2004年4月29日,社会公众股红利的派发日为2004年5月1日。

二〇〇三年以来市场表现

2003年涨跌幅(%)	-28.81
2003年最高(元)	9.00
2003年最低(元)	5.10
2003年换手率(%)	163.77
2004.06涨跌幅(%)	7.44
2004.06最高(元)	8.00
2004.06最低(元)	5.38
2004.06换手率(%)	157.69

陕西宝光真空电器股份有限公司

公司概况							
公司名称	陕西宝光真空电器股份有限公司			股票代码	600379		
注册地址	陕西省宝鸡市高新技术开发区英达路五号			邮政编码	710006		
法人代表	韩明			董秘	金宝长		
电话	0917-3561512			传真	0917-3561512		
主营业务	真空灭弧室、真空断路器						
总股本	15800.00	流通 A	5000.00	流通 B		流通 H	
审计单位				审计意见	未审计		

主要财务指标

年度	2004.6	2003	2002
每股收益/扣除后(元)	0.0579	0.1100	0.0900
每股经营现金流量(元)	-0.0097	0.1000	0.2247
每股净资产/调整后(元)	1.6700	1.7200	1.6383
每股公积金(元)	0.5447	0.5448	0.5448
净资产收益率(%)	3.2810	6.0900	5.2040
总资产(万元)	54229.44	50280.68	48839.96
股东权益(万元)	27778.78	28447.27	26714.62
未分配利润(万元)	2406.33	1494.82	1602.07
主营收入(万元)	14582.46	27540.78	25052.13
资本公积金(万元)	8607.09	8607.09	8607.09
主营利润(万元)	4548.66	9774.42	8696.98
其他业务利润(万元)	339.81	360.60	-504.68
营业利润(万元)	1148.89	2270.61	1694.68
投资收益(万元)	-49.03	0.50	
补贴收入(万元)			
营业外收支(万元)	11.81	-88.86	-2.30
利润总额(万元)	1111.67	2182.25	1667.46
净利润(万元)	911.51	1732.65	1390.27

十大股东

序号	股东名称	股份性质	持股数(万股)	比例(%)
1	陕西宝光集团有限公司	国有法人股	3500.00	22.15
2	长宜环保工程有限公司	境内法人股	2500.00	15.82
3	北京茂恒投资管理有限公司	境内法人股	2300.00	14.56
4	国投电子公司	国有法人股	1000.00	6.33
5	陕西省技术进步投资有限责任公司	国有法人股	1000.00	6.33
6	中国长城工业总公司	境内法人股	500.00	3.16
7	陈竹	流通 A 股	22.31	0.14
8	任明甫	流通 A 股	16.73	0.11
9	钱国富	流通 A 股	12.00	0.08
10	吕树焕	流通 A 股	12.00	0.08

股东人数	2004.6	2003.12	2003.6	2002
	22715	23042	23564	26112

近年分配		近年配股/增发	

重大事项

由于健桥证券公司未能按期偿还本公司委托国债投资款项,2004年5月12日,本公司在全面分析了有关情况之后,决定立即启动法律程序。5月13日当天在宝鸡中级法院完成了立案申请,并于5月17日冻结了健桥证券公司在宝鸡和西安部分资金。但由于本公司所冻结资金包含部分健桥证券公司客户保证金,根据有关规定并经陕西证监局确认后,法院解冻了部分健桥证券公司客户保证金帐户,最终保全资产420万元。

二〇〇三年以来市场表现

2003年涨跌幅(%)	-33.21
2003年最高(元)	10.03
2003年最低(元)	5.26
2003年换手率(%)	236.46
2004.06涨跌幅(%)	-3.55
2004.06最高(元)	8.30
2004.06最低(元)	5.41
2004.06换手率(%)	219.37

健康元药业集团股份有限公司

公司概况	公司名称	健康元药业集团股份有限公司			股票代码	600380	
	注册地址	深圳市罗湖区深南东路5002号信兴广场地王商业中心23楼			邮政编码	518008	
	法人代表	朱保国		董秘	邱庆丰		
	电话	0755-82478966		传真	0755-82478967		
	主营业务	保健口服液					
	总股本	60993.00	流通 A	15750.00	流通 B		流通 H
	审计单位			审计意见	未审计		

主要财务指标	年度	2004.6	2003	2002
	每股收益/扣除后(元)	0.1291	0.1900	0.3800
	每股经营现金流量(元)	0.0550	0.2824	0.5807
	每股净资产/调整后(元)	3.3500	3.4352	4.9290
	每股公积金(元)	2.1510	2.1510	3.7082
	净资产收益率(%)	4.1200	6.6000	8.5600
	总资产(万元)	443635.62	441582.69	252319.98
	股东权益(万元)	208574.45	212516.52	200704.98
	未分配利润(万元)	8693.57	11694.33	1744.95
	主营收入(万元)	120172.50	175242.61	71164.76
	资本公积金(万元)	131198.52	131195.67	150782.20
	主营利润(万元)	71358.41	107545.88	52406.51
	其他业务利润(万元)	243.65	-41.83	1.40
	营业利润(万元)	18065.34	21343.59	14981.77
	投资收益(万元)	-1625.85	55.28	501.66
	补贴收入(万元)	120.20	755.87	755.87
	营业外收支(万元)	-121.72	-11.90	-0.12
	利润总额(万元)	16437.97	22142.84	20624.99
	净利润(万元)	8588.00	14027.51	17188.20

十大股东	序号	股东名称	股份性质	持股数(万股)	比例(%)
	1	深圳市百业源投资有限公司	境内法人股	33932.25	55.63
	2	鸿信行有限公司	外资法人股	11310.75	18.54
	3	北京证券有限责任公司	流通A股	2246.03	3.68
	4	丰和价值证券投资基金	流通A股	66.50	0.11
	5	王显州	流通A股	43.24	0.07
	6	国联安德盛小盘精选证券投资基金	流通A股	41.94	0.07
	7	华安上证180指数增强型证券投资基金	流通A股	32.45	0.05
	8	张伟	流通A股	32.00	0.05
	9	汪珏	流通A股	30.59	0.05
	10	王葳	流通A股	30.30	0.05

股东人数	2004.6	2003.12	2003.6	2002
	24283	24477	26551	34407

近年分配	2004年5月20日 10派1.90	近年配股/增发	

重大事项

经公司2003年度股东大会决议，按照经审计确认的本公司2003年度母公司会计报表实现的净利润，提取10%法定盈余公积金14,309,486.96元，提取5%法定公益金7,154,743.48元，以2003年12月31日总股本609,930,000股为基数，向公司全体股东每10股派发现金红利1.90元(含税)，派发红利总额为115,886,700元。公司已于2004年5月26日完成派发现金红利。

二○○三年以来市场表现

2003年涨跌幅(%)	-29.94
2003年最高(元)	13.23
2003年最低(元)	7.35
2003年换手率(%)	87.04
2004.06涨跌幅(%)	-3.38
2004.06最高(元)	11.33
2004.06最低(元)	7.34
2004.06换手率(%)	41.47

青海白唇鹿股份有限公司

公司概况	公司名称	青海白唇鹿股份有限公司			股票代码	600381	
	注册地址	青海省西宁市小桥大街36号			邮政编码	810015	
	法人代表	黄贤优		董秘	李[redacted]		
	电话	0971-8018897		传真	0971-8018897		
	主营业务	毛纺织品、毛针织品					
	总股本	11000.00	流通 A	3500.00	流通 B		流通 H
	审计单位			审计意见	未审计		

主要财务指标	年度	2004.6	2003	2002
	每股收益/扣除后(元)	0.0733	0.1928	0.1878
	每股经营现金流量(元)	0.3100	0.0100	0.1400
	每股净资产/调整后(元)	3.4100	3.3200	2.9500
	每股公积金(元)	1.7860	1.7860	1.7860
	净资产收益率(%)	2.6900	7.5200	6.0900
	总资产(万元)	114391.14	118149.01	76769.02
	股东权益(万元)	37667.69	36656.15	33900.36
	未分配利润(万元)	5166.50	4154.96	1923.11
	主营收入(万元)	17987.56	44320.06	30316.54
	资本公积金(万元)	19646.02	19646.02	19646.02
	主营利润(万元)	3588.33	6851.45	6460.32
	其他业务利润(万元)	707.59	45.10	0.65
	营业利润(万元)	1375.01	2978.05	2891.71
	投资收益(万元)	-117.89	-17.52	-17.52
	补贴收入(万元)	78.53	87.69	14.97
	营业外收支(万元)	240.90	500.22	-1.95
	利润总额(万元)	1576.56	3548.43	2648.71
	净利润(万元)	1011.54	2755.79	2065.83

十大股东	序号	股东名称	股份性质	持股数(万股)	比例(%)
	1	西宁国新投资控股有限公司	国有法人股	6758.00	61.44
	2	西宁大十字百货商店	国有法人股	586.00	5.33
	3	上海振鲁实业有限公司	境内法人股	78.00	0.71
	4	西宁特殊钢集团有限责任公司	国有法人股	55.00	0.50
	5	青海华荣轻纺物资有限公司	境内法人股	23.00	0.21
	6	江耀农	流通A股	8.61	0.08
	7	崔保林	流通A股	8.50	0.08
	8	吴鬏兵	流通A股	7.25	0.07
	9	王溪	流通A股	7.19	0.07
	10	珠海聚富投资有限公司	流通A股	7.00	0.06

股东人数	2004.6	2003.12	2003.6	2002
	18216	20817	22647	26176

近年分配		近年配股/增发	2004年7月19日 10转10

重大事项

经2003年度股东大会审议决定，2003年度利润不分配，以2003年末总股本11000万股为基数，用资本公积金向全体股东每10股转增10股，共转增11000万股。截至2004年6月30日，转增股本方案尚未实施。

二○○三年以来市场表现

2003年涨跌幅(%)	-22.50
2003年最高(元)	14.73
2003年最低(元)	8.56
2003年换手率(%)	71.71
2004.06涨跌幅(%)	19.59
2004.06最高(元)	15.48
2004.06最低(元)	9.12
2004.06换手率(%)	43.01

广东明珠集团股份有限公司

公司概况							
公司名称	广东明珠集团股份有限公司			股票代码	600382		
注册地址	广东省兴宁市兴城镇赤巷口			邮政编码	514500		
法人代表	张坚力			董秘	欧阳景		
电话	0753-3338549			传真	0753-3338549		
主营业务	球阀产品及其驱动装置						
总股本	17087.33	流通 A	6000.00	流通 B		流通 H	
审计单位				审计意见	未审计		

主要财务指标 年度	2004.6	2003	2002
每股收益/扣除后(元)	0.0563	0.2000	0.0800
每股经营现金流量(元)	0.3180	0.0490	0.0600
每股净资产/调整后(元)	3.0700	3.1300	2.9200
每股公积金(元)	1.5244	1.5244	1.5202
净资产收益率(%)	2.8900	6.8300	7.1500
总资产(万元)	141560.53	113671.79	104657.02
股东权益(万元)	52692.74	53734.65	49994.72
未分配利润(万元)	6350.92	4829.73	4317.62
主营收入(万元)	17824.97	61277.78	43886.65
资本公积金(万元)	26047.81	26047.81	25976.49
主营利润(万元)	3898.11	9735.39	6602.39
其他业务利润(万元)	134.80	288.20	-127.02
营业利润(万元)	1436.51	4896.13	3141.44
投资收益(万元)	-179.74	-43.95	893.19
补贴收入(万元)	570.00	338.00	338.00
营业外收支(万元)	40.09	21.19	0.26
利润总额(万元)	1866.87	5211.36	4150.09
净利润(万元)	1521.19	3668.61	3574.71

十大股东 序号	股东名称	股份性质	持股数(万股)	比例(%)
1	深圳金信安投资有限公司	法人股	5267.70	30.83
2	兴宁市国资局	国有股	2405.31	14.08
3	兴宁市友谊投资发展有限公司	法人股	2119.52	12.40
4	兴宁明珠投资集团有限公司	法人股	1195.10	6.99
5	刘全富	流通股	32.39	0.19
6	宁小能源工业锈钢标准件厂	法人股	30.00	0.18
7	周导平	流通股	28.03	0.16
8	兴宁市投资发展总公司	法人股	24.70	0.14
9	李洪英	流通股	22.79	0.13
10	上海群力铸锻厂曹行分厂	法人股	20.00	0.12

股东人数	2004.6	2003.12	2003.6	2002
	36370	38037	39399	41341

近年分配	近年配股/增发
2004年6月14日10派1.50	

重大事项

2004年3月3日,公司与韶关市工业资产经营有限公司正式签署了《产权转让协议》。广东省韶关众力发电设备有限公司整体产权转让经韶关市产权交易中心挂牌竞价,由公司获得其中90%的股权。本次公司受让股权的价款为13,968万元。该投资事项的公告,刊登于2004年3月6日的《中国证券报》。截止2004年6月30日公司已支付受让款7,800万元。

二〇〇三年以来市场表现

2003年涨跌幅(%)	-27.44
2003年最高(元)	9.45
2003年最低(元)	5.46
2003年换手率(%)	93.27
2004.06涨跌幅(%)	0.17
2004.06最高(元)	7.65
2004.06最低(元)	5.55
2004.06换手率(%)	90.33

金地(集团)股份有限公司

公司概况							
公司名称	金地(集团)股份有限公司			股票代码	600383		
注册地址	深圳市福田区福强路金地商业大厦			邮政编码	518048		
法人代表	凌克			董秘	郭国强		
电话	0755-83303333			传真	0755-83844555		
主营业务	房产开发、经营与销售						
总股本	27000.00	流通 A	9000.00	流通 B		流通 H	
审计单位	深圳大华天诚会计师事务所			审计意见	标准无保留		

主要财务指标 年度	2004.6	2003	2002
每股收益/扣除后(元)	0.2441	0.7001	0.5120
每股经营现金流量(元)	0.9990	-4.3790	-0.9790
每股净资产/调整后(元)	5.5340	5.5760	4.9740
每股公积金(元)	2.9215	2.9215	2.9215
净资产收益率(%)	4.1900	10.9600	10.2700
总资产(万元)	535970.87	481913.34	307577.28
股东权益(万元)	149275.87	151115.00	134560.00
未分配利润(万元)	20468.72	14207.85	9063.84
主营收入(万元)	85549.45	150984.89	97003.84
资本公积金(万元)	78881.60	78881.60	78881.60
主营利润(万元)	21635.99	44551.90	31316.82
其他业务利润(万元)		0.36	0.00
营业利润(万元)	12071.86	25431.07	17141.99
投资收益(万元)	-894.62	-1623.24	3.20
补贴收入(万元)	589.85	126.90	-0.15
营业外收支(万元)	-32.12	-1236.18	-1.48
利润总额(万元)	11734.98	22698.55	17326.58
净利润(万元)	6260.88	16555.01	13814.60

十大股东 序号	股东名称	股份性质	持股数(万股)	比例(%)
1	深圳福田投资发展公司	国有法人股	6520.00	24.15
2	金信信托投资股份有限公司	境外法人股	3540.00	13.11
3	深圳市中科讯实业有限公司	境内法人股	2240.00	8.30
4	通和投资控股有限公司	境内法人股	1500.00	5.56
5	广东浩和创业有限公司	境内法人股	1120.00	4.15
6	深圳投资管理有限公司	国有法人股	1100.00	4.07
7	美国UT斯达康有限公司	外资法人股	1100.00	4.07
8	南方证券股份有限公司	外资法人股	935.46	3.46
9	深圳市方兴达建筑工程有限公司	境内法人股	880.00	3.26
10	海门市海门镇城市信用合作社	流通A股	315.92	1.17

股东人数	2004.6	2003.12	2003.6	2002
	20116	26720	26092	21828

近年分配	近年配股/增发
2004年3月30日10派3.00	

重大事项

经2003年度股东大会审议决定,2003年度利润不分配,以2003年末总股本11000万股为基数,用资本公积金向全体股东每10股转增10股,共转增11000万股。截至2004年6月30日,转增股本方案尚未实施。

二〇〇三年以来市场表现

2003年涨跌幅(%)	-46.42
2003年最高(元)	19.45
2003年最低(元)	8.95
2003年换手率(%)	395.60
2004.06涨跌幅(%)	12.62
2004.06最高(元)	13.98
2004.06最低(元)	8.41
2004.06换手率(%)	86.94

山东金泰集团股份有限公司

公司概况

公司名称	山东金泰集团股份有限公司	股票代码	600385
注册地址	山东省济南市山大北路 56 号	邮政编码	250100
法人代表	黄俊钦	董秘	张卫东
电话	0531-8902341	传真	0531-8902341
主营业务	医药制剂产品		
总股本	14132.37	流通 A	6783.50
流通 B		流通 H	
审计单位		审计意见	未审计

主要财务指标

年度	2004.6	2003	2002
每股收益 / 扣除后(元)	–0.0571	–0.2700	–0.9600
每股经营现金流量(元)	0.0020	–0.1300	0.0100
每股净资产 / 调整后(元)	–0.5200	–0.3500	0.3000
每股公积金(元)	0.1230	0.1230	0.1207
净资产收益率(%)			–303.300
总资产(万元)	23884.40	24081.20	31608.72
股东权益(万元)	–3980.08	–3171.70	4493.86
未分配利润(万元)	–21488.20	–20679.82	–13036.67
主营收入(万元)	428.77	1048.21	2758.98
资本公积金(万元)	1738.40	1738.40	1706.48
主营利润(万元)	169.31	272.74	316.55
其他业务利润(万元)	0.22	–0.03	–0.00
营业利润(万元)	–818.57	–2884.85	–10149.61
投资收益(万元)		–1030.97	–1164.88
补贴收入(万元)			
营业外收支(万元)	–1.44	–3992.36	–57.49
利润总额(万元)	–820.01	–7908.18	–13664.46
净利润(万元)	–808.38	–7643.16	–13570.40

十大股东

序号	股东名称	股份性质	持股数(万股)	比例(%)
1	北京新恒基投资管理集团有限公司	境内法人股	2860.42	20.24
2	北京盈泽科技投资有限公司	境内法人股	1448.30	10.25
3	北京新恒基房地产集团有限公司	境内法人股	953.47	6.75
4	济南英大国际信托投资有限公司	境内法人股	800.00	5.66
5	济南金鲁实业总公司	境内法人股	533.33	3.77
6	济南经济开发投资公司	境内法人股	266.67	1.89
7	青岛联星商务公司	境内法人股	266.67	1.89
8	中国外运北京公司	境内法人股	80.00	0.57
9	济南传染病医院	境内法人股	53.33	0.38
10	山东肿瘤防治研究院劳动服务公司	境内法人股	40.00	0.28

股东人数	2004.6	2003.12	2003.6	2002
	22793	25823	29304	30733

近年分配		近年配股 / 增发	

重大事项

004 年 3 月 12 日中国建设银行济南市历城区支行起诉我公司偿还所欠借款本金 2500 万元；偿还相应利息(截止 2004 年 1 月 20 日的借款利息 1,493,600.54 元)；原告以抵押物优先受偿；由我公司承担诉讼费用和律师代理费。

二〇〇三年以来市场表现

2003 年涨跌幅(%)	–61.72
2003 年最高(元)	10.25
2003 年最低(元)	3.10
2003 年换手率(%)	428.51
2004.06 涨跌幅(%)	–16.36
2004.06 最高(元)	4.99
2004.06 最低(元)	2.74
2004.06 换手率(%)	254.79

北京巴士股份有限公司

公司概况

公司名称	北京巴士股份有限公司	股票代码	600386
注册地址	北京市海淀区紫竹院路 32 号	邮政编码	100044
法人代表	张国光	董秘	傅世学
电话	010–68477383	传真	010–68731430
主营业务	城市公共汽车客运		
总股本	25200.00	流通 A	8000.00
流通 B		流通 H	
审计单位		审计意见	未审计

主要财务指标

年度	2004.6	2003	2002
每股收益 / 扣除后(元)	0.1573	–0.2400	0.4000
每股经营现金流量(元)	0.4950	1.5900	1.0900
每股净资产 / 调整后(元)	4.7400	4.7100	4.4800
每股公积金(元)	3.1451	3.1451	3.1400
净资产收益率(%)	3.2800	5.4200	10.3300
总资产(万元)	316296.75	298710.69	239254.84
股东权益(万元)	123028.32	122955.65	116162.90
未分配利润(万元)	4892.23	4819.56	649.48
主营收入(万元)	102886.98	164133.09	141852.52
资本公积金(万元)	79256.46	79256.46	79127.13
主营利润(万元)	19609.30	20595.99	35235.19
其他业务利润(万元)	2768.93	4901.36	–312.60
营业利润(万元)	6224.32	–3685.78	17598.47
投资收益(万元)	34.13	20.12	–8.57
补贴收入(万元)		11008.00	11008.00
营业外收支(万元)	189.80	–313.25	6.66
利润总额(万元)	6448.25	7029.10	16986.92
净利润(万元)	4104.67	6663.29	11994.06

十大股东

序号	股东名称	股份性质	持股数(万股)	比例(%)
1	北京公共交通总公司	国有法人股	17028.00	67.57
2	丰和价值证券投资基金	流通 A 股	1114.81	4.42
3	全国社保基金一零六组合	流通 A 股	445.57	1.77
4	中国工商银行–开元证券投资基金	流通 A 股	323.87	1.29
5	泰和证券投资基金	流通 A 股	269.61	1.07
6	招商银行股份有限公司–中信经典配置证券投资基金	流通 A 股	218.06	0.87
7	中国工商银行–同益证券投资基金	流通 A 股	201.23	0.80
8	中国银行–嘉实增长开放式证券投资基金	流通 A 股	181.90	0.72
9	博时价值增长证券投资基金	流通 A 股	178.23	0.71
10	大成价值增长证券投资基金	流通 A 股	159.89	0.63

股东人数	2004.6	2003.12	2003.6	2002
	28561	37144	44111	42767

近年分配	2004 年 7 月 23 日 10 派 1.60	近年配股 / 增发	

重大事项

公司控股子公司—北京公交广告有限责任公司与海南白马广告媒体投资有限公司于 2004 年 8 月 4 日签订《合同书》，就白马广告媒体投资有限公司租赁经营北京公交广告有限责任公司投资并拥有产权的北京市部分街道内公交候车亭广告灯箱媒体事宜达成合同，涉及公交候车亭广告灯箱 3044 个，白马广告媒体投资有限公司一次性向北京公交广告有限责任公司支付媒体经营费 146,112,000 元。

二〇〇三年以来市场表现

2003 年涨跌幅(%)	–11.98
2003 年最高(元)	13.73
2003 年最低(元)	9.98
2003 年换手率(%)	132.50
2004.06 涨跌幅(%)	13.80
2004.06 最高(元)	15.06
2004.06 最低(元)	10.00
2004.06 换手率(%)	65.69

浙江海越股份有限公司

公司概况

公司名称	浙江海越股份有限公司	股票代码	600387
注册地址	浙江省诸暨市西施大街 59 号	邮政编码	311800
法人代表	吕小奎	董秘	陈海平
电话	0575-7016161	传真	0575-7013968
主营业务	交通、能源等基础设施的投资经营		
审计单位		审计意见	未审计

总股本	19800.00	流通 A	6000.00	流通 B		流通 H	

主要财务指标

年度	2004.6	2003	2002
每股收益 / 扣除后(元)	0.0744	0.2600	0.2600
每股经营现金流量(元)	0.1390	0.4600	0.6400
每股净资产 / 调整后(元)	3.0000	2.0600	1.8900
每股公积金(元)	1.2060	0.0196	0.0185
净资产收益率(%)	2.5100	12.6700	14.0600
总资产(万元)	116050.78	95893.11	97929.20
股东权益(万元)	59361.50	28380.21	26142.45
未分配利润(万元)	10568.97	9078.14	6109
主营收入(万元)	22742.74	42003.99	30644.69
资本公积金(万元)	23879.27	388.82	365.82
主营利润(万元)	1728.51	4377.28	6472.37
其他业务利润(万元)	237.08	471.36	-9.89
营业利润(万元)	119.47	1380.88	2379.31
投资收益(万元)	578.61	438.79	98.50
补贴收入(万元)	843.11	1948.97	-6101.97
营业外收支(万元)	-24.71	-91.00	-0.35
利润总额(万元)	1516.48	3677.64	4376.01
净利润(万元)	1490.84	3594.76	3676.33

十大股东

序号	股东名称	股份性质	持股数(万股)	比例(%)
1	海口海越经济开发有限公司	国有法人股	5028.00	25.39
2	浙江省经济协作公司	国有法人股	1165.00	5.88
3	浙江农资集团有限公司	境内法人股	500.00	2.53
4	浙江新大集团有限责任公司	境内法人股	500.00	2.53
5	方正证券有限责任公司	境内法人股	200.00	1.01
6	诸暨市经济建设发展总公司	境内法人股	175.00	0.88
7	诸暨市经济开发总公司	境内法人股	160.00	0.81
8	诸暨市巨力物资贸易有限公司	境内法人股	105.00	0.53
9	萧山凯蒂化工有限公司	境内法人股	100.00	0.51
10	诸暨市丰球商务有限公司	境内法人股	100.00	0.51

股东人数	2004.6	2003.12	2003.6	2002
	33499			

近年分配		近年配股 / 增发	

重大事项

2004 年 4 月 23 日，经公司第四届董事会第五次会议决议批准，公司以 3,793.75 万元的价格折价受让诸暨市长途运输有限公司拥有的 03 省道 10%收费经营权。诸暨市长途运输有限公司拥有的 03 省道 10%收费经营权账面原值为 10,822.60 万元，净值 8,838.48 万元。经协商，本公司以折价 60%的价格受让该项资产。所有款项于 2004 年 4 月 30 日前以现金方式支付完毕。

二〇〇三年以来市场表现

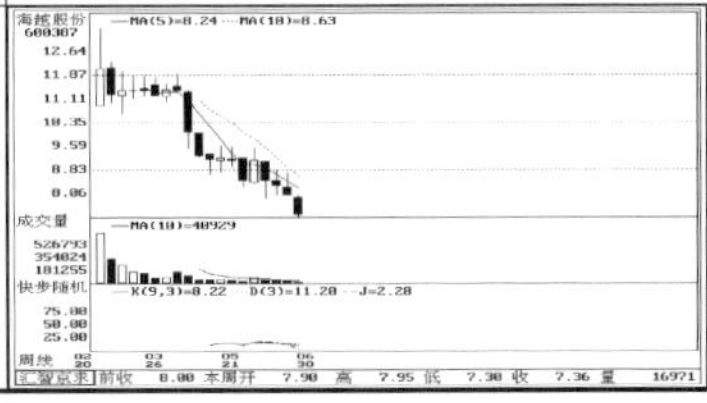

2003 年涨跌幅(%)	0.00
2003 年最高(元)	0.00
2003 年最低(元)	0.00
2003 年换手率(%)	0.00
2004.06 涨跌幅(%)	0.00
2004.06 最高(元)	13.40
2004.06 最低(元)	7.30
2004.06 换手率(%)	394.42

福建龙净环保股份有限公司

公司概况

公司名称	福建龙净环保股份有限公司	股票代码	600388
注册地址	福建省龙岩市新罗区陵园路 81 号	邮政编码	364000
法人代表	周苏华	董秘	陈培敏
电话	0597-2210288	传真	0597-2290903
主营业务	环境污染防治设备		
审计单位		审计意见	未审计

总股本	16700.00	流通 A	6500.00	流通 B		流通 H	

主要财务指标

年度	2004.6	2003	2002
每股收益 / 扣除后(元)	0.1109	0.2400	0.1540
每股经营现金流量(元)	0.0370	0.1340	-0.4580
每股净资产 / 调整后(元)	4.0230	4.0250	3.7820
每股公积金(元)	2.5113	2.5075	2.4968
净资产收益率(%)	3.8300	5.9600	4.0400
总资产(万元)	182343.30	161204.48	110999.41
股东权益(万元)	68575.18	67555.48	63350.33
未分配利润(万元)	7705.87	6749.68	3348.94
主营收入(万元)	38013.07	59668.25	38196.15
资本公积金(万元)	41937.98	41874.47	41696.53
主营利润(万元)	6137.86	11274.99	8765.71
其他业务利润(万元)	488.41	626.74	-11.66
营业利润(万元)	1274.86	3123.22	2749.23
投资收益(万元)	2251.42	2004.43	-231.93
补贴收入(万元)		232.20	-2.59
营业外收支(万元)	0.77	-100.80	-0.11
利润总额(万元)	3527.07	5259.05	2629.20
净利润(万元)	2626.19	4027.21	2558.28

十大股东

序号	股东名称	股份性质	持股数(万股)	比例(%)
1	福建东正投资股份有限公司	法人股	4500.00	26.95
2	福建龙岩国有资产管理局	国家股	2246.58	13.45
3	龙岩海润投资有限公司	法人股	1587.56	9.51
4	中国银河证券有限责任公司	流通股	799.93	4.79
5	上海华乾实业有限公司	法人股	700.00	4.19
6	上海胜开经济发展有限公司	法人股	620.14	3.71
7	嘉实服务增值行业证券投资基金	流通股	220.90	1.32
8	龙岩电力建设发展公司	法人股	206.71	1.24
9	中国电能成套设备有限公司	法人股	165.37	0.99
10	裕阳证券投资基金	流通股	64.40	0.39

股东人数	2004.6	2003.12	2003.6	2002
	29588	31399	34680	39621

近年分配	2004 年 7 月 5 日 10 派 1.00	近年配股 / 增发	

重大事项

报告期，公司将所持有福建龙净置业有限公司 80%的股权全部转让给厦门新怡和房产有限公司、漳州御泰房地产开发有限公司等，该转让已完成工商变更手续。

二〇〇三年以来市场表现

2003 年涨跌幅(%)	-6.31
2003 年最高(元)	13.13
2003 年最低(元)	8.52
2003 年换手率(%)	123.05
2004.06 涨跌幅(%)	-2.38
2004.06 最高(元)	12.67
2004.06 最低(元)	8.98
2004.06 换手率(%)	99.77

南通江山农药化工股份有限公司

公司概况

公司名称	南通江山农药化工股份有限公司	股票代码	600389
注册地址	江苏省南通市姚港路 35 号	邮政编码	226006
法人代表	蔡建国	董秘	陶坤山
电话	0513-3517961	传真	0513-3521807
主营业务	化学农药、有机化学品		
总股本	19800.00	流通 A	5280.00
流通 B		流通 H	
审计单位		审计意见	未审计

主要财务指标

年度	2004.6	2003	2002
每股收益/扣除后(元)	0.1530	0.1825	0.1610
每股经营现金流量(元)	0.2680	0.5312	0.1160
每股净资产/调整后(元)	2.6570	2.8380	2.5160
每股公积金(元)	1.0120	1.2132	1.1245
净资产收益率(%)	6.2900	8.5100	6.9500
总资产(万元)	136559.69	122217.56	102960.01
股东权益(万元)	52977.32	51446.24	45469.96
未分配利润(万元)	10291.73	6960.66	5282.93
主营收入(万元)	94313.72	123824.96	70458.75
资本公积金(万元)	20037.95	21837.95	20240.73
主营利润(万元)	13392.39	16963.89	13372.02
其他业务利润(万元)	471.15	838.63	-7.91
营业利润(万元)	4907.68	5314.77	5158.23
投资收益(万元)	213.94	903.91	-280.14
补贴收入(万元)	12.96	141.28	-6.08
营业外收支(万元)	-140.87	-727.36	-0.54
利润总额(万元)	4993.71	5632.59	4941.06
净利润(万元)	3331.08	4379.05	3160.93

十大股东

序号	股东名称	股份性质	持股数(万股)	比例(%)
1	南通精华集团有限公司	国有法人股	12804.00	64.67
2	南通中南实业有限公司	法人股	1320.00	6.67
3	华泰证券有限责任公司	流通 A 股	406.81	2.05
4	沈阳化工研究院	国有法人股	198.00	1.00
5	江苏农业生产资料集团有限责任公司	国有法人股	132.00	0.67
6	天津市绿保农用化学科技开发有限公司	国有法人股	66.00	0.33
7	陈汉丽	流通 A 股	33.18	0.17
8	中国工商银行-国联安德盛小盘精选证券投资基金	流通 A 股	30.06	0.15
9	杨雅军	流通 A 股	19.80	0.10
10	何伯凡	流通 A 股	17.50	0.09

股东人数	2004.6	2003.12	2003.6	2002
	19395	18022	18417	17346

近年分配	2004 年 6 月 3 日 10 派 1.00	近年配股/增发	2004 年 6 月 3 日 10 转 1

重大事项

本公司的控股子公司南通江山进出口贸易有限公司于 2004 年 4 月 21 日收到上海海事法院一份应诉通知书[(2004)沪海法商初字第 173 号]。事由是：南通江山进出口贸易有限公司于 2003 年 5 月委托意大利邮船海外有限公司承运一箱桶装三氯乙醛货物从上海港至西班牙的巴赛罗那港。

二〇〇三年以来市场表现

2003 年涨跌幅(%)	-41.15
2003 年最高(元)	11.15
2003 年最低(元)	5.36
2003 年换手率(%)	123.54
2004.06 涨跌幅(%)	3.98
2004.06 最高(元)	8.29
2004.06 最低(元)	5.76
2004.06 换手率(%)	140.51

金瑞新材料科技股份有限公司

公司概况

公司名称	金瑞新材料科技股份有限公司	股票代码	600390
注册地址	长沙市岳麓区麓山南路 966 号	邮政编码	410012
法人代表	王晓梅	董秘	刘丹
电话	0731-8657400	传真	0731-8711158
主营业务	金属、超硬、电子、电源材料		
总股本	10670.00	流通 A	4000.00
流通 B		流通 H	
审计单位		审计意见	未审计

主要财务指标

年度	2004.6	2003	2002
每股收益/扣除后(元)	0.1027	-0.0900	0.1500
每股经营现金流量(元)	-0.4471	-0.1400	-0.0100
每股净资产/调整后(元)	6.5300	6.3800	6.3800
每股公积金(元)	5.4434	5.4434	5.4390
净资产收益率(%)	2.2200	-0.8500	2.2300
总资产(万元)	125049.13	116309.07	92909.75
股东权益(万元)	70892.39	69317.42	69863.07
未分配利润(万元)	907.20	-667.78	86.84
主营收入(万元)	31380.17	38291.64	25537.43
资本公积金(万元)	58081.36	58081.36	58034.43
主营利润(万元)	5033.81	5926.35	4570.57
其他业务利润(万元)	94.29	299.72	-3.57
营业利润(万元)	1159.10	-974.30	1379.77
投资收益(万元)	462.19	223.62	327.66
补贴收入(万元)	83.27		
营业外收支(万元)	17.17	120.96	-1.71
利润总额(万元)	1721.73	-629.72	1777.79
净利润(万元)	1574.98	-592.58	1561.01

十大股东

序号	股东名称	股份性质	持股数(万股)	比例(%)
1	长沙矿冶研究院	国有股	6300.00	59.04
2	湖南华菱钢铁集团有限责任公司	国有股	200.00	1.87
3	湘财证券有限责任公司	法人股	123.55	1.16
4	信息产业部电子第 48 研究所	国有股	100.00	0.94
5	长沙高新技术产业开发区银佳科技有限公司	国有股	60.00	0.56
6	兰勇	自然人股	20.07	0.19
7	厦门市湖里华山经济发展公司	法人股	16.28	0.15
8	任淑勋	自然人股	13.45	0.13
9	郭斌	自然人股	11.44	0.11
10	张敏芳	自然人股	10.88	0.10

股东人数	2004.6	2003.12	2003.6	2002
	19263	19729	23133	22068

近年分配		近年配股/增发	

重大事项

经公司第二届董事会第五次会议审议通过，公司同意为控股子公司晶源电子科技有限责任公司向银行贷款提供信用担保，提供担保的总额度为人民币 4,000 万元，担保期限为自 2003 年 4 月 1 日至 2004 年 3 月 31 日止。

二〇〇三年以来市场表现

2003 年涨跌幅(%)	-32.94
2003 年最高(元)	16.32
2003 年最低(元)	8.17
2003 年换手率(%)	183.46
2004.06 涨跌幅(%)	0.10
2004.06 最高(元)	12.62
2004.06 最低(元)	9.21
2004.06 换手率(%)	139.21

四川成发航空科技股份有限公司

公司概况

公司名称	四川成发航空科技股份有限公司	股票代码	600391
注册地址	成都高新区高朋大道11号科技工业园区	邮政编码	610067
法人代表	赵桂斌	董秘	李志伟
电话	028-84509005	传真	028-84465418
主营业务	制造航空发动机及零部件		
审计单位		审计意见	未审计

总股本	14000.00	流通A	5000.00	流通B		流通H	

主要财务指标

年度	2004.6	2003	2002
每股收益/扣除后(元)	0.1031	0.1900	0.1500
每股经营现金流量(元)	–0.0370	0.3700	0.3200
每股净资产/调整后(元)	3.1100	3.1700	2.9800
每股公积金(元)	1.8903	1.8887	1.8869
净资产收益率(%)	2.7800	5.8400	5.1200
总资产(万元)	63319.22	65731.27	62133.01
股东权益(万元)	43610.44	44478.03	41855.66
未分配利润(万元)	1455.85	245.44	137.85
主营收入(万元)	11846.21	22569.68	18452.37
资本公积金(万元)	26464.19	26442.19	26416.99
主营利润(万元)	3688.10	7603.69	6101.48
其他业务利润(万元)	231.00	208.63	6.19
营业利润(万元)	1895.38	3602.64	2964.62
投资收益(万元)	–581.67	–261.34	–107.63
补贴收入(万元)			
营业外收支(万元)	52.10	66.24	–0.29
利润总额(万元)	1365.81	3407.54	2804.28
净利润(万元)	1210.41	2597.16	2142.10

十大股东

序号	股东名称	股份性质	持股数(万股)	比例(%)
1	成都发动机集团有限公司	国有法人股	8180.00	58.43
2	沈阳黎明航空发动机集团有限公司	国有法人股	715.00	5.11
3	国元证券有限责任公司	流通A股	44.45	0.32
4	江苏天博实业有限公司	流通A股	36.34	0.26
5	中国燃气涡轮研究院	国有法人股	35.00	0.25
6	北京航空航天大学	国有法人股	35.00	0.25
7	成都航空职业技术学院	国有法人股	35.00	0.25
8	孙小菊	流通A股	21.92	0.16
9	张会红	流通A股	20.07	0.14
10	樊来堂	流通A股	18.71	0.13

股东人数

2004.6	2003.12	2003.6	2002
22084	24024	24694	23733

近年分配：2004年5月13日10派1.50　　近年配股/增发：

重大事项

经2003年度股东大会批准，本公司与大股东成都发动机(集团)有限公司签署了《加工订货合同》(合同金额5,760万元)、《动能供应合同》(预计2004年度合同金额不超过1,800万元)、《采购合同》(预计2003年度合同金额不超过1,000万元)《专用工装器具制造及修理供应合同》(预计2003年度合同金额不超过800万元)等四项关联交易合同。

二〇〇三年以来市场表现

2003年涨跌幅(%)	–28.39
2003年最高(元)	12.45
2003年最低(元)	6.35
2003年换手率(%)	208.87
2004.06涨跌幅(%)	–4.25
2004.06最高(元)	10.50
2004.06最低(元)	6.98
2004.06换手率(%)	175.49

太原理工天成科技股份有限公司

公司概况

公司名称	太原理工天成科技股份有限公司	股票代码	600392
注册地址	太原市迎泽大街79号	邮政编码	030024
法人代表	杜文广	董秘	段吉福
电话	0351-3182809	传真	0351-3186299
主营业务	企业网络及信息化建设		
审计单位		审计意见	未审计

总股本	7200.00	流通A	2370.00	流通B		流通H	

主要财务指标

年度	2004.6	2003	2002
每股收益/扣除后(元)	0.1756	0.3810	0.5460
每股经营现金流量(元)	–1.1330	0.1580	0.2530
每股净资产/调整后(元)	4.7100	4.5400	1.6400
每股公积金(元)	2.7270	2.7270	
净资产收益率(%)	3.7400	8.3000	33.7100
总资产(万元)	60440.74	56838.56	16386.32
股东权益(万元)	33931.20	32661.84	7945.22
未分配利润(万元)	4239.57	2970.31	1954.52
主营收入(万元)	25527.61	36286.79	32023.12
资本公积金(万元)	19634.70	19634.59	
主营利润(万元)	3618.69	6830.10	5255.75
其他业务利润(万元)		0.54	0.01
营业利润(万元)	1550.11	3383.44	3058.27
投资收益(万元)	–5.54	–20.81	
补贴收入(万元)	2.00		
营业外收支(万元)	0.70	–50.94	–0.24
利润总额(万元)	1547.26	3311.68	3096.78
净利润(万元)	1269.26	2712.02	2677.97

十大股东

序号	股东名称	股份性质	持股数(万股)	比例(%)
1	太原理工大学	国有法人股	2492.28	34.62
2	山西宏展担保有限公司	境内法人股	1175.62	16.33
3	山西佳成资讯有限公司	境内法人股	735.61	10.22
4	深圳股图科技发展有限公司	境内法人股	220.25	3.06
5	太原德雷科技开发有限公司	境内法人股	206.24	2.86
6	裕隆证券投资基金	流通A股	160.28	2.23
7	国信证券有限责任公司	流通A股	25.15	0.35
8	王子广	流通A股	13.00	0.18
9	罗肖群	流通A股	11.00	0.15
10	徐瑞金	流通A股	11.00	0.15

股东人数

2004.6	2003.12	2003.6	2002
13710	15616	17885	

近年分配：2004年6月30日10派1.50　　近年配股/增发：

重大事项

2004年4月4日公司第二届董事会第四次会议审议通过并于2004年5月7日经公司2003年度股东大会审议批准了公司2003年度利润分配预案：以2003年末总股本72,000,000股为基数，用可供分配的利润向全体股东每10股派发1.5元现金红利(含税)，共计派发现金红利为10,800,000.00元，剩余利润35,016,647.29元结转下一年度。本年度拟不进行资本公积金转增股本。

二〇〇三年以来市场表现

2003年涨跌幅(%)	0.00
2003年最高(元)	19.43
2003年最低(元)	11.35
2003年换手率(%)	322.01
2004.06涨跌幅(%)	–1.95
2004.06最高(元)	17.65
2004.06最低(元)	12.48
2004.06换手率(%)	250.99

广州东华实业股份有限公司

公司概况

公司名称	广州东华实业股份有限公司	股票代码	600393
注册地址	广州市寺右新马路 170 号第四层	邮政编码	510600
法人代表	杨树坪	董秘	李宏坤
电话	020-87393888	传真	020-87386297
主营业务	房地产开发		
总股本	20000.00	流通 A	5526.38
流通 B		流通 H	
审计单位		审计意见	未审计

主要财务指标

年度	2004.6	2003	2002
每股收益 / 扣除后(元)	0.0825	0.0500	0.1900
每股经营现金流量(元)	–0.3410	0.5700	0.0750
每股净资产 / 调整后(元)	2.4100	2.3200	2.2800
每股公积金(元)	0.5100	0.5055	0.5055
净资产收益率(%)	3.4400	2.4000	7.8100
总资产(万元)	90312.15	104033.69	83896.76
股东权益(万元)	48152.75	46495.05	45681.02
未分配利润(万元)	11567.09	9909.40	9238.22
主营收入(万元)	15352.42	11921.85	13728.08
资本公积金(万元)	10109.72	10109.72	10109.72
主营利润(万元)	5079.22	6223.16	7726.02
其他业务利润(万元)	52.96	424.39	4.88
营业利润(万元)	2551.69	1988.62	5170.32
投资收益(万元)	–61.63	–13.70	965.49
补贴收入(万元)			
营业外收支(万元)	6.32	–43.57	–0.66
利润总额(万元)	2496.39	1931.36	6109.36
净利润(万元)	1657.70	1117.34	3568.92

十大股东

序号	股东名称	股份性质	持股数(万股)	比例(%)
1	广州东华实业资产经营公司	国有法人股	14000.00	70.00
2	广州市第三建筑工程有限公司	境内法人股	100.00	0.50
3	中国银河证券有限责任公司	流通 A 股	81.84	0.41
4	北京京城华威投资有限公司	境内法人股	76.00	0.38
5	广州新利堡消防工程企业有限公司	境内法人股	60.00	0.30
6	张飞	流通 A 股	46.70	0.23
7	广州市人大常委会机关服务中心	境内法人股	40.00	0.20
8	王安	流通 A 股	36.88	0.18
9	唐小云	流通 A 股	30.05	0.15
10	广州市紫龙装饰有限公司	境内法人股	30.00	0.15

股东人数

2004.6	2003.12	2003.6	2002
16021	20021	22979	23921

近年分配		近年配股 / 增发	

重大事项

经 2003 年 9 月 12 日公司第四届董事会第八次会议通过，鉴于公司在与香港盈坤投资有限公司合作的广州东和房地产开发有限公司中所涉及的利益已全部实现，为避免公司承担不必要的风险，公司决定退出东和公司。2004 年 4 月 29 日经广州市对外贸易经济合作局批准同意，本公司将在广州东和房地产开发有限公司中的权益转让给广东健力宝集团有限公司，并正式退出东和公司。

二〇〇三年以来市场表现

2003 年涨跌幅(%)	–24.22
2003 年最高(元)	9.39
2003 年最低(元)	5.60
2003 年换手率(%)	119.34
2004.06 涨跌幅(%)	17.63
2004.06 最高(元)	9.08
2004.06 最低(元)	5.60
2004.06 换手率(%)	78.36

贵州盘江精煤股份有限公司

公司概况

公司名称	贵州盘江精煤股份有限公司	股票代码	600395
注册地址	贵州省红果经济开发区	邮政编码	553536
法人代表	郑华	董秘	伍正斌
电话	0858-3703046	传真	0858-3700328
主营业务	原煤开采、洗选加工及销售		
总股本	37130.00	流通 A	12000.00
流通 B		流通 H	
审计单位		审计意见	未审计

主要财务指标

年度	2004.6	2003	2002
每股收益 / 扣除后(元)	0.1080	0.2120	0.1830
每股经营现金流量(元)	0.4400	0.8140	0.2160
每股净资产 / 调整后(元)	3.3610	3.3440	3.2500
每股公积金(元)	1.9602	1.9602	1.9602
净资产收益率(%)	3.1910	5.9200	5.5700
总资产(万元)	168268.66	152347.02	144149.41
股东权益(万元)	125610.89	125316.03	121615.54
未分配利润(万元)	11897.85	11602.99	9014.52
主营收入(万元)	77102.37	96323.02	66809.55
资本公积金(万元)	72781.80	72781.80	72781.80
主营利润(万元)	12028.19	21817.46	17050.90
其他业务利润(万元)	48.93	115.57	16.28
营业利润(万元)	4718.46	9435.56	8066.11
投资收益(万元)		–71.87	
补贴收入(万元)			
营业外收支(万元)	–3.33	–558.67	–0.76
利润总额(万元)	4715.13	8805.01	7999.50
净利润(万元)	4007.86	7413.49	6777.65

十大股东

序号	股东名称	股份性质	持股数(万股)	比例(%)
1	贵州盘江煤电有限责任公司	法人股	24000.00	64.64
2	保国煤能集团公司	法人股	280.00	0.75
3	四川投峨眉铁合金	法人股	270.00	0.73
4	福建煤炭工业	法人股	200.00	0.54
5	景博证券投资基金	流通股	169.17	0.46
6	贵州煤矿设计研究	法人股	150.00	0.40
7	中煤工程设计咨询集团重庆设计研究院	法人股	100.00	0.27
8	防城港务局	法人股	80.00	0.22
9	中国银行——华夏回报证券投资基金	流通股	51.84	0.14
10	贵州为裘实业总公司	法人股	50.00	0.13

股东人数

2004.6	2003.12	2003.6	2002
69232	71072	76325	81098

近年分配	2004 年 6 月 22 日 10 派 1.00	近年配股 / 增发	

重大事项

2003 年 12 月 30 日，经公司 2003 年第二次临时股东大会批准，公司变更部份募集资金投资项目，用于收购贵州盘江电力股份有限公司部份经营性资产和贵州盘江煤电有限责任公司部份输变电资产。本次资产收购共需资金 16071.05 万元，该项资金在报告期内已支付完毕。

二〇〇三年以来市场表现

2003 年涨跌幅(%)	15.72
2003 年最高(元)	8.80
2003 年最低(元)	5.70
2003 年换手率(%)	163.78
2004.06 涨跌幅(%)	–17.23
2004.06 最高(元)	9.49
2004.06 最低(元)	6.45
2004.06 换手率(%)	137.55

沈阳金山热电股份有限公司

公司概况							
公司名称	沈阳金山热电股份有限公司			股票代码	600396		
注册地址	沈阳市苏家屯区迎春街2号			邮政编码	110006		
法人代表	肖文			董秘	潘基平		
电话	024-23229287			传真	024-23229139		
主营业务	热电联产,供暖发电						
总股本	22100.00	流通A	7650.00	流通B		流通H	
审计单位				审计意见	未审计		

主要财务指标 年度	2004.6	2003	2002
每股收益/扣除后(元)	0.1374	0.2420	0.2000
每股经营现金流量(元)	-0.0700	0.6320	-1.4800
每股净资产/调整后(元)	2.2000	3.5600	3.4000
每股公积金(元)	0.7995	1.8591	1.8591
净资产收益率(%)	6.4200	10.5500	8.0000
总资产(万元)	82630.80	71685.29	132925.89
股东权益(万元)	49006.91	46270.05	44199.68
未分配利润(万元)	7212.67	6462.23	5070.55
主营收入(万元)	8500.92	10920.48	36692.18
资本公积金(万元)	17668.49	24168.49	24168.49
主营利润(万元)	3429.92	3403.25	12147.17
其他业务利润(万元)	6.34	1062.06	-0.40
营业利润(万元)	2498.14	3361.94	7482.67
投资收益(万元)	1653.75	2058.01	122.97
补贴收入(万元)	292.19	761.97	73.80
营业外收支(万元)	-6.49	101.31	-0.69
利润总额(万元)	4437.60	6283.23	8233.88
净利润(万元)	3144.01	4879.40	3534.52

十大股东 序号	股东名称	股份性质	持股数(万股)	比例(%)
1	深圳市东电投资有限公司	境内法人股	6409.00	29.00
2	丹东东方新能源开发中心	境内法人股	5377.44	24.33
3	深圳市联信投资有限公司	境内法人股	2294.66	10.38
4	沈阳电通技术开发公司	流通A股	549.69	2.49
5	沈阳八达通信科技开发公司	流通A股	392.34	1.78
6	国电电力发展股份有限公司	流通A股	206.72	0.94
7	沈阳金天实业有限公司	境内法人股	170.00	0.77
8	丹东沿江开发区东电鸭绿江经贸总公司	境内法人股	170.00	0.77
9	全国社保基金一零五组合	流通A股	80.12	0.36
10	李艳周	流通A股	50.71	0.23

股东人数	2004.6	2003.12	2003.6	2002
	16880	17453	16332	17122

近年分配	2004年5月27日10派0.50	近年配股/增发	2004年5月27日10送2转5

重大事项

公司的全部电力产品销售给辽宁省电力有限公司,取得销售收入47,627,875.02元。销售价格按国家批准电价执行。

二〇〇三年以来市场表现

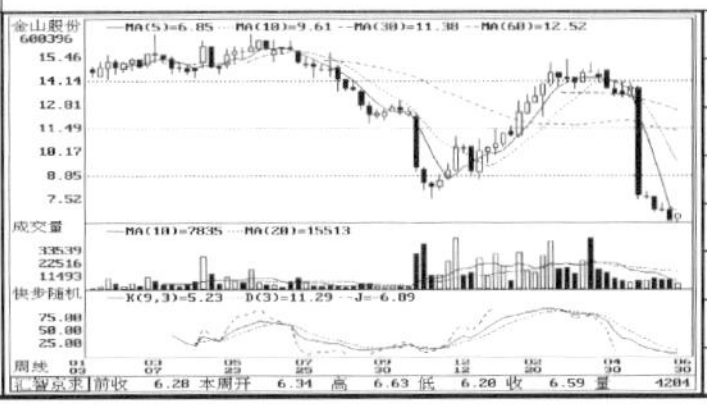

2003年涨跌幅(%)	-32.01
2003年最高(元)	9.84
2003年最低(元)	4.40
2003年换手率(%)	57.34
2004.06涨跌幅(%)	10.37
2004.06最高(元)	8.99
2004.06最低(元)	5.82
2004.06换手率(%)	52.32

安源实业股份有限公司

公司概况							
公司名称	安源实业股份有限公司			股票代码	600397		
注册地址	江西省萍乡市昭萍东路3号			邮政编码	337003		
法人代表	徐绍芳			董秘	陈松柳		
电话	0799-6581363			传真	0799-6581171		
主营业务	优质焦煤洗选加工						
总股本	22000.00	流通A	8000.00	流通B		流通H	
审计单位				审计意见	未审计		

主要财务指标 年度	2004.6	2003	2002
每股收益/扣除后(元)	0.0860	0.1611	0.2175
每股经营现金流量(元)	0.0660	0.1264	0.1627
每股净资产/调整后(元)	3.4400	3.4700	3.2400
每股公积金(元)	1.9930	1.9930	1.9927
净资产收益率(%)	3.0200	6.6100	6.6500
总资产(万元)	144929.59	147522.17	107542.07
股东权益(万元)	75956.10	76738.98	71685.15
未分配利润(万元)	4855.96	5638.83	1628.15
主营收入(万元)	22437.77	48586.37	40779.87
资本公积金(万元)	43846.92	43846.92	43840.06
主营利润(万元)	7036.04	14238.10	13518.78
其他业务利润(万元)	423.46	749.31	-6.31
营业利润(万元)	2869.78	5651.63	5525.98
投资收益(万元)	-4.20	-62.41	0.00
补贴收入(万元)	577.01	1712.07	-56.57
营业外收支(万元)	-10.97	-102.34	-0.35
利润总额(万元)	3431.63	7198.94	6804.26
净利润(万元)	2293.14	5076.08	4766.23

十大股东 序号	股东名称	股份性质	持股数(万股)	比例(%)
1	萍乡矿业集团有限责任公司	国有法人股	13505.67	61.39
2	西安交通大学	国有法人股	353.09	1.60
3	国盛证券有限责任公司	流通A股	44.44	0.20
4	叶青	流通A股	40.31	0.18
5	江西鹰潭东方铜材有限责任公司	国有法人股	35.31	0.16
6	分宜特种电机厂	国有法人股	35.31	0.16
7	萍乡裕华大企业总公司	境内法人股	35.31	0.16
8	江西省煤矿机械厂	国有法人股	35.31	0.16
9	胡亚萍	流通A股	24.70	0.11
10	张光辉	流通A股	23.14	0.11

股东人数	2004.6	2003.12	2003.6	2002
	31135	32682	36323	38932

近年分配	2004年7月1日10派1.40	近年配股/增发	

重大事项

公司于2004年6月29日召开第二届董事会第十次会议,会议审议通过了《安源实业股份有限公司重大资产置换报告书(草案)》,拟以合法拥有的煤电业务相关整体资产与萍矿集团合法拥有的玻璃厂整体资产进行置换。

二〇〇三年以来市场表现

2003年涨跌幅(%)	5.05
2003年最高(元)	10.03
2003年最低(元)	7.04
2003年换手率(%)	321.96
2004.06涨跌幅(%)	-23.92
2004.06最高(元)	9.66
2004.06最低(元)	6.21
2004.06换手率(%)	206.56

凯诺科技股份有限公司

公司概况

公司名称	凯诺科技股份有限公司		股票代码	600398	
注册地址	江苏省江阴市新桥镇		邮政编码	214426	
法人代表	叶惠丽		董秘	赵志强	
电话	0510-6121388		传真	0510-6126877	
主营业务	高档精纺呢绒、高档西服				
总股本	23665.88	流通 A	12240.00	流通 B	流通 H
审计单位	江苏天衡会计师事务所		审计意见	标准无保留	

主要财务指标

年度	2004.6	2003	2002
每股收益 / 扣除后(元)	0.2409	0.4100	0.4000
每股经营现金流量(元)	0.3440	0.5700	0.0700
每股净资产 / 调整后(元)	4.0200	3.6100	3.2000
每股公积金(元)	1.7432	1.2098	1.3397
净资产收益率(%)	5.8100	11.3400	12.5600
总资产(万元)	154591.55	125700.37	101501.67
股东权益(万元)	95165.35	77087.63	68347.69
未分配利润(万元)	25634.68	22475.11	15119.21
主营收入(万元)	41999.06	61279.47	58347.01
资本公积金(万元)	41253.10	28629.95	28629.95
主营利润(万元)	13938.27	21877.27	21828.81
其他业务利润(万元)	5.00	6.84	0.60
营业利润(万元)	8507.46	12524.80	12300.45
投资收益(万元)	-24.09	40.95	44.76
补贴收入(万元)		16.20	-0.16
营业外收支(万元)	-260.68	-117.88	5.98
利润总额(万元)	8222.69	12464.07	12204.63
净利润(万元)	5526.16	8739.94	8583.55

十大股东

序号	股东名称	股份性质	持股数(万股)	比例(%)
1	海澜集团公司	法人股	6102.63	25.79
2	江阴市第三精毛纺厂	法人股	4991.76	21.09
3	江苏佳威华电子科技有限公司	流通股	215.48	0.91
4	中国银行-大成蓝筹稳健证券投资基金	流通股	212.62	0.90
5	山西信托投资有限责任公司	流通股	148.65	0.63
6	全国社保基金一零二组合	流通股	123.00	0.52
7	江阴市振华绒织厂	法人股	110.50	0.47
8	江阴三毛销售有限公司	法人股	110.50	0.47
9	江阴市协力毛纺织厂	法人股	110.50	0.47
10	兴业证券股份有限公司	流通股	101.50	0.43

股东人数	2004.6	2003.12	2003.6	2002
	32444	24134	13547	11782

近年分配	2004 年 6 月 15 日 10 派 1.00	近年配股 / 增发	

重大事项

2004 年 3 月 18 日，公司 2004 年第一次临时股东大会审议通过以自有资金收购海澜集团公司热电联产车间资产与部分房屋、土地使用权与辅助设施，以及投资热电联产车间二期工程与向上海克瑞特服饰有限公司增加投资等事项。上述全部收购事项已于 3 月末全部完成，对公司保障生产及降本节支发挥了作用。

二〇〇三年以来市场表现

2003 年涨跌幅(%)	-38.82
2003 年最高(元)	15.45
2003 年最低(元)	6.43
2003 年换手率(%)	289.00
2004.06 涨跌幅(%)	-0.15
2004.06 最高(元)	8.88
2004.06 最低(元)	6.45
2004.06 换手率(%)	241.50

抚顺特殊钢股份有限公司

公司概况

公司名称	抚顺特殊钢股份有限公司		股票代码	600399	
注册地址	辽宁省抚顺市望花区鞍山路东段 8 号		邮政编码	113001	
法人代表	赵明远		董秘	王治农	
电话	0413-6676495		传真	0413-6688966	
主营业务	轴承钢、齿轮钢				
总股本	52000.00	流通 A	12000.00	流通 B	流通 H
审计单位			审计意见	未审计	

主要财务指标

年度	2004.6	2003	2002
每股收益 / 扣除后(元)	0.0333	0.0200	0.0800
每股经营现金流量(元)	0.2030	1.0000	0.6900
每股净资产 / 调整后(元)	2.8300	2.7700	2.7700
每股公积金(元)	1.4058	1.4058	1.4058
净资产收益率(%)	1.1800	1.0800	2.9100
总资产(万元)	481112.12	455079.87	422828.66
股东权益(万元)	147270.00	145949.31	144805.23
未分配利润(万元)	17913.63	16592.93	15620.47
主营收入(万元)	195813.59	262155.72	173271.30
资本公积金(万元)	73103.04	73103.04	73103.04
主营利润(万元)	18889.39	24161.66	18303.47
其他业务利润(万元)	405.21	649.98	-17.01
营业利润(万元)	2657.48	1682.02	6630.03
投资收益(万元)			
补贴收入(万元)		90.00	90.00
营业外收支(万元)	-616.75	303.71	-0.91
利润总额(万元)	2040.74	2075.74	6500.58
净利润(万元)	1320.70	1581.97	4217.33

十大股东

序号	股东名称	股份性质	持股数(万股)	比例(%)
1	东北特殊钢集团有限责任公司	国有股	29441.45	56.62
2	抚顺物殊钢(集团)有限责任公司	国有股	10231.00	19.68
3	北京钢铁设计研究总院	法人股	65.51	0.13
4	抚顺电业局	法人股	65.51	0.13
5	吉林铁合金集团有限责任公司	法人股	65.51	0.13
6	吉林炭素股份有限公司	法人股	65.51	0.13
7	中国第三冶金建设公司	法人股	65.51	0.13
8	梁慧玲	社会公众股	37.50	0.07
9	汤玉琼	社会公众股	24.00	0.05
10	陈小燕	社会公众股	21.35	0.04

股东人数	2004.6	2003.12	2003.6	2002
	58403	60279	62699	62373

近年分配		近年配股 / 增发	

重大事项

收购抚钢集团持有的深圳兆恒抚顺特钢有限公司 25% 股权[见四、管理层讨论与分析(三)报告期投资情况]。本次收购深圳兆恒抚顺特钢有限公司的资产评估净值为 32,971,244.00 元(以 2004 年 2 月 29 日为基准日)，经协议双方协商，以此次评估报告为作价依据，本公司受让金额为 825 万元。

二〇〇三年以来市场表现

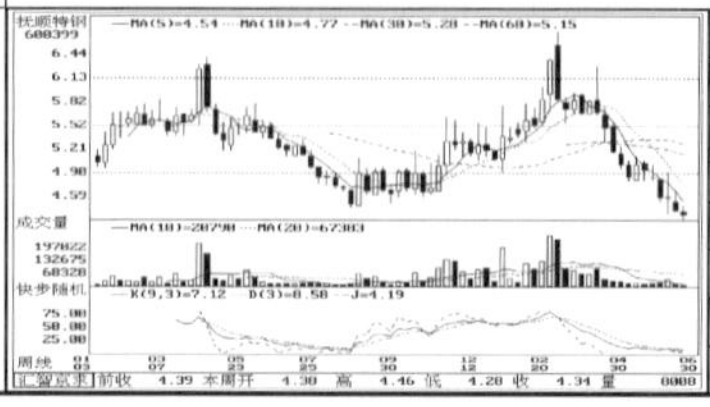

2003 年涨跌幅(%)	0.39
2003 年最高(元)	6.40
2003 年最低(元)	4.43
2003 年换手率(%)	191.23
2004.06 涨跌幅(%)	-15.40
2004.06 最高(元)	6.75
2004.06 最低(元)	4.28
2004.06 换手率(%)	144.34

江苏红豆实业股份有限公司

公司概况

公司名称	江苏红豆实业股份有限公司	股票代码	600400
注册地址	江苏省锡山市锡山区港下镇	邮政编码	214199
法人代表	周海江	董秘	蒋雄伟
电话	0510-8358278	传真	0510-8350139
主营业务	衬衫、西服和其他服装		
总股本	17952.00	流通 A	5000.00
流通 B		流通 H	
审计单位		审计意见	未审计

主要财务指标

年度	2004.6	2003	2002
每股收益/扣除后(元)	0.2301	0.4500	0.3500
每股经营现金流量(元)	0.2040	0.3900	-1.2500
每股净资产/调整后(元)	4.1000	3.8800	3.5000
每股公积金(元)	1.7290	1.7290	1.7290
净资产收益率(%)	7.7000	11.0100	10.8500
总资产(万元)	161845.00	147764.34	115453.88
股东权益(万元)	74675.74	70719.56	62935.03
未分配利润(万元)	21114.71	17158.52	10670.55
主营收入(万元)	51263.67	93298.43	62534.30
资本公积金(万元)	31039.75	31039.75	31039.75
主营利润(万元)	9918.21	18188.35	12266.36
其他业务利润(万元)	15.16	18.16	0.25
营业利润(万元)	7033.21	13030.59	9360.19
投资收益(万元)		3.34	10.23
补贴收入(万元)			
营业外收支(万元)	-243.10	-321.93	6.86
利润总额(万元)	6790.11	12711.99	8752.06
净利润(万元)	5751.41	7784.52	6663.80

十大股东

序号	股东名称	股份性质	持股数(万股)	比例(%)
1	红豆集团有限公司	境内法人股	12615.54	70.27
2	上海博润投资有限公司	流通A股	219.20	1.22
3	裕隆证券投资基金	流通A股	217.68	1.21
4	无锡市东方相思服装厂	境内法人股	129.52	0.72
5	无锡市锡山兴达制衣厂	境内法人股	64.76	0.36
6	无锡市红仕女装厂	境内法人股	64.76	0.36
7	无锡市雏鹰服装厂	境内法人股	64.76	0.36
8	中国工商银行-金元证券投资基金	流通A股	63.11	0.35
9	周海江	流通A股,自然人股	61.16	0.34
10	丰舒	流通A股	23.79	0.13

股东人数	2004.6	2003.12	2003.6	2002
	29698	35852	37733	38666

近年分配	2004年5月14日10派1.00	近年配股/增发	

重大事项

2004年6月2日,公司与招商银行股份有限公司签订了《授信协议》。最高额度:人民币6000万元;授信期限一年;保证人:红豆集团有限公司。在此授信协议下,2004年6月14日,公司与招商银行股份有限公司无锡分行签订了《借款合同》。贷款金额:人民币1000万元;贷款年利率5.31%;贷款期限12个月;保证人:红豆集团有限公司。

二〇〇三年以来市场表现

2003年涨跌幅(%)	-24.16
2003年最高(元)	12.06
2003年最低(元)	6.84
2003年换手率(%)	63.52
2004.06涨跌幅(%)	23.62
2004.06最高(元)	10.49
2004.06最低(元)	7.43
2004.06换手率(%)	71.75

江苏申龙高科集团股份有限公司

公司概况

公司名称	江苏申龙高科集团股份有限公司	股票代码	600401
注册地址	江苏省江阴市申港镇申圩路	邮政编码	214443
法人代表	陆建平	董秘	吴江渝
电话	0510-6620263	传真	0510-6620263
主营业务	软塑彩印、复合包装产品的产销		
总股本	14335.98	流通 A	6000.00
流通 B		流通 H	
审计单位		审计意见	未审计

主要财务指标

年度	2004.6	2003	2002
每股收益/扣除后(元)	0.0957	0.3010	0.4740
每股经营现金流量(元)	0.0630	0.1330	0.7620
每股净资产/调整后(元)	2.4360	4.4510	1.8550
每股公积金(元)	1.0333	2.6198	
净资产收益率(%)	3.9200	6.8500	24.73
总资产(万元)	48962.87	46169.21	17600.31
股东权益(万元)	35294.18	34293.57	8952.62
未分配利润(万元)	5099.47	5625.08	3661.05
主营收入(万元)	13692.94	21147.18	18782.68
资本公积金(万元)	14813.19	19991.85	
主营利润(万元)	2957.50	5320.87	4813.35
其他业务利润(万元)	93.65	32.56	-1.17
营业利润(万元)	2097.78	3664.09	3430.62
投资收益(万元)	1.77		
补贴收入(万元)			
营业外收支(万元)	-24.87	-59.40	-7.67
利润总额(万元)	2074.68	3604.69	3374.98
净利润(万元)	1382.16	2349.11	2213.89

十大股东

序号	股东名称	股份性质	持股数(万股)	比例(%)
1	江苏申龙创业集团有限公司	境内法人股	7409.85	51.69
2	江苏瀛寰投资置业集团有限公司	境内法人股	379.29	2.65
3	江阴申达包装材料有限公司	境内法人股	268.42	1.87
4	无锡新区联合科技网络有限公司	境内法人股	148.38	1.04
5	江阴申达包装工业园物业管理有限公司	境内法人股	74.19	0.52
6	江苏亚包工程规划设计研究院有限公司	境内法人股	55.85	0.39
7	沈润平	流通A股	41.84	0.29
8	李谊君	流通A股	32.30	0.23
9	陈连新	流通A股	25.12	0.18
10	盛兴标	流通A股	24.91	0.17

股东人数	2004.6	2003.12	2003.6	2002
	4721	8585		

近年分配	2004年6月4日10派0.50	近年配股/增发	2004年6月4日10送2转8

重大事项

本公司于2004年6月28日召开第二届董事会第六次会议审议通过了为控股子公司江苏创源科技新材料有限公司向上海浦东发展银行江阴澄江支行申请1500万元一年期借款提供连带责任担保的议案。

二〇〇三年以来市场表现

2003年涨跌幅(%)	0.00
2003年最高(元)	6.40
2003年最低(元)	4.93
2003年换手率(%)	99.09
2004.06涨跌幅(%)	35.79
2004.06最高(元)	8.94
2004.06最低(元)	5.54
2004.06换手率(%)	99.49

南京欣网视讯科技股份有限公司

公司概况

公司名称	南京欣网视讯科技股份有限公司			股票代码		600403	
注册地址	江苏省南京市南京高新开发区软件园2号楼			邮政编码		210002	
法人代表	周易			董秘		石光捷	
电话	025-84669999			传真		025-84669876	
主营业务	通信、社保、烟草和软件开发等						
总股本	7081.50	流通 A	3000.00	流通 B		流通 H	
审计单位	江苏天衡会计师事务所			审计意见		标准无保留	

主要财务指标

年度	2004.6	2003	2002
每股收益/扣除后(元)	0.0533	0.1600	0.3800
每股经营现金流量(元)	0.0190	0.0700	0.7800
每股净资产/调整后(元)	3.5600	3.4900	1.4200
每股公积金(元)	2.2704	2.2704	
净资产收益率(%)	1.7900	4.7600	23.80
总资产(万元)	36041.99	32167.30	10228.33
股东权益(万元)	25342.60	24888.40	5850.38
未分配利润(万元)	1489.62	1035.42	1253.07
主营收入(万元)	16047.91	17341.64	
资本公积金(万元)	16078.00	16078.00	
主营利润(万元)	1954.60	3925.90	3704.21
其他业务利润(万元)	8.21	1.06	-0.01
营业利润(万元)	451.89	1439.01	1834.44
投资收益(万元)		0.35	
补贴收入(万元)	23.07	44.33	44.33
营业外收支(万元)	-2.46	-18.51	0.21
利润总额(万元)	472.50	1465.17	1685.08
净利润(万元)	454.21	1184.47	1392.36

十大股东

序号	股东名称	股份性质	持股数(万股)	比例(%)
1	上海富欣投资发展有限公司	境内法人股	1591.10	22.47
2	南京贝豪科技有限公司	境内法人股	490.45	6.93
3	中广有线信息网络有限公司	国有法人股	450.00	6.35
4	中信信息科技投资有限公司	国有法人股	390.00	5.51
5	南京大学	国有法人股	390.00	5.51
6	葛蓬蓬	自然人股	256.65	3.62
7	马运山	自然人股	256.65	3.62
8	周易	自然人股	256.65	3.62
9	信泰证券有限责任公司	流通A股	253.75	3.58
10	华泰证券有限责任公司	流通A股	200.83	2.84

股东人数	2004.6	2003.12	2003.6	2002
	6211	11869		

近年分配		近年配股/增发	

重大事项

公司2004年中期资本公积金转增股本预案为：以公司2004年6月30日经审计的资本公积金160,780,000元，按2004年6月30日总股本70,815,000股为基数，每10股转增8股，向全体股东实施资本公积金转增股本方案，共计新增股本56,652,000股。

二〇〇三年以来市场表现

2003年涨跌幅(%)	0.00
2003年最高(元)	14.28
2003年最低(元)	11.08
2003年换手率(%)	398.48
2004.06涨跌幅(%)	31.87
2004.06最高(元)	21.44
2004.06最低(元)	13.41
2004.06换手率(%)	367.66

北京动力源科技股份有限公司

公司概况

公司名称	北京动力源科技股份有限公司			股票代码		600405	
注册地址	北京市海淀区学院南路68号			邮政编码		100070	
法人代表	何振亚			董秘		张守才	
电话	010-83681321			传真		010-63783054	
主营业务	从事通信开关电源及其产品的研销						
总股本	8695.30	流通 A	3000.00	流通 B		流通 H	
审计单位				审计意见		未审计	

主要财务指标

年度	2004.6	2003	2002
每股收益/扣除后(元)	0.0714	0.4242	0.3500
每股经营现金流量(元)	-0.7930	0.8600	0.3900
每股净资产/调整后(元)	3.9700	1.9100	1.4500
每股公积金(元)	2.3363	0.0349	0.0081
净资产收益率(%)	1.7400	21.9700	24.7400
总资产(万元)	47610.33	24559.34	21438.19
股东权益(万元)	34507.85	10896.62	8269.10
未分配利润(万元)	4373.34	3773.90	1738.92
主营收入(万元)	8697.46	17750.19	17687.16
资本公积金(万元)	20315.22	303.43	70
主营利润(万元)	3610.55	8259.97	8238.77
其他业务利润(万元)	51.79	188.87	-3.69
营业利润(万元)	727.00	2861.27	2434.35
投资收益(万元)	-12.90	7.97	43.14
补贴收入(万元)			
营业外收支(万元)	-8.88	-24.47	-0.05
利润总额(万元)	705.22	2844.78	2483.58
净利润(万元)	599.44	2394.09	2045.81

十大股东

序号	股东名称	股份性质	持股数(万股)	比例(%)
1	何振亚	个人股	1383.96	15.92
2	周卫军	个人股	512.58	5.89
3	李林	个人股	512.58	5.89
4	台林	个人股	512.58	5.89
5	吴琼	个人股	512.58	5.89
6	张守才	个人股	512.58	5.89
7	段辉国	个人股	256.29	2.95
8	赵金堂	个人股	256.29	2.95
9	曲春红	个人股	205.03	2.36
10	黄海	个人股	153.77	1.77

股东人数	2004.6	2003.12	2003.6	2002
	18480			

近年分配		近年配股/增发	

重大事项

报告期内，公司第二届董事会第三次会议通过决议，同意在不影响生产经营的前提下，利用不超过2000万元的自有资金进行短期投资，用于购买首发基金，并授权经理层办理相关事宜。根据上述决议，公司于报告期内投资1000万元购买了新发行的博时精选股票基金(代码050004)。

二〇〇三年以来市场表现

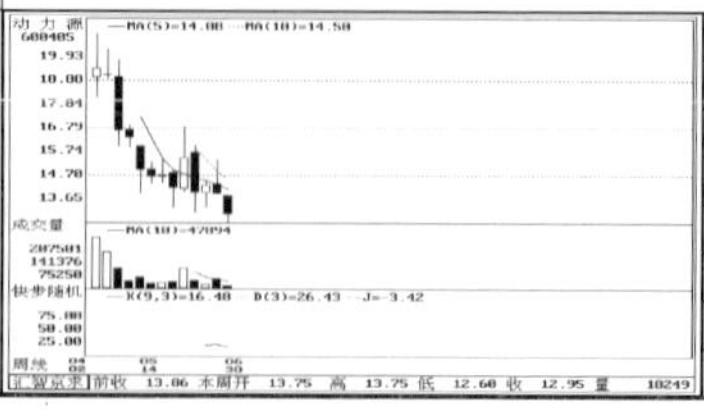

2003年涨跌幅(%)	0.00
2003年最高(元)	0.00
2003年最低(元)	0.00
2003年换手率(%)	0.00
2004.06涨跌幅(%)	0.00
2004.06最高(元)	20.98
2004.06最低(元)	12.60
2004.06换手率(%)	352.02

国电南瑞科技股份有限公司

公司概况

公司名称	国电南瑞科技股份有限公司		股票代码	600406	
注册地址	江苏省南京市高新技术产业开发区 D10 幢		邮政编码	021255	
法人代表	闵涛	董秘	郑延海		
电话	025-83429900-2327	传真	025-83472689		
主营业务	电网调度自动化、变电站自动化等				
总股本	16350.00	流通 A	6000.00	流通 B	流通 H
审计单位	天健会计师事务所	审计意见	标准无保留		

主要财务指标

年度	2004.6	2003	2002
每股收益/扣除后(元)	0.1953	0.5178	0.5195
每股经营现金流量(元)	0.1740	0.6175	0.4872
每股净资产/调整后(元)	3.6400	5.4300	2.0400
每股公积金(元)	1.9719	2.3052	0.1877
净资产收益率(%)	5.1800	9.3100	23.38
总资产(万元)	85401.01	82252.85	36287.08
股东权益(万元)	61633.85	60620.67	15332.15
未分配利润(万元)	10637.64	9624.46	5109.06
主营收入(万元)	20131.81	37250.93	34852.64
资本公积金(万元)	32240.09	37690.09	2045.83
主营利润(万元)	6732.50	11976.78	9973.80
其他业务利润(万元)			
营业利润(万元)	2874.45	5182.92	3418.22
投资收益(万元)			
补贴收入(万元)	577.63	961.63	-2.53
营业外收支(万元)			
利润总额(万元)	3452.08	6144.55	3584.30
净利润(万元)	3193.18	5644.26	3584.30

十大股东

序号	股东名称	股份性质	持股数(万股)	比例(%)
1	南京南瑞集团公司	国有法人股	4347.00	26.59
2	国电电力发展股份有限公司	国有法人股	2970.00	18.17
3	南京京瑞科电力设备有限公司	境内法人股	2070.00	12.66
4	黑龙江省电力有限公司	国有法人股	342.00	2.09
5	交通银行-安顺证券投资基金	流通 A 股	250.00	1.53
6	景阳证券投资基金	流通 A 股	217.64	1.33
7	江苏省电力公司	国有法人股	207.00	1.27
8	云南电力集团有限公司	国有法人股	207.00	1.27
9	申万巴黎盛利精选证券投资基金	流通 A 股	203.77	1.25
10	交通银行-久富证券投资基金	流通 A 股	200.74	1.23

股东人数	2004.6	2003.12	2003.6	2002
	8635	9919		

近年分配	近年配股/增发
2004 年 4 月 2 日 10 派 2.00	2004 年 4 月 2 日 10 转 5

重大事项

经 2004 年 3 月 21 日召开的公司 2003 年年度股东大会审议通过，成立公司第二届监事会，柳一兵、宋云翔二位先生作为股东监事代表，与经 2004 年 1 月 18 日召开的公司第一届职工代表大会第三次会议民主选举的姚建国、奚后玮、范钦南三位职工监事代表，共同组成第二届监事会。经 2004 年 3 月 21 日召开的公司第二届监事会第一次会议选举，柳一兵先生任公司第二届监事会监事召集人。

二○○三年以来市场表现

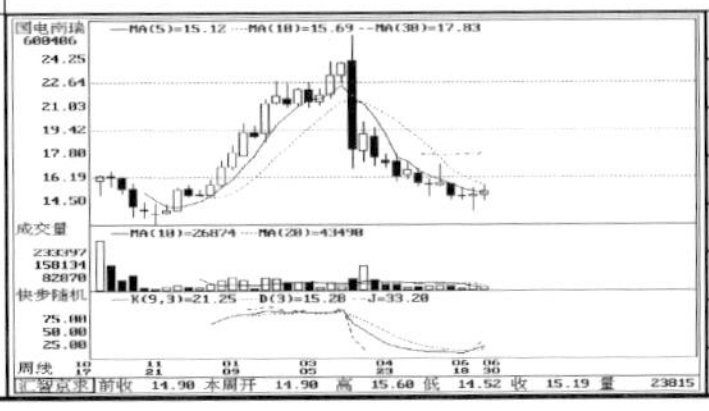

2003 年涨跌幅(%)	0.00
2003 年最高(元)	11.09
2003 年最低(元)	8.51
2003 年换手率(%)	108.21
2004.06 涨跌幅(%)	38.51
2004.06 最高(元)	19.90
2004.06 最低(元)	10.93
2004.06 换手率(%)	142.94

山西安泰集团股份有限公司

公司概况

公司名称	山西安泰集团股份有限公司		股票代码	600408	
注册地址	山西省介休市义安镇		邮政编码	032002	
法人代表	李安民	董秘	郭全虎		
电话	0354-7531034	传真	0354-7536786		
主营业务	煤炭洗选、焦炭、生铁				
总股本	39100.00	流通 A	11900.00	流通 B	流通 H
审计单位		审计意见	未审计		

主要财务指标

年度	2004.6	2003	2002
每股收益/扣除后(元)	0.2356	0.3600	0.3000
每股经营现金流量(元)	0.0560	0.3500	0.4900
每股净资产/调整后(元)	3.3100	2.9500	1.7200
每股公积金(元)	1.2655	1.2655	0.0866
净资产收益率(%)	10.8600	10.4100	
总资产(万元)	248827.19	190115.36	86861.96
股东权益(万元)	77061.55	68691.30	27428.01
未分配利润(万元)	19040.73	9520.48	4656.83
主营收入(万元)	65063.06	97555.44	68444.24
资本公积金(万元)	29107.21	29107.21	1991.81
主营利润(万元)	35898.72	34169.44	21551.36
其他业务利润(万元)		230.82	6.07
营业利润(万元)	13922.59	11309.34	7315.34
投资收益(万元)	194.36	89.70	91.00
补贴收入(万元)			
营业外收支(万元)	-1220.10	-2088.59	-2.32
利润总额(万元)	12896.85	9310.46	7197.30
净利润(万元)	8370.25	7147.90	4742.06

十大股东

序号	股东名称	股份性质	持股数(万股)	比例(%)
1	李安民	个人股	11200.00	28.64
2	任家玺	个人股	900.00	2.30
3	范青玉	个人股	900.00	2.30
4	李光明	个人股	880.00	2.25
5	郭玉明	个人股	760.00	1.94
6	冀焕文	个人股	760.00	1.94
7	国元证券	流通 A 股	209.82	0.54
8	同德基金	流通 A 股	209.09	0.53
9	曹振基	个人股	200.00	0.51
10	李炽亨	个人股	200.00	0.51

股东人数	2004.6	2003.12	2003.6	2002
	22949	28380	32923	

近年分配	近年配股/增发
2004 年 7 月 16 日 10 派 0.50	2004 年 7 月 16 日 10 送 2 转 5

重大事项

2004 年 6 月 10 日，公司 2003 年年度股东大会审议通过了公司 2003 年度利润分配方案即：每 10 股送红股 2 股(含税)，转增 5 股，分红利 0.5 元(含税)，并于 7 月 16 日分配。

二○○三年以来市场表现

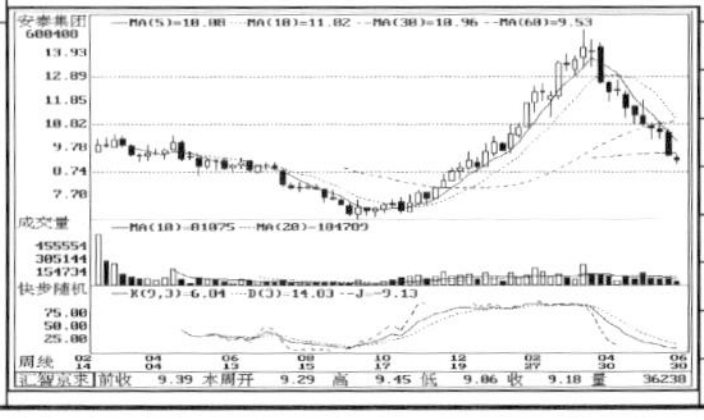

2003 年涨跌幅(%)	0.00
2003 年最高(元)	10.35
2003 年最低(元)	6.66
2003 年换手率(%)	320.78
2004.06 涨跌幅(%)	3.26
2004.06 最高(元)	14.97
2004.06 最低(元)	8.81
2004.06 换手率(%)	213.16

唐山三友化工股份有限公司

公司概况

公司名称	唐山三友化工股份有限公司	股票代码	600409
注册地址	河北省唐山市南堡开发区	邮政编码	063305
法人代表	么志义	董秘	史岭珠
电话	0315-8517040	传真	0315-8519188
主营业务	纯碱的生产和销售		
总股本	35000.00	流通 A	10000.00
流通 B		流通 H	
审计单位		审计意见	未审计

主要财务指标

年度	2004.6	2003	2002
每股收益/扣除后(元)	0.1403	0.1400	0.3200
每股经营现金流量(元)	0.1510	0.2900	0.8700
每股净资产/调整后(元)	2.9300	2.9100	1.8200
每股公积金(元)	1.5892	1.5821	0.2195
净资产收益率(%)	4.7500	4.7300	16.4300
总资产(万元)	164058.31	157050.55	98407.09
股东权益(万元)	105089.88	103344.08	45763.56
未分配利润(万元)	10645.78	5649.98	4992.71
主营收入(万元)	67334.42	99584.57	94437.55
资本公积金(万元)	55623.51	55373.51	7683.91
主营利润(万元)	18851.61	24324.87	27103.27
其他业务利润(万元)	146.04	389.68	-2.72
营业利润(万元)	8038.41	8108.72	12701.87
投资收益(万元)	-281.31	94.82	17.23
补贴收入(万元)			
营业外收支(万元)	-66.57	-186.34	2.60
利润总额(万元)	7690.53	8017.21	12078.58
净利润(万元)	4995.80	4890.91	7518.85

十大股东

序号	股东名称	股份性质	持股数(万股)	比例(%)
1	唐山三友碱业(集团)有限公司	国有法人股	22231.00	63.52
2	国投资产管理公司	国有法人股	1400.00	4.00
3	唐山投资有限公司	国有法人股	617.00	1.76
4	河北省建设投资公司	国有法人股	560.00	1.60
5	国富投资公司	国有法人股	192.00	0.55
6	国联安德盛小盘精选证券投资基金	流通 A 股	180.14	0.51
7	湘财合丰价值优化型成长类行业基金	流通 A 股	100.00	0.29
8	山西证券有限责任公司	流通 A 股	91.02	0.26
9	河南省企业信用担保协会	流通 A 股	87.60	0.25
10	深圳国际信托投资有限责任公司	流通 A 股	65.76	0.19

股东人数	2004.6	2003.12	2003.6	2002
	43304	52603	48359	

近年分配	2004 年 6 月 11 日 10 派 1.00	近年配股/增发	

重大事项

公司 2004 年 4 月 23 日召开的 2003 年度股东大会审议通过了 2003 年年度利润分配方案,本次分配以公司 2003 年 12 月 31 日总股本 35000 万股为基数,向全体股东每 10 股派发现金红利 1.0 元(含税)。

二〇〇三年以来市场表现

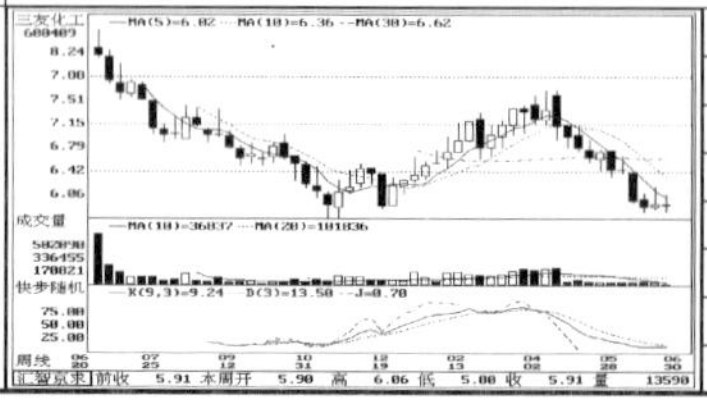

2003 年涨跌幅(%)	0.00
2003 年最高(元)	8.50
2003 年最低(元)	5.60
2003 年换手率(%)	278.62
2004.06 涨跌幅(%)	-1.83
2004.06 最高(元)	7.57
2004.06 最低(元)	5.79
2004.06 换手率(%)	251.54

北京华胜天成科技股份有限公司

公司概况

公司名称	北京华胜天成科技股份有限公司	股票代码	600410
注册地址	北京市海淀区北四环中路 229 号	邮政编码	100029
法人代表	胡联奎	董秘	胡家飞
电话	010-64448399	传真	010-64433905
主营业务	销售开发后产品		
总股本	9400.00	流通 A	2400.00
流通 B		流通 H	
审计单位		审计意见	未审计

主要财务指标

年度	2004.6	2003	2002
每股收益/扣除后(元)	0.3611	0.7200	0.7600
每股经营现金流量(元)	0.3200	0.7300	1.0300
每股净资产/调整后(元)	6.1460	3.0100	
每股公积金(元)	3.9669		
净资产收益率(%)	6.2500	28.7400	32.8500
总资产(万元)	94497.87	48211.93	42643.82
股东权益(万元)	57803.37	21098.99	16234.55
未分配利润(万元)	6230.51	9215.04	5766.19
主营收入(万元)	38485.13	65869.26	61147.87
资本公积金(万元)	37288.90		
主营利润(万元)	8946.04	13460.19	13587.67
其他业务利润(万元)			
营业利润(万元)	398.72	6523.27	6056.88
投资收益(万元)		13.56	-2.00
补贴收入(万元)			
营业外收支(万元)	-0.10	33.55	-0.07
利润总额(万元)	3908.62	6570.37	6060.39
净利润(万元)	3615.47	6064.44	5333.30

十大股东

序号	股东名称	股份性质	持股数(万股)	比例(%)
1	苏纲	个人股	1750.00	18.62
2	王维航	个人股	1330.00	14.15
3	刘建柱	个人股	1120.00	11.91
4	刘燕京	个人股	1050.00	11.17
5	华计公司	个人股	875.00	9.31
6	胡联奎	境内法人股	700.00	7.45
7	荆涛	个人股	175.00	1.86
8	中信经典配置证券投资基金	流通 A 股	102.69	1.09
9	渤海证券有限责任公司	流通 A 股	27.99	0.30
10	李懿埔	流通 A 股	10.49	0.11

股东人数	2004.6	2003.12	2003.6	2002
	15545			

近年分配		近年配股/增发	

重大事项

本公司于 2003 年 12 月以被背书人之身份接受了由广东盈通网络投资有限公司签发并已承兑的四张收款人系广东天图科技有限公司、票面金额合计为人民币 1,920 万元、汇票到期日为 2004 年 6 月 1 日的商业承兑汇票。

二〇〇三年以来市场表现

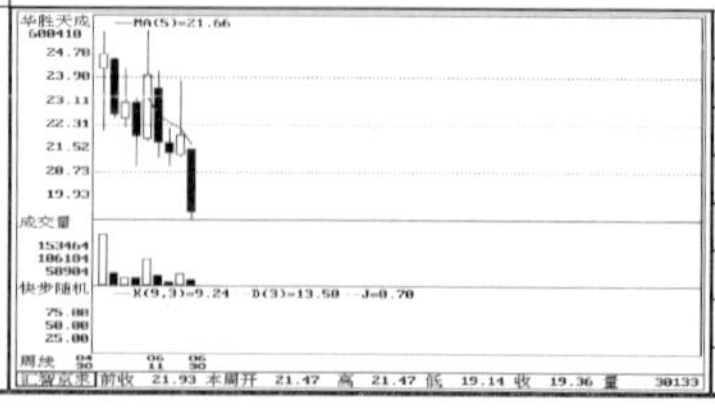

2003 年涨跌幅(%)	0.00
2003 年最高(元)	0.00
2003 年最低(元)	0.00
2003 年换手率(%)	0.00
2004.06 涨跌幅(%)	0.00
2004.06 最高(元)	25.49
2004.06 最低(元)	19.14
2004.06 换手率(%)	243.95

浙江中国小商品城集团股份有限公司

公司概况

公司名称	浙江中国小商品城集团股份有限公司		股票代码	600415	
注册地址	浙江省义乌市宾王路158号		邮政编码	322000	
法人代表	傅日高	董秘	陈荣根		
电话	0579-5544933	传真	0579-5546226		
主营业务	酒店服务、商品销售				
总股本	12496.86	流通A	5009.07	流通B	流通H
审计单位		审计意见	未审计		

主要财务指标

年度	2004.6	2003	2002
每股收益/扣除后(元)	0.4597	0.5000	0.3700
每股经营现金流量(元)	2.0440	-2.1800	6.5400
每股净资产/调整后(元)	6.0900	3.5500	2.9300
每股公积金(元)	2.7887	0.3225	0.3874
净资产收益率(%)	7.7200	17.2200	13.8700
总资产(万元)	247205.78	211818.00	152245.62
股东权益(万元)	76710.42	37875.48	31353.68
未分配利润(万元)	19852.19	13930.44	8236.70
主营收入(万元)	62780.15	112690.16	75268.60
资本公积金(万元)	34849.40	4030.06	4030.06
主营利润(万元)	16355.54	38210.81	20001.25
其他业务利润(万元)	696.43	1106.63	-195.36
营业利润(万元)	8994.70	10086.27	5798.27
投资收益(万元)	-101.81	-281.41	234.55
补贴收入(万元)	243.96	99.56	1.37
营业外收支(万元)	-5.34	-45.43	2.22
利润总额(万元)	9131.51	9858.98	6326.72
净利润(万元)	5921.74	6521.80	4349.69

十大股东

序号	股东名称	股份性质	持股数(万股)	比例(%)
1	义乌中国小商品城恒大开发总公司	国有法人股	4321.13	34.58
2	浙江省财务开发公司	法人股	770.00	6.16
3	义乌市财务开发公司	国有法人股	660.00	5.28
4	浙江省国际信托投资有限责任公司	法人股	550.00	4.40
5	交通银行-科瑞证券投资基金	流通A股	312.15	2.50
6	富国动态平衡证券投资基金	流通A股	268.60	2.15
7	光大证券有限责任公司	流通A股	242.91	1.94
8	上海宝鼎投资股份有限公司	境内法人股	220.00	1.76
9	交通银行-华安创新证券投资基金	流通A股	126.88	1.02
10	浙江物产元通机电(集团)股份有限公司	法人股	110.00	0.88

股东人数	2004.6	2003.12	2003.6	2002
	8180	10413	11034	12901

近年分配		近年配股/增发	

重大事项

控股子公司义乌中国小商品城房地产有限公司为控股子公司义乌中国小商品城贸易有限责任公司提供2000万元银行贷款担保，担保期限为2004年3月23日至2005年3月23日，公司持有义乌中国小商品城房地产开发有限公司的90%出资比例。

二〇〇三年以来市场表现

2003年涨跌幅(%)	23.43
2003年最高(元)	19.55
2003年最低(元)	13.52
2003年换手率(%)	73.32
2004.06涨跌幅(%)	29.51
2004.06最高(元)	26.49
2004.06最低(元)	16.91
2004.06换手率(%)	104.01

湘潭电机股份有限公司

公司概况

公司名称	湘潭电机股份有限公司		股票代码	600416	
注册地址	湖南省湘潭市下摄司街302号		邮政编码	411101	
法人代表	周建雄	董秘	汤鸿辉		
电话	0732-8595252,8595732	传真	0732-8610767,8595732		
主营业务	生产、销售发电机				
总股本	19500.00	流通A	7500.00	流通B	流通H
审计单位		审计意见	未审计		

主要财务指标

年度	2004.6	2003	2002
每股收益/扣除后(元)	0.1220	0.2100	0.2200
每股经营现金流量(元)	0.0790	0.3000	0.0200
每股净资产/调整后(元)	3.4200	3.3100	3.1600
每股公积金(元)	2.1023	1.9329	1.9329
净资产收益率(%)	3.6000	5.1100	6.6100
总资产(万元)	185646.66	118532.89	104913.25
股东权益(万元)	67939.89	65116.06	61789.95
未分配利润(万元)	4500.37	2055.13	2314.80
主营收入(万元)	52069.48	78292.62	57396.03
资本公积金(万元)	40995.35	37691.77	37691.77
主营利润(万元)	12921.36	21934.91	17874.99
其他业务利润(万元)	259.33	240.29	-1.25
营业利润(万元)	4267.00	7062.96	6342.05
投资收益(万元)	-380.45	-1715.75	-13.14
补贴收入(万元)	5.46		
营业外收支(万元)	-10.39	-98.06	-1.85
利润总额(万元)	3881.62	5249.15	6264.35
净利润(万元)	2445.25	3326.12	4084.49

十大股东

序号	股东名称	股份性质	持股数(万股)	比例(%)
1	湘潭电机集团有限责任公司	国有法人股	11543.51	59.20
2	北京地铁集团有限责任公司	发起人法人股	132.32	0.68
3	中原证券股份有限公司	流通股	118.67	0.61
4	四川东方绝缘材料有限公司	发起人法人股	79.39	0.41
5	中国工商银行-国联安德盛小盘精选证券投资基金	流通股	77.00	0.39
6	上海铜材厂	发起人法人股	66.16	0.34
7	内蒙古霍林河煤业集团有限责任公司	发起人法人股	66.16	0.34
8	湖南株洲特种电磁线厂	发起人法人股	66.16	0.34
9	天津开发区兴业房地产开发有限公司	发起人法人股	46.31	0.24
10	陈晚香	流通股	41.43	0.21

股东人数	2004.6	2003.12	2003.6	2002
	33682	37595	37134	31322

近年分配	2004年6月3日10派1.50	近年配股/增发	

重大事项

司于2004年2月7日召开第二届董事会第五次会议审议通过收购长沙水泵厂有限公司工会委员会持有的长沙水泵厂有限公司69.96%股权的议案。

二〇〇三年以来市场表现

2003年涨跌幅(%)	-22.41
2003年最高(元)	11.63
2003年最低(元)	6.20
2003年换手率(%)	345.30
2004.06涨跌幅(%)	-8.86
2004.06最高(元)	9.10
2004.06最低(元)	6.56
2004.06换手率(%)	214.63

安徽江淮汽车股份有限公司

公司概况

公司名称	安徽江淮汽车股份有限公司	股票代码	600418
注册地址	安徽省合肥市东流路 176 号	邮政编码	230022
法人代表	左延安	董秘	王敏
电话	0551-3415133-6835,3453130	传真	0551-3425437
主营业务	汽车底盘、齿轮箱		
总股本	23000.00	流通 A	8800.00
流通 B		流通 H	
审计单位	安徽华普会计师事务所	审计意见	标准无保留

主要财务指标

年度	2004.6	2003	2002
每股收益/扣除后(元)	0.5912	0.9100	0.5800
每股经营现金流量(元)	1.6110	1.4300	1.5000
每股净资产/调整后(元)	5.8900	5.7000	4.7700
每股公积金(元)	3.0156	3.0156	3.0166
净资产收益率(%)	10.0200	15.8100	11.9900
总资产(万元)	386559.03	250533.20	137137.00
股东权益(万元)	135455.31	131156.09	102951.45
未分配利润(万元)	30714.38	17139.16	6746.36
主营收入(万元)	419536.03	545007.00	344299.59
资本公积金(万元)	69358.19	69358.19	69382.05
主营利润(万元)	80230.87	86041.40	40715.42
其他业务利润(万元)	2847.94	3973.93	-8.09
营业利润(万元)	22102.58	29928.34	16334.54
投资收益(万元)	-10.07		
补贴收入(万元)		172.62	-1.50
营业外收支(万元)	-24.65	-1268.37	-2.46
利润总额(万元)	22067.87	28832.60	16208.03
净利润(万元)	13575.22	20737.09	13241.42

十大股东

序号	股东名称	股份性质	持股数(万股)	比例(%)
1	安徽江淮汽车集团有限公司	国有法人股	9993.90	43.45
2	马来西亚安卡莎机械有限公司	外资法人股	3675.00	15.98
3	博时价值增长证券投资基金	流通 A 股	594.53	2.58
4	同盛证券投资基金	流通 A 股	588.10	2.56
5	安徽科技产业投资有限公司	国有法人股	464.60	2.02
6	科瑞证券投资基金	流通 A 股	304.84	1.33
7	鹏华行业成长证券投资基金	流通 A 股	290.18	1.26
8	光大证券有限责任公司	流通 A 股	267.43	1.16
9	裕隆证券投资基金	流通 A 股	266.68	1.16
10	银丰证券投资基金	流通 A 股	266.33	1.16

股东人数	2004.6	2003.12	2003.6	2002
	6477	12814	16304	22745

近年分配	2004 年 4 月 27 日 10 派 4.80	近年配股/增发	

重大事项

本公司 8.8 亿元可转换公司债券于 2004 年 4 月 15 日公开发行,2004 年 4 月 30 日在上海证券交易所上市交易,债券期限 5 年,票面利率:第一年为 1.2%,第二年为 1.5%,第三年为 1.8%,第四年为 2.1%,第五年为 2.5%。2004 年 10 月 15 日进入转股期,初始转股价格为 17.13 元/股,2004 年 4 月 27 日公司每股派发现金股利 0.48 元后,转股价格已调整为 16.65 元/股。

二○○三年以来市场表现

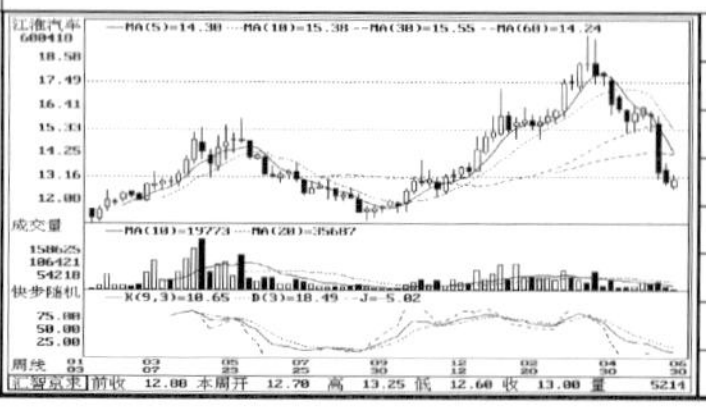

2003 年涨跌幅(%)	27.81
2003 年最高(元)	15.09
2003 年最低(元)	10.27
2003 年换手率(%)	143.83
2004.06 涨跌幅(%)	-7.87
2004.06 最高(元)	19.18
2004.06 最低(元)	12.60
2004.06 换手率(%)	65.99

新疆天宏纸业股份有限公司

公司概况

公司名称	新疆天宏纸业股份有限公司	股票代码	600419
注册地址	新疆石河子市西三路	邮政编码	832009
法人代表	李国民	董秘	王巧玲
电话	0993-7526018	传真	0993-7526118
主营业务	造纸,纸制品		
总股本	8016.00	流通 A	3000.00
流通 B		流通 H	
审计单位		审计意见	未审计

主要财务指标

年度	2004.6	2003	2002
每股收益/扣除后(元)	0.0143	0.0900	0.1500
每股经营现金流量(元)	-0.8150	0.1300	-0.0800
每股净资产/调整后(元)	3.6300	3.6700	3.5400
每股公积金(元)	2.1770	2.1770	2.1770
净资产收益率(%)	0.3800	3.4600	4.0600
总资产(万元)	49382.47	51361.93	46392.48
股东权益(万元)	29366.06	29656.30	28686.42
未分配利润(万元)	2457.59	2347.03	1897.83
主营收入(万元)	8726.56	15298.09	16238.10
资本公积金(万元)	17451.16	17451.16	17451.16
主营利润(万元)	1604.66	4015.91	3854.50
其他业务利润(万元)	45.17	55.94	1.28
营业利润(万元)	185.52	840.30	1389.25
投资收益(万元)		392.44	
补贴收入(万元)		50.00	50.00
营业外收支(万元)	-4.49	-52.95	-0.09
利润总额(万元)	181.02	1229.79	1381.60
净利润(万元)	110.56	1025.51	1163.42

十大股东

序号	股东名称	股份性质	持股数(万股)	比例(%)
1	新疆石河子造纸厂	国有法人股	4752.00	59.28
2	新疆教育出版社	法人股	132.00	1.65
3	新疆鸿鑫投资有限责任公司	流通股	103.18	1.29
4	新疆出版印刷集团公司	法人股	66.00	0.82
5	陈本茂	流通 A 股	40.38	0.50
6	新疆生产建设兵团印刷厂	法人股	33.00	0.41
7	新疆石河子白杨酒厂	法人股	33.00	0.41
8	张东波	流通股	26.03	0.32
9	封新尼	流通股	14.02	0.17
10	沈桂良	流通股	10.80	0.13

股东人数	2004.6	2003.12	2003.6	2002
	18059	18530	19335	21047

近年分配	2004 年 6 月 11 日 10 派 0.50	近年配股/增发	

重大事项

公司参股公司北京天宏国发房地产开发有限公司,本公司持有该公司 30%股权。经公司第二届董事会第七次会议决议,该公司因在北京开发"金泽缘商住楼项目"前期需购买土地,公司于 2004 年 3 月 1 日与北京天宏国发房地产开发有限公司签订了《协议书》,由本公司暂借款 2600 万元用于支付前期购买土地等费用。

二○○三年以来市场表现

2003 年涨跌幅(%)	-43.92
2003 年最高(元)	14.60
2003 年最低(元)	7.03
2003 年换手率(%)	140.72
2004.06 涨跌幅(%)	0.13
2004.06 最高(元)	11.85
2004.06 最低(元)	7.29
2004.06 换手率(%)	127.46

上海现代制药股份有限公司

公司概况

公司名称	上海现代制药股份有限公司				股票代码	600420	
注册地址	上海市浦东新区高东镇				邮政编码	200040	
法人代表	朱宝泉			董秘	潘振云		
电话	021-62899111			传真	021-62899900		
主营业务	自产医药产品的生产、销售						
总股本	8719.19	流通 A	3300.00	流通 B		流通 H	
审计单位				审计意见	未审计		

主要财务指标

年度	2004.6	2003	2002
每股收益 / 扣除后(元)	0.2064		
每股经营现金流量(元)	0.1700		
每股净资产 / 调整后(元)	4.3670		
每股公积金(元)	2.5974		
净资产收益率(%)	4.7400		
总资产(万元)	53179.79		
股东权益(万元)	38078.86		
未分配利润(万元)	4428.23		
主营收入(万元)	18295.93		
资本公积金(万元)	22647.27		
主营利润(万元)	7645.17		
其他业务利润(万元)	6.32		
营业利润(万元)	2871.76		
投资收益(万元)	-0.70		
补贴收入(万元)			
营业外收支(万元)	6.92		
利润总额(万元)	2871.70		
净利润(万元)	1805.68		

十大股东

序号	股东名称	股份性质	持股数(万股)	比例(%)
1	上海医药工业研究院	国有法人股	3876.13	44.46
2	上海现代药物制剂工程研究中心有限公司	国有法人股	644.45	7.39
3	上海广慈医学高科技公司	国有法人股	350.00	4.01
4	上海高东经济发展有限公司	境内法人股	298.61	3.42
5	华实医药	境内法人股	250.00	2.87
6	中国工商银行-融通蓝筹成长证券投资基金	流通 A 股	162.60	1.86
7	邢扬	流通 A 股	80.93	0.93
8	南京远行配变电工程有限公司	流通 A 股	60.84	0.70
9	南京新联通实业有限公司	流通 A 股	52.32	0.60
10	陈伟明	流通 A 股	31.60	0.36

股东人数	2004.6	2003.12	2003.6	2002
	15857			

近年分配		近年配股/增发	

重大事项

公司于 2004 年 6 月 29 日召开二届三次董事会，会议审议通过公司收购江正祥、李新柱、孙加亮持有的哈森药业 51%的股权，交易总价为人民币 5538600 元。将公司持有的上海现代医药销售有限公司 80%的股权转让给公司股东上海医药工业研究院，将持有的上海现代医药销售有限公司 10%的股权转让给公司股东上海医药工业研究院，将持有的上海现代医药销售有限公司 10%的股权转让给上海广慈医学高科技公司。转让价格分别为人民币 205834.18 元及人民币 25729.27 元。

二〇〇三年以来市场表现

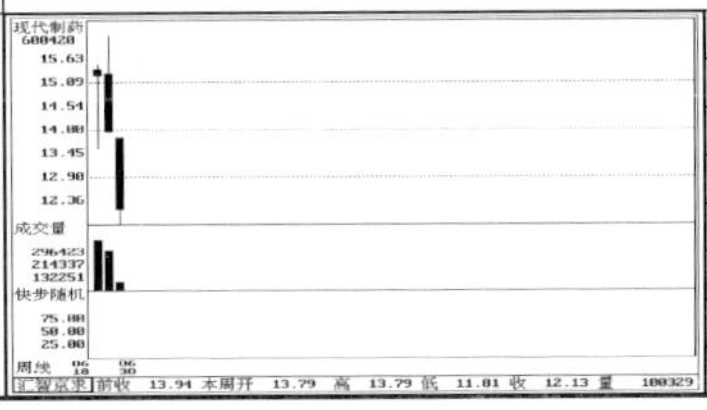

2003 年涨跌幅(%)	0.00
2003 年最高(元)	0.00
2003 年最低(元)	0.00
2003 年换手率(%)	0.00
2004.06 涨跌幅(%)	0.00
2004.06 最高(元)	16.18
2004.06 最低(元)	11.81
2004.06 换手率(%)	237.77

武汉春天生物工程股份有限公司

公司概况

公司名称	武汉春天生物工程股份有限公司				股票代码	600421	
注册地址	湖北省武汉市武昌武珞路 628 号亚洲贸易广场 B 座				邮政编码	430070	
法人代表	闫作利			董秘	闻彩兵		
电话	027-87654767			传真	027-87654797		
主营业务	生物保健食品和药品的研发						
总股本	13600.00	流通 A	4500.00	流通 B		流通 H	
审计单位				审计意见	未审计		

主要财务指标

年度	2004.6	2003	2002
每股收益 / 扣除后(元)	0.1188		
每股经营现金流量(元)	0.1670		
每股净资产 / 调整后(元)	3.2200		
每股公积金(元)	1.6259		
净资产收益率(%)	3.5900		
总资产(万元)	66554.17		
股东权益(万元)	43787.20		
未分配利润(万元)	5968.16		
主营收入(万元)	9565.51		
资本公积金(万元)	22112.16		
主营利润(万元)	4217.56		
其他业务利润(万元)	98.78		
营业利润(万元)	1918.36		
投资收益(万元)	7.88		
补贴收入(万元)			
营业外收支(万元)	-41.70		
利润总额(万元)	1884.54		
净利润(万元)	1573.20		

十大股东

序号	股东名称	股份性质	持股数(万股)	比例(%)
1	武汉新一代科技有限公司	境内法人股	5824.00	42.82
2	武汉东湖新技术开发区发展总公司	国有法人股	1592.50	11.71
3	上海武汉香烟伴侣生物工程有限公司	境内法人股	910.00	6.69
4	湖北中医学院科技服务公司	国有法人股	682.50	5.02
5	武汉市工程科技技术研究院	国有法人股	91.00	0.67
6	岱山县融达城市信用社	流通 A 股	25.00	0.18
7	王生荣	流通 A 股	22.70	0.17
8	焦敏	流通 A 股	18.99	0.14
9	秦春香	流通 A 股	18.00	0.13
10	陈广利	流通 A 股	16.48	0.12

股东人数	2004.6	2003.12	2003.6	2002
	23089			

近年分配		近年配股/增发	

重大事项

公司于 2004 年 4 月 21 日召开了 2003 年度股东大会，审议通过了 2003 年度股利分配方案，2003 年末未分配利润共计 43,949,647.62 元，决定不分配，也不进行资本公积金转增股本。

二〇〇三年以来市场表现

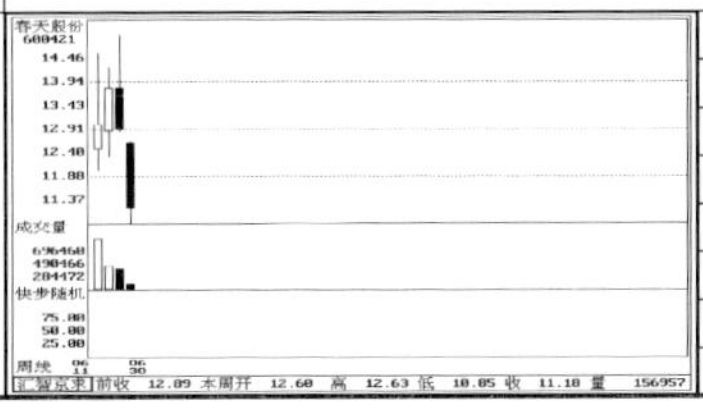

2003 年涨跌幅(%)	0.00
2003 年最高(元)	0.00
2003 年最低(元)	0.00
2003 年换手率(%)	0.00
2004.06 涨跌幅(%)	0.00
2004.06 最高(元)	14.97
2004.06 最低(元)	10.85
2004.06 换手率(%)	424.83

昆明制药集团股份有限公司

公司概况

公司名称	昆明制药集团股份有限公司				股票代码	600422	
注册地址	云南省昆明市国家高新技术开发区科医路166号				邮政编码	650106	
法人代表	汪域			董秘	徐朝能		
电话	0871-8324311			传真	0871-8324311		
主营业务	中西药原料、制剂和保健品						
总股本	9818.00	流通A	4000.00	流通B		流通H	
审计单位				审计意见	未审计		

主要财务指标

年度	2004.6	2003	2002
每股收益/扣除后(元)	0.3546	0.7100	0.4500
每股经营现金流量(元)	–0.5980	0.6200	0.1800
每股净资产/调整后(元)	6.0900	6.0000	5.2800
每股公积金(元)	3.9477	3.9477	3.9476
净资产收益率(%)	5.9800	11.7300	8.4000
总资产(万元)	98493.29	94671.07	76328.46
股东权益(万元)	61219.82	60015.48	53083.52
未分配利润(万元)	7356.54	3710.12	420.39
主营收入(万元)	30995.03	66534.03	50485.75
资本公积金(万元)	38758.63	38758.63	38758.01
主营利润(万元)	17304.76	36345.79	22261.47
其他业务利润(万元)	113.82	241.08	–6.78
营业利润(万元)	4226.45	9301.75	5790.76
投资收益(万元)	251.40	66.04	354.76
补贴收入(万元)			
营业外收支(万元)	208.30	–185.84	–1.16
利润总额(万元)	4686.15	9181.96	6458.16
净利润(万元)	3658.84	7039.34	4458.82

十大股东

序号	股东名称	股份性质	持股数(万股)	比例(%)
1	云南医药集团有限公司	国有法人股	1966.21	20.03
2	华立产业集团有限公司	境内法人股	1799.60	18.33
3	云南红塔集团有限公司	境内法人股	1180.77	12.03
4	昆明云辰科工贸有限公司	境内法人股	469.98	4.79
5	昆明八达实业总公司	境内法人股	183.84	1.87
6	昆明富亨房地产开发经营公司	国有法人股	183.84	1.87
7	昆明科耀投资有限公司	境内法人股	33.75	0.34
8	陈晓东	流通A股	27.58	0.28
9	裕阳证券投资基金	流通A股	23.33	0.24
10	平顶山市信托投资公司	流通A股	10.01	0.10

股东人数	2004.6	2003.12	2003.6	2002
	13300	13539	15323	16119

近年分配	近年配股/增发
2004年7月21日10派2.50	2004年7月21日10转6

重大事项

经2003年4月9日公司四届四次董事会审议通过公司天麻素车间GMP改造项目，根据确立的工艺条件和布局，并按照初步设计方案测算，该项目总投资概算额为1,230.92万元，目前工程已完工，截止2004年6月30日，已投入资金648.93万元。

二〇〇三年以来市场表现

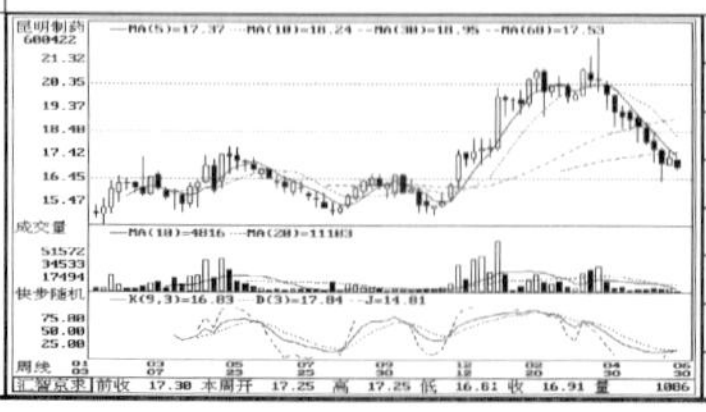

2003年涨跌幅(%)	20.57
2003年最高(元)	18.10
2003年最低(元)	14.18
2003年换手率(%)	88.04
2004.06涨跌幅(%)	–4.46
2004.06最高(元)	22.30
2004.06最低(元)	16.30
2004.06换手率(%)	53.17

柳州化工股份有限公司

公司概况

公司名称	柳州化工股份有限公司				股票代码	600423	
注册地址	广西壮族自治区柳州市北雀路67号				邮政编码	545002	
法人代表	廖能成			董秘	袁志刚		
电话	0772-2516580,2519434			传真	0772-2510401		
主营业务	硝酸铵、硝酸、氮肥制造						
总股本	19082.18	流通A	7800.00	流通B		流通H	
审计单位	大信会计师事务所			审计意见	标准无保留		

主要财务指标

年度	2004.6	2003	2002
每股收益/扣除后(元)	0.1840	0.2900	0.4000
每股经营现金流量(元)	0.3930	0.3200	0.8700
每股净资产/调整后(元)	3.1600	4.0100	2.0000
每股公积金(元)	1.7603	2.5884	0.2819
净资产收益率(%)	5.6900	7.3600	19.20
总资产(万元)	95065.51	91241.03	44249.12
股东权益(万元)	61823.53	60509.17	18369.84
未分配利润(万元)	7571.62	4055.47	2472.96
主营收入(万元)	29494.12	48979.64	44287.15
资本公积金(万元)	33590.74	37994.32	4137.45
主营利润(万元)	6421.58	8843.23	7468.60
其他业务利润(万元)	102.00	19.78	–0.25
营业利润(万元)	4136.65	5090.89	4131.92
投资收益(万元)			
补贴收入(万元)		232.56	–0.57
营业外收支(万元)		–145.69	–0.28
利润总额(万元)	4136.65	5177.76	4154.26
净利润(万元)	3516.15	4452.12	3526.60

十大股东

序号	股东名称	股份性质	持股数(万股)	比例(%)
1	柳州化学工业集团有限公司	国有法人股	10891.40	57.08
2	桂林市农业生产资料有限公司	发起人法人股	86.84	0.46
3	柳州凤山糖业集团有限公司	发起人法人股	86.84	0.46
4	广西柳州钢铁(集团)公司	发起人法人股	86.84	0.46
5	广西柳城县生产资料公司	发起人法人股	86.84	0.46
6	博时精选股票证券投资基金	A股	48.92	0.26
7	邓琦	A股	47.33	0.25
8	国联安德盛小盘精选证券投资基金	A股	46.05	0.24
9	中国石化集团兰州设计院	发起人法人股	43.42	0.23
10	张雪梅	A股	38.05	0.20

股东人数	2004.6	2003.12	2003.6	2002
	27885	33077	6	

近年分配	近年配股/增发
2004年6月21日10派1.50	2004年6月21日10转3

重大事项

2004年5月18日公司2004年度股东大会通过了关于修改《公司章程》的议案，按照证券监管机构的要求，在公司章程中添加了对外担保的审批程序、权限等相关条款，规定凡对外担保都必须取得董事会全体成员的三分之二以上签署同意或者股东大会批准。

二〇〇三年以来市场表现

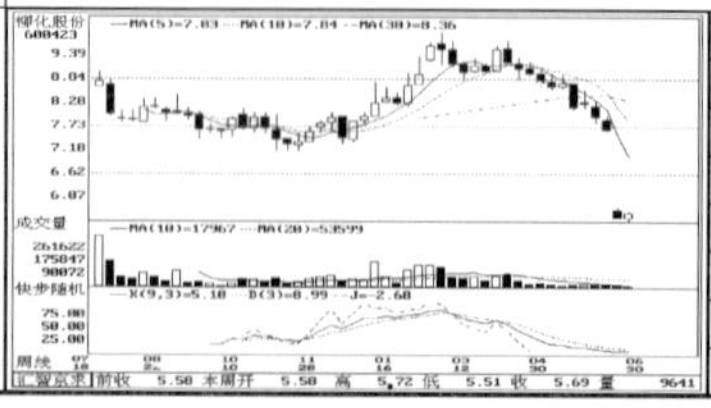

2003年涨跌幅(%)	0.00
2003年最高(元)	6.81
2003年最低(元)	5.38
2003年换手率(%)	213.36
2004.06涨跌幅(%)	–4.06
2004.06最高(元)	7.54
2004.06最低(元)	5.51
2004.06换手率(%)	187.14

新疆青松建材化工股份有限公司

公司概况

公司名称	新疆青松建材化工股份有限公司	股票代码	600425
注册地址	新疆阿克苏市林园	邮政编码	843005
法人代表	甘军	董秘	沈荣法
电话	0997-2813793	传真	0997-2811675
主营业务	建筑材料,工业用氧气		
总股本	18492.75	流通 A	6000.00
流通 B		流通 H	
审计单位		审计意见	未审计

主要财务指标

年度	2004.6	2003	2002
每股收益/扣除后(元)	0.0788	0.1700	0.2200
每股经营现金流量(元)	0.0740	0.0700	0.4000
每股净资产/调整后(元)	2.4800	2.5400	1.7600
每股公积金(元)	1.3255	1.3255	0.3378
净资产收益率(%)	3.1400	6.4800	12.4300
总资产(万元)	95788.03	76045.25	35024.60
股东权益(万元)	46474.52	47416.98	22078.14
未分配利润(万元)	2152.71	3095.17	2538.17
主营收入(万元)	12299.99	23554.97	22131.36
资本公积金(万元)	24511.31	24511.31	6246.37
主营利润(万元)	4011.24	7505.66	7975.42
其他业务利润(万元)	158.12	270.21	-3.43
营业利润(万元)	618.03	1460.32	2872.38
投资收益(万元)	201.90	-29.30	23.75
补贴收入(万元)	779.55	2103.47	-5.27
营业外收支(万元)	-4.82	-91.36	42.73
利润总额(万元)	1594.67	3443.13	3222.68
净利润(万元)	1461.60	3073.90	2744.12

十大股东

序号	股东名称	股份性质	持股数(万股)	比例(%)
1	新疆阿克苏青松建材化工总厂	国有法人股	12186.08	65.90
2	新疆兵团农一师塔里木热电有限责任公司	国有法人股	133.33	0.72
3	刘功大	自然人股	66.67	0.36
4	新疆阿拉尔水利水电工程总公司	国有法人股	66.67	0.36
5	新疆塔里木建筑安装工程总公司	国有法人股	40.00	0.22
6	龚桂玉	流通 A 股	20.00	0.11
7	刘星敏	流通 A 股	13.80	0.07
8	靳雪峰	流通 A 股	12.30	0.07
9	张奕平	流通 A 股	11.75	0.06
10	范康林	流通 A 股	11.34	0.06

股东人数	2004.6	2003.12	2003.6	2002
	26279	29466	5	

近年分配	2004 年 5 月 24 日 10 派 1.30	近年配股/增发	

重大事项

公司与自然人魏元林签订资产转让合同,受让自然人魏元林持有的与生产商品砼相关的实物资产。双方方确认以中宇资产评估有限责任公司中评报字(2004)第 001 号评估报告显示的价值 1,027.95 万元的 70%为受让标的,在受让标的的基础上溢价 20%,确定受让价格为 925.15 万元。公司以受让的实物资产与自然人魏元林签署设立阿克苏青松塔里木商品混凝土有限责任公司的协议。

二〇〇三年以来市场表现

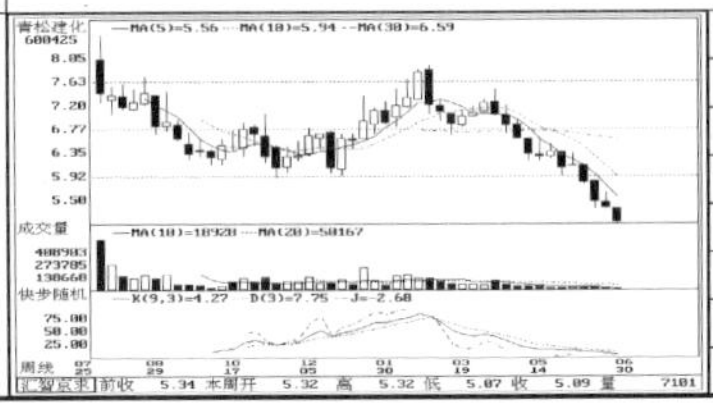

2003 年涨跌幅(%)	0.00
2003 年最高(元)	8.35
2003 年最低(元)	5.76
2003 年换手率(%)	453.68
2004.06 涨跌幅(%)	-20.09
2004.06 最高(元)	7.77
2004.06 最低(元)	5.07
2004.06 换手率(%)	252.92

山东华鲁恒升化工股份有限公司

公司概况

公司名称	山东华鲁恒升化工股份有限公司	股票代码	600426
注册地址	山东省德州市德城区天衢西路 24 号	邮政编码	253024
法人代表	王春涛	董秘	董岩
电话	0534-2460426	传真	0534-2465079
主营业务	尿素、甲醇的生产与销售		
总股本	16700.00	流通 A	6000.00
流通 B		流通 H	
审计单位		审计意见	未审计

主要财务指标

年度	2004.6	2003	2002
每股收益/扣除后(元)	0.2732	0.4830	0.2780
每股经营现金流量(元)	0.2920	0.1800	0.3000
每股净资产/调整后(元)	3.9400	3.8100	3.3400
每股公积金(元)	2.1363	2.1363	2.1363
净资产收益率(%)	6.9200	12.3700	8.2600
总资产(万元)	218725.98	160265.91	89666.98
股东权益(万元)	65718.51	63677.64	55815.31
未分配利润(万元)	10637.67	8596.81	1913.82
主营收入(万元)	43588.71	65198.86	45109.93
资本公积金(万元)	35676.07	35676.07	35676.07
主营利润(万元)	8885.89	13309.80	9008.17
其他业务利润(万元)	44.91	119.38	2.47
营业利润(万元)	6810.56	9784.90	5409.70
投资收益(万元)			
补贴收入(万元)		859.63	-141.61
营业外收支(万元)	-25.69	-288.58	-0.92
利润总额(万元)	6784.88	10355.95	6142.88
净利润(万元)	4545.87	7876.03	4609.20

十大股东

序号	股东名称	股份性质	持股数(万股)	比例(%)
1	山东华鲁恒升集团有限公司	国有股	10537.50	63.10
2	中国银行-华夏回报证券投资基金	流通股	155.71	0.93
3	招商银行股份有限公司-招商股票投资基金	流通股	120.29	0.72
4	樊安方	流通股	72.11	0.43
5	中国建设银行-华宝兴业多策略增长证券投资基金	流通股	71.72	0.43
6	北京佳信天地科技有限责任公司	流通股	61.73	0.37
7	交通银行-金鹰中小盘精选证券投资基金	流通股	60.00	0.36
8	河南省蓝龙投资咨询有限公司	流通股	52.45	0.31
9	中国银行-兴安证券投资基金	流通股	47.42	0.28
10	中国工商银行-国联安德盛小盘精选证券投资基金	流通股	33.35	0.20

股东人数	2004.6	2003.12	2003.6	2002
	20641	25823	28201	30401

近年分配	2004 年 6 月 18 日 10 派 1.50	近年配股/增发	

重大事项

新建 4 万吨/年 DMF 生产线项目公司投资 8600 万元建设该项目,已于 2004 年 6 月 9 日化工投料试(开)车一次成功,生产出合格的 DMF 产品,目前该项目尚有部分尾项工程在建,完工程度为 94.83%。

二〇〇三年以来市场表现

2003 年涨跌幅(%)	-10.05
2003 年最高(元)	10.70
2003 年最低(元)	7.08
2003 年换手率(%)	277.17
2004.06 涨跌幅(%)	32.69
2004.C6 最高(元)	12.70
2004.06 最低(元)	8.21
2004.06 换手率(%)	259.03

中远航运股份有限公司

公司概况

公司名称	中远航运股份有限公司	股票代码	600428
注册地址	广州市珠江新城华利路19号远洋明珠大厦4楼	邮政编码	510623
法人代表	陈洪生	董秘	林敬伟
电话	020-37585333	传真	020-37585999
主营业务	远洋运输、沿海运输、水陆空联运		

总股本	36000.00	流通A	13000.00	流通B		流通H	
审计单位				审计意见	未审计		

主要财务指标

年度	2004.6	2003	2002
每股收益/扣除后(元)	0.3693	0.2700	0.2300
每股经营现金流量(元)	0.8010	0.5700	0.2400
每股净资产/调整后(元)	4.3400	3.9600	3.7600
每股公积金(元)	2.5250	2.5250	2.5250
净资产收益率(%)	8.4900	7.7300	6.0800
总资产(万元)	195917.77	164797.58	165611.06
股东权益(万元)	156485.39	143192.20	135725.89
未分配利润(万元)	22085.60	8792.42	3823.41
主营收入(万元)	69469.10	81330.03	54888.31
资本公积金(万元)	90901.63	90901.63	90901.63
主营利润(万元)	23614.69	18799.41	12555.58
其他业务利润(万元)	19.98	10.83	-0.03
营业利润(万元)	20530.50	16002.92	9958.91
投资收益(万元)		236.27	-73.52
补贴收入(万元)			
营业外收支(万元)	-1.07	1496.90	-16.56
利润总额(万元)	20529.43	17736.09	10667.58
净利润(万元)	13293.18	11066.32	8258.02

十大股东

序号	股东名称	股份性质	持股数(万股)	比例(%)
1	广州远洋运输公司	国有法人股	21731.00	60.36
2	博时价值增长证券投资基金	流通A股	1072.86	2.98
3	广发聚富开放式证券投资基金	流通A股	770.71	2.14
4	光大证券有限责任公司	流通A股	712.29	1.98
5	科瑞证券投资基金	流通A股	699.29	1.94
6	广州经济技术开发区广远海运服务公司	境内法人股	635.00	1.76
7	易方达策略成长证券投资基金	流通A股	416.96	1.16
8	广发证券股份有限公司	流通A股	409.02	1.14
9	申万巴黎盛利精选证券投资基金	流通A股	356.25	0.99
10	全国社保基金一零八组合	流通A股	329.96	0.92

股东人数	2004.6	2003.12	2003.6	2002
	24694	47839	49183	45992

近年分配		近年配股/增发	

重大事项

公司于第二届第十次董事会及2003年度股东大会上审议通过了"收购控股股东广州远洋运输公司40艘船舶及相关债务"的议案。40艘船舶的评估总价为10.38亿元人民币,相关负债为8,000万美元,资产收购价款为3.76亿元人民币。

二○○三年以来市场表现

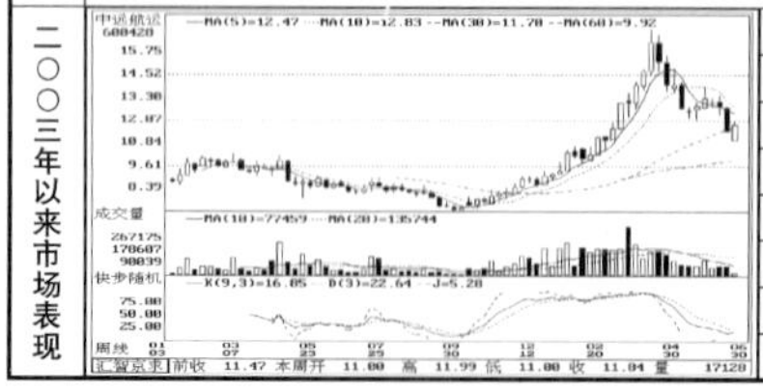

2003年涨跌幅(%)	3.45
2003年最高(元)	10.03
2003年最低(元)	7.06
2003年换手率(%)	188.84
2004.06涨跌幅(%)	31.56
2004.06最高(元)	16.98
2004.06最低(元)	8.91
2004.06换手率(%)	202.42

北京三元食品股份有限公司

公司概况

公司名称	北京三元食品股份有限公司	股票代码	600429
注册地址	北京市海淀区西二旗中路29号	邮政编码	100085
法人代表	包宗业	董秘	李宁
电话	010-82411798,82410501	传真	010-82411798,82410960
主营业务	加工销售乳品、饮料自产产品等。		

总股本	6350.00	流通A	15000.00	流通B		流通H	
审计单位				审计意见	未审计		

主要财务指标

年度	2004.6	2003	2002
每股收益/扣除后(元)	-0.7720	-0.0400	0.1200
每股经营现金流量(元)	-0.1830	0.0300	0.3400
每股净资产/调整后(元)	1.3200	1.4100	1.1400
每股公积金(元)	0.3575	0.3576	0.0055
净资产收益率(%)	-5.2900	1.4000	10.6000
总资产(万元)	137540.98	157844.25	148671.65
股东权益(万元)	86059.30	91690.73	57285.01
未分配利润(万元)	-3949.34	600.79	936.38
主营收入(万元)	54701.68	130703.36	111637.05
资本公积金(万元)	22704.71	22704.71	350.73
主营利润(万元)	10912.38	28197.13	28395.50
其他业务利润(万元)	148.01	868.84	45.70
营业利润(万元)	-3804.99	1437.61	5198.99
投资收益(万元)	-808.97	-1566.17	2064.22
补贴收入(万元)	94.36	190.00	190.00
营业外收支(万元)	104.55	2605.17	-1.64
利润总额(万元)	-4415.05	2666.61	7417.42
净利润(万元)	-4550.13	1281.92	6071.36

十大股东

序号	股东名称	股份性质	持股数(万股)	比例(%)
1	北京企业(食品)有限公司	外资法人股	34920.00	549.92
2	北京三元集团有限责任公司	国有法人股	9700.00	152.76
3	北京燕京啤酒股份有限公司	境内法人股	2425.00	38.19
4	北京燕京啤酒集团公司	国有法人股	485.00	7.64
5	北京亦庄新城实业有限公司	境内法人股	485.00	7.64
6	东顺兴业股份有限公司	外资法人股	485.00	7.64
7	刘经宇	流通A股	40.60	0.64
8	蔡乞柏	流通A股	40.00	0.63
9	刘涛	流通A股	35.91	0.57
10	姜国华	流通A股	32.17	0.51

股东人数	2004.6	2003.12	2003.6	2002
	50356	58389		

近年分配		近年配股/增发	
	2004年6月21日 10 0.15		

重大事项

2004年3月16日,公司于《中国证券报》及《上海证券报》进行关于出售资产的公告,将公司通过全资子公司澳大利亚三元经贸有限公司("三元经贸")持有的三元凯莱50%的股权以261万澳元的价格转让给澳大利亚凯莱乳业合作有限公司("凯莱公司")。

二○○三年以来市场表现

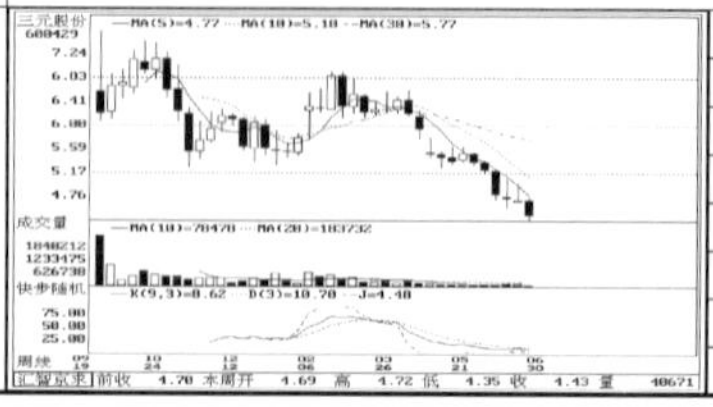

2003年涨跌幅(%)	0.80
2003年最高(元)	7.64
2003年最低(元)	5.24
2003年换手率(%)	580.77
2004.06涨跌幅(%)	-25.61
2004.06最高(元)	6.91
2004.06最低(元)	4.35
2004.06换手率(%)	359.51

吉林吉恩镍业股份有限公司

公司概况

公司名称	吉林吉恩镍业股份有限公司			股票代码	600432		
注册地址	吉林省磐石市红旗岭镇			邮政编码	132311		
法人代表	柴连志			董秘	吴术		
电话	0433-5610629			传真	0432-5614429		
主营业务	高冰镍、硫酸镍等的生产和销售						
总股本	19000.00	流通 A	6000.00	流通 B		流通 H	
审计单位				审计意见	未审计		

主要财务指标

年度	2004.6	2003	2002
每股收益/扣除后(元)	0.2896	0.3100	0.2500
每股经营现金流量(元)	0.3030	0.1700	0.6700
每股净资产/调整后(元)	2.7800	2.6600	1.5900
每股公积金(元)	1.2976	1.2886	0.1937
净资产收益率(%)	10.3800	11.4800	15.9400
总资产(万元)	116524.15	93879.12	47189.53
股东权益(万元)	53006.89	51133.47	21058.49
未分配利润(万元)	7519.90	5818.17	3525.52
主营收入(万元)	39639.41	51013.46	35846.04
资本公积金(万元)	24654.82	24483.13	3680.31
主营利润(万元)	14435.47	13065.19	7772.99
其他业务利润(万元)	145.21	119.10	3.01
营业利润(万元)	8461.54	6663.68	3462.97
投资收益(万元)		-2.95	
补贴收入(万元)	54.36	14.89	-0.03
营业外收支(万元)	0.06	-3.00	0.03
利润总额(万元)	8515.96	6672.62	3372.47
净利润(万元)	5501.73	5872.17	3356.88

十大股东

序号	股东名称	股份性质	持股数(万股)	比例(%)
1	吉林镍业集团有限责任公司	国有法人股	12118.00	63.78
2	佛山市华创化工有限公司	法人股	530.00	2.79
3	国信证券有限责任公司	流通股	474.27	2.50
4	中国银行-同盛证券投资基金	流通股	213.93	1.13
5	营口青花耐火材料股份有限公司	法人股	176.00	0.93
6	长沙矿冶研究院	国有法人股	88.00	0.46
7	吉林省通化赤柏松铜镍矿	国有法人股	88.00	0.46
8	中国工商银行-同益证券投资基金	流通股	67.71	0.36
9	中国农业银行-长盛中信全债指数增强型债券投资基金	流通股	53.00	0.28
10	上海申能创业投资有限公司工会委员会	流通股	50.40	0.27

股东人数	2004.6	2003.12	2003.6	2002
	24841	25159		

近年分配	2004年5月24日 10 2.00	近年配股/增发	

重大事项

报告期内公司投资600万元设立新乡吉恩镍业有限公司，该公司于2004年5月10日在新乡市工商局注册成立，注册资本为人民币1000万元(其中公司持股60%)，经营范围：硫酸镍、硫酸钴加工、铜加工、有色金属、化工原料销售。

二〇〇三年以来市场表现

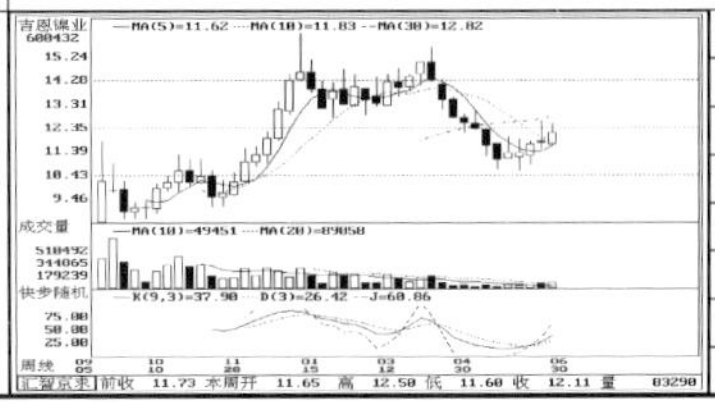

2003年涨跌幅(%)	0.00
2003年最高(元)	13.98
2003年最低(元)	8.30
2003年换手率(%)	806.90
2004.06涨跌幅(%)	-10.30
2004.06最高(元)	16.00
2004.06最低(元)	10.59
2004.06换手率(%)	420.94

广东冠豪高新技术股份有限公司

公司概况

公司名称	广东冠豪高新技术股份有限公司			股票代码	600433		
注册地址	广东省湛江市经济技术开发区高新技术区昌平路			邮政编码	524022		
法人代表	韩晓进			董秘	薛亚松		
电话	0759-3399898			传真	0759-3382109		
主营业务	生产和销售热敏传真纸其原纸						
总股本	16000.00	流通 A	6000.00	流通 B		流通 H	
审计单位				审计意见	未审计		

主要财务指标

年度	2004.6	2003	2002
每股收益/扣除后(元)	0.0472	0.1500	0.2300
每股经营现金流量(元)	-0.3660	0.0740	0.3590
每股净资产/调整后(元)	2.4800	2.5900	1.5200
每股公积金(元)	1.2725	1.2724	0.0031
净资产收益率(%)	1.5600	5.7200	14.6700
总资产(万元)	69004.55	54058.41	135968.04
股东权益(万元)	40325.43	42096.04	15679.81
未分配利润(万元)	2363.12	4134.69	4387.92
主营收入(万元)	17506.23	35442.14	34084.61
资本公积金(万元)	20359.46	20358.49	50.23
主营利润(万元)	3181.70	7751.85	6417.32
其他业务利润(万元)	88.48	40.96	1.56
营业利润(万元)	1010.72	3086.43	2829.14
投资收益(万元)	-205.76		
补贴收入(万元)	52.70	1.38	0.02
营业外收支(万元)	3.48	-2.06	0.12
利润总额(万元)	861.14	3085.75	2832.70
净利润(万元)	628.42	2407.97	2301.05

十大股东

序号	股东名称	股份性质	持股数(万股)	比例(%)
1	广东粤财投资有限公司	国有法人股	4100.00	25.63
2	湛江经济技术开发区新亚实业有限公司	境内法人股	3900.00	24.38
3	浩正集团有限公司	外资法人股	1000.00	6.25
4	广东粤财实业发展公司	国有法人股	500.00	3.13
5	广东润华置业有限公司	国有法人股	500.00	3.13
6	肖维斌	流通A股	47.61	0.30
7	北京盖亚商贸有限责任公司	流通A股	47.50	0.30
8	刘宜塘	流通A股	24.00	0.15
9	罗豪	流通A股	17.75	0.11
10	李斯旋	流通A股	16.03	0.10

股东人数	2004.6	2003.12	2003.6	2002
	26213	25458	32507	

近年分配	2004年7月2日 10 1.50	近年配股/增发	

重大事项

根据广东冠豪高新技术股份有限公司第二届董事会第五次会议决议和二〇〇四年第一次临时股东大会决议，同意在二〇〇四年度向该公司购买无碳复写原纸20000吨(含造币专用纸、传真原纸)，CF纸24000吨，水印纸20吨，并与该公司订立相关合同。

二〇〇三年以来市场表现

2003年涨跌幅(%)	0.00
2003年最高(元)	11.29
2003年最低(元)	6.10
2003年换手率(%)	498.56
2004.06涨跌幅(%)	-3.20
2004.06最高(元)	8.38
2004.06最低(元)	6.27
2004.06换手率(%)	223.04

北京北方天鸟智能科技股份有限公司

公司概况

公司名称	北京北方天鸟智能科技股份有限公司	股票代码	600435
注册地址	北京市丰台区科学城星火路7号	邮政编码	100070
法人代表	陈济民	董秘	赵晗
电话	010-83682722	传真	010-63729771
主营业务	电脑刺绣机的研发、生产和销售		
审计单位		审计意见	未审计

总股本	流通A	流通B	流通H
9000.00	4000.00		

主要财务指标

年度	2004.6	2003	2002
每股收益/扣除后(元)	0.0951	0.3000	0.5000
每股经营现金流量(元)	-0.2450	-0.0850	0.7500
每股净资产/调整后(元)	5.6500	5.6700	2.3200
每股公积金(元)	3.8898	3.8898	0.2487
净资产收益率(%)	1.6500	5.2400	20.8700
总资产(万元)	62716.55	60781.26	26216.41
股东权益(万元)	51487.19	51531.63	12061.01
未分配利润(万元)	5817.26	4961.69	3718.15
主营收入(万元)	10671.69	24412.94	21936.15
资本公积金(万元)	35007.92	35007.92	2238.32
主营利润(万元)	2886.93	7235.38	6345.54
其他业务利润(万元)	43.55	95.78	-0.19
营业利润(万元)	950.43	2739.34	2505.45
投资收益(万元)	-3.28	-9.28	
补贴收入(万元)			
营业外收支(万元)	-0.51	12.51	2.75
利润总额(万元)	946.64	2742.57	2518.43
净利润(万元)	855.57	2701.01	2517.57

十大股东

序号	股东名称	股份性质	持股数(万股)	比例(%)
1	北京华北光学仪器有限公司	国有法人股	4153.81	46.15
2	深圳盈宁科技有限公司	境内法人股	518.08	5.76
3	北方光电工贸有限公司	境内法人股	207.23	2.30
4	北京励科鸣科技发展中心	境内法人股	69.08	0.77
5	郭品杰	流通A股	64.41	0.72
6	温州经济技术开发区大田线带有限责任公司	境内法人股	51.81	0.58
7	华龙证券有限责任公司	流通A股	37.68	0.42
8	杨展	流通A股	18.44	0.20
9	李慧英	流通A股	16.58	0.18
10	林少伟	流通A股	15.50	0.17

股东人数	2004.6	2003.12	2003.6	2002
	19818	22967	37996	

近年分配	近年配股/增发
2004年6月15日 10 1.00	

重大事项

公司与北京华北光学仪器有限公司在零件加工、设备租赁等方面存在关联交易，双方签订了设备租赁协议，规定公司与北京华北光学仪器有限公司的一切交易均按国家有关规定和市场上公平合理的价格进行结算。

二〇〇三年以来市场表现

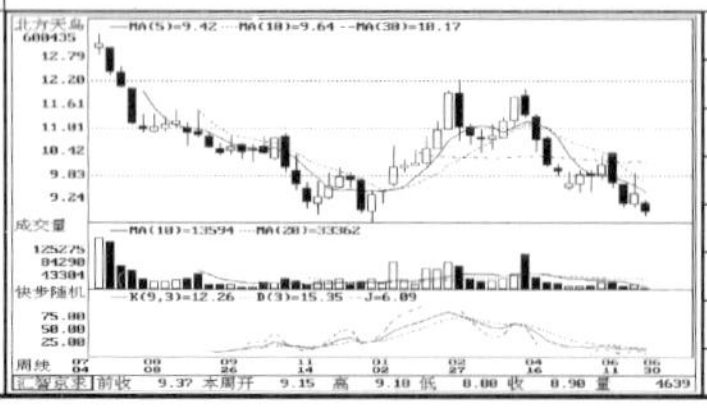

2003年涨跌幅(%)	0.00
2003年最高(元)	13.28
2003年最低(元)	8.55
2003年换手率(%)	243.24
2004.06涨跌幅(%)	-2.52
2004.06最高(元)	12.12
2004.06最低(元)	8.80
2004.06换手率(%)	216.55

漳州片仔癀药业股份有限公司

公司概况

公司名称	漳州片仔癀药业股份有限公司	股票代码	600436
注册地址	福建省漳州市芗城区上街1号	邮政编码	363000
法人代表	何建文	董秘	陈金城
电话	0596-2305239	传真	0596-2300313
主营业务	片仔癀系列及其他中成药品的生产		
审计单位		审计意见	未审计

总股本	流通A	流通B	流通H
14000.00	4000.00		

主要财务指标

年度	2004.6	2003	2002
每股收益/扣除后(元)	0.2631	0.4250	0.5900
每股经营现金流量(元)	0.1450	0.2300	1.0500
每股净资产/调整后(元)	3.7300	3.8760	2.0450
每股公积金(元)	2.2136	2.1967	0.1429
净资产收益率(%)	7.0900	11.1400	28.7200
总资产(万元)	56950.63	59498.86	32585.09
股东权益(万元)	52322.96	54287.33	20486.31
未分配利润(万元)	3813.46	6009.73	5870.20
主营收入(万元)	11690.71	21359.40	21203.31
资本公积金(万元)	30990.00	30753.21	2000.00
主营利润(万元)	7450.59	14122.84	13635.47
其他业务利润(万元)	4.46	112.25	-3.24
营业利润(万元)	4606.65	8357.36	8853.37
投资收益(万元)	641.17	585.97	40.36
补贴收入(万元)	44.32	164.47	-0.23
营业外收支(万元)	-4.87	-40.10	-1.18
利润总额(万元)	5287.27	9067.70	8883.68
净利润(万元)	3711.45	6047.81	5884.43

十大股东

序号	股东名称	股份性质	持股数(万股)	比例(%)
1	漳州片仔癀集团	国家股	8000.00	57.14
2	漳州国有资产投资经营公司	国家股	1000.00	7.14
3	漳龙实业有限公司	法人股	600.00	4.29
4	福建药材公司	国有法人股	200.00	1.43
5	福建漳州医药有限公司	国有法人股	200.00	1.43
6	交通银行-兴科证券投资基金	流通股	75.12	0.54
7	全国社保基金一零三组合	流通股	69.45	0.50
8	全国社保基金一零七组合	流通股	40.00	0.29
9	光大证券有限责任公司	流通股	32.42	0.23
10	郑美琼	流通股	23.04	0.16

股东人数	2004.6	2003.12	2003.6	2002
	18464	18339	23721	

近年分配	近年配股/增发
2004年5月28日 10派4.20	

重大事项

公司用自有资金38,351,643.10元(包含2003年红利111万元，初始投资成本小于享有该公司所有者权益份额的差额2,434,785.41元)受让福建红旗股份有限公司工会委员会持有的该公司37%股份。红旗股份2004年上半年实现销售收入103,667,154.55元，净利润12,902,752.62元，分别比上年同期增加52.55%、198.10%。

二〇〇三年以来市场表现

2003年涨跌幅(%)	0.00
2003年最高(元)	16.03
2003年最低(元)	9.96
2003年换手率(%)	283.25
2004.06涨跌幅(%)	-7.80
2004.06最高(元)	14.74
2004.06最低(元)	9.90
2004.06换手率(%)	222.91

通威股份有限公司

公司概况							
公司名称	通威股份有限公司			股票代码	600438		
注册地址	四川省成都市高新区创业路2号奇力新峰大楼10楼			邮政编码	610041		
法人代表	刘汉元			董秘	向川		
电话	028-85150888,85177461,85177462			传真	028-85150999,85137101		
主营业务	生产、销售饲料及饲料添加剂						
总股本	17188.00	流通 A	6000.00	流通 B		流通 H	
审计单位				审计意见	未审计		

主要财务指标			
年度	2004.6	2003	2002
每股收益/扣除后(元)	0.0629	0.3901	0.4751
每股经营现金流量(元)	0.3130	–0.4500	1.0000
每股净资产/调整后(元)	3.3600	2.3800	1.9900
每股公积金(元)	2.1173	0.0006	0.0005
净资产收益率(%)	1.8500	16.0800	23.6232
总资产(万元)	138964.31	90277.59	60372.30
股东权益(万元)	58044.97	26895.08	22570.66
未分配利润(万元)	1498.14	13027.87	9426.41
主营收入(万元)	100206.30	169856.66	137379.25
资本公积金(万元)	36392.85	9.59	9.59
主营利润(万元)	9088.90	18835.35	18442.65
其他业务利润(万元)	162.89	441.81	–2.11
营业利润(万元)	1715.53	5801.88	6991.35
投资收益(万元)	–22.72	1.22	49.91
补贴收入(万元)			
营业外收支(万元)	14.53	–60.70	–0.85
利润总额(万元)	1707.33	5742.39	7005.72
净利润(万元)	1073.43	4324.42	5331.90

十大股东 序号	股东名称	股份性质	持股数(万股)	比例(%)
1	通威集团有限公司	境内法人股	10290.99	59.87
2	刘定全	自然人股	256.21	1.49
3	四川眉山金腾投资开发有限公司	法人股	200.00	1.16
4	管超	自然人股	98.45	0.57
5	何志林	自然人股	81.67	0.48
6	刘汉中	自然人股	81.67	0.48
7	熊照明	自然人股	81.67	0.48
8	管亚伟	自然人股	64.89	0.38
9	雅宝中心	流通A股	43.00	0.25
10	梁志信	流通A股	33.00	0.19

股东人数	2004.6	2003.12	2003.6	2002
	31008	9		

近年分配		近年配股/增发	

重大事项

2004年6月，公司使用在商标注册用商品和服务国际分类第31类饲料商品上的"通威"及图注册商标，经国家工商行政管理总局商标局商标驰字[2004]第56号文认定为驰名商标。

二〇〇三年以来市场表现

2003年涨跌幅(%)	0.00
2003年最高(元)	0.00
2003年最低(元)	0.00
2003年换手率(%)	0.00
2004.06 涨跌幅(%)	0.00
2004.06 最高(元)	13.16
2004.06 最低(元)	7.50
2004.06 换手率(%)	324.07

河南瑞贝卡发制品股份有限公司

公司概况							
公司名称	河南瑞贝卡发制品股份有限公司			股票代码	600439		
注册地址	河南省许昌市文峰南路288号			邮政编码	461100		
法人代表	郑有全			董秘	陆新尧		
电话	0374-5136699			传真	0374-5136567		
主营业务	生产销售发制品系列产品						
总股本	9900.00	流通 A	2640.00	流通 B		流通 H	
审计单位				审计意见	未审计		

主要财务指标			
年度	2004.6	2003	2002
每股收益/扣除后(元)	0.2862	0.5300	0.5100
每股经营现金流量(元)	–0.1240	–0.4800	0.0100
每股净资产/调整后(元)	4.0900	4.6300	2.1200
每股公积金(元)	2.1828	2.4011	0.0060
净资产收益率(%)	6.7300	11.3300	24.4200
总资产(万元)	71490.25	67416.64	34665.78
股东权益(万元)	40819.94	41674.60	13985.52
未分配利润(万元)	7064.96	8819.60	6001.43
主营收入(万元)	37908.43	51735.67	39310.49
资本公积金(万元)	21609.62	21609.62	53.83
主营利润(万元)	6854.76	11480.39	7526.16
其他业务利润(万元)	2.47	13.93	–0.10
营业利润(万元)	4106.17	7222.46	5130.66
投资收益(万元)			
补贴收入(万元)			
营业外收支(万元)	–44.90	–54.20	–5.54
利润总额(万元)	4061.26	7168.26	5080.83
净利润(万元)	2745.35	4723.31	3415.52

十大股东 序号	股东名称	股份性质	持股数(万股)	比例(%)
1	许昌县发制品总厂	法人股	5808.00	58.67
2	许昌市魏都利达发制品厂	法人股	726.00	7.33
3	许昌县新和工艺品有限责任公司	法人股	435.60	4.40
4	许昌县盛隆工艺有限责任公司	法人股	217.80	2.20
5	全国社保基金一零三组合	流通A股	200.81	2.03
6	华夏成长证券投资基金	流通A股	89.67	0.91
7	兴业证券投资基金	流通A股	82.39	0.83
8	郑桂花	自然人股	72.60	0.73
9	全国社保基金一零七组合	流通A股	70.08	0.71
10	裕隆证券投资基金	流通A股	62.63	0.63

股东人数	2004.6	2003.12	2003.6	2002
	8785	10566	5	

近年分配	2004年5月21日10派4.00	近年配股/增发	2004年5月21日10送1

重大事项

公司与河南鸿宝集团有限公司签定的2000万元的担保协议于2004年1月17日履行完毕。除此外，报告期内未发生签定或履行重大合同的行为。未发生或以前期间发生但延续到报告期的重大托管、承包、租赁其他公司资产或其他公司托管、承包、租赁公司资产事项；也未发生或以前期间发生但延续到报告期的重大委托他人进行现金资产管理事项。

二〇〇三年以来市场表现

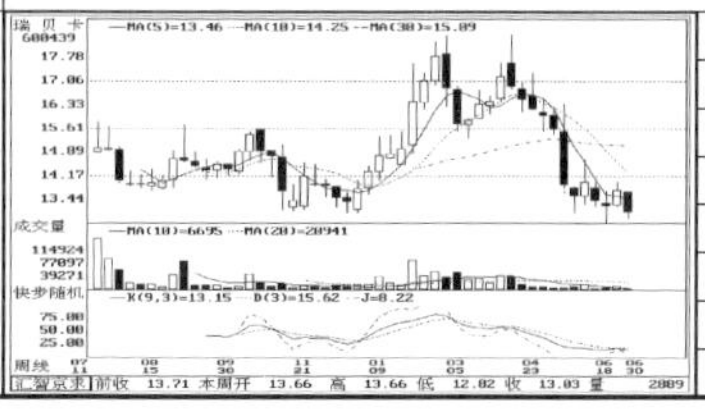

2003年涨跌幅(%)	0.00
2003年最高(元)	14.00
2003年最低(元)	11.45
2003年换手率(%)	262.19
2004.06 涨跌幅(%)	3.27
2004.06 最高(元)	16.45
2004.06 最低(元)	12.36
2004.06 换手率(%)	217.09

安徽国通高新管业股份有限公司

公司概况

公司名称	安徽国通高新管业股份有限公司	股票代码	600444
注册地址	安徽省合肥市经济技术开发区繁华大道国通工业园	邮政编码	230601
法人代表	郭传余	董秘	刘振
电话	0551-3817860	传真	0551-3817000
主营业务	PE 双壁波纹管等塑料管材的研究等		
总股本	7000.00	流通 A	3000.00
流通 B		流通 H	
审计单位		审计意见	未审计

主要财务指标

年度	2004.6	2003	2002
每股收益 / 扣除后(元)	0.1099	0.4800	0.4900
每股经营现金流量(元)	-0.5510	0.0600	1.2000
每股净资产 / 调整后(元)	3.3900	2.2400	1.7500
每股公积金(元)	1.6220	0.0002	0.0002
净资产收益率(%)	3.2400	21.5700	27.6800
总资产(万元)	54530.28	26090.36	18914.07
股东权益(万元)	23371.58	8947.45	7023.34
未分配利润(万元)	4204.74		2569.25
主营收入(万元)	11429.58	19074.52	14625.38
资本公积金(万元)	11354.17	0.69	0.69
主营利润(万元)	3532.46	7030.68	5780.94
其他业务利润(万元)	5.37	10.40	-0.06
营业利润(万元)	913.68	2159.99	2165.27
投资收益(万元)			
补贴收入(万元)		124.99	4.64
营业外收支(万元)	1.64	-0.37	0.00
利润总额(万元)	915.32	2284.61	2320.25
净利润(万元)	770.65	1924.11	1944.13

十大股东

序号	股东名称	股份性质	持股数(万股)	比例(%)
1	巢湖市第一塑料厂	境内法人股	1095.20	15.65
2	安徽国风集团有限公司	国有法人股	1052.40	15.03
3	合肥天安集团有限公司	境内法人股	560.00	8.00
4	北京风尚广告艺术中心	境内法人股	492.40	7.03
5	北京华商投资有限公司	境内法人股	400.00	5.71
6	合肥长发实业有限公司	境内法人股	400.00	5.71
7	深市配售	流通 A 股	109.41	1.56
8	.雅宝中心	流通 A 股	28.66	0.41
9	久富基金	流通 A 股	24.53	0.35
10	孙孟林	流通 A 股	23.96	0.34

股东人数	2004.6	2003.12	2003.6	2002
	15569			

近年分配	2004 年 6 月 10 日 10 派 1.00	近年配股 / 增发	

重大事项

公司 2003 年度股东大会于 2004 年 5 月 14 日召开,会议审议通过了 2003 年度利润分配方案:经深圳鹏城会计师事务所审计,截止 2003 年 12 月 31 日,公司可供分配利润为 44,933,600.06 元,提取法定盈余公积 1,924,106.43 元,提取法定公益金 962,053.22 元后,可供投资者分配的利润为 42,047,440.41 元。利润分配方案为:以现有总股本 7000 万股为基数,向全体股东每 10 股派发现金红利 1 元(含税)。

二〇〇三年以来市场表现

2003 年涨跌幅(%)	0.00
2003 年最高(元)	0.00
2003 年最低(元)	0.00
2003 年换手率(%)	0.00
2004.06 涨跌幅(%)	0.00
2004.06 最高(元)	20.88
2004.06 最低(元)	11.45
2004.06 换手率(%)	508.94

深圳市金证科技股份有限公司

公司概况

公司名称	深圳市金证科技股份有限公司	股票代码	600446
注册地址	广东省深圳市福田区福华路 322 号文蔚大厦 20-22 楼	邮政编码	518026
法人代表	杜宣	董秘	王岗
电话	0755-82955524	传真	0755-82955534
主营业务	计算机应用系统及其设备的开发等		
总股本	6872.00	流通 A	1800.00
流通 B		流通 H	
审计单位		审计意见	未审计

主要财务指标

年度	2004.6	2003	2002
每股收益 / 扣除后(元)	-0.0735	0.4300	0.6600
每股经营现金流量(元)	-1.1770	0.6600	0.7400
每股净资产 / 调整后(元)	4.5400	4.6000	1.7400
每股公积金(元)	2.9760	2.9760	0.0001
净资产收益率(%)	-1.4300	10.2300	37.36
总资产(万元)	41884.25	39064.10	15412.75
股东权益(万元)	31182.57	31629.19	9025.37
未分配利润(万元)	2303.36	2749.97	
主营收入(万元)	12116.46	22593.47	22338.26
资本公积金(万元)	20450.98	20450.98	0.52
主营利润(万元)	2916.54	9204.19	10020.24
其他业务利润(万元)			
营业利润(万元)	-521.98	3364.62	3366.21
投资收益(万元)	-0.10	-36.79	-27.00
补贴收入(万元)	71.05	158.95	-3.72
营业外收支(万元)	63.10	14.29	0.17
利润总额(万元)	-387.93	3501.06	3545.62
净利润(万元)	-446.62	3235.26	3372.58

十大股东

序号	股东名称	股份性质	持股数(万股)	比例(%)
1	杜宣	个人股	1207.14	17.57
2	赵剑	个人股	1207.14	17.57
3	徐岷波	个人股	1207.14	17.57
4	李结义	个人股	1207.14	17.57
5	深圳市创新投资集团有限公司	境内法人股	243.46	3.54
6	金长伦	流通 A 股	17.50	0.25
7	葛觉先	流通 A 股	9.91	0.14
8	吴胜勋	流通 A 股	8.00	0.12
9	胡小梅	流通 A 股	7.85	0.11
10	中信中源汽车有限公司	流通 A 股	7.50	0.11

股东人数	2004.6	2003.12	2003.6	2002
	12125	15659		

近年分配		近年配股 / 增发	

重大事项

经董事会审议,2004 年 5 月 28 日,对控股子公司深圳市齐普生信息科技有限公司提供最高额保证,最高本金余额为 4000 万元(2004 年 5 月 30 日,深圳市齐普生信息科技有限公司的资产负债率为 25%)。

二〇〇三年以来市场表现

2003 年涨跌幅(%)	0.00
2003 年最高(元)	16.73
2003 年最低(元)	15.44
2003 年换手率(%)	90.26
2004.06 涨跌幅(%)	-6.95
2004.06 最高(元)	23.58
2004.06 最低(元)	14.45
2004.06 换手率(%)	450.81

华纺股份有限公司

公司概况

公司名称	华纺股份有限公司	股票代码	600448
注册地址	山东省滨州市黄河二路 819 号	邮政编码	256617
法人代表	邹鹏宏	董秘	苏恒湖
电话	0543-3288255	传真	0543-3288555
主营业务	毛纺织品、毛针织品		
审计单位		审计意见	未审计

总股本	流通 A	流通 B	流通 H
24500.00	9350.00		

主要财务指标

年度	2004.6	2003	2002
每股收益 / 扣除后(元)	0.0023	–0.0100	–0.1600
每股经营现金流量(元)	0.2140	0.1300	
每股净资产 / 调整后(元)	2.6100	2.8000	2.7400
每股公积金(元)	1.9759	1.9759	1.9562
净资产收益率(%)	0.4200	0.3300	–0.0700
总资产(万元)	126717.64	130604.07	122924.87
股东权益(万元)	69121.25	68859.55	67762.06
未分配利润(万元)	–5001.05	–5288.86	–5903.12
主营收入(万元)	73518.71	128313.89	112612.00
资本公积金(万元)	48409.66	48409.66	47926.42
主营利润(万元)	4655.54	8123.20	6718.33
其他业务利润(万元)	101.25	584.96	–8.04
营业利润(万元)	174.72	407.46	–3572.42
投资收益(万元)	–42.24	–84.90	215.10
补贴收入(万元)	0.17	16.00	–0.54
营业外收支(万元)	12.41	–27.91	0.29
利润总额(万元)	145.06	310.65	–4751.35
净利润(万元)	287.81	227.06	–4718.21

十大股东

序号	股东名称	股份性质	持股数(万股)	比例(%)
1	华诚投资管理有限公司	国有法人股	8474.21	34.59
2	山东滨州印染集团有限责任公司	国有法人股	6468.10	26.40
3	上海雪羚毛纺织有限公司	法人股	69.23	0.28
4	山东亚光纺织集团有限公司	国有法人股	69.23	0.28
5	湖州惠丰纺织有限公司	法人股	69.23	0.28
6	李保山	流通 A 股	19.31	0.08
7	潘泽林	流通 A 股	18.01	0.07
8	潘晓光	流通 A 股	16.49	0.07
9	杜稳	流通 A 股	15.15	0.06
10	周秋江	流通 A 股	15.05	0.06

股东人数	2004.6	2003.12	2003.6	2002
	41008	44010	46378	48576

近年分配		近年配股/增发	

重大事项

2002 年 1 月公司与滨印集团签署资产租赁协议，承租滨印集团下属三元公司生产线，租赁期一年，年租金 300 万元，2003 年又续签了该协议，2004 年继续租赁该生产线。

二〇〇三年以来市场表现

2003 年涨跌幅(%)	–29.32
2003 年最高(元)	6.97
2003 年最低(元)	4.05
2003 年换手率(%)	237.63
2004.06 涨跌幅(%)	–10.31
2004.06 最高(元)	5.47
2004.06 最低(元)	3.72
2004.06 换手率(%)	173.33

宁夏赛马实业股份有限公司

公司概况

公司名称	宁夏赛马实业股份有限公司	股票代码	600449
注册地址	宁夏回族自治区银川市西夏区新小线二公里处	邮政编码	750021
法人代表	李永进	董秘	武雄
电话	0951-2085256	传真	0951-2085256
主营业务	水泥的生产及销售		
审计单位		审计意见	未审计

总股本	流通 A	流通 B	流通 H
12300.00	4800.00		

主要财务指标

年度	2004.6	2003	2002
每股收益 / 扣除后(元)	0.1814	0.2900	0.3380
每股经营现金流量(元)	0.1090	0.6960	0.5240
每股净资产 / 调整后(元)	4.1600	4.1030	2.1740
每股公积金(元)	2.3171	2.3170	0.2057
净资产收益率(%)	4.3100	6.9600	15.4300
总资产(万元)	69804.34	60939.11	52571.74
股东权益(万元)	51452.51	50711.33	16410.41
未分配利润(万元)	8827.32	8087.42	5085.85
主营收入(万元)	12625.22	31239.08	21907.85
资本公积金(万元)	28500.94	28499.65	2530
主营利润(万元)	4712.98	10653.15	8095.20
其他业务利润(万元)	20.03	88.28	–2.92
营业利润(万元)	2107.93	2411.84	1969.76
投资收益(万元)		–120.76	
补贴收入(万元)	436.40	1986.04	–51.25
营业外收支(万元)	–301.59	–323.02	–2.51
利润总额(万元)	2242.73	3954.09	3249.11
净利润(万元)	2215.90	3531.26	2532.22

十大股东

序号	股东名称	股份性质	持股数(万股)	比例(%)
1	宁夏建材集团有限责任公司	国家股	6975.00	56.71
2	宁夏青龙管道有限公司	国有法人股	225.00	1.83
3	宁夏新材房地产开发有限公司	国有法人股	150.00	1.22
4	宁夏英力特化工股份有限公司	国有法人股	75.00	0.61
5	中国建筑材料西北公司	国有法人股	75.00	0.61
6	杨安	流通 A 股	64.40	0.52
7	刘桂兰	流通 A 股	42.35	0.34
8	陈锦臣	流通 A 股	41.00	0.33
9	于英	流通 A 股	28.41	0.23
10	上海科海华泰船舶电气有限公司	流通 A 股	27.00	0.22

股东人数	2004.6	2003.12	2003.6	2002
	19138	23053		

近年分配	2004 年 5 月 24 日 10 派 1.20	近年配股/增发	

重大事项

公司于 2004 年 1 月 6 日召开了二 OO 四年第一次临时股东大会，审议并通过了《关于公司收购控股股东宁夏建材集团有限责任公司拟出让资产的议案》。公司对控股股东出让的相关固定资产包括建筑物、铁路专用线、进厂公路，以评估净值 18,248,520.78 元进行了收购。

二〇〇三年以来市场表现

2003 年涨跌幅(%)	0.00
2003 年最高(元)	9.19
2003 年最低(元)	6.83
2003 年换手率(%)	476.18
2004.06 涨跌幅(%)	–26.38
2004.06 最高(元)	10.14
2004.06 最低(元)	6.41
2004.06 换手率(%)	266.81

重庆涪陵电力实业股份有限公司

公司概况

公司名称	重庆涪陵电力实业股份有限公司	股票代码	600452
注册地址	重庆市涪陵区人民东路 17 号	邮政编码	408000
法人代表	何福俊	董秘	胡炳全
电话	023-72286349	传真	023-72286349
主营业务	电力供应与销售		
审计单位		审计意见	未审计

总股本	流通 A	流通 B	流通 H
16000.00	5200.00		

主要财务指标

年度	2004.6	2003	2002
每股收益/扣除后(元)	0.0648	0.2400	0.2600
每股经营现金流量(元)	-0.0330	0.2700	0.4500
每股净资产/调整后(元)	2.8800	1.9300	1.6900
每股公积金(元)	1.4573	0.2552	0.2552
净资产收益率(%)	2.6400	12.6700	15.0600
总资产(万元)	57100.38	29079.21	27175.06
股东权益(万元)	46316.10	20844.02	18202.39
未分配利润(万元)	5613.62	4575.22	2329.83
主营收入(万元)	21419.64	38451.36	36375.75
资本公积金(万元)	23316.96	4083.28	4083.28
主营利润(万元)	2542.08	5232.01	4339.15
其他业务利润(万元)		0.35	-0.00
营业利润(万元)	1220.51	3088.52	3259.40
投资收益(万元)		0.63	
补贴收入(万元)			
营业外收支(万元)	1.13	18.66	-0.12
利润总额(万元)	1221.64	3107.80	3224.68
净利润(万元)	1038.40	2641.63	2740.98

十大股东

序号	股东名称	股份性质	持股数(万股)	比例(%)
1	重庆川东电力集团有限责任公司	国有股	9768.00	61.05
2	重庆市涪陵区有色金属工业公司	国有股	491.00	3.07
3	重庆市涪陵川东房地产开发有限公司	法人股	469.00	2.93
4	鸿飞证券投资基金	法人股	144.24	0.90
5	富国动态平衡证券投资基金	法人股	40.00	0.25
6	重庆市涪陵投资集团公司	法人股	36.00	0.23
7	重庆博联变压器有限公司	法人股	36.00	0.23
8	陈桂树	自然人股	31.20	0.20
9	孙峰	自然人股	27.50	0.17
10	华宝信托投资有限责任公司	法人股	21.94	0.14

股东人数	2004.6	2003.12	2003.6	2002
	24166			

近年分配		近年配股/增发	

重大事项

公司于 2004 年 1 月 8 日和重庆新涪食品有限公司签订了《供用电合同》:由公司自拱 35 千伏开关站新涪线 35 千伏专用线路向重庆新涪食品有限公司售电,对方受电变压器容量为 3 台共计 7500 千伏安,以用电计量装置的记录作为对方计算电费的依据,电价按物价部门规定的现行电价执行,并随物价文件规定调整。

二○○三年以来市场表现

2003 年涨跌幅(%)	0.00
2003 年最高(元)	0.00
2003 年最低(元)	0.00
2003 年换手率(%)	0.00
2004.06 涨跌幅(%)	0.00
2004.06 最高(元)	13.45
2004.06 最低(元)	8.70
2004.06 换手率(%)	425.37

西安交大博通资讯股份有限公司

公司概况

公司名称	西安交大博通资讯股份有限公司	股票代码	600455
注册地址	陕西省西安市高新区东区火炬路 3 号楼 10 层	邮政编码	710048
法人代表	雷锦录	董秘	李西明
电话	029-82666819	传真	029-82666820
主营业务	从事自主知识产权的应用软件开发		
审计单位		审计意见	未审计

总股本	流通 A	流通 B	流通 H
6245.80	2200.00		

主要财务指标

年度	2004.6	2003	2002
每股收益/扣除后(元)	0.0915	0.3900	0.4000
每股经营现金流量(元)	-0.0200	0.3300	0.1900
每股净资产/调整后(元)	4.1200	2.0000	1.5700
每股公积金(元)	2.4324	0.0115	0.0031
净资产收益率(%)	2.2400	20.7300	23.1800
总资产(万元)	40296.30	16686.66	15327.21
股东权益(万元)	25986.73	8084.81	6356.41
未分配利润(万元)	3843.46	3261.78	1837.18
主营收入(万元)	5892.08	11540.32	9484.22
资本公积金(万元)	15192.11	71.87	19.37
主营利润(万元)	2839.59	5413.07	5538.97
其他业务利润(万元)		16.50	16.50
营业利润(万元)	656.38	1710.91	1648.10
投资收益(万元)	5.36	18.44	3.58
补贴收入(万元)	11.93	117.90	-20.44
营业外收支(万元)	-2.01	-4.73	0.05
利润总额(万元)	671.65	1842.52	1684.81
净利润(万元)	581.68	1675.90	1473.11

十大股东

序号	股东名称	股份性质	持股数(万股)	比例(%)
1	西安交通大学产业(集团)总公司	国有法人股	970.99	15.55
2	新疆特变电工股份有限公司	境内法人股	849.62	13.60
3	西安计算机软件产业推进中心	国有法人股	202.29	3.24
4	谢晓	个人股	485.10	7.77
5	张敬朝	个人股	291.95	4.67
6	赵桂霞	个人股	202.37	3.24
7	舒燕伶	个人股	202.37	3.24
8	王卫东	个人股	137.22	2.20
9	孟进娥	个人股	129.52	2.07
10	于雷	个人股	116.08	1.86

股东人数	2004.6	2003.12	2003.6	2002
	16544			

近年分配		近年配股/增发	

重大事项

公司 2003 年度股东大会于 2004 年 5 月 14 日召开,会议审议通过了 2003 年度利润分配方案:经深圳鹏城会计师事务所审计,截止 2003 年 12 月 31 日,公司可供分配利润为 44,933,600.06 元,提取法定盈余公积 1,924,106.43 元,提取法定公益金 962,053.22 元后,可供投资者分配的利润为 42,047,440.41 元。利润分配方案为:以现有总股本 7000 万股为基数,向全体股东每 10 股派发现金红利 1 元(含税)。

二○○三年以来市场表现

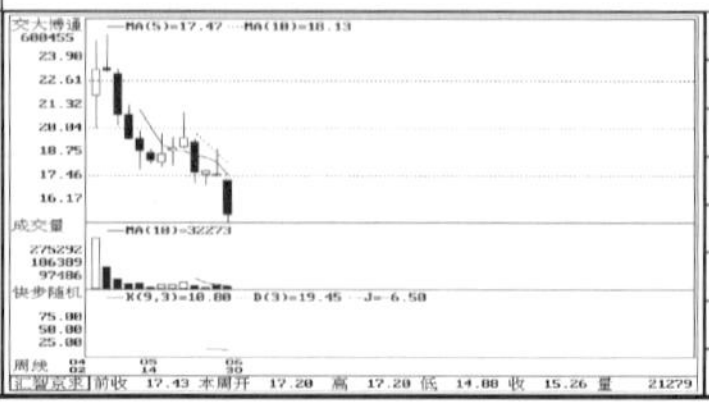

2003 年涨跌幅(%)	0.00
2003 年最高(元)	0.00
2003 年最低(元)	0.00
2003 年换手率(%)	0.00
2004.06 涨跌幅(%)	0.00
2004.06 最高(元)	25.19
2004.06 最低(元)	14.88
2004.06 换手率(%)	417.53

宝鸡钛业股份有限公司

公司概况

公司名称	宝鸡钛业股份有限公司	股票代码	600456
注册地址	陕西省宝鸡市钛城路1号	邮政编码	721014
法人代表	胡清熊	董秘	郑海山
电话	0917-3382026	传真	0917-3382132
主营业务	钛和钛合金的生产、加工和销售		
总股本	20008.00	流通A	6000.00
流通B		流通H	
审计单位		审计意见	未审计

主要财务指标

年度	2004.6	2003	2002
每股收益/扣除后(元)	0.2113	0.2200	0.2100
每股经营现金流量(元)	0.0960	0.4210	0.3191
每股净资产/调整后(元)	3.1000	3.1900	3.0600
每股公积金(元)	1.6347	1.6347	1.6347
净资产收益率(%)	6.0400	9.3400	6.6800
总资产(万元)	96993.07	96549.71	92324.11
股东权益(万元)	63194.41	64378.55	61363.98
未分配利润(万元)	7624.33	3806.47	6696.27
主营收入(万元)	32611.88	38416.02	34641.03
资本公积金(万元)	32707.32	32707.32	32707.32
主营利润(万元)	7594.72	9342.74	9067.44
其他业务利润(万元)	68.72	224.58	–0.70
营业利润(万元)	4973.59	5634.47	5093.28
投资收益(万元)	–484.12	1462.72	
补贴收入(万元)			
营业外收支(万元)	2.13	2.58	–0.03
利润总额(万元)	4491.60	7099.78	4849.79
净利润(万元)	3817.86	6015.77	4101.95

十大股东

序号	股东名称	股份性质	持股数(万股)	比例(%)
1	宝鸡有色金属加工厂	国有法人股	13800.00	68.97
2	西北有色金属研究院	国有法人股	65.00	0.32
3	国信证券有限责任公司	流通A股	56.91	0.28
4	中国有色金属进出口陕西公司	国有法人股	45.50	0.23
5	何真	流通A股	35.67	0.18
6	中国工业大学	国有法人股	32.50	0.16
7	陕西省华夏物业公司	国有法人股	32.50	0.16
8	西北工业大学	国有法人股	32.50	0.16
9	山东建邦投资管理有限公司	流通A股	20.24	0.10
10	阳泉泉信实业公司	流通A股	17.55	0.09

股东人数	2004.6	2003.12	2003.6	2002
	25789	26250	27395	30094

近年分配	近年配股/增发
2004年6月14日10派2.50	

重大事项

公司2004年4月20日召开的2003年年度股东大会审议通过了2003年度利润分配预案：以公司2003年12月31日的总股本20008万股为基数，每10股派发现金红利2.5元(含税)。报告期内董事会按照股东大会决议及授权，组织实施了该利润分配方案，股权登记日为2004年6月11日，除权除息日为2004年6月14日，于2004年6月18日实施完毕，共计分配股利50,020,000元。

二〇〇三年以来市场表现

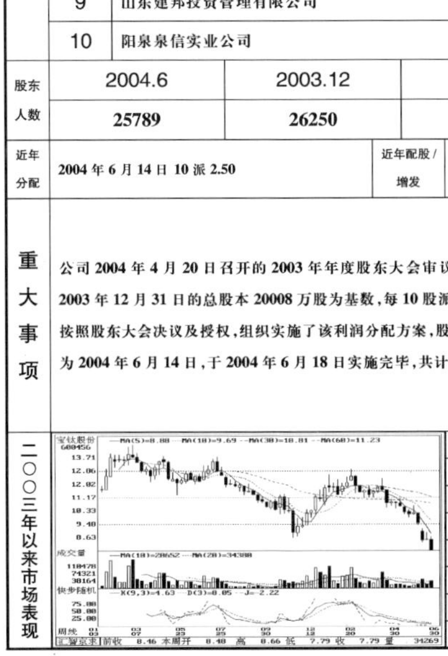

2003年涨跌幅(%)	–3.80
2003年最高(元)	14.15
2003年最低(元)	8.35
2003年换手率(%)	333.65
2004.06涨跌幅(%)	–28.47
2004.06最高(元)	12.70
2004.06最低(元)	7.79
2004.06换手率(%)	156.23

株洲时代新材料科技股份有限公司

公司概况

公司名称	株洲时代新材料科技股份有限公司	股票代码	600458
注册地址	株洲市高新技术开发区黄河南路	邮政编码	412007
法人代表	廖斌	董秘	熊锐华
电话	0733-2837718	传真	0733-2837786
主营业务	高分子材料减振降噪弹性元件		
总股本	17029.60	流通A	7000.00
流通B		流通H	
审计单位		审计意见	未审计

主要财务指标

年度	2004.6	2003	2002
每股收益/扣除后(元)	0.0913	0.3640	0.3000
每股经营现金流量(元)	–0.4200	–0.3900	0.1000
每股净资产/调整后(元)	2.0500	3.9900	3.6400
每股公积金(元)	0.7034	1.0952	2.1905
净资产收益率(%)	3.3600	9.0100	8.3300
总资产(万元)	52300.85	49445.38	38801.03
股东权益(万元)	34930.91	34046.14	31028.74
未分配利润(万元)	4184.83	5141.13	2721.43
主营收入(万元)	13405.32	20646.42	15746.39
资本公积金(万元)	11977.84	18651.58	18651.58
主营利润(万元)	4865.41	8969.61	7269.03
其他业务利润(万元)	53.48	187.60	–0.57
营业利润(万元)	1891.45	4104.53	3014.98
投资收益(万元)	–511.44	–121.40	121.38
补贴收入(万元)			
营业外收支(万元)	1.68	–1.84	0.02
利润总额(万元)	1381.69	3981.28	3129.06
净利润(万元)	1172.40	3067.71	2585.26

十大股东

序号	股东名称	股份性质	持股数(万股)	比例(%)
1	铁道部株洲电力机车研究所	国有法人股	3617.48	21.24
2	北京铁工经贸公司	国有法人股	2433.44	14.29
3	株洲电力机车厂	国有法人股	454.73	2.67
4	大同机车厂	国有法人股	387.95	2.28
5	四方机车车辆厂	国有法人股	383.04	2.25
6	中国南车集团株洲车辆厂	国有法人股	372.58	2.19
7	大连机车车辆厂	国有法人股	371.20	2.18
8	齐齐哈尔铁路车辆集团有限责任公司	国有法人股	352.80	2.07
9	中国南车集团资阳机车厂	国有法人股	264.60	1.55
10	南京浦镇车辆厂	国有法人股	260.56	1.53

股东人数	2004.6	2003.12	2003.6	2002
	22682	7647	8503	15950

近年分配	近年配股/增发
2004年3月3日10派0.50	2004年3月3日10送2转8

重大事项

2004年6月24日，本公司与庞巴迪公司交通运输部(以下简称BT)在英国德比，就双方的战略合作正式签署了为期五年的合作协议。协议的主要内容是：BT决定将株洲时代新材料科技股份有限公司确定为金属–橡胶复合产品(即本公司的核心业务产品)在中国的唯一供应商，并且在全球范围内，包括BT的内部采购部门、客户、供应商和转包商中，推广本公司的开发和生产的金属–橡胶复合件产品。

二〇〇三年以来市场表现

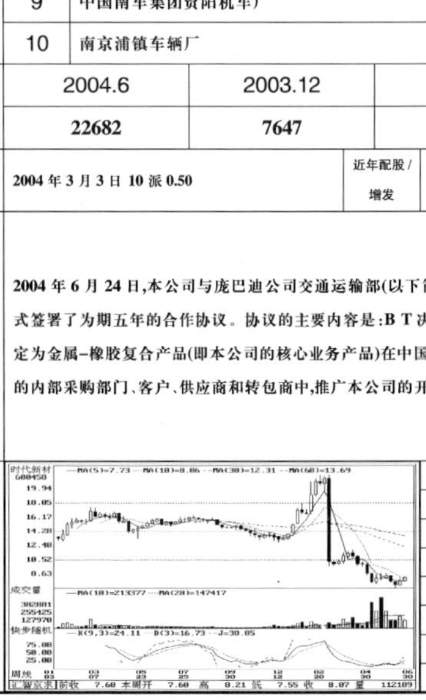

2003年涨跌幅(%)	9.77
2003年最高(元)	8.65
2003年最低(元)	6.38
2003年换手率(%)	170.47
2004.06涨跌幅(%)	9.65
2004.06最高(元)	11.78
2004.06最低(元)	6.75
2004.06换手率(%)	465.04

贵研铂业股份有限公司

公司概况

公司名称	贵研铂业股份有限公司	股票代码	600459
注册地址	云南省昆明市二环北路核桃箐	邮政编码	650221
法人代表	唐梭	董秘	朱绍武
电话	0871-5123338	传真	0871-5122422
主营业务	贵金属高纯材料生产和销售		
总股本	8595.00	流通 A	4000.00
流通 B		流通 H	
审计单位		审计意见	未审计

主要财务指标

年度	2004.6	2003	2002
每股收益 / 扣除后(元)	0.1013	0.1700	0.3500
每股经营现金流量(元)	–0.6271	0.2300	1.0600
每股净资产 / 调整后(元)	4.3800	4.3100	2.0900
每股公积金(元)	2.8389	2.8389	0.2872
净资产收益率(%)	2.3000	3.9600	16.5900
总资产(万元)	49552.53	49716.38	22561.87
股东权益(万元)	37774.31	37161.90	9756.62
未分配利润(万元)	2344.32	1474.06	963.72
主营收入(万元)	14670.39	24814.27	21836.86
资本公积金(万元)	24400.64	24400.64	2468.49
主营利润(万元)	1434.35	2155.52	2668.56
其他业务利润(万元)	38.71	578.65	–8.64
营业利润(万元)	638.81	1205.49	1536.26
投资收益(万元)	248.32	171.06	99.96
补贴收入(万元)			
营业外收支(万元)	–0.55	–16.71	12.03
利润总额(万元)	886.58	1359.84	1619.10
净利润(万元)	870.26	1473.12	1618.91

十大股东

序号	股东名称	股份性质	持股数(万股)	比例(%)
1	昆明贵金属研究所	国有股	3860.00	44.91
2	红塔创新投资股份有限公司	国有股	230.00	2.68
3	去南铜业(集团)有限公司	国有股	230.00	2.68
4	云南烟草兴云投资股份有限公司	国有股	140.00	1.63
5	深圳市加德信投资有限公司	法人股	55.00	0.64
6	中国有色金属工业技术开发交流中心	国有股	50.00	0.58
7	太原高科耐火材料有限公司	国有股	40.00	0.47
8	周洪松	自然人股	30.00	0.35
9	昆明冶金研究院	国有股	25.00	0.29
10	宋辉	自然人股	22.45	0.26

股东人数	2004.6	2003.12	2003.6	2002
	21546	22921	21870	

近年分配	2004 年 5 月 26 日 10 派 0.30	近年配股 / 增发	

重大事项

2004 年 4 月 20 日，公司 2003 年度股东大会通过了 2003 年利润分配的方案：公司 2003 年度实现利润 14,686,071.96 元，按《公司章程》规定提取 10%的法定盈余公积金 1,468,607.20 元，提取 5%的法定公益金 734,303.60 元，提取 33%的任意盈余公积金 4,846,403.75 元后，剩余利润为 7,636,757.41 元，加上 2002 年度未分配利润 9,617,897.09 元，累计可供股东分配利润总额为 17,254,654.50 元。根据公司 2003 年股东大会决议，以 5 月 25 日的股本总额 8595 万股为基数，向全体股东每 10 股派发现金红利 0.30 元(含税)，共计分配股利 2,578,500 元，剩余的未分配利润 14,676,154.50 元结转以后年度分配。

二〇〇三年以来市场表现

2003 年涨跌幅(%)	0.00
2003 年最高(元)	16.63
2003 年最低(元)	8.62
2003 年换手率(%)	472.20
2004.06 涨跌幅(%)	–18.43
2004.06 最高(元)	13.84
2004.06 最低(元)	9.28
2004.06 换手率(%)	297.76

杭州士兰微电子股份有限公司

公司概况

公司名称	杭州士兰微电子股份有限公司	股票代码	600460
注册地址	杭州市黄姑山路 4 号	邮政编码	310012
法人代表	陈向东	董秘	陈向明
电话	0571-88212980	传真	0571-88210763
主营业务	电子元器件、零部件制造与销售		
总股本	20204.00	流通 A	5200.00
流通 B		流通 H	
审计单位		审计意见	未审计

主要财务指标

年度	2004.6	2003	2002
每股收益 / 扣除后(元)	0.2211	0.5700	0.5800
每股经营现金流量(元)	0.0170	0.5700	0.2600
每股净资产 / 调整后(元)	2.6700	5.0700	2.4000
每股公积金(元)	0.7914	1.2914	
净资产收益率(%)	8.8100	11.7700	24.2400
总资产(万元)	88903.88	77242.04	39593.74
股东权益(万元)	53981.05	51244.13	18018.71
未分配利润(万元)	15294.73	12571.80	8935.30
主营收入(万元)	22400.41	37236.96	26494.78
资本公积金(万元)	15990.42	26092.42	
主营利润(万元)	6515.59	8680.06	5584.87
其他业务利润(万元)	244.10	46.47	–4.77
营业利润(万元)	4256.23	5060.30	3142.74
投资收益(万元)	541.69	1182.80	1795.93
补贴收入(万元)	311.94	71.98	–0.36
营业外收支(万元)	1.48	–10.77	0.51
利润总额(万元)	5111.34	6304.31	4948.58
净利润(万元)	4757.32	6033.41	4367.18

十大股东

序号	股东名称	股份性质	持股数(万股)	比例(%)
1	陈向东	个人股	2610.70	12.92
2	范伟宏	个人股	2535.68	12.55
3	郑少波	个人股	2535.68	12.55
4	江忠永	个人股	2535.68	12.55
5	罗华兵	个人股	2535.68	12.55
6	宋卫权	个人股	1125.30	5.57
7	陈国华	个人股	1125.30	5.57
8	易方达平稳增长证券投资基金	流通 A 股	525.00	2.60
9	易方达策略成长证券投资基金	流通 A 股	377.40	1.87
10	安顺证券投资基金	流通 A 股	290.00	1.44

股东人数	2004.6	2003.12	2003.6	2002
	9190	7624	10943	

近年分配	2004 年 4 月 26 日.10 派 2.00	近年配股 / 增发	2004 年 4 月 26 日 10 转 10

重大事项

本公司与中国进出口银行上海分行签订了《借款合同》，约定中国进出口银行上海分行向本公司提供出口卖方信贷 4,000 万元人民币(期限 2 年)，用于本公司高新技术产品出口。该合同项下的借款由上海浦东发展银行杭州分行提供担保，同时本公司为上海浦东发展银行杭州分行开立银行保函提供保证金担保 800 万元人民币。

二〇〇三年以来市场表现

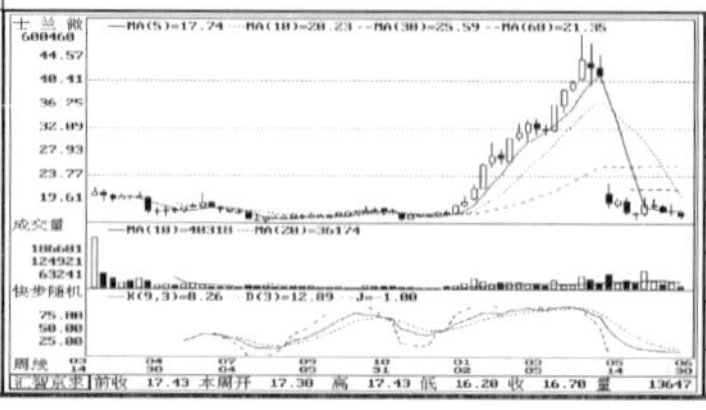

2003 年涨跌幅(%)	0.00
2003 年最高(元)	10.64
2003 年最低(元)	7.63
2003 年换手率(%)	164.95
2004.06 涨跌幅(%)	75.51
2004.06 最高(元)	24.26
2004.06 最低(元)	9.40
2004.06 换手率(%)	167.04

江西洪城水业股份有限公司

公司概况

公司名称	江西洪城水业股份有限公司			股票代码	600461		
注册地址	江西省南昌市沿江南路 292 号			邮政编码	330001		
法人代表	郑明坦			董秘	康乐平		
电话	0791-5235057,5210336			传真	0791-5226672		
主营业务	自来水的生产和销售						
总股本	14000.00	流通 A	5000.00	流通 B		流通 H	
审计单位				审计意见	未审计		

主要财务指标

年度	2004.6	2003	2002
每股收益 / 扣除后(元)	0.0864		
每股经营现金流量(元)	0.0840		
每股净资产 / 调整后(元)	3.0200		
每股公积金(元)	1.8613		
净资产收益率(%)	5.7300		
总资产(万元)	50543.45		
股东权益(万元)	42359.81		
未分配利润(万元)	1200.17		
主营收入(万元)	6210.80		
资本公积金(万元)	26058.26		
主营利润(万元)	2516.82		
其他业务利润(万元)			
营业利润(万元)	1817.22		
投资收益(万元)			
补贴收入(万元)			
营业外收支(万元)	-9.75		
利润总额(万元)	1807.46		
净利润(万元)	1200.17		

十大股东

序号	股东名称	股份性质	持股数(万股)	比例(%)
1	南昌水业集团有限责任公司	国有法人股	8637.88	61.70
2	北京市自来水集团有限责任公司	国有法人股	98.76	0.71
3	南昌市煤气公司	国有法人股	98.76	0.71
4	泰豪软件股份有限公司	境内法人股	98.76	0.71
5	南昌市公用信息技术有限公司	境内法人股	65.84	0.47
6	柯少华	流通 A 股	19.03	0.14
7	谢福贵	流通 A 股	15.28	0.11
8	郭雅彬	流通 A 股	15.11	0.11
9	齐伟	流通 A 股	13.00	0.09
10	中国工商银行-国联安德盛小盘精选证券投资基金	流通 A 股	11.60	0.08

股东人数	2004.6	2003.12	2003.6	2002
	29352			

近年分配		近年配股 / 增发	

重大事项

根据 2001 年 2 月 19 日本公司同发起人南昌水业集团有限责任公司签署的《土地租赁协议》,本公司租赁使用南昌水业集团有限责任公司六宗土地 90,568.89 平方米,土地租赁费以江西恒信会计师事务所的评估值为作价依据,2001 年 2—12 月支付土地租赁费 1,943,521.58 元。

二○○三年以来市场表现

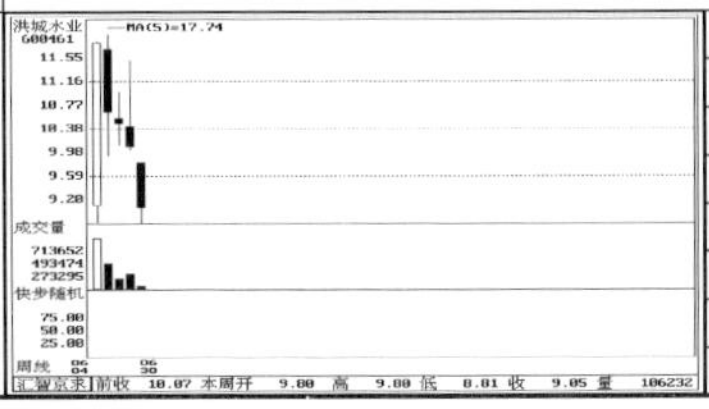

2003 年涨跌幅(%)	0.00
2003 年最高(元)	0.00
2003 年最低(元)	0.00
2003 年换手率(%)	0.00
2004.06 涨跌幅(%)	0.00
2004.06 最高(元)	11.94
2004.06 最低(元)	8.81
2004.06 换手率(%)	409.79

延边石岘白麓纸业股份有限公司

公司概况

公司名称	延边石岘白麓纸业股份有限公司			股票代码	600462		
注册地址	吉林省图们市石岘镇			邮政编码	133101		
法人代表	王相阁			董秘	崔文根		
电话	0433-3810015			传真	0433-3810019		
主营业务	新闻纸、商品木浆等的生产销售						
总股本	17030.00	流通 A	5000.00	流通 B		流通 H	
审计单位				审计意见	未审计		

主要财务指标

年度	2004.6	2003	2002
每股收益 / 扣除后(元)	0.0629	0.0630	0.1740
每股经营现金流量(元)	0.0050	-0.4987	0.2666
每股净资产 / 调整后(元)	4.4500	4.3900	4.2600
每股公积金(元)	2.7327	2.7327	1.7387
净资产收益率(%)	1.3500	2.1800	4.1000
总资产(万元)	222694.75	222456.44	181434.05
股东权益(万元)	75829.34	74806.67	51251.42
未分配利润(万元)	10351.52	8647.66	7945.31
主营收入(万元)	42845.83	69635.47	46015.73
资本公积金(万元)	46537.87	46537.87	29610.32
主营利润(万元)	6994.34	11304.23	6120.13
其他业务利润(万元)	51.91	229.94	12.55
营业利润(万元)	1260.70	1443.37	2038.09
投资收益(万元)			
补贴收入(万元)		681.00	-10.46
营业外收支(万元)	-57.57	-33.01	-0.37
利润总额(万元)	1203.14	2091.36	2430.66
净利润(万元)	1022.67	1627.70	2102.60

十大股东

序号	股东名称	股份性质	持股数(万股)	比例(%)
1	吉林石岘纸业有限责任公司	国有法人股	6860.00	40.28
2	中国信达资产管理公司	国家股、流通 A 股	2574.09	15.12
3	中国华融资产管理公司	国家股	1374.00	8.07
4	中国东方资产管理公司	国家股	836.00	4.91
5	石岘造纸厂三环企业总公司	境内法人股	100.00	0.59
6	牡丹江市红林化工有限责任公司	境内法人股	100.00	0.59
7	吉林日报社	国有法人股	100.00	0.59
8	吉林延边林业集团有限公司	国有法人股	100.00	0.59
9	延边日报社	国有法人股	20.00	0.12
10	宋淑清	流通 A 股	17.50	0.10

股东人数	2004.6	2003.12	2003.6	2002
	21746	26076		

近年分配	2004 年 7 月 23 日 10 派 0.40	近年配股 / 增发	

重大事项

公司于报告期内进行了两次 SC 纸试生产,产品质量达到了 SC-B 级水平,试印效果良好。SC 纸的生产目前在国内尚属空白,SC 纸具有克度低、附加值高、可全彩印刷等诸多优点,适用于报纸及杂志彩页,在相当范围可替代轻涂纸,具有广阔的市场前景。SC 级试生产的成功丰富了公司产品种类,完善了公司的产品结构,并为公司未来发展增添了新的利润增长点。

二○○三年以来市场表现

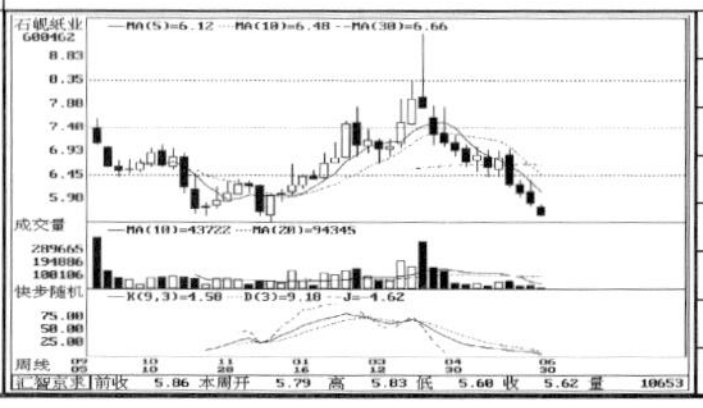

2003 年涨跌幅(%)	0.00
2003 年最高(元)	7.58
2003 年最低(元)	5.50
2003 年换手率(%)	305.70
2004.06 涨跌幅(%)	-6.64
2004.06 最高(元)	9.30
2004.06 最低(元)	5.60
2004.06 换手率(%)	443.86

北京空港科技园区股份有限公司

公司概况

公司名称	北京空港科技园区股份有限公司	股票代码	600463
注册地址	北京市顺义区天竺空港工业区A区天柱路28号蓝天大厦三层	邮政编码	101312
法人代表	刘进奎	董秘	宣顺华
电话	010-80489305	传真	010-80491684
主营业务	土地开发、建筑施工、物业管理		
总股本	14000.00	流通 A	4000.00
流通 B		流通 H	
审计单位		审计意见	未审计

主要财务指标

年度	2004.6	2003	2002
每股收益 / 扣除后(元)	0.1094	0.3200	0.3000
每股经营现金流量(元)	–0.6830	0.4000	0.1700
每股净资产 / 调整后(元)	3.1000	1.9500	1.6400
每股公积金(元)	1.3371	0.0171	0.0171
净资产收益率(%)	3.5100	16.3000	18.5600
总资产(万元)	57014.50	36205.72	29884.66
股东权益(万元)	43550.40	19539.78	16353.85
未分配利润(万元)	8667.78	7137.16	4569.07
主营收入(万元)	11619.76	25807.80	15366.21
资本公积金(万元)	18719.33	239.33	239.33
主营利润(万元)	3593.56	6773.96	6421.79
其他业务利润(万元)	–4.43	–6.09	–6.09
营业利润(万元)	2364.83	4843.32	4726.51
投资收益(万元)	–45.58	–10.01	
补贴收入(万元)			
营业外收支(万元)	–1.62	10.00	–0.01
利润总额(万元)	2317.63	4843.32	4710.67
净利润(万元)	1530.61	3185.93	3035.48

十大股东

序号	股东名称	股份性质	持股数(万股)	比例(%)
1	北京天竺空港工业开发公司	国有法人股	9526.34	68.05
2	北京顺鑫农业股份有限公司	境内法人股	195.33	1.40
3	深圳市空港油料有限公司	境内法人股	180.68	1.29
4	北京空港广远金属材料有限公司	境内法人股	48.83	0.35
5	北京华大基因研究中心	境内法人股	48.83	0.35
6	中国银河证券有限责任公司	流通 A 股	27.19	0.19
7	纪长荣	流通 A 股	18.56	0.13
8	毛端	流通 A 股	15.54	0.11
9	丁江梅	流通 A 股	14.91	0.11
10	莫梅丽	流通 A 股	14.70	0.11

股东人数	2004.6	2003.12	2003.6	2002
	24266			

近年分配		近年配股/增发	

重大事项

本公司于2003年12月31日与北京空港天合劳务服务有限公司续签了《安全保卫服务合同》，约定继续由北京空港天合劳务服务有限公司负责空港工业区生产基地的防火、防盗、巡逻等安全保卫工作，服务期限自2004年1月1日至2008年12月31日，服务费标准为每人每月800元。报告期内支付服务费370,052元。

二○○三年以来市场表现

2003 年涨跌幅(%)	0.00
2003 年最高(元)	0.00
2003 年最低(元)	0.00
2003 年换手率(%)	0.00
2004.06 涨跌幅(%)	0.00
2004.06 最高(元)	15.22
2004.06 最低(元)	9.22
2004.06 换手率(%)	282.22

四川迪康科技药业股份有限公司

公司概况

公司名称	四川迪康科技药业股份有限公司	股票代码	600466
注册地址	四川成都市二环路南四段十一号	邮政编码	610041
法人代表	张继林	董秘	蒋黎
电话	028-85123856	传真	028-85123859
主营业务	儿科、妇科中成药		
总股本	12740.00	流通 A	5000.00
流通 B		流通 H	
审计单位		审计意见	未审计

主要财务指标

年度	2004.6	2003	2002
每股收益 / 扣除后(元)	0.0204	0.0600	0.1900
每股经营现金流量(元)	0.0510	0.0100	0.1400
每股净资产 / 调整后(元)	5.1900	5.1600	5.0900
每股公积金(元)	3.5854	3.5854	3.5854
净资产收益率(%)	0.7300	1.9300	3.6900
总资产(万元)	96107.32	87233.92	77944.52
股东权益(万元)	66852.60	66366.39	65083.23
未分配利润(万元)	6181.67	5695.46	5045.03
主营收入(万元)	8361.55	15392.06	15316.07
资本公积金(万元)	45678.01	45678.01	45678.01
主营利润(万元)	3095.09	7212.09	7721.57
其他业务利润(万元)	203.97	186.57	–27.49
营业利润(万元)	567.53	1534.40	2397.47
投资收益(万元)	21.35	8.96	–138.10
补贴收入(万元)	15.00	63.00	0.68
营业外收支(万元)	9.57	–59.82	–0.10
利润总额(万元)	613.44	1546.54	2984.12
净利润(万元)	486.21	1283.17	2402.16

十大股东

序号	股东名称	股份性质	持股数(万股)	比例(%)
1	四川迪康产业控股集团股份有限公司	法人股	7489.70	58.79
2	中国科学院成都有机化学有限公司	法人股	100.00	0.78
3	迪康持股研究会	流通股	90.60	0.71
4	成都高创科技集团公司	法人股	50.30	0.39
5	成都福瑞机电设备制造公司	法人股	50.00	0.39
6	四川省中药研究所	法人股	50.00	0.39
7	张承博	流通股	18.40	0.14
8	赵永平	流通股	14.00	0.11
9	宗海啸	流通股	13.30	0.10
10	陈爱琴	流通股	13.10	0.10

股东人数	2004.6	2003.12	2003.6	2002
	24069	23966	22361	24658

近年分配		近年配股/增发	

重大事项

根据2004年3月11日公司第二届董事会第六次会议决议，公司向衡平信托投资有限责任公司(以下简称"衡平信托")就成都世纪城新国际会展中心项目购买价值人民币1500万元的信托产品。

二○○三年以来市场表现

2003 年涨跌幅(%)	–31.97
2003 年最高(元)	14.56
2003 年最低(元)	6.80
2003 年换手率(%)	228.35
2004.06 涨跌幅(%)	–6.54
2004.06 最高(元)	9.56
2004.06 最低(元)	6.74
2004.06 换手率(%)	131.21

山东好当家海洋发展股份有限公司

公司概况

公司名称	山东好当家海洋发展股份有限公司	股票代码	600467
注册地址	山东省荣成市虎山镇沙咀子	邮政编码	264305
法人代表	李鹏程	董秘	戚燕
电话	0631-7438073,7438533	传真	0631-7438073
主营业务	海水养殖及许可范围海产品加工等		
总股本	18000.00	流通 A	6000.00
流通 B		流通 H	
审计单位		审计意见	未审计

主要财务指标

年度	2004.6	2003	2002
每股收益/扣除后(元)	0.1347	0.3800	0.3500
每股经营现金流量(元)	–0.1200	0.5200	0.6000
每股净资产/调整后(元)	3.4500	1.9100	1.7800
每股公积金(元)	1.9366	0.0288	0.0288
净资产收益率(%)	3.9000	19.8000	19.5200
总资产(万元)	89881.72	47536.84	45769.68
股东权益(万元)	62135.25	22962.62	21418.22
未分配利润(万元)	5474.01	6641.86	5832.47
主营收入(万元)	15266.92	34048.81	27449.56
资本公积金(万元)	34859.09	518.61	518.61
主营利润(万元)	4995.92	8280.43	8069.51
其他业务利润(万元)	0.03	14.97	0.25
营业利润(万元)	3668.41	6890.92	6410.34
投资收益(万元)			
补贴收入(万元)			
营业外收支(万元)	11.87	10.82	–0.09
利润总额(万元)	3680.28	6901.74	6351.35
净利润(万元)	2432.15	4545.95	4179.97

十大股东

序号	股东名称	股份性质	持股数(万股)	比例(%)
1	山东邱家实业公司	法人股	9988.90	55.49
2	招商银行股份有限公司–中信经典配置证券投资基金	流通 A 股	198.33	1.10
3	全国社保基金一零七组合	流通 A 股	60.00	0.33
4	华夏成长证券投资基金	流通 A 股	58.41	0.32
5	南方证券有限公司	流通 A 股	55.50	0.31
6	蒋志峰	流通 A 股	40.89	0.23
7	交通银行–金鹰中小盘精选证券投资基金	流通 A 股	32.00	0.18
8	中国工商银行–融通蓝筹成长证券投资基金	流通 A 股	31.07	0.17
9	赵艳	流通 A 股	29.80	0.17
10	唐厚运	内部职工股	16.80	0.09

股东人数	2004.6	2003.12	2003.6	2002
	66598			

近年分配		近年配股/增发	

重大事项

公司董事会 2003 年度利润分配方案:对 2003 年末可供投资者分配的利润按每 10 股派 0.30 元(含税)分配现金股利,共分配 36,000,000.00 元。截至 2004 年 6 月 30 日,由好当家集团有限公司提供担保,公司从银行获得贷款 200,000,000.00 元。

二〇〇三年以来市场表现

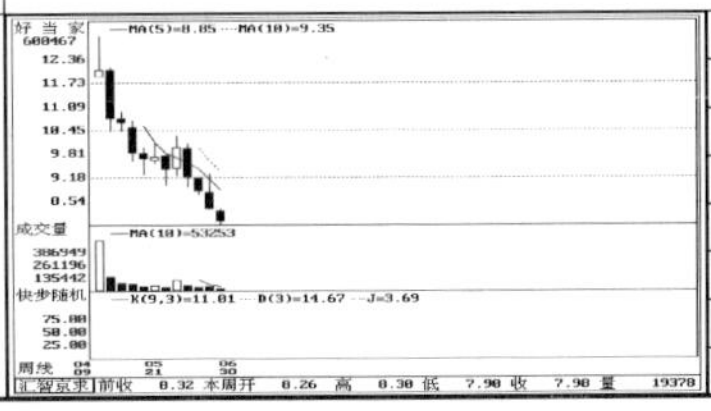

2003 年涨跌幅(%)	0.00
2003 年最高(元)	0.00
2003 年最低(元)	0.00
2003 年换手率(%)	0.00
2004.06 涨跌幅(%)	0.00
2004.06 最高(元)	13.00
2004.06 最低(元)	7.90
2004.06 换手率(%)	197.18

天津特精液压股份有限公司

公司概况

公司名称	天津特精液压股份有限公司	股票代码	600468
注册地址	天津市南开区南泥湾路 8 号	邮政编码	300385
法人代表	张文利	董秘	梁岩
电话	022-83963876	传真	022-83963876
主营业务	液压元件、气动元件		
总股本	11000.00	流通 A	3000.00
流通 B		流通 H	
审计单位		审计意见	未审计

主要财务指标

年度	2004.6	2003	2002
每股收益/扣除后(元)	0.0487	0.0640	0.0380
每股经营现金流量(元)	–0.0110	0.6580	–0.4450
每股净资产/调整后(元)	3.1950	3.1200	3.0150
每股公积金(元)	1.9201	1.9105	1.8992
净资产收益率(%)	2.1000	2.9500	1.2500
总资产(万元)	81703.86	78860.63	70867.08
股东权益(万元)	35333.49	34485.20	33343.07
未分配利润(万元)	1832.61	1089.92	638.78
主营收入(万元)	23974.58	50538.90	22674.85
资本公积金(万元)	21121.46	21015.86	20891.64
主营利润(万元)	4819.00	9994.13	5440.28
其他业务利润(万元)	241.89	222.84	20.85
营业利润(万元)	1091.87	1945.81	936.50
投资收益(万元)	205.92	196.71	18.69
补贴收入(万元)	5.17	7.01	–0.15
营业外收支(万元)	251.45	42.54	–0.06
利润总额(万元)	1554.41	2192.06	952.64
净利润(万元)	742.68	1017.92	415.79

十大股东

序号	股东名称	股份性质	持股数(万股)	比例(%)
1	天津液压机械集团有限公司	国有法人股	7761.13	70.56
2	渤海证券有限责任公司	流通股	498.02	4.53
3	天津泰鑫实业开发有限公司	社会法人股	136.50	1.24
4	天津市机械工业物资总公司	国有法人股	34.12	0.31
5	天津经纬集团投资公司	国有法人股	34.12	0.31
6	天津市静海县通达工业公司	社会法人股	34.12	0.31
7	洪俊	流通股	15.00	0.14
8	陈丽	流通股	12.68	0.12
9	沙立森	流通股	12.07	0.11
10	冯淑娟	流通股	9.52	0.09

股东人数	2004.6	2003.12	2003.6	2002
	14033	14501	14300	15634

近年分配		近年配股/增发	

重大事项

2004 年 3 月 25 日公司董事会二届八次会议审议通过《关于受让"百利天开"股权的议案》,批准公司与自然人张志海、邢术安和天津市开关厂签订的《关于天津市百利天开电器有限公司股东出资转让的协议》,同意公司以现金 200 万元人民币受让自然人张志海持有的天津市百利天开电器有限公司 20%股权。本次交易于 3 月底完成,本公司持有天津市百利天开电器有限公司股权的比例由 37.5%增至 57.5%。自 2004 年 4 月 1 日起,财务报表合并范围增加天津市百利天开电器有限公司。

二〇〇三年以来市场表现

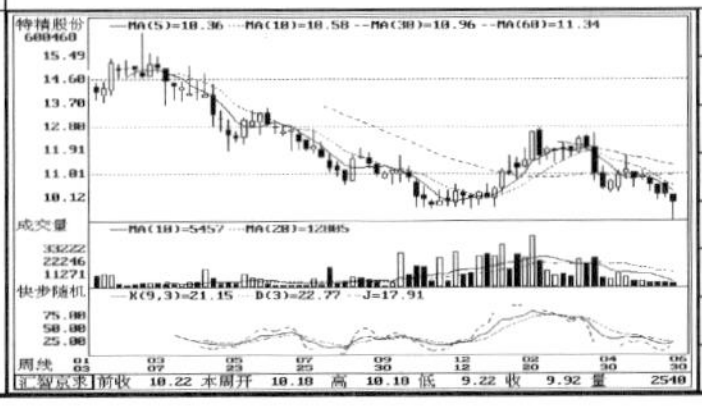

2003 年涨跌幅(%)	–28.87
2003 年最高(元)	16.34
2003 年最低(元)	9.65
2003 年换手率(%)	134.59
2004.06 涨跌幅(%)	–4.80
2004.06 最高(元)	12.71
2004.06 最低(元)	9.22
2004.06 换手率(%)	120.88

风神轮胎股份有限公司

公司概况

公司名称	风神轮胎股份有限公司			股票代码	600469
注册地址	河南省焦作市焦东南路48号			邮政编码	454003
法人代表	曹朝阳	董秘	韩法强		
电话	0391-3999081	传真	0391-3933952		
主营业务	生产轮胎及相关技术出口等				
总股本	25500.00	流通A	7500.00	流通B	流通H
审计单位	亚太(集团)会计师事务所	审计意见	标准无保留		

主要财务指标

年度	2004.6	2003	2002
每股收益/扣除后(元)	0.1452	0.2400	0.1860
每股经营现金流量(元)	0.0420	0.3530	0.1630
每股净资产/调整后(元)	2.5150	2.6570	1.7720
每股公积金(元)	1.2950	1.2950	0.3898
净资产收益率(%)	5.5700	9.0900	11.7100
总资产(万元)	234176.48	180933.61	100883.23
股东权益(万元)	66048.40	70048.76	33096.76
未分配利润(万元)	5009.24	9004.97	3589.94
主营收入(万元)	128023.87	211008.72	136154.36
资本公积金(万元)	33021.54	33021.54	9940.17
主营利润(万元)	18235.77	40970.24	24468.89
其他业务利润(万元)	486.57	687.54	-0.50
营业利润(万元)	6225.72	12149.15	5604.43
投资收益(万元)	33.00	44.00	
补贴收入(万元)		725.00	56.64
营业外收支(万元)	-32.85	-969.80	-0.43
利润总额(万元)	6225.87	11948.34	6385.09
净利润(万元)	3680.52	6370.63	3875.82

十大股东

序号	股东名称	股份性质	持股数(万股)	比例(%)
1	河南轮胎集团有限责任公司	国有法人股	16226.28	63.63
2	中国神马集团有限责任公司	国有法人股	985.40	3.86
3	豫港(河南)开发有限公司	国有法人股	328.47	1.29
4	交通银行-普惠证券投资基金	流通A股	290.36	1.14
5	焦作市投资公司	国有法人股	197.08	0.77
6	中国建设银行-华福兴业多策略增长证券投资基金	流通A股	157.60	0.62
7	江阴市创新气门嘴有限公司	境内法人股	98.54	0.39
8	焦作市锌品厂	境内法人股	98.54	0.39
9	华西证券有限责任公司	流通A股	76.52	0.30
10	中国工商银行-国联安德盛小盘精选证券投资基金	流通A股	72.94	0.29

股东人数	2004.6	2003.12	2003.6	2002
	24812	25519		

近年分配	2004年6月30日10派3.00	近年配股/增发	

重大事项

公司与公司控股股东河南轮胎集团有限责任公司(以下简称"集团公司")于2004年3月26日签署了《关于子午胎技改工程资产购售的补充协议书》,依据募集资金投向计划收购集团公司所拥有的30万套载重子午胎生产线和80万套主厂房。

二〇〇三年以来市场表现

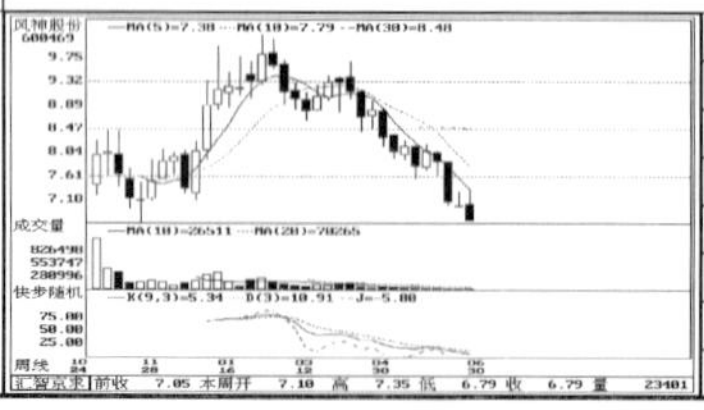

2003年涨跌幅(%)	0.00
2003年最高(元)	8.56
2003年最低(元)	6.45
2003年换手率(%)	417.93
2004.06涨跌幅(%)	-16.99
2004.06最高(元)	9.88
2004.06最低(元)	6.55
2004.06换手率(%)	304.06

安徽六国化工股份有限公司

公司概况

公司名称	安徽六国化工股份有限公司			股票代码	600470
注册地址	安徽省铜陵市铜港路			邮政编码	244023
法人代表	袁菊兴	董秘	蔡曙光		
电话	0562-3801728	传真	0562-3801014		
主营业务	磷酸二铵的生产和销售				
总股本	18800.00	流通A	8000.00	流通B	流通H
审计单位		审计意见	未审计		

主要财务指标

年度	2004.6	2003	2002
每股收益/扣除后(元)	0.0719	0.2300	0.2300
每股经营现金流量(元)	0.0690	0.8800	0.6500
每股净资产/调整后(元)	3.0700	2.4500	2.2200
每股公积金(元)	1.7413	0.4668	0.4668
净资产收益率(%)	3.4700	9.6300	10.6200
总资产(万元)	97865.31	64178.00	58282.34
股东权益(万元)	57631.04	26493.39	23943.32
未分配利润(万元)	4894.83	5717.18	3549.62
主营收入(万元)	32503.77	57815.83	51017.45
资本公积金(万元)	32736.71	8776.71	8776.71
主营利润(万元)	4327.43	7785.86	7837.87
其他业务利润(万元)	80.60	230.54	35.29
营业利润(万元)	2017.25	3778.14	3718.14
投资收益(万元)			
补贴收入(万元)	964.90	31.48	0.92
营业外收支(万元)	-0.60	5.56	0.07
利润总额(万元)	2981.56	3815.18	3797.50
净利润(万元)	1997.64	2550.08	2543.09

十大股东

序号	股东名称	股份性质	持股数(万股)	比例(%)
1	铜陵化学工业集团有限公司	国有法人股	10250.82	54.53
2	铜陵通源投资服务有限公司	国有法人股	406.80	2.16
3	全国社保基金一零三组合	流通A股	130.47	0.69
4	中国银行-同盛证券投资基金	流通A股	91.50	0.49
5	金盛证券投资基金	流通A股	81.56	0.43
6	铜陵市三佳电子(集团)有限责任公司	国有法人股	67.80	0.36
7	铜陵精达铜材(集团)有限责任公司	国有法人股	40.68	0.22
8	化学工业部第三设计院(东华工程公司)	国有法人股	33.90	0.18
9	郭秀云	流通A股	30.68	0.16
10	辽宁东方证券公司	流通A股	21.36	0.11

股东人数	2004.6	2003.12	2003.6	2002
	41137			

近年分配	2004年5月20日10派1.50	近年配股/增发	

重大事项

2004年3月27日,公司召开第二届董事会第三次会议,决定公司拟利用闲置资金委托华安证券有限责任公司进行国债投资。委托资产数额为现金10000万元人民币,委托期限为12个月。该议案经2004年4月30日召开的2003年度股东大会审议通过后实施。

二〇〇三年以来市场表现

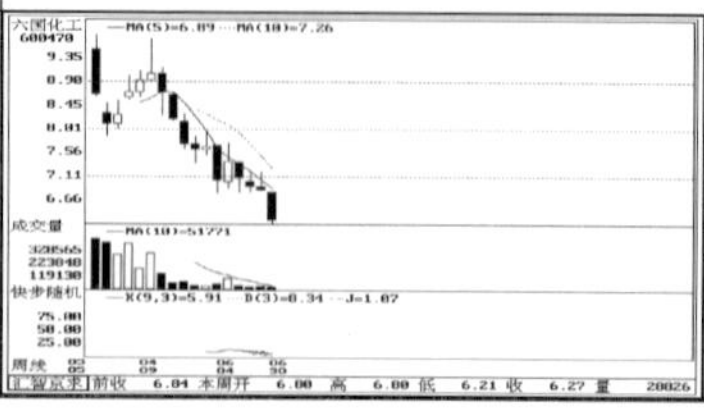

2003年涨跌幅(%)	0.00
2003年最高(元)	0.00
2003年最低(元)	0.00
2003年换手率(%)	0.00
2004.06涨跌幅(%)	0.00
2004.06最高(元)	9.65
2004.06最低(元)	6.21
2004.06换手率(%)	330.34

无锡华光锅炉股份有限公司

公司概况

公司名称	无锡华光锅炉股份有限公司	股票代码	600475
注册地址	江苏省无锡市开发区26#-G地块7、8幢	邮政编码	214028
法人代表	万冠清	董秘	徐叶丹
电话	0510-5215555	传真	0510-5225852
主营业务	电站锅炉,工业锅炉		
总股本	16000.00	流通A	6000.00
流通B		流通H	
审计单位	江苏公证会计师事务所有限责任公司	审计意见	标准无保留

主要财务指标

年度	2004.6	2003	2002
每股收益/扣除后(元)	0.1810	0.2720	0.2920
每股经营现金流量(元)	2.1470	6.5200	-0.0880
每股净资产/调整后(元)	3.2800	3.2100	1.8600
每股公积金(元)	1.5846	1.5846	0.2039
净资产收益率(%)	5.9200	9.4400	15.7100
总资产(万元)	332017.59	232981.16	59533.20
股东权益(万元)	53093.88	51549.89	18595.31
未分配利润(万元)	9036.38	8121.18	4229.65
主营收入(万元)	62120.94	70377.50	36006.92
资本公积金(万元)	25352.98	25352.98	3262.83
主营利润(万元)	12845.45	18345.90	10203.31
其他业务利润(万元)	658.16	472.34	-9.05
营业利润(万元)	3599.78	5516.92	3171.43
投资收益(万元)	440.28	332.89	424.73
补贴收入(万元)	2.50		
营业外收支(万元)	-374.04	-187.72	-6.83
利润总额(万元)	3668.52	5662.09	3447.74
净利润(万元)	3143.99	4864.42	2921.29

十大股东

序号	股东名称	股份性质	持股数(万股)	比例(%)
1	无锡水星集团有限公司	国有法人股	8940.00	55.88
2	亚洲控股有限公司	法人股	500.00	3.13
3	无锡高新技术风险投资股份有限公司	流通股	400.00	2.50
4	中信经典	流通股	331.43	2.07
5	华安创新	流通股	190.79	1.19
6	景阳基金	流通股	189.21	1.18
7	广发聚富	流通股	137.43	0.86
8	德盛稳健	流通股	130.82	0.82
9	金信信托	流通股	130.21	0.81
10	金和大厦	流通股	110.00	0.69

股东人数	2004.6	2003.12	2003.6	2002
	7986	12147	6	

近年分配	近年配股/增发
2004年6月14日10派1.00	

重大事项

2004年3月,本公司与关联方国联信托有限责任公司联合投资成立无锡华光水处理工程有限公司,该公司注册资本500万元,本公司出资350万元,占注册资本的70%,国联信托有限责任公司出资150万元,占注册资本的30%。

二〇〇三年以来市场表现

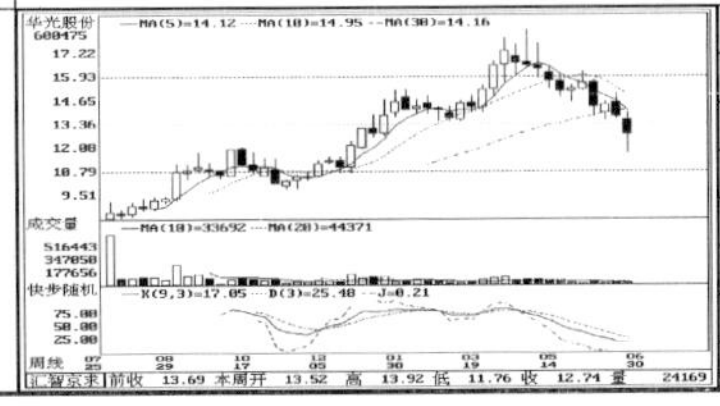

2003年涨跌幅(%)	0.00
2003年最高(元)	12.74
2003年最低(元)	8.12
2003年换手率(%)	426.56
2004.06涨跌幅(%)	2.08
2004.06最高(元)	18.40
2004.06最低(元)	11.76
2004.06换手率(%)	202.15

湖南湘邮科技股份有限公司

公司概况

公司名称	湖南湘邮科技股份有限公司	股票代码	600476
注册地址	湖南省长沙市开福区上大垅东风二村	邮政编码	410205
法人代表	阎洪生	董秘	王飞
电话	0731-8998688	传真	0731-8998686
主营业务	软件开发、邮政为主导产品		
总股本	10325.00	流通A	3500.00
流通B		流通H	
审计单位		审计意见	未审计

主要财务指标

年度	2004.6	2003	2002
每股收益/扣除后(元)	0.0542	0.1690	0.2810
每股经营现金流量(元)	0.1120	0.0050	-0.3914
每股净资产/调整后(元)	2.9100	2.9300	1.8600
每股公积金(元)	1.6836	1.6836	0.3559
净资产收益率(%)	2.6400	6.3700	15.0300
总资产(万元)	52519.41	49048.04	24709.53
股东权益(万元)	30547.64	30255.22	12748.02
未分配利润(万元)	1931.25	1638.83	1626.10
主营收入(万元)	8386.87	16403.87	12890.28
资本公积金(万元)	17383.26	17383.26	3675
主营利润(万元)	2240.88	4142.52	3589.63
其他业务利润(万元)	32.31	78.36	-1.87
营业利润(万元)	578.85	1432.26	1421.97
投资收益(万元)	120.00	102.00	81.60
补贴收入(万元)	121.90	394.83	24832.28
营业外收支(万元)	-6.98	-4.62	0.07
利润总额(万元)	813.78	1924.47	1881.65
净利润(万元)	808.67	1928.04	1916.59

十大股东

序号	股东名称	股份性质	持股数(万股)	比例(%)
1	湖南省邮政局	国有法人股	4225.00	40.92
2	中国速递服务公司	国有法人股	1365.00	13.22
3	江西赣粤高速公路股份有限公司	国有法人股	520.00	5.04
4	湖南新时代通信网络股份有限公司	国有法人股	195.00	1.89
5	易思博网络系统(深圳)有限公司	法人股	182.00	1.76
6	上海爱建进出口有限公司	法人股	143.00	1.38
7	湖南移动通信器材有限公司	法人股	130.00	1.26
8	湖南省凯祥通信设备有限公司	法人股	65.00	0.63
9	孙景春	流通A股	23.36	0.23
10	徐敏	流通A股	17.06	0.17

股东人数	2004.6	2003.12	2003.6	2002
	18903	22677		

近年分配	近年配股/增发
2004年6月4日10派0.50	

重大事项

公司2003年度股东大会于2004年4月16号召开,会议审议通过了公司2003年度利润分配方案:公司以2003年末总股本103,250,000股为基数,向全体股东每10股派发现金红利0.50元(含税),共计分配5,162,500元,剩余11,225,849.52元结转以后年度分配。本次不送股,不转增股本。

二〇〇三年以来市场表现

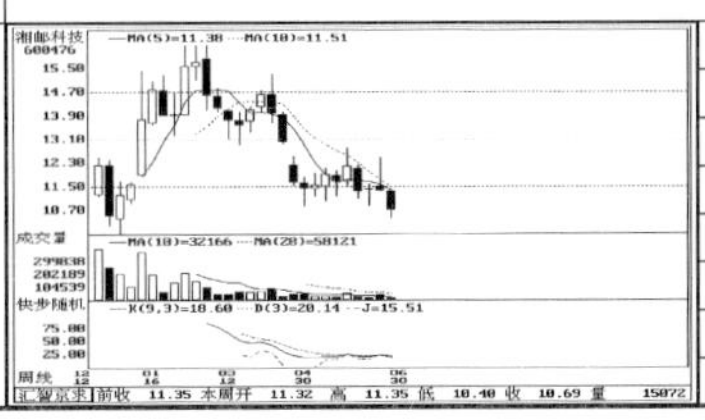

2003年涨跌幅(%)	0.00
2003年最高(元)	12.43
2003年最低(元)	9.85
2003年换手率(%)	260.23
2004.06涨跌幅(%)	-3.61
2004.06最高(元)	16.25
2004.06最低(元)	10.40
2004.06换手率(%)	556.30

浙江杭萧钢构股份有限公司

公司概况

公司名称	浙江杭萧钢构股份有限公司	股票代码	600477
注册地址	浙江省杭州市萧山经济技术开发区	邮政编码	310003
法人代表	单银木	董秘	来巧红
电话	0571-87246788	传真	0571-87240484
主营业务	建筑钢结构的设计、制作和安装		

总股本	15473.37	流通 A	5000.00	流通 B		流通 H	
审计单位		审计意见	未审计				

主要财务指标

年度	2004.6	2003	2002
每股收益 / 扣除后(元)	0.1513	0.8600	0.8600
每股经营现金流量(元)	–0.3490	0.0300	0.8700
每股净资产 / 调整后(元)	2.8900	5.6200	2.0100
每股公积金(元)	1.0540	1.5540	0.0002
净资产收益率(%)	6.0200	14.9500	41.2700
总资产(万元)	177998.58	129087.21	61234.50
股东权益(万元)	45302.65	43738.03	10652.91
未分配利润(万元)	10029.75	8390.08	3709.52
主营收入(万元)	62934.34	128028.01	63638.09
资本公积金(万元)	16309.00	24045.69	1.13
主营利润(万元)	9777.98	18235.71	11542.85
其他业务利润(万元)	130.73	207.74	–2.89
营业利润(万元)	3194.11	8455.64	5368.71
投资收益(万元)	345.68	40.97	42.54
补贴收入(万元)		42.77	42.77
营业外收支(万元)	–40.07	–246.34	–3.90
利润总额(万元)	3499.72	8293.05	5259.41
净利润(万元)	2725.12	6540.57	4396.71

十大股东

序号	股东名称	股份性质	持股数(万股)	比例(%)
1	单银木	自然人股	5588.59	36.12
2	潘金水	自然人股	1731.25	11.19
3	戴瑞芳	自然人股	1245.28	8.05
4	浙江国泰建设集团有限公司	法人股	1047.34	6.77
5	汉兴证券投资基金	流通 A 股	412.77	2.67
6	陈辉	自然人股	273.35	1.77
7	许荣根	自然人股	273.35	1.77
8	靖江地方金属材料有限公司	境内法人股	209.47	1.35
9	浙江省工业设计研究院	境内法人股	104.73	0.68
10	马文	流通 A 股	39.72	0.26

股东人数	2004.6	2003.12	2003.6	2002
	15790	9615		

近年分配	2004 年 4 月 26 日 10 派 1.50	近年配股/增发	2004 年 4 月 26 日 10 转 10

重大事项

公司 2003 年度股东大会审议通过了以下利润分配及资本公积金转增股本方案：母公司 2003 年度共实现净利润 64,351,111.61 元，累计可供股东分配利润 99,514,106.52 元；公司以 2003 年末总股本 7736.6823 万股为基数，向全体股东每 10 股派现金 1.5 元(含税)。截至 2003 年末公司资本公积金余额为 240,456,863.29 元，

二〇〇三年以来市场表现

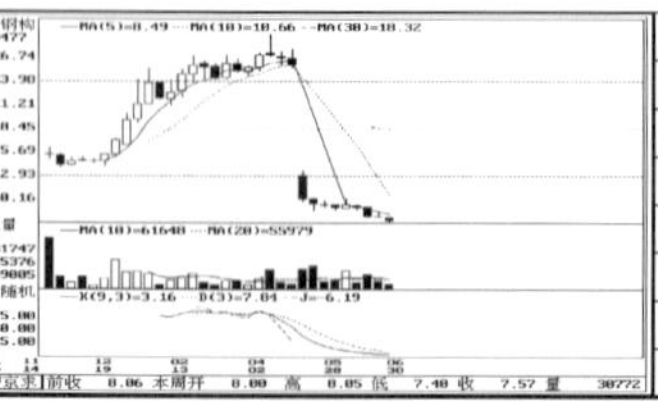

2003 年涨跌幅(%)	0.00
2003 年最高(元)	9.61
2003 年最低(元)	6.85
2003 年换手率(%)	137.53
2004.06 涨跌幅(%)	–19.12
2004.06 最高(元)	14.68
2004.06 最低(元)	7.40
2004.06 换手率(%)	277.27

长沙力元新材料股份有限公司

公司概况

公司名称	长沙力元新材料股份有限公司	股票代码	600478
注册地址	湖南省长沙市经济技术开发区星沙南路 6 号	邮政编码	410100
法人代表	张世明	董秘	陈志军
电话	0731-4019421	传真	0731-4016101
主营业务	连续化带状泡沫镍及其产品的开发		

总股本	12369.75	流通 A	4000.00	流通 B		流通 H	
审计单位		审计意见	未审计				

主要财务指标

年度	2004.6	2003	2002
每股收益 / 扣除后(元)	0.0624	0.1830	0.2780
每股经营现金流量(元)	0.0640	–0.0100	0.9400
每股净资产 / 调整后(元)	2.4100	2.5000	1.2700
每股公积金(元)	1.1977	1.1977	
净资产收益率(%)	2.5700	9.9000	21.7900
总资产(万元)	59441.25	52745.31	33457.42
股东权益(万元)	30027.23	31110.88	10730.82
未分配利润(万元)	1071.47	299.91	1514.10
主营收入(万元)	16838.71	28148.80	24288.86
资本公积金(万元)	14815.32	14815.06	
主营利润(万元)	3030.79	6861.91	6766.61
其他业务利润(万元)	157.17	462.81	–8.23
营业利润(万元)	1073.93	3340.28	2785.61
投资收益(万元)	–162.73	–0.32	
补贴收入(万元)			
营业外收支(万元)	0.22	–7.08	–0.04
利润总额(万元)	911.42	3332.89	2796.24
净利润(万元)	771.56	3079.10	2337.99

十大股东

序号	股东名称	股份性质	持股数(万股)	比例(%)
1	湖南新兴科技发展有限公司	国有法人股	2510.93	20.30
2	成都银河动力股份有限公司	境内法人股	2510.93	20.30
3	钟发平	个人股	1506.56	12.18
4	上海三湘(集团)有限公司	境内法人股	836.98	6.77
5	广东新锐投资有限公司	境内法人股	502.19	4.06
6	湖南天联复合材料有限公司	境内法人股	502.19	4.06
7	全国社保基金一零八组合	流通 A 股	40.00	0.32
8	林红	流通 A 股	36.47	0.29
9	苏茜	流通 A 股	26.80	0.22
10	谢冬姣	流通 A 股	22.29	0.18

股东人数	2004.6	2003.12	2003.6	2002
	18910	20262		

近年分配	2004 年 6 月 21 日 10 派 1.50	近年配股/增发	

重大事项

公司 2003 年度利润分配方案经 2004 年 4 月 23 日召开的 2003 年年度股东大会审议通过：以 2003 年末公司总股本 123697530 股为基数，向全体股东按每股派送现金红利 0.150 元(含税)，共计分配股利 18,554,629.50 元，余 2,999,091.37 元结转以后年度分配，2003 年度不进行资本公积金转增股本。股权登记日为 2004 年 6 月 18 日；除息日为 2004 年 6 月 21 日；现金红利发放日为 2004 年 6 月 23 日。

二〇〇三年以来市场表现

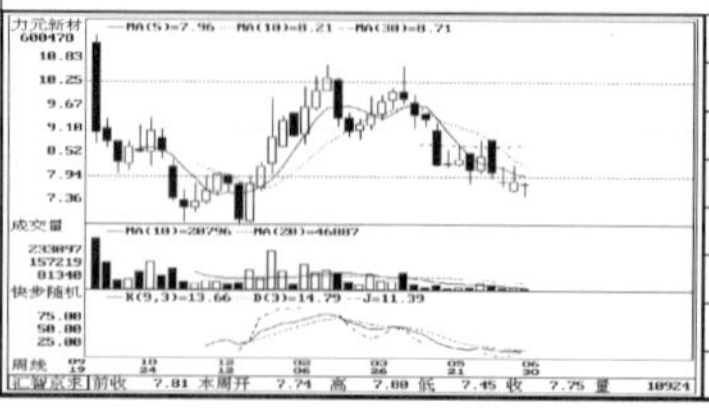

2003 年涨跌幅(%)	0.00
2003 年最高(元)	11.26
2003 年最低(元)	6.63
2003 年换手率(%)	370.53
2004.06 涨跌幅(%)	–0.90
2004.06 最高(元)	10.51
2004.06 最低(元)	7.45
2004.06 换手率(%)	370.95

株洲千金药业股份有限公司

公司概况

公司名称	株洲千金药业股份有限公司	股票代码	600479
注册地址	湖南省株洲市高新技术开发区炎帝广场商业街13栋	邮政编码	412003
法人代表	朱飞锦	董秘	蔡光云
电话	0733-2496088	传真	0733-2496088
主营业务	研制、生产、销售药品、食品等		
审计单位		审计意见	未审计

总股本	流通 A	流通 B	流通 H
5600.00	1800.00		

主要财务指标

年度	2004.6	2003	2002
每股收益/扣除后(元)	0.4448	1.3400	1.0600
每股经营现金流量(元)	-0.0990	1.3400	0.1600
每股净资产/调整后(元)	10.7200	5.7100	4.3600
每股公积金(元)	7.1917	0.4082	0.3896
净资产收益率(%)	4.0900	23.0800	23.9700
总资产(万元)	79660.81	42129.19	35987.22
股东权益(万元)	60922.86	21693.28	16581.98
未分配利润(万元)	10854.69	11413.08	7186.79
主营收入(万元)	28446.30	68680.02	58202.74
资本公积金(万元)	40273.79	2285.82	2181.84
主营利润(万元)	9860.07	20673.39	17306.75
其他业务利润(万元)	33.58	54.13	-0.01
营业利润(万元)	2975.77	7092.91	6023.98
投资收益(万元)	90.00	53.60	-1.44
补贴收入(万元)			
营业外收支(万元)	-36.97	-134.26	-2.99
利润总额(万元)	3028.79	7012.25	5929.21
净利润(万元)	2481.61	5007.32	3975.09

十大股东

序号	股东名称	股份性质	持股数(万股)	比例(%)
1	株洲市财政局	国有法人股	1140.00	20.36
2	湖南涌金投资(控股)有限公司	境内法人股	753.30	13.45
3	北京金科邦科技投资有限公司	境内法人股	300.00	5.36
4	朱飞锦	内部职工股、个人股	132.42	2.36
5	株银新技术开发公司	境内法人股	115.00	2.05
6	湖南省烟草公司株洲市公司	境内法人股	115.00	2.05
7	铁道第四勘察设计院	境内法人股	115.00	2.05
8	上海昌瑞科技有限公司	境内法人股	100.00	1.79
9	湖南省株洲市信托投资公司	境内法人股	46.00	0.82
10	李建刚	内部职工股、个人股	32.06	0.57

股东人数	2004.6	2003.12	2003.6	2002
	17746			

近年分配		近年配股/增发	

重大事项

2004年2月10日,公司与中国工商银行株洲车站路支行签定了《保证合同》,为子公司湖南千金湘江药业股份有限公司向银行借款120万元提供保证担保,主借款合同期限自2004年2月12日至2005年2月10日。

二〇〇三年以来市场表现

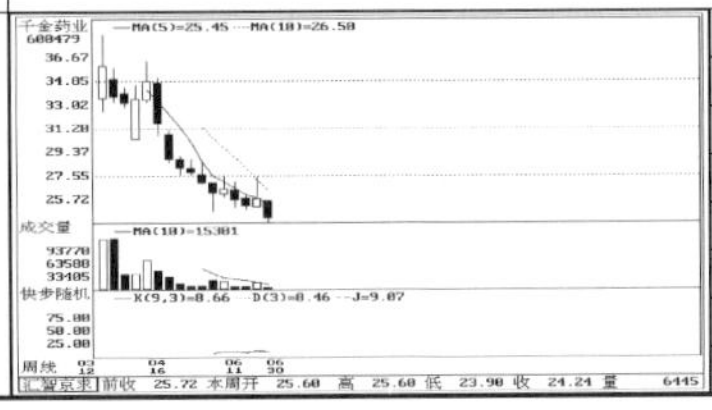

2003年涨跌幅(%)	0.00
2003年最高(元)	0.00
2003年最低(元)	0.00
2003年换手率(%)	0.00
2004.06涨跌幅(%)	0.00
2004.06最高(元)	38.50
2004.06最低(元)	23.90
2004.06换手率(%)	327.68

凌云工业股份有限公司

公司概况

公司名称	凌云工业股份有限公司	股票代码	600480
注册地址	河北省涿州市松林店	邮政编码	072761
法人代表	李喜增	董秘	张建华
电话	0312-3951002	传真	0312-3951234
主营业务	汽车零部件		
审计单位		审计意见	未审计

总股本	流通 A	流通 B	流通 H
24000.00	6800.00		

主要财务指标

年度	2004.6	2003	2002
每股收益/扣除后(元)	0.1360	0.1200	0.2400
每股经营现金流量(元)	-0.1430	0.1000	0.5800
每股净资产/调整后(元)	1.9900	1.7900	1.1900
每股公积金(元)	0.6548	0.6548	
净资产收益率(%)	6.9300	6.5100	19.1700
总资产(万元)	126540.80	115571.97	70449.71
股东权益(万元)	47075.92	43881.72	21930.35
未分配利润(万元)	5665.25	2404.07	3440.41
主营收入(万元)	43854.83	58647.58	49914.90
资本公积金(万元)	15715.26	15715.26	
主营利润(万元)	12278.73	20257.74	19375.09
其他业务利润(万元)	361.10	233.38	-1.46
营业利润(万元)	7221.02	9632.16	11286.55
投资收益(万元)	-146.13	-292.25	-292.25
补贴收入(万元)	1.31	64.90	-0.09
营业外收支(万元)	-4.91	-49.39	7.87
利润总额(万元)	7071.29	9355.42	10949.03
净利润(万元)	3261.18	2857.04	4203

十大股东

序号	股东名称	股份性质	持股数(万股)	比例(%)
1	河北凌云工业集团有限公司	国有法人股	10474.80	43.65
2	英属维尔京群岛第五汽车有限公司	外资法人股	6536.00	27.23
3	北京市燃气集团有限责任公司	国有法人股	86.00	0.36
4	中国市政工程西南设计研究院	国有法人股	51.60	0.22
5	中国市政工程华北设计研究院	国有法人股	51.60	0.22
6	徐守千	流通A股	32.96	0.14
7	华建南	流通A股	30.33	0.13
8	徐友撑	流通A股	27.06	0.11
9	朱忠华	流通A股	26.69	0.11
10	周燕	流通A股	23.85	0.10

股东人数	2004.6	2003.12	2003.6	2002
	14819	24913	5	

近年分配		近年配股/增发	

重大事项

经公司2003年度股东大会批准,公司与关联股东河北凌云工业集团有限公司共同向上海凌云瑞升燃烧设备有限公司增加投资3000万元,其中本公司以募集资金增加投资2700万元。由于该项投资为关联方共同投资,河北凌云工业集团有限公司按规定在表决时进行了回避。公司已于2004年3月3日按规定对该项关联交易进行了公告。

二〇〇三年以来市场表现

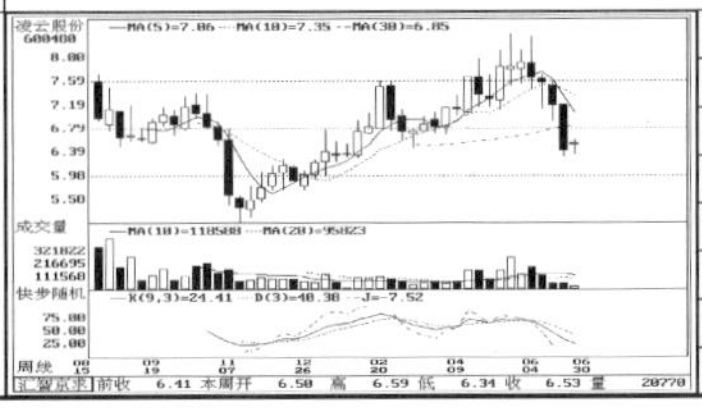

2003年涨跌幅(%)	0.00
2003年最高(元)	7.71
2003年最低(元)	5.18
2003年换手率(%)	449.06
2004.06涨跌幅(%)	7.05
2004.06最高(元)	8.40
2004.06最低(元)	5.98
2004.06换手率(%)	325.37

江苏双良空调设备股份有限公司

公司概况

公司名称	江苏双良空调设备股份有限公司	股票代码	600481
注册地址	江苏省江阴市利港镇	邮政编码	214444
法人代表	缪志强	董秘	王晓松
电话	0510-6632358	传真	0510-6632307
主营业务	中央空调		
总股本	30600.00	流通 A	8000.00
流通 B		流通 H	
审计单位		审计意见	未审计

主要财务指标

年度	2004.6	2003	2002
每股收益/扣除后(元)	0.1685	0.3500	0.3600
每股经营现金流量(元)	0.0050	0.5300	0.4100
每股净资产/调整后(元)	2.8600	2.9900	1.4400
每股公积金(元)	1.5484	1.5484	
净资产收益率(%)	6.0200	11.6200	24.6900
总资产(万元)	117357.05	119939.23	57319.85
股东权益(万元)	88397.99	92259.21	33156.73
未分配利润(万元)	6331.69	10192.91	8077.73
主营收入(万元)	32654.43	61666.70	46830.64
资本公积金(万元)	47380.56	47380.56	
主营利润(万元)	13543.20	27744.33	22205.19
其他业务利润(万元)	549.09	969.89	-18.49
营业利润(万元)	6682.20	12112.97	9579.56
投资收益(万元)	-71.01		
补贴收入(万元)			
营业外收支(万元)	-74.35	-105.84	2.08
利润总额(万元)	6536.84	12007.13	9359.20
净利润(万元)	5318.78	10721.93	8186.95

十大股东

序号	股东名称	股份性质	持股数(万股)	比例(%)
1	江苏双良集团有限公司	境内法人股	13560.00	44.31
2	香港 STAR BOARD LIMITED	外资法人股	7910.00	25.85
3	江苏双良停车设备有限公司	境内法人股	452.00	1.48
4	江苏双良科技有限公司	境内法人股	452.00	1.48
5	江苏澄利投资咨询有限公司	境内法人股	226.00	0.74
6	光大证券有限责任公司	流通 A 股	209.76	0.69
7	华宝兴业多策略增长证券投资基金	流通 A 股	180.92	0.59
8	上海国际信托投资公司	流通 A 股	161.03	0.53
9	海南西秀海景园实业有限公司	流通 A 股	123.93	0.41
10	光大证券有限公司上海中兴路营业部	流通 A 股	108.07	0.35

股东人数	2004.6	2003.12	2003.6	2002
	25982	28935	37407	

近年分配	2004 年 5 月 14 日 10 派 3.00	近年配股/增发	

重大事项

根据公司一届七次董事会会议决议,公司与公司控股子公司江苏双良空调安装有限公司以 6,320 万元收购江阴市图腾精细化工有限公司 100%的股权。其中公司出资 6,004 万元,占有 95%的权益。从 2004 年 2 月 24 日协议生效至 2004 年 6 月 30 日,该公司共实现主营业务收入 2450.58 万元,净利润 489.38 万元。

二○○三年以来市场表现

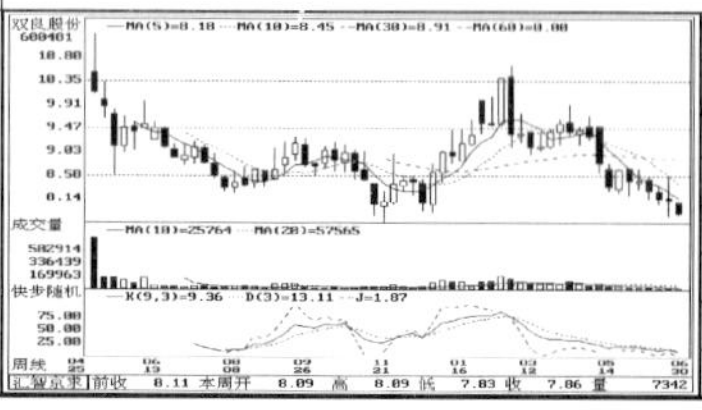

2003 年涨跌幅(%)	0.00
2003 年最高(元)	10.94
2003 年最低(元)	7.40
2003 年换手率(%)	291.59
2004.06 涨跌幅(%)	-9.13
2004.06 最高(元)	10.35
2004.06 最低(元)	7.82
2004.06 换手率(%)	184.80

福建南纺股份有限公司

公司概况

公司名称	福建南纺股份有限公司	股票代码	600483
注册地址	福建省南平市安丰桥	邮政编码	353000
法人代表	陈军华	董秘	刘正虹
电话	0599-8813015	传真	0599-8805190,8809965
主营业务	纺织品、PU 革的制造等		
总股本	19232.25	流通 A	8000.00
流通 B		流通 H	
审计单位		审计意见	未审计

主要财务指标

年度	2004.6	2003	2002
每股收益/扣除后(元)	0.0295		
每股经营现金流量(元)	-0.7875		
每股净资产/调整后(元)	3.3200		
每股公积金(元)	1.8333		
净资产收益率(%)	0.9100		
总资产(万元)	105289.93		
股东权益(万元)	64139.67		
未分配利润(万元)	3800.72		
主营收入(万元)	27339.09		
资本公积金(万元)	35257.80		
主营利润(万元)	2785.05		
其他业务利润(万元)	102.48		
营业利润(万元)	889.35		
投资收益(万元)	78.35		
补贴收入(万元)	0.66		
营业外收支(万元)	-1.50		
利润总额(万元)	966.86		
净利润(万元)	585.44		

十大股东

序号	股东名称	股份性质	持股数(万股)	比例(%)
1	福建天成集团有限公司	国有法人股	6175.51	32.11
2	福建省南平市国有资产投资经营有限公司	国家股	3873.82	20.14
3	闽北武夷信托投资公司	境内法人股	405.52	2.11
4	南平市联才投资有限公司	境内法人股	144.00	0.75
5	福建省晋江市英林玉坂协鑫制衣有限公司	境内法人股	140.00	0.73
6	浙江禾欣实业股份有限公司	境内法人股	100.00	0.52
7	福建省南平市太阳电缆股份有限公司	境内法人股	60.00	0.31
8	潍北市纺织国有资产控股有限公司	境内法人股	35.00	0.18
9	王荣平	流通 A 股	32.86	0.17
10	赵继永	流通 A 股	31.80	0.17

股东人数	2004.6	2003.12	2003.6	2002
	44813			

近年分配		近年配股/增发	

重大事项

公司诉讼秦皇岛福胜化学制品有限公司,一审双方达成调解协议,要求被告于 2004 年 3 月 31 日偿还所拖欠货款 136.34 万元,期满后被告未履行还款义务,现该案已申请执行,秦皇岛经济开发区人民法院受理此案执行工作,目前处于执行阶段。

二○○三年以来市场表现

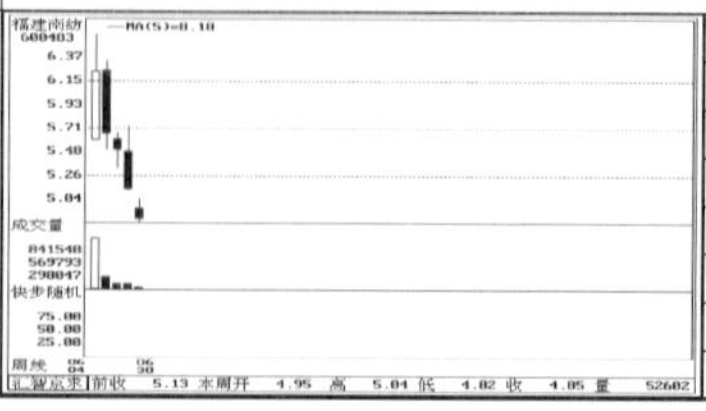

2003 年涨跌幅(%)	0.00
2003 年最高(元)	0.00
2003 年最低(元)	0.00
2003 年换手率(%)	0.00
2004.06 涨跌幅(%)	0.00
2004.06 最高(元)	6.59
2004.06 最低(元)	4.82
2004.06 换手率(%)	215.90

北京中创信测科技股份有限公司

公司概况

公司名称	北京中创信测科技股份有限公司			股票代码	600485		
注册地址	北京市海淀区学院南路四道口一号中创信测大厦			邮政编码	100081		
法人代表	张春光			董秘	王志刚		
电话	010-62125566-8364			传真	010-62116339		
主营业务	通信网测试维护产品的研制						
总股本	13663.20	流通 A	3600.00	流通 B		流通 H	
审计单位				审计意见	未审计		

主要财务指标

年度	2004.6	2003	2002
每股收益/扣除后(元)	0.1239	0.3300	0.5600
每股经营现金流量(元)	-0.1440	0.0700	0.1800
每股净资产/调整后(元)	2.1300	4.2400	1.8000
每股公积金(元)	0.6638	2.3275	0.0250
净资产收益率(%)	5.2200	8.0300	30.5800
总资产(万元)	35085.67	42762.07	14175.18
股东权益(万元)	29173.14	29017.88	9161.01
未分配利润(万元)	5301.88	5146.61	3166.10
主营收入(万元)	12879.82	13334.40	14429.14
资本公积金(万元)	9069.11	15900.71	173.85
主营利润(万元)	6157.08	8056.92	8005.29
其他业务利润(万元)	6.27	155.00	8.96
营业利润(万元)	1878.69	1472.57	2196.56
投资收益(万元)	-176.93	61.06	
补贴收入(万元)	75.22	915.81	538.20
营业外收支(万元)	-0.16	4.20	4.20
利润总额(万元)	1776.83	2453.63	3118.84
净利润(万元)	1521.59	2330.01	2801.47

十大股东

序号	股东名称	股份性质	持股数(万股)	比例(%)
1	北京英诺维电子技术有限公司	境内法人股	5769.23	42.22
2	北京协力得企业管理顾问有限公司	境内法人股	2012.64	14.73
3	北京智多维网络技术有限责任公司	境内法人股	2012.64	14.73
4	北京正方兴通信技术研究所	国有法人股	100.63	0.74
5	北京兴华动力科贸有限公司	境内法人股	100.63	0.74
6	深圳世纪之舟实业发展有限公司	境内法人股	67.42	0.49
7	沈慧敏	流通 A 股	22.33	0.16
8	唐群	流通 A 股	22.00	0.16
9	余化龙	流通 A 股	20.00	0.15
10	王新堂	流通 A 股	18.78	0.14

股东人数	2004.6	2003.12	2003.6	2002
	6459	5852	6	

近年分配	2004 年 5 月 21 日 10 派 2.00	近年配股/增发	2004 年 5 月 21 日 10 转 10

重大事项

2004 年 4 月 28 日，公司 2003 年年度股东大会审议通过 2003 年度利润分配方案和资本公积金转增股本方案，同意以 2003 年度末的总股本 68,316,000 股为基数，向全体股东每 10 股派发现金红利 2 元(含税)，每 10 股转增 10 股。

二〇〇三年以来市场表现

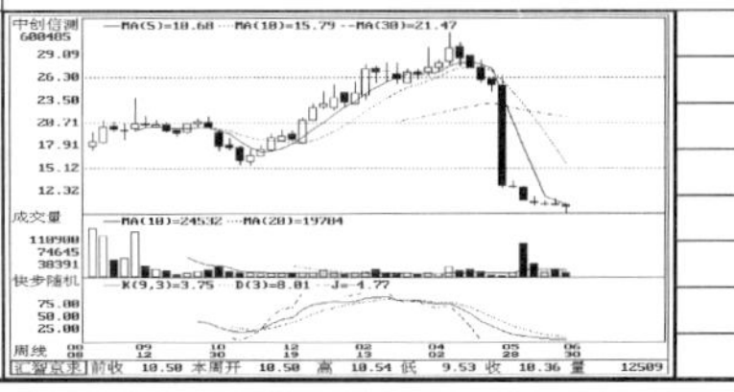

2003 年涨跌幅(%)	0.00
2003 年最高(元)	11.76
2003 年最低(元)	7.59
2003 年换手率(%)	215.32
2004.06 涨跌幅(%)	-5.26
2004.06 最高(元)	15.85
2004.06 最低(元)	9.53
2004.06 换手率(%)	125.35

江苏扬农化工股份有限公司

公司概况

公司名称	江苏扬农化工股份有限公司			股票代码	600486		
注册地址	江苏省扬州市文峰路 39 号			邮政编码	225009		
法人代表	周其钧			董秘	陆曦明		
电话	0514-7813243-7486			传真	0514-7815486		
主营业务	农药、精细化工产品						
总股本	10000.00	流通 A	3000.00	流通 B		流通 H	
审计单位	江苏苏亚金诚会计师事务所			审计意见	标准无保留		

主要财务指标

年度	2004.6	2003	2002
每股收益/扣除后(元)	0.2610	0.2900	0.2430
每股经营现金流量(元)	0.0110	0.7160	0.3320
每股净资产/调整后(元)	3.6130	3.5630	3.2910
每股公积金(元)	2.1929	2.1778	2.1778
净资产收益率(%)	7.0500	7.6400	7.3700
总资产(万元)	84745.98	66816.35	49325.99
股东权益(万元)	36141.38	35641.61	32919.65
未分配利润(万元)	2754.24	204.47	61.96
主营收入(万元)	33539.46	37309.79	30097.56
资本公积金(万元)	21928.48	21778.48	21778.48
主营利润(万元)	7789.84	8224.82	8101.81
其他业务利润(万元)	58.89	101.71	2.89
营业利润(万元)	4023.67	4347.51	4141.18
投资收益(万元)	91.33	26.41	6.14
补贴收入(万元)		20.84	20.84
营业外收支(万元)	-183.09	-310.76	9.13
利润总额(万元)	3931.91	4084.00	3669.03
净利润(万元)	2549.77	2721.96	2425.04

十大股东

序号	股东名称	股份性质	持股数(万股)	比例(%)
1	江苏扬农化工集团有限公司	国有法人股	5578.98	55.79
2	扬州福源化工科技有限公司	国有法人股	1039.77	10.40
3	扬州市电力中心	国有法人股	138.64	1.39
4	扬州产业投资经营公司	国有法人股	103.98	1.04
5	江苏省国际信托投资有限责任公司	流通 A 股	73.78	0.74
6	南京南大表面和界面化学工程技术研究中心有限责任公司	国有法人股	69.32	0.69
7	信泰证券有限责任公司	流通 A 股	52.09	0.52
8	裕隆证券投资基金	流通 A 股	50.00	0.50
9	江苏省金信证券	流通股	35.57	0.36
10	江苏亚星客车集团	国有法人股	34.66	0.35

股东人数	2004.6	2003.12	2003.6	2002
	12362	9651	8645	9344

近年分配	2004 年 5 月 25 日 10 派 2.20	近年配股/增发	

重大事项

经公司 2003 年年度股东大会批准，同意对公司控股子公司——优士公司向银行申请综合授信提供不超过 1 亿元的保证担保，期限一年。截止 2004 年 6 月 30 日，公司对控股子公司——优士公司共提供担保 82,355,909.05 元，其中借款担保 6000 万元，银行承兑汇票担保 22,355,909.05 元。

二〇〇三年以来市场表现

2003 年涨跌幅(%)	-28.99
2003 年最高(元)	15.97
2003 年最低(元)	8.59
2003 年换手率(%)	286.96
2004.06 涨跌幅(%)	-3.50
2004.06 最高(元)	13.31
2004.06 最低(元)	9.02
2004.06 换手率(%)	346.16

江苏亨通光电股份有限公司

公司概况

公司名称	江苏亨通光电股份有限公司	股票代码	600487
注册地址	江苏省吴江市七都镇	邮政编码	215234
法人代表	崔根良	董秘	姚央毛
电话	0512-63802858	传真	0512-63801518
主营业务	光纤光缆,电力电缆		

总股本	12612.00	流通 A	3500.00	流通 B		流通 H	
审计单位		审计意见	未审计				

主要财务指标

年度	2004.6	2003	2002
每股收益 / 扣除后(元)	0.1094	0.2900	0.5600
每股经营现金流量(元)	0.4620	0.3000	1.1000
每股净资产 / 调整后(元)	4.7200	4.7280	2.0600
每股公积金(元)	2.6766	2.6766	
净资产收益率(%)	2.3600	6.1300	23.5900
总资产(万元)	120821.63	91396.05	58104.18
股东权益(万元)	59547.60	59658.48	21478.35
未分配利润(万元)	7791.08	7901.96	7541.79
主营收入(万元)	24905.45	55906.07	63215.51
资本公积金(万元)	33757.58	33757.58	0.26
主营利润(万元)	4530.30	10475.60	14387.32
其他业务利润(万元)	230.51	412.69	–1.95
营业利润(万元)	2081.53	5808.23	7555.42
投资收益(万元)			
补贴收入(万元)	40.80	51.20	51.20
营业外收支(万元)	–18.59	5.98	–0.02
利润总额(万元)	2103.74	5865.41	7553.06
净利润(万元)	1402.57	3656.41	5066.08

十大股东

序号	股东名称	股份性质	持股数(万股)	比例(%)
1	亨通集团有限公司	境内法人股	6601.74	52.34
2	毛慧芳	自然人股	1265.57	10.03
3	吴江苏源电力实业总公司	境内法人股	287.21	2.28
4	苏州苏源电力实业总公司	境内法人股	287.21	2.28
5	昆明市电信局职工技协服务部	境内法人股	287.21	2.28
6	天津市电话器材公司	境内法人股	191.53	1.52
7	吴江亨利光电材料有限公司	境内法人股	191.53	1.52
8	吴明良	流通 A 股	10.90	0.09
9	陈德新	流通 A 股	10.20	0.08
10	唐爱青	流通 A 股	7.98	0.06

股东人数	2004.6	2003.12	2003.6	2002
	21826	24396	7	

近年分配	2004 年 5 月 31 日 10 派 1.20	近年配股 / 增发	

重大事项

江苏亨通光电股份有限公司实施 2003 年度利润分配方案为:以 2003 年末公司总股本 12612 万股为基数,向全体股东每 10 股派发现金 1.2 元(含税)。股权登记日:2004 年 5 月 28 日,除息日:2004 年 5 月 31 日,现金红利发放日:2004 年 6 月 7 日。

二〇〇三年以来市场表现

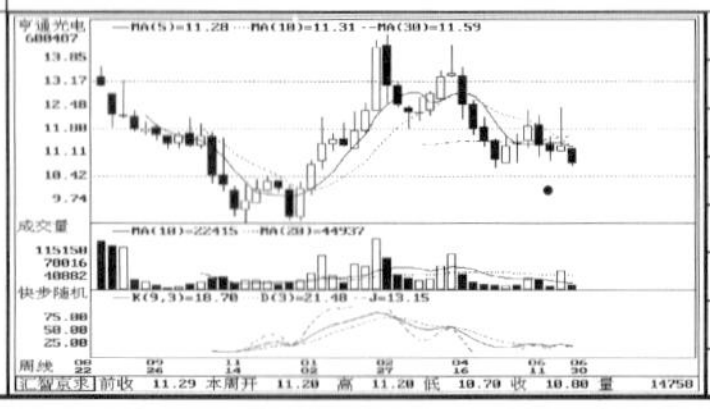

项目	数值
2003 年涨跌幅(%)	0.00
2003 年最高(元)	13.48
2003 年最低(元)	8.93
2003 年换手率(%)	230.20
2004.06 涨跌幅(%)	4.75
2004.06 最高(元)	14.42
2004.06 最低(元)	10.31
2004.06 换手率(%)	329.32

天津天药药业股份有限公司

公司概况

公司名称	天津天药药业股份有限公司	股票代码	600488
注册地址	天津市新技术产业园区华苑产业区中济科园 B 座	邮政编码	300171
法人代表	刘永和	董秘	冉昶
电话	022-24160861	传真	022-24160910
主营业务	原料药的生产经营		

总股本	25182.50	流通 A	7605.00	流通 B		流通 H	
审计单位		审计意见	未审计				

主要财务指标

年度	2004.6	2003	2002
每股收益 / 扣除后(元)	0.1978	0.3045	0.4690
每股经营现金流量(元)	0.2180	0.1820	0.2170
每股净资产 / 调整后(元)	3.5460	3.5200	3.9050
每股公积金(元)	1.6457	1.6457	2.4394
净资产收益率(%)	6.5000	10.1400	11.9700
总资产(万元)	151568.98	160489.81	141900.55
股东权益(万元)	89604.42	88818.22	75936.42
未分配利润(万元)	16270.76	16362.50	4855.15
主营收入(万元)	66744.98	66808.19	60720.70
资本公积金(万元)	41442.12	41442.12	47253.47
主营利润(万元)	9866.43	17183.75	14568.02
其他业务利润(万元)	33.41	59.75	0.76
营业利润(万元)	6180.44	9149.94	8483.95
投资收益(万元)	992.00	1528.93	2356.91
补贴收入(万元)	40.64	76.41	1.40
营业外收支(万元)	0.70	–63.81	0.98
利润总额(万元)	7213.78	10691.48	10816.39
净利润(万元)	5822.70	9007.57	9091.17

十大股东

序号	股东名称	股份性质	持股数(万股)	比例(%)
1	天津药业集团有限公司	境内法人股	16901.50	67.12
2	同盛证券投资基金	流通 A 股	893.67	3.55
3	海富通收益增长证券投资基金	流通 A 股	397.07	1.58
4	海富通精选证券投资基金	流通 A 股	373.49	1.48
5	招商股票投资基金	流通 A 股	237.50	0.94
6	裕阳证券投资基金	流通 A 股	224.86	0.89
7	天津市中央药业有限公司	境内法人股	169.00	0.67
8	天津中新药业集团股份有限公司	境内法人股	169.00	0.67
9	天津新技术产业园区海泰科投资管理有限公司	境内法人股	169.00	0.67
10	天津市药品包装印刷厂	境内法人股	169.00	0.67

股东人数	2004.6	2003.12	2003.6	2002
	13513	21995	22753	13794

近年分配	2004 年 6 月 11 日 10 派 2.00	近年配股 / 增发	

重大事项

2004 年 5 月 12 日,天津天药药业股份有限公司 2003 年年度股东大会通过利润分配方案:以 2003 年年末总股本 251,825,012 股为基数,每 10 股派发现金红利 2 元(含税)。该方案已于 2004 年 6 月 17 日实施。公司对控股子公司天津市天发药业进出口有限公司提供人民币 2800 万元的担保,为期半年(2004.6.17–2005.1.17)按控股比例提供人民币 300 万元的担保(该笔借款总额为人民币 600 万元),为期一年(2004.3.26–2005.3.26)。

二〇〇三年以来市场表现

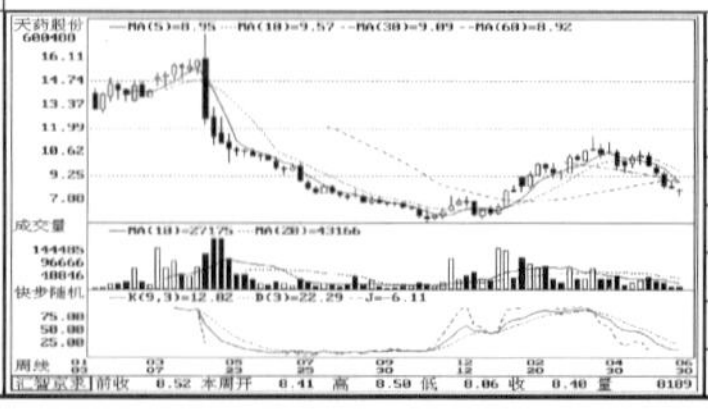

项目	数值
2003 年涨跌幅(%)	–34.91
2003 年最高(元)	13.25
2003 年最低(元)	6.31
2003 年换手率(%)	294.92
2004.06 涨跌幅(%)	22.27
2004.06 最高(元)	11.34
2004.06 最低(元)	6.71
2004.06 换手率(%)	173.60

中金黄金股份有限公司

公司概况

公司名称	中金黄金股份有限公司	股票代码	600489
注册地址	天津市港保税区海滨路 28 号	邮政编码	300457
法人代表	宋鑫	董秘	李跃清
电话	022-66201747	传真	022-66201498
主营业务	黄金等有色金属地质勘查采选		
总股本	28000.00	流通 A	10000.00
流通 B		流通 H	
审计单位		审计意见	未审计

主要财务指标

年度	2004.6	2003	2002
每股收益/扣除后(元)	0.0535	0.1335	0.2023
每股经营现金流量(元)	-0.0200	0.2600	0.6500
每股净资产/调整后(元)	2.6100	2.7100	1.8500
每股公积金(元)	1.3687	1.3687	0.3391
净资产收益率(%)	2.3900	5.2100	10.8500
总资产(万元)	111723.24	112137.07	72391.61
股东权益(万元)	73933.69	76367.48	33559.32
未分配利润(万元)	4982.57	7416.36	4233.23
主营收入(万元)	140643.06	218427.42	87810.10
资本公积金(万元)	38322.87	38322.87	9493.62
主营利润(万元)	6256.23	14922.82	12194.66
其他业务利润(万元)	32.73	-3.30	-0.02
营业利润(万元)	2223.24	5467.08	3441.77
投资收益(万元)	38.91	77.18	2.43
补贴收入(万元)	436.00	473.00	5.81
营业外收支(万元)	-28.36	-107.25	2.02
利润总额(万元)	2669.78	5910.01	5626.38
净利润(万元)	1766.20	3978.91	3641.42

十大股东

序号	股东名称	股份性质	持股数(万股)	比例(%)
1	中国黄金集团公司	国家股	15935.39	56.91
2	中信国安黄金有限责任公司	境内法人股	1310.87	4.68
3	申银万国-花旗-UBS LIMITED	流通 A 股	557.21	1.99
4	河南豫光金铅集团有限责任公司	境内法人股	327.72	1.17
5	银河银泰理财分红证券投资基金	流通 A 股	234.58	0.84
6	西藏自治区矿业开发总公司	境内法人股	229.40	0.82
7	中信经典配置证券投资基金	流通 A 股	229.07	0.82
8	山东莱州黄金(集团)有限责任公司	境内法人股	65.54	0.23
9	天津天保控股有限公司	境内法人股	65.54	0.23
10	天津市宝银号贵金属有限公司	境内法人股	65.54	0.23

股东人数	2004.6	2003.12	2003.6	2002
	42529	45790	7	

近年分配	2004 年 6 月 4 日 10 派 1.50	近年配股/增发	

重大事项

2004 年 1 月 16 日,公司董事会审议通过了《关于托管陕西东桐峪黄金实业有限公司等三家存续企业的议案》。为进一步降低股份公司与集团公司关联交易费用,降低股份公司运营成本,推动企业各项改革,提高管理水平,股份公司接受集团公司委托,全权管理其所属的陕西东桐峪黄金实业有限公司,河北峪耳崖黄金实业发展中心和河南中原黄金实业发展中心等三家全资企业。

二〇〇三年以来市场表现

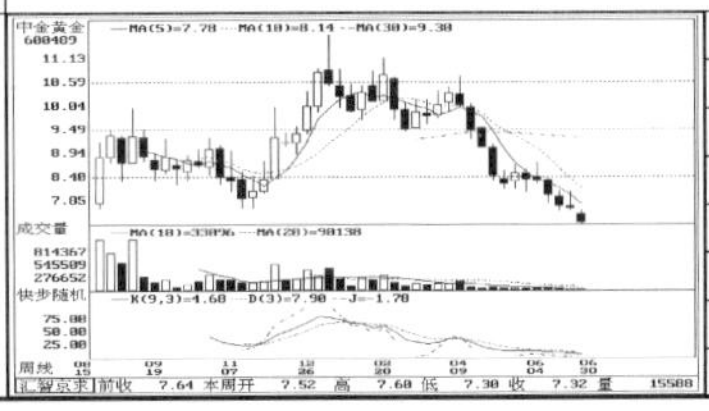

2003 年涨跌幅(%)	0.00
2003 年最高(元)	10.50
2003 年最低(元)	7.50
2003 年换手率(%)	739.65
2004.06 涨跌幅(%)	-27.81
2004.06 最高(元)	11.53
2004.06 最低(元)	7.30
2004.06 换手率(%)	292.16

上海中科合臣股份有限公司

公司概况

公司名称	上海中科合臣股份有限公司	股票代码	600490
注册地址	上海市普陀区真北路 552 号	邮政编码	200120
法人代表	宋晶	董秘	韩隽
电话	021-68419800	传真	021-68419700
主营业务	医药中间体,农药中间体		
总股本	7600.00	流通 A	3000.00
流通 B		流通 H	
审计单位		审计意见	未审计

主要财务指标

年度	2004.6	2003	2002
每股收益/扣除后(元)	0.1294	0.1600	0.3500
每股经营现金流量(元)	0.1310	-0.2800	0.5700
每股净资产/调整后(元)	4.0200	4.0500	2.0900
每股公积金(元)	2.5161	2.5161	0.3119
净资产收益率(%)	3.1300	4.2800	16.2100
总资产(万元)	43331.17	41750.85	19225.66
股东权益(万元)	30827.96	31004.05	9926.12
未分配利润(万元)	3088.36	3264.45	2135.21
主营收入(万元)	11516.39	13791.61	9571.26
资本公积金(万元)	19122.63	19122.63	2370.67
主营利润(万元)	3383.62	4579.87	4721.66
其他业务利润(万元)	24.33	32.11	-1.91
营业利润(万元)	1519.25	1432.83	1874.04
投资收益(万元)	-44.03	-3.11	30.91
补贴收入(万元)		11.70	0.28
营业外收支(万元)	-19.75	82.75	-0.15
利润总额(万元)	1455.47	1524.16	1905.66
净利润(万元)	963.91	1325.97	1608.98

十大股东

序号	股东名称	股份性质	持股数(万股)	比例(%)
1	上海中科合臣化学公司	国有法人股	3013.00	39.64
2	上海联和投资有限有司	国有法人股	828.00	10.89
3	上海科技投资公司	国有法人股	322.00	4.24
4	郑崇直	个人股	161.00	2.12
5	姜标	个人股	161.00	2.12
6	民生证券	流通 A 股	53.00	0.70
7	上海市普陀区国有资产经营有限公司	国家股	46.00	0.61
8	王霖	个人股	36.80	0.48
9	刘红燕	流通 A 股	36.56	0.48
10	陈豪	流通 A 股	28.84	0.38

股东人数	2004.6	2003.12	2003.6	2002
	13174	16715	21196	

近年分配	2004 年 7 月 29 日 10 派 1.50	近年配股/增发	

重大事项

公司于 2004 年 4 月 26 日接到控股股东上海中科合臣化学公司通知,化学公司拟进行改制,其唯一股东中国科学院上海有机化学研究所将所持化学公司 70%股权分别让给上海恒和经济担保有限公司、通海建设有限公司和上海嘉创企业(集团)有限公司。

二〇〇三年以来市场表现

2003 年涨跌幅(%)	0.00
2003 年最高(元)	15.80
2003 年最低(元)	8.05
2003 年换手率(%)	290.99
2004.06 涨跌幅(%)	5.29
2004.06 最高(元)	14.59
2004.06 最低(元)	8.06
2004.06 换手率(%)	327.89

龙元建设集团股份有限公司

公司概况							
公司名称	龙元建设集团股份有限公司			股票代码	600491		
注册地址	浙江省宁波市象山县丹城新丰路19号			邮政编码	200434		
法人代表	赖振元			董秘	朱占军		
电话	021-65615689			传真	021-65615689		
主营业务	工业与民用建筑及公共设施的施工						
总股本	10800.00	流通A	2800.00	流通B		流通H	
审计单位	安永大华会计师事务所			审计意见	标准无保留		

主要财务指标

年度	2004.6	2003	2002
每股收益/扣除后(元)	0.4035		
每股经营现金流量(元)	–2.8670		
每股净资产/调整后(元)	8.2000		
每股公积金(元)	4.0384		
净资产收益率(%)	4.7700		
总资产(万元)	305089.28		
股东权益(万元)	93183.21		
未分配利润(万元)	32730.11		
主营收入(万元)	244883.11		
资本公积金(万元)	43614.19		
主营利润(万元)	13385.48		
其他业务利润(万元)	24.75		
营业利润(万元)	7432.24		
投资收益(万元)	–18.92		
补贴收入(万元)			
营业外收支(万元)	–20.87		
利润总额(万元)	7394.46		
净利润(万元)	4441.26		

十大股东

序号	股东名称	股份性质	持股数(万股)	比例(%)
1	赖振元	个人股	4856.50	44.97
2	宁波明和投资管理有限公司	境内法人股	748.50	6.93
3	郑桂香	个人股	591.00	5.47
4	赖野君	个人股	441.00	4.08
5	赖朝辉	个人股	421.00	3.90
6	中国建筑科学研究院	国有法人股	80.00	0.74
7	中国工商银行–融通蓝筹成长证券投资基金	流通A股	65.74	0.61
8	黄照青	个人股	63.00	0.58
9	赖安平	个人股	61.00	0.56
10	朱瑞亮	个人股,流通A股	42.50	0.39

股东人数	2004.6	2003.12	2003.6	2002
	19494			

近年分配		近年配股/增发	

重大事项

2004年1月19日,公司第三届董事会第一次会议审议通过了《关于出资人民币1300万元与自然人齐美龙共同合资设立龙元建设安徽水泥有限公司的议案》,2004年5月26日,公司第三届董事会第十五次会议审议通过了《关于对龙元建设安徽水泥有限公司进行增资的议案》,同意对公司控股子公司龙元建设安徽水泥有限公司按出资比例增加注册资本2340万元。

二〇〇三年以来市场表现

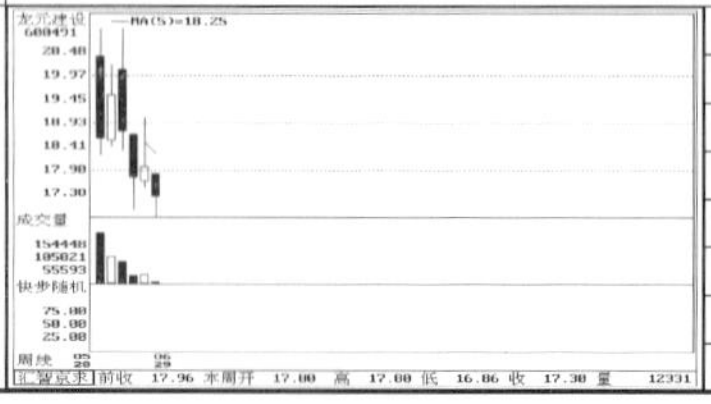

2003年涨跌幅(%)	0.00
2003年最高(元)	0.00
2003年最低(元)	0.00
2003年换手率(%)	0.00
2004.06涨跌幅(%)	0.00
2004.06最高(元)	21.00
2004.06最低(元)	16.86
2004.06换手率(%)	115.18

福建凤竹纺织科技股份有限公司

公司概况							
公司名称	福建凤竹纺织科技股份有限公司			股票代码	600493		
注册地址	福建省晋江市青阳凤竹工业区			邮政编码	362200		
法人代表	陈澄清			董秘	林宇		
电话	0595-5656506			传真	0595-5656941		
主营业务	生产、加工针织和环保设施运营等						
总股本	17000.00	流通A	6000.00	流通B		流通H	
审计单位				审计意见	未审计		

主要财务指标

年度	2004.6	2003	2002
每股收益/扣除后(元)	0.0813	0.3210	0.2710
每股经营现金流量(元)	0.1740	–0.1700	0.5400
每股净资产/调整后(元)	2.9750	1.7400	1.4400
每股公积金(元)	1.4231		
净资产收益率(%)	2.5800	17.2600	18.6200
总资产(万元)	59551.50	40290.08	31506.81
股东权益(万元)	50645.66	19144.71	15840.42
未分配利润(万元)	6757.54	5449.16	3136.16
主营收入(万元)	14900.98	28194.99	24413.17
资本公积金(万元)	24192.57		
主营利润(万元)	3020.37	6194.36	4868.78
其他业务利润(万元)			
营业利润(万元)	1552.39	4216.44	3525.20
投资收益(万元)			
补贴收入(万元)			
营业外收支(万元)	–13.12	–315.47	–0.42
利润总额(万元)	1539.27	3900.98	3487.96
净利润(万元)	1308.38	3304.29	2949.37

十大股东

序号	股东名称	股份性质	持股数(万股)	比例(%)
1	福建凤竹集团有限公司	境内法人股	5610.00	33.00
2	振兴实业公司	境外法人股	4958.80	29.17
3	福建省泉州市光大工贸有限公司	境内法人股	323.40	1.90
4	全国社保基金一零二组合	流通A股	159.99	0.94
5	汉鼎证券投资基金	流通A股	150.00	0.88
6	博时精选股票证券投资基金	流通A股	140.01	0.82
7	华宝兴业多策略增长证券投资基金	流通A股	117.56	0.69
8	全国社保基金一零八组合	流通A股10	100.30	0.59
9	海通证券股份有限公司	流通A股	90.00	0.53
10	三明市天地环保技术开发有限公司	境内法人股	53.90	0.32

股东人数	2004.6	2003.12	2003.6	2002
	32017			

近年分配		近年配股/增发	

重大事项

2001年6月30日,公司与母公司福建凤竹集团有限公司签署了《供用水合同》、《供用电合同》、《供用汽合同》,合同有效期为10年(自2001年7月1日至2011年6月30日)。2004年上半年公司共向福建凤竹集团有限公司支付水、电、汽费用为19,906,242.10元,其交易总金额占同类交易总金额的97.11%。

二〇〇三年以来市场表现

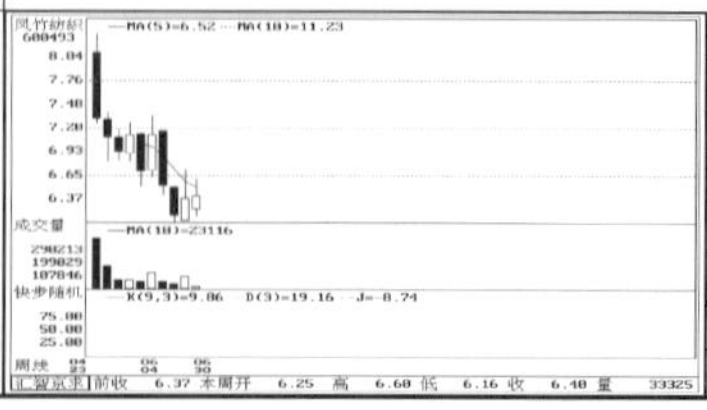

2003年涨跌幅(%)	0.00
2003年最高(元)	0.00
2003年最低(元)	0.00
2003年换手率(%)	0.00
2004.06涨跌幅(%)	0.00
2004.06最高(元)	8.32
2004.06最低(元)	6.09
2004.06换手率(%)	190.98

晋西车轴股份有限公司

公司概况	公司名称	晋西车轴股份有限公司			股票代码	600495		
	注册地址	山西省太原市高新技术开发区长治路436号科祥大厦			邮政编码	030006		
	法人代表	牛建国			董秘	周海红		
	电话	0351-6628286			传真	0351-6628281		
	主营业务	各类车轴的生产及销售						
	总股本	10291.00	流通A	4000.00	流通B		流通H	
	审计单位				审计意见	未审计		

主要财务指标	年度	2004.6	2003	2002
	每股收益/扣除后(元)	0.0446		
	每股经营现金流量(元)	0.0390		
	每股净资产/调整后(元)	3.5200		
	每股公积金(元)	2.3088		
	净资产收益率(%)	1.7300		
	总资产(万元)	47164.77		
	股东权益(万元)	36240.59		
	未分配利润(万元)	628.70		
	主营收入(万元)	9599.20		
	资本公积金(万元)	23759.78		
	主营利润(万元)	1455.35		
	其他业务利润(万元)	22.86		
	营业利润(万元)	766.76		
	投资收益(万元)			
	补贴收入(万元)			
	营业外收支(万元)	-0.02		
	利润总额(万元)	766.74		
	净利润(万元)	628.70		

十大股东	序号	股东名称	股份性质	持股数(万股)	比例(%)
	1	晋西机器工业集团有限责任公司	国有股	5988.00	58.19
	2	交通银行-融通行业景气证券投资基金	流通股	141.45	1.37
	3	全国社保基金一零三组合	流通股	111.27	1.08
	4	美国动埃谟国际有限公司	外资股	108.00	1.05
	5	河南建业实业投资有限公司	法人股	65.00	0.63
	6	中国兵工物资华北公司	国有股	65.00	0.63
	7	山西江阳化工有限公司	国有股	65.00	0.63
	8	中国工商银行-融通蓝筹成长证券投资基金	流通股	40.17	0.39
	9	中国长城资产管理公司	流通股	37.25	0.36
	10	银丰证券投资基金	流通股	13.80	0.13

股东人数	2004.6	2003.12	2003.6	2002
	22071			

近年分配		近年配股/增发	

重大事项

20004年上半期，经中国证券监督管理委员会证监发行字[2004]46号文核准，公司于2004年5月11日通过上海证券交易所和深圳证券交易所的交易系统向二级市场投资者定价配售发行人民币普通股（A股）股票4,000万股，每股发行价6.39元，并于2004年5月26日在上海证券交易所挂牌上市交易。公司总股本由6,291万股增加到10,291万股。

二〇〇三年以来市场表现

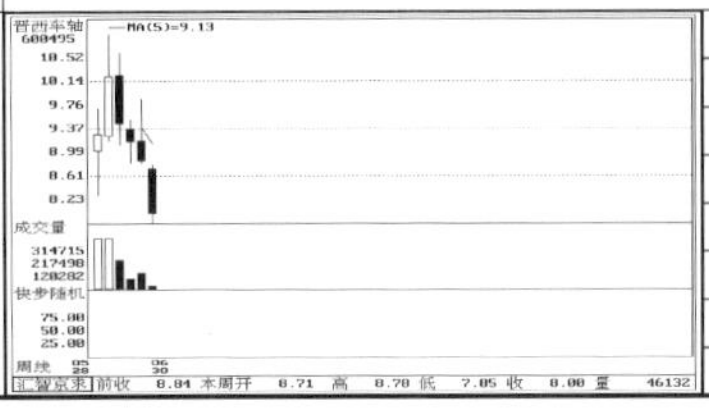

2003年涨跌幅(%)	0.00
2003年最高(元)	0.00
2003年最低(元)	0.00
2003年换手率(%)	0.00
2004.06涨跌幅(%)	0.00
2004.06最高(元)	10.90
2004.06最低(元)	7.85
2004.06换手率(%)	335.75

安徽长江农业装备股份有限公司

公司概况	公司名称	安徽长江农业装备股份有限公司			股票代码	600496		
	注册地址	安徽省六安市江淮路28号			邮政编码	237009		
	法人代表	严宏			董秘	喻小平		
	电话	0564-3366648			传真	0564-3364237		
	主营业务	手扶拖拉机、联合收割机						
	总股本	11001.00	流通A	4000.00	流通B		流通H	
	审计单位	华证会计师事务所有限公司			审计意见	标准无保留		

主要财务指标	年度	2004.6	2003	2002
	每股收益/扣除后(元)	0.0264	0.0019	0.0574
	每股经营现金流量(元)	0.0900	-0.3800	0.2000
	每股净资产/调整后(元)	2.2500	2.2500	2.2300
	每股公积金(元)	1.1692	1.1592	1.1582
	净资产收益率(%)	1.2500	1.0000	2.7500
	总资产(万元)	128955.54	38201.13	34544.91
	股东权益(万元)	25181.73	24758.65	24499.22
	未分配利润(万元)	603.85	290.19	79.00
	主营收入(万元)	41871.72	10325.09	13880.56
	资本公积金(万元)	12860.96	12751.53	12739.98
	主营利润(万元)	5408.62	2043.59	2688.21
	其他业务利润(万元)	97.14	7.54	7.54
	营业利润(万元)	1545.52	93.93	943.40
	投资收益(万元)	-54.46	253.17	81.60
	补贴收入(万元)			
	营业外收支(万元)	-0.24	-7.00	0.11
	利润总额(万元)	1490.84	340.10	1004.66
	净利润(万元)	313.66	247.88	673.16

十大股东	序号	股东名称	股份性质	持股数(万股)	比例(%)
	1	浙江精工钢结构建设集团有限公司	法人股	6288.12	57.16
	2	六安手扶拖拉机厂	国有股	678.88	6.17
	3	河南省商城县通用机械制造有限公司	法人股	33.00	0.30
	4	韩文瑞	自然人股	23.82	0.22
	5	金家法	自然人股	19.66	0.18
	6	尹英莲	自然人股东	17.83	0.16
	7	朱剑石	自然人股东	17.13	0.16
	8	邵珲	自然人股东	16.00	0.15
	9	韩步康	自然人股东	15.64	0.14
	10	王巧云`	自然人股东	14.98	0.14

股东人数	2004.6	2003.12	2003.6	2002
	10535	9669	13321	16611

近年分配		近年配股/增发	

重大事项

根据公司于2003年10月27日召开的第二届董事会第四次会议审议通过 的《拟对公司控股子公司安徽六安长江精工钢结构有限公司2000万元贷款提供 担保的议案》，以及2004年4月10日召开的第二届董事会第六次会议审议通过的《关于将对公司控股子公司安徽长江精工钢结构有限公司2000万元贷款担保期限由三年调整为四年的议案》。

二〇〇三年以来市场表现

2003年涨跌幅(%)	-5.31
2003年最高(元)	11.92
2003年最低(元)	7.75
2003年换手率(%)	298.03
2004.06涨跌幅(%)	-14.02
2004.06最高(元)	13.32
2004.06最低(元)	7.41
2004.06换手率(%)	222.78

云南驰宏锌锗股份有限公司

公司概况							
公司名称	云南驰宏锌锗股份有限公司			股票代码	600497		
注册地址	云南省曲靖市经济技术开发区			邮政编码	654211		
法人代表	朱崇仁			董秘	赵明		
电话	0874-5643075			传真	0874-5641713		
主营业务	铅、锌、锗系列产中的开采						
总股本	16000.00	流通 A	7000.00	流通 B		流通 H	
审计单位				审计意见	未审计		

主要财务指标

年度	2004.6	2003	2002
每股收益 / 扣除后(元)	0.1968	0.4273	0.3002
每股经营现金流量(元)	0.0780	1.0200	1.0600
每股净资产 / 调整后(元)	3.5980	2.0500	2.1100
每股公积金(元)	2.2596	0.2960	0.2956
净资产收益率(%)	5.6100	19.8200	13.5900
总资产(万元)	152532.48	67728.43	48302.56
股东权益(万元)	45474.96	18447.85	18947.29
未分配利润(万元)	3813.79	585.41	0.12
主营收入(万元)	31766.54	63452.66	61198.03
资本公积金(万元)	36154.26	4735.53	4730.22
主营利润(万元)	9523.67	13184.35	11992.44
其他业务利润(万元)	119.49	233.43	-7.73
营业利润(万元)	3897.10	4729.47	3763.24
投资收益(万元)	1.89	7.63	10.32
补贴收入(万元)			
营业外收支(万元)	-104.01	-443.67	-4.18
利润总额(万元)	3793.18	4293.43	3557.32
净利润(万元)	3228.38	3656.11	2574.15

十大股东

序号	股东名称	股份性质	持股数(万股)	比例(%)
1	云南冶金集团总公司	国家股	8237.86	51.49
2	云南富盛铅锌有限公司	法人股	328.51	2.05
3	云南省会泽县国有资产持股经营有限责任公司	国有法人股	262.81	1.64
4	中国工商银行-南方稳建成长证券投资基金	流通 A 股	256.32	1.60
5	中国建设银行-华宝兴业多策略增长证券投资基金	流通 A 股	249.83	1.56
6	广发证券股份有限公司	流通 A 股	202.72	1.27
7	化宝信托投资有限责任公司	流通 A 股	191.64	1.20
8	云南省以礼河实业有限公司	法人股	131.40	0.82
9	兴和证券投资基金	流通 A 股	107.44	0.67
10	全国社保基金一零七组合	流通 A 股	102.00	0.64

股东人数	2004.6	2003.12	2003.6	2002
	20851			

近年分配		近年配股/增发	

重大事项

经公司二届董事会第二次会议审议通过了《关于同意向银行申请工程建设资金贷款的议案》，认为现阶段影响工程进展的最大障碍是已经批准的32,000万元国债贴息贷款资金尚未到位，且公司还未发行股票，同意公司向银行申请13,000万元中长期借款。公司于2004年3月17日与招商银行昆明分行滇池路支行签订了13,000万元的中长期借款合同。

二〇〇三年以来市场表现

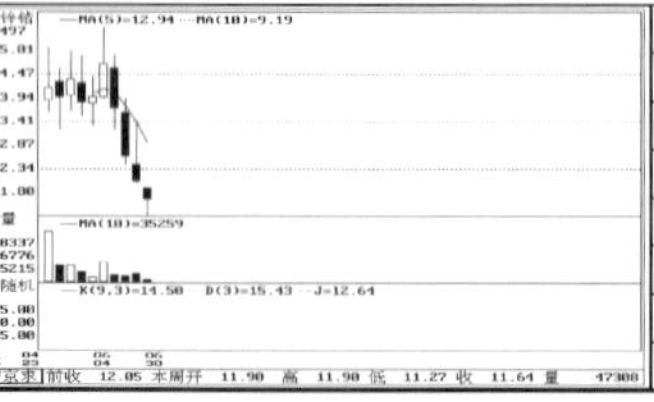

2003 年涨跌幅(%)	0.00
2003 年最高(元)	0.00
2003 年最低(元)	0.00
2003 年换手率(%)	0.00
2004.06 涨跌幅(%)	0.00
2004.06 最高(元)	15.54
2004.06 最低(元)	11.27
2004.06 换手率(%)	304.54

烽火通信科技股份有限公司

公司概况							
公司名称	烽火通信科技股份有限公司			股票代码	600498		
注册地址	武汉市洪山区邮科院路88号			邮政编码	430074		
法人代表	江廷林			董秘	熊向峰		
电话	027-87693885			传真	027-87691704		
主营业务	光纤通信设备						
总股本	41000.00	流通 A	8800.00	流通 B		流通 H	
审计单位				审计意见	未审计		

主要财务指标

年度	2004.6	2003	2002
每股收益 / 扣除后(元)	0.0596	0.0500	0.1600
每股经营现金流量(元)	-0.6320	0.0300	-0.0003
每股净资产 / 调整后(元)	5.5100	5.4900	5.4400
每股公积金(元)	4.1794	4.1790	4.1777
净资产收益率(%)	0.7900	1.1200	2.8700
总资产(万元)	369256.69	368362.62	306746.37
股东权益(万元)	231843.97	229986.66	227340.05
未分配利润(万元)	12583.33	10742.44	8766.34
主营收入(万元)	69536.15	134522.59	154012.05
资本公积金(万元)	171353.94	171337.52	171285.48
主营利润(万元)	17121.09	29453.66	35486.22
其他业务利润(万元)	831.90	1105.18	-15.49
营业利润(万元)	2163.40	3738.61	6199.84
投资收益(万元)	-891.55	528.58	26.69
补贴收入(万元)	706.20	137.28	2.96
营业外收支(万元)	-121.37	-351.86	71.58
利润总额(万元)	1856.66	4052.61	6283.71
净利润(万元)	1840.89	2565.15	6514.40

十大股东

序号	股东名称	股份性质	持股数(万股)	比例(%)
1	武汉邮电科学研究院	国有法人股	28900.00	70.49
2	武汉现代通信电器厂	境内法人股	860.00	2.10
3	湖南三力通信经贸公司	国有法人股	650.00	1.59
4	湖北东南实业开发有限责任公司	国有法人股	410.00	1.00
5	华夏国际邮电工程有限公司	境内法人股	330.00	0.80
6	中国电信集团江苏省电信公司	国有法人股	175.00	0.43
7	北京中京信通信息咨询有限公司	国有法人股	175.00	0.43
8	北京科希盟科技产业中心	国有法人股	175.00	0.43
9	湖北省化学研究院	国有法人股	175.00	0.43
10	浙江南天通讯技术发展有限公司	国有法人股	175.00	0.43

股东人数	2004.6	2003.12	2003.6	2002
	42936	43307	44842	46108

近年分配		近年配股/增发	
	2004年7月14日10派1.20		

重大事项

经2004年5月25日召开的公司2003年度股东大会批准，公司2003年度利润分配方案为：以2003年12月31日总股本41,000万股为基数，每10股派发现金红利1.2元(含税)；不进行资本公积金转增股本。

二〇〇三年以来市场表现

2003 年涨跌幅(%)	-41.07
2003 年最高(元)	15.96
2003 年最低(元)	7.60
2003 年换手率(%)	206.21
2004.06 涨跌幅(%)	18.51
2004.06 最高(元)	11.88
2004.06 最低(元)	8.05
2004.06 换手率(%)	172.67

广东科达机电股份有限公司

公司概况

公司名称	广东科达机电股份有限公司			股票代码	600499		
注册地址	广东省顺德市容桂镇高新技术产业开发园桥东路8号			邮政编码	528313		
法人代表	卢勤			董秘	周和华		
电话	0775-23833869			传真	0757-23833869		
主营业务	陶瓷、石材、玻璃等制造						
总股本	9954.00	流通 A	3600.00	流通 B		流通 H	
审计单位	中喜会计师事务所有限责任公司			审计意见	标准无保留		

主要财务指标

年度	2004.6	2003	2002
每股收益/扣除后(元)	0.2570	0.4270	0.6060
每股经营现金流量(元)	0.2650	0.4160	0.6000
每股净资产/调整后(元)	4.1600	4.1870	6.8490
每股公积金(元)	2.2402	2.2178	4.5878
净资产收益率(%)	6.1600	10.4100	8.8400
总资产(万元)	72960.85	66979.96	49203.06
股东权益(万元)	41474.20	41684.18	37876.77
未分配利润(万元)	7527.71	7960.68	5932.89
主营收入(万元)	27933.23	39674.91	21683.07
资本公积金(万元)	22298.76	22075.76	25370.75
主营利润(万元)	6143.12	9820.92	5562.83
其他业务利润(万元)	19.43	19.72	0.22
营业利润(万元)	2968.69	5300.32	3684.61
投资收益(万元)	–45.56	57.62	9.07
补贴收入(万元)		2.24	2.24
营业外收支(万元)	–34.06	–11.46	0.16
利润总额(万元)	2889.07	5348.71	3652.17
净利润(万元)	2553.22	4337.40	3348.89

十大股东

序号	股东名称	股份性质	持股数(万股)	比例(%)
1	卢勤	自然人股	2357.65	23.69
2	边程	自然人股	949.77	9.54
3	鲍杰军	自然人股	766.86	7.70
4	佛山市盈瑞建材科技术有限公司	境内法人股	635.40	6.38
5	冯红健	自然人股	476.32	4.79
6	黄建起	自然人股	324.45	3.26
7	庞少机	自然人股	237.93	2.39
8	吴桂周	自然人股	237.93	2.39
9	吴跃飞	自然人股	194.67	1.96
10	尹育航	自然人股	173.04	1.74

股东人数

2004.6	2003.12	2003.6	2002
3028	3651	5459	

近年分配	近年配股/增发
2004年5月25日 10派3.00	

重大事项

2003年11月21日，公司原第一大股东佛山市特地陶瓷有限公司(以下简称特地陶瓷)与卢勤签署了《股权转让协议》。根据该协议，特地陶瓷将持有的公司18,493,274股，占公司总股本的18.58%，转让给卢勤。同时特地陶瓷与鲍杰军、尹育航、边程、庞少机、黄建起、冯红健、吴桂周、吴跃飞等八位自然人签署了《股权转让协议》。

二〇〇三年以来市场表现

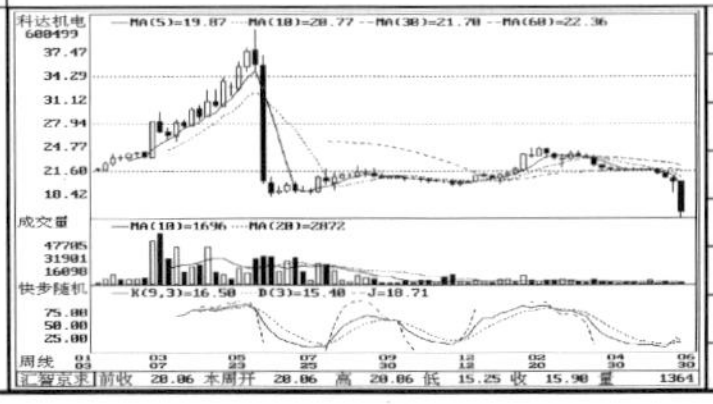

2003年涨跌幅(%)	74.66
2003年最高(元)	22.26
2003年最低(元)	11.66
2003年换手率(%)	211.67
2004.06涨跌幅(%)	–22.74
2004.06最高(元)	24.40
2004.06最低(元)	15.25
2004.06换手率(%)	22.92

中化国际贸易股份有限公司

公司概况

公司名称	中化国际贸易股份有限公司			股票代码	600500		
注册地址	中国上海市浦东新区世纪大道88号金茂大厦三区18层			邮政编码	200121		
法人代表	施国梁			董秘	王克明		
电话	021-50498899,50470725,50498899			传真	021-50490909,50470206		
主营业务	化学品贸易						
总股本	83846.25	流通 A	2700.00	流通 B		流通 H	
审计单位	德勤华永会计师事务所有限公司			审计意见	标准无保留		

主要财务指标

年度	2004.6	2003	2002
每股收益/扣除后(元)	0.5965	0.4190	0.4700
每股经营现金流量(元)	0.6850	0.6000	0.5200
每股净资产/调整后(元)	2.6100	3.1800	2.7200
每股公积金(元)	0.7078	0.9065	1.3571
净资产收益率(%)	21.5800	14.3400	16.6500
总资产(万元)	458363.53	327477.31	308433.72
股东权益(万元)	224160.55	182658.12	156318.02
未分配利润(万元)	62869.67	32657.14	11719.44
主营收入(万元)	549053.75	1098099.75	800313.62
资本公积金(万元)	59347.34	76006.21	75859.45
主营利润(万元)	92894.91	70935.64	60143.93
其他业务利润(万元)	610.71	1550.66	–88.20
营业利润(万元)	57024.90	29439.09	30382.69
投资收益(万元)	4337.88	2770.84	2326.06
补贴收入(万元)	255.52	1787.86	–13.21
营业外收支(万元)	–2833.60	–213.82	4.61
利润总额(万元)	58784.70	33783.96	33059.24
净利润(万元)	48379.22	26193.34	26026.45

十大股东

序号	股东名称	股份性质	持股数(万股)	比例(%)
1	中国中化集团公司	国有法人股	54000.00	64.40
2	嘉实服务增值行业证券投资基金	流通A股	1856.60	2.21
3	嘉实成和收益型证券投资基金	流通A股	1181.15	1.41
4	泰和证券投资基金	流通A股	790.00	0.94
5	兴和证券投资基金	流通A股	704.42	0.84
6	金鑫证券投资基金	流通A股	686.16	0.82
7	中信经典配置证券投资基金	国有法人股	569.25	0.68
8	中国粮油食品进出口(集团)有限	国有法人股	569.25	0.68
9	中国石油销售有限责任公司	国有法人股	569.25	0.68
10	中国石化集团北京燕山石油化工有限公司	国有法人股	569.25	0.68

股东人数

2004.6	2003.12	2003.6	2002
21493	24211	26730	21752

近年分配	近年配股/增发

重大事项

2004年1月12日，本公司第二届董事会第三十一次会议经审议，同意中化船务投资2.8亿元新建4条液体化工品运输船，从事国内液体化学品(特别是精细化学品)为主、专门为大石化项目提供的物流运输服务。项目所需资金由中化船务自筹。截至报告期末上述新船在建。

二〇〇三年以来市场表现

2003年涨跌幅(%)	2.44
2003年最高(元)	6.88
2003年最低(元)	4.53
2003年换手率(%)	81.14
2004.06涨跌幅(%)	27.65
2004.06最高(元)	8.84
2004.06最低(元)	5.57
2004.06换手率(%)	149.41

南京航天晨光股份有限公司

公司概况

公司名称	南京航天晨光股份有限公司	股票代码	600501
注册地址	南京江宁经济技术开发区天元路139号	邮政编码	210006
法人代表	孙俊	董秘	吴道琴
电话	025-52413078-2043,52441163	传真	025-52410226
主营业务	航天及民用专用汽车		

总股本	18731.44	流通A	7200.00	流通B		流通H	
审计单位		审计意见	未审计				

主要财务指标

年度	2004.6	2003	2002
每股收益/扣除后(元)	0.0669	0.1200	0.1760
每股经营现金流量(元)	-0.1720	0.1060	0.2800
每股净资产/调整后(元)	2.4710	2.4130	2.3800
每股公积金(元)	1.2426	1.2426	1.2426
净资产收益率(%)	2.4100	1.7800	7.2400
总资产(万元)	113883.47	105839.97	93049.98
股东权益(万元)	47368.06	46228.24	45433.46
未分配利润(万元)	3062.89	1923.07	1357.29
主营收入(万元)	29941.44	74498.73	56820.64
资本公积金(万元)	23276.06	23276.06	23276.05
主营利润(万元)	7144.42	13965.82	14434.18
其他业务利润(万元)	297.92	310.44	-2.26
营业利润(万元)	1521.24	720.25	4069.93
投资收益(万元)	-2.61	-5.23	225.58
补贴收入(万元)			
营业外收支(万元)	7.95	523.49	-0.63
利润总额(万元)	1526.58	1238.52	4223.83
净利润(万元)	1139.82	825.09	3291.42

十大股东

序号	股东名称	股份性质	持股数(万股)	比例(%)
1	南京晨光集团有限责任公司	国有法人股	11293.84	60.29
2	上海航天汽车机电股份有限公司	国有法人股	128.42	0.69
3	南京南瑞集团	国有法人股	59.34	0.32
4	万来源	自然人股	23.73	0.13
5	杜尧	自然人股	23.73	0.13
6	王炳华	流通A股	17.19	0.09
7	韩翠萍	流通A股	10.75	0.06
8	叶艳影	流通A股	10.51	0.06
9	胡丽君	流通A股	10.26	0.05
10	伍国君	流通A股	9.63	0.05

股东人数	2004.6	2003.12	2003.6	2002
	9352	8842	9990	9179

近年分配		近年配股/增发	

重大事项

经公司于2004年3月16日召开的一届十六次董事会审议通过，同意公司截止2004年12月31日累计在8,100万元额度内为公司四家控股子公司南京晨光东螺波纹管有限公司(控股62%)、南京晨光森田环保科技有限公司(控股58%)、南京水山电液特装有限公司(控股60%)、北京晨光天云特种车辆有限责任公司(控股61%)提供银行借款担保。

二〇〇三年以来市场表现

2003年涨跌幅(%)	-35.94
2003年最高(元)	15.85
2003年最低(元)	9.40
2003年换手率(%)	70.84
2004.06涨跌幅(%)	-22.81
2004.06最高(元)	10.49
2004.06最低(元)	7.30
2004.06换手率(%)	54.09

安徽水利开发股份有限公司

公司概况

公司名称	安徽水利开发股份有限公司	股票代码	600502
注册地址	安徽省蚌埠市黑虎山路21号	邮政编码	233010
法人代表	王世才	董秘	牛晓峰
电话	0552-4911141	传真	0552-4911141
主营业务	水利水电工程施工(一级)		

总股本	15600.00	流通A	7540.00	流通B		流通H	
审计单位		审计意见	未审计				

主要财务指标

年度	2004.6	2003	2002
每股收益/扣除后(元)	0.1062	0.1980	0.2900
每股经营现金流量(元)	0.0240	-0.4800	0.7000
每股净资产/调整后(元)	2.9000	3.7200	1.7500
每股公积金(元)	1.5792	1.7330	0.1140
净资产收益率(%)	3.5800	5.5800	16.2400
总资产(万元)	135019.59	108142.31	30236.41
股东权益(万元)	45814.04	44813.90	10847.53
未分配利润(万元)	4519.55	4719.40	2582.12
主营收入(万元)	47726.32	80700.31	47043.03
资本公积金(万元)	24635.36	27035.36	1367.98
主营利润(万元)	5179.71	6874.58	4744.97
其他业务利润(万元)	7.78	17.35	-0.04
营业利润(万元)	2568.65	4011.26	2599.35
投资收益(万元)	-4.01	21.39	28.42
补贴收入(万元)			
营业外收支(万元)	-37.67	-861.55	-0.62
利润总额(万元)	2526.96	3171.10	2570.03
净利润(万元)	1625.98	2498.99	1761.93

十大股东

序号	股东名称	股份性质	持股数(万股)	比例(%)
1	安徽省水利建筑工程总公司	国有法人股	4234.00	27.14
2	金寨水电开发有限责任公司	国有法人股	2269.94	14.55
3	凤台县永幸河灌区管理总站	国有法人股	1296.06	8.31
4	安徽省水利水电勘测设计院	国有法人股	130.00	0.83
5	蚌埠市建设投资有限公司	国有法人股	130.00	0.83
6	诸佩玉	社会流通股	19.15	0.12
7	刘仲宏	社会流通股	15.80	0.10
8	钱彦	社会流通股	15.72	0.10
9	柴美霞	社会流通股	15.17	0.10
10	孔国兴	社会流通股	14.76	0.09

股东人数	2004.6	2003.12	2003.6	2002
	29330	31252	35527	

近年分配	2004年4月16日10派0.60	近年配股/增发	2004年4月16日10送1转2

重大事项

经2004年3月29日召开的公司2003年度股东大会审议通过了2003年度利润分配及资本公积金转增股本方案：以2003年12月31日公司的总股本12000万股为基数，向全体股东每10股派发0.6元现金红利(含税)送红股1股，总计可分配利润支出额为1920万元；用资本公积金向全体股东每10股转增2股，共计转增2400万股。

二〇〇三年以来市场表现

2003年涨跌幅(%)	0.00
2003年最高(元)	9.28
2003年最低(元)	4.91
2003年换手率(%)	286.86
2004.06涨跌幅(%)	-13.12
2004.06最高(元)	7.43
2004.06最低(元)	5.15
2004.06换手率(%)	163.33

四川西昌电力股份有限公司

公司概况

公司名称	四川西昌电力股份有限公司	股票代码	600505
注册地址	四川省西昌市老西门街 13 号	邮政编码	615000
法人代表	张斌	董秘	张光华
电话	0834-3830505	传真	0834-3830169
主营业务	生产、开发、销售电力产品		
审计单位		审计意见	未审计

总股本	流通 A	流通 B	流通 H
29700.00	9900.00		

主要财务指标

年度	2004.6	2003	2002
每股收益 / 扣除后(元)	0.0363	0.1083	0.1373
每股经营现金流量(元)	0.1420	0.3350	0.5500
每股净资产 / 调整后(元)	1.8200	1.9100	3.1200
每股公积金(元)	0.5033	0.5027	1.6669
净资产收益率(%)	2.0100	5.9700	4.2700
总资产(万元)	161880.70	150723.05	115567.85
股东权益(万元)	55172.88	57013.52	52982.80
未分配利润(万元)	5881.55	7741.04	4863.45
主营收入(万元)	10423.18	18563.37	16392.41
资本公积金(万元)	14948.43	14929.58	27503.76
主营利润(万元)	5816.66	11602.74	8526.04
其他业务利润(万元)	–24.62	–140.46	–0.93
营业利润(万元)	1404.28	3808.32	2628.63
投资收益(万元)	–1.82	277.83	4.45
补贴收入(万元)			
营业外收支(万元)	–15.36	–106.47	–0.05
利润总额(万元)	1387.10	3979.69	2628.58
净利润(万元)	1110.50	3404.90	2264.74

十大股东

序号	股东名称	股份性质	持股数(万股)	比例(%)
1	朝华科技集团股份有限公司	境内法人股	8058.94	27.13
2	凉山州国有资产经营管理有限责任公司	国家股	5454.97	18.37
3	四川西昌泸山铁合金公司有限责任公司	国有法人股	1816.74	6.12
4	西昌东方航天城旅游集团有限公司	国有法人股	1440.00	4.85
5	凉山州信托投资公司	国有法人股	720.00	2.42
6	宁南县电力公司	国有法人股	554.35	1.87
7	普格县电力公司	国有法人股	360.00	1.21
8	四川会理大铜有限责任公司	国有法人股	360.00	1.21
9	凉山州石广矿产公司	国有法人股	180.00	0.61
10	西昌市开源财务公司	国有法人股	180.00	0.61

股东人数	2004.6	2003.12	2003.6	2002
	35334	32153	25916	25381

近年分配	2004 年 7 月 9 日 10 派 1.00	近年配股 / 增发	

重大事项

2004 年 4 月 2 日以 4316 万元的价格购买了位于西昌市胜利路 61 号的凉山宾馆整体资产，拟改建为公司电力调度大楼。已向凉山彝族自治州财政局等支付购买凉山宾馆土地及地上建(构)筑物和其他附着物以及缴纳不动产转让的税费共计 44,891,263.10 元，相关过户手续正在办理之中。

二○○三年以来市场表现

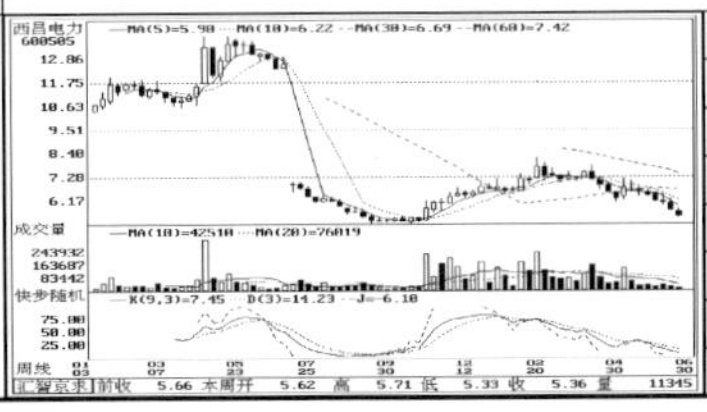

2003 年涨跌幅(%)	15.90
2003 年最高(元)	7.66
2003 年最低(元)	5.05
2003 年换手率(%)	301.92
2004.06 涨跌幅(%)	–19.88
2004.06 最高(元)	8.14
2004.06 最低(元)	5.33
2004.06 换手率(%)	198.37

新疆库尔勒香梨股份有限公司

公司概况

公司名称	新疆库尔勒香梨股份有限公司	股票代码	600506
注册地址	新疆库尔勒市团结北路兰干路口	邮政编码	841000
法人代表	冯国胜	董秘	邓晓天
电话	0996-8851716	传真	0996-8850156
主营业务	库尔勒香梨		
审计单位		审计意见	未审计

总股本	流通 A	流通 B	流通 H
16050.00	5000.00		

主要财务指标

年度	2004.6	2003	2002
每股收益 / 扣除后(元)	–0.0309	0.1100	0.1100
每股经营现金流量(元)	0.0060	–0.6700	–0.0400
每股净资产 / 调整后(元)	3.0400	3.0200	2.9100
每股公积金(元)	1.5005	1.5005	1.5005
净资产收益率(%)	1.6200	3.3400	6.6100
总资产(万元)	65880.86	71246.80	62001.69
股东权益(万元)	48738.48	48394.33	46779.31
未分配利润(万元)	5204.69	4809.06	3613.29
主营收入(万元)	610.90	8275.88	8006.71
资本公积金(万元)	24083.80	24083.80	24083.80
主营利润(万元)	320.63	3135.01	3084.47
其他业务利润(万元)	5.67	261.80	–3.03
营业利润(万元)	–496.28	1706.38	1713.32
投资收益(万元)	1225.61	300.00	233.33
补贴收入(万元)	58.44	29.01	29.01
营业外收支(万元)	0.19	–417.73	–3.04
利润总额(万元)	787.96	1617.66	3091.83
净利润(万元)	787.96	1615.02	3092.95

十大股东

序号	股东名称	股份性质	持股数(万股)	比例(%)
1	新疆巴州沙依东园艺场	国有法人股	5227.78	32.57
2	库尔勒市库尔楚园艺场	国有法人股	2262.79	14.10
3	哈密中农科发展有限公司	境内法人股	1645.60	10.25
4	人和农场农工贸有限责任公司	境内法人股	1237.91	7.71
5	和硕新农种业科技有限责任公司	境内法人股	675.92	4.21
6	金勇	流通 A 股	29.16	0.18
7	嘉成信达	流通 A 股	17.80	0.11
8	林明丽	流通 A 股	13.40	0.08
9	奚玉军	流通 A 股	13.18	0.08
10	洪键	流通 A 股	12.75	0.08

股东人数	2004.6	2003.12	2003.6	2002
	20270	20959	23237	22413

近年分配		近年配股 / 增发	

重大事项

经公司董事会通过的关于组建新疆阿尔金畜牧股份有限公司，于 2004 年 6 月 15 日经新疆维吾尔自治区人民政府新政函[2004]80 号文件批复，同意设立新疆阿尔金畜牧股份有限公司。本公司以现金方式出资 4000 万元，折合 4000 万股，占总股本的 78.12%。目前公司的相关注册手续正在办理之中。

二○○三年以来市场表现

2003 年涨跌幅(%)	–35.31
2003 年最高(元)	10.81
2003 年最低(元)	5.75
2003 年换手率(%)	263.40
2004.06 涨跌幅(%)	–6.10
2004.06 最高(元)	7.75
2004.06 最低(元)	5.46
2004.06 换手率(%)	129.28

江西长力汽车弹簧股份有限公司

公司概况

公司名称	江西长力汽车弹簧股份有限公司	股票代码	600507
注册地址	江西省南昌市青山湖区南钢路	邮政编码	330012
法人代表	李其祥	董秘	田小龙
电话	0791-8394025	传真	0791-8394023
主营业务	汽车钢板弹簧、弹簧扁钢等		
总股本	12500.00	流通 A	5000.00
流通 B		流通 H	
审计单位	广东恒信德律会计师事务所	审计意见	标准无保留

主要财务指标

年度	2004.6	2003	2002
每股收益/扣除后(元)	0.3698	0.4500	0.4800
每股经营现金流量(元)	-0.1840	0.5500	0.7300
每股净资产/调整后(元)	4.4600	4.1300	2.0900
每股公积金(元)	2.4212	2.4211	0.3092
净资产收益率(%)	8.5200	10.0900	23.91
总资产(万元)	134126.56	94997.75	35847.70
股东权益(万元)	55890.64	51750.01	15744.21
未分配利润(万元)	8578.31	4439.35	614.84
主营收入(万元)	61534.60	65552.72	52717.10
资本公积金(万元)	30264.95	30263.27	3865.52
主营利润(万元)	8657.11	10477.67	8088.94
其他业务利润(万元)	80.77	-3.29	0.18
营业利润(万元)	5743.27	7110.62	4122.59
投资收益(万元)	125.40	-51.56	552.19
补贴收入(万元)			
营业外收支(万元)	-92.96	-929.61	-4.50
利润总额(万元)	5775.71	6129.45	4370.64
净利润(万元)	4763.95	5222.89	3616.68

十大股东

序号	股东名称	股份性质	持股数(万股)	比例(%)
1	江西汽车板簧有限公司	国有法人股	7091.00	56.73
2	广州市天高有限公司	境内法人股	198.00	1.58
3	江铃汽车集团公司	国有法人股	165.00	1.32
4	中国华融资产管理公司	流通 A 股	41.75	0.33
5	江西上饶信江实业集团有限公司	国有法人股	33.00	0.26
6	王明辉	流通 A 股	16.10	0.13
7	于建军	流通 A 股	14.56	0.12
8	张景月	流通 A 股	13.50	0.11
9	江西省进出口汽车配件有限公司	境内法人股	13.00	0.10
10	杭州西湖电脑软件有限公司	流通 A 股	11.90	0.10

股东人数	2004.6	2003.12	2003.6	2002
	25302	25353		

近年分配	2004 年 5 月 25 日 10 派 0.50	近年配股/增发	

重大事项

本公司将人民币 1000 万元委托北京恒泰国信科技发展有限公司进行资产管理，委托期自 2004 年 2 月至 2005 年 1 月，期限 12 个月，约定收益率为 8%。

二〇〇三年以来市场表现

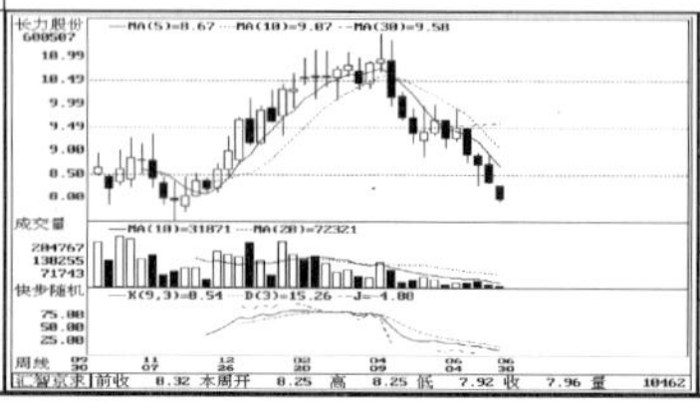

2003 年涨跌幅(%)	0.00
2003 年最高(元)	9.51
2003 年最低(元)	7.45
2003 年换手率(%)	418.49
2004.06 涨跌幅(%)	-13.85
2004.06 最高(元)	11.44
2004.06 最低(元)	7.92
2004.06 换手率(%)	436.55

上海大屯能源股份有限公司

公司概况

公司名称	上海大屯能源股份有限公司	股票代码	600508
注册地址	上海市浦东新区桃林路 18 号	邮政编码	200135
法人代表	刘雨忠	董秘	秦杰
电话	021-68550118	传真	021-58215101
主营业务	煤炭开采、洗选加工		
总股本	40151.00	流通 A	11000.00
流通 B		流通 H	
审计单位		审计意见	未审计

主要财务指标

年度	2004.6	2003	2002
每股收益/扣除后(元)	0.4058	0.4200	0.4200
每股经营现金流量(元)	0.9180	0.6600	1.0100
每股净资产/调整后(元)	4.1200	4.0300	3.6000
每股公积金(元)	2.3949	2.3949	2.3945
净资产收益率(%)	9.9200	10.5800	11.5400
总资产(万元)	303396.53	272363.66	218194.98
股东权益(万元)	165313.00	164179.31	146788.80
未分配利润(万元)	18277.22	17143.53	2374.33
主营收入(万元)	121500.48	172248.84	158303.73
资本公积金(万元)	96158.84	96158.84	96141.48
主营利润(万元)	46890.17	45551.51	46202.31
其他业务利润(万元)	625.24	1169.85	-64.46
营业利润(万元)	22096.85	21991.38	21974.78
投资收益(万元)	-18.23	7.55	-16.66
补贴收入(万元)	53.40	677.27	-12.58
营业外收支(万元)	76.35	-135.74	137.74
利润总额(万元)	22208.38	22540.45	22257.03
净利润(万元)	16391.07	17373.15	16942.56

十大股东

序号	股东名称	股份性质	持股数(万股)	比例(%)
1	大屯煤电(集团)有限责任公司	国有股	27323.00	68.05
2	中国煤炭进出口公司	国有股	943.00	2.35
3	上海宝钢国际经济贸易有限公司	国有股	692.00	1.72
4	中国工商银行-国联安德盛小盘精选证券投资基金	流通股	357.84	0.89
5	广发证券股份有限公司	流通股	200.45	0.50
6	全国社保基金一零一组合	流通股	146.34	0.36
7	上海煤气制气物资贸易有限公司	未流通	130.00	0.32
8	航空证券有限责任公司	流通股	110.00	0.27
9	长江证券有限责任公司	流通股	100.00	0.25
10	中国银行-华夏回报证券投资基金	流通股	100.00	0.25

股东人数	2004.6	2003.12	2003.6	2002
	40373	41198	46860	49637

近年分配	2004 年 5 月 24 日 10 派 3.80	近年配股/增发	

重大事项

二届董事会第九次会议通过了《关于提取煤炭生产安全费用和煤矿维简费用的议案》，公司决定从 2004 年 5 月 1 日起，姚桥煤矿、徐庄煤矿按吨煤 8 元提取煤炭生产安全费用，龙东煤矿、孔庄煤矿按吨煤 5 元提取煤炭生产安全费用；煤矿维简费四矿均按吨煤 6 元提取。从 5 月 1 日起至 12 月 31 日公司预计生产原煤 450 万吨，按照两项费用计提标准，公司预计提取煤炭生产安全费用 3180 万元，预计提取煤矿维简费 2700 万元，两项费用共计 5880 万元。

二〇〇三年以来市场表现

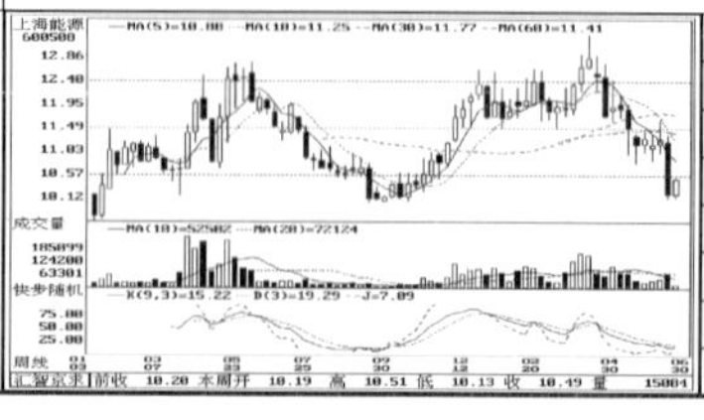

2003 年涨跌幅(%)	17.71
2003 年最高(元)	12.24
2003 年最低(元)	8.93
2003 年换手率(%)	242.07
2004.06 涨跌幅(%)	-7.17
2004.06 最高(元)	12.94
2004.06 最低(元)	10.12
2004.06 换手率(%)	159.75

新疆天富热电股份有限公司

公司概况

公司名称	新疆天富热电股份有限公司			股票代码	600509		
注册地址	新疆维吾尔自治区石河子市红星路54号			邮政编码	832000		
法人代表	成锋			董秘	许锐敏		
电话	0993-2902860,2901128			传真	0993-2901728		
主营业务	火电、水电、供电、供热						
总股本	25362.75	流通 A	9000.00	流通 B		流通 H	
审计单位	上海立信长江会计师事务所			审计意见	标准无保留		

主要财务指标

年度	2004.6	2003	2002
每股收益/扣除后(元)	0.1251	0.2400	0.2800
每股经营现金流量(元)	0.0570	0.3800	0.0000
每股净资产/调整后(元)	2.6200	2.6900	3.6700
每股公积金(元)	1.2618	1.2618	2.3914
净资产收益率(%)	5.0400	8.8500	7.5200
总资产(万元)	223725.62	202271.02	153139.56
股东权益(万元)	66386.25	68114.24	62060.41
未分配利润(万元)	4254.06	5982.04	1219.36
主营收入(万元)	34353.06	50537.35	45211.05
资本公积金(万元)	32003.73	32003.73	40434.98
主营利润(万元)	9701.62	17736.65	13923.84
其他业务利润(万元)	136.89	304.38	-1.33
营业利润(万元)	2964.75	5890.42	5222.26
投资收益(万元)	197.79	465.66	31.18
补贴收入(万元)	76.84	27.93	27.93
营业外收支(万元)	-14.77	-110.06	18.93
利润总额(万元)	3224.61	6273.95	5135.34
净利润(万元)	3344.56	6030.83	4666.71

十大股东

序号	股东名称	股份性质	持股数(万股)	比例(%)
1	新疆天富电力(集团)有限责任公司	国有法人股	16008.75	63.12
2	农七师电力工业公司	境内法人股	201.00	0.79
3	新疆石河子纸厂	境内法人股	51.00	0.20
4	新疆石河子一四八团场	境内法人股	51.00	0.20
5	新疆白杨水泥制品有限责任公司	境内法人股	51.00	0.20
6	江苏天博实业有限公司	流通A股	35.80	0.14
7	福立成	流通A股	35.49	0.14
8	郑铁男	流通A股	33.74	0.13
9	卢尚	流通A股	30.32	0.12
10	王永宽	流通A股	28.21	0.11

股东人数	2004.6	2003.12	2003.6	2002
	28350	25808	22486	26851

近年分配	2004年5月28日10派2.00	近年配股/增发	

重大事项

公司于2004年6月28日召开二届八次董事会,审议通过关于转让公司控股子公司股权的议案。公司于同日与新疆西部银力棉业(集团)有限责任公司签订了《资产转让协议书》,将公司所持新疆新润气流纺有限公司60%的股权及公司持有的部分资产和土地(新疆新润气流纺有限公司因经营生产需要所租用的部分资产和土地)经协商以人民币2534.24万元的价格转让给新疆西部银力棉业(集团)有限责任公司。

二〇〇三年以来市场表现

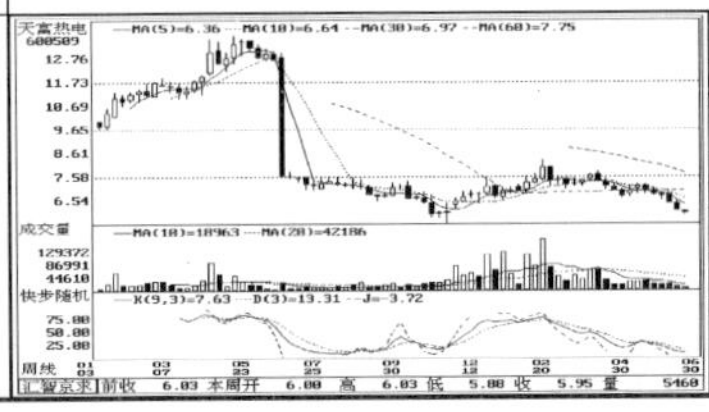

2003年涨跌幅(%)	1.37
2003年最高(元)	8.83
2003年最低(元)	5.30
2003年换手率(%)	150.67
2004.06涨跌幅(%)	-7.61
2004.06最高(元)	8.08
2004.06最低(元)	5.88
2004.06换手率(%)	130.22

黑牡丹(集团)股份有限公司

公司概况

公司名称	黑牡丹(集团)股份有限公司			股票代码	600510		
注册地址	江苏省常州市和平南路47号			邮政编码	213001		
法人代表	曹德法			董秘	戈亚芳		
电话	0519-8166510			传真	0519-8109996		
主营业务	针纺织品、服装的制造						
总股本	29224.72	流通 A	7600.00	流通 B		流通 H	
审计单位				审计意见	未审计		

主要财务指标

年度	2004.6	2003	2002
每股收益/扣除后(元)	0.1376	0.6800	0.8600
每股经营现金流量(元)	0.2620	0.8300	0.7900
每股净资产/调整后(元)	3.2000	6.6100	6.0500
每股公积金(元)	1.4965	1.9965	3.6460
净资产收益率(%)	4.6200	10.9200	14.2400
总资产(万元)	119322.56	121323.47	116580.82
股东权益(万元)	93656.22	96636.38	81089.19
未分配利润(万元)	9224.93	4898.90	3300.67
主营收入(万元)	41456.85	82022.65	100701.27
资本公积金(万元)	43735.82	58348.18	53276.77
主营利润(万元)	10206.96	19414.34	25813.87
其他业务利润(万元)	281.05	206.65	4.94
营业利润(万元)	6218.64	13771.56	17722.57
投资收益(万元)	107.77	208.83	832.81
补贴收入(万元)	171.71	419.37	13.04
营业外收支(万元)	-30.69	172.22	-1.30
利润总额(万元)	6467.43	14571.99	18646.32
净利润(万元)	4326.03	10553.19	12589.21

十大股东

序号	股东名称	股份性质	持股数(万股)	比例(%)
1	常州国有资产投资经营总公司	国家股	7569.16	25.90
2	常州新发展实业公司	境内法人股	6818.62	23.33
3	曹德法	自然人股、内部职工股	724.80	2.48
4	王盘大	自然人股、内部职工股	722.40	2.47
5	金梅英	自然人股、内部职工股	593.94	2.03
6	张国兴	自然人股、内部职工股	591.54	2.02
7	周顺生	自然人股、内部职工股	589.13	2.02
8	戴伯春	自然人股、内部职工股	588.66	2.01
9	袁国民	自然人股、内部职工股	350.80	1.20
10	戈亚芳	自然人股、内部职工股	348.96	1.19

股东人数	2004.6	2003.12	2003.6	2002
	11277	10169	13569	15640

近年分配	2004年4月2日10派5.00	近年配股/增发	2004年4月2日10转10

重大事项

公司2003年3月18日召开的年度股东大会讨论通过了2003年度利润分配和公积金转增股本方案,以2003年末总股本146,123,600股为基数,向全体股东每10股派发现金红利5元(含税),同时以该股本为基数,用资本公积金每10股转增10股,股权登记日为2004年4月1日,除权除息日为2004年4月2日,新增可流通股份上市日为2004年4月5日,红利发放日为2004年4月8日。

二〇〇三年以来市场表现

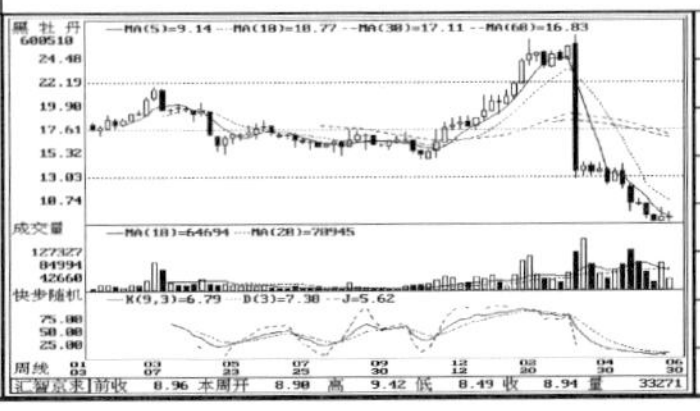

2003年涨跌幅(%)	11.23
2003年最高(元)	10.34
2003年最低(元)	7.09
2003年换手率(%)	120.49
2004.06涨跌幅(%)	-6.44
2004.06最高(元)	14.30
2004.06最低(元)	8.45
2004.06换手率(%)	204.50

国药集团药业股份有限公司

公司概况

公司名称	国药集团药业股份有限公司	股票代码	600511
注册地址	北京市崇文区永外三元西巷甲 12 号	邮政编码	100077
法人代表	付明仲	董秘	吕致远
电话	010-67262920	传真	010-67262920
主营业务	医疗器械、齿科材料等		
总股本	13300.00	流通 A	5300.00
流通 B		流通 H	
审计单位		审计意见	未审计

主要财务指标

年度	2004.6	2003	2002
每股收益/扣除后(元)	0.1704	0.2460	0.1970
每股经营现金流量(元)	-0.0280	0.0040	0.1140
每股净资产/调整后(元)	3.2730	3.2150	2.9760
每股公积金(元)	1.8355	1.8355	1.8202
净资产收益率(%)	4.9400	7.5600	6.5700
总资产(万元)	99515.75	108844.87	80837.06
股东权益(万元)	44158.70	43307.16	39829.77
未分配利润(万元)	4891.91	2710.38	1421.23
主营收入(万元)	84820.61	147203.75	122382.07
资本公积金(万元)	24411.58	24411.58	24208.13
主营利润(万元)	8777.97	15872.27	13134.14
其他业务利润(万元)	119.78	487.29	220.18
营业利润(万元)	3220.02	5476.50	4607.20
投资收益(万元)	34.64	38.67	15.40
补贴收入(万元)			
营业外收支(万元)	-160.86	-104.58	2.45
利润总额(万元)	3093.79	5410.59	4436.64
净利润(万元)	2181.54	3273.94	2618.25

十大股东

序号	股东名称	股份性质	持股数(万股)	比例(%)
1	中国医药集团总公司	国有法人股	7803.66	58.67
2	上海龙港投资咨询有限公司	流通 A 股	68.43	0.51
3	广州南方医疗器材公司	国有法人股	65.45	0.49
4	国药集团上海医疗器械有限公司	国有法人股	65.45	0.49
5	上海深水港商务咨询有限公司	国有法人股	52.20	0.39
6	北京仁康医疗器材经营部	国有法人股	32.72	0.25
7	天津启宇医疗器械有限公司	国有法人股	32.72	0.25
8	蔡玉桂	流通 A 股	32.60	0.25
9	葛丽华	流通 A 股	23.58	0.18
10	董玉芳	流通 A 股	22.50	0.17

股东人数	2004.6	2003.12	2003.6	2002
	23928	24398	25916	24865

近年分配	2004 年 6 月 11 日 10 派 1.00	近年配股/增发	

重大事项

公司 2003 年度分配预案:以 2003 年 12 月 31 日的总股本 13,300 万股为基数,每 10 股派发现红利 1.00 元人民币(含税),共计 1,330 万元,剩余未分配利润 2,710.38 万元结转以后年度。此次分红的股权登记日为 2004 年 6 月 10 日,除息日为 2004 年 6 月 11 日,红利发放日为 2004 年 6 月 16 日。

二○○三年以来市场表现

2003 年涨跌幅(%)	-24.65
2003 年最高(元)	14.80
2003 年最低(元)	7.17
2003 年换手率(%)	700.27
2004.06 涨跌幅(%)	-9.01
2004.06 最高(元)	10.40
2004.06 最低(元)	7.33
2004.06 换手率(%)	213.14

腾达建设集团股份有限公司

公司概况

公司名称	腾达建设集团股份有限公司	股票代码	600512
注册地址	浙江省台州市路桥大道东 1 号	邮政编码	318050
法人代表	叶洋友	董秘	陆沪生
电话	021-68406906	传真	021-68406906
主营业务	市政工程建设;公路工程施工		
总股本	15973.52	流通 A	6000.00
流通 B		流通 H	
审计单位		审计意见	未审计

主要财务指标

年度	2004.6	2003	2002
每股收益/扣除后(元)	0.1255	0.2600	0.1600
每股经营现金流量(元)	-0.1780	0.4300	0.1900
每股净资产/调整后(元)	2.9300	2.9000	2.6400
每股公积金(元)	1.4244	1.4244	1.4244
净资产收益率(%)	4.6500	9.0300	5.7600
总资产(万元)	87898.94	90518.77	78131.11
股东权益(万元)	47985.69	47349.65	43075.02
未分配利润(万元)	5997.41	5361.36	1751.70
主营收入(万元)	50755.34	102439.16	55945.67
资本公积金(万元)	22752.25	22752.25	22752.25
主营利润(万元)	5002.57	9417.17	6879.32
其他业务利润(万元)	10.50	67.97	-0.05
营业利润(万元)	3011.46	5400.16	3823.64
投资收益(万元)		3.66	87.09
补贴收入(万元)	124.90	0.37	0.37
营业外收支(万元)	216.17	110.83	-0.70
利润总额(万元)	3352.53	5515.01	3726.49
净利润(万元)	2233.40	4274.63	2481.54

十大股东

序号	股东名称	股份性质	持股数(万股)	比例(%)
1	叶洋友	个人股	980.32	6.14
2	叶立春	个人股	819.15	5.13
3	叶小根	个人股	723.77	4.53
4	叶林富	个人股	690.86	4.33
5	叶春方	个人股	661.27	4.14
6	叶洋增	个人股	460.62	2.88
7	阮建军	个人股	422.85	2.65
8	杨仙彩	个人股	394.80	2.47
9	徐君明	个人股	394.80	2.47
10	蔡晓彬	个人股	329.01	2.06

股东人数	2004.6	2003.12	2003.6	2002
	23684	26471	26514	30402

近年分配	2004 年 6 月 11 日 10 派 1.00	近年配股/增发	

重大事项

2004 年 1 月,公司与上海地铁建设有限公司、上海市浦东新区交通建设发展有限公司签订《施工承包协议书》,该合同项下的工程为"上海市轨道交通 6 号线工程土建 21A 标段工程"。工程合同总价 10,018 万元,施工工期 363 日历天。工程质量要求达到优良等级。报告期末该合同仍在执行过程中。

二○○三年以来市场表现

2003 年涨跌幅(%)	-29.73
2003 年最高(元)	11.03
2003 年最低(元)	6.02
2003 年换手率(%)	456.09
2004.06 涨跌幅(%)	-2.49
2004.06 最高(元)	8.83
2004.06 最低(元)	6.25
2004.06 换手率(%)	156.52

江苏联环药业股份有限公司

公司概况

公司名称	江苏联环药业股份有限公司				股票代码	600513	
注册地址	江苏省扬州市文峰路21号				邮政编码	225009	
法人代表	姚兴田			董秘	陈福康		
电话	0514-7813082			传真	0514-7815079		
主营业务	制造和销售化学原料药						
总股本	6000.00	流通A	2000.00	流通B		流通H	
审计单位				审计意见	未审计		

主要财务指标

年度	2004.6	2003	2002
每股收益/扣除后(元)	0.1019	0.1900	0.4000
每股经营现金流量(元)	-0.0533	-0.2200	0.4800
每股净资产/调整后(元)	4.1810	4.0870	2.1300
每股公积金(元)	2.3613	2.3613	0.2113
净资产收益率(%)	2.3200	4.5800	18.5000
总资产(万元)	30407.36	29320.93	12628.02
股东权益(万元)	25136.56	24550.44	8525.96
未分配利润(万元)	3978.56	3392.44	2736.27
主营收入(万元)	8448.97	11233.77	7850.79
资本公积金(万元)	14167.59	14167.59	1268
主营利润(万元)	2987.76	4646.83	4641.17
其他业务利润(万元)	53.11	59.03	-1.38
营业利润(万元)	921.45	1884.09	2414.99
投资收益(万元)		-31.71	
补贴收入(万元)			
营业外收支(万元)	-25.54	-55.42	-0.93
利润总额(万元)	895.91	1796.96	2381.51
净利润(万元)	586.12	1124.89	1577.58

十大股东

序号	股东名称	股份性质	持股数(万股)	比例(%)
1	扬州制药厂	国有法人股	2880.00	48.00
2	上海联创投资有限公司	法人股	280.00	4.67
3	苏州工业园区药科大新药开发中心有限公司	法人股	280.00	4.67
4	国药集团药业股份有限公司	法人股	280.00	4.67
5	江苏新时空投资有限公司	法人股	194.00	3.23
6	江苏省国际信托投资有限责任公司	流通A股	90.56	1.51
7	江苏高科技产业投资有限公司	流通A股	86.00	1.43
8	信泰证券有限责任公司	流通A股	31.62	0.53
9	陈晓峰	自然人股	21.53	0.36
10	朱水秀	自然人股	21.29	0.35

股东人数	2004.6	2003.12	2003.6	2002
	8877	8711	9591	

近年分配	2004年7月2日10派0.50	近年配股/增发	

重大事项

公司继续执行与关联方扬州制药厂、扬州制药有限公司、国药集团药业股份有限公司、扬州联环医药营销有限公司等签署的关联交易协议，在土地使用权和房屋租赁、综合后勤服务、原材料采购、药品代理销售等方面发生了关联交易。

二〇〇三年以来市场表现

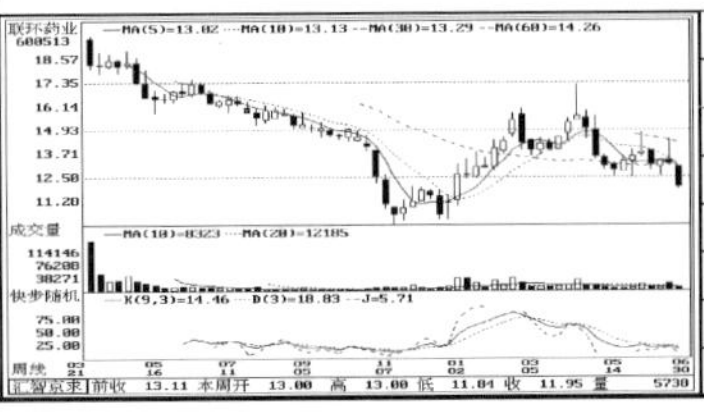

2003年涨跌幅(%)	0.00
2003年最高(元)	19.78
2003年最低(元)	10.07
2003年换手率(%)	287.47
2004.06涨跌幅(%)	-3.00
2004.06最高(元)	17.20
2004.06最低(元)	11.84
2004.06换手率(%)	173.14

第一投资招商股份有限公司

公司概况

公司名称	第一投资招商股份有限公司				股票代码	600515	
注册地址	海南省海口市滨海大道南洋大厦15层				邮政编码	570105	
法人代表	蒋会成			董秘	张丰山		
电话	0898-68530096			传真	0898-68580238		
主营业务	商品零售业务和宾馆旅游业务						
总股本	24357.28	流通A	7900.00	流通B		流通H	
审计单位				审计意见	未审计		

主要财务指标

年度	2004.6	2003	2002
每股收益/扣除后(元)	0.0638	0.0500	0.1550
每股经营现金流量(元)	-0.3200	0.0800	0.1900
每股净资产/调整后(元)	1.8400	1.7800	2.7400
每股公积金(元)	0.5606	0.5606	1.3791
净资产收益率(%)	3.4900	2.8000	5.5500
总资产(万元)	109051.72	104904.79	78533.43
股东权益(万元)	45756.55	44158.96	43129.42
未分配利润(万元)	2359.64	762.05	1732.25
主营收入(万元)	14973.00	22642.78	24957.45
资本公积金(万元)	13655.18	13655.18	21260.12
主营利润(万元)	4723.73	7269.05	8247.88
其他业务利润(万元)	2.99		
营业利润(万元)	1517.53	1761.46	2572.24
投资收益(万元)	326.43	-78.58	-70.33
补贴收入(万元)			
营业外收支(万元)	5.07	33.18	0.36
利润总额(万元)	1849.03	1716.06	2849.30
净利润(万元)	1597.59	1234.80	2391.56

十大股东

序号	股东名称	股份性质	持股数(万股)	比例(%)
1	第一投资集团股份有限公司	法人股	6972.25	28.62
2	海南康泰投资顾问有限公司	法人股	775.39	3.18
3	海南拓江科技投资有限公司	法人股	285.35	1.17
4	三亚亚龙湾开发有限公司	法人股	265.44	1.09
5	中国教学仪器设备总公司	法人股	233.92	0.96
6	中国信达资产管理公司	法人股	225.62	0.93
7	西安慧海科技投资有限公司	法人股	225.62	0.93
8	海南宝生经济贸易公司	法人股	199.08	0.82
9	海南广和贸易有限公司	法人股	157.95	0.65
10	海口海越经济开发有限公司	法人股东	132.82	0.55

股东人数	2004.6	2003.12	2003.6	2002
	35135	33297	31560	30365

近年分配		近年配股/增发	

重大事项

系本公司与中粮可口可乐饮料(中国)投资有限公司共同投资设立的合资经营企业。其注册资金为人民币2,300万元，本公司出资862.5万元，占总股份的37.5%。双方资金均于2004年4月到位，并已经湛江市粤西会计师事务所有限公司验资且出具湛江粤西会验[2004]第037号验资报告。该公司尚在筹建期。

二〇〇三年以来市场表现

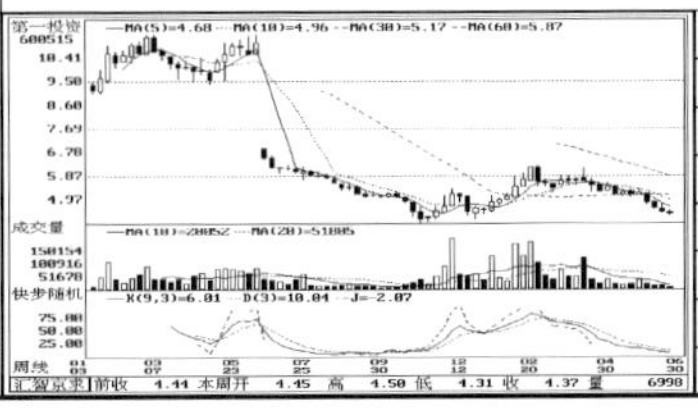

2003年涨跌幅(%)	-24.28
2003年最高(元)	7.15
2003年最低(元)	4.06
2003年换手率(%)	278.12
2004.06涨跌幅(%)	-2.89
2004.06最高(元)	6.25
2004.06最低(元)	4.31
2004.06换手率(%)	179.43

兰州海龙新材料科技股份有限公司

公司概况

公司名称	兰州海龙新材料科技股份有限公司	股票代码	600516
注册地址	甘肃省兰州市红古区海石湾2号街坊354号	邮政编码	730084
法人代表	谢信跃	董秘	邓广星
电话	0931-6239218	传真	0931-6239221
主营业务	石墨及炭素制品的生产加工、批发		

总股本	20000.00	流通A	8000.00	流通B		流通H	
审计单位				审计意见	未审计		

主要财务指标

年度	2004.6	2003	2002
每股收益/扣除后(元)	0.0599	0.1300	0.1700
每股经营现金流量(元)	0.0210	–0.4600	–0.2800
每股净资产/调整后(元)	3.9500	3.9000	3.7500
每股公积金(元)	2.2489	2.2489	2.2442
净资产收益率(%)	1.5000	3.4600	4.4300
总资产(万元)	169577.44	167496.12	139266.59
股东权益(万元)	79094.88	77986.13	75142.37
未分配利润(万元)	11678.01	10765.15	8400.18
主营收入(万元)	26995.76	51321.57	43145.64
资本公积金(万元)	44978.87	44978.87	44883.41
主营利润(万元)	5228.06	9210.11	8830.01
其他业务利润(万元)	–35.69	38.09	–0.26
营业利润(万元)	1013.29	2889.20	4065.22
投资收益(万元)	350.50	127.73	
补贴收入(万元)	8.18	51.02	–0.84
营业外收支(万元)	–37.80	–18.22	0.29
利润总额(万元)	1334.16	3049.73	4047.23
净利润(万元)	1172.94	2696.82	3331.27

十大股东

序号	股东名称	股份性质	持股数(万股)	比例(%)
1	兰州炭素集团有限公司	国有股	11600.00	58.00
2	叶云	自然人股	224.08	1.12
3	上海中勇投资有限公司	自然人股	211.60	1.06
4	徐磊	自然人股	171.90	0.86
5	窑街煤电有限责任公司	国有股东	150.00	0.75
6	太西集团有限责任公司	国有股东	100.00	0.50
7	甘肃祁连山水泥股份有限公司	法人股东	100.00	0.50
8	陈伯丽	自然人股东	72.99	0.36
9	郑显峰	自然人股东	55.75	0.28
10	吕能芳	自然人股东	53.83	0.27

股东人数	2004.6	2003.12	2003.6	2002
	30749	39573	44427	50507

近年分配		近年配股/增发	

重大事项

公司与兰州炭素集团有限责任公司签订有《避免同业竞争协议》，该协议中兰州炭素集团有限责任公司承诺不从事任何在商业上对公司有可能构成直接或间接竞争的同行业或同类产品生产、销售业务或活动。在报告期内兰州炭素集团有限责任公司履行了承诺，没有同业竞争行为。

二〇〇三年以来市场表现

2003年涨跌幅(%)	–24.91
2003年最高(元)	10.17
2003年最低(元)	5.82
2003年换手率(%)	249.30
2004.06涨跌幅(%)	–0.48
2004.06最高(元)	8.09
2004.06最低(元)	6.00
2004.06换手率(%)	102.10

上海置信电气股份有限公司

公司概况

公司名称	上海置信电气股份有限公司	股票代码	600517
注册地址	上海市虹桥路2239号	邮政编码	200336
法人代表	徐锦鑫	董秘	彭永锋
电话	021-62623388	传真	021-62610088
主营业务	非晶合金变压器及部件的研发产销		

总股本	7983.00	流通A	2500.00	流通B		流通H	
审计单位				审计意见	未审计		

主要财务指标

年度	2004.6	2003	2002
每股收益/扣除后(元)	0.0809	0.1600	0.3100
每股经营现金流量(元)	0.0190	0.5700	0.2200
每股净资产/调整后(元)	2.9400	2.9200	1.7300
每股公积金(元)	1.5383	1.5383	
净资产收益率(%)	2.7600	5.6300	17.8200
总资产(万元)	35985.90	35503.31	23695.58
股东权益(万元)	23454.18	23605.08	9689.40
未分配利润(万元)	2203.19	2354.09	3406.16
主营收入(万元)	8348.05	15025.58	13616.98
资本公积金(万元)	12280.56	12280.56	0.03
主营利润(万元)	2716.88	6211.70	5980.36
其他业务利润(万元)			
营业利润(万元)	958.83	2048.09	2855.36
投资收益(万元)			
补贴收入(万元)		63.81	63.81
营业外收支(万元)		–4.09	–0.01
利润总额(万元)	958.83	2107.81	2856.36
净利润(万元)	647.40	1328.35	1726.39

十大股东

序号	股东名称	股份性质	持股数(万股)	比例(%)
1	上海置信(集团)有限公司	境内法人股	2193.20	27.47
2	上海置信电气工程安装有限公司	境内法人股	903.60	11.32
3	上海电力实业总公司	境内法人股	822.45	10.30
4	费维武	个人股	274.15	3.43
5	上海国有资产经营有限公司	国有法人股	274.15	3.43
6	杜筱燕	个人股	193.00	2.42
7	上海鑫达实业总公司	境内法人股	178.20	2.23
8	上海石化企业发展有限公司	国有法人股	137.07	1.72
9	上海中基进出口有限公司	境内法人股	137.07	1.72
10	王健摄	个人股	54.83	0.69

股东人数	2004.6	2003.12	2003.6	2002
	13583	15349		

近年分配	2004年4月21日10派1.00	近年配股/增发	

重大事项

报告期内，公司收购了置信集团持有的上海美特格拉斯置信非晶体金属有限公司40%的股权。

二〇〇三年以来市场表现

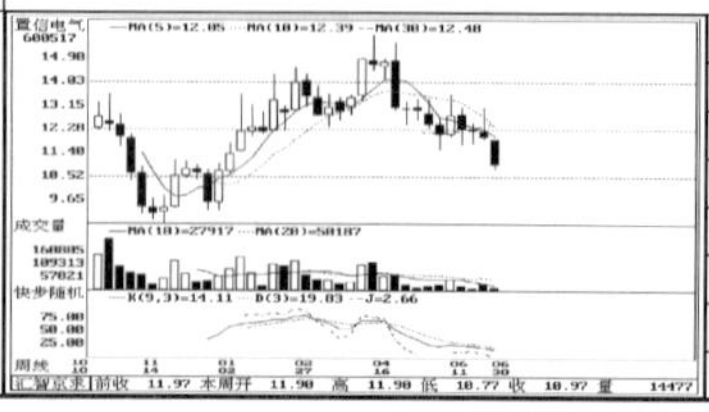

2003年涨跌幅(%)	0.00
2003年最高(元)	13.45
2003年最低(元)	8.67
2003年换手率(%)	425.13
2004.06涨跌幅(%)	–1.35
2004.06最高(元)	15.68
2004.06最低(元)	10.77
2004.06换手率(%)	543.97

广东康美药业股份有限公司

公司概况							
公司名称	广东康美药业股份有限公司			股票代码	600518		
注册地址	广东省普宁市流沙镇长春路中段			邮政编码	515300		
法人代表	马兴田			董秘	邱锡伟		
电话	0663-2917777-8009			传真	0663-2916111		
主营业务	化学药品制剂						
总股本	10620.00	流通 A	2700.00	流通 B		流通 H	
审计单位	广东正中珠江会计师事务所有限责任公司			审计意见	标准无保留		

主要财务指标 年度	2004.6	2003	2002
每股收益/扣除后(元)	0.2971	0.7200	0.5240
每股经营现金流量(元)	0.2830	1.1020	0.7550
每股净资产/调整后(元)	4.3370	6.0440	5.3710
每股公积金(元)	1.8815	3.2223	3.2223
净资产收益率(%)	6.8000	11.5700	11.2000
总资产(万元)	76492.33	70468.87	62957.88
股东权益(万元)	47282.40	44243.64	39123.23
未分配利润(万元)	13837.68	11506.92	7154.58
主营收入(万元)	25937.58	46448.31	41098.03
资本公积金(万元)	19981.97	22813.97	22813.97
主营利润(万元)	7597.21	12692.91	10206.70
其他业务利润(万元)			
营业利润(万元)	4801.98	7662.11	6307.60
投资收益(万元)			
补贴收入(万元)			
营业外收支(万元)	-2.21	-36.37	0.39
利润总额(万元)	4799.77	7625.74	5715.51
净利润(万元)	3215.76	5120.41	4383.27

十大股东 序号	股东名称	股份性质	持股数(万股)	比例(%)
1	普宁市康美实业有限公司	境内法人股	6180.00	58.19
2	中国银河证券有限责任公司	流通 A 股	510.88	4.81
3	许冬瑾	自然人股	435.00	4.10
4	许燕君	自然人股	435.00	4.10
5	普宁市金信典当行有限公司	境内法人股	435.00	4.10
6	普宁市国际信息咨询服务有限公司	境内法人股	435.00	4.10
7	许锦	流通 A 股	42.10	0.40
8	交通银行-科瑞证券投资基金	流通 A 股	40.20	0.38
9	宁顺有	流通 A 股	39.11	0.37
10	上海国际信托投资有限公司	流通 A 股	22.81	0.21

股东人数	2004.6	2003.12	2003.6	2002
	9397	9547	10074	12219

近年分配	近年配股/增发
2004 年 5 月 20 日 10 派 0.25	2004 年 5 月 20 日 10 送 1 转 4

重大事项

经 2004 年 4 月 27 日召开的公司 2003 年度股东大会审议通过，公司 2003 年度利润分配及资本公积金转增股本方案为：以 2003 年 12 月 31 日公司总股本 70,800,000 股为基数，向全体股东每 10 股派发现金红利 0.25 元（含税）送 1 股；资本公积金转增股本方案：以 2003 年 12 月 31 日公司总股本 70,800,000 股为基数，向全体股东每 10 股转增 4 股。

二〇〇三年以来市场表现

2003 年涨跌幅(%)	-14.10
2003 年最高(元)	22.42
2003 年最低(元)	11.65
2003 年换手率(%)	66.65
2004.06 涨跌幅(%)	-19.78
2004.06 最高(元)	19.00
2004.06 最低(元)	13.00
2004.06 换手率(%)	62.10

贵州茅台酒股份有限公司

公司概况							
公司名称	贵州茅台酒股份有限公司			股票代码	600519		
注册地址	贵州省仁怀市茅台镇			邮政编码	564501		
法人代表	袁仁国			董秘	樊宁屏		
电话	0852-2386002,2386239			传真	0852-2386005		
主营业务	贵州茅台酒系列产品						
总股本	39325.00	流通 A	11246.95	流通 B		流通 H	
审计单位				审计意见	未审计		

主要财务指标 年度	2004.6	2003	2002
每股收益/扣除后(元)	0.8876	1.9400	1.3700
每股经营现金流量(元)	-0.0970	3.1100	1.5800
每股净资产/调整后(元)	9.4600	11.2900	10.2900
每股公积金(元)	6.6595	6.6595	7.3248
净资产收益率(%)	9.2100	17.0600	13.2100
总资产(万元)	504110.62	495636.59	393090.50
股东权益(万元)	378822.66	343914.25	285284.56
未分配利润(万元)	98359.92	63451.53	28824.46
主营收入(万元)	131410.92	240101.80	183489.83
资本公积金(万元)	201448.50	201448.50	201432.08
主营利润(万元)	88608.36	161544.08	117431.52
其他业务利润(万元)	0.93	108.40	1.61
营业利润(万元)	56968.93	97543.84	64912.52
投资收益(万元)			
补贴收入(万元)		60.14	-0.15
营业外收支(万元)	3.32	125.48	-0.14
利润总额(万元)	56972.25	97729.46	64937.04
净利润(万元)	34908.42	58674.78	37679.85

十大股东 序号	股东名称	股份性质	持股数(万股)	比例(%)
1	中国贵州茅台酒厂有限责任公司	国有法人股	25436.36	64.68
2	贵州茅台酒厂技术开发公司	国有法人股	1573.00	4.00
3	科瑞证券投资基金	流通 A 股	501.85	1.28
4	宝康消费品证券投资基金	流通 A 股	456.29	1.16
5	南方稳健成长证券投资基金	流通 A 股	369.85	0.94
6	安顺证券投资基金	流通 A 股	338.00	0.86
7	华宝兴业多策略增长证券投资基金	流通 A 股	318.13	0.81
8	易方达 50 指数证券投资基金	流通 A 股	269.89	0.69
9	申万巴黎盛利精选证券投资基金	流通 A 股	266.36	0.68
10	中信经典配置证券投资基金	流通 A 股	242.26	0.62

股东人数	2004.6	2003.12	2003.6	2002
	16556	32349	38846	36998

近年分配	近年配股/增发
2004 年 7 月 1 日 10 派 3.00	2004 年 7 月 1 日 10 转 3

重大事项

根据公司第一届董事会 2003 年度第三次会议决议，按照本公司 2001 年 5 月 31 日与中国贵州茅台酒厂有限责任公司（以下简称"集团公司"）签订的《商标许可使用协议》第四款的约定，本公司与集团公司双方确定：2003 年、2004 年的商标许可使用费为本公司使用许可商标的酒类产品年销售额的 2%，但每一年度的使用费最高均不得超过 2001 年和 2002 年所收取商标使用费的平均值。

二〇〇三年以来市场表现

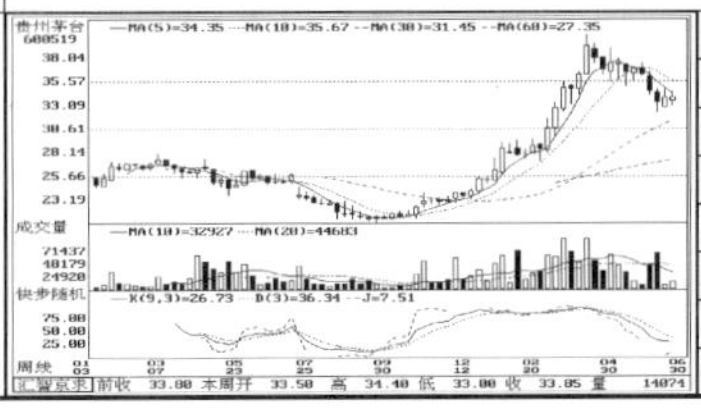

2003 年涨跌幅(%)	10.61
2003 年最高(元)	25.68
2003 年最低(元)	20.71
2003 年换手率(%)	93.99
2004.06 涨跌幅(%)	33.27
2004.06 最高(元)	40.52
2004.06 最低(元)	25.00
2004.06 换手率(%)	97.18

铜陵三佳科技股份有限公司

公司概况				
公司名称	铜陵三佳科技股份有限公司	股票代码	600520	
注册地址	安徽省铜陵经济技术开发区	邮政编码	244000	
法人代表	黄明玖	董秘	谢乐平	
电话	0562-2627520	传真	0562-2627506	
主营业务	集成电路塑封模具			
总股本	11304.00	流通 A	4500.00	流通 B / 流通 H
审计单位		审计意见	未审计	

主要财务指标 年度	2004.6	2003	2002
每股收益/扣除后(元)	0.0992	0.1500	0.3300
每股经营现金流量(元)	-0.0200	0.4800	0.1200
每股净资产/调整后(元)	2.4300	2.3500	3.9900
每股公积金(元)	0.9005	0.9005	2.4182
净资产收益率(%)	3.9500	6.3400	8.1300
总资产(万元)	53666.74	50526.38	34923.40
股东权益(万元)	28044.21	26935.07	25210.49
未分配利润(万元)	5441.71	4332.57	2923.70
主营收入(万元)	7470.00	11445.59	9363.99
资本公积金(万元)	10179.60	10179.60	15186.57
主营利润(万元)	2484.39	4459.06	4125.17
其他业务利润(万元)	50.56	35.53	-0.25
营业利润(万元)	1370.64	1796.13	2474.56
投资收益(万元)	-22.65	-15.59	
补贴收入(万元)	250.58	768.07	-35.59
营业外收支(万元)	-16.98	-27.95	-0.06
利润总额(万元)	1581.58	2520.66	3095.97
净利润(万元)	1109.14	1707.55	2050.12

十大股东 序号	股东名称	股份性质	持股数(万股)	比例(%)
1	铜陵三佳电子集团有限责任公司	国有法人股	6138.00	54.30
2	安徽省信托投资公司	国有法人股	360.00	3.18
3	中国建设银行-华宝兴业多策略增长证券投资基金	流通股	99.52	0.88
4	合肥创源智能网络有限责任公司	社会法人股	90.00	0.80
5	深圳市世纪之舟实业发展有限公司	社会法人股	72.00	0.64
6	北京久凌商贸公司	流通股	55.59	0.49
7	安徽金岸工贸有限责任公司	社会法人股	54.00	0.48
8	合肥新创经贸有限责任公司	社会法人股	54.00	0.48
9	王付英	流通股	37.00	0.33
10	南京证券有限责任公司	流通股	33.63	0.30

股东人数	2004.6	2003.12	2003.6	2002
	14174	11942	11393	8868

近年分配		近年配股/增发	

重大事项

由本公司联合其他投资方共同出资设立"安徽德奔汽车有限公司"。其中,铜陵三佳科技股份有限公司以自有资金出资400万元人民币,占注册资本的40%;自然人任石出资350万元人民币,占注册资本的35%;自然人郑海燕出资150万元人民币,占注册资本的15%;自然人陈王保出资100万元人民币,占注册资本的10%。该公司营业范围为汽车及配件销售;汽车配件加工;汽车装璜、租赁;旧机动车交易中介。

二〇〇三年以来市场表现

2003年涨跌幅(%)	-24.25
2003年最高(元)	11.72
2003年最低(元)	6.41
2003年换手率(%)	214.88
2004.06涨跌幅(%)	-1.85
2004.06最高(元)	10.07
2004.06最低(元)	6.52
2004.06换手率(%)	242.98

浙江华海药业股份有限公司

公司概况				
公司名称	浙江华海药业股份有限公司	股票代码	600521	
注册地址	浙江省临海市汛桥开发区	邮政编码	317024	
法人代表	陈保华	董秘	祝永华	
电话	0576-5991096	传真	0576-5016010	
主营业务	原料药及医药中间体的制造和销售			
总股本	18000.00	流通 A	6300.00	流通 B / 流通 H
审计单位		审计意见	未审计	

主要财务指标 年度	2004.6	2003	2002
每股收益/扣除后(元)	0.3335	0.8200	0.7700
每股经营现金流量(元)	0.1660	0.4700	1.1590
每股净资产/调整后(元)	4.0400	6.8500	1.4900
每股公积金(元)	2.2807	4.9053	0.0052
净资产收益率(%)	8.4500	11.5700	62.9000
总资产(万元)	79417.62	77468.47	24818.22
股东权益(万元)	72672.46	68529.03	8044.01
未分配利润(万元)	10933.31	6789.88	5872.29
主营收入(万元)	17850.60	30303.61	18737.75
资本公积金(万元)	41053.19	49053.19	52.33
主营利润(万元)	9160.77	15999.38	10016.33
其他业务利润(万元)	43.51	30.52	-0.07
营业利润(万元)	8052.45	12459.69	7275.01
投资收益(万元)	57.00		
补贴收入(万元)	18.00	63.56	63.56
营业外收支(万元)	-20.24	-525.77	-0.72
利润总额(万元)	8107.22	11997.48	7211.23
净利润(万元)	6143.43	7928.43	5059.31

十大股东 序号	股东名称	股份性质	持股数(万股)	比例(%)
1	陈保华	自然人股	5247.45	29.15
2	周明华	自然人股	5247.45	29.15
3	金鑫证券投资基金	流通A股	621.84	3.45
4	嘉实成长收益型证券投资基金	流通A股	600.77	3.34
5	清华紫光科技创新投资有限公司	境内法人股	585.00	3.25
6	兴和证券投资基金	流通A股	374.18	2.08
7	嘉实增长开放式证券投资基金	流通A股	279.51	1.55
8	北京东方经典商务顾问有限公司	自然人股	269.10	1.50
9	招商股票投资基金	流通A股	218.87	1.22
10	华夏成长证券投资基金	流通A股	176.35	0.98

股东人数	2004.6	2003.12	2003.6	2002
	7481	13473	20121	

近年分配	2004年4月30日10派2.00	近年配股/增发	2004年4月30日10转8

重大事项

2004年4月10日,公司二OO三年年度股东大会审议通过了以公司2003年12月31日的总股本10,000股为基数,以资本公积金向全体股东按每10股转增8股,每10股派发现金红利2.00(含税)的利润分配方案。2004年4月26日。

二〇〇三年以来市场表现

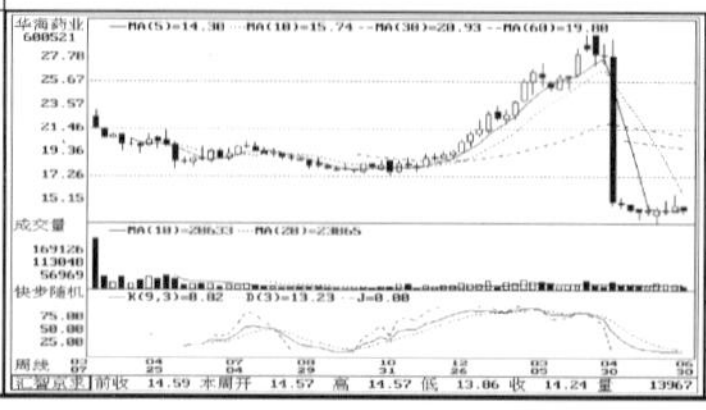

2003年涨跌幅(%)	0.00
2003年最高(元)	12.69
2003年最低(元)	9.50
2003年换手率(%)	167.07
2004.06涨跌幅(%)	23.35
2004.06最高(元)	16.49
2004.06最低(元)	11.42
2004.06换手率(%)	92.72

江苏中天科技股份有限公司

公司概况

公司名称	江苏中天科技股份有限公司			股票代码	600522
注册地址	江苏省如东县河口镇			邮政编码	226463
法人代表	薛济萍		董秘	刘宁	
电话	0513-3599505		传真	0513-3599504	
主营业务	光纤、光缆、电缆材料				
总股本	20831.00	流通 A	7000.00	流通 B	流通 H
审计单位			审计意见	未审计	

主要财务指标

年度	2004.6	2003	2002
每股收益/扣除后(元)	0.0458	0.0060	0.1800
每股经营现金流量(元)	-0.2605	-0.5000	0.2600
每股净资产/调整后(元)	2.7400	2.6900	2.6900
每股公积金(元)	1.4023	1.4023	1.3918
净资产收益率(%)	1.6800	0.2200	7.0000
总资产(万元)	102902.74	94548.83	83374.18
股东权益(万元)	57222.28	56262.80	56083.93
未分配利润(万元)	4146.72		3395.50
主营收入(万元)	18349.67	30833.92	41353.69
资本公积金(万元)	29211.09	29211.09	28992.65
主营利润(万元)	3781.07	6589.67	10429.90
其他业务利润(万元)	54.98	154.66	2.86
营业利润(万元)	1186.23	341.77	5524.35
投资收益(万元)	152.23	-86.74	
补贴收入(万元)	45.48	885.19	-1.51
营业外收支(万元)	-39.28	-57.01	0.87
利润总额(万元)	1344.68	1083.21	5287.37
净利润(万元)	959.48	125.50	3975.39

十大股东

序号	股东名称	股份性质	持股数(万股)	比例(%)
1	如东县河口镇集体资产投资中心	社会法人股	11958.00	57.40
2	中国铁路通信信号上海工程公司	国有法人股	543.00	2.61
3	河北北方电子开发股份有限公司	社会法人股	543.00	2.61
4	南京邮电学院	国有法人股	543.00	2.61
5	南通邮电器材公司	社会法人股	217.00	1.04
6	刘书春	流通股	35.26	0.17
7	北京聚能通科技有限公司	社会法人股	27.00	0.13
8	王玉桂	流通股	12.53	0.06
9	段达芝	流通股	11.50	0.06
10	贾日庆	流通股	11.22	0.05

股东人数	2004.6	2003.12	2003.6	2002
	36322	36347	39707	40547

近年分配		近年配股/增发	

重大事项

2003年12月23日，公司2003年第二次临时股东大会审议通过了《关于收购桂江电力股权的议案》，决定以人民币19877.19万元的交易价格受让东晖公司持有的梧州桂江电力有限公司98.67%的股权，并就此与东晖公司签订了《股权转让协议》，取得了拟建的旺村电站开发权。

二○○三年以来市场表现

2003年涨跌幅(%)	-43.20
2003年最高(元)	12.16
2003年最低(元)	5.18
2003年换手率(%)	462.12
2004.06涨跌幅(%)	2.10
2004.06最高(元)	8.16
2004.06最低(元)	5.66
2004.06换手率(%)	226.74

贵州贵航汽车零部件股份有限公司

公司概况

公司名称	贵州贵航汽车零部件股份有限公司			股票代码	600523
注册地址	贵阳国家高新技术产业开发区火炬大道1号			邮政编码	550002
法人代表	张军		董秘	朱华斌	
电话	0851-8317550		传真	0851-8317558	
主营业务	汽车零部件				
总股本	22000.00	流通 A	7000.00	流通 B	流通 H
审计单位			审计意见	未审计	

主要财务指标

年度	2004.6	2003	2002
每股收益/扣除后(元)	0.0250	0.0250	0.0200
每股经营现金流量(元)	-0.0840	0.2900	0.0300
每股净资产/调整后(元)	2.6400	2.6100	2.5700
每股公积金(元)	1.5244	1.5244	1.5214
净资产收益率(%)	0.9200	0.7600	0.5100
总资产(万元)	103699.20	105537.62	106191.70
股东权益(万元)	58011.91	57477.07	56481.61
未分配利润(万元)	1552.17	1017.69	283.20
主营收入(万元)	27003.26	46900.20	37902.18
资本公积金(万元)	33536.29	33535.94	33470.96
主营利润(万元)	6811.58	11998.74	10676.16
其他业务利润(万元)	254.46	601.26	-72.21
营业利润(万元)	996.66	1149.28	786.67
投资收益(万元)	27.95	-136.48	-78.52
补贴收入(万元)	22.03	36.87	-0.04
营业外收支(万元)	-37.53	-179.66	-8.30
利润总额(万元)	1009.11	870.01	562.89
净利润(万元)	534.48	441.60	285.25

十大股东

序号	股东名称	股份性质	持股数(万股)	比例(%)
1	中国贵州航空工业(集团)有限责任公司	国有法人股	12641.54	57.46
2	贵阳市国有资产管理公司	国家股	2157.31	9.81
3	贵阳新达机械厂	境内法人股	67.05	0.30
4	贵州海洋经济发展有限公司	境内法人股	67.05	0.30
5	中国航空工业供销贵州公司	国有法人股	67.05	0.30
6	何军	流通A股	32.89	0.15
7	林华保	流通A股	22.40	0.10
8	李五强	流通A股	19.30	0.09
9	郑元伟	流通A股	19.16	0.09
10	马飒英	流通A股	15.00	0.07

股东人数	2004.6	2003.12	2003.6	2002
	32927	31168	32927	32352

近年分配		近年配股/增发	

重大事项

2004年3月29日，本公司就中国工商银行贵阳市瑞金北路支行从2000年9月至2002年12月在本公司所属分公司申一橡胶公司帐户上错扣应由贵州申一橡胶厂承担的利息198万元一事，向贵阳市中级人民法院提起诉讼，贵阳市中级人民法院已受理此诉讼，并于2004年6月14日作出裁决。

二○○三年以来市场表现

2003年涨跌幅(%)	-27.74
2003年最高(元)	8.55
2003年最低(元)	4.61
2003年换手率(%)	242.46
2004.06涨跌幅(%)	-19.05
2004.06最高(元)	6.50
2004.06最低(元)	4.19
2004.06换手率(%)	174.02

深圳市长园新材料股份有限公司

公司概况

公司名称	深圳市长园新材料股份有限公司	股票代码	600525
注册地址	深圳市南山区高新区科苑中路长园新材料港A栋6楼	邮政编码	518057
法人代表	许晓文	董秘	倪昭华
电话	0755-26717828	传真	0755-26630603
主营业务	研制、生产、销售功能高分子材料		

总股本	9954.00	流通A	2500.00	流通B		流通H	
审计单位				审计意见	未审计		

主要财务指标

年度	2004.6	2003	2002
每股收益/扣除后(元)	0.2338	0.4100	0.3100
每股经营现金流量(元)	0.2170	0.4100	0.4000
每股净资产/调整后(元)	3.2700	3.1100	2.7900
每股公积金(元)	1.5716	1.5716	1.5656
净资产收益率(%)	7.8400	13.1700	11.1600
总资产(万元)	54156.23	43595.80	48768.87
股东权益(万元)	32508.04	30956.42	27741.90
未分配利润(万元)	3086.97	1535.35	–333.53
主营收入(万元)	14505.39	25670.24	19572.56
资本公积金(万元)	15643.83	15643.83	15583.91
主营利润(万元)	6969.84	12732.78	10259.19
其他业务利润(万元)	275.29	354.62	–10.84
营业利润(万元)	3149.78	5295.86	3572.85
投资收益(万元)	369.97	491.07	–35.47
补贴收入(万元)	50.66	98.00	1.36
营业外收支(万元)	27.86	18.75	0.20
利润总额(万元)	3598.26	5903.68	4242.59
净利润(万元)	2547.02	4076.35	3096.38

十大股东

序号	股东名称	股份性质	持股数(万股)	比例(%)
1	长和投资有限公司	境内法人股	4671.53	46.93
2	深圳国际信托投资有限责任公司	国有法人股	2541.49	25.53
3	许晓文	个人股	162.40	1.63
4	陈红	个人股	31.43	0.32
5	鲁尔兵	个人股	31.43	0.32
6	董方明	流通A股	20.16	0.20
7	西南证券有限责任公司	流通A股	17.45	0.18
8	倪昭华	个人股	15.72	0.16
9	齐锡久	流通A股	13.50	0.14
10	狄梅芬	流通A股	12.37	0.12

股东人数	2004.6	2003.12	2003.6	2002
	11482	12739	13828	17023

近年分配	2004年4月30日10派1.00	近年配股/增发	

重大事项

公司于2004年3月30日召开了2003年年度股东大会，审议通过了《2003年度利润分配预案》：以公司2003年12月31日总股本9954万股计算，向全体股东每10股派发现金红利1.0元(含税)，现金分配股利共计9,954,000.00元。

二〇〇三年以来市场表现

2003年涨跌幅(%)	–7.53
2003年最高(元)	21.48
2003年最低(元)	12.13
2003年换手率(%)	599.40
2004.06涨跌幅(%)	–0.33
2004.06最高(元)	19.60
2004.06最低(元)	14.60
2004.06换手率(%)	246.43

浙江菲达环保科技股份有限公司

公司概况

公司名称	浙江菲达环保科技股份有限公司	股票代码	600526
注册地址	浙江省诸暨市望云路88号	邮政编码	311800
法人代表	舒英钢	董秘	周明良
电话	0575-7385602	传真	0575-7214695
主营业务	除尘器和气力输送设备		

总股本	14000.00	流通A	5600.00	流通B		流通H	
审计单位				审计意见	未审计		

主要财务指标

年度	2004.6	2003	2002
每股收益/扣除后(元)	0.0575	0.1560	0.2400
每股经营现金流量(元)	–0.7070	–0.1700	0.3200
每股净资产/调整后(元)	2.8800	3.8700	3.7200
每股公积金(元)	1.3761	2.3244	2.3233
净资产收益率(%)	3.8100	4.0200	6.3600
总资产(万元)	115716.87	98791.38	66541.55
股东权益(万元)	40342.68	38782.84	37211.35
未分配利润(万元)	5944.36	4405.72	3081.50
主营收入(万元)	37698.56	52370.10	32758.02
资本公积金(万元)	19265.66	23244.46	23233.11
主营利润(万元)	5781.67	7898.82	6765.94
其他业务利润(万元)	150.36	246.99	–3.60
营业利润(万元)	2454.84	3110.46	3900.26
投资收益(万元)	3.90	11.03	
补贴收入(万元)	26.80	131.00	131.00
营业外收支(万元)	–32.55	–78.10	–0.73
利润总额(万元)	2452.99	3174.40	3862.44
净利润(万元)	1538.64	1560.14	2365.95

十大股东

序号	股东名称	股份性质	持股数(万股)	比例(%)
1	浙江菲达机电集团有限公司	国有法人股	6720.00	48.00
2	中国国际热能工程公司	国有法人股	420.00	3.00
3	汉唐证券有限责任公司	流通A股	403.55	2.88
4	河北北方电力开发股份有限公司	境内法人股	280.00	2.00
5	诸暨机床厂	境内法人股	280.00	2.00
6	裕阳证券投资基金	流通A股	223.99	1.60
7	浙江菲达机电集团诸暨环达机械有限公司	国有法人股	210.00	1.50
8	浙江菲达机电集团诸暨环达机械有限公司	国有法人股	210.00	1.50
9	全国社保基金一零三组合	流通A股	154.85	1.11
10	中国工商银行–裕元证券投资基金	流通A股	148.25	1.06

股东人数	2004.6	2003.12	2003.6	2002
	9099	9682	13290	13198

近年分配		近年配股/增发	2004年6月16日10转4

重大事项

根据本公司控股子公司江苏菲达宝开电气有限公司与菲达集团签订的《土地租赁协议》，菲达集团将其所有的江苏省宝应县苏中南路60号、土地使用权证号为宝应国用[2002]字第1169号的土地使用权租赁给江苏菲达宝开电气有限公司使用，每年租赁费按该土地评估价值乘以中国工商银行同期贷款利率的1.1倍计算，租赁期限为2003年8月1日至2005年7月30日。本公司已按上述租赁协议计提并支付相应的租赁费。

二〇〇三年以来市场表现

2003年涨跌幅(%)	15.10
2003年最高(元)	11.29
2003年最低(元)	8.58
2003年换手率(%)	288.92
2004.06涨跌幅(%)	–8.17
2004.06最高(元)	12.29
2004.06最低(元)	10.01
2004.06换手率(%)	202.23

江苏江南高纤股份有限公司

公司概况

公司名称	江苏江南高纤股份有限公司	股票代码	600527
注册地址	江苏省苏州市相城区黄埭镇	邮政编码	215143
法人代表	陶国平	董秘	浦金龙
电话	0512-65481181	传真	0512-65481181
主营业务	涤纶毛条和短纤维产品的生产销售		
总股本	8000.00	流通A	3000.00
流通B		流通H	
审计单位		审计意见	未审计

主要财务指标

年度	2004.6	2003	2002
每股收益/扣除后(元)	0.1425	0.2600	0.3780
每股经营现金流量(元)	–0.4720	0.5600	0.4400
每股净资产/调整后(元)	3.3000	3.2400	1.6300
每股公积金(元)	1.5953	1.5953	
净资产收益率(%)	4.3200	8.0000	23.2100
总资产(万元)	37790.94	28941.57	17387.50
股东权益(万元)	26399.17	25897.78	8146.24
未分配利润(万元)	4509.95	4008.56	2441.26
主营收入(万元)	12003.31	24250.91	20158.07
资本公积金(万元)	12762.24	12762.24	
主营利润(万元)	1771.91	4199.67	4139.76
其他业务利润(万元)	251.37		
营业利润(万元)	1702.00	3074.24	2688.59
投资收益(万元)		5.06	0.03
补贴收入(万元)			
营业外收支(万元)			
利润总额(万元)	1702.00	3079.30	2688.64
净利润(万元)	1139.81	2071.84	1890.69

十大股东

序号	股东名称	股份性质	持股数(万股)	比例(%)
1	陶国平	个人股	1873.55	23.42
2	夏志良	个人股	663.69	8.30
3	盛冬生	个人股	559.42	6.99
4	苏州市相城区黄埭镇集体资产经营公司	境内法人股	496.52	6.21
5	周永康	个人股	331.02	4.14
6	顾兴男	个人股	215.16	2.69
7	上海石化鑫获良实业发展有限公司	国有法人股	190.33	2.38
8	尤小弟	个人股	187.02	2.34
9	沈永林	个人股	178.75	2.23
10	邹水林	个人股	82.75	1.03

股东人数	2004.6	2003.12	2003.6	2002
	5311	15740		

近年分配	2004年4月8日10派0.80	近年配股/增发	

重大事项

2004年5月27日公司二届董事会第三次会议审议同意收购苏州市相城区财政局持有的苏州市蠡口热电有限公司30%的股权。经江苏仁合资产评估有限公司评估并出具了苏仁评报字(2004)第042号评估报告，截止2004年3月31日苏州市蠡口热电有限公司评估净资产为6770.13万元，其30%股权相对应的股东权益为2031.039万元。

二〇〇三年以来市场表现

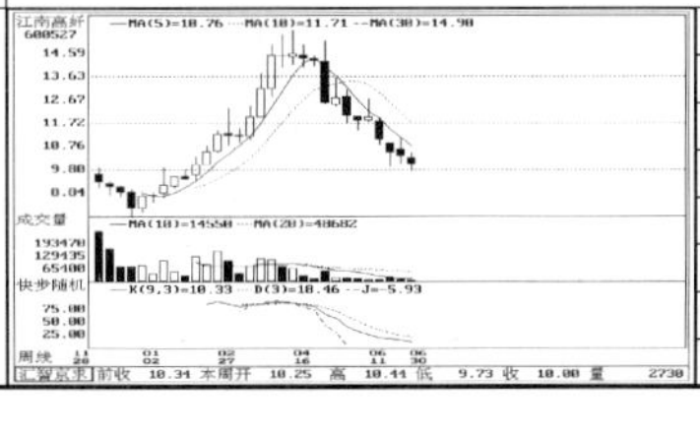

2003年涨跌幅(%)	0.00
2003年最高(元)	9.78
2003年最低(元)	7.80
2003年换手率(%)	221.58
2004.06涨跌幅(%)	18.20
2004.06最高(元)	15.55
2004.06最低(元)	8.40
2004.06换手率(%)	429.86

中铁二局股份有限公司

公司概况

公司名称	中铁二局股份有限公司	股票代码	600528
注册地址	成都高新区创业东路18号高新大厦10楼	邮政编码	610032
法人代表	唐志成	董秘	邓爱民
电话	028-87684612	传真	028-87683980
主营业务	铁路工程		
总股本	41000.00	流通A	11000.00
流通B		流通H	
审计单位		审计意见	未审计

主要财务指标

年度	2004.6	2003	2002
每股收益/扣除后(元)	0.0795	0.1592	0.2700
每股经营现金流量(元)	–0.0730	–0.1300	–0.7900
每股净资产/调整后(元)	4.1200	4.2300	4.1200
每股公积金(元)	2.6506	2.6501	2.6636
净资产收益率(%)	1.6900	3.9200	6.4300
总资产(万元)	457808.84	424148.28	422272.03
股东权益(万元)	174838.84	177953.52	171531.73
未分配利润(万元)	10184.38	7819.75	8703.44
主营收入(万元)	242534.06	530611.12	442435.62
资本公积金(万元)	108673.24	108652.38	109208.14
主营利润(万元)	21890.75	48111.62	53777.01
其他业务利润(万元)	766.02	1477.10	–2.47
营业利润(万元)	3434.40	7642.38	13670.13
投资收益(万元)	–471.52	848.89	1065.33
补贴收入(万元)			
营业外收支(万元)	120.33	–592.35	–5.85
利润总额(万元)	3083.21	7898.91	14439.54
净利润(万元)	2959.76	6977.54	11026.29

十大股东

序号	股东名称	股份性质	持股数(万股)	比例(%)
1	中铁二局集团有限公司	国有法人股	28500.00	69.51
2	中铁宝桥股份有限公司	国有法人股	1363.00	3.32
3	成都铁路局	国有法人股	65.00	0.16
4	高志学	流通A股	46.10	0.11
5	铁道部第二勘测设计院	国有法人股	39.00	0.10
6	西南交通大学	国有法人股	33.00	0.08
7	蔡贵生	流通A股	29.90	0.07
8	吴训忠	流通A股	23.42	0.06
9	童霞	流通A股	21.69	0.05
10	广东粤财信托投资公司	流通A股	20.31	0.05

股东人数	2004.6	2003.12	2003.6	2002
	68562	72665	75940	75064

近年分配	2004年6月22日10派1.50	近年配股/增发	

重大事项

2004年7月19日，公司召开2004年第一次临时股东大会审议通过翁景庆先生、林鼎富先生因年龄原因辞去公司董事的预案和增补唐志成先生为公司董事的预案，根据《公司章程》131条的规定，翁景庆先生不再担任公司董事长职务，林鼎富先生不再担任公司副董事长职务。

二〇〇三年以来市场表现

2003年涨跌幅(%)	–23.90
2003年最高(元)	10.20
2003年最低(元)	6.34
2003年换手率(%)	117.67
2004.06涨跌幅(%)	–2.88
2004.06最高(元)	8.45
2004.06最低(元)	6.35
2004.06换手率(%)	85.69

山东省药用玻璃股份有限公司

公司概况

公司名称	山东省药用玻璃股份有限公司			股票代码	600529		
注册地址	山东省淄博市沂源县二郎山路8号			邮政编码	256100		
法人代表	柴文			董秘	周仕勇		
电话	0533-3242312-2028			传真	0533-3249700		
主营业务	药用玻璃包装产品的制造、销售						
总股本	18541.68	流通 A	7200.00	流通 B		流通 H	
审计单位				审计意见	未审计		

主要财务指标

年度	2004.6	2003	2002
每股收益/扣除后(元)	0.2053	0.5600	0.6600
每股经营现金流量(元)	-0.1120	0.4800	1.3300
每股净资产/调整后(元)	3.9900	5.7800	7.7900
每股公积金(元)	1.9277	2.0602	4.7817
净资产收益率(%)	5.1100	9.8000	8.5300
总资产(万元)	116950.05	103602.92	94359.38
股东权益(万元)	74165.22	71595.27	64155.47
未分配利润(万元)	14302.67	15456.19	11908.32
主营收入(万元)	26698.06	46798.95	42231.83
资本公积金(万元)	35743.39	38200.47	39404.54
主营利润(万元)	10173.47	17757.44	15441.37
其他业务利润(万元)	324.95	138.59	-0.53
营业利润(万元)	5593.67	10475.56	8265.24
投资收益(万元)			26.77
补贴收入(万元)	28.05	24.44	24.44
营业外收支(万元)	-23.43	220.20	-0.46
利润总额(万元)	5598.29	10720.20	8233.56
净利润(万元)	3790.92	7019.72	5475.30

十大股东

序号	股东名称	股份性质	持股数(万股)	比例(%)
1	沂源县公有资产管理委员会	国有法人股	6776.92	36.55
2	裕阳证券投资基金	流通A股	497.47	2.68
3	裕隆证券投资基金	流通A股	429.04	2.31
4	嘉实增长开放式证券投资基金	流通A股	331.88	1.79
5	红塔证券股份有限公司	流通A股	217.96	1.18
6	嘉实服务增值行业证券投资基金	流通A股	204.57	1.10
7	淄博工陶耐火材料有限公司	境内法人股	198.90	1.07
8	沂源县电业局实业总公司	境内法人股	179.01	0.97
9	嘉实稳健开放式证券投资基金	流通A股	135.60	0.73
10	裕华证券投资基金	流通A股	120.75	0.65

股东人数	2004.6	2003.12	2003.6	2002
	14431	13132	15990	12954

近年分配	2004年4月5日10派1.00	近年配股/增发	2004年4月5日10转2送3

重大事项

公司于2004年3月30日刊登分红派息公告,股权登记日:2004年4月2日,除权(除息)日:2004年4月5日,新增可流通股上市日:2004年4月6日,现金红利发放日:2004年4月9日。该项利润分配方案和公积金转增股本方案已按期实施。

二〇〇三年以来市场表现

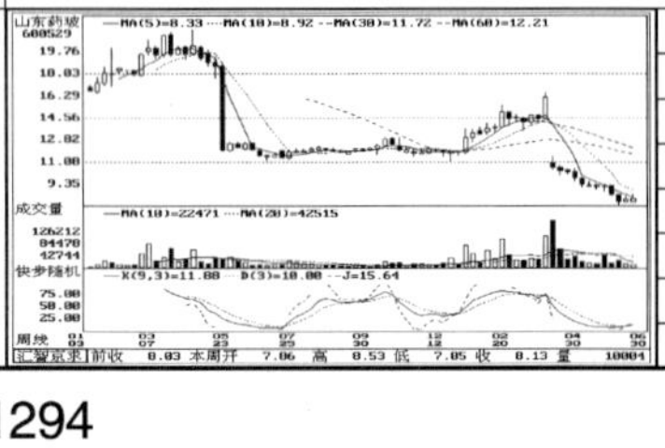

2003年涨跌幅(%)	3.96
2003年最高(元)	9.44
2003年最低(元)	7.19
2003年换手率(%)	132.22
2004.06涨跌幅(%)	4.67
2004.06最高(元)	11.46
2004.06最低(元)	7.61
2004.06换手率(%)	146.25

上海交大昂立股份有限公司

公司概况

公司名称	上海交大昂立股份有限公司			股票代码	600530		
注册地址	上海市松江区松江镇环城路117号			邮政编码	200030		
法人代表	许晓鸣			董秘	张潘宏		
电话	021-62810808,52540087			传真	021-62816699		
主营业务	保健食品的研制						
总股本	24000.00	流通 A	6000.00	流通 B		流通 H	
审计单位				审计意见	未审计		

主要财务指标

年度	2004.6	2003	2002
每股收益/扣除后(元)	0.0503	0.1500	0.2400
每股经营现金流量(元)	-0.7440	0.0900	0.2500
每股净资产/调整后(元)	3.8100	4.6500	4.4200
每股公积金(元)	2.5231	3.2277	3.2238
净资产收益率(%)	2.2300	5.9600	5.6900
总资产(万元)	179559.34	160470.19	133931.69
股东权益(万元)	93539.84	95655.08	94074.63
未分配利润(万元)	2156.25	4327.25	152.68
主营收入(万元)	16916.29	63814.60	47686.75
资本公积金(万元)	60554.37	64554.28	64476.13
主营利润(万元)	9731.87	30229.11	31277.17
其他业务利润(万元)	360.88	1230.35	-1.63
营业利润(万元)	2027.67	6800.91	4659.95
投资收益(万元)	213.95	833.91	106.78
补贴收入(万元)	471.00	628.59	17.10
营业外收支(万元)	396.99	1470.76	-0.62
利润总额(万元)	3109.62	9734.17	5680.60
净利润(万元)	2084.68	5702.30	5118.15

十大股东

序号	股东名称	股份性质	持股数(万股)	比例(%)
1	上海交大南洋股份有限公司	境内法人股	4800.00	20.00
2	大众交通集团股份有限公司	境内法人股	3600.00	15.00
3	上海茸北工贸实业总公司	境内法人股	3600.00	15.00
4	上海新路达商业集团有限公司	国有法人股	1980.00	8.25
5	上海国际株式会社	外资法人股	1980.00	8.25
6	上海藍鑫投资有限公司	境内法人股	1260.00	5.25
7	上海教育发展有限公司	国有法人股	360.00	1.50
8	上海交通大学	国有法人股	240.00	1.00
9	上海市第一医药商店有限公司	国有法人股	180.00	0.75
10	刘燃	流通A股	50.02	0.21

股东人数	2004.6	2003.12	2003.6	2002
	30544	32681	33847	34258

近年分配	2004年5月13日10派2.10	近年配股/增发	2004年5月13日10转2

重大事项

经公司2004年4月22日召开的2003年度股东大会决定,以公司2003年末总股本20,000万股为基数,向全体股东每10股派发现金红利2.1元(含税),共派发现金红利4,200万元,剩余未分配利润结转下年度;同时,以2003年末总股本20,000万股为基数,利用资本公积金,向全体股东每10股转赠股本2股。

二〇〇三年以来市场表现

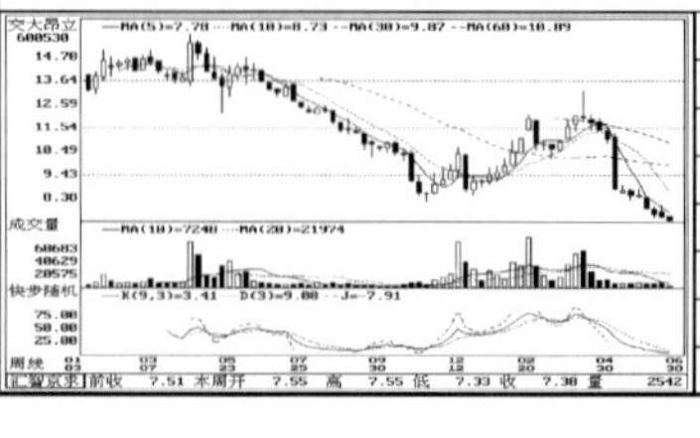

2003年涨跌幅(%)	-33.38
2003年最高(元)	12.77
2003年最低(元)	6.67
2003年换手率(%)	116.84
2004.06涨跌幅(%)	0.86
2004.06最高(元)	10.81
2004.06最低(元)	7.24
2004.06换手率(%)	89.97

河南豫光金铅股份有限公司

公司概况

公司名称	河南豫光金铅股份有限公司	股票代码	600531
注册地址	河南省济源市济水大街中段525号	邮政编码	454650
法人代表	杨安国	董秘	任文艺
电话	0391-6665836	传真	0391-6688986
主营业务	电解铅、白银、黄金生产和销售		
总股本	22826.92	流通A	8100.00
流通B		流通H	
审计单位	中勤万信会计师事务所有限公司	审计意见	标准无保留

主要财务指标

年度	2004.6	2003	2002
每股收益/扣除后(元)	0.2355	0.2610	0.2700
每股经营现金流量(元)	-0.5320	0.3600	-0.6200
每股净资产/调整后(元)	2.6800	2.5200	4.0700
每股公积金(元)	0.9315	0.9314	2.4766
净资产收益率(%)	9.6200	10.1300	6.4900
总资产(万元)	147696.06	110094.25	96735.05
股东权益(万元)	61229.82	57621.41	51786.03
未分配利润(万元)	14179.94	10572.49	5904.19
主营收入(万元)	108722.21	138310.05	100599.05
资本公积金(万元)	21262.79	21261.84	31407.13
主营利润(万元)	11694.43	15356.32	10129.96
其他业务利润(万元)	107.80	346.10	-0.42
营业利润(万元)	7613.87	9227.71	4958.64
投资收益(万元)		120.30	7.43
补贴收入(万元)	173.68		
营业外收支(万元)	-10.26	-504.55	-0.57
利润总额(万元)	8386.59	8843.46	4989.39
净利润(万元)	5890.14	5835.39	3361.97

十大股东

序号	股东名称	股份性质	持股数(万股)	比例(%)
1	河南豫光金铅集团有限责任公司	国有法人股	12995.32	56.93
2	中国黄金集团公司	国有法人股	1216.80	5.33
3	济源市财务开发公司	国有法人股	421.20	1.85
4	河南省济源市金翔铅盐有限公司	境内法人股	58.50	0.26
5	刘永金	流通A股	44.00	0.19
6	刘香娥	流通A股	38.00	0.17
7	方谊蕾	流通A股	36.00	0.16
8	冯捷	流通A股	35.20	0.15
9	天水荣昌工贸有限责任公司	境内法人股	35.10	0.15
10	孙小萍	流通A股	27.50	0.12

股东人数

2004.6	2003.12	2003.6	2002
28789	20846	22618	26725

近年分配	2004年5月24日10派1.00	近年配股/增发	

重大事项

公司于2004年3月17日与中国进出口银行签订了12000万元人民币的借款合同，合同期限为15个月，年利率为3.51%，担保方为河南济源钢铁(集团)有限公司。

二〇〇三年以来市场表现

2003年涨跌幅(%)	51.26
2003年最高(元)	9.40
2003年最低(元)	5.63
2003年换手率(%)	240.10
2004.06涨跌幅(%)	-14.64
2004.06最高(元)	9.84
2004.06最低(元)	6.80
2004.06换手率(%)	387.05

山东华阳科技股份有限公司

公司概况

公司名称	山东华阳科技股份有限公司	股票代码	600532
注册地址	山东省宁阳县磁窑镇	邮政编码	271411
法人代表	封照波	董秘	周忠
电话	0538-5826209,5826208	传真	0538-5826269
主营业务	农药及农药中间体的研究		
总股本	11700.00	流通A	5200.00
流通B		流通H	
审计单位		审计意见	未审计

主要财务指标

年度	2004.6	2003	2002
每股收益/扣除后(元)	0.0756	0.2000	0.1910
每股经营现金流量(元)	-0.3588	0.1300	0.5600
每股净资产/调整后(元)	4.0800	3.9800	3.6740
每股公积金(元)	2.4064	2.4064	2.2918
净资产收益率(%)	2.3800	5.0300	5.1600
总资产(万元)	69788.45	60270.54	49048.35
股东权益(万元)	36802.12	35926.02	33086.17
未分配利润(万元)	5185.76	4309.66	2772.16
主营收入(万元)	25254.94	33754.18	27724.48
资本公积金(万元)	21657.30	21657.30	20626.27
主营利润(万元)	3593.26	6567.45	5619.03
其他业务利润(万元)	100.91	103.59	-0.71
营业利润(万元)	1328.83	2798.91	2594.02
投资收益(万元)			
补贴收入(万元)			
营业外收支(万元)	-13.03	-18.82	-0.29
利润总额(万元)	1315.80	2780.09	2582.50
净利润(万元)	876.10	1808.82	1708.25

十大股东

序号	股东名称	股份性质	持股数(万股)	比例(%)
1	山东华阳农药化工集团	国有法人股	4788.98	40.93
2	泰安飞达助剂有限公司	发起人法人股	79.27	0.68
3	泰安泰山农业生产资料站	发起人法人股	50.00	0.43
4	山东农药研究所	国有法人股	41.09	0.35
5	山东农业大学	国有法人股	40.66	0.35
6	顾汉章	社会公众股	25.22	0.22
7	郭品洁	社会公众股	16.20	0.14
8	高玉彬	社会公众股	13.82	0.12
9	谢玉林	社会公众股	13.08	0.11
10	蔡美玲	社会公众股	12.18	0.10

股东人数

2004.6	2003.12	2003.6	2002
21608	22596	24547	26254

近年分配		近年配股/增发	2004年7月19日10转3

重大事项

公司2003年度股东大会于2004年6月26日召开，审议通过了《山东华阳科技股份有限公司2003年度利润分配方案》及《山东华阳科技股份有限公司2003年度公积金转增股本方案》。

二〇〇三年以来市场表现

2003年涨跌幅(%)	-32.61
2003年最高(元)	13.68
2003年最低(元)	7.01
2003年换手率(%)	249.60
2004.06涨跌幅(%)	-3.33
2004.06最高(元)	10.45
2004.06最低(元)	7.50
2004.06换手率(%)	129.14

南京栖霞建设股份有限公司

公司概况

公司名称	南京栖霞建设股份有限公司	股票代码	600533
注册地址	南京市栖霞区和燕路 251 号	邮政编码	210037
法人代表	陈兴汉	董秘	王建优
电话	025-85600533	传真	025-85502482
主营业务	商品房开发建设及销售、服务		
总股本	14000.00	流通 A	4000.00
流通 B		流通 H	
审计单位		审计意见	未审计

主要财务指标

年度	2004.6	2003	2002
每股收益 / 扣除后(元)	0.3149	0.5080	0.3020
每股经营现金流量(元)	-0.8680	-1.9890	-0.7900
每股净资产 / 调整后(元)	3.9640	3.9950	3.4800
每股公积金(元)	2.3736	2.3736	2.3728
净资产收益率(%)	7.8900	12.5800	8.6300
总资产(万元)	190042.69	159895.39	85250.17
股东权益(万元)	55547.32	56062.97	49001.60
未分配利润(万元)	5573.04	6088.68	95.92
主营收入(万元)	34799.43	48054.47	36608.66
资本公积金(万元)	33230.00	33230.00	33218.94
主营利润(万元)	9413.87	13706.77	9366.93
其他业务利润(万元)	31.45	84.83	-0.94
营业利润(万元)	7432.91	11248.92	7299.16
投资收益(万元)	-186.61	-110.40	-48.60
补贴收入(万元)			
营业外收支(万元)	-21.95	-73.93	-0.71
利润总额(万元)	7224.35	11064.58	7235.40
净利润(万元)	4384.36	7050.31	4230.49

十大股东

序号	股东名称	股份性质	持股数(万股)	比例(%)
1	南京栖霞建设(集团)公司	国有法人股	6800.00	48.57
2	南京新港高科技股份有限公司	境内法人股	2924.00	20.89
3	华夏成长证券投资基金	流通 A 股	364.07	2.60
4	兴华证券投资基金	流通 A 股	207.19	1.48
5	全国社保基金一零七组合	流通 A 股	120.00	0.86
6	招商银行-中信经典配证券投资基金	流通 A 股	116.64	0.83
7	长盛成长价值证券投资基金	流通 A 股	109.99	0.79
8	南京栖霞区国有资产投资中心	国有法人股	100.00	0.71
9	南京市园林实业总公司	国有法人股	100.00	0.71
10	全国社保基金一零五组合	流通 A 股	99.74	0.71

股东人数	2004.6	2003.12	2003.6	2002
	10261	14730	14497	12161

近年分配	2004 年 6 月 7 日 10 派 3.50	近年配股 / 增发	

重大事项

公司分别于 2003 年 12 月 23 日和 12 月 30 日与中国建设银行南京市城中支行签订保证合同，同意为公司的控股子公司南京东方房地产开发有限公司向中国建设银行南京市城中支行的借款(金额分别为人民币 3,000 万元和 2,000 万元，合计 5,000 万元)提供连带责任担保，保证期限为借款到期日起的两年(借款期限为一年)。南京栖霞建设(集团)公司向本公司提供连带责任的反担保。

二〇〇三年以来市场表现

2003 年涨跌幅(%)	-16.27
2003 年最高(元)	14.88
2003 年最低(元)	8.45
2003 年换手率(%)	238.18
2004.06 涨跌幅(%)	6.31
2004.06 最高(元)	14.53
2004.06 最低(元)	9.87
2004.06 换手率(%)	143.47

天津天士力制药股份有限公司

公司概况

公司名称	天津天士力制药股份有限公司	股票代码	600535
注册地址	天津市北辰科技园区	邮政编码	300402
法人代表	闫希军	董秘	宋利元
电话	022-26736999	传真	022-26736721
主营业务	中药材、中成药加工		
总股本	28500.00	流通 A	7500.00
流通 B		流通 H	
审计单位		审计意见	未审计

主要财务指标

年度	2004.6	2003	2002
每股收益 / 扣除后(元)	0.2110	0.4900	0.6300
每股经营现金流量(元)	0.1740	0.2100	1.0900
每股净资产 / 调整后(元)	3.7900	3.8800	5.1100
每股公积金(元)	1.9882	1.9870	3.4803
净资产收益率(%)	5.5300	12.6700	12.1100
总资产(万元)	186088.25	177723.77	125069.86
股东权益(万元)	108921.42	111411.48	97290.18
未分配利润(万元)	17314.34	19840.99	7897.77
主营收入(万元)	53275.19	105576.14	92978.62
资本公积金(万元)	56664.82	56628.22	66125.68
主营利润(万元)	32737.28	75029.64	71388.33
其他业务利润(万元)	25.75	4.39	-0.01
营业利润(万元)	6843.02	17835.69	14684.09
投资收益(万元)	-8.54	-54.06	6.41
补贴收入(万元)	5.00		
营业外收支(万元)	-107.18	-134.12	3.60
利润总额(万元)	6732.31	17647.51	14488.14
净利润(万元)	6023.35	14118.76	11784.86

十大股东

序号	股东名称	股份性质	持股数(万股)	比例(%)
1	天津天士力集团有限公司	境内法人股	14700.00	51.58
2	天津市金士力药物研究开发有限公司	境内法人股	2544.30	8.93
3	广州天河振凯贸易有限公司	境内法人股	1725.00	6.05
4	天津新技术产业园区永生建筑有限公司	境内法人股	1050.00	3.68
5	浙江尖峰集团股份有限公司	国有法人股	680.40	2.39
6	天津市中央药业有限公司	境内法人股	300.30	1.05
7	招商银行股份有限公司-招商股票投资基金	流通 A 股	247.00	0.87
8	丰和价值证券投资基金	流通 A 股	233.67	0.82
9	中国银行-嘉实服务增值行业证券投资基金	流通 A 股	150.77	0.53
10	全国社保基金一零二组合	流通 A 股	146.83	0.52

股东人数	2004.6	2003.12	2003.6	2002
	13868	16327	17388	16291

近年分配	2004 年 7 月 14 日 10 派 3.00	近年配股 / 增发	

重大事项

公司于 2004 年 5 月 18 日召开的第二届董事会第十五次会议通过了成立董事会下设战略委员会、提名、薪酬与考核委员会、审计委员会三个专门委员会的议案，并分别制定了三个委员会的工作细则提请公司年度股东大会审核。

二〇〇三年以来市场表现

2003 年涨跌幅(%)	-19.40
2003 年最高(元)	15.07
2003 年最低(元)	8.63
2003 年换手率(%)	194.78
2004.06 涨跌幅(%)	8.97
2004.06 最高(元)	13.36
2004.06 最低(元)	8.99
2004.06 换手率(%)	122.81

中软网络技术股份有限公司

公司概况

公司名称	中软网络技术股份有限公司			股票代码	600536
注册地址	北京市海淀区学院南路55号中软大厦1号楼6层			邮政编码	100081
法人代表	唐敏		董秘	陈复兴	
电话	010-62186577		传真	010-62173502	
主营业务	软件的研制、开发与销售				
总股本	10100.74	流通 A	3600.00	流通 B	流通 H
审计单位			审计意见	未审计	

主要财务指标

年度	2004.6	2003	2002
每股收益/扣除后(元)	0.0991	0.3400	0.4600
每股经营现金流量(元)	–0.4380	–0.4000	0.2000
每股净资产/调整后(元)	4.4170	4.5400	5.0100
每股公积金(元)	2.8471	2.8471	3.6165
净资产收益率(%)	2.7500	7.8500	9.3400
总资产(万元)	65604.04	80639.92	55809.12
股东权益(万元)	44667.09	45962.44	42354.30
未分配利润(万元)	4046.42	5341.77	2265.63
主营收入(万元)	27165.79	54659.07	46482.18
资本公积金(万元)	28757.63	28757.63	30441.09
主营利润(万元)	7132.88	14290.38	13940.11
其他业务利润(万元)	10.11	38.39	–0.05
营业利润(万元)	951.00	3287.60	4534.56
投资收益(万元)	193.00	97.30	–65.92
补贴收入(万元)	223.47	660.19	–10.15
营业外收支(万元)	29.81	–6.65	–0.02
利润总额(万元)	1396.88	4038.44	4864.84
净利润(万元)	1229.83	3608.14	3957.85

十大股东

序号	股东名称	股份性质	持股数(万股)	比例(%)
1	中国计算机软件与技术服务总公司	国有股	4225.48	41.83
2	郭先臣	自然人股	603.92	5.98
3	程春平	自然人股	509.01	5.04
4	汉唐证券有限责任公司	流通股	189.59	1.88
5	尚铭	自然人股	167.72	1.66
6	陈世林	自然人股	145.62	1.44
7	史殿林	自然人股	145.62	1.44
8	周进军	自然人股	145.62	1.44
9	崔辉	发起人个人股	135.22	1.34
10	徐洁	自然人股	98.81	0.98

股东人数	2004.6	2003.12	2003.6	2002
	11345	8674	11399	13043

近年分配	2004年5月21日10派2.50	近年配股/增发	

重大事项

2004年4月19日,公司年度股东大会审议通过了《2003年度利润分配预案》,以公司2003年末股份总数101,007,389.00股为基数,向全体股东每10股派发现金股利2.5元(含税),共计派现25,251,847.25元,剩余利润27,720,872.65元结转至下年度。

二〇〇三年以来市场表现

2003年涨跌幅(%)	30.09
2003年最高(元)	23.55
2003年最低(元)	16.25
2003年换手率(%)	354.85
2004.06涨跌幅(%)	–23.57
2004.06最高(元)	28.15
2004.06最低(元)	16.60
2004.06换手率(%)	259.63

海通食品集团股份有限公司

公司概况

公司名称	海通食品集团股份有限公司			股票代码	600537
注册地址	浙江省慈溪市海通路528号			邮政编码	315300
法人代表	陈龙海		董秘	吴立忠	
电话	0574-63039988		传真	0574-63039898	
主营业务	果蔬速冻、脱水、保鲜、冷藏				
总股本	23003.40	流通 A	7000.00	流通 B	流通 H
审计单位			审计意见	未审计	

主要财务指标

年度	2004.6	2003	2002
每股收益/扣除后(元)	0.0675	0.1900	0.3000
每股经营现金流量(元)	0.1120	0.3200	0.2800
每股净资产/调整后(元)	2.0300	2.9200	1.7000
每股公积金(元)	0.7992	1.5188	0.0680
净资产收益率(%)	4.0000	7.9200	18.0000
总资产(万元)	79721.07	61373.13	49427.44
股东权益(万元)	47128.26	48075.97	15440.08
未分配利润(万元)	3881.91	4829.62	1706.83
主营收入(万元)	17334.80	29491.64	24795.31
资本公积金(万元)	18383.70	24956.10	1116.99
主营利润(万元)	4439.29	8341.02	7062.74
其他业务利润(万元)	165.13	61.37	3.88
营业利润(万元)	1949.29	3045.76	3135.95
投资收益(万元)	–227.23	–40.37	4.58
补贴收入(万元)	357.26	969.98	39.11
营业外收支(万元)	117.26	36.86	–0.20
利润总额(万元)	2196.57	4012.22	4369.54
净利润(万元)	2009.86	3809.14	3611.86

十大股东

序号	股东名称	股份性质	持股数(万股)	比例(%)
1	慈溪恒通物产有限公司	境内法人股	6096.97	26.50
2	陈龙海	境内法人股	5995.67	26.06
3	周乐群	境内法人股	1701.80	7.40
4	毛培成	境内法人股	1701.80	7.40
5	罗镇江	境内法人股	326.79	1.42
6	周建祥	境内法人股	180.36	0.78
7	东方证券责任有限公司	流通A股	70.00	0.30
8	江苏省冶金资产管理有限公司	流通A股	27.50	0.12
9	冯好	流通A股	24.01	0.10
10	陈春金	流通A股	22.40	0.10

股东人数	2004.6	2003.12	2003.6	2002
	20289	17322	18977	6

近年分配	2004年6月9日10派1.80	近年配股/增发	2004年6月9日10转4

重大事项

公司第一大股东慈溪恒通物产有限公司拟将所持有的占本公司10%的股份协议转让给DEG-Deutsche Investitions-undEntwicklungsgesellschaft mbH(德国投资与开发有限公司),股份转让完成后,原第二大股东陈龙海以持有26.064%的股份成为第一大股东,慈溪恒通物产有限公司以持有16.50%的股份成为第二大股东,DEG-Deutsche Investitions-und Entwicklungsgesellschaft mbH(德国投资与开发有限公司)以持有10%的股份成为公司第三大股东。

二〇〇三年以来市场表现

2003年涨跌幅(%)	0.00
2003年最高(元)	9.51
2003年最低(元)	4.61
2003年换手率(%)	393.40
2004.06涨跌幅(%)	1.28
2004.06最高(元)	7.69
2004.06最低(元)	4.44
2004.06换手率(%)	254.45

北海国发海洋生物产业股份有限公司

公司概况

公司名称	北海国发海洋生物产业股份有限公司	股票代码	600538
注册地址	广西壮族自治区北海市北京路西侧9号	邮政编码	536000
法人代表	王世全	董秘	李勇
电话	0779-3200619	传真	0779-3200618
主营业务	藻类、贝类、甲壳类		
总股本	11080.00	流通 A	4500.00
流通 B		流通 H	·
审计单位		审计意见	未审计

主要财务指标

年度	2004.6	2003	2002
每股收益/扣除后(元)	0.1876	0.2500	0.3600
每股经营现金流量(元)	0.0300	-0.0039	0.2600
每股净资产/调整后(元)	4.3000	4.0800	2.1300
每股公积金(元)	2.2679	2.1842	
净资产收益率(%)	4.2300	6.1500	16.6800
总资产(万元)	108891.05	74020.62	23521.95
股东权益(万元)	48700.60	45714.03	14203.74
未分配利润(万元)	8660.31	6600.88	4645.57
主营收入(万元)	20860.83	23116.41	9901.00
资本公积金(万元)	25128.06	24200.91	
主营利润(万元)	7087.49	10095.64	5842.02
其他业务利润(万元)	69.17	22.97	-0.01
营业利润(万元)	2428.60	3239.28	2403.55
投资收益(万元)	-75.34	-3.84	-7.85
补贴收入(万元)			
营业外收支(万元)	-25.08	31.78	-0.21
利润总额(万元)	2328.18	3267.21	2408.25
净利润(万元)	2059.43	2809.37	2369.40

十大股东

序号	股东名称	股份性质	持股数(万股)	比例(%)
1	广西国发投资集团有限公司	境内法人股	2678.10	24.17
2	北海国有资产管理局	国有法人股	1000.00	9.03
3	北京白云玛拉沁饭店	境内法人股	356.90	3.22
4	北海国际信托投资公司	境内法人股	300.00	2.71
5	西藏净土鲜实业发展有限公司	境内法人股	286.00	2.58
6	清华大学	境内法人股	268.00	2.42
7	海口鑫台实业公司	境内法人股	200.00	1.81
8	农业部规划设计研究院	境内法人股	70.00	0.63
9	北京良华投资管理有限公司	境内法人股	55.00	0.50
10	广西北海海运总公司	境内法人股	50.00	0.45

股东人数	2004.6	2003.12	2003.6	2002
	21723	23729	26847	608

近年分配		近年配股/增发	

重大事项

2004年1月4日，根据《公司章程》的授权规定，公司董事长决定以2,100万元受让湖南光达氨基化学科技有限公司98.36%的股权。

二○○三年以来市场表现

2003年涨跌幅(%)	0.00
2003年最高(元)	14.43
2003年最低(元)	6.88
2003年换手率(%)	453.24
2004.06涨跌幅(%)	2.42
2004.06最高(元)	10.68
2004.06最低(元)	7.40
2004.06换手率(%)	195.84

太原狮头水泥股份有限公司

公司概况

公司名称	太原狮头水泥股份有限公司	股票代码	600539
注册地址	山西省太原市万柏林区开城街1号	邮政编码	030056
法人代表	邓守信	董秘	郝瑛
电话	0351-2857006	传真	0351-2857002
主营业务	通用水泥		
总股本	23000.00	流通 A	8800.00
流通 B		流通 H	
审计单位		审计意见	未审计

主要财务指标

年度	2004.6	2003	2002
每股收益/扣除后(元)	0.0679	0.1100	0.1000
每股经营现金流量(元)	0.1075	0.0600	0.1700
每股净资产/调整后(元)	3.6200	3.6000	3.4900
每股公积金(元)	2.2047	2.2047	2.2046
净资产收益率(%)	1.8000	2.8300	2.8400
总资产(万元)	116018.76	112281.57	109234.71
股东权益(万元)	85100.59	83571.45	81205.36
未分配利润(万元)	8618.78	7089.63	5199.81
主营收入(万元)	17898.10	28963.55	28921.23
资本公积金(万元)	50708.19	50708.19	50704.72
主营利润(万元)	5082.68	8114.62	8908.09
其他业务利润(万元)	10.13	92.05	-0.27
营业利润(万元)	2247.91	3520.11	3711.29
投资收益(万元)	-26.57	-53.13	-45.31
补贴收入(万元)			
营业外收支(万元)	-47.02	-115.15	6.57
利润总额(万元)	2174.33	3351.82	3524.65
净利润(万元)	1529.15	2362.63	2303.50

十大股东

序号	股东名称	股份性质	持股数(万股)	比例(%)
1	太原狮头集团有限公司	国有法人股	10461.00	45.48
2	山西经贸资产经营有限责任公司	国家股	1900.00	8.26
3	山西经济建设投资公司	国家股	1330.00	5.78
4	中国新型建筑材料(集团)公司	国家股	477.00	2.07
5	陈多英	社会公众股	51.14	0.22
6	山西固邦运输有限公司	法人股	32.00	0.14
7	兴和证券投资基金	社会公众股	22.47	0.10
8	石剑峰	社会公众股	19.71	0.09
9	陈冠贤	社会公众股	15.50	0.07
10	魏斌	社会公众股	15.45	0.07

股东人数	2004.6	2003.12	2003.6	2002
	42404	46137	47082	69371

近年分配		近年配股/增发	

重大事项

2004年上半年，2004年3月17日公司召开第二届董事会第十次会议，提名高泽璋、张亚同为公司独立董事候选人并提交股东大会审议，2004年4月28日，公司召开2003年年度股东大会，审议并通过了提名高泽璋、张亚同为公司独立董事的议案，公司第二届董事会人数由原12名增加为14名。

二○○三年以来市场表现

2003年涨跌幅(%)	-20.87
2003年最高(元)	8.66
2003年最低(元)	5.53
2003年换手率(%)	150.15
2004.06涨跌幅(%)	-17.08
2004.06最高(元)	7.49
2004.06最低(元)	4.95
2004.06换手率(%)	123.01

新疆赛里木现代农业股份有限公司

公司概况

公司名称	新疆赛里木现代农业股份有限公司	股票代码	600540
注册地址	新疆维吾尔自治区博乐市红星路158号	邮政编码	833400
法人代表	王成耀	董秘	王国军
电话	0909-2268189	传真	0909-2268162
主营业务	棉花种植、粮棉种子研发与销售		
总股本	15000.00	流通A	5000.00
流通B		流通H	
审计单位		审计意见	未审计

主要财务指标

年度	2004.6	2003	2002
每股收益/扣除后(元)	0.0658	0.2900	0.4300
每股经营现金流量(元)	-0.4290	0.3800	0.6200
每股净资产/调整后(元)	3.6500	3.7700	2.0700
每股公积金(元)	2.1300	2.1300	0.3578
净资产收益率(%)	1.7200	7.4800	20.1500
总资产(万元)	87066.48	90888.37	51044.72
股东权益(万元)	56411.70	56939.08	21098.83
未分配利润(万元)	6632.40	5805.67	3687.27
主营收入(万元)	16078.70	44603.81	41535.65
资本公积金(万元)	31950.05	31950.05	5366.75
主营利润(万元)	2896.83	6916.44	7178.80
其他业务利润(万元)	835.62	1112.78	-52.26
营业利润(万元)	987.25	4301.77	4282.35
投资收益(万元)			
补贴收入(万元)			
营业外收支(万元)	-14.62	-44.82	-0.99
利润总额(万元)	972.62	4256.95	4251.25
净利润(万元)	972.62	4256.95	4251.25

十大股东

序号	股东名称	股份性质	持股数(万股)	比例(%)
1	新疆艾比湖农工商联合企业总公司	国有法人股	9694.10	64.63
2	新疆生产建设兵团农五师农业生产资料公司	国有法人股	108.60	0.72
3	博尔塔拉蒙古自治州国资经营有限公司	国有法人股	98.70	0.66
4	新疆金融租赁有限责任公司	国有法人股	59.20	0.39
5	阎苏红	流通A股	39.67	0.26
6	新疆兵团农五师农机公司	国有法人股	39.40	0.26
7	赵芹	流通A股	32.05	0.21
8	杜启银	流通A股	19.52	0.13
9	沈根跃	流通A股	18.79	0.13
10	张颖	流通A股	17.86	0.12

股东人数	2004.6	2003.12	2003.6	2002
	21519	45900		

近年分配		近年配股/增发	

重大事项

公司于2003年12月19日通过首次公开发行5,000万股人民币普通股(A股),实际募集资金31,441.04万元,截止2004年6月30日,本公司累计投入项目的募集资金共计34985450.86元,本报告期已使用募集资金总额3498.55万元。

二〇〇三年以来市场表现

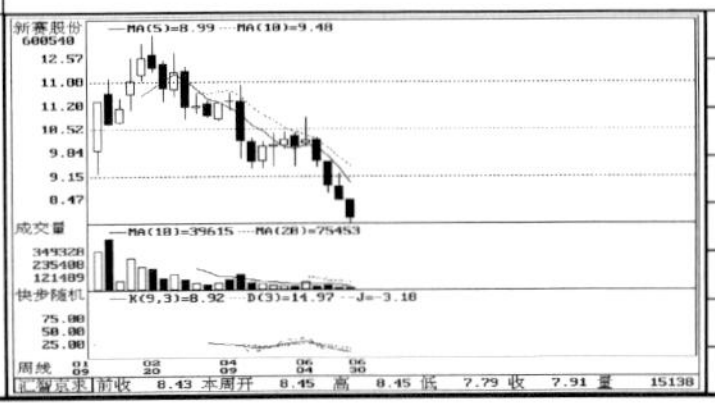

2003年涨跌幅(%)	0.00
2003年最高(元)	0.00
2003年最低(元)	0.00
2003年换手率(%)	0.00
2004.06涨跌幅(%)	0.00
2004.06最高(元)	13.25
2004.06最低(元)	7.79
2004.06换手率(%)	446.86

甘肃莫高实业发展股份有限公司

公司概况

公司名称	甘肃莫高实业发展股份有限公司	股票代码	600543
注册地址	甘肃省兰州市城关区高新技术产业开发区一号园区	邮政编码	730000
法人代表	王哲生	董秘	贾洪文
电话	0931-8818035	传真	0931-8874067
主营业务	农产品及加工品、药品的生产销售		
总股本	13840.00	流通A	5600.00
流通B		流通H	
审计单位		审计意见	未审计

主要财务指标

年度	2004.6	2003	2002
每股收益/扣除后(元)	0.1018	0.3200	
每股经营现金流量(元)	-0.1190	0.0400	
每股净资产/调整后(元)	3.6500	2.3200	
每股公积金(元)	1.9287	0.1635	
净资产收益率(%)	2.7800	13.7500	
总资产(万元)	79184.41	45870.07	
股东权益(万元)	50549.04	19113.82	
未分配利润(万元)	6788.46		
主营收入(万元)	12780.83	23236.24	
资本公积金(万元)	26693.67	2262.85	
主营利润(万元)	4764.92	8725.18	
其他业务利润(万元)	0.46	8.28	-0.05
营业利润(万元)	1541.66	2750.79	
投资收益(万元)	-1.26	5.23	
补贴收入(万元)			
营业外收支(万元)	-3.73	-19.92	-0.10
利润总额(万元)	1536.67	2736.11	
净利润(万元)	1404.39	2629.05	

十大股东

序号	股东名称	股份性质	持股数(万股)	比例(%)
1	甘肃黄羊河农工商(集团)有限责任公司	国有法人股	3769.00	27.23
2	甘肃省饮马实业公司	国有法人股	2100.00	15.17
3	甘肃省国营八一农场	国有法人股	1410.00	10.19
4	甘肃省国营祁连山制药厂	国有法人股	721.00	5.21
5	甘肃省农业科学院	境内法人股	80.00	0.58
6	北京北大资源集团	境内法人股	80.00	0.58
7	西北农林科技大学	境内法人股	80.00	0.58
8	杨建革	流通A股	28.00	0.20
9	梁永吉	流通A股	17.85	0.13
10	汕头市信泰有限公司	流通A股	15.00	0.11

股东人数	2004.6	2003.12	2003.6	2002
	31715			

近年分配		近年配股/增发	

重大事项

2004年上半年公司与股东甘肃省饮马实业公司、甘肃省国营八一农场分别签订了《原材料购销合同》,合同有效期自2004年5月24日至2005年5月24日,合同双方约定在协议有效期间内,公司向甘肃省饮马实业公司、甘肃省国营八一农场采购啤酒大麦;公司与股东甘肃省国营祁连山制药厂签订了《原材料购销合同》,合同有效期自2004年5月24日至2005年5月24日。

二〇〇三年以来市场表现

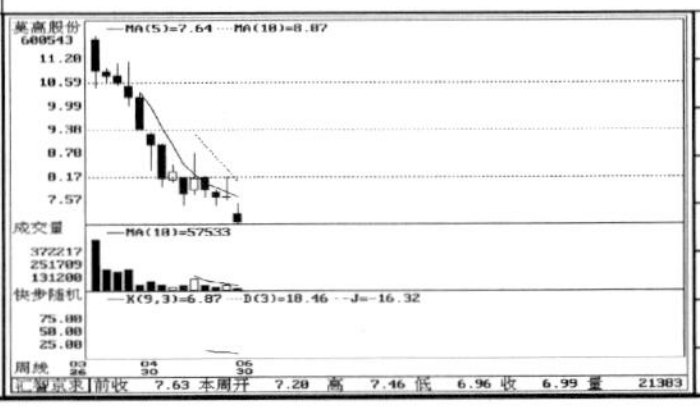

2003年涨跌幅(%)	0.00
2003年最高(元)	0.00
2003年最低(元)	0.00
2003年换手率(%)	0.00
2004.06涨跌幅(%)	0.00
2004.06最高(元)	11.80
2004.06最低(元)	6.96
2004.06换手率(%)	295.22

新疆城建股份有限公司

公司概况

公司名称	新疆城建股份有限公司	股票代码	600545
注册地址	新疆维吾尔自治区乌鲁木齐市红山路 51 号	邮政编码	830002
法人代表	刘军	董秘	王疆
电话	0991-8883975	传真	0991-8883975
主营业务	城市基础设施建设与运营		
总股本	16054.10	流通 A	6000.00
流通 B		流通 H	
审计单位		审计意见	未审计

主要财务指标

年度	2004.6	2003	2002
每股收益/扣除后(元)	0.0290	0.1700	0.3000
每股经营现金流量(元)	-0.3610	0.0700	0.0800
每股净资产/调整后(元)	3.3300	3.3800	1.8800
每股公积金(元)	2.0200	2.0151	0.2992
净资产收益率(%)	0.9100	5.0100	14.6700
总资产(万元)	114397.75	105837.94	74997.96
股东权益(万元)	53848.27	54963.02	20673.43
未分配利润(万元)	3340.51	2849.86	2186.28
主营收入(万元)	9353.04	41842.04	37352.87
资本公积金(万元)	32350.63	32350.63	4803.40
主营利润(万元)	2281.34	6306.22	7083.88
其他业务利润(万元)	-28.45	519.81	-5.50
营业利润(万元)	551.87	3277.02	3427.72
投资收益(万元)	-1.23	215.28	251.68
补贴收入(万元)			
营业外收支(万元)	27.05	-50.79	-0.20
利润总额(万元)	577.69	3441.51	3713.80
净利润(万元)	490.65	2753.18	3033.63

十大股东

序号	股东名称	股份性质	持股数(万股)	比例(%)
1	乌鲁木齐国有资产经营有限公司	国有法人股	8467.14	52.74
2	新疆友好(集团)股份有限公司	境内法人股	1062.26	6.62
3	乌鲁木齐城市建设投资公司	国有法人股	148.15	0.92
4	李丽华	流通 A 股	30.29	0.19
5	穆秋	流通 A 股	30.00	0.19
6	乌鲁木齐职工经济技术实业公司	国有法人股	24.88	0.15
7	乌鲁木齐市政工程养护管理一处市政经济开发公司	国有法人股	24.88	0.15
8	乌鲁木齐市政工程养护管理一处	国有法人股	24.88	0.15
9	王玉芳	流通 A 股	20.00	0.12
10	夏玉和	流通 A 股	19.09	0.12

股东人数	2004.6	2003.12	2003.6	2002
	27973	37067		

近年分配	2004 年 7 月 19 日 10 派 1.00	近年配股/增发	

重大事项

2004 年 5 月 29 日，本公司控股子公司新疆市政工程有限责任公司与昌吉市供水有限公司签定了昌吉供水管网改造工程施工合同，合同金额 15,289,252.61 元。该合同正在执行中。

二〇〇三年以来市场表现

2003 年涨跌幅(%)	0.00
2003 年最高(元)	8.75
2003 年最低(元)	7.17
2003 年换手率(%)	180.72
2004.06 涨跌幅(%)	-21.07
2004.06 最高(元)	9.49
2004.06 最低(元)	6.02
2004.06 换手率(%)	341.46

中油吉林化建工程股份有限公司

公司概况

公司名称	中油吉林化建工程股份有限公司	股票代码	600546
注册地址	吉林省吉林市龙潭区遵义东路 31 号	邮政编码	132021
法人代表	杜钟灵	董秘	赵铭
电话	0432-3993300,3974090	传真	0432-3038512,3993460
主营业务	化工石油工程		
总股本	11000.00	流通 A	4000.00
流通 B		流通 H	
审计单位		审计意见	未审计

主要财务指标

年度	2004.6	2003	2002
每股收益/扣除后(元)	0.1842	0.3104	0.5258
每股经营现金流量(元)	0.0360	0.0542	0.0769
每股净资产/调整后(元)	5.0500	4.9900	2.0000
每股公积金(元)	3.3028	3.3028	0.0921
净资产收益率(%)	3.6100	6.8700	25.7700
总资产(万元)	116660.89	115162.23	44778.90
股东权益(万元)	56225.25	55296.56	14281.93
未分配利润(万元)	7373.22	5344.53	3217.42
主营收入(万元)	67516.96	147450.19	120065.63
资本公积金(万元)	36331.21	36331.21	1013.18
主营利润(万元)	6022.60	13023.07	11131.83
其他业务利润(万元)	33.05	69.33	1.78
营业利润(万元)	3086.22	6325.05	6385.19
投资收益(万元)			
补贴收入(万元)			
营业外收支(万元)	2.30	36.80	-0.20
利润总额(万元)	3088.53	6361.86	6343.60
净利润(万元)	2028.69	3796.60	3680.81

十大股东

序号	股东名称	股份性质	持股数(万股)	比例(%)
1	吉林集团公司	国有法人股	5427.59	49.34
2	吉林高新区华林实业有限责任公司	境内法人股	1118.16	10.17
3	吉林城信房地产开发公司	国有法人股	218.39	1.99
4	宁波富盾制式服装公司	国有法人股	192.18	1.75
5	全国社保基金一零七组合	境内法人股	81.29	0.74
6	上海华理远大技术公司	国有法人股	43.68	0.40
7	沈阳建业股份有限公司	流通 A 股	22.00	0.20
8	东北证券有限责任公司	流通 A 股	19.11	0.17
9	李慧婷	流通 A 股	18.54	0.17
10	王思民	流通 A 股	12.00	0.11

股东人数	2004.6	2003.12	2003.6	2002
	20835	25427	5	

近年分配	2004 年 5 月 31 日 10 派 1.00	近年配股/增发	

重大事项

2003 年 12 月，公司与艾铭工程有限公司签订了"上海赛科 OSBL 动力中心及火炬项目"合同，合同金额 8,470 万元，工程进展顺利，已完成 46%的工程量。合同公告刊登于 2004 年 2 月 3 日的《上海证券报》、《中国证券报》。

二〇〇三年以来市场表现

2003 年涨跌幅(%)	0.00
2003 年最高(元)	13.10
2003 年最低(元)	9.01
2003 年换手率(%)	224.43
2004.06 涨跌幅(%)	-8.51
2004.06 最高(元)	12.61
2004.06 最低(元)	9.30
2004.06 换手率(%)	202.66

山东黄金矿业股份有限公司

公司概况

公司名称	山东黄金矿业股份有限公司	股票代码	600547
注册地址	山东省济南市解放路16号	邮政编码	250014
法人代表	张万青	董秘	林朴芳
电话	0531-8562816	传真	0531-8562801
主营业务	黄金地质探矿		

总股本	16000.00	流通A	6000.00	流通B		流通H	
审计单位				审计意见	未审计		

主要财务指标

年度	2004.6	2003	2002
每股收益/扣除后(元)	0.2003	0.2500	0.2700
每股经营现金流量(元)	0.4400	0.5000	0.4500
每股净资产/调整后(元)	3.2200	3.2200	2.0500
每股公积金(元)	1.6320	1.6320	0.3098
净资产收益率(%)	6.1700	7.2600	12.8900
总资产(万元)	75279.98	71665.96	48883.68
股东权益(万元)	51638.32	51654.38	20749.49
未分配利润(万元)	7220.61	7236.67	4233.17
主营收入(万元)	17895.50	32305.93	28317.79
资本公积金(万元)	26112.08	26112.08	4956.24
主营利润(万元)	8957.04	14439.16	12533.04
其他业务利润(万元)	-14.75	230.91	11.27
营业利润(万元)	4811.45	6034.42	4390.24
投资收益(万元)	3.13	30.88	-28.73
补贴收入(万元)			
营业外收支(万元)	-30.76	-487.50	-1.38
利润总额(万元)	4783.82	5577.80	4253.84
净利润(万元)	3183.94	3749.04	2675.50

十大股东

序号	股东名称	股份性质	持股数(万股)	比例(%)
1	山东黄金集团有限公司	国家股	9700.00	60.63
2	申银万国-花旗-UBS LIMITED	流通股	538.21	3.36
3	景博证券投资基金	流通股	424.91	2.66
4	中国工商银行-国联安德盛小盘精选证券投资基金	流通股	289.04	1.81
5	招商银行股份有限公司-中信经典配置证券投资基金	流通股	261.93	1.64
6	中国工商银行-德盛稳健证券投资基金	流通股	106.24	0.66
7	山东招金集团有限公司	国有法人股	100.00	0.63
8	山东莱州黄金集团有限公司	国有法人股	100.00	0.63
9	裕阳证券投资基金	流通股	96.50	0.60
10	鸿飞证券投资基金	流通股	93.32	0.58

股东人数	2004.6	2003.12	2003.6	2002
	18643	15325	5	

近年分配	2004年5月27日10派2.00	近年配股/增发	

重大事项

经2004年3月26日召开的公司第二届董事会第五次会议审议通过,修改了《公司章程》部分条款及《股东大会议事规则》、《董事会议事规则》、《总经理工作条例》;制定了《独立董事工作制度》、《信息披露管理制度》、《投资者关系管理制度》、《董事会秘书工作细则》、《公司财务管理制度》、《内部审计制度》和《离职离任审计实施办法》。

二〇〇三年以来市场表现

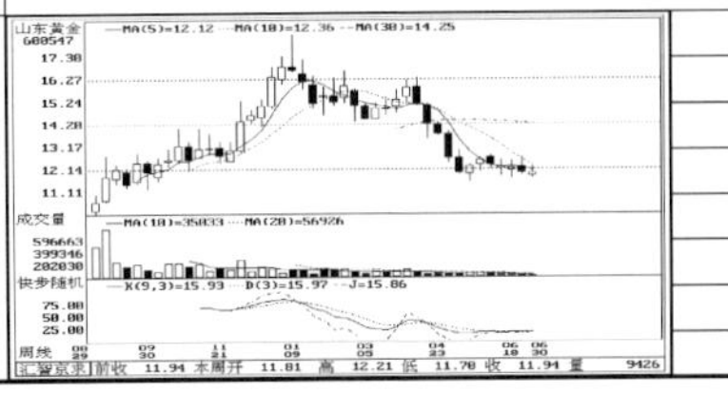

2003年涨跌幅(%)	0.00
2003年最高(元)	16.79
2003年最低(元)	9.88
2003年换手率(%)	658.11
2004.06涨跌幅(%)	-26.57
2004.06最高(元)	18.13
2004.06最低(元)	11.35
2004.06换手率(%)	258.63

深圳高速公路股份有限公司

公司概况

公司名称	深圳高速公路股份有限公司	股票代码	600548
注册地址	深圳市滨河路北5022号联合广场A座19楼	邮政编码	518033
法人代表	陈潮	董秘	张荣兴
电话	0755-82945880,82945638	传真	0755-82910696
主营业务	收费公路的经营及管理		

总股本	218070.00	流通A	16500.00	流通B		流通H	74750.00
审计单位				审计意见	未审计		

主要财务指标

年度	2004.6	2003	2002
每股收益/扣除后(元)	0.0775	0.1000	0.1550
每股经营现金流量(元)	0.0930	0.2000	0.2000
每股净资产/调整后(元)	2.6300	2.7300	2.3500
每股公积金(元)	0.9449	0.9449	0.9453
净资产收益率(%)	3.2700	14.3100	6.8100
总资产(万元)	747933.56	710530.87	692250.25
股东权益(万元)	572599.81	595286.56	516031.28
未分配利润(万元)	41736.42	64421.38	2806.80
主营收入(万元)	32062.75	59813.72	64612.80
资本公积金(万元)	206048.16	206048.16	206131.59
主营利润(万元)	23747.26	42931.31	44837.80
其他业务利润(万元)	390.18	622.92	31.74
营业利润(万元)	21274.83	32082.07	36859.13
投资收益(万元)	-389.85	6053.50	416.78
补贴收入(万元)	1962.47	4788.84	-108.36
营业外收支(万元)	-127.54	56967.45	-0.18
利润总额(万元)	22719.90	99891.86	40555.81
净利润(万元)	18748.33	85203.71	35135.39

十大股东

序号	股东名称	股份性质	持股数(万股)	比例(%)
1	HKSCC NOMINEES LIMITED	流通H股	72980.94	33.47
2	新通产实业开发(深圳)有限公司	国家股	65478.00	30.03
3	深圳深广惠公路开发总公司	国有法人股	45778.00	20.99
4	华建交通经济开发中心	国有法人股	9100.00	4.17
5	广东路桥建设发展有限公司	国有法人股	6464.00	2.96
6	HSBC NOMINEES (HONG KONG) LIMITED	流通H股	383.20	0.18
7	中国银河证券有限责任公司	流通A股	361.28	0.17
8	ARSENTON NOMINEES LIMITED	流通H股	300.00	0.14
9	RIGHT TIME HOLDINGS LTD	流通H股	70.00	0.03
10	贾小英	流通A股	64.56	0.03

股东人数	2004.6	2003.12	2003.6	2002
	43583	32805	25349	33072

近年分配	2004年5月24日10派1.90	近年配股/增发	

重大事项

2004年3月5日及4月7日,本公司作为买方分别与广东省路桥建设发展有限公司的联系人广东省高速公路有限公司及广东省公路建设公司订立收购协议,收购阳茂、江中公路公司25%股权,代价分别为2.7168亿元及1.695亿元。

二〇〇三年以来市场表现

2003年涨跌幅(%)	-3.71
2003年最高(元)	9.96
2003年最低(元)	6.13
2003年换手率(%)	318.89
2004.06涨跌幅(%)	-21.01
2004.06最高(元)	8.76
2004.06最低(元)	5.60
2004.06换手率(%)	197.53

厦门钨业股份有限公司

公司概况

公司名称	厦门钨业股份有限公司			股票代码	600549
注册地址	福建省厦门市湖滨南路 619 号 16 层			邮政编码	361004
法人代表	陈维铉		董秘	许火耀	
电话	0592-5363856		传真	0592-5363857	
主营业务	钨的冶炼及深加工业务				
总股本	24000.00	流通 A	6000.00	流通 B	流通 H
审计单位			审计意见	未审计	

主要财务指标

年度	2004.6	2003	2002
每股收益 / 扣除后(元)	0.1949	0.4400	0.3800
每股经营现金流量(元)	0.0380	–0.0300	0.3500
每股净资产 / 调整后(元)	2.7000	4.8900	4.6000
每股公积金(元)	1.1641	3.1255	3.0979
净资产收益率(%)	7.1800	8.9100	9.0600
总资产(万元)	203086.91	175087.75	110364.93
股东权益(万元)	65113.57	61008.29	55239.15
未分配利润(万元)	4984.83	2712.09	75.53
主营收入(万元)	56489.28	77674.39	57839.81
资本公积金(万元)	27938.24	37505.50	37175.24
主营利润(万元)	15545.38	19817.20	13914.13
其他业务利润(万元)	147.67	0.53	0.01
营业利润(万元)	8233.36	9391.34	7361.65
投资收益(万元)	48.13	–28.71	–4.88
补贴收入(万元)		244.30	6.48
营业外收支(万元)	–5.76	–13.78	–0.10
利润总额(万元)	8275.73	9593.15	7785.12
净利润(万元)	4672.53	5438.89	5005.60

十大股东

序号	股东名称	股份性质	持股数(万股)	比例(%)
1	福建冶金控股有限责任公司	国有法人股	9446.40	39.36
2	五矿有色金属股份有限公司	境内法法人股	5463.00	22.76
3	日本联合材料株式会社	外资法人股	2730.60	11.38
4	杭州锦园丝绸有限公司	境内法人股	180.00	0.75
5	日本三菱商事株式会社	外资法人股	180.00	0.75
6	曾爱枝	流通 A 股	87.20	0.36
7	北京雅宝经济文化发展中心	流通 A 股	86.42	0.36
8	李培喜	流通 A 股	50.86	0.21
9	胡素华	流通 A 股	49.64	0.21
10	孙孟林	流通 A 股	47.97	0.20

股东人数	2004.6	2003.12	2003.6	2002
	10908	13972	17608	20566

近年分配	2004 年 6 月 24 日 10 派 0.50	近年配股 / 增发	2004 年 6 月 24 日 10 送 2 转 8

重大事项

报告期内经公司 2003 年度股东大会决议通过《2003 年度利润分配及资本金转增股本的议案》，以 2003 年度末总股本 12,000 万股为基数，向全体股东每 10 股送红股 2 股并派发现金股利 0.50 元(含税)，共计分配 3,000 万元，剩余未分配利润 3,120,935.13 员结转下年度使用。

二〇〇三年以来市场表现

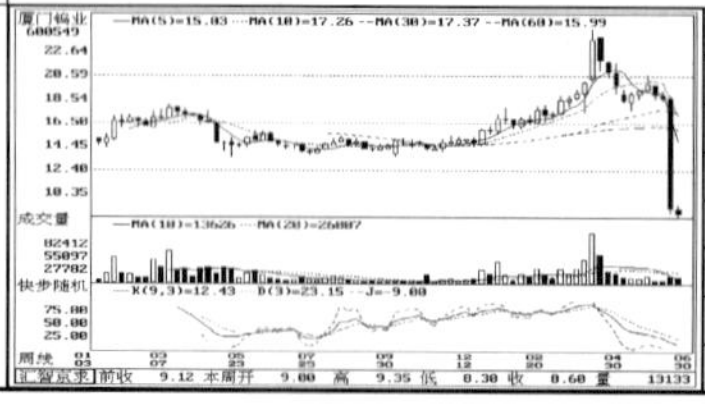

2003 年涨跌幅(%)	6.06
2003 年最高(元)	8.86
2003 年最低(元)	6.57
2003 年换手率(%)	138.26
2004.06 涨跌幅(%)	9.28
2004.06 最高(元)	12.32
2004.06 最低(元)	7.75
2004.06 换手率(%)	102.07

保定天威保变电气股份有限公司

公司概况

公司名称	保定天威保变电气股份有限公司			股票代码	600550
注册地址	保定国家高新技术产业开发区竞秀街 28 号			邮政编码	071056
法人代表	丁强		董秘	张继承	
电话	0312-3252455		传真	0312-3230382	
主营业务	变压器、互感器				
总股本	33000.00	流通 A	9000.00	流通 B	流通 H
审计单位			审计意见	未审计	

主要财务指标

年度	2004.6	2003	2002
每股收益 / 扣除后(元)	0.0522	0.1000	0.1000
每股经营现金流量(元)	–0.3800	0.3200	0.1700
每股净资产 / 调整后(元)	2.7800	2.7300	2.6100
每股公积金(元)	1.4714	1.4705	1.4687
净资产收益率(%)	2.4400	4.3600	3.8100
总资产(万元)	208173.37	182446.27	163949.94
股东权益(万元)	93401.73	91089.34	87090.64
未分配利润(万元)	9016.50	6725.95	3511.45
主营收入(万元)	46749.49	80987.29	65281.45
资本公积金(万元)	48555.00	48524.97	48467.49
主营利润(万元)	9167.67	15952.85	13313.34
其他业务利润(万元)	222.48	500.07	–10.50
营业利润(万元)	2966.08	5948.91	5423.49
投资收益(万元)	328.95	925.14	–53.14
补贴收入(万元)		15.77	15.77
营业外收支(万元)	–4.38	15.20	–0.08
利润总额(万元)	3290.64	6905.02	5353.84
净利润(万元)	2282.36	3975.35	3320.39

十大股东

序号	股东名称	股份性质	持股数(万股)	比例(%)
1	保定天威集团有限公司	国有法人股	20790.00	63.00
2	保定惠源咨询服务有限公司	境内法人股	2917.50	8.84
3	景阳证券投资基金	流通 A 股	225.30	0.68
4	中国银行-华夏回报证券投资基金	流通 A 股	185.75	0.56
5	景博证券投资基金	流通 A 股	168.21	0.51
6	乐凯胶片股份有限公司	境内法人股	97.50	0.30
7	河北宝硕集团有限公司	国有法人股	97.50	0.30
8	保定天鹅股份有限公司	境内法人股	97.50	0.30
9	丰和价值证券投资基金	流通 A 股	92.58	0.28
10	兴业证券投资基金	流通 A 股	80.00	0.24

股东人数	2004.6	2003.12	2003.6	2002
	34735	35756	37104	36041

近年分配		近年配股 / 增发	

重大事项

2004 年 3 月 19 日和 2004 年 3 月 30 日的《中国证券报》、《上海证券报》上刊登了经第二届董事会第十四次会议审议通过的关于收购北京四环医药科技股份有限公司部分股权的决议公告和保定天威保变电气股份有限公司股权收购公告。报告期内公司取得参股的北京四环医药科技股份有限公司的股权投资收益 350.70 万元。

二〇〇三年以来市场表现

2003 年涨跌幅(%)	–8.69
2003 年最高(元)	7.46
2003 年最低(元)	4.80
2003 年换手率(%)	147.36
2004.06 涨跌幅(%)	4.67
2004.06 最高(元)	8.32
2004.06 最低(元)	5.83
2004.06 换手率(%)	234.86

科大创新股份有限公司

公司概况

公司名称	科大创新股份有限公司			股票代码	600551		
注册地址	安徽省合肥市长江西路669号			邮政编码	230088		
法人代表	王东进			董秘	冯士芬		
电话	0551-5329668			传真	0551-5321568		
主营业务	化工新材料类产品						
总股本	7500.00	流通A	2500.00	流通B		流通H	
审计单位				审计意见	未审计		

主要财务指标

年度	2004.6	2003	2002
每股收益/扣除后(元)	0.0131	-0.0900	0.0100
每股经营现金流量(元)	-0.1520	-0.2900	0.1300
每股净资产/调整后(元)	1.5000	1.5200	2.3400
每股公积金(元)	1.1393	1.1393	1.1225
净资产收益率(%)	0.6700	-43.4300	4.1300
总资产(万元)	28228.42	30818.31	30513.15
股东权益(万元)	11616.90	11538.68	17847.86
未分配利润(万元)	-4599.76	-4677.99	1543.72
主营收入(万元)	4159.08	7689.70	6681.47
资本公积金(万元)	8544.99	8544.99	8418.93
主营利润(万元)	1641.78	3125.88	3117.77
其他业务利润(万元)	65.55	59.40	1.13
营业利润(万元)	18.79	-923.31	507.78
投资收益(万元)	34.03	-2732.20	177.00
补贴收入(万元)	59.98	218.83	-22.33
营业外收支(万元)	-23.62	-928.01	-1.46
利润总额(万元)	89.18	-4364.69	884.04
净利润(万元)	78.22	-5011.62	736.91

十大股东

序号	股东名称	股份性质	持股数(万股)	比例(%)
1	中国科学技术大学科技实业	国有法人股	2754.59	36.73
2	合肥科聚高技术	国有法人股	945.41	12.61
3	中国科学院合肥智能机械研究所	国有法人股	464.81	6.20
4	安徽信息技术开发公司	国有法人股	424.71	5.66
5	日本恒星股份	外资股	410.48	5.47
6	黎族南	流通股	13.11	0.17
7	王蕊芳	流通股	12.00	0.16
8	陈泽良	流通股	7.96	0.11
9	胡火珍	流通股	7.60	0.10
10	陈进镇	流通股	6.73	0.09

股东人数	2004.6	2003.12	2003.6	2002
	11928	11664	8475	12699

近年分配		近年配股/增发	

重大事项

公司收到上海证券交易所2004年5月19日做出"关于对科大创新 股份有限公司和有关董事予以公开谴责的决定",对本公司及原任董事、现任部分 董事进行了公开谴责。对此公司董事会认真进行传达和讨论,决心认真吸取教训,并对有关存在的问题提出了整改措施。

二〇〇三年以来市场表现

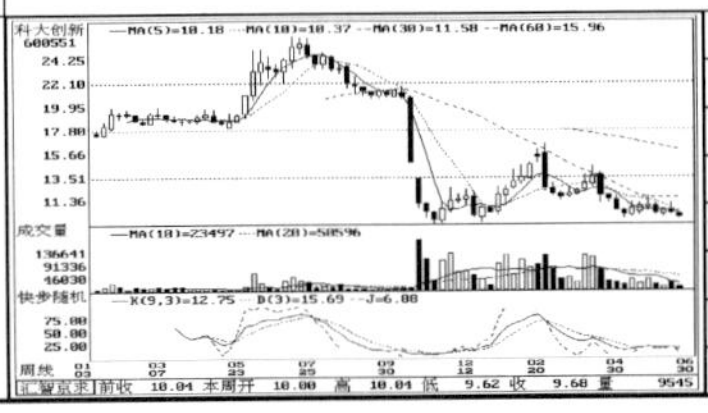

2003年涨跌幅(%)	-42.15
2003年最高(元)	26.40
2003年最低(元)	9.21
2003年换手率(%)	540.99
2004.06涨跌幅(%)	-4.44
2004.06最高(元)	16.48
2004.06最低(元)	9.61
2004.06换手率(%)	560.09

安徽方兴科技股份有限公司

公司概况

公司名称	安徽方兴科技股份有限公司			股票代码	600552		
注册地址	安徽省蚌埠市涂山路767号			邮政编码	233054		
法人代表	孙东兴			董秘	李群虎		
电话	0552-4077780			传真	0552-4077780		
主营业务	浮法玻璃、镀膜玻璃						
总股本	11700.00	流通A	5200.00	流通B		流通H	
审计单位				审计意见	未审计		

主要财务指标

年度	2004.6	2003	2002
每股收益/扣除后(元)	0.0890	0.1800	0.1600
每股经营现金流量(元)	-0.0410	0.6100	0.3200
每股净资产/调整后(元)	2.7400	3.5200	3.3600
每股公积金(元)	1.4902	2.1373	2.1373
净资产收益率(%)	3.1800	5.1400	4.5100
总资产(万元)	79367.26	71934.10	46674.02
股东权益(万元)	32095.79	31976.32	30331.23
未分配利润(万元)	1860.40	2640.93	2310.27
主营收入(万元)	20387.17	30306.86	18913.79
资本公积金(万元)	17435.46	19235.46	19235.46
主营利润(万元)	3996.16	5740.21	4484.62
其他业务利润(万元)	32.31	63.10	-0.47
营业利润(万元)	1654.83	2522.53	2030.77
投资收益(万元)		1.16	
补贴收入(万元)			
营业外收支(万元)	-31.74	7.31	0.10
利润总额(万元)	1623.09	2531.00	2057.83
净利润(万元)	1019.47	1645.09	1407.39

十大股东

序号	股东名称	股份性质	持股数(万股)	比例(%)
1	安徽华光玻璃集团有限公司	国有股	5830.50	49.83
2	全国社保基金一零三组合	流通A股	287.27	2.46
3	蚌埠玻璃工业设计研究院	国有法人股	260.00	2.22
4	浙江大学	国有法人股	260.00	2.22
5	蚌埠市建设投资有限公司	国有法人股	130.00	1.11
6	东吴证券有限责任公司	流通A股	99.05	0.85
7	苏州证券有限责任公司	流通A股	87.58	0.75
8	景博证券投资基金	流通A股	32.50	0.28
9	中国工商银行德胜小盘投资基金	流通A股	29.22	0.25
10	余丽军	流通A股	27.55	0.24

股东人数	2004.6	2003.12	2003.6	2002
	16911	22003	24696	25566

近年分配	2004年6月4日10派1.00	近年配股/增发	2004年6月4日10送1转2

重大事项

公司于2004年4月9日召开的2003年度股东大会审议通过了2003年度利润分配方案,以公司2003年末总股本9,000万股为基数,每10股派发现金红利1.00元(含税),每10股送红股1股,每10股转增2股。

二〇〇三年以来市场表现

2003年涨跌幅(%)	-38.06
2003年最高(元)	10.42
2003年最低(元)	5.17
2003年换手率(%)	245.35
2004.06涨跌幅(%)	22.04
2004.06最高(元)	9.38
2004.06最低(元)	5.42
2004.06换手率(%)	179.85

河北太行水泥股份有限公司

公司概况

公司名称	河北太行水泥股份有限公司			股票代码	600553	
注册地址	河北省邯郸市峰峰矿区建国路2号			邮政编码	056200	
法人代表	王里顺			董秘	郑宝金	
电话	0310-5062986			传真	0310-5015753	
主营业务	水泥及水泥制品					
总股本	38000.00	流通A	10000.00	流通B		流通H
审计单位				审计意见	未审计	

主要财务指标

年度	2004.6	2003	2002
每股收益/扣除后(元)	0.0244	0.2100	0.2100
每股经营现金流量(元)	0.0930	0.2100	0.3100
每股净资产/调整后(元)	1.8100	3.6700	3.4400
每股公积金(元)	0.5715	0.8666	1.7311
净资产收益率(%)	1.3100	6.1000	6.0800
总资产(万元)	170839.44	165110.87	122090.46
股东权益(万元)	69845.97	70643.50	66443.91
未分配利润(万元)	1471.76	8155.63	6986.62
主营收入(万元)	34409.60	51883.32	37932.46
资本公积金(万元)	21717.76	32931.41	32891.48
主营利润(万元)	9199.51	15124.05	12792.74
其他业务利润(万元)	346.68	870.34	-3.53
营业利润(万元)	1436.64	4595.50	4211.79
投资收益(万元)	-72.16	-69.54	-126.18
补贴收入(万元)	431.15	1529.59	-34.42
营业外收支(万元)	-9.51	149.13	-0.57
利润总额(万元)	1786.13	6204.69	5046.08
净利润(万元)	916.12	4311.21	4039.81

十大股东

序号	股东名称	股份性质	持股数(万股)	比例(%)
1	河北太行华信建材有限责任公司	国家股	19372.00	50.98
2	邯郸太行实业股份有限公司	境内法人股	945.00	2.49
3	河北省证券有限责任公司	境内法人股	820.00	2.16
4	河北太行集团青年综合利用厂	境内法人股	470.00	1.24
5	河北冀铁集团公司	境内法人股	300.00	0.79
6	中国银河证券有限责任公司上海东方路证券营业部	境内法人股	230.00	0.61
7	中国金谷国际信托投资有限公司	境内法人股	200.00	0.53
8	中国宝安集团股份有限公司	境内法人股	180.00	0.47
9	北京市大地科技实业总公司	境内法人股	165.00	0.43
10	华通国际招商集团股份有限公司	境内法人股	100.00	0.26

股东人数	2004.6	2003.12	2003.6	2002
	35831	16510	22664	29338

近年分配	近年配股/增发
2004年3月2日10派1.00	2004年3月2日10送4转6

重大事项

2004年5月24日,我公司因水泥销售货款纠纷诉中国建筑材料北京散装水泥公司,标的金额人民币14667005.60元。北京市中级人民法院受理了该案,并于2004年7月13日做出一审判决,判中国建筑材料北京散装水泥公司给付我公司的水泥货款14653849.03元并支付利息。

二〇〇三年以来市场表现

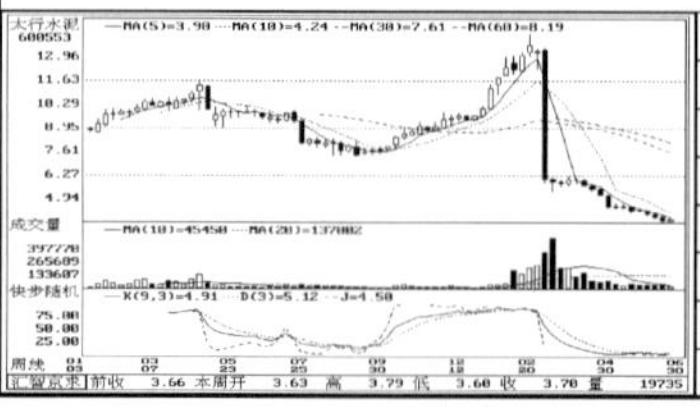

2003年涨跌幅(%)	14.35
2003年最高(元)	5.74
2003年最低(元)	3.60
2003年换手率(%)	147.08
2004.06涨跌幅(%)	-25.70
2004.06最高(元)	7.10
2004.06最低(元)	3.60
2004.06换手率(%)	305.71

上海茉织华股份有限公司

公司概况

公司名称	上海茉织华股份有限公司			股票代码	600555	
注册地址	上海市南京西路1266号63-66楼			邮政编码	200040	
法人代表	李勤夫			董秘	汪为民	
电话	021-62883080			传真	021-62883886	
主营业务	服装及特种印刷业务					
总股本	43450.00	流通A	19100.00	流通B	11000.00	流通H
审计单位				审计意见	未审计	

主要财务指标

年度	2004.6	2003	2002
每股收益/扣除后(元)	0.0613	0.2500	0.2800
每股经营现金流量(元)	0.0700	0.4100	0.3700
每股净资产/调整后(元)	5.0400	5.1200	4.8700
每股公积金(元)	3.2781	3.2781	3.2765
净资产收益率(%)	1.4000	4.9600	5.7600
总资产(万元)	370768.87	410706.47	342050.00
股东权益(万元)	219040.66	222433.73	211833.30
未分配利润(万元)	16210.77	19604.00	12025.52
主营收入(万元)	109932.45	241709.77	168834.34
资本公积金(万元)	142432.16	142432.16	142364.41
主营利润(万元)	13546.22	31938.78	33264.25
其他业务利润(万元)	190.76	386.18	-1.83
营业利润(万元)	3188.99	4335.97	15327.96
投资收益(万元)	955.03	9747.43	1668.47
补贴收入(万元)	75.34	504.30	-26.45
营业外收支(万元)	100.27	-107.13	1.92
利润总额(万元)	4319.64	14480.57	17168.71
净利润(万元)	3007.78	11027.64	12198.70

十大股东

序号	股东名称	股份性质	持股数(万股)	比例(%)
1	日本松冈株式会社	境外法人股.B股	18101.05	41.66
2	平湖茉织华实业	法人股	13391.72	30.82
3	平湖中宇投资	法人股	608.19	1.40
4	平湖市壮健服装有限公司	法人股	461.01	1.06
5	平湖市永华制衣公司	法人股	456.21	1.05
6	THE NOMURA SECURITIES	B股	279.61	0.64
7	韩国罗马株式会社	境外法人股	169.83	0.39
8	安信基金	A股	155.00	0.36
9	天津市地文高科技发展有限公司	A股	58.44	0.13
10	蔺莲池	A股	51.86	0.12

股东人数	2004.6	2003.12	2003.6	2002
	41120	38964	41152	28345

近年分配	近年配股/增发

重大事项

公司下属子公司上海迅捷国际印务有限公司(简称迅捷印务)于2003年11月在广发证券水清南路营业部开户并存入1亿元人民币,之后公司未对该帐户进行资金的划拨或进行证券交易,也从未授权任何人对该帐户资金进行操作或进行证券交易,但经公司向中央登记结算公司上海分公司查询,发现该帐户存在37,900股股票。公司曾多次要求该证券营业部出具公司资金帐户余额等相关资料,但一直未果。为此迅捷印务于2004年2月4日向上海市高级人民法院对广发证券水清南路营业部、广发证券股份有限公司提出诉讼,并向高院提出1亿元人民币财产保全的申请。

二〇〇三年以来市场表现

2003年涨跌幅(%)	-23.67
2003年最高(元)	12.32
2003年最低(元)	7.39
2003年换手率(%)	312.78
2004.06涨跌幅(%)	-24.56
2004.06最高(元)	9.58
2004.06最低(元)	5.78
2004.06换手率(%)	145.49

广西北生药业股份有限公司

公司概况

公司名称	广西北生药业股份有限公司			股票代码	600556		
注册地址	广西壮族自治区北海市北海大道168号			邮政编码	536000		
法人代表	何玉良			董秘	颜丹		
电话	0779-3226588			传真	0779-3226388		
主营业务	生化药品、生物制品						
总股本	12600.00	流通A	6356.70	流通B		流通H	
审计单位				审计意见	未审计		

主要财务指标

年度	2004.6	2003	2002
每股收益/扣除后(元)	0.2746	0.4530	0.3826
每股经营现金流量(元)	0.2270	1.5100	1.0100
每股净资产/调整后(元)	4.5540	4.3448	5.5092
每股公积金(元)	2.6864	2.6864	4.0600
净资产收益率(%)	5.9900	10.2500	6.4800
总资产(万元)	143652.09	142012.59	127558.82
股东权益(万元)	58146.72	55921.99	50181.80
未分配利润(万元)	9579.10	6094.37	3428.96
主营收入(万元)	19642.95	33681.90	21737.20
资本公积金(万元)	33848.17	33848.17	36540.17
主营利润(万元)	12526.68	20656.03	12048.45
其他业务利润(万元)	33.67	60.52	-0.13
营业利润(万元)	4715.05	8075.52	4640.59
投资收益(万元)	-36.51	-73.02	-73.02
补贴收入(万元)			
营业外收支(万元)	-172.91	-284.73	-7.50
利润总额(万元)	4505.63	7717.77	4359.72
净利润(万元)	3484.73	5732.19	3204.24

十大股东

序号	股东名称	股份性质	持股数(万股)	比例(%)
1	广西北生集团有限责任公司	境内法人股	2801.12	22.2
2	北海腾辉商贸有限公司	境内法人股	2223.40	17.65
3	广西壮族自治区血液中心	国有法人股	684.12	5.43
4	裕隆证券投资基金	流通A股	482.72	3.83
5	广西北生集团东珠实业有限责任公司	境内法人股	191.38	1.52
6	北海市安峰贸易有限公司	境内法人股	136.64	1.08
7	北海京顺贸易有限公司	境内法人股	136.64	1.08
8	沈阳药科大学	境内法人股	70.00	0.56
9	金鼎证券投资基金	流通A股	70.00	0.56
10	宏源证券股份有限公司	流通A股	36.40	0.29

股东人数

2004.6	2003.12	2003.6	2002
25208	26394	25588	26007

近年分配	2004年4月19日10派1.00	近年配股/增发	

重大事项

接中国证券登记结算有限责任公司上海分公司和本公司第一大股东广西北生集团有限责任公司通知,广西北生集团有限责任公司将其原质押给中国农业银行北海市分行的本公司28,011,200股社会法人股于2004年4月29日办理了解除质押手续。同日,广西北生集团有限责任公司因贷款将其持有的本公司28,011,200股社会法人股质押给中国农业银行北海市分行,质押期限为2004年4月29日至2005年4月29日。

二〇〇三年以来市场表现

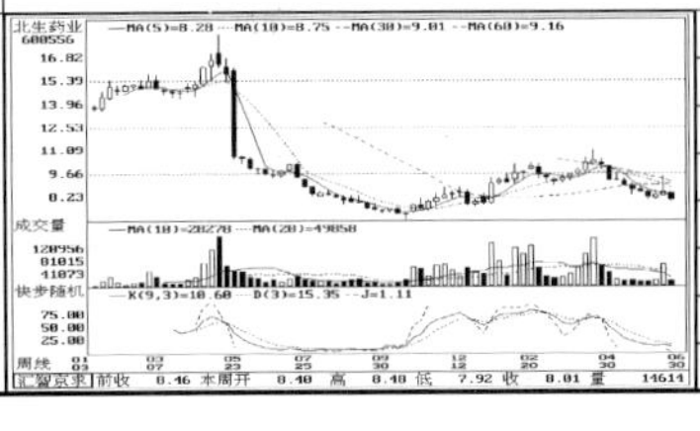

2003年涨跌幅(%)	-20.57
2003年最高(元)	12.86
2003年最低(元)	6.70
2003年换手率(%)	163.95
2004.06涨跌幅(%)	3.89
2004.06最高(元)	10.97
2004.06最低(元)	7.61
2004.06换手率(%)	143.46

江苏康缘药业股份有限公司

公司概况

公司名称	江苏康缘药业股份有限公司			股票代码	600557		
注册地址	连云港市经济技术开发区泰山北路58号			邮政编码	222001		
法人代表	肖伟			董秘	程凡		
电话	0518-5521990			传真	0518-5521983		
主营业务	中成药制剂、保健品制造销售						
总股本	9180.00	流通A	4000.00	流通B		流通H	
审计单位				审计意见	未审计		

主要财务指标

年度	2004.6	2003	2002
每股收益/扣除后(元)	0.2550	0.4040	0.2300
每股经营现金流量(元)	0.3890	0.1870	0.1200
每股净资产/调整后(元)	2.4170	3.9360	3.5800
每股公积金(元)	1.0571	2.4956	2.4738
净资产收益率(%)	6.0600	9.9200	6.2900
总资产(万元)	81132.65	77843.36	42607.23
股东权益(万元)	38474.43	37044.72	33171.53
未分配利润(万元)	4828.84	3413.64	474.65
主营收入(万元)	26147.22	36994.31	26205.66
资本公积金(万元)	16497.69	22909.16	22709.72
主营利润(万元)	15806.54	24827.64	19504.12
其他业务利润(万元)	217.11	145.46	-1.64
营业利润(万元)	3575.41	5200.50	2685.04
投资收益(万元)	10.30	10.82	6.82
补贴收入(万元)	2.00		
营业外收支(万元)	-76.38	-61.07	1.33
利润总额(万元)	3511.33	5150.26	2576.90
净利润(万元)	2333.20	3673.74	2087.49

十大股东

序号	股东名称	股份性质	持股数(万股)	比例(%)
1	连云港恒瑞集团	国家股	4314.94	47.00
2	连云港天使投资发展有限公司	境内法人股	1721.57	18.75
3	江苏苏云医疗器材	境内法人股	1082.26	11.79
4	肖伟	自然人股	580.32	6.32
5	江苏高科技产业投资	境内法人股	528.36	5.76
6	上海市慈善在金会	流通股	191.27	2.08
7	戴翔翔	自然股	163.79	1.78
8	杨寅	自然人股	156.74	1.71
9	夏月	自然人股	142.66	1.55
10	穆敏	自然人股	115.36	1.26

股东人数

2004.6	2003.12	2003.6	2002
20007	9771	10900	20074

近年分配	2004年4月30日10派1.00	近年配股/增发	2004年4月30日10转7

重大事项

2004年2月5日,公司股东上海联创创业投资有限公司与连云港天使投资发展有限公司(原名连云港市天使大药房有限公司)签署股权转让协议,联创公司将其持有康缘药业777万股社会法人股转让给天使公司。2004年2月9日,在中国证券登记结算有限责任公司上海分公司完成过户,至此,天使公司持有康缘药业1012.69万股,占总股本的11.03%,成为公司第二大股东。

二〇〇三年以来市场表现

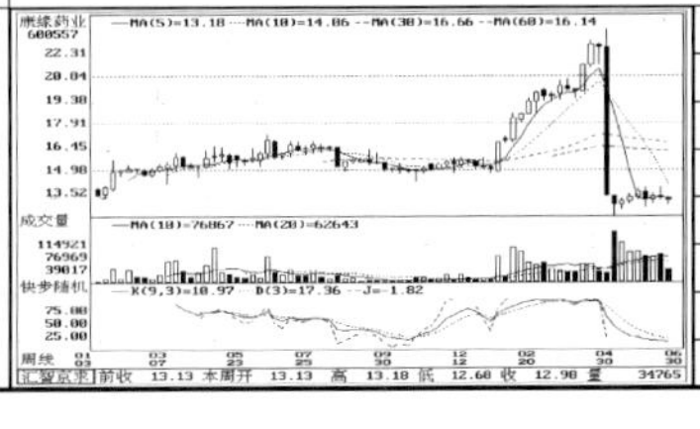

2003年涨跌幅(%)	13.20
2003年最高(元)	9.86
2003年最低(元)	7.50
2003年换手率(%)	153.89
2004.06涨跌幅(%)	45.37
2004.06最高(元)	13.92
2004.06最低(元)	8.61
2004.06换手率(%)	213.95

四川大西洋焊接材料股份有限公司

公司概况

公司名称	四川大西洋焊接材料股份有限公司	股票代码	600558
注册地址	四川省自贡市大安区马冲口街2号	邮政编码	643010
法人代表	余大全	董秘	郭万程
电话	0813-5100549	传真	0813-5101216
主营业务	电焊条、焊丝		
总股本	12000.00	流通A	4500.00
流通B		流通H	
审计单位		审计意见	未审计

主要财务指标

年度	2004.6	2003	2002
每股收益/扣除后(元)	0.1208	0.2980	0.3040
每股经营现金流量(元)	-0.0390	0.2940	0.4980
每股净资产/调整后(元)	4.2300	4.2440	3.9230
每股公积金(元)	2.7104	2.7103	2.6886
净资产收益率(%)	2.5900	7.0020	6.0100
总资产(万元)	94303.89	87424.45	70321.15
股东权益(万元)	51003.89	51123.35	47283.13
未分配利润(万元)	3747.02	4126.46	1257.87
主营收入(万元)	45656.42	63709.37	50646.10
资本公积金(万元)	32524.95	32523.46	32262.83
主营利润(万元)	7958.20	13260.88	11927.44
其他业务利润(万元)	48.57	75.41	-0.91
营业利润(万元)	2598.22	5241.73	5190.94
投资收益(万元)	-91.46	-69.78	-805.51
补贴收入(万元)	0.73		
营业外收支(万元)	-44.35	-97.75	-1.08
利润总额(万元)	2463.13	5074.20	4333.82
净利润(万元)	1319.04	3579.59	2841.85

十大股东

序号	股东名称	股份性质	持股数(万股)	比例(%)
1	四川大西洋集团有限责任公司	国有法人股	7118.39	59.32
2	四川自贡汇东发展股份有限公司	境内法人股	109.03	0.91
3	四川省国际信托投资公司	境内法人股	68.14	0.57
4	四川省川威钢铁集团有限公司	境内法人股	68.14	0.57
5	云南省机电设备总公司	境内法人股	68.14	0.57
6	四川西南航空美盛投资顾问有限公司	境内法人股	68.14	0.57
7	张伟容	流通A股	29.18	0.24
8	罗术清	流通A股	19.77	0.16
9	饶惠娴	流通A股	17.58	0.15
10	陈强	流通A股	13.12	0.11

股东人数	2004.6	2003.12	2003.6	2002
	26200	27891	28786	28513

近年分配	2004年5月21日10派1.20	近年配股/增发	

重大事项

公司分别为控股子公司——深圳市宝钢大西洋电焊条有限公司和上海大西洋焊接材料有限责任公司向银行申请最高额2000万元和10000万元的授信额度提供担保。

二〇〇三年以来市场表现

2003年涨跌幅(%)	-22.46
2003年最高(元)	11.56
2003年最低(元)	6.73
2003年换手率(%)	109.05
2004.06涨跌幅(%)	-1.19
2004.06最高(元)	10.75
2004.06最低(元)	7.41
2004.06换手率(%)	144.65

河北裕丰实业股份有限公司

公司概况

公司名称	河北裕丰实业股份有限公司	股票代码	600559
注册地址	河北省衡水市人民东路39号	邮政编码	053000
法人代表	张新广	董秘	刘勇
电话	0318-2122755	传真	0318-2669976
主营业务	种猪繁育和商品猪饲养		
总股本	14000.00	流通A	4000.00
流通B		流通H	
审计单位		审计意见	未审计

主要财务指标

年度	2004.6	2003	2002
每股收益/扣除后(元)	0.0603	0.1100	0.1600
每股经营现金流量(元)	-0.0378	0.2000	0.4400
每股净资产/调整后(元)	2.4100	2.4600	2.3400
每股公积金(元)	1.2043	1.2043	1.1943
净资产收益率(%)	2.3900	4.3800	6.6200
总资产(万元)	61687.91	57028.54	59391.63
股东权益(万元)	33909.91	34500.45	32847.65
未分配利润(万元)	1843.89	2434.43	1148.55
主营收入(万元)	15301.50	26118.18	26257.04
资本公积金(万元)	16860.05	16860.05	16720.05
主营利润(万元)	3845.64	6676.17	6826.97
其他业务利润(万元)	3.66	-5.05	-0.05
营业利润(万元)	1150.46	2066.54	2790.12
投资收益(万元)	-50.62	-184.23	2.18
补贴收入(万元)	33.66	97.25	2.69
营业外收支(万元)	-103.33	-77.42	1.24
利润总额(万元)	1030.17	1902.14	2729.74
净利润(万元)	809.46	1512.79	2174.77

十大股东

序号	股东名称	股份性质	持股数(万股)	比例(%)
1	湖北衡水老白干酿酒(集团)有限公司	国家股	6577.44	46.98
2	衡水京安集团有限公司	国家股	3302.41	23.59
3	陈文生	社会公众股	45.00	0.32
4	衡水市陶瓷厂	国有法人股	35.34	0.25
5	河北农在高新技术开发总公司	法人股	35.34	0.25
6	谢伟林	社会公众股	17.14	0.12
7	林梨妹	社会公众股	15.04	0.11
8	天津市天轻食品发酵开发公司	法人股	14.13	0.10
9	张秀云	社会公众股	13.49	0.10
10	郭香芝	社会公众股	12.00	0.09

股东人数	2004.6	2003.12	2003.6	2002
	17747	19407	20799	22836

近年分配	2004年7月1日10派1.00	近年配股/增发	

重大事项

根据公司2003年年度股东大会审议通过的《购买河北衡水老白干酿酒(集团)有限公司部分土地使用权》的决议。公司用自有资金5,494.47万元受让了河北衡水老白干酿酒(集团)有限公司位于河北省衡水市东门口乡干马村南土地登记面积为244,543.37平方米的四宗土地使用权。

二〇〇三年以来市场表现

2003年涨跌幅(%)	-36.24
2003年最高(元)	11.32
2003年最低(元)	5.70
2003年换手率(%)	308.43
2004.06涨跌幅(%)	5.70
2004.06最高(元)	8.20
2004.06最低(元)	6.02
2004.06换手率(%)	195.34

北京金自天正智能控制股份有限公司

公司概况

公司名称	北京金自天正智能控制股份有限公司	股票代码	600560
注册地址	北京市丰台区丰台路84号	邮政编码	100071
法人代表	张剑武	董秘	胡邦周
电话	010-63848915	传真	010-63812131
主营业务	自动化系统的技术开发		
审计单位		审计意见	未审计

总股本	9939.80	流通A	3900.00	流通B		流通H	

主要财务指标

年度	2004.6	2003	2002
每股收益/扣除后(元)	0.0228	0.2800	0.3100
每股经营现金流量(元)	0.0250	0.1300	0.0600
每股净资产/调整后(元)	3.7100	5.0100	4.7700
每股公积金(元)	2.5322	3.2918	3.2879
净资产收益率(%)	0.6100	5.5500	6.3700
总资产(万元)	64207.80	62932.29	50924.46
股东权益(万元)	37873.39	38789.02	36605.63
未分配利润(万元)	772.36	3981.79	2283.83
主营收入(万元)	7634.74	26076.34	17490.65
资本公积金(万元)	25169.35	25169.35	25139.62
主营利润(万元)	1301.70	3825.31	3727.73
其他业务利润(万元)	5.91	156.58	-0.68
营业利润(万元)	299.03	2384.55	2275.17
投资收益(万元)	2.06		
补贴收入(万元)	15.56	102.91	-1.54
营业外收支(万元)	5.24	3.38	-0.02
利润总额(万元)	321.88	2490.83	2330.50
净利润(万元)	231.27	2153.65	2330.50

十大股东

序号	股东名称	股份性质	持股数(万股)	比例(%)
1	冶金自动化研究设计院	国有法人股	5659.55	56.94
2	北京富丰高科技发展总公司	国有法人股	185.90	1.87
3	北京市机电研究院	国有法人股	84.50	0.85
4	中国冶金设备总公司	境内法人股	67.60	0.68
5	深圳市禾滨实业有限公司	境内法人股	42.25	0.43
6	林少辉	流通A股	15.48	0.16
7	周密	流通A股	13.39	0.13
8	符冠宏	流通A股	12.36	0.12
9	阳泉市金农商贸有限公司	流通A股	10.77	0.11
10	李复杰	流通A股	10.40	0.10

股东人数	2004.6	2003.12	2003.6	2002
	16635	16647	17143	19393

近年分配	2004年5月31日10派1.50	近年配股/增发	2004年5月31日10送3

重大事项

2004年4月27日，公司2003年度股东大会审议通过了公司与北京中冶科技发展公司签订不超过1000万元人民币的德国西门子(除控制器以外的产品)设备配套零部件采购框架协议。按照公司实际采购数量和市场价格结算，截止2004年6月30日共签定采购合同3.7万元。

二〇〇三年以来市场表现

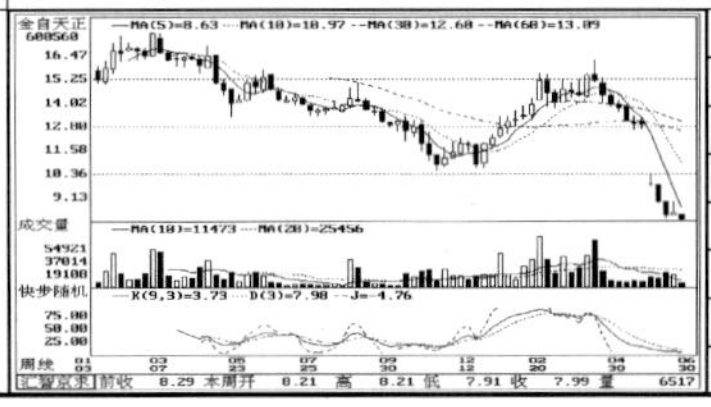

2003年涨跌幅(%)	-23.45
2003年最高(元)	13.34
2003年最低(元)	7.96
2003年换手率(%)	210.12
2004.06涨跌幅(%)	-11.83
2004.06最高(元)	12.35
2004.06最低(元)	7.91
2004.06换手率(%)	159.06

江西长运股份有限公司

公司概况

公司名称	江西长运股份有限公司	股票代码	600561
注册地址	江西省南昌市广场南路118号	邮政编码	330003
法人代表	张平	董秘	黄鸿源
电话	0791-6298107	传真	0791-6217722
主营业务	公路客运、客运站点建设		
审计单位	中磊会计师事务所	审计意见	标准无保留

总股本	9286.20	流通A	3000.00	流通B		流通H	

主要财务指标

年度	2004.6	2003	2002
每股收益/扣除后(元)	0.2513	0.2500	0.3100
每股经营现金流量(元)	0.1628	0.5000	0.6400
每股净资产/调整后(元)	3.1600	3.0800	2.7600
每股公积金(元)	1.2379	1.2379	1.2318
净资产收益率(%)	7.2600	10.5900	11.0400
总资产(万元)	59702.75	54162.06	47025.19
股东权益(万元)	29881.67	29106.66	25966.89
未分配利润(万元)	5989.64	5214.64	2748.23
主营收入(万元)	15791.35	19994.52	15297.95
资本公积金(万元)	11494.99	11494.99	11438.59
主营利润(万元)	5104.41	5528.89	4002.11
其他业务利润(万元)	1033.58	876.94	30.55
营业利润(万元)	3801.34	3802.32	3002.22
投资收益(万元)	-156.95	360.75	54.41
补贴收入(万元)		665.49	25.19
营业外收支(万元)	1.95	87.83	1.12
利润总额(万元)	3646.35	4916.39	4338.98
净利润(万元)	2167.93	3083.38	2866.58

十大股东

序号	股东名称	股份性质	持股数(万股)	比例(%)
1	江西长运集团有限公司	国有法人股	3940.20	42.43
2	中国东方资产管理公司	国有法人股	828.00	8.92
3	江西省投资公司	国有法人股	276.00	2.97
4	交通银行-融通行业景气证投资基金	社会公众股	157.33	1.69
5	江南证券有限责任公司	社会公众股	146.30	1.58
6	北京哈里兴业商贸有限责任公司	社会公众股	125.03	1.35
7	北京金葡乐生物技术有限责任公司	社会公众股	121.38	1.31
8	北京瀚明置业有限公司	社会公众股	59.02	0.64
9	陈兴华	社会公众股	57.72	0.62
10	陈小东	社会公众股	49.06	0.53

股东人数	2004.6	2003.12	2003.6	2002
	6482	14671	13928	14533

近年分配	2004年5月27日10派1.50	近年配股/增发	

重大事项

根据2004年4月27日召开的公司2003年度股东大会决议，公司2003年度利润分配方案为：以2003年末总股本92,862,000股为基数，向全体股东每10股派发现金红利1.5元（含税），共计派发股利13,929,300元。流通股个人股东与内部职工股股东，实际派发的现金红利为每股0.12元，流通股机构投资者及法人股股东，实际派发现金红利为每股0.15元。

二〇〇三年以来市场表现

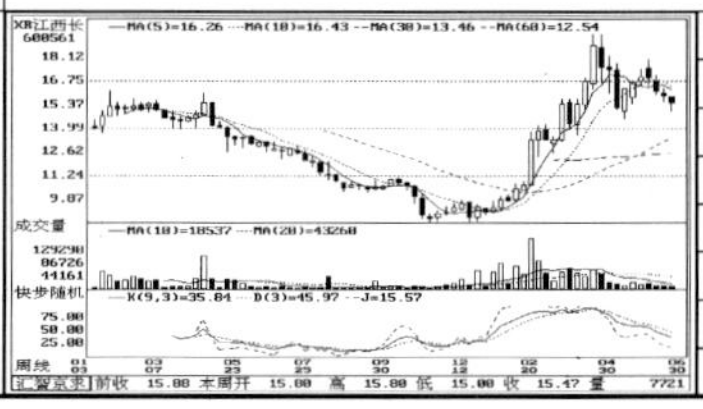

2003年涨跌幅(%)	-35.78
2003年最高(元)	15.86
2003年最低(元)	8.34
2003年换手率(%)	161.01
2004.06涨跌幅(%)	73.43
2004.06最高(元)	19.35
2004.06最低(元)	8.81
2004.06换手率(%)	183.72

江苏高淳陶瓷股份有限公司

公司概况

公司名称	江苏高淳陶瓷股份有限公司				股票代码	600562		
注册地址	江苏省高淳县固城镇				邮政编码	210004		
法人代表	孔德双			董秘	王贵夫			
电话	025-57377918			传真	025-7377688			
主营业务	日用陶瓷、窑具制造							
总股本	8408.93	流通 A	3000.00	流通 B		流通 H		
审计单位				审计意见	未审计			

主要财务指标

年度	2004.6	2003	2002
每股收益/扣除后(元)	0.0549	0.2600	0.3800
每股经营现金流量(元)	-0.0860	-0.0017	0.5700
每股净资产/调整后(元)	3.9000	3.8900	1.8100
每股公积金(元)	2.2014	2.2014	0.1722
净资产收益率(%)	3.0900	7.1900	20.9300
总资产(万元)	43311.32	42907.71	16572.84
股东权益(万元)	32874.92	32700.09	9768.57
未分配利润(万元)	3036.92	2862.09	897.08
主营收入(万元)	18968.53	24267.65	10917.94
资本公积金(万元)	18511.28	18511.28	931.28
主营利润(万元)	2265.66	6024.13	5197.59
其他业务利润(万元)	-21.19	47.83	-0.39
营业利润(万元)	855.48	3601.55	3038.84
投资收益(万元)	240.89	-8.43	7.19
补贴收入(万元)		50.00	50.00
营业外收支(万元)	464.04	13.88	-0.81
利润总额(万元)	1560.40	3656.99	3057.77
净利润(万元)	1015.72	2351.51	2044.68

十大股东

序号	股东名称	股份性质	持股数(万股)	比例(%)
1	高淳县国有资产经营(控股)有限公司	国有股	3327.14	39.57
2	南京市投资公司	国有股	1000.00	11.89
3	江苏舜天国际集团服装进出口股份有限公司	法人股	600.00	7.14
4	张铭金	自然人、内部职工股	102.40	1.22
5	江苏省陶瓷进出口(集团)公司	法人股	100.00	1.19
6	中国外运江苏公司	法人股	100.00	1.19
7	南京健友光学工业研究所	法人股	50.00	0.59
8	王学珍	流通 A 股	16.15	0.19
9	秦晓好	流通 A 股	15.30	0.18
10	张凯芹	流通 A 股	14.55	0.17

股东人数	2004.6	2003.12	2003.6	2002
	16460	16674	18067	1138

近年分配		近年配股/增发	

重大事项

公司第四届董事会第四次会议于 2004 年 6 月 1 日上午 10 时在公司会议室召开。会议审议通过了张铭金先生辞去公司董事长、董事职务的请求；审议通过了孔德双先生辞去总经理职务的请求；审议通过了关于选举孔德双先生担任公司董事长的议案，选举孔德双先生担任公司董事长；审议通过了关于聘任谷昌军先生为公司总经理的议案，聘任谷昌军先生为公司总经理。

二○○三年以来市场表现

2003 年涨跌幅(%)	0.00
2003 年最高(元)	15.70
2003 年最低(元)	8.11
2003 年换手率(%)	387.46
2004.06 涨跌幅(%)	3.33
2004.06 最高(元)	11.45
2004.06 最低(元)	8.56
2004.06 换手率(%)	204.40

厦门法拉电子股份有限公司

公司概况

公司名称	厦门法拉电子股份有限公司				股票代码	600563		
注册地址	福建省厦门市金桥路 101 号				邮政编码	361012		
法人代表	曾福生			董秘	许琼玖			
电话	0592-5114116			传真	0592-5042553			
主营业务	薄膜电容器制造							
总股本	15000.00	流通 A	5000.00	流通 B		流通 H		
审计单位				审计意见	未审计			

主要财务指标

年度	2004.6	2003	2002
每股收益/扣除后(元)	0.2571	0.4400	0.3000
每股经营现金流量(元)	0.2100	0.5400	0.7200
每股净资产/调整后(元)	4.4800	4.5200	4.3500
每股公积金(元)	2.2462	2.2462	2.2428
净资产收益率(%)	5.7800	10.3800	6.8000
总资产(万元)	73660.59	75572.35	79145.79
股东权益(万元)	67207.98	67823.68	65236.37
未分配利润(万元)	14970.60	15586.30	14104.58
主营收入(万元)	17276.84	29730.93	24668.64
资本公积金(万元)	33692.74	33692.74	33642.74
主营利润(万元)	6543.23	11735.93	9700.96
其他业务利润(万元)	122.98	218.11	-1.77
营业利润(万元)	4537.14	7692.15	5466.13
投资收益(万元)			
补贴收入(万元)	2.04	196.82	-0.19
营业外收支(万元)	30.58	28.91	-0.14
利润总额(万元)	4569.77	7917.88	5456.51
净利润(万元)	3884.30	7037.31	4434.30

十大股东

序号	股东名称	股份性质	持股数(万股)	比例(%)
1	厦门法拉发展总公司	境内法人股	6400.00	42.67
2	厦门建发集团有限公司	国有法人股	3000.00	20.00
3	金鑫证券投资基金	流通 A 股	602.98	4.02
4	厦门竹正发展有限公司	境内法人股	400.00	2.67
5	富国动态平衡证券投资基金	流通 A 股	239.37	1.60
6	融通行业景气证券投资基金	流通 A 股	210.68	1.40
7	安顺证券投资基金	流通 A 股	179.48	1.20
8	南方稳健成长证券投资基金	流通 A 股	151.50	1.01
9	汉鼎证券投资基金	流通 A 股	150.53	1.00
10	鸿飞证券投资基金	流通 A 股	122.26	0.82

股东人数	2004.6	2003.12	2003.6	2002
	9999	13786	16999	23326

近年分配	2004 年 5 月 12 日 10 派 3.00	近年配股/增发	

重大事项

据 2003 年 10 月 23 日召开的公司第二届董事会第四次会议决议，公司拟使用自有资金 1800 万元购买位于厦门市海沧开发区面积约 12 万平方米土地作为工业用地。 该项目已获海沧开发区政府批准，公司正进行土地规划工作，预计 2004 年年底前可取得土地使用权证。

二○○三年以来市场表现

2003 年涨跌幅(%)	7.38
2003 年最高(元)	15.50
2003 年最低(元)	11.53
2003 年换手率(%)	365.45
2004.06 涨跌幅(%)	11.68
2004.06 最高(元)	19.69
2004.06 最低(元)	13.70
2004.06 换手率(%)	268.14

重庆市迪马实业股份有限公司

公司概况

公司名称	重庆市迪马实业股份有限公司	股票代码	600565
注册地址	重庆市南岸区白鹤路 108 号	邮政编码	400060
法人代表	陈鸿增	董秘	黄力进
电话	023-89021876,89021877	传真	023-89021878
主营业务	防弹运钞车、警用车		
总股本	8000.00	流通 A	2000.00
流通 B		流通 H	
审计单位		审计意见	未审计

主要财务指标

年度	2004.6	2003	2002
每股收益 / 扣除后(元)	0.1080	0.5200	0.4400
每股经营现金流量(元)	–0.5650	1.0000	0.3100
每股净资产 / 调整后(元)	4.9100	5.2500	4.7400
每股公积金(元)	3.5166	3.5166	3.5166
净资产收益率(%)	2.1900	9.8000	9.2400
总资产(万元)	63288.40	70955.30	51008.08
股东权益(万元)	39382.34	42118.47	37990.38
未分配利润(万元)	895.55	31.68	122.80
主营收入(万元)	14493.74	42473.86	48479.62
资本公积金(万元)	28132.90	28132.90	28132.90
主营利润(万元)	3485.54	9159.49	10261.55
其他业务利润(万元)	–92.69	–100.17	1.60
营业利润(万元)	1100.18	4754.24	4242.59
投资收益(万元)	–26.34	80.28	
补贴收入(万元)			
营业外收支(万元)		–2.64	0.06
利润总额(万元)	1073.84	4831.88	4237.88
净利润(万元)	863.87	4128.09	3510.27

十大股东

序号	股东名称	股份性质	持股数(万股)	比例(%)
1	重庆东银实业(集团有限公司)	境内法人股	3840.00	48.00
2	盐城市江动科技发展有限公司	国有法人股	1200.00	15.00
3	重庆东原房地产开发有限公司	境内法人股	600.00	7.50
4	重庆市凌羿汽车配件贸易有限公司	境内法人股	300.00	3.75
5	广州和腾实业发展有限公司	境内法人股	60.00	0.75
6	高凤云	流通 A 股	10.00	0.13
7	曾佑芳	流通 A 股	9.85	0.12
8	叶小良	流通 A 股	6.26	0.08
9	杨祺	流通 A 股	6.00	0.08
10	孙洁	流通 A 股	5.96	0.07

股东人数

2004.6	2003.12	2003.6	2002
14286	15375	15606	15766

近年分配	2004 年 5 月 24 日 10 派 4.50	近年配股 / 增发	

重大事项

2004 年 1 月,本公司与控股股东东银集团签订股权转让协议,公司用自有资金按每股 1 元的价格出资 2,577,148.99 元收购东银集团所持东银信息 80%的股权。本次股权收购暨关联交易遵循了"公开、公平、公正和诚实信用"的原则。本公司董事会二届三次会议审议通过了本次股权收购暨关联交易协议,关联董事就关联交易协议回避表决。

二〇〇三年以来市场表现

2003 年涨跌幅(%)	–25.96
2003 年最高(元)	20.78
2003 年最低(元)	11.44
2003 年换手率(%)	250.68
2004.06 涨跌幅(%)	–2.59
2004.06 最高(元)	17.55
2004.06 最低(元)	12.41
2004.06 换手率(%)	145.84

湖北洪城通用机械股份有限公司

公司概况

公司名称	湖北洪城通用机械股份有限公司	股票代码	600566
注册地址	湖北省荆州市红门路 3 号	邮政编码	434000
法人代表	王洪运	董秘	王速建
电话	0716-8221198	传真	0716-8221198
主营业务	通用机械,中低压阀门		
总股本	10630.00	流通 A	4400.00
流通 B		流通 H	
审计单位		审计意见	未审计

主要财务指标

年度	2004.6	2003	2002
每股收益 / 扣除后(元)	0.0476	0.0800	0.1200
每股经营现金流量(元)	–0.3330	0.0200	0.2100
每股净资产 / 调整后(元)	4.4200	4.3700	4.3000
每股公积金(元)	2.8017	2.8017	2.8017
净资产收益率(%)	1.0500	1.5900	3.0300
总资产(万元)	70042.66	65039.16	60631.74
股东权益(万元)	47047.97	46555.21	45814.95
未分配利润(万元)	5354.04	4861.29	4230.93
主营收入(万元)	7171.14	11342.56	10729.18
资本公积金(万元)	29784.77	29784.77	29784.77
主营利润(万元)	2112.69	2691.82	3043.81
其他业务利润(万元)	268.31	552.30	882.12
营业利润(万元)	753.41	1123.03	1817.72
投资收益(万元)	–28.48	–66.57	93.51
补贴收入(万元)			
营业外收支(万元)	13.85	–31.25	–0.35
利润总额(万元)	738.78	1025.21	2074.67
净利润(万元)	492.76	740.26	1389.20

十大股东

序号	股东名称	股份性质	持股数(万股)	比例(%)
1	荆州国有资产管理局	国有法人股	3272.00	30.78
2	荆州市洪泰置业投资有限公司	境内法人股	1897.00	17.85
3	荆州洪发商贸有限公司	境内法人股	1060.00	9.97
4	刘海英	流通 A 股	18.44	0.17
5	黄泽佩	流通 A 股	17.40	0.16
6	张立香	流通 A 股	13.62	0.13
7	吉林天信投资管理股份有限公司	流通 A 股	13.40	0.13
8	谢大敏	流通 A 股	12.53	0.12
9	江万里	流通 A 股	10.00	0.09
10	黄远群	流通 A 股	10.00	0.09

股东人数

2004.6	2003.12	2003.6	2002
18942	19303	16824	20876

近年分配		近年配股 / 增发	

重大事项

公司于 2004 年 6 月 3 日与湖北沙市阀门总厂签订了《资产置换协议书》。公司以其所属的部分房屋建筑物资产(经评估后的净资产为 5,141,015 元)与湖北沙市阀门总厂所属的部分房屋建筑物资产(经评估后的净资产为 5,253,143 元)进行置换,双方资产相差 112,128 元,差额部分由本公司支付给湖北沙市阀门总厂现金 112,128 元。

二〇〇三年以来市场表现

2003 年涨跌幅(%)	–38.21
2003 年最高(元)	12.51
2003 年最低(元)	6.31
2003 年换手率(%)	300.38
2004.06 涨跌幅(%)	–3.90
2004.06 最高(元)	9.58
2004.06 最低(元)	6.55
2004.06 换手率(%)	183.58

安徽山鹰纸业股份有限公司

公司概况							
公司名称	安徽山鹰纸业股份有限公司			股票代码	600567		
注册地址	安徽省马鞍山市勤俭路3号			邮政编码	243021		
法人代表	王德贤			董秘	钱军		
电话	0555-2826275			传真	0555-2826369		
主营业务	造纸,纸制品						
总股本	16609.95	流通A	6559.95	流通B		流通H	
审计单位				审计意见	未审计		

主要财务指标	2004.6	2003	2002
每股收益/扣除后(元)	0.1116	0.2790	0.1580
每股经营现金流量(元)	0.4210	-0.0800	0.3800
每股净资产/调整后(元)	2.6870	2.4970	2.1570
每股公积金(元)	1.0697	0.8552	0.8393
净资产收益率(%)	5.0000	11.9900	7.3400
总资产(万元)	137103.41	120321.31	83089.91
股东权益(万元)	45198.24	40513.65	34875.82
未分配利润(万元)	8546.81	7775.76	3888.11
主营收入(万元)	56417.79	90010.49	48822.48
资本公积金(万元)	17168.50	14203.11	13470.84
主营利润(万元)	6675.51	10720.34	7039.75
其他业务利润(万元)	34.27	15.59	-0.02
营业利润(万元)	1879.88	3349.04	2957.62
投资收益(万元)	50.00	37.80	25.14
补贴收入(万元)	599.92	1667.89	-2.72
营业外收支(万元)	5.09	-61.57	-0.22
利润总额(万元)	2534.90	4993.17	3200.21
净利润(万元)	2171.01	4859.56	2511.83

十大股东 序号	股东名称	股份性质	持股数(万股)	比例(%)
1	马鞍山市山鹰纸业集团有限公司	国家股	9346.50	56.27
2	马鞍山市轻工国有资产经营有限公司	国有法人股	502.50	3.03
3	马鞍山市港务管理局	国有法人股	100.50	0.61
4	马鞍山隆达实业总公司	境内法人股	80.40	0.48
5	中国工商银行-国联安德盛小盘精选证券投资基金	流通A股	61.74	0.37
6	昆明西江源商贸有限公司	流通A股	38.94	0.23
7	王玉琴	流通A股	30.00	0.18
8	马鞍山市科技服务公司	境内法人股	20.10	0.12
9	张莹莹	流通A股	18.65	0.11
10	冯玉英	流通A股	16.40	0.10

股东人数	2004.6	2003.12	2003.6	2002
	28923	30069	30337	31047

近年分配		近年配股/增发	

重大事项

公司二届十三次董事会审议通过《关于向中国银行马鞍山分行申请2.2亿元人民币授信额度的议案》,本公司向中国银行马鞍山分行申请2.2亿元人民币授信额度,此授信额度用于向中国银行马鞍山分行申请开立各种信用证、保函6000万元人民币,短期流动资金贷款(含外汇流动资金贷款)1.6亿元人民币。公司已获得该项授信额度。

二〇〇三年以来市场表现

指标	数值
2003年涨跌幅(%)	-11.35
2003年最高(元)	9.52
2003年最低(元)	5.80
2003年换手率(%)	262.80
2004.06涨跌幅(%)	-19.23
2004.06最高(元)	8.27
2004.06最低(元)	5.60
2004.06换手率(%)	176.89

湖北潜江制药股份有限公司

公司概况							
公司名称	湖北潜江制药股份有限公司			股票代码	600568		
注册地址	湖北省潜江市横堤路特18号			邮政编码	433100		
法人代表	叶继革			董秘	漆贤高		
电话	0728-6296288,6242548			传真	0728-6242548		
主营业务	滴眼液、针剂、片剂						
总股本	10929.00	流通A	5392.20	流通B		流通H	
审计单位				审计意见	未审计		

主要财务指标	2004.6	2003	2002
每股收益/扣除后(元)	0.0482	0.1300	0.0700
每股经营现金流量(元)	0.1459	0.0100	0.0100
每股净资产/调整后(元)	6.3000	6.2300	6.0800
每股公积金(元)	4.3282	4.3282	4.3269
净资产收益率(%)	1.1400	2.5300	2.5200
总资产(万元)	68615.34	56942.12	47819.66
股东权益(万元)	46156.89	45632.04	44466.03
未分配利润(万元)	6129.05	5604.20	4610.92
主营收入(万元)	20780.67	17879.17	9076.91
资本公积金(万元)	31534.99	31534.99	31525.50
主营利润(万元)	3891.16	5795.26	5616.04
其他业务利润(万元)	-1.20	90.83	-0.21
营业利润(万元)	825.91	1125.29	1109.94
投资收益(万元)		178.79	759.49
补贴收入(万元)			
营业外收支(万元)	-2.94	-6.97	0.08
利润总额(万元)	822.97	1297.11	1826.85
净利润(万元)	524.85	1156.52	1118.93

十大股东 序号	股东名称	股份性质	持股数(万股)	比例(%)
1	湖北省潜江市制药厂	国有法人股	3033.75	27.76
2	湖北省潜江市医用塑料包装厂	国有法人股	523.77	4.79
3	潜江市医药经营开发公司	国有法人股	133.68	1.22
4	侯玉英	社会公众股	18.12	0.17
5	蔡昌渊	社会公众股	17.12	0.16
6	戴翼源	社会公众股	15.21	0.14
7	樊金英	社会公众股	12.65	0.12
8	吴明俊	社会公众股	8.84	0.08
9	张建平	社会公众股	8.82	0.08
10	陶真	社会公众股	8.80	0.08

股东人数	2004.6	2003.12	2003.6	2002
	20135	20972	21899	22463

近年分配		近年配股/增发	

重大事项

2004年6月25日,公司第四届董事会第九次会议(以通讯表决方式进行)审议通过了《关于受让新疆新特药民族药业有限责任公司部分股权的议案》,同意受让新疆药业(集团)有限责任公司所持有的新疆新特药民族药业有限责任公司36%的股权。

二〇〇三年以来市场表现

指标	数值
2003年涨跌幅(%)	-34.46
2003年最高(元)	16.05
2003年最低(元)	8.11
2003年换手率(%)	101.98
2004.06涨跌幅(%)	12.86
2004.06最高(元)	12.90
2004.06最低(元)	8.90
2004.06换手率(%)	89.44

安阳钢铁股份有限公司

公司概况

公司名称	安阳钢铁股份有限公司			股票代码	600569		
注册地址	河南省安阳市铁西区梅元庄			邮政编码	455004		
法人代表	王子亮			董秘	阎长宽		
电话	0372-3120175			传真	0372-3120181		
主营业务	钢铁及钢铁延伸产品						
总股本	201823.55	流通 A	41250.00	流通 B		流通 H	
审计单位				审计意见	未审计		

主要财务指标

年度	2004.6	2003	2002
每股收益/扣除后(元)	0.2294	0.6200	0.4000
每股经营现金流量(元)	0.2870	0.9200	0.7600
每股净资产/调整后(元)	2.7300	4.0100	3.3900
每股公积金(元)	0.3869	1.0798	1.0739
净资产收益率(%)	8.2700	15.2600	11.7600
总资产(万元)	773679.94	747614.50	625125.81
股东权益(万元)	552367.44	540246.69	457007.59
未分配利润(万元)	145409.98	133366.66	67415.27
主营收入(万元)	670400.69	929575.37	671738.87
资本公积金(万元)	78091.53	145288.62	144488.73
主营利润(万元)	94746.90	175514.80	109114.79
其他业务利润(万元)	751.72	1723.47	-676.29
营业利润(万元)	71091.10	128972.69	71857.45
投资收益(万元)	-1398.48	-204.59	716.54
补贴收入(万元)	4.97		
营业外收支(万元)	480.08	-2345.88	-0.14
利润总额(万元)	70177.67	126422.21	72559.73
净利润(万元)	45680.59	82439.22	53730.32

十大股东

序号	股东名称	股份性质	持股数(万股)	比例(%)
1	安阳钢铁集团有限责任公司	国家股	130573.50	64.70
2	银河银泰理财分红证券投资基金	流通 A 股	1921.98	0.95
3	银河稳健证券投资基金	流通 A 股	973.75	0.48
4	昆明云内动力股份有限公司	流通 A 股	601.74	0.30
5	渤海证券有限责任公司	流通 A 股	221.80	0.11
6	博时裕富证券投资基金	流通 A 股	209.77	0.10
7	易方达 50 指数证券投资基金	流通 A 股	198.75	0.10
8	华安上证 180 指数证券投资基金	流通 A 股	123.68	0.06
9	山西证券有限责任公司	流通 A 股	120.78	0.06
10	董玲	流通 A 股	97.69	0.05

股东人数	2004.6	2003.12	2003.6	2002
	117179	115754	126190	132599

近年分配	2004 年 6 月 15 日 10 派 2.50	近年配股/增发	2004 年 6 月 15 日 10 转 5

重大事项

公司于 2004 年 4 月 20 日召开 2003 年年度股东大会,通过了 2003 年度公司利润分配及公积金转增股本方案:以 2003 年末总股本 1345490259 股为基数,用资本公积金向全体股东每 10 股转增 5 股。股权登记为 6 月 14 日,除权除息为 6 月 15 日,红利派发为 6 月 18 日。

二〇〇三年以来市场表现

2003 年涨跌幅(%)	60.43
2003 年最高(元)	4.83
2003 年最低(元)	2.88
2003 年换手率(%)	215.75
2004.06 涨跌幅(%)	-19.33
2004.06 最高(元)	5.79
2004.06 最低(元)	3.75
2004.06 换手率(%)	116.22

杭州恒生电子股份有限公司

公司概况

公司名称	杭州恒生电子股份有限公司			股票代码	600570		
注册地址	浙江省杭州市文三路 259 号昌地火炬大厦 B 幢 9 楼			邮政编码	310009		
法人代表	黄大成			董秘	刘翔		
电话	0571-87770103			传真	0571-87770106		
主营业务	证券、银行和基金应用软件的开发						
总股本	6800.00	流通 A	1700.00	流通 B		流通 H	
审计单位				审计意见	未审计		

主要财务指标

年度	2004.6	2003	2002
每股收益/扣除后(元)	0.0413	0.5243	0.7909
每股经营现金流量(元)	-0.8000	0.3500	0.7500
每股净资产/调整后(元)	5.0400	5.4400	2.3900
每股公积金(元)	3.4623	3.4623	0.1215
净资产收益率(%)	0.7000	9.8200	32.3100
总资产(万元)	41454.33	44494.30	20669.85
股东权益(万元)	34302.86	36984.04	12258.46
未分配利润(万元)	2340.26	5021.44	5249.87
主营收入(万元)	9377.50	21538.11	21477.56
资本公积金(万元)	23543.68	23543.68	826.52
主营利润(万元)	4293.03	12470.24	9080.81
其他业务利润(万元)	45.69	88.54	-0.09
营业利润(万元)	-240.84	2441.10	2797.15
投资收益(万元)	108.45	272.19	-2.81
补贴收入(万元)	345.48	1021.82	29.91
营业外收支(万元)	-50.97	-19.32	0.24
利润总额(万元)	162.12	3724.89	4212.60
净利润(万元)	239.84	3632.50	3960.23

十大股东

序号	股东名称	股份性质	持股数(万股)	比例(%)
1	杭州恒生电子集团有限公司	境内法人股	2040.00	30.00
2	中国经济技术投资担保有限公司	国有法人股	504.90	7.43
3	黄大成	自然人股	449.70	6.61
4	彭政纲	自然人股	245.29	3.61
5	陈鸿	自然人股	245.29	3.61
6	周林根	自然人股	245.29	3.61
7	王则江	自然人股	245.29	3.61
8	刘曙峰	自然人股	204.41	3.01
9	蒋建圣	自然人股	204.41	3.01
10	张磊	自然人股	204.41	3.01

股东人数	2004.6	2003.12	2003.6	2002
	9970	14151		

近年分配	2004 年 6 月 4 日 10 派 4.30	近年配股/增发	

重大事项

2003 年 11 月 27 日,本公司收到北京市高级人民法院民事裁定书(2003)高民终字第 1269 号,裁定驳回北京恒升远东电子计算机集团的上诉,维持原裁定,本案将移送浙江省杭州市中级人民法院审理。上述裁定为终审裁定。该案目前已经移送到杭州中级人民法院。杭州中院已经受理,将择日开庭。截至 2004 年 6 月 30 日,本案无其他进展。

二〇〇三年以来市场表现

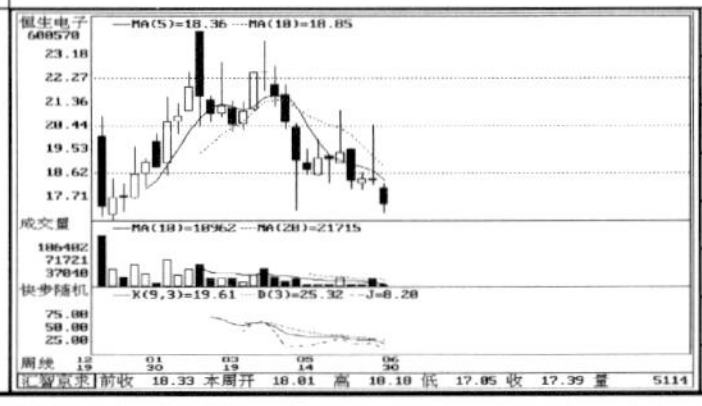

2003 年涨跌幅(%)	0.00
2003 年最高(元)	20.35
2003 年最低(元)	16.37
2003 年换手率(%)	121.59
2004.06 涨跌幅(%)	0.93
2004.06 最高(元)	23.66
2004.06 最低(元)	16.72
2004.06 换手率(%)	361.76

杭州信雅达系统工程股份有限公司

公司概况

公司名称	杭州信雅达系统工程股份有限公司			股票代码	600571		
注册地址	浙江省杭州市文三路252号伟星大厦6楼			邮政编码	310053		
法人代表	郭华强			董秘	费禹铭		
电话	0571-56686501			传真	0571-5668652		
主营业务	软件技术开发及其咨询服务						
总股本	9353.60	流通A	2880.00	流通B		流通H	
审计单位				审计意见	未审计		

主要财务指标

年度	2004.6	2003	2002
每股收益/扣除后(元)	0.0731	0.3800	0.5290
每股经营现金流量(元)	-1.2767	-0.9030	0.9400
每股净资产/调整后(元)	3.5300	5.8100	5.3500
每股公积金(元)	1.9645	3.7432	3.7302
净资产收益率(%)	2.2600	7.4800	10.2100
总资产(万元)	48725.72	50575.37	44771.46
股东权益(万元)	33024.07	34032.71	31324.69
未分配利润(万元)	4023.31	5031.96	2786.51
主营收入(万元)	9760.93	24165.20	19040.01
资本公积金(万元)	18374.86	21882.46	21806.86
主营利润(万元)	3954.82	8248.52	7025.14
其他业务利润(万元)	212.94	253.44	-6.44
营业利润(万元)	671.51	2033.71	3032.24
投资收益(万元)	-184.19	6.30	-3.50
补贴收入(万元)	357.31	969.54	353.74
营业外收支(万元)	-0.37	-11.71	0.14
利润总额(万元)	844.25	2997.85	3933.60
净利润(万元)	745.16	2546.65	3201.31

十大股东

序号	股东名称	股份性质	持股数(万股)	比例(%)
1	杭州信雅达电子有限公司	发起人股	3045.83	32.56
2	郭华强	发起人股	1163.95	12.44
3	宁波经济技术开发区春秋技术开发有限公司	发起人股	838.33	8.96
4	许建国	发起人股	257.65	2.75
5	朱宝文	发起人股	225.93	2.42
6	张健	发起人股	145.66	1.56
7	潘庆中	发起人股	135.95	1.45
8	杨文山	发起人股	103.58	1.11
9	傅宁	发起人股	103.58	1.11
10	羊英杰	发起人股	64.74	0.69

股东人数	2004.6	2003.12	2003.6	2002
	10650	6873	7854	9036

近年分配	近年配股/增发
2004年6月8日10派3.00	2004年6月8日10转6

重大事项

2004年5月18日，公司2003年年度股东大会审议通过了公司2003年度利润分配及资本公积金转增股本方案：以2003年末股份总数5846万股为基数，向全体股东按每10股派发现金红利3.00元(含税)；以2003年末总股本5846万股为基数，用资本公积金向全体股东每10股转增6股。股权登记日为2004年6月7日，除权除息日为2004年6月8日，转增股份流通日为2004年6月9日，红利发放日为2003年6月14日。

二〇〇三年以来市场表现

2003年涨跌幅(%)	-22.66
2003年最高(元)	16.46
2003年最低(元)	9.48
2003年换手率(%)	131.52
2004.06涨跌幅(%)	-7.48
2004.06最高(元)	15.53
2004.06最低(元)	10.07
2004.06换手率(%)	239.60

浙江康恩贝制药股份有限公司

公司概况

公司名称	浙江康恩贝制药股份有限公司			股票代码	600572		
注册地址	浙江省兰溪市丹溪大道151号			邮政编码	310052		
法人代表	胡季强			董秘	杨俊德		
电话	0571-87774710			传真	0571-87774709		
主营业务	中药和天然植物药产品的研制等						
总股本	13720.00	流通A	4000.00	流通B		流通H	
审计单位				审计意见	未审计		

主要财务指标

年度	2004.6	2003	2002
每股收益/扣除后(元)	0.0652	0.2800	0.3000
每股经营现金流量(元)	-0.1060	0.9000	0.4800
每股净资产/调整后(元)	3.6030	2.4400	2.0300
每股公积金(元)	2.2000	0.2628	0.2607
净资产收益率(%)	2.9500	16.8700	21.2100
总资产(万元)	100274.32	58165.47	46262.86
股东权益(万元)	49978.29	23756.72	19720.14
未分配利润(万元)	3315.87	7671.77	4448.46
主营收入(万元)	26485.54	46879.40	44080.95
资本公积金(万元)	30183.54	3606.07	3576.73
主营利润(万元)	12186.68	24341.12	25096.66
其他业务利润(万元)	0.01	0.49	0.00
营业利润(万元)	1672.16	4501.17	5166.63
投资收益(万元)	-30.40	117.75	349.83
补贴收入(万元)	600.00	1348.01	-31.89
营业外收支(万元)	-27.26	-272.19	-2.19
利润总额(万元)	2214.49	5694.74	6335.39
净利润(万元)	1476.10	4007.23	4182.70

十大股东

序号	股东名称	股份性质	持股数(万股)	比例(%)
1	康恩贝集团有限公司	境内法人股	4133.59	30.13
2	浙江大学生物科技股份有限公司	境内法人股	2900.00	21.14
3	浙江金科创业投资有限公司	境内法人股	800.00	5.83
4	杭州大名印刷有限公司	境内法人股	289.05	2.11
5	浙江可立思安制药有限公司	境内法人股	84.00	0.61
6	兰溪市供电局	国有法人股	48.00	0.35
7	浙江吉恩仕服装集团进出口有限公司	境内法人股	36.00	0.26
8	交通银行-久富证券投资基金	流通A股	32.60	0.24
9	詹永祖	流通A股	31.95	0.23
10	浙江永进化工有限公司	境内法人股	25.07	0.18

股东人数	2004.6	2003.12	2003.6	2002
	24038			

近年分配	近年配股/增发

重大事项

2004年5月25日，经公司2003年度股东大会批准，公司出资4,663万元协议受让了浙江丰登化工股份有限公司、浙江北湖商贸有限公司分别持有的浙江佐力药业股份有限公司28%(计股)和6%(计720万股)股份。转让股份过户登记手续已于2004年6月21日办理完成。

二〇〇三年以来市场表现

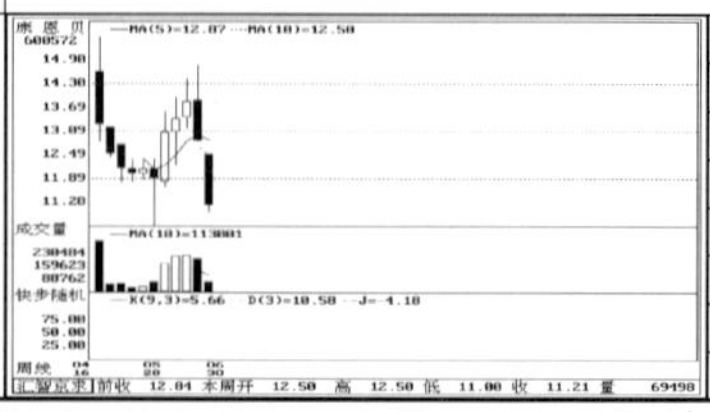

2003年涨跌幅(%)	0.00
2003年最高(元)	0.00
2003年最低(元)	0.00
2003年换手率(%)	0.00
2004.06涨跌幅(%)	0.00
2004.06最高(元)	15.50
2004.06最低(元)	10.68
2004.06换手率(%)	357.84

福建省惠泉啤酒集团股份有限公司

公司概况

公司名称	福建省惠泉啤酒集团股份有限公司	股票代码	600573
注册地址	福建省惠安县螺城镇建设大街157号	邮政编码	362100
法人代表	李秉骥	董秘	何泽平
电话	0595-7396105	传真	0595-7384369
主营业务	惠泉牌啤酒的生产与销售		
审计单位		审计意见	未审计

总股本	流通 A	流通 B	流通 H
25000.00	6300.00		

主要财务指标

年度	2004.6	2003	2002
每股收益/扣除后(元)	0.0225	0.0500	0.3500
每股经营现金流量(元)	0.1209	0.2800	1.6000
每股净资产/调整后(元)	3.6260	3.6100	2.3400
每股公积金(元)	2.0327	2.0327	0.4744
净资产收益率(%)	0.4600	1.2700	15.8700
总资产(万元)	119614.68	134463.45	119632.73
股东权益(万元)	90950.59	90536.56	44126.75
未分配利润(万元)	6725.95	6311.92	5475.91
主营收入(万元)	39595.54	88034.12	90569.53
资本公积金(万元)	50817.81	50817.81	11860.35
主营利润(万元)	5974.21	17330.38	23132.07
其他业务利润(万元)	–104.91	404.83	–0.72
营业利润(万元)	660.76	2889.79	10660.31
投资收益(万元)	24.51	69.91	70.27
补贴收入(万元)			
营业外收支(万元)	–14.41	–130.74	–9.38
利润总额(万元)	670.87	2828.96	10614.82
净利润(万元)	414.03	1152.35	6954.81

十大股东

序号	股东名称	股份性质	持股数(万股)	比例(%)
1	北京燕京啤酒股份有限公司	法人股	9537.00	38.15
2	中国武夷实业股份有限公司	境内法人股	2895.00	11.58
3	龚金柱	境外法人股	1700.00	6.80
4	晋达国际有限公司	境外法人股	999.60	4.00
5	香港圣歌德奇有限公司	境外法人股	841.50	3.37
6	福建惠安县华源实业有限公司	境内法人股	612.00	2.45
7	福建省青山纸业股份有限公司	境内法人股	600.00	2.40
8	江西清华泰豪科技集团有限公司	境内法人股	500.00	2.00
9	深圳恒宝鼎投资有限公司	境内法人股	350.00	1.40
10	交通银行-科汇证券投资基金	流通A股	169.00	0.68

股东人数	2004.6	2003.12	2003.6	2002
	21079	25301	34515	

近年分配		近年配股/增发	

重大事项

2004年6月3日公司以自有资金增加对福鼎公司投资480万元。福鼎项目的实际进度与收益情况详见募集资金使用中的福鼎啤酒厂异地搬迁技改项目。

二〇〇三年以来市场表现

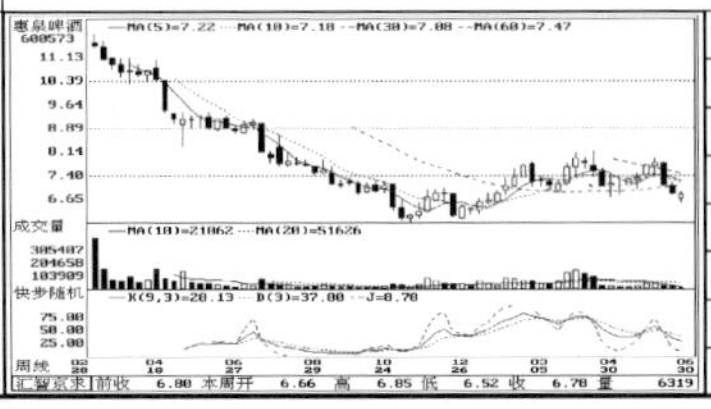

2003年涨跌幅(%)	0.00
2003年最高(元)	11.88
2003年最低(元)	5.90
2003年换手率(%)	375.06
2004.06涨跌幅(%)	9.71
2004.06最高(元)	8.16
2004.06最低(元)	6.12
2004.06换手率(%)	197.92

芜湖港储运股份有限公司

公司概况

公司名称	芜湖港储运股份有限公司	股票代码	600575
注册地址	芜湖市经济技术开发区	邮政编码	241000
法人代表	孙新华	董秘	欧业群
电话	0553-5840528	传真	0553-5840510
主营业务	煤炭、外贸集装箱		
审计单位		审计意见	未审计

总股本	流通 A	流通 B	流通 H
11860.00	4500.00		

主要财务指标

年度	2004.6	2003	2002
每股收益/扣除后(元)	0.2066	0.2400	0.3500
每股经营现金流量(元)	0.2820	0.2400	0.7400
每股净资产/调整后(元)	3.9700	3.9200	1.9900
每股公积金(元)	2.4308	2.4307	0.2672
净资产收益率(%)	5.2000	6.0500	17.8400
总资产(万元)	49488.91	48402.33	23272.24
股东权益(万元)	47155.81	46482.86	14616.31
未分配利润(万元)	5266.16	4593.90	3308.88
主营收入(万元)	7220.27	11969.02	10439.12
资本公积金(万元)	28829.32	28828.62	3168.68
主营利润(万元)	4019.72	6142.08	5411.43
其他业务利润(万元)	9.44	22.83	–0.30
营业利润(万元)	2579.25	4155.80	3596.09
投资收益(万元)	–37.25	–31.71	
补贴收入(万元)			
营业外收支(万元)	–3.62	–63.38	0.83
利润总额(万元)	2538.38	4060.71	3312.39
净利润(万元)	2451.25	2810.61	2607.60

十大股东

序号	股东名称	股份性质	持股数(万股)	比例(%)
1	芜湖港口	国有法人股	7212.00	60.81
2	芜湖长江大桥公路桥	国有法人股	53.00	0.45
3	芜湖经济技术开发区建设总公司	国有法人股	42.00	0.35
4	芜湖高新技术创业开发建设总公司	法人股	37.00	0.31
5	张学粱	流通股	23.56	0.20
6	季静	流通股	23.10	0.19
7	北京国华化工新材料公司	流通股	22.75	0.19
8	吴惠强	流通股	17.00	0.14
9	黑龙江电力开发建设集团	流通股	17.00	0.14
10	中国芜湖外轮代理公司	法人股	16.00	0.13

股东人数	2004.6	2003.12	2003.6	2002
	23594	26181	27396	

近年分配		近年配股/增发	
	2004年5月25日10派1.50		

重大事项

公司2003年度利润分配方案经公司2003年度股东大会审议通过，以公司2003年12月31日股本数11860万股为基数，每10股派发现金红利1.5元(含税)，共计派发股利17,790,000.00元。股权登记日2004年5月24日，除息日2004年5月25日，红利发放日2004年5月28日。分红派息方案已实施完毕，2003年度未进行公积金转增股本。本报告期不进行利润分配及资本公积转增股本。

二〇〇三年以来市场表现

2003年涨跌幅(%)	0.00
2003年最高(元)	12.80
2003年最低(元)	7.38
2003年换手率(%)	485.97
2004.06涨跌幅(%)	–11.16
2004.06最高(元)	10.38
2004.06最低(元)	7.91
2004.06换手率(%)	186.94

无锡庆丰股份有限公司

公司概况

公司名称	无锡庆丰股份有限公司			股票代码	600576		
注册地址	江苏省无锡新区长江路34号地块科技创业园四区一楼101号			邮政编码	214008		
法人代表	许鲁平			董秘	张中伟		
电话	0510-2353065			传真	0510-2357620		
主营业务	针纺织品、服装						
总股本	19409.31	流通A	6000.00	流通B		流通H	
审计单位				审计意见	未审计		

主要财务指标

年度	2004.6	2003	2002
每股收益/扣除后(元)	0.0049	0.1400	0.3100
每股经营现金流量(元)	0.0980	–0.4800	–0.3400
每股净资产/调整后(元)	3.2200	3.2200	1.7900
每股公积金(元)	1.5290	1.5290	0.0132
净资产收益率(%)	0.2200	5.0100	18.6700
总资产(万元)	151372.20	156154.37	71790.75
股东权益(万元)	62753.03	62615.31	24058.00
未分配利润(万元)	9025.40	8887.69	8301.00
主营收入(万元)	46723.80	91959.56	84946.64
资本公积金(万元)	29677.11	29677.11	257.11
主营利润(万元)	3804.54	11380.20	11866.47
其他业务利润(万元)	300.80	1043.45	–9.58
营业利润(万元)	112.20	4086.36	5189.60
投资收益(万元)	–30.12	–142.58	105.98
补贴收入(万元)	96.52	104.64	2.36
营业外收支(万元)	–63.85	–45.42	0.62
利润总额(万元)	114.75	4002.99	5300.67
净利润(万元)	137.71	3137.32	4491.08

十大股东

序号	股东名称	股份性质	持股数(万股)	比例(%)
1	无锡庆丰集团有限公司	国有法人股	11447.12	58.98
2	无锡创业投资有限公司	境内法人股	1000.33	5.15
3	无锡国联发展(集团)有限公司	国有法人股	809.99	4.17
4	无锡中瑞集团有限公司	国有法人股	50.62	0.26
5	江苏宏源纺机股份有限公司	境内法人股	50.62	0.26
6	无锡四棉纺织有限公司	境内法人股	50.62	0.26
7	喻梅	流通A股	36.00	0.19
8	邹志良	流通A股	20.00	0.10
9	文建基	流通A股	16.00	0.08
10	叶正惠	流通A股	15.32	0.08

股东人数	2004.6	2003.12	2003.6	2002
	26768	29946	34540	

近年分配	2004年7月19日10派1.00	近年配股/增发	

重大事项

本公司于2003年4月间分两次购买并指定托管于福建闽发证券有限公司(以下简称:闽发证券)的国债按约定托管期届满,经本公司多次催要,闽发证券未能按协议约定返还全部托管国债。为保护公司和股东权益,本公司向江苏省无锡市中级人民法院和江苏省高级人民法院提起了诉讼,并提出了财产保全申请。公司于2004年6月14日和2004年7月14日分别收到江苏省无锡市中级人民法院和江苏省高级人民法院的《案件受理通知书》,上述两法院已受理此案件。

二〇〇三年以来市场表现

2003年涨跌幅(%)	0.00
2003年最高(元)	11.70
2003年最低(元)	5.57
2003年换手率(%)	536.30
2004.06涨跌幅(%)	–16.12
2004.06最高(元)	8.62
2004.06最低(元)	5.09
2004.06换手率(%)	247.67

铜陵精达特种电磁线股份有限公司

公司概况

公司名称	铜陵精达特种电磁线股份有限公司			股票代码	600577		
注册地址	安徽省铜陵市芜铜路			邮政编码	244000		
法人代表	王世根			董秘	张天赢		
电话	0562-2809086			传真	0562-2809086		
主营业务	漆包电磁线制造和销售						
总股本	10800.00	流通A	3600.00	流通B		流通H	
审计单位	安徽华普会计师事务所			审计意见	标准无保留		

主要财务指标

年度	2004.6	2003	2002
每股收益/扣除后(元)	0.1800	0.2200	0.3500
每股经营现金流量(元)	0.0080	1.2300	0.3600
每股净资产/调整后(元)	2.8600	2.6900	4.4400
每股公积金(元)	1.0788	1.0777	2.7383
净资产收益率(%)	6.2600	8.2500	7.9900
总资产(万元)	84597.35	71830.62	47049.91
股东权益(万元)	31028.53	29074.48	26711.43
未分配利润(万元)	6797.43	5117.95	3217.04
主营收入(万元)	62459.50	69552.91	42968.15
资本公积金(万元)	11651.22	11639.60	16429.91
主营利润(万元)	7054.56	8929.56	7674.11
其他业务利润(万元)	–1.05	–87.90	1.38
营业利润(万元)	3229.82	4048.48	3442.07
投资收益(万元)	43.81	–75.90	–63.82
补贴收入(万元)			
营业外收支(万元)	–1.74	–21.47	–0.10
利润总额(万元)	3271.89	3951.11	3396.93
净利润(万元)	1942.43	2397.69	2133.03

十大股东

序号	股东名称	股份性质	持股数(万股)	比例(%)
1	铜陵精达铜材(集团)有限责任公司	国有法人股	6300.00	58.33
2	安徽省科技产业投资有限公司	国有法人股	378.00	3.50
3	合肥高科技风险投资有限公司	境内法人股	270.00	2.50
4	北京中关村青年科技创业投资有限公司	境内法人股	180.00	1.67
5	铜陵皖中物资有限责任公司	境内法人股	72.00	0.67
6	朱红梅	流通A股	26.41	0.24
7	上海鹏欣建筑安装工程有限公司	流通A股	16.00	0.15
8	廖孔荣	流通A股	14.30	0.13
9	林欣	流通A股	9.16	0.08
10	何志华	流通A股	9.00	0.08

股东人数	2004.6	2003.12	2003.6	2002
	15650	12886	13699	14039

近年分配		近年配股/增发	

重大事项

2004年4月8日,本公司控股股东铜陵精达铜材(集团)有限责任公司与广州市特华投资管理有限公司签署《股权转让协议》。精达集团将所持本公司29.33%的股权即3168万股以9500万元的价格转让给广州市特华投资管理有限公司。上述股权转让后,广州市特华投资管理有限公司持有本公司29.33%股份即3168万股,成为公司第一大股东,该部分股权性质将变更为社会法人股。

二〇〇三年以来市场表现

2003年涨跌幅(%)	–24.22
2003年最高(元)	11.04
2003年最低(元)	6.76
2003年换手率(%)	228.93
2004.06涨跌幅(%)	8.92
2004.06最高(元)	11.62
2004.06最低(元)	7.10
2004.06换手率(%)	350.29

北京京能热电股份有限公司

公司概况

公司名称	北京京能热电股份有限公司	股票代码	600578
注册地址	北京市石景山区广宁路 10 号	邮政编码	100041
法人代表	刘海峡	董秘	王彬
电话	010-88991155-3017	传真	010-88990762
主营业务	电力生产、销售		
审计单位		审计意见	未审计

总股本	流通 A	流通 B	流通 H
57336.00	10000.00		

主要财务指标

年度	2004.6	2003	2002
每股收益/扣除后(元)	0.1104	0.2200	0.1500
每股经营现金流量(元)	0.5190	0.5200	0.5600
每股净资产/调整后(元)	2.6400	2.5300	2.3100
每股公积金(元)	1.2015	1.2015	1.2015
净资产收益率(%)	4.2100	8.5200	6.4700
总资产(万元)	194382.33	197332.08	209411.45
股东权益(万元)	151356.16	144981.34	132633.95
未分配利润(万元)	16536.52	10161.71	283.80
主营收入(万元)	66389.45	119098.64	111011.53
资本公积金(万元)	68891.64	68891.64	68891.64
主营利润(万元)	13192.69	26667.03	21442.68
其他业务利润(万元)	18.31	631.35	–1101.06
营业利润(万元)	9345.99	18706.92	13068.94
投资收益(万元)	102.32		
补贴收入(万元)			
营业外收支(万元)	66.33	–262.07	–4.22
利润总额(万元)	9514.64	18444.85	12906.25
净利润(万元)	6374.81	12347.39	8578.81

十大股东

序号	股东名称	股份性质	持股数(万股)	比例(%)
1	北京国际电力开发投资公司	国有法人股	24544.00	42.81
2	中国华北电力集团公司	国有法人股	22656.00	39.51
3	北京市综合投资公司	国有法人股	68.00	0.12
4	浙江金融租赁股份有限公司	流通 A 股	54.04	0.09
5	博时裕富证券投资基金	流通 A 股	47.45	0.08
6	耿喜凤	流通 A 股	36.72	0.06
7	北京电力设备总厂	国有法人股	34.00	0.06
8	北京变压器厂	国有法人股	34.00	0.06
9	国政海	流通 A 股	26.00	0.05
10	广东国医堂制药有限公司	流通 A 股	24.21	0.04

股东人数	2004.6	2003.12	2003.6	2002
	43687	45308	43765	42864

近年分配	近年配股/增发
2004 年 8 月 20 日 10 派 1.4	

重大事项

2002 年 4 月 1 日本公司与公司第二大股东中国华北电力集团公司签订《购售电合同》，合同规定，自 2002 年 4 月 1 日 0 点至 2004 年 3 月 31 日 24 点，本公司所属石景山热电厂生产的电量除发电所需用电外，应全部趸售给中国华北电力集团公司。该合同已经到期，新合同文本正在办理中，双方协商，在新签合同之前，原合同内容仍继续有效。本报告期公司电力产品全部趸售给中国华北电力集团公司，取得销售收入 555,157,846.80 元，占公司同类交易金额的 100%。

二〇〇三年以来市场表现

2003 年涨跌幅(%)	2.83
2003 年最高(元)	11.49
2003 年最低(元)	6.52
2003 年换手率(%)	469.65
2004.06 涨跌幅(%)	–6.97
2004.06 最高(元)	10.20
2004.06 最低(元)	7.42
2004.06 换手率(%)	194.45

青岛黄海橡胶股份有限公司

公司概况

公司名称	青岛黄海橡胶股份有限公司	股票代码	600579
注册地址	山东省青岛市李沧区沧安路 1 号	邮政编码	266041
法人代表	高巨谦	董秘	宋志勇
电话	0532-4678085	传真	0532-4678085
主营业务	全钢丝载重子午线轮胎制造销售		
审计单位		审计意见	未审计

总股本	流通 A	流通 B	流通 H
21600.00	7200.00		

主要财务指标

年度	2004.6	2003	2002
每股收益/扣除后(元)	0.0594	0.1830	0.2150
每股经营现金流量(元)	–0.2010	–0.2570	0.5400
每股净资产/调整后(元)	2.7500	2.7000	2.4700
每股公积金(元)	1.2457	1.2446	1.2404
净资产收益率(%)	2.0500	6.5300	8.5500
总资产(万元)	181687.31	167608.97	113766.63
股东权益(万元)	59389.60	58146.22	54258.00
未分配利润(万元)	8567.13	7347.11	4120.20
主营收入(万元)	24671.82	63585.45	59930.31
资本公积金(万元)	26907.13	26883.77	26791.91
主营利润(万元)	4032.10	14063.86	15082.81
其他业务利润(万元)	33.23	66.12	–1.39
营业利润(万元)	1894.25	5995.82	7153.84
投资收益(万元)	1.49	3.76	
补贴收入(万元)			
营业外收支(万元)	–63.32	–174.17	–1.28
利润总额(万元)	1832.43	5825.42	7079.81
净利润(万元)	1220.02	3796.36	4641.19

十大股东

序号	股东名称	股份性质	持股数(万股)	比例(%)
1	青岛黄海橡胶集团有限责任公司	国有法人股	12192.94	56.45
2	青岛市企业发展投资公司	国有法人股	2086.68	9.66
3	博时价值增长证券投资基金	流通 A 股	374.20	1.73
4	华宝兴业多策略增长证券投资基金	流通 A 股	42.37	0.20
5	青岛前卫炭黑化工厂	国有法人股	40.13	0.19
6	江苏兴达钢帘线股份有限公司	国有法人股	40.13	0.19
7	宁波锦纶股份有限公司	国有法人股	40.13	0.19
8	张克难	流通 A 股	39.11	0.18
9	陈金华	流通 A 股	26.85	0.12
10	陈振华	流通 A 股	23.90	0.11

股东人数	2004.6	2003.12	2003.6	2002
	27569	28663	26066	27615

近年分配	近年配股/增发

重大事项

公司与交通银行青岛分行李沧第二支行签署了《借款合同(中/长期固定贷款)》，借款金额为 4,000 万元人民币，借款期限为 4 年，月利率为 4.185‰；公司与交通银行青岛分行李沧第二支行签署了《借款合同(中/长期固定贷款)》，借款金额为 4,000 万元人民币，借款期限为 2 年，月利率为 4.1175‰。

二〇〇三年以来市场表现

2003 年涨跌幅(%)	–19.93
2003 年最高(元)	11.60
2003 年最低(元)	5.57
2003 年换手率(%)	442.62
2004.06 涨跌幅(%)	–15.57
2004.06 最高(元)	8.40
2004.06 最低(元)	5.48
2004.06 换手率(%)	185.73

浙江卧龙科技股份有限公司

公司概况

公司名称	浙江卧龙科技股份有限公司			股票代码	600580
注册地址	浙江省上虞市经济开发区			邮政编码	312300
法人代表	陈永苗		董秘	刘红旗	
电话	0575-2176504,2129895		传真	0575-2176717,2176718	
主营业务	设计、生产、销售各种微分电机				
总股本	17456.68	流通 A	5600.00	流通 B	流通 H
审计单位	深圳大华天诚会计师事务所		审计意见	标准无保留	

主要财务指标

年度	2004.6	2003	2002
每股收益 / 扣除后(元)	0.1108	0.1600	0.2700
每股经营现金流量(元)	0.1130	0.1600	0.2700
每股净资产 / 调整后(元)	2.5900	2.5800	3.8200
每股公积金(元)	1.1106	1.1106	2.3769
净资产收益率(%)	4.6200	7.8800	7.0900
总资产(万元)	78077.08	70317.39	63731.78
股东权益(万元)	45616.76	45606.06	42011.12
未分配利润(万元)	6259.38	4153.88	2665.06
主营收入(万元)	26065.11	32420.18	20802.65
资本公积金(万元)	19386.92	19386.92	25933.17
主营利润(万元)	5202.55	7040.86	5149.95
其他业务利润(万元)	467.78	181.56	3.93
营业利润(万元)	3275.54	4463.06	3717.13
投资收益(万元)		132.73	-35.93
补贴收入(万元)	202.62	766.80	-14.28
营业外收支(万元)	33.71	-4.25	0.32
利润总额(万元)	3511.87	5358.34	4171.93
净利润(万元)	2105.50	3594.94	2977.98

十大股东

序号	股东名称	股份性质	持股数(万股)	比例(%)
1	卧龙控股集团有限公司	境内法人股	7751.26	44.40
2	上虞市国有资产经营总公司	国有法人股	800.00	4.58
3	陈建成	自然人股	785.73	4.50
4	浙江农村经济投资股份有限公司	国有法人股	560.00	3.21
5	陈永苗	自然人股	348.77	2.00
6	邱跃	自然人股	286.66	1.64
7	夏钢峰	自然人股	208.96	1.20
8	王建乔	自然人股	190.40	1.09
9	陈体引	自然人股	163.42	0.94
10	陈玉荣	自然人股	137.95	0.79

股东人数

2004.6	2003.12	2003.6	2002
21607	22034	22410	12414

近年分配	近年配股/增发
2004 年 4 月 1 日 10 派 1.20	

重大事项

公司于 2004 年 2 月 16 日召开的二届十一次董事会会议审议通过了《关于征用开发区土地的议案》，公司与上虞经济开发区管理委员会签订一份《预定土地协议书》，约定由公司受让经济开发区国有土地使用权共计 777.56 亩，每亩出让价为 6.9 万元，保证金 800 万元，共计 6,165.164 万元。该合同项下土地使用权价款及保证金已全部付清，相关权证正在办理之中。

二〇〇三年以来市场表现

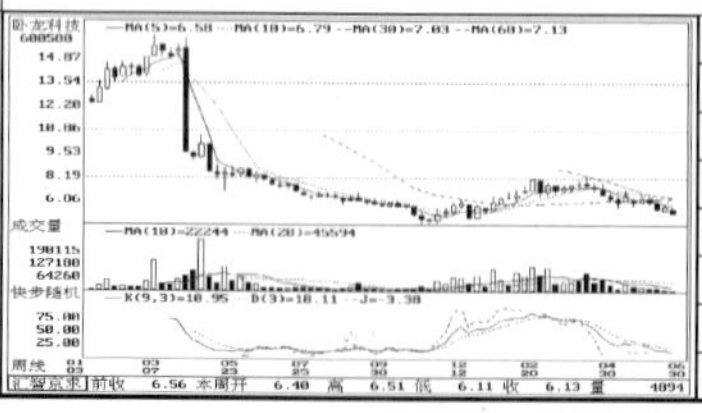

2003 年涨跌幅(%)	-20.64
2003 年最高(元)	10.43
2003 年最低(元)	5.40
2003 年换手率(%)	335.23
2004.06 涨跌幅(%)	0.00
2004.06 最高(元)	8.32
2004.06 最低(元)	6.07
2004.06 换手率(%)	214.08

新疆八一钢铁股份有限公司

公司概况

公司名称	新疆八一钢铁股份有限公司			股票代码	600581
注册地址	新疆维吾尔自治区乌鲁木齐市头屯河区新钢路			邮政编码	830022
法人代表	沈东新		董秘	陈海涛	
电话	0991-3890166,3890266,3881187		传真	0991-3890266	
主营业务	钢铁冶炼轧制加工及销售				
总股本	58957.61	流通 A	18720.00	流通 B	流通 H
审计单位			审计意见	未审计	

主要财务指标

年度	2004.6	2003	2002
每股收益 / 扣除后(元)	0.4214	0.6800	0.4900
每股经营现金流量(元)	0.1120	2.3100	0.4500
每股净资产 / 调整后(元)	3.6000	4.0200	4.0300
每股公积金(元)	1.4316	1.9180	2.3011
净资产收益率(%)	11.6200	16.2500	9.6700
总资产(万元)	386628.09	332074.69	302763.41
股东权益(万元)	212624.20	197748.91	165714.81
未分配利润(万元)	50721.48	26019.90	20055.48
主营收入(万元)	320385.59	475653.69	318293.47
资本公积金(万元)	84405.28	94231.54	94212.37
主营利润(万元)	45630.58	74629.05	37699.85
其他业务利润(万元)	990.35	1446.85	-31.28
营业利润(万元)	30367.93	42207.71	18675.37
投资收益(万元)	-123.18	-1.74	
补贴收入(万元)			
营业外收支(万元)	-47.77	-3553.52	-0.89
利润总额(万元)	30196.97	38652.44	18588.83
净利润(万元)	24701.57	32142.64	16022.22

十大股东

序号	股东名称	股份性质	持股数(万股)	比例(%)
1	新疆八一钢铁集团有限责任公司	国有法人股	36961.61	62.69
2	邯郸钢铁集团有限责任公司	国有法人股	936.00	1.59
3	南京联强冶金集团有限公司	境内法人股	936.00	1.59
4	新疆华顺工贸有限公司	境内法人股	936.00	1.59
5	新疆技术改造投资公司	国有法人股	468.00	0.79
6	唐勇	流通 A 股	114.72	0.19
7	王永青	流通 A 股	101.99	0.17
8	李少臣	流通 A 股	92.00	0.16
9	陈新民	流通 A 股	60.04	0.10
10	中国工商银行-华安上证 180 指数增强型证券投资基金	流通 A 股	53.33	0.09

股东人数

2004.6	2003.12	2003.6	2002
52384	52354	57123	57073

近年分配	近年配股/增发
2004 年 5 月 31 日 10 派 2.00	2004 年 5 月 31 日 10 转 2

重大事项

公司 2003 年度股东大会审议通过了公司 2003 年度利润分配及资本公积金转增股本方案。即以 2003 年 12 月 31 日的公司总股本 49,131.342 万股为基数，每 10 股派发现金股利 2 元（含税）并转增 2 股。2004 年 5 月 25 日，公司发布利润分配及转增股本实施公告，并于 6 月 7 日实施完毕。

二〇〇三年以来市场表现

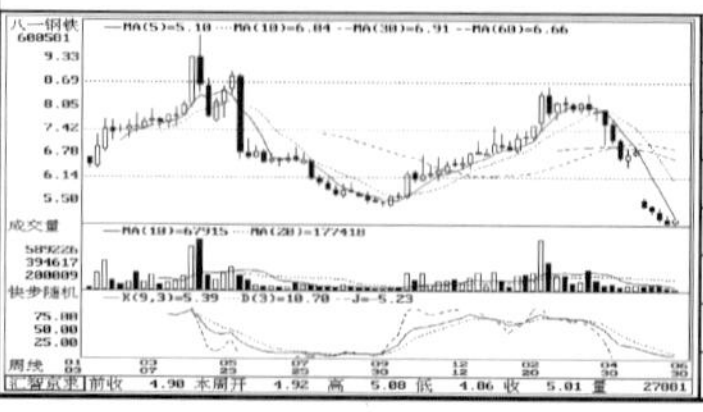

2003 年涨跌幅(%)	26.19
2003 年最高(元)	6.62
2003 年最低(元)	4.10
2003 年换手率(%)	418.93
2004.06 涨跌幅(%)	-8.07
2004.06 最高(元)	6.97
2004.06 最低(元)	4.86
2004.06 换手率(%)	229.44

天地科技股份有限公司

公司概况

公司名称	天地科技股份有限公司	股票代码	600582
注册地址	北京市朝阳区将台路2号北京爱都大厦	邮政编码	100013
法人代表	李延江	董秘	岳秀平
电话	010-84262803	传真	010-84262838
主营业务	煤炭生产与经营,网络工程设计		

总股本	15600.00	流通 A	5200.00	流通 B		流通 H	
审计单位		审计意见	未审计				

主要财务指标

年度	2004.6	2003	2002
每股收益/扣除后(元)	0.1283	0.3724	0.4500
每股经营现金流量(元)	-0.0690	0.1600	-0.1420
每股净资产/调整后(元)	3.1600	4.8400	5.8050
每股公积金(元)	1.3373	2.7397	3.8616
净资产收益率(%)	4.0600	8.0500	7.7900
总资产(万元)	68643.37	68181.85	52692.97
股东权益(万元)	49425.90	47418.37	43631.40
未分配利润(万元)	10951.52	8943.89	5729.25
主营收入(万元)	19320.01	35655.99	25754.46
资本公积金(万元)	20861.98	26711.98	28961.98
主营利润(万元)	5946.56	11019.65	8594.27
其他业务利润(万元)	48.53	-6.81	-0.05
营业利润(万元)	1547.85	4006.18	3856.73
投资收益(万元)	520.98	234.52	-30.54
补贴收入(万元)		3.12	0.08
营业外收支(万元)	-167.00	-68.70	1.51
利润总额(万元)	2042.24	4175.12	3702.77
净利润(万元)	2007.63	3815.51	3400.74

十大股东

序号	股东名称	股份性质	持股数(万股)	比例(%)
1	煤炭科学研究总院	国有法人股	9499.90	60.90
2	兖矿业集团有限责任公司	国有法人股	346.20	2.22
3	融通新蓝筹证券投资基金	流通A股	272.90	1.75
4	通乾证券投资基金	流通A股	267.83	1.72
5	清华紫光股份有限公司	境内法人股	207.71	1.33
6	大屯煤电(集团)有限责任公司	国有法人股	173.10	1.11
7	中科院广州能源研究所	国有法人股	173.10	1.11
8	单华文	流通A股	63.58	0.41
9	张文玲	流通A股	62.26	0.40
10	博时精选股票证券投资基金	流通A股	55.90	0.36

股东人数	2004.6	2003.12	2003.6	2002
	11022	14972	14843	13978

近年分配		近年配股/增发	2004年6月1日10转6

重大事项

根据公司第二届董事会第八次会议的决议,公司出资3000万元与山西省潞城市潞宝焦化有限责任公司共同组建山西天地潞宝精煤有限责任公司,公司投入资金3000万元,控股60%。该投资款已于2004年7月14日支付。

二〇〇三年以来市场表现

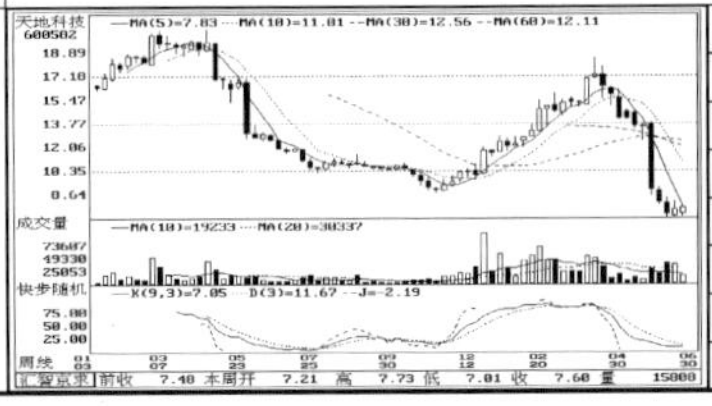

2003年涨跌幅(%)	-10.79
2003年最高(元)	9.90
2003年最低(元)	5.43
2003年换手率(%)	144.58
2004.06涨跌幅(%)	7.13
2004.06最高(元)	11.56
2004.06最低(元)	6.93
2004.06换手率(%)	145.51

海洋石油工程股份有限公司

公司概况

公司名称	海洋石油工程股份有限公司	股票代码	600583
注册地址	天津市新技术产业园区华苑产业区中济科园A座248号	邮政编码	300452
法人代表	周守为	董秘	刘连举
电话	022-25215878	传真	022-25215565
主营业务	海洋、陆地油气开发工程		

总股本	33000.00	流通 A	10560.00	流通 B		流通 H	
审计单位		审计意见	未审计				

主要财务指标

年度	2004.6	2003	2002
每股收益/扣除后(元)	0.5470	0.7100	0.5300
每股经营现金流量(元)	0.2220	1.7100	0.7900
每股净资产/调整后(元)	4.8600	5.2800	5.1400
每股公积金(元)	2.1791	2.7149	3.0850
净资产收益率(%)	11.2100	13.4900	10.3300
总资产(万元)	220137.66	209375.30	196144.53
股东权益(万元)	160910.50	145623.62	128445.04
未分配利润(万元)	46478.79	33941.92	19759.56
主营收入(万元)	127386.68	205389.77	173388.53
资本公积金(万元)	71908.84	74658.84	77125.59
主营利润(万元)	22882.04	27665.86	23353.39
其他业务利润(万元)	2.54	10.51	-0.02
营业利润(万元)	20836.30	22441.96	15426.29
投资收益(万元)	162.66	57.75	-1.61
补贴收入(万元)	4.85		
营业外收支(万元)	-14.93	7.78	-0.07
利润总额(万元)	20988.88	22507.49	15305.65
净利润(万元)	18036.87	19645.33	13266.87

十大股东

序号	股东名称	股份性质	持股数(万股)	比例(%)
1	中国海洋石油总公司	国家股	19108.06	57.90
2	中国海洋石油南海西部公司	国有法人股	3199.03	9.69
3	西部证券股份有限公司	流通A股	884.56	2.68
4	鹏华行业成长证券投资基金	流通A股	539.89	1.64
5	普丰证券投资基金	流通A股	536.54	1.63
6	嘉实服务增值行业证券投资基金	流通A股	437.17	1.32
7	裕阳证券投资基金	流通A股	351.24	1.06
8	长盛成长价值证券投资基金	流通A股	335.51	1.02
9	红塔证券股份有限公司	流通A股	293.75	0.89
10	中信经典配置证券投资基金	流通A股	281.75	0.85

股东人数	2004.6	2003.12	2003.6	2002
	13200	13775	15527	15988

近年分配	2004年5月17日10派1.00	近年配股/增发	2004年5月17日10送1转1

重大事项

经2004年7月19日召开的公司第二届董事会第四次会议审议批准,公司从挪威StoltOffshore Ltd购买一条挖沟支持船(船龄20年),投资预算为9696万元人民币,投资回收期为6.4年,计划于9月底抵达中国。

二〇〇三年以来市场表现

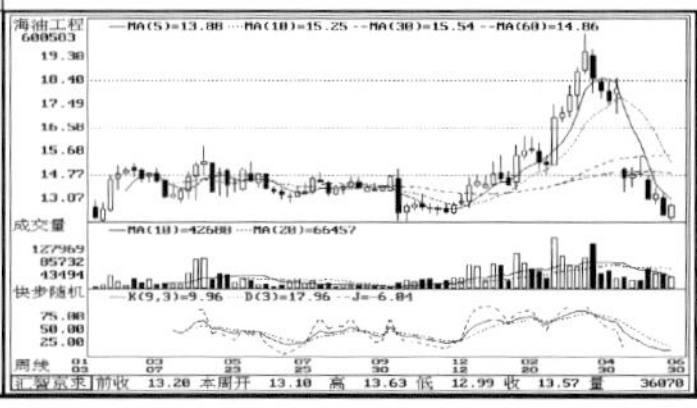

2003年涨跌幅(%)	17.20
2003年最高(元)	12.22
2003年最低(元)	9.66
2003年换手率(%)	120.73
2004.06涨跌幅(%)	12.38
2004.06最高(元)	16.76
2004.06最低(元)	11.76
2004.06换手率(%)	153.64

江苏长电科技股份有限公司

公司概况

公司名称	江苏长电科技股份有限公司	股票代码	600584
注册地址	江苏省江阴市滨江中路 275 号	邮政编码	214431
法人代表	王新潮	董秘	朱正义
电话	0510-6851811	传真	0510-6854550
主营业务	集成电路封装		

总股本	29259.20	流通 A	8800.00	流通 B		流通 H	
审计单位				审计意见	未审计		

主要财务指标

年度	2004.6	2003	2002
每股收益/扣除后(元)	0.0890	0.2400	0.3800
每股经营现金流量(元)	0.4740	1.0700	0.6000
每股净资产/调整后(元)	2.3000	3.2500	1.4500
每股公积金(元)	0.7530	1.8047	
净资产收益率(%)	3.8800	6.6600	21.1900
总资产(万元)	191518.87	157462.61	72492.21
股东权益(万元)	67379.25	65678.93	22804.52
未分配利润(万元)	13688.36	11988.05	8308.41
主营收入(万元)	53214.72	89400.91	67872.11
资本公积金(万元)	22030.89	33003.09	
主营利润(万元)	10283.17	18374.64	16692.28
其他业务利润(万元)	82.08	122.40	-25.61
营业利润(万元)	3498.74	6633.05	7442.03
投资收益(万元)	4.80	5.58	-0.45
补贴收入(万元)	49.88	36.41	-0.41
营业外收支(万元)	-48.21	-68.49	11.95
利润总额(万元)	3505.21	6606.54	7387.36
净利润(万元)	2614.67	4371.33	4832.36

十大股东

序号	股东名称	股份性质	持股数(万股)	比例(%)
1	江阴市新潮科技有限公司	境内法人股	7004.41	23.94
2	上海华易投资有限公司	境内法人股	4796.36	16.39
3	上海恒通资讯网络有限公司	境内法人股	3482.80	11.90
4	江阴长江电子实业公司	境内法人股	1559.30	5.33
5	厦门永红电子有限公司	境内法人股	1096.61	3.75
6	杭州士兰微电子股份有限公司	境内法人股	1076.80	3.68
7	宁波康强电子有限公司	境内法人股	750.31	2.56
8	连云港华威电子集团有限公司	境内法人股	692.60	2.37
9	安顺证券投资基金	流通 A 股	480.00	1.64
10	国联安德威小盘精选证券投资基金	流通 A 股	360.86	1.23

股东人数	2004.6	2003.12	2003.6	2002
	19405	24858	27274	

近年分配	2004 年 5 月 24 日 10 派 0.50	近年配股/增发	2004 年 5 月 24 日 10 转 6

重大事项

2004 年 6 月公司与北京工大智源科技发展有限公司在北京签订增资协议:甲方(长电科技)以 1:1 的价格以现金向公司增资 15000 万元;乙方(工大智源)以其经评估后的白光 LED 的衍生专利技术和专有技术 4671 万元以 1:1 的价格增资 4671 万元。双方增资完成后北京长电智源的出资比例变为:甲方(长电科技)出资总额为 19510 万元,占公司注册资本的 70%;乙方(工大智源)出资总额为 8361 万元,占公司注册资本的 30%。报告期末该公司一期投资的主要进口设备已进入离岸发运阶段。

二〇〇三年以来市场表现

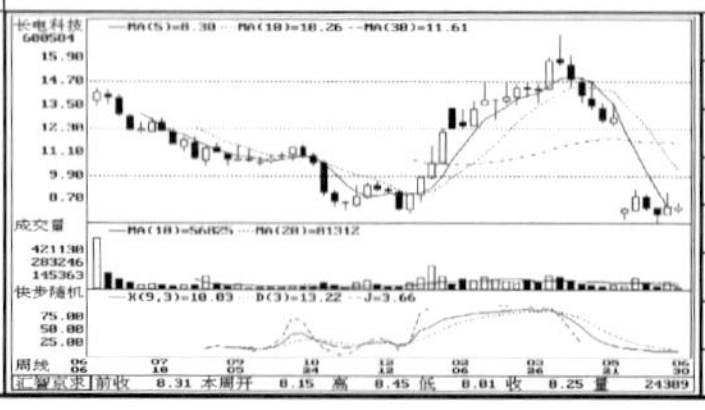

2003 年涨跌幅(%)	0.00
2003 年最高(元)	8.91
2003 年最低(元)	4.92
2003 年换手率(%)	250.40
2004.06 涨跌幅(%)	48.65
2004.06 最高(元)	10.66
2004.06 最低(元)	5.56
2004.06 换手率(%)	260.89

安徽海螺水泥股份有限公司

公司概况

公司名称	安徽海螺水泥股份有限公司	股票代码	600585
注册地址	安徽省芜湖市北京东路 209 号	邮政编码	241000
法人代表	郭文叁	董秘	章明静
电话	0553-3115338	传真	0553-3114550
主营业务	水泥及辅料、水泥制品生产、销售		

总股本	125568.00	流通 A	20000.00	流通 B		流通 H	43320.00
审计单位				审计意见	未审计		

主要财务指标

年度	2004.6	2003	2002
每股收益/扣除后(元)	0.6295	0.5600	0.2200
每股经营现金流量(元)	0.6990	1.9800	0.7700
每股净资产/调整后(元)	4.1800	3.6500	2.7200
每股公积金(元)	1.5860	1.5860	1.2169
净资产收益率(%)	15.0800	16.1300	8.1900
总资产(万元)	1475330.75	1333337.00	889962.37
股东权益(万元)	525011.37	458372.56	322066.59
未分配利润(万元)	138295.39	59102.99	24492.07
主营收入(万元)	381590.59	569503.25	299977.56
资本公积金(万元)	199148.50	199145.31	144016.00
主营利润(万元)	180331.17	234828.16	101926.05
其他业务利润(万元)	-390.60	30.93	-0.26
营业利润(万元)	139129.75	155830.48	51.43
投资收益(万元)	837.59	342.83	133.70
补贴收入(万元)	9391.06	9370.95	-80.43
营业外收支(万元)	229.13	-627.60	13.11
利润总额(万元)	149587.53	164916.67	54372.93
净利润(万元)	79192.40	73956.66	26375.84

十大股东

序号	股东名称	股份性质	持股数(万股)	比例(%)
1	安徽海螺集团有限责任公司	国有法人股	62248.00	49.57
2	香港结算代理人有限公司	流通 H 股	42959.19	34.21
3	景福证券投资基金	流通 A 股	1615.19	1.29
4	国信证券有限责任公司	流通 A 股	1220.04	0.97
5	通乾证券投资基金	流通 A 股	1107.18	0.88
6	融通新蓝筹证券投资基金	流通 A 股	1019.87	0.81
7	深圳国际信托投资有限责任公司	流通 A 股	923.43	0.74
8	中国银行-景宏证券投资基金	流通 A 股	751.66	0.60
9	交通银行-汉兴证券投资基金	流通 A 股	734.30	0.58
10	中国银行-银华优势企业(平衡型)证券投资基金	流通 A 股	600.83	0.48

股东人数	2004.6	2003.12	2003.6	2002
	7340	10681	21806	34289

近年分配	2004 年 6 月 10 日 10 派 1.00	近年配股/增发	

重大事项

二〇〇四年五月十二日公司二〇〇三年度股东大会审议通过了公司二〇〇三年度的利润分配方案:以截止二〇〇三年底的总股本 1,255,680,000 股为基准,派发末期股息每股人民币 0.10 元(含税),总额共计人民币 12,556.8 万元。上述股息已派发予股权登记日登记在册的全体股东。

二〇〇三年以来市场表现

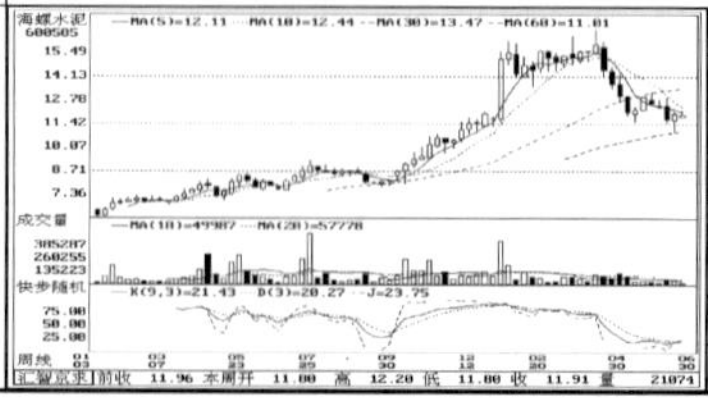

2003 年涨跌幅(%)	81.28
2003 年最高(元)	12.00
2003 年最低(元)	5.85
2003 年换手率(%)	272.04
2004.06 涨跌幅(%)	5.12
2004.06 最高(元)	16.74
2004.06 最低(元)	11.02
2004.06 换手率(%)	100.52

山东金晶科技股份有限公司

公司概况				
公司名称	山东金晶科技股份有限公司	股票代码	600586	
注册地址	山东省淄博市高新技术开发区宝石镇王庄	邮政编码	255086	
法人代表	朱永强	董秘	董保森	
电话	0533-3586666	传真	0533-3585586	
主营业务	浮法玻璃的生产和销售			
总股本	12590.50	流通A 4550.00	流通B	流通H
审计单位		审计意见	未审计	

主要财务指标

年度	2004.6	2003	2002
每股收益/扣除后(元)	0.2082	0.2700	0.2600
每股经营现金流量(元)	0.4060	1.0000	0.8900
每股净资产/调整后(元)	4.2500	4.0400	4.9300
每股公积金(元)	2.4526	2.4526	3.1884
净资产收益率(%)	4.8900	6.1700	7.9100
总资产(万元)	164840.67	138630.67	95393.74
股东权益(万元)	53585.03	50966.21	47821.79
未分配利润(万元)	7711.42	5092.60	5327.42
主营收入(万元)	21068.29	31081.31	32262.95
资本公积金(万元)	30879.45	30879.45	30879.45
主营利润(万元)	6118.42	8851.00	7646.03
其他业务利润(万元)	37.05	114.78	-26.03
营业利润(万元)	3527.59	4890.71	3978.83
投资收益(万元)	5.61	11.22	11.22
补贴收入(万元)	797.98	1365.75	78.32
营业外收支(万元)	-4.64	-511.73	-2.47
利润总额(万元)	4326.54	5755.95	6105.77
净利润(万元)	2618.82	3144.42	3782.97

十大股东

序号	股东名称	股份性质	持股数(万股)	比例(%)
1	山东玻璃总公司	境内法人股	7800.00	61.95
2	肥城新立特钢工贸有限公司	流通A股	218.62	1.74
3	新疆石油管理局住房管理中心	流通A股	178.85	1.42
4	上海金辉物业有限公司	流通A股	151.26	1.20
5	上海淀山湖新城发展有限公司	流通A股	128.47	1.02
6	成都市茶叶有限公司	流通A股	111.93	0.89
7	全国社保基金一零八组合	流通A股	107.77	0.86
8	上海阳丹贸易有限公司	流通A股	104.30	0.83
9	大连伟仕房地产咨询有限公司	流通A股	99.46	0.79
10	上海声声食品经营部	流通A股	97.67	0.78

股东人数	2004.6	2003.12	2003.6	2002
	8438	8863	9139	11588

近年分配		近年配股/增发	

重大事项

报告期内，非募集资金投资项目为600T/D汽车玻璃生产线项目，该生产线预计投资4.4亿元人民币，建设周期12个月，公司已经投入1110万元作为该项目前期工程物资和部分设备的采购，预计该生产线明年下半年投产。

二〇〇三年以来市场表现

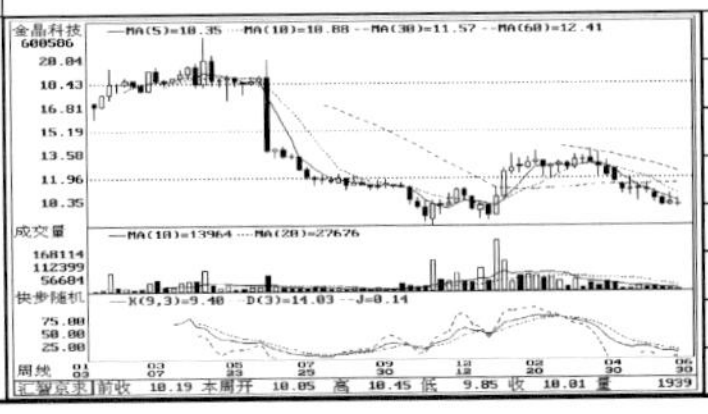

2003年涨跌幅(%)	-25.53
2003年最高(元)	16.43
2003年最低(元)	8.73
2003年换手率(%)	309.22
2004.06涨跌幅(%)	3.52
2004.06最高(元)	13.88
2004.06最低(元)	9.03
2004.06换手率(%)	224.05

山东新华医疗器械股份有限公司

公司概况				
公司名称	山东新华医疗器械股份有限公司	股票代码	600587	
注册地址	山东省淄博市高新技术产业开发区新华医疗科技园	邮政编码	255086	
法人代表	赵毅新	董秘	季跃相	
电话	0533-3587766	传真	0533-3587768	
主营业务	消毒灭菌设备等医疗器械			
总股本	8582.00	流通A 2940.00	流通B	流通H
审计单位		审计意见	未审计	

主要财务指标

年度	2004.6	2003	2002
每股收益/扣除后(元)	0.1229	0.2500	0.3500
每股经营现金流量(元)	-0.0660	-0.1300	0.4200
每股净资产/调整后(元)	3.8100	3.7000	4.7800
每股公积金(元)	1.7653	1.7647	2.8645
净资产收益率(%)	3.1900	7.5500	7.2600
总资产(万元)	65350.44	58086.02	52881.61
股东权益(万元)	32922.29	31865.78	29422.57
未分配利润(万元)	7694.31	6642.79	4604.81
主营收入(万元)	14317.24	27519.20	24964.83
资本公积金(万元)	15149.42	15144.42	17559.47
主营利润(万元)	3825.41	7532.65	7303.47
其他业务利润(万元)	219.11	426.14	-5.28
营业利润(万元)	1337.80	2838.27	2697.95
投资收益(万元)		9.95	-96.10
补贴收入(万元)			
营业外收支(万元)	-4.15	-5.34	0.07
利润总额(万元)	1333.65	2842.88	2582.42
净利润(万元)	1051.52	2406.26	2136.13

十大股东

序号	股东名称	股份性质	持股数(万股)	比例(%)
1	淄博市国有资产管理局	国有法人股	4550.00	53.02
2	中国工商银行-国联安德盛小盘精选证券投资基金	流通A股	32.33	0.38
3	沈远新	流通A股	23.00	0.27
4	王庆民	流通A股	18.02	0.21
5	隋燕	流通A股	17.10	0.20
6	赵大鸿	流通A股	12.41	0.14
7	苏晓刚	流通A股	11.00	0.13
8	和玉芳	流通A股	10.08	0.12
9	蔡家向	流通A股	10.00	0.12
10	赵治华	流通A股	9.95	0.12

股东人数	2004.6	2003.12	2003.6	2002
	14551	14060	15646	14448

近年分配		近年配股/增发	

重大事项

公司于2004年6月9日向山东安得医疗科技有限公司投资1113万元，使公司对该公司的持股由40.69%增加到54.44%，取得控股权并按规定合并报表。

二〇〇三年以来市场表现

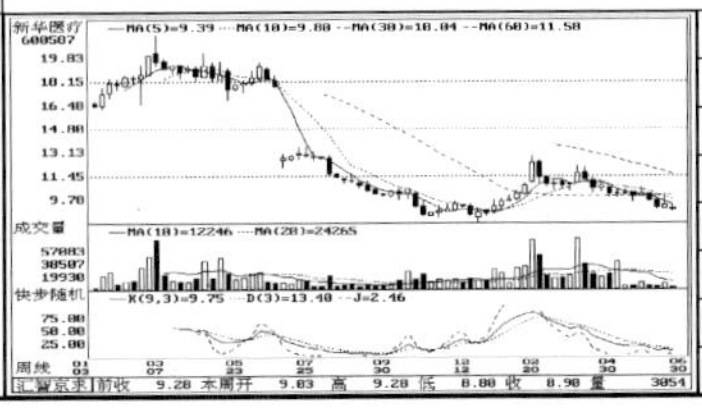

2003年涨跌幅(%)	-26.89
2003年最高(元)	15.32
2003年最低(元)	8.10
2003年换手率(%)	289.90
2004.06涨跌幅(%)	2.42
2004.06最高(元)	12.85
2004.06最低(元)	8.60
2004.06换手率(%)	197.85

北京用友软件股份有限公司

公司概况

公司名称	北京用友软件股份有限公司	股票代码	600588
注册地址	北京市海淀区上地信息产业基地开拓路 15 号	邮政编码	100085
法人代表	王文京	董秘	欧阳青
电话	010-62986688	传真	010-62987991
主营业务	电子计算机软件		

总股本	14400.00	流通 A	3600.00	流通 B		流通 H	
审计单位		审计意见	未审计				

主要财务指标

年度	2004.6	2003	2002
每股收益 / 扣除后(元)	0.3181	0.6200	0.9200
每股经营现金流量(元)	0.1560	0.8700	0.8400
每股净资产 / 调整后(元)	7.5100	9.2500	10.3000
每股公积金(元)	5.8635	7.2361	8.8323
净资产收益率(%)	3.7600	6.7000	8.9000
总资产(万元)	125951.33	128261.15	121811.79
股东权益(万元)	111455.10	111394.07	103392.36
未分配利润(万元)	8227.75	3666.72	1799.20
主营收入(万元)	31135.10	60157.29	48821.52
资本公积金(万元)	84433.78	86833.78	88323.26
主营利润(万元)	28377.91	54574.46	43884.21
其他业务利润(万元)	7.41	33.83	–0.23
营业利润(万元)	2743.49	5154.13	5829.25
投资收益(万元)	–365.21	–1096.10	646.76
补贴收入(万元)	2775.61	4977.49	–186.16
营业外收支(万元)	–24.23	–32.22	–2.08
利润总额(万元)	5129.66	9003.30	10344.50
净利润(万元)	4561.03	7491.19	9160.60

十大股东

序号	股东名称	股份性质	持股数(万股)	比例(%)
1	北京用友科技有限公司	境内法人股	5400.00	37.50
2	上海用友科技咨询有限公司	境内法人股	2700.00	18.75
3	北京用友企业管理研究所有限公司	境内法人股	1080.00	7.50
4	上海益倍管理咨询有限公司	境内法人股	1080.00	7.50
5	上海优富信息咨询有限公司	境内法人股	540.00	3.75
6	全国社保基金一零三组合	流通 A 股	49.23	0.34
7	中国建设银行-华宝兴业多策略增长证券投资基金	流通 A 股	31.29	0.22
8	中国工商银行-汉鼎证券投资基金	流通 A 股	30.34	0.21
9	中国建设银行-博时裕富证券投资基金	流通 A 股	18.13	0.13
10	富国动态平衡证券投资基金	流通 A 股	16.57	0.12

股东人数	2004.6	2003.12	2003.6	2002
	19223	19663	19053	27629

近年分配	2004 年 5 月 20 日 10 派 3.75	近年配股 / 增发	2004 年 5 月 20 日 10 转 2

重大事项

2004 年 5 月 17 日,公司召开公司第二届董事会 2004 年第四次会议,审议通过了公司与公司控股股东北京用友科技有限公司签订的《资产转让协议》,同意公司将其拥有的国债资产以人民币壹亿元的原始成本价格转让给北京用友科技有限公司,由于该交易为关联交易事项,该《资产转让协议》经公司于 2004 年 6 月 17 日召开的公司 2004 年第一次临时股东大会审议通过后生效。

二〇〇三年以来市场表现

2003 年涨跌幅(%)	–15.29
2003 年最高(元)	38.72
2003 年最低(元)	22.74
2003 年换手率(%)	153.36
2004.06 涨跌幅(%)	–17.36
2004.06 最高(元)	31.35
2004.06 最低(元)	20.00
2004.06 换手率(%)	62.80

广东榕泰实业股份有限公司

公司概况

公司名称	广东榕泰实业股份有限公司	股票代码	600589
注册地址	广东省揭阳市榕城区新兴东二路 1 号	邮政编码	522000
法人代表	杨启昭	董秘	林岳金
电话	0663-8676616	传真	0663-8676899
主营业务	生产销售 ML 复合新材料		

总股本	19200.00	流通 A	4800.00	流通 B		流通 H	
审计单位		审计意见	未审计				

主要财务指标

年度	2004.6	2003	2002
每股收益 / 扣除后(元)	0.1248	0.3100	0.3280
每股经营现金流量(元)	0.2320	0.5500	0.1500
每股净资产 / 调整后(元)	3.1500	3.8700	3.5400
每股公积金(元)	1.6285	2.1541	2.1516
净资产收益率(%)	4.3200	8.5700	9.2800
总资产(万元)	97762.11	83092.48	72014.24
股东权益(万元)	60564.15	61948.38	56602.10
未分配利润(万元)	6545.67	3929.89	3419.56
主营收入(万元)	20659.13	37575.91	34850.83
资本公积金(万元)	31266.15	34466.15	34426.15
主营利润(万元)	4285.50	7824.68	7737.07
其他业务利润(万元)	22.18	38.21	0.60
营业利润(万元)	2890.36	5657.38	5807.83
投资收益(万元)	–3.96	–8.25	–4.81
补贴收入(万元)	65.50	130.00	130.00
营业外收支(万元)	125.48	250.96	250.96
利润总额(万元)	3077.38	6030.09	6053.98
净利润(万元)	2615.77	5306.28	5251.60

十大股东

序号	股东名称	股份性质	持股数(万股)	比例(%)
1	广东榕泰高级瓷具有限公司	境内法人股	7200.00	37.50
2	揭阳市兴盛化工原料有限公司	境内法人股	4956.00	25.81
3	广东榕泰制药有限公司	境内法人股	1200.00	6.25
4	广东省科技创业投资公司	国有法人股	384.00	2.00
5	揭阳市鸿凯贸易发展公司	境内法人股	360.00	1.88
6	揭阳市益科电子器材公司	境内法人股	300.00	1.56
7	唐荣运	流通 A 股	16.23	0.08
8	张向明	流通 A 股	14.06	0.07
9	李小竺	流通 A 股	10.68	0.06
10	海南联益	流通 A 股	10.36	0.05

股东人数	2004.6	2003.12	2003.6	2002
	26012	26196	28554	30917

近年分配	2004 年 6 月 10 日 10 派 2.50	近年配股 / 增发	2004 年 6 月 10 日 10 转 2

重大事项

公司的核心技术专利项目——ML 复合新材料项目 2004 年 4 月被广东省人事厅、广东省知识产权局评为广东省优秀专利奖(证书号: 2003-2-006-D01);公司第三大股东将持有本公司的 1000 万股法人股于 2004 年 5 月 25 日进行了质押登记。

二〇〇三年以来市场表现

2003 年涨跌幅(%)	–30.74
2003 年最高(元)	12.52
2003 年最低(元)	7.47
2003 年换手率(%)	85.68
2004.06 涨跌幅(%)	–14.40
2004.06 最高(元)	10.58
2004.06 最低(元)	6.65
2004.06 换手率(%)	88.74

泰豪科技股份有限公司

公司概况

公司名称	泰豪科技股份有限公司			股票代码	600590		
注册地址	南昌高新开发区清华泰豪大楼			邮政编码	330029		
法人代表	陆致成			董秘	杨骏		
电话	0791-8110590			传真	0791-8110590		
主营业务	智能电站、智能建筑电气设备生产						
总股本	19958.52	流通 A	6000.00	流通 B		流通 H	
审计单位	中磊会计师事务所			审计意见	标准无保留		

主要财务指标

年度	2004.6	2003	2002
每股收益 / 扣除后(元)	0.1021	0.2700	0.1900
每股经营现金流量(元)	0.0260	0.6900	0.0400
每股净资产 / 调整后(元)	1.9100	2.7700	2.4800
每股公积金(元)	0.5190	1.0786	1.0786
净资产收益率(%)	5.3000	10.3300	7.4800
总资产(万元)	102344.68	76163.29	64639.40
股东权益(万元)	38223.98	36863.40	33056.83
未分配利润(万元)	6398.41	7698.96	4450.82
主营收入(万元)	32593.78	49494.10	38192.56
资本公积金(万元)	10359.15	14350.86	14350.86
主营利润(万元)	6673.29	10065.86	7061.57
其他业务利润(万元)	105.90	141.73	9.31
营业利润(万元)	2438.44	3948.96	2603.43
投资收益(万元)	4.19	249.76	140.95
补贴收入(万元)	10.50	188.08	-47.38
营业外收支(万元)	-28.68	-213.27	-0.83
利润总额(万元)	2424.46	4173.53	2863.72
净利润(万元)	2025.87	3806.57	2471.00

十大股东

序号	股东名称	股份性质	持股数(万股)	比例(%)
1	清华同方股份有限公司	境内法人股	4885.48	24.48
2	江西清华泰豪科技集团有限公司	境内法人股	3838.59	19.23
3	凤凰光学股份有限公司	境内法人股	3489.63	17.48
4	江西大华置业有限责任公司	境内法人股	872.41	4.37
5	江西三和电力股份有限公司	境内法人股	697.93	3.50
6	南昌高新技术产业开发区发展有限责任公司	境内法人股	174.48	0.87
7	关国栋	流通 A 股	55.89	0.28
8	王竞云	流通 A 股	55.77	0.28
9	温春丽	流通 A 股	55.32	0.28
10	徐超	流通 A 股	55.05	0.28

股东人数	2004.6	2003.12	2003.6	2002
	16735	20024	21335	22655

近年分配	2004 年 5 月 24 日 10 派 0.50	近年配股 / 增发	2004 年 5 月 24 日 10 送 2 转 3

重大事项

公司分别于 2004 年 3 月 5 日召开的第二届董事会第三次会议、于 2004 年 4 月 12 日召开的 2003 年度股东大会,审议通过了公司以自有资金受让北京首都旅游股份有限公司、北京高新技术创业投资股份有限公司和涌金实业(集团)有限公司持有的清华同方人工环境有限公司(以下简称同方人环)合计 7800 万的股权，待股权转让实施完毕之后再以公司现有的中央空调经营资产对同方人环进行单方增资达到控股。

二〇〇三年以来市场表现

2003 年涨跌幅(%)	-29.82
2003 年最高(元)	10.57
2003 年最低(元)	5.75
2003 年换手率(%)	198.80
2004.06 涨跌幅(%)	30.99
2004.06 最高(元)	10.36
2004.06 最低(元)	5.97
2004.06 换手率(%)	158.76

上海航空股份有限公司

公司概况

公司名称	上海航空股份有限公司			股票代码	600591		
注册地址	上海市浦东国际机场机场大道 100 号			邮政编码	200041		
法人代表	周赤			董秘	徐骏民		
电话	021-62552072			传真	021-62728870		
主营业务	航空客、货、邮运输及代理						
总股本	108150.00	流通 A	30000.00	流通 B		流通 H	
审计单位				审计意见	未审计		

主要财务指标

年度	2004.6	2003	2002
每股收益 / 扣除后(元)	0.1163	0.0800	0.2000
每股经营现金流量(元)	0.3720	1.0800	0.5500
每股净资产 / 调整后(元)	1.6470	2.3200	2.3100
每股公积金(元)	0.4395	1.1593	1.1564
净资产收益率(%)	7.5800	5.1200	8.2830
总资产(万元)	764479.31	731697.31	710797.12
股东权益(万元)	191825.95	179457.00	169906.78
未分配利润(万元)	25995.10	13641.40	7178.30
主营收入(万元)	290275.00	451658.81	405674.47
资本公积金(万元)	47534.90	83584.90	83377.00
主营利润(万元)	54425.42	87930.93	92569.18
其他业务利润(万元)	871.73	1208.30	-5.25
营业利润(万元)	15560.12	6930.67	15028.70
投资收益(万元)	3099.41	1363.33	1752.80
补贴收入(万元)		3680.92	3680.92
营业外收支(万元)	-1066.73	33.46	-0.21
利润总额(万元)	17592.80	12008.38	16771.79
净利润(万元)	14531.96	9191.65	14072.59

十大股东

序号	股东名称	股份性质	持股数(万股)	比例(%)
1	上海联合投资有限公司	国有法人股	43967.19	40.65
2	中银集团投资有限公司	外资法人股	15848.82	14.65
3	锦江国际(集团)有限公司	国家股	9753.12	9.02
4	上海对外经济贸易实业有限公司	国有法人股	5329.83	4.93
5	博时价值增长证券投资基金	社会公众股	2792.62	2.58
6	上海轻工业对外贸经济技术合作有限公司	国有法人股	1625.52	1.50
7	上海汉森进出口有限公司	国有法人股	1625.52	1.50
8	中国工商银行-博时精选股票证券投资基金	社会公众股	982.00	0.91
9	中国银行-海富通收益增长证券投资基金	社会公众股	802.26	0.74
10	中国银行-华夏回报证券投资基金	社会公众股	773.11	0.71

股东人数	2004.6	2003.12	2003.6	2002
	25278	28728	47130	81580

近年分配	2004 年 6 月 24 日 10 派 0.30	近年配股 / 增发	2004 年 6 月 24 日 10 转 5

重大事项

公司第一大股东上海联和投资有限公司委托上海浦东发展银行向公司委托贷款共计人民币 1.8 亿元，年利率为 4.54%，贷款期限 6 个月，到期日为 2004 年 9 月，公司 2004 年 1-6 月共计支付利息 5,711,580 元。

二〇〇三年以来市场表现

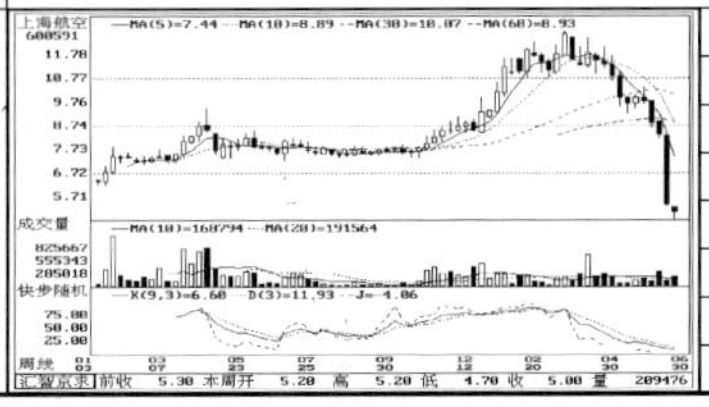

2003 年涨跌幅(%)	45.75
2003 年最高(元)	6.58
2003 年最低(元)	4.07
2003 年换手率(%)	410.76
2004.06 涨跌幅(%)	-19.09
2004.06 最高(元)	8.51
2004.06 最低(元)	4.70
2004.06 换手率(%)	156.66

福建龙溪轴承股份有限公司

公司概况

公司名称	福建龙溪轴承股份有限公司			股票代码	600592
注册地址	福建省漳州市延安北路			邮政编码	363000
法人代表	陈福胜			董秘	曾凡沛
电话	0596-2072091			传真	0596-2072136
主营业务	生产经营关节轴承、深沟球轴承				
总股本	15000.00	流通 A	5000.00	流通 B	流通 H
审计单位				审计意见	未审计

主要财务指标

年度	2004.6	2003	2002
每股收益/扣除后(元)	0.1515	0.2400	0.1800
每股经营现金流量(元)	0.0790	0.2800	0.1400
每股净资产/调整后(元)	3.4200	3.4600	3.1800
每股公积金(元)	1.9477	1.9428	1.9279
净资产收益率(%)	4.6800	7.6200	5.5700
总资产(万元)	68594.00	67460.28	61412.29
股东权益(万元)	52308.91	52786.22	48540.23
未分配利润(万元)	4254.00	4806.27	1588.38
主营收入(万元)	18387.88	29316.42	18944.29
资本公积金(万元)	29216.05	29142.09	28918.45
主营利润(万元)	7273.26	10423.88	8091.13
其他业务利润(万元)	103.96	150.60	5.02
营业利润(万元)	4700.44	5735.61	4318.17
投资收益(万元)	-581.65	122.29	-40.70
补贴收入(万元)	136.08		
营业外收支(万元)	-17.06	19.60	-0.18
利润总额(万元)	4237.81	5877.50	4141.61
净利润(万元)	2447.81	4022.35	2702.15

十大股东

序号	股东名称	股份性质	持股数(万股)	比例(%)
1	漳州市机电投资有限公司	国有股	5539.20	36.93
2	漳州片仔癀集团公司	国有法人股	1592.20	10.61
3	万利达集团有限公司	境内法人股	1485.70	9.90
4	中国工程与农业机械进出口总公司	国有法人股	1132.90	7.55
5	龙海市多棱钢砂有限公司	境内法人股	250.00	1.67
6	光大证券有限公司上海中兴路营业部	流通 A 股	47.54	0.32
7	光大证券有限责任公司	流通 A 股	26.18	0.17
8	陕西省鸿业房地产开发公司	流通 A 股	20.00	0.13
9	天津中天国际投资合作公司	流通 A 股	17.00	0.11
10	柳玉花	流通 A 股	16.88	0.11

股东人数	2004.6	2003.12	2003.6	2002
	22555	23475	23580	23302

近年分配	2004 年 6 月 21 日 10 派 2.00	近年配股/增发	

重大事项

据公司二届十五次董事会审议通过的关于利用闲置资金为控股子公司提供贷款的决议(同意利用自有资金委托金融机构向控股子公司提供总额不超 过 3000 万元的贷款,利率按同期银行贷款利率计算,授权公司董事长根据控股子公司的资金需要情况签署贷款合同),2004 年 5 月 17 日公司与中国银行漳州分行和福建金柁汽车转向器有限公司三方签订委托贷款合同。

二○○三年以来市场表现

2003 年涨跌幅(%)	-25.21
2003 年最高(元)	10.65
2003 年最低(元)	6.10
2003 年换手率(%)	239.58
2004.06 涨跌幅(%)	0.00
2004.06 最高(元)	8.75
2004.06 最低(元)	6.65
2004.06 换手率(%)	160.05

大连圣亚海洋世界股份有限公司

公司概况

公司名称	大连圣亚海洋世界股份有限公司			股票代码	600593
注册地址	辽宁省大连市沙河口区中山路 608-6-8 号			邮政编码	116023
法人代表	栗东生			董秘	肖峰
电话	0411-84685225			传真	0411-84685217
主营业务	建设经营水族馆				
总股本	9200.00	流通 A	3200.00	流通 B	流通 H
审计单位				审计意见	未审计

主要财务指标

年度	2004.6	2003	2002
每股收益/扣除后(元)	0.0039	-0.3000	0.2400
每股经营现金流量(元)	-0.0164	-0.0800	0.3700
每股净资产/调整后(元)	3.2200	3.2300	3.5300
每股公积金(元)	2.2441	2.2406	2.2406
净资产收益率(%)	0.1200	-9.6500	6.7800
总资产(万元)	43144.97	38519.99	38262.53
股东权益(万元)	29762.56	29694.70	32561.53
未分配利润(万元)	-1416.01	-1451.46	1415.37
主营收入(万元)	2620.72	3636.83	6901.21
资本公积金(万元)	20645.66	20613.25	20613.25
主营利润(万元)	663.42	107.55	4934.38
其他业务利润(万元)	28.50	15.20	15.20
营业利润(万元)	36.36	-2911.50	3149.34
投资收益(万元)			
补贴收入(万元)			
营业外收支(万元)		-67.54	-0.01
利润总额(万元)	36.36	-2979.04	3150.28
净利润(万元)	35.45	-2866.82	2206.31

十大股东

序号	股东名称	股份性质	持股数(万股)	比例(%)
1	中国石油辽阳石油化纤公司	国有法人股	2700.00	29.35
2	辽宁迈克集团	境内法人股	1500.00	16.30
3	新西兰海底世界工程开发有限公司	外资法人股	900.00	9.78
4	香港世隆国际	外资法人股	600.00	6.52
5	大连神洲游艺公司	境内法人股	300.00	3.26
6	孙玉玲	流通 A 股	75.88	0.82
7	栗广新	流通 A 股	28.20	0.31
8	任茂敬	流通 A 股	14.81	0.16
9	张春多	流通 A 股	13.00	0.14
10	井付力	流通 A 股	11.60	0.13

股东人数	2004.6	2003.12	2003.6	2002
	16111	15748	18451	18837

近年分配		近年配股/增发	

重大事项

2004 年 4 月 20 日至 2004 年 4 月 30 日中国证监会大连监管局对公司进行了巡回检查,并于 2004 年 6 月 11 日接到了中国证监会大连监管局下发的《巡回检查情况通报》。

二○○三年以来市场表现

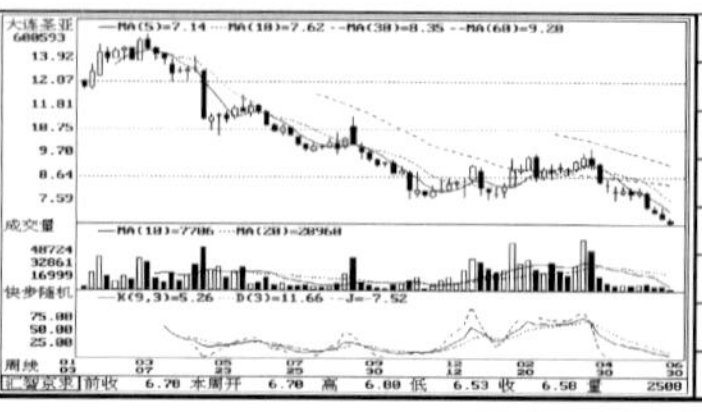

2003 年涨跌幅(%)	-34.29
2003 年最高(元)	14.93
2003 年最低(元)	7.63
2003 年换手率(%)	262.74
2004.06 涨跌幅(%)	-21.95
2004.06 最高(元)	9.89
2004.06 最低(元)	6.53
2004.06 换手率(%)	173.93

贵州益佰制药股份有限公司

公司概况

公司名称	贵州益佰制药股份有限公司	股票代码	600594
注册地址	贵州省贵阳市白云大道 220-1 号	邮政编码	650008
法人代表	窦啓玲	董秘	郑云锋
电话	0851-4705590-8223	传真	0571-4719910
主营业务	中成药的生产销售		
审计单位		审计意见	未审计

总股本	流通 A	流通 B	流通 H
6700.00	2000.00		

主要财务指标

年度	2004.6	2003	2002
每股收益/扣除后(元)	0.2018	1.1000	0.9700
每股经营现金流量(元)	-1.2560	1.9600	1.5600
每股净资产/调整后(元)	6.9600	3.8200	2.7300
每股公积金(元)	3.8178		
净资产收益率(%)	3.0400	28.6800	35.5500
总资产(万元)	73663.95	45514.29	30306.95
股东权益(万元)	46985.39	17975.98	12820.25
未分配利润(万元)	12728.45	11298.32	6903.05
主营收入(万元)	24330.54	50266.62	44378.02
资本公积金(万元)	25579.29		
主营利润(万元)	16481.86	26938.28	18308.19
其他业务利润(万元)			
营业利润(万元)	2222.73	6175.33	5380.55
投资收益(万元)	-45.65	-63.27	
补贴收入(万元)			
营业外收支(万元)	-82.62	-34.70	-0.09
利润总额(万元)	2088.05	6077.37	5373.20
净利润(万元)	1430.13	5155.73	4557.36

十大股东

序号	股东名称	股份性质	持股数(万股)	比例(%)
1	窦启玲	自然人股	1786.00	26.66
2	叶湘武	自然人股	940.00	14.03
3	甘宁	自然人股	423.00	6.31
4	岳巍	自然人股	423.00	6.31
5	朱岳兴	自然人股	423.00	6.31
6	庞骏	自然人股	376.00	5.61
7	哈尔滨晓升广告有限公司	境内法人股	235.00	3.51
8	全国社保基金一零七组合	流通 A 股	152.40	2.27
9	中国工商银行-国联安德盛小盘精选证券投资基金	流通 A 股	94.62	1.41
10	交通银行-兴科证券投资基金	流通 A 股	77.09	1.15

股东人数	2004.6	2003.12	2003.6	2002
	6140			

近年分配		近年配股/增发	

重大事项

2004 年 4 月 1 日,公司与广联(南宁)投资股份有限公司签订股权转让协议,出资人民币 603.27 万元收购广联(南宁)投资股份有限公司和辉远国际有限公司拥有的桂林漓江制药有限公司 65%的股权。6 月 17 日,桂林漓江制药有限公司更名为"桂林益家漓江制药有限公司"。

二〇〇三年以来市场表现

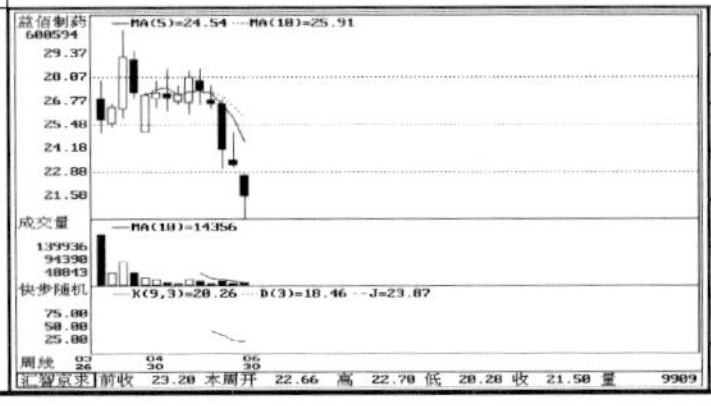

2003 年涨跌幅(%)	0.00
2003 年最高(元)	0.00
2003 年最低(元)	0.00
2003 年换手率(%)	0.00
2004.06 涨跌幅(%)	0.00
2004.06 最高(元)	30.67
2004.06 最低(元)	20.28
2004.06 换手率(%)	252.48

河南中孚实业股份有限公司

公司概况

公司名称	河南中孚实业股份有限公司	股票代码	600595
注册地址	河南省巩义市新华路 31 号	邮政编码	451200
法人代表	张洪恩	董秘	姚国良
电话	0371-4381551	传真	0371-4399595
主营业务	电解铝的生产和销售		
审计单位		审计意见	未审计

总股本	流通 A	流通 B	流通 H
22862.78	8450.00		

主要财务指标

年度	2004.6	2003	2002
每股收益/扣除后(元)	0.1534	0.4252	0.4100
每股经营现金流量(元)	0.3050	0.5200	0.8500
每股净资产/调整后(元)	3.1400	4.1100	4.7900
每股公积金(元)	1.3722	2.0839	2.7090
净资产收益率(%)	4.8300	10.2600	8.5300
总资产(万元)	238700.00	218007.47	114604.09
股东权益(万元)	72422.36	72439.45	65005.25
未分配利润(万元)	13419.98	9919.72	11473.85
主营收入(万元)	58714.61	70166.88	57853.07
资本公积金(万元)	31372.55	36648.58	36648.58
主营利润(万元)	9139.70	13716.89	12268.22
其他业务利润(万元)	352.96	819.08	-12.03
营业利润(万元)	5232.91	10393.55	7214.15
投资收益(万元)	0.89	-0.35	
补贴收入(万元)			
营业外收支(万元)	-9.54	-65.49	1.40
利润总额(万元)	5224.27	10327.71	7088.50
净利润(万元)	3500.26	7434.20	5547.22

十大股东

序号	股东名称	股份性质	持股数(万股)	比例(%)
1	河南豫联能源集团有限责任公司	国有股	10100.58	44.18
2	巩义市供电公司	国有股	1541.28	6.74
3	汉盛证券投资基金	流通股	481.97	2.11
4	科瑞证券投资基金	流通股	338.20	1.48
5	金鼎证券投资基金	流通股	247.91	1.08
6	金鑫证券投资基金	流通股	215.85	0.94
7	上海申能创业投资有限公司	流通股	179.17	0.78
8	巩义市怡丰实业有限责任公司	法人股	175.76	0.77
9	河南第一火电建设公司	国有法人股	138.07	0.60
10	银丰证券投资基金	流通股	113.35	0.50

股东人数	2004.6	2003.12	2003.6	2002
	21998	29517	32109	28837

近年分配		近年配股/增发	
	2004 年 6 月 21 日 10 派 2.00		2004 年 6 月 21 日 10 转 3

重大事项

2004 年 4 月 26 公司召开了 2003 年年度股东大会,会议审议通过了《公司拟与中国国电集团公司共同投资设立国电中孚巩义热电有限公司的议案》。

二〇〇三年以来市场表现

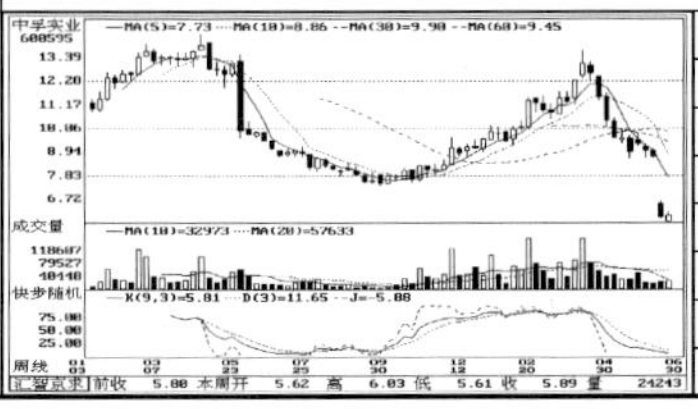

2003 年涨跌幅(%)	7.60
2003 年最高(元)	8.31
2003 年最低(元)	5.50
2003 年换手率(%)	199.44
2004.06 涨跌幅(%)	-14.74
2004.06 最高(元)	10.37
2004.06 最低(元)	5.61
2004.06 换手率(%)	165.86

浙江新安化工集团股份有限公司

公司概况

公司名称	浙江新安化工集团股份有限公司	股票代码	600596
注册地址	浙江省建德市新安江白沙路93号	邮政编码	311600
法人代表	王伟	董秘	姜永平
电话	0571-64715693	传真	0571-64726063
主营业务	化学农药		

总股本	22798.76	流通 A	7480.00	流通 B		流通 H	
审计单位		审计意见	未审计				

主要财务指标

年度	2004.6	2003	2002
每股收益/扣除后(元)	0.1633	0.2580	0.2390
每股经营现金流量(元)	0.5360	0.9200	0.8600
每股净资产/调整后(元)	2.4300	4.0300	3.7000
每股公积金(元)	0.9262	2.2741	2.2256
净资产收益率(%)	5.6200	6.4700	6.3800
总资产(万元)	136419.62	113612.67	92480.73
股东权益(万元)	55833.07	54302.60	50307.17
未分配利润(万元)	5382.63	3856.74	884.88
主营收入(万元)	73997.98	101846.39	78292.45
资本公积金(万元)	21115.25	30498.41	29847.97
主营利润(万元)	15685.97	17614.57	13464.94
其他业务利润(万元)	151.54	215.60	-4.04
营业利润(万元)	6583.92	5763.25	4025.13
投资收益(万元)	-151.58	-121.51	152.58
补贴收入(万元)		378.42	-0.81
营业外收支(万元)	-1363.75	-881.96	-5.81
利润总额(万元)	5068.58	5138.20	3892.57
净利润(万元)	3135.22	3511.57	3210.59

十大股东

序号	股东名称	股份性质	持股数(万股)	比例(%)
1	建德市国有资产管理局	国有法人股	6788.10	29.77
2	开化县工业国有资产经营公司	国有法人股	2216.19	9.72
3	浙江信鸿实业有限公司	境内法人股	510.00	2.24
4	中化国际贸易股份有限公司	境内法人股	476.00	2.09
5	博时价值增长证券投资基金	流通A股	397.47	1.74
6	中化上海进出口公司	境内法人股	340.00	1.49
7	浙江省科技风险投资有限公司	境内法人股	284.58	1.25
8	富国动态平衡证券投资基金	流通A股	178.54	0.78
9	上海宏广达实业公司	境内法人股	154.23	0.68
10	上海东方储罐有限公司	境内法人股	136.00	0.60

股东人数	2004.6	2003.12	2003.6	2002
	22687	22676	24592	23397

近年分配	2004年6月1日10派1.20	近年配股/增发	2004年6月1日10转7

重大事项

2004年3月18日，公司与阿坝州九寨水电开发公司(以下简称：水电公司)及成都市顺康商贸发展有限责任公司(以下简称：顺康公司)签定合作出资协议书，共同组建"阿坝州顺鑫冶炼有限公司"。公司注册于四川阿坝州汶川县映秀镇，建设年产14500吨工业硅装置。预计项目完成后实现年产值1.1亿元，利税1700万元。

二〇〇三年以来市场表现

2003年涨跌幅(%)	-22.48
2003年最高(元)	6.59
2003年最低(元)	3.74
2003年换手率(%)	77.47
2004.06涨跌幅(%)	40.59
2004.06最高(元)	7.57
2004.06最低(元)	4.11
2004.06换手率(%)	123.27

光明乳业股份有限公司

公司概况

公司名称	光明乳业股份有限公司	股票代码	600597
注册地址	上海市吴中路578号	邮政编码	201103
法人代表	王佳芬	董秘	朱建毅
电话	021-54584520	传真	021-64013337
主营业务	生产、开发乳和乳制品		

总股本	104189.26	流通 A	24000.00	流通 B		流通 H	
审计单位		审计意见	未审计				

主要财务指标

年度	2004.6	2003	2002
每股收益/扣除后(元)	0.1396	0.4200	0.3800
每股经营现金流量(元)	0.0860	0.7200	0.7400
每股净资产/调整后(元)	1.7700	2.8100	2.3000
每股公积金(元)	0.3906	1.2246	1.2244
净资产收益率(%)	7.8300	15.0000	14.0000
总资产(万元)	367296.94	346083.44	293736.53
股东权益(万元)	187833.22	186125.81	157867.98
未分配利润(万元)	25885.88	11178.91	3519.33
主营收入(万元)	324527.41	598105.19	502150.34
资本公积金(万元)	40695.19	79742.07	79730.44
主营利润(万元)	103650.35	194590.69	171508.11
其他业务利润(万元)	4042.20	6874.89	-349.84
营业利润(万元)	20781.45	39179.78	38370.87
投资收益(万元)	18.12	-569.59	218.24
补贴收入(万元)	230.29	1362.19	161.27
营业外收支(万元)	-398.13	-880.66	12.89
利润总额(万元)	20631.72	39091.71	37188.70
净利润(万元)	14706.97	28246.19	22631.38

十大股东

序号	股东名称	股份性质	持股数(万股)	比例(%)
1	上海牛奶集团有限公司	国有法人股	32075.70	30.79
2	S.LFood Products Holdings Limited	外资法人股	32075.70	30.79
3	上海国有资产经营有限公司	国家股	4009.46	3.85
4	大众交通集团股份有限公司	境内法人股	4009.46	3.85
5	东方希望集团有限公司	境内法人股	4009.46	3.85
6	Danone Asia Pte. Ltd.	外资法人股	4009.46	3.85
7	丰和价值证券投资基金	流通A股	1245.52	1.20
8	天元证券投资基金	流通A股	726.95	0.70
9	申万巴黎盛利精选证券投资基金	流通A股	712.40	0.68
10	全国社保基金一零六组合	流通A股	543.36	0.52

股东人数	2004.6	2003.12	2003.6	2002
	28436	31538	30187	42956

近年分配	2004年6月11日10派2.00	近年配股/增发	2004年6月11日10转6

重大事项

公司在报告期内与大股东上海牛奶集团有限公司及其下属牧场发生销售(出售饲料)和采购(购入公牛冻精、收购生奶)业务分别为3,369万元和6,528万元，分别占公司报告期主营业务收入和主营业务成本的1.04%和2.97%。

二〇〇三年以来市场表现

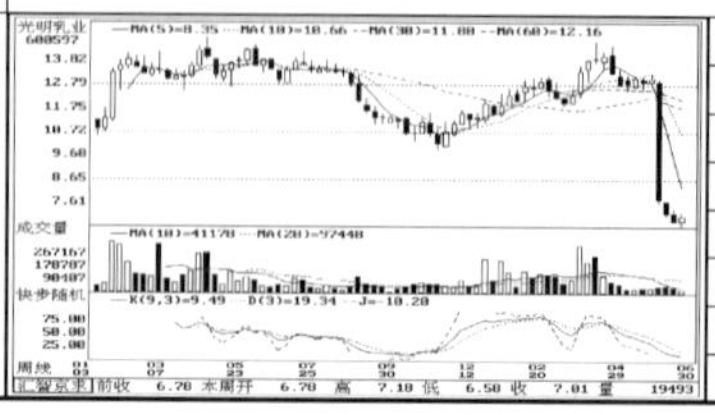

2003年涨跌幅(%)	4.76
2003年最高(元)	9.10
2003年最低(元)	6.09
2003年换手率(%)	205.63
2004.06涨跌幅(%)	-1.96
2004.06最高(元)	9.04
2004.06最低(元)	6.58
2004.06换手率(%)	105.26

黑龙江北大荒农业股份有限公司

公司概况	公司名称	黑龙江北大荒农业股份有限公司			股票代码	600598	
	注册地址	哈尔滨市香坊区红旗大街175号			邮政编码	150090	
	法人代表	孙勇才		董秘	史晓丹		
	电话	0451-5195980		传真	0451-55195993		
	主营业务	粮食作物的生产、销售					
	总股本	146996.00	流通A	30000.00	流通B		流通H
	审计单位			审计意见	未审计		

主要财务指标 年度	2004.6	2003	2002
每股收益/扣除后(元)	0.1542	0.2600	0.2600
每股经营现金流量(元)	0.4060	0.3800	0.1600
每股净资产/调整后(元)	2.5400	2.3800	2.3000
每股公积金(元)	1.0880	1.0880	1.0857
净资产收益率(%)	5.5000	9.8700	10.8900
总资产(万元)	762243.50	764019.56	619919.00
股东权益(万元)	410895.16	388310.25	349641.16
未分配利润(万元)	76007.90	53423.00	20831.39
主营收入(万元)	152840.66	186632.73	147143.02
资本公积金(万元)	159926.59	159926.59	159600.56
主营利润(万元)	56965.28	90348.25	89845.41
其他业务利润(万元)	1030.81	1789.17	48.79
营业利润(万元)	22843.07	38155.67	38019.30
投资收益(万元)	-52.40		
补贴收入(万元)			
营业外收支(万元)	-81.76	187.41	-0.58
利润总额(万元)	22708.91	38343.07	38063.72
净利润(万元)	22584.89	38343.07	38063.72

十大股东 序号	股东名称	股份性质	持股数(万股)	比例(%)
1	黑龙江北大荒农垦集团总公司	国家股	116996.00	79.59
2	裕隆基金	流通A股	1243.00	0.85
3	海富通精选	流通A股	599.00	0.41
4	海富通收益	流通A股	538.00	0.37
5	兴和基金	流通A股	388.00	0.26
6	盛利精选	流通A股	387.00	0.26
7	景顺优选	流通A股	370.00	0.25
8	华宝增长	流通A股	343.00	0.23
9	银丰基金	流通A股	328.00	0.22
10	安顺基金	流通A股	279.00	0.19

股东人数	2004.6	2003.12	2003.6	2002
	79769	83608	82161	89940

近年分配	2004年7月9日10派2.20	近年配股/增发	

重大事项

公司于2004年2月28日召开第四次总经理办公会议，会议审议通过了为控股子公司黑龙江省北大荒米业有限公司(下称：米业公司)贷款提供担保的议案：同意为米业公司在中国银行哈尔滨市南岗支行贷款人民币10,000万元提供连带责任担保，期限12个月(自2004年3月8日至2005年3月8日止)；借款利率为年率5.0445%。

二〇〇三年以来市场表现

2003年涨跌幅(%)	18.65
2003年最高(元)	6.99
2003年最低(元)	5.35
2003年换手率(%)	250.40
2004.06涨跌幅(%)	-10.18
2004.06最高(元)	8.15
2004.06最低(元)	5.95
2004.06换手率(%)	218.85

湖南浏阳花炮股份有限公司

公司概况	公司名称	湖南浏阳花炮股份有限公司			股票代码	600599	
	注册地址	湖南省浏阳市金沙北路369号			邮政编码	410300	
	法人代表	郭汉华		董秘	唐和平		
	电话	0731-3620966		传真	0731-3611670		
	主营业务	烟花鞭炮的销售					
	总股本	12600.00	流通A	3960.00	流通B		流通H
	审计单位			审计意见	未审计		

主要财务指标 年度	2004.6	2003	2002
每股收益/扣除后(元)	0.0549	0.0030	0.1010
每股经营现金流量(元)	0.2890	-0.4200	-0.6600
每股净资产/调整后(元)	2.2300	2.1700	2.2100
每股公积金(元)	1.1089	1.1089	1.1089
净资产收益率(%)	2.4200	0.3700	7.2400
总资产(万元)	5085.00	54479.57	51220.23
股东权益(万元)	2812.89	27333.08	27896.34
未分配利润(万元)	667.34	73.20	519.41
主营收入(万元)	13877.01	32117.59	27612.04
资本公积金(万元)	13971.92	13971.92	13971.92
主营利润(万元)	2836.00	6080.74	6128.67
其他业务利润(万元)	105.93	401.76	6.76
营业利润(万元)	1124.37	110.46	3356.21
投资收益(万元)	2.50	-2.29	13.85
补贴收入(万元)	4.46	69.75	1.75
营业外收支(万元)	-18.80	-9.22	0.16
利润总额(万元)	1112.54	168.71	3461.38
净利润(万元)	681.54	100.83	2019.93

十大股东 序号	股东名称	股份性质	持股数(万股)	比例(%)
1	浏阳市国资局	国有股	5567.83	44.19
2	凯达房地产开发	境内法人股	1350.00	10.71
3	湖南聚源科技	境内法人股	1350.00	10.71
4	魏祥鲁	个人股	346.93	2.75
5	熊孝勇	个人股	25.24	0.20
6	许伟忠	流通股	22.02	0.17
7	乐兰	流通股	12.43	0.10
8	黄文君	流通股	11.06	0.09
9	吕林根	流通股	9.52	0.08
10	米华仙	流通股	8.46	0.07

股东人数	2004.6	2003.12	2003.6	2002
	5192	5825	5722	6192

近年分配		近年配股/增发	

重大事项

2000年8月，公司控股子公司浏阳市浏阳河花炮文化城开发有限公司与浏阳市人民政府签订委托协议书，接受委托进行浏阳河娱乐综合区开发建设并修建将军路防洪堤，约定由政府组织资金4400万元投入修建将军路防洪堤，政府将在一定期限内分期足额拨付。

二〇〇三年以来市场表现

2003年涨跌幅(%)	-34.40
2003年最高(元)	16.60
2003年最低(元)	7.60
2003年换手率(%)	108.70
2004.06涨跌幅(%)	-7.73
2004.06最高(元)	12.35
2004.06最低(元)	8.88
2004.06换手率(%)	55.10

青岛啤酒股份有限公司

公司概况							
公司名称	青岛啤酒股份有限公司			股票代码	600600		
注册地址	青岛市香港中路五四广场青啤大厦			邮政编码	266071		
法人代表	李桂荣			董秘	袁路		
电话	0532-5713831			传真	0532-5713240		
主营业务	啤酒制造、销售						
总股本	106000.00	流通 A	20000.00	流通 B		流通 H	40685.00
审计单位				审计意见	未审计		

主要财务指标 年度	2004.6	2003	2002
每股收益/扣除后(元)	0.1552	0.2395	0.2307
每股经营现金流量(元)	0.8140	1.0700	1.1100
每股净资产/调整后(元)	3.1800	3.2400	2.8900
每股公积金(元)	1.7226	1.6971	1.5760
净资产收益率(%)	4.2600	7.2200	7.7500
总资产(万元)	995389.50	900220.25	893861.56
股东权益(万元)	347760.12	351390.25	297735.37
未分配利润(万元)	19601.08	25976.02	10882.85
主营收入(万元)	433769.50	750795.94	693673.44
资本公积金(万元)	182599.45	179887.70	157597.19
主营利润(万元)	136058.95	238770.58	216327.45
其他业务利润(万元)	1578.04	1740.83	-132.53
营业利润(万元)	31447.06	40952.27	32517.19
投资收益(万元)	448.70	1390.21	2178.83
补贴收入(万元)	2948.51	6288.51	174.47
营业外收支(万元)	-10314.38	-6009.77	716.62
利润总额(万元)	24529.89	42621.22	37744.93
净利润(万元)	14825.06	25387.17	23065.74

十大股东 序号	股东名称	股份性质	持股数(万股)	比例(%)
1	青岛国有资产管理办公室	国有法人股	39982.00	37.72
2	香港中央结算(代理人)有限公司	流通 H 股	29453.52	27.79
3	安海斯-布希公司	流通 H 股	10500.00	9.91
4	中国东方资产管理公司	境内法人股	2925.00	2.76
5	中国建设银行青岛市分行	境内法人股	1908.00	1.80
6	易方达平衡增长证券投资基金	流通 A 股	974.52	0.92
7	上海申能生物技术有限公司	流通 A 股	692.22	0.65
8	通乾证券投资基金	流通 A 股	598.61	0.56
9	青岛华青财务服务有限公司	境内法人股	500.00	0.47
10	裕元证券投资基金	流通 A 股	474.54	0.45

股东人数	2004.6	2003.12	2003.6	2002
	61373	91995	105306	120168

近年分配	2004 年 7 月 26 日 10 派 2.00	近年配股/增发	

重大事项

本公司于 2004 年第一季度季报中披露的与青岛啤酒香港贸易有限公司("青啤香港公司")分别对青岛啤酒(厦门)有限公司("厦门公司")增资人民币 6000 万元和 2000 万元的事项已经获得厦门市外商投资局的批准,并于 2004 年 7 月 5 日办理完毕工商变更登记手续。目前,厦门公司注册资本为 9000 万元人民币,本公司持有厦门公司 75%的股权,青啤香港公司持有厦门公司 25%的股权。

二〇〇三年以来市场表现

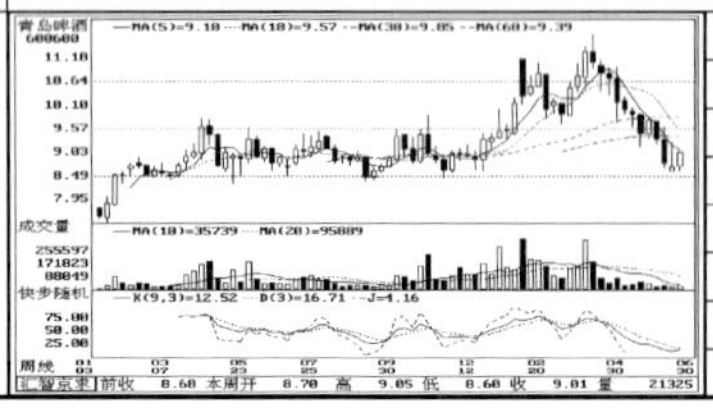

2003 年涨跌幅(%)	22.50
2003 年最高(元)	9.85
2003 年最低(元)	7.19
2003 年换手率(%)	179.83
2004.06 涨跌幅(%)	-2.07
2004.06 最高(元)	11.72
2004.06 最低(元)	8.60
2004.06 换手率(%)	142.19

方正科技集团股份有限公司

公司概况							
公司名称	方正科技集团股份有限公司			股票代码	600601		
注册地址	上海市南京西路 1515 号嘉里中心九楼			邮政编码	200120		
法人代表	魏新			董秘	侯郁波		
电话	021-58407668-654			传真	021-58408970		
主营业务	IT 产品制造、软件开发						
总股本	97044.70	流通 A	97044.70	流通 B		流通 H	
审计单位	上海上会会计师事务所			审计意见	标准无保留		

主要财务指标 年度	2004.6	2003	2002
每股收益/扣除后(元)	0.0599	0.2360	0.2990
每股经营现金流量(元)	-0.1610	0.2590	0.6280
每股净资产/调整后(元)	3.0860	2.9730	1.8600
每股公积金(元)	1.3653	1.3653	0.4641
净资产收益率(%)	3.6400	9.5700	18.0100
总资产(万元)	326983.69	305934.44	202199.12
股东权益(万元)	151136.70	145680.67	71660.01
未分配利润(万元)	24882.73	19375.92	8911.92
主营收入(万元)	257625.97	525206.50	451253.56
资本公积金(万元)	66248.35	66248.35	17323.75
主营利润(万元)	20353.69	41142.13	44505.09
其他业务利润(万元)	114.95	439.89	-5.91
营业利润(万元)	6411.28	14380.88	13175.27
投资收益(万元)	-246.67	-56.93	-75.75
补贴收入(万元)	81.61	1988.21	93.71
营业外收支(万元)	-133.56	-733.87	-4.77
利润总额(万元)	6112.65	15578.29	15301.33
净利润(万元)	5506.81	13948.37	12903.86

十大股东 序号	股东名称	股份性质	持股数(万股)	比例(%)
1	北京北大方正集团公司	流通股	3406.72	3.51
2	深圳市方正科技有限公司	流通股	884.20	0.91
3	方正产业控股有限公司	流通股	748.15	0.77
4	河南方正信息技术有限公司	流通股	733.10	0.76
5	易方达 50 指数证券投资基金	流通股	260.55	0.27
6	珠海市新华众发展有限公司	流通股	115.40	0.12
7	重庆三峡水利电力集团电力工业设备安装公司	流通股	101.66	0.10
8	宏源证券股份有限公司	流通股	100.12	0.10
9	华安上证 180 指数增强型证券投资基金	流通股	88.24	0.09
10	长城久泰中信标普 300 指数证券投资基金	流通股	86.24	0.09

股东人数	2004.6	2003.12	2003.6	2002
	85454	96281	77988	110590

近年分配		近年配股/增发	2004 年 7 月 15 日 10 送 3 转 7

重大事项

2004 年 4 月 29 日公司第六届董事会 2004 年第四次会议审议通过了 2004 年 4 月 21 日本公司与北京北大方正集团公司签署的《房屋租赁合同》,本公司以年租金人民币 940 万元向方正集团租赁位于北京海淀区成府路 298 号的中关村方正大厦七、八楼层作为办公用房,租赁面积 7579.07 平方米,租赁期共 3 年,自 2004 年 1 月 1 日起至 2006 年 12 月 31 日止,租金总计为人民币 2820 万元。

二〇〇三年以来市场表现

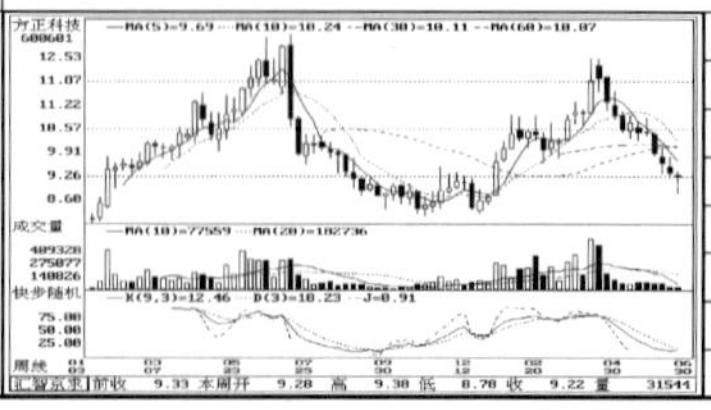

2003 年涨跌幅(%)	13.97
2003 年最高(元)	11.43
2003 年最低(元)	7.40
2003 年换手率(%)	66.15
2004.06 涨跌幅(%)	7.71
2004.06 最高(元)	12.50
2004.06 最低(元)	8.50
2004.06 换手率(%)	46.81

上海广电电子股份有限公司

公司概况								
公司名称	上海广电电子股份有限公司				股票代码		600602	
注册地址	上海市浦东新区张江高科技园区张衡路200号1号楼2楼				邮政编码		200060	
法人代表	顾培柱				董秘		胡之奎	
电话	021-62980202-647,646				传真		021-62982121	
主营业务	真空电子器件							
总股本	92722.77	流通A	34997.20	流通B	23191.34	流通H		
审计单位				审计意见	未审计			

主要财务指标 年度	2004.6	2003	2002
每股收益/扣除后(元)	0.0918	0.1100	0.1120
每股经营现金流量(元)	0.1870	0.7900	0.6100
每股净资产/调整后(元)	3.0590	3.0200	2.8900
每股公积金(元)	1.4046	1.4046	1.4036
净资产收益率(%)	2.9500	4.7100	3.7900
总资产(万元)	807463.25	797694.12	747859.81
股东权益(万元)	290709.34	286763.62	274176.47
未分配利润(万元)	23083.10	19137.36	10602.65
主营收入(万元)	238274.31	517325.56	465629.94
资本公积金(万元)	130234.05	130234.05	130147.92
主营利润(万元)	33456.50	70906.56	59128.48
其他业务利润(万元)	2826.27	6363.75	–310.51
营业利润(万元)	7360.59	20172.85	11956.37
投资收益(万元)	9051.03	8616.26	10808.87
补贴收入(万元)	59.03	30.27	0.58
营业外收支(万元)	–201.66	–486.27	8.55
利润总额(万元)	16268.99	28333.11	21674.20
净利润(万元)	8581.88	13510.58	10392.02

十大股东 序号	股东名称	股份性质	持股数(万股)	比例(%)
1	上海广电集团有限公司	国有法人股	34534.23	37.24
2	同益证券投资基金	流通A股	663.83	0.72
3	SKANDIA GLOBAL FUNDS PLC	流通B股	655.45	0.71
4	上实置业集团(上海)有限公司	流通A股	577.50	0.62
5	易方达50指数证券投资基金	流通A股	538.56	0.58
6	中原证券股份有限公司	流通A股	357.13	0.39
7	WATTSBYRG CI.LTD.	流通B股	347.87	0.38
8	景福证券投资基金	流通A股	259.10	0.28
9	上海市上投实业公司	流通A股	242.00	0.26
10	博时裕富证券投资基金	流通A股	145.93	0.16

股东人数	2004.6	2003.12	2003.6	2002
	224650	194437	203323	244625

近年分配	2004年6月9日10派0.50	近年配股/增发	

重大事项

公司根据股东大会决议,使用1999年增发新股募集资金投资建设的PDP项目、VFD项目厂房,分别租赁给上海松下等离子显示器有限公司和上海三星真空电子器件有限公司,公司还将部分厂房、设备租赁给上海旭电子玻璃有限公司。

二〇〇三年以来市场表现

2003年涨跌幅(%)	32.74
2003年最高(元)	11.58
2003年最低(元)	6.99
2003年换手率(%)	438.67
2004.06涨跌幅(%)	–13.20
2004.06最高(元)	13.13
2004.06最低(元)	8.65
2004.06换手率(%)	296.72

上海兴业房产股份有限公司

公司概况								
公司名称	上海兴业房产股份有限公司				股票代码		600603	
注册地址	上海市四川南路38号				邮政编码		200011	
法人代表	唐相道				董秘		祁勇	
电话	021-63187549				传真		021-63762230	
主营业务	房地产开发、经营							
总股本	19464.19	流通A	19464.19	流通B		流通H		
审计单位				审计意见	未审计			

主要财务指标 年度	2004.6	2003	2002
每股收益/扣除后(元)	0.0111	–0.1877	–3.3621
每股经营现金流量(元)	–0.0660	–0.0558	–0.0075
每股净资产/调整后(元)	–3.1800	–3.1866	–3.2209
每股公积金(元)	0.5733	0.5733	0.5522
净资产收益率(%)	–0.3600		–104.3844
总资产(万元)	19400.94	32719.88	17379.91
股东权益(万元)	–61801.13	–62024.54	–62691.54
未分配利润(万元)	–98636.51		–99122.47
主营收入(万元)	2351.38	850.16	3336.75
资本公积金(万元)	11158.42	11158.42	10748.36
主营利润(万元)	578.51	–63.76	284.13
其他业务利润(万元)	22.84	90.40	41.93
营业利润(万元)	–2849.56	32960.78	–37253.71
投资收益(万元)	525.26	261.13	0.36
补贴收入(万元)			
营业外收支(万元)	2549.63	–32962.13	–1838.29
利润总额(万元)	225.32	259.77	–65442.77
净利润(万元)	220.57	256.94	–65440.21

十大股东 序号	股东名称	股份性质	持股数(万股)	比例(%)
1	上海诚培信苗木配送中心有限公司	流通A股	180.10	0.93
2	上海国润投资发展有限公司	流通A股	167.01	0.86
3	上海城际房地产开发有限公司	流通A股	77.79	0.40
4	苏伟峰	流通A股	65.13	0.33
5	高跃武	流通A股	52.59	0.27
6	天津中天国际投资合作公司	流通A股	47.70	0.25
7	曹琦	流通A股	42.99	0.22
8	欧阳天元	流通A股	40.00	0.21
9	上海金球集团国际家具展示有限公司	流通A股	39.53	0.20
10	上海老区文化传播有限公司	流通A股	37.71	0.19

股东人数	2004.6	2003.12	2003.6	2002
	69067	71614	74987	97820

近年分配		近年配股/增发	

重大事项

二〇〇三年以来市场表现

2003年涨跌幅(%)	–23.37
2003年最高(元)	7.62
2003年最低(元)	4.33
2003年换手率(%)	297.13
2004.06涨跌幅(%)	–13.07
2004.06最高(元)	6.60
2004.06最低(元)	3.90
2004.06换手率(%)	131.51

上海二纺机股份有限公司

公司概况

公司名称	上海二纺机股份有限公司	股票代码	600604
注册地址	上海市场中路 687 号	邮政编码	200434
法人代表	郑元湖	董秘	李勃
电话	021-65318888-2300,2673	传真	021-65421963
主营业务	纺纱机械、合成纤维纺丝		

总股本	56644.92	流通 A	7118.19	流通 B	23292.50	流通 H	
审计单位				审计意见	未审计		

主要财务指标

年度	2004.6	2003	2002
每股收益/扣除后(元)	0.0091	-0.0105	0.0115
每股经营现金流量(元)	0.1283	0.0044	0.1110
每股净资产/调整后(元)	1.0890	1.0750	1.0360
每股公积金(元)	0.1190	0.1190	0.5298
净资产收益率(%)	0.7400	1.6800	1.4200
总资产(万元)	138155.87	139415.03	125176.52
股东权益(万元)	64966.42	64503.04	63413.79
未分配利润(万元)	900.04	420.53	-23585.84
主营收入(万元)	57220.75	102716.31	74459.26
资本公积金(万元)	6737.96	6737.96	30011.65
主营利润(万元)	8298.03	19012.50	15911.64
其他业务利润(万元)	-33.69	609.11	44.89
营业利润(万元)	703.73	256.60	928.46
投资收益(万元)	-11.96	1739.08	88.29
补贴收入(万元)	13.43	11.86	0.15
营业外收支(万元)	-49.54	-358.32	-1.26
利润总额(万元)	655.66	1649.22	1265.42
净利润(万元)	479.51	1081.59	900.21

十大股东

序号	股东名称	股份性质	持股数(万股)	比例(%)
1	太平洋机电集团有限公司(国有资产授权经营单位)	国有法人股	26234.23	46.31
2	SKANDIA GLOBAL RFUNDS PLC	流通 B 股	250.31	0.44
3	MERRILL LYNCH FAR EAST LIMITED	流通 B 股	75.55	0.13
4	黄志豪	流通 B 股	66.61	0.12
5	刘达	流通 B 股	65.56	0.12
6	张光中	流通 B 股	64.38	0.11
7	王一平	流通 B 股	56.08	0.10
8	HKITS/A006-113039-431	流通 B 股	55.45	0.10
9	郁玉生	流通 B 股	55.30	0.10
10	WISEMAX INTERNATIONAL LIMITED	流通 B 股	53.41	0.09

股东人数	2004.6	2003.12	2003.6	2002
	92562	52084	97531	99070

近年分配		近年配股/增发	

重大事项

子公司上海良基房地产有限公司与被执行人上海民健实业总公司、江西省上饶毛纺织厂之间强制执行案件情况:上海市第一中级人民法院已依法将江西省上饶毛纺织厂对江西饶球针织制品有限公司所投资的股权、该厂在该公司的机器设备及该厂自有厂房、仓库(总面积为 57,420 平方米)进行了查封并将进一步拍卖兑现。因考虑到该厂职工的安置及社会稳定问题,目前法院暂时中止了本案的执行。

二〇〇三年以来市场表现

2003 年涨跌幅(%)	-26.36
2003 年最高(元)	8.58
2003 年最低(元)	4.86
2003 年换手率(%)	163.06
2004.06 涨跌幅(%)	-6.03
2004.06 最高(元)	6.68
2004.06 最低(元)	4.75
2004.06 换手率(%)	146.88

上海轻工机械股份有限公司

公司概况

公司名称	上海轻工机械股份有限公司	股票代码	600605
注册地址	上海市康桥路 1100 号 370 室	邮政编码	200040
法人代表	郑树昌	董秘	沈军
电话	021-62560000-147	传真	021-62566022
主营业务	轻工机械		

总股本	21019.20	流通 A	2400.00	流通 B		流通 H	
审计单位				审计意见	未审计		

主要财务指标

年度	2004.6	2003	2002
每股收益/扣除后(元)	-0.0335	-0.0430	0.0290
每股经营现金流量(元)	-0.4980	0.1110	0.0150
每股净资产/调整后(元)	1.3520	1.3420	1.3510
每股公积金(元)	0.1562	0.1562	0.1562
净资产收益率(%)	1.1560	2.2480	1.9560
总资产(万元)	92343.61	73379.95	62360.74
股东权益(万元)	31874.11	31507.78	30798.99
未分配利润(万元)	1914.48	1548.14	984.18
主营收入(万元)	26759.39	51683.19	18286.81
资本公积金(万元)	3283.63	3283.63	3282.98
主营利润(万元)	891.28	1449.84	2472.77
其他业务利润(万元)	504.62	780.29	100.37
营业利润(万元)	-1225.59	-2314.73	-1206.72
投资收益(万元)	342.44	637.46	818.31
补贴收入(万元)		34.70	-32.77
营业外收支(万元)	1258.09	2067.60	-22.39
利润总额(万元)	374.93	425.03	714.89
净利润(万元)	366.34	708.14	602.50

十大股东

序号	股东名称	股份性质	持股数(万股)	比例(%)
1	上海工业投资集团有限公司	国有法人股	6284.74	29.90
2	上海尔迪集团有限公司	境内法人股	6217.48	29.58
3	中泰信托投资有限责任公司	境内法人股	5045.00	24.00
4	上海国有资产经营有限公司	国有法人股	1071.98	5.10
5	温纯青	流通 A 股	28.58	0.14
6	陈玉瑟	流通 A 股	26.44	0.13
7	浙江鑫泰资产管理有限公司	流通 A 股	20.51	0.10
8	刘瑟芬	流通 A 股	13.48	0.06
9	陈黎平	流通 A 股	13.33	0.06
10	李秀兰	流通 A 股	11.00	0.05

股东人数	2004.6	2003.12	2003.6	2002
	12605	12796	11715	12845

近年分配		近年配股/增发	

重大事项

海轻工机械股份有限公司所属子公司上海赛佛仪器有限公司因美国埃康有限公司拖欠货款向中国国际贸易仲裁委员会上海分会申请仲裁一案,已经中国国际贸易仲裁委员会上海分会仲裁庭作出终局裁决([2003]沪贸仲裁字第 048 号):第一被申请人美国埃康有限公司(Acom,lnc.)向申请人上海赛佛仪器有限公司支付货款 USD470.4 万元,并自本裁决生效之日起 30 日内付清,目前仍在按司法程序抓紧催讨中。

二〇〇三年以来市场表现

2003 年涨跌幅(%)	-11.46
2003 年最高(元)	13.58
2003 年最低(元)	7.48
2003 年换手率(%)	232.58
2004.06 涨跌幅(%)	-18.30
2004.06 最高(元)	12.69
2004.06 最低(元)	7.85
2004.06 换手率(%)	229.72

上海金丰投资股份有限公司

公司概况

公司名称	上海金丰投资股份有限公司			股票代码	600606		
注册地址	上海市浦东新区松林路111号			邮政编码	200040		
法人代表	阮人旦			董秘	包永镭		
电话	021-62496858			传真	021-62496860		
主营业务	住宅流通业务						
总股本	25494.25	流通A	11358.16	流通B		流通H	
审计单位				审计意见	未审计		

主要财务指标

年度	2004.6	2003	2002
每股收益/扣除后(元)	0.0588	0.1600	0.2380
每股经营现金流量(元)	-1.0984	-0.4890	1.0830
每股净资产/调整后(元)	3.9140	3.9670	3.6880
每股公积金(元)	2.2894	2.2894	2.2883
净资产收益率(%)	1.4100	6.6600	6.3300
总资产(万元)	262850.44	232687.16	219255.97
股东权益(万元)	101734.82	102849.63	95990.14
未分配利润(万元)	9049.74	10164.55	5495.17
主营收入(万元)	41263.91	80220.78	108381.30
资本公积金(万元)	58367.79	58367.79	58338.84
主营利润(万元)	9385.00	23486.57	24289.11
其他业务利润(万元)	395.31	68.11	0.76
营业利润(万元)	909.79	6793.60	6091.48
投资收益(万元)	1114.62	1541.48	1929.12
补贴收入(万元)	164.82	1954.51	-70.10
营业外收支(万元)	329.06	538.53	-1.84
利润总额(万元)	2518.28	10828.12	9258.25
净利润(万元)	1434.62	6849.09	6073.00

十大股东

序号	股东名称	股份性质	持股数(万股)	比例(%)
1	上海房地集团公司	国有股	14136.09	55.45
2	刘继明	流通股	109.00	0.43
3	周梅森	流通股	31.59	0.12
4	诸葛晗	流通股	31.58	0.12
5	俞峰	流通股	21.00	0.08
6	天泰精化	流通股	20.40	0.08
7	何强	流通股	20.00	0.08
8	刘健	流通股	14.66	0.06
9	王幼丽	流通股	14.42	0.06
10	杨淮农	流通股	13.60	0.05

股东人数	2004.6	2003.12	2003.6	2002
	55402	56041	58106	54854

近年分配	2004年7月30日10派1.00	近年配股/增发	

重大事项

本公司的子公司上海房屋置换股份有限公司为本公司的银行借款15,000万元提供保证担保，为其子公司上海上房商铺服务网络有限公司的银行借款500万元提供保证担保。

二〇〇三年以来市场表现

2003年涨跌幅(%)	-20.58
2003年最高(元)	9.30
2003年最低(元)	5.35
2003年换手率(%)	261.93
2004.06涨跌幅(%)	-2.43
2004.06最高(元)	8.57
2004.06最低(元)	5.60
2004.06换手率(%)	179.46

上海实业联合集团股份有限公司

公司概况

公司名称	上海实业联合集团股份有限公司			股票代码	600607		
注册地址	上海市浦东新区郭守敬路351号海泰楼2号628室			邮政编码	200031		
法人代表	丁忠德			董秘	施祖琪		
电话	021-64331098			传真	021-64337533		
主营业务	生物医药、商务网络						
总股本	30651.23	流通A	13293.20	流通B		流通H	
审计单位				审计意见	未审计		

主要财务指标

年度	2004.6	2003	2002
每股收益/扣除后(元)	0.1606	0.3059	0.3007
每股经营现金流量(元)	-0.0330	0.4442	0.2519
每股净资产/调整后(元)	4.8350	5.0008	4.5379
每股公积金(元)	2.8297	2.8297	2.6664
净资产收益率(%)	3.0700	6.1700	6.4500
总资产(万元)	282086.94	264981.44	247543.09
股东权益(万元)	152537.42	157053.31	143598.97
未分配利润(万元)	13867.67	18380.87	13038.94
主营收入(万元)	92357.90	181987.72	161333.87
资本公积金(万元)	86732.86	86732.86	81729.08
主营利润(万元)	18886.05	36886.77	34355.41
其他业务利润(万元)	417.37	1065.09	-238.29
营业利润(万元)	3231.81	4690.28	4440.45
投资收益(万元)	4064.16	7153.77	6944.97
补贴收入(万元)	213.94	1643.44	30.38
营业外收支(万元)	-129.82	543.96	-1.98
利润总额(万元)	7380.08	14031.45	14580.08
净利润(万元)	4684.66	9683.02	9268.78

十大股东

序号	股东名称	股份性质	持股数(万股)	比例(%)
1	上海上实(集团)有限公司	国家股	6847.20	22.34
2	CITY NOTE HOLDINGS LTD.	外资股	5902.76	19.26
3	上海纺织发展总公司	法人股	2768.85	9.03
4	香港联沪毛纺织厂有限公司	外资股	984.12	3.21
5	上海爱建股份有限公司	法人股	855.10	2.79
6	金鑫证券投资基金	流通股	295.89	0.97
7	东方证券有限责任公司	流通股	269.25	0.88
8	景阳证券投资基金	流通股	220.18	0.72
9	中国工商银行-国联安德盛小盘精选证券投资基金	流通股	130.71	0.43
10	中国银行-嘉实服务增值行业证券投资基金	流通股	65.93	0.22

股东人数	2004.6	2003.12	2003.6	2002
	52953	55430	57636	59775

近年分配	2004年7月15日10派3.00	近年配股/增发	

重大事项

2004年5月25日，本集团2003年度股东大会年会决议通过《上海实业联合集团股份有限公司2003年度利润分配预案》，即以本集团2003年末总股本306,512,351股为基数，每10股派发现金红利3元(含税)，共计91,953,705.30元，剩余合计178,446,762.24元结转下一年度。

二〇〇三年以来市场表现

2003年涨跌幅(%)	-8.16
2003年最高(元)	11.37
2003年最低(元)	7.17
2003年换手率(%)	128.63
2004.06涨跌幅(%)	-5.84
2004.06最高(元)	10.07
2004.06最低(元)	7.28
2004.06换手率(%)	81.71

上海宽频科技股份有限公司

公司概况

公司名称	上海宽频科技股份有限公司	股票代码	600608
注册地址	上海浦东新区银城东路 139 号四楼	邮政编码	200120
法人代表	张杰	董秘	胡兴堂
电话	021-68865313,68866816-504	传真	021-68866341
主营业务	生产、销售		
总股本	25252.43	流通 A	16963.80
流通 B		流通 H	
审计单位		审计意见	未审计

主要财务指标

年度	2004.6	2003	2002
每股收益/扣除后(元)	0.0687	0.1742	0.1802
每股经营现金流量(元)	0.0200	0.0135	-0.1899
每股净资产/调整后(元)	3.7600	3.6700	2.2200
每股公积金(元)	1.4448	2.0227	0.7034
净资产收益率(%)	2.5200	5.0100	9.5600
总资产(万元)	162120.56	160203.52	89965.52
股东权益(万元)	68710.41	66977.82	34868.97
未分配利润(万元)	5507.37	3774.79	1247.78
主营收入(万元)	112206.75	195536.70	98301.57
资本公积金(万元)	36484.91	36484.91	10640.41
主营利润(万元)	9999.50	22667.54	15337.61
其他业务利润(万元)	114.72	565.20	-51.11
营业利润(万元)	1940.95	3890.63	3997.56
投资收益(万元)	-82.09	-73.69	236.35
补贴收入(万元)	126.95	133.74	1.54
营业外收支(万元)	-1.48	158.54	-0.61
利润总额(万元)	1984.33	4109.22	5093.29
净利润(万元)	1732.59	3353.12	3327.53

十大股东

序号	股东名称	股份性质	持股数(万股)	比例(%)
1	南京斯威特集团有限公司	境内法人股	3965.00	15.70
2	南京泽天投资有限责任公司	境内法人股	1955.45	7.74
3	戴利国	流通 A 股	25.31	0.10
4	刁玉仙	流通 A 股	24.12	0.10
5	莘庄公司	流通 A 股	19.27	0.08
6	天同 180 基金	流通 A 股	18.69	0.07
7	邓东阳	流通 A 股	17.30	0.07
8	汤郁红	流通 A 股	17.00	0.07
9	贾超群	流通 A 股	16.20	0.06
10	廖二鸣	流通 A 股	15.90	0.06

股东人数	2004.6	2003.12	2003.6	2002
	58158	60234	52311	48799

近年分配		近年配股/增发	

重大事项

公司 2003 年度股东大会审议通过了公司 2003 年度利润分配方案：以 2003 年年末公司总股本 18037.4523 万股为基数，向全体股东按每 10 股送 1 股，同时以资本公积金按每 10 股转增 3 股。上述方案的实施公告已刊登于 2004 年 7 月 28 日的《上海证券报》上。股权登记日为 2004 年 8 月 2 日，除权日为 8 月 3 日，新增可流通股份上市日为 8 月 4 日。

二〇〇三年以来市场表现

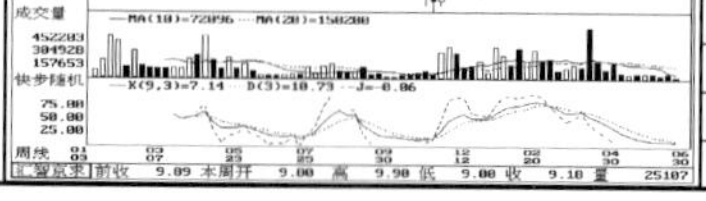

2003 年涨跌幅(%)	-7.45
2003 年最高(元)	15.14
2003 年最低(元)	8.18
2003 年换手率(%)	441.22
2004.06 涨跌幅(%)	-3.97
2004.06 最高(元)	15.07
2004.06 最低(元)	9.00
2004.06 换手率(%)	245.45

金杯汽车股份有限公司

公司概况

公司名称	金杯汽车股份有限公司	股票代码	600609
注册地址	沈阳市沈河区万柳塘路 38 号	邮政编码	110179
法人代表	何国华	董秘	杜红谱
电话	024-23745563	传真	024-23745241
主营业务	生产轻型货车,轻型客车		
总股本	109266.71	流通 A	36400.00
流通 B		流通 H	
审计单位		审计意见	未审计

主要财务指标

年度	2004.6	2003	2002
每股收益/扣除后(元)	-0.0786	0.0100	-0.1445
每股经营现金流量(元)	0.2550	0.2883	-0.0792
每股净资产/调整后(元)	1.2740	1.3043	1.1275
每股公积金(元)	0.9835	0.9802	0.7633
净资产收益率(%)	-5.3000	6.1670	0.7100
总资产(万元)	484564.53	469540.97	417666.81
股东权益(万元)	165299.72	175236.87	142626.69
未分配利润(万元)	-92019.12	-83260.73	-93789.53
主营收入(万元)	49009.85	80126.91	67152.29
资本公积金(万元)	107462.73	107102.38	83405.98
主营利润(万元)	4726.69	12202.59	11839.01
其他业务利润(万元)	2652.68	4387.38	-26.98
营业利润(万元)	-6707.86	-2769.07	-15408.61
投资收益(万元)	-3228.26	15107.39	20073.74
补贴收入(万元)	0.06	1.95	0.02
营业外收支(万元)	-166.97	-421.50	6.03
利润总额(万元)	-10103.03	11918.78	3265.21
净利润(万元)	-8758.39	10806.75	1093.39

十大股东

序号	股东名称	股份性质	持股数(万股)	比例(%)
1	沈阳市汽车工业资产经营有限公司	国家股	32683.36	29.91
2	上海申华控股股份有限公司	法人股	12242.72	11.20
3	沈阳新金杯投资有限公司	国有法人股	12019.96	11.00
4	沈阳市工业国有资产经营有限公司	国家股	11061.61	10.12
5	中国第一汽车集团第一汽车制造厂	国有法人股	4859.06	4.45
6	沈阳市国有资产经营有限公司	国家股	600.00	0.55
7	泰和证券有限责任公司	流通股	400.87	0.37
8	国信证券有限责任公司	流通股	240.01	0.22
9	博时裕富证券投资基金	流通股	181.65	0.17
10	深圳市灵讯通讯实业有限公司	流通股	101.00	0.09

股东人数	2004.6	2003.12	2003.6	2002
	138722	129208	93935	148669

近年分配		近年配股/增发	

重大事项

2004 年 2 月 25 日经公司董事会第三届第二十九次会议审议通过，鉴于金杯通用目前的实际状况，同意公司无偿向上海通用汽车有限公司转让公司持有的金杯通用汽车有限公司 25% 的股权，同意上海通用汽车有限公司向公司支付人民币 142,783,425.00 元作为公司向金杯通用汽车有限公司提供的股东贷款的补偿。

二〇〇三年以来市场表现

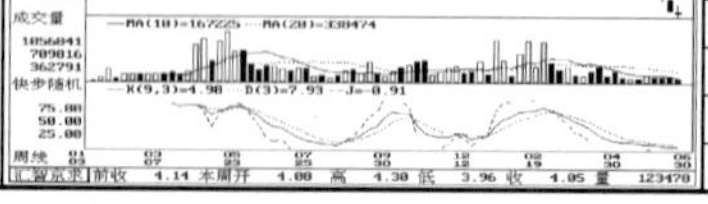

2003 年涨跌幅(%)	15.85
2003 年最高(元)	9.58
2003 年最低(元)	4.96
2003 年换手率(%)	548.84
2004.06 涨跌幅(%)	-31.59
2004.06 最高(元)	7.78
2004.06 最低(元)	3.96
2004.06 换手率(%)	260.83

中国纺织机械股份有限公司

公司概况

公司名称	中国纺织机械股份有限公司	股票代码	600610
注册地址	上海市长阳路 1687 号	邮政编码	200090
法人代表	钱建忠	董秘	李文利
电话	021-65432970	传真	021-65455130
主营业务	纺织机械		
总股本	35709.15	流通 A	2574.00
流通 B	12012.00	流通 H	
审计单位		审计意见	未审计

主要财务指标

年度	2004.6	2003	2002
每股收益 / 扣除后(元)	0.0059	0.0400	0.0350
每股经营现金流量(元)	–0.0060	0.0600	0.1600
每股净资产 / 调整后(元)	1.0230	1.0110	0.9534
每股公积金(元)	0.2894	0.2894	1.0650
净资产收益率(%)	1.0560	3.6800	30.0200
总资产(万元)	88682.20	86916.63	79110.05
股东权益(万元)	37903.91	37503.68	36121.08
未分配利润(万元)	–8472.41	–9116.66	–40418.41
主营收入(万元)	27138.89	58330.05	60407.77
资本公积金(万元)	10333.12	10333.12	38028.63
主营利润(万元)	3389.66	9243.51	8490.71
其他业务利润(万元)	484.04	1358.88	–10.80
营业利润(万元)	290.97	1815.85	1082.28
投资收益(万元)	73.36	925.31	437.80
补贴收入(万元)	157.24	47.80	47.80
营业外收支(万元)	32.85	–853.65	–7.77
利润总额(万元)	554.42	1935.31	11084.02
净利润(万元)	400.23	1380.33	10842.38

十大股东

序号	股东名称	股份性质	持股数(万股)	比例(%)
1	江苏南大高科技风险投资有限公司	境内法人股	10355.65	29.00
2	太平洋机电集团有限公司	国有股法人股	5322.88	14.91
3	广州市赛清德投资发展有限公司	境内法人股	3213.82	9.00
4	上海南上海商业房地产有限公司	境内法人股	343.20	0.96
5	上海第十七棉纺织总厂	境内法人股	343.20	0.96
6	上海东润投资管理有限公司	境内法人股	343.20	0.96
7	陈益	流通 B 股	334.35	0.94
8	上海中纺机职工技术开发经营服务公司	流通 B 股	314.60	0.88
9	上海水仙电器股份有限公司	境内法人股	171.60	0.48
10	上海申达纺织股份有限公司	境内法人股	171.60	0.48

股东人数

2004.6	2003.12	2003.6	2002
29697	13436	29183	28233

近年分配		近年配股 / 增发	

重大事项

本公司和上海市浦东发展银行诉上海鼎盈福印染实业公司委托贷款合同纠纷案于 1998 年 8 月 26 日由上海市第二中级人民法院(1998)沪二中经初字第 418 号民事判决书作出判决：我公司胜诉。后经法院强制执行并对诉讼保全的物品进行了拍卖，截至 2004 年 6 月 30 日止本公司已收到拍卖人民币 89.64 万元。本案现已结案。

二〇〇三年以来市场表现

2003 年涨跌幅(%)	–31.66
2003 年最高(元)	12.20
2003 年最低(元)	5.55
2003 年换手率(%)	221.35
2004.06 涨跌幅(%)	–7.49
2004.06 最高(元)	8.85
2004.06 最低(元)	5.91
2004.06 换手率(%)	191.81

大众交通(集团)股份有限公司

公司概况

公司名称	大众交通(集团)股份有限公司	股票代码	600611
注册地址	上海市浦东新区金桥路 2270 号	邮政编码	200235
法人代表	杨国平	董秘	顾华
电话	021-64289122	传真	021-64288660
主营业务	城市客运和城市货运		
总股本	59870.16	流通 A	14232.34
流通 B	20280.00	流通 H	
审计单位		审计意见	未审计

主要财务指标

年度	2004.6	2003	2002
每股收益 / 扣除后(元)	0.1593	0.2600	0.3600
每股经营现金流量(元)	1.0105	1.4600	0.6900
每股净资产 / 调整后(元)	3.9400	3.9200	3.5000
每股公积金(元)	1.4396	1.4392	1.4381
净资产收益率(%)	5.3560	8.2100	10.0900
总资产(万元)	580770.87	563091.69	476451.03
股东权益(万元)	239922.06	239024.56	219342.12
未分配利润(万元)	28549.12	27673.04	15902.66
主营收入(万元)	156245.95	271900.47	195553.30
资本公积金(万元)	86189.16	86167.74	86098.70
主营利润(万元)	33583.54	61195.04	47517.99
其他业务利润(万元)	1874.12	3616.25	–37.66
营业利润(万元)	6899.65	9068.85	13393.67
投资收益(万元)	6137.23	4674.73	10617.85
补贴收入(万元)	3209.11	10904.61	–59.11
营业外收支(万元)	–310.22	–1360.93	58.29
利润总额(万元)	15935.77	23287.26	26032.24
净利润(万元)	12850.11	19613.41	22135.91

十大股东

序号	股东名称	股份性质	持股数(万股)	比例(%)
1	上海大众公用事业(集团)股份有限公司	法人股	14000.00	23.38
2	国泰君安股份有限公司	国有法人股	11357.82	18.97
3	南京证券股份有限公司	流通 A 股	776.16	1.30
4	DIAM CHINA OPEN MOTHER FUND	流通 B 股	577.14	0.96
5	BTFE–VALUE PARTNERS INTELLIGENT FUNDS–CHINA B SHAR	流通 B 股	565.60	0.94
6	TOYO SECURITIES ASIA LTD.A/C CLIENT	流通 B 股	479.38	0.80
7	DEUTSCHE BANK LONDON	流通 B 股	374.69	0.63
8	国联安德盛小盘精选证券投资基金	流通 A 股	311.81	0.52
9	NAITO SECURITIES CO.,LTD	流通 B 股	245.49	0.41
10	MELLON GLOBAL PUNDS PLC–ASIAN EQUITY PORTFOLIO	流通 B 股	222.17	0.37

股东人数

2004.6	2003.12	2003.6	2002
80808	56463	88534	82346

近年分配	2004 年 5 月 20 日 10 派 2.00	近年配股 / 增发	

重大事项

上海大众公用事业(集团)股份有限公司与本企业为使营运车辆有更高的获利能力于 1999 年 8 日 1 日达成营运车辆委托管理协议。双方根据协议规定的代收营业收入和代管费用标准按实进行结算，报告期内与上海虹口大众出租汽车有限公司结算收入 4120.85 万元，结算相关成本及费用 831.42 万元。

二〇〇三年以来市场表现

2003 年涨跌幅(%)	–10.71
2003 年最高(元)	9.82
2003 年最低(元)	6.48
2003 年换手率(%)	87.60
2004.06 涨跌幅(%)	–9.09
2004.06 最高(元)	8.48
2004.06 最低(元)	7.00
2004.06 换手率(%)	72.69

中国第一铅笔股份有限公司

公司概况

公司名称	中国第一铅笔股份有限公司	股票代码	600612
注册地址	上海浦东金桥出口加工区川桥路1295号	邮政编码	201206
法人代表	胡书刚	董秘	周富良
电话	021-58549624	传真	021-64720802
主营业务	笔类文化用品		

总股本	25177.94	流通A	2908.79	流通B	12005.14	流通H	
审计单位				审计意见	未审计		

主要财务指标

年度	2004.6	2003	2002
每股收益/扣除后(元)	0.0424	0.0197	0.0125
每股经营现金流量(元)	0.2960	0.2848	0.0415
每股净资产/调整后(元)	1.7030	1.6510	1.6090
每股公积金(元)	0.5325	0.5325	0.5170
净资产收益率(%)	2.1950	1.4390	0.7130
总资产(万元)	145628.00	144413.12	137125.89
股东权益(万元)	46023.46	45182.36	44263.60
未分配利润(万元)	−1164.71	−2174.96	−2107.84
主营收入(万元)	123400.16	186654.37	102613.34
资本公积金(万元)	13408.13	13408.13	13017.15
主营利润(万元)	13749.40	19639.23	19001.30
其他业务利润(万元)	567.79	1662.80	−3.22
营业利润(万元)	3127.10	2400.36	1311.17
投资收益(万元)	−151.25	52.44	567.46
补贴收入(万元)	25.46	285.51	−1.28
营业外收支(万元)	−0.94	54.44	0.77
利润总额(万元)	3000.35	2792.75	2148.99
净利润(万元)	1010.22	650.08	315.82

十大股东

序号	股东名称	股份性质	持股数(万股)	比例(%)
1	上海轻工控股(集团)公司	国有股	8332.81	33.10
2	交通银行上海分行	法人股	999.67	3.97
3	中国建行上海分行第二营业部	法人股	279.13	1.11
4	CAO ZHONG NAN	B股	239.02	0.95
5	上海富利贸易有限公司	法人股	221.98	0.88
6	SHKANDI GLOBAL FUNDSPLC	B股	189.75	0.75
7	上海第一百货商厦股份有限公司	法人股	144.97	0.58
8	上海国际信托投资公司	B股	96.14	0.38
9	费建民	B股	94.60	0.38
10	上海华联商厦股份有限公司	法人股	70.00	0.28

股东人数	2004.6	2003.12	2003.6	2002
	37155	18835	37759	38445

近年分配		近年配股/增发	

重大事项

2004年6月5日,公司在《上海证券报》上发布了《关于2002年度美国铅笔反倾销终裁结果的公告》。美国商务部裁定公司输美铅笔倾销幅度为15.2%,这一税率比上一年度的6.32%提高了8.88%。

二○○三年以来市场表现

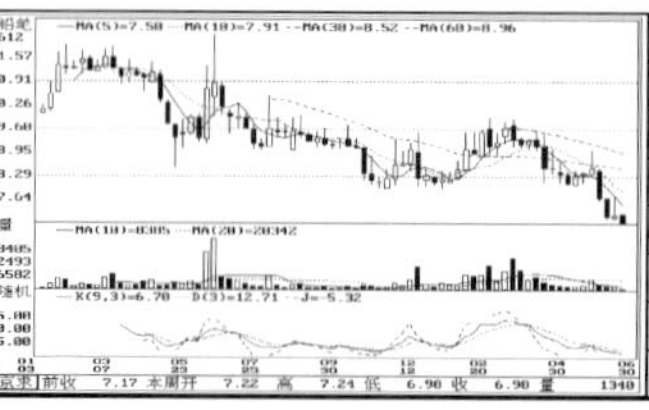

2003年涨跌幅(%)	−20.84
2003年最高(元)	12.22
2003年最低(元)	7.94
2003年换手率(%)	245.95
2004.06涨跌幅(%)	−13.72
2004.06最高(元)	9.91
2004.06最低(元)	6.98
2004.06换手率(%)	160.68

上海三九科技发展股份有限公司

公司概况

公司名称	上海三九科技发展股份有限公司	股票代码	600614
注册地址	上海市浦东世纪大道1600号	邮政编码	200122
法人代表	崔军	董秘	钱海啸
电话	021-50813939	传真	021-58313117
主营业务	经营医药、医疗、橡胶		

总股本	11513.34	流通A	834.90	流通B	4174.50	流通H	
审计单位				审计意见	未审计		

主要财务指标

年度	2004.6	2003	2002
每股收益/扣除后(元)	−0.0639	−0.1270	0.1230
每股经营现金流量(元)	−0.1310	−0.6410	−0.5940
每股净资产/调整后(元)	1.6100	1.8540	1.7670
每股公积金(元)	0.7386	0.7685	0.7384
净资产收益率(%)	2.5300	5.9700	12.3700
总资产(万元)	129876.75	135061.48	117782.45
股东权益(万元)	23584.21	23341.41	21641.99
未分配利润(万元)	3227.98	2630.19	1477.61
主营收入(万元)	24426.69	54184.92	21933.79
资本公积金(万元)	8503.62	8847.67	8501.72
主营利润(万元)	4266.75	12044.77	8988.65
其他业务利润(万元)	784.83	928.23	−48.86
营业利润(万元)	−1107.46	1816.53	2755.37
投资收益(万元)	585.94	−341.75	−11.31
补贴收入(万元)			
营业外收支(万元)	2092.00	1059.43	428.11
利润总额(万元)	1570.48	2534.22	3819.35
净利润(万元)	597.79	1394.33	2678.06

十大股东

序号	股东名称	股份性质	持股数(万股)	比例(%)
1	三九企业集团	国有法人股	3396.43	29.50
2	北京世纪尊博投资有限公司	境内法人股	2272.60	19.74
3	上海宝钢集团公司	境内法人股	166.98	1.45
4	陈素幸	流通B股	154.74	1.34
5	上海纺织机械总厂	境内法人股	86.83	0.75
6	章吉	流通B股	80.68	0.70
7	谌瑞奇	流通B股	72.00	0.63
8	上海加顺国际贸易有限公司	境内法人股	59.28	0.51
9	深圳千眼投资顾问有限公司	境内法人股	58.44	0.51
10	上海民鑫实业总公司	境内法人股	50.88	0.44

股东人数	2004.6	2003.12	2003.6	2002
	17171	8248	8714	18237

近年分配		近年配股/增发	

重大事项

本公司与上海胶带实业有限公司(以下简称"胶带实业")于2004年04月22日签订了房地产转让协议,胶带实业将上海市虹口区临平北路7号的渡边大厦房地产(占地面积为2303m2,建筑面积8485m2)转让给本公司。根据上海房地产估价师事务所有限公司出据的《沪房地师估(2003)估字第2203号》评估报告,转让价格为5624.13万元,由本公司以现金方式支付。

二○○三年以来市场表现

2003年涨跌幅(%)	−33.04
2003年最高(元)	18.88
2003年最低(元)	9.51
2003年换手率(%)	202.06
2004.06涨跌幅(%)	−3.08
2004.06最高(元)	14.83
2004.06最低(元)	10.15
2004.06换手率(%)	139.74

上海市第一食品商店股份有限公司

公司概况

公司名称	上海市第一食品商店股份有限公司			股票代码	600616		
注册地址	上海市浦东新区张杨路 579 号			邮政编码	200120		
法人代表	吴顺宝			董秘	张黎云		
电话	021-58352625,50812727-8607			传真	021-58352620		
主营业务	食品经营						
总股本	30463.30	流通 A	10956.97	流通 B		流通 H	
审计单位				审计意见	未审计		

主要财务指标

年度	2004.6	2003	2002
每股收益 / 扣除后(元)	0.1804	0.4000	0.1700
每股经营现金流量(元)	0.0850	–0.2600	–0.4600
每股净资产 / 调整后(元)	1.3600	1.9600	1.5400
每股公积金(元)	0.0537	0.2725	0.4359
净资产收益率(%)	12.2200	19.5600	10.1000
总资产(万元)	178727.02	188473.17	136259.25
股东权益(万元)	44559.57	39112.43	31459.32
未分配利润(万元)	6144.93	5457.68	231.12
主营收入(万元)	174430.58	318091.66	105791.11
资本公积金(万元)	1637.31	8301.15	8298.80
主营利润(万元)	29914.01	40703.56	15966.19
其他业务利润(万元)	888.80	1082.07	240.54
营业利润(万元)	10585.23	12138.00	3447.46
投资收益(万元)	243.13	342.71	461.05
补贴收入(万元)	0.07	82.21	82.21
营业外收支(万元)	–84.72	–82.59	–0.58
利润总额(万元)	10743.70	12480.33	4103.12
净利润(万元)	5447.14	7650.75	3176.32

十大股东

序号	股东名称	股份性质	持股数(万股)	比例(%)
1	上海糖业烟酒(集团)有限公司	国家股	13500.40	44.32
2	上海商投创业投资有限公司	境内法人股	656.67	2.16
3	上海国际信托投资有限公司	境内法人股	577.29	1.90
4	上海捷强烟草糖酒集团有限公司	境内法人股	396.38	1.30
5	上海海立集团股份有限公司	境内法人股	230.92	0.76
6	上海华联商厦股份有限公司	境内法人股	216.00	0.71
7	上海烟草集团	境内法人股	187.62	0.62
8	上海南上海商业房地产有限公司	境内法人股	165.97	0.54
9	食品公司	境内法人股	150.10	0.49
10	大众交通集团股份有限公司	境内法人股	144.32	0.47

股东人数

2004.6	2003.12	2003.6	2002
11477	10316	11328	12991

近年分配

近年配股 / 增发	2004 年 4 月 12 日 10 送 2.5 转 3.

重大事项

根据 2004 年 3 月 26 日,公司第二十次股东大会(2003 年年会)审议通过的《关于提请股东大会授权董事会决定公司持续性关联交易的议案》,自该议案通过之日起至 2004 年年度股东大会止,公司将与控股股东上海市糖业烟酒(集团)有限公司及其子公司发生持续性关联交易。

二○○三年以来市场表现

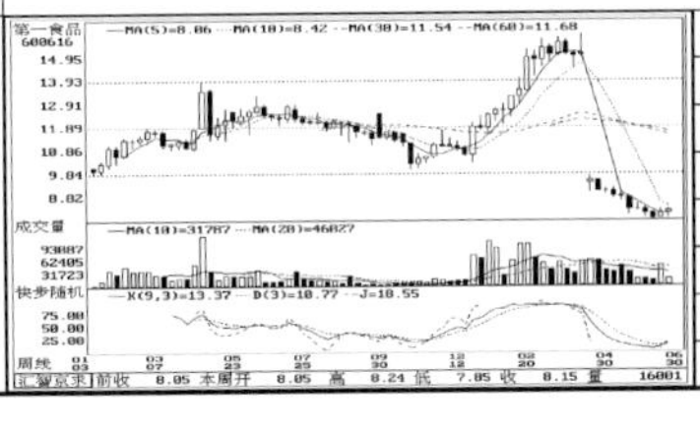

2003 年涨跌幅(%)	22.46
2003 年最高(元)	8.59
2003 年最低(元)	6.06
2003 年换手率(%)	101.84
2004.06 涨跌幅(%)	6.70
2004.06 最高(元)	9.98
2004.06 最低(元)	7.25
2004.06 换手率(%)	110.82

上海联华合纤股份有限公司

公司概况

公司名称	上海联华合纤股份有限公司			股票代码	600617		
注册地址	上海市浦东新区恒大路 62 号			邮政编码	201800		
法人代表	李建华			董秘	张建平		
电话	021-63674481			传真	021-63674481		
主营业务	生产,销售聚酯切片						
总股本	16719.48	流通 A	900.00	流通 B	6455.84	流通 H	
审计单位				审计意见	未审计		

主要财务指标

年度	2004.6	2003	2002
每股收益 / 扣除后(元)	–0.0746	–0.3900	–0.6300
每股经营现金流量(元)	0.0350	0.0430	–0.0030
每股净资产 / 调整后(元)	0.2100	0.2800	0.6900
每股公积金(元)	0.3459	0.3459	0.3460
净资产收益率(%)	–36.6300	–145.8700	–145.5500
总资产(万元)	34280.26	37189.15	43408.00
股东权益(万元)	3462.83	4684.10	11598.00
未分配利润(万元)	–21913.76	–20645.43	–13813.00
主营收入(万元)	5122.78	14360.33	18401.00
资本公积金(万元)	5783.57	5783.57	5784.00
主营利润(万元)	–1482.95	–5247.77	–2955.00
其他业务利润(万元)	261.94	208.50	–1.26
营业利润(万元)	–1335.07	–6812.23	–11894.80
投资收益(万元)			
补贴收入(万元)	3.20		
营业外收支(万元)	–23.82	–511.33	5.62
利润总额(万元)	–1355.69	–7323.57	–18229.57
净利润(万元)	–1268.33	–6832.73	–16882.00

十大股东

序号	股东名称	股份性质	持股数(万股)	比例(%)
1	上海化纤集团有限公司	国有法人股	2487.10	14.88
2	北京创业园科技投资有限公司	境内法人股	1427.92	8.54
3	上海市上投实业投资有限公司	国有法人股	1194.95	7.15
4	上海新纺织经营开发有限公司	国有法人股	1132.85	6.78
5	中国东方资产管理公司	国有法人股	951.95	5.69
6	上海爱建股份有限公司	境内法人股	326.19	1.95
7	上海嘉盛投资咨询有限公司	境内法人股	301.23	1.80
8	中国银行上海市分行	境内法人股	279.00	1.67
9	中信兴业信托投资公司	境内法人股	171.00	1.02
10	珍德塑胶有限公司	境内法人股	167.40	1.00

股东人数

2004.6	2003.12	2003.6	2002
16772	6769	18962	19416

近年分配

近年配股 / 增发	

重大事项

2004 年 7 月 16 日,上海仲裁委员会就上海国际集团有限公司与本公司发生的资产转让协议纠纷争议作出裁决,即仲裁申请人上海国际集团有限公司与本公司 2002 年 4 月 16 日签订的《资产转让协议》于本裁决书作出之日起予以解除。

二○○三年以来市场表现

2003 年涨跌幅(%)	–48.68
2003 年最高(元)	16.60
2003 年最低(元)	6.60
2003 年换手率(%)	408.61
2004.06 涨跌幅(%)	–1.47
2004.06 最高(元)	9.80
2004.06 最低(元)	6.22
2004.06 换手率(%)	190.92

上海氯碱化工股份有限公司

公司概况

公司名称	上海氯碱化工股份有限公司			股票代码	600618		
注册地址	上海龙吴路 4747 号			邮政编码	200241		
法人代表	周波			董秘	许沛文		
电话	021-64342640			传真	021-64341341		
主营业务	烧碱、氯、氟						
总股本	116448.30	流通 A	2783.24	流通 B	40656.00	流通 H	
审计单位				审计意见	未审计		

主要财务指标

年度	2004.6	2003	2002
每股收益 / 扣除后(元)	0.0663	0.0158	0.0055
每股经营现金流量(元)	0.1090	0.3199	0.4018
每股净资产 / 调整后(元)	2.0700	2.0600	2.2830
每股公积金(元)	1.3404	1.3404	1.3261
净资产收益率(%)	2.5620	0.8700	0.2300
总资产(万元)	521996.09	492041.22	477629.72
股东权益(万元)	293636.00	286211.84	282036.41
未分配利润(万元)	8938.97	1346.98	–559.46
主营收入(万元)	234859.94	390555.56	323894.91
资本公积金(万元)	156091.45	156091.45	154419.34
主营利润(万元)	35393.37	59266.85	41645.57
其他业务利润(万元)	–79.77	–399.66	–2.83
营业利润(万元)	8590.20	5523.44	770.47
投资收益(万元)	259.32	–1215.61	–1112.86
补贴收入(万元)	58.79	552.10	19.23
营业外收支(万元)	–297.66	–1392.28	–3.79
利润总额(万元)	8610.65	3467.66	943.08
净利润(万元)	7524.10	2503.34	635.10

十大股东

序号	股东名称	股份性质	持股数(万股)	比例(%)
1	上海华谊集团公司	国有法人股	61151.06	52.51
2	宁波金港信托投资有限责任公司	境内法人股	605.00	0.52
3	上海氯碱化工综合公司	境内法人股	568.56	0.49
4	申银万国证券股份有限公司	境内法人股	505.78	0.43
5	上海天原(集团)有限公司	境内法人股	471.37	0.40
6	DEBORAH WANG LIN	流通 B 股	352.30	0.30
7	上海氯碱化工房产开发经营公司	境内法人股	304.92	0.26
8	上海公积金管理中心	境内法人股	304.92	0.26
9	DAIWA SECURITIES SMBC HONG KONG LTD-CLIENTSACCOUNT	流通 B 股	300.05	0.26
10	招商局发展有限公司	流通 B 股	297.00	0.26

股东人数	2004.6	2003.12	2003.6	2002
	86541	21341	87075	88000

近年分配		近年配股 / 增发	

重大事项

2004 年 4 月 1 日起，公司开始执行委托上海新天原化工物流有限公司经营管理仓库、储罐、码头、铁路等物流资产的协议，公司每年需支付专项委托管理费 1309 万元。

二〇〇三年以来市场表现

2003 年涨跌幅(%)	–25.46
2003 年最高(元)	12.75
2003 年最低(元)	6.61
2003 年换手率(%)	219.45
2004.06 涨跌幅(%)	–9.94
2004.06 最高(元)	10.98
2004.06 最低(元)	7.15
2004.06 换手率(%)	190.17

上海海立(集团)股份有限公司

公司概况

公司名称	上海海立(集团)股份有限公司			股票代码	600619		
注册地址	上海浦东金桥出口加工区 26 号地块			邮政编码	200090		
法人代表	顾惠龙			董秘	钟磊		
电话	021-65660000			传真	021-65670941		
主营业务	空调压缩机、冰箱压缩机						
总股本	45662.43	流通 A	2433.63	流通 B	21528.00	流通 H	
审计单位				审计意见	未审计		

主要财务指标

年度	2004.6	2003	2002
每股收益 / 扣除后(元)	0.3204	0.0900	0.0440
每股经营现金流量(元)	0.4460	1.4700	0.7800
每股净资产 / 调整后(元)	2.6200	2.7400	2.5400
每股公积金(元)	0.7510	1.1012	0.9687
净资产收益率(%)	12.1500	3.9600	1.6900
总资产(万元)	360726.97	337500.62	328876.87
股东权益(万元)	121606.67	107296.41	98918.78
未分配利润(万元)	15169.78	2018.63	1566.80
主营收入(万元)	217204.06	269262.81	213227.56
资本公积金(万元)	34290.94	41901.37	36859.24
主营利润(万元)	45238.13	43760.18	47953.30
其他业务利润(万元)	259.12	2278.68	–0.72
营业利润(万元)	24250.00	9101.71	7316.10
投资收益(万元)	–499.60	–505.14	78.62
补贴收入(万元)	28.93	172.65	172.65
营业外收支(万元)	–44.38	293.24	–2.17
利润总额(万元)	23734.95	9062.47	6582.73
净利润(万元)	14775.11	4250.15	1672.75

十大股东

序号	股东名称	股份性质	持股数(万股)	比例(%)
1	上海轻工控股集团公司	国家股	14400.00	31.54
2	上海久事公司	境内法人股	2035.58	4.46
3	上海国际信托投资有限公司	境内法人股	803.09	1.76
4	中国工商银行上海市第二支行	境内法人股	692.72	1.52
5	上海新工联集团有限公司	境内法人股	484.29	1.06
6	上海上立实业发展合作公司	境内法人股	396.22	0.87
7	上海电气集团总公司	境内法人股	372.34	0.82
8	上海恒欣投资发展有限公司	境内法人股	348.06	0.76
9	中国工商银行上海市浦东分行	境内法人股	243.36	0.53
10	交通银行上海分行	境内法人股	243.36	0.53

股东人数	2004.6	2003.12	2003.6	2002
	38194	14754	14690	39027

近年分配		近年配股 / 增发	2004 年 6 月 16 日 10 转 2

重大事项

根据董事会三届二次会议决议和 2002 年第一次临时股东大会批准，公司对上海日立电器有限公司进行增资，实施 1.5PSL/TL 系列空调压缩机项目。按照项目的实施进度，双方股东第二次增资 680 万美元，本公司于 2004 年 3 月 25 日按出资比例完成出资 510 万美元。项目二期建设计划年底完成，建成后将新增年产 50 万台生产能力。

二〇〇三年以来市场表现

2003 年涨跌幅(%)	–33.72
2003 年最高(元)	10.79
2003 年最低(元)	5.67
2003 年换手率(%)	267.48
2004.06 涨跌幅(%)	41.14
2004.06 最高(元)	10.74
2004.06 最低(元)	6.10
2004.06 换手率(%)	331.47

上海市天宸股份有限公司

公司概况

公司名称	上海市天宸股份有限公司	股票代码	600620
注册地址	上海市徐家汇路550号宝鼎大厦15楼	邮政编码	200025
法人代表	叶立润	董秘	陶琴
电话	021-64453550-1520	传真	021-64456910
主营业务	房地产、运输及客运		
审计单位		审计意见	未审计

总股本	流通A	流通B	流通H
32012.92	9655.86		

主要财务指标

年度	2004.6	2003	2002
每股收益/扣除后(元)	0.0073	0.1010	0.2810
每股经营现金流量(元)	0.1010	0.1160	0.9600
每股净资产/调整后(元)	1.4690	1.4780	1.5470
每股公积金(元)	0.2270	0.2270	0.2724
净资产收益率(%)	1.0400	8.5200	17.8100
总资产(万元)	143472.92	146121.27	160115.16
股东权益(万元)	48236.19	48372.76	45276.57
未分配利润(万元)	3796.65	3933.22	7048.39
主营收入(万元)	17262.69	47752.25	47006.26
资本公积金(万元)	7268.19	7268.19	7268.19
主营利润(万元)	3955.38	11652.67	17612.35
其他业务利润(万元)	120.97	243.30	36.06
营业利润(万元)	1071.30	3595.32	7199.23
投资收益(万元)	-51.25	272.21	724.59
补贴收入(万元)	329.98	1091.16	-33.06
营业外收支(万元)	-30.42	-209.42	-1.84
利润总额(万元)	1319.60	4749.26	10372.97
净利润(万元)	503.69	4121.43	8062.45

十大股东

序号	股东名称	股份性质	持股数(万股)	比例(%)
1	上海仲盛虹桥房地产开发有限公司	境内法人股	9567.35	29.89
2	上海展览中心	境内法人股	1860.61	5.81
3	上海牛奶(集团)有限公司	境内法人股	1489.74	4.65
4	上海前峰建筑工程有限公司	境内法人股	799.69	2.50
5	上海农业展览馆	境内法人股	692.98	2.16
6	上海强生集团有限公司	境内法人股	538.20	1.68
7	江南重工股份有限公司	境内法人股	480.00	1.50
8	嘉定长征工业公司	境内法人股	454.32	1.42
9	上海市徐汇区农村信用合作社联合	境内法人股	322.92	1.01
10	农行上海支行	境内法人股	279.86	0.87

股东人数	2004.6	2003.12	2003.6	2002
	31940	21913	20667	15633

近年分配	2004年7月29日10派0.2	近年配股/增发	

重大事项

根据上海市房屋土地资源管理局(以下简称市房地局)[沪房地资用(2004)67号]《关于收回南汇区芦潮港21丘部分土地使用权的通知》，本公司位于该区划范围内的1,100亩土地使用权将由市房地局收回，用于临港新城项目建设。市房地局批准上海临港新城土地储备中心实施前期开发工作并落实具体补偿事宜。该事项本公司已于2004年6月4日对外公告。

二〇〇三年以来市场表现

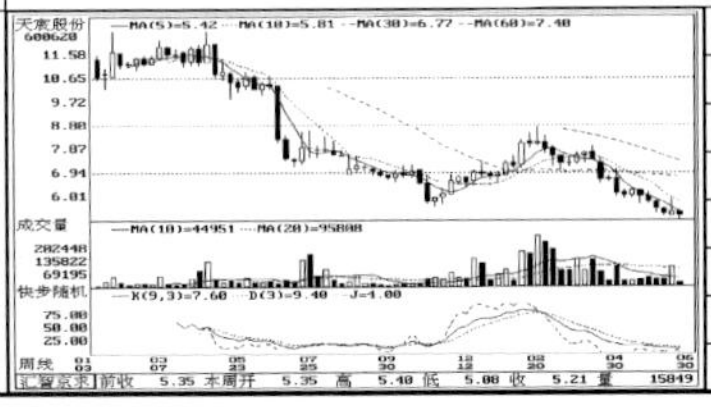

2003年涨跌幅(%)	-28.96
2003年最高(元)	10.39
2003年最低(元)	5.58
2003年换手率(%)	216.01
2004.06涨跌幅(%)	-23.61
2004.06最高(元)	8.70
2004.06最低(元)	5.08
2004.06换手率(%)	236.26

上海金陵股份有限公司

公司概况

公司名称	上海金陵股份有限公司	股票代码	600621
注册地址	上海浦东杨高南路475~483号	邮政编码	200001
法人代表	佘宝庆	董秘	陈炳良
电话	021-63226000-221,63222658	传真	021-63502688
主营业务	微型电机、印刷电路板		
审计单位		审计意见	未审计

总股本	流通A	流通B	流通H
52408.23	20995.54		

主要财务指标

年度	2004.6	2003	2002
每股收益/扣除后(元)	0.0254	0.0990	0.1375
每股经营现金流量(元)	0.1100	0.4134	0.1651
每股净资产/调整后(元)	1.5500	1.6400	1.5100
每股公积金(元)	0.4089	0.4089	0.4089
净资产收益率(%)	4.2900	7.7500	8.4000
总资产(万元)	170856.66	167449.84	139166.77
股东权益(万元)	88934.99	92977.01	85781.34
未分配利润(万元)	3854.89	7899.48	1024.78
主营收入(万元)	53647.47	94437.43	83540.70
资本公积金(万元)	21432.52	21429.96	21429.96
主营利润(万元)	10357.05	19468.36	19330.70
其他业务利润(万元)	570.34	1224.07	-3.27
营业利润(万元)	2288.05	6795.92	5782.94
投资收益(万元)	164.02	1417.76	1285.02
补贴收入(万元)	403.41	369.92	6.78
营业外收支(万元)	2310.66	334.29	5.10
利润总额(万元)	5166.14	8917.89	8807.94
净利润(万元)	3816.65	7209.61	7203.71

十大股东

序号	股东名称	股份性质	持股数(万股)	比例(%)
1	国有资产	国家法人股	13829.82	26.39
2	上海敏特投资有限公司	募集法人股,境内法人股	4518.89	8.62
3	上海同裕创业投资联社	境内法人股	2581.10	4.92
4	上海恒欣投资发展公司有限公司	境内法人股	2520.20	4.81
5	上海由由集团股份有限公司	境内法人股	1665.73	3.18
6	上海高舜企业发展有限公司	境内法人股	1533.34	2.93
7	上海第十七棉纺织总厂	境内法人股	1188.14	2.27
8	上海轻工实业有限公司	境内法人股	843.93	1.61
9	上海金陵集体基金合作联社	境内法人股	781.28	1.49
10	上海联诚经济发展有限公司	境内法人股	643.50	1.23

股东人数	2004.6	2003.12	2003.6	2002
	50826	46239	41457	43123

近年分配	2004年5月28日10派1.50	近年配股/增发	

重大事项

公司与普林中国有限公司签订协议，收购上海普林电路板公司股权情况。2002年9月，公司受让普林中国有限公司持有的上海普林电路板公司60.2%的股权，受让总价为4,800万元。至2004年1月，已全部完成股权转让工商变更登记等手续。受让后，本公司(含子公司)持有上海普林电路板公司100%的股权。

二〇〇三年以来市场表现

2003年涨跌幅(%)	-31.98
2003年最高(元)	8.53
2003年最低(元)	4.65
2003年换手率(%)	117.34
2004.06涨跌幅(%)	12.72
2004.06最高(元)	7.19
2004.06最低(元)	5.18
2004.06换手率(%)	135.40

上海嘉宝实业(集团)股份有限公司

公司概况

公司名称	上海嘉宝实业(集团)股份有限公司	股票代码	600622
注册地址	上海市嘉定区清河路55号6-7F	邮政编码	201800
法人代表	钱明	董秘	孙红良
电话	021-59529711	传真	021-59536931
主营业务	生产和制造电机、电器		
总股本	33368.83	流通A	11519.91
流通B		流通H	
审计单位		审计意见	未审计

主要财务指标

年度	2004.6	2003	2002
每股收益/扣除后(元)	0.0367	-0.0010	0.0390
每股经营现金流量(元)	0.1010	-0.6250	0.3350
每股净资产/调整后(元)	1.4500	1.3890	1.2800
每股公积金(元)	0.4147	1.1390	1.1338
净资产收益率(%)	3.2200	7.4700	2.8600
总资产(万元)	99586.17	102305.42	87815.62
股东权益(万元)	50719.47	49254.98	45602.01
未分配利润(万元)	2105.22	-24667.44	-28078.58
主营收入(万元)	15511.25	25649.94	25708.39
资本公积金(万元)	13839.25	38007.54	37833.64
主营利润(万元)	3284.13	3571.56	4212.53
其他业务利润(万元)	380.85	777.99	-7.98
营业利润(万元)	1653.82	-91.44	-758.14
投资收益(万元)	407.47	3424.96	2243.87
补贴收入(万元)	469.73	792.18	-39.89
营业外收支(万元)	-73.47	-94.41	-26.61
利润总额(万元)	2457.55	4031.29	2049.12
净利润(万元)	1635.40	3677.19	1302.03

十大股东

序号	股东名称	股份性质	持股数(万股)	比例(%)
1	嘉定建业投资开发公司	法人股、流通股	5853.61	17.54
2	上海嘉定伟业投资开发公司	法人股	4037.23	12.10
3	上海嘉加集团有限公司	法人股、流通股	1723.69	5.17
4	上海南翔资产经营有限公司	法人股	1218.58	3.65
5	上海嘉定缘和贸易有限公司	法人股	1144.54	3.43
6	上海国平房产开发有限公司	法人股	875.98	2.63
7	中国农业银行上海市信托投资公司	法人股	673.92	2.02
8	申银万国证券股份有限公司	法人股	400.05	1.20
9	上海颢伽经贸有限公司	法人股	337.44	1.01
10	上海市嘉定区工贸投资有限公司	法人股、流通股	332.64	1.00

股东人数

2004.6	2003.12	2003.6	2002
57583	57998	59542	59724

近年分配		近年配股/增发	

重大事项

根据公司四届六次董事会审议通过的《关于公司与上海嘉定工业区开发(集团)有限公司建立相互对等担保关系的议案》,公司于2004年4月26日与中国农业银行上海市嘉定支行签订贷款保证合同,为上海嘉定工业区开发(集团)有限公司5000万元流动资金贷款提供连带责任保证,借款期限自2004年4月26日至2005年4月25日止,年利率为5.31%。

二〇〇三年以来市场表现

2003年涨跌幅(%)	-9.16
2003年最高(元)	7.27
2003年最低(元)	4.61
2003年换手率(%)	145.50
2004.06涨跌幅(%)	-13.04
2004.06最高(元)	6.88
2004.06最低(元)	4.39
2004.06换手率(%)	120.99

上海轮胎橡胶(集团)股份有限公司

公司概况

公司名称	上海轮胎橡胶(集团)股份有限公司	股票代码	600623
注册地址	上海市闵行区江川路1251号605室	邮政编码	200002
法人代表	范宪	董秘	王玲
电话	021-33024666-6378,6379	传真	021-63390367
主营业务	斜交汽车轮胎、子午线		
总股本	88946.77	流通A	2288.00
流通B	24310.00	流通H	
审计单位		审计意见	未审计

主要财务指标

年度	2004.6	2003	2002
每股收益/扣除后(元)	0.0524	0.0420	0.0680
每股经营现金流量(元)	-0.0690	0.4900	0.5110
每股净资产/调整后(元)	1.0790	0.9970	0.9100
每股公积金(元)	1.2769	1.2766	1.2625
净资产收益率(%)	4.3450	7.0030	6.3990
总资产(万元)	574071.50	510921.09	539360.75
股东权益(万元)	116951.51	108782.87	94007.95
未分配利润(万元)	-87966.07	-93049.31	-100196.63
主营收入(万元)	209264.34	390188.87	338224.44
资本公积金(万元)	113579.89	113549.89	112295.73
主营利润(万元)	36530.72	74607.37	57143.83
其他业务利润(万元)	4316.18	5654.21	-262.09
营业利润(万元)	5202.76	-1611.64	-6299.53
投资收益(万元)	302.89	-5963.79	-4435.47
补贴收入(万元)	35.75	151.96	7.36
营业外收支(万元)	185.59	316.61	-1.99
利润总额(万元)	5726.98	-7106.86	-11073.24
净利润(万元)	5083.24	7618.57	6015.34

十大股东

序号	股东名称	股份性质	持股数(万股)	比例(%)
1	上海华谊集团公司	国家股	60835.75	68.40
2	徐州轮胎集团公司	国有法人股	941.03	1.06
3	NBP S/A FRUCTILUX SICAV	流通B股	315.17	0.35
4	DEBORAH WANG LIN	流通B股	279.20	0.31
5	刘春富	流通B股	256.29	0.29
6	NAITO SECURITIES CO., LTD.	流通B股	150.59	0.17
7	杨余波	流通B股	132.02	0.15
8	TOYO SECURITIES ASIA LTD.A/C CLIENT	流通B股	117.40	0.13
9	赵培林	流通B股	87.00	0.10
10	是裕兴	流通B股	82.30	0.09

股东人数

2004.6	2003.12	2003.6	2002
51023	17110	34450	52303

近年分配		近年配股/增发	

重大事项

上海市南汇区彭镇农村信用合作社于2003年8月28日诉上海轮胎橡胶(集团)股份有限公司一案,二审已审理终结,上海市第一中级人民法院判决驳回上海轮胎橡胶(集团)股份有限公司的上诉,维持原判,判决被告上海轮胎橡胶(集团)股份有限公司在247.08万元人民币范围内对原告在(1999)沪一中经初字第969号一案中承担连带清偿责任。目前双方已达成调解协议,我方已履行还款义务,本案终结。

二〇〇三年以来市场表现

2003年涨跌幅(%)	-29.10
2003年最高(元)	12.99
2003年最低(元)	6.80
2003年换手率(%)	236.58
2004.06涨跌幅(%)	-6.65
2004.06最高(元)	10.68
2004.06最低(元)	7.26
2004.06换手率(%)	143.93

上海复旦复华科技股份有限公司

公司概况

公司名称	上海复旦复华科技股份有限公司			股票代码	600624		
注册地址	上海市浦东金张路 1167 号			邮政编码	200433		
法人代表	陈苏阳			董秘	任琳芳		
电话	021-65103021,63872288			传真	021-65107402,63869700		
主营业务	新型能源、电脑设备						
总股本	26347.71	流通 A	16172.19	流通 B		流通 H	
审计单位				审计意见	未审计		

主要财务指标

年度	2004.6	2003	2002
每股收益/扣除后(元)	0.0336	0.0261	0.0236
每股经营现金流量(元)	0.0500	–0.0345	0.1374
每股净资产/调整后(元)	1.6000	1.6100	1.5300
每股公积金(元)	0.6776	0.6776	0.6628
净资产收益率(%)	2.2400	2.4600	1.4600
总资产(万元)	106527.64	106294.08	100266.22
股东权益(万元)	45361.04	44245.81	42675.22
未分配利润(万元)	–317.98	–1331.82	–2195.38
主营收入(万元)	12199.60	27589.17	26074.36
资本公积金(万元)	17852.79	17852.79	17464.05
主营利润(万元)	6070.25	12633.62	7952.68
其他业务利润(万元)	249.58	534.85	–131.42
营业利润(万元)	1293.42	1063.14	–334.01
投资收益(万元)	–153.88	6.85	65.06
补贴收入(万元)	121.10	64.56	–0.07
营业外收支(万元)	6.17	–145.96	–1.05
利润总额(万元)	1266.80	988.60	126.22
净利润(万元)	1013.84	1086.60	622.67

十大股东

序号	股东名称	股份性质	持股数(万股)	比例(%)
1	复旦大学	国有法人股	8625.17	32.74
2	上海市国有资产经营有限公司	国家股	1550.35	5.88
3	唐峰兼	流通股	29.00	0.11
4	李保霖	流通股	23.83	0.09
5	长城久泰	流通股	23.36	0.09
6	中钢投资	流通股	23.03	0.09
7	徐居善	流通股	19.86	0.08
8	陈镇其	流通股	16.22	0.06
9	魏承福	流通股	15.00	0.06
10	王爽	流通股	14.32	0.05

股东人数	2004.6	2003.12	2003.6	2002
	106202	110091	114307	115676

近年分配		近年配股/增发	

重大事项

在 56 号文下发前，公司曾对参股 50% 以下的公司提供了担保，在 2004 年上半年从 4000 万元减至 1000 万元，占公司净资产的 2.2%，公司将继续按照 56 号文件的要求解决这一历史遗留的特殊担保问题。

二〇〇三年以来市场表现

2003 年涨跌幅(%)	–25.85
2003 年最高(元)	11.28
2003 年最低(元)	5.95
2003 年换手率(%)	163.31
2004.06 涨跌幅(%)	1.15
2004.06 最高(元)	8.52
2004.06 最低(元)	6.05
2004.06 换手率(%)	99.12

上海申达股份有限公司

公司概况

公司名称	上海申达股份有限公司			股票代码	600626		
注册地址	上海市浦东南路 3888 号			邮政编码	200042		
法人代表	席时平			董秘	玛天羽		
电话	021-62319898			传真	021-62317250		
主营业务	纺纱织布,各类纺织品服装						
总股本	33821.09	流通 A	14048.16	流通 B		流通 H	
审计单位				审计意见	未审计		

主要财务指标

年度	2004.6	2003	2002
每股收益/扣除后(元)	0.1589	0.2930	0.3970
每股经营现金流量(元)	0.1690	0.6380	0.6440
每股净资产/调整后(元)	4.2000	4.1400	3.7000
每股公积金(元)	1.5885	1.5885	1.5605
净资产收益率(%)	3.8400	9.5000	10.5800
总资产(万元)	265811.47	303399.66	272992.50
股东权益(万元)	143469.20	141345.84	126968.19
未分配利润(万元)	8046.56	6009.99	2525.68
主营收入(万元)	233499.69	496107.94	384239.37
资本公积金(万元)	53726.18	53723.84	52778.16
主营利润(万元)	18722.48	38773.05	34550.26
其他业务利润(万元)	966.34	1711.63	–59.09
营业利润(万元)	6203.93	10149.44	8908.54
投资收益(万元)	1863.25	7550.30	7797.01
补贴收入(万元)	54.39	436.84	6.84
营业外收支(万元)	–311.41	–277.29	–1.33
利润总额(万元)	7810.16	17859.29	18137.25
净利润(万元)	5503.13	13431.98	13431.84

十大股东

序号	股东名称	股份性质	持股数(万股)	比例(%)
1	国有股份	国有法人股	15145.06	44.78
2	中国电力财务有限公司	境内法人股	371.71	1.10
3	上海城市房产有限公司	境内法人股	348.48	1.03
4	上海国际信托投资有限公司	境内法人股	348.48	1.03
5	上海第十七棉纺织总厂	境内法人股	290.40	0.86
6	上海市纺织原料公司	境内法人股	232.32	0.69
7	中国纺织品进出口公司	境内法人股	232.32	0.69
8	上海第一百货股份有限公司	境内法人股	228.84	0.68
9	中国银行上海投资咨询有限公司	境内法人股	185.86	0.55
10	申银万国证券股份有限公司	境内法人股	159.37	0.47

股东人数	2004.6	2003.12	2003.6	2002
	67902	68521	69860	68766

近年分配		近年配股/增发	
	2004 年 8 月 20 日 10 派 0.8		

重大事项

本公司于 2004 年 3 月 5 日与上海申达(集团)有限公司签订协议，以人民币 2567.29 万元收购其全资企业上海第三织带厂。该收购事项(关联交易)已获得有关国资管理部门批准，并在关联董事回避表决的前提下，由公司四届十九次董事会审议通过。2004 年 4 月，公司已付清收购款项，完成产权交易等相关手续，该项目已实施完毕。

二〇〇三年以来市场表现

2003 年涨跌幅(%)	–13.51
2003 年最高(元)	8.97
2003 年最低(元)	5.92
2003 年换手率(%)	148.80
2004.06 涨跌幅(%)	–15.62
2004.06 最高(元)	8.42
2004.06 最低(元)	5.65
2004.06 换手率(%)	122.98

上海输配电股份有限公司

公司概况

公司名称	上海输配电股份有限公司		股票代码	600627	
注册地址	上海市东方路 428 号		邮政编码	200050	
法人代表	黄迪南	董秘	伏蓉		
电话	021-62102651	传真	021-62267260		
主营业务	电器、电子				
总股本	51796.55	流通 A	5100.00	流通 B	流通 H
审计单位		审计意见	未审计		

主要财务指标

年度	2004.6	2003	2002
每股收益/扣除后(元)	0.1183	0.1600	0.1000
每股经营现金流量(元)	0.0910	0.1000	1.1400
每股净资产/调整后(元)	1.9600	1.8200	1.6400
每股公积金(元)	0.6481	0.6439	0.6284
净资产收益率(%)	6.4500	8.5000	5.8300
总资产(万元)	196578.95	173025.97	168121.80
股东权益(万元)	103706.70	98355.61	89195.34
未分配利润(万元)	15066.13	9930.12	3056.52
主营收入(万元)	52420.05	81221.98	252511.45
资本公积金(万元)	33566.53	33351.46	32547.72
主营利润(万元)	12125.34	16401.33	33032.60
其他业务利润(万元)	3303.76	5471.22	273.88
营业利润(万元)	-2002.46	-1621.36	-447.02
投资收益(万元)	8297.38	10605.63	5496.64
补贴收入(万元)			
营业外收支(万元)	658.88	-74.12	-0.59
利润总额(万元)	6953.80	8910.15	5418.14
净利润(万元)	6689.91	8356.54	5199.06

十大股东

序号	股东名称	股份性质	持股数(万股)	比例(%)
1	上海电气集团有限公司	国有法人股	43380.72	83.75
2	申银万国证券股份有限公司	境内法人股	279.68	0.54
3	上海国际信托投资有限公司	境内法人股	204.00	0.39
4	上海电器工业有限公司	境内法人股	176.28	0.34
5	中国工商银行上海市第二支行	境内法人股	162.24	0.31
6	沈阳联亚实业发展公司	境内法人股	110.40	0.21
7	电职技协	境内法人股	92.09	0.18
8	上海开拓投资有限公司	境内法人股	88.47	0.17
9	珠海申光	境内法人股	81.60	0.16
10	中国银行-海富通收益增长证券投资基金	流通 A 股	78.81	0.15

股东人数	2004.6	2003.12	2003.6	2002
	29359	29531	30897	30986

近年分配	2004 年 6 月 21 日 10 派 0.30	近年配股/增发	

重大事项

2004 年 4 月 28 日,公司 2003 年度股东大会审议并通过了《关于公司与上海电气(集团)总公司进行资产置换的议案》,公司将持有的上海电器股份有限公司变压器厂 100%股权与上海电气(集团)总公司持有的上海电气(集团)上海互感器厂 100%股权、上海输配电设备有限公司 100%股权、上海西门子高压开关有限公司 49%的中方股权进行置换。

二〇〇三年以来市场表现

2003 年涨跌幅(%)	-8.88
2003 年最高(元)	13.55
2003 年最低(元)	8.58
2003 年换手率(%)	256.15
2004.06 涨跌幅(%)	-7.86
2004.06 最高(元)	13.57
2004.06 最低(元)	8.63
2004.06 换手率(%)	206.83

上海新世界股份有限公司

公司概况

公司名称	上海新世界股份有限公司		股票代码	600628	
注册地址	上海市南京西路 2~88 号		邮政编码	200003	
法人代表	顾振奋	董秘	马炳芳		
电话	021-63588888-3322	传真	021-63583331		
主营业务	百货商品、商业零售				
总股本	35571.86	流通 A	17421.42	流通 B	流通 H
审计单位		审计意见	未审计		

主要财务指标

年度	2004.6	2003	2002
每股收益/扣除后(元)	0.1150	0.2400	0.2200
每股经营现金流量(元)	0.1423	0.6100	0.7500
每股净资产/调整后(元)	3.2300	2.8700	2.6300
每股公积金(元)	1.3032	0.9668	0.9668
净资产收益率(%)	3.5500	8.1800	8.2100
总资产(万元)	208235.83	215333.09	184719.06
股东权益(万元)	115249.33	91951.99	84434.63
未分配利润(万元)	23572.25	19479.07	13162.82
主营收入(万元)	70195.86	144521.84	165294.44
资本公积金(万元)	46355.56	30832.90	30832.90
主营利润(万元)	17160.65	31172.77	33980.76
其他业务利润(万元)	259.98	2426.71	-99.73
营业利润(万元)	6072.84	11479.33	10315.61
投资收益(万元)	-19.63	22.81	138.49
补贴收入(万元)		68.53	68.53
营业外收支(万元)	-4.84	-187.63	-1.25
利润总额(万元)	6048.37	11383.03	10838.20
净利润(万元)	4093.15	7517.36	6929.60

十大股东

序号	股东名称	股份性质	持股数(万股)	比例(%)
1	上海市黄浦区国有资产管理办公室	国家股	14116.19	39.68
2	上海新世界(集团)有限公司	法人股	599.45	1.69
3	上海海直置业发展有限公司	法人股	343.12	0.96
4	申银万国证券股份有限公司	法人股	239.08	0.67
5	上海冠和实业有限公司	法人股	195.43	0.55
6	上海黄浦对外经技术股份有限公司	法人股	139.59	0.39
7	上海一百货商店股份有限公司	法人股	139.59	0.39
8	上海华联商厦股份有限公司	法人股	125.19	0.35
9	中国银河证券有限公司	法人股	121.50	0.34
10	上海汇丰资产经营公司	法人股	111.66	0.31

股东人数	2004.6	2003.12	2003.6	2002
	63300	59587	61319	57105

近年分配		近年配股/增发	2004 年 4 月 13 日 10 配 2.5

重大事项

2004 年 4 月 28 日,公司与上海爱建信托投资有限责任公司签订《股权转让协议》,公司以 2,100 万元的价格,受让其持有的上海新世界项目管理有限公司 42%股权。该项受让,5 月 25 日在上海联合产权交易所办妥产权转让交割,6 月 11 日由上海市工商行政管理局办好工商变更登记。

二〇〇三年以来市场表现

2003 年涨跌幅(%)	-12.57
2003 年最高(元)	7.43
2003 年最低(元)	5.36
2003 年换手率(%)	121.36
2004.06 涨跌幅(%)	-3.63
2004.06 最高(元)	7.01
2004.06 最低(元)	5.36
2004.06 换手率(%)	104.98

上海棱光实业股份有限公司

公司概况

公司名称	上海棱光实业股份有限公司			股票代码	600629		
注册地址	上海市龙吴路4900号			邮政编码	200241		
法人代表	文德芳			董秘	李恒广		
电话	021-51161617,51161618			传真	021-51161660		
主营业务	三氯氢硅、石英玻璃制品						
总股本	15137.76	流通A	5776.05	流通B		流通H	
审计单位				审计意见	未审计		

主要财务指标

年度	2004.6	2003	2002
每股收益/扣除后(元)	–0.0566	–0.1330	0.0180
每股经营现金流量(元)	0.0060	0.0130	0.2100
每股净资产/调整后(元)	–3.3100	–3.2400	–3.1100
每股公积金(元)	0.3268	0.3268	0.3268
净资产收益率(%)			–0.7000
总资产(万元)	12698.92	12840.14	13913.21
股东权益(万元)	–42311.16	–41461.09	–39522.39
未分配利润(万元)	–64097.10	–63247.02	–61308.33
主营收入(万元)	1411.38	2409.31	2494.65
资本公积金(万元)	4946.99	4946.99	4946.99
主营利润(万元)	175.20	207.10	358.80
其他业务利润(万元)	113.71	158.99	9.00
营业利润(万元)	–846.39	–2017.55	196.24
投资收益(万元)	–10.67	–1.12	–14.57
补贴收入(万元)		13.64	13.64
营业外收支(万元)	6.99	66.33	2.06
利润总额(万元)	–850.08	–1938.70	278.16
净利润(万元)	–850.08	–1938.70	278.16

十大股东

序号	股东名称	股份性质	持股数(万股)	比例(%)
1	四川嘉信贸易有限责任公司	境内法人股	4400.00	29.07
2	上海建筑材料(集团)总公司	国家股	2514.09	16.61
3	福州飞越集团有限公司	境内法人股	974.51	6.44
4	无锡新江南股份有限公司	境内法人股	308.49	2.04
5	上海第十七棉纺织总厂	境内法人股	122.96	0.81
6	中国纺织机械股份有限公司	境内法人股	109.30	0.72
7	上海氯碱股份有限公司	境内法人股	81.97	0.54
8	上海嘉宝股份有限公司	境内法人股	71.04	0.47
9	申银万国证券公司	境内法人股	58.47	0.39
10	上海大众交通股份有限公司	境内法人股	54.65	0.36

股东人数	2004.6	2003.12	2003.6	2002
	24918	26024	27032	27706

近年分配		近年配股/增发	

重大事项

2004年6月23日,中国工商银行上海市外滩分行就本公司2003年7月30日借款381万元,以未能按期付息为由,向上海市第二中级人民法院提起诉讼。诉讼请求法院判令上海棱光实业股份有限公司归还借款本金人民币381万元;判令上海永久股份有限公司承担连带保证责任;判令本案的诉讼费用由两被告承担。

二〇〇三年以来市场表现

2003年涨跌幅(%)	–52.79
2003年最高(元)	7.53
2003年最低(元)	2.74
2003年换手率(%)	550.01
2004.06涨跌幅(%)	–9.03
2004.06最高(元)	4.10
2004.06最低(元)	2.61
2004.06换手率(%)	184.20

上海龙头(集团)股份有限公司

公司概况

公司名称	上海龙头(集团)股份有限公司			股票代码	600630		
注册地址	上海市浦东南路360号新上海国际大厦			邮政编码	200030		
法人代表	朱勇			董秘	周燕		
电话	021-34061116			传真	021-54666630		
主营业务	棉纺、棉针织品						
总股本	42486.16	流通A	19110.00	流通B		流通H	
审计单位				审计意见	未审计		

主要财务指标

年度	2004.6	2003	2002
每股收益/扣除后(元)	0.0002	0.0010	0.1190
每股经营现金流量(元)	0.3260	0.0980	–0.1320
每股净资产/调整后(元)	3.6210	3.6220	3.6450
每股公积金(元)	2.6125	2.6125	2.6125
净资产收益率(%)	0.3110	1.0340	3.0570
总资产(万元)	434879.19	451770.62	429910.75
股东权益(万元)	165749.70	165540.92	165165.69
未分配利润(万元)	8343.70	17.92	382.64
主营收入(万元)	16808.05	328676.16	224096.56
资本公积金(万元)	110994.57	110994.57	110994.57
主营利润(万元)	575.73	47561.17	40194.28
其他业务利润(万元)	876.71	2190.62	–26.81
营业利润(万元)	–197.89	950.92	1645.44
投资收益(万元)	1689.18	1790.28	3759.17
补贴收入(万元)	567.56	318.07	6.20
营业外收支(万元)	–54.13	–543.57	–2.22
利润总额(万元)	517.03	2515.71	6423.11
净利润(万元)	666.32	1712.16	5048.83

十大股东

序号	股东名称	股份性质	持股数(万股)	比例(%)
1	上海纺织(集团)有限公司	国家法人股	19087.42	44.93
2	上海国际信托投资有限公司	境内法人股	1515.60	3.57
3	合肥科创投资管理有限公司	境内法人股	360.00	0.85
4	中国纺织机械股份有限公司	境内法人股、流通A股	240.13	0.57
5	上海天迪科技投资发展有限公司	境内法人股	240.00	0.56
6	上海申达股份有限公司	境内法人股	240.00	0.56
7	上海南上海商业房地产有限公司	境内法人股	216.00	0.51
8	上海高舜企业发展有限公司	境内法人股	190.00	0.45
9	江南重工股份有限公司	境内法人股	180.00	0.42
10	宝钢集团上海五钢有限公司	境内法人股	171.00	0.40

股东人数	2004.6	2003.12	2003.6	2002
	94391	95331	98969	98091

近年分配		近年配股/增发	

重大事项

2004年2月26日,公司公布财政补贴公告;2004年4月15日,公司公布关于2003年业绩预警提示性公告;2004年4月22日,公司公布2003年度报告及2004年第一季度报告;2004年4月22日,公司公布第四届董事会第十一次会议决议公告、第四届监事会第十次会议决议公告。

二〇〇三年以来市场表现

2003年涨跌幅(%)	–23.15
2003年最高(元)	7.34
2003年最低(元)	4.58
2003年换手率(%)	123.64
2004.06涨跌幅(%)	–2.21
2004.06最高(元)	6.81
2004.06最低(元)	4.80
2004.06换手率(%)	177.94

上海白猫股份有限公司

公司概况

公司名称	上海白猫股份有限公司		股票代码	600633	
注册地址	上海市常德路 774 号		邮政编码	200333	
法人代表	马立行		董秘	丁一新	
电话	021-32023251		传真	021-52701369	
主营业务	家用和工业洗涤				
总股本	15205.08	流通 A	1320.00	流通 B	流通 H
审计单位			审计意见	未审计	

主要财务指标

年度	2004.6	2003	2002
每股收益/扣除后(元)	0.0240	0.0883	0.1591
每股经营现金流量(元)	–0.1400	0.1628	0.2611
每股净资产/调整后(元)	1.3190	1.3592	1.2691
每股公积金(元)	0.1421	0.1420	0.1420
净资产收益率(%)	1.9940	7.4320	12.1518
总资产(万元)	33898.07	34952.81	33841.61
股东权益(万元)	20865.79	21500.67	19902.81
未分配利润(万元)	1959.81	2594.69	1476.19
主营收入(万元)	16142.25	30512.54	32746.46
资本公积金(万元)	2159.88	2159.88	2159.88
主营利润(万元)	2653.67	5866.39	7790.68
其他业务利润(万元)	889.02	3001.43	600.67
营业利润(万元)	368.18	1698.44	2699.53
投资收益(万元)	–46.04	–93.83	8.10
补贴收入(万元)	18.11	78.79	2.95
营业外收支(万元)	63.04	241.94	–0.25
利润总额(万元)	403.29	1925.34	2785.58
净利润(万元)	429.48	1597.86	2418.56

十大股东

序号	股东名称	股份性质	持股数(万股)	比例(%)
1	上海双联联社	国有法人股	6763.23	44.48
2	上海轻工集体经济管理中心	境内法人股	1468.39	9.66
3	上海国际信托投资有限公司	境内法人股	352.28	2.32
4	中国纺织机械股份有限公司	境内法人股	290.40	1.91
5	上海金陵股份有限公司	境内法人股	290.40	1.91
6	上海上菱电冰箱总厂	境内法人股	219.12	1.44
7	上海第十七棉纺织总厂	境内法人股	217.80	1.43
8	上海氯碱总厂	境内法人股	145.20	0.95
9	申银万国证券股份有限公司	境内法人股	137.28	0.90
10	上海市天宸股份有限公司	境内法人股	116.16	0.76

股东人数	2004.6	2003.12	2003.6	2002
	7949	8070	8004	9117

近年分配	近年配股/增发
2004 年 7 月 8 日 10 派 0.7	

重大事项

公司诉广州满庭芳香料有限公司欠款一案，广州市中级人民法院二审后下达判决书，判决被告向本公司支付欠款 529,512.01 元。本公司与被告达成了还款协议，被告偿还了欠款，该案终结。

二〇〇三年以来市场表现

2003 年涨跌幅(%)	–31.04
2003 年最高(元)	15.93
2003 年最低(元)	8.21
2003 年换手率(%)	298.36
2004.06 涨跌幅(%)	–7.30
2004.06 最高(元)	12.70
2004.06 最低(元)	8.53
2004.06 换手率(%)	243.25

上海海鸟企业发展股份有限公司

公司概况

公司名称	上海海鸟企业发展股份有限公司		股票代码	600634	
注册地址	上海市余姚路 317 号		邮政编码	200040	
法人代表	唐海根		董秘	吴裕芹	
电话	021-62983585		传真	021-62983787	
主营业务	房地产开发、经营				
总股本	8720.73	流通 A	3980.97	流通 B	流通 H
审计单位			审计意见	未审计	

主要财务指标

年度	2004.6	2003	2002
每股收益/扣除后(元)	–0.0824	–0.4600	0.2900
每股经营现金流量(元)	3.8140	–2.7100	–2.4900
每股净资产/调整后(元)	2.1400	2.2200	2.6900
每股公积金(元)	0.7933	0.7933	0.7933
净资产收益率(%)	–3.7900	–20.1800	10.8700
总资产(万元)	69636.83	101838.27	97511.73
股东权益(万元)	18955.32	19673.46	23642.98
未分配利润(万元)	–832.28	–114.15	3863.90
主营收入(万元)	24285.00	1749.70	39265.71
资本公积金(万元)	6917.92	6917.92	6917.92
主营利润(万元)	9.53	–267.41	6479.25
其他业务利润(万元)		26.73	–0.07
营业利润(万元)	–740.57	–1834.14	5614.15
投资收益(万元)	1.41	–2083.44	–426.76
补贴收入(万元)			
营业外收支(万元)	0.20	–3.01	–0.01
利润总额(万元)	–738.96	–3920.59	5188.97
净利润(万元)	–718.14	–3969.52	2570.52

十大股东

序号	股东名称	股份性质	持股数(万股)	比例(%)
1	上海东宏实业投资有限公司	境内法人股	2267.40	26.00
2	香港新科创力有限公司	外资法人股	1895.90	21.74
3	香港美泰国际有限公司	外资法人股	331.78	3.80
4	上海华成无线电厂有限公司	境内法人股	244.67	2.81
5	罗益宪	流通 A 股	24.07	0.28
6	范正豪	流通 A 股	19.60	0.22
7	翟明东	流通 A 股	19.35	0.22
8	潘清	流通 A 股	18.35	0.21
9	王俊	流通 A 股	18.26	0.21
10	梁晓芸	流通 A 股	17.53	0.20

股东人数	2004.6	2003.12	2003.6	2002
	19704	20408	21896	19912

近年分配	近年配股/增发

重大事项

2004 年 1 月 7 日，华夏银行上海分行委托博玄杰律师事务所发来《律师函》，称"公司分别为上海华亭进出口有限公司、上海远达进出口有限公司、上海农凯工贸有限公司、上海金凯物资有限公司、华信投资集团公司等单位的贷款、商票等信贷事项共计人民币 26962.74 万元与华夏银行上海分行签订保证合同，提供保证担保，至发函日止已有 10668.25 万元逾期。

二〇〇三年以来市场表现

2003 年涨跌幅(%)	–51.11
2003 年最高(元)	13.48
2003 年最低(元)	5.62
2003 年换手率(%)	227.59
2004.06 涨跌幅(%)	–2.80
2004.06 最高(元)	8.58
2004.06 最低(元)	5.41
2004.06 换手率(%)	148.62

上海大众公用事业(集团)股份有限公司

公司概况

公司名称	上海大众公用事业(集团)股份有限公司	股票代码	600635
注册地址	上海浦东商城路518号24楼	邮政编码	200235
法人代表	杨国平	董秘	钟晋倖
电话	021-64288888-5609,64280679	传真	021-64288727
主营业务	城市交通,燃气事业的投资		

总股本	54618.17	流通A	32929.86	流通B		流通H	
审计单位				审计意见	未审计		

主要财务指标

年度	2004.6	2003	2002
每股收益/扣除后(元)	0.1014	0.1500	0.2400
每股经营现金流量(元)	0.3970	0.8600	0.2989
每股净资产/调整后(元)	3.2600	3.1500	2.9100
每股公积金(元)	1.4381	1.4381	1.4352
净资产收益率(%)	3.3700	7.2500	8.2000
总资产(万元)	527163.69	453844.50	362376.94
股东权益(万元)	178659.28	172635.42	159965.95
未分配利润(万元)	19727.94	13701.10	6716.94
主营收入(万元)	90817.31	147188.28	128682.85
资本公积金(万元)	78545.67	78545.67	78385.93
主营利润(万元)	10350.33	19008.56	14980.55
其他业务利润(万元)	2129.21	2000.22	367.13
营业利润(万元)	5180.24	6303.24	5863.23
投资收益(万元)	5546.75	12711.08	11381.90
补贴收入(万元)	613.62	2082.81	-62.89
营业外收支(万元)	-163.55	-209.52	2.73
利润总额(万元)	11177.07	20887.62	17852.58
净利润(万元)	6023.85	12509.74	13113.66

十大股东

序号	股东名称	股份性质	持股数(万股)	比例(%)
1	上海大众企业管理有限公司	境内法人股、流通A股	13949.14	25.54
2	上海市政资产经营发展有限公司	国有法人股	5786.13	10.59
3	银丰证券投资基金	流通A股	767.91	1.41
4	交通银行上海浦东分行	境内法人股	701.25	1.28
5	银河稳健证券投资基金	流通A股	531.16	0.97
6	上海大众万祥汽车修理公司	境内法人股	518.48	0.95
7	无锡客运总公司	境内法人股	480.00	0.88
8	上海双发投资有限公司	境内法人股	460.00	0.84
9	嘉实服务增值行业证券投资基金	流通A股	296.00	0.54
10	中保财产保险无锡分公司离退休职工服务部	境内法人股	240.00	0.44

股东人数	2004.6	2003.12	2003.6	2002
	131504	135690	138260	144461

近年分配	2004年7月5日10派1.50	近年配股/增发	

重大事项

公司的子公司上海虹口大众出租汽车有限公司与大众交通(集团)股份有限公司签订协议,将上海虹口大众出租汽车有限公司的营运车辆委托大众交通(集团)股份有限公司进行托管,双方根据协议规定的代收营业收入和代管费用按实进行结算,2004年上半年度上海虹口大众出租汽车有限公司与大众交通(集团)股份有限公司结算托管收入41,208,480.00元,结算托管成本及费用8,314,211.79元。

二〇〇三年以来市场表现

2003年涨跌幅(%)	-6.21
2003年最高(元)	8.45
2003年最低(元)	5.50
2003年换手率(%)	130.05
2004.06涨跌幅(%)	-12.63
2004.06最高(元)	8.02
2004.06最低(元)	5.75
2004.06换手率(%)	92.06

上海三爱富新材料股份有限公司

公司概况

公司名称	上海三爱富新材料股份有限公司	股票代码	600636
注册地址	上海市闵行区龙吴路4411号	邮政编码	200235
法人代表	周云鹤	董秘	何兰娟
电话	021-64823549	传真	021-64823550
主营业务	有机氟材料		

总股本	24281.66	流通A	10708.37	流通B		流通H	
审计单位				审计意见	未审计		

主要财务指标

年度	2004.6	2003	2002
每股收益/扣除后(元)	0.2682	0.2942	0.3086
每股经营现金流量(元)	0.1070	0.7735	0.8160
每股净资产/调整后(元)	2.1500	2.5400	2.2700
每股公积金(元)	0.5453	0.5453	0.7089
净资产收益率(%)	12.1900	10.1800	13.4100
总资产(万元)	127657.41	103943.31	82123.25
股东权益(万元)	52380.18	47864.26	42993.43
未分配利润(万元)	6679.35	7766.90	4138.07
主营收入(万元)	87695.00	109980.38	82854.23
资本公积金(万元)	13241.06	13241.06	13241.06
主营利润(万元)	18220.32	22233.56	19619.01
其他业务利润(万元)	428.43	1411.47	-6.81
营业利润(万元)	11817.17	11385.13	10625.99
投资收益(万元)	159.24	119.93	-367.29
补贴收入(万元)	14.40	58.09	-0.31
营业外收支(万元)	-172.50	-950.90	-9.41
利润总额(万元)	11818.31	10612.25	9803.69
净利润(万元)	6383.74	4870.83	5764.79

十大股东

序号	股东名称	股份性质	持股数(万股)	比例(%)
1	上海华谊集团公司	国有法人股	6730.48	27.72
2	上海邦联科技实业有限公司	境内法人股	3923.53	16.16
3	光大证券有限责任公司	流通A股	333.31	1.37
4	上海三甲港纺织胶带厂	境内法人股	329.51	1.36
5	浙江省经协集团有限公司	境内法人股	273.98	1.13
6	中国工商银行-安信证券投资基金	流通A股	217.21	0.89
7	景博证券投资基金	流通A股	192.06	0.79
8	上海国际信托投资有限公司	境内法人股	167.49	0.69
9	中国工商银行-博时精选股票证券投资基金	流通A股	144.28	0.59
10	交通银行-安久证券投资基金	流通A股	109.71	0.45

股东人数	2004.6	2003.12	2003.6	2002
	19434	16390	14391	13186

近年分配	2004年4月29日10派1.00	近年配股/增发	2004年4月29日10送3

重大事项

公司控股子公司常熟三爱富中昊化工新材料有限公司与杜邦中国集团有限公司于2003年12月19日签订协议,合资成立杜邦三爱富氟化学(常熟)有限公司,该公司注册资本250万美元,投资总额450万美元,双方出资比例为20:80。

二〇〇三年以来市场表现

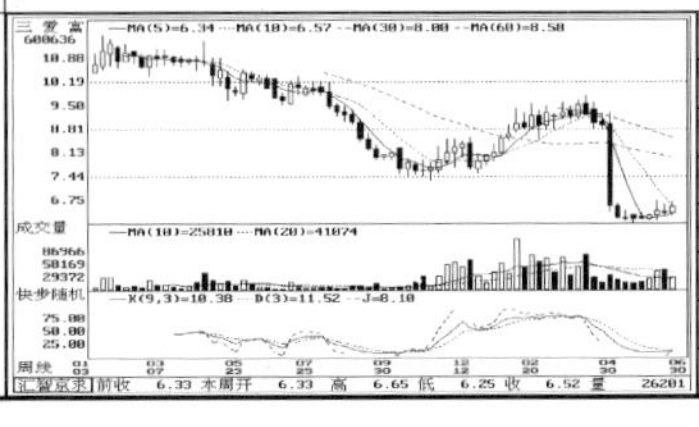

2003年涨跌幅(%)	-26.90
2003年最高(元)	8.75
2003年最低(元)	5.54
2003年换手率(%)	72.96
2004.06涨跌幅(%)	8.67
2004.06最高(元)	7.44
2004.06最低(元)	5.93
2004.06换手率(%)	100.48

上海广电信息产业股份有限公司

公司概况

公司名称	上海广电信息产业股份有限公司		股票代码	600637	
注册地址	上海市田林路 140 号		邮政编码	201108	
法人代表	蒋松涛		董秘	马祖飞	
电话	021-64189198-3522		传真	021-64189828	
主营业务	彩色电视接收机				
总股本	81981.25	流通 A	20380.52	流通 B	流通 H
审计单位			审计意见	未审计	

主要财务指标

年度	2004.6	2003	2002
每股收益 / 扣除后(元)	0.0639	0.2220	0.1404
每股经营现金流量(元)	0.0110	–0.5887	–0.3682
每股净资产 / 调整后(元)	4.2400	4.1687	3.9394
每股公积金(元)	2.9542	2.9542	2.9534
净资产收益率(%)	1.4900	6.0800	3.3700
总资产(万元)	719118.94	704020.56	631667.31
股东权益(万元)	369446.87	363930.37	341920.66
未分配利润(万元)	22584.35	17067.84	961.82
主营收入(万元)	214339.37	409693.28	290267.47
资本公积金(万元)	242186.94	242186.94	242127.48
主营利润(万元)	12832.37	29815.38	20847.19
其他业务利润(万元)	2359.56	3095.55	335.57
营业利润(万元)	–48.51	353.89	–17672.86
投资收益(万元)	6195.33	25762.41	28252.43
补贴收入(万元)	89.28	350.10	5.62
营业外收支(万元)	213.55	–1107.81	–2.11
利润总额(万元)	6449.65	25358.60	11745.91
净利润(万元)	5516.51	22134.26	11507.60

十大股东

序号	股东名称	股份性质	持股数(万股)	比例(%)
1	上海广电集团有限公司	国有股	52420.68	63.94
2	申银万国证券投资基金	法人股	962.31	1.17
3	同益证券投资基金	流通股	580.13	0.71
4	上海市宋庆龄基金会	法人股	287.50	0.35
5	上海爱建股份有限公司	法人股	239.58	0.29
6	易方达 50 指数投资基金	流通股	218.28	0.27
7	中原证券投份有限公司	流通股	182.68	0.22
8	上海电气(集团)总公司	法人股	173.70	0.21
9	上海九百(集团)有限公司	法人股	155.73	0.19
10	上海望春花实业股份有限公司	法人股	143.75	0.18

股东人数	2004.6	2003.12	2003.6	2002
	82338	89869	88299	81961

近年分配	2004 年 7 月 19 日 10 派 1.00	近年配股 / 增发	

重大事项

公司控股子公司上海广电数字音像电子有限公司和公司下属平显分公司向同一母公司所属上海广电集团销售有限公司，按市场定价原则，出售 SVA 彩电金额 46,858 万元。占同类产品交易总金额的 49.23%。

二〇〇三年以来市场表现

2003 年涨跌幅(%)	–3.45
2003 年最高(元)	13.78
2003 年最低(元)	8.51
2003 年换手率(%)	296.61
2004.06 涨跌幅(%)	–14.67
2004.06 最高(元)	13.13
2004.06 最低(元)	8.65
2004.06 换手率(%)	130.71

上海新黄浦置业股份有限公司

公司概况

公司名称	上海新黄浦置业股份有限公司		股票代码	600638	
注册地址	上海市北京东路 668 号西楼 32 层		邮政编码	200001	
法人代表	吴明烈		董秘	李薇洁	
电话	021-63238888		传真	021-63237777	
主营业务	房地产开发经营				
总股本	56116.40	流通 A	17015.22	流通 B	流通 H
审计单位			审计意见	未审计	

主要财务指标

年度	2004.6	2003	2002
每股收益 / 扣除后(元)	0.0320	0.1066	0.0936
每股经营现金流量(元)	0.0350	0.1672	0.4269
每股净资产 / 调整后(元)	3.9730	3.9103	3.7747
每股公积金(元)	2.0120	2.0120	2.0120
净资产收益率(%)	1.5660	2.8900	2.5300
总资产(万元)	244232.36	239756.12	283736.50
股东权益(万元)	223629.06	220126.53	213756.98
未分配利润(万元)	36442.72	32940.19	27551.74
主营收入(万元)	13449.23	51656.82	65756.92
资本公积金(万元)	112907.02	112907.02	112907.02
主营利润(万元)	4180.33	12745.37	11539.92
其他业务利润(万元)	179.90	428.30	–0.52
营业利润(万元)	3358.36	8893.44	9286.81
投资收益(万元)	5.82	127.22	–536.76
补贴收入(万元)	1795.80		
营业外收支(万元)	1.71	–770.73	–1.87
利润总额(万元)	5161.69	8249.93	8997.41
净利润(万元)	3502.53	6369.54	5417.23

十大股东

序号	股东名称	股份性质	持股数(万股)	比例(%)
1	上海国有资产管理办公室	国家股	19762.16	35.22
2	上海新黄浦集团有限责任公司	境内法人股	1826.96	3.26
3	上海海浦中心房地产有限公司	境内法人股	1640.23	2.92
4	上海东亚建筑实业有限公司	境内法人股	1370.13	2.44
5	上海众鑫建材实业有限责任公司	境内法人股	1318.39	2.35
6	申银万国证券股份有限公司	境内法人股	1109.16	1.98
7	广州美盈鞋业有限公司	境内法人股	885.60	1.58
8	上海城市建设投资开发总公司	境内法人股	579.15	1.03
9	上海新黄浦楼宇装备实业有限公司	境内法人股	401.22	0.71
10	上海永华房地产开发有限公司	境内法人股	259.20	0.46

股东人数	2004.6	2003.12	2003.6	2002
	100279	103794	108546	107850

近年分配		近年配股 / 增发	

重大事项

公司与上海恒立房地产有限公司于 2004 年 4 月 23 日签定了正式合同，双方约定最终以低于资产评估后的价格作为交易价格，即最终成交价格以帐面净值每平方米人民币 11528.48 元计算，总价为人民币 28,929,106.57 元。在协议生效后的十天内，公司以现金支付方式将上述款项一次性支付给上海恒立房地产有限公司，上海恒立房地产有限公司于 5 月 25 日办理完成产权证过户手续。

二〇〇三年以来市场表现

2003 年涨跌幅(%)	–26.37
2003 年最高(元)	10.58
2003 年最低(元)	5.96
2003 年换手率(%)	95.02
2004.06 涨跌幅(%)	–11.28
2004.06 最高(元)	8.51
2004.06 最低(元)	5.80
2004.06 换手率(%)	86.03

上海金桥出口加工区开发股份有限公司

公司概况

公司名称	上海金桥出口加工区开发股份有限公司			股票代码	600639		
注册地址	上海浦东新金桥路 28 号			邮政编码	201206		
法人代表	俞标			董秘	陈恩华		
电话	021-50307761			传真	021-50301533		
主营业务	房地产开发经营销售						
总股本	76762.40	流通 A	12886.50	流通 B	22493.90	流通 H	
审计单位				审计意见	未审计		

主要财务指标

年度	2004.6	2003	2002
每股收益 / 扣除后(元)	0.0649	0.1620	0.1410
每股经营现金流量(元)	–0.0560	0.0790	0.0320
每股净资产 / 调整后(元)	2.6580	2.5050	2.2550
每股公积金(元)	1.0526	1.0526	0.9710
净资产收益率(%)	5.8300	6.5700	6.1800
总资产(万元)	342121.62	311775.12	322356.53
股东权益(万元)	205619.53	193638.95	174665.23
未分配利润(万元)	35548.87	23568.29	13020.43
主营收入(万元)	22726.85	61071.06	67822.25
资本公积金(万元)	80797.12	80797.12	74536.33
主营利润(万元)	8572.34	20527.10	21043.27
其他业务利润(万元)	13.63	138.01	–1.22
营业利润(万元)	6352.35	13541.59	9536.06
投资收益(万元)	7537.12	4485.14	3287.96
补贴收入(万元)			
营业外收支(万元)	6.61	–3538.86	–0.82
利润总额(万元)	13896.08	14487.88	12744.23
净利润(万元)	11980.58	12712.93	10789.27

十大股东

序号	股东名称	股份性质	持股数(万股)	比例(%)
1	上海金桥(集团)有限公司(授权经营)	国家股	37752.00	49.18
2	上海国际信托投资有限公司	境内法人股	3630.00	4.73
3	山西信托投资有限责任公司	流通 A 股	398.49	0.52
4	TOYO SECURITIES ASIA LTD. A/C CLIENT	流通 B 股	205.56	0.27
5	彭丰	流通 B 股	104.89	0.14
6	MERRILL LYNCH FAR EAST LIMITED	流通 B 股	102.65	0.13
7	THE NOMURA SECURITIES CO. LTD.	流通 B 股	85.43	0.11
8	京华-国际(香港)有限公司	流通 B 股	71.40	0.09
9	NIKKO CORDIAL SECURITIES INC.	流通 B 股	70.65	0.09
10	博时裕富证券投资基金	流通 A 股	68.37	0.09

股东人数	2004.6	2003.12	2003.6	2002
	128680	58916	97538	137078

近年分配	2004 年 8 月 24 日 10 派 0.24	近年配股/增发	

重大事项

截至 2004 年 6 月 30 日止,公司为投资占该公司注册资本 49%的上海通用硅晶体材料有限公司的人民币贷款 6,000 千元提供担保,担保期限为 2003 年 9 月 24 日至 2004 年 9 月 23 日。对照《关于规范上市公司与关联方资金往来及上市公司对外担保若干问题的通知》(证监发[2003] 56 号)的规定,上述为本公司持股 50%以下的关联方提供的担保不符合"通知"要求,其担保总额占本公司净资产的比例为 0.29%。

二〇〇三年以来市场表现

2003 年涨跌幅(%)	–26.49
2003 年最高(元)	11.95
2003 年最低(元)	7.16
2003 年换手率(%)	124.16
2004.06 涨跌幅(%)	–2.57
2004.06 最高(元)	10.12
2004.06 最低(元)	7.16
2004.06 换手率(%)	143.54

联通国脉通信股份有限公司

公司概况

公司名称	联通国脉通信股份有限公司			股票代码	600640		
注册地址	上海市浦东新区张江高科技园区郭守敬路 498 号 10 号楼			邮政编码	200060		
法人代表	尚冰			董秘	蒋文民		
电话	021-62762171,62763321			传真	021-62763321		
主营业务	无线通信、图像、资料						
总股本	40137.12	流通 A	6086.93	流通 B		流通 H	
审计单位				审计意见	未审计		

主要财务指标

年度	2004.6	2003	2002
每股收益 / 扣除后(元)	–0.0225	–0.0300	0.0600
每股经营现金流量(元)	–0.9870	1.1700	–0.5600
每股净资产 / 调整后(元)	2.8000	2.8200	3.0800
每股公积金(元)	1.1098	1.1098	1.3207
净资产收益率(%)	0.2200	1.2900	1.8500
总资产(万元)	122547.53	163836.31	125854.42
股东权益(万元)	113071.50	114120.55	112907.65
未分配利润(万元)	2564.60	2313.89	1615.32
主营收入(万元)	28820.67	101741.91	168091.53
资本公积金(万元)	44542.38	44542.38	48191.23
主营利润(万元)	2719.82	7702.38	10866.90
其他业务利润(万元)	560.38	455.85	17.41
营业利润(万元)	1284.45	–2091.64	3584.95
投资收益(万元)	–1129.65	3668.85	1244.00
补贴收入(万元)			
营业外收支(万元)	–76.87	–66.91	0.74
利润总额(万元)	77.93	1510.31	4007.27
净利润(万元)	250.71	1470.19	2093.44

十大股东

序号	股东名称	股份性质	持股数(万股)	比例(%)
1	联通新国信通信有限公司	境内法人股	23633.78	58.88
2	陆家嘴	境内法人股	1384.01	3.45
3	上海市电信	境内法人股	1147.90	2.86
4	上海长途电信综合开发	境内法人股	714.97	1.78
5	上海捷时达邮政专递	境内法人股	550.33	1.37
6	中国电信集团工会上海市委员会	境内法人股	316.04	0.79
7	申银万国	境内法人股	304.25	0.76
8	上海证券	境内法人股	187.72	0.47
9	上海电信实业崇明	境内法人股	136.41	0.34
10	浦东新区邮电局	境内法人股	121.02	0.30

股东人数	2004.6	2003.12	2003.6	2002
	34887	37668	37241	37073

近年分配		近年配股/增发	

重大事项

根据 2004 年 1 月 5 日联通国脉通信股份有限公司股东大会第二十七次[2004 年第一次](临时)会议通过的关于公司与中国联通公司及其各省市分公司进行关联交易的决议。2004 年度,公司将继续与中国联通公司及其各省市分公司进行包括销售 CDMA 移动电话、销售直放站设备;提供 CDMA、GSM 网络优化、增值业务和咨询服务;合作开展卡号代理和大客户发展业务、移动电话维修业务;租网开展商务呼叫中心业务和移动秘书业务等关联交易,累计预计将不超过 30 亿元。

二〇〇三年以来市场表现

2003 年涨跌幅(%)	–11.95
2003 年最高(元)	13.98
2003 年最低(元)	6.68
2003 年换手率(%)	234.86
2004.06 涨跌幅(%)	–3.84
2004.06 最高(元)	12.18
2004.06 最低(元)	8.25
2004.06 换手率(%)	168.51

中远发展股份有限公司

公司概况

公司名称	中远发展股份有限公司	股票代码	600641
注册地址	上海市浦东南路 2161 号	邮政编码	200120
法人代表	李建红	董秘	李澜
电话	021-50367878-6805	传真	021-50366805
主营业务	房地产开发、经营		
总股本	44786.60	流通 A	17906.62
流通 B		流通 H	
审计单位		审计意见	未审计

主要财务指标

年度	2004.6	2003	2002
每股收益/扣除后(元)	0.0419	0.0700	0.4100
每股经营现金流量(元)	–0.5250	–1.2000	–1.4380
每股净资产/调整后(元)	4.5000	4.4500	4.4100
每股公积金(元)	1.5061	1.5039	1.5039
净资产收益率(%)	0.9300	1.6700	9.2600
总资产(万元)	438535.25	446156.72	407562.91
股东权益(万元)	202860.16	200872.16	197513.02
未分配利润(万元)	26042.97	24154.34	21472.61
主营收入(万元)	55081.19	64537.73	77171.38
资本公积金(万元)	67452.86	67353.49	67353.49
主营利润(万元)	11093.98	13759.57	19219.77
其他业务利润(万元)	161.72	300.85	3.28
营业利润(万元)	2421.85	3982.62	17583.88
投资收益(万元)	80.11	4.61	1784.59
补贴收入(万元)			
营业外收支(万元)	15.01	–16.57	–0.03
利润总额(万元)	2516.96	3970.66	19371.77
净利润(万元)	1888.64	3359.13	18283.66

十大股东

序号	股东名称	股份性质	持股数(万股)	比例(%)
1	上海中远三林置业集团有限公司	国有法人股	25150.37	56.16
2	上海国际信托投资有限公司	国有法人股	1729.60	3.86
3	上海虹桥空港商贸发展有限公司	流通 A 股	130.00	0.29
4	中国银行-嘉实服务增值行业证券投资基金	流通 A 股	100.13	0.22
5	华宝信托投资有限责任公司	流通 A 股	60.96	0.14
6	江阴市电力发展中心	流通 A 股	54.80	0.12
7	丘朗葆	流通 A 股	42.00	0.09
8	章喜琳	流通 A 股	40.00	0.09
9	中国工商银行-华安上证 180 指数基金	流通 A 股	36.20	0.08
10	蒋梅珍	流通 A 股	35.50	0.08

股东人数	2004.6	2003.12	2003.6	2002
	70595	77604	81815	59606

近年分配	2004 年 8 月 23 日 10 派 0.8	近年配股/增发	

重大事项

2004 年 6 月 30 日召开的公司 2003 年度股东年会通过的 2003 年度利润分配方案：按公司 2003 年末总股本 447865971 股为基数，向全体股东按每 10 股派发现金红利 1 元(含税)，将在 2004 年 8 月 31 日前实施。

二〇〇三年以来市场表现

2003 年涨跌幅(%)	–32.46
2003 年最高(元)	12.21
2003 年最低(元)	5.74
2003 年换手率(%)	334.87
2004.06 涨跌幅(%)	–11.51
2004.06 最高(元)	8.36
2004.06 最低(元)	5.10
2004.06 换手率(%)	150.29

申能股份有限公司

公司概况

公司名称	申能股份有限公司	股票代码	600642
注册地址	上海市浦东银城东路 139 号 1010 室	邮政编码	200021
法人代表	杨祥海	董秘	陈铭锡
电话	021-63900888	传真	021-63900119
主营业务	电力能源项目		
总股本	268963.16	流通 A	61648.80
流通 B		流通 H	
审计单位		审计意见	未审计

主要财务指标

年度	2004.6	2003	2002
每股收益/扣除后(元)	0.2160	0.6140	0.5590
每股经营现金流量(元)	0.3199	1.0200	0.6930
每股净资产/调整后(元)	3.1210	4.6530	3.9920
每股公积金(元)	0.7931	1.4896	1.4776
净资产收益率(%)	6.8700	13.5700	14.3500
总资产(万元)	1600989.87	1525120.25	1349281.37
股东权益(万元)	840206.75	836316.94	720693.00
未分配利润(万元)	65837.71	103428.92	6806.53
主营收入(万元)	245703.06	371014.75	282000.72
资本公积金(万元)	213309.33	267101.97	264952.66
主营利润(万元)	78910.92	135237.86	91755.28
其他业务利润(万元)	980.92	1176.00	19.94
营业利润(万元)	64258.08	104589.14	64218.26
投资收益(万元)	21667.02	61205.47	58880.05
补贴收入(万元)		115.91	115.91
营业外收支(万元)	–132.50	–393.94	6.26
利润总额(万元)	85792.61	165516.59	122004.97
净利润(万元)	57682.46	113474.61	103441.15

十大股东

序号	股东名称	股份性质	持股数(万股)	比例(%)
1	申能集团有限公司	国家股	157964.52	58.73
2	国泰君安证券股份有限公司	国有法人股、募集法人股、流通股	11436.25	4.25
3	上海市电力公司	募集法人股	2697.15	1.00
4	上海久事公司	募集法人股	1740.73	0.65
5	上海国际信托投资公司	募集法人股	1174.43	0.44
6	嘉实服务证券投资基金	流通股	1144.16	0.43
7	天元证券投资基金	流通股	1102.50	0.41
8	华宝增长证券投资基金`	流通股	1039.69	0.39
9	金鑫证券投资基金	流通股	1016.38	0.38
10	华东电网有限公司	募集法人股	1005.00	0.37

股东人数	2004.6	2003.12	2003.6	2002
	115780	97232	113765	138190

近年分配	2004 年 6 月 14 日 10 派 3.00	近年配股/增发	2004 年 6 月 14 日 10 送 2 转 3

重大事项

经公司第十六次股东大会非关联方股东表决通过，公司以现金出资的方式收购申能(集团)有限公司持有的核电秦山联营有限公司 12%股权、秦山第三核电有限公司 10%股权以及安徽池州九华发电有限公司 20%股权，收购价格以经国有资产管理部门确认的资产评估价值为准。

二〇〇三年以来市场表现

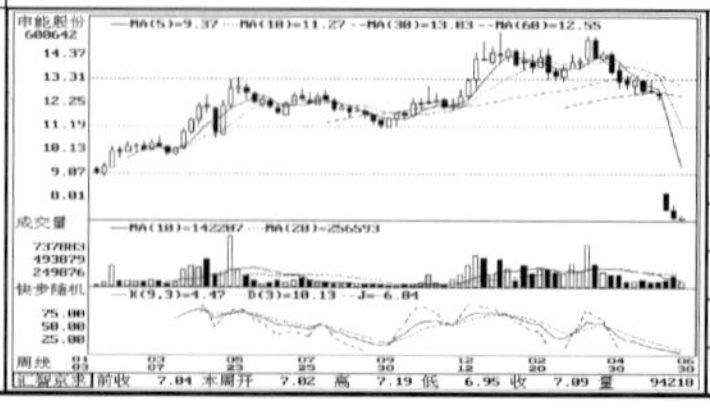

2003 年涨跌幅(%)	53.19
2003 年最高(元)	9.79
2003 年最低(元)	5.53
2003 年换手率(%)	144.36
2004.06 涨跌幅(%)	–24.95
2004.06 最高(元)	10.09
2004.06 最低(元)	6.95
2004.06 换手率(%)	106.62

上海爱建股份有限公司

公司概况						
公司名称	上海爱建股份有限公司			股票代码	600643	
注册地址	上海市零陵路 599 号			邮政编码	200030	
法人代表	顾青		董秘	张禾		
电话	021-64396600		传真	021-64392118		
主营业务	实业投资，房地产开发					
总股本	46068.80	流通 A	30835.27	流通 B		流通 H
审计单位			审计意见	未审计		

主要财务指标

年度	2004.6	2003	2002
每股收益/扣除后(元)	0.0275	–0.6140	0.0240
每股经营现金流量(元)	0.0836	–0.0130	1.1500
每股净资产/调整后(元)	3.1800	3.1200	3.7900
每股公积金(元)	2.0632	2.0625	0.0021
净资产收益率(%)	1.6100	–18.5200	0.6200
总资产(万元)	283201.12	341756.84	315784.37
股东权益(万元)	155391.83	152870.33	181253.59
未分配利润(万元)	–27261.13		–1588.40
主营收入(万元)	85447.06	71871.13	113685.14
资本公积金(万元)	95050.17	95016.42	96.93
主营利润(万元)	13875.59	10346.84	16861.45
其他业务利润(万元)	149.13	484.33	–30.28
营业利润(万元)	9741.34	–5907.24	5265.29
投资收益(万元)	–3330.58	–21871.08	649.93
补贴收入(万元)	52.48	23.62	0.31
营业外收支(万元)	39.92	–327.28	–9.22
利润总额(万元)	6503.17	–28081.97	5765.44
净利润(万元)	2509.16	–28305.66	1121.98

十大股东

序号	股东名称	股份性质	持股数(万股)	比例(%)
1	上海工商界爱国建设特种基金	境内法人股	10432.70	22.65
2	上海宝钢集团公司	流通 A 股	1955.00	4.24
3	上海国际信托投资有限公司	境内法人股	625.02	1.36
4	上海宝钢化工有限公司	流通 A 股	507.87	1.10
5	上海市工商业联合会	境内法人股	473.50	1.03
6	刘靖基	流通 A 股	375.71	0.82
7	云晨期货经纪有限公司	流通 A 股	369.90	0.80
8	上海久事公司	境内法人股	312.51	0.68
9	丁鹤寿	流通 A 股	287.83	0.62
10	丁眉寿	流通 A 股	224.84	0.49

股东人数	2004.6	2003.12	2003.6	2002
	96513	71932	74277	90949

近年分配		近年配股/增发	

重大事项

公司第十二次股东大会审议并通过了《转让公司所持上实联合股权》的议案，决定向上海实业控股有限公司全资子公司 Shanghai Industrial YKB LIMITED 转让本公司所持有的上海实业联合集团股份有限公司境内法人股 8,551,008 股，转让价格 42,684,066.63 元人民币(4.9917 元/股)。本次股权转让将给公司带来约 3800 万元收益。本次股权转让手续正在办理中。

二○○三年以来市场表现

2003 年涨跌幅(%)	9.32
2003 年最高(元)	13.81
2003 年最低(元)	7.83
2003 年换手率(%)	166.95
2004.06 涨跌幅(%)	–35.63
2004.06 最高(元)	10.97
2004.06 最低(元)	5.30
2004.06 换手率(%)	258.19

乐山电力股份有限公司

公司概况						
公司名称	乐山电力股份有限公司			股票代码	600644	
注册地址	四川省乐山市市中区嘉定北路 46 号			邮政编码	614000	
法人代表	刘虎廷		董秘	李江		
电话	0833-2445800		传真	0833-2445900		
主营业务	电力开发					
总股本	24933.65	流通 A	12876.16	流通 B		流通 H
审计单位			审计意见	未审计		

主要财务指标

年度	2004.6	2003	2002
每股收益/扣除后(元)	0.0527	0.0491	0.0032
每股经营现金流量(元)	0.2060	0.4973	0.1400
每股净资产/调整后(元)	1.7000	1.7200	1.7000
每股公积金(元)	0.4239	0.4239	0.4125
净资产收益率(%)	2.8700	1.6300	0.1200
总资产(万元)	127108.46	126307.01	114718.16
股东权益(万元)	46769.60	45429.24	44632.73
未分配利润(万元)	3151.74	1811.38	1702.98
主营收入(万元)	19222.47	33124.53	27090.87
资本公积金(万元)	10569.73	10569.73	10283.93
主营利润(万元)	6364.21	10045.78	7318.13
其他业务利润(万元)	52.93	114.96	–2.57
营业利润(万元)	1230.51	1876.77	–177.36
投资收益(万元)	235.19	55.29	–115.13
补贴收入(万元)	91.48	131.86	2.48
营业外收支(万元)	32.84	–493.22	–2.77
利润总额(万元)	1590.01	1570.71	620.99
净利润(万元)	1340.35	739.91	54.64

十大股东

序号	股东名称	股份性质	持股数(万股)	比例(%)
1	乐山市国有资产经营有限公司	国有法人股	5278.38	21.17
2	眉山市资产经营有限公司	国有法人股	2037.00	8.17
3	深圳市业海通投资发展有限公司	境内法人股	2036.66	8.17
4	四川汉派实业有限责任公司	境内法人股	1594.05	6.39
5	申银万国证券股份有限公司	境内法人股	249.43	1.00
6	深圳市东方热电投资有限公司	境内法人股	145.00	0.58
7	上海九宇新技术发展有限公司	境内法人股	100.00	0.40
8	上海点津贸易有限公司	境内法人股	100.00	0.40
9	上海隆得歧工贸有限公司	境内法人股	95.00	0.38
10	云国福	流通 A 股	90.00	0.36

股东人数	2004.6	2003.12	2003.6	2002
	29883	22035	25612	26705

近年分配		近年配股/增发	

重大事项

公司与四川峨眉山汇丰有限公司、四川峨眉山通海特种水泥有限公司拖欠电费本金 400 万元及滞纳金案(详见 2003 年年度报告)，峨眉山市磷肥厂收购了两公司，向公司承诺将在 2004 年 9 月底前还清欠款，公司申请撤诉，四川省乐山市中级人民法院以[2004]乐民初字第 18 号、19 号裁定书准予公司撤诉。目前峨眉山市磷肥厂已还款 250 万元。

二○○三年以来市场表现

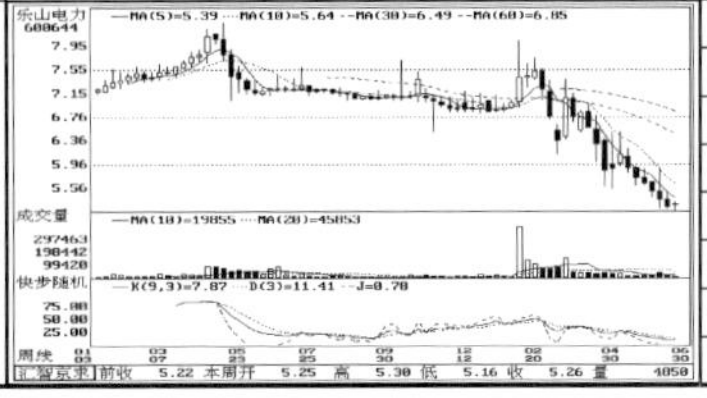

2003 年涨跌幅(%)	–4.44
2003 年最高(元)	8.35
2003 年最低(元)	6.50
2003 年换手率(%)	82.62
2004.06 涨跌幅(%)	–23.55
2004.06 最高(元)	8.03
2004.06 最低(元)	5.16
2004.06 换手率(%)	104.44

上海望春花(集团)股份有限公司

公司概况

公司名称	上海望春花(集团)股份有限公司			股票代码		600645	
注册地址	上海市北翟路1168号			邮政编码		200335	
法人代表	韩旭东			董秘		曹志远	
电话	021-52171679			传真		021-52600580	
主营业务	干细胞基因工程产业化						
总股本	25002.80	流通A	9815.54	流通B		流通H	
审计单位				审计意见		未审计	

主要财务指标

年度	2004.6	2003	2002
每股收益/扣除后(元)	-0.0577	-0.0803	-0.2400
每股经营现金流量(元)	0.0500	0.1669	-0.0590
每股净资产/调整后(元)	1.0150	1.0890	0.0502
每股公积金(元)	0.3815	0.3811	0.3765
净资产收益率(%)	-5.3600	1.0400	
总资产(万元)	61053.12	63608.89	56742.00
股东权益(万元)	28666.22	30193.88	30222.00
未分配利润(万元)	-9183.07	-7587.97	-6441.00
主营收入(万元)	13718.78	32503.39	
资本公积金(万元)	9537.81	9528.82	9413.00
主营利润(万元)	2969.27	4324.33	3843.00
其他业务利润(万元)	86.55	111.66	2.91
营业利润(万元)	-1015.16	-402.23	-4356.23
投资收益(万元)	21.17	1236.18	-872.00
补贴收入(万元)		41.21	41.21
营业外收支(万元)	-76.91	-37.26	0.41
利润总额(万元)	-1070.89	837.89	-5691.18
净利润(万元)	-1536.66	314.27	-6251.14

十大股东

序号	股东名称	股份性质	持股数(万股)	比例(%)
1	海泰生物科技发展有限公司	境内法人股	6819.44	27.27
2	北京中融物产有限责任公司	境内法人股	3410.00	13.64
3	上海望春花实业有限公司	境内法人股	2400.00	9.60
4	华宝信托投资有限责任公司	境内法人股	400.77	1.60
5	华银投资控股有限公司	流通A股	242.67	0.97
6	厦门奇胜股份有限公司	境内法人股	240.00	0.96
7	江阴市青阳绒布厂	境内法人股	104.83	0.42
8	上海日清生物环境产业有限公司	境内法人股	75.48	0.30
9	中国人民保险公司上海市分公司	境内法人股	74.88	0.30
10	纺织进出	境内法人股	74.88	0.30

股东人数	2004.6	2003.12	2003.6	2002
	17239	6212	6614	7441

近年分配		近年配股/增发	

重大事项

本公司于2004年4月28日在《上海证券报》上披露了重大诉讼事项,本公司向上海市长宁区人民法院提出依法判令上海市房屋土地资源管理局撤销向上海望春花实业有限公司颁发的"长2002022012号"房地产权证的具体行政行为之诉。

二〇〇三年以来市场表现

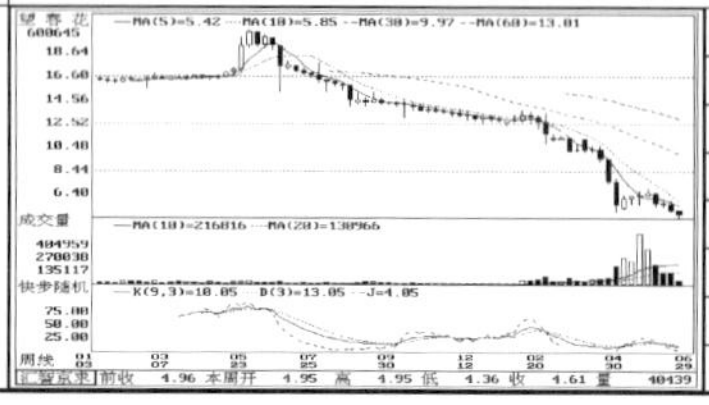

2003年涨跌幅(%)	-19.77
2003年最高(元)	20.68
2003年最低(元)	12.48
2003年换手率(%)	59.13
2004.06涨跌幅(%)	-64.84
2004.06最高(元)	13.65
2004.06最低(元)	4.36
2004.06换手率(%)	271.61

上海同达创业投资股份有限公司

公司概况

公司名称	上海同达创业投资股份有限公司			股票代码		600647	
注册地址	上海市浦东新区金新路58号银桥大厦二十五楼			邮政编码		201206	
法人代表	陈玉华			董秘		胡嘉捷	
电话	021-58545898			传真		021-58541001	
主营业务	中式快餐连锁业,科技产业投资						
总股本	5351.67	流通A	2100.00	流通B		流通H	
审计单位				审计意见		未审计	

主要财务指标

年度	2004.6	2003	2002
每股收益/扣除后(元)	-0.0132	-0.1101	0.0310
每股经营现金流量(元)	0.2266	-0.6596	0.3258
每股净资产/调整后(元)	-0.0500	0.0158	-0.3782
每股公积金(元)	0.6398	0.6398	0.5154
净资产收益率(%)		441.4500	-9.4900
总资产(万元)	10293.02	14747.47	8862.18
股东权益(万元)	-267.40	328.04	-1745.60
未分配利润(万元)	-9252.67	-8681.64	-10129.77
主营收入(万元)	3730.35	3666.52	3472.85
资本公积金(万元)	3423.76	3423.76	2758.28
主营利润(万元)	391.20	676.50	769.10
其他业务利润(万元)	79.57	77.90	-2.63
营业利润(万元)	-82.39	-506.18	-950.11
投资收益(万元)	-48.99	1903.87	1115.40
补贴收入(万元)			
营业外收支(万元)	-464.86	15.36	-8.66
利润总额(万元)	-596.24	1413.05	180.23
净利润(万元)	-571.04	1448.13	165.74

十大股东

序号	股东名称	股份性质	持股数(万股)	比例(%)
1	中国信达信托投资有限公司	发起人法人股	2237.00	41.80
2	上海锦江国际酒店管理股份有限公司	发起人法人股	267.00	4.99
3	上海嘉宝实业股份有限公司	社会法人股	94.50	1.77
4	上海强生集团有限公司	社会法人股	94.50	1.77
5	上海申银万国股份有限公司	社会法人股	63.00	1.18
6	上海申达纺织股份有限公司	社会法人股	63.00	1.18
7	上海二纺机股份有限公司	社会法人股	53.55	1.00
8	上海天迪投资公司	社会法人股	31.50	0.59
9	上海市房实业公司	社会法人股	28.35	0.53
10	上海新亚集团工会	社会法人股	27.30	0.51

股东人数	2004.6	2003.12	2003.6	2002
	3408	3439	3863	4259

近年分配		近年配股/增发	

重大事项

本公司与香港汉盛集团有限公司(以下简称汉盛集团)于1998年3月15日签订《股权转让协议书》。汉盛集团因与本公司股权转让侵权纠纷提起起诉,上海市第一中级人民法院[(2002)沪一中民五商初字第159号]立案受理,在审理期间,本公司对该案提起反诉,上海市第一中级人民法院决定本诉和反诉合并审理。

二〇〇三年以来市场表现

2003年涨跌幅(%)	-2.64
2003年最高(元)	17.20
2003年最低(元)	12.45
2003年换手率(%)	33.25
2004.06涨跌幅(%)	-34.97
2004.06最高(元)	16.05
2004.06最低(元)	9.53
2004.06换手率(%)	31.79

上海外高桥保税区开发股份有限公司

公司概况

公司名称	上海外高桥保税区开发股份有限公司			股票代码	600648		
注册地址	上海浦东杨高北路 889 号			邮政编码	200120		
法人代表	刘新民			董秘	王勋		
电话	021-50580088-2502			传真	021-50581138		
主营业务	保税区房地产开发建设						
总股本	74505.75	流通 A	5445.00	流通 B	20055.75	流通 H	
审计单位				审计意见	未审计		

主要财务指标

年度	2004.6	2003	2002
每股收益/扣除后(元)	0.0009	–0.0300	–0.1681
每股经营现金流量(元)	–0.1750	–0.1312	0.0347
每股净资产/调整后(元)	1.6890	1.6900	1.5847
每股公积金(元)	0.4324	0.4324	0.4324
净资产收益率(%)	0.3930	1.9400	–9.6300
总资产(万元)	343736.09	323058.81	300487.12
股东权益(万元)	129272.83	128764.39	128569.60
未分配利润(万元)	3251.80	2743.35	3018.06
主营收入(万元)	21125.97	35504.41	18092.71
资本公积金(万元)	32218.24	32218.24	32218.24
主营利润(万元)	5330.80	11288.55	5523.88
其他业务利润(万元)	98.19	890.35	–7.99
营业利润(万元)	–1161.51	–3280.41	–17732.35
投资收益(万元)	980.79	4784.68	567.96
补贴收入(万元)	457.63	1663.51	41.30
营业外收支(万元)	205.29	–415.77	–3.51
利润总额(万元)	482.20	2752.01	–12054.34
净利润(万元)	508.45	2501.28	–12384.02

十大股东

序号	股东名称	股份性质	持股数(万股)	比例(%)
1	上海外高桥集团有限公司	国家股	43560.00	58.47
2	上海上投实业投资有限公司	境内法人股	5445.00	7.31
3	TOYO SECURITIES ASIA LTD.	流通 B 股	173.37	0.23
4	NOMURA INTERNATIONAL (HONG KONG) LIMITED	流通 B 股	161.09	0.22
5	郑素贞	流通 A 股	113.03	0.15
6	HSBC BROKING SECURITIES (ASIA) LIMITED	流通 B 股	96.65	0.13
7	TAM,KING WAI	流通 B 股	72.19	0.10
8	彭丰	流通 B 股	70.37	0.09
9	NIKKO CORDIAL SECURITIES INC.	流通 B 股	69.87	0.09
10	赵展岳	流通 B 股	67.83	0.09

股东人数

2004.6	2003.12	2003.6	2002
69649	36487	36507	71187

近年分配		近年配股/增发	

重大事项

2004 年 5 月公司与上海保税商品市场共同投资 1,500 万元，组建上海外高桥国际商品展示交易中心有限公司，其中公司投资 1,350 万，占 90%。

二〇〇三年以来市场表现

2003 年涨跌幅(%)	–29.74
2003 年最高(元)	14.79
2003 年最低(元)	8.80
2003 年换手率(%)	118.75
2004.06 涨跌幅(%)	–3.54
2004.06 最高(元)	12.67
2004.06 最低(元)	8.94
2004.06 换手率(%)	157.44

上海市原水股份有限公司

公司概况

公司名称	上海市原水股份有限公司			股票代码	600649		
注册地址	上海市浦东新区北艾路 1540 号			邮政编码	200085		
法人代表	刘强			董秘	王▮柔		
电话	021-63564899			传真	021-63564880		
主营业务	原水供应，自来水开发						
总股本	188439.50	流通 A	56085.14	流通 B		流通 H	
审计单位				审计意见	未审计		

主要财务指标

年度	2004.6	2003	2002
每股收益/扣除后(元)	0.1100	0.2252	0.2130
每股经营现金流量(元)	0.1090	0.3600	0.6200
每股净资产/调整后(元)	3.0100	2.8900	2.6700
每股公积金(元)	1.1034	1.1034	1.1034
净资产收益率(%)	3.9500	7.8800	8.2700
总资产(万元)	612963.50	604534.62	643583.06
股东权益(万元)	567053.19	544682.62	502570.28
未分配利润(万元)	117746.95	95370.85	59663.84
主营收入(万元)	46761.14	96528.26	78473.75
资本公积金(万元)	207919.59	207919.59	207919.59
主营利润(万元)	22017.11	47162.87	39232.64
其他业务利润(万元)	20.13	114.44	1.73
营业利润(万元)	20714.48	40817.58	34139.20
投资收益(万元)	5540.70	9882.76	13872.83
补贴收入(万元)			
营业外收支(万元)	–43.44	–1649.40	–3.00
利润总额(万元)	26211.75	49050.93	47757.74
净利润(万元)	22376.11	42925.65	41550.02

十大股东

序号	股东名称	股份性质	持股数(万股)	比例(%)
1	上海市国有资产管理委员会	国有法人股	98776.27	52.42
2	申银万国证券股份有限公司	境内法人股	5538.17	2.94
3	中国建设银行上海信托投资公司	境内法人股	809.98	0.43
4	华夏证券有限公司	境内法人股	771.65	0.41
5	汉兴证券投资基金	流通 A 股	380.18	0.20
6	中国国际海运集装箱股份有限公司	境内法人股	379.50	0.20
7	易方达 50 指数证券投资基金	流通 A 股	377.89	0.20
8	苏州电视机组件厂	境内法人股	327.57	0.17
9	上海市城市建设投资开发总公司	境内法人股	297.27	0.16
10	交通银行上海分行	境内法人股	253.00	0.13

股东人数

2004.6	2003.12	2003.6	2002
248898	253890	256075	248206

近年分配	2004 年 8 月 4 日 10 派 0.5	近年配股/增发	

重大事项

司投资 220 万元，用于支付严桥泵站 35KV 高配更改工程建筑安装费用。该项目计划投资总额 1616 万元，已累计投资 1417.31 万元，2004 年完工。该项目有利于安全运行。

二〇〇三年以来市场表现

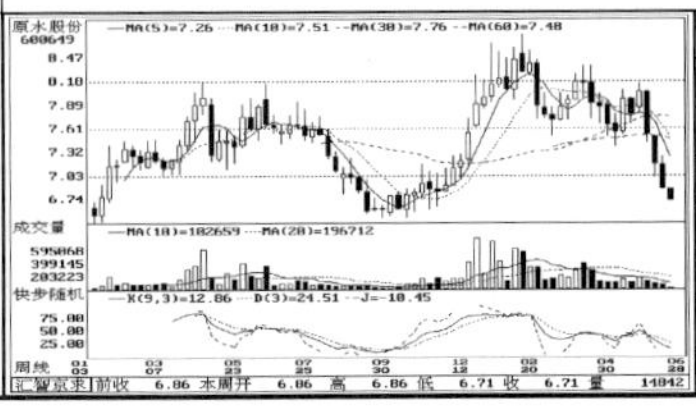

2003 年涨跌幅(%)	20.61
2003 年最高(元)	8.25
2003 年最低(元)	6.37
2003 年换手率(%)	134.46
2004.06 涨跌幅(%)	–15.70
2004.06 最高(元)	8.76
2004.06 最低(元)	6.71
2004.06 换手率(%)	104.59

上海锦江国际实业投资股份有限公司

公司概况

公司名称	上海锦江国际实业投资股份有限公司			股票代码	600650
注册地址	上海市浦东大道1号			邮政编码	200002
法人代表	沈懋兴		董秘	袁哲宁	
电话	021-63218800-106		传真	021-63213119	
主营业务	旅馆、餐饮				
总股本	55161.01	流通A	4181.76	流通B 16105.00	流通H
审计单位			审计意见	未审计	

主要财务指标

年度	2004.6	2003	2002
每股收益/扣除后(元)	0.1124	0.0078	0.0240
每股经营现金流量(元)	0.1190	0.1210	0.1930
每股净资产/调整后(元)	2.9000	2.7900	2.6200
每股公积金(元)	1.6172	1.6172	1.6171
净资产收益率(%)	3.9300	0.6200	1.0000
总资产(万元)	274195.37	195443.83	194184.02
股东权益(万元)	160682.56	154369.44	153400.77
未分配利润(万元)	9130.42	3320.48	2724.72
主营收入(万元)	47798.65	32428.38	31342.73
资本公积金(万元)	89204.02	89204.02	89203.03
主营利润(万元)	18175.00	25776.20	25046.39
其他业务利润(万元)	245.81	8.68	8.68
营业利润(万元)	4197.09	1584.95	2610.82
投资收益(万元)	5859.19	1013.71	775.73
补贴收入(万元)	76.36	248.51	-1.33
营业外收支(万元)	38.00	-57.96	1.98
利润总额(万元)	10170.64	2789.21	3389.64
净利润(万元)	6313.13	967.68	1532.32

十大股东

序号	股东名称	股份性质	持股数(万股)	比例(%)
1	锦江国际(集团)有限公司	国有法人股	22696.13	41.15
2	上海国际信托投资公司	境内法人股	407.72	0.74
3	蔡青峰	流通B股	388.37	0.70
4	上海锦江饭店	境内法人股	370.09	0.67
5	友谊汽车工会	境内法人股	353.36	0.64
6	中国工商银行上海第二支行	境内法人股	313.63	0.57
7	SKANDIA GLOBLE FUNDS PLC	流通B股	189.01	0.34
8	上海爱建股份有限公司	境内法人股	188.18	0.34
9	上海海立(集团)股份有限公司	境内法人股	188.18	0.34
10	和平饭店	境内法人股	184.00	0.33

股东人数	2004.6	2003.12	2003.6	2002
	52612	28200	55285	56612

近年分配		近年配股/增发	

重大事项

本公司的控股子公司上海锦江汽车服务有限公司于2004年5月24日与上海锦江国际旅游股份有限公司签订《车辆转让协议》:上海锦江汽车服务有限公司受让上海锦江国际旅游股份有限公司下属企业上海国旅汽车服务公司的23辆出租汽车、14辆中型旅游车及其营运牌照。产权交易的基准日为2004年4月30日,交易价格为1,010万元人民币。

二〇〇三年以来市场表现

2003年涨跌幅(%)	-34.64
2003年最高(元)	12.59
2003年最低(元)	6.46
2003年换手率(%)	285.17
2004.06涨跌幅(%)	2.40
2004.06最高(元)	9.38
2004.06最低(元)	6.52
2004.06换手率(%)	88.81

上海飞乐音响股份有限公司

公司概况

公司名称	上海飞乐音响股份有限公司			股票代码	600651
注册地址	上海市江苏路61号			邮政编码	200060
法人代表	唐岷		董秘	施正明	
电话	021-62770068-1833		传真	021-62982217	
主营业务	IC卡,绿色照明				
总股本	42416.51	流通A	42416.51	流通B	流通H
审计单位			审计意见	未审计	

主要财务指标

年度	2004.6	2003	2002
每股收益/扣除后(元)	0.0595	0.1000	0.0970
每股经营现金流量(元)	0.0040	0.0960	0.2670
每股净资产/调整后(元)	1.5300	1.5100	1.4700
每股公积金(元)	0.3301	0.3301	0.3299
净资产收益率(%)	3.2400	6.7400	6.0800
总资产(万元)	167713.70	154132.44	147908.87
股东权益(万元)	74121.70	71932.43	67439.23
未分配利润(万元)	11146.48	9312.65	5958.74
主营收入(万元)	47958.52	94186.66	85690.48
资本公积金(万元)	14000.83	14000.41	13992.52
主营利润(万元)	9369.14	18228.31	12693.08
其他业务利润(万元)	120.33	118.57	1.47
营业利润(万元)	2204.15	2487.47	4394.63
投资收益(万元)	1405.47	2226.09	1024.45
补贴收入(万元)	8.63	355.48	-1.90
营业外收支(万元)	-221.08	638.06	-0.94
利润总额(万元)	3397.17	5707.10	5433.23
净利润(万元)	2398.32	4846.38	4096.95

十大股东

序号	股东名称	股份性质	持股数(万股)	比例(%)
1	上海仪电控股集团公司	流通A股	8134.37	19.18
2	上海浦东唐正集镇规划发展有限公司	流通A股	1892.65	4.46
3	上海证券有限责任公司	流通A股	1817.22	4.28
4	上海乐飞股份有限公司	流通A股	1697.50	4.00
5	上海爱建信托投资有限责任公司	流通A股	1567.35	3.70
6	上海铭中科贸有限公司	流通A股	1005.71	2.37
7	上海物群实业有限公司	流通A股	710.62	1.68
8	上海敏特投资有限公司	流通A股	622.00	1.47
9	中国中煤能源集团公司	流通A股	410.32	0.97
10	曾亚平	流通A股	72.94	0.17

股东人数	2004.6	2003.12	2003.6	2002
	36212	20760	23697	33874

近年分配		近年配股/增发	

重大事项

2004年5月28日,公司六届七次董事会会议及六届三次监事会会议审议通过了关于本公司向上海仪电控股(集团)公司受让丽园路478号1~5楼房产的议案。受让价格以上海东洲资产评估有限公司出具的资产评估报告截止2004年4月30日受让房产的资产评估值6448.97万元为依据,确定为每平方米13500元人民币,受让总价为6426.648万元人民币。

二〇〇三年以来市场表现

2003年涨跌幅(%)	-5.47
2003年最高(元)	11.48
2003年最低(元)	8.29
2003年换手率(%)	95.34
2004.06涨跌幅(%)	-37.37
2004.06最高(元)	9.37
2004.06最低(元)	5.41
2004.06换手率(%)	59.03

上海爱使股份有限公司

公司概况

公司名称	上海爱使股份有限公司	股票代码	600652
注册地址	上海市石门二路333弄3号6楼	邮政编码	200031
法人代表	韩飞	董秘	许汉章
电话	021-64710022-8105	传真	021-64711120
主营业务	煤炭、计算机软硬件		
总股本	38951.23	流通A	38951.23
流通B		流通H	
审计单位		审计意见	未审计

主要财务指标

年度	2004.6	2003	2002
每股收益/扣除后(元)	0.0914	0.1791	0.1300
每股经营现金流量(元)	0.8500	1.0000	0.8200
每股净资产/调整后(元)	1.8800	1.8400	2.1100
每股公积金(元)	0.4476	0.4471	0.8805
净资产收益率(%)	4.0900	9.5000	6.0900
总资产(万元)	272665.72	242209.80	159811.16
股东权益(万元)	75379.31	74223.61	63393.66
未分配利润(万元)	9296.09	8160.85	5084.23
主营收入(万元)	76886.43	151909.16	47936.07
资本公积金(万元)	17436.05	17415.58	26383.30
主营利润(万元)	25612.33	47662.86	14410.09
其他业务利润(万元)	640.70	496.21	–0.65
营业利润(万元)	10897.10	18825.79	4335.72
投资收益(万元)	–625.76	–263.67	304.45
补贴收入(万元)	39.32	489.03	–1.18
营业外收支(万元)	–57.86	–223.90	–0.26
利润总额(万元)	10252.80	18827.25	4711.79
净利润(万元)	3082.80	7054.84	3863.68

十大股东

序号	股东名称	股份性质	持股数(万股)	比例(%)
1	天天科技有限公司	流通A股	2823.57	7.25
2	北京同达志远网络系统工程有限公司	流通A股	715.77	1.84
3	余汉江	流通A股	90.15	0.23
4	王爱军	流通A股	87.60	0.22
5	孙建锋	流通A股	76.00	0.20
6	戴红梅	流通A股	66.49	0.17
7	肖元真	流通A股	62.93	0.16
8	北京恒辉永泰信息咨询限公司	流通A股	58.88	0.15
9	郝富	流通A股	58.65	0.15
10	中国银行–天同180指数证券投资基金	流通A股	57.51	0.15

股东人数	2004.6	2003.12	2003.6	2002
	111299	111570	115258	105214

近年分配	2004年8月9日10派0.5	近年配股/增发	

重大事项

2004年8月3日公司刊登了分红派息实施公告，完成了2003年度利润分配方案。以公司总股本389,512,282股为基数，向全体股东每10股派发现金红利0.50元(含税)，股权登记日为2004年8月6日，除息日为2004年8月9日，现金红利发放日为2004年8月13日。

二〇〇三年以来市场表现

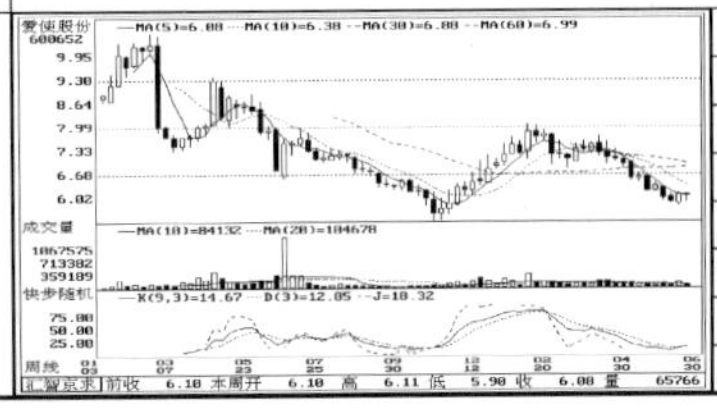

2003年涨跌幅(%)	0.41
2003年最高(元)	9.38
2003年最低(元)	5.37
2003年换手率(%)	199.66
2004.06涨跌幅(%)	–11.76
2004.06最高(元)	8.05
2004.06最低(元)	5.78
2004.06换手率(%)	75.02

上海申华控股股份有限公司

公司概况

公司名称	上海申华控股股份有限公司	股票代码	600653
注册地址	上海市宁波路一号	邮政编码	200002
法人代表	吴小安	董秘	翟锋
电话	021-63372010,63372011	传真	021-63372000
主营业务	实业投资,兴办各类经济实体		
总股本	145531.69	流通A	145531.69
流通B		流通H	
审计单位		审计意见	未审计

主要财务指标

年度	2004.6	2003	2002
每股收益/扣除后(元)	–0.0039	–0.0800	–0.0600
每股经营现金流量(元)	–0.5400	0.5600	0.1440
每股净资产/调整后(元)	1.1500	1.1504	1.0945
每股公积金(元)	0.2534	0.2533	0.2526
净资产收益率(%)	0.1300	6.1090	–25.6200
总资产(万元)	398054.12	472669.84	442632.53
股东权益(万元)	170281.55	170218.12	160705.09
未分配利润(万元)	–45464.95	–45681.96	–51490.38
主营收入(万元)	159397.28	327714.03	301191.41
资本公积金(万元)	36882.68	36869.90	36760.80
主营利润(万元)	9622.19	36687.77	36828.23
其他业务利润(万元)	969.16	1390.84	62.05
营业利润(万元)	–620.14	–1420.48	6397.92
投资收益(万元)	1030.34	–700.14	–7711.07
补贴收入(万元)	101.90	460.10	5.97
营业外收支(万元)	67.06	20459.00	–127.59
利润总额(万元)	579.16	18798.48	–32737.38
净利润(万元)	217.01	10399.31	–41171.86

十大股东

序号	股东名称	股份性质	持股数(万股)	比例(%)
1	深圳市正国投资发展有限公司	流通A股	20012.40	13.75
2	中国建设银行–博时裕富证券投资基金	流通A股	607.24	0.42
3	夏瑞兰	流通A股	368.39	0.25
4	招商银行股份有限公司–长城久泰证券投资基金	流通A股	222.08	0.15
5	宋玉祥	流通A股	194.97	0.13
6	张玉祥	流通A股	177.12	0.12
7	石平	流通A股	135.65	0.09
8	仰融	流通A股	129.39	0.09
9	黄振寰	流通A股	114.00	0.08
10	张亚莉	流通A股	93.98	0.06

股东人数	2004.6	2003.12	2003.6	2002
	341357	322386	308276	331584

近年分配		近年配股/增发	

重大事项

2004年5月8日，本公司全资子公司华安投资以250万元的价格从重庆业银财务咨询有限公司处受让了重庆经开汽车博展销售中心有限公司10%的股权，受让后，华安投资合计持有该公司50%股权。自购买日起至报告期末该项目为本公司贡献的净利润为0万元。

二〇〇三年以来市场表现

2003年涨跌幅(%)	5.69
2003年最高(元)	5.05
2003年最低(元)	3.20
2003年换手率(%)	259.88
2004.06涨跌幅(%)	–11.61
2004.06最高(元)	4.75
2004.06最低(元)	3.10
2004.06换手率(%)	109.20

上海飞乐股份有限公司

公司概况

公司名称	上海飞乐股份有限公司	股票代码	600654
注册地址	上海市浦东新区新金桥路 201 号	邮政编码	200050
法人代表	郁建福	董秘	刘仁仁
电话	021-62512629	传真	021-62517323
主营业务	投资高新技术企业、实业投资		
审计单位		审计意见	未审计

总股本	48400.20	流通 A	36631.91	流通 B		流通 H	

主要财务指标

年度	2004.6	2003	2002
每股收益 / 扣除后(元)	0.0350	0.0360	0.0320
每股经营现金流量(元)	–0.0200	0.0500	0.0300
每股净资产 / 调整后(元)	2.1100	2.0700	2.1100
每股公积金(元)	1.2458	1.2458	1.2454
净资产收益率(%)	1.3300	1.8000	1.2800
总资产(万元)	218561.92	215863.77	236074.56
股东权益(万元)	121491.24	120307.01	119598.61
未分配利润(万元)	8204.67	6560.65	5199.96
主营收入(万元)	38834.75	90554.18	61663.19
资本公积金(万元)	60295.75	60295.75	60279.33
主营利润(万元)	7165.66	12326.38	13593.74
其他业务利润(万元)	188.10	261.89	5.96
营业利润(万元)	–2576.94	–6869.41	–3134.72
投资收益(万元)	4237.64	8495.01	4429.20
补贴收入(万元)	52.18	146.48	–1.20
营业外收支(万元)	–6.99	46.01	0.49
利润总额(万元)	1705.89	1818.08	2003.66
净利润(万元)	1613.53	2159.71	1530.85

十大股东

序号	股东名称	股份性质	持股数(万股)	比例(%)
1	上海仪电控股集团公司	国有法人股	11768.29	24.31
2	内蒙古日信投资(集团)有限责任公司	流通 A 股	148.78	0.31
3	赤峰正信投资有限公司	流通 A 股	127.63	0.26
4	张华昌	流通 A 股	119.67	0.25
5	联通国脉通信股份有限公司	流通 A 股	91.46	0.19
6	中国工商银行–华安上证 180 指数证券投资基金	流通 A 股	74.02	0.15
7	郭琛	流通 A 股	71.48	0.15
8	招商银行股份有限公司–长城久泰中信标普 300 指数证券投资基金	流通 A 股	65.26	0.13
9	中国银行–天同 180 指数证券投资基金	流通 A 股	58.47	0.12
10	广东证券股份有限公司	流通 A 股	46.22	0.10

股东人数	2004.6	2003.12	2003.6	2002
	165301	171201	172620	176296

近年分配		近年配股 / 增发	2004 年 7 月 23 日 10 送 1 转 2

重大事项

2004 年 6 月 29 日公司召开了 2003 年度股东大会，会议审议并通过了更换公司董事、监事的议案。姜树勋先生、潘步恩先生因工作原因不再担任董事职务，陈五凤先生、徐森康先生为公司第五届董事会董事；邵礼群先生、周瑞昌先生、何国英女士因工作原因不再担任监事职务，贡胜利先生、潘步恩先生、张天痕先生为公司第五届监事会监事。

二〇〇三年以来市场表现

2003 年涨跌幅(%)	–10.76
2003 年最高(元)	6.85
2003 年最低(元)	4.61
2003 年换手率(%)	97.18
2004.06 涨跌幅(%)	–3.36
2004.06 最高(元)	6.88
2004.06 最低(元)	4.85
2004.06 换手率(%)	87.18

上海豫园旅游商城股份有限公司

公司概况

公司名称	上海豫园旅游商城股份有限公司	股票代码	600655
注册地址	上海市文昌路 19 号	邮政编码	200010
法人代表	吴平	董秘	蒋伟
电话	021-63559999	传真	021-63550558
主营业务	综合百货、黄金饰品		
审计单位		审计意见	未审计

总股本	46533.35	流通 A	14907.95	流通 B		流通 H	

主要财务指标

年度	2004.6	2003	2002
每股收益 / 扣除后(元)	0.0873	0.1000	0.2030
每股经营现金流量(元)	0.4540	0.1920	1.0730
每股净资产 / 调整后(元)	3.5970	3.5670	3.4550
每股公积金(元)	1.9760	1.9760	1.9760
净资产收益率(%)	2.0950	2.8350	5.4900
总资产(万元)	402846.66	356577.44	306600.56
股东权益(万元)	176818.64	176836.87	171823.41
未分配利润(万元)	10884.94	11027.86	8024.41
主营收入(万元)	169233.05	267944.69	259824.77
资本公积金(万元)	91951.28	91951.28	91951.28
主营利润(万元)	28734.29	46319.34	49324.52
其他业务利润(万元)	3112.67	6021.08	2158.48
营业利润(万元)	6200.82	8606.01	12685.38
投资收益(万元)	54.97	204.55	545.55
补贴收入(万元)	123.76	67.59	5.71
营业外收支(万元)	–333.32	–181.73	2.30
利润总额(万元)	6046.23	8696.43	12404.98
净利润(万元)	3704.42	5013.95	9432.57

十大股东

序号	股东名称	股份性质	持股数(万股)	比例(%)
1	上海复星产业投资有限公司	境内法人股	9307.16	20.00
2	国家持股(授权上海豫园集团经营管理)	国家股	2615.67	5.62
3	豫园商场	境内法人股	1524.94	3.28
4	上海嘉港城房地产开发有限公司	境内法人股	1100.00	2.36
5	上海南房集团有限公司	境内法人股	1066.82	2.29
6	上海中国国际旅行社股份有限公司	境内法人股	773.23	1.66
7	黄浦区国有资产总公司	境内法人股	405.40	0.87
8	南市果品总公司	境内法人股	366.72	0.79
9	上海国际投资信托公司	境内法人股	363.36	0.78
10	上海豫园(集团)有限公司	境内法人股	358.88	0.77

股东人数	2004.6	2003.12	2003.6	2002
	74214	76634	78387	76320

近年分配	2004 年 7 月 1 日 10 派 0.80	近年配股 / 增发	

重大事项

公司 2003 年度利润分配方案为向全体股东按每 10 股派发 0.80 元现金红利(含税)。分配方案经 2004 年 5 月 28 日召开的 2004 年第一次股东大会(2003 年年会)审议通过，已于 2004 年 7 月 7 日发放。

二〇〇三年以来市场表现

2003 年涨跌幅(%)	–27.81
2003 年最高(元)	9.42
2003 年最低(元)	5.60
2003 年换手率(%)	83.51
2004.06 涨跌幅(%)	–6.04
2004.06 最高(元)	7.23
2004.06 最低(元)	5.35
2004.06 换手率(%)	63.62

上海华源制药股份有限公司

公司概况

公司名称	上海华源制药股份有限公司	股票代码	600656
注册地址	上海市浦东新区张江高科技园区郭守敬路351号	邮政编码	200063
法人代表	丁公才	董秘	王长虹
电话	021-62030205	传真	021-62030205
主营业务	工业、民用洗涤、医药		
总股本	15008.17	流通A	8204.56
流通B		流通H	
审计单位		审计意见	未审计

主要财务指标

年度	2004.6	2003	2002
每股收益/扣除后(元)	0.1363	0.4300	0.1500
每股经营现金流量(元)	0.8210	2.1500	0.6200
每股净资产/调整后(元)	1.7000	1.6000	1.5400
每股公积金(元)	0.3191	0.1142	0.5743
净资产收益率(%)	8.8300	22.1400	12.1400
总资产(万元)	192057.25	150455.50	137464.66
股东权益(万元)	26205.68	21339.31	16690.56
未分配利润(万元)	2950.76	2595.67	893.27
主营收入(万元)	49965.17	121688.42	88798.94
资本公积金(万元)	4789.13	1713.41	5353.28
主营利润(万元)	16265.29	43748.36	22237.64
其他业务利润(万元)	1421.05	1343.74	43.03
营业利润(万元)	7448.19	23219.85	4696.25
投资收益(万元)	-35.29	432.58	735.27
补贴收入(万元)	220.43	650.52	18.17
营业外收支(万元)	-123.88	-2104.85	-17.73
利润总额(万元)	7509.45	22198.11	5462.61
净利润(万元)	2312.68	4725.40	2026.22

十大股东

序号	股东名称	股份性质	持股数(万股)	比例(%)
1	中国华源生命产业有限公司	法人股	6166.94	41.09
2	兰溪市财政局	国有股	636.67	4.24
3	朱万明	流通股	93.93	0.63
4	程金元	流通股	70.27	0.47
5	姚美英	流通股	44.68	0.30
6	曾祥桐	流通股	43.95	0.29
7	杜正坤	流通股	39.93	0.27
8	姚东旺	流通股	38.27	0.25
9	聂运花	流通股	38.23	0.25
10	何为	流通股	36.78	0.25

股东人数	2004.6	2003.12	2003.6	2002
	12755	13253	13470	18432

近年分配	近年配股/增发
2004年4月19日10派0.40	2004年4月19日10送1.5

重大事项

2004年5月29日,公司四届二十五次董事会批准,公司与六安振林企业发展有限公司签订《股权置换协议》,同意公司按上海东洲资产评估有限公司对安徽金寨华源天然药物有限公司评估确认以后的净资产(19230万元)为定价依据,以4388.6511万元债权净值资产及550万元现金置换六安振林企业发展有限公司所持安徽金寨华源天然药物有限公司25.68%股权。

二〇〇三年以来市场表现

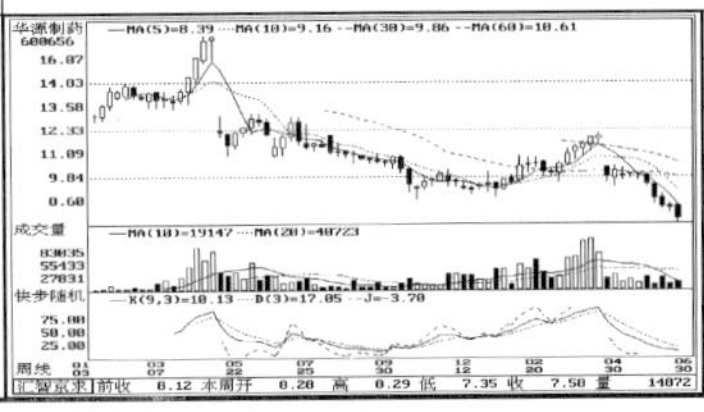

2003年涨跌幅(%)	5.62
2003年最高(元)	11.41
2003年最低(元)	7.45
2003年换手率(%)	129.99
2004.06涨跌幅(%)	-11.42
2004.06最高(元)	10.45
2004.06最低(元)	7.35
2004.06换手率(%)	118.29

北京天桥北大青鸟科技股份有限公司

公司概况

公司名称	北京天桥北大青鸟科技股份有限公司	股票代码	600657
注册地址	北京市崇文区永内大街1号	邮政编码	100871
法人代表	徐祗祥	董秘	于明
电话	010-82615888-3357	传真	(010)62764411
主营业务	销售计算机软硬件		
总股本	30443.23	流通A	17509.33
流通B		流通H	
审计单位		审计意见	未审计

主要财务指标

年度	2004.6	2003	2002
每股收益/扣除后(元)	-0.2134	0.0892	0.1251
每股经营现金流量(元)	-0.7920	1.0392	0.7341
每股净资产/调整后(元)	2.5540	2.7953	4.5246
每股公积金(元)	1.3190	1.3204	2.7068
净资产收益率(%)	-7.2800	3.8044	3.0576
总资产(万元)	329841.72	272002.59	264757.41
股东权益(万元)	79898.39	85436.27	82096.21
未分配利润(万元)	1092.66	7508.75	9159.69
主营收入(万元)	45153.07	74778.27	76062.49
资本公积金(万元)	40155.61	40196.19	48472.26
主营利润(万元)	5254.13	19087.72	21963.31
其他业务利润(万元)	206.05	563.88	-17.22
营业利润(万元)	-3724.43	979.71	3127.31
投资收益(万元)	-2139.47	752.30	-45.47
补贴收入(万元)	290.09	1341.84	-3.74
营业外收支(万元)	340.74	-48.40	-0.08
利润总额(万元)	-5233.05	3025.45	3383.02
净利润(万元)	-5813.20	3250.30	2510.21

十大股东

序号	股东名称	股份性质	持股数(万股)	比例(%)
1	北京北大青鸟有限责任公司	境内法人股	6357.88	20.88
2	北京崇远投资经营公司	国家股及国有法人股	3947.38	12.97
3	北京市电影公司	境内法人股	661.94	2.17
4	对外友好合作服务中心	境内法人股	330.97	1.09
5	交通银行北京分行	境内法人股	293.89	0.97
6	北京中关村科技发展有限公司	境内法人股	264.78	0.87
7	北京中关村科技投资管理有限公司	境内法人股	263.17	0.86
8	杭洲市临人投资管理有限公司	流通A股	249.15	0.82
9	北京道和投资管理有限公司	境内法人股	198.58	0.65
10	谈桂兰	流通A股	102.00	0.34

股东人数	2004.6	2003.12	2003.6	2002
	33962	40087	33962	34813

近年分配	近年配股/增发

重大事项

2004年3月2日,公司第六届董事会第十次(临时)会议审议通过了《关于调整业务管理模式的报告》。根据该次会议决议,公司目前已投入1590万元与李锋及其他骨干人员共同投资组建了北京青鸟信息系统有限公司,并占该公司注册资本的9.5%;投入140万元与徐宁及其他骨干人员共同投资组建了北京青鸟思华信息系统有限公司,并占该公司注册资本的70%。

二〇〇三年以来市场表现

2003年涨跌幅(%)	2.63
2003年最高(元)	7.76
2003年最低(元)	5.12
2003年换手率(%)	176.87
2004.06涨跌幅(%)	-13.55
2004.06最高(元)	8.98
2004.06最低(元)	5.30
2004.06换手率(%)	245.84

北京兆维科技股份有限公司

公司概况

公司名称	北京兆维科技股份有限公司	股票代码	600658
注册地址	北京市朝阳区酒仙桥路 14 号	邮政编码	100016
法人代表	赵炳弟	董秘	陈丹
电话	010-84567920	传真	010-84567917
主营业务	生产网络交换产品		
总股本	16702.31	流通 A 9507.00	流通 B / 流通 H
审计单位		审计意见	未审计

主要财务指标

年度	2004.6	2003	2002
每股收益/扣除后(元)	-0.0229	-0.3340	0.1430
每股经营现金流量(元)	-0.1190	-0.3093	-0.6713
每股净资产/调整后(元)	1.4360	1.3632	1.7517
每股公积金(元)	0.3644	0.3644	0.3504
净资产收益率(%)	5.2130	-31.7400	8.5000
总资产(万元)	53551.48	56776.86	74558.51
股东权益(万元)	24291.74	23025.43	30101.49
未分配利润(万元)	-4787.09	-6053.41	1255.35
主营收入(万元)	17746.85	61919.71	62275.31
资本公积金(万元)	6085.66	6085.66	5852.97
主营利润(万元)	3098.81	8207.62	8861.85
其他业务利润(万元)	211.97	218.43	13.18
营业利润(万元)	-885.94	-5519.08	-551.48
投资收益(万元)	1859.71	-374.35	3411.74
补贴收入(万元)	60.49	69.54	2.56
营业外收支(万元)	92.19	-1782.59	-0.52
利润总额(万元)	1126.44	-7606.49	2903.45
净利润(万元)	1266.31	-7308.76	2559.72

十大股东

序号	股东名称	股份性质	持股数(万股)	比例(%)
1	北京兆维电子(集团)有限责任公司	国有法人股	4858.74	29.09
2	北京供销合作总社	境内法人股	1739.09	10.41
3	北京市崇文区商业网点开发公司	国有法人股	597.48	3.58
4	佘忠秀	流通 A 股	30.00	0.18
5	黄卫钢	流通 A 股	29.99	0.18
6	北京大元房地产开发有限责任公司	流通 A 股	26.19	0.16
7	蒋宏业	流通 A 股	25.76	0.15
8	刘伟民	流通 A 股	24.86	0.15
9	张辉	流通 A 股	23.69	0.14
10	马祥忠	流通 A 股	22.90	0.14

股东人数	2004.6	2003.12	2003.6	2002
	40716	41980	43120	42178

近年分配		近年配股/增发	

重大事项

公司于 2004 年 2 月 9 日接获北京市第二中级人民法院(2004)二中执字第 270 号《执行通知》,招商银行股份有限公司北京展览路支行诉公司借款合同纠纷一案,业经北京市高级人民法院审理终结,该案(2000)高经终字第 342 号民事判决,自 2003 年 11 月 11 日发生法律效力。招商银行股份有限公司北京展览路支行于 2004 年 2 月 2 日依法向北京市第二中级人民法院申请执行。

二〇〇三年以来市场表现

2003 年涨跌幅(%)	-46.44
2003 年最高(元)	11.29
2003 年最低(元)	4.35
2003 年换手率(%)	320.88
2004.06 涨跌幅(%)	19.20
2004.06 最高(元)	6.96
2004.06 最低(元)	4.50
2004.06 换手率(%)	202.02

福建闽越花雕股份有限公司

公司概况

公司名称	福建闽越花雕股份有限公司	股票代码	600659
注册地址	福建省福州市省府路一号金皇大厦十七层	邮政编码	350002
法人代表	纪金华	董秘	
电话	0591-83739283	传真	0591-83712918
主营业务	棉纺业、贸易业		
总股本	17342.18	流通 A 4457.01	流通 B / 流通 H
审计单位		审计意见	未审计

主要财务指标

年度	2004.6	2003	2002
每股收益/扣除后(元)	-0.0504	-0.2530	-0.0258
每股经营现金流量(元)	-0.0170	0.0190	-0.3400
每股净资产/调整后(元)	0.7500	0.8240	1.4600
每股公积金(元)	0.1807	0.1807	0.1807
净资产收益率(%)	-3.4000	-42.0619	5.1200
总资产(万元)	61851.84	64602.24	82251.20
股东权益(万元)	17753.28	18356.08	27203.32
未分配利润(万元)	-7036.33	-6433.54	2188.44
主营收入(万元)	6204.02	13896.27	25006.09
资本公积金(万元)	3134.19	3134.19	3134.19
主营利润(万元)	281.62	226.84	2632.65
其他业务利润(万元)	121.62	12.91	0.13
营业利润(万元)	-539.09	-4683.10	1754.28
投资收益(万元)	-158.19	-3343.59	433.52
补贴收入(万元)		1.87	0.03
营业外收支(万元)	514.79	-3.31	-0.03
利润总额(万元)	-182.47	-8028.13	2262.49
净利润(万元)	-602.80	-7720.92	1392.75

十大股东

序号	股东名称	股份性质	持股数(万股)	比例(%)
1	上海福建省神龙企业集团有限公司	境内法人股	2149.20	12.39
2	麻城市神龙纺织实业有限公司	境内法人股	1526.11	8.80
3	中国纺织物资(集团)总公司	境内法人股	1502.44	8.66
4	厦门顺城管理有限公司	境内法人股	1168.67	6.74
5	建设银行福建省信托投资公司	境内法人股	718.50	4.14
6	福建华兴实业公司	境内法人股	604.63	3.49
7	建设银行厦门信托投资公司	境内法人股	415.10	2.39
8	上海乔立电子有限公司	境内法人股	350.00	2.02
9	福州亦然贸易有限公司	境内法人股	340.00	1.96
10	上海富跃工贸有限公司	境内法人股	323.56	1.87

股东人数	2004.6	2003.12	2003.6	2002
	18099	18640	5625	13783

近年分配		近年配股/增发	

重大事项

因公司与上海福建神龙企业集团有限公司共同为福州幸运股份有限公司向中福建省分行贷款 2800 万元提供担保引发涉诉,经福州市中级人民法院审理,判决上海福建神龙企业集团有限公司对上述债务承担连带责任。我司因担保程序不符合有关规定,出具的《担保函》及保证行为无效,承担连带赔偿责任。

二〇〇三年以来市场表现

2003 年涨跌幅(%)	-35.90
2003 年最高(元)	13.67
2003 年最低(元)	4.20
2003 年换手率(%)	977.71
2004.06 涨跌幅(%)	-34.22
2004.06 最高(元)	8.94
2004.06 最低(元)	4.30
2004.06 换手率(%)	758.14

福耀玻璃工业集团股份有限公司

公司概况

公司名称	福耀玻璃工业集团股份有限公司	股票代码	600660
注册地址	福建省福清市融侨经济技术开发区	邮政编码	350301
法人代表	曹德旺	董秘	陈跃丹
电话	0591-85383777	传真	0591-85383666,85382719
主营业务	汽车安全玻璃		
总股本	100149.32	流通 A	38568.41
流通 B		流通 H	
审计单位	普华永道中天会计师事务所有限公司	审计意见	标准无保留

主要财务指标

年度	2004.6	2003	2002
每股收益/扣除后(元)	0.1900	0.6700	0.4500
每股经营现金流量(元)	0.3430	0.6700	0.8500
每股净资产/调整后(元)	1.5300	2.9800	1.3800
每股公积金(元)	0.1889	1.0278	0.0044
净资产收益率(%)	12.4300	20.6000	27.4000
总资产(万元)	437366.53	350669.25	204620.69
股东权益(万元)	160441.55	155542.94	67364.90
未分配利润(万元)	21015.41	33615.73	8139.61
主营收入(万元)	108059.18	173348.27	112438.99
资本公积金(万元)	18917.51	51465.65	199.61
主营利润(万元)	37566.24	67200.21	42103.05
其他业务利润(万元)	693.08	735.89	–12.65
营业利润(万元)	20605.88	35152.27	21105.65
投资收益(万元)	–231.63	–620.63	–624.60
补贴收入(万元)			
营业外收支(万元)	1065.93	–288.67	5.23
利润总额(万元)	21440.18	34242.98	19822.83
净利润(万元)	19948.21	32096.72	18428.81

十大股东

序号	股东名称	股份性质	持股数(万股)	比例(%)
1	香港三益发展有限公司	外资法人股	22524.49	22.49
2	福建省耀华工业村开发有限公司	境内法人股	19470.15	19.44
3	香港鸿侨海外有限公司	外资法人股	15626.73	15.60
4	申银万国-花旗-UBS LIMITED	流通 A 股	2189.06	2.19
5	福建省外贸气汽车维修厂	境内法人股	2131.32	2.13
6	上海福敏信息科技有限公司	境内法人股	1321.34	1.32
7	天华证券投资基金	流通 A 股	1047.33	1.05
8	中国银行-银华优势企业(平衡型)证券投资基金	流通 A 股	927.87	0.93
9	嘉峪关龙泰矿山建设有限责任公司	流通 A 股	846.57	0.85
10	博时价值增长证券投资基金	流通 A 股	817.65	0.82

股东人数	2004.6	2003.12	2003.6	2002
	6803	6771	9641	14917

近年分配		近年配股/增发	

重大事项

2004年5月7日，美国商务部公布了就来自中国的汽车挡风玻璃行政复审的初裁结果公告（公告号BILLING ODE:3510–DS–P),我司出口至美国的汽车挡风玻璃2001年9月至2003年3月期间的行政复审的初裁倾销率由原11.80%降低至0.13%(小于0.5%视同为零倾销税率)。同时美国商务部将在四个月后公告终裁倾销率。

二〇〇三年以来市场表现

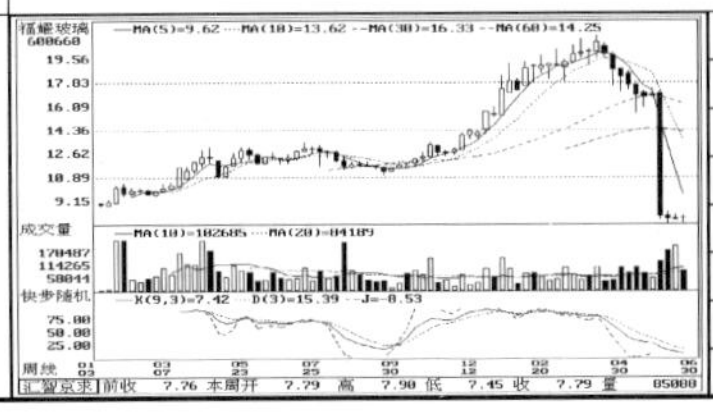

2003年涨跌幅(%)	77.89
2003年最高(元)	7.85
2003年最低(元)	4.16
2003年换手率(%)	103.28
2004.06涨跌幅(%)	2.43
2004.06最高(元)	10.50
2004.06最低(元)	7.42
2004.06换手率(%)	52.83

上海交大南洋股份有限公司

公司概况

公司名称	上海交大南洋股份有限公司	股票代码	600661
注册地址	上海市浦东金桥纬七路17号地块 杉达大厦	邮政编码	200030
法人代表	许晓鸣	董秘	黄剑雄
电话	021-62814035-67,62800217	传真	021-62801900
主营业务	高新技术产品的生产		
总股本	17367.68	流通 A	3054.65
流通 B		流通 H	
审计单位		审计意见	未审计

主要财务指标

年度	2004.6	2003	2002
每股收益/扣除后(元)	0.0463	0.0900	0.1300
每股经营现金流量(元)	–0.1100	0.0600	0.2300
每股净资产/调整后(元)	2.4600	2.4200	2.0700
每股公积金(元)	0.8665	0.8665	0.6642
净资产收益率(%)	1.7700	6.0400	6.3100
总资产(万元)	102925.66	96257.07	51563.32
股东权益(万元)	35841.13	35206.66	30181.71
未分配利润(万元)	3631.56	3189.78	1726.03
主营收入(万元)	24991.26	52502.74	35141.03
资本公积金(万元)	12540.75	12540.75	9613.62
主营利润(万元)	3489.70	5099.72	3135.17
其他业务利润(万元)	133.62	268.48	5.51
营业利润(万元)	473.67	401.07	502.49
投资收益(万元)	391.77	2282.48	1212.38
补贴收入(万元)	129.30	80.13	1.18
营业外收支(万元)	11.38	25.01	0.30
利润总额(万元)	1006.11	2788.70	2081.63
净利润(万元)	634.47	2127.18	1903.34

十大股东

序号	股东名称	股份性质	持股数(万股)	比例(%)
1	上海交通大学	国有法人股	6325.26	36.42
2	上海市国有资产经营有限公司	国家股	1080.11	6.22
3	上海宏仁投资有限公司	境内法人股	651.29	3.75
4	上海恒欣发展有限公司	境内法人股	296.27	1.71
5	上海交大得尤科贸有限公司	境内法人股	254.43	1.46
6	上海美利投资有限公司	境内法人股	200.00	1.15
7	上海葆鑫企业发展有限公司	境内法人股	153.00	0.88
8	上海新黄浦(集团)有限责任公司	境内法人股	136.13	0.78
9	上海申银万国证券股份有限公司	境内法人股	131.12	0.75
10	宝钢集团上海五钢有限公司	境内法人股	90.75	0.52

股东人数	2004.6	2003.12	2003.6	2002
	20656	19439	20220	21724

近年分配		近年配股/增发	

重大事项

公司2003年度股东大会审议通过的公司2003年度利润分配方案为：以公司2003年末总股本144,730,688股为基础,向全体股东按每10股派发红股2股。此方案将在八月中旬实施。

二〇〇三年以来市场表现

2003年涨跌幅(%)	–30.48
2003年最高(元)	16.65
2003年最低(元)	8.47
2003年换手率(%)	76.02
2004.06涨跌幅(%)	2.57
2004.06最高(元)	13.85
2004.06最低(元)	9.00
2004.06换手率(%)	222.81

上海强生控股股份有限公司

公司概况

公司名称	上海强生控股股份有限公司			股票代码	600662		
注册地址	上海市浦东新区浦建路145号			邮政编码	200041		
法人代表	张同恩			董秘	吴本初		
电话	021-62151515-811			传真	021-62538782		
主营业务	汽车出租						
总股本	41719.95	流通A	22325.18	流通B		流通H	
审计单位				审计意见	未审计		

主要财务指标

年度	2004.6	2003	2002
每股收益/扣除后(元)	0.1435	0.2834	0.3600
每股经营现金流量(元)	0.2170	1.4800	0.9200
每股净资产/调整后(元)	2.6700	3.3900	3.1800
每股公积金(元)	0.6122	0.8265	0.8265
净资产收益率(%)	5.9400	10.6500	11.1300
总资产(万元)	191397.30	191421.97	180016.83
股东权益(万元)	112939.57	106228.25	100482.35
未分配利润(万元)	16797.52	20909.81	20352.46
主营收入(万元)	54444.42	110986.61	100857.66
资本公积金(万元)	25541.08	25541.08	25541.08
主营利润(万元)	16781.85	31305.27	29658.71
其他业务利润(万元)	324.38	683.30	26.11
营业利润(万元)	8588.14	14666.90	13431.86
投资收益(万元)	854.17	807.47	1399.36
补贴收入(万元)	1262.08	3015.09	-252.72
营业外收支(万元)	-657.42	-364.91	15.66
利润总额(万元)	10046.96	18124.55	17019.02
净利润(万元)	6711.32	11308.58	11182.56

十大股东

序号	股东名称	股份性质	持股数(万股)	比例(%)
1	上海强生集团有限公司	国有法人股	13714.11	32.87
2	中融国际信托投资有限公司	境内法人股	3504.30	8.40
3	上海陆家嘴金融贸易区开发股份有限公司	国有法人股	1825.93	4.38
4	金华信托投资股份有限公司	流通A股	431.84	1.04
5	上海市上投实业投资有限公司	国有法人股	184.44	0.44
6	中关村证券股份有限公司	流通A股	180.96	0.43
7	中国人民建设银行上海市信托投资有限公司	国有法人股	165.99	0.40
8	民生证券有限责任公司	流通A股	94.91	0.23
9	裕隆证券投资基金	流通A股	94.49	0.23
10	余宗良	流通A股	86.10	0.21

股东人数	2004.6	2003.12	2003.6	2002
	52608	53993	53149	51663

近年分配		近年配股/增发	2004年6月1日10送3.5

重大事项

公司和上海强生集团有限公司签署了《股权转让协议书》，公司受让上海强生集团有限公司持有的金信信托投资股份有限公司3.536%股权，因上海强生集团有限公司为本公司的控股股东，故构成了关联交易。

二〇〇三年以来市场表现

2003年涨跌幅(%)	-4.08
2003年最高(元)	6.66
2003年最低(元)	4.95
2003年换手率(%)	105.04
2004.06涨跌幅(%)	3.38
2004.06最高(元)	6.56
2004.06最低(元)	5.25
2004.06换手率(%)	84.65

上海陆家嘴金融贸易区开发股份有限公司

公司概况

公司名称	上海陆家嘴金融贸易区开发股份有限公司			股票代码	600663		
注册地址	上海市浦东大道981号			邮政编码	200135		
法人代表	杨小明			董秘	张日法		
电话	021-58878888			传真	021-58873688		
主营业务	房地产市政公用基础设施						
总股本	186768.41	流通A	16052.40	流通B	50960.00	流通H	
审计单位				审计意见	未审计		

主要财务指标

年度	2004.6	2003	2002
每股收益/扣除后(元)	0.1870	0.3500	0.2700
每股经营现金流量(元)	0.1450	0.7900	0.9800
每股净资产/调整后(元)	3.1200	2.9300	2.5600
每股公积金(元)	0.7567	0.7555	0.7054
净资产收益率(%)	6.0100	11.8700	10.5700
总资产(万元)	961052.56	883631.06	770759.00
股东权益(万元)	595404.31	559409.44	484391.19
未分配利润(万元)	141919.69	106161.53	60325.01
主营收入(万元)	103056.54	226551.59	215347.66
资本公积金(万元)	141331.22	141094.45	131748.27
主营利润(万元)	44853.05	85303.55	67402.80
其他业务利润(万元)	1055.05	1043.53	114.22
营业利润(万元)	42040.40	76045.50	55213.04
投资收益(万元)	1170.17	3312.61	4683.42
补贴收入(万元)			
营业外收支(万元)	-4.63	401.37	-388.92
利润总额(万元)	43205.94	79759.48	60289.83
净利润(万元)	35758.16	66401.55	51223.61

十大股东

序号	股东名称	股份性质	持股数(万股)	比例(%)
1	上海陆家嘴集团有限公司(授权经营)	国有法人股	112112.00	60.03
2	上海国际信托投资公司	境内法人股	5880.00	3.15
3	杨马士英	流通B股	1383.26	0.74
4	SHK NOM.LTD-CLTS OF SHK INV.SER	流通B股	1293.03	0.69
5	上海陆家嘴(集团)有限公司	境内法人股	882.00	0.47
6	申银万国证券股份有限公司	境内法人股	882.00	0.47
7	WISEMAX INTERNATIONAL LIMITED	流通B股	863.51	0.46
8	黄箫	流通B股	580.53	0.31
9	陈炳谦	流通B股	426.15	0.23
10	OKASAN SECURITIES CO LTD CLIEN ACCOUNT	流通B股	404.56	0.22

股东人数	2004.6	2003.12	2003.6	2002
	175704	112863	181199	175190

近年分配	2004年7月20日10派0.60	近年配股/增发	

重大事项

本公司继续为上海张江高科技园区开发公司提供担保，金额10750万元，期限从2001年12月21日至2004年12月31日，此担保为互相展开担保并有对等担保协议。

二〇〇三年以来市场表现

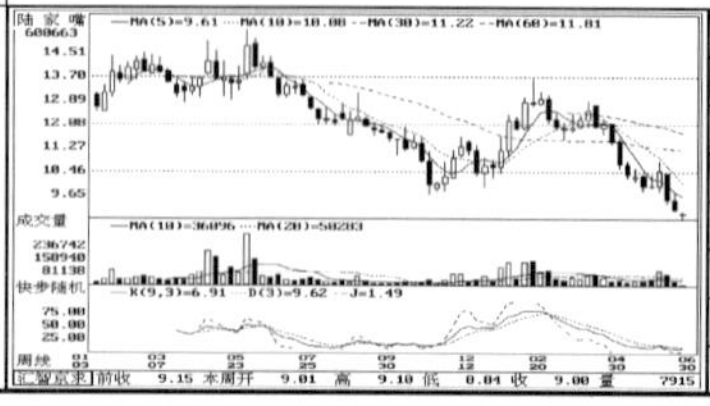

2003年涨跌幅(%)	-21.78
2003年最高(元)	15.27
2003年最低(元)	9.66
2003年换手率(%)	163.76
2004.06涨跌幅(%)	-12.37
2004.06最高(元)	13.62
2004.06最低(元)	8.84
2004.06换手率(%)	89.47

哈药集团股份有限公司

公司概况							
公司名称	哈药集团股份有限公司			股票代码	600664		
注册地址	哈尔滨市南岗区昆仑商城隆顺街2号			邮政编码	150018		
法人代表	刘存周			董秘	林本松		
电话	0451-84604688			传真	0451-84604688		
主营业务	生产抗生素						
总股本	124200.00	流通A	81029.96	流通B		流通H	
审计单位				审计意见	未审计		

主要财务指标

年度	2004.6	2003	2002
每股收益/扣除后(元)	0.1630	0.3600	0.4900
每股经营现金流量(元)	0.0400	0.3200	0.6000
每股净资产/调整后(元)	3.4100	3.1300	4.3800
每股公积金(元)	1.2257	1.1959	2.2427
净资产收益率(%)	6.1000	10.9100	10.7300
总资产(万元)	679625.50	657818.37	595347.37
股东权益(万元)	331164.16	303851.47	281382.12
未分配利润(万元)	47912.98	23453.35	13844.34
主营收入(万元)	357191.87	692874.44	651494.00
资本公积金(万元)	117103.45	114250.41	142843.53
主营利润(万元)	130383.25	275878.69	237334.36
其他业务利润(万元)	103.40	742.24	-3.93
营业利润(万元)	25099.92	47765.38	41747.51
投资收益(万元)	-265.10	-537.97	45.83
补贴收入(万元)			
营业外收支(万元)	-207.99	-2101.63	-30.41
利润总额(万元)	24626.83	45125.78	40543.20
净利润(万元)	20204.54	33136.58	30183.95

十大股东

序号	股东名称	股份性质	持股数(万股)	比例(%)
1	南方证券有限公司	流通A股	58200.14	46.86
2	哈药集团有限公司	国有法人股	33208.14	26.74
3	中国银行-天同180指数证券投资基金	流通A股	74.46	0.06
4	中国工商银行-华安上证180指数证券投资基金	流通A股	50.44	0.04
5	全国社保基金一零二组合	流通A股	45.70	0.04
6	国际金融-花旗-NOMURA SECURITIES CO.,LTD	流通A股	34.99	0.03
7	王代军	流通A股	33.87	0.03
8	王淑东	流通A股	32.66	0.03
9	刘西平	流通A股	31.98	0.03
10	全国社保基金一零八组合	流通A股	30.00	0.02

股东人数	2004.6	2003.12	2003.6	2002
	25181	19918	18601	24638

近年分配	2004年8月13日10派1.00	近年配股/增发	2004年8月13日10转增3

重大事项

公司收购哈尔滨建筑材料工业(集团)公司持有的哈尔滨天鹅实业股份有限公司29.8%国家股股权事项及出售哈药集团三精制药有限公司60%的股权事项,已经2004年6月25日召开的公司2003年度股东大会审议通过,截止本报告期末股权过户等相关手续尚未办理完毕。

二○○三年以来市场表现

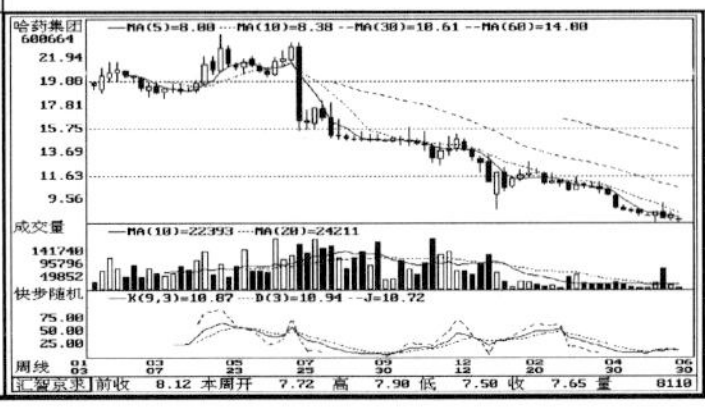

2003年涨跌幅(%)	-7.68
2003年最高(元)	18.15
2003年最低(元)	11.86
2003年换手率(%)	78.37
2004.06涨跌幅(%)	-37.60
2004.06最高(元)	12.78
2004.06最低(元)	7.50
2004.06换手率(%)	10.39

天地源股份有限公司

公司概况							
公司名称	天地源股份有限公司			股票代码	600665		
注册地址	上海浦东张扬路500号华润时代广场十楼			邮政编码	200122		
法人代表	章东凡			董秘	杨斌		
电话	021-58771776			传真	021-58367882		
主营业务	特殊钢材的生产						
总股本	72010.21	流通A	14700.00	流通B		流通H	
审计单位				审计意见	未审计		

主要财务指标

年度	2004.6	2003	2002
每股收益/扣除后(元)	0.0242	0.0623	0.0120
每股经营现金流量(元)	-0.5060	0.2138	0.2860
每股净资产/调整后(元)	1.7990	1.8110	1.7300
每股公积金(元)	0.5148	0.5148	0.5117
净资产收益率(%)	1.3450	4.1500	0.6820
总资产(万元)	230997.69	177588.80	148257.11
股东权益(万元)	129567.68	130705.24	125065.57
未分配利润(万元)	5688.30	6642.85	2020.84
主营收入(万元)	26481.62	98845.52	78043.85
资本公积金(万元)	37070.27	37070.27	36849.18
主营利润(万元)	4353.97	8992.57	2012.75
其他业务利润(万元)	187.73	668.28	15.47
营业利润(万元)	2109.81	5549.56	571.30
投资收益(万元)		1114.25	1020.67
补贴收入(万元)			
营业外收支(万元)	-1.26	155.17	-0.47
利润总额(万元)	2108.55	6818.98	1525.52
净利润(万元)	1742.85	5418.57	852.84

十大股东

序号	股东名称	股份性质	持股数(万股)	比例(%)
1	西安高新技术产业开发区房地产开发公司	法人股	49146.63	68.25
2	申银万国证券股份有限公司	法人股	820.20	1.14
3	宝钢集团上海五钢有限公司	法人股	748.61	1.04
4	上海市金属材料总公司	法人股	284.76	0.40
5	交行宝山	法人股	235.80	0.33
6	中国信达资产管理公司	法人股	235.80	0.33
7	中国工商银行上海市第二支行	法人股	235.80	0.33
8	上海汽车工业有限公司	法人股	235.80	0.33
9	上海市公积金管理中心	法人股	188.04	0.26
10	上海柴油机厂	法人股	168.00	0.23

股东人数	2004.6	2003.12	2003.6	2002
	61870	63706	64063	64343

近年分配	2004年5月25日10派0.40	近年配股/增发	

重大事项

公司于2004年4月18日召开了2003年度股东大会,审议通过了2003年度利润分配方案:以公司2003年12月31日总股本720,102,101.00股为基数,向全体股东每10股派发现金红利0.4元(含税);2003年度不进行资本公积转增股本。

二○○三年以来市场表现

2003年涨跌幅(%)	-19.63
2003年最高(元)	7.99
2003年最低(元)	4.34
2003年换手率(%)	152.86
2004.06涨跌幅(%)	-3.03
2004.06最高(元)	7.14
2004.06最低(元)	4.60
2004.06换手率(%)	122.26

西南药业股份有限公司

公司概况

公司名称	西南药业股份有限公司	股票代码	600666
注册地址	重庆市沙坪坝区天星桥21号	邮政编码	400038
法人代表	陈吉庆	董秘	蒋茜
电话	023-89855125	传真	023-89855126
主营业务	加工销售原料药		
审计单位		审计意见	未审计

总股本	流通A	流通B	流通H
14879.30	6319.38		

主要财务指标

年度	2004.6	2003	2002
每股收益/扣除后(元)	0.0893	0.1300	0.1200
每股经营现金流量(元)	0.0170	0.1500	0.0600
每股净资产/调整后(元)	1.8100	1.7300	1.5900
每股公积金(元)	0.3539	0.3539	0.3291
净资产收益率(%)	4.6600	7.6000	7.8100
总资产(万元)	63486.67	47345.36	45033.65
股东权益(万元)	28349.93	27055.11	24781.58
未分配利润(万元)	4647.55	3326.99	1588.54
主营收入(万元)	18632.23	33829.69	33055.47
资本公积金(万元)	5265.20	5265.20	4897.07
主营利润(万元)	5579.86	10768.22	10947.30
其他业务利润(万元)	34.94	10.10	0.13
营业利润(万元)	1506.49	2333.63	2422.53
投资收益(万元)	–100.62	–65.56	32.81
补贴收入(万元)			
营业外收支(万元)	–9.06	–9.56	0.11
利润总额(万元)	1396.80	2258.52	2389.75
净利润(万元)	1320.56	2054.91	1936.14

十大股东

序号	股东名称	股份性质	持股数(万股)	比例(%)
1	重庆太极实业(集团)股份有限公司	国有法人股	6400.00	43.01
2	太极集团有限公司	国有法人股	1994.92	13.41
3	成都市吉隆实业有限公司	境内法人股	100.00	0.67
4	四川金鸣投资咨询有限公司	境内法人股	65.00	0.44
5	蔡利国	流通A股	55.89	0.38
6	上海煤气第二管线工程有限公司	流通A股	32.00	0.22
7	李盟	流通A股	27.50	0.18
8	何庆华	流通A股	15.99	0.11
9	东莞市万源实业有限公司	流通A股	13.83	0.09
10	曾粉	流通A股	13.40	0.09

股东人数	2004.6	2003.12	2003.6	2002
	35383	35387	34581	36854

近年分配		近年配股/增发	

重大事项

于2004年2月4日与重庆市人民政府高新技术产业开发区管委会签订了《重庆高新技术产业开发区北部新区高新园A–1–1#地块建设项目协议》和《重庆高新技术产业开发区北部新区高新园A–2#地块建设项目协议》。公司以现金4,776.4万元购买"重庆高新技术产业开发区北部新区高新园A–1–1#和A–2#地块",以出让方式取得土地使用权。

二〇〇三年以来市场表现

2003年涨跌幅(%)	-20.25
2003年最高(元)	11.55
2003年最低(元)	5.76
2003年换手率(%)	180.49
2004.06涨跌幅(%)	-13.69
2004.06最高(元)	8.16
2004.06最低(元)	5.51
2004.06换手率(%)	95.64

无锡市太极实业股份有限公司

公司概况

公司名称	无锡市太极实业股份有限公司	股票代码	600667
注册地址	江苏无锡市锡澄路化工桥南	邮政编码	214024
法人代表	吴惠明	董秘	陆君
电话	0510-5419120	传真	0510-5430760
主营业务	化纤行业		
审计单位		审计意见	未审计

总股本	流通A	流通B	流通H
36881.74	18964.00		

主要财务指标

年度	2004.6	2003	2002
每股收益/扣除后(元)	0.0320	0.0110	–0.1440
每股经营现金流量(元)	0.0990	0.3300	0.0180
每股净资产/调整后(元)	1.3660	1.3270	1.0900
每股公积金(元)	1.3663	1.3663	1.3663
净资产收益率(%)	1.9900	0.8300	–10.6000
总资产(万元)	142415.77	135586.45	176449.14
股东权益(万元)	51414.33	50416.35	50159.66
未分配利润(万元)	–40849.44	–41873.47	–42256.01
主营收入(万元)	60489.21	67348.00	63305.89
资本公积金(万元)	50390.96	50390.96	50390.96
主营利润(万元)	10527.27	10000.78	12295.97
其他业务利润(万元)	302.22	240.33	–0.46
营业利润(万元)	1924.65	–1644.14	–4474.49
投资收益(万元)		119.80	43.04
补贴收入(万元)	11.45	2508.07	–0.03
营业外收支(万元)	–156.70	–274.43	5.85
利润总额(万元)	1779.40	709.31	–4955.41
净利润(万元)	1024.04	419.97	–5315.23

十大股东

序号	股东名称	股份性质	持股数(万股)	比例(%)
1	无锡纺织产业集团有限公司	国家股	7112.88	19.29
2	无锡市新中亚投资开发公司	境内法人股	5270.91	14.29
3	中国新技术创业投资公司	境内法人股	4509.71	12.23
4	中国烟草物资公司	境内法人股	471.03	1.28
5	河北证券	境内法人股	261.36	0.71
6	珠海富华投资公司	境内法人股	145.20	0.39
7	扬珊	流通A股	70.59	0.19
8	无锡国联	流通A股	70.00	0.19
9	尚永强	流通A股	50.00	0.14
10	纺织设计	境内法人股	49.37	0.13

股东人数	2004.6	2003.12	2003.6	2002
	71632	71355	73026	75604

近年分配		近年配股/增发	

重大事项

截止2004年6月30日,公司为外单位24862.67万元人民币银行借款提供担保,主要担保对象:无锡庆丰集团公司、无锡庆丰股份公司,担保类型:连带责任担保。无锡庆丰公司属无锡市政府授权经营企业,业绩良好,资信状况优良,本公司与庆丰公司多年来实行信用互保。公司控股子公司宏源纺机为无锡太平洋纺织有限公司、无锡太平洋集团有限公司、无锡飞马纺器有限公司提供的担保,比2003年末期下降了4183.55万元。

二〇〇三年以来市场表现

2003年涨跌幅(%)	-21.87
2003年最高(元)	6.00
2003年最低(元)	3.60
2003年换手率(%)	161.87
2004.06涨跌幅(%)	-3.26
2004.06最高(元)	4.80
2004.06最低(元)	3.47
2004.06换手率(%)	122.65

浙江尖峰集团股份有限公司

公司概况

公司名称	浙江尖峰集团股份有限公司	股票代码	600668
注册地址	浙江省金华市婺江东路 88 号	邮政编码	321000
法人代表	杜自弘	董秘	朱坚卫
电话	0579-2326868-3907,3917	传真	0579-2324611
主营业务	药品、水泥		
总股本	34408.38	流通 A	18828.95
流通 B		流通 H	
审计单位		审计意见	未审计

主要财务指标

年度	2004.6	2003	2002
每股收益/扣除后(元)	0.0816	0.1300	0.1400
每股经营现金流量(元)	0.2170	0.3500	0.1800
每股净资产/调整后(元)	2.6300	2.6000	2.1400
每股公积金(元)	1.2045	1.2045	0.8308
净资产收益率(%)	3.1800	5.0900	6.4300
总资产(万元)	228210.98	204474.98	169247.16
股东权益(万元)	93394.60	90428.10	64981.27
未分配利润(万元)	11905.28	8938.79	4768.05
主营收入(万元)	45175.76	114370.45	111946.64
资本公积金(万元)	41445.38	41445.38	24961.54
主营利润(万元)	10848.32	20911.38	18702.66
其他业务利润(万元)	57.53	361.16	-17.64
营业利润(万元)	1967.07	-915.07	311.12
投资收益(万元)	1044.07	4281.56	3242.60
补贴收入(万元)	616.90	1891.87	-252.08
营业外收支(万元)	-56.43	-106.72	2.24
利润总额(万元)	3571.62	5151.65	5089.17
净利润(万元)	2966.49	4600.53	4179.69

十大股东

序号	股东名称	股份性质	持股数(万股)	比例(%)
1	金华市通济国有资产投资有限公司	国有法人股	9500.00	27.61
2	金华峰联投资有限公司	境内法人股	2044.87	5.94
3	深圳昌圳投资有限公司	境内法人股	1500.00	4.36
4	杭州康和工贸有限公司	境内法人股	539.52	1.57
5	深圳市顺鑫达投资发展有限公司	境内法人股	300.00	0.87
6	上海英特电子实业公司	流通 A 股	138.80	0.40
7	浙江省电力公司	境内法人股	131.46	0.38
8	鸿飞证券投资基金	流通 A 股	130.18	0.38
9	金华市工联建材有限公司	境内法人股	120.00	0.35
10	浙江尖峰集团玲珑石灰石矿	境内法人股	117.46	0.34

股东人数

2004.6	2003.12	2003.6	2002
81642	84539	85515	78912

近年分配	2004 年 7 月 27 日 10 派 1.00	近年配股/增发	

重大事项

2004 年 4 月 18 日公司五届十二次董事会通过了尖峰水泥公司(本公司占 95%)与尖峰金马公司(本公司占 93.5%)合并的议案,以浙江天健会计师事务所审计后的 2003 年末的净资产为计算基准,以各股东所拥有的原公司净资产对应合并后新公司的净资产额,计算各自所占新公司注册资本的份额。

二〇〇三年以来市场表现

2003 年涨跌幅(%)	-11.45
2003 年最高(元)	7.18
2003 年最低(元)	4.90
2003 年换手率(%)	176.98
2004.06 涨跌幅(%)	-12.90
2004.06 最高(元)	6.15
2004.06 最低(元)	4.36
2004.06 换手率(%)	103.05

杭州天目山药业股份有限公司

公司概况

公司名称	杭州天目山药业股份有限公司	股票代码	600671
注册地址	浙江省临安市锦城镇安阁弄 3 号	邮政编码	311300
法人代表	钱永涛	董秘	张丹
电话	0571-63722229	传真	0571-63715401
主营业务	中成药、西药、电子产品		
总股本	12177.89	流通 A	6341.57
流通 B		流通 H	
审计单位		审计意见	未审计

主要财务指标

年度	2004.6	2003	2002
每股收益/扣除后(元)	0.0120	-0.1500	0.0100
每股经营现金流量(元)	-0.1070	-0.4000	0.2100
每股净资产/调整后(元)	1.8700	1.8700	1.6700
每股公积金(元)	0.4105	0.4105	0.4105
净资产收益率(%)	1.1700	-5.4800	0.8800
总资产(万元)	35419.22	34651.66	37352.98
股东权益(万元)	21390.10	21283.69	22355.14
未分配利润(万元)	2045.88	1939.50	3025.21
主营收入(万元)	10033.10	19662.20	15823.58
资本公积金(万元)	4999.36	4999.36	4999.36
主营利润(万元)	3923.34	7414.14	6839.53
其他业务利润(万元)	-1.87	19.61	-0.51
营业利润(万元)	373.77	-971.12	404.62
投资收益(万元)	13.00	2.45	126.81
补贴收入(万元)	12.80	65.17	-3.58
营业外收支(万元)	-8.50	-24.59	-0.08
利润总额(万元)	391.08	-928.09	598.94
净利润(万元)	250.99	-1166.54	195.86

十大股东

序号	股东名称	股份性质	持股数(万股)	比例(%)
1	杭州天目永安集团有限公司	法人股	3672.89	30.16
2	浙江临安天目山石材公司	法人股	1517.60	12.46
3	临安天目山医药包装品厂	法人股	293.08	2.41
4	河北力维投资有限公司	法人股	100.00	0.82
5	上海嘉虹商务咨询有限公司	法人股	95.00	0.78
6	杭州临安半唐斋旅游商品有限公司	法人股	74.00	0.61
7	上海汇垄经贸有限公司	法人股	38.00	0.31
8	张刚	流通 A 股	16.61	0.14
9	董万春	流通 A 股	16.30	0.13
10	鲍维刚	流通 A 股	15.90	0.13

股东人数

2004.6	2003.12	2003.6	2002
38312	38367	39425	39046

近年分配		近年配股/增发	

重大事项

2004 年 2 月 4 日,公司与中国建设银行黄山西路支行签订最高额保证合同。合同约定,在 2004 年 2 月 4 日至 2005 年 6 月 13 日期间,公司为子公司黄山市天目药业有限公司向中国建设银行黄山西路支行申请的 1,000 万元以内的一系列债务(包括银行借贷款及银行承兑汇票)提供最高额保证。

二〇〇三年以来市场表现

2003 年涨跌幅(%)	-35.92
2003 年最高(元)	9.57
2003 年最低(元)	4.32
2003 年换手率(%)	145.53
2004.06 涨跌幅(%)	-6.05
2004.06 最高(元)	6.65
2004.06 最低(元)	4.64
2004.06 换手率(%)	111.13

广东英豪科技教育投资股份有限公司

公司概况

公司名称	广东英豪科技教育投资股份有限公司	股票代码	600672
注册地址	广东市从化新温泉旅游度假区英豪宾馆三楼	邮政编码	510960
法人代表	陈忠联	董秘	于尹
电话	020-87841356	传真	020-87841938
主营业务	生产开发销售高科技农产品		
总股本	44097.70	流通 A	25600.00
流通 B		流通 H	
审计单位		审计意见	未审计

主要财务指标

年度	2004.6	2003	2002
每股收益/扣除后(元)	-0.0592	-0.5300	-0.8500
每股经营现金流量(元)		-0.0100	-0.2400
每股净资产/调整后(元)	-0.4800	-0.4200	0.4800
每股公积金(元)	0.0703	0.0703	0.0654
净资产收益率(%)			-147.8700
总资产(万元)	56505.54	57722.98	111202.47
股东权益(万元)	-21082.40	-18471.77	25305.22
未分配利润(万元)	-73594.84	-73594.84	-29600.64
主营收入(万元)	204.74	454.71	13174.80
资本公积金(万元)	3101.33	3101.33	2884.13
主营利润(万元)	-850.59	-1729.20	2057.01
其他业务利润(万元)	2.31	6.63	0.30
营业利润(万元)	-2825.30	-38731.35	-34868.87
投资收益(万元)		-4837.65	-925.13
补贴收入(万元)			
营业外收支(万元)		-3458.65	185.20
利润总额(万元)	-2825.30	-47027.65	-40069.82
净利润(万元)	-2611.00	-43994.20	-37417.93

十大股东

序号	股东名称	股份性质	持股数(万股)	比例(%)
1	从化市英豪博大实业有限公司	境内法人股	13127.96	29.77
2	深圳市天骥控股有限公司	境内法人股	3520.00	7.98
3	广汉市国有资产管理局	国家股	1849.74	4.19
4	王学定	流通 A 股	149.18	0.34
5	林樱	流通 A 股	66.24	0.15
6	唐恒香	流通 A 股	57.60	0.13
7	王刚	流通 A 股	54.40	0.12
8	陈德平	流通 A 股	48.00	0.11
9	肖亚萍	流通 A 股	38.54	0.09
10	朱梓帆	流通 A 股	37.00	0.08

股东人数	2004.6	2003.12	2003.6	2002
	155520	166017	173408	181866

近年分配		近年配股/增发	

重大事项

004 年 1 月 14 日，广汉市人民法院就中国建设银行广汉支行诉本公司一案下达了民事裁定书，将公司日本帝人纺丝卷绕生产机器一套、德国空调设备一台、瑞士干燥设备一台、水冷空压机二台、色母粒注射机一台、变压器一台以拍卖成交价 180 万元强制转让给林绥。该次拍卖将给公司造成损失 20 万元。

二〇〇三年以来市场表现

2003 年涨跌幅(%)	-54.11
2003 年最高(元)	5.89
2003 年最低(元)	2.18
2003 年换手率(%)	113.42
2004.06 涨跌幅(%)	-14.41
2004.06 最高(元)	3.28
2004.06 最低(元)	1.92
2004.06 换手率(%)	122.20

成都阳之光实业股份有限公司

公司概况

公司名称	成都阳之光实业股份有限公司	股票代码	600673
注册地址	四川成都市二环路东一段 14 号	邮政编码	523871
法人代表	郭京平	董秘	李辉
电话	0769-5370225	传真	0769-5370230
主营业务	制造加工销售量具刃具		
总股本	11079.44	流通 A	4554.00
流通 B		流通 H	
审计单位		审计意见	未审计

主要财务指标

年度	2004.6	2003	2002
每股收益/扣除后(元)	0.1785	0.1200	0.0200
每股经营现金流量(元)	-0.1400	-0.0300	0.2200
每股净资产/调整后(元)	1.7470	1.5700	
每股公积金(元)	0.5689	1.2834	
净资产收益率(%)	10.2200	7.7000	1.8700
总资产(万元)	35882.94	33158.93	31331.00
股东权益(万元)	19360.24	17382.57	12598.00
未分配利润(万元)	1977.67	-9563.99	
主营收入(万元)	28682.19	22441.87	15218.00
资本公积金(万元)	6303.13	14219.83	
主营利润(万元)	2891.31	3766.75	
其他业务利润(万元)	36.03	380.09	-3.29
营业利润(万元)	1977.86	1505.61	678.00
投资收益(万元)		-34.68	
补贴收入(万元)			
营业外收支(万元)	-0.19	-126.12	-35.58
利润总额(万元)	1977.67	1344.80	286.83
净利润(万元)	1977.67	1338.02	235.00

十大股东

序号	股东名称	股份性质	持股数(万股)	比例(%)
1	乳源阳之光铝业发展有限公司	境内法人股	3212.67	29.00
2	深圳市事必安投资有限公司	境内法人股	1497.77	13.52
3	成都市工商信托投资有限公司	境内法人股	181.50	1.64
4	上海美利投资有限公司	境内法人股	102.85	0.93
5	重庆市机电设备总公司	境内法人股	96.80	0.87
6	上海步欣工贸有限公司	境内法人股	96.80	0.87
7	中国四川国际合作股份有限公司	境内法人股	96.80	0.87
8	深圳市广顺实业股份有限公司	境内法人股	48.40	0.44
9	成都长城实业公司	境内法人股	44.77	0.40
10	顾鹤富	流通 A 股	37.01	0.33

股东人数	2004.6	2003.12	2003.6	2002
	17029	18445	18751	18299

近年分配		近年配股/增发	

重大事项

本公司与关联方乳源东阳光精箔有限公司签定了《购销合同》，计划 2004 年度从乳源东阳光精箔有限公司购买 5000 吨原材料—亲水箔基材，价值 1.2 亿元人民币左右。

二〇〇三年以来市场表现

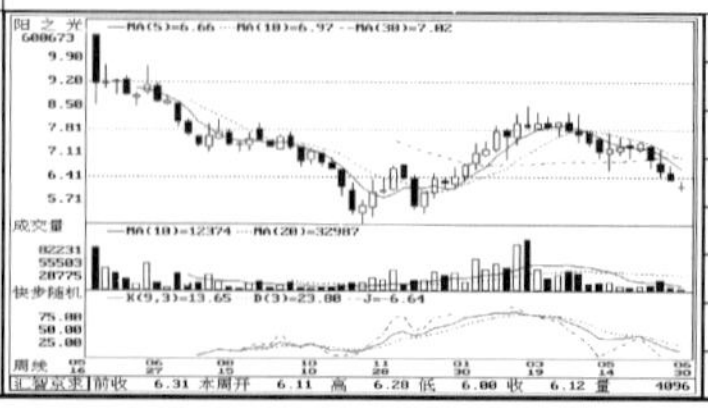

2003 年涨跌幅(%)	-41.25
2003 年最高(元)	10.60
2003 年最低(元)	5.01
2003 年换手率(%)	162.21
2004.06 涨跌幅(%)	-3.01
2004.06 最高(元)	8.50
2004.06 最低(元)	6.00
2004.06 换手率(%)	180.18

四川川投控股股份有限公司

公司概况

公司名称	四川川投控股股份有限公司	股票代码	600674
注册地址	四川峨眉山市九里镇	邮政编码	614222
法人代表	邹广严	董秘	许克义
电话	0833-5576179,028-82996861	传真	0833-5576490,028-82996854
主营业务	铁合金生产和销售		
总股本	38620.85	流通 A	15474.06
流通 B		流通 H	
审计单位	四川君和会计师事务所	审计意见	标准无保留

主要财务指标

年度	2004.6	2003	2002
每股收益/扣除后(元)	0.0953	0.1140	0.0910
每股经营现金流量(元)	-0.4780	0.3100	0.3000
每股净资产/调整后(元)	1.8500	1.7000	1.5800
每股公积金(元)	0.1195	0.0737	0.0660
净资产收益率(%)	4.8800	7.1100	6.4000
总资产(万元)	128634.06	111875.62	111396.74
股东权益(万元)	71644.48	66378.41	61825.12
未分配利润(万元)	13664.43	10165.65	7223.32
主营收入(万元)	53092.75	73209.60	64539.56
资本公积金(万元)	4614.24	2846.96	2550.51
主营利润(万元)	11218.15	11317.91	8961.63
其他业务利润(万元)	-532.45	480.33	10.59
营业利润(万元)	5695.85	6081.11	5285.51
投资收益(万元)	-1002.03	-169.84	-983.93
补贴收入(万元)		147.24	1.98
营业外收支(万元)	-180.58	-101.37	-0.26
利润总额(万元)	4513.23	5957.14	4889.81
净利润(万元)	3498.78	4721.41	3957.86

十大股东

序号	股东名称	股份性质	持股数(万股)	比例(%)
1	四川投资集团有限责任公司	国有法人股	20953.30	54.25
2	峨眉铁合金综合服务开发公司	法人股	1096.74	2.84
3	华西证券有限责任公司	流通股	998.80	2.59
4	成都海宏信息技术开发有限公司	法人股	997.04	2.58
5	中国工商银行-国联安德盛小盘精选证券投资基金	流通股	463.27	1.20
6	中国银行-海富通收益增长证券投资基金	流通股	448.23	1.16
7	中国工商银行-南方稳健成长证券投资基金	流通股	324.42	0.84
8	上海振泰实业公司	流通股	279.47	0.72
9	中国银行-嘉实增长开放式证券投资基金	流通股	274.61	0.71
10	同德证券投资基金	流通股	250.00	0.65

股东人数	2004.6	2003.12	2003.6	2002
	26160	35683	34464	27590

近年分配		近年配股/增发	

重大事项

经公司2004年第二次临时股东大会审议通过,公司与银江公司签订了"加工产品合同":公司委托新银江公司加工硅锰合金6万吨,高碳锰铁合金1.08万吨,共计加工7.08万吨,加工费为500元/吨(不含税),共计3,540万元。

二〇〇三年以来市场表现

2003年涨跌幅(%)	-34.46
2003年最高(元)	7.78
2003年最低(元)	4.20
2003年换手率(%)	199.32
2004.06涨跌幅(%)	8.88
2004.06最高(元)	7.97
2004.06最低(元)	4.82
2004.06换手率(%)	225.27

中华企业股份有限公司

公司概况

公司名称	中华企业股份有限公司	股票代码	600675
注册地址	上海市浦东大道1700弄17号	邮政编码	200040
法人代表	徐林宝	董秘	印学青
电话	021-62170088	传真	021-62179197
主营业务	侨汇房、商品房设计		
总股本	69745.51	流通 A	31856.01
流通 B		流通 H	
审计单位		审计意见	未审计

主要财务指标

年度	2004.6	2003	2002
每股收益/扣除后(元)	0.0218	0.1000	0.2310
每股经营现金流量(元)	-0.4810	0.6760	0.1800
每股净资产/调整后(元)	2.1690	2.1900	1.9500
每股公积金(元)	0.5580	0.5580	0.5521
净资产收益率(%)	3.4000	11.3700	11.7300
总资产(万元)	679572.25	589754.31	515917.81
股东权益(万元)	152242.78	154189.28	137392.67
未分配利润(万元)	6316.93	8118.74	1187.56
主营收入(万元)	60012.15	188599.89	207206.53
资本公积金(万元)	38918.70	38918.70	38508.83
主营利润(万元)	24901.51	57633.86	63338.16
其他业务利润(万元)	317.10	680.19	-83.54
营业利润(万元)	5836.97	24906.02	31812.19
投资收益(万元)	-2525.85	2401.34	1547.59
补贴收入(万元)	4377.72	3661.11	-19.92
营业外收支(万元)	-223.68	1610.57	-7.37
利润总额(万元)	7465.15	32579.05	35149.59
净利润(万元)	5169.70	17531.29	16119.75

十大股东

序号	股东名称	股份性质	持股数(万股)	比例(%)
1	上海房地集团有限公司	国有法人股	34782.14	49.87
2	沪通实业	境内法人股	647.61	0.93
3	上海海证实业发展有限公司	流通A股	392.64	0.56
4	上海企北年金发展中心申万平稀	流通A股	292.44	0.42
5	上海古北集团工会	境内法人股	245.03	0.35
6	上海市工商界爱国建设公司	境内法人股	235.22	0.34
7	上海豪尔办公用品有限公司	流通A股	230.73	0.33
8	上海敏特投资有限公司	流通A股	210.07	0.30
9	海通证券股份有限公司	境内法人股	171.89	0.25
10	中国建设银行-博时裕富证券投资基金	流通A股	147.68	0.21

股东人数	2004.6	2003.12	2003.6	2002
	117360	123611	128135	124949

近年分配	近年配股/增发
2004年7月26日10派1.00	

重大事项

2004年3月25日,公司控股子公司上海古北(集团)有限公司(我公司持股87.5%)董事会通过通讯表决方式形成决议,同意与上海市住宅建设发展中心签订《上海市中低价"四高"示范居住区宝山区顾村镇基地2号地块建设项目协议书》。

二〇〇三年以来市场表现

2003年涨跌幅(%)	-24.69
2003年最高(元)	7.47
2003年最低(元)	4.71
2003年换手率(%)	107.44
2004.06涨跌幅(%)	4.15
2004.06最高(元)	6.78
2004.06最低(元)	4.82
2004.06换手率(%)	84.94

上海交运股份有限公司

公司概况

公司名称	上海交运股份有限公司	股票代码	600676
注册地址	上海市浦东新区浦东南路 2304 号	邮政编码	200052
法人代表	刘世才	董秘	李汝德
电话	021-62520140-8027,8015	传真	021-62116123
主营业务	轿车零部件制造		
总股本	16896.19	流通 A	7340.00
流通 B		流通 H	
审计单位		审计意见	已审计

主要财务指标

年度	2004.6	2003	2002
每股收益/扣除后(元)	0.1792	0.3650	0.3277
每股经营现金流量(元)	0.3240	0.7762	0.8721
每股净资产/调整后(元)	5.7390	5.7710	5.4920
每股公积金(元)	3.8755	3.8755	3.8755
净资产收益率(%)	3.0000	6.1530	5.7500
总资产(万元)	160444.41	146272.33	136501.30
股东权益(万元)	101988.21	102387.37	96339.40
未分配利润(万元)	7875.42	8314.66	4665.84
主营收入(万元)	48547.91	75345.30	44770.95
资本公积金(万元)	65481.60	65481.60	65481.60
主营利润(万元)	14025.74	21224.55	15422.48
其他业务利润(万元)	356.96	883.19	-14.48
营业利润(万元)	6356.33	7273.76	5828.52
投资收益(万元)	-1680.91	426.64	625.70
补贴收入(万元)	62.09	159.52	-0.03
营业外收支(万元)	-29.93	11.73	0.12
利润总额(万元)	4707.58	7871.64	6857.26
净利润(万元)	3055.83	6299.98	5536.51

十大股东

序号	股东名称	股份性质	持股数(万股)	比例(%)
1	上海交运集团公司	国家股	6436.19	38.09
2	大众交通集团股份有限公司	境内法人股	975.00	5.77
3	上海巴士实业集团股份有限公司	境内法人股	975.00	5.77
4	申银万国证券股份有限公司	境内法人股	577.57	3.42
5	中华企业股份有限公司	境内法人股	234.00	1.38
6	上海物资贸易中心股份有限公司	境内法人股	119.05	0.70
7	上海贝泽贸易有限公司	境内法人股	38.45	0.23
8	于明祥	流通 A 股	36.85	0.22
9	孟庐松	流通 A 股	32.70	0.19
10	雷玉莎	流通 A 股	32.14	0.19

股东人数	2004.6	2003.12	2003.6	2002
	32296	37397	37012	39686

近年分配	2004 年 6 月 21 日 10 派 2.00	近年配股/增发	

重大事项

2004 年 5 月 12 日召开的公司第十二次股东大会(2003 年年会)审议批准了《公司 2003 年度利润分配方案》,以 2003 年年末公司股本总额 168,961,856 股为基数,每 10 股派发现金红利 2.00 元(含税),共计分配股利 33,792,371.20 元,现金红利派发已于 2004 年 6 月 28 日实施完毕。

二〇〇三年以来市场表现

2003 年涨跌幅(%)	-13.31
2003 年最高(元)	10.99
2003 年最低(元)	7.10
2003 年换手率(%)	53.04
2004.06 涨跌幅(%)	14.69
2004.06 最高(元)	10.30
2004.06 最低(元)	7.45
2004.06 换手率(%)	70.28

航天通信控股集团股份有限公司

公司概况

公司名称	航天通信控股集团股份有限公司	股票代码	600677
注册地址	浙江省杭州市解放路 138 号纺织服装大楼一号楼	邮政编码	310009
法人代表	陈鹏飞	董秘	从培育
电话	0571-87079526	传真	0751-87077662
主营业务	轻纺产品及原辅材料		
总股本	32617.24	流通 A	17074.57
流通 B		流通 H	
审计单位		审计意见	未审计

主要财务指标

年度	2004.6	2003	2002
每股收益/扣除后(元)	0.0197	0.0129	0.0122
每股经营现金流量(元)	0.3310	0.1118	0.4407
每股净资产/调整后(元)	1.5250	1.4030	1.3998
每股公积金(元)	0.2663	0.2663	0.2619
净资产收益率(%)	1.8700	1.6700	1.2861
总资产(万元)	222765.02	222437.83	199835.52
股东权益(万元)	52899.14	51911.44	50853.08
未分配利润(万元)	28.97	-958.73	-862.79
主营收入(万元)	120107.40	201272.80	183527.80
资本公积金(万元)	8684.80	8684.80	8543.82
主营利润(万元)	11426.45	25831.84	23160.53
其他业务利润(万元)	848.34	852.56	16.28
营业利润(万元)	1144.23	4198.55	4428.04
投资收益(万元)	-502.97	71.27	-1532.26
补贴收入(万元)	1097.48	1045.37	-18.46
营业外收支(万元)	50.33	-530.42	-13.41
利润总额(万元)	1789.07	4784.77	3431.62
净利润(万元)	987.70	868.01	654.00

十大股东

序号	股东名称	股份性质	持股数(万股)	比例(%)
1	中国航天科工集团公司	国有法人股	7307.88	22.40
2	浙江国信控股集团有限责任公司	国有法人股	1794.45	5.50
3	中国移动通信第七研究所	国有法人股	1468.18	4.50
4	中国纺织物资(集团)总公司	境内法人股	568.57	1.74
5	中国电力财务有限公司	境内法人股	407.69	1.25
6	苏州市投资公司	境内法人股	312.00	0.96
7	中国人民建设银行浙江信托投资	境内法人股	200.20	0.61
8	厦门曼尼投资管理咨询有限公司	流通 A 股	200.00	0.61
9	海通证券股份有限公司	流通 A 股	195.00	0.60
10	浙江东方集团股份有限公司	境内法人股	150.15	0.46

股东人数	2004.6	2003.12	2003.6	2002
	53609	56966	58542	51244

近年分配		近年配股/增发	

重大事项

公司之控股子公司宁波中汇纺织有限公司与宁波经济开发区华业贸易有限公司买卖合同纠纷一案中,2003 年由浙江省宁波市中级人民法院出具了(2003)甬民二初字第 162 号民事裁定书,裁定冻结该公司银行存款 635 万元或查封其相应价值的财产。2003 年该公司价值 807,338.34 元的存货被法院查封,银行承兑汇票 6,407,800.00 元抵押在法院。现此案尚在审理之中。

二〇〇三年以来市场表现

2003 年涨跌幅(%)	-25.16
2003 年最高(元)	8.20
2003 年最低(元)	4.33
2003 年换手率(%)	246.23
2004.06 涨跌幅(%)	13.53
2004.06 最高(元)	6.95
2004.06 最低(元)	4.65
2004.06 换手率(%)	170.18

四川金顶(集团)股份有限公司

公司概况

公司名称	四川金顶(集团)股份有限公司			股票代码	600678		
注册地址	四川省峨眉山市名山路东段			邮政编码	614224		
法人代表	陈建龙			董秘	周正		
电话	0833-5578055			传真	0833-5578053		
主营业务	水泥制造、销售						
总股本	23266.00	流通 A	9600.00	流通 B		流通 H	
审计单位				审计意见	未审计		

主要财务指标

年度	2004.6	2003	2002
每股收益/扣除后(元)	0.0254	0.0820	0.0930
每股经营现金流量(元)	-0.0110	0.4000	0.1530
每股净资产/调整后(元)	1.0530	1.0410	1.0330
每股公积金(元)	0.0668	0.0668	0.0678
净资产收益率(%)	2.0300	6.7310	8.3200
总资产(万元)	88456.58	91301.10	86532.17
股东权益(万元)	29058.82	28468.94	27004.58
未分配利润(万元)	3035.32	2445.44	1235.53
主营收入(万元)	17168.37	33238.63	45349.25
资本公积金(万元)	1554.97	1554.97	1576.70
主营利润(万元)	4644.50	11117.83	15621.60
其他业务利润(万元)	30.48	254.51	5.57
营业利润(万元)	511.46	2655.36	1186.31
投资收益(万元)	-153.00	-179.62	594.98
补贴收入(万元)	238.83	141.16	1.79
营业外收支(万元)	-0.61	51.04	-0.45
利润总额(万元)	596.68	2667.94	2071.08
净利润(万元)	589.88	1916.25	2246.68

十大股东

序号	股东名称	股份性质	持股数(万股)	比例(%)
1	乐山国有资产经营公司	国有股	13116.00	56.37
2	上海申银万国证券股份有限公司	法人股	200.00	0.86
3	乐山电业局	法人股	150.00	0.64
4	成都铁路局西昌铁路分局	法人股	100.00	0.43
5	乐山资信产权经纪公司	法人股	100.00	0.43
6	安徽省淮南市大元岩土工程有限公司	流通股	33.59	0.14
7	张彬	流通股	32.60	0.14
8	张加华	流通股	20.02	0.09
9	天津市启明高科技开发公司	流通股	19.24	0.08
10	刘良兵	流通股	17.88	0.08

股东人数	2004.6	2003.12	2003.6	2002
	43991	46148	45004	48526

近年分配		近年配股/增发	

重大事项

2002年9月19日,公司控股子公司金顶集团成都铁二散装水泥有限公司与中铁二局集团物资有限公司(简称物资公司)签署了《租赁合同》,金铁二公司租赁物资公司下属成都市火车东站水泥散库及其储运系统,租赁期从2002年10月1日起至2012年9月30日,租金100万元/年。

二〇〇三年以来市场表现

2003年涨跌幅(%)	-22.71
2003年最高(元)	7.47
2003年最低(元)	4.35
2003年换手率(%)	158.13
2004.06涨跌幅(%)	-5.21
2004.06最高(元)	6.27
2004.06最低(元)	4.49
2004.06换手率(%)	89.74

凤凰股份有限公司

公司概况

公司名称	凤凰股份有限公司			股票代码	600679		
注册地址	上海市宝山区杨泰路189号			邮政编码	200080		
法人代表	陈国强			董秘	李玉龙		
电话	021-65954641,65950100-611			传真	021-65956731		
主营业务	生产经营自行车						
总股本	60361.96	流通 A	3432.00	流通 B	17160.00	流通 H	
审计单位				审计意见	未审计		

主要财务指标

年度	2004.6	2003	2002
每股收益/扣除后(元)	0.0045	-0.0091	0.0134
每股经营现金流量(元)	0.2340	0.1166	-0.0406
每股净资产/调整后(元)	1.3240	1.4065	1.3596
每股公积金(元)	0.7400	0.7400	0.7400
净资产收益率(%)	0.2650	0.4811	0.8930
总资产(万元)	222045.56	204075.61	206438.45
股东权益(万元)	87776.17	87543.78	87132.59
未分配利润(万元)	-24573.68	-24806.07	-24817.80
主营收入(万元)	88634.37	143043.62	133525.12
资本公积金(万元)	44667.68	44667.68	44667.68
主营利润(万元)	9652.98	19816.53	19831.85
其他业务利润(万元)	170.31	-342.79	-0.60
营业利润(万元)	1436.35	3724.47	4129.47
投资收益(万元)	353.39	-174.51	-155.67
补贴收入(万元)		152.99	-1.90
营业外收支(万元)	-31.10	-76.36	-0.23
利润总额(万元)	1758.64	3626.58	4040.12
净利润(万元)	232.39	421.19	778.09

十大股东

序号	股东名称	股份性质	持股数(万股)	比例(%)
1	上海轻工控股(集团)公司	国家股	38053.96	63.04
2	上海国际信托投资公司	境内法人股	171.60	0.28
3	申银万国证券公司	境内法人股	171.60	0.28
4	陆汉振	流通B股	130.53	0.22
5	斯必克发展总公司	境内法人股	110.34	0.18
6	许经源	流通B股	107.08	0.18
7	自行车前叉厂	流通B股	104.50	0.17
8	郭怀望	流通B股	58.19	0.10
9	SHENYIN WANGUO NOMINEES(H.K.)	流通B股	53.71	0.09
10	MEESPIERSON ASIA LTDASIA LTD.	流通B股	48.75	0.08

股东人数	2004.6	2003.12	2003.6	2002
	27622	2814	25141	24983

近年分配		近年配股/增发	

重大事项

公司报告期内向凤凰车业销售有限公司销售自行车累计交易金额为564万元,占同类交易金额的0.8%。定价原则以市场价格为准,结算方式以现金支付。

二〇〇三年以来市场表现

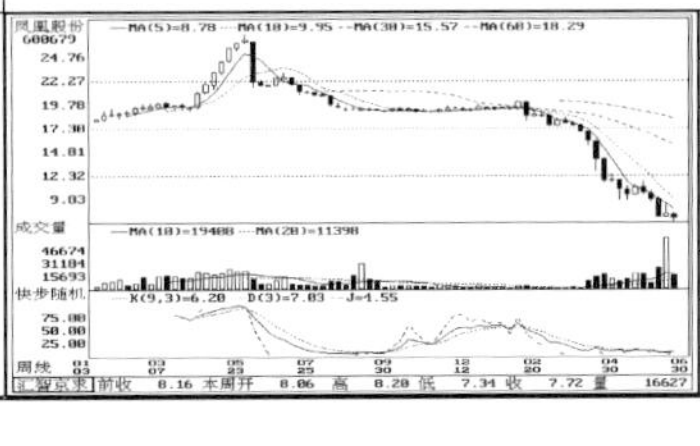

2003年涨跌幅(%)	6.56
2003年最高(元)	27.25
2003年最低(元)	17.98
2003年换手率(%)	137.65
2004.06涨跌幅(%)	-60.06
2004.06最高(元)	20.12
2004.06最低(元)	7.34
2004.06换手率(%)	68.25

上海邮电通信设备股份有限公司

公司概况

公司名称	上海邮电通信设备股份有限公司	股票代码	600680
注册地址	上海市宜山路700号	邮政编码	200233
法人代表	鲍康荣	董秘	周锦荣
电话	021-64360900,64834310	传真	021-64834310,64333435
主营业务	各类通信设备、网络		
总股本	30492.53	流通A	2704.00
流通B	12480.00	流通H	
审计单位		审计意见	未审计

主要财务指标

年度	2004.6	2003	2002
每股收益/扣除后(元)	0.0746	0.1700	0.1000
每股经营现金流量(元)	–0.6940	–0.1100	0.1200
每股净资产/调整后(元)	2.0700	1.9900	1.8100
每股公积金(元)	0.4290	0.4290	0.4284
净资产收益率(%)	3.3400	7.9400	5.2800
总资产(万元)	207003.91	219863.27	190869.30
股东权益(万元)	67000.41	64901.06	59651.03
未分配利润(万元)	14420.57	12181.86	8658.21
主营收入(万元)	119888.16	200078.14	153582.08
资本公积金(万元)	13079.93	13079.93	13064.15
主营利润(万元)	6749.70	24125.52	19562.39
其他业务利润(万元)	1369.02	2555.46	–17.17
营业利润(万元)	–2249.82	258.39	–1220.41
投资收益(万元)	4029.07	6040.56	5996.13
补贴收入(万元)	4.50	21.49	–0.17
营业外收支(万元)	–12.76	–135.40	–0.29
利润总额(万元)	1770.98	6185.04	4816.29
净利润(万元)	2238.71	5151.97	3152.01

十大股东

序号	股东名称	股份性质	持股数(万股)	比例(%)
1	中国普天信息产业集团公司	国有法人股	12874.93	42.22
2	海通证券有限公司	境内法人股	552.97	1.81
3	深圳万科企业股份有限公司	境内法人股	429.94	1.41
4	巨田证券有限责任公司	境内法人股	418.69	1.37
5	TOYO SECURITIES ASIALTD. A/C CLIENT	流通B股	417.43	1.37
6	NAITO SECURITIES CO., LTD.	流通B股	197.08	0.65
7	深圳市万科财务顾问有限公司	境内法人股	135.20	0.44
8	MERRILL LYNCH FAREAST LIMITED	流通B股	119.65	0.39
9	DAIWA SECURITIES CO.,LTD.TLKYO	流通B股	106.77	0.35
10	NIKKO CORDIAL SECURITIES INC.	流通B股	104.68	0.34

股东人数

2004.6	2003.12	2003.6	2002
45504	21221	21841	45525

近年分配		近年配股/增发	

重大事项

公司董事会四届六次会议审议通过了关于转让公司控股子公司贵阳普天上邮通信设备有限公司70%股权的议案，同意以现金人民币700万元向贵阳普天通信设备厂转让所持有的贵阳普天上邮通信设备有限公司70%的股权，定价原则是以贵阳普天上邮通信设备有限公司截止2003年6月30日净资产确定为公司原出资额。

二〇〇三年以来市场表现

2003年涨跌幅(%)	–21.16
2003年最高(元)	14.66
2003年最低(元)	8.51
2003年换手率(%)	222.93
2004.06涨跌幅(%)	1.55
2004.06最高(元)	13.50
2004.06最低(元)	9.50
2004.06换手率(%)	179.75

万鸿集团股份有限公司

公司概况

公司名称	万鸿集团股份有限公司	股票代码	600681
注册地址	武汉市武昌区武珞路28号	邮政编码	430060
法人代表	张海生	董秘	许伟文
电话	027-88066666	传真	027-88061616
主营业务	纸塑包装制品		
总股本	20806.80	流通A	10852.38
流通B		流通H	
审计单位		审计意见	未审计

主要财务指标

年度	2004.6	2003	2002
每股收益/扣除后(元)	–0.0305	–2.2790	–0.2500
每股经营现金流量(元)	0.0250	–0.3400	–0.2020
每股净资产/调整后(元)	–2.2900	–2.2300	1.4900
每股公积金(元)	0.5553	0.5553	0.5553
净资产收益率(%)			–15.8700
总资产(万元)	30871.30	30412.67	83318.31
股东权益(万元)	–47690.46	–46449.03	32199.43
未分配利润(万元)	–80415.72	–79762.37	–2709.34
主营收入(万元)	9361.75	19675.95	22993.79
资本公积金(万元)	11553.47	11553.47	11553.47
主营利润(万元)	1517.22	2155.98	4116.32
其他业务利润(万元)	44.95	173.07	–1.90
营业利润(万元)	–1222.38	–31198.72	–4598.57
投资收益(万元)		–16973.42	–186.69
补贴收入(万元)			
营业外收支(万元)	–18.80	–30628.16	–4.41
利润总额(万元)	–1241.19	–78800.30	–5243.51
净利润(万元)	–653.34	–76838.73	–5109.46

十大股东

序号	股东名称	股份性质	持股数(万股)	比例(%)
1	广州美城投资有限公司	境内法人股	2588.87	12.44
2	海南诚成企业集团有限公司	境内法人股	2000.00	9.61
3	武汉国有资产经营公司	国有法人股	1467.89	7.05
4	深圳万科企业股份有限公司	境内法人股	459.36	2.21
5	中国长城资产管理公司	境内法人股	309.08	1.49
6	上海新元投资有限公司	境内法人股	287.49	1.38
7	上海浦东任展贸易有限责任公司	境内法人股	248.00	1.19
8	工商银行武汉市分行桥口支行	境内法人股	238.87	1.15
9	湖北省保险房地产开发公司	境内法人股	238.87	1.15
10	北京仁达国际信息工程有限公司	境内法人股	172.26	0.83

股东人数

2004.6	2003.12	2003.6	2002
54787	59552	67428	63923

近年分配		近年配股/增发	

重大事项

司与交通银行武汉分行江岸支行5000万元借款合同纠纷案，湖北省武汉市中级人民法院(2003)武立保字第180号民事裁定书裁定：冻结被申请人银行账户存款50,000,000元整，如存款不足，查封其相应价值的财产。

二〇〇三年以来市场表现

2003年涨跌幅(%)	–32.72
2003年最高(元)	10.00
2003年最低(元)	3.46
2003年换手率(%)	458.13
2004.06涨跌幅(%)	–50.68
2004.06最高(元)	6.05
2004.06最低(元)	2.14
2004.06换手率(%)	255.77

南京新街口百货商店股份有限公司

公司概况							
公司名称	南京新街口百货商店股份有限公司			股票代码	600682		
注册地址	江苏省南京市中山南路 3 号			邮政编码	210005		
法人代表	王恒			董秘	王毓兰		
电话	025–84717494			传真	025–84724722		
主营业务	百货商品、商业零售						
总股本	23020.82	流通 A	15288.00	流通 B		流通 H	
审计单位				审计意见	未审计		

主要财务指标

年度	2004.6	2003	2002
每股收益/扣除后(元)	0.1080	0.2400	0.2900
每股经营现金流量(元)	0.4950	0.6500	0.3730
每股净资产/调整后(元)	3.8700	3.9100	3.6400
每股公积金(元)	2.2847	2.2847	2.2776
净资产收益率(%)	2.7900	7.5500	6.8500
总资产(万元)	214703.84	209970.98	187792.95
股东权益(万元)	89404.18	90358.52	84361.59
未分配利润(万元)	3579.33	4533.66	482.91
主营收入(万元)	181433.62	299201.72	205480.87
资本公积金(万元)	52596.25	52596.25	52431.89
主营利润(万元)	17831.35	30544.82	29629.83
其他业务利润(万元)	605.07	1170.03	122.52
营业利润(万元)	4423.70	8090.55	11035.97
投资收益(万元)	–19.32	1767.52	–1413.90
补贴收入(万元)	26.33	89.66	89.66
营业外收支(万元)	–7.79	194.73	–1.18
利润总额(万元)	4422.92	10142.46	9326.76
净利润(万元)	2498.79	6821.62	5777.37

十大股东

序号	股东名称	股份性质	持股数(万股)	比例(%)
1	南京国有资产经营控股有限公司	国家股	5638.26	24.49
2	金鹰申集团有限公司	流通 A 股	1516.95	6.59
3	南京新百投资控股集团有限公司	流通 A 股	1262.45	5.48
4	南京华美联合营销管理有限公司	流通 A 股	1153.01	5.01
5	南京新大众投资顾问有限公司	流通 A 股	1097.63	4.77
6	武汉市晖通信息科技有限公司	流通 A 股	1041.21	4.52
7	长沙日日丰汽车维修有限公司	流通 A 股	994.23	4.32
8	黄欣	流通 A 股	731.79	3.18
9	南京工商银行经济信息咨询服务公司	境内法人股	300.00	1.30
10	青岛鲁强咨询有限公司	流通 A 股	296.93	1.29

股东人数	2004.6	2003.12	2003.6	2002
	36451	44578	82832	86097

近年分配	2004 年 7 月 19 日 10 派 1.50	近年配股/增发	

重大事项

公司控股子公司南京东方商城有限责任公司为其参股企业南京大洋百货有限公司向银行贷款 4000 万元提供担保，担保期限自 2002 年 11 月 10 日至 2003 年 11 月 10 日止，南京大洋百货有限公司以大洋百货经营场所的 1–3 层的场地使用权作为反担保，后因大洋百货资金困难，该笔贷款展期至 2004 年 4 月 10 日。

二〇〇三年以来市场表现

2003 年涨跌幅(%)	41.26
2003 年最高(元)	10.77
2003 年最低(元)	5.81
2003 年换手率(%)	256.34
2004.06 涨跌幅(%)	7.33
2004.06 最高(元)	11.29
2004.06 最低(元)	7.55
2004.06 换手率(%)	97.80

银泰控股股份有限公司

公司概况							
公司名称	银泰控股股份有限公司			股票代码	600683		
注册地址	宁波市中山东路 238 号			邮政编码	315000		
法人代表	邱中伟			董秘	钟明海		
电话	0574–87092008,87092006			传真	0574–87092059		
主营业务	商品批发、零售						
总股本	19925.37	流通 A	8989.04	流通 B		流通 H	
审计单位				审计意见	未审计		

主要财务指标

年度	2004.6	2003	2002
每股收益/扣除后(元)	0.0642	0.0600	0.1400
每股经营现金流量(元)	0.5090	0.2900	0.2500
每股净资产/调整后(元)	1.5300	1.4500	1.3500
每股公积金(元)	0.3485	0.3485	1.7354
净资产收益率(%)	5.1300	6.3500	10.1200
总资产(万元)	105539.88	103135.48	97393.54
股东权益(万元)	31039.35	29446.74	27575.48
未分配利润(万元)	3182.70	1483.05	–29176.63
主营收入(万元)	49138.61	112422.35	80316.76
资本公积金(万元)	6944.48	6944.48	34578.76
主营利润(万元)	6383.39	10585.12	6600.87
其他业务利润(万元)	524.72	995.23	–112.58
营业利润(万元)	1593.75	899.72	2512.35
投资收益(万元)	–238.62	581.71	–401.42
补贴收入(万元)	69.62	290.69	6.96
营业外收支(万元)	170.40	116.66	2.57
利润总额(万元)	1595.16	1888.78	2811.72
净利润(万元)	1592.61	1871.26	2790.09

十大股东

序号	股东名称	股份性质	持股数(万股)	比例(%)
1	中国银泰投资有限公司	境内法人股	4265.56	21.41
2	宁波金港信托投资有限公司	境内法人股	401.88	2.02
3	交通银行宁波分行	境内法人股	338.00	1.70
4	中国糖业酒类集团公司	境内法人股	304.20	1.53
5	宁波工商银行劳动服务公司	境内法人股	253.50	1.27
6	南京新港开发总公司	境内法人股	219.70	1.10
7	宁波保税区华能联合开发有限公司	境内法人股	118.30	0.59
8	宁波燃料公司	境内法人股	118.30	0.59
9	北京建宇投资管理有限公司	境内法人股	115.20	0.58
10	浙江物产元通机电集团有限公司	境内法人股	101.40	0.51

股东人数	2004.6	2003.12	2003.6	2002
	29242	27270	24636	24437

近年分配		近年配股/增发	

重大事项

公司于 2004 年 6 月 22 与宁波市钱湖国际会议中心开发有限公司签订了《借款协议书》，约定向该公司提供借款 11,400 万元，期限一年，资金使用费率为年 8%，同日已履行 6,034.04 万元，余额至报告期末尚未履行。

二〇〇三年以来市场表现

2003 年涨跌幅(%)	–37.58
2003 年最高(元)	9.45
2003 年最低(元)	4.24
2003 年换手率(%)	241.23
2004.06 涨跌幅(%)	–8.89
2004.06 最高(元)	6.90
2004.06 最低(元)	4.39
2004.06 换手率(%)	177.16

广州珠江实业开发股份有限公司

公司概况

公司名称	广州珠江实业开发股份有限公司	股票代码	600684
注册地址	广州市环市东路362-366号好世界广场30楼	邮政编码	510060
法人代表	郑署平	董秘	黄宇文
电话	020-83752408-808	传真	020-83752663
主营业务	房地产开发、经营		
总股本	18704.00	流通A	10003.50
流通B		流通H	
审计单位		审计意见	未审计

主要财务指标

年度	2004.6	2003	2002
每股收益/扣除后(元)	0.0334	0.0500	0.0800
每股经营现金流量(元)	−0.0440	0.2600	0.1400
每股净资产/调整后(元)	3.2000	3.1500	3.1000
每股公积金(元)	1.9226	1.9226	1.9149
净资产收益率(%)	1.3200	2.6400	2.5000
总资产(万元)	83883.14	81398.39	87342.37
股东权益(万元)	61730.25	60916.01	60098.19
未分配利润(万元)	2446.63	1632.39	1199.84
主营收入(万元)	4552.43	11955.17	16159.08
资本公积金(万元)	35959.75	35959.75	35815.85
主营利润(万元)	2345.07	4427.91	4996.05
其他业务利润(万元)	51.92	326.84	−0.88
营业利润(万元)	981.22	1687.77	2060.95
投资收益(万元)	261.10	108.37	−454.62
补贴收入(万元)			
营业外收支(万元)	−5.75	0.43	−0.00
利润总额(万元)	1236.58	1796.57	1537.52
净利润(万元)	814.24	1609.12	1504.62

十大股东

序号	股东名称	股份性质	持股数(万股)	比例(%)
1	广珠江实业集团	国有法人股	7410.01	39.62
2	广州市有资产管理局	国家股	1290.34	6.90
3	崔晔	流通股	28.25	0.15
4	陈玉琦	流通股	25.56	0.14
5	李志宏	流通股	21.77	0.12
6	郭银堂	流通股	18.69	0.10
7	朱永芝	流通股	17.00	0.09
8	赵国仓	流通股	16.64	0.09
9	赵向明	流通股	16.00	0.09
10	石新生	流通股	15.00	0.08

股东人数	2004.6	2003.12	2003.6	2002
	51858	52978	54115	54598

近年分配		近年配股/增发	

重大事项

合富公司诉本公司欠其5,000万元及其资金使用费1,500万元一案,该事项详情见本公司2000年年度报告。因诉讼方广州合富房地产发展有限公司方面的原因,广州仲裁委员会曾中止该案的审理,报告期内中止情形消失,仲裁委于3月12日开庭审理,目前尚未裁决。

二〇〇三年以来市场表现

2003年涨跌幅(%)	−24.03
2003年最高(元)	7.53
2003年最低(元)	4.78
2003年换手率(%)	151.93
2004.06涨跌幅(%)	6.94
2004.06最高(元)	6.39
2004.06最低(元)	4.86
2004.06换手率(%)	121.77

广州广船国际股份有限公司

公司概况

公司名称	广州广船国际股份有限公司	股票代码	600685
注册地址	广州市芳村大道南40号	邮政编码	510382
法人代表	胡国良	董秘	李志东
电话	020-81896411,81807839	传真	020-81891575
主营业务	船舶及船舶辅机		
总股本	49467.76	流通A	12647.95
流通B		流通H	15739.80
审计单位		审计意见	未审计

主要财务指标

年度	2004.6	2003	2002
每股收益/扣除后(元)	0.0210	0.0700	0.0322
每股经营现金流量(元)	0.4815	1.5100	−0.7800
每股净资产/调整后(元)	1.2000	1.1400	1.1200
每股公积金(元)	1.3180	1.3180	1.3180
净资产收益率(%)	1.5300	6.3600	2.5100
总资产(万元)	244256.80	251340.84	319262.47
股东权益(万元)	68712.80	67658.97	63353.79
未分配利润(万元)	−55967.41	−57021.29	−61326.46
主营收入(万元)	109030.01	284044.56	241310.09
资本公积金(万元)	65197.75	65197.75	65197.75
主营利润(万元)	5883.47	8437.60	421.36
其他业务利润(万元)	506.43	1745.14	−54.35
营业利润(万元)	−792.11	−7915.18	−23760.08
投资收益(万元)	82.44	334.36	201.04
补贴收入(万元)	1980.90	12388.04	−10346.64
营业外收支(万元)	−102.13	−320.38	−3.10
利润总额(万元)	2637.78	4486.83	1756.95
净利润(万元)	1053.88	4305.18	1591.69

十大股东

序号	股东名称	股份性质	持股数(万股)	比例(%)
1	中国船舶工业集团公司	国有法人股	21080.01	42.61
2	HKSCC NOMINEES IMITED	流通H股	14433.10	29.18
3	裕阳基金	流通A股	734.06	1.48
4	HSBC NOMINEES(HONG KONG)LIMITED	流通H股	493.40	1.00
5	CHAN CHEUK SANG	流通H股	300.00	0.61
6	德盛小盘	流通A股	157.29	0.32
7	嘉实增长	流通A股	54.25	0.11
8	蓝筹成长	流通A股	48.72	0.10
9	袁荣华	流通A股	40.31	0.08
10	刘志	流通A股	35.00	0.07

股东人数	2004.6	2003.12	2003.6	2002
	58926	66405	71358	65844

近年分配		近年配股/增发	

重大事项

本公司于2004年6月25日召开的2003年度股东大会通过了本公司与控股股东中国船舶工业集团公司签署的《关联交易框架协议》,该项议题由独立股东表决并全票通过,关联股东按规定回避该项表决。

二〇〇三年以来市场表现

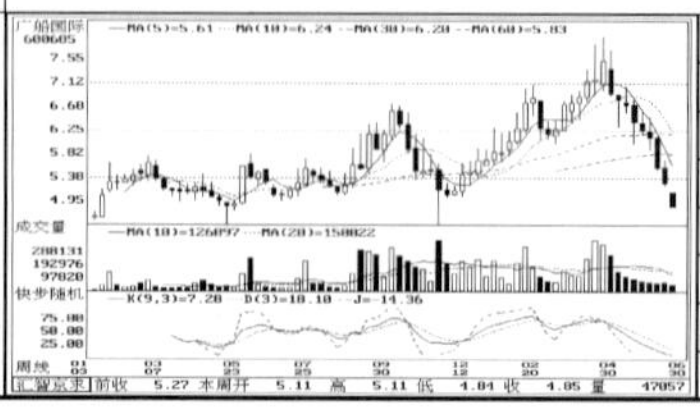

2003年涨跌幅(%)	23.29
2003年最高(元)	6.74
2003年最低(元)	4.51
2003年换手率(%)	436.84
2004.06涨跌幅(%)	−15.94
2004.06最高(元)	7.99
2004.06最低(元)	4.84
2004.06换手率(%)	286.15

厦门汽车股份有限公司

公司概况

公司名称	厦门汽车股份有限公司	股票代码	600686
注册地址	厦门市厦禾路820号帝豪大厦27-28层	邮政编码	361004
法人代表	叶天捷	董秘	唐祝敏
电话	0592-2962988	传真	0592-2960686
主营业务	大、中、轻型客车		
总股本	15151.76	流通A	5760.00
流通B		流通H	
审计单位		审计意见	未审计

主要财务指标

年度	2004.6	2003	2002
每股收益/扣除后(元)	0.2082	0.5500	0.5900
每股经营现金流量(元)	–0.1990	1.2800	1.7800
每股净资产/调整后(元)	2.8600	2.8100	2.2600
每股公积金(元)	0.5078	0.5078	0.5062
净资产收益率(%)	7.2800	21.5000	24.7500
总资产(万元)	145485.94	142372.69	118468.25
股东权益(万元)	43806.18	42989.13	35239.72
未分配利润(万元)	10062.49	9245.44	3838.24
主营收入(万元)	118761.87	259975.83	211133.50
资本公积金(万元)	7694.11	7694.11	7669.28
主营利润(万元)	18331.16	44009.83	36297.83
其他业务利润(万元)	564.79	1521.35	–31.16
营业利润(万元)	6251.21	15480.35	12219.16
投资收益(万元)	–314.67	1500.88	2813.90
补贴收入(万元)		44.11	–0.67
营业外收支(万元)	41.04	840.95	–0.25
利润总额(万元)	5977.58	17866.29	15083.99
净利润(万元)	3190.00	9242.32	8723.54

十大股东

序号	股东名称	股份性质	持股数(万股)	比例(%)
1	福建省汽车工业集团公司	国有法人股	2892.47	19.09
2	厦门国有资产投资公司	国有法人股	2671.76	17.63
3	厦门象屿捷泰贸易有限公司	外资法人股、流通A股	1984.98	13.10
4	厦门永昌投资咨询有限公司	外资法人股	792.00	5.23
5	福建漳州闽粤第一城有限公司	外资法人股	757.33	5.00
6	中国工商银行-裕元证券投资基金	流通A股	429.50	2.83
7	厦门民兴工业有限公司	外资法人股	360.00	2.38
8	中国工商银行-兴业可转债混合型证券投资基金	流通A股	125.47	0.83
9	交通银行-普惠证券投资基金	流通A股	61.83	0.41
10	夏宏才	流通A股	61.55	0.41

股东人数	2004.6	2003.12	2003.6	2002
	16023	21884	20654	25906

近年分配	2004年6月24日10派1.30	近年配股/增发	

重大事项

经2004年5月18日2003年度股东大会批准,公司2003年度利润分配方案为:按截止2003年12月31日公司现有股份数151,517,592股,每10股派1.30元红利(含税),共计1,969.73万元。股权登记日为2004年6月23日,除息日为6月24日。

二〇〇三年以来市场表现

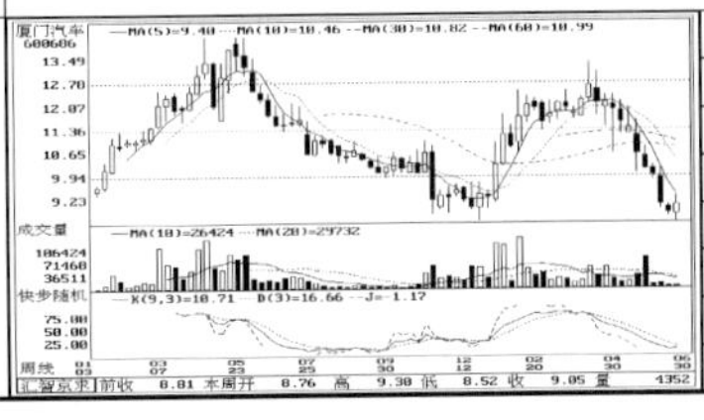

2003年涨跌幅(%)	-4.37
2003年最高(元)	13.87
2003年最低(元)	8.42
2003年换手率(%)	305.31
2004.06涨跌幅(%)	0.78
2004.06最高(元)	13.23
2004.06最低(元)	8.52
2004.06换手率(%)	175.61

浙江华盛达实业集团股份有限公司

公司概况

公司名称	浙江华盛达实业集团股份有限公司	股票代码	600687
注册地址	浙江省德清县武康镇英溪北路2号	邮政编码	313200
法人代表	袁建华	董秘	赖新
电话	0572-8082909	传真	0572-8081198
主营业务	制造销售计算机软硬件		
总股本	11000.00	流通A	4222.15
流通B		流通H	
审计单位		审计意见	未审计

主要财务指标

年度	2004.6	2003	2002
每股收益/扣除后(元)	0.0296	–0.0210	0.0880
每股经营现金流量(元)	–0.2060	–0.2780	–0.2600
每股净资产/调整后(元)	1.8900	1.8640	1.8960
每股公积金(元)	0.1638	0.1638	0.1623
净资产收益率(%)	1.5300	–1.1980	3.4000
总资产(万元)	45538.68	38489.60	50003.38
股东权益(万元)	20791.74	20502.27	20855.53
未分配利润(万元)	3996.32	3706.86	3652.09
主营收入(万元)	10762.81	17636.07	19724.16
资本公积金(万元)	1801.49	1801.49	1785.57
主营利润(万元)	1784.84	5570.52	7538.49
其他业务利润(万元)	4.72		
营业利润(万元)	999.14	724.58	2306.97
投资收益(万元)	–254.27	–549.71	–626.34
补贴收入(万元)		56.77	2.12
营业外收支(万元)	–10.65	–99.39	1.33
利润总额(万元)	734.22	132.25	1351.47
净利润(万元)	318.19	–245.60	708.95

十大股东

序号	股东名称	股份性质	持股数(万股)	比例(%)
1	浙江华盛达实业集团股份有限公司	境内法人股	2910.54	26.46
2	浙江省对外经济贸易财务公司	境内法人股	800.00	7.27
3	浙江中策创业投资有限公司	境内法人股	587.38	5.34
4	上海中尚生物科技有限公司	境内法人股	520.27	4.73
5	上海美锦科技有限公司	境内法人股	520.27	4.73
6	长春吉大小天鹅仪器有限公司	境内法人股	450.90	4.10
7	锡山市前洲信成机械制造有限公司	境内法人股	188.00	1.71
8	王丽	流通A股	67.76	0.62
9	沈阳国通商贸有限公司	境内法人股	65.00	0.59
10	刘必荣	流通A股	51.04	0.46

股东人数	2004.6	2003.12	2003.6	2002
	21300	21178	19814	20956

近年分配		近年配股/增发	

重大事项

公司与德清县华盛达宾馆有限公司共同投资设立浙江华盛达仓储物流有限公司,注册资本1000万元,其中本公司出资900万元,占90%,德清县华盛达宾馆有限公司出资100万元,占10%。有关工商登记手续于2004年1月6日已完成。本报告期内实现利润3,352,201.98元。

二〇〇三年以来市场表现

2003年涨跌幅(%)	-35.96
2003年最高(元)	12.39
2003年最低(元)	5.30
2003年换手率(%)	428.03
2004.06涨跌幅(%)	18.66
2004.06最高(元)	9.80
2004.06最低(元)	6.30
2004.06换手率(%)	455.32

中国石化上海石油化工股份有限公司

公司概况

公司名称	中国石化上海石油化工股份有限公司	股票代码	600688
注册地址	上海市金山区金一路 48 号	邮政编码	200540
法人代表	陆益平	董秘	张经明
电话	021-57943143	传真	021-57940050
主营业务	原油加工、油品、化工		
总股本	720000.00	流通 A	72000.00
流通 B		流通 H	233000.00
审计单位		审计意见	未审计

主要财务指标

年度	2004.6	2003	2002
每股收益/扣除后(元)	0.2286	0.2060	0.1260
每股经营现金流量(元)	0.2340	0.3740	0.3230
每股净资产/调整后(元)	2.2810	2.1490	1.9460
每股公积金(元)	0.3967	0.3967	0.3967
净资产收益率(%)	9.3010	8.9400	6.4400
总资产(万元)	2822994.00	2758082.75	2656228.50
股东权益(万元)	1646221.62	1550701.62	1412146.00
未分配利润(万元)	300409.59	204889.59	94045.20
主营收入(万元)	1777813.75	2956714.00	2232289.50
资本公积金(万元)	285627.81	285627.81	285627.81
主营利润(万元)	284846.69	370048.59	297986.19
其他业务利润(万元)	7599.10	8279.50	–769.38
营业利润(万元)	198705.41	174263.70	109651.70
投资收益(万元)	1565.30	1757.30	5836.80
补贴收入(万元)			
营业外收支(万元)	–17236.80	–18360.80	–329.33
利润总额(万元)	183033.91	157660.20	103623.80
净利润(万元)	153120.00	138555.59	90896.50

十大股东

序号	股东名称	股份性质	持股数(万股)	比例(%)
1	中国石油化工股份有限公司	国有法人股	400000.00	55.56
2	香港中央结算(代理人)有限公司	流通 H 股	191457.70	26.59
3	香港汇丰(代理人)有限公司	流通 H 股	35558.40	4.94
4	中国银行–海富通收益增长证券投资基金	流通 A 股	2137.36	0.30
5	中国工商银行–国联安德盛小盘精选证券投资基金	流通 A 股	2065.55	0.29
6	兴华证券投资基金	流通 A 股	1899.33	0.26
7	中国工商银行–天元证券投资基金	流通 A 股	1708.48	0.24
8	上海康利工贸有限公司	境内法人股	1673.00	0.23
9	景福证券投资基金	流通 A 股	1640.37	0.23
10	海通证券股份有限公司	流通 A 股	1401.00	0.19

股东人数	2004.6	2003.12	2003.6	2002
	149339	226063	292035	323419

近年分配	2004 年 7 月 6 日 10 派 0.80	近年配股/增发	

重大事项

本公司二零零三年度股东大会审议通过了二零零三年度利润分配方案：以二零零三年末总股本 7,200,000,000 股为基数，向全体股东每 10 股派发人民币 0.80 元(含税)。

二○○三年以来市场表现

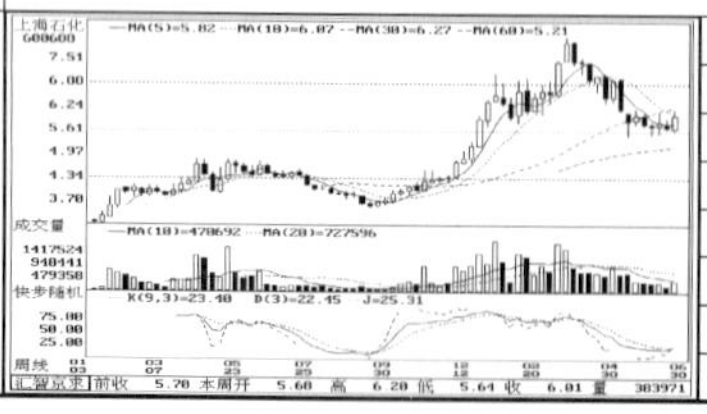

2003 年涨跌幅(%)	89.03
2003 年最高(元)	6.02
2003 年最低(元)	3.02
2003 年换手率(%)	298.02
2004.06 涨跌幅(%)	2.56
2004.06 最高(元)	8.15
2004.06 最低(元)	5.47
2004.06 换手率(%)	274.21

上海三毛企业(集团)股份有限公司

公司概况

公司名称	上海三毛企业(集团)股份有限公司	股票代码	600689
注册地址	上海市浦东大道 1474–1484 号	邮政编码	200023
法人代表	倪志华	董秘	张黎芳
电话	021-63059496	传真	021-63018850-601
主营业务	生产、销售精粗纺呢绒		
总股本	20099.13	流通 A	6854.40
流通 B	4878.72	流通 H	
审计单位		审计意见	未审计

主要财务指标

年度	2004.6	2003	2002
每股收益/扣除后(元)	–0.0627	–0.1149	0.0098
每股经营现金流量(元)	0.0870	–0.4860	–0.2377
每股净资产/调整后(元)	2.5150	2.5087	2.4792
每股公积金(元)	1.1635	1.1635	1.1635
净资产收益率(%)	0.1900	1.6600	1.0300
总资产(万元)	112713.55	123901.74	137126.44
股东权益(万元)	51495.77	51398.70	50543.81
未分配利润(万元)	3061.42	2964.36	2694.20
主营收入(万元)	50450.36	127270.89	93921.06
资本公积金(万元)	23384.34	23384.34	23384.34
主营利润(万元)	4608.26	10956.45	8743.24
其他业务利润(万元)	856.15	1032.04	–86.19
营业利润(万元)	–1680.29	–2621.81	–250.29
投资收益(万元)	201.13	26.33	221.67
补贴收入(万元)	217.82	144.85	–1.27
营业外收支(万元)	1380.66	2890.20	–2.61
利润总额(万元)	119.32	439.57	278.22
净利润(万元)	97.06	854.89	521.69

十大股东

序号	股东名称	股份性质	持股数(万股)	比例(%)
1	上海纺织控股集团公司	国有股、法人股	7592.63	37.78
2	上工股份有限公司	法人股	135.88	0.68
3	中国纺织机械股份有限公司	法人股	88.70	0.44
4	马泽琪	流通 A 股	57.60	0.29
5	珠江纺织贸易有限公司	流通 B 股	49.87	0.25
6	郑创宏	流通 B 股	46.22	0.23
7	裘阿海	流通 B 股	43.01	0.21
8	浦发静安	法人股	42.87	0.21
9	周伯勤	流通 B 股	41.44	0.21
10	上海永德经济发展有限公司	法人股	27.60	0.14

股东人数	2004.6	2003.12	2003.6	2002
	54485	45076	59695	58669

近年分配		近年配股/增发	

重大事项

2004 年 5 月 14 日公司收到西北证券有限责任公司上海西藏南路证券营业部支付杉和公司赔偿款 920 万元。同时，宁夏回族自治区银川市中级人民法院即冻结了该笔赔偿款 920 万元，并向杉和公司送达了应诉传票[(2004)银民商初字第 43 号]。

二○○三年以来市场表现

2003 年涨跌幅(%)	–30.32
2003 年最高(元)	9.44
2003 年最低(元)	4.49
2003 年换手率(%)	230.07
2004.06 涨跌幅(%)	–7.41
2004.06 最高(元)	7.45
2004.06 最低(元)	4.80
2004.06 换手率(%)	172.11

青岛海尔股份有限公司

公司概况

公司名称	青岛海尔股份有限公司	股票代码	600690
注册地址	青岛市崂山区海尔工业园内	邮政编码	266555
法人代表	杨绵绵	董秘	纪东
电话	0532-8938138	传真	0532-8938313
主营业务	电器、电子产品		
总股本	79764.83	流通 A	44989.71
流通 B		流通 H	
审计单位		审计意见	未审计

主要财务指标

年度	2004.6	2003	2002
每股收益/扣除后(元)	0.2374	0.4500	0.5000
每股经营现金流量(元)	0.6790	0.5300	0.4900
每股净资产/调整后(元)	6.9900	6.6500	6.3300
每股公积金(元)	3.9780	3.9780	3.9780
净资产收益率(%)	3.4200	6.8500	7.8000
总资产(万元)	724476.25	737270.62	739413.69
股东权益(万元)	557958.56	538896.56	508994.53
未分配利润(万元)	60715.28	34660.08	23323.41
主营收入(万元)	865616.75	1168837.50	1155352.12
资本公积金(万元)	317301.31	317301.31	317301.31
主营利润(万元)	119590.28	169858.02	148851.50
其他业务利润(万元)	1456.82	4337.05	167.24
营业利润(万元)	33190.30	60748.25	65217.01
投资收益(万元)	-6866.34	-11952.84	-13871.82
补贴收入(万元)	92.50		
营业外收支(万元)	149.46	632.26	8.53
利润总额(万元)	26565.63	49427.67	53698.14
净利润(万元)	19061.98	36895.28	39705.97

十大股东

序号	股东名称	股份性质	持股数(万股)	比例(%)
1	海尔电器国际股份有限公司	境内法人股	23885.82	29.95
2	海尔集团公司	境内法人股	9572.38	12.00
3	青岛集体企业联社	境内法人股	1316.91	1.65
4	华宝信托投资有限责任公司	流通 A 股	270.23	0.34
5	中国建设银行-博时裕富证券投资基金	流通 A 股	250.36	0.31
6	南京证券有限责任公司	流通 A 股	179.93	0.23
7	中关村证券股份有限公司	流通 A 股	144.66	0.18
8	合肥百货大楼股份有限公司	流通 A 股	130.65	0.16
9	裕隆证券投资基金	流通 A 股	100.00	0.13
10	隋熙凤	流通 A 股	98.44	0.12

股东人数	2004.6	2003.12	2003.6	2002
	268619	279512	286319	295516

近年分配	2004 年 7 月 12 日 10 派 0.50	近年配股/增发	2004 年 7 月 12 日 10 送 2 转 3

重大事项

2004 年 6 月 22 日召开的公司 2003 年度股东大会审议通过了修改公司章程的议案。

二〇〇三年以来市场表现

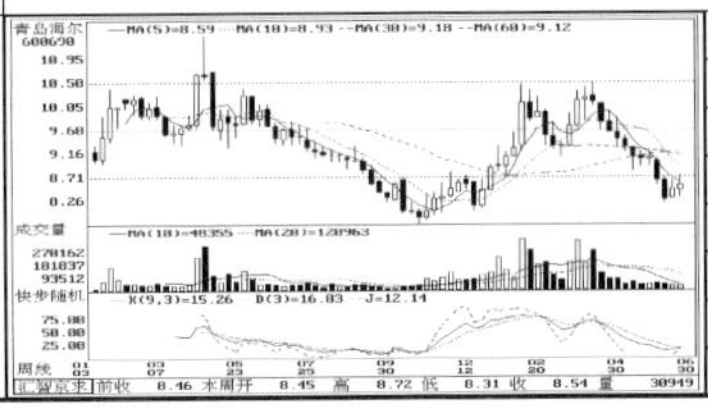

2003 年涨跌幅(%)	-4.78
2003 年最高(元)	11.10
2003 年最低(元)	7.81
2003 年换手率(%)	48.14
2004.06 涨跌幅(%)	-0.23
2004.06 最高(元)	10.48
2004.06 最低(元)	8.20
2004.06 换手率(%)	48.66

四川林凤控股股份有限公司

公司概况

公司名称	四川林凤控股股份有限公司	股票代码	600691
注册地址	四川省自贡市自流井区东光路桌子山 22 号	邮政编码	643000
法人代表	起明	董秘	杜东海
电话	0813-2600887	传真	0813-2606903
主营业务	制造、电碳炭素制品		
总股本	7727.45	流通 A	3321.60
流通 B		流通 H	
审计单位		审计意见	未审计

主要财务指标

年度	2004.6	2003	2002
每股收益/扣除后(元)	-0.0812	-0.8431	-0.1521
每股经营现金流量(元)	0.0050	0.0309	-0.0486
每股净资产/调整后(元)	-0.2060	-0.2200	0.3870
每股公积金(元)	0.8421	0.8421	0.8229
净资产收益率(%)	-47.0800	-362.3300	-14.3400
总资产(万元)	30417.91	31034.58	22846.60
股东权益(万元)	1227.22	1804.97	8196.67
未分配利润(万元)	-14322.18	-13744.43	-7204.54
主营收入(万元)	2269.24	5853.11	4819.12
资本公积金(万元)	6507.18	6507.18	6358.99
主营利润(万元)	723.91	1834.03	1306.73
其他业务利润(万元)	7.66	65.54	-0.33
营业利润(万元)	-639.90	-6151.54	-1198.28
投资收益(万元)	8.74	14.93	37.66
补贴收入(万元)			
营业外收支(万元)	52.50	-407.56	-0.15
利润总额(万元)	-335.05	-6544.17	-1175.22
净利润(万元)	-577.74	-6539.89	-1175.22

十大股东

序号	股东名称	股份性质	持股数(万股)	比例(%)
1	四川香凤企业有限公司	境内法人股	2208.23	28.58
2	四川省信托投资公司	境内法人股	360.00	4.66
3	中国银行四川分行国际信托投资公司	境内法人股	240.00	3.11
4	自贡银河贸易公司	境内法人股	240.00	3.11
5	中国人民保险公司自贡市分公司	境内法人股	121.20	1.57
6	东方电气集团财务公司	境内法人股	120.00	1.55
7	中国工商银行四川分行信托投资	境内法人股	120.00	1.55
8	自贡市邮电局	境内法人股	60.00	0.78
9	四川烟草公司自贡分公司	境内法人股	60.00	0.78
10	成都华能物资供销公司	境内法人股	60.00	0.78

股东人数	2004.6	2003.12	2003.6	2002
	14644	16664	17295	18658

近年分配		近年配股/增发	

重大事项

本公司受政府行为影响为四川省聚酯股份有限公司贷款提供担保一案，2003 年 10 月 9 日，四川省高级人民法院以(2002)川民初字第 19 号"民事判决书"判决四川省聚酯股份有限公司于判决生效后十日内向中国建设银行四川省分行偿还转贷款 34,875,715.87 美元、转贷费、及其利息、逾期利息；四川托普软件投资股份有限公司和本公司对上述欠款各承担二分之一的连带责任。

二〇〇三年以来市场表现

2003 年涨跌幅(%)	-33.80
2003 年最高(元)	10.70
2003 年最低(元)	5.01
2003 年换手率(%)	219.70
2004.06 涨跌幅(%)	-34.27
2004.06 最高(元)	8.25
2004.06 最低(元)	3.68
2004.06 换手率(%)	193.87

上海亚通股份有限公司

公司概况

公司名称	上海亚通股份有限公司	股票代码	600692
注册地址	上海市崇明县八一路1号	邮政编码	202150
法人代表	郁葱	董秘	蔡福生
电话	021-69692714	传真	021-69695782
主营业务	水上客运		

总股本	20021.63	流通A	8382.53	流通B		流通H	
审计单位		审计意见	未审计				

主要财务指标

年度	2004.6	2003	2002
每股收益/扣除后(元)	0.0561	0.1407	0.1210
每股经营现金流量(元)	-0.0880	0.5700	0.2650
每股净资产/调整后(元)	1.8400	2.1500	2.3800
每股公积金(元)	0.4868	0.6842	0.9210
净资产收益率(%)	2.8600	8.0800	4.9600
总资产(万元)	73158.54	66516.75	54063.52
股东权益(万元)	38081.34	36993.10	34004.30
未分配利润(万元)	3251.61	3831.83	3237.95
主营收入(万元)	13629.89	24151.00	20496.38
资本公积金(万元)	9747.19	11415.66	12806.05
主营利润(万元)	4106.12	6783.21	5633.51
其他业务利润(万元)	7.21	230.85	-0.64
营业利润(万元)	1487.86	2738.66	1467.25
投资收益(万元)	97.31	706.82	496.38
补贴收入(万元)	5.18	154.55	-5.45
营业外收支(万元)	-56.08	-11.69	0.18
利润总额(万元)	1534.28	3588.35	2047.31
净利润(万元)	1088.24	2988.80	1685.51

十大股东

序号	股东名称	股份性质	持股数(万股)	比例(%)
1	崇明县国有资产管理委员会	国家股	9358.14	46.74
2	上海银马实业公司	境内法人股	785.85	3.93
3	上海吴桥旅游用品公司	境内法人股	319.33	1.59
4	上海申银万国证券公司	境内法人股	234.15	1.17
5	无锡军湖商行	境内法人股	125.45	0.63
6	上海征信经济发展有限公司	境内法人股	125.45	0.63
7	崇明轮综	境内法人股	84.12	0.42
8	上海物资贸易中心股份有限公司	境内法人股	75.27	0.38
9	上海叠加物业管理有限公司	流通A股	62.26	0.31
10	崇明石油	境内法人股	57.02	0.28

股东人数	2004.6	2003.12	2003.6	2002
	22499	20760	22120	22553

近年分配		近年配股/增发	2004年6月15日10送1转1

重大事项

公司在2004年6月7日经董事会审议通过的受让山东烟台沪丰房地产有限公司35%的股权，交易总额为175万元，此项股权交易手续已办理完毕，目前该公司已进入实质性房产开发阶段。

二〇〇三年以来市场表现

2003年涨跌幅(%)	-33.89
2003年最高(元)	10.24
2003年最低(元)	5.47
2003年换手率(%)	104.31
2004.06涨跌幅(%)	-7.71
2004.06最高(元)	7.33
2004.06最低(元)	5.29
2004.06换手率(%)	82.51

福建东百集团股份有限公司

公司概况

公司名称	福建东百集团股份有限公司	股票代码	600693
注册地址	福建省福州市八一七北路84号东百大厦18层	邮政编码	350001
法人代表	毕德才	董秘	徐海涛
电话	0591-7531724	传真	0591-7531804
主营业务	百货零售、批发		

总股本	13200.87	流通A	7230.10	流通B		流通H	
审计单位		审计意见	未审计				

主要财务指标

年度	2004.6	2003	2002
每股收益/扣除后(元)	0.0925	0.1870	0.1570
每股经营现金流量(元)	0.0794	0.7290	0.5540
每股净资产/调整后(元)	1.5140	1.5250	1.4210
每股公积金(元)	1.3023	1.3023	1.3022
净资产收益率(%)	3.2720	7.0210	6.0920
总资产(万元)	70029.72	73234.33	73392.52
股东权益(万元)	37899.37	36659.34	34084.16
未分配利润(万元)	1973.02	732.99	-1536.13
主营收入(万元)	26292.18	47611.37	35572.34
资本公积金(万元)	17191.51	17191.51	17190.31
主营利润(万元)	4420.49	8216.56	6788.36
其他业务利润(万元)	1192.38	1902.75	-71.41
营业利润(万元)	2048.45	3668.48	2181.93
投资收益(万元)	-105.51	-280.42	-38.59
补贴收入(万元)	8.28	12.42	-0.09
营业外收支(万元)	12.64	6.13	-0.01
利润总额(万元)	1963.86	3406.61	2149.49
净利润(万元)	1240.03	2573.97	2076.55

十大股东

序号	股东名称	股份性质	持股数(万股)	比例(%)
1	福州市财政局	国家股	5197.19	39.37
2	深市恩情实业有限公司	流通股	291.25	2.21
3	深圳慧维时装有限公司	流通股	258.93	1.96
4	北京翔智医药科技开发有限公司	流通股	57.87	0.44
5	王雪梅	流通股	38.87	0.29
6	李雪均	流通股	38.56	0.29
7	福州华昌制衣有限公司	法人股	36.30	0.27
8	广州恒康置业有限公司	流通股	32.00	0.24
9	福建投资开发总公司	法人股	31.46	0.24
10	冯蓓	流通股	27.09	0.21

股东人数	2004.6	2003.12	2003.6	2002
	21622	22943	23227	22156

近年分配		近年配股/增发	

重大事项

经公司2003年12月29日召开的第四届董事会第九次会议审议，同意公司将所持福建讯通电信有限公司全部20%股权以264万元的价格转让给福州国际精品广场、将所持福建运筹投资理财有限公司全部10%股权以172万元的价格转让给福州国际精品广场。

二〇〇三年以来市场表现

2003年涨跌幅(%)	-27.73
2003年最高(元)	8.35
2003年最低(元)	4.85
2003年换手率(%)	163.79
2004.06涨跌幅(%)	-4.37
2004.06最高(元)	6.66
2004.06最低(元)	4.77
2004.06换手率(%)	102.60

大商集团股份有限公司

公司概况

公司名称	大商集团股份有限公司	股票代码	600694
注册地址	大连市中山区青三街1号	邮政编码	116001
法人代表	牛钢	董秘	姜福德
电话	0411-83643215	传真	0411-83630358
主营业务	商品零售、批发		
总股本	26701.69	流通A	15617.13
流通B		流通H	
审计单位		审计意见	未审计

主要财务指标

年度	2004.6	2003	2002
每股收益/扣除后(元)	0.2843	0.3400	0.3100
每股经营现金流量(元)	0.3230	0.7100	0.5600
每股净资产/调整后(元)	5.2100	4.9900	4.5500
每股公积金(元)	2.8839	2.8836	2.8439
净资产收益率(%)	6.0000	6.1500	6.5300
总资产(万元)	434246.44	432208.59	394340.66
股东权益(万元)	140882.27	135997.39	126674.02
未分配利润(万元)	24971.00	16523.55	12990.65
主营收入(万元)	294385.94	513842.47	304898.66
资本公积金(万元)	77003.92	76997.87	75936.76
主营利润(万元)	42154.59	71057.27	45820.20
其他业务利润(万元)	15170.00	21595.22	−366.52
营业利润(万元)	12508.00	17697.19	13963.30
投资收益(万元)	152.35	−147.91	−536.74
补贴收入(万元)			
营业外收支(万元)	−61.60	−2283.24	−4.91
利润总额(万元)	12599.25	15266.03	14053.40
净利润(万元)	8448.35	8364.89	8268.41

十大股东

序号	股东名称	股份性质	持股数(万股)	比例(%)
1	大连市国有资产管理办公室	国有法人股	9947.80	37.26
2	同益证券投资基金	流通A股	712.10	2.67
3	中信经典配置证券投资基金	流通A股	461.60	1.73
4	普丰证券投资基金	流通A股	284.55	1.07
5	国联安德盛小盘精选证券投资基金	流通A股	266.07	1.00
6	宝康消费品证券投资基金	流通A股	264.98	0.99
7	大连国际信托投资公司	境内法人股	228.74	0.86
8	宝盈鸿利收益证券投资基金	流通A股	214.24	0.80
9	天津大学	流通A股	197.48	0.74
10	华宝兴业多策略增长证券投资基金	流通A股	178.52	0.67

股东人数

2004.6	2003.12	2003.6	2002
41459	51978	53720	58872

近年分配		近年配股/增发	

重大事项

经2004年3月19日公司董事会审议通过，公司与北京市自来水集团有限公司、北京市基础设施投资开发公司、北京中冶安顺达冶金总公司、北京华超联股份有限公司北京华迪技术开发公司签署《合同解除协议书》，解除公司与上述公司签署的关于受让上述公司持有的对北京天客隆集团有限责任公司92%股权及相关债权的《股权转让协议》，当事人之间互不承担赔偿责任。

二〇〇三年以来市场表现

2003年涨跌幅(%)	−1.27
2003年最高(元)	8.95
2003年最低(元)	6.50
2003年换手率(%)	157.78
2004.06涨跌幅(%)	12.54
2004.06最高(元)	10.64
2004.06最低(元)	6.79
2004.06换手率(%)	189.80

上海大江(集团)股份有限公司

公司概况

公司名称	上海大江(集团)股份有限公司	股票代码	600695
注册地址	上海市松江区谷阳南路26号	邮政编码	201600
法人代表	雷黎光	董秘	顾伟文
电话	021-57817571	传真	021-57820072
主营业务	家畜、家禽、水产		
总股本	67630.57	流通A	2574.00
流通B	34673.29	流通H	
审计单位		审计意见	未审计

主要财务指标

年度	2004.6	2003	2002
每股收益/扣除后(元)	−0.1159	−0.2000	−0.3510
每股经营现金流量(元)	−0.1030	0.1500	0.1900
每股净资产/调整后(元)	0.6800	0.7940	0.8000
每股公积金(元)	0.3393	0.3393	0.3393
净资产收益率(%)	−13.6500	5.9500	−42.0000
总资产(万元)	135867.44	152281.56	159314.05
股东权益(万元)	51097.11	59136.19	56245.28
未分配利润(万元)	−45284.19	−38310.07	−41731.15
主营收入(万元)	52881.45	116724.81	129650.26
资本公积金(万元)	22946.94	22946.94	22946.94
主营利润(万元)	1792.44	4270.56	3228.00
其他业务利润(万元)	291.23	221.04	−0.32
营业利润(万元)	−8414.84	−13613.48	−24199.29
投资收益(万元)	−199.84	3592.56	817.82
补贴收入(万元)	534.83	165.86	−3.81
营业外收支(万元)	329.97	13222.54	−5.83
利润总额(万元)	−7749.88	3367.48	−23876.34
净利润(万元)	−6974.13	3518.11	−23721.61

十大股东

序号	股东名称	股份性质	持股数(万股)	比例(%)
1	上海松江区饲料公司	国有法人股	17200.37	25.43
2	上海松江区畜禽公司	国有法人股	11466.91	16.96
3	上海松林工贸有限公司	境内法人股	318.66	0.47
4	刘岩	流通B股	187.51	0.28
5	长江经济联合发展(集团)股份有限公司	境内法人股	171.60	0.25
6	徐琴英	流通B股	167.59	0.25
7	正大(汕头)投资有限公司	境内法人股	163.02	0.24
8	陈伟	流通B股	150.79	0.22
9	郝峰	流通B股	140.71	0.21
10	TAKI FOOK NOMINEES CPMPANY LIMI	流通B股	140.00	0.21

股东人数

2004.6	2003.12	2003.6	2002
56592	17209	18504	60485

近年分配		近年配股/增发	

重大事项

经中国证监会核准，上海交易所安排，正大上海有限公司所持的本公司外资股于2001年9月21日在上海证券交易所B股市场上市流通，允许上市流通的外资股总数为286,672,848股，占本公司总股本的42.39%。截至2004年6月11日为止，正大上海有限公司通过上交所的共计减持本公司B股股票286,672,848股，占本公司总股本的42.39%，至此正大上海有限公司已不再持有本公司股票。

二〇〇三年以来市场表现

2003年涨跌幅(%)	−45.00
2003年最高(元)	10.29
2003年最低(元)	4.50
2003年换手率(%)	277.11
2004.06涨跌幅(%)	−18.39
2004.06最高(元)	6.53
2004.06最低(元)	3.72
2004.06换手率(%)	162.41

利嘉(上海)股份有限公司

公司概况

公司名称	利嘉(上海)股份有限公司			股票代码	600696		
注册地址	上海市海宁路358号国际商厦五层			邮政编码	200081		
法人代表	陈隆基			董秘	陈勇		
电话	021-55158766			传真	021-55158066,55150068		
主营业务	生产与经营高级挂釉石质墙地砖						
总股本	34056.55	流通A	11654.77	流通B		流通H	
审计单位				审计意见	未审计		

主要财务指标

年度	2004.6	2003	2002
每股收益/扣除后(元)	0.0115	0.0840	0.1790
每股经营现金流量(元)	0.1180	0.2900	0.0300
每股净资产/调整后(元)	1.2300	1.2200	1.4700
每股公积金(元)	0.0852	0.0852	0.3986
净资产收益率(%)	0.9300	6.6800	8.6900
总资产(万元)	126429.47	126642.97	84944.72
股东权益(万元)	42138.53	41745.70	38637.28
未分配利润(万元)	3806.74	3413.90	1024.55
主营收入(万元)	12057.07	22446.34	18649.74
资本公积金(万元)	2902.27	2902.27	10441.47
主营利润(万元)	2859.34	9334.70	9244.51
其他业务利润(万元)	38.84	284.28	-34.01
营业利润(万元)	548.59	4597.12	4788.76
投资收益(万元)	-35.88	-100.03	-90.38
补贴收入(万元)			
营业外收支(万元)		-84.90	0.92
利润总额(万元)	512.71	4412.19	3358.85
净利润(万元)	392.84	2788.42	3358.85

十大股东

序号	股东名称	股份性质	持股数(万股)	比例(%)
1	豪盛(香港)有限公司	外资法人股	14701.06	43.17
2	泉州市区经济发展公司	境内法人股	3704.65	10.88
3	泉州市经济开发公司	境内法人股	1549.36	4.55
4	福建太德投资有限公司	境内法人股	1456.00	4.28
5	福建投资开发总公司	境内法人股	845.00	2.48
6	刘颖	流通A股	148.11	0.43
7	宏源证券股份有限公司	境内法人股	145.71	0.43
8	重庆市万州区恒联实业公司	流通A股	110.28	0.32
9	四川大西洋焊接材料股份有限公司	流通A股	110.00	0.32
10	福州美信贸易有限公司	流通A股	103.97	0.31

股东人数	2004.6	2003.12	2003.6	2002
	26404	23247	21851	24856

近年分配		近年配股/增发	

重大事项

2004年3月7日,经公司第三届董事会第二十五次会议审议决定:公司出资9945.14万元,收购上海平海投资有限公司持有的南昌平海房地产开发有限公司60%股权。2004年5月,上海平海投资有限公司根据公司所支付的款项,已将其持有的南昌平海房地产开发有限公司60%股权变更51%至本公司名下。

二○○三年以来市场表现

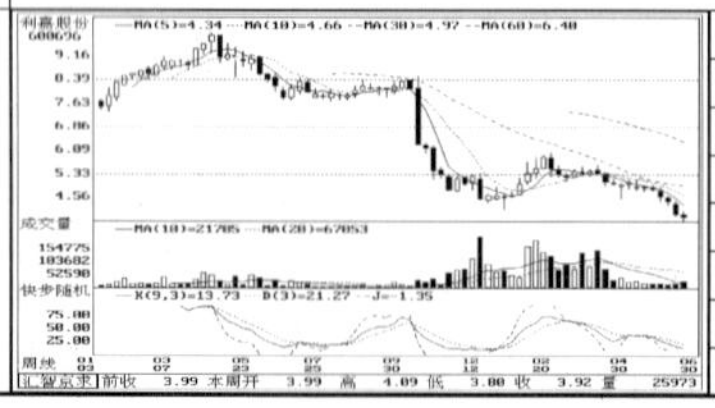

2003年涨跌幅(%)	-20.37
2003年最高(元)	7.63
2003年最低(元)	4.35
2003年换手率(%)	125.69
2004.06涨跌幅(%)	-18.16
2004.06最高(元)	6.02
2004.06最低(元)	3.80
2004.06换手率(%)	143.04

长春欧亚集团股份有限公司

公司概况

公司名称	长春欧亚集团股份有限公司			股票代码	600697		
注册地址	长春市工农大路1128号			邮政编码	130021		
法人代表	曹和平			董秘	席汝珍		
电话	0431-5620053			传真	0431-5666517		
主营业务	商业零售、批发						
总股本	14221.09	流通A	8438.60	流通B		流通H	
审计单位				审计意见	未审计		

主要财务指标

年度	2004.6	2003	2002
每股收益/扣除后(元)	0.1181	0.2630	0.2450
每股经营现金流量(元)	0.6080	0.6240	0.6510
每股净资产/调整后(元)	4.2340	4.1140	3.4600
每股公积金(元)	2.2356	2.2369	1.7503
净资产收益率(%)	2.7900	6.3100	7.4400
总资产(万元)	115186.86	95815.76	72885.66
股东权益(万元)	60450.53	58780.11	42792.03
未分配利润(万元)	6425.58	4736.86	4611.52
主营收入(万元)	45028.36	69541.04	65592.38
资本公积金(万元)	31793.06	31811.36	21482.60
主营利润(万元)	6403.44	6478.13	5776.74
其他业务利润(万元)	34.54	6433.37	-960.48
营业利润(万元)	2491.69	5223.72	4915.18
投资收益(万元)	0.12	0.08	1.86
补贴收入(万元)			
营业外收支(万元)	10.34	-70.53	-0.20
利润总额(万元)	2502.15	5153.26	4901.46
净利润(万元)	1688.72	3711.95	3182.74

十大股东

序号	股东名称	股份性质	持股数(万股)	比例(%)
1	长春市汽车城商业总公司	国有法人股	4307.24	30.29
2	长春市朝阳区双欧机械制造有限公司	境内法人股	330.55	2.32
3	长春市兴业百货贸易公司	境内法人股	247.47	1.74
4	万科企业股份有限公司	境内法人股	220.00	1.55
5	沈阳万众企业集团股份有限公司	境内法人股	165.00	1.16
6	深圳蛇口安达实业股份有限公司	境内法人股	110.00	0.77
7	深圳赛格达声股份有限公司	境内法人股	110.00	0.77
8	南方证券	境内法人股	55.00	0.39
9	华厦证券	境内法人股	55.00	0.39
10	上海沪莘置业发展有限公司	流通A股	49.34	0.35

股东人数	2004.6	2003.12	2003.6	2002
	36453	36980	37661	35923

近年分配	2004年7月1日10派2.00	近年配股/增发	

重大事项

公司为控股子公司长春欧亚卖场有限责任公司提供人民币5,000万元银行借款保证担保(全部为当期担保)。担保期限为三年期2,000万元,四年期1,500万元,五年期1,500万元。截止本报告期末,公司累计担保金额为人民币5,000万元,占公司净资产比例的8.27%。长春欧亚卖场有限责任公司为该担保提供了反担保,公司提供该笔担保的债务风险可控。

二○○三年以来市场表现

2003年涨跌幅(%)	-14.23
2003年最高(元)	8.26
2003年最低(元)	5.45
2003年换手率(%)	102.10
2004.06涨跌幅(%)	-7.39
2004.06最高(元)	7.17
2004.06最低(元)	5.48
2004.06换手率(%)	112.64

济南轻骑摩托车股份有限公司

公司概况

公司名称	济南轻骑摩托车股份有限公司			股票代码	600698		
注册地址	山东省济南市历下区和平路 34 号			邮政编码	250014		
法人代表	王利民			董秘	吕来升		
电话	0531-6599896			传真	0531-6599889		
主营业务	摩托车及零配件						
总股本	97181.74	流通 A	30671.00	流通 B	23000.00	流通 H	
审计单位				审计意见	未审计		

主要财务指标

年度	2004.6	2003	2002
每股收益/扣除后(元)	0.0036	0.0200	-3.5000
每股经营现金流量(元)	0.2693	0.0700	-0.1200
每股净资产/调整后(元)	0.3700	0.3700	-1.6600
每股公积金(元)	0.1774	1.2720	1.1067
净资产收益率(%)	1.0900	4.8600	-211.0000
总资产(万元)	102912.44	202933.34	95358.52
股东权益(万元)	36023.88	35890.24	-161162.33
未分配利润(万元)	-78798.61		-371784.62
主营收入(万元)	51805.30	98306.32	66107.06
资本公积金(万元)	17242.83	123619.67	107552.56
主营利润(万元)	5004.13	7547.92	3626.10
其他业务利润(万元)	339.93	589.38	-0.61
营业利润(万元)	100.36	-217.74	-280371.47
投资收益(万元)		147.44	6.19
补贴收入(万元)	2.35	57.25	-0.06
营业外收支(万元)	22.49	1057.53	-10.35
利润总额(万元)	125.21	1044.48	-340555.81
净利润(万元)	394.09	1743.09	-340224.75

十大股东

序号	股东名称	股份性质	持股数(万股)	比例(%)
1	济南市国有资产管理局	国有股	39748.80	40.90
2	济南金骑成功商务有限公司	法人股	1589.42	1.64
3	林东敏	外资股	143.46	0.15
4	安徽省信托投资公司	外资股	90.00	0.09
5	马海伶	流通 A 股	89.65	0.09
6	NAITO SECURITIES CO.,LTD	外资股	80.46	0.08
7	上海宏峰食品有限公司	法人股	70.98	0.07
8	俞仲庆	外资股	59.83	0.06
9	广东中南铝合金轮毂厂	法人股	53.24	0.05
10	河北省衡水滕达实业总公司	法人股	53.24	0.05

股东人数	2004.6	2003.12	2003.6	2002
	248449	248449	248449	267084

近年分配		近年配股/增发	

重大事项

2004 年 7 月 28 日,公司收到上海证券交易所上证上字[2004]114 号文件《关于同意济南轻骑摩托车股份有限公司股票恢复上市申请的通知》,同意本公司 30671.004 万股 A 股可流通股份和 23000 万股 B 股可流通股份自 2004 年 8 月 9 日起在该所恢复上市交易。

二〇〇三年以来市场表现

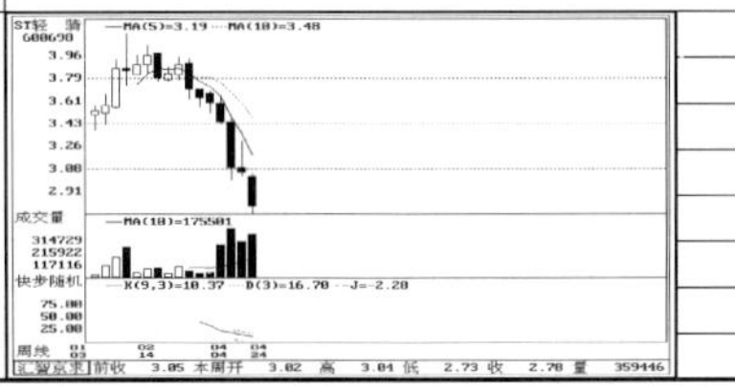

2003 年涨跌幅(%)	-21.02
2003 年最高(元)	4.14
2003 年最低(元)	2.73
2003 年换手率(%)	0.01
2004.06 涨跌幅(%)	0.00
2004.06 最高(元)	0.00
2004.06 最低(元)	0.00
2004.06 换手率(%)	0.00

辽源得亨股份有限公司

公司概况

公司名称	辽源得亨股份有限公司			股票代码	600699		
注册地址	吉林省辽源市福兴路 3 号			邮政编码	136200		
法人代表	孟祥杰			董秘	由春玲		
电话	0437-3512077,5095909			传真	0437-3520181		
主营业务	涤纶长丝						
总股本	18279.89	流通 A	9297.20	流通 B		流通 H	
审计单位				审计意见	未审计		

主要财务指标

年度	2004.6	2003	2002
每股收益/扣除后(元)	0.0146	0.0200	0.1110
每股经营现金流量(元)	0.0013	-0.0300	0.0170
每股净资产/调整后(元)	2.3000	2.2600	2.2500
每股公积金(元)	0.8687	0.8687	0.8832
净资产收益率(%)	2.0900	2.7500	4.6200
总资产(万元)	138944.69	134548.30	117132.60
股东权益(万元)	44963.62	44024.50	42815.33
未分配利润(万元)	8151.39	7212.27	6533.09
主营收入(万元)	16807.83	37849.56	31049.74
资本公积金(万元)	15880.23	15880.23	15880.23
主营利润(万元)	4304.44	9883.39	9753.90
其他业务利润(万元)	84.32	45.25	0.55
营业利润(万元)	821.18	1078.33	2546.20
投资收益(万元)	-109.02	-56.44	-57.08
补贴收入(万元)	563.60	720.00	-225.23
营业外收支(万元)	-2.72	288.37	-0.17
利润总额(万元)	1273.03	2030.26	3162.25
净利润(万元)	939.00	1209.17	1991.76

十大股东

序号	股东名称	股份性质	持股数(万股)	比例(%)
1	辽源市财政局	国有股	5115.25	27.98
2	东莞市君通科技投资有限公司	法人股	1541.38	8.43
3	上海二纺机股份有限公司	法人股	1467.98	8.03
4	吉林省信托投资有限责任公司	法人股	387.55	2.12
5	深圳建艺集团股份有限公司	法人股	195.73	1.07
6	常州喷丝板厂	法人股	69.30	0.38
7	上海申精制冷空调技术有限公司	法人股	42.36	0.23
8	汪廷秀	自然人股	25.83	0.14
9	锡山市申达不锈钢装饰材料有限公司	法人股	25.83	0.14
10	蔡兵	自然人股	22.63	0.12

股东人数	2004.6	2003.12	2003.6	2002
	47309	50778	52077	47119

近年分配	2004 年 7 月 19 日 10 派 0.165	近年配股/增发	2004 年 7 月 19 日 10 送 0.16

重大事项

公司 2003 年度股东大会审议通过了 2003 年度利润分配方案:以 2003 年 12 月 31 日总股本 182,798,927 股为基数,向全体股东每 10 股派发现金红利 0.10 元,每 10 股送红股 0.160 股,均不含税。

二〇〇三年以来市场表现

2003 年涨跌幅(%)	-6.12
2003 年最高(元)	9.67
2003 年最低(元)	5.11
2003 年换手率(%)	563.16
2004.06 涨跌幅(%)	-8.43
2004.06 最高(元)	6.85
2004.06 最低(元)	4.72
2004.06 换手率(%)	155.61

陕西煤航数码测绘(集团)股份有限公司

公司概况

公司名称	陕西煤航数码测绘(集团)股份有限公司			股票代码	600700	
注册地址	西安市南新街 28 号			邮政编码	710004	
法人代表	宋理			董秘	穆耀	
电话	029-87216331-2020			传真	029-87218622	
主营业务	空间技术应用与开发					
总股本	29089.80	流通 A	15569.13	流通 B		流通 H
审计单位				审计意见	未审计	

主要财务指标

年度	2004.6	2003	2002
每股收益 / 扣除后(元)	-0.1164	-0.4600	-0.2400
每股经营现金流量(元)	0.0100	0.0500	-0.1100
每股净资产 / 调整后(元)	-1.3100	-1.0700	
每股公积金(元)	0.2515	0.2515	0.2515
净资产收益率(%)	-10.8870		-23.4500
总资产(万元)	53169.81	56962.94	1051101.00
股东权益(万元)	-29786.15	-26543.85	29925.00
未分配利润(万元)	-69039.04	-65796.33	-9327.00
主营收入(万元)	21179.73	46039.24	54351.00
资本公积金(万元)	7316.24	7315.83	7315.00
主营利润(万元)	942.79	2735.07	4607.00
其他业务利润(万元)	146.13	492.67	31.01
营业利润(万元)	-3546.48	-54414.63	-6369.62
投资收益(万元)	-20.37	-205.31	-74.00
补贴收入(万元)	1.79		
营业外收支(万元)	143.05	-2680.77	-5.54
利润总额(万元)	-3422.01	-57300.71	-6904.38
净利润(万元)	-3242.71	-56469.38	-7018.00

十大股东

序号	股东名称	股份性质	持股数(万股)	比例(%)
1	煤航(集团)实业发展有限公司	境内法人股	6962.05	23.93
2	陕西省投资集团(有限)公司	国家股	6129.01	21.07
3	陕西京润科工贸有限责任公司	境内法人股	80.00	0.28
4	陕西省煤航天河工贸公司	境内法人股	73.00	0.25
5	海口龙旺达实业有限公司	境内法人股	61.35	0.21
6	西安力飞光电技术有限责任公司	境内法人股	60.23	0.21
7	西安中实实业公司	境内法人股	55.77	0.19
8	晋运动	流通 A 股	44.26	0.15
9	高万强	流通 A 股	39.93	0.14
10	陕西省商业储运总公司	境内法人股	39.04	0.13

股东人数	2004.6	2003.12	2003.6	2002
	52604	51873	47836	47434

近年分配		近年配股 / 增发	

重大事项

建行朱雀路支行 6500 万元(共三笔)银行借款逾期案。(详见 2003 年度报告、2004 年 2 月 7 日《中国证券报》、《上海证券报》)本案正在执行中。

二〇〇三年以来市场表现

2003 年涨跌幅(%)	-34.62
2003 年最高(元)	7.16
2003 年最低(元)	3.70
2003 年换手率(%)	309.29
2004.06 涨跌幅(%)	-45.76
2004.06 最高(元)	5.28
2004.06 最低(元)	2.06
2004.06 换手率(%)	261.87

哈尔滨工大高新技术产业开发股份有限公司

公司概况

公司名称	哈尔滨工大高新技术产业开发股份有限公司			股票代码	600701	
注册地址	哈尔滨市南岗区护军街 40 号			邮政编码	150001	
法人代表	张大成			董秘	张海英	
电话	0451-86219247			传真	0451-6253555	
主营业务	房地产、高新技术及产品开发					
总股本	32409.10	流通 A	17469.10	流通 B		流通 H
审计单位				审计意见	未审计	

主要财务指标

年度	2004.6	2003	2002
每股收益 / 扣除后(元)	0.0200	0.0600	0.0610
每股经营现金流量(元)	0.1530	0.6200	-0.2400
每股净资产 / 调整后(元)	2.5900	2.5700	
每股公积金(元)	0.9835	0.9835	0.9828
净资产收益率(%)	0.7500	2.2200	3.0700
总资产(万元)	136667.41	139276.77	136586.00
股东权益(万元)	84755.64	84116.78	82228.00
未分配利润(万元)	13029.71	12390.85	11037.00
主营收入(万元)	16044.09	38636.04	70246.00
资本公积金(万元)	31873.39	31873.39	31851.00
主营利润(万元)	3809.82	8893.67	9771.00
其他业务利润(万元)	112.04	708.15	-21.59
营业利润(万元)	432.43	2003.13	2712.39
投资收益(万元)	-3.90	-26.09	583.00
补贴收入(万元)			
营业外收支(万元)	-6.92	-56.36	-0.80
利润总额(万元)	421.60	1920.67	3081.22
净利润(万元)	638.86	1865.90	2522.00

十大股东

序号	股东名称	股份性质	持股数(万股)	比例(%)
1	哈尔滨工业大学高新技术开发总公司	国有法人股	11340.00	34.99
2	上海程达投资发展有限公司	境内法人股	2880.00	8.89
3	上海福成商贸公司	境内法人股	720.00	2.22
4	沈阳建业股份有限公司	流通 A 股	64.91	0.20
5	沈阳国际信托投资公司	流通 A 股	55.00	0.17
6	吴振姝	流通 A 股	42.18	0.13
7	王庆珍	流通 A 股	32.00	0.10
8	王世祥	流通 A 股	30.00	0.09
9	姜鸿芳	流通 A 股	22.62	0.07
10	苏伟东	流通 A 股	18.00	0.06

股东人数	2004.6	2003.12	2003.6	2002
	116324	122730	127084	130547

近年分配		近年配股 / 增发	

重大事项

2004 年上半年占用公司资金的关联方为公司的主要股东上海程达投资发展有限公司，与公司同一董事长的哈尔滨工大集团股份有限公司。截止 2004 年 6 月 30 日控股股东及其子公司总计占用上市公司资金余额为 76 万元。关联方哈尔滨工大集团股份有限公司占用公司资金余额为 8,623,711.00 元人民币。

600708　海博股份 2004 年 4 月 26 日，公司第四届董事会第十三次会议审议并通过了以上海农工商经济　贸易公司截止 2003 年 9 月 30 日的资产评估报告确认的企业净资产值为基准，收购上海市农工商(集团)总公司持有的其 90%股权，转让价格为 5,274,368.50 元人民币。

二〇〇三年以来市场表现

2003 年涨跌幅(%)	-22.78
2003 年最高(元)	7.80
2003 年最低(元)	4.66
2003 年换手率(%)	66.71
2004.06 涨跌幅(%)	-4.36
2004.06 最高(元)	6.59
2004.06 最低(元)	4.78
2004.06 换手率(%)	76.39

四川沱牌曲酒股份有限公司

公司概况

公司名称	四川沱牌曲酒股份有限公司				股票代码	600702	
注册地址	四川省射洪县柳树镇中街 149 号				邮政编码	629209	
法人代表	李家顺			董秘	马力军		
电话	0825-6766322			传真	0825-6766322		
主营业务	中国名酒沱牌曲酒						
总股本	33730.00	流通 A	14861.86	流通 B		流通 H	
审计单位				审计意见	未审计		

主要财务指标

年度	2004.6	2003	2002
每股收益/扣除后(元)	0.0276	0.0034	0.0300
每股经营现金流量(元)	0.0440	0.1200	0.1200
每股净资产/调整后(元)	4.7900	4.7800	4.7500
每股公积金(元)	2.3528	2.3528	2.3513
净资产收益率(%)	0.4300	0.7400	0.6400
总资产(万元)	208719.94	207932.69	206777.62
股东权益(万元)	162411.41	161715.73	160458.30
未分配利润(万元)	32585.50	31889.84	30926.21
主营收入(万元)	36167.14	74580.22	84777.11
资本公积金(万元)	79361.62	79361.62	79308.70
主营利润(万元)	9022.75	15180.10	14007.64
其他业务利润(万元)	202.61	1608.90	68.58
营业利润(万元)	1659.72	1278.65	2361.03
投资收益(万元)	-383.49	-122.14	71.05
补贴收入(万元)			
营业外收支(万元)	34.21	968.84	-0.33
利润总额(万元)	1310.45	2125.35	2397.72
净利润(万元)	695.67	1204.53	1024.54

十大股东

序号	股东名称	股份性质	持股数(万股)	比例(%)
1	四川沱牌集团有限公司	国有股	15508.14	45.98
2	四川射洪广厦房地产开发公司	法人股	1700.00	5.04
3	四川射洪顺发贸易公司	法人股	580.00	1.72
4	四川射洪融达房地产开发公司	法人股	400.00	1.19
5	遂宁市金宁商贸有限公司	法人股	300.00	0.89
6	工商银行四川省分行总府支行	法人股	300.00	0.89
7	中关村证券股份有限公司	流通股	61.19	0.18
8	谢宇	流通股	60.20	0.18
9	射洪县金穗物业管理公司	法人股	40.00	0.12
10	射洪金鑫城市信用社	法人股	40.00	0.12

股东人数	2004.6	2003.12	2003.6	2002
	62824	63881	69369	71844

近年分配		近年配股/增发	

重大事项

公司于 2004 年 1 月 2 日发布了《关于控股股东股权变动方案获得批复的提示性公告》，2004 年 4 月 13 日发布了《关于公司收购事宜的提示性公告》，2004 年 6 月 9 日发布了《关于射洪县人民政府解除股权转让协议的公告》。

二〇〇三年以来市场表现

2003 年涨跌幅(%)	-6.12
2003 年最高(元)	7.32
2003 年最低(元)	5.11
2003 年换手率(%)	195.01
2004.06 涨跌幅(%)	-11.05
2004.06 最高(元)	7.67
2004.06 最低(元)	4.85
2004.06 换手率(%)	163.51

天颐科技股份有限公司

公司概况

公司名称	天颐科技股份有限公司				股票代码	600703	
注册地址	湖北省荆州市沙市区高新技术开发区三湾路 1 号				邮政编码	434000	
法人代表	杨宏祥			董秘	易声泽		
电话	0716-8328443			传真	0716-8328443		
主营业务	精炼植物油						
总股本	11951.65	流通 A	5861.55	流通 B		流通 H	
审计单位				审计意见	未审计		

主要财务指标

年度	2004.6	2003	2002
每股收益/扣除后(元)	0.0763	0.1600	0.1300
每股经营现金流量(元)	0.3546	0.0560	-0.4000
每股净资产/调整后(元)	1.9950	1.8500	1.4300
每股公积金(元)	0.5032	0.4260	0.2692
净资产收益率(%)	3.7900	14.4600	10.3700
总资产(万元)	81270.60	73254.93	58317.13
股东权益(万元)	24239.68	22399.18	17484.53
未分配利润(万元)	4812.55	3896.20	1362.70
主营收入(万元)	8407.71	61465.03	49873.12
资本公积金(万元)	6014.60	5091.06	3217.63
主营利润(万元)	2779.26	7157.48	5786.78
其他业务利润(万元)	104.08	-76.98	-0.28
营业利润(万元)	861.36	1800.56	1740.11
投资收益(万元)		111.86	
补贴收入(万元)		1224.30	1224.30
营业外收支(万元)	5.07	-10.10	-0.00
利润总额(万元)	866.43	3126.63	1740.30
净利润(万元)	917.57	3239.13	1719.52

十大股东

序号	股东名称	股份性质	持股数(万股)	比例(%)
1	湖北天发实业集团	国有法人股	5429.70	45.43
2	信达投资	法人股	286.00	2.39
3	工行湖北信托投资荆州办事处	法人股	130.00	1.09
4	京山轻机	法人股	67.60	0.57
5	武汉证券	法人股	62.40	0.52
6	吉林省老年福利基金会	流通股	36.39	0.30
7	贾国强	流通股	27.32	0.23
8	孟晶	流通股	27.00	0.23
9	湖北省轻工实业开发公司	法人股	26.00	0.22
10	湖北省盐业总公司	法人股	26.00	0.22

股东人数	2004.6	2003.12	2003.6	2002
	24389	24571	25324	25363

近年分配		近年配股/增发	

重大事项

本公司控股子公司松滋天颐油脂有限责任公司(以下简称"松滋天颐")于 2004 年 3 月 19 日在湖北省荆州市签署了《资产收购协议》，该批资产的评估价值为 3075.34 万元，其中土地 1524.17 万元，房屋建筑 1107.63 万元，机器设备 443.54 万元，评估基准日为 2003 年 10 月 31 日，有效期限壹年，评估方法采用重置成本法。

二〇〇三年以来市场表现

2003 年涨跌幅(%)	-29.90
2003 年最高(元)	8.45
2003 年最低(元)	4.88
2003 年换手率(%)	178.45
2004.06 涨跌幅(%)	9.52
2004.06 最高(元)	7.38
2004.06 最低(元)	5.04
2004.06 换手率(%)	167.57

浙江中大集团股份有限公司

公司概况

公司名称	浙江中大集团股份有限公司		股票代码	600704	
注册地址	杭州市中大广场A座		邮政编码	310003	
法人代表	陈继达		董秘	祝卸和	
电话	0571-85777029		传真	0571-85778008	
主营业务	进出口、房地产开发经营				
总股本	28826.90	流通 A	12838.21	流通 B	流通 H
审计单位			审计意见	未审计	

主要财务指标

年度	2004.6	2003	2002
每股收益/扣除后(元)	0.0598	0.1530	0.0940
每股经营现金流量(元)	0.1840	0.4900	-0.1700
每股净资产/调整后(元)	3.7300	3.7700	3.5600
每股公积金(元)	2.0912	2.0833	2.0857
净资产收益率(%)	1.7300	4.2400	4.0500
总资产(万元)	335548.22	337774.69	302976.00
股东权益(万元)	114135.16	114839.22	109788.57
未分配利润(万元)	11621.85	12530.83	8174.17
主营收入(万元)	164448.89	280098.62	236579.44
资本公积金(万元)	60282.16	60053.87	60125.44
主营利润(万元)	12639.02	25532.56	19186.53
其他业务利润(万元)	647.67	1955.27	-13.20
营业利润(万元)	2721.61	6259.56	3857.59
投资收益(万元)	1552.70	279.42	2509.96
补贴收入(万元)	721.74	1220.25	31.74
营业外收支(万元)	-197.18	944.32	-3.71
利润总额(万元)	4798.88	8703.55	7711.03
净利润(万元)	1973.71	4870.68	4445.65

十大股东

序号	股东名称	股份性质	持股数(万股)	比例(%)
1	浙江中大集团控股有限公司	国家股	10073.44	34.94
2	浙江省财务开发公司	法人股	1836.27	6.37
3	中国纺织品进出口总公司	法人股	1507.50	5.23
4	浙江东方集团控股有限公司	法人股	645.66	2.24
5	浙江银海实业有限公司	法人股	360.00	1.25
6	奉化市对外贸易发展有限公司	法人股	270.00	0.94
7	金华华银实业公司	法人股	270.00	0.94
8	浙江省义乌衬衫厂	法人股	180.00	0.62
9	浙江盛力进出口有限公司	法人股	135.00	0.47
10	浙江中大贸易公司	法人股	90.00	0.31

股东人数	2004.6	2003.12	2003.6	2002
	63554	62006	64159	64283

近年分配	2004年6月24日10派1.00	近年配股/增发	

重大事项

公司于2004年4月将公司所持有的浙江数码港信息技术有限公司股权分别转让给杭州中大数码技术有限公司10%和自然人杨春亭90%。转让价格按公司2003年12月31日经审计的净资产为基数，双方协商转让总价为230万元人民币，转让发生损失6.17万元。

二〇〇三年以来市场表现

2003年涨跌幅(%)	-19.26
2003年最高(元)	7.60
2003年最低(元)	5.08
2003年换手率(%)	84.71
2004.06涨跌幅(%)	2.20
2004.06最高(元)	7.02
2004.06最低(元)	5.30
2004.06换手率(%)	87.41

北亚实业(集团)股份有限公司

公司概况

公司名称	北亚实业(集团)股份有限公司		股票代码	600705	
注册地址	黑龙江省哈尔滨市南岗区衡山路30号		邮政编码	150001	
法人代表	刘贵亭		董秘	陈东	
电话	0451-53600764		传真	0451-53600770	
主营业务	铁路客运、铁路货运高新技术产品				
总股本	97970.62	流通 A	53837.28	流通 B	流通 H
审计单位			审计意见	未审计	

主要财务指标

年度	2004.6	2003	2002
每股收益/扣除后(元)	0.0257	0.0080	0.1650
每股经营现金流量(元)	0.1870	-0.1980	0.1500
每股净资产/调整后(元)	1.8820	2.7850	2.6990
每股公积金(元)	0.4562	1.1843	1.1843
净资产收益率(%)	1.3500	3.0900	6.0400
总资产(万元)	520386.47	506020.56	369940.19
股东权益(万元)	186189.59	183676.30	178003.06
未分配利润(万元)	31463.39	28950.08	24397.43
主营收入(万元)	120296.85	255499.56	224771.95
资本公积金(万元)	44695.97	77352.84	77353.97
主营利润(万元)	18471.98	28552.60	28584.98
其他业务利润(万元)	-57.12	-94.41	-59.54
营业利润(万元)	2555.49	-2431.40	3507.79
投资收益(万元)	201.49	705.70	1332.99
补贴收入(万元)	530.14	4760.72	103.75
营业外收支(万元)	-7.32	4750.25	-1.56
利润总额(万元)	3279.79	7785.28	13629.62
净利润(万元)	2513.31	5674.36	10749.45

十大股东

序号	股东名称	股份性质	持股数(万股)	比例(%)
1	哈尔滨铁路局	境内法人股	9363.28	9.56
2	黑龙江虹通运输服务有限责任公司	境内法人股	547560.00	558.90
3	四川长虹电器股份有限公司	法人股、流通股	2990.05	3.05
4	海通证券股份有限公司	境内法人股	2805.00	2.86
5	哈尔滨市商业银行	境内法人股	2038.91	2.08
6	大庆石油管理局	境内法人股	1960.26	2.00
7	新疆石油管理局住房管理中心	流通A股	1574.00	1.61
8	上海美锦科技有限公司	境内法人股	1511.00	1.54
9	黑龙江省大正投资集团有限责任公司	境内法人股	1162.50	1.19
10	中国石化大庆石油化工总厂	境内法人股	1158.09	1.18

股东人数	2004.6	2003.12	2003.6	2002
	73650	55477	46876	48759

近年分配		近年配股/增发	2004年5月17日10转5

重大事项

2004年1月28日，公司所属四川瑞松纸业有限公司以现金12,290万元等额收购国营乐山造纸厂的部分经营性资产。

二〇〇三年以来市场表现

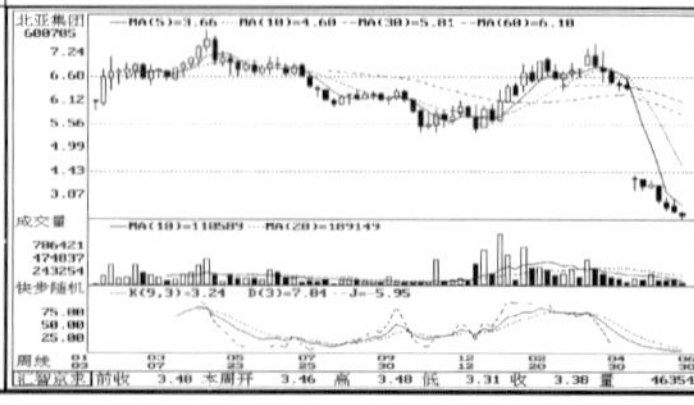

2003年涨跌幅(%)	-6.66
2003年最高(元)	5.17
2003年最低(元)	3.56
2003年换手率(%)	144.35
2004.06涨跌幅(%)	-11.68
2004.06最高(元)	4.97
2004.06最低(元)	3.31
2004.06换手率(%)	113.01

长安信息产业(集团)股份有限公司

公司概况

公司名称	长安信息产业(集团)股份有限公司			股票代码	600706		
注册地址	陕西省西安市友谊东路41号			邮政编码	710054		
法人代表	蔡世杰			董秘	张安平		
电话	029-82214266			传真	029-82233943		
主营业务	计算机硬件、软件						
总股本	8733.34	流通A	3750.00	流通B		流通H	
审计单位				审计意见	未审计		

主要财务指标

年度	2004.6	2003	2002
每股收益/扣除后(元)	0.2928	0.1000	-0.0300
每股经营现金流量(元)	-0.0780	-0.7800	-0.0500
每股净资产/调整后(元)	2.3800	2.0700	1.6700
每股公积金(元)	0.5098	0.5098	0.4902
净资产收益率(%)	12.4500	16.0500	10.7000
总资产(万元)	116539.50	102214.03	88263.06
股东权益(万元)	21767.06	19061.17	15830.83
未分配利润(万元)	6256.27	3550.38	1989.58
主营收入(万元)	25060.92	30523.91	16467.79
资本公积金(万元)	4451.92	4451.92	4281.24
主营利润(万元)	13747.46	17746.06	1598.48
其他业务利润(万元)	481.35	713.85	8.59
营业利润(万元)	5905.56	3560.33	1634.70
投资收益(万元)	-98.79	937.00	-66.86
补贴收入(万元)	141.61		
营业外收支(万元)	11.08	-60.71	-0.04
利润总额(万元)	5959.46	4436.62	1562.28
净利润(万元)	2709.44	3059.66	1694.69

十大股东

序号	股东名称	股份性质	持股数(万股)	比例(%)
1	西安万鼎实业(集团)有限公司	境内法人股	1430.00	16.37
2	陕西投资集团(有限)公司	国有法人股	1404.97	16.09
3	陕西裕华金属机电有限公司	境内法人股	401.70	4.60
4	陕西国际信托投资股份有限公司	境内法人股	390.00	4.47
5	交通银行-融通行业景气证券投资基金	流通A股	170.01	1.95
6	西安金龙城市信用社	境内法人股	143.00	1.64
7	航天总公司第四研究院	境内法人股	143.00	1.64
8	广州名盛投资有限公司	境内法人股	143.00	1.64
9	建行陕西省信托投资公司	境内法人股	143.00	1.64
10	上海怡亚印刷实业有限公司	境内法人股	88.00	1.01

股东人数	2004.6	2003.12	2003.6	2002
	6119	7051	7688	7164

近年分配		近年配股/增发	

重大事项

公司为控股子公司西安万杰长信医疗发展有限公司提供7000万元的银行借款责任担保。

二〇〇三年以来市场表现

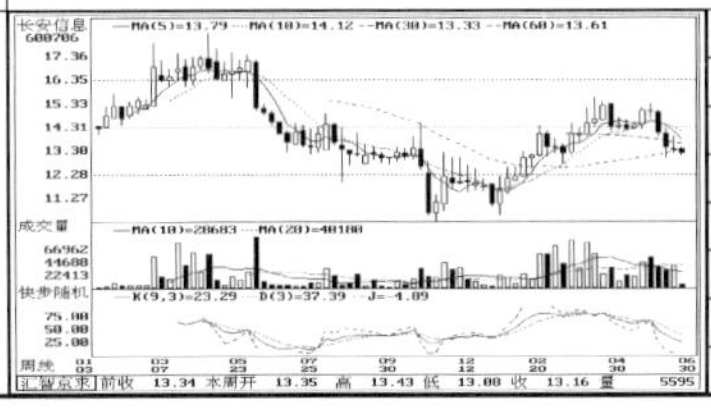

2003年涨跌幅(%)	-22.35
2003年最高(元)	18.38
2003年最低(元)	10.25
2003年换手率(%)	245.08
2004.06涨跌幅(%)	18.03
2004.06最高(元)	15.55
2004.06最低(元)	10.50
2004.06换手率(%)	233.08

彩虹显示器件股份有限公司

公司概况

公司名称	彩虹显示器件股份有限公司			股票代码	600707		
注册地址	西安高新技术开发区西区			邮政编码	710075		
法人代表	马金泉			董秘	刘晓东		
电话	029-88311073			传真	029-88214864		
主营业务	彩色显像管						
总股本	42114.88	流通A	14364.48	流通B		流通H	
审计单位				审计意见	未审计		

主要财务指标

年度	2004.6	2003	2002
每股收益/扣除后(元)	0.3184	0.4950	0.4300
每股经营现金流量(元)	0.1000	0.9350	1.3190
每股净资产/调整后(元)	4.7570	4.4680	3.8250
每股公积金(元)	1.5189	1.5189	1.5003
净资产收益率(%)	6.0800	11.4400	10.4800
总资产(万元)	282602.31	285205.12	250237.58
股东权益(万元)	200550.30	188352.41	166020.20
未分配利润(万元)	70774.93	58577.04	44489.11
主营收入(万元)	158947.92	305779.31	289973.06
资本公积金(万元)	63970.19	63970.19	63183.75
主营利润(万元)	27455.44	50311.88	45381.43
其他业务利润(万元)	159.86	606.22	25.80
营业利润(万元)	17744.69	29797.06	23058.17
投资收益(万元)	-1821.10	-1636.25	-255.43
补贴收入(万元)			
营业外收支(万元)	4.23	20.22	-0.20
利润总额(万元)	15927.82	28181.03	22282.66
净利润(万元)	12197.89	21545.76	17401.47

十大股东

序号	股东名称	股份性质	持股数(万股)	比例(%)
1	彩虹集团公司	国有法人股	23644.00	56.14
2	浙江兰溪兰申新科电脑开发公司	境内法人股	720.00	1.71
3	西安雅轩商贸有限责任公司	境内法人股	600.00	1.42
4	深圳蛇口社会保险公司	境内法人股	360.00	0.85
5	中化国际石油有限公司	境内法人股	240.00	0.57
6	西安飞机工业(集团)有限责任公司	境内法人股	240.00	0.57
7	乌鲁木齐商业银行股份有限公司	境内法人股	240.00	0.57
8	新疆石油管理局住局住房管理中心	流通A股	218.01	0.52
9	上海天迪科技投资发展有限公司	境内法人股	180.00	0.43
10	南京德博科技有限责任公司	境内法人股	179.36	0.43

股东人数	2004.6	2003.12	2003.6	2002
	70022	74512	74881	82654

近年分配	2004年7月7日10派1.00	近年配股/增发	

重大事项

根据公司2003年度第一次临时股东大会《关于收购彩虹彩色显像管总厂部分经营性资产的议案》的决议,本公司于2003年12月31日出资27726.73万元收购了彩虹彩色显像管总厂下属的彩虹玻璃厂两条彩色显像管用玻屏生产线(301、302生产线)。

二〇〇三年以来市场表现

2003年涨跌幅(%)	29.28
2003年最高(元)	10.53
2003年最低(元)	6.75
2003年换手率(%)	194.26
2004.06涨跌幅(%)	-7.36
2004.06最高(元)	11.66
2004.06最低(元)	7.95
2004.06换手率(%)	156.99

上海海博股份有限公司

公司概况							
公司名称	上海海博股份有限公司			股票代码	600708		
注册地址	上海浦东北艾路 1638 号			邮政编码	200050		
法人代表	庄国蔚			董秘	熊波		
电话	021-52551620			传真	021-62526043		
主营业务	工业品加工、批发						
总股本	35690.23	流通 A	12988.80	流通 B		流通 H	
审计单位	上海立信长江会计师事务所有限公司			审计意见	标准无保留		

主要财务指标

年度	2004.6	2003	2002
每股收益/扣除后(元)	0.0962	0.3513	0.2003
每股经营现金流量(元)	0.1170	0.8113	0.9572
每股净资产/调整后(元)	1.5360	2.1244	1.5727
每股公积金(元)	0.1660	0.4461	0.4141
净资产收益率(%)	7.3500	19.5600	11.3600
总资产(万元)	166286.14	155591.56	129627.81
股东权益(万元)	55375.65	51286.99	40531.13
未分配利润(万元)	4174.22	7364.11	1224.99
主营收入(万元)	36607.22	59091.83	51472.83
资本公积金(万元)	5923.06	10613.78	9852.08
主营利润(万元)	12425.06	21747.31	17709.08
其他业务利润(万元)	367.09	432.48	-35.18
营业利润(万元)	4060.13	9996.42	7418.19
投资收益(万元)	842.73	1494.05	-271.56
补贴收入(万元)	824.21	1214.35	-3.50
营业外收支(万元)	-39.56	474.71	-3.37
利润总额(万元)	5687.51	13179.53	6289.16
净利润(万元)	4072.47	10029.61	4764.65

十大股东

序号	股东名称	股份性质	持股数(万股)	比例(%)
1	上海农工商集团有限公司	国家股	13539.43	37.94
2	中国长城资产管理公司	境内法人股、国家股	5130.00	14.37
3	上海金鸿实业总公司	境内法人股	694.08	1.94
4	福建省闽发证券有限公司	流通 A 股	650.29	1.82
5	珠海申光电子股份有限公司	境内法人股	576.00	1.61
6	华宝兴业多策略增长证券投资基金	流通 A 股	355.40	1.00
7	国信证券有限责任公司	流通 A 股	237.21	0.66
8	中铁二局集团有限公司	流通 A 股	210.20	0.59
9	闵行联合发展有限公司	境内法人股	144.00	0.40
10	南汇县信用合作社联社	境内法人股	144.00	0.40

股东人数	2004.6	2003.12	2003.6	2002
	26597	25345	25931	23492

近年分配		近年配股/增发	2004 年 6 月 10 日 10 送 3 转 2

重大事项

2004 年 4 月 26 日，公司第四届董事会第十三次会议审议并通过了以上海农工商经济 贸易公司截止 2003 年 9 月 30 日的资产评估报告确认的企业净资产值为基准，收购上海市农工商（集团）总公司持有的其 90%股权，转让价格为 5,274,368.50 元人民币。

二〇〇三年以来市场表现

2003 年涨跌幅(%)	-13.16
2003 年最高(元)	7.99
2003 年最低(元)	5.13
2003 年换手率(%)	140.94
2004.06 涨跌幅(%)	-8.22
2004.06 最高(元)	8.11
2004.06 最低(元)	5.12
2004.06 换手率(%)	120.89

常林股份有限公司

公司概况							
公司名称	常林股份有限公司			股票代码	600710		
注册地址	江苏省常州市新北区常澄路 55 号			邮政编码	213002		
法人代表	尚德鑫			董秘	周龙江		
电话	0519-6752853,6781258			传真	0519-6750025		
主营业务	轮式装载机						
总股本	33000.00	流通 A	14880.00	流通 B		流通 H	
审计单位				审计意见	未审计		

主要财务指标

年度	2004.6	2003	2002
每股收益/扣除后(元)	0.1157	0.4600	0.2900
每股经营现金流量(元)	0.1160	0.4700	0.2100
每股净资产/调整后(元)	2.2400	1.9600	2.8100
每股公积金(元)	0.3569	0.3569	1.4841
净资产收益率(%)	12.0400	25.5500	10.8400
总资产(万元)	162753.89	135910.37	94777.72
股东权益(万元)	74611.24	65200.45	48048.78
未分配利润(万元)	24199.52	14873.99	4878.02
主营收入(万元)	106592.88	150250.52	100449.66
资本公积金(万元)	11777.49	11777.49	24487.04
主营利润(万元)	13703.81	20006.18	15722.22
其他业务利润(万元)	21.77	58.50	1.49
营业利润(万元)	3751.86	7686.92	2317.60
投资收益(万元)	6237.35	11863.41	4451.53
补贴收入(万元)	20.17	29.13	29.13
营业外收支(万元)	-152.87	-1355.63	-16.95
利润总额(万元)	9856.52	18223.83	6011.74
净利润(万元)	8984.49	16661.22	5209.11

十大股东

序号	股东名称	股份性质	持股数(万股)	比例(%)
1	中国福马林业机械集团有限公司	国有法人股	18120.00	54.91
2	鸿阳证券投资基金	流通 A 股	846.75	2.57
3	鹏华行业成长证券投资	流通 A 股	665.26	2.02
4	巨田基础行业证券投资	流通 A 股	665.26	2.02
5	全国社保基金一零一组	流通 A 股	328.14	0.99
6	全国社保基金一零三组	流通 A 股	313.18	0.95
7	海通证券股份有限公司	流通 A 股	280.00	0.85
8	安久证券投资基金	流通 A 股	275.50	0.83
9	上海宝钢集团公司	流通 A 股	230.00	0.70
10	国联安德盛小盘精选证券投资基金	流通 A 股	165.47	0.50

股东人数	2004.6	2003.12	2003.6	2002
	34622	35059	27247	17639

近年分配		近年配股/增发	

重大事项

公司向银行借款 11,700 万元，由常州常林机械有限公司提供担保，公司向银行借款 3,500 万元，由常州常林机械有限公司的土地使用权提供抵押。

二〇〇三年以来市场表现

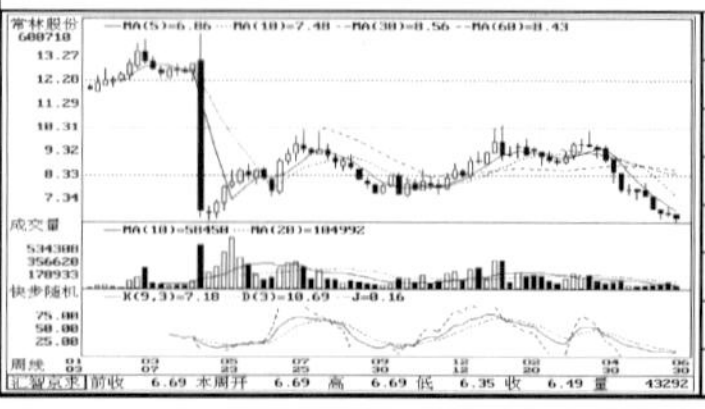

2003 年涨跌幅(%)	48.36
2003 年最高(元)	10.20
2003 年最低(元)	5.86
2003 年换手率(%)	588.02
2004.06 涨跌幅(%)	-28.05
2004.06 最高(元)	10.40
2004.06 最低(元)	6.35
2004.06 换手率(%)	216.32

厦门雄震集团股份有限公司

公司概况

公司名称	厦门雄震集团股份有限公司			股票代码	600711		
注册地址	厦门市厦禾路189号银行中心17楼6-8单元			邮政编码	361003		
法人代表	姚雄杰			董秘	丁笑		
电话	0592-2394735			传真	0592-2394706		
主营业务	家用电器、防盗门						
总股本	6036.00	流通 A	1512.00	流通 B		流通 H	
审计单位				审计意见	未审计		

主要财务指标

年度	2004.6	2003	2002
每股收益 / 扣除后(元)	0.1603	0.2600	0.2900
每股经营现金流量(元)	0.4280	0.0170	0.2080
每股净资产 / 调整后(元)	2.0100	1.8100	1.5490
每股公积金(元)	0.2129	0.2128	0.2128
净资产收益率(%)	9.3400	17.0100	23.1600
总资产(万元)	33272.26	37450.80	22387.74
股东权益(万元)	12494.59	11452.92	9699.68
未分配利润(万元)	2882.92	1764.46	1463.90
主营收入(万元)	7569.06	13320.34	12157.00
资本公积金(万元)	1284.76	1284.76	1284.48
主营利润(万元)	3470.39	5416.08	5134.31
其他业务利润(万元)	75.29	194.56	83.20
营业利润(万元)	1413.90	2228.87	2399.72
投资收益(万元)	-273.96	-377.12	-175.99
补贴收入(万元)	207.65	123.44	-0.85
营业外收支(万元)	75.90	310.96	-0.73
利润总额(万元)	1423.48	2286.16	2333.02
净利润(万元)	1118.47	1948.05	2031.92

十大股东

序号	股东名称	股份性质	持股数(万股)	比例(%)
1	深圳市雄震投资有限公司	境内法人股	2400.00	39.76
2	上海汇衡科技发展有限公司	境内法人股	1677.60	27.79
3	深圳市金尚美投资咨询有限公司	境内法人股	278.40	4.61
4	深圳秦年投资咨询有限公司	境内法人股	120.00	1.99
5	厦门宏华集团有限公司	境内法人股	24.00	0.40
6	浙江众鑫投资咨询有限公司	境内法人股	19.00	0.31
7	上海宝润经济发展公司	流通A股	15.00	0.25
8	陈松青	流通A股	9.06	0.15
9	厦门市证券登记有限责任公司	流通A股	6.31	0.10
10	佳力房开	流通A股	6.00	0.10

股东人数	2004.6	2003.12	2003.6	2002
	9294	8685	8875	8602

近年分配	2004年4月20日10派0.50	近年配股/增发	

重大事项

2004年1月14日,公司四届十一次董事会通过了《公司2004年增发新股方案的议案》,并经2004年2月18日召开的2003年年度股东大会审议通过。

二〇〇三年以来市场表现

2003年涨跌幅(%)	-31.09
2003年最高(元)	16.24
2003年最低(元)	8.95
2003年换手率(%)	247.33
2004.06涨跌幅(%)	3.46
2004.06最高(元)	14.45
2004.06最低(元)	9.95
2004.06换手率(%)	233.93

南宁百货大楼股份有限公司

公司概况

公司名称	南宁百货大楼股份有限公司			股票代码	600712		
注册地址	广西南宁市朝阳路39-41,45号			邮政编码	530012		
法人代表	陈民群			董秘	张燕辉		
电话	0771-2098826,2610906			传真	0771-2810261		
主营业务	商品零售服务						
总股本	14467.20	流通 A	6326.40	流通 B		流通 H	
审计单位				审计意见	未审计		

主要财务指标

年度	2004.6	2003	2002
每股收益 / 扣除后(元)	0.0213	0.0605	0.1000
每股经营现金流量(元)	0.0300	-0.1800	0.3100
每股净资产 / 调整后(元)	0.9400	0.8800	2.5800
每股公积金(元)	0.0700	0.7400	1.7840
净资产收益率(%)	2.2100	-69.2600	3.3400
总资产(万元)	77410.90	66163.39	62133.99
股东权益(万元)	15831.90	15481.94	26203.81
未分配利润(万元)	294.00	-10607.00	115.50
主营收入(万元)	41988.09	66511.39	59633.73
资本公积金(万元)	1012.69	10705.45	16130.61
主营利润(万元)	5756.43	9794.44	9134.56
其他业务利润(万元)	347.89	594.24	-137.45
营业利润(万元)	607.02	-9079.72	1204.46
投资收益(万元)	132.99	-5.62	-5.19
补贴收入(万元)		9.28	-0.03
营业外收支(万元)	-11.92	-970.60	-0.08
利润总额(万元)	728.09	-10046.66	1192.96
净利润(万元)	349.96	-10722.20	876.48

十大股东

序号	股东名称	股份性质	持股数(万股)	比例(%)
1	南宁沛宁资产经营有限责任公司	国家股	3561.60	24.62
2	南宁市高新技术开发投资公司	法人股	2674.62	18.49
3	南宁市自来水公司	法人股	1624.33	11.23
4	国海证券有限责任公司	流通股	59.89	0.41
5	邹文华	流通股	57.29	0.40
6	王文兴	流通股	53.23	0.37
7	林玉才	流通股	51.55	0.36
8	李建华	流通股	50.38	0.35
9	罗祖兴	流通股	50.19	0.35
10	潘之武	流通股	48.40	0.33

股东人数	2004.6	2003.12	2003.6	2002
	8916	5136	5116	5915

近年分配		近年配股/增发	

重大事项

本公司通过资产置换向国家股股东南宁沛宁资产经营有限责任公司收购了其持有的南宁医药有限责任公司46.26%的国有股权,该公司净资产帐面值1,993.98万元,评估值4,269.21万元,股权评估值1,974.94万元,资产置换工作已完成,本期影响净利润14.27万元。

二〇〇三年以来市场表现

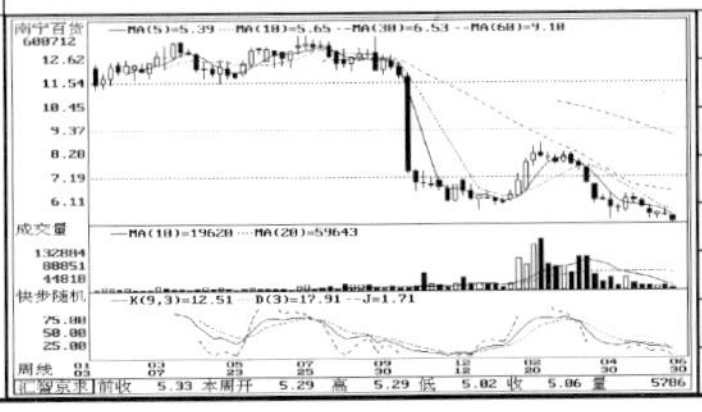

2003年涨跌幅(%)	-19.87
2003年最高(元)	8.57
2003年最低(元)	5.61
2003年换手率(%)	88.59
2004.06涨跌幅(%)	-21.67
2004.06最高(元)	8.70
2004.06最低(元)	5.02
2004.06换手率(%)	212.99

南京医药股份有限公司

公司概况

公司名称	南京医药股份有限公司	股票代码	600713
注册地址	南京市经济技术开发区	邮政编码	210002
法人代表	周耀平	董秘	王永利
电话	025-84552628	传真	025-84552628
主营业务	经营药品、医疗器械		
总股本	19426.07	流通 A	8309.74
流通 B		流通 H	
审计单位		审计意见	未审计

主要财务指标

年度	2004.6	2003	2002
每股收益/扣除后(元)	0.0460	0.0600	0.1130
每股经营现金流量(元)	0.1656	0.1000	0.3500
每股净资产/调整后(元)	2.4300	2.3600	2.2200
每股公积金(元)	1.0007	1.0007	0.9607
净资产收益率(%)	2.4100	4.4100	6.4500
总资产(万元)	283528.06	262999.41	181629.72
股东权益(万元)	47523.90	46523.00	43690.49
未分配利润(万元)	3168.90	2022.48	625.04
主营收入(万元)	250598.56	421742.47	206868.95
资本公积金(万元)	19440.43	19440.43	18661.77
主营利润(万元)	19721.62	41136.64	25791.45
其他业务利润(万元)	257.96	632.67	–23.79
营业利润(万元)	1665.60	3892.57	3684.40
投资收益(万元)	744.03	964.31	1055.49
补贴收入(万元)	6.62	587.73	–0.43
营业外收支(万元)	–122.16	–347.71	–4.64
利润总额(万元)	2294.08	5096.89	4580.17
净利润(万元)	1146.42	2053.85	2819.80

十大股东

序号	股东名称	股份性质	持股数(万股)	比例(%)
1	南京医药集团有限责任公司	国有法人股	5266.33	27.11
2	江苏兴宏达投资有限公司	境内法人股	1187.10	6.11
3	上海天发投资有限公司	境内法人股	958.00	4.93
4	南京市证券公司	流通A股,境内法人股	723.50	3.72
5	深圳泰华房地产有限公司	境内法人股	461.70	2.38
6	南京福康贸易公司	境内法人股	189.00	0.97
7	南京市房产经营总公司	境内法人股	153.00	0.79
8	江苏鑫苏投资公司	境内法人股	126.00	0.65
9	南京新淮科技投资有限公司	境内法人股	116.60	0.60
10	南京医药大厦贸易公司	境内法人股	106.20	0.55

股东人数	2004.6	2003.12	2003.6	2002
	39453	41428	44007	43050

近年分配	2004 年 8 月 26 日 10 派 0.5	近年配股/增发	

重大事项

经 2004 年 5 月 18 日 2003 年度股东大会批准,公司 2003 年度利润分配方案为:按截止 2003 年 12 月 31 日公司现有股份数 151,517,592 股,每 10 股派 1.30 元红利(含税),共计 1,969.73 万元。股权登记日为 2004 年 6 月 23 日,除息日为 6 月 24 日。

二〇〇三年以来市场表现

2003 年涨跌幅(%)	–21.92
2003 年最高(元)	9.45
2003 年最低(元)	5.85
2003 年换手率(%)	131.50
2004.06 涨跌幅(%)	–3.32
2004.06 最高(元)	7.38
2004.06 最低(元)	5.75
2004.06 换手率(%)	78.68

青海山川矿业发展股份有限公司

公司概况

公司名称	青海山川矿业发展股份有限公司	股票代码	600714
注册地址	青海省西宁市朝阳西路 112 号	邮政编码	810028
法人代表	王俊卿	董秘	张光周
电话	0971-5509464,7720083	传真	0971-5507586
主营业务	锶矿开采,加工,销售出口		
总股本	15093.75	流通 A	4025.00
流通 B		流通 H	
审计单位		审计意见	未审计

主要财务指标

年度	2004.6	2003	2002
每股收益/扣除后(元)	0.0187	0.1072	0.1309
每股经营现金流量(元)	–0.1190	0.0890	0.2380
每股净资产/调整后(元)	1.6920	1.6511	2.1228
每股公积金(元)	0.1961	0.1961	0.6744
净资产收益率(%)	1.3300	7.7300	6.6700
总资产(万元)	44445.19	46566.80	38037.82
股东权益(万元)	25798.55	25456.16	23297.09
未分配利润(万元)	5218.24	4875.85	3149.63
主营收入(万元)	3031.69	15402.81	22196.68
资本公积金(万元)	2959.21	2959.21	7270.41
主营利润(万元)	347.22	2951.84	5571.77
其他业务利润(万元)	359.05	–6.59	0.09
营业利润(万元)	277.49	169.80	932.75
投资收益(万元)	65.00	1826.04	1145.26
补贴收入(万元)	67.71	54.37	54.37
营业外收支(万元)	–7.39	–3.36	–0.03
利润总额(万元)	402.81	2046.84	2100.10
净利润(万元)	342.39	1968.26	1554.83

十大股东

序号	股东名称	股份性质	持股数(万股)	比例(%)
1	青海省投资公司	国家股	5554.50	36.80
2	青海省电力公司	国有法人股	4226.25	28.00
3	五矿国际有色金属贸易公司	境内法人股	603.75	4.00
4	青海百货股份有限公司	境内法人股	442.75	2.93
5	青海三普药业股份有限公司青海省医药分公司	境内法人股	80.50	0.53
6	曲伟宁	流通 A 股	43.25	0.29
7	曹元林	流通 A 股	40.76	0.27
8	中国冶金进出口厦门公司	境内法人股	40.25	0.27
9	贵州机械进出口有限公司	境内法人股	40.25	0.27
10	中国磨料磨具进出口联营公司海南分公司	境内法人股	40.25	0.27

股东人数	2004.6	2003.12	2003.6	2002
	3461	2325	2310	3515

近年分配		近年配股/增发	

重大事项

公司与茫崖金源矿业有限责任公司签订《租赁合同》,将部分天青石矿租赁给其开采,租赁时间为 2004 年 4 月 1 日至 2004 年 7 月 31 日,租赁价格为 455 万元。截止报告期末,租赁收入为 3,263,693.13 元。

二〇〇三年以来市场表现

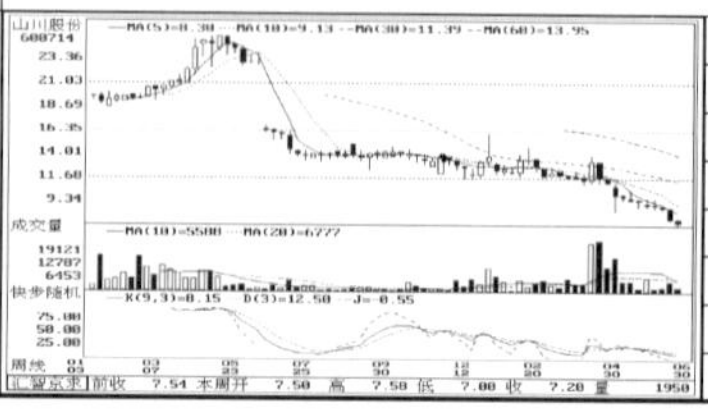

2003 年涨跌幅(%)	1.92
2003 年最高(元)	18.36
2003 年最低(元)	11.50
2003 年换手率(%)	54.79
2004.06 涨跌幅(%)	–50.00
2004.06 最高(元)	14.68
2004.06 最低(元)	7.00
2004.06 换手率(%)	38.36

松辽汽车股份有限公司

公司概况

公司名称	松辽汽车股份有限公司	股票代码	600715
注册地址	沈阳市苏家屯区白松路22号	邮政编码	110101
法人代表	吴金坤	董秘	孙华东
电话	024-89811610	传真	024-89811259
主营业务	系列轻型越野客车		
总股本	22425.60	流通A	10137.60
流通B		流通H	
审计单位		审计意见	未审计

主要财务指标

年度	2004.6	2003	2002
每股收益/扣除后(元)	–0.0532	–0.3600	–0.7580
每股经营现金流量(元)	0.0680	0.4550	–0.0086
每股净资产/调整后(元)	0.4500	0.4500	0.3300
每股公积金(元)	1.2395	1.2119	1.0676
净资产收益率(%)	–10.8600	4.9500	–222.3800
总资产(万元)	50243.64	50379.54	50264.22
股东权益(万元)	10888.56	11451.38	7648.94
未分配利润(万元)	–40268.24	–39085.45	–39651.72
主营收入(万元)	685.03	1571.26	
资本公积金(万元)	27797.46	27177.48	23941.31
主营利润(万元)	109.56	210.77	
其他业务利润(万元)	159.71	144.10	144.10
营业利润(万元)	–1083.65	–5785.39	–10260.60
投资收益(万元)	–110.04	–1776.84	
补贴收入(万元)		10000.00	10000.00
营业外收支(万元)	10.90	–1871.49	26.26
利润总额(万元)	–1182.79	566.27	–17009.71
净利润(万元)	–1182.79	566.27	–17009.71

十大股东

序号	股东名称	股份性质	持股数(万股)	比例(%)
1	沈阳松辽企业集团有限公司	境内法人股,国有法人股	8104.00	36.14
2	上海中润汽车制动器有限公司	国有法人股	3800.00	16.94
3	沈阳市凯达灯饰制造有限公司	境内法人股	234.00	1.04
4	陈淑梅	流通A股	222.35	0.99
5	韩丽英	流通A股	194.69	0.87
6	张宏梅	流通A股	155.33	0.69
7	嘉融投资有限公司	流通A股	94.98	0.42
8	上海康隆企业发展有限公司	境内法人股	70.00	0.31
9	天津市盛通翔经贸有限公司	流通A股,境内法人股	50.20	0.22
10	林汉宣	流通A股	44.83	0.20

股东人数	2004.6	2003.12	2003.6	2002
	19703	23816	24164	20379

近年分配		近年配股/增发	

重大事项

经公司2002年度股东大会审议通过,同意公司在2003年7月28日与沈阳中顺汽车有限公司签署《资产租赁合同》,将账面价值总额为88,408,488.35元的经营性资产租赁给沈阳中顺汽车有限公司。

二〇〇三年以来市场表现

2003年涨跌幅(%)	31.18
2003年最高(元)	6.69
2003年最低(元)	3.71
2003年换手率(%)	503.14
2004.06涨跌幅(%)	–27.24
2004.06最高(元)	6.25
2004.06最低(元)	3.95
2004.06换手率(%)	205.62

秦皇岛耀华玻璃股份有限公司

公司概况

公司名称	秦皇岛耀华玻璃股份有限公司	股票代码	600716
注册地址	河北省秦皇岛市西港路	邮政编码	066013
法人代表	曹田平	董秘	宋英利
电话	0335-3028173,3285158	传真	0335-3028173
主营业务	平板玻璃及玻璃制品		
总股本	34830.00	流通A	10530.00
流通B		流通H	
审计单位	河北华安会计师事务所有限公司	审计意见	标准无保留

主要财务指标

年度	2004.6	2003	2002
每股收益/扣除后(元)	0.0890	0.0020	0.0580
每股经营现金流量(元)	0.1480	0.2870	–0.0910
每股净资产/调整后(元)	2.0900	1.9100	1.9100
每股公积金(元)	0.9543	0.8887	0.8896
净资产收益率(%)	4.0700	0.5000	3.3400
总资产(万元)	190326.91	169715.02	116639.39
股东权益(万元)	74360.27	69048.95	69037.77
未分配利润(万元)	2874.86	453.80	420.86
主营收入(万元)	56784.29	71654.50	47908.84
资本公积金(万元)	33238.58	30953.59	30983.59
主营利润(万元)	13117.05	11678.72	9075.52
其他业务利润(万元)	182.32	445.28	–507.32
营业利润(万元)	5899.53	1334.39	3539.19
投资收益(万元)	–1.45	–46.67	–10.46
补贴收入(万元)		9.27	0.11
营业外收支(万元)	–83.64	261.18	–0.49
利润总额(万元)	5814.44	1558.17	3517.39
净利润(万元)	3026.33	323.41	2306.79

十大股东

序号	股东名称	股份性质	持股数(万股)	比例(%)
1	中国耀华玻璃集团公司	国有法人股	24156.00	69.35
2	孙进材	流通A股	136.73	0.39
3	杨晓丽	流通A股	102.57	0.29
4	李望英	流通A股	94.36	0.27
5	贵州长征电器股份有限公司	流通A股	87.95	0.25
6	邝光	流通A股	74.94	0.22
7	苏州爱能吉发展有限公司	流通A股	69.06	0.20
8	黄一勤	流通A股	65.50	0.19
9	魏平	流通A股	65.16	0.19
10	梁寿成	流通A股	57.80	0.17

股东人数	2004.6	2003.12	2003.6	2002
	38947	53871	54437	54524

近年分配		近年配股/增发	

重大事项

2004年5月24日,本公司与中国耀华玻璃集团公司、耀华玻璃集团财务有限公司、秦皇岛耀华设计研究院、秦皇岛玻璃钢厂、秦皇岛建安工程有限公司、秦皇岛耀华包装材料有限公司签署《秦皇岛耀华玻璃工业园有限公司增资协议》。

二〇〇三年以来市场表现

2003年涨跌幅(%)	–24.64
2003年最高(元)	6.67
2003年最低(元)	3.75
2003年换手率(%)	164.43
2004.06涨跌幅(%)	41.00
2004.06最高(元)	7.31
2004.06最低(元)	4.10
2004.06换手率(%)	186.27

天津港股份有限公司

公司概况				
公司名称	天津港股份有限公司	股票代码	600717	
注册地址	天津市塘沽区新港二号路卡子门内	邮政编码	300456	
法人代表	于汝民	董秘	李全勇	
电话	022-25706615	传真	022-25706615	
主营业务	商品储存;中转联运			
总股本	72442.02	流通 A 27978.78	流通 B	流通 H
审计单位		审计意见	未审计	

主要财务指标

年度	2004.6	2003	2002
每股收益/扣除后(元)	0.1459	0.4000	0.4500
每股经营现金流量(元)	0.3580	0.7300	0.8700
每股净资产/调整后(元)	3.9000	3.1700	2.7400
每股公积金(元)	1.4779	0.7054	0.7744
净资产收益率(%)	4.0400	13.9200	16.4800
总资产(万元)	670878.87	443154.66	316911.06
股东权益(万元)	284032.44	210173.56	181330.70
未分配利润(万元)	78313.89	57966.96	35428.96
主营收入(万元)	72380.40	133481.89	123513.47
资本公积金(万元)	107059.42	51097.29	51097.29
主营利润(万元)	33199.17	65684.55	62521.67
其他业务利润(万元)	97.55	294.95	-32.63
营业利润(万元)	19922.03	41229.35	40371.91
投资收益(万元)	367.68	1152.25	1627.30
补贴收入(万元)	1789.81	3685.00	-453.43
营业外收支(万元)	-294.08	-1734.46	-15.27
利润总额(万元)	21785.45	44332.14	44560.26
净利润(万元)	11481.77	29248.23	29884.16

十大股东

序号	股东名称	股份性质	持股数(万股)	比例(%)
1	天津港务局	国家股	41455.27	57.23
2	申银万国证券股份有限公司	流通A股	2665.84	3.68
3	中国银行-嘉实服务增值行业证券投资基金	流通A股	1244.19	1.72
4	天华证券投资基金	流通A股	607.08	0.84
5	天津北方国际信托投资股份有限公司	流通A股/境内法人股	380.05	0.52
6	交通银行-普惠证券投资基金	流通A股	268.82	0.37
7	交通银行-易方达50指数证券投资基金	流通A股	262.65	0.36
8	通乾证券投资基金	流通A股	261.76	0.36
9	招商证券股份有限公司	流通A股	248.43	0.34
10	中国电子系统工程总公司	境内法人股	246.96	0.34

股东人数	2004.6	2003.12	2003.6	2002
	36756	35050	46893	60382

近年分配		近年配股/增发	2004年3月8日10配3配股价

重大事项

经公司三届二十次董事会、公司2003年度股东年会审议,通过《天津港(集团)股份有限公司关于与远航集团有限公司设立合资公司的议案》及《天津港(集团)股份有限公司关于天津港煤码头有限责任公司股权收购和增资的议案》。

二〇〇三年以来市场表现

2003年涨跌幅(%)	33.14
2003年最高(元)	12.39
2003年最低(元)	8.45
2003年换手率(%)	85.02
2004.06涨跌幅(%)	-3.87
2004.06最高(元)	13.43
2004.06最低(元)	10.68
2004.06换手率(%)	66.40

沈阳东软软件股份有限公司

公司概况				
公司名称	沈阳东软软件股份有限公司	股票代码	600718	
注册地址	沈阳市和平区文化路3号巷11号	邮政编码	110179	
法人代表	刘积仁	董秘	徐庆荣	
电话	024-23783000-85712	传真	024-23783375	
主营业务	计算机软、硬件的开发			
总股本	28145.17	流通 A 11325.83	流通 B	流通 H
审计单位		审计意见	未审计	

主要财务指标

年度	2004.6	2003	2002
每股收益/扣除后(元)	0.1038	0.2100	0.3000
每股经营现金流量(元)	-0.8860	0.3200	-0.0800
每股净资产/调整后(元)	4.7100	4.6400	4.4300
每股公积金(元)	2.0724	2.0724	2.0714
净资产收益率(%)	2.1800	4.7100	6.2600
总资产(万元)	275568.00	279222.41	259067.41
股东权益(万元)	133443.00	132134.53	127320.94
未分配利润(万元)	27835.00	26054.32	22740.22
主营收入(万元)	104194.00	201694.77	190724.75
资本公积金(万元)	58327.06	58327.06	58299.14
主营利润(万元)	26415.00	54783.76	53166.05
其他业务利润(万元)	693.57	828.14	-10.45
营业利润(万元)	1784.00	5631.13	7424.78
投资收益(万元)	-49.00	300.19	-81.63
补贴收入(万元)	141.06	2621.68	99.92
营业外收支(万元)	13.97	-39.80	0.43
利润总额(万元)	1890.23	8513.19	10260.65
净利润(万元)	2910.00	6224.03	7971.17

十大股东

序号	股东名称	股份性质	持股数(万股)	比例(%)
1	东软集团	法人股	16955.42	60.24
2	中国银行-嘉实服务增值行业证券投资基金	流通A股	568.56	2.02
3	郑州威格电子技术有限公司	流通A股	134.44	0.48
4	张子兵	流通股	128.52	0.46
5	昆明启越企业管理咨询有限公司	流通股	121.92	0.43
6	中国工商银行-国联安德盛小盘精选证券投资基金	流通股	111.96	0.40
7	海玉公司	流通股	106.08	0.38
8	上海泽龙金属材料有限公司	流通股	83.35	0.30
9	上海上实湖滨新城发展有限公司	流通股	54.57	0.19
10	林劝进	流通股	46.65	0.17

股东人数	2004.6	2003.12	2003.6	2002
	56773	67381	68889	71428

近年分配		近年配股/增发	

重大事项

2004年4月16日,东软数字医疗公司与飞利浦中国电子集团和飞利浦(中国)投资公司就合资设立"东软飞利浦医疗设备系统有限责任公司"事宜签署一系列协议。

二〇〇三年以来市场表现

2003年涨跌幅(%)	-23.93
2003年最高(元)	15.90
2003年最低(元)	8.90
2003年换手率(%)	173.52
2004.06涨跌幅(%)	10.42
2004.06最高(元)	15.45
2004.06最低(元)	9.88
2004.06换手率(%)	177.59

大连热电股份有限公司

公司概况

公司名称	大连热电股份有限公司	股票代码	600719
注册地址	大连市沙河口区香周路210号	邮政编码	116021
法人代表	于长敏	董秘	左广志
电话	0411-84438755	传真	0411-84438670
主营业务	发电、供热、热电联产		

总股本	20229.98	流通 A	7605.00	流通 B		流通 H	
审计单位		审计意见	未审计				

主要财务指标

年度	2004.6	2003	2002
每股收益/扣除后(元)	0.0847	0.0500	0.1460
每股经营现金流量(元)	0.2390	0.6600	0.1100
每股净资产/调整后(元)	3.5300	3.4400	3.4700
每股公积金(元)	1.5045	1.5045	1.6038
净资产收益率(%)	2.4000	2.4000	4.2100
总资产(万元)	157290.12	155029.23	170843.33
股东权益(万元)	71535.01	69820.93	70349.66
未分配利润(万元)	8728.63	7014.55	6023.54
主营收入(万元)	26600.84	40773.42	37044.60
资本公积金(万元)	30435.63	30435.63	32444.76
主营利润(万元)	6254.01	8819.05	9186.57
其他业务利润(万元)	0.59	41.37	-0.07
营业利润(万元)	2590.18	2834.52	4483.87
投资收益(万元)	-137.56	-131.92	17.50
补贴收入(万元)			
营业外收支(万元)		-35.14	-0.05
利润总额(万元)	2452.62	2667.46	4507.70
净利润(万元)	1714.08	1677.98	2960.86

十大股东

序号	股东名称	股份性质	持股数(万股)	比例(%)
1	大连市国有资产管理局	国有法人股	8124.98	40.16
2	深圳市深港产学研究创业投资有限公司	境内法人股	2430.00	12.01
3	大连市电力发展公司	境内法人股	1800.00	8.90
4	大连市经济技术协作总公司	境内法人股	270.00	1.33
5	李鹏	流通A股	27.47	0.14
6	赖在赐	流通A股	17.20	0.09
7	杨柏平	流通A股	16.00	0.08
8	蔡炳初	流通A股	15.10	0.07
9	刘亚军	流通A股	14.20	0.07
10	金怀北	流通A股	13.74	0.07

股东人数	2004.6	2003.12	2003.6	2002
	47349	49306	48908	49268

近年分配		近年配股/增发	

重大事项

公司与大连站前电子城有限公司(以下简称电子城)于2004年4月16日签署了《股权转让协议》,经公司第四届董事会第七次会议审议通过及公司2004年第一次临时股东大会审议批准,公司拟将持有的控股子公司-大连体育场商城有限公司(以下简称体育商城)60%股权转让给电子城,股权转让总价款为7,877万元。

二〇〇三年以来市场表现

2003年涨跌幅(%)	-8.38
2003年最高(元)	10.22
2003年最低(元)	5.11
2003年换手率(%)	189.32
2004.06涨跌幅(%)	1.07
2004.06最高(元)	8.98
2004.06最低(元)	6.36
2004.06换手率(%)	202.77

甘肃祁连山水泥股份有限公司

公司概况

公司名称	甘肃祁连山水泥股份有限公司	股票代码	600720
注册地址	甘肃省兰州市永登县中堡镇	邮政编码	730301
法人代表	杨皓	董秘	王云鹏
电话	0931-6476501	传真	0931-6476671
主营业务	水泥及其系列产品		

总股本	39590.23	流通 A	21210.83	流通 B		流通 H	
审计单位		审计意见	未审计				

主要财务指标

年度	2004.6	2003	2002
每股收益/扣除后(元)	0.0365	0.1210	0.1250
每股经营现金流量(元)	-0.0280	0.2100	0.3200
每股净资产/调整后(元)	2.1000	1.8600	1.7400
每股公积金(元)	0.6505	0.3445	0.3484
净资产收益率(%)	1.6200	6.0300	6.8900
总资产(万元)	181423.89	157931.23	116002.68
股东权益(万元)	84523.05	66212.63	60668.54
未分配利润(万元)	14854.50	13545.74	9733.25
主营收入(万元)	35862.94	46133.81	38281.85
资本公积金(万元)	25754.00	13637.15	12086.43
主营利润(万元)	10106.86	14651.89	12829.26
其他业务利润(万元)	142.17	211.32	3.14
营业利润(万元)	1495.46	4448.97	5510.34
投资收益(万元)	-12.63	82.02	-30.77
补贴收入(万元)	661.68	962.42	-1.68
营业外收支(万元)	-93.08	-277.20	15.27
利润总额(万元)	2051.43	5216.21	5279.47
净利润(万元)	1365.45	3993.37	4177.41

十大股东

序号	股东名称	股份性质	持股数(万股)	比例(%)
1	甘肃祁连山建材控股有限公司	国有法人股	14798.50	37.38
2	永登金路投资有限责任公司	境内法人股	1892.71	4.78
3	甘肃长青置业发展有限公司	境内法人股	637.29	1.61
4	兰州铁路局兰州铁路分局	境内法人股	392.60	0.99
5	甘肃省建筑材料总公司	境内法人股	196.30	0.50
6	甘肃省建筑构件工程有限公司	境内法人股	196.30	0.50
7	平凉地区峡中水泥厂	境内法人股	196.30	0.50
8	李守凤	流通A股	139.89	0.35
9	倪坚定	流通A股	67.81	0.17
10	高荣荣	流通A股	65.00	0.16

股东人数	2004.6	2003.12	2003.6	2002
	75760	71605	69559	69976

近年分配		近年配股/增发	

重大事项

经第三届董事会第十次会议审议通过及2003年度股东大会批准,本公司出资4455.34万元收购甘肃祁连山永青水泥有限责任公司其他三位自然人股东所持39.18%的股权及组建永登祁连山水泥有限公司的工作已经完成。

二〇〇三年以来市场表现

2003年涨跌幅(%)	-6.54
2003年最高(元)	5.30
2003年最低(元)	4.12
2003年换手率(%)	106.99
2004.06涨跌幅(%)	-16.80
2004.06最高(元)	5.94
2004.06最低(元)	3.64
2004.06换手率(%)	179.21

新疆百花村股份有限公司

公司概况

公司名称	新疆百花村股份有限公司	股票代码	600721
注册地址	新疆乌鲁木齐市中山路141号	邮政编码	830002
法人代表	林敏	董秘	王刚
电话	0991-7792626,7793728	传真	0991-7793700
主营业务	商业饮食业服务业		
总股本	9480.14	流通A	4650.06
流通B		流通H	
审计单位		审计意见	未审计

主要财务指标

年度	2004.6	2003	2002
每股收益/扣除后(元)	-0.0362	0.1500	0.0400
每股经营现金流量(元)	0.7490	-0.7100	-0.4000
每股净资产/调整后(元)	1.5600	1.4300	1.2300
每股公积金(元)	1.9576	1.8358	1.8125
净资产收益率(%)	2.1200	11.5800	2.7900
总资产(万元)	63435.06	75377.57	58630.43
股东权益(万元)	15645.48	14158.90	12297.80
未分配利润(万元)	-13329.20	-13661.35	-15010.68
主营收入(万元)	4595.40	34063.60	22572.62
资本公积金(万元)	18557.92	17403.56	17182.75
主营利润(万元)	1554.44	6378.89	4309.03
其他业务利润(万元)	517.84	2512.71	-10.14
营业利润(万元)	-378.34	3429.84	-724.56
投资收益(万元)		-6.68	-43.77
补贴收入(万元)		230.46	-1.69
营业外收支(万元)	674.87	212.29	2.49
利润总额(万元)	296.53	3865.91	674.94
净利润(万元)	332.15	1640.30	343.79

十大股东

序号	股东名称	股份性质	持股数(万股)	比例(%)
1	新疆兵团国有资产经营公司	国有法人股	2802.24	29.56
2	北京北亚工业科技开发集团	境内法人股	1422.01	15.00
3	新疆八一钢铁集团有限公司	国有法人股	474.00	5.00
4	上海虹桥空港商贸发展有限公司	流通A股	77.02	0.81
5	华夏证券有限公司	国有法人股	73.13	0.77
6	新疆兵团农六师一零二团	国有法人股	58.69	0.62
7	杨来明	流通A股	56.37	0.59
8	丁海祥	流通A股	52.20	0.55
9	龚建友	流通A股	45.76	0.48
10	麦米珠	流通A股	44.70	0.47

股东人数	2004.6	2003.12	2003.6	2002
	9366	7336	7561	13632

近年分配		近年配股/增发	

重大事项

经公司2004年4月21日第二届董事会第二十九次会议审议通过,本公司与新疆生产建设兵团金属材料总公司(以下简称金属材料公司)在新疆乌鲁木齐市签订了《房屋转让合同书》,拟转让本公司石河子购物中心位于新疆石河子市北四路165号,砖混结构,总建筑面积8,450平方米,占地面积2,282.5平方米的房产,转让价格2,854.5万元。

二〇〇三年以来市场表现

2003年涨跌幅(%)	11.11
2003年最高(元)	13.07
2003年最低(元)	7.65
2003年换手率(%)	258.03
2004.06涨跌幅(%)	-9.89
2004.06最高(元)	11.08
2004.06最低(元)	7.68
2004.06换手率(%)	189.60

沧州化学工业股份有限公司

公司概况

公司名称	沧州化学工业股份有限公司	股票代码	600722
注册地址	河北省沧州市南环中路18号	邮政编码	061000
法人代表	周振德	董秘	邢金生
电话	0317-3030719	传真	0317-3042321
主营业务	化工原料		
总股本	42142.00	流通A	11500.00
流通B		流通H	
审计单位		审计意见	未审计

主要财务指标

年度	2004.6	2003	2002
每股收益/扣除后(元)	0.0686	0.0400	0.0500
每股经营现金流量(元)	0.3810	0.2300	0.3000
每股净资产/调整后(元)	2.3900	2.3000	2.2700
每股公积金(元)	0.6984	0.6970	0.6930
净资产收益率(%)	2.8700	2.0500	0.4700
总资产(万元)	353787.31	343604.91	317229.72
股东权益(万元)	100928.19	97969.77	96268.66
未分配利润(万元)	21835.95	18938.27	17824.54
主营收入(万元)	115449.44	169205.44	135253.30
资本公积金(万元)	29433.53	29372.78	29204.03
主营利润(万元)	14717.13	21596.93	13138.76
其他业务利润(万元)	328.74	1354.65	43.04
营业利润(万元)	4049.47	2447.04	479.38
投资收益(万元)	1.48	56.91	-308.63
补贴收入(万元)	212.75	218.49	218.49
营业外收支(万元)	-5.18	4.68	0.05
利润总额(万元)	4258.53	2727.11	541.48
净利润(万元)	2897.67	2013.27	448.38

十大股东

序号	股东名称	股份性质	持股数(万股)	比例(%)
1	河北沧州化工实业集团有限公司	国有股	20642.00	48.98
2	广州利德龙科技有限公司	法人股	5000.00	11.86
3	深圳市贵速实业发展有限公司	法人股	5000.00	11.86
4	同盛基金	流通股	208.73	0.50
5	国泰君安	流通股	203.64	0.48
6	林兴	流通股	64.00	0.15
7	徐辉娟	流通股	55.46	0.13
8	韩杏军	流通股	46.89	0.11
9	同智基金	流通股	44.74	0.11
10	王滨	流通股	44.03	0.10

股东人数	2004.6	2003.12	2003.6	2002
	58636	68178	69632	73723

近年分配		近年配股/增发	

重大事项

根据2004年1月6日临时股东大会的决议,表决通过了关于收购大股东集团公司所持有的沧骅化工有限公司13.5%的股权的议案。该转让完成后,沧化集团公司持有沧骅化工24%的股份,我公司持有沧骅化工51%的股份。

二〇〇三年以来市场表现

2003年涨跌幅(%)	-11.24
2003年最高(元)	7.31
2003年最低(元)	4.91
2003年换手率(%)	116.48
2004.06涨跌幅(%)	2.98
2004.06最高(元)	7.95
2004.06最低(元)	5.10
2004.06换手率(%)	90.81

北京市西单商场股份有限公司

公司概况

公司名称	北京市西单商场股份有限公司	股票代码	600723
注册地址	北京市西城区西单北大街120号	邮政编码	100031
法人代表	刘秀玲	董秘	王健
电话	010-66024984	传真	010-66014196
主营业务	零售、批发、代购、代销		
审计单位		审计意见	未审计

总股本	40971.80	流通A	18591.94	流通B		流通H	

主要财务指标

年度	2004.6	2003	2002
每股收益/扣除后(元)	-0.0633	-0.4049	0.0400
每股经营现金流量(元)	0.0750	0.1100	-0.2000
每股净资产/调整后(元)	2.6400	2.6600	3.0800
每股公积金(元)	1.8424	1.8424	1.8242
净资产收益率(%)	-2.2100	-15.3300	1.3700
总资产(万元)	148609.23	148276.94	186909.41
股东权益(万元)	110133.59	112098.99	129000.25
未分配利润(万元)	-17351.12	-14921.71	2326.95
主营收入(万元)	48161.37	113237.15	148972.92
资本公积金(万元)	75486.75	75486.75	74740.11
主营利润(万元)	7706.39	11691.53	23019.26
其他业务利润(万元)	2639.19	3832.01	-213.97
营业利润(万元)	-2406.32	-17438.13	497.54
投资收益(万元)	35.57	-620.25	1538.91
补贴收入(万元)			
营业外收支(万元)	15.86	-130.89	-0.26
利润总额(万元)	-2354.89	-18189.27	2014.40
净利润(万元)	-2429.48	-17183.81	1768.12

十大股东

序号	股东名称	股份性质	持股数(万股)	比例(%)
1	北京西单友谊集团	国有法人股	18607.96	45.42
2	华运投资有限公司	境内法人股	712.41	1.74
3	信达投资有限公司	境内法人股	676.00	1.65
4	五矿龙腾科技股份有限公司	境内法人股	676.00	1.65
5	北工信托	境内法人股	676.00	1.65
6	安英慧	流通A股	140.57	0.34
7	北京道和投资管理有限公司	境内法人股	135.20	0.33
8	袁永胜	流通A股	96.00	0.23
9	中国建筑第一工程局第三建筑公司	境内法人股	84.50	0.21
10	全国华联商厦联合有限责任公司	境内法人股	84.50	0.21

股东人数	2004.6	2003.12	2003.6	2002
	89635	94104	97862	100244

近年分配		近年配股/增发	

重大事项

公司2004年4月15日召开的第四届董事会第四次会议,审议并通过了《西单商场餐饮、超市装修改造的议案》,投资1717.31万元,完善西单商场配套的餐饮、超市等装修改造工程。

二〇〇三年以来市场表现

2003年涨跌幅(%)	-24.56
2003年最高(元)	6.92
2003年最低(元)	4.00
2003年换手率(%)	122.09
2004.06涨跌幅(%)	-11.32
2004.06最高(元)	5.55
2004.06最低(元)	3.75
2004.06换手率(%)	83.09

宁波富达股份有限公司

公司概况

公司名称	宁波富达股份有限公司	股票代码	600724
注册地址	浙江省余姚市阳明西路355号	邮政编码	315400
法人代表	白小易	董秘	陈建新
电话	0574-62814275	传真	0574-2813915-1198/1184
主营业务	生产和销售真空吸尘器、家电		
审计单位		审计意见	未审计

总股本	36436.89	流通A	15747.58	流通B		流通H	

主要财务指标

年度	2004.6	2003	2002
每股收益/扣除后(元)	0.1017	0.1900	0.1700
每股经营现金流量(元)	0.6450	0.2100	0.1500
每股净资产/调整后(元)	1.7800	1.6500	1.4500
每股公积金(元)	0.2551	0.2549	0.2549
净资产收益率(%)	6.6100	11.4700	11.2100
总资产(万元)	172903.37	168556.52	127377.05
股东权益(万元)	66090.32	61712.49	54632.94
未分配利润(万元)	12474.63	8087.02	3380.45
主营收入(万元)	68014.71	113150.01	75871.89
资本公积金(万元)	9294.76	9286.01	9286.01
主营利润(万元)	15421.52	23960.76	17856.48
其他业务利润(万元)	60.61	109.70	-0.03
营业利润(万元)	7319.54	12065.27	7856.69
投资收益(万元)	38.04	-319.64	231.59
补贴收入(万元)	3029.10	3415.56	-70.72
营业外收支(万元)	-36.21	492.07	-0.27
利润总额(万元)	10350.47	15653.27	10347.06
净利润(万元)	4369.08	7079.55	6122.54

十大股东

序号	股东名称	股份性质	持股数(万股)	比例(%)
1	宁波城建投资控股有限公司	国有法人股	12080.67	33.16
2	工商银行浙江省信托投资公司	境内法人股	2176.00	5.97
3	上海邦联创业投资有限公司	境内法人股	1647.36	4.52
4	宁波市金茂资产管理有限公司	流通A股	1592.99	4.37
5	天一证券有限责任公司	流通A股	1423.31	3.91
6	宁波大榭开发区天宇贸易有限公司	境内法人股	1318.40	3.62
7	宁波龙冠实业有限公司	境内法人股	1020.79	2.80
8	杭州财务开发公司	境内法人股	791.19	2.17
9	杭州市信托投资公司	境内法人股	402.70	1.11
10	上海银通实业发展有限公司	境内法人股	209.10	0.57

股东人数	2004.6	2003.12	2003.6	2002
	8904	8680	12342	18172

近年分配		近年配股/增发	

重大事项

2004年上半年度公司根据证监会和上交所的有关要求,进一步规范了公司的法人治理结构和治理法规,修订完善了"章程"、"股东大会议事规则"、"投资者关系管理办法"、"关联交易决策程序"等公司治理规则。

二〇〇三年以来市场表现

2003年涨跌幅(%)	20.85
2003年最高(元)	9.20
2003年最低(元)	6.24
2003年换手率(%)	295.06
2004.06涨跌幅(%)	-6.17
2004.06最高(元)	8.55
2004.06最低(元)	7.16
2004.06换手率(%)	80.62

云南云维股份有限公司

公司概况

公司名称	云南云维股份有限公司			股票代码	600725
注册地址	云南省曲靖市沾益县花山镇			邮政编码	655338
法人代表	李剑秋		董秘	李斌	
电话	0874-3068588		传真	0874-3064195	
主营业务	聚乙烯醇、电石、水泥				
总股本	11000.00	流通 A	3750.00	流通 B	流通 H
审计单位			审计意见	未审计	

主要财务指标

年度	2004.6	2003	2002
每股收益/扣除后(元)	-0.2171	0.0770	0.2810
每股经营现金流量(元)	-0.0240	-0.2970	0.1880
每股净资产/调整后(元)	2.9870	3.3820	3.2590
每股公积金(元)	1.5872	1.5776	1.5745
净资产收益率(%)	-6.5660	2.8700	8.2310
总资产(万元)	61534.19	59361.36	55363.68
股东权益(万元)	36465.77	38755.15	37642.77
未分配利润(万元)	1554.38	3948.76	3058.85
主营收入(万元)	10637.16	25292.62	24672.80
资本公积金(万元)	17458.93	17353.93	17319.22
主营利润(万元)	220.64	4787.68	6404.84
其他业务利润(万元)	109.19	366.15	-5.85
营业利润(万元)	-2527.14	760.37	2784.14
投资收益(万元)			
补贴收入(万元)	107.76	193.79	41.05
营业外收支(万元)	6.74	-11.20	0.13
利润总额(万元)	-2412.65	942.95	2883.25
净利润(万元)	-2394.39	1112.39	3147.11

十大股东

序号	股东名称	股份性质	持股数(万股)	比例(%)
1	云南云维集团有限公司	法人股	7250.00	65.91
2	韩锐	流通A股	15.69	0.14
3	周志勇	流通A股	15.00	0.14
4	官国阳	流通A股	13.27	0.12
5	赵国君	流通A股	10.84	0.10
6	王国权	流通A股	9.80	0.09
7	上海同丰城市建设有限公司	流通A股	9.13	0.08
8	田江海	流通A股	8.96	0.08
9	杨荣	流通A股	8.20	0.07
10	高桂海	流通A股	7.69	0.07

股东人数	2004.6	2003.12	2003.6	2002
	22097	20634	20658	23429

近年分配		近年配股/增发	

重大事项

公司于2004年4月27日召开的公司第三届董事会第十五次会议决定暂缓公司2002年配股工作,配股募集资金计划投资项目已投入的资金由公司自筹解,截止2004年6月30日,公司以银行贷款资金已投入7,743.83万元。

二〇〇三年以来市场表现

2003年涨跌幅(%)	-30.74
2003年最高(元)	12.45
2003年最低(元)	7.62
2003年换手率(%)	190.90
2004.06涨跌幅(%)	-26.93
2004.06最高(元)	9.78
2004.06最低(元)	5.35
2004.06换手率(%)	250.40

华电能源股份有限公司

公司概况

公司名称	华电能源股份有限公司				股票代码	600726	
注册地址	哈尔滨市香坊区高新技术开发区19号楼B座				邮政编码	150001	
法人代表	陈飞虎		董秘	梅君超			
电话	0451-82525998		传真	0451-82525878			
主营业务	电力生产、电厂检修						
总股本	112649.82	流通 A	19456.66	流通 B	43200.00	流通 H	
审计单位			审计意见	未审计			

主要财务指标

年度	2004.6	2003	2002
每股收益/扣除后(元)	0.0909	0.1700	0.1700
每股经营现金流量(元)	0.1910	0.3500	0.4500
每股净资产/调整后(元)	2.9100	2.8800	2.7000
每股公积金(元)	0.8601	0.8349	0.8348
净资产收益率(%)	3.1400	6.2200	8.2400
总资产(万元)	958447.75	477862.81	360528.59
股东权益(万元)	328364.44	322563.00	302475.00
未分配利润(万元)	90051.04	87596.12	70617.78
主营收入(万元)	140206.59	117357.85	112466.08
资本公积金(万元)	96439.55	93615.94	93603.39
主营利润(万元)	30422.19	28178.63	28727.27
其他业务利润(万元)	185.49	495.29	12.83
营业利润(万元)	16392.62	23578.05	23677.02
投资收益(万元)	-2042.51	653.76	5238.21
补贴收入(万元)	122.72		
营业外收支(万元)	-56.02	220.14	-0.09
利润总额(万元)	14416.81	24451.95	28923.99
净利润(万元)	10303.80	20075.05	24909.02

十大股东

序号	股东名称	股份性质	持股数(万股)	比例(%)
1	黑龙江省电力有限公司	境内法人股	38396.49	34.08
2	黑龙江华源电力开发公司	境内法人股	2956.59	2.62
3	黑龙江电力实业集团有限公司	境内法人股	2376.53	2.11
4	黑龙江省华富电力投资公司	境内法人股	1939.20	1.72
5	中国银行-海富通收益增长证券投资基金	流通A股	924.21	0.82
6	TOYO SECURITIES ASIA LTD. A/C CLIENT	流通B股	883.32	0.78
7	黑龙江省电力开发公司	境内法人股	851.40	0.76
8	龙电集团有限公司	境内法人股	797.44	0.71
9	中国电力投资有限公司	境内法人股	720.00	0.64
10	中国电力财务公司	境内法人股	681.12	0.60

股东人数	2004.6	2003.12	2003.6	2002
	119505	62316	135667	141279

近年分配		近年配股/增发	
	2004年7月20日10派0.70		

重大事项

黑龙江省电力有限公司于现在和可预见的将来均会是公司电力销售的唯一客户,公司于报告期内应从黑龙江省电力有限公司收取的售电收入为132,940万元,其中租赁主营业务收入为11,463万元。

二〇〇三年以来市场表现

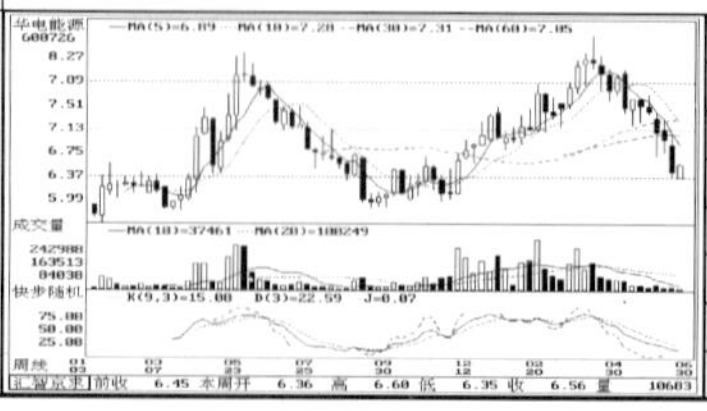

2003年涨跌幅(%)	19.73
2003年最高(元)	8.25
2003年最低(元)	5.51
2003年换手率(%)	184.14
2004.06涨跌幅(%)	-7.61
2004.06最高(元)	8.65
2004.06最低(元)	6.35
2004.06换手率(%)	137.22

山东鲁北化工股份有限公司

公司概况

公司名称	山东鲁北化工股份有限公司			股票代码	600727		
注册地址	山东省无棣县马山子镇			邮政编码	251907		
法人代表	冯久田			董秘	田玉新		
电话	0543-6451265			传真	0543-6451265		
主营业务	磷铵、硫酸、水泥						
总股本	37930.00	流通 A	15210.00	流通 B		流通 H	
审计单位				审计意见	未审计		

主要财务指标

年度	2004.6	2003	2002
每股收益/扣除后(元)	0.1178	0.1500	0.2500
每股经营现金流量(元)	0.3930	0.5400	0.4400
每股净资产/调整后(元)	6.1700	6.0200	5.8700
每股公积金(元)	2.5433	2.5433	2.5433
净资产收益率(%)	2.1700	2.6700	3.3800
总资产(万元)	332196.06	320272.56	326811.56
股东权益(万元)	234171.77	229096.67	222985.70
未分配利润(万元)	83286.46	78211.36	73017.05
主营收入(万元)	39818.22	51059.17	59671.14
资本公积金(万元)	96468.18	96468.18	96468.18
主营利润(万元)	3815.76	6612.41	14981.83
其他业务利润(万元)	128.10	55.76	5.97
营业利润(万元)	990.70	1439.73	5472.00
投资收益(万元)			
补贴收入(万元)	4376.37	5336.94	352.54
营业外收支(万元)		-104.49	1.11
利润总额(万元)	5367.07	6672.17	9448.58
净利润(万元)	5075.09	6110.95	7532.71

十大股东

序号	股东名称	股份性质	持股数(万股)	比例(%)
1	山东鲁北企业集团总公司	国有法人股	19016.11	50.13
2	山东建帮投资管理有限公司	境内法人股	1800.00	4.75
3	山东永道投资有限公司	境内法人股	1065.00	2.81
4	广州科源中小企业投资经营	境内法人股	173.81	0.46
5	中天恒投资管理有限公司	境内法人股	140.00	0.37
6	翔和控股有限公司	境内法人股	121.00	0.32
7	北京方程兴业投资有限公司	境内法人股	110.00	0.29
8	江阴市新理念经济信息有限公司	境内法人股	96.48	0.25
9	冯怡生	流通 A 股	79.90	0.21
10	上海新启投资有限公司	境内法人股	74.60	0.20

股东人数	2004.6	2003.12	2003.6	2002
	84895	90953	94298	98068

近年分配		近年配股/增发	

重大事项

2003 年 12 月 31 日，控股股东—山东鲁北企业集团总公司占用公司资金 18197840.39 元，截止 2003 年 6 月 30 日，集团总公司所占用公司资金已全部归还。截止 2004 年 6 月 30 日，山东鲁北企业集团总公司向本公司累计提供借款担保 485000000.00 元。

二〇〇三年以来市场表现

2003 年涨跌幅(%)	-16.20
2003 年最高(元)	9.19
2003 年最低(元)	6.39
2003 年换手率(%)	75.57
2004.06 涨跌幅(%)	-4.08
2004.06 最高(元)	8.14
2004.06 最低(元)	6.25
2004.06 换手率(%)	77.47

新太科技股份有限公司

公司概况

公司名称	新太科技股份有限公司			股票代码	600728		
注册地址	广州市天河高新技术产业开发区工业园建中路 51-53 号			邮政编码	510665		
法人代表	邓龙龙			董秘	潘福久		
电话	0411-85550260			传真	0411-85538988		
主营业务	计算机新产品开发						
总股本	20818.02	流通 A	8112.00	流通 B		流通 H	
审计单位				审计意见	未审计		

主要财务指标

年度	2004.6	2003	2002
每股收益/扣除后(元)	0.0241	0.0860	0.0960
每股经营现金流量(元)	-0.0770	-0.1580	0.2410
每股净资产/调整后(元)	3.9130	3.9910	3.9090
每股公积金(元)	2.2995	2.2995	2.2995
净资产收益率(%)	1.0500	2.6340	2.4460
总资产(万元)	123648.19	128379.47	120179.17
股东权益(万元)	83106.87	84313.62	82079.26
未分配利润(万元)	8072.92	7197.87	7392.13
主营收入(万元)	33110.25	72974.39	49612.76
资本公积金(万元)	47870.65	47870.65	47870.65
主营利润(万元)	8495.59	17552.39	15340.99
其他业务利润(万元)	116.08	76.64	1.71
营业利润(万元)	462.17	1952.08	2265.05
投资收益(万元)	-5.74	6.27	-210.61
补贴收入(万元)	449.68	523.92	-4.43
营业外收支(万元)	-5.47	-63.08	-1.07
利润总额(万元)	900.64	2419.18	2253.49
净利润(万元)	875.06	2220.63	2007.67

十大股东

序号	股东名称	股份性质	持股数(万股)	比例(%)
1	广州新太新技术研究设计有限公司	境内法人股	6224.59	29.90
2	辽宁省大连海洋渔业集团公司	国有法人股	5581.43	26.81
3	大连海洋渔业进出口公司	境内法人股	300.00	1.44
4	大连冷冻机股份有限公司	境内法人股	300.00	1.44
5	中国水产总公司	境内法人股	300.00	1.44
6	张毅	流通 A 股	60.60	0.29
7	刘秀玲	流通 A 股	36.65	0.18
8	萧梅	流通 A 股	24.54	0.12
9	苏琦凤	流通 A 股	21.00	0.10
10	兰春生	流通 A 股	16.80	0.08

股东人数	2004.6	2003.12	2003.6	2002
	33498	35196	37150	23362

近年分配	2004 年 6 月 21 日 10 派 1.00	近年配股/增发	

重大事项

本公司向控股子公司深圳市新太科技有限公司的银行短期借款 1600 万元提供担保，向控股子公司广州新太电子科技有限公司在商业银行的银行承兑业务 3000 万元的授信额度提供担保；报告期末公司对控股子公司担保总额为 4600 万元，占报告期末公司净资产的 5.54%。

二〇〇三年以来市场表现

2003 年涨跌幅(%)	-26.69
2003 年最高(元)	12.35
2003 年最低(元)	6.15
2003 年换手率(%)	330.18
2004.06 涨跌幅(%)	-2.42
2004.06 最高(元)	9.44
2004.06 最低(元)	6.32
2004.06 换手率(%)	190.45

重庆百货大楼股份有限公司

公司概况

公司名称	重庆百货大楼股份有限公司	股票代码	600729
注册地址	重庆市渝中区民权路2号	邮政编码	400010
法人代表	龚小力	董秘	张崑
电话	023-63843197	传真	023-63844212
主营业务	商业批发零售		
总股本	20400.00	流通A	5100.00
流通B		流通H	
审计单位		审计意见	未审计

主要财务指标

年度	2004.6	2003	2002
每股收益/扣除后(元)	0.2022	0.3100	0.3400
每股经营现金流量(元)	0.3580	0.8200	0.9800
每股净资产/调整后(元)	2.3900	2.2700	1.8700
每股公积金(元)	0.4566	0.4566	0.4566
净资产收益率(%)	8.2700	13.3600	15.0200
总资产(万元)	136503.59	144689.02	130050.73
股东权益(万元)	54150.72	52733.45	45690.62
未分配利润(万元)	12560.61	11143.33	5175.11
主营收入(万元)	163587.45	301054.56	308886.28
资本公积金(万元)	9313.70	9313.70	9313.70
主营利润(万元)	22647.30	40771.78	36489.25
其他业务利润(万元)	460.17	960.34	110.49
营业利润(万元)	5130.24	7677.35	8226.13
投资收益(万元)	284.22	737.64	96.58
补贴收入(万元)	72.73	42.72	–0.63
营业外收支(万元)	–66.18	48.99	–0.15
利润总额(万元)	5421.02	8506.71	8325.69
净利润(万元)	4477.28	7042.83	6861.28

十大股东

序号	股东名称	股份性质	持股数(万股)	比例(%)
1	重庆华贸国有资产经营有限公司	国家股、法人股	3706.00	18.17
2	重庆路桥股份有限公司	国家股、法人股	3502.00	17.17
3	重庆商业银行	境内法人股	816.00	4.00
4	重庆农行渝中区支行	境内法人股	340.00	1.67
5	重庆建行渝中区支行	境内法人股	340.00	1.67
6	重庆市银桥贸易服务公司	境内法人股	340.00	1.67
7	重庆登康口腔护理用品股份有限公司	境内法人股	297.50	1.46
8	西南证券有限责任公司	境内法人股	255.00	1.25
9	中国银行-嘉实服务增值行业证券投资基金	流通A股	246.70	1.21
10	重庆福瑞门科技发展有限公司	境内法人股	170.00	0.83

股东人数	2004.6	2003.12	2003.6	2002
	18346	16967	16696	14549

近年分配	近年配股/增发
2004年4月12日10派1.50	

重大事项

2004年1月19日，经向董事会报告，公司与重庆市金易房地产开发有限公司签订《商业用房租赁合同》，租赁其位于重庆市渝北区的"金易都会"13306平方米商业用房，租赁期限15年，用于创办重百渝北连锁商场，该合同目前正在履行中。

二〇〇三年以来市场表现

2003年涨跌幅(%)	–17.15
2003年最高(元)	9.89
2003年最低(元)	5.83
2003年换手率(%)	156.69
2004.06涨跌幅(%)	–6.71
2004.06最高(元)	8.81
2004.06最低(元)	6.32
2004.06换手率(%)	148.92

中国高科集团股份有限公司

公司概况

公司名称	中国高科集团股份有限公司	股票代码	600730
注册地址	上海市浦东新区金港路501号	邮政编码	200041
法人代表	方中华	董秘	曹琦
电话	021-52980008	传真	021-52980816
主营业务	生物制药		
总股本	17460.00	流通A	5460.00
流通B		流通H	
审计单位		审计意见	未审计

主要财务指标

年度	2004.6	2003	2002
每股收益/扣除后(元)	0.0355	0.1650	0.1390
每股经营现金流量(元)	–0.8080	1.2900	0.4600
每股净资产/调整后(元)	2.4900	2.4200	2.2300
每股公积金(元)	0.8047	0.8047	0.8043
净资产收益率(%)	2.8180	7.5000	7.7800
总资产(万元)	116549.90	127999.34	102140.76
股东权益(万元)	43618.16	42389.04	39201.76
未分配利润(万元)	5789.51	4560.38	2382.13
主营收入(万元)	141798.70	249289.64	202438.41
资本公积金(万元)	14049.90	14049.90	14042.78
主营利润(万元)	4584.50	10157.16	11538.88
其他业务利润(万元)	13.78	36.38	–7.60
营业利润(万元)	1085.17	3819.17	3516.61
投资收益(万元)	451.62	109.43	659.74
补贴收入(万元)	11.16	137.70	–2.12
营业外收支(万元)	–5.09	63.20	–0.06
利润总额(万元)	1542.86	4129.50	4252.73
净利润(万元)	1229.13	3180.16	3048.68

十大股东

序号	股东名称	股份性质	持股数(万股)	比例(%)
1	深圳市康隆科技发展有限公司	法人股	4930.00	28.24
2	复旦大学	法人股	900.00	5.15
3	成都创先科技开发有限公司	法人股	563.78	3.23
4	上海交大产业投资管理集团有限公司	法人股	510.00	2.92
5	同济大学	法人股	420.00	2.41
6	北京邮电大学	法人股	270.00	1.55
7	北京清华大学	法人股	240.00	1.37
8	北京大学	法人股	240.00	1.37
9	上海外国语大学	法人股	240.00	1.37
10	中国华云技术开发公司	法人股	240.00	1.37

股东人数	2004.6	2003.12	2003.6	2002
	29898	31167	32766	32558

近年分配	近年配股/增发
	2004年7月19日10转4

重大事项

经公司第三届董事会第30次会议审议同意，本公司下属子公司深圳市高科实业有限公司将其持有的深圳市华动飞天网络技术开发有限公司32%的股权，作价1700万元，转让给深圳市深港产学研创业投资有限公司，实现股权投资转让收益6,324,634.35元。

二〇〇三年以来市场表现

2003年涨跌幅(%)	–18.62
2003年最高(元)	13.26
2003年最低(元)	6.80
2003年换手率(%)	155.42
2004.06涨跌幅(%)	2.09
2004.06最高(元)	10.90
2004.06最低(元)	7.62
2004.06换手率(%)	108.81

湖南海利化工股份有限公司

公司概况							
公司名称	湖南海利化工股份有限公司			股票代码	600731		
注册地址	湖南省长沙市芙蓉中路二段 251 号			邮政编码	410007		
法人代表	王晓光			董秘	丁民		
电话	0731-5552484			传真	0731-5540475		
主营业务	农药、精细化工产品						
总股本	25631.41	流通 A	9703.60	流通 B		流通 H	
审计单位				审计意见	未审计		

主要财务指标 年度	2004.6	2003	2002
每股收益/扣除后(元)	0.0189	0.0590	0.1170
每股经营现金流量(元)	0.3530	0.2890	0.1200
每股净资产/调整后(元)	2.2300	2.1970	1.9000
每股公积金(元)	0.8856	0.8856	0.5768
净资产收益率(%)	0.8600	2.5700	6.0400
总资产(万元)	124670.69	122207.95	92446.66
股东权益(万元)	58948.41	58441.71	45495.87
未分配利润(万元)	7635.66	7128.97	5824.85
主营收入(万元)	24193.65	38817.16	34521.29
资本公积金(万元)	22699.29	22699.29	13492.76
主营利润(万元)	4484.21	8940.23	10192.48
其他业务利润(万元)	143.40	526.06	-10.59
营业利润(万元)	844.69	2290.76	3520.55
投资收益(万元)	54.81	-18.90	-26.44
补贴收入(万元)			
营业外收支(万元)	-28.10	-46.23	1.23
利润总额(万元)	871.40	2225.62	3418.96
净利润(万元)	506.69	1500.01	2746.22

十大股东 序号	股东名称	股份性质	持股数(万股)	比例(%)
1	湖南海利高新技术产业集团有限公司	国有法人股	11705.40	45.67
2	湖南化工研究院工会	社会法人股	556.57	2.17
3	湖南省化学化工学会科技服务部	社会法人股	472.68	1.84
4	长沙市科旺化工仪表成套设备公司	社会法人股	382.79	1.49
5	北京信泰珂科技发展中心	社会法人股	382.79	1.49
6	中信大榭开发公司	社会法人股	382.79	1.49
7	湖南金川阳光商贸有限公司	社会法人股	350.00	1.37
8	中国工商银行贵溪市支行	社会法人股	275.46	1.07
9	湖南省国际经贸发展公司	社会法人股	191.39	0.75
10	湖南省电力高新技术开发公司	社会法人股	191.39	0.75

股东人数	2004.6	2003.12	2003.6	2002
	37212	37821	38716	35940

近年分配		近年配股/增发	

重大事项

2004 年 5 月 27 日公司董事会会议和 2004 年 6 月 29 日公司 2004 年度第一次临时股东大会审议通过了关于《湖南海利化工股份有限公司与湖南亚华种业股份有限公司签署的交叉担保框架协议书》的议案。

二〇〇三年以来市场表现

2003 年涨跌幅(%)	-23.97
2003 年最高(元)	7.24
2003 年最低(元)	4.25
2003 年换手率(%)	131.66
2004.06 涨跌幅(%)	-10.41
2004.06 最高(元)	5.79
2004.06 最低(元)	4.01
2004.06 换手率(%)	105.72

上海新梅置业股份有限公司

公司概况							
公司名称	上海新梅置业股份有限公司			股票代码	600732		
注册地址	上海市浦东南路 3500 号			邮政编码	200070		
法人代表	张静静			董秘			
电话	021-51002068			传真	021-51005370		
主营业务	房地产						
总股本	24799.06	流通 A	8294.00	流通 B		流通 H	
审计单位	上海立信长江会计师事务所有限公司			审计意见	标准无保留		

主要财务指标 年度	2004.6	2003	2002
每股收益/扣除后(元)	0.0161	0.1520	0.0200
每股经营现金流量(元)	-0.6710	0.3600	0.1550
每股净资产/调整后(元)	1.5770	1.5611	1.3275
每股公积金(元)	0.4495	0.4495	0.4492
净资产收益率(%)	1.0100	10.5800	1.4200
总资产(万元)	132137.20	151598.14	113744.21
股东权益(万元)	39097.40	38703.77	34602.19
未分配利润(万元)	258.93	-134.70	-4135.71
主营收入(万元)	11014.79	94785.10	67899.25
资本公积金(万元)	11147.45	11147.45	11139.96
主营利润(万元)	3152.07	14686.19	7704.39
其他业务利润(万元)	28.97	293.24	-0.31
营业利润(万元)	1728.08	7071.20	1224.44
投资收益(万元)	-592.17	-199.49	-650.58
补贴收入(万元)			
营业外收支(万元)	-9.56	-50.97	2.68
利润总额(万元)	1126.36	6820.74	510.11
净利润(万元)	393.63	4094.09	492.05

十大股东 序号	股东名称	股份性质	持股数(万股)	比例(%)
1	上海兴盛实业发展(集团)	社会法人股	16505.06	66.56
2	彭平良	社会流通股	53.26	0.21
3	上海圣博投资管理有限公司	社会流通股	35.26	0.14
4	北京捷通投资咨询管理有限公司	社会流通股	21.65	0.09
5	叶国祥	社会流通股	16.73	0.07
6	蒋红	社会流通股	16.00	0.06
7	俞平国	社会流通股	15.00	0.06
8	杜鹃	社会流通股	15.00	0.06
9	冯楼凰	社会流通股	14.40	0.06
10	邢建勇	社会流通股	13.38	0.05

股东人数	2004.6	2003.12	2003.6	2002
	31928	32260	32010	29521

近年分配		近年配股/增发	

重大事项

2003 年 11 月 17 日，公司 2003 年第一次临时股东大会通过了公司重大资产出售与购买方案，截止 2003 年 12 月 30 日，该重大资产重组已基本完成，但仍有部分出售资产(包括负债)的过户手续持续至本报告期内。

二〇〇三年以来市场表现

2003 年涨跌幅(%)	-27.11
2003 年最高(元)	9.98
2003 年最低(元)	5.38
2003 年换手率(%)	160.32
2004.06 涨跌幅(%)	-16.87
2004.06 最高(元)	8.85
2004.06 最低(元)	5.28
2004.06 换手率(%)	163.63

成都前锋电子股份有限公司

公司概况

公司名称	成都前锋电子股份有限公司	股票代码	600733
注册地址	四川省成都市人民南路四段1号	邮政编码	610041
法人代表	杨晓斌	董秘	姜久富
电话	028-86316709,86316733-8882	传真	028-86316721
主营业务	电子仪器、通信系统		
总股本	19759.00	流通A	7560.00
流通B		流通H	
审计单位		审计意见	未审计

主要财务指标

年度	2004.6	2003	2002
每股收益/扣除后(元)	0.0158	-0.0005	-0.0168
每股经营现金流量(元)	-0.2170	-0.1361	0.0029
每股净资产/调整后(元)	1.3470	1.3201	1.3321
每股公积金(元)	0.3435	0.3435	0.3163
净资产收益率(%)	2.0380	1.3942	0.5378
总资产(万元)	82715.90	78552.95	68876.76
股东权益(万元)	27339.40	26782.37	26345.30
未分配利润(万元)	-1633.14	-1553.59	-265.49
主营收入(万元)	19002.73	26530.98	14231.90
资本公积金(万元)	6786.27	6786.27	6249.94
主营利润(万元)	4746.92	6363.37	4543.81
其他业务利润(万元)	80.83	208.68	-1.83
营业利润(万元)	-124.55	34.67	915.77
投资收益(万元)	274.90	-523.61	-320.25
补贴收入(万元)	5.97		
营业外收支(万元)	-1.91	-23.91	-0.04
利润总额(万元)	154.40	-512.85	591.77
净利润(万元)	557.03	373.40	141.69

十大股东

序号	股东名称	股份性质	持股数(万股)	比例(%)
1	四川新泰克数字设备有限责任公司	法人股	4500.00	22.77
2	成都市国有资产投资经营公司	国家股	3627.00	18.36
3	国投电子公司	法人股	837.00	4.24
4	东方电器集团财务公司	法人股	405.00	2.05
5	成都市龙泉金丰租赁服务中心	法人股	338.00	1.71
6	上海亿安科技发展有限公司	法人股	337.00	1.71
7	成都国光电气股份有限公司	法人股	283.50	1.43
8	成都市煤气总公司	法人股	270.00	1.37
9	北京浩鸿房地产开发有限公司	法人股	160.81	0.81
10	昆明燃气实业公司	法人股	135.00	0.68

股东人数

2004.6	2003.12	2003.6	2002
18942	17068	16931	17423

近年分配		近年配股/增发	

重大事项

公司于2004年6月25日与北京首创前锋信息科技有限公司签署了《股权转让协议》,将公司所持有的北京创锋金安信息技术有限公司12.50%的股权全部转让给首创前锋公司,转让金额为150万元(本公司原投资额为150万元)。

二〇〇三年以来市场表现

2003年涨跌幅(%)	-25.81
2003年最高(元)	10.13
2003年最低(元)	4.98
2003年换手率(%)	188.55
2004.06涨跌幅(%)	8.15
2004.06最高(元)	9.79
2004.06最低(元)	5.17
2004.06换手率(%)	214.00

福建实达电脑集团股份有限公司

公司概况

公司名称	福建实达电脑集团股份有限公司	股票代码	600734
注册地址	福州市经济技术开发区科技工业区A小区C号楼	邮政编码	350002
法人代表	明德平	董秘	吴波
电话	0591-83709680,83725878	传真	0591-83708128
主营业务	计算机外设产品,网络通讯产品		
总股本	35155.84	流通A	13273.21
流通B		流通H	
审计单位		审计意见	未审计

主要财务指标

年度	2004.6	2003	2002
每股收益/扣除后(元)	-0.1595	-0.2013	0.0221
每股经营现金流量(元)	-0.7820	-0.2235	0.2875
每股净资产/调整后(元)	1.4210	1.6618	1.6246
每股公积金(元)	0.5906	0.5906	0.5899
净资产收益率(%)	-14.9200	3.7539	3.4615
总资产(万元)	199191.17	214087.81	207120.47
股东权益(万元)	50994.45	60560.56	60656.36
未分配利润(万元)	-6571.25	1037.87	-250.70
主营收入(万元)	70115.17	229087.87	232497.70
资本公积金(万元)	20764.01	20764.01	20739.49
主营利润(万元)	8221.96	28831.71	37102.79
其他业务利润(万元)	434.16	1488.72	-42.37
营业利润(万元)	-8036.99	-7738.90	2304.47
投资收益(万元)	136.11	9508.47	910.51
补贴收入(万元)			
营业外收支(万元)	-2708.26	-299.14	-3.87
利润总额(万元)	-10609.14	1470.43	3092.44
净利润(万元)	-7609.13	2273.36	2099.61

十大股东

序号	股东名称	股份性质	持股数(万股)	比例(%)
1	福建计算机外部设备厂	国有法人股,境内法人股	5877.11	16.72
2	中国富莱德实业公司	国有法人股	5151.78	14.65
3	北京盛邦投资有限公司	境内法人股	5000.00	14.22
4	中国华润总公司	国有法人股	1320.00	3.75
5	福州开发区科技园建设发展总公司	国有法人股	1125.00	3.20
6	福建奔达投资有限公司	境内法人股	985.50	2.80
7	福建国际信托投资有限公司	国有法人股	752.19	2.14
8	福建实达电脑集团股份有限公司工会	境内法人股	462.01	1.31
9	福州闽融科技有限公司	国有法人股	415.60	1.18
10	福建兴业证券股份有限公司	境内法人股	180.68	0.51

股东人数

2004.6	2003.12	2003.6	2002
80993	81894	84786	83265

近年分配		近年配股/增发	

重大事项

公司参股公司福州保税区西方实业有限公司(占股份40%)于1999年因涉及走私被海关查处,在2003年3月28日福州市中级人民法院对该案件进行了一审判决,对福州保税区西方实业有限公司罚款1.09亿元人民币,福州保税区西方实业有限公司以其自有资产承担上述罚款,福州保税区西方实业有限公司不服该判决,已向福建省高级人民法院提起上诉,2004年3月25日福建省高级人民法院做出维持原判的终审判决。

二〇〇三年以来市场表现

2003年涨跌幅(%)	-34.56
2003年最高(元)	8.48
2003年最低(元)	4.21
2003年换手率(%)	177.27
2004.06涨跌幅(%)	2.47
2004.06最高(元)	7.10
2004.06最低(元)	4.40
2004.06换手率(%)	191.63

山东兰陵陈香酒业股份有限公司

公司概况

公司名称	山东兰陵陈香酒业股份有限公司	股票代码	600735
注册地址	山东省临沂市罗庄区双月路153号	邮政编码	276017
法人代表	张兴华	董秘	陈东辉
电话	0539-8258002	传真	0539-8258001
主营业务	饮料酒类生产和销售		
总股本	15481.29	流通A	8346.15
流通B		流通H	
审计单位		审计意见	未审计

主要财务指标

年度	2004.6	2003	2002
每股收益/扣除后(元)	-0.0579	-1.1600	-0.3900
每股经营现金流量(元)	-0.0550	-0.2100	0.0400
每股净资产/调整后(元)	0.3000	0.3600	1.5100
每股公积金(元)	0.5433	0.5433	0.5433
净资产收益率(%)	-17.8900	-306.7100	-25.2700
总资产(万元)	19850.44	20218.67	39684.07
股东权益(万元)	5020.36	5918.68	24071.60
未分配利润(万元)	-20756.50	-19858.19	-1705.26
主营收入(万元)	2802.83	11468.75	8631.34
资本公积金(万元)	8411.56	8411.56	8411.56
主营利润(万元)	18.66	895.37	2.05
其他业务利润(万元)	33.37	63.31	-0.15
营业利润(万元)	-896.97	-12982.46	-4223.38
投资收益(万元)		-5109.86	-1392.22
补贴收入(万元)			
营业外收支(万元)	-1.34	-60.61	0.70
利润总额(万元)	-898.31	-18152.93	-6082.10
净利润(万元)	-898.31	-18152.93	-6082.10

十大股东

序号	股东名称	股份性质	持股数(万股)	比例(%)
1	临沂市财政局	国家股	7135.14	46.09
2	徐再亮	流通A股	38.54	0.25
3	马丽	流通A股	32.01	0.21
4	孙玉珍	流通A股	29.49	0.19
5	车吉悦	流通A股	24.90	0.16
6	景涛	流通A股	22.29	0.14
7	宋峰	流通A股	22.10	0.14
8	曹刚	流通A股	22.03	0.14
9	张洪义	流通A股	20.51	0.13
10	陈施结	流通A股	20.42	0.13

股东人数	2004.6	2003.12	2003.6	2002
	19240	13887	19456	20043

近年分配		近年配股/增发	

重大事项

2004年5月20日，公司六届二十次董事会审通过了《关于聘请公司2004年度财务审计会计师事务所的议案》：公司为降低管理费用，并便于工作联系和沟通，公司拟不再续聘大信会计师事务所为公司2004年度财务报告审计，公司拟聘山东天恒信有限责任会计师事务所为本公司2004年度财务报告进行审计。

二〇〇三年以来市场表现

2003年涨跌幅(%)	-17.20
2003年最高(元)	8.46
2003年最低(元)	5.10
2003年换手率(%)	459.93
2004.06涨跌幅(%)	-51.58
2004.06最高(元)	6.75
2004.06最低(元)	2.54
2004.06换手率(%)	388.94

苏州新区高新技术产业股份有限公司

公司概况

公司名称	苏州新区高新技术产业股份有限公司	股票代码	600736
注册地址	江苏省苏州市新区运河路8号	邮政编码	215011
法人代表	纪向群	董秘	缪凯
电话	0512-68096283	传真	0512-8099281
主营业务	高新技术产品的投资		
总股本	45747.00	流通A	15093.00
流通B		流通H	
审计单位		审计意见	未审计

主要财务指标

年度	2004.6	2003	2002
每股收益/扣除后(元)	0.1152	0.2010	0.2020
每股经营现金流量(元)	-1.9470	-0.3990	1.1300
每股净资产/调整后(元)	3.2160	3.2170	2.9230
每股公积金(元)	1.2726	1.2726	1.2722
净资产收益率(%)	3.6400	7.1500	6.6700
总资产(万元)	465975.12	345402.53	254392.94
股东权益(万元)	152069.59	152030.59	141147.09
未分配利润(万元)	27869.83	27830.82	19934.74
主营收入(万元)	74482.20	81318.44	77433.06
资本公积金(万元)	58216.85	58216.85	58201.29
主营利润(万元)	155573.00	27254.58	23220.51
其他业务利润(万元)	123.84	278.30	-1.50
营业利润(万元)	9695.85	18729.49	15493.23
投资收益(万元)	-88.35	46.58	350.82
补贴收入(万元)		72.16	1.11
营业外收支(万元)	-2.39	59.76	-0.41
利润总额(万元)	9605.11	18907.99	15916.95
净利润(万元)	5528.64	10868.43	9408.08

十大股东

序号	股东名称	股份性质	持股数(万股)	比例(%)
1	苏州高新区经济发展集团	国有股	22230.00	48.59
2	中信兴业信托	法人股	2592.00	5.67
3	苏州新城花园酒店	法人股	1539.00	3.36
4	苏州乐星工商实业	法人股	1017.00	2.22
5	上海天迪科技	法人股	700.00	1.53
6	上海证大投资	法人股	473.76	1.04
7	江苏高新风险投资	法人股	450.00	0.98
8	江苏鑫苏投资	法人股	420.00	0.92
9	苏州创元集团	法人股	292.24	0.64
10	上海普发贸易	法人股	200.00	0.44

股东人数	2004.6	2003.12	2003.6	2002
	96270	101624	105879	107894

近年分配	2004年6月4日10派1.20	近年配股/增发	

重大事项

2004年4月27日召开的2003年度股东年会审议通过：以2003年末公司总股本45747万股计算，按每10股派发现金1.2元(含税)，每股税前现金红利金额0.12元，对于流通股个人股东，公司按20%的税率代扣个人所得税后，实际派发现金红利为每股0.096元；对于流通股机构投资者及法人股股东，实际派发现金红利为每股0.12元。

二〇〇三年以来市场表现

2003年涨跌幅(%)	-15.40
2003年最高(元)	8.01
2003年最低(元)	5.43
2003年换手率(%)	52.64
2004.06涨跌幅(%)	1.39
2004.06最高(元)	8.23
2004.06最低(元)	5.74
2004.06换手率(%)	100.22

新疆屯河投资股份有限公司

公司概况

公司名称	新疆屯河投资股份有限公司			股票代码	600737		
注册地址	新疆昌吉市河滩北路 8 号			邮政编码	831100		
法人代表	何贵品			董秘	金涛		
电话	0994-2350079			传真	0994-2337689		
主营业务	水泥、番茄酱						
总股本	80560.42	流通 A	40628.50	流通 B		流通 H	
审计单位	深圳鹏城会计师事务所			审计意见	保留意见		

主要财务指标

年度	2004.6	2003	2002
每股收益 / 扣除后(元)	-0.0349	0.0800	0.1900
每股经营现金流量(元)	-0.0850	0.3400	0.8500
每股净资产 / 调整后(元)	0.4700	1.3800	1.7200
每股公积金(元)	0.0456	0.0501	0.2216
净资产收益率(%)	-165.0900	10.6700	11.1500
总资产(万元)	342244.06	380506.56	632021.87
股东权益(万元)	40100.24	111648.13	100999.49
未分配利润(万元)	-55104.88	15085.83	19941.38
主营收入(万元)	45407.82	217379.97	194351.73
资本公积金(万元)	3674.51	4034.13	12748.81
主营利润(万元)	12515.28	78550.51	72138.22
其他业务利润(万元)	513.33	4039.87	-223.53
营业利润(万元)	-24602.80	5357.54	7613.65
投资收益(万元)	-40500.39	9824.87	4991.92
补贴收入(万元)	284.67	407.13	4.39
营业外收支(万元)	-1440.82	-132.86	17.40
利润总额(万元)	-66259.35	15456.67	17347.39
净利润(万元)	-66200.47	11926.10	11262.99

十大股东

序号	股东名称	股份性质	持股数(万股)	比例(%)
1	新疆屯河集团有限责任公司	境内法人股	12205.87	15.15
2	新疆八一钢铁集团有限责任公司	境内法人股	6114.53	7.59
3	新疆三维投资有限责任公司	境内法人股	5964.00	7.40
4	新疆德隆(集团)有限责任公司	境内法人股	5924.02	7.35
5	上海创基投资发展有限公司	境内法人股	5880.00	7.30
6	新疆维吾尔自治区石油管理局	境内法人股	3843.50	4.77
7	中富证券有限责任公司	流通 A 股	591.30	0.73
8	张浩洋	流通 A 股	158.43	0.20
9	夏媛媛	流通 A 股	132.66	0.16
10	王兰英	流通 A 股	77.83	0.10

股东人数	2004.6	2003.12	2003.6	2002
	68560	6519	5424	4724

近年分配		近年配股 / 增发	

重大事项

由于公司用大额存单质押方式为新疆生命红科技投资开发有限公司借款承担了 19000 万元担保责任。为此公司向新疆维吾尔自治区高级人民法院提出诉讼，新疆维吾尔自治区高级人民法院已经受理，于 2004 年 6 月 18 日、26 日下达了《民事裁定书》。

二○○三年以来市场表现

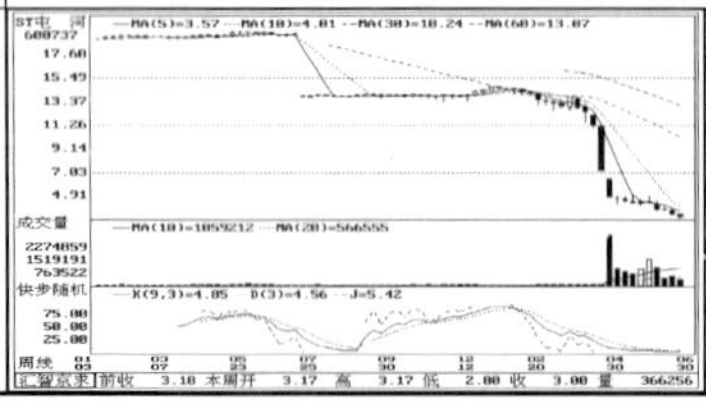

2003 年涨跌幅(%)	8.76
2003 年最高(元)	14.64
2003 年最低(元)	13.30
2003 年换手率(%)	67.50
2004.06 涨跌幅(%)	-79.48
2004.06 最高(元)	14.67
2004.06 最低(元)	2.80
2004.06 换手率(%)	282.61

兰州民百(集团)股份有限公司

公司概况

公司名称	兰州民百(集团)股份有限公司			股票代码	600738		
注册地址	兰州市中山路 368 号			邮政编码	730030		
法人代表	张宏			董秘	李鑫		
电话	0931-8435839			传真	0931-8473891		
主营业务	商品零售,批发业务						
总股本	23439.71	流通 A	13125.60	流通 B		流通 H	
审计单位				审计意见	未审计		

主要财务指标

年度	2004.6	2003	2002
每股收益 / 扣除后(元)	0.0245	-0.1400	-0.2840
每股经营现金流量(元)	0.1700	0.3100	0.1070
每股净资产 / 调整后(元)	1.0400	1.0200	1.0000
每股公积金(元)	0.4398	0.4398	0.4398
净资产收益率(%)	2.3200	0.7900	-26.9100
总资产(万元)	78837.05	83924.99	92620.56
股东权益(万元)	24486.53	23921.54	23732.23
未分配利润(万元)	-10990.93	-11558.28	-11747.40
主营收入(万元)	20966.88	47958.55	50727.93
资本公积金(万元)	10308.96	10308.96	10308.96
主营利润(万元)	4723.78	8427.32	7235.09
其他业务利润(万元)	1413.47	2993.66	-59.49
营业利润(万元)	555.26	-3145.14	-5646.96
投资收益(万元)	17.39	112.66	-1721.57
补贴收入(万元)		3300.00	-14.41
营业外收支(万元)	-7.05	-108.84	-0.30
利润总额(万元)	565.61	158.68	-6391.97
净利润(万元)	567.35	189.31	-6385.86

十大股东

序号	股东名称	股份性质	持股数(万股)	比例(%)
1	红楼集团有限公司	境内法人股	6738.92	28.75
2	兰州民百佛慈集团有限公司	国家股	1171.88	5.00
3	榆中县大象土地综合开发有限公司	境内法人股	637.08	2.72
4	甘肃省世安电子监控有限公司	境内法人股	299.52	1.28
5	东方证券有限责任公司	流通 A 股	293.97	1.25
6	兰州市城市建设综合开发中心	境内法人股	230.63	0.98
7	荆门市投资公司	境内法人股	224.68	0.96
8	兰州市商业银行金汇支行	境内法人股	104.83	0.45
9	上海中学生报社	境内法人股	100.00	0.43
10	兰州信通公司	境内法人股	93.60	0.40

股东人数	2004.6	2003.12	2003.6	2002
	24349	25275	29108	31963

近年分配		近年配股 / 增发	

重大事项

004 年 2 月 7 日，经公司第四届董事会第一次会议审议，通过了出让下属子公司兰州民百艺族家居有限公司股权的议案。兰州民百艺族家居有限公司(以下简称"艺族家居")成立于 2002 年 8 月，注册资本为人民币 200 万元。

二○○三年以来市场表现

2003 年涨跌幅(%)	-35.17
2003 年最高(元)	6.44
2003 年最低(元)	3.10
2003 年换手率(%)	514.91
2004.06 涨跌幅(%)	-4.24
2004.06 最高(元)	4.54
2004.06 最低(元)	3.03
2004.06 换手率(%)	162.38

辽宁成大股份有限公司

公司概况

公司名称	辽宁成大股份有限公司	股票代码	600739
注册地址	大连市人民路 71 号	邮政编码	116001
法人代表	尚书志	董秘	于占洋
电话	0411-82512731	传真	0411-82691187
主营业务	棉针织品、毛针织品		
总股本	49844.81	流通 A	22888.01
流通 B		流通 H	
审计单位		审计意见	未审计

主要财务指标

年度	2004.6	2003	2002
每股收益 / 扣除后(元)	0.0670	0.0980	0.2400
每股经营现金流量(元)	0.3970	0.0400	0.4400
每股净资产 / 调整后(元)	4.0900	3.9000	3.3400
每股公积金(元)	1.1216	1.1216	0.4749
净资产收益率(%)	3.0900	3.1300	6.7700
总资产(万元)	242199.28	235811.12	183517.27
股东权益(万元)	115482.22	111955.09	87192.34
未分配利润(万元)	12689.49	9123.68	7236.53
主营收入(万元)	153111.75	281168.50	218889.52
资本公积金(万元)	31058.84	31058.84	11756.20
主营利润(万元)	13180.91	25536.78	22389.86
其他业务利润(万元)	822.55	1435.63	-174.73
营业利润(万元)	3515.39	5218.99	5333.68
投资收益(万元)	1592.28	257.12	739.36
补贴收入(万元)	4.90		
营业外收支(万元)	-30.53	-189.31	-0.63
利润总额(万元)	5082.04	5286.80	6943.50
净利润(万元)	3565.82	3504.42	5903.27

十大股东

序号	股东名称	股份性质	持股数(万股)	比例(%)
1	辽宁成大集团有限公司	国有法人股	5137.63	10.31
2	广发证券股份有限公司工会	境内法人股	4682.88	9.39
3	大连利方投资有限公司	境内法人股	2549.91	5.12
4	福建省闽发证券股份有限公司	流通 A 股	780.36	1.57
5	中国平安保险大连分公司	境内法人股	748.80	1.50
6	辽宁万恒投资有限公司	境内法人股	557.57	1.12
7	大连三霖投资管理有限公司	境内法人股	495.36	0.99
8	华盛服饰	流通 A 股	433.67	0.87
9	沈阳华岳纺织集团锦旗纺织有限公司	境内法人股	187.20	0.38
10	厦门博融典当有限责任公司	流通 A 股	158.94	0.32

股东人数	2004.6	2003.12	2003.6	2002
	24643	12331	13391	15141

近年分配	2004 年 7 月 13 日 10 派 1.00	近年配股 / 增发	2004 年 7 月 13 日 10 转 8

重大事项

公司第四届董事会第九次会议于 2004 年 4 月 14 日召开，会议审议通过了"关于调整部分高管人员任职的议案"，接受赵长明先生辞去公司副总裁职务，罗启库先生辞去公司董事会秘书职务的请求，聘任曹靖筠先生为公司副总裁，聘任于占洋先生为公司董事会秘书。

二○○三年以来市场表现

2003 年涨跌幅(%)	-20.11
2003 年最高(元)	15.02
2003 年最低(元)	10.98
2003 年换手率(%)	22.87
2004.06 涨跌幅(%)	-45.87
2004.06 最高(元)	12.68
2004.06 最低(元)	6.14
2004.06 换手率(%)	97.72

山西焦化股份有限公司

公司概况

公司名称	山西焦化股份有限公司	股票代码	600740
注册地址	山西省洪洞县广胜寺镇	邮政编码	041606
法人代表	潘得国	董秘	李峰
电话	0357-6626012	传真	0357-6625045
主营业务	焦炭及其相关化工		
总股本	20285.00	流通 A	8450.00
流通 B		流通 H	
审计单位		审计意见	未审计

主要财务指标

年度	2004.6	2003	2002
每股收益 / 扣除后(元)	0.5811	0.4800	0.2300
每股经营现金流量(元)	0.0810	0.0080	2.1620
每股净资产 / 调整后(元)	3.9600	3.8100	3.4000
每股公积金(元)	1.5030	1.5030	1.5001
净资产收益率(%)	13.4200	11.5500	6.4100
总资产(万元)	230250.47	218744.55	202422.27
股东权益(万元)	85878.02	82465.61	72886.66
未分配利润(万元)	24003.43	12477.02	13736.06
主营收入(万元)	80219.37	144470.09	94902.36
资本公积金(万元)	30487.58	30487.58	30429.41
主营利润(万元)	19907.15	44736.42	32528.67
其他业务利润(万元)	218.17	138.39	-0.15
营业利润(万元)	10216.10	17044.18	8534.92
投资收益(万元)	260.29	1101.89	-760.67
补贴收入(万元)			
营业外收支(万元)	-597.01	-631.53	-4.18
利润总额(万元)	9879.37	17514.53	7521.78
净利润(万元)	11526.41	9520.78	4670.87

十大股东

序号	股东名称	股份性质	持股数(万股)	比例(%)
1	山西焦化集团有限公司	国有法人股	11835.00	58.34
2	博时价值增长证券投资基金	流通 A 股	716.87	3.53
3	中国建设银行-华宝兴业多策略增长证券投资基金	流通 A 股	426.90	2.10
4	景福证券投资基金	流通 A 股	238.31	1.17
5	裕隆证券投资基金	流通 A 股	200.00	0.99
6	华夏成长证券投资基金	流通 A 股	199.99	0.99
7	交通银行-汉兴证券投资基金	流通 A 股	178.13	0.88
8	东方证券有限责任公司	流通 A 股	162.22	0.80
9	全国社保基金一零八组合	流通 A 股	144.41	0.71
10	全国社保基金一零七组合	流通 A 股	100.01	0.49

股东人数	2004.6	2003.12	2003.6	2002
	25334	33920	39176	47488

近年分配	2004 年 5 月 24 日 10 派 4.00	近年配股 / 增发	

重大事项

2004 年 4 月 14 日，公司按照中国证监会证监发(2003)56 号《关于规范上市公司与关联方资金往来及上市公司对外担保若干问题的通知》等要求修改了《公司章程》。

二○○三年以来市场表现

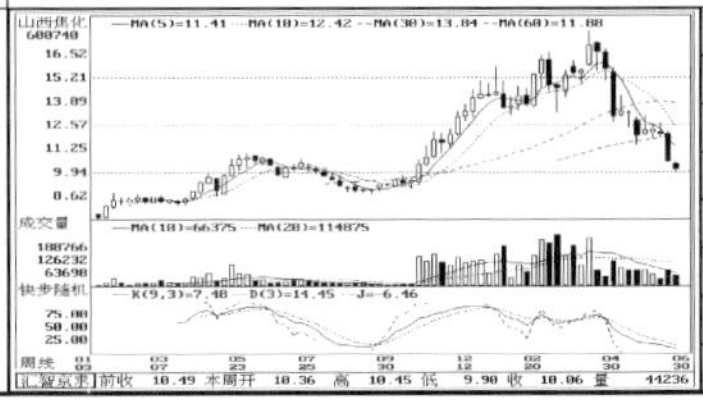

2003 年涨跌幅(%)	94.81
2003 年最高(元)	14.57
2003 年最低(元)	6.90
2003 年换手率(%)	231.40
2004.06 涨跌幅(%)	-27.57
2004.06 最高(元)	17.44
2004.06 最低(元)	9.90
2004.06 换手率(%)	330.33

上海巴士实业(集团)股份有限公司

公司概况

公司名称	上海巴士实业(集团)股份有限公司	股票代码	600741
注册地址	上海市浦东南路 500 号	邮政编码	200020
法人代表	洪任初	董秘	王国军
电话	021-63848484	传真	021-63863118
主营业务	承担市区交通客运		
审计单位		审计意见	未审计

总股本	流通 A	流通 B	流通 H
72611.56	33600.00		

主要财务指标

年度	2004.6	2003	2002
每股收益 / 扣除后(元)	0.1064	0.0900	0.2400
每股经营现金流量(元)	0.5460	1.0300	0.9400
每股净资产 / 调整后(元)	2.1300	2.0300	1.9600
每股公积金(元)	0.5872	0.5862	0.5850
净资产收益率(%)	4.7800	5.1100	11.5300
总资产(万元)	560648.19	551472.56	448478.56
股东权益(万元)	169951.16	161744.37	153395.20
未分配利润(万元)	13535.82	5407.98	2204.21
主营收入(万元)	179009.25	315542.87	294721.94
资本公积金(万元)	42640.49	42561.53	42477.88
主营利润(万元)	45250.98	69559.70	80146.42
其他业务利润(万元)	5618.96	11095.03	-154.72
营业利润(万元)	10883.85	11896.17	21535.57
投资收益(万元)	2112.30	3081.29	2965.83
补贴收入(万元)	172.48	839.18	-11.58
营业外收支(万元)	268.73	641.11	23.99
利润总额(万元)	13437.34	16457.74	25848.22
净利润(万元)	8127.84	8265.51	17687.70

十大股东

序号	股东名称	股份性质	持股数(万股)	比例(%)
1	中国银行-嘉实服务增值行业证券投资基金	流通 A 股	976.57	1.34
2	裕阳证券投资基金	流通 A 股	640.69	0.88
3	华泰证券有限责任公司	流通 A 股	434.32	0.60
4	中国建设银行-华宝兴业多策略增长证券投资基金	流通 A 股	387.21	0.53
5	中国工商银行-国联安德盛小盘精选证券投资基金	流通 A 股	306.86	0.42
6	银丰证券投资基金	流通 A 股	278.73	0.38
7	金鑫证券投资基金	流通 A 股	271.77	0.37
8	兴业证券股份有限公司	流通 A 股	244.82	0.34
9	大成价值增长证券投资基金	流通 A 股	182.85	0.25
10	白雪	流通 A 股	127.01	0.17

股东人数	2004.6	2003.12	2003.6	2002
	116276	131648	135573	128879

近年分配	2004 年 7 月 26 日 10 派 0.50	近年配股 / 增发	

重大事项

公司于 2004 年 6 月 10 日召开的 2003 年度股东大会审议通过了公司 2003 年度利润分配方案：以现有总股本 72,611.56 万股为基数，向全体股东每 10 股派发现金红利 0.50 元(含税)，2003 年度不以资本公积金转增股本。

二〇〇三年以来市场表现

2003 年涨跌幅(%)	-19.74
2003 年最高(元)	6.28
2003 年最低(元)	4.14
2003 年换手率(%)	102.48
2004.06 涨跌幅(%)	8.12
2004.06 最高(元)	5.76
2004.06 最低(元)	4.30
2004.06 换手率(%)	70.11

长春一汽四环汽车股份有限公司

公司概况

公司名称	长春一汽四环汽车股份有限公司	股票代码	600742
注册地址	吉林省长春市普阳街 99 号	邮政编码	130011
法人代表	滕铁骑	董秘	范希军
电话	0431-7629115	传真	0431-7629113
主营业务	汽车改装		
审计单位	中磊会计师事务所	审计意见	标准无保留

总股本	流通 A	流通 B	流通 H
21152.34	10319.40		

主要财务指标

年度	2004.6	2003	2002
每股收益 / 扣除后(元)	0.1220	0.2300	0.0679
每股经营现金流量(元)	-0.0880	0.2900	1.2900
每股净资产 / 调整后(元)	5.6900	5.6300	5.3500
每股公积金(元)	2.5641	2.5641	2.4504
净资产收益率(%)	2.1000	3.4400	12.2200
总资产(万元)	217785.52	193703.86	191265.17
股东权益(万元)	123258.53	122095.00	116491.89
未分配利润(万元)	22412.54	21249.01	18627.01
主营收入(万元)	204678.11	323591.72	324089.53
资本公积金(万元)	54237.65	54237.65	51832.37
主营利润(万元)	10852.03	22291.22	35112.88
其他业务利润(万元)	758.17	1616.34	-39.64
营业利润(万元)	2944.52	4152.72	18074.71
投资收益(万元)	40.62	334.64	1138.68
补贴收入(万元)			
营业外收支(万元)	17.23	-568.61	-3.20
利润总额(万元)	3002.36	3918.75	19051.49
净利润(万元)	2582.90	4202.69	14238.54

十大股东

序号	股东名称	股份性质	持股数(万股)	比例(%)
1	中国第一汽车集团公司	国有法人股	6677.64	31.57
2	长春一汽四环集团有限公司	境内法人股	2551.50	12.06
3	国投机轻工有限公司	境内法人股	405.00	1.91
4	长春汽车研究所中实改装车厂	境内法人股	243.00	1.15
5	泰阳证券有限责任公司	流通 A 股	194.68	0.92
6	一汽四环热电安装公司	境内法人股	162.00	0.77
7	长春汽车研究所科技咨询公司	境内法人股	135.00	0.64
8	一汽四环化钢圈厂	境内法人股	121.50	0.57
9	一汽四环化油器滤清器厂	境内法人股	54.00	0.26
10	一汽大连客四厂汽车配件商店	境内法人股	48.60	0.23

股东人数	2004.6	2003.12	2003.6	2002
	43511	43157	36742	33765

近年分配	2004 年 6 月 30 日 10 派 0.50	近年配股 / 增发	

重大事项

司持股 50% 的长春富奥—江森自控汽车饰件系统有限公司以 137,235,800 元的价格受让了天津一汽夏利汽车股份有限公司持有天津华丰汽车饰件有限公司 48% 的股权。

二〇〇三年以来市场表现

2003 年涨跌幅(%)	-42.55
2003 年最高(元)	14.52
2003 年最低(元)	6.05
2003 年换手率(%)	330.56
2004.06 涨跌幅(%)	-11.37
2004.06 最高(元)	9.10
2004.06 最低(元)	6.01
2004.06 换手率(%)	163.69

湖北幸福实业股份有限公司

公司概况

公司名称	湖北幸福实业股份有限公司			股票代码	600743
注册地址	湖北省潜江市张金镇幸福北路一号			邮政编码	433140
法人代表	时钢	董秘	李军		
电话	0728-6641566	传真	0728-6641566		
主营业务	铝合金制品的生产销售				
总股本	31280.00	流通 A	7820.00	流通 B	流通 H
审计单位		审计意见	未审计		

主要财务指标

年度	2004.6	2003	2002
每股收益/扣除后(元)	0.0038	0.0047	0.0016
每股经营现金流量(元)	0.0070	–0.0021	0.0039
每股净资产/调整后(元)	0.0230	0.0242	–0.014
每股公积金(元)	0.5925	0.5925	0.5829
净资产收益率(%)	14.0500	4.5300	–11.6800
总资产(万元)	22603.67	22312.73	23455.00
股东权益(万元)	853.72	894.72	–429.00
未分配利润(万元)	–49207.63	–49327.58	–50431.00
主营收入(万元)	13707.32	27424.07	
资本公积金(万元)	18533.56	18533.56	18234.00
主营利润(万元)	407.52	972.90	
其他业务利润(万元)	12.74	133.59	–0.29
营业利润(万元)	2.77	128.20	140.42
投资收益(万元)		17.50	
补贴收入(万元)			
营业外收支(万元)	–0.23	4.60	–0.03
利润总额(万元)	2.54	150.30	134.84
净利润(万元)	119.95	168.54	50.07

十大股东

序号	股东名称	股份性质	持股数(万股)	比例(%)
1	名流投资集团有限公司	境内法人股	6000.00	19.18
2	国泰君安证券股份有限公司	境内法人股	3528.40	11.28
3	北京宣福房地产开发有限责任公司	境内法人股	3300.00	10.55
4	潜江市农村信用合作联社	境内法人股	2826.62	9.04
5	上海华鸣投资管理有限公司	境内法人股	1376.10	4.40
6	中化国际信息公司	境内法人股	1280.00	4.09
7	北京新财基业投资顾问有限公司	境内法人股	800.00	2.56
8	青岛中金信投资发展有限公司	境内法人股	562.60	1.80
9	上海城市房地产有限公司	境内法人股	531.40	1.70
10	中国科技国际信托投资有限公司	境内法人股	500.00	1.60

股东人数	2004.6	2003.12	2003.6	2002
	29171	27203	26571	33696

近年分配		近年配股/增发	

重大事项

2004年1月12日，最高人民法院以(2003)民二监字第135号驳回了公司因不服最高人民法院对电力公司、铝材厂和公司与中国农业银行潜江市支行借款担保合同纠纷一案的终审判决而提出的再审申请。随后，湖北省高级人民法院下达执行通知书，要求公司、电力公司、铝材厂履行最高人民法院(2002)民二终字第117号民事判决书。

二〇〇三年以来市场表现

2003年涨跌幅(%)	–18.08
2003年最高(元)	5.42
2003年最低(元)	2.86
2003年换手率(%)	514.70
2004.06涨跌幅(%)	–11.71
2004.06最高(元)	4.10
2004.06最低(元)	2.57
2004.06换手率(%)	280.49

湖南华银电力股份有限公司

公司概况

公司名称	湖南华银电力股份有限公司			股票代码	600744
注册地址	湖南省长沙市芙蓉南路308号			邮政编码	410007
法人代表	刘顺达	董秘	罗赤橙		
电话	0731-5388088,5388028	传真	0731-5510188		
主营业务	电力生产和销售				
总股本	71164.80	流通 A	28828.80	流通 B	流通 H
审计单位		审计意见	未审计		

主要财务指标

年度	2004.6	2003	2002
每股收益/扣除后(元)	0.0551	0.0280	0.0036
每股经营现金流量(元)	0.1700	0.0820	0.4280
每股净资产/调整后(元)	4.0440	4.0130	4.0070
每股公积金(元)	2.5137	2.5140	2.5377
净资产收益率(%)	1.3400	0.7100	0.1300
总资产(万元)	663391.75	593371.75	528501.44
股东权益(万元)	290056.84	287978.47	287660.97
未分配利润(万元)	27423.26	23545.75	23614.70
主营收入(万元)	96692.22	139832.27	100330.46
资本公积金(万元)	178885.55	178905.55	180597.55
主营利润(万元)	12178.13	11809.33	8095.96
其他业务利润(万元)	188.57	114.75	–0.51
营业利润(万元)	5131.22	2023.13	–931.33
投资收益(万元)		404.72	1670.68
补贴收入(万元)			
营业外收支(万元)	–51.00	–246.78	–0.55
利润总额(万元)	5080.21	2181.07	694.49
净利润(万元)	3877.51	2032.98	386.04

十大股东

序号	股东名称	股份性质	持股数(万股)	比例(%)
1	湖南省电力公司	国有法人股	30985.50	43.54
2	工行湖南省信托投资公司	境内法人股	3951.27	5.55
3	长沙宏达科技发展有限公司	境内法人股	2634.18	3.70
4	湖南省银宏实业发展总公司	境内法人股	1364.69	1.92
5	中国湖南国际经济技术合作煤炭公司	境内法人股	1317.09	1.85
6	中国信电力开发有限责任公司	境内法人股	1282.18	1.80
7	普丰证券投资基金	流通A股	582.02	0.82
8	上海东方众鑫科工贸有限公司	境内法人股	500.00	0.70
9	华宝信托投资有限责任公司	流通A股	207.52	0.29
10	福建新大陆电脑股份有限公司	境内法人股	200.00	0.28

股东人数	2004.6	2003.12	2003.6	2002
	158840	170424	172199	174536

近年分配	2004年6月16日10派0.25	近年配股/增发	

重大事项

于国家电力体制改革，经国务院批准，公司第一大股东湖南省电力公司已将所持我公司股份309855045股法人股(占我公司总股本的43.54%)划转给中国大唐集团公司持有。目前，股权过户的有关手续正在办理之中。

二〇〇三年以来市场表现

2003年涨跌幅(%)	5.50
2003年最高(元)	6.82
2003年最低(元)	4.22
2003年换手率(%)	129.07
2004.06涨跌幅(%)	–4.37
2004.06最高(元)	7.51
2004.06最低(元)	5.43
2004.06换手率(%)	144.84

湖北天华股份有限公司

公司概况

公司名称	湖北天华股份有限公司			股票代码	600745
注册地址	湖北省黄石市团城山6号小区			邮政编码	435000
法人代表	祁英杰		董秘	吴年有	
电话	0714-6267825		传真	0714-6284707	
主营业务	纱、面料、T恤衫				
总股本	12174.49	流通A	4675.94	流通B	流通H
审计单位			审计意见	未审计	

主要财务指标

年度	2004.6	2003	2002
每股收益/扣除后(元)	0.0157	0.0300	0.0200
每股经营现金流量(元)	0.1230	-0.1500	0.1300
每股净资产/调整后(元)	0.5000	0.3100	0.2600
每股公积金(元)	2.3139	2.3139	2.3139
净资产收益率(%)	0.3900	1.0500	2.1200
总资产(万元)	37366.67	36916.89	36487.86
股东权益(万元)	12774.36	13200.71	14753.33
未分配利润(万元)	-22623.39	-22674.22	-22813.07
主营收入(万元)	6016.04	15548.13	5656.07
资本公积金(万元)	28170.27	28170.27	28170.27
主营利润(万元)	998.41	1556.34	1771.00
其他业务利润(万元)	4.32	-34.69	-0.20
营业利润(万元)	-337.84	-7171.59	-871.69
投资收益(万元)		-26.54	
补贴收入(万元)	1.00		
营业外收支(万元)	-141.92	-269.78	-0.15
利润总额(万元)	-478.76	-7467.91	-855.36
净利润(万元)	51.00	138.85	313.37

十大股东

序号	股东名称	股份性质	持股数(万股)	比例(%)
1	广州恒烨实业发展有限公司	境内法人股	3554.95	29.20
2	珠海天华集团控股有限公司	境内法人股	2050.00	16.84
3	黄石市磁湖高新科技发展公司	境内法人股	540.00	4.44
4	广州市中恒伟业地产顾问有限公司	境内法人股	508.40	4.18
5	上海新元投资有限公司	境内法人股	355.30	2.92
6	中国国泰证券有限公司湖北分公司	境内法人股	248.40	2.04
7	无锡智慧投资有限公司	境内法人股	100.00	0.82
8	谭昭然	流通A股	78.78	0.65
9	北京涌金财经顾问有限公司	境内法人股	70.00	0.57
10	李梓武	流通A股	56.74	0.47

股东人数	2004.6	2003.12	2003.6	2002
	11129	8820	9369	10147

近年分配		近年配股/增发	

重大事项

公司于2004年8月初收到黄石市中级人民法院应诉通知书，因公司与招商银行黄石支行2700万元及1400万元借款合同纠纷，招商银行黄石支行向黄石市中级人民法院起诉，要求公司归还借款及借款清偿前的全部利息(详见2004年8月7日之中证报、上证报及证券时报)。

二○○三年以来市场表现

2003年涨跌幅(%)	-31.51
2003年最高(元)	13.98
2003年最低(元)	8.36
2003年换手率(%)	77.24
2004.06涨跌幅(%)	-35.11
2004.06最高(元)	9.99
2004.06最低(元)	5.54
2004.06换手率(%)	119.68

江苏索普化工股份有限公司

公司概况

公司名称	江苏索普化工股份有限公司			股票代码	600746
注册地址	江苏省镇江市谏壁镇越河街50号			邮政编码	212006
法人代表	宋勤华		董秘	许逸中	
电话	0511-3366244		传真	0511-3362036	
主营业务	化工原料				
总股本	30642.14	流通A	8802.67	流通B	流通H
审计单位			审计意见	未审计	

主要财务指标

年度	2004.6	2003	2002
每股收益/扣除后(元)	0.0251	0.0180	-0.1079
每股经营现金流量(元)	0.0240	0.0367	-0.4626
每股净资产/调整后(元)	1.1380	1.1510	1.0860
每股公积金(元)	0.0953	0.0848	0.0618
净资产收益率(%)	3.2200	3.6100	-9.8300
总资产(万元)	93545.64	57000.35	55624.55
股东权益(万元)	35202.09	35597.62	33610.61
未分配利润(万元)	-839.26	-393.12	-1676.80
主营收入(万元)	19461.97	30771.36	25851.67
资本公积金(万元)	2921.22	2597.31	1893.98
主营利润(万元)	3372.80	4778.10	1667.57
其他业务利润(万元)	17.71	34.01	-0.00
营业利润(万元)	1433.78	1314.91	-3634.05
投资收益(万元)	-11.10	111.52	127.39
补贴收入(万元)			
营业外收支(万元)	-101.37	-308.19	14.82
利润总额(万元)	1321.31	1118.24	-3900.75
净利润(万元)	1132.00	1283.67	-3304.78

十大股东

序号	股东名称	股份性质	持股数(万股)	比例(%)
1	江苏索普集团有限公司	国有法人股	21235.86	69.30
2	镇江第二化工厂	境内法人股	176.05	0.57
3	镇江精细化工有限责任公司	境内法人股	176.05	0.57
4	镇江硫酸厂	境内法人股	176.05	0.57
5	马孟青	流通A股	82.48	0.27
6	镇江江南化工厂	境内法人股	75.45	0.25
7	贾学金	流通A股	67.21	0.22
8	上海嘉丽餐饮有限公司	流通A股	50.73	0.17
9	朱冬英	流通A股	50.00	0.16
10	黄仕成	流通A股	44.79	0.15

股东人数	2004.6	2003.12	2003.6	2002
	18352	12660	14035	12392

近年分配		近年配股/增发	

重大事项

截止到2004年6月30日，公司存在为控股股东及关联方提供的担保15577万元，占公司净资产的44.25%，其中，为控股股东江苏索普(集团)有限公司提供担保15077万元，为关联方镇江市华达物资总公司提供担保500万元。公司为江苏恒顺(集团)有限公司向金融机构贷款9000万元提供担保。担保合同有效期限从2002年6月21日至2004年6月20日止。

二○○三年以来市场表现

2003年涨跌幅(%)	-35.73
2003年最高(元)	7.82
2003年最低(元)	5.02
2003年换手率(%)	110.80
2004.06涨跌幅(%)	-10.61
2004.06最高(元)	6.43
2004.06最低(元)	4.45
2004.06换手率(%)	171.92

大连大显股份有限公司

公司概况

公司名称	大连大显股份有限公司	股票代码	600747
注册地址	辽宁省大连市高新园区双D港辽河东路1号	邮政编码	116035
法人代表	刘秉强	董秘	王忠全
电话	0411-86459612,86459992	传真	0411-6458328
主营业务	彩色显象管		
审计单位		审计意见	未审计

总股本	流通A	流通B	流通H
70672.15	32606.22		

主要财务指标

年度	2004.6	2003	2002
每股收益/扣除后(元)	0.0660	0.1840	0.1950
每股经营现金流量(元)	–0.0010	0.3490	0.1100
每股净资产/调整后(元)	2.0780	2.4710	2.7420
每股公积金(元)	0.5219	0.6263	0.9495
净资产收益率(%)	3.0690	7.6660	8.9290
总资产(万元)	207392.69	204088.28	210469.37
股东权益(万元)	149153.92	147520.44	136112.77
未分配利润(万元)	26147.52	33348.02	27348.58
主营收入(万元)	39044.73	107399.41	90329.07
资本公积金(万元)	36882.98	36882.98	46599.89
主营利润(万元)	12233.14	25257.56	20855.48
其他业务利润(万元)	200.95	–754.43	–0.73
营业利润(万元)	7689.09	14601.68	7906.83
投资收益(万元)	–1309.28	504.30	7069.38
补贴收入(万元)		61.60	1.34
营业外收支(万元)	–110.66	–95.26	–0.72
利润总额(万元)	6269.15	15072.33	15394.44
净利润(万元)	4578.17	11309.00	12153.44

十大股东

序号	股东名称	股份性质	持股数(万股)	比例(%)
1	大连大显集团有限公司	国家股	35745.88	50.58
2	中国工商银行大连信托投资公司	境内法人股	744.71	1.05
3	大连经济技术开发区鑫鑫商贸公司	境内法人股	630.14	0.89
4	沈阳北泰集团有限公司	境内法人股	486.00	0.69
5	上海永新彩色显像管股份有限公司	境内法人股	372.35	0.53
6	中国银行-同盛证券投资基金	流通A股	291.93	0.41
7	大连伟仕房地产咨询有限公司	流通A股	260.59	0.37
8	苏州证券有限责任公司	流通A股	253.97	0.36
9	汉盛证券投资基金	流通A股	206.06	0.29
10	梅玉公司	流通A股	191.66	0.27

股东人数

2004.6	2003.12	2003.6	2002
65702	74901	65528	52415

近年分配	近年配股/增发
2004年6月15日10派0.50	2004年6月15日10送2

重大事项

司于2004年5月21日召开第四届董事会第六次会议，会议通过了《关于公司将持有大连东芝电视有限公司30%股权转让给大连大显集团有限公司的议案》，并于2004年6月23日召开公司2004年度第一次临时股东大会审议通过该议案。

二〇〇三年以来市场表现

2003年涨跌幅(%)	9.98
2003年最高(元)	5.76
2003年最低(元)	3.76
2003年换手率(%)	233.26
2004.06涨跌幅(%)	5.28
2004.06最高(元)	6.89
2004.06最低(元)	4.76
2004.06换手率(%)	150.84

上海实业发展股份有限公司

公司概况

公司名称	上海实业发展股份有限公司	股票代码	600748
注册地址	上海市浦东南路1085号华申大厦6楼	邮政编码	200030
法人代表	陈伟恕	董秘	阚兆森
电话	021-54258748	传真	021-54259748
主营业务	各类冷轧不锈薄板		
审计单位		审计意见	未审计

总股本	流通A	流通B	流通H
58754.16	15697.00		

主要财务指标

年度	2004.6	2003	2002
每股收益/扣除后(元)	0.0375	0.0500	0.0040
每股经营现金流量(元)	–0.2640	–0.2500	0.0470
每股净资产/调整后(元)	1.9600	1.9200	1.7700
每股公积金(元)	0.7373	0.7373	0.7231
净资产收益率(%)	1.9300	5.9700	0.2700
总资产(万元)	250330.12	255049.91	121040.93
股东权益(万元)	115284.03	113241.54	105649.79
未分配利润(万元)	8017.34	6265.47	1164.57
主营收入(万元)	17066.11	30704.67	62511.06
资本公积金(万元)	43317.71	43317.71	42486.76
主营利润(万元)	5717.44	9608.68	1368.94
其他业务利润(万元)	40.22	63.74	0.65
营业利润(万元)	2823.89	6587.05	22.78
投资收益(万元)	2528.43	4463.97	211.06
补贴收入(万元)			
营业外收支(万元)	0.18	1078.59	–0.18
利润总额(万元)	5352.50	12129.61	285.25
净利润(万元)	2222.98	6760.80	283.11

十大股东

序号	股东名称	股份性质	持股数(万股)	比例(%)
1	上海上实集团有限公司	国有法人股	43057.16	73.28
2	国联安德盛小盘精选证券投资基金	流通A股	160.04	0.27
3	孙妙琴	流通A股	93.63	0.16
4	博时裕富证券投资基金	流通A股	73.85	0.13
5	上海永银房地产有限公司	流通A股	71.57	0.12
6	欧阳天元	流通A股	65.05	0.11
7	南航集团财务有限公司	流通A股	57.78	0.10
8	上海同浮投资管理有限公司	流通A股	52.57	0.09
9	上海安联投资发展公司	流通A股	43.25	0.07
10	上海明天物管理有限公司	流通A股	41.40	0.07

股东人数

2004.6	2003.12	2003.6	2002
56857	52559	53035	56741

近年分配	近年配股/增发
2004年8月3日10派0.5	

重大事项

公司控股子公司重庆华新国际实业有限公司于2004年3月9日投资3000万元购买了《中国光大银行阳光理财产品协议书—人民币理财》并于2004年3月19日在重庆与中国光大银行重庆分行签订质押合同。

二〇〇三年以来市场表现

2003年涨跌幅(%)	–27.18
2003年最高(元)	10.04
2003年最低(元)	4.95
2003年换手率(%)	260.08
2004.06涨跌幅(%)	–11.78
2004.06最高(元)	9.50
2004.06最低(元)	5.22
2004.06换手率(%)	184.31

西藏圣地股份有限公司

公司概况

公司名称	西藏圣地股份有限公司			股票代码	600749
注册地址	西藏自治区拉萨市林廓东路 6 号			邮政编码	850000
法人代表	欧阳旭		董秘	霍全生	
电话	0891-6339150		传真	0891-6339041	
主营业务	旅游、进出口贸易				
总股本	8000.00	流通 A	2400.00	流通 B	流通 H
审计单位			审计意见	未审计	

主要财务指标

年度	2004.6	2003	2002
每股收益/扣除后(元)	0.0572	0.0108	-0.1477
每股经营现金流量(元)	-0.2160	0.0565	-0.0900
每股净资产/调整后(元)	1.1000	1.0440	0.9100
每股公积金(元)	0.1609	0.1609	0.0425
净资产收益率(%)	5.1600	1.6200	-14.7700
总资产(万元)	25831.47	22005.34	16447.16
股东权益(万元)	8786.67	8351.94	7269.04
未分配利润(万元)	-632.02	-1066.74	-1181.93
主营收入(万元)	9595.36	6788.84	2764.27
资本公积金(万元)	1287.31	1287.31	339.94
主营利润(万元)	1539.67	2154.68	1111.69
其他业务利润(万元)	25.11	147.20	-1.94
营业利润(万元)	485.93	124.75	-1201.34
投资收益(万元)	-28.00	6.70	
补贴收入(万元)			
营业外收支(万元)	-10.19	-3.19	0.05
利润总额(万元)	447.25	128.27	-1209.23
净利润(万元)	453.38	135.52	-1181.93

十大股东

序号	股东名称	股份性质	持股数(万股)	比例(%)
1	国风集团有限公司	境内法人股	2273.95	28.42
2	西藏国际体育旅游公司	国有法人股	1301.76	16.27
3	北京古越房地产开发有限公司	境内法人股	1168.96	14.61
4	西藏自治区信托投资公司	国有法人股	407.30	5.09
5	西藏农牧业机械集团总公司	国有法人股	407.30	5.09
6	四川省信托投资公司	国有法人股	40.73	0.51
7	山西土地物产实业有限公司	流通 A 股	35.79	0.45
8	无锡汇金置业有限公司	流通 A 股	31.50	0.39
9	李全	流通 A 股	18.30	0.23
10	王赡赡	流通 A 股	10.74	0.13

股东人数	2004.6	2003.12	2003.6	2002
	9008	9261	9887	10983

近年分配		近年配股/增发	

重大事项

公司与中国建设银行西藏分行的贷款。本公司于 2004 年 5 月 21 日与中国建设银行西藏分行签订 3000 万元人民币资金借款合同。

二〇〇三年以来市场表现

2003 年涨跌幅(%)	-51.39
2003 年最高(元)	13.85
2003 年最低(元)	4.90
2003 年换手率(%)	177.85
2004.06 涨跌幅(%)	29.92
2004.06 最高(元)	9.08
2004.06 最低(元)	5.05
2004.06 换手率(%)	137.06

江西江中药业股份有限公司

公司概况

公司名称	江西江中药业股份有限公司			股票代码	600750
注册地址	江西南昌市高新区火炬大道 888 号			邮政编码	330077
法人代表	廖礼村		董秘	吴伯帆	
电话	0791-8169323,8515742		传真	0791-8515742,8169323	
主营业务	抗生素制剂				
总股本	14611.00	流通 A	6240.00	流通 B	流通 H
审计单位			审计意见	未审计	

主要财务指标

年度	2004.6	2003	2002
每股收益/扣除后(元)	0.2299	0.3500	0.3000
每股经营现金流量(元)	0.1070	0.5400	0.6500
每股净资产/调整后(元)	4.0200	3.9200	3.6300
每股公积金(元)	1.8948	1.8936	1.8817
净资产收益率(%)	5.3500	8.4200	7.8600
总资产(万元)	112808.69	98693.93	74078.14
股东权益(万元)	62093.91	60216.27	54969.90
未分配利润(万元)	15217.58	13358.02	9260.66
主营收入(万元)	41455.63	94117.24	66767.21
资本公积金(万元)	27685.40	27667.32	27493.32
主营利润(万元)	24489.96	55285.55	37646.36
其他业务利润(万元)	69.22	219.59	-0.48
营业利润(万元)	4251.88	10550.64	7328.10
投资收益(万元)	-67.01	-127.37	-152.14
补贴收入(万元)			
营业外收支(万元)	-49.66	-110.35	2.05
利润总额(万元)	4135.21	10312.92	6931.87
净利润(万元)	3320.68	5072.37	4321.34

十大股东

序号	股东名称	股份性质	持股数(万股)	比例(%)
1	江西江中制药(集团)有限责任公司	国有法人股	8371.20	57.29
2	通信工程	法人股	359.83	2.46
3	路月兰	自然人股	214.04	1.46
4	上海同飞商务咨询有限公司	法人股	158.59	1.09
5	淮安舜天实业	法人股	157.69	1.08
6	淮阴市诚丰经贸有限公司	法人股	97.75	0.67
7	重庆市渝中区博为建筑材料有限公司	法人股	93.26	0.64
8	上海复旦后勤服务发展有限公司	法人股	73.27	0.50
9	上海苏富钢铁有限公司	法人股	62.83	0.43
10	华夏证券有限公司	法人股	55.09	0.38

股东人数	2004.6	2003.12	2003.6	2002
	19324	16030	17485	16727

近年分配	2004 年 6 月 2 日 10 派 1.00	近年配股/增发	

重大事项

2004 年 3 月 26 日，经公司 2003 年度股东大会审议批准，公司控股子公司江西东风药业股份有限公司收购了江西东风制药有限责任公司部分生产经营性资产，该项交易金额为 2962.33 万元，定价依据为广东恒信德律会计师事务所对该转让资产的评估价值。

二〇〇三年以来市场表现

2003 年涨跌幅(%)	-22.35
2003 年最高(元)	12.78
2003 年最低(元)	8.50
2003 年换手率(%)	210.98
2004.06 涨跌幅(%)	-23.66
2004.06 最高(元)	11.00
2004.06 最低(元)	6.77
2004.06 换手率(%)	233.08

天津市海运股份有限公司

公司概况

公司名称	天津市海运股份有限公司	股票代码	600751
注册地址	天津港保税区京门大道188号	邮政编码	300204
法人代表	宋兴庭	董秘	姜涛
电话	022-23281780	传真	022-23286115
主营业务	国际近洋集装箱班轮运输		
总股本	49264.88	流通A	10368.93
流通B	18000.00	流通H	
审计单位		审计意见	未审计

主要财务指标

年度	2004.6	2003	2002
每股收益/扣除后(元)	0.0097	-1.0900	-0.1473
每股经营现金流量(元)	0.0480	-0.0600	-0.1991
每股净资产/调整后(元)	0.7300	0.7200	2.0200
每股公积金(元)	0.5689	0.5689	0.5689
净资产收益率(%)	0.9200	-111.2800	-6.8010
总资产(万元)	149606.37	150333.98	209809.21
股东权益(万元)	50582.04	50062.53	106724.35
未分配利润(万元)	-37727.80	-38195.32	17633.06
主营收入(万元)	46624.84	71662.15	74039.62
资本公积金(万元)	28026.56	28026.56	28026.56
主营利润(万元)	5393.93	-9041.62	2448.74
其他业务利润(万元)	104.32	498.21	5.80
营业利润(万元)	420.48	-55599.86	-7386.04
投资收益(万元)	140.94	279.01	278.62
补贴收入(万元)			
营业外收支(万元)	-11.16	-2009.08	-0.69
利润总额(万元)	550.26	-57329.93	-7035.61
净利润(万元)	467.53	-55707.40	-7258.32

十大股东

序号	股东名称	股份性质	持股数(万股)	比例(%)
1	天津天海集团有限公司	国有法人股	18408.85	37.37
2	上海万丰资产管理有限公司	境内法人股	308.00	0.63
3	裘阿海	流通B股	126.50	0.26
4	张柏青	流通B股	113.20	0.23
5	卢棉彬	流通B股	100.00	0.20
6	王金凌	流通B股	86.42	0.18
7	朱永红	流通B股	71.20	0.14
8	上海锦钢物资贸易有限公司	境内法人股	65.00	0.13
9	李长安	流通B股	60.19	0.12
10	中国石化天津石油有限责任公司	境内法人股	57.20	0.12

股东人数	2004.6	2003.12	2003.6	2002
	86315	93754	99253	

近年分配		近年配股/增发	

重大事项

003年12月2日,我公司"天利"轮在青岛港区与"摩奇"轮(音译)发生碰撞,有关情况请参阅2003年12月5日公司公告。经修复后,2004年6月5日,天利轮恢复运营。在我公司向青岛海事法院提出民事诉状后,2004年7月20日,青岛海事法院开庭。

二〇〇三年以来市场表现

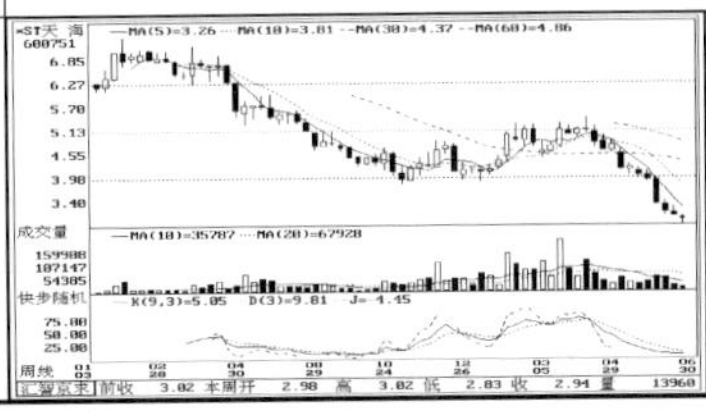

2003年涨跌幅(%)	-34.29
2003年最高(元)	7.42
2003年最低(元)	3.81
2003年换手率(%)	119.89
2004.06涨跌幅(%)	-28.99
2004.06最高(元)	5.42
2004.06最低(元)	2.83
2004.06换手率(%)	160.91

哈慈股份有限公司

公司概况

公司名称	哈慈股份有限公司	股票代码	600752
注册地址	哈尔滨市动力区通乡街169号	邮政编码	150046
法人代表	李秀峰	董秘	郭泽鹏
电话	0451-82688688	传真	0451-55696922
主营业务	医药、保健食品		
总股本	33846.41	流通A	16088.86
流通B		流通H	
审计单位		审计意见	未审计

主要财务指标

年度	2004.6	2003	2002
每股收益/扣除后(元)	-0.0420	-0.3600	-0.5580
每股经营现金流量(元)	-0.9970	0.2700	-0.3700
每股净资产/调整后(元)	1.5900	1.7100	2.1300
每股公积金(元)	1.2045	1.2043	1.1891
净资产收益率(%)	-2.3900	-25.0500	-25.1100
总资产(万元)	121107.62	123628.13	122628.01
股东权益(万元)	59421.16	60922.48	75203.20
未分配利润(万元)	-23585.82		-6900.44
主营收入(万元)	3424.63	8180.16	4441.19
资本公积金(万元)	40768.04	40760.12	40246.21
主营利润(万元)	288.60	904.20	-399.40
其他业务利润(万元)	819.88	0.92	0.01
营业利润(万元)	-1698.73	-9628.48	-15593.77
投资收益(万元)	126.30	212.53	26.33
补贴收入(万元)		20.76	0.41
营业外收支(万元)	1.67	-6305.39	-59.15
利润总额(万元)	-1570.76	-15700.59	-18593.31
净利润(万元)	-1421.37	-15264.01	-18881.97

十大股东

序号	股东名称	股份性质	持股数(万股)	比例(%)
1	哈慈集团有限公司	境内法人股	14557.56	43.01
2	黑龙江科融高科技术产业投资有限公司	境内法人股	1700.00	5.02
3	涌金实业(集团)有限公司	境内法人股	1300.00	3.84
4	上海港杰实业发展有限公司	境内法人股	200.00	0.59
5	陈文科	流通A股	40.98	0.12
6	吴元岁	流通A股	39.83	0.12
7	宋明川	流通A股	36.00	0.11
8	张芮胜	流通A股	28.18	0.08
9	石文才	流通A股	24.78	0.07
10	刘加海	流通股	24.67	0.07

股东人数	2004.6	2003.12	2003.6	2002
	78942	84355	85546	88064

近年分配		近年配股/增发	

重大事项

本公司于2003年12月17日收到上海市第二中级人民法院应诉通知书。上海市第二中级人民法院于2003年12月17日受理中国工商银行上海市嘉定支行与上海新鳌置业有限公司借款合同纠纷案。

二〇〇三年以来市场表现

2003年涨跌幅(%)	-37.35
2003年最高(元)	6.55
2003年最低(元)	3.29
2003年换手率(%)	103.60
2004.06涨跌幅(%)	-37.85
2004.06最高(元)	4.48
2004.06最低(元)	2.19
2004.06换手率(%)	115.23

河南冰熊保鲜设备股份有限公司

公司概况

公司名称	河南冰熊保鲜设备股份有限公司	股票代码	600753
注册地址	河南省民权县府后街22号	邮政编码	476800
法人代表	马军	董秘	杨平原
电话	0370-8585698	传真	0370-8551431
主营业务	各种卧式冷柜		
总股本	12800.00	流通A	3200.00
流通B		流通H	
审计单位		审计意见	未审计

主要财务指标

年度	2004.6	2003	2002
每股收益/扣除后(元)	–0.0455	–0.0638	0.0323
每股经营现金流量(元)	0.0090	–0.0500	0.1100
每股净资产/调整后(元)	0.6600	0.6800	0.8400
每股公积金(元)	0.6469	0.6453	0.6420
净资产收益率(%)	–5.7400	–8.0400	3.8000
总资产(万元)	39176.19	39636.78	42998.75
股东权益(万元)	9602.37	10132.54	10904.57
未分配利润(万元)	–11478.06	–10927.09	–10112.60
主营收入(万元)	2338.24	8131.34	6467.15
资本公积金(万元)	8280.43	8259.63	8217.18
主营利润(万元)	372.20	1460.10	1332.74
其他业务利润(万元)	–0.03	133.37	–0.48
营业利润(万元)	–505.53	–878.86	–244.68
投资收益(万元)	–77.36	62.07	8.45
补贴收入(万元)			
营业外收支(万元)	31.93	2.30	–0.02
利润总额(万元)	–550.97	–814.49	413.95
净利润(万元)	–550.97	–814.49	413.95

十大股东

序号	股东名称	股份性质	持股数(万股)	比例(%)
1	重庆国际信托投资有限公司	法人股	3584.00	28.00
2	河南冰熊集团有限公司	国有股	3516.00	27.47
3	商丘市天祥商贸有限公司	法人股	2500.00	19.53
4	陈琪玲	流通股	28.02	0.22
5	周宇光	流通股	25.76	0.20
6	陈仁晓	流通股	23.25	0.18
7	邱昶	流通股	17.00	0.13
8	张文素	流通股	13.53	0.11
9	王春茂	流通股	10.27	0.08
10	周曼隽	流通股	10.00	0.08

股东人数	2004.6	2003.12	2003.6	2002
	13160	14385	15441	15931

近年分配		近年配股/增发	

重大事项

2004年1月6日，江西华意压缩机股份有限公司诉本公司欠款纠纷案，因本公司未及时履行还款义务，经江西省景德镇市中级人民法院判决，解除原告华意压缩机股份有限公司与本公司及河南冰熊冷藏汽车有限公司(为本公司提供担保)于2003年1月5日签订的供货合同。

二○○三年以来市场表现

2003年涨跌幅(%)	–34.91
2003年最高(元)	8.74
2003年最低(元)	4.51
2003年换手率(%)	201.47
2004.06涨跌幅(%)	–20.50
2004.06最高(元)	6.16
2004.06最低(元)	3.82
2004.06换手率(%)	132.06

上海锦江国际酒店发展股份有限公司

公司概况

公司名称	上海锦江国际酒店发展股份有限公司	股票代码	600754
注册地址	上海市浦东新区浦电路389号12楼	邮政编码	200002
法人代表	俞敏亮	董秘	康鸣
电话	021-63741122-806,63217132	传真	021-63217720
主营业务	经营酒店酒楼		
总股本	60324.07	流通A	9836.00
流通B	15600.00	流通H	
审计单位		审计意见	未审计

主要财务指标

年度	2004.6	2003	2002
每股收益/扣除后(元)	0.0886	0.0350	0.1010
每股经营现金流量(元)	0.1240	0.3160	0.2730
每股净资产/调整后(元)	2.9200	2.8900	2.6100
每股公积金(元)	1.2785	1.2780	1.2672
净资产收益率(%)	3.4300	2.2200	3.5400
总资产(万元)	229210.08	236145.37	257633.80
股东权益(万元)	179260.69	176764.98	172226.50
未分配利润(万元)	9864.63	3935.75	4617.49
主营收入(万元)	39257.90	79692.33	83419.89
资本公积金(万元)	77121.62	77096.31	76441.53
主营利润(万元)	27410.98	48014.33	47576.59
其他业务利润(万元)	247.03	450.52	18.55
营业利润(万元)	3602.87	–937.74	–24.79
投资收益(万元)	3984.81	5484.38	2788.54
补贴收入(万元)	567.09	509.61	–0.95
营业外收支(万元)	–37.83	687.44	7.90
利润总额(万元)	8116.94	5743.69	7777.11
净利润(万元)	6149.96	3925.27	6100.71

十大股东

序号	股东名称	股份性质	持股数(万股)	比例(%)
1	上海新亚集团有限公司	国有法人股	25528.07	42.32
2	上海国际信托投资有限公司	境内法人股	1404.00	2.33
3	上海久事公司	境内法人股	1248.00	2.07
4	上海轮胎橡胶集团股份有限公司	境内法人股	936.00	1.55
5	上海市城市建设投资开发总公司	境内法人股	936.00	1.55
6	交通银行上海分行	境内法人股	780.00	1.29
7	上海市陆家嘴金融贸易区开发公司	境内法人股	780.00	1.29
8	上海闵行联合发展有限公司	境内法人股	780.00	1.29
9	上海证券有限责任公司	境内法人股	312.00	0.52
10	中国光大国际信托投资公司	境内法人股	312.00	0.52

股东人数	2004.6	2003.12	2003.6	2002
	80261	58793	94661	82224

近年分配	2004年7月19日10派0.60	近年配股/增发	

重大事项

本公司于2004年3月25日在上海与上海大盛资产有限公司签署了《股权转让协议》，将本公司持有的上海新亚丽景大厦有限公司50%股权转让予上海大盛资产有限公司，以资产评估值为基础，协议转让价格为6550万元人民币。

二○○三年以来市场表现

2003年涨跌幅(%)	–29.88
2003年最高(元)	11.20
2003年最低(元)	5.52
2003年换手率(%)	273.62
2004.06涨跌幅(%)	3.35
2004.06最高(元)	8.75
2004.06最低(元)	5.65
2004.06换手率(%)	127.57

厦门国贸集团股份有限公司

公司概况

公司名称	厦门国贸集团股份有限公司	股票代码	600755
注册地址	福建省厦门市湖滨南路国贸大厦8-18层	邮政编码	361004
法人代表	何福龙	董秘	陈晓华
电话	0592-5898578	传真	0592-5160280
主营业务	进出口贸易		
总股本	35661.50	流通A	22859.90
流通B		流通H	
审计单位		审计意见	未审计

主要财务指标

年度	2004.6	2003	2002
每股收益/扣除后(元)	0.1123	0.3400	0.1600
每股经营现金流量(元)	0.1120	-0.7900	1.8200
每股净资产/调整后(元)	2.2200	3.9400	3.5000
每股公积金(元)	0.7850	2.2129	2.1159
净资产收益率(%)	5.2400	9.1500	4.8000
总资产(万元)	352313.00	373162.78	226949.16
股东权益(万元)	79932.81	78884.98	69856.39
未分配利润(万元)	8072.87	6996.98	979.17
主营收入(万元)	491133.44	531925.87	341968.47
资本公积金(万元)	27992.84	43842.44	41919.67
主营利润(万元)	18959.58	36179.40	22332.58
其他业务利润(万元)	873.91	1563.84	-33.95
营业利润(万元)	4228.25	7778.30	1778.42
投资收益(万元)	2083.95	3176.11	1594.64
补贴收入(万元)	77.24	161.98	2.10
营业外收支(万元)	-26.20	59.28	-0.47
利润总额(万元)	6363.24	11175.67	3826.63
净利润(万元)	4188.31	7218.48	3352.87

十大股东

序号	股东名称	股份性质	持股数(万股)	比例(%)
1	厦门市商贸国有资产投资有限公司	国家股	12801.60	35.90
2	同德证券投资基金	流通A股	81.00	0.23
3	徐吉峰	流通A股	52.10	0.15
4	赖瑞荣	流通A股	48.38	0.14
5	厦门市证券登记有限责任公司	流通股	46.33	0.13
6	叶成章	流通股	44.00	0.12
7	吴道标	流通股	42.34	0.12
8	邱白雪	流通股	35.93	0.10
9	青岛海洋大学生物工程技术开发有限公司	流通股	34.02	0.10
10	李东胜	流通股	33.97	0.10

股东人数	2004.6	2003.12	2003.6	2002
	68999	68125	69831	62948

近年分配	近年配股/增发
2004年5月17日10派1.50	2004年5月17日10转8

重大事项

2003年11月,公司与厦门信达股份有限公司签订协议,以人民币101,294,069.15元的价格受让了该司持有的厦门信达联房地产开发有限公司74.9%的股权。

二〇〇三年以来市场表现

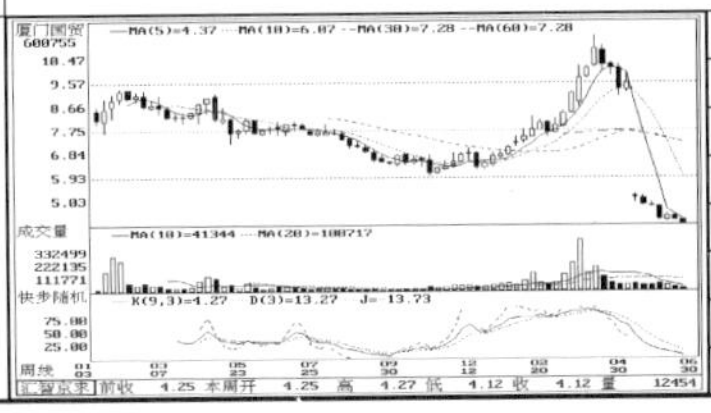

2003年涨跌幅(%)	-20.84
2003年最高(元)	5.04
2003年最低(元)	3.25
2003年换手率(%)	99.48
2004.06涨跌幅(%)	13.56
2004.06最高(元)	6.24
2004.06最低(元)	3.59
2004.06换手率(%)	99.09

山东浪潮齐鲁软件产业股份有限公司

公司概况

公司名称	山东浪潮齐鲁软件产业股份有限公司	股票代码	600756
注册地址	山东省泰安市虎山路中段	邮政编码	250013
法人代表	王柏华	董秘	罗万里
电话	0531-8932888-8461	传真	0531-8522334
主营业务	软硬件技术开发		
总股本	16522.08	流通A	6870.24
流通B		流通H	
审计单位		审计意见	未审计

主要财务指标

年度	2004.6	2003	2002
每股收益/扣除后(元)	0.2517	0.2700	0.4100
每股经营现金流量(元)	-0.0240	0.1200	0.2700
每股净资产/调整后(元)	2.5400	2.3400	2.0400
每股公积金(元)	0.0346	0.0346	0.0338
净资产收益率(%)	9.8200	12.2300	19.7400
总资产(万元)	78162.47	65800.91	57375.46
股东权益(万元)	42153.13	38840.59	34079.46
未分配利润(万元)	20426.82	17114.27	13067.78
主营收入(万元)	26987.23	64662.18	55576.86
资本公积金(万元)	571.41	571.41	558.61
主营利润(万元)	9611.66	16839.11	13897.53
其他业务利润(万元)		0.53	0.01
营业利润(万元)	2180.35	4271.21	6182.37
投资收益(万元)	1339.29	-45.92	1078.20
补贴收入(万元)	1088.66	1412.24	-24.93
营业外收支(万元)	-18.30	94.62	-0.05
利润总额(万元)	4589.99	5732.15	8151.62
净利润(万元)	4138.65	4748.33	6725.95

十大股东

序号	股东名称	股份性质	持股数(万股)	比例(%)
1	浪潮齐鲁软件产业有限公司	境内法人股	4923.00	29.80
2	泰安市国有资产管理局	国家股	2277.00	13.78
3	上海新元投资有限公司	境内法人股	84.00	0.51
4	屈银谦	流通A股	44.72	0.27
5	陈和平	流通A股	37.20	0.23
6	吴保珍	流通A股	34.72	0.21
7	左明高	流通A股	29.13	0.18
8	涂良于	流通A股	28.70	0.17
9	罗玉光	流通A股	27.00	0.16
10	丁尚安	流通A股	23.35	0.14

股东人数	2004.6	2003.12	2003.6	2002
	8917	8798	9891	15093

近年分配	近年配股/增发
2004年4月26日10派0.50	2004年8月23日10配3.00股

重大事项

2004年3月29日,公司2002年度增资配股方案获得中国证监会股票发行审核委员会2004年第十五次会议通过,目前尚需中国证监会核准实施。

二〇〇三年以来市场表现

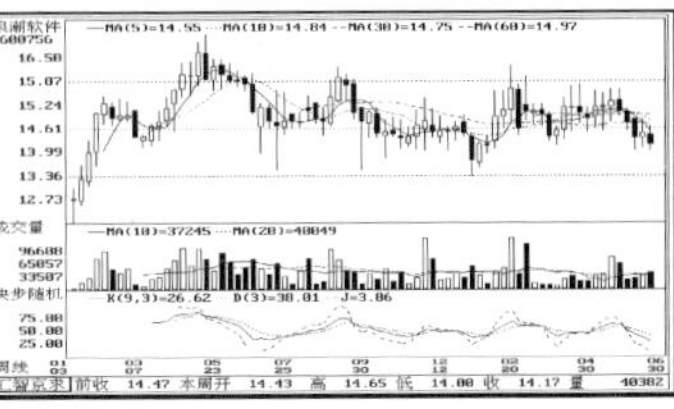

2003年涨跌幅(%)	15.35
2003年最高(元)	17.08
2003年最低(元)	12.05
2003年换手率(%)	351.49
2004.06涨跌幅(%)	-3.80
2004.06最高(元)	16.23
2004.06最低(元)	13.29
2004.06换手率(%)	138.76

上海华源企业发展股份有限公司

公司概况

公司名称	上海华源企业发展股份有限公司	股票代码	600757
注册地址	上海市浦东新区商城路 660 号	邮政编码	200120
法人代表	钱锋	董秘	杨林峰
电话	021-58793617,68875566-2190	传真	021-58792223
主营业务	销售各类服装		

总股本	47214.42	流通 A	14040.00	流通 B		流通 H	
审计单位		审计意见	未审计				

主要财务指标

年度	2004.6	2003	2002
每股收益 / 扣除后(元)	0.0353	0.0600	0.0600
每股经营现金流量(元)	0.0330	0.3400	0.0600
每股净资产 / 调整后(元)	2.7300	2.6700	2.5000
每股公积金(元)	1.2511	1.2511	1.2398
净资产收益率(%)	1.7900	4.4800	2.6000
总资产(万元)	459857.03	432405.97	370063.09
股东权益(万元)	132311.89	129957.46	124258.35
未分配利润(万元)	6448.80	4085.83	1133.02
主营收入(万元)	159992.94	267732.87	186537.72
资本公积金(万元)	59071.33	59071.33	58538.56
主营利润(万元)	15060.45	26033.64	22297.02
其他业务利润(万元)	1369.07	4184.44	204.81
营业利润(万元)	2701.20	6605.34	3549.60
投资收益(万元)	64.08	–26.29	186.71
补贴收入(万元)	389.00	721.65	–5.25
营业外收支(万元)	332.43	634.66	–26.15
利润总额(万元)	3486.71	7935.36	4545.46
净利润(万元)	2362.97	5822.04	3231.18

十大股东

序号	股东名称	股份性质	持股数(万股)	比例(%)
1	中国华源集团有限公司	国有法人股	19012.71	40.27
2	江苏新雅鹿集团有限公司	境内法人股	4252.29	9.01
3	江苏双猫纺织装饰集团有限公司	国有法人股	4083.33	8.65
4	香港冠丰国际投资有限公司	境外法人股	1702.35	3.61
5	上海外高桥保税区联合发展有限公司	境内法人股	852.93	1.81
6	嘉丰纺织(香港)有限公司	外资法人股	852.93	1.81
7	上海华宇毛麻进出口有限公司	境内法人股	852.93	1.81
8	上海华源投资发展集团有限公司	境内法人股	712.02	1.51
9	中国农业银行上海市分行	境内法人股	290.00	0.61
10	高新投资发展有限公司	境内法人股	285.00	0.60

股东人数	2004.6	2003.12	2003.6	2002
	41720	38566	23530	23767

近年分配	2004 年 7 月 16 日 10 派 0.50	近年配股 / 增发	

重大事项

2003 年 12 月 26 日，经 2003 年临时股东大会审议通过，公司以所持有的太仓服饰分公司净资产 16,135.65 万元和现金 2,750 万元，以及公司控股子公司上海华源万成服饰有限公司以现金 2,000 万元分别认购江苏雅鹿实业股份有限公司定向增发股票中的 101,384,505 股和 10,736,671 股。

二〇〇三年以来市场表现

2003 年涨跌幅(%)	–38.94
2003 年最高(元)	9.90
2003 年最低(元)	4.41
2003 年换手率(%)	477.61
2004.06 涨跌幅(%)	–12.01
2004.06 最高(元)	6.68
2004.06 最低(元)	4.22
2004.06 换手率(%)	302.45

辽宁金帝建设集团股份有限公司

公司概况

公司名称	辽宁金帝建设集团股份有限公司	股票代码	600758
注册地址	辽宁省沈阳市沈河区青年大街 118 号	邮政编码	110014
法人代表	王志强	董秘	朱丹石
电话	024-22870330	传真	024-22855430,22870330
主营业务	土木工程施工		

总股本	15975.52	流通 A	6159.52	流通 B		流通 H	
审计单位		审计意见	未审计				

主要财务指标

年度	2004.6	2003	2002
每股收益 / 扣除后(元)	–0.0311	0.0790	–0.9900
每股经营现金流量(元)	–0.0170	0.0540	0.0100
每股净资产 / 调整后(元)	–1.1600	–1.1000	–0.8900
每股公积金(元)	1.2576	1.2576	1.2568
净资产收益率(%)	–5.6000	14.8700	–169.2900
总资产(万元)	105633.99	105763.52	101133.67
股东权益(万元)	8055.63	8507.11	9297.34
未分配利润(万元)	–31022.71	–30571.23	–29746.21
主营收入(万元)	35923.01	90619.81	58709.70
资本公积金(万元)	20091.24	20091.24	20078.20
主营利润(万元)	1422.41	5280.26	3477.59
其他业务利润(万元)	61.54	301.88	–0.16
营业利润(万元)	–504.64	1935.11	–5345.94
投资收益(万元)	64.07	75.19	–367.42
补贴收入(万元)			
营业外收支(万元)	45.76	–588.37	6.32
利润总额(万元)	–394.82	1421.94	–15787.52
净利润(万元)	–451.48	1264.62	–15739.42

十大股东

序号	股东名称	股份性质	持股数(万股)	比例(%)
1	辽宁省建设集团公司	国有法人股	3315.00	20.75
2	上海申信资产经营有限公司	境内法人股	2230.00	13.96
3	上海解放传媒投资有限公司	境内法人股	2000.00	12.52
4	辽宁建设集团国际经济技术合作公司	境内法人股	500.00	3.13
5	辽宁万利商品混凝土有限公司	境内法人股	465.00	2.91
6	川南信用	境内法人股	270.00	1.69
7	泛华工程有限公司	境内法人股	100.00	0.63
8	北京鑫宏威经济技术开发有限责任公司	境内法人股	100.00	0.63
9	沈阳中海直物业开发公司	境内法人股	80.00	0.50
10	余姚市农机器材有限公司	境内法人股	60.00	0.38

股东人数	2004.6	2003.12	2003.6	2002
	35710	35710	37951	39789

近年分配		近年配股 / 增发	

重大事项

竟 居鼠谝淮蟪哈 赡▮ | 分构 殴 居▮004 年 4 月 20 日签署了关于将迄今为止在本公司挂账的债权性资产及相关负债 81,325,313.37 元等额退还给辽宁省建设集团公司的协议书，该资产由辽宁省建设集团公司接收，构成关联关系。

二〇〇三年以来市场表现

2003 年涨跌幅(%)	–39.26
2003 年最高(元)	6.98
2003 年最低(元)	3.33
2003 年换手率(%)	254.75
2004.06 涨跌幅(%)	1.11
2004.06 最高(元)	5.45
2004.06 最低(元)	3.37
2004.06 换手率(%)	116.49

海南华侨投资股份有限公司

公司概况

公司名称	海南华侨投资股份有限公司	股票代码	600759
注册地址	海南省海口市西沙东路28号侨企大楼B座8楼	邮政编码	570206
法人代表	王跃跃仁	董秘	宋扬
电话	0898-66787220	传真	0898-66757661
主营业务	高新技术项目及产品的投资		

总股本	20855.20	流通A	6916.00	流通B		流通H	
审计单位				审计意见	未审计		

主要财务指标

年度	2004.6	2003	2002
每股收益/扣除后(元)	0.0012	0.0059	-0.4520
每股经营现金流量(元)	-0.0541	0.0383	0.0310
每股净资产/调整后(元)	-0.4250	-0.4271	-0.4880
每股公积金(元)	0.1281	0.1281	2.0155
净资产收益率(%)	28.0880		
总资产(万元)	20073.85	18660.77	14424.17
股东权益(万元)	-8788.94	-8817.03	-9916.06
未分配利润(万元)	-32316.57	-32344.66	-72805.17
主营收入(万元)	6339.21	6314.47	1359.08
资本公积金(万元)	2672.43	2672.43	42033.91
主营利润(万元)	862.25	1098.42	-7024.53
其他业务利润(万元)			
营业利润(万元)	189.96	-234.74	-3507.58
投资收益(万元)		282.66	-115.82
补贴收入(万元)			
营业外收支(万元)	-2.30	237.14	-2.30
利润总额(万元)	187.66	285.06	-10205.85
净利润(万元)	28.09	123.32	-10205.85

十大股东

序号	股东名称	股份性质	持股数(万股)	比例(%)
1	福建北方股份发展公司	境内法人股	6230.40	29.87
2	中国科技证券有限责任公司	境内法人股	1584.00	7.60
3	香港亚太奔德有限公司	外资法人股	1267.20	6.08
4	比欧特国际工程开发有限责任公司	境内法人股	739.20	3.54
5	上海财政证券有限公司	境内法人股	480.00	2.30
6	华夏证券有限公司	境内法人股	400.00	1.92
7	海通证券有限公司	境内法人股	375.00	1.80
8	海南正兴投资有限公司	境内法人股	342.84	1.64
9	厦门国际信托投资公司证券营业部	境内法人股	340.00	1.63
10	航天信托投资有限公司	境内法人股	300.00	1.44

股东人数	2004.6	2003.12	2003.6	2002
	21662	18511	26576	17841

近年分配		近年配股/增发	

重大事项

中国银行海南省分行诉海南中平木业有限公司借款985万美元本息纠纷一案,中华人民共和国最高人民法院已做出终审判决,判决公司及中国科技国际信托投资有限责任公司对上述借款985万美元本息承担连带责任,本案已进入执行程序。

二〇〇三年以来市场表现

2003年涨跌幅(%)	-40.59
2003年最高(元)	6.98
2003年最低(元)	2.86
2003年换手率(%)	691.79
2004.06涨跌幅(%)	-12.87
2004.06最高(元)	4.35
2004.06最低(元)	2.58
2004.06换手率(%)	169.85

东安黑豹股份有限公司

公司概况

公司名称	东安黑豹股份有限公司	股票代码	600760
注册地址	山东省文登市龙山路107号	邮政编码	264400
法人代表	谭瑞松	董秘	孙军芳
电话	0631-8087751	传真	0631-8352228
主营业务	黑豹牌微型汽车		

总股本	27300.00	流通A	13158.60	流通B		流通H	
审计单位				审计意见	未审计		

主要财务指标

年度	2004.6	2003	2002
每股收益/扣除后(元)	-0.0428	-0.0300	-0.2600
每股经营现金流量(元)	0.2450	0.4400	-0.0300
每股净资产/调整后(元)	1.7900	1.4800	2.1400
每股公积金(元)	0.8962	0.8927	0.8886
净资产收益率(%)	-2.0400	0.9300	-11.2400
总资产(万元)	65684.97	67320.54	80162.00
股东权益(万元)	50905.45	51845.54	63888.39
未分配利润(万元)	-6518.27	-5544.22	5420.95
主营收入(万元)	14435.12	20051.96	23100.18
资本公积金(万元)	24467.14	24370.17	24258.69
主营利润(万元)	995.80	1198.74	419.94
其他业务利润(万元)	54.34	329.47	5.52
营业利润(万元)	-1140.08	148.82	-6847.78
投资收益(万元)		341.19	-700.99
补贴收入(万元)			
营业外收支(万元)	103.01	-9.64	-0.48
利润总额(万元)	-1037.06	480.37	-7555.86
净利润(万元)	-1037.06	480.37	-7257.37

十大股东

序号	股东名称	股份性质	持股数(万股)	比例(%)
1	哈尔滨东安实业发展有限公司	境内法人股	6825.00	25.00
2	山东黑豹集团有限公司	境内法人股	6146.40	22.51
3	哈尔滨东安建筑工程有限公司	境内法人股	1092.00	4.00
4	威海市烟草有限公司	境内法人股	78.00	0.29
5	盛中碧	流通A股	57.56	0.21
6	王春生	流通A股	52.39	0.19
7	哈尔滨东安园林绿化工程有限公司	流通A股	50.00	0.18
8	北京永利信丰房地产开发有限公司	流通A股	36.98	0.14
9	赵汝洁	流通A股	29.34	0.11
10	付彦平	流通A股	27.39	0.10

股东人数	2004.6	2003.12	2003.6	2002
	81719	84862	90110	98398

近年分配		近年配股/增发	

重大事项

为进一步加强上市公司独立性,规范公司运作,根据我国城市房地产管理法、城镇国有土地使用权出让办法等有关地产与房产统一的规定,本公司以现金方式向山东黑豹集团有限公司购买房产使用范围内的土地使用权。

二〇〇三年以来市场表现

2003年涨跌幅(%)	-28.29
2003年最高(元)	6.80
2003年最低(元)	3.71
2003年换手率(%)	167.40
2004.06涨跌幅(%)	-11.66
2004.06最高(元)	6.17
2004.06最低(元)	3.50
2004.06换手率(%)	122.19

安徽合力股份有限公司

公司概况				
公司名称	安徽合力股份有限公司	股票代码	600761	
注册地址	安徽省合肥市望江西路15号	邮政编码	230022	
法人代表	张德进	董秘	徐琳	
电话	0551-3648005-6498	传真	0511-3633431	
主营业务	叉车、工程机械			
总股本 30695.45	流通A 14133.05	流通B	流通H	
审计单位		审计意见	未审计	

主要财务指标

年度	2004.6	2003	2002
每股收益/扣除后(元)	0.2056	0.3000	0.3600
每股经营现金流量(元)	0.2630	0.2800	0.5700
每股净资产/调整后(元)	2.6400	2.5800	3.4100
每股公积金(元)	0.7759	0.7759	1.6635
净资产收益率(%)	7.8590	11.9300	10.5100
总资产(万元)	115228.96	105042.95	93925.38
股东权益(万元)	81641.08	79829.62	70300.28
未分配利润(万元)	14469.34	8053.57	4563.42
主营收入(万元)	69744.90	102168.29	74686.96
资本公积金(万元)	23816.82	23816.82	34042.18
主营利润(万元)	15132.58	25511.60	19657.86
其他业务利润(万元)	419.75	336.54	–38.42
营业利润(万元)	7612.03	11495.19	8623.63
投资收益(万元)	0.70	72.93	5.76
补贴收入(万元)	141.10	81.00	1.36
营业外收支(万元)	–31.29	–358.43	–2.39
利润总额(万元)	7722.55	11290.68	8680.19
净利润(万元)	6415.77	9522.89	7385.81

十大股东

序号	股东名称	股份性质	持股数(万股)	比例(%)
1	安徽叉车集团公司	国有法人股	16562.40	53.96
2	大连力驰多汽车技术有限公司	流通股	656.95	2.14
3	上海纺织联社	流通股	445.73	1.45
4	国联安德盛小盘精选证券投资基金	流通股	260.25	0.85
5	山东淄川科岛计算机工程公司	流通股	237.96	0.78
6	四川省鑫源电力开发有限公司	流通股	200.60	0.65
7	天津市盖德企业管理咨询有限公司	流通股	154.00	0.50
8	四川岷江福星资讯有限公司	流通股	107.18	0.35
9	成都市茶叶有限公司	流通股	99.60	0.32
10	慧强科技	流通股	97.62	0.32

股东人数	2004.6	2003.12	2003.6	2002
	35319	33688	34386	43041

近年分配	2004年6月16日10派1.50	近年配股/增发	

重大事项

公司2003年度利润分配方案为：以公司2003年末总股本306,954,477股为基数，向全体股东按每10股派发现金红利1.5元(含税)；上述分配方案经公司2004年4月23日召开的公司2003年度股东大会审议通过(决议公告已刊登在2004年4月24日的《上海证券报》、《中国证券报》上)。

二〇〇三年以来市场表现

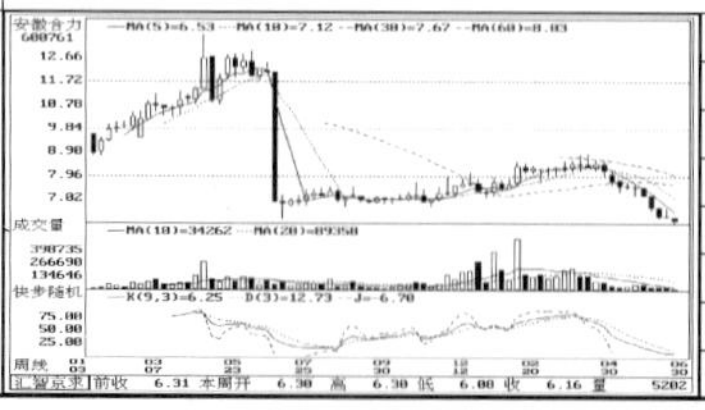

2003年涨跌幅(%)	15.58
2003年最高(元)	8.78
2003年最低(元)	5.55
2003年换手率(%)	267.90
2004.06涨跌幅(%)	–13.24
2004.06最高(元)	8.69
2004.06最低(元)	6.08
2004.06换手率(%)	213.17

衡阳市金荔科技农业股份有限公司

公司概况				
公司名称	衡阳市金荔科技农业股份有限公司	股票代码	600762	
注册地址	湖南省衡阳市解放路131号	邮政编码	421001	
法人代表	刘作超	董秘	王剑军	
电话	0734-8709868	传真	0734-8709892	
主营业务	农业高科技产品			
总股本 10566.40	流通A 4326.40	流通B	流通H	
审计单位		审计意见	未审计	

主要财务指标

年度	2004.6	2003	2002
每股收益/扣除后(元)	0.1206	0.1700	0.2400
每股经营现金流量(元)	0.5140	0.1900	–0.1800
每股净资产/调整后(元)	2.6900	2.6000	2.4300
每股公积金(元)	2.3735	2.3735	2.3728
净资产收益率(%)	2.6900	6.3300	9.7900
总资产(万元)	85804.18	88695.05	67028.26
股东权益(万元)	24505.26	27508.21	25651.37
未分配利润(万元)	–7209.60	–8137.41	–9987.42
主营收入(万元)	7296.20	18440.20	14025.55
资本公积金(万元)	25079.22	25079.22	25072.39
主营利润(万元)	3212.75	7423.29	5497.77
其他业务利润(万元)	0.40	–6.94	–6.94
营业利润(万元)	1764.19	3043.62	2570.31
投资收益(万元)	–381.95	–3.55	
补贴收入(万元)			
营业外收支(万元)	–2.78	–24.87	–0.03
利润总额(万元)	1379.46	3015.20	2567.39
净利润(万元)	927.81	1742.11	2510.05

十大股东

序号	股东名称	股份性质	持股数(万股)	比例(%)
1	广东金荔投资有限责任公司	境内法人股	4771.52	45.16
2	深圳市旭能投资有限公司	境内法人股	208.00	1.97
3	中关村证券股份有限公司	流通A股	184.00	1.74
4	衡阳市金龙大酒店	境内法人股	82.22	0.78
5	衡阳市铝制品厂技协服务部	境内法人股	45.45	0.43
6	衡阳市工商局劳动服务公司	境内法人股	42.78	0.40
7	衡南电机郴州供电站	境内法人股	39.10	0.37
8	华允山	流通A股	38.40	0.36
9	衡阳市商业批发	境内法人股	37.54	0.36
10	衡阳市制剂设备厂	境内法人股	37.08	0.35

股东人数	2004.6	2003.12	2003.6	2002
	20420	20153	11240	8470

近年分配		近年配股/增发	

重大事项

2003年4月27日召开的公司二届董事会二次会议审议通过了公司与湖南投资集团股份有限公司签署《交叉担保框架协议书》的议案，我公司以互保的方式为湖南投资集团股份有限公司3000万元银行贷款提供连带责任担保。

二〇〇三年以来市场表现

2003年涨跌幅(%)	–51.63
2003年最高(元)	18.00
2003年最低(元)	6.10
2003年换手率(%)	549.81
2004.06涨跌幅(%)	–3.52
2004.06最高(元)	9.75
2004.06最低(元)	6.55
2004.06换手率(%)	234.97

中燕纺织股份有限公司

公司概况

公司名称	中燕纺织股份有限公司	股票代码	600763
注册地址	乌鲁木齐市高新技术开发区	邮政编码	100101
法人代表	晏子牛	董秘	金子楠
电话	010-64992893	传真	010-64992893
主营业务	羽毛羽绒产品		
总股本	16032.00	流通 A	4032.00
流通 B		流通 H	
审计单位		审计意见	未审计

主要财务指标

年度	2004.6	2003	2002
每股收益/扣除后(元)	−0.0152	−0.0416	0.0180
每股经营现金流量(元)	−0.0090	−0.0380	−0.0002
每股净资产/调整后(元)	0.0550	0.1000	0.1200
每股公积金(元)	0.4271	0.4271	0.4253
净资产收益率(%)	−7.5000	−22.7900	6.5200
总资产(万元)	5006.00	5118.69	5886.69
股东权益(万元)	3383.37	3637.25	4436.19
未分配利润(万元)	−19680.88	−19427.00	−18598.06
主营收入(万元)			35.84
资本公积金(万元)	6847.71	6847.71	6817.71
主营利润(万元)			−115.43
其他业务利润(万元)			
营业利润(万元)	−243.66	−667.59	−931.27
投资收益(万元)			448.42
补贴收入(万元)			
营业外收支(万元)	−10.21	−161.35	−1.32
利润总额(万元)	−253.88	−828.94	289.36
净利润(万元)	−253.88	−828.94	289.36

十大股东

序号	股东名称	股份性质	持股数(万股)	比例(%)
1	新疆屯河集团有限责任公司	法人股	4760.00	29.69
2	杭州广赛电力科技有限公司	法人股	3540.00	22.08
3	长沙糖酒物业开发管理有限公司	法人股	990.00	6.18
4	北京方程兴业投资有限公司	法人股	790.00	4.93
5	北京颐和丰业投资有限公司	法人股	720.00	4.49
6	上海岩鑫实业投资有限公司	法人股	500.00	3.12
7	上海平杰投资咨询有限公司	法人股,流通A股	251.23	1.57
8	上海步欣工贸有限公司	法人股	250.00	1.56
9	北京龙聚兴投资顾问有限公司	法人股	200.00	1.25
10	贾亚雄	流通股	46.73	0.29

股东人数	2004.6	2003.12	2003.6	2002
	13982	12128	10937	10510

近年分配		近年配股/增发	

重大事项

本公司第一大股东新疆屯河已于2004年4月16日与宝群实业签订了《法人股转让协议》。新疆屯河将其持有的本公司47,600,000股(占本公司总股本的29.69%)社会法人股转让给宝群实业,本次转让完成后宝群实业将成为本公司第一大股东。

二〇〇三年以来市场表现

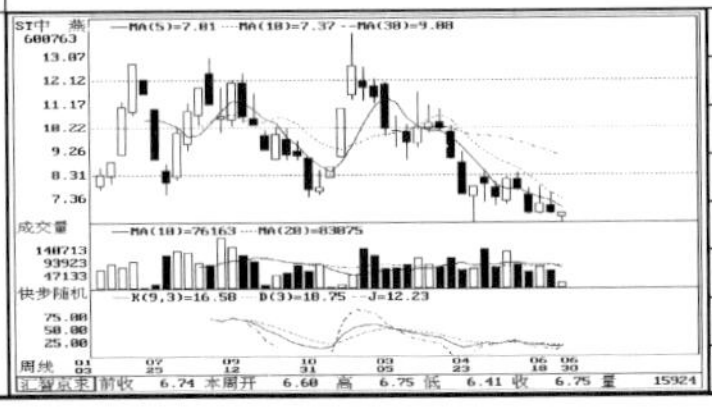

2003年涨跌幅(%)	−0.38
2003年最高(元)	13.01
2003年最低(元)	7.41
2003年换手率(%)	440.78
2004.06涨跌幅(%)	−13.46
2004.06最高(元)	14.02
2004.06最低(元)	6.41
2004.06换手率(%)	414.87

甘肃三星石化(集团)股份有限公司

公司概况

公司名称	甘肃三星石化(集团)股份有限公司	股票代码	600764
注册地址	甘肃省兰州市高新技术开发区科技街66号	邮政编码	100053
法人代表	单昶	董秘	杨琼
电话	010-63574758	传真	010-63574757
主营业务	石油化工产品		
总股本	32972.70	流通 A	10617.41
流通 B		流通 H	
审计单位		审计意见	未审计

主要财务指标

年度	2004.6	2003	2002
每股收益/扣除后(元)	0.0313	0.2200	0.2300
每股经营现金流量(元)	−0.0580	0.0100	0.5600
每股净资产/调整后(元)	1.6000	1.5600	2.2390
每股公积金(元)	0.1243	0.1243	0.7238
净资产收益率(%)	1.9500	12.9300	10.0600
总资产(万元)	69346.93	77013.27	77677.36
股东权益(万元)	52774.32	51518.45	41741.86
未分配利润(万元)	10766.46	9510.59	5091.61
主营收入(万元)	4023.74	74771.36	66927.22
资本公积金(万元)	4100.03	4100.03	13259.11
主营利润(万元)	2359.56	15169.97	6849.88
其他业务利润(万元)			
营业利润(万元)	732.63	10174.07	5356.98
投资收益(万元)	476.17	−14.93	−76.09
补贴收入(万元)			
营业外收支(万元)	−0.12	−529.33	−0.02
利润总额(万元)	1208.68	9629.81	5305.67
净利润(万元)	1031.32	6662.51	4199.00

十大股东

序号	股东名称	股份性质	持股数(万股)	比例(%)
1	中国电子信息产业集团	国有法人股	20941.74	63.51
2	兰州市商业银行银炼支行	境内法人股	521.23	1.58
3	中国石化国际事业兰炼公司	境内法人股	521.23	1.58
4	兰州天益特种润滑油脂厂	境内法人股	214.72	0.65
5	深圳市鑫科创投资发展有限公司	境内法人股	102.37	0.31
6	高霞	流通A股	73.20	0.22
7	王玉华	流通A股	57.35	0.17
8	甘肃海诚投资有限公司	境内法人股	54.00	0.16
9	张克岐	流通A股	50.11	0.15
10	上海国际服务贸易公司	流通A股	50.00	0.15

股东人数	2004.6	2003.12	2003.6	2002
	29532	26281	14700	15185

近年分配		近年配股/增发	

重大事项

2004年3月26日公司第四届董事会第十次会议,审议通过了关于副董事长周国勋先生、董事韩永杰先生、郭峰先生辞去公司董事职务的议案;2004年3月26日公司第四届监事会第五次会议审议通过了关于监事会副主席陈月民先生、职工代表监事徐元德先生辞去公司监事职务的议案,

二〇〇三年以来市场表现

2003年涨跌幅(%)	2.70
2003年最高(元)	8.34
2003年最低(元)	4.50
2003年换手率(%)	237.87
2004.06涨跌幅(%)	12.37
2004.06最高(元)	9.79
2004.06最低(元)	5.61
2004.06换手率(%)	400.23

贵州力源液压股份有限公司

公司概况

公司名称	贵州力源液压股份有限公司			股票代码	600765		
注册地址	贵州贵阳国家高新技术产业区开发区			邮政编码	550018		
法人代表	李利			董秘	舒代游		
电话	0851-6321009			传真	0851-6321001		
主营业务	高压柱塞液压						
总股本	11103.20	流通 A	3448.44	流通 B		流通 H	
审计单位				审计意见	未审计		

主要财务指标

年度	2004.6	2003	2002
每股收益/扣除后(元)	0.0519	0.0510	0.0140
每股经营现金流量(元)	0.0500	0.2310	0.1300
每股净资产/调整后(元)	1.3030	1.2410	1.3760
每股公积金(元)	0.4526	0.4439	0.4414
净资产收益率(%)	3.5930	3.2490	0.9800
总资产(万元)	24003.45	22893.68	22134.93
股东权益(万元)	16630.66	15936.74	15391.53
未分配利润(万元)	502.11	–95.36	–613.16
主营收入(万元)	6546.60	8584.78	6141.57
资本公积金(万元)	5025.34	4928.90	4901.49
主营利润(万元)	2745.71	3412.44	2239.57
其他业务利润(万元)	15.84	61.60	10.82
营业利润(万元)	678.61	656.30	298.64
投资收益(万元)	4.00	–15.96	9.57
补贴收入(万元)	0.45	4.54	0.49
营业外收支(万元)	–3.84	–104.49	3.02
利润总额(万元)	679.21	540.39	150.90
净利润(万元)	597.47	517.80	150.90

十大股东

序号	股东名称	股份性质	持股数(万股)	比例(%)
1	贵州金江航空空液有限责任公司	国有法人股	7653.20	68.93
2	李晓峰	流通 A 股	49.31	0.44
3	韩志正	流通 A 股	17.50	0.16
4	陆锦庞	流通 A 股	15.00	0.14
5	李明政	流通 A 股	14.05	0.13
6	李香艳	流通 A 股	13.38	0.12
7	张兴发	流通 A 股	11.64	0.10
8	虞国伟	流通 A 股	11.03	0.10
9	罗睦权	流通 A 股	9.23	0.08
10	闫变生	流通 A 股	9.00	0.08

股东人数	2004.6	2003.12	2003.6	2002
	16908	16108	16864	18313

近年分配		近年配股/增发	

重大事项

2003 年 11 月 4 日召开力源二届董事会第 20 次临时会议，审议通过了《合资协议》和《合资公司的可行性分析报告》，力源公司与和隆机械（香港）有限公司及新加坡个人投资者柯毓钦三方拟共同投资组建中外合资公司。合资公司投资总额为人民币 500 万元，注册资本为人民币 500 万元。

二〇〇三年以来市场表现

2003 年涨跌幅(%)	–28.09
2003 年最高(元)	10.88
2003 年最低(元)	6.10
2003 年换手率(%)	173.79
2004.06 涨跌幅(%)	–2.99
2004.06 最高(元)	8.14
2004.06 最低(元)	6.13
2004.06 换手率(%)	142.61

烟台华联发展集团股份有限公司

公司概况

公司名称	烟台华联发展集团股份有限公司			股票代码	600766		
注册地址	山东省烟台市南大街 261 号			邮政编码	264001		
法人代表	陈伟东			董秘	杨剑波		
电话	0535-6626431			传真	0535-6628992		
主营业务	商品零售及批发						
总股本	17116.55	流通 A	6021.32	流通 B		流通 H	
审计单位				审计意见	未审计		

主要财务指标

年度	2004.6	2003	2002
每股收益/扣除后(元)	–0.0462	–0.2100	–0.7600
每股经营现金流量(元)	–0.2840	0.3050	–0.3527
每股净资产/调整后(元)	0.2650	0.2589	0.4191
每股公积金(元)	0.5203	0.5203	0.5203
净资产收益率(%)	0.9100	10.9100	–155.1400
总资产(万元)	75711.03	79496.48	73496.66
股东权益(万元)	11373.11	11269.21	10063.56
未分配利润(万元)	–14963.00	–15066.48	–16204.56
主营收入(万元)	10055.12	21083.72	16141.96
资本公积金(万元)	8906.31	8906.31	8906.31
主营利润(万元)	1269.52	3022.18	–801.19
其他业务利润(万元)	802.20	1337.87	–3.49
营业利润(万元)	45.09	–1049.81	–13516.63
投资收益(万元)	–28.82	1309.64	–137.42
补贴收入(万元)	70.30		
营业外收支(万元)	226.48	1195.15	–8.21
利润总额(万元)	313.05	1454.98	–16219.06
净利润(万元)	103.90	1229.10	–15612.88

十大股东

序号	股东名称	股份性质	持股数(万股)	比例(%)
1	山东鲁信国际经济股份有限公司	境内法人股	4680.91	27.35
2	烟台市国有资产经营公司	国有股	3235.82	18.90
3	深圳昌信实业有限公司	境内法人股	2400.00	14.02
4	建行烟台市分行	境内法人股	300.00	1.75
5	烟台市张裕葡萄酿酒公司	境内法人股	127.50	0.74
6	烟台市聚氨酯制品工业公司	境内法人股	127.50	0.74
7	烟台市华侨商品供应总公司	境内法人股	60.00	0.35
8	山东龙口发电厂	境内法人股	60.00	0.35
9	于熔	流通 A 股	50.50	0.30
10	石蕊	流通 A 股	30.17	0.18

股东人数	2004.6	2003.12	2003.6	2002
	15913	16213	23171	26795

近年分配		近年配股/增发	

重大事项

2004 年 7 月 8 日，本公司召开第七届董事会第十四次会议，审议通过了《变更募集资金投向的议案》，决定利用剩余募集资金 3,750 万元中的 289,983,802 元收购永安药业股权及对其增资扩股。

二〇〇三年以来市场表现

2003 年涨跌幅(%)	41.65
2003 年最高(元)	8.71
2003 年最低(元)	4.92
2003 年换手率(%)	330.66
2004.06 涨跌幅(%)	–37.69
2004.06 最高(元)	8.99
2004.06 最低(元)	5.10
2004.06 换手率(%)	125.31

运盛(上海)实业股份有限公司

公司概况

公司名称	运盛(上海)实业股份有限公司			股票代码	600767	
注册地址	上海市青浦区朱家角镇			邮政编码	200040	
法人代表	李寿平			董秘	姜慧芳	
电话	021-62719804			传真	021-62870246	
主营业务	城市基础设施开发					
总股本	34101.02	流通 A	9674.46	流通 B	流通 H	
审计单位				审计意见	未审计	

主要财务指标

年度	2004.6	2003	2002
每股收益/扣除后(元)	-0.0380	-0.2200	0.0250
每股经营现金流量(元)	0.8720	-0.1200	0.3600
每股净资产/调整后(元)	1.0900	1.2100	1.8000
每股公积金(元)	0.5360	0.5360	0.5360
净资产收益率(%)	-0.0900	-18.3100	1.4000
总资产(万元)	115624.74	86827.22	129734.70
股东权益(万元)	37223.85	41387.35	61425.14
未分配利润(万元)	-17410.33	-14029.41	3201.26
主营收入(万元)	1769.32	15470.80	37333.94
资本公积金(万元)	18278.47	18278.47	18278.47
主营利润(万元)	-163.73	598.84	8080.75
其他业务利润(万元)	-132.10	-299.36	-2.51
营业利润(万元)	-1933.48	-5011.40	3621.14
投资收益(万元)	2.12	66.76	-171.52
补贴收入(万元)			
营业外收支(万元)	-2134.92	-2998.84	-17.52
利润总额(万元)	-4055.28	-7943.48	2339.80
净利润(万元)	-3380.91	-7576.00	852.51

十大股东

序号	股东名称	股份性质	持股数(万股)	比例(%)
1	香港运盛有限公司	外资法人股	15741.56	46.16
2	中国银宏实业发展公司	境内法人股	3225.00	9.46
3	上海静安协和房地产有限公司	境内法人股	1462.50	4.29
4	福建华兴信托投资公司	境内法人股	1096.88	3.22
5	上海恒金高科技投资有限公司	境内法人股	750.00	2.20
6	南京钢铁集团有限公司	境内法人股	511.88	1.50
7	上海景贤投资有限公司	境内法人股	485.00	1.42
8	福建中福实业有限公司	境内法人股	438.75	1.29
9	深圳市富旺达投资有限公司	境内法人股	260.00	0.76
10	海南博妮达贸易有限公司	境内法人股	160.00	0.47

股东人数	2004.6	2003.12	2003.6	2002
	46937	49440	49391	46697

近年分配		近年配股/增发	

重大事项

本公司将控股子公司运盛(上海)房地产建设有限公司拥有的不超过人民币1.5亿元的资金委托与中融国际信托投资有限公司进行管理,中融国际信托投资有限公司预计信托资金的年收益率为6%。此项信托资金的期限为一年,自2004年6月24日起至2005年6月28日止。

二〇〇三年以来市场表现

2003年涨跌幅(%)	-39.65
2003年最高(元)	8.41
2003年最低(元)	4.25
2003年换手率(%)	152.59
2004.06涨跌幅(%)	-7.85
2004.06最高(元)	5.70
2004.06最低(元)	3.96
2004.06换手率(%)	122.23

宁波富邦精业集团股份有限公司

公司概况

公司名称	宁波富邦精业集团股份有限公司			股票代码	600768	
注册地址	宁波镇海骆驼机电工业园区			邮政编码	315010	
法人代表	郑锦浩			董秘	马晓勇	
电话	0574-87300929			传真	0574-87306619	
主营业务	有色金属复合材料、新型合金材料					
总股本	11145.60	流通 A	3214.08	流通 B	流通 H	
审计单位	浙江天健会计师事务所			审计意见	标准无保留	

主要财务指标

年度	2004.6	2003	2002
每股收益/扣除后(元)	0.0988	0.1300	0.2600
每股经营现金流量(元)	0.0570	0.0120	0.2700
每股净资产/调整后(元)	1.3100	1.2500	1.1000
每股公积金(元)	0.1022	0.1022	0.3226
净资产收益率(%)	7.4600	26.0400	23.7600
总资产(万元)	49188.88	43885.25	30079.73
股东权益(万元)	14606.63	13960.45	10324.90
未分配利润(万元)	1480.85	768.15	-2731.84
主营收入(万元)	19816.74	26180.88	30458.69
资本公积金(万元)	1138.53	1138.53	2996.13
主营利润(万元)	2539.35	3019.29	3280.00
其他业务利润(万元)	172.31	139.71	4.46
营业利润(万元)	1202.85	897.24	1437.76
投资收益(万元)	6.50	507.98	729.04
补贴收入(万元)			
营业外收支(万元)	-25.19	2660.28	-3.33
利润总额(万元)	1184.16	4065.49	2471.85
净利润(万元)	1089.67	3635.55	2453.25

十大股东

序号	股东名称	股份性质	持股数(万股)	比例(%)
1	宁波富邦控股集团有限公司	境内法人股	3201.12	28.72
2	上海城开(集团)有限公司	国有法人股	1671.84	15.00
3	上海雄龙科技有限公司	境内法人股	1607.04	14.42
4	宁波市工业投资有限责任公司	国有法人股	1235.52	11.09
5	宁波银盛投资发展有限公司	境内法人股	140.40	1.26
6	王萧萧	流通A股	67.56	0.61
7	高相平	流通A股	32.98	0.30
8	上海双翊商贸有限公司	境内法人股	30.00	0.27
9	周摇轩	流通A股	27.69	0.25
10	梁芬	流通A股	25.14	0.23

股东人数	2004.6	2003.12	2003.6	2002
	4316	6073	8471	9627

近年分配		近年配股/增发	

重大事项

公司为宁波市科技园区开发有限公司向中国银行宁波市分行借款人民币肆仟万元提供担保,此项借款到期日为2006年3月28日。保证方式:连带责任保证,保证期限:从借款合同生效之日开始到借款合同债务履行期限届满之日起经过二年。

二〇〇三年以来市场表现

2003年涨跌幅(%)	20.62
2003年最高(元)	16.17
2003年最低(元)	12.41
2003年换手率(%)	94.01
2004.06涨跌幅(%)	1.36
2004.06最高(元)	19.10
2004.06最低(元)	14.92
2004.06换手率(%)	96.52

武汉祥龙电业股份有限公司

公司概况

公司名称	武汉祥龙电业股份有限公司	股票代码	600769
注册地址	武汉市洪山区葛化街化工路31号	邮政编码	430078
法人代表	江涤清	董秘	杨思兵
电话	027-87602482	传真	027-87600367
主营业务	基本化工原料		

总股本	34881.60	流通 A	8736.00	流通 B		流通 H	
审计单位		审计意见	未审计				

主要财务指标

年度	2004.6	2003	2002
每股收益/扣除后(元)	0.0155	0.0130	-0.2864
每股经营现金流量(元)	0.0450	0.0962	0.0510
每股净资产/调整后(元)	2.1500	2.1300	2.1500
每股公积金(元)	1.1335	1.1335	1.1335
净资产收益率(%)	0.5100	0.4700	-13.2000
总资产(万元)	99719.58	99787.53	103547.91
股东权益(万元)	76387.12	75997.57	75642.31
未分配利润(万元)	-2179.20	-2568.75	-2924.00
主营收入(万元)	33802.86	51420.30	42535.80
资本公积金(万元)	39537.51	39537.51	39537.51
主营利润(万元)	3834.04	6031.42	1095.61
其他业务利润(万元)	123.92	97.10	-1.16
营业利润(万元)	642.06	612.70	-8862.55
投资收益(万元)			
补贴收入(万元)			
营业外收支(万元)	-252.51	-257.45	3.38
利润总额(万元)	389.55	355.25	-9988.45
净利润(万元)	389.55	355.25	-9988.45

十大股东

序号	股东名称	股份性质	持股数(万股)	比例(%)
1	宏源证券股份有限公司	国有法人股	11083.78	31.78
2	中国工商银行湖北省分行	国有法人股	8964.22	25.70
3	武汉华原能源物资开发公司	国有法人股	2681.60	7.69
4	武汉市电力开发公司	国有法人股	1376.00	3.94
5	武汉建设投资公司	国有法人股	862.92	2.47
6	武汉市洪山吕墩农工商总公司	法人股	320.00	0.92
7	武汉机场综合发展总公司	国有法人股	320.00	0.92
8	中达信实业投资有限公司	法人股	200.00	0.57
9	北京清大电子仪器联合公司	法人股	168.66	0.48
10	华泰证券有限责任公司	法人股	96.42	0.28

股东人数	2004.6	2003.12	2003.6	2002
	54519	56068	58377	61461

近年分配		近年配股/增发	

重大事项

2004年5月11日，根据《上海证券交易所上市规则》的有关规定，经本公司申请上海证券交易所批准，本公司股票撤消特别处理。公司股票简称由"＊ST祥龙"改为"祥龙电业"，公司挂牌证券代码仍为"600769"。

二〇〇三年以来市场表现

2003年涨跌幅(%)	-17.30
2003年最高(元)	6.50
2003年最低(元)	3.69
2003年换手率(%)	149.36
2004.06涨跌幅(%)	12.42
2004.06最高(元)	7.27
2004.06最低(元)	4.35
2004.06换手率(%)	240.32

江苏综艺股份有限公司

公司概况

公司名称	江苏综艺股份有限公司	股票代码	600770
注册地址	江苏省通州市兴东镇黄金村	邮政编码	226376
法人代表	昝圣达	董秘	季风华
电话	0513-6639999,6639987	传真	0513-6563502
主营业务	各类中高档服装		

总股本	27000.00	流通 A	9900.00	流通 B		流通 H	
审计单位		审计意见	未审计				

主要财务指标

年度	2004.6	2003	2002
每股收益/扣除后(元)	0.0459	0.0470	0.0760
每股经营现金流量(元)	-0.2790	0.0790	0.1720
每股净资产/调整后(元)	2.2440	2.1970	2.1300
每股公积金(元)	0.1993	0.1993	0.1936
净资产收益率(%)	2.1700	2.5100	3.8400
总资产(万元)	138541.52	133044.08	118101.19
股东权益(万元)	60888.16	59609.52	58333.88
未分配利润(万元)	17475.93	16155.87	15213.31
主营收入(万元)	23074.65	38761.73	27278.37
资本公积金(万元)	5380.15	5380.15	5227.79
主营利润(万元)	4939.59	9242.85	6547.97
其他业务利润(万元)	146.13	1191.96	56.29
营业利润(万元)	2314.88	3912.18	1890.59
投资收益(万元)	-160.50	-662.98	936.08
补贴收入(万元)	1.79	276.30	4.48
营业外收支(万元)	143.05	0.58	0.01
利润总额(万元)	2328.46	3526.08	3676.50
净利润(万元)	1320.06	1498.77	2242.63

十大股东

序号	股东名称	股份性质	持股数(万股)	比例(%)
1	南通综艺投资有限公司	境内发起人股	12323.66	45.64
2	南通大兴服装绣品有限公司	境内发起人股,社会法人股	3426.35	12.69
3	通州市建设投资中心	募集法人股	1350.00	5.00
4	金鑫证券投资基金	流通A股	499.48	1.85
5	民生证券有限责任公司	流通A股	199.73	0.74
6	涂桂明	流通A股	111.91	0.41
7	嘉峪关龙泰矿山建设有限公司	流通A股	76.68	0.28
8	兴安证券投资基金	流通A股	70.00	0.26
9	华安上证180指数增强型证券投资基金	流通A股	33.42	0.12
10	黄筱艳	流通A股	30.00	0.11

股东人数	2004.6	2003.12	2003.6	2002
	63410	78010	80767	83505

近年分配		近年配股/增发	

重大事项

2004年上半年，公司进行了换届选举。公司2003年度股东大会于2004年5月20日在公司会议室召开，会议审议并以累积投票制的方式选举昝圣达、季风华、昝瑞国、程建华、徐建、昝瑞林为公司第五届董事会董事，选举王伟、朱林、马汉坤为公司第五届董事会独立董事，上述九人共同组成公司第五届董事会，任期三年。

二〇〇三年以来市场表现

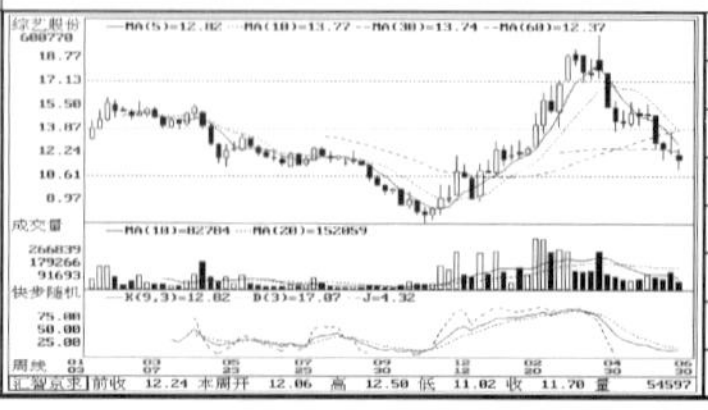

2003年涨跌幅(%)	-17.50
2003年最高(元)	15.90
2003年最低(元)	7.34
2003年换手率(%)	326.66
2004.06涨跌幅(%)	7.44
2004.06最高(元)	20.40
2004.06最低(元)	10.59
2004.06换手率(%)	367.03

东盛科技股份有限公司

公司概况

公司名称	东盛科技股份有限公司	股票代码	600771
注册地址	青海省西宁市高新开发区	邮政编码	710075
法人代表	郭家学	董秘	田红
电话	029-88332288-8165	传真	029-88330835
主营业务	各类医药产品		
总股本	18688.70	流通 A	4950.00
流通 B		流通 H	
审计单位		审计意见	未审计

主要财务指标

年度	2004.6	2003	2002
每股收益/扣除后(元)	0.1616	0.2400	0.1800
每股经营现金流量(元)	0.2190	0.4500	0.6900
每股净资产/调整后(元)	2.2900	2.1100	1.9300
每股公积金(元)	0.1297	0.1297	0.1297
净资产收益率(%)	7.0300	9.6100	10.2600
总资产(万元)	140836.62	139167.48	118480.79
股东权益(万元)	43185.90	40150.38	36290.58
未分配利润(万元)	17471.38	14435.87	11348.02
主营收入(万元)	28810.32	55945.87	50430.03
资本公积金(万元)	2424.13	2424.13	2424.13
主营利润(万元)	21467.27	39888.45	32376.34
其他业务利润(万元)	5.10	9.84	-0.07
营业利润(万元)	3606.62	5269.74	4492.81
投资收益(万元)	299.22	459.49	763.38
补贴收入(万元)	11.63	90.27	-12.10
营业外收支(万元)	5.57	-803.27	-2.22
利润总额(万元)	3923.03	5016.22	5646.92
净利润(万元)	3035.52	3859.80	3723.01

十大股东

序号	股东名称	股份性质	持股数(万股)	比例(%)
1	西安东盛集团有限公司	境内法人股	5404.83	28.92
2	陕西东盛药业股份有限公司	境内法人股	4508.00	24.12
3	鞍山钢铁集团公司	国有法人股	1379.68	7.38
4	青海万立水电有限责任公司	境内法人股	660.00	3.53
5	中色(南海)恒达发展公司	境内法人股	604.00	3.23
6	南京钢铁集团公司	境内法人股	540.00	2.89
7	镇江市环宇投资咨询有限责任公司	境内法人股	302.19	1.62
8	广发证券股份有限公司	境内法人股	270.00	1.44
9	中国建设银行-华宝兴业多策略增长证券投资基金	流通 A 股	266.25	1.42
10	山西晋能房地产开发有限公司	流通 A 股	80.00	0.43

股东人数	2004.6	2003.12	2003.6	2002
	23971	26758	27376	28102

近年分配		近年配股/增发	

重大事项

2004 年 6 月 29 日召开的公司第三届董事会第六次会议审议通过了《关于公司申请增发新股的议案》，公司拟增发不超过 7000 万股人民币普通股(A 股)。该议案尚须经公司 2004 年度第一次临时股东大会表决后，报中国证券监督管理委员会核准。

二〇〇三年以来市场表现

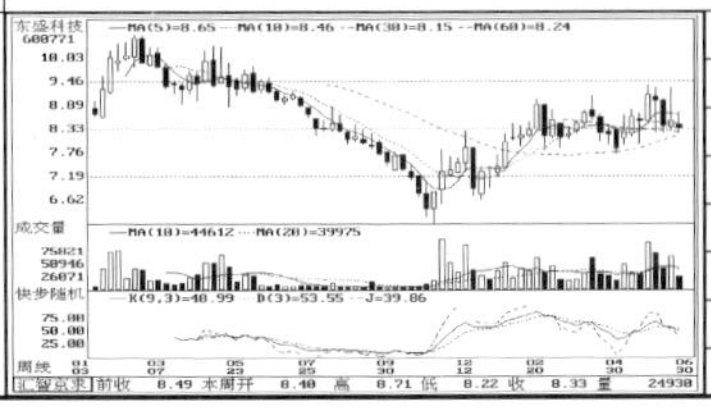

2003 年涨跌幅(%)	-17.77
2003 年最高(元)	10.53
2003 年最低(元)	6.05
2003 年换手率(%)	249.42
2004.06 涨跌幅(%)	16.02
2004.06 最高(元)	9.35
2004.06 最低(元)	7.14
2004.06 换手率(%)	193.55

中油龙昌(集团)股份有限公司

公司概况

公司名称	中油龙昌(集团)股份有限公司	股票代码	600772
注册地址	上海市中山南路 28 号久事大厦 20 层	邮政编码	200010
法人代表	邱忠保	董秘	赵伟文
电话	0316-63302552	传真	0316-63300386
主营业务	天然气管道运输		
总股本	28753.92	流通 A	9097.92
流通 B		流通 H	
审计单位		审计意见	未审计

主要财务指标

年度	2004.6	2003	2002
每股收益/扣除后(元)	-0.0230	-0.0184	0.0660
每股经营现金流量(元)	0.0030	-0.9000	0.3800
每股净资产/调整后(元)	2.2940	2.2930	2.7580
每股公积金(元)	0.7251	0.7251	1.0697
净资产收益率(%)	0.2200	0.3900	2.3500
总资产(万元)	167546.91	163993.25	108536.41
股东权益(万元)	67673.01	67526.05	67254.98
未分配利润(万元)	13687.74	13540.78	13290.21
主营收入(万元)	16482.47	38368.81	21496.12
资本公积金(万元)	20849.63	20849.63	25630.92
主营利润(万元)	1894.19	7061.25	8199.49
其他业务利润(万元)	498.04	-3.01	-0.01
营业利润(万元)	-22.30	2042.60	4486.19
投资收益(万元)	-49.63	1730.24	1052.22
补贴收入(万元)	14.41	123.94	-26.35
营业外收支(万元)	534.06	-1668.65	-4.70
利润总额(万元)	476.55	2228.13	5287.87
净利润(万元)	146.96	260.04	1582.29

十大股东

序号	股东名称	股份性质	持股数(万股)	比例(%)
1	西安飞天科工贸集团有限责任公司	境内法人股	7763.56	27.00
2	中国石油天然气管道局	国有法人股	3007.40	10.46
3	武汉绿洲企业(集团)有限公司	境内法人股	2558.70	8.90
4	张家港保税区石油管道国贸公司	境内法人股	1353.46	4.71
5	上海創立投資管理有限公司	境内法人股	950.40	3.31
6	潍坊胜利管道安装工程公司	境内法人股	402.48	1.40
7	贵州宗德实业发展有限公司	境内法人股	360.00	1.25
8	上海中策投资咨询有限公司	境内法人股	211.91	0.74
9	北京中油实业公司	境内法人股	180.00	0.63
10	三生公司	境内法人股	102.96	0.36

股东人数	2004.6	2003.12	2003.6	2002
	46294	46204	46190	45910

近年分配		近年配股/增发	

重大事项

2004 年上半年，根据公司 2004 年 6 月 20 号召开的 2003 年年度股东大会审议通过的《关于收购武汉民生石油液化气有限公司 51%股权的议案》，公司拟收购武汉民生石油液化气有限公司 51%的股权。本公司收购武汉民生石油液化气有限公司 51%股权的收购价格将以武汉民生石油液化气有限公司经有证券从业资格的会计事务所审计评估后的净资产为基础确定，收购金额经初步估算将达到 3 亿元左右。

二〇〇三年以来市场表现

2003 年涨跌幅(%)	-13.92
2003 年最高(元)	8.23
2003 年最低(元)	4.59
2003 年换手率(%)	170.26
2004.06 涨跌幅(%)	-15.59
2004.06 最高(元)	7.08
2004.06 最低(元)	4.73
2004.06 换手率(%)	133.71

西藏金珠股份有限公司

公司概况

公司名称	西藏金珠股份有限公司	股票代码	600773
注册地址	西藏自治区拉萨市北京中路 182 号	邮政编码	850000
法人代表	董金江	董秘	次仁多吉
电话	0891-6832913,6835988-330,303	传真	0891-6824804
主营业务	进出口贸易		
总股本	18033.01	流通 A	6933.33
流通 B		流通 H	
审计单位	深圳大华天诚会计师事务所	审计意见	标准无保留

主要财务指标

年度	2004.6	2003	2002
每股收益 / 扣除后(元)	-0.0285	-0.0140	0.0251
每股经营现金流量(元)	-0.0210	-1.0800	0.1700
每股净资产 / 调整后(元)	1.9000	1.8900	1.7300
每股公积金(元)	0.5537	0.5537	0.5537
净资产收益率(%)	-1.6700	2.1000	1.3200
总资产(万元)	112237.08	105094.55	57805.77
股东权益(万元)	34183.67	34765.33	34213.91
未分配利润(万元)	4374.42	4944.79	4614.03
主营收入(万元)	19216.35	108565.83	20773.88
资本公积金(万元)	9984.87	9984.87	9984.87
主营利润(万元)	1024.74	4404.76	2748.85
其他业务利润(万元)	25.19	15.53	0.25
营业利润(万元)	-308.09	367.19	563.06
投资收益(万元)	-54.44	524.22	155.25
补贴收入(万元)		459.70	-0.54
营业外收支(万元)	-1.49	-31.59	-0.04
利润总额(万元)	-364.01	1319.53	763.27
净利润(万元)	-570.37	724.56	452.47

十大股东

序号	股东名称	股份性质	持股数(万股)	比例(%)
1	西藏金珠集团有限公司	国有法人股	4508.25	25.00
2	南京长恒实业有限公司	境内法人股	3606.60	20.00
3	江苏中桥百合通讯产品有限公司	境内法人股	2700.38	14.97
4	华龙证券有限公司	流通 A 股	259.83	1.44
5	西藏信托投资有限公司	境内法人股	71.11	0.39
6	西藏国际经济技术合作有限公司	境内法人股	71.11	0.39
7	西藏包装进出口有限公司	境内法人股	71.11	0.39
8	西藏出口商品基地有限公司	境内法人股	71.11	0.39
9	成都金龙投资有限公司	流通 A 股	62.81	0.35
10	成都利丰资产管理有限公司	流通 A 股	56.45	0.31

股东人数	2004.6	2003.12	2003.6	2002
	19279	7406	7099	8250

近年分配		近年配股 / 增发	

重大事项

公司收购公司控股股东西藏金珠(集团)有限公司持有的四川金珠生态农业科技有限公司 79% 的股权 632 万股,收购价格 632 万元,相关手续尚在办理之中。

二〇〇三年以来市场表现

2003 年涨跌幅(%)	-27.29
2003 年最高(元)	11.99
2003 年最低(元)	7.55
2003 年换手率(%)	89.42
2004.06 涨跌幅(%)	-39.63
2004.06 最高(元)	8.98
2004.06 最低(元)	4.51
2004.06 换手率(%)	328.10

武汉市汉商集团股份有限公司

公司概况

公司名称	武汉市汉商集团股份有限公司	股票代码	600774
注册地址	武汉市汉阳大道 134 号	邮政编码	430050
法人代表	张宪华	董秘	张晴
电话	027-84843197	传真	027-84842384
主营业务	百货零售、旅游		
总股本	10910.96	流通 A	3997.59
流通 B		流通 H	
审计单位		审计意见	未审计

主要财务指标

年度	2004.6	2003	2002
每股收益 / 扣除后(元)	-0.1294	-0.3000	-0.0870
每股经营现金流量(元)	0.1170	1.1100	0.1600
每股净资产 / 调整后(元)	3.9600	4.0900	4.4900
每股公积金(元)	1.7880	1.7880	2.0668
净资产收益率(%)	-3.2500	0.3000	0.6900
总资产(万元)	144653.81	144520.45	150390.78
股东权益(万元)	43439.18	44850.60	44849.16
未分配利润(万元)	8078.98	9490.39	9489.72
主营收入(万元)	22249.19	44869.16	49331.77
资本公积金(万元)	19509.23	19509.23	20500.49
主营利润(万元)	4453.54	6142.39	8317.07
其他业务利润(万元)	977.77	2910.07	-105.67
营业利润(万元)	-2032.17	-6083.09	-867.05
投资收益(万元)	-42.39	-63.40	-32.20
补贴收入(万元)		7005.43	7005.43
营业外收支(万元)	-65.22	-570.59	-3.61
利润总额(万元)	-2139.79	288.35	93.07
净利润(万元)	-1411.41	133.74	311.53

十大股东

序号	股东名称	股份性质	持股数(万股)	比例(%)
1	武汉市汉阳区国有资产管理局	国有法人股	3696.00	33.87
2	交通银行武汉分行	境内法人股	554.40	5.08
3	上海证大投资管理有限公司	境内法人股	425.04	3.90
4	国海证券有限责任公司	流通 A 股	410.69	3.76
5	中国长城资产管理公司	境内法人股	369.60	3.39
6	中国工商银行武汉信托投资公司	境内法人股	369.60	3.39
7	工商银行湖北省信托投资公司	境内法人股	184.80	1.69
8	武汉市阳太阳广告有限公司	境内法人股	147.84	1.35
9	武汉国际租赁公司	境内法人股	96.10	0.88
10	海通证券有限公司	境内法人股	92.40	0.85

股东人数	2004.6	2003.12	2003.6	2002
	11207	11624	12508	11351

近年分配		近年配股 / 增发	

重大事项

2004 年上半年公司进行了换届选举。经公司第四届董事会提名委员会提议,2003 年度股东大会按照累积投票的方式审议通过,张宪华、魏汉华、麻建雄、张晴、张杰、周细春、高新华为公司第五届董事会董事,魏祥发、夏成才为公司第五届董事会独立董事。其中,高新华为新任董事,叶明娥不再担任公司董事职务。

二〇〇三年以来市场表现

2003 年涨跌幅(%)	-53.67
2003 年最高(元)	12.07
2003 年最低(元)	4.78
2003 年换手率(%)	235.60
2004.06 涨跌幅(%)	3.73
2004.06 最高(元)	8.70
2004.06 最低(元)	5.01
2004.06 换手率(%)	135.89

南京熊猫电子股份有限公司

公司概况

公司名称	南京熊猫电子股份有限公司	股票代码	600775
注册地址	南京市南京高新技术产业区开发区05幢北侧1-2层	邮政编码	210002
法人代表	李安建	董秘	陈平
电话	025-84801144	传真	025-84820729
主营业务	移动通信产品		
审计单位		审计意见	未审计

总股本	流通A	流通B	流通H
65501.50	5800.00		24200.00

主要财务指标

年度	2004.6	2003	2002
每股收益/扣除后(元)	0.0673	0.1200	0.1400
每股经营现金流量(元)	-1.2240	0.0300	-0.3000
每股净资产/调整后(元)	1.7000	1.6800	1.4500
每股公积金(元)	0.7311	0.7311	0.7307
净资产收益率(%)	4.8900	8.7100	8.8500
总资产(万元)	465902.37	359243.00	272763.53
股东权益(万元)	118697.55	112897.40	103035.61
未分配利润(万元)	-13506.47	-19306.62	-29141.30
主营收入(万元)	123072.87	387429.91	129368.61
资本公积金(万元)	47888.76	47888.76	47861.65
主营利润(万元)	13537.58	44480.13	17821.60
其他业务利润(万元)	784.91	1861.32	32.73
营业利润(万元)	-4106.47	3276.29	-2580.57
投资收益(万元)	10685.16	10719.00	14027.95
补贴收入(万元)	60.62	190.68	-0.46
营业外收支(万元)	-3.06	-131.45	-3.72
利润总额(万元)	6636.25	14054.52	11386.53
净利润(万元)	5800.16	9834.68	9118.49

十大股东

序号	股东名称	股份性质	持股数(万股)	比例(%)
1	熊猫电子集团有限公司	国有法人股	35501.50	54.20
2	香港中央结算(代理人)有限公司	流通H股	23715.39	36.21
3	CHENG CHANG YUNG TSUNG ALICE	流通H股	305.00	0.47
4	TSE WING PAK	流通H股	55.00	0.08
5	黄海滨	流通H股	53.50	0.08
6	赖水娇	流通H股	41.98	0.06
7	赖琼	流通H股	39.26	0.06
8	张娣	流通H股	25.30	0.04
9	HAY And Company Ltd	流通H股	20.00	0.03
10	胡新海	流通H股	19.70	0.03

股东人数

2004.6	2003.12	2003.6	2002
29921	31768	32115	28874

近年分配		近年配股/增发	

重大事项

司于2004年5月12日分别与南京江宁经济技术开发总公司和南京新城股份有限公司签订了将本公司所持有的江苏省软件产业股份有限公司总计35%的股权转让协议，协议转让价格总计为人民币8,033.949万元。公司五届一次董事会通过了关于该事项的决议。

二〇〇三年以来市场表现

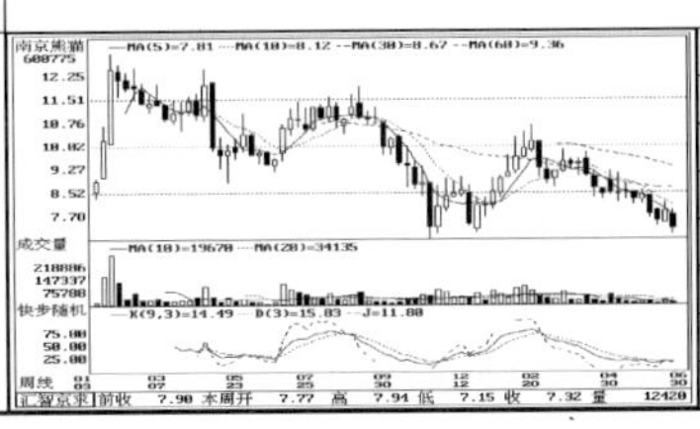

2003年涨跌幅(%)	-6.06
2003年最高(元)	13.00
2003年最低(元)	7.03
2003年换手率(%)	445.73
2004.06涨跌幅(%)	-9.18
2004.06最高(元)	10.64
2004.06最低(元)	7.15
2004.06换手率(%)	165.31

东方通信股份有限公司

公司概况

公司名称	东方通信股份有限公司	股票代码	600776
注册地址	杭州市文三路398号	邮政编码	310013
法人代表	郑国民	董秘	蔡祝平
电话	0571-88865242	传真	0571-88865243
主营业务	生产经营移动通信		
审计单位		审计意见	未审计

总股本	流通A	流通B	流通H
62800.00	11800.00	15000.00	

主要财务指标

年度	2004.6	2003	2002
每股收益/扣除后(元)	0.0192	-1.9260	-0.3280
每股经营现金流量(元)	0.6210	-0.3770	-1.2150
每股净资产/调整后(元)	3.7070	3.6460	5.4580
每股公积金(元)	2.3275	3.4431	3.4042
净资产收益率(%)	1.5000	-50.2400	-5.9800
总资产(万元)	543915.00	552813.62	685623.75
股东权益(万元)	234547.64	231018.83	344633.97
未分配利润(万元)	8052.27	-83259.01	32799.09
主营收入(万元)	229009.23	422613.12	821968.69
资本公积金(万元)	146164.14	216229.20	213786.62
主营利润(万元)	36678.53	21570.08	108862.20
其他业务利润(万元)	-7969.06	-3718.48	-11.22
营业利润(万元)	528.38	-123223.42	-17509.73
投资收益(万元)	2883.11	7475.07	2068.20
补贴收入(万元)	164.43	67.44	0.95
营业外收支(万元)	-129.39	-3075.85	-49.68
利润总额(万元)	3446.53	-118756.76	-17125.84
净利润(万元)	3528.92	-116058.11	-20594.42

十大股东

序号	股东名称	股份性质	持股数(万股)	比例(%)
1	普天东方通信集团有限公司	国有法人股	32400.00	51.59
2	珠海东信投资有限公司	境内法人股	3600.00	5.73
3	徐崇伟	流通B股	572.76	0.91
4	杨莹	流通B股	320.80	0.51
5	冷立华	流通B股	155.72	0.25
6	万本华	流通B股	125.00	0.20
7	卢付国	流通B股	80.00	0.13
8	胡不夭	流通A股	72.60	0.12
9	胡世能	流通B股	64.23	0.10
10	高胜利	流通B股	60.03	0.10

股东人数

2004.6	2003.12	2003.6	2002
79574	63365	88774	91796

近年分配		近年配股/增发	

重大事项

2003年9月16日，招商银行股份有限公司深圳龙岗支行(以下简称"招行")向中国国际经济贸易仲裁委员会上海分会(以下简称"仲裁庭")提交仲裁申请书，将深圳市科特通信有限公司(以下简称"科特")作为第一被申请人，本公司作为第二被申请人，指称依据招行与科特签订的《授信协议》，并且援引本公司、科特及招行三方签订的2003字第001号《业务合作协议》部分条款，对2003年5月8日招行为科特承兑的银行承兑汇票到期款及罚息共计8,198,101.85元，要求本公司承担连带付款责任。

二〇〇三年以来市场表现

2003年涨跌幅(%)	-42.75
2003年最高(元)	11.85
2003年最低(元)	5.05
2003年换手率(%)	240.77
2004.06涨跌幅(%)	-0.93
2004.06最高(元)	7.49
2004.06最低(元)	5.17
2004.06换手率(%)	166.60

烟台新潮实业股份有限公司

公司概况

公司名称	烟台新潮实业股份有限公司	股票代码	600777
注册地址	烟台市牟平区牟山路98号	邮政编码	264100
法人代表	孙树刚	董秘	于德海
电话	0535-4259777	传真	0535-4225688
主营业务	羊绒制品、针棉织品		

总股本	26486.95	流通A	15753.93	流通B		流通H	
审计单位		审计意见	未审计				

主要财务指标

年度	2004.6	2003	2002
每股收益/扣除后(元)	0.0710	0.2800	0.3700
每股经营现金流量(元)	0.1390	0.7900	0.6200
每股净资产/调整后(元)	5.1200	5.0400	3.7600
每股公积金(元)	3.0545	3.0293	1.8287
净资产收益率(%)	1.3900	5.4400	9.7600
总资产(万元)	235777.91	176785.98	124139.24
股东权益(万元)	136246.37	133689.41	77369.13
未分配利润(万元)	18282.32	16393.22	10658.43
主营收入(万元)	29824.04	78652.48	75345.54
资本公积金(万元)	80905.36	80237.51	37464.31
主营利润(万元)	5776.01	17141.07	18294.83
其他业务利润(万元)	334.23	341.53	-2.37
营业利润(万元)	2809.86	10176.42	11714.56
投资收益(万元)	3.42	21.32	-17.66
补贴收入(万元)		11.80	-0.10
营业外收支(万元)	10.16	-50.65	-0.15
利润总额(万元)	2823.45	10158.89	11723.20
净利润(万元)	1889.11	7275.12	7549.01

十大股东

序号	股东名称	股份性质	持股数(万股)	比例(%)
1	新牟国际集团公司	境内法人股	8882.92	33.54
2	烟台全洲海洋运输公司	境内法人股	1850.09	6.98
3	全国社保基金一零一组合	流通A股	374.37	1.41
4	中国建设银行-华宝兴业多策略增长证券投资基金	流通A股	134.94	0.51
5	王庆光	流通A股	118.87	0.45
6	上海财政证券公司	流通A股	109.35	0.41
7	中粮财务有限责任公司	流通A股	102.22	0.39
8	深圳市喜之郎食品有限公司	流通A股	102.22	0.39
9	中船重工财务有限责任公司	流通A股	102.22	0.39
10	初玉芹	流通A股	96.48	0.36

股东人数	2004.6	2003.12	2003.6	2002
	49374	51653	49504	37980

近年分配	2004年7月29日10派0.3	近年配股/增发	2004年7月29日10送1转2

重大事项

公司董事会于2004年5月19日召开第五届董事会第十五次会议，审议通过了《关于收购新诚钢结构有限公司股权的议案》和《关于收购烟台市牟平区麒麟宾馆部分资产的议案》。

二〇〇三年以来市场表现

2003年涨跌幅(%)	-4.79
2003年最高(元)	9.47
2003年最低(元)	6.30
2003年换手率(%)	194.61
2004.06涨跌幅(%)	-14.55
2004.06最高(元)	8.63
2004.06最低(元)	5.91
2004.06换手率(%)	100.03

新疆友好(集团)股份有限公司

公司概况

公司名称	新疆友好(集团)股份有限公司	股票代码	600778
注册地址	新疆乌鲁木齐市友好南路30号	邮政编码	830000
法人代表	马雍全	董秘	王建平
电话	0991-4541008	传真	0991-4815090
主营业务	商品零售兼批发		

总股本	31149.13	流通A	17131.29	流通B		流通H	
审计单位		审计意见	未审计				

主要财务指标

年度	2004.6	2003	2002
每股收益/扣除后(元)	0.0398	0.0631	0.1667
每股经营现金流量(元)	0.0122	0.5100	0.1600
每股净资产/调整后(元)	2.5000	2.4400	2.3500
每股公积金(元)	1.3072	1.3072	1.3072
净资产收益率(%)	1.4700	1.5000	6.3100
总资产(万元)	215743.83	230426.28	200068.70
股东权益(万元)	79206.65	78043.79	76919.10
未分配利润(万元)	3473.61	2310.75	1157.15
主营收入(万元)	61125.33	105152.17	109469.72
资本公积金(万元)	40717.87	40717.87	40717.87
主营利润(万元)	9704.12	20244.53	21900.18
其他业务利润(万元)	1004.14	2594.37	-40.99
营业利润(万元)	810.23	3037.49	5901.35
投资收益(万元)	525.17	1916.16	533.94
补贴收入(万元)	133.06	653.47	11.25
营业外收支(万元)	-78.34	-2932.03	-2.34
利润总额(万元)	1390.11	2675.08	7741.72
净利润(万元)	1162.86	1167.65	4855.08

十大股东

序号	股东名称	股份性质	持股数(万股)	比例(%)
1	乌鲁木齐国有资产经营有限公司	国有股	6648.33	21.34
2	新疆建银设备租赁总公司	法人股	2019.93	6.48
3	新疆天正实业总公司	法人股	1051.65	3.38
4	新疆鸿鑫投资有限公司	法人股	1014.75	3.26
5	乌鲁木齐市财政证券	流通A股	820.36	2.63
6	乌鲁木齐国债服务中心	流通A股	398.44	1.28
7	乌鲁木齐市商业银行诚信支行	法人股	212.18	0.68
8	乌鲁木齐烟花公司	法人股	201.11	0.65
9	新疆独山子石化总厂	法人股	184.50	0.59
10	新疆新发投资担保(集团)有限公司	法人股	156.83	0.50

股东人数	2004.6	2003.12	2003.6	2002
	85348	92653	98790	102092

近年分配		近年配股/增发	

重大事项

2003年11月20日公司与参股公司新疆金牛生物股份有限公司续签了共同投资经营进口高产荷斯坦奶牛项目的合作协议，协议条款不变，双方仍旧各出资3500万元，合计7000万元，续签期限三年，目前此合同尚在履行中。

二〇〇三年以来市场表现

2003年涨跌幅(%)	-27.55
2003年最高(元)	8.06
2003年最低(元)	4.26
2003年换手率(%)	103.48
2004.06涨跌幅(%)	-13.25
2004.06最高(元)	6.69
2004.06最低(元)	4.03
2004.06换手率(%)	97.16

四川全兴股份有限公司

公司概况

公司名称	四川全兴股份有限公司			股票代码	600779		
注册地址	四川省成都市金牛区全兴路9号			邮政编码	610036		
法人代表	杨肇基		董秘	张宗俊			
电话	028-86252847		传真	028-86695460			
主营业务	饮料制造业,饮用酒制造业						
总股本	48854.57	流通A	19131.29	流通B		流通H	
审计单位			审计意见	未审计			

主要财务指标

年度	2004.6	2003	2002
每股收益/扣除后(元)	0.0183	–0.2900	0.0400
每股经营现金流量(元)	–0.1040	0.3500	0.2700
每股净资产/调整后(元)	2.0500	2.0300	2.4000
每股公积金(元)	0.8062	0.8060	0.7895
净资产收益率(%)	0.5900	–17.4500	1.3000
总资产(万元)	216523.39	230533.34	248486.08
股东权益(万元)	101987.01	101372.06	118253.96
未分配利润(万元)	–204.61	–809.38	16883.88
主营收入(万元)	38673.03	91870.32	105238.52
资本公积金(万元)	39386.04	39375.87	38570.13
主营利润(万元)	11022.64	22721.00	30306.29
其他业务利润(万元)	223.33	270.21	3.10
营业利润(万元)	2001.39	–15623.82	7656.48
投资收益(万元)	–160.77	–464.26	–327.79
补贴收入(万元)	15.00		
营业外收支(万元)	–130.10	–89.32	1.13
利润总额(万元)	1725.52	–16177.40	6884.63
净利润(万元)	604.77	–17687.64	1534.13

十大股东

序号	股东名称	股份性质	持股数(万股)	比例(%)
1	四川成都全兴集团有限公司	国有法人股	23664.48	48.44
2	成都金博利贸易有限公司	境内法人股	1316.70	2.70
3	成都振益科技发展有限公司	境内法人股	913.00	1.87
4	云南云信物业特管理有限公司	流通A股	310.92	0.64
5	成都菊乐企业股份有限(集团)公司	境内法人股	222.16	0.45
6	广州天心药业股份有限公司	境内法人股	201.96	0.41
7	成都淀粉厂	境内法人股	201.96	0.41
8	成都市金堂淀粉厂	境内法人股	201.96	0.41
9	成都市金禾粮油食品连锁公司	境内法人股	201.96	0.41
10	山西省大同第二制药厂	境内法人股	201.96	0.41

股东人数	2004.6	2003.12	2003.6	2002
	60471	81422	85095	92667

近年分配		近年配股/增发	

重大事项

2004年上半年,根据中国证监会证监发(2003)56号文《关于规范上市公司与关联方资金往来及上市公司对外担保若干问题的通知》要求,经2003年度股东大会审议批准,公司对《章程》中对外担保部分条款进行了补充和修改。

二〇〇三年以来市场表现

2003年涨跌幅(%)	–21.21
2003年最高(元)	6.81
2003年最低(元)	3.49
2003年换手率(%)	176.24
2004.06涨跌幅(%)	39.37
2004.06最高(元)	8.22
2004.06最低(元)	4.36
2004.06换手率(%)	171.98

山西通宝能源股份有限公司

公司概况

公司名称	山西通宝能源股份有限公司			股票代码	600780		
注册地址	山西省太原市高新技术产业开发区学府工业园区V-6区			邮政编码	030006		
法人代表	常小刚		董秘	常璞			
电话	0351-7032515		传真	0351-7032515			
主营业务	煤炭的开采						
总股本	87294.10	流通A	50655.89	流通B		流通H	
审计单位			审计意见	未审计			

主要财务指标

年度	2004.6	2003	2002
每股收益/扣除后(元)	0.1843	0.3800	0.2600
每股经营现金流量(元)	0.5510	1.5400	0.4700
每股净资产/调整后(元)	1.6600	2.2600	3.7400
每股公积金(元)	0.2098	0.4098	2.0283
净资产收益率(%)	11.2900	17.7300	6.8300
总资产(万元)	487632.94	514358.47	125352.02
股东权益(万元)	145559.45	131828.94	108913.67
未分配利润(万元)	28627.52	23792.66	13826.42
主营收入(万元)	104342.55	186758.70	27876.70
资本公积金(万元)	18317.85	35771.75	59019.35
主营利润(万元)	38323.39	60184.22	11372.41
其他业务利润(万元)	57.59	–30.80	–30.80
营业利润(万元)	26959.22	34738.72	9629.14
投资收益(万元)	24.46	–175.81	–342.40
补贴收入(万元)	139.24	238.69	238.69
营业外收支(万元)	15.72	–321.13	–0.08
利润总额(万元)	27138.64	34480.47	9295.42
净利润(万元)	16474.07	23369.56	7437.85

十大股东

序号	股东名称	股份性质	持股数(万股)	比例(%)
1	山西国际电力集团有限公司	国有股	32090.44	36.76
2	中国银行-易方达平稳增长基金	流通股	2029.12	2.32
3	山西统配煤炭经销公司	国有股	1720.78	1.97
4	中国银行-易方达策略成长证券投资基金	流通股	1241.39	1.42
5	中国工商银行-科翔证券投资基金	流通股	1112.72	1.27
6	交通银行-科汇证券投资基金	流通股	1067.88	1.22
7	交通银行-科讯证券投资基金	流通股	1050.06	1.20
8	金鑫证券投资基金	流通股	1007.52	1.15
9	中国工商银行-广发聚富开放式证券投资基金	流通股	800.00	0.92
10	山西潞安矿业(集团)有限责任公司	国有股	737.48	0.84

股东人数	2004.6	2003.12	2003.6	2002
	45950	33191	26599	46056

近年分配	2004年4月19日10派0.50	近年配股/增发	2004年4月19日10送2转3

重大事项

公司所属控股子公司山西阳光发电有限责任公司(以下简称"阳光发电")的控股子公司阳泉辰光热电有限责任公司(以下简称"辰光热电")向山西金融租赁有限公司(以下简称"山西融租")借款2000万元,并由阳光发电提供担保。

二〇〇三年以来市场表现

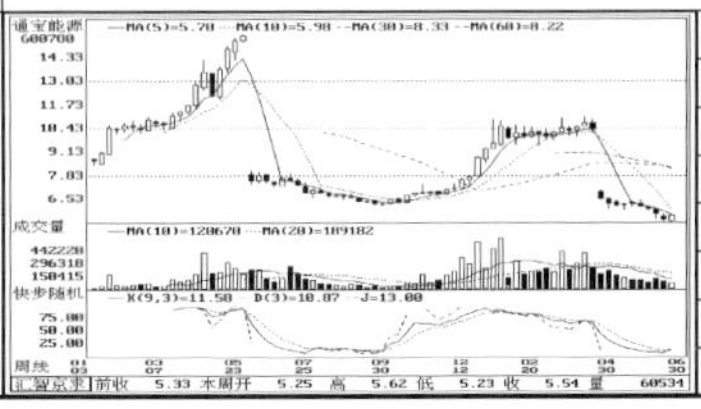

2003年涨跌幅(%)	97.94
2003年最高(元)	5.87
2003年最低(元)	2.75
2003年换手率(%)	188.16
2004.06涨跌幅(%)	–3.82
2004.06最高(元)	7.33
2004.06最低(元)	5.23
2004.06换手率(%)	159.11

上海民丰实业(集团)股份有限公司

公司概况							
公司名称	上海民丰实业(集团)股份有限公司			股票代码	600781		
注册地址	中国上海市西康路757号			邮政编码	200040		
法人代表	关永进			董秘	刘伟		
电话	021-62484982			传真	021-62499190		
主营业务	纺织印染产品						
总股本	17759.29	流通A	5062.50	流通B		流通H	
审计单位				审计意见	未审计		

主要财务指标 年度	2004.6	2003	2002
每股收益/扣除后(元)	-0.0572	-0.1900	-0.3730
每股经营现金流量(元)	-0.0630	0.3400	0.1900
每股净资产/调整后(元)	0.6500	0.7200	0.4700
每股公积金(元)	0.5372	0.5372	0.5291
净资产收益率(%)	-7.3700	1.5700	-45.1400
总资产(万元)	39659.27	33810.63	37230.08
股东权益(万元)	12181.75	13102.88	12890.52
未分配利润(万元)	-17176.09	-15367.40	-15929.40
主营收入(万元)	11942.88	13408.73	21476.39
资本公积金(万元)	9539.64	9539.64	9397.16
主营利润(万元)	627.74	-1188.40	-670.27
其他业务利润(万元)	113.15	305.86	-1.66
营业利润(万元)	-830.40	-239.40	-6819.15
投资收益(万元)	29.60	153.83	595.11
补贴收入(万元)			
营业外收支(万元)	-5.50	28.52	0.31
利润总额(万元)	-806.30	-57.06	-5900.52
净利润(万元)	-900.59	205.96	-5819.05

十大股东 序号	股东名称	股份性质	持股数(万股)	比例(%)
1	上海第十印染厂	国有法人股	5507.34	31.01
2	香港金礼发展有限公司	外资法人股	4895.41	27.57
3	香港民亿实业有限公司	外资法人股	489.54	2.76
4	北京创业园科技投资有限公司	境内法人股	464.40	2.61
5	严春凤	流通A股	192.88	1.09
6	上海聚劲投资有限公司	境内法人股	180.00	1.01
7	上海真如实业公司	境内法人股	81.00	0.46
8	沈阳国通商贸有限公司	境内法人股	75.00	0.42
9	上海京成进出口贸易储运公司	境内法人股	56.62	0.32
10	徐咏荣	流通A股	55.67	0.31

股东人数	2004.6	2003.12	2003.6	2002
	8680	8596	11040	9837

近年分配		近年配股/增发	

重大事项

二〇〇三年以来市场表现

2003年涨跌幅(%)	-40.94
2003年最高(元)	10.41
2003年最低(元)	3.53
2003年换手率(%)	379.86
2004.06涨跌幅(%)	12.14
2004.06最高(元)	6.03
2004.06最低(元)	3.96
2004.06换手率(%)	218.98

新华金属制品股份有限公司

公司概况							
公司名称	新华金属制品股份有限公司			股票代码	600782		
注册地址	江西省新余市铁焦路			邮政编码	338004		
法人代表	熊小星			董秘	游绍诚		
电话	0790-6460888			传真	0790-6460999		
主营业务	各类预应力钢丝						
总股本	19322.04	流通A	5616.00	流通B		流通H	
审计单位				审计意见	未审计		

主要财务指标 年度	2004.6	2003	2002
每股收益/扣除后(元)	0.0459	0.1208	0.1200
每股经营现金流量(元)	-0.3880	0.3274	0.2751
每股净资产/调整后(元)	1.4490	1.5054	1.3536
每股公积金(元)	0.2788	0.2789	0.2789
净资产收益率(%)	3.2000	8.0400	10.2100
总资产(万元)	56272.90	47827.84	48912.45
股东权益(万元)	28315.05	29339.76	26982.28
未分配利润(万元)	1045.81	2070.52	66.67
主营收入(万元)	33411.94	53755.33	39737.05
资本公积金(万元)	5388.02	5388.02	5388.02
主营利润(万元)	4632.74	8212.47	7417.85
其他业务利润(万元)	284.34	270.57	-0.91
营业利润(万元)	1029.42	2811.49	2745.22
投资收益(万元)	57.02	-31.92	144.46
补贴收入(万元)	55.00		
营业外收支(万元)	-30.90	26.34	0.29
利润总额(万元)	1110.42	2805.92	3232.05
净利润(万元)	907.49	2357.48	2753.94

十大股东 序号	股东名称	股份性质	持股数(万股)	比例(%)
1	新余钢铁有限责任公司	国有法人股	8439.07	43.68
2	香港巍华金属制品公司有限公司	外资法人股	3237.88	16.76
3	江西国际信托投资股份有限公司	国有法人股	1942.73	10.05
4	江西省冶金供销公司	国有法人股	86.36	0.45
5	李伟	流通A股	35.05	0.18
6	黄小毛	流通A股	23.15	0.12
7	余九妹	流通A股	23.07	0.12
8	倪素发	流通A股	23.07	0.12
9	王迩立	流通A股	19.50	0.10
10	毕胜龙	流通A股	17.82	0.09

股东人数	2004.6	2003.12	2003.6	2002
	12866	9632	10605	5212

近年分配		近年配股/增发	
	2004年5月25日10派1.00		

重大事项

2004年3月26日,公司2003年度股东大会审议通过了公司2003年度利润分配方案,即以2003年末公司总股本193,220,374股为基数,向全体股东每股派发现金红利1.00元(含税)。

二〇〇三年以来市场表现

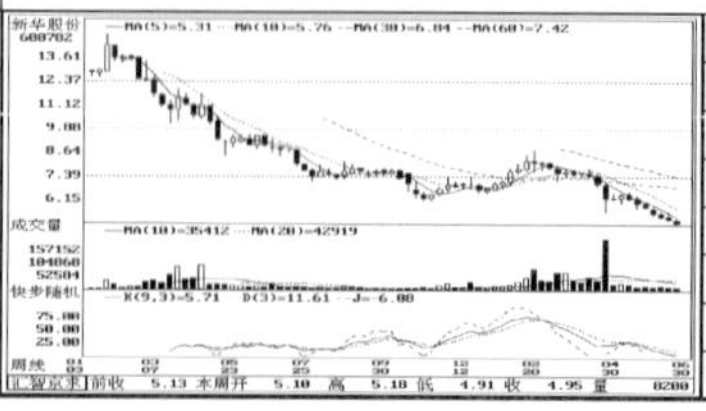

2003年涨跌幅(%)	-48.33
2003年最高(元)	14.63
2003年最低(元)	5.98
2003年换手率(%)	150.50
2004.06涨跌幅(%)	-24.54
2004.06最高(元)	8.69
2004.06最低(元)	4.91
2004.06换手率(%)	167.54

四砂股份有限公司

公司概况								
公司名称	四砂股份有限公司				股票代码	600783		
注册地址	山东省淄博市高新技术产业开发区中路				邮政编码	255055		
法人代表	李功臣				董秘	颜卫国		
电话	0533-2980151-8300				传真	0533-2981033		
主营业务	生产磨料磨具							
总股本	20227.89	流通 A	6489.60	流通 B		流通 H		
审计单位				审计意见	未审计			

主要财务指标 年度	2004.6	2003	2002
每股收益 / 扣除后(元)	−0.0266	−0.0347	−0.1585
每股经营现金流量(元)	−0.0270	0.1393	−0.0882
每股净资产 / 调整后(元)	1.0890	1.0817	1.1484
每股公积金(元)	0.3598	0.3571	0.3569
净资产收益率(%)	−2.2100	1.3800	−11.8600
总资产(万元)	64867.98	67565.56	60133.25
股东权益(万元)	25665.28	26229.30	25989.54
未分配利润(万元)	−4433.04	−3788.32	−3812.84
主营收入(万元)	12465.40	24958.11	12907.31
资本公积金(万元)	7278.90	7222.46	7219.11
主营利润(万元)	2574.83	5764.07	2510.89
其他业务利润(万元)	258.02	372.93	−63.87
营业利润(万元)	−510.12	−476.25	−3073.92
投资收益(万元)	362.87	146.86	−191.81
补贴收入(万元)		1040.00	1040.00
营业外收支(万元)	−28.46	22.98	−0.20
利润总额(万元)	−175.70	733.59	−3323.45
净利润(万元)	−566.17	360.73	−3081.87

十大股东 序号	股东名称	股份性质	持股数(万股)	比例(%)
1	山东省高新技术投资有限公司	境内法人股、流通A股	6031.16	29.82
2	淄博市国有资产管理局	国家股	5905.29	29.19
3	山东鲁信置业有限公司	境内法人股	947.09	4.68
4	淄博泰利磨具公司	境内法人股	604.50	2.99
5	淄博工业发展有限公司	境内法人股	253.50	1.25
6	赵正业	流通 A 股	36.73	0.18
7	黄晓颖	流通 A 股	13.89	0.07
8	田部文	流通 A 股	13.30	0.07
9	柳华明	流通 A 股	12.98	0.06
10	陈星明	流通 A 股	12.52	0.06

股东人数	2004.6	2003.12	2003.6	2002
	28345	17233	23057	21486

近年分配		近年配股 / 增发	

重大事项

2004 年 2 月 27 日召开的公司四届十八次董事会和 2004 年 3 月 30 日召开的公司 2004 年度第一次临时股东大会审议通过，公司将所持有的部分长期投资、固定资产和在建工程以 20,282,784.37 元的价格转让给本公司的关联方山东如意科技集团有限公司。

二〇〇三年以来市场表现

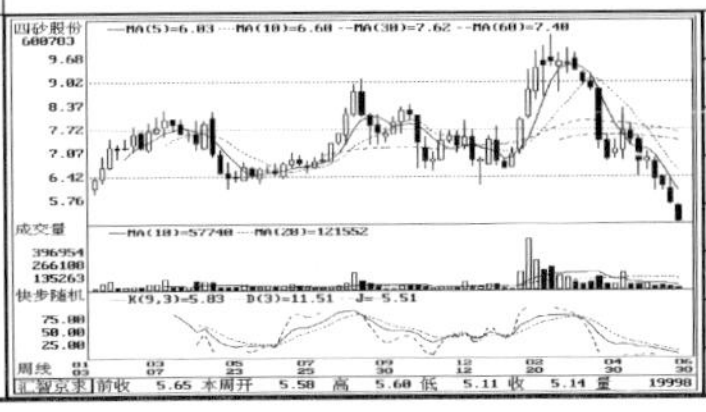

2003 年涨跌幅(%)	20.26
2003 年最高(元)	9.10
2003 年最低(元)	5.92
2003 年换手率(%)	351.40
2004.06 涨跌幅(%)	−29.59
2004.06 最高(元)	10.33
2004.06 最低(元)	5.11
2004.06 换手率(%)	417.85

鲁银投资集团股份有限公司

公司概况								
公司名称	鲁银投资集团股份有限公司				股票代码	600784		
注册地址	山东省济南市经十路 128 号				邮政编码	250001		
法人代表	李玮				董秘	吕祥友		
电话	0531-2024156				传真	0531-2024179		
主营业务	信托、证券业务							
总股本	24830.69	流通 A	18901.08	流通 B		流通 H		
审计单位				审计意见	未审计			

主要财务指标 年度	2004.6	2003	2002
每股收益 / 扣除后(元)	0.0588	0.0870	−1.0710
每股经营现金流量(元)	0.4360	0.1300	0.2600
每股净资产 / 调整后(元)	0.7700	0.7300	0.4700
每股公积金(元)	0.5750	0.5750	0.5480
净资产收益率(%)	5.6500	9.9700	−118.7600
总资产(万元)	149266.66	132647.31	130652.22
股东权益(万元)	27163.62	25629.59	22329.13
未分配利润(万元)	−17094.30	−18628.32	−21257.67
主营收入(万元)	167674.59	81208.28	11025.30
资本公积金(万元)	14278.32	14278.32	13607.21
主营利润(万元)	7835.00	15648.17	3462.25
其他业务利润(万元)	243.41	647.14	−4.76
营业利润(万元)	1659.02	6705.48	−21098.94
投资收益(万元)	−10.53	−1393.30	−6036.25
补贴收入(万元)	28.36	16.95	0.36
营业外收支(万元)	16.54	−12.53	0.18
利润总额(万元)	1693.40	5316.60	−27145.11
净利润(万元)	1534.02	2554.93	−26518.93

十大股东 序号	股东名称	股份性质	持股数(万股)	比例(%)
1	莱芜钢铁集团有限公司	国有法人股	4459.46	17.96
2	上海银嘉科技投资管理有限公司	境内法人股	1470.15	5.92
3	包头供电局	流通 A 股	150.50	0.61
4	宁建伟	流通 A 股	71.93	0.29
5	揭荣根	流通 A 股	63.90	0.26
6	吕茂林	流通 A 股	47.84	0.19
7	章金彪	流通 A 股	45.20	0.18
8	吴玉珍	流通 A 股	39.89	0.16
9	王天林	流通 A 股	35.66	0.14
10	蔡杏桃	流通 A 股	34.38	0.14

股东人数	2004.6	2003.12	2003.6	2002
	69071	62113	63319	69069

近年分配		近年配股 / 增发	

重大事项

公司以持有的德州市德信资产管理公司 65.4% 的股权及 23,954,143.75 元债权与公司全资子公司德州公司持有的鲁银投资集团山东毛绒制品有限公司 100% 的股权进行置换。该置换议案已经公司五届董事会第一次会议审议通过。

二〇〇三年以来市场表现

2003 年涨跌幅(%)	−28.86
2003 年最高(元)	7.09
2003 年最低(元)	4.05
2003 年换手率(%)	187.28
2004.06 涨跌幅(%)	4.25
2004.06 最高(元)	6.50
2004.06 最低(元)	4.23
2004.06 换手率(%)	121.34

银川新华百货商店股份有限公司

公司概况

公司名称	银川新华百货商店股份有限公司			股票代码	600785		
注册地址	宁夏回族自治区银川市新华东街 29 号			邮政编码	750004		
法人代表	徐鸣凤			董秘	陆燕		
电话	0951-4010058			传真	0951-6022866		
主营业务	百货零售业						
总股本	10289.25	流通 A	6464.25	流通 B		流通 H	
审计单位				审计意见	未审计		

主要财务指标

年度	2004.6	2003	2002
每股收益/扣除后(元)	0.2958	0.4100	0.3600
每股经营现金流量(元)	0.2560	1.3800	0.8600
每股净资产/调整后(元)	5.1600	5.0700	4.6320
每股公积金(元)	2.5827	2.5827	2.5660
净资产收益率(%)	5.6200	7.9700	7.5900
总资产(万元)	117266.31	123847.40	98646.05
股东权益(万元)	53262.02	52323.90	47979.68
未分配利润(万元)	12461.20	11523.08	
主营收入(万元)	77905.04	132374.03	90430.38
资本公积金(万元)	26573.61	26573.61	26401.95
主营利润(万元)	15545.88	23585.69	16162.32
其他业务利润(万元)	1497.94	1457.36	–23.25
营业利润(万元)	3797.98	5050.73	4673.51
投资收益(万元)	383.89	1175.82	790.16
补贴收入(万元)	9.07	3.30	0.04
营业外收支(万元)	–69.76	–509.48	–9.51
利润总额(万元)	4121.17	5720.37	5175.29
净利润(万元)	2995.97	4172.56	3643.48

十大股东

序号	股东名称	股份性质	持股数(万股)	比例(%)
1	银川新华百货商店	国家股	2850.00	27.70
2	宁夏启元药业有限公司	境内法人股	300.00	2.92
3	宁夏共享集团有限责任公司	境内法人股	275.00	2.67
4	全国社保基金一零六组合	流通 A 股	256.24	2.49
5	宁夏华联商厦股份有限公司	境内法人股	225.00	2.19
6	华宝增长证券投资基金	流通 A 股	200.36	1.95
7	宁夏移动通信顺达开发公司	境内法人股	150.00	1.46
8	德盛小盘证券投资基金	流通 A 股	72.63	0.71
9	泰和证券投资基金	流通 A 股	29.11	0.28
10	曾德文	流通 A 股	27.00	0.26

股东人数	2004.6	2003.12	2003.6	2002
	19979	20929	20228	20121

近年分配	2004 年 5 月 24 日 10 派 2.00	近年配股/增发	

重大事项

2004 年 3 月 22 日，公司第三届董事会第七次会议通过公司 2003 年度利润分配预案，即以 2003 年末公司总股本 10,289.25 万股为基数，向全体股东按每 10 股派发现金红利 2.00 元(含税)，共计分配利润 2,057.85 万元。该方案已于 2004 年 4 月 26 日公司 2003 年度股东大会批准，并于 5 月 18 日实施了此方案。

二〇〇三年以来市场表现

2003 年涨跌幅(%)	–14.68
2003 年最高(元)	11.18
2003 年最低(元)	7.12
2003 年换手率(%)	165.14
2004.06 涨跌幅(%)	–4.85
2004.06 最高(元)	10.07
2004.06 最低(元)	7.69
2004.06 换手率(%)	164.05

东方锅炉(集团)股份有限公司

公司概况

公司名称	东方锅炉(集团)股份有限公司			股票代码	600786		
注册地址	四川省自贡市五星街黄桷坪路 150 号			邮政编码	643001		
法人代表	易兴旺			董秘	贺建强		
电话	0813-4735000,4734600			传真	0813-2203200		
主营业务	营销电站锅炉						
总股本	21127.00	流通 A	5400.00	流通 B		流通 H	
审计单位	四川君和会计师事务所			审计意见	标准无保留		

主要财务指标

年度	2004.6	2003	2002
每股收益/扣除后(元)	0.8387	0.7569	0.0811
每股经营现金流量(元)	7.2210	10.1275	1.0305
每股净资产/调整后(元)	1.8650	0.8926	–0.0392
每股公积金(元)	1.1379	1.1311	1.0914
净资产收益率(%)	34.7530	50.6100	11.0419
总资产(万元)	758865.37	502778.56	182748.59
股东权益(万元)	50983.48	33124.56	15519.93
未分配利润(万元)	251.08	–17463.61	–34236.43
主营收入(万元)	179828.19	204610.56	110439.11
资本公积金(万元)	24040.74	23896.51	23057.21
主营利润(万元)	27404.88	41062.53	17652.59
其他业务利润(万元)	444.68	1037.17	167.93
营业利润(万元)	19990.73	16835.16	1635.94
投资收益(万元)	–402.97	346.56	27.63
补贴收入(万元)	10.57	21.15	–0.00
营业外收支(万元)	–16.77	–236.06	–1.02
利润总额(万元)	19581.57	16966.81	1843.80
净利润(万元)	17714.69	16765.33	1713.69

十大股东

序号	股东名称	股份性质	持股数(万股)	比例(%)
1	东方锅炉厂	国有法人股	15727.12	74.44
2	金信证券有限责任公司	流通 A 股	748.04	3.54
3	华西证券有限责任公司	流通 A 股	153.09	0.72
4	中国工商银行-国联安德盛小盘精选证券投资基金	流通 A 股	56.13	0.27
5	裕阳证券投资基金	流通 A 股	46.37	0.22
6	廖良芳	流通 A 股	26.30	0.12
7	陈利春	流通 A 股	21.51	0.10
8	王蓉芳	流通 A 股	20.86	0.10
9	杨小英	流通 A 股	20.00	0.09
10	王团涛	流通 A 股	20.00	0.09

股东人数	2004.6	2003.12	2003.6	2002
	3666	6524	13543	19540

近年分配		近年配股/增发	

重大事项

2004 年 1 月 30 日公司董事会作出决议，同意将下属的动能分公司、备料车间(系由原备料车间、金工一车间合并)的经评估资产，按照人民币 8460.1 千元的总价格转让给东方锅炉厂。

二〇〇三年以来市场表现

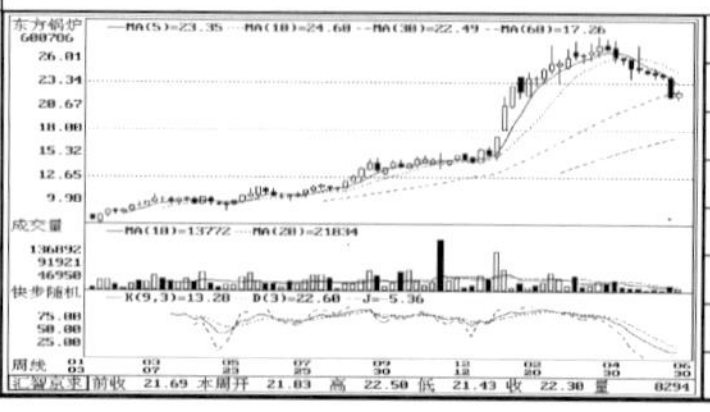

2003 年涨跌幅(%)	86.86
2003 年最高(元)	16.10
2003 年最低(元)	7.31
2003 年换手率(%)	334.73
2004.06 涨跌幅(%)	42.58
2004.06 最高(元)	28.68
2004.06 最低(元)	14.52
2004.06 换手率(%)	126.72

中储发展股份有限公司

公司概况

公司名称	中储发展股份有限公司	股票代码	600787
注册地址	天津市北辰经济开发区开发大厦	邮政编码	300201
法人代表	洪水坤	董秘	薛斌
电话	022-28010734	传真	022-28010722
主营业务	商品储存、运输		
总股本	31033.77	流通 A	12616.38
流通 B		流通 H	
审计单位	天津五洲联合合伙会计师事务所	审计意见	标准无保留

主要财务指标

年度	2004.6	2003	2002
每股收益 / 扣除后(元)	0.1047	0.0300	0.0558
每股经营现金流量(元)	0.3640	0.3395	0.2988
每股净资产 / 调整后(元)	3.4240	2.5283	2.4042
每股公积金(元)	1.8275	1.0283	1.0283
净资产收益率(%)	3.0300	4.0840	3.7600
总资产(万元)	229417.36	195224.64	139512.86
股东权益(万元)	107241.05	79185.77	75952.06
未分配利润(万元)	7901.42	4650.20	2862.94
主营收入(万元)	16974.86	195291.70	103275.68
资本公积金(万元)	56714.85	31910.75	31910.67
主营利润(万元)	13207.93	18215.60	15184.76
其他业务利润(万元)	72.35	90.26	1.30
营业利润(万元)	4581.17	948.91	3016.26
投资收益(万元)	15.49	977.60	-402.31
补贴收入(万元)	46.01		
营业外收支(万元)	-44.94	2276.67	-24.16
利润总额(万元)	4597.38	4203.18	3780.19
净利润(万元)	3251.18	3233.64	2853.80

十大股东

序号	股东名称	股份性质	持股数(万股)	比例(%)
1	中国物资储运总公司	国有法人股	17207.39	55.45
2	北京融鑫创业投资顾问有限公司	国有法人股	1210.00	3.90
3	刘勇	流通股	45.09	0.15
4	刘盛雄	流通股	40.00	0.13
5	王树霞	流通股	32.05	0.10
6	孙光宇	流通股	31.19	0.10
7	赵永丽	流通股	30.93	0.10
8	欧阳小晓	流通股	29.91	0.10
9	姬存银	流通股	29.47	0.09
10	吴生彦	流通股	28.77	0.09

股东人数	2004.6	2003.12	2003.6	2002
	55930	75007	80142	86733

近年分配		近年配股/增发	

重大事项

2003 年 10 月 16 日，原告上海白银有色金属经营部向上海市浦东新区人民法院起诉本公司所属上海沪西分公司，请求法院判决我沪西分公司作为第二被告对判令第四被告——长城伟业期货经纪有限公司返还原告的 124.215 吨阴极铜(价值 2275845 元)承担连带责任。目前，该案件已经上海市浦东新区人民法院一审判决。

二〇〇三年以来市场表现

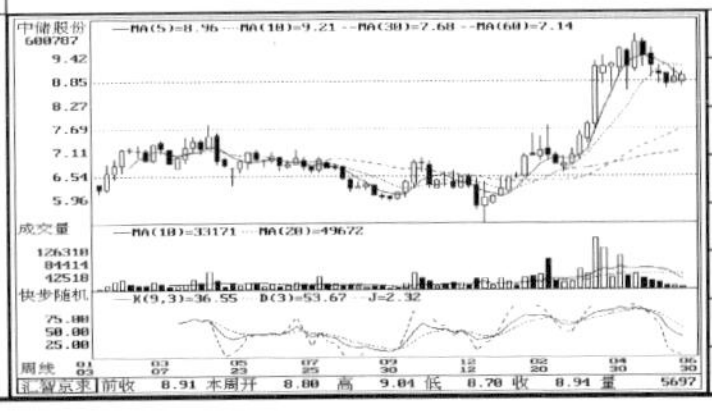

2003 年涨跌幅(%)	-5.45
2003 年最高(元)	7.74
2003 年最低(元)	5.38
2003 年换手率(%)	35.20
2004.06 涨跌幅(%)	49.25
2004.06 最高(元)	10.00
2004.06 最低(元)	5.90
2004.06 换手率(%)	43.47

山东鲁抗医药股份有限公司

公司概况

公司名称	山东鲁抗医药股份有限公司	股票代码	600789
注册地址	山东省济宁市太白楼西路 173 号	邮政编码	272021
法人代表	章建辉	董秘	田立新
电话	0537-2983174	传真	0537-2983097
主营业务	生产抗生素原料药		
总股本	41175.42	流通 A	20509.79
流通 B		流通 H	
审计单位		审计意见	未审计

主要财务指标

年度	2004.6	2003	2002
每股收益 / 扣除后(元)	0.0037	0.1600	0.2600
每股经营现金流量(元)	0.0210	0.4100	0.8700
每股净资产 / 调整后(元)	3.8600	3.9200	3.4400
每股公积金(元)	2.0239	2.0239	1.4693
净资产收益率(%)	0.1000	3.3500	7.7500
总资产(万元)	277661.16	269653.75	236107.69
股东权益(万元)	159303.27	161490.03	125935.72
未分配利润(万元)	19814.82	22001.59	21676.24
主营收入(万元)	46940.34	97419.31	103948.05
资本公积金(万元)	83336.73	83336.73	53591.82
主营利润(万元)	8238.80	24861.78	26962.70
其他业务利润(万元)	98.48	165.31	4.24
营业利润(万元)	227.85	7535.27	12369.51
投资收益(万元)		5.29	24.02
补贴收入(万元)			
营业外收支(万元)	2.87	300.47	-0.72
利润总额(万元)	230.73	7841.03	12299.65
净利润(万元)	154.59	5412.02	9762.18

十大股东

序号	股东名称	股份性质	持股数(万股)	比例(%)
1	山东鲁抗医药集团有限公司	国有法人股	14299.74	34.73
2	中国资本(控股)有限公司	外资法人股	6365.89	15.46
3	中关村证券股份有限公司	流通 A 股	196.23	0.48
4	余文金	流通 A 股	117.36	0.29
5	中粮财务有限责任公司	流通 A 股	84.89	0.21
6	深圳市喜之郎食品有限公司	流通 A 股	84.89	0.21
7	五矿集团财务有限责任公司	流通 A 股	70.25	0.17
8	陈人墩	流通 A 股	65.32	0.16
9	上海财政证券公司	流通 A 股	63.01	0.15
10	刘学东	流通 A 股	48.02	0.12

股东人数	2004.6	2003.12	2003.6	2002
	98866	100967	99163	90095

近年分配	2004 年 6 月 15 日 10 派 0.60	近年配股/增发	

重大事项

公司 2004 年 3 月 10 日，公司召开四届六次董事会，同意以自有资金 4936 万元人民币收购控股股东山东鲁抗医药集团有限公司研究所、质监中心全部资产的事项。

二〇〇三年以来市场表现

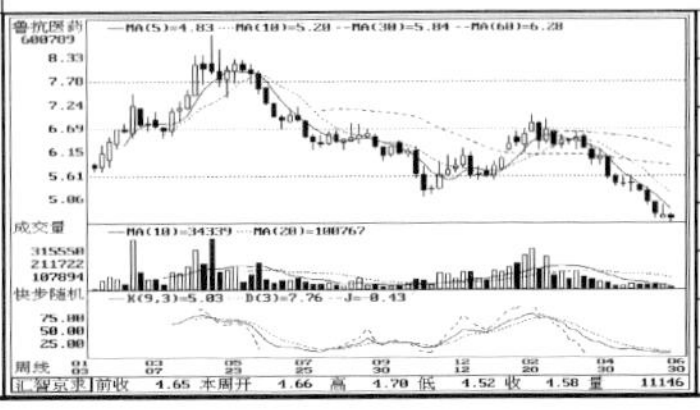

2003 年涨跌幅(%)	-2.63
2003 年最高(元)	8.71
2003 年最低(元)	4.94
2003 年换手率(%)	254.63
2004.06 涨跌幅(%)	-17.48
2004.06 最高(元)	6.94
2004.06 最低(元)	4.52
2004.06 换手率(%)	131.44

浙江中国轻纺城集团股份有限公司

公司概况

公司名称	浙江中国轻纺城集团股份有限公司			股票代码	600790		
注册地址	浙江省绍兴县柯桥镇鉴湖路1号中轻大厦			邮政编码	312030		
法人代表	茹关筠			董秘	傅明晟		
电话	0575-4116158			传真	0575-4116045		
主营业务	销售各类纺织品						
总股本	37186.07	流通 A	25223.33	流通 B		流通 H	
审计单位				审计意见	未审计		

主要财务指标

年度	2004.6	2003	2002
每股收益 / 扣除后(元)	0.0165	-0.1000	0.0220
每股经营现金流量(元)	0.4880	0.7280	0.2850
每股净资产 / 调整后(元)	2.5780	2.5840	2.3830
每股公积金(元)	1.5558	1.5558	1.5409
净资产收益率(%)	0.8300	0.5430	0.8900
总资产(万元)	360070.47	324692.12	279277.56
股东权益(万元)	98622.33	97805.36	96973.80
未分配利润(万元)	-2341.07	-3158.05	-3547.65
主营收入(万元)	44965.61	139961.27	138476.11
资本公积金(万元)	57852.45	57852.45	57298.58
主营利润(万元)	9294.35	17494.82	24067.26
其他业务利润(万元)	825.21	2039.15	-646.81
营业利润(万元)	2065.40	-1013.79	5217.79
投资收益(万元)	154.22	-1211.98	346.11
补贴收入(万元)	200.52	179.94	4.12
营业外收支(万元)	-91.34	7739.68	-3.63
利润总额(万元)	2329.00	5693.85	5497.14
净利润(万元)	816.97	531.23	859.01

十大股东

序号	股东名称	股份性质	持股数(万股)	比例(%)
1	浙江精功控股有限公司	法人股	4773.59	12.84
2	浙江永利实业集团有限公司	法人股	2920.64	7.85
3	绍兴县国有资产投资经营有限公司	法人股	1327.56	3.57
4	浙江省财务开发公司	法人股	913.68	2.46
5	富国动态平衡证券投资基金	流通股	674.91	1.81
6	绍兴柯桥镇红建村	法人股	515.41	1.39
7	绍兴市越通房地产公司	法人股	429.51	1.16
8	金鑫证券投资基金	流通 A 股	359.99	0.97
9	汉盛证券投资基金	流通 A 股	324.52	0.87
10	绍兴县银翔经济实业总公司	法人股	309.24	0.83

股东人数	2004.6	2003.12	2003.6	2002
	66683	74228	76510	77752

近年分配		近年配股/增发	

重大事项

2004年5月18日召开的2003年年度股东大会审议通过了《关于公司协议受让精功集团有限公司和香港长城纺织有限公司持有的浙江天汇房地产有限公司的股权的提案》,报告期内收购工作正在进行。

二〇〇三年以来市场表现

2003 年涨跌幅(%)	-20.86
2003 年最高(元)	6.03
2003 年最低(元)	3.78
2003 年换手率(%)	72.53
2004.06 涨跌幅(%)	-2.82
2004.06 最高(元)	5.68
2004.06 最低(元)	3.97
2004.06 换手率(%)	92.58

天创置业股份有限公司

公司概况

公司名称	天创置业股份有限公司			股票代码	600791		
注册地址	贵州省贵阳市中华中路137号			邮政编码	100031		
法人代表	王琪			董秘	汪帆		
电话	010-66418368			传真	010-66413715		
主营业务	商业批发零售、房地产开发						
总股本	12870.00	流通 A	4290.00	流通 B		流通 H	
审计单位				审计意见	未审计		

主要财务指标

年度	2004.6	2003	2002
每股收益 / 扣除后(元)	0.1135	0.3400	0.5200
每股经营现金流量(元)	-0.5350	-0.8800	2.0200
每股净资产 / 调整后(元)	1.7900	1.6800	1.7000
每股公积金(元)	0.0499	0.0499	0.1529
净资产收益率(%)	6.3200	21.2100	30.3700
总资产(万元)	54856.03	47724.24	41082.21
股东权益(万元)	23109.38	21648.67	16945.71
未分配利润(万元)	5940.12	4479.41	3068.75
主营收入(万元)	8555.11	26320.87	34900.48
资本公积金(万元)	641.91	641.91	1514.17
主营利润(万元)	3433.74	9492.16	12057.47
其他业务利润(万元)	22.36	259.06	40.93
营业利润(万元)	2487.67	7855.84	9416.29
投资收益(万元)	69.83	115.56	146.59
补贴收入(万元)			
营业外收支(万元)	0.88	0.80	-0.01
利润总额(万元)	2558.37	7972.20	9452.20
净利润(万元)	1460.71	4590.62	5146.43

十大股东

序号	股东名称	股份性质	持股数(万股)	比例(%)
1	北京市天创房地产开发公司	国有法人股	3379.74	26.26
2	北京阳光房地产综合开发公司	国有法人股	2084.41	16.20
3	北京力成投资管理有限公司	境内法人股	879.45	6.83
4	贵州赤天化集团有限责任公司	境内法人股	450.45	3.50
5	贵州省技术改造投资公司	境内法人股	429.00	3.33
6	贵州水城钢铁集团公司	境内法人股	429.00	3.33
7	中国贵州航空工业总公司	境内法人股	214.50	1.67
8	贵州神奇制药有限公司	境内法人股	107.25	0.83
9	重庆科星设行清洗有限公司	境内法人股	97.50	0.76
10	上海锦玻实业有限公司	境内法人股	77.35	0.60

股东人数	2004.6	2003.12	2003.6	2002
	8678	8966	8624	7202

近年分配		近年配股/增发	

重大事项

经2003年度股东大会批准,公司收购了第一大股东天创公司与天创旅游分别持有的北京天创维嘉房地产开发有限公司(以下简称"天创维嘉公司")30.46%、20.54%股权(正在办理工商变更登记手续)。

二〇〇三年以来市场表现

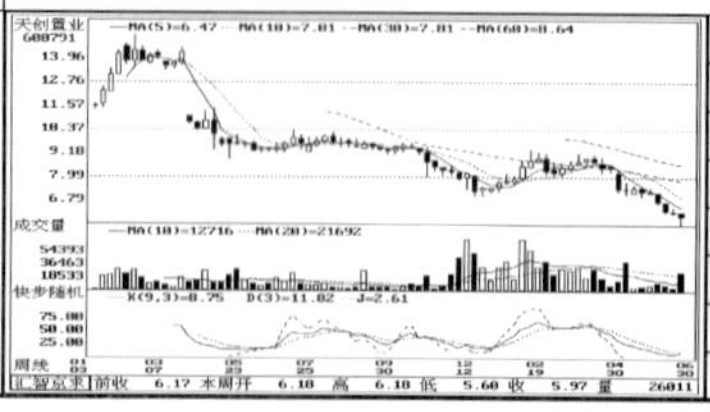

2003 年涨跌幅(%)	-17.59
2003 年最高(元)	11.61
2003 年最低(元)	7.01
2003 年换手率(%)	178.36
2004.06 涨跌幅(%)	-18.11
2004.06 最高(元)	9.35
2004.06 最低(元)	5.60
2004.06 换手率(%)	139.49

云南马龙产业集团股份有限公司

公司概况

公司名称	云南马龙产业集团股份有限公司	股票代码	600792
注册地址	云南省曲靖市马龙县王家庄镇	邮政编码	655102
法人代表	夏蜀	董秘	鲜思林
电话	0871-3018339	传真	0871-3620178
主营业务	黄磷、磷酸		
总股本	11475.00	流通 A	3375.00
流通 B		流通 H	
审计单位		审计意见	未审计

主要财务指标

年度	2004.6	2003	2002
每股收益/扣除后(元)	0.2592	0.2720	0.2140
每股经营现金流量(元)	0.1870	0.5290	-1.4600
每股净资产/调整后(元)	1.4680	1.8200	1.8400
每股公积金(元)	0.3676	0.5664	1.7859
净资产收益率(%)	17.7300	14.8200	10.7900
总资产(万元)	42812.33	35921.69	25656.84
股东权益(万元)	17098.58	14066.74	10115.92
未分配利润(万元)	4821.26	1789.42	-4124.86
主营收入(万元)	21976.04	54291.88	16290.92
资本公积金(万元)	4332.64	4332.64	9108.05
主营利润(万元)	6785.88	9343.91	3489.06
其他业务利润(万元)	163.44	526.55	-1.74
营业利润(万元)	3791.19	2270.13	713.65
投资收益(万元)		8.67	5.63
补贴收入(万元)	83.86	226.09	11.61
营业外收支(万元)	-43.70	-157.01	-0.15
利润总额(万元)	3831.36	2347.88	982.86
净利润(万元)	3031.84	2084.10	1091.60

十大股东

序号	股东名称	股份性质	持股数(万股)	比例(%)
1	马龙县国有资产管理局	国家股	8100.00	70.59
2	兴业证券	流通 A 股	517.58	4.51
3	王定波	流通 A 股	103.85	0.91
4	林翔	流通 A 股	43.95	0.38
5	周健	流通 A 股	35.89	0.31
6	谢永昌	流通 A 股	25.27	0.22
7	杨德耀	流通 A 股	17.42	0.15
8	罗长生	流通 A 股	17.33	0.15
9	常学敏	流通 A 股	17.00	0.15
10	许长和	流通 A 股	16.94	0.15

股东人数

2004.6	2003.12	2003.6	2002
2202	2036	2275	2231

近年分配

近年分配		近年配股/增发	2004 年 5 月 21 日 10 送 2 转 3

重大事项

2004 年 3 月 11 日召开的公司第三届董事会第五次会议审议通过了《关于公司收购中轻依兰(集团)公司资产的议案》,公司以 4556 万元现金收购中轻依兰仓库等建筑物、机器设备和土地使用权等资产。

二〇〇三年以来市场表现

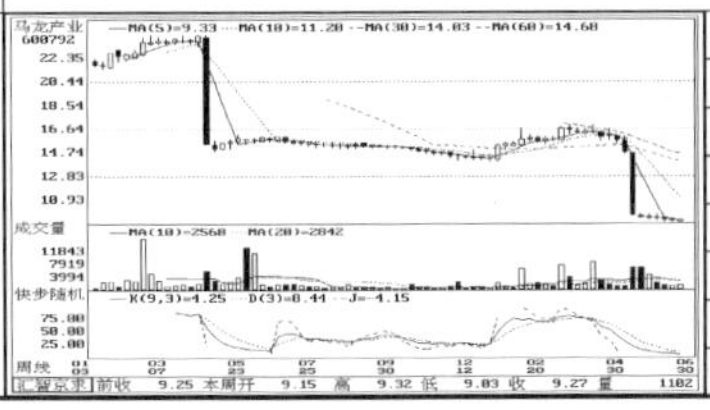

2003 年涨跌幅(%)	-7.37
2003 年最高(元)	11.13
2003 年最低(元)	9.27
2003 年换手率(%)	31.06
2004.06 涨跌幅(%)	-0.32
2004.06 最高(元)	11.30
2004.06 最低(元)	9.03
2004.06 换手率(%)	19.64

宜宾纸业股份有限公司

公司概况

公司名称	宜宾纸业股份有限公司	股票代码	600793
注册地址	四川省宜宾市岷江西路 54 号	邮政编码	644007
法人代表	罗云	董秘	鹿彪
电话	0831-3560589	传真	0831-3561965
主营业务	新闻纸及纸制品		
总股本	10530.00	流通 A	3354.00
流通 B		流通 H	
审计单位		审计意见	未审计

主要财务指标

年度	2004.6	2003	2002
每股收益/扣除后(元)	0.0820	0.0628	-0.6606
每股经营现金流量(元)	0.5030	0.3696	0.3305
每股净资产/调整后(元)	1.6800	1.5506	0.8889
每股公积金(元)	1.1768	1.1231	0.4944
净资产收益率(%)	4.4900	4.1200	-79.1400
总资产(万元)	88081.23	80625.39	83498.24
股东权益(万元)	18941.41	17524.54	10183.08
未分配利润(万元)	-7387.00	-8237.77	-8959.89
主营收入(万元)	16590.81	36017.68	32486.17
资本公积金(万元)	12391.84	11825.75	5206.41
主营利润(万元)	3353.01	5269.74	1281.02
其他业务利润(万元)	0.38	303.31	-1.34
营业利润(万元)	863.10	739.50	-6955.68
投资收益(万元)			
补贴收入(万元)		50.00	50.00
营业外收支(万元)	-12.33	-67.30	0.72
利润总额(万元)	850.77	722.21	-8058.64
净利润(万元)	850.77	722.12	-8058.64

十大股东

序号	股东名称	股份性质	持股数(万股)	比例(%)
1	宜宾市国有资产经营有限公司	国有股	5176.00	49.15
2	宜宾市五粮液集团有限公司	国有法人股	2000.00	18.99
3	梁碧霞	公众股	43.14	0.41
4	甄敏忠	公众股	15.97	0.15
5	高德新	公众股	15.92	0.15
6	蔡雪冰	公众股	14.00	0.13
7	杨帆	公众股	13.43	0.13
8	周宇承	公众股	13.13	0.12
9	于洪年	公众股	12.97	0.12
10	纪蓉	公众股	12.22	0.12

股东人数

2004.6	2003.12	2003.6	2002
11934	12647	14511	15228

近年分配

近年分配		近年配股/增发	

重大事项

公司 2003 年年度股东大会审议并通过了《公司向宜宾天原股份有限公司的借款议案》。根据公司技改需要,2004 年公司向宜宾天原股份有限公司的借款在原借款额度的基础上增加 3300 万元,公司向宜宾天原股份有限公司的借款总额为 11000 万元。

二〇〇三年以来市场表现

2003 年涨跌幅(%)	-34.60
2003 年最高(元)	11.30
2003 年最低(元)	4.79
2003 年换手率(%)	241.50
2004.06 涨跌幅(%)	3.34
2004.06 最高(元)	8.50
2004.06 最低(元)	5.20
2004.06 换手率(%)	115.54

云南新概念保税科技股份有限公司

公司概况

公司名称	云南新概念保税科技股份有限公司	股票代码	600794
注册地址	云南省昆明市春城路62号证券(基)大厦四楼	邮政编码	650011
法人代表	叶效良	董秘	肖功伟
电话	0872-3186316	传真	0872-3186312
主营业务	土地开发、仓储运输		
总股本	11923.97	流通A	5011.97
流通B		流通H	
审计单位		审计意见	未审计

主要财务指标

年度	2004.6	2003	2002
每股收益/扣除后(元)	-0.1005	-0.0250	-0.7555
每股经营现金流量(元)	-0.1490	0.3530	-0.5930
每股净资产/调整后(元)	1.3630	1.2380	1.3090
每股公积金(元)	1.4325	1.4319	1.4298
净资产收益率(%)	2.4800	3.6900	-100.8660
总资产(万元)	45841.81	46683.59	47281.50
股东权益(万元)	16802.95	16379.56	15750.60
未分配利润(万元)	-14949.77	-15366.42	-15841.48
主营收入(万元)	5391.03	6424.05	4674.35
资本公积金(万元)	17080.68	17073.93	17049.00
主营利润(万元)	1924.77	3888.88	600.84
其他业务利润(万元)	44.45	-361.28	-0.41
营业利润(万元)	756.92	779.74	-8927.80
投资收益(万元)	77.00	156.54	148.54
补贴收入(万元)			
营业外收支(万元)	4.79	205.17	-2.01
利润总额(万元)	838.71	1141.45	-15703.36
净利润(万元)	416.65	604.03	-15887.07

十大股东

序号	股东名称	股份性质	持股数(万股)	比例(%)
1	张家港保税区保税实业有限公司	国有法人股	2748.80	23.05
2	云南大理造纸厂	国有法人股	1642.00	13.77
3	张家港保税区开发总公司	国有法人股	985.20	8.26
4	大理卷烟厂	国内法人股	768.00	6.44
5	昆明水泥股份有限公司	国内法人股	768.00	6.44
6	陆文龙	流通A股	16.50	0.14
7	柴淑勤	流通A股	15.39	0.13
8	上海卓超高新技术成果转化有限公司	流通A股	14.90	0.12
9	颜惠敏	流通A股	13.84	0.12
10	孙波	流通A股	12.88	0.11

股东人数	2004.6	2003.12	2003.6	2002
	24709	21695	15529	20417

近年分配		近年配股/增发	

重大事项

2004年3月2日，本公司控股子公司张家港保税区外商投资服务有限公司与张家港保税区海平天迅电子技术有限公司签订了《房地产收购意向书》，以1750万元人民币购买其座落于张家港市城北路97号的房地产。

二〇〇三年以来市场表现

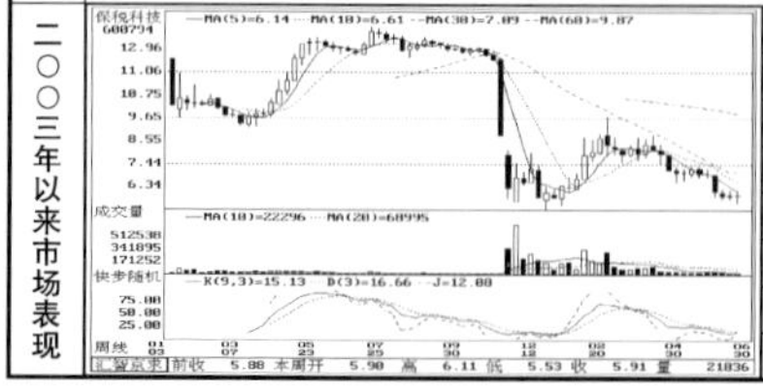

2003年涨跌幅(%)	-53.29
2003年最高(元)	14.06
2003年最低(元)	5.24
2003年换手率(%)	519.63
2004.06涨跌幅(%)	1.55
2004.06最高(元)	9.72
2004.06最低(元)	5.41
2004.06换手率(%)	414.27

国电电力发展股份有限公司

公司概况

公司名称	国电电力发展股份有限公司	股票代码	600795
注册地址	大连经济技术开发区黄海西路4号	邮政编码	100045
法人代表	周大兵	董秘	陈景东
电话	010-51975999	传真	010-68535280
主营业务	电力、热力产品		
总股本	226850.64	流通A	58795.48
流通B		流通H	
审计单位		审计意见	未审计

主要财务指标

年度	2004.6	2003	2002
每股收益/扣除后(元)	0.2206	0.5050	0.3860
每股经营现金流量(元)	0.3910	1.0160	0.8610
每股净资产/调整后(元)	2.6530	3.8380	3.3570
每股公积金(元)	0.6516	0.9581	1.5356
净资产收益率(%)	8.2600	12.4700	11.4240
总资产(万元)	2764163.75	2274879.00	1769220.37
股东权益(万元)	603176.19	541386.87	473483.62
未分配利润(万元)	181683.31	137492.91	83876.10
主营收入(万元)	333312.12	484598.84	356273.50
资本公积金(万元)	146723.98	215746.44	215340.39
主营利润(万元)	100699.21	134632.95	96012.38
其他业务利润(万元)	893.03	1450.51	-12.59
营业利润(万元)	61632.04	85218.67	61572.56
投资收益(万元)	19542.24	22647.86	13896.44
补贴收入(万元)			
营业外收支(万元)	-635.53	-3492.55	-0.28
利润总额(万元)	80538.74	104373.98	75805.05
净利润(万元)	49819.96	67497.18	54088.56

十大股东

序号	股东名称	股份性质	持股数(万股)	比例(%)
1	国家电力公司	国有法人股	76284.74	33.63
2	辽宁省电力有限公司	国有法人股	69558.11	30.66
3	龙源电力集团公司	国有法人股	22212.31	9.79
4	景福证券投资基金	流通A股	1727.54	0.76
5	泰和证券投资基金	流通A股	1410.74	0.62
6	交通银行-汉兴证券投资基金	流通A股	1119.88	0.49
7	中国银行-嘉实服务增值行业证券投资基金	流通A股	946.53	0.42
8	天华证券投资基金	流通A股	913.02	0.40
9	招商银行股份有限公司-中信经典配置证券投资基金	流通A股	879.78	0.39
10	交通银行-华安创新证券投资基金	流通A股	825.00	0.36

股东人数	2004.6	2003.12	2003.6	2002
	58060	36305	46546	37935

近年分配		近年配股/增发	

重大事项

公司于2003年12月30日与本公司股东龙源电力集团公司签订了本公司分公司中能电力科技开发公司的股权转让协议，转让中能电力科技开发公司80%的股权。

二〇〇三年以来市场表现

2003年涨跌幅(%)	65.09
2003年最高(元)	7.88
2003年最低(元)	3.97
2003年换手率(%)	153.98
2004.06涨跌幅(%)	-7.17
2004.06最高(元)	9.17
2004.06最低(元)	6.43
2004.06换手率(%)	97.28

浙江钱江生物化学股份有限公司

公司概况				
公司名称	浙江钱江生物化学股份有限公司	股票代码	600796	
注册地址	浙江省海宁市硖石镇西山路598号	邮政编码	314400	
法人代表	马炎	董秘	胡明	
电话	0573-7038237	传真	0573-7035640	
主营业务	井冈霉毒、赤霉素系列产品			
总股本	21077.07	流通A 7602.66	流通B	流通H
审计单位		审计意见	未审计	

主要财务指标

年度	2004.6	2003	2002
每股收益/扣除后(元)	0.0659	0.1290	0.1430
每股经营现金流量(元)	0.1580	0.3830	0.4540
每股净资产/调整后(元)	1.8850	3.2520	3.0870
每股公积金(元)	0.4451	1.6012	1.6012
净资产收益率(%)	4.1500	4.8900	4.5800
总资产(万元)	61931.98	56124.72	53345.37
股东权益(万元)	40136.04	38469.62	36588.54
未分配利润(万元)	5415.14	3748.71	2206.23
主营收入(万元)	13647.46	23712.87	20237.63
资本公积金(万元)	9381.25	18748.84	18748.84
主营利润(万元)	4121.17	5785.20	4603.92
其他业务利润(万元)	23.91	-20.80	-0.04
营业利润(万元)	2090.84	2139.85	1461.17
投资收益(万元)	61.90	50.15	275.10
补贴收入(万元)	214.94	224.19	14.80
营业外收支(万元)	-8.72	-9.72	-0.08
利润总额(万元)	2358.96	2404.47	1993.03
净利润(万元)	1666.42	1881.08	1674.92

十大股东

序号	股东名称	股份性质	持股数(万股)	比例(%)
1	海宁市资产经营公司	国有法人股	10156.32	48.19
2	海宁市鼎兴投资有限公司	境内法人股	2854.77	13.54
3	浙江化工进出口公司	境内法人股	148.26	0.70
4	海宁市兴达贸易有限责任公司	境内法人股	139.00	0.66
5	海宁兴达包装用品厂	境内法人股	92.66	0.44
6	海宁市菱达电梯物资有限公司	境内法人股	46.33	0.22
7	陈素娟	流通A股	39.75	0.19
8	区燕红	流通A股	38.52	0.18
9	戴清基	流通A股	37.25	0.18
10	浙江省化工进出口公司工会委员会	境内法人股	37.07	0.18

股东人数	2004.6	2003.12	2003.6	2002
	9477	11026	12467	14251

近年分配		近年配股/增发	2004年5月20日10转8

重大事项

2004年7月5日公司临时股东大会浙钱股字〔2004〕62号,同意核销浙江省《改革月报》实业集团有限责任公司3,692,700元坏帐决议。公司于1998年10月9日借款500万元给啄木鸟服饰有限公司,啄木鸟服饰有限公司将500万元转借给浙江省《改革月报》实业集团有限责任公司(以下简称“改革月报”)。

二〇〇三年以来市场表现

2003年涨跌幅(%)	-23.60
2003年最高(元)	7.87
2003年最低(元)	4.62
2003年换手率(%)	39.81
2004.06涨跌幅(%)	37.23
2004.06最高(元)	8.60
2004.06最低(元)	4.99
2004.06换手率(%)	30.31

浙江浙大网新科技股份有限公司

公司概况				
公司名称	浙江浙大网新科技股份有限公司	股票代码	600797	
注册地址	杭州市教工路1号18幢6层	邮政编码	310007	
法人代表	陈纯	董秘	董丹青	
电话	0571-87950500,87950588-324	传真	0571-87988110	
主营业务	有线电视网络投资			
总股本	81304.35	流通A 39547.41	流通B	流通H
审计单位		审计意见	未审计	

主要财务指标

年度	2004.6	2003	2002
每股收益/扣除后(元)	0.0277	0.0900	0.1600
每股经营现金流量(元)	-0.1870	0.0800	0.0500
每股净资产/调整后(元)	1.2500	2.1900	2.0800
每股公积金(元)	0.1691	0.7874	0.7866
净资产收益率(%)	4.4400	5.3300	8.3400
总资产(万元)	314284.72	288439.00	230004.87
股东权益(万元)	108619.98	106187.56	100488.12
未分配利润(万元)	6776.12	13908.83	8953.57
主营收入(万元)	169101.97	291333.81	199854.92
资本公积金(万元)	13745.75	37658.79	37621.98
主营利润(万元)	17433.29	29827.34	26338.99
其他业务利润(万元)	163.36	403.45	-1.68
营业利润(万元)	3386.51	4980.08	6874.07
投资收益(万元)	1104.05	1421.81	3740.96
补贴收入(万元)	363.09	680.34	-1.28
营业外收支(万元)	897.74	-182.02	2.93
利润总额(万元)	5751.40	6900.21	10228.83
净利润(万元)	4823.81	5662.62	8385.18

十大股东

序号	股东名称	股份性质	持股数(万股)	比例(%)
1	浙江浙大网新信息控股有限公司	境内法人股	18398.63	22.63
2	浙江华辰物业开发有限公司	境内法人股	11253.50	13.84
3	上海富沃投资管理有限公司	境内法人股	4520.78	5.56
4	浙江金科实业投资有限公司	境内法人股	3013.85	3.71
5	浙江金威电子技术工程有限公司	境内法人股	1229.65	1.51
6	浙江中泰投资管理有限公司	境内法人股	867.99	1.07
7	浙江大学创业投资有限公司	境内法人股	833.00	1.02
8	绍兴越通房地产公司	境内法人股	409.88	0.50
9	浙江长龙电机有限公司	境内法人股	409.88	0.50
10	季晋石	流通A股	261.95	0.32

股东人数	2004.6	2003.12	2003.6	2002
	18129	10013	7968	8559

近年分配	2004年6月15日10派0.50	近年配股/增发	2004年6月15日10送2转5

重大事项

2004年1月2日,经公司第四届董事会第八次会议审议通过,公司与绍兴王朝大酒店有限公司共同投资5000万元设立上海富睿科技有限公司,其中公司出资4,500万元,占90%;“绍兴王朝”出资500万元,占10%。“上海富睿”已于2004年2月5日在上海市工商行政管理局注册登记,并取得注册号为3101101023322的企业法人营业执照。

二〇〇三年以来市场表现

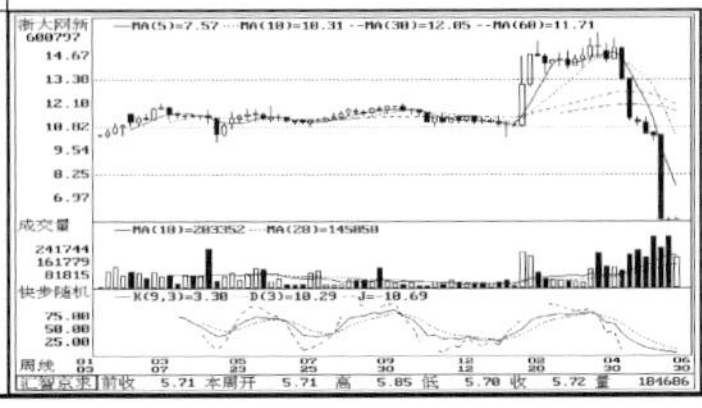

2003年涨跌幅(%)	6.56
2003年最高(元)	7.05
2003年最低(元)	5.82
2003年换手率(%)	72.88
2004.06涨跌幅(%)	-12.00
2004.06最高(元)	9.35
2004.06最低(元)	5.69
2004.06换手率(%)	81.13

宁波海运股份有限公司

公司概况

公司名称	宁波海运股份有限公司	股票代码	600798
注册地址	宁波市中马路 202 号	邮政编码	315020
法人代表	夏刚	董秘	黄敏辉
电话	0574-87356271-3503,3506	传真	0574-87355051
主营业务	货物运输		
总股本	51187.50	流通 A	14145.00
流通 B		流通 H	
审计单位		审计意见	未审计

主要财务指标

年度	2004.6	2003	2002
每股收益 / 扣除后(元)	0.1530	0.1600	0.1200
每股经营现金流量(元)	0.2360	0.1600	0.2900
每股净资产 / 调整后(元)	1.5800	1.6400	1.4800
每股公积金(元)	0.2696	0.2696	0.2696
净资产收益率(%)	4.9800	9.7800	7.9000
总资产(万元)	114925.60	115206.14	91091.34
股东权益(万元)	81321.66	83922.60	75712.18
未分配利润(万元)	6860.22	9461.15	2504.30
主营收入(万元)	38070.02	44129.13	27528.83
资本公积金(万元)	13800.90	13800.90	13800.90
主营利润(万元)	12588.18	13971.01	7878.17
其他业务利润(万元)	22.44	61.69	-1.44
营业利润(万元)	11082.41	11649.56	5966.34
投资收益(万元)	-3412.10	493.47	1737.05
补贴收入(万元)	316.20		
营业外收支(万元)	-95.18	67.95	-0.34
利润总额(万元)	7891.32	12210.98	7634.70
净利润(万元)	4053.44	8210.42	5980.04

十大股东

序号	股东名称	股份性质	持股数(万股)	比例(%)
1	宁波海运集团有限公司	国有法人股	26143.92	51.07
2	浙江电力燃料总公司	国有法人股	9160.32	17.90
3	宁波经济技术开发区富创贸易公司	境内法人股	854.88	1.67
4	东胜聚力有限责任公司	国有法人股	688.80	1.35
5	宁波交通投资开发公司	国有法人股	194.58	0.38
6	杨苏香	流通 A 股	102.41	0.20
7	全国社保基金一零一组合	流通 A 股	91.08	0.18
8	上海富融投资有限公司	流通 A 股	30.30	0.06
9	夏林多	流通 A 股	29.00	0.06
10	浙江东浦农业开发有限公司	流通 A 股	28.98	0.06

股东人数	2004.6	2003.12	2003.6	2002
	85212	91604	94479	97856

近年分配		近年配股 / 增发	

重大事项

2003 年 6 月 10 日,公司按相关审批程序,就暂时闲置的自有资金 5000 万元委托浙江省工商信托投资股份有限公司进行委托贷款,委托贷款的借款人为上海元盛投资管理有限公司,担保方为上海博联科技投资有限公司和福建省闽发证券有限公司,期限自 2003 年 6 月 10 日至 2004 年 6 月 9 日。

二〇〇三年以来市场表现

2003 年涨跌幅(%)	-0.17
2003 年最高(元)	7.00
2003 年最低(元)	5.10
2003 年换手率(%)	81.59
2004.06 涨跌幅(%)	-18.21
2004.06 最高(元)	8.17
2004.06 最低(元)	4.91
2004.06 换手率(%)	124.39

黑龙江省科利华网络股份有限公司

公司概况

公司名称	黑龙江省科利华网络股份有限公司	股票代码	600799
注册地址	黑龙江省阿城市北环路 2 号	邮政编码	100084
法人代表	宋朝弟	董秘	
电话	010-82899729	传真	010-62980387
主营业务	因特网上项目经营		
总股本	38984.40	流通 A	17850.00
流通 B		流通 H	
审计单位		审计意见	未审计

主要财务指标

年度	2004.6	2003	2002
每股收益 / 扣除后(元)	-0.0816	-0.3760	-0.2470
每股经营现金流量(元)	0.0180	-0.0840	-0.1900
每股净资产 / 调整后(元)	0.0580	0.1140	1.5130
每股公积金(元)	0.4630	0.4630	0.4630
净资产收益率(%)	-17.5500	-139.1000	-21.0100
总资产(万元)	95756.28	98250.96	125194.55
股东权益(万元)	18184.58	21376.30	54744.23
未分配利润(万元)	-56699.51	-55086.71	-8389.30
主营收入(万元)	68.68	1591.57	7708.63
资本公积金(万元)	18051.67	18051.67	18051.67
主营利润(万元)	62.52	1231.48	7239.98
其他业务利润(万元)		0.91	-0.01
营业利润(万元)		-31415.22	-5295.25
投资收益(万元)		42.46	-2098.08
补贴收入(万元)			
营业外收支(万元)	-11.51	-585.93	6.83
利润总额(万元)	-3437.08	-31958.69	-10848.65
净利润(万元)	-3191.73	-29734.45	-11502.01

十大股东

序号	股东名称	股份性质	持股数(万股)	比例(%)
1	北京科利华教育软件技术有限责任公司	境内法人股	10915.63	28.00
2	宏源证券股份有限公司	境内法人股	5024.00	12.89
3	黑龙江大金钢铁有限责任公司	境内法人股	1509.45	3.87
4	哈尔滨晟裕实业有限公司	境内法人股	1161.00	2.98
5	黑龙江虹升激光图象技术开发公司	境内法人股	270.53	0.69
6	温州市奇美美肤品有限公司	境内法人股	200.00	0.51
7	阿城市金港建筑工程有限责任公司	境内法人股	166.00	0.43
8	阿城市安兴建筑材料有限公司	境内法人股	146.49	0.38
9	阿城市大金家政服务有限公司	境内法人股	145.83	0.37
10	阿城市银通经贸有限公司	境内法人股	131.24	0.34

股东人数	2004.6	2003.12	2003.6	2002
	72233	75732	78532	87009

近年分配		近年配股 / 增发	

重大事项

截止 2004 年 6 月 30 日,本公司为子公司北京科利华晓军管理软件有限公司 2900 万元借款担保;本公司与北京科利华教育软件技术有限公司共同为子公司北京科利华晓军管理软件有限公司 7,400 万元借款提供担保;本公司的子公司北京科利华科技孵化器有限公司为北京科利华教育软件技术有限公司 5,000 万元贷款提供抵押担保。

二〇〇三年以来市场表现

2003 年涨跌幅(%)	-48.34
2003 年最高(元)	6.19
2003 年最低(元)	2.46
2003 年换手率(%)	267.09
2004.06 涨跌幅(%)	-21.21
2004.06 最高(元)	4.02
2004.06 最低(元)	2.06
2004.06 换手率(%)	238.85

天津环球磁卡股份有限公司

公司概况

公司名称	天津环球磁卡股份有限公司	股票代码	600800
注册地址	天津市河西区解放南路 325 号	邮政编码	300202
法人代表	姜甫敌	董秘	蔚丽霞
电话	022-23264874-2038,23264012	传真	022-23269333
主营业务	磁卡、印刷、房地产、机具产品		
总股本	55165.92	流通 A	26173.91
流通 B		流通 H	
审计单位		审计意见	未审计

主要财务指标

年度	2004.6	2003	2002
每股收益/扣除后(元)	-0.0585	0.1100	-0.5200
每股经营现金流量(元)	-4.9868	0.4970	0.1730
每股净资产/调整后(元)	1.1600	1.2580	1.0700
每股公积金(元)	0.3181	0.5867	0.5763
净资产收益率(%)	1.6800	8.1100	-39.3200
总资产(万元)	295565.94	292022.50	292638.41
股东权益(万元)	73801.15	75557.31	71233.27
未分配利润(万元)	1029.04	-20156.64	-24699.96
主营收入(万元)	19009.04	40126.57	24476.06
资本公积金(万元)	17550.44	32365.09	31789.64
主营利润(万元)	3796.97	7913.60	5405.89
其他业务利润(万元)	5072.12	4883.88	-5.79
营业利润(万元)	1177.41	5786.43	-26815.27
投资收益(万元)	-140.99	-793.69	384.74
补贴收入(万元)		76.82	-0.04
营业外收支(万元)	-8.26	-56.28	0.58
利润总额(万元)	1028.16	5013.29	-29131.78
净利润(万元)	1241.21	6129.77	-28007.79

十大股东

序号	股东名称	股份性质	持股数(万股)	比例(%)
1	天津环球磁卡集团有限公司	国有法人股	18338.13	33.24
2	天津天保控股有限公司	境内法人股	3667.63	6.65
3	天津环球化学科技有限公司	境内法人股	1897.31	3.44
4	天津国投	境内法人股	1012.50	1.84
5	渤海证券有限责任公司	境内法人股	810.00	1.47
6	上海裕盛投资管理有限公司	境内法人股	607.50	1.10
7	天津一德投资集团有限公司	流通 A 股	545.89	0.99
8	天津市劝业场股份有限公司	境内法人股	506.25	0.92
9	国泰天证	境内法人股	303.75	0.55
10	天津北方国际信托投资公司	境内法人股	303.75	0.55

股东人数	2004.6	2003.12	2003.6	2002
	114226	113044	113774	115533

近年分配		近年配股/增发	

重大事项

2004 年上半年公司对外担保总额占净资产比例为 65.15%，超过了上市公司对外担保总额不得超过最近一个会计年度合并会计报表净资产的 50%的规定；逾期担保占有相当的比例，在 30 项担保事项中有 12 项逾期担保，金额达 25760 万元，占担保总额的 51.93%，其中有的长达 1 年以上。

二〇〇三年以来市场表现

2003 年涨跌幅(%)	4.68
2003 年最高(元)	6.99
2003 年最低(元)	5.22
2003 年换手率(%)	220.35
2004.06 涨跌幅(%)	-5.79
2004.06 最高(元)	8.64
2004.06 最低(元)	5.60
2004.06 换手率(%)	186.88

华新水泥股份有限公司

公司概况

公司名称	华新水泥股份有限公司	股票代码	600801
注册地址	湖北省黄石市黄石大道 897 号	邮政编码	435002
法人代表	陈木森	董秘	王锡明
电话	0714-6328310	传真	0714-6235204
主营业务	专营水泥制造和销售		
总股本	32840.00	流通 A	4800.00
流通 B	16400.00	流通 H	
审计单位		审计意见	未审计

主要财务指标

年度	2004.6	2003	2002
每股收益/扣除后(元)	0.3509	0.2100	0.0700
每股经营现金流量(元)	0.5480	0.9000	0.7700
每股净资产/调整后(元)	3.5800	2.4100	2.1600
每股公积金(元)	1.9254	0.9541	0.9541
净资产收益率(%)	9.4600	8.4600	3.9700
总资产(万元)	464009.34	301770.97	230434.70
股东权益(万元)	122156.88	80681.61	73857.20
未分配利润(万元)	15032.65	5452.44	
主营收入(万元)	105194.08	118882.77	80108.84
资本公积金(万元)	63229.18	31334.12	31334.12
主营利润(万元)	35533.41	38395.63	24368.07
其他业务利润(万元)	91.83	283.58	14.97
营业利润(万元)	18067.76	10586.86	1973.67
投资收益(万元)	-58.17	-49.68	-172.75
补贴收入(万元)	956.22	1252.17	-561.94
营业外收支(万元)	30.12	-5.24	0.06
利润总额(万元)	18995.92	11784.11	3307.93
净利润(万元)	11550.61	6824.41	2931.61

十大股东

序号	股东名称	股份性质	持股数(万股)	比例(%)
1	国家拥有股份(由华新集团代国家持有)	国有法人股	9152.69	27.87
2	HOLCHIN B.V.	流通 B 股	7700.00	23.45
3	华新集团有限公司	境内法人股	1199.40	3.65
4	STANDARD CHARTERED BANK HONG KONG A/C CREDIT SUISSE FIRST BOSTON (H.K.) LTD.	流通 B 股	876.14	2.67
5	沙隆财咨	境内法人股	410.00	1.25
6	黄石市铁路联营公司	境内法人股	252.00	0.77
7	景阳证券投资基金	流通 A 股	135.52	0.41
8	SHENYIN WANGUO NOMINEES(H.K.)LTD	流通 B 股	125.99	0.38
9	全国社保基金一零七组合	流通 A 股	120.50	0.37
10	武汉石化鹏鹤物资公司	境内法人股	120.00	0.37

股东人数	2004.6	2003.12	2003.6	2002
	40063	31152	47906	48568

近年分配		近年配股/增发	
	2004 年 6 月 22 日 10 派 0.60		

重大事项

2004 年 4 月 28 日召开的公司 2003 年度股东大会，通过了公司 2003 年度利润分配方案：以 2003 年末总股本 32,840 万股为基数，向全体股东每股派发现金红利人民币 0.06 元(含税)，计 19,704,000 元，但不进行资本公积金转增股本。

二〇〇三年以来市场表现

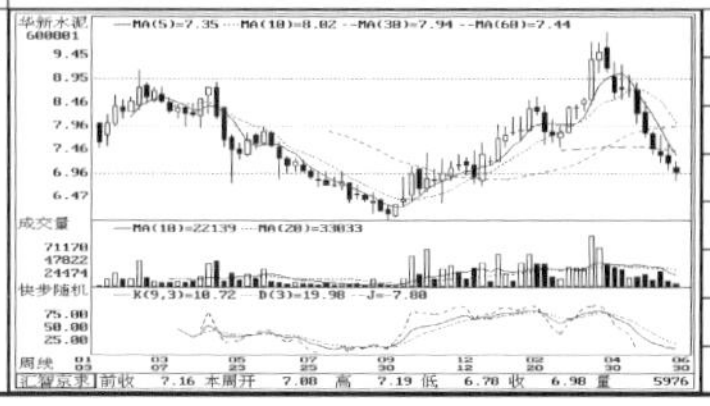

2003 年涨跌幅(%)	-6.34
2003 年最高(元)	9.03
2003 年最低(元)	5.91
2003 年换手率(%)	180.61
2004.06 涨跌幅(%)	-1.55
2004.06 最高(元)	9.89
2004.06 最低(元)	6.78
2004.06 换手率(%)	166.35

福建水泥股份有限公司

公司概况

公司名称	福建水泥股份有限公司	股票代码	600802
注册地址	福建省福州市杨桥路118号宏杨新城建福大厦	邮政编码	350001
法人代表	黄建民	董秘	林成潮
电话	0591-7617051,7517808-1560	传真	0591-7527300
主营业务	水泥的生产及销售		
总股本	28281.70	流通 A 13429.94	流通 B / 流通 H
审计单位		审计意见	未审计

主要财务指标

年度	2004.6	2003	2002
每股收益/扣除后(元)	0.1670	0.1100	-0.3110
每股经营现金流量(元)	0.4220	0.6800	0.2600
每股净资产/调整后(元)	1.9500	1.8200	1.7020
每股公积金(元)	0.9133	0.9133	1.3014
净资产收益率(%)	7.7000	5.7900	-31.5500
总资产(万元)	166237.84	146005.16	140900.48
股东权益(万元)	60978.00	57321.76	53531.78
未分配利润(万元)	5944.11	2238.08	-17024.42
主营收入(万元)	46352.94	86246.33	71530.70
资本公积金(万元)	25829.96	25829.96	36806.32
主营利润(万元)	20197.21	32234.26	21369.99
其他业务利润(万元)	-8.99	181.15	-1.84
营业利润(万元)	6392.49	5403.35	-14115.51
投资收益(万元)	2.94	-82.93	-550.26
补贴收入(万元)			
营业外收支(万元)	84.18	-771.82	12.00
利润总额(万元)	6479.61	4548.60	-16889.70
净利润(万元)	4695.90	3321.25	-16888.45

十大股东

序号	股东名称	股份性质	持股数(万股)	比例(%)
1	国家拥有股份	国有法人股	12152.70	42.97
2	福建投资开发总公司	国有法人股	1741.30	6.16
3	福建华兴实业公司	国有法人股	675.50	2.39
4	国元证券有限责任公司	流通A股	106.69	0.38
5	福建省青山纸业股份有限公司	境内法人股	69.85	0.25
6	福建兴业证券公司	境内法人股	55.00	0.19
7	福建省石化经济发展公司	境内法人股	41.91	0.15
8	张晓社	流通A股	39.87	0.14
9	中国人民保险公司福建分公司运用部	境内法人股	33.00	0.12
10	傅培珍	流通A股	30.70	0.11

股东人数	2004.6	2003.12	2003.6	2002
	69144	73756	75608	78988

近年分配	2004年8月23日10派0.28	近年配股/增发	

重大事项

就租赁福建省三达粉磨厂资产事宜，本公司于2004年5月27日与福建省三达粉磨厂签订了《租赁合同》，租赁期限自2004年1月1日至2006年12月31日。该厂资产(含固定资产、土地使用权)账面原值91,436,730.61元、净值56,220,000元，年水泥粉磨能力为45万吨。租赁费每年480万元。

二〇〇三年以来市场表现

2003年涨跌幅(%)	2.30
2003年最高(元)	5.89
2003年最低(元)	4.28
2003年换手率(%)	140.25
2004.06涨跌幅(%)	-12.07
2004.06最高(元)	6.15
2004.06最低(元)	4.22
2004.06换手率(%)	131.93

河北威远生物化工股份有限公司

公司概况

公司名称	河北威远生物化工股份有限公司	股票代码	600803
注册地址	河北省石家庄市新石北路166号	邮政编码	050031
法人代表	杨宁	董秘	吴盛
电话	0311-5915898	传真	0311-5915801
主营业务	生产经营阿维菌素系列		
总股本	11822.17	流通 A 6609.60	流通 B / 流通 H
审计单位		审计意见	未审计

主要财务指标

年度	2004.6	2003	2002
每股收益/扣除后(元)	0.0526	-0.1700	-0.3600
每股经营现金流量(元)	0.1520	-0.8300	0.0300
每股净资产/调整后(元)	2.4100	2.3300	2.3400
每股公积金(元)	1.2713	1.2713	1.2709
净资产收益率(%)	2.1400	0.5100	-10.5900
总资产(万元)	79108.89	79760.88	76252.80
股东权益(万元)	28567.54	28044.37	28010.60
未分配利润(万元)	-100.53	-710.89	-964.06
主营收入(万元)	19743.54	30482.10	27579.69
资本公积金(万元)	15029.73	15029.73	15024.67
主营利润(万元)	4621.06	4915.80	3068.77
其他业务利润(万元)	27.80	86.93	1.00
营业利润(万元)	652.52	-1481.79	-3576.43
投资收益(万元)	96.83	1799.06	225.13
补贴收入(万元)	0.40	128.58	14.63
营业外收支(万元)	-10.29	-167.02	-0.20
利润总额(万元)	739.47	278.83	-3229.68
净利润(万元)	610.36	142.51	-3149.40

十大股东

序号	股东名称	股份性质	持股数(万股)	比例(%)
1	河北威远集团有限公司	国有法人股	5212.57	44.09
2	中国银行-嘉实成长收益型证券投资基金	流通A股	280.36	2.37
3	中国银行-嘉实增长开放式证券投资基金	流通A股	280.00	2.37
4	中国银河证券有限责任公司	流通A股	225.88	1.91
5	泰和证券投资基金	流通A股	140.04	1.18
6	江迅	流通A股	53.44	0.45
7	许翠梅	流通A股	49.00	0.41
8	赵宇	流通A股	46.01	0.39
9	李健	流通A股	45.58	0.39
10	钟春娣	流通A股	35.47	0.30

股东人数	2004.6	2003.12	2003.6	2002
	24867	27879	27147	30711

近年分配		近年配股/增发	

重大事项

经公司第三届董事会第三十一次会议及公司2003年第二次临时股东大会审议通过，公司与石家庄东方热电集团有限公司签署了最高担保限额为人民币2亿元的信贷互保协议，截止2004年6月30日，公司为石家庄东方热电集团有限公司提供担保余额为3300万元。截止2004年6月30日，公司为河北威远亨迪生物化工有限公司提供担保余额为400万元。

二〇〇三年以来市场表现

2003年涨跌幅(%)	-35.71
2003年最高(元)	9.58
2003年最低(元)	4.27
2003年换手率(%)	174.51
2004.06涨跌幅(%)	1.79
2004.06最高(元)	8.05
2004.06最低(元)	4.99
2004.06换手率(%)	177.24

成都鹏博士科技股份有限公司

公司概况

公司名称	成都鹏博士科技股份有限公司			股票代码	600804	
注册地址	四川成都市高新西区创业中心			邮政编码	610016	
法人代表	杨学平			董秘	任春晓	
电话	0755-83432853			传真	0755-83432846	
主营业务	软件及网络工程,钢材贸易					
总股本	11661.12	流通 A	7195.68	流通 B		流通 H
审计单位				审计意见	未审计	

主要财务指标

年度	2004.6	2003	2002
每股收益/扣除后(元)	0.0124	0.0380	-0.0050
每股经营现金流量(元)	0.1060	0.2260	-0.1800
每股净资产/调整后(元)	1.6470	1.6330	1.6460
每股公积金(元)	0.6413	0.6492	0.6677
净资产收益率(%)	0.7200	3.8700	1.8800
总资产(万元)	45807.62	41766.12	37342.87
股东权益(万元)	19800.03	19749.38	19356.24
未分配利润(万元)	-2619.31	-2761.51	-3370.41
主营收入(万元)	27710.06	39139.83	29280.53
资本公积金(万元)	7478.89	7570.44	7786.20
主营利润(万元)	2313.64	4578.85	3316.88
其他业务利润(万元)	-1.64	46.53	-0.77
营业利润(万元)	-91.17	565.94	208.94
投资收益(万元)	8.12	-100.01	-15.42
补贴收入(万元)	225.49	206.75	206.75
营业外收支(万元)	-2.27	84.97	-0.07
利润总额(万元)	140.17	757.65	363.81
净利润(万元)	142.20	764.21	364.63

十大股东

序号	股东名称	股份性质	持股数(万股)	比例(%)
1	深圳市多媒体技术有限公司	境内法人股	2915.28	25.00
2	深圳市联众创业投资有限公司	境内法人股	1406.16	12.06
3	大庆油田水泥有限责任公司	流通 A 股	43.75	0.38
4	浦世全	流通 A 股	39.00	0.33
5	周翠金	流通 A 股	20.00	0.17
6	万怡	流通 A 股	19.00	0.16
7	王汉坤	流通 A 股	16.72	0.14
8	柳迎春	流通 A 股	15.00	0.13
9	王莹	流通 A 股	14.89	0.13
10	傅敏明	流通 A 股	14.50	0.12

股东人数	2004.6	2003.12	2003.6	2002
	28629	23237	22551	24226

近年分配		近年配股/增发	

重大事项

公司于2004年6月21日召开的第六届董事会第二十一次会议审议通过了公司与同人华塑股份有限公司签订金额为3500万元的《互为担保协议》,担保期限一年,并于2004年7月2日为同人华塑股份有限公司建行2000万元银行贷款签署了担保决议。

二〇〇三年以来市场表现

2003年涨跌幅(%)	-32.45
2003年最高(元)	11.26
2003年最低(元)	4.82
2003年换手率(%)	354.30
2004.06涨跌幅(%)	-10.46
2004.06最高(元)	7.98
2004.06最低(元)	5.10
2004.06换手率(%)	253.76

江苏悦达投资股份有限公司

公司概况

公司名称	江苏悦达投资股份有限公司			股票代码	600805	
注册地址	江苏省盐城市开放大道78号			邮政编码	224002	
法人代表	胡友林			董秘	董广勇	
电话	0515-8202863			传真	0515-8334601	
主营业务	公路开发、经营					
总股本	54544.52	流通 A	30949.05	流通 B		流通 H
审计单位				审计意见	未审计	

主要财务指标

年度	2004.6	2003	2002
每股收益/扣除后(元)	0.0350	0.0400	-0.3300
每股经营现金流量(元)	0.5560	-0.1900	0.5400
每股净资产/调整后(元)	2.7900	2.7700	2.7600
每股公积金(元)	1.5325	1.5325	1.5313
净资产收益率(%)	1.1300	2.2400	-12.1300
总资产(万元)	618711.00	557517.94	534839.00
股东权益(万元)	155482.05	153727.95	150492.00
未分配利润(万元)	2659.58	905.50	-1824.00
主营收入(万元)	49674.45	88363.42	151382.00
资本公积金(万元)	83589.95	83589.95	83527.00
主营利润(万元)	13915.46	21138.23	29126.00
其他业务利润(万元)	77.03	315.70	4.95
营业利润(万元)	-5848.95	-11990.64	-13683.79
投资收益(万元)	9459.20	17134.72	-727.00
补贴收入(万元)	2.93		
营业外收支(万元)	-157.62	176.88	-1.68
利润总额(万元)	3455.56	5320.96	-16653.64
净利润(万元)	1754.08	3448.30	-18248.00

十大股东

序号	股东名称	股份性质	持股数(万股)	比例(%)
1	江苏悦达集团有限公司	国有法人股	12823.45	23.51
2	江苏宏图电子信息集团有限公司	国有法人股	7214.40	13.23
3	国家股托管专用帐号	国家股	3298.81	6.05
4	中国工商银行-同益证券投资基金	流通 A 股	471.03	0.86
5	季静	流通 A 股	307.90	0.56
6	潘太军	流通 A 股	140.40	0.26
7	深圳市国信证券网络有限公司	流通 A 股	91.18	0.17
8	盐城工信	流通 A 股	65.52	0.12
9	上海亚兰士软件咨询有限公司	流通 A 股	65.36	0.12
10	中国工商银行-华安上证180指数增强型证券投资基金	流通 A 股	60.42	0.11

股东人数	2004.6	2003.12	2003.6	2002
	147665	153384	153710	159491

近年分配		近年配股/增发	

重大事项

根据公司与中广有线信息网络有限公司签订的《关于合作组建"中广有线信息传媒服务有限公司"的协议》及补充协议,公司与中广有线信息网络有限公司共同投资设立中广有线信息传媒服务有限公司,注册资本为5,000万元人民币。

二〇〇三年以来市场表现

2003年涨跌幅(%)	32.75
2003年最高(元)	8.91
2003年最低(元)	4.43
2003年换手率(%)	381.31
2004.06涨跌幅(%)	-25.99
2004.06最高(元)	7.18
2004.06最低(元)	4.40
2004.06换手率(%)	129.96

交大昆机科技股份有限公司

公司概况

公司名称	交大昆机科技股份有限公司			股票代码	600806		
注册地址	中华人民共和国云南省昆明市茨坝路 23 号			邮政编码	650203		
法人代表	岳华峰			董秘	冯思忠		
电话	0871-5212410			传真	0871-5150317		
主营业务	生产及销售机床						
总股本	24500.74	流通 A	6000.00	流通 B		流通 H	6500.00
审计单位				审计意见	未审计		

主要财务指标

年度	2004.6	2003	2002
每股收益 / 扣除后(元)	0.0479	0.0310	0.0250
每股经营现金流量(元)	0.1450	0.3800	-0.0180
每股净资产 / 调整后(元)	2.2000	2.1200	2.0600
每股公积金(元)	1.2461	1.2460	1.2460
净资产收益率(%)	2.1700	2.8900	1.2000
总资产(万元)	107931.30	96580.34	83946.92
股东权益(万元)	53403.20	52184.11	50677.80
未分配利润(万元)	-3307.92	-4525.95	-6032.25
主营收入(万元)	20009.26	33061.34	17962.85
资本公积金(万元)	30529.13	30528.05	30528.05
主营利润(万元)	5783.09	10111.91	5934.48
其他业务利润(万元)	43.44	174.27	4.39
营业利润(万元)	1046.89	1800.47	547.69
投资收益(万元)	-53.08	-142.58	101.40
补贴收入(万元)	245.74	164.23	-7.09
营业外收支(万元)	3.48	138.64	-0.08
利润总额(万元)	1243.03	1960.76	773.41
净利润(万元)	1218.03	1506.30	607.75

十大股东

序号	股东名称	股份性质	持股数(万股)	比例(%)
1	西安交通大学产业(集团)总公司	国有法人股	7105.21	29.00
2	香港中央结算(代理人)有限公司	流通 H 股	6362.20	25.97
3	云南省人民政府	国有法人股	3134.56	12.79
4	昆明精华公司	境内法人股	1760.97	7.19
5	裕隆证券投资基金	流通 A 股	45.79	0.19
6	田云华	流通 A 股	44.10	0.18
7	王彦丽	流通 A 股	19.97	0.08
8	杨硕	流通 A 股	17.00	0.07
9	北京安太联贸易有限责任公司	流通 A 股	17.00	0.07
10	张凌燕	流通 A 股	13.80	0.06

股东人数	2004.6	2003.12	2003.6	2002
	27810	28748	29909	30009

近年分配		近年配股 / 增发	

重大事项

本公司于 2004 年 2 月 23 日与中富证券有限责任公司(以下简称"中富证券")签订了《受托国债投资管理合同》,以自有资金人民币 5000 万元委托中富证券进行国债投资,委托期限 1 年。6 月 7 日经本公司查询,中富证券未按合同规定投资国债,而是用该资金购买了多个 A 股股票。

二〇〇三年以来市场表现

2003 年涨跌幅(%)	-22.44
2003 年最高(元)	9.50
2003 年最低(元)	5.32
2003 年换手率(%)	204.38
2004.06 涨跌幅(%)	-17.52
2004.06 最高(元)	8.00
2004.06 最低(元)	4.93
2004.06 换手率(%)	169.96

山东济南百货大楼(集团)股份有限公司

公司概况

公司名称	山东济南百货大楼(集团)股份有限公司			股票代码	600807		
注册地址	山东省济南市泉城路 264 号			邮政编码	250011		
法人代表	邢乐成			董秘	王胜文		
电话	0531-6030094			传真	0531-6030094		
主营业务	商业零售、批发						
总股本	10793.08	流通 A	6435.00	流通 B		流通 H	
审计单位				审计意见	未审计		

主要财务指标

年度	2004.6	2003	2002
每股收益 / 扣除后(元)	-0.1674	0.0200	-0.5300
每股经营现金流量(元)	-0.2980	-0.2100	0.0100
每股净资产 / 调整后(元)	0.0300	0.1100	0.3900
每股公积金(元)	0.4896	0.4819	0.4652
净资产收益率(%)	-29.2000	3.5500	-67.5700
总资产(万元)	43350.61	43069.45	36549.28
股东权益(万元)	5412.53	6909.69	8206.14
未分配利润(万元)	-11945.54	-10886.02	-9409.89
主营收入(万元)	1096.35	3248.15	2636.07
资本公积金(万元)	5283.54	5200.26	5020.55
主营利润(万元)	240.04	427.28	104.79
其他业务利润(万元)	3.01	6.90	-0.05
营业利润(万元)	-1601.45	-3435.32	-5594.19
投资收益(万元)		3579.20	-330.00
补贴收入(万元)			
营业外收支(万元)	-2.92	-3.77	0.04
利润总额(万元)	-1604.77	140.10	-5707.78
净利润(万元)	-1580.43	245.26	-5543.77

十大股东

序号	股东名称	股份性质	持股数(万股)	比例(%)
1	济南市国有资产管理局	国有股法人股	3627.00	33.60
2	建行信托投资公司济南办事处	境内法人股	204.75	1.90
3	济南高新建设开发公司	境内法人股	175.50	1.63
4	山东国际信托投资公司	境内法人股	117.00	1.08
5	泰安兴融服务公司	境内法人股	40.95	0.38
6	薛梅	流通 A 股	38.10	0.35
7	罗树勤	流通 A 股	33.00	0.31
8	张青	流通 A 股	24.27	0.22
9	威海国际信托大厦有限公司	流通 A 股	21.06	0.20
10	张换霞	流通 A 股	18.10	0.17

股东人数	2004.6	2003.12	2003.6	2002
	17448	19205	21405	25146

近年分配		近年配股 / 增发	

重大事项

▮ 003 年 8 月 20 日召开的公司 2003 年第一次临时股东大会审议通过了《同意对〈关于向济南市商业银行借款的决议〉进行调整的决议》,公司与济南市商业银行按银行借款基准利率办理 5000 万元的银行借款手续和泉城路 180 号 1-3 层商业楼的房产抵押登记手续,此次银行借款期限为 2 年 10 个月。

二〇〇三年以来市场表现

2003 年涨跌幅(%)	-48.33
2003 年最高(元)	9.80
2003 年最低(元)	3.93
2003 年换手率(%)	306.94
2004.06 涨跌幅(%)	-3.23
2004.06 最高(元)	5.83
2004.06 最低(元)	3.71
2004.06 换手率(%)	148.06

马鞍山钢铁股份有限公司

公司概况

公司名称	马鞍山钢铁股份有限公司			股票代码	600808		
注册地址	安徽省马鞍山市红旗中路 8 号			邮政编码	243003		
法人代表	顾建国		董秘	苏鉴钢			
电话	0555-2888158		传真	0555-2887284			
主营业务	黑色金属冶炼及其压延加工						
总股本	645530.00	流通 A	60000.00	流通 B		流通 H	173293.00
审计单位			审计意见	未审计			

主要财务指标

年度	2004.6	2003	2002
每股收益 / 扣除后(元)	0.3555	0.4340	0.0600
每股经营现金流量(元)	0.4120	0.5528	0.4012
每股净资产 / 调整后(元)	2.5000	2.3200	1.8400
每股公积金(元)	0.8333	0.8009	0.7536
净资产收益率(%)	14.2740	18.6700	3.2400
总资产(万元)	2973223.50	2635523.00	1713851.00
股东权益(万元)	1611393.75	1496034.50	1186283.25
未分配利润(万元)	321259.78	91257.11	3980.32
主营收入(万元)	1280808.00	1574034.87	1097391.75
资本公积金(万元)	537904.50	516986.50	486497.53
主营利润(万元)	318574.12	391610.37	166335.98
其他业务利润(万元)	1383.46	6304.97	-17.12
营业利润(万元)	269908.37	300753.87	95715.74
投资收益(万元)	110.50	-836.60	634.42
补贴收入(万元)	67.24	141.38	64.17
营业外收支(万元)	503.95	-1267.30	13.15
利润总额(万元)	270590.03	298791.37	47970.25
净利润(万元)	230002.67	279297.12	38444.09

十大股东

序号	股东名称	股份性质	持股数(万股)	比例(%)
1	马钢集团控股有限公司	国家股、法人股	408233.00	63.24
2	香港中央结算(代理人)有限公司	流通 H 股	163393.09	25.31
3	香港汇丰银行(代理人)有限公司	流通 H 股	2952.80	0.46
4	泰和证券投资基金	流通 A 股	1746.38	0.27
5	国元证券有限责任公司	流通 A 股	1063.05	0.16
6	上海全隆实业有限公司	境内法人股	980.00	0.15
7	交通银行-汉兴证券投资基金	流通 A 股	783.85	0.12
8	交通银行-易方达 50 指数证券投资基金	流通 A 股	710.71	0.11
9	天华证券投资基金	流通 A 股	610.39	0.09
10	兴和证券投资基金	流通 A 股	495.78	0.08

股东人数	2004.6	2003.12	2003.6	2002
	145911	152845	186767	230222

近年分配	2004 年 6 月 18 日 10 派 2.10	近年配股 / 增发	

重大事项

为确保本公司能继续顺利运作及使本公司员工能继续得到某些本公司未能或未能轻易地在中国安徽省马鞍山市从独立第三方获取的职工培训及必需的后勤服务，集团公司同意继续向本公司提供协定服务，与本公司签订 2004-2006 年《服务协议》。

二〇〇三年以来市场表现

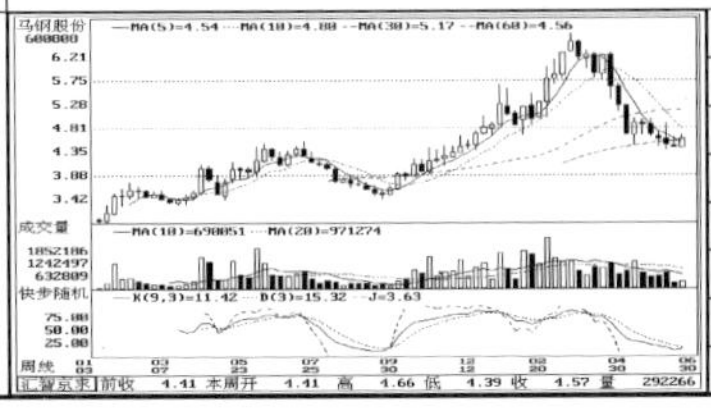

2003 年涨跌幅(%)	61.80
2003 年最高(元)	4.82
2003 年最低(元)	2.70
2003 年换手率(%)	500.85
2004.06 涨跌幅(%)	1.78
2004.06 最高(元)	6.47
2004.06 最低(元)	4.21
2004.06 换手率(%)	405.28

山西杏花村汾酒厂股份有限公司

公司概况

公司名称	山西杏花村汾酒厂股份有限公司			股票代码	600809		
注册地址	山西省汾阳市杏花村			邮政编码	032205		
法人代表	郭双威		董秘	郭志宏			
电话	0358-7220255,7229381,7320601		传真	0358-7220394			
主营业务	汾酒、竹叶青酒						
总股本	43292.41	流通 A	7668.41	流通 B		流通 H	
审计单位			审计意见	未审计			

主要财务指标

年度	2004.6	2003	2002
每股收益 / 扣除后(元)	0.1192	0.1278	0.0370
每股经营现金流量(元)	0.2580	0.1130	0.3100
每股净资产 / 调整后(元)	1.8000	1.7160	1.6707
每股公积金(元)	0.6929	0.6929	0.6929
净资产收益率(%)	6.0500	5.1100	2.0200
总资产(万元)	111866.26	107068.74	102768.49
股东权益(万元)	84720.70	82622.33	78434.24
未分配利润(万元)	5630.84	502.01	358.49
主营收入(万元)	34400.86	62579.93	51523.64
资本公积金(万元)	29998.12	29998.12	29998.12
主营利润(万元)	16395.00	25450.17	18459.41
其他业务利润(万元)	77.23	144.37	1.65
营业利润(万元)	10493.22	8673.85	4268.40
投资收益(万元)		30.60	11.42
补贴收入(万元)			
营业外收支(万元)	-28.60	-1403.75	-3.06
利润总额(万元)	10464.62	7300.70	4028.29
净利润(万元)	5128.83	4219.18	1583.72

十大股东

序号	股东名称	股份性质	持股数(万股)	比例(%)
1	汾酒集团有限责任公司	国有法人股	32824.00	75.82
2	晋泉涌贸易公司	境内法人股	1044.97	2.41
3	义泉涌酒业股份有限公司	境内法人股	173.67	0.40
4	山西省糖酒副食公司	境内法人股	124.00	0.29
5	汾酒集团公司进出口公司	境内法人股	110.00	0.25
6	太原汾酒大厦	境内法人股	100.00	0.23
7	曹秀云	流通 A 股	56.87	0.13
8	北京市糖烟酒公司	境内法人股	50.00	0.12
9	杜正心	流通 A 股	36.62	0.08
10	励罕凡	流通 A 股	32.40	0.07

股东人数	2004.6	2003.12	2003.6	2002
	35626	36775	39219	42001

近年分配	2004 年 7 月 8 日 10 派 0.70	近年配股 / 增发	

重大事项

2004 年上半年，山西省方山县老传统酒业公司诉我公司商标侵权一案取得重大进展，国家工商行政管理总局商标评审委员会下达《"家家"商标争议裁定书》，对山西省方山县老传统酒业公司注册的"家家"商标予以撤销。

二〇〇三年以来市场表现

2003 年涨跌幅(%)	8.77
2003 年最高(元)	7.20
2003 年最低(元)	5.98
2003 年换手率(%)	129.13
2004.06 涨跌幅(%)	-11.63
2004.06 最高(元)	8.18
2004.06 最低(元)	5.70
2004.06 换手率(%)	171.26

神马实业股份有限公司

公司概况

公司名称	神马实业股份有限公司			股票代码	600810		
注册地址	河南省平顶山市建设中路 63 号			邮政编码	467000		
法人代表	张健			董秘	刘臻		
电话	0375-3921231			传真	0375-3921500		
主营业务	尼龙 66 浸胶帘子布						
总股本	56628.00	流通 A	14157.00	流通 B		流通 H	
审计单位				审计意见	未审计		

主要财务指标

年度	2004.6	2003	2002
每股收益/扣除后(元)	0.0333	0.0097	0.0110
每股经营现金流量(元)	0.1420	0.0540	0.1690
每股净资产/调整后(元)	5.8800	5.8890	5.8620
每股公积金(元)	4.2630	4.2630	4.2624
净资产收益率(%)	0.6420	0.2630	0.0023
总资产(万元)	403932.03	406685.47	414677.47
股东权益(万元)	338487.66	339146.53	338495.00
未分配利润(万元)	24901.28	22728.73	25062.92
主营收入(万元)	79506.72	144664.62	135587.86
资本公积金(万元)	241403.92	241403.92	241373.92
主营利润(万元)	8672.10	13159.93	12234.74
其他业务利润(万元)	701.61	1532.25	-77.71
营业利润(万元)	3353.64	2776.03	2101.26
投资收益(万元)			
补贴收入(万元)			
营业外收支(万元)	-189.92	-513.30	-11.69
利润总额(万元)	3163.72	2262.73	1817.42
净利润(万元)	2172.55	890.49	777.99

十大股东

序号	股东名称	股份性质	持股数(万股)	比例(%)
1	中国神马集团有限责任公司	国有法人股	42471.00	75.00
2	华宝信托投资有限责任公司	流通 A 股	177.57	0.31
3	中国建设银行-博时裕富证券投资基金	流通 A 股	73.54	0.13
4	辽宁东方证券公司	流通 A 股	39.33	0.07
5	高艳敏	流通 A 股	37.08	0.07
6	陈晓建	流通 A 股	32.80	0.06
7	李欢欢	流通 A 股	23.18	0.04
8	陈任光	流通 A 股	21.35	0.04
9	叶福根	流通 A 股	19.00	0.03
10	兴和证券	流通 A 股	17.05	0.03

股东人数

2004.6	2003.12	2003.6	2002
77388	80894	83514	85699

近年分配	近年配股/增发
2004 年 6 月 21 日 10 派 0.50	

重大事项

经 2004 年 5 月 26 日公司 2003 年度股东大会审议通过的 2003 年度利润分配方案：以公司 2003 年末总股本 56628 万股为基础，每 10 股派发现金红利 0.50 元(含税)。

二〇〇三年以来市场表现

2003 年涨跌幅(%)	-5.55
2003 年最高(元)	7.69
2003 年最低(元)	6.05
2003 年换手率(%)	111.69
2004.06 涨跌幅(%)	0.00
2004.06 最高(元)	8.57
2004.06 最低(元)	6.22
2004.06 换手率(%)	141.64

东方集团股份有限公司

公司概况

公司名称	东方集团股份有限公司			股票代码	600811		
注册地址	哈尔滨市南岗区红旗大街 240 号			邮政编码	150001		
法人代表	张宏伟			董秘	刘繁宏		
电话	0451-53666028			传真	0451-53666028		
主营业务	商业银行、保险业务						
总股本	75779.45	流通 A	53037.19	流通 B		流通 H	
审计单位				审计意见	未审计		

主要财务指标

年度	2004.6	2003	2002
每股收益/扣除后(元)	0.0731	0.1378	0.1880
每股经营现金流量(元)	-0.4120	1.1100	0.1900
每股净资产/调整后(元)	4.6000	4.4500	4.1600
每股公积金(元)	2.3394	2.2233	2.0541
净资产收益率(%)	1.9300	4.0500	4.5400
总资产(万元)	713492.00	650273.00	482038.00
股东权益(万元)	299221.22	286506.12	262746.00
未分配利润(万元)	35038.25	29251.37	22712.00
主营收入(万元)	124468.99	228397.41	152213.00
资本公积金(万元)	147733.23	140401.62	129714.00
主营利润(万元)	17762.49	28884.48	27560.00
其他业务利润(万元)	3988.38	5955.12	-124.13
营业利润(万元)	-2724.41	-3170.45	5960.73
投资收益(万元)	6845.85	14300.62	8416.00
补贴收入(万元)	347.02	381.71	12.84
营业外收支(万元)	35.11	81.12	2.67
利润总额(万元)	4503.56	11593.00	15028.69
净利润(万元)	5786.88	11589.41	11909.00

十大股东

序号	股东名称	股份性质	持股数(万股)	比例(%)
1	东方集团实业股份有限公司	境内法人股;流通 A 股	20189.42	26.64
2	通乾证券基金	流通 A 股	443.37	0.59
3	易方达 50 指数证券投资基金	流通 A 股	364.94	0.48
4	张宏伟	流通 A 股	309.45	0.41
5	申万巴黎盛利精选证券投资基金	流通 A 股	259.45	0.34
6	嘉实业服务增值行业证券投资基金	流通 A 股	233.09	0.31
7	刘庆余	流通 A 股	200.39	0.26
8	博时裕富证券投资基金	流通 A 股	200.04	0.26
9	安英	流通 A 股	187.86	0.25
10	关国亮	流通 A 股	168.83	0.22

股东人数

2004.6	2003.12	2003.6	2002
125940	127863	160570	168941

近年分配	近年配股/增发
	2004 年 7 月 14 日 10 转 2

重大事项

根据公司 2003 年度股东大会通过的《公司 2003 年度资本公积金转增股本方案》公司以 2003 年 12 月 31 日的总股本 631,495,425 股为基数，以资本公积向全体股东按每 10 股转增股本 2 股，共转增 126,299,085 股，本次转增后的总股本为 757,794,510 股。股权登记日:2004 年 7 月 13 日，除权日:2004 年 7 月 14 日，新增可流通股份上市交易日:2004 年 7 月 15 日。

二〇〇三年以来市场表现

2003 年涨跌幅(%)	23.97
2003 年最高(元)	7.59
2003 年最低(元)	5.20
2003 年换手率(%)	121.79
2004.06 涨跌幅(%)	-25.97
2004.06 最高(元)	8.35
2004.06 最低(元)	5.02
2004.06 换手率(%)	76.90

华北制药股份有限公司

公司概况

公司名称	华北制药股份有限公司	股票代码	600812
注册地址	河北省石家庄市和平东路 388 号	邮政编码	050015
法人代表	常幸	董秘	曹正平
电话	0311-6219063	传真	0311-6060942
主营业务	医药化工产品的生产及销售		

总股本	116939.42	流通 A	46926.86	流通 B		流通 H	
审计单位	河北华安会计师事务所	审计意见	标准无保留				

主要财务指标

年度	2004.6	2003	2002
每股收益/扣除后(元)	0.0304	0.1800	0.1100
每股经营现金流量(元)	0.0800	0.5000	0.6300
每股净资产/调整后(元)	1.5800	1.9400	1.7500
每股公积金(元)	0.9389	0.9367	0.9300
净资产收益率(%)	1.4400	8.5200	5.3400
总资产(万元)	762227.94	726460.44	695898.75
股东权益(万元)	250136.81	250823.66	245015.19
未分配利润(万元)	-17105.73	-16204.67	-12938.91
主营收入(万元)	199842.09	359139.22	300347.41
资本公积金(万元)	109792.04	109533.86	108756.10
主营利润(万元)	36481.74	100771.73	82923.62
其他业务利润(万元)	1081.19	1226.90	-5.59
营业利润(万元)	7617.83	33402.47	25472.92
投资收益(万元)	-237.85	225.14	-184.79
补贴收入(万元)	23.61	15.00	-0.03
营业外收支(万元)	-502.91	-786.37	-24.62
利润总额(万元)	6900.68	32856.23	24688.96
净利润(万元)	3612.60	21369.33	13091.66

十大股东

序号	股东名称	股份性质	持股数(万股)	比例(%)
1	华北制药集团有限责任公司	国有法人股	69425.56	59.37
2	天华证券投资基金	流通 A 股	1415.52	1.21
3	河北省经贸投资有限公司	国有法人股	587.00	0.50
4	交通银行-科瑞证券投资基金	流通 A 股	436.18	0.37
5	中国银行-银华优势企业(平衡型)证券投资基金	流通 A 股	201.49	0.17
6	中国建设银行-博时裕富证券投资基金	流通 A 股	196.28	0.17
7	国联证券有限责任公司	流通 A 股	195.02	0.17
8	中国银行-嘉实服务增值行业证券投资基金	流通 A 股	163.16	0.14
9	全国社保基金一零三组合	流通 A 股	129.20	0.11
10	交通银行-兴科证券投资基金	流通 A 股	125.08	0.11

股东人数	2004.6	2003.12	2003.6	2002
	180656	208006	187961	231829

近年分配	近年配股/增发
2004 年 8 月 3 日 10 派 0.3	

重大事项

2004 年 4 月 23 日，公司第四届董事会第十六次会议审议通过关于受让华北制药集团凯瑞特药业有限公司 30%股权的议案，并签署了《股权受让协议》，拟以北京京都资产评估有限责任公司对凯瑞特公司净资产的评估价值 11459.11 万元为基础，转让价格为 3437.733 万元。

二〇〇三年以来市场表现

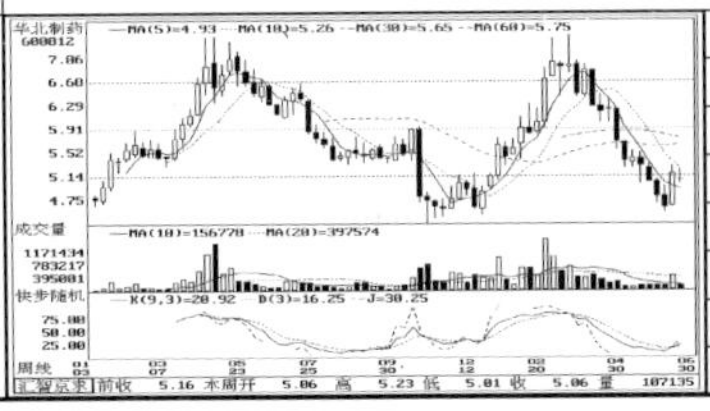

2003 年涨跌幅(%)	4.41
2003 年最高(元)	7.37
2003 年最低(元)	4.32
2003 年换手率(%)	297.71
2004.06 涨跌幅(%)	1.81
2004.06 最高(元)	7.45
2004.06 最低(元)	4.54
2004.06 换手率(%)	215.86

杭州解百集团股份有限公司

公司概况

公司名称	杭州解百集团股份有限公司	股票代码	600814
注册地址	杭州市上城区解放路 251 号	邮政编码	310001
法人代表	周自力	董秘	诸雪强
电话	0571-87016888-5015	传真	0571-87012247
主营业务	商品零售、批发		

总股本	23737.04	流通 A	10139.76	流通 B		流通 H	
审计单位		审计意见	未审计				

主要财务指标

年度	2004.6	2003	2002
每股收益/扣除后(元)	0.0231	0.0260	0.0090
每股经营现金流量(元)	0.0570	0.4300	0.2200
每股净资产/调整后(元)	1.6300	1.5900	1.4800
每股公积金(元)	0.4640	0.4640	0.4597
净资产收益率(%)	1.3280	1.3500	0.5500
总资产(万元)	73629.36	79469.97	80440.24
股东权益(万元)	39739.59	39354.44	38861.36
未分配利润(万元)	946.83	429.14	-40.87
主营收入(万元)	51004.56	105809.46	96614.38
资本公积金(万元)	11013.61	11013.61	10911.81
主营利润(万元)	7337.22	17820.84	15806.37
其他业务利润(万元)	782.78	1289.45	-6.97
营业利润(万元)	613.16	2090.84	1574.41
投资收益(万元)	-67.65	-503.40	-533.38
补贴收入(万元)	27.43	23.72	0.66
营业外收支(万元)	-59.62	-149.05	-0.78
利润总额(万元)	513.32	1462.11	1242.01
净利润(万元)	527.86	530.26	212.29

十大股东

序号	股东名称	股份性质	持股数(万股)	比例(%)
1	杭州商业资产经营(有限)公司	国家股、法人股	8320.64	35.05
2	杭州股权管理中心	境内法人股	1174.30	4.95
3	杭州企业产权交易所	境内法人股	926.55	3.90
4	浙江泰丰控股集团有限公司	境内法人股	448.31	1.89
5	西湖电子集团公司	境内法人股	113.96	0.48
6	浙江省粮油储运贸易公司	境内法人股	99.10	0.42
7	浙江省经济协作公司	境内法人股	94.38	0.40
8	杭州市房屋建设开发总公司	境内法人股	93.12	0.39
9	杭州价格事务所	境内法人股	85.81	0.36
10	杭州市卫生防疫站	境内法人股	80.98	0.34

股东人数	2004.6	2003.12	2003.6	2002
	61410	67492	69785	71486

近年分配	近年配股/增发

重大事项

经公司第二十二次股东大会(2003 年度股东大会)决议通过，将公司位于解放路 249 号的"解百新世纪商厦"建筑面积 38170 平方米的房屋及土地使用权抵押给农业银行中山支行和交通银行庆春支行。抵押资产协议价值 2.25 亿元，抵押借款最高限额 1.57 亿元，抵押期限 2004 年 1 月 1 日至 2005 年 6 月 30 日。

二〇〇三年以来市场表现

2003 年涨跌幅(%)	-24.32
2003 年最高(元)	7.00
2003 年最低(元)	4.02
2003 年换手率(%)	128.38
2004.06 涨跌幅(%)	-4.05
2004.06 最高(元)	5.39
2004.06 最低(元)	3.98
2004.06 换手率(%)	75.83

厦门工程机械股份有限公司

公司概况

公司名称	厦门工程机械股份有限公司	股票代码	600815
注册地址	福建省厦门市厦禾路668号	邮政编码	361004
法人代表	王昆东	董秘	洪再春
电话	0592-2115449	传真	0592-2036720,2058121
主营业务	装载机、推土机		
总股本	44941.38	流通A	11970.01
流通B		流通H	
审计单位	厦门天健华天有限责任会计师事务所	审计意见	标准无保留

主要财务指标

年度	2004.6	2003	2002
每股收益/扣除后(元)	0.1365	0.1800	0.1200
每股经营现金流量(元)	-0.0580	0.3400	0.1600
每股净资产/调整后(元)	2.0330	1.8900	1.7200
每股公积金(元)	0.6197	0.6163	0.6159
净资产收益率(%)	6.5160	9.0400	6.6100
总资产(万元)	221923.06	189818.48	143950.95
股东权益(万元)	94312.49	88014.90	80043.93
未分配利润(万元)	14022.94	7877.50	1517.51
主营收入(万元)	168799.16	256614.91	165851.62
资本公积金(万元)	27851.86	27697.43	27680.74
主营利润(万元)	23475.08	33836.16	25834.81
其他业务利润(万元)	-19.70	689.21	13.91
营业利润(万元)	6829.68	9346.96	6864.43
投资收益(万元)	475.14	764.17	381.07
补贴收入(万元)	32.93		
营业外收支(万元)	-19.36	19.84	0.54
利润总额(万元)	7318.39	10130.97	7276.22
净利润(万元)	6145.44	7957.28	5292.62

十大股东

序号	股东名称	股份性质	持股数(万股)	比例(%)
1	厦门厦工集团有限公司	国有法人股	32971.36	73.37
2	林高崖	流通A股	63.00	0.14
3	毛立杰	流通A股	43.50	0.10
4	谭健	流通A股	41.50	0.09
5	唐麦赛得	流通A股	34.57	0.08
6	贾利君	流通A股	34.01	0.08
7	张国金	流通A股	33.00	0.07
8	肖金鹏	流通A股	33.00	0.07
9	刁丽英	流通A股	30.00	0.07
10	余冬凤	流通A股	29.30	0.07

股东人数	2004.6	2003.12	2003.6	2002
	34510	26979	25216	21630

近年分配	2004年7月21日 10派1.00	近年配股/增发	

重大事项

2004年5月28日,公司2003年度股东大会决议通过了公司2003年度利润分配方案:公司2003年实现净利润79,572,751.80元，加上年初未分配利润60,081,042.03元，本次可供分配的利润139,653,793.83元。按规定提取法定公积金7,968,697.44元，提取法定公益金7,968,697.44元，减去2003年8月已支付的2002年度现金股利44,941,379.9元,以2003年12月31日股本为基数向全体股东每10股派发现金红利1元(含税),应分配44,941,379.90元。

二○○三年以来市场表现

2003年涨跌幅(%)	-24.34
2003年最高(元)	8.74
2003年最低(元)	5.70
2003年换手率(%)	300.77
2004.06涨跌幅(%)	-15.65
2004.06最高(元)	7.77
2004.06最低(元)	4.75
2004.06换手率(%)	302.15

安信信托投资股份有限公司

公司概况

公司名称	安信信托投资股份有限公司	股票代码	600816
注册地址	上海市杨浦区控江路1553-1555号A座3楼301室	邮政编码	200092
法人代表	曲玉春	董秘	孙文娟
电话	021-62470890	传真	021-62470906
主营业务	信托、证券、实业投资		
总股本	45410.98	流通A	26667.47
流通B		流通H	
审计单位		审计意见	未审计

主要财务指标

年度	2004.6	2003	2002
每股收益/扣除后(元)	-0.0321	-0.1500	0.0100
每股经营现金流量(元)	0.3380	0.4700	-0.8300
每股净资产/调整后(元)	0.4000	0.4500	0.5300
每股公积金(元)	0.0441	0.0441	0.0110
净资产收益率(%)	-3.3300	-6.4600	0.9000
总资产(万元)	181375.12	172563.95	167928.03
股东权益(万元)	44869.39	46363.09	47891.73
未分配利润(万元)	-12971.21		-8443.62
主营收入(万元)	2169.58	14047.23	3978.17
资本公积金(万元)	2004.51	2004.51	499.25
主营利润(万元)	-174.00	-2753.51	-1194.54
其他业务利润(万元)			
营业利润(万元)	-1508.13	-2753.51	-1194.54
投资收益(万元)	418.24		1207.55
补贴收入(万元)			
营业外收支(万元)	-37.57	-349.46	-2.82
利润总额(万元)	-1545.70	-3102.96	339.90
净利润(万元)	-1493.69	-2996.20	432.03

十大股东

序号	股东名称	股份性质	持股数(万股)	比例(%)
1	上海国之杰投资发展有限公司	法人股	9082.20	20.00
2	鞍山市财政局	国家股	2090.41	4.60
3	上海凌德生物工程技术有限公司	法人股	1360.98	3.00
4	鞍山市信托投资股份有限公司工会	法人股、流通股	966.69	2.13
5	辽阳石油化纤公司鞍山炼油厂	法人股	634.23	1.40
6	中国工商银行鞍山分行	法人股	634.23	1.40
7	中国农业银行鞍山分行	法人股	412.25	0.91
8	鞍山市信玉资产管理服务有限公司	法人股	412.25	0.91
9	鞍山钢铁公司矿山公司	法人股	412.25	0.91
10	鞍钢附属企业公司	法人股	412.24	0.91

股东人数	2004.6	2003.12	2003.6	2002
	123683	124264	128065	125890

近年分配		近年配股/增发	

重大事项

2004年6月10日本公司与上海国之杰投资发展有限公司(以下简称“上海国之杰”)签订了《资产置换协议书》,本公司以应收利息159,845,266.63元、应收款项40,389,033.37元共计200,234,300.00元的应收债权与上海国之杰所持有的对四川新时代实业有限公司40,000,000元应收债权、上海国之杰置业有限公司85%的股权、上海假日百货有限公司95%的股权、上海假日百货4,000平方米商铺的产权相置换。

二○○三年以来市场表现

2003年涨跌幅(%)	-21.14
2003年最高(元)	8.12
2003年最低(元)	4.43
2003年换手率(%)	261.93
2004.06涨跌幅(%)	-4.89
2004.06最高(元)	6.58
2004.06最低(元)	4.28
2004.06换手率(%)	123.06

上海宏盛科技发展股份有限公司

公司概况

公司名称	上海宏盛科技发展股份有限公司			股票代码	600817		
注册地址	上海市浦东新区商城路 618 号			邮政编码	200120		
法人代表	龙长生			董秘	李树郁		
电话	021-58765800			传真	021-58870670		
主营业务	电脑周边设备						
总股本	8251.80	流通 A	1124.20	流通 B		流通 H	
审计单位	上海立信长江会计师事务所有限公司			审计意见	标准无保留		

主要财务指标

年度	2004.6	2003	2002
每股收益 / 扣除后(元)	0.2299	0.3600	0.2400
每股经营现金流量(元)	0.3290	0.5200	2.2300
每股净资产 / 调整后(元)	2.0900	1.8300	1.3500
每股公积金(元)	0.5162	0.5162	0.5162
净资产收益率(%)	12.5200	19.7000	16.3300
总资产(万元)	170822.11	105931.65	82111.24
股东权益(万元)	17289.85	15124.74	12145.12
未分配利润(万元)	2201.55	36.45	–1922.19
主营收入(万元)	151781.59	248617.87	213818.06
资本公积金(万元)	4259.35	4259.35	4259.35
主营利润(万元)	7587.27	12820.52	10428.08
其他业务利润(万元)	18.51		
营业利润(万元)	3454.00	4728.49	4175.81
投资收益(万元)	360.35	177.20	–96.95
补贴收入(万元)			
营业外收支(万元)	–19.90	54.01	–0.47
利润总额(万元)	3794.65	4959.70	3725.82
净利润(万元)	2165.10	2979.62	1982.89

十大股东

序号	股东名称	股份性质	持股数(万股)	比例(%)
1	上海宏普实业投资有限公司	境内法人股	3737.30	45.29
2	上海市油脂公司	国有法人股	338.40	4.10
3	中国粮食贸易公司	国有法人股	308.00	3.73
4	中国油脂公司	国有法人股	242.00	2.93
5	上海亿安科技发展有限公司	境内法人股	167.20	2.03
6	上海市粮食储运公司	国有法人股	150.00	1.82
7	中国信达资产管理公司	国有法人股	121.00	1.47
8	上海大屯煤电有限公司	境内法人股	121.00	1.47
9	上海聚劲投资有限公司	境内法人股	121.00	1.47
10	上海氯碱总厂	境内法人股	121.00	1.47

股东人数	2004.6	2003.12	2003.6	2002
	9505	9761	10371	10797

近年分配		近年配股 / 增发	2004 年 7 月 26 日 10 转 2

重大事项

公司为宏普国际发展(上海)有限公司向农业银行黄浦支行借款人民币 2200 万元,期限为 2003 年 7 月 21 日至 2004 年 7 月 10 日提供连带责任保证担保。该担保事项经董事会 2003 年度第四次临时会议审议同意。

二○○三年以来市场表现

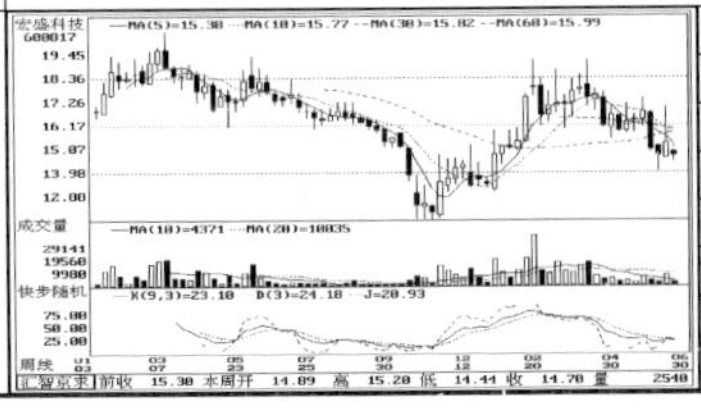

2003 年涨跌幅(%)	–20.43
2003 年最高(元)	20.55
2003 年最低(元)	11.79
2003 年换手率(%)	231.63
2004.06 涨跌幅(%)	9.70
2004.06 最高(元)	19.15
2004.06 最低(元)	13.08
2004.06 换手率(%)	184.76

上海永久股份有限公司

公司概况

公司名称	上海永久股份有限公司			股票代码	600818		
注册地址	上海市南汇区南六公路 818 号			邮政编码	200092		
法人代表	顾觉新			董秘	袁志坚		
电话	021-65136974			传真	021-65139966		
主营业务	生产、销售自行车						
总股本	26565.94	流通 A	1495.00	流通 B	6900.00	流通 H	
审计单位				审计意见	未审计		

主要财务指标

年度	2004.6	2003	2002
每股收益 / 扣除后(元)	0.0576	0.0800	0.2000
每股经营现金流量(元)	0.0240	–0.0700	0.2700
每股净资产 / 调整后(元)	0.6400	0.5600	0.4500
每股公积金(元)	0.0006	1.7334	1.7275
净资产收益率(%)	12.6300	27.6700	43.4500
总资产(万元)	57981.98	63333.35	52956.22
股东权益(万元)	17756.43	15655.29	12097.09
未分配利润(万元)	–6063.18	–58913.31	–63475.75
主营收入(万元)	44864.53	87611.24	55060.55
资本公积金(万元)	15.27	46050.14	45892.67
主营利润(万元)	7327.10	14419.50	7535.87
其他业务利润(万元)	46.65	265.74	2.75
营业利润(万元)	1534.63	1640.63	4539.64
投资收益(万元)	528.10	1735.92	53.91
补贴收入(万元)	70.53	86.03	1.20
营业外收支(万元)	–16.82	–52.05	1.42
利润总额(万元)	2116.44	3410.52	4800.60
净利润(万元)	2243.04	4331.44	5255.76

十大股东

序号	股东名称	股份性质	持股数(万股)	比例(%)
1	上海中路集团有限公司	境内法人股	14364.00	54.07
2	上海轻工控股集团公司	国有法人股	2656.94	10.00
3	上工股份有限公司	境内法人股	445.05	1.68
4	MERRILL LYNCH EAST LIMITED.	流通 B 股	392.28	1.48
5	BIN LIANG	流通 B 股	267.10	1.01
6	陈平	流通 B 股	140.12	0.53
7	陈尔愈	流通 B 股	131.45	0.49
8	陈益	流通 B 股	114.54	0.43
9	陈杰	流通 B 股	104.58	0.39
10	沈爱娟	流通 B 股	64.44	0.24

股东人数	2004.6	2003.12	2003.6	2002
	13298	6984	13510	12642

近年分配		近年配股 / 增发	

重大事项

上海梭光实业股份有限公司分别向中信实业银行上海分行借款 1093 万元;上海银行巾帼支行借款 800 万元;上海浦东发展银行南市支行借款 950 万元;福建兴业银行上海分行借款 1000 万元,均逾期未还,本公司均作为担保方负连带清偿责任,已判决待执行。

二○○三年以来市场表现

2003 年涨跌幅(%)	–42.77
2003 年最高(元)	13.68
2003 年最低(元)	6.41
2003 年换手率(%)	253.95
2004.06 涨跌幅(%)	–2.16
2004.06 最高(元)	9.33
2004.06 最低(元)	6.69
2004.06 换手率(%)	210.59

上海耀华皮尔金顿玻璃股份有限公司

公司概况

公司名称	上海耀华皮尔金顿玻璃股份有限公司			股票代码	600819		
注册地址	上海市浦东新区济阳路 100 号			邮政编码	200126		
法人代表	朱伯安			董秘	金闽丽		
电话	021-58839305			传真	021-58801554		
主营业务	平板玻璃、建筑玻璃						
总股本	73125.01	流通 A	4687.51	流通 B	18750.00	流通 H	
审计单位				审计意见	未审计		

主要财务指标

年度	2004.6	2003	2002
每股收益/扣除后(元)	0.1269	0.2700	0.2270
每股经营现金流量(元)	0.3060	0.5000	0.4600
每股净资产/调整后(元)	3.8400	3.5400	3.2700
每股公积金(元)	1.2755	1.1852	1.1846
净资产收益率(%)	4.7400	7.3700	6.5900
总资产(万元)	320782.28	242612.44	207064.50
股东权益(万元)	194700.81	181069.19	167686.66
未分配利润(万元)	43851.45	34627.22	23334.23
主营收入(万元)	75569.18	118506.63	108352.16
资本公积金(万元)	62182.67	57779.86	57749.20
主营利润(万元)	25341.06	35362.20	38459.86
其他业务利润(万元)	367.30	585.63	22.32
营业利润(万元)	10244.85	16072.80	11215.20
投资收益(万元)	1035.19	887.08	1655.03
补贴收入(万元)	0.81		
营业外收支(万元)	-62.35	-343.00	-0.81
利润总额(万元)	11218.50	16616.87	13004.38
净利润(万元)	9224.24	13352.45	11051.24

十大股东

序号	股东名称	股份性质	持股数(万股)	比例(%)
1	皮尔金顿国际控股公司 BV	外资股	9250.71	12.65
2	上海耀华玻璃厂	国有法人股	8139.91	11.13
3	中国复合材料集团公司	国有法人股	8139.91	11.13
4	上海建筑材料(集团)总公司	国家股	5139.91	7.03
5	中国东方资产管理公司	国家股	3000.00	4.10
6	TOYO SECURITIES ASIA LTD A/C CLIENT	流通 B 股	808.34	1.11
7	上海财政证券公司	流通 A 股	443.54	0.61
8	JUMBO BUILDER LTD	流通 B 股	428.48	0.59
9	NAITO SECURITIES CO.,LTD	流通 B 股	316.75	0.43
10	申银万国证券股份有限公司	法人股	280.89	0.38

股东人数	2004.6	2003.12	2003.6	2002
	29144	11852	12805	33987

近年分配	2004 年 7 月 12 日 10 派 2.40	近年配股/增发	2004 年 7 月 12 日 10 转 5

重大事项

经公司四届五次董事会审议同意，公司于 2004 年 4 月 16 日与皮尔金顿荷兰(第二)有限公司(以下简称"PN2")签署了《股权转让协议》。根据协议规定，本公司以与人民币 10210455.78 元等值的美元受让 PN2 所持上海耀皮汽车玻璃有限公司(以下简称"SYPA")10%的股权。

二〇〇三年以来市场表现

2003 年涨跌幅(%)	4.70
2003 年最高(元)	16.37
2003 年最低(元)	10.11
2003 年换手率(%)	36.58
2004.06 涨跌幅(%)	-24.89
2004.06 最高(元)	13.73
2004.06 最低(元)	10.10
2004.06 换手率(%)	15.27

上海隧道工程股份有限公司

公司概况

公司名称	上海隧道工程股份有限公司			股票代码	600820		
注册地址	上海市浦东新区海徐路 957 号			邮政编码	200082		
法人代表	姜先赋			董秘	金波		
电话	021-65869999-5072			传真	021-65419227		
主营业务	土木工程建设						
总股本	59112.87	流通 A	26647.34	流通 B		流通 H	
审计单位				审计意见	未审计		

主要财务指标

年度	2004.6	2003	2002
每股收益/扣除后(元)	0.0682	0.1282	0.1697
每股经营现金流量(元)	0.0530	0.1200	1.3677
每股净资产/调整后(元)	2.8800	2.8500	2.7366
每股公积金(元)	1.4384	1.4384	1.4376
净资产收益率(%)	2.8300	6.1580	6.5130
总资产(万元)	700457.50	694285.31	613985.25
股东权益(万元)	177571.11	175504.78	164649.19
未分配利润(万元)	18157.15	16079.30	7905.52
主营收入(万元)	283401.16	527253.81	443712.84
资本公积金(万元)	85028.94	85028.94	84980.30
主营利润(万元)	16250.97	30579.53	37383.37
其他业务利润(万元)	2266.58	1050.05	-7.85
营业利润(万元)	3380.71	2458.82	10958.81
投资收益(万元)	2751.65	7439.28	4979.26
补贴收入(万元)	459.48	1695.00	-60.03
营业外收支(万元)	-40.93	1290.31	-9.44
利润总额(万元)	6550.90	12883.41	13831.45
净利润(万元)	5033.49	10806.95	10723.68

十大股东

序号	股东名称	股份性质	持股数(万股)	比例(%)
1	上海国有资产管理办公室	国有法人股	29618.35	50.10
2	上海伟盟建筑材料公司	境内法人股	1075.02	1.82
3	浦东市政建设公司	境内法人股	212.28	0.36
4	深圳市深业投资开发有限公司	境内法人股	144.84	0.25
5	上海佳闵实业有限公司	境内法人股	122.76	0.21
6	石春桂	流通 A 股	109.50	0.19
7	上海国宏置业有限公司	境内法人股	100.10	0.17
8	徐桂珍	流通 A 股	99.93	0.17
9	严莉莉	流通 A 股	98.95	0.17
10	张固屏	流通 A 股	90.00	0.15

股东人数	2004.6	2003.12	2003.6	2002
	108298	108780	107285	107764

近年分配	2004 年 6 月 28 日 10 派 0.50	近年配股/增发	

重大事项

2004 年 3 月，公司中标并与上海地铁建设有限公司签订了"轨道交通 6 号线 12 标"承包合同；2004 年 4 月，公司中标并与福建大唐宁德发电有限责任公司签订了"福建大唐宁德电厂"承包合同；2004 年 5 月，公司中标并与上海地铁建设有限公司签订了"轨道交通 6 号线滨洲路车站"承包合同；2004 年 6 月，公司中标并与上海地铁建设有限公司签订了"轨道交通 6 号线 19 标"承包合同。

二〇〇三年以来市场表现

2003 年涨跌幅(%)	-14.01
2003 年最高(元)	7.67
2003 年最低(元)	5.02
2003 年换手率(%)	109.00
2004.06 涨跌幅(%)	-14.41
2004.06 最高(元)	6.87
2004.06 最低(元)	4.98
2004.06 换手率(%)	77.00

天津劝业场(集团)股份有限公司

公司概况

公司名称	天津劝业场(集团)股份有限公司			股票代码	600821		
注册地址	天津市和平区和平路 290 号			邮政编码	300022		
法人代表	刘树明			董秘	王茜		
电话	022-27307227			传真	022-27304989		
主营业务	商业、各类物资						
总股本	29252.00	流通 A	29252.10	流通 B	14558.50	流通 H	
审计单位				审计意见	未审计		

主要财务指标

年度	2004.6	2003	2002
每股收益 / 扣除后(元)	-0.0012	-0.1400	-0.1500
每股经营现金流量(元)	-0.0440	0.3300	-0.0400
每股净资产 / 调整后(元)	1.9900	1.8400	1.7200
每股公积金(元)	0.9723	0.9723	0.9547
净资产收益率(%)	0.3500	0.9800	-8.1100
总资产(万元)	117565.93	124752.72	127156.98
股东权益(万元)	61560.25	61342.40	60268.67
未分配利润(万元)	-3504.63	-3719.23	-4318.06
主营收入(万元)	61753.07	88246.26	131617.27
资本公积金(万元)	28440.47	28440.47	27927.44
主营利润(万元)	5919.34	11668.89	12852.89
其他业务利润(万元)	452.86	2477.13	114.00
营业利润(万元)	-18.85	-1663.45	-4606.81
投资收益(万元)	70.00	-1230.50	-603.38
补贴收入(万元)	103.25	111.00	-3.97
营业外收支(万元)	146.44	3335.89	-4.92
利润总额(万元)	300.84	552.94	-5700.48
净利润(万元)	214.61	598.82	-4888.50

十大股东

序号	股东名称	股份性质	持股数(万股)	比例(%)
1	天津劝业华联集团有限公司	国有法人股	9702.36	33.17
2	天津环海投资有限公司	境内法人股	692.00	2.37
3	渤海证券有限责任公司	境内法人股	314.79	1.08
4	天津一商集团有限公司	境内法人股	143.47	0.49
5	中国拆船总公司	境内法人股	80.71	0.28
6	上海嘉年华纺织品有限公司	境内法人股	55.00	0.19
7	天津立达国际商场股份有限公司	境内法人股	47.08	0.16
8	北京市永佳包装制品有限公司	流通 A 股	39.94	0.14
9	天津北方国际信托投资公司	境内法人股	38.49	0.13
10	李虎	流通 A 股	35.91	0.12

股东人数	2004.6	2003.12	2003.6	2002
	73591	75881	77891	79214

近年分配		近年配股 / 增发	

重大事项

公司以 5000 万元资金委托他人进行现金资产管理。受托单位：天津渤海证券有限责任公司；起止时间：2003 年 12 月 25 日至 2004 年 6 月 25 日；双方约定：受托方运用其专业知识和技能，争取最大化实现公司资产委托管理的目标，公司已于报告期末如期收回全部委托资金。

二〇〇三年以来市场表现

2003 年涨跌幅(%)	-20.57
2003 年最高(元)	6.25
2003 年最低(元)	3.97
2003 年换手率(%)	120.86
2004.06 涨跌幅(%)	-7.60
2004.06 最高(元)	5.35
2004.06 最低(元)	3.86
2004.06 换手率(%)	103.91

上海物资贸易中心股份有限公司

公司概况

公司名称	上海物资贸易中心股份有限公司			股票代码	600822		
注册地址	上海市浦东新区陆家嘴东昌路东园一村 139 号 201 室			邮政编码	200063		
法人代表	陈伟宝			董秘	蔡嘉德		
电话	021-62570000-8522			传真	021-62572959		
主营业务	燃料油、金属材料						
总股本	25272.03	流通 A	1331.00	流通 B	6655.00	流通 H	
审计单位				审计意见	未审计		

主要财务指标

年度	2004.6	2003	2002
每股收益 / 扣除后(元)	0.0150	-0.0206	0.0114
每股经营现金流量(元)	-0.5213	-0.3919	0.3354
每股净资产 / 调整后(元)	1.1560	1.1407	1.1349
每股公积金(元)	0.1479	0.1465	0.1458
净资产收益率(%)	1.1940	0.8516	0.8746
总资产(万元)	122163.92	103490.30	91195.61
股东权益(万元)	30799.05	30397.36	30256.00
未分配利润(万元)	260.36	-107.34	-38.56
主营收入(万元)	398685.03	684877.75	447705.09
资本公积金(万元)	3737.18	3703.20	3685.37
主营利润(万元)	10677.00	16183.67	13479.65
其他业务利润(万元)	132.87	261.92	9.07
营业利润(万元)	633.32	-492.29	-82.24
投资收益(万元)	293.79	1209.02	661.73
补贴收入(万元)	1.84	64.76	-0.51
营业外收支(万元)	-18.82	95.58	-0.32
利润总额(万元)	910.14	877.08	560.44
净利润(万元)	367.71	258.87	264.63

十大股东

序号	股东名称	股份性质	持股数(万股)	比例(%)
1	百联集团有限公司	国家股	14438.13	57.13
2	江南重工股份有限公司	境内法人股	700.00	2.77
3	上海华生化工有限公司	境内法人股	650.00	2.57
4	上海中南投资管理有限公司	境内法人股	213.00	0.84
5	上海期货交易所	境内法人股	199.65	0.79
6	广西玉柴机器集团公司	境内法人股	199.65	0.79
7	长江经济联合发展(集团)股份有限公司	境内法人股	133.10	0.53
8	上海沪北物流有限公司	境内法人股	73.20	0.29
9	王雪玲	流通 B 股	68.30	0.27
10	杭州市机电设备公司	境内法人股	66.55	0.26

股东人数	2004.6	2003.12	2003.6	2002
	23135	10721	23514	24076

近年分配		近年配股 / 增发	

重大事项

2003 年年度报告披露本公司全资子公司上海汽车贸易中心 99 年诉广东三星集团上海分公司拖欠购车款 310 万元纠纷案，经上海市普陀区人民法院调解结案后，还款期届满，三星公司未履行，遂向法院申请执行。

二〇〇三年以来市场表现

2003 年涨跌幅(%)	-40.93
2003 年最高(元)	14.70
2003 年最低(元)	6.76
2003 年换手率(%)	214.63
2004.06 涨跌幅(%)	22.05
2004.06 最高(元)	13.50
2004.06 最低(元)	7.23
2004.06 换手率(%)	342.88

上海世茂股份有限公司

公司概况

公司名称	上海世茂股份有限公司	股票代码	600823
注册地址	上海市广东路500号世界贸易大厦3008号	邮政编码	200001
法人代表	许荣茂	董秘	葛卫东
电话	021-63526600	传真	021-63524046
主营业务	经营针纺织类产品		

总股本	23644.48	流通A	11315.90	流通B		流通H	
审计单位	上海上会会计师事务所有限公司			审计意见	标准无保留		

主要财务指标

年度	2004.6	2003	2002
每股收益/扣除后(元)	0.0344	0.4030	0.0197
每股经营现金流量(元)	0.6030	-3.6476	0.5019
每股净资产/调整后(元)	2.7110	2.4980	2.0030
每股公积金(元)	0.7836	0.7836	0.7836
净资产收益率(%)	7.6800	21.7500	0.9800
总资产(万元)	192236.66	172475.16	68168.21
股东权益(万元)	65554.81	60518.30	47357.63
未分配利润(万元)	16648.02	12618.82	2090.28
主营收入(万元)	66.47	282.24	285.92
资本公积金(万元)	18527.28	18527.28	18527.28
主营利润(万元)	13.52	132.25	143.55
其他业务利润(万元)	30.91	67.97	-0.08
营业利润(万元)	-1519.34	-2599.05	-434.34
投资收益(万元)	7901.43	15949.23	701.33
补贴收入(万元)	37.54		
营业外收支(万元)	-39.37	97.26	-0.02
利润总额(万元)	6380.26	13447.44	465.28
净利润(万元)	5036.50	13160.67	465.28

十大股东

序号	股东名称	股份性质	持股数(万股)	比例(%)
1	上海世茂企业发展有限公司	境内法人股	6250.00	26.43
2	黄浦区国有资产管理办公室	国家股	3815.82	16.14
3	上海国际信托投资有限公司	境内法人股,流通A股	821.57	3.47
4	上海沪通实业有限公司	境内法人股	592.02	2.50
5	浦东新区国有资产投资管理公司	境内法人股	409.50	1.73
6	同德证券投资基金	流通A股	160.00	0.68
7	海通证券股份有限公司	境内法人股	143.76	0.61
8	上海奥林匹克俱乐部	流通A股	100.39	0.42
9	南京南强防腐工程有限公司	境内法人股	97.50	0.41
10	上海钦德商务有限公司	境内法人股	68.25	0.29

股东人数	2004.6	2003.12	2003.6	2002
	43790	50461	55229	52403

近年分配		近年配股/增发	

重大事项

上海市高级人民法院就本公司诉美国长龙国际有限公司归还欠款一案作出终审判决，公司获得胜诉。本次判决结果将增加公司本期(2004年度)利润或期后利润约851万元。

二○○三年以来市场表现

2003年涨跌幅(%)	-18.47
2003年最高(元)	10.50
2003年最低(元)	6.40
2003年换手率(%)	125.02
2004.06涨跌幅(%)	3.80
2004.06最高(元)	10.75
2004.06最低(元)	7.13
2004.06换手率(%)	106.03

上海益民百货股份有限公司

公司概况

公司名称	上海益民百货股份有限公司	股票代码	600824
注册地址	上海市淮海中路645-659号六楼	邮政编码	200020
法人代表	陈圣	董秘	邵振耀
电话	021-53067597	传真	021-53066576
主营业务	百货零售		

总股本	19364.91	流通A	8986.55	流通B		流通H	
审计单位				审计意见	未审计		

主要财务指标

年度	2004.6	2003	2002
每股收益/扣除后(元)	0.1692	0.2510	0.2300
每股经营现金流量(元)	0.2880	0.3380	0.4210
每股净资产/调整后(元)	3.6000	3.6900	3.4200
每股公积金(元)	1.7946	1.7912	1.7912
净资产收益率(%)	4.4700	6.9000	6.5900
总资产(万元)	140822.77	114989.47	101560.06
股东权益(万元)	72860.99	72445.93	67444.10
未分配利润(万元)	5659.97	5310.11	1866.58
主营收入(万元)	27394.53	45077.39	45977.26
资本公积金(万元)	34752.09	34686.90	34686.90
主营利润(万元)	13305.21	19297.06	16557.03
其他业务利润(万元)	1043.29	3236.98	-96.13
营业利润(万元)	4493.94	7805.89	6767.26
投资收益(万元)	433.01	140.91	317.85
补贴收入(万元)	0.35		
营业外收支(万元)	-51.13	-285.01	-304.56
利润总额(万元)	4876.17	7661.79	6801.42
净利润(万元)	3254.60	5001.82	4447.08

十大股东

序号	股东名称	股份性质	持股数(万股)	比例(%)
1	上海市国有资产管理办公室	国有股	10378.36	53.59
2	申银万国证券股份有限公司	流通A股	669.62	3.46
3	全国社保基金一零三组合	流通A股	166.52	0.86
4	嘉实服务增值行业证券投资基金	流通A股	125.67	0.65
5	华宝兴业多策略增长证券投资基金	流通A股	89.35	0.46
6	国联安德盛小盘精选证券投资基金	流通A股	47.86	0.25
7	上海盛岛娱乐有限公司	流通A股	35.00	0.18
8	国元证券有限责任公司	流通A股	35.00	0.18
9	张晓社	流通A股	28.10	0.15
10	王以德	流通A股	27.47	0.14

股东人数	2004.6	2003.12	2003.6	2002
	32056	34381	35236	31422

近年分配	2004年6月1日10派1.50	近年配股/增发	

重大事项

经本公司与上海复兴建设发展有限公司(以下简称复兴公司)协商，以协议价格13,000元/平方米收购其所拥有的淮海中路1号柳林大厦第23楼整层办公房，总建筑面积1002.99平方米，协议总价为13,038,870元，收购议案经公司四届二次董事会会议审议通过。

二○○三年以来市场表现

2003年涨跌幅(%)	-33.74
2003年最高(元)	9.80
2003年最低(元)	5.35
2003年换手率(%)	138.79
2004.06涨跌幅(%)	-9.23
2004.06最高(元)	8.72
2004.06最低(元)	5.90
2004.06换手率(%)	109.93

华联超市股份有限公司

公司概况

公司名称	华联超市股份有限公司		股票代码	600825	
注册地址	上海市张扬路 655 号		邮政编码	200090	
法人代表	汤琪		董秘	董小春	
电话	021-65201818		传真	021-65432001	
主营业务	服装、服饰用品				
总股本	21885.69	流通 A	10315.06	流通 B	流通 H
审计单位			审计意见	未审计	

主要财务指标

年度	2004.6	2003	2002
每股收益/扣除后(元)	0.1277	0.4000	0.4160
每股经营现金流量(元)	0.6070	–0.8990	1.6170
每股净资产/调整后(元)	4.4600	2.2100	1.1930
每股公积金(元)	2.5794	0.1862	0.1862
净资产收益率(%)	2.8700	16.7800	21.4900
总资产(万元)	168105.12	137051.84	123971.54
股东权益(万元)	99814.00	36941.19	31142.14
未分配利润(万元)	12679.40	12679.40	8125.40
主营收入(万元)	198028.16	401408.91	366644.31
资本公积金(万元)	56452.79	2872.50	2872.50
主营利润(万元)	27803.85	59834.10	55579.10
其他业务利润(万元)	782.15	1297.12	69.65
营业利润(万元)	3375.85	7763.93	8393.61
投资收益(万元)	78.83	89.39	60.43
补贴收入(万元)	10.56	53.70	–0.02
营业外收支(万元)	–58.26	–311.38	15.36
利润总额(万元)	3376.99	7595.64	8060.68
净利润(万元)	2862.09	6198.66	6692.51

十大股东

序号	股东名称	股份性质	持股数(万股)	比例(%)
1	上海华联商厦股份有限公司	境内法人股	7713.76	35.25
2	华联集团有限公司	国家股	1619.88	7.40
3	博时价值增长证券投资基金	流通 A 股	559.95	2.56
4	景福证券投资基金	流通 A 股	527.15	2.41
5	易方达 50 指数证券投资基金	流通 A 股	476.86	2.18
6	上海友祖集团有限公司	境内法人股	445.21	2.03
7	宝康消费品证券投资基金	流通 A 股	347.96	1.59
8	上海九百集团有限公司	境内法人股	308.55	1.41
9	嘉实服务增值行业证券投资基金	流通 A 股	301.08	1.38
10	华宝兴业多策略增长证券投资基金	流通 A 股	278.54	1.27

股东人数	2004.6	2003.12	2003.6	2002
	6088	5708	5938	5803

近年分配		近年配股/增发	

重大事项

公司 2001 年度报告披露的向第一大股东上海华联商厦股份有限公司下属加盟店配送商品的相关协议报告期内没有发生变化，按照既定的协议内容执行。本报告期内，公司共向其配送货物 212.18 万元。

二〇〇三年以来市场表现

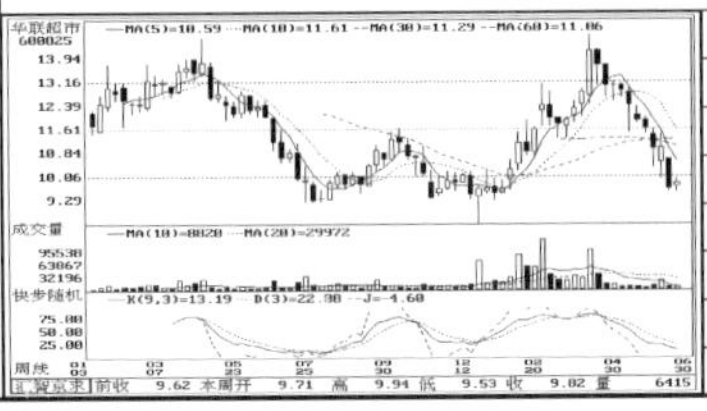

2003 年涨跌幅(%)	–19.04
2003 年最高(元)	14.58
2003 年最低(元)	8.51
2003 年换手率(%)	55.51
2004.06 涨跌幅(%)	–1.31
2004.06 最高(元)	14.71
2004.06 最低(元)	9.25
2004.06 换手率(%)	73.19

上海兰生股份有限公司

公司概况

公司名称	上海兰生股份有限公司		股票代码	600826	
注册地址	上海市浦东新区新金桥路 1566 号		邮政编码	200437	
法人代表	张黎明		董秘	张铸	
电话	021-65445880-2041		传真	021-65446061	
主营业务	文教体育用品				
总股本	28042.82	流通 A	9514.00	流通 B	流通 H
审计单位			审计意见	未审计	

主要财务指标

年度	2004.6	2003	2002
每股收益/扣除后(元)	–0.0688	–0.1100	0.1200
每股经营现金流量(元)	0.4350	–1.8100	0.1900
每股净资产/调整后(元)	1.7500	1.6700	2.6200
每股公积金(元)	0.9136	0.9136	0.9112
净资产收益率(%)	2.1700	–62.5900	4.2700
总资产(万元)	150554.48	176533.30	144448.56
股东权益(万元)	51092.38	49932.89	82350.33
未分配利润(万元)	–18543.71	–19654.53	11955.35
主营收入(万元)	70833.12	196270.39	178430.39
资本公积金(万元)	25621.30	25621.30	25552.31
主营利润(万元)	4295.05	12016.22	13267.15
其他业务利润(万元)	295.17	732.51	–3.05
营业利润(万元)	–894.03	–4221.72	1259.53
投资收益(万元)	–693.40	–234.39	2651.18
补贴收入(万元)	3.44	169.26	5.40
营业外收支(万元)	3035.01	–28201.97	–3.06
利润总额(万元)	1451.01	–32488.83	3850.58
净利润(万元)	1110.82	–31254.21	3514.45

十大股东

序号	股东名称	股份性质	持股数(万股)	比例(%)
1	上海兰生集团有限公司	国有法人股	18528.82	66.07
2	陈严	流通 A 股	27.79	0.10
3	朱明	流通 A 股	24.25	0.09
4	邹君	流通 A 股	21.98	0.08
5	黄舜	流通 A 股	20.50	0.07
6	吕达夫	流通 A 股	19.99	0.07
7	徐勇	流通 A 股	18.95	0.07
8	潘福妹	流通 A 股	18.61	0.07
9	张勇	流通 A 股	13.66	0.05
10	黄友忠	流通 A 股	12.39	0.04

股东人数	2004.6	2003.12	2003.6	2002
	61759	66140	69440	72181

近年分配		近年配股/增发	

重大事项

本公司诉海南橡胶中心批发市场有限公司案（诉讼事项详见本公司 2003 年度报告），公司于 2004 年 4 月 6 日收悉，最高人民法院已发出《民事裁定书》，驳回了海南橡胶中心批发市场有限公司的管辖地异议。

二〇〇三年以来市场表现

2003 年涨跌幅(%)	–42.72
2003 年最高(元)	8.75
2003 年最低(元)	3.95
2003 年换手率(%)	124.03
2004.06 涨跌幅(%)	0.94
2004.06 最高(元)	5.94
2004.06 最低(元)	4.04
2004.06 换手率(%)	118.30

上海友谊集团股份有限公司

公司概况

公司名称	上海友谊集团股份有限公司			股票代码	600827		
注册地址	上海市浦东新区商城路518号10楼			邮政编码	200120		
法人代表	王宗南			董秘	汪龙生		
电话	021-58799358,58883100-3012			传真	021-58793834		
主营业务	零售连锁业						
总股本	42919.68	流通A	10766.66	流通B	16338.02	流通H	
审计单位				审计意见	未审计		

主要财务指标

年度	2004.6	2003	2002
每股收益/扣除后(元)	0.0999	0.2480	0.2280
每股经营现金流量(元)	0.8780	1.8090	1.1390
每股净资产/调整后(元)	1.7120	1.8190	1.9700
每股公积金(元)	2.1964	2.1934	1.8121
净资产收益率(%)	4.9130	6.7930	7.4300
总资产(万元)	611562.81	624743.37	479480.62
股东权益(万元)	139620.94	132663.86	111063.19
未分配利润(万元)	19944.28	13084.99	7412.02
主营收入(万元)	642992.94	1159108.25	758463.50
资本公积金(万元)	72513.68	72415.90	59826.71
主营利润(万元)	111643.91	200804.69	133310.00
其他业务利润(万元)	7420.70	9864.53	-214.92
营业利润(万元)	11233.28	20814.43	11717.58
投资收益(万元)	2776.74	6861.14	6557.31
补贴收入(万元)	700.51	884.28	-14.41
营业外收支(万元)	4047.08	304.68	309.45
利润总额(万元)	18757.62	28864.53	19124.11
净利润(万元)	6859.30	9011.48	8251.54

十大股东

序号	股东名称	股份性质	持股数(万股)	比例(%)
1	上海友谊复星控股有限公司	国有法人股	8596.00	20.03
2	上海友谊集团有限公司	国有法人股	2008.00	4.68
3	天华证券投资基金	流通A股	1122.97	2.62
4	NAITO SECURITIES CO.,LTD.	流通B股	727.48	1.69
5	通乾证券投资基金	流通A股	617.42	1.44
6	TOYO SECURITIES ASIA LTD.A/C CLIENT	流通B股	591.64	1.38
7	上海国际信托投资公司	境内法人股	392.74	0.92
8	AIZAWA SECURITIES CO., LTD	流通B股	351.03	0.82
9	SKANDIA GLOBAL FUNDS PLC	流通B股	300.31	0.70
10	NBP S/A FRUCTILUX SICAV	流通B股	300.01	0.70

股东人数	2004.6	2003.12	2003.6	2002
	23306	8989	24502	23889

近年分配	2004年7月2日10派1.00	近年配股/增发	2004年7月2日10转3

重大事项

本公司控股子公司—上海友谊百货有限公司所属上海友谊商店，其经营场地被列入上海市政府2003年重大建设投资计划—外滩源地区综合改造项目，有关补偿事项提案已提交公司第十一次股东大会审议通过，公司于2004年6月3日与上海新黄浦（集团）有限公司签订了《房屋动拆迁补偿协议》，上海友谊商店动拆迁补偿款为2.6亿元人民币。

二〇〇三年以来市场表现

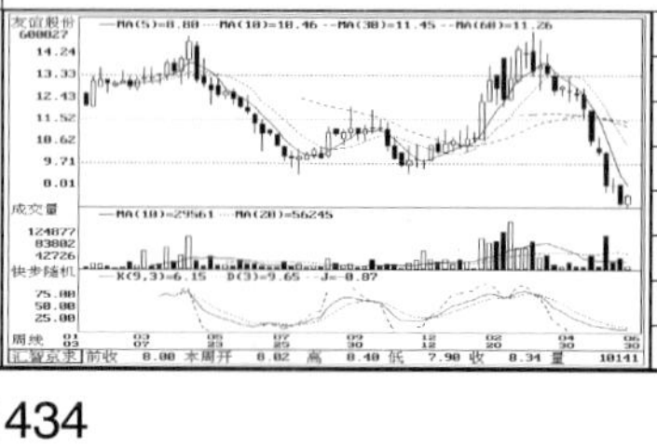

2003年涨跌幅(%)	-17.07
2003年最高(元)	14.89
2003年最低(元)	9.20
2003年换手率(%)	102.62
2004.06涨跌幅(%)	-20.34
2004.06最高(元)	15.14
2004.06最低(元)	7.90
2004.06换手率(%)	120.61

成都人民商场（集团）股份有限公司

公司概况

公司名称	成都人民商场（集团）股份有限公司			股票代码	600828		
注册地址	成都市东御街19号			邮政编码	610011		
法人代表	易江			董秘	王军		
电话	028-86665088			传真	028-86652529		
主营业务	百货零售批发						
总股本	20314.80	流通A	5108.40	流通B		流通H	
审计单位				审计意见	未审计		

主要财务指标

年度	2004.6	2003	2002
每股收益/扣除后(元)	0.0026	-0.1180	0.0540
每股经营现金流量(元)	-0.6850	0.0200	-0.0100
每股净资产/调整后(元)	1.6100	1.7000	1.7600
每股公积金(元)	0.8480	0.7842	0.7872
净资产收益率(%)	0.7300	-5.1600	2.4200
总资产(万元)	125108.49	110690.63	94416.83
股东权益(万元)	42716.33	41106.50	43823.08
未分配利润(万元)	-1173.42	-1486.91	1003.46
主营收入(万元)	61915.62	142121.05	143838.61
资本公积金(万元)	17227.41	15931.07	15991.17
主营利润(万元)	7366.89	15724.65	14472.94
其他业务利润(万元)	1662.52	2955.61	-277.85
营业利润(万元)	-971.55	-2407.82	580.42
投资收益(万元)	1452.37	1469.03	1463.64
补贴收入(万元)		250.00	250.00
营业外收支(万元)	15.65	-831.15	-2.82
利润总额(万元)	496.47	-1519.94	1832.99
净利润(万元)	313.48	-2119.94	1061.65

十大股东

序号	股东名称	股份性质	持股数(万股)	比例(%)
1	四川迪康产业控股集团股份有限公司	境内法人股、流通A股	13357.00	65.75
2	成都市华盛房地产有限责任公司	境内法人股	1618.99	7.97
3	上海贝泽贸易有限公司	境内法人股	36.43	0.18
4	邛江县建设房地产开发公司	境内法人股	29.70	0.15
5	李仲秋	流通A股	22.06	0.11
6	许哲	流通A股	20.20	0.10
7	中国建筑北方装饰艺术公司	境内法人股	19.80	0.10
8	成都国贸实业集团公司	境内法人股	19.80	0.10
9	杨立新	流通A股	18.26	0.09
10	许阿松	流通A股	18.20	0.09

股东人数	2004.6	2003.12	2003.6	2002
	19170	18493	19695	18352

近年分配		近年配股/增发	

重大事项

公司与华盛实业于2004年3月15日签订了《土地使用权转让意向协议》，于2004年5月15日签订了《非现金资产抵偿债务协议》，华盛实业拟将其位于成都市武侯区桂溪乡三瓦窑的住宅用地及地上房屋建筑物转让给公司，转让价款用于抵偿其对公司债务。

二〇〇三年以来市场表现

2003年涨跌幅(%)	-29.07
2003年最高(元)	10.63
2003年最低(元)	4.90
2003年换手率(%)	178.30
2004.06涨跌幅(%)	1.76
2004.06最高(元)	7.19
2004.06最低(元)	5.01
2004.06换手率(%)	220.46

哈尔滨天鹅实业股份有限公司

公司概况

公司名称	哈尔滨天鹅实业股份有限公司			股票代码	600829
注册地址	黑龙江省哈尔滨市道里区共乐街182号			邮政编码	150076
法人代表	丁洪利			董秘	乔克荣
电话	0451-84624214			传真	0451-84624142
主营业务	建材、水泥				
总股本	25772.83	流通A	6488.63	流通B	流通H
审计单位				审计意见	未审计

主要财务指标

年度	2004.6	2003	2002
每股收益/扣除后(元)	-0.0203	0.0731	0.0392
每股经营现金流量(元)	-0.0320	0.2800	0.4900
每股净资产/调整后(元)	1.9600	2.0900	1.9800
每股公积金(元)	0.6795	0.6696	0.6058
净资产收益率(%)	-0.0200	3.1700	2.0000
总资产(万元)	105433.74	107684.85	92989.01
股东权益(万元)	55498.80	56039.18	52617.23
未分配利润(万元)	5810.27	6606.83	5450.56
主营收入(万元)	23619.96	51172.32	50324.03
资本公积金(万元)	17512.87	17256.69	15613.61
主营利润(万元)	4874.17	13626.60	13605.75
其他业务利润(万元)	-98.48	48.33	0.61
营业利润(万元)	-1346.24	1650.97	1137.46
投资收益(万元)		-3.65	
补贴收入(万元)	821.89	1004.41	1935.65
营业外收支(万元)	-272.22	-203.19	-0.68
利润总额(万元)	-796.56	2448.54	2085.75
净利润(万元)	-796.56	1778.88	1011.21

十大股东

序号	股东名称	股份性质	持股数(万股)	比例(%)
1	哈尔滨建筑材料工业(集团)公司	国有股	19284.19	74.82
2	马春艳	流通A股	43.02	0.17
3	綦宝强	流通A股	39.77	0.15
4	范颖	流通A股	32.33	0.13
5	王丽杰	流通A股	32.00	0.12
6	李晋宁	流通A股	30.11	0.12
7	夏锡章	流通A股	29.48	0.11
8	民忠民	流通A股	27.45	0.11
9	李勤	流通A股	24.83	0.10
10	杨春梅	流通A股	24.49	0.10

股东人数	2004.6	2003.12	2003.6	2002
	4923	4999	4865	4452

近年分配		近年配股/增发	2004年8月25日10转增5

重大事项

公司于2004年6月25日召开了2003年度股东大会,会议审议通过了公司2003度资本公积金转增股本方案:以2003年末公司总股本257,728,265股为基数,按每10股转增5股实施资本公积转增股本,即转增128,864,133股,转增后公司资本公积结余43,702,733.42元。

二〇〇三年以来市场表现

2003年涨跌幅(%)	1.41
2003年最高(元)	13.65
2003年最低(元)	9.40
2003年换手率(%)	156.05
2004.06涨跌幅(%)	-6.79
2004.06最高(元)	13.30
2004.06最低(元)	10.00
2004.06换手率(%)	63.49

宁波大红鹰实业投资股份有限公司

公司概况

公司名称	宁波大红鹰实业投资股份有限公司			股票代码	600830
注册地址	浙江省宁波市开明街130弄48号			邮政编码	315000
法人代表	赵万兴			董秘	林蔚晴
电话	0574-87315310			传真	0574-87294676
主营业务	商业、广告业				
总股本	26272.02	流通A	15394.32	流通B	流通H
审计单位				审计意见	未审计

主要财务指标

年度	2004.6	2003	2002
每股收益/扣除后(元)	0.0243	-0.0290	0.1310
每股经营现金流量(元)	-0.2920	0.1980	-0.1270
每股净资产/调整后(元)	1.9840	1.9920	2.7880
每股公积金(元)	0.4931	0.4912	1.2355
净资产收益率(%)	3.1160	3.7550	4.5910
总资产(万元)	83827.67	84071.23	90462.14
股东权益(万元)	53452.83	53669.10	50109.25
未分配利润(万元)	8543.17	8694.71	5876.74
主营收入(万元)	18513.32	48959.34	76663.68
资本公积金(万元)	12953.69	12905.42	21639.18
主营利润(万元)	3089.65	5919.07	6673.78
其他业务利润(万元)	868.89	1396.33	2539.24
营业利润(万元)	852.53	-61.08	710.59
投资收益(万元)	783.20	1449.87	917.30
补贴收入(万元)	1008.86	1874.24	107.45
营业外收支(万元)	5.58	844.70	-2.40
利润总额(万元)	2650.17	4107.73	4057.58
净利润(万元)	1665.67	2015.19	2300.51

十大股东

序号	股东名称	股份性质	持股数(万股)	比例(%)
1	中国烟草总公司浙江省公司	国有法人股	4701.67	17.90
2	宁波卷烟厂	国有法人股	1350.00	5.14
3	宁波郡庙企业总公司	境内法人股	1151.72	4.38
4	宁波大榭开发大红鹰经贸有限公司	境内法人股	910.30	3.46
5	宁波大榭开发区恒丰贸易发展有限公司	流通A股、境内法人股	721.49	2.75
6	浙江省烟草公司宁波分公司	国有法人股	515.25	1.96
7	宁波市商业银行海曙支行	境内法人股	324.97	1.24
8	金通证券股份有限公司	境内法人股	259.31	0.99
9	绍兴市香叶经贸有限公司	境内法人股	254.12	0.97
10	宁波市药材股份公司	境内法人股	160.88	0.61

股东人数	2004.6	2003.12	2003.6	2002
	21854	21074	20255	20591

近年分配	2004年6月4日10派1.00	近年配股/增发	

重大事项

2004年3月5日,公司与上海嘉合投资管理有限公司签署协议,以1685万元的价格转让本公司所持有的上海博大投资发展有限公司(以下称"上海博大")20.78%的股权。根据上海立信长江会计师事务所有限公司的评估报告,以2003年12月31日为评估基准日,该公司净资产帐面价值8184.57万元,净资产评估价值8182.47万元。

二〇〇三年以来市场表现

2003年涨跌幅(%)	-19.03
2003年最高(元)	7.87
2003年最低(元)	3.95
2003年换手率(%)	116.58
2004.06涨跌幅(%)	-8.96
2004.06最高(元)	7.68
2004.06最低(元)	5.24
2004.06换手率(%)	109.88

陕西广电网络传媒股份有限公司

公司概况

公司名称	陕西广电网络传媒股份有限公司	股票代码	600831
注册地址	西安市太白南路363号影视大酒店副楼	邮政编码	710068
法人代表	韩本毅	董秘	李道光
电话	029-88255370	传真	029-88253276
主营业务	电视、多媒体系统		
总股本	13465.90	流通A	5608.00
流通B		流通H	
审计单位		审计意见	未审计

主要财务指标

年度	2004.6	2003	2002
每股收益/扣除后(元)	0.0823	0.1560	0.1420
每股经营现金流量(元)	0.1370	0.1650	0.2900
每股净资产/调整后(元)	1.2410	1.3140	1.3540
每股公积金(元)	0.0299	0.0304	0.2109
净资产收益率(%)	6.5300	11.8100	10.7500
总资产(万元)	26811.23	31385.18	25068.86
股东权益(万元)	16895.77	16128.93	15071.14
未分配利润(万元)	2219.83	2708.39	1124.56
主营收入(万元)	10222.80	21708.21	19106.62
资本公积金(万元)	402.89	371.66	2347.49
主营利润(万元)	2590.98	4454.78	4349.51
其他业务利润(万元)	0.33	6.29	0.10
营业利润(万元)	1195.03	2206.48	1858.96
投资收益(万元)			28.68
补贴收入(万元)			
营业外收支(万元)	–5.00	–2.21	0.04
利润总额(万元)	1190.03	2204.27	1882.55
净利润(万元)	1102.86	1904.55	1620.27

十大股东

序号	股东名称	股份性质	持股数(万股)	比例(%)
1	陕西省广播电视信息网络有限责任公司	国有法人股	6867.50	51.00
2	国营黄河机器制造厂	国有法人股	295.33	2.19
3	云南森海林木发展有限公司	流通股	84.93	0.63
4	四川久远智能监控有限责任公司	流通A股	69.74	0.52
5	曾军	流通A股	44.14	0.33
6	西安无线电二厂	境内法人股	34.30	0.25
7	朱献顺	流通A股	30.86	0.23
8	上海肇达投资咨询有限公司	境内法人股	30.25	0.22
9	龙林	流通A股	29.92	0.22
10	王文彬	流通A股	29.91	0.22

股东人数	2004.6	2003.12	2003.6	2002
	9635	7105	7012	4436

近年分配	2004年6月15日10派0.30	近年配股/增发	2004年6月15日10送1

重大事项

2004年3月3日，本公司以已收回的对西安圣河科技有限责任公司价值1118.13万元(经评估)作为部分对价收购宝鸡广电15%股权。2004年3月20日，本公司与陕广电、广电股份三方签署了《担保协议》，协议约定：陕广电对本公司以已收回的对西安圣河投资作为受让宝鸡广电股权的部分价款提供连带责任保证。

二〇〇三年以来市场表现

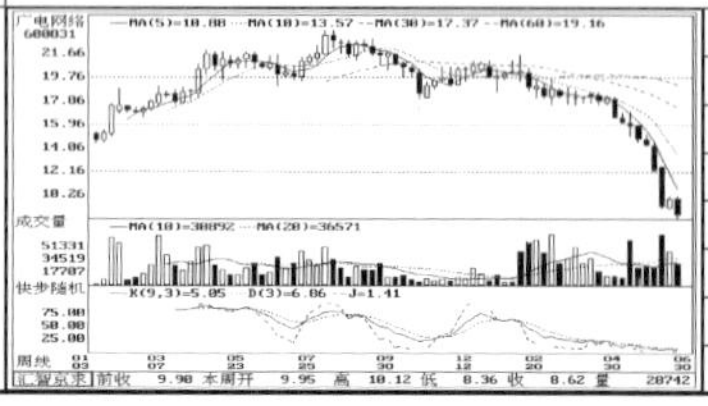

2003年涨跌幅(%)	48.79
2003年最高(元)	21.39
2003年最低(元)	11.87
2003年换手率(%)	207.25
2004.06涨跌幅(%)	–54.08
2004.06最高(元)	19.52
2004.06最低(元)	8.36
2004.06换手率(%)	142.44

上海东方明珠(集团)股份有限公司

公司概况

公司名称	上海东方明珠(集团)股份有限公司	股票代码	600832
注册地址	上海市浦东世纪大道1号	邮政编码	200120
法人代表	朱咏雷	董秘	杨明秋
电话	021-58791888	传真	021-58798222
主营业务	广播电视传播服务		
总股本	96324.02	流通A	21964.15
流通B		流通H	
审计单位		审计意见	未审计

主要财务指标

年度	2004.6	2003	2002
每股收益/扣除后(元)	1.2920	0.2622	0.3200
每股经营现金流量(元)	0.2330	0.4800	0.7000
每股净资产/调整后(元)	3.3700	3.2100	4.1000
每股公积金(元)	1.5573	1.5573	2.5079
净资产收益率(%)	4.4500	8.2800	8.0000
总资产(万元)	531794.56	449066.12	402094.78
股东权益(万元)	327932.06	313310.47	287576.62
未分配利润(万元)	35959.10	21337.51	5839.98
主营收入(万元)	52229.68	78079.04	85324.56
资本公积金(万元)	150003.64	150003.64	172549.87
主营利润(万元)	245822.52	39086.18	41233.21
其他业务利润(万元)	494.43	2047.98	–239.47
营业利润(万元)	16092.97	26830.16	29550.41
投资收益(万元)	497.45	4192.07	1508.73
补贴收入(万元)	281.73	568.55	568.55
营业外收支(万元)	2028.48	–240.91	2.85
利润总额(万元)	18900.64	31349.87	29381.53
净利润(万元)	14621.59	25955.27	22952.03

十大股东

序号	股东名称	股份性质	持股数(万股)	比例(%)
1	上海广播电影电视民展有限公司	国有股、流通股、法人股	50433.12	52.36
2	上海有线电视台	法人股	7560.00	7.85
3	上海精文投资有限公司	法人股	3780.00	3.92
4	上海大型活动办	法人股	2016.00	2.09
5	上海东方电视台	法人股	1915.20	1.99
6	上海电视台	法人股	1890.00	1.96
7	上海东亚集团	法人股	1890.00	1.96
8	上海每周广播电视报	法人股	945.00	0.98
9	申银万国证券公司	法人股	576.06	0.60
10	上海人民广播电台	法人股	567.00	0.59

股东人数	2004.6	2003.12	2003.6	2002
	101696	109991	101027	104416

近年分配	2004年7月29日10派2.10	近年配股/增发	

重大事项

公司下属全资子公司上海东方明珠传输有限公司有两座发射塔位于上海市淮海西路365号地块内。由于该地块周围大部分为危房简屋，随着徐汇区对该地块的整体开发和改造，发射塔将被搬迁。经谈判，开发商与传输公司签署了搬迁补偿协议，协议标的5800万，作为两座发射塔自该地块搬迁、设备重置的补偿费。

二〇〇三年以来市场表现

2003年涨跌幅(%)	32.60
2003年最高(元)	16.66
2003年最低(元)	10.25
2003年换手率(%)	325.79
2004.06涨跌幅(%)	–11.57
2004.06最高(元)	17.55
2004.06最低(元)	12.26
2004.06换手率(%)	165.24

上海第一医药股份有限公司

公司概况

公司名称	上海第一医药股份有限公司			股票代码	600833	
注册地址	上海市黄浦区南京东路 616 号			邮政编码	200001	
法人代表	盛小洪			董秘	林安康	
电话	021-63519121,63617711-158			传真	021-63519122	
主营业务	医药零售批发					
总股本	15934.74	流通 A	4797.93	流通 B		流通 H
审计单位				审计意见	未审计	

主要财务指标

年度	2004.6	2003	2002
每股收益/扣除后(元)	0.0444	0.0780	0.0740
每股经营现金流量(元)	0.0450	0.1650	0.1570
每股净资产/调整后(元)	1.2190	1.1770	0.9980
每股公积金(元)	4.3261	4.3261	4.3261
净资产收益率(%)	3.5200	6.8200	7.2000
总资产(万元)	46540.43	48507.79	47838.61
股东权益(万元)	19612.80	18922.04	17630.82
未分配利润(万元)	-68341.04	-69031.80	-70281.48
主营收入(万元)	26936.49	50696.23	47651.83
资本公积金(万元)	68935.60	68935.60	68935.60
主营利润(万元)	5867.76	11488.87	10709.44
其他业务利润(万元)	522.36	921.13	-35.76
营业利润(万元)	512.79	1129.15	1211.03
投资收益(万元)	235.73	192.45	229.99
补贴收入(万元)		168.53	-2.50
营业外收支(万元)	-15.71	-83.18	-0.05
利润总额(万元)	732.81	1406.94	1546.10
净利润(万元)	690.76	1291.23	1268.99

十大股东

序号	股东名称	股份性质	持股数(万股)	比例(%)
1	上海新世界(集团)有限公司	境内法人股	4145.00	26.01
2	上海国鑫投资发展有限公司	境内法人股	3520.72	22.09
3	华联(集团)有限公司	境内法人股	549.23	3.45
4	上海汇垄经贸有限公司	境内法人股	246.90	1.55
5	上海国际经纪公司	境内法人股	245.39	1.54
6	上海东时实业有限公司	境内法人股	220.85	1.39
7	上海华成无线电厂有限公司	境内法人股	151.01	0.95
8	海通证券有限公司	境内法人股	151.01	0.95
9	上海达安房产投资公司	境内法人股	122.69	0.77
10	上海商投创业投资有限公司	境内法人股	122.69	0.77

股东人数	2004.6	2003.12	2003.6	2002
	22670	23386	24008	24131

近年分配		近年配股/增发	

重大事项

公司为江苏银信实业发展公司在中国农业银行江苏省分行阳光支行开具的信用证作出不可撤销的五项担保,担保总额为 940.95 万美元,因该五笔信用证项下债务已逾期且已转为押汇,上海恒通国际贸易有限公司为本公司上述担保提供不可撤销的反担保。

二〇〇三年以来市场表现

2003 年涨跌幅(%)	-31.37
2003 年最高(元)	10.09
2003 年最低(元)	4.91
2003 年换手率(%)	292.10
2004.06 涨跌幅(%)	-5.91
2004.06 最高(元)	7.39
2004.06 最低(元)	5.23
2004.06 换手率(%)	177.89

上海申通地铁股份有限公司

公司概况

公司名称	上海申通地铁股份有限公司			股票代码	600834	
注册地址	上海市中山南路 28 号			邮政编码	200010	
法人代表	宋孝鎏			董秘	孙安	
电话	021-58308595			传真	021-63300065	
主营业务	自来水生产与销售					
总股本	43398.36	流通 A	8804.04	流通 B		流通 H
审计单位				审计意见	未审计	

主要财务指标

年度	2004.6	2003	2002
每股收益/扣除后(元)	0.1027	0.1700	0.1600
每股经营现金流量(元)	0.1720	0.2800	0.3400
每股净资产/调整后(元)	1.6300	1.5200	1.4800
每股公积金(元)	0.1837	0.1837	0.2020
净资产收益率(%)	6.6300	11.6000	10.8600
总资产(万元)	103485.94	105584.48	90701.06
股东权益(万元)	70785.77	66093.24	58421.46
未分配利润(万元)	11437.11	6744.58	4151.08
主营收入(万元)	28273.69	50123.57	51429.93
资本公积金(万元)	7974.27	7974.27	7971.12
主营利润(万元)	7918.32	13652.11	16184.37
其他业务利润(万元)	5.30	12.97	0.17
营业利润(万元)	5281.58	8807.85	10655.14
投资收益(万元)	-30.72	-8.67	144.68
补贴收入(万元)	233.90	174.13	174.13
营业外收支(万元)		-27.19	0.28
利润总额(万元)	5484.77	8946.13	8204.76
净利润(万元)	4692.53	7668.64	6346.93

十大股东

序号	股东名称	股份性质	持股数(万股)	比例(%)
1	国家持股	国家股	27623.81	63.65
2	上海市原水股份有限公司	境内法人股	4585.63	10.57
3	申银万国证券股份有限公司	境内法人股	774.05	1.78
4	上海自来水浦东公司	境内法人股	183.43	0.42
5	南洋制衣有限公司	境内法人股	110.06	0.25
6	吴冠铭	流通 A 股	88.80	0.20
7	上海沃特管道工程合作公司	境内法人股	88.04	0.20
8	中国银行-嘉实服务增值行业证券投资基金	流通 A 股	87.35	0.20
9	上海佳安建设发展公司	境内法人股	73.70	0.17
10	大众交通(集团)股份有限公司	境内法人股	55.03	0.13

股东人数	2004.6	2003.12	2003.6	2002
	38861	40059	41107	38938

近年分配		近年配股/增发	
	2004 年 7 月 27 日 10 派 1.00		

重大事项

根据 2004 年 6 月 7 日公司与申通集团签订的《地铁一号线车辆经营性租赁合同》,公司自 2004 年 1 月 1 日起租用 1 列地铁车辆,租赁期至 2004 年 12 月 31 日止,租赁费用为每月每列车 454,166.67 元,总费用为 5,450,000.04 元。该项关联交易已经公司四届十五次董事会审议通过。

二〇〇三年以来市场表现

2003 年涨跌幅(%)	-29.55
2003 年最高(元)	10.27
2003 年最低(元)	5.49
2003 年换手率(%)	100.88
2004.06 涨跌幅(%)	-1.13
2004.06 最高(元)	7.85
2004.06 最低(元)	5.82
2004.06 换手率(%)	78.96

上海电气股份有限公司

公司概况

公司名称	上海电气股份有限公司	股票代码	600835
注册地址	上海市浦东新区建平路2号	邮政编码	200040
法人代表	王成明	董秘	司文培
电话	021-62898699	传真	021-62898601
主营业务	电梯制造、生产制冰、冷藏设备		
总股本	85228.27	流通A	26915.33
流通B	18019.58	流通H	
审计单位		审计意见	未审计

主要财务指标

年度	2004.6	2003	2002
每股收益/扣除后(元)	0.2275	0.4570	0.4750
每股经营现金流量(元)	0.0900	0.4100	1.1700
每股净资产/调整后(元)	4.7900	4.5300	4.6500
每股公积金(元)	2.4112	2.4095	3.0588
净资产收益率(%)	5.6400	12.6600	9.4700
总资产(万元)	861285.00	852920.75	850460.06
股东权益(万元)	344628.28	325340.12	288059.66
未分配利润(万元)	45555.99	26461.41	6065.62
主营收入(万元)	330040.37	555973.50	446833.69
资本公积金(万元)	171250.28	171130.66	181039.86
主营利润(万元)	77532.74	153416.73	157329.50
其他业务利润(万元)	1460.45	-731.23	-3.64
营业利润(万元)	39218.44	74365.80	65434.24
投资收益(万元)	4471.84	12935.12	8057.92
补贴收入(万元)	30.65	162.92	2.53
营业外收支(万元)	-501.01	4807.38	-9.17
利润总额(万元)	43219.93	92271.24	72806.20
净利润(万元)	19449.13	41201.08	27277.57

十大股东

序号	股东名称	股份性质	持股数(万股)	比例(%)
1	上海电气集团有限公司	国有法人股	33577.80	39.40
2	海通证券股份有限公司	流通A股	2816.94	3.31
3	申银万国证券股份有限公司	流通A股	702.99	0.82
4	上海国际信托投资公司	流通A股	592.30	0.69
5	TOYO SECURITIES ASIA LTD.A/C CLIENT (B股)	流通B股	544.08	0.64
6	上海市企业年金发展中心上投平衡	流通A股	538.08	0.63
7	博时精选股票证券投资基金	流通A股	537.68	0.63
8	SKANDIA GLOBAL FUNDS PLC(B股)	流通B股	356.91	0.42
9	NAITO SECURITIES CO.LTD (B股)	流通B股	329.76	0.39
10	富国动态平衡证券投资基金	流通A股	305.87	0.36

股东人数	2004.6	2003.12	2003.6	2002
	60454	56182	34001	60574

近年分配	2004年7月6日10派1.00	近年配股/增发	2004年7月6日10转2

重大事项

公司2003年度利润分配方案:以2003年末的总股本710,235,631股为基数,向全体股东按每10股派送现金红利人民币1.0元(含税),计71,023,563.10元;公司2003年度资本公积金转增股本方案:以2003年末的总股本710,235,631股为基数,向全体股东以资本公积转增股本,按每10股转增2股,计142,047,126股。

二〇〇三年以来市场表现

2003年涨跌幅(%)	5.40
2003年最高(元)	11.42
2003年最低(元)	8.21
2003年换手率(%)	129.63
2004.06涨跌幅(%)	1.90
2004.06最高(元)	12.54
2004.06最低(元)	8.95
2004.06换手率(%)	155.05

上海界龙实业股份有限公司

公司概况

公司名称	上海界龙实业股份有限公司	股票代码	600836
注册地址	上海市浦东新区川周公路7111号	邮政编码	201205
法人代表	费钧德	董秘	楼福良
电话	021-63746888	传真	021-63732586
主营业务	包装装潢、彩色印刷		
总股本	11169.37	流通A	4132.81
流通B		流通H	
审计单位		审计意见	未审计

主要财务指标

年度	2004.6	2003	2002
每股收益/扣除后(元)	0.0127	0.0500	0.0590
每股经营现金流量(元)	-0.4210	-0.1600	1.2600
每股净资产/调整后(元)	1.3100	1.3600	1.0600
每股公积金(元)	0.7978	0.7978	0.7978
净资产收益率(%)	0.7700	4.6800	3.1400
总资产(万元)	114135.72	92685.04	73613.94
股东权益(万元)	21967.76	21799.24	20809.30
未分配利润(万元)	-259.93	-428.45	-917.86
主营收入(万元)	26715.97	52961.02	51073.78
资本公积金(万元)	8910.79	8910.79	8910.79
主营利润(万元)	5657.23	12423.61	10388.74
其他业务利润(万元)	542.66	803.87	-15.77
营业利润(万元)	506.06	1928.19	1181.96
投资收益(万元)	3.15	41.37	37.57
补贴收入(万元)		165.91	5.44
营业外收支(万元)	-43.02	-21.09	-8.74
利润总额(万元)	466.19	2114.37	1434.13
净利润(万元)	168.52	1019.91	653.39

十大股东

序号	股东名称	股份性质	持股数(万股)	比例(%)
1	上海界龙发展有限公司	境内法人股	5869.50	52.55
2	海通证券股份有限公司	国有法人股	476.53	4.27
3	上海浦东联合信托投资有限责任公司	国有法人股	300.18	2.69
4	上海界龙食品有限公司	境内法人股	89.13	0.80
5	上海农业信托投资有限公司	境内法人股	23.00	0.21
6	上海市浦东严桥信用社	国有法人股	18.69	0.17
7	上海浦东汽车修理厂	境内法人股	18.69	0.17
8	上海浦东华夏实业总公司	境内法人股	18.69	0.17
9	上海东方明珠股份有限公司	国有法人股	18.69	0.17
10	上海原水股份有限公司	国有法人股	14.95	0.13

股东人数	2004.6	2003.12	2003.6	2002
	14802	12289	9946	12208

近年分配		近年配股/增发	

重大事项

司控股子公司上海界龙浦东彩印公司分别与上海昌达印务有限公司、上海晶勋国际贸易有限公司、上海富极瓦拉国际贸易有限公司和上海界龙中报印务有限公司签订房屋租赁协议,将其位于上海市杨高中路2112号面积为3226平方米的厂房和部分办公用房出租;2004年1-6月共收取租金为人民币471,573.89元。

二〇〇三年以来市场表现

2003年涨跌幅(%)	-58.52
2003年最高(元)	20.06
2003年最低(元)	6.95
2003年换手率(%)	310.79
2004.06涨跌幅(%)	0.72
2004.06最高(元)	11.52
2004.06最低(元)	6.25
2004.06换手率(%)	296.13

上海市都市农商社股份有限公司

公司概况

公司名称	上海市都市农商社股份有限公司			股票代码	600837		
注册地址	上海市浦东新区张杨路 838 号			邮政编码	200011		
法人代表	曹晓凤			董秘	汪培毅		
电话	021-63787858			传真	021-63788881		
主营业务	蔬菜、瓜果、粮油作物						
总股本	25054.05	流通 A	3289.92	流通 B		流通 H	
审计单位				审计意见	未审计		

主要财务指标

年度	2004.6	2003	2002
每股收益/扣除后(元)	0.2175	0.4061	0.3114
每股经营现金流量(元)	–0.0430	0.2970	0.1989
每股净资产/调整后(元)	1.4710	2.0572	3.2739
每股公积金(元)	0.0364	0.4547	1.6941
净资产收益率(%)	14.3500	19.5400	9.3600
总资产(万元)	67495.69	58217.86	48578.80
股东权益(万元)	37133.62	32535.89	26056.56
未分配利润(万元)	6173.39	4761.04	2185.83
主营收入(万元)	8100.24	14933.87	13552.91
资本公积金(万元)	910.71	7120.60	13263.76
主营利润(万元)	2305.46	2711.69	1976.10
其他业务利润(万元)	30.57	110.92	–6.02
营业利润(万元)	172.86	–800.05	–1591.78
投资收益(万元)	6209.94	7756.32	4017.32
补贴收入(万元)	7.00	140.00	2.70
营业外收支(万元)	–159.58	113.52	–0.07
利润总额(万元)	6230.22	7209.79	2717.10
净利润(万元)	5327.05	6358.98	2438.36

十大股东

序号	股东名称	股份性质	持股数(万股)	比例(%)
1	上海市农工商(集团)有限公司	国有法人股	18764.13	74.89
2	周婉如	流通 A 股	48.65	0.19
3	上海广城信息网络有限公司	流通 A 股	37.43	0.15
4	张圣盛	流通 A 股	27.94	0.11
5	叶涛	流通 A 股	26.93	0.11
6	卜逸平	流通 A 股	24.13	0.10
7	程齐宁	流通 A 股	19.73	0.08
8	郑艳兰	流通 A 股	19.20	0.08
9	裴学钊	流通 A 股	18.58	0.07
10	施菊娣	流通 A 股	17.60	0.07

股东人数

2004.6	2003.12	2003.6	2002
13055	6519	5377	5564

近年分配	近年配股/增发
2004 年 6 月 24 日 10 派 0.50	2004 年 6 月 24 日 10 送 2 转 4

重大事项

公司 2003 年度利润分配和资本公积金转增股本方案已经 2004 年 5 月 28 日召开的公司 2003 年度股东大会审议通过。本次利润分配和资本公积金转增股本为每股派送股票股利 0.2 股；每股派送现金股利 0.05 元(含税)，扣税后每股现金股利 0.04 元；用资本公积金每股转增 0.4 股。

二〇〇三年以来市场表现

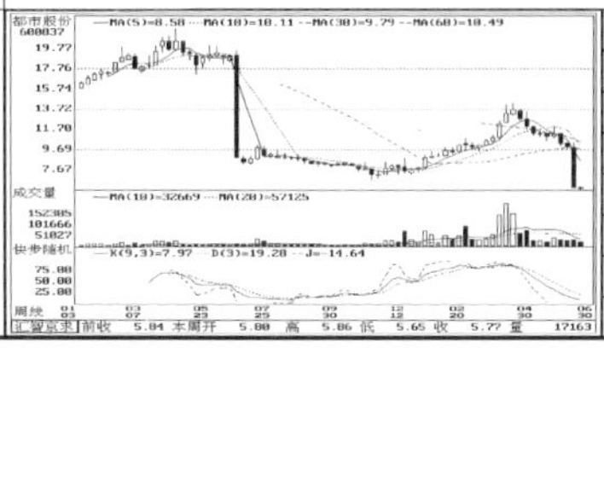

2003 年涨跌幅(%)	–2.72
2003 年最高(元)	6.78
2003 年最低(元)	4.09
2003 年换手率(%)	96.58
2004.06 涨跌幅(%)	19.44
2004.06 最高(元)	8.90
2004.06 最低(元)	4.75
2004.06 换手率(%)	210.73

上海九百股份有限公司

公司概况

公司名称	上海九百股份有限公司			股票代码	600838		
注册地址	上海市万航渡路 50 号			邮政编码	200040		
法人代表	黄跃			董秘	冯幼苏		
电话	021-62729898-838,62569866			传真	021-62569861		
主营业务	日用百货、家用电器						
总股本	40088.20	流通 A	19686.28	流通 B		流通 H	
审计单位				审计意见	未审计		

主要财务指标

年度	2004.6	2003	2002
每股收益/扣除后(元)	–0.0458	–0.1772	–0.0213
每股经营现金流量(元)	–0.0270	–0.2947	0.1202
每股净资产/调整后(元)	1.4950	1.4723	1.4355
每股公积金(元)	0.4673	0.4673	0.6898
净资产收益率(%)	0.7800	0.8900	0.6100
总资产(万元)	112290.94	112530.53	147789.66
股东权益(万元)	60718.44	60246.20	59664.19
未分配利润(万元)	34.60	–648.90	–12038.10
主营收入(万元)	9906.84	37984.01	51528.07
资本公积金(万元)	18734.14	18734.14	27651.79
主营利润(万元)	3665.35	9232.21	11442.75
其他业务利润(万元)	42.65	146.42	3.71
营业利润(万元)	–1329.08	–5951.20	–636.15
投资收益(万元)	–291.97	–75.20	–137.43
补贴收入(万元)	10.01	408.79	–6.82
营业外收支(万元)	2296.92	6755.95	–26.41
利润总额(万元)	685.88	1138.33	1373.95
净利润(万元)	472.24	533.95	363.94

十大股东

序号	股东名称	股份性质	持股数(万股)	比例(%)
1	上海九百(集团)有限公司	国有法人股	12216.64	30.47
2	上海静安区土地开发控股总公司	国有法人股	3060.87	7.64
3	上海锦迪城市建设开发有限公司	国有法人股	1260.87	3.15
4	上海国宏置业有限公司	境内法人股	600.00	1.50
5	上海友谊(集团)有限公司	境内法人股	424.09	1.06
6	上海华联(集团)有限公司	境内法人股	312.55	0.78
7	上海电气(集团)总公司	境内法人股	299.93	0.75
8	浙江天马印染(集团)有限公司	境内法人股	75.00	0.19
9	上海爱建建筑设计院	境内法人股	67.74	0.17
10	中国建设银行上海市分行第二营业部	境内法人股	60.48	0.15

股东人数

2004.6	2003.12	2003.6	2002
79977	81474	81268	82691

近年分配	近年配股/增发

重大事项

根据 2004 年 3 月 17 日中国国际经济贸易仲裁委员会上海分会下达的《裁决书》(中国贸仲沪裁第 024 号)，终止本公司与美国美福集团公司的合作合同，解散合作企业。由于清算工作遇到严重障碍，经上海市静安区人民政府批复(静府复[2004]61 号)上海美福清算委员会成立，该合作企业已进入特别清算程序。

二〇〇三年以来市场表现

2003 年涨跌幅(%)	–19.87
2003 年最高(元)	6.61
2003 年最低(元)	4.19
2003 年换手率(%)	225.09
2004.06 涨跌幅(%)	–5.88
2004.06 最高(元)	6.42
2004.06 最低(元)	4.46
2004.06 换手率(%)	157.53

四川长虹电器股份有限公司

公司概况

公司名称	四川长虹电器股份有限公司			股票代码	600839
注册地址	四川省绵阳市高新区绵兴东路35号			邮政编码	621000
法人代表	赵勇		董秘	谭明献	
电话	0816-2418486		传真	0816-2418518	
主营业务	视频产品、视听产品				
总股本	216421.14	流通 A	95140.23	流通 B	流通 H
审计单位			审计意见	未审计	

主要财务指标

年度	2004.6	2003	2002
每股收益/扣除后(元)	0.0088	0.0560	0.0810
每股经营现金流量(元)	-0.1320	-0.3400	-1.3700
每股净资产/调整后(元)	6.0860	6.0720	5.9620
每股公积金(元)	1.8859	1.8858	1.8784
净资产收益率(%)	0.4930	1.8400	1.3600
总资产(万元)	2176409.50	2140020.25	1867036.75
股东权益(万元)	1319742.00	1316803.37	1292624.62
未分配利润(万元)	204829.87	201195.84	182122.98
主营收入(万元)	516322.19	1413319.50	1258518.50
资本公积金(万元)	408144.12	408136.66	406516.09
主营利润(万元)	68017.39	204359.31	184844.48
其他业务利润(万元)	3500.52	5568.00	341.37
营业利润(万元)	2175.08	18236.31	12744.18
投资收益(万元)	5423.87	6902.06	7764.67
补贴收入(万元)		962.14	-0.79
营业外收支(万元)	37.32	4169.54	-0.83
利润总额(万元)	7636.27	30270.05	20663.30
净利润(万元)	6507.15	24165.19	17620.27

十大股东

序号	股东名称	股份性质	持股数(万股)	比例(%)
1	四川长虹电子集团有限公司	国有法人股	116068.20	53.63
2	申银万国证券股份有限公司	流通A股	1500.18	0.69
3	中青旅股份有限公司	流通A股	1182.35	0.55
4	朝华科技(集团)股份有限公司	境内法人股	639.91	0.30
5	中国建设银行-博时裕富证券投资基金	流通A股	556.37	0.26
6	嘉陵投资公司	境内法人股	475.24	0.22
7	交通银行-易方达50指数证券投资基金	流通A股	430.56	0.20
8	成晓舟	流通A股	225.15	0.10
9	成都万丰餐饮有限公司	流通A股	219.88	0.10
10	深圳满京华实业发展有限公司	境内法人股	203.67	0.09

股东人数	2004.6	2003.12	2003.6	2002
	573861	635155	640302	650137

近年分配		近年配股/增发	

重大事项

2004年6月27日,公司和微软(中国)有限公司为了共同的事业目标,双方愿意将各自的优势融合在一起,创造双赢的合作局面,以科技造福人类,用产品满足全球人类的消费需求,签署了合作协议书。

二〇〇三年以来市场表现

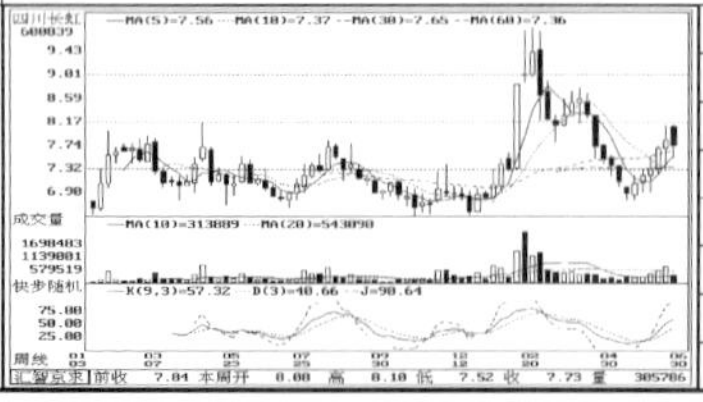

2003年涨跌幅(%)	0.45
2003年最高(元)	8.14
2003年最低(元)	6.48
2003年换手率(%)	125.97
2004.06涨跌幅(%)	14.35
2004.06最高(元)	9.85
2004.06最低(元)	6.70
2004.06换手率(%)	146.20

浙江新湖创业投资股份有限公司

公司概况

公司名称	浙江新湖创业投资股份有限公司			股票代码	600840
注册地址	杭州市体育场路479号7楼			邮政编码	310007
法人代表	刘全民		董秘	相子强	
电话	0571-87055977		传真	0571-87055977	
主营业务	房地产				
总股本	13975.14	流通 A	6442.03	流通 B	流通 H
审计单位			审计意见	未审计	

主要财务指标

年度	2004.6	2003	2002
每股收益/扣除后(元)	0.0357	0.0440	0.0200
每股经营现金流量(元)	-0.7280	-0.2540	-2.4430
每股净资产/调整后(元)	1.1730	1.0890	1.1200
每股公积金(元)	0.1635	0.1635	0.1593
净资产收益率(%)	2.7610	8.2630	1.7050
总资产(万元)	182893.69	178356.06	133139.98
股东权益(万元)	18043.16	17544.98	16211.22
未分配利润(万元)	718.92	220.73	-1054.95
主营收入(万元)	7387.73	11810.39	10099.44
资本公积金(万元)	2284.72	2284.72	2226.64
主营利润(万元)	2061.24	3346.28	986.65
其他业务利润(万元)	116.64	282.73	15.50
营业利润(万元)	651.65	729.76	-1618.40
投资收益(万元)	-34.63	968.70	1677.48
补贴收入(万元)			
营业外收支(万元)	-7.06	-190.71	-0.85
利润总额(万元)	609.96	1507.75	214.69
净利润(万元)	498.18	1449.68	276.42

十大股东

序号	股东名称	股份性质	持股数(万股)	比例(%)
1	宁波嘉源实业发展有限公司	境内法人股	3055.09	21.86
2	杭州市财务开发公司	境内法人股	1500.00	10.73
3	浙江新湖集团股份有限公司	境内法人股	998.25	7.14
4	温州三瑞投资有限公司	境内法人股	828.75	5.93
5	绍兴市国有资产经营公司	国有法人股	718.36	5.14
6	海通证券股份有限公司	境内法人股	200.00	1.43
7	上海富元企业管理咨询有限公司	境内法人股	100.00	0.72
8	胡建平	流通A股	69.80	0.50
9	徐群	流通A股	33.16	0.24
10	上海欣益实业公司	流通A股	26.00	0.19

股东人数	2004.6	2003.12	2003.6	2002
	25199	26861	27199	28349

近年分配		近年配股/增发	

重大事项

根据公司控股子公司上海新湖房地产开发有限公司与上海市普陀区人民政府签订的《上海市普陀区东新村地块改造开发合作协议》，上海新湖房地产开发有限公司需向上海市普陀区人民政府支付普陀区东新村421.7145亩地块动拆迁资金，共计127,694.292万元。根据协议，截止2004年6月30日，上海新湖房地产开发有限公司已支付101,500万元，并取得其中普陀区长寿路街道112坊18/2丘地块23,901平方米土地以及普陀区长寿路街道112坊18/1丘地块43,399平方米土地和普陀区长寿路街道115坊4/1丘地块95,816平方米土地的使用权证。

二〇〇三年以来市场表现

2003年涨跌幅(%)	-31.77
2003年最高(元)	8.39
2003年最低(元)	4.30
2003年换手率(%)	106.72
2004.06涨跌幅(%)	5.43
2004.06最高(元)	7.69
2004.06最低(元)	4.63
2004.06换手率(%)	148.63

上海柴油机股份有限公司

公司概况

公司名称	上海柴油机股份有限公司	股票代码	600841
注册地址	上海市浦东大道 2748 号	邮政编码	200438
法人代表	陈龙兴	董秘	梁宝泉
电话	021-65745656-2207	传真	021-65740047,65749845
主营业务	柴油机、工程机械		

总股本	48030.93	流通 A	2160.00	流通 B	21700.00	流通 H	
审计单位				审计意见	未审计		

主要财务指标

年度	2004.6	2003	2002
每股收益/扣除后(元)	0.3675	0.3100	0.2100
每股经营现金流量(元)	0.1780	0.3100	0.6600
每股净资产/调整后(元)	3.9800	3.5200	3.3700
每股公积金(元)	1.5247	1.5242	1.5170
净资产收益率(%)	9.4300	6.3600	6.2200
总资产(万元)	334990.81	272333.25	231251.66
股东权益(万元)	191208.66	173260.20	161897.27
未分配利润(万元)	20897.78	2874.80	2786.54
主营收入(万元)	230108.75	292193.97	206103.44
资本公积金(万元)	73232.32	73208.32	72862.79
主营利润(万元)	49305.43	66567.78	55869.51
其他业务利润(万元)	595.56	1150.74	-0.00
营业利润(万元)	21358.43	22236.75	13184.08
投资收益(万元)	1442.25	1974.51	635.57
补贴收入(万元)	164.00	353.42	-3.50
营业外收支(万元)	-192.70	-8064.04	-8.83
利润总额(万元)	22771.99	16500.64	13198.26
净利润(万元)	18027.27	11020.89	10071.39

十大股东

序号	股东名称	股份性质	持股数(万股)	比例(%)
1	上海电气集团有限公司	国有法人股	24170.93	50.32
2	SKANDIA GLOBAL FUNDS PLC	流通 B 股	797.49	1.66
3	上海财政证券公司	流通 A 股	133.75	0.28
4	王家宜	流通 B 股	116.92	0.24
5	陈文伯	流通 B 股	114.79	0.24
6	SCBHK A/C DZ BK INLT SA A/C UNION INVESTMENT LUX SA S/A UNIEM FERNOST	流通 B 股	100.00	0.21
7	方伊君	流通 B 股	70.42	0.15
8	张寿清	[illegible]	68.50	0.14
9	上海公汇汽车实业有限公司	流通 A 股	67.39	0.14
10	NAITO SECURITIES CO.,LTD	流通 B 股	62.67	0.13

股东人数	2004.6	2003.12	2003.6	2002
	47005	12783	47173	47454

近年分配	2004 年 7 月 15 日 10 派 1.50	近年配股/增发	

重大事项

公司向上柴星维、东机液压、上柴汽贸三家主要销售柴油机外购配件和自制零部件的公司提供零部件金额共计人民币 1,003,682 元,利润为人民币 80,295 元。

二〇〇三年以来市场表现

2003 年涨跌幅(%)	-28.52
2003 年最高(元)	14.88
2003 年最低(元)	8.21
2003 年换手率(%)	149.87
2004.06 涨跌幅(%)	2.23
2004.06 最高(元)	12.98
2004.06 最低(元)	9.18
2004.06 换手率(%)	236.07

上海中西药业股份有限公司

公司概况

公司名称	上海中西药业股份有限公司	股票代码	600842
注册地址	上海浦东江心沙路 9 号	邮政编码	200065
法人代表	周德孚	董秘	郭景新
电话	021-56082188	传真	021-56083743
主营业务	生产、经营医药		

总股本	21559.46	流通 A	8422.55	流通 B		流通 H	
审计单位				审计意见	未审计		

主要财务指标

年度	2004.6	2003	2002
每股收益/扣除后(元)	-0.0477	-0.0437	-2.3939
每股经营现金流量(元)	0.0710	0.2809	-0.1577
每股净资产/调整后(元)	-2.2800	-2.2667	-2.0758
每股公积金(元)	0.7246	0.7246	0.7244
净资产收益率(%)	2.0500	-0.8200	124.3900
总资产(万元)	59610.28	63613.87	74291.20
股东权益(万元)	-42755.02	-42410.23	-41492.17
未分配利润(万元)	-82825.21	-80358.33	-80562.31
主营收入(万元)	12405.66	21612.86	21475.82
资本公积金(万元)	15622.94	15622.94	15617.12
主营利润(万元)	4467.91	6573.25	5464.52
其他业务利润(万元)	254.21	691.48	-0.90
营业利润(万元)	-629.86	-6055.75	-37766.03
投资收益(万元)		-48.88	-3909.79
补贴收入(万元)	12.97	9.14	0.12
营业外收支(万元)	-5.00	6356.47	-36.95
利润总额(万元)	-621.90	260.98	-50345.07
净利润(万元)	-872.93	343.52	-51610.95

十大股东

序号	股东名称	股份性质	持股数(万股)	比例(%)
1	国家持股	国家股	5693.99	26.41
2	上海谦益投资咨询有限公司	社会法人股	2732.50	12.67
3	上海汇缘投资发展有限公司	社会法人股	2000.00	9.28
4	上海天赐福生物工程有限公司	社会法人股	1256.13	5.83
5	上海斯米克机电陶瓷有限公司	社会法人股	366.30	1.70
6	上海医药进出口公司	社会法人股	305.25	1.42
7	上海万馨投资管理有限公司	社会法人股	200.00	0.93
8	上海中惠投资管理有限公司	社会法人股	160.00	0.74
9	上海岩鑫实业投资有限公司	社会法人股	100.00	0.46
10	上海协发金属材料有限公司	社会法人股	100.00	0.46

股东人数	2004.6	2003.12	2003.6	2002
	31414	34854	40791	40791

近年分配		近年配股/增发	

重大事项

2003 年 11 月 28 日,公司召开董事会四届四次会议,审议通过了拟实施重大资产重组的一系列议案。有关资产重组包括向上海医药工业有限公司出让公司下属农药事业部包括存货等在内的资产和对上海中西药业制药厂等企业的债权;向上海医药工业有限公司出让公司持有的上海中西药业制药厂等企业股权;公司及下属子公司上海中西医药有限公司受让上海医药(集团)有限公司持有的上海远东制药机械总厂全部股权;公司以民乐路 158 号房地产与上海市医药股份有限公司持有的上海华氏大药房有限公司股权进行资产置换。

二〇〇三年以来市场表现

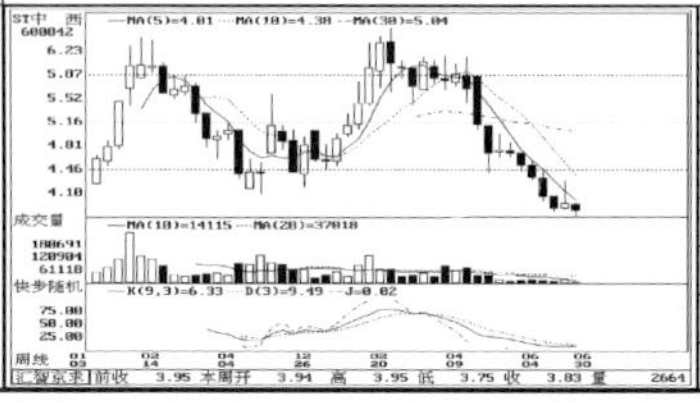

2003 年涨跌幅(%)	7.23
2003 年最高(元)	6.42
2003 年最低(元)	4.08
2003 年换手率(%)	190.11
2004.06 涨跌幅(%)	-16.74
2004.06 最高(元)	6.58
2004.06 最低(元)	3.75
2004.06 换手率(%)	112.13

上工股份有限公司

公司概况

公司名称	上工股份有限公司	股票代码	600843
注册地址	上海市浦东新区罗山路 1201 号	邮政编码	200122
法人代表	倪永刚	董秘	张一枫
电话	021-68407515	传真	021-63302939
主营业务	缝制设备		
审计单位		审计意见	未审计

总股本	流通 A	流通 B	流通 H
44888.68	2063.10	24394.38	

主要财务指标

年度	2004.6	2003	2002
每股收益 / 扣除后(元)	0.0145	-0.1278	0.0235
每股经营现金流量(元)	-0.1330	-0.1075	0.1121
每股净资产 / 调整后(元)	2.2190	2.1779	2.0088
每股公积金(元)	1.1323	1.1323	1.0183
净资产收益率(%)	0.9500	1.6974	2.5557
总资产(万元)	177414.19	173520.59	135445.56
股东权益(万元)	86806.46	85986.85	51499.17
未分配利润(万元)	1336.51	514.76	99.10
主营收入(万元)	40139.90	86679.84	87529.98
资本公积金(万元)	44197.61	44197.61	25709.26
主营利润(万元)	6117.02	10901.02	15420.88
其他业务利润(万元)	900.79	1441.34	107.72
营业利润(万元)	146.12	-4267.85	574.49
投资收益(万元)	575.61	1793.31	491.32
补贴收入(万元)	144.71	251.82	-12.84
营业外收支(万元)	100.33	4225.91	-6.07
利润总额(万元)	966.76	2003.19	1805.03
净利润(万元)	821.75	1459.56	1316.16

十大股东

序号	股东名称	股份性质	持股数(万股)	比例(%)
1	上海轻工控股(集团)公司	国家股	11624.56	25.90
2	HONOUR FORCE INVESTMENTS LTD.	流通 B 股	2801.08	6.24
3	上海国际信托投资有限公司	国有法人股	2056.68	4.58
4	MAIN FORCE ASSETS LIMITED	流通 B 股	1100.00	2.45
5	MESABI ASSETS LIMITED	流通 B 股	1050.00	2.34
6	NORMAL WIN ASSETS LIMITED	流通 B 股	986.95	2.20
7	上海实业资产管理有限公司(香港)	流通 B 股	930.00	2.07
8	申银万国证券(香港)有限公司	流通 B 股	871.32	1.94
9	中国长城资产管理公司	国家股	850.90	1.90
10	中国银行上海市分行	境内法人股	548.66	1.22

股东人数	2004.6	2003.12	2003.6	2002
	29670	12676	29504	29796

近年分配		近年配股 / 增发	2004 年 7 月 19 日 10 转 1.50

重大事项

本公司第四届董事会第七次会议及 2003 年度股东大会审议通过，将公司所持长沙华日生化实业有限公司(下称"华日生化")90%股权转让给湖南银海石油化工有限公司，本次股权转让，有利于改善公司资产质量，集中精力抓好主业经营。

二〇〇三年以来市场表现

2003 年涨跌幅(%)	-30.30
2003 年最高(元)	12.44
2003 年最低(元)	7.36
2003 年换手率(%)	190.68
2004.06 涨跌幅(%)	6.15
2004.06 最高(元)	11.55
2004.06 最低(元)	7.58
2004.06 换手率(%)	205.31

大盈现代农业股份有限公司

公司概况

公司名称	大盈现代农业股份有限公司	股票代码	600844
注册地址	上海市浦东新区川北公路 807 号	邮政编码	200011
法人代表	廖德荣	董秘	沈雅芸
电话	021-63185575	传真	021-63770535-8004
主营业务	肉禽,肉禽种苗养殖,加工		
审计单位		审计意见	未审计

总股本	流通 A	流通 B	流通 H
30456.45	2768.43	9689.67	

主要财务指标

年度	2004.6	2003	2002
每股收益 / 扣除后(元)	-0.0868	-0.1390	-0.4010
每股经营现金流量(元)		0.2920	-0.2260
每股净资产 / 调整后(元)	1.1060	1.3510	1.5080
每股公积金(元)	0.6389	0.6389	0.6389
净资产收益率(%)	-3.4120	-9.5840	-25.2040
总资产(万元)	115473.51	129693.97	166120.70
股东权益(万元)	42809.01	44269.58	48512.23
未分配利润(万元)	-12720.46	-11259.95	-7017.30
主营收入(万元)	1112.80	17191.00	11693.95
资本公积金(万元)	19458.64	19458.64	19458.64
主营利润(万元)	6.95	-1766.91	1427.11
其他业务利润(万元)	35.30	45.97	0.53
营业利润(万元)	-1529.38	-7086.60	-5929.50
投资收益(万元)	-257.38	1662.97	-194.15
补贴收入(万元)	144.08	133.64	1.67
营业外收支(万元)	170.67	654.80	-6.03
利润总额(万元)	-1471.95	-4635.20	-12314.39
净利润(万元)	-1460.51	-4242.65	-12226.81

十大股东

序号	股东名称	股份性质	持股数(万股)	比例(%)
1	上海市农业华发展(集团)有限公司	境内法人股	4568.47	15.00
2	上海轻工控股(集团)公司	国有法人股	4563.78	14.98
3	上海市农业投资总公司	国有法人股	4324.82	14.20
4	中国华融资产管理公司	国有法人股	1701.21	5.59
5	上海证券有限责任公司	境内法人股	1470.59	4.83
6	上海国际信托投资公司	境内法人股	957.51	3.14
7	上海攀赓科技投资有限公司	境内法人股	200.00	0.66
8	XIA YU	流通 B 股	132.50	0.44
9	朱永红	流通 B 股	79.75	0.26
10	潘福妹	流通 B 股	49.60	0.16

股东人数	2004.6	2003.12	2003.6	2002
	32863	35289	35875	

近年分配		近年配股 / 增发	

重大事项

公司为上海兴业房产股份有限公司向中国银行上海市宝山支行借款人民币 2,000 万元、1,955.23 万元提供连带责任担保，上海市第二中级人民法院判令公司对上海兴业房产股份有限公司还款义务承担连带责任，该案现已进入执行阶段。

二〇〇三年以来市场表现

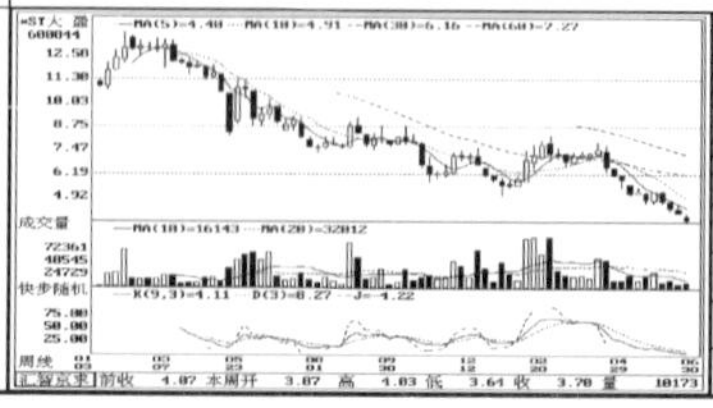

2003 年涨跌幅(%)	-48.40
2003 年最高(元)	13.86
2003 年最低(元)	5.72
2003 年换手率(%)	485.96
2004.06 涨跌幅(%)	-36.10
2004.06 最高(元)	8.23
2004.06 最低(元)	3.64
2004.06 换手率(%)	295.95

上海宝信软件股份有限公司

公司概况

公司名称	上海宝信软件股份有限公司				股票代码	600845	
注册地址	上海市浦东新区张江高科技园区郭守敬路515号				邮政编码	201203	
法人代表	徐乐江		董秘		夏雪松		
电话	021-50801155		传真		021-50803294		
主营业务	计算机、自动化						
总股本	26224.41	流通 A	1320.00	流通 B	8800.00	流通 H	
审计单位			审计意见		未审计		

主要财务指标

年度	2004.6	2003	2002
每股收益 / 扣除后(元)	0.1037	0.2050	0.2010
每股经营现金流量(元)	–0.0090	0.2830	–0.0350
每股净资产 / 调整后(元)	1.4440	1.3360	1.1320
每股公积金(元)	0.0808	0.0808	0.0800
净资产收益率(%)	7.2000	15.0700	17.3800
总资产(万元)	69339.61	60301.43	44111.74
股东权益(万元)	38548.09	35774.36	30337.55
未分配利润(万元)	8108.83	5334.16	1062.68
主营收入(万元)	52188.25	96471.79	63969.66
资本公积金(万元)	2120.02	2118.26	2098.55
主营利润(万元)	9357.04	21161.15	15231.24
其他业务利润(万元)	26.43	163.63	–3.10
营业利润(万元)	3401.36	6124.30	4705.89
投资收益(万元)	9.02	11.18	438.33
补贴收入(万元)	0.68	10.08	10.08
营业外收支(万元)	64.42	–14.86	–0.06
利润总额(万元)	3475.48	6130.70	5155.26
净利润(万元)	2774.67	5392.92	5273.70

十大股东

序号	股东名称	股份性质	持股数(万股)	比例(%)
1	上海宝钢集团公司	国家股	15004.41	57.22
2	申银万国股份有限公司	法人股	279.46	1.07
3	SKANDIA GLOBAL FUNDS PLC	外资股	221.93	0.85
4	吴嘉毅	外资股	175.25	0.67
5	上海电气实业公司	法人股	140.00	0.53
6	上海电气(集团)总公司	法人股	110.00	0.42
7	邵献军	外资股	101.66	0.39
8	费建民	外资股	81.80	0.31
9	上海上菱电冰箱总厂	法人股	80.00	0.31
10	固智聪	外资股	79.13	0.30

股东人数	2004.6	2003.12	2003.6	2002
	16363	6748	7108	15248

近年分配		近年配股/增发	

重大事项

2004年3月19日,公司与宝钢集团上海五钢有限公司签署了《ERP和MES计算机系统主机软硬件设备及服务合同》,合同总价为人民币3,690万元。截至报告期末,该合同已经执行完毕。

二〇〇三年以来市场表现

2003年涨跌幅(%)	–24.15
2003年最高(元)	16.15
2003年最低(元)	10.40
2003年换手率(%)	187.71
2004.06涨跌幅(%)	2.01
2004.06最高(元)	15.50
2004.06最低(元)	10.80
2004.06换手率(%)	133.15

上海同济科技实业股份有限公司

公司概况

公司名称	上海同济科技实业股份有限公司				股票代码	600846	
注册地址	上海市浦东新区栖山路33号				邮政编码	200092	
法人代表	钱刚		董秘		李正林		
电话	021-65985860		传真		021-65984903		
主营业务	土建设计,装潢设计						
总股本	27808.97	流通 A	13433.67	流通 B		流通 H	
审计单位			审计意见		未审计		

主要财务指标

年度	2004.6	2003	2002
每股收益 / 扣除后(元)	–0.0015	0.0900	0.0736
每股经营现金流量(元)	0.0640	0.0602	0.2775
每股净资产 / 调整后(元)	1.4980	1.5211	1.4402
每股公积金(元)	0.3142	0.3142	0.2988
净资产收益率(%)	0.7670	5.5200	4.8300
总资产(万元)	240449.20	200051.42	162642.48
股东权益(万元)	45791.50	45368.61	42362.33
未分配利润(万元)	2744.15		302.47
主营收入(万元)	96131.56	145276.02	134397.53
资本公积金(万元)	8738.30	8738.30	8309.16
主营利润(万元)	10015.35	15116.84	15527.41
其他业务利润(万元)	195.59	1735.41	–32.71
营业利润(万元)	1157.55	1570.74	3324.56
投资收益(万元)	479.40	3681.67	2144.41
补贴收入(万元)	571.20	346.72	–3.31
营业外收支(万元)	–22.41	61.33	–0.20
利润总额(万元)	2185.74	5660.46	5652.73
净利润(万元)	351.32	2502.89	2048.09

十大股东

序号	股东名称	股份性质	持股数(万股)	比例(%)
1	同济大学	国有法人股	12559.23	45.16
2	上海晟地集团有限公司	境内法人股	3700.00	13.31
3	上海怡达科技投资有限责任公司	境内法人股	1300.00	4.67
4	桓台县唐山资产经营有限公司	境内法人股	516.08	1.86
5	高荣华	流通A股	23.37	0.08
6	李灏	个人股	22.52	0.08
7	郑玉宝	个人股	16.89	0.06
8	宋丽君	个人股	16.88	0.06
9	商玉芹	个人股	16.87	0.06
10	徐大帮	个人股	16.73	0.06

股东人数	2004.6	2003.12	2003.6	2002
	8900	93284	96984	99562

近年分配		近年配股/增发	

重大事项

公司控股子公司上海同济房地产有限公司原持有上海同瑞房地产开发有限公司40%的股权(该公司注册资金为1,500万元)。2004年2月23日上海同济房地产有限公司出资150万元受让上海交大昂立股份有限公司在该公司中10%的股权,上海联合产权交易所产权转让合同号为(04026140)。目前上海同济房地产有限公司共持有该公司50%的股权。

二〇〇三年以来市场表现

2003年涨跌幅(%)	–29.45
2003年最高(元)	9.25
2003年最低(元)	4.82
2003年换手率(%)	92.69
2004.06涨跌幅(%)	–2.85
2004.06最高(元)	7.29
2004.06最低(元)	5.06
2004.06换手率(%)	82.19

重庆万里蓄电池股份有限公司

公司概况

公司名称	重庆万里蓄电池股份有限公司	股票代码	600847
注册地址	重庆市巴南区苦竹坝31号	邮政编码	400054
法人代表	诸一军	董秘	佘京学
电话	023-62597905	传真	023-62591155
主营业务	生产和销售铅蓄电池		
审计单位		审计意见	未审计

总股本	8866.00	流通A	3989.70	流通B		流通H	

主要财务指标

年度	2004.6	2003	2002
每股收益/扣除后(元)	-0.0623	-0.1900	-0.2750
每股经营现金流量(元)	0.0800	0.0090	-0.1000
每股净资产/调整后(元)	0.4550	0.5000	0.6667
每股公积金(元)	0.4891	0.4891	0.4891
净资产收益率(%)	-10.6990	-33.1500	-39.90
总资产(万元)	15159.51	15320.90	17186.79
股东权益(万元)	4302.87	4763.26	6342.37
未分配利润(万元)	-9615.25	-9154.87	-7575.76
主营收入(万元)	5463.38	9967.33	11931.38
资本公积金(万元)	4336.59	4336.59	4336.59
主营利润(万元)	528.96	2020.78	2758.11
其他业务利润(万元)	2.57	6.94	-0.69
营业利润(万元)	-459.59	-1554.46	-2371.18
投资收益(万元)		-25.18	-71.22
补贴收入(万元)			
营业外收支(万元)	-0.79	0.53	-0.01
利润总额(万元)	-460.38	-1579.11	-2530.83
净利润(万元)	-460.38	-1579.11	-2530.83

十大股东

序号	股东名称	股份性质	持股数(万股)	比例(%)
1	北京科技园置业股份有限公司	境内法人股	2600.00	29.33
2	重庆机电控股(集团)公司	国家股	2076.30	23.42
3	上海步欣工贸有限公司	境内法人股	200.00	2.26
4	顾鹤富	流通A股	92.02	1.04
5	北京巨银投资顾问有限公司	流通A股	36.03	0.41
6	黎先觉	流通A股	26.39	0.30
7	北京房信房地产经营服务公司	流通A股	20.17	0.23
8	华西证券有限责任公司	流通A股	20.01	0.23
9	魏玉珍	流通A股	19.76	0.22
10	顾小青	流通A股	19.32	0.22

股东人数

2004.6	2003.12	2003.6	2002
9424	10689	11360	

近年分配		近年配股/增发	

重大事项

003年10月公司向北京市第二中级人民法院诉北京友谊辉志1300万元划款一案，2004年1月5日北京市第二中级人民法院进行了开庭审理。

二〇〇三年以来市场表现

2003年涨跌幅(%)	-58.56
2003年最高(元)	10.95
2003年最低(元)	3.53
2003年换手率(%)	202.83
2004.06涨跌幅(%)	-7.44
2004.06最高(元)	6.50
2004.06最低(元)	3.28
2004.06换手率(%)	157.72

上海自动化仪表股份有限公司

公司概况

公司名称	上海自动化仪表股份有限公司	股票代码	600848
注册地址	上海市虹漕路41号	邮政编码	200233
法人代表	肖宗义	董秘	缪丹桦
电话	021-54260980	传真	021-54260980,62801680
主营业务	自动化控制仪表		
审计单位		审计意见	未审计

总股本	39928.69	流通A	3367.43	流通B	10714.55	流通H	

主要财务指标

年度	2004.6	2003	2002
每股收益/扣除后(元)	0.0074	-0.0800	-0.0500
每股经营现金流量(元)	-0.0370	-0.0600	-0.1200
每股净资产/调整后(元)	0.2600	0.2500	0.2200
每股公积金(元)	0.5559	0.5559	0.5550
净资产收益率(%)	2.1200	1.6800	9.2700
总资产(万元)	85809.97	83362.71	97862.51
股东权益(万元)	11712.74	11471.39	11060.87
未分配利润(万元)	-52643.85	-52871.74	-53559.77
主营收入(万元)	32922.67	59604.45	57959.31
资本公积金(万元)	22196.91	22196.91	22159.41
主营利润(万元)	8079.57	15901.99	16554.76
其他业务利润(万元)	340.85	663.01	35.49
营业利润(万元)	-348.05	-1246.63	-2097.82
投资收益(万元)	699.95	1525.06	5302.61
补贴收入(万元)		21.50	1.01
营业外收支(万元)	-45.33	399.10	-3.13
利润总额(万元)	306.57	699.03	1824.64
净利润(万元)	248.45	192.49	1024.95

十大股东

序号	股东名称	股份性质	持股数(万股)	比例(%)
1	上海仪电控股集团公司	国家股	11519.64	28.85
2	中国华融资产管理公司	国家股	3861.55	9.67
3	上海国际信托投资公司	国有法人股	3531.84	8.85
4	中国东方资产管理公司	国家股	3364.78	8.43
5	中国长城资产管理公司	国家股	1830.83	4.59
6	申银万国证券股份有限公司	法人股	1073.07	2.69
7	上海交大企业管理中心	法人股	330.72	0.83
8	中国信达资产管理公司	国家股	207.41	0.52
9	陈益	外资股	127.47	0.32
10	SHK NOM.LTD-CLTS OF SHK INV.SER	外资股	124.12	0.31

股东人数

2004.6	2003.12	2003.6	2002
35555	20101	38169	39453

近年分配		近年配股/增发	

重大事项

本公司及下属控股子公司——上海麦克林电子有限公司作为共同原告，诉美国麦克林公司、蔡贤修、桂豪杰以及三家美国麦克林公司的关联企业，违约、非法转移资产、欺诈等十二项违法行为一案，经美国加利福尼亚州北区美国联邦地区法院判决本公司胜诉。

二〇〇三年以来市场表现

2003年涨跌幅(%)	-41.92
2003年最高(元)	9.04
2003年最低(元)	4.25
2003年换手率(%)	167.77
2004.06涨跌幅(%)	-4.60
2004.06最高(元)	6.24
2004.06最低(元)	4.05
2004.06换手率(%)	120.25

上海市医药股份有限公司

公司概况

公司名称	上海市医药股份有限公司			股票代码	600849		
注册地址	上海浦东新区金桥路1399号			邮政编码	201206		
法人代表	钱琎		董秘	曹伟荣			
电话	021-5899999		传真	021-58995835			
主营业务	现代生物医药、化学药物						
总股本	47431.07	流通A	28606.26	流通B		流通H	
审计单位			审计意见	未审计			

主要财务指标

年度	2004.6	2003	2002
每股收益/扣除后(元)	0.1401	0.3300	0.4000
每股经营现金流量(元)	–0.0150	0.0010	0.3200
每股净资产/调整后(元)	3.5200	3.3500	4.5200
每股公积金(元)	1.4143	1.4137	2.5682
净资产收益率(%)	4.8900	8.9300	8.0700
总资产(万元)	665853.62	615484.87	540281.44
股东权益(万元)	181894.17	172979.37	155955.30
未分配利润(万元)	28207.89	28207.89	16885.76
主营收入(万元)	557063.19	978580.44	723568.75
资本公积金(万元)	67079.47	67054.70	81208.54
主营利润(万元)	49889.87	99438.10	100805.07
其他业务利润(万元)	1506.70	1675.07	–134.83
营业利润(万元)	9530.22	13501.81	16664.51
投资收益(万元)	2588.96	8450.17	2497.11
补贴收入(万元)	398.83	589.55	57.00
营业外收支(万元)	995.04	3246.10	–29.41
利润总额(万元)	13513.05	25787.62	21347.72
净利润(万元)	8890.00	15444.63	12584.71

十大股东

序号	股东名称	股份性质	持股数(万股)	比例(%)
1	上海医约(集团)有限公司	国家股	18824.81	39.69
2	申银万国证券股份有限公司	流通股	942.14	1.99
3	海通证券股份有限公司	流通股	550.00	1.16
4	南京证券有限公司	流通股	375.99	0.79
5	上海天趣广告有限公司	流通股	271.17	0.57
6	上海跃洲商贸发展有限公司	流通股	236.90	0.50
7	嘉实服务增值行业证券投资基金	流通股	225.17	0.47
8	上海田畴房产有限公司	流通股	214.84	0.45
9	上海黎申实业有限公司	流通股	143.88	0.30
10	王洪艳	流通股	127.77	0.27

股东人数	2004.6	2003.12	2003.6	2002
	56588	43207	42357	44002

近年分配		近年配股/增发	

重大事项

经公司2003年度股东大会审议通过的2003年度利润分配方案为：以2003年度末股本474,310,737股为基数，每10股派发现金红利0.90元(含税)。以上利润分配方案正在实施中。

二〇〇三年以来市场表现

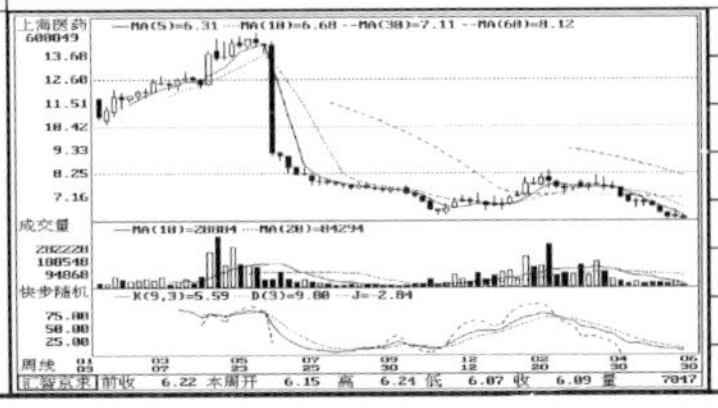

2003年涨跌幅(%)	–14.98
2003年最高(元)	9.71
2003年最低(元)	6.28
2003年换手率(%)	114.72
2004.06涨跌幅(%)	–13.00
2004.06最高(元)	8.35
2004.06最低(元)	6.07
2004.06换手率(%)	76.16

上海华东电脑股份有限公司

公司概况

公司名称	上海华东电脑股份有限公司			股票代码	600850		
注册地址	上海市凤阳路310号			邮政编码	200233		
法人代表	孙德炜		董秘	吴志明			
电话	021-64362789		传真	021-64700357			
主营业务	计算机、电子及通讯设备						
总股本	17103.15	流通A	4860.00	流通B		流通H	
审计单位			审计意见	未审计			

主要财务指标

年度	2004.6	2003	2002
每股收益/扣除后(元)	0.0079	0.0224	–0.1743
每股经营现金流量(元)	0.1740	0.0027	–0.1394
每股净资产/调整后(元)	0.9920	0.9977	0.9789
每股公积金(元)	0.1719	0.1688	0.1688
净资产收益率(%)	–0.7900	1.3200	–14.9400
总资产(万元)	61434.97	60301.56	54493.71
股东权益(万元)	20034.17	20140.24	19884.14
未分配利润(万元)	–1765.76	–1607.63	–1862.75
主营收入(万元)	42578.47	99917.34	79173.17
资本公积金(万元)	2939.49	2887.42	2887.42
主营利润(万元)	5467.17	10645.38	8478.51
其他业务利润(万元)	206.85	223.59	–0.54
营业利润(万元)	263.88	688.74	–2041.94
投资收益(万元)	–146.88	–285.71	–287.19
补贴收入(万元)	9.21	155.10	–0.07
营业外收支(万元)	14.13	276.18	–0.49
利润总额(万元)	140.34	834.31	–2280.87
净利润(万元)	–158.13	265.65	–2971.21

十大股东

序号	股东名称	股份性质	持股数(万股)	比例(%)
1	华东计算技术研究所	发起人法人股	9404.26	54.99
2	建行上海第二营业部	募集法人股	647.35	3.78
3	国家持股(信息产业部)	国有法人股	408.89	2.39
4	上海华兴贸易公司	募集法人股	356.40	2.08
5	万科财务顾问有限公司	募集法人股	324.00	1.89
6	上海亿安科技发展有限公司	募集法人股	291.60	1.70
7	中国信达信托投资公司	募集法人股	243.00	1.42
8	北京恒强勤业商贸有限责任公司	募集法人股	181.44	1.06
9	北京仁达公司	募集法人股	162.00	0.95
10	上海萨腾贸易有限公司	募集法人股	54.80	0.32

股东人数	2004.6	2003.12	2003.6	2002
	23817	22871	23820	22955

近年分配		近年配股/增发	

重大事项

公司与交通银行上海徐汇支行于2004年4月26日签署保证合同，为公司控股子公司华普信息技术有限公司向交通银行上海徐汇支行签署银行承兑协议(承兑汇票金额374.82万元)提供担保。汇票到期日为2004年7月28日，该合同所称保证为连带责任保证。

二〇〇三年以来市场表现

2003年涨跌幅(%)	–36.81
2003年最高(元)	10.32
2003年最低(元)	5.10
2003年换手率(%)	475.37
2004.06涨跌幅(%)	4.82
2004.06最高(元)	8.48
2004.06最低(元)	5.40
2004.06换手率(%)	252.23

上海海欣集团股份有限公司

公司概况							
公司名称	上海海欣集团股份有限公司			股票代码	600851		
注册地址	上海市松江区洞泾镇			邮政编码	200001		
法人代表	严镇博	董秘	陈谋亮				
电话	021-63917000	传真	021-53513883				
主营业务	各种人造毛绒						
总股本	60352.84	流通 A	18367.89	流通 B	20132.85	流通 H	
审计单位		审计意见	未审计				

主要财务指标 年度	2004.6	2003	2002
每股收益/扣除后(元)	0.1087	0.2700	0.2600
每股经营现金流量(元)	–0.0940	0.2800	0.1400
每股净资产/调整后(元)	3.2700	3.2600	2.9300
每股公积金(元)	1.4487	1.4487	1.4235
净资产收益率(%)	3.3800	8.7600	8.8000
总资产(万元)	371004.47	357070.28	329642.81
股东权益(万元)	199440.09	199061.56	179157.12
未分配利润(万元)	18294.65	17591.92	5850.18
主营收入(万元)	88259.32	182857.84	162916.44
资本公积金(万元)	87434.37	87434.37	85914.28
主营利润(万元)	17015.35	44533.22	34248.31
其他业务利润(万元)	1705.75	1336.36	–16.75
营业利润(万元)	7370.31	20345.95	13378.27
投资收益(万元)	989.23	1594.87	2354.24
补贴收入(万元)	225.70	253.85	–0.89
营业外收支(万元)	–25.72	274.31	3.19
利润总额(万元)	8559.52	22468.97	17619.32
净利润(万元)	6738.02	17447.05	15761.92

十大股东 序号	股东名称	股份性质	持股数(万股)	比例(%)
1	松江县洞泾工业公司	法人股	7508.20	12.44
2	香港申海有限公司	外资股,流通股	7228.28	11.98
3	上海玩具进出口有限公司	国有法人股	4336.49	7.19
4	上海新工联(集团)有限公司	法人股	2953.25	4.89
5	上海松江经济技术开发建设总公司	国有法人股	2304.48	3.82
6	交通银行-安顺证券投资基金	流通股	2009.16	3.33
7	上海华豪投资管理有限公司	法人股	1440.00	2.39
8	中国工商银行--安信证券投资基金	流通股	1278.90	2.12
9	NAITO SECURITIES CO.LTD.	流通股	508.04	0.84
10	香港裕礼发展有限公司	外资股	468.00	0.78

股东人数	2004.6	2003.12	2003.6	2002
	28465	8398	29543	29097

近年分配	2004 年 7 月 29 日 10 派 1.00	近年配股/增发	

重大事项

2004 年 6 月 9 日,公司 2003 年度股东大会通过了以 2003 年年末总股本 603,528,346 为基数,向全体股东每 10 股派发 1 元人民币现金红利(含税)的利润分配方案,分配方案于 2004 年 8 月实施。

二〇〇三年以来市场表现

2003 年涨跌幅(%)	–1.84
2003 年最高(元)	13.85
2003 年最低(元)	11.95
2003 年换手率(%)	109.20
2004.06 涨跌幅(%)	–5.16
2004.06 最高(元)	13.05
2004.06 最低(元)	12.11
2004.06 换手率(%)	63.54

中国四川国际合作股份有限公司

公司概况							
公司名称	中国四川国际合作股份有限公司			股票代码	600852		
注册地址	四川省成都市永兴巷 15 号			邮政编码	610012		
法人代表	杨乃忠	董秘	陈璞				
电话	028-86520852,86520505	传真	028-86521326				
主营业务	国际工程承包						
总股本	16430.86	流通 A	5630.86	流通 B		流通 H	
审计单位		审计意见	未审计				

主要财务指标 年度	2004.6	2003	2002
每股收益/扣除后(元)	–0.0811	–1.4200	–0.3700
每股经营现金流量(元)	–0.0046	–0.0900	–2.3400
每股净资产/调整后(元)	–0.3740	–0.3200	1.2000
每股公积金(元)	0.5897	0.5897	0.5838
净资产收益率(%)	29.15	–304.68	–29.8400
总资产(万元)	67642.86	69095.18	98486.00
股东权益(万元)	–5417.82	–4039.60	19658.00
未分配利润(万元)	–32677.34	–31299.11	–7505.00
主营收入(万元)	3688.44	12360.06	21245.00
资本公积金(万元)	9689.02	9689.02	9593.00
主营利润(万元)	1051.86	3130.45	2991.00
其他业务利润(万元)	141.64	289.37	–8.46
营业利润(万元)	–1319.05	–23338.63	–4742.97
投资收益(万元)	–134.62	–653.03	–1062.00
补贴收入(万元)			
营业外收支(万元)	94.96	–336.05	–8.40
利润总额(万元)	–1364.55	–24327.71	–6046.33
净利润(万元)	–1378.22	–23793.84	–5867.00

十大股东 序号	股东名称	股份性质	持股数(万股)	比例(%)
1	深圳市通富达实业发展有限公司	境内法人股	8400.00	51.12
2	四川省国有资产投资管理有限责任公司	国家股	2400.00	14.61
3	李宜明	流通 A 股	53.14	0.32
4	王钢	流通 A 股	21.00	0.13
5	孙晓玲	流通 A 股	17.59	0.11
6	周凤云	流通 A 股	17.30	0.11
7	刘国旗	流通 A 股	17.05	0.10
8	马勇强	流通 A 股	13.45	0.08
9	王东海	流通 A 股	13.11	0.08
10	雷曼	流通 A 股	12.18	0.07

股东人数	2004.6	2003.12	2003.6	2002
	22960	24556	26068	24449

近年分配		近年配股/增发	

重大事项

国光大银行郑州纬二路支行因 10000 万元借款担保纠纷案,将我公司控股的河南四通电力设备有限公司(借款人,简称"河南四通")和本公司(保证人)作为被告提起诉讼,要求河南四通和本公司偿付上述借款的本金和利息。2004 年 7 月 22 日,河南省高院正式受理此案。

二〇〇三年以来市场表现

2003 年涨跌幅(%)	–39.47
2003 年最高(元)	8.09
2003 年最低(元)	3.58
2003 年换手率(%)	205.49
2004.06 涨跌幅(%)	–42.58
2004.06 最高(元)	5.45
2004.06 最低(元)	2.35
2004.06 换手率(%)	194.20

龙建路桥股份有限公司

公司概况

公司名称	龙建路桥股份有限公司	股票代码	600853
注册地址	黑龙江省哈尔滨市南岗区长江路368号	邮政编码	150009
法人代表	雷文凤	董秘	王征宇
电话	0451-82281860	传真	0451-82281253
主营业务	钢材冶炼、轧制		
总股本	53240.00	流通A	16456.00
流通B		流通H	
审计单位		审计意见	未审计

主要财务指标

年度	2004.6	2003	2002
每股收益/扣除后(元)	0.0384	0.0700	0.0870
每股经营现金流量(元)	-0.1310	0.0730	0.0217
每股净资产/调整后(元)	1.3290	1.3177	1.2374
每股公积金(元)	0.2973	0.2973	0.2973
净资产收益率(%)	2.7300	8.6700	6.9300
总资产(万元)	252554.62	248997.78	208690.77
股东权益(万元)	74664.61	72890.50	66575.94
未分配利润(万元)	2868.04	827.73	-4942.48
主营收入(万元)	101031.65	244120.11	231623.11
资本公积金(万元)	15827.55	15827.55	15827.55
主营利润(万元)	10141.96	20402.20	19980.87
其他业务利润(万元)		10.03	0.11
营业利润(万元)	3084.64	4852.94	7488.05
投资收益(万元)	-10.46	-154.86	22.37
补贴收入(万元)			
营业外收支(万元)	-9.07	-80.75	-7.35
利润总额(万元)	3065.10	4617.33	7437.01
净利润(万元)	2040.31	6317.41	4614.04

十大股东

序号	股东名称	股份性质	持股数(万股)	比例(%)
1	黑龙江省公路桥梁建设集团有限公司	国有法人股	20743.00	38.96
2	北满特殊钢集团有限责任公司	国有法人股	13500.00	25.36
3	北京大地广告艺术公司	境内法人股	968.00	1.82
4	中国第一汽车集团公司第一汽车制造厂	境内法人股	242.00	0.45
5	黑龙江电力公司	境内法人股	242.00	0.45
6	上海万馨投资管理有限公司	境内法人股	200.00	0.38
7	宜兴市昌丰水处理设备有限公司	境内法人股	150.00	0.28
8	逄梅	流通A股	142.35	0.27
9	宁波市海曙天龙农林技术开发有限公司	境内法人股	134.00	0.25
10	黑龙江省兴达经济贸易公司	境内法人股	121.00	0.23

股东人数	2004.6	2003.12	2003.6	2002
	51802	52709	52957	54377

近年分配	2004年6月8日10派0.05	近年配股/增发	

重大事项

经公司2004年4月20日召开的2003年度股东大会审议通过，公司以2003年度末总股本532400018股为基数，向全体股东按每10股派现金0.05元（含税），共计分配2662000.09元，分配后的剩余8277340.79元结转以后年度使用。股权登记日为2004年6月7日，股权除息日为2004年6月8日，红利发放日为2004年6月15日。

二〇〇三年以来市场表现

2003年涨跌幅(%)	-10.28
2003年最高(元)	6.51
2003年最低(元)	4.07
2003年换手率(%)	187.87
2004.06涨跌幅(%)	-10.19
2004.06最高(元)	6.14
2004.06最低(元)	3.84
2004.06换手率(%)	177.63

江苏春兰制冷设备股份有限公司

公司概况

公司名称	江苏春兰制冷设备股份有限公司	股票代码	600854
注册地址	江苏省泰州市春兰工业园区春兰路1号	邮政编码	225300
法人代表	张鸿志	董秘	陈震
电话	0523-6217958,6663663	传真	0523-6219729
主营业务	生产销售空调器等制冷产品		
总股本	51945.86	流通A	19824.19
流通B		流通H	
审计单位		审计意见	未审计

主要财务指标

年度	2004.6	2003	2002
每股收益/扣除后(元)	0.0543	0.1200	0.2320
每股经营现金流量(元)	0.0580	-0.0500	-0.4200
每股净资产/调整后(元)	5.8900	5.8400	5.7200
每股公积金(元)	2.9625	2.9625	2.9625
净资产收益率(%)	0.8900	2.0300	4.0500
总资产(万元)	477411.91	453651.09	360812.81
股东权益(万元)	305985.78	303272.00	296980.97
未分配利润(万元)	5453.05	2739.28	18.81
主营收入(万元)	188861.20	321660.59	174089.09
资本公积金(万元)	153890.67	153890.67	153890.67
主营利润(万元)	36567.68	59640.67	36431.79
其他业务利润(万元)	408.84	568.91	17.41
营业利润(万元)	4494.58	10939.93	17064.65
投资收益(万元)	-596.95	-2002.03	-1680.13
补贴收入(万元)			
营业外收支(万元)	-135.01	-69.36	0.82
利润总额(万元)	3762.61	8868.53	14899.66
净利润(万元)	2713.76	6149.04	12039.98

十大股东

序号	股东名称	股份性质	持股数(万股)	比例(%)
1	春兰(集团)公司	境内法人股	16257.94	31.30
2	泰州国有资产经营公司	境内法人股	7818.71	15.05
3	BERNIE INDUSTRIAL LIMITED	外资法人股	7592.39	14.62
4	申能(集团)有限公司	流通A股	600.56	1.16
5	江苏百乐电热电器有限公司	流通A股	592.64	1.14
6	泰州春兰特种空调器厂	境内法人股	271.57	0.52
7	泰州春兰销售公司	境内法人股	181.05	0.35
8	全国社保基金一零一组合	流通A股	163.37	0.31
9	天津万博咨询有限公司	流通A股	162.22	0.31
10	上海致远创业投资公司	流通A股	55.11	0.11

股东人数	2004.6	2003.12	2003.6	2002
	80428	80945	81861	82948

近年分配	2004年7月8日10派0.50	近年配股/增发	

重大事项

在2004年5月18日召开的公司2003年度股东大会上，通过的2003年利润分配方案为：按2003年年末股本519458538股，向全体股东每10股派发现金红利0.50元（含税）。

二〇〇三年以来市场表现

2003年涨跌幅(%)	-15.75
2003年最高(元)	8.70
2003年最低(元)	5.99
2003年换手率(%)	117.58
2004.06涨跌幅(%)	0.81
2004.06最高(元)	8.50
2004.06最低(元)	6.10
2004.06换手率(%)	133.85

北京航天长峰股份有限公司

公司概况

公司名称	北京航天长峰股份有限公司	股票代码	600855
注册地址	北京市海淀区永定路甲51号	邮政编码	100854
法人代表	刘振南	董秘	张金奎
电话	010-88219815	传真	010-88525775
主营业务	电脑技术;环保;卫星应用		
总股本	16008.00	流通A	5298.90
流通B		流通H	
审计单位		审计意见	未审计

主要财务指标

年度	2004.6	2003	2002
每股收益/扣除后(元)	0.0629	0.1300	0.1260
每股经营现金流量(元)	-0.1954	0.2420	0.1560
每股净资产/调整后(元)	1.5300	1.4830	1.3540
每股公积金(元)	0.1210	0.1210	0.1203
净资产收益率(%)	4.1000	8.5300	9.2200
总资产(万元)	43473.51	45352.34	32600.84
股东权益(万元)	24608.67	23919.11	21868.34
未分配利润(万元)	5079.89	4391.01	2830.68
主营收入(万元)	11154.58	17279.22	16193.81
资本公积金(万元)	1937.36	1936.67	1926.45
主营利润(万元)	3991.50	6448.39	5516.63
其他业务利润(万元)	81.19	269.44	-48.10
营业利润(万元)	1140.40	2429.73	1884.42
投资收益(万元)	-41.75	-134.60	212.11
补贴收入(万元)	56.46	50.00	5.73
营业外收支(万元)	0.38	-35.33	-0.65
利润总额(万元)	1155.50	2309.81	2127.69
净利润(万元)	1009.04	2040.54	2015.51

十大股东

序号	股东名称	股份性质	持股数(万股)	比例(%)
1	长峰科技工业集团公司	国有法人股	5739.90	35.86
2	中国航天科工集团二院二零四所	国有法人股	1024.51	6.40
3	中国航天科工集团二院二零六所	国有法人股	928.46	5.80
4	北京南郊农场旧宫分场	未流通	823.30	5.14
5	北京金鹏房地产公司	未流通	500.00	3.12
6	中国航天科工集团二院七零六所	国有法人股	448.22	2.80
7	中国汽车工业投资开发公司	未流通	367.40	2.30
8	北京道和投资管理有限公司	未流通	209.90	1.31
9	北京轻工业汽车公司	未流通	200.00	1.25
10	中国汽车工业总公司	未流通	100.00	0.62

股东人数	2004.6	2003.12	2003.6	2002
	19772	20280	19976	11218

近年分配	2004年4月20日10派0.20	近年配股/增发	

重大事项

公司于2004年3月23日召开了2003年度股东大会,审议通过了2003年度利润分配方案:以总股本16,008万股为基数,向全体股东按每10股派送现金红利0.20元(含税),不进行资本公积转增股本。

二〇〇三年以来市场表现

2003年涨跌幅(%)	-39.41
2003年最高(元)	11.78
2003年最低(元)	5.03
2003年换手率(%)	515.75
2004.06涨跌幅(%)	0.56
2004.06最高(元)	7.64
2004.06最低(元)	5.30
2004.06换手率(%)	238.44

长春百货大楼集团股份有限公司

公司概况

公司名称	长春百货大楼集团股份有限公司	股票代码	600856
注册地址	长春市人民大街1881号	邮政编码	130061
法人代表	王建国	董秘	耿文喜
电话	0431-8965414	传真	0431-8920704
主营业务	商业零售批发		
总股本	18273.77	流通A	8591.48
流通B		流通H	
审计单位		审计意见	未审计

主要财务指标

年度	2004.6	2003	2002
每股收益/扣除后(元)	-0.0066	-0.0180	-0.0320
每股经营现金流量(元)	-0.0070	0.1300	0.1000
每股净资产/调整后(元)	1.4400	1.4400	1.6000
每股公积金(元)	0.7772	0.7772	0.7790
净资产收益率(%)	-0.3600	0.2900	0.2600
总资产(万元)	69993.36	72401.05	72639.75
股东权益(万元)	33610.54	33731.01	35716.38
未分配利润(万元)	-2268.43	-2147.96	-445.58
主营收入(万元)	11563.42	31022.27	34360.30
资本公积金(万元)	14202.13	14202.13	14234.49
主营利润(万元)	4038.15	8900.10	8972.91
其他业务利润(万元)	113.35	179.27	149.05
营业利润(万元)	-9.61	-53.63	389.86
投资收益(万元)	-37.55	-549.26	-72.51
补贴收入(万元)		1000.00	1000.00
营业外收支(万元)	-0.37	-106.55	204.27
利润总额(万元)	-47.52	290.57	209.16
净利润(万元)	-120.46	98.00	91.97

十大股东

序号	股东名称	股份性质	持股数(万股)	比例(%)
1	长春市净月潭旅游经济开发区管理委员会	国家股	5687.25	31.12
2	中国平安保险公司	境内法人股	700.00	3.83
3	吉林省开源实业发展有限责任公司	境内法人股	644.00	3.52
4	长春市东方工贸有限责任公司	境内法人股	280.00	1.53
5	深圳市泰阳网电子商务咨询服务有限公司	境内法人股	140.00	0.77
6	深圳南山风险投资基金公司	境内法人股	140.00	0.77
7	深圳万科企业股份有限公司	境内法人股	112.00	0.61
8	桂林市象山区香桂宛酒楼	境内法人股	110.00	0.60
9	上海葆鑫企业发展有限公司	境内法人股	100.00	0.55
10	吉林省送变电工程公司	境内法人股	99.52	0.54

股东人数	2004.6	2003.12	2003.6	2002
	26072	26618	27023	27901

近年分配		近年配股/增发	

重大事项

2004年5月19日公司的控股股东长春净月潭旅游经济开发区管委会收到国务院国有资产监督管理委员会国资产权[2004]369号《关于长春百货大楼集团股份有限公司国有股转让有关问题的批复》,同意长春净月潭旅游经济开发区管委会将其持有的股份公司5687.248万股国家股中的2800万股转让给上海合涌源企业发展有限公司,2500万股转让给上海合涌源投资有限公司。

二〇〇三年以来市场表现

2003年涨跌幅(%)	-33.38
2003年最高(元)	7.68
2003年最低(元)	4.10
2003年换手率(%)	131.00
2004.06涨跌幅(%)	-9.72
2004.06最高(元)	6.29
2004.06最低(元)	4.10
2004.06换手率(%)	135.03

哈工大首创科技股份有限公司

公司概况

公司名称	哈工大首创科技股份有限公司			股票代码	600857		
注册地址	浙江省宁波市和义路45号			邮政编码	315000		
法人代表	杨士勋			董秘	哈宁		
电话	0574-87347621			传真	0574-87367996		
主营业务	国内商业						
总股本	19229.18	流通A	9150.88	流通B		流通H	
审计单位				审计意见	未审计		

主要财务指标

年度	2004.6	2003	2002
每股收益/扣除后(元)	0.0103	0.1400	0.1060
每股经营现金流量(元)	-0.0760	0.3200	0.0700
每股净资产/调整后(元)	1.8700	1.8600	1.7380
每股公积金(元)	0.4095	0.4095	0.4095
净资产收益率(%)	0.7200	6.6600	6.4000
总资产(万元)	55149.06	57337.49	57167.82
股东权益(万元)	36139.48	35878.22	33487.76
未分配利润(万元)	3635.88	3374.62	2213.94
主营收入(万元)	33186.71	67114.83	61493.88
资本公积金(万元)	7874.96	7874.96	7874.96
主营利润(万元)	4511.67	10872.09	9886.39
其他业务利润(万元)	613.12	1520.61	-13.12
营业利润(万元)	577.84	3366.59	2513.78
投资收益(万元)	-406.42	5.91	-470.70
补贴收入(万元)	96.39	57.34	0.70
营业外收支(万元)	48.79	-840.98	-0.92
利润总额(万元)	316.60	2588.86	2440.97
净利润(万元)	261.27	2390.46	2141.68

十大股东

序号	股东名称	股份性质	持股数(万股)	比例(%)
1	哈尔滨工业大学八达集团公司	国有法人股	3520.48	18.31
2	北京首创科技股份有限公司	国有法人股	1922.92	10.00
3	镇海炼油化工股份有限公司	境内法人股	898.56	4.67
4	宁波联合集团股份有限公司	境内法人股	732.67	3.81
5	中国百货纺织品公司	境内法人股	552.96	2.88
6	宁波金港信托投资有限责任公司	境内法人股	552.96	2.88
7	交通银行宁波分行	境内法人股	304.13	1.58
8	浙江泰丰控股集团有限公司	境内法人股	276.48	1.44
9	中国人寿保险公司宁波分公司	国有法人股	138.24	0.72
10	宁波中洲集团公司	境内法人股	138.24	0.72

股东人数	2004.6	2003.12	2003.6	2002
	34830	35989	38252	39200

近年分配	2004年7月8日10派0.2	近年配股/增发	

重大事项

经公司2003年12月11日第四届董事会第九次会议(通讯方式)表决,决定出资人民币1,000万元参股北京哈工大亚太空间合作技术有限公司(现已更名为"北京哈工大亚太空间置业有限公司"),所占比例为20%。

二○○三年以来市场表现

2003年涨跌幅(%)	-32.99
2003年最高(元)	9.24
2003年最低(元)	4.83
2003年换手率(%)	99.81
2004.06涨跌幅(%)	2.88
2004.06最高(元)	7.49
2004.06最低(元)	5.11
2004.06换手率(%)	102.07

银座渤海集团股份有限公司

公司概况

公司名称	银座渤海集团股份有限公司			股票代码	600858		
注册地址	山东省济南市泺源大街中段			邮政编码	250063		
法人代表	王仁泉			董秘	刘璐		
电话	0531-6988888,3175518			传真	0531-6966666		
主营业务	热电供应、酒店						
总股本	12134.67	流通A	6795.36	流通B		流通H	
审计单位				审计意见	未审计		

主要财务指标

年度	2004.6	2003	2002
每股收益/扣除后(元)	0.0085	-0.1302	-0.2833
每股经营现金流量(元)	0.2810	0.2811	-0.0819
每股净资产/调整后(元)	0.7880	0.6983	0.3996
每股公积金(元)	0.6951	0.6388	0.4652
净资产收益率(%)	1.1420	4.0135	-50.9399
总资产(万元)	19531.76	22874.09	20036.84
股东权益(万元)	9886.90	8782.54	6909.74
未分配利润(万元)	-11682.66	-11795.52	-11657.20
主营收入(万元)	17318.90	9826.16	2808.95
资本公积金(万元)	8434.39	7752.10	5644.76
主营利润(万元)	2098.18	938.68	-10.16
其他业务利润(万元)	156.70	220.30	-23.51
营业利润(万元)	184.42	-588.93	-3602.25
投资收益(万元)		465.53	24.75
补贴收入(万元)		5.93	0.08
营业外收支(万元)	12.11	28.15	-0.23
利润总额(万元)	196.53	-89.32	-3684.07
净利润(万元)	112.86	352.49	-3519.81

十大股东

序号	股东名称	股份性质	持股数(万股)	比例(%)
1	山东省商业集团总公司	国有法人股	1891.68	15.59
2	国家股	国有法人股	1760.00	14.50
3	济南中金投资管理有限公司	境内法人股	1112.67	9.17
4	山东侨德置业有限公司	境内法人股	120.00	0.99
5	山东现代制药有限公司	流通A股	106.36	0.88
6	上海鑫黎实业有限公司	境内法人股	100.00	0.82
7	国泰君安证券股份有限公司	境内法人股	88.00	0.73
8	海南真铭实业投资有限公司	境内法人股	71.00	0.59
9	山东三星实业公司	境内法人股	50.00	0.41
10	山东百科投资咨询有限公司	境内法人股	45.00	0.37

股东人数	2004.6	2003.12	2003.6	2002
	16798	17237	16868	20448

近年分配		近年配股/增发	

重大事项

2004年2月7日,公司2004年度第一次临时股东大会批准《关于公司控股子公司泰安银座商城有限公司向中国农业银行泰安市分行购买房地产的议案》。

二○○三年以来市场表现

2003年涨跌幅(%)	-17.90
2003年最高(元)	7.38
2003年最低(元)	4.35
2003年换手率(%)	296.16
2004.06涨跌幅(%)	21.20
2004.06最高(元)	6.29
2004.06最低(元)	4.65
2004.06换手率(%)	49.61

北京王府井百货(集团)股份有限公司

公司概况							
公司名称	北京王府井百货(集团)股份有限公司			股票代码	600859		
注册地址	北京王府井大街 255 号			邮政编码	100006		
法人代表	郑万河			董秘	刘冰		
电话	010-65125960,65126677			传真	010-65133133		
主营业务	商业零售、批发						
总股本	39297.30	流通 A	19837.86	流通 B		流通 H	
审计单位				审计意见	未审计		

主要财务指标			
年度	2004.6	2003	2002
每股收益 / 扣除后(元)	0.0674	-0.0190	0.0670
每股经营现金流量(元)	0.2630	0.9000	0.7800
每股净资产 / 调整后(元)	3.6490	3.5820	3.4990
每股公积金(元)	2.4277	2.4276	2.4258
净资产收益率(%)	1.6510	0.8200	1.6200
总资产(万元)	140004.69	334455.34	304945.81
股东权益(万元)	157088.37	154489.86	153137.20
未分配利润(万元)	7054.98	4460.76	3436.13
主营收入(万元)	188240.87	318080.75	332564.03
资本公积金(万元)	95403.50	95399.22	95327.34
主营利润(万元)	34885.63	55457.92	54415.42
其他业务利润(万元)	1665.00	2142.18	168.83
营业利润(万元)	7422.27	5361.26	5832.31
投资收益(万元)	-123.24	604.36	26.75
补贴收入(万元)	0.07	0.71	0.71
营业外收支(万元)	-10.43	769.87	-0.27
利润总额(万元)	7288.67	6736.19	5833.89
净利润(万元)	2594.22	1269.14	2475.55

十大股东

序号	股东名称	股份性质	持股数(万股)	比例(%)
1	北京市京联发(代表国家持股)	国家股	19459.44	49.52
2	华宝兴业多策略增长证券投资基金	法人股	264.03	0.67
3	北控管理	法人股	242.12	0.62
4	嘉服务增值行业证券投资基金	法人股	148.71	0.38
5	全国社保基金一零六组合	法人股	139.03	0.35
6	长城久泰中信标普 300 指数	法人股	71.11	0.18
7	张鹏	自然人股	40.40	0.10
8	黄飞翔	自然人股	39.37	0.10
9	邵淳	自然人股	30.58	0.08
10	郑珑	自然人股	22.00	0.06

股东人数	2004.6	2003.12	2003.6	2002
	125326	130595	134898	139069

近年分配		近年配股 / 增发	

重大事项

2004 年 6 月 11 日,本公司之子公司武汉王府井百货有限责任公司与广州东台经贸发展有限公司签订股权《转让合同》,广州东台经贸发展有限公司转让所持有的广州王府井百货大楼有限责任公司 1%的股权,转让价格 10 万元;本公司与本公司之子公司深圳市王府井进出口贸易有限公司签订股权《转让合同》,本公司转让所拥有的广州王府井百货大楼有限责任公司 9%的股权,转让价格 90 万元。

二〇〇三年以来市场表现

2003 年涨跌幅(%)	-16.38
2003 年最高(元)	6.83
2003 年最低(元)	4.60
2003 年换手率(%)	78.34
2004.06 涨跌幅(%)	2.06
2004.06 最高(元)	6.39
2004.06 最低(元)	4.74
2004.06 换手率(%)	81.77

北人印刷机械股份有限公司

公司概况							
公司名称	北人印刷机械股份有限公司			股票代码	600860		
注册地址	北京市北京经济技术开发区荣昌东街 6 号			邮政编码	100176		
法人代表	朱武安			董秘	戎佩敏		
电话	010-67802565			传真	010-67802570		
主营业务	印刷机械						
总股本	42200.00	流通 A	7200.00	流通 B		流通 H	10000.00
审计单位				审计意见	未审计		

主要财务指标			
年度	2004.6	2003	2002
每股收益 / 扣除后(元)	0.1447	0.1800	0.1500
每股经营现金流量(元)	0.0930	0.1300	0.4400
每股净资产 / 调整后(元)	2.8500	2.8100	2.2900
每股公积金(元)	1.2341	1.2327	0.9497
净资产收益率(%)	4.8000	6.8200	7.0400
总资产(万元)	208821.36	189314.86	188227.16
股东权益(万元)	122842.58	120261.66	97911.13
未分配利润(万元)	10805.08	6069.98	3170.28
主营收入(万元)	52478.49	100561.28	92692.93
资本公积金(万元)	52078.06	52021.76	40075.59
主营利润(万元)	16628.71	32937.55	29532.14
其他业务利润(万元)	-14.74	368.53	-4.80
营业利润(万元)	7397.92	11407.57	8045.88
投资收益(万元)	-111.78	-886.09	-306.93
补贴收入(万元)			
营业外收支(万元)	-115.56	-293.41	-2.12
利润总额(万元)	7170.59	10228.06	8549.89
净利润(万元)	5899.97	8204.78	6894.07

十大股东

序号	股东名称	股份性质	持股数(万股)	比例(%)
1	北人集团公司	国有法人股	25000.00	59.24
2	HKSCC NOMINEES LIMITED	流通 H 股	9733.92	23.07
3	浩鸿房产	流通 A 股	204.99	0.49
4	HSBC NOMINEES(HONG KONG)LIMI	流通 H 股	70.20	0.17
5	德盛小盘	流通 A 股	41.25	0.10
6	HUI KAU YU	流通 H 股	40.00	0.09
7	WONG CHUNG KING	流通 H 股	29.80	0.07
8	山西信托	流通 A 股	26.91	0.06
9	KWAN KAM ON	流通 H 股	19.00	0.05
10	韩智	流通 A 股	18.85	0.04

股东人数	2004.6	2003.12	2003.6	2002
	38180	37586	42007	35450

近年分配	2004 年 7 月 19 日 10 派 0.80	近年配股 / 增发	

重大事项

经 2004 年 5 月 24 日召开的公司 2003 年度股东大会批准,公司 2003 年利润分配方案为:按已发行之股份 42,200 万股(每股面值为人民币 1 元计算)拟以每 10 股向全体股东派发现金红利人民币 0.8 元(含税),共计派发人民币 3,376 万元。

二〇〇三年以来市场表现

2003 年涨跌幅(%)	-18.58
2003 年最高(元)	8.80
2003 年最低(元)	5.78
2003 年换手率(%)	261.56
2004.06 涨跌幅(%)	-12.46
2004.06 最高(元)	7.99
2004.06 最低(元)	5.35
2004.06 换手率(%)	175.56

北京城乡贸易中心股份有限公司

公司概况

公司名称	北京城乡贸易中心股份有限公司			股票代码	600861
注册地址	北京市海淀区复兴路甲23号			邮政编码	100036
法人代表	周和平		董秘	赵磊	
电话	010-68296595		传真	010-68216933	
主营业务	商业零售、批发				
总股本	40573.89	流通A	16731.00	流通B	流通H
审计单位			审计意见	未审计	

主要财务指标

年度	2004.6	2003	2002
每股收益/扣除后(元)	0.0522	0.0800	0.1900
每股经营现金流量(元)	–0.0180	0.3200	0.3600
每股净资产/调整后(元)	3.8200	3.7700	3.5600
每股公积金(元)	1.7271	1.7270	1.7243
净资产收益率(%)	1.4200	2.3300	4.6700
总资产(万元)	221300.58	220766.48	220127.87
股东权益(万元)	169720.05	170576.66	166490.95
未分配利润(万元)	6351.83	7907.75	4415.97
主营收入(万元)	68027.62	121274.73	125660.01
资本公积金(万元)	70073.05	70073.05	69960.16
主营利润(万元)	12255.65	21291.44	22067.53
其他业务利润(万元)	3089.82	4179.66	213.53
营业利润(万元)	4053.62	6932.81	9455.95
投资收益(万元)	–193.01	1372.40	601.02
补贴收入(万元)			
营业外收支(万元)	17.60	–1995.74	–0.30
利润总额(万元)	3878.21	6309.47	10087.36
净利润(万元)	2402.78	3972.80	7774.44

十大股东

序号	股东名称	股份性质	持股数(万股)	比例(%)
1	北京市郊区游泳实业开发公司	国有法人股	16920.00	41.70
2	北京北航天华科技有限责任公司	国有法人股	2422.89	5.97
3	北京海兴实业公司	境内法人股	1500.00	3.70
4	上海万丰资产管理公司	境内法人股	975.00	2.40
5	北信投资控股有限公司	境内法人股	750.00	1.85
6	华夏证券天宁寺证券营业部	境内法人股	597.00	1.47
7	北京仁达国际信息	境内法人股	525.00	1.29
8	全国社保基金一零六组合	流通A股	160.80	0.40
9	华苑佳业物业管理公司	境内法人股	78.00	0.19
10	天马科技有限公司	境内法人股	75.00	0.18

股东人数	2004.6	2003.12	2003.6	2002
	102367	107019	111615	114375

近年分配	2004年7月9日10派0.70	近年配股/增发	

重大事项

2004年5月17日，公司2003年度股东大会审议通过了公司2003年度利润分配方案，以2003年末股本总额405,738,946股为基数，向全体股东每10股派发现金红利0.70元（含税），共计分配股利28,401,726.22元。

二〇〇三年以来市场表现

2003年涨跌幅(%)	–22.29
2003年最高(元)	7.78
2003年最低(元)	5.02
2003年换手率(%)	72.97
2004.06涨跌幅(%)	–4.07
2004.06最高(元)	6.67
2004.06最低(元)	4.92
2004.06换手率(%)	74.53

内蒙古蒙电华能热电股份有限公司

公司概况

公司名称	内蒙古蒙电华能热电股份有限公司			股票代码	600863
注册地址	呼和浩特市锡林南路218号			邮政编码	010020
法人代表	乌若思		董秘	张彤	
电话	0471-6222289		传真	0471-6222388	
主营业务	火力发电、供热				
总股本	198122.00	流通A	39546.00	流通B	流通H
审计单位			审计意见	未审计	

主要财务指标

年度	2004.6	2003	2002
每股收益/扣除后(元)	0.0996	0.1640	0.2410
每股经营现金流量(元)	0.3070	0.3820	0.4080
每股净资产/调整后(元)	2.1530	2.0530	3.8440
每股公积金(元)	0.5981	0.5981	2.1948
净资产收益率(%)	4.4780	8.0500	6.2260
总资产(万元)	1408397.25	1168016.75	811651.62
股东权益(万元)	434864.12	415390.25	383990.22
未分配利润(万元)	71673.58	52199.73	25921.94
主营收入(万元)	190424.42	303737.19	200822.52
资本公积金(万元)	118490.61	118490.61	217420.31
主营利润(万元)	33874.23	52325.50	35475.38
其他业务利润(万元)	387.65	968.48	–0.27
营业利润(万元)	27002.53	39919.54	29946.78
投资收益(万元)	732.61	7027.69	383.36
补贴收入(万元)			
营业外收支(万元)	–296.03	–549.09	–3.79
利润总额(万元)	27439.10	46398.14	30104.85
净利润(万元)	19473.85	33434.72	23905.99

十大股东

序号	股东名称	股份性质	持股数(万股)	比例(%)
1	内蒙电力(集团)有限责任公司	国有股	118448.96	59.79
2	华能集团公司	国有股	25227.04	12.73
3	国家股	国有股	14900.00	7.52
4	科瑞基金	流通A股	2329.92	1.18
5	华胜服饰	流通A股	715.78	0.36
6	易方达50	流通A股	695.00	0.35
7	兴业转债	流通A股	415.30	0.21
8	龙源电力	流通A股	402.00	0.20
9	科翔基金	流通A股	342.05	0.17
10	裕泽基金	流通A股	314.42	0.16

股东人数	2004.6	2003.12	2003.6	2002
	85323	74413	85820	90761

近年分配		近年配股/增发	

重大事项

公司控股的京达发电有限责任公司（2×330MW发电机组，本公司持股40%），2004年上半年完成投资45,916万元，累计完成投资190,880万元，截止2003年6月30日，公司已累计向京达发电有限责任公司投入资本金17,341万元。预计京达发电有限公司两台机组于2004年投产发电。

二〇〇三年以来市场表现

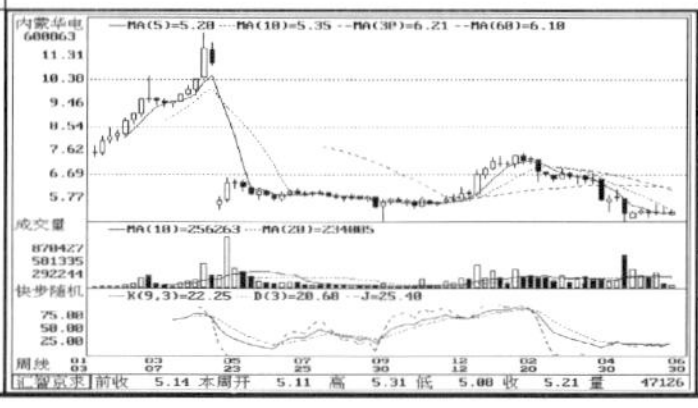

2003年涨跌幅(%)	82.50
2003年最高(元)	6.89
2003年最低(元)	3.62
2003年换手率(%)	189.83
2004.06涨跌幅(%)	–23.16
2004.06最高(元)	7.50
2004.06最低(元)	4.85
2004.06换手率(%)	147.62

哈尔滨岁宝热电股份有限公司

公司概况

公司名称	哈尔滨岁宝热电股份有限公司	股票代码	600864
注册地址	哈尔滨市南岗区昆仑商城隆顺街27号	邮政编码	150090
法人代表	邢继军	董秘	徐建伟
电话	0451-82333238	传真	0451-82332228
主营业务	生产蒸汽、电力能源		
审计单位		审计意见	未审计

总股本	流通A	流通B	流通H
13659.46	4537.50		

主要财务指标

年度	2004.6	2003	2002
每股收益/扣除后(元)	0.0960	0.0200	0.0500
每股经营现金流量(元)	0.6530	0.2300	0.3800
每股净资产/调整后(元)	3.0400	2.5200	2.900
每股公积金(元)	1.3592	1.3592	1.3592
净资产收益率(%)	3.5100	0.8800	2.4300
总资产(万元)	88336.41	91774.26	93001.00
股东权益(万元)	3.13	39976.34	3962.00
未分配利润(万元)	5539.15		2839.00
主营收入(万元)	13446.41	25166.46	23103.00
资本公积金(万元)	18565.45	18565.45	18565.00
主营利润(万元)	2230.17	6261.70	5006.00
其他业务利润(万元)	36.20	105.45	-12.93
营业利润(万元)	-745.54	861.25	474.42
投资收益(万元)	1890.64	90.05	1308.00
补贴收入(万元)	577.02	413.53	-10.07
营业外收支(万元)	-48.33	-26.31	0.61
利润总额(万元)	1006.93	1338.52	702.40
净利润(万元)	1499.87	351.77	961.00

十大股东

序号	股东名称	股份性质	持股数(万股)	比例(%)
1	哈尔滨石油化学工业(集团)公司	国有法人股	4535.18	33.20
2	深圳市恒大投资发展有限公司	境内法人股	3546.51	25.96
3	中智富投资有限公司	境内法人股	600.00	4.39
4	阿城市热电厂	境内法人股	280.96	2.06
5	友源资产管理有限公司	境内法人股	109.30	0.80
6	岁宝集团(深圳)实业有限公司	境内法人股	50.00	0.37
7	潘信方	流通A股	28.17	0.21
8	何秀兰	流通A股	28.03	0.21
9	严海翔	流通A股	22.51	0.16
10	金勇	流通A股	20.00	0.15

股东人数	2004.6	2003.12	2003.6	2002
	24123	28885	28932	27488

近年分配		近年配股/增发	

重大事项

公司于2004年5月24日和2004年6月2日分别收到黑龙江省高级人民法院《协助执行通知书》(2004)黑商初字第13号。中国证券登记结算有限责任公司上海分公司依据黑龙江省高级人民法院《协助执行通知书》(2004)黑商初字第13号，因原告哈尔滨投资集团有限责任公司与被告哈尔滨石油化学工业(集团)公司欠款纠纷一案，冻结了哈尔滨石油化学工业(集团)公司所持有的本公司国有法人股7764463股和37587326股。

二〇〇三年以来市场表现

2003年涨跌幅(%)	-5.07
2003年最高(元)	10.16
2003年最低(元)	5.81
2003年换手率(%)	292.96
2004.06涨跌幅(%)	-14.86
2004.06最高(元)	8.80
2004.06最低(元)	5.90
2004.06换手率(%)	145.37

百大集团股份有限公司

公司概况

公司名称	百大集团股份有限公司	股票代码	600865
注册地址	杭州市延安路546号	邮政编码	310006
法人代表	董伟平	董秘	何美云
电话	0571-85109129	传真	0571-85150586
主营业务	商品零售、批发		
审计单位		审计意见	未审计

总股本	流通A	流通B	流通H
26971.00	13533.99		

主要财务指标

年度	2004.6	2003	2002
每股收益/扣除后(元)	0.0670	0.0600	0.1500
每股经营现金流量(元)	-0.0780	0.3900	1.1600
每股净资产/调整后(元)	2.4700	2.4500	2.3200
每股公积金(元)	1.1801	1.1800	1.1800
净资产收益率(%)	2.6200	3.1200	6.2000
总资产(万元)	87654.60	90123.52	86770.75
股东权益(万元)	68477.83	68300.93	66171.88
未分配利润(万元)	1994.09	1817.19	7.50
主营收入(万元)	58453.68	111758.11	113197.37
资本公积金(万元)	31826.69	31826.69	31826.69
主营利润(万元)	7756.19	13599.93	16494.32
其他业务利润(万元)	1232.68	2437.22	-370.04
营业利润(万元)	2490.58	3162.08	6111.47
投资收益(万元)	225.11	552.47	230.78
补贴收入(万元)	7.97	25.13	-0.12
营业外收支(万元)	-89.51	-136.80	-0.42
利润总额(万元)	2634.14	3602.88	6318.24
净利润(万元)	1795.14	2129.05	4101.90

十大股东

序号	股东名称	股份性质	持股数(万股)	比例(%)
1	杭州投资控股有限公司	国家股	8073.00	29.93
2	杭州市股权交流中心	境内法人股	1003.80	3.72
3	杭州企业产权交易所	境内法人股	828.33	3.07
4	杭州工商信托投资有限公司	境内法人股;流通A股	404.00	1.50
5	浙江泰丰控股集团有限公司	境内法人股	390.00	1.45
6	浙江东海石油实业有限公司	境内法人股	292.50	1.08
7	杭州联华华商集团有限公司	境内法人股、流通A股	212.07	0.79
8	浙江省第三建筑工程公司	境内法人股	195.00	0.72
9	杭州商学院	境内法人股	146.25	0.54
10	杭州商业资产经营(有限)公司	境内法人股	121.39	0.45

股东人数	2004.6	2003.12	2003.6	2002
	64070	68804	71920	73325

近年分配	2004年7月2日10派0.60	近年配股/增发	

重大事项

2004年6月29日，公司与温德阳先生签订《杭州科希盟科技有限公司股权转让协议书》，同意将持有的杭州科希盟科技有限公司(以下简称"杭州科希盟")34.5%的股权以86,250元的价格转让给温德阳先生。报告期公司已收到上述股权转让款，并确认转让损失272,750.85元，杭州科希盟科技有限公司相关工商变更登记手续尚在办理之中。

二〇〇三年以来市场表现

2003年涨跌幅(%)	-18.39
2003年最高(元)	6.97
2003年最低(元)	4.40
2003年换手率(%)	85.54
2004.06涨跌幅(%)	-1.43
2004.06最高(元)	6.40
2004.06最低(元)	4.55
2004.06换手率(%)	108.80

广东肇庆星湖生物科技股份有限公司

公司概况

公司名称	广东肇庆星湖生物科技股份有限公司	股票代码	600866
注册地址	广东省肇庆市工农北路 67 号	邮政编码	526040
法人代表	黄增麟	董秘	陈明
电话	0758-2291130	传真	0758-2239449
主营业务	核苷(酸)类		
总股本	52110.25	流通 A	31100.87
流通 B		流通 H	
审计单位		审计意见	未审计

主要财务指标

年度	2004.6	2003	2002
每股收益 / 扣除后(元)	0.0549	0.2200	0.2400
每股经营现金流量(元)	0.0170	0.4600	0.5620
每股净资产 / 调整后(元)	1.6900	2.7700	2.5400
每股公积金(元)	0.3264	1.0223	1.0223
净资产收益率(%)	3.3300	7.9200	9.4700
总资产(万元)	123285.36	117139.91	102382.50
股东权益(万元)	88310.84	90259.37	83111.82
未分配利润(万元)	8871.40	9191.48	8153.60
主营收入(万元)	24108.15	54581.87	49242.33
资本公积金(万元)	17011.38	33295.84	33294.89
主营利润(万元)	6386.86	18328.43	18300.08
其他业务利润(万元)	-111.90	-18.44	-0.10
营业利润(万元)	3255.04	8809.32	9905.31
投资收益(万元)	55.99	-881.03	-1161.06
补贴收入(万元)	23.16	61.22	62.98
营业外收支(万元)	-1.36	-27.25	0.48
利润总额(万元)	3332.84	7962.27	8740.07
净利润(万元)	2936.81	7146.60	7866.94

十大股东

序号	股东名称	股份性质	持股数(万股)	比例(%)
1	肇庆市财政局	国有法人股	21009.38	40.32
2	广发证券股份有限公司	流通 A 股	185.35	0.36
3	全国社保基金一零一组合	流通 A 股	80.11	0.15
4	南京证券有限责任公司	流通 A 股	56.65	0.11
5	工商银行-华安上证 180 指数增强型证券投资基金	流通 A 股	50.21	0.10
6	中国银行-天同 180 指数证券投资基金	流通 A 股	47.12	0.09
7	黄运通	流通 A 股	45.43	0.09
8	招商银行-长城久泰中信标普 300 指数证券投资基金	流通 A 股	45.35	0.09
9	范康林	流通 A 股	44.80	0.09
10	杨再凤	流通 A 股	35.84	0.07

股东人数	2004.6	2003.12	2003.6	2002
	87308	84297	84549	77872

近年分配	2004 年 5 月 21 日 10 派 1.50	近年配股 / 增发	2004 年 5 月 21 日 10 送 1 转 5

重大事项

2003 年年度股东大会审议通过了公司《2003 年度利润分配及资本公积金转增股本的议案》,以 2003 年年末公司总股本 325,689,081 股为基数,向全体股东按每 10 股送红股 1 股并派发现金股利 1.50 元(含税)实施利润分配,并用资本公积金按每 10 股转增 5 股。

二〇〇三年以来市场表现

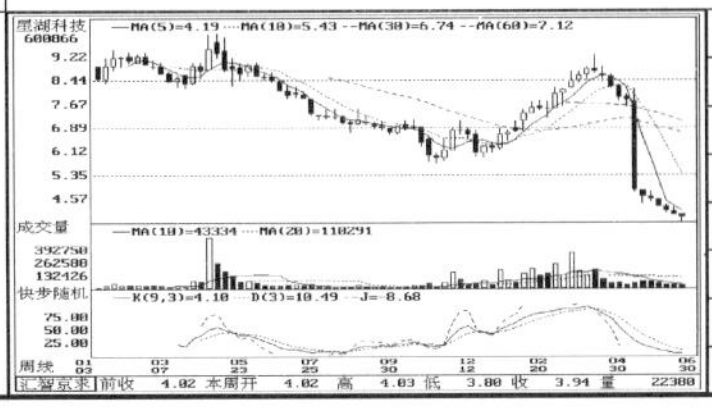

2003 年涨跌幅(%)	-33.96
2003 年最高(元)	6.15
2003 年最低(元)	3.48
2003 年换手率(%)	86.37
2004.06 涨跌幅(%)	6.31
2004.06 最高(元)	5.68
2004.06 最低(元)	3.70
2004.06 换手率(%)	86.31

通化东宝药业股份有限公司

公司概况

公司名称	通化东宝药业股份有限公司	股票代码	600867
注册地址	吉林省通化县东宝新村	邮政编码	134123
法人代表	李一奎	董秘	王君业
电话	0435-5088025	传真	0435-5088268
主营业务	中西成药、保健品		
总股本	32449.30	流通 A	15769.73
流通 B		流通 H	
审计单位		审计意见	未审计

主要财务指标

年度	2004.6	2003	2002
每股收益 / 扣除后(元)	0.0431	0.1100	0.1200
每股经营现金流量(元)	-0.1670	0.1400	0.1000
每股净资产 / 调整后(元)	3.8300	3.6000	3.7300
每股公积金(元)	2.2839	2.2839	2.2839
净资产收益率(%)	1.1300	2.6600	3.0200
总资产(万元)	187152.48	179512.56	156853.30
股东权益(万元)	137363.70	135816.86	132203.41
未分配利润(万元)	18324.66	16777.82	13848.93
主营收入(万元)	11267.55	29869.79	28055.63
资本公积金(万元)	74112.28	74112.28	74112.28
主营利润(万元)	5831.01	14576.21	14059.18
其他业务利润(万元)	104.33	180.35	-7.87
营业利润(万元)	1941.25	3993.22	4885.34
投资收益(万元)	174.99	565.60	372.19
补贴收入(万元)			
营业外收支(万元)	-16.45	-45.97	-0.31
利润总额(万元)	2099.79	4512.84	5354.90
净利润(万元)	1546.85	3613.45	4002.31

十大股东

序号	股东名称	股份性质	持股数(万股)	比例(%)
1	东宝实业集团有限公司	法人股	15867.38	48.90
2	通化白山制药五厂	法人股	501.93	1.55
3	山西信托投资有限责任公司	法人股	305.12	0.94
4	广发华福证券有限责任公司	法人股	297.98	0.92
5	通化石油工具股份有限公司	法人股	270.27	0.83
6	罗兴华	流通股	35.75	0.11
7	吴向明	流通股	31.63	0.10
8	陈惠平	流通股	26.85	0.08
9	阮小来	流通股	26.39	0.08
10	沈卫国	流通股	25.86	0.08

股东人数	2004.6	2003.12	2003.6	2002
	80209	84788	85933	83696

近年分配		近年配股 / 增发	

重大事项

公司于 2003 年 8 月 1 日与中国工商银行厦门市海沧支行签订了《保证合同》,为厦门特宝生物工程股份有限公司的 4000 万元银行借款提供担保,期限为二年。被担保人为本公司的附属企业,本公司持有其 42.24%的股份,是其第一大股东。

二〇〇三年以来市场表现

2003 年涨跌幅(%)	-26.20
2003 年最高(元)	9.85
2003 年最低(元)	5.34
2003 年换手率(%)	111.99
2004.06 涨跌幅(%)	-3.00
2004.06 最高(元)	7.85
2004.06 最低(元)	5.78
2004.06 换手率(%)	64.41

广东梅雁企业(集团)股份有限公司

公司概况

公司名称	广东梅雁企业(集团)股份有限公司	股票代码	600868
注册地址	广东省梅州市梅县	邮政编码	514011
法人代表	杨钦欢	董秘	李海明
电话	0753-2218286	传真	0753-2232983
主营业务	建筑及建筑安装		

总股本	127392.53	流通 A	97681.90	流通 B		流通 H	
审计单位		审计意见	未审计				

主要财务指标

年度	2004.6	2003	2002
每股收益/扣除后(元)	0.0577	0.1500	0.1600
每股经营现金流量(元)	0.0090	0.1600	0.1100
每股净资产/调整后(元)	2.1600	2.3500	2.2900
每股公积金(元)	0.9375	1.0312	1.0728
净资产收益率(%)	2.6500	6.4000	6.7700
总资产(万元)	767145.31	595236.25	444639.12
股东权益(万元)	279872.72	275346.00	257756.12
未分配利润(万元)	9335.69	13494.82	5868.05
主营收入(万元)	69540.83	124567.57	98388.15
资本公积金(万元)	119429.59	119429.59	119458.94
主营利润(万元)	18986.80	36805.63	33097.83
其他业务利润(万元)	655.10	1457.29	-11.98
营业利润(万元)	11225.27	23077.11	21038.90
投资收益(万元)	211.21	402.86	1212.39
补贴收入(万元)		514.00	12.02
营业外收支(万元)	6.82	9.03	0.10
利润总额(万元)	11443.30	24003.00	23237.76
净利润(万元)	7422.01	17619.22	17456.46

十大股东

序号	股东名称	股份性质	持股数(万股)	比例(%)
1	广东梅县梅雁经济发展总公司	境内法人股	29618.36	23.25
2	裕隆证券投资基金	流通 A 股	826.14	0.65
3	博时裕富证券投资基金	流通 A 股	661.56	0.52
4	华宝兴业多策略增长证券投资基金	流通 A 股	516.82	0.41
5	沈芳	流通 A 股	478.21	0.38
6	长城久泰中信标普 300 证券投资基金	流通 A 股	170.30	0.13
7	谢武姣	流通 A 股	164.59	0.13
8	华安上证 180 指数增强型证券投资基金	流通 A 股	163.26	0.13
9	天同 180 指数证券投资基金	流通 A 股	153.58	0.12
10	沈朋林	流通 A 股	128.42	0.10

股东人数	2004.6	2003.12	2003.6	2002
	295437	303893	313459	316822

近年分配	2004 年 5 月 20 日 10 派 0.25	近年配股/增发	2004 年 5 月 20 日 10 送 1

重大事项

公司实施 2003 年度利润分配方案为:按公司 2003 年 12 月 31 日的股份总额 1158113898 股为基数,每 10 股送 1 股派 0.25 元(均为含税)。股权登记日:2004 年 5 月 19 日;除权除息日:2004 年 5 月 20 日;新增可流通股份上市日:2004 年 5 月 21 日;现金红利发放日:2004 年 5 月 26 日。

二○○三年以来市场表现

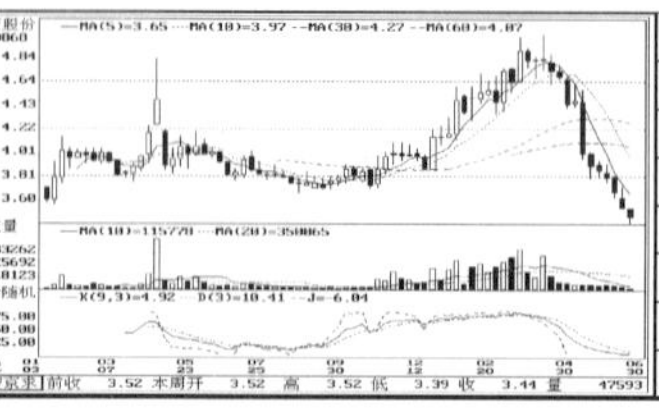

2003 年涨跌幅(%)	17.99
2003 年最高(元)	4.10
2003 年最低(元)	2.98
2003 年换手率(%)	80.75
2004.06 涨跌幅(%)	-6.67
2004.06 最高(元)	4.57
2004.06 最低(元)	3.39
2004.06 换手率(%)	91.14

三普药业股份有限公司

公司概况

公司名称	三普药业股份有限公司	股票代码	600869
注册地址	青海省西宁市建国路 88 号	邮政编码	810007
法人代表	蒋锡培	董秘	邓兵
电话	0971-8166017	传真	0971-8144025
主营业务	中藏成药、保健品		

总股本	12000.00	流通 A	3000.00	流通 B		流通 H	
审计单位	岳华会计师事务所	审计意见	标准无保留				

主要财务指标

年度	2004.6	2003	2002
每股收益/扣除后(元)	-0.0834	-0.0600	-0.6700
每股经营现金流量(元)	0.0250	0.0600	0.1500
每股净资产/调整后(元)	0.2400	1.0100	0.9500
每股公积金(元)	0.5092	0.5092	0.4882
净资产收益率(%)	-8.9100	-5.9600	-63.8400
总资产(万元)	35469.32	36259.29	33995.73
股东权益(万元)	11171.28	12166.83	12638.82
未分配利润(万元)	-10233.18	-9237.63	-8513.06
主营收入(万元)	4621.33	11549.35	9368.59
资本公积金(万元)	6110.47	6110.47	5857.90
主营利润(万元)	1375.14	4160.32	2609.24
其他业务利润(万元)	10.38	0.50	0.01
营业利润(万元)	-1299.11	-739.13	-7305.65
投资收益(万元)	0.06	6.76	-435.87
补贴收入(万元)	300.00		
营业外收支(万元)	4.67	2.01	-0.02
利润总额(万元)	-994.38	-730.37	-8114.14
净利润(万元)	-995.55	-724.56	-8068.22

十大股东

序号	股东名称	股份性质	持股数(万股)	比例(%)
1	青海省投资控股有限公司	国家股	3600.00	30.00
2	上海创璟实业有限公司	境内法人股	2796.00	23.30
3	青海省创业集团有限公司	境内法人股	1589.60	13.25
4	江苏友邦投资担保有限公司	境内法人股	540.00	4.50
5	江苏远东集团有限公司	境内法人股	354.00	2.95
6	中国科学院西北高原生物研究所	境内法人股	60.00	0.50
7	广州白云山制药股份有限公司	境内法人股	60.00	0.50
8	王松楠	流通 A 股	29.19	0.24
9	张源远	流通 A 股	21.24	0.18
10	董国宏	流通 A 股	19.00	0.16

股东人数	2004.6	2003.12	2003.6	2002
	13150	13454	15031	16780

近年分配		近年配股/增发	

重大事项

本公司与青海新路环卫设备制造有限公司于 2004 年 5 月 31 日签署了总额为 3000 万元的互保协议,协议有效期为一年。截至 2004 年 6 月 30 日已为青海新路环卫设备制造有限公司银行贷款 3,000 万元提供担保。

二○○三年以来市场表现

2003 年涨跌幅(%)	-37.54
2003 年最高(元)	10.60
2003 年最低(元)	5.72
2003 年换手率(%)	173.23
2004.06 涨跌幅(%)	-13.36
2004.06 最高(元)	7.98
2004.06 最低(元)	5.00
2004.06 换手率(%)	158.50

厦门华侨电子股份有限公司

公司概况

公司名称	厦门华侨电子股份有限公司	股票代码	600870
注册地址	厦门市湖里大道22号	邮政编码	361006
法人代表	郭则理	董秘	林旦旦
电话	0592-5687203	传真	0592-6021331
主营业务	彩电、移动通信、计算机网络设备		
审计单位		审计意见	未审计

总股本	37082.00	流通A	15151.00	流通B		流通H	

主要财务指标

年度	2004.6	2003	2002
每股收益/扣除后(元)	0.0220	0.0300	0.0280
每股经营现金流量(元)	–0.3170	0.3700	0.5800
每股净资产/调整后(元)	2.0800	2.0500	1.9200
每股公积金(元)	2.5423	2.5423	2.5055
净资产收益率(%)	1.0100	5.2600	1.4300
总资产(万元)	303912.44	313664.16	313925.09
股东权益(万元)	78759.32	77868.99	72146.02
未分配利润(万元)	–58339.12	–59132.96	–63227.61
主营收入(万元)	149419.55	294101.12	289224.81
资本公积金(万元)	94273.41	94273.41	92910.26
主营利润(万元)	19210.07	37474.09	34480.50
其他业务利润(万元)	–8.92	898.05	–9.45
营业利润(万元)	849.75	1242.20	206.92
投资收益(万元)	187.63	1316.94	–304.10
补贴收入(万元)	0.39	1691.28	–5.96
营业外收支(万元)	58.50	–39.63	–0.38
利润总额(万元)	1096.26	4210.79	1353.24
净利润(万元)	793.83	4094.65	1029.94

十大股东

序号	股东名称	股份性质	持股数(万股)	比例(%)
1	厦门华侨电子企业有限公司	法人股	21606.52	58.27
2	华夏证券有限公司	流通股	471.22	1.27
3	厦门华益工贸有限公司	法人股	324.00	0.87
4	成都卫安投资股份公司	流通股	305.80	0.82
5	交通银行–汉兴证券投资基金	流通股	205.63	0.55
6	富国动态平衡证券投资基金	流通股	109.17	0.29
7	国泰君安–建行–香港上海汇丰银行有限公司	流通股	70.00	0.19
8	申银万国–花旗–UBS LIMITED	流通股	56.60	0.15
9	吕方	流通股	53.26	0.14
10	朱小民	流通股	36.00	0.10

股东人数	2004.6	2003.12	2003.6	2002
	49945	55813	54866	59466

近年分配		近年配股/增发	

重大事项

截止2004年6月30日，厦华公司对外担保累计人民币24,000万元，美元800万元，均为对厦门建发集团有限公司的担保，属于互保性质，截止2004年6月30日，建发集团公司为厦华公司提供的担保累计为人民币73,001万元、美元2,809万元；厦华公司对其控股的厦门厦华新技术有限公司提供担保累计为人民币4500万元，担保贷款的资金不存在违规的情况。

二〇〇三年以来市场表现

2003年涨跌幅(%)	–19.41
2003年最高(元)	7.96
2003年最低(元)	4.97
2003年换手率(%)	252.10
2004.06涨跌幅(%)	–2.57
2004.06最高(元)	7.55
2004.06最低(元)	5.15
2004.06换手率(%)	182.50

中国石化仪征化纤股份有限公司

公司概况

公司名称	中国石化仪征化纤股份有限公司	股票代码	600871
注册地址	江苏省仪征市	邮政编码	211900
法人代表	徐正宁	董秘	吴朝阳
电话	0514-3231888	传真	0514-3235880
主营业务	聚酯切片和涤纶短纤维		
审计单位		审计意见	未审计

总股本	400000.00	流通A	20000.00	流通B		流通H	140000.00

主要财务指标

年度	2004.6	2003	2002
每股收益/扣除后(元)	0.0495	0.0640	0.0350
每股经营现金流量(元)	0.0390	0.3330	0.3670
每股净资产/调整后(元)	2.3030	2.2790	2.2200
每股公积金(元)	0.7707	0.7707	0.7697
净资产收益率(%)	2.1100	2.6300	1.5700
总资产(万元)	1204393.75	1207896.00	1217900.25
股东权益(万元)	922034.87	912583.19	888170.12
未分配利润(万元)	72816.10	63364.40	44206.30
主营收入(万元)	593696.12	1034364.12	80097.00
资本公积金(万元)	308275.19	308275.19	307882.50
主营利润(万元)	61332.60	102092.70	71385.60
其他业务利润(万元)	318.80	977.50	–1.42
营业利润(万元)	23833.30	34164.20	14760.40
投资收益(万元)	300.00	565.80	629.30
补贴收入(万元)			
营业外收支(万元)	–386.90	–5616.90	–2.54
利润总额(万元)	23746.40	29113.10	15146.50
净利润(万元)	19451.70	24020.40	13983.30

十大股东

序号	股东名称	股份性质	持股数(万股)	比例(%)
1	中国石油化工股份有限公司("中国石化")	境内法人股	168000.00	42.00
2	香港中央结算(代理人)有限公司("香港结算")	流通H股	135226.09	33.81
3	中国中信集团公司("中信")	境内法人股	72000.00	18.00
4	NG HON LAM	流通H股	200.00	0.05
5	HSBC NOMINEES(HONG KONG)LIMITED A/C BR-13***	流通H股	180.00	0.05
6	HSBC NOMINEES(HONG KONG)LIMITED A/C BR-12***	流通H股	120.00	0.03
7	HSBC NOMINEES(HONG KONG)LIMITED A/C BR-16***	流通H股	120.00	0.03
8	HSBC NOMINEES(HONG KONG)LIMITED***	流通H股	105.00	0.03
9	兴和基金	流通A股	98.61	0.02
10	国元证券	流通A股	81.10	0.02

股东人数	2004.6	2003.12	2003.6	2002
	87492	91215	94662	96032

近年分配	2004年7月20日10派0.25	近年配股/增发	

重大事项

经于二零零四年六月三十日召开的本公司二零零三年度股东年会批准，本公司于二零零四年七月二十六日向全体股东派发了截至二零零三年十二月三十一日止年度末期股利每股人民币0.025元(含税)。

二〇〇三年以来市场表现

2003年涨跌幅(%)	27.45
2003年最高(元)	5.78
2003年最低(元)	4.05
2003年换手率(%)	398.14
2004.06涨跌幅(%)	–15.94
2004.06最高(元)	6.40
2004.06最低(元)	4.25
2004.06换手率(%)	217.77

中炬高新技术实业(集团)股份有限公司

公司概况

公司名称	中炬高新技术实业(集团)股份有限公司			股票代码	600872		
注册地址	广东省中山市中山火炬高技术产业开发区			邮政编码	528437		
法人代表	谢力健			董秘	彭海泓		
电话	0760-5596818			传真	0760-5596877		
主营业务	城市基础设施的投资，房地产						
总股本	45005.59	流通 A	24923.61	流通 B		流通 H	
审计单位				审计意见	未审计		

主要财务指标

年度	2004.6	2003	2002
每股收益/扣除后(元)	0.0304	0.0483	0.0280
每股经营现金流量(元)	0.2750	0.3490	0.6070
每股净资产/调整后(元)	2.8030	2.7730	2.7350
每股公积金(元)	1.2493	1.2493	1.2491
净资产收益率(%)	1.0300	1.6500	0.8800
总资产(万元)	238914.73	239529.98	243236.61
股东权益(万元)	128014.56	126695.82	125187.15
未分配利润(万元)	11570.02	10257.69	9068.48
主营收入(万元)	42953.02	71460.45	82191.62
资本公积金(万元)	56226.61	56225.32	56217.55
主营利润(万元)	10796.25	18735.25	19685.24
其他业务利润(万元)	177.85	300.30	11.60
营业利润(万元)	2893.47	3506.99	1325.03
投资收益(万元)	16.49	273.34	283.44
补贴收入(万元)		199.78	4.91
营业外收支(万元)	-61.44	-178.16	2.85
利润总额(万元)	2848.52	3801.95	1452.75
净利润(万元)	1312.33	2091.96	1098.94

十大股东

序号	股东名称	股份性质	持股数(万股)	比例(%)
1	中山火炬集团有限公司	国有法人股	6343.78	14.10
2	信达投资有限公司	境内法人股	2569.83	5.71
3	中山市实业集团有限公司	境内法人股	2216.93	4.93
4	中国工商银行广东省信托投资公司	境内法人股	1879.18	4.18
5	中山市信联房地产投资公司	境内法人股	1734.63	3.85
6	西安信朴实业公司	境内法人股	1670.39	3.71
7	中山市建设实业公司	境内法人股	1284.91	2.86
8	中国工商银行北京信托投资公司	境内法人股	1043.99	2.32
9	中山市设备租赁公司	境内法人股	835.19	1.86
10	中银技协	境内法人股	104.35	0.23

股东人数

2004.6	2003.12	2003.6	2002
120489	125097	128650	131950

近年分配		近年配股/增发	

重大事项

本公司于 2003 年 11 月 28 日收到中山市中级人民法院发出的《传票》及《民事起诉状》，原告中山市建设实业公司要求本公司向建设公司清偿借款本金 1998 万元和相关利息。

二○○三年以来市场表现

2003 年涨跌幅(%)	-20.99
2003 年最高(元)	5.98
2003 年最低(元)	3.77
2003 年换手率(%)	84.53
2004.06 涨跌幅(%)	-0.25
2004.06 最高(元)	5.45
2004.06 最低(元)	3.89
2004.06 换手率(%)	73.84

西藏明珠股份有限公司

公司概况

公司名称	西藏明珠股份有限公司			股票代码	600873		
注册地址	西藏自治区拉萨市北京西路 224 号			邮政编码	610031		
法人代表	郭现东			董秘	宋绪伟		
电话	028-86600758,8363802			传真	028-86600928,8880295		
主营业务	经营旅游饭店业						
总股本	10823.66	流通 A	5213.66	流通 B		流通 H	
审计单位	四川君和会计师事务所			审计意见	标准无保留		

主要财务指标

年度	2004.6	2003	2002
每股收益/扣除后(元)	0.0487	-0.2619	-0.1710
每股经营现金流量(元)	-0.1330	0.1100	0.1360
每股净资产/调整后(元)	1.5570	1.5450	1.6200
每股公积金(元)	1.6310	1.6377	1.6219
净资产收益率(%)	3.9400	-16.9100	-9.4300
总资产(万元)	57116.16	55098.28	43350.22
股东权益(万元)	17650.27	16913.60	19602.14
未分配利润(万元)	-11990.31	-12685.91	-9826.30
主营收入(万元)	21776.81	5017.64	3496.41
资本公积金(万元)	17766.92	17725.85	17554.77
主营利润(万元)	6042.93	4128.95	2501.79
其他业务利润(万元)	414.93	327.28	-4.41
营业利润(万元)	1572.67	-2473.01	-2069.40
投资收益(万元)	74.14	-148.05	233.29
补贴收入(万元)			
营业外收支(万元)	-2.59	-238.56	-0.13
利润总额(万元)	1644.22	-2859.61	-1848.33
净利润(万元)	695.60	-2859.61	-1848.33

十大股东

序号	股东名称	股份性质	持股数(万股)	比例(%)
1	山东五洲投资集团有限公司	法人股	2710.24	25.04
2	潍坊渤海实业有限公司	法人股	2153.56	19.90
3	西藏自治区信托投资公司	法人股	373.10	3.45
4	西藏兴藏实业开发公司	法人股	373.10	3.45
5	王晓钟	流通股	59.00	0.55
6	中远散货运输有限公司	流通股	56.91	0.53
7	董晓霞	流通股	53.46	0.49
8	陈冬林	流通股	26.87	0.25
9	周泓池	流通股	25.88	0.24
10	赵启兰	流通股	20.00	0.18

股东人数

2004.6	2003.12	2003.6	2002
16644	19889	21828	

近年分配		近年配股/增发	

重大事项

本公司向四川精图房地产开发有限公司购买精图大厦第 12 层房屋，购买价格 300 万元。因该开发公司资金短缺，大厦停建，本公司所购房屋无法按时交付使用。为确保本公司的财产权利，本公司已向成都市中级人民法院提起诉讼。

二○○三年以来市场表现

2003 年涨跌幅(%)	-33.04
2003 年最高(元)	8.94
2003 年最低(元)	4.25
2003 年换手率(%)	202.30
2004.06 涨跌幅(%)	44.40
2004.06 最高(元)	6.82
2004.06 最低(元)	4.40
2004.06 换手率(%)	102.22

天津创业环保股份有限公司

公司概况							
公司名称	天津创业环保股份有限公司			股票代码	600874		
注册地址	天津市和平区贵州路 45 号			邮政编码	300051		
法人代表	马白玉			董秘	付亚娜		
电话	022-23523036			传真	022-23523100		
主营业务	城市道路经营管理						
总股本	133000.00	流通 A	11249.50	流通 B		流通 H	34000.00
审计单位				审计意见	未审计		

主要财务指标 年度	2004.6	2003	2002
每股收益/扣除后(元)	0.1108	0.2100	0.2200
每股经营现金流量(元)	0.0070	0.2100	0.2700
每股净资产/调整后(元)	1.5500	1.5200	1.3100
每股公积金(元)	0.0521	0.0521	0.0521
净资产收益率(%)	7.0000	13.7100	16.4900
总资产(万元)	333665.00	318694.62	275700.81
股东权益(万元)	205670.00	201896.56	174207.41
未分配利润(万元)	53155.00	49380.79	25845.00
主营收入(万元)	33383.78	62969.68	67074.90
资本公积金(万元)	6928.87	6928.87	6928.90
主营利润(万元)	25165.82	46603.80	48772.20
其他业务利润(万元)	140.20	638.76	-0.56
营业利润(万元)	21790.65	41405.10	42967.80
投资收益(万元)			
补贴收入(万元)			
营业外收支(万元)	-322.02	-111.29	72.73
利润总额(万元)	21468.63	41293.81	42853.60
净利润(万元)	14413.80	27689.15	28723.60

十大股东 序号	股东名称	股份性质	持股数(万股)	比例(%)
1	天津政投资	国有股	83902.00	63.08
2	香港中央结算(代理人)公司	流通股	3354.35	2.52
3	渤海证券	境内法人股,流通A股	103.07	0.08
4	沈阳铁路局	境内法人股	350.00	0.26
5	中国工商银行-国联安德盛小盘精选证券投资基金	流通股	348.02	0.26
6	南方证券有限公司	法人股	272.50	0.20
7	上海宝钢设备检测公司	流通 A 股	207.68	0.16
8	中国银河证券有限责任公司	流通 A 股	150.00	0.11
9	上海市企业年金发展中心中金平衡	流通股	121.79	0.09
10	辽宁神农中草药开发有限公司	法人股	100.00	0.08

股东人数	2004.6	2003.12	2003.6	2002
	26230	27873	31771	31746

近年分配	2004 年 5 月 20 日 10 派 0.80	近年配股/增发	

重大事项

本公司与赤壁市建设局于 2004 年 5 月 18 日签署合作框架协议,拟以 BOT(建设-运营-移交)方式融资建设和运营赤壁市污水处理厂,以及以 TOT(移交-运营-移交)方式收购和运营赤壁市供水总公司所属的第一自来水厂、第二自来水厂和蒲纺自来水厂。

二〇〇三年以来市场表现

2003 年涨跌幅(%)	5.80
2003 年最高(元)	7.76
2003 年最低(元)	6.07
2003 年换手率(%)	135.78
2004.06 涨跌幅(%)	-0.83
2004.06 最高(元)	8.77
2004.06 最低(元)	6.70
2004.06 换手率(%)	133.09

东方电机股份有限公司

公司概况							
公司名称	东方电机股份有限公司			股票代码	600875		
注册地址	四川省德阳市黄河西路 188 号			邮政编码	618000		
法人代表	朱元巢			董秘	龚丹		
电话	0838-2409358,2412114			传真	0838-2402125		
主营业务	大中型水轮发电机组						
总股本	45000.00	流通 A	6000.00	流通 B		流通 H	17000.00
审计单位				审计意见	未审计		

主要财务指标 年度	2004.6	2003	2002
每股收益/扣除后(元)	0.4387	0.0670	0.0376
每股经营现金流量(元)	2.4060	2.4300	0.0500
每股净资产/调整后(元)	2.0800	1.7400	1.5000
每股公积金(元)	1.3509	1.3506	1.3500
净资产收益率(%)	3.7400	3.4900	2.2100
总资产(万元)	472448.09	371472.09	276495.59
股东权益(万元)	98613.10	94913.71	90716.07
未分配利润(万元)	-12575.32	-16263.30	-20400.04
主营收入(万元)	89138.38	119962.20	92090.46
资本公积金(万元)	60790.16	60778.72	60749.80
主营利润(万元)	30433.57	29258.18	22014.50
其他业务利润(万元)	857.30	1037.13	-4.15
营业利润(万元)	5070.35	2352.37	158.40
投资收益(万元)	28.83	64.67	953.06
补贴收入(万元)		1362.91	-20.71
营业外收支(万元)	191.99	-367.28	-0.87
利润总额(万元)	5291.16	3412.67	2043.49
净利润(万元)	3687.97	3312.64	2001.14

十大股东 序号	股东名称	股份性质	持股数(万股)	比例(%)
1	东方电机厂	国有法人股	22000.00	48.89
2	香港中央结算(代理人)有限公司	流通 H 股	16831.00	37.40
3	中国银行-华夏回报证券投资基金	流通 A 股	338.35	0.75
4	景福证券投资基金	流通 A 股	320.91	0.71
5	全国工商银行-广发聚富开放式证券投资基金	流通 A 股	150.08	0.33
6	全国社保基金一零四组合	流通 A 股	96.32	0.21
7	裕阳证券投资基金	流通 A 股	89.86	0.20
8	交通银行-久富证券投资基金	流通 A 股	84.84	0.19
9	全国工商银行-国联安德盛小盘精选证券投资基金	流通 A 股	68.44	0.15
10	中国银行-兴安证券投资基金	流通 A 股	66.94	0.15

股东人数	2004.6	2003.12	2003.6	2002
	25977	31665	35978	39464

近年分配		近年配股/增发	

重大事项

根据本公司与东方电机厂签署的 2004-2006 年《服务协议》,于截至 2004 年 6 月 30 日止六个月期间,本公司应支付东方电机厂费用为人民币 49,482 千元,应收取东方电机厂费用为人民币 23,310 千元。

二〇〇三年以来市场表现

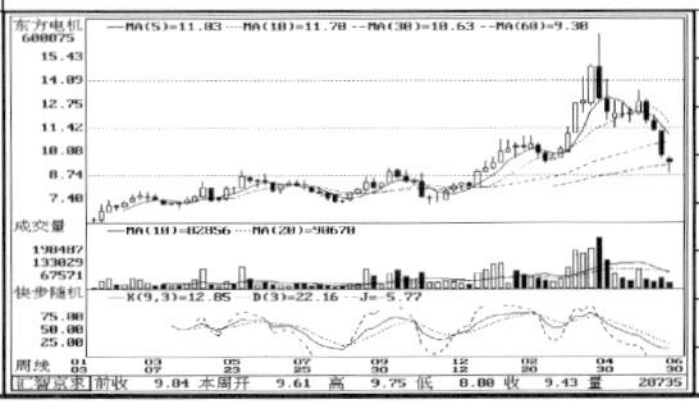

2003 年涨跌幅(%)	47.25
2003 年最高(元)	9.48
2003 年最低(元)	6.06
2003 年换手率(%)	309.98
2004.06 涨跌幅(%)	3.63
2004.06 最高(元)	16.77
2004.06 最低(元)	8.80
2004.06 换手率(%)	366.05

洛阳玻璃股份有限公司

公司概况

公司名称	洛阳玻璃股份有限公司		股票代码	600876	
注册地址	河南省洛阳市西工区唐宫中路9号		邮政编码	471009	
法人代表	刘宝瑛	董秘	王捷		
电话	0379-3908588,3908560	传真	0379-3251984		
主营业务	浮法平板玻璃				
总股本	70000.00	流通A 5000.00	流通B	流通H	25000.00
审计单位		审计意见	未审计		

主要财务指标

年度	2004.6	2003	2002
每股收益/扣除后(元)	0.0380	-0.4850	-0.4800
每股经营现金流量(元)	0.2060	0.1720	0.0370
每股净资产/调整后(元)	0.8200	0.6100	
每股公积金(元)	1.3865	1.3865	1.3859
净资产收益率(%)	0.0400	-39.1000	-28.3000
总资产(万元)	229916.59	232365.50	283570.00
股东权益(万元)	91004.30	87592.00	12804.00
未分配利润(万元)	-98459.40	-101868.20	-67590.00
主营收入(万元)	53102.90	97884.60	82519.00
资本公积金(万元)	97056.30	97052.80	97013.00
主营利润(万元)	13568.30	14014.60	3447.00
其他业务利润(万元)			
营业利润(万元)	3220.20	-27015.00	18330.70
投资收益(万元)	437.20	-6905.50	293.00
补贴收入(万元)			
营业外收支(万元)	748.00	-101.30	1.04
利润总额(万元)	4405.40	-34021.80	39022.00
净利润(万元)	3408.80	-34251.30	-34469.00

十大股东

序号	股东名称	股份性质	持股数(万股)	比例(%)
1	中国洛阳浮法玻璃集团有限责任公司	国有法人股	40000.00	57.14
2	香港中央结算(代理人)有限公司	流通H股	24691.50	35.27
3	金信信托投资股份有限公司	流通H股	407.34	0.58
4	中国银行-嘉实成长收益型证券投资基金	流通A股	156.62	0.22
5	中国工商银行-隆元证券投资基金	流通A股	148.65	0.21
6	HSBC NOMINEES(HONG KONG) LIMITED	流通H股	55.00	0.08
7	温正和	流通A股	53.83	0.08
8	CHUK YERMRN LIZA	流通H股	37.40	0.05
9	贝国浩	流通A股	30.00	0.04
10	WONG SING TO	流通H股	20.00	0.03

股东人数	2004.6	2003.12	2003.6	2002
	23897	30410	31708	31948

近年分配		近年配股/增发	

重大事项

1998年12月30日,本公司在广东发展银行郑州分行银基分理处定期存款人民币2300万元,存款期限1年。其后,本公司在存款到期后取款过程中,双方发生纠纷。广东发展银行郑州分行银基支行以1998年12月本公司为河南银基房地产开发有限公司在广东发展银行郑州分行商城支行贷款人民币2185万元提供担保,现河南银基房地产开发有限公司逾期未偿还贷款,担保人应承担担保责任为由,拒绝本公司支取款项。本公司上诉至最高人民法院。最高人民法院于2004年2月最终判决本公司胜诉。

二〇〇三年以来市场表现

2003年涨跌幅(%)	-30.88
2003年最高(元)	7.34
2003年最低(元)	4.00
2003年换手率(%)	202.21
2004.06涨跌幅(%)	24.64
2004.06最高(元)	7.46
2004.06最低(元)	4.00
2004.06换手率(%)	245.87

中国嘉陵工业股份有限公司(集团)

公司概况

公司名称	中国嘉陵工业股份有限公司(集团)		股票代码	600877	
注册地址	重庆市沙坪坝区双碑		邮政编码	400032	
法人代表	靖波	董秘	黄经雨		
电话	023-65194095	传真	023-65196666		
主营业务	摩托车及其发动机				
总股本	47387.09	流通A 21960.00	流通B	流通H	
审计单位		审计意见	未审计		

主要财务指标

年度	2004.6	2003	2002
每股收益/扣除后(元)	-0.0485	-0.0327	-0.3600
每股经营现金流量(元)	0.1600	0.2600	0.3000
每股净资产/调整后(元)	2.3240	2.2900	2.3300
每股公积金(元)	0.6387	0.6387	0.6377
净资产收益率(%)	0.1400	0.4800	-14.2900
总资产(万元)	378175.09	382797.47	377182.84
股东权益(万元)	117683.11	117694.07	117600.75
未分配利润(万元)	-18063.89	-18232.61	-18816.47
主营收入(万元)	151454.95	298588.56	288733.25
资本公积金(万元)	30267.48	30267.48	30217.72
主营利润(万元)	11606.89	31918.22	23825.63
其他业务利润(万元)	2103.08	3925.66	-111.00
营业利润(万元)	-692.20	-1424.51	-15796.50
投资收益(万元)	-361.43	-47.06	-1902.75
补贴收入(万元)	840.00	1218.27	-5.96
营业外收支(万元)	-19.62	-50.29	-0.67
利润总额(万元)	-233.24	-303.58	-17329.13
净利润(万元)	168.72	561.26	-16805.51

十大股东

序号	股东名称	股份性质	持股数(万股)	比例(%)
1	中国兵器装备集团	国家股	25427.08	53.66
2	哈里投资	流通A股	1397.90	2.95
3	重庆水务	流通A股	1096.94	2.31
4	道里投资	流通A股	683.36	1.44
5	哈里实业	流通A股	359.67	0.76
6	春秋酒业	流通A股	228.20	0.48
7	财劳服务	流通A股	173.41	0.37
8	李卓	流通A股	153.46	0.32
9	中山物业	流通A股	148.50	0.31
10	迟丽瑞	流通A股	99.20	0.21

股东人数	2004.6	2003.12	2003.6	2002
	86545	91827	97662	103197

近年分配		近年配股/增发	

重大事项

司第六届董事会第五次会议审议通过了《关于收购嘉陵工业有限公司部分光学经营性资产的预案》,该部分资产包括固定资产及土地使用权,并提交二OO三年年度股东大会审议。但由于该预案涉及的土地使用权性质为国有划拨地,按照相关法律法规的规定,在嘉陵工业有限公司未将该宗土地变更为出让地之前,不能实施转让,因此该预案未获二OO三年年度股东大会审议通过。

二〇〇三年以来市场表现

2003年涨跌幅(%)	-13.48
2003年最高(元)	6.20
2003年最低(元)	3.90
2003年换手率(%)	103.33
2004.06涨跌幅(%)	-7.67
2004.06最高(元)	5.40
2004.06最低(元)	3.88
2004.06换手率(%)	60.77

长征火箭技术股份有限公司

公司概况

公司名称	长征火箭技术股份有限公司	股票代码	600879
注册地址	武汉市经济技术开发区高科技园	邮政编码	430015
法人代表	王宗银	董秘	吕凡
电话	027-85487719	传真	027-85487727
主营业务	民用航天		
总股本	35149.98	流通 A	20571.19
流通 B		流通 H	
审计单位	北京中证国华会计师事务所有限公司	审计意见	标准无保留

主要财务指标

年度	2004.6	2003	2002
每股收益 / 扣除后(元)	0.1573	0.3300	0.5200
每股经营现金流量(元)	–0.1310	0.0800	0.5000
每股净资产 / 调整后(元)	2.8600	2.7000	3.5300
每股公积金(元)	0.6867	0.6867	1.3259
净资产收益率(%)	5.4900	12.7900	14.3600
总资产(万元)	179630.95	176075.87	144219.69
股东权益(万元)	100598.60	95073.54	82814.07
未分配利润(万元)	32605.55	27080.49	21362.66
主营收入(万元)	35749.08	60707.57	56266.02
资本公积金(万元)	24137.88	24137.88	31070.17
主营利润(万元)	16447.30	29153.53	19699.76
其他业务利润(万元)	211.81	146.86	–0.96
营业利润(万元)	6252.99	13597.74	12365.75
投资收益(万元)	–31.67	14.75	–351.59
补贴收入(万元)	10.94		
营业外收支(万元)	–4.87	–54.45	–0.35
利润总额(万元)	6227.38	13558.03	12021.24
净利润(万元)	5525.06	12161.76	11888.70

十大股东

序号	股东名称	股份性质	持股数(万股)	比例(%)
1	中国航天时代电子公司	法人股	8442.81	24.02
2	湖北聚源科技投资有限公司	法人股	2857.11	8.13
3	华夏证券有限公司	流通 A 股	1740.85	4.95
4	武汉国有资产经营公司	国家股	1058.18	3.01
5	上海同盛投资(集团)有限公司	流通 A 股	994.06	2.83
6	深圳市海鑫田实业有限公司	境内法人股	771.64	2.20
7	上海市企业年金发展中心华夏成长	流通 A 股	587.41	1.67
8	武汉创科技术开发有限责任公司	境内法人股	568.66	1.62
9	拓普实业投资有限责任公司	流通 A 股	518.35	1.47
10	湖南夏华经贸有限公司	流通 A 股	469.00	1.33

股东人数	2004.6	2003.12	2003.6	2002
	19174	20687	22841	27825

近年分配		近年配股/增发	

重大事项

公司于 2004 年 1 月 15 日收到北京市高级人民法院(2004)高民初字第 31 号《应诉通知书》及《民事诉状》。公司在接到《应诉通知书》及《民事诉状》后，已经成立了应对工作小组，并聘请了律师，对此事展开了全面的调查工作，积极应诉。由于本次诉讼存在诸多不确定因素，而且法庭调查正在进行之中，故目前尚不能合理估计本次诉讼对公司产生的影响。

二〇〇三年以来市场表现

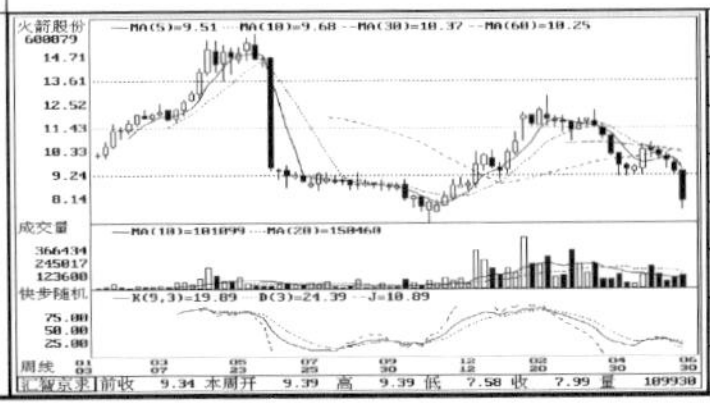

2003 年涨跌幅(%)	47.43
2003 年最高(元)	10.50
2003 年最低(元)	6.63
2003 年换手率(%)	141.78
2004.06 涨跌幅(%)	–22.58
2004.06 最高(元)	12.88
2004.06 最低(元)	7.58
2004.06 换手率(%)	194.22

成都博瑞传播股份有限公司

公司概况

公司名称	成都博瑞传播股份有限公司	股票代码	600880
注册地址	四川省成都市郫县唐昌镇南外街 2 号	邮政编码	610031
法人代表	孙旭军	董秘	张跃铭
电话	028-87651183	传真	028-87651183
主营业务	信息传播服务		
总股本	18225.21	流通 A	5862.84
流通 B		流通 H	
审计单位		审计意见	未审计

主要财务指标

年度	2004.6	2003	2002
每股收益 / 扣除后(元)	0.1331	0.4300	0.3900
每股经营现金流量(元)	0.0010	0.9200	0.6000
每股净资产 / 调整后(元)	1.7000	2.2600	1.9800
每股公积金(元)	0.1142	0.1857	0.2599
净资产收益率(%)	8.1200	17.5100	18.5300
总资产(万元)	59125.31	56251.42	41270.49
股东权益(万元)	33012.98	31435.30	25929.90
未分配利润(万元)	2688.03	3912.15	1633.84
主营收入(万元)	15915.48	34685.95	26652.72
资本公积金(万元)	2081.77	3383.57	3383.20
主营利润(万元)	7668.31	17047.24	13924.07
其他业务利润(万元)	2.23	26.70	1.43
营业利润(万元)	5024.74	11816.12	10977.12
投资收益(万元)	–590.81	–2287.13	–1428.47
补贴收入(万元)			
营业外收支(万元)	–10.55	–12.84	0.14
利润总额(万元)	4423.38	9516.15	9312.82
净利润(万元)	2681.28	5505.02	4806.04

十大股东

序号	股东名称	股份性质	持股数(万股)	比例(%)
1	成都博瑞投资有限责任公司	境内法人股	5433.12	29.81
2	成都新闻宾馆	国有法人股	2556.46	14.03
3	成都新阳实业投资有限公司	境内法人股	846.55	4.64
4	深圳农村信用合作社联合社	境内法人股	327.60	1.80
5	深圳市旭能投资有限公司	境内法人股	327.60	1.80
6	四川雪豪投资咨询有限公司	境内法人股	275.80	1.51
7	四川省世旗投资管理有限公司	境内法人股	238.28	1.31
8	上海新元投资有限公司	境内法人股	170.80	0.94
9	上海中策投资咨询有限公司	境内法人股	168.00	0.92
10	成都城建投资发展股份有限公司	境内法人股	163.80	0.90

股东人数	2004.6	2003.12	2003.6	2002
	4221	5096	6234	5412

近年分配	2004 年 4 月 8 日 10 派 0.75	近年配股/增发	2004 年 4 月 8 日 10 转 1 送 3

重大事项

根据公司 2003 年度股东大会决议和授权，报告期内董事会实施了 2003 年度利润分配和资本公积金转增股本方案[按 2003 年末总股份为基数，向全体股东实施每 10 股派发股票股利 3 股、派送现金 0.75 元(含税)，转增 1 股。

二〇〇三年以来市场表现

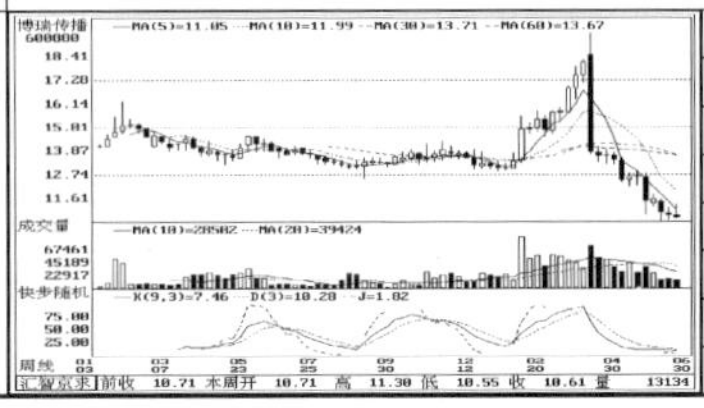

2003 年涨跌幅(%)	–4.76
2003 年最高(元)	11.48
2003 年最低(元)	8.88
2003 年换手率(%)	127.86
2004.06 涨跌幅(%)	12.32
2004.06 最高(元)	14.03
2004.06 最低(元)	9.16
2004.06 换手率(%)	159.65

吉林亚泰(集团)股份有限公司

公司概况

公司名称	吉林亚泰(集团)股份有限公司	股票代码	600881
注册地址	长春市吉林大道1801号	邮政编码	130031
法人代表	宋尚龙	董秘	孙晓峰
电话	0431-4956688	传真	0431-4951400
主营业务	房地产、水泥		
审计单位		审计意见	未审计

总股本	流通A	流通B	流通H
55776.09	35817.03		

主要财务指标

年度	2004.6	2003	2002
每股收益/扣除后(元)	0.0778	0.1500	0.2400
每股经营现金流量(元)	0.1830	-0.1300	0.2300
每股净资产/调整后(元)	4.0600	3.9700	3.7300
每股公积金(元)	2.1913	2.1913	1.9547
净资产收益率(%)	1.8500	3.9400	6.6900
总资产(万元)	650276.25	620417.50	519179.75
股东权益(万元)	233465.52	229154.16	183190.48
未分配利润(万元)	37189.36	32878.00	26424.02
主营收入(万元)	101265.05	158076.91	148206.55
资本公积金(万元)	122222.68	122222.68	92867.06
主营利润(万元)	26691.01	40896.71	46505.69
其他业务利润(万元)	439.92	848.54	-17.88
营业利润(万元)	3728.99	5935.77	18073.45
投资收益(万元)	830.68	1433.77	-1929.65
补贴收入(万元)	1400.82	4139.75	-57.69
营业外收支(万元)	-41.05	-385.02	13.34
利润总额(万元)	5919.44	11124.26	17991.15
净利润(万元)	4311.37	9031.49	12264.31

十大股东

序号	股东名称	股份性质	持股数(万股)	比例(%)
1	长春市国有资产管理委员会办公室	国家股	18063.31	32.39
2	辽源市财政局	国家股	1895.76	3.40
3	中国银行-嘉实服务增值行业证券投资基金	流通A股	269.44	0.48
4	上海交大科技园(上饶)有限公司	流通A股	192.20	0.34
5	上海市企业年金发展中心申万平衡	流通A股	187.27	0.34
6	傅育	流通A股	162.71	0.29
7	裕隆证券投资基金	流通A股	100.73	0.18
8	赵杰	流通A股	59.27	0.11
9	蔡晓东	流通A股	55.77	0.10
10	占承柱	流通A股	55.37	0.10

股东人数	2004.6	2003.12	2003.6	2002
	148600	161061	151056	154184

近年分配		近年配股/增发	

重大事项

经公司第六届第十五次董事会和2004年第一次临时股东大会审议通过，公司的所属子公司吉林亚泰房地产开发有限公司将部分固定资产—亚泰富苑一至七层裙楼及附属设施租赁给吉林亚泰富苑购物中心有限公司，该部分固定资产工程造价为534,115,000元，全年租赁费用为14,000,000元。目前租赁手续已办理完毕。

二〇〇三年以来市场表现

2003年涨跌幅(%)	6.23
2003年最高(元)	6.33
2003年最低(元)	5.00
2003年换手率(%)	141.10
2004.06涨跌幅(%)	-24.65
2004.06最高(元)	6.51
2004.06最低(元)	4.27
2004.06换手率(%)	93.30

山东大成农药股份有限公司

公司概况

公司名称	山东大成农药股份有限公司	股票代码	600882
注册地址	山东省淄博市张店区洪沟路25号	邮政编码	255009
法人代表	耿佃杰	董秘	于宁
电话	0533-2111919	传真	0533-2113511
主营业务	化学农药及化工		
审计单位		审计意见	未审计

总股本	流通A	流通B	流通H
18584.91	9682.96		

主要财务指标

年度	2004.6	2003	2002
每股收益/扣除后(元)	0.0516	-0.0300	0.0220
每股经营现金流量(元)	0.1390	0.0800	0.1600
每股净资产/调整后(元)	2.3600	2.3000	2.5500
每股公积金(元)	1.3993	1.3993	1.3993
净资产收益率(%)	1.8490	0.4600	0.9000
总资产(万元)	112363.00	105086.71	104697.49
股东权益(万元)	49804.07	48914.88	48743.11
未分配利润(万元)	1970.42	1049.49	892.02
主营收入(万元)	38019.33	46478.72	44648.75
资本公积金(万元)	26005.18	26005.18	26004.93
主营利润(万元)	4902.25	6121.57	6707.45
其他业务利润(万元)	69.42	240.29	-0.34
营业利润(万元)	1256.51	616.26	228.27
投资收益(万元)	73.48	-80.11	345.55
补贴收入(万元)	20.00		
营业外收支(万元)	-33.33	-268.95	-4.18
利润总额(万元)	1316.66	267.20	501.76
净利润(万元)	920.92	225.81	440.47

十大股东

序号	股东名称	股份性质	持股数(万股)	比例(%)
1	淄博市国有资产管理局	国有法人股	8773.91	47.21
2	张店向阳化工厂	境内法人股	58.64	0.32
3	林步清	流通A股	24.88	0.13
4	罗辉	流通A股	20.50	0.11
5	鲍秀清	流通A股	20.30	0.11
6	朱晔	流通A股	19.28	0.10
7	弋国海	流通A股	17.67	0.10
8	马锡添	流通A股	17.19	0.09
9	程德利	流通A股	14.44	0.08
10	山东省农业生产资料公司淄博分公司	境内法人股	13.80	0.07

股东人数	2004.6	2003.12	2003.6	2002
	55297	57200	58747	60604

近年分配		近年配股/增发	

重大事项

截止到2004年6月30日，公司控股股东及关联方共占用公司资金12155万元，其中公司替控股股东代垫非经营性支出及离退休人员费用5567万元；公司非控股子公司山东成丰化工有限公司占用资金573万元，公司控股子公司淄博合力化工有限公司占用资金304万元，以上两项资金占用均属企业间正常购销业务往来；公司应享有的淄博热电股份有限公司股权5711万千元，该项股权控股股东尚未办理过户手续。

二〇〇三年以来市场表现

2003年涨跌幅(%)	-27.34
2003年最高(元)	6.93
2003年最低(元)	4.00
2003年换手率(%)	95.44
2004.06涨跌幅(%)	-2.38
2004.06最高(元)	5.74
2004.06最低(元)	4.00
2004.06换手率(%)	94.45

云南博闻科技实业股份有限公司

公司概况							
公司名称	云南博闻科技实业股份有限公司			股票代码	600883		
注册地址	云南省保山市汉庄镇黑石头			邮政编码	678000		
法人代表	刘志波		董秘	赵建军			
电话	0875-2218496		传真	0875-2218498			
主营业务	计算机软硬件、网络开发						
总股本	19818.00	流通 A	6318.00	流通 B		流通 H	
审计单位			审计意见	未审计			

主要财务指标

年度	2004.6	2003	2002
每股收益 / 扣除后(元)	0.0292	0.0160	0.0240
每股经营现金流量(元)	0.1800	-0.0230	-0.4600
每股净资产 / 调整后(元)	1.3080	1.2760	1.2720
每股公积金(元)	0.1351	0.1348	0.1262
净资产收益率(%)	2.2300	0.7300	2.0900
总资产(万元)	56865.15	55664.95	46965.27
股东权益(万元)	26339.26	25747.31	25437.60
未分配利润(万元)	1172.26	584.43	365.95
主营收入(万元)	3463.83	13036.97	7071.55
资本公积金(万元)	2676.33	2672.21	2500.04
主营利润(万元)	1009.88	1834.80	2100.68
其他业务利润(万元)	-0.33	-5.55	0.40
营业利润(万元)	-396.42	-670.78	571.22
投资收益(万元)	672.52	499.54	80.28
补贴收入(万元)	332.51	423.16	-0.88
营业外收支(万元)	2.47	-61.70	-0.03
利润总额(万元)	611.08	190.22	721.33
净利润(万元)	587.83	187.54	532.16

十大股东

序号	股东名称	股份性质	持股数(万股)	比例(%)
1	深圳市得融投资发展有限公司	境内法人股	4050.00	20.44
2	北京北大资源科技有限公司	境内法人股	2880.00	14.53
3	云南省保山建材实业集团公司	国有法人股	2700.00	13.62
4	云南圣地投资有限公司	境内法人股	2520.00	12.72
5	云南省设计院	境内法人股	270.00	1.36
6	云南省腾冲县保腾商号	境内法人股	270.00	1.36
7	深圳市通乾投资股份有限公司	境内法人股	81.00	0.41
8	保山市永昌村镇建设有限公司	境内法人股	59.94	0.30
9	保山地区建筑工程总公司	境内法人股	54.00	0.27
10	保山地区化轻建材公司	境内法人股	54.00	0.27

股东人数	2004.6	2003.12	2003.6	2002
	27492	27509	28323	25520

近年分配		近年配股 / 增发	

重大事项

经公司董事会第五届四次会议讨论决定，本公司与中国科学院计算技术研究所等单位共同发起成立了联合信源数字音视频技术(北京)有限公司(简称：联合信源)。联合信源注册资本为人民币 4000 万元，共有五家出资单位，其中本公司出资 1350 万元，占 33.75%；中国科学院计算技术研究所出资 1000 万元，占 25%；其余三家股东共出资 1650 万元，占 41.25%。

二〇〇三年以来市场表现

2003 年涨跌幅(%)	-21.66
2003 年最高(元)	7.93
2003 年最低(元)	4.64
2003 年换手率(%)	165.28
2004.06 涨跌幅(%)	-2.94
2004.06 最高(元)	6.85
2004.06 最低(元)	4.92
2004.06 换手率(%)	127.93

宁波杉杉股份有限公司

公司概况							
公司名称	宁波杉杉股份有限公司			股票代码	600884		
注册地址	宁波市百丈路 158 号			邮政编码	315192		
法人代表	郑永刚		董秘	李长春			
电话	0574-88208337,88208375		传真	0574-88208375			
主营业务	西服、休闲服						
总股本	41085.82	流通 A	22798.48	流通 B		流通 H	
审计单位			审计意见	未审计			

主要财务指标

年度	2004.6	2003	2002
每股收益 / 扣除后(元)	0.1038	0.2040	0.2160
每股经营现金流量(元)	0.0230	0.2480	0.2010
每股净资产 / 调整后(元)	3.2800	3.3000	3.0950
每股公积金(元)	1.2673	1.2673	1.2651
净资产收益率(%)	3.2100	6.3200	6.6900
总资产(万元)	230086.72	224127.75	213665.33
股东权益(万元)	136475.98	136308.52	127681.45
未分配利润(万元)	14158.93	13885.59	5063.52
主营收入(万元)	46266.56	86040.41	89481.40
资本公积金(万元)	52069.72	52069.72	51975.99
主营利润(万元)	9988.30	21417.63	21518.78
其他业务利润(万元)	722.15	1664.11	-34.56
营业利润(万元)	3805.39	8588.44	10400.12
投资收益(万元)	914.94	457.26	248.72
补贴收入(万元)	835.70	1803.95	-20.09
营业外收支(万元)	-44.15	-226.86	-0.71
利润总额(万元)	5511.88	10622.79	11540.20
净利润(万元)	4381.91	8614.00	8542.74

十大股东

序号	股东名称	股份性质	持股数(万股)	比例(%)
1	杉杉集团有限公司	境内法人股	15060.59	36.66
2	一百集团有限公司	境内法人股	1211.11	2.95
3	上海永博实业有限公司	境内法人股	997.54	2.43
4	华安创新证券投资基金	流通 A 股	625.02	1.52
5	鄞县经济建设投资咨询有限公司	境内法人股	281.04	0.68
6	刘燃	流通 A 股	272.57	0.66
7	景阳证券投资基金	流通 A 股	266.22	0.65
8	宁波市甬城房地产总公司	境内法人股	230.29	0.56
9	裕阳证券投资基金	流通 A 股	165.44	0.40
10	余姚市宝马印刷器材有限公司	境内法人股	153.47	0.37

股东人数	2004.6	2003.12	2003.6	2002
	79210	91433	95981	96241

近年分配	2004 年 3 月 24 日 10 派 1.00	近年配股 / 增发	

重大事项

2004 年 3 月 3 日召开的 2003 年年度股东大会审议通过了 2003 年度利润分配方案。以 2003 年年末总股本 410,858,247 股为基数，向全体股东每 10 股派现金红利 1 元(含税)。股权登记日为：2004 年 3 月 23 日；除息日：2004 年 3 月 24 日；红利已于 2004 年 3 月 31 日发放。

二〇〇三年以来市场表现

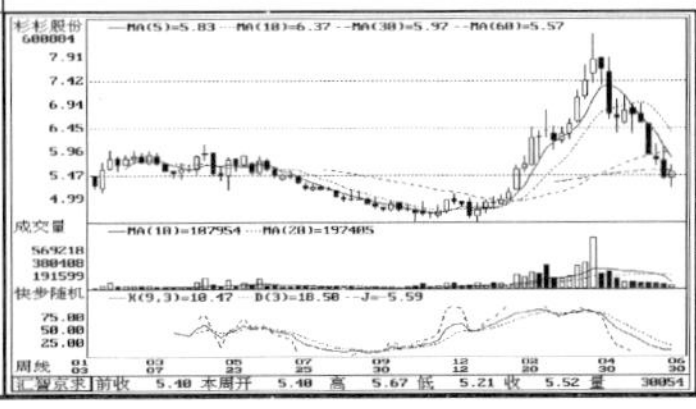

2003 年涨跌幅(%)	-10.85
2003 年最高(元)	5.80
2003 年最低(元)	4.40
2003 年换手率(%)	87.79
2004.06 涨跌幅(%)	20.00
2004.06 最高(元)	8.40
2004.06 最低(元)	4.56
2004.06 换手率(%)	191.36

武汉力诺工业股份有限公司

公司概况

公司名称	武汉力诺工业股份有限公司			股票代码	600885		
注册地址	武汉市桥口区古田路十七号			邮政编码	430015		
法人代表	申英明			董秘	杨川		
电话	027-85497163			传真	027-85497085		
主营业务	太阳能光热转化材料						
总股本	12980.71	流通 A	4986.80	流通 B		流通 H	
审计单位				审计意见	未审计		

主要财务指标

年度	2004.6	2003	2002
每股收益/扣除后(元)	0.0293	0.0700	0.1300
每股经营现金流量(元)	0.0060	0.5800	0.3300
每股净资产/调整后(元)	1.6100	1.5800	1.5100
每股公积金(元)	0.4810	0.4802	0.7980
净资产收益率(%)	1.8400	4.7600	8.7600
总资产(万元)	63630.90	64185.42	58402.01
股东权益(万元)	20995.94	20598.29	19592.26
未分配利润(万元)	1220.40	833.23	-5491.02
主营收入(万元)	15986.01	23493.75	20323.71
资本公积金(万元)	6243.81	6233.33	10358.56
主营利润(万元)	2596.94	4752.27	5085.59
其他业务利润(万元)	56.66	130.71	2.48
营业利润(万元)	237.92	744.86	1153.72
投资收益(万元)	251.62	582.23	577.98
补贴收入(万元)			
营业外收支(万元)	-10.58	-0.52	0.01
利润总额(万元)	478.95	1326.57	1719.81
净利润(万元)	387.18	980.26	1715.90

十大股东

序号	股东名称	股份性质	持股数(万股)	比例(%)
1	山东力诺新材料有限公司	境内法人股	2853.40	21.98
2	力诺集团有限公司	境内法人股	1024.30	7.89
3	湖北华亿实业有限公司	境内法人股	438.98	3.38
4	武汉开元科技创业投资有限公司	境内法人股	438.53	3.38
5	上海东圣君和创业投资有限公司	境内法人股	390.00	3.00
6	海南伟邦投资有限公司	境内法人股	182.00	1.40
7	上海浦宁科技有限公司	境内法人股	182.00	1.40
8	武汉市科技城市信用社	境内法人股	118.30	0.91
9	铁道部第四勘探设计院	境内法人股	109.20	0.84
10	杭州国梁经济信息咨询有限公司	境内法人股	100.00	0.77

股东人数	2004.6	2003.12	2003.6	2002
	20545	20283	20276	20191

近年分配		近年配股/增发	

重大事项

2004 年 4 月 1 日,公司董事会四届八次会议审议通过关于规范对外担保的《公司章程》修改案和《投资者关系管理制度》;2004 年 5 月 28 日,公司 2003 年年度股东大会审议通过关于规范对外担保的《公司章程》修改案。

二〇〇三年以来市场表现

2003 年涨跌幅(%)	-35.19
2003 年最高(元)	10.32
2003 年最低(元)	4.90
2003 年换手率(%)	233.83
2004.06 涨跌幅(%)	1.49
2004.06 最高(元)	7.52
2004.06 最低(元)	5.32
2004.06 换手率(%)	184.98

国投华靖电力控股股份有限公司

公司概况

公司名称	国投华靖电力控股股份有限公司			股票代码	600886		
注册地址	甘肃省兰州市城关区张苏滩 575 号			邮政编码	100034		
法人代表	卜繁森			董秘	魏琼		
电话	010-66579500			传真	010-66579507		
主营业务	经营以电力生产为主的能源项目						
总股本	28174.58	流通 A	10731.70	流通 B		流通 H	
审计单位	华证会计师事务所			审计意见	标准无保留		

主要财务指标

年度	2004.6	2003	2002
每股收益/扣除后(元)	0.5964	0.7800	-0.0440
每股经营现金流量(元)	1.3220	2.8200	0.8150
每股净资产/调整后(元)	3.6880	3.6500	2.9250
每股公积金(元)	1.7770	1.7766	1.7961
净资产收益率(%)	14.0900	19.9600	-4.1360
总资产(万元)	928497.69	460050.84	468875.25
股东权益(万元)	119876.05	102971.41	82416.45
未分配利润(万元)	32778.35	15885.46	-8017.34
主营收入(万元)	105459.93	137659.72	253638.05
资本公积金(万元)	50065.64	50053.90	50605.24
主营利润(万元)	41102.81	52149.85	9821.20
其他业务利润(万元)	70.84	8.18	0.09
营业利润(万元)	28576.59	33911.64	-1299.61
投资收益(万元)	3933.72	6733.68	2016.85
补贴收入(万元)			
营业外收支(万元)	-6.07	-1389.88	-3.50
利润总额(万元)	32504.24	39255.44	1185.99
净利润(万元)	16892.90	21481.07	-3409.13

十大股东

序号	股东名称	股份性质	持股数(万股)	比例(%)
1	国家开发投资	国家股	16223.44	57.58
2	湖北省石油总公司	境内法人股	581.04	2.06
3	汉兴证券投资基金	流通 A 股	479.74	1.70
4	招商股票投资基金	境内法人股	376.88	1.34
5	上海浦东实华经济发展公司	流通 A 股	344.40	1.22
6	开元证券投资基金	流通 A 股	306.02	1.09
7	海富通收益增长证券投资基金	流通 A 股	261.52	0.93
8	普惠证券投资基金	流通 A 股	261.52	0.93
9	南方稳健成长证券投资基金	流通 A 股	246.92	0.88
10	江南证券有限责任公司	流通 A 股	220.50	0.78

股东人数	2004.6	2003.12	2003.6	2002
	19493	29266	37274	47262

近年分配		近年配股/增发	

重大事项

公司与国投电力公司于 2004 年 1 月 29 日签署《股权转让协议》,以评估后的净资产值 37979.95 万元作为本次股权转让的交易价格。2004 年 3 月 31 日前公司已向国投电力公司支付股权转让价款 19370 万元,另支付二期资本金 5000 万元,余款将在 2004 年底前付清。2004 年 4 月 1 日,公司收购国投曲靖项目实施完成,公司持有国投曲靖 44%的股权,成为第一大股东,同时承继国投电力公司对国投曲靖二期建设增资享有的 43%的出资权。

二〇〇三年以来市场表现

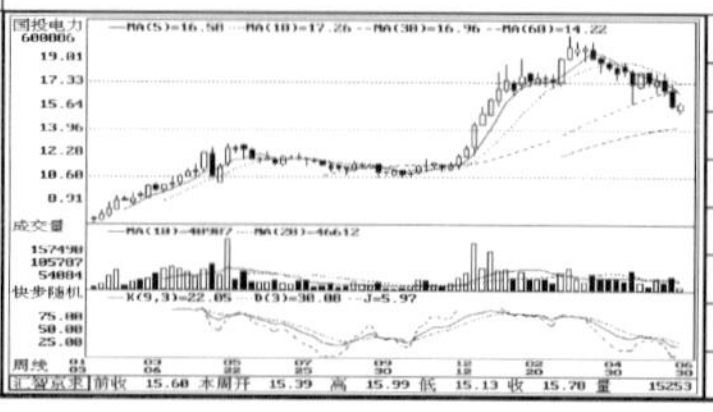

2003 年涨跌幅(%)	108.82
2003 年最高(元)	16.19
2003 年最低(元)	7.23
2003 年换手率(%)	115.37
2004.06 涨跌幅(%)	-0.57
2004.06 最高(元)	20.69
2004.06 最低(元)	15.13
2004.06 换手率(%)	58.12

内蒙古伊利实业集团股份有限公司

公司概况

公司名称	内蒙古伊利实业集团股份有限公司	股票代码	600887
注册地址	内蒙古呼和浩特市金川开发区金四路 8 号	邮政编码	010080
法人代表	郑俊怀	董秘	张显著
电话	0471--3601621,3602359	传真	0471–3601615,3601621
主营业务	农畜产品深加工		
总股本	39126.50	流通 A 25771.07	流通 B / 流通 H
审计单位		审计意见	未审计

主要财务指标

年度	2004.6	2003	2002
每股收益 / 扣除后(元)	0.4146	0.4700	0.7600
每股经营现金流量(元)	1.2130	1.3000	2.1500
每股净资产 / 调整后(元)	4.8000	4.8500	8.7200
每股公积金(元)	2.5538	2.5538	6.0613
净资产收益率(%)	7.7500	10.2300	8.1500
总资产(万元)	481686.28	402626.59	289854.37
股东权益(万元)	197506.16	195106.23	174263.11
未分配利润(万元)	30284.15	27884.22	13926.02
主营收入(万元)	434364.50	629933.37	401009.25
资本公积金(万元)	99920.11	99920.11	118579.10
主营利润(万元)	134528.95	199720.61	131860.95
其他业务利润(万元)	350.72	927.85	164.53
营业利润(万元)	26480.51	30831.53	22061.81
投资收益(万元)	–1927.44	26.51	–49.09
补贴收入(万元)	655.98	1089.80	–7.99
营业外收支(万元)	–377.88	–58.68	0.63
利润总额(万元)	24831.18	31889.15	21333.84
净利润(万元)	15311.67	19958.99	14194.84

十大股东

序号	股东名称	股份性质	持股数(万股)	比例(%)
1	金信信托投资股份有限公司	境内法人股	5605.75	14.33
2	呼和浩特市启元投资有限公司	境内法人股	1715.60	4.38
3	博时价值增长证券投资基金	流通 A 股	1289.74	3.30
4	呼和浩特市华世商贸有限公司	境内法人股	844.85	2.16
5	华宝信托投资有限责任公司	境内法人股、流通 A 股	835.31	2.13
6	同益证券投资基金	流通 A 股	763.09	1.95
7	内蒙古财信实业有限责任公司	境内法人股	724.00	1.85
8	中信经典配置证券投资基金	流通 A 股	706.66	1.81
9	宝康消费品证券投资基金	流通 A 股	628.00	1.61
10	内蒙古元和实业股份有限公司	境内法人股	576.20	1.47

股东人数	2004.6	2003.12	2003.6	2002
	28379	32687	30062	38159

近年分配	2004 年 7 月 15 日 10 派 3.30	近年配股 / 增发	

重大事项

2004 年 6 月 22 日,中国证券监督管理委员会内蒙古监管局进入公司,就公司国债投资等事宜,对公司进行专项核查。2004 年 7 月 21 日,公司收到中国证券监督管理委员会内蒙古监管局下发的内监立通字 1 号立案调查通知书。

二○○三年以来市场表现

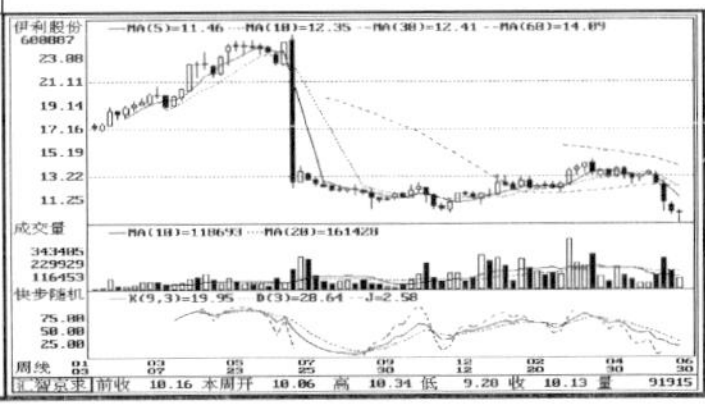

2003 年涨跌幅(%)	35.59
2003 年最高(元)	13.99
2003 年最低(元)	8.40
2003 年换手率(%)	171.58
2004.06 涨跌幅(%)	–14.37
2004.06 最高(元)	14.55
2004.06 最低(元)	9.28
2004.06 换手率(%)	157.90

新疆众和股份有限公司

公司概况

公司名称	新疆众和股份有限公司	股票代码	600888
注册地址	新疆维吾尔自治区乌鲁木齐市喀什东路 18 号	邮政编码	830013
法人代表	刘杰	董秘	杨波
电话	0991–6689800	传真	0991–6689882
主营业务	普铝锭、精铝锭		
总股本	10338.90	流通 A 2925.00	流通 B / 流通 H
审计单位		审计意见	未审计

主要财务指标

年度	2004.6	2003	2002
每股收益 / 扣除后(元)	0.3606	0.4800	0.3830
每股经营现金流量(元)	0.9420	0.1700	0.6300
每股净资产 / 调整后(元)	2.9600	2.6000	2.4300
每股公积金(元)	1.0281	1.0281	0.9651
净资产收益率(%)	9.6200	11.5800	17.9600
总资产(万元)	137501.98	140416.25	123838.52
股东权益(万元)	33871.45	30602.19	27582.82
未分配利润(万元)	9851.12	6592.06	4696.87
主营收入(万元)	26833.72	48080.34	40018.99
资本公积金(万元)	10629.64	10629.64	9978.21
主营利润(万元)	9042.96	17569.40	14854.97
其他业务利润(万元)	568.70	286.96	8.13
营业利润(万元)	4033.67	5515.71	6100.32
投资收益(万元)	58.62	447.32	–83.81
补贴收入(万元)			
营业外收支(万元)	–559.63	–1802.00	–2.70
利润总额(万元)	3532.66	4161.03	5781.23
净利润(万元)	3259.06	3543.79	4824.71

十大股东

序号	股东名称	股份性质	持股数(万股)	比例(%)
1	特变电工股份有限公司	境内法人股	3041.90	29.42
2	云南富邦科技实业股份有限公司	国有法人股	2608.70	25.23
3	新疆国际信托投资有限责任公司	境内法人股	800.00	7.74
4	上海宝山杨行铜材厂	境内法人股	521.95	5.05
5	上海紫光投资发展有限公司	境内法人股	75.00	0.73
6	上海颂杨实业有限公司	境内法人股	50.00	0.48
7	上海晶旌贸易有限公司	境内法人股	40.00	0.39
8	上海晶灿工贸有限公司	境内法人股	30.00	0.29
9	上海文杰科贸有限公司	境内法人股	27.00	0.26
10	上海渝华电话工程有限公司	境内法人股	25.00	0.24

股东人数	2004.6	2003.12	2003.6	2002
	16613	16917	13569	13338

近年分配		近年配股 / 增发	

重大事项

经公司董事会三届四次会议审议通过了《关于公司与新疆源泰铝业有限公司签订贸易合同的议案》,根据协议规定:至 2004 年 12 月 31 日,公司拟销售给新疆源泰铝业有限公司 3000 吨重熔用铝锭,以提货当日上海金属交易所期货铝锭结算价为基础,每吨下浮 180 元,付款方式为现款结算。

二○○三年以来市场表现

2003 年涨跌幅(%)	–22.33
2003 年最高(元)	15.16
2003 年最低(元)	7.83
2003 年换手率(%)	291.05
2004.06 涨跌幅(%)	–22.81
2004.06 最高(元)	12.18
2004.06 最低(元)	7.89
2004.06 换手率(%)	189.42

南京化纤股份有限公司

公司概况

公司名称	南京化纤股份有限公司		股票代码	600889	
注册地址	江苏省南京市高新技术产业开发区20幢B二楼		邮政编码	210038	
法人代表	沈光宇		董秘	郑立标	
电话	025-85561011-3616,13809038879		传真	025-85562809	
主营业务	粘胶长丝和自来水				
总股本	16154.74	流通 A 6681.85	流通 B	流通 H	
审计单位	南京永华会计师事务所		审计意见	标准无保留	

主要财务指标

年度	2004.6	2003	2002
每股收益/扣除后(元)	0.1827	0.4300	0.2000
每股经营现金流量(元)	0.0630	-0.0200	0.4500
每股净资产/调整后(元)	3.6700	3.5100	3.0700
每股公积金(元)	1.1781	1.1781	1.1491
净资产收益率(%)	5.0700	11.5100	6.6300
总资产(万元)	93856.67	92504.74	77728.78
股东权益(万元)	59307.39	56787.88	49785.74
未分配利润(万元)	16482.36	13962.85	9091.14
主营收入(万元)	30331.87	68686.16	39552.79
资本公积金(万元)	19031.85	19031.85	18563.85
主营利润(万元)	6595.29	14272.02	7285.27
其他业务利润(万元)	15.08	408.26	9.58
营业利润(万元)	3972.21	8623.56	4062.75
投资收益(万元)	-45.98	-62.33	-7.43
补贴收入(万元)	60.00	64.93	-0.15
营业外收支(万元)	-7.33	-507.78	-1.52
利润总额(万元)	3978.75	8118.38	3950.37
净利润(万元)	3004.15	6534.14	3301.57

十大股东

序号	股东名称	股份性质	持股数(万股)	比例(%)
1	南京市国有资产经营(控股)有限公司	国家股	8594.85	53.20
2	南京纺织产业(集团)有限公司	国家股	254.04	1.57
3	民生证券有限责任公司	流通股	166.68	1.03
4	江苏省海外企业信团有限公司	法人股	124.80	0.77
5	马鞍山金星化工(集团)有限公司	法人股	46.80	0.29
6	华泰证券有限责任公司	法人股	39.40	0.24
7	南京棉麻总公司	法人股	390.00	2.41
8	南京纺织工贸实业(集团)公司	法人股	31.20	0.19
9	左传慧	流通股	29.50	0.18
10	覃春秀	流通股	29.50	0.18

股东人数	2004.6	2003.12	2003.6	2002
	25520	25509	24825	25899

近年分配		近年配股/增发	

重大事项

公司租赁南京化学纤维厂的酸站、水冷、电汽等部分辅助生产用固定资产,2004年上半年继续租赁,月租赁费44.63万元,扣除租赁费用后,本报告期内实际收益-37.46万元。

二〇〇三年以来市场表现

2003年涨跌幅(%)	4.53
2003年最高(元)	9.97
2003年最低(元)	7.22
2003年换手率(%)	81.03
2004.06涨跌幅(%)	-17.58
2004.06最高(元)	10.58
2004.06最低(元)	7.13
2004.06换手率(%)	88.07

中房置业股份有限公司

公司概况

公司名称	中房置业股份有限公司		股票代码	600890	
注册地址	北京宣武区广安门外大街377号1号楼200房间		邮政编码	100011	
法人代表	殷友田		董秘	张涛	
电话	010-64218263		传真	010-64218126	
主营业务	房地产开发、物业管理				
总股本	48485.10	流通 A 20509.55	流通 B	流通 H	
审计单位			审计意见	未审计	

主要财务指标

年度	2004.6	2003	2002
每股收益/扣除后(元)	-0.0069	0.0600	-0.0760
每股经营现金流量(元)	-0.0900	0.6100	-0.0960
每股净资产/调整后(元)	1.4000	1.4500	1.4100
每股公积金(元)	0.2185	0.2092	0.1876
净资产收益率(%)	-4.5700	0.8500	-5.3600
总资产(万元)	198325.39	218079.66	103577.25
股东权益(万元)	68102.87	70461.01	68721.26
未分配利润(万元)	616.24	3481.72	3115.85
主营收入(万元)	4144.70	60774.04	19293.24
资本公积金(万元)	10593.22	10141.06	9095.46
主营利润(万元)	1211.93	12617.74	-936.45
其他业务利润(万元)	17.16	158.79	6.72
营业利润(万元)	-260.18	7682.92	-10761.03
投资收益(万元)	-2677.83	-1892.82	2104.75
补贴收入(万元)		0.44	0.44
营业外收支(万元)	-139.95	-609.47	-1.55
利润总额(万元)	-3077.97	5181.08	-8448.20
净利润(万元)	-3109.71	596.32	-3684.75

十大股东

序号	股东名称	股份性质	持股数(万股)	比例(%)
1	中国房地产开发集团公司	国有法人股	14438.70	29.78
2	上海唯亚实业投资有限公司	境内法人股	10666.72	22.00
3	甘肃证券有限责任公司	流通A股	3789.61	7.82
4	海南大宏物业投资公司	流通A股	687.24	1.42
5	江门市蓬江区荣盛实业有限公司	境内法人股	574.60	1.19
6	南京君悦投资咨询有限公司	境内法人股	456.30	0.94
7	武汉证券股份有限公司	流通A股	377.36	0.78
8	中国农业银行上海市分行	流通A股	330.50	0.68
9	广州市宇华商业配送有限公司	境内法人股	287.30	0.59
10	九台市卡伦长铃丰鑫实业有限公司	境内法人股	256.88	0.53

股东人数	2004.6	2003.12	2003.6	2002
	22027	3789	3865	3714

近年分配		近年配股/增发	

重大事项

截至2004年6月30日,公司累计投资国债223,988,865.19元,由于报告期内国债行情低迷,按2004年6月30日上海证券交易所债券交易行情表市价计算,报告期末净值为202,799,765.70元。2004年上半年,公司按行业惯例,累计为购房者提供商品房按揭抵押贷款担保70,606万元。

二〇〇三年以来市场表现

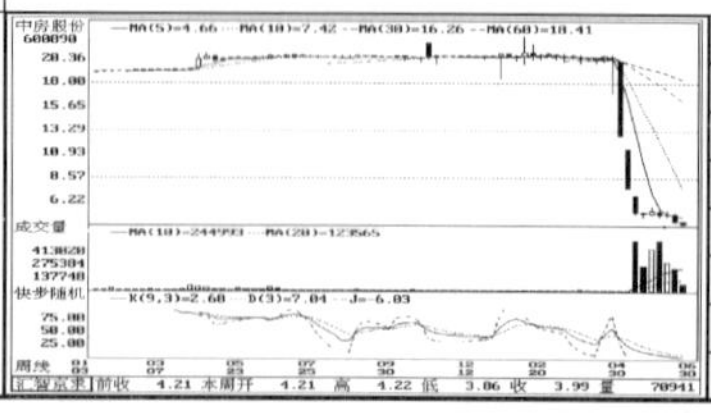

2003年涨跌幅(%)	8.68
2003年最高(元)	21.99
2003年最低(元)	18.94
2003年换手率(%)	20.01
2004.06涨跌幅(%)	-80.69
2004.06最高(元)	22.72
2004.06最低(元)	3.86
2004.06换手率(%)	120.70

哈尔滨秋林集团股份有限公司

公司概况

公司名称	哈尔滨秋林集团股份有限公司	股票代码	600891
注册地址	哈尔滨市南岗区东大直街 319 号	邮政编码	150001
法人代表	蒋贤云	董秘	张景瑞
电话	0451-53644632	传真	0451-53649282
主营业务	商业零售批发		
总股本	24356.41	流通 A	12941.93
流通 B		流通 H	
审计单位	利安达信隆会计师事务所有限责任公司	审计意见	标准无保留

主要财务指标

年度	2004.6	2003	2002
每股收益/扣除后(元)	-0.2018	-0.6340	-0.5600
每股经营现金流量(元)	0.3470	0.0400	0.1100
每股净资产/调整后(元)	0.6200	0.4300	1.6700
每股公积金(元)	1.2149	1.2203	1.2300
净资产收益率(%)	2.9300	-67.4100	-34.4200
总资产(万元)	68476.42	74998.88	90393.00
股东权益(万元)	23991.09	23830.30	40610.00
未分配利润(万元)	-33737.94	-34039.56	-17976.00
主营收入(万元)	4127.08	15144.76	23739.00
资本公积金(万元)	29589.41	29723.25	29957.00
主营利润(万元)	1014.47	3112.55	5726.00
其他业务利润(万元)	645.50	1913.53	374.98
营业利润(万元)	-399.13	-10970.28	-13484.34
投资收益(万元)	492.03	-3630.62	-120.00
补贴收入(万元)			
营业外收支(万元)	600.72	-1531.77	-4.84
利润总额(万元)	693.62	-16132.67	-13973.07
净利润(万元)	701.91	-16063.96	-13973.00

十大股东

序号	股东名称	股份性质	持股数(万股)	比例(%)
1	黑龙江奔马实业集团有限公司	法人股	5991.00	24.60
2	康佳集团股份有限公司	法人股	935.00	3.84
3	银江投资	法人股	915.00	3.76
4	秋林公司食品厂	法人股	397.42	1.63
5	联合证券有限责任公司	法人股	374.00	1.54
6	黑龙江天成物业有限公司	法人股	374.00	1.54
7	上海彭家灯火酒家	法人股	292.70	1.20
8	深圳港京裘革厂有限公司	法人股	280.50	1.15
9	哈尔滨医药集团公司	法人股	187.00	0.77
10	天润集团有限公司	法人股	140.25	0.58

股东人数

2004.6	2003.12	2003.6	2002
35077	43122	45062	49552

近年分配		近年配股/增发	

重大事项

公司 2004 年 5 月 20 日召开的四届十二次董事会会议提交的《关于转让哈尔滨秋林大厦有限公司股份的议案》已经 2003 年度股东大会审议通过：将本公司持有的哈尔滨秋林大厦有限公司的 65%股权，计 5,200 万股(万元)，分别转让给黑龙江东北电力工程有限责任公司、哈尔滨盛永经贸有限公司。

二○○三年以来市场表现

2003 年涨跌幅(%)	-48.19
2003 年最高(元)	5.60
2003 年最低(元)	2.35
2003 年换手率(%)	209.44
2004.06 涨跌幅(%)	32.92
2004.06 最高(元)	3.90
2004.06 最低(元)	2.44
2004.06 换手率(%)	178.95

河北湖大科技教育发展股份有限公司

公司概况

公司名称	河北湖大科技教育发展股份有限公司	股票代码	600892
注册地址	河北省石家庄市中山东路 51 号	邮政编码	050000
法人代表	戴小兵	董秘	李敬
电话	0311-6033718	传真	0311-6033034
主营业务	机械制造、磨削		
总股本	5050.00	流通 A	1530.97
流通 B		流通 H	
审计单位		审计意见	未审计

主要财务指标

年度	2004.6	2003	2002
每股收益/扣除后(元)	-0.1634	-0.9142	-0.4622
每股经营现金流量(元)	0.0110	0.0273	-0.2973
每股净资产/调整后(元)	-0.2160	-0.1295	0.6856
每股公积金(元)	2.1684	2.1684	1.8626
净资产收益率(%)	159.28	-270.50	-31.6551
总资产(万元)	26940.82	28391.85	37581.57
股东权益(万元)	-1091.88	-123.80	5206.74
未分配利润(万元)	-17951.21	-16983.03	-10108.41
主营收入(万元)	4218.64	11201.57	9116.01
资本公积金(万元)	10950.36	10950.27	9406.19
主营利润(万元)	623.96	1573.57	1966.68
其他业务利润(万元)	28.70	86.61	1.34
营业利润(万元)	-812.83	-5811.05	-2702.21
投资收益(万元)	-76.00	-1626.58	127.46
补贴收入(万元)			
营业外收支(万元)	-142.77	312.21	5.63
利润总额(万元)	-1031.60	-7125.42	-1884.91
净利润(万元)	-968.17	-6874.62	-1648.20

十大股东

序号	股东名称	股份性质	持股数(万股)	比例(%)
1	中国华星汽车贸易(集团)公司	法人股	1492.70	29.56
2	贵州汇黔实业有限公司	法人股	548.38	10.86
3	海南谦益金泰投资有限公司	法人股	300.48	5.95
4	上海国拍电子	法人股	250.00	4.95
5	上海葆鑫企业	法人股	232.00	4.59
6	河北省农垦经济技术开发服务中心	法人股	136.35	2.70
7	海南博妮达	法人股	120.00	2.38
8	上海元昌汽配	法人股	100.00	1.98
9	石家庄市军兴实业公司	法人股	57.55	1.14
10	石家庄神威药业	法人股	50.00	0.99

股东人数

2004.6	2003.12	2003.6	2002
2926	3599	4247	7020

近年分配		近年配股/增发	

重大事项

2004 年 5 月 25 日公司五届二十次董事会批准将公司所持石家庄荣昌洗衣有限公司 90.48%的股份转让给石家庄泡泡隆洁衣干洗有限公司的《股权转让协议书》生效。该股权的账面价值为 350 万元，股权转让价格依据中介机构的审计结果核定为 273.8 万元。

二○○三年以来市场表现

2003 年涨跌幅(%)	1.37
2003 年最高(元)	19.20
2003 年最低(元)	11.30
2003 年换手率(%)	204.61
2004.06 涨跌幅(%)	-8.20
2004.06 最高(元)	15.20
2004.06 最低(元)	10.80
2004.06 换手率(%)	113.45

吉林华润生化股份有限公司

公司概况

公司名称	吉林华润生化股份有限公司	股票代码	600893
注册地址	长春市经济技术开发区仙台大街1717号	邮政编码	130033
法人代表	乔世波	董秘	唐昭
电话	0431-5883022	传真	0431-5883058
主营业务	农副产品深加工		
总股本	23491.09	流通A	11531.69
流通B		流通H	
审计单位		审计意见	未审计

主要财务指标

年度	2004.6	2003	2002
每股收益/扣除后(元)	0.0618	0.0900	0.1422
每股经营现金流量(元)	0.2920	–0.1500	1.6900
每股净资产/调整后(元)	2.4900	2.3300	2.2300
每股公积金(元)	1.5243	2.0830	2.0827
净资产收益率(%)	4.1600	5.2700	6.2700
总资产(万元)	143828.97	118267.58	122987.47
股东权益(万元)	60501.50	57949.32	55010.88
未分配利润(万元)	–93.56	–17856.41	–20790.09
主营收入(万元)	50616.26	90480.90	97532.69
资本公积金(万元)	35807.72	48932.17	48924.52
主营利润(万元)	12051.74	16366.79	13584.25
其他业务利润(万元)	56.74	172.29	5.79
营业利润(万元)	4246.62	3849.92	3149.04
投资收益(万元)	524.88	1133.30	948.61
补贴收入(万元)	6.70	17.00	–1.38
营业外收支(万元)	–45.13	–277.45	–0.70
利润总额(万元)	4733.06	4722.77	4041.91
净利润(万元)	2513.89	3052.56	3446.74

十大股东

序号	股东名称	股份性质	持股数(万股)	比例(%)
1	华润(集团)有限公司	外资法人股	8697.84	37.03
2	中国信达资产管理公司	法人股	628.47	2.68
3	上海原材料开发投资公司	法人股	400.63	1.71
4	深圳清水河实业公司	法人股	392.77	1.67
5	东北证券有限责任公司	法人股	314.24	1.34
6	吉林森工集团松江河林业有限公司	法人股	235.71	1.00
7	太原唐都大酒店	法人股	157.06	0.67
8	惠州金山实业总公司	法人股	127.66	0.54
9	中国太平洋财产保险股份有限公司	法人股	127.00	0.54
10	吉林长白山自然保护区管理局多种经营公司	法人股	117.85	0.50

股东人数	2004.6	2003.12	2003.6	2002
	37729	38878	39444	40758

近年分配		近年配股/增发	

重大事项

003年12月23日及2004年2月18日公司与吉粮集团签署了CJM149%股权的托管协议及延期托管协议,报告期内仍在履行。

二〇〇三年以来市场表现

2003年涨跌幅(%)	–27.93
2003年最高(元)	8.67
2003年最低(元)	4.48
2003年换手率(%)	275.69
2004.06涨跌幅(%)	22.47
2004.06最高(元)	7.09
2004.06最低(元)	4.73
2004.06换手率(%)	120.20

广州钢铁股份有限公司

公司概况

公司名称	广州钢铁股份有限公司	股票代码	600894
注册地址	广州市芳村区白鹤洞	邮政编码	510381
法人代表	陈嘉陵	董秘	杨耀兴
电话	020-81809182	传真	020-81809182
主营业务	钢材加工、冶金产品		
总股本	102927.00	流通A	24253.54
流通B		流通H	
审计单位		审计意见	未审计

主要财务指标

年度	2004.6	2003	2002
每股收益/扣除后(元)	0.1323	0.4000	0.0380
每股经营现金流量(元)	–0.0540	0.4050	0.5600
每股净资产/调整后(元)	1.7600	2.6900	2.2600
每股公积金(元)	0.3720	1.0460	1.0433
净资产收益率(%)	7.5200	14.9000	2.8000
总资产(万元)	330813.62	317201.03	302835.09
股东权益(万元)	180756.69	184870.81	157134.06
未分配利润(万元)	21001.84	7417.92	2527.34
主营收入(万元)	467354.16	664356.37	258193.86
资本公积金(万元)	38294.40	71774.60	71591.62
主营利润(万元)	23676.25	46255.09	24310.25
其他业务利润(万元)	474.35	1387.73	–21.65
营业利润(万元)	15537.41	31381.00	3583.19
投资收益(万元)	42.55	12.79	–312.06
补贴收入(万元)			
营业外收支(万元)	–32.79	–16.91	–0.15
利润总额(万元)	15547.17	31376.89	5314.78
净利润(万元)	13583.92	27553.77	4401.82

十大股东

序号	股东名称	股份性质	持股数(万股)	比例(%)
1	广州钢铁企业集团有限公司	国有法人股	52945.46	51.44
2	金钧有限公司	外资法人股	14957.82	14.53
3	粤海企业集团有限公司	外资法人股	10770.18	10.46
4	博时裕富证券投资基金	流通A股	143.37	0.14
5	万金香	流通A股	130.12	0.13
6	张铎然	流通A股	128.91	0.13
7	长沙懿欣特种试剂厂	流通A股	118.94	0.12
8	刘兆沛	流通A股	118.48	0.12
9	张建荣	流通A股	89.01	0.09
10	王渊	流通A股	81.00	0.08

股东人数	2004.6	2003.12	2003.6	2002
	28229	29861	27962	27090

近年分配	2004年5月21日10派2.70	近年配股/增发	2004年5月21日10转5

重大事项

2004年4月28日,年度股东大会批准了公司2003年度利润分配及资本公积金转增股本的方案:每股派现金0.27元(含税),每10股转增5股,该方案已在5月份实施完毕,股权登记日:2004年5月20日,除息除权日:2004年5月21日,转增股份上市日:2004年5月24日,红利发放日:2004年5月28日。

二〇〇三年以来市场表现

2003年涨跌幅(%)	19.10
2003年最高(元)	5.16
2003年最低(元)	3.27
2003年换手率(%)	225.79
2004.06涨跌幅(%)	2.82
2004.06最高(元)	6.12
2004.06最低(元)	4.15
2004.06换手率(%)	155.86

上海张江高科技园区开发股份有限公司

公司概况							
公司名称	上海张江高科技园区开发股份有限公司			股票代码	600895		
注册地址	上海市浦东新区龙东大道200号			邮政编码	201203		
法人代表	陈剑波			董秘	周丽辉		
电话	021-50803686,50801818			传真	021-50803199		
主营业务	物业投资和经营管理						
总股本	121566.90	流通A	43147.08	流通B		流通H	
审计单位				审计意见	未审计		

主要财务指标

年度	2004.6	2003	2002
每股收益/扣除后(元)	0.0068	0.1400	0.1900
每股经营现金流量(元)	0.0130	0.2900	0.1300
每股净资产/调整后(元)	1.9800	2.0100	2.4300
每股公积金(元)	0.6312	0.6312	1.0206
净资产收益率(%)	1.0400	7.1700	7.6400
总资产(万元)	345088.00	330297.06	318438.44
股东权益(万元)	240192.00	245025.53	227404.20
未分配利润(万元)	23703.92	28479.04	23694.35
主营收入(万元)	8558.84	82174.96	35188.49
资本公积金(万元)	76737.06	76737.06	95439.66
主营利润(万元)	4037.37	29130.75	16596.58
其他业务利润(万元)	0.03	77.43	1.05
营业利润(万元)	1398.26	19305.89	10849.00
投资收益(万元)	1567.92	1264.10	10526.65
补贴收入(万元)		191.59	5.23
营业外收支(万元)	71.58	176.18	-0.30
利润总额(万元)	3037.76	20937.75	21636.86
净利润(万元)	2502.59	17579.94	17362.99

十大股东

序号	股东名称	股份性质	持股数(万股)	比例(%)
1	上海张江集团有限公司	国有法人股	78419.82	64.51
2	国信证券有限责任公司	流通A股	4557.93	3.75
3	景阳证券投资基金	流通A股	331.23	0.27
4	中国银行-博时裕富证券投资基金	流通A股	206.01	0.17
5	交通银行-易方达50指数证券投资基金	流通A股	197.18	0.16
6	上海市拥军优属基金会	流通A股	147.00	0.12
7	杭涛	流通A股	119.00	0.10
8	何理	流通A股	115.73	0.10
9	张秋阳	流通A股	115.50	0.10
10	罗静妤	流通A股	92.59	0.08

股东人数	2004.6	2003.12	2003.6	2002
	118335	97054	95498	76717

近年分配	2004年6月21日10派0.60	近年配股/增发	

重大事项

本公司于2004年4月28日召开的2003年度股东大会审议通过了公司2003年度利润分配及资本公积金转增股本方案，决定以2003年度末总股本121566.9万股为基数，向全体股东每10股派发现金红利0.60元。本次利润分配及资本公积金转增股本方案实施的股权登记日为2004年6月18日、除息日为2004年6月21日，现金红利发放日为2004年6月25日。

二〇〇三年以来市场表现

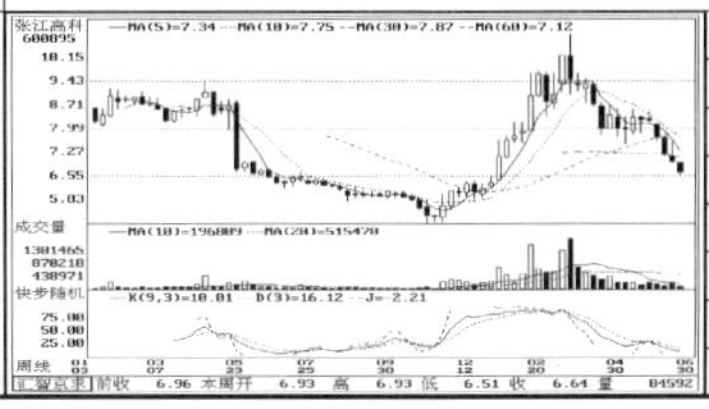

2003年涨跌幅(%)	-8.21
2003年最高(元)	7.20
2003年最低(元)	5.05
2003年换手率(%)	121.38
2004.06涨跌幅(%)	6.24
2004.06最高(元)	10.81
2004.06最低(元)	6.18
2004.06换手率(%)	285.34

中海(海南)海盛船务股份有限公司

公司概况							
公司名称	中海(海南)海盛船务股份有限公司			股票代码	600896		
注册地址	海南省海口市龙昆北路2号珠江广场帝豪大厦25层			邮政编码	570125		
法人代表	王大雄			董秘	胡小波		
电话	0898-68583985,68583777-388,389			传真	0898-68581486		
主营业务	货物运输						
总股本	31728.26	流通A	15607.80	流通B		流通H	
审计单位				审计意见	未审计		

主要财务指标

年度	2004.6	2003	2002
每股收益/扣除后(元)	0.0841	0.1600	0.1700
每股经营现金流量(元)	0.1810	0.1900	0.3400
每股净资产/调整后(元)	2.7500	2.6800	2.4300
每股公积金(元)	1.0119	1.0119	1.0119
净资产收益率(%)	3.4900	5.7000	6.7600
总资产(万元)	109311.02	107235.07	105428.68
股东权益(万元)	87727.16	86568.73	81637.21
未分配利润(万元)	12402.09	11243.67	7486.28
主营收入(万元)	26508.97	49705.82	43402.93
资本公积金(万元)	32106.61	32106.61	32106.61
主营利润(万元)	3982.03	8536.34	5144.56
其他业务利润(万元)	822.77	1735.39	-17.82
营业利润(万元)	1084.50	4282.49	3581.07
投资收益(万元)	2404.39	2461.67	3893.61
补贴收入(万元)			
营业外收支(万元)	-1.77	-206.92	-0.66
利润总额(万元)	3487.11	6537.24	7571.47
净利润(万元)	3062.12	4931.52	5518.76

十大股东

序号	股东名称	股份性质	持股数(万股)	比例(%)
1	中国海运(集团)总公司	国有法人股	12292.50	38.74
2	海南省电力公司	国有法人股	1050.00	3.31
3	海口港集团公司	国有法人股	1050.00	3.31
4	交通部秦皇岛港务局	国有法人股	600.00	1.89
5	裕隆证券投资基金	流通A股	256.74	0.81
6	八所港务局	国有法人股	225.00	0.71
7	全国社保基金一零一组合	流通A股	130.90	0.41
8	上海裕海实业有限公司	国有法人股	105.00	0.33
9	海南兴华贸易有限公司	境内法人股	76.56	0.24
10	陈长付	流通A股	75.65	0.24

股东人数	2004.6	2003.12	2003.6	2002
	92394	96239	99797	101960

近年分配	2004年6月15日10派0.60	近年配股/增发	

重大事项

2004年3月22日，公司与中国海运(集团)总公司签订了《海运物料、沥青和服务供应协议》，该协议已经公司2003年年度股东大会审议通过。

二〇〇三年以来市场表现

2003年涨跌幅(%)	-3.42
2003年最高(元)	7.79
2003年最低(元)	5.12
2003年换手率(%)	87.01
2004.06涨跌幅(%)	-1.85
2004.06最高(元)	8.49
2004.06最低(元)	5.71
2004.06换手率(%)	124.91

厦门机场发展股份有限公司

公司概况

公司名称	厦门机场发展股份有限公司			股票代码	600897		
注册地址	厦门高崎			邮政编码	361006		
法人代表	王倜傥			董秘	朱昭		
电话	0592-5706005			传真	0592-5730699		
主营业务	国内外航空运输企业						
总股本	27000.00	流通 A	6750.00	流通 B		流通 H	
审计单位				审计意见	未审计		

主要财务指标

年度	2004.6	2003	2002
每股收益 / 扣除后(元)	0.0694	0.1320	0.1810
每股经营现金流量(元)	0.4340	0.8690	0.3550
每股净资产 / 调整后(元)	4.2200	4.5420	4.3410
每股公积金(元)	2.3908	2.3872	2.3507
净资产收益率(%)	1.7360	3.2500	4.0800
总资产(万元)	118990.76	126182.72	126774.34
股东权益(万元)	114018.30	122742.17	117385.03
未分配利润(万元)	10904.10	19724.68	16228.09
主营收入(万元)	9648.14	19113.01	19119.53
资本公积金(万元)	64552.19	64455.48	63469.08
主营利润(万元)	3088.00	6702.00	7842.71
其他业务利润(万元)	176.39	348.41	-28.61
营业利润(万元)	2483.87	4829.65	5876.87
投资收益(万元)	13.75	11.89	20.53
补贴收入(万元)			
营业外收支(万元)	47.30	12.68	-0.03
利润总额(万元)	2544.92	4854.22	5892.67
净利润(万元)	1979.42	3988.14	4785.61

十大股东

序号	股东名称	股份性质	持股数(万股)	比例(%)
1	厦门国际航空港集团有限公司	国有法人股	20250.00	75.00
2	黄惠婷	流通 A 股	16.82	0.06
3	郭闽虹	流通 A 股	15.04	0.06
4	贾利君	流通 A 股	13.00	0.05
5	傅培珍	流通 A 股	11.44	0.04
6	柯少华	流通 A 股	10.00	0.04
7	吴永林	流通 A 股	9.73	0.04
8	王彪	流通 A 股	9.00	0.03
9	严水法	流通 A 股	8.70	0.03
10	王晓春	流通 A 股	8.65	0.03

股东人数	2004.6	2003.12	2003.6	2002
	50682	51595	53090	52793

近年分配	2004 年 4 月 9 日 10 派 4.00	近年配股/增发	

重大事项

本公司与厦门国际航空港集团有限公司于 2004 年 2 月 23 日签署《厦门国际航空港空运货站有限公司股权转让协议书》，合同约定本公司以 155,917,200.00 元收购空港集团公司持有的货站公司 51%的股权。

二〇〇三年以来市场表现

2003 年涨跌幅(%)	-23.15
2003 年最高(元)	11.05
2003 年最低(元)	6.98
2003 年换手率(%)	127.78
2004.06 涨跌幅(%)	4.34
2004.06 最高(元)	11.98
2004.06 最低(元)	7.33
2004.06 换手率(%)	202.10

三联商社股份有限公司

公司概况

公司名称	三联商社股份有限公司			股票代码	600898		
注册地址	河南省郑州市南阳路 2 号			邮政编码	250033		
法人代表	张继升			董秘	宋洪琦		
电话	0531-5916351-86590,86591			传真	0531-5910676		
主营业务	日用百货、洗涤化妆、文化用品						
总股本	21721.78	流通 A	11768.66	流通 B		流通 H	
审计单位				审计意见	未审计		

主要财务指标

年度	2004.6	2003	2002
每股收益 / 扣除后(元)	0.0638	0.1570	0.1324
每股经营现金流量(元)	0.4770	0.3127	0.0270
每股净资产 / 调整后(元)	1.3620	1.4570	1.2680
每股公积金(元)	0.2075	0.2283	0.1971
净资产收益率(%)	4.6400	10.8200	8.3000
总资产(万元)	61356.22	44507.49	50630.51
股东权益(万元)	29670.67	28786.56	25079.31
未分配利润(万元)	2003.87	3094.47	448.09
主营收入(万元)	112390.90	178253.09	125689.95
资本公积金(万元)	4507.95	4507.95	3893.59
主营利润(万元)	5383.80	9367.46	7363.92
其他业务利润(万元)	1018.28	1927.09	-47.84
营业利润(万元)	2161.58	4558.55	3764.46
投资收益(万元)			
补贴收入(万元)			
营业外收支(万元)	-7.21	-3.90	0.05
利润总额(万元)	2154.36	4554.65	3732.63
净利润(万元)	1377.79	3113.38	2080.48

十大股东

序号	股东名称	股份性质	持股数(万股)	比例(%)
1	山东三联集团有限责任公司	境内法人股,流通A股	10833.48	49.87
2	郑州百文集团有限公司	国家股	1588.28	7.31
3	南方证券有限公司	境内法人股	410.63	1.89
4	山东泉港文化教育发展有限公司	境内法人股	217.87	1.00
5	河南省郑州市市区信用合作联社营业部	境内法人股	139.43	0.64
6	河南金金电脑信息有限公司	境内法人股	120.83	0.56
7	中国人民保险公司河南分公司营业部管理部	境内法人股	111.54	0.51
8	中国建设银行郑州铁道分行京广路支行	境内法人股	102.25	0.47
9	中国石化集团河南省石油总公司	境内法人股	69.15	0.32
10	郑州城市合作银行人民路支行	境内法人股	65.06	0.30

股东人数	2004.6	2003.12	2003.6	2002
	41226	46990	68079	68117

近年分配	2004 年 6 月 10 日 10 派 0.25	近年配股/增发	2004 年 6 月 10 日 10 送 1

重大事项

经公司于 2004 年 5 月 14 日召开的 2003 年度股东大会审议批准，公司实施了 2003 年度利润分配方案及资本公积金转增股本方案，以公司 2003 年 12 月 31 日的总股本 197,470,757 股为基数，向全体股东每 10 股派送红股 1 股，派发现金 0.25 元(含税)，共分红股本 19,747,076 股。

二〇〇三年以来市场表现

2003 年涨跌幅(%)	0.00
2003 年最高(元)	11.15
2003 年最低(元)	5.55
2003 年换手率(%)	328.18
2004.06 涨跌幅(%)	-13.05
2004.06 最高(元)	9.19
2004.06 最低(元)	5.11
2004.06 换手率(%)	151.17

浙江信联股份有限公司

公司概况

公司名称	浙江信联股份有限公司	股票代码	600899
注册地址	杭州市上塘路 68 号	邮政编码	310014
法人代表	王宏建	董秘	张旭颖
电话	0571-85463080	传真	0571-85450093
主营业务	有线电视网络建设		
审计单位		审计意见	未审计

总股本	17750.54	流通 A	5430.54	流通 B		流通 H	

主要财务指标

年度	2004.6	2003	2002
每股收益/扣除后(元)	–0.2336	–1.2300	–0.509
每股经营现金流量(元)	0.0140	0.1900	–0.8300
每股净资产/调整后(元)	–0.0180	–0.0400	2.1800
每股公积金(元)	0.7070	0.7070	0.7042
净资产收益率(%)	–236.44	–175.36	–21.68
总资产(万元)	34897.21	44641.56	74526.03
股东权益(万元)	–161.62	1824.60	38663.40
未分配利润(万元)	–35569.30	–33601.40	2084.98
主营收入(万元)	583.26	865.57	5615.79
资本公积金(万元)	12550.30	12550.30	12500.15
主营利润(万元)	155.48	145.47	1725.93
其他业务利润(万元)	66.06	144.05	2.24
营业利润(万元)	66.06	–17400.29	–7958.99
投资收益(万元)	30.14	–13757.75	393.96
补贴收入(万元)		0.03	0.03
营业外收支(万元)	–470.88	–4576.30	–0.28
利润总额(万元)	–2076.00	–35734.32	–7592.99
净利润(万元)	–1965.96	–34169.20	–7513.17

十大股东

序号	股东名称	股份性质	持股数(万股)	比例(%)
1	上海声广投资有限公司	境内法人股	3373.00	19.00
2	上海东渡房地产开发有限责任公司	境内法人股	24850.05	140.00
3	杭州宏兴电子科技开发有限公司	境内法人股	1775.00	10.00
4	武汉上行科技有限公司	境内法人股	1598.00	9.00
5	浙江省手工业合作社联合社	境内法人股	988.32	5.57
6	北京华信电子企业集团	境内法人股	835.00	4.70
7	武汉汉讯经济发展有限公司	境内法人股	626.59	3.53
8	上海迅宏科技有限公司	境内法人股	532.51	3.00
9	中国人民建设银行浙江省信托投资公司	境内法人股	45.00	0.25
10	发达实业有限责任公司	境内法人股	30.00	0.17

股东人数	2004.6	2003.12	2003.6	2002
	30476	35146	38987	39129

近年分配		近年配股/增发	

重大事项

公司与广发银行杭州分行西湖支行(以下简称西湖支行)借款本金 1100 万元的借款合同纠纷案,杭州市中级人民法院已作出了民事判决书,该民事判决书已经发生法律效力,西湖支行已申请执行,法院正在执行中。

二〇〇三年以来市场表现

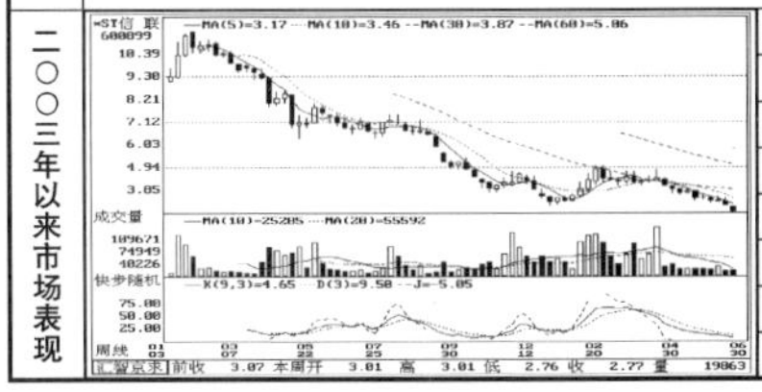

2003 年涨跌幅(%)	–64.48
2003 年最高(元)	11.48
2003 年最低(元)	3.06
2003 年换手率(%)	398.69
2004.06 涨跌幅(%)	–14.77
2004.06 最高(元)	4.98
2004.06 最低(元)	2.76
2004.06 换手率(%)	247.30

中国长江电力股份有限公司

公司概况

公司名称	中国长江电力股份有限公司	股票代码	600900
注册地址	北京市西城区金融大街 19 号富凯大厦 B 座	邮政编码	100032
法人代表	李永安	董秘	傅振邦
电话	010-58688900	传真	010-58688898
主营业务	电力生产、经营和投资		
审计单位		审计意见	未审计

总股本	785600.00	流通 A	192600.00	流通 B		流通 H	

主要财务指标

年度	2004.6	2003	2002
每股收益/扣除后(元)	0.1777	0.1830	0.0800
每股经营现金流量(元)	0.2170	0.2300	
每股净资产/调整后(元)	2.5800	2.5200	1.5400
每股公积金(元)	1.3403	1.3403	0.3780
净资产收益率(%)	6.9100	7.2500	5.1900
总资产(万元)	3136386.25	2961655.75	991185.73
股东权益(万元)	2026559.62	1982676.25	852316.87
未分配利润(万元)	163201.48	23244.16	
主营收入(万元)	286188.62	298583.34	137113.96
资本公积金(万元)	1052919.87	1052919.87	296966.09
主营利润(万元)	208785.97	205686.09	79824.47
其他业务利润(万元)	797.36	1312.71	–1.76
营业利润(万元)	183008.08	187490.91	66467.10
投资收益(万元)	390.71	1171.75	1488.49
补贴收入(万元)	25459.82	26171.72	26171.72
营业外收支(万元)	73.81	–341.22	17.21
利润总额(万元)	208932.42	214493.16	67524.62
净利润(万元)	139957.33	143756.73	44262.38

十大股东

序号	股东名称	股份性质	持股数(万股)	比例(%)
1	中国长江三峡工程开发总公司	国有法人股	494935.00	63.00
2	华能国际电力股份有限公司	国有法人股	16590.00	2.11
3	中国核工业集团公司	国有法人股	16590.00	2.11
4	中国石油天然气集团公司	国有法人股	16590.00	2.11
5	中国葛洲坝水利水电工程集团有限公司	国有法人股	5530.00	0.70
6	交通银行–易方达 50 指数证券投资基金	流通 A 股	4310.95	0.55
7	博时基金管理有限公司–全国社保基金五零一组合	战略投资者获配股份	4000.00	0.51
8	国家电网公司	战略投资者获配股份	4000.00	0.51
9	交通银行–科瑞证券投资基金	流通 A 股	3144.31	0.40
10	中国工商银行–南方避险增值基金	流通 A 股	3092.24	0.39

股东人数	2004.6	2003.12	2003.6	2002
	209296	241947		

近年分配	2004 年 6 月 1 日 10 派 0.90	近年配股/增发	

重大事项

2004 年 4 月 28 日,公司作为售电方,国家电网公司作为输电方,分别与购电方华中电网有限公司、华东电网有限公司签订了《2004 年度三峡水电站购售电及输电合同》。根据合同约定,2004 年华中电网有限公司、华东电网有限公司将分别消纳三峡水电站的年度发电量(合约电量)为 82.3 亿 kWh 和 169.9 亿 kWh。

二〇〇三年以来市场表现

2003 年涨跌幅(%)	0.00
2003 年最高(元)	8.98
2003 年最低(元)	6.02
2003 年换手率(%)	113.35
2004.06 涨跌幅(%)	–1.28
2004.06 最高(元)	9.86
2004.06 最低(元)	8.17
2004.06 换手率(%)	149.73

山东滨州渤海活塞股份有限公司

公司概况

公司名称	山东滨州渤海活塞股份有限公司	股票代码	600960
注册地址	山东省滨州市渤海六路680号	邮政编码	256600
法人代表	李俊杰	董秘	季军
电话	0543-3288868	传真	0543-3288899
主营业务	活塞产品的设计、开发和制造销售		
总股本	10854.90	流通A	4000.00
流通B		流通H	
审计单位		审计意见	未审计

主要财务指标

年度	2004.6	2003	2002
每股收益/扣除后(元)	0.2288	0.5708	0.5946
每股经营现金流量(元)	0.2520	0.9700	0.8200
每股净资产/调整后(元)	5.0300	3.1900	2.6900
每股公积金(元)	3.0371	0.6053	0.5503
净资产收益率(%)	4.3300	16.0500	17.8600
总资产(万元)	114416.34	70340.56	48895.01
股东权益(万元)	54652.69	21887.16	18463.01
未分配利润(万元)	9164.34	6795.80	4526.09
主营收入(万元)	34831.58	53523.06	43589.46
资本公积金(万元)	32967.66	6570.66	5973.38
主营利润(万元)	7907.13	13859.20	12508.67
其他业务利润(万元)	398.10	544.45	9.70
营业利润(万元)	4264.51	6450.25	6044.02
投资收益(万元)	-24.21	-48.41	-48.41
补贴收入(万元)			
营业外收支(万元)	-114.69	-544.30	10.43
利润总额(万元)	4125.61	5857.54	4833.53
净利润(万元)	2368.54	3512.36	3297.58

十大股东

序号	股东名称	股份性质	持股数(万股)	比例(%)
1	滨州市国有资产管理办公室	国有股	6659.90	61.35
2	杨本贞	法人股	65.00	0.60
3	中国工商银行-国联安德盛小盘精选证券投资基金	流通股	43.93	0.40
4	周昆生	流通股	32.83	0.30
5	山东大学计算机科学技术研究所	法人股	32.50	0.30
6	济南汽车配件厂	法人股	32.50	0.30
7	河南省中原内燃机配件总厂	法人股	32.50	0.30
8	信阳内燃机配件总厂	法人股	32.50	0.30
9	陈琪	流通股	31.17	0.29
10	兴和证券投资基金	流通股	22.54	0.21

股东人数	2004.6	2003.12	2003.6	2002
	23749			

近年分配		近年配股/增发	

重大事项

根据公司与长春公司签订的《委托经营管理协议》，自2001年1月1日起至2006年12月31日止，受托经营该公司，管理费用视委托管理情况由双方协商每两年调整一次。2003年收取管理费25万元，计入其他业务收入；2004年1-6月收取管理费25,000.

二〇〇三年以来市场表现

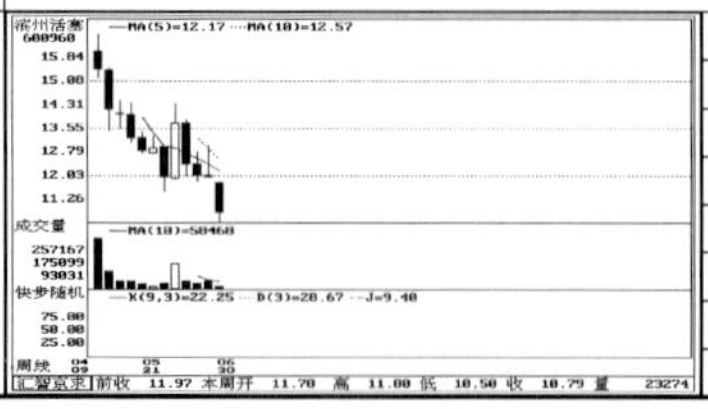

2003年涨跌幅(%)	0.00
2003年最高(元)	0.00
2003年最低(元)	0.00
2003年换手率(%)	0.00
2004.06涨跌幅(%)	0.00
2004.06最高(元)	16.60
2004.06最低(元)	10.50
2004.06换手率(%)	260.97

国投中鲁果汁股份有限公司

公司概况

公司名称	国投中鲁果汁股份有限公司	股票代码	600962
注册地址	北京市丰台区科兴路7号205室	邮政编码	100034
法人代表	刘学义	董秘	庞甲青
电话	010-66579869	传真	010-66579862
主营业务	百货、五金交电等商品的经销		
总股本	16500.00	流通A	6500.00
流通B		流通H	
审计单位		审计意见	未审计

主要财务指标

年度	2004.6	2003	2002
每股收益/扣除后(元)	0.0678		
每股经营现金流量(元)	0.3780		
每股净资产/调整后(元)	2.6300		
每股公积金(元)	1.3762		
净资产收益率(%)	2.4700		
总资产(万元)	95046.87		
股东权益(万元)	44549.50		
未分配利润(万元)	4767.01		
主营收入(万元)	28381.72		
资本公积金(万元)	22707.71		
主营利润(万元)	5518.34		
其他业务利润(万元)	62.34		
营业利润(万元)	1571.09		
投资收益(万元)	0.21		
补贴收入(万元)			
营业外收支(万元)	-18.75		
利润总额(万元)	1552.55		
净利润(万元)	1101.94		

十大股东

序号	股东名称	股份性质	持股数(万股)	比例(%)
1	国家开发投资公司	国有股	6900.00	41.82
2	乳山市经济开发投资公司	国有股	1147.00	6.95
3	山东金洲矿业集团有限公司	国有股	753.00	4.56
4	山西大民国际贸易有限公司	法人股	720.00	4.36
5	李中柯	自然人股	300.00	1.82
6	芮城县金鼎经贸有限公司	法人股	180.00	1.09
7	周仁清	流通A股	25.85	0.16
8	周代兵	流通A股	23.88	0.14
9	苏锦新	流通A股	20.31	0.12
10	黄海菁	流通A股	18.53	0.11

股东人数	2004.6	2003.12	2003.6	2002
	33407			

近年分配		近年配股/增发	

重大事项

2004年2月13日，美国联邦公报披露了最终裁决结果，包括国投中鲁在内的5家企业向美国出口的浓缩苹果汁的税率为零。

二〇〇三年以来市场表现

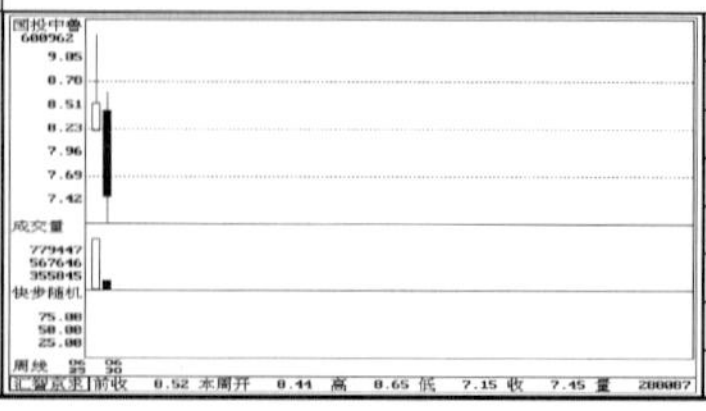

2003年涨跌幅(%)	0.00
2003年最高(元)	0.00
2003年最低(元)	0.00
2003年换手率(%)	0.00
2004.06涨跌幅(%)	0.00
2004.06最高(元)	9.32
2004.06最低(元)	7.15
2004.06换手率(%)	196.82

岳阳纸业股份有限公司

公司概况							
公司名称	岳阳纸业股份有限公司			股票代码	600963		
注册地址	湖南省岳阳市城陵矶洪家洲			邮政编码	414002		
法人代表	王祥			董秘	施湘燕		
电话	0730-8590330,8590683			传真	0730-8562203		
主营业务	纸浆、机制纸的制造、销售						
总股本	17986.67	流通A	8000.00	流通B		流通H	
审计单位				审计意见	未审计		

主要财务指标 年度	2004.6	2003	2002
每股收益/扣除后(元)	0.1236		
每股经营现金流量(元)	0.4190		
每股净资产/调整后(元)	4.4400		
每股公积金(元)	2.6559		
净资产收益率(%)	2.7800		
总资产(万元)	134758.73		
股东权益(万元)	79936.44		
未分配利润(万元)	9832.12		
主营收入(万元)	32915.26		
资本公积金(万元)	47771.16		
主营利润(万元)	6786.28		
其他业务利润(万元)	2025.84		
营业利润(万元)	3318.10		
投资收益(万元)			
补贴收入(万元)			
营业外收支(万元)	-5.43		
利润总额(万元)	3312.67		
净利润(万元)	2219.49		

十大股东 序号	股东名称	股份性质	持股数(万股)	比例(%)
1	湖南泰格林纸集团有限责任公司	国有法人股	8530.67	47.43
2	中国华融资产管理公司	国有法人股	1300.00	7.23
3	招商银行-中信经典配置证券投资基金	流通A股	321.40	1.79
4	湖南省造纸研究所	境内法人股	65.00	0.36
5	湖南轻工研究所	境内法人股	65.00	0.36
6	徐荣	流通A股	39.50	0.22
7	交通银行-金鹰中小盘精选证券投资基金	流通A股	35.00	0.19
8	吴华刚	流通A股	34.81	0.19
9	济南泰丰企业集团公司	流通A股	24.39	0.14
10	张永平	流通A股	24.22	0.13

股东人数	2004.6	2003.12	2003.6	2002
	41874			

近年分配		近年配股/增发	

重大事项

2004年2月29日公司第二届董事会第四次会议、第二届监事会第二次会议,2004年4月3日公司2003年度股东大会,审议通过增补独立董事、改选股东代表监事、修改公司章程及章程(草案)、2003年度利润分配方案等,并与集团公司签订《十二万吨在建工程收购合同书之补充协议(三)》。

二〇〇三年以来市场表现

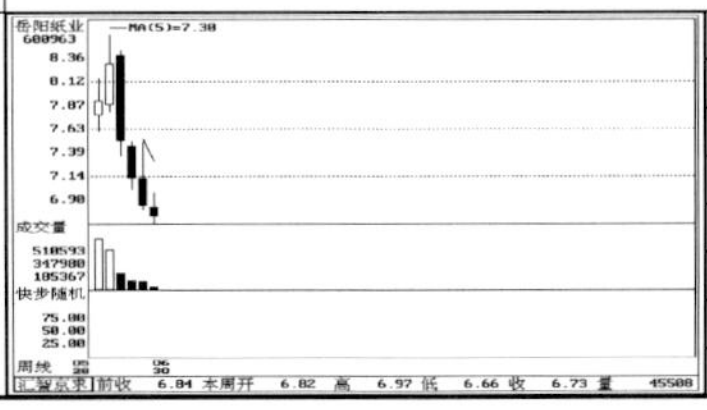

2003年涨跌幅(%)	0.00
2003年最高(元)	0.00
2003年最低(元)	0.00
2003年换手率(%)	0.00
2004.06涨跌幅(%)	0.00
2004.06最高(元)	8.60
2004.06最低(元)	6.66
2004.06换手率(%)	212.98

山东博汇纸业股份有限公司

公司概况							
公司名称	山东博汇纸业股份有限公司			股票代码	600966		
注册地址	山东省淄博市桓台县马桥镇工业路北首			邮政编码	256405		
法人代表	杨延良			董秘	杨升		
电话	0533-8538020			传真	0533-8538020		
主营业务	文化纸和包装纸板的生产和销售等						
总股本	18000.00	流通A	7000.00	流通B		流通H	
审计单位				审计意见	未审计		

主要财务指标 年度	2004.6	2003	2002
每股收益/扣除后(元)	0.1817		
每股经营现金流量(元)	0.1580		
每股净资产/调整后(元)	6.2400		
每股公积金(元)	3.9283		
净资产收益率(%)	2.9100		
总资产(万元)	254764.17		
股东权益(万元)	112239.51		
未分配利润(万元)	18750.25		
主营收入(万元)	64782.47		
资本公积金(万元)	70708.61		
主营利润(万元)	12827.90		
其他业务利润(万元)	44.94		
营业利润(万元)	5011.87		
投资收益(万元)			
补贴收入(万元)			
营业外收支(万元)	-68.78		
利润总额(万元)	4943.09		
净利润(万元)	3225.01		

十大股东 序号	股东名称	股份性质	持股数(万股)	比例(%)
1	淄博博汇实业有限公司	境内法人股	7800.00	43.33
2	青岛海光生物工程技术有限公司	境内法人股	1500.00	8.33
3	将军投资管理有限公司	境内法人股	900.00	5.00
4	淄博驰骋管理有限公司	境内法人股	500.00	2.78
5	淄博轻工机械股份有限公司	境内法人股	300.00	1.67
6	金信信托	流通A股	124.71	0.69
7	德盛小盘	流通A股	50.94	0.28
8	张秋阳	流通A股	47.67	0.26
9	大成蓝筹	流通A股	30.00	0.17
10	王洪林	流通A股	28.00	0.16

股东人数	2004.6	2003.12	2003.6	2002
	42498			

近年分配		近年配股/增发	

重大事项

公司实施的重大非募集资金项目为120吨连蒸连煮制浆技术改造项目和文化纸纸机技改项目。

二〇〇三年以来市场表现

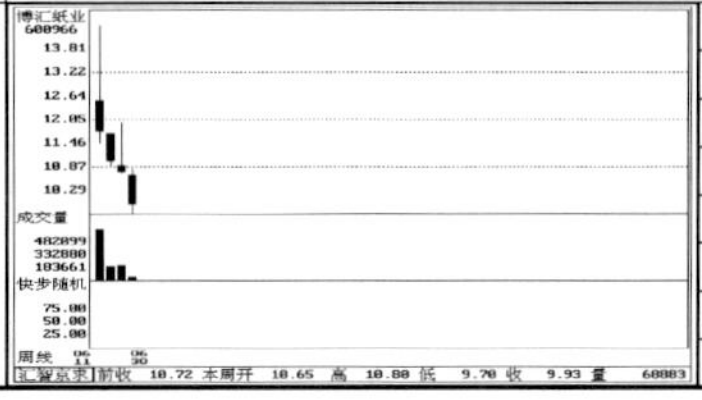

2003年涨跌幅(%)	0.00
2003年最高(元)	0.00
2003年最低(元)	0.00
2003年换手率(%)	0.00
2004.06涨跌幅(%)	0.00
2004.06最高(元)	14.40
2004.06最低(元)	9.70
2004.06换手率(%)	155.83

包头北方创业股份有限公司

公司概况

公司名称	包头北方创业股份有限公司	股票代码	600967
注册地址	内蒙古自治区包头市稀土高新技术产业开发区第一功能小区	邮政编码	014032
法人代表	陈学军	董秘	程天罡
电话	0472-3117903	传真	0472-3116791
主营业务	高新技术开发		
总股本	13000.00	流通 A	5000.00
流通 B		流通 H	
审计单位		审计意见	未审计

主要财务指标

年度	2004.6	2003	2002
每股收益/扣除后(元)	0.0854		
每股经营现金流量(元)	2.1372		
每股净资产/调整后(元)	3.9300		
每股公积金(元)	2.5247		
净资产收益率(%)	2.3300		
总资产(万元)	85575.61		
股东权益(万元)	51156.02		
未分配利润(万元)	1194.47		
主营收入(万元)	33799.77		
资本公积金(万元)	32820.53		
主营利润(万元)	3178.38		
其他业务利润(万元)	61.04		
营业利润(万元)	1306.42		
投资收益(万元)			
补贴收入(万元)	98.84		
营业外收支(万元)			
利润总额(万元)	1405.26		
净利润(万元)	1194.47		

十大股东

序号	股东名称	股份性质	持股数(万股)	比例(%)
1	内蒙古第一机械制造(集团)有限公司	国有法人股	3908.77	30.07
2	包头浩宇科技实业有限公司	法人股	2238.54	17.22
3	黑龙江同达投资有限公司	法人股	850.06	6.54
4	环球汇远投资管理咨询有限公司	法人股	566.72	4.36
5	包头市宏远投资管理咨询有限公司	社会法法人股	435.91	3.35
6	中国工商银行-融通蓝筹成长证券投资基金	社会公众股	168.18	1.29
7	交通银行-融通行业景气证券投资基金	社会公众股	103.93	0.80
8	联合证券有限责任公司	社会公众股	51.71	0.40
9	全国社保基金一零五组合	社会公众股	40.00	0.31
10	中国工商银行-同益证券投资基金	社会公众股	33.82	0.26

股东人数	2004.6	2003.12	2003.6	2002
	28184			

近年分配		近年配股/增发	

重大事项

公司与中铁建设开发中心分别于2004年5月18日、2004年5月27日签订了《铁道部车辆购置招标项目供货合同》。根据合同，中铁建设开发中心向公司购买C80型敞车共计657辆，价款金额总计31,200万元。公司分别与大同爱碧玺铸造有限公司、包头市南隆贸易有限公司于2004年4月20日、2004年2月13日签订了《工矿产品购销合同》。

二〇〇三年以来市场表现

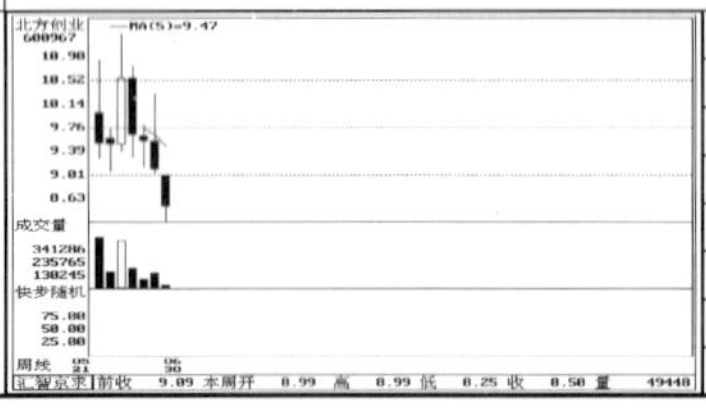

2003年涨跌幅(%)	0.00
2003年最高(元)	0.00
2003年最低(元)	0.00
2003年换手率(%)	0.00
2004.06涨跌幅(%)	0.00
2004.06最高(元)	11.28
2004.06最低(元)	8.25
2004.06换手率(%)	298.01

湖南郴电国际发展股份有限公司

公司概况

公司名称	湖南郴电国际发展股份有限公司	股票代码	600969
注册地址	湖南省郴州市北湖区国庆南路36号	邮政编码	423000
法人代表	邓中华	董秘	杨东旭
电话	0735-2339232	传真	0735-2339206
主营业务	电力供应和中、小水电综合开发		
总股本	21026.77	流通 A	7000.00
流通 B		流通 H	
审计单位		审计意见	未审计

主要财务指标

年度	2004.6	2003	2002
每股收益/扣除后(元)	0.0894	0.2820	0.2424
每股经营现金流量(元)	0.0600	0.4000	0.6100
每股净资产/调整后(元)	2.9500		
每股公积金(元)	1.7832	0.3811	0.3811
净资产收益率(%)	2.9600	13.8300	13.0600
总资产(万元)	106821.73	68482.20	54953.66
股东权益(万元)	63638.88	28077.86	25596.23
未分配利润(万元)	3868.24	1983.79	1487.49
主营收入(万元)	27031.16	50846.46	39895.50
资本公积金(万元)	37495.58	8013.66	8013.66
主营利润(万元)	5284.69	11601.58	9540.23
其他业务利润(万元)	348.81	656.16	-5.05
营业利润(万元)	2806.02	6030.75	4926.95
投资收益(万元)	0.96	3.53	
补贴收入(万元)			
营业外收支(万元)	5.64	-62.03	2.16
利润总额(万元)	2812.61	5972.25	4838.63
净利润(万元)	1884.45	3884.30	3344.04

十大股东

序号	股东名称	股份性质	持股数(万股)	比例(%)
1	郴州市财政局	国家股	4878.19	23.20
2	宜章县电力总公司	国有法人股	3021.81	14.37
3	临武县水利电力有限责任公司	国有法人股	2493.97	11.86
4	汝城县水电总公司	国有法人股	2470.51	11.75
5	永兴县水利电国民生产总值有限责任公司	境内法人股	1025.79	4.88
6	招商银行股份有限公司-中信经典配置证券投资基金	流通A股	165.47	0.79
7	联合国国际小水电中心	国有法人股	136.50	0.65
8	交通银行-融通行业景气证券投资基金	流通A股	82.71	0.39
9	裕阳证券投资基金	流通A股	80.48	0.38
10	中国工商银行-同益证券投资基金	流通A股	45.67	0.22

股东人数	2004.6	2003.12	2003.6	2002
	36962			

近年分配		近年配股/增发	

重大事项

公司于2004年1月30日召开的第一届董事会第十二次会议及于2004年3月1日召开的2003年年度股东大会审议批准了公司与股东汝城县水电总公司、永兴县水利电力有限责任公司的关联交易事项，同意公司2004年度继续履行与上述关联方签订的电力购销协议，并执行郴州市物价部门核定的上网电价。

二〇〇三年以来市场表现

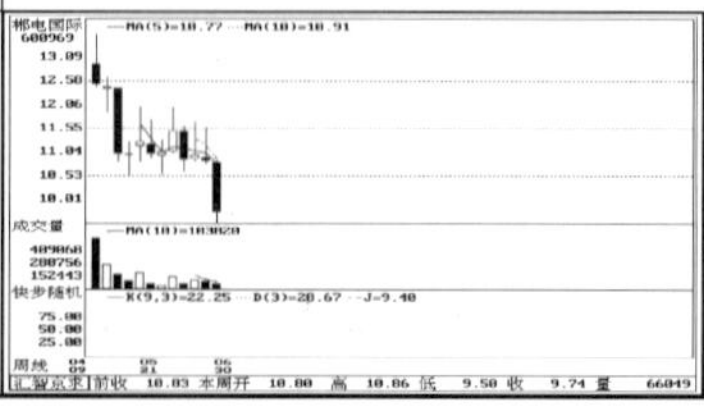

2003年涨跌幅(%)	0.00
2003年最高(元)	0.00
2003年最低(元)	0.00
2003年换手率(%)	0.00
2004.06涨跌幅(%)	0.00
2004.06最高(元)	13.60
2004.06最低(元)	9.50
2004.06换手率(%)	262.60

湖南新五丰股份有限公司

公司概况							
公司名称	湖南新五丰股份有限公司			股票代码	600975		
注册地址	湖南省长沙市高新技术产业开发区麓谷基地麓龙路8号			邮政编码	410001		
法人代表	张跃文			董秘	袁端淇		
电话	0731-2295889			传真	0731-2297159		
主营业务	生猪养殖和生猪贸易						
总股本	10015.39	流通 A	3500.00	流通 B		流通 H	
审计单位				审计意见	未审计		

主要财务指标			
年度	2004.6	2003	2002
每股收益 / 扣除后(元)	0.1578		
每股经营现金流量(元)	0.0740		
每股净资产 / 调整后(元)	4.3380		
每股公积金(元)	3.0498		
净资产收益率(%)	3.7300		
总资产(万元)	53368.01		
股东权益(万元)	42514.81		
未分配利润(万元)	1647.86		
主营收入(万元)	23147.17		
资本公积金(万元)	30545.18		
主营利润(万元)	3201.02		
其他业务利润(万元)	25.19		
营业利润(万元)	1618.42		
投资收益(万元)			
补贴收入(万元)			
营业外收支(万元)	64.28		
利润总额(万元)	1682.70		
净利润(万元)	1623.92		

十大股东

序号	股东名称	股份性质	持股数(万股)	比例(%)
1	湖南省粮食品进出口集团有限公司	国有法人股	5005.39	49.98
2	五丰行有限公司	外资法人股	1300.00	12.98
3	中国农业大学	国有法人股	150.00	1.50
4	交通银行-金鹰中小盘精选证券投资基金	流通 A 股	77.50	0.77
5	中国农业科学院饲料研究所	国有法人股	30.00	0.30
6	南光粮油食品有限公司	外资法人股	30.00	0.30
7	华宝信托投资有限责任公司	流通 A 股	27.60	0.28
8	冷雪钢	流通 A 股	21.95	0.22
9	上海市龙威房地产有限公司	流通 A 股	16.50	0.16
10	银丰证券投资基金	流通 A 股	12.40	0.12

股东人数	2004.6	2003.12	2003.6	2002
	20040			

近年分配		近年配股/增发	

重大事项

公司于2004年4月16日与中国银行湖南省分行签署了《人民币借款合同(短期)》,借款金额2000万元,借款期限为12个月,借款利率为5.0448%,系信用借款。

二〇〇三年以来市场表现

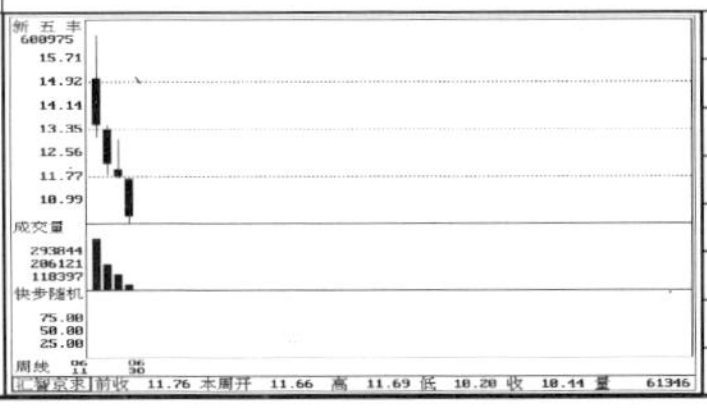

2003 年涨跌幅(%)	0.00
2003 年最高(元)	0.00
2003 年最低(元)	0.00
2003 年换手率(%)	0.00
2004.06 涨跌幅(%)	0.00
2004.06 最高(元)	16.50
2004.06 最低(元)	10.20
2004.06 换手率(%)	221.14

武汉健民药业集团股份有限公司

公司概况							
公司名称	武汉健民药业集团股份有限公司			股票代码	600976		
注册地址	湖北省武汉市汉阳区鹦鹉大道484号			邮政编码	430052		
法人代表	鲍俊华			董秘	杜明德		
电话	027-84430061			传真	027-84532262		
主营业务	中成药的研制、开发及经营						
总股本	7669.93	流通 A	3500.00	流通 B		流通 H	
审计单位	武汉众环会计师事务所有限责任公司			审计意见	标准无保留		

主要财务指标			
年度	2004.6	2003	2002
每股收益 / 扣除后(元)	0.1261	0.6300	0.5900
每股经营现金流量(元)	-0.3216	0.1000	0.9300
每股净资产 / 调整后(元)	8.5500	6.3300	5.6800
每股公积金(元)	5.2023	0.5613	0.5258
净资产收益率(%)	1.4500	9.2100	10.4300
总资产(万元)	92775.17	53262.38	45385.49
股东权益(万元)	66419.91	26390.95	23687.46
未分配利润(万元)	11226.36	10287.02	8294.27
主营收入(万元)	23094.20	43007.57	35900.21
资本公积金(万元)	39900.96	4305.28	4032.67
主营利润(万元)	10610.29	20049.51	19653.28
其他业务利润(万元)	5.50	6.65	0.27
营业利润(万元)	1781.10	4685.82	4579.41
投资收益(万元)	-1.83	-79.88	120.41
补贴收入(万元)		17.00	17.00
营业外收支(万元)	-41.90	-327.15	-1.73
利润总额(万元)	1737.36	4295.78	4586.31
净利润(万元)	963.59	2430.88	2471.72

十大股东

序号	股东名称	股份性质	持股数(万股)	比例(%)
1	武汉国有资产经营公司	国有法人股	1702.93	22.20
2	河南羚锐制药股份有限公司	境内法人股	916.80	11.95
3	华立产业集团有限公司	境内法人股	307.80	4.01
4	武汉虹惠投资有限公司	境内法人股	250.20	3.26
5	武汉开元科技创业投资有限公司	境内法人股	227.20	2.96
6	中国药材集团公司	境内法人股	180.00	2.35
7	中国医药集团总公司	境内法人股	100.00	1.30
8	武汉诺佳药业集团股份有限公司	境内法人股	35.00	0.46
9	张冬莲	流通 A 股	29.00	0.38
10	胡有娥	流通 A 股	20.00	0.26

股东人数	2004.6	2003.12	2003.6	2002
	23658			

近年分配		近年配股/增发	

重大事项

公司2004年半年度净利润为9,635,854.10元,加年初未分配利润102,627,733.11元,可供分配的利润112,263,587.21元;按2004半年度净利润的10%分别提取法定公积金、法定公益金各963,585.41元后,可供股东分配的利润110,336,416.39元。拟以2004年6月30日的总股本76,699,300股为基数,向股东按每10股派发现金红利1元(含税),共计分配7,669,930元,其余未分配利润结转至下半年度。

二〇〇三年以来市场表现

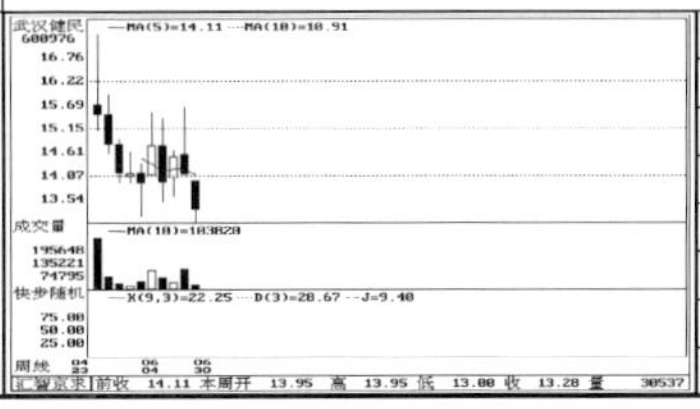

2003 年涨跌幅(%)	0.00
2003 年最高(元)	0.00
2003 年最低(元)	0.00
2003 年换手率(%)	0.00
2004.06 涨跌幅(%)	0.00
2004.06 最高(元)	17.30
2004.06 最低(元)	13.00
2004.06 换手率(%)	224.54

北矿磁材科技股份有限公司

公司概况

公司名称	北矿磁材科技股份有限公司				股票代码	600980
注册地址	北京市丰台区科学城 10D 地块 2 号楼				邮政编码	100067
法人代表	孙传尧			董秘	曲晓力	
电话	010-67537184			传真	010-67583947	
主营业务	磁性材料和磁器件的研发、生产等					
总股本	10000.00	流通 A	3500.00	流通 B		流通 H
审计单位				审计意见	未审计	

主要财务指标

年度	2004.6	2003	2002
每股收益 / 扣除后(元)	0.0892		
每股经营现金流量(元)	-0.0470		
每股净资产 / 调整后(元)	3.4800		
每股公积金(元)	1.9185		
净资产收益率(%)	2.5500		
总资产(万元)	45571.50		
股东权益(万元)	34831.24		
未分配利润(万元)	4515.23		
主营收入(万元)	8558.66		
资本公积金(万元)	19185.05		
主营利润(万元)	2153.86		
其他业务利润(万元)	5.85		
营业利润(万元)	964.02		
投资收益(万元)			
补贴收入(万元)			
营业外收支(万元)	-4.39		
利润总额(万元)	959.63		
净利润(万元)	887.65		

十大股东

序号	股东名称	股份性质	持股数(万股)	比例(%)
1	北京矿冶研究总院	国有股	6029.52	60.30
2	钢铁研究总院	国有股东	128.32	1.28
3	机械科学研究院	国有股东	85.54	0.86
4	中国纺织科学研究院	国有股东	85.54	0.86
5	中国建筑材料科学研究院	国有股东	85.54	0.86
6	江门市粉末冶金厂有限公司	法人股	85.54	0.86
7	北京华星世纪房地产开发有限公司	法人股	28.58	0.29
8	交通银行-融通行业景气证券投资基金	法人股	24.57	0.25
9	潘社明	自然人	23.31	0.23
10	马泽谊	自然人	20.00	0.20

股东人数	2004.6	2003.12	2003.6	2002
	20968			

近年分配		近年配股 / 增发	

重大事项

公司 2004 年第一次临时股东大会于 2004 年 3 月 2 日召开，审议通过了 2003 年度利润分配方案：以 2003 年 12 月 31 日总股本 6,500 万股为基数，向全体股东每 10 股派发现金红利 1.1 元。

二〇〇三年以来市场表现

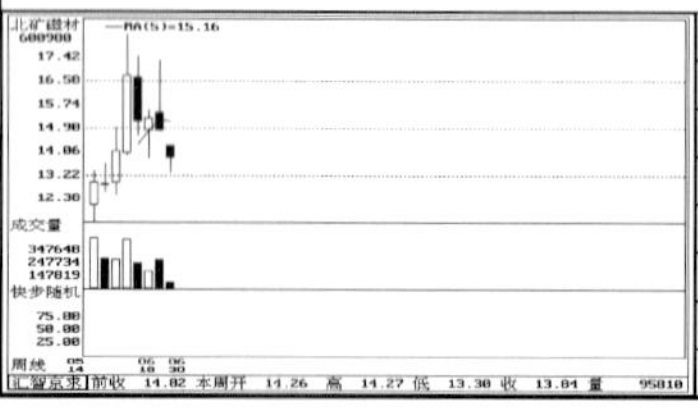

2003 年涨跌幅(%)	0.00
2003 年最高(元)	0.00
2003 年最低(元)	0.00
2003 年换手率(%)	0.00
2004.06 涨跌幅(%)	0.00
2004.06 最高(元)	18.26
2004.06 最低(元)	11.54
2004.06 换手率(%)	631.15

江苏省纺织品进出口集团股份有限公司

公司概况

公司名称	江苏省纺织品进出口集团股份有限公司				股票代码	600981
注册地址	江苏省南京市户部街 15 号				邮政编码	210002
法人代表	陈树扬			董秘	范云涛	
电话	025-86648112			传真	025-84400800	
主营业务	纺织品及服装的进出口业务					
总股本	18109.00	流通 A	5000.00	流通 B		流通 H
审计单位				审计意见	未审计	

主要财务指标

年度	2004.6	2003	2002
每股收益 / 扣除后(元)	0.1202		
每股经营现金流量(元)	0.1090		
每股净资产 / 调整后(元)	3.5500		
每股公积金(元)	1.7317		
净资产收益率(%)	4.1500		
总资产(万元)	135572.09		
股东权益(万元)	64341.06		
未分配利润(万元)	6523.41		
主营收入(万元)	133255.73		
资本公积金(万元)	31360.27		
主营利润(万元)	9221.84		
其他业务利润(万元)	516.75		
营业利润(万元)	3135.89		
投资收益(万元)	165.20		
补贴收入(万元)	463.04		
营业外收支(万元)	19.02		
利润总额(万元)	3783.15		
净利润(万元)	2672.97		

十大股东

序号	股东名称	股份性质	持股数(万股)	比例(%)
1	江苏开元国际集团有限公司	国有法人股	11405.00	62.98
2	江苏舜天股份有限公司	境内法人股	376.00	2.08
3	中国外运江苏公司	境内法人股	300.00	1.66
4	江苏东恒国际集团有限公司	境内法人股	170.00	0.94
5	江苏丹棉集团有限公司	境内法人股	150.00	0.83
6	江苏汇鸿国际集团针棉织品进出口有限公司	境内法人股	100.28	0.55
7	江苏弘业股份有限公司	境内法人股	100.00	0.55
8	江苏省惠隆资产管理有限公司	境内法人股	100.00	0.55
9	江苏汇鸿国际集团毛针织品进出口有限公司	境内法人股	80.00	0.44
10	华泰证券有限责任公司	流通 A 股	24.00	0.13

股东人数	2004.6	2003.12	2003.6	2002
	34211			

近年分配		近年配股 / 增发	

重大事项

经 2004 年 3 月 16 日公司 2003 年年度股东大会审议通过 2003 年公司利润分配方案：2003 年度利润总额 64,300,841.24 元，扣除所得税后净利润 50,717,685.68 元，提取 10%法定盈余公积金 5,071,768.57 元，5%法定公积金 2,535,884.29 元，10%任意盈余公积 5,071,768.57 元。

二〇〇三年以来市场表现

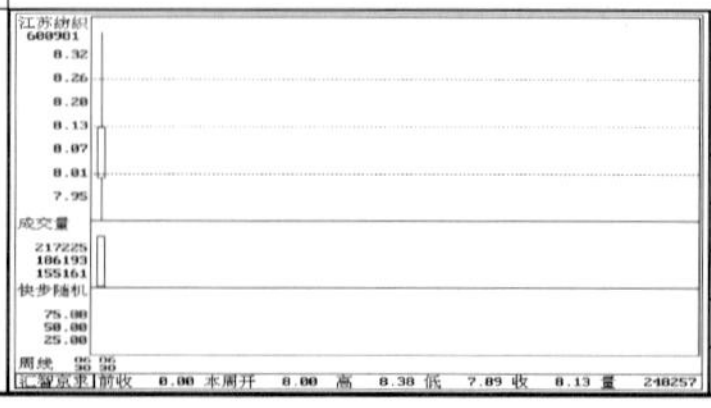

2003 年涨跌幅(%)	0.00
2003 年最高(元)	0.00
2003 年最低(元)	0.00
2003 年换手率(%)	0.00
2004.06 涨跌幅(%)	0.00
2004.06 最高(元)	8.38
2004.06 最低(元)	7.89
2004.06 换手率(%)	49.65

安徽雷鸣科化股份有限公司

公司概况

公司名称	安徽雷鸣科化股份有限公司	股票代码	600985
注册地址	安徽省淮北市东山路	邮政编码	235042
法人代表	张海龙	董秘	周锋
电话	0561-4948135	传真	0561-4948888
主营业务	民爆器材及其包装材料等的产销		

总股本	9000.00	流通 A	4000.00	流通 B		流通 H	
审计单位		审计意见	未审计				

主要财务指标

年度	2004.6	2003	2002
每股收益/扣除后(元)	0.0793	0.2800	0.2500
每股经营现金流量(元)	0.0997	0.1600	0.5900
每股净资产/调整后(元)	3.2000	1.9400	1.8200
每股公积金(元)	1.9334	0.2301	0.2301
净资产收益率(%)	2.4700	14.4300	13.8300
总资产(万元)	36797.99	19009.70	15596
股东权益(万元)	28932.89	9688.68	9091.06
未分配利润(万元)	1394.73	680.52	364.05
主营收入(万元)	5648.36	10089.13	9152.04
资本公积金(万元)	17400.88	2070.88	2070.88
主营利润(万元)	1965.68	3597.75	3185.57
其他业务利润(万元)	39.11	27.14	-0.05
营业利润(万元)	1063.82	2118.67	1914.79
投资收益(万元)	-5.60		
补贴收入(万元)			
营业外收支(万元)	3.36	-20.36	6.33
利润总额(万元)	1061.19	2098.31	1893.54
净利润(万元)	714.21	1397.62	1257.04

十大股东

序号	股东名称	股份性质	持股数(万股)	比例(%)
1	淮北矿业(集团)有限责任公司	国有法人股	4746.95	52.74
2	交通银行-融通行业景气证券投资基金	流通 A 股	153.81	1.71
3	安徽理工大学	国有法人股	73.52	0.82
4	煤炭科学研究总院爆破技术研究所	国有法人股	73.46	0.82
5	南京理工大学	国有法人股	70.71	0.79
6	北京中煤雷耀经贸联合公司	国有法人股	35.36	0.39
7	李革英	流通 A 股	19.11	0.21
8	刘敬辉	流通 A 股	12.17	0.14
9	王解平	流通 A 股	10.84	0.12
10	李红章	流通 A 股	10.50	0.12

股东人数	2004.6	2003.12	2003.6	2002
	24299			

近年分配		近年配股/增发	

重大事项

公司所欠淮北矿业(集团)有限责任公司的债务余额 14,669,758.00 元;欠淮北矿业(集团)九一〇化工有限责任公司的债务余额 1,823,286.11 元,是由于公司未上市前资金紧张的原因所形成的债务,属非正常情况造成的,应及时清理归还。

二〇〇三年以来市场表现

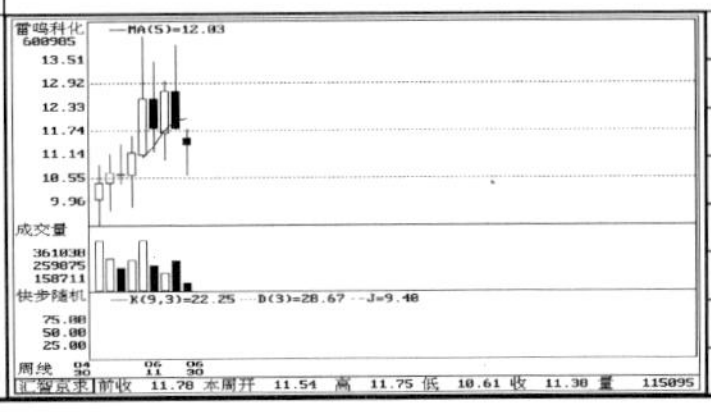

2003 年涨跌幅(%)	0.00
2003 年最高(元)	0.00
2003 年最低(元)	0.00
2003 年换手率(%)	0.00
2004.06 涨跌幅(%)	0.00
2004.06 最高(元)	14.10
2004.06 最低(元)	9.37
2004.06 换手率(%)	649.47

科达集团股份有限公司

公司概况

公司名称	科达集团股份有限公司	股票代码	600986
注册地址	山东省东营市广饶县大王经济技术开发区	邮政编码	257335
法人代表	刘双珉	董秘	韩晓光
电话	0546-8301886	传真	0546-8304191
主营业务	公路工程、市政工程建设施工		

总股本	13969.57	流通 A	3900.00	流通 B		流通 H	
审计单位		审计意见	未审计				

主要财务指标

年度	2004.6	2003	2002
每股收益/扣除后(元)	0.0991	0.4400	0.3700
每股经营现金流量(元)	0.3010	-0.2656	
每股净资产/调整后(元)	4.9900	3.6200	3.1700
每股公积金(元)	2.0198	0.0350	0.0217
净资产收益率(%)	2.5700	12.0000	13.3800
总资产(万元)	110684.32	69129.13	53591.16
股东权益(万元)	53763.00	28054.49	24543.60
未分配利润(万元)	14406.25	13025.35	10411.13
主营收入(万元)	21938.49	49287.41	44338.88
资本公积金(万元)	21703.93	376.32	232.69
主营利润(万元)	5198.85	10692.42	9640.63
其他业务利润(万元)	16.83	40.45	2.05
营业利润(万元)	2557.34	6539.62	5802.23
投资收益(万元)			
补贴收入(万元)			
营业外收支(万元)	-4.62	-10.90	-0.08
利润总额(万元)	2552.72	6528.71	5837.16
净利润(万元)	1380.90	3367.25	3285.03

十大股东

序号	股东名称	股份性质	持股数(万股)	比例(%)
1	广饶县科达实业有限责任公司	境内法人股	4825.60	34.54
2	邹树明	流通 A 股	119.95	0.86
3	万忠英	流通 A 股	63.87	0.46
4	吴一君	个人股	38.73	0.28
5	魏一民	个人股	38.73	0.28
6	林存喜	个人股	38.73	0.28
7	侯秀荣	个人股	38.73	0.28
8	曹彦梅	个人股	38.43	0.28
9	王伟纲	个人股	37.86	0.27
10	邵风玲	个人股	37.06	0.27

股东人数	2004.6	2003.12	2003.6	2002
	18970			

近年分配	2004 年 7 月 1 日 10 派 2.00	近年配股/增发	2004 年 7 月 1 日 10 送 3

重大事项

经公司 2003 年度股东大会批准,以首次公开发行人民币普通股后的总股本 107,458,240 股为基数,向全体股东每 10 股送 3 股并派发现金红利 2.00 元(含税),共计分配股利 53,729,120 元。

二〇〇三年以来市场表现

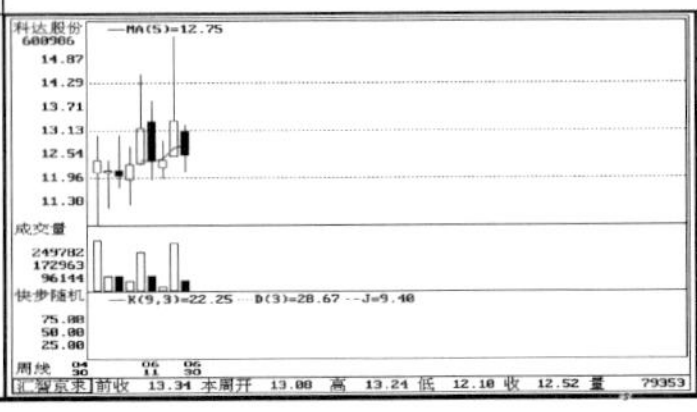

2003 年涨跌幅(%)	0.00
2003 年最高(元)	0.00
2003 年最低(元)	0.00
2003 年换手率(%)	0.00
2004.06 涨跌幅(%)	0.00
2004.06 最高(元)	15.45
2004.06 最低(元)	10.80
2004.06 换手率(%)	354.03

广州东方宝龙汽车工业股份有限公司

公司概况

公司名称	广州东方宝龙汽车工业股份有限公司	股票代码	600988
注册地址	广东省广州增城市新塘镇宝龙路1号	邮政编码	511340
法人代表	杨龙江	董秘	刘祥能
电话	020-82696008	传真	020-82601623
主营业务	研究、开发防弹运钞车等专用车辆		
总股本	9057.98	流通A	2500.00
流通B		流通H	
审计单位		审计意见	未审计

主要财务指标

年度	2004.6	2003	2002
每股收益/扣除后(元)	0.0248	0.4300	0.4700
每股经营现金流量(元)	-0.9190	1.7000	0.7900
每股净资产/调整后(元)	3.4500	1.8400	1.8300
每股公积金(元)	2.1062		
净资产收益率(%)	1.2500	25.5900	28.4800
总资产(万元)	53794.67	33273.31	28410.62
股东权益(万元)	31317.03	12096.32	12001.09
未分配利润(万元)	1596.23	1324.99	1317.24
主营收入(万元)	4930.90	29947.65	38402.05
资本公积金(万元)	19078.21		
主营利润(万元)	1623.10	7537.85	9094.26
其他业务利润(万元)	60.09	122.75	-0.59
营业利润(万元)	413.64	3644.79	3699.35
投资收益(万元)	-0.42	-6.85	226.79
补贴收入(万元)	1.40		
营业外收支(万元)	25.42	14.18	-0.02
利润总额(万元)	440.47	3658.96	4000.78
净利润(万元)	390.74	3095.23	3417.53

十大股东

序号	股东名称	股份性质	持股数(万股)	比例(%)
1	广东省金安汽车工业制造有限公司	境内法人股	3934.79	43.44
2	黄乙珍	个人股	2485.47	27.44
3	杨文江	个人股	65.58	0.72
4	杨文英	个人股	65.58	0.72
5	林澎	流通A股	14.59	0.16
6	上海市龙威房地产有限公司	流通A股	13.93	0.15
7	银丰证券投资基金	流通A股	9.90	0.11
8	孙英奇	流通A股	9.42	0.10
9	王成志	流通A股	8.00	0.09
10	谢群	流通A股	7.41	0.08

股东人数	2004.6	2003.12	2003.6	2002
	18027			

近年分配		近年配股/增发	

重大事项

公司于2004年5月26日参加了在湛江中级人民法院四楼举行的拍卖会，在此次拍卖会上，公司以22,400,000.00元人民币的总价格（其中：本次拍卖资产价格20,000,000.00元；拍卖佣金400,000.00元；安置原企业职工资金2,000,000.00元）竞拍到广东万里企业集团公司破产拍卖的汽车生产相关实物资产。

二〇〇三年以来市场表现

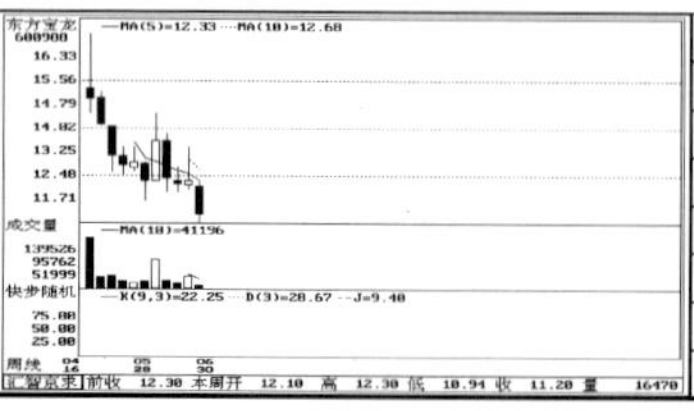

2003年涨跌幅(%)	0.00
2003年最高(元)	0.00
2003年最低(元)	0.00
2003年换手率(%)	0.00
2004.06涨跌幅(%)	0.00
2004.06最高(元)	17.10
2004.06最低(元)	10.94
2004.06换手率(%)	238.10

安徽四创电子股份有限公司

公司概况

公司名称	安徽四创电子股份有限公司	股票代码	600990
注册地址	安徽省合肥市高新技术产业开发区	邮政编码	230088
法人代表	吴曼青	董秘	刘永跃
电话	0551-5315251	传真	0551-5311570
主营业务	民用雷达及其配套产品的开发销售		
总股本	5880.00	流通A	2000.00
流通B		流通H	
审计单位		审计意见	

主要财务指标

年度	2004.6	2003	2002
每股收益/扣除后(元)	0.1189		
每股经营现金流量(元)	-0.1960		
每股净资产/调整后(元)	4.7700		
每股公积金(元)	3.1591		
净资产收益率(%)	2.5400		
总资产(万元)	35300.79		
股东权益(万元)	28034.53		
未分配利润(万元)	2627.34		
主营收入(万元)	6840.46		
资本公积金(万元)	18575.56		
主营利润(万元)	1996.99		
其他业务利润(万元)	15.98		
营业利润(万元)	771.12		
投资收益(万元)	-12.22		
补贴收入(万元)	79.40		
营业外收支(万元)			
利润总额(万元)	838.30		
净利润(万元)	712.56		

十大股东

序号	股东名称	股份性质	持股数(万股)	比例(%)
1	华东电子工程研究所	国有法人股	3416.82	58.11
2	中国物资开发投资总公司	国有法人股	134.64	2.29
3	夏传浩	个人股	126.58	2.15
4	中国电子进出口总公司	国有法人股	67.32	1.14
5	安徽民生信息工程有限公司	境内法人股	67.32	1.14
6	交通银行-融通行业景气证券投资基金	流通A股	34.05	0.58
7	北京青年创业投资有限公司	境内法人股	33.66	0.57
8	北京奔达信息工程公司	国有法人股	33.66	0.57
9	林建华	流通A股	14.63	0.25
10	上海飞乐股份有限公司	流通A股	12.00	0.20

股东人数	2004.6	2003.12	2003.6	2002
	13644			

近年分配		近年配股/增发	

重大事项

公司2003年度股东大会审议批准了2003年度利润分配方案，以2003年度末总股本3880万股为基数，向全体股东每股派发现金股利0.25元（含税），共计分配利润9,700,000.00元，已实施完毕。

二〇〇三年以来市场表现

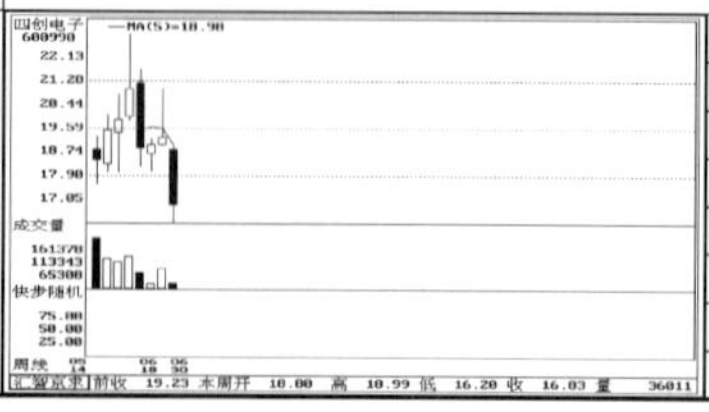

2003年涨跌幅(%)	0.00
2003年最高(元)	0.00
2003年最低(元)	0.00
2003年换手率(%)	0.00
2004.06涨跌幅(%)	0.00
2004.06最高(元)	22.98
2004.06最低(元)	16.20
2004.06换手率(%)	411.40

湖南长丰汽车制造股份有限公司

公司概况							
公司名称	湖南长丰汽车制造股份有限公司			股票代码	600991		
注册地址	湖南省长沙市经济开发区漓湘路1号			邮政编码	410011		
法人代表	李建新			董秘	姜景文		
电话	0731-2881959			传真	0731-2881957,2881899		
主营业务	中高档轻型越野汽车的制造销售等						
总股本	40067.03	流通A	7800.00	流通B	6437.31	流通H	
审计单位				审计意见	未审计		

主要财务指标

年度	2004.6	2003	2002
每股收益/扣除后(元)	0.3524		
每股经营现金流量(元)	0.3430		
每股净资产/调整后(元)	5.0200		
每股公积金(元)	2.6159		
净资产收益率(%)	9.3800		
总资产(万元)	504900.31		
股东权益(万元)	202921.12		
未分配利润(万元)	13880.90		
主营收入(万元)	194273.11		
资本公积金(万元)	104813.22		
主营利润(万元)	38487.59		
其他业务利润(万元)	608.19		
营业利润(万元)	18493.25		
投资收益(万元)	5.33		
补贴收入(万元)	3197.54		
营业外收支(万元)	-237.88		
利润总额(万元)	21458.24		
净利润(万元)	13880.90		

十大股东

序号	股东名称	股份性质	持股数(万股)	比例(%)
1	长丰(集团)有限责任公司	国有法人股	15386.41	38.40
2	日本三菱自动车株式会社	境外法人股	6437.31	16.07
3	湖南经济技术投资担保公司	国有法人股	4827.98	12.05
4	湖南新华联国际石油贸易有限公司	法人股	1974.32	4.93
5	湖南省信托投资有限责任公司	国有法人股	1609.33	4.02
6	日本双日株式会社	法人股	1609.33	4.02
7	华鑫证券有限责任公司	法人股	100.06	0.25
8	湖南省新田县氮肥厂	国有法人股	80.47	0.20
9	湖南潇洒集团有限责任公司	法人股	80.47	0.20
10	湖南九嶷实业集团股份有限公司	法人股	80.47	0.20

股东人数	2004.6	2003.12	2003.6	2002
	52568			

近年分配		近年配股/增发	

重大事项

公司于2004年4月21日召开2003年度股东大会,审议通过的利润分配方案为:以2003年末总股本32267.03万股为基数,每十股派发现金红利3元(含税),共计派发现金96801090元。2004年1月以后实现的利润由新老股东共享。

二〇〇三年以来市场表现

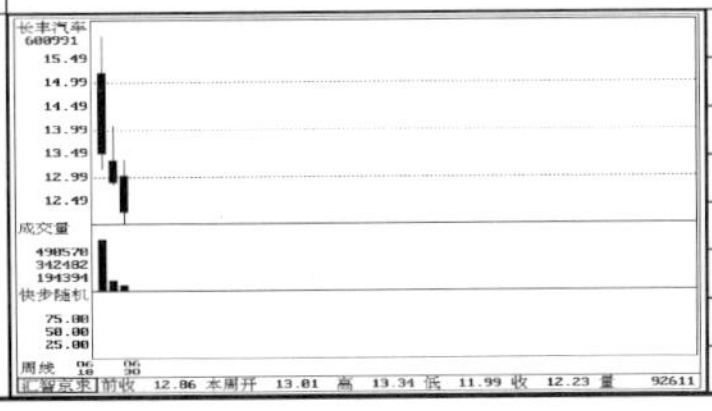

2003年涨跌幅(%)	0.00
2003年最高(元)	0.00
2003年最低(元)	0.00
2003年换手率(%)	0.00
2004.06涨跌幅(%)	0.00
2004.06最高(元)	15.99
2004.06最低(元)	11.99
2004.06换手率(%)	113.69

贵州钢绳股份有限公司

公司概况							
公司名称	贵州钢绳股份有限公司			股票代码	600992		
注册地址	贵州省遵义市桃溪路47号			邮政编码	563000		
法人代表	黄忠渠			董秘	杨期屏		
电话	0852-8419247,8419570			传真	0852-8419075,8419870		
主营业务	钢丝、钢绳产品的研究、生产加工						
总股本	16437.00	流通A	7000.00	流通B		流通H	
审计单位				审计意见	未审计		

主要财务指标

年度	2004.6	2003	2002
每股收益/扣除后(元)	0.1354		
每股经营现金流量(元)	0.0220		
每股净资产/调整后(元)	4.2200		
每股公积金(元)	2.9047		
净资产收益率(%)	3.1300		
总资产(万元)	102483.21		
股东权益(万元)	69395.78		
未分配利润(万元)	3313.52		
主营收入(万元)	33478.75		
资本公积金(万元)	47745.29		
主营利润(万元)	6882.12		
其他业务利润(万元)	1.63		
营业利润(万元)	2617.72		
投资收益(万元)	5.00		
补贴收入(万元)			
营业外收支(万元)	-66.43		
利润总额(万元)	2556.29		
净利润(万元)	2168.97		

十大股东

序号	股东名称	股份性质	持股数(万股)	比例(%)
1	贵州钢绳(集团)有限责任公司	国有法人股	8623.00	52.46
2	水城钢铁(集团)有限责任公司	国有法人股	651.00	3.96
3	中国工商银行-融通蓝筹成长证券投资基金	流通A股	196.03	1.19
4	贵州长征电器股份有限公司	国有法人股	65.00	0.40
5	武汉人和置业有限公司	境内法人股	65.00	0.40
6	遵义南北铁合金经销有限责任公司	境内法人股	33.00	0.20
7	卢赛凤	流通A股	24.59	0.15
8	银丰证券投资基金	流通A股	21.10	0.13
9	曾剑超	流通A股	19.58	0.12
10	万静	流通A股	16.00	0.10

股东人数	2004.6	2003.12	2003.6	2002
	43198			

近年分配		近年配股/增发	

重大事项

公司于2004年4月5日召开了2003年年度股东大会,通过了公司2003年度利润分配方案:以2003年12月31日公司的股份总数9437万股为基数,按每10股派送现金3.7343元(含税)向全体股东分配红利,共分配35,240,980.43元,剩余的未分配利润11,445,506.92元,在公司股票发行上市前不进行分配,待公司上市后归新老股东所有。

二〇〇三年以来市场表现

2003年涨跌幅(%)	0.00
2003年最高(元)	0.00
2003年最低(元)	0.00
2003年换手率(%)	0.00
2004.06涨跌幅(%)	0.00
2004.06最高(元)	10.08
2004.06最低(元)	7.43
2004.06换手率(%)	204.80

武汉马应龙药业集团股份有限公司

公司概况

公司名称	武汉马应龙药业集团股份有限公司	股票代码	600993
注册地址	湖北省武汉市武昌南湖周家湾 100 号	邮政编码	430064
法人代表	陈平	董秘	李加林
电话	027-87291519,87389583	传真	027-87291724
主营业务	中西药制造及各类止咳药业等		
总股本	5116.97	流通 A	1800.00
流通 B		流通 H	
审计单位		审计意见	未审计

主要财务指标

年度	2004.6	2003	2002
每股收益/扣除后(元)	0.6453		
每股经营现金流量(元)	0.6290		
每股净资产/调整后(元)	9.8700		
每股公积金(元)	5.0819		
净资产收益率(%)	6.5900		
总资产(万元)	66097.62		
股东权益(万元)	50889.98		
未分配利润(万元)	9460.92		
主营收入(万元)	18299.41		
资本公积金(万元)	26004.14		
主营利润(万元)	10117.86		
其他业务利润(万元)	34.60		
营业利润(万元)	4014.80		
投资收益(万元)	12.69		
补贴收入(万元)			
营业外收支(万元)	-17.90		
利润总额(万元)	4009.59		
净利润(万元)	3351.82		

十大股东

序号	股东名称	股份性质	持股数(万股)	比例(%)
1	中国宝安集团股份有限公司	法人股	1680.00	32.83
2	武汉国有资产经营公司	国有股	900.00	17.59
3	武汉华汉投资管理有限公司	法人股	507.89	9.93
4	武汉东湖创新科技投资有限公司	法人股	120.00	2.35
5	华一发展有限公司	法人股	50.00	0.98
6	王宝红	流通 A 股	24.85	0.49
7	长江证券有限责任公司	流通 A 股	23.97	0.47
8	詹永祖	流通 A 股	19.04	0.37
9	尹小林	流通 A 股	13.00	0.25
10	中国银河证券有限责任公司	法人股	10.78	0.21

股东人数	2004.6	2003.12	2003.6	2002
	12808			

近年分配		近年配股/增发	

重大事项

本公司 2003 年度利润分配方案经 2004 年 4 月 29 日召开的公司 2003 年度股东大会审议通过，公司以 2003 年 12 月 31 日的总股本 33,169,740 股为基数，向截止 2003 年 12 月 31 日在湖北省股权托管中心(原武汉证券登记中心)登记在册的本公司股东按每 10 股派发现金红利 2 元(含税)，共计分配 6,633,948.00 元。

二〇〇三年以来市场表现

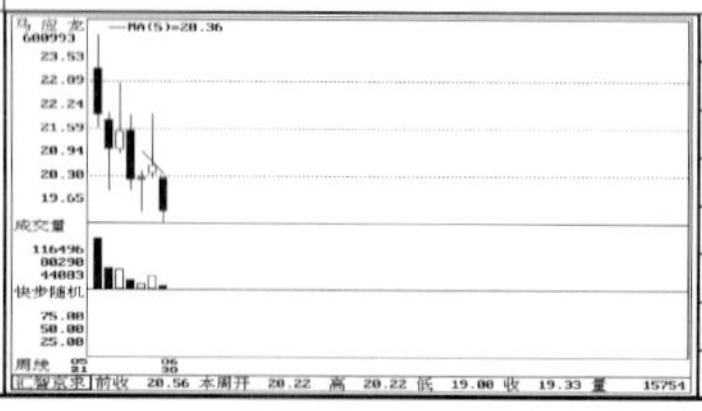

2003 年涨跌幅(%)	0.00
2003 年最高(元)	0.00
2003 年最低(元)	0.00
2003 年换手率(%)	0.00
2004.06 涨跌幅(%)	0.00
2004.06 最高(元)	24.18
2004.06 最低(元)	19.00
2004.06 换手率(%)	217.42

云南文山电力股份有限公司

公司概况

公司名称	云南文山电力股份有限公司	股票代码	600995
注册地址	云南省文山县开化镇建禾东路 71 号	邮政编码	663000
法人代表	冯崇武	董秘	唐华俊
电话	0876-2123422	传真	0876-2130029
主营业务	发电电力		
总股本	8757.00	流通 A	3600.00
流通 B		流通 H	
审计单位		审计意见	未审计

主要财务指标

年度	2004.6	2003	2002
每股收益/扣除后(元)	0.0684		
每股经营现金流量(元)	0.1830		
每股净资产/调整后(元)	5.5700		
每股公积金(元)	3.7541		
净资产收益率(%)	1.1500		
总资产(万元)	79038.07		
股东权益(万元)	48880.67		
未分配利润(万元)	5997.21		
主营收入(万元)	12088.63		
资本公积金(万元)	32874.88		
主营利润(万元)	3010.26		
其他业务利润(万元)	148.21		
营业利润(万元)	688.16		
投资收益(万元)	39.50		
补贴收入(万元)			
营业外收支(万元)	-64.17		
利润总额(万元)	663.49		
净利润(万元)	563.59		

十大股东

序号	股东名称	股份性质	持股数(万股)	比例(%)
1	文山壮族苗族自治州电力公司	国有法人股	3276.00	37.41
2	文山盘龙河流域水电开发有限责任公司	境内法人股	1431.00	16.34
3	云南省地方电力实业开发公司	国有法人股	150.00	1.71
4	中国东方电气集团公司	国有法人股	150.00	1.71
5	江河农村电气化发展有限公司	国有法人股	150.00	1.71
6	中国工商银行-融通蓝筹成长证券投资基金	流通 A 股	38.10	0.44
7	浙江广厦股份有限公司	流通 A 股	17.00	0.19
8	北京市文化发展基金会	流通 A 股	16.60	0.19
9	潘永杰	流通 A 股	10.00	0.11
10	林革	流通 A 股	8.90	0.10

股东人数	2004.6	2003.12	2003.6	2002
	21436			

近年分配		近年配股/增发	

重大事项

2004 年 2 月 19 日公司召开 2003 年度股东大会，审议通过了《云南文山电力股份有限公司与丘北格雷二级电力有限责任公司 2004 年购电协议》和《云南文山电力股份有限公司与文山盘龙河流域水电开发有限责任公司 2004 年购电协议》。

二〇〇三年以来市场表现

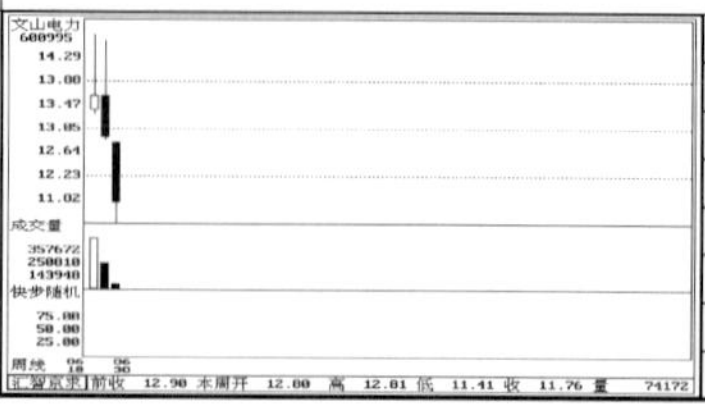

2003 年涨跌幅(%)	0.00
2003 年最高(元)	0.00
2003 年最低(元)	0.00
2003 年换手率(%)	0.00
2004.06 涨跌幅(%)	0.00
2004.06 最高(元)	14.70
2004.06 最低(元)	11.41
2004.06 换手率(%)	218.79

开滦精煤股份有限公司

公司概况

公司名称	开滦精煤股份有限公司	股票代码	600997
注册地址	河北省唐山市新华东道 70 号东楼	邮政编码	063018
法人代表	裴华	董秘	侯树忠
电话	0315-2812013,2814542	传真	0315-3026757,2814542
主营业务	煤炭及伴生资源开采;		
总股本	48800.00	流通 A	15000.00
流通 B		流通 H	
审计单位		审计意见	未审计

主要财务指标

年度	2004.6	2003	2002
每股收益 / 扣除后(元)	0.2184		
每股经营现金流量(元)	0.3870		
每股净资产 / 调整后(元)	3.6900		
每股公积金(元)	2.1087		
净资产收益率(%)	5.9400		
总资产(万元)	257750.41		
股东权益(万元)	180040.03		
未分配利润(万元)	23646.84		
主营收入(万元)	73312.59		
资本公积金(万元)	102903.68		
主营利润(万元)	29437.45		
其他业务利润(万元)	525.85		
营业利润(万元)	15909.97		
投资收益(万元)			
补贴收入(万元)			
营业外收支(万元)	55.03		
利润总额(万元)	15965.01		
净利润(万元)	10696.55		

十大股东

序号	股东名称	股份性质	持股数(万股)	比例(%)
1	开滦(集团)有限责任公司	国有法人股	32107.37	65.79
2	中国信达资产管理公司	国有法人股	1015.58	2.08
3	上海宝钢国际经济贸易有限公司	国有法人股	473.94	0.97
4	华宝兴业多策略增长证券投资基金	流通 A 股	177.20	0.36
5	刘红中	流通 A 股	142.48	0.29
6	南方稳健成长证券投资基金	流通 A 股	122.90	0.25
7	程玉贞	流通 A 股	71.45	0.15
8	中国华融资产管理公司	国有法人股	67.71	0.14
9	煤炭科学研究总院	国有法人股	67.71	0.14
10	西南交通大学	国有法人股	67.71	0.14

股东人数	2004.6	2003.12	2003.6	2002
	63821			

近年分配		近年配股 / 增发	

重大事项

根据财政部、国家发展改革委、国家煤矿安全监察局发布的《煤炭生产安全费用提取和使用管理办法》规定，经公司第一届董事会第七次会议审议通过，公司从 2004 年 6 月起开始计提煤炭生产安全费用，每月按原煤产量每吨 5 元标准计提。2004 年 3 月 18 日，公司 2003 年度股东大会审议通过了以 2003 年 12 月 31 日总股本 33,800 万股为基数，向发起股东按股东持股比例，共分配股利 59,088,803.90 元。

二〇〇三年以来市场表现

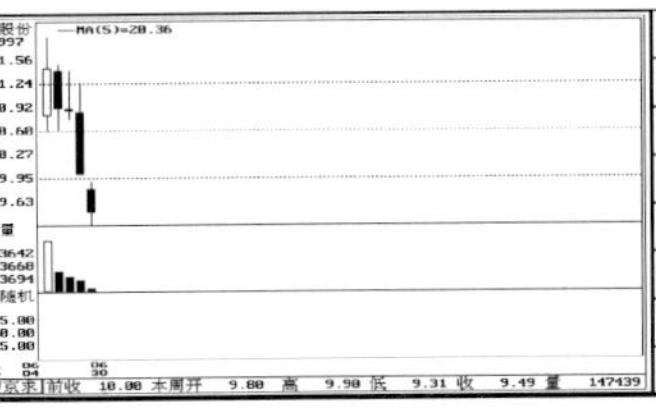

2003 年涨跌幅(%)	0.00
2003 年最高(元)	0.00
2003 年最低(元)	0.00
2003 年换手率(%)	0.00
2004.06 涨跌幅(%)	0.00
2004.06 最高(元)	11.88
2004.06 最低(元)	9.31
2004.06 换手率(%)	212.98

上海锦江国际旅游股份有限公司

公司概况

公司名称	上海锦江国际旅游股份有限公司	股票代码	900929
注册地址	上海市浦东新区杨高南路 889 号	邮政编码	200002
法人代表	宋超麒	董秘	王均行
电话	021-63299090	传真	021-63296636
主营业务	组织海外游客入境旅游		
总股本	13255.63	流通 A	
流通 B	6600.00	流通 H	
审计单位		审计意见	未审计

主要财务指标

年度	2004.6	2003	2002
每股收益 / 扣除后(元)	0.0758	–0.0510	0.1400
每股经营现金流量(元)	0.0090	0.1900	0.3000
每股净资产 / 调整后(元)	3.2000	3.1900	3.0800
每股公积金(元)	1.3407	1.3407	1.3407
净资产收益率(%)	3.3000	0.1300	4.6500
总资产(万元)	67097.67	57436.75	67024.78
股东权益(万元)	42702.25	42353.40	40972.51
未分配利润(万元)	3004.20	1594.89	1312.15
主营收入(万元)	32293.57	41058.30	64189.13
资本公积金(万元)	17772.16	17772.16	17772.16
主营利润(万元)	4014.29	5633.31	9206.39
其他业务利润(万元)	3.38	9.87	15.28
营业利润(万元)	373.07	–1255.45	1720.58
投资收益(万元)	705.69	946.03	853.28
补贴收入(万元)		364.26	364.26
营业外收支(万元)	404.79	46.05	4.58
利润总额(万元)	1483.55	100.89	2624.50
净利润(万元)	1409.30	55.32	1904.89

十大股东

序号	股东名称	股份性质	持股数(万股)	比例(%)
1	锦江国际(集团)有限公司	国有法人股	6655.63	50.21
2	TOYO.SECURITIES ASIA.LTD.A/C.CLIENT	流通 B 股	170.33	1.28
3	NAITO.SECURITIES CO.,LTD	流通 B 股	113.74	0.86
4	AIZAWA SECURITIES CO.,LTD.	流通 B 股	48.76	0.37
5	HSBC N/UBS AG	流通 B 股	36.99	0.28
6	裘阿海	流通 B 股	34.02	0.26
7	傅仕强	流通 B 股	31.00	0.23
8	周丽华	流通 B 股	25.80	0.19
9	SCBHK A/C KG INVESTMENTS ASIA LIMITED	流通 B 股	21.24	0.16
10	NIKKO CORDIAL SECURITIES INC.	流通 B 股	20.66	0.16

股东人数	2004.6	2003.12	2003.6	2002
	14427	14742	14987	14882

近年分配	2004 年 6 月 14 日 10 派 0.09665	近年配股 / 增发	

重大事项

2004 年 2 月 17 日公司第十二次股东大会(临时会议)审议通过本公司和所属全资企业上海旅游公司分别受让锦江国际(集团)有限公司拥有的上海锦江旅游有限公司 90% 和 10% 股权、锦江国际(集团)有限公司受让本公司拥有的上海锦江旅馆投资管理有限公司 25% 股权的重大购买、出售股权暨关联交易的议案。

二〇〇三年以来市场表现

2003 年涨跌幅(%)	–30.85
2003 年最高(元)	0.870
2003 年最低(元)	0.530
2003 年换手率(%)	35.08
2004.06 涨跌幅(%)	–4.28
2004.06 最高(元)	0.690
2004.06 最低(元)	0.472
2004.06 换手率(%)	15.87

上海阳晨投资股份有限公司

公司概况

公司名称	上海阳晨投资股份有限公司	股票代码	900935
注册地址	上海市桂箐路2号	邮政编码	200023
法人代表	祝世寅	董秘	仲辉
电话	021-63901001	传真	021-63901001
主营业务	污水处理服务		
总股本	22236.00	流通A	
流通B	9600.00	流通H	
审计单位		审计意见	未审计

主要财务指标

年度	2004.6	2003	2002
每股收益/扣除后(元)	0.0497	0.1200	0.0300
每股经营现金流量(元)	0.0500	0.0900	0.1100
每股净资产/调整后(元)	1.3800	1.6600	1.5400
每股公积金(元)	0.2813	0.5376	0.9869
净资产收益率(%)	3.5900	7.3200	1.8900
总资产(万元)	34216.36	33908.60	35869.52
股东权益(万元)	30715.59	30839.50	28581.22
未分配利润(万元)	1795.63	1919.54	–8505.36
主营收入(万元)	2201.12	4400.31	16388.70
资本公积金(万元)	6255.65	9961.65	18287.87
主营利润(万元)	899.09	1837.07	4007.11
其他业务利润(万元)	34.61	13.67	0.15
营业利润(万元)	482.88	1269.62	441.49
投资收益(万元)	697.36	1179.19	8.46
补贴收入(万元)			
营业外收支(万元)	–2.00	–0.08	–0.00
利润总额(万元)	1178.24	2448.73	649.45
净利润(万元)	1103.08	2258.28	540.10

十大股东

序号	股东名称	股份性质	持股数(万股)	比例(%)
1	上海国有资产经营有限公司	国有法人股	12636.00	56.83
2	SKANDIA GLOBAL FUNDS PLC	流通B股	449.83	2.02
3	CHIN,Wai Chung	流通B股	173.92	0.78
4	华夏证券有限公司上海业务部	流通B股	156.12	0.70
5	王漪	流通B股	101.34	0.46
6	ORE BURNS (AUSTRALIA)PYT.LIMITED	流通B股	84.00	0.38
7	LIN W.HU	[illegible]	55.44	0.25
8	郁玉生	流通B股	54.48	0.25
9	CHEN XIAO YONG	流通B股	49.78	0.22
10	孙亚军	流通B股	48.55	0.22

股东人数	2004.6	2003.12	2003.6	2002
	11194	10945	10586	10545

近年分配	2004年6月1日10派0.08美元	近年配股/增发	2004年6月1日10转2

重大事项

2004年上半年,公司计入参股企业唐山港陆钢铁有限公司按约定预分的投资收益7,730,000元;公司控股子公司上海阳晨排水运营有限公司投资120万元参股四川阳晨环境工程投资有限公司,占该公司10%的股权。

二〇〇三年以来市场表现

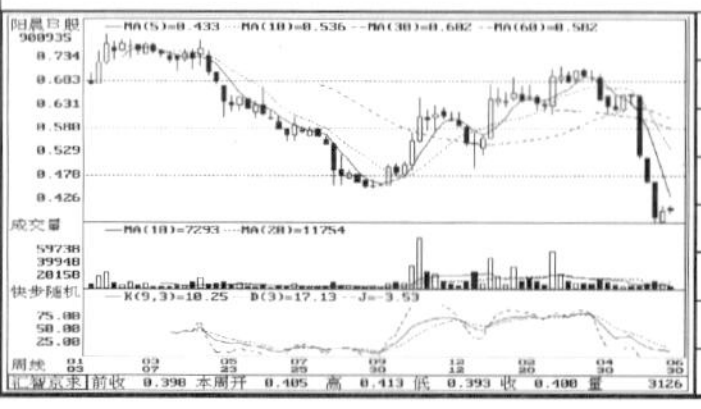

2003年涨跌幅(%)	–21.82
2003年最高(元)	0.647
2003年最低(元)	0.368
2003年换手率(%)	49.18
2004.06涨跌幅(%)	–10.71
2004.06最高(元)	0.587
2004.06最低(元)	0.375
2004.06换手率(%)	35.44

上海汇丽建材股份有限公司

公司概况

公司名称	上海汇丽建材股份有限公司	股票代码	900939
注册地址	上海浦东康桥工业区	邮政编码	200127
法人代表	徐泽宪	董秘	陶娅龄
电话	021-58705858-2250	传真	021-68731596
主营业务	生产化学建筑材料		
总股本	18150.00	流通A	
流通B	8800.00	流通H	
审计单位		审计意见	未审计

主要财务指标

年度	2004.6	2003	2002
每股收益/扣除后(元)	–0.0098	0.0003	0.0400
每股经营现金流量(元)	–0.3130	0.3400	–0.2700
每股净资产/调整后(元)	1.8200	1.8200	1.7600
每股公积金(元)	0.3684	0.3684	0.3448
净资产收益率(%)	0.3700	1.9700	2.5800
总资产(万元)	78700.98	82169.87	87117.14
股东权益(万元)	33439.01	33315.97	32229.14
未分配利润(万元)	6719.64	6596.61	6023.37
主营收入(万元)	13640.97	33938.76	38641.98
资本公积金(万元)	6686.99	6686.99	6257.72
主营利润(万元)	1878.14	5990.69	8958.02
其他业务利润(万元)	370.62	320.97	298.96
营业利润(万元)	24.30	1236.24	2230.97
投资收益(万元)	117.28	–8.19	–262.92
补贴收入(万元)	25.08	46.72	0.58
营业外收支(万元)	54.55	–94.71	–4.25
利润总额(万元)	221.24	1180.06	2115.60
净利润(万元)	123.03	657.56	831.00

十大股东

序号	股东名称	股份性质	持股数(万股)	比例(%)
1	上海汇丽集团有限公司	国家股、境内法人股	6621.89	36.48
2	中信房地产公司	境内法人股	989.78	5.45
3	中国通用技术(集团)控股有限公司	境内法人股	989.78	5.45
4	中国建筑科学研究院	境内法人股	696.41	3.84
5	庄名道	流通B股	91.56	0.50
6	珠江纺织贸易公司	流通B股	55.07	0.30
7	上海市上投实业公司	境内法人股	52.14	0.29
8	王军良	流通B股	51.20	0.28
9	吴滨	流通B股	45.00	0.25
10	海通	流通B股	38.80	0.21

股东人数	2004.6	2003.12	2003.6	2002
	15987	15920	15998	15796

近年分配		近年配股/增发	

重大事项

2004年上半年,公司将控股子公司上海汇丽地板制品有限公司,上海汇丽防水材料有限公司,上海中远汇丽建材有限公司的分公司上海中远汇丽建材有限公司化学建材厂、控股子公司上海汇丽环健涂料有限公司、上海汇丽集团二厂有限公司的产品试行委托上海中远汇丽建材销售有限公司统一销售。

二〇〇三年以来市场表现

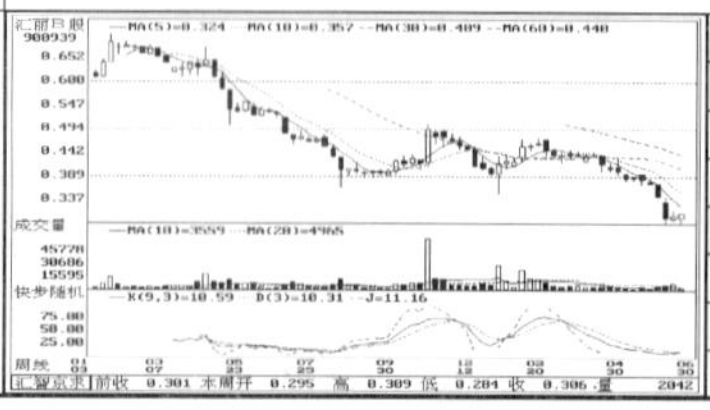

2003年涨跌幅(%)	–34.63
2003年最高(元)	0.705
2003年最低(元)	0.363
2003年换手率(%)	39.56
2004.06涨跌幅(%)	–23.88
2004.06最高(元)	0.475
2004.06最低(元)	0.284
2004.06换手率(%)	18.89

内蒙古伊泰煤炭股份有限公司

公司概况

公司名称	内蒙古伊泰煤炭股份有限公司	股票代码	900948
注册地址	内蒙古鄂尔多斯市东胜区鄂尔多斯西街	邮政编码	017000
法人代表	张东海	董秘	田尚万
电话	0477-8524944,8520255	传真	0477-8530722
主营业务	原煤的生产、运输		

总股本	36600.00	流通 A		流通 B	16600.00	流通 H	
审计单位				审计意见	未审计		

主要财务指标

年度	2004.6	2003	2002
每股收益/扣除后(元)	0.4463	0.2400	0.1900
每股经营现金流量(元)	0.5920	0.5600	0.5200
每股净资产/调整后(元)	2.5800	2.3700	2.1500
每股公积金(元)	1.1270	1.1270	1.1269
净资产收益率(%)	13.8900	8.0400	8.2400
总资产(万元)	167364.12	165440.45	148386.25
股东权益(万元)	99607.18	90162.39	82908.09
未分配利润(万元)	17831.58	8386.78	2224.07
主营收入(万元)	93567.82	167925.34	140023.50
资本公积金(万元)	41246.87	41246.87	41242.82
主营利润(万元)	69961.32	120292.03	102532.74
其他业务利润(万元)	637.54	1791.84	99546.67
营业利润(万元)	18551.49	10635.67	8291.31
投资收益(万元)	-2.71	-35.38	-66.44
补贴收入(万元)			
营业外收支(万元)	-2453.01	-2042.80	-5.62
利润总额(万元)	16095.77	8557.49	7807.87
净利润(万元)	13836.80	7250.25	6832.88

十大股东

序号	股东名称	股份性质	持股数(万股)	比例(%)
1	内蒙古伊盟煤炭集团公司	国有股	20000.00	54.64
2	SKANDIA GLOBAL FUNDS LC	外资股	338.00	0.92
3	MODERN ASSETS LIMITED	外资股	114.00	0.31
4	邱锡波	外资股	63.35	0.17
5	安徽省国际信托投资公司	外资股	60.50	0.17
6	天津北方国际信托投资公司	外资股	60.09	0.16
7	NAITO SECURITIES CO.,LTD.	外资股	59.04	0.16
8	HKIT S/A 006-113039-431	外资股	43.80	0.12
9	CITIBANK N.A. H.K. S/A BEAR STEARNS SECURITIES CORP.	外资股	43.27	0.12
10	TOYO SECURITIES ASIA LTD. A/C CLIENT	外资股	42.87	0.12

股东人数	2004.6	2003.12	2003.6	2002
	30566	30108	30871	30539

近年分配		近年配股/增发	

重大事项

公司于2004年4月16日召开的二届十五次董事会审议通过了出资收购控股股东内蒙古伊盟煤炭集团公司所持内蒙古准东铁路有限责任公司62%股权的议案,公司于2004年5月25日召开的2003年度股东大会上审议通过了该议案。

二〇〇三年以来市场表现

2003年涨跌幅(%)	44.19
2003年最高(元)	0.815
2003年最低(元)	0.546
2003年换手率(%)	81.25
2004.06涨跌幅(%)	-21.96
2004.06最高(元)	0.890
2004.06最低(元)	0.583
2004.06换手率(%)	50.79

浙江东南发电股份有限公司

公司概况

公司名称	浙江东南发电股份有限公司	股票代码	900949
注册地址	浙江省杭州市延安路528号标力大厦22-23层	邮政编码	310006
法人代表	孙永森	董秘	夏晶寒
电话	0571-85774566	传真	0571-85774321
主营业务	电力的投资、开发		

总股本	201000.00	流通 A		流通 B	69000.00	流通 H	
审计单位				审计意见	未审计		

主要财务指标

年度	2004.6	2003	2002
每股收益/扣除后(元)	0.2280	0.3100	0.2700
每股经营现金流量(元)	0.4110	0.7000	0.5200
每股净资产/调整后(元)	2.9600	2.9700	2.6700
每股公积金(元)	0.9433	0.9334	0.9270
净资产收益率(%)	7.6400	10.1400	10.1300
总资产(万元)	881967.44	868008.44	860241.94
股东权益(万元)	598375.31	600883.87	538678.19
未分配利润(万元)	119269.83	123778.40	75035.73
主营收入(万元)	268463.22	473819.69	332094.50
资本公积金(万元)	189604.56	187604.56	186327.20
主营利润(万元)	86922.19	155625.28	108312.22
其他业务利润(万元)	60.54	75.97	-1.40
营业利润(万元)	72966.27	125881.16	81320.70
投资收益(万元)	200.55	-14675.73	3345.91
补贴收入(万元)			
营业外收支(万元)	-191.62	-3508.65	-786.60
利润总额(万元)	72975.20	107696.78	81275.31
净利润(万元)	45741.43	60928.34	54551.51

十大股东

序号	股东名称	股份性质	持股数(万股)	比例(%)
1	浙江省电力开发公司	国有法人股	79996.32	39.80
2	中国华能集团公司	国有法人股	51403.68	25.57
3	JPM IRE / GT PRC FUND	流通B股	1799.68	0.90
4	NAITO SECURITIES CO.,LTD	流通B股	1794.26	0.89
5	SCBHK A/C BROWN BROTHERS HARRIMAN AND COBOSTON S/A	流通B股	1138.39	0.57
6	TOYO SECURITIES ASIA LTD. A/C CLIENT	流通B股	982.37	0.49
7	MERRILL LYNCH INTERNATIONAL	流通B股	854.43	0.43
8	SKANDIA GLOBAL FUNDS PLC	流通B股	638.27	0.32
9	DIAM CHINA OPEN MOTHER FUND	流通B股	506.80	0.25
10	浙江八达股份有限公司	境内法人股	400.00	0.20

股东人数	2004.6	2003.12	2003.6	2002
	76156	76729	86592	86816

近年分配		近年配股/增发	
	2004年6月1日10派0.30203美		

重大事项

经公司第三届董事会第八次会议(通讯方式)审议通过,公司将所持有的浙江富兴电力燃料有限公司股权全部转让给浙江兴源投资有限公司。公司于2000年出资590万元参与投资浙江富兴电力燃料有限公司590万股股权,占其总股本的3.93%。根据公司与浙江兴源投资有限公司签订的《股权转让协议》,该股权的转让价格为17,782,586.42元。

二〇〇三年以来市场表现

2003年涨跌幅(%)	58.41
2003年最高(元)	0.821
2003年最低(元)	0.501
2003年换手率(%)	72.89
2004.06涨跌幅(%)	-17.09
2004.06最高(元)	0.909
2004.06最低(元)	0.667
2004.06换手率(%)	43.12

江苏新城房产股份有限公司

公司概况

公司名称	江苏新城房产股份有限公司	股票代码	900950
注册地址	江苏省常州市武进区湖塘人民东路158号高新开发区经创中心	邮政编码	213003
法人代表	王振华	董秘	唐云龙
电话	0519-8127288	传真	0519-8156698
主营业务	房地产开发		
总股本	33191.40	流通 A	
流通 B	13391.40	流通 H	
审计单位		审计意见	未审计

主要财务指标

年度	2004.6	2003	2002
每股收益/扣除后(元)	0.0652	0.1247	0.0362
每股经营现金流量(元)	0.9140	-0.6300	0.0200
每股净资产/调整后(元)	1.2700	1.1200	1.0400
每股公积金(元)	0.0610	0.0610	0.0610
净资产收益率(%)	5.0700	10.3800	3.1400
总资产(万元)	243788.56	166807.42	102804.80
股东权益(万元)	42734.40	40567.47	36357.61
未分配利润(万元)	5321.89	3154.96	365.51
主营收入(万元)	29088.24	47976.53	35716.74
资本公积金(万元)	2025.15	2025.15	2025.15
主营利润(万元)	7275.08	12828.65	8933.86
其他业务利润(万元)	12.66	6.41	6.41
营业利润(万元)	4187.04	7221.54	3270.23
投资收益(万元)			
补贴收入(万元)			
营业外收支(万元)	2.27	84.39	-0.37
利润总额(万元)	4189.32	7305.93	3191.22
净利润(万元)	2166.96	4209.87	1141.06

十大股东

序号	股东名称	股份性质	持股数(万股)	比例(%)
1	江苏新城实业集团有限公司	境内法人股	9744.54	29.36
2	常州环球房地产发展有限公司	境内法人股	7302.11	22.00
3	常州泛华科技投资有限公司	境内法人股	2489.36	7.50
4	SUNGOLDEN LIMITED	流通B股	135.00	0.41
5	CHIN IKUSHIN	流通B股	72.00	0.22
6	周震坤	流通B股	68.94	0.21
7	武进湖塘邱墅铸造厂	境内法人股	66.00	0.20
8	武进戴溪东尖有色金属铸造厂	境内法人股	66.00	0.20
9	龚平	流通B股	58.30	0.18
10	武进油泵油嘴厂	境内法人股	52.80	0.16

股东人数	2004.6	2003.12	2003.6	2002
	20069	19910	20132	20078

近年分配		近年配股/增发	

重大事项

上海新城创置向中国银行青浦支行借款4500万元，其中1000万元期限为2004年1月5日至2006年1月4日，1000万元期限为2004年4月8日至2006年4月7日，2500万元期限为2004年4月12日至2006年4月11日；以上借款中2500万元由上海新城创置以其拥有的土地使用权作抵押，2000万元由本公司提供担保。

二〇〇三年以来市场表现

2003年涨跌幅(%)	-27.35
2003年最高(元)	0.620
2003年最低(元)	0.332
2003年换手率(%)	62.67
2004.06涨跌幅(%)	-16.57
2004.06最高(元)	0.449
2004.06最低(元)	0.275
2004.06换手率(%)	37.35

大化集团大连化工股份有限公司

公司概况

公司名称	大化集团大连化工股份有限公司	股票代码	900951
注册地址	辽宁省大连市甘井子区工兴路10号	邮政编码	116032
法人代表	刘平芹	董秘	周魏
电话	0411-86893436,13804087758	传真	0411-86671948
主营业务	碱产品及副产品的生产及销售		
总股本	27500.00	流通 A	
流通 B	10000.00	流通 H	
审计单位		审计意见	未审计

主要财务指标

年度	2004.6	2003	2002
每股收益/扣除后(元)	0.0141	-0.2200	-0.0700
每股经营现金流量(元)	0.0070	0.0200	0.0200
每股净资产/调整后(元)	1.7700	1.7400	1.6300
每股公积金(元)	0.8316	0.8316	0.8316
净资产收益率(%)	0.8000	-13.5700	-3.3700
总资产(万元)	72767.21	76222.49	83314.42
股东权益(万元)	48738.82	48350.08	54911.74
未分配利润(万元)	-3049.66	-3438.40	3123.26
主营收入(万元)	50094.22	95812.05	101489.59
资本公积金(万元)	22868.72	22868.72	22868.72
主营利润(万元)	4520.81	6564.10	9338.63
其他业务利润(万元)	-61.49	-83.88	2.23
营业利润(万元)	681.09	-5719.54	-1411.56
投资收益(万元)		-86.23	
补贴收入(万元)			
营业外收支(万元)	0.72	-755.89	-10.43
利润总额(万元)	681.81	-6561.66	-1852.38
净利润(万元)	388.74	-6561.66	-1852.38

十大股东

序号	股东名称	股份性质	持股数(万股)	比例(%)
1	大化集团有限责任公司	国有法人股	17500.00	63.64
2	益生堂药业有限公司	流通B股	112.00	0.41
3	裘阿海	流通B股	56.50	0.21
4	吴滨	流通B股	37.00	0.13
5	梁鸽琴	流通B股	36.80	0.13
6	袁国荣	流通B股	35.02	0.13
7	WISEMAX INTERNATIONAL LIMITED 智万国际有限公司	流通B股	31.59	0.11
8	王一平	流通B股	30.96	0.11
9	任建诚	流通B股	29.85	0.11
10	曾惠明	流通B股	28.00	0.10

股东人数	2004.6	2003.12	2003.6	2002
	19615	19364	19489	19407

近年分配		近年配股/增发	

重大事项

2004年上半年，大化集团占用本公司银行贷款资金，根据本公司与大化集团达成的协议，大化集团承担该部分贷款利息。截止2004年上半年，本公司向大化集团提供贷款资金年平均余额约为人民币7,990万元，大化集团应承担贷款利息1,435,371.24元。2004年上半年，公司为大化集团融资，将大化集团出具的银行承兑汇票和商业承兑汇票向银行贴现，共发生贴现息238,666.67元。

二〇〇三年以来市场表现

2003年涨跌幅(%)	-40.99
2003年最高(元)	0.593
2003年最低(元)	0.285
2003年换手率(%)	45.92
2004.06涨跌幅(%)	-29.19
2004.06最高(元)	0.404
2004.06最低(元)	0.190
2004.06换手率(%)	50.91

华源凯马股份有限公司

公司概况							
公司名称	华源凯马股份有限公司			股票代码	900953		
注册地址	上海市浦东新区商城路 660 号			邮政编码	200063		
法人代表	傅伟民		董秘	徐贤卿			
电话	021-626034925		传真	021-62030851			
主营业务	内燃机、农用运输车						
总股本	64000.00	流通 A		流通 B	24000.00	流通 H	
审计单位			审计意见	未审计			

主要财务指标

年度	2004.6	2003	2002
每股收益/扣除后(元)	0.0086	–0.3100	0.0300
每股经营现金流量(元)	0.0460	0.1800	–0.1000
每股净资产/调整后(元)	1.1400	1.0900	1.4600
每股公积金(元)	0.7871	0.7860	0.7860
净资产收益率(%)	0.7400	–24.1400	1.9900
总资产(万元)	244536.52	271954.47	341512.59
股东权益(万元)	80876.63	79099.51	97471.53
未分配利润(万元)	–38873.04	–40580.23	–21635.95
主营收入(万元)	109658.96	213937.56	244293.02
资本公积金(万元)	50371.90	50301.95	50301.95
主营利润(万元)	7497.16	21368.48	22970.70
其他业务利润(万元)	1012.69	608.53	19.09
营业利润(万元)	13.08	–18911.27	–16075.74
投资收益(万元)	597.79	1408.60	12629.93
补贴收入(万元)			
营业外收支(万元)	50.14	–2817.77	–3.71
利润总额(万元)	661.01	–20320.43	–2995.30
净利润(万元)	602.01	–19090.90	1935.07

十大股东

序号	股东名称	股份性质	持股数(万股)	比例(%)
1	上海华源投资发展(集团)有限公司	法人股	13760.00	21.50
2	南昌市国有工业资产经营管理有限公司	法人股	5120.00	8.00
3	中国华源集团有限公司	国有法人股	4637.17	7.25
4	山东莱动内燃机有限公司	国有法人股	3686.16	5.76
5	山东拖拉机厂	国有法人股	3538.72	5.53
6	山东潍坊拖拉机集团总公司	国有法人股	2349.58	3.67
7	黑龙江省富锦拖拉机制造厂	国有法人股	2218.02	3.47
8	山东省寿光市国有资产经营公司	法人股	2170.53	3.39
9	常柴股份有限公司	法人股	1293.69	2.02
10	SKANDIA GLOBAL FUNDS PLC	B 股	598.53	0.94

股东人数	2004.6	2003.12	2003.6	2002
	41084	40465	40685	40912

近年分配		近年配股/增发	

重大事项

2004 年 6 月 27 日,公司与华源集团一致同意解除双方于 2003 年 11 月 18 日签订的《关于转让无锡生命股权之股权转让协议》和《关于托管无锡生命股权之股权托管协议》,并共同签署解除该两协议之《协议书》,约定双方的权利与义务各自恢复到该两协议签订前的状态。

二〇〇三年以来市场表现

2003 年涨跌幅(%)	–35.02
2003 年最高(元)	0.590
2003 年最低(元)	0.302
2003 年换手率(%)	62.68
2004.06 涨跌幅(%)	–15.91
2004.06 最高(元)	0.388
2004.06 最低(元)	0.235
2004.06 换手率(%)	38.45

黄石东贝电器股份有限公司

公司概况							
公司名称	黄石东贝电器股份有限公司			股票代码	900956		
注册地址	湖北省黄石市铁山区武黄路 5 号			邮政编码	435006		
法人代表	杨百昌		董秘	廖汉钢			
电话	0714-5415858		传真	0714-5415858			
主营业务	冰箱、冷柜压缩机						
总股本	23500.00	流通 A		流通 B	11500.00	流通 H	
审计单位			审计意见	未审计			

主要财务指标

年度	2004.6	2003	2002
每股收益/扣除后(元)	–0.0006	–0.0170	0.0004
每股经营现金流量(元)	0.1900	0.2700	–0.0060
每股净资产/调整后(元)	1.6500	1.6300	1.6300
每股公积金(元)	0.3828	0.3828	0.3819
净资产收益率(%)	0.3100	0.2790	0.2800
总资产(万元)	97979.06	93185.50	74845.42
股东权益(万元)	38935.05	38814.67	38784.83
未分配利润(万元)	4939.87	4819.50	4814.52
主营收入(万元)	31667.44	40009.50	22700.91
资本公积金(万元)	8996.48	8996.48	8973.88
主营利润(万元)	3683.34	4714.73	3426.82
其他业务利润(万元)	–8.56	23.39	0.28
营业利润(万元)	141.46	–329.61	15.01
投资收益(万元)	136.98	487.04	141.29
补贴收入(万元)		14.13	14.13
营业外收支(万元)	2.76	28.64	–0.03
利润总额(万元)	281.20	200.19	187.18
净利润(万元)	120.38	108.13	109.93

十大股东

序号	股东名称	股份性质	持股数(万股)	比例(%)
1	黄石东贝冷机实业公司	国家股	11760.00	50.04
2	孙孟林	流通 B 股	288.22	1.23
3	周坚白	流通 B 股	97.00	0.41
4	常州洛克制冷电气有限公司	法人股	80.00	0.34
5	胡云菁	流通 B 股	77.58	0.33
6	胡柏君	流通 B 股	76.37	0.32
7	周厚祥	流通 B 股	55.12	0.23
8	武汉市新华五金厂	法人股	40.00	0.17
9	浙江绍兴冲压件厂	法人股	40.00	0.17
10	诸暨市电机厂	法人股	40.00	0.17

股东人数	2004.6	2003.12	2003.6	2002
	22387	22355	22499	22608

近年分配		近年配股/增发	

重大事项

公司与上海人杰实业公司签订的 1000 万元委托理财合同于 2004 年 6 月 21 日到期,本金及收益未能按时收回,公司目前正积极采取措施,争取将公司委托理财本金及收益尽快收回。

二〇〇三年以来市场表现

2003 年涨跌幅(%)	–33.93
2003 年最高(元)	0.600
2003 年最低(元)	0.327
2003 年换手率(%)	31.62
2004.06 涨跌幅(%)	–12.39
2004.06 最高(元)	0.413
2004.06 最低(元)	0.259
2004.06 换手率(%)	25.48

上海凌云幕墙科技股份有限公司

公司概况

公司名称	上海凌云幕墙科技股份有限公司	股票代码	900957
注册地址	上海浦东新区东方路877号嘉兴大厦18楼	邮政编码	200122
法人代表	郑介甫	董秘	高云飞
电话	021-68402166	传真	021-68400880
主营业务	旅游基础设施建设		

总股本	34900.00	流通 A		流通 B	18400.00	流通 H	
审计单位		审计意见	未审计				

主要财务指标

年度	2004.6	2003	2002
每股收益 / 扣除后(元)	0.0327	0.0300	0.0700
每股经营现金流量(元)	-0.2940	-0.9100	-0.1200
每股净资产 / 调整后(元)	1.9400	1.9100	1.8300
每股公积金(元)	0.5340	0.5340	0.5340
净资产收益率(%)	1.6800	3.5400	3.6900
总资产(万元)	233996.02	229761.66	213871.25
股东权益(万元)	67760.93	66624.46	64265.89
未分配利润(万元)	9888.62	8752.15	7230.36
主营收入(万元)	11313.72	16065.64	8349.23
资本公积金(万元)	18636.36	18636.36	18636.36
主营利润(万元)	4159.88	5593.22	1264.98
其他业务利润(万元)	1.47	1394.27	-150.55
营业利润(万元)	1438.84	1412.23	-999.22
投资收益(万元)	670.75	2343.40	3388.38
补贴收入(万元)			
营业外收支(万元)	-3.48	658.74	-0.01
利润总额(万元)	2106.11	4414.37	2390.46
净利润(万元)	1136.47	2358.57	2368.24

十大股东

序号	股东名称	股份性质	持股数(万股)	比例(%)
1	天津环渤海控股集团有限公司	境内法人股	8467.00	24.26
2	国基环保高科技有限公司	境内法人股	6818.00	19.54
3	湖南日升物资贸易有限公司	境内法人股	567.00	1.62
4	上海物流产业投资有限公司	境内法人股	405.00	1.16
5	深圳新恒利发展有限公司	境内法人股	243.00	0.70
6	潘福妹	流通B股	160.00	0.46
7	费建民	流通B股	120.00	0.34
8	WANXIANG INTERNATIONAL INVESTMENT CORPORATION	流通B股	84.00	0.24
9	王伟清 WONG WAI CHING	流通B股	82.66	0.24
10	林琴	流通B股	70.62	0.20

股东人数

2004.6	2003.12	2003.6	2002
36041	36109	36003	35819

近年分配		近年配股 / 增发	

重大事项

经2003年9月22日董事会审议通过，本公司与天津市中硕实业有限公司签订《股权转让协议》，本公司将持有的北京中基恒业房地产开发有限公司60%的权益全部转让给天津市中硕实业有限公司，转让价3,200万元人民币，天津市中硕实业有限公司以现金方式一次性支付。

二〇〇三年以来市场表现

2003年涨跌幅(%)	-31.60
2003年最高(元)	0.634
2003年最低(元)	0.365
2003年换手率(%)	33.00
2004.06涨跌幅(%)	-19.69
2004.06最高(元)	0.463
2004.06最低(元)	0.290
2004.06换手率(%)	19.87

深圳发展银行股份有限公司

公司概况

公司名称	深圳发展银行股份有限公司	股票代码	000001
注册地址	广东省深圳市	邮政编码	518001
法人代表	周林	董秘	雷鸣
电话	0755-82080387	传真	0755-82080386
主营业务	人民币、外币存贷款		

总股本	194582.22	流通 A	140936.20	流通 B		流通 H	
审计单位	深圳鹏城会计师事务所	审计意见	标准无保留				

主要财务指标

年度	2004.6	2003	2002
每股收益 / 扣除后(元)	0.1315	0.1600	0.1600
每股经营现金流量(元)	–1.4850	–0.8600	4.3900
每股净资产 / 调整后(元)	2.1100	1.9700	1.8600
每股公积金(元)	0.8077	0.8077	0.8077
净资产收益率(%)	6.7200	7.9800	11.4700
总资产(万元)	20319444.00	19285100.00	16616638.00
股东权益(万元)	425080.44	396508.41	376802.12
未分配利润(万元)	45264.95	16692.88	3886.61
主营收入(万元)	408261.19	599281.06	551912.19
资本公积金(万元)	157172.94	157172.94	157172.94
主营利润(万元)		168747.55	190490.34
其他业务利润(万元)			
营业利润(万元)	139265.64	168747.55	190490.34
投资收益(万元)	35239.44		63121.13
补贴收入(万元)			
营业外收支(万元)	–170.25	–1459.10	–92.78
利润总额(万元)	118330.69	35394.62	159970.78
净利润(万元)	28572.07	31654.57	43222.49

十大股东

序号	股东名称	股份性质	持股数(万股)	比例(%)
1	深圳市投资管理公司	国有法人股、流通A股	13783.82	7.08
2	深圳国际信托投资有限责任公司	国有法人股	11230.18	5.77
3	深圳市劳动和社会保障局	国有法人股	7833.86	4.03
4	深圳中电投资股份有限公司	境内法人股	6224.66	3.20
5	海通证券股份有限公司	境内法人股	3392.45	1.74
6	深圳市城建开发集团公司	国有法人股	2575.72	1.32
7	德隆国际战略投资有限公司	境内法人股	2500.00	1.28
8	中国农业银行深圳市分行工会	境内法人股、流通A股	1556.75	0.80
9	普丰证券投资基金	流通 A 股	1392.89	0.72
10	国债服务部	流通 A 股	734.07	0.38

股东人数	2004.6	2003.12	2003.6	2002
	676630	702461	695975	676511

近年分配		近年配股/增发	

重大事项

2004 年 3 月 16 日深圳发展银行第五届董事会会议一致审议通过了《深圳发展银行关于中国证监会深圳监管局巡检发现问题的整改报告》。截至 2004 年 6 月 30 日，本行经董事会批准的重大资本性支出承诺为 3.51 亿元，系预计尚需支付的购买员工住宅楼款，按合同约定，本行需在全部工程竣工并经国土局查丈后一个月内，按实际建筑面积向卖方付款。

二〇〇三年以来市场表现

2003 年涨跌幅(%)	–17.70
2003 年最高(元)	13.75
2003 年最低(元)	7.62
2003 年换手率(%)	149.94
2004.06 涨跌幅(%)	1.06
2004.06 最高(元)	11.40
2004.06 最低(元)	8.38
2004.06 换手率(%)	91.00

万科企业股份有限公司

公司概况

公司名称	万科企业股份有限公司	股票代码	000002
注册地址	中国深圳市福田区梅林路 63 号	邮政编码	518049
法人代表	王石	董秘	肖莉
电话	0755-25606666	传真	0755-83152041
主营业务	以房地产为核心业务		

总股本	227362.80	流通 A	157684.77	流通 B	36526.54	流通 H	
审计单位		审计意见	未审计				

主要财务指标

年度	2004.6	2003	2002
每股收益 / 扣除后(元)	0.1402	0.3780	0.5670
每股经营现金流量(元)	–0.5641	–1.0600	0.2000
每股净资产 / 调整后(元)	2.4580	3.3400	5.2300
每股公积金(元)	0.6295	0.9714	2.2750
净资产收益率(%)	5.5800	11.5300	11.3100
总资产(万元)	1322883.00	1056104.00	821582.25
股东权益(万元)	563962.81	470135.91	338076.91
未分配利润(万元)	33449.31	24710.64	1226.96
主营收入(万元)	246892.22	638006.06	457435.97
资本公积金(万元)	143115.09	145833.64	143544.22
主营利润(万元)	76665.98	139100.25	88593.91
其他业务利润(万元)	361.06	461.22	6.28
营业利润(万元)	47871.20	82339.98	52856.83
投资收益(万元)	–675.29	–687.40	–580.29
补贴收入(万元)			
营业外收支(万元)	70.43	1384.10	–2.30
利润总额(万元)	47266.34	83036.67	52001.11
净利润(万元)	31474.95	54227.07	38242.13

十大股东

序号	股东名称	股份性质	持股数(万股)	比例(%)
1	华润股份有限公司	国有股	29308.42	12.89
2	CREDIT LYONNAIS SECURITIES (ASIA) LTD	外资股	5122.06	2.25
3	博时价值增长证券投资基金	流通 A 股	3792.18	1.67
4	刘元生	法人股、流通A股	3767.95	1.66
5	TOYO SECURITIES ASIA LITMITED–A/C CLIENT	外资股	3719.03	1.64
6	中国银行–华夏回报证券投资基金	流通 A 股	2396.94	1.05
7	HOLY TIME GROUP LIMITED	外资股	2223.12	0.98
8	内藤证券株式会社	外资股	2198.84	0.97
9	BONY A/C MIF–MATTHEWS DRAGON CENTURY CHINA FUND	外资股	2138.67	0.94
10	中国银行–易方达平稳增长证券投资基金	流通 A 股	2066.56	0.91

股东人数	2004.6	2003.12	2003.6	2002
	203011	208741	248117	208473

近年分配		近年配股/增发	
	2004 年 5 月 26 日 10 派 0.50		2004 年 5 月 28 日 10 送 1 转 4

重大事项

万科转债于 2004 年 4 月 23 日在深圳证券交易所停止转股，未转股的万科转债全部被冻结，公司按面值加当年利息的价格，即 101.5 元/张的价格赎回未转股的全部万科转债。2003 年 6 月 9 日公司与中国建设银行深圳市分行签订了 15 亿元人民币综合授信额度的《综合融资额度合同》。

二〇〇三年以来市场表现

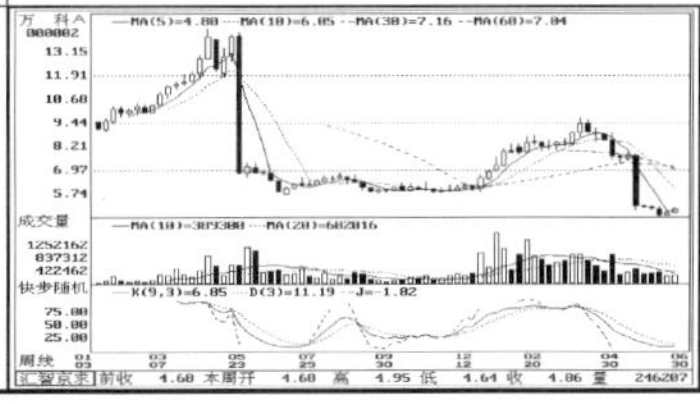

2003 年涨跌幅(%)	38.78
2003 年最高(元)	4.86
2003 年最低(元)	2.90
2003 年换手率(%)	98.40
2004.06 涨跌幅(%)	12.24
2004.06 最高(元)	6.43
2004.06 最低(元)	4.28
2004.06 换手率(%)	104.17

深圳市北大高科技股份有限公司

公司概况

公司名称	深圳市北大高科技股份有限公司	股票代码	000004
注册地址	深圳市蛇口新时代广场 27 楼 A–D	邮政编码	518057
法人代表	陈章良	董秘	蒋伟诚
电话	0755–26954161	传真	0755–26954171
主营业务	计算机应用服务业		
总股本	8397.67	流通 A	4165.72
流通 B		流通 H	
审计单位		审计意见	未审计

主要财务指标

年度	2004.6	2003	2002
每股收益 / 扣除后(元)	–0.0418	0.0460	0.0680
每股经营现金流量(元)	–0.1530	0.1200	–0.5100
每股净资产 / 调整后(元)	1.1250	1.1800	1.1300
每股公积金(元)	0.0016	0.0016	0.0011
净资产收益率(%)	–3.3400	3.8500	5.7300
总资产(万元)	21360.81	23787.52	26361.46
股东权益(万元)	9604.56	10025.73	9750.72
未分配利润(万元)	243.94	564.93	400.62
主营收入(万元)	4153.54	11953.50	12122.56
资本公积金(万元)	13.60	13.60	9.54
主营利润(万元)	1331.01	5047.59	5547.67
其他业务利润(万元)	7.69	28.84	–0.59
营业利润(万元)	–406.53	755.68	906.28
投资收益(万元)	–154.05	–284.44	–301.00
补贴收入(万元)	139.53	430.48	–6.91
营业外收支(万元)	38.17	–24.33	–0.16
利润总额(万元)	–382.87	877.39	859.24
净利润(万元)	–320.99	386.15	558.31

十大股东

序号	股东名称	股份性质	持股数(万股)	比例(%)
1	深圳市北大高科技投资有限公司	国有法人股	3186.32	37.94
2	招商局地产控股股份有限公司	国有法人股	621.91	7.41
3	中国银河证券有限责任公司	流通 A 股	416.59	4.96
4	深圳招商石化有限公司	国有法人股	88.77	1.06
5	深圳华强电子工业总公司	国有法人股	82.50	0.98
6	中国平安保险(集团)股份有限公司	国有法人股	82.50	0.98
7	三江航天集团财务有限责任公司	流通 A 股	82.30	0.98
8	徐秀英	流通 A 股	76.99	0.92
9	崔光辉	流通 A 股	62.87	0.75
10	任广荣	流通 A 股	59.11	0.70

股东人数	2004.6	2003.12	2003.6	2002
	14344	14518	12788	13231

近年分配		近年配股 / 增发	

重大事项

本公司于 2003 年 3 月 20 日与中国工商银行深圳市蛇口支行签订了人民币壹仟万元的短期流动资金借款合同，年利率为 5.31%，借款期限自 2003 年 3 月 20 日至 2004 年 3 月 19 日该笔借款已于 2004 年 3 月 26 日偿清。

二〇〇三年以来市场表现

2003 年涨跌幅(%)	–43.98
2003 年最高(元)	16.85
2003 年最低(元)	7.25
2003 年换手率(%)	149.51
2004.06 涨跌幅(%)	–2.15
2004.06 最高(元)	14.50
2004.06 最低(元)	7.57
2004.06 换手率(%)	199.76

深圳世纪星源股份有限公司

公司概况

公司名称	深圳世纪星源股份有限公司	股票代码	000005
注册地址	深圳市人民南路发展中心大厦 13 楼	邮政编码	518001
法人代表	丁芃	董秘	罗晓春
电话	0755–82208888	传真	0755–82207055
主营业务	房地产开发、经营		
总股本	70866.13	流通 A	37394.96
流通 B		流通 H	
审计单位		审计意见	未审计

主要财务指标

年度	2004.6	2003	2002
每股收益 / 扣除后(元)	–0.0010	–0.0200	–0.1200
每股经营现金流量(元)	0.0100	–0.0250	–0.0500
每股净资产 / 调整后(元)	1.2430	1.2800	1.3300
每股公积金(元)	0.4743	0.4743	0.4743
净资产收益率(%)	0.1200	0.2300	–8.5900
总资产(万元)	173537.95	178080.23	182054.87
股东权益(万元)	90862.54	92677.18	97306.10
未分配利润(万元)	–11862.64	–11967.42	–12139.54
主营收入(万元)	3861.30	9157.53	5494.32
资本公积金(万元)	33610.97	33610.97	33610.97
主营利润(万元)	1824.40	3498.99	1345.81
其他业务利润(万元)	3.59	62.71	–1.29
营业利润(万元)	–1727.67	–5920.97	–11677.60
投资收益(万元)	–134.66	1154.90	–227.69
补贴收入(万元)			
营业外收支(万元)	8.16	7.25	–0.07
利润总额(万元)	–1814.64	–4758.82	–12364.64
净利润(万元)	104.78	216.69	–8359.06

十大股东

序号	股东名称	股份性质	持股数(万股)	比例(%)
1	(香港)中国投资有限公司	外资法人股	24476.75	34.54
2	深圳市城建开发集团公司	境内法人股	4426.02	6.25
3	深圳市国叶实业有限公司	境内法人股	2585.04	3.65
4	上海古德投资咨询有限公司	境内法人股	511.23	0.72
5	上海森钢钢铁有限公司	境内法人股	429.04	0.61
6	上海银聚投资管理有限公司	境内法人股	250.00	0.35
7	唐卫星	流通 A 股	216.88	0.31
8	上海锦宝金属制品有限公司	境内法人股	200.00	0.28
9	上海励格贸易有限公司	境内法人股	150.00	0.21
10	吕志强	流通 A 股	133.36	0.19

股东人数	2004.6	2003.12	2003.6	2002
	154132	167499	178101	190289

近年分配		近年配股 / 增发	

重大事项

公司治理的实际情况与中国证监会发布的《上市公司治理准则》的有关要求基本相符。截止报告期末，本司控股股东(香港)中国投资有限公司以其持有的本司法人股 12559 万股作质押，为本司向银行贷款提供担保。

二〇〇三年以来市场表现

2003 年涨跌幅(%)	–41.45
2003 年最高(元)	5.20
2003 年最低(元)	2.56
2003 年换手率(%)	178.85
2004.06 涨跌幅(%)	–0.37
2004.06 最高(元)	3.98
2004.06 最低(元)	2.46
2004.06 换手率(%)	155.72

深圳市振业(集团)股份有限公司

公司概况

公司名称	深圳市振业(集团)股份有限公司	股票代码	000006
注册地址	深圳市宝安南路振业大厦 27~32 层	邮政编码	518008
法人代表	李永明	董秘	李富川
电话	0755-25863061	传真	0755-25863012
主营业务	房地产、建筑施工		
总股本	25359.16	流通 A	15773.02
流通 B		流通 H	
审计单位		审计意见	未审计

主要财务指标

年度	2004.6	2003	2002
每股收益/扣除后(元)	-0.2181	-1.1400	0.2700
每股经营现金流量(元)	0.2590	0.0350	0.5600
每股净资产/调整后(元)	2.8760	2.6500	3.9800
每股公积金(元)	2.3238	2.3238	2.3238
净资产收益率(%)	-5.1650	-30.7700	5.5100
总资产(万元)	410500.37	396824.16	449088.00
股东权益(万元)	90034.94	94901.50	123584.64
未分配利润(万元)	-4464.92	-18902.89	10302.10
主营收入(万元)	64272.78	198709.28	208604.91
资本公积金(万元)	58929.64	58929.64	58929.64
主营利润(万元)	4062.71	4466.21	30208.18
其他业务利润(万元)	227.05	1492.76	39.12
营业利润(万元)	-5911.18	-23775.92	12241.87
投资收益(万元)	246.41	-2349.13	-50.72
补贴收入(万元)		39.68	-41.65
营业外收支(万元)	-654.34	-4149.84	-34.34
利润总额(万元)	-6319.10	-30235.21	10342.59
净利润(万元)	-4650.56	-29204.99	6807.14

十大股东

序号	股东名称	股份性质	持股数(万股)	比例(%)
1	深圳市建设投资控股公司	国家股	7106.85	28.02
2	深圳市长城地产(集团)股份有限公司	境内法人股	1253.31	4.94
3	深圳市建筑机械动力公司	境内法人股	759.75	3.00
4	深圳市第五建筑工程公司	境内法人股	364.62	1.44
5	全国社保基金一零七组合	流通A股	176.10	0.69
6	深圳市深安企业股份有限公司	境内法人股	93.93	0.37
7	许凤兴	流通A股	44.45	0.18
8	中国工商银行-融通深证100指数证券投资基金	流通A股	41.48	0.16
9	沈翔	流通A股	34.51	0.14
10	罗舜乐	流通A股	28.30	0.11

股东人数	2004.6	2003.12	2003.6	2002
	94897	98106	101452	103001

近年分配		近年配股/增发	

重大事项

公司2004年半年度不进行利润分配和公积金转增股本。本公司接受控股股东——深圳市建设投资控股公司提供的担保,截止2004年6月30日,担保余额71,500万元,本公司报告期支付担保费34万元。

二〇〇三年以来市场表现

2003年涨跌幅(%)	-35.11
2003年最高(元)	9.65
2003年最低(元)	4.79
2003年换手率(%)	145.98
2004.06 涨跌幅(%)	-3.81
2004.06 最高(元)	8.25
2004.06 最低(元)	5.01
2004.06 换手率(%)	179.06

深圳市赛格达声股份有限公司

公司概况

公司名称	深圳市赛格达声股份有限公司	股票代码	000007
注册地址	深圳市华强北路现化之窗大厦二十三楼	邮政编码	518031
法人代表	李成碧	董秘	陈仕郴
电话	0755-83280053	传真	0755-83280089
主营业务	房地产开发与经营		
总股本	14359.37	流通 A	7956.10
流通 B		流通 H	
审计单位		审计意见	未审计

主要财务指标

年度	2004.6	2003	2002
每股收益/扣除后(元)	-0.0986	0.1500	0.2200
每股经营现金流量(元)	-0.1407	-0.0700	0.1700
每股净资产/调整后(元)	1.3000	1.4600	1.1300
每股公积金(元)	0.8356	0.8356	0.7900
净资产收益率(%)	-9.7800	6.4200	11.0400
总资产(万元)	110477.50	111768.42	115091.63
股东权益(万元)	21222.94	23299.50	19893.00
未分配利润(万元)	-6228.42	-4151.87	-6709.79
主营收入(万元)	6888.25	33448.84	22731.98
资本公积金(万元)	11999.17	11999.17	11343.53
主营利润(万元)	3975.65	15415.29	13434.91
其他业务利润(万元)	160.75	526.45	10.43
营业利润(万元)	-1347.46	5299.21	3134.26
投资收益(万元)	-463.70	-782.69	-35.62
补贴收入(万元)			
营业外收支(万元)	-269.13	-1674.27	-27.69
利润总额(万元)	-2080.29	2842.26	2048.72
净利润(万元)	-2076.56	1496.83	2195.20

十大股东

序号	股东名称	股份性质	持股数(万股)	比例(%)
1	广州博融投资有限公司	法人股	4020.62	28.00
2	北京电子城有限责任公司	法人股	768.46	5.35
3	深圳赛格股份有限公司	国有法人股	713.20	4.97
4	深圳市智雄电子有限公司	法人股	409.50	2.85
5	深圳市深投投资有限公司	法人股	267.32	1.86
6	深圳三环电阻有限公司	法人股	87.36	0.61
7	上海致真投资咨询有限公司	法人股	68.25	0.48
8	上海申攀商贸有限公司	法人股	50.00	0.35
9	高奎全	流通股	27.67	0.19
10	无锡市青山良荣电器厂	流通股	24.20	0.17

股东人数	2004.6	2003.12	2003.6	2002
	40281	35624	36905	36122

近年分配		近年配股/增发	

重大事项

本公司为控股子公司提供担保合计金额人民币18300万元,其中10000万元为深圳市广博房地产有限公司的项目贷款,8300万元为深圳市赛格达声房地产开发有限公司以往年度贷款,目前已经逾期,公司正积极与银行协商,争取妥善处理该等逾期贷款的归还和转贷事项。

二〇〇三年以来市场表现

2003年涨跌幅(%)	-39.57
2003年最高(元)	9.75
2003年最低(元)	4.52
2003年换手率(%)	181.53
2004.06 涨跌幅(%)	27.79
2004.06 最高(元)	8.19
2004.06 最低(元)	4.58
2004.06 换手率(%)	253.11

广东亿安科技股份有限公司

公司概况

公司名称	广东亿安科技股份有限公司	股票代码	000008
注册地址	深圳市南山区内环路5号锦兴工业小区管理楼二楼	邮政编码	518064
法人代表	周瑞堂	董秘	邱大庆
电话	0755-26433212	传真	0755-26433485
主营业务	科技、网络工程		
总股本	7365.32	流通A	3529.06
流通B		流通H	
审计单位		审计意见	未审计

主要财务指标

年度	2004.6	2003	2002
每股收益/扣除后(元)	0.0040	0.0130	-0.1100
每股经营现金流量(元)	0.0243	0.3000	0.0030
每股净资产/调整后(元)	0.4200	0.4100	-0.4400
每股公积金(元)	0.8511	1.6745	0.9377
净资产收益率(%)	0.9500	3.2300	32.7600
总资产(万元)	6323.15	6045.52	7061.61
股东权益(万元)	3085.40	3056.00	-3268.59
未分配利润(万元)	-10996.15	-17090.82	-17189.53
主营收入(万元)	612.80	1961.86	673.52
资本公积金(万元)	6268.32	12333.59	6906.50
主营利润(万元)	203.20	405.94	308.81
其他业务利润(万元)			
营业利润(万元)	39.21	82.43	-1443.25
投资收益(万元)		16.32	-162.92
补贴收入(万元)			
营业外收支(万元)			
利润总额(万元)	29.40	98.75	-1764.74
净利润(万元)	29.40	98.71	-1070.95

十大股东

序号	股东名称	股份性质	持股数(万股)	比例(%)
1	深圳市宝安宝利来实业有限公司	未流通股	2089.30	28.37
2	深圳天俊实业股份有限公司	未流通股	611.52	8.30
3	深圳市福万田投资有限公司	未流通股	506.64	6.88
4	深圳市德实达投资发展有限公司	未流通股	245.31	3.33
5	深圳新未来实业发展公司	未流通股	200.00	2.72
6	深圳粤海实业投资发展有限公司	未流通股	183.50	2.49
7	郭美凤	流通股	35.48	0.48
8	陈兰芳	流通股	16.36	0.22
9	黄天坤	流通股	16.04	0.22
10	肖新元	流通股	11.35	0.15

股东人数	2004.6	2003.12	2003.6	2002
	22932	25036	28183	31734

近年分配		近年配股/增发	

重大事项

根据深圳证券交易所《关于对存在股票终止上市风险的公司加强风险警示等有关问题的通知》的有关规定,经本公司申请并获深圳证券交易所批准,本公司股票自2004年2月20日起撤消退市风险警示的特别处理,股票简称由"*ST亿安"变更为"ST亿安",股票涨跌幅仍为限制为5%。

二〇〇三年以来市场表现

2003年涨跌幅(%)	-19.09
2003年最高(元)	10.10
2003年最低(元)	6.50
2003年换手率(%)	185.17
2004.06涨跌幅(%)	1.01
2004.06最高(元)	9.48
2004.06最低(元)	6.35
2004.06换手率(%)	111.76

中国宝安集团股份有限公司

公司概况

公司名称	中国宝安集团股份有限公司	股票代码	000009
注册地址	广东省深圳市笋岗东路宝安广场A座28-29层	邮政编码	518020
法人代表	陈政立	董秘	娄兵
电话	0755-25170336,25170382	传真	0755-25170300,25170367
主营业务	房地产和生物医药		
总股本	95881.01	流通A	57972.69
流通B		流通H	
审计单位		审计意见	未审计

主要财务指标

年度	2004.6	2003	2002
每股收益/扣除后(元)	0.0103	0.0300	0.0380
每股经营现金流量(元)	0.0750	0.0700	0.1000
每股净资产/调整后(元)	1.0700	1.0600	1.0800
每股公积金(元)	0.8084	0.7522	0.7355
净资产收益率(%)	0.5000	1.1300	1.1900
总资产(万元)	480696.75	426121.12	411043.72
股东权益(万元)	120030.22	113853.59	114152.50
未分配利润(万元)	-55807.34	-56405.97	-57696.97
主营收入(万元)	72643.95	128352.94	101854.77
资本公积金(万元)	77512.19	72124.75	70516.98
主营利润(万元)	21533.95	45170.25	26996.72
其他业务利润(万元)	730.49	2182.79	-78.31
营业利润(万元)	2510.24	4606.67	681.64
投资收益(万元)	1357.67	2613.63	4350.86
补贴收入(万元)		282.00	-17.35
营业外收支(万元)	-432.27	-5282.56	-14.36
利润总额(万元)	3435.64	2219.74	2741.20
净利润(万元)	598.63	1291.00	1358.09

十大股东

序号	股东名称	股份性质	持股数(万股)	比例(%)
1	深圳市富安控股有限公司	国有法人股	11162.27	11.64
2	深圳市宝安区投资管理有限公司	国有法人股	10695.02	11.15
3	龙岗区大鹏镇大坑上村	境内法人股	1333.99	1.39
4	深圳市房地产建设开发公司	境内法人股	1276.28	1.33
5	深圳新安实业股份有限公司	境内法人股	1190.13	1.24
6	龙岗区大鹏镇大坑下村	境内法人股	907.54	0.95
7	宝安县沙井镇经济发展总公司	境内法人股	764.02	0.80
8	恒隆国际有限公司	境内法人股	743.43	0.78
9	龙岗区布吉镇经济发展有限公司	境内法人股	701.95	0.73
10	深圳市邦信投资发展有限公司	境内法人股	638.14	0.67

股东人数	2004.6	2003.12	2003.6	2002
	279098	273480	281076	284097

近年分配		近年配股/增发	

重大事项

集团所属子公司海南宝安农场公司及三亚农场公司上半年分别以90%和10%的持股比例,协议受让了海南大山农业公司全部股权,从而获得885亩农业用地的使用权,项目总价款1590万元。因欠深圳丰宜公司款项本金642万元未还,深圳丰宜公司向深圳市中级人民法院提出财产保全申请,将本公司持有的武汉马应龙集团股份有限公司1680万股法人股冻结,冻结期自2004年5月17日起,期限一年。

二〇〇三年以来市场表现

2003年涨跌幅(%)	-9.98
2003年最高(元)	6.00
2003年最低(元)	4.20
2003年换手率(%)	210.58
2004.06涨跌幅(%)	-10.64
2004.06最高(元)	6.48
2004.06最低(元)	4.00
2004.06换手率(%)	174.45

深圳市华新股份有限公司

公司概况

公司名称	深圳市华新股份有限公司	股票代码	000010
注册地址	深圳市福田区振兴路华美大厦西座五楼530室	邮政编码	518031
法人代表	王健	董秘	周辉
电话	0755-83276308	传真	0755-83256104
主营业务	电子元件制造		
总股本	14701.74	流通A	6779.38
流通B		流通H	
审计单位		审计意见	未审计

主要财务指标

年度	2004.6	2003	2002
每股收益/扣除后(元)	0.0031	0.0460	0.0800
每股经营现金流量(元)	0.3300	-0.9300	0.3900
每股净资产/调整后(元)	1.0900	1.0500	0.9900
每股公积金(元)	0.1407	0.1407	0.1407
净资产收益率(%)	0.2500	4.1400	7.4500
总资产(万元)	84325.24	86678.12	64994.44
股东权益(万元)	17030.41	16987.38	16284.27
未分配利润(万元)	6.72	-36.32	-739.42
主营收入(万元)	9885.96	23185.51	20608.12
资本公积金(万元)	2068.81	2068.81	2068.81
主营利润(万元)	3395.95	8325.23	5800.43
其他业务利润(万元)	55.49	411.68	-56.11
营业利润(万元)	1153.59	3439.24	3939.67
投资收益(万元)	84.70	777.06	71.91
补贴收入(万元)		175.20	-0.04
营业外收支(万元)	-1.38	-7.20	-0.03
利润总额(万元)	1185.15	4384.30	4020.43
净利润(万元)	43.04	703.10	1214.32

十大股东

序号	股东名称	股份性质	持股数(万股)	比例(%)
1	深圳市华润丰实业发展有限公司	境内法人股	3539.31	24.07
2	信达投资有限公司	境内法人股	2798.75	19.04
3	四川省创源投资管理有限公司	境内法人股	582.40	3.96
4	北京永安商业公司	境内法人股	291.20	1.98
5	中国纺织机械和技术进出口公司	境内法人股	232.96	1.58
6	江苏省南通印染厂	境内法人股	103.22	0.70
7	青岛纺织物业有限公司	境内法人股	103.22	0.70
8	海南爱邦贸易有限公司	境内法人股	64.51	0.44
9	深圳市众业经济发展中心	境内法人股	58.24	0.40
10	深圳中健实业有限公司	境内法人股	55.66	0.38

股东人数	2004.6	2003.12	2003.6	2002
	30001	25911	24582	23371

近年分配		近年配股/增发	

重大事项

公司于2004年2月4日召开的2004年度第一次临时股东大会通过了公司董事会、监事会换届的议案。公司董事会于2004年2月13日审议通过了《深圳市华新股份有限公司关于限期整改的报告》。

二〇〇三年以来市场表现

2003年涨跌幅(%)	-31.71
2003年最高(元)	9.78
2003年最低(元)	5.11
2003年换手率(%)	247.01
2004.06涨跌幅(%)	19.85
2004.06最高(元)	8.42
2004.06最低(元)	5.35
2004.06换手率(%)	256.10

深圳市物业发展(集团)股份有限公司

公司概况

公司名称	深圳市物业发展(集团)股份有限公司	股票代码	000011
注册地址	深圳市人民南路国贸大厦39层、42层	邮政编码	518041
法人代表	田承刚	董秘	郭玉梅
电话	0755-82211020	传真	0755-82212043,82210610
主营业务	房地产开发经营		
总股本	54179.92	流通A	9135.13
流通B	6145.93	流通H	
审计单位		审计意见	未审计

主要财务指标

年度	2004.6	2003	2002
每股收益/扣除后(元)	0.0150	0.2300	0.0660
每股经营现金流量(元)	0.1696	0.3460	-0.0640
每股净资产/调整后(元)	0.5760	0.5130	0.1460
每股公积金(元)	0.7325	0.7325	0.6230
净资产收益率(%)	1.7500	16.2400	10.2500
总资产(万元)	248026.08	243722.80	260797.94
股东权益(万元)	48268.61	47422.27	33790.37
未分配利润(万元)	-51889.65	-52735.99	-60436.17
主营收入(万元)	25927.59	107947.43	78128.50
资本公积金(万元)	39686.43	39686.43	33754.71
主营利润(万元)	10086.96	36325.53	22658.31
其他业务利润(万元)	-57.88	157.93	1.80
营业利润(万元)	1290.91	18233.51	4370.17
投资收益(万元)	157.23	-1536.15	-1526.58
补贴收入(万元)			
营业外收支(万元)	33.75	-4529.72	-11.83
利润总额(万元)	1481.89	12167.64	4450.89
净利润(万元)	846.34	7700.18	3462.22

十大股东

序号	股东名称	股份性质	持股数(万股)	比例(%)
1	深圳市建设投资控股公司	国有法人股	32374.77	59.75
2	深圳市投资管理公司	境内法人股	5662.80	10.45
3	中国银行嘉实成长收益型证券投资基金	流通A股	397.22	0.73
4	深圳市国贸物业管理公司工会	境内法人股	251.68	0.46
5	深圳经济特区免税商品公司	境内法人股	157.30	0.29
6	泰和证券投资基金	流通A股	136.99	0.25
7	游贤惠	流通A股	105.00	0.19
8	上海肇达投资咨询有限公司	境内法人股	101.00	0.19
9	杜年	流通A股	80.27	0.15
10	大鹏证券有限责任公司	境内法人股	78.65	0.15

股东人数	2004.6	2003.12	2003.6	2002
	38286	35813	46977	48577

近年分配		近年配股/增发	

重大事项

公司及本公司之子公司为商品房承购人向银行提供抵押贷款担保，截止2004年6月30日尚未结清的担保金额共计人民币82,747万元，该担保事项是房地产开发商为小业主购买本公司商品房所提供的担保,为行业内普遍现象。

二〇〇三年以来市场表现

2003年涨跌幅(%)	-25.14
2003年最高(元)	6.50
2003年最低(元)	3.96
2003年换手率(%)	153.15
2004.06涨跌幅(%)	13.58
2004.06最高(元)	7.00
2004.06最低(元)	4.01
2004.06换手率(%)	147.66

中国南玻集团股份有限公司

公司概况

公司名称	中国南玻集团股份有限公司	股票代码	000012
注册地址	广东省深圳市蛇口工业区工业六路一号南玻大厦	邮政编码	518067
法人代表	陈潮	董秘	吴国斌
电话	0755-26860666	传真	0755-26692755
主营业务	玻璃及玻璃材料制品业		
审计单位		审计意见	未审计

总股本	67697.54	流通 A	10716.60	流通 B	29905.25	流通 H	

主要财务指标

年度	2004.6	2003	2002
每股收益/扣除后(元)	0.2733	0.2900	0.2400
每股经营现金流量(元)	0.3940	0.6300	0.4800
每股净资产/调整后(元)	3.2000	3.1000	2.8100
每股公积金(元)	1.3501	1.3501	1.3501
净资产收益率(%)	8.6000	9.6600	8.5600
总资产(万元)	423396.78	351606.53	298532.69
股东权益(万元)	217696.19	211181.20	190782.55
未分配利润(万元)	33338.77	26810.89	9478.52
主营收入(万元)	86653.68	132981.81	105540.17
资本公积金(万元)	91399.04	91399.04	91398.52
主营利润(万元)	32263.20	47891.69	40451.00
其他业务利润(万元)	251.22	77.35	1.05
营业利润(万元)	21437.30	23544.86	18243.64
投资收益(万元)	36.54	164.82	-260.59
补贴收入(万元)		269.00	-0.48
营业外收支(万元)	189.83	-491.57	-3.27
利润总额(万元)	21663.67	23487.11	19020.16
净利润(万元)	18713.43	20391.02	16331.12

十大股东

序号	股东名称	股份性质	持股数(万股)	比例(%)
1	怡万实业发展(深圳)有限公司	法人股	8789.84	12.98
2	中国北方工业深圳公司	法人股	8717.54	12.88
3	新通产实业开发(深圳)有限公司	法人股	7620.46	11.26
4	招商局(玻璃工业)控股有限公司	流通 B 股	1101.53	1.63
5	深圳君安证券有限公司	法人股	587.84	0.87
6	招商证券股份有限公司	法人股、流通股	526.32	0.78
7	GUOTAI JUNAN SECURISES HONG KONG LIMITED	流通 B 股	499.80	0.74
8	安顺证券投资基金	流通 A 股	399.90	0.59
9	DEUTSCHE BANK AG LONDON	流通 B 股	399.44	0.59
10	广发聚富开放式证券投资基金	流通 A 股	350.45	0.52

股东人数	2004.6	2003.12	2003.6	2002
	50968	26333	61534	53064

近年分配	2004 年 6 月 24 日 10 派 1.80	近年配股/增发	

重大事项

为了提高公司董事会的运作效率和科学决策水平,保证董事会能够认真履行有关法律、法规和公司章程规定的职责,公司董事会在 2004 年 4 月 20 日召开的第三届董事会第十四次会议上,根据《上市公司治理准则》的要求,审议通过了《关于设立董事会专门委员会的议案》。

二〇〇三年以来市场表现

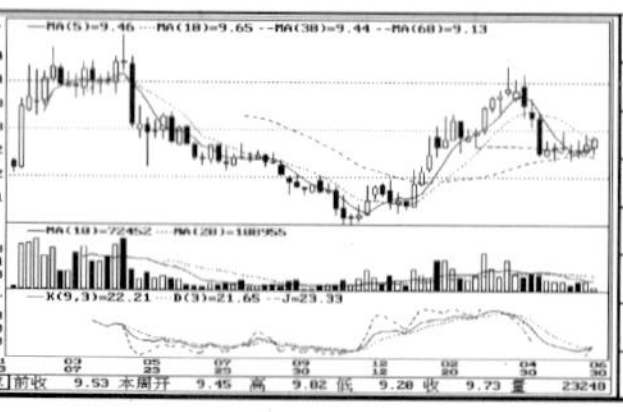

2003 年涨跌幅(%)	-16.43
2003 年最高(元)	12.92
2003 年最低(元)	6.63
2003 年换手率(%)	529.62
2004.06 涨跌幅(%)	35.70
2004.06 最高(元)	12.00
2004.06 最低(元)	7.14
2004.06 换手率(%)	254.95

沙河实业股份有限公司

公司概况

公司名称	沙河实业股份有限公司	股票代码	000014
注册地址	深圳市沙河白石洲沙河商场七楼	邮政编码	518053
法人代表	吕华	董秘	王凡
电话	0755-86090259	传真	0755-86090688
主营业务	房地产开发与经营		
审计单位		审计意见	未审计

总股本	8964.67	流通 A	4522.04	流通 B		流通 H	

主要财务指标

年度	2004.6	2003	2002
每股收益/扣除后(元)	0.0741	0.3346	0.4000
每股经营现金流量(元)	0.3636	-1.1800	0.3800
每股净资产/调整后(元)	2.9000	2.8800	2.5300
每股公积金(元)	1.0613	1.0604	1.0604
净资产收益率(%)	2.4200	11.4700	15.5800
总资产(万元)	100529.56	85996.25	69451.36
股东权益(万元)	26389.22	26030.89	23045.63
未分配利润(万元)	5411.62	5359.31	3233.95
主营收入(万元)	16253.18	29564.14	47579.28
资本公积金(万元)	9514.03	9506.53	9506.53
主营利润(万元)	3833.57	8507.31	7967.98
其他业务利润(万元)	53.07	246.90	-14.43
营业利润(万元)	830.65	3386.26	3617.74
投资收益(万元)	-6.11	3.49	-7.28
补贴收入(万元)			
营业外收支(万元)	-8.60	-11.67	0.30
利润总额(万元)	795.16	3378.08	3591.05
净利润(万元)	637.70	2985.26	3591.05

十大股东

序号	股东名称	股份性质	持股数(万股)	比例(%)
1	深圳市沙河实业(集团)有限公司	国有法人股	2581.83	28.80
2	深圳经济特区发展(集团)公司	境内法人股	1011.92	11.29
3	机电工业部第三十三研究所	境内法人股	529.77	5.91
4	深圳市祥祺投资有限公司	境内法人股	150.37	1.68
5	深圳市松竹实业有限公司	境内法人股	100.00	1.12
6	深圳市金通海实业有限公司	境内法人股	68.75	0.77
7	王芳	流通 A 股	39.58	0.44
8	曹振宇	流通 A 股	30.52	0.34
9	陈治艇	流通 A 股	23.92	0.27
10	李宪谋	流通 A 股	22.32	0.25

股东人数	2004.6	2003.12	2003.6	2002
	18953	18960	19769	18567

近年分配	2004 年 5 月 21 日 10 派 0.32	近年配股/增发	

重大事项

2004 年 1 月 13 日,公司与第一大股东沙河集团签署股权转让合同,受让沙河集团拥有的深圳市筑乐科技有限公司 35%股权。2004 年 3 月 26 日,公司与第一大股东沙河集团签署股权转让合同,受让沙河集团公司拥有的深圳市博艺建筑工程设计有限公司 30%的股权。

二〇〇三年以来市场表现

2003 年涨跌幅(%)	-30.91
2003 年最高(元)	11.42
2003 年最低(元)	6.47
2003 年换手率(%)	218.88
2004.06 涨跌幅(%)	2.70
2004.06 最高(元)	10.17
2004.06 最低(元)	6.61
2004.06 换手率(%)	219.77

康佳集团股份有限公司

公司概况

公司名称	康佳集团股份有限公司	股票代码	000016
注册地址	广东省深圳华侨城	邮政编码	518053
法人代表	任克雷	董秘	何建军
电话	0755-26608866	传真	0755-26600082
主营业务	生产经营彩色电视机		
审计单位		审计意见	未审计

总股本	流通 A	流通 B	流通 H
60198.64	22419.87	20283.79	

主要财务指标

年度	2004.6	2003	2002
每股收益/扣除后(元)	0.0643	0.1629	0.0590
每股经营现金流量(元)	0.2190	0.5800	1.0900
每股净资产/调整后(元)	4.9680	4.9000	4.7900
每股公积金(元)	3.0760	3.0760	3.0755
净资产收益率(%)	1.3720	3.3100	1.2100
总资产(万元)	993570.19	963737.56	700597.44
股东权益(万元)	309612.28	305351.94	295350.87
未分配利润(万元)	-46930.24	-51178.37	-61466.42
主营收入(万元)	690826.19	1280646.62	804165.25
资本公积金(万元)	185173.95	185173.95	185140.98
主营利润(万元)	103720.88	188189.59	121786.11
其他业务利润(万元)	842.18	1356.34	-567.70
营业利润(万元)	5448.58	13064.28	4841.56
投资收益(万元)	-28.75	-619.36	-5027.07
补贴收入(万元)	465.68	114.71	2.27
营业外收支(万元)	-83.94	178.37	1.83
利润总额(万元)	5801.58	12737.99	5443.36
净利润(万元)	4248.13	10107.10	3559.04

十大股东

序号	股东名称	股份性质	持股数(万股)	比例(%)
1	华侨城集团公司	国有法人股	17494.97	29.06
2	香港华侨城有限公司	流通B股	6837.67	11.36
3	香港中旅(集团)有限公司	流通B股	3954.12	6.57
4	SKANDIA GLOBAL FUNDS PLC	流通B股	339.48	0.56
5	民生证券有限责任公司	流通A股	287.86	0.48
6	袁兰香	流通B股	205.33	0.34
7	中国高新投资集团公司	流通A股	204.81	0.34
8	久嘉证券投资基金	流通A股	200.00	0.33
9	TOYO SECURITIES ASIA LIMITED A/C CL IENT	流通B股	172.74	0.29
10	李翎	流通B股	155.87	0.26

股东人数	2004.6	2003.12	2003.6	2002
	146498	139411	151212	162273

近年分配		近年配股/增发	

重大事项

2004年上半年公司同控股股东华侨城集团公司的子公司有小额关联交易包括支付仓租物业管理费水电费土地使用费及采购货物等均属公平交易按正常市价进行并未损害本公司和本公司其他股东的利益。

二〇〇三年以来市场表现

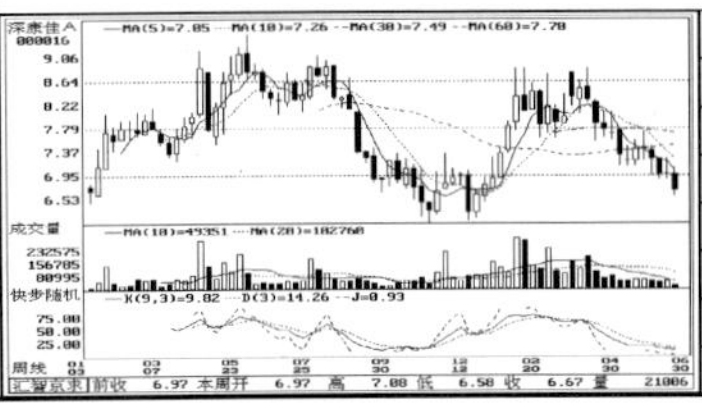

2003年涨跌幅(%)	-1.62
2003年最高(元)	9.48
2003年最低(元)	6.11
2003年换手率(%)	165.27
2004.06涨跌幅(%)	-0.45
2004.06最高(元)	8.86
2004.06最低(元)	6.58
2004.06换手率(%)	122.87

深圳中华自行车(集团)股份有限公司

公司概况

公司名称	深圳中华自行车(集团)股份有限公司	股票代码	000017
注册地址	深圳市布心路3008号	邮政编码	518019
法人代表	章晓峰	董秘	李海
电话	0755-25516998	传真	0755-25516620
主营业务	自行车及零配件		
审计单位		审计意见	未审计

总股本	流通 A	流通 B	流通 H
47943.30	7675.20	19806.82	

主要财务指标

年度	2004.6	2003	2002
每股收益/扣除后(元)	-0.0009	-0.0827	-0.0384
每股经营现金流量(元)	-0.0090	-0.0300	0.0100
每股净资产/调整后(元)	-3.5140	-3.5700	-4.2200
每股公积金(元)	0.7468	0.7468	0.0001
净资产收益率(%)	-0.0200	1.8000	-0.3300
总资产(万元)	42633.29	44484.97	51297.69
股东权益(万元)	-168446.41	-168474.98	-198289.23
未分配利润(万元)	-248675.23	-248703.81	-242835.70
主营收入(万元)	7012.13	9901.50	7158.96
资本公积金(万元)	35801.90	35801.90	2.53
主营利润(万元)	698.89	787.95	797.58
其他业务利润(万元)	624.42	875.55	-1355.98
营业利润(万元)	-45.93	-3751.18	-3335.26
投资收益(万元)		-337.86	-141.91
补贴收入(万元)			
营业外收支(万元)	71.69	671.97	7.96
利润总额(万元)	25.76	-3417.07	578.69
净利润(万元)	28.58	-3294.78	657.54

十大股东

序号	股东名称	股份性质	持股数(万股)	比例(%)
1	中国华融资产管理公司	境内法人股	6509.84	13.58
2	香港卓润科技有限公司	外资法人股	6200.39	12.93
3	香港大环自行车有限公司	外资法人股	2600.00	5.42
4	广东盛润集团股份有限公司	境内法人股	1196.86	2.50
5	上海新理益投资管理有限公司	境内法人股	1120.00	2.34
6	航空信托投资有限责任公司	国有法人股	1034.00	2.16
7	STEPHEN & PARTNERS LIMITED	流通B股	959.60	2.00
8	深圳国际信托投资公司	国有法人股	600.00	1.25
9	景超投资有限公司	外资法人股	500.19	1.04
10	华宝信托投资有限责任公司	境内法人股	350.00	0.73

股东人数	2004.6	2003.12	2003.6	2002
	45404	46256	48671	50149

近年分配		近年配股/增发	

重大事项

本公司于2004年2月3日收到中国银行业监督管理委员会办公厅《中国银行业监督管理委员会办公厅关于深中华债务重组贷款利息处理事宜的通知》:中国银行、中国建设银行、中国进出口银行,中国华融资产管理公司、中国东方资产管理公司、中国长城资产管理公司,交通银行、中国光大银行、招商银行、深圳发展银行、华商银行自2002年1月1日起停计本公司贷款利息3年,并豁免2001年12月31日前本公司所欠债权人的全部应付利息。

二〇〇三年以来市场表现

2003年涨跌幅(%)	-32.33
2003年最高(元)	6.15
2003年最低(元)	3.31
2003年换手率(%)	225.94
2004.06涨跌幅(%)	35.01
2004.06最高(元)	5.38
2004.06最低(元)	3.19
2004.06换手率(%)	209.07

深圳中冠纺织印染股份有限公司

公司概况

公司名称	深圳中冠纺织印染股份有限公司			股票代码	000018		
注册地址	深圳市龙岗区葵涌镇白石岗葵鹏路26号			邮政编码	518119		
法人代表	胡永峰			董秘	陈星		
电话	0755-82323864,82325084			传真	0755-82339100		
主营业务	各类纯棉、纯麻、涤棉						
总股本	16914.24	流通A	2023.12	流通B	6942.19	流通H	
审计单位				审计意见	未审计		

主要财务指标

年度	2004.6	2003	2002
每股收益/扣除后(元)	0.0118	0.0040	0.0100
每股经营现金流量(元)	0.1110	-0.0900	0.0900
每股净资产/调整后(元)	1.7810	1.8300	1.8100
每股公积金(元)	0.1757	0.1757	0.1757
净资产收益率(%)	0.3400	0.5000	0.4400
总资产(万元)	51285.81	39034.23	37644.52
股东权益(万元)	31208.72	31114.05	30826.31
未分配利润(万元)	727.14	632.47	499.36
主营收入(万元)	14920.42	20825.54	16173.83
资本公积金(万元)	2972.29	2972.29	2972.29
主营利润(万元)	1883.88	2939.88	2021.08
其他业务利润(万元)	122.21	92.57	4.85
营业利润(万元)	308.31	136.20	295.93
投资收益(万元)	-44.10	71.47	-101.40
补贴收入(万元)			
营业外收支(万元)	-104.54	31.37	-0.02
利润总额(万元)	158.71	239.04	192.55
净利润(万元)	106.21	156.60	134.79

十大股东

序号	股东名称	股份性质	持股数(万股)	比例(%)
1	华联控股股份有限公司	国家股	4735.99	28.00
2	Style-Success Ltd.	流通B股	2446.60	14.46
3	深圳市纺织集团股份有限公司	境内法人股	2445.82	14.46
4	华联发展集团有限公司	境内法人股	767.12	4.54
5	富冠投资有限公司	流通B股	611.46	3.62
6	忻英杰	流通B股	545.13	3.22
7	陈松	流通B股	39.84	0.24
8	黄伟莉	流通B股	22.54	0.13
9	钟永来	流通B股	22.25	0.13
10	朱瑞红	流通B股	19.14	0.11

股东人数	2004.6	2003.12	2003.6	2002
	23036	15112	23357	24608

近年分配		近年配股/增发	

重大事项

2003年12月28日,本公司之全资子公司香港中冠与深圳市华联发展投资有限公司、上海华顺投资管理有限公司、中国纺织控股香港集团有限公司和创捷发展有限公司签署了《出资意向书》,拟共同出资2,990万美元,在中国浙江省杭州市设立一家合资公司,其中香港中冠将占25%的权益。截至2004年6月30日,香港中冠对该合资公司的实际出资额已达493万美元。

二〇〇三年以来市场表现

2003年涨跌幅(%)	-30.91
2003年最高(元)	12.76
2003年最低(元)	7.10
2003年换手率(%)	177.73
2004.06涨跌幅(%)	17.24
2004.06最高(元)	11.20
2004.06最低(元)	7.25
2004.06换手率(%)	240.12

深圳市深宝实业股份有限公司

公司概况

公司名称	深圳市深宝实业股份有限公司			股票代码	000019		
注册地址	深圳市笋岗东路1002号宝安广场BC座28楼			邮政编码	518020		
法人代表	曾湃			董秘	刘雄佳		
电话	0755-25507480			传真	0755-25507480		
主营业务	食品罐头、饮料						
总股本	18192.31	流通A	3994.85	流通B	2613.60	流通H	
审计单位				审计意见	未审计		

主要财务指标

年度	2004.6	2003	2002
每股收益/扣除后(元)	0.0048	-0.1370	0.0600
每股经营现金流量(元)	-0.0875	-0.1400	-0.2070
每股净资产/调整后(元)	1.0620	1.0600	1.3180
每股公积金(元)	0.4380	0.4380	0.5891
净资产收益率(%)	0.3000	-19.5600	3.9400
总资产(万元)	45782.28	44391.15	45269.69
股东权益(万元)	23003.08	22935.05	27420.22
未分配利润(万元)	-4417.14	-4485.17	-4772.92
主营收入(万元)	3546.55	6206.66	7736.94
资本公积金(万元)	7968.59	7968.59	10717.24
主营利润(万元)	903.83	1523.69	1668.14
其他业务利润(万元)			
营业利润(万元)	-1879.76	-5530.19	-2596.15
投资收益(万元)	2023.41	2793.76	3705.46
补贴收入(万元)			
营业外收支(万元)	-18.47	-2137.48	-0.31
利润总额(万元)	125.18	-4873.91	1140.56
净利润(万元)	68.03	-4485.17	1079.99

十大股东

序号	股东名称	股份性质	持股数(万股)	比例(%)
1	深圳市农产品股份有限公司	境内法人股	6184.85	34.00
2	深圳市投资管理公司	国有法人股	5399.01	29.68
3	赖泳灿	流通股	48.28	0.27
4	肖丽珠	流通股	24.00	0.13
5	陈永泉	流通股	21.08	0.12
6	卢晓	流通股	20.10	0.11
7	曾宪报	流通股	18.97	0.10
8	KOTO TRANSPORT LTD.	流通股	18.35	0.10
9	徐壮国	流通股	15.63	0.09
10	梁海燕	流通股	13.15	0.07

股东人数	2004.6	2003.12	2003.6	2002
	30785	23780	30880	31231

近年分配		近年配股/增发	

重大事项

公司为盛润公司向广东发展银行深圳南园支行贷款800万元提供连带担保一案已经和解结案,截止2004年6月30日,公司已代盛润公司偿还利息1,938,641.66元,剩余本息共计858万元由盛润公司续贷,公司继续为其提供连带担保。担保期限为2004年2月6日至2005年2月6日。

二〇〇三年以来市场表现

2003年涨跌幅(%)	-35.35
2003年最高(元)	11.76
2003年最低(元)	5.90
2003年换手率(%)	311.60
2004.06涨跌幅(%)	13.87
2004.06最高(元)	9.40
2004.06最低(元)	6.00
2004.06换手率(%)	263.71

深圳华发电子股份有限公司

公司概况

公司名称	深圳华发电子股份有限公司	股票代码	000020
注册地址	深圳市福田区华发北路 411 栋	邮政编码	518031
法人代表	吴德华	董秘	胡建平
电话	0755-83352207	传真	0755-83323169
主营业务	彩电、印制电路板		
总股本	28316.12	流通 A	5623.96
流通 B	10199.58	流通 H	
审计单位		审计意见	未审计

主要财务指标

年度	2004.6	2003	2002
每股收益 / 扣除后(元)	-0.0067	-0.0200	0.0040
每股经营现金流量(元)	0.0560	0.0170	0.0240
每股净资产 / 调整后(元)	0.9100	0.9100	0.9700
每股公积金(元)	0.3584	0.3584	0.3477
净资产收益率(%)	-0.7000	-2.8000	1.8200
总资产(万元)	46429.23	47638.05	47901.67
股东权益(万元)	27464.77	27657.86	29398.52
未分配利润(万元)	-18739.92	-18546.82	-16502.83
主营收入(万元)	5220.37	11852.24	12896.12
资本公积金(万元)	10149.40	10149.40	9846.08
主营利润(万元)	326.93	941.38	868.66
其他业务利润(万元)	803.08	1667.85	99.45
营业利润(万元)	-190.76	-700.53	425.10
投资收益(万元)			
补贴收入(万元)			
营业外收支(万元)	-2.34	-72.91	-0.44
利润总额(万元)	-193.09	-773.44	536.01
净利润(万元)	-193.09	-773.44	536.01

十大股东

序号	股东名称	股份性质	持股数(万股)	比例(%)
1	深圳市赛格集团有限公司	国有股	6246.29	22.06
2	中国振华电子集团有限公司	国有股	6246.29	22.06
3	赛格(香港)有限公司	流通 B 股	1656.96	5.85
4	GOOD HOPE CORNER INVESTMENTS LTD	流通 B 股	1390.00	4.91
5	ADVANCE FUTURE GROUP LIMITED	流通 B 股	367.44	1.30
6	渤海证券有限公司	流通 A 股	248.13	0.88
7	中国银行-嘉实成长收益证券投资基金	流通 A 股	235.42	0.83
8	尹刚	流通 B 股	93.51	0.33
9	DBS VICKERS(HONG KONG)LTD A/C CLIENTS	流通 B 股	64.83	0.23
10	招商国通证券有限公司	流通 B 股	52.00	0.18

股东人数	2004.6	2003.12	2003.6	2002
	32640	25573	32871	29053

近年分配		近年配股/增发	

重大事项

公司严格按照中国证监会《上市公司治理准则》、《关于在上市公司建立独立董事制度的指导意见》等规定,规范运作,进一步完善了公司法人治理结构。2004 年 5 月 26 日公司召开 2003 年度股东大会,选举何晓明先生为独立董事,至此公司独立董事人数已达到董事会成员的三分之一以上。

二〇〇三年以来市场表现

2003 年涨跌幅(%)	-33.75
2003 年最高(元)	10.95
2003 年最低(元)	5.42
2003 年换手率(%)	673.83
2004.06 涨跌幅(%)	-27.01
2004.06 最高(元)	9.44
2004.06 最低(元)	4.27
2004.06 换手率(%)	407.55

深圳开发科技股份有限公司

公司概况

公司名称	深圳开发科技股份有限公司	股票代码	000021
注册地址	深圳市福田区彩田路 7006 号	邮政编码	518035
法人代表	陈肇雄	董秘	陈燕明
电话	0755-83275000-33187	传真	0755-83275075
主营业务	驱动器磁头部件制造		
总股本	73293.21	流通 A	20058.20
流通 B		流通 H	
审计单位		审计意见	未审计

主要财务指标

年度	2004.6	2003	2002
每股收益 / 扣除后(元)	0.1116	0.3200	0.1400
每股经营现金流量(元)	0.4370	1.1552	0.3500
每股净资产 / 调整后(元)	3.4280	3.4204	3.0900
每股公积金(元)	0.7226	0.7226	0.7226
净资产收益率(%)	3.1760	8.8900	2.6600
总资产(万元)	420958.12	438878.50	504622.81
股东权益(万元)	251414.81	250696.59	228346.08
未分配利润(万元)	46172.43	38187.36	26580.42
主营收入(万元)	317427.69	785976.37	617890.56
资本公积金(万元)	52965.14	52965.14	52964.22
主营利润(万元)	19020.99	62578.31	43748.39
其他业务利润(万元)	590.51	2003.26	1065.34
营业利润(万元)	8109.33	35765.71	19677.22
投资收益(万元)	1592.13	2785.12	-9334.31
补贴收入(万元)	6.49	172.99	172.99
营业外收支(万元)	-236.90	-10259.14	-17.03
利润总额(万元)	9471.05	28464.68	8880.27
净利润(万元)	7985.07	22277.96	6072.91

十大股东

序号	股东名称	股份性质	持股数(万股)	比例(%)
1	长城科技股份有限公司	国有法人股	41016.30	55.96
2	博旭(香港)有限公司	外资法人股	6895.20	9.41
3	秉宏有限公司	外资法人股	4221.83	5.76
4	龙力控股有限公司	外资法人股	801.67	1.09
5	金鑫证券投资基金	流通 A 股	580.33	0.79
6	中国银行-嘉实成长收益型证券投资基金	流通 A 股	394.02	0.54
7	浙江华庭置业有限公司	境内法人股	300.00	0.41
8	中国银行-嘉实服务增值行业证券投资基金	流通 A 股	220.01	0.30
9	中国建设银行-长城久恒平衡型证券投资基金	流通 A 股	105.60	0.14
10	中国建设银行博时裕富证券投资基金	流通 A 股	92.35	0.13

股东人数	2004.6	2003.12	2003.6	2002
	135666	146429	148615	155213

近年分配	2004 年 7 月 1 日 10 派 1.00	近年配股/增发	

重大事项

本公司 2003 年度利润分配方案经公司 2004 年 6 月 9 日召开的第十二次股东大会审议通过,以 2003 年度末总股本为基数,每 10 股派现金人民币 1.00 元(含税)。本次派息股权登记日为 2004 年 6 月 30 日,除息日为 2004 年 7 月 1 日。

二〇〇三年以来市场表现

2003 年涨跌幅(%)	8.47
2003 年最高(元)	16.06
2003 年最低(元)	9.81
2003 年换手率(%)	307.72
2004.06 涨跌幅(%)	7.54
2004.06 最高(元)	15.48
2004.06 最低(元)	10.80
2004.06 换手率(%)	185.00

深圳赤湾港航股份有限公司

公司概况

公司名称	深圳赤湾港航股份有限公司			股票代码	000022		
注册地址	深圳市赤湾港			邮政编码	518068		
法人代表	王芬		董秘	裴姜缓			
电话	0755-26694620		传真	0755-6684117			
主营业务	集装箱和散						
总股本	49597.21	流通 A	6564.95	流通 B	13838.11	流通 H	
审计单位			审计意见	未审计			

主要财务指标

年度	2004.6	2003	2002
每股收益/扣除后(元)	0.4648	0.8150	0.4800
每股经营现金流量(元)	0.8740	1.5800	1.1000
每股净资产/调整后(元)	3.1040	3.9170	3.0900
每股公积金(元)	0.5887	1.0654	1.0650
净资产收益率(%)	15.0900	20.9200	15.4600
总资产(万元)	342382.00	321422.00	233162.72
股东权益(万元)	154530.16	150108.44	118791.39
未分配利润(万元)	24575.12	20185.86	1346.59
主营收入(万元)	69462.03	104783.61	73868.74
资本公积金(万元)	29199.42	40644.93	40630.94
主营利润(万元)	43523.42	65108.29	39303.59
其他业务利润(万元)	750.21	878.29	-32.87
营业利润(万元)	37552.27	54192.65	30457.12
投资收益(万元)	-43.16	1239.92	244.89
补贴收入(万元)			
营业外收支(万元)	213.58	-2088.86	-5.61
利润总额(万元)	37722.70	53343.71	30259.02
净利润(万元)	23312.50	31398.79	18360.00

十大股东

序号	股东名称	股份性质	持股数(万股)	比例(%)
1	中国南山开发(集团)股份有限公司	法人股	29181.10	58.84
2	GUOTAI JUNAN SECURIES HONG KONG LIMITED	流通股	1615.28	3.26
3	GT PRC FUND	流通股	805.99	1.63
4	BTFE-VALUE PARTNERS INTELLIGENT FD-CHINA B SHS FD	流通股	424.09	0.86
5	中国银行-嘉实增长开放式证券投资基金	流通股	380.13	0.77
6	UBS WARBURG CUSTODY PTE LTD.瑞士银行	流通股	340.70	0.69
7	上海香港万国证券	流通股	334.74	0.67
8	鸿阳证券投资基金	流通股	300.26	0.61
9	BTFE-VALUE PARTNERS INTELLIGENT FD-CHINA B SHS FD	流通股	258.29	0.52
10	VALUE PARTNERS INTELLIGENT FUNDS-CHINESE MAINLAND	流通股	253.24	0.51

股东人数	2004.6	2003.12	2003.6	2002
	16768	14880	40233	53979

近年分配	2004年6月22日10派4.96	近年配股/增发	2004年6月22日10转3

重大事项

2003年9月18日,本公司之全资子公司赤湾港航(香港)有限公司与深圳赤湾石油基地股份有限公司在深圳赤湾签署了《股权转让协议书》,港航香港公司以人民币2076.65万元的价格将其在深圳赤湾仓储有限公司持有的全部50%股权及相关债权转让予基地公司。

二〇〇三年以来市场表现

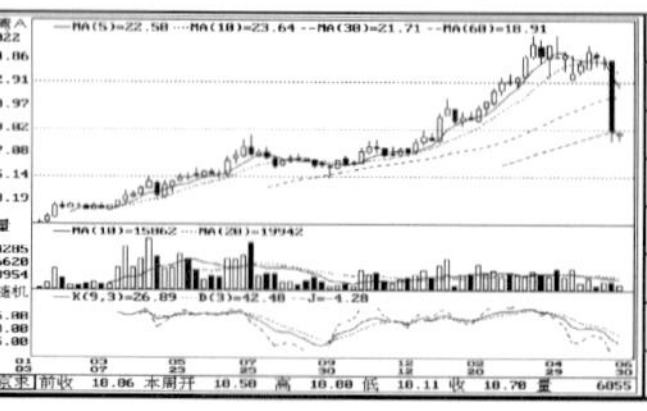

2003年涨跌幅(%)	68.14
2003年最高(元)	14.16
2003年最低(元)	8.05
2003年换手率(%)	177.65
2004.06涨跌幅(%)	36.30
2004.06最高(元)	20.23
2004.06最低(元)	13.39
2004.06换手率(%)	76.80

深圳市天地(集团)股份有限公司

公司概况

公司名称	深圳市天地(集团)股份有限公司			股票代码	000023		
注册地址	深圳市宝安南路天地大厦二、三楼			邮政编码	518001		
法人代表	杨玉科		董秘	刘晓飞			
电话	0755-25566321		传真	0755-25590169			
主营业务	建材工业和房地产业						
总股本	13875.62	流通 A	4619.12	流通 B		流通 H	
审计单位			审计意见	未审计			

主要财务指标

年度	2004.6	2003	2002
每股收益/扣除后(元)	-0.0400	-0.0171	-0.1527
每股经营现金流量(元)	-0.0200	-0.0496	0.1800
每股净资产/调整后(元)	1.4800	1.5100	1.4900
每股公积金(元)	0.6379	0.6019	0.5720
净资产收益率(%)	-2.4400	2.7200	2.7200
总资产(万元)	73715.63	72346.11	72718.28
股东权益(万元)	22370.30	22496.00	21778.59
未分配利润(万元)	-2061.47	-1516.66	-1855.00
主营收入(万元)	23535.89	41002.21	33605.14
资本公积金(万元)	8851.76	8351.94	7936.22
主营利润(万元)	2700.27	7082.80	5470.89
其他业务利润(万元)	181.82	327.66	243.80
营业利润(万元)	-482.37	749.64	-1970.16
投资收益(万元)	-34.09	189.40	1551.53
补贴收入(万元)			
营业外收支(万元)	10.11	395.03	4.51
利润总额(万元)	-506.34	1334.07	808.31
净利润(万元)	-544.80	612.64	591.35

十大股东

序号	股东名称	股份性质	持股数(万股)	比例(%)
1	深圳市东部开发(集团)有限公司	境内法人股	5550.00	40.00
2	深圳市建设投资控股公司	国有法人股	3706.50	26.71
3	李美容	流通A股	31.17	0.22
4	欧翔	流通A股	25.02	0.18
5	黄瑞华	流通A股	21.60	0.16
6	林世德	流通A股	20.00	0.14
7	上海智诚科技投资有限公司	流通A股	17.80	0.13
8	李红齐	流通A股	15.00	0.11
9	罗爱民	流通A股	14.57	0.11
10	王利波	流通A股	12.96	0.09

股东人数	2004.6	2003.12	2003.6	2002
	23132	23770	23845	21697

近年分配		近年配股/增发	

重大事项

公司于2004年5月28日在深圳与光大银行签订了《最高额保证合同》,为深圳市利建公司与光大银行签订的《综合授信协议》项下将产生的全部债务提供担保。深圳市富国实业有限公司提供了反担保。

二〇〇三年以来市场表现

2003年涨跌幅(%)	-35.73
2003年最高(元)	12.38
2003年最低(元)	5.50
2003年换手率(%)	284.36
2004.06涨跌幅(%)	5.83
2004.06最高(元)	9.38
2004.06最低(元)	6.02
2004.06换手率(%)	175.77

招商局地产控股股份有限公司

公司概况

公司名称	招商局地产控股股份有限公司			股票代码	000024		
注册地址	深圳南山区蛇口工业区新时代广场9楼			邮政编码	518067		
法人代表	孙承铭			董秘	陈宇		
电话	0755-26819600			传真	0755-6819680		
主营业务	港口物流业务、房地产						
总股本	61882.27	流通A	20430.57	流通B	16346.62	流通H	
审计单位	德勤华永会计师事务所			审计意见	标准无保留		

主要财务指标

年度	2004.6	2003	2002
每股收益/扣除后(元)	0.2435	0.6780	0.5400
每股经营现金流量(元)	-0.9680	-0.3900	1.7340
每股净资产/调整后(元)	5.2090	5.9900	5.0590
每股公积金(元)	2.4066	2.8455	2.4424
净资产收益率(%)	4.7600	10.6000	10.2000
总资产(万元)	685252.94	592364.81	526896.44
股东权益(万元)	324062.56	311887.41	244437.09
未分配利润(万元)	63518.96	59192.02	36737.62
主营收入(万元)	118362.73	483883.50	385415.37
资本公积金(万元)	148928.67	146737.39	116357.05
主营利润(万元)	22165.87	61343.26	51542.17
其他业务利润(万元)	42.53	561.35	-1.19
营业利润(万元)	17854.19	47981.59	37791.04
投资收益(万元)	-2467.72	-3535.71	-4250.16
补贴收入(万元)	3324.93	3316.14	-26.31
营业外收支(万元)	41.90	-2242.11	-38.47
利润总额(万元)	18753.31	45519.92	33576.00
净利润(万元)	15189.42	33047.76	24181.58

十大股东

序号	股东名称	股份性质	持股数(万股)	比例(%)
1	蛇口工业区	境内法人股	18828.51	30.43
2	香港全天域投资有限公司	境外法人股	6276.27	10.14
3	FOXTROT INTERNATIONAL LIMITED	流通B股	1848.00	2.99
4	ORIENTURE INVESTMENT LTD.	流通B股	1773.54	2.87
5	DBS VICKERS(HONGKONG)LTD A/C CLIENTS.	流通B股	1144.85	1.85
6	博时价值增长证券投资基金	流通A股	1105.05	1.79
7	洋邦国际有限公司	流通B股	750.74	1.21
8	全国社保基金一零八组合	流通A股	559.76	0.90
9	SKANDIA GLOBAL FUNDS PLC.	流通B股	518.49	0.84
10	嘉实服务增值行业证券投资基金	流通A股	454.69	0.73

股东人数	2004.6	2003.12	2003.6	2002
	68257	58788	82635	84111

近年分配	2004年6月1日10派1.00	近年配股/增发	2004年6月1日10送2

重大事项

公司按已发行之股份515,685,560股为基数,以每10股向全体股东派送红股2股,派发现金红利1元(含税),共计派付红股103,137,112股,派发现金红利人民币51,568,556元。股权登记日为2004年5月31日,除权除息日为2004年6月1日。

二〇〇三年以来市场表现

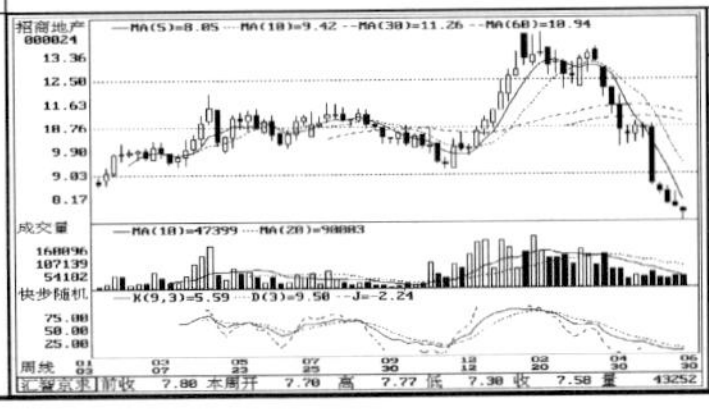

2003年涨跌幅(%)	26.45
2003年最高(元)	9.79
2003年最低(元)	7.00
2003年换手率(%)	126.74
2004.06涨跌幅(%)	-16.98
2004.06最高(元)	11.77
2004.06最低(元)	7.30
2004.06换手率(%)	117.66

深圳市特力(集团)股份有限公司

公司概况

公司名称	深圳市特力(集团)股份有限公司			股票代码	000025		
注册地址	深圳市罗湖区水贝二路56号特力大厦三楼			邮政编码	518020		
法人代表	张瑞理			董秘	任永健		
电话	0755-25536888-388			传真	0755-25536658		
主营业务	汽车维修、检测						
总股本	22028.16	流通A	3429.36	流通B	2640.00	流通H	
审计单位				审计意见	未审计		

主要财务指标

年度	2004.6	2003	2002
每股收益/扣除后(元)	-0.0151	-0.0200	-0.1600
每股经营现金流量(元)	-0.3800	0.4600	0.5500
每股净资产/调整后(元)	0.0670	0.1000	0.0400
每股公积金(元)	0.7848	0.7848	0.7743
净资产收益率(%)	-1.4000	2.4500	-20.1400
总资产(万元)	118029.36	127470.50	123223.03
股东权益(万元)	20880.65	21116.22	20352.36
未分配利润(万元)	-23984.73	-23624.77	-24142.28
主营收入(万元)	65716.64	143638.30	128932.12
资本公积金(万元)	17287.51	17287.51	17056.81
主营利润(万元)	5268.07	12453.97	11050.80
其他业务利润(万元)	112.68	1126.94	-6.79
营业利润(万元)	-31.93	296.86	-3248.79
投资收益(万元)	94.09	1245.48	-489.85
补贴收入(万元)		13.69	-0.09
营业外收支(万元)	40.25	-192.96	-1.17
利润总额(万元)	102.41	1363.07	-3430.26
净利润(万元)	-293.13	517.51	-4098.09

十大股东

序号	股东名称	股份性质	持股数(万股)	比例(%)
1	深圳市经济特区发展(集团)公司	国有股	15958.80	72.45
2	庄新建	流通B股	55.65	0.25
3	王富昌	流通B股	33.00	0.15
4	DBS VICKERS(HONG KONG)LTD A/C CLIENTS	流通B股	26.11	0.12
5	刘子贤	流通股	24.81	0.11
6	饶永丰	流通股	20.00	0.09
7	梅正水	流通股	19.70	0.09
8	王冰冰	流通股	19.08	0.09
9	谢伊新	流通股	18.32	0.08
10	张月香	流通B股	18.12	0.08

股东人数	2004.6	2003.12	2003.6	2002
	15352	13085	15558	17120

近年分配		近年配股/增发	

重大事项

深圳发展银行诉金田实业(集团)股份有限公司逾期还贷200万美元和本公司为此担保一案,市中级人民法院冻结了我公司持有新永通实业公司95%的股权,另外还冻结了金田实业(集团)股份有限公司在广州和深圳的部分股权和资产。

二〇〇三年以来市场表现

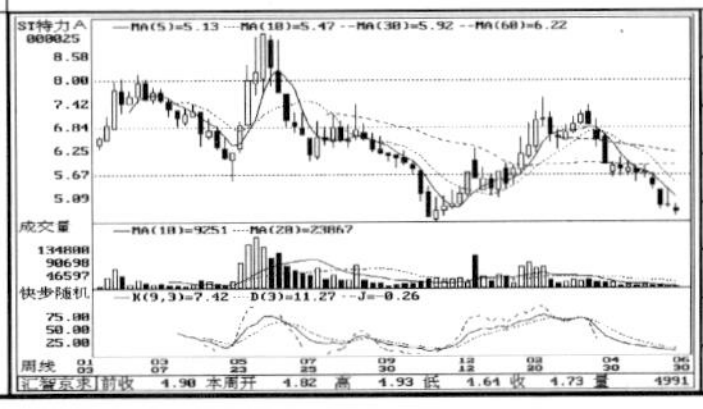

2003年涨跌幅(%)	-17.24
2003年最高(元)	9.16
2003年最低(元)	4.51
2003年换手率(%)	627.83
2004.06涨跌幅(%)	-10.42
2004.06最高(元)	7.54
2004.06最低(元)	4.64
2004.06换手率(%)	190.17

深圳市飞亚达(集团)股份有限公司

公司概况

公司名称	深圳市飞亚达(集团)股份有限公司			股票代码	000026		
注册地址	深圳市南山区新高南一道飞亚达科技大厦			邮政编码	518031		
法人代表	吴光权			董秘	郝惠文		
电话	0755-83217888-8218,83259702			传真	0755-83348369		
主营业务	制造高档钟表及配件						
总股本	24931.80	流通 A	6075.00	流通 B	5832.00	流通 H	
审计单位				审计意见	未审计		

主要财务指标

年度	2004.6	2003	2002
每股收益/扣除后(元)	0.0017	-0.0270	-0.3100
每股经营现金流量(元)	-0.1440	-0.0500	0.0900
每股净资产/调整后(元)	2.0100	2.0300	1.9600
每股公积金(元)	0.7695	0.7695	0.7665
净资产收益率(%)	0.3000	0.9900	-15.1700
总资产(万元)	57857.57	57284.75	56668.14
股东权益(万元)	51701.93	51545.64	51036.83
未分配利润(万元)	-5461.38	-5617.67	-6052.60
主营收入(万元)	13415.51	22813.31	20624.13
资本公积金(万元)	19184.72	19184.72	19110.85
主营利润(万元)	4974.32	8869.83	7466.84
其他业务利润(万元)	116.23	87.60	1.38
营业利润(万元)	378.90	-784.65	-7757.07
投资收益(万元)	-244.06	1095.57	139.15
补贴收入(万元)		380.00	380.00
营业外收支(万元)	113.82	-120.12	-0.46
利润总额(万元)	248.67	570.80	-7542.42
净利润(万元)	156.29	508.81	-7743.47

十大股东

序号	股东名称	股份性质	持股数(万股)	比例(%)
1	深圳中航实业股份有限公司	境内法人股	13024.80	52.24
2	CHAN KEUNG	流通B股	76.90	0.31
3	KO,LING HON	流通B股	70.74	0.28
4	中国平保(香港)	流通B股	37.20	0.15
5	林鸿波	流通B股	36.29	0.15
6	林芝华	流通B股	33.00	0.13
7	黎黄顺金	流通B股	32.04	0.13
8	区燕萍	流通B股	28.61	0.11
9	杨源洲	流通B股	28.59	0.11
10	惠航船务公司	流通B股	24.12	0.10

股东人数	2004.6	2003.12	2003.6	2002
	17857	5446	15545	15879

近年分配		近年配股/增发	

重大事项

本公司飞亚达大厦继续由深圳市中航物业管理有限公司提供物业管理服务,公司报告期内支付费用495千元。至2004年6月30日,公司已先后在深圳、哈尔滨、乌鲁木齐、武汉、大同、长沙、兰州、昆明、西安、宁波、徐州、青岛、上海、北京、南宁等地建有21家亨吉利世界名表中心连锁店,投资总额96,190千元,其中报告期内增加投资27,630千元。

二〇〇三年以来市场表现

2003年涨跌幅(%)	-40.81
2003年最高(元)	16.77
2003年最低(元)	9.00
2003年换手率(%)	127.65
2004.06涨跌幅(%)	-28.09
2004.06最高(元)	11.89
2004.06最低(元)	6.45
2004.06换手率(%)	83.53

深圳能源投资股份有限公司

公司概况

公司名称	深圳能源投资股份有限公司			股票代码	000027		
注册地址	深圳市福田区深南大道4001号时代金融中心24-25层			邮政编码	518034		
法人代表	杨海贤			董秘	秦飞		
电话	0755-83025351			传真	0755-83025353		
主营业务	能源的投资、开发、生产和购销						
总股本	120249.53	流通 A	48631.62	流通 B		流通 H	
审计单位				审计意见	未审计		

主要财务指标

年度	2004.6	2003	2002
每股收益/扣除后(元)	0.2839	0.5900	0.4455
每股经营现金流量(元)	0.5730	1.9400	1.9300
每股净资产/调整后(元)	3.2980	3.0200	2.3700
每股公积金(元)	0.4444	0.4444	0.4444
净资产收益率(%)	8.8700	19.6000	17.5300
总资产(万元)	991318.31	889425.31	799442.94
股东权益(万元)	398105.62	364139.16	289187.59
未分配利润(万元)	101760.42	67840.25	16438.32
主营收入(万元)	268044.81	480463.19	382858.78
资本公积金(万元)	53435.01	53435.01	53435.01
主营利润(万元)	82198.95	161675.27	105480.34
其他业务利润(万元)	-303.21	869.57	-2.84
营业利润(万元)	75117.02	150793.66	104623.96
投资收益(万元)	-582.42	-1642.54	-7586.11
补贴收入(万元)			
营业外收支(万元)	20.02	285.82	-2.60
利润总额(万元)	74554.63	149436.94	107243.95
净利润(万元)	35318.14	71366.79	50686.95

十大股东

序号	股东名称	股份性质	持股数(万股)	比例(%)
1	深圳市能源集团有限公司	国有法人股	66477.90	55.28
2	嘉实成长收益型证券投资基金	流通股	898.93	0.75
3	广东电力发展股份有限公司	法人股	822.01	0.68
4	华泰证券有限责任公司	流通股	782.61	0.65
5	海富通收益增长证券投资基金	流通股	753.07	0.63
6	嘉实服务增值行业证券投资基金	流通股	652.57	0.54
7	融鑫证券投资基金	流通股	641.28	0.53
8	天元证券投资基金	流通股	614.69	0.51
9	全国社保基金一零六组合	流通股	564.03	0.47
10	巨田基础行业证券投资基金	流通股	528.27	0.44

股东人数	2004.6	2003.12	2003.6	2002
	128404	156183	174539	213617

近年分配	2004年7月12日10派3.00	近年配股/增发	

重大事项

董事会于2004年7月6日决定设立董事会战略、审计、提名、薪酬与考核四个专门委员会,并通过了各委员会组成人员。公司2003年度利润分配方案为:以2003年末总股本1,202,495,332股为基数,向全体股东每10股派3元人民币(含税)。本次分红派息股权登记日为2004年7月9日,除息日为2004年7月12日。

二〇〇三年以来市场表现

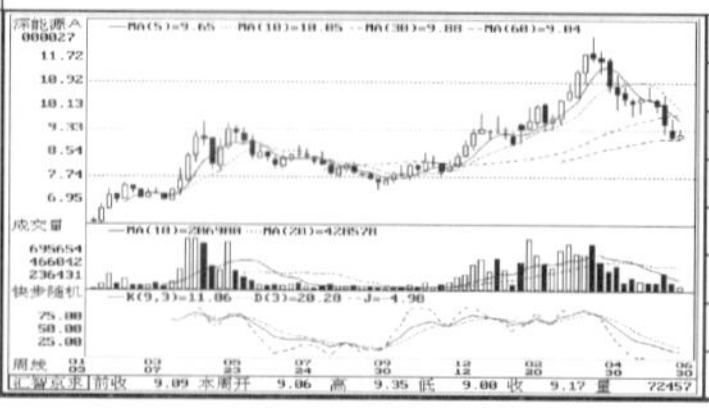

2003年涨跌幅(%)	48.85
2003年最高(元)	9.88
2003年最低(元)	6.00
2003年换手率(%)	205.97
2004.06涨跌幅(%)	0.99
2004.06最高(元)	12.51
2004.06最低(元)	8.81
2004.06换手率(%)	209.28

深圳一致药业股份有限公司

公司概况

公司名称	深圳一致药业股份有限公司			股票代码	000028		
注册地址	深圳市福田区八卦四路15号一致药业大厦			邮政编码	518029		
法人代表	郭原			董秘	陈常兵		
电话	0755-25875195,25875140			传真	0755-25875166		
主营业务	制药、医药批发						
总股本	28814.94	流通 A	5488.56	流通 B	5488.56	流通 H	
审计单位				审计意见	未审计		

主要财务指标

年度	2004.6	2003	2002
每股收益/扣除后(元)	0.0411	0.0280	0.0170
每股经营现金流量(元)	-0.0250	0.2820	0.1000
每股净资产/调整后(元)	1.1130	1.1100	0.9970
每股公积金(元)	0.0596	0.0596	0.0547
净资产收益率(%)	3.3980	4.4500	1.4800
总资产(万元)	87692.23	100832.66	105259.70
股东权益(万元)	35181.07	34158.41	33333.51
未分配利润(万元)	2591.89	1396.56	-122.52
主营收入(万元)	80559.87	178087.37	186993.77
资本公积金(万元)	1716.26	1716.26	1576.03
主营利润(万元)	19795.06	42904.96	41039.71
其他业务利润(万元)	928.94	1175.89	-17.81
营业利润(万元)	1638.40	1968.54	-426.94
投资收益(万元)	-286.99	-1492.71	-333.46
补贴收入(万元)		940.12	-8.24
营业外收支(万元)	11.54	-192.65	-1.40
利润总额(万元)	1362.94	1223.30	207.76
净利润(万元)	1195.34	1519.07	492.28

十大股东

序号	股东名称	股份性质	持股数(万股)	比例(%)
1	深圳市投资管理公司	国有法人股	12486.47	43.33
2	深圳市宝安区石岩镇经济发展总公司	境内法人股	2607.07	9.05
3	深圳市宝安上屋经济发展有限公司	境内法人股	1394.28	4.84
4	深圳市网纵实业有限公司	境内法人股	530.32	1.84
5	南京君悦投资咨询有限公司	境内法人股	500.00	1.74
6	无锡市华信投资管理有限公司	境内法人股	139.68	0.48
7	上海师圣企业发展有限公司	境内法人股	100.00	0.35
8	上海华夏亿富投资有限公司	境内法人股	80.00	0.28
9	韩旺辰	流通 A 股	72.00	0.25
10	SKANDIA GLOBAL FUNDS PLC	流通 B 股	51.35	0.18

股东人数	2004.6	2003.12	2003.6	2002
	35766	18960	30335	25568

近年分配		近年配股/增发	

重大事项

深圳市医药生产供应总公司存在占用本公司资金情况。按照截止2004年3月31日,深圳市医药生产供应总公司应付本公司款项的余额为2905.86万元(其中非经营性占用1641.44万元,货款往来1264.42万元)。按照深圳市医药生产供应总公司出具的清偿方案,该公司承诺将于2004年8月31日前以商品房抵偿约2,100万元,于2004年12月31日前以其参股公司股权抵偿余下的债务。

二〇〇三年以来市场表现

2003年涨跌幅(%)	-34.57
2003年最高(元)	10.79
2003年最低(元)	5.08
2003年换手率(%)	416.53
2004.06涨跌幅(%)	5.14
2004.06最高(元)	8.98
2004.06最低(元)	5.30
2004.06换手率(%)	323.01

深圳经济特区房地产(集团)股份有限公司

公司概况

公司名称	深圳经济特区房地产(集团)股份有限公司			股票代码	000029		
注册地址	深圳市人民南路3005号深房广场47楼			邮政编码	518001		
法人代表	邵志和			董秘	陈继		
电话	0755-82293000-4718,4715			传真	0755-82294024		
主营业务	房地产及商品房销售						
总股本	101166.00	流通 A	14784.00	流通 B	12000.00	流通 H	
审计单位				审计意见	未审计		

主要财务指标

年度	2004.6	2003	2002
每股收益/扣除后(元)	-0.0283	0.0215	0.1638
每股经营现金流量(元)	0.0610	0.1900	0.0800
每股净资产/调整后(元)	1.0060	1.0900	1.0100
每股公积金(元)	0.9456	0.9456	0.8518
净资产收益率(%)	-3.1400	1.0000	1.3600
总资产(万元)	251954.02	274681.12	300098.66
股东权益(万元)	110473.24	113938.21	103308.98
未分配利润(万元)	-95123.80		-92794.00
主营收入(万元)	39367.61	96238.36	74805.21
资本公积金(万元)	95665.79	95665.79	86168.91
主营利润(万元)	3312.65	18735.38	12898.41
其他业务利润(万元)	840.98	1077.93	23.90
营业利润(万元)	-3432.18	246.03	-14006.40
投资收益(万元)	619.39	1037.58	15587.68
补贴收入(万元)	3.00	18.76	18.76
营业外收支(万元)	-601.86	-48.00	2.20
利润总额(万元)	-3411.65	1254.37	1519.11
净利润(万元)	-3464.97	1135.17	1404.41

十大股东

序号	股东名称	股份性质	持股数(万股)	比例(%)
1	深圳市建设投资控股公司	国有法人股	74382.00	73.52
2	SKANDIA GLOBAL FUNDS PLC	流通 B 股	168.36	0.17
3	博时裕富证券投资基金	流通 A 股	74.70	0.07
4	CHU KOON YUK	流通 B 股	72.00	0.07
5	马泽琪	流通 A 股	62.00	0.06
6	LAI KONG SUNG 黎抗生	流通 B 股	61.91	0.06
7	ORE BURNS (AUSTRALIA)PTY.LTD	流通 B 股	60.00	0.06
8	SHUM YIP KWAN WING DEVELOPMENT LTD	流通 B 股	50.36	0.05
9	杨耀初	流通 B 股	44.00	0.04
10	朱丽容	流通 B 股	39.78	0.04

股东人数	2004.6	2003.12	2003.6	2002
	110167	112605	117231	114058

近年分配		近年配股/增发	

重大事项

本公司于2004年6月18日与深圳市商贸投资控股公司及深圳市巨邦企业总公司分别签订了《权益转让合同》及《和解协议》。约定:我司及香港新峰企业有限公司将2004年3月31日竹园公司财务报表所显示的双方在竹园公司所拥有的全部投资权益及双方与竹园公司之间的所有其他往来权益全部转让给深圳市商贸投资控股公司,转让总价款为人民币8,000万元。

二〇〇三年以来市场表现

2003年涨跌幅(%)	-24.90
2003年最高(元)	10.60
2003年最低(元)	4.83
2003年换手率(%)	517.25
2004.06涨跌幅(%)	16.24
2004.06最高(元)	9.38
2004.06最低(元)	5.71
2004.06换手率(%)	382.39

广东盛润集团股份有限公司

公司概况								
公司名称	广东盛润集团股份有限公司				股票代码	000030		
注册地址	深圳市罗湖区立新路				邮政编码	518001		
法人代表	杨奋勃			董秘	敖迎春			
电话	0755-82179136,82237967			传真	0755-82222300			
主营业务	印刷业							
总股本	28842.00	流通 A	4026.00	流通 B	3960.00	流通 H		
审计单位				审计意见	未审计			

主要财务指标 年度	2004.6	2003	2002
每股收益/扣除后(元)	-0.0579	-0.1534	-0.9436
每股经营现金流量(元)	-0.0075	-0.0400	-0.0100
每股净资产/调整后(元)	-5.6700	-5.6200	-5.2900
每股公积金(元)	1.2720	1.2720	1.2703
净资产收益率(%)			
总资产(万元)	37921.91	37829.32	20325.81
股东权益(万元)	-156021.05	-154447.42	-152516.55
未分配利润(万元)	-235369.03	-233764.17	-231779.45
主营收入(万元)	6762.92	7726.78	671.18
资本公积金(万元)	36686.59	36686.59	36638.07
主营利润(万元)	697.25	1314.08	525.45
其他业务利润(万元)	339.63	320.64	6.82
营业利润(万元)	-1577.89	-4772.03	-24123.62
投资收益(万元)	30.28	4433.93	-1475.75
补贴收入(万元)			
营业外收支(万元)	33.63	1533.32	-14.75
利润总额(万元)	-1513.98	1195.23	-56648.56
净利润(万元)	-1604.86	1139.12	-56648.52

十大股东 序号	股东名称	股份性质	持股数(万股)	比例(%)
1	深圳市莱英达集团有限责任公司	境内法人股	19140.00	66.36
2	深圳市有色金属财务有限公司	境内法人股	528.00	1.83
3	深圳国际信托投资有限责任公司	境内法人股	528.00	1.83
4	深圳华晟达投资控股有限公司	境内法人股	396.00	1.37
5	CHINA EVERBRIGE HOLDINGS CO.LTD	流通 B 股	323.90	1.12
6	深圳国银投资发展有限公司	境内法人股	264.00	0.92
7	邵为积	流通 B 股	66.31	0.23
8	WU CHING	流通 B 股	53.49	0.19
9	柳州佳力房地产开发有限责任公司	流通 A 股	38.23	0.13
10	魏敬晖	流通 A 股	27.40	0.10

股东人数	2004.6	2003.12	2003.6	2002
	18039	16768	10143	14771

近年分配		近年配股/增发	

重大事项

2004 年 1 月 5 日,公司第一大股东由深圳市投资管理公司变更为深圳市莱英达集团有限责任公司的股权过户手续在中国证券登记结算有限责任公司深圳分公司正式办理完毕。深圳市东方企业有限公司、北京市太阳管道有限公司、深圳中华自行车(集团)股份有限公司各占用公司资金人民币 28,283,064.32 元(含本息)、人民币 18,488,500 元(含本息)及人民币 232,394,686.19 元。

二〇〇三年以来市场表现

2003 年涨跌幅(%)	-37.64
2003 年最高(元)	6.98
2003 年最低(元)	2.91
2003 年换手率(%)	627.92
2004.06 涨跌幅(%)	-10.06
2004.06 最高(元)	4.82
2004.06 最低(元)	2.95
2004.06 换手率(%)	365.85

深圳市宝恒(集团)股份有限公司

公司概况								
公司名称	深圳市宝恒(集团)股份有限公司				股票代码	000031		
注册地址	深圳市宝安区湖滨路 5 号				邮政编码	518101		
法人代表	古焕坤			董秘	易中胜			
电话	0755-27754517			传真	0755-27789701			
主营业务	房地产和实业投资							
总股本	46630.24	流通 A	16348.99	流通 B		流通 H		
审计单位	深圳天健信德会计师事务所			审计意见	标准无保留			

主要财务指标 年度	2004.6	2003	2002
每股收益/扣除后(元)	0.1580	0.1800	0.1280
每股经营现金流量(元)	0.1410	0.2970	0.0860
每股净资产/调整后(元)	2.2060	2.2870	2.0200
每股公积金(元)	0.8294	0.8288	0.8114
净资产收益率(%)	6.4700	7.8600	7.0000
总资产(万元)	182174.69	170593.56	157969.69
股东权益(万元)	105132.55	108225.23	99175.84
未分配利润(万元)	12435.99	15115.86	8254.24
主营收入(万元)	16674.73	33085.09	41192.08
资本公积金(万元)	38648.07	38648.07	37837.09
主营利润(万元)	8281.52	17430.14	18653.79
其他业务利润(万元)	703.22	900.85	-41.82
营业利润(万元)	4852.67	10168.80	6727.19
投资收益(万元)	3338.66	784.14	3351.10
补贴收入(万元)			
营业外收支(万元)	-609.15	277.92	-1.41
利润总额(万元)	7582.18	11230.86	9796.14
净利润(万元)	6803.71	8511.23	6944.24

十大股东 序号	股东名称	股份性质	持股数(万股)	比例(%)
1	深圳市宝安区投资管理公司	国家股	27806.25	59.63
2	深圳市宝安区福永镇桥头经济发展公司	境内法人股	1588.13	3.41
3	中国工商银行-普丰证券投资基金	流通 A 股	641.84	1.38
4	深圳市鸿基(集团)股份有限公司	境内法人股	639.38	1.37
5	深圳市国信证券网络有限公司	流通 A 股	439.49	0.94
6	渤海证券有限责任公司	流通 A 股	437.69	0.94
7	华北电力集团财务有限责任公司	流通 A 股	391.93	0.84
8	泰和证券投资基金	流通 A 股	361.75	0.78
9	国信证券有限责任公司	流通 A 股	313.62	0.67
10	太原威廉企业策划设计有限公司	流通 A 股	291.59	0.63

股东人数	2004.6	2003.12	2003.6	2002
	54680	79625	87248	58033

近年分配		近年配股/增发	

重大事项

2004 年 5 月初公司合作经营的深圳新安湖实业有限公司将位于深圳市宝安区新安街道办宝民路东侧的新安湖商业城裙楼商场,共计 23,616.32 平方米的房产及设备设施一体转让给华润万佳。公司为控股子公司提供担保 17,000.00 万元,占 2004 年上半年经审计净资产值的 16.17%;为联营公司提供担保折合人民币 785.98 万元,占 2004 年上半年经审计净资产值的 0.75%;2004 年上半年累计提供担保总额为人民币 17,785.98 万元,占 2004 年上半年经审计净资产值的 16.91%。

二〇〇三年以来市场表现

2003 年涨跌幅(%)	-12.24
2003 年最高(元)	11.77
2003 年最低(元)	6.31
2003 年换手率(%)	536.70
2004.06 涨跌幅(%)	8.52
2004.06 最高(元)	11.90
2004.06 最低(元)	6.75
2004.06 换手率(%)	345.29

深圳市桑达实业股份有限公司

公司概况

公司名称	深圳市桑达实业股份有限公司			股票代码	000032		
注册地址	深圳市福田区振华路78号西二层			邮政编码	518031		
法人代表	佟保安			董秘	金涛		
电话	0755-83200636			传真	0755-83200639		
主营业务	家电产品、通讯产品						
总股本	19405.36	流通A	7118.80	流通B		流通H	
审计单位				审计意见	未审计		

主要财务指标

年度	2004.6	2003	2002
每股收益/扣除后(元)	0.1236	0.2500	0.2900
每股经营现金流量(元)	0.0780	0.4000	0.4400
每股净资产/调整后(元)	3.0200	2.8900	3.3300
每股公积金(元)	1.3545	1.3544	2.0536
净资产收益率(%)	4.0600	7.8900	8.1900
总资产(万元)	113795.27	110026.24	107561.91
股东权益(万元)	59687.25	57263.29	52640.93
未分配利润(万元)	4753.15	2330.07	72.05
主营收入(万元)	76880.89	127897.48	138835.45
资本公积金(万元)	26284.25	26283.37	30655.22
主营利润(万元)	8912.84	21489.65	14777.90
其他业务利润(万元)	405.26	1695.75	-13.02
营业利润(万元)	3392.04	6326.06	2346.58
投资收益(万元)	-11.07	-432.97	1923.30
补贴收入(万元)		129.57	2.10
营业外收支(万元)	9.17	191.53	2.79
利润总额(万元)	3390.15	6214.19	5190.53
净利润(万元)	2423.08	4516.04	4313.86

十大股东

序号	股东名称	股份性质	持股数(万股)	比例(%)
1	深圳桑达电子集团有限公司	境内法人股	10970.01	56.53
2	深圳市龙岗区投资管理有限公司	国家股	963.17	4.96
3	无锡市国联发展(集团)有限公司	境内法人股	353.38	1.82
4	宁波大通开发股份有限公司	流通A股	57.10	0.29
5	黄静	流通A股	34.97	0.18
6	王本秀	流通A股	26.21	0.14
7	王勇潮	流通A股	21.86	0.11
8	刘爱军	流通A股	21.83	0.11
9	郭志华	流通A股	20.28	0.10
10	刘中坚	流通A股	17.30	0.09

股东人数	2004.6	2003.12	2003.6	2002
	33615	27029	24910	23464

近年分配	2004年8月10日10派1.2	近年配股/增发	

重大事项

截止2004年6月30日,公司为控股子公司的担保总额为1460万元,占2004年6月30日合并资产负债表中净资产的2.45%,属于公司生产经营和资金合理利用的需要。公司控股股东的子公司深圳桑达电子工程设计所截止2004年6月30日占用本公司资金1,175,042.70元,该公司已承诺近两年将该款项还清。

二〇〇三年以来市场表现

2003年涨跌幅(%)	-22.40
2003年最高(元)	11.64
2003年最低(元)	6.70
2003年换手率(%)	165.06
2004.06涨跌幅(%)	16.85
2004.06最高(元)	11.95
2004.06最低(元)	7.20
2004.06换手率(%)	269.29

深圳新都酒店股份有限公司

公司概况

公司名称	深圳新都酒店股份有限公司			股票代码	000033		
注册地址	深圳市春风路一号			邮政编码	518001		
法人代表	李聚全			董秘	陈净		
电话	0755-82320888-382			传真	0755-82344699		
主营业务	酒店经营和管理业务						
总股本	28772.35	流通A	6722.35	流通B		流通H	
审计单位				审计意见	未审计		

主要财务指标

年度	2004.6	2003	2002
每股收益/扣除后(元)	0.0025	-0.0020	0.0380
每股经营现金流量(元)	0.0400	0.0700	0.1200
每股净资产/调整后(元)	1.5060	1.5000	1.4900
每股公积金(元)	0.6690	0.6690	0.6690
净资产收益率(%)	0.1700	0.3400	1.5000
总资产(万元)	61524.84	61453.90	61693.91
股东权益(万元)	43879.73	43803.91	43656.75
未分配利润(万元)	-8342.13	-8417.95	-8565.12
主营收入(万元)	3560.21	6960.00	9341.97
资本公积金(万元)	19249.65	19249.65	19249.65
主营利润(万元)	2558.95	4972.08	6814.79
其他业务利润(万元)	15.92	22.73	22.73
营业利润(万元)	75.02	74.65	1105.92
投资收益(万元)		16.29	-381.40
补贴收入(万元)		46.00	46.00
营业外收支(万元)	2.65	10.22	-0.09
利润总额(万元)	77.67	147.16	655.70
净利润(万元)	75.82	147.16	655.70

十大股东

序号	股东名称	股份性质	持股数(万股)	比例(%)
1	深圳市瀚明投资有限公司	境内法人股	6615.00	22.99
2	(香港)建辉投资有限公司	外资法人股	5512.50	19.16
3	深圳贵州经济贸易公司	境内法人股、流通A股	3322.50	11.55
4	深圳市卢堡工贸有限公司	境内法人股	3307.50	11.50
5	(香港)桂江企业有限公司	外资法人股	3307.50	11.50
6	吴静	流通A股	46.80	0.16
7	翟娜佳	流通A股	36.30	0.13
8	郑明星	流通A股	33.05	0.11
9	王英正	流通A股	30.00	0.10
10	王洋	流通A股	30.00	0.10

股东人数	2004.6	2003.12	2003.6	2002
	33328	34024	34889	35802

近年分配		近年配股/增发	

重大事项

公司于2004年2月16日召开2004年度第一次临时股东大会,重新选举产生第四届董事会。2004年1月15日,公司收到广东省深圳市罗湖区人民法院应诉通知书,该院受理中国银行起诉公司未支付1999年12月31日前应付股利人民币5,745,616.98元,并查封了公司在布心花园和文锦花园相应价值的房产,查封期至2006年3月23日止。

二〇〇三年以来市场表现

2003年涨跌幅(%)	-36.30
2003年最高(元)	8.59
2003年最低(元)	4.28
2003年换手率(%)	284.46
2004.06涨跌幅(%)	0.22
2004.06最高(元)	6.85
2004.06最低(元)	4.36
2004.06换手率(%)	188.43

深圳市深信泰丰(集团)股份有限公司

公司概况

公司名称	深圳市深信泰丰(集团)股份有限公司				股票代码	000034	
注册地址	深圳市宝安区宝城宝民一路 102 号				邮政编码	518101	
法人代表	肖水龙			董秘	张小立		
电话	0755-27849181			传真	0755-27849232		
主营业务	通讯产业与饲料工业						
总股本	31113.94	流通 A	8465.89	流通 B		流通 H	
审计单位	深圳鹏城会计师事务所			审计意见	标准无保留		

主要财务指标

年度	2004.6	2003	2002
每股收益 / 扣除后(元)	-0.2739	0.0119	-0.3100
每股经营现金流量(元)	0.1050	-0.2200	0.1300
每股净资产 / 调整后(元)	0.0190	0.9300	0.8700
每股公积金(元)	1.1008	1.1003	1.1003
净资产收益率(%)	-319.0300	2.0200	-30.6000
总资产(万元)	119034.50	141773.50	151777.52
股东权益(万元)	7648.98	32036.49	31388.71
未分配利润(万元)	-64289.01	-39886.33	-40533.20
主营收入(万元)	20384.87	95951.85	69055.62
资本公积金(万元)	34250.19	34235.02	34234.12
主营利润(万元)	257.09	14361.84	6131.27
其他业务利润(万元)	29.94	-697.21	-1.75
营业利润(万元)	-16674.09	1577.61	-8615.75
投资收益(万元)	-5185.60	17.35	-80.24
补贴收入(万元)		256.01	256.01
营业外收支(万元)	-3255.43	-1029.12	97.88
利润总额(万元)	-25115.11	821.84	-9859.02
净利润(万元)	-24402.68	646.87	-9615.26

十大股东

序号	股东名称	股份性质	持股数(万股)	比例(%)
1	深圳国际信托投资有限责任公司	国有法人股	14922.21	47.96
2	深圳市宝安区投资管理有限公司	国有法人股	3732.90	12.00
3	深圳泰丰电子有限公司	境内法人股	2489.12	8.00
4	山西昌泰工贸有限公司	境内法人股	600.00	1.93
5	深圳市物资集团公司	境内法人股	250.00	0.80
6	上海中南投资管理有限公	境内法人股	162.83	0.52
7	上海融道贸易有限公司	境内法人股	150.00	0.48
8	云南万龙投资有限公司	境内法人股	100.00	0.32
9	上海浦东任辰贸易有限公司	境内法人股	54.00	0.17
10	上海超人贸易有限公司	境内法人股	50.00	0.16

股东人数	2004.6	2003.12	2003.6	2002
	46512	47916	44632	48004

近年分配		近年配股 / 增发	

重大事项

截止 2004 年 6 月 30 日,本公司为中国宝安集团股份有限公司银行借款人民币 19,159 万元、美元 90 万元、银行本票 206 万元、为深圳都之都大酒店管理有限公司银行借款人民币 1,500 万元、为深圳市信泰利实业公司银行贷款人民币 2,829 万元、深圳市宝安华宝实业有限公司银行借款人民币 2880 万元、为深圳泰丰电子有限公司银行借款人民币 800 万元、为南京捷讯移动通讯器材有限公司银行借款人民币 6650 万元、为味源饮料食品(深圳)有限公司银行借款港币 1000 万元提供担保。

二〇〇三年以来市场表现

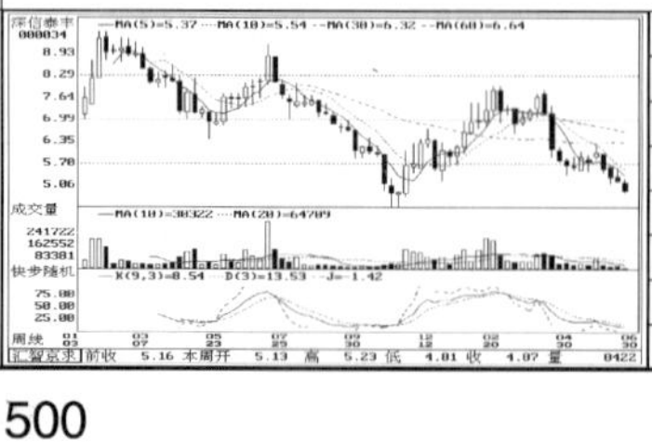

2003 年涨跌幅(%)	-20.83
2003 年最高(元)	9.58
2003 年最低(元)	4.41
2003 年换手率(%)	394.91
2004.06 涨跌幅(%)	-14.56
2004.06 最高(元)	7.97
2004.06 最低(元)	4.81
2004.06 换手率(%)	202.25

中国科健股份有限公司

公司概况

公司名称	中国科健股份有限公司				股票代码	000035	
注册地址	深圳市蛇口工业六路				邮政编码	518026	
法人代表	侯自强			董秘	李卫民		
电话	0755-82940181			传真	0755-82940095		
主营业务	GSM 数字移动电话						
总股本	11588.72	流通 A	4264.92	流通 B		流通 H	
审计单位				审计意见	未审计		

主要财务指标

年度	2004.6	2003	2002
每股收益 / 扣除后(元)	0.1254	0.2300	0.5000
每股经营现金流量(元)	-0.9750	0.8100	1.6500
每股净资产 / 调整后(元)	2.4200	2.2400	1.9500
每股公积金(元)	0.9652	0.8982	0.8943
净资产收益率(%)	4.7200	15.0900	27.1800
总资产(万元)	183670.20	180834.00	153049.25
股东权益(万元)	28632.45	26554.54	22992.57
未分配利润(万元)	4114.62	2762.66	-328.11
主营收入(万元)	103868.30	270599.94	312900.31
资本公积金(万元)	11185.44	10409.47	10363.35
主营利润(万元)	9124.47	21008.93	29888.57
其他业务利润(万元)	206.28	364.63	-10.28
营业利润(万元)	-1244.20	-849.68	3394.71
投资收益(万元)	2584.48	6386.91	2271.88
补贴收入(万元)			
营业外收支(万元)	-101.32	-1086.23	-2.31
利润总额(万元)	1238.96	4451.01	6283.22
净利润(万元)	1351.95	4006.81	6249.06

十大股东

序号	股东名称	股份性质	持股数(万股)	比例(%)
1	深圳科健集团有限公司	国有法人股	3361.40	29.01
2	深圳市智雄电子有限公司	境内法人股	3100.00	26.75
3	信达投资有限公司	境内法人股	330.00	2.85
4	中国科技促进经济投资公司	国有法人股	275.00	2.37
5	深圳市投资管理公司	国家股	257.40	2.22
6	岱捷措	流通 A 股	33.28	0.29
7	曾凡国	流通 A 股	19.06	0.16
8	甄玲凤	流通 A 股	18.35	0.16
9	毛振宁	流通 A 股	16.01	0.14
10	管彤	流通 A 股	15.00	0.13

股东人数	2004.6	2003.12	2003.6	2002
	24481	23111	24008	22998

近年分配		近年配股 / 增发	

重大事项

公司将位于深圳市南山区松坪路的一宗高新技术园区用地土地使用权,用于向中国工商银行华强支行借入人民币 50,000,000.00 元的 CDMA 生产基地建设贷款的质押。公司将荔园、鸿隆及华联 29 套房产用于抵押,向深圳市商业银行总行借款人民币 20,000,000.00 元,深圳市智雄电子有限公司为本公司此笔借款提供担保。

二〇〇三年以来市场表现

2003 年涨跌幅(%)	-39.26
2003 年最高(元)	15.72
2003 年最低(元)	7.22
2003 年换手率(%)	250.45
2004.06 涨跌幅(%)	21.80
2004.06 最高(元)	12.85
2004.06 最低(元)	7.80
2004.06 换手率(%)	221.06

华联控股股份有限公司

公司概况							
公司名称	华联控股股份有限公司			股票代码	000036		
注册地址	上海市新华路728号华联发展大厦12层			邮政编码	200052		
法人代表	董炳根			董秘	任元卫		
电话	021-62820000			传真	021-62804989		
主营业务	名牌服装、棉纱						
总股本	44955.51	流通A	26717.25	流通B		流通H	
审计单位				审计意见	未审计		

主要财务指标 年度	2004.6	2003	2002
每股收益/扣除后(元)	-0.0251	0.0300	0.3300
每股经营现金流量(元)	-0.4760	0.0500	0.6500
每股净资产/调整后(元)	3.6800	3.6800	3.0800
每股公积金(元)	1.7789	1.7731	0.9905
净资产收益率(%)	0.1600	2.0400	12.0400
总资产(万元)	380809.41	455656.00	401514.94
股东权益(万元)	168173.73	167656.23	112025.59
未分配利润(万元)	34786.00	34516.00	31223.13
主营收入(万元)	69043.80	272179.53	374073.72
资本公积金(万元)	79969.00	79708.49	35615.67
主营利润(万元)	17682.23	60427.10	78526.21
其他业务利润(万元)	1096.89	2631.93	-43.29
营业利润(万元)	1201.55	10439.34	31043.70
投资收益(万元)	361.34	-204.75	-338.86
补贴收入(万元)	1731.29	5779.12	-484.54
营业外收支(万元)	398.66	253.35	-217.75
利润总额(万元)	3692.84	16267.05	36236.28
净利润(万元)	270.14	3413.16	13485.72

十大股东 序号	股东名称	股份性质	持股数(万股)	比例(%)
1	华联发展集团有限公司	境内法人股	18047.68	40.15
2	兴业证券股份有限公司	流通A股	689.87	1.53
3	普丰证券投资基金	流通A股	274.77	0.61
4	广东喜之郎集团有限公司	流通A股	239.57	0.53
5	广州合成纤维厂	境内法人股	190.57	0.42
6	陈红岩	流通A股	171.00	0.38
7	金鑫证券投资基金	流通A股	163.92	0.36
8	华宝信托投资有限责任公司	流通A股	136.69	0.30
9	谢红军	流通A股	108.00	0.24
10	深圳市喜之郎食品有限公司	流通A股	103.17	0.23

股东人数	2004.6	2003.12	2003.6	2002
	67430	76945	65058	67321

近年分配		近年配股/增发	

重大事项

公司与深圳市华孚纺织控股有限公司签署了《关于对余姚华联纺织有限公司进行股权重组以及加强业务合作的协议》。根据该协议，在实施股权重组后，余姚华联公司交由深圳市华孚纺织控股有限公司承包经营，承包期为三年。

二〇〇三年以来市场表现

2003年涨跌幅(%)	-16.26
2003年最高(元)	7.77
2003年最低(元)	4.41
2003年换手率(%)	179.01
2004.06涨跌幅(%)	-7.85
2004.06最高(元)	6.48
2004.06最低(元)	4.30
2004.06换手率(%)	158.45

深圳南山热电股份有限公司

公司概况							
公司名称	深圳南山热电股份有限公司			股票代码	000037		
注册地址	深圳市南山区月亮湾大道18号			邮政编码	518031		
法人代表	刘德雨			董秘	傅博		
电话	0755-26003698			传真	0755-26003629		
主营业务	供电、供热						
总股本	54796.60	流通A	6484.61	流通B	10856.59	流通H	
审计单位				审计意见	未审计		

主要财务指标 年度	2004.6	2003	2002
每股收益/扣除后(元)	0.3105	0.7000	0.7800
每股经营现金流量(元)	0.3720	0.6900	1.4300
每股净资产/调整后(元)	2.6900	2.8800	1.9000
每股公积金(元)	0.5271	0.5271	0.3934
净资产收益率(%)	11.6200	29.6600	35.0300
总资产(万元)	308120.28	257197.11	202916.17
股东权益(万元)	150695.94	158821.77	104429.88
未分配利润(万元)	35219.31	45075.68	6665.38
主营收入(万元)	110797.93	186393.72	162290.50
资本公积金(万元)	28883.35	28882.55	21554.36
主营利润(万元)	21261.96	49923.99	53480.49
其他业务利润(万元)	5.97	1126.52	-0.47
营业利润(万元)	18399.62	46646.75	47735.50
投资收益(万元)	426.45	208.84	-104.62
补贴收入(万元)	592.50	7290.57	-132.32
营业外收支(万元)	-0.80	2.55	-0.03
利润总额(万元)	19417.78	54148.71	51110.16
净利润(万元)	17516.63	47111.04	36578.39

十大股东 序号	股东名称	股份性质	持股数(万股)	比例(%)
1	深圳市广聚电力投资有限公司	境内法人股	12584.57	22.97
2	香港南海洋行(国际)有限公司	外资法人股	8374.84	15.28
3	深圳市能源集团有限公司	法人股	6269.73	11.44
4	深圳国电科技发展有限公司	境内法人股	5470.92	9.98
5	腾达置业有限公司	外资法人股	4755.33	8.68
6	VALUE PARTNERS INTELLIGENT FUNDS-CHINESE MAINLAND FOCUS FUND	流通B股	456.55	0.83
7	BTFE-VALUE PARTNERS INTELLIGENT FD-CHINA B SHS FD	流通B股	445.51	0.81
8	中国工商银行-国联安德盛小盘精选证券投资基金	流通A股	319.04	0.58
9	全国社保基金一零一组合	流通A股	282.41	0.52
10	SKANDIA GLOBAL FUNDS PLC	流通B股	265.06	0.48

股东人数	2004.6	2003.12	2003.6	2002
	24088	10925	28770	35756

近年分配	2004年6月10日 10派4.68	近年配股/增发	

重大事项

公司以2003年末股本总数547,965,998股为基数，向全体股东每10股派现金4.68元(含税)，剩余部分结转下年度，本年度不进行资本公积金转增股本。公司于2004年6月2日刊登分红派息实施公告，派发股息的股权登记日为2004年6月9日，除息日为2003年6月10日。

二〇〇三年以来市场表现

2003年涨跌幅(%)	56.92
2003年最高(元)	14.69
2003年最低(元)	8.71
2003年换手率(%)	266.58
2004.06涨跌幅(%)	-5.83
2004.06最高(元)	17.13
2004.06最低(元)	12.63
2004.06换手率(%)	155.98

深圳大通实业股份有限公司

公司概况

公司名称	深圳大通实业股份有限公司	股票代码	000038
注册地址	深圳华侨城东部工业区	邮政编码	518031
法人代表	王峰	董秘	曹扬
电话	0755-83793793	传真	0755-83790776
主营业务	生产电解类系列电容器		
审计单位		审计意见	未审计

总股本	9048.60	流通 A	1914.00	流通 B		流通 H	

主要财务指标

年度	2004.6	2003	2002
每股收益/扣除后(元)	0.0164	0.0850	0.1270
每股经营现金流量(元)	0.1060	–0.9900	0.7800
每股净资产/调整后(元)	1.4300	1.4000	1.3100
每股公积金(元)	0.2940	0.2940	0.5280
净资产收益率(%)	1.6800	6.5700	9.4200
总资产(万元)	34682.16	26159.70	21115.38
股东权益(万元)	13246.60	13024.20	12168.92
未分配利润(万元)	949.39	726.99	–4484.19
主营收入(万元)	4601.19	49988.88	16103.11
资本公积金(万元)	2659.90	2659.90	4778.03
主营利润(万元)	410.53	1428.37	1004.77
其他业务利润(万元)	289.33	578.69	50.13
营业利润(万元)	261.70	963.82	1115.07
投资收益(万元)			
补贴收入(万元)			
营业外收支(万元)	–0.05	–2.48	0.07
利润总额(万元)	261.65	961.34	1111.14
净利润(万元)	222.40	855.28	1146.11

十大股东

序号	股东名称	股份性质	持股数(万股)	比例(%)
1	方正延中传媒有限公司	境内法人股	2700.00	29.84
2	上海文慧投资有限公司	境内法人股	1771.27	19.58
3	上海港银投资管理有限公司	境内法人股	1000.00	11.05
4	中智富投资有限公司	境内法人股	900.00	9.95
5	北京科希盟科技集团有限公司	境内法人股	499.42	5.52
6	深圳市立信创展投资有限公司	境内法人股	214.04	2.37
7	广东华侨信托投资公司	境内法人股	26.34	0.29
8	深圳新通阳电子元件工业有限公司	境内法人股	23.53	0.26
9	符山	流通 A 股	17.30	0.19
10	万少冰	流通 A 股	13.96	0.15

股东人数	2004.6	2003.12	2003.6	2002
	11727	10610	10777	11193

近年分配		近年配股/增发	

重大事项

公司与中央国际有限公司(合营公司深圳大通食品工业有限公司外方股东)就"合资经营深圳大通食品工业有限公司合同争议"仲裁一案,于 2004 年 1 月 16 日接到中国国际经济贸易仲裁委员会华南分会开庭通知书,仲裁庭将于 2004 年 3 月 5 日开庭审理该案。

二〇〇三年以来市场表现

2003 年涨跌幅(%)	–32.40
2003 年最高(元)	14.95
2003 年最低(元)	7.76
2003 年换手率(%)	173.54
2004.06 涨跌幅(%)	28.17
2004.06 最高(元)	14.60
2004.06 最低(元)	8.36
2004.06 换手率(%)	371.37

中国国际海运集装箱(集团)股份有限公司

公司概况

公司名称	中国国际海运集装箱(集团)股份有限公司	股票代码	000039
注册地址	深圳市蛇口工业区金融中心五楼	邮政编码	518067
法人代表	李建红	董秘	于玉群
电话	0755-26691130	传真	0755-26826579
主营业务	产销各种集装箱		
审计单位		审计意见	未审计

总股本	100848.34	流通 A	30293.32	流通 B	34176.91	流通 H	

主要财务指标

年度	2004.6	2003	2002
每股收益/扣除后(元)	0.8924	1.0700	1.0107
每股经营现金流量(元)	–0.9350	1.2900	–0.5900
每股净资产/调整后(元)	5.9100	8.3500	5.5200
每股公积金(元)	1.8731	3.5810	1.2179
净资产收益率(%)	15.5800	12.9000	16.2900
总资产(万元)	1562850.00	993196.87	773722.75
股东权益(万元)	599441.00	529094.00	285372.94
未分配利润(万元)	90836.46	25485.06	54214.63
主营收入(万元)	1109587.00	1380022.37	907867.19
资本公积金(万元)	188893.70	225712.81	62149.74
主营利润(万元)	174764.94	188441.48	122585.71
其他业务利润(万元)	8928.02	10094.36	–129.71
营业利润(万元)	121047.97	95837.83	57965.62
投资收益(万元)	4866.74	–640.19	10106.65
补贴收入(万元)	90.80	1804.03	–23.42
营业外收支(万元)	–13583.88	–8982.75	–306.84
利润总额(万元)	112421.63	88018.92	62082.84
净利润(万元)	93396.92	68268.80	46485.46

十大股东

序号	股东名称	股份性质	持股数(万股)	比例(%)
1	中国远洋运输(集团)总公司	境内法人股	16370.15	16.23
2	招商局货柜工业有限公司	外资法人股	16370.15	16.23
3	FAIR OAKS DEVELOPMENT LIMITED	流通 B 股	6124.59	6.07
4	PROFIT CROWN ASSETS LIMITED	外资法人股	3637.81	3.61
5	GT PRC FUND	流通 B 股	1542.26	1.53
6	南方稳健成长证券投资基金	流通 A 股	1440.00	1.43
7	NIKKOCITI TB S/A RE:JF CHINA MOTHER FD(716000)	流通 B 股	1049.59	1.04
8	LONG HONOUR INVESTMENTS LIMITED	流通 B 股	959.17	0.95
9	JPMBLSA RE FTIF TEMRLETON CHINA FUND GTI 5497	流通 B 股	922.20	0.91
10	易方达平稳增长证券投资基金	流通 A 股	909.38	0.90

股东人数	2004.6	2003.12	2003.6	2002
	35506	27193	45435	54640

近年分配	2004 年 6 月 3 日 10 派 3.80	近年配股/增发	2004 年 6 月 3 日 10 转 6

重大事项

2004 年 4 月 21 日股东大会通过了《2003 年度利润分配、分红派息和公积金转增股本的预案》:以公司 2003 年年末总股本 630,302,096 股为基数,每 10 股派现金 3.8 元(含税);2003 年度公积金转增股本方案为:以 2003 年末总股本 630,302,096 股为基数,每 10 股转增 6 股,转增股本前总股本为 630,302,096 股,转增股本后总股本增至 1,008,483,353 股。

二〇〇三年以来市场表现

2003 年涨跌幅(%)	41.43
2003 年最高(元)	13.06
2003 年最低(元)	8.08
2003 年换手率(%)	76.20
2004.06 涨跌幅(%)	16.52
2004.06 最高(元)	15.11
2004.06 最低(元)	11.94
2004.06 换手率(%)	103.28

深圳市鸿基(集团)股份有限公司

公司概况

公司名称	深圳市鸿基(集团)股份有限公司	股票代码	000040
注册地址	深圳市罗湖区东门中路 1011 号鸿基大厦 25-27 楼	邮政编码	518001
法人代表	邱瑞亨	董秘	沈蜀江
电话	0755-82367726	传真	0755-82367780
主营业务	装卸、运输、仓储		

总股本	46959.34	流通 A	28680.05	流通 B		流通 H	
审计单位				审计意见	未审计		

主要财务指标

年度	2004.6	2003	2002
每股收益/扣除后(元)	0.0227	-0.1500	-0.5200
每股经营现金流量(元)	0.0810	-0.3100	-0.4600
每股净资产/调整后(元)	1.6800	1.6800	1.5800
每股公积金(元)	1.0141	1.0141	1.0141
净资产收益率(%)	1.6000	2.2200	-30.2400
总资产(万元)	249129.37	248389.81	227714.06
股东权益(万元)	83412.67	82075.20	81453.70
未分配利润(万元)	-32412.70	-33750.17	-34646.65
主营收入(万元)	36530.45	73652.70	23099.78
资本公积金(万元)	47623.00	47623.00	47623.00
主营利润(万元)	9724.60	19817.68	7803.31
其他业务利润(万元)	50.98	90.03	2.51
营业利润(万元)	2289.14	-95.14	-10594.13
投资收益(万元)	245.21	5678.69	-13504.05
补贴收入(万元)			
营业外收支(万元)	-8.80	-156.58	4.16
利润总额(万元)	2525.55	5426.97	-24353.28
净利润(万元)	1337.47	1816.31	-24627.81

十大股东

序号	股东名称	股份性质	持股数(万股)	比例(%)
1	深圳市东鸿信投资发展有限公司	法人股	13789.09	29.36
2	中国太平洋保险公司深圳分公司	法人股	1573.00	3.35
3	潮洲市意溪工艺实业公司	法人股	1001.00	2.13
4	深圳市银信宝投资发展有限公司	法人股	440.00	0.94
5	绍兴纺纱有限公司	法人股	357.50	0.76
6	深圳丰华电子有限公司	法人股	300.30	0.64
7	深圳奋高投资开发有限公司	法人股	286.00	0.61
8	深圳机场侯机楼有限公司	法人股	214.50	0.46
9	深圳发展银行	法人股	143.00	0.30
10	林立群	流通股	126.20	0.27

股东人数	2004.6	2003.12	2003.6	2002
	150489	161277	167272	178435

近年分配		近年配股/增发	

重大事项

公司诉金宇房地产合作开发纠纷一案，于 2004 年 1 月 12 日由广东省高级人民法院(以下简称"省高院")下达了终审民事判决书，判决金宇房地产在判决发生法律效力之日起 30 日内向公司补偿 28,942,891.9 元，并自 2004 年 3 月 24 日送达金宇房地产起发生法律效力。

二〇〇三年以来市场表现

2003 年涨跌幅(%)	-16.29
2003 年最高(元)	7.50
2003 年最低(元)	4.46
2003 年换手率(%)	269.67
2004.06 涨跌幅(%)	-9.34
2004.06 最高(元)	6.08
2004.06 最低(元)	4.18
2004.06 换手率(%)	136.95

深圳市长城地产(集团)股份有限公司

公司概况

公司名称	深圳市长城地产(集团)股份有限公司	股票代码	000042
注册地址	深圳市福田区红荔路 2010 号圣廷苑酒店东区裙楼	邮政编码	518028
法人代表	马兴文	董秘	刘莉
电话	0755-83789776	传真	0755-83789776
主营业务	房地产、建筑施工		

总股本	23946.30	流通 A	6912.17	流通 B		流通 H	
审计单位				审计意见	未审计		

主要财务指标

年度	2004.6	2003	2002
每股收益/扣除后(元)	-0.0912	0.1916	0.2900
每股经营现金流量(元)	0.4330	0.5300	0.0600
每股净资产/调整后(元)	4.5800	4.5100	4.6400
每股公积金(元)	2.5754	2.5754	2.5754
净资产收益率(%)	-2.5600	4.3100	5.1500
总资产(万元)	517084.81	493536.56	440467.47
股东权益(万元)	133391.27	139122.28	133127.61
未分配利润(万元)	10923.28	14340.67	11880.91
主营收入(万元)	92767.55	195206.19	176406.16
资本公积金(万元)	61670.88	61670.88	61670.88
主营利润(万元)	12110.16	39603.51	38749.81
其他业务利润(万元)	164.47	1604.37	-99.54
营业利润(万元)	-6305.59	10762.69	8063.92
投资收益(万元)	-352.03	-583.01	1805.69
补贴收入(万元)	42.02	148.53	-4.39
营业外收支(万元)	-1274.83	-1047.44	-0.45
利润总额(万元)	-7890.43	9280.77	9936.23
净利润(万元)	-3417.40	5994.67	6858.20

十大股东

序号	股东名称	股份性质	持股数(万股)	比例(%)
1	深圳市建设投资控股公司	国有法人股	15038.31	62.80
2	深圳市振业(集团)股份有限公司	境内法人股	1975.05	8.25
3	中国银行-嘉实成长收益型证券投资基金	流通 A 股	116.12	0.48
4	中国天津国际经济技术合作公司	流通 A 股	44.00	0.18
5	曾锦欢	流通 A 股	26.00	0.11
6	刘振华	流通 A 股	20.00	0.08
7	费云	流通 A 股	17.00	0.07
8	张喜明	流通 A 股	15.30	0.06
9	徐凤珍	流通 A 股	13.45	0.06
10	魏明珠	流通 A 股	11.50	0.05

股东人数	2004.6	2003.12	2003.6	2002
	49849	54238	56622	57711

近年分配		近年配股/增发	
	2004 年 8 月 9 日 10 派 0.6		

重大事项

公司第一大股东深圳市建设投资控股公司于 2004 年 4 月 30 日与江西联泰实业有限公司、深圳市联泰房地产开发有限公司正式签署了《股份转让协议》。协议规定，建设控股将合计转让本公司 67,049,651 股国有股，其中向江西联泰转让本公司 44,795,872 股国有股，向深圳联泰转让 22,253,779 股国有股。

二〇〇三年以来市场表现

2003 年涨跌幅(%)	-20.10
2003 年最高(元)	12.58
2003 年最低(元)	6.40
2003 年换手率(%)	149.04
2004.06 涨跌幅(%)	-12.78
2004.06 最高(元)	10.20
2004.06 最低(元)	6.69
2004.06 换手率(%)	110.30

深圳市南光(集团)股份有限公司

公司概况

公司名称	深圳市南光(集团)股份有限公司			股票代码	000043		
注册地址	深圳市深南中路68号航空大厦32层			邮政编码	518031		
法人代表	吴光权			董秘	杨祥		
电话	0755-83689888-13253			传真	0755-83688903		
主营业务	旅游服务业						
总股本	13932.55	流通 A	3813.98	流通 B		流通 H	
审计单位				审计意见	未审计		

主要财务指标

年度	2004.6	2003	2002
每股收益/扣除后(元)	0.0783	0.2100	0.1900
每股经营现金流量(元)	-0.1472	0.2800	1.9700
每股净资产/调整后(元)	1.5300	1.4600	1.3400
每股公积金(元)	0.7311	0.7352	0.7435
净资产收益率(%)	3.1880	9.4000	9.6300
总资产(万元)	108289.37	80375.65	82705.87
股东权益(万元)	31202.92	30265.30	27536.24
未分配利润(万元)	2672.34	3070.94	653.80
主营收入(万元)	38933.97	65030.24	106076.49
资本公积金(万元)	10186.54	10243.69	10358.32
主营利润(万元)	7099.18	13590.04	16243.45
其他业务利润(万元)	92.76	92.70	-0.15
营业利润(万元)	1933.78	4003.28	3531.08
投资收益(万元)	-150.02	13.92	250.94
补贴收入(万元)			
营业外收支(万元)	53.20	113.24	-1.57
利润总额(万元)	1836.97	4130.44	3847.42
净利润(万元)	994.66	2843.69	2650.91

十大股东

序号	股东名称	股份性质	持股数(万股)	比例(%)
1	中国航空技术进口深圳公司	境内法人股	4575.89	32.84
2	上海新亚(集团)有限公司	境内法人股	1482.91	10.64
3	中国新时代控股(集团)公司	境内法人股	1430.00	10.26
4	中国石油天然气管道局	境内法人股	429.00	3.08
5	昆明西江源商贸有限公司	流通A股	333.96	2.40
6	深圳市红山工贸有限公司	境内法人股	286.00	2.05
7	西安飞机工业(集团)有限责任公司	境内法人股	286.00	2.05
8	浙江省建设投资集团有限公司	境内法人股	286.00	2.05
9	北京城市开发集团有限责任公司	境内法人股	143.00	1.03
10	贵州红湖机械厂	境内法人股	143.00	1.03

股东人数	2004.6	2003.12	2003.6	2002
	19171	20621	21086	19239

近年分配	2004年7月9日 10派1.00	近年配股/增发	

重大事项

公司以2003年末总股本139,325,472股为基数,向全体股东按每10股派现金红利1元11(含税),本次股权登记日为7月8日,除息日为7月9日。2004年1月20日,公司将深圳市南光物业管理有限公司95%股权以950万的价格转让给深圳中航物业管理有限公司

二〇〇三年以来市场表现

2003年涨跌幅(%)	-35.83
2003年最高(元)	12.40
2003年最低(元)	6.11
2003年换手率(%)	186.07
2004.06涨跌幅(%)	12.27
2004.06最高(元)	9.68
2004.06最低(元)	6.35
2004.06换手率(%)	138.70

深圳市纺织(集团)股份有限公司

公司概况

公司名称	深圳市纺织(集团)股份有限公司			股票代码	000045		
注册地址	深圳市福田区华强北路3号深纺织大厦六楼			邮政编码	518031		
法人代表	管同科			董秘	刘钧厚		
电话	0755-3776043			传真	0755-3776139		
主营业务	纺织服装、电子产品						
总股本	16341.60	流通 A	2217.60	流通 B	3300.00	流通 H	
审计单位				审计意见	未审计		

主要财务指标

年度	2004.6	2003	2002
每股收益/扣除后(元)	0.0772	0.1900	0.1380
每股经营现金流量(元)	0.1370	0.1800	0.2400
每股净资产/调整后(元)	2.1450	2.0700	1.8700
每股公积金(元)	0.7771	0.7771	0.7771
净资产收益率(%)	3.6300	10.0600	0.3900
总资产(万元)	69348.26	70677.57	74697.00
股东权益(万元)	35170.57	33893.73	30475.00
未分配利润(万元)	4274.47	2997.63	100.00
主营收入(万元)	19861.01	45196.47	45748.00
资本公积金(万元)	12699.43	12699.43	12699.00
主营利润(万元)	4518.17	9126.12	8948.00
其他业务利润(万元)	43.50	94.68	1.21
营业利润(万元)	1146.02	2906.08	748.92
投资收益(万元)	511.19	1151.05	1742.00
补贴收入(万元)	49.55	57.51	0.75
营业外收支(万元)	-74.01	-122.10	1.30
利润总额(万元)	1632.75	3992.54	358.67
净利润(万元)	1276.84	3408.63	118.00

十大股东

序号	股东名称	股份性质	持股数(万股)	比例(%)
1	深圳市投资管理公司	国有股	10824.00	66.24
2	王滨	流通A股	37.40	0.23
3	VICTOR ONWARD PRINTING-DYEING(HK)CO.,LTD	流通B股	37.00	0.23
4	葛汝明	流通B股	32.80	0.20
5	LOK YUNG CHING 骆容清	流通B股	26.24	0.16
6	陈敬文	流通B股	24.00	0.15
7	杨国雄	流通B股	23.00	0.14
8	许玲	流通A股	22.18	0.14
9	金信信托投资股份有限公司	流通A股	21.00	0.13
10	BNP P P/SECURITIES NIMINEES	流通B股	20.78	0.13

股东人数	2004.6	2003.12	2003.6	2002
	18511	12197	20250	19945

近年分配	2004年7月9日 10派1.80	近年配股/增发	2004年7月9日 10转5

重大事项

公司以2003年度总股本163,416,000股为基数,向全体股东每10股派1.8元人民币(含税);以资本公积金向全体股东每10股转赠5股,此方案于2004年7月9日实施。公司为控股子公司深圳市美百年服装有限公司(公司持股60%)购买设备向招商银行申请信用证开证额度人民币1050万元提供担保,占公司最近一个会计年度合并报表净资产的3.1%,深圳市美百年服装有限公司资产负债率为34%。

二〇〇三年以来市场表现

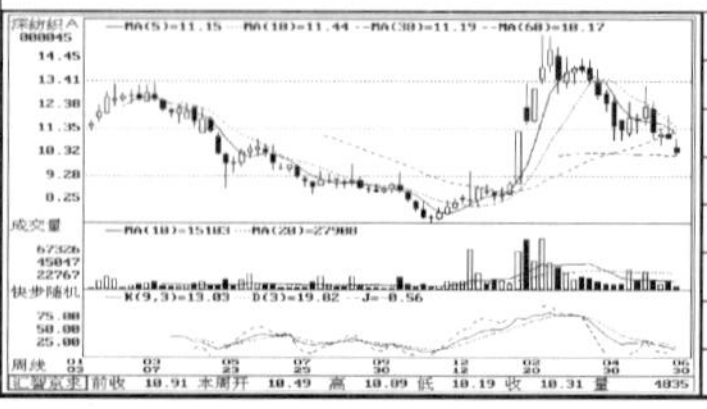

2003年涨跌幅(%)	-24.91
2003年最高(元)	13.30
2003年最低(元)	7.22
2003年换手率(%)	157.12
2004.06涨跌幅(%)	18.37
2004.06最高(元)	15.48
2004.06最低(元)	8.15
2004.06换手率(%)	200.31

光彩建设集团股份有限公司

公司概况

公司名称	光彩建设集团股份有限公司	股票代码	000046
注册地址	深圳市福田区福华一路深圳国际商会大厦A座16楼	邮政编码	518026
法人代表	卢志强	董秘	陈家华
电话	0755-82985998-215,238	传真	0755-82985866,82985859
主营业务	房地产开发经营		
总股本	29290.12	流通A	15182.19
流通B		流通H	
审计单位		审计意见	未审计

主要财务指标

年度	2004.6	2003	2002
每股收益/扣除后(元)	0.0535	0.1900	0.1300
每股经营现金流量(元)	0.7100	-1.8730	-0.5150
每股净资产/调整后(元)	4.1550	4.1170	3.9640
每股公积金(元)	1.8971	1.8971	1.8971
净资产收益率(%)	1.5030	3.6200	3.5100
总资产(万元)	332303.44	338460.12	251339.95
股东权益(万元)	101925.89	101004.21	97343.29
未分配利润(万元)	23423.67	21891.78	19390.21
主营收入(万元)	36642.90	57604.29	46131.88
资本公积金(万元)	46305.09	46305.09	46305.09
主营利润(万元)	7402.03	16216.50	11643.32
其他业务利润(万元)	30.53	157.90	-0.98
营业利润(万元)	2086.91	9762.20	6714.63
投资收益(万元)	4.39	33.35	-64.45
补贴收入(万元)		12.91	-8.84
营业外收支(万元)	-36.00	-1198.11	-2.28
利润总额(万元)	2055.30	8610.35	6944.82
净利润(万元)	1531.89	3660.92	3417.50

十大股东

序号	股东名称	股份性质	持股数(万股)	比例(%)
1	光彩事业投资集团有限公司	境内法人股	11756.61	40.14
2	项城市永达建筑装饰有限公司	流通A股	458.19	1.56
3	白春芬	流通A股	122.04	0.42
4	徐天宝	流通A股	99.39	0.34
5	曹桂英	流通A股	97.48	0.33
6	孙爱茹	流通A股	93.32	0.32
7	开封市航天家电有限公司	流通A股	74.77	0.26
8	陈辉	流通A股	72.69	0.25
9	刘满仓	流通A股	60.64	0.21
10	张会娟	流通A股	58.80	0.20

股东人数	2004.6	2003.12	2003.6	2002
	54944	59571	62205	67275

近年分配	2004年7月14日10派0.25	近年配股/增发	2004年7月14日10送1转1

重大事项

公司于2004年7月13日实施2003年度利润分配及资本公积金转增股本方案：以公司2003年末总股本244,084,341股为基数，向全体股东每10股送红股1股；向全体股东每10股派发现金红利0.25元(含税)，共计派发现金6,102,108.53元，剩余未分配利润194,509,330.05元结转下一年度。以本公司资本公积金余额为人民币463,050,853.37元，以公司2003年末总股本244,084,341股为基数，向全体股东每10股转增1股。

二〇〇三年以来市场表现

2003年涨跌幅(%)	-20.27
2003年最高(元)	9.90
2003年最低(元)	5.11
2003年换手率(%)	151.20
2004.06涨跌幅(%)	1.72
2004.06最高(元)	7.43
2004.06最低(元)	5.15
2004.06换手率(%)	74.87

深圳市康达尔(集团)股份有限公司

公司概况

公司名称	深圳市康达尔(集团)股份有限公司	股票代码	000048
注册地址	深圳市罗湖区深南东路1086号集浩大厦二、三楼	邮政编码	518003
法人代表	罗爱华	董秘	祝去修
电话	0755-25540055,25425020-388、359	传真	0755-2542015
主营业务	饲料业、养殖业		
总股本	39076.87	流通A	11423.74
流通B		流通H	
审计单位		审计意见	未审计

主要财务指标

年度	2004.6	2003	2002
每股收益/扣除后(元)	0.0075	0.0093	-0.0062
每股经营现金流量(元)	0.3050	0.5900	0.3100
每股净资产/调整后(元)	0.0610	0.0600	0.0800
每股公积金(元)	0.2364	0.2364	0.2364
净资产收益率(%)	6.2300	11.3200	23.2700
总资产(万元)	130100.32	137728.37	125217.35
股东权益(万元)	4879.72	4811.12	4281.44
未分配利润(万元)	-44718.61	-45022.38	-45566.93
主营收入(万元)	46338.07	85623.02	88941.34
资本公积金(万元)	9236.41	9236.41	9236.41
主营利润(万元)	6833.06	12307.57	12563.44
其他业务利润(万元)	100.43	211.21	5.62
营业利润(万元)	550.52	1295.01	494.05
投资收益(万元)	-66.47	-491.56	445.70
补贴收入(万元)		50.00	50.00
营业外收支(万元)	9.08	391.66	8.20
利润总额(万元)	493.13	1245.11	1675.76
净利润(万元)	303.77	544.55	996.31

十大股东

序号	股东名称	股份性质	持股数(万股)	比例(%)
1	深圳市华超投资发展有限公司	境内法人股	10299.89	26.36
2	上海中西药业股份有限公司	境内法人股	8790.60	22.50
3	深圳市众泉建设监理有限公司	境内法人股	3829.24	9.80
4	海南沃和生物技术有限公司	境内法人股	2760.00	7.06
5	上海昆凌工贸有限公司	境内法人股	797.20	2.04
6	民乐燕园投资有限公司	境内法人股	676.20	1.73
7	上海步欣工贸有限公司	境内法人股	500.00	1.28
8	陈建柳	流通A股	72.60	0.19
9	方志远	流通A股	55.72	0.14
10	郭清泉	流通A股	53.14	0.14

股东人数	2004.6	2003.12	2003.6	2002
	42409	46625	49447	51257

近年分配		近年配股/增发	

重大事项

截止2004年6月30日，公司对集团外部单位(非关联方)贷款担保总额为10,785万元，担保类型均为连带责任担保；公司对控股子公司贷款担保总额为27,203万元，担保类型均为连带责任担保。

二〇〇三年以来市场表现

2003年涨跌幅(%)	-34.18
2003年最高(元)	5.81
2003年最低(元)	2.95
2003年换手率(%)	149.48
2004.06涨跌幅(%)	-0.32
2004.06最高(元)	4.54
2004.06最低(元)	2.95
2004.06换手率(%)	119.30

深圳市万山实业股份有限公司

公司概况	公司名称	深圳市万山实业股份有限公司			股票代码	000049	
	注册地址	深圳市罗湖区桂园路桂花大厦A栋M层			邮政编码	518001	
	法人代表	朱建军		董秘	游虹		
	电话	0755-82131421		传真	0755-82131400		
	主营业务	房地产,销售商品房					
	总股本	13682.92	流通A	4472.36	流通B		流通H
	审计单位			审计意见	未审计		

主要财务指标 年度	2004.6	2003	2002
每股收益/扣除后(元)	-0.0453	-0.2370	-0.2400
每股经营现金流量(元)	-0.0450	0.2257	0.2300
每股净资产/调整后(元)	0.8500	0.7800	0.8400
每股公积金(元)	0.2119	0.1155	0.0493
净资产收益率(%)	-4.9800	-29.4900	1.3100
总资产(万元)	25006.55	27694.63	33843.31
股东权益(万元)	11994.75	11273.05	14017.73
未分配利润(万元)	-4813.75	-4216.48	-566.04
主营收入(万元)	1302.45	2875.81	6607.63
资本公积金(万元)	2898.75	1579.78	674.02
主营利润(万元)	600.35	1178.93	980.60
其他业务利润(万元)			
营业利润(万元)	-619.29	-2088.76	-3365.59
投资收益(万元)	3.26	-152.19	30.00
补贴收入(万元)			
营业外收支(万元)	18.77	-1079.65	-8.20
利润总额(万元)	-597.27	-3320.61	186.79
净利润(万元)	-597.27	-3324.56	182.44

十大股东 序号	股东名称	股份性质	持股数(万股)	比例(%)
1	深圳市城市建设开发(集团)公司	国有法人股	9102.50	66.52
2	深圳市丰汇城建发展股份有限公司	境内法人股	108.05	0.79
3	雷祖畅	流通A股	38.95	0.28
4	吴良信	流通A股	35.00	0.26
5	严永光	流通A股	25.45	0.19
6	雷纬	流通A股	22.45	0.16
7	陈柱湛	流通A股	20.46	0.15
8	周旭红	流通A股	17.65	0.13
9	李炽坤	流通A股	15.73	0.11
10	李琴英	流通A股	15.20	0.11

股东人数	2004.6	2003.12	2003.6	2002
	13553	17309	18528	20161

近年分配		近年配股/增发	

重大事项

2004年6月5日,本公司召开了第三届董事会第四十次会议,拟以合法拥有的整体资产、负债与德赛集团合法持有的德赛能源75%的股权以及德赛工业合法持有的德赛电池75%的股权、蓝微电子75%的股权进行置换;2004年6月5日,本公司与德赛工业和德赛集团签署了《资产置换协议》。

二〇〇三年以来市场表现

2003年涨跌幅(%)	-38.79
2003年最高(元)	10.77
2003年最低(元)	4.75
2003年换手率(%)	241.33
2004.06涨跌幅(%)	53.72
2004.06最高(元)	10.37
2004.06最低(元)	5.00
2004.06换手率(%)	257.36

深圳天马微电子股份有限公司

公司概况	公司名称	深圳天马微电子股份有限公司			股票代码	000050	
	注册地址	深圳市深南中路中航苑航都大厦22层			邮政编码	518031	
	法人代表	吴光权		董秘	刘长清		
	电话	0755-83793863,83790775		传真	0755-83790431		
	主营业务	销售液晶显示器					
	总股本	26554.00	流通A	7270.48	流通B		流通H
	审计单位			审计意见	未审计		

主要财务指标 年度	2004.6	2003	2002
每股收益/扣除后(元)	0.1316	0.3400	-0.2448
每股经营现金流量(元)	0.0090	0.0030	0.3590
每股净资产/调整后(元)	2.7400	5.2100	4.8600
每股公积金(元)	1.3700	3.7400	3.7316
净资产收益率(%)	4.7300	6.5800	-5.3300
总资产(万元)	133110.20	116636.94	102324.91
股东权益(万元)	74033.42	70529.59	65428.00
未分配利润(万元)	6381.43	2877.61	-1842.20
主营收入(万元)	44063.43	63578.02	32557.39
资本公积金(万元)	36379.18	49656.18	49544.75
主营利润(万元)	9002.22	13674.41	7113.12
其他业务利润(万元)	64.32	227.56	-15.88
营业利润(万元)	3995.87	5414.17	-3503.41
投资收益(万元)	27.52	-32.73	41.50
补贴收入(万元)		75.71	75.71
营业外收支(万元)	9.67	60.67	0.73
利润总额(万元)	4033.06	5517.82	-3112.51
净利润(万元)	3503.83	4642.66	-3485.40

十大股东 序号	股东名称	股份性质	持股数(万股)	比例(%)
1	深圳中航实业股份有限公司	国有法人股	15892.80	59.85
2	深圳市投资管理公司	国有法人股	3381.80	12.74
3	广发证券股份有限公司	流通A股	350.99	1.32
4	金信信托投资股份有限公司	流通A股	198.64	0.75
5	中国工商银行-隆元证券投资基金	流通A股	142.00	0.53
6	裕隆证券投资基金	流通A股	110.96	0.42
7	中国光大银行股份有限公司-中融景气行业证券投资基金	流通A股	109.20	0.41
8	中国银行_嘉实增长开发式证券投资基金	流通A股	67.30	0.25
9	王素贞	流通A股	52.97	0.20
10	中国建设银行-长城久恒平衡型证券投资基金	流通A股	49.49	0.19

股东人数	2004.6	2003.12	2003.6	2002
	16946	16793	17206	20770

近年分配		近年配股/增发	2004年5月28日10转10

重大事项

公司以2003年末总股本13,277万股为基数,实施资本公积金转增股本方案:每10股转增10股。该方案已于5月28日实施完成。本公司第二大股东深圳市投资管理公司所持有的本公司3,381.8万股(转增股本后),继续由深圳市科普特投资发展有限公司托管。

二〇〇三年以来市场表现

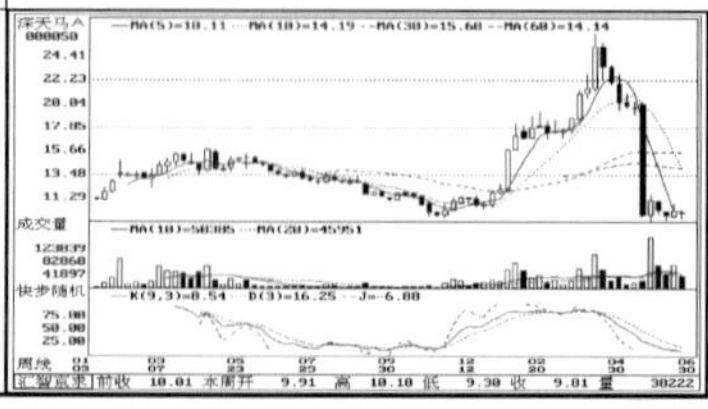

2003年涨跌幅(%)	5.37
2003年最高(元)	7.95
2003年最低(元)	4.68
2003年换手率(%)	125.43
2004.06涨跌幅(%)	66.55
2004.06最高(元)	13.30
2004.06最低(元)	5.84
2004.06换手率(%)	156.44

方大集团股份有限公司

公司概况

公司名称	方大集团股份有限公司			股票代码	000055		
注册地址	深圳市高新区科技南十二路方大大厦			邮政编码	518055		
法人代表	熊建明			董秘	周志刚		
电话	0755-26788571-6622			传真	0755-26788353		
主营业务	新型建材、复合材料						
总股本	29640.00	流通 A	4200.00	流通 B	14536.80	流通 H	
审计单位				审计意见	未审计		

主要财务指标

年度	2004.6	2003	2002
每股收益/扣除后(元)	0.0221	0.0300	–0.5900
每股经营现金流量(元)	0.0260	0.0200	–0.1270
每股净资产/调整后(元)	2.6220	2.7000	2.7400
每股公积金(元)	1.3907	1.3907	1.3907
净资产收益率(%)	1.1370	1.2700	–21.0500
总资产(万元)	155233.69	145741.94	128647.86
股东权益(万元)	82150.92	83516.99	80049.81
未分配利润(万元)	2022.19	2382.05	2314.18
主营收入(万元)	29421.88	51400.26	43747.39
资本公积金(万元)	41220.49	41220.49	41220.49
主营利润(万元)	4997.42	8155.97	4700.30
其他业务利润(万元)	684.94	637.34	–0.07
营业利润(万元)	821.10	1136.78	–17411.36
投资收益(万元)	–12.76	6.28	–319.17
补贴收入(万元)	210.06	151.83	151.83
营业外收支(万元)	34.67	5.02	0.08
利润总额(万元)	1052.08	1299.91	–17717.74
净利润(万元)	934.00	1057.97	–17338.27

十大股东

序号	股东名称	股份性质	持股数(万股)	比例(%)
1	深圳市邦林科技发展有限公司	境内法人股	6000.00	20.24
2	深圳市时利和投资有限公司	境内法人股	4711.20	15.89
3	集康国际有限公司	流通 B 股	2100.70	7.09
4	陈金标	流通 B 股	199.80	0.67
5	深圳市蛇口渔二实业股份有限公司	境内法人股	192.00	0.65
6	翁英文	流通 B 股	190.72	0.64
7	王蝉娟	流通 B 股	188.60	0.64
8	中国工商银行-南方避险增值基金	流通 A 股	100.00	0.34
9	李汉波	流通 B 股	90.97	0.31
10	陈喜镇	流通 B 股	73.64	0.25

股东人数	2004.6	2003.12	2003.6	2002
	41096	40810	42695	43397

近年分配	2004 年 5 月 31 日 10 派 0.30	近年配股/增发	

重大事项

本公司下属方大装饰公司于报告期内向北京市第二中级人民法院提出诉讼，要求北京嘉轩房地产开发有限公司支付工程款 1800 万元，该案目前正在审理中；另外，本公司下属方大装饰公司于 2002 年 11 月向大连市仲裁委员会申请仲裁，要求大连宏进世界贸易大厦有限公司支付工程款约 2,501 万元人民币，该案正在审理当中；方大装饰公司于 2002 年 12 月向广州市中级人民法院提出诉讼，要求广州东和房地产开发有限公司和中海发展(广州)有限公司支付工程款约 1,830 万元人民币，该案正在审理中。

二〇〇三年以来市场表现

2003 年涨跌幅(%)	–24.95
2003 年最高(元)	12.36
2003 年最低(元)	6.63
2003 年换手率(%)	389.39
2004.06 涨跌幅(%)	39.63
2004.06 最高(元)	14.91
2004.06 最低(元)	6.85
2004.06 换手率(%)	498.67

深圳市国际企业股份有限公司

公司概况

公司名称	深圳市国际企业股份有限公司			股票代码	000056		
注册地址	深圳市人民南路发展中心大厦二十三层			邮政编码	518001		
法人代表	李锦全			董秘	谢伟		
电话	0755-82285565			传真	0755-82285573		
主营业务	连锁零售商业						
总股本	22090.12	流通 A	5522.27	流通 B	7200.00	流通 H	
审计单位				审计意见	未审计		

主要财务指标

年度	2004.6	2003	2002
每股收益/扣除后(元)	0.0059	–0.0880	–0.1000
每股经营现金流量(元)	0.0100	0.1100	0.0400
每股净资产/调整后(元)	1.4600	1.4600	1.4500
每股公积金(元)	0.2314	0.2314	0.2314
净资产收益率(%)	0.3400	0.3800	–7.4300
总资产(万元)	104581.31	107062.35	109541.75
股东权益(万元)	33304.10	33189.50	33292.00
未分配利润(万元)	–6321.67	–6436.28	–6360.44
主营收入(万元)	7025.29	11462.94	18783.26
资本公积金(万元)	5110.97	5110.97	5110.97
主营利润(万元)	1509.86	2293.38	3702.82
其他业务利润(万元)	981.64	1323.74	173.02
营业利润(万元)	–66.56	–1191.52	–2896.50
投资收益(万元)	–29.58	–57.16	–140.07
补贴收入(万元)			
营业外收支(万元)	–16.68	935.99	–2.96
利润总额(万元)	–112.83	–312.69	–3467.61
净利润(万元)	114.61	125.45	–2570.67

十大股东

序号	股东名称	股份性质	持股数(万股)	比例(%)
1	深圳经济特区发展(集团)公司	国家股	4203.53	19.03
2	马来西亚和昌父子有限公司	外资法人股、流通 B 股	3026.42	13.70
3	深圳市泰天实业发展公司	境内法人股	1907.54	8.64
4	F.C.(ASIA) HODINGS SDN.BHD.	流通 B 股	868.42	3.93
5	香港盟兴实业有限公司	外资法人股	374.40	1.69
6	中国银行-嘉实成长收益型证券投资基金	流通 A 股	310.35	1.40
7	马来西亚友企联合有限公司	外资法人股	288.00	1.30
8	大埔和昌化工有限公司	外资法人股	288.00	1.30
9	香港和盛国际贸易公司	境内法人股	288.00	1.30
10	LETSCON HOLDINGS SDN.BHD.	流通 B 股	201.70	0.91

股东人数	2004.6	2003.12	2003.6	2002
	57682	40619	41660	41380

近年分配		近年配股/增发	

重大事项

在公司 2003 年度报告中披露的尚未审结的案件在报告期内无进展。公司惠州房地产项目业已竣工销售，实现销售收入 33,803,476.50 元；深圳市中心区大型购物中心项目正在全球范围内逐步开展项目的招商工作，同时抓紧项目筹建开工的前期准备。

二〇〇三年以来市场表现

2003 年涨跌幅(%)	–39.82
2003 年最高(元)	11.00
2003 年最低(元)	5.00
2003 年换手率(%)	258.93
2004.06 涨跌幅(%)	15.70
2004.06 最高(元)	8.92
2004.06 最低(元)	5.28
2004.06 换手率(%)	189.62

深圳赛格股份有限公司

公司概况

公司名称	深圳赛格股份有限公司	股票代码	000058
注册地址	深圳市福田区华强北路群星广场A座31层	邮政编码	518028
法人代表	张为民	董秘	郑丹
电话	0755-83747939	传真	0755-83975237
主营业务	彩色显像管、彩色玻壳		
总股本	72614.59	流通A	8662.62
流通B	22804.17	流通H	
审计单位		审计意见	未审计

主要财务指标

年度	2004.6	2003	2002
每股收益/扣除后(元)	0.0655	0.1100	0.1262
每股经营现金流量(元)	0.0940	0.4500	0.8980
每股净资产/调整后(元)	1.7290	1.8100	1.6610
每股公积金(元)	0.5399	0.5399	0.5352
净资产收益率(%)	3.3100	12.8800	8.0200
总资产(万元)	389997.91	391124.37	372248.44
股东权益(万元)	137619.80	141166.84	125708.68
未分配利润(万元)	16489.21	20069.80	8964.73
主营收入(万元)	129449.80	232169.70	220647.08
资本公积金(万元)	39203.17	39203.17	38865.18
主营利润(万元)	16826.93	36175.25	39152.45
其他业务利润(万元)	410.85	811.38	-2.70
营业利润(万元)	4405.73	9494.79	11160.93
投资收益(万元)	2219.12	2630.12	4522.25
补贴收入(万元)			
营业外收支(万元)	-203.14	10737.99	-26.68
利润总额(万元)	6421.71	22862.91	17865.72
净利润(万元)	4552.24	18175.45	10081.80

十大股东

序号	股东名称	股份性质	持股数(万股)	比例(%)
1	深圳市赛格集团有限公司	国有法人股	23735.97	32.69
2	广州福达企业集团有限公司	境内法人股	12996.82	17.90
3	上海中南投资管理有限公司	境内法人股	630.00	0.87
4	上海奇乐经贸有限公司	境内法人股	600.00	0.83
5	深圳市生溢实业发展有限公司	境内法人股	500.00	0.69
6	上海泰利科技发展有限公司	境内法人股	400.00	0.55
7	SKANDIA GLOBAL FUNDS PLC	流通B股	374.72	0.52
8	上海新元投资有限公司	境内法人股	360.00	0.50
9	秦皇岛市三元有限责任公司	境内法人股	310.00	0.43
10	上海万通油漆化工有限公司	境内法人股	245.00	0.34

股东人数	2004.6	2003.12	2003.6	2002
	85418	57000	88707	88150

近年分配	2004年7月20日 10派1.12	近年配股/增发	

重大事项

经2003年度股东大会审议批准，公司2003年度分红派息方案为：2003年度可供分配利润为163,619千元人民币，按照本公司现有总股本726,145,863股为基数，向全体股东每10股派1.12元人民币现金(含税)；公司2003年度不进行资本公积金转增股本。本次分红的股权登记日为2004年7月19日，除息日为2004年7月20日。

二〇〇三年以来市场表现

2003年涨跌幅(%)	-16.15
2003年最高(元)	10.10
2003年最低(元)	5.90
2003年换手率(%)	249.35
2004.06涨跌幅(%)	6.22
2004.06最高(元)	9.86
2004.06最低(元)	6.45
2004.06换手率(%)	180.40

辽宁华锦通达化工股份有限公司

公司概况

公司名称	辽宁华锦通达化工股份有限公司	股票代码	000059
注册地址	辽宁省盘锦市双台子区红旗大街	邮政编码	124021
法人代表	冯思良	董秘	陆峰
电话	0755-25986651	传真	0755-25985575
主营业务	生产化学肥料		
总股本	66322.52	流通A	16899.87
流通B		流通H	
审计单位		审计意见	未审计

主要财务指标

年度	2004.6	2003	2002
每股收益/扣除后(元)	0.8710	0.0870	-0.0549
每股经营现金流量(元)	0.1630	0.4600	0.6800
每股净资产/调整后(元)	2.0060	1.8900	1.8400
每股公积金(元)	0.9947	0.9947	0.9926
净资产收益率(%)	4.4100	0.3600	-4.4400
总资产(万元)	286095.25	268221.09	249916.91
股东权益(万元)	133161.25	127282.28	126638.70
未分配利润(万元)	-1020.17	-6899.45	-7407.83
主营收入(万元)	76489.12	156400.84	136120.97
资本公积金(万元)	65968.71	65968.71	65833.51
主营利润(万元)	16433.20	27266.21	16759.53
其他业务利润(万元)	-36.72	-492.58	14.59
营业利润(万元)	6622.02	1973.83	-8770.55
投资收益(万元)		15.00	
补贴收入(万元)	986.60	176.35	1.82
营业外收支(万元)	-124.33	-298.02	12.55
利润总额(万元)	7484.29	1867.16	-5027.40
净利润(万元)	5878.97	477.15	-5875.55

十大股东

序号	股东名称	股份性质	持股数(万股)	比例(%)
1	辽宁华锦化工(集团)有限责任公司	国有法人股	45933.52	69.26
2	深圳通达化工总公司	国有法人股	3000.00	4.52
3	深圳市华润石化投资发展有限公司	境内法人股	284.55	0.43
4	深圳鹏龙工贸公司	境内法人股	204.45	0.31
5	殷静	流通A股	29.00	0.04
6	黄妙禅	流通A股	28.12	0.04
7	庞伟国	流通A股	25.00	0.04
8	王春波	流通A股	23.40	0.04
9	杨世甫	流通A股	20.59	0.03
10	曹万丽	流通A股	20.05	0.03

股东人数	2004.6	2003.12	2003.6	2002
	85058	88543	89480	92277

近年分配		近年配股/增发	

重大事项

2004年1月4日，国家六部委联合下发《关于做好化肥生产供应工作稳定化肥价格的紧急通知》，按该文件第二条规定，公司生产销售的尿素2004年实行增值税先征后返50%的政策；执行该政策后，预计公司将增加利润3000万元左右。

二〇〇三年以来市场表现

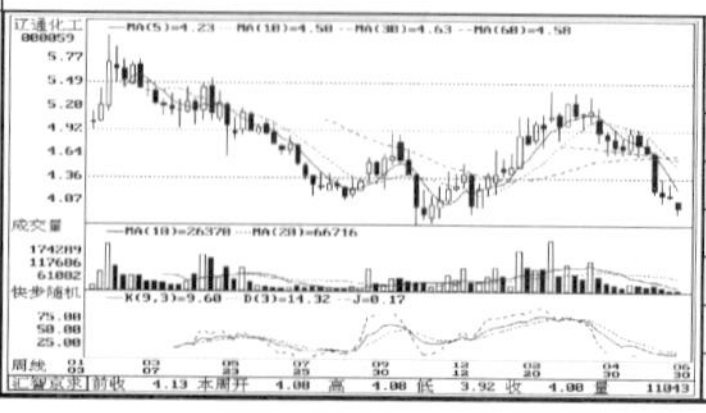

2003年涨跌幅(%)	-14.29
2003年最高(元)	6.05
2003年最低(元)	3.79
2003年换手率(%)	157.06
2004.06涨跌幅(%)	-7.41
2004.06最高(元)	5.39
2004.06最低(元)	3.92
2004.06换手率(%)	102.33

深圳市中金岭南有色金属股份有限公司

公司概况

公司名称	深圳市中金岭南有色金属股份有限公司	股票代码	000060
注册地址	深圳市福田区车公庙深南大道6013号中国有色大厦24楼	邮政编码	518040
法人代表	欧显华	董秘	彭玲
电话	0755-83474800-236	传真	0755-83474889
主营业务	自产的铅锌冶炼产品		

总股本	43200.00	流通 A	20520.00	流通 B		流通 H	
审计单位				审计意见	未审计		

主要财务指标

年度	2004.6	2003	2002
每股收益 / 扣除后(元)	0.1513	0.1200	0.1100
每股经营现金流量(元)	0.4270	0.6700	0.9000
每股净资产 / 调整后(元)	2.4200	2.3800	2.1700
每股公积金(元)	1.1208	1.1192	1.1164
净资产收益率(%)	5.7100	5.3700	4.3000
总资产(万元)	490577.50	481459.84	463188.22
股东权益(万元)	114275.78	111998.11	105848.73
未分配利润(万元)	8776.06	6565.82	1751.72
主营收入(万元)	145264.41	283557.50	268497.72
资本公积金(万元)	48418.27	48350.83	48230.18
主营利润(万元)	38561.62	58370.55	56094.08
其他业务利润(万元)	558.69	1538.68	-27976.00
营业利润(万元)	8063.28	7513.27	6385.46
投资收益(万元)	-392.94	436.70	-369.41
补贴收入(万元)	130.66	605.42	-61.42
营业外收支(万元)	-345.08	-193.10	170.83
利润总额(万元)	7455.94	8362.28	6364.87
净利润(万元)	6530.24	6017.62	4561.29

十大股东

序号	股东名称	股份性质	持股数(万股)	比例(%)
1	广东省广晟资产经营公司	国有股	20160.00	46.67
2	中国有色金属工业广州公司	国有股	1260.00	2.92
3	海富通收益增长证券投资基金	流通股	630.45	1.46
4	海富通精选证券投资基金	流通股	600.00	1.39
5	全国社保基金一零一组合	流通股	568.64	1.32
6	深圳市创超佳实业有限公司	境内定向法人股	510.00	1.18
7	安瑞证券投资基金	流通股	338.09	0.78
8	安久证券投资基金	流通股	273.03	0.63
9	深圳市宝安宝利来实业有限公司	境内定向法人股	250.00	0.58
10	银丰证券投资基金	流通股	237.84	0.55

股东人数	2004.6	2003.12	2003.6	2002
	81000	88919	104153	108057

近年分配	2004 年 6 月 1 日 10 派 1.00	近年配股 / 增发	

重大事项

公司 2003 年度分红派息方案为：每 10 股派 1 元人民币现金(含税)。股权登记日为 2004 年 5 月 31 日，除息日为 2004 年 6 月 1 日。本公司为深圳市金洲精工科技股份有限公司提供的短期借款 750 万元担保，已于 2004 年 6 月 18 日到期解除。

二〇〇三年以来市场表现

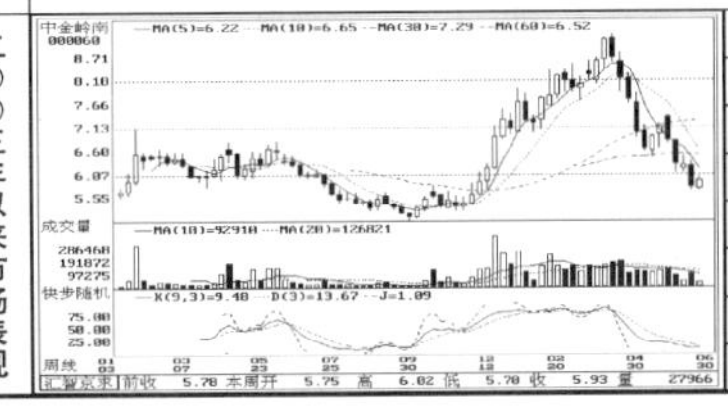

2003 年涨跌幅(%)	28.60
2003 年最高(元)	7.45
2003 年最低(元)	4.92
2003 年换手率(%)	165.72
2004.06 涨跌幅(%)	-17.06
2004.06 最高(元)	9.14
2004.06 最低(元)	5.70
2004.06 换手率(%)	152.73

深圳市农产品股份有限公司

公司概况

公司名称	深圳市农产品股份有限公司	股票代码	000061
注册地址	深圳市布吉路 1021 号天乐大厦 22 楼	邮政编码	518019
法人代表	陈少群	董秘	陈小华
电话	0755-25850936,25850688-2203	传真	0755-25850936
主营业务	建设和管理农产品批发		

总股本	38766.34	流通 A	23798.53	流通 B		流通 H	
审计单位				审计意见	未审计		

主要财务指标

年度	2004.6	2003	2002
每股收益 / 扣除后(元)	0.0594	0.0830	0.4100
每股经营现金流量(元)	0.2263	0.4500	0.7600
每股净资产 / 调整后(元)	3.1300	3.1100	4.7870
每股公积金(元)	2.0595	2.0532	3.3291
净资产收益率(%)	1.8400	4.8900	13.6400
总资产(万元)	375777.56	350295.09	329389.53
股东权益(万元)	141987.94	139131.80	109068.68
未分配利润(万元)	5755.62	3144.40	12436.92
主营收入(万元)	114682.39	250055.05	196910.89
资本公积金(万元)	79839.86	79594.93	61540.47
主营利润(万元)	29945.63	58608.15	47132.75
其他业务利润(万元)	3672.97	14581.03	-419.00
营业利润(万元)	4234.25	10743.74	9648.27
投资收益(万元)	-314.93	168.36	9918.92
补贴收入(万元)	263.20	688.59	-0.84
营业外收支(万元)	98.51	721.84	-1.18
利润总额(万元)	4281.03	12322.53	19742.94
净利润(万元)	2611.22	6803.87	14881.08

十大股东

序号	股东名称	股份性质	持股数(万股)	比例(%)
1	深圳市商贸投资控股公司	国家股	8870.40	22.88
2	深圳市劳动和社会保障局	法人股	1319.17	3.40
3	广州铁路集团广深铁路实业发展总公司	法人股	1319.17	3.40
4	深圳市寰通农产品有限公司	法人股	887.17	2.29
5	深圳市投资管理公司	国家股	856.54	2.21
6	江苏省燃料总公司	法人股	585.86	1.51
7	深圳市宝安区投资管理公司	法人股	432.00	1.11
8	深业集团深圳有限公司	法人股	157.16	0.41
9	深圳倍源实业有限公司	法人股	154.79	0.40
10	深圳市安民咨询有限公司	法人股	151.99	0.39

股东人数	2004.6	2003.12	2003.6	2002
	52371	37188	34565	27367

近年分配		近年配股 / 增发	

重大事项

公司董事会同意出资人民币 1189.2038 万元，与原西安摩尔农产品批发市场有限公司投入的净资产 1142.568 万元，共同组建新西安摩尔农产品批发市场有限公司。公司董事会经研究，同意出资人民币 3000 万元对成都商业投资经营有限公司增资扩股。2004 年 4 月 9 日本公司与深圳市科汇通投资控股有限公司、深圳市金兆丰实业有限公司共同投资组建深圳市南山农产品批发配送有限公司，注册资本 2000 万元，本公司以现金出资 960 万元占 48%的股权。

二〇〇三年以来市场表现

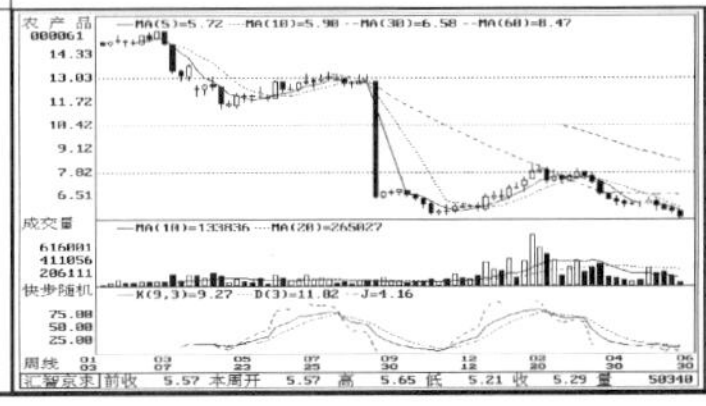

2003 年涨跌幅(%)	-14.36
2003 年最高(元)	7.75
2003 年最低(元)	5.39
2003 年换手率(%)	207.06
2004.06 涨跌幅(%)	-17.86
2004.06 最高(元)	8.30
2004.06 最低(元)	5.21
2004.06 换手率(%)	274.71

深圳华强实业股份有限公司

公司概况							
公司名称	深圳华强实业股份有限公司			股票代码	000062		
注册地址	深圳市深南中路华强路口			邮政编码	518043		
法人代表	梁光伟		董秘	周红斌			
电话	0755-83216296		传真	0755-83365392			
主营业务	激光头及应用产品						
总股本	27040.00	流通 A	12830.36	流通 B		流通 H	
审计单位			审计意见	未审计			

主要财务指标

年度	2004.6	2003	2002
每股收益/扣除后(元)	0.0741	0.0982	0.1370
每股经营现金流量(元)	0.1980	0.1550	-0.0450
每股净资产/调整后(元)	4.5600	4.4800	4.3900
每股公积金(元)	2.0021	2.0021	2.0021
净资产收益率(%)	1.6200	1.8759	3.0400
总资产(万元)	148195.06	143008.95	146957.22
股东权益(万元)	123382.85	121443.70	119165.51
未分配利润(万元)	31358.08	29354.32	27430.43
主营收入(万元)	28951.91	36778.91	35562.79
资本公积金(万元)	54137.68	54137.68	54137.68
主营利润(万元)	2778.82	6298.19	8003.95
其他业务利润(万元)	131.36	130.30	1.97
营业利润(万元)	759.99	118.78	3025.58
投资收益(万元)	1075.98	701.32	413.91
补贴收入(万元)		34.01	34.01
营业外收支(万元)	0.14	-66.50	-0.42
利润总额(万元)	1836.11	787.62	3413.72
净利润(万元)	2003.76	2278.19	3701.11

十大股东

序号	股东名称	股份性质	持股数(万股)	比例(%)
1	深圳华强集团有限公司	国有法人股	14196.00	52.50
2	傅军	流通A股	85.82	0.32
3	杨伟	流通A股	53.47	0.20
4	吴海源	流通A股	39.08	0.14
5	中国工商银行-融通深证100指数证券投资基金	流通A股	35.54	0.13
6	张郁芳	流通A股	34.26	0.13
7	陈永祥	流通A股	27.77	0.10
8	李杰	流通A股	27.10	0.10
9	吕苏华	流通A股	26.10	0.10
10	苏辉南	流通A股	22.50	0.08

股东人数	2004.6	2003.12	2003.6	2002
	64540	60749	67265	67312

近年分配	2004年7月30日10派1.00	近年配股/增发	

重大事项

公司2003年度利润分配方案,以总股本270,399,998为基数向全体股东每10股派发现金红利1.0元(含税)。本次利润分配于2004年7月30日实施完毕。公司受让深圳华强集团有限公司持有的东莞华强三洋电子有限公司48.67%股权、深圳华强三洋技术设计有限公司10%股权、广东华强三洋集团有限公司50%股权。

二○○三年以来市场表现

2003年涨跌幅(%)	-3.75
2003年最高(元)	10.16
2003年最低(元)	7.02
2003年换手率(%)	158.20
2004.06涨跌幅(%)	2.89
2004.06最高(元)	10.49
2004.06最低(元)	7.65
2004.06换手率(%)	206.23

中兴通讯股份有限公司

公司概况							
公司名称	中兴通讯股份有限公司			股票代码	000063		
注册地址	深圳市南山区高新技术产业园区科技南路中兴通讯大厦			邮政编码	518057		
法人代表	侯为贵		董秘	冯健雄			
电话	0755-26770282		传真	0755-26770286			
主营业务	大型数字程控交换系统						
总股本	80075.52	流通 A	30205.44	流通 B		流通 H	
审计单位			审计意见	未审计			

主要财务指标

年度	2004.6	2003	2002
每股收益/扣除后(元)	0.6326	1.0800	1.0200
每股经营现金流量(元)	0.1420	1.7100	2.5500
每股净资产/调整后(元)	6.3400	7.2900	7.5000
每股公积金(元)	2.6515	3.1561	3.9458
净资产收益率(%)	10.0700	14.9200	13.2600
总资产(万元)	1654220.62	1576695.50	1240577.00
股东权益(万元)	509750.87	504393.06	427641.28
未分配利润(万元)	156822.00	143165.48	105023.11
主营收入(万元)	1177426.00	1603603.50	1100924.12
资本公积金(万元)	212322.17	210604.28	219419.44
主营利润(万元)	430311.12	589172.94	394605.50
其他业务利润(万元)	3653.51	5977.10	-516.37
营业利润(万元)	54631.16	89082.76	56830.94
投资收益(万元)	-145.66	-685.54	50.91
补贴收入(万元)	18510.95	12887.34	-124.80
营业外收支(万元)	-2675.07	-3821.54	-27.90
利润总额(万元)	70321.37	97463.01	73819.56
净利润(万元)	51318.18	75249.85	56699.99

十大股东

序号	股东名称	股份性质	持股数(万股)	比例(%)
1	深圳市中兴新通讯设备有限公司	国有法人股	42322.18	52.85
2	华宝信托投资有限责任公司	境内法人股	2156.54	2.69
3	MORGAN STANLEY &CO.INTERNATIONAL LIMITED	流通A股	2126.64	2.66
4	DEUTSCHE BANK AKTIENGESELLSCHAFT	流通A股	1741.39	2.17
5	湖南南天集团有限公司	境内法人股	1347.84	1.68
6	申银万国证券股份有限公司	流通A股	1142.78	1.43
7	南方稳健成长证券投资基金	流通A股	775.16	0.97
8	中国精密机械进出口深圳公司	国有法人股	673.92	0.84
9	河北省邮电器材公司	国有法人股	673.92	0.84
10	中国移动通信第七研究所	国有法人股	673.92	0.84

股东人数	2004.6	2003.12	2003.6	2002
	34383	54694	66947	91290

近年分配	2004年5月25日10派3.00	近年配股/增发	2004年5月25日10送2

重大事项

公司2003年度利润分配方案:以2003年12月31日总股本66729.6万股为基数,每10股送2股,每10股派3元现金,股权登记日为2004年5月24日,除权除息日为2004年5月25日。国家广播电影电视信息网络中心的担保合同已于2003年12月30日到期,已经办理了延期手续,担保期限延长至2004年12月25日。本公司对控股子公司深圳市中兴康讯电子有限公司的担保合同已于2004年7月1日履行完毕,担保责任已经解除。

二○○三年以来市场表现

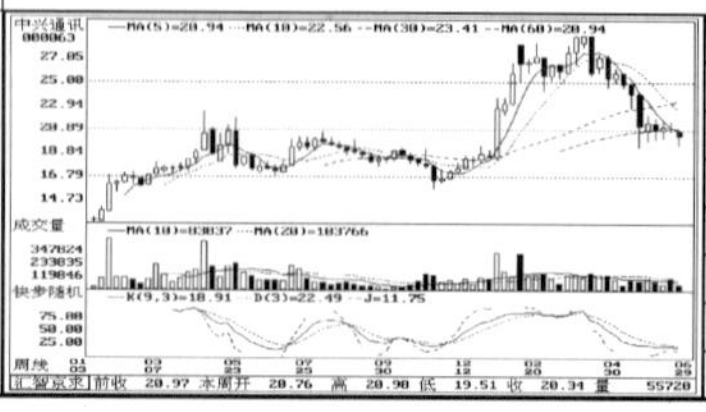

2003年涨跌幅(%)	79.72
2003年最高(元)	16.90
2003年最低(元)	8.42
2003年换手率(%)	189.82
2004.06涨跌幅(%)	32.68
2004.06最高(元)	24.00
2004.06最低(元)	14.96
2004.06换手率(%)	100.60

北方国际合作股份有限公司

公司概况

公司名称	北方国际合作股份有限公司	股票代码	000065
注册地址	深圳市福田区天安数码城创新科技广场B座9层	邮政编码	518040
法人代表	刘跃森	董秘	黄茜华
电话	0755-83433389-6611	传真	0755-83433331
主营业务	国际工程承包、国内建筑安装等		
总股本	16243.71	流通 A	4160.00
流通 B		流通 H	
审计单位		审计意见	未审计

主要财务指标

年度	2004.6	2003	2002
每股收益 / 扣除后(元)	0.0946	0.0720	0.1600
每股经营现金流量(元)	0.9300	–0.2300	0.0100
每股净资产 / 调整后(元)	2.1700	2.0500	2.1100
每股公积金(元)	0.8841	0.8841	0.8841
净资产收益率(%)	3.7700	5.3700	7.1100
总资产(万元)	122429.78	120214.29	95829.16
股东权益(万元)	39195.30	37717.99	35693.64
未分配利润(万元)	7071.28	5593.97	3923.96
主营收入(万元)	59736.11	103361.54	79229.75
资本公积金(万元)	14361.71	14361.71	14361.71
主营利润(万元)	5566.53	7969.96	8182.97
其他业务利润(万元)	148.33	164.62	–2.06
营业利润(万元)	1772.01	1323.08	2690.98
投资收益(万元)		6.09	–62.55
补贴收入(万元)			
营业外收支(万元)	–59.64	969.66	–0.14
利润总额(万元)	1712.37	2298.82	2642.03
净利润(万元)	1477.31	2024.35	2536.41

十大股东

序号	股东名称	股份性质	持股数(万股)	比例(%)
1	中国万宝工程公司	国有法人股	10762.75	66.26
2	西安惠安化学工业有限公司	国有法人股	1320.96	8.13
3	王俊刚	流通股	30.73	0.19
4	张洪文	流通股	26.30	0.16
5	梁锦辉	流通股	25.36	0.16
6	张旭文	流通股	22.20	0.14
7	李建	流通股	21.99	0.14
8	李敏辉	流通股	14.77	0.09
9	王瑞英	流通股	13.14	0.08
10	余奕发	流通股	13.00	0.08

股东人数	2004.6	2003.12	2003.6	2002
	15170	8807	11262	11869

近年分配		近年配股/增发	

重大事项

根据《以中国北方工业公司、中国万宝工程公司名义签订国际工程项目的业务代理协议》，2004 年 1–6 月，公司通过中国万宝工程公司和中国北方工业公司代理国际工程业务收入共计 3.2 亿元。根据我司与中国万宝工程公司签订的《埃塞俄比亚公路项目设备租赁协议》的规定，2004 年 1–6 月共需支付中国万宝工程公司机械设备租赁费 1,670,488.16 元。

二〇〇三年以来市场表现

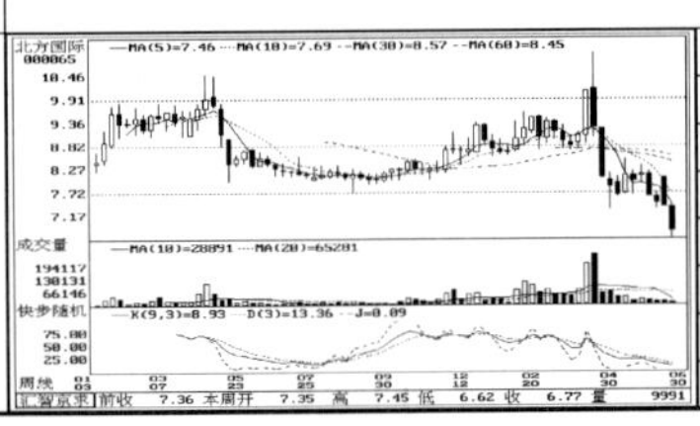

2003 年涨跌幅(%)	6.52
2003 年最高(元)	10.49
2003 年最低(元)	7.73
2003 年换手率(%)	287.43
2004.06 涨跌幅(%)	–24.69
2004.06 最高(元)	11.01
2004.06 最低(元)	6.62
2004.06 换手率(%)	347.29

中国长城计算机深圳股份有限公司

公司概况

公司名称	中国长城计算机深圳股份有限公司	股票代码	000066
注册地址	深圳南山区科技工业园长城计算机大厦	邮政编码	518057
法人代表	卢明	董秘	李田
电话	0755-26634759	传真	0755-26631106
主营业务	网络电脑及显示终端		
总股本	45849.15	流通 A	18126.00
流通 B		流通 H	
审计单位		审计意见	未审计

主要财务指标

年度	2004.6	2003	2002
每股收益 / 扣除后(元)	0.3524	0.2400	0.1400
每股经营现金流量(元)	–0.0620	–0.1700	–0.0400
每股净资产 / 调整后(元)	3.0100	2.7400	2.4600
每股公积金(元)	0.6959	0.6959	0.6952
净资产收益率(%)	12.3300	8.5100	5.5500
总资产(万元)	218781.19	197091.23	205095.81
股东权益(万元)	138584.02	126082.79	115327.65
未分配利润(万元)	42851.79	25766.09	21772.02
主营收入(万元)	87082.36	151439.17	153966.16
资本公积金(万元)	31907.54	31907.10	31875.70
主营利润(万元)	5272.39	6526.03	6042.57
其他业务利润(万元)	1614.74	1522.97	–3.25
营业利润(万元)	233.50	–18529.36	–22037.51
投资收益(万元)	16867.29	29353.31	28689.04
补贴收入(万元)	117.86	59.61	0.66
营业外收支(万元)	54.35	–224.84	2.72
利润总额(万元)	17273.00	10658.72	5826.14
净利润(万元)	17085.70	10723.73	6396.62

十大股东

序号	股东名称	股份性质	持股数(万股)	比例(%)
1	长城科技股份有限公司	国有股	27723.15	60.47
2	嘉实成长收益型证券投资基金	流通股	784.77	1.71
3	丰和价值证券投资基金	流通股	490.79	1.07
4	华宝兴业多策略增长证券投资基金	流通股	392.44	0.86
5	中融景气行业证券投资基金	流通股	337.77	0.74
6	全国社保基金一零七组合	流通股	324.94	0.71
7	南方稳健成长证券投资基金	流通股	324.78	0.71
8	泰和证券投资基金	流通股	310.51	0.68
9	长盛成长价值证券投资基金	流通股	310.09	0.68
10	南方避险增值基金	流通股	281.14	0.61

股东人数	2004.6	2003.12	2003.6	2002
	82532	118109	123731	124070

近年分配	2004 年 8 月 6 日 10 派 1.00	近年配股/增发	

重大事项

长城计算机软件与系统有限公司于 2004 年 6 月制订了归还我公司借款的方案，拟以现金方式还款，2004 年年底之前偿还我公司借款 750 万元及利息共计 777.21 万元，2005 年 6 月之前偿还我公司借款 1,000 万元。2003 年度股东大会审议通过了 2003 年度利润分配方案：股权登记日为 2004 年 8 月 5 日，除息日为 2004 年 8 月 6 日。

二〇〇三年以来市场表现

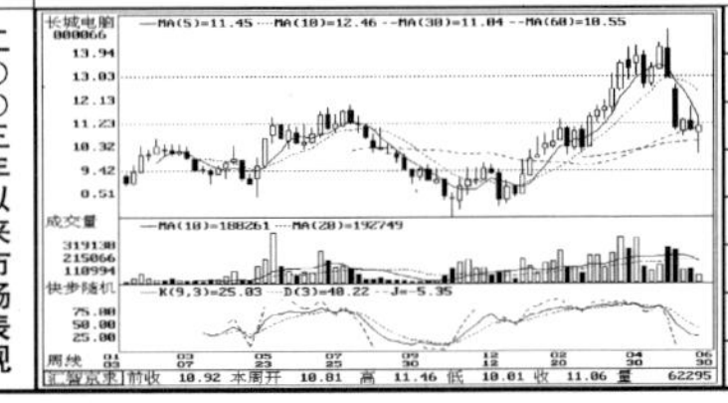

2003 年涨跌幅(%)	–7.00
2003 年最高(元)	11.94
2003 年最低(元)	7.61
2003 年换手率(%)	231.39
2004.06 涨跌幅(%)	32.14
2004.06 最高(元)	14.84
2004.06 最低(元)	8.36
2004.06 换手率(%)	245.78

深圳市赛格三星股份有限公司

公司概况

公司名称	深圳市赛格三星股份有限公司	股票代码	000068
注册地址	广东省深圳市福田区上梅林工业区101厂房	邮政编码	518118
法人代表	张为民	董秘	王科夫
电话	0755-89938888	传真	0755-89938787
主营业务	彩色显像管的设计		
总股本	78597.05	流通A	22500.00
流通B		流通H	
审计单位		审计意见	未审计

主要财务指标

年度	2004.6	2003	2002
每股收益/扣除后(元)	0.0750	0.1760	0.1540
每股经营现金流量(元)	0.3010	1.0490	0.5600
每股净资产/调整后(元)	2.3510	2.0300	1.7600
每股公积金(元)	0.8023	0.8009	0.7808
净资产收益率(%)	5.2700	9.9700	7.5800
总资产(万元)	475864.84	344827.62	241562.62
股东权益(万元)	189725.62	179158.16	159715.81
未分配利润(万元)	37738.81	27346.35	12164.77
主营收入(万元)	45513.30	99201.33	106562.70
资本公积金(万元)	63054.32	62949.30	61367.66
主营利润(万元)	17197.38	30598.82	32325.13
其他业务利润(万元)	163.82	41.57	-0.22
营业利润(万元)	11029.84	18452.96	8901.55
投资收益(万元)			
补贴收入(万元)			
营业外收支(万元)	18.59	494.22	5.49
利润总额(万元)	11048.43	18947.18	13428.77
净利润(万元)	9995.83	17860.69	12105.64

十大股东

序号	股东名称	股份性质	持股数(万股)	比例(%)
1	深圳市赛格集团有限公司	境内法人股	16795.77	21.37
2	三星康宁投资有限公司	境内法人股	16795.77	21.37
3	三星康宁(马来西亚)有限公司	外资法人股	11074.97	14.09
4	深圳赛格集团有限公司	国家股	11019.39	14.02
5	景福证券投资基金	流通A股	1128.91	1.44
6	融通新蓝筹证券投资基金	流通A股	748.97	0.95
7	开元证券投资基金	流通A股	545.10	0.69
8	中信经典配置证券投资基金	流通A股	537.18	0.68
9	通乾证券投资基金	流通A股	491.28	0.63
10	久嘉证券投资基金	流通A股	436.81	0.56

股东人数

2004.6	2003.12	2003.6	2002
28463	68807	88358	89749

近年分配		近年配股/增发	

重大事项

2004年4月23日，公司收到大股东深圳市赛格集团有限公司汇出的应收款，该笔款项本金加利息共计149,069,706.66元。至此，深圳市赛格集团有限公司清偿了对公司的全部欠款。由于赛格三星实业的股权结构发生变动，从2004年4月7日起，公司与赛格三星实业不属于关联方。截止2004年6月30日，本公司应收原关联公司-赛格三星实业代垫款项余额人民币32,766,912.43元。

二〇〇三年以来市场表现

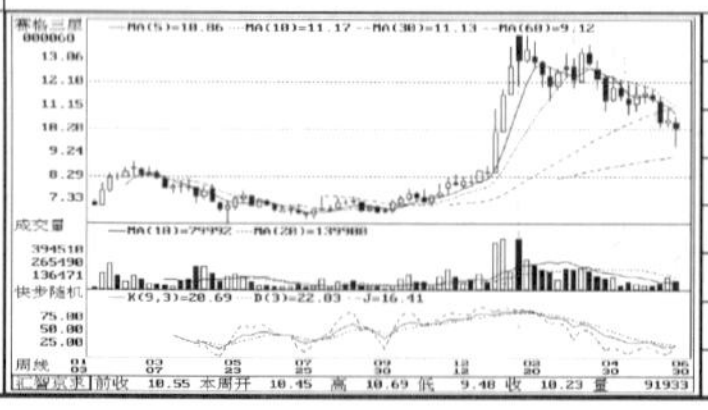

2003年涨跌幅(%)	16.14
2003年最高(元)	8.83
2003年最低(元)	6.33
2003年换手率(%)	203.39
2004.06涨跌幅(%)	20.49
2004.06最高(元)	14.01
2004.06最低(元)	8.30
2004.06换手率(%)	200.84

深圳华侨城控股股份有限公司

公司概况

公司名称	深圳华侨城控股股份有限公司	股票代码	000069
注册地址	广东省深圳市南山区华侨城办公大楼	邮政编码	518053
法人代表	张整魁	董秘	肖德中
电话	0755-26909069,26936078	传真	0755-26600517
主营业务	兴办实业;国内商业、物资供销业		
总股本	104626.08	流通A	32853.60
流通B		流通H	
审计单位		审计意见	未审计

主要财务指标

年度	2004.6	2003	2002
每股收益/扣除后(元)	0.2158	0.2140	0.6000
每股经营现金流量(元)	0.0480	0.1300	0.4700
每股净资产/调整后(元)	1.5230	1.3000	2.5300
每股公积金(元)	0.0188	0.0170	0.7795
净资产收益率(%)	13.9600	16.1700	22.7400
总资产(万元)	318323.44	299301.94	233166.59
股东权益(万元)	165338.77	142071.02	118855.23
未分配利润(万元)	43228.34	20147.39	27253.26
主营收入(万元)	26778.15	49660.32	59362.38
资本公积金(万元)	1965.54	1778.75	34851.41
主营利润(万元)	13230.26	21897.81	30369.87
其他业务利润(万元)	105.69	455.45	-74.49
营业利润(万元)	4537.58	310.77	9134.78
投资收益(万元)	19785.90	24326.95	21685.00
补贴收入(万元)		181.40	181.40
营业外收支(万元)	46.78	-273.24	-2.72
利润总额(万元)	24370.26	24545.88	30682.72
净利润(万元)	23080.95	22969.52	27024.12

十大股东

序号	股东名称	股份性质	持股数(万股)	比例(%)
1	华侨城集团公司	国家股/国有法人股	71772.48	68.60
2	深圳市瑞业达投资有限公司	流通A股	1649.34	1.58
3	深圳瑞华丰投资有限公司	流通A股	928.83	0.89
4	中信经典配置证券投资基金	流通A股	764.56	0.73
5	天元证券投资基金	流通A股	665.65	0.64
6	招商股票投资基金	流通A股	568.71	0.54
7	南方稳健成长证券投资基金	流通A股	454.42	0.43
8	海富通精选证券投资基金	流通A股	437.46	0.42
9	普惠证券投资基金	流通A股	415.84	0.40
10	普丰证券投资基金	流通A股	356.91	0.34

股东人数

2004.6	2003.12	2003.6	2002
17965	15227	15118	13828

近年分配		近年配股/增发	

重大事项

公司于2004年2月4日与曲阜孔子旅游(集团)有限公司签定了《关于曲阜孔子旅游股份有限公司股权转让协议》，将持有的曲阜孔子国际旅游股份有限公司50%股权转让。公司出资港币7180万元收购香港华侨城有限公司持有的深圳华侨城欢乐谷旅游发展有限公司25%的股权。深圳华侨城欢乐谷旅游发展有限公司与华侨城集团公司和香港华侨城有限公司签定股权转让协议，华侨城集团公司和香港华侨城有限公司分别将其持有的深圳华侨城欢乐干线旅游有限公司75%和25%的股权转让给该公司。

二〇〇三年以来市场表现

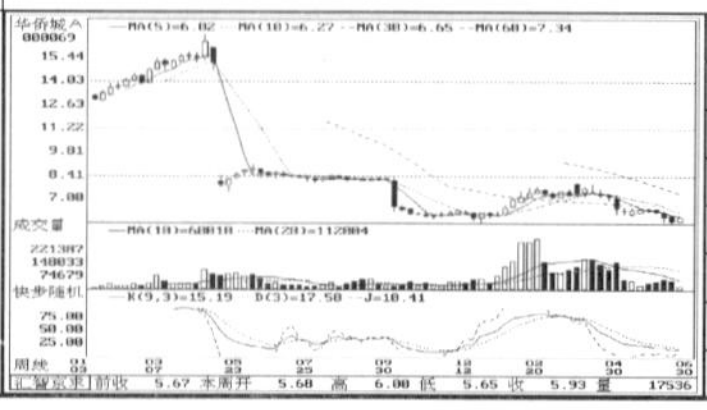

2003年涨跌幅(%)	9.41
2003年最高(元)	7.13
2003年最低(元)	5.41
2003年换手率(%)	60.04
2004.06涨跌幅(%)	-3.73
2004.06最高(元)	7.94
2004.06最低(元)	5.60
2004.06换手率(%)	87.57

深圳市特发信息股份有限公司

公司概况

公司名称	深圳市特发信息股份有限公司			股票代码	000070		
注册地址	深圳市南山区科技工业园科丰路2号通讯大厦4楼			邮政编码	518057		
法人代表	张俊林			董秘	张大军		
电话	0755-26506648,26506649			传真	0755-26506803		
主营业务	通信材料						
总股本	25000.00	流通A	7000.00	流通B		流通H	
审计单位				审计意见	未审计		

主要财务指标

年度	2004.6	2003	2002
每股收益/扣除后(元)	-0.0147	-0.0088	-0.0331
每股经营现金流量(元)	-0.3720	-0.3500	0.4667
每股净资产/调整后(元)	2.9690	2.9900	2.9846
每股公积金(元)	1.9941	1.9935	1.9869
净资产收益率(%)	0.2600	0.6400	0.0025
总资产(万元)	127553.31	126478.17	127154.78
股东权益(万元)	77733.20	77781.34	77759.08
未分配利润(万元)	1671.59	1467.02	1066.59
主营收入(万元)	16475.80	46606.83	49324.59
资本公积金(万元)	49853.53	49837.61	49672.29
主营利润(万元)	2853.28	8566.48	10126.12
其他业务利润(万元)	268.03	317.83	22.45
营业利润(万元)	-567.47	-771.29	518.87
投资收益(万元)	508.21	1028.24	-701.04
补贴收入(万元)	8.55	7.31	0.11
营业外收支(万元)	14.81	-197.08	-1.34
利润总额(万元)	-35.89	67.18	267.74
净利润(万元)	204.57	500.53	192.54

十大股东

序号	股东名称	股份性质	持股数(万股)	比例(%)
1	深圳经济特区发展(集团)公司	国有法人股	7465.78	29.86
2	深圳市通讯工业股份有限公司	境内法人股	5332.37	21.33
3	企荣贸易有限公司	外资法人股	1860.94	7.44
4	深圳市特发龙飞无线电通讯发展公司	国有法人股	1616.07	6.46
5	中国五金矿产进出口总公司	国有法人股	930.48	3.72
6	汉国三和有限公司	外资法人股	484.20	1.94
7	中国通广电子公司	国有法人股	310.16	1.24
8	泰和证券投资基金	流通A股	37.36	0.15
9	尤其龙	流通A股	23.00	0.09
10	张佩华	流通A股	21.09	0.08

股东人数	2004.6	2003.12	2003.6	2002
	46694	48348	50312	52164

近年分配		近年配股/增发	

重大事项

公司2004年6月15日同世纪证券有限责任公司签定《国债委托管理合同》委托其进行2000万元的国债投资,期限自2004年6月15日至2005年6月15日。合同约定:委托资产年收益不超过5%时,受托方不收取管理费。年收益大于5%时受托方收取2%的管理费并提取超过5%收益部分的2%的业绩报酬。

二〇〇三年以来市场表现

2003年涨跌幅(%)	-36.11
2003年最高(元)	12.09
2003年最低(元)	6.11
2003年换手率(%)	121.21
2004.06涨跌幅(%)	9.47
2004.06最高(元)	11.38
2004.06最低(元)	6.35
2004.06换手率(%)	170.20

深圳市海王生物工程股份有限公司

公司概况

公司名称	深圳市海王生物工程股份有限公司			股票代码	000078		
注册地址	深圳市南山区南油大道海王大厦A座二十六层			邮政编码	518054		
法人代表	张思民			董秘	戴奉祥		
电话	0755-26416065			传真	0755-26416053		
主营业务	生物制品、生化制品						
总股本	33270.00	流通A	16074.00	流通B		流通H	
审计单位				审计意见	未审计		

主要财务指标

年度	2004.6	2003	2002
每股收益/扣除后(元)	0.0334	0.1200	0.1300
每股经营现金流量(元)	-0.0380	-0.0900	-0.3400
每股净资产/调整后(元)	5.2020	5.1500	4.9900
每股公积金(元)	3.8364	3.8241	3.8223
净资产收益率(%)	0.6900	2.5100	2.5000
总资产(万元)	417386.22	413883.03	342931.19
股东权益(万元)	176881.91	175112.11	169013.81
未分配利润(万元)	12392.22	11171.38	7381.93
主营收入(万元)	106327.05	145641.00	82942.76
资本公积金(万元)	127636.04	127229.32	127168.05
主营利润(万元)	16014.92	54018.20	59337.35
其他业务利润(万元)	148.74	136.25	-0.15
营业利润(万元)	633.03	7904.09	6656.00
投资收益(万元)	359.05	-2064.60	-1665.95
补贴收入(万元)	523.74	521.49	-4.06
营业外收支(万元)	71.83	-131.55	-1.16
利润总额(万元)	1587.65	6229.44	6278.79
净利润(万元)	1220.84	4393.88	4222.70

十大股东

序号	股东名称	股份性质	持股数(万股)	比例(%)
1	深圳海王集团股份有限公司	境内法人股	16330.50	49.08
2	深圳市新鹏投资发展有限公司	境内法人股	343.80	1.03
3	深圳市海王广告有限公司	境内法人股	171.90	0.52
4	深圳海王食品有限公司	境内法人股	171.90	0.52
5	北京科梦嘉生物技术开发有限公司	境内法人股	171.90	0.52
6	全国社保基金一堵零一组合	流通A股	62.08	0.19
7	深圳通联投资有限公司	流通A股	34.00	0.10
8	刘敏	流通A股	33.16	0.10
9	段宗林	流通A股	30.00	0.09
10	欧端玉	流通A股	26.59	0.08

股东人数	2004.6	2003.12	2003.6	2002
	69505	70966	73846	71762

近年分配		近年配股/增发	

重大事项

2002年11月18日,本公司控股子公司深圳市海王投资发展有限公司与华龙证券有限责任公司签署《资产委托管理协议》,委托华龙证券代为理财3,000万元,期限一年。到2004年2月20日,该协议已全部履行完毕,公司已收回全部委托资产,累计获取收益240万元。本公司经中国新闻社评价中心对全国的省级名牌产品竞争力进行评价,被评为"最具竞争力高新技术100强企业"。

二〇〇三年以来市场表现

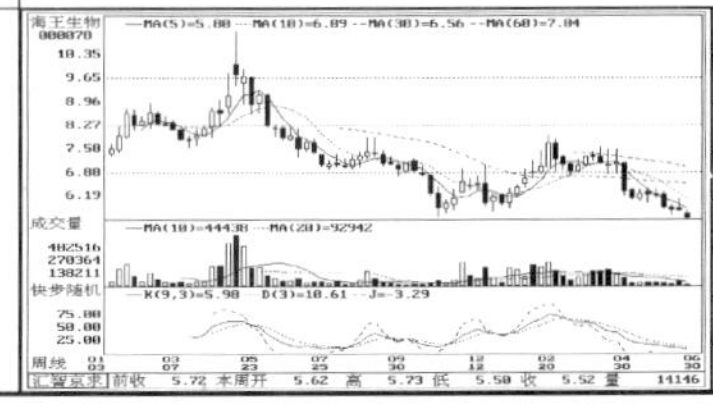

2003年涨跌幅(%)	-20.85
2003年最高(元)	11.04
2003年最低(元)	5.57
2003年换手率(%)	318.06
2004.06涨跌幅(%)	-7.38
2004.06最高(元)	7.96
2004.06最低(元)	5.50
2004.06换手率(%)	157.35

深圳市盐田港股份有限公司

公司概况

公司名称	深圳市盐田港股份有限公司	股票代码	000088
注册地址	深圳市盐田区盐田港海港大厦18-20层	邮政编码	518081
法人代表	李选民	董秘	华翔
电话	0755-25290180	传真	0755-25290932
主营业务	盐田港码头		
审计单位		审计意见	未审计

总股本	流通A	流通B	流通H
62250.00	16236.04		

主要财务指标

年度	2004.6	2003	2002
每股收益/扣除后(元)	0.4905	1.3280	0.9500
每股经营现金流量(元)	0.1780	0.3400	0.4270
每股净资产/调整后(元)	5.0620	4.7200	3.3890
每股公积金(元)	2.2992	1.2177	1.2954
净资产收益率(%)	9.6500	27.9600	27.8950
总资产(万元)	431228.03	394297.91	343481.78
股东权益(万元)	315974.75	276647.28	199267.52
未分配利润(万元)	77842.98	109592.86	43836.90
主营收入(万元)	29861.21	59028.47	50772.38
资本公积金(万元)	143127.56	75800.22	75780.40
主营利润(万元)	12520.08	25042.35	25559.69
其他业务利润(万元)	281.42	493.16	22.34
营业利润(万元)	9369.88	19683.96	19436.88
投资收益(万元)	26424.90	68439.21	47409.82
补贴收入(万元)			
营业外收支(万元)	-30.45	-298.91	-0.96
利润总额(万元)	35764.33	87824.25	66998.40
净利润(万元)	30500.12	77359.96	55585.74

十大股东

序号	股东名称	股份性质	持股数(万股)	比例(%)
1	深圳市盐田港集团有限公司	国有法人股	46000.00	73.90
2	嘉实服务增值行业证券投资基金	流通A股	859.17	1.38
3	天元证券投资基金	流通A股	725.12	1.16
4	南方稳健成长证券投资基金	流通A股	655.81	1.05
5	裕元证券投资基金	流通A股	545.00	0.88
6	花旗-UBS LIMITED	流通A股	535.94	0.86
7	中国银行-嘉实成长收益型证券投资基金	流通A股	507.11	0.81
8	鸿阳证券投资基金	流通A股	367.13	0.59
9	泰和证券投资基金	流通A股	354.48	0.57
10	海富通收益增长证券投资基金	流通A股	340.76	0.55

股东人数	2004.6	2003.12	2003.6	2002
	24070	14613	20872	36159

近年分配	近年配股/增发
2004年7月20日10派10.00	2004年7月20日10转10

重大事项

公司2003年度利润分配方案为:每10股派现金10元(含税),剩余利润结转至下年度分配;不送股;资本公积金转增股本方案为:每10股转增10股。有关派息和资本公积金转▮股本工作已于2004年7月20日依法定程序完成。由于公司营业执照中没有物业管理的经营范围,公司将海港大厦1886平方米、物流中心办公楼3115平方米等物业委托深圳市盐田港同运实业有限公司进行物业管理。

二〇〇三年以来市场表现

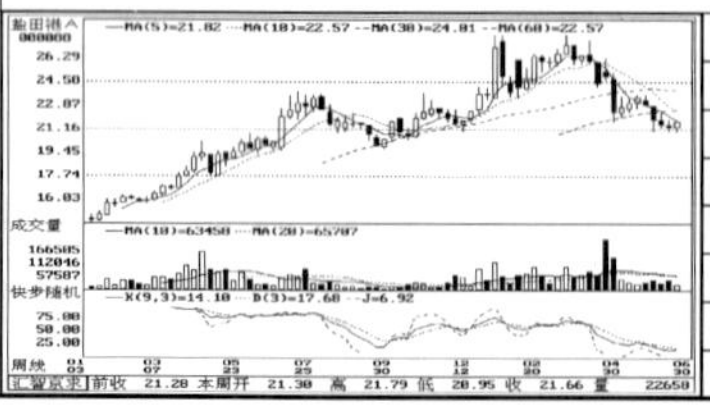

2003年涨跌幅(%)	44.66
2003年最高(元)	23.14
2003年最低(元)	15.47
2003年换手率(%)	65.14
2004.06涨跌幅(%)	-5.29
2004.06最高(元)	27.95
2004.06最低(元)	20.95
2004.06换手率(%)	48.98

深圳市机场股份有限公司

公司概况

公司名称	深圳市机场股份有限公司	股票代码	000089
注册地址	深圳市宝安区宝安机场第一办公楼三、四层	邮政编码	518128
法人代表	杨进军	董秘	周云福
电话	0775-27776331	传真	0755-27776327
主营业务	过港服务		
审计单位		审计意见	未审计

总股本	流通A	流通B	流通H
79982.40	28800.00		

主要财务指标

年度	2004.6	2003	2002
每股收益/扣除后(元)	0.2216	0.3841	0.3994
每股经营现金流量(元)	0.2570	0.4530	0.4550
每股净资产/调整后(元)	3.6870	3.4590	3.0790
每股公积金(元)	0.9082	0.9082	0.9038
净资产收益率(%)	6.1000	10.8300	12.9300
总资产(万元)	330606.56	323678.03	271137.66
股东权益(万元)	295206.31	277211.41	247531.19
未分配利润(万元)	115286.00	97291.10	73105.24
主营收入(万元)	46074.14	74798.27	71198.51
资本公积金(万元)	72639.68	72639.68	72284.10
主营利润(万元)	22406.27	34309.10	35427.58
其他业务利润(万元)	505.79	895.91	2123.02
营业利润(万元)	20254.91	30760.33	32608.02
投资收益(万元)	761.61	4965.58	2685.89
补贴收入(万元)			
营业外收支(万元)	242.56	-775.34	-3.34
利润总额(万元)	21259.08	34950.57	35059.92
净利润(万元)	17994.90	30029.80	32016.99

十大股东

序号	股东名称	股份性质	持股数(万股)	比例(%)
1	深圳机场(集团)有限公司	国有法人股	51182.40	63.99
2	银丰证券投资基金	流通A股	1571.14	1.96
3	嘉实服务增值行业基金	流通A股	999.83	1.25
4	华夏回报证券投资基金	流通A股	962.72	1.20
5	普丰证券投资基金	流通A股	681.13	0.85
6	裕隆证券投资基金	流通A股	619.07	0.77
7	华夏成长证券投资基金	流通A股	611.24	0.76
8	安信证券投资基金	流通A股	564.91	0.71
9	长盛成长价值证券投资基金	流通A股	505.55	0.63
10	景宏证券投资基金	流通A股	480.23	0.60

股东人数	2004.6	2003.12	2003.6	2002
	35183	53570	57417	49144

近年分配	近年配股/增发

重大事项

2004年5月13日,本公司与德国汉莎货运有限公司在深圳签订《关于成立"深圳机场国际货站有限公司"之合资合同》及附件,并同时与深圳市机场(集团)有限公司签订了《关于成立"深圳机场国际货站有限公司"之扩展与非竞争合同》。公司的子公司深圳市机场广告有限公司实收资本由800万元增加到1,000万元,机场股份公司增加现金投资190万,深圳市机场(集团)有限公司增加现金投资10万元,双方持股比例不变。

二〇〇三年以来市场表现

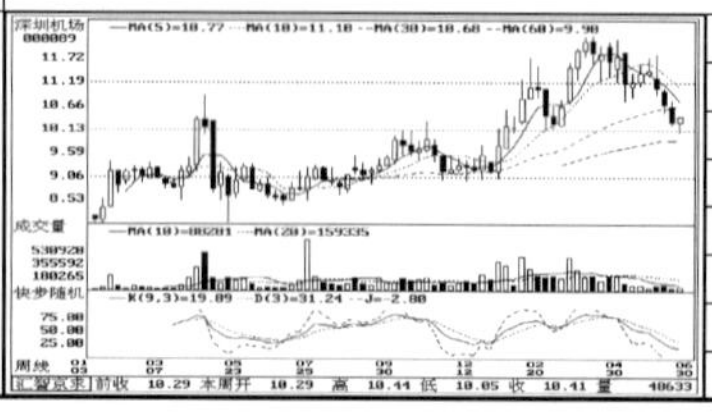

2003年涨跌幅(%)	12.48
2003年最高(元)	10.89
2003年最低(元)	8.00
2003年换手率(%)	216.98
2004.06涨跌幅(%)	12.18
2004.06最高(元)	12.25
2004.06最低(元)	9.03
2004.06换手率(%)	155.63

深圳市天健(集团)股份有限公司

公司概况							
公司名称	深圳市天健(集团)股份有限公司			股票代码	000090		
注册地址	深圳市福田区红荔西路7058号市政大厦			邮政编码	518034		
法人代表	高振怀			董秘	徐肇松		
电话	0755-83928130			传真	0755-83915736		
主营业务	公用设施的施工						
总股本	22326.16	流通A	8320.00	流通B		流通H	
审计单位				审计意见	未审计		

主要财务指标

年度	2004.6	2003	2002
每股收益/扣除后(元)	0.0837	0.2270	0.3100
每股经营现金流量(元)	-0.6690	1.4700	0.6700
每股净资产/调整后(元)	4.8170	4.9000	4.5100
每股公积金(元)	2.0259	2.0259	2.0199
净资产收益率(%)	1.7800	4.7200	6.4200
总资产(万元)	260201.78	251061.09	274480.75
股东权益(万元)	115149.45	113788.25	106925.38
未分配利润(万元)	14648.86	13287.66	8914.48
主营收入(万元)	60930.45	161158.62	154612.44
资本公积金(万元)	45231.44	45231.44	45096.54
主营利润(万元)	5485.71	19784.02	16717.72
其他业务利润(万元)	714.67	1805.67	-69.50
营业利润(万元)	2361.39	9333.63	9052.00
投资收益(万元)	3.25	-1985.17	108.66
补贴收入(万元)			
营业外收支(万元)	225.18	177.63	-0.57
利润总额(万元)	2589.81	7526.09	9203.65
净利润(万元)	2060.08	5366.87	6866.52

十大股东

序号	股东名称	股份性质	持股数(万股)	比例(%)
1	深圳市建设投资控股公司	发起人国家股	11318.16	50.69
2	上海闵行联合发展有限公司	募集法人股	1008.00	4.51
3	深圳市建业集团股份有限公司	募集法人股	840.00	3.76
4	深圳市金众集团股份有限公司	募集法人股	840.00	3.76
5	王锦明	上市流通股	18.15	0.08
6	余奕发	上市流通股	17.68	0.08
7	杜惠芬	上市流通股	14.15	0.06
8	魏玉珍	上市流通股	13.69	0.06
9	鲁长安	上市流通股	13.47	0.06
10	陈丹松	上市流通股	13.20	0.06

股东人数	2004.6	2003.12	2003.6	2002
	35780	36374	36932	35898

近年分配	2004年6月10日10派0.84	近年配股/增发	

重大事项

公司以2003年末总股本223,261,600股为基数,向全体股东每10股派发现金红利0.84元(含税),本次共派股息1875.39万元(含税)。股权登记日为2004年6月9日,除息日和红利发放日为2004年6月10日。公司在深圳发展银行长城大厦支行申请转综合授信额度人民币4亿元,授信期限从2003年9月至2004年9月。

二〇〇三年以来市场表现

2003年涨跌幅(%)	-19.74
2003年最高(元)	11.89
2003年最低(元)	6.63
2003年换手率(%)	174.89
2004.06涨跌幅(%)	-14.50
2004.06最高(元)	10.32
2004.06最低(元)	6.65
2004.06换手率(%)	108.62

深圳市广聚能源股份有限公司

公司概况							
公司名称	深圳市广聚能源股份有限公司			股票代码	000096		
注册地址	深圳市蛇口新街蛇口大厦6楼			邮政编码	518067		
法人代表	王建彬			董秘	嵇元弘		
电话	0755-26690988			传真	0755-26690998		
主营业务	石油制品						
总股本	52800.00	流通A	13600.00	流通B		流通H	
审计单位				审计意见	未审计		

主要财务指标

年度	2004.6	2003	2002
每股收益/扣除后(元)	0.1729	0.2700	0.3400
每股经营现金流量(元)	-0.0780	0.0500	0.3790
每股净资产/调整后(元)	2.2300	2.1700	2.9700
每股公积金(元)	0.7211	0.7211	1.7032
净资产收益率(%)	7.8200	11.9800	11.2100
总资产(万元)	148189.64	141593.86	131463.22
股东权益(万元)	119137.00	116418.27	100901.42
未分配利润(万元)	11633.73	8915.18	-53.53
主营收入(万元)	89622.77	169873.22	133009.48
资本公积金(万元)	38074.34	38074.16	56206.85
主营利润(万元)	6569.52	13516.29	12755.02
其他业务利润(万元)	166.81	293.41	7.40
营业利润(万元)	768.04	788.91	234.97
投资收益(万元)	8694.36	13577.02	11601.91
补贴收入(万元)			
营业外收支(万元)	144.02	7.48	-0.07
利润总额(万元)	9606.41	14373.41	11763.23
净利润(万元)	9318.54	13947.93	11311.70

十大股东

序号	股东名称	股份性质	持股数(万股)	比例(%)
1	深圳市深南石油(集团)有限公司	国有法人股	23404.80	44.33
2	深圳市科汇通投资控股有限公司	国家股	11193.60	21.20
3	深圳市深南实业有限公司	国有法人股	3001.60	5.68
4	深圳市洋润投资有限公司	法人股	1440.00	2.73
5	山东淄博同安电脑网络有限公司	流通股	383.58	0.73
6	德盛稳健证券投资基金	流通股	340.81	0.65
7	新疆石油管理局住房奖金中心	流通股	182.74	0.35
8	深圳市维思工贸有限公司	法人股	160.00	0.30
9	成都新恒贸易有限公司	流通股	153.15	0.29
10	宏源证券股份有限公司	流通股	132.92	0.25

股东人数	2004.6	2003.12	2003.6	2002
	28539	24775	20380	21805

近年分配	2004年6月25日10派1.25	近年配股/增发	

重大事项

公司以2003年12月31日总股本52,800万股为基数,向全体股东每10股派现金人民币1.25元(含税),剩余部分59,531,985.61元结转下一年度。股权登记日为2004年6月24日,除权日为2004年6月25日。

二〇〇三年以来市场表现

2003年涨跌幅(%)	-4.82
2003年最高(元)	8.81
2003年最低(元)	5.94
2003年换手率(%)	207.85
2004.06涨跌幅(%)	-4.05
2004.06最高(元)	10.48
2004.06最低(元)	6.50
2004.06换手率(%)	317.39

中信海洋直升机股份有限公司

公司概况

公司名称	中信海洋直升机股份有限公司	股票代码	000099
注册地址	深圳市罗湖区解放西路188号农业银行大厦19楼	邮政编码	518052
法人代表	李士林	董秘	姚旗
电话	0755-26723692	传真	0755-26923684
主营业务	海洋石油服务		
总股本	51360.00	流通A	18720.00
流通B		流通H	
审计单位		审计意见	未审计

主要财务指标

年度	2004.6	2003	2002
每股收益/扣除后(元)	0.0681	0.3016	0.2563
每股经营现金流量(元)	0.0100	0.2200	0.2200
每股净资产/调整后(元)	4.4540	4.3800	3.7900
每股公积金(元)	2.7991	2.8216	2.5395
净资产收益率(%)	3.0600	7.0600	6.6800
总资产(万元)	170847.66	160046.27	138750.03
股东权益(万元)	117318.29	114308.86	91350.49
未分配利润(万元)	13737.55	10149.81	3694.20
主营收入(万元)	19244.26	38548.27	33099.99
资本公积金(万元)	71880.49	72458.79	59729.94
主营利润(万元)	5501.76	16204.03	11545.58
其他业务利润(万元)	129.98	151.04	-0.01
营业利润(万元)	4170.18	9193.45	7082.81
投资收益(万元)	120.22	199.56	53.79
补贴收入(万元)			
营业外收支(万元)	-11.60	201.55	-38.39
利润总额(万元)	4278.79	9594.56	7326.30
净利润(万元)	3587.73	8069.52	6200.06

十大股东

序号	股东名称	股份性质	持股数(万股)	比例(%)
1	中国中海直总公司	国有法人股	14671.20	28.57
2	中国北方航空公司	国有法人股	1411.20	2.75
3	黑龙江省宇华担保投资股份有限公司	流通A股	100.00	0.19
4	中国工商银行-国联安德盛小盘精选证券投资基金	流通A股	91.45	0.18
5	裕阳证券投资基金	流通A股	80.42	0.16
6	黄乾生	流通A股	68.90	0.13
7	中国石化集团新星石油有限责任公司	流通A股	52.25	0.10
8	深圳名商室外运动俱乐部有限公司	国有法人股	39.60	0.08
9	中信国安有限公司	国有法人股	39.60	0.08
10	中国海洋石油南海东部公司	国有法人股	39.60	0.08

股东人数	2004.6	2003.12	2003.6	2002
	34180	33882	35390	37404

近年分配	2004年7月22日10派2.00	近年配股/增发	2004年7月22日10转10

重大事项

公司以2003年度股本总额256,800,000股为基数,每10股派发2元现金红利(含税)。同时以2003年度股本总额256,800,000股为基数,按每10股转增10股的比例以资本公积金转增股本,共计转增256,800,000元。此次股权登记日为2004年7月21日;除息除权日、现金红利发放日、转增股本到账日和新增可流通股份上市日为2004年7月22日。

二〇〇三年以来市场表现

2003年涨跌幅(%)	-5.78
2003年最高(元)	10.29
2003年最低(元)	7.57
2003年换手率(%)	53.04
2004.06涨跌幅(%)	3.86
2004.06最高(元)	12.27
2004.06最低(元)	8.72
2004.06换手率(%)	81.77

TCL集团股份有限公司

公司概况

公司名称	TCL集团股份有限公司	股票代码	000100
注册地址	广东省惠州市仲恺高新技术产业开发区十九号小区	邮政编码	516001
法人代表	李东生	董秘	陈华明
电话	0752-2288389,2382517	传真	0752-2382511
主营业务	多媒体电子、通讯等		
总股本	258633.11	流通A	99439.59
流通B		流通H	
审计单位		审计意见	未审计

主要财务指标

年度	2004.6	2003	2002
每股收益/扣除后(元)	0.1201	0.2880	0.2700
每股经营现金流量(元)	-0.5180	0.4200	
每股净资产/调整后(元)	2.0000	1.4000	1.1000
每股公积金(元)	0.6438	0.0042	7.9186
净资产收益率(%)	7.1300	25.2100	22.3500
总资产(万元)	2044189.62	1593420.75	1451701.83
股东权益(万元)	523611.44	226338.52	189967.41
未分配利润(万元)	65146.34	32336.26	
主营收入(万元)	1476307.62	2825425.75	2211650.63
资本公积金(万元)	166499.36	1092.00	20.48
主营利润(万元)	296587.37	536873.06	500728.98
其他业务利润(万元)	5091.43	6224.70	137.48
营业利润(万元)	76878.09	135538.56	162970.36
投资收益(万元)	-3348.84	-7379.10	-14095.34
补贴收入(万元)	3525.25	3071.41	67.39
营业外收支(万元)	-495.83	3934.42	-29.20
利润总额(万元)	76558.67	135165.30	143412.26
净利润(万元)	37338.32	57057.66	42464.13

十大股东

序号	股东名称	股份性质	持股数(万股)	比例(%)
1	惠州市投资控股有限公司	国家股	65228.27	25.22
2	TCL集团股份有限公司工会工作委员会	境内法人股	23541.85	9.10
3	李东生	个人股	14452.17	5.59
4	南太电子(深圳)有限公司	境内法人股	9551.61	3.69
5	PHILIPS ELECTRONICS CHINA B.V.	外资法人股	6367.74	2.46
6	LUCKY CONCEPE LIMITED	外资法人股	4775.81	1.85
7	REGAL TRINITY LIMITED	外资法人股	4775.81	1.85
8	株式会社东芝	外资法人股	3183.87	1.23
9	袁信成	个人股	2479.15	0.96
10	郑传烈	个人股	2356.97	0.91

股东人数	2004.6	2003.12	2003.6	2002
	269815	49		

近年分配	2004年6月14日10派0.80	近年配股/增发	

重大事项

公司获准于2004年1月7日向社会公开发行590,000,000股及向TCL通讯设备股份有限公司全体流通股股东换股发行404,395,944股人民币普通股股票(A股),并于2004年1月30日于深圳证券交易所挂牌上市。向社会公开发行部分采用全部上网定价发行方式,每股面值1元,每股发行价为人民币4.26元,共募集资金人民币2,513,400,000元。

二〇〇三年以来市场表现

2003年涨跌幅(%)	0.00
2003年最高(元)	0.00
2003年最低(元)	0.00
2003年换手率(%)	0.00
2004.06涨跌幅(%)	0.00
2004.06最高(元)	9.38
2004.06最低(元)	6.24
2004.06换手率(%)	349.00

麦科特光电股份有限公司

公司概况

公司名称	麦科特光电股份有限公司	股票代码	000150
注册地址	广东省惠州市麦地路63号麦科特中心	邮政编码	518057
法人代表	许振东	董秘	丁云林
电话	0752-26972877	传真	0752-26972877
主营业务	生产并销售“PENTAX”		
总股本	32400.00	流通A	12600.00
流通B		流通H	
审计单位		审计意见	未审计

主要财务指标

年度	2004.6	2003	2002
每股收益/扣除后(元)	0.0073	0.0026	-0.1594
每股经营现金流量(元)	-0.0830	0.5200	-0.1100
每股净资产/调整后(元)	1.6430	1.6700	1.9300
每股公积金(元)	0.9710	0.9710	0.9635
净资产收益率(%)	1.4080	-17.0500	-8.7900
总资产(万元)	75161.77	60852.18	65757.38
股东权益(万元)	55201.13	54447.81	62542.42
未分配利润(万元)	-10377.60	-11130.92	-2784.68
主营收入(万元)	26302.60	14424.95	3579.44
资本公积金(万元)	31460.70	31460.70	31216.64
主营利润(万元)	1929.83	2144.99	380.32
其他业务利润(万元)		-30.68	-0.04
营业利润(万元)	890.82	-8416.12	-3289.52
投资收益(万元)	-412.83	-402.55	135.49
补贴收入(万元)	2.00	0.03	0.00
营业外收支(万元)	341.91	-317.19	3.67
利润总额(万元)	821.89	-9135.83	-5677.02
净利润(万元)	777.48	-9282.57	-5498.54

十大股东

序号	股东名称	股份性质	持股数(万股)	比例(%)
1	上海北大青鸟企业发展有限公司	境内法人股,国有法人股	9688.58	29.90
2	惠州市益发光学机电有限公司	境内法人股	5403.42	16.68
3	深圳市和顺泰投资有限公司	国有法人股	1853.00	5.72
4	惠州市科技投资有限公司	境内法人股	1468.00	4.53
5	麦科特集团有限公司	国有法人股	1387.00	4.28
6	上海上普投资发展有限公司	流通A股	71.79	0.22
7	刘红燕	流通A股	50.08	0.15
8	中油资产管理有限公司	流通A股	46.26	0.14
9	王先恕	流通A股	43.88	0.14
10	宝钢集团上海五钢有限公司	流通A股	41.27	0.13

股东人数	2004.6	2003.12	2003.6	2002
	41534	48844	49993	52722

近年分配		近年配股/增发	

重大事项

因麦科特集团有限公司与黄莉民借款合同债务转让纠纷一案，麦科特集团有限公司持有的本公司1,853万股国有法人股通过司法拍卖程序转让给深圳市和顺泰投资有限公司，双方已于2003年12月18日办理了股权过户手续。公司以6,800万元收购深圳市桑夏计算机与人工智能开发有限公司94.84%股权，已于2004年4月27日在深圳市工商行政管理局办理过户登记手续。

二○○三年以来市场表现

2003年涨跌幅(%)	-23.06
2003年最高(元)	7.25
2003年最低(元)	3.82
2003年换手率(%)	191.30
2004.06涨跌幅(%)	-10.51
2004.06最高(元)	6.34
2004.06最低(元)	3.90
2004.06换手率(%)	177.29

中成进出口股份有限公司

公司概况

公司名称	中成进出口股份有限公司	股票代码	000151
注册地址	北京市丰台区科学城10D地块2号楼	邮政编码	100011
法人代表	邹宝中	董秘	戎蓓
电话	010-64218520	传真	010-64251026
主营业务	成套设备与技术出口		
总股本	29598.00	流通A	10500.00
流通B		流通H	
审计单位		审计意见	未审计

主要财务指标

年度	2004.6	2003	2002
每股收益/扣除后(元)	0.0484	0.1300	0.1600
每股经营现金流量(元)	-1.3020	0.1000	0.2100
每股净资产/调整后(元)	2.7800	2.8200	2.6900
每股公积金(元)	1.5008	1.5008	1.5008
净资产收益率(%)	2.2000	4.8600	6.0300
总资产(万元)	128671.80	111425.61	98643.84
股东权益(万元)	82876.58	84017.03	79931.07
未分配利润(万元)	2062.00	3202.46	108.62
主营收入(万元)	21943.61	58422.41	52310.58
资本公积金(万元)	44420.03	44420.03	44420.03
主营利润(万元)	3380.70	8687.04	9945.69
其他业务利润(万元)	79.08	155.17	8.41
营业利润(万元)	1485.32	4340.66	5850.60
投资收益(万元)	644.13	651.42	180.44
补贴收入(万元)	6.39	14.71	-0.18
营业外收支(万元)	-4.33	-0.92	0.02
利润总额(万元)	2131.52	5005.87	6037.22
净利润(万元)	1819.35	4085.96	4820.21

十大股东

序号	股东名称	股份性质	持股数(万股)	比例(%)
1	中国成套设备进出口(集团)总公司	国有法人股	18000.00	60.81
2	安徽省外经建设(集团)公司	国有法人股	349.50	1.18
3	浙江中大(集团)股份有限公司	国有法人股	349.50	1.18
4	中国土产畜产进出口总公司	国有法人股	349.50	1.18
5	中国出国人员服务总公司	国有法人股	49.50	0.17
6	梁惠然	流通A股	44.70	0.15
7	周宝娴	流通A股	41.92	0.14
8	廖静波	流通A股	30.46	0.10
9	周宝淡	流通A股	24.69	0.08
10	李英顺	流通A股	21.62	0.07

股东人数	2004.6	2003.12	2003.6	2002
	42904	45391	49212	24811

近年分配	2004年7月15日10派1.00	近年配股/增发	

重大事项

根据中国成套设备进出口(集团)总公司与本公司签订的《服务商标使用许可协议》，本公司被授予服务商标“COMPLANT”的使用许可。公司以2003年12月31日的公司总股本29,598万股为基数，向全体股东每10股派1.00元人民币现金(含税)。2004年7月14日为分红派息股权登记日，2004年7月15日为除息日。

二○○三年以来市场表现

2003年涨跌幅(%)	-56.56
2003年最高(元)	12.05
2003年最低(元)	4.83
2003年换手率(%)	438.24
2004.06涨跌幅(%)	-2.12
2004.06最高(元)	7.30
2004.06最低(元)	5.01
2004.06换手率(%)	153.56

安徽丰原药业股份有限公司

公司概况

公司名称	安徽丰原药业股份有限公司	股票代码	000153
注册地址	安徽省合肥市屯溪路168号(风和园31#楼)	邮政编码	230001
法人代表	张成	董秘	张军
电话	0551-4677550	传真	0551-4677568
主营业务	生物药、中药		
总股本	13000.46	流通A	5000.00
流通B		流通H	
审计单位		审计意见	未审计

主要财务指标

年度	2004.6	2003	2002
每股收益/扣除后(元)	0.0578	0.1085	0.3760
每股经营现金流量(元)	0.0270	-0.0900	0.1600
每股净资产/调整后(元)	4.3670	4.3200	8.4300
每股公积金(元)	2.8995	2.8995	6.5951
净资产收益率(%)	1.2770	3.1500	4.6000
总资产(万元)	78653.39	73692.50	68442.23
股东权益(万元)	58344.81	57599.52	56087.36
未分配利润(万元)	6040.36	5295.07	5379.92
主营收入(万元)	10640.51	17912.41	15793.81
资本公积金(万元)	37694.58	37694.58	42869.59
主营利润(万元)	3225.35	6773.84	7050.96
其他业务利润(万元)	1.55		
营业利润(万元)	1148.58	2410.54	3522.21
投资收益(万元)			-351.80
补贴收入(万元)		16.00	16.00
营业外收支(万元)	-6.99	232.72	-13.65
利润总额(万元)	1141.59	2659.26	3367.56
净利润(万元)	745.29	1812.01	2582.33

十大股东

序号	股东名称	股份性质	持股数(万股)	比例(%)
1	安徽省无为制药厂	国有法人股	2454.60	18.88
2	安徽蚌埠涂山制药厂	国有法人股	2397.34	18.44
3	安徽省巢湖蜂宝制药有限公司	社会法人股	1440.00	11.08
4	安徽省马鞍山生物化学制药厂	国有法人股	1360.00	10.46
5	丰和价值证券投资基金	流通A股	495.43	3.81
6	泰和证券投资基金	流通A股	359.17	2.76
7	安徽省药物研究所	国有法人股	119.04	0.92
8	安徽省无为县经贸建筑工程有限公司	社会法人股	112.60	0.87
9	安徽省无为县腾飞医药包装厂	国有法人股	105.40	0.81
10	深圳市中保信财务顾问有限公司	流通A股	58.78	0.45

股东人数	2004.6	2003.12	2003.6	2002
	10090	8039	14804	17684

近年分配		近年配股/增发	

重大事项

2004年6月29日，公司董事会审议通过关于收购安徽丰原集团有限公司持有安徽丰原大药房连锁有限公司72.6%股权的议案，同意以安徽国信资产评估有限公司出具的皖国信评报字[2004]第117号《评估报告书》的评估价1644.39万元人民币收购此项股权。

二〇〇三年以来市场表现

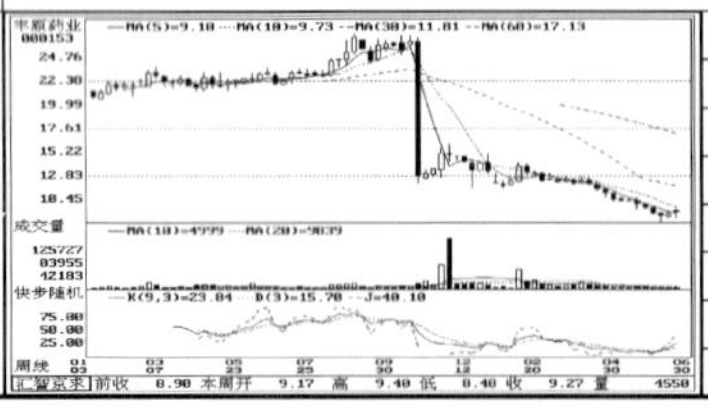

2003年涨跌幅(%)	35.33
2003年最高(元)	15.96
2003年最低(元)	10.23
2003年换手率(%)	134.32
2004.06涨跌幅(%)	-36.98
2004.06最高(元)	14.15
2004.06最低(元)	8.06
2004.06换手率(%)	55.11

川化股份有限公司

公司概况

公司名称	川化股份有限公司	股票代码	000155
注册地址	四川省成都市青白江区团结路311号	邮政编码	610301
法人代表	苏重光	董秘	刘勇
电话	028-83308291	传真	028-83308290
主营业务	化肥、化工产品		
总股本	47000.00	流通A	13000.00
流通B		流通H	
审计单位		审计意见	未审计

主要财务指标

年度	2004.6	2003	2002
每股收益/扣除后(元)	-0.1220	0.1510	0.1020
每股经营现金流量(元)	0.0560	0.4400	0.1100
每股净资产/调整后(元)	2.8720	3.1300	2.9000
每股公积金(元)	1.7205	1.7205	1.7196
净资产收益率(%)	-4.8830	5.6600	4.2600
总资产(万元)	197241.89	188481.41	183491.58
股东权益(万元)	137147.86	149484.94	141265.39
未分配利润(万元)	-680.78	11656.31	5114.16
主营收入(万元)	36716.46	109963.75	100415.57
资本公积金(万元)	80865.25	80865.25	80823.38
主营利润(万元)	3781.80	25373.28	18460.36
其他业务利润(万元)	120.39	577.56	-3.43
营业利润(万元)	-5839.20	8797.82	5616.47
投资收益(万元)	460.99	1355.80	682.66
补贴收入(万元)		220.00	2.57
营业外收支(万元)	-1318.87	-190.24	2.81
利润总额(万元)	-6697.08	10183.38	7134.36
净利润(万元)	-6697.08	8455.39	6019.65

十大股东

序号	股东名称	股份性质	持股数(万股)	比例(%)
1	川化集团有限责任公司	发起人国家股	34000.00	72.34
2	朱伙葵	社会公众股	41.30	0.09
3	王国英	社会公众股	34.80	0.07
4	周小玲	社会公众股	31.16	0.07
5	马利鹏	社会公众股	27.44	0.06
6	谷照锋	社会公众股	21.00	0.04
7	王钊	社会公众股	20.00	0.04
8	北京日升东方科技有限责任公司	社会公众股	19.50	0.04
9	陈洪斌	社会公众股	17.45	0.04
10	王翠玲	社会公众股	15.20	0.03

股东人数	2004.6	2003.12	2003.6	2002
	73419	77565	82119	83689

近年分配	2004年4月30日10派1.20	近年配股/增发	

重大事项

公司以2003年年末总股本470,000,000股计，向全体股东每10股派发现金红利1.20元(含税)。股权登记日为2004年4月29日，除息日为2004年4月30日，派息日为2004年4月30日。2004年2月24日，公司以自有资金与中国银河证券有限责任公司签订了为期一年的《委托资产管理协议》，金额为人民币5,000万元。

二〇〇三年以来市场表现

2003年涨跌幅(%)	12.10
2003年最高(元)	7.03
2003年最低(元)	5.37
2003年换手率(%)	151.63
2004.06涨跌幅(%)	-33.81
2004.06最高(元)	7.33
2004.06最低(元)	4.15
2004.06换手率(%)	123.79

湖南嘉瑞新材料集团股份有限公司

公司概况

公司名称	湖南嘉瑞新材料集团股份有限公司	股票代码	000156
注册地址	湖南省洪江市安江镇大沙坪	邮政编码	410005
法人代表	李健	董秘	严宇芳
电话	0731-4318808-776	传真	0731-4315978
主营业务	人造革、农用塑料膜		

总股本	9650.00	流通 A	4150.00	流通 B		流通 H	
审计单位				审计意见	未审计		

主要财务指标

年度	2004.6	2003	2002
每股收益/扣除后(元)	-0.2984	0.1749	0.2735
每股经营现金流量(元)	-0.5710	0.3600	0.2800
每股净资产/调整后(元)	5.0710	5.2200	5.1700
每股公积金(元)	3.4333	3.3774	3.3987
净资产收益率(%)	-5.9900	3.6600	5.6000
总资产(万元)	118239.63	115296.27	75637.90
股东权益(万元)	49472.11	52436.74	50723.80
未分配利润(万元)	3712.34	7135.39	5977.39
主营收入(万元)	23029.31	41444.16	24650.80
资本公积金(万元)	33131.32	32591.99	32797.82
主营利润(万元)	573.75	8341.90	6037.36
其他业务利润(万元)	16.64	7.74	0.09
营业利润(万元)	-3227.40	2472.69	3219.65
投资收益(万元)	91.33	286.84	278.14
补贴收入(万元)			
营业外收支(万元)	-5.91	-15.79	0.20
利润总额(万元)	-3141.99	2743.74	3423.44
净利润(万元)	-2964.62	1918.76	2842.84

十大股东

序号	股东名称	股份性质	持股数(万股)	比例(%)
1	洪江市大有发展有限责任公司	境内法人股	2880.90	29.85
2	湖南盛华投资管理有限公司	境内法人股	1130.80	11.72
3	上海沪荣物资有限公司	境内法人股	1100.00	11.40
4	湖南日升物资贸易有限公司	境内法人股	138.60	1.44
5	洪江市国有资产管理局	国家股	99.00	1.03
6	芷江侗族自治县国有资产管理局	国家股	95.70	0.99
7	湖南明谦投资有限公司	境内法人股	55.00	0.57
8	黄宇峰	流通 A 股	30.03	0.31
9	李晓雯	流通 A 股	21.00	0.22
10	英大国际信托投资有限责任公司	流通 A 股	15.09	0.16

股东人数	2004.6	2003.12	2003.6	2002
	17337	17922	19217	20664

近年分配		近年配股/增发	

重大事项

公司与控股子公司长沙中圆科技有限公司于2004年4月13日在湖南长沙签订了《股权转让协议》，将本公司持有的控股子公司洪江市有源有限责任公司99.44%的股权、海天塑胶有限责任公司99.75%的股权转让给中圆科技，转让价格根据净资产确定分别为2,273万元和1,348万元，转让总金额合计为3,621万元。

二○○三年以来市场表现

2003 年涨跌幅(%)	-27.65
2003 年最高(元)	14.30
2003 年最低(元)	8.05
2003 年换手率(%)	112.17
2004.06 涨跌幅(%)	-5.03
2004.06 最高(元)	12.55
2004.06 最低(元)	8.29
2004.06 换手率(%)	83.22

长沙中联重工科技发展股份有限公司

公司概况

公司名称	长沙中联重工科技发展股份有限公司	股票代码	000157
注册地址	湖南省长沙市银盆南路 307 号	邮政编码	410013
法人代表	詹纯新	董秘	陈旭辉
电话	0731-8923977,8923908	传真	0731-8923904
主营业务	HBT 系列混凝土输送泵		

总股本	50700.00	流通 A	16900.00	流通 B		流通 H	
审计单位				审计意见	未审计		

主要财务指标

年度	2004.6	2003	2002
每股收益/扣除后(元)	0.5009	0.5893	0.3938
每股经营现金流量(元)	0.0790	-0.0831	0.0747
每股净资产/调整后(元)	2.9100	3.1564	2.5700
每股公积金(元)	0.7392	0.9700	1.2610
净资产收益率(%)	17.1200	18.6567	15.2800
总资产(万元)	307870.66	259807.59	147217.16
股东权益(万元)	148051.55	123686.08	100610.38
未分配利润(万元)	51230.96	25890.50	7251.15
主营收入(万元)	181461.20	117333.35	66544.16
资本公积金(万元)	37479.62	49179.62	49179.62
主营利润(万元)	50160.69	42073.78	26191.03
其他业务利润(万元)	104.00	150.15	-17.48
营业利润(万元)	25761.36	23251.39	16012.61
投资收益(万元)	124.48	191.65	-348.84
补贴收入(万元)			
营业外收支(万元)	-56.58	83.72	-0.16
利润总额(万元)	25829.26	23526.77	15677.29
净利润(万元)	25340.46	23075.70	15370.82

十大股东

序号	股东名称	股份性质	持股数(万股)	比例(%)
1	建设部长沙建设机械研究院	国有法人股	25266.35	49.84
2	长沙高新技术产业开发区中标实业有限公司	境内法人股	8030.17	15.84
3	科瑞证券投资基金	流通 A 股	808.14	1.59
4	易方达策略成长证券投资基金	流通 A 股	755.40	1.49
5	科讯证券投资基金	流通 A 股	683.91	1.35
6	科翔证券投资基金	流通 A 股	614.98	1.21
7	易方达平稳增长证券投资基金	流通 A 股	574.78	1.13
8	科汇证券投资基金	流通 A 股	568.41	1.12
9	久嘉证券投资基金	流通 A 股	331.00	0.65
10	易方达 50 指数证券投资基金	流通 A 股	293.38	0.58

股东人数	2004.6	2003.12	2003.6	2002
	15340	11504	13242	13661

近年分配		近年配股/增发	

重大事项

2003年9月23日，公司2003年第一次临时股东大会审议通过了《关于收购长沙高新技术产业开发区中标实业有限公司全部经营性资产及相关负债的议案》，2003年12月22日，公司2003年第二次临时股东大会审议通过了《关于收购湖南浦沅工程机械有限责任公司相关经营性资产及负债的议案》，截止2004年6月30日，此两项资产收购除土地、房屋过户手续正在抓紧办理外，其他资产均已过户到公司名下。

二○○三年以来市场表现

2003 年涨跌幅(%)	39.33
2003 年最高(元)	9.93
2003 年最低(元)	6.40
2003 年换手率(%)	115.18
2004.06 涨跌幅(%)	-2.50
2004.06 最高(元)	13.92
2004.06 最低(元)	8.50
2004.06 换手率(%)	115.59

石家庄常山纺织股份有限公司

公司概况

公司名称	石家庄常山纺织股份有限公司	股票代码	000158
注册地址	河北省石家庄市和平东路 183 号	邮政编码	050011
法人代表	韩希厚	董秘	李京朝
电话	0311-6673856	传真	0311-6673929
主营业务	纯棉纱线		

总股本	43000.00	流通 A	13000.00	流通 B		流通 H	
审计单位				审计意见	未审计		

主要财务指标

年度	2004.6	2003	2002
每股收益/扣除后(元)	0.0732	0.1600	0.2000
每股经营现金流量(元)	0.0250	0.1000	0.2300
每股净资产/调整后(元)	3.3400	3.3600	3.0500
每股公积金(元)	1.8633	1.8633	1.6979
净资产收益率(%)	2.1800	4.9600	6.7100
总资产(万元)	304815.87	254890.11	209274.44
股东权益(万元)	144995.77	145701.73	123261.65
未分配利润(万元)	10130.30	10836.26	5681.76
主营收入(万元)	109974.50	206140.19	189724.30
资本公积金(万元)	80123.51	80123.51	67914.55
主营利润(万元)	12378.61	26364.92	29536.95
其他业务利润(万元)	163.07	490.05	-6.43
营业利润(万元)	4871.10	8133.43	13474.40
投资收益(万元)	-141.91	-235.20	-234.77
补贴收入(万元)			
营业外收支(万元)	25.13	173.23	8.10
利润总额(万元)	4754.31	8071.47	13457.24
净利润(万元)	3164.04	7231.13	8271.35

十大股东

序号	股东名称	股份性质	持股数(万股)	比例(%)
1	石家庄常山纺织集团有限责任公司	国家股	29718.00	69.11
2	河北宁纺集团有限责任公司	法人股	70.50	0.16
3	河北省纺织品进出口(集团)公司	国有法人股	70.50	0.16
4	石家庄市星球服装鞋帽联合(集团)公司	国有法人股	70.50	0.16
5	河北华鑫集团公司	流通股	70.50	0.16
6	李少钧	流通股	42.69	0.10
7	王碧灵	流通股	21.07	0.05
8	张海彬	流通股	19.61	0.05
9	蒋婷	流通股	18.30	0.04
10	王爱福	流通股	17.93	0.04

股东人数	2004.6	2003.12	2003.6	2002
	62123	62843	61077	62500

近年分配	2004 年 8 月 26 日 10 派 0.9	近年配股/增发	

重大事项

2004 年 5 月 25 日公司董事会会议通过了收购土地使用权议案，交易对方为石家庄常山纺织集团有限责任公司和石家庄常山纺织集团第三实业公司，交易金额为 619,843 千元。2003 年 10 月 20 日召开的公司董事会二届十三次会议通过了整体出售所属一印分公司资产及负债议案，交易对方为石家庄常山纺织集团一印实业有限公司，交易金额为 111,800 千元。截至 2004 年 6 月 30 日，对方已支付给本公司资产转让款 50,000 千元，余款将按照协议的约定分期支付。

二〇〇三年以来市场表现

2003 年涨跌幅(%)	-20.26
2003 年最高(元)	7.56
2003 年最低(元)	4.61
2003 年换手率(%)	140.68
2004.06 涨跌幅(%)	-9.35
2004.06 最高(元)	6.35
2004.06 最低(元)	4.40
2004.06 换手率(%)	197.02

新疆国际实业股份有限公司

公司概况

公司名称	新疆国际实业股份有限公司	股票代码	000159
注册地址	乌鲁木齐市北京南路 22 号龙岭大厦	邮政编码	830001
法人代表	丁治平	董秘	李丽
电话	0991-2885951,2886434	传真	0991-2885951,2861579
主营业务	进出口贸易		

总股本	17179.23	流通 A	7000.00	流通 B		流通 H	
审计单位				审计意见	未审计		

主要财务指标

年度	2004.6	2003	2002
每股收益/扣除后(元)	-0.0492	0.2612	0.0391
每股经营现金流量(元)	0.0879	-1.1000	0.0348
每股净资产/调整后(元)	2.8800	3.0600	3.2655
每股公积金(元)	2.1751	2.2225	2.1655
净资产收益率(%)	0.3900	0.9000	0.3100
总资产(万元)	131421.55	146287.58	158968.95
股东权益(万元)	54652.27	57128.88	59330.89
未分配利润(万元)	4381.41	4167.27	3650.27
主营收入(万元)	16910.89	57172.41	51338.74
资本公积金(万元)	37365.71	38181.55	37241.05
主营利润(万元)	3256.07	10149.77	9681.96
其他业务利润(万元)	62.11	335.73	-23.57
营业利润(万元)	-2766.27	754.60	1628.27
投资收益(万元)	918.81	-240.65	2235.86
补贴收入(万元)	29.08	66.69	-0.35
营业外收支(万元)	-52.87	-4903.95	2086.61
利润总额(万元)	-1871.25	-4323.32	-1186.97
净利润(万元)	214.14	517.00	184.12

十大股东

序号	股东名称	股份性质	持股数(万股)	比例(%)
1	新疆对外经济贸易(集团)有限责任公司	国有法人股	9179.23	53.43
2	新疆特变电工股份有限公司	境内法人股	350.00	2.04
3	江阴市基础产业总公司	国有法人股	300.00	1.75
4	和硕县佳丰果菜种植有限责任公司	境内法人股	200.00	1.16
5	江阴市新理念经济信息有限公司	境内法人股	150.00	0.87
6	曹钟文	流通 A 股	31.88	0.19
7	石君杰	流通 A 股	28.78	0.17
8	朱秀英	流通 A 股	25.93	0.15
9	洪远富	流通 A 股	25.05	0.15
10	缑桂英	流通 A 股	24.07	0.14

股东人数	2004.6	2003.12	2003.6	2002
	33172	36744	37871	39522

近年分配		近年配股/增发	

重大事项

2004 年 2 月 28 日，新疆国际煤焦化有限责任公司与拜城县国有资产经营有限责任公司签订《关于收购拜城县煤炭工业公司部分股权的合同书》，出资 360 万元增持拜城县煤炭工业公司 10%的股权，增持后持有其 60%的股权，2004 年 3 月 16 日，工商变更手续办理完毕。2004 年 6 月 15 日，新疆国际煤焦化有限责任公司与拜城县国有资产经营公司签订《拜城县铁热克煤业有限责任公司股权转让协议》，拟受让该公司 55%的股权，目前受让工作正在进行中。

二〇〇三年以来市场表现

2003 年涨跌幅(%)	-15.45
2003 年最高(元)	9.62
2003 年最低(元)	4.92
2003 年换手率(%)	191.89
2004.06 涨跌幅(%)	-22.45
2004.06 最高(元)	8.14
2004.06 最低(元)	5.00
2004.06 换手率(%)	130.74

吴江丝绸股份有限公司

公司概况

公司名称	吴江丝绸股份有限公司	股票代码	000301
注册地址	江苏吴江市盛泽镇舜新中路 39 号	邮政编码	215228
法人代表	董东立	董秘	沈志祥
电话	0512-63558328	传真	0512-63552272
主营业务	高档真丝绸织造		

总股本	46792.84	流通 A	15492.84	流通 B		流通 H	
审计单位				审计意见	未审计		

主要财务指标

年度	2004.6	2003	2002
每股收益/扣除后(元)	0.0553	0.1555	0.1504
每股经营现金流量(元)	-0.1833	0.3200	0.3900
每股净资产/调整后(元)	2.9980	2.9400	2.8500
每股公积金(元)	1.3895	1.3895	1.3778
净资产收益率(%)	2.0900	5.7700	6.2100
总资产(万元)	330448.28	310339.91	259715.12
股东权益(万元)	144626.61	141601.58	133704.53
未分配利润(万元)	25540.66	22515.63	16426.82
主营收入(万元)	112440.27	219977.70	177066.06
资本公积金(万元)	65016.87	65016.87	64297.90
主营利润(万元)	11705.65	25596.91	21555.65
其他业务利润(万元)	1430.10	3147.87	-347.29
营业利润(万元)	5880.76	14765.61	12317.89
投资收益(万元)	-945.08	-767.98	184.59
补贴收入(万元)	269.10	23.88	-0.36
营业外收支(万元)	-228.68	-407.19	78.12
利润总额(万元)	4976.10	13614.33	12077.05
净利润(万元)	3025.03	8169.12	8300.80

十大股东

序号	股东名称	股份性质	持股数(万股)	比例(%)
1	江苏吴江丝绸集团有限公司	国有法人股	29216.60	62.44
2	江苏省丝绸集团有限公司	境内法人股	1106.80	2.37
3	中国丝绸工业总公司	境内法人股	651.10	1.39
4	江苏弘业国际集团有限公司	流通 A 股	447.28	0.96
5	中国服装集团公司	境内法人股	260.40	0.56
6	上海汽车股份有限公司	流通 A 股	76.15	0.16
7	苏州市对外发展总公司	境内法人股	65.10	0.14
8	北京雅宝经济文化发展中心	流通 A 股	34.00	0.07
9	谢先垲	流通 A 股	29.77	0.06
10	庄良金	流通 A 股	28.00	0.06

股东人数

2004.6	2003.12	2003.6	2002
64925	67456	69979	72166

近年分配

近年分配		近年配股/增发	

重大事项

公司实施了 2003 年度利润分配方案:向全体股东按每 10 股分配现金红利 0.70 元(含税)进行分配。股权登记日 7 月 7 日,除息日 7 月 8 日。

二〇〇三年以来市场表现

2003 年涨跌幅(%)	-15.32
2003 年最高(元)	7.27
2003 年最低(元)	4.85
2003 年换手率(%)	213.03
2004.06 涨跌幅(%)	-8.95
2004.06 最高(元)	6.25
2004.06 最低(元)	4.58
2004.06 换手率(%)	110.18

许继电气股份有限公司

公司概况

公司名称	许继电气股份有限公司	股票代码	000400
注册地址	河南省许昌市许继大道	邮政编码	461000
法人代表	王纪年	董秘	姚武
电话	0374-3212348	传真	0374-3363549
主营业务	生产电网调度自动化		

总股本	37827.20	流通 A	19440.00	流通 B		流通 H	
审计单位				审计意见	未审计		

主要财务指标

年度	2004.6	2003	2002
每股收益/扣除后(元)	0.2106	0.4300	0.4000
每股经营现金流量(元)	0.2560	0.3800	0.2700
每股净资产/调整后(元)	4.5410	4.4300	3.7000
每股公积金(元)	1.5773	1.5773	1.5656
净资产收益率(%)	4.5740	9.8100	9.7100
总资产(万元)	337270.31	309344.81	274572.34
股东权益(万元)	175589.95	172097.30	155688.28
未分配利润(万元)	56609.99	53117.33	40287.47
主营收入(万元)	69271.52	152681.09	128805.79
资本公积金(万元)	59663.86	59663.86	59220.91
主营利润(万元)	26663.80	53048.45	42301.27
其他业务利润(万元)	1627.87	3493.10	-77.33
营业利润(万元)	12305.28	25881.19	17544.93
投资收益(万元)	154.36	121.29	26.67
补贴收入(万元)	10.11	929.12	-0.52
营业外收支(万元)	-73.12	-162.18	-0.24
利润总额(万元)	12396.63	26769.42	17599.91
净利润(万元)	8031.92	16877.17	15118.55

十大股东

序号	股东名称	股份性质	持股数(万股)	比例(%)
1	许继集团有限公司	国有法人股	17264.00	45.64
2	中信经典配置证券投资基金	流通 A 股	641.78	1.70
3	许继电控设备公司	法人股	576.00	1.52
4	许继电控设备公司	法人股	547.20	1.45
5	金泰证券投资基金	流通 A 股	542.33	1.43
6	丰合价值证券投资基金	流通 A 股	443.79	1.17
7	嘉实服务增值证券投资基金	流通 A 股	422.80	1.12
8	裕隆证券投资基金	流通 A 股	314.31	0.83
9	中融景气行业证券投资基金	流通 A 股	313.49	0.83
10	景福证券投资基金	流通 A 股	300.43	0.79

股东人数

2004.6	2003.12	2003.6	2002
63441	67291	71871	74960

近年分配

近年分配	2004 年 7 月 29 日 10 派 1.20	近年配股/增发	

重大事项

公司以 2003 年末总股本 378,272,000 股为基数,每 10 股派发现金 1.2 元(含税),不再进行公积金转增股本。本次派息的股权登记日为 2004 年 7 月 28 日,除息日为 2004 年 7 月 29 日。2004 年 2 月 23 日,公司四届十一次董事会会议通过为济南市琦泉热电有限公司申请的 3000 万元人民币贷款提供担保,担保期限五年;为河南鸿宝集团有限公司申请的 5000 万元人民币贷款提供担保,担保期限一年。

二〇〇三年以来市场表现

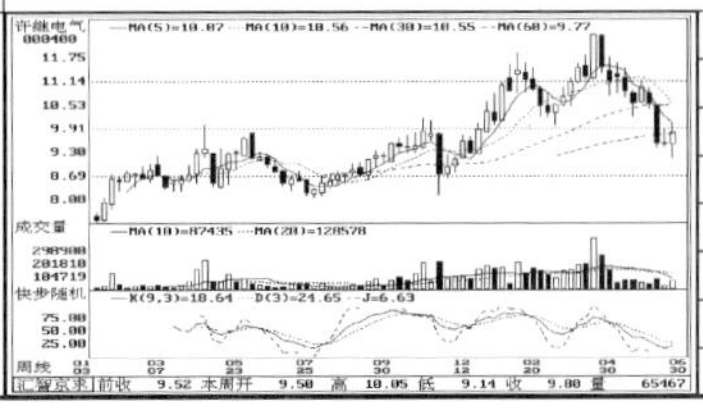

2003 年涨跌幅(%)	35.67
2003 年最高(元)	10.61
2003 年最低(元)	7.37
2003 年换手率(%)	177.03
2004.06 涨跌幅(%)	-4.58
2004.06 最高(元)	12.36
2004.06 最低(元)	9.14
2004.06 换手率(%)	163.64

唐山冀东水泥股份有限公司

公司概况

公司名称	唐山冀东水泥股份有限公司			股票代码	000401
注册地址	唐山市丰润区林荫路			邮政编码	063031
法人代表	杜金弘			董秘	张士江
电话	0315-3244005			传真	0315-3244005
主营业务	硅酸盐水泥				
总股本	96277.06	流通 A	35093.53	流通 B	流通 H
审计单位				审计意见	未审计

主要财务指标

年度	2004.6	2003	2002
每股收益/扣除后(元)	0.0610	0.1681	0.1209
每股经营现金流量(元)	0.1660	0.3200	0.2000
每股净资产/调整后(元)	2.0470	1.9100	1.6900
每股公积金(元)	0.7833	0.4967	0.5424
净资产收益率(%)	2.8900	8.5600	6.7300
总资产(万元)	526943.62	468012.25	333715.47
股东权益(万元)	203969.94	172016.33	157286.14
未分配利润(万元)	9050.94	12786.05	265.39
主营收入(万元)	74934.90	142428.45	111190.65
资本公积金(万元)	75414.48	47824.28	47824.28
主营利润(万元)	23290.28	47553.02	37586.95
其他业务利润(万元)	-15.55	106.09	1.44
营业利润(万元)	6000.00	12862.43	12018.80
投资收益(万元)	54.60	-37.48	-80.40
补贴收入(万元)	2504.58	6313.44	-58.15
营业外收支(万元)	-194.69	-290.06	-1.99
利润总额(万元)	8364.49	18848.33	14832.26
净利润(万元)	5892.60	14730.19	10577.82

十大股东

序号	股东名称	股份性质	持股数(万股)	比例(%)
1	河北省冀东水泥集团有限责任公司	国有法人股	60591.65	62.93
2	同益证券有限责任公司	流通A股	754.95	0.78
3	中国工商银行-鹏华行业成长证券投资基金	流通A股	674.64	0.70
4	红塔证券股份有限公司	流通A股	571.40	0.59
5	深圳国际信托投资有限责任公司	流通A股	444.82	0.46
6	银丰证券投资基金	流通A股	310.01	0.32
7	太原威廉企业策划设计有限公司	流通A股	250.00	0.26
8	唐山市新区第一运输公司	境内法人股	221.46	0.23
9	中国建设银行-博时裕富证券投资基金	流通A股	198.27	0.21
10	中国工商银行-普丰证券投资基金	流通A股	187.86	0.20

股东人数	2004.6	2003.12	2003.6	2002
	131477	133931	141721	150287

近年分配	2004年5月26日10派1.00	近年配股/增发	

重大事项

公司以2003年配股后总股本962,770,614股为基数，向全体股东每10股派发现金红利1.00元(含税)。本次派息股权登记日为2004年5月25日。以2001年12月31日股本总额881,785,550股为基数,以每10股配3股的比例向全体股东配售新股。本次配股配股价格为4.61元/股,股权登记日为2004年2月3日,除权基准日为2004年2月4日,缴款起止日为2004年2月4日至2004年2月17日。

二○○三年以来市场表现

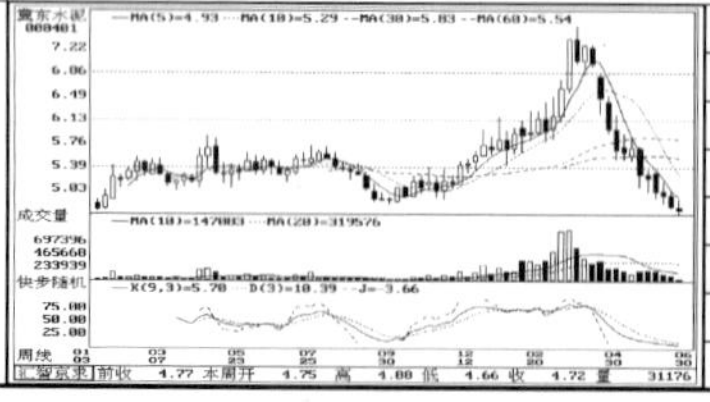

2003年涨跌幅(%)	14.22
2003年最高(元)	5.56
2003年最低(元)	4.49
2003年换手率(%)	88.54
2004.06涨跌幅(%)	-10.94
2004.06最高(元)	7.49
2004.06最低(元)	4.66
2004.06换手率(%)	207.79

金融街控股股份有限公司

公司概况

公司名称	金融街控股股份有限公司			股票代码	000402
注册地址	北京市西城区金融大街19号富凯大厦B座5层			邮政编码	100032
法人代表	王功伟			董秘	许群峰
电话	010-66573955			传真	010-66573956
主营业务	房地产、物业管理				
总股本	38312.66	流通 A	18057.00	流通 B	流通 H
审计单位				审计意见	未经审计

主要财务指标

年度	2004.6	2003	2002
每股收益/扣除后(元)	0.3561	0.6500	0.7800
每股经营现金流量(元)	-0.1350	-0.1000	-5.8200
每股净资产/调整后(元)	2.9000	3.6200	5.8900
每股公积金(元)	0.4606	0.6913	2.7975
净资产收益率(%)	12.0500	18.9900	18.8700
总资产(万元)	437554.16	362472.06	287588.97
股东权益(万元)	114208.59	109285.53	88536.11
未分配利润(万元)	45504.92	40581.87	22972.33
主营收入(万元)	72406.52	143797.09	92418.39
资本公积金(万元)	17645.41	26486.79	41222.43
主营利润(万元)	23536.36	44167.84	26897.58
其他业务利润(万元)	12.40	-2.34	-2.34
营业利润(万元)	20303.60	31016.65	18209.28
投资收益(万元)	470.03	163.07	317.89
补贴收入(万元)		2000.00	2000.00
营业外收支(万元)	-0.10	-3.16	0.03
利润总额(万元)	20773.54	33176.56	20339.03
净利润(万元)	13764.44	20749.42	16707.56

十大股东

序号	股东名称	股份性质	持股数(万股)	比例(%)
1	北京金融街建设集团	国有法人股	20255.66	52.87
2	安顺证券投资基金	流通股	1480.00	3.86
3	博时精选股票证券投资基金	流通股	445.01	1.16
4	上海佳盈房开发有限公司	流通股	415.13	1.08
5	申银万国证券股份有限公司	流通股	391.04	1.02
6	安信证券投资基金	流通股	376.00	0.98
7	科瑞证券投资基金	流通股	346.02	0.90
8	上海晓申冷气设备有限公司	流通股	337.82	0.88
9	常州市高玛商行	流通股	278.31	0.73
10	海南格方网络安全有限公司	流通股	234.09	0.61

股东人数	2004.6	2003.12	2003.6	2002
	11109	9803	10126	8082

近年分配	2004年2月23日10派3.00	近年配股/增发	2004年2月23日10转3

重大事项

2004年2月16日召开的公司2003年年度股东大会审议通过了每10股派发3.0元(含税)和每10股转增3股的公司2003年度利润分配和公积金转增股本方案公司2003年度利润分配和公积金转增股本方案实施工作已于2004年2月23日完成。2004年3月25日召开的公司2004年第一次临时股东大会审议通过了《2004年A股增发方案》、《关于本次募集资金实际情况可行性分析的议案》等一系列启动2004年A股增发工作的议案。

二○○三年以来市场表现

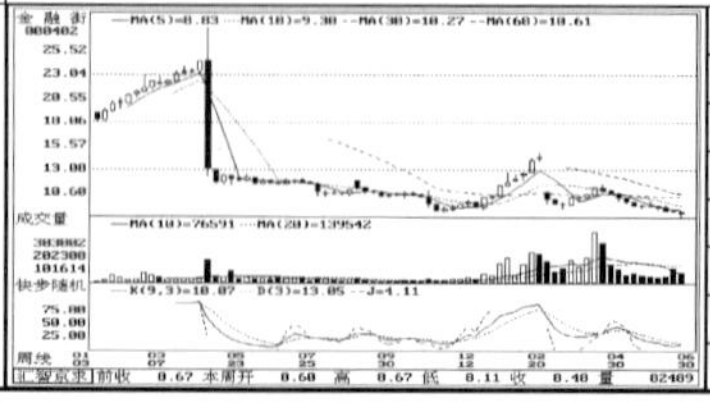

2003年涨跌幅(%)	8.68
2003年最高(元)	10.75
2003年最低(元)	6.39
2003年换手率(%)	92.58
2004.06涨跌幅(%)	10.99
2004.06最高(元)	11.50
2004.06最低(元)	7.51
2004.06换手率(%)	184.82

三九宜工生化股份有限公司

公司概况

公司名称	三九宜工生化股份有限公司	股票代码	000403
注册地址	深圳市福田区联合广场A座35楼	邮政编码	518026
法人代表	梅伟伶	董秘	朱虎诚
电话	0755-82911999-3905	传真	0755-82910777
主营业务	生物工程药品		
审计单位		审计意见	未审计

总股本	流通A	流通B	流通H
21168.35	9404.52		

主要财务指标

年度	2004.6	2003	2002
每股收益/扣除后(元)	0.0529	0.1000	0.2100
每股经营现金流量(元)	-0.1490	-0.2300	0.7500
每股净资产/调整后(元)	3.3700	3.3400	3.3300
每股公积金(元)	0.7353	0.7353	0.7353
净资产收益率(%)	1.6200	3.2900	6.3600
总资产(万元)	226601.97	224103.09	154454.77
股东权益(万元)	74268.44	73063.38	70672.89
未分配利润(万元)	27495.53	26290.47	25154.73
主营收入(万元)	42752.71	65181.18	46795.61
资本公积金(万元)	15565.38	15565.38	15564.43
主营利润(万元)	8669.23	14958.13	14031.95
其他业务利润(万元)	559.52	241.65	6.71
营业利润(万元)	1890.79	3755.51	4477.00
投资收益(万元)	-308.68	-252.80	-148.07
补贴收入(万元)	11.73	113.00	113.00
营业外收支(万元)	134.07	45.63	0.48
利润总额(万元)	1727.94	3661.34	5012.17
净利润(万元)	1205.06	2400.44	4491.74

十大股东

序号	股东名称	股份性质	持股数(万股)	比例(%)
1	三九医药股份有限公司	国家股	8068.20	38.11
2	宜春工程机械厂劳动服务公司	法人股	958.33	4.53
3	衡阳市国资局	国家股	609.00	2.88
4	宜春工程机械油箱厂	法人股	162.90	0.77
5	宜春工程机械西件厂	法人股	140.06	0.66
6	江西省分宜驱动桥厂	法人股	136.95	0.65
7	福州铁路工程总公司第二工程段	法人股	109.20	0.52
8	宜春齿轮制造有限公司	法人股	91.20	0.43
9	深圳市星瑞投资发展有限公司	法人股	86.00	0.41
10	宜春地区工程机械附件厂	法人股	62.09	0.29

股东人数

2004.6	2003.12	2003.6	2002
28132	27948	28165	21454

近年分配		近年配股/增发	

重大事项

本公司2003年年度股东大会审核通过了双林药业与三九医贸签订的2004年《产品经销协议》，截止到本报告期末，实际交易金额为44,788,632.49元，占同类交易总金额的21.99%。三九医贸与本公司都受同一母公司三九医药控制。三九医贸代理销售本公司控股子公司双林药业生产的血液制品。

二〇〇三年以来市场表现

2003年涨跌幅(%)	-51.22
2003年最高(元)	13.59
2003年最低(元)	5.77
2003年换手率(%)	185.40
2004.06涨跌幅(%)	-17.74
2004.06最高(元)	8.57
2004.06最低(元)	5.48
2004.06换手率(%)	164.21

华意压缩机股份有限公司

公司概况

公司名称	华意压缩机股份有限公司	股票代码	000404
注册地址	江西省景德镇市新厂东路28号	邮政编码	333001
法人代表	符念平	董秘	简家凤
电话	0798-8470237	传真	0798-8470221
主营业务	无氟压缩机		
审计单位		审计意见	未审计

总股本	流通A	流通B	流通H
26085.38	9548.60		

主要财务指标

年度	2004.6	2003	2002
每股收益/扣除后(元)	-0.0774	-0.4890	0.0043
每股经营现金流量(元)	-0.1581	-0.4400	0.6200
每股净资产/调整后(元)	1.9100	2.0100	2.4600
每股公积金(元)	1.2041	1.2041	1.1969
净资产收益率(%)	-4.8900	-22.9000	0.1700
总资产(万元)	167619.69	161454.08	165513.41
股东权益(万元)	49913.03	52351.81	64152.85
未分配利润(万元)	-12035.70	-9595.30	2418.89
主营收入(万元)	51045.78	66894.95	43068.87
资本公积金(万元)	31410.56	31408.93	31221.06
主营利润(万元)	3925.98	6215.88	3778.58
其他业务利润(万元)	349.87	484.35	-0.54
营业利润(万元)	-1324.86	-5391.93	-973.63
投资收益(万元)	-750.90	522.47	635.73
补贴收入(万元)	119.09	364.25	5.60
营业外收支(万元)	-10.14	-6297.79	-0.43
利润总额(万元)	-1966.80	-10803.00	631.54
净利润(万元)	-2440.40	-11988.91	111.22

十大股东

序号	股东名称	股份性质	持股数(万股)	比例(%)
1	景德镇华意电器总公司	国有法人股	10608.78	40.67
2	广东科龙电器股份有限公司	国有法人股	5928.00	22.73
3	周凤玲	流通A股	34.50	0.13
4	黄新生	流通A股	18.50	0.07
5	王争红	流通A股	14.20	0.05
6	王会平	流通A股	13.45	0.05
7	伍燕	流通A股	13.33	0.05
8	刘凯	流通A股	12.80	0.05
9	张翠林	流通A股	12.55	0.05
10	黄玉如	流通A股	12.10	0.05

股东人数

2004.6	2003.12	2003.6	2002
45737	46364	48415	48580

近年分配		近年配股/增发	

重大事项

南昌家电有限公司欠加西贝拉公司货款116.31万元，法院判决本公司胜诉；陕西省长岭（集团）股份有限公司欠加西贝拉公司货款1,538.09万元，法院判决本公司胜诉；陕西宝鸡长岭冰箱有限公司欠加西贝拉公司货款1,021.78万元，法院判决本公司胜诉，已收回3.57万元；上述应收帐款报告期计提坏帐准备400万元，减少报告期利润400万元。

二〇〇三年以来市场表现

2003年涨跌幅(%)	-35.01
2003年最高(元)	6.38
2003年最低(元)	3.54
2003年换手率(%)	106.76
2004.06涨跌幅(%)	23.76
2004.06最高(元)	6.40
2004.06最低(元)	3.48
2004.06换手率(%)	203.53

中国石化胜利油田大明(集团)股份有限公司

公司概况

公司名称	中国石化胜利油田大明(集团)股份有限公司	股票代码	000406
注册地址	山东省东营市济南路 228 号大明大厦	邮政编码	257000
法人代表	孔凡群	董秘	张荣山
电话	0546-8556533	传真	0546-8556533
主营业务	石油开发		

总股本	36402.76	流通 A	26582.84	流通 B		流通 H	
审计单位		审计意见	未审计				

主要财务指标

年度	2004.6	2003	2002
每股收益/扣除后(元)	0.2628	0.2600	0.4100
每股经营现金流量(元)	-0.0710	0.4000	0.7100
每股净资产/调整后(元)	4.4200	4.1300	3.7700
每股公积金(元)	1.8161	1.8161	1.8161
净资产收益率(%)	4.7400	7.5300	10.1400
总资产(万元)	366385.06	306566.87	217460.16
股东权益(万元)	168873.27	160885.34	148773.16
未分配利润(万元)	44034.61	36026.68	26338.29
主营收入(万元)	46520.78	91628.90	78196.08
资本公积金(万元)	66111.58	66111.58	66109.89
主营利润(万元)	25686.10	40222.24	37391.92
其他业务利润(万元)	206.75	284.12	9.62
营业利润(万元)	17338.29	25630.54	28234.08
投资收益(万元)	-2194.68	-733.25	-2148.40
补贴收入(万元)			
营业外收支(万元)	-333.72	-1624.37	-0.34
利润总额(万元)	14809.89	23272.92	26120.40
净利润(万元)	8007.93	12110.49	15083.87

十大股东

序号	股东名称	股份性质	持股数(万股)	比例(%)
1	中国石油化工股份有限公司	国有法人股	9586.64	26.33
2	汕头证券公司工会	流通 A 股	486.46	1.34
3	中国东方资产管理公司	境内法人股	233.28	0.64
4	季坚文	流通 A 股	226.03	0.62
5	汕头证券公司基金部	流通 A 股	86.37	0.24
6	刘芳强	流通 A 股	77.00	0.21
7	中国工商银行-融通深证 100 指数证券投资基金	流通 A 股	72.16	0.20
8	裕阳证券投资基金	流通 A 股	63.00	0.17
9	上海华铭投资有限公司	社会公众股	62.60	0.17
10	吴宝	流通 A 股	59.64	0.16

股东人数	2004.6	2003.12	2003.6	2002
	78720	85306	75311	65432

近年分配		近年配股/增发	

重大事项

本公司产品销售价格的确定:包括物资供应、产品销售、劳务等均依据关联方签订的关联交易合同,按照市场公允价格或根据国家主管部门的规定计价结算。　公司与中国石化胜利油田有限公司、中国石化集团胜利石油管理局和中国石化滇黔桂石油勘探局存在关联交易是必要的,并且今后仍将持续。

二○○三年以来市场表现

2003 年涨跌幅(%)	8.50
2003 年最高(元)	9.10
2003 年最低(元)	7.00
2003 年换手率(%)	237.39
2004.06 涨跌幅(%)	-11.63
2004.06 最高(元)	9.28
2004.06 最低(元)	7.09
2004.06 换手率(%)	163.37

山东胜利股份有限公司

公司概况

公司名称	山东胜利股份有限公司	股票代码	000407
注册地址	山东省济南市黑虎泉西路 139 号胜利大厦	邮政编码	250011
法人代表	王鹏	董秘	刘志强
电话	0531-6920495	传真	0531-6018518
主营业务	塑胶工业、农药		

总股本	28750.65	流通 A	17303.60	流通 B		流通 H	
审计单位		审计意见	未审计				

主要财务指标

年度	2004.6	2003	2002
每股收益/扣除后(元)	0.0264	0.0800	0.0800
每股经营现金流量(元)	0.1043	0.0500	0.3500
每股净资产/调整后(元)	1.8300	2.2500	2.1000
每股公积金(元)	0.5375	0.8450	0.8422
净资产收益率(%)	1.3700	5.2400	3.4900
总资产(万元)	121437.28	111855.56	114025.72
股东权益(万元)	55051.64	55492.64	52570.52
未分配利润(万元)	6733.56	5976.61	4747.75
主营收入(万元)	43069.63	72340.86	70286.04
资本公积金(万元)	15454.19	20245.96	20178.91
主营利润(万元)	4866.96	10606.29	10445.22
其他业务利润(万元)	105.46	129.20	3.66
营业利润(万元)	1470.09	3049.70	3033.80
投资收益(万元)	155.21	1523.50	7.02
补贴收入(万元)			
营业外收支(万元)	-3.35	-159.60	-0.35
利润总额(万元)	1621.95	4413.60	3020.42
净利润(万元)	756.94	2909.68	1836.93

十大股东

序号	股东名称	股份性质	持股数(万股)	比例(%)
1	山东胜利投资股份有限公司	境内法人股、流通 A 股	5209.33	18.12
2	广州市通百惠服务有限公司	境内法人股	4356.00	15.15
3	胜邦企业投资集团有限公司	流通 A 股	1871.22	6.51
4	润华集团股份有限公司	境内法人股	877.50	3.05
5	山东省交通开发投资公司	境内法人股	351.00	1.22
6	山东储备物资局三三四处	境内法人股	231.66	0.81
7	山东省农业生产资料公司	境内法人股	175.50	0.61
8	深圳市奥港实业有限公司	国有法人股	120.00	0.42
9	胜利集团劳动服务公司	境内法人股	94.77	0.33
10	王露云	流通 A 股	90.78	0.32

股东人数	2004.6	2003.12	2003.6	2002
	62071	65745	65595	65561

近年分配	2004 年 6 月 9 日 10 派 0.50	近年配股/增发	2004 年 6 月 9 日 10 转 2

重大事项

中国证监会山东监管局于 2004 年 5 月 19 日至 5 月 27 日对公司进行了三年一度的例行巡检。2004 年 4 月 28 日公司股东大会审议通过了 2003 年度利润分配方案,决定以公司总股本 239,588,758 股为基数,向全体股东每 10 股派现金 0.5 元(含税),以资本公积金每 10 股转增 2 股。该分配方案自 2004 年 6 月 9 日起实施。

二○○三年以来市场表现

2003 年涨跌幅(%)	-11.18
2003 年最高(元)	5.79
2003 年最低(元)	3.85
2003 年换手率(%)	79.54
2004.06 涨跌幅(%)	-13.73
2004.06 最高(元)	5.54
2004.06 最低(元)	3.68
2004.06 换手率(%)	68.07

河北华玉股份有限公司

公司概况

公司名称	河北华玉股份有限公司	股票代码	000408
注册地址	河北省邯郸市峰峰矿区彭新路 21 号	邮政编码	100011
法人代表	路联	董秘	郭宝贵
电话	010-82284579	传真	010-82284580
主营业务	生产和销售工业陶瓷		
总股本	11472.00	流通 A	4071.60
流通 B		流通 H	
审计单位		审计意见	未审计

主要财务指标

年度	2004.6	2003	2002
每股收益/扣除后(元)	-0.0479	0.0020	0.0850
每股经营现金流量(元)	-0.9820	0.2300	0.2400
每股净资产/调整后(元)	3.5700	3.6400	3.7800
每股公积金(元)	2.2464	2.2457	2.2457
净资产收益率(%)	0.6700	2.3200	2.3200
总资产(万元)	102574.45	117027.11	96038.00
股东权益(万元)	45713.94	45398.98	44510.44
未分配利润(万元)	6398.90	6092.93	4380.80
主营收入(万元)	9362.97	20456.48	37815.62
资本公积金(万元)	25772.23	25763.23	25763.23
主营利润(万元)	974.63	3649.51	7393.80
其他业务利润(万元)	851.18	650.02	-1.14
营业利润(万元)	-436.26	-148.32	2075.04
投资收益(万元)	727.05	1354.49	-175.89
补贴收入(万元)		18.94	-0.11
营业外收支(万元)	-2.66	74.02	-0.31
利润总额(万元)	-106.69	1299.13	1853.94
净利润(万元)	305.96	1053.37	1032.23

十大股东

序号	股东名称	股份性质	持股数(万股)	比例(%)
1	北京路源世纪投资管理有限公司	境内法人股	3260.00	28.42
2	北京九台投资管理有限公司	境内法人股	1970.00	17.17
3	北京景源大地置业有限公司	境内法人股	1400.00	12.20
4	上海新理益投资管理有限公司	境内法人股	630.00	5.49
5	海南鹏新贸易有限公司	境内法人股	70.00	0.61
6	谢玉秀	流通 A 股	54.45	0.47
7	李育南	流通 A 股	36.37	0.32
8	冯欣燕	流通 A 股	22.74	0.20
9	王纪英	流通 A 股	19.31	0.17
10	章珍桂	流通 A 股	19.27	0.17

股东人数	2004.6	2003.12	2003.6	2002
	12089	11613	11980	11448

近年分配		近年配股/增发	

重大事项

2004 年 5 月 21 日、25 日中国东方资产管理公司石家庄办事处在《中国证券报》发布了对本公司债务转让的公告，向社会各界公开转让其持有的本公司债权 731445.05 美元，人民币 65028 元。2004 年 1 月至 6 月，担保发生额合计为 1000 万元，担保余额合计为 26705 万元，其中：关联担保余额合计为 17705 万元，担保总额占公司净资产的比例为 58.42%，上市公司对控股子公司担保发生额合计为 16180 万元。

二〇〇三年以来市场表现

2003 年涨跌幅(%)	-35.88
2003 年最高(元)	10.48
2003 年最低(元)	5.20
2003 年换手率(%)	158.34
2004.06 涨跌幅(%)	-2.75
2004.06 最高(元)	7.44
2004.06 最低(元)	5.29
2004.06 换手率(%)	122.79

沈阳机床股份有限公司

公司概况

公司名称	沈阳机床股份有限公司	股票代码	000410
注册地址	沈阳市铁西区北二东路 10-1 号	邮政编码	110025
法人代表	陈惠仁	董秘	孙恺
电话	024-25876185	传真	024-25876185
主营业务	机床制造和销售		
总股本	34091.93	流通 A	13537.28
流通 B		流通 H	
审计单位		审计意见	未审计

主要财务指标

年度	2004.6	2003	2002
每股收益/扣除后(元)	0.0396	0.0200	-0.0200
每股经营现金流量(元)	0.3149	0.2700	0.2700
每股净资产/调整后(元)	2.3700	2.1100	2.2900
每股公积金(元)	1.3889	1.3889	1.3842
净资产收益率(%)	1.8900	1.4100	0.5600
总资产(万元)	406446.00	405967.03	397199.84
股东权益(万元)	80946.60	79416.21	78102.62
未分配利润(万元)	-6616.43	-8146.82	-8981.24
主营收入(万元)	147677.33	175259.02	107485.45
资本公积金(万元)	47350.69	47350.69	47190.52
主营利润(万元)	30082.75	38783.37	24147.89
其他业务利润(万元)	610.01	711.95	-5.60
营业利润(万元)	2620.42	411.03	-1675.41
投资收益(万元)	-51.33	405.24	-7.32
补贴收入(万元)	1.61	970.40	20.99
营业外收支(万元)	178.51	211.81	-0.82
利润总额(万元)	5752.33	1998.48	147.92
净利润(万元)	1530.39	1120.61	457.52

十大股东

序号	股东名称	股份性质	持股数(万股)	比例(%)
1	沈阳市国有资产经营有限公司	国有股	18554.45	54.42
2	上海灏伽经贸有限公司	法人股	260.00	0.76
3	沈阳市风险投资公司	法人股	130.00	0.38
4	沈阳建设投资公司	法人股	130.00	0.38
5	太原物产集团型材有限公司	法人股	130.00	0.38
6	辽宁信托投资公司	法人股	104.00	0.31
7	刘忠环	流通股	100.00	0.29
8	沈阳宏良投资顾问有限公司	法人股	65.00	0.19
9	工行沈阳融资中心	法人股	65.00	0.19
10	中国有色金属工业总公司辽宁分公司	法人股	65.00	0.19

股东人数	2004.6	2003.12	2003.6	2002
	71034	68323	68727	72103

近年分配		近年配股/增发	

重大事项

2004 年 7 月 8 日，公司收到沈阳市中级人民法院民事裁定书，本公司为沈阳合金投资股份有限公司向交通银行沈阳分行假日支行贷款提供担保，贷款金额为 5,000 万元人民币，贷款到期日为 2004 年 8 月 14 日。交通银行沈阳和平支行向辽宁省沈阳市中级人民法院起诉，要求沈阳合金投资股份有限公司偿还贷款本金及相关利息，要求本公司在担保范围内承担连带还款责任，要求被告承担本次诉讼各项诉讼费用、保全费用以及原告为实现债权而支出的各项费用。

二〇〇三年以来市场表现

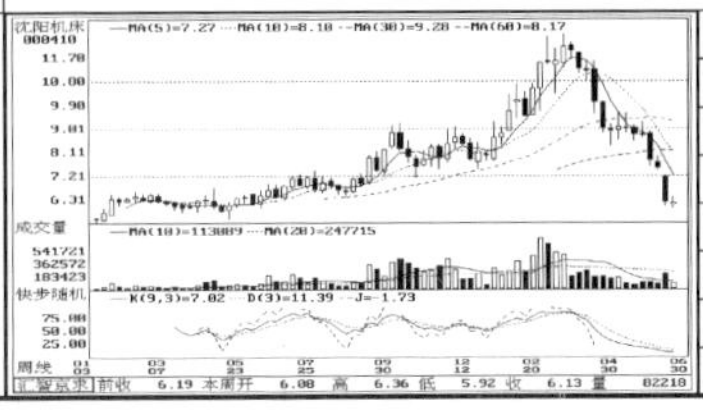

2003 年涨跌幅(%)	41.80
2003 年最高(元)	9.20
2003 年最低(元)	5.41
2003 年换手率(%)	494.18
2004.06 涨跌幅(%)	-22.11
2004.06 最高(元)	12.60
2004.06 最低(元)	5.92
2004.06 换手率(%)	449.41

浙江英特集团股份有限公司

公司概况

公司名称	浙江英特集团股份有限公司	股票代码	000411
注册地址	浙江省杭州市延安路508号	邮政编码	310006
法人代表	王先龙	董秘	包志虎
电话	0571-85068752	传真	0571-85068752
主营业务	医药制品		
总股本	11525.00	流通A	3147.91
流通B		流通H	
审计单位		审计意见	未审计

主要财务指标

年度	2004.6	2003	2002
每股收益/扣除后(元)	-0.0143	0.0060	0.0020
每股经营现金流量(元)	-0.3530	-0.4850	0.3900
每股净资产/调整后(元)	0.6400	0.6310	0.5650
每股公积金(元)	1.1215	1.1215	1.1192
净资产收益率(%)	0.0800	7.3800	1.3400
总资产(万元)	82836.98	76514.55	69436.95
股东权益(万元)	8280.00	8273.59	7710.92
未分配利润(万元)	-17636.20	-17642.55	-18178.57
主营收入(万元)	99426.73	163673.45	138231.80
资本公积金(万元)	12925.38	12925.38	12898.74
主营利润(万元)	3761.82	8250.15	7490.38
其他业务利润(万元)	147.75	430.35	12.50
营业利润(万元)	685.04	1227.18	1084.94
投资收益(万元)	-1.86	440.78	-248.13
补贴收入(万元)			
营业外收支(万元)	-6.59	-102.76	3.24
利润总额(万元)	676.60	1565.20	684.01
净利润(万元)	6.35	610.58	103.12

十大股东

序号	股东名称	股份性质	持股数(万股)	比例(%)
1	浙江砌润汽车出租有限公司	境内法人股	2075.55	18.01
2	浙江华龙实业发展有限公司	国有法人股	1339.00	11.62
3	杭州迪佛电信集团有限公司	境内法人股	1210.00	10.50
4	浙江省华龙投资发展有限公司	境内法人股	966.25	8.38
5	浙江华辰投资发展有限公司	境内法人股	700.00	6.07
6	浙江东普实业有限公司	境内法人股	630.00	5.47
7	浙江华龙房地产开发公司	境内法人股	520.00	4.51
8	浙江省丝绸进出口公司	境内法人股	292.90	2.54
9	香港富春丝绸公司	境内法人股	232.10	2.01
10	杭州市工商信托投资公司	法人股	206.25	1.79

股东人数	2004.6	2003.12	2003.6	2002
	8929	8982	9996	11121

近年分配		近年配股/增发	

重大事项

2004年4月21日，公司董事会同意将持有的杭州凯新布塞印花机械有限公司的10.13%的股权以1,300,000元的价格转让给浙江印染机械有限公司。2004年5月31日，经公司股东大会审议，同意将公司拥有的丝绸印染类资产转让给浙江华龙实业发展有限公司，交易价格为28,771,818元。

二○○三年以来市场表现

2003年涨跌幅(%)	-33.60
2003年最高(元)	8.85
2003年最低(元)	4.91
2003年换手率(%)	136.45
2004.06涨跌幅(%)	-8.76
2004.06最高(元)	6.90
2004.06最低(元)	4.55
2004.06换手率(%)	69.63

石家庄宝石电子玻璃股份有限公司

公司概况

公司名称	石家庄宝石电子玻璃股份有限公司	股票代码	000413
注册地址	河北省石家庄市高新技术产业开发区黄河大道9号	邮政编码	050035
法人代表	董庆祥	董秘	罗丽娜
电话	0311-6044705	传真	0311-6041503
主营业务	彩色电视机晶体管零部件		
总股本	38300.00	流通A	4507.30
流通B	10000.00	流通H	
审计单位		审计意见	未审计

主要财务指标

年度	2004.6	2003	2002
每股收益/扣除后(元)	0.0029	0.0200	0.0760
每股经营现金流量(元)	0.0360	-0.4500	-0.0600
每股净资产/调整后(元)	1.5300	1.5400	1.4900
每股公积金(元)	1.4006	1.4006	1.4006
净资产收益率(%)	0.2200	3.6800	5.0600
总资产(万元)	136880.84	141221.80	150556.72
股东权益(万元)	60083.30	59952.63	57745.54
未分配利润(万元)	-34605.53	-34736.20	-36943.29
主营收入(万元)	4929.72	8089.69	5362.17
资本公积金(万元)	53643.35	53643.35	53643.35
主营利润(万元)	1286.01	2221.86	2172.09
其他业务利润(万元)	802.33	1857.22	77.83
营业利润(万元)	-535.42	-1159.32	128.40
投资收益(万元)	586.17	3799.85	3608.69
补贴收入(万元)			
营业外收支(万元)	21.56	-42.92	0.54
利润总额(万元)	72.31	2597.62	3520.16
净利润(万元)	131.13	2207.09	2919.82

十大股东

序号	股东名称	股份性质	持股数(万股)	比例(%)
1	石家庄宝石电子集团有限责任公司	国家股	23041.05	60.16
2	DAIWA SECS.SMBC HONG KONG LTD-CLIEMS	流通B股	650.00	1.70
3	中国电子进出口总公司	境内法人股	200.00	0.52
4	中化河北进出口公司	境内法人股	100.00	0.26
5	石家庄信托投资股份公司	境内法人股	100.00	0.26
6	江凤媚	流通B股	54.34	0.14
7	陈永泉	流通B股	53.98	0.14
8	上海怡宝行贸易有限公司	流通A股	47.35	0.12
9	王希明	流通B股	46.60	0.12
10	张胜	流通B股	42.00	0.11

股东人数	2004.6	2003.12	2003.6	2002
	41540	24313	24548	40800

近年分配		近年配股/增发	

重大事项

2001年12月14日，公司第三届十一次董事会议对截止2001年10月31日，硝子公司借用彩壳公司资金2.6亿元，本公司将敦促双方继续按计划实施。报告期内硝子公司已按计划用现金还款3316万元，报告期末硝子公司借用彩壳公司资金余额为6096万元。

二○○三年以来市场表现

2003年涨跌幅(%)	-38.77
2003年最高(元)	8.35
2003年最低(元)	4.21
2003年换手率(%)	119.77
2004.06涨跌幅(%)	33.49
2004.06最高(元)	8.20
2004.06最低(元)	4.31
2004.06换手率(%)	391.86

新疆汇通(集团)股份有限公司

公司概况

公司名称	新疆汇通(集团)股份有限公司	股票代码	000415
注册地址	新疆乌鲁木齐市黄河路22号汇通大厦	邮政编码	830000
法人代表	钟碧城	董秘	胡敏辉
电话	0991-5835644	传真	0991-5852082
主营业务	工程承包、建筑工程施工、房地产		
总股本	23318.00	流通A	9595.75
流通B		流通H	
审计单位		审计意见	未审计

主要财务指标

年度	2004.6	2003	2002
每股收益/扣除后(元)	-0.0895	-0.2520	0.0060
每股经营现金流量(元)	0.1459	-0.0310	-0.5970
每股净资产/调整后(元)	1.4300	1.6290	1.8430
每股公积金(元)	0.4125	0.4125	0.4125
净资产收益率(%)	2.2900	-23.8000	0.3300
总资产(万元)	137735.78	143495.48	113578.29
股东权益(万元)	36262.07	35432.07	43864.75
未分配利润(万元)	-1967.69	-2797.69	5724.92
主营收入(万元)	15519.39	33945.85	25746.13
资本公积金(万元)	9619.56	9619.56	9618.11
主营利润(万元)	4943.73	5233.74	3557.96
其他业务利润(万元)	101.23	39.93	0.52
营业利润(万元)	-1356.34	-6062.33	-1430.93
投资收益(万元)	2270.38	-910.77	1561.74
补贴收入(万元)	3.51		
营业外收支(万元)	49.31	-2549.81	-0.32
利润总额(万元)	966.85	-9522.92	163.67
净利润(万元)	830.00	-8434.13	144.18

十大股东

序号	股东名称	股份性质	持股数(万股)	比例(%)
1	深圳市淳大投资有限公司	境内法人股	6993.63	29.99
2	新疆水利电力建设总公司	国有法人股	6547.93	28.08
3	海南维达实业有限公司	境内法人股	180.68	0.77
4	练军	流通A股	23.83	0.10
5	刘厚平	流通A股	19.50	0.08
6	顾幸福	流通A股	16.89	0.07
7	范光远	流通A股	16.62	0.07
8	王泽芳	流通A股	15.65	0.07
9	赖荣恳	流通A股	14.71	0.06
10	周越	流通A股	13.80	0.06

股东人数	2004.6	2003.12	2003.6	2002
	58701	61768	63681	65771

近年分配		近年配股/增发	

重大事项

公司控股子公司新疆汇通水利电力工程建设有限公司将所持有上海淳大酒店投资管理有限公司10%的股权转让给上海臻实业有限公司;公司将所持有的上海天海有限责任公司84.3%的股权全部进行出让，其中将所持股权中33.3%的股权转让给上海证大置业有公司,51%的股权转让给上海证大三角洲置业有限公司;公司控股子公司新疆汇通水利电力工程建设有限公司将所持有的上海天海有限责任公司15.7%的股权转让给上海证大置业有限公司。

二〇〇三年以来市场表现

2003年涨跌幅(%)	-35.06
2003年最高(元)	8.18
2003年最低(元)	3.85
2003年换手率(%)	88.52
2004.06涨跌幅(%)	-4.44
2004.06最高(元)	6.69
2004.06最低(元)	4.15
2004.06换手率(%)	157.55

青岛健特生物投资股份有限公司

公司概况

公司名称	青岛健特生物投资股份有限公司	股票代码	000416
注册地址	青岛市崂山区香港东路268号	邮政编码	266071
法人代表	陈青	董秘	陈波
电话	0532-3884366	传真	0532-3876171
主营业务	商品零售与批发业务		
总股本	40824.99	流通A	22476.66
流通B		流通H	
审计单位		审计意见	未审计

主要财务指标

年度	2004.6	2003	2002
每股收益/扣除后(元)	0.2275	0.4920	0.5250
每股经营现金流量(元)	0.2400	0.3730	0.6170
每股净资产/调整后(元)	1.3900	1.6100	1.3700
每股公积金(元)	0.0109	0.0109	0.0176
净资产收益率(%)	17.0600	30.2200	44.3300
总资产(万元)	70666.33	70084.70	69611.38
股东权益(万元)	56581.46	50699.16	35379.65
未分配利润(万元)	4580.60	8119.46	3853.17
主营收入(万元)	25983.99	54958.69	42683.76
资本公积金(万元)	443.08	443.08	443.08
主营利润(万元)	17723.25	35097.74	29050.69
其他业务利润(万元)	0.01	4.57	-0.04
营业利润(万元)	11706.05	19700.76	21186.87
投资收益(万元)	-430.37	-1705.54	-1591.57
补贴收入(万元)			
营业外收支(万元)	-86.09	-223.60	-24.19
利润总额(万元)	11189.59	17771.62	22090.94
净利润(万元)	9650.76	15319.51	15682.96

十大股东

序号	股东名称	股份性质	持股数(万股)	比例(%)
1	上海华馨投资有限公司	境内法人股、流通A股	12233.73	29.97
2	青岛创利多商贸有限公司	境内法人股	987.08	2.42
3	青岛华信投资咨询有限公司	境内法人股	525.60	1.29
4	金善合(北京)投资有限公司	流通A股	342.10	0.84
5	青岛益青房地产公司	境内法人股	296.28	0.73
6	揭阳市华发贸易有限公司	流通A股	241.68	0.59
7	上海昌弘实业有限公司	境内法人股	230.50	0.56
8	青岛太阳房地产经济发展总公司	境内法人股	207.39	0.51
9	国泰君安证券股份有限公司	境内法人股	201.47	0.49
10	中关村证券股份有限公司	流通A股	179.98	0.44

股东人数	2004.6	2003.12	2003.6	2002
	14188	11245	9559	9066

近年分配		近年配股/增发	
	2004年4月9日 10派1.20		2004年4月9日 10送3

重大事项

公司于2004年3月31日与TOP PARTNER INTERNATIONAL LIMITED(TP公司)签署了《关于无锡健特药业有限公司股权转让之股权转让协议》，拟将本公司持有无锡健特药业有限公司(无锡健特)90%股权中25%的股权转让给TP公司，转让健特生物2004半年度报告价格为人民币73,874,024.38元,转让完成后本公司仍持有无锡健特65%的股权。

二〇〇三年以来市场表现

2003年涨跌幅(%)	-12.54
2003年最高(元)	15.38
2003年最低(元)	7.57
2003年换手率(%)	82.77
2004.06涨跌幅(%)	-6.29
2004.06最高(元)	10.45
2004.06最低(元)	7.59
2004.06换手率(%)	61.94

合肥百货大楼集团股份有限公司

公司概况

公司名称	合肥百货大楼集团股份有限公司	股票代码	000417
注册地址	安徽省合肥市长江中路150号	邮政编码	230001
法人代表	郑晓燕	董秘	赵文武
电话	0551-2686010	传真	0551-2652936
主营业务	百货零售与批发		

总股本	18923.98	流通 A	6833.55	流通 B		流通 H	
审计单位		审计意见	未审计				

主要财务指标

年度	2004.6	2003	2002
每股收益/扣除后(元)	0.0582	0.1333	0.2457
每股经营现金流量(元)	0.1670	0.5800	0.7100
每股净资产/调整后(元)	3.3700	3.9800	4.6200
每股公积金(元)	1.3651	1.8382	2.4058
净资产收益率(%)	2.2100	4.0400	4.1200
总资产(万元)	177269.92	166141.52	132103.87
股东权益(万元)	65685.75	64231.27	61636.00
未分配利润(万元)	7366.35	5911.88	4536.78
主营收入(万元)	106388.58	141991.72	117634.71
资本公积金(万元)	25833.82	28987.81	31616.14
主营利润(万元)	13039.60	18197.16	15384.69
其他业务利润(万元)	623.74	456.04	-7.68
营业利润(万元)	2006.12	4503.45	5364.43
投资收益(万元)	445.18	216.24	-736.69
补贴收入(万元)			
营业外收支(万元)	72.45	45.01	0.58
利润总额(万元)	2523.75	4764.70	4825.27
净利润(万元)	1454.48	2595.27	2539.28

十大股东

序号	股东名称	股份性质	持股数(万股)	比例(%)
1	合肥百货大楼集团控股有限公司	国家股	5550.17	29.33
2	合肥兴泰控股集团有限公司	国家股	3931.20	20.77
3	合肥美菱股份有限公司	境内法人股	767.51	4.06
4	合肥市百货大楼裕安开发经营部	境内法人股	309.83	1.64
5	合肥洗衣机总厂(荣事达)	境内法人股	255.82	1.35
6	中国工商银行安徽省分行营业部	境内法人股	255.82	1.35
7	安徽省国际信托投资公司	境内法人股	127.91	0.68
8	合肥金达利娱乐有限公司	境内法人股	58.44	0.31
9	何建良	流通A股	56.30	0.30
10	武义县国有资产经营有限责任公司	境内法人股	30.69	0.16

股东人数	2004.6	2003.12	2003.6	2002
	17729	17322	17821	16968

近年分配		近年配股/增发	2004年6月29日10转2

重大事项

2004年5月28日,公司股东大会决定以2003年12月31日的总股本157,699,804股为基数,向本公司全体股东每10股进行资本公积金转增股本2股。公司按协议收取合肥百货大楼集团控股有限公司四方场地使用费360千元,截止2004年6月30日尚欠合肥百货大楼集团控股有限公司2002年度股利933千元。

二〇〇三年以来市场表现

2003年涨跌幅(%)	-22.64
2003年最高(元)	6.50
2003年最低(元)	4.18
2003年换手率(%)	102.79
2004.06涨跌幅(%)	3.75
2004.06最高(元)	6.06
2004.06最低(元)	4.17
2004.06换手率(%)	160.52

无锡小天鹅股份有限公司

公司概况

公司名称	无锡小天鹅股份有限公司	股票代码	000418
注册地址	无锡国家高新技术开发区汉江路1号	邮政编码	214035
法人代表	李石生	董秘	乔立
电话	0510-3704003-2192	传真	0510-3720879
主营业务	家用电器及零配件		

总股本	36510.38	流通 A	7200.00	流通 B	12735.72	流通 H	
审计单位		审计意见	未审计				

主要财务指标

年度	2004.6	2003	2002
每股收益/扣除后(元)	0.0674	0.0286	-1.5500
每股经营现金流量(元)	-0.0900	0.5200	0.2371
每股净资产/调整后(元)	3.0400	2.9100	3.1976
每股公积金(元)	2.2135	3.0329	3.0326
净资产收益率(%)	2.5200	3.2500	-34.3400
总资产(万元)	303791.31	307906.34	316962.75
股东权益(万元)	113426.15	110683.05	121842.48
未分配利润(万元)	-18475.09	-88074.50	-52257.68
主营收入(万元)	109681.54	290132.03	275570.00
资本公积金(万元)	80814.96	110733.22	110723.09
主营利润(万元)	22634.17	52165.85	42380.14
其他业务利润(万元)	1406.15	574.70	97.76
营业利润(万元)	2702.11	2061.10	-86310.76
投资收益(万元)	1356.81	5667.57	2740.53
补贴收入(万元)	378.16	93.96	1.23
营业外收支(万元)	-410.13	-1599.11	28.94
利润总额(万元)	4026.95	6223.51	-86846.25
净利润(万元)	2855.26	3599.03	-41842.96

十大股东

序号	股东名称	股份性质	持股数(万股)	比例(%)
1	江苏小天鹅集团有限公司	国有股	10162.89	27.84
2	大中华发展有限公司	流通股	2601.43	7.13
3	无锡市工业发展基金	境内法人股	1649.66	4.52
4	无锡城镇集体工业联社	境内法人股	799.37	2.19
5	南方证券有限公司	境内法人股	757.09	2.07
6	西安万国房地产开发有限责任公司	境内法人股	480.00	1.31
7	沈阳联亚实业发饭菜 公司	境内法人股	216.00	0.59
8	中国建行大连信托投资股份公司	境内法人股	144.00	0.39
9	北京联诚投资咨询有限公司	境内法人股	144.00	0.39
10	陈绍明	流通B股	107.34	0.29

股东人数	2004.6	2003.12	2003.6	2002
	63154	49225	68905	64112

近年分配		近年配股/增发	

重大事项

公司2004年4月23日第四届董事会第十一次会议审议通过了许可小天鹅集团公司使用小天鹅商标的议案。公司2004年7月20日的第四届董事会第十七次会议,审议通过了关于2004年度关联交易的议案。同意本公司2004年度向宁波小天鹅定牌采购双缸、全自动洗衣机,预计采购金额不超过25,000万元。

二〇〇三年以来市场表现

2003年涨跌幅(%)	-49.92
2003年最高(元)	12.33
2003年最低(元)	5.65
2003年换手率(%)	414.09
2004.06涨跌幅(%)	-15.51
2004.06最高(元)	8.88
2004.06最低(元)	5.30
2004.06换手率(%)	153.21

长沙通程控股股份有限公司

公司概况

公司名称	长沙通程控股股份有限公司			股票代码	000419		
注册地址	长沙市劳动路589号			邮政编码	410007		
法人代表	周兆达			董秘	苏千里		
电话	0731-5534994			传真	0731-5535588		
主营业务	商业、酒店管理						
总股本	17550.82	流通A	6535.82	流通B		流通H	
审计单位				审计意见	未审计		

主要财务指标

年度	2004.6	2003	2002
每股收益/扣除后(元)	0.0498	0.0441	0.1281
每股经营现金流量(元)	0.5960	0.6500	0.4700
每股净资产/调整后(元)	3.3840	3.3700	3.2300
每股公积金(元)	1.6399	1.6399	1.6400
净资产收益率(%)	1.4500	3.8500	3.7800
总资产(万元)	157204.06	132180.36	112909.76
股东权益(万元)	60420.48	59541.54	57248.31
未分配利润(万元)	10044.92	9165.98	7339.61
主营收入(万元)	41585.92	69964.91	69049.78
资本公积金(万元)	28781.88	28781.88	28782.77
主营利润(万元)	7301.84	14336.25	17344.37
其他业务利润(万元)	985.86	1747.44	-62.98
营业利润(万元)	1291.30	2816.53	4761.08
投资收益(万元)		419.10	-950.14
补贴收入(万元)			
营业外收支(万元)	4.25	19.85	-0.16
利润总额(万元)	1295.55	3255.48	3727.30
净利润(万元)	878.95	2294.12	2164.29

十大股东

序号	股东名称	股份性质	持股数(万股)	比例(%)
1	长沙通程实业集团有限公司	国有法人股	9815.00	55.92
2	长沙电业局	国有法人股	300.00	1.71
3	长沙电信实业有限公司	国有法人股	300.00	1.71
4	湖南省金帆投资管理有限公司	境内法人股	300.00	1.71
5	长沙市自来水公司	国有法人股	300.00	1.71
6	深圳市东大投资发展有限公司	流通A股	43.75	0.25
7	洋浦东大投资发展有限公司	流通A股	38.18	0.22
8	北京捷通投资咨询管理有限公司	流通A股	19.00	0.11
9	程蕾	流通A股	18.35	0.10
10	杨利娟	流通A股	18.30	0.10

股东人数	2004.6	2003.12	2003.6	2002
	20351	29990	20666	20506

近年分配		近年配股/增发	

重大事项

公司以现金16461.10万元收购控股股东长沙通程实业集团有限公司持有的同升湖通程山庄酒店整体资产。公司于2004年6月25日收到转让本公司持有恒信证券有限责任公司11605.8万股股权(占恒信证券有限责任公司的20.01%的股权),股权转让的价格为每股1.11元,转让总价款为12882.44万元。

二〇〇三年以来市场表现

2003年涨跌幅(%)	-26.71
2003年最高(元)	9.95
2003年最低(元)	5.08
2003年换手率(%)	117.07
2004.06涨跌幅(%)	-7.84
2004.06最高(元)	7.40
2004.06最低(元)	5.28
2004.06换手率(%)	80.47

吉林化纤股份有限公司

公司概况

公司名称	吉林化纤股份有限公司			股票代码	000420		
注册地址	吉林省吉林市九站街516-1号			邮政编码	132101		
法人代表	王进军			董秘	唐家维		
电话	0432-3502431			传真	0432-3502329		
主营业务	粘胶短纤维						
总股本	37825.75	流通A	19424.57	流通B		流通H	
审计单位				审计意见	未审计		

主要财务指标

年度	2004.6	2003	2002
每股收益/扣除后(元)	0.1127	0.1600	0.0200
每股经营现金流量(元)	0.0750	0.4000	0.2500
每股净资产/调整后(元)	2.9500	2.7900	2.7700
每股公积金(元)	1.3420	1.3073	1.3068
净资产收益率(%)	3.2600	4.7200	0.7700
总资产(万元)	221416.62	207436.02	198122.33
股东权益(万元)	113131.58	111914.35	106609.92
未分配利润(万元)	7248.51	3560.40	2065.30
主营收入(万元)	66217.60	113736.39	100452.02
资本公积金(万元)	50760.93	49449.24	49429.42
主营利润(万元)	14723.25	23602.80	13221.08
其他业务利润(万元)	-94.74	81.55	0.98
营业利润(万元)	4644.40	6807.12	908.97
投资收益(万元)		-77.78	15.78
补贴收入(万元)			
营业外收支(万元)	-619.15	-1375.95	-1.46
利润总额(万元)	4025.25	5353.40	792.72
净利润(万元)	3688.11	5284.62	827.08

十大股东

序号	股东名称	股份性质	持股数(万股)	比例(%)
1	吉林化纤集团有限责任公司	国有法人股	14729.17	38.94
2	吉林省吉发农业开发集团股份公司	境内法人股	612.00	1.62
3	吉林省吉林建设开发集团公司	境内法人股	510.00	1.35
4	中国纺织机械进出口公司	境内法人股	306.00	0.81
5	沈阳化工集团有限公司	境内法人股	306.00	0.81
6	杭州海宁新纪元钢管制造有限公司	境内法人股	306.00	0.81
7	杭州萧山市地方物资公司	境内法人股	206.00	0.54
8	中纺资产管理有限公司	境内法人股	204.00	0.54
9	中国纺织物资(集团)总公司	境内法人股	204.00	0.54
10	吉林化纤进出口公司	境内法人股	163.20	0.43

股东人数	2004.6	2003.12	2003.6	2002
	94695	97988	100998	103933

近年分配	2004年7月9日10派1.00	近年配股/增发	

重大事项

公司以2003年度末总股本378,257,464股为基数,向全体股东每10股派1元人民币现金(含税)。扣税后流通股中的个人股东和投资基金实际每10股派0.8元(人民币)现金。本次公司分红派息不进行公积金转赠股本。 本次分红派息的股权登记日为:2004年7月8日,除息日为:2004年7月9日,现金红利发放日:2004年7月9日。

二〇〇三年以来市场表现

2003年涨跌幅(%)	6.03
2003年最高(元)	5.60
2003年最低(元)	4.16
2003年换手率(%)	141.50
2004.06涨跌幅(%)	-9.15
2004.06最高(元)	6.80
2004.06最低(元)	4.38
2004.06换手率(%)	168.60

南京中北(集团)股份有限公司

公司概况

公司名称	南京中北(集团)股份有限公司	股票代码	000421
注册地址	南京市通江路16号	邮政编码	210036
法人代表	薛乐群	董秘	赵文
电话	025-86383605	传真	025-86383600
主营业务	出租汽车客运		
总股本	25633.79	流通A	9875.44
流通B		流通H	
审计单位		审计意见	未审计

主要财务指标

年度	2004.6	2003	2002
每股收益/扣除后(元)	0.0229	0.1410	0.1230
每股经营现金流量(元)	0.0633	-0.2200	0.9700
每股净资产/调整后(元)	1.3690	1.8400	1.8800
每股公积金(元)	0.4941	0.7424	0.7376
净资产收益率(%)	1.9800	6.9800	6.7200
总资产(万元)	128000.03	110445.20	85288.09
股东权益(万元)	44657.50	44959.89	42127.49
未分配利润(万元)	2179.09	6225.38	3834.92
主营收入(万元)	37111.44	57832.05	70525.18
资本公积金(万元)	12666.47	14638.30	14544.90
主营利润(万元)	7119.33	11648.58	11631.95
其他业务利润(万元)	214.54	401.10	-8.69
营业利润(万元)	1139.69	2645.54	2973.68
投资收益(万元)	137.13	986.75	379.70
补贴收入(万元)	140.27	676.35	41.99
营业外收支(万元)	263.35	146.06	-0.93
利润总额(万元)	1680.43	4454.70	3901.91
净利润(万元)	883.29	3139.37	2829.18

十大股东

序号	股东名称	股份性质	持股数(万股)	比例(%)
1	南京市国有资产经营(控股)有限公司	国家股	7321.60	28.56
2	南京市公用控股(集团)有限公司	境内法人股	1489.28	5.81
3	南京万众企业管理有限公司	境内法人股	1222.49	4.77
4	南京万众投资管理咨询有限公司	境内法人股	878.38	3.43
5	中信汽车公司	境内法人股	531.69	2.07
6	上海大众出租汽车股份有限公司	境内法人股	436.80	1.70
7	上海强生经济发展(集团)公司	境内法人股	374.40	1.46
8	申银万国证券股份有限公司	境内法人股	374.40	1.46
9	南京日报社	境内法人股	287.37	1.12
10	金陵石油化工公司炼油厂	境内法人股	233.41	0.91

股东人数	2004.6	2003.12	2003.6	2002
	35840	35292	36028	34851

近年分配	2004年6月14日10派0.50	近年配股/增发	2004年6月14日10送2转1

重大事项

2003年12月25日,公司第五届董事会第六次会议审议通过了《关于收购南京利达出租汽车有限公司35%股权的报告》。同意公司出资783.125万元人民币,收购南0京利达出租汽车有限公司35%的股权。2004年1月该项交易正式实施并完成。公司目前持有南京利达出租汽车有限公司95%的股权。

二〇〇三年以来市场表现

2003年涨跌幅(%)	-31.63
2003年最高(元)	6.31
2003年最低(元)	3.47
2003年换手率(%)	110.78
2004.06涨跌幅(%)	8.86
2004.06最高(元)	5.52
2004.06最低(元)	3.52
2004.06换手率(%)	117.93

湖北宜化化工股份有限公司

公司概况

公司名称	湖北宜化化工股份有限公司	股票代码	000422
注册地址	湖北省宜昌市■亭大道399号	邮政编码	443000
法人代表	蒋远华	董秘	余晨扬
电话	0717-6444588,6442268	传真	0717-6448689
主营业务	农用化肥		
总股本	21388.04	流通A	10885.04
流通B		流通H	
审计单位	大信会计师事务所	审计意见	标准无保留

主要财务指标

年度	2004.6	2003	2002
每股收益/扣除后(元)	0.2563	0.2960	0.2400
每股经营现金流量(元)	0.5380	0.5700	0.8200
每股净资产/调整后(元)	4.1100	3.8600	3.6500
每股公积金(元)	2.0155	2.0155	2.0155
净资产收益率(%)	6.3600	7.9300	6.5100
总资产(万元)	203106.59	198504.44	164253.94
股东权益(万元)	88126.86	82517.99	78115.87
未分配利润(万元)	17150.09	12382.55	8961.57
主营收入(万元)	77048.95	99136.43	79021.77
资本公积金(万元)	43108.05	43108.05	43108.05
主营利润(万元)	14682.37	18835.71	14744.71
其他业务利润(万元)	-2.49	372.09	-2.68
营业利润(万元)	8031.72	9440.81	7241.29
投资收益(万元)	6.05	-49.19	-51.23
补贴收入(万元)	35.33	1487.12	-69.86
营业外收支(万元)	117.10	-1822.03	-37.42
利润总额(万元)	8190.21	9056.71	7172.53
净利润(万元)	5608.86	6540.92	5083.66

十大股东

序号	股东名称	股份性质	持股数(万股)	比例(%)
1	湖北宜化集团有限责任公司	国家股	6023.20	28.16
2	中国信达资产管理公司	法人股	1427.40	6.67
3	宏源证券股份有限公司	社会公众股	946.49	4.43
4	宜昌市供电局	法人股	676.85	3.16
5	湖北三环投资管理有限公司	法人股	507.00	2.37
6	交通银行-海富通精选证券投资基金	社会公众股	350.00	1.64
7	上海证大投资管理有限公司	法人股	255.00	1.19
8	中国银行-同盛证券投资基金	社会公众股	231.10	1.08
9	泸州中天实业有限公司	法人股	202.80	0.95
10	中国银行-同智证券投资基金	社会公众股	183.78	0.86

股东人数	2004.6	2003.12	2003.6	2002
	35898	41093	41857	42422

近年分配	2004年5月19日10派1.00	近年配股/增发	

重大事项

经2004年3月20公司2003年度股东大会批准,公司2003年度利润分配方案为:以2003年12月31日公司总股本213,880,370股为基数,向全体股东每10股分派现金红利1元(含税)。此次股权登记日:2004年5月18日;除息日:2004年5月18日;红利发放日:2004年5月18日。2004年6月19日,国家发改委批复我公司废水综合治理工程可研报告,项目总投资8361万元。

二〇〇三年以来市场表现

2003年涨跌幅(%)	-19.52
2003年最高(元)	8.59
2003年最低(元)	5.84
2003年换手率(%)	71.09
2004.06涨跌幅(%)	2.37
2004.06最高(元)	8.35
2004.06最低(元)	6.60
2004.06换手率(%)	60.57

山东东阿阿胶股份有限公司

公司概况

公司名称	山东东阿阿胶股份有限公司	股票代码	000423
注册地址	山东省东阿县阿胶街78号	邮政编码	252201
法人代表	刘维志	董秘	吴怀锋
电话	0635-3264069	传真	0635-3260786
主营业务	生产经营中成药		
总股本	40871.16	流通A	28763.02
流通B		流通H	
审计单位		审计意见	未审计

主要财务指标

年度	2004.6	2003	2002
每股收益/扣除后(元)	0.1370	0.3600	0.3200
每股经营现金流量(元)	0.2340	0.3700	0.3600
每股净资产/调整后(元)	2.2500	3.2200	2.8700
每股公积金(元)	0.5764	1.1646	1.1646
净资产收益率(%)	6.0800	10.9700	11.0500
总资产(万元)	106861.38	101941.51	98228.03
股东权益(万元)	92502.55	88237.87	78556.31
未分配利润(万元)	19462.52	19284.95	12405.80
主营收入(万元)	38270.13	74772.46	56992.50
资本公积金(万元)	23557.24	31731.47	31731.47
主营利润(万元)	18433.77	35897.62	33566.42
其他业务利润(万元)	63.59	67.31	88.12
营业利润(万元)	8175.62	14395.79	13898.23
投资收益(万元)	20.60	40.61	230.20
补贴收入(万元)	58.85	48.76	48.76
营业外收支(万元)	-52.17	-164.46	4.09
利润总额(万元)	8202.45	14320.70	13848.90
净利润(万元)	5627.05	9681.56	8680.93

十大股东

序号	股东名称	股份性质	持股数(万股)	比例(%)
1	聊城市国有资产管理局	国家股	12108.14	29.63
2	交通银行——海富通精选证券投资基金	流通股	487.88	1.19
3	中国银行——海富通收益增长证券投资基金	流通股	417.30	1.02
4	交通银行——国泰金鹰增长证券投资基金	流通股	360.99	0.88
5	鸿飞证券投资基金	流通股	314.94	0.77
6	招商银行股份有限公司——中信经典配置投资基金	流通股	300.61	0.74
7	中国银行-景宏证券投资基金	流通股	278.09	0.68
8	中国建设银行——华宝兴业多策略增长证券投资基金	流通股	263.42	0.64
9	中国建设银行——宝康消费品证券投资基金	流通股	235.87	0.58
10	中国银行——宝鹰成份股优选证券投资基金	流通股	200.21	0.49

股东人数	2004.6	2003.12	2003.6	2002
	59239	65723	69687	64972

近年分配	2004年6月17日10派0.50	近年配股/增发	2004年6月17日10送2转3

重大事项

2004年4月29日召开公司2003年度股东大会，审议通过的《2003年度利润分配方案》：以2003年末总股本272,474,366股为基数，向全体股东每10股送2股转增3股派发现金0.5元(含税)。本次利润分配及转增股本的股权登记日为2004年6月16日，除权除息日为2004年6月17日。公司将东阿泉啤酒资产以评估价值3,546.33万元，出售给山东东阿阿胶集团有限责任公司。

二○○三年以来市场表现

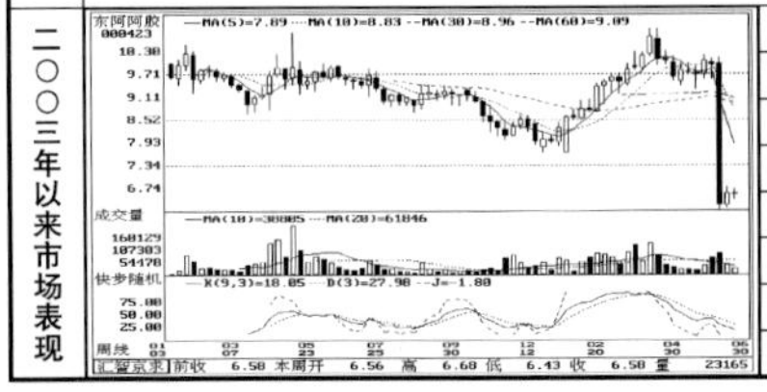

2003年涨跌幅(%)	-18.06
2003年最高(元)	6.97
2003年最低(元)	5.07
2003年换手率(%)	75.01
2004.06涨跌幅(%)	23.92
2004.06最高(元)	7.23
2004.06最低(元)	5.07
2004.06换手率(%)	49.99

徐州工程机械科技股份有限公司

公司概况

公司名称	徐州工程机械科技股份有限公司	股票代码	000425
注册地址	江苏省徐州市苏堤北路5号	邮政编码	221004
法人代表	王民	董秘	费广胜
电话	0516-7738519	传真	0516-7738528
主营业务	生产筑路机械		
总股本	54508.76	流通A	21362.26
流通B		流通H	
审计单位		审计意见	未审计

主要财务指标

年度	2004.6	2003	2002
每股收益/扣除后(元)	0.1078	0.2100	0.2200
每股经营现金流量(元)	-0.3530	0.0900	0.4800
每股净资产/调整后(元)	1.9800	1.9700	1.9100
每股公积金(元)	0.8475	0.8475	0.9028
净资产收益率(%)	4.9000	9.6500	9.9900
总资产(万元)	398473.94	320611.53	258838.94
股东权益(万元)	121523.45	121022.00	107423.58
未分配利润(万元)	15528.59	9576.60	10471.77
主营收入(万元)	257312.55	349433.12	212368.53
资本公积金(万元)	46197.64	46197.31	44738.31
主营利润(万元)	31818.46	49182.08	35220.85
其他业务利润(万元)	1802.98	813.34	29.13
营业利润(万元)	11089.37	16550.40	10241.80
投资收益(万元)	-350.43	-544.52	1793.31
补贴收入(万元)	240.29	329.44	8.11
营业外收支(万元)	-351.01	-445.58	-0.98
利润总额(万元)	10628.23	15889.74	12706.76
净利润(万元)	5952.00	11672.78	10730.23

十大股东

序号	股东名称	股份性质	持股数(万股)	比例(%)
1	徐工集团工程机械有限公司	国有法人股	19367.94	35.53
2	国投机轻有限公司	境内法人股	2230.80	4.09
3	徐州回转支承公司	境内法人股	2227.92	4.09
4	徐州重型机械厂	境内法人股	1570.64	2.88
5	徐州众智发展有限公司	境内法人股	1217.60	2.23
6	徐州苏源集团远通自动化有限公司	境内法人股	990.00	1.82
7	河南中鸿投资咨询有限公司	境内法人股	715.00	1.31
8	上海沪香工贸有限公司	境内法人股	336.60	0.62
9	上海市企业年金发展中心	境内法人股	313.10	0.57
10	北内集团总公司	境内法人股	286.00	0.52

股东人数	2004.6	2003.12	2003.6	2002
	31799	37527	42662	5215

近年分配	2004年7月14日10派1.00	近年配股/增发	

重大事项

2002年3月12日经公司董事会审议通过了以自筹资金36,995,079元购买金山桥开发区土地使用权。截止2004年6月30日已支付资金31,892,800元，土地使用权证正在办理中。公司以2003年12月31日总股本545,087,620股为基数，向全体股东每10股分配现金红利1.00元(含税)。

二○○三年以来市场表现

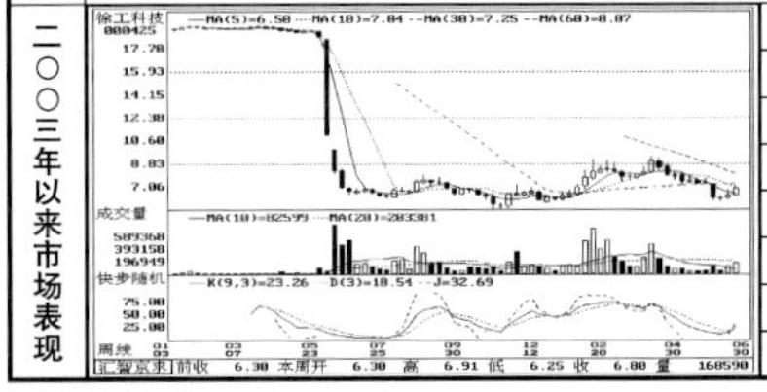

2003年涨跌幅(%)	-65.98
2003年最高(元)	17.67
2003年最低(元)	5.28
2003年换手率(%)	275.93
2004.06涨跌幅(%)	14.67
2004.06最高(元)	9.38
2004.06最低(元)	5.78
2004.06换手率(%)	233.73

赤峰大地基础产业股份有限公司

公司概况

公司名称	赤峰大地基础产业股份有限公司	股票代码	000426
注册地址	内蒙古赤峰市松山区西站大街8号	邮政编码	024005
法人代表	景树森	董秘	寇显强
电话	0476-2216622	传真	0476-2216691
主营业务	供电、房地产		

总股本	26620.74	流通A	8758.60	流通B		流通H	
审计单位		审计意见	未审计				

主要财务指标

年度	2004.6	2003	2002
每股收益/扣除后(元)	0.0023	-0.1300	0.2600
每股经营现金流量(元)	0.3320	0.3100	0.6700
每股净资产/调整后(元)	4.1900	4.1900	3.9200
每股公积金(元)	2.0586	2.0586	1.9817
净资产收益率(%)	1.0100	4.6000	6.4400
总资产(万元)	343095.91	343679.16	214377.23
股东权益(万元)	116735.42	115562.12	108193.77
未分配利润(万元)	26033.86	24860.56	20891.06
主营收入(万元)	19381.77	28347.05	23778.89
资本公积金(万元)	54802.31	54802.31	52753.63
主营利润(万元)	3958.55	5115.65	5749.99
其他业务利润(万元)	1124.81	366.85	-2.35
营业利润(万元)	525.64	-1177.39	1282.32
投资收益(万元)	-50.98	-177.40	-452.42
补贴收入(万元)	790.62	6665.23	-1372.60
营业外收支(万元)	41.65	-108.23	-0.03
利润总额(万元)	1306.92	5202.21	6946.96
净利润(万元)	1173.30	5319.67	6967.87

十大股东

序号	股东名称	股份性质	持股数(万股)	比例(%)
1	赤峰富龙公用(集团)有限责任公司	国家股	16101.50	60.48
2	赤峰鑫泰资产托管经营有限责任公司	境内法人股	1077.12	4.05
3	宏源证券股份有限公司	国家股	569.60	2.14
4	中国信达资产管理公司	国家股	113.92	0.43
5	王祥福	流通A股	48.00	0.18
6	王艳萍	流通A股	30.77	0.12
7	常世芬	流通A股	25.81	0.10
8	樊朝荣	流通A股	20.10	0.08
9	童欧	流通A股	18.25	0.07
10	曾连彩	流通A股	18.01	0.07

股东人数	2004.6	2003.12	2003.6	2002
	34419	36836	38041	39269

近年分配		近年配股/增发	

重大事项

2004年2月4日,经内蒙古自治区工商行政管理局批准,赤峰富龙热力股份有限公司正式更名为赤峰大地基础产业股份有限公司。2004年2月12日,经深圳证券交易所批准,公司的证券简称由"富龙热力"变更为"大地基础",证券代码不变,仍为"000426"。2004年4月20日,赤峰富龙非金属材料科技园有限责任公司与中国银行赤峰分行签订了贷款合同,贷款金额为1000万元人民币,期限为3年,由本公司提供担保。

二〇〇三年以来市场表现

2003年涨跌幅(%)	3.74
2003年最高(元)	8.85
2003年最低(元)	6.00
2003年换手率(%)	125.34
2004.06涨跌幅(%)	-8.86
2004.06最高(元)	7.84
2004.06最低(元)	5.95
2004.06换手率(%)	71.87

湖南华天大酒店股份有限公司

公司概况

公司名称	湖南华天大酒店股份有限公司	股票代码	000428
注册地址	湖南长沙市解放东路300号	邮政编码	410001
法人代表	陈纪明	董秘	孙根石
电话	0731-4442888-80928,80889	传真	0731-4442270,4449370
主营业务	餐饮、客房出租		

总股本	17284.00	流通A	6084.00	流通B		流通H	
审计单位		审计意见	未审计				

主要财务指标

年度	2004.6	2003	2002
每股收益/扣除后(元)	0.0830	0.1750	0.2000
每股经营现金流量(元)	0.1920	0.4280	0.4300
每股净资产/调整后(元)	3.2300	3.4000	3.3900
每股公积金(元)	1.9528	1.9528	1.9526
净资产收益率(%)	2.2700	4.0100	5.5800
总资产(万元)	115754.82	115852.90	102847.66
股东权益(万元)	63347.70	64505.07	63681.13
未分配利润(万元)	5606.49	6763.85	6308.76
主营收入(万元)	22078.06	39496.28	32763.53
资本公积金(万元)	33751.58	33751.58	33748.33
主营利润(万元)	11024.09	20424.95	16625.54
其他业务利润(万元)	118.96	186.06	6.48
营业利润(万元)	2656.61	5908.77	6092.23
投资收益(万元)	-78.22	-447.54	-354.44
补贴收入(万元)	10.22		
营业外收支(万元)	-10.39	-438.31	-0.77
利润总额(万元)	2578.22	5022.92	5832.14
净利润(万元)	1435.23	2587.03	3555.01

十大股东

序号	股东名称	股份性质	持股数(万股)	比例(%)
1	华天实业控股集团有限公司	国有法人股	11200.00	64.80
2	全国社保基金一零三组合	流通股	232.70	1.35
3	大通证券股份有限公司	流通股	84.34	0.49
4	海通证券股份有限公司	流通股	80.00	0.46
5	陶兴菊	流通股	42.69	0.25
6	康正军	流通股	33.26	0.19
7	张凤春	流通股	30.92	0.18
8	宁夏庆延工贸有限责任公司	流通股	28.90	0.17
9	胡志辉	流通股	26.11	0.15
10	邓杰	流通股	25.38	0.15

股东人数	2004.6	2003.12	2003.6	2002
	17684	15657	13950	15376

近年分配	2004年6月30日10派1.50	近年配股/增发	

重大事项

根据公司2003年度股东大会通过的2003年度利润分配方案,公司向全体股东每10股派1.5元(含税)进行现金分红,总计分配利润2592.60万元。股权登记日为2004年6月29日,除息日为2004年6月30日。公司于2004年3月27日签署《长沙华盾实业有限公司股权转让协议书》。公司以923.67万元人民币,受让长沙华盾实业有限公司70%的股权。

二〇〇三年以来市场表现

2003年涨跌幅(%)	-34.38
2003年最高(元)	13.34
2003年最低(元)	6.82
2003年换手率(%)	118.51
2004.06涨跌幅(%)	-9.89
2004.06最高(元)	9.64
2004.06最低(元)	6.15
2004.06换手率(%)	162.30

广东省高速公路发展股份有限公司

公司概况

公司名称	广东省高速公路发展股份有限公司			股票代码	000429		
注册地址	广东省广州市白云路85号			邮政编码	510100		
法人代表	曹晓峰			董秘	肖来久		
电话	020-83731363			传真	020-83731384		
主营业务	高速公路的建设施工						
总股本	125711.77	流通A	27453.07	流通B	34875.00	流通H	
审计单位				审计意见	未审计		

主要财务指标

年度	2004.6	2003	2002
每股收益/扣除后(元)	0.0803	0.1400	0.1500
每股经营现金流量(元)	0.2350	0.3600	0.2800
每股净资产/调整后(元)	2.7800	2.8000	2.6500
每股公积金(元)	1.2210	1.2209	1.2209
净资产收益率(%)	2.9200	5.1300	5.1100
总资产(万元)	664301.75	666341.94	614058.12
股东权益(万元)	351039.16	353407.87	336664.84
未分配利润(万元)	36777.10	39109.62	24733.16
主营收入(万元)	43568.71	79719.07	75315.69
资本公积金(万元)	153490.69	153480.78	153480.66
主营利润(万元)	28830.48	51876.95	48589.30
其他业务利润(万元)	152.95	842.07	35.06
营业利润(万元)	20721.08	39678.92	41988.83
投资收益(万元)	1119.58	2113.45	–818.52
补贴收入(万元)			
营业外收支(万元)	44.56	–759.48	–22.59
利润总额(万元)	21885.22	41032.89	40597.65
净利润(万元)	10238.65	18118.30	17195.53

十大股东

序号	股东名称	股份性质	持股数(万股)	比例(%)
1	广东省交通集团有限公司	国家股	47478.05	37.77
2	IJM OVERSEAS VENTURES SDN.BHD.	流通B股	6505.59	5.18
3	广东省高速公路有限公司	境内法人股	1937.72	1.54
4	广东粤财信托投资有限公司	境内法人股	1406.25	1.12
5	上海海通证券深圳业务部	流通A股	906.57	0.72
6	DEUTSCHE BANK AG LONDON	流通B股	607.09	0.48
7	新会县司前镇经济联合总社	境内法人股	517.69	0.41
8	南海华英集团公司	境内法人股	374.13	0.30
9	顺德市交通发展总公司	境内法人股	351.56	0.28
10	江门市公路局工会	境内法人股	335.39	0.27

股东人数	2004.6	2003.12	2003.6	2002
	108478	106094	108293	118844

近年分配	2004年7月1日10派1.00	近年配股/增发	

重大事项

公司以2003年末总股本1,257,117,748股为基数，每10股派发现金红利1元(含税)，共分配现金红利125,711,774.80元，剩余未分配利润结转下一年度。该方案于2003年7月1日实施。公司分别向其参股公司深圳惠盐高速公路有限公司提供11,158万元股东委托贷款以及向京珠高速公路广珠段有限公司提供35,455.46万元(含利息)股东委托贷款。公司控股子公司广东高速科技投资有限公司对其参股公司提供了定期的委托贷款，共800万元。

二〇〇三年以来市场表现

2003年涨跌幅(%)	8.50
2003年最高(元)	6.37
2003年最低(元)	4.32
2003年换手率(%)	118.37
2004.06涨跌幅(%)	–7.01
2004.06最高(元)	5.84
2004.06最低(元)	4.38
2004.06换手率(%)	81.04

张家界旅游开发股份有限公司

公司概况

公司名称	张家界旅游开发股份有限公司			股票代码	000430		
注册地址	湖南省张家界市南庄坪1号花园			邮政编码	410005		
法人代表	于立群			董秘	王安祺		
电话	0731-4331165			传真	0731-4331165		
主营业务	旅游资源开发						
总股本	18360.00	流通A	7435.80	流通B		流通H	
审计单位				审计意见	未审计		

主要财务指标

年度	2004.6	2003	2002
每股收益/扣除后(元)	0.0218	0.0890	0.0820
每股经营现金流量(元)	0.1700	0.2200	0.2100
每股净资产/调整后(元)	1.2900	1.2600	1.1200
每股公积金(元)	0.1035	0.1035	0.1035
净资产收益率(%)	1.6400	7.2600	6.9800
总资产(万元)	43459.99	41889.12	37404.63
股东权益(万元)	24152.49	23756.03	22016.79
未分配利润(万元)	2411.20	2014.75	759.17
主营收入(万元)	4215.04	8225.07	7640.19
资本公积金(万元)	1900.26	1900.26	1900.26
主营利润(万元)	2212.49	5238.41	4270.75
其他业务利润(万元)	2.07	9.53	–0.00
营业利润(万元)	588.16	2182.13	2123.44
投资收益(万元)	–115.92	–228.68	–195.57
补贴收入(万元)			
营业外收支(万元)	–3.81	–4.52	0.05
利润总额(万元)	468.43	1948.92	1866.29
净利润(万元)	396.45	1724.22	1536.84

十大股东

序号	股东名称	股份性质	持股数(万股)	比例(%)
1	张家界旅游经济开发有限公司	境内法人股	5661.00	30.83
2	湖南省天通置业有限公司	境内法人股	1530.00	8.33
3	张家界市金龙房地产开发公司	境内法人股	1119.96	6.10
4	张家界市土地房产开发公司	境内法人股	777.24	4.23
5	工行张家界旅游经济开发区房地产公司	境内法人股	612.00	3.33
6	张家界中兴房地产开发公司	境内法人股	612.00	3.33
7	张家界华发房地产综合开发公司	境内法人股	612.00	3.33
8	聂尚政	社会公众股	166.62	0.91
9	张恒毓	社会公众股	31.88	0.17
10	王爱娥	社会公众股	25.31	0.14

股东人数	2004.6	2003.12	2003.6	2002
	37368	36466	37221	38840

近年分配		近年配股/增发	

重大事项

2004年4月28日，公司第五届董事会同意公司为湖南省金海林建设装饰有限公司向长沙市商业银行银德支行申请2500万元流动资金贷款提供连带责任担保。长沙市金海林置业有限公司提供了与此次担保行为对等金额的互保承诺，同时该公司以持有的北京中海盛投资有限公司股权及债权(以担保金额为限)质押给本公司作为此次担保行为的反担保。

二〇〇三年以来市场表现

2003年涨跌幅(%)	–22.72
2003年最高(元)	8.34
2003年最低(元)	4.85
2003年换手率(%)	197.49
2004.06涨跌幅(%)	–1.93
2004.06最高(元)	7.46
2004.06最低(元)	5.00
2004.06换手率(%)	162.22

山东晨鸣纸业集团股份有限公司

公司概况

公司名称	山东晨鸣纸业集团股份有限公司			股票代码	000488		
注册地址	山东省寿光市圣城街 595 号			邮政编码	262700		
法人代表	陈洪国			董秘	郝筠		
电话	0536-5280011			传真	0536-5228900		
主营业务	机制纸及板纸						
总股本	89772.79	流通 A	23600.24	流通 B	37166.50	流通 H	
审计单位				审计意见	未审计		

主要财务指标

年度	2004.6	2003	2002
每股收益/扣除后(元)	0.2878	0.6551	0.6475
每股经营现金流量(元)	0.4330	0.6900	2.0700
每股净资产/调整后(元)	5.1500	4.8000	6.9200
每股公积金(元)	2.1537	2.1530	4.0155
净资产收益率(%)	6.3200	14.3500	10.7700
总资产(万元)	1190029.50	1023086.12	868991.87
股东权益(万元)	467194.19	437592.00	353528.75
未分配利润(万元)	141572.97	112028.34	72243.76
主营收入(万元)	340288.53	581907.31	445477.50
资本公积金(万元)	193342.37	193284.83	200267.62
主营利润(万元)	89023.12	162472.92	124804.60
其他业务利润(万元)	956.09	450.42	6.64
营业利润(万元)	46089.37	78345.61	57782.13
投资收益(万元)	63.79	1862.60	5072.31
补贴收入(万元)	3478.90	4512.45	-32.65
营业外收支(万元)	306.59	38.11	-0.38
利润总额(万元)	49938.66	84758.77	62120.91
净利润(万元)	29544.63	62811.16	38066.07

十大股东

序号	股东名称	股份性质	持股数(万股)	比例(%)
1	山东寿光国有资产管理局	发起人国家股	28189.55	31.40
2	丰和价值证券投资基金	流通 A 股	2208.00	2.46
3	泰和证券投资基金	流通 A 股	1001.58	1.12
4	NIKKOCITI TB S/A RE:JF CHINA MOTHER PD(716000)	流通 B 股	999.99	1.11
5	KWONG WAH INVESTMENT (SHOUGUANG) LIMITED	流通 B 股	941.56	1.05
6	BERMUDA TRUST(FAR EAST)LTD-VALUE PARTNERS A FD	流通 B 股	694.45	0.77
7	MERRTILL LYNCH INTERNATIONAL	流通 B 股	504.20	0.56
8	FF GREATER CHINA FD GTI 24037	流通 B 股	500.00	0.56
9	CHINA INTL MARINE CONTAINERS (HONG KONG)LTD	流通 B 股	476.45	0.53
10	郝云峰	流通 A 股	445.58	0.50

股东人数	2004.6	2003.12	2003.6	2002
	43729	49558	49314	50720

近年分配	2004 年 8 月 10 日 10 派 1.00	近年配股/增发	

重大事项

公司 2004 年 6 月 22 日召开 2003 年股东大会审议通过了 2003 年利润分配方案：以 2003 年底的总股本 897,727,903 股为基数，向全体股东每 10 股派发 1 元现金红利(含税)。

二〇〇三年以来市场表现

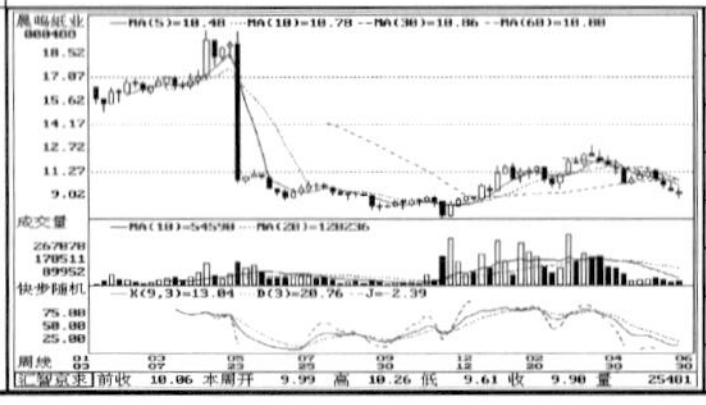

2003 年涨跌幅(%)	8.56
2003 年最高(元)	11.38
2003 年最低(元)	8.25
2003 年换手率(%)	136.79
2004.06 涨跌幅(%)	-1.20
2004.06 最高(元)	12.86
2004.06 最低(元)	9.61
2004.06 换手率(%)	137.78

丹东化学纤维股份有限公司

公司概况

公司名称	丹东化学纤维股份有限公司			股票代码	000498		
注册地址	辽宁省丹东市振兴区纤维街 58 号			邮政编码	118002		
法人代表	梁健			董秘	潘跃东		
电话	0415-6193027			传真	0415-6160297		
主营业务	粘胶短纤维						
总股本	39000.00	流通 A	17400.00	流通 B		流通 H	
审计单位				审计意见	未审计		

主要财务指标

年度	2004.6	2003	2002
每股收益/扣除后(元)	0.1608	0.0600	-0.2500
每股经营现金流量(元)	0.3900	0.0500	0.0800
每股净资产/调整后(元)	1.3390	1.1900	1.0500
每股公积金(元)	0.4376	0.4375	0.4373
净资产收益率(%)	12.4100	10.6500	-23.6900
总资产(万元)	198837.73	190960.34	168388.19
股东权益(万元)	53337.81	46714.56	41733.62
未分配利润(万元)	-6382.23	-13002.61	-17975.31
主营收入(万元)	44419.06	73466.55	72047.30
资本公积金(万元)	17066.81	17063.94	17055.70
主营利润(万元)	9870.93	11329.95	-243.73
其他业务利润(万元)	435.75	178.29	-11.46
营业利润(万元)	6631.85	3415.81	-9410.75
投资收益(万元)			
补贴收入(万元)			
营业外收支(万元)	-11.46	1556.89	-3.65
利润总额(万元)	6620.39	4972.70	-9885.24
净利润(万元)	6620.39	4972.70	-9885.24

十大股东

序号	股东名称	股份性质	持股数(万股)	比例(%)
1	丹东化学纤维(集团)有限责任公司	境内法人股	20250.00	51.92
2	丹东国际信托投资公司	境内法人股	730.00	1.87
3	中国银行-同盛证券投资基金	流通 A 股	594.46	1.52
4	中国银行大连国际信托咨询公司	境内法人股	200.00	0.51
5	中国石油化工总公司辽阳石油化纤公司	境内法人股	200.00	0.51
6	开山屯化学纤维浆厂	境内法人股	100.00	0.26
7	锦化化工(集团)有限责任公司	境内法人股	100.00	0.26
8	谢少章	流通 A 股	95.59	0.25
9	王俊	流通 A 股	95.42	0.24
10	王艳	流通 A 股	78.15	0.20

股东人数	2004.6	2003.12	2003.6	2002
	54783	55743	54892	59008

近年分配		近年配股/增发	

重大事项

福建升汇纺织投资集团有限公司豁免要约收购"丹东化纤"，已获中国证监会证监公司字[2004]18 号文批复，国有股性质变更手续在中国证券登记结算有限公司深圳分公司也已办理完毕。本公司与辽宁黄海汽车集团有限责任公司、丹东石油化工总厂互为担保，辽宁黄海汽车集团有限责任公司的担保贷款现正在办理转为抵押贷款手续。

二〇〇三年以来市场表现

2003 年涨跌幅(%)	-3.85
2003 年最高(元)	5.20
2003 年最低(元)	3.52
2003 年换手率(%)	283.46
2004.06 涨跌幅(%)	7.08
2004.06 最高(元)	7.12
2004.06 最低(元)	3.98
2004.06 换手率(%)	253.58

武汉武商集团股份有限公司

公司概况

公司名称	武汉武商集团股份有限公司	股票代码	000501
注册地址	武汉市汉口解放大道688号	邮政编码	430022
法人代表	毛冬声	董秘	李轩
电话	027-85714295	传真	027-85714295
主营业务	商业零售		
审计单位		审计意见	未审计

总股本	流通A	流通B	流通H
50724.86	20427.35		

主要财务指标

年度	2004.6	2003	2002
每股收益/扣除后(元)	0.0269	-0.0700	0.0100
每股经营现金流量(元)	0.0860	0.3900	0.2600
每股净资产/调整后(元)	1.8500	1.8300	1.2700
每股公积金(元)	1.0750	1.0750	1.0620
净资产收益率(%)	1.3300	0.2100	0.3100
总资产(万元)	346767.97	359697.78	352400.59
股东权益(万元)	95596.98	94323.16	98739.12
未分配利润(万元)	-15455.11	-16726.32	-11564.87
主营收入(万元)	218164.62	339242.56	273915.09
资本公积金(万元)	54529.40	54526.79	53870.18
主营利润(万元)	31264.94	54484.42	42451.94
其他业务利润(万元)	2878.25	5402.71	-543.18
营业利润(万元)	4639.94	6590.91	6145.15
投资收益(万元)	46.91	-809.34	82.31
补贴收入(万元)			
营业外收支(万元)	-94.53	-949.21	-3.28
利润总额(万元)	4592.31	4832.36	5983.28
净利润(万元)	1271.21	195.30	308.44

十大股东

序号	股东名称	股份性质	持股数(万股)	比例(%)
1	武汉国有资产经营公司	国有法人股	15092.77	29.75
2	武汉证券有限责任公司	境内法人股	1563.70	3.08
3	武汉华汉投资管理有限公司	境内法人股	1232.20	2.43
4	武汉华中电力实业公司	境内法人股	1166.39	2.30
5	长江经济联合发展集团股份有限公司武汉公司	境内法人股	1090.39	2.15
6	工商银行武汉分行天安支行	境内法人股	1052.27	2.07
7	中国农行武汉信托投资公司	境内法人股	921.39	1.82
8	深圳市银信宝投资发展有限公司	境内法人股	872.53	1.72
9	泉州新鸿基投资顾问有限公司	法人股	603.78	1.19
10	夏门阜成贸易发展有限公司	法人股	580.45	1.14

股东人数

2004.6	2003.12	2003.6	2002
100701	103641	10258	106037

近年分配		近年配股/增发	

重大事项

武汉世界贸易大厦有限公司2002年5月16日及2002年8月28日分别与武汉市武昌商业网点开发公司、湖北建丰房屋建设开发有限公司、湖北建隆房地产综合开发公司签订合同，收购上述三公司持有的武汉市亚洲贸易广场股份有限公司(亚贸广场)合计4,000万股股权，本公司为上述转让中相关事宜提供不可撤销的连带责任担保。目前，公司所承担的不可撤销的连带担保责任已完全解除。

二○○三年以来市场表现

2003年涨跌幅(%)	-17.74
2003年最高(元)	5.68
2003年最低(元)	3.55
2003年换手率(%)	99.94
2004.06涨跌幅(%)	-4.94
2004.06最高(元)	5.09
2004.06最低(元)	3.65
2004.06换手率(%)	97.45

恒大地产股份有限公司

公司概况

公司名称	恒大地产股份有限公司	股票代码	000502
注册地址	海口市机场候机厅北侧海南万国贸易博览中心	邮政编码	570125
法人代表	李钢	董秘	万代红
电话	0898-66729955	传真	0898-66787711
主营业务	房地产开发与经营		
审计单位		审计意见	未审计

总股本	流通A	流通B	流通H
15566.85	5715.87		

主要财务指标

年度	2004.6	2003	2002
每股收益/扣除后(元)	0.1634	0.3327	0.0200
每股经营现金流量(元)	-0.0860	0.2500	-0.1300
每股净资产/调整后(元)	1.6600	1.5000	1.2200
每股公积金(元)	0.4048	0.7363	1.7017
净资产收益率(%)	9.7300	21.8900	1.3400
总资产(万元)	51251.49	47575.20	36376.05
股东权益(万元)	25958.55	23777.96	19058.34
未分配利润(万元)	2527.75	-5184.43	-26890.52
主营收入(万元)	13621.64	23308.44	714.56
资本公积金(万元)	6301.24	11461.40	26490.11
主营利润(万元)	4604.36	10204.13	312.85
其他业务利润(万元)	3.88	5.14	-0.11
营业利润(万元)	3290.99	6566.56	-1603.97
投资收益(万元)	-393.37	-509.30	2231.57
补贴收入(万元)			
营业外收支(万元)	-17.57	24.20	-0.23
利润总额(万元)	2880.05	6081.47	216.46
净利润(万元)	2527.75	5203.97	256.06

十大股东

序号	股东名称	股份性质	持股数(万股)	比例(%)
1	广州恒大实业集团有限公司	法人股	4186.45	26.89
2	海南汉氏环境投资有限公司	法人股	2544.96	16.35
3	上海新理益投资管理有限公司	法人股	560.27	3.60
4	上海致真投资咨询有限公司	法人股	310.37	1.99
5	上海方圆娱乐总汇有限公司	法人股	300.00	1.93
6	上海人家餐饮管理有限公司	法人股	180.00	1.16
7	深圳市瑞华丰实业有限公司	法人股	147.00	0.94
8	上海景贤投资有限公司	法人股	132.00	0.85
9	海南鹏新贸易有限公司	法人股	100.00	0.64
10	海南亿祺贸易有限公司	法人股	100.00	0.64

股东人数

2004.6	2003.12	2003.6	2002
12083	9794	10320	13321

近年分配		近年配股/增发	

重大事项

本公司诉海南省证券公司(海南证券)欠款3,200万元纠纷一案经海南省海口市中级人民法院审理，下达了一审判决。海南证券不服一审判决，向海南省高级人民法院(海南高院)上诉，但其未在规定期限内交纳上诉费，海南高院作出终审裁定：本案按海南证券自动撤回上诉处理，双方均按原判决执行即海南证券于本判决发生法律效力之日起十日内偿还给本公司人民币3200万元，逾期则按中国人民银行规定的同期逾期贷款计收罚息。

二○○三年以来市场表现

2003年涨跌幅(%)	17.69
2003年最高(元)	18.54
2003年最低(元)	12.46
2003年换手率(%)	307.84
2004.06涨跌幅(%)	-29.40
2004.06最高(元)	16.79
2004.06最低(元)	10.40
2004.06换手率(%)	165.77

海虹企业(控股)股份有限公司

公司概况

公司名称	海虹企业(控股)股份有限公司			股票代码	000503	
注册地址	海口市滨海大道文华酒店七层			邮政编码	570105	
法人代表	曾寨外			董秘	上官永强	
电话	0898-68510496			传真	0898-68510669	
主营业务	基本化学原料制造					
总股本	74901.85	流通 A	30173.54	流通 B		流通 H
审计单位				审计意见	未审计	

主要财务指标

年度	2004.6	2003	2002
每股收益/扣除后(元)	0.0355	0.1464	0.2482
每股经营现金流量(元)	0.0680	0.5800	0.1500
每股净资产/调整后(元)	1.3600	2.7400	1.5500
每股公积金(元)	0.2314	1.1629	0.1318
净资产收益率(%)	2.7430	8.3500	17.6400
总资产(万元)	153510.56	153991.31	102602.40
股东权益(万元)	103015.24	104038.81	53213.36
未分配利润(万元)	6812.11	18966.54	11248.69
主营收入(万元)	20848.79	39004.40	34212.12
资本公积金(万元)	17335.35	43551.00	4511.03
主营利润(万元)	10414.96	17474.48	19752.62
其他业务利润(万元)	129.28	387.93	6.33
营业利润(万元)	3614.26	7367.95	8371.18
投资收益(万元)	-22.74	2657.91	1814.93
补贴收入(万元)	172.16	460.70	31.02
营业外收支(万元)	-14.64	-37.50	-0.57
利润总额(万元)	3749.04	10449.06	10698.12
净利润(万元)	2825.94	8684.96	9387.79

十大股东

序号	股东名称	股份性质	持股数(万股)	比例(%)
1	中海恒实业发展有限公司	境内法人股	20523.54	27.40
2	云南国际信托投资有限公司	境内法人股	4543.05	6.07
3	南方证券有限公司	境内法人股	3098.49	4.14
4	上海盈科资产管理有限公司	境内法人股	3040.00	4.06
5	海南富南国际信托投资公司	境内法人股	1683.18	2.25
6	上海致真投资咨询有限公司	境内法人股	1252.00	1.67
7	海南金元投资控股有限公司	国有法人股	1237.60	1.65
8	金鑫证券投资基金	流通A股	824.21	1.10
9	上海岩鑫实业投资有限公司	境内法人股	800.00	1.07
10	海南君健信息咨询服务有限公司	境内法人股	748.00	1.00

股东人数	2004.6	2003.12	2003.6	2002
	70138	39117	32196	20395

近年分配	近年配股/增发
2004年5月31日10派1.00	2004年5月31日10送3转7

重大事项

公司实施了2003年度分红派息及转增方案，此次分红派息股权登记日为2004年5月28日，除权除息日为2004年5月31日。本次所送红股及转增股份于2004年5月31日直接记入股东证券账户。公司及公司下属部分公司于2004年6月2日与韩国NHN集团签署一系列协议，公司通过出售联众电脑相关公司股权获得了较高的投资收益。

二〇〇三年以来市场表现

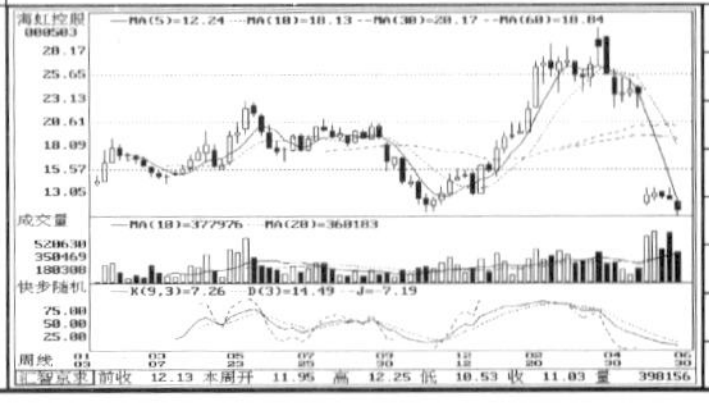

2003年涨跌幅(%)	8.65
2003年最高(元)	11.39
2003年最低(元)	5.35
2003年换手率(%)	323.65
2004.06涨跌幅(%)	46.29
2004.06最高(元)	15.30
2004.06最低(元)	7.30
2004.06换手率(%)	273.19

北京赛迪传媒投资股份有限公司

公司概况

公司名称	北京赛迪传媒投资股份有限公司			股票代码	000504	
注册地址	北京市昌平区科技园区火炬街甲12号			邮政编码	100873	
法人代表	李颖			董秘	刘旭黎	
电话	010-68710712/13/14			传真	010-68710711	
主营业务	资讯、媒体					
总股本	31157.39	流通 A	8675.59	流通 B		流通 H
审计单位				审计意见	未审计	

主要财务指标

年度	2004.6	2003	2002
每股收益/扣除后(元)	0.0270	0.1000	0.0900
每股经营现金流量(元)	0.0516	0.1800	0.0500
每股净资产/调整后(元)	1.3400	1.3400	1.2400
每股公积金(元)	0.1371	0.1371	0.1371
净资产收益率(%)	2.2900	7.6000	7.5000
总资产(万元)	60249.31	59575.11	62007.19
股东权益(万元)	41943.01	41915.24	38729.83
未分配利润(万元)	3559.41	3531.63	824.03
主营收入(万元)	11036.97	25594.45	24951.29
资本公积金(万元)	4271.73	4271.73	4271.73
主营利润(万元)	4699.36	10517.95	9919.45
其他业务利润(万元)	-14.47	57.31	0.72
营业利润(万元)	1690.37	4389.62	3798.57
投资收益(万元)	-604.75	-884.67	-751.20
补贴收入(万元)			
营业外收支(万元)	-0.08	4.94	0.05
利润总额(万元)	1085.54	3509.90	3105.40
净利润(万元)	962.50	3185.41	2903.63

十大股东

序号	股东名称	股份性质	持股数(万股)	比例(%)
1	信息产业部计算机与微电子发展研究中心(以下简称"研	国有法人股	9034.63	29.00
2	中国东方资产管理公司	国家股	8346.24	26.79
3	太原兆和发展有限公司	境内法人股	1496.26	4.80
4	中国平安保险(集团)股份有限公司	境内法人股	1008.87	3.24
5	上海中南投资管理有限公司	境内法人股	400.00	1.28
6	光大证券有限责任公司	境内法人股	392.35	1.26
7	海南神鼎发展公司	境内法人股	364.32	1.17
8	中国南玻集团股份公司	境内法人股	322.28	1.03
9	上海平杰投资咨询有限公司	境内法人股	280.00	0.90
10	上海云开商务信息咨询有限公司	境内法人股	76.11	0.24

股东人数	2004.6	2003.12	2003.6	2002
	36085	34353	32938	29795

近年分配	近年配股/增发
2004年4月23日10派0.30	

重大事项

2004年3月18日，本公司及本公司控股子公司海南港澳实业投资有限公司，与西安市风光旅行社有限公司、王海冰签订了《海南港澳旅行社股权转让协议》：本公司以760,950元的价格，转让海南港澳旅行社95%的股权给西安市风光旅行社有限公司，本公司控股子公司海南港澳实业投资有限公司以40,050元的价格，转让海南港澳旅行社5%的股权给王海冰。

二〇〇三年以来市场表现

2003年涨跌幅(%)	-20.65
2003年最高(元)	10.15
2003年最低(元)	5.39
2003年换手率(%)	467.26
2004.06涨跌幅(%)	-1.59
2004.06最高(元)	9.42
2004.06最低(元)	5.98
2004.06换手率(%)	262.81

海南珠江控股股份有限公司

公司概况

公司名称	海南珠江控股股份有限公司	股票代码	000505
注册地址	海口市滨海大道珠江广场帝豪大厦29层	邮政编码	570125
法人代表	郑清	董秘	冯湃
电话	0898-68581888	传真	0898-68581026
主营业务	房地产开发经营		
总股本	37765.08	流通A	11340.58
流通B	5750.00	流通H	
审计单位		审计意见	未审计

主要财务指标

年度	2004.6	2003	2002
每股收益/扣除后(元)	–0.0514	–0.0387	–0.3640
每股经营现金流量(元)	–0.0750	–0.0050	–0.0750
每股净资产/调整后(元)	0.6000	0.6010	0.6100
每股公积金(元)	0.7578	0.7532	0.7537
净资产收益率(%)	–5.5000	0.6500	–54.9200
总资产(万元)	68792.35	69983.89	66383.83
股东权益(万元)	23923.82	25089.58	25134.81
未分配利润(万元)	–52009.09	–50694.21	–50877.23
主营收入(万元)	1087.95	12956.10	9100.88
资本公积金(万元)	28616.88	28446.01	28464.90
主营利润(万元)	109.44	3212.96	1428.96
其他业务利润(万元)	31.70	162.78	63.11
营业利润(万元)	–1318.52	–931.57	–8220.74
投资收益(万元)	–187.38	760.53	–5516.89
补贴收入(万元)			
营业外收支(万元)	114.94	22.81	–0.22
利润总额(万元)	–1390.95	–148.23	–14101.46
净利润(万元)	–1314.88	162.92	–13805.11

十大股东

序号	股东名称	股份性质	持股数(万股)	比例(%)
1	北京市万发房地产开发股份有限公司	法人股	11262.90	29.82
2	广州市利盛德投资有限公司	法人股	1700.00	4.50
3	恒隆国际有限公司	法人股	1357.00	3.59
4	上海中甫投资管理有限公司	法人股	1100.00	2.91
5	海南发展银行海口分行	法人股	782.00	2.07
6	河北证券有限责任公司	法人股	575.00	1.52
7	广州珠江外资建筑设计院海南分院	法人股	489.60	1.30
8	中国平安保险股份有限公司	法人股	345.00	0.91
9	海南粤银科技有限公司	法人股	266.00	0.70
10	深圳金田实业股份有限公司	法人股	230.00	0.61

股东人数

2004.6	2003.12	2003.6	2002
52292	50403	52841	70565

近年分配		近年配股/增发	

重大事项

本公司起诉海南中科信实业发展有限公司、海南华侨商业有限公司支付购房款及违约金一案，2003年7月由海口市中级人民法院下达判决，判令海南中科信实业发展有限公司支付本公司购房余款940万元及逾期违约金115万元。本公司于2004年3月2日和2004年3月30日收到全部款项。

二〇〇三年以来市场表现

2003年涨跌幅(%)	–45.80
2003年最高(元)	7.08
2003年最低(元)	3.01
2003年换手率(%)	248.47
2004.06涨跌幅(%)	–5.94
2004.06最高(元)	4.45
2004.06最低(元)	2.80
2004.06换手率(%)	96.01

四川东泰产业(控股)股份有限公司

公司概况

公司名称	四川东泰产业(控股)股份有限公司	股票代码	000506
注册地址	四川省乐山市五通桥区竹根镇涌江路	邮政编码	200023
法人代表	史文涛	董秘	尚玉伟
电话	021-63034198	传真	021-53014145
主营业务	井盐、矿盐		
总股本	24910.17	流通A	14431.35
流通B		流通H	
审计单位		审计意见	未审计

主要财务指标

年度	2004.6	2003	2002
每股收益/扣除后(元)	0.0160	0.0860	0.0700
每股经营现金流量(元)	0.0450	0.3300	–0.0400
每股净资产/调整后(元)	1.3400	1.3200	1.1700
每股公积金(元)	0.2301	0.2301	0.1928
净资产收益率(%)	1.2500	9.5600	5.9000
总资产(万元)	92008.19	86856.63	68298.61
股东权益(万元)	34641.26	34208.15	30467.33
未分配利润(万元)	3214.27	2781.15	
主营收入(万元)	16540.15	31436.40	37055.12
资本公积金(万元)	5732.85	5732.85	4803.84
主营利润(万元)	2885.14	7166.80	8245.73
其他业务利润(万元)	7.21	276.28	7.65
营业利润(万元)	606.81	2700.52	3252.98
投资收益(万元)	3.98	958.29	–350.48
补贴收入(万元)	6.00		
营业外收支(万元)	37.25	131.68	–0.44
利润总额(万元)	654.04	3790.48	2836.75
净利润(万元)	433.11	3271.95	1796.79

十大股东

序号	股东名称	股份性质	持股数(万股)	比例(%)
1	上海瑞森投资有限公司	国有法人股	4500.00	18.06
2	芜湖东泰实业有限公司	国有法人股	1500.00	6.02
3	河北证券有限责任公司	国有法人股	809.82	3.25
4	江门汇盛投资管理有限公司	国有法人股	418.13	1.68
5	中国盐业总公司	国有法人股	299.89	1.20
6	四川省盐业总公司	国有法人股	299.89	1.20
7	海南普林投资管理有限公司	国有法人股	270.00	1.08
8	上海思可达商务咨询有限公司	国有法人股	270.00	1.08
9	海南颐科科技开发有限公司	国有法人股	184.00	0.74
10	云南生产资料服务公司	国有法人股	149.94	0.60

股东人数

2004.6	2003.12	2003.6	2002
27529	18139	18738	19187

近年分配		近年配股/增发	

重大事项

截止2004年6月30日，除东泰控股的控股子公司芜湖东泰纸业有限公司对芜湖东泰实业有限公司提供期限为三年，金额为1100万元的银行贷款担保外，东泰控股及纳入合并会计报表的控股子公司均无其他对外提供担保事项。

二〇〇三年以来市场表现

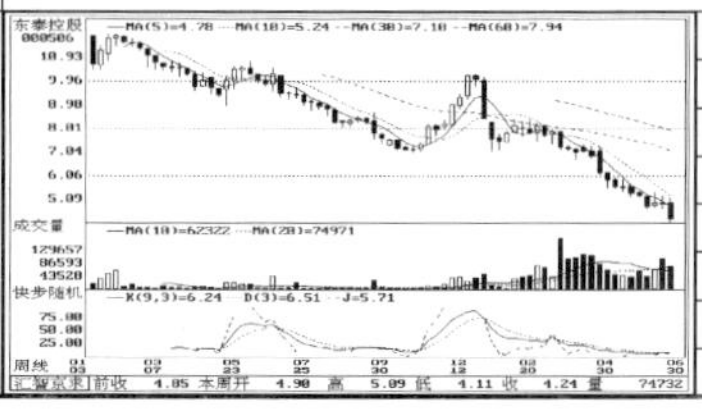

2003年涨跌幅(%)	–22.06
2003年最高(元)	11.91
2003年最低(元)	7.00
2003年换手率(%)	45.63
2004.06涨跌幅(%)	–54.56
2004.06最高(元)	9.25
2004.06最低(元)	4.11
2004.06换手率(%)	107.96

珠海经济特区富华集团股份有限公司

公司概况

公司名称	珠海经济特区富华集团股份有限公司	股票代码	000507
注册地址	广东省珠海市拱北北岭工业区	邮政编码	519070
法人代表	阎前	董秘	薛楠
电话	0756-8886218	传真	0756-8888148
主营业务	港口交通运输		
总股本	34499.74	流通 A	19555.80
流通 B		流通 H	
审计单位		审计意见	未审计

主要财务指标

年度	2004.6	2003	2002
每股收益/扣除后(元)	0.0508	0.0620	0.0600
每股经营现金流量(元)	-0.0280	0.0700	0.0300
每股净资产/调整后(元)	2.7300	2.7300	2.7300
每股公积金(元)	1.9392	1.9392	1.9392
净资产收益率(%)	1.8300	2.4400	1.9900
总资产(万元)	116686.02	115361.83	113071.22
股东权益(万元)	99954.29	98125.84	95732.41
未分配利润(万元)	-3023.13	-4851.58	-7245.01
主营收入(万元)	6774.35	12053.81	11087.56
资本公积金(万元)	66900.97	66900.97	66900.97
主营利润(万元)	1951.50	3925.25	3871.75
其他业务利润(万元)	201.71	308.65	-42.03
营业利润(万元)	-289.51	-2466.70	-371.60
投资收益(万元)	2387.41	5168.83	2800.74
补贴收入(万元)	0.04	14.37	2.33
营业外收支(万元)	-14.85	-121.05	-2.59
利润总额(万元)	2083.09	2595.45	2361.27
净利润(万元)	1828.45	2393.43	1900.52

十大股东

序号	股东名称	股份性质	持股数(万股)	比例(%)
1	珠海市港口企业集团有限公司	国有法人股	7175.40	20.80
2	珠海市纺织工业集团公司	国有法人股	2996.96	8.69
3	珠海功控集团有限公司	国有法人股	880.00	2.55
4	珠海科技奖励基金会	境内法人股	792.00	2.30
5	深圳市中科招商创业投资管理有限公司	境内法人股	660.00	1.91
6	珠海经济特区冠华轻纺总公司	国有法人股	646.80	1.87
7	中国化纤总公司	国有法人股	436.00	1.26
8	信达信托投资公司	境内法人股	330.00	0.96
9	重庆超思信息材料股份有限公司	境内法人股	330.00	0.96
10	广东发展银行珠海分行	境内法人股	220.00	0.64

股东人数

2004.6	2003.12	2003.6	2002
93090	96642	102899	104385

近年分配		近年配股/增发	

重大事项

2004年4月8日，国家开发银行函告我公司：鉴于珠海碧阳化工有限公司向国家开发银行申请的人民币35800万元的借款本息及相关费用已于2004年3月21日全部得到清偿，国家开发银行声明自该日起，解除富华集团股份有限公司为上述借款签订的《保证合同》中所有的义务和责任。

二○○三年以来市场表现

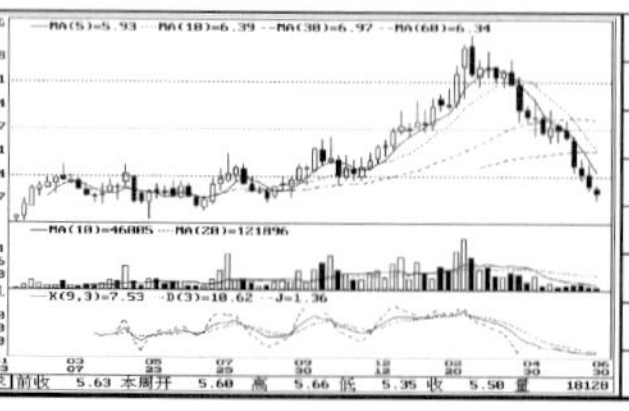

2003年涨跌幅(%)	33.20
2003年最高(元)	7.14
2003年最低(元)	4.90
2003年换手率(%)	225.40
2004.06涨跌幅(%)	-17.42
2004.06最高(元)	8.65
2004.06最低(元)	5.35
2004.06换手率(%)	157.57

同人华塑股份有限公司

公司概况

公司名称	同人华塑股份有限公司	股票代码	000509
注册地址	四川省南充市涪江路117号	邮政编码	610016
法人代表	倪进凯	董秘	王之钧
电话	028-86650101	传真	028-86657755
主营业务	建材、地产、服装、物业等		
总股本	25000.99	流通 A	15078.25
流通 B		流通 H	
审计单位		审计意见	未审计

主要财务指标

年度	2004.6	2003	2002
每股收益/扣除后(元)	0.0169	-0.0810	-1.2674
每股经营现金流量(元)	0.0880	-0.1340	-1.0500
每股净资产/调整后(元)	1.4580	1.4672	1.5820
每股公积金(元)	1.8560	1.8560	1.8081
净资产收益率(%)	2.2400	2.8020	-58.1100
总资产(万元)	109862.50	108066.89	83612.94
股东权益(万元)	39728.19	38835.14	44122.37
未分配利润(万元)	-34562.82		-29164.38
主营收入(万元)	14223.72	16601.18	14116.51
资本公积金(万元)	46400.65	46400.65	45203.18
主营利润(万元)	3995.17	3920.42	973.32
其他业务利润(万元)	780.78	1161.03	-0.61
营业利润(万元)	1021.65	1073.03	-15226.60
投资收益(万元)		627.15	-7380.29
补贴收入(万元)	452.19	9.40	0.46
营业外收支(万元)	12.73	-256.24	2.69
利润总额(万元)	1486.57	1453.34	-26935.30
净利润(万元)	887.36	1087.98	-25637.90

十大股东

序号	股东名称	股份性质	持股数(万股)	比例(%)
1	山东同人实业有限公司	境内法人股	5631.57	22.53
2	南充天益资产投资管理公司	境内法人股	1996.78	7.99
3	深圳市天勤资产投资管理公司	境内法人股	660.00	2.64
4	中国银行南充分行	境内法人股	544.50	2.18
5	广东证券股份有限公司	流通A股	527.00	2.11
6	珠海经济特区富华投资公司	境内法人股	198.00	0.79
7	深圳发展银行	境内法人股	165.00	0.66
8	深圳市华夏实业股份有限公司	境内法人股	130.35	0.52
9	上海飞通贸易有限公司	境内法人股	88.00	0.35
10	深圳市物业发展集团股份有限公司	境内法人股	82.50	0.33

股东人数

2004.6	2003.12	2003.6	2002
54000	36461	37159	36450

近年分配		近年配股/增发	

重大事项

2002年12月，本公司获悉招商银行成都分行科华路支行从本公司账上扣划3200万元。经向该行了解，是成都锦阳在2001年10月29日向该行贷款3200万元，本公司对成都锦阳西部开发实业有限公司(成都锦阳)3200万元一年期贷款提供存单质押，而成都锦阳未能于2002年10月9日到期日之前向该行偿还该笔贷款，公司已在2002年末对其作相应坏帐计提。目前，公司已采取法律诉讼手段进行追讨。

二○○三年以来市场表现

2003年涨跌幅(%)	-30.18
2003年最高(元)	8.20
2003年最低(元)	4.08
2003年换手率(%)	144.75
2004.06涨跌幅(%)	-22.09
2004.06最高(元)	6.44
2004.06最低(元)	3.95
2004.06换手率(%)	211.57

四川金路集团股份有限公司

公司概况

公司名称	四川金路集团股份有限公司	股票代码	000510
注册地址	四川省德阳市岷江西路二段57号金路大厦	邮政编码	618000
法人代表	何光昶	董秘	彭朗
电话	0838-2207936	传真	0838-2207936
主营业务	生产PVC树脂		
总股本	60918.23	流通A	40184.55
流通B		流通H	
审计单位	四川君和会计师事务所	审计意见	标准无保留

主要财务指标

年度	2004.6	2003	2002
每股收益/扣除后(元)	0.1062	0.1764	0.2000
每股经营现金流量(元)	0.0237	0.4600	0.1800
每股净资产/调整后(元)	1.5140	1.4000	1.5900
每股公积金(元)	0.1154	0.1154	0.3399
净资产收益率(%)	6.9300	11.9300	12.9300
总资产(万元)	296767.50	277163.72	236345.34
股东权益(万元)	95051.30	88459.80	77430.20
未分配利润(万元)	20199.00	13607.13	9322.39
主营收入(万元)	87824.30	147356.05	94109.02
资本公积金(万元)	7030.74	7030.71	15926.98
主营利润(万元)	19803.29	36973.09	24866.83
其他业务利润(万元)	268.00	-181.80	-1.37
营业利润(万元)	8062.68	12666.92	10683.70
投资收益(万元)	42.12	452.43	1344.65
补贴收入(万元)		426.72	-0.27
营业外收支(万元)	-77.57	-801.58	-1.62
利润总额(万元)	8027.23	12744.49	11918.35
净利润(万元)	6591.47	10553.84	10011.47

十大股东

序号	股东名称	股份性质	持股数(万股)	比例(%)
1	汉龙实业发展有限公司	境内法人股	8920.53	14.64
2	德阳市国有资产经营公司	国家股	8124.01	13.34
3	四川佛兰印务有限公司	境内法人股	2489.76	4.09
4	深圳经济特区发展(集团)公司	流通A股	1328.01	2.18
5	华西证券有限责任公司	流通A股	1316.93	2.16
6	四川德阳天然气有限责任公司	境内法人股	681.41	1.12
7	长江证券有限责任公司	流通A股	296.22	0.49
8	北京屯泰财务技术咨询有限公司	境内法人股	204.42	0.34
9	周亿	流通A股	171.26	0.28
10	德阳市金路持股联合会	境内法人股	129.50	0.21

股东人数

2004.6	2003.12	2003.6	2002
91636	90918	90129	30238

近年分配		近年配股/增发	

重大事项

本公司第一大股东-汉龙实业发展有限公司因经营需要流动资金，将其持有的本公司法人股89,205,293股向中国光大银行成都分行申请质押贷款，贷款金额6000万元，质押期限为一年，自2003年11月25日起至2004年11月24日止,并已办理完毕有关质押冻结手续，汉龙实业发展有限公司所持本公司法人股89,205,293股现已被全部冻结。

二〇〇三年以来市场表现

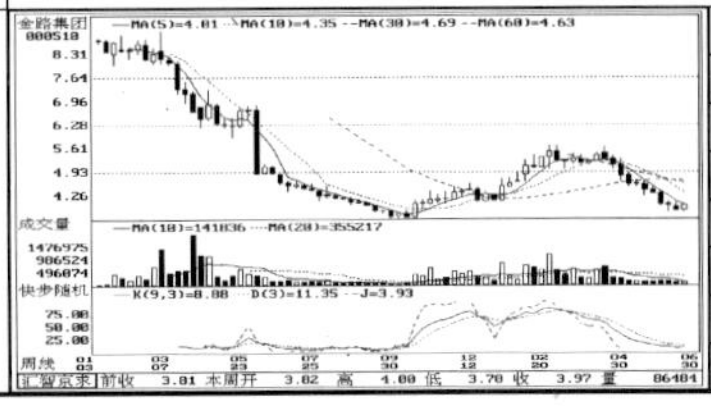

2003年涨跌幅(%)	-40.26
2003年最高(元)	6.90
2003年最低(元)	3.58
2003年换手率(%)	437.21
2004.06涨跌幅(%)	-4.11
2004.06最高(元)	5.67
2004.06最低(元)	3.78
2004.06换手率(%)	228.97

沈阳银基发展股份有限公司

公司概况

公司名称	沈阳银基发展股份有限公司	股票代码	000511
注册地址	沈阳市沈河区青年大街109号	邮政编码	110014
法人代表	沈志奇	董秘	孙家庆
电话	024-22958933	传真	024-22958922
主营业务	城市土地整理		
总股本	26982.14	流通A	17854.94
流通B		流通H	
审计单位		审计意见	未审计

主要财务指标

年度	2004.6	2003	2002
每股收益/扣除后(元)	0.1157	0.0900	0.1800
每股经营现金流量(元)	-0.3730	-0.2700	-0.2400
每股净资产/调整后(元)	3.9470	3.8400	3.7800
每股公积金(元)	2.0021	2.0021	1.9908
净资产收益率(%)	2.8670	2.5900	4.7900
总资产(万元)	220899.44	226290.02	186398.12
股东权益(万元)	108445.20	105333.50	102300.92
未分配利润(万元)	21500.37	18388.67	16245.82
主营收入(万元)	35062.73	36774.07	26692.11
资本公积金(万元)	54021.23	54021.23	53714.82
主营利润(万元)	6306.42	9157.82	11194.18
其他业务利润(万元)	0.67	-20.86	-20.86
营业利润(万元)	5093.52	4686.21	6843.15
投资收益(万元)	-498.67	271.11	
补贴收入(万元)			
营业外收支(万元)	-15.40	-35.33	-0.08
利润总额(万元)	4579.46	4921.99	6854.04
净利润(万元)	3111.70	2726.17	4896.72

十大股东

序号	股东名称	股份性质	持股数(万股)	比例(%)
1	沈阳银基集团股份有限公司	境内法人股	6994.86	25.92
2	沈阳银顺隆投资有限公司	境内法人股	931.88	3.45
3	中国建设银行-华宝兴业多策略增长证券投资基金	流通A股	502.39	1.86
4	景阳证券投资基金	流通A股	372.37	1.38
5	沈阳新思科自动化有限公司	境内法人股	360.20	1.33
6	宝钢集团上海五钢有限公司	流通A股	200.14	0.74
7	中国工商银行-国联安德盛小盘精选证券投资基金	流通A股	193.46	0.72
8	沈阳泰金科技实业有限公司	境内法人股	186.67	0.69
9	辽宁国发股份有限公司	境内法人股	163.80	0.61
10	沈阳三和盛物资贸易有限公司	境内法人股	156.08	0.58

股东人数

2004.6	2003.12	2003.6	2002
44913	48389	53324	49608

近年分配		近年配股/增发	

重大事项

2003年9月30日，公司第五届十五次董事会议审议通过了公司与沈阳新宝力投资控股有限公司签署《增资新宝力合同》,本公司以拥有的土地使用权及与其对应的银行负债打包后的净资产单独对新宝力公司进行投资此次增资涉及将本公司对银行的部分负债转至新宝力名下,由于一直无法取得相关债权银行的同意,经与新宝力公司及其股东协商同意,目前已终止《增资新宝力合同》的执行。

二〇〇三年以来市场表现

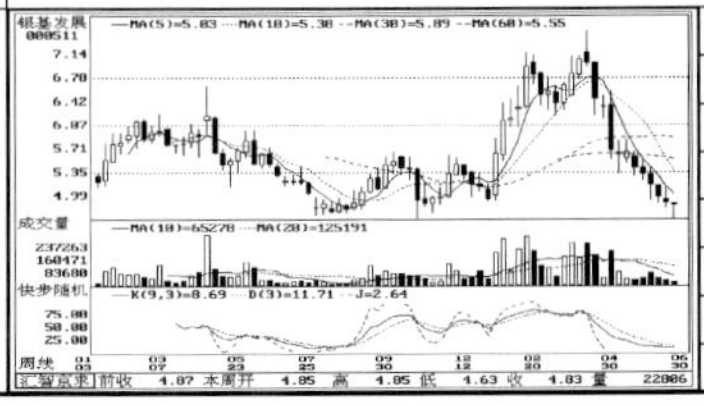

2003年涨跌幅(%)	-6.42
2003年最高(元)	6.65
2003年最低(元)	4.64
2003年换手率(%)	184.57
2004.06涨跌幅(%)	-2.62
2004.06最高(元)	7.50
2004.06最低(元)	4.63
2004.06换手率(%)	185.30

丽珠医药集团股份有限公司

公司概况

公司名称	丽珠医药集团股份有限公司			股票代码	000513		
注册地址	广东省珠海市拱北桂花北路132号			邮政编码	519020		
法人代表	朱保国		董秘	王武平			
电话	0756-8135888		传真	0756-8886002			
主营业务	医药产品的生产						
总股本	30603.55	流通 A	11567.23	流通 B	12230.70	流通 H	
审计单位			审计意见	未审计			

主要财务指标

年度	2004.6	2003	2002
每股收益/扣除后(元)	0.1623	0.2600	0.2100
每股经营现金流量(元)	0.0370	0.9800	0.7000
每股净资产/调整后(元)	3.5400	3.3900	3.0700
每股公积金(元)	1.3897	1.3893	1.3810
净资产收益率(%)	7.1900	8.8300	6.5200
总资产(万元)	218908.06	212925.27	185643.92
股东权益(万元)	109290.46	104455.79	94940.87
未分配利润(万元)	11877.86	4022.22	1616.59
主营收入(万元)	76563.28	181191.36	160120.56
资本公积金(万元)	42528.31	42517.33	42264.24
主营利润(万元)	39368.38	89261.44	70385.02
其他业务利润(万元)	141.88	574.30	9.08
营业利润(万元)	7129.77	14441.05	13117.88
投资收益(万元)	2926.16	1442.59	–1752.64
补贴收入(万元)	116.00	180.50	9.43
营业外收支(万元)	92.74	–294.02	9.67
利润总额(万元)	10264.66	15770.12	11157.09
净利润(万元)	7855.63	9220.06	6194.27

十大股东

序号	股东名称	股份性质	持股数(万股)	比例(%)
1	中国光大(集团)总公司	境内法人股	3891.75	12.72
2	天诚实业有限公司	流通B股	3428.49	11.20
3	健康元药业集团股份有限公司	境内法人股/流通A股	3228.51	10.55
4	华宝兴业多策略增长证券投资基金	流通A股	832.18	2.72
5	深圳市海滨制药有限公司	流通A股	675.24	2.21
6	广州市保科力贸易公司	境内法人股	605.94	1.98
7	DEUTSCHE BANK AG LONDON	流通B股	408.53	1.33
8	泰和证券投资基金	流通A股	308.26	1.01
9	国联安德盛小盘精选证券投资基金	流通A股	265.33	0.87
10	袁兰香	流通B股	216.20	0.71

股东人数	2004.6	2003.12	2003.6	2002
	43834	51067	46021	45983

近年分配	2004年4月27日 10派1.00	近年配股/增发	

重大事项

2004年2月10日公司投资决策委员会第十一次会议审议通过(1)《关于收购上海丽珠东风生物技术有限公司股权并进行清算的议案》，同意以600万元的价格收购上海中科生龙达生物技术有限公司在上海丽珠东风生物技术有限公司所持50%的股权;(2)《关于珠海市丽珠美达信技术开发有限公司股权转让及清算工作的议案》,同意丽珠制药厂以64万元的价格受让陈永乐所持有的珠海市丽珠美达信技术开发有限公司20%的股权。

二〇〇三年以来市场表现

2003年涨跌幅(%)	–23.75
2003年最高(元)	10.92
2003年最低(元)	6.07
2003年换手率(%)	211.82
2004.06涨跌幅(%)	12.77
2004.06最高(元)	9.88
2004.06最低(元)	6.51
2004.06换手率(%)	223.27

重庆渝开发股份有限公司

公司概况

公司名称	重庆渝开发股份有限公司			股票代码	000514		
注册地址	重庆市渝中区曾家岩1号附1号			邮政编码	400015		
法人代表	刘永贤		董秘	夏光明			
电话	023-67761551		传真	023-67761551			
主营业务	房地产开发、环保						
总股本	11754.29	流通 A	4324.32	流通 B		流通 H	
审计单位			审计意见	未审计			

主要财务指标

年度	2004.6	2003	2002
每股收益/扣除后(元)	0.0362	0.0584	0.0131
每股经营现金流量(元)	0.0530	–2.0110	0.2960
每股净资产/调整后(元)	1.2580	1.2147	1.0200
每股公积金(元)	1.0397	1.0397	0.9947
净资产收益率(%)	3.3300	12.2100	7.2500
总资产(万元)	59143.86	54351.85	17127.40
股东权益(万元)	14783.91	14291.14	12005.24
未分配利润(万元)	–10917.91	–11410.68	–13144.88
主营收入(万元)	4978.20	6733.12	2795.59
资本公积金(万元)	12221.44	12221.44	11691.44
主营利润(万元)	1164.98	1747.24	673.30
其他业务利润(万元)	161.22	481.95	–17.55
营业利润(万元)	577.64	1946.50	886.57
投资收益(万元)		–66.22	128.16
补贴收入(万元)			
营业外收支(万元)	–1.74	–32.90	0.37
利润总额(万元)	575.90	1847.37	868.74
净利润(万元)	492.77	1744.27	870.36

十大股东

序号	股东名称	股份性质	持股数(万股)	比例(%)
1	重庆市城市建设投资公司	发起人国家股	6146.71	52.29
2	富国投资有限公司	定向法人境内法人股	549.70	4.68
3	中国银河证券有限公司	定向法人境内法人股	312.00	2.65
4	江苏省国际信托投资公司	流通股	200.92	1.71
5	中国宝安集团股份有限公司	定向法人境内法人股	164.91	1.40
6	信泰证券有限责任公司	流通股	150.55	1.28
7	深圳市信诚投资有限公司	定向法人境内法人股	136.65	1.16
8	西安怡和经济发展投资集团公司	定向法人境内法人股	120.00	1.02
9	覃辉	流通股	51.27	0.44
10	谢百英	流通股	34.65	0.29

股东人数	2004.6	2003.12	2003.6	2002
	14423	13721	15684	

近年分配		近年配股/增发	

重大事项

因公司4,000万元保证金被德恒证券有限责任公司重庆中山三路营业部挪用公司于2004年5月25日向重庆市高级人民法院(重庆高院)起诉并申请财产保全。重庆高院于2004年5月27日下达《民事裁决书》作出裁定:冻结被告德恒证券在15个银行中19个账户的所有存款。冻结期间未经重庆高院许可,任何人不得扣划、转移、质押该存款。

二〇〇三年以来市场表现

2003年涨跌幅(%)	–31.63
2003年最高(元)	11.29
2003年最低(元)	6.49
2003年换手率(%)	145.18
2004.06涨跌幅(%)	–5.97
2004.06最高(元)	9.52
2004.06最低(元)	5.88
2004.06换手率(%)	106.07

重庆渝港钛白粉股份有限公司

公司概况

公司名称	重庆渝港钛白粉股份有限公司	股票代码	000515
注册地址	重庆市巴南区走马二村51号	邮政编码	400055
法人代表	黄立人	董秘	向远平
电话	023-62551930	传真	023-62551279
主营业务	钛白粉、工业硫酸		
审计单位		审计意见	未审计

总股本	流通A	流通B	流通H
18720.75	7983.36		

主要财务指标

年度	2004.6	2003	2002
每股收益/扣除后(元)	0.0519	0.0800	0.1400
每股经营现金流量(元)	-0.0192	0.3500	0.3400
每股净资产/调整后(元)	1.7200	1.6600	1.2700
每股公积金(元)	0.5557	0.5557	0.4645
净资产收益率(%)	3.7600	7.2500	10.2000
总资产(万元)	71239.14	61192.77	64153.65
股东权益(万元)	32648.00	31422.05	21139.79
未分配利润(万元)	2787.46	1561.52	-2102.29
主营收入(万元)	10913.12	25980.66	23624.63
资本公积金(万元)	10403.25	10403.25	7246.55
主营利润(万元)	1938.25	6129.89	4993.69
其他业务利润(万元)	-10.55	94.71	-4.70
营业利润(万元)	308.14	2129.81	1255.06
投资收益(万元)		60.82	
补贴收入(万元)	280.00	810.73	17.86
营业外收支(万元)	25.33	-319.66	-3.93
利润总额(万元)	613.47	2681.71	2535.98
净利润(万元)	1225.95	2277.57	2155.58

十大股东

序号	股东名称	股份性质	持股数(万股)	比例(%)
1	中国长城资产管理公司	国家股	6057.39	32.36
2	攀枝花钢铁(集团)公司	国有法人股	4680.00	25.00
3	招商银行股份有限公司-招商股票投资基金	国有法人股	428.04	2.29
4	景阳证券投资基金	流通A股	214.43	1.15
5	交通银行-华安创新证券投资基金	流通A股	152.54	0.81
6	河南姿华实业有限公司	流通A股	96.00	0.51
7	交通银行-安久证券投资基金	流通A股	68.81	0.37
8	全国社保基金一零一组合	流通A股	66.20	0.35
9	重庆博高商贸有限责任公司	流通A股	59.50	0.32
10	金品辉	流通A股	50.00	0.27

股东人数	2004.6	2003.12	2003.6	2002
	12945	12307	13933	23849

近年分配		近年配股/增发	

重大事项

根据渝国税函[2003]706号文的精神，经审核，公司2003年度钛白粉二期技改扩产项目国产设备投资，可抵免比上一年度新增的企业所得税13,594,246.83元，其中，可抵免2003年度新增所得税7,087,207.90元，已冲减了本期的所得税费用。2004年1月9日，中国长城资产管理公司与攀枝花钢铁(集团)公司签署《股份转让协议》，将其所持有的本公司900万股国家股转让给攀枝花钢铁(集团)公司。

二〇〇三年以来市场表现

2003年涨跌幅(%)	23.82
2003年最高(元)	9.40
2003年最低(元)	6.25
2003年换手率(%)	184.17
2004.06涨跌幅(%)	-9.30
2004.06最高(元)	9.08
2004.06最低(元)	6.71
2004.06换手率(%)	150.13

西安解放集团股份有限公司

公司概况

公司名称	西安解放集团股份有限公司	股票代码	000516
注册地址	西安市解放市场6号	邮政编码	710001
法人代表	王科	董秘	刘建锁
电话	029-87217854	传真	029-87217705
主营业务	国内商贸、百货零售		
审计单位		审计意见	未审计

总股本	流通A	流通B	流通H
13037.83	4345.45		

主要财务指标

年度	2004.6	2003	2002
每股收益/扣除后(元)	0.1186	0.2900	0.2570
每股经营现金流量(元)	0.3270	0.5900	0.7900
每股净资产/调整后(元)	3.0100	3.1000	2.7600
每股公积金(元)	1.1065	1.1065	1.1065
净资产收益率(%)	3.7500	10.2200	9.9300
总资产(万元)	90154.53	86927.22	81213.88
股东权益(万元)	39415.66	40804.41	36632.99
未分配利润(万元)	7155.44	8544.19	5655.64
主营收入(万元)	77136.05	134692.98	112952.08
资本公积金(万元)	14426.09	14426.09	14426.09
主营利润(万元)	8049.68	15439.47	13670.11
其他业务利润(万元)	899.26	2132.91	-34.67
营业利润(万元)	3219.48	7226.88	5988.67
投资收益(万元)	-144.82	420.88	303.16
补贴收入(万元)			
营业外收支(万元)	-118.64	33.67	-0.23
利润总额(万元)	2956.02	7681.44	6224.10
净利润(万元)	1479.57	4171.43	3638.24

十大股东

序号	股东名称	股份性质	持股数(万股)	比例(%)
1	西安高新医院有限公司	法人股	3012.90	23.11
2	西安市国有资产管理局	国家股	2804.63	21.51
3	西安商业科技开发公司	法人股	583.93	4.48
4	陕西新开高新技术投资有限公司	法人股	435.60	3.34
5	西安中露食品有限责任公司	法人股	326.70	2.51
6	中国航空油料西北公司	法人股	217.80	1.67
7	深圳市广顺实业股份有限公司	法人股	217.80	1.67
8	深圳市长通数码科技有限公司	法人股	166.80	1.28
9	中国嘉德国际拍卖有限公司	法人股	130.68	1.00
10	陕西信托投资有限公司	法人股	108.90	0.84

股东人数	2004.6	2003.12	2003.6	2002
	20225	20346	21230	20139

近年分配		近年配股/增发	
	2004年7月7日10派2.20		

重大事项

公司2003年度利润分配方案经2004年5月27日召开的2003年度股东大会审议通过，决定按2003年末总股本130,378,296股计算，向全体股东每10股派发现金股利2.20元(含税)，共计派发现金人民币2,868.32万元。本次派息股权登记日为2004年7月6日，除息日为2004年7月7日。

二〇〇三年以来市场表现

2003年涨跌幅(%)	-26.29
2003年最高(元)	11.46
2003年最低(元)	6.70
2003年换手率(%)	126.68
2004.06涨跌幅(%)	9.27
2004.06最高(元)	10.78
2004.06最低(元)	7.09
2004.06换手率(%)	120.62

成功信息产业(集团)股份有限公司

公司概况

公司名称	成功信息产业(集团)股份有限公司	股票代码	000517
注册地址	宁波市江东北路138号宁波金融大厦12AF	邮政编码	315040
法人代表	陈新	董秘	傅备镖
电话	0574-87730360	传真	0574-87730353
主营业务	电信业务		
总股本	23330.75	流通A	11141.44
流通B		流通H	
审计单位		审计意见	未审计

主要财务指标

年度	2004.6	2003	2002
每股收益/扣除后(元)	0.0411	0.0500	0.2400
每股经营现金流量(元)	0.9650	-0.4100	-0.4400
每股净资产/调整后(元)	3.4800	3.4300	5.3400
每股公积金(元)	1.8924	1.8794	3.5529
净资产收益率(%)	1.0800	2.2200	4.5700
总资产(万元)	163915.56	147827.12	122425.13
股东权益(万元)	81970.34	80872.30	78150.29
未分配利润(万元)	10726.05	9837.06	8257.98
主营收入(万元)	42373.36	65025.70	55294.88
资本公积金(万元)	44151.80	43846.81	51806.82
主营利润(万元)	6277.95	11991.75	10223.12
其他业务利润(万元)	13.07	643.54	-0.56
营业利润(万元)	1305.48	-304.50	306.61
投资收益(万元)	-334.80	1810.70	1137.31
补贴收入(万元)	57.73	715.25	-8.76
营业外收支(万元)	-29.26	-85.96	-0.82
利润总额(万元)	999.15	2135.48	3966.41
净利润(万元)	888.99	1797.52	3568.32

十大股东

序号	股东名称	股份性质	持股数(万股)	比例(%)
1	深圳市新海投资控股有限公司	国有法人股	6366.79	27.29
2	深圳市胜启投资有限公司	法人股	956.02	4.10
3	北京市华远集团公司	法人股	612.48	2.63
4	上海银通创业发展有限公司	法人股	428.93	1.84
5	慈溪市永杰机械设备有限公司	法人股	390.69	1.67
6	宁波港务局	法人股	340.10	1.46
7	海军四八一九工厂	法人股	309.84	1.33
8	上海鼎立实业发展有限公司	法人股	255.20	1.09
9	深圳市保银投资发展有限公司	法人股	215.94	0.93
10	上海君创投资管理有限公司	法人股	196.31	0.84

股东人数	2004.6	2003.12	2003.6	2002
	22710	4523	5674	6149

近年分配		近年配股/增发	

重大事项

2004年4月27日,公司与宁波科技园区开发有限公司签订《互为担保协议》,双方各为对方向金融机构提供信用担保,担保的最高贷款余额不超过人民币23000万元,互保协议期限为一年,即2004年4月28日至2005年4月27日止。截止报告期末,公司累计为宁波科技园区开发有限公司提供担保17000万元人民币。

二○○三年以来市场表现

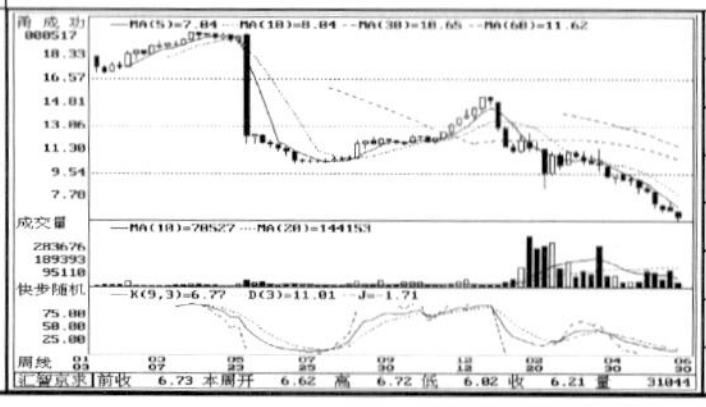

2003年涨跌幅(%)	30.29
2003年最高(元)	15.27
2003年最低(元)	10.25
2003年换手率(%)	73.71
2004.06涨跌幅(%)	-59.33
2004.06最高(元)	15.15
2004.06最低(元)	6.02
2004.06换手率(%)	281.04

江苏四环生物股份有限公司

公司概况

公司名称	江苏四环生物股份有限公司	股票代码	000518
注册地址	江苏省江阴市滨江开发区	邮政编码	214434
法人代表	汪建平	董秘	高立新
电话	0510-6408558	传真	0510-6408558
主营业务	毛纺织、生物药品		
总股本	102955.63	流通A	69638.40
流通B		流通H	
审计单位		审计意见	未审计

主要财务指标

年度	2004.6	2003	2002
每股收益/扣除后(元)	0.0491	0.0630	0.1500
每股经营现金流量(元)	0.0580	0.0800	0.3300
每股净资产/调整后(元)	1.1100	1.0600	2.0600
每股公积金(元)	0.0028	0.0028	0.7746
净资产收益率(%)	4.3900	6.3200	8.0900
总资产(万元)	136124.83	123023.16	114499.59
股东权益(万元)	114218.66	109207.96	105900.01
未分配利润(万元)	5967.52	1708.43	11593.24
主营收入(万元)	18086.26	37566.42	47007.72
资本公积金(万元)	286.27	286.27	39874.43
主营利润(万元)	8018.62	13075.08	13811.64
其他业务利润(万元)	2271.82	2164.95	66.99
营业利润(万元)	7074.34	9756.58	11323.87
投资收益(万元)		-65.37	
补贴收入(万元)			
营业外收支(万元)	-46.29	-150.74	-0.13
利润总额(万元)	7028.05	9540.47	11311.95
净利润(万元)	5010.70	6896.81	8568.59

十大股东

序号	股东名称	股份性质	持股数(万股)	比例(%)
1	江阴市振新毛纺织厂	境内法人股	15404.06	14.96
2	北京恒通投资有限公司	境内法人股	3836.16	3.73
3	昆山市创业投资有限公司	境内法人股	3816.81	3.71
4	广东建通工程有限公司	境内法人股	1209.60	1.17
5	交通部第二公路工程局	境内法人股	1152.00	1.12
6	金鑫证券投资基金	流通A股	1074.91	1.04
7	金泰证券投资基金	流通A股	1051.00	1.02
8	中铁三局集团有限公司	境内法人股	1029.60	1.00
9	汉兴证券投资基金	流通A股	959.70	0.93
10	深圳恒祥经济发展股份有限公司	境内法人股	864.00	0.84

股东人数	2004.6	2003.12	2003.6	2002
	84533	15855	14948	12766

近年分配		近年配股/增发	

重大事项

本公司2001年进行了一次公募增发A股,向社会公开发行了人民币普通股4500万股,每股发行价16.09元,募集资金净额为70,336.9万元。本次项目总投资为84857万元,经部分项目变更调整后计划项目总投资为77845万元,截止2004年末公司已用完全部募集资金。剩余未完成计划项目,公司以自有资金出资完成。

二○○三年以来市场表现

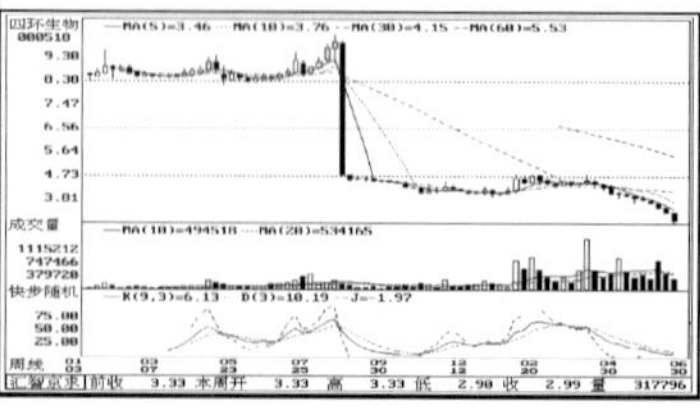

2003年涨跌幅(%)	0.00
2003年最高(元)	5.08
2003年最低(元)	4.00
2003年换手率(%)	91.55
2004.06涨跌幅(%)	-30.47
2004.06最高(元)	4.79
2004.06最低(元)	2.90
2004.06换手率(%)	171.39

成都银河动力股份有限公司

公司概况

公司名称	成都银河动力股份有限公司			股票代码	000519		
注册地址	四川省成都市新都区龙桥镇			邮政编码	610505		
法人代表	夏传文			董秘	高斌		
电话	028-83068868			传真	028-83068999		
主营业务	内燃机的基础件						
总股本	13653.83	流通 A	5803.21	流通 B		流通 H	
审计单位				审计意见	未审计		

主要财务指标

年度	2004.6	2003	2002
每股收益 / 扣除后(元)	0.0270	0.0262	–0.0613
每股经营现金流量(元)	–0.0360	–0.1260	0.2280
每股净资产 / 调整后(元)	2.4460	2.4200	2.1800
每股公积金(元)	0.9798	0.9798	0.8360
净资产收益率(%)	1.2200	2.2500	2.5100
总资产(万元)	49689.59	51927.18	45771.73
股东权益(万元)	33799.26	33385.39	30672.57
未分配利润(万元)	2690.13	2276.27	1676.73
主营收入(万元)	9646.91	14678.64	12852.01
资本公积金(万元)	13378.24	13378.24	11415.23
主营利润(万元)	1978.21	3107.97	2715.50
其他业务利润(万元)	72.89	92.75	–0.11
营业利润(万元)	252.36	–470.84	–1409.14
投资收益(万元)	212.31	897.86	2310.58
补贴收入(万元)		500.98	–3.71
营业外收支(万元)	44.88	–176.34	–2.28
利润总额(万元)	509.55	751.66	1013.74
净利润(万元)	413.87	749.81	770.11

十大股东

序号	股东名称	股份性质	持股数(万股)	比例(%)
1	银河(长沙)高科技实业有限公司	国家股	3734.40	27.35
2	湖南新兴科技发展有限公司	国家股	2388.22	17.49
3	市能源投资股份有限公司	境内法人股	216.00	1.58
4	四川天歌进出口有限责任公司	境内法人股	216.00	1.58
5	上海涌金实业有限公	境内法人股	216.00	1.58
6	上海九宇新技术发展有限公司	境内法人股	200.00	1.46
7	吉林省九州开发公司	境内法人股	194.40	1.42
8	中国农贸公司成都公司	境内法人股	108.00	0.79
9	上海同振贸易有限公司	境内法人股	108.00	0.79
10	西方来奇电子(深圳)有限公司	境内法人股	86.40	0.63

股东人数	2004.6	2003.12	2003.6	2002
	22499	8868	11512	15226

近年分配		近年配股/增发	

重大事项

由于公司对成都三电股份有限公司担保逾期，三电公司未予清偿，公司发生三起民事诉讼案件，担保涉及本金金额 750 万元。截止 2004 年 6 月 30 日止，公司为其它单位银行借款提供担保总额为 5050 万元人民币，担保余额为 1050 万元，占 2004 年 06 月 30 日净资产 33799.26 万元的 3.11%。

二〇〇三年以来市场表现

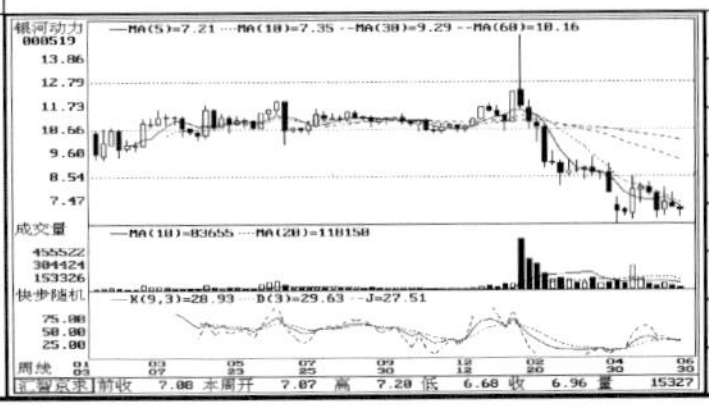

2003 年涨跌幅(%)	8.04
2003 年最高(元)	11.95
2003 年最低(元)	9.19
2003 年换手率(%)	195.29
2004.06 涨跌幅(%)	–39.79
2004.06 最高(元)	14.92
2004.06 最低(元)	6.41
2004.06 换手率(%)	538.87

合肥美菱股份有限公司

公司概况

公司名称	合肥美菱股份有限公司			股票代码	000521		
注册地址	合肥市芜湖路 48 号			邮政编码	230001		
法人代表	顾维军			董秘	薛辉		
电话	0551-2869394			传真	0551-2883122		
主营业务	电冰箱						
总股本	41364.29	流通 A	15153.03	流通 B	11310.00	流通 H	
审计单位				审计意见	未审计		

主要财务指标

年度	2004.6	2003	2002
每股收益 / 扣除后(元)	0.0368	–0.4400	0.0155
每股经营现金流量(元)	0.1240	0.2300	0.1600
每股净资产 / 调整后(元)	1.3780	1.3000	1.9200
每股公积金(元)	1.3842	1.3841	1.3836
净资产收益率(%)	1.7800	–23.1500	0.7800
总资产(万元)	230774.94	224518.98	230003.50
股东权益(万元)	85617.71	84093.19	103538.80
未分配利润(万元)	–41491.95	–43012.26	–23546.65
主营收入(万元)	75468.24	138381.00	126188.22
资本公积金(万元)	57256.41	57252.21	57232.21
主营利润(万元)	14310.17	23058.89	27429.89
其他业务利润(万元)	69.16	62.90	–0.13
营业利润(万元)	1474.09	–18662.79	413.11
投资收益(万元)	56.14	252.03	33.83
补贴收入(万元)		305.80	–5.53
营业外收支(万元)	–3.41	–1678.47	–1.53
利润总额(万元)	1526.82	–19783.43	810.76
净利润(万元)	1520.31	–19465.61	810.76

十大股东

序号	股东名称	股份性质	持股数(万股)	比例(%)
1	广东格林柯尔企业发展有限公司	法人股	8285.57	20.03
2	合肥美菱集团有限公司	国家股	4054.37	9.80
3	永胜实业有限公司	流通 B 股	208.00	0.50
4	合肥工行	法人股	170.78	0.41
5	合肥电冰箱配件厂	法人股	170.78	0.41
6	方静文	B 股	153.70	0.37
7	安徽省农行信托合肥办事处	法人股	166.93	0.40
8	安徽省工行国际业务部	A 股		
9	安徽省技术进出口公司	法人股	153.70	0.37
10	中国信达资产管理公司	法人股	153.70	0.37

股东人数	2004.6	2003.12	2003.6	2002
	92747	77559	97481	99706

近年分配		近年配股/增发	

重大事项

2003 年 11 月 26 日，本公司与合肥美菱集团控股有限公司、合肥洗衣机公司分别签订了《合肥美菱股份有限公司关于部分应收账款置换合肥美菱集团控股有限公司部分土地使用权的协议》、《合肥美菱股份有限公司关于受让合肥美菱集团控股有限公司部分土地以冲抵所欠本公司款项的协议》、《合肥美菱股份有限公司关于受让合肥美菱集团控股有限公司部分土地以冲抵洗衣机公司所欠本公司部分款项的协议》以及《合肥美菱股份有限公司关于受让合肥美菱洗衣机有限公司房产及附属设施以冲抵洗衣机公司所欠本公司部分款项的协议》。

二〇〇三年以来市场表现

2003 年涨跌幅(%)	–17.15
2003 年最高(元)	5.80
2003 年最低(元)	3.70
2003 年换手率(%)	114.72
2004.06 涨跌幅(%)	3.28
2004.06 最高(元)	6.22
2004.06 最低(元)	3.80
2004.06 换手率(%)	173.53

广州白云山制药股份有限公司

公司概况

公司名称	广州白云山制药股份有限公司	股票代码	000522
注册地址	广东省广州市白云区同和街云祥路88号	邮政编码	510515
法人代表	夏泽民	董秘	陈瑛
电话	020-87062599	传真	020-87063699
主营业务	生产、研制医药		
总股本	37434.44	流通A	15654.44
流通B		流通H	
审计单位	广东羊城会计师事务所	审计意见	标准无保留

主要财务指标

年度	2004.6	2003	2002
每股收益/扣除后(元)	0.0831	0.1840	0.1939
每股经营现金流量(元)	0.2487	0.6100	0.4200
每股净资产/调整后(元)	1.6100	1.2500	1.3500
每股公积金(元)	0.4200	0.4130	1.7799
净资产收益率(%)	5.6600	10.3100	10.7200
总资产(万元)	272885.97	267116.78	252157.84
股东权益(万元)	64197.00	61557.62	54536.20
未分配利润(万元)	7736.33	5358.91	–52015.15
主营收入(万元)	128300.69	232702.59	195728.59
资本公积金(万元)	15722.01	15460.05	66627.70
主营利润(万元)	49649.78	88797.99	72497.53
其他业务利润(万元)	705.07	1408.81	97.77
营业利润(万元)	9858.74	16436.13	13549.86
投资收益(万元)	–244.95	–3339.56	–3876.43
补贴收入(万元)		0.40	0.00
营业外收支(万元)	–725.30	–1501.31	–44.18
利润总额(万元)	8888.48	11595.66	8547.13
净利润(万元)	3632.35	6343.65	5848.21

十大股东

序号	股东名称	股份性质	持股数(万股)	比例(%)
1	广州医药集团有限公司	国有法人股	16590.00	44.32
2	广州白云山企业集团有限公司	国有法人股	4200.00	11.22
3	江苏正泰投资管理有限公司	国有法人股	990.00	2.64
4	赵旭光	流通A股	605.00	1.62
5	中国工商银行–国联安德盛小盘精选证券投资基金	流通A股	142.88	0.38
6	潘菲	流通A股	61.30	0.16
7	万勇	流通A股	45.00	0.12
8	陈佩芳	流通A股	38.85	0.10
9	赵伟	流通A股	36.23	0.10
10	王宝茹	流通A股	33.62	0.09

股东人数	2004.6	2003.12	2003.6	2002
	55152	56375	57413	52541

近年分配	2004年6月11日10派0.30	近年配股/增发	

重大事项

经本公司于2004年4月13日召开的公司2003年度股东大会所审议的《2003年度利润分配方案》：以2003年末总股本374,344,355股为基数，向全体股东每10股派发现金0.3元(含税)。本次利润分配的股权登记日为2004年6月10日，除息日为2004年6月11日。2001年资产重组前，广州天心药业股份有限公司的房改损失数剥离给广州医药集团有限公司，2004年5月广州天心药业股份有限公司已收到上述款项。

二〇〇三年以来市场表现

2003年涨跌幅(%)	–15.47
2003年最高(元)	9.17
2003年最低(元)	4.96
2003年换手率(%)	223.67
2004.06涨跌幅(%)	–3.80
2004.06最高(元)	6.86
2004.06最低(元)	5.20
2004.06换手率(%)	195.25

广州市浪奇实业股份有限公司

公司概况

公司名称	广州市浪奇实业股份有限公司	股票代码	000523
注册地址	广州市天河区黄埔大道东128号	邮政编码	510660
法人代表	陈翔志	董秘	陈建斌
电话	020-82162933	传真	020-82162986
主营业务	合成洗涤剂、香皂		
总股本	22935.06	流通A	9418.67
流通B		流通H	
审计单位		审计意见	未审计

主要财务指标

年度	2004.6	2003	2002
每股收益/扣除后(元)	0.0090	–0.0026	–0.1900
每股经营现金流量(元)	–0.2920	–0.0400	0.1100
每股净资产/调整后(元)	1.5480	1.5400	1.5400
每股公积金(元)	0.7225	0.7225	0.7225
净资产收益率(%)	0.5800	0.5700	–29.8000
总资产(万元)	57293.92	56619.75	55133.49
股东权益(万元)	39291.90	39063.98	38842.87
未分配利润(万元)	–10589.06	–10816.97	–11038.09
主营收入(万元)	38016.35	63468.23	59743.99
资本公积金(万元)	16569.70	16569.70	16569.70
主营利润(万元)	5150.65	12192.17	9671.73
其他业务利润(万元)	53.06	75.12	–1.00
营业利润(万元)	253.46	–58.79	–4266.46
投资收益(万元)	1.01	187.85	–4131.14
补贴收入(万元)		63.91	–1.79
营业外收支(万元)	22.09	60.60	–0.60
利润总额(万元)	276.56	253.57	–11657.36
净利润(万元)	227.91	221.12	–11575.11

十大股东

序号	股东名称	股份性质	持股数(万股)	比例(%)
1	广州市国有资产管理局	国家股	13516.39	58.93
2	龚雪春	流通A股	45.15	0.20
3	巴信扶	流通A股	34.43	0.15
4	侯建伟	流通A股	29.09	0.13
5	黎宪松	流通A股	28.83	0.13
6	张妙珊	流通A股	26.37	0.11
7	隋淑美	流通A股	23.48	0.10
8	蒋明敏	流通A股	20.90	0.09
9	林兆添	流通A股	20.70	0.09
10	杨虹	流通A股	20.48	0.09

股东人数	2004.6	2003.12	2003.6	2002
	39361	38642	39083	42089

近年分配		近年配股/增发	

重大事项

截至2004年6月30日止，本公司以抵押方式向招商银行广州分行越秀支行申请6,000万元人民币(其中流动资金借款1000万元，银行承兑汇票5000万元，按30%作保证金)的综合授信额度，期限两年。

二〇〇三年以来市场表现

2003年涨跌幅(%)	–25.36
2003年最高(元)	6.60
2003年最低(元)	3.68
2003年换手率(%)	177.49
2004.06涨跌幅(%)	–4.82
2004.06最高(元)	5.60
2004.06最低(元)	3.86
2004.06换手率(%)	148.43

广州市东方宾馆股份有限公司

公司概况

公司名称	广州市东方宾馆股份有限公司			股票代码	000524		
注册地址	广州市流花路 120 号			邮政编码	510016		
法人代表	黄克勤			董秘	陈聪		
电话	020-86662791			传真	020-86662791		
主营业务	旅馆业、餐饮业						
总股本	26967.37	流通 A	9898.47	流通 B		流通 H	
审计单位				审计意见	未审计		

主要财务指标

年度	2004.6	2003	2002
每股收益/扣除后(元)	0.0298	-0.1400	0.031
每股经营现金流量(元)	0.1160	0.0200	0.1800
每股净资产/调整后(元)	1.5600	1.5000	2.0800
每股公积金(元)	1.0673	1.0673	1.0636
净资产收益率(%)	1.9900	-17.8100	1.4400
总资产(万元)	74414.88	78834.19	67630.35
股东权益(万元)	52099.72	51065.12	60060.69
未分配利润(万元)	-15680.76	-16715.37	-7620.00
主营收入(万元)	11425.88	14787.11	20780.19
资本公积金(万元)	28781.71	28781.71	28681.92
主营利润(万元)	9808.00	13145.76	18000.14
其他业务利润(万元)			
营业利润(万元)	1051.69	-3233.16	999.72
投资收益(万元)	18.57	-430.62	-120.66
补贴收入(万元)			
营业外收支(万元)	-35.65	-5431.59	-1.13
利润总额(万元)	1034.60	-9095.37	768.81
净利润(万元)	1034.60	-9095.37	865.82

十大股东

序号	股东名称	股份性质	持股数(万股)	比例(%)
1	广州市东方酒店集团有限公司	发起人法人股	12315.60	45.67
2	广州越秀集团有限公司	国家股	4753.30	17.63
3	中国银行-嘉实增长开放式证券投资基金	流通股	116.05	0.43
4	华安证券有限公司	流通股	69.33	0.26
5	胡煜君	流通股	63.80	0.24
6	梁锦华	流通股	36.18	0.13
7	许磊	流通股	30.80	0.11
8	何兰香	流通股	29.86	0.11
9	傅锦霞	流通股	28.00	0.10
10	丁云舟	流通股	26.10	0.10

股东人数	2004.6	2003.12	2003.6	2002
	43353	46236	48508	47002

近年分配		近年配股/增发	

重大事项

公司诉广东省阳江市阳江国际大酒店、阳江市科技开发集团公司无理拖欠本公司借款 1000 万元一案，广州市中级人民法院已于 1999 年 8 月 2 日作出一审判决，判令被告向本公司归还全部借款本金及利息，并承担此案的全部案件受理费 8.66 万元。截至本报告披露之日，该案仍在强制执行中。

二〇〇三年以来市场表现

2003 年涨跌幅(%)	-38.58
2003 年最高(元)	6.65
2003 年最低(元)	3.33
2003 年换手率(%)	155.04
2004.06 涨跌幅(%)	13.80
2004.06 最高(元)	5.54
2004.06 最低(元)	3.20
2004.06 换手率(%)	163.21

南京红太阳股份有限公司

公司概况

公司名称	南京红太阳股份有限公司			股票代码	000525		
注册地址	南京市汉中路 89 号金鹰国际商城 19 层 C 座			邮政编码	210029		
法人代表	杨寿海			董秘	邹峰		
电话	025-84785833,4785866			传真	025-84785828		
主营业务	油漆、涂料、家药等						
总股本	28023.88	流通 A	12940.59	流通 B		流通 H	
审计单位				审计意见	未审计		

主要财务指标

年度	2004.6	2003	2002
每股收益/扣除后(元)	0.1459	0.1633	0.1562
每股经营现金流量(元)	0.3150	0.2800	0.1800
每股净资产/调整后(元)	2.0900	2.0000	1.7500
每股公积金(元)	0.5148	0.5144	0.4947
净资产收益率(%)	6.9700	8.3100	8.8000
总资产(万元)	146442.36	89860.16	83608.83
股东权益(万元)	58579.81	56167.32	50945.70
未分配利润(万元)	10915.33	6832.76	4702.50
主营收入(万元)	73815.41	55854.79	56524.20
资本公积金(万元)	14426.50	14415.15	13863.36
主营利润(万元)	10751.42	13196.20	13408.94
其他业务利润(万元)	95.40	82.50	-0.10
营业利润(万元)	6664.02	7091.64	6826.53
投资收益(万元)	23.35	-209.39	0.41
补贴收入(万元)			
营业外收支(万元)	-31.28	-23.45	0.30
利润总额(万元)	6656.09	6858.80	6716.52
净利润(万元)	4082.58	4670.19	4483.00

十大股东

序号	股东名称	股份性质	持股数(万股)	比例(%)
1	红太阳集团有限公司	国家股、国有法人股	12861.74	45.90
2	博时价值增长证券投资基金	流通 A 股	740.32	2.64
3	中原证券股份有限公司	流通 A 股	557.24	1.99
4	中国平安保险(集团)股份有限公司	境内法人股	488.74	1.74
5	南京信贷咨询公司	境内法人股	377.67	1.35
6	南京市财政信用公司	境内法人股	355.45	1.27
7	全国社保基金一零五组合	流通 A 股	215.55	0.77
8	全国社保基金一零二组合	流通 A 股	213.64	0.76
9	中国银行-同智证券投资基金	流通 A 股	197.76	0.71
10	交通银行-裕华证券投资基金	流通 A 股	180.00	0.64

股东人数	2004.6	2003.12	2003.6	2002
	19074	26232	21834	22832

近年分配	2004 年 5 月 19 日 10 派 0.60	近年配股/增发	

重大事项

公司通过间接控制的江苏振邦农作物科技有限公司和南京振邦投资发展有限公司收购并增资江苏苏农农资连锁有限责任公司。截至 2004 年 6 月 30 日，本次收购和增资工作已全部完成。该项交易完成后，本公司间接持有江苏苏农农资连锁有限责任公司 51%股权，并将其纳入公司合并报表范围。

二〇〇三年以来市场表现

2003 年涨跌幅(%)	-33.60
2003 年最高(元)	8.20
2003 年最低(元)	4.25
2003 年换手率(%)	185.14
2004.06 涨跌幅(%)	25.10
2004.06 最高(元)	8.86
2004.06 最低(元)	4.79
2004.06 换手率(%)	173.89

厦门好时光实业股份有限公司

公司概况

公司名称	厦门好时光实业股份有限公司			股票代码		000526	
注册地址	厦门市湖里区寨上长乐路1号			邮政编码		361006	
法人代表	田青			董秘		郭俊东	
电话	0592-5744065			传真		0592-5652638	
主营业务	房地产开发与经营						
总股本	7925.03	流通A	3277.53	流通B		流通H	
审计单位				审计意见		未审计	

主要财务指标

年度	2004.6	2003	2002
每股收益/扣除后(元)	-0.0360	-0.0943	0.0180
每股经营现金流量(元)	-0.1590	0.2400	-0.5100
每股净资产/调整后(元)	1.6800	1.7700	2.0400
每股公积金(元)	0.9423	0.9423	0.9423
净资产收益率(%)	-1.2900	0.3100	4.1400
总资产(万元)	21428.22	20829.57	22960.90
股东权益(万元)	16263.29	16472.50	16421.38
未分配利润(万元)	411.70	620.92	577.46
主营收入(万元)	365.29	591.86	915.01
资本公积金(万元)	7467.47	7467.47	7467.47
主营利润(万元)	296.49	320.78	831.78
其他业务利润(万元)		52.92	-0.01
营业利润(万元)	-289.05	-785.87	-1043.29
投资收益(万元)		856.32	1705.12
补贴收入(万元)			
营业外收支(万元)	76.14	-0.54	-0.01
利润总额(万元)	-212.92	69.92	809.79
净利润(万元)	-209.22	51.12	679.37

十大股东

序号	股东名称	股份性质	持股数(万股)	比例(%)
1	厦门鑫旺经济开发有限公司	境内法人股	1595.93	20.14
2	深圳市椰林湾饮食有限公司	境内法人股	1064.80	13.44
3	珠海市运盛投资策划有限公司	境内法人股	700.00	8.83
4	深圳市达润投资策划有限公司	境内法人股	605.00	7.63
5	深圳成协房地产开发公司	境内法人股	121.00	1.53
6	深圳市上步实业股份有限公司	境内法人股	121.00	1.53
7	厦门市佳酿贸易有限公司	境内法人股	93.05	1.17
8	晋江市闽南水产开发有限公司	境内法人股	60.50	0.76
9	厦门证券登记公司	法人股	60.50	0.76
10	深圳市华佳怡投资策划有限公司	流通A股	44.84	0.57

股东人数	2004.6	2003.12	2003.6	2002
	14037	14500	14745	15141

近年分配		近年配股/增发	

重大事项

公司下属二级子公司好时光酒店公司接受深圳华达园业主委托，经营管理好时光(酒店)公寓 华达店，华达店将于2004年底竣工入伙后由好时光酒店公司正式接管。公司以深圳旭飞花园裙楼二层物业为本公司投资的华逸园项目开发建设贷款2500万元提供抵押担保。

二〇〇三年以来市场表现

2003年涨跌幅(%)	-40.81
2003年最高(元)	11.29
2003年最低(元)	5.61
2003年换手率(%)	86.79
2004.06涨跌幅(%)	1.75
2004.06最高(元)	8.55
2004.06最低(元)	5.60
2004.06换手率(%)	126.24

广东美的电器股份有限公司

公司概况

公司名称	广东美的电器股份有限公司			股票代码		000527	
注册地址	广东省佛山市顺德区北窖镇蓬莱路			邮政编码		528311	
法人代表	何享健			董秘		向春江	
电话	0757-26338779,26338804			传真		0756-26651991	
主营业务	空调、电饭煲、风扇						
总股本	48488.97	流通A	29155.26	流通B		流通H	
审计单位				审计意见		未审计	

主要财务指标

年度	2004.6	2003	2002
每股收益/扣除后(元)	0.2911	0.3800	0.3200
每股经营现金流量(元)	1.3910	3.4300	3.9100
每股净资产/调整后(元)	4.7100	4.5300	3.9300
每股公积金(元)	2.0172	2.0172	1.9874
净资产收益率(%)	6.8300	7.0600	7.0400
总资产(万元)	912158.06	857235.31	798622.69
股东权益(万元)	249013.27	237830.77	219592.06
未分配利润(万元)	68272.99	57090.50	42818.20
主营收入(万元)	985497.37	1376138.12	1086715.62
资本公积金(万元)	97813.42	97813.42	96365.65
主营利润(万元)	212182.19	303017.59	275825.06
其他业务利润(万元)	1938.63	976.69	-215.09
营业利润(万元)	39744.56	43291.00	39600.19
投资收益(万元)	2985.20	-1604.85	-338.85
补贴收入(万元)			
营业外收支(万元)	630.39	-4507.98	-2.83
利润总额(万元)	43360.15	37178.16	39575.56
净利润(万元)	17001.17	16790.95	15456.68

十大股东

序号	股东名称	股份性质	持股数(万股)	比例(%)
1	美的集团有限公司	境内法人股	10761.43	22.19
2	顺德市开联实业发展有限公司	境内法人股	4118.64	8.49
3	佛山市顺德区信宏实业有限公司	境内法人股	1500.00	3.09
4	顺德市有利投资服务有限公司	境内法人股	1201.20	2.48
5	中国工商银行-裕元证券投资基金	社会公众股	754.76	1.56
6	中国建设银行-华宝兴业多策略增长证券投资基金	社会公众股	750.75	1.55
7	中国工商银行-申万巴黎盛利精选证券投资基金	社会公众股	609.31	1.26
8	顺德市北窖投资管理有限公司	境内法人股	500.00	1.03
9	中国银行-景宏证券投资基金	社会公众股	485.44	1.00
10	中国工商银行-兴业可转债混合型证券投资基金	社会公众股	359.52	0.74

股东人数	2004.6	2003.12	2003.6	2002
	115865	139638	144585	145968

近年分配	2004年6月28日10派1.20	近年配股/增发	

重大事项

2004年3月29日，本公司与佛山市美的集团有限公司在广东顺德签署了广东威灵电机制造有限公司股权转让协议，本公司将持有威灵电机75%的股权全部转让给了佛山市美的集团有限公司。2004年6月2日，本公司及下属子公司广东生活电器制造有限公司分别与佛山市顺德区现代实业有限公司在广东顺德签署了资产转让协议，本公司将收购佛山市顺德区现代实业有限公司土地房产类资产，收购价格不超过3,100.41万元，广东生活电器制造有限公司收购其机器设备及物料类资产，收购价格为1,788.75万元。

二〇〇三年以来市场表现

2003年涨跌幅(%)	-14.59
2003年最高(元)	7.56
2003年最低(元)	5.44
2003年换手率(%)	82.28
2004.06涨跌幅(%)	34.33
2004.06最高(元)	8.00
2004.06最低(元)	5.65
2004.06换手率(%)	119.58

广西柳工机械股份有限公司

公司概况							
公司名称	广西柳工机械股份有限公司			股票代码	000528		
注册地址	广西壮族自治区柳州市柳太路1号			邮政编码	545007		
法人代表	王晓华			董秘	王祖光		
电话	0772-3886509,3886510			传真	0772-3886510		
主营业务	装载机、挖掘机						
总股本	36342.78	流通A	15552.78	流通B		流通H	
审计单位	深圳鹏城会计师事务所			审计意见	标准无保留		

主要财务指标

年度	2004.6	2003	2002
每股收益/扣除后(元)	0.5286	0.6790	0.3760
每股经营现金流量(元)	0.7410	0.1196	0.3022
每股净资产/调整后(元)	4.1640	3.0566	2.3100
每股公积金(元)	1.5012	0.8018	0.7535
净资产收益率(%)	12.7600	22.2900	16.2300
总资产(万元)	270400.62	179079.16	148791.56
股东权益(万元)	151629.92	100400.76	76166.78
未分配利润(万元)	42422.63	19804.76	4112.21
主营收入(万元)	219424.73	249339.80	170112.73
资本公积金(万元)	54558.28	26260.72	24679.49
主营利润(万元)	41597.81	50214.92	35238.01
其他业务利润(万元)	1710.68	1142.00	-12.82
营业利润(万元)	22056.98	26922.23	14802.16
投资收益(万元)	60.08	129.89	-21.15
补贴收入(万元)	34.50	518.26	-159.75
营业外收支(万元)	27.53	-610.30	-3.77
利润总额(万元)	22179.10	26960.08	15044.33
净利润(万元)	19342.50	22375.44	12362.65

十大股东

序号	股东名称	股份性质	持股数(万股)	比例(%)
1	广西柳工集团有限公司	国有法人股	20790.00	57.21
2	中银国际证券有限责任公司	流通A股	2060.28	5.67
3	鹏华行业成长证券投资基金	流通A股	336.53	0.93
4	裕隆证券投资基金	流通A股	320.95	0.88
5	国联安德盛小盘精选证券投资基金	流通A股	163.60	0.45
6	全国社保基金一零一组合	流通A股	127.55	0.35
7	安久证券投资基金	流通A股	125.73	0.35
8	国海证券有限责任公司	流通A股	117.79	0.32
9	国信证券有限责任公司	流通A股	108.45	0.30
10	蔡寿鹏	流通A股	97.00	0.27

股东人数	2004.6	2003.12	2003.6	2002
	42074	33941	39310	59613

近年分配		近年配股/增发	

重大事项

董事会决定以2004年6月30日的总股本363,427,830股为基数，向全体股东按每10股派2元(含税)现金进行利润分配，尚余未分配利润结转下一年度；同时以2004年6月30日的总股本363,427,830股为基数，向全体股东按每10股转增3股进行资本公积金转增。

二〇〇三年以来市场表现

2003年涨跌幅(%)	49.46
2003年最高(元)	11.40
2003年最低(元)	7.18
2003年换手率(%)	295.47
2004.06涨跌幅(%)	-14.73
2004.06最高(元)	12.32
2004.06最低(元)	8.70
2004.06换手率(%)	184.55

广东美雅集团股份有限公司

公司概况							
公司名称	广东美雅集团股份有限公司			股票代码	000529		
注册地址	广东省鹤山市人民西路40号			邮政编码	529700		
法人代表	冯国良			董秘	冯伟		
电话	0750-8888888			传真	0750-8889673		
主营业务	拉舍尔毛毯、腈纶毛条						
总股本	39651.59	流通A	21605.81	流通B		流通H	
审计单位				审计意见	未审计		

主要财务指标

年度	2004.6	2003	2002
每股收益/扣除后(元)	0.0029	-0.3620	-1.7500
每股经营现金流量(元)	0.1350	0.2200	-0.0300
每股净资产/调整后(元)	0.9750	0.9860	0.8300
每股公积金(元)	0.1172	0.1172	2.1831
净资产收益率(%)	0.2500	1.4580	-213.7700
总资产(万元)	142113.77	145913.95	151527.56
股东权益(万元)	40366.12	40266.55	39679.42
未分配利润(万元)	-7716.27	-7815.84	-90321.00
主营收入(万元)	23308.27	50409.60	45751.23
资本公积金(万元)	4645.93	4645.93	86563.96
主营利润(万元)	3833.36	1175.28	-8462.66
其他业务利润(万元)	-315.65	-1192.47	-23.64
营业利润(万元)	116.50	327.40	-71065.79
投资收益(万元)		-2.66	-1025.92
补贴收入(万元)		70.03	3.45
营业外收支(万元)	-16.92	192.37	-1.91
利润总额(万元)	99.57	587.13	-84821.00
净利润(万元)	99.57	587.13	-84821.00

十大股东

序号	股东名称	股份性质	持股数(万股)	比例(%)
1	鹤山市资产管理委员会办公室	国家股	10898.99	27.49
2	广东省文新外贸轻纺(控股)公司	国有法人股	1862.03	4.70
3	鹤山市海峰贸易发展公司	法人股	1113.37	2.81
4	鹤山毛纺织总厂联合毛绒厂工会	法人股	1054.90	2.66
5	鹤山市床上用品厂工会	法人股	884.50	2.23
6	广东省民族贸易公司工会	法人股	366.30	0.92
7	鹤山市鹤昌实业投资公司	法人股	220.00	0.55
8	鹤山市昌盛制衣有限公司工会	法人股	220.00	0.55
9	广东粤财信托投资公司	法人股	220.00	0.55
10	鹤山市宏科贸易有限公司	法人股	210.20	0.53

股东人数	2004.6	2003.12	2003.6	2002
	94212	96234	102035	108834

近年分配		近年配股/增发	

重大事项

经2004年5月28日召开的第四届董事会第十二次会议审议并经2004年6月30日召开的2003年度股东大会审议通过，同意公司与广东省纺织品进出口原材辅料贸易有限公司签订关联交易框架协议，协议合同有效期为2003年度股东大会通过之日起至2004年12月31日止，协议期内关联交易总金额控制在15000万元以内。

二〇〇三年以来市场表现

2003年涨跌幅(%)	-27.13
2003年最高(元)	5.21
2003年最低(元)	2.95
2003年换手率(%)	129.77
2004.06涨跌幅(%)	-13.21
2004.06最高(元)	4.42
2004.06最低(元)	2.83
2004.06换手率(%)	87.84

大连冷冻机股份有限公司

公司概况

公司名称	大连冷冻机股份有限公司			股票代码	000530		
注册地址	大连市沙河口区西南路888号			邮政编码	116033		
法人代表	张和			董秘	吕连珍		
电话	0411-86538100			传真	0411-86641470		
主营业务	制冷成套设备						
总股本	35001.50	流通A	9837.02	流通B	11500.00	流通H	
审计单位				审计意见	未审计		

主要财务指标

年度	2004.6	2003	2002
每股收益/扣除后(元)	0.1237	0.2450	0.2590
每股经营现金流量(元)	0.1390	0.3100	0.2970
每股净资产/调整后(元)	3.6600	3.6600	3.3900
每股公积金(元)	1.5957	1.5955	1.5923
净资产收益率(%)	3.3630	6.7000	7.4300
总资产(万元)	199126.80	195578.66	187787.66
股东权益(万元)	129406.52	128546.53	118997.87
未分配利润(万元)	14502.60	13784.57	7359.18
主营收入(万元)	62453.99	104309.70	95636.33
资本公积金(万元)	55853.59	55845.00	55732.95
主营利润(万元)	9942.51	17506.51	14315.36
其他业务利润(万元)	118.09	164.97	5.27
营业利润(万元)	1565.30	1868.06	2065.22
投资收益(万元)	3729.17	8153.45	7436.84
补贴收入(万元)		52.44	52.44
营业外收支(万元)	21.35	2.23	0.02
利润总额(万元)	5315.82	10076.18	9525.05
净利润(万元)	4351.55	8614.78	8842.61

十大股东

序号	股东名称	股份性质	持股数(万股)	比例(%)
1	大连冰山集团有限公司(国家股)	国家股	10636.68	30.39
2	SANYO ELECTRIC CO., LTD.	流通B股	3500.15	10.00
3	吉林省九州开发公司	境内法人股	315.00	0.90
4	太原兆和投资发展公司	境内法人股	315.00	0.90
5	申银万国证券股份有限公司	境内法人股	283.70	0.81
6	大连华信信托投资股份有限公司	境内法人股	179.50	0.51
7	大连热电集团股份有限公司	境内法人股	175.00	0.50
8	大连船用柴油机厂	境内法人股	162.23	0.46
9	大连市工业发展投资公司	境内法人股	162.23	0.46
10	华夏证券有限公司	境内法人股	157.50	0.45

股东人数

2004.6	2003.12	2003.6	2002
66329	51414	66272	71040

近年分配	近年配股/增发
2004年7月16日10派1.00	

重大事项

2004年6月10日，公司以自有资金与日本富士电机株式会社合资兴建的大连富士冰山自动售货机有限公司正式开业。该公司注册资本为18亿日元，其中本公司拥有49%股权。

二〇〇三年以来市场表现

2003年涨跌幅(%)	-5.84
2003年最高(元)	9.07
2003年最低(元)	5.50
2003年换手率(%)	136.94
2004.06涨跌幅(%)	-20.06
2004.06最高(元)	7.76
2004.06最低(元)	5.50
2004.06换手率(%)	115.08

广州恒运企业集团股份有限公司

公司概况

公司名称	广州恒运企业集团股份有限公司			股票代码	000531		
注册地址	广州经济技术开发区西基路8号			邮政编码	510730		
法人代表	夏藩高			董秘	林国定		
电话	020-82099511			传真	020-82098658		
主营业务	热力和电力的生产						
总股本	26652.13	流通A	10782.16	流通B		流通H	
审计单位	广东羊城会计师事务所			审计意见	标准无保留		

主要财务指标

年度	2004.6	2003	2002
每股收益/扣除后(元)	0.2350	0.5090	0.3370
每股经营现金流量(元)	0.3170	1.0300	1.6610
每股净资产/调整后(元)	2.8000	2.7490	2.2450
每股公积金(元)	0.8860	0.8249	0.8249
净资产收益率(%)	8.2700	18.6700	12.5700
总资产(万元)	273400.31	235721.98	194856.28
股东权益(万元)	75185.23	73998.98	60156.83
未分配利润(万元)	15626.79	9406.23	4299.62
主营收入(万元)	68538.50	102608.53	86023.56
资本公积金(万元)	23614.80	21986.09	21986.09
主营利润(万元)	21897.03	38439.25	27256.82
其他业务利润(万元)	-12.82	115.47	-0.26
营业利润(万元)	17074.04	30247.87	21159.47
投资收益(万元)	-117.40	2.63	3.68
补贴收入(万元)			
营业外收支(万元)	-8.32	110.14	-1.03
利润总额(万元)	16948.33	30360.64	19744.65
净利润(万元)	6220.56	13816.78	7563.14

十大股东

序号	股东名称	股份性质	持股数(万股)	比例(%)
1	广州凯得控股有限公司	国有法人股	9597.82	36.01
2	广州经济技术开发区工业发展有限公司	国有法人股	4985.61	18.71
3	广州黄电实业有限公司	境内法人股	1286.54	4.83
4	上海申能资产管理有限公司	流通A股	104.05	0.39
5	中国银行-金鹰成份股优选证券投资基金	流通A股	86.38	0.32
6	闫晓丽	流通A股	85.50	0.32
7	中国银行-嘉实增长开放式证券投资基金	流通A股	82.34	0.31
8	许聘三	流通A股	45.00	0.17
9	江方匀	流通A股	41.81	0.16
10	全国社保基金一零二组合	流通A股	40.29	0.15

股东人数

2004.6	2003.12	2003.6	2002
48013	55270	57163	59666

近年分配	近年配股/增发
2004年6月14日10派2.50	

重大事项

公司于2004年4月20日召开的2003年度股东大会审议通过了公司2003年度利润分配方案：以2003年末总股本266,521,260股为基数，每10股派现金2.5元(含税)，扣税后社会公众股中的个人股东和投资基金实际每10股派息2.00元，不以公积金转增股本。本次派息的股权登记日为2004年6月11日，除息日为2004年6月14日。红利发放日为2004年6月14日。

二〇〇三年以来市场表现

2003年涨跌幅(%)	56.64
2003年最高(元)	10.85
2003年最低(元)	5.91
2003年换手率(%)	199.67
2004.06涨跌幅(%)	-16.85
2004.06最高(元)	11.80
2004.06最低(元)	7.98
2004.06换手率(%)	167.12

力合股份有限公司

公司概况

公司名称	力合股份有限公司	股票代码	000532
注册地址	珠海市唐家大学路101号清华科技园创业大楼第六层东楼	邮政编码	519080
法人代表	冯冠平	董秘	曹海霞
电话	0756-3612810	传真	0756-3612823
主营业务	微电子;电力电子		
总股本	28390.99	流通A	12159.70
流通B		流通H	
审计单位		审计意见	未审计

主要财务指标

年度	2004.6	2003	2002
每股收益/扣除后(元)	0.0229	0.1800	0.1400
每股经营现金流量(元)	-0.0820	0.0100	0.0300
每股净资产/调整后(元)	1.5900	1.6800	1.4600
每股公积金(元)	0.3154	0.3155	0.3150
净资产收益率(%)	1.4600	12.1700	9.4500
总资产(万元)	79934.53	63652.56	55744.91
股东权益(万元)	45887.45	48058.62	42195.03
未分配利润(万元)	5714.76	5042.67	2909.62
主营收入(万元)	8748.24	14727.21	9525.25
资本公积金(万元)	8953.83	8957.99	8944.06
主营利润(万元)	1267.49	2501.33	1220.88
其他业务利润(万元)	16.54	72.32	-0.78
营业利润(万元)	202.53	1628.57	-205.26
投资收益(万元)	735.06	5089.97	4568.98
补贴收入(万元)			
营业外收支(万元)	0.07	-321.51	-0.54
利润总额(万元)	937.65	6397.04	4317.13
净利润(万元)	672.09	5849.65	3986.11

十大股东

序号	股东名称	股份性质	持股数(万股)	比例(%)
1	深圳市清华力合创业投资有限公司	国家股	4258.65	15.00
2	珠海经济特区电力开发(集团)公司	国家股,境内法人股	3746.35	13.20
3	深圳市华智通实业发展有限公司	境内法人股	1430.87	5.04
4	北京清华科技园发展中心	国家股	1419.55	5.00
5	珠海经济特区富华投资公司	境内法人股	369.95	1.30
6	珠海经济特区银星科技开发服务公司	境内法人股	331.50	1.17
7	江苏瑞华投资发展有限公司	境内法人股	300.00	1.06
8	招商银行股份有限公司-招商股票投资基金	流通A股	300.00	1.06
9	珠海市联基控股有限公司	境内法人股	237.98	0.84
10	广州双鹰投资顾问有限公司	境内法人股	234.00	0.82

股东人数	2004.6	2003.12	2003.6	2002
	32403	25079	23943	21051

近年分配	2004年8月13日10派1.00	近年配股/增发	

重大事项

2004年4月12日,公司与中国交通银行珠海分行签订了担保合同,为子公司珠海华冠电容器有限公司向该行申请的银行贷款提供连带责任保证,担保金额为人民币1,000万元,担保期限为2004年4月9日至2005年4月9日。2004年3月,经公司第四届董事会第十三次会议审议通过,控股子公司珠海清华科技园创业投资有限公司以人民币2,863.8万元的价格,收购了深圳华冠电子有限公司30%的股权。

二○○三年以来市场表现

2003年涨跌幅(%)	-14.20
2003年最高(元)	9.45
2003年最低(元)	6.35
2003年换手率(%)	142.60
2004.06涨跌幅(%)	-1.16
2004.06最高(元)	11.00
2004.06最低(元)	6.75
2004.06换手率(%)	320.49

广东万家乐股份有限公司

公司概况

公司名称	广东万家乐股份有限公司	股票代码	000533
注册地址	广东佛山市顺德大良顺峰山工业区	邮政编码	528333
法人代表	张少松	董秘	刘永霖
电话	0757-22321218	传真	0757-22321200
主营业务	城网输配电设备		
总股本	57568.00	流通A	20370.56
流通B		流通H	
审计单位		审计意见	未审计

主要财务指标

年度	2004.6	2003	2002
每股收益/扣除后(元)	0.0043	0.0184	-0.1724
每股经营现金流量(元)	-0.2950	0.5200	-0.1641
每股净资产/调整后(元)	0.7490	0.7800	0.4381
每股公积金(元)	0.0965	1.1136	1.0994
净资产收益率(%)	0.5300	33.5700	-26.6800
总资产(万元)	324416.00	317648.62	295139.62
股东权益(万元)	59268.84	58473.99	37783.72
未分配利润(万元)	-7881.40	-83452.40	-103084.68
主营收入(万元)	61506.12	130204.55	110920.34
资本公积金(万元)	5556.95	64106.79	63290.79
主营利润(万元)	23837.86	50750.49	38756.03
其他业务利润(万元)	307.24	-17.00	0.17
营业利润(万元)	805.70	6510.14	-21321.14
投资收益(万元)	703.32	14439.04	4768.67
补贴收入(万元)	252.29	500.87	-0.28
营业外收支(万元)	-181.00	-13.52	0.14
利润总额(万元)	1580.32	21436.52	-16855.30
净利润(万元)	316.34	19632.28	-10079.80

十大股东

序号	股东名称	股份性质	持股数(万股)	比例(%)
1	广州汇顺投资有限公司	境内法人股	14355.26	24.94
2	顺德市陈村镇信达实业发展有限公司	境内法人股	12856.73	22.33
3	合肥市高科技风险投资有限公司	境内法人股	1967.50	3.42
4	安徽省信托投资公司	境内法人股	1070.00	1.86
5	上海励诚投资发展有限公司	境内法人股	1050.00	1.82
6	广东省工行信托投资公司	境内法人股	746.67	1.30
7	南方证券有限公司	境内法人股	746.67	1.30
8	广东发展银行顺德分行	境内法人股	649.60	1.13
9	海口昌亿实业投资有限公司	境内法人股	630.00	1.09
10	广东证券股份有限公司	境内法人股	515.20	0.89

股东人数	2004.6	2003.12	2003.6	2002
	79040	82387	94240	107198

近年分配		近年配股/增发	

重大事项

为解决本公司承接为原大股东提供担保而形成的或有债余额16,517,958.52元问题,经与有关方协商,公司于2004年2月18日,与佛山市顺德区公有资产管理办公室签订了《关于解决债务重组遗留问题协议书》,达成解决方案:将其纳入债务重组协议中以公司及所属企业每年上缴税费属于顺德区地方留成部分分期以现金偿还债务部分。

二○○三年以来市场表现

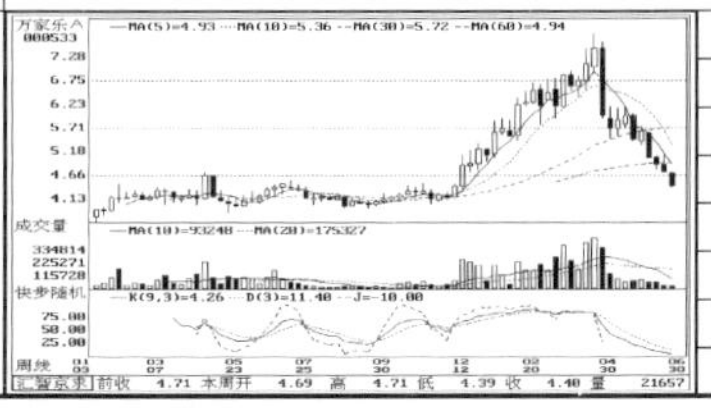

2003年涨跌幅(%)	36.66
2003年最高(元)	5.37
2003年最低(元)	3.61
2003年换手率(%)	176.03
2004.06涨跌幅(%)	-13.21
2004.06最高(元)	7.80
2004.06最低(元)	4.39
2004.06换手率(%)	200.93

汕头电力发展股份有限公司

公司概况

公司名称	汕头电力发展股份有限公司			股票代码	000534
注册地址	广东省汕头市珠池路23号光明大厦B座8楼			邮政编码	515041
法人代表	黄振光	董秘	黄曼华		
电话	0754-8857191,8857382	传真	0754-8857199,8857382		
主营业务	投资建设电厂、电站				
总股本	20826.13	流通 A	8822.93	流通 B	流通 H
审计单位		审计意见	未审计		

主要财务指标

年度	2004.6	2003	2002
每股收益/扣除后(元)	-0.0160	0.0600	0.0389
每股经营现金流量(元)	-0.0610	0.0800	0.0100
每股净资产/调整后(元)	2.6000	2.6900	2.6200
每股公积金(元)	1.3679	1.3679	1.3679
净资产收益率(%)	0.4800	3.1800	1.3900
总资产(万元)	55790.42	57604.95	55871.94
股东权益(万元)	55162.28	56981.27	55168.47
未分配利润(万元)	277.60	2096.58	775.42
主营收入(万元)	66676.59	14371.51	10572.23
资本公积金(万元)	28488.51	28488.51	28488.51
主营利润(万元)	37.36	2970.74	1838.33
其他业务利润(万元)		2.53	0.09
营业利润(万元)	-904.68	968.31	-327.05
投资收益(万元)	1202.70	1256.19	1356.34
补贴收入(万元)			
营业外收支(万元)	4.16	2.91	-0.02
利润总额(万元)	302.18	2227.40	1017.05
净利润(万元)	263.63	1812.80	771.45

十大股东

序号	股东名称	股份性质	持股数(万股)	比例(%)
1	汕头市电力开发公司	国家股	7986.00	38.35
2	中国信达资产管理公司	法人股	1452.00	6.97
3	汕头市濠江区珠浦厂房开发有限公司	境内法人股	1210.00	5.81
4	汕头城市建设开发总公司	境内法人股	726.00	3.49
5	交通银行汕头分行	境内法人股	484.00	2.32
6	汕头电力经济发展公司	境内法人股	48.40	0.23
7	卓明华	流通A股	36.17	0.17
8	上海亚兰士软件咨询有限公司	流通A股	32.67	0.16
9	林泽贤	流通A股	28.75	0.14
10	汕头地产总公司	境内法人股	24.20	0.12

股东人数	2004.6	2003.12	2003.6	2002
	53552	54696	54407	55680

近年分配	2004年6月23日10派1.00	近年配股/增发	

重大事项

2004年5月11日，公司召开2003年度股东大会审议通过2003年度利润分配方案：以2003年12月31日公司总股本20826万股为基数，向全体股东派发现金红利1元(含税)。无公积金转增股本。去年11月份，公司及热电一厂分别与中关村证券有限责任公司、北方证券有限责任公司签订了《国债委托管理协议》，各委托国债管理1000万元，委托期限一年，目前两项国债投资仍在委托管理期限内，委托管理情况正常。

二〇〇三年以来市场表现

2003年涨跌幅(%)	4.58
2003年最高(元)	7.78
2003年最低(元)	5.51
2003年换手率(%)	136.60
2004.06涨跌幅(%)	-18.96
2004.06最高(元)	7.26
2004.06最低(元)	4.80
2004.06换手率(%)	87.29

猴王股份有限公司

公司概况

公司名称	猴王股份有限公司			股票代码	000535
注册地址	湖北省宜昌市夷陵路304号			邮政编码	443003
法人代表	朱宇平	董秘	黄昌龄		
电话	0717-6351835	传真	0717-6351835		
主营业务	生产焊接材料及设备				
总股本	30272.32	流通 A	17017.39	流通 B	流通 H
审计单位		审计意见	未审计		

主要财务指标

年度	2004.6	2003	2002
每股收益/扣除后(元)	-0.0751	-0.3000	-0.1500
每股经营现金流量(元)	-0.0011	-0.0010	-0.0010
每股净资产/调整后(元)	-1.8100	-1.7600	-1.5100
每股公积金(元)	0.7808	0.7808	0.7549
净资产收益率(%)			
总资产(万元)	26188.24	29632.40	34000.28
股东权益(万元)	-54836.27	-51494.70	-43948.83
未分配利润(万元)	-110503.99	-107182.00	-98849.74
主营收入(万元)	1985.33	2946.33	2716.69
资本公积金(万元)	23637.80	23637.80	22853.86
主营利润(万元)	281.20	611.21	767.61
其他业务利润(万元)	4.04	1.51	-0.01
营业利润(万元)	-2274.50	-8932.74	-7879.01
投资收益(万元)	-1077.85		-203.48
补贴收入(万元)	15.01		
营业外收支(万元)	-0.54	-1005.95	11.62
利润总额(万元)	-3337.88	-9938.69	-17816.65
净利润(万元)	-3341.56	-9951.40	-17926.34

十大股东

序号	股东名称	股份性质	持股数(万股)	比例(%)
1	上海国策实业发展有限公司	境内法人股	6499.87	21.47
2	宁波市住房资金管理中心	国家股	1233.70	4.08
3	申银万国证券股份有限公司	境内法人股	1000.00	3.30
4	中国经济技术投资担保有限公司	国家股	802.00	2.65
5	中国工行湖北信托投资公司	境内法人股	671.16	2.22
6	戎强	流通股	555.04	1.83
7	南京新港开发总公司	国家股	440.00	1.45
8	深圳建设集团财务有限责任公司	国家股	370.00	1.22
9	中国建行湖北信托投资公司	境内法人股	335.58	1.11
10	中国平安保险股份有限公司	境内法人股	320.00	1.06

股东人数	2004.6	2003.12	2003.6	2002
	58813	59618	57162	58275

近年分配		近年配股/增发	

重大事项

公司于2004年5月19日收到湖北省黄石市中级人民法院民事裁定书，对2004年5月17日湖北省黄石市中级人民法院查封并拍卖本公司在宜昌猴王焊丝有限公司的投资股权1218.9万元作出裁定：将被执行人猴王股份有限公司在宜昌猴王焊丝有限公司的投资股权1218.9万元（拍卖价为2804000元）强制过户给买受人张卫斌。

二〇〇三年以来市场表现

2003年涨跌幅(%)	-41.38
2003年最高(元)	4.86
2003年最低(元)	2.24
2003年换手率(%)	219.81
2004.06涨跌幅(%)	-10.08
2004.06最高(元)	3.47
2004.06最低(元)	2.09
2004.06换手率(%)	168.26

闽东电机(集团)股份有限公司

公司概况

公司名称	闽东电机(集团)股份有限公司	股票代码	000536
注册地址	福建省福州市五一中路88号平安大厦19层	邮政编码	350005
法人代表	刘捷明	董秘	刘万里
电话	0591-3348228,3364248	传真	0591-3326201
主营业务	电机制造		
总股本	12192.72	流通 A	4546.72
流通 B		流通 H	
审计单位		审计意见	未审计

主要财务指标

年度	2004.6	2003	2002
每股收益/扣除后(元)	0.0404	–0.1968	–0.1400
每股经营现金流量(元)	–0.0450	–0.1014	0.2783
每股净资产/调整后(元)	–0.2200	–0.2461	–0.0300
每股公积金(元)	0.8057	0.8057	0.8057
净资产收益率(%)			–1021.8500
总资产(万元)	21250.67	19778.86	20073.35
股东权益(万元)	–2225.73	–2726.19	322.50
未分配利润(万元)	–27121.37	–27621.83	–24573.14
主营收入(万元)	5163.35	7384.58	5294.22
资本公积金(万元)	9824.10	9824.10	9824.10
主营利润(万元)	520.16	814.06	493.69
其他业务利润(万元)	206.55	206.61	8.06
营业利润(万元)	–508.95	–2721.85	–2258.71
投资收益(万元)	1134.44	329.26	622.53
补贴收入(万元)	4.40	0.11	0.00
营业外收支(万元)	–92.03	–460.23	6.05
利润总额(万元)	537.87	–2852.71	–3588.31
净利润(万元)	500.46	–2883.86	–3295.45

十大股东

序号	股东名称	股份性质	持股数(万股)	比例(%)
1	福建省电子信息(集团)有限责任公司	国家股	4429.00	36.32
2	闽东电机家属厂	境内法人股	340.00	2.79
3	工行福建省信托投资公司	境内法人股	200.00	1.64
4	福州市鼓楼区华大五金厂	境内法人股	181.00	1.48
5	泉州市二轻集体工业联社	境内法人股	173.00	1.42
6	厦门华伦电力发展公司	境内法人股	119.00	0.98
7	中国粮油食品进出口(集团)有限公司	境内法人股	100.00	0.82
8	福州变压器厂	境内法人股	69.31	0.57
9	福州闽东电机工贸公司	境内法人股	64.93	0.53
10	福州闽特工贸公司	境内法人股	63.63	0.52

股东人数	2004.6	2003.12	2003.6	2002
	10794	12984	13746	16304

近年分配		近年配股/增发	

重大事项

福建闽东房地产开发公司于2004年5月向美国园奇发展有限公司转让其所持有的福建嘉园房地产开发有限公司40%股权,转让款为1360万元。同时向美国园奇发展有限公司购买"日月星花园"一期楼盘第一幢九至十一层写字楼,建筑面积共3307.02平方米,以及"日月星花园"第一幢地下一层15个车位,购买金额共计1315.42万元。此次股权转让将增加公司利润100万元。

二○○三年以来市场表现

2003年涨跌幅(%)	–51.44
2003年最高(元)	7.40
2003年最低(元)	2.93
2003年换手率(%)	198.56
2004.06涨跌幅(%)	10.23
2004.06最高(元)	5.08
2004.06最低(元)	3.00
2004.06换手率(%)	121.47

天津南开戈德股份有限公司

公司概况

公司名称	天津南开戈德股份有限公司	股票代码	000537
注册地址	天津市经济技术开发区第三大街16号	邮政编码	300204
法人代表	任津明	董秘	刘艳
电话	022-28010550	传真	022-28010599
主营业务	GD系列自动售货机		
总股本	40614.86	流通 A	16622.83
流通 B		流通 H	
审计单位		审计意见	未审计

主要财务指标

年度	2004.6	2003	2002
每股收益/扣除后(元)	–0.0405	–0.8800	–0.1300
每股经营现金流量(元)	0.5920	–1.3500	0.3800
每股净资产/调整后(元)	0.4500	0.7500	1.8100
每股公积金(元)	0.5275	0.5275	0.5275
净资产收益率(%)	1.7200	–89.5100	–5.2300
总资产(万元)	95781.56	100788.58	144365.09
股东权益(万元)	43146.19	42028.37	79647.70
未分配利润(万元)	–28031.90		8459.48
主营收入(万元)	7599.52	9768.26	22204.63
资本公积金(万元)	21424.17	21424.17	21423.49
主营利润(万元)	306.26	–28.89	7031.56
其他业务利润(万元)	173.83	42.87	0.63
营业利润(万元)	567.52	–32896.50	–6100.73
投资收益(万元)	118.50	–4160.19	824.00
补贴收入(万元)		10.85	0.11
营业外收支(万元)	121.01	–734.72	–0.02
利润总额(万元)	807.02	–37780.57	–4450.02
净利润(万元)	743.52	–37620.00	–4166.92

十大股东

序号	股东名称	股份性质	持股数(万股)	比例(%)
1	天津南开戈德集团有限公司	国有法人股	19244.26	47.38
2	天津环球磁卡股份有限公司	募集法人股	820.80	2.02
3	中国光大国际信托投资公司	募集法人股	342.00	0.84
4	中信天津工业发展公司	募集法人股	290.02	0.71
5	天津津益联合公司	募集法人股	258.60	0.64
6	海南豪帮投资发展有限公司	募集法人股	247.38	0.61
7	海南金元投资控股有限公司	募集法人股	136.80	0.34
8	北京国际信托投资公司北信经营部	募集法人股	136.80	0.34
9	豫信有限公司	募集法人股	136.80	0.34
10	浙江省证券公司	募集法人股	136.80	0.34

股东人数	2004.6	2003.12	2003.6	2002
	18873	19152	23639	21753

近年分配		近年配股/增发	

重大事项

公司2004年5月24日与黑龙江辰能哈工大高科技风险投资有限公司签订股权转让协议,将公司持有哈尔滨巨邦科技风险投资基金管理有限公司50%的股权全部转让给黑龙江辰能哈工大高科技风险投资有限公司,转让价格为2,997.51万元。公司2004年6月11日与天津大通置业有限公司签订协议将公司持有的天津国际商场有限公司18%股权转让该公司,转让价格为419.29万元。

二○○三年以来市场表现

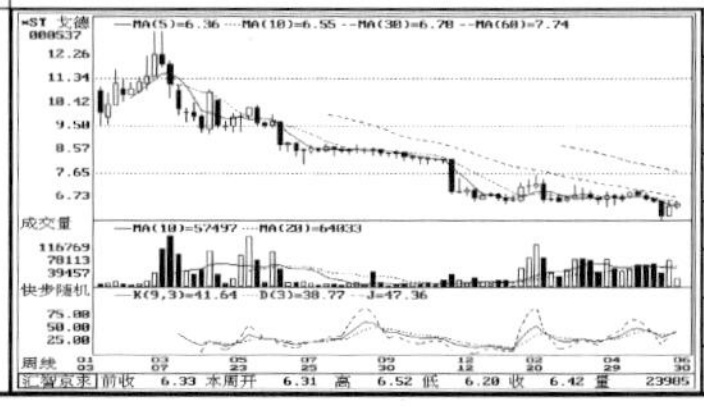

2003年涨跌幅(%)	–38.48
2003年最高(元)	13.18
2003年最低(元)	6.50
2003年换手率(%)	96.04
2004.06涨跌幅(%)	–5.73
2004.06最高(元)	7.55
2004.06最低(元)	5.81
2004.06换手率(%)	82.91

云南白药集团股份有限公司

公司概况

公司名称	云南白药集团股份有限公司	股票代码	000538
注册地址	昆明国家高新技术产业开发区	邮政编码	650118
法人代表	王明辉	董秘	黄艾农
电话	0871-8324159,8350538	传真	0871-8324169
主营业务	中成药生产		
审计单位		审计意见	未审计

总股本	24156.34	流通 A	7637.56	流通 B		流通 H	

主要财务指标

年度	2004.6	2003	2002
每股收益/扣除后(元)	0.2886	0.6164	0.4984
每股经营现金流量(元)	0.0810	0.9200	0.6200
每股净资产/调整后(元)	2.3300	3.0800	2.4300
每股公积金(元)	0.3988	0.8184	0.7811
净资产收益率(%)	13.1100	19.4700	20.2000
总资产(万元)	117023.63	104567.83	92065.11
股东权益(万元)	57632.85	58437.36	46374.76
未分配利润(万元)	8020.23	464.66	792.74
主营收入(万元)	85160.72	134483.44	110094.25
资本公积金(万元)	9633.68	15206.50	14513.83
主营利润(万元)	26058.38	41004.38	38791.37
其他业务利润(万元)	129.29	151.19	-0.30
营业利润(万元)	8748.91	13377.43	11856.51
投资收益(万元)	520.00	-46.90	27.46
补贴收入(万元)		4.49	4.49
营业外收支(万元)	16.11	-101.28	-1.65
利润总额(万元)	9285.03	13233.75	11820.88
净利润(万元)	7555.57	11375.20	9368.76

十大股东

序号	股东名称	股份性质	持股数(万股)	比例(%)
1	云南云药集团有限公司	国有法人股	12319.65	51.00
2	云南红塔集团有限责任公司	国有法人股	3656.33	15.14
3	中国银行-嘉实增长开放式证券投资基金	流通A股	350.14	1.45
4	招商银行股份有限公司-中信经典配置证券投资基金	流通A股	330.64	1.37
5	中国银行-嘉实服务增值行业证券投资基金	流通A股	188.38	0.78
6	上海小西生物技术有限公司	流通A股	180.18	0.75
7	中国银行-景顺长城优选证券投资基金	流通A股	154.59	0.64
8	市大鹏证券公司证券业务部	法人股	135.59	0.56
9	交通银行-富国天益价值证券投资基金	流通A股	106.99	0.44
10	景博证券投资基金	流通A股	103.87	0.43

股东人数	2004.6	2003.12	2003.6	2002
	9029	11029	14030	9287

近年分配	2004年6月18日10派4.50	近年配股/增发	2004年6月18日10转3

重大事项

受云南医药集团有限公司委托代管原云南白药厂离退休的人员和非经营资产并代垫其费用，至2004年6月30日本公司代垫费用6916千元，2004年7月2日已收回4769千元，尚欠2147千元。本公司董事会决定2004年度为控股子公司担保贷款27000千元，报告期末实际担保贷款16500千元。

二〇〇三年以来市场表现

2003年涨跌幅(%)	-10.73
2003年最高(元)	13.52
2003年最低(元)	9.87
2003年换手率(%)	101.79
2004.06涨跌幅(%)	14.91
2004.06最高(元)	13.75
2004.06最低(元)	11.09
2004.06换手率(%)	58.31

广东电力发展股份有限公司

公司概况

公司名称	广东电力发展股份有限公司	股票代码	000539
注册地址	广州市环市东路498号广发花园柏丽商业中心10楼	邮政编码	510630
法人代表	潘力	董秘	刘罗寿
电话	020-87570276	传真	020-85138084
主营业务	电力生产和经营		
审计单位		审计意见	未审计

总股本	265940.41	流通 A	39147.60	流通 B	66534.00	流通 H	

主要财务指标

年度	2004.6	2003	2002
每股收益/扣除后(元)	0.2240	0.4720	0.4520
每股经营现金流量(元)	0.2930	0.7700	0.9900
每股净资产/调整后(元)	2.9400	2.9700	2.4100
每股公积金(元)	0.5201	0.5201	0.5201
净资产收益率(%)	7.6100	15.9200	17.9500
总资产(万元)	1285197.00	1248690.37	1172921.62
股东权益(万元)	781610.69	788588.69	663063.81
未分配利润(万元)	88086.83	95064.85	19749.92
主营收入(万元)	342087.47	602901.50	561972.31
资本公积金(万元)	138318.70	138318.70	138318.70
主营利润(万元)	120035.76	247448.56	240407.41
其他业务利润(万元)	68.73	1793.40	-0.70
营业利润(万元)	104908.71	212714.31	201282.37
投资收益(万元)	-584.08	-760.52	-67.65
补贴收入(万元)			
营业外收支(万元)	-93.68	-354.91	4.28
利润总额(万元)	104230.95	211598.87	199016.87
净利润(万元)	59507.08	125524.88	118998.50

十大股东

序号	股东名称	股份性质	持股数(万股)	比例(%)
1	广东省电力集团有限公司	国家股	133380.00	50.15
2	中国信达资产管理公司	国有股	8775.00	3.30
3	广东省电力开发公司	国有股	8508.24	3.20
4	广东广控集团有限公司	国有股	4387.50	1.65
5	长城证券有限责任公司	流通股	1833.73	0.69
6	湘财证券有限责任公司	流通股	1785.53	0.67
7	TEMPLETON WORLD FUND INC	流通股	1609.03	0.61
8	CMBLSA RE FTIF TEMPLETON ASLAN GRW FD GTI 5496	流通股	1483.33	0.56
9	内藤证券株式会社	流通股	1333.68	0.50
10	TOYO SECURITTES ASLA LIMITED-A/C CLIENT	流通股	1162.99	0.44

股东人数	2004.6	2003.12	2003.6	2002
	116207	63814	63514	124341

近年分配	2004年6月24日10派2.50	近年配股/增发	

重大事项

公司控股51%的瑞能公司与粤电集团全资附属企业茂名热电厂根据签署的《5号机组承包管理协议书》，由茂名热电厂对该机组的生产管理、机组运行、设备检修维护、技改等进行承包管理，瑞能公司向茂名热电厂支付的管理人工费及检修维护费用全年核定为2036万元，公共管理费用分摊与上网电量挂钩，核定为0.005元/千瓦时报告期内实际支付1298.60万元。

二〇〇三年以来市场表现

2003年涨跌幅(%)	8.26
2003年最高(元)	11.87
2003年最低(元)	9.01
2003年换手率(%)	114.10
2004.06涨跌幅(%)	-14.89
2004.06最高(元)	11.17
2004.06最低(元)	8.25
2004.06换手率(%)	76.70

世纪中天投资股份有限公司

公司概况

公司名称	世纪中天投资股份有限公司			股票代码	000540		
注册地址	贵阳市云岩区吉祥路1号宅吉大厦五楼			邮政编码	550004		
法人代表	鲁石			董秘	赵虹		
电话	0851-6809072			传真	0851-6809115		
主营业务	经营城市土地开发						
总股本	32681.15	流通 A	11288.17	流通 B		流通 H	
审计单位				审计意见	未审计		

主要财务指标

年度	2004.6	2003	2002
每股收益/扣除后(元)	0.0099	0.0100	0.0200
每股经营现金流量(元)	-0.0940	-0.0800	-0.3600
每股净资产/调整后(元)	1.4600	1.4500	1.3800
每股公积金(元)	0.0718	0.0718	0.0664
净资产收益率(%)	0.9960	0.9600	1.4600
总资产(万元)	141030.37	129724.30	122527.73
股东权益(万元)	48879.36	48392.72	47751.78
未分配利润(万元)	6154.30	5667.66	5282.63
主营收入(万元)	9851.51	20714.92	17543.22
资本公积金(万元)	2347.97	2347.97	2169.67
主营利润(万元)	3332.33	7107.49	5463.21
其他业务利润(万元)	304.47	565.08	-4.80
营业利润(万元)	377.49	766.10	718.86
投资收益(万元)	244.19	238.59	172.58
补贴收入(万元)			
营业外收支(万元)	-0.90	-38.25	-0.15
利润总额(万元)	620.78	966.43	880.44
净利润(万元)	486.64	462.64	697.35

十大股东

序号	股东名称	股份性质	持股数(万股)	比例(%)
1	世纪兴业投资有限公司	定向法人股	10995.60	33.65
2	贵阳市国有资产投资公司	发起人国家股	3624.09	11.09
3	深圳市瑞富源投资有限公司	定向法人股	1200.00	3.67
4	无锡市华信投资管理有限公司	定向法人股	700.00	2.14
5	北京环宇互联科技发展有限公司	发起人法人股	677.33	2.07
6	北京世纪网神网络科技发展有限公司	发起人法人股	628.95	1.92
7	北京世纪网宇电子科技发展有限公司	发起人法人股	628.95	1.92
8	上海肇达投资咨询有限公司	定向法人股	338.00	1.03
9	遵义市远科建材销售有限公司	定向法人股	321.25	0.98
10	上海名流科技发展有限公司	定向法人股	305.00	0.93

股东人数	2004.6	2003.12	2003.6	2002
	38293	35352	38781	5140

近年分配		近年配股/增发	

重大事项

2004年6月，公司所属北海分公司以工程欠款为由起诉广西防城港市地产公司、防城港市国土资源局，要求偿还工程欠款本息、违约金共计1055万元。世纪中天公司向中国凯城国际程公司转让北京昊岳房地产开发有限责任公司95%股权，转让金额20900万元人民币。到2004年6月30日日昊岳公司股权转让款共到位7000万元。

二○○三年以来市场表现

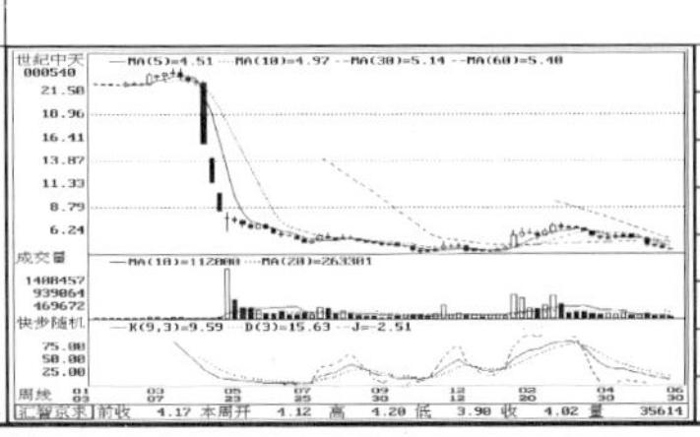

2003年涨跌幅(%)	-82.58
2003年最高(元)	24.04
2003年最低(元)	3.70
2003年换手率(%)	771.14
2004.06涨跌幅(%)	3.88
2004.06最高(元)	6.93
2004.06最低(元)	3.73
2004.06换手率(%)	576.36

佛山电器照明股份有限公司

公司概况

公司名称	佛山电器照明股份有限公司			股票代码	000541		
注册地址	广东省佛山市汾江北路15号			邮政编码	528000		
法人代表	钟信才			董秘	林奕辉		
电话	0757-82966098			传真	0757-82816276		
主营业务	各种电光源产品						
总股本	35844.82	流通 A	14703.54	流通 B	8250.00	流通 H	
审计单位				审计意见	未审计		

主要财务指标

年度	2004.6	2003	2002
每股收益/扣除后(元)	0.3251	0.6200	0.5400
每股经营现金流量(元)	0.2030	0.6500	0.8400
每股净资产/调整后(元)	5.9600	6.0700	5.4400
每股公积金(元)	3.3640	3.3637	3.3593
净资产收益率(%)	5.4200	10.3400	10.4400
总资产(万元)	239766.98	241328.56	234787.62
股东权益(万元)	214039.41	218923.92	196133.23
未分配利润(万元)	19310.41	7717.70	7231.94
主营收入(万元)	57462.51	102101.71	95750.12
资本公积金(万元)	120583.78	120572.39	120414.20
主营利润(万元)	17915.00	36483.41	35384.24
其他业务利润(万元)	129.13	8.82	0.10
营业利润(万元)	14590.51	27095.40	24352.40
投资收益(万元)	121.16	767.79	1237.06
补贴收入(万元)			
营业外收支(万元)	-191.75	-824.15	23.49
利润总额(万元)	14519.92	27039.03	24299.85
净利润(万元)	11592.72	22632.50	20481.94

十大股东

序号	股东名称	股份性质	持股数(万股)	比例(%)
1	佛山市国有资产管理办公室	国家法人股	8592.21	23.97
2	宝康消费品证券投资基金	流通A股	728.00	2.03
3	广州佑昌灯光器材贸易有限公司	境内法人股	700.26	1.95
4	申万巴黎盛利精选证券投资基金	流通A股	553.37	1.54
5	海富通收益增长证券投资基金	流通A股	434.70	1.21
6	DBS VICKERS (HONG KONG) LTD A/C CLIENTS	流通B股	431.56	1.20
7	裕元证券投资基金	流通A股	410.65	1.15
8	东方证券有限责任公司	流通A股	409.03	1.14
9	BTFE-VALUE PARTNERS INTELLIGENT FD-CHINA B SHS FD	流通B股	388.24	1.08
10	开元证券投资基金	流通A股	370.00	1.03

股东人数	2004.6	2003.12	2003.6	2002
	49121	58755	79642	80680

近年分配	2004年6月22日10派4.60	近年配股/增发	

重大事项

南海务庄灯泡厂是本公司的全资子公司，独立法人地位，注册资金为300万元人民币。经有关部门批准，已改组为本公司的分公司。经有关部门批准，成立了佛山照明现代灯具有限公司，注册资金500万元，其中本公司出资450万元，占总股本90%。

二○○三年以来市场表现

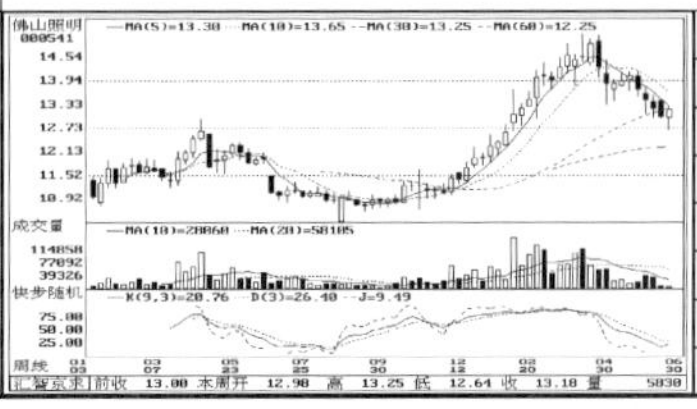

2003年涨跌幅(%)	8.47
2003年最高(元)	12.07
2003年最低(元)	9.82
2003年换手率(%)	95.11
2004.06涨跌幅(%)	14.41
2004.06最高(元)	14.69
2004.06最低(元)	11.36
2004.06换手率(%)	99.56

安徽省皖能股份有限公司

公司概况							
公司名称	安徽省皖能股份有限公司			股票代码	000543		
注册地址	安徽省合肥市马鞍山路99号皖能大厦			邮政编码	230011		
法人代表	张绍仓			董秘	周庆霞		
电话	0551-4672679			传真	0551-4669573		
主营业务	电力、节能						
总股本	77300.88	流通A	14064.38	流通B		流通H	
审计单位				审计意见	未审计		

主要财务指标

年度	2004.6	2003	2002
每股收益/扣除后(元)	0.1134	0.2900	0.1484
每股经营现金流量(元)	0.4300	0.9300	0.1500
每股净资产/调整后(元)	3.1700	3.3200	3.0300
每股公积金(元)	1.2406	1.2403	1.2378
净资产收益率(%)	3.5300	8.6200	4.8000
总资产(万元)	435552.12	423604.44	264402.28
股东权益(万元)	245860.94	256541.34	234559.87
未分配利润(万元)	12561.73	23256.90	5636.36
主营收入(万元)	99399.18	173155.62	71973.63
资本公积金(万元)	95898.01	95873.01	95683.02
主营利润(万元)	19014.63	43683.93	11711.22
其他业务利润(万元)	-7.67	-115.75	-0.27
营业利润(万元)	16801.53	38345.62	10182.56
投资收益(万元)	939.38	2031.49	6549.82
补贴收入(万元)			
营业外收支(万元)	-127.59	-421.72	6.94
利润总额(万元)	17613.32	39955.40	15630.26
净利润(万元)	8688.15	22124.23	11253.77

十大股东

序号	股东名称	股份性质	持股数(万股)	比例(%)
1	安徽省能源集团有限公司	国有法人股	46800.00	60.54
2	安徽省新能创业投资有限责任公司	社会法人股	4759.00	6.16
3	安徽省能源物资供销公司	社会法人股	2770.00	3.58
4	华安信托投资有限责任公司	社会法人股	2550.77	3.30
5	安徽省电力公司	社会法人股	1100.00	1.42
6	中行安徽信托咨询公司	社会法人股	671.00	0.87
7	中国农业银行-银河稳健证券投资基金	社会公众股	545.05	0.71
8	深圳市鸿基(集团)股份有限公司	社会法人股	500.00	0.65
9	中国工商银行-银河银泰理财分红证券投资基金	社会公众股	484.09	0.63
10	国信证券有限责任公司	社会法人股	376.47	0.49

股东人数	2004.6	2003.12	2003.6	2002
	72177	76655	75321	83307

近年分配	2004年7月16日10派2.50	近年配股/增发	

重大事项

公司2003年度利润分配方案已于2004年6月25日召开的公司2003年度(第十二次)股东大会上获得通过:向全体股东按每10股派现金2.50元(社会公众股股东含税),计派现金股利193,252,204元,其余未分配利润结转到以后年度进行分配。该方案股权登记日7月15日,除息日7月26日。

二〇〇三年以来市场表现

2003年涨跌幅(%)	35.17
2003年最高(元)	8.86
2003年最低(元)	5.68
2003年换手率(%)	196.53
2004.06涨跌幅(%)	-16.45
2004.06最高(元)	8.95
2004.06最低(元)	6.39
2004.06换手率(%)	129.20

白鸽(集团)股份有限公司

公司概况							
公司名称	白鸽(集团)股份有限公司			股票代码	000544		
注册地址	河南省郑州市华山路78号			邮政编码	450007		
法人代表	刘先超			董秘	张建华		
电话	0371-7196011			传真	0371-7611770		
主营业务	经营各类磨料、磨具						
总股本	26945.98	流通A	10874.16	流通B		流通H	
审计单位				审计意见	未审计		

主要财务指标

年度	2004.6	2003	2002
每股收益/扣除后(元)	0.0677	0.0095	-0.2200
每股经营现金流量(元)	-0.0090	0.0650	-0.0500
每股净资产/调整后(元)	1.1350	1.0900	-0.1300
每股公积金(元)	1.7353	1.7353	0.8015
净资产收益率(%)	5.7900	13.3600	-1155.5900
总资产(万元)	103765.02	93298.27	111010.69
股东权益(万元)	31465.85	29643.34	519.91
未分配利润(万元)	-44437.64	-46259.45	-50219.85
主营收入(万元)	21302.25	52785.64	50778.33
资本公积金(万元)	46760.45	46759.75	21596.73
主营利润(万元)	5558.50	13546.85	12091.57
其他业务利润(万元)	481.39	527.48	-4.87
营业利润(万元)	1774.81	456.40	-5382.05
投资收益(万元)	-6.62	1244.11	-101.72
补贴收入(万元)		2360.66	2360.66
营业外收支(万元)	-3.27	123.94	-1.02
利润总额(万元)	1764.90	4185.11	-6026.87
净利润(万元)	1821.81	3960.40	-6008.07

十大股东

序号	股东名称	股份性质	持股数(万股)	比例(%)
1	郑州市国有资产管理局	国有法人股	9253.64	34.34
2	郑州亚能热电有限公司(外资控股公司)	外资法人股	6818.18	25.30
3	李守兰	流通A股	74.61	0.28
4	钟国莲	流通A股	56.95	0.21
5	翟广荣	流通A股	44.82	0.17
6	史俊生	流通A股	44.40	0.16
7	张冬梅	流通A股	42.04	0.16
8	赖成先	流通A股	40.69	0.15
9	吕凤玖	流通A股	40.60	0.15
10	罗登彬	流通A股	39.06	0.14

股东人数	2004.6	2003.12	2003.6	2002
	37234	35893	37622	45492

近年分配		近年配股/增发	

重大事项

2003年12月20日,公司召开2003年度第一次临时股东大会,审议通过了《关于将部分资产和负债剥离给白鸽集团有限责任公司的议案》、《关于与郑州市热力总公司进行资产置换的议案》和《关于出售部分长期股权投资的议案》,并对以上议案进行了实施,截止2004年6月30日,已基本实施完毕。

二〇〇三年以来市场表现

2003年涨跌幅(%)	7.97
2003年最高(元)	5.58
2003年最低(元)	3.80
2003年换手率(%)	147.79
2004.06涨跌幅(%)	-0.45
2004.06最高(元)	6.68
2004.06最低(元)	4.24
2004.06换手率(%)	131.94

吉林制药股份有限公司

公司概况

公司名称	吉林制药股份有限公司	股票代码	000545
注册地址	吉林市长春路99号	邮政编码	132012
法人代表	张守斌	董秘	孙洪武
电话	0432-5079966	传真	0432-5079996
主营业务	生产经营原料药		
总股本	13563.58	流通A	6809.58
流通B		流通H	
审计单位		审计意见	未审计

主要财务指标

年度	2004.6	2003	2002
每股收益/扣除后(元)	0.0064	0.0538	0.0200
每股经营现金流量(元)	0.0260	0.0500	0.0600
每股净资产/调整后(元)	1.0940	1.0900	1.0100
每股公积金(元)	0.4168	0.4168	0.4168
净资产收益率(%)	0.5580	4.7800	2.2400
总资产(万元)	41459.47	39849.17	37139.99
股东权益(万元)	15294.30	15209.16	14481.48
未分配利润(万元)	-4003.28	-4088.42	-4816.10
主营收入(万元)	6911.58	16207.08	14026.26
资本公积金(万元)	5653.20	5653.20	5653.20
主营利润(万元)	2859.04	5943.84	5377.15
其他业务利润(万元)	-204.19	-420.71	103.91
营业利润(万元)	86.35	729.66	336.28
投资收益(万元)		4.56	7.41
补贴收入(万元)			
营业外收支(万元)	-1.21	-6.54	0.10
利润总额(万元)	85.14	727.69	324.24
净利润(万元)	85.14	727.69	324.24

十大股东

序号	股东名称	股份性质	持股数(万股)	比例(%)
1	吉林金泉宝山药业集团股份有限公司	境内法人股	4036.25	29.76
2	深圳经济特区房地产(集团)股份有限公司	境内法人股	1850.75	13.64
3	吉林省明日实业有限公司	境内法人股	680.00	5.01
4	吉林市银丰物资经销公司	境内法人股	132.00	0.97
5	周泰勇	流通A股	67.85	0.50
6	马书科	流通A股	58.23	0.43
7	华夏证券有限公司北京东四营业部	境内法人股	55.00	0.41
8	张连华	流通A股	38.66	0.29
9	信泰证券有限责任公司	流通A股	33.37	0.25
10	王方景	流通A股	28.50	0.21

股东人数

2004.6	2003.12	2003.6	2002
32095	32349	32742	32494

近年分配		近年配股/增发	

重大事项

公司原第一大股东吉林省恒和企业集团有限责任公司(恒和集团)、原并列第二大股东之一的吉林省明日实业有限公司（明日实业）于2004年5月17日分别将其所持有的本公司法人股28655000股、11707500股转让给吉林金泉宝山药业，股权过户手续已完成。吉林金泉宝山药业现持有本公司法人股40362500股，占公司总股本的29.76%，成为公司第一大股东。

二〇〇三年以来市场表现

2003年涨跌幅(%)	-20.19
2003年最高(元)	8.99
2003年最低(元)	4.50
2003年换手率(%)	202.16
2004.06涨跌幅(%)	-9.24
2004.06最高(元)	6.68
2004.06最低(元)	4.51
2004.06换手率(%)	123.16

吉林轻工集团股份有限公司

公司概况

公司名称	吉林轻工集团股份有限公司	股票代码	000546
注册地址	吉林省长春市建设街81号	邮政编码	130061
法人代表	孙健	董秘	孙振江
电话	0431-8523476	传真	0431-8540236
主营业务	房地产开发与经营		
总股本	16950.65	流通A	8502.65
流通B		流通H	
审计单位		审计意见	未审计

主要财务指标

年度	2004.6	2003	2002
每股收益/扣除后(元)	-0.0492	-0.0779	0.1500
每股经营现金流量(元)	-0.0790	0.6700	0.2200
每股净资产/调整后(元)	0.9430	0.9900	0.1400
每股公积金(元)	1.6590	1.6589	0.8848
净资产收益率(%)	-5.1000	7.4300	9.8200
总资产(万元)	43247.62	47883.30	37934.12
股东权益(万元)	16236.89	17063.69	2672.90
未分配利润(万元)	-31722.23	-30894.83	-32171.90
主营收入(万元)	721.93	12608.92	12073.75
资本公积金(万元)	28120.83	28120.23	14997.89
主营利润(万元)	205.00	2645.37	3351.22
其他业务利润(万元)	13.87	69.33	-1.00
营业利润(万元)	-1029.11	202.41	1461.48
投资收益(万元)	149.23	1734.27	-235.65
补贴收入(万元)			
营业外收支(万元)	7.23	-228.70	-0.07
利润总额(万元)	-872.66	1707.99	1219.33
净利润(万元)	-827.40	1268.34	262.49

十大股东

序号	股东名称	股份性质	持股数(万股)	比例(%)
1	新时代教育发展有限责任公司	境内法人股	5016.88	29.60
2	海南顺丰股份有限公司	境内法人股	1056.00	6.23
3	江苏联合信托投资公司	境内法人股	611.16	3.61
4	上海昆凌工贸有限公司	境内法人股	581.00	3.43
5	中海恒实业发展有限公司	境内法人股	330.00	1.95
6	上海肇达投资咨询有限公司	境内法人股	300.00	1.77
7	深圳市楚天创时代投资咨询有限公司	境内法人股	130.00	0.77
8	上海高融投资咨询有限公司	境内法人股	100.00	0.59
9	深圳金田股份有限公司	境内法人股	79.20	0.47
10	深圳英特投资服务有限公司	境内法人股	66.00	0.39

股东人数

2004.6	2003.12	2003.6	2002
18487	20250	22947	26167

近年分配		近年配股/增发	

重大事项

2004年3月18日，本公司控股子公司湘西乾城房地产有限责任公司、本公司控股股东新时代教育发展有限责任公司与吉首大学签订了《共同发起设立张家界吉达科技教育投资有限公司发起人协议》，协议规定：乾城公司以其持有的吉首大学张家界学院15%的股权作为出资，新时代教育发展有限责任公司以其持有的吉首大学张家界学院65%的股权以及现金36万元作为出资，吉首大学以其持有的吉首大学张家界学院20%的股权作为出资，共同设立张家界吉达科技教育投资有限公司。

二〇〇三年以来市场表现

2003年涨跌幅(%)	-13.15
2003年最高(元)	6.80
2003年最低(元)	3.90
2003年换手率(%)	260.24
2004.06涨跌幅(%)	4.09
2004.06最高(元)	5.59
2004.06最低(元)	3.74
2004.06换手率(%)	100.00

神州学人集团股份有限公司

公司概况

公司名称	神州学人集团股份有限公司	股票代码	000547
注册地址	福建省福州市工业路 223 号	邮政编码	350009
法人代表	张荣刚	董秘	林杰
电话	0591-83283128	传真	0591-83296358
主营业务	通信产品的生产		
审计单位		审计意见	未审计

总股本	流通 A	流通 B	流通 H
12242.32	7356.33		

主要财务指标

年度	2004.6	2003	2002
每股收益 / 扣除后(元)	0.0297	–0.0300	0.0200
每股经营现金流量(元)	0.0066	0.7200	0.7140
每股净资产 / 调整后(元)	3.4680	3.4700	3.4630
每股公积金(元)	1.5946	1.5945	1.5939
净资产收益率(%)	0.3310	1.7100	0.5990
总资产(万元)	117881.89	120762.09	116745.49
股东权益(万元)	43993.91	43847.78	43089.10
未分配利润(万元)	9450.05	9326.31	8687.88
主营收入(万元)	15071.77	20185.74	19495.27
资本公积金(万元)	19521.04	19520.49	19512.91
主营利润(万元)	3334.47	6327.50	5729.67
其他业务利润(万元)	179.86	200.03	–22.54
营业利润(万元)	770.21	1009.74	–1151.76
投资收益(万元)	–342.27	209.52	2049.49
补贴收入(万元)		302.60	–0.82
营业外收支(万元)	–1.06	10.03	0.10
利润总额(万元)	426.88	1531.89	1186.46
净利润(万元)	145.58	751.09	258.26

十大股东

序号	股东名称	股份性质	持股数(万股)	比例(%)
1	福建国力民生科技投资有限公司	境内法人股	3054.51	24.95
2	福建东方恒基科贸有限公司	境内法人股	1830.00	14.95
3	北京首发实业股份有限公司	流通 A 股	135.35	1.11
4	北京首发投资有限公司	流通 A 股	61.84	0.51
5	上海源和商务咨询有限公司	流通 A 股	27.31	0.22
6	胡明义	流通 A 股	25.90	0.21
7	焦阳	流通 A 股	17.35	0.14
8	李志成	流通 A 股	16.51	0.13
9	唐益辉	流通 A 股	15.05	0.12
10	左果花	流通 A 股	14.30	0.12

股东人数

2004.6	2003.12	2003.6	2002
33709	32521	32273	32966

近年分配		近年配股 / 增发	

重大事项

公司 2004 年 5 月 25 日与浙江东方集团股份有限公司签订《股权转让协议书》，将公司持有的杭州舒博特新材料科技有限公司 98.64%的股权转让给浙江东方集团股份有限公司。公司 2004 年 6 月 25 日与福建省煤炭工业（集团）有限责任公司签订《股权转让协议书》，将公司持有的福州市商业银行 1614.97 万股的股份，以每股 1.46 元的价格全部转让给福建省煤炭工业(集团)有限责任公司。

二〇〇三年以来市场表现

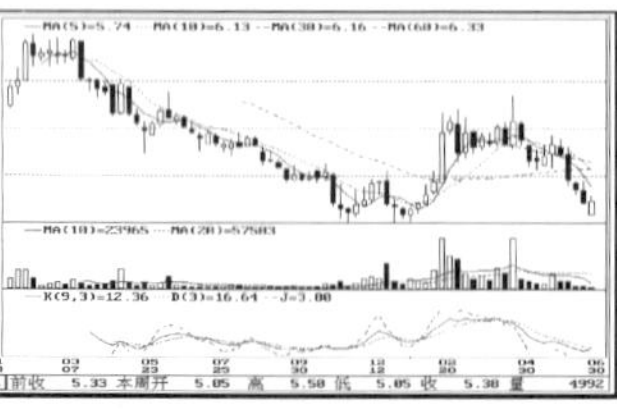

2003 年涨跌幅(%)	–34.42
2003 年最高(元)	9.29
2003 年最低(元)	4.90
2003 年换手率(%)	146.85
2004.06 涨跌幅(%)	7.39
2004.06 最高(元)	7.85
2004.06 最低(元)	4.91
2004.06 换手率(%)	178.74

湖南投资集团股份有限公司

公司概况

公司名称	湖南投资集团股份有限公司	股票代码	000548
注册地址	长沙市高新技术产业开发区 C4 组团 A-718 号	邮政编码	410015
法人代表	谭应求	董秘	马宁
电话	0731-2327666	传真	0731-2327566
主营业务	收费经营公路、桥梁		
审计单位		审计意见	未审计

总股本	流通 A	流通 B	流通 H
34060.80	17623.09		

主要财务指标

年度	2004.6	2003	2002
每股收益 / 扣除后(元)	0.0225	0.0300	0.1090
每股经营现金流量(元)	0.2750	0.1700	0.1750
每股净资产 / 调整后(元)	3.3200	3.2900	3.1700
每股公积金(元)	1.8415	1.8415	3.0416
净资产收益率(%)	0.9000	6.0500	3.8600
总资产(万元)	175271.66	163393.00	161688.87
股东权益(万元)	113571.61	112545.93	108402.76
未分配利润(万元)	12115.04	11089.36	8700.82
主营收入(万元)	15164.80	26024.11	32661.71
资本公积金(万元)	62723.30	62723.30	103599.82
主营利润(万元)	4467.90	6865.66	10144.57
其他业务利润(万元)	18.05	27.38	–2.27
营业利润(万元)	1561.28	2439.40	4947.04
投资收益(万元)	573.04	306.46	767.32
补贴收入(万元)		1910.20	–614.33
营业外收支(万元)	9.95	4441.50	–0.74
利润总额(万元)	2144.27	9097.56	7473.82
净利润(万元)	1025.68	6813.92	4182.77

十大股东

序号	股东名称	股份性质	持股数(万股)	比例(%)
1	长沙市环路建设开发有限公司	国家股	15132.21	44.43
2	深圳市网纵实业有限公司	境内法人股	625.00	1.83
3	深圳市泉来实业有限公司	境内法人股	525.51	1.54
4	邓汝萍	流通 A 股	55.20	0.16
5	刘浩	流通 A 股	46.30	0.14
6	王建平	流通 A 股	41.80	0.12
7	上海新威投资管理有限公司	境内法人股	40.00	0.12
8	安徽省创新投资有限公司	流通 A 股	36.64	0.11
9	郭学志	流通 A 股	31.29	0.09
10	陈连江	流通 A 股	31.00	0.09

股东人数

2004.6	2003.12	2003.6	2002
149836	161127	167197	175717

近年分配		近年配股 / 增发	

重大事项

公司诉泰阳证券有限责任公司挪用本公司 5000 万元委托购买国债资金案已经湖南省高级人民法院以(2003)湘法民三终字第 38 号民事判决书对本案作出终审判决。截止 2004 年 6 月 30 日，泰阳证券已按判决书的规定将资金全部归还给本公司。公司将所持有的湖南投资集团生生基因药物开发有限公司 82%的股权转让给了一泰医药研究(深圳)有限公司，转让价格为人民币 128 万元整。

二〇〇三年以来市场表现

2003 年涨跌幅(%)	–18.20
2003 年最高(元)	7.03
2003 年最低(元)	4.60
2003 年换手率(%)	106.76
2004.06 涨跌幅(%)	–6.65
2004.06 最高(元)	6.22
2004.06 最低(元)	4.43
2004.06 换手率(%)	80.52

湘火炬汽车集团股份有限公司

公司概况

公司名称	湘火炬汽车集团股份有限公司	股票代码	000549
注册地址	湖南省株洲市河西黄河南路1号	邮政编码	412001
法人代表	聂新勇	董秘	张英姿
电话	0733-8450105,8450019	传真	0733-8450019
主营业务	汽车制造业		

总股本	93628.66	流通 A	59860.94	流通 B		流通 H	
审计单位		审计意见	未审计				

主要财务指标

年度	2004.6	2003	2002
每股收益/扣除后(元)	0.1125	0.2422	0.1900
每股经营现金流量(元)	0.3288	0.1900	0.3700
每股净资产/调整后(元)	1.3100	1.3400	1.5400
每股公积金(元)	0.0561	0.0483	0.4214
净资产收益率(%)	5.1900	17.0300	11.4900
总资产(万元)	1019311.87	1015667.81	547110.37
股东权益(万元)	136260.94	130446.36	105135.61
未分配利润(万元)	17338.06	10288.19	6251.35
主营收入(万元)	625344.12	1031398.69	392683.72
资本公积金(万元)	5247.55	4520.46	26301.42
主营利润(万元)	119206.61	199044.19	98958.65
其他业务利润(万元)	111.25	2733.62	-0.52
营业利润(万元)	34093.50	66525.04	39767.13
投资收益(万元)	-1192.71	5348.34	-812.45
补贴收入(万元)	318.54	2933.99	-2.57
营业外收支(万元)	-952.07	-1283.98	44.40
利润总额(万元)	32786.81	73523.39	37358.69
净利润(万元)	7075.56	22220.83	12084.09

十大股东

序号	股东名称	股份性质	持股数(万股)	比例(%)
1	新疆德隆(集团)有限责任公司	法人股	20520.00	21.92
2	株洲市国有资产管理局	国家股	7439.76	7.95
3	广州市创宝投资有限公司	法人股	3600.00	3.84
4	陕西众科源新技术发展有限公司	法人股	2207.95	2.36
5	孙良卓	流通股	154.72	0.17
6	程文水	流通股	145.00	0.15
7	付国建	流通股	130.00	0.14
8	向明武	流通股	129.51	0.14
9	深圳市华银通讯有限公司	流通股	115.45	0.12
10	杨桂香	流通股	100.44	0.11

股东人数	2004.6	2003.12	2003.6	2002
	92868	13550	9753	4749

近年分配	2004年6月28日10派0.20	近年配股/增发	

重大事项

本公司及中国航天火炬汽车有限公司与中国航天科工集团公司、沈阳航天新光集团有限公司分别签订《中国航天火炬汽车有限责任公司股权转让协议书》,交易各方同意将本公司持有的中国航天火炬汽车有限公司的50%的股权分别转让给以上两家公司。本公司与Midwest Air Technologies Inc.公司签订《股权回购协议》,Midwest公司回购本公司持有的其75%的股权。

二〇〇三年以来市场表现

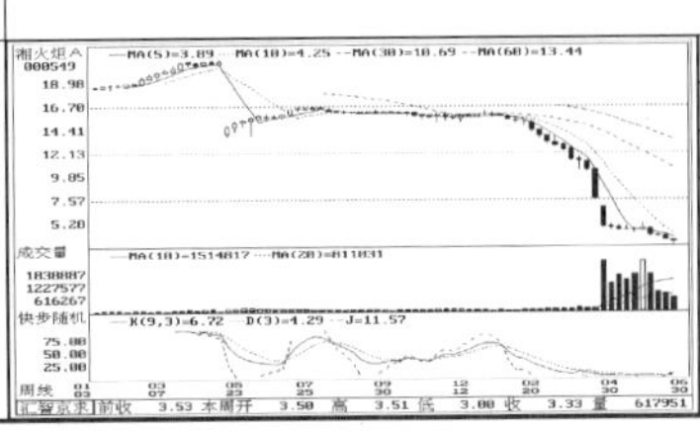

2003年涨跌幅(%)	30.06
2003年最高(元)	16.63
2003年最低(元)	12.22
2003年换手率(%)	62.57
2004.06涨跌幅(%)	-79.25
2004.06最高(元)	16.08
2004.06最低(元)	3.00
2004.06换手率(%)	273.69

江铃汽车股份有限公司

公司概况

公司名称	江铃汽车股份有限公司	股票代码	000550
注册地址	江西省南昌市迎宾北大道509号	邮政编码	330001
法人代表	王锡高	董秘	熊中平
电话	0791-5232888-6178	传真	0791-5232839
主营业务	全顺系列商用车		

总股本	86321.40	流通 A	11760.00	流通 B	34400.00	流通 H	
审计单位		审计意见	未审计				

主要财务指标

年度	2004.6	2003	2002
每股收益/扣除后(元)	0.2853	0.5200	0.3300
每股经营现金流量(元)	3.8150	0.9600	1.1500
每股净资产/调整后(元)	2.6200	2.4700	1.8400
每股公积金(元)	0.9680	0.9676	0.9676
净资产收益率(%)	10.4200	19.8700	15.7700
总资产(万元)	392356.00	380233.03	358190.12
股东权益(万元)	237746.00	225886.33	181813.19
未分配利润(万元)	52879.40	41059.45	3718.50
主营收入(万元)	289554.41	509489.75	427086.91
资本公积金(万元)	83562.52	83522.56	83522.56
主营利润(万元)	62203.97	126462.78	106660.62
其他业务利润(万元)	1208.08	2107.20	245.78
营业利润(万元)	30237.36	53924.07	34546.37
投资收益(万元)	254.48	499.29	241.52
补贴收入(万元)			
营业外收支(万元)	185.02	-859.95	-2.53
利润总额(万元)	30676.87	53563.42	34591.89
净利润(万元)	24768.16	44881.26	28676.00

十大股东

序号	股东名称	股份性质	持股数(万股)	比例(%)
1	江铃汽车集团公司	国有法人股	35417.60	41.03
2	福特汽车公司	流通B股	25864.28	29.96
3	上海汽车有限公司	境内法人股	2597.00	3.01
4	中国宝安集团股份有限公司	境内法人股	1200.00	1.39
5	天华证券投资基金	流通A股	873.31	1.01
6	景业证券投资基金	流通A股	253.09	0.29
7	SKANDIA GLOBAL FUNDS PLC	流通B股	241.64	0.28
8	国信证券有限责任公司	流通A股	226.02	0.26
9	裕隆证券投资基金	流通A股	170.00	0.20
10	国联安德盛小盘精选证券投资基金	流通A股	140.10	0.16

股东人数	2004.6	2003.12	2003.6	2002
	50027	30527	49578	70630

近年分配	2004年6月14日10派1.50	近年配股/增发	

重大事项

公司2003年度股东大会于2004年5月20日批准了2003年度利润分配及分红派息方案。2003年度分红派息方案为:以总股本863,214,000股为基数,向全体股东每10股派发现金股利人民币1.5元(含税,扣税后,A股社会公众股中个人股东、证券投资基金实际每10股派1.2元现金,B股不扣税),B股股息折成港币支付。上述方案股权登记日为2004年6月11日,除息日为2004年6月14日。

二〇〇三年以来市场表现

2003年涨跌幅(%)	43.78
2003年最高(元)	14.03
2003年最低(元)	6.91
2003年换手率(%)	604.30
2004.06涨跌幅(%)	-34.05
2004.06最高(元)	12.32
2004.06最低(元)	6.51
2004.06换手率(%)	276.49

创元科技股份有限公司

公司概况

公司名称	创元科技股份有限公司			股票代码	000551
注册地址	江苏省苏州新区淮海街6幢E3号			邮政编码	215011
法人代表	张志忠		董秘	周成明	
电话	0512-68241551		传真	0512-68245551	
主营业务	环保洁净技术产品				
总股本	24172.64	流通A	11079.43	流通B	流通H
审计单位			审计意见	未审计	

主要财务指标

年度	2004.6	2003	2002
每股收益/扣除后(元)	0.0782	0.1559	0.1700
每股经营现金流量(元)	0.2956	0.2400	0.1100
每股净资产/调整后(元)	2.2000	2.2500	2.0800
每股公积金(元)	0.3816	0.3797	0.3625
净资产收益率(%)	3.5900	7.5300	8.0700
总资产(万元)	153863.20	137176.30	103734.20
股东权益(万元)	54841.19	55221.54	50769.80
未分配利润(万元)	9509.17	9957.12	7486.59
主营收入(万元)	72442.74	86004.73	82014.50
资本公积金(万元)	9225.30	9179.10	8761.52
主营利润(万元)	14495.18	14497.40	14254.93
其他业务利润(万元)	699.26	1470.35	-422.08
营业利润(万元)	3308.06	4642.45	4185.67
投资收益(万元)	513.49	1617.50	1902.20
补贴收入(万元)	20.60	98.34	-1.58
营业外收支(万元)	-53.24	-96.03	1.64
利润总额(万元)	3788.92	6262.27	5910.46
净利润(万元)	1969.31	4159.82	4098.47

十大股东

序号	股东名称	股份性质	持股数(万股)	比例(%)
1	苏州创元(集团)有限公司	国家股	10077.40	41.69
2	中国物资开发投资总公司	法人股	2062.13	8.53
3	中国诚通控股公司	法人股	473.68	1.96
4	中国轻工物资供销华东公司	法人股	240.00	0.99
5	北京巨鑫泰经贸发展有限公司	法人股	240.00	0.99
6	帅松金	流通股	26.76	0.11
7	梁建乐	流通股	19.59	0.08
8	方灵	流通股	19.00	0.08
9	王凌佳	流通股	15.30	0.06
10	潘美萍	流通股	13.00	0.05

股东人数	2004.6	2003.12	2003.6	2002
	71331	74507	76145	76056

近年分配	2004年7月23日10派1.00	近年配股/增发	

重大事项

苏州创元房地产开发有限公司2004年1月15日于苏州市国土资源局签订的国有土地使用权出让合同，于2004年7月28日签订了补充协议，经过国土局实地测绘，土地面积调整为16447.2平方米，出让金单价按原拍卖成交单价不变，按调整后面积计算出让金总价，合同总价为26,315.52千元。

二○○三年以来市场表现

2003年涨跌幅(%)	-22.26
2003年最高(元)	7.64
2003年最低(元)	4.75
2003年换手率(%)	80.66
2004.06涨跌幅(%)	0.80
2004.06最高(元)	7.31
2004.06最低(元)	4.99
2004.06换手率(%)	131.15

甘肃长风特种电子股份有限公司

公司概况

公司名称	甘肃长风特种电子股份有限公司			股票代码	000552
注册地址	甘肃省兰州市安宁区安宁西路270号			邮政编码	730070
法人代表	顾地民		董秘	胡惠斌	
电话	0931-7993712,7993232		传真	0931-7993172	
主营业务	家用电器、视像产品				
总股本	17787.00	流通A	6679.20	流通B	流通H
审计单位			审计意见	未审计	

主要财务指标

年度	2004.6	2003	2002
每股收益/扣除后(元)	-0.0789	-0.4500	-0.2500
每股经营现金流量(元)	-0.0531	0.0200	-0.0050
每股净资产/调整后(元)	0.5400	0.6200	1.0700
每股公积金(元)	0.6361	0.6361	0.6361
净资产收益率(%)	-14.6200	-70.8900	-20.6200
总资产(万元)	34168.63	35099.22	39556.61
股东权益(万元)	9625.07	11031.85	19049.40
未分配利润(万元)	-20074.31	-18667.00	-10649.98
主营收入(万元)	1827.84	3480.41	5677.56
资本公积金(万元)	11314.16	11314.16	11314.16
主营利润(万元)	-566.71	-2383.74	-767.25
其他业务利润(万元)	1.69	6.97	0.07
营业利润(万元)	-1426.26	-7723.85	-3831.43
投资收益(万元)	1.65	-31.87	-63.28
补贴收入(万元)	20.80	76.80	-0.74
营业外收支(万元)	-2.97	-141.70	-1.42
利润总额(万元)	-1406.78	-7820.62	-3928.59
净利润(万元)		-7820.62	-3928.59

十大股东

序号	股东名称	股份性质	持股数(万股)	比例(%)
1	国营长风机器厂	国有法人股	7405.20	41.63
2	深圳市瑞富源投资有限公司	法人股	815.00	4.58
3	海南昌旺经济信息咨询有限公司	法人股	595.72	3.35
4	安徽汇源投资咨询有限责任公司	法人股	500.00	2.81
5	合肥市高科技风险投资有限公司	法人股	460.00	2.59
6	甘肃电子集团物业公司	法人股	435.60	2.45
7	上海兴海投资发展有限公司	法人股	105.00	0.59
8	甘肃省工业交通投资公司	法人股	87.12	0.49
9	天泰新产业投资租赁公司	法人股	72.60	0.41
10	甘肃证券有限责任公司	法人股	72.60	0.41

股东人数	2004.6	2003.12	2003.6	2002
	33561	325937	33561	33900

近年分配		近年配股/增发	

重大事项

截止2004年6月30日，公司应付控股股东国营长风机器厂在关联交易中形成的其他应付款45,392,257.36元，系其垫付本公司洗衣机材料款及经营费用；应收关联方甘肃长风信息科技(集团)有限公司欠款8,142,268.56元，系垫付的动能款项及经营费用；应收关联方甘肃长风电子电器有限公司的款项37,502,647.60元，系以前年度形成的垫付冰箱材料款及日常经营费用，本报告期期末较上年末减少121万元。

二○○三年以来市场表现

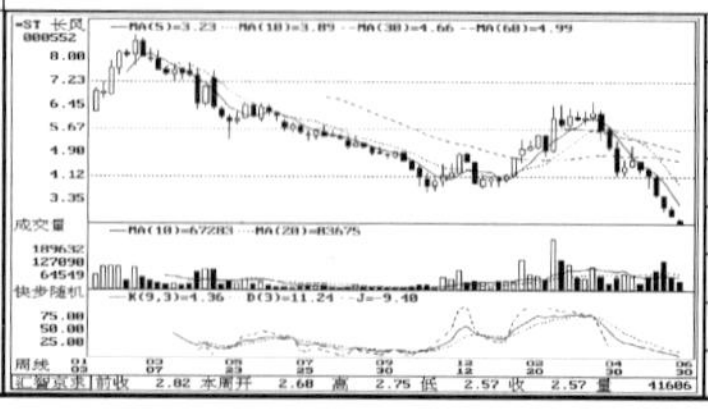

2003年涨跌幅(%)	-39.87
2003年最高(元)	8.78
2003年最低(元)	3.60
2003年换手率(%)	284.18
2004.06涨跌幅(%)	-32.90
2004.06最高(元)	6.57
2004.06最低(元)	2.57
2004.06换手率(%)	292.26

湖北沙隆达股份有限公司

公司概况

公司名称	湖北沙隆达股份有限公司	股票代码	000553
注册地址	湖北省荆州市北京东路93号	邮政编码	434001
法人代表	张茂立	董秘	李忠禧
电话	0716-8208632	传真	0716-8208899
主营业务	农药品、化工品		
审计单位		审计意见	未审计

总股本	流通A	流通B	流通H
29696.16	9723.23	11500.00	

主要财务指标

年度	2004.6	2003	2002
每股收益/扣除后(元)	0.0316	-0.0020	-0.3700
每股经营现金流量(元)	-0.1300	0.1000	0.2100
每股净资产/调整后(元)	2.7400	2.6900	2.7700
每股公积金(元)	1.9086	1.9086	1.9031
净资产收益率(%)	0.5900	0.8500	-12.7900
总资产(万元)	165206.92	158552.41	159961.53
股东权益(万元)	87093.50	86758.08	86651.01
未分配利润(万元)	-4735.03	-5244.70	-5288.93
主营收入(万元)	52964.27	86389.38	61231.73
资本公积金(万元)	56677.79	56677.79	56515.26
主营利润(万元)	8786.58	13647.31	7057.59
其他业务利润(万元)	251.31	676.48	-14.71
营业利润(万元)	1186.33	297.49	-9923.13
投资收益(万元)	-737.16	358.16	211.17
补贴收入(万元)			
营业外收支(万元)	-44.45	-261.78	3.19
利润总额(万元)	404.72	393.87	-11083.38
净利润(万元)	509.67	740.06	-11079.14

十大股东

序号	股东名称	股份性质	持股数(万股)	比例(%)
1	沙隆达集团公司	国有法人股	8172.66	27.52
2	蕲春县国有资产管理局	国有法人股	300.27	1.01
3	吴群娟	流通B股	162.54	0.55
4	张胜	流通B股	158.86	0.53
5	屈薇	流通B股	122.80	0.41
6	刘燎原	流通B股	102.08	0.34
7	SHEN YING	流通B股	100.00	0.34
8	泰纪投资有限公司	流通B股	100.00	0.34
9	广奇投资有限公司	流通B股	100.00	0.34
10	赵泉山	流通A股	96.67	0.33

股东人数	2004.6	2003.12	2003.6	2002
	40824	25087	33612	32451

近年分配		近年配股/增发	

重大事项

沙隆达集团公司于2002年12月11日与湖北全通电讯有限公司签署了意向性《协议书》,拟将其持有本公司国有股中的3000万股(占公司总股本的10.1%)转让给湖北全通电讯有限公司。由于协议双方未能履行协议有关条款,协议双方同意终止股权转让协议。

二〇〇三年以来市场表现

2003年涨跌幅(%)	-18.88
2003年最高(元)	7.82
2003年最低(元)	3.89
2003年换手率(%)	206.78
2004.06涨跌幅(%)	-15.19
2004.06最高(元)	6.24
2004.06最低(元)	4.00
2004.06换手率(%)	166.73

中国石化山东泰山石油股份有限公司

公司概况

公司名称	中国石化山东泰山石油股份有限公司	股票代码	000554
注册地址	山东省泰安市东岳大街104号	邮政编码	271000
法人代表	冯东青	董秘	李建文
电话	0538-6269630	传真	0538-8265450
主营业务	石油制品,房地产		
审计单位		审计意见	未审计

总股本	流通A	流通B	流通H
48079.33	29484.00		

主要财务指标

年度	2004.6	2003	2002
每股收益/扣除后(元)	0.0447	0.1300	0.0700
每股经营现金流量(元)	0.1030	0.1600	0.1730
每股净资产/调整后(元)	1.6910	1.6500	1.6570
每股公积金(元)	0.3850	0.3850	0.3850
净资产收益率(%)	2.1980	0.9800	4.3700
总资产(万元)	87610.65	102006.61	107340.80
股东权益(万元)	82706.72	80888.47	80093.48
未分配利润(万元)	11702.31	9884.05	9339.49
主营收入(万元)	61324.68	98671.52	109426.58
资本公积金(万元)	18510.98	18510.98	18510.98
主营利润(万元)	8211.67	13495.26	13040.68
其他业务利润(万元)	5.80	193.77	3.80
营业利润(万元)	3049.74	6386.53	5255.73
投资收益(万元)	56.12	-154.67	31.29
补贴收入(万元)			
营业外收支(万元)	-375.97	-5272.31	-2.33
利润总额(万元)	2729.89	959.56	5063.61
净利润(万元)	1818.26	794.98	3496.84

十大股东

序号	股东名称	股份性质	持股数(万股)	比例(%)
1	中国石油化工股份有限公司	国家股	18595.33	38.68
2	北方证券有限责任公司	流通A股	1949.01	4.05
3	一汽四环红旗铸造厂	流通A股	202.80	0.42
4	刘尧中	流通A股	68.43	0.14
5	廖家凤	流通A股	59.98	0.12
6	贺香明	流通A股	55.44	0.12
7	谢洪峰	流通A股	54.63	0.11
8	王谷华	流通A股	53.23	0.11
9	陈进财	流通A股	52.99	0.11
10	梁春华	流通A股	52.45	0.11

股东人数	2004.6	2003.12	2003.6	2002
	26222	28886	24471	35533

近年分配		近年配股/增发	

重大事项

2000年底前,本公司与鲁润股份是贷款互保单位,双方对等担保。2001年3月7日,本公司成为鲁润股份控股股东,为遵守股东不得要求上市公司提供担保的规定,本公司解除了鲁润股份对本公司的全部担保,同时书面协议要求鲁润股份逐期还贷,公司承诺对其保留三年5000万元的担保额度。2004年3月20日,通过鲁润股份还贷等形式,本公司对其担保全部解除。

二〇〇三年以来市场表现

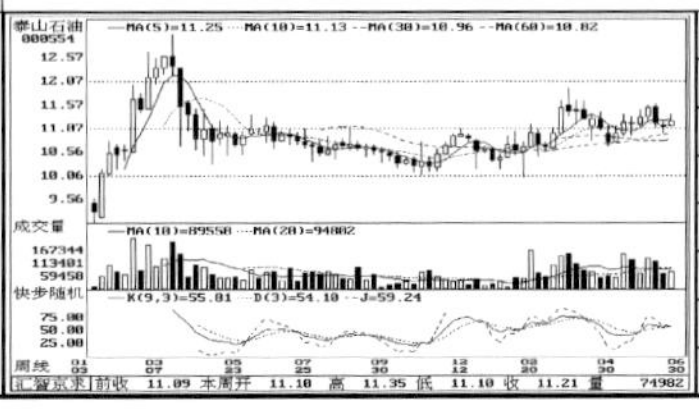

2003年涨跌幅(%)	11.70
2003年最高(元)	13.07
2003年最低(元)	9.06
2003年换手率(%)	119.40
2004.06涨跌幅(%)	5.75
2004.06最高(元)	11.90
2004.06最低(元)	10.00
2004.06换手率(%)	68.51

深圳市太光电信股份有限公司

公司概况

公司名称	深圳市太光电信股份有限公司	股票代码	000555
注册地址	深圳市福田区车公庙泰然工业区201栋2楼	邮政编码	518040
法人代表	王瑛	董秘	岑彪
电话	0755-26037327	传真	0755-26037329
主营业务	主营TEC5200综合业务		

总股本	8182.77	流通A	2200.00	流通B		流通H	
审计单位				审计意见	未审计		

主要财务指标

年度	2004.6	2003	2002
每股收益/扣除后(元)	-0.0801	-1.0188	-0.5296
每股经营现金流量(元)	0.1060	0.0200	-0.5000
每股净资产/调整后(元)	-0.6000	-0.5000	0.6600
每股公积金(元)	0.7702	0.7702	0.7702
净资产收益率(%)			-75.8300
总资产(万元)	11032.22	11204.44	22594.29
股东权益(万元)	-4695.19	-4038.15	5428.92
未分配利润(万元)	-19403.83	-18747.00	-9220.07
主营收入(万元)	152.70	401.11	1235.07
资本公积金(万元)	6302.17	6302.17	6302.17
主营利润(万元)	40.77	85.93	132.88
其他业务利润(万元)	-3.32	-15.71	-0.15
营业利润(万元)	-646.98	-8335.43	-3983.05
投资收益(万元)			-273.34
补贴收入(万元)			
营业外收支(万元)	-10.06	-1141.30	-1.13
利润总额(万元)	-657.04	-9476.73	-4359.37
净利润(万元)	-657.04	-9476.73	-4283.88

十大股东

序号	股东名称	股份性质	持股数(万股)	比例(%)
1	深圳市太光科技有限公司	境内法人股	1989.71	24.32
2	巨龙信息技术有限责任公司	国有法人股	1983.37	24.24
3	中天恒投资管理有限公司	境内法人股	408.00	4.99
4	上海歧林青装璜实业有限公司	境内法人股	200.00	2.44
5	深圳市富旺达投资有限公司	境内法人股	200.00	2.44
6	上海岩鑫实业投资有限公司	境内法人股	200.00	2.44
7	深圳市太光通信发展有限公司	境内法人股	170.00	2.08
8	天津市民顺商贸有限公司	境内法人股	130.00	1.59
9	上海亿安科技发展有限公司	境内法人股	110.00	1.34
10	深圳市桑海通投资有限公司	境内法人股	110.00	1.34

股东人数	2004.6	2003.12	2003.6	2002
	2001	21521	1904	1868

近年分配		近年配股/增发	

重大事项

公司股东巨龙信息技术有限责任公司于2003年6月6日与上海人民企业集团温州电器有限公司签署《股权转让协议》，拟将所持有的本公司股份19,833,670股转让，因拟转让股份处于司法冻结，巨龙信息技术有限责任公司承诺解除司法冻结以便拟转让股份完成过户，截至本公告报出之日止，上述股份仍处于冻结状态，未完成转让过户手续。

二〇〇三年以来市场表现

2003年涨跌幅(%)	-24.61
2003年最高(元)	26.70
2003年最低(元)	17.54
2003年换手率(%)	111.86
2004.06涨跌幅(%)	-1.59
2004.06最高(元)	20.60
2004.06最低(元)	17.91
2004.06换手率(%)	26.57

广夏（银川）实业股份有限公司

公司概况

公司名称	广夏（银川）实业股份有限公司	股票代码	000557
注册地址	宁夏银川市高新技术开发区15号路东	邮政编码	750002
法人代表	周敏敏	董秘	禹万明
电话	0951-5054984	传真	0951-5054518
主营业务	酒精及饮料酒制造		

总股本	50526.14	流通A	28100.43	流通B		流通H	
审计单位				审计意见	未审计		

主要财务指标

年度	2004.6	2003	2002
每股收益/扣除后(元)	-0.0350	-0.0614	-0.1190
每股经营现金流量(元)	-0.0200	-0.0200	0.0100
每股净资产/调整后(元)	-1.5100	-1.4900	-1.4700
每股公积金(元)	0.4323	0.4323	0.4292
净资产收益率(%)			
总资产(万元)	54742.74	61346.84	65659.05
股东权益(万元)	-60654.69	-56282.67	-52920.11
未分配利润(万元)	-126199.05	-123787.68	-121923.22
主营收入(万元)	1131.62	1140.63	3340.22
资本公积金(万元)	21841.60	21841.60	21683.85
主营利润(万元)	-3988.98	273.77	179.67
其他业务利润(万元)	26.01	-168.78	-0.42
营业利润(万元)	-3813.77	-5086.68	-8537.68
投资收益(万元)	488.45	91.87	5664.11
补贴收入(万元)			
营业外收支(万元)	-1130.48	-2912.10	-5.02
利润总额(万元)	-4455.79	-7906.90	-812.07
净利润(万元)	-2411.37	-6109.86	615.48

十大股东

序号	股东名称	股份性质	持股数(万股)	比例(%)
1	深圳市广夏文化实业有限公司	国有法人股	6379.29	12.63
2	宁夏伊斯兰国际信托投资公司	国有法人股	4030.87	7.98
3	深圳兴庆电子公司	国有法人股	3437.84	6.80
4	广东京中投资管理有限公司	境内法人股	2390.00	4.73
5	银川培鑫投资有限责任公司	境内法人股	2169.40	4.29
6	宁夏计算机技术研究所	国有法人股	1428.89	2.83
7	上海荣福室内装潢有限公司	境内法人股	1100.00	2.18
8	宁夏源惠投资管理有限责任公司	境内法人股	452.78	0.90
9	无锡大桥实验中学	境内法人股	215.07	0.43
10	深圳市思特电子工程有限公司	境内法人股	173.69	0.34

股东人数	2004.6	2003.12	2003.6	2002
	78130	78918	77012	87909

近年分配		近年配股/增发	

重大事项

公司收到宁夏银川市中级人民法院送达的(2004)银民商初字第160、173-202、230-243号《应诉通知书》，通知本公司已受理本公司与刘淑珍等人虚假陈述证券民事赔偿纠纷案。截止6月8日，共立案55件，共计676名投资者起诉本公司，请求人民法院判令本公司赔偿其经济损失合计135,153,464.60元，有关诉讼费用由被告承担。

二〇〇三年以来市场表现

2003年涨跌幅(%)	-41.60
2003年最高(元)	4.74
2003年最低(元)	2.21
2003年换手率(%)	448.71
2004.06涨跌幅(%)	-15.45
2004.06最高(元)	3.30
2004.06最低(元)	1.92
2004.06换手率(%)	277.06

莱茵达置业股份有限公司

公司概况

公司名称	莱茵达置业股份有限公司	股票代码	000558
注册地址	辽宁省沈阳市苏家屯金钱松路9号	邮政编码	110102
法人代表	高继胜	董秘	黄国梁
电话	024-89150242	传真	024-89153302
主营业务	实业投资、房产租赁经营		
总股本	11716.44	流通A	5050.44
流通B		流通H	
审计单位		审计意见	未审计

主要财务指标

年度	2004.6	2003	2002
每股收益/扣除后(元)	–0.0051	0.0558	–0.2904
每股经营现金流量(元)	–0.0394	–0.7600	0.2700
每股净资产/调整后(元)	1.0620	1.1400	1.0000
每股公积金(元)	0.4422	0.4417	0.3983
净资产收益率(%)	–0.3800	4.9700	–33.9600
总资产(万元)	77287.85	75435.35	47175.72
股东权益(万元)	13461.47	13507.37	12326.62
未分配利润(万元)	–3435.83	–3384.64	–4056.58
主营收入(万元)	5490.37	20100.68	255.05
资本公积金(万元)	5180.86	5175.57	4666.77
主营利润(万元)	1529.49	3603.31	59.93
其他业务利润(万元)	1.59	2.57	0.06
营业利润(万元)	228.89	1277.58	–3554.55
投资收益(万元)	–94.34	–221.68	–316.77
补贴收入(万元)			
营业外收支(万元)	7.05	26.63	–0.25
利润总额(万元)	141.60	1082.53	–4264.15
净利润(万元)	–51.19	671.95	–4185.45

十大股东

序号	股东名称	股份性质	持股数(万股)	比例(%)
1	浙江莱茵达投资公司	法人股	3448.68	29.43
2	南京蓝本新型建材公司	法人股	1000.00	8.54
3	沈阳利源投资管理咨询公司	法人股	240.38	2.05
4	北京仁达国际信息工程公司	法人股	181.50	1.55
5	北京房地产开发经营总公司	法人股	121.00	1.03
6	中国人寿保险沈阳分公司	法人股	121.00	1.03
7	沈阳大和商务公司	法人股	110.00	0.94
8	上海融道贸易公司	法人股	100.00	0.85
9	沈阳复合纸厂	法人股	78.35	0.67
10	光大银行深圳证券业务部	法人股	72.30	0.62

股东人数

2004.6	2003.12	2003.6	2002
11476	10096	7680	9610

近年分配		近年配股/增发	

重大事项

根据浙江莱茵达置业投资集团有限公司及其子公司与本公司及本公司之子公司签订的《资金拆借协议书》，为支持本公司的发展，由浙江莱茵达置业投资集团有限公司及其子公司向本公司及本公司之子公司提供使用资金，截至2004年6月30日，本公司及本公司之子公司尚未偿还的借入资金共计77,351,477.70元。

二〇〇三年以来市场表现

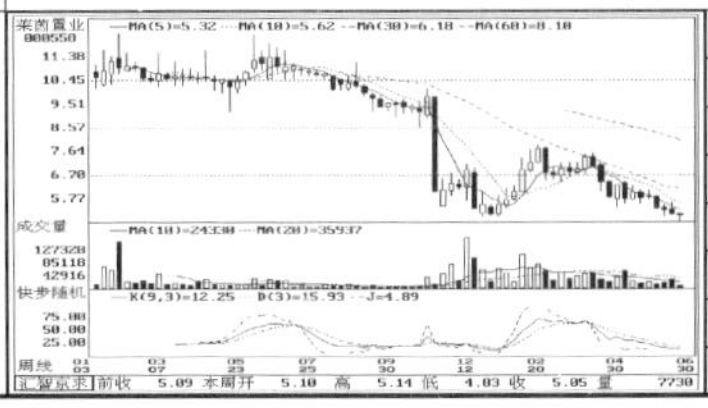

2003年涨跌幅(%)	–51.75
2003年最高(元)	12.32
2003年最低(元)	5.00
2003年换手率(%)	264.96
2004.06涨跌幅(%)	–3.81
2004.06最高(元)	7.88
2004.06最低(元)	4.83
2004.06换手率(%)	191.88

万向钱潮股份有限公司

公司概况

公司名称	万向钱潮股份有限公司	股票代码	000559
注册地址	浙江省杭州市萧山区	邮政编码	311215
法人代表	鲁冠球	董秘	许小建
电话	0571-82832999	传真	0571-82602132
主营业务	专业生产等速万向节		
总股本	36628.12	流通A	13580.77
流通B		流通H	
审计单位	浙江天健会计师事务所	审计意见	标准无保留

主要财务指标

年度	2004.6	2003	2002
每股收益/扣除后(元)	0.1548	0.2830	0.3600
每股经营现金流量(元)	0.0050	0.6900	0.7300
每股净资产/调整后(元)	4.0100	4.0400	3.5900
每股公积金(元)	1.9786	1.9756	1.9340
净资产收益率(%)	4.2200	10.0900	10.1400
总资产(万元)	388683.72	310883.69	250079.05
股东权益(万元)	147092.56	148097.56	131636.34
未分配利润(万元)	7508.83	11439.83	1662.66
主营收入(万元)	108840.93	198401.58	161005.80
资本公积金(万元)	72474.20	72363.36	70838.32
主营利润(万元)	22608.75	38121.07	33846.84
其他业务利润(万元)	1330.62	1536.38	–25.13
营业利润(万元)	9812.65	16362.45	16789.80
投资收益(万元)	1107.71	1356.93	1054.28
补贴收入(万元)	526.27	3734.20	262.33
营业外收支(万元)	202.80	778.10	–4.76
利润总额(万元)	11649.42	22231.68	22442.12
净利润(万元)	6209.79	14936.17	13345.58

十大股东

序号	股东名称	股份性质	持股数(万股)	比例(%)
1	万向集团公司	境内法人股	21435.37	58.52
2	中国汽车工业投资开发公司	国有法人股	1033.94	2.82
3	中国工程与农机进出口总公司	境内法人股	354.80	0.97
4	中汽凯瑞贸易有限公司	境内法人股	188.76	0.52
5	中国工商银行-国联安德盛小盘精选证券投资基金	流通A股	137.81	0.38
6	王玉华	流通A股	91.01	0.25
7	袁真泉	流通A股	80.97	0.22
8	鲁冠球	流通A股	67.90	0.19
9	徐连法	流通A股	67.90	0.19
10	阮胜利	流通A股	67.00	0.18

股东人数

2004.6	2003.12	2003.6	2002
42383	42736	41709	41895

近年分配	2004年4月20日10派2.00	近年配股/增发	

重大事项

2004年2月、3月本公司控股子公司浙江万向系统有限公司分别与辽宁曙光汽车集团股份有限公司、河南省汽车制动器厂签署《股权转让协议》。约定：本公司控股子公司浙江万向系统有限公司出资分别收购辽宁曙光汽车集团股份有限公司、河南省汽车制动器厂所持有河南省汽车制动器有限责任公司51%、29%股权，浙江万向系统有限公司分别出资7349.43万元、4014.63万元收购上述股权。

二〇〇三年以来市场表现

2003年涨跌幅(%)	–12.53
2003年最高(元)	9.99
2003年最低(元)	6.50
2003年换手率(%)	56.65
2004.06涨跌幅(%)	8.42
2004.06最高(元)	10.10
2004.06最低(元)	6.77
2004.06换手率(%)	106.09

昆明百货大楼(集团)股份有限公司

公司概况

公司名称	昆明百货大楼(集团)股份有限公司			股票代码	000560		
注册地址	云南省昆明市东风西路99号			邮政编码	650021		
法人代表	何道峰			董秘	吴梦冰		
电话	0871-3621681			传真	0871-3623414		
主营业务	商业零售批发						
总股本	13440.00	流通A	6240.00	流通B		流通H	
审计单位				审计意见	未审计		

主要财务指标

年度	2004.6	2003	2002
每股收益/扣除后(元)	0.0556	0.0113	-1.5700
每股经营现金流量(元)	-0.1150	-0.2200	0.4500
每股净资产/调整后(元)	-0.1150	-0.8400	-2.3100
每股公积金(元)	1.3124	1.3124	0.9461
净资产收益率(%)			
总资产(万元)	78930.83	65971.38	80590.59
股东权益(万元)	-8123.55	-10005.18	-18685.25
未分配利润(万元)	-41454.52	-43336.15	-47093.75
主营收入(万元)	38767.17	67886.44	56788.30
资本公积金(万元)	17638.06	17638.06	12715.59
主营利润(万元)	6561.15	9779.29	7578.74
其他业务利润(万元)	708.77	1205.98	-89.34
营业利润(万元)	885.23	305.69	-12001.12
投资收益(万元)	183.62	845.07	-1219.21
补贴收入(万元)	1200.00	2400.00	2400.00
营业外收支(万元)	-65.49	381.04	-3.66
利润总额(万元)	2203.36	3931.81	-20808.26
净利润(万元)	1881.63	3757.60	-21049.64

十大股东

序号	股东名称	股份性质	持股数(万股)	比例(%)
1	昆明百货大楼	国有法人股	3226.19	24.00
2	华夏西部投资有限公司	境内法人股	1422.63	10.59
3	昆明市国有资产(持股)经营有限责任公司	境内法人股	1111.18	8.27
4	昆明继达经贸有限公司	境内法人股	400.00	2.98
5	昆明卷烟厂	境内法人股	300.00	2.23
6	深圳市鸿基(集团)股份有限公司	境内法人股	250.00	1.86
7	云南英君科技有限公司	境内法人股	200.00	1.49
8	云南航辰经营开发有限公司	境内法人股	80.00	0.60
9	广东美雅集团股份有限公司	境内法人股	70.00	0.52
10	黄家宁	流通A股	57.18	0.43

股东人数	2004.6	2003.12	2003.6	2002
	23183	22635	23050	26853

近年分配		近年配股/增发	

重大事项

公司实际控制人华夏西部投资有限公司将其持有的云南百大房地产有限公司47.9%的股权转让给本公司,以经评估的净资产价值为依据,扣除拟分配的现金股利,按47.9%的股权比例确定转让价为4,308.81万元。公司与华夏西部投资有限公司于2003年10月签定协议,继续借款2000万元,并按年7%利率支付资金占用费。

二〇〇三年以来市场表现

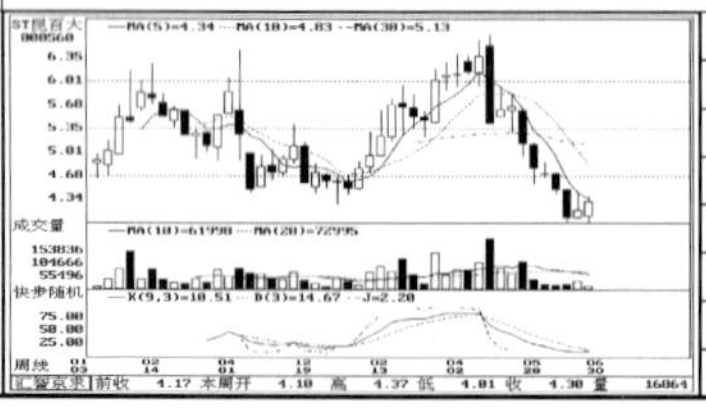

2003年涨跌幅(%)	-5.75
2003年最高(元)	6.45
2003年最低(元)	4.41
2003年换手率(%)	185.51
2004.06涨跌幅(%)	-6.32
2004.06最高(元)	6.68
2004.06最低(元)	4.01
2004.06换手率(%)	261.40

宏源证券股份有限公司

公司概况

公司名称	宏源证券股份有限公司			股票代码	000562		
注册地址	新疆乌鲁木齐市建设路2号			邮政编码	830002		
法人代表	田国立			董秘	王重昆		
电话	0991-2301870			传真	0991-2301779		
主营业务	主营信托存贷款、证券代理						
总股本	60874.52	流通A	24246.00	流通B		流通H	
审计单位				审计意见	未审计		

主要财务指标

年度	2004.6	2003	2002
每股收益/扣除后(元)	0.0069	0.0263	0.0763
每股经营现金流量(元)	-0.0360	0.2490	-0.8170
每股净资产/调整后(元)	1.9720	1.9640	1.1820
每股公积金(元)	0.8765	0.9049	0.0271
净资产收益率(%)	0.2500	1.5800	6.1900
总资产(万元)	484146.69	523811.00	584600.94
股东权益(万元)	127245.91	126934.86	63973.02
未分配利润(万元)	7609.40	7292.23	5785.08
主营收入(万元)	15668.20	28357.64	33783.19
资本公积金(万元)	53356.46	55084.48	1404.14
主营利润(万元)	281.34	4759.82	22236.37
其他业务利润(万元)			
营业利润(万元)	1372.64	4759.82	7022.91
投资收益(万元)	2636.36		3684.16
补贴收入(万元)			
营业外收支(万元)	-104.94	28.49	-0.30
利润总额(万元)	1267.70	2622.86	5400.43
净利润(万元)	317.18	2009.53	3958.93

十大股东

序号	股东名称	股份性质	持股数(万股)	比例(%)
1	中国信达资产管理公司	国有法人股	22691.13	37.28
2	新疆生产建设兵团	国有法人股	3049.20	5.01
3	新疆电力公司	国有法人股	2795.10	4.59
4	安徽华茂纺织股份有限公司	境内法人股	2795.10	4.59
5	广东中创科技设备租赁公司	境内法人股	1397.55	2.30
6	深圳宏成电脑有限责任公司	境内法人股	1397.55	2.30
7	新疆资金融通中心	国有法人股	914.76	1.50
8	新疆新达投资有限公司	流通A股	468.00	0.77
9	新疆金威有限公司	境内法人股	419.26	0.69
10	中诚信托投资有限责任公司	流通A股	305.98	0.50

股东人数	2004.6	2003.12	2003.6	2002
	96613	97494	81009	80626

近年分配		近年配股/增发	

重大事项

新疆国际置地房地产公司于2003年5月以合同违约为由,向新疆高级人民法院起诉本公司及北京路营业部赔偿56,037,551.1元,并承担本案诉讼费用。该案经新疆高级人民法院审理后,于2004年2月9日做出民事裁定书,驳回新疆国际置地公司的诉讼请求。新疆国际置地公司不服该裁定,向最高人民法院提出上诉。最高人民法院经审理后做出判决,撤销新疆高级人民法院做出的民事裁定书,发回新疆高级法院重新审理该案。现该案正在新疆高级法院重新审理中。

二〇〇三年以来市场表现

2003年涨跌幅(%)	-15.12
2003年最高(元)	11.31
2003年最低(元)	5.80
2003年换手率(%)	430.91
2004.06涨跌幅(%)	-14.16
2004.06最高(元)	8.86
2004.06最低(元)	5.31
2004.06换手率(%)	221.54

陕西省国际信托投资股份有限公司

公司概况

公司名称	陕西省国际信托投资股份有限公司			股票代码	000563		
注册地址	陕西省西安市环城东路南段8号			邮政编码	710048		
法人代表	孙志诚			董秘	胡梦琪		
电话	029-83239354			传真	029-83239456		
主营业务	信托存贷款、投资						
总股本	31418.70	流通A	12636.00	流通B		流通H	
审计单位				审计意见	未审计		

主要财务指标

年度	2004.6	2003	2002
每股收益/扣除后(元)	-0.1247	-0.1781	0.0100
每股经营现金流量(元)	-0.1390	0.0200	0.2300
每股净资产/调整后(元)	0.9300	1.1000	1.1400
每股公积金(元)	0.1875	0.1875	0.0929
净资产收益率(%)	-14.0600	-7.5900	0.9200
总资产(万元)	196446.16	217872.30	260730.00
股东权益(万元)	32925.91	37555.33	40389.44
未分配利润(万元)	-8141.71	-3512.29	-543.54
主营收入(万元)	7285.08	8376.32	16620.38
资本公积金(万元)	5890.89	5890.89	2918.87
主营利润(万元)	141.43	-1432.14	
其他业务利润(万元)			
营业利润(万元)	-1616.96	-5189.10	1877.16
投资收益(万元)	-2262.54	2576.58	-912.40
补贴收入(万元)			
营业外收支(万元)	-711.68	-92.38	-0.57
利润总额(万元)	-4591.17	-2704.90	1118.67
净利润(万元)	-4629.42	-2849.02	368.72

十大股东

序号	股东名称	股份性质	持股数(万股)	比例(%)
1	陕西省财政厅	国家股	15334.05	48.81
2	陕西华圣企业集团股份有限公司	境内法人股	1080.00	3.44
3	陕西省交通厅	国家股	702.00	2.23
4	中国人民保险公司陕西省分公司	境内法人股	540.00	1.72
5	远东机械制造公司	境内法人股	108.00	0.34
6	国营庆安设备公司	境内法人股	108.00	0.34
7	西安咸阳国际机场	境内法人股	97.20	0.31
8	陕西省邮电管理	境内法人股	84.24	0.27
9	陕西电力建设总公司	境内法人股	43.20	0.14
10	陕西省医药工业公司	境内法人股	43.20	0.14

股东人数	2004.6	2003.12	2003.6	2002
	72426	77937	79580	78504

近年分配		近年配股/增发	

重大事项

本公司担保的西安西都大酒店涉外债务案件的债务重组正在进行。在法院协调下本公司与境外债权人的债务重组谈判已经取得进展，就合利酒店有限公司清盘事宜已与银团达成共识，按照陕西省人民政府专项问题会议纪要精神，由本公司向外方银团出具了了结西安西都大酒店债务的承诺函，并由有关方面落实了结外方债权的资金支付问题。

二〇〇三年以来市场表现

2003年涨跌幅(%)	-17.38
2003年最高(元)	9.60
2003年最低(元)	5.15
2003年换手率(%)	321.99
2004.06涨跌幅(%)	-25.86
2004.06最高(元)	7.67
2004.06最低(元)	4.08
2004.06换手率(%)	159.52

西安民生集团股份有限公司

公司概况

公司名称	西安民生集团股份有限公司			股票代码	000564		
注册地址	西安市解放路103号			邮政编码	710005		
法人代表	詹军道			董秘	马明庆		
电话	029-87481961			传真	029-87481871		
主营业务	商品零售						
总股本	20200.70	流通A	13668.01	流通B		流通H	
审计单位				审计意见	未审计		

主要财务指标

年度	2004.6	2003	2002
每股收益/扣除后(元)	0.0692	0.0800	0.0767
每股经营现金流量(元)	0.0216	0.4100	0.2300
每股净资产/调整后(元)	2.8940	2.9200	2.6900
每股公积金(元)	1.4017	1.4016	1.3684
净资产收益率(%)	2.3800	4.1100	2.3700
总资产(万元)	96578.28	97500.69	93531.66
股东权益(万元)	58585.71	59207.53	55119.07
未分配利润(万元)	4963.94	5588.39	2854.67
主营收入(万元)	38205.17	71581.42	70119.78
资本公积金(万元)	28315.68	28313.07	27641.75
主营利润(万元)	6738.31	13196.04	12024.07
其他业务利润(万元)	482.42	1525.54	-11.86
营业利润(万元)	1288.58	2350.44	2086.82
投资收益(万元)	557.55	252.36	250.00
补贴收入(万元)			
营业外收支(万元)	-2.78	1101.18	-2.57
利润总额(万元)	1843.35	3703.98	2002.85
净利润(万元)	1395.63	2431.94	1306.85

十大股东

序号	股东名称	股份性质	持股数(万股)	比例(%)
1	海航集团有限公司	国家股	5180.52	25.65
2	西安民生劳动服务公司	法人股	475.70	2.35
3	陕西新开高新技术投资有限公司	法人股	154.89	0.77
4	颜彦	流通股	66.12	0.33
5	市工行解放办	法人股	64.35	0.32
6	陕西省电视台广告经理部	法人股	51.48	0.25
7	汤小明	流通股	38.00	0.19
8	安娜	流通股	37.23	0.18
9	陕西工商学院	法人股	35.32	0.17
10	保险公司西安分公司	法人股	34.32	0.17

股东人数	2004.6	2003.12	2003.6	2002
	67702	71493	72384	79218

近年分配	2004年6月25日10派1.00	近年配股/增发	

重大事项

2002年6月26日公司第四届董事会第八次会议审议通过《关于收购西安海富科技实业有限公司股权的议案》，公司同意收购陕西林苑房地产公司和自然人股东刘小明先生所持西安海富科技实业有限公司51%的股权，公司已支付了全部股权收购款项41,913,161.32元，已持有西安海富科技实业有限公司100%的股权，并于2004年5月办理完成工商注销手续。

二〇〇三年以来市场表现

2003年涨跌幅(%)	-19.76
2003年最高(元)	6.80
2003年最低(元)	4.43
2003年换手率(%)	122.32
2004.06涨跌幅(%)	-8.64
2004.06最高(元)	6.33
2004.06最低(元)	4.22
2004.06换手率(%)	105.61

重庆三峡油漆股份有限公司

公司概况							
公司名称	重庆三峡油漆股份有限公司			股票代码	000565		
注册地址	重庆市九龙坡区石坪桥正街121号			邮政编码	400051		
法人代表	苏中俊			董秘	戎路明		
电话	023-68823076,68824806			传真	023-68824806		
主营业务	各类涂料、合成树脂						
总股本	17343.69	流通A	8741.38	流通B		流通H	
审计单位				审计意见	未审计		

主要财务指标 年度	2004.6	2003	2002
每股收益/扣除后(元)	0.0077	0.0140	0.0450
每股经营现金流量(元)	-0.0170	-0.0100	0.1100
每股净资产/调整后(元)	1.9800	1.9700	1.9900
每股公积金(元)	0.8810	0.8810	0.8802
净资产收益率(%)	0.3500	1.5400	2.1600
总资产(万元)	52769.84	52075.17	48488.82
股东权益(万元)	36471.52	36342.34	35768.77
未分配利润(万元)	632.91	503.74	71.07
主营收入(万元)	15286.51	29348.89	27573.85
资本公积金(万元)	15279.53	15279.53	15265.44
主营利润(万元)	2773.21	5762.11	6789.75
其他业务利润(万元)	100.13	262.66	-5.86
营业利润(万元)	211.41	479.05	1005.04
投资收益(万元)	-35.91	88.45	55.70
补贴收入(万元)			
营业外收支(万元)	-3.59	385.02	-0.17
利润总额(万元)	171.91	952.52	1043.41
净利润(万元)	129.18	559.47	773.18

十大股东 序号	股东名称	股份性质	持股数(万股)	比例(%)
1	重庆化医控股(集团)公司	国有法人股	8602.31	49.60
2	李子凤	流通A股	60.97	0.35
3	喻梅	流通A股	50.18	0.29
4	西安高资投资管理有限公司	流通A股	49.50	0.29
5	深圳市蓝波湾投资有限公司	流通A股	36.00	0.21
6	中国有色金属工业南华公司	流通A股	35.23	0.20
7	北京南方联华投资顾问有限公司	流通A股	29.50	0.17
8	邹建勋	流通A股	26.27	0.15
9	江西省江财投资有限责任公司	流通A股	25.63	0.15
10	刘艳	流通A股	24.35	0.14

股东人数	2004.6	2003.12	2003.6	2002
	27256	22731	23719	27002

近年分配		近年配股/增发	

重大事项

公司于2004年6月25日召开的2003年度股东大会上审议并通过了公司董事会换届选举议案，其中孙芳城先生、陶长元先生、安传礼先生当选为公司第四届董事会独立董事，目前公司独立董事人数已达到董事会人数的三分之一。

二〇〇三年以来市场表现

2003年涨跌幅(%)	-10.00
2003年最高(元)	10.25
2003年最低(元)	6.25
2003年换手率(%)	133.20
2004.06涨跌幅(%)	-33.92
2004.06最高(元)	8.28
2004.06最低(元)	4.50
2004.06换手率(%)	119.07

海南海药股份有限公司

公司概况							
公司名称	海南海药股份有限公司			股票代码	000566		
注册地址	海南省海口市海秀大道51号			邮政编码	570105		
法人代表	许力宏			董秘	李颖		
电话	0898-66785861			传真	0898-66705316		
主营业务	经营中西成药						
总股本	20234.90	流通A	8354.90	流通B		流通H	
审计单位				审计意见	未审计		

主要财务指标 年度	2004.6	2003	2002
每股收益/扣除后(元)	0.0651	0.1100	0.0200
每股经营现金流量(元)	0.0940	0.1800	0.1900
每股净资产/调整后(元)	0.2500	-0.0500	-0.7700
每股公积金(元)	2.6325	2.3991	1.9360
净资产收益率(%)	19.5600	315.8600	-8.3200
总资产(万元)	31176.67	33275.41	35698.55
股东权益(万元)	6739.58	697.94	-13555.73
未分配利润(万元)	-68441.55	-69759.81	-74643.14
主营收入(万元)	9565.99	24095.28	18246.69
资本公积金(万元)	53268.37	48544.98	39174.64
主营利润(万元)	5286.25	10674.46	8032.27
其他业务利润(万元)	225.83	74.38	-0.17
营业利润(万元)	1318.26	2313.18	400.22
投资收益(万元)			
补贴收入(万元)			
营业外收支(万元)		-108.65	-17.43
利润总额(万元)	1318.25	2204.54	1128.01
净利润(万元)	1318.25	2204.54	1128.01

十大股东 序号	股东名称	股份性质	持股数(万股)	比例(%)
1	深圳市南方同正投资有限公司	法人股	5320.96	26.30
2	海口富海福投资有限公司	法人股	1870.93	9.25
3	中国工行海南信托投资公司	法人股	1395.82	6.90
4	中国轻骑集团有限公司	国有法人股	1013.57	5.01
5	北京桑海投资有限公司	法人股	714.11	3.53
6	上海信义水处理有限责任公司	法人股	470.00	2.32
7	海南省信托投资公司	法人股	287.87	1.42
8	长城证券有限责任公司	法人股	232.63	1.15
9	上海新威投资管理有限公司	法人股	102.86	0.51
10	上海万馨投资管理有限公司	法人股	85.30	0.42

股东人数	2004.6	2003.12	2003.6	2002
	19489	23391	23049	23391

近年分配		近年配股/增发	

重大事项

根据公司与海口市国有资产经营有限公司签订的《清偿债务协议书》，公司以375亩土地清偿了海口市国有资产经营有限公司的债务7264.94万元。经公司与重庆正元药业有限公司多次协商，重庆正元药业有限公司同意免除公司3000万元的债务。公司于2004年3月更名为"海南海药股份有限公司"，并在海南省工商管理局完成了变更注册。

二〇〇三年以来市场表现

2003年涨跌幅(%)	-11.54
2003年最高(元)	7.27
2003年最低(元)	4.00
2003年换手率(%)	183.55
2004.06涨跌幅(%)	2.17
2004.06最高(元)	6.41
2004.06最低(元)	4.22
2004.06换手率(%)	113.37

海南海德实业股份有限公司

公司概况

公司名称	海南海德实业股份有限公司				股票代码	000567
注册地址	海口市海德路 5 号				邮政编码	570106
法人代表	纪道林		董秘		姚谨	
电话	0898-68535942		传真		0898-68535942	
主营业务	药品、酒店服务					
总股本	15120.00	流通 A	6048.00	流通 B		流通 H
审计单位			审计意见		未审计	

主要财务指标

年度	2004.6	2003	2002
每股收益 / 扣除后(元)	−0.0531	−0.0560	−0.0920
每股经营现金流量(元)	−0.0250	−0.1030	0.0270
每股净资产 / 调整后(元)	0.3800	0.4300	0.3180
每股公积金(元)	0.7720	0.7714	0.7418
净资产收益率(%)	−13.0200	3.9500	19.5300
总资产(万元)	21857.72	21861.06	22501.17
股东权益(万元)	6183.40	6978.64	6256.42
未分配利润(万元)	−20715.04	−19909.80	−20139.65
主营收入(万元)	2448.70	3891.96	829.97
资本公积金(万元)	11672.83	11662.83	11216.34
主营利润(万元)	1978.27	3081.16	−289.55
其他业务利润(万元)		226.76	3.65
营业利润(万元)	−746.95	−337.70	−1949.64
投资收益(万元)	−14.71	920.58	3940.51
补贴收入(万元)			
营业外收支(万元)	−2.85	−26.22	0.27
利润总额(万元)	−764.51	556.66	43.63
净利润(万元)	−805.24	275.73	1221.94

十大股东

序号	股东名称	股份性质	持股数(万股)	比例(%)
1	海南祥源投资有限公司	法人股	4071.96	26.93
2	海南海基投资有限公司	法人股	805.20	5.33
3	中国银行海南省分行	国有法人股	768.60	5.08
4	上海万可实业有限公司	法人股	710.44	4.70
5	海口市对外经济发展公司	法人股	380.21	2.51
6	海南文化旅业发展公司	法人股	220.00	1.46
7	杭州市花园汽车滤清器厂	法人股	219.36	1.45
8	上海美建物资供销经营部	法人股	201.00	1.33
9	海口讯发房地产开发公司	法人股	184.85	1.22
10	海南昌旺经济信息咨询有限公司	法人股	165.00	1.09

股东人数	2004.6	2003.12	2003.6	2002
	15695	18060	19123	20719

近年分配		近年配股 / 增发	

重大事项

2003 年 6 月 18 日，公司与招商银行武汉分行签订《不可撤销担保书》，为武汉长兴石化产品有限公司在该行贷款 1600 万元提供保证担保，同时公司与嵊州市祥源房产开发有限公司签署《支付承诺书》，由嵊州市祥源房产开发有限公司为公司的该笔担保提供反担保。公司与关联方浙江省耀江房地产开发有限公司签订《耀江金鼎广场销售代理合同》，由公司销售代理耀江房产开发的"耀江金鼎广场"物业，并按照约定条件提取代理费及溢价分成。

二〇〇三年以来市场表现

2003 年涨跌幅(%)	−33.23
2003 年最高(元)	8.13
2003 年最低(元)	3.87
2003 年换手率(%)	89.40
2004.06 涨跌幅(%)	6.05
2004.06 最高(元)	6.95
2004.06 最低(元)	3.98
2004.06 换手率(%)	54.37

泸州老窖股份有限公司

公司概况

公司名称	泸州老窖股份有限公司				股票代码	000568
注册地址	四川省泸州市国窖广场				邮政编码	646000
法人代表	谢明		董秘		蔡秋全	
电话	0830-2398826		传真		0830-2391774	
主营业务	泸州老窖系列曲酒					
总股本	84139.97	流通 A	25611.89	流通 B		流通 H
审计单位			审计意见		未审计	

主要财务指标

年度	2004.6	2003	2002
每股收益 / 扣除后(元)	0.0406	0.0500	0.0600
每股经营现金流量(元)	0.0983	0.1300	−0.0500
每股净资产 / 调整后(元)	1.7900	1.7500	2.8000
每股公积金(元)	0.4440	0.4440	1.3097
净资产收益率(%)	2.1800	2.8100	3.4700
总资产(万元)	239584.56	264684.16	246680.62
股东权益(万元)	152023.75	148910.02	148756.97
未分配利润(万元)	2865.01	278.66	3571.77
主营收入(万元)	67835.26	117703.07	104480.45
资本公积金(万元)	37360.33	37360.33	68872.98
主营利润(万元)	29917.13	51434.48	46136.30
其他业务利润(万元)	725.31	921.09	−119.41
营业利润(万元)	7276.03	10401.13	9753.10
投资收益(万元)	−229.35	325.85	275.20
补贴收入(万元)		6.00	0.06
营业外收支(万元)	77.75	−926.09	−7.83
利润总额(万元)	7124.44	9806.89	9702.17
净利润(万元)	3313.90	4184.15	5142.46

十大股东

序号	股东名称	股份性质	持股数(万股)	比例(%)
1	泸州市国有资产管理局	国家股	58528.08	69.56
2	华夏成长证券投资基金	流通 A 股	538.43	0.64
3	中国银行——华夏回报证券投资基金	流通 A 股	290.17	0.34
4	光大证券有限责任公司	流通 A 股	270.49	0.32
5	交通银行——普惠证券投资基金	流通 A 股	199.81	0.24
6	兴业证券投资基金	流通 A 股	175.00	0.21
7	深圳市嘉瑞通投资发展有限公司	流通 A 股	145.29	0.17
8	顾诵华	流通 A 股	74.80	0.09
9	中国工商银行——融通深证 100 指数证券投资基金	流通 A 股	68.40	0.08
10	兴和证券投资基金	流通 A 股	62.25	0.07

股东人数	2004.6	2003.12	2003.6	2002
	98638	98756	95686	95110

近年分配		近年配股 / 增发	

重大事项

2004 年 5 月 28 日，公司董事会决定基于评估净资产值出资 1,500 万元向常德粮油总公司收购其持有的湖南武陵酒有限公司 1,500 万股股权。经公司 2003 年度股东年会审议批准，公司基于评估净资产值按 1 元人民币/股的价格向泸州老窖集团有限责任公司收购了其持有的泸州老窖罗沙米业有限公司 1,000 万股股权。

二〇〇三年以来市场表现

2003 年涨跌幅(%)	−16.36
2003 年最高(元)	5.93
2003 年最低(元)	3.83
2003 年换手率(%)	133.29
2004.06 涨跌幅(%)	−0.73
2004.06 最高(元)	5.70
2004.06 最低(元)	3.90
2004.06 换手率(%)	156.63

四川川投长城特殊钢股份有限公司

公司概况	公司名称	四川川投长城特殊钢股份有限公司		股票代码	000569	
	注册地址	四川省江油市江东路195号		邮政编码	621701	
	法人代表	任德祚		董秘	舒联明	
	电话	0816-3650392		传真	0816-3651872	
	主营业务	钢冶炼、钢压延加工				
	总股本	69514.22	流通A	14792.94	流通B	流通H
	审计单位			审计意见	未审计	

主要财务指标 年度	2004.6	2003	2002
每股收益/扣除后(元)	-0.0138	0.0070	0.0280
每股经营现金流量(元)	-0.2570	0.0150	0.0300
每股净资产/调整后(元)	0.9990	1.0270	1.0400
每股公积金(元)	0.4047	0.4014	0.3958
净资产收益率(%)	-1.2910	0.5350	2.1100
总资产(万元)	255283.70	234670.05	213891.12
股东权益(万元)	82984.19	83976.15	82833.68
未分配利润(万元)	-21397.69	-20174.75	-20927.90
主营收入(万元)	124754.07	173551.98	153939.87
资本公积金(万元)	28132.00	27901.02	27511.69
主营利润(万元)	6923.55	10796.36	9696.61
其他业务利润(万元)	481.52	1295.05	-8.81
营业利润(万元)	-960.65	1479.30	2167.21
投资收益(万元)		-580.53	52.26
补贴收入(万元)			
营业外收支(万元)	-111.08	-40.62	-0.28
利润总额(万元)	-1071.73	858.16	2308.44
净利润(万元)	-1071.73	449.45	1751.65

十大股东 序号	股东名称	股份性质	持股数(万股)	比例(%)
1	四川长城殊钢(集团)有限责任公司	国有法人股	40281.67	57.95
2	上海上科科技投资有限公司	国有法人股	2900.00	4.17
3	河北证券有限责任公司	境内法人股	2310.00	3.32
4	深圳国际信托投资有限责任公司	境内法人股	1955.42	2.81
5	攀枝花钢铁(集团)公司	境内法人股	1155.00	1.66
6	深圳深业物流集团股份有限公司	境内法人股	693.00	1.00
7	深圳物业发展(集团)股份有限公司	境内法人股	577.50	0.83
8	深圳中财投资发展公司	境内法人股	577.50	0.83
9	深圳市旗扬投资有限公司	境内法人股	346.60	0.50
10	深圳祥源印刷包装有限公司	境内法人股	346.50	0.50

股东人数	2004.6	2003.12	2003.6	2002
	63858	63300	62171	62872

近年分配		近年配股/增发	

重大事项

截止2004年6月30日，公司控股股东占用资金27375.46万元，其中，因代垫费用占用10250.36万元，因资产转移占用12118.23万元，因代还借款及利息占用5006.87万元。四川长城协和钢管有限责任公司占用4038.68万元。

二〇〇三年以来市场表现

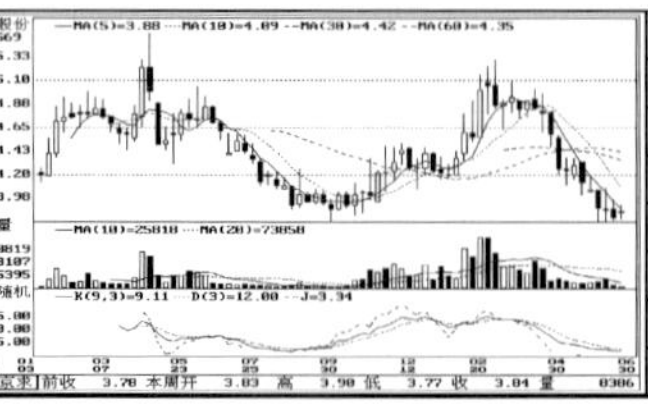

2003年涨跌幅(%)	0.48
2003年最高(元)	5.55
2003年最低(元)	3.75
2003年换手率(%)	137.42
2004.06涨跌幅(%)	-9.22
2004.06最高(元)	5.29
2004.06最低(元)	3.75
2004.06换手率(%)	123.23

常柴股份有限公司

公司概况	公司名称	常柴股份有限公司		股票代码	000570	
	注册地址	江苏省常州市怀德中路123号		邮政编码	213002	
	法人代表	张骏原		董秘	石建春	
	电话	0519-6600448,6603656-3155		传真	0519-6630954	
	主营业务	农用柴油机、收割机				
	总股本	37424.95	流通A	11102.55	流通B 10000.00	流通H
	审计单位			审计意见	未审计	

主要财务指标 年度	2004.6	2003	2002
每股收益/扣除后(元)	0.0053	0.0600	-1.2400
每股经营现金流量(元)	0.0480	0.5000	0.3000
每股净资产/调整后(元)	1.8200	1.6700	1.8200
每股公积金(元)	0.4488	0.4488	1.8631
净资产收益率(%)	1.8500	6.9300	-64.6400
总资产(万元)	173702.19	194452.53	218441.41
股东权益(万元)	82028.79	78458.50	73866.44
未分配利润(万元)	11230.78	10277.38	-47755.68
主营收入(万元)	81193.52	161072.48	157996.84
资本公积金(万元)	16797.89	16797.89	69724.73
主营利润(万元)	8526.23	22173.96	17494.00
其他业务利润(万元)	859.74	1069.52	78.18
营业利润(万元)	485.56	3976.64	-52377.17
投资收益(万元)	1191.12	99.88	-587.06
补贴收入(万元)	0.10	203.64	4.37
营业外收支(万元)	-145.18	-710.34	8.34
利润总额(万元)	1531.60	3569.83	-57710.14
净利润(万元)	1521.40	5434.71	-47747.59

十大股东 序号	股东名称	股份性质	持股数(万股)	比例(%)
1	常州市国有资产管理局	国家股	15316.00	40.92
2	武进柴油机机体厂	境内法人股	533.00	1.42
3	NAM NGAI	流通B股	208.41	0.56
4	奔牛农机厂	境内法人股	176.00	0.47
5	MERRL LYNGH INTERNATIONAL	流通B股	100.00	0.27
6	何永航	流通B股	93.84	0.25
7	许孟全	外资股	80.32	0.21
8	徐滨生	流通B股	72.25	0.19
9	刘德弟	流通B股	64.52	0.17
10	LIV LY	流通B股	63.80	0.17

股东人数	2004.6	2003.12	2003.6	2002
	71308	55655	73471	87460

近年分配		近年配股/增发	

重大事项

2004年1月15日，公司与常州滚针轴承厂有限公司(滚针轴承厂)签订了股权转让协议，同意将所持有的常州车辆有限公司(车辆公司)15%的股权转让给滚针轴承厂，股权转让价格为90万元人民币。经董事会四届五次会议审议，同意为常州齿轮厂5000万元贷款展期提供续保，其中2000万担保期为2004年5月28日至2005年3月26日，另外3000万担保期为2004年6月16日至2005年6月15日。常州齿轮厂为本公司提供担保的借款金额为7650万元。

二〇〇三年以来市场表现

2003年涨跌幅(%)	-4.61
2003年最高(元)	8.88
2003年最低(元)	4.85
2003年换手率(%)	342.47
2004.06涨跌幅(%)	-3.09
2004.06最高(元)	7.61
2004.06最低(元)	4.90
2004.06换手率(%)	150.77

海南新大洲控股股份有限公司

公司概况

公司名称	海南新大洲控股股份有限公司			股票代码	000571	
注册地址	海南省海口市桂林洋开发区			邮政编码	570125	
法人代表	赵序宏			董秘	林帆	
电话	0898-68583966			传真	0898-68583518	
主营业务	摩托车和发动机					
总股本	73606.40	流通 A	33716.48	流通 B		流通 H
审计单位				审计意见	未审计	

主要财务指标

年度	2004.6	2003	2002
每股收益/扣除后(元)	-0.0022	0.0111	0.0200
每股经营现金流量(元)		0.1700	0.3800
每股净资产/调整后(元)	1.1610	1.1600	1.1300
每股公积金(元)	0.2657	0.2655	0.2654
净资产收益率(%)	0.2400	1.4700	1.4800
总资产(万元)	95068.85	91527.75	99906.33
股东权益(万元)	86352.81	86131.00	84857.47
未分配利润(万元)	-28018.45	-28210.81	-29475.86
主营收入(万元)	15568.36	11068.41	4258.51
资本公积金(万元)	19559.37	19542.16	19533.69
主营利润(万元)	741.55	1470.57	1378.17
其他业务利润(万元)	623.71	122.68	3.07
营业利润(万元)	-281.95	147.94	-337.00
投资收益(万元)	616.25	1154.84	1139.15
补贴收入(万元)			
营业外收支(万元)	-11.76	-26.94	-0.25
利润总额(万元)	322.54	1275.84	1357.47
净利润(万元)	204.61	1265.06	1255.87

十大股东

序号	股东名称	股份性质	持股数(万股)	比例(%)
1	中国轻骑集团有限公司	法人股	12844.96	17.45
2	海南新元农业开发有限公司	法人股	11107.52	15.09
3	上海浩洲车业有限公司	法人股	4570.00	6.21
4	海南赐慧实业股份有限公司	法人股	3891.02	5.29
5	海南省农垦总公司	法人股	2487.70	3.38
6	宏源证券股份有限公司	国家股	2458.72	3.34
7	济南润青商贸有限公司	法人股	2000.00	2.72
8	青岛统力星商贸有限公司	法人股	265.00	0.36
9	山东创艺装饰工程有限公司	法人股	51.20	0.07
10	济南新视野工贸有限公司	法人股	50.00	0.07

股东人数	2004.6	2003.12	2003.6	2002
	194628	194646	203326	210211

近年分配		近年配股/增发	

重大事项

2004年1月12日,本公司与天靡集团在上海签署《股权转让协议书》。由本公司协议受让天靡集团所持新本公司2.67%的股权。股权转让事项完毕后新本公司的股东及其持股比例变更为:海南新大洲控股股份有限公司占注册资本的50%;日本本田技研工业株式会社占注册资本的50%。公司注册资本保持不变。

二〇〇三年以来市场表现

2003年涨跌幅(%)	-30.54
2003年最高(元)	4.55
2003年最低(元)	2.48
2003年换手率(%)	116.54
2004.06涨跌幅(%)	25.29
2004.06最高(元)	5.00
2004.06最低(元)	2.48
2004.06换手率(%)	141.59

海南金盘实业股份有限公司

公司概况

公司名称	海南金盘实业股份有限公司			股票代码	000572	
注册地址	海口市金盘工业区金盘路12-8号			邮政编码	570216	
法人代表	曲大利			董秘	肖丹	
电话	0898-66822672			传真	0898-66816370	
主营业务	工业开发区的开发					
总股本	21589.45	流通 A	8685.89	流通 B		流通 H
审计单位				审计意见	未审计	

主要财务指标

年度	2004.6	2003	2002
每股收益/扣除后(元)	0.0382	0.0050	-0.2100
每股经营现金流量(元)	0.1480	0.0450	-0.1000
每股净资产/调整后(元)	0.2400	0.1500	-0.0400
每股公积金(元)	0.8570	0.8428	0.7184
净资产收益率(%)	25.4400	22.6900	-904.4000
总资产(万元)	70315.81	69738.95	71969.38
股东权益(万元)	6049.43	4207.00	507.84
未分配利润(万元)	-31847.72	-33386.86	-34307.06
主营收入(万元)	9417.89	6361.82	3664.60
资本公积金(万元)	18503.23	18195.83	15510.36
主营利润(万元)	2215.06	2431.76	1345.87
其他业务利润(万元)	7.81	28.74	-0.84
营业利润(万元)	820.27	919.02	-4961.50
投资收益(万元)	741.21		64.68
补贴收入(万元)		155.18	3.04
营业外收支(万元)	-26.45	-2.84	-0.01
利润总额(万元)	1535.02	1071.36	-4584.55
净利润(万元)	1539.14	954.50	-4593.08

十大股东

序号	股东名称	股份性质	持股数(万股)	比例(%)
1	海南海马投资有限公司	境内法人股	8323.96	38.56
2	工行海南信托投资公司	国有法人股	1932.40	8.95
3	中行海口信托咨询公司	国有法人股	966.20	4.48
4	海口市金盘物业有限公司	境内法人股	470.19	2.18
5	上海新理益投资有限公司	境内法人股	163.46	0.76
6	何连谦	流通A股	77.52	0.36
7	梁冬	流通A股	72.20	0.33
8	朱承英	流通A股	51.63	0.24
9	海南柯鑫投资有限公司	境内法人股	42.81	0.20
10	胡有余	流通A股	41.80	0.19

股东人数	2004.6	2003.12	2003.6	2002
	18885	20941	23005	33903

近年分配		近年配股/增发	

重大事项

公司将所持有的海口托普南方软件园有限公司33.33%的股权转让给海南上恒投资有限公司,转让总价款为1,020万元,该股权转让产生26.2万元的投资收益。公司将所持有的海南先声药业有限公司12.29%的股权转让给海南上恒投资有限公司,转让总价款为1640万元,该股权转让产生715万元的投资收益。

二〇〇三年以来市场表现

2003年涨跌幅(%)	31.18
2003年最高(元)	9.68
2003年最低(元)	5.30
2003年换手率(%)	257.33
2004.06涨跌幅(%)	-27.57
2004.06最高(元)	8.65
2004.06最低(元)	4.95
2004.06换手率(%)	45.69

东莞宏远工业区股份有限公司

公司概况

公司名称	东莞宏远工业区股份有限公司	股票代码	000573
注册地址	广东省东莞市宏远工业区	邮政编码	523087
法人代表	陈林	董秘	李军印
电话	0769-2412655	传真	0769-2412655
主营业务	开发经营工业区		
总股本	45128.39	流通A	29213.41
流通B		流通H	
审计单位		审计意见	未审计

主要财务指标

年度	2004.6	2003	2002
每股收益/扣除后(元)	0.0284	0.0560	0.0130
每股经营现金流量(元)	0.0736	0.1880	0.2000
每股净资产/调整后(元)	3.0440	2.9700	2.9200
每股公积金(元)	1.5934	1.5934	1.5785
净资产收益率(%)	0.4400	0.9900	0.8200
总资产(万元)	213325.56	222947.25	216006.11
股东权益(万元)	138008.72	137987.94	136067.84
未分配利润(万元)	3645.83	3041.29	1953.00
主营收入(万元)	21584.17	46238.56	26818.67
资本公积金(万元)	71909.07	71909.07	71236.27
主营利润(万元)	5856.89	15514.45	10302.66
其他业务利润(万元)	30.65	-3.99	-0.04
营业利润(万元)	1050.68	2411.55	-413.02
投资收益(万元)	-885.97	-599.80	-33.91
补贴收入(万元)			
营业外收支(万元)	-76.73	-432.70	-0.66
利润总额(万元)	87.98	1379.05	-504.42
净利润(万元)	604.54	1360.36	1115.95

十大股东

序号	股东名称	股份性质	持股数(万股)	比例(%)
1	广东宏远集团公司	境内法人股	8708.65	19.30
2	东莞市城宝综合贸易公司	境内法人股	3096.79	6.86
3	东莞市篁村区经济联合总社	境内法人股	1187.54	2.63
4	东莞市振兴工贸发展公司	境内法人股	1123.14	2.49
5	东莞市兴业贸易发展有限公司	境内法人股	262.25	0.58
6	裕阳证券投资基金	流通A股	145.68	0.32
7	东莞市南城区篁村经济联合社	境内法人股	125.43	0.28
8	先锋集团有限公司东莞分公司	境内法人股	114.02	0.25
9	黄绵珠	流通A股	112.35	0.25
10	林秀雄	流通A股	108.01	0.24

股东人数	2004.6	2003.12	2003.6	2002
	142109	148964	152263	156058

近年分配		近年配股/增发	

重大事项

公司于2004年3月19日与深圳市凯地投资管理有限公司签订《股权转让协议》，将持有的期货公司66.67%的股权全部转让给凯地公司，转让价格为1652.10万元，该项交易产生亏损51.5万元。2004年3月11日，本公司与上海亚联抗体医药有限公司、逸士公司、加拿大YES公司签署了《协议书》，将逸士公司拥有的完整权利的生物制品抗人白细胞介素-8单克隆抗体乳膏（即恩博克）的所有权利以及与该权利相关的专有技术、机器设备以2000万元人民币的价格转让给上海亚联抗体医药有限公司。

二〇〇三年以来市场表现

2003年涨跌幅(%)	-15.37
2003年最高(元)	5.68
2003年最低(元)	3.92
2003年换手率(%)	81.76
2004.06涨跌幅(%)	-5.72
2004.06最高(元)	4.98
2004.06最低(元)	3.73
2004.06换手率(%)	69.67

江门甘蔗化工厂（集团）股份有限公司

公司概况

公司名称	江门甘蔗化工厂（集团）股份有限公司	股票代码	000576
注册地址	广东省江门市甘化路56号	邮政编码	529030
法人代表	周润	董秘	沙伟
电话	0750-3277650	传真	0750-3277666
主营业务	浆板、机制纸		
总股本	24759.86	流通A	10310.33
流通B		流通H	
审计单位		审计意见	未审计

主要财务指标

年度	2004.6	2003	2002
每股收益/扣除后(元)	0.0040	0.0200	-0.9100
每股经营现金流量(元)	-0.2080	0.0200	0.4200
每股净资产/调整后(元)	2.8500	2.8700	2.8100
每股公积金(元)	2.4116	2.4108	2.4194
净资产收益率(%)	0.2400	1.3100	-34.0100
总资产(万元)	146211.77	149717.12	158048.31
股东权益(万元)	72928.74	73076.50	72335.72
未分配利润(万元)	-21232.61	-21064.85	-22019.67
主营收入(万元)	24514.47	50469.35	93816.94
资本公积金(万元)	59710.86	59690.86	59904.91
主营利润(万元)	3684.78	10279.81	4332.69
其他业务利润(万元)	41.78	88.29	2.38
营业利润(万元)	119.50	251.78	-22681.65
投资收益(万元)	59.27	855.67	84.60
补贴收入(万元)	2.22	18.16	0.21
营业外收支(万元)	15.15	-99.85	1.05
利润总额(万元)	196.14	1025.75	-24788.95
净利润(万元)	174.49	954.82	-24603.11

十大股东

序号	股东名称	股份性质	持股数(万股)	比例(%)
1	江门市资产管理局	国有法人股	8874.75	35.84
2	江门市光达实业有限公司	境内法人股	1037.36	4.19
3	江门群益造纸厂	境内法人股	1012.09	4.09
4	江门甘化综合厂	境内法人股	438.69	1.77
5	中国工商银行广东省信托投资公司	境内法人股	396.00	1.60
6	江门光华印刷厂	境内法人股	336.16	1.36
7	广东中轻南方炼糖纸业有限公司	境内法人股,流通A股	209.00	0.84
8	番禺紫坭糖厂	境内法人股	138.05	0.56
9	中国银行江门分行	境内法人股	127.51	0.51
10	大连华信信托投资股份有限公司	境内法人股	87.12	0.35

股东人数	2004.6	2003.12	2003.6	2002
	50283	51644	52265	52323

近年分配		近年配股/增发	

重大事项

我公司于2004年6月17日收到广东省佛山市高明区人民法院执行通知书，称江门市中级人民法院(2001)江中法经初字第92号民事调解书已经发生法律效力，限令我司尽快履行法律文书确定的义务，并强制查封了我司在工商银行的基本账户，随后广东省佛山市高明区人民法院划扣我司银行存款6142068元至该院指定账户，同时，我司在工商银行的基本账户获解。

二〇〇三年以来市场表现

2003年涨跌幅(%)	-17.31
2003年最高(元)	6.78
2003年最低(元)	4.13
2003年换手率(%)	168.33
2004.06涨跌幅(%)	-10.02
2004.06最高(元)	5.75
2004.06最低(元)	3.98
2004.06换手率(%)	125.73

青海数码网络投资(集团)股份有限公司

公司概况

公司名称	青海数码网络投资(集团)股份有限公司	股票代码	000578
注册地址	青海省西宁市五四大街 39 号	邮政编码	810001
法人代表	钟小剑	董秘	杜鹏环
电话	0971-6138725	传真	0971-6144887
主营业务	计算机及相关设备制造		
审计单位		审计意见	未审计

总股本	流通 A	流通 B	流通 H
19815.34	6879.45		

主要财务指标

年度	2004.6	2003	2002
每股收益 / 扣除后(元)	0.0254	0.0300	0.0100
每股经营现金流量(元)	0.2070	0.5900	0.0500
每股净资产 / 调整后(元)	1.5800	1.5800	1.4900
每股公积金(元)	0.2634	0.2634	0.0956
净资产收益率(%)	1.5200	2.6800	1.3800
总资产(万元)	107991.17	117059.36	77599.01
股东权益(万元)	32117.31	31463.13	29918.93
未分配利润(万元)	2532.96	2044.83	2011.39
主营收入(万元)	50379.75	137152.64	99853.41
资本公积金(万元)	5219.21	5219.21	4310.70
主营利润(万元)	5402.57	12117.18	5235.55
其他业务利润(万元)	329.07	433.71	-1.07
营业利润(万元)	432.16	1820.83	687.44
投资收益(万元)	81.82	-321.92	263.67
补贴收入(万元)	256.02	211.77	211.77
营业外收支(万元)	-21.69	-187.65	-0.16
利润总额(万元)	748.31	1523.04	936.10
净利润(万元)	488.13	842.12	411.87

十大股东

序号	股东名称	股份性质	持股数(万股)	比例(%)
1	深圳市友缘投资有限公司	境内法人股	5880.26	29.68
2	上海丹阳商务咨询有限公司	境内法人股	3486.50	17.59
3	青海省国有资产管理局	国家股	1260.00	6.36
4	中海恒实业发展有限公司	境内法人股	831.60	4.20
5	北京天龙股份有限公司	境内法人股	277.20	1.40
6	北京亿隆实业股份有限公司	境内法人股	277.20	1.40
7	中国建设银行青海省信托投资公司	境内法人股	277.20	1.40
8	青海中兴计算机服务部	境内法人股	277.20	1.40
9	鞍山九建集团有限公司	境内法人股	193.10	0.97
10	上海唯杰实业有限公司	境内法人股	30.00	0.15

股东人数	2004.6	2003.12	2003.6	2002
	41678	43699	43673	

近年分配		近年配股 / 增发	

重大事项

2004 年 4 月 16 日，本公司控股子公司深圳信诚科技发展有限公司完成了增资扩股的工商注册变更手续，本公司增资 4000 万元，增资扩股后信诚科技总股本 12,000 万元，本公司持股比例由 98.125%增至 98.75%。2004 年 2 月 10 日，经公司 2004 年第一次临时股东大会审议通过，选举产生了公司第四届董事会及监事会成员。

二○○三年以来市场表现

2003 年涨跌幅(%)	-18.30
2003 年最高(元)	10.62
2003 年最低(元)	6.11
2003 年换手率(%)	246.80
2004.06 涨跌幅(%)	-5.14
2004.06 最高(元)	10.02
2004.06 最低(元)	6.43
2004.06 换手率(%)	201.41

无锡威孚高科技股份有限公司

公司概况

公司名称	无锡威孚高科技股份有限公司	股票代码	000581
注册地址	无锡市人民西路 107 号	邮政编码	214031
法人代表	许良飞	董秘	刘永林
电话	0510-2719579	传真	0510-2751025
主营业务	汽车、农机工程机械		
审计单位		审计意见	未审计

总股本	流通 A	流通 B	流通 H
43636.60	21600.00	8840.00	

主要财务指标

年度	2004.6	2003	2002
每股收益 / 扣除后(元)	0.3007	0.5400	0.4700
每股经营现金流量(元)	0.1650	0.1800	0.3400
每股净资产 / 调整后(元)	4.7680	4.6800	4.1300
每股公积金(元)	2.0888	2.0888	2.0888
净资产收益率(%)	6.2410	11.6600	11.3100
总资产(万元)	344390.31	288674.94	250683.14
股东权益(万元)	208567.27	204277.95	180467.52
未分配利润(万元)	55489.87	42473.22	31393.37
主营收入(万元)	94571.30	150773.75	138266.20
资本公积金(万元)	91149.59	91149.59	91149.59
主营利润(万元)	24096.81	39503.06	38093.99
其他业务利润(万元)	-385.05	331.34	-0.11
营业利润(万元)	10779.13	12257.50	13013.06
投资收益(万元)	4355.13	15874.86	11131.94
补贴收入(万元)	47.59		
营业外收支(万元)	-417.93	-1406.47	60.99
利润总额(万元)	14716.33	26725.89	22292.94
净利润(万元)	13016.65	23810.44	20403.48

十大股东

序号	股东名称	股份性质	持股数(万股)	比例(%)
1	无锡威孚集团有限公司	国有法人股	12156.62	27.86
2	ROBERT BOSCH GMBH	流通 B 股	1414.40	3.24
3	通乾证券投资基金	流通 A 股	901.80	2.07
4	GT PRC FUND	流通 B 股	849.42	1.95
5	融通新蓝筹证券投资基金	流通 A 股	777.44	1.78
6	上海宝钢化工有限公司	流通 A 股	728.93	1.67
7	南方稳健成长证券投资基金	流通 A 股	646.64	1.48
8	天元证券投资基金	流通 A 股	563.42	1.29
9	裕阳证券投资基金	流通 A 股	552.59	1.27
10	裕元证券投资基金	流通 A 股	520.00	1.19

股东人数	2004.6	2003.12	2003.6	2002
	49464	69133	78725	91417

近年分配		近年配股 / 增发	
	2004 年 8 月 6 日 10 派 2.00		

重大事项

2004 年 6 月 15 日召开的公司 2003 年度股东大会通过了 2003 年度利润分配方案为：按 10 股派发现金红利 2 元(含税)向全体股东派发红利。预计在 8 月初派发。公司为控股子公司威孚长安油泵油嘴有限责任公司提供流动资金贷款担保 2000 万元；母公司为合并控股子公司南京威孚金宁有限公司提供担保 8000 万元。

二○○三年以来市场表现

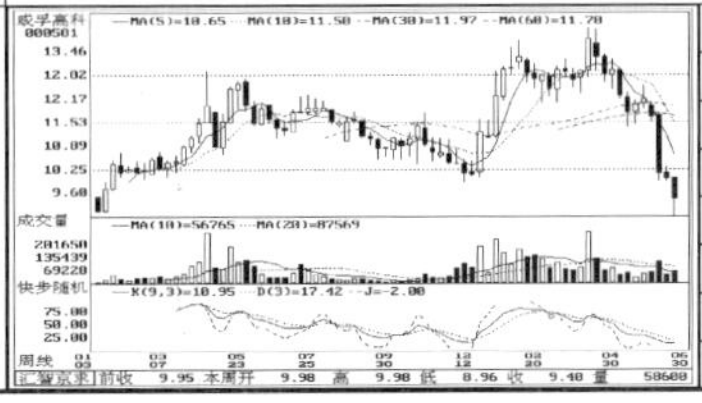

2003 年涨跌幅(%)	21.69
2003 年最高(元)	12.70
2003 年最低(元)	8.85
2003 年换手率(%)	123.60
2004.06 涨跌幅(%)	-18.26
2004.06 最高(元)	14.10
2004.06 最低(元)	8.96
2004.06 换手率(%)	111.33

北海新力实业股份有限公司

公司概况							
公司名称	北海新力实业股份有限公司			股票代码	000582		
注册地址	广西北海市海角路 145 号			邮政编码	536000		
法人代表	冯大为			董秘	杨延华		
电话	0779-3922254			传真	0779-3906393		
主营业务	港口、运输、装卸						
总股本	18847.18	流通 A	5720.00	流通 B		流通 H	
审计单位				审计意见	未审计		

主要财务指标 年度	2004.6	2003	2002
每股收益 / 扣除后(元)	-0.0487	-0.0560	-0.0212
每股经营现金流量(元)	0.0470	0.2800	0.0600
每股净资产 / 调整后(元)	2.2400	2.4300	2.4100
每股公积金(元)	1.3956	1.3956	1.3956
净资产收益率(%)	-1.9400	1.6300	-8.8200
总资产(万元)	81850.04	83136.68	85152.03
股东权益(万元)	46823.00	47731.41	46953.10
未分配利润(万元)	-731.90	176.07	-571.17
主营收入(万元)	5086.43	13730.91	7729.08
资本公积金(万元)	26302.95	26302.95	26302.95
主营利润(万元)	381.03	1633.64	131.69
其他业务利润(万元)	48.53	239.11	-3.32
营业利润(万元)	-714.75	-371.00	-3578.75
投资收益(万元)	-1.60	186.06	-107.88
补贴收入(万元)		1500.00	1500.00
营业外收支(万元)	-167.00	-377.61	-112.04
利润总额(万元)	-883.42	937.45	-4055.50
净利润(万元)	-907.97	778.31	-4141.35

十大股东 序号	股东名称	股份性质	持股数(万股)	比例(%)
1	中国华能集团公司	国有法人股	7565.27	40.14
2	北海市国有资产管理局	国有法人股	5385.91	28.58
3	东方证券有限责任公司	流通 A 股	146.29	0.78
4	北海市风机厂	境内法人股	44.00	0.23
5	北海市技术交流站	境内法人股	44.00	0.23
6	中国东方资产管理公司	境内法人股	44.00	0.23
7	北海市烟花炮竹总厂	境内法人股	44.00	0.23
8	梁剑	流通 A 股	23.50	0.12
9	王俏梅	流通 A 股	22.61	0.12
10	程锦仪	流通 A 股	19.93	0.11

股东人数	2004.6	2003.12	2003.6	2002
	29036	31884	32649	33846

近年分配		近年配股/增发	

重大事项

2004 年 4 月 26 日,中国工艺美术(集团)公司(中工美公司)以其经北海港进口的货物保管不善造成损失为由起诉北海市港务管理局、本公司和北海外轮代理公司(本公司控股子公司),要求判令共同被告人赔偿其货物损失人民币 1,851,270.17 元,及承担本案诉讼费用。

二○○三年以来市场表现

2003 年涨跌幅(%)	-28.32
2003 年最高(元)	8.95
2003 年最低(元)	4.62
2003 年换手率(%)	153.61
2004.06 涨跌幅(%)	2.67
2004.06 最高(元)	7.99
2004.06 最低(元)	5.10
2004.06 换手率(%)	128.91

四川托普软件投资股份有限公司

公司概况							
公司名称	四川托普软件投资股份有限公司			股票代码	000583		
注册地址	四川省自贡市贡井区建设路 284 号			邮政编码	610031		
法人代表	夏育新			董秘	张彦		
电话	028-82820270			传真	028-82820123		
主营业务	计算机软件开发						
总股本	23165.62	流通 A	13072.00	流通 B		流通 H	
审计单位				审计意见	未审计		

主要财务指标 年度	2004.6	2003	2002
每股收益 / 扣除后(元)	-0.4650	-0.6700	0.2200
每股经营现金流量(元)	-0.0380	0.2900	0.5900
每股净资产 / 调整后(元)	1.3500	4.2000	5.9600
每股公积金(元)	3.8609	3.8609	3.8609
净资产收益率(%)	-189.7000	-38.9100	3.6700
总资产(万元)	243623.55	267207.31	234571.61
股东权益(万元)	33411.70	99951.97	138798.28
未分配利润(万元)	-84359.13	-20989.98	17953.28
主营收入(万元)	3950.21	21284.20	67745.68
资本公积金(万元)	89440.45	89440.45	89439.35
主营利润(万元)	311.92	3536.43	9253.46
其他业务利润(万元)	1048.52	1501.02	-5.36
营业利润(万元)	-9045.29	-5871.98	4982.74
投资收益(万元)	-6260.28	-3315.86	558.68
补贴收入(万元)	124.58	418.91	13.12
营业外收支(万元)	-55912.28	-31344.63	-0.92
利润总额(万元)	-71093.26	-40113.58	6056.12
净利润(万元)	-63369.14	-38890.79	5097.87

十大股东 序号	股东名称	股份性质	持股数(万股)	比例(%)
1	四川托普科技发展公司	境内法人股	8098.62	34.96
2	四川华普软件发展有限责任公司	境内法人股	547.96	2.37
3	自贡市银建房地产综合开发公司	境内法人股	159.60	0.69
4	四川大学	境内法人股	144.40	0.62
5	自贡市自通房地产综合开发公司	境内法人股	133.00	0.57
6	华能原材料公司	境内法人股	118.75	0.51
7	工行四川省信托投资公司自贡办事处	境内法人股	106.40	0.46
8	自贡财源开发公司	境内法人股	106.40	0.46
9	成都托普咨询有限责任公司	境内法人股	97.66	0.42
10	四川省信托投资公司	境内法人股	97.39	0.42

股东人数	2004.6	2003.12	2003.6	2002
	64370	68362	70234	72197

近年分配		近年配股/增发	

重大事项

2004 年 3 月 31 日,四川省自贡市大安区人民法院对自贡市国有资产管理委员会诉本公司借款合同纠纷一案作出了《民事判决书》如下:四川托普软件投资股份有限公司在本判决生效之日起三日内归还原告自贡市国有资产管理委员会 2225 万元并支付占用资金利息 2473196.50 元。该案诉讼费 307760 元由四川托普软件投资股份有限公司承担。

二○○三年以来市场表现

2003 年涨跌幅(%)	-37.01
2003 年最高(元)	12.18
2003 年最低(元)	6.25
2003 年换手率(%)	261.44
2004.06 涨跌幅(%)	-27.03
2004.06 最高(元)	9.26
2004.06 最低(元)	4.43
2004.06 换手率(%)	315.95

四川舒卡特种纤维股份有限公司

公司概况

公司名称	四川舒卡特种纤维股份有限公司	股票代码	000584
注册地址	四川省成都市蜀都大道署袜北三街 20 号	邮政编码	610016
法人代表	李峰林	董秘	罗亦弟
电话	028-86752215	传真	028-86741677
主营业务	物业管理、宾馆		
总股本	20223.51	流通 A	8574.28
流通 B		流通 H	
审计单位	岳华会计师事务所	审计意见	无保留意见

主要财务指标

年度	2004.6	2003	2002
每股收益 / 扣除后(元)	0.0600	0.1478	0.0610
每股经营现金流量(元)	–0.1740	–0.0200	0.1400
每股净资产 / 调整后(元)	1.5800	1.6200	1.4500
每股公积金(元)	0.5979	1.5307	1.5475
净资产收益率(%)	3.5600	9.3900	5.2300
总资产(万元)	96912.42	93199.10	76622.21
股东权益(万元)	33862.56	33063.40	29724.84
未分配利润(万元)	54.40	–22271.77	–25360.47
主营收入(万元)	14206.09	17145.37	9792.75
资本公积金(万元)	12091.25	30956.61	31296.11
主营利润(万元)	3891.23	6511.72	4592.54
其他业务利润(万元)	203.22	605.43	9.57
营业利润(万元)	1741.79	3759.35	1644.37
投资收益(万元)	–168.78	–75.93	9.52
补贴收入(万元)			
营业外收支(万元)	–8.39	29.74	–0.05
利润总额(万元)	1564.61	3713.15	1659.80
净利润(万元)	1204.06	3105.20	1555.81

十大股东

序号	股东名称	股份性质	持股数(万股)	比例(%)
1	江苏双良科技有限公司	境内法人股	6066.54	30.00
2	常州智胜投资发展有限公司	境内法人股	1116.64	5.52
3	西藏自治区国有资产经营公司	国有法人股	773.61	3.83
4	四川天成金银制品金店	境内法人股	234.16	1.16
5	阿坝州经济技术协作开发总公司	国有法人股	231.01	1.14
6	上海晋泰投资有限公司	境内法人股	220.00	1.09
7	甘孜藏族自治州人民政府驻成都办事处	国有法人股	201.27	1.00
8	成都天进信息咨询有限公司	境内法人股	195.86	0.97
9	上海利皆达高科技有限公司	境内法人股	190.00	0.94
10	中国钢铁炉料西南公司	境内法人股	177.68	0.88

股东人数	2004.6	2003.12	2003.6	2002
	7378	7120	7550	8662

近年分配		近年配股/增发	

重大事项

为避免本公司的控股子公司江苏双良特种纤维有限公司(特纤公司)与关联方江阴恒创科技有限公司(恒创科技)子公司江阴舒卡纤维有限公司(舒卡纤维)发生同行业竞争,恒创科技于 2004 年 3 月 17 日与特纤公司草签了"股权委托管理协议",该协议规定,恒创科技将其持有的舒卡纤维 75%的股权委托特纤公司管理,委托期自协议生效之日起至 2004 年 12 月 15 日止。

二〇〇三年以来市场表现

2003 年涨跌幅(%)	–38.28
2003 年最高(元)	14.80
2003 年最低(元)	8.35
2003 年换手率(%)	54.22
2004.06 涨跌幅(%)	–1.18
2004.06 最高(元)	10.90
2004.06 最低(元)	8.08
2004.06 换手率(%)	55.39

东北电气发展股份有限公司

公司概况

公司名称	东北电气发展股份有限公司	股票代码	000585
注册地址	沈阳市浑南高新技术产业开发区 78 号	邮政编码	110001
法人代表	罗宏	董秘	刘鑫
电话	024-23527085	传真	024-23527081
主营业务	制造和销售供电产品		
总股本	87337.00	流通 A	14360.00
流通 B		流通 H	25795.00
审计单位		审计意见	未审计

主要财务指标

年度	2004.6	2003	2002
每股收益 / 扣除后(元)	0.0051	0.0100	0.0800
每股经营现金流量(元)	–0.0828	–0.0300	0.1100
每股净资产 / 调整后(元)	0.6400	0.6300	0.5900
每股公积金(元)	0.8766	0.8762	0.8735
净资产收益率(%)	1.2800	4.6100	12.8900
总资产(万元)	103972.06	98963.86	191200.41
股东权益(万元)	57139.73	56369.48	53541.79
未分配利润(万元)	–117617.08	–118346.94	–120942.94
主营收入(万元)	14800.82	62765.87	95145.45
资本公积金(万元)	76561.09	76520.70	76289.02
主营利润(万元)	3549.92	19657.54	30719.18
其他业务利润(万元)	1.32	437.35	4.94
营业利润(万元)	270.13	842.06	1363.33
投资收益(万元)	787.46	5675.20	6438.36
补贴收入(万元)			
营业外收支(万元)	–12.01	–3055.50	–0.27
利润总额(万元)	1045.58	3461.76	7822.80
净利润(万元)	729.86	2596.01	6900.24

十大股东

序号	股东名称	股份性质	持股数(万股)	比例(%)
1	香港中央结算(代理人)有限公司	流通 H 股	25795.00	29.54
2	新东北电气投资有限公司	国有法人股	23000.00	26.33
3	上海宝裕房地产投资咨询有限公司	社会法人股	5300.00	6.07
4	沈阳新泰盛达设备有限公司	国有法人股	3652.00	4.18
5	上海鑫壤置业有限公司	社会法人股	1258.00	1.44
6	上海荣福室内装潢有限公司	社会法人股	1098.00	1.26
7	沈阳市利达建筑工程有限公司	社会法人股	1000.00	1.14
8	上海昆凌工贸有限公司	社会法人股	910.30	1.04
9	上海步欣工贸有限公司	社会法人股	800.00	0.92
10	工行沈阳市信托投资公司	社会法人股	710.00	0.81

股东人数	2004.6	2003.12	2003.6	2002
	56722	57766	56327	53465

近年分配		近年配股/增发	

重大事项

经 2004 年 3 月 15 日四届二次董事会会议批准,公司以 2,400 万元人民币价格向沈阳诚安电力设备集团有限公司转让持有的沈阳高压开关有限责任公司 48.95%股权,2004 年 3 月 15 日完成股权变更登记。 经 2004 年 1 月 15 日三届二十六次董事会会议批准,本公司认购新东北电气(锦州)电力电容器有限公司增资募股 400 万美元,占其注册资本 1,000 万美元的 40%。

二〇〇三年以来市场表现

2003 年涨跌幅(%)	–12.07
2003 年最高(元)	4.91
2003 年最低(元)	3.17
2003 年换手率(%)	386.70
2004.06 涨跌幅(%)	–14.85
2004.06 最高(元)	4.94
2004.06 最低(元)	2.97
2004.06 换手率(%)	251.83

四川汇源光通信股份有限公司

公司概况

公司名称	四川汇源光通信股份有限公司	股票代码	000586
注册地址	成都市国家高新技术产业开发区西区	邮政编码	611731
法人代表	朱开友	董秘	黄海怀
电话	028-87826077,87826078	传真	028-87826076
主营业务	各种进出口业务		

总股本	19344.00	流通 A	6084.00	流通 B		流通 H	
审计单位	重庆天健会计师事务所	审计意见	标准无保留				

主要财务指标

年度	2004.6	2003	2002
每股收益/扣除后(元)	0.0679	0.1100	-0.0400
每股经营现金流量(元)	-0.2420	0.0020	0.0400
每股净资产/调整后(元)	1.4230	1.3397	1.3400
每股公积金(元)	0.4200	0.9655	0.9655
净资产收益率(%)	4.5200	7.9800	0.5800
总资产(万元)	78104.85	75039.36	61579.46
股东权益(万元)	30212.55	28846.75	26544.92
未分配利润(万元)	1345.28	-11952.02	-14233.32
主营收入(万元)	37049.47	58563.56	25330.37
资本公积金(万元)	8124.42	18677.58	18677.58
主营利润(万元)	6193.12	8672.33	792.10
其他业务利润(万元)	428.25	609.38	-0.54
营业利润(万元)	1631.15	2400.84	-667.13
投资收益(万元)			-120.59
补贴收入(万元)			
营业外收支(万元)	-45.82	-11.45	-0.11
利润总额(万元)	1585.33	2389.39	145.43
净利润(万元)	1365.81	2301.83	153.88

十大股东

序号	股东名称	股份性质	持股数(万股)	比例(%)
1	四川汇源科技产业控股集团有限公司	法人股	5665.00	29.29
2	武汉高科国有控股集团有限公司	法人股	1300.00	6.72
3	四川省长江集团有限公司	国家股	1238.00	6.40
4	中国信达资产管理公司	法人股	650.00	3.36
5	四川省农村信托投资公司	法人股	650.00	3.36
6	海南蜀兴信托投资公司	法人股	390.00	2.02
7	四川省农村信托投资公司阿坝办事处	法人股	390.00	2.02
8	四川省金融市场	法人股	390.00	2.02
9	四川省信托投资公司	法人股	296.00	1.53
10	四川省保险公司	法人股	260.00	1.34

股东人数	2004.6	2003.12	2003.6	2002
	23726	19455	19239	19971

近年分配		近年配股/增发	

重大事项

公司于2004年4月19日在成都市蜀西路28号12楼与四川光恒通信技术有限公司原股东四川汇源科技发展股份有限公司、冯群书、赵忠冰、童凯、罗玉明等四名自然人签订了光恒通信增资协议书，拟由公司利用2004年增发所募集的5280万元资金单方对光恒通信进行增资，将光恒通信的注册资本由2220万元增加为6000万元，从而实施公司增发拟投资的有源光器件产业化项目。

二〇〇三年以来市场表现

2003年涨跌幅(%)	-35.26
2003年最高(元)	9.74
2003年最低(元)	4.85
2003年换手率(%)	139.46
2004.06涨跌幅(%)	32.48
2004.06最高(元)	8.91
2004.06最低(元)	5.00
2004.06换手率(%)	264.02

光明集团家具股份有限公司

公司概况

公司名称	光明集团家具股份有限公司	股票代码	000587
注册地址	黑龙江省伊春市伊春区青山西路118号	邮政编码	153000
法人代表	马中文	董秘	郑舒怀
电话	0455-3610587	传真	0455-3660588
主营业务	家具制造、木制品		

总股本	18571.16	流通 A	8343.89	流通 B		流通 H	
审计单位		审计意见	未审计				

主要财务指标

年度	2004.6	2003	2002
每股收益/扣除后(元)	-0.1187	-0.5730	-0.4400
每股经营现金流量(元)	0.0720	0.1400	-0.1100
每股净资产/调整后(元)	1.1470	1.3000	2.0100
每股公积金(元)	0.8253	0.8253	0.8253
净资产收益率(%)	-9.7100	-44.1700	-15.6700
总资产(万元)	77073.41	94640.51	88381.52
股东权益(万元)	22267.57	24612.80	37860.96
未分配利润(万元)	-16113.52	-13950.99	-964.46
主营收入(万元)	10831.91	22195.58	18137.97
资本公积金(万元)	15327.55	15327.55	15326.37
主营利润(万元)	1781.38	-1095.82	1785.66
其他业务利润(万元)	-59.15	-92.42	-0.15
营业利润(万元)	-2783.20	-14529.64	-8601.74
投资收益(万元)	-120.80	-10.84	-2.55
补贴收入(万元)		0.04	0.04
营业外收支(万元)	77.52	140.85	-1.01
利润总额(万元)	-2826.48	-14399.59	-8954.93
净利润(万元)	-2162.52	-10871.59	-5932.07

十大股东

序号	股东名称	股份性质	持股数(万股)	比例(%)
1	光明集团股份有限公司	境内法人股	7611.82	40.99
2	黑龙江中盟集团有限公司	境内法人股	1601.60	8.62
3	深圳市圣泉禾实业发展有限公司	境内法人股	529.98	2.85
4	黑龙江省国际信托投资公司	境内法人股	269.36	1.45
5	伊春天河经贸有限公司	境内法人股	106.00	0.57
6	中国银行黑龙江分行劳动服务公司	境内法人股	84.80	0.46
7	张光夏	流通A股	55.79	0.30
8	赵凤	流通A股	47.00	0.25
9	邹福荣	流通A股	39.70	0.21
10	王传稳	流通A股	30.71	0.17

股东人数	2004.6	2003.12	2003.6	2002
	38378	40562	41023	43451

近年分配		近年配股/增发	

重大事项

公司于2004年4月19日召开的第十五次股东大会审议通过了关于同意子公司-伊春美华家具有限公司出售部分流动资产的议案、关于同意子公司-伊春青山木业有限公司出售部分流动资产的议案、关于转让本公司在伊春美华家具有限公司中75%股权的议案、关于转让本公司在伊春青山木业有限公司中75%股权的议案。公司于2004年5月28日召开的五届一次董事会审议通过了将本公司在光明集团乌马河家具有限公司中持有的，占其注册资本75%的股权转让给昆山晟霖儿童用品厂的议案。

二〇〇三年以来市场表现

2003年涨跌幅(%)	-39.10
2003年最高(元)	6.95
2003年最低(元)	3.44
2003年换手率(%)	218.99
2004.06涨跌幅(%)	-24.43
2004.06最高(元)	5.30
2004.06最低(元)	2.54
2004.06换手率(%)	199.00

贵州轮胎股份有限公司

公司概况

公司名称	贵州轮胎股份有限公司	股票代码	000589
注册地址	贵州省贵阳市百花大道41号	邮政编码	550008
法人代表	马世春	董秘	李尚武
电话	0851-4763651	传真	0851-4763651
主营业务	轮胎生产与销售		
审计单位		审计意见	未审计

总股本	流通A	流通B	流通H
25432.71	12462.02		

主要财务指标

年度	2004.6	2003	2002
每股收益/扣除后(元)	0.0102	0.1300	0.1000
每股经营现金流量(元)	-0.5617	0.8400	0.2300
每股净资产/调整后(元)	3.2210	3.1900	2.8600
每股公积金(元)	2.2129	2.2129	2.1372
净资产收益率(%)	0.7700	4.0200	2.8700
总资产(万元)	294511.59	272654.87	239549.16
股东权益(万元)	89899.94	89207.36	83701.11
未分配利润(万元)	3574.63	2882.04	
主营收入(万元)	106472.97	198725.12	154660.66
资本公积金(万元)	56279.56	56279.56	54355.09
主营利润(万元)	13233.68	32057.91	28390.42
其他业务利润(万元)	373.24	696.78	-11.93
营业利润(万元)	557.05	5192.07	4054.91
投资收益(万元)	50.00	50.00	
补贴收入(万元)	502.02	500.58	-0.13
营业外收支(万元)	-69.67	-200.66	-17.53
利润总额(万元)	1039.40	5541.99	3886.26
净利润(万元)	692.58	3581.78	2403.08

十大股东

序号	股东名称	股份性质	持股数(万股)	比例(%)
1	贵阳市国有资产投资管理公司	国家股	12970.68	51.00
2	博时价值增长证券投资基金	流通A股	57.20	0.22
3	南方汇通股份有限公司	流通A股	41.00	0.16
4	黄勇	流通A股	38.26	0.15
5	姚毅刚	流通A股	32.23	0.13
6	李平	流通A股	29.01	0.11
7	李宝芸	流通A股	26.16	0.10
8	马里贵	流通A股	25.90	0.10
9	含芳稳	流通A股	25.00	0.10
10	孔祥致	流通A股	23.13	0.09

股东人数

2004.6	2003.12	2003.6	2002
67698	69923	70264	72368

近年分配		近年配股/增发	

重大事项

公司分别于2003年10月17日和2004年2月4日与贵州轮胎厂签订了《关于贵州轮胎厂以部份固定资产抵偿贵州轮胎股份有限公司债务的协议》和《补充协议》，贵州轮胎厂拟以评估值为1582.26万元的固定资产抵偿其对本公司所欠债务。该次关联交易已经2003年10月17日召开的公司第三届董事会第八次会议审议通过。

二〇〇三年以来市场表现

2003年涨跌幅(%)	-10.58
2003年最高(元)	7.34
2003年最低(元)	4.73
2003年换手率(%)	171.43
2004.06涨跌幅(%)	-12.98
2004.06最高(元)	6.53
2004.06最低(元)	4.51
2004.06换手率(%)	98.76

清华紫光古汉生物制药股份有限公司

公司概况

公司名称	清华紫光古汉生物制药股份有限公司	股票代码	000590
注册地址	湖南省衡阳市先锋路54号	邮政编码	421001
法人代表	张喜民	董秘	曹定兴
电话	0734-8239335	传真	0734-8239335
主营业务	中成药系列产品		
审计单位		审计意见	未审计

总股本	流通A	流通B	流通H
20302.84	6355.39		

主要财务指标

年度	2004.6	2003	2002
每股收益/扣除后(元)	-0.0241	-0.0870	0.0220
每股经营现金流量(元)	0.1140	-0.1200	0.4600
每股净资产/调整后(元)	1.1700	1.2300	1.4000
每股公积金(元)	0.5972	0.5972	0.5972
净资产收益率(%)	-1.9600	-10.1500	1.4400
总资产(万元)	66903.87	68515.97	72486.13
股东权益(万元)	25234.52	25846.47	28383.42
未分配利润(万元)	-8602.20	-8106.79	-5441.28
主营收入(万元)	10391.59	23816.55	29660.61
资本公积金(万元)	12124.23	12124.23	12124.23
主营利润(万元)	4778.80	9602.99	10693.35
其他业务利润(万元)	0.33	-11.80	-0.02
营业利润(万元)	-600.11	-2092.74	-98.92
投资收益(万元)	-28.88	-326.88	-95.92
补贴收入(万元)		5.63	-0.02
营业外收支(万元)	-7.61	-868.60	-0.51
利润总额(万元)	-636.59	-3282.59	-241.04
净利润(万元)	-495.41	-2623.68	409.84

十大股东

序号	股东名称	股份性质	持股数(万股)	比例(%)
1	清华紫光(集团)总公司	国有法人股	4352.40	21.44
2	衡阳市国资局	国有法人股	4178.88	20.58
3	湖南省医药包装广告衡阳公司	境内法人股	1153.93	5.68
4	中国药材公司	境内法人股	876.57	4.32
5	工行衡阳市信托投资公司	境内法人股	549.00	2.70
6	湖南省耒阳耒能实业公司	境内法人股	270.00	1.33
7	深圳市旭能投资有限公司	境内法人股	270.00	1.33
8	衡阳市湘南机动车零件供应站	境内法人股	158.44	0.78
9	上海新元投资有限公司	境内法人股	101.24	0.50
10	上海发成贸易有限公司	境内法人股	100.00	0.49

股东人数

2004.6	2003.12	2003.6	2002
32605	34644	34335	34644

近年分配		近年配股/增发	

重大事项

2003年10月20日，湖南全洲药业有限公司以本公司违反双方签订的《古汉养生精片湖南地区总经销协议书》为由，将本公司起诉至湖南省高级人民法院，湖南省高级人民法院于2004年1月9日下达了民事判决书，判决本公司赔偿湖南全洲药业有限公司损失758.16万元，案件受理费由本公司承担147,519.00元，本公司已于2004年2月23日向最高人民法院提起上诉，目前案件正在审理中。

二〇〇三年以来市场表现

2003年涨跌幅(%)	-40.09
2003年最高(元)	8.37
2003年最低(元)	3.90
2003年换手率(%)	233.33
2004.06涨跌幅(%)	13.73
2004.06最高(元)	6.37
2004.06最低(元)	3.90
2004.06换手率(%)	288.54

重庆桐君阁股份有限公司

公司概况

项目	内容	项目	内容
公司名称	重庆桐君阁股份有限公司	股票代码	000591
注册地址	重庆市渝中区解放西路 120 号	邮政编码	400012
法人代表	雷励	董秘	梁艳
电话	023-89885208	传真	023-89885208
主营业务	中成药制造		
总股本	10985.28	流通 A	3828.00
流通 B		流通 H	
审计单位		审计意见	未审计

主要财务指标

年度	2004.6	2003	2002
每股收益 / 扣除后(元)	0.0336	0.0400	0.1900
每股经营现金流量(元)	0.9900	1.0900	0.3200
每股净资产 / 调整后(元)	2.6000	2.6800	2.4700
每股公积金(元)	0.8885	0.8885	0.8885
净资产收益率(%)	1.7200	4.0100	7.3100
总资产(万元)	166506.87	162627.37	130105.25
股东权益(万元)	30530.53	30005.13	28855.50
未分配利润(万元)	4553.84	4028.44	3092.32
主营收入(万元)	30632.41	220013.69	156422.72
资本公积金(万元)	9760.93	9760.93	9760.93
主营利润(万元)	9389.81	18776.80	17804.13
其他业务利润(万元)	730.07	954.07	-59.67
营业利润(万元)	-166.83	990.94	3024.78
投资收益(万元)	283.19	-312.26	-626.54
补贴收入(万元)	32.19	198.06	-0.71
营业外收支(万元)	197.26	1063.42	-2.12
利润总额(万元)	600.91	1940.16	2626.97
净利润(万元)	525.40	1201.84	2108.50

十大股东

序号	股东名称	股份性质	持股数(万股)	比例(%)
1	重庆太极实业(集团)股份有限公司	国有法人股	7157.28	65.15
2	张雁舟	流通 A 股	37.35	0.34
3	李兵	流通 A 股	12.00	0.11
4	芮可发	流通 A 股	11.00	0.10
5	施晓群	流通 A 股	8.43	0.08
6	陈昊	流通 A 股	8.00	0.07
7	广州市华威置业投资管理有限公司	流通 A 股	8.00	0.07
8	陈平	流通 A 股	7.70	0.07
9	尚胜利	流通 A 股	6.58	0.06
10	邹毓雯	流通 A 股	6.14	0.06

股东人数	2004.6	2003.12	2003.6	2002
	21259	17182	18617	19813

近年分配		近年配股 / 增发	

重大事项

2004 年 4 月 15 日公司与控股子公司四川省自贡市医药有限公司(自贡医药)、重庆太极实业(集团)股份有限公司(太极股份)三方签订了《债转股增资协议书》。太极实业以 2001 年支付给自贡医药用于发展的 240 万元借款转为对自贡医药的增资,三方协商确定的转股价为 3 元/股,转为自贡医药的 80 万股股权。

二○○三年以来市场表现

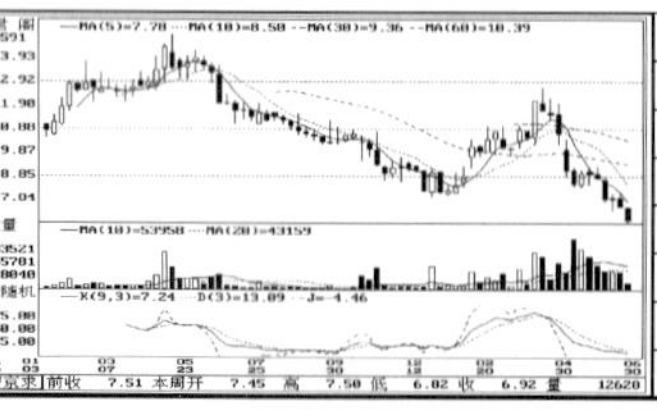

项目	数值
2003 年涨跌幅(%)	-24.57
2003 年最高(元)	14.95
2003 年最低(元)	7.96
2003 年换手率(%)	169.91
2004.06 涨跌幅(%)	-16.83
2004.06 最高(元)	12.65
2004.06 最低(元)	6.82
2004.06 换手率(%)	241.81

福建省昌源投资股份有限公司

公司概况

项目	内容	项目	内容
公司名称	福建省昌源投资股份有限公司	股票代码	000592
注册地址	福州市福州市华林路 312 号	邮政编码	350001
法人代表	何尔涛	董秘	鲁飞
电话	0591-87621012	传真	0591-87621112
主营业务	国内外工程承包		
总股本	29440.46	流通 A	8730.82
流通 B		流通 H	
审计单位		审计意见	未审计

主要财务指标

年度	2004.6	2003	2002
每股收益 / 扣除后(元)	-0.0343	-0.2120	0.0100
每股经营现金流量(元)	-0.0030	-0.0400	0.2900
每股净资产 / 调整后(元)	-0.2950	-0.3200	0.7400
每股公积金(元)	0.8638	0.8638	0.8638
净资产收益率(%)	-305.1300	-1429.2100	1.3800
总资产(万元)	57471.54	69262.42	90855.26
股东权益(万元)	330.64	1539.84	24926.96
未分配利润(万元)	-58165.78		-33901.55
主营收入(万元)	145.70	7048.03	14694.26
资本公积金(万元)	25429.37	25429.37	25429.37
主营利润(万元)	29.45	-1003.63	3229.25
其他业务利润(万元)	24.07	-518.60	-1.36
营业利润(万元)	-1018.01	-7349.68	279.52
投资收益(万元)	-22.62	-6090.38	506.20
补贴收入(万元)			
营业外收支(万元)	-0.85	-9676.82	-0.29
利润总额(万元)	-1041.49	-23116.87	756.58
净利润(万元)	-1008.87	-22007.65	343.73

十大股东

序号	股东名称	股份性质	持股数(万股)	比例(%)
1	上海福建神龙企业集团有限公司	境内法人股	5889.00	20.00
2	神龙国际投资有限公司	境内法人股	3406.00	11.57
3	象山黄金海岸大酒店有限公司	境内法人股	1250.00	4.25
4	象山香溢欢乐大世界娱乐有限公司	国有法人股	1000.00	3.40
5	上海源长礼品包装有限公司	境内法人股	985.00	3.35
6	福建省华侨信托投资公司	国有法人股	542.36	1.84
7	福建省三星建材联合贸易公司	境内法人股	187.20	0.64
8	中国人民建设银行福建省分行	境内法人股	185.90	0.63
9	福建华兴信托投资公司	境内法人股	151.51	0.51
10	福建省九盛经济开发公司	境内法人股	134.78	0.46

股东人数	2004.6	2003.12	2003.6	2002
	32691	34219	35497	38392

近年分配		近年配股 / 增发	

重大事项

2004 年 2 月 29 日,本公司与环球金融投资集团有限公司及福愿投资有限公司签订股权转让合同书,将本公司持有的香港宏万投资有限公司 99.99% 的股权转让给环球金融投资集团有限公司,协议转让价为 900,000 元。2004 年 3 月 8 日,本公司与自然人钟保家签订股权转让协议,公司收购钟保家持有的海南通澳经济开发投资有限公司 15% 的股权,股权转让价格为 82,413,134.00 元。

二○○三年以来市场表现

项目	数值
2003 年涨跌幅(%)	-41.00
2003 年最高(元)	6.06
2003 年最低(元)	2.44
2003 年换手率(%)	246.37
2004.06 涨跌幅(%)	-11.58
2004.06 最高(元)	3.67
2004.06 最低(元)	2.23
2004.06 换手率(%)	160.59

四川宝光药业科技开发股份有限公司

公司概况

公司名称	四川宝光药业科技开发股份有限公司			股票代码	000593		
注册地址	四川省成都市建设路55号			邮政编码	610051		
法人代表	杨先本			董秘	郑蜀闽		
电话	028-84312393			传真	028-84321499		
主营业务	批发零售、代购代销						
总股本	19030.73	流通A	6231.91	流通B		流通H	
审计单位				审计意见	未审计		

主要财务指标

年度	2004.6	2003	2002
每股收益/扣除后(元)	-0.0020	-0.0400	-0.1900
每股经营现金流量(元)	0.0440	0.1100	0.0200
每股净资产/调整后(元)	1.4210	1.4200	1.4200
每股公积金(元)	0.3600	0.3584	0.3584
净资产收益率(%)	0.3650	1.6100	-12.4800
总资产(万元)	58968.27	58297.25	50957.41
股东权益(万元)	27643.97	27543.06	27276.54
未分配利润(万元)	-1387.72	-1488.63	-1747.83
主营收入(万元)	9578.35	12780.06	20423.16
资本公积金(万元)	6820.56	6820.56	6820.56
主营利润(万元)	3754.37	2827.50	3238.41
其他业务利润(万元)	665.32	1311.69	-2.83
营业利润(万元)	401.46	-218.85	-2239.44
投资收益(万元)	-93.55	200.53	-1081.78
补贴收入(万元)			
营业外收支(万元)	2.20	461.82	-0.67
利润总额(万元)	310.11	443.50	-3372.21
净利润(万元)	100.91	444.61	-3405.01

十大股东

序号	股东名称	股份性质	持股数(万股)	比例(%)
1	四川郎酒集团有限责任公司	发起人国有法人股、定向法人股	5425.20	28.51
2	成都市国有资产投资经营公司	发起人国家股、定向法人股	1871.50	9.83
3	成都市同乐房屋开发有限责任公司	定向法人股	800.80	4.21
4	泸州宝光集团有限公司	定向法人股	616.00	3.24
5	成都鑫同盛实业发展有限公司	定向法人股	585.20	3.08
6	浙江物产元通机电(集团)有限公司	定向法人股	492.80	2.59
7	中国工商银行-裕元证券投资基金	流通股	383.79	2.02
8	成都恒合实业有限责任公司	定向法人股	308.00	1.62
9	成都中核新材料股份有限公司	定向法人股	228.80	1.20
10	深圳世代创业投资有限公司	定向法人股	228.80	1.20

股东人数	2004.6	2003.12	2003.6	2002
	14298	13600	14488	15464

近年分配		近年配股/增发	

重大事项

本公司于2002年11月22日,经第六届董事会第五次会议审议通过,将本公司控股的与纺织助剂项目有关的5家子公司的股权,整体协议转让给香港先进(集团)有限公司及其关联方,双方协议约定,受让方将在一年内分五次支付全部受让价款。截止2004年6月30日,尚余302.68万元未能如期收回,对该公司的违约行为,本公司已在深圳仲裁委员会提起仲裁。

二〇〇三年以来市场表现

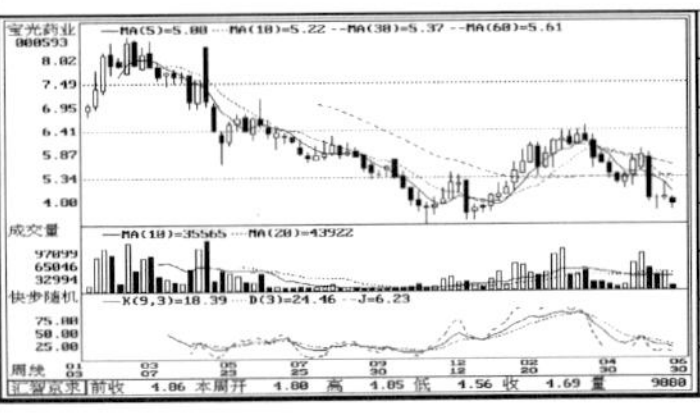

2003年涨跌幅(%)	-33.53
2003年最高(元)	8.56
2003年最低(元)	4.26
2003年换手率(%)	258.68
2004.06涨跌幅(%)	2.85
2004.06最高(元)	6.48
2004.06最低(元)	4.51
2004.06换手率(%)	166.57

内蒙古宏峰实业股份有限公司

公司概况

公司名称	内蒙古宏峰实业股份有限公司			股票代码	000594		
注册地址	内蒙古赤峰市松山区建设街一号四层			邮政编码	024000		
法人代表	张亚光			董秘	路春祥		
电话	0476-2202100			传真	0476-2204920		
主营业务	黄金、白银、铅						
总股本	56111.62	流通A	19459.44	流通B		流通H	
审计单位				审计意见	未审计		

主要财务指标

年度	2004.6	2003	2002
每股收益/扣除后(元)	0.0442	0.0110	0.0280
每股经营现金流量(元)		0.0500	0.0500
每股净资产/调整后(元)	1.2900	1.2200	1.3200
每股公积金(元)	0.1394	0.1394	0.1389
净资产收益率(%)	3.0300	0.7000	2.0600
总资产(万元)	140563.19	103993.39	102129.94
股东权益(万元)	77204.30	74864.25	76177.30
未分配利润(万元)	7761.01	5525.46	6557.75
主营收入(万元)	11075.70	23037.20	24260.17
资本公积金(万元)	7820.99	7820.99	7796.64
主营利润(万元)	5134.18	8175.57	9093.15
其他业务利润(万元)	85.88	208.10	31.46
营业利润(万元)	3712.53	957.95	2301.81
投资收益(万元)	-10.77	-40.17	51.71
补贴收入(万元)		19.38	-0.02
营业外收支(万元)	-209.14	-157.16	-0.10
利润总额(万元)	3492.61	780.00	2345.36
净利润(万元)	2341.05	522.60	1571.39

十大股东

序号	股东名称	股份性质	持股数(万股)	比例(%)
1	赤峰市松山区黄金工业总公司	国有法人股	19202.83	34.22
2	林西县经济贸易委员会	国家股	9906.62	17.66
3	内蒙古宏峰集团有限责任公司	国家股	5118.32	9.12
4	赤峰市松山区华龙开发公司	境内法人股	2138.40	3.81
5	上海平杰投资咨询有限公司	国家股	186.00	0.33
6	王强	流通A股	184.43	0.33
7	上海步欣工贸有限公司	国家股	100.00	0.18
8	张景明	流通A股	83.30	0.15
9	曹光信	流通A股	74.31	0.13
10	李凤兰	流通A股	72.73	0.13

股东人数	2004.6	2003.12	2003.6	2002
	52095	56885	55350	56848

近年分配		近年配股/增发	

重大事项

"内蒙宏峰"于1999年5月10日为第三大股东"宏峰集团"向中国建设银行赤峰分行营业部贷款1200万元提供担保。此项担保款银行已于2001年3月向内蒙古自治区高级人民法院提出《民事起诉状》,目前诉讼正在调解之中,尚未结案。

二〇〇三年以来市场表现

2003年涨跌幅(%)	-5.44
2003年最高(元)	6.17
2003年最低(元)	3.49
2003年换手率(%)	333.32
2004.06涨跌幅(%)	-19.69
2004.06最高(元)	5.50
2004.06最低(元)	3.55
2004.06换手率(%)	188.29

西北轴承股份有限公司

公司概况

公司名称	西北轴承股份有限公司	股票代码	000595
注册地址	银川市西夏区北京西路 630 号	邮政编码	750021
法人代表	李树明	董秘	聂立卯
电话	0951-2020394	传真	0951-2036747
主营业务	各类滚动轴承的生产		

总股本	17495.99	流通 A	6583.25	流通 B		流通 H	
审计单位	五联联合会计师事务所	审计意见	标准无保留				

主要财务指标

年度	2004.6	2003	2002
每股收益 / 扣除后(元)	0.0001	–0.0500	–0.4300
每股经营现金流量(元)	0.1320	0.0700	0.0900
每股净资产 / 调整后(元)	1.8700	1.8500	1.6700
每股公积金(元)	1.3979	1.3979	1.3974
净资产收益率(%)	0.3990	0.8100	–22.5200
总资产(万元)	93890.77	95285.46	102425.64
股东权益(万元)	35374.60	35233.29	34940.59
未分配利润(万元)	–7358.40	–7499.70	–7784.19
主营收入(万元)	14338.11	28448.09	33867.79
资本公积金(万元)	24457.27	24457.27	24449.05
主营利润(万元)	3414.18	7042.00	3538.67
其他业务利润(万元)	571.46	480.92	23.84
营业利润(万元)	480.41	–793.43	–6870.31
投资收益(万元)	3.88	1043.42	–539.62
补贴收入(万元)			
营业外收支(万元)	–294.98	34.49	–0.32
利润总额(万元)	189.31	284.49	–7855.35
净利润(万元)	141.30	284.49	–7869.71

十大股东

序号	股东名称	股份性质	持股数(万股)	比例(%)
1	西北轴承集团有限责任公司	国有法人股	8356.74	47.76
2	宁夏天力协会	境内法人股	1800.00	10.29
3	江南重工股份有限公司	境内法人股	233.00	1.33
4	西宁特殊钢(集团)有限责任公司	境内法人股	180.00	1.03
5	常州常柴股份有限公司	境内法人股	144.00	0.82
6	北钢集团有限责任公司	境内法人股	144.00	0.82
7	深圳市坤业贸易有限公司	境内法人股	50.00	0.29
8	周立新	流通 A 股	24.60	0.14
9	西安高新财务会计服务中心	流通 A 股	22.00	0.13
10	张志荣	流通 A 股	19.06	0.11

股东人数	2004.6	2003.12	2003.6	2002
	27677	27063	27693	29904

近年分配		近年配股/增发	

重大事项

截止 2004 年 6 月 30 日，公司对外担保存续的总额为 8525 万元。其中为长城机器集团有限责任公司提供的贷款担保，截至 2003 年 12 月 31 日为 9500 万元，现为 6500 万元，今年上半年已解除担保 3000 万元。该项担保原为该公司与本公司互保。截至去年年底该公司为本公司提供担保的贷款本公司已全部还清，形成了本公司对该公司的单边担保。

二〇〇三年以来市场表现

2003 年涨跌幅(%)	–33.83
2003 年最高(元)	8.48
2003 年最低(元)	4.08
2003 年换手率(%)	241.22
2004.06 涨跌幅(%)	–3.38
2004.06 最高(元)	6.35
2004.06 最低(元)	4.25
2004.06 换手率(%)	140.66

安徽古井贡酒股份有限公司

公司概况

公司名称	安徽古井贡酒股份有限公司	股票代码	000596
注册地址	安徽省亳州市古井镇	邮政编码	236820
法人代表	刘俊德	董秘	李培辉
电话	0558-5710127	传真	0558-5710006
主营业务	酿制和销售古井贡酒		

总股本	23500.00	流通 A	1997.55	流通 B	6000.00	流通 H	
审计单位		审计意见	未审计				

主要财务指标

年度	2004.6	2003	2002
每股收益 / 扣除后(元)	0.0252	0.0890	0.1910
每股经营现金流量(元)	–0.0624	0.3300	0.1400
每股净资产 / 调整后(元)	5.0600	5.0300	4.9200
每股公积金(元)	2.2257	2.2257	2.2198
净资产收益率(%)	0.5100	1.7300	4.0500
总资产(万元)	156971.81	156087.00	156684.00
股东权益(万元)	118929.58	118324.32	116141.00
未分配利润(万元)	27987.87	27382.61	25748.17
主营收入(万元)	30395.32	55858.67	52603.45
资本公积金(万元)	52304.97	52304.97	52164.70
主营利润(万元)	9736.02	17700.79	19588.88
其他业务利润(万元)	–43.04	–67.90	–0.29
营业利润(万元)	137.79	3638.23	6299.84
投资收益(万元)	500.00	–216.81	904.00
补贴收入(万元)	4.27		
营业外收支(万元)	–18.08	–43.66	–0.23
利润总额(万元)	623.98	3377.76	8741.63
净利润(万元)	605.26	2043.05	4704.46

十大股东

序号	股东名称	股份性质	持股数(万股)	比例(%)
1	安徽古井集团有限责任公司	国有法人股	15500.00	65.96
2	李岸白	流通 B 股	80.00	0.34
3	宝勇企业有限公司	流通 B 股	60.20	0.26
4	Wong kim hung 黄剑雄	流通 B 股	44.80	0.19
5	黄佩玲	流通 B 股	44.16	0.19
6	chan kam tong 陈锦棠	流通 B 股	36.44	0.16
7	chen yubin 陈宇斌	流通 B 股	35.87	0.15
8	唐海明	流通 B 股	32.40	0.14
9	何思模	流通 B 股	30.83	0.13
10	何彬	流通 B 股	30.00	0.13

股东人数	2004.6	2003.12	2003.6	2002
	23566	11387	24839	25197

近年分配		近年配股/增发	

重大事项

2004 年 4 月 15 日，经本公司第三届董事会第十一次会议审议通过后提交 2003 年度股东大会审议通过，根据生产经营的需要，同意 2004 年度公司与亳州古井天时包装印刷有限公司签订包装材料采购合同，与亳州古井综合服务公司签订采购生产原料合同。

二〇〇三年以来市场表现

2003 年涨跌幅(%)	–35.73
2003 年最高(元)	14.29
2003 年最低(元)	7.30
2003 年换手率(%)	91.73
2004.06 涨跌幅(%)	2.18
2004.06 最高(元)	10.86
2004.06 最低(元)	7.50
2004.06 换手率(%)	158.91

东北制药集团股份有限公司

公司概况

公司名称	东北制药集团股份有限公司	股票代码	000597
注册地址	沈阳市经济技术开发区昆明湖街	邮政编码	110026
法人代表	陈钢	董秘	吕林全
电话	024-25806963	传真	024-25806888
主营业务	化学原料药		
总股本	30381.00	流通 A	10881.00
流通 B		流通 H	
审计单位		审计意见	未审计

主要财务指标

年度	2004.6	2003	2002
每股收益/扣除后(元)	0.0425	0.0400	0.0300
每股经营现金流量(元)	0.2270	0.7600	0.5200
每股净资产/调整后(元)	1.9100	1.6800	1.5300
每股公积金(元)	1.9159	1.9146	1.9078
净资产收益率(%)	1.3200	1.0000	1.1700
总资产(万元)	255036.59	252174.19	268098.84
股东权益(万元)	89126.12	87025.99	87325.02
未分配利润(万元)	–72.11	–801.36	–1628.53
主营收入(万元)	75933.26	160687.73	139698.16
资本公积金(万元)	58206.56	58168.04	57961.89
主营利润(万元)	15598.18	37605.82	28044.95
其他业务利润(万元)	367.29	514.35	14.59
营业利润(万元)	1915.26	834.82	759.80
投资收益(万元)	11.39	1.72	682.31
补贴收入(万元)			
营业外收支(万元)	–175.87	–423.97	7.02
利润总额(万元)	1750.78	412.56	588.65
净利润(万元)	1173.02	868.47	1019.00

十大股东

序号	股东名称	股份性质	持股数(万股)	比例(%)
1	东北制药集团有限责任公司	国有法人股	18252.00	60.08
2	辽宁省电力有限公司	境内法人股	312.00	1.03
3	中行沈阳信托投资公司	境内法人股	78.00	0.26
4	海南盛达实业投资公司	境内法人股	78.00	0.26
5	东北制药集团财务公司	境内法人股	62.40	0.21
6	叶育廷	流通 A 股	60.18	0.20
7	张宝勤	流通 A 股	45.10	0.15
8	沈威峰	流通 A 股	40.19	0.13
9	王海凤	流通 A 股	39.16	0.13
10	辽宁省证券公司	境内法人股	39.00	0.13

股东人数	2004.6	2003.12	2003.6	2002
	49592	57505	45527	57931

近年分配		近年配股/增发	

重大事项

截至 2004 年 6 月 30 日，上市公司对外担保金额 6,503 万元，其中违规担保 3,493 万元，其余多为生产经营过程中的正常担保行为。半年度报告中所列 9 项对外担保总金额占公司同期净资产的 7.30%，其中违规担保金额占所列担保总额的 53.71%。

二〇〇三年以来市场表现

2003 年涨跌幅(%)	–4.30
2003 年最高(元)	11.95
2003 年最低(元)	6.29
2003 年换手率(%)	677.14
2004.06 涨跌幅(%)	–20.84
2004.06 最高(元)	8.48
2004.06 最低(元)	5.26
2004.06 换手率(%)	205.35

蓝星清洗股份有限公司

公司概况

公司名称	蓝星清洗股份有限公司	股票代码	000598
注册地址	甘肃省兰州市西固中路 240 号	邮政编码	100029
法人代表	陆留华	董秘	赵月珑
电话	010-64448671	传真	010-64448671
主营业务	研制、生产工业		
总股本	23266.98	流通 A	13050.18
流通 B		流通 H	
审计单位		审计意见	未审计

主要财务指标

年度	2004.6	2003	2002
每股收益/扣除后(元)	0.0395	0.1100	0.1700
每股经营现金流量(元)	0.4740	–0.4300	0.3100
每股净资产/调整后(元)	3.6700	3.6300	4.1900
每股公积金(元)	1.5161	1.5160	1.9804
净资产收益率(%)	1.1300	3.0200	4.1200
总资产(万元)	185393.45	181773.55	121376.21
股东权益(万元)	85488.39	84521.57	81214.33
未分配利润(万元)	20175.97	19210.70	17039.11
主营收入(万元)	15355.35	33186.45	28502.07
资本公积金(万元)	35274.05	35272.52	38397.91
主营利润(万元)	3501.83	8223.57	6497.51
其他业务利润(万元)	120.97	631.57	–0.40
营业利润(万元)	1555.68	3807.75	3555.61
投资收益(万元)			480.00
补贴收入(万元)			
营业外收支(万元)	45.25	–1.58	–0.01
利润总额(万元)	1600.93	3806.17	4037.16
净利润(万元)	965.28	2554.80	3343.39

十大股东

序号	股东名称	股份性质	持股数(万股)	比例(%)
1	中国蓝星(集团)总公司	国有法人股	10216.80	43.91
2	中国银行－华夏回报证券投资基金	流通 A 股	103.85	0.45
3	石小强	流通 A 股	98.76	0.42
4	向文静	流通 A 股	98.52	0.42
5	石汝斌	流通 A 股	66.20	0.28
6	温涛	流通 A 股	66.00	0.28
7	陈斌	流通 A 股	65.00	0.28
8	黄祖修	流通 A 股	63.80	0.27
9	任家英	流通 A 股	52.20	0.22
10	刘振齐	流通 A 股	51.60	0.22

股东人数	2004.6	2003.12	2003.6	2002
	45114	47167	47577	38123

近年分配		近年配股/增发	

重大事项

经本公司 2004 年 3 月 16 日召开的第三届董事会第二十四次会议审议通过，同意为公司控股 70% 的子公司“兰州蓝星日化有限责任公司”向商业银行科技支行申请 2000 万元综合授信提供担保，担保期限一年，担保方式承担连带责任。

二〇〇三年以来市场表现

2003 年涨跌幅(%)	–9.34
2003 年最高(元)	7.83
2003 年最低(元)	4.47
2003 年换手率(%)	197.24
2004.06 涨跌幅(%)	–16.48
2004.06 最高(元)	6.48
2004.06 最低(元)	4.40
2004.06 换手率(%)	110.32

青岛双星股份有限公司

公司概况

公司名称	青岛双星股份有限公司			股票代码	000599		
注册地址	青岛市经济技术开发区新街口工业区			邮政编码	266229		
法人代表	汪海			董秘	郭维顺		
电话	0532-2657986			传真	0532-2657986		
主营业务	冷粘鞋类						
总股本	22507.93	流通 A	8657.83	流通 B		流通 H	
审计单位				审计意见	未审计		

主要财务指标

年度	2004.6	2003	2002
每股收益 / 扣除后(元)	0.1048	0.2100	0.2960
每股经营现金流量(元)	0.4337	–0.2600	0.0035
每股净资产 / 调整后(元)	3.4390	3.3000	3.6080
每股公积金(元)	1.2141	1.2141	1.6455
净资产收益率(%)	3.1800	7.0000	7.7900
总资产(万元)	227147.87	207939.55	158195.27
股东权益(万元)	79103.73	76588.78	69824.61
未分配利润(万元)	24069.97	21555.02	16055.55
主营收入(万元)	96407.29	166391.78	135872.77
资本公积金(万元)	27326.03	27326.03	30864.80
主营利润(万元)	11370.71	22122.50	21143.26
其他业务利润(万元)	369.71	771.12	–247.00
营业利润(万元)	3845.86	8536.28	8647.13
投资收益(万元)	0.21	20.72	0.45
补贴收入(万元)			
营业外收支(万元)	35.96	–106.10	1.49
利润总额(万元)	3882.02	8450.90	8682.75
净利润(万元)	2514.95	5367.16	5441.60

十大股东

序号	股东名称	股份性质	持股数(万股)	比例(%)
1	双星集团有限责任公司	国有法人股	10771.20	47.86
2	青岛胶南公有资产经营有限公司	国有法人股	651.02	2.89
3	青岛天海房地产有限公司	境内法人股	132.00	0.59
4	健桥证券股份有限公司	流通 A 股	67.30	0.30
5	青岛中星商贸有限公司	境内法人股	66.00	0.29
6	王青兰	流通 A 股	60.86	0.27
7	黄志勋	流通 A 股	41.17	0.18
8	王典川	流通 A 股	37.42	0.17
9	杨志星	流通 A 股	31.23	0.14
10	陈耀佳	流通 A 股	28.52	0.13

股东人数	2004.6	2003.12	2003.6	2002
	33301	26810	39539	33022

近年分配		近年配股 / 增发	

重大事项

本公司鞋类产品按上市时与双星集团公司签订的委托销售协议，借助双星集团在国内外建立起来的营销网络向双星集团内的 6 家关联企业(各销售总公司)销售产品共发生交易金额 27,135,431.31 元,比上年同期的 31,590,939.33 元下降 14.1%。关联交易金额约占同类交易金额 11762.16 万元的 23.07%，仅占当期总销售额的 2.81%。

二〇〇三年以来市场表现

2003 年涨跌幅(%)	–0.82
2003 年最高(元)	10.24
2003 年最低(元)	7.25
2003 年换手率(%)	122.31
2004.06 涨跌幅(%)	–37.23
2004.06 最高(元)	9.56
2004.06 最低(元)	5.25
2004.06 换手率(%)	157.83

河北建投能源投资股份有限公司

公司概况

公司名称	河北建投能源投资股份有限公司			股票代码	000600		
注册地址	河北省石家庄市中山东路 301 号			邮政编码	050011		
法人代表	王永忠			董秘	郭嘉		
电话	0311-6672224			传真	0311-6672224		
主营业务	电力、酒店、商业零售						
总股本	15373.34	流通 A	4605.64	流通 B		流通 H	
审计单位				审计意见	未审计		

主要财务指标

年度	2004.6	2003	2002
每股收益 / 扣除后(元)	0.1707	–0.0378	–0.0775
每股经营现金流量(元)	0.6950	2.1379	0.1200
每股净资产 / 调整后(元)	2.1280	1.9660	1.3900
每股公积金(元)	0.8494	0.8494	0.8157
净资产收益率(%)	7.8600	2.9300	–4.0800
总资产(万元)	328800.44	335690.31	53855.87
股东权益(万元)	33279.26	30664.72	29248.35
未分配利润(万元)	2755.95	141.41	–624.67
主营收入(万元)	89994.03	24547.09	16777.44
资本公积金(万元)	13058.32	13058.32	12540.25
主营利润(万元)	19782.48	7773.20	6588.69
其他业务利润(万元)	50.08	14.29	14.29
营业利润(万元)	8237.54	2258.25	–970.26
投资收益(万元)	–149.14	781.33	–490.76
补贴收入(万元)			
营业外收支(万元)	–44.76	–978.64	–0.32
利润总额(万元)	8043.64	2060.95	–1492.24
净利润(万元)	2614.53	898.30	–1192.16

十大股东

序号	股东名称	股份性质	持股数(万股)	比例(%)
1	河北省建设投资公司	国有法人股/境内法人股	7425.02	48.30
2	石家庄鸿基投资有限责任公司	境内法人股	888.26	5.78
3	石家庄市国瑞信息服务中心	境内法人股	430.00	2.80
4	石家庄神鼎服装辅料有限公司	境内法人股	200.00	1.30
5	中国工商银行－普丰证券投资基金	流通 A 股	168.43	1.10
6	北京恒昌经济开发公司	境内法人股	161.28	1.05
7	北京优格乳品有限责任公司	境内法人股	161.00	1.05
8	兴和证券投资基金	流通 A 股	100.44	0.65
9	华夏成长证券投资基金	流通 A 股	97.18	0.63
10	中国银行－嘉实服务增值行业证券投资基金	流通 A 股	93.67	0.61

股东人数	2004.6	2003.12	2003.6	2002
	13684	18331	17273	19695

近年分配		近年配股 / 增发	

重大事项

经公司第四届董事会第三次会议审议通过，公司于 2004 年 4 月转让了原控股子公司晴川房地产开发有限公司 90%股权，彻底消除了公司在房地产业务上与控股股东河北建投的潜在同业竞争问题。

二〇〇三年以来市场表现

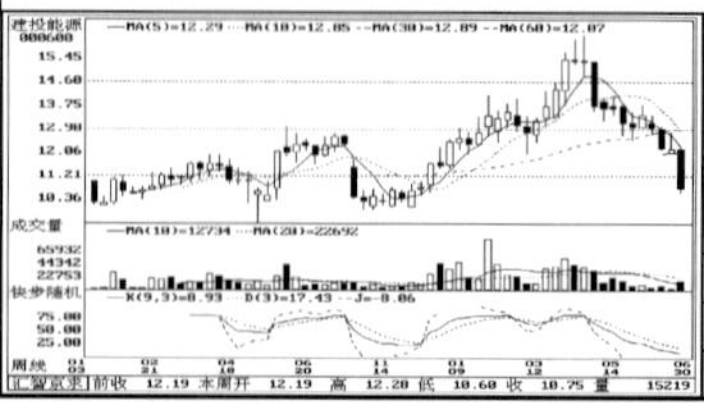

2003 年涨跌幅(%)	14.64
2003 年最高(元)	13.00
2003 年最低(元)	9.51
2003 年换手率(%)	123.76
2004.06 涨跌幅(%)	–13.10
2004.06 最高(元)	16.30
2004.06 最低(元)	10.60
2004.06 换手率(%)	137.96

广东韶能集团股份有限公司

公司概况							
公司名称	广东韶能集团股份有限公司			股票代码	000601		
注册地址	广东省韶关市惠民南路 148 号			邮政编码	512026		
法人代表	徐兵			董秘	胡启金		
电话	0751-8153162			传真	0751-8535226		
主营业务	电力、水泥生产						
总股本	44187.32	流通 A	22313.49	流通 B		流通 H	
审计单位				审计意见	未审计		

主要财务指标

年度	2004.6	2003	2002
每股收益 / 扣除后(元)	0.1563	0.3300	0.2800
每股经营现金流量(元)	0.2700	0.7500	0.4600
每股净资产 / 调整后(元)	5.1200	5.0400	4.6800
每股公积金(元)	2.6464	2.6464	2.6461
净资产收益率(%)	3.5200	6.9600	6.4600
总资产(万元)	443969.56	402190.19	352338.37
股东权益(万元)	201677.47	198486.03	184667.16
未分配利润(万元)	34243.13	31051.70	20695.04
主营收入(万元)	50150.76	89002.13	77955.75
资本公积金(万元)	103308.61	103308.61	103298.61
主营利润(万元)	17002.85	32928.26	30958.68
其他业务利润(万元)	39.96	254.07	6.09
营业利润(万元)	8573.16	18886.22	18660.55
投资收益(万元)	-4.38	-9.50	-5.83
补贴收入(万元)	281.15	241.00	3.14
营业外收支(万元)	-153.85	-261.57	-0.67
利润总额(万元)	8696.08	18856.16	19308.70
净利润(万元)	7095.24	13808.88	11928.50

十大股东

序号	股东名称	股份性质	持股数(万股)	比例(%)
1	韶关市国有资产管理办公室	国家股	7093.84	16.05
2	耒阳市国有资产投资经营有限公司	境内法人股	2050.00	4.64
3	韶关市峡江水电安装工程有限公司	境内法人股	2000.00	4.53
4	华宝兴业多策略增长证券投资基金	流通 A 股	376.72	0.85
5	裕隆证券投资基金	流通 A 股	372.08	0.84
6	韶关供电工程公司	境内法人股	365.40	0.83
7	广东亿能电力设备股份有限公司	境内法人股	302.40	0.68
8	长江证券有限责任公司	流通 A`股	218.48	0.49
9	深圳市龙岗区葵冲侨联商店	境内法人股	172.80	0.39
10	粤北人民医院	境内法人股	172.80	0.39

股东人数	2004.6	2003.12	2003.6	2002
	67820	66859	63299	72867

近年分配	2004 年 5 月 24 日 10 派 1.00	近年配股 / 增发	

重大事项

经公司 2003 年度股东大会审议通过，公司 2003 年度利润分红方案是：以 2003 年 12 月 31 日总股本 390,380,528 股为基数，向全体股东每 10 股派现金 1.00 元(含税)，派息股权登记日为 2004 年 5 月 21 日，除息日为 2004 年 5 月 24 日。公司 2003 年度第一次临时股东大会审议通过，公司 2003 年度配股方案：以 2003 年 12 月 31 日总股数 39,038.0528 万股为基数，向全体股东每 10 股配售 3 股，实际共配售 5,149.2672 万股。

二○○三年以来市场表现

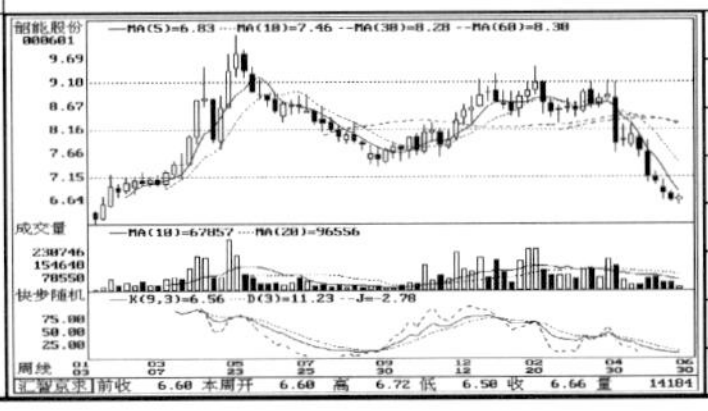

2003 年涨跌幅(%)	42.97
2003 年最高(元)	10.00
2003 年最低(元)	5.93
2003 年换手率(%)	159.49
2004.06 涨跌幅(%)	-24.75
2004.06 最高(元)	9.40
2004.06 最低(元)	6.50
2004.06 换手率(%)	109.34

广东金马旅游集团股份有限公司

公司概况							
公司名称	广东金马旅游集团股份有限公司			股票代码	000602		
注册地址	广东省潮州市潮枫路旅游大厦四层			邮政编码	521011		
法人代表	李汝革			董秘	梁茂辉		
电话	0768-2268969			传真	0768-2297613		
主营业务	旅游业务、酒店业						
总股本	15075.00	流通 A	6550.80	流通 B		流通 H	
审计单位				审计意见	未审计		

主要财务指标

年度	2004.6	2003	2002
每股收益 / 扣除后(元)	0.1607	0.3900	0.4800
每股经营现金流量(元)	0.5410	1.1200	1.4800
每股净资产 / 调整后(元)	1.4500	1.9700	1.5900
每股公积金(元)	0.1499	0.5248	1.4962
净资产收益率(%)	11.1000	19.8900	0.2300
总资产(万元)	44210.00	38942.44	33824.15
股东权益(万元)	21821.00	19900.23	15941.67
未分配利润(万元)	3275.07	2862.27	-9762.90
主营收入(万元)	10074.66	22595.74	18808.15
资本公积金(万元)	2259.18	5274.18	15037.09
主营利润(万元)	6672.64	14682.92	12967.89
其他业务利润(万元)	531.66	1105.15	69.88
营业利润(万元)	6462.07	12120.95	11943.30
投资收益(万元)	-110.29	56.98	-572.89
补贴收入(万元)			
营业外收支(万元)		-1.92	-0.01
利润总额(万元)	6351.78	12176.01	11369.81
净利润(万元)	2422.80	3958.56	3663.99

十大股东

序号	股东名称	股份性质	持股数(万股)	比例(%)
1	山东鲁能发展集团有限公司	境内法人股.国有法人股	3572.28	23.70
2	北京华兴瑞投资咨询有限责任公司	境内法人股	1924.65	12.77
3	山东鲁能恒源经贸集团有限公司	国有法人股	747.72	4.96
4	北京中兴泰房地产开发公司	境内法人股	682.50	4.53
5	北京颐和健康顾问中心	境内法人股	546.00	3.62
6	北京中瑞兴业投资顾问有限公司	境内法人股	409.50	2.72
7	潮州开发区伟田房产开发有限公司	境内法人股	273.00	1.81
8	湘财证券有限责任公司	流通 A 股	144.16	0.96
9	深圳市泰安投资发展有限公司	境内法人股	136.50	0.91
10	韶关金属材料公司	境内法人股	68.25	0.45

股东人数	2004.6	2003.12	2003.6	2002
	4420	3755	3928	3562

近年分配	2004 年 6 月 14 日 10 派 0.50	近年配股 / 增发	2004 年 6 月 14 日 10 送 2 转 3

重大事项

2004 年 4 月 23 日，公司召开 2003 年度股东大会，审议通过了分红派息及资本公积金转增股本方案。以公司总股本 10050 万股为基数，向全体股东每 10 股送 2 股红股，派 0.5 元人民币现金(含税)；同时以公司总股本 10050 万股为基数，用资本公积金转增股本，向全体股东每 10 股转增 3 股。该分配方案于 2004 年 6 月 14 日实施完毕。

二○○三年以来市场表现

2003 年涨跌幅(%)	-18.97
2003 年最高(元)	12.90
2003 年最低(元)	8.10
2003 年换手率(%)	31.99
2004.06 涨跌幅(%)	-14.30
2004.06 最高(元)	10.77
2004.06 最低(元)	7.21
2004.06 换手率(%)	28.62

威达医用科技股份有限公司

公司概况							
公司名称	威达医用科技股份有限公司			股票代码	000603		
注册地址	深圳市福田区深南中路新城大夏西座8楼			邮政编码	518031		
法人代表	魏兴毅			董秘	张世田		
电话	0755-25987821			传真	0755-25987823		
主营业务	中高档医疗器材						
总股本	11186.25	流通 A	2850.00	流通 B		流通 H	
审计单位				审计意见	未审计		

主要财务指标

年度	2004.6	2003	2002
每股收益/扣除后(元)	0.0124	0.0012	-0.0094
每股经营现金流量(元)	-0.1450	0.1180	0.0900
每股净资产/调整后(元)	1.0440	1.0450	1.0400
每股公积金(元)	0.9096	0.9096	0.9016
净资产收益率(%)	1.6900	1.0060	17.0700
总资产(万元)	19139.92	20031.65	19843.96
股东权益(万元)	11792.45	11706.77	11603.74
未分配利润(万元)	-10583.89	-10782.71	-10884.74
主营收入(万元)	761.27	3035.12	2507.78
资本公积金(万元)	10175.04	10175.04	10085.24
主营利润(万元)	545.53	1484.32	1392.59
其他业务利润(万元)	37.72	8.20	0.09
营业利润(万元)	93.92	40.07	169.70
投资收益(万元)			
补贴收入(万元)			
营业外收支(万元)	-10.52	-9.91	-0.10
利润总额(万元)	83.40	30.16	2928.63
净利润(万元)	198.81	117.78	1986.76

十大股东

序号	股东名称	股份性质	持股数(万股)	比例(%)
1	江西堆花酒业有限责任公司	境内法人股	3273.60	29.26
2	深圳市安远投资集团有限公司	境内法人股	2070.00	18.50
3	海南普林投资管理有限公司	境内法人股	796.33	7.12
4	上海新理益投资管理有限公司	境内法人股	656.33	5.87
5	汕头变压器厂	境内法人股	500.00	4.47
6	中国新技术创电投资公司	境内法人股	380.00	3.40
7	东莞市泰迪贸易有限公司	境内法人股	200.00	1.79
8	广东威达医疗器械集团公司	国有法人股	200.00	1.79
9	上海思可达商务咨询有限公司	境内法人股	100.00	0.89
10	海南鹏新贸易有限公司	境内法人股	50.00	0.45

股东人数	2004.6	2003.12	2003.6	2002
	8242	8075	8083	8338

近年分配		近年配股/增发	

重大事项

公司于2004年6月13日与甘肃金土地农业开发有限责任公司签订了《大北山林地租赁协议》，将大北山林地租赁给甘肃金土地农业开发有限责任公司经营，租期五年，年租金为699.975万元。截止2004年6月30日，公司累计对外担保金额为3080.00万元，占公司净资产的26.12%。

二〇〇三年以来市场表现

2003年涨跌幅(%)	-56.48
2003年最高(元)	13.10
2003年最低(元)	5.26
2003年换手率(%)	103.38
2004.06涨跌幅(%)	0.90
2004.06最高(元)	8.18
2004.06最低(元)	5.22
2004.06换手率(%)	120.38

四环药业股份有限公司

公司概况							
公司名称	四环药业股份有限公司			股票代码	000605		
注册地址	北京市顺义区南法信地区三家店村北			邮政编码	100037		
法人代表	陈军			董秘	王天霖		
电话	010-68001660			传真	010-68001816		
主营业务	生物医药						
总股本	8250.00	流通 A	2062.50	流通 B		流通 H	
审计单位				审计意见	未审计		

主要财务指标

年度	2004.6	2003	2002
每股收益/扣除后(元)	0.0695	0.2000	0.2000
每股经营现金流量(元)	0.1830	0.2600	0.3000
每股净资产/调整后(元)	1.6600	1.6000	1.3900
每股公积金(元)	0.1301	0.1301	0.1220
净资产收益率(%)	4.1600	11.8600	14.2300
总资产(万元)	37646.31	36707.95	22044.27
股东权益(万元)	13764.55	13340.48	11691.37
未分配利润(万元)	3625.67	3053.10	1856.67
主营收入(万元)	4112.02	9973.12	7221.32
资本公积金(万元)	1073.31	1073.31	1006.35
主营利润(万元)	2618.96	5620.85	4353.65
其他业务利润(万元)	8.65	0.32	-0.00
营业利润(万元)	702.91	1905.96	2163.68
投资收益(万元)	-1.50	87.71	-1.50
补贴收入(万元)			
营业外收支(万元)	-0.85	-48.58	-48.58
利润总额(万元)	700.56	1945.10	2162.18
净利润(万元)	572.57	1582.14	1663.91

十大股东

序号	股东名称	股份性质	持股数(万股)	比例(%)
1	四环生物产业集团有限公司	境内法人股	5610.00	68.00
2	北京北大君士集团有限公司	境内法人股	396.00	4.80
3	北京福满楼酒家有限公司	境内法人股	82.50	1.00
4	杨启明	流通股	33.50	0.41
5	中国对外建设总公司	国有法人股	33.00	0.40
6	中国建设工业建设总公司	国有法人股	33.00	0.40
7	唐保和	流通股	28.30	0.34
8	虞国强	流通股	18.58	0.23
9	中国建设机械总公司	国有法人股	16.50	0.20
10	中联实业股份有限公司	国有法人股	16.50	0.20

股东人数	2004.6	2003.12	2003.6	2002
	8000	8133	6174	6271

近年分配		近年配股/增发	
	2004年5月13日10派0.18		

重大事项

2004年3月18日召开的公司2003年年度股东大会审议通过了2003年度利润分配方案：以2003年末总股本8250万股为基数，用可供分配的利润向全体股东每10股派发0.18元现金红利(含税)，共计分配利润总额为1,485,000元，剩余利润30,531,049.11元，结转下一年度。股权登记日为2004年5月12日，除息日为2004年5月13日。

二〇〇三年以来市场表现

2003年涨跌幅(%)	-39.16
2003年最高(元)	16.55
2003年最低(元)	7.43
2003年换手率(%)	217.83
2004.06涨跌幅(%)	8.91
2004.06最高(元)	12.15
2004.06最低(元)	7.77
2004.06换手率(%)	246.43

青海明胶股份有限公司

公司概况

公司名称	青海明胶股份有限公司	股票代码	000606
注册地址	青海省西宁市付东路 13 号	邮政编码	810015
法人代表	赵华	董秘	张海仓
电话	0971-8013495	传真	0971-8012106
主营业务	明胶系列		
总股本	15170.20	流通 A	6396.00
流通 B		流通 H	
审计单位		审计意见	未审计

主要财务指标

年度	2004.6	2003	2002
每股收益 / 扣除后(元)	–0.0625	–0.0023	0.0258
每股经营现金流量(元)	0.0340	0.0200	–0.1700
每股净资产 / 调整后(元)	1.7600	1.8200	1.8100
每股公积金(元)	0.5323	0.5319	0.5299
净资产收益率(%)	–3.5500	0.6700	3.0000
总资产(万元)	49973.68	51674.35	59032.75
股东权益(万元)	26677.85	27621.42	28287.01
未分配利润(万元)	1351.77	2300.53	2662.75
主营收入(万元)	6078.00	13024.03	11925.69
资本公积金(万元)	8074.87	8069.69	8039.23
主营利润(万元)	2626.80	6361.87	6015.70
其他业务利润(万元)	–0.53	2.05	0.02
营业利润(万元)	–816.44	–372.52	1090.86
投资收益(万元)		–44.98	–7.21
补贴收入(万元)	11.50	234.87	–0.17
营业外收支(万元)	–44.00	–17.60	–0.01
利润总额(万元)	–848.95	–200.23	1098.07
净利润(万元)	–948.76	185.49	847.96

十大股东

序号	股东名称	股份性质	持股数(万股)	比例(%)
1	青海企业技术创新投资管理有限责任公司	国有法人股	5374.20	35.43
2	西安思源机械科技有限公司	境内法人股	2440.00	16.08
3	西宁正润城市发展股份有限公司	境内法人股	800.00	5.27
4	拓普投资有限公司	流通 A 股	525.75	3.47
5	上海企业年金发展中心	流通 A 股	539.47	3.56
6	天津铁厂	流通 A 股	372.85	2.46
7	江门市蓬江区恒业化工商行	境内法人股	60.00	0.40
8	青海省新机五金矿产有限公司	境内法人股	60.00	0.40
9	北京市西西上水管道安装队	流通 A 股	46.98	0.31
10	北京紫竹药业有限公司	流通 A 股	40.00	0.26

股东人数	2004.6	2003.12	2003.6	2002
	16589	9190	12788	6665

近年分配		近年配股 / 增发	

重大事项

公司为青海白唇鹿股份有限公司提供银行贷款担保，担保金额共计 600 万元，担保期限自 2003 年 9 月 9 日至 2004 年 9 月 9 日。公司为西宁钢源集团实业有限公司提供银行贷款担保，担保金额共计 500 万元，担保期限 2004 年 2 月 2 日至 2005 年 2 月 2 日。

二〇〇三年以来市场表现

2003 年涨跌幅(%)	–34.64
2003 年最高(元)	13.19
2003 年最低(元)	6.50
2003 年换手率(%)	398.43
2004.06 涨跌幅(%)	–45.77
2004.06 最高(元)	9.40
2004.06 最低(元)	4.31
2004.06 换手率(%)	208.90

重庆华立控股股份有限公司

公司概况

公司名称	重庆华立控股股份有限公司	股票代码	000607
注册地址	重庆市北碚区龙凤桥 258 号	邮政编码	400020
法人代表	汪诚	董秘	熊波
电话	023-67752652	传真	023-67755788
主营业务	电力仪器仪表、青蒿素产品		
总股本	35795.54	流通 A	14239.54
流通 B		流通 H	
审计单位		审计意见	未审计

主要财务指标

年度	2004.6	2003	2002
每股收益 / 扣除后(元)	0.0577	0.2690	0.2800
每股经营现金流量(元)	–0.1840	0.7300	0.7400
每股净资产 / 调整后(元)	2.0800	3.3600	1.7400
每股公积金(元)	0.7016	1.7225	0.2955
净资产收益率(%)	2.6700	7.6700	15.6100
总资产(万元)	149632.81	131900.95	112100.42
股东权益(万元)	75773.43	75988.06	33990.96
未分配利润(万元)	11191.00	11406.00	6490.00
主营收入(万元)	41392.51	139170.39	142077.73
资本公积金(万元)	25112.84	38536.16	5642.75
主营利润(万元)	15230.91	36981.09	36416.14
其他业务利润(万元)	947.22	1246.35	–44.46
营业利润(万元)	3627.32	9471.79	12163.34
投资收益(万元)	–78.68	–548.09	–269.33
补贴收入(万元)	142.25	1345.17	–16.46
营业外收支(万元)	–184.88	–365.90	–3.45
利润总额(万元)	3506.01	9902.98	12451.67
净利润(万元)	2022.60	5828.96	5304.78

十大股东

序号	股东名称	股份性质	持股数(万股)	比例(%)
1	华立产业集团有限公司	法人股、未流通	8876.00	24.80
2	海南禹航实业投资有限公司	法人股、未流通	5292.00	14.78
3	广东证券股份有限公司	流通股	1700.85	4.75
4	重庆川仪总厂有限公司	法人股、未流通	889.63	2.49
5	深圳市九夷投资有限责任公司	流通股	365.68	1.02
6	大丰市国泰建筑安装工程有限公司	流通股	215.53	0.60
7	陈元新	流通股	142.40	0.40
8	重庆科星设备清洗有限公司	法人股、未流通	134.20	0.37
9	新疆石河子开发区中发化工有限责任公司	流通股	124.07	0.35
10	重庆市好景商务有限公司	法人股、未流通	112.80	0.32

股东人数	2004.6	2003.12	2003.6	2002
	20253	9582	3536	3552

近年分配	2004 年 5 月 24 日 10 派 1.00	近年配股 / 增发	2004 年 5 月 24 日 10 转 6

重大事项

公司 2003 年度利润分配方案经 2004 年 5 月 12 日召开的 2003 年年度股东大会审议通过，以公司 2003 年度末总股本 223,722,157 股为基数，向全体股东每 10 股派发现金股利 1.00 元(含税)，共计分配 22,372,215.7 元，余额结转以后年度。同时，以 2003 年末总股本数 223,722,157 股为基数，用资本公积金向全体股东以每 10 股转增 6 股的比例转增股本。股权登记日为 2004 年 5 月 21 日，除权除息日为 2004 年 5 月 24 日，红利发放日为 2004 年 6 月 3 日。

二〇〇三年以来市场表现

2003 年涨跌幅(%)	–55.45
2003 年最高(元)	9.69
2003 年最低(元)	3.75
2003 年换手率(%)	118.48
2004.06 涨跌幅(%)	–14.42
2004.06 最高(元)	6.97
2004.06 最低(元)	3.71
2004.06 换手率(%)	150.63

广西阳光股份有限公司

公司概况

公司名称	广西阳光股份有限公司	股票代码	000608
注册地址	广西南宁市江南路230号南宁经济技术开发区	邮政编码	100035
法人代表	唐军	董秘	肖虎
电话	010-66530628	传真	010-66185187,68343211
主营业务	基础设施投资		
总股本	20860.00	流通A 9750.10	流通B　流通H
审计单位	普华永道中天会计师事务所	审计意见	标准无保留

主要财务指标

年度	2004.6	2003	2002
每股收益/扣除后(元)	0.0446	0.1700	0.1600
每股经营现金流量(元)	-0.2820	-0.6900	0.2300
每股净资产/调整后(元)	2.4500	2.5600	2.4000
每股公积金(元)	0.4230	0.3663	0.3639
净资产收益率(%)	1.7300	6.5400	6.4100
总资产(万元)	225768.70	193030.70	127359.30
股东权益(万元)	57757.40	55574.20	51886.40
未分配利润(万元)	16405.20	17118.10	14655.30
主营收入(万元)	15093.00	45526.20	54879.40
资本公积金(万元)	8823.30	7642.00	7590.90
主营利润(万元)	4009.10	9077.60	9721.00
其他业务利润(万元)	19.90	8.70	-0.00
营业利润(万元)	2087.40	6121.60	5790.40
投资收益(万元)	72.90	217.20	-18.40
补贴收入(万元)			
营业外收支(万元)	-6.00	-12.10	-0.09
利润总额(万元)	2154.30	6326.70	5803.20
净利润(万元)	1001.90	3636.70	3327.10

十大股东

序号	股东名称	股份性质	持股数(万股)	比例(%)
1	首创置业股份有限公司	国有法人股	5528.50	26.50
2	北流市国有资产管理局	国家股	2334.10	11.19
3	北京核建房地产开发有限公司	境内法人股	1000.00	4.79
4	北京首创阳光房地产有限责任公司	国有法人股	729.50	3.50
5	广西新拓投资咨询有限公司	国有法人股	419.90	2.01
6	金元证券有限责任公司	流通A股	389.29	1.87
7	中国电子财务有限责任公司	境内法人股	306.00	1.47
8	广西嘉隆经贸有限公司	境内法人股	266.38	1.28
9	北流市供电公司	境内法人股	166.77	0.80
10	国信证券有限责任公司	流通A股	91.05	0.44

股东人数	2004.6	2003.12	2003.6	2002
	24711	30407	31467	33906

近年分配		近年配股/增发	

重大事项

本公司、风度公司、星泰公司于2004年3月30日与首创置业共同签署了《关于北京星泰房地产开发有限公司增资的协议》(《增资协议》)。根据《增资协议》,星泰公司将注册资本增至55,180千元,注册资本增加13,800千元,本公司和风度公司放弃优先认购权,由首创置业出资人民币43,000千元认购。

二〇〇三年以来市场表现

2003年涨跌幅(%)	-30.86
2003年最高(元)	8.88
2003年最低(元)	5.15
2003年换手率(%)	40.64
2004.06涨跌幅(%)	43.68
2004.06最高(元)	11.49
2004.06最低(元)	4.76
2004.06换手率(%)	111.70

北京燕化高新技术股份有限公司

公司概况

公司名称	北京燕化高新技术股份有限公司	股票代码	000609
注册地址	北京市丰台区科学城海鹰路3号	邮政编码	102500
法人代表	王永健	董秘	沈文辉
电话	010-69347433	传真	010-69345895
主营业务	石油化工催化剂		
总股本	12960.67	流通A 4914.00	流通B　流通H
审计单位		审计意见	未审计

主要财务指标

年度	2004.6	2003	2002
每股收益/扣除后(元)	0.1183	0.2000	0.1900
每股经营现金流量(元)	-0.0090	0.4800	0.6000
每股净资产/调整后(元)	3.2500	3.2200	3.0000
每股公积金(元)	1.2532	1.2532	1.2532
净资产收益率(%)	3.6200	6.1100	6.3300
总资产(万元)	47034.11	48589.20	44349.07
股东权益(万元)	43131.32	42864.76	40592.40
未分配利润(万元)	6648.82	5086.20	4814.35
主营收入(万元)	10291.41	18443.78	16049.83
资本公积金(万元)	16242.44	16242.44	16242.44
主营利润(万元)	2489.63	5221.08	4714.83
其他业务利润(万元)	85.23	111.10	4.22
营业利润(万元)	1600.02	3006.55	2875.88
投资收益(万元)	240.85	83.62	480.15
补贴收入(万元)			
营业外收支(万元)	-1.13	13.49	-0.13
利润总额(万元)	1839.73	3103.66	3092.92
净利润(万元)	1562.62	2617.61	2568.31

十大股东

序号	股东名称	股份性质	持股数(万股)	比例(%)
1	中国石化集团北京燕山石油化工有限公司	国有法人股	5185.05	40.01
2	北京燕化联营开发总公司	国有法人股	1053.00	8.12
3	中国石化集团北京化工研究院	国有法人股	585.00	4.51
4	中石化科技开发公司	国有法人股	390.00	3.01
5	燕化公司大修厂	国有法人股	214.50	1.66
6	北京燕化石油化工设计院	国有法人股	195.00	1.50
7	北京燕化兴业技术开发公司	国有法人股	195.00	1.50
8	北京市北化研化工新技术公司	国有法人股	131.63	1.02
9	北京燕山爆破工程公司	国有法人股	97.50	0.75
10	陈添财	流通A股	25.11	0.19

股东人数	2004.6	2003.12	2003.6	2002
	28804	30534	31812	31843

近年分配	2004年6月9日 10派1.00	近年配股/增发	

重大事项

2004年4月27日召开的公司2003年度股东大会审议通过了2003年度利润分配议案,以公司现有股本129606749股为基数,向全体股东每10股派现金1.00元人民币(含税)。股权登记日为2004年6月8日,除息日为2004年6月9日。

二〇〇三年以来市场表现

2003年涨跌幅(%)	-22.56
2003年最高(元)	12.39
2003年最低(元)	6.85
2003年换手率(%)	136.99
2004.06涨跌幅(%)	1.53
2004.06最高(元)	9.48
2004.06最低(元)	7.11
2004.06换手率(%)	82.93

西安旅游(集团)股份有限公司

公司概况

公司名称	西安旅游(集团)股份有限公司			股票代码	000610		
注册地址	西安市南二环西段27号西安旅游大厦七层			邮政编码	710061		
法人代表	蔡建新			董秘	刘建利		
电话	029-82065555			传真	029-82065500		
主营业务	旅游服务业						
总股本	16759.79	流通A	5304.00	流通B		流通H	
审计单位				审计意见	未审计		

主要财务指标

年度	2004.6	2003	2002
每股收益/扣除后(元)	0.0045	0.0010	0.0400
每股经营现金流量(元)	0.0920	0.1200	0.1800
每股净资产/调整后(元)	1.8890	1.7400	1.7100
每股公积金(元)	0.7489	0.7489	0.7489
净资产收益率(%)	1.6710	0.3700	1.7900
总资产(万元)	49420.46	43231.11	47131.16
股东权益(万元)	35121.04	34534.29	34405.74
未分配利润(万元)	3353.65	2766.90	2661.11
主营收入(万元)	4392.15	7987.71	9573.40
资本公积金(万元)	12551.87	12551.87	12551.87
主营利润(万元)	3084.02	5587.35	6797.70
其他业务利润(万元)			
营业利润(万元)	614.84	160.71	796.32
投资收益(万元)		570.15	
补贴收入(万元)		10.00	0.12
营业外收支(万元)	0.63	-446.02	-0.39
利润总额(万元)	615.47	294.84	830.65
净利润(万元)	586.75	128.55	616.05

十大股东

序号	股东名称	股份性质	持股数(万股)	比例(%)
1	西安旅游集团有限责任公司	国有股	6355.79	37.92
2	浙江博鸿投资顾问有限公司	国有股	3000.00	17.90
3	西安江洋商贸公司	国有股	1221.77	7.29
4	陕西开源证券经纪有限责任公司	国有股	119.00	0.71
5	劳司钟青商店	国有股	77.98	0.47
6	陕西一诺高校木器工业有限公司	国有股	51.00	0.30
7	西安莲湖通用电经电缆供应站	国有股	34.00	0.20
8	西飞财务公司	国有股	28.32	0.17
9	潼关县太要镇第九金矿	国有股	26.52	0.16
10	罗达恒	国有股	23.20	0.14

股东人数	2004.6	2003.12	2003.6	2002
	31066	31154	32027	32176

近年分配	2004年7月29日10派0.20	近年配股/增发	

重大事项

2004年4月12日公司第三届董事会第二十次会议通过公司2003年度利润分配预案：以2003年末总股本16,759.79万股为基数，向全体股东每10股派发0.20元现金红利(含税)，该方案于2003年度股东大会批准，该分配方案至2004年6月30日未实施。

二〇〇三年以来市场表现

2003年涨跌幅(%)	-32.49
2003年最高(元)	9.42
2003年最低(元)	4.62
2003年换手率(%)	159.63
2004.06涨跌幅(%)	-1.38
2004.06最高(元)	7.16
2004.06最低(元)	4.80
2004.06换手率(%)	162.41

内蒙古时代科技股份有限公司

公司概况

公司名称	内蒙古时代科技股份有限公司			股票代码	000611		
注册地址	北京市海淀区上地西路28号			邮政编码	100085		
法人代表	王小兰			董秘	戚谍青		
电话	010-82890385			传真	010-62980724		
主营业务	商业零售批发						
总股本	17504.06	流通A	7548.15	流通B		流通H	
审计单位				审计意见	未审计		

主要财务指标

年度	2004.6	2003	2002
每股收益/扣除后(元)	0.0572	0.1200	0.0100
每股经营现金流量(元)	0.0800	0.2100	-0.3700
每股净资产/调整后(元)	1.7570	1.7100	1.5900
每股公积金(元)	0.6464	0.6464	0.6464
净资产收益率(%)	3.1300	6.7900	10.9200
总资产(万元)	35328.98	35387.72	36620.33
股东权益(万元)	30965.87	29995.56	27958.67
未分配利润(万元)	763.88	-206.44	-1859.80
主营收入(万元)	5292.37	8485.95	11813.12
资本公积金(万元)	11314.71	11314.71	11314.71
主营利润(万元)	2436.60	3835.56	3755.55
其他业务利润(万元)	117.08	235.33	-6.61
营业利润(万元)	1101.43	2319.06	300.55
投资收益(万元)	-29.33	-82.65	3252.87
补贴收入(万元)			
营业外收支(万元)	-1.22	-53.51	0.61
利润总额(万元)	1070.88	2182.90	3104.27
净利润(万元)	970.31	2036.89	3051.94

十大股东

序号	股东名称	股份性质	持股数(万股)	比例(%)
1	时代集团公司	法人股	5124.79	29.28
2	北京益泰电子集团有限责任公司	法人股	3150.72	18.00
3	内蒙古阿拉善盟吉兰泰盐场	法人股	432.00	2.47
4	北京东安集团公司	法人股	216.00	1.23
5	深圳市进烨贸易发展有限公司	法人股	216.00	1.23
6	呼市卷烟厂	法人股	216.00	1.23
7	鄂尔多斯市安特尔投资有限责任公司	法人股	194.40	1.11
8	北京市西单商场股份有限公司	法人股	43.20	0.25
9	天津百货大楼股份有限公司	法人股	43.20	0.25
10	福州华联商厦	法人股	43.20	0.25

股东人数	2004.6	2003.12	2003.6	2002
	30362	29010	31886	23185

近年分配		近年配股/增发	

重大事项

公司决定将收购试金集团部分资产修改为收购试金集团部分股权，并于2004年4月8日与时代集团签订了《时代集团公司与内蒙古时代科技股份有限公司股权转让协议》，协议约定时代集团将其持有的试金集团78.2%的股权转让给时代科技，以股权收购方式将试金集团纳入上市公司。

二〇〇三年以来市场表现

2003年涨跌幅(%)	-22.70
2003年最高(元)	8.85
2003年最低(元)	4.75
2003年换手率(%)	270.22
2004.06涨跌幅(%)	-4.80
2004.06最高(元)	7.23
2004.06最低(元)	5.30
2004.06换手率(%)	175.16

焦作万方铝业股份有限公司

公司概况

公司名称	焦作万方铝业股份有限公司	股票代码	000612
注册地址	河南省焦作市塔南路31号	邮政编码	454003
法人代表	金保庆	董秘	贾东焰
电话	0391-3903848	传真	0391-3903796
主营业务	有色金属冶炼		
总股本	48017.61	流通A	21120.65
流通B		流通H	
审计单位	亚太(集团)会计师事务所	审计意见	标准无保留

主要财务指标

年度	2004.6	2003	2002
每股收益/扣除后(元)	0.1109	0.2990	0.2570
每股经营现金流量(元)	-0.2890	-0.0700	0.5900
每股净资产/调整后(元)	1.8300	1.9100	2.7000
每股公积金(元)	0.3013	0.3013	1.0812
净资产收益率(%)	4.8900	14.4900	11.4100
总资产(万元)	314751.09	279759.87	209880.25
股东权益(万元)	98236.24	98624.96	84850.59
未分配利润(万元)	23884.33	24194.62	13198.98
主营收入(万元)	147108.98	188705.70	121594.84
资本公积金(万元)	14469.74	14469.74	32446.51
主营利润(万元)	16767.51	34086.94	24185.95
其他业务利润(万元)	1208.71	2677.48	-1.73
营业利润(万元)	7511.05	20451.51	10810.82
投资收益(万元)	699.48	2306.67	3445.83
补贴收入(万元)			
营业外收支(万元)	598.69	-195.52	-1.05
利润总额(万元)	7611.84	22562.66	14188.29
净利润(万元)	4805.18	14290.03	9685.03

十大股东

序号	股东名称	股份性质	持股数(万股)	比例(%)
1	焦作市万方集团有限责任公司	国有法人股	25134.40	52.34
2	河南省外商投资企业物资供销公司	境内法人股	691.20	1.44
3	汉盛证券投资基金	流通A股	408.39	0.85
4	融通新蓝筹证券投资基金	流通A股	349.42	0.73
5	无锡市嘉亿商贸有限公司	境内法人股	345.60	0.72
6	中国工商银行-金泰证券投资基金	流通A股	243.51	0.51
7	河南省铝业公司	境内法人股	241.92	0.50
8	交通银行-汉兴证券投资基金	流通A股	224.99	0.47
9	黄秀清	流通A股	210.32	0.44
10	银丰证券投资基金	流通A股	169.01	0.35

股东人数

2004.6	2003.12	2003.6	2002
34284	46999	48808	39678

近年分配	近年配股/增发
2004年4月27日10派1.00	

重大事项

2004年3月19日，本公司与金冠电力双方董事会签署了《关于2004年度电价协议》。协议履行期间为2004年1月1日起至2004年12月31日，协议规定2004年度金冠电力向本公司供电价格为0.27元/KWH(含税)。

二〇〇三年以来市场表现

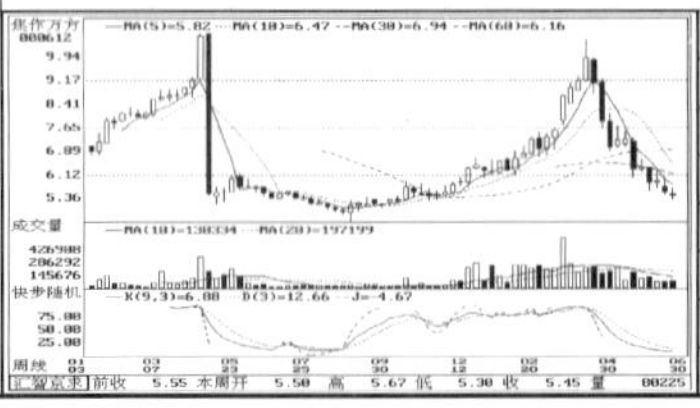

2003年涨跌幅(%)	47.38
2003年最高(元)	6.57
2003年最低(元)	3.98
2003年换手率(%)	175.66
2004.06涨跌幅(%)	-11.95
2004.06最高(元)	10.38
2004.06最低(元)	5.30
2004.06换手率(%)	220.40

海南大东海旅游中心股份有限公司

公司概况

公司名称	海南大东海旅游中心股份有限公司	股票代码	000613
注册地址	海南省三亚市大东海	邮政编码	572021
法人代表	黎愿斌	董秘	吴从锋
电话	0899-88219888-8264	传真	0899-88212298
主营业务	酒店业及旅游娱乐		
总股本	36410.00	流通A	4510.00
流通B	8800.00	流通H	
审计单位		审计意见	未审计

主要财务指标

年度	2004.6	2003	2002
每股收益/扣除后(元)	-0.0144	-0.1400	0.0006
每股经营现金流量(元)	0.0030	-0.0100	0.0030
每股净资产/调整后(元)	-0.1300	-0.1200	0.0200
每股公积金(元)	0.1418	0.1418	0.1418
净资产收益率(%)			1.8700
总资产(万元)	14555.55	14931.95	19579.65
股东权益(万元)	-4780.95	-4262.42	1212.79
未分配利润(万元)	-46354.21	-45835.68	-40360.47
主营收入(万元)	801.00	1333.26	2428.05
资本公积金(万元)	5163.26	5163.26	5163.26
主营利润(万元)	711.49	1113.70	2115.94
其他业务利润(万元)	2.63	4.03	0.04
营业利润(万元)	-523.29	-1731.82	-404.41
投资收益(万元)			
补贴收入(万元)			
营业外收支(万元)	4.77	-3743.39	-0.30
利润总额(万元)	-518.53	-5475.21	22.72
净利润(万元)	-518.53	-5475.21	22.72

十大股东

序号	股东名称	股份性质	持股数(万股)	比例(%)
1	海口食品有限公司	境内法人股	6000.00	16.48
2	中国长城资产管理公司	国家股	3632.70	9.98
3	海南三亚银农实业开发总公司	境内法人股	990.00	2.72
4	洋浦金榕实业有限公司	境内法人股	666.60	1.83
5	华夏证券有限公司	境内法人股	660.00	1.81
6	上海景贤投资有限公司	境内法人股	497.30	1.37
7	中国对外经济贸易信托投资公司	国家股	396.00	1.09
8	海南创业科技风险投资有限公司	国家股	389.40	1.07
9	三亚市中兴发展公司	境内法人股	363.00	1.00
10	中国农业银行海口市金贸区支行	国家股	330.00	0.91

股东人数

2004.6	2003.12	2003.6	2002
21580	14218	21818	21457

近年分配	近年配股/增发

重大事项

中国旅游国际信托投资有限公司向北京中级人民法院起诉本公司借款本金人民币2,000万元，经本公司上诉北京市高级人民法院，2000年3月30日北京市高级人民法院以(2000)高经终字第20号判决书判决本公司应归还本金2,000万元及相应利息(本公司已付920万元)。

二〇〇三年以来市场表现

2003年涨跌幅(%)	-47.86
2003年最高(元)	7.56
2003年最低(元)	2.67
2003年换手率(%)	367.76
2004.06涨跌幅(%)	-7.14
2004.06最高(元)	4.15
2004.06最低(元)	2.58
2004.06换手率(%)	177.30

湖北金环股份有限公司

公司概况

公司名称	湖北金环股份有限公司	股票代码	000615
注册地址	湖北省襄樊市樊城区陈家湖	邮政编码	441133
法人代表	宝立新	董秘	郑小华
电话	0710-2108234	传真	0710-2108233
主营业务	化纤、通信		

总股本	15490.85	流通 A	7096.11	流通 B		流通 H	
审计单位				审计意见	未审计		

主要财务指标

年度	2004.6	2003	2002
每股收益/扣除后(元)	0.1169	0.2900	0.2900
每股经营现金流量(元)	–1.8830	0.4500	1.0200
每股净资产/调整后(元)	4.3860	4.2600	3.9600
每股公积金(元)	1.5550	1.5550	1.5280
净资产收益率(%)	2.8000	6.9400	9.4400
总资产(万元)	189449.30	174353.30	129099.98
股东权益(万元)	67935.14	66031.40	61422.84
未分配利润(万元)	15863.80	13960.06	11510.85
主营收入(万元)	107192.48	169426.81	184961.23
资本公积金(万元)	24087.55	24087.55	23670.12
主营利润(万元)	9761.48	19092.70	18131.65
其他业务利润(万元)	236.06	143.82	–0.16
营业利润(万元)	1976.27	5675.14	8218.00
投资收益(万元)	32.11	159.73	323.41
补贴收入(万元)		2.90	2.90
营业外收支(万元)	–4.21	–96.10	1.67
利润总额(万元)	2004.16	5741.67	8496.24
净利润(万元)	1903.74	4584.38	5800.98

十大股东

序号	股东名称	股份性质	持股数(万股)	比例(%)
1	湖北泰跃投资集团有限公司	境内法人股	4492.35	29.00
2	湖北化纤集团有限公司	国有法人股	2209.75	14.26
3	湖北化纤集团有限公司综合经营公司	境内法人股	561.52	3.62
4	湖北化纤集团有限公司工会	境内法人股	438.64	2.83
5	杭州夏嘉化纤有限公司	境内法人股	140.00	0.90
6	湖北银河纺织股份有限公司	境内法人股	109.20	0.70
7	上海君山投资咨询有限公司	境内法人股	109.20	0.70
8	襄樊凯创化纤科技有限公司	境内法人股	101.08	0.65
9	杭州金宇环境技术开发有限公司	境内法人股	56.56	0.37
10	麻长纹	流通 A 股	53.26	0.34

股东人数	2004.6	2003.12	2003.6	2002
	20645	20079	20222	19893

近年分配		近年配股/增发	

重大事项

公司控股80%的子公司——北京金环天朗通信技术发展有限公司因业务发展的需要,拟向交通银行北京分行东单支行申请专项银行承兑汇票人民币20000万元,保证金为40%,敞口部分为人民币12000万元。2004年6月11日,经公司第四届董事会第九次会议审议,同意本公司为其敞口部分(人民币12000万元)提供连带责任担保,期限为6个月。

二〇〇三年以来市场表现

2003年涨跌幅(%)	–14.58
2003年最高(元)	9.58
2003年最低(元)	5.60
2003年换手率(%)	78.99
2004.06涨跌幅(%)	–12.13
2004.06最高(元)	8.72
2004.06最低(元)	5.80
2004.06换手率(%)	96.47

大连亿城集团股份有限公司

公司概况

公司名称	大连亿城集团股份有限公司	股票代码	000616
注册地址	辽宁省大连市中山区中山路124号	邮政编码	116001
法人代表	李强	董秘	郑力齐
电话	0411-83633671-381	传真	0411-83642706
主营业务	旅店、餐饮、旅游		

总股本	28341.30	流通 A	13158.46	流通 B		流通 H	
审计单位				审计意见	未审计		

主要财务指标

年度	2004.6	2003	2002
每股收益/扣除后(元)	0.3071	0.1600	0.0350
每股经营现金流量(元)	0.7220	0.1700	–2.1100
每股净资产/调整后(元)	2.1700	2.6700	2.2400
每股公积金(元)	0.3609	1.0414	1.0379
净资产收益率(%)	17.7200	7.3200	1.3600
总资产(万元)	227447.34	265313.69	151645.87
股东权益(万元)	62464.66	51779.46	47934.59
未分配利润(万元)	20713.42	10023.82	6802.71
主营收入(万元)	148737.19	56030.90	7819.12
资本公积金(万元)	10228.92	19676.02	19609.83
主营利润(万元)	13068.48	10438.75	5985.25
其他业务利润(万元)	3.16		
营业利润(万元)	9082.34	3113.63	–422.01
投资收益(万元)	–301.54	–297.42	3664.41
补贴收入(万元)	2499.95	826.46	826.46
营业外收支(万元)	33.83	–138.57	1.48
利润总额(万元)	11314.58	3504.10	761.62
净利润(万元)	11067.48	3789.55	651.44

十大股东

序号	股东名称	股份性质	持股数(万股)	比例(%)
1	北京乾通投资有限公司	境内法人股	8435.39	29.76
2	天津市汇邦商贸有限公司	境内法人股	4543.99	16.03
3	大连市国有资产管理局	国有法人股	1173.65	4.14
4	大连市日兴实业公司	境内法人股	583.96	2.06
5	兴华证券投资基金	流通 A 股	108.00	0.38
6	华夏成长证券投资基金	流通 A 股	105.00	0.37
7	交通银行-兴科证券投资基金	流通 A 股	92.51	0.33
8	全国社保基金一零七组合	流通 A 股	89.82	0.32
9	朱想芳	流通 A 股	86.83	0.31
10	胡团英	流通 A 股	83.93	0.30

股东人数	2004.6	2003.12	2003.6	2002
	12666	12122	13245	15173

近年分配	2004年6月11日10派0.20	近年配股/增发	2004年6月11日10转5

重大事项

2004年6月24日,公司第三届董事会临时会议审议通过了关于增持万城置地10%出资的议案,同意公司以人民币2300万元的价格收购北京万柳置业集团有限公司持有的万城置地的1000万元出资。原公司第三大股东泰然科技将所持公司的全部股份11,736,492股转让给天津汇邦。

二〇〇三年以来市场表现

2003年涨跌幅(%)	19.05
2003年最高(元)	5.96
2003年最低(元)	3.97
2003年换手率(%)	99.37
2004.06涨跌幅(%)	3.79
2004.06最高(元)	7.17
2004.06最低(元)	4.65
2004.06换手率(%)	80.72

济南柴油机股份有限公司

公司概况

公司名称	济南柴油机股份有限公司	股票代码	000617
注册地址	山东省济南市文化西路14号	邮政编码	250063
法人代表	马广悦	董秘	张谦惕
电话	0531-2965971-2716	传真	0531-2961241
主营业务	柴油机,气体发动机		
总股本	10400.00	流通A	3250.00
流通B		流通H	
审计单位	湖北大信会计师事务所	审计意见	标准无保留

主要财务指标

年度	2004.6	2003	2002
每股收益/扣除后(元)	0.4674	0.4500	0.3300
每股经营现金流量(元)	0.9500	0.7700	-0.0300
每股净资产/调整后(元)	2.6050	2.2700	1.8300
每股公积金(元)	0.6648	0.6648	0.6553
净资产收益率(%)	17.3100	19.7000	17.8900
总资产(万元)	74757.85	62361.38	58193.63
股东权益(万元)	28049.80	24233.80	19361.62
未分配利润(万元)	8799.73	4672.12	1654.81
主营收入(万元)	31340.75	32729.93	26490.28
资本公积金(万元)	6914.30	6914.30	6815.43
主营利润(万元)	8250.08	7246.06	6393.62
其他业务利润(万元)	300.72	655.70	280.63
营业利润(万元)	4769.33	2344.92	2588.81
投资收益(万元)	1700.81	2693.39	1365.32
补贴收入(万元)	0.79	39.23	-0.23
营业外收支(万元)	-26.57	-51.72	-0.33
利润总额(万元)	6444.36	5025.82	3948.30
净利润(万元)	4856.00	4773.31	3464.27

十大股东

序号	股东名称	股份性质	持股数(万股)	比例(%)
1	济南柴油机厂	国有法人股	7150.00	68.75
2	中国银行-嘉实增长开放式证券投资基金	流通A股	136.80	1.32
3	广发证券股份有限公司	流通A股	100.01	0.96
4	金信信托投资股份有限公司	流通A股	91.90	0.88
5	招商银行-中信经典配置证券投资基金	流通A股	66.76	0.64
6	中国华能财务公司	流通A股	55.60	0.53
7	清华紫光(集团)总公司	流通A股	37.00	0.36
8	徐光雄	流通A股	24.30	0.23
9	中国经济技术投资担保有限公司	流通A股	23.99	0.23
10	朱田勤	流通A股	18.05	0.17

股东人数	2004.6	2003.12	2003.6	2002
	7595	10350	10421	9757

近年分配	2004年8月24日10派0.8	近年配股/增发	

重大事项

公司第三届董事会2004年第三次会议审议通过了公司《关于拟注册"济柴"牌商标的议案》,同意公司注册"济柴"牌商标。2004年中期拟以2004年6月30日公司总股本10400万股为基数,向全体股东每10股送红股2股,派发现金红利0.50元(含税),共计送红股20,800,000股,派发现金5,200,000.00元。2004年中期拟以2004年6月30日公司总股本10400万股为基数,使用资本公积金向全体股东每10股转增股本4股。

二〇〇三年以来市场表现

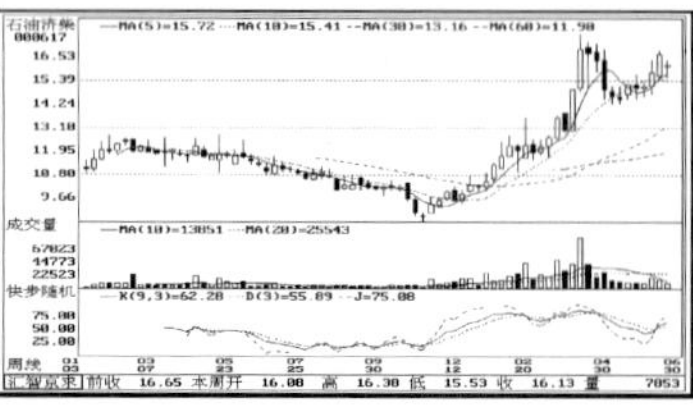

2003年涨跌幅(%)	-9.09
2003年最高(元)	12.65
2003年最低(元)	8.51
2003年换手率(%)	101.93
2004.06涨跌幅(%)	59.70
2004.06最高(元)	17.68
2004.06最低(元)	10.00
2004.06换手率(%)	179.24

吉林化学工业股份有限公司

公司概况

公司名称	吉林化学工业股份有限公司	股票代码	000618
注册地址	吉林省吉林市龙潭区龙潭大街9号	邮政编码	132021
法人代表	于力	董秘	张丽燕
电话	0432-3903651	传真	0432-3028126
主营业务	石油产品、石化、药品、酒店服务		
总股本	356107.81	流通A	20000.00
流通B		流通H	96477.80
审计单位		审计意见	未审计

主要财务指标

年度	2004.6	2003	2002
每股收益/扣除后(元)	0.1811	0.1263	-0.2900
每股经营现金流量(元)	0.4150	1.1200	0.5200
每股净资产/调整后(元)	1.0500	0.8600	0.7600
每股公积金(元)	0.6441	0.6441	0.6441
净资产收益率(%)	15.5800	12.9300	-35.9200
总资产(万元)	1320221.12	1343489.75	1433623.12
股东权益(万元)	388495.22	327986.44	285586.91
未分配利润(万元)	-267118.72	-327627.53	-370027.03
主营收入(万元)	1255671.62	1906487.25	1231914.00
资本公积金(万元)	229361.89	229361.89	229361.89
主营利润(万元)	123487.40	158969.45	76492.22
其他业务利润(万元)	-3959.70	-5396.49	-3.07
营业利润(万元)	65939.02	47788.32	-36883.18
投资收益(万元)	1356.34	-433.70	-830.82
补贴收入(万元)		50.20	50.20
营业外收支(万元)	-8065.12	-5153.84	56.56
利润总额(万元)	59230.23	42250.98	-103103.60
净利润(万元)	60508.79	42399.52	-102573.26

十大股东

序号	股东名称	股份性质	持股数(万股)	比例(%)
1	中国石油天然气股份有限公司	国有法人股	239630.00	67.29
2	香港中央结算代理人有限公司	流通H股	81573.47	22.91
3	汇丰代理人(香港)有限公司	流通H股	13548.73	3.80
4	中国工商银行-博时精选股票证券投资基金	流通A股	292.83	0.08
5	陈玉	流通A股	187.00	0.05
6	张力	流通A股	151.00	0.04
7	乔良	流通A股	145.00	0.04
8	上海好多网络信息技术有限公司	流通A股	139.10	0.04
9	赵英	流通A股	107.00	0.03
10	黄素杰	流通A股	106.00	0.03

股东人数	2004.6	2003.12	2003.6	2002
	61583	57796	59668	65565

近年分配		近年配股/增发	

重大事项

本公司自1998年1月1日起至2004年6月30日止累计摊销人民币45,229千元,其中2004年上半年约摊销人民币4,660千元。于2004年6月30日上述递延职工费用余额为人民币38,861千元。

二〇〇三年以来市场表现

2003年涨跌幅(%)	-4.40
2003年最高(元)	5.87
2003年最低(元)	4.48
2003年换手率(%)	121.19
2004.06涨跌幅(%)	2.72
2004.06最高(元)	6.43
2004.06最低(元)	4.42
2004.06换手率(%)	171.40

芜湖海螺型材科技股份有限公司

公司概况

公司名称	芜湖海螺型材科技股份有限公司			股票代码	000619		
注册地址	安徽省芜湖市经济技术开发区港湾路			邮政编码	241009		
法人代表	郭景彬			董秘	明章春		
电话	0553-5840158,5840135			传真	0553-5840118		
主营业务	中高档塑料型材						
总股本	36000.00	流通 A	16200.00	流通 B		流通 H	
审计单位				审计意见	未审计		

主要财务指标

年度	2004.6	2003	2002
每股收益 / 扣除后(元)	0.0315	0.1062	0.4400
每股经营现金流量(元)	–0.3053	0.1700	0.3300
每股净资产 / 调整后(元)	3.4430	3.4000	3.2600
每股公积金(元)	1.2682	1.2682	1.2649
净资产收益率(%)	1.2900	4.7300	16.0900
总资产(万元)	243566.11	206847.72	149842.56
股东权益(万元)	124474.03	122870.66	117274.91
未分配利润(万元)	31903.83	30301.06	25989.31
主营收入(万元)	143349.84	224080.34	152695.36
资本公积金(万元)	45654.35	45653.75	45535.30
主营利润(万元)	8243.10	19028.12	34313.21
其他业务利润(万元)	343.69	502.51	–3.36
营业利润(万元)	1860.04	6265.85	23874.00
投资收益(万元)			
补贴收入(万元)	131.80	639.20	66.90
营业外收支(万元)	14.87	7.51	0.08
利润总额(万元)	2006.72	6912.56	24679.79
净利润(万元)	1602.77	5809.80	18863.06

十大股东

序号	股东名称	股份性质	持股数(万股)	比例(%)
1	安徽海螺建材股份有限公司	国有法人股	15300.00	42.50
2	盾安控股集团有限公司	境内法人股	4500.00	12.50
3	宁波大榭开发区投资控股有限公司	流通 A 股	116.86	0.32
4	潘国荣	流通 A 股	43.00	0.12
5	翟世丰	流通 A 股	38.20	0.11
6	薛光云	流通 A 股	36.09	0.10
7	郝静	流通 A 股	30.00	0.08
8	汪小闯	流通 A 股	29.75	0.08
9	丘友发	流通 A 股	26.30	0.07
10	吴言春	流通 A 股	23.99	0.07

股东人数	2004.6	2003.12	2003.6	2002
	16557	14653	13476	17969

近年分配		近年配股/增发	

重大事项

公司与安徽海螺集团有限责任公司于 2000 年 8 月 31 日签署了《商标使用许可合同》。根据该合同，公司每年缴纳 50 万元以获得海螺集团"海螺"、"CONCH"等商标的使用权。报告期内公司继续使用海螺集团"海螺"、"CONCH"等商标，并按合同规定支付费用。

二〇〇三年以来市场表现

2003 年涨跌幅(%)	–19.78
2003 年最高(元)	10.89
2003 年最低(元)	7.20
2003 年换手率(%)	249.18
2004.06 涨跌幅(%)	–13.99
2004.06 最高(元)	8.56
2004.06 最低(元)	6.09
2004.06 换手率(%)	243.46

黑龙江圣方科技股份有限公司

公司概况

公司名称	黑龙江圣方科技股份有限公司			股票代码	000620		
注册地址	黑龙江省牡丹江市东三条路 98 号			邮政编码	710061		
法人代表	唐李			董秘	贺立辉		
电话	029-85223101			传真	029-85223101		
主营业务	石油化工橡胶产品						
总股本	31162.70	流通 A	15048.00	流通 B		流通 H	
审计单位				审计意见	未审计		

主要财务指标

年度	2004.6	2003	2002
每股收益 / 扣除后(元)	0.0058	0.0100	–0.1200
每股经营现金流量(元)	0.1920	0.0500	–0.0760
每股净资产 / 调整后(元)	0.8900	0.8000	0.8200
每股公积金(元)	0.7629	0.7629	0.7629
净资产收益率(%)	0.9100	1.3000	–15.9000
总资产(万元)	74266.05	70220.31	64851.00
股东权益(万元)	33019.18	25911.66	25580.00
未分配利润(万元)	–29511.35	–36613.69	–36950.00
主营收入(万元)	41966.37	68915.42	61508.00
资本公积金(万元)	23775.05	23775.05	23775.00
主营利润(万元)	3008.96	2876.48	4343.00
其他业务利润(万元)	10.60	34.49	–0.07
营业利润(万元)	328.83	–1710.40	–2894.49
投资收益(万元)	5.44	1570.80	–622.00
补贴收入(万元)	140.20	1075.00	–2.46
营业外收支(万元)	–25.65	–720.03	–10.27
利润总额(万元)	448.82	215.37	–3742.67
净利润(万元)	302.02	336.53	–4069.00

十大股东

序号	股东名称	股份性质	持股数(万股)	比例(%)
1	西安圣方科技股份有限公司	国有法人股	8725.56	28.00
2	中融国际信托投资有限公司	国有法人股	3012.09	9.67
3	牡丹江树脂厂	国有法人股	1309.06	4.20
4	宏源证券股份有限公司	国有法人股	1300.00	4.17
5	牡丹江石油化学工业集团公司	国有法人股	1000.00	3.21
6	牡丹江造纸厂	国有法人股	384.00	1.23
7	黑龙江省五常葵花药业有限公司	国有法人股	384.00	1.23
8	何清海	流通 A 股	69.32	0.22
9	孙玉庆	流通 A 股	44.36	0.14
10	蔡志强	流通 A 股	37.15	0.12

股东人数	2004.6	2003.12	2003.6	2002
	54341	58598	59873	66416

近年分配		近年配股/增发	

重大事项

公司于 2004 年 1 月收到哈尔滨市中级人民法院 121 份民事调解书：公司于 2004 年 4 月 1 日赔偿 11 名股民总计 160,172.15 元，于 2004 年 5 月 1 日前赔偿 41 名股民总计 829,633.505 元，于 2004 年 8 月 20 日前赔偿 130 名股民 2,806,484.4 元，以上共计金额 3,796,290.055 元。公司于 2004 年 6 月收到到哈尔滨市中级人民法院 5 份民事调解书：要求公司于 8 月 1 日及 9 月 30 日分两次支付，涉及金额共计 266,767.23 元。

二〇〇三年以来市场表现

2003 年涨跌幅(%)	–33.10
2003 年最高(元)	5.87
2003 年最低(元)	2.76
2003 年换手率(%)	337.40
2004.06 涨跌幅(%)	–0.35
2004.06 最高(元)	4.43
2004.06 最低(元)	2.76
2004.06 换手率(%)	185.67

岳阳恒立冷气设备股份有限公司

公司概况

公司名称	岳阳恒立冷气设备股份有限公司			股票代码		000622	
注册地址	湖南省岳阳市青年中路			邮政编码		414000	
法人代表	覃虹			董秘		余凤庭	
电话	0730-8245282,8245198			传真		0730-8221311	
主营业务	制冷空调设备的制造						
总股本	14174.20	流通 A	6596.96	流通 B		流通 H	
审计单位				审计意见		未审计	

主要财务指标

年度	2004.6	2003	2002
每股收益/扣除后(元)	0.0034	0.0100	0.0100
每股经营现金流量(元)	0.1151	-0.1200	0.1100
每股净资产/调整后(元)	1.0200	1.0800	1.1400
每股公积金(元)	0.4369	0.4290	0.4281
净资产收益率(%)	0.2700	1.0800	2.9600
总资产(万元)	59025.60	58316.72	53088.95
股东权益(万元)	16148.36	15992.31	16472.99
未分配利润(万元)	-4877.74	-4922.09	-4405.83
主营收入(万元)	10830.78	23276.73	19823.65
资本公积金(万元)	6192.59	6080.88	6068.05
主营利润(万元)	2688.10	6094.50	5495.81
其他业务利润(万元)	127.35	174.52	2.04
营业利润(万元)	228.97	1099.31	823.92
投资收益(万元)	-0.55	0.26	-29.57
补贴收入(万元)	21.00	3.00	0.03
营业外收支(万元)	-3.57	-633.78	-0.27
利润总额(万元)	245.86	468.79	808.64
净利润(万元)	44.34	173.18	487.38

十大股东

序号	股东名称	股份性质	持股数(万股)	比例(%)
1	湖南省成功企业集团有限公司	法人股	3870.00	27.30
2	岳阳国资	国有股	1354.60	9.56
3	岳阳市博源经贸有限公司	法人股	480.00	3.39
4	无锡旺达商贸有限公司	法人股	480.00	3.39
5	湖南证券	法人股	240.00	1.69
6	湖南湘园投资有限公司	法人股	240.00	1.69
7	湖南兴业投资有限公司	法人股	240.00	1.69
8	中国汽车工业总公司	法人股	120.00	0.85
9	湘城陵矶恒发汽车空调联营改装厂	法人股	120.00	0.85
10	湖南永佳投资有限公司	法人股	120.00	0.85

股东人数	2004.6	2003.12	2003.6	2002
	24359	24102	24624	24921

近年分配		近年配股/增发	

重大事项

我公司于 2003 年 6 月 10 日为湖南国光瓷业集团股份有限公司向交通银行长沙北大桥支行的 2000 万元贷款提供连带责任担保，期限一年。2004 年 6 月 10 日，湖南国光瓷业集团股份有限公司贷款到期，但没有及时全额归还，现交通银行长沙市北大桥支行已向长沙市中级人民法院提起诉讼，请求法院判决我公司承担连带清偿责任。

二〇〇三年以来市场表现

2003 年涨跌幅(%)	-33.73
2003 年最高(元)	8.39
2003 年最低(元)	4.20
2003 年换手率(%)	98.65
2004.06 涨跌幅(%)	-5.18
2004.06 最高(元)	6.00
2004.06 最低(元)	4.10
2004.06 换手率(%)	105.98

吉林敖东药业集团股份有限公司

公司概况

公司名称	吉林敖东药业集团股份有限公司			股票代码		000623	
注册地址	吉林省敦化市胜利南大街 88 号			邮政编码		133700	
法人代表	李秀林			董秘		陈永丰	
电话	0433-6238973,6224462			传真		0433-6238973	
主营业务	中成药的生产和销售						
总股本	35049.69	流通 A	18794.49	流通 B		流通 H	
审计单位				审计意见		未审计	

主要财务指标

年度	2004.6	2003	2002
每股收益/扣除后(元)	0.1596	0.1990	0.2220
每股经营现金流量(元)	0.2760	0.6300	-0.0200
每股净资产/调整后(元)	3.4500	4.7600	4.4200
每股公积金(元)	1.2579	1.5912	2.2872
净资产收益率(%)	5.8900	8.3700	7.1200
总资产(万元)	179337.89	195115.62	188153.02
股东权益(万元)	125736.65	118332.29	106101.15
未分配利润(万元)	30591.97	23187.60	16344.32
主营收入(万元)	34422.89	67373.39	57381.63
资本公积金(万元)	44087.42	55770.65	53444.41
主营利润(万元)	20089.72	41002.22	34728.89
其他业务利润(万元)	18.78	255.86	-1.22
营业利润(万元)	7978.13	10661.36	8133.08
投资收益(万元)	-522.05	-881.45	-115.97
补贴收入(万元)	630.33	6629.11	-28.66
营业外收支(万元)	-111.67	-1442.34	-3.16
利润总额(万元)	7974.74	14966.68	10417.99
净利润(万元)	7404.37	9910.08	7556.20

十大股东

序号	股东名称	股份性质	持股数(万股)	比例(%)
1	敦化市金诚实业有限责任公司	境内法人股	5700.00	16.26
2	延边国有资产经营总公司	国有法人股	4974.30	14.19
3	吉林敖东药业集团股份有限公司工会委员会	境内法人股	3638.70	10.38
4	吉林省信托投资公司	境内法人股	1649.70	4.71
5	广发证券股份有限公司	流通 A 股	1213.69	3.46
6	延边永正经贸有限公司	境内法人股	292.50	0.83
7	叶育廷	流通 A 股	109.62	0.31
8	向兴才	流通 A 股	104.01	0.30
9	丁洪才	流通 A 股	78.15	0.22
10	唐成勇	流通 A 股	60.98	0.17

股东人数	2004.6	2003.12	2003.6	2002
	47299	48514	51786	51495

近年分配		近年配股/增发	2004 年 4 月 23 日 10 转 5

重大事项

将所持有的吉林敖东实业有限公司 72.9%的股权，共计 1458 万股转让给敦化市贝因美食品有限公司，每股转让价格为 1.41 元，转让价款共计人民币 20,557,800.00 元；将所持有的吉林敖东玻璃制品有限责任公司 75%的股权，共计 300 万股转让给敦化市贝因美食品有限公司，每股转让价格为 1.32 元，转让价款共计人民币 3,960,000.00 元。

二〇〇三年以来市场表现

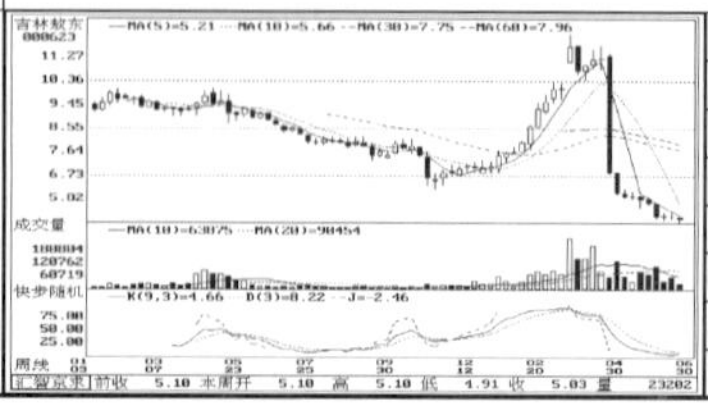

2003 年涨跌幅(%)	-26.69
2003 年最高(元)	6.57
2003 年最低(元)	4.12
2003 年换手率(%)	53.11
2004.06 涨跌幅(%)	7.71
2004.06 最高(元)	8.12
2004.06 最低(元)	4.57
2004.06 换手率(%)	103.60

重庆长安汽车股份有限公司

公司概况								
公司名称	重庆长安汽车股份有限公司				股票代码	000625		
注册地址	重庆市江北区建新东路 260 号				邮政编码	400023		
法人代表	尹家绪			董秘	崔云江 黎军			
电话	023-67591349			传真	023-67866055			
主营业务	微型汽车							
总股本	147199.92	流通 A	20157.48	流通 B	42000.00	流通 H		
审计单位				审计意见	未审计			

主要财务指标

年度	2004.6	2003	2002
每股收益/扣除后(元)	0.5093	1.1800	0.6800
每股经营现金流量(元)	0.8590	1.3100	1.7000
每股净资产/调整后(元)	3.4000	3.6800	2.6500
每股公积金(元)	0.6083	0.7300	0.7300
净资产收益率(%)	15.2700	30.6100	25.2900
总资产(万元)	1294546.62	1090806.87	870273.06
股东权益(万元)	523083.50	473877.81	330136.31
未分配利润(万元)	180953.56	156281.20	55131.94
主营收入(万元)	1014241.62	1440411.87	988406.75
资本公积金(万元)	89542.27	89542.27	89542.27
主营利润(万元)	223318.98	352301.94	253371.86
其他业务利润(万元)	10291.25	15326.55	-434.10
营业利润(万元)	100182.63	190449.11	126177.82
投资收益(万元)	-185.95	-19.12	-9202.71
补贴收入(万元)	2620.00	2140.90	-19.04
营业外收支(万元)	-152.27	-10236.26	-128.48
利润总额(万元)	102464.41	182334.64	112249.11
净利润(万元)	79872.34	145067.50	83499.75

十大股东

序号	股东名称	股份性质	持股数(万股)	比例(%)
1	长安汽车(集团)有限责任公司	国有法人股	85039.92	57.77
2	BBH BOSTON A/C GMO EMERGING MARKETS FUND	流通 B 股	1775.15	1.21
3	FF GREATER CHINA FD GT1 24037	流通 B 股	1020.00	0.69
4	BERMUDA TRUST(FAR EAST)LTD-VALUE PARTNERS 'A' FD	流通 B 股	944.81	0.64
5	博时价值增长证券投资基金	流通 A 股	914.69	0.62
6	KGI ASIA LIMITED	流通 B 股	898.43	0.61
7	BIAL/HSBC GLOBAL INVESTMENT FUNDS CHINESE EQUITY	流通 B 股	840.00	0.57
8	CHINA INTL MARINE CONTAINERS(HONG KONG)LTD	流通 B 股	768.45	0.52
9	CHINA-RELATED STOCKS MOTHER FUND	流通 B 股	735.43	0.50
10	GUOTAI JUNAN SECURIES HONG KONG LIMITED	流通 B 股	722.99	0.49

股东人数	2004.6	2003.12	2003.6	2002
	27612	16761	33594	75941

近年分配	2004 年 5 月 26 日 10 派 2.50	近年配股/增发	2004 年 5 月 26 日 10 送 2

重大事项

2004 年 4 月 23 日召开的公司 2003 年度股东大会通过 2003 年度利润分配方案为:以公司 2003 年末总股本 122,666.6 万股为基数,按每 10 股派发 2.50 元人民币现金、派送红股 2 股(含税)。本次 A 股分红派息的股权登记日为 2004 年 5 月 25 日,B 股最后交易日为 2004 年 5 月 25 日,除权除息日为 2004 年 5 月 26 日。

二〇〇三年以来市场表现

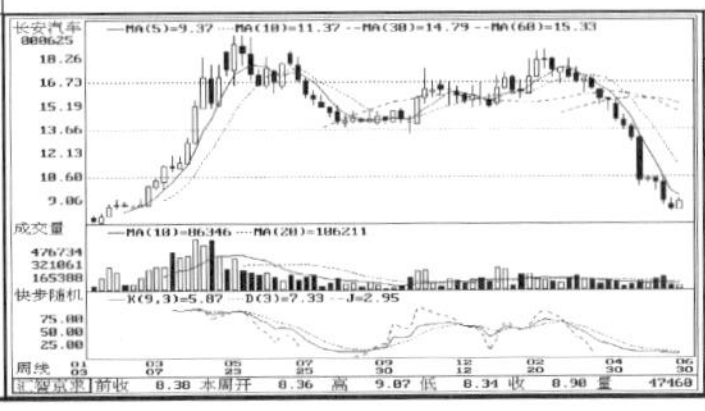

2003 年涨跌幅(%)	91.67
2003 年最高(元)	16.22
2003 年最低(元)	6.00
2003 年换手率(%)	279.46
2004.06 涨跌幅(%)	-28.34
2004.06 最高(元)	15.45
2004.06 最低(元)	8.30
2004.06 换手率(%)	82.39

连云港如意集团股份有限公司

公司概况								
公司名称	连云港如意集团股份有限公司				股票代码	000626		
注册地址	江苏连云港市新浦北郊路 6 号				邮政编码	222006		
法人代表	李炳源			董秘	谭卫			
电话	0518-5153595			传真	0518-5150105			
主营业务	生物药品制造							
总股本	20250.00	流通 A	5062.50	流通 B		流通 H		
审计单位				审计意见	未审计			

主要财务指标

年度	2004.6	2003	2002
每股收益/扣除后(元)	0.0658	0.1034	0.1639
每股经营现金流量(元)	1.2830	0.9860	-1.3800
每股净资产/调整后(元)	1.2470	1.1929	1.5000
每股公积金(元)	0.0107	0.0107	0.1605
净资产收益率(%)	6.1700	13.3600	14.6000
总资产(万元)	171136.45	175009.39	134774.64
股东权益(万元)	26589.30	24949.77	21069.53
未分配利润(万元)	2589.29	949.76	3056.92
主营收入(万元)	349084.56	664448.75	456807.25
资本公积金(万元)	217.29	217.29	2167.31
主营利润(万元)	19463.72	34991.71	25596.36
其他业务利润(万元)	650.24	867.95	-7.53
营业利润(万元)	4909.96	7348.08	6174.22
投资收益(万元)	-147.75	105.73	260.25
补贴收入(万元)	293.63	2226.87	285.11
营业外收支(万元)	-22.71	53.00	-0.46
利润总额(万元)	5033.13	9733.68	8848.57
净利润(万元)	1639.53	3333.34	3076.25

十大股东

序号	股东名称	股份性质	持股数(万股)	比例(%)
1	中国远大集团公司	境内法人股	8355.15	41.26
2	连云港市蔬菜冷藏加工厂	国有法人股	6196.50	30.60
3	江苏澄星实业集团公司	境内法人股	279.45	1.38
4	上海新理益投资管理有限公司	境内法人股	133.65	0.66
5	天津宏大五金制品有限公司	境内法人股	40.50	0.20
6	上海源德信息咨询有限公司	境内法人股	22.50	0.11
7	上海荣业综合贸易公司	境内法人股	22.50	0.11
8	连云港化高专复合塑料包装厂	境内法人股	20.25	0.10
9	宝应县苏中副食品加工厂	境内法人股	20.25	0.10
10	宝应县莲藕食品厂	境内法人股	20.25	0.10

股东人数	2004.6	2003.12	2003.6	2002
	53690	3970	4093	6415

近年分配		近年配股/增发	

重大事项

公司于 2004 年 3 月 5 日与上海申达(集团)有限公司签订协议,以人民币 2567.29 万元收购其全资企业上海第三织带厂。公司于 2004 年 5 月 27 日与上海申达(集团)有限公司之全资企业上海海龙毛纺厂签订协议,以人民币 1826.92 万元收购其持有的上海福海龙织物有限公司 50%的权益。公司于 2004 年 5 月 27 日与上海申达(集团)有限公司签订协议,将本公司下属全资企业上海第二印染厂整体企业,与申达集团部分土地使用权资产,以人民币 5730.32 万元的价格,进行等额置换。

二〇〇三年以来市场表现

2003 年涨跌幅(%)	16.25
2003 年最高(元)	16.13
2003 年最低(元)	10.57
2003 年换手率(%)	197.48
2004.06 涨跌幅(%)	-11.80
2004.06 最高(元)	16.33
2004.06 最低(元)	11.75
2004.06 换手率(%)	115.43

湖北百科药业股份有限公司

公司概况

公司名称	湖北百科药业股份有限公司			股票代码	000627
注册地址	湖北省荆门市杨湾路132号			邮政编码	448000
法人代表	刘益谦		董秘	朱晓兵	
电话	0724-2211003-6218		传真	0724-2217652	
主营业务	抗生素、激素				
总股本	59479.49	流通A	17111.00	流通B	流通H
审计单位			审计意见	未审计	

主要财务指标

年度	2004.6	2003	2002
每股收益/扣除后(元)	-0.0155	-0.0900	0.0100
每股经营现金流量(元)	0.0920	-0.0400	-0.1200
每股净资产/调整后(元)	1.0300	1.0400	1.1500
每股公积金(元)	0.0613	0.0613	0.0613
净资产收益率(%)	0.1700	-7.4500	0.7600
总资产(万元)	107109.03	109097.24	109040.35
股东权益(万元)	64692.74	64585.21	69395.81
未分配利润(万元)	-4062.05	-4169.58	641.01
主营收入(万元)	22324.06	42267.86	34861.03
资本公积金(万元)	3644.06	3644.06	3644.06
主营利润(万元)	2205.45	4041.65	7856.85
其他业务利润(万元)	254.08	374.27	-5.79
营业利润(万元)	-931.55	-5329.20	1612.33
投资收益(万元)	440.67	821.93	-28.48
补贴收入(万元)	504.71		
营业外收支(万元)	209.24	-223.63	-1.22
利润总额(万元)	223.07	-4730.89	1616.20
净利润(万元)	107.53	-4810.60	526.08

十大股东

序号	股东名称	股份性质	持股数(万股)	比例(%)
1	上海新理益投资管理有限公司	境内法人股	17228.83	28.97
2	湖北百科高新投资有限公司	国有法人股	12717.43	21.38
3	海南中皓实业投资有限公司	境内法人股	6322.13	10.63
4	海南陆达科技有限公司	境内法人股	4215.07	7.09
5	上海信意实业有限公司	境内法人股	617.37	1.04
6	武汉恒丰投资管理有限公司	境内法人股	444.51	0.75
7	海南亿祺贸易有限公司	境内法人股	205.79	0.35
8	上海澳凌德生物工程技术有限公司	境内法人股	205.79	0.35
9	上海思可达商务咨询有限公司	境内法人股	175.59	0.30
10	上海金轩纸品有限公司	境内法人股	102.89	0.17

股东人数	2004.6	2003.12	2003.6	2002
	44167	37063	24786	7294

近年分配		近年配股/增发	

重大事项

公司为子公司湖北百科亨迪药业有限公司2,559万元贷款提供保证；子公司湖北百科亨迪药业有限公司为子公司湖北中天荆门化工有限公司贷款200万元提供保证。

二〇〇三年以来市场表现

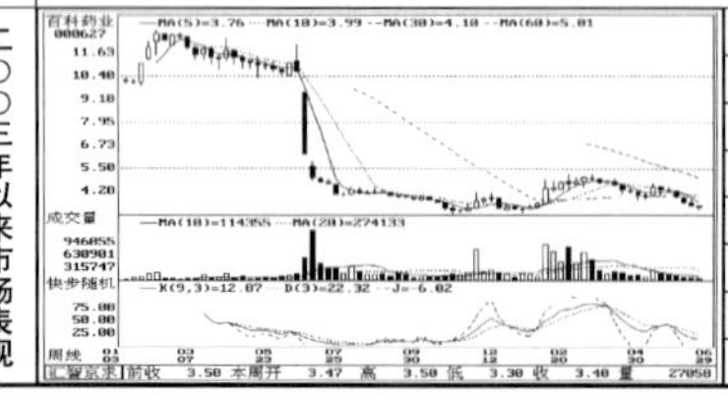

2003年涨跌幅(%)	-67.12
2003年最高(元)	12.85
2003年最低(元)	3.05
2003年换手率(%)	479.70
2004.06涨跌幅(%)	1.49
2004.06最高(元)	5.16
2004.06最低(元)	3.12
2004.06换手率(%)	393.66

成都倍特发展集团股份有限公司

公司概况

公司名称	成都倍特发展集团股份有限公司			股票代码	000628
注册地址	四川省成都市成都高新技术产业开发区			邮政编码	610041
法人代表	曾绍清		董秘	申书龙	
电话	028-85199519		传真	028-85184099	
主营业务	高新技术产品的开发、房地产				
总股本	19356.00	流通A	8640.00	流通B	流通H
审计单位			审计意见	未审计	

主要财务指标

年度	2004.6	2003	2002
每股收益/扣除后(元)	0.0356	-0.6927	0.0100
每股经营现金流量(元)	0.2820	-0.0100	-0.5000
每股净资产/调整后(元)	1.6000	1.5600	2.4500
每股公积金(元)	1.0341	1.0341	1.0340
净资产收益率(%)	1.8700	-44.8600	0.4900
总资产(万元)	182997.00	187168.33	196193.06
股东权益(万元)	37186.28	36489.91	52856.14
未分配利润(万元)	-14432.44	-15128.82	1239.52
主营收入(万元)	26916.49	56081.03	68116.04
资本公积金(万元)	20017.00	20017.00	20014.88
主营利润(万元)	10151.14	14221.11	21279.66
其他业务利润(万元)	89.18	167.09	-0.32
营业利润(万元)	2191.19	-11662.21	3647.25
投资收益(万元)	-50.64	-3932.33	-1934.73
补贴收入(万元)			
营业外收支(万元)	6.76	-596.93	-5.85
利润总额(万元)	2147.32	-16191.47	1415.72
净利润(万元)	696.38	-16368.34	258.43

十大股东

序号	股东名称	股份性质	持股数(万股)	比例(%)
1	成都市国有资产管理局	国有法人股	3036.00	15.69
2	成都普天电缆股份有限公司	境内法人股	297.60	1.54
3	秦皇岛市三元有限责任公司	境内法人股	250.00	1.29
4	成都钢铁厂	境内法人股	180.00	0.93
5	成都市西南计算机软件公司	境内法人股	132.00	0.68
6	上海龙宇建设安装股份有限公司	境内法人股	127.00	0.66
7	四川新鸿达实业有限责任公司	境内法人股	126.00	0.65
8	上海涵祺商贸有限公司	境内法人股	122.50	0.63
9	西藏自治区石油公司	境内法人股	120.00	0.62
10	成都市自来水总公司	境内法人股	120.00	0.62

股东人数	2004.6	2003.12	2003.6	2002
	50074	51054	52815	53695

近年分配		近年配股/增发	

重大事项

2004年7月15日，公司就担保合同纠纷一事起诉四川托普软件投资股份有限公司(托普软件)。2004年7月21日，四川省成都市中级人民法院(市中院)受理了此案。该案基于2003年3月24日公司为托普软件在招商银行成都高新支行(招行高新支行)的1000万元银行贷款提供连带责任担保。该笔贷款于2004年3月24日到期，招行高新支行因托普软件到期未履行还款义务，而依法向人民法院申请执行四川国力公证处(2004)川国公证执字第009号公证书，公司被迫履行担保义务。

二〇〇三年以来市场表现

2003年涨跌幅(%)	-38.60
2003年最高(元)	8.38
2003年最低(元)	4.08
2003年换手率(%)	114.76
2004.06涨跌幅(%)	26.46
2004.06最高(元)	7.00
2004.06最低(元)	3.88
2004.06换手率(%)	268.13

攀枝花新钢钒股份有限公司

公司概况

公司名称	攀枝花新钢钒股份有限公司	股票代码	000629
注册地址	四川省攀枝花市弄弄坪	邮政编码	617067
法人代表	洪及鄙	董秘	吉广林
电话	0812-2236281,2236008	传真	0812-2226014
主营业务	炼铁、提钒炼钢		
总股本	130684.53	流通 A	58334.52
流通 B		流通 H	
审计单位	中喜会计师事务所	审计意见	标准无保留

主要财务指标

年度	2004.6	2003	2002
每股收益/扣除后(元)	0.3149	0.4500	0.4900
每股经营现金流量(元)	0.6730	0.8200	1.5900
每股净资产/调整后(元)	5.2300	5.0700	4.2800
每股公积金(元)	3.1051	2.9129	2.6615
净资产收益率(%)	5.5600	8.7300	10.3600
总资产(万元)	1043083.37	990827.06	803311.75
股东权益(万元)	706101.25	662422.31	473341.47
未分配利润(万元)	122171.43	109014.25	59883.31
主营收入(万元)	552146.12	928112.75	766800.31
资本公积金(万元)	405795.03	380672.91	272348.81
主营利润(万元)	96223.30	151306.30	130071.73
其他业务利润(万元)	35.10	-516.81	-4.07
营业利润(万元)	62024.68	76328.95	73109.34
投资收益(万元)	298.57	1046.16	324.74
补贴收入(万元)	232.95	229.93	-9.32
营业外收支(万元)	-3004.13	-247.30	-1.53
利润总额(万元)	59552.08	77357.75	74026.50
净利润(万元)	39294.08	57801.88	49043.20

十大股东

序号	股东名称	股份性质	持股数(万股)	比例(%)
1	攀枝花钢铁有限责任公司	国有法人股	68300.01	52.26
2	中国第十九冶金建设公司	国有法人股	4050.00	3.10
3	银丰证券投资基金	流通 A 股	792.23	0.61
4	交通银行-鹏华中国 50 开放式证券投资基金	流通 A 股	665.20	0.51
5	中国工商银行-博时精选股票证券投资基金	流通 A 股	459.44	0.35
6	国际金融汇丰 MORGAN STANLEY & CO.	流通 A 股	432.14	0.33
7	中国工商银行银河银泰理财分红证券投资基金	流通 A 股	376.54	0.29
8	中国建设银行博时裕富证券投资基金	流通 A 股	335.64	0.26
9	国海证券有限责任公司	流通 A 股	232.22	0.18
10	深圳市荣涵投资有限公司	流通 A 股	225.77	0.17

股东人数	2004.6	2003.12	2003.6	2002
	175410	184516	152949	156498

近年分配	2004 年 6 月 11 日 10 派 2.00	近年配股/增发	

重大事项

2004 年 5 月 14, 日公司 2003 年度股东大会通过了《公司 2003 年度利润分配预案》决定以 2004 年 4 月 6 日公司可转债赎回期结束后的总股本 1,306,845,288 股为基数，向全体股东每股派发现金 0.20 元(含税)。公司已于 2004 年 6 月 11 日实施了上述利润分配方案。"钢钒转债"于 2004 年 3 月 4 日停止交易,2004 年 4 月 6 日停止转股，剩余未转换为新钢钒股票的钢钒转债当日被本公司强制赎回,2004 年 4 月 14 日"钢钒转债"在深圳证券交易所被摘牌。

二〇〇三年以来市场表现

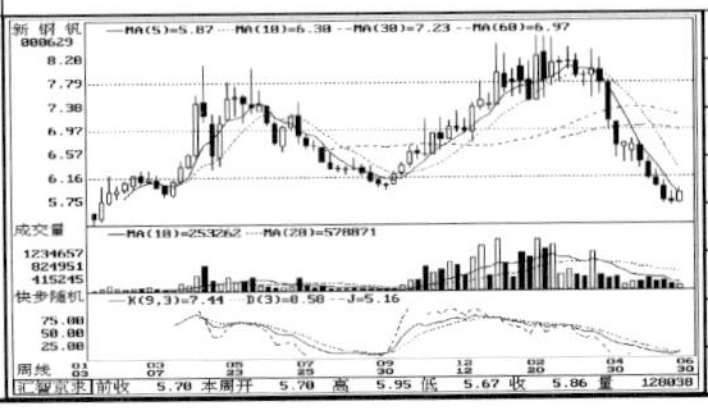

2003 年涨跌幅(%)	37.04
2003 年最高(元)	7.77
2003 年最低(元)	5.01
2003 年换手率(%)	237.12
2004.06 涨跌幅(%)	-17.93
2004.06 最高(元)	8.41
2004.06 最低(元)	5.66
2004.06 换手率(%)	268.13

安徽铜都铜业股份有限公司

公司概况

公司名称	安徽铜都铜业股份有限公司	股票代码	000630
注册地址	安徽省铜陵市长江西路	邮政编码	244001
法人代表	孟永范	董秘	吴国忠
电话	0562-2825077,2825029,2825090	传真	0562-2825082
主营业务	铜的开采、冶炼		
总股本	54274.39	流通 A	25970.79
流通 B		流通 H	
审计单位	安徽华普会计师事务所	审计意见	标准无保留

主要财务指标

年度	2004.6	2003	2002
每股收益/扣除后(元)	0.2859	0.3300	0.2500
每股经营现金流量(元)	-0.1030	-0.1700	1.1700
每股净资产/调整后(元)	5.1700	4.8000	4.2900
每股公积金(元)	3.0584	2.6150	2.5650
净资产收益率(%)	5.5100	6.7800	6.5600
总资产(万元)	586324.75	505300.72	347241.47
股东权益(万元)	281286.81	239029.28	200275.42
未分配利润(万元)	45159.54	31956.44	23316.70
主营收入(万元)	273476.00	340315.94	240145.48
资本公积金(万元)	165994.72	138755.47	119415.39
主营利润(万元)	28566.35	38375.98	28724.67
其他业务利润(万元)	445.79	315.74	7.90
营业利润(万元)	20637.72	21262.16	16082.55
投资收益(万元)	209.60	188.34	16.87
补贴收入(万元)			
营业外收支(万元)	-363.19	-1358.51	-6.52
利润总额(万元)	20484.14	20092.00	16987.56
净利润(万元)	15495.84	16194.88	13134.79

十大股东

序号	股东名称	股份性质	持股数(万股)	比例(%)
1	铜陵有色金属公司	发起人国有法人股	27588.60	50.83
2	交通银行-普惠证券投资基金	社会公众股	1482.05	2.73
3	鸿阳证券投资基金	社会公众股	1338.77	2.47
4	中国工商银行-普丰证券投资基金	社会公众股	1236.93	2.28
5	交通银行-海富通精选证券投资基金	社会公众股	800.06	1.47
6	兴华证券投资基金	社会公众股	777.32	1.43
7	中国工商银行-裕元证券投资基金	社会公众股	739.61	1.36
8	中国银行-嘉实成长收益型证券投资基金	社会公众股	552.50	1.02
9	兴和证券投资基金	社会公众股	476.10	0.88
10	招商银行股份有限公司-中信经典配置证券投资基金	社会公众股	469.32	0.86

股东人数	2004.6	2003.12	2003.6	2002
	34704	72919	84549	97633

近年分配	2004 年 7 月 7 日 10 派 1.00	近年配股/增发	

重大事项

根据财政部、国家税务总局财税[2003]81 号《关于铜原料进口增值税先征后返有关问题的通知》的精神,国家继续对列名企业进口的铜精矿实行增值税先征后返政策,因此,本年度公司仍从集团公司购买进口铜精矿。公司拟决定以 2004 年半年度末总股本 542,743,924 股为基数,向全体股东每 10 股送红股 1 股,每 10 股派发现金红利 0.25 元(含税)。共计送红股 54,274,392.40 股,派发现金红利 13,568,598.10 元,尚余未分配利润 383,752,452.94 元,结转以后年度分配。

二〇〇三年以来市场表现

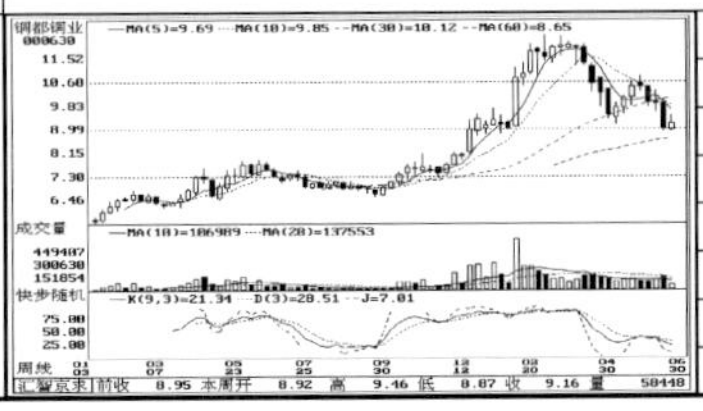

2003 年涨跌幅(%)	54.47
2003 年最高(元)	9.50
2003 年最低(元)	5.55
2003 年换手率(%)	136.36
2004.06 涨跌幅(%)	3.85
2004.06 最高(元)	12.37
2004.06 最低(元)	8.81
2004.06 换手率(%)	159.43

兰宝科技信息股份有限公司

公司概况

公司名称	兰宝科技信息股份有限公司	股票代码	000631
注册地址	吉林省长春市高新技术产业开发区高新路 4370 号	邮政编码	130021
法人代表	刘铁杲	董秘	曹志伟
电话	0431-5528289	传真	0431-5528285
主营业务	轿车塑料保险杠		
总股本	24036.96	流通 A	11466.00
流通 B		流通 H	
审计单位		审计意见	未审计

主要财务指标

年度	2004.6	2003	2002
每股收益 / 扣除后(元)	–0.0963	–0.2700	0.1800
每股经营现金流量(元)	–1.2102	–1.2100	1.1543
每股净资产 / 调整后(元)	2.7650	2.7700	3.1190
每股公积金(元)	1.2943	1.2708	1.2599
净资产收益率(%)	0.0600	–10.1100	6.1900
总资产(万元)	285647.16	318969.62	246959.30
股东权益(万元)	67883.24	67280.31	75321.36
未分配利润(万元)	6641.86	6604.11	15021.40
主营收入(万元)	49884.53	73663.48	49062.88
资本公积金(万元)	31111.29	30546.11	30284.17
主营利润(万元)	5753.68	13325.48	13744.16
其他业务利润(万元)	99.48	128.22	–21.84
营业利润(万元)	–2946.58	–10792.52	6299.25
投资收益(万元)	2247.81	961.38	38.24
补贴收入(万元)			
营业外收支(万元)	–90.31	–214.90	–0.30
利润总额(万元)	–33037.54	–10046.04	6310.77
净利润(万元)	37.75	–6804.53	4663.54

十大股东

序号	股东名称	股份性质	持股数(万股)	比例(%)
1	长春君子兰集团有限公司	国有法人股	8874.96	36.92
2	长春通信发展股份有限公司	法人股	3360.00	13.98
3	中轻贸易中心	法人股	336.00	1.40
4	华夏证券有限公司	流通股	126.89	0.53
5	兴业证券有限公司	流通股	120.00	0.50
6	兴安证券投资基金	流通股	100.00	0.42
7	张尚荣	流通股	61.51	0.26
8	文衬好	流通股	45.54	0.19
9	姜显瑛	流通股	32.02	0.13
10	孔晓芬	流通股	27.00	0.11

股东人数	2004.6	2003.12	2003.6	2002
	35953	39200	40601	41697

近年分配		近年配股/增发	

重大事项

2004 年 5 月 17 日，公司与重庆国际信托投资有限公司签署了《股权转让协议书》，与重庆国际信托投资有限公司及京长兴发(北京)商贸有限公司签署了《关于股权收购的三方协议》。将公司持有华禹光谷 21,549 万股股权中的 12,000 万股股权(占该公司总股本 30,000 万元的 40%)有偿转让给重庆国际信托投资有限公司，转让价格为 13,116 万元。

二〇〇三年以来市场表现

2003 年涨跌幅(%)	–9.51
2003 年最高(元)	7.50
2003 年最低(元)	5.35
2003 年换手率(%)	219.29
2004.06 涨跌幅(%)	–24.09
2004.06 最高(元)	8.00
2004.06 最低(元)	4.16
2004.06 换手率(%)	208.16

福建三木集团股份有限公司

公司概况

公司名称	福建三木集团股份有限公司	股票代码	000632
注册地址	福建省福州市开发区君竹路 162 号	邮政编码	350005
法人代表	兰隽	董秘	彭东明
电话	0591-83355146	传真	0591-83341504
主营业务	基础设施建设施工		
总股本	33698.49	流通 A	10189.61
流通 B		流通 H	
审计单位		审计意见	未审计

主要财务指标

年度	2004.6	2003	2002
每股收益 / 扣除后(元)	0.0666	0.1068	0.1450
每股经营现金流量(元)	0.4578	0.2700	–1.0300
每股净资产 / 调整后(元)	2.1700	3.3700	3.2600
每股公积金(元)	0.5912	1.5459	1.5939
净资产收益率(%)	2.7500	4.2300	4.0500
总资产(万元)	310277.84	299916.94	277907.87
股东权益(万元)	74326.74	72284.75	70015.34
未分配利润(万元)	12711.89	10669.90	8446.15
主营收入(万元)	129751.01	188843.87	167399.62
资本公积金(万元)	19922.90	32559.83	33569.80
主营利润(万元)	12623.34	28292.69	28707.41
其他业务利润(万元)	96.47	469.07	–2.87
营业利润(万元)	3558.43	9107.87	14990.02
投资收益(万元)	42.72	1153.27	–14.56
补贴收入(万元)	2.91	664.97	–6.55
营业外收支(万元)	–73.02	–95.52	1.44
利润总额(万元)	3531.05	10830.60	15011.73
净利润(万元)	2042.00	3061.06	2835.42

十大股东

序号	股东名称	股份性质	持股数(万股)	比例(%)
1	福建三联投资有限公司	国有法人股	8709.07	25.84
2	福建兴通投资有限公司	境内法人股	1862.40	5.53
3	福州申达投资有限公司	境内法人股	1816.18	5.39
4	福建大野投资有限公司	境内法人股	1798.47	5.34
5	福建卓诚贸易有限公司	境内法人股	1555.20	4.62
6	福建省三华实业有限公司工会委员会	境内法人股	1536.00	4.56
7	福建高德贸易有限公司	境内法人股	1497.60	4.44
8	福州大展实业有限公司	境内法人股	1465.29	4.35
9	上海励诚投资发展有限公司	境内法人股	1152.00	3.42
10	福建太德投资有限公司	境内法人股	1144.02	3.39

股东人数	2004.6	2003.12	2003.6	2002
	6938	7736	6265	7358

近年分配		近年配股/增发	2004 年 6 月 4 日 10 转 6

重大事项

公司与福建银泽科技投资有限公司签订《股权转让协议书》，将公司所持有的福州市商业银行 1500 万股股份出售给该公司，股权转让总价款为人民币 3200 万元。公司以 203 年底公司总股本 210,615,574 股为基数，向全体股东实施资本公积金转增股本，转增比例为每 10 股转增 6 股，共计转增股本 126,369,344 股。6 月 3 日为股权登记日，6 月 4 日为除权日。

二〇〇三年以来市场表现

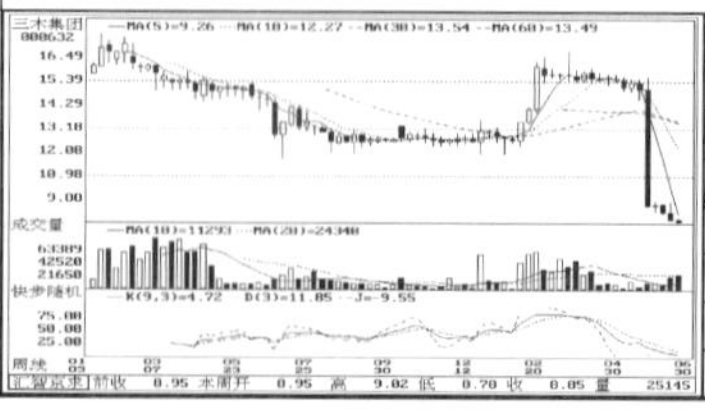

2003 年涨跌幅(%)	–18.55
2003 年最高(元)	10.99
2003 年最低(元)	7.34
2003 年换手率(%)	136.61
2004.06 涨跌幅(%)	9.53
2004.06 最高(元)	10.50
2004.06 最低(元)	7.50
2004.06 换手率(%)	54.86

沈阳合金投资股份有限公司

公司概况	公司名称	沈阳合金投资股份有限公司		股票代码	000633		
	注册地址	沈阳市浑南产业区第22号		邮政编码	110013		
	法人代表	傅忠		董秘	任穗欣		
	电话	024-22782116		传真	024-22782122		
	主营业务	机电产业投资					
	总股本	38510.64	流通A	16652.59	流通B		流通H 1.86
	审计单位			审计意见	未审计		

主要财务指标	年度	2004.6	2003	2002
	每股收益/扣除后(元)	-0.1322	0.1560	0.1216
	每股经营现金流量(元)	-0.0940	0.6998	0.1600
	每股净资产/调整后(元)	1.0570	1.3306	1.4200
	每股公积金(元)	0.0353	0.0353	0.0339
	净资产收益率(%)	-24.3400	13.5200	8.2700
	总资产(万元)	180.64	197872.48	179643.20
	股东权益(万元)	42302.64	52599.20	47210.82
	未分配利润(万元)	-8874.83	1421.72	4866.01
	主营收入(万元)	44653.29	112988.32	94854.06
	资本公积金(万元)	1359.84	1359.84	1089.43
	主营利润(万元)	6744.04	25332.57	15509.75
	其他业务利润(万元)	281.19	937.37	320.79
	营业利润(万元)	-12497.08	10961.09	3236.04
	投资收益(万元)	-84.27	842.84	2078.73
	补贴收入(万元)	26.60	380.00	8.62
	营业外收支(万元)	-9.81	-6.10	0.38
	利润总额(万元)	-12564.57	12177.83	5974.78
	净利润(万元)	-10296.55	7112.58	3903.90

十大股东	序号	股东名称	股份性质	持股数(万股)	比例(%)
	1	新疆德隆(集团)有限责任公司	境内法人股	8597.34	22.32
	2	北京绅仕达投资有限公司	境内法人股	3258.39	8.46
	3	陕西恒业投资有限公司	国家股	3123.70	8.11
	4	北京杰圣科技投资有限公司	境内法人股	2865.78	7.44
	5	中企资产托管经营有限公司	境内法人股	2292.62	5.95
	6	四川嘉隆实业投资有限责任公司	境内法人股	1719.47	4.46
	7	郑素贞	流通A股	378.97	0.98
	8	绍兴飞亚印染有限公司	流通A股	67.70	0.18
	9	覃智	流通A股	57.31	0.15
	10	贺良儒	流通A股	34.55	0.09

股东人数	2004.6	2003.12	2003.6	2002
	31742	4335	3323	2765

近年分配		近年配股/增发	

重大事项

公司于2004年5月18日召开2003年度股东大会，审议通过了关于投资设立"合金美瑞(苏州)机电制造有限公司"的议案。为与美国Murray集团的生产实现顺利对接，公司与香港BRILLIANT LOYAL LIMITED(该公司为美国Murray集团业务合作伙伴)共同出资组建中外合资企业"合金美瑞(苏州)机电制造有限公司"。本公司占注册资本的75%。

二〇〇三年以来市场表现

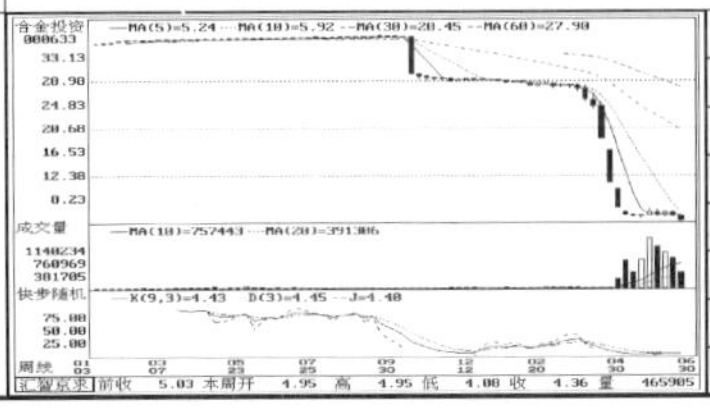

2003年涨跌幅(%)	-1.29
2003年最高(元)	31.02
2003年最低(元)	28.80
2003年换手率(%)	73.31
2004.06涨跌幅(%)	-85.02
2004.06最高(元)	29.11
2004.06最低(元)	4.08
2004.06换手率(%)	474.34

宁夏英力特化工股份有限公司

公司概况	公司名称	宁夏英力特化工股份有限公司		股票代码	000635		
	注册地址	宁夏石嘴山市惠农区康乐路257号		邮政编码	753200		
	法人代表	邹学仁		董秘	刘亚鹏		
	电话	0952-3310308,3310337		传真	0952-3312333,3310522		
	主营业务	电石、石灰氮					
	总股本	11456.20	流通A	5200.00	流通B		流通H
	审计单位			审计意见	未审计		

主要财务指标	年度	2004.6	2003	2002
	每股收益/扣除后(元)	0.2107	0.2110	-0.4680
	每股经营现金流量(元)	0.4790	1.0200	0.1900
	每股净资产/调整后(元)	1.2900	1.0800	0.8600
	每股公积金(元)	0.0667	2.0540	2.0535
	净资产收益率(%)	15.6500	19.8400	-86.0400
	总资产(万元)	84141.22	66028.65	54026.55
	股东权益(万元)	14767.05	12362.04	9903.32
	未分配利润(万元)	1971.11	-23320.44	-25773.43
	主营收入(万元)	19014.92	23306.33	8100.52
	资本公积金(万元)	764.12	23531.48	23525.76
	主营利润(万元)	5801.56	8247.60	1116.94
	其他业务利润(万元)	-5.75	296.31	-0.30
	营业利润(万元)	2565.39	3360.38	-4672.93
	投资收益(万元)	-121.35	-722.48	-884.65
	补贴收入(万元)			
	营业外收支(万元)	-135.45	-185.87	2.00
	利润总额(万元)	2308.60	2452.04	-8520.91
	净利润(万元)	2310.62	2453.00	-8520.91

十大股东	序号	股东名称	股份性质	持股数(万股)	比例(%)
	1	宁夏英力特电力集团股份有限公司	国有法人股	3422.20	29.87
	2	伊斯兰国际信托投资有限公司	国有法人股	934.00	8.15
	3	宁夏天净电能开发有限公司	国有法人股	580.00	5.06
	4	宁夏明迈特科工贸有限公司	国有法人股	570.00	4.98
	5	中国银行宁夏回族自治区分行	国有法人股	425.00	3.71
	6	宁夏民族化工集团有限责任公司	国有法人股	200.00	1.75
	7	银川金健电子技术有限公司	国有法人股	70.00	0.61
	8	中国工商银行宁夏分行	国有法人股	55.00	0.48
	9	梁学勇	流通A股	42.95	0.37
	10	方思庆	流通A股	37.73	0.33

股东人数	2004.6	2003.12	2003.6	2002
	13216	17779	19252	22237

近年分配		近年配股/增发	

重大事项

公司于2004年6月2日收到中国证券监督管理委员会送达的《中国证券监督管理委员会行政处罚决定书》(证监罚字[2004]15号)，对原宁夏宁河民族化工股份有限公司于1997年至2000年中期所发生的证券违法行为案审理终结。本公司的控股股东宁夏英力特电力(集团)股份有限公司代本公司偿还了与发电机组有关的6,200万元银行借款，本公司与其签订了"有偿占用资金协议"。

二〇〇三年以来市场表现

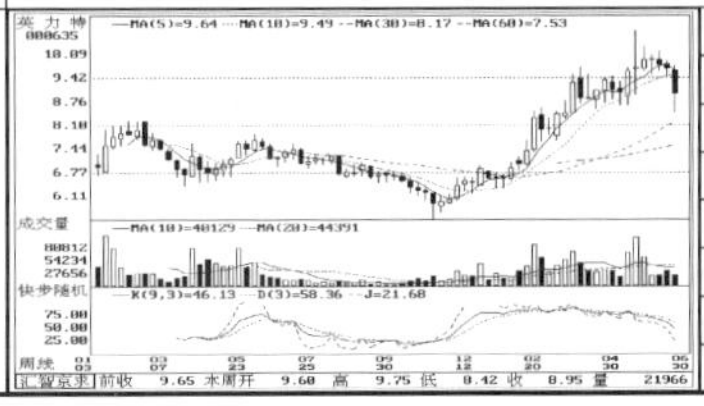

2003年涨跌幅(%)	-4.01
2003年最高(元)	8.20
2003年最低(元)	5.45
2003年换手率(%)	246.91
2004.06涨跌幅(%)	33.38
2004.06最高(元)	10.75
2004.06最低(元)	6.31
2004.06换手率(%)	186.81

广东风华高新科技股份有限公司

公司概况

公司名称	广东风华高新科技股份有限公司			股票代码	000636		
注册地址	广东省肇庆市风华路18号风华电子工业城			邮政编码	526020		
法人代表	梁力平			董秘	廖永忠		
电话	0758-2844724			传真	0758-2849045		
主营业务	系列新型片式元件						
总股本	53033.10	流通A	20068.11	流通B		流通H	
审计单位				审计意见	未审计		

主要财务指标

年度	2004.6	2003	2002
每股收益/扣除后(元)	0.0310	0.0553	0.0400
每股经营现金流量(元)	0.2230	0.3500	0.3300
每股净资产/调整后(元)	3.8320	3.8800	3.8300
每股公积金(元)	2.0534	2.0534	2.0266
净资产收益率(%)	0.6900	1.1200	1.0800
总资产(万元)	346372.03	329264.56	312316.28
股东权益(万元)	208752.06	209969.37	206202.34
未分配利润(万元)	30731.54	29512.36	30171.28
主营收入(万元)	62676.66	105597.89	101816.56
资本公积金(万元)	108900.46	108900.46	107477.82
主营利润(万元)	10249.91	21760.81	18098.18
其他业务利润(万元)	309.80	226.38	-1.15
营业利润(万元)	2228.99	4592.42	3365.39
投资收益(万元)	-286.35	-1150.59	-622.60
补贴收入(万元)	45.62	138.89	11.71
营业外收支(万元)	-6.03	-72.20	1.23
利润总额(万元)	1982.23	3508.53	2720.14
净利润(万元)	1434.34	2344.39	2236.70

十大股东

序号	股东名称	股份性质	持股数(万股)	比例(%)
1	广东风华高新科技集团有限公司	国有法人股	14248.42	26.87
2	广东粤财投资有限公司	国有法人股	4233.50	7.98
3	深圳市银华网络技术有限公司	法人股	2677.50	5.05
4	广东风华高新科技股份有限公司工会	法人股	2238.03	4.22
5	肇庆市威劲电子有限公司	法人股	2021.10	3.81
6	深圳市加德信投资有限公司	法人股	1672.50	3.15
7	广东广业投资集团有限公司	国有法人股	1413.47	2.67
8	美国美运有限公司	法人股	810.00	1.53
9	肇庆市艺宏科技开发有限公司	法人股	562.50	1.06
10	广东出口商品基地建设肇庆公司	法人股	405.00	0.76

股东人数	2004.6	2003.12	2003.6	2002
	91422	89468	90520	91038

近年分配	近年配股/增发
2004年7月14日10派0.50	

重大事项

公司于2004年6月30日召开的2003年度股东大会审议通过了《关于向广东风华高新科技集团有限公司收购生产、研发用地的议案》。司控股子公司——肇庆利华电子有限公司已完成工商登记变更手续。广东肇庆英达电感器件有限公司取消独立法人资格变更为分公司。

二〇〇三年以来市场表现

2003年涨跌幅(%)	-33.33
2003年最高(元)	9.67
2003年最低(元)	5.15
2003年换手率(%)	173.24
2004.06涨跌幅(%)	28.55
2004.06最高(元)	9.36
2004.06最低(元)	5.53
2004.06换手率(%)	295.85

茂名石化实华股份有限公司

公司概况

公司名称	茂名石化实华股份有限公司			股票代码	000637		
注册地址	广东省茂名市官渡路162号			邮政编码	525000		
法人代表	姚志方			董秘	梁杰		
电话	0668-2276176			传真	0668-2281965		
主营业务	生产经营聚丙烯						
总股本	37672.13	流通A	12880.40	流通B		流通H	
审计单位				审计意见	未审计		

主要财务指标

年度	2004.6	2003	2002
每股收益/扣除后(元)	0.0843	0.2300	0.2000
每股经营现金流量(元)	1.1670	0.2300	0.7500
每股净资产/调整后(元)	1.6800	2.1800	1.9200
每股公积金(元)	0.0356	0.1877	0.2140
净资产收益率(%)	5.9900	11.0000	11.3700
总资产(万元)	151048.66	111062.78	69692.78
股东权益(万元)	64637.17	63595.66	55734.89
未分配利润(万元)	12307.86	14230.46	8718.01
主营收入(万元)	126633.90	200123.12	143605.02
资本公积金(万元)	1339.80	7069.27	6201.99
主营利润(万元)	10437.13	18606.82	13195.43
其他业务利润(万元)	-23.75	1413.96	-113.64
营业利润(万元)	4273.08	12002.15	9388.25
投资收益(万元)	338.50	130.94	-49.21
补贴收入(万元)	201.32	71.33	71.33
营业外收支(万元)	485.70	-1669.40	-0.59
利润总额(万元)	5298.61	10535.03	9282.16
净利润(万元)	3873.11	6993.50	6339.18

十大股东

序号	股东名称	股份性质	持股数(万股)	比例(%)
1	北京泰跃房地产开发有限责任公司	境内法人股	11113.28	29.50
2	中国石化集团茂名石油化工公司	国有法人股	6704.39	17.80
3	天津港保税区裕丰伟业有限公司	境内法人股	6433.75	17.08
4	茂名众和化塑有限公司	境内法人股	392.68	1.04
5	茂名石化公司职工互助会	境内法人股	147.63	0.39
6	泰和证券投资基金	流通A股	77.27	0.21
7	沈录哲	流通A股	58.50	0.16
8	苏洵	流通A股	58.01	0.15
9	张英	流通A股	45.95	0.12
10	毛森林	流通A股	44.21	0.12

股东人数	2004.6	2003.12	2003.6	2002
	6025	5829	6365	6773

近年分配	近年配股/增发
2004年4月8日10派1.00	2004年4月8日10转2送1

重大事项

2004年2月16日，经公司第五届董事会第十一次会议决议，公司决定受让北京泰跃房地产开发有限责任公司（北京泰跃）持有的北京泰跃实华房地产开发有限责任公司（泰跃实华）30%的出资，同时，本公司全资附属公司茂名市华宏服务公司受让北京泰跃持有的泰跃实华10%的出资。

二〇〇三年以来市场表现

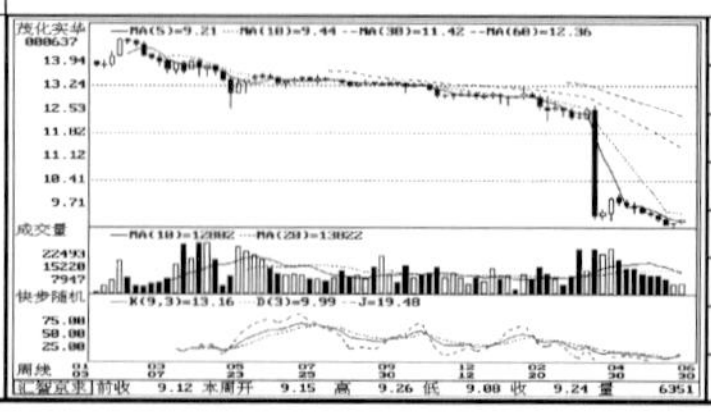

2003年涨跌幅(%)	-6.07
2003年最高(元)	11.10
2003年最低(元)	9.48
2003年换手率(%)	50.46
2004.06涨跌幅(%)	-6.76
2004.06最高(元)	10.08
2004.06最低(元)	9.00
2004.06换手率(%)	24.19

湖南金德发展股份有限公司

公司概况

公司名称	湖南金德发展股份有限公司	股票代码	000639
注册地址	株洲市车站路1号	邮政编码	412007
法人代表	张澎	董秘	陈筱萍
电话	0733-2869999-3231	传真	0733-2867121
主营业务	住宿、餐饮、旅游		

总股本	7286.49	流通A	3281.23	流通B		流通H	
审计单位		审计意见	未审计				

主要财务指标

年度	2004.6	2003	2002
每股收益/扣除后(元)	0.0713	0.1400	0.1500
每股经营现金流量(元)	0.1260	0.2100	0.3571
每股净资产/调整后(元)	1.4000	1.3100	1.1232
每股公积金(元)	0.1411	0.1411	0.1128
净资产收益率(%)	5.3200	10.1700	12.5100
总资产(万元)	23341.71	22226.42	20729.82
股东权益(万元)	10626.62	10061.54	8831.91
未分配利润(万元)	1583.42	1018.34	376.45
主营收入(万元)	6670.13	12869.89	12679.65
资本公积金(万元)	1028.27	1028.27	822.17
主营利润(万元)	1977.13	3694.44	3630.26
其他业务利润(万元)	90.18	156.75	-1.10
营业利润(万元)	922.72	1778.31	1660.21
投资收益(万元)	-8.30	-16.59	-15.48
补贴收入(万元)			
营业外收支(万元)	70.00	-42.90	-0.10
利润总额(万元)	984.42	1718.82	1636.81
净利润(万元)	565.08	1023.53	1104.76

十大股东

序号	股东名称	股份性质	持股数(万股)	比例(%)
1	沈阳宏元集团有限公司	法人股	2020.00	27.72
2	上海立鹏科技投资有限公司	法人股	1432.81	19.66
3	株洲战备材料总厂	法人股	212.69	2.92
4	株洲市国有资产管理局	国有股	114.78	1.58
5	长沙铁路总公司	法人股	99.98	1.37
6	株洲铁路地区劳服公司	法人股	58.49	0.80
7	株洲市花城进出口汽车维修中心	法人股	34.18	0.47
8	株洲市邮电局	法人股	15.98	0.22
9	崔峻山	社会公众股	10.76	0.15
10	江五胜	社会公众股	9.93	0.14

股东人数	2004.6	2003.12	2003.6	2002
	4017	4651	5440	6340

近年分配		近年配股/增发	

重大事项

本公司于2004年4月9日与中国建设银行金华市分行签订了2500万元的最高额保证合同,保证期限为2004年4月9日至2005年4月9日,为控股子公司浙江金德阀门有限公司向该行借款提供人民币2500万元的最高额保证。本公司于2003年4月21日与中国工商银行金华市分行签订了最高额保证合同,保证期限为2003年4月21日至2005年4月21日,为控股子公司浙江金德阀门有限公司向该行借款提供人民币3000万元的最高额保证。

二○○三年以来市场表现

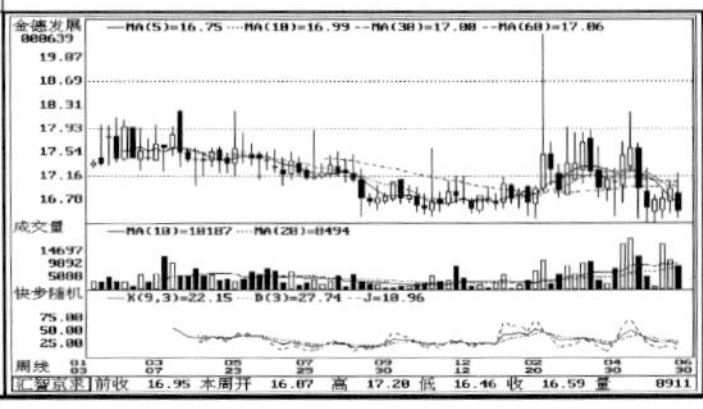

2003年涨跌幅(%)	-2.82
2003年最高(元)	18.22
2003年最低(元)	16.50
2003年换手率(%)	62.28
2004.06涨跌幅(%)	-1.60
2004.06最高(元)	19.45
2004.06最低(元)	16.40
2004.06换手率(%)	55.21

九江化纤股份有限公司

公司概况

公司名称	九江化纤股份有限公司	股票代码	000650
注册地址	江西省九江市庐山区蛤蟆石	邮政编码	332017
法人代表	余小华	董秘	殷春旺
电话	0792-8315675	传真	0792-8316565
主营业务	粘胶长丝、化纤浆粕		

总股本	20010.24	流通A	6570.72	流通B		流通H	
审计单位		审计意见	未审计				

主要财务指标

年度	2004.6	2003	2002
每股收益/扣除后(元)	-0.0105	-0.5287	0.0400
每股经营现金流量(元)	-0.2248	-0.2500	0.1400
每股净资产/调整后(元)	1.1950	1.1900	1.6900
每股公积金(元)	0.3660	0.3660	0.3660
净资产收益率(%)	0.3600	-42.1900	2.6000
总资产(万元)	69503.64	67938.12	75966.37
股东权益(万元)	23903.85	23817.18	33873.82
未分配利润(万元)	-4912.23	-4998.89	5057.75
主营收入(万元)	14198.57	28162.09	22081.33
资本公积金(万元)	7323.30	7323.30	7323.30
主营利润(万元)	943.19	3931.87	2941.82
其他业务利润(万元)	999.00	1056.88	-22.13
营业利润(万元)	102.63	-10047.75	895.04
投资收益(万元)			
补贴收入(万元)	1.07	2.97	-0.17
营业外收支(万元)	-17.04	-3.65	0.05
利润总额(万元)	86.66	-10048.42	883.95
净利润(万元)	86.66	-10048.42	883.95

十大股东

序号	股东名称	股份性质	持股数(万股)	比例(%)
1	九江化学纤维总厂	国有法人股	13439.52	67.16
2	马宝兴	流通A股	34.16	0.17
3	李汉蓉	流通A股	16.00	0.08
4	薛清	流通A股	15.00	0.07
5	北京络神万兴信息技术有限公司	流通A股	14.80	0.07
6	喻德梅	流通A股	13.88	0.07
7	邹晓香	流通A股	12.40	0.06
8	李俊晖	流通A股	11.68	0.06
9	刘红梅	流通A股	11.40	0.06
10	龙建华	流通A股	11.35	0.06

股东人数	2004.6	2003.12	2003.6	2002
	28418	29534	29421	29323

近年分配		近年配股/增发	

重大事项

本公司控股股东九江化学纤维总厂所持本公司13,439.52万股国有法人股,截止2004年7月28日仍被江西省高级人民法院冻结。根据2004年4月29日最高人民法院(2003)民二终字第195号民事判决书,判决九江化学纤维总厂为九江化工厂银行借款的偿还担保连带责任成立,九江化学纤维总厂应承担本金23,980万元人民币及相应利息的连带偿还责任。

二○○三年以来市场表现

2003年涨跌幅(%)	-21.28
2003年最高(元)	7.09
2003年最低(元)	4.20
2003年换手率(%)	201.05
2004.06涨跌幅(%)	-13.30
2004.06最高(元)	6.04
2004.06最低(元)	3.99
2004.06换手率(%)	229.98

珠海格力电器股份有限公司

公司概况

公司名称	珠海格力电器股份有限公司	股票代码	000651
注册地址	珠海市前山金鸡西路6号	邮政编码	519070
法人代表	朱江洪	董秘	刘兴浩
电话	0756-8614883-2416	传真	0756-8622581,8614998
主营业务	生产空调、干衣机		
总股本	53694.00	流通A	21294.00
流通B		流通H	
审计单位		审计意见	未审计

主要财务指标

年度	2004.6	2003	2002
每股收益/扣除后(元)	0.4100	0.6000	0.5500
每股经营现金流量(元)	1.7742	0.2600	1.3700
每股净资产/调整后(元)	4.0700	3.9900	3.3600
每股公积金(元)	0.7851	0.7851	0.7851
净资产收益率(%)	9.9000	15.5300	16.1700
总资产(万元)	1112313.87	828907.81	714416.37
股东权益(万元)	221447.36	217233.56	183528.84
未分配利润(万元)	37636.81	33423.02	4847.53
主营收入(万元)	672378.12	1004238.25	702969.06
资本公积金(万元)	42152.59	42152.59	42152.59
主营利润(万元)	121113.50	171769.28	142289.09
其他业务利润(万元)	11901.50	9012.94	-62.28
营业利润(万元)	27185.17	37167.24	36683.54
投资收益(万元)	-303.39	1706.71	-243.02
补贴收入(万元)	195.86	426.58	-3.53
营业外收支(万元)	-294.94	184.91	-1.63
利润总额(万元)	26782.71	39485.43	35370.07
净利润(万元)	21932.81	33727.51	29680.94

十大股东

序号	股东名称	股份性质	持股数(万股)	比例(%)
1	珠海格力集团公司	法人股	27000.00	50.28
2	珠海格力房产有限公司	法人股	4500.00	8.38
3	珠海华声实业(集团)股份有限公司	法人股	900.00	1.68
4	申万巴黎盛利精选证券投资基金	流通A股	874.92	1.63
5	兴华证券投资基金	流通A股	872.79	1.63
6	华宝兴业多策略增长证券投资基金	流通A股	692.78	1.29
7	宝康消费品证券投资基金	流通A股	667.33	1.24
8	海富通收益增长证券投资基金	流通A股	466.64	0.87
9	全国社保基金一零八组合	流通A股	411.46	0.77
10	全国社保基金一零二组合	流通A股	367.12	0.68

股东人数	2004.6	2003.12	2003.6	2002
	64397	85118	91624	90028

近年分配	2004年6月30日10派3.30	近年配股/增发	

重大事项

根据公司2003年度股东大会审议通过的利润分配方案,公司实施了每10股派息3.3元(含税)的利润分配。本次分红派息股权登记日为2004年6月29日,除息日为6月30日。

二〇〇三年以来市场表现

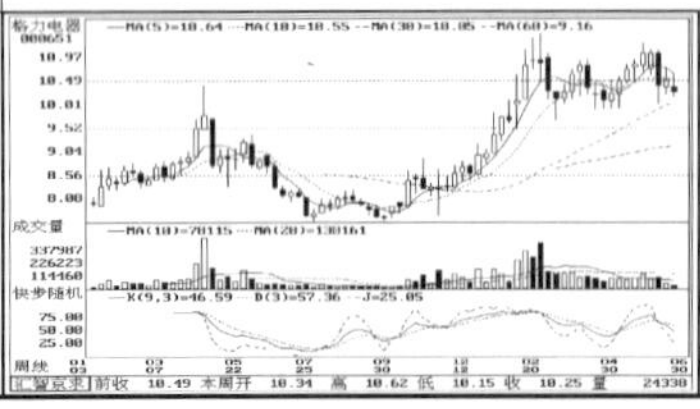

2003年涨跌幅(%)	11.05
2003年最高(元)	9.72
2003年最低(元)	7.25
2003年换手率(%)	164.81
2004.06涨跌幅(%)	20.02
2004.06最高(元)	11.12
2004.06最低(元)	8.51
2004.06换手率(%)	150.94

天津泰达股份有限公司

公司概况

公司名称	天津泰达股份有限公司	股票代码	000652
注册地址	天津开发区第三大街16号	邮政编码	300171
法人代表	刘惠文	董秘	谢剑琳
电话	022-24138796,24138115-536	传真	022-24138796
主营业务	交通、能源、高科技工业投资		
总股本	105398.13	流通A	48285.58
流通B		流通H	
审计单位		审计意见	未审计

主要财务指标

年度	2004.6	2003	2002
每股收益/扣除后(元)	0.0384	0.0700	0.2200
每股经营现金流量(元)	-0.1220	-2.0800	0.3400
每股净资产/调整后(元)	1.7700	1.7900	3.0500
每股公积金(元)	0.2702	0.2702	1.1863
净资产收益率(%)	2.7800	6.3900	7.1300
总资产(万元)	541692.87	564767.06	259587.27
股东权益(万元)	146377.73	146363.56	138153.91
未分配利润(万元)	30447.47	26379.52	27989.23
主营收入(万元)	223820.00	44816.96	38719.50
资本公积金(万元)	21903.83	21903.83	53431.27
主营利润(万元)	8854.46	19656.93	15824.48
其他业务利润(万元)	147.26	818.92	-4.27
营业利润(万元)	4056.03	9760.63	8236.97
投资收益(万元)	1845.71	1111.61	4182.19
补贴收入(万元)	18.57	2168.30	-72.07
营业外收支(万元)	5.71	41.51	-0.32
利润总额(万元)	5926.01	13082.05	13934.36
净利润(万元)	4067.95	9355.42	9848.86

十大股东

序号	股东名称	股份性质	持股数(万股)	比例(%)
1	天津泰达集团有限公司	国有法人股	31320.65	29.72
2	上海启贸实业公司	境内法人股	1135.10	1.08
3	中粮辽宁粮油进出口公司	境内法人股	1135.10	1.08
4	中国农业银行贵阳市瑞金支行	境内法人股	908.08	0.86
5	农行信托上海证券业务部	境内法人股	567.55	0.54
6	中国化工进出口总公司	境内法人股	567.55	0.54
7	中国长城资产管理公司	境内法人股	567.55	0.54
8	哈尔滨中行信托投资公司	境内法人股	533.50	0.51
9	国泰天津证券公司	境内法人股	454.04	0.43
10	天津建行信托	境内法人股	409.77	0.39

股东人数	2004.6	2003.12	2003.6	2002
	21429	22590	24899	28304

近年分配	2004年7月6日10派0.50	近年配股/增发	2004年7月6日10送2转1

重大事项

2004年6月23日,公司第四届董事会第二十八次会议通过了公司控股子公司天津泰达城市开发有限公司出资2800万元人民币参与成立"天津泰达万通房地产开发有限公司"。公司决定以2003年末总股本为基数,每10股送2股转增1股派0.50元(含税)。股权登记日:2004年7月5日;除权除息日:2004年7月6日;红股上市日:2004年7月6日。

二〇〇三年以来市场表现

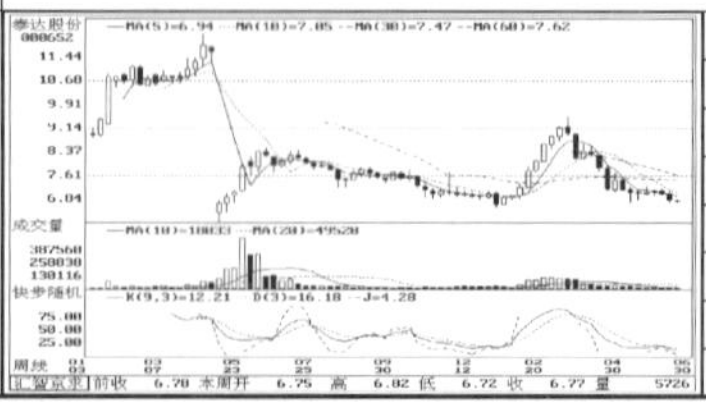

2003年涨跌幅(%)	41.77
2003年最高(元)	8.49
2003年最低(元)	4.87
2003年换手率(%)	62.86
2004.06涨跌幅(%)	-4.11
2004.06最高(元)	9.50
2004.06最低(元)	6.56
2004.06换手率(%)	22.62

山东淄博华光陶瓷股份有限公司

公司概况

公司名称	山东淄博华光陶瓷股份有限公司	股票代码	000655
注册地址	山东省淄博市张店区湖田镇湖光路6号	邮政编码	255086
法人代表	苏同强	董秘	刘玉光
电话	0533-2061798	传真	0533-2061404
主营业务	陶瓷和纸业生产、销售		
总股本	25925.44	流通A	11945.99
流通B		流通H	
审计单位		审计意见	未审计

主要财务指标

年度	2004.6	2003	2002
每股收益/扣除后(元)	–0.0806	0.0161	0.0700
每股经营现金流量(元)	–0.2540	–0.2700	–0.1600
每股净资产/调整后(元)	1.5500	1.6200	2.9900
每股公积金(元)	0.7204	0.7204	1.5488
净资产收益率(%)	–4.0400	1.4100	3.3600
总资产(万元)	157907.20	166841.19	164685.62
股东权益(万元)	51724.56	53908.31	53795.28
未分配利润(万元)	2462.07	4551.19	7716.24
主营收入(万元)	7215.98	28159.13	30580.80
资本公积金(万元)	18676.38	18676.38	25096.61
主营利润(万元)	1695.27	7650.90	9182.23
其他业务利润(万元)	92.88	256.22	–1.75
营业利润(万元)	–2386.11	839.07	2846.31
投资收益(万元)	53.00	112.12	17.22
补贴收入(万元)			
营业外收支(万元)	13.99	52.16	–0.07
利润总额(万元)	–2319.11	1003.36	2869.98
净利润(万元)	–2089.13	759.44	1807.04

十大股东

序号	股东名称	股份性质	持股数(万股)	比例(%)
1	淄博市国有资产管理局	国家股	8942.03	34.49
2	淄博华清投资有限公司	法人股	1092.59	4.21
3	天同证券有限公司	法人股	641.99	2.48
4	淄博市一轻工业公司	法人股	622.60	2.40
5	张店区湖田镇爆炸物品管理站	法人股	485.02	1.87
6	淄博市张店华丰实业总公司	法人股	285.20	1.10
7	上海景贤投资有限公司	法人股	276.00	1.06
8	中国经济开发信托投资公司	法人股	220.80	0.85
9	淄博同升数码网络有限公司	法人股	202.40	0.78
10	淄博鼎智科技发展有限公司	法人股	184.00	0.71

股东人数	2004.6	2003.12	2003.6	2002
	31755	29838	26711	24054

近年分配		近年配股/增发	

重大事项

2004年4月4日公司四届董事会四次会议通过，公司以固定资产800万元与香港利通国际有限公司、WINHUA INVESTMENT LIMITED、美国MA公司合资组建山东淄博永华陶瓷有限责任公司。2004年4月20日公司四届董事会六次会议通过，公司以固定资产1200万元出资与淄博高新区经济发展总公司、淄博高新技术风险投资有限公司、淄博德华塑料有限公司、陈爱华组建成立山东华创精细陶瓷股份有限公司。

二〇〇三年以来市场表现

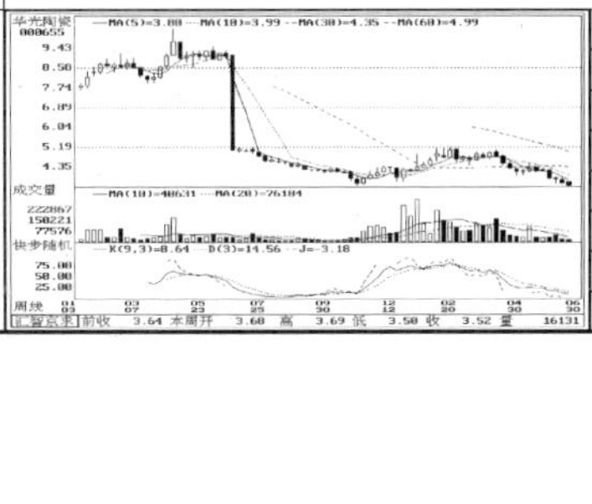

2003年涨跌幅(%)	–14.64
2003年最高(元)	6.39
2003年最低(元)	3.53
2003年换手率(%)	213.07
2004.06涨跌幅(%)	–14.98
2004.06最高(元)	5.15
2004.06最低(元)	3.50
2004.06换手率(%)	189.54

重庆东源产业发展股份有限公司

公司概况

公司名称	重庆东源产业发展股份有限公司	股票代码	000656
注册地址	重庆市江北区建新南路16号	邮政编码	400020
法人代表	陈凯	董秘	何强
电话	023-89072387	传真	023-89072387
主营业务	钢板、钢带、硅钢片		
总股本	20582.19	流通A	7370.00
流通B		流通H	
审计单位		审计意见	未审计

主要财务指标

年度	2004.6	2003	2002
每股收益/扣除后(元)	–0.0147	0.0074	0.0039
每股经营现金流量(元)	–0.5044	–0.2000	0.0800
每股净资产/调整后(元)	2.2500	1.7700	1.4200
每股公积金(元)	1.0294	0.5401	0.1589
净资产收益率(%)	–0.6200	0.8400	1.1700
总资产(万元)	65559.14	52333.36	70560.17
股东权益(万元)	47311.92	37534.63	29017.84
未分配利润(万元)	2544.21	2839.02	2291.99
主营收入(万元)		17893.49	38192.56
资本公积金(万元)	21187.86	11115.76	3270.03
主营利润(万元)		2702.77	3781.83
其他业务利润(万元)	0.30	–22.20	–0.19
营业利润(万元)	–369.24	48.64	172.28
投资收益(万元)	6.54		
补贴收入(万元)			
营业外收支(万元)		250.45	–0.14
利润总额(万元)	–362.70	299.09	1716.19
净利润(万元)	–294.64	315.75	341.67

十大股东

序号	股东名称	股份性质	持股数(万股)	比例(%)
1	成都锦江和盛投资有限责任公司	境内法人股	5856.85	28.46
2	重庆钢铁集团有限责任公司	境内法人股	4508.18	21.90
3	泛华工程有限公司	国家股	1347.15	6.55
4	四川华州管理顾问咨询有限责任公司	境内法人股	1000.00	4.86
5	苏州市西江建设发展有限公司	境内法人股	125.00	0.61
6	厦门唐门房地产有限公司	流通A股	111.16	0.54
7	成都千古坊酒业有限公司	流通A股	73.18	0.36
8	梁学华	流通A股	71.03	0.35
9	张发知	流通A股	64.81	0.31
10	邵光富	流通A股	42.93	0.21

股东人数	2004.6	2003.12	2003.6	2002
	21239	23155	23992	34599

近年分配		近年配股/增发	

重大事项

根据公司与普天寿金融公司旗下DongYuan Hua Ju Holding Limited于2003年12月8日签署的《股权转让协议》，本公司将所持东源华居公司65.52%股权以相当于人民币146,262,741.00元的美元价格转让给合作外方。2004年4月18日，公司与DONG YUAN HUA JUHOLDING LIMITED签署《补充合作合同(二)》，公司以141,307平方米国有土地使用权向合作企业增资。

二〇〇三年以来市场表现

2003年涨跌幅(%)	–29.99
2003年最高(元)	8.35
2003年最低(元)	4.83
2003年换手率(%)	197.04
2004.06涨跌幅(%)	–14.75
2004.06最高(元)	7.28
2004.06最低(元)	4.08
2004.06换手率(%)	107.16

中钨高新材料股份有限公司

公司概况								
公司名称	中钨高新材料股份有限公司				股票代码	000657		
注册地址	海南省海口市龙昆北路2号珠江广场帝都大厦18楼				邮政编码	570125		
法人代表	施承仕			董秘	文先觉			
电话	0898-68581224			传真	0898-68583318			
主营业务	有色金属、硬质合金							
总股本	17108.13	流通A	7452.00	流通B		流通H		
审计单位				审计意见	未审计			

主要财务指标 年度	2004.6	2003	2002
每股收益/扣除后(元)	0.0522	0.2300	0.2000
每股经营现金流量(元)	−0.7130	0.4100	0.7220
每股净资产/调整后(元)	3.4700	3.3700	3.2000
每股公积金(元)	1.5362	1.5084	1.4887
净资产收益率(%)	1.4400	6.3900	6.2800
总资产(万元)	133888.78	107869.07	99542.03
股东权益(万元)	59836.23	58496.65	55365.45
未分配利润(万元)	12049.11	11185.35	9142.81
主营收入(万元)	57096.66	121852.79	121759.86
资本公积金(万元)	26281.00	25805.20	25469.14
主营利润(万元)	7349.97	16596.73	16449.49
其他业务利润(万元)	−109.27	787.72	−1.82
营业利润(万元)	1278.18	4673.85	4387.66
投资收益(万元)		11.64	−77.40
补贴收入(万元)		0.70	0.01
营业外收支(万元)	−29.47	−130.50	−7.66
利润总额(万元)	1248.71	4555.69	4200.08
净利润(万元)	863.77	3736.10	3474.42

十大股东 序号	股东名称	股份性质	持股数(万股)	比例(%)
1	广州中科信集团有限公司	境内法人股	4751.93	27.78
2	自贡硬质合金有限责任公司	国有法人股	2560.80	14.97
3	包头铝业(集团)有限责任公司	国有法人股	549.24	3.21
4	海南金昌旅游实业有限公司	境内法人股	539.66	3.15
5	海南金元投资控股有限公司	国有法人股	534.58	3.12
6	中国有色金属进出口广东公司	国有法人股	178.50	1.04
7	中国有色金属工业广州公司	国有法人股	171.11	1.00
8	南京小河物流仓储有限公司	境内法人股	117.15	0.68
9	吴家琪	流通A股	50.47	0.30
10	中国有色金属工业贸易集团公司	国有法人股	47.91	0.28

股东人数	2004.6	2003.12	2003.6	2002
	39241	39503	40189	41637

近年分配		近年配股/增发	

重大事项

2004年4月23日，经公司2003年度股东大会决议，公司将持有株洲钻石难熔金属加工有限公司所有股权与广州中科信集团有限公司持有的南宁德瑞科实业发展有限公司所有股权进行了置换。

二〇〇三年以来市场表现

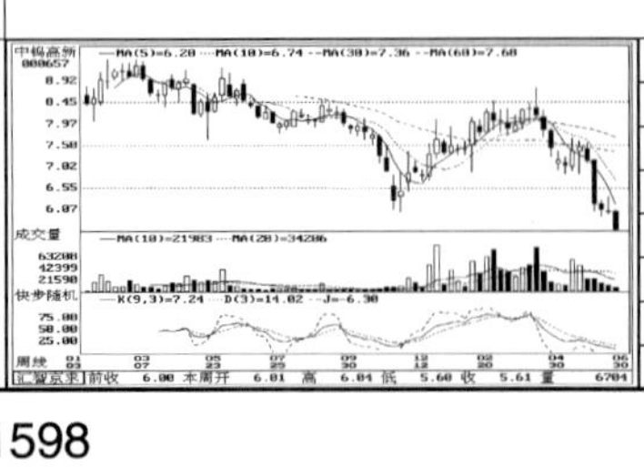

2003年涨跌幅(%)	−14.97
2003年最高(元)	9.34
2003年最低(元)	6.00
2003年换手率(%)	86.93
2004.06涨跌幅(%)	−23.47
2004.06最高(元)	8.76
2004.06最低(元)	5.60
2004.06换手率(%)	108.23

珠海中富实业股份有限公司

公司概况								
公司名称	珠海中富实业股份有限公司				股票代码	000659		
注册地址	广东省珠海市香洲区湾仔镇第一工业区				邮政编码	519030		
法人代表	黄乐夫			董秘	陈立上			
电话	0756-8821350,8821449			传真	0756-8821103,8812870			
主营业务	PET(聚酯)饮料瓶							
总股本	43018.48	流通A	22269.97	流通B		流通H		
审计单位				审计意见	未审计			

主要财务指标 年度	2004.6	2003	2002
每股收益/扣除后(元)	0.2005	0.1800	0.3500
每股经营现金流量(元)	0.1710	0.4000	1.3900
每股净资产/调整后(元)	4.1200	3.9100	3.3600
每股公积金(元)	1.9326	1.9326	1.4659
净资产收益率(%)	4.7800	4.7400	10.1100
总资产(万元)	449700.94	420841.97	327660.34
股东权益(万元)	180515.37	171889.41	130991.12
未分配利润(万元)	23312.16	14686.19	7760.80
主营收入(万元)	90584.58	135962.23	119717.89
资本公积金(万元)	83139.45	83139.45	55527.91
主营利润(万元)	21339.52	28821.47	30668.44
其他业务利润(万元)	266.66	311.20	−3.53
营业利润(万元)	11598.38	9436.60	16826.48
投资收益(万元)	205.05	1026.10	839.71
补贴收入(万元)		15.49	15.49
营业外收支(万元)	0.95	137.82	−0.06
利润总额(万元)	11804.38	10616.01	17672.20
净利润(万元)	8625.98	8147.51	13246.23

十大股东 序号	股东名称	股份性质	持股数(万股)	比例(%)
1	珠海中富工业集团有限公司	境内法人股	19938.50	46.35
2	珠海成创实业有限公司	境内法人股	810.00	1.88
3	嘉实成长收益型证券投资基金	流通A股	655.43	1.52
4	北京鑫宏顺通真空设备销售中心	流通A股	375.00	0.87
5	泰和证券投资基金	流通A股	373.56	0.87
6	裕元证券投资基金	流通A股	301.37	0.70
7	福州爱尔传播广告有限公司	流通A股	297.42	0.69
8	国联安德盛小盘精选证券投资基金	流通A股	283.38	0.66
9	华宝兴业多策略增长证券投资基金	流通A股	278.37	0.65
10	兴科证券投资基金	流通A股	199.04	0.46

股东人数	2004.6	2003.12	2003.6	2002
	73509	81070	78334	82458

近年分配		近年配股/增发	2004年7月28日10转6

重大事项

控股子公司昆山中强瓶胚有限公司和可口可乐装瓶商(东莞)有限公司签订《供货协议》。2002年配股募集资金投资项目之一为收购控股股东持有的昆山中富容器有限公司70%股权，以经审计的帐面净资产作价，收购价格为6547.81万元，其工商变更手续于2004年1月14日办理完毕，至报告期末产生效益138万元。

二〇〇三年以来市场表现

2003年涨跌幅(%)	−16.40
2003年最高(元)	9.05
2003年最低(元)	5.47
2003年换手率(%)	83.06
2004.06涨跌幅(%)	10.28
2004.06最高(元)	9.05
2004.06最低(元)	6.32
2004.06换手率(%)	95.32

长春高新技术产业(集团)股份有限公司

公司概况

公司名称	长春高新技术产业(集团)股份有限公司			股票代码	000661		
注册地址	吉林省长春市同志街2400号			邮政编码	130021		
法人代表	杨占民			董秘	周伟群		
电话	0431-5666367			传真	0431-5675390		
主营业务	生物制药、中成药						
总股本	13132.66	流通A	7980.34	流通B		流通H	
审计单位				审计意见	未审计		

主要财务指标

年度	2004.6	2003	2002
每股收益/扣除后(元)	-0.0830	-0.6900	0.0160
每股经营现金流量(元)	-0.5280	-0.6200	0.1100
每股净资产/调整后(元)	2.6500	2.5900	3.3000
每股公积金(元)	1.7257	1.7253	1.7089
净资产收益率(%)	3.1650	-31.1700	1.6000
总资产(万元)	131514.05	155110.64	123638.49
股东权益(万元)	35710.01	34703.48	46042.07
未分配利润(万元)	-8979.86	-10110.11	1257.12
主营收入(万元)	19891.01	42412.53	46178.84
资本公积金(万元)	22663.20	22658.10	22442.81
主营利润(万元)	14149.31	29491.71	30875.52
其他业务利润(万元)	38.35	95.81	5.33
营业利润(万元)	-762.41	-7430.48	3239.94
投资收益(万元)	2619.17	-469.68	-245.02
补贴收入(万元)	5.03	10.00	10.00
营业外收支(万元)	-11.63	-1974.27	-0.23
利润总额(万元)	1850.16	-9864.43	3027.94
净利润(万元)	1130.25	-10816.43	737.97

十大股东

序号	股东名称	股份性质	持股数(万股)	比例(%)
1	长春高新技术产业发展总公司	国有股	4547.52	34.63
2	长春市南湖实业总公司	法人股	252.00	1.92
3	长春市天然气化学工业公司	法人股	100.80	0.77
4	吉林省博维实业有限公司	法人股	100.80	0.77
5	长春建设股份有限公司	法人股	100.80	0.77
6	陈红英	流通股	39.18	0.30
7	吉林省地产总公司	法人股	30.24	0.23
8	何瑞香	流通股	28.05	0.21
9	董照桂	流通股	26.51	0.20
10	孔惠峰	流通股	25.00	0.19

股东人数	2004.6	2003.12	2003.6	2002
	40095	43747	44742	46211

近年分配		近年配股/增发	

重大事项

经本公司第四届二十一次董事会审议，通过了关于转让本公司所持有的长春长生生物科技股份有限公司(长生生物)59.68%股权。公司将所持有的长生生物股本的1,734万股股权转让给吉林亚泰(集团)股份有限公司，转让价格定为每股2.7元人民币，占长生生物总股本的34.68%；另外公司将所持有的长生生物股本的1,250万股股权转让给自然人高俊芳，转让价格定为每股2.7元人民币，占长生生物总股本的25%。

二〇〇三年以来市场表现

2003年涨跌幅(%)	-39.07
2003年最高(元)	9.15
2003年最低(元)	4.41
2003年换手率(%)	191.29
2004.06涨跌幅(%)	1.09
2004.06最高(元)	6.50
2004.06最低(元)	4.10
2004.06换手率(%)	155.35

广西红日股份有限公司

公司概况

公司名称	广西红日股份有限公司			股票代码	000662		
注册地址	广西梧州市新兴二路137号			邮政编码	543002		
法人代表	梁国坚			董秘	李博		
电话	0774-3863686			传真	0774-3863582		
主营业务	化工产品、美容化妆品						
总股本	14999.25	流通A	5400.15	流通B		流通H	
审计单位				审计意见	未审计		

主要财务指标

年度	2004.6	2003	2002
每股收益/扣除后(元)	0.2494	0.4786	0.3148
每股经营现金流量(元)	-0.1070	1.1800	0.3800
每股净资产/调整后(元)	1.9080	1.6200	1.6800
每股公积金(元)	0.3664	0.3037	1.0505
净资产收益率(%)	12.2000	29.1400	18.4700
总资产(万元)	70759.50	60382.54	45747.37
股东权益(万元)	28638.56	24430.97	18160.57
未分配利润(万元)	6627.07	3133.71	-5658.26
主营收入(万元)	23725.09	39581.42	24652.08
资本公积金(万元)	5496.08	4555.25	11254.66
主营利润(万元)	15679.82	26258.78	14265.60
其他业务利润(万元)	23.53	31.69	1.49
营业利润(万元)	4465.70	7245.50	4473.43
投资收益(万元)	66.78	33.30	32.42
补贴收入(万元)	34.46	0.75	-0.00
营业外收支(万元)	-298.88	-93.27	-1.08
利润总额(万元)	4268.06	7186.28	4455.74
净利润(万元)	3493.36	7118.14	3354.38

十大股东

序号	股东名称	股份性质	持股数(万股)	比例(%)
1	广西索芙特股份有限公司	境内法人股	4275.24	28.50
2	广东通作投资有限公司	境内法人股	2685.20	17.90
3	中国银行南宁信托咨询公司	国有法人股	1050.00	7.00
4	海口八达进出口公司	境内法人股	627.84	4.19
5	杭州天安经济开发有限公司	境内法人股	420.00	2.80
6	富国动态平衡证券投资基金	流通A股	401.17	2.67
7	南宁市仁和商贸有限责任公司	境内法人股	289.80	1.93
8	广州市天街小雨化妆品有限公司	境内法人股	175.00	1.17
9	深圳桂兴发展贸易公司	境内法人股	48.51	0.32
10	乔书兰	流通A股	45.16	0.30

股东人数	2004.6	2003.12	2003.6	2002
	6682	8362	7070	7736

近年分配		近年配股/增发	

重大事项

2004年4月20日，广西来宾市中级人民法院(来宾中院)给本公司送达(2004)来民执通字第29号、30号、31号执行通知书，通知要求本公司于2004年4月21日前自动履行(99)梧经初字61号、(2000)梧经初字18号、45号判决书确定给付3030万元及逾期利息的义务，逾期不履行，法院将依法强制执行。

二〇〇三年以来市场表现

2003年涨跌幅(%)	34.99
2003年最高(元)	10.96
2003年最低(元)	6.57
2003年换手率(%)	135.87
2004.06涨跌幅(%)	6.19
2004.06最高(元)	12.24
2004.06最低(元)	9.45
2004.06换手率(%)	128.30

福建省永安林业(集团)股份有限公司

公司概况							
公司名称	福建省永安林业(集团)股份有限公司			股票代码	000663		
注册地址	福建省永安市燕江东路12号			邮政编码	366000		
法人代表	吴景贤			董秘	黄忠明		
电话	0598-3614875			传真	0598-3633415		
主营业务	木(竹)材采运、加工						
总股本	16723.26	流通A	5921.28	流通B		流通H	
审计单位				审计意见	未审计		

主要财务指标 年度	2004.6	2003	2002
每股收益/扣除后(元)	0.0486	0.1018	0.0494
每股经营现金流量(元)	0.0866	0.3820	0.4651
每股净资产/调整后(元)	1.9020	1.9749	1.8076
每股公积金(元)	0.7694	0.7694	0.7694
净资产收益率(%)	2.4400	5.0800	3.8152
总资产(万元)	91509.31	82854.04	77340.52
股东权益(万元)	33243.08	33435.73	31738.08
未分配利润(万元)	2226.77	2419.42	1072.05
主营收入(万元)	15065.05	31219.52	28860.90
资本公积金(万元)	12867.15	12867.15	12867.15
主营利润(万元)	3506.78	8352.57	7047.65
其他业务利润(万元)	142.61	197.08	–110.42
营业利润(万元)	217.25	984.34	–382.17
投资收益(万元)	408.15	513.19	829.92
补贴收入(万元)	217.21	318.20	5.59
营业外收支(万元)	–1.69	–32.99	–0.24
利润总额(万元)	840.91	1782.75	1265.38
净利润(万元)	810.74	1697.65	1210.87

十大股东 序号	股东名称	股份性质	持股数(万股)	比例(%)
1	福建省永安林业(集团)总公司	国家股	6488.46	38.80
2	永安市财政局	国家股	1863.54	11.14
3	福建省青山纸业股份有限公司	境内法人股	1170.00	7.00
4	永安市林业建设投资公司	境内法人股	468.00	2.80
5	三明市林业总公司	境内法人股	468.00	2.80
6	永安市燕林开发公司	境内法人股	126.24	0.75
7	惠阳市行成科技教育有限公司	流通A股	50.28	0.30
8	青岛新宝通投资管理有限公司	流通A股	50.00	0.30
9	王玉泉	流通A股	40.00	0.24
10	永安市副食品基金开发三公司	境内法人股	34.63	0.21

股东人数	2004.6	2003.12	2003.6	2002
	30446	31574	32257	33993

近年分配	2004年8月2日10派0.60	近年配股/增发	

重大事项

公司于4月27日与福建省轻纺(控股)有限责任公司签订《股份转让协议书》,转让公司持有的青山纸业公司400万股法人股,转让价格以该公司2003年度经审计的每股净资产为依据,双方商定为每股2.215元。

二〇〇三年以来市场表现

2003年涨跌幅(%)	–18.02
2003年最高(元)	8.74
2003年最低(元)	5.33
2003年换手率(%)	134.30
2004.06涨跌幅(%)	–14.88
2004.06最高(元)	7.41
2004.06最低(元)	5.08
2004.06换手率(%)	97.90

武汉塑料工业集团股份有限公司

公司概况							
公司名称	武汉塑料工业集团股份有限公司			股票代码	000665		
注册地址	武汉市经济技术开发区工业区			邮政编码	430022		
法人代表	刘文彦			董秘	孙洁		
电话	027-85425727			传真	027-85891746		
主营业务	高科技工程塑料制品						
总股本	14096.95	流通A	5001.38	流通B		流通H	
审计单位				审计意见	未审计		

主要财务指标 年度	2004.6	2003	2002
每股收益/扣除后(元)	–0.0215	–0.7100	0.0100
每股经营现金流量(元)	–0.1956	–0.6800	0.2000
每股净资产/调整后(元)	1.9000	1.8900	2.8100
每股公积金(元)	0.8171	1.4346	1.3388
净资产收益率(%)	1.2800	–51.1200	0.3800
总资产(万元)	73505.71	87325.60	78587.25
股东权益(万元)	27287.45	26938.20	39850.03
未分配利润(万元)	348.62	–11031.29	3132.99
主营收入(万元)	14555.11	53296.53	47320.83
资本公积金(万元)	11518.26	20223.97	18873.08
主营利润(万元)	2581.11	6470.59	6928.96
其他业务利润(万元)	58.57	253.76	–7.04
营业利润(万元)	–411.55	–8982.65	1505.01
投资收益(万元)	1001.02	12.77	
补贴收入(万元)			
营业外收支(万元)	6.07	–4321.96	–0.36
利润总额(万元)	595.55	–13291.84	1469.55
净利润(万元)	348.62	–13770.54	151.45

十大股东 序号	股东名称	股份性质	持股数(万股)	比例(%)
1	武汉经开投资有限公司	国有法人股	3200.00	22.70
2	武汉正阳信技术技术有限公司	境内法人股	1231.02	8.73
3	武汉市工业合作联社	境内法人股	1227.77	8.71
4	平安信托投资有限责任公司	境内法人股	1120.33	7.95
5	武汉国际信托投资公司	国有法人股	1097.53	7.79
6	武汉市益信工程经济发展公司	境内法人股	336.10	2.38
7	长江经济联合发展(集团)股份有限公司武汉公司	境内法人股	280.08	1.99
8	深圳江海重型机械工程(深圳)有限公司	境内法人股	140.04	0.99
9	湖北省投资公司	境内法人股	140.04	0.99
10	武汉欧威信息技术有限公司	境内法人股	62.22	0.44

股东人数	2004.6	2003.12	2003.6	2002
	25164	26050	27543	27769

近年分配		近年配股/增发	

重大事项

公司于2004年1月15日与湖北徐东(集团)股份有限公司(徐东集团)签订了《武塑阳光股权转让合同书》(《股权转让合同》),公司以2701.01万元的价格转让持有的武汉塑料工业集团阳光汽车出租有限公司79%的股权(阳光公司);公司控股子公司武汉塑料城股份有限公司(塑料城)于2004年1月15日与徐东集团签订了《股权转让合同》,塑料城以683.80万元的价格转让持有的阳光公司20%的股权。

二〇〇三年以来市场表现

2003年涨跌幅(%)	–41.39
2003年最高(元)	9.18
2003年最低(元)	4.55
2003年换手率(%)	165.69
2004.06涨跌幅(%)	4.97
2004.06最高(元)	6.93
2004.06最低(元)	4.22
2004.06换手率(%)	245.07

经纬纺织机械股份有限公司

公司概况

公司名称	经纬纺织机械股份有限公司				股票代码	000666	
注册地址	北京市北京经济技术开发区永昌中路 8 号				邮政编码	100016	
法人代表	张杰			董秘	叶雪华		
电话	010-84534078-8188			传真	010-84534135		
主营业务	纺织机械产品						
总股本	60380.00	流通 A	20300.00	流通 B		流通 H	18080.00
审计单位				审计意见	未审计		

主要财务指标

年度	2004.6	2003	2002
每股收益 / 扣除后(元)	0.1338	0.2700	0.2400
每股经营现金流量(元)	-0.2320	0.4300	0.7600
每股净资产 / 调整后(元)	3.8900	3.8400	3.7100
每股公积金(元)	2.0896	2.0896	2.0738
净资产收益率(%)	3.2300	6.6100	6.0600
总资产(万元)	556957.87	551165.69	477418.00
股东权益(万元)	247935.00	244262.36	227154.91
未分配利润(万元)	36183.92	32511.25	22174.51
主营收入(万元)	195099.14	430574.28	282843.81
资本公积金(万元)	126171.66	126171.66	125215.41
主营利润(万元)	32451.97	75513.74	58042.86
其他业务利润(万元)	2523.97	5622.11	-194.40
营业利润(万元)	9602.91	20490.65	16946.56
投资收益(万元)	563.81	444.88	-55.93
补贴收入(万元)	27.04	231.98	-1.00
营业外收支(万元)	-110.88	-1017.27	-120.09
利润总额(万元)	10082.87	20150.24	16013.50
净利润(万元)	8020.03	16153.45	13768.51

十大股东

序号	股东名称	股份性质	持股数(万股)	比例(%)
1	中国纺织机械(集团)有限公司	国有法人股	22000.00	36.44
2	香港中央结算(代理人)有限公司	流通 H 股	17883.59	29.62
3	中国工商银行-国联安德盛小盘精选证券投资基金	流通 A 股	216.96	0.36
4	中国工商银行-金泰证券投资基金	流通 A 股	113.41	0.19
5	裕隆证券投资基金	流通股	97.08	0.16
6	POON CHIU LEUNG	流通 H 股	60.00	0.10
7	中国工商银行-融通深证 100 指数证券投资基金	流通 A 股	52.90	0.09
8	唐小明	流通 A 股	36.80	0.06
9	王云	流通 A 股	33.00	0.05
10	HSBC NOMINEES (HONGKONG) AIMIT	流通 H 股	32.40	0.05

股东人数

2004.6	2003.12	2003.6	2002
89880	100307	104144	109064

近年分配	近年配股 / 增发
2004 年 7 月 19 日 10 派 0.72	

重大事项

根据本公司于 2003 年 12 月和 2004 年 1 月分别与中国纺织机械(集团)有限公司签订的《股权转让协议》，本公司于 2004 年 1 月起受让中国纺织机械(集团)有限公司持有的宏大投资有限公司的 16.40%股权，用以抵减本公司向中国纺织机械(集团)有限公司出售金图信息科技有限公司股权的价款人民币 24,867 千元。

二〇〇三年以来市场表现

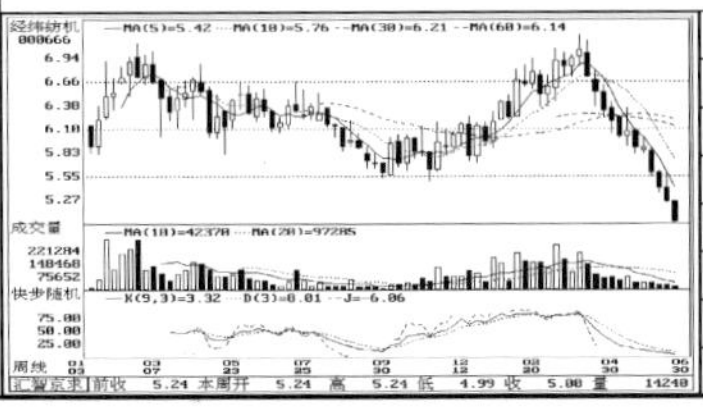

2003 年涨跌幅(%)	-2.14
2003 年最高(元)	7.05
2003 年最低(元)	5.48
2003 年换手率(%)	194.82
2004.06 涨跌幅(%)	-15.97
2004.06 最高(元)	7.22
2004.06 最低(元)	4.99
2004.06 换手率(%)	124.74

名流置业集团股份有限公司

公司概况

公司名称	名流置业集团股份有限公司				股票代码	000667	
注册地址	云南省昆明市东风西路 19 号				邮政编码	650031	
法人代表	刘道明			董秘	周明钧		
电话	0871-3610134			传真	0871-3625615		
主营业务	投资、商业贸易						
总股本	24502.80	流通 A	6358.80	流通 B		流通 H	
审计单位				审计意见	未审计		

主要财务指标

年度	2004.6	2003	2002
每股收益 / 扣除后(元)	0.1171	0.2331	0.1944
每股经营现金流量(元)	-0.1784	-0.1756	0.5491
每股净资产 / 调整后(元)	2.1450	2.1312	1.8954
每股公积金(元)	0.0374	0.0374	0.0374
净资产收益率(%)	5.3400	11.0600	10.7900
总资产(万元)	120561.26	108665.35	81553.72
股东权益(万元)	52579.71	52219.84	46443.56
未分配利润(万元)	6580.52	3770.37	2179.56
主营收入(万元)	12971.02	30717.73	30850.09
资本公积金(万元)	916.37	916.37	916.37
主营利润(万元)	4845.94	10268.24	7761.42
其他业务利润(万元)	13.42	79.95	0.86
营业利润(万元)	3274.59	8202.40	6129.27
投资收益(万元)	-59.18	586.24	607.45
补贴收入(万元)			
营业外收支(万元)	-0.03	5.02	-0.05
利润总额(万元)	3215.39	8793.66	6773.66
净利润(万元)	2810.14	5776.29	5010.61

十大股东

序号	股东名称	股份性质	持股数(万股)	比例(%)
1	名流投资集团有限公司	境内法人股	7200.00	29.38
2	昆明市五华区人民政府国有资产管理办公室	国有法人股	5644.00	23.03
3	海南洋浦众森科技投资有限公司	境内法人股	5300.00	21.63
4	毛家顺	流通 A 股	36.26	0.15
5	汤连生	流通 A 股	34.26	0.14
6	李斌成	流通 A 股	33.66	0.14
7	吕华山	流通 A 股	24.56	0.10
8	刘爱兰	流通 A 股	21.80	0.09
9	刘云	流通 A 股	21.40	0.09
10	王志刚	流通 A 股	21.40	0.09

股东人数

2004.6	2003.12	2003.6	2002
23389	23393	23302	23298

近年分配	近年配股 / 增发
2004 年 5 月 14 日 10 派 1.00	

重大事项

公司董事会于 2004 年 2 月 5 日同意为本公司直接和间接控股 100%的子公司北京名流未来置业有限公司 5000 万元银行借款提供信用担保。担保期限自 2004 年 2 月 5 日起至债务履行期限届满之日后两年。公司董事会于 2004 年 6 月 28 日同意为本公司直接和间接控股 100%的子公司北京名流未来置业有限公司向上海浦东发展银行亚运村支行借款 7000 万元提供信用担保，担保期限为借款之日起至其还清贷款本息和有关费用时止。

二〇〇三年以来市场表现

2003 年涨跌幅(%)	-29.76
2003 年最高(元)	8.78
2003 年最低(元)	4.87
2003 年换手率(%)	93.58
2004.06 涨跌幅(%)	-4.77
2004.06 最高(元)	7.45
2004.06 最低(元)	4.98
2004.06 换手率(%)	116.20

中国石化武汉石油(集团)股份有限公司

公司概况

公司名称	中国石化武汉石油(集团)股份有限公司			股票代码	000668	
注册地址	湖北省武汉市万松小区18号楼			邮政编码	430022	
法人代表	陈火军			董秘	蒙弘	
电话	027-85781439			传真	027-85757897	
主营业务	石油制品					
总股本	14684.19	流通A	4987.77	流通B		流通H
审计单位				审计意见	未审计	

主要财务指标

年度	2004.6	2003	2002
每股收益/扣除后(元)	0.2020	0.2600	0.1700
每股经营现金流量(元)	0.0480	1.4400	0.5200
每股净资产/调整后(元)	2.2500	1.9400	1.7800
每股公积金(元)	0.6500	0.6500	0.6500
净资产收益率(%)	7.1400	8.6600	6.7100
总资产(万元)	81648.40	88749.63	98689.59
股东权益(万元)	38678.67	35918.83	33837.42
未分配利润(万元)	8270.64	5510.80	4051.25
主营收入(万元)	93751.80	158872.62	121357.92
资本公积金(万元)	9544.11	9544.11	9544.11
主营利润(万元)	9920.22	20866.52	16228.52
其他业务利润(万元)	6.74	-158.50	49.48
营业利润(万元)	4428.01	6423.48	3604.91
投资收益(万元)		-456.55	-16.04
补贴收入(万元)			
营业外收支(万元)	-307.56	-832.91	-4.11
利润总额(万元)	4120.45	5134.03	3312.83
净利润(万元)	2759.83	3111.14	2271.75

十大股东

序号	股东名称	股份性质	持股数(万股)	比例(%)
1	中国石油化工股份有限公司	国家股	6791.20	46.25
2	武汉国有资产经营公司	国家股	1764.75	12.02
3	江汉石油管理局	境内法人股	304.20	2.07
4	武汉工业国有投资有限公司	境内法人股	187.20	1.27
5	中国石化集团武汉石油化工厂	境内法人股	187.20	1.27
6	长江证券有限责任公司	流通A股	156.16	1.06
7	中国石油大庆石油化工总厂	国家股	139.04	0.95
8	中国石化兰州炼油化工总厂	国家股	59.97	0.41
9	中国石化集团茂名石油化工公司	国家股	56.10	0.38
10	朱万春	流通A股	46.11	0.31

股东人数	2004.6	2003.12	2003.6	2002
	21382	20902	20714	22436

近年分配	2004年7月16日10派1.00	近年配股/增发	

重大事项

中国石化集团武汉石油化工厂所经营的油品按成品油实行统一配置的要求，由公司按国家定价销售。

二〇〇三年以来市场表现

2003年涨跌幅(%)	-14.98
2003年最高(元)	12.91
2003年最低(元)	8.74
2003年换手率(%)	89.36
2004.06涨跌幅(%)	-11.29
2004.06最高(元)	11.52
2004.06最低(元)	8.37
2004.06换手率(%)	143.30

吉林领先科技发展股份有限公司

公司概况

公司名称	吉林领先科技发展股份有限公司			股票代码	000669	
注册地址	吉林省吉林市高新技术开发区C区26号楼			邮政编码	132013	
法人代表	李建新			董秘	王逾欧	
电话	0432-4664051,4674416			传真	0432-4683884	
主营业务	医药、医疗器械的生产经营					
总股本	6167.00	流通A	2299.00	流通B		流通H
审计单位				审计意见	未审计	

主要财务指标

年度	2004.6	2003	2002
每股收益/扣除后(元)	0.0389	0.0100	0.0600
每股经营现金流量(元)	0.0500	0.0800	-0.0400
每股净资产/调整后(元)	1.3900	1.3500	1.2700
每股公积金(元)	0.0822	0.0822	0.0245
净资产收益率(%)	2.7900	1.1200	4.3700
总资产(万元)	25218.36	24816.79	14577.19
股东权益(万元)	8542.23	8303.58	7854.40
未分配利润(万元)	801.86	563.21	486.71
主营收入(万元)	2925.72	2445.11	2737.00
资本公积金(万元)	506.97	506.97	150.99
主营利润(万元)	989.65	698.74	832.00
其他业务利润(万元)	31.58	170.41	-1.52
营业利润(万元)	377.24	156.60	273.74
投资收益(万元)	-23.48	-20.78	
补贴收入(万元)			
营业外收支(万元)	-1.29	13.17	0.15
利润总额(万元)	352.46	148.98	398.66
净利润(万元)	238.66	93.20	343.06

十大股东

序号	股东名称	股份性质	持股数(万股)	比例(%)
1	吉林中讯新技术有限公司	境内法人股	1911.00	30.99
2	天津市泰森科技实业有限公司	境内法人股	1310.00	21.24
3	深圳市吉粤投资有限公司	境内法人股	527.00	8.55
4	万宝集团冷机制作工业公司	境内法人股	120.00	1.95
5	陈定贵	流通A股	35.58	0.58
6	谢胜坤	流通A股	14.40	0.23
7	谢桂新	流通A股	8.33	0.14
8	李苹	流通A股	7.65	0.12
9	苏长荣	流通A股	7.39	0.12
10	王李氏	流通A股	7.10	0.12

股东人数	2004.6	2003.12	2003.6	2002
	16546	16523	16597	16709

近年分配		近年配股/增发	

重大事项

公司曾于2003年1月15日在《证券时报》上刊登了关于股转债登记的通知。截止2004年6月30日公司仍有部分债券未进行登记,导致股转债尚未兑付。报告期内公司在天津设立了吉林领先科技发展股份有限公司膜科技分公司。

二〇〇三年以来市场表现

2003年涨跌幅(%)	-45.24
2003年最高(元)	14.50
2003年最低(元)	6.65
2003年换手率(%)	138.24
2004.06涨跌幅(%)	21.98
2004.06最高(元)	10.88
2004.06最低(元)	6.93
2004.06换手率(%)	216.76

天发石油股份有限公司

公司概况

公司名称	天发石油股份有限公司		股票代码	000670	
注册地址	荆州市江汉路 106 号		邮政编码	434000	
法人代表	苗泽春		董秘	张进斌	
电话	0716-8560320		传真	0716-8566160	
主营业务	石油液化气				
总股本	27220.91	流通 A	15466.88	流通 B	流通 H
审计单位			审计意见	未审计	

主要财务指标

年度	2004.6	2003	2002
每股收益 / 扣除后(元)	0.0052	0.0100	-0.5500
每股经营现金流量(元)	-0.0119	0.3100	-0.2300
每股净资产 / 调整后(元)	3.2400	3.2300	3.0600
每股公积金(元)	2.1757	2.1608	2.1531
净资产收益率(%)	0.1400	5.0000	-17.2600
总资产(万元)	199014.22	192037.23	172170.00
股东权益(万元)	88566.49	88035.98	83835.00
未分配利润(万元)	-6180.31	-6304.82	-10297.00
主营收入(万元)	44335.88	73943.38	51877.00
资本公积金(万元)	59224.87	58818.88	58609.70
主营利润(万元)	7029.23	12398.59	5206.00
其他业务利润(万元)	27.83	294.24	50.72
营业利润(万元)	74.44	872.64	-14496.16
投资收益(万元)			-50.00
补贴收入(万元)		1600.00	1600.00
营业外收支(万元)	-17.12	2312.71	-1.26
利润总额(万元)	57.33	4785.35	14679.93
净利润(万元)	124.82	4397.70	-14466.00

十大股东

序号	股东名称	股份性质	持股数(万股)	比例(%)
1	湖北天发实业集团有限公司	境内法人股	7074.83	25.99
2	荆州市第一木材总公司	境内法人股	2560.00	9.40
3	荆州市国有资产管理局	国家股	2019.20	7.42
4	国信证券有限责任公司	流通 A 股	137.00	0.50
5	南京小河物流仓储有限公司	境内法人股	100.00	0.37
6	蒋惠卿	流通 A 股	60.00	0.22
7	陈安喜	流通 A 股	51.00	0.19
8	向丽云	流通 A 股	42.00	0.15
9	吴轩	流通 A 股	33.22	0.12
10	彭宏孝	流通 A 股	31.26	0.11

股东人数	2004.6	2003.12	2003.6	2002
	57277	57478	65377	66691

近年分配		近年配股 / 增发	

重大事项

公司为控股子公司借款 13,340 万元，其中：湖北天发富洪石油化工有限公司借款 9,980 万元，湖北天发石油化工有限公司借款 360 万元，武汉天发石油物流有限公司借款 3,000 万元提供担保。公司于 2003 年 8 月 27 日与海南华红投资有限公司签定《资产租赁合同》，将公司所属阳逻油库的部分油罐与附属设施租赁给海南华红投资有限责任公司，租期为一年。

二〇〇三年以来市场表现

2003 年涨跌幅(%)	14.39
2003 年最高(元)	7.50
2003 年最低(元)	4.30
2003 年换手率(%)	294.95
2004.06 涨跌幅(%)	-14.05
2004.06 最高(元)	7.91
2004.06 最低(元)	5.18
2004.06 换手率(%)	165.79

福建阳光实业发展股份有限公司

公司概况

公司名称	福建阳光实业发展股份有限公司		股票代码	000671	
注册地址	福州经济技术开发区星发路 8 号		邮政编码	350005	
法人代表	林腾蛟		董秘	黄永刚	
电话	0591-3313741		传真	0591-3377141	
主营业务	基础设施开发				
总股本	9517.31	流通 A	2910.50	流通 B	流通 H
审计单位			审计意见	未审计	

主要财务指标

年度	2004.6	2003	2002
每股收益 / 扣除后(元)	0.0686	0.0010	-0.0200
每股经营现金流量(元)	-1.0140	1.3100	-0.3600
每股净资产 / 调整后(元)	1.8600	1.7700	1.7100
每股公积金(元)	0.3018	0.2761	0.2707
净资产收益率(%)	3.1800	2.6400	-1.1800
总资产(万元)	72853.64	59311.59	62090.79
股东权益(万元)	18102.14	17254.45	16738.73
未分配利润(万元)	4442.98	3836.02	3392.20
主营收入(万元)	18637.21	21208.23	25716.26
资本公积金(万元)	2872.76	2627.86	2575.94
主营利润(万元)	2314.30	1699.17	2651.68
其他业务利润(万元)	10.50	209.80	-3.55
营业利润(万元)	1606.14	1001.38	908.43
投资收益(万元)	-37.39	-41.97	-29.36
补贴收入(万元)			
营业外收支(万元)	-50.08	-44.89	1.82
利润总额(万元)	1518.67	914.52	818.65
净利润(万元)	576.00	455.04	-196.80

十大股东

序号	股东名称	股份性质	持股数(万股)	比例(%)
1	福建阳光投资有限公司	境内法人股	2636.93	27.71
2	福建华恒鞋帽进出口公司	境内法人股	1361.71	14.31
3	福建和盛集团有限公司	境内法人股	653.95	6.87
4	福建省华兴集团有限责任公司	境内法人股	470.68	4.95
5	福建省新湖集团科技信息中心	境内法人股	379.65	3.99
6	石狮市华新经济发展公司	境内法人股	377.63	3.97
7	深圳市申兆旺投资发展有限公司	流通 A 股	341.31	3.59
8	上海盈泰投资管理有限公司	流通 A 股	253.49	2.66
9	无锡市华信投资管理有限公司	境内法人股	200.55	2.11
10	福建省石狮市迅达运输公司	境内法人股	154.00	1.62

股东人数	2004.6	2003.12	2003.6	2002
	13400	17020	17565	18257

近年分配		近年配股 / 增发	

重大事项

公司下属的福建阳光房地产开发有限公司，根据股东会决议增加注册资本 5853 万元，增资后该公司的注册资本变更为 22433 万元，公司占增资后的阳光房地产公司 49%的股权，仍为该公司的第一大股东。根据公司董事会关于将公司福沪无纺布分公司机器设备和厂房，租赁给福州开发区天祥实业有限公司及将新乐园大酒店分公司的资产租赁给福州浪速花娱乐有限公司的决议，公司分别与对方签订资产租赁合同。

二〇〇三年以来市场表现

2003 年涨跌幅(%)	-37.43
2003 年最高(元)	11.75
2003 年最低(元)	5.99
2003 年换手率(%)	125.78
2004.06 涨跌幅(%)	36.42
2004.06 最高(元)	10.33
2004.06 最低(元)	6.26
2004.06 换手率(%)	163.99

白银铜城商厦(集团)股份有限公司

公司概况

公司名称	白银铜城商厦(集团)股份有限公司	股票代码	000672
注册地址	甘肃省白银市白银区五一街八号	邮政编码	730900
法人代表	李再生	董秘	张世田
电话	0943-8223409	传真	0943-8227879
主营业务	商贸、服务业、腐殖酸产品		
总股本	15197.00	流通 A	7055.75
流通 B		流通 H	
审计单位		审计意见	未审计

主要财务指标

年度	2004.6	2003	2002
每股收益/扣除后(元)	-0.0004	-0.1620	-0.3400
每股经营现金流量(元)	-0.0020	0.0044	-0.1500
每股净资产/调整后(元)	1.4300	1.3953	1.2000
每股公积金(元)	0.6892	0.6893	0.6741
净资产收益率(%)	0.0750	0.7400	-23.8600
总资产(万元)	54201.20	40920.21	39733.52
股东权益(万元)	22221.97	22207.20	21810.26
未分配利润(万元)	-4643.74	-4660.39	-4791.28
主营收入(万元)	3532.65	1343.28	3469.40
资本公积金(万元)	10474.10	10475.99	10244.07
主营利润(万元)	1670.80	10.16	229.94
其他业务利润(万元)	182.25	115.69	-7.40
营业利润(万元)	310.23	-2171.56	-3786.96
投资收益(万元)	5.36	2848.42	-1556.77
补贴收入(万元)	26.20		
营业外收支(万元)	-3.34	-16.35	0.19
利润总额(万元)	338.46	660.51	-5455.84
净利润(万元)	16.65	165.03	-5203.26

十大股东

序号	股东名称	股份性质	持股数(万股)	比例(%)
1	北京市海淀区国有资产投资经营公司	国有法人股	3945.37	25.96
2	甘肃金合投资有限公司	境内法人股	3541.44	23.30
3	深圳市瑞英投资发展有限公司	境内法人股	478.04	3.15
4	河北证券有限责任公司	流通 A 股	318.47	2.10
5	甘肃银城实业公司	境内法人股	67.84	0.45
6	程远	流通 A 股	66.80	0.44
7	深圳市莲花山花木园	境内法人股	54.27	0.36
8	白银建银房地产开发公司	境内法人股	54.27	0.36
9	滕佩举	流通 A 股	38.30	0.25
10	余子照	流通 A 股	37.74	0.25

股东人数	2004.6	2003.12	2003.6	2002
	16034	17917	18896	9687

近年分配		近年配股/增发	

重大事项

延续到2004年6月30日的公司2001年度配股募集资为3400万元,由于市场等方面的原因公司暂委托西部金融租赁有限公司开展融资租赁业务。公司于2003年底收购了西安鼎天科技实业有限公司持有的杨凌鼎天济农腐殖酸制品有限公司51%的股权。公司的主营业务范围增加了腐殖酸制品的深加工与销售。

二○○三年以来市场表现

2003 年涨跌幅(%)	-38.70
2003 年最高(元)	7.37
2003 年最低(元)	3.58
2003 年换手率(%)	489.50
2004.06 涨跌幅(%)	1.86
2004.06 最高(元)	6.25
2004.06 最低(元)	3.40
2004.06 换手率(%)	331.70

大同水泥股份有限公司

公司概况

公司名称	大同水泥股份有限公司	股票代码	000673
注册地址	山西省大同市口泉	邮政编码	037001
法人代表	葛晋生	董秘	刘刚
电话	0352-4062446	传真	0352-4042623
主营业务	熟料及硅酸盐水泥		
总股本	17340.00	流通 A	5100.00
流通 B		流通 H	
审计单位		审计意见	未审计

主要财务指标

年度	2004.6	2003	2002
每股收益/扣除后(元)	0.0250	0.0140	0.0790
每股经营现金流量(元)	-0.0740	0.0770	-0.3470
每股净资产/调整后(元)	1.6780	1.6940	1.6860
每股公积金(元)	0.2153	0.2153	0.2153
净资产收益率(%)	1.4040	0.7820	4.5800
总资产(万元)	48134.17	46079.99	47313.90
股东权益(万元)	30737.26	30305.73	30068.85
未分配利润(万元)	7209.03	6777.51	6576.15
主营收入(万元)	8275.59	13882.25	14715.35
资本公积金(万元)	3733.26	3733.26	3733.26
主营利润(万元)	2126.25	3581.48	4633.85
其他业务利润(万元)			
营业利润(万元)	758.86	580.02	2104.78
投资收益(万元)			
补贴收入(万元)	72.03	166.91	166.91
营业外收支(万元)	-27.91	17.50	0.31
利润总额(万元)	802.98	764.43	2143.56
净利润(万元)	431.53	236.89	1377.03

十大股东

序号	股东名称	股份性质	持股数(万股)	比例(%)
1	大同水泥集团有限公司	国有法人股	12240.00	70.59
2	曹弟弟	流通 A 股	16.00	0.09
3	王町	流通 A 股	12.18	0.07
4	钮秀云	流通 A 股	10.93	0.06
5	刘启生	流通 A 股	9.78	0.06
6	李鸿华	流通 A 股	9.36	0.05
7	陈淑强	流通 A 股	8.78	0.05
8	胡兰生	流通 A 股	8.66	0.05
9	刘伟	流通 A 股	8.50	0.05
10	许刚	流通 A 股	8.48	0.05

股东人数	2004.6	2003.12	2003.6	2002
	34283	35487	36494	37453

近年分配		近年配股/增发	

重大事项

经2004年5月12日召开的公司第三届董事会第二十一次会议和2004年6月14日召开的公司2004年度第一次临时股东大会审议通过,公司与山西合成橡胶集团有限责任公司签订了《银行贷款担保、互保协议书》。与山西大同齿轮集团有限责任公司签订了《银行贷款担保、互保协议书之补充协议》。

二○○三年以来市场表现

2003 年涨跌幅(%)	-19.83
2003 年最高(元)	8.50
2003 年最低(元)	5.10
2003 年换手率(%)	106.29
2004.06 涨跌幅(%)	-14.43
2004.06 最高(元)	8.35
2004.06 最低(元)	4.98
2004.06 换手率(%)	119.57

河南思达高科技股份有限公司

公司概况							
公司名称	河南思达高科技股份有限公司			股票代码	000676		
注册地址	河南郑州高新技术产业开发区金梭路 38 号			邮政编码	450008		
法人代表	冯井岗			董秘	王西林		
电话	0371-5793081			传真	0371-5793089		
主营业务	电力系统二次配套设备						
总股本	31458.67	流通 A	9775.00	流通 B		流通 H	
审计单位				审计意见	未审计		

主要财务指标

年度	2004.6	2003	2002
每股收益/扣除后(元)	0.0247	0.0800	0.1300
每股经营现金流量(元)	-0.3060	0.3300	0.1000
每股净资产/调整后(元)	1.2100	1.2700	1.2000
每股公积金(元)	0.0458	0.0437	0.0437
净资产收益率(%)	2.1000	7.6600	10.4600
总资产(万元)	138160.98	102966.07	87245.23
股东权益(万元)	40111.10	41719.47	38522.36
未分配利润(万元)	3378.76	5052.60	2431.96
主营收入(万元)	28515.99	38173.01	29966.00
资本公积金(万元)	1440.23	1374.76	1373.54
主营利润(万元)	6322.63	12769.17	11142.18
其他业务利润(万元)	449.46	626.66	-2.01
营业利润(万元)	1588.02	3820.98	4920.92
投资收益(万元)	-60.93	185.11	77.71
补贴收入(万元)	64.67	65.03	1.55
营业外收支(万元)	10.92	237.64	-0.64
利润总额(万元)	1602.69	4308.77	5159.00
净利润(万元)	842.85	3195.90	4027.98

十大股东

序号	股东名称	股份性质	持股数(万股)	比例(%)
1	河南思达科技投资股份有限公司	境内法人股	18048.25	57.37
2	深圳市恒瑞丰投资有限公司	境内法人股	1572.93	5.00
3	上海柏轮实业发展有限公司	境内法人股	1195.49	3.80
4	河南五星电气自动化设备有限公司	境内法人股	520.20	1.65
5	泰阳证券有限责任公司	流通 A 股	319.55	1.02
6	海南烨新贸易有限公司	境内法人股	212.00	0.67
7	河南隆达通讯有限公司	境内法人股	57.80	0.18
8	范银秀	流通 A 股	43.80	0.14
9	张爱英	流通 A 股	41.71	0.13
10	上海晶旌贸易有限公司	境内法人股	40.00	0.13

股东人数	2004.6	2003.12	2003.6	2002
	3268	3428	3681	3881

近年分配	2004 年 5 月 24 日 10 派 0.80	近年配股/增发	

重大事项

公司控股的深圳市伊达科技有限公司已于 2004 年 5 月 10 日在广东省中山市与中山市小榄镇城建资产经营有限公司签订股权转让合同，深圳伊达科技有限公司同意受让中山市小榄镇城建资产经营有限公司经营持有的中山市见龙数码科技有限公司和中山市伟特视听科技有限公司的各 51% 的股权，收购总出资额为人民币 1377 万元。

二〇〇三年以来市场表现

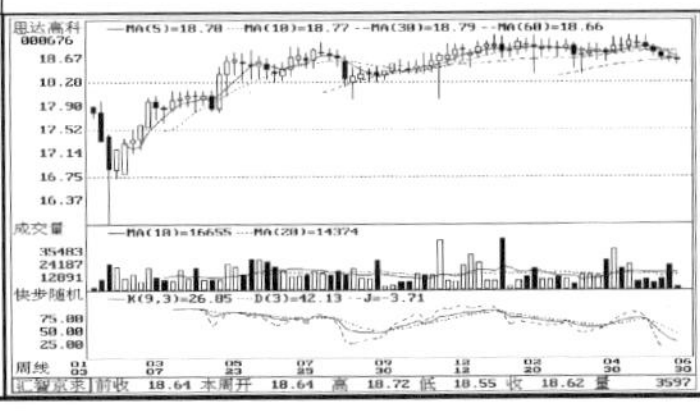

2003 年涨跌幅(%)	5.46
2003 年最高(元)	18.84
2003 年最低(元)	15.85
2003 年换手率(%)	82.04
2004.06 涨跌幅(%)	-0.53
2004.06 最高(元)	19.02
2004.06 最低(元)	18.32
2004.06 换手率(%)	36.61

山东海龙股份有限公司

公司概况							
公司名称	山东海龙股份有限公司			股票代码	000677		
注册地址	山东省潍坊市寒亭区潍县北路 555 号			邮政编码	261100		
法人代表	逄奉建			董秘	牛海平		
电话	0536-2275007			传真	0536-7252140		
主营业务	棉浆粕、粘胶纤维						
总股本	20567.45	流通 A	7076.16	流通 B		流通 H	
审计单位	大信会计师事务所			审计意见	标准无保留		

主要财务指标

年度	2004.6	2003	2002
每股收益/扣除后(元)	0.3183	0.2100	0.1000
每股经营现金流量(元)	0.2660	0.2400	0.2927
每股净资产/调整后(元)	3.1000	2.7600	2.5630
每股公积金(元)	1.0110	1.0094	0.9812
净资产收益率(%)	10.2400	7.4600	4.0300
总资产(万元)	239785.80	194716.83	149185.97
股东权益(万元)	63755.33	57812.64	52921.57
未分配利润(万元)	17226.00	11317.18	7857.01
主营收入(万元)	95396.50	109944.47	58214.21
资本公积金(万元)	20793.83	20759.95	20180.92
主营利润(万元)	17838.31	19180.11	9688.76
其他业务利润(万元)	220.23	542.12	-50.79
营业利润(万元)	8023.10	6599.61	3396.27
投资收益(万元)	-8.56	-7.16	3.18
补贴收入(万元)			
营业外收支(万元)	-31.34	-874.62	-1.01
利润总额(万元)	7983.20	5717.83	3308.48
净利润(万元)	6525.84	4312.04	2133.74

十大股东

序号	股东名称	股份性质	持股数(万股)	比例(%)
1	潍坊巨龙化纤集团有限责任公司	国有法人股	8425.66	40.97
2	潍坊央子盐化公司	境内法人股	5065.63	24.63
3	国泰君安证券股份有限公司	流通 A 股	909.57	4.42
4	中国银行-同盛证券投资基金	流通 A 股	553.01	2.69
5	申银万国证券股份有限公司	流通 A 股	199.85	0.97
6	同益证券投资基金	流通 A 股	161.68	0.79
7	长盛成长价值证券投资基金	流通 A 股	160.88	0.78
8	全国社保基金一零五组合	流通 A 股	103.30	0.50
9	王超	流通 A 股	68.37	0.33
10	胡天生	流通 A 股	46.85	0.23

股东人数	2004.6	2003.12	2003.6	2002
	13464	24029	25585	25013

近年分配	2004 年 7 月 29 日 10 派 0.3	近年配股/增发	

重大事项

2004 年 2 月 10 日公司与山东海化集团有限公司签订借款担保互保协议，双方约定互相担保金额为不超过人民币 1.2 亿元，担保期限为一年。公司决定以 2003 年度总股本 205,674,487 股为基数，向全体股东每 10 股派现金 0.3 元(含税)，股权登记日:2004 年 7 月 28 日，除息日:2004 年 7 月 29 日，现金红利发放日:2004 年 7 月 29 日。

二〇〇三年以来市场表现

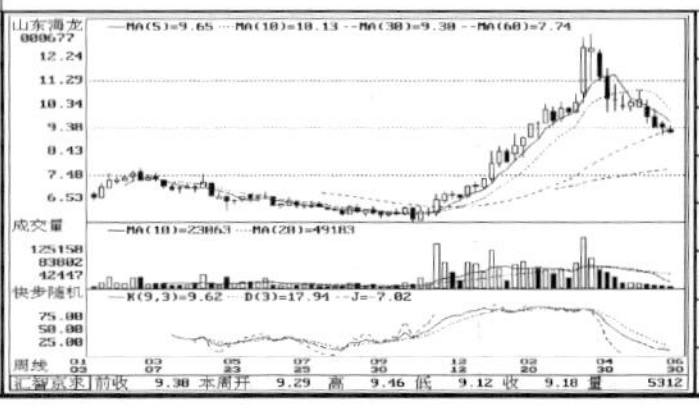

2003 年涨跌幅(%)	7.14
2003 年最高(元)	7.73
2003 年最低(元)	5.58
2003 年换手率(%)	169.75
2004.06 涨跌幅(%)	27.50
2004.06 最高(元)	13.19
2004.06 最低(元)	7.12
2004.06 换手率(%)	180.45

襄阳汽车轴承股份有限公司

公司概况

公司名称	襄阳汽车轴承股份有限公司	股票代码	000678
注册地址	湖北省襄樊市襄城区轴承路1号	邮政编码	441022
法人代表	周霁	董秘	廖永高
电话	0710-3855209	传真	0710-3577678
主营业务	轴承及其零部件的生产		

总股本	14044.00	流通A	7890.15	流通B		流通H	
审计单位		审计意见	未审计				

主要财务指标

年度	2004.6	2003	2002
每股收益/扣除后(元)	0.0039	-0.1200	-0.3200
每股经营现金流量(元)	0.0220	0.1400	0.1200
每股净资产/调整后(元)	2.0400	2.0200	1.9000
每股公积金(元)	2.2931	2.2871	2.2661
净资产收益率(%)	0.2500	2.3200	-26.0000
总资产(万元)	68610.18	69287.98	75624.39
股东权益(万元)	33949.73	33780.52	31982.75
未分配利润(万元)	-19547.08	-19632.09	-21133.75
主营收入(万元)	10378.72	21476.75	24114.62
资本公积金(万元)	32204.78	32120.58	31824.47
主营利润(万元)	1876.09	3933.43	5380.78
其他业务利润(万元)	355.55	-126.82	28.60
营业利润(万元)	97.27	-2589.32	-5214.38
投资收益(万元)	-26.12	111.65	-320.89
补贴收入(万元)		1111.96	1111.96
营业外收支(万元)	13.87	2149.88	-12.19
利润总额(万元)	85.02	784.18	-8314.67
净利润(万元)	85.02	784.18	-8314.67

十大股东

序号	股东名称	股份性质	持股数(万股)	比例(%)
1	襄阳汽车轴承集团公司	国有法人股	4691.33	33.40
2	人本集团公司	境内法人股	280.06	1.99
3	湖北工行信托投资公司襄樊办事处	境内法人股	194.43	1.38
4	北京北信风文化传播有限公司	流通A股	190.26	1.35
5	申银万国证券股份有限公司	境内法人股	134.43	0.96
6	深圳市海鑫田实业有限公司	境内法人股	97.22	0.69
7	中国工商银行襄樊市分行信息咨询公司	境内法人股	97.22	0.69
8	襄樊市兴业设备租赁调剂公司	境内法人股	97.22	0.69
9	襄阳汽车轴承实业总公司	境内法人股	83.43	0.59
10	中国工商银行襄樊市分行劳动服务公司	境内法人股	77.77	0.55

股东人数	2004.6	2003.12	2003.6	2002
	23652	24237	24407	27016

近年分配		近年配股/增发	

重大事项

我公司委托中国机械进出口总公司和北京天元律师事务所向中国国际经济贸易仲裁委员会提出仲裁申请，2002年3月中国国际经济贸易仲裁委员会正式受理本案，并于2002年10月31日进行了裁决，裁决德国WANZKEGMBH公司赔偿我公司人民币21475982元，目前仲裁正在执行过程之中。

二〇〇三年以来市场表现

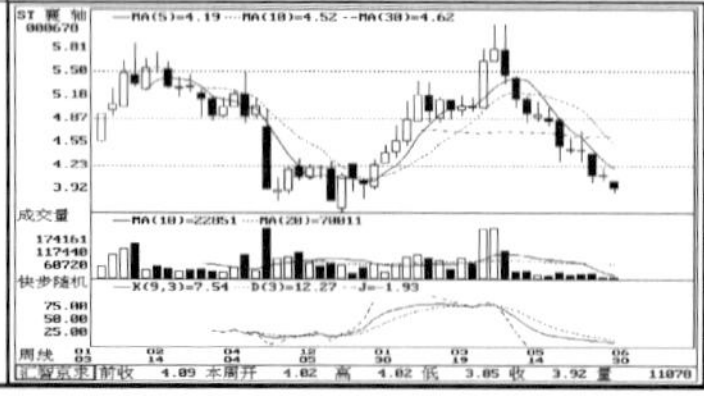

2003年涨跌幅(%)	-14.97
2003年最高(元)	5.87
2003年最低(元)	3.60
2003年换手率(%)	228.93
2004.06涨跌幅(%)	0.00
2004.06最高(元)	6.13
2004.06最低(元)	3.78
2004.06换手率(%)	206.26

大连友谊(集团)股份有限公司

公司概况

公司名称	大连友谊(集团)股份有限公司	股票代码	000679
注册地址	辽宁省大连市中山区七一街1号	邮政编码	116001
法人代表	宋传远	董秘	孙秋荣
电话	0411-82691471	传真	0411-82650892
主营业务	商品零售、酒店		

总股本	23760.00	流通A	10800.00	流通B		流通H	
审计单位		审计意见	未审计				

主要财务指标

年度	2004.6	2003	2002
每股收益/扣除后(元)	0.0248	-0.0380	0.1190
每股经营现金流量(元)	0.4059	-0.1500	0.0300
每股净资产/调整后(元)	2.1100	2.2400	2.4900
每股公积金(元)	0.8119	0.8119	0.8119
净资产收益率(%)	1.0600	-1.5500	4.7700
总资产(万元)	234264.00	203801.52	148079.34
股东权益(万元)	59135.12	59749.07	60707.20
未分配利润(万元)	4480.63	5094.57	6052.70
主营收入(万元)	54939.06	83009.91	66065.70
资本公积金(万元)	19291.13	19291.13	19291.13
主营利润(万元)	14288.04	24425.00	23554.69
其他业务利润(万元)	594.32	826.25	-3.75
营业利润(万元)	1452.35	2994.01	5015.54
投资收益(万元)	-92.24	-3467.34	66.75
补贴收入(万元)			
营业外收支(万元)	55.32	-90.99	-0.31
利润总额(万元)	1415.43	-564.32	5129.84
净利润(万元)	625.19	-923.19	2901.24

十大股东

序号	股东名称	股份性质	持股数(万股)	比例(%)
1	大连友谊集团	国有法人股	12960.00	54.55
2	吴丽华	流通A股	36.37	0.15
3	董俊腾	流通A股	30.50	0.13
4	陈金学	流通A股	25.94	0.11
5	王冬青	流通A股	23.86	0.10
6	刘樵	流通A股	23.00	0.10
7	张文财	流通A股	21.20	0.09
8	包玲	流通A股	21.16	0.09
9	高岩	流通A股	20.99	0.09
10	张玉金	流通A股	20.50	0.09

股东人数	2004.6	2003.12	2003.6	2002
	45309	48734	47714	50998

近年分配		近年配股/增发	
	2004年6月21日10派0.50		

重大事项

根据公司控股公司大连友嘉购物有限公司董事会关于该公司经营发展策略调整的意见，大连友嘉购物有限公司于2004年5月15日、5月16日分别与辽宁邦杰房屋开发有限公司、沈阳市双喜实业公司、上海世纪联华超市发展有限公司签署了沈阳市皇姑区华山路418号公建房屋、沈阳市铁西区重工南街88号原“铁西科贸城”《房屋租赁合同》转让协议。

二〇〇三年以来市场表现

2003年涨跌幅(%)	-42.86
2003年最高(元)	6.92
2003年最低(元)	3.38
2003年换手率(%)	242.53
2004.06涨跌幅(%)	12.94
2004.06最高(元)	6.03
2004.06最低(元)	3.18
2004.06换手率(%)	199.95

山推工程机械股份有限公司

公司概况

公司名称	山推工程机械股份有限公司			股票代码	000680
注册地址	山东省济宁市太白楼东路 58 号			邮政编码	272035
法人代表	周庆庭	董秘	王强		
电话	0537-2909616,2909532	传真	0537-2340411		
主营业务	履带式推土机				
总股本	33711.60	流通 A	23571.60	流通 B	流通 H
审计单位	大信会计师事务所	审计意见	标准无保留		

主要财务指标

年度	2004.6	2003	2002
每股收益 / 扣除后(元)	0.3077	0.5600	0.5200
每股经营现金流量(元)	0.0430	0.4000	0.5800
每股净资产 / 调整后(元)	4.0800	3.1600	2.6000
每股公积金(元)	1.9352	1.1411	1.1127
净资产收益率(%)	7.3700	16.7600	19.5900
总资产(万元)	235496.67	178537.80	163497.53
股东权益(万元)	140620.17	91834.19	75754.17
未分配利润(万元)	28779.28	25827.33	12871.13
主营收入(万元)	113251.45	211225.36	190834.89
资本公积金(万元)	65239.51	32261.63	31458.85
主营利润(万元)	18578.22	27437.20	37176.81
其他业务利润(万元)	978.29	2586.77	-9.81
营业利润(万元)	7704.97	8431.13	14138.04
投资收益(万元)	5608.25	10225.26	4514.95
补贴收入(万元)	9.47	17.73	17.73
营业外收支(万元)	-17.77	-111.59	8.51
利润总额(万元)	13304.92	18562.53	18523.07
净利润(万元)	10368.50	15391.82	14838.54

十大股东

序号	股东名称	股份性质	持股数(万股)	比例(%)
1	山东工程机械集团有限公司	国家股	9900.00	29.37
2	海通证券股份有限公司	流通 A 股	2499.88	7.42
3	文登市森鹿制革有限公司	流通 A 股	700.00	2.08
4	文登市制革厂	流通 A 股	630.00	1.87
5	中国工商银行-鹏华行业成长证券投资基金	流通 A 股	276.39	0.82
6	交通银行-科瑞证券投资基金	流通 A 股	276.29	0.82
7	杭州锦园丝绸有限公司	法人股	90.00	0.27
8	刘广庆	流通 A 股	67.14	0.20
9	黄秋霞	流通 A 股	62.30	0.18
10	汶上泉河分厂	法人股	60.00	0.18

股东人数	2004.6	2003.12	2003.6	2002
	71370	58979	49604	69172

近年分配		近年配股/增发	

重大事项

公司拟以 2004 年 6 月 30 日公司总股本 337,116,000 股为基数，向全体股东每 10 股送红股 2 股，派发现金红利 2.20 元(含税)，共计送红股 67,423,200 股，派发现金 74,165,520.00 元，尚余未分配利润 220,369,567.27 元，结转以后年度分配。2004 年中期拟用资本公积金转增股本，以 2004 年 6 月 30 日公司总股本 337,116,000 股为基数，向全体股东每 10 股转增 4 股。

二〇〇三年以来市场表现

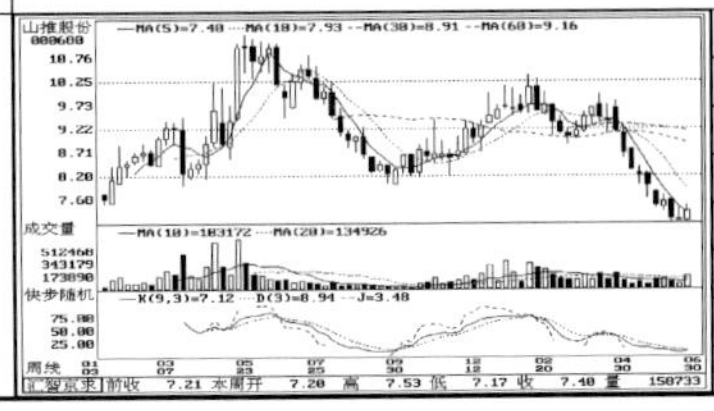

2003 年涨跌幅(%)	19.50
2003 年最高(元)	11.27
2003 年最低(元)	7.58
2003 年换手率(%)	195.77
2004.06 涨跌幅(%)	-22.11
2004.06 最高(元)	10.35
2004.06 最低(元)	7.17
2004.06 换手率(%)	97.94

远东实业股份有限公司

公司概况

公司名称	远东实业股份有限公司			股票代码	000681
注册地址	江苏省常州市清潭荆川南路			邮政编码	213022
法人代表	李晓卫	董秘	蒋顺生		
电话	0519-5131666	传真	0519-5132666		
主营业务	主营纺织服装				
总股本	19875.00	流通 A	5812.50	流通 B	流通 H
审计单位		审计意见	未审计		

主要财务指标

年度	2004.6	2003	2002
每股收益 / 扣除后(元)	-0.0476	0.0300	0.0041
每股经营现金流量(元)	0.0400	0.0700	-0.0700
每股净资产 / 调整后(元)	1.6560	1.6300	1.6700
每股公积金(元)	0.4630	0.4630	0.4601
净资产收益率(%)	-2.7800	1.8700	0.2400
总资产(万元)	39111.22	41482.68	39178.12
股东权益(万元)	33272.79	34196.27	33496.99
未分配利润(万元)	1077.67	2001.15	1485.02
主营收入(万元)	11986.34	35657.38	32903.15
资本公积金(万元)	9202.49	9202.49	9144.25
主营利润(万元)	659.71	3771.31	3268.62
其他业务利润(万元)	35.38	54.73	-0.01
营业利润(万元)	-979.48	657.18	-57.30
投资收益(万元)		10.29	98.36
补贴收入(万元)	53.34	47.52	-3.20
营业外收支(万元)	-30.24	-17.86	-0.10
利润总额(万元)	-956.38	697.12	107.22
净利润(万元)	-923.49	641.04	81.18

十大股东

序号	股东名称	股份性质	持股数(万股)	比例(%)
1	香港物华实业有限公司	外资法人股	5202.54	26.18
2	常州服装集团有限公司	境内法人股	2768.93	13.93
3	中行江苏信托咨询公司	国有法人股	2738.91	13.78
4	北京天恩保利投资管理有限公司	境内法人股	1473.28	7.41
5	江苏省国际信托投资公司	国有法人股	912.97	4.59
6	常州市远金服装有限公司	境内法人股	525.00	2.64
7	香港侨通发展有限公司	外资法人股	228.24	1.15
8	扬州印染厂	境内法人股	207.45	1.04
9	柯建安	流通 A 股	50.67	0.25
10	许志明	流通 A 股	20.16	0.10

股东人数	2004.6	2003.12	2003.6	2002
	23320	21384	22200	21744

近年分配		近年配股/增发	

重大事项

2004 年 6 月份，公司原分管服装副总裁王惠玉辞职，其间公司有近 450 多名员工擅离职守，导致生产出现暂时波动的不正常情况，产量和品质下降，客户订单和信用受损。2003 年 9 月本公司与常州亚东服装有限公司签订了服装买卖合同，交易总价为 12,065,098.30 元，结算方式为关联方在合同签订后以每 3 个月支付现金人民币 100 万元的方式付给本公司，直到付清为止。至报告期末，本公司尚未收到关联方支付的货款。

二〇〇三年以来市场表现

2003 年涨跌幅(%)	-40.51
2003 年最高(元)	8.67
2003 年最低(元)	4.21
2003 年换手率(%)	281.06
2004.06 涨跌幅(%)	9.57
2004.06 最高(元)	7.38
2004.06 最低(元)	4.16
2004.06 换手率(%)	238.21

烟台东方电子信息产业股份有限公司

公司概况

公司名称	烟台东方电子信息产业股份有限公司				股票代码	000682	
注册地址	烟台市世会尧路228号				邮政编码	264001	
法人代表	梁贤久			董秘	柳尧杰		
电话	0535-6582228			传真	0535-6582228		
主营业务	电力调度设备						
总股本	91795.20	流通A	60211.20	流通B		流通H	
审计单位				审计意见	未审计		

主要财务指标

年度	2004.6	2003	2002
每股收益/扣除后(元)	0.0042	0.0120	-0.3100
每股经营现金流量(元)	-0.0290	0.0230	-0.0900
每股净资产/调整后(元)	1.3300	1.3200	0.2200
每股公积金(元)	1.2005	1.2003	0.1056
净资产收益率(%)	0.4000	0.8300	-134.7600
总资产(万元)	143596.34	143516.67	152548.48
股东权益(万元)	122987.87	122537.36	21087.13
未分配利润(万元)	-79127.11	-79618.50	-80601.73
主营收入(万元)	20114.73	35241.41	37867.29
资本公积金(万元)	110198.01	110180.12	9690.98
主营利润(万元)	6111.49	14917.25	5373.71
其他业务利润(万元)	498.73	135.61	-2.46
营业利润(万元)	82.87	577.27	-25435.58
投资收益(万元)	31.66	74.45	-3048.32
补贴收入(万元)	329.70	637.00	-13.03
营业外收支(万元)	77.92	-118.94	1.40
利润总额(万元)	522.15	1169.79	-28916.25
净利润(万元)	491.40	1015.13	-28417.96

十大股东

序号	股东名称	股份性质	持股数(万股)	比例(%)
1	烟台东方电子信息产业集团有限公司	国家股	29568.00	32.21
2	烟台东方电子信息产业集团劳动服务公司	国有法人股	2016.00	2.20
3	东莞证券有限责任公司	流通A股	226.66	0.25
4	孟庆福	流通A股	140.51	0.15
5	许桂芬	流通A股	92.24	0.10
6	张伟	流通A股	91.20	0.10
7	西安众德电力发展有限责任公司	流通A股	90.00	0.10
8	任雄利	流通A股	86.65	0.09
9	陈殿朋	流通A股	80.87	0.09
10	胡晓果	流通A股	75.32	0.08

股东人数	2004.6	2003.12	2003.6	2002
	236547	241429	257036	272412

近年分配		近年配股/增发	

重大事项

公司与烟台东方电子玉麟电气有限公司(东方玉麟)签订《关于与烟台东方电子玉麟电气有限公司签订关联交易框架协议》,2004年1-6月份公司与东方玉麟发生关联交易总额为2,796,693.49元。公司受让烟台东方电子信息产业集团有限公司土地使用权。双方签订《土地使用权转让协议》,目前双方正在办理土地使用权过户手续。

二〇〇三年以来市场表现

2003年涨跌幅(%)	-5.56
2003年最高(元)	4.34
2003年最低(元)	3.20
2003年换手率(%)	238.76
2004.06涨跌幅(%)	16.18
2004.06最高(元)	6.06
2004.06最低(元)	3.33
2004.06换手率(%)	205.74

内蒙古远兴天然碱股份有限公司

公司概况

公司名称	内蒙古远兴天然碱股份有限公司				股票代码	000683	
注册地址	内蒙古鄂尔多斯市东胜区鄂尔多斯西街6号				邮政编码	017000	
法人代表	戴连荣			董秘	黄江		
电话	0477-8539874			传真	0477-8521747		
主营业务	天然碱和无机盐系列						
总股本	46900.00	流通A	16900.00	流通B		流通H	
审计单位				审计意见	未审计		

主要财务指标

年度	2004.6	2003	2002
每股收益/扣除后(元)	-0.0609	-0.1200	0.0200
每股经营现金流量(元)	0.0210	0.2500	0.3500
每股净资产/调整后(元)	0.9000	0.9700	1.0700
每股公积金(元)	0.1164	0.1084	0.1793
净资产收益率(%)	-7.7900	-10.4000	1.3542
总资产(万元)	250993.23	245898.09	251071.53
股东权益(万元)	44495.82	47583.60	52395.77
未分配利润(万元)	-10107.97	-6643.44	-4755.05
主营收入(万元)	47108.32	85398.42	93791.15
资本公积金(万元)	5460.86	5084.11	8408.31
主营利润(万元)	12686.25	21443.59	30501.72
其他业务利润(万元)	-62.13	-216.42	-0.54
营业利润(万元)	-2295.40	-3098.19	4483.03
投资收益(万元)	713.48	-832.40	9.83
补贴收入(万元)	28.00	1033.88	-2.56
营业外收支(万元)	-331.17	-65.70	0.74
利润总额(万元)	-1885.09	-2962.42	4088.44
净利润(万元)	-3464.53	-4951.03	709.54

十大股东

序号	股东名称	股份性质	持股数(万股)	比例(%)
1	鄂尔多斯市国有资产投资经营有限责任公司	国有股	24439.03	52.11
2	内蒙古蒙西联化工有限公司	国有法人股	5560.97	11.86
3	陈伟生	流通股	46.95	0.10
4	马耿辉	流通股	43.18	0.09
5	姜凤萍	流通股	39.27	0.08
6	王纳新	流通股	38.74	0.08
7	潘伟君	流通股	19.75	0.04
8	张一夫	流通股	16.92	0.04
9	马建雄	流通股	16.84	0.04
10	张伟德	流通股	16.20	0.03

股东人数	2004.6	2003.12	2003.6	2002
	106746	112021	114580	118234

近年分配		近年配股/增发	

重大事项

2004年5月31日,公司三届八次董事会审议通过了关于出售吉碱分公司的《协议书》(草案),公司向盐化集团出售吉碱分公司。因本公司吉碱分公司以前年度累计欠付兰太实业盐款7,962万元,在本次交易中同时将吉碱分公司资产中的动力分厂划转给兰太实业,抵顶盐化集团拟接收的吉碱分公司欠付兰太实业的款项。

二〇〇三年以来市场表现

2003年涨跌幅(%)	-11.43
2003年最高(元)	5.92
2003年最低(元)	3.80
2003年换手率(%)	102.88
2004.06涨跌幅(%)	-17.74
2004.06最高(元)	5.25
2004.06最低(元)	3.46
2004.06换手率(%)	87.24

中山公用科技股份有限公司

公司概况

公司名称	中山公用科技股份有限公司	股票代码	000685
注册地址	广东省中山市兴中道18号财兴大厦三楼	邮政编码	528403
法人代表	郑钟强	董秘	梁穆春
电话	0760-8380018	传真	0760-8380000
主营业务	商业百货及市场经营		
总股本	22542.30	流通 A	9317.48
流通 B		流通 H	
审计单位		审计意见	未审计

主要财务指标

年度	2004.6	2003	2002
每股收益/扣除后(元)	0.0192	0.0409	0.0667
每股经营现金流量(元)	0.0220	0.0552	0.1100
每股净资产/调整后(元)	1.4270	1.4258	1.3800
每股公积金(元)	0.1560	0.1560	0.1557
净资产收益率(%)	1.7200	2.9700	4.8500
总资产(万元)	40647.15	40926.83	42260.44
股东权益(万元)	32436.94	32329.16	31377.10
未分配利润(万元)	3119.28	2560.66	2256.94
主营收入(万元)	3771.86	8138.36	7207.27
资本公积金(万元)	3517.62	3517.62	3508.77
主营利润(万元)	1532.93	3661.53	4051.67
其他业务利润(万元)	239.21	390.55	10.81
营业利润(万元)	826.98	1775.95	2314.62
投资收益(万元)	24.67	-36.80	-325.37
补贴收入(万元)	120.00		
营业外收支(万元)	7.81	62.97	-0.36
利润总额(万元)	979.46	1802.13	2011.97
净利润(万元)	558.62	960.51	1522.00

十大股东

序号	股东名称	股份性质	持股数(万股)	比例(%)
1	中山公用事业集团有限公司	国家股	8776.47	38.93
2	工行信托	境内法人股	866.32	3.84
3	佛山市兴华集团有限公司	境内法人股	601.13	2.67
4	财贸工会	境内法人股	348.65	1.55
5	深圳市渝祥电脑系统有限公司	境内法人股	275.83	1.22
6	夏昌平	流通A股	260.40	1.16
7	梁志森	流通A股	211.95	0.94
8	贺红湘	流通A股	190.01	0.84
9	中国农业银行广东省信托投资公司佛山办	境内法人股	150.28	0.67
10	佛山市宏创税务师事务所	境内法人股	150.28	0.67

股东人数	2004.6	2003.12	2003.6	2002
	19481	11931	5040	7879

近年分配	2004年7月19日10派0.20	近年配股/增发	

重大事项

公司在2004年5月19日召开的2003年度股东大会审议同意将平二等8个市场出售给公司控股股东中山公用事业集团有限公司。公司于2004年2月24日为公司控股子公司中山市新迪能源与环境设备有限公司在中国银行中山分行申请人民币2000万元中期流动资金贷款提供担保，担保期为2004年~2007年。中山市新迪能源与环境设备有限公司为本公司提供反担保。

二〇〇三年以来市场表现

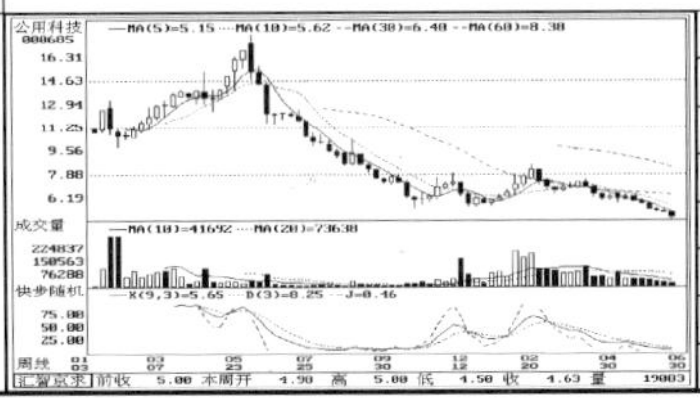

2003年涨跌幅(%)	-48.76
2003年最高(元)	17.97
2003年最低(元)	5.40
2003年换手率(%)	257.50
2004.06涨跌幅(%)	-19.76
2004.06最高(元)	8.56
2004.06最低(元)	4.50
2004.06换手率(%)	203.87

锦州经济技术开发区六陆实业股份有限公司

公司概况

公司名称	锦州经济技术开发区六陆实业股份有限公司	股票代码	000686
注册地址	辽宁省锦州经济技术开发区	邮政编码	121001
法人代表	陈青松	董秘	吴喜梅
电话	0416-4561247	传真	0416-4561377
主营业务	石油及石油制品的销售		
总股本	16213.25	流通 A	6892.47
流通 B		流通 H	
审计单位		审计意见	未审计

主要财务指标

年度	2004.6	2003	2002
每股收益/扣除后(元)	0.0530	0.0600	0.0650
每股经营现金流量(元)	0.0860	-0.0100	0.3500
每股净资产/调整后(元)	2.7400	2.6800	2.6700
每股公积金(元)	1.7009	1.7009	1.7009
净资产收益率(%)	1.8800	2.3440	2.1200
总资产(万元)	53542.63	52314.23	55943.44
股东权益(万元)	45254.72	44648.39	44563.48
未分配利润(万元)	4544.49	3693.83	2647.12
主营收入(万元)	10716.91	25436.15	20690.44
资本公积金(万元)	27576.76	27576.76	27576.76
主营利润(万元)	2999.75	5116.61	4230.53
其他业务利润(万元)	-0.67	219.36	-0.20
营业利润(万元)	1044.66	836.20	-1255.87
投资收益(万元)		-44.22	
补贴收入(万元)			
营业外收支(万元)	-9.11	-93.00	-0.54
利润总额(万元)	1035.55	698.98	-1127.18
净利润(万元)	850.66	1046.71	942.70

十大股东

序号	股东名称	股份性质	持股数(万股)	比例(%)
1	中国石油锦州石油化工公司	国有法人股	8682.55	53.55
2	锦州商银艺术装璜总公司	国有法人股	288.52	1.78
3	锦州市瑞通服务公司	境内法人股	131.14	0.81
4	秦皇岛市信托投资公司	境内法人股	131.14	0.81
5	锦州市商业房屋开发公司	国有法人股	87.43	0.54
6	刘书平	流通A股	68.10	0.42
7	曲秀英	流通A股	36.50	0.23
8	马兆凤	流通A股	35.98	0.22
9	李奎之	流通A股	33.18	0.20
10	刘同银	流通A股	32.60	0.20

股东人数	2004.6	2003.12	2003.6	2002
	7788	7533	8621	8309

近年分配		近年配股/增发	

重大事项

公司2000年度配股募集资金在2004年上半年继续使用，其中，成品油储运设施项目、液化气等储运设施项目及二氧化碳回收工程项目已于报告前期完工，甲基异丁基酮项目本期仍处于工业化生产试验阶段，尚未产生效益。原油、成品油储运设施项目改造工程本期投资207.37万元。2004年上半年公司停止经营毛利率较低的重油及乳化油。

二〇〇三年以来市场表现

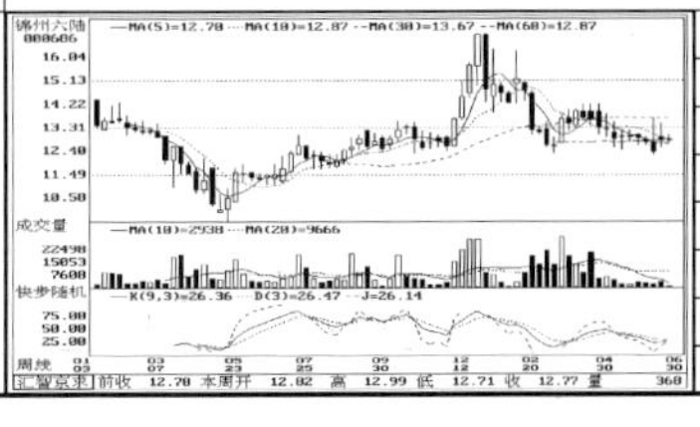

2003年涨跌幅(%)	4.28
2003年最高(元)	16.95
2003年最低(元)	9.67
2003年换手率(%)	60.89
2004.06涨跌幅(%)	-19.38
2004.06最高(元)	16.32
2004.06最低(元)	12.24
2004.06换手率(%)	30.19

保定天鹅股份有限公司

公司概况

公司名称	保定天鹅股份有限公司			股票代码	000687		
注册地址	河北省保定市高开区金迪路 59 号			邮政编码	071055		
法人代表	王东兴			董秘	钱利君		
电话	0312-3322326			传真	0312-3131755		
主营业务	粘胶长丝系列产品						
总股本	32080.00	流通 A	9750.00	流通 B		流通 H	
审计单位				审计意见	未审计		

主要财务指标

年度	2004.6	2003	2002
每股收益 / 扣除后(元)	0.0518	0.1410	0.0900
每股经营现金流量(元)	0.1530	0.2100	0.3200
每股净资产 / 调整后(元)	3.1100	3.2500	3.0800
每股公积金(元)	1.8905	1.8905	1.8824
净资产收益率(%)	1.6400	4.2700	2.9200
总资产(万元)	133931.44	133865.12	132984.84
股东权益(万元)	101234.79	105988.67	101208.05
未分配利润(万元)	7025.65	5363.52	7935.30
主营收入(万元)	30307.62	66657.35	55833.11
资本公积金(万元)	60645.65	60645.65	60387.65
主营利润(万元)	5108.32	14882.58	12794.39
其他业务利润(万元)	62.00	134.31	4.90
营业利润(万元)	1258.53	6596.80	3502.18
投资收益(万元)	60.00	60.00	603.25
补贴收入(万元)		103.13	103.13
营业外收支(万元)	0.03	-109.26	3.34
利润总额(万元)	1318.56	6650.67	3940.61
净利润(万元)	1662.13	4522.61	2956.13

十大股东

序号	股东名称	股份性质	持股数(万股)	比例(%)
1	保定天鹅化纤集团有限公司	国有股	22330.00	69.61
2	蔡国宁	流通 A 股	21.61	0.07
3	马锡添	流通 A 股	17.92	0.06
4	陈玉琦	流通 A 股	17.79	0.06
5	张小妹	流通 A 股	17.37	0.05
6	刘荣富	流通 A 股	17.25	0.05
7	马季刚	流通 A 股	16.50	0.05
8	翁其诚	流通 A 股	14.43	0.04
9	彭仁根	流通 A 股	14.00	0.04
10	陈景恒	流通 A 股	13.23	0.04

股东人数	2004.6	2003.12	2003.6	2002
	52408	54282	54735	57735

近年分配	2004 年 5 月 25 日 10 派 2.00	近年配股 / 增发	

重大事项

2004 年 5 月 8 日，公司 2003 年年度股东大会审议通过了《公司 2003 年度利润分配方案》，以公司现有总股本 32,080 万股为基数，向全体股东每 10 股派 2 元人民币(含税)。本次分红派息股权登记日为：2004 年 5 月 24 日，除息日为 2004 年 5 月 25 日。

二〇〇三年以来市场表现

2003 年涨跌幅(%)	-3.91
2003 年最高(元)	6.48
2003 年最低(元)	4.84
2003 年换手率(%)	96.24
2004.06 涨跌幅(%)	-8.15
2004.06 最高(元)	6.89
2004.06 最低(元)	4.92
2004.06 换手率(%)	103.99

朝华科技(集团)股份有限公司

公司概况

公司名称	朝华科技(集团)股份有限公司			股票代码	000688		
注册地址	重庆市涪陵区江东群沧子街 31 号			邮政编码	400039		
法人代表	张良宾			董秘	黄星		
电话	023-68886881-8006			传真	023-68602988		
主营业务	网络(ASP)服务						
总股本	34821.10	流通 A	19889.67	流通 B		流通 H	
审计单位				审计意见	未审计		

主要财务指标

年度	2004.6	2003	2002
每股收益 / 扣除后(元)	0.0077	-0.1676	-0.0860
每股经营现金流量(元)	0.1060	-0.2400	0.0050
每股净资产 / 调整后(元)	2.8430	2.8100	2.8410
每股公积金(元)	1.5983	1.5859	1.5820
净资产收益率(%)	0.5000	1.0100	1.9800
总资产(万元)	287779.47	288204.44	221279.16
股东权益(万元)	100291.97	99364.13	99048.65
未分配利润(万元)	5529.13	5031.66	4881.05
主营收入(万元)	90030.99	150636.91	105154.12
资本公积金(万元)	55654.60	55224.23	55085.94
主营利润(万元)	10120.81	15799.52	12231.84
其他业务利润(万元)	179.57	561.51	-4.29
营业利润(万元)	942.63	-3061.53	-1445.25
投资收益(万元)	20.30	1014.04	4136.88
补贴收入(万元)	124.08	4276.45	-5.52
营业外收支(万元)	110.43	-98.83	-0.05
利润总额(万元)	1197.44	2130.12	3175.04
净利润(万元)	497.47	1005.45	1962.51

十大股东

序号	股东名称	股份性质	持股数(万股)	比例(%)
1	四川立信有限责任公司	境内法人股	7447.00	21.39
2	深圳市正东大实业有限公司	境内法人股	3044.24	8.74
3	浙江天声信息产业投资有限公司	境内法人股	2188.00	6.28
4	重庆市涪陵金昌经贸公司	境内法人股	1752.19	5.03
5	上海可欣贸易有限公司	境内法人股	500.00	1.44
6	北京首润有限公司	流通 A 股	75.00	0.22
7	莫海娟	流通 A 股	60.31	0.17
8	中国工商银行-融通深证 100 指数证券投资基金	流通 A 股	52.83	0.15
9	金华市金信置业发展有限公司	流通 A 股	39.04	0.11
10	贺成智	流通 A 股	35.49	0.10

股东人数	2004.6	2003.12	2003.6	2002
	62363	57603	34816	34526

近年分配		近年配股 / 增发	

重大事项

2003 年 4 月 3 日，经公司第五届董事会第二十四次会议决议，同意本公司与重庆太极实业(集团)股份有限公司签订向银行融资的《互保协议》，双方向银行申请流动资金贷款担保总额不超过人民币 9,500 万元，担保期限一年。2004 年 4 月 3 日，该担保到期后，经双方协商进行展期贷款，继续履行担保责任。

二〇〇三年以来市场表现

2003 年涨跌幅(%)	-24.36
2003 年最高(元)	8.88
2003 年最低(元)	5.01
2003 年换手率(%)	370.04
2004.06 涨跌幅(%)	0.56
2004.06 最高(元)	9.38
2004.06 最低(元)	5.17
2004.06 换手率(%)	450.70

广东宝丽华实业股份有限公司

公司概况

公司名称	广东宝丽华实业股份有限公司	股票代码	000690
注册地址	广东省梅州市梅县华侨城香港花园宝丽华综合大楼	邮政编码	514788
法人代表	宁远喜	董秘	王小荣
电话	0753-2511298	传真	0753-2511398
主营业务	设计、开发服装		
审计单位	北京兴华会计师事务所	审计意见	标准无保留

总股本	流通 A	流通 B	流通 H
21105.00	7605.00		

主要财务指标

年度	2004.6	2003	2002
每股收益/扣除后(元)	0.0502	0.1400	0.1900
每股经营现金流量(元)	-0.1840	0.0300	0.3600
每股净资产/调整后(元)	2.1400	2.1700	1.6700
每股公积金(元)	0.7789	0.7789	0.5032
净资产收益率(%)	3.7900	9.5500	11.2000
总资产(万元)	107505.72	78213.74	46876.15
股东权益(万元)	45062.03	45885.16	33048.85
未分配利润(万元)	3406.17	4229.30	506.27
主营收入(万元)	11888.37	26794.53	29525.52
资本公积金(万元)	16438.56	16438.56	9737.28
主营利润(万元)	2647.19	8777.17	8966.21
其他业务利润(万元)	25.51	130.59	-0.27
营业利润(万元)	1995.63	4782.86	3808.47
投资收益(万元)			
补贴收入(万元)	0.41	423.41	24.56
营业外收支(万元)	1.06	-1.01	0.01
利润总额(万元)	1997.10	5205.26	4295.54
净利润(万元)	1709.47	4380.04	3700.14

十大股东

序号	股东名称	股份性质	持股数(万股)	比例(%)
1	广东宝丽华集团公司	发起人法人股	12924.00	61.24
2	梅县新新贸易有限公司	法人股	184.00	0.87
3	梅县金穗实业发展有限公司	发起人法人股	144.00	0.68
4	广东华银集团工程有限公司	发起人法人股	144.00	0.68
5	上海达君贸易有限公司	法人股	104.00	0.49
6	钟五妹	社会公众股	67.73	0.32
7	赵庆	社会公众股	45.67	0.22
8	熊国新	社会公众股	27.59	0.13
9	刘冬芬	社会公众股	24.00	0.11
10	王燕	社会公众股	23.79	0.11

股东人数	2004.6	2003.12	2003.6	2002
	25817	28019	24050	24187

近年分配	2004年6月11日10派1.20	近年配股/增发	

重大事项

公司于2004年5月21日召开了2003年度股东年会,审议通过了2003年度利润分配方案:以2003年12月31日总股本21,105万股为基数,向全体股东每10股派送现金1.20元(含税);不进行利润转送红股也不进行资本公积金转增股本。以2004年6月10日为派息股权登记日,6月11日为除息日。

二〇〇三年以来市场表现

2003年涨跌幅(%)	-9.97
2003年最高(元)	8.02
2003年最低(元)	4.86
2003年换手率(%)	264.38
2004.06涨跌幅(%)	-4.33
2004.06最高(元)	7.53
2004.06最低(元)	5.45
2004.06换手率(%)	217.18

海南寰岛实业股份有限公司

公司概况

公司名称	海南寰岛实业股份有限公司	股票代码	000691
注册地址	海南省海口市人民大道25号	邮政编码	570208
法人代表	张燕瑾	董秘	孔雁
电话	0898-66255909	传真	0898-66254684
主营业务	化学原料及化学制品的制造		
审计单位		审计意见	未审计

总股本	流通 A	流通 B	流通 H
25818.00	13018.00		

主要财务指标

年度	2004.6	2003	2002
每股收益/扣除后(元)	-0.0699	-0.1617	-0.0126
每股经营现金流量(元)	0.0590	0.3546	0.3536
每股净资产/调整后(元)	1.8250	1.9000	2.3719
每股公积金(元)	0.8448	0.8578	0.8551
净资产收益率(%)	-3.8100	-25.2400	0.2300
总资产(万元)	80208.79	84685.61	86982.62
股东权益(万元)	47354.06	49156.32	61807.33
未分配利润(万元)	-1796.07	-2700.20	9861.02
主营收入(万元)	3041.94	6309.53	5087.84
资本公积金(万元)	21810.50	22145.83	22075.79
主营利润(万元)	-896.04	795.47	1545.31
其他业务利润(万元)	5.37	10.74	-0.01
营业利润(万元)	-2232.26	-1474.47	-433.52
投资收益(万元)	280.14	459.49	515.97
补贴收入(万元)			
营业外收支(万元)	2.67	-12495.28	-0.10
利润总额(万元)	-1949.45	-13510.26	72.86
净利润(万元)	-1802.26	-12406.19	139.28

十大股东

序号	股东名称	股份性质	持股数(万股)	比例(%)
1	天津燕宇置业有限公司	境内法人股	7094.72	27.48
2	中国银行海口信托咨询公司	国有法人股	1035.20	4.01
3	交通银行海南省分行	国有法人股	1035.20	4.01
4	中国寰岛(集团)公司	国有法人股	800.00	3.10
5	海南新鑫发展有限公司	境内法人股	787.00	3.05
6	海南富南房地产开发公司	国有法人股	530.88	2.06
7	海南南方物产有限责任公司	境内法人股	256.00	0.99
8	沈阳市新海达机电化工有限公司	境内法人股	192.00	0.74
9	海口峻泓实业有限公司	境内法人股	168.00	0.65
10	海南荣信实业开发有限公司	境内法人股	128.00	0.50

股东人数	2004.6	2003.12	2003.6	2002
	49365	49250	49849	50147

近年分配		近年配股/增发	

重大事项

因本公司2003年度业绩预亏公告披露时间严重滞后且实际亏损金额较大,违反了《深圳证券交易所股票上市规则》的相关规定,深圳证券交易所于2004年6月17日对公司及董事长张燕瑾、副董事长王思民、董事总经理刘小波进行了公开谴责。

二〇〇三年以来市场表现

2003年涨跌幅(%)	-32.91
2003年最高(元)	7.27
2003年最低(元)	4.01
2003年换手率(%)	144.01
2004.06涨跌幅(%)	-36.90
2004.06最高(元)	5.69
2004.06最低(元)	2.64
2004.06换手率(%)	178.81

沈阳惠天热电股份有限公司

公司概况

公司名称	沈阳惠天热电股份有限公司		股票代码	000692	
注册地址	辽宁省沈阳市沈河区热闹路47号		邮政编码	110014	
法人代表	孙杰		董秘	李俊山	
电话	024-22939691		传真	024-22939480	
主营业务	城市集中供热				
总股本	26641.65	流通A	11734.66	流通B	流通H
审计单位			审计意见	未审计	

主要财务指标

年度	2004.6	2003	2002
每股收益/扣除后(元)	0.0372	0.1180	-0.0500
每股经营现金流量(元)	-0.4710	0.5700	0.1700
每股净资产/调整后(元)	3.7600	3.7100	4.1100
每股公积金(元)	2.3747	2.3747	2.3746
净资产收益率(%)	0.7700	2.3400	1.3500
总资产(万元)	193165.78	206953.37	192004.73
股东权益(万元)	104077.96	103278.98	112934.64
未分配利润(万元)	4872.74	4073.99	11046.88
主营收入(万元)	29982.65	59925.86	55754.88
资本公积金(万元)	63266.11	63265.88	63262.10
主营利润(万元)	5296.15	10869.68	10764.00
其他业务利润(万元)	8.96	52.96	-1.30
营业利润(万元)	1076.24	3863.35	3548.68
投资收益(万元)	8.07	-145.96	-82.44
补贴收入(万元)	250.90	285.41	285.41
营业外收支(万元)	-536.46	-1426.91	-259.42
利润总额(万元)	798.74	2575.89	2100.78
净利润(万元)	798.74	2419.74	1520.93

十大股东

序号	股东名称	股份性质	持股数(万股)	比例(%)
1	沈阳市房产国有资产经营有限责任公司	国有法人股	14906.98	55.95
2	张树升	流通A股	48.60	0.18
3	郑海应	流通A股	41.13	0.15
4	洪金汉	流通A股	37.75	0.14
5	洪叶文	流通A股	36.35	0.14
6	董光庆	流通A股	27.71	0.10
7	范丽君	流通A股	20.31	0.08
8	张小刚	流通A股	19.00	0.07
9	朱延军	流通A股	16.68	0.06
10	孙玲	流通A股	15.11	0.06

股东人数	2004.6	2003.12	2003.6	2002
	59822	60938	61920	62709

近年分配		近年配股/增发	

重大事项

截止2004年6月末，公司管区内井室维修已基本结束，锅炉房、换热站内设备及管网维修、更新改造和取缔小锅炉房联网工作正在紧锣密鼓地进行。其中，完成更新改造投资266.6万元；完成维修投资698.3万元；完成专项投资1580万元；完成重点投资150万元。公司累计对外担保总额为7500万元，均为控股子公司担保。

二○○三年以来市场表现

2003年涨跌幅(%)	-9.71
2003年最高(元)	7.99
2003年最低(元)	5.20
2003年换手率(%)	134.74
2004.06涨跌幅(%)	-4.84
2004.06最高(元)	7.38
2004.06最低(元)	5.30
2004.06换手率(%)	116.12

成都聚友网络股份有限公司

公司概况

公司名称	成都聚友网络股份有限公司		股票代码	000693	
注册地址	成都海峡两岸科技开发园科技创新中心		邮政编码	610015	
法人代表	陈健		董秘	王小旭	
电话	028-86757719		传真	028-86757719	
主营业务	经营各类网络及设备				
总股本	19269.39	流通A	5855.85	流通B	流通H
审计单位			审计意见	未审计	

主要财务指标

年度	2004.6	2003	2002
每股收益/扣除后(元)	0.0298	0.0900	0.2000
每股经营现金流量(元)	0.0950	0.5800	0.3900
每股净资产/调整后(元)	2.2340	2.1800	3.1200
每股公积金(元)	0.9440	0.9344	1.2665
净资产收益率(%)	1.2800	3.7500	6.0900
总资产(万元)	114430.01	115202.28	109999.11
股东权益(万元)	43796.77	43055.44	39704.16
未分配利润(万元)	2853.53	2380.34	7430.03
主营收入(万元)	13043.08	30791.00	23833.62
资本公积金(万元)	18190.11	18005.47	16270.00
主营利润(万元)	4624.52	10476.61	9463.26
其他业务利润(万元)	11.43	45.67	20.22
营业利润(万元)	742.28	2429.81	2691.91
投资收益(万元)	87.79	-25.84	11.21
补贴收入(万元)			
营业外收支(万元)	-18.36	-293.98	-0.06
利润总额(万元)	811.70	2109.99	2697.08
净利润(万元)	556.69	1615.81	2515.92

十大股东

序号	股东名称	股份性质	持股数(万股)	比例(%)
1	深圳市聚友网络投资有限公司	法人股	3755.81	19.49
2	深圳市鹏举实业有限公司	法人股	2722.50	14.13
3	上海银茂投资发展有限公司	国有股	985.33	5.11
4	成都中益实业投资发展有限公司	法人股	922.50	4.79
5	聚友实业集团有限公司	法人股	891.00	4.62
6	中行四川分行国际信托投资公司	法人股	495.00	2.57
7	航天科技财务有限责任公司	法人股	495.00	2.57
8	深圳市金海博实业有限公司	法人股	330.00	1.71
9	四川省世旗投资管理有限责任公司	法人股	300.00	1.56
10	成都鑫铁实业有限责任公司	法人股	294.00	1.53

股东人数	2004.6	2003.12	2003.6	2002
	27977	26951	26097	22869

近年分配		近年配股/增发	

重大事项

2004年3月29日，公司在上海与中国农业银行上海市浦东分行签订了《保证合同》，为上海聚友宽频网络投资有限公司（上海宽频）与该行签署的《借款合同》项下的总计人民币2,000万元借款提供担保。

二○○三年以来市场表现

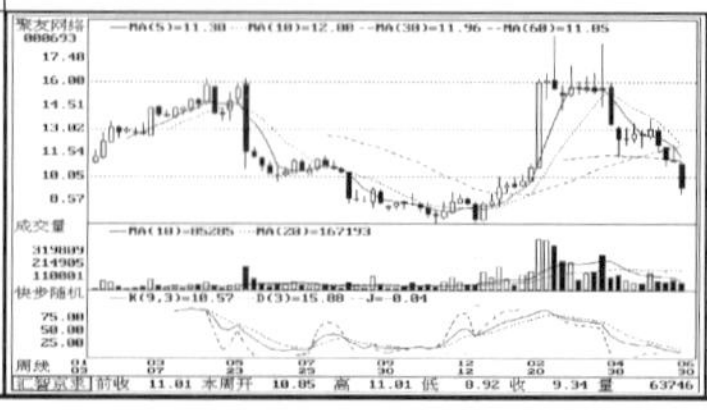

2003年涨跌幅(%)	14.76
2003年最高(元)	12.00
2003年最低(元)	7.08
2003年换手率(%)	418.92
2004.06涨跌幅(%)	12.26
2004.06最高(元)	18.97
2004.06最低(元)	8.24
2004.06换手率(%)	651.69

天津滨海能源发展股份有限公司

公司概况

公司名称	天津滨海能源发展股份有限公司	股票代码	000695
注册地址	天津市开发区第十一大街27号	邮政编码	300457
法人代表	张继光	董秘	郭健
电话	022-66202230	传真	022-66202232
主营业务	电力、蒸气、热水的生产和供应		
总股本	22214.75	流通A	7724.99
流通B		流通H	
审计单位	信永中和会计师事务所	审计意见	标准无保留

主要财务指标

年度	2004.6	2003	2002
每股收益/扣除后(元)	0.0095	-0.1300	-0.3300
每股经营现金流量(元)	0.0670	-0.0500	-0.2000
每股净资产/调整后(元)	1.3200	0.5100	0.9500
每股公积金(元)	0.7069	0.6060	0.6060
净资产收益率(%)	0.6300	-8.7900	-25.2600
总资产(万元)	63761.66	74100.21	78472.48
股东权益(万元)	29461.90	27031.74	29407.76
未分配利润(万元)	-10735.74	-10923.26	-8547.17
主营收入(万元)	9956.61	15144.50	16714.99
资本公积金(万元)	15703.79	13461.15	13461.15
主营利润(万元)	1831.26	3248.56	2769.61
其他业务利润(万元)	0.33	281.99	-0.80
营业利润(万元)	293.69	-2809.04	-7312.50
投资收益(万元)	-21.85	347.82	83.84
补贴收入(万元)			
营业外收支(万元)	-0.79	67.74	-0.52
利润总额(万元)	271.06	-2393.47	-7443.87
净利润(万元)	187.53	-2376.03	-7427.29

十大股东

序号	股东名称	股份性质	持股数(万股)	比例(%)
1	天津灯塔涂料有限公司	国家股	11329.33	51.00
2	沈阳铁路局经济发展总公司	国有法人股	182.00	0.82
3	深圳市兆科投资发展有限公司	国有法人股	163.80	0.74
4	天津市经济建设投资公司	国有法人股	109.20	0.49
5	中国工商银行黑龙江省分行直属支行	国有法人股	109.20	0.49
6	信达投资有限公司	国有法人股	109.20	0.49
7	天津北方国际信托投资公司	国有法人股,流通A股	109.00	0.49
8	中国工商银行贵阳信托投资公司	国有法人股	91.00	0.41
9	华夏证券有限公司重庆分公司	国有法人股	91.00	0.41
10	江苏证券公司	国有法人股	91.00	0.41

股东人数	2004.6	2003.12	2003.6	2002
	13841	12148	10855	7659

近年分配		近年配股/增发	

重大事项

2004年6月25日,国华能源与与天津津滨发展股份有限公司签定了《股权转让意向书》,双方约定:天津津滨发展股份有限公司拟将其持有的天津滨海新兴产业投资股份有限公司的1000万股股权(占滨海产业的10%股权)转让给国华能源。

二〇〇三年以来市场表现

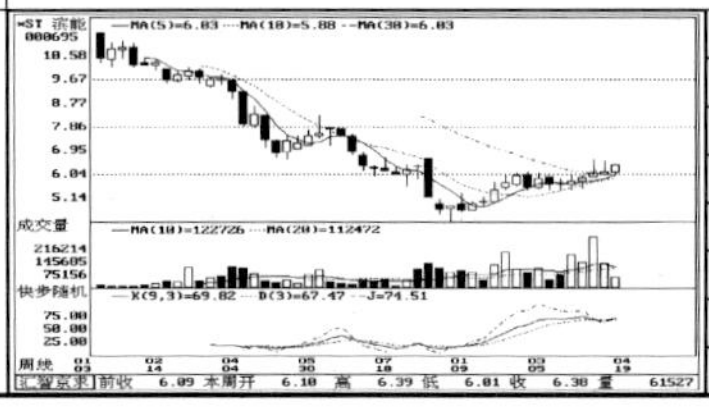

2003年涨跌幅(%)	-60.38
2003年最高(元)	11.49
2003年最低(元)	4.23
2003年换手率(%)	220.23
2004.06涨跌幅(%)	39.30
2004.06最高(元)	6.60
2004.06最低(元)	4.55
2004.06换手率(%)	232.28

咸阳偏转股份有限公司

公司概况

公司名称	咸阳偏转股份有限公司	股票代码	000697
注册地址	陕西省咸阳市渭阳西路70号	邮政编码	712021
法人代表	池维怀	董秘	赵卫军
电话	0910-3628567	传真	0910-3628885
主营业务	彩色显像管用偏转线圈		
总股本	21746.17	流通A	7741.17
流通B		流通H	
审计单位		审计意见	未审计

主要财务指标

年度	2004.6	2003	2002
每股收益/扣除后(元)	0.0375	0.0291	0.0315
每股经营现金流量(元)	-0.0530	0.6400	0.7500
每股净资产/调整后(元)	3.3500	3.3200	3.3300
每股公积金(元)	0.9828	0.9828	0.9825
净资产收益率(%)	1.0800	1.1800	1.2000
总资产(万元)	124742.69	130930.24	115024.78
股东权益(万元)	74116.04	73464.08	75381.36
未分配利润(万元)	20404.08	19601.30	18818.61
主营收入(万元)	42905.79	68003.98	52167.95
资本公积金(万元)	21371.75	21371.75	21364.98
主营利润(万元)	5023.64	9260.89	8665.73
其他业务利润(万元)	243.95	274.38	-1.13
营业利润(万元)	589.13	-1630.80	1026.85
投资收益(万元)	179.06	313.42	-39.59
补贴收入(万元)		20.72	0.88
营业外收支(万元)	-13.18	18.07	-0.16
利润总额(万元)	755.00	-1278.59	855.71
净利润(万元)	802.78	869.21	905.90

十大股东

序号	股东名称	股份性质	持股数(万股)	比例(%)
1	咸阳市国有资产管理局	国家股	8697.88	40.00
2	咸阳偏转发展有限责任公司	境内法人股	5307.12	24.40
3	陈金凤	流通A股	15.60	0.07
4	周强	流通A股	13.41	0.06
5	杨建平	流通A股	13.12	0.06
6	于晓华	流通A股	12.45	0.06
7	李颖	流通A股	12.30	0.06
8	秦定	流通A股	11.80	0.05
9	陆庚升	流通A股	11.66	0.05
10	钟力干	流通A股	11.61	0.05

股东人数	2004.6	2003.12	2003.6	2002
	46570	46420	47994	49102

近年分配		近年配股/增发	

重大事项

公司2003年4月16日第三届董事会第二十七次会议审议通过,公司将自有资金2000万元委托陕西裕丰投资管理有限公司管理,委托期限为12个月。2004年4月26日公司收回了该项委托理财投资收益160万元。2004年4月27日,经公司第四届董事会第七次会议审议通过,决定继续将2000万元资金委托陕西裕丰投资管理有限公司管理,委托期限12个月,约定年收益率为7%。

二〇〇三年以来市场表现

2003年涨跌幅(%)	-30.17
2003年最高(元)	8.58
2003年最低(元)	4.75
2003年换手率(%)	84.65
2004.06涨跌幅(%)	23.20
2004.06最高(元)	8.10
2004.06最低(元)	4.98
2004.06换手率(%)	282.21

沈阳化工股份有限公司

公司概况

公司名称	沈阳化工股份有限公司			股票代码	000698		
注册地址	沈阳市经济技术开发区沈大路888号			邮政编码	110026		
法人代表	王大壮			董秘	杨志国		
电话	024-25553506			传真	024-25553060		
主营业务	化学工业原料						
总股本	42240.66	流通A	18720.00	流通B		流通H	
审计单位				审计意见	未审计		

主要财务指标

年度	2004.6	2003	2002
每股收益/扣除后(元)	0.0609	0.0800	-0.0300
每股经营现金流量(元)	0.2110	0.5900	0.2700
每股净资产/调整后(元)	3.1700	3.1600	3.1900
每股公积金(元)	1.3162	1.2925	1.2900
净资产收益率(%)	1.8900	2.9400	-0.9900
总资产(万元)	327943.06	323275.56	276315.12
股东权益(万元)	144802.11	143114.27	140671.83
未分配利润(万元)	28334.05	27646.74	24743.36
主营收入(万元)	144783.89	247885.84	189032.37
资本公积金(万元)	55595.42	54594.56	54489.47
主营利润(万元)	19984.92	32554.86	19661.58
其他业务利润(万元)	43.25	81.96	-0.51
营业利润(万元)	4213.01	7491.34	2199.06
投资收益(万元)	169.47	-70.06	-152.16
补贴收入(万元)	110.61	477.27	477.27
营业外收支(万元)	-157.62	-1195.40	32.92
利润总额(万元)	4335.48	6703.15	140.08
净利润(万元)	2735.74	4213.11	-1391.75

十大股东

序号	股东名称	股份性质	持股数(万股)	比例(%)
1	沈阳化工集团有限公司	国有法人股	19711.06	46.66
2	沈阳铁西改造经济技术开发总公司	境内法人股	2809.60	6.65
3	杭州玮峰实业发展有限公司	境内法人股	1000.00	2.37
4	刘忠环	流通A股	136.78	0.32
5	李雪英	流通A股	38.41	0.09
6	钟海光	流通A股	32.84	0.08
7	谭波	流通A股	29.66	0.07
8	卢均	流通A股	29.60	0.07
9	江玲妹	流通A股	25.51	0.06
10	邵力	流通A股	25.00	0.06

股东人数	2004.6	2003.12	2003.6	2002
	86474	86918	88030	90531

近年分配		近年配股/增发	

重大事项

本公司控股子公司沈阳石蜡化工有限公司由于受装置工艺、生产特点所限，对于在2000年至2001年期间销售的裂解油补缴了消费税、城建税及教育费附加25,778,947.11元，本公司按投资比例相应调整以前年度未配利润18,153,534.55元。

二〇〇三年以来市场表现

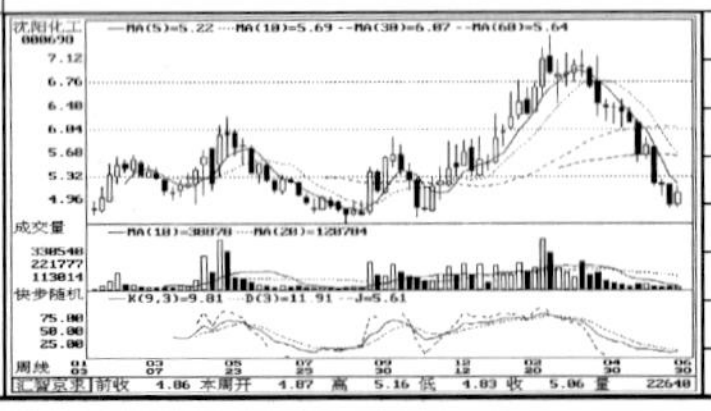

2003年涨跌幅(%)	12.58
2003年最高(元)	6.22
2003年最低(元)	4.60
2003年换手率(%)	249.57
2004.06涨跌幅(%)	-7.33
2004.06最高(元)	7.48
2004.06最低(元)	4.82
2004.06换手率(%)	166.54

佳木斯金地造纸股份有限公司

公司概况

公司名称	佳木斯金地造纸股份有限公司			股票代码	000699		
注册地址	佳木斯市光复路306号			邮政编码	154005		
法人代表	帅建伦			董秘	罗陈		
电话	0454-8377217			传真	0454-8375080		
主营业务	制浆造纸生产						
总股本	22744.80	流通A	9359.84	流通B		流通H	
审计单位				审计意见	未审计		

主要财务指标

年度	2004.6	2003	2002
每股收益/扣除后(元)	-0.0578	-0.2428	-0.0004
每股经营现金流量(元)	0.0040	0.0500	0.1200
每股净资产/调整后(元)	0.5370	-0.4100	0.8700
每股公积金(元)	1.0326	1.0326	1.0221
净资产收益率(%)	-5.3800	-77.3800	1.1700
总资产(万元)	134438.77	135775.05	151273.12
股东权益(万元)	24247.94	25552.68	45084.43
未分配利润(万元)	-25111.39	-23806.65	-4034.89
主营收入(万元)	16692.62	19325.93	34645.27
资本公积金(万元)	23486.61	23486.61	23246.61
主营利润(万元)	1554.40	1233.15	7997.64
其他业务利润(万元)	-49.11	392.66	4.60
营业利润(万元)	-1614.70	-19779.64	1453.69
投资收益(万元)	300.00	287.27	
补贴收入(万元)			
营业外收支(万元)	9.97	-279.39	-0.07
利润总额(万元)	-1304.74	-19771.76	1688.15
净利润(万元)	-1304.74	-19771.76	525.98

十大股东

序号	股东名称	股份性质	持股数(万股)	比例(%)
1	成都科邦电信(集团)股份有限公司	境内法人股	5716.08	25.13
2	中国信达资产管理公司	国有法人股	3302.30	14.52
3	佳木斯纸业集团有限公司	国有法人股	2000.00	8.79
4	中天恒投资管理有限公司	境内法人股	270.00	1.19
5	黑龙江省国际信托投资公司	境内法人股	260.00	1.14
6	融泰创业投资有限公司	流通A股	206.09	0.91
7	勃利县发展煤炭产销有限责任公司	境内法人股	191.61	0.84
8	哈尔滨大正产权经营有限责任公司	境内法人股	177.85	0.78
9	光明集团股份有限公司	境内法人股	169.00	0.74
10	中国轻工物资供销(集团)总公司	境内法人股	130.00	0.57

股东人数	2004.6	2003.12	2003.6	2002
	18719	19218	20817	16823

近年分配		近年配股/增发	

重大事项

2004年6月25日，深圳发展银行罗湖支行以本公司拖欠其3.15亿贷款本息为案由，在广东省高级法院对本公司提出起诉。黑龙江省电力开发公司和黑龙江省华夏造纸有限公司因担保法律关系亦被列为本案第二、第三被告。

二〇〇三年以来市场表现

2003年涨跌幅(%)	-55.75
2003年最高(元)	8.25
2003年最低(元)	2.82
2003年换手率(%)	499.39
2004.06涨跌幅(%)	-4.21
2004.06最高(元)	4.45
2004.06最低(元)	2.70
2004.06换手率(%)	215.76

江南模塑科技股份有限公司

公司概况

公司名称	江南模塑科技股份有限公司	股票代码	000700
注册地址	江苏省江阴市周庄镇长青路8号	邮政编码	214423
法人代表	陶炜	董秘	许剑
电话	0510-6242802	传真	0510-6242818
主营业务	汽车零部件、塑料制品		
总股本	30904.36	流通A	13705.75
流通B		流通H	
审计单位	江苏公证会计师事务所	审计意见	标准无保留

主要财务指标

年度	2004.6	2003	2002
每股收益/扣除后(元)	0.1031	0.2500	0.4000
每股经营现金流量(元)	0.0730	1.0400	0.9400
每股净资产/调整后(元)	2.8610	2.9400	5.3800
每股公积金(元)	1.1582	1.1582	3.2164
净资产收益率(%)	3.5300	8.5100	7.3600
总资产(万元)	176567.84	161574.89	121891.16
股东权益(万元)	88431.05	90867.93	83134.52
未分配利润(万元)	9086.80	5527.66	6147.63
主营收入(万元)	26946.78	53286.91	37479.84
资本公积金(万元)	35793.32	35793.32	49700.28
主营利润(万元)	7528.92	18581.83	14202.28
其他业务利润(万元)	129.72	368.83	45.15
营业利润(万元)	3777.94	10871.75	9430.48
投资收益(万元)	346.27	-9.86	-251.31
补贴收入(万元)	14.00		
营业外收支(万元)	-118.15	-187.43	-17.18
利润总额(万元)	4020.07	10674.46	9008.65
净利润(万元)	3125.90	7736.73	6120.78

十大股东

序号	股东名称	股份性质	持股数(万股)	比例(%)
1	江阴模塑集团有限公司	境内法人股	17198.61	55.65
2	中国工商银行——国联安德盛小盘精选证券投资基金	流通A股	355.07	1.15
3	中国建设银行——华宝兴业多策略增长证券投资基金	流通A股	231.39	0.75
4	通乾证券投资基金	流通A股	102.21	0.33
5	浦冬燕	流通A股	63.46	0.21
6	全国社保基金一零二组合	流通A股	59.98	0.19
7	张文宝	流通A股	42.14	0.14
8	周成	流通A股	38.46	0.12
9	中国农业银行——长盛中信全债指数增强型债券投资基金	流通A股	38.00	0.12
10	南平市联才投资有限公司	流通A股	33.69	0.11

股东人数	2004.6	2003.12	2003.6	2002
	29137	28690	28330	16826

近年分配	2004年8月18日 10派1.44	近年配股/增发	

重大事项

经本公司第五届董事会第七次会议审议通过，决定收购江阴模塑集团有限公司所持江阴江南模具塑化有限公司25%的股权。公司2003年度利润分配方案：以公司2003年末总股本309043600股为基数，向全体股东每10股派发现金股利1.8元(含税)剩余未分配利润结转至以后年度分配，股权登记日为2004年8月17日，除息日为2004年8月18日，红利发放日为2004年8月18日。

二〇〇三年以来市场表现

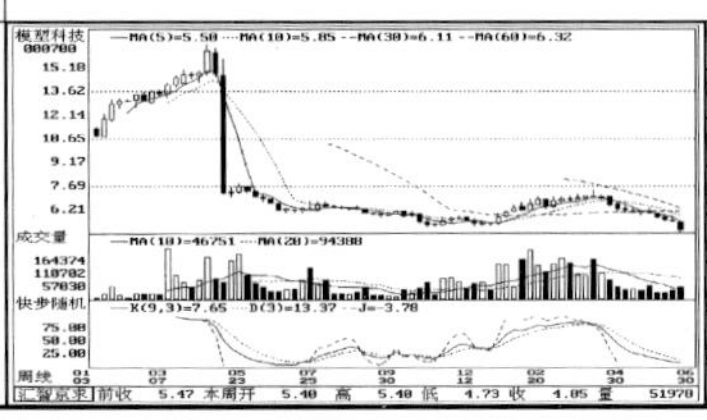

2003年涨跌幅(%)	-7.17
2003年最高(元)	8.19
2003年最低(元)	5.07
2003年换手率(%)	223.75
2004.06涨跌幅(%)	-6.37
2004.06最高(元)	7.36
2004.06最低(元)	4.73
2004.06换手率(%)	176.07

厦门信达股份有限公司

公司概况

公司名称	厦门信达股份有限公司	股票代码	000701
注册地址	福建省厦门市湖里信宏大厦二楼	邮政编码	361006
法人代表	周昆山	董秘	范丹
电话	0592-5608098	传真	0592-6021391
主营业务	网络信息服务		
总股本	20000.00	流通A	11500.00
流通B		流通H	
审计单位		审计意见	未审计

主要财务指标

年度	2004.6	2003	2002
每股收益/扣除后(元)	-0.0987	-0.0330	0.0500
每股经营现金流量(元)	-0.1690	-0.3500	-0.2600
每股净资产/调整后(元)	2.4100	2.2800	2.3100
每股公积金(元)	1.2070	1.2070	1.2019
净资产收益率(%)	3.2400	2.9200	2.1400
总资产(万元)	160322.59	143908.87	113692.98
股东权益(万元)	50254.07	48653.62	47661.30
未分配利润(万元)	3329.15	1730.33	573.84
主营收入(万元)	96892.58	168797.48	127464.05
资本公积金(万元)	24140.86	24139.23	24038.63
主营利润(万元)	3716.60	10434.04	6397.27
其他业务利润(万元)	790.35	1140.29	-15.82
营业利润(万元)	-1664.29	33.24	73.12
投资收益(万元)	3420.34	1184.10	803.54
补贴收入(万元)	75.85	64.18	64.18
营业外收支(万元)	-13.02	-127.68	-1.05
利润总额(万元)	1818.88	1153.84	1506.12
净利润(万元)	1629.58	1418.79	1020.80

十大股东

序号	股东名称	股份性质	持股数(万股)	比例(%)
1	厦门信息-信达总公司	国有股	8500.00	42.50
2	马志宇	流通A股	54.78	0.27
3	融通深证100指数投资基金	流通A股	30.95	0.15
4	陈浩勤	流通A股	28.00	0.14
5	周雪钦	流通A股	26.80	0.13
6	王文成	流通A股	24.40	0.12
7	王恺	流通A股	21.00	0.11
8	黄本乾	流通A股	19.82	0.10
9	深圳市泽琳实业发展有限公司	流通A股	19.61	0.10
10	马泽琪	流通A股	15.60	0.08

股东人数	2004.6	2003.12	2003.6	2002
	72575	74789	75587	74214

近年分配		近年配股/增发	

重大事项

2004年3月4日，公司将持有的漳州信达诺房地产开发有限公司25%的股权以每股净资产价格转让给厦门海沧东裕兴实业发展有限公司，股权转让金250万元人民币。2004年3月4日，公司将持有的奥赛通信设备有限公司40%股份以200万元转让给厦门中融投资管理有限公司。

二〇〇三年以来市场表现

2003年涨跌幅(%)	-10.42
2003年最高(元)	12.60
2003年最低(元)	6.14
2003年换手率(%)	479.93
2004.06涨跌幅(%)	-1.09
2004.06最高(元)	10.78
2004.06最低(元)	6.86
2004.06换手率(%)	206.99

湖南正虹科技发展股份有限公司

公司概况

公司名称	湖南正虹科技发展股份有限公司	股票代码	000702
注册地址	湖南省岳阳市屈原管理区营田镇	邮政编码	414418
法人代表	吴明夏	董秘	曹国庆
电话	0730-5728010	传真	0730-5728011
主营业务	各类饲料的研制开发		
总股本	28280.46	流通 A	13272.84
流通 B		流通 H	
审计单位		审计意见	未审计

主要财务指标

年度	2004.6	2003	2002
每股收益/扣除后(元)	0.0200	0.0600	0.0700
每股经营现金流量(元)	0.1120	0.3500	0.0300
每股净资产/调整后(元)	2.8310	2.8600	2.8400
每股公积金(元)	1.3914	1.3914	1.3909
净资产收益率(%)	0.7300	1.8100	3.5700
总资产(万元)	153505.56	148285.02	129604.52
股东权益(万元)	80703.84	82094.42	81541.76
未分配利润(万元)	6453.17	7543.75	7560.18
主营收入(万元)	75618.52	136164.03	109180.87
资本公积金(万元)	39350.39	39350.39	39334.61
主营利润(万元)	8222.88	16684.60	17264.07
其他业务利润(万元)	312.44	563.84	-2.60
营业利润(万元)	1328.14	3337.30	3389.82
投资收益(万元)	-18.32	585.19	530.32
补贴收入(万元)	2.13	9.61	0.10
营业外收支(万元)	68.82	-819.45	-1.51
利润总额(万元)	1380.77	3112.64	4409.96
净利润(万元)	589.05	1486.22	2912.86

十大股东

序号	股东名称	股份性质	持股数(万股)	比例(%)
1	岳阳屈原农垦有限责任公司	国有法人股	13022.40	46.05
2	传化集团有限公司	境内法人股	1500.00	5.30
3	湖南金河投资有限责任公司	定向法人股	480.00	1.70
4	包天悦	流通股	100.00	0.35
5	周楚衡	流通股	33.08	0.12
6	唐兴连	流通股	32.20	0.11
7	李幼兰	流通股	31.09	0.11
8	熊远明	流通股	22.73	0.08
9	林荣华	流通股	22.10	0.08
10	张洪峰	流通股	22.00	0.08

股东人数	2004.6	2003.12	2003.6	2002
	63304	58679	69164	28991

近年分配	近年配股/增发
2004 年 6 月 18 日 10 派 0.70	

重大事项

2004 年 5 月 29 日召开的公司 2003 年度股东大会，审议通过了 2003 年度公司利润分配方案：以公司 2003 年度末总股本 282,804,576 股为基数，向全体股东每 10 股派送现金红利 0.7 元(含税)，剩余部分转存以后年度，公司 2003 年度不进行公积金转增股本。公司本次分红派息股权登记日为 2004 年 6 月 17 日，除息日为 6 月 18 日，现金红利发放日为 6 月 18 日。

二〇〇三年以来市场表现

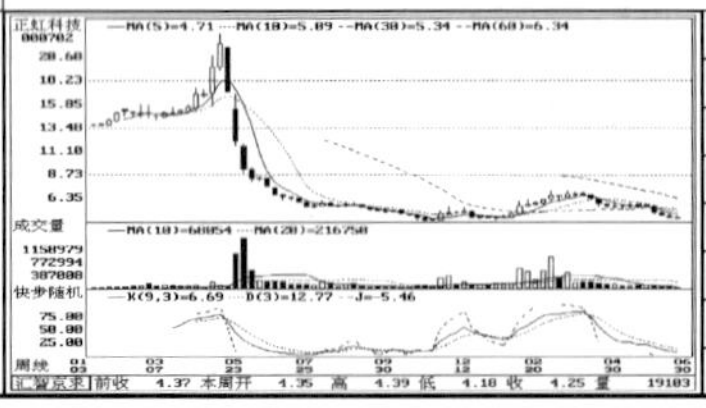

2003 年涨跌幅(%)	-69.14
2003 年最高(元)	22.79
2003 年最低(元)	3.91
2003 年换手率(%)	589.79
2004.06 涨跌幅(%)	1.19
2004.06 最高(元)	6.97
2004.06 最低(元)	4.03
2004.06 换手率(%)	397.57

世纪光华科技股份有限公司

公司概况

公司名称	世纪光华科技股份有限公司	股票代码	000703
注册地址	郑州市建设西路 187 号泰隆大厦 16 层	邮政编码	450007
法人代表	乔向明	董秘	刘杰
电话	0371-7422266	传真	0371-7422233
主营业务	高档彩印包装产品		
总股本	10660.00	流通 A	4680.00
流通 B		流通 H	
审计单位		审计意见	未审计

主要财务指标

年度	2004.6	2003	2002
每股收益/扣除后(元)	0.0040	-0.2400	0.0900
每股经营现金流量(元)	0.2010	-0.3700	0.9300
每股净资产/调整后(元)	1.8400	1.7000	2.5000
每股公积金(元)	0.0008	0.0008	0.0008
净资产收益率(%)	3.5400	-13.6000	3.3400
总资产(万元)	54947.49	55609.26	89663.78
股东权益(万元)	20403.89	19680.96	27598.10
未分配利润(万元)	4310.63	3587.69	11204.30
主营收入(万元)	6889.85	16192.99	29544.32
资本公积金(万元)	8.85	8.85	8.85
主营利润(万元)	1518.18	5372.20	10030.47
其他业务利润(万元)	54.03	203.94	-6.39
营业利润(万元)	516.63	-1325.42	2645.83
投资收益(万元)	572.40	-530.61	-203.19
补贴收入(万元)			
营业外收支(万元)	-0.01	-265.76	-0.03
利润总额(万元)	1089.02	-2121.79	2439.46
净利润(万元)	722.93	-2676.38	922.17

十大股东

序号	股东名称	股份性质	持股数(万股)	比例(%)
1	河南九龙水电集团	国有法人股	3057.53	28.68
2	四川恒运实业有限公司	国有法人股	758.16	7.11
3	四川新洲实业有限公司	国有法人股	497.54	4.67
4	中国烟草总公司四川省公司	国有法人股	284.31	2.67
5	盐城市城区天进信息咨询有限公司	国有法人股	236.93	2.22
6	成都建材(集团)有限公司	国有法人股	236.93	2.22
7	四川岷江电力股份有限公司	国有法人股	127.94	1.20
8	蒲江县财政信息用投资公司	国有法人股	94.77	0.89
9	成都市泯江房地产开发总公司	国有法人股	94.77	0.89
10	四川省石油总公司涪陵分公司	国有法人股	94.77	0.89

股东人数	2004.6	2003.12	2003.6	2002
	21513	20148	18850	19937

近年分配	近年配股/增发

重大事项

本公司于 2004 年 3 月 19 日与成都锦江电器制造有限公司签署了《股权转让协议》。该协议规定，本公司将所持有的成都锦江电子系统工程有限公司的全部股权转让给成都锦江电器制造有限公司，本公司与成都锦江电器制造有限公司商定的该项股权转让价款总额为人民币 8740 万元。

二〇〇三年以来市场表现

2003 年涨跌幅(%)	-30.09
2003 年最高(元)	9.28
2003 年最低(元)	5.51
2003 年换手率(%)	169.64
2004.06 涨跌幅(%)	1.76
2004.06 最高(元)	7.58
2004.06 最低(元)	5.30
2004.06 换手率(%)	280.90

浙江震元股份有限公司

公司概况

公司名称	浙江震元股份有限公司	股票代码	000705
注册地址	浙江省绍兴市解放北路 289 号	邮政编码	312000
法人代表	宋逸婷	董秘	黄继明
电话	0575-5144161	传真	0575-5148805
主营业务	医药商业的批发、零售		
总股本	12532.94	流通 A	8085.37
流通 B		流通 H	
审计单位		审计意见	未审计

主要财务指标

年度	2004.6	2003	2002
每股收益/扣除后(元)	0.0368	0.0970	0.1130
每股经营现金流量(元)	–0.1220	0.2860	0.3960
每股净资产/调整后(元)	3.5600	3.5200	3.3400
每股公积金(元)	1.8404	1.8404	1.8360
净资产收益率(%)	1.2600	3.4300	3.3100
总资产(万元)	79142.95	77699.78	73268.74
股东权益(万元)	44936.20	44370.75	42795.25
未分配利润(万元)	6056.00	5490.56	4426.85
主营收入(万元)	34800.31	64059.82	56951.55
资本公积金(万元)	23065.99	23065.99	23010.99
主营利润(万元)	4689.47	13333.03	12477.05
其他业务利润(万元)	61.72	85.49	10.78
营业利润(万元)	557.23	2081.55	1935.36
投资收益(万元)	3.06	–77.77	–71.13
补贴收入(万元)		295.00	–8.15
营业外收支(万元)	156.24	57.02	–0.11
利润总额(万元)	716.53	2355.80	2088.36
净利润(万元)	565.45	1520.50	1414.87

十大股东

序号	股东名称	股份性质	持股数(万股)	比例(%)
1	绍兴市国有资产投资经营有限公司	国有股	3129.02	24.97
2	绍兴市财政投资有限公司	法人股	543.94	4.34
3	绍兴市恒旦投资发展有限公司	法人股	279.00	2.23
4	绍兴第二医院	法人股	114.29	0.91
5	商怀民	流通股	85.00	0.68
6	杭州华东医药(集团)公司	法人股	72.00	0.57
7	杭州胡庆余堂制药有限公司	法人股	57.14	0.46
8	瑞安医药公司	法人股	45.00	0.36
9	临海市医药有限公司	法人股	40.31	0.32
10	浙江亚太制药厂	法人股	36.00	0.29

股东人数	2004.6	2003.12	2003.6	2002
	26977	27686	29532	27645

近年分配		近年配股/增发	

重大事项

2004 年 1-6 月，公司对外担保金额为 12,300.00 万元，其中：公司对控股子公司浙江震元制药有限公司担保 4,300.00 万元；与中国绍兴黄酒集团有限公司互保 8000 万元

二〇〇三年以来市场表现

2003 年涨跌幅(%)	–27.40
2003 年最高(元)	9.00
2003 年最低(元)	4.80
2003 年换手率(%)	160.80
2004.06 涨跌幅(%)	–3.50
2004.06 最高(元)	6.69
2004.06 最低(元)	4.84
2004.06 换手率(%)	110.74

湖北双环科技股份有限公司

公司概况

公司名称	湖北双环科技股份有限公司	股票代码	000707
注册地址	湖北省应城市东马坊团结大道 26 号	邮政编码	432407
法人代表	吴党生	董秘	张健
电话	0712-3591099	传真	0712-3591099
主营业务	纯碱、氯化铵、盐		
总股本	46414.58	流通 A	26408.86
流通 B		流通 H	
审计单位		审计意见	未审计

主要财务指标

年度	2004.6	2003	2002
每股收益/扣除后(元)	0.0374	–0.0070	0.0800
每股经营现金流量(元)	0.1937	0.1100	0.3600
每股净资产/调整后(元)	3.4540	3.4600	3.4500
每股公积金(元)	1.7521	1.7521	1.7521
净资产收益率(%)	0.1400	0.3200	2.2400
总资产(万元)	236133.06	219278.98	202831.16
股东权益(万元)	161722.77	161834.73	161324.27
未分配利润(万元)	19742.80	19788.47	19380.08
主营收入(万元)	52649.81	88275.67	89396.27
资本公积金(万元)	81324.47	81324.47	81324.47
主营利润(万元)	6411.95	6511.90	10406.32
其他业务利润(万元)	85.20	192.28	–2.94
营业利润(万元)	1804.89	–1618.95	3169.56
投资收益(万元)	–1569.77	2182.27	739.45
补贴收入(万元)			
营业外收支(万元)	–15.52	–52.84	–1.79
利润总额(万元)	219.60	510.48	3867.90
净利润(万元)	219.60	510.48	3617.94

十大股东

序号	股东名称	股份性质	持股数(万股)	比例(%)
1	湖北双环化工集团有限公司	国有法人股	18474.09	39.80
2	曾宪坤	流通 A 股	306.06	0.66
3	湖北双环化工集团红双环实业公司	境内法人股	234.22	0.50
4	武汉钢铁(集团)总公司	境内法人股	212.93	0.46
5	卢因华	流通 A 股	181.60	0.39
6	马桂香	流通 A 股	166.00	0.36
7	中联橡胶(集团)总公司	境内法人股	159.69	0.34
8	交通银行武汉分行	境内法人股	159.69	0.34
9	广西壮族自治区南宁平板玻璃厂	境内法人股	121.67	0.26
10	湖北原宜经济发展集团股份公司	境内法人股	106.46	0.23

股东人数	2004.6	2003.12	2003.6	2002
	80679	100923	101559	102046

近年分配		近年配股/增发	

重大事项

本公司已就德恒证券未能按期支付公司委托理财本金 3000 万元及其收益事宜，于 2004 年 6 月 25 日向孝感市中级人民法院提请诉讼，此案正在审理中。本公司的控股公司湖北双环化工集团有限公司因为鄂西化工厂担保问题，中国信达资产管理公司提请湖北省高院冻结了其持有的本公司股份 58,387,446 股。

二〇〇三年以来市场表现

2003 年涨跌幅(%)	–14.23
2003 年最高(元)	6.35
2003 年最低(元)	3.82
2003 年换手率(%)	174.65
2004.06 涨跌幅(%)	10.10
2004.06 最高(元)	5.92
2004.06 最低(元)	4.00
2004.06 换手率(%)	138.45

大冶特殊钢股份有限公司

公司概况

公司名称	大冶特殊钢股份有限公司	股票代码	000708
注册地址	湖北省黄石市黄石大道316号	邮政编码	435001
法人代表	朱宪国	董秘	王平国
电话	0714-6293836	传真	0714-6457917
主营业务	生产经营钢材		
总股本	44940.85	流通A	16703.21
流通B		流通H	
审计单位		审计意见	未审计

主要财务指标

年度	2004.6	2003	2002
每股收益/扣除后(元)	0.0445	0.0620	0.1060
每股经营现金流量(元)	-1.4390	1.6860	0.5790
每股净资产/调整后(元)	3.5800	3.5770	3.5380
每股公积金(元)	2.1448	2.1308	2.1262
净资产收益率(%)	1.1500	1.5300	2.8500
总资产(万元)	492261.50	409179.34	367246.53
股东权益(万元)	164858.28	162337.52	159647.53
未分配利润(万元)	11813.79	9923.60	7937.18
主营收入(万元)	177316.22	216222.98	173519.80
资本公积金(万元)	96389.61	95759.02	95552.06
主营利润(万元)	12267.93	25256.83	20729.92
其他业务利润(万元)	1052.98	1215.53	58.08
营业利润(万元)	2985.44	5012.77	7225.39
投资收益(万元)		4.27	-270.23
补贴收入(万元)		358.60	358.60
营业外收支(万元)	-164.26	-2052.74	-9.83
利润总额(万元)	2821.17	3322.90	6288.46
净利润(万元)	1890.18	2483.02	4556.64

十大股东

序号	股东名称	股份性质	持股数(万股)	比例(%)
1	冶钢集团有限公司	国家股	17461.85	38.86
2	中融国际信托投资有限公司	境内法人股	4230.00	9.41
3	北京颐和丰业投资有限公司	境内法人股	1500.00	3.34
4	北京方程兴业投资有限公司	境内法人股	1500.00	3.34
5	合肥银信投资管理有限公司	境内法人股、国家股	1005.00	2.24
6	东风汽车公司	境内法人股	798.00	1.78
7	北京龙聚兴投资顾问有限公司	境内法人股、国家股	397.00	0.88
8	襄阳汽车轴承股份有限公司	境内法人股	342.00	0.76
9	湖北正智资产管理有限公司	境内法人股	228.00	0.51
10	中国第一拖拉机工程机械公司	境内法人股	228.00	0.51

股东人数

2004.6	2003.12	2003.6	2002
72093	68927	69425	68421

近年分配		近年配股/增发	

重大事项

公司于3月11日将机械设备制造系统的资产与冶钢集团有限公司所属的供电系统的资产进行置换。本次资产置换的价格,已经具有证券从业资格的评估机构的评估值为准。经湖北众联资产评估有限公司评估,机械设备制造系统的资产评估值为1,920.93万元,供电系统的资产评估值为1,991.35万元。

二〇〇三年以来市场表现

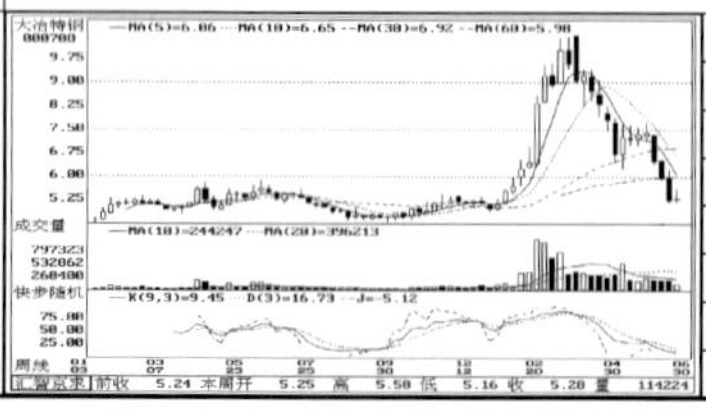

2003年涨跌幅(%)	6.54
2003年最高(元)	5.83
2003年最低(元)	4.50
2003年换手率(%)	151.45
2004.06涨跌幅(%)	7.98
2004.06最高(元)	10.50
2004.06最低(元)	4.88
2004.06换手率(%)	515.23

唐山钢铁股份有限公司

公司概况

公司名称	唐山钢铁股份有限公司	股票代码	000709
注册地址	唐山市路北区滨河路九号	邮政编码	063016
法人代表	王天义	董秘	张建忠
电话	0315-2701188	传真	0315-2702198
主营业务	建筑用钢材和矿用钢材		
总股本	195497.87	流通A	56603.28
流通B		流通H	
审计单位	河北华安会计师事务所	审计意见	标准无保留

主要财务指标

年度	2004.6	2003	2002
每股收益/扣除后(元)	0.2456	0.4400	0.4100
每股经营现金流量(元)	0.3890	0.3600	0.9600
每股净资产/调整后(元)	3.8000	3.9000	4.4700
每股公积金(元)	1.8126	1.8126	2.6538
净资产收益率(%)	6.8200	11.5900	8.6400
总资产(万元)	1827392.87	1550741.12	1208991.25
股东权益(万元)	745796.81	763327.31	674486.25
未分配利润(万元)	127008.29	144538.77	69357.70
主营收入(万元)	963677.87	1416710.00	922148.69
资本公积金(万元)	354362.34	354362.34	399084.47
主营利润(万元)	127760.94	226495.86	159216.77
其他业务利润(万元)	2248.04	929.20	-3.93
营业利润(万元)	74554.13	125147.64	88642.09
投资收益(万元)	609.11	2111.25	305.83
补贴收入(万元)			
营业外收支(万元)	3330.74	-10970.49	-39.40
利润总额(万元)	71832.50	116288.40	86041.40
净利润(万元)	50893.78	88448.32	58253.66

十大股东

序号	股东名称	股份性质	持股数(万股)	比例(%)
1	唐山钢铁集团有限责任公司	国家股	115838.11	59.25
2	唐山钢铁集团有限责任公司工会	法人股	9696.49	4.96
3	唐钢矿业有限公司	流通股	4672.06	2.39
4	唐山天辰投资有限责任公司	法人股、流通股	4608.79	2.36
5	河北省经济贸易投资有限公司	国家股	3212.30	1.64
6	中国工商银行-银河银泰理财分红证券投资基金	流通股	2025.80	1.04
7	唐山钢铁集团金恒企业发展总公司	法人股、流通股	1757.57	0.90
8	五矿发展股份有限公司	法人股	987.60	0.51
9	中国第二十二冶金建设公司	法人股	823.99	0.42
10	太西集团有限责任公司	法人股	326.04	0.17

股东人数

2004.6	2003.12	2003.6	2002
172095	179859	177104	170201

近年分配		近年配股/增发	
	2004年6月21日10派3.50		

重大事项

根据2003年度股东大会决议,公司将下属企业带钢厂整体出租给唐山不锈钢有限责任公司,租赁资产原值1.93亿元,净值1.03亿元,租赁日期自2004年1月1日至2023年12月31日,租期20年,租金每两年签定一次,前两年每年租金1300万元,以后年度租金不高于1300万元。

二〇〇三年以来市场表现

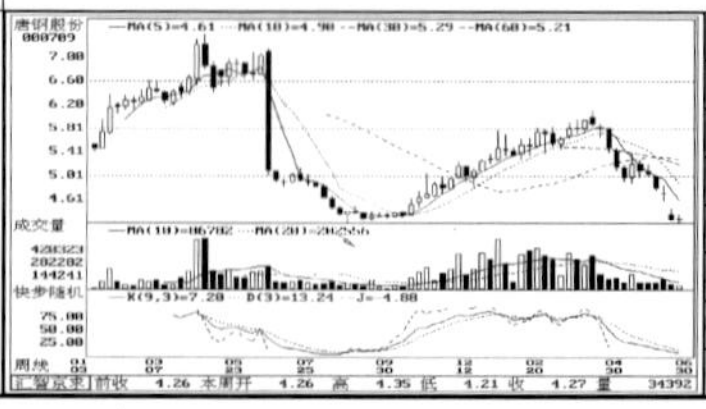

2003年涨跌幅(%)	31.81
2003年最高(元)	5.15
2003年最低(元)	3.61
2003年换手率(%)	125.80
2004.06涨跌幅(%)	-12.68
2004.06最高(元)	5.76
2004.06最低(元)	4.21
2004.06换手率(%)	94.45

成都天兴仪表股份有限公司

公司概况

公司名称	成都天兴仪表股份有限公司	股票代码	000710
注册地址	成都高新技术产业开发区	邮政编码	610106
法人代表	文武	董秘	叶秀松
电话	028-84613721	传真	028-84600581
主营业务	摩托车与汽车仪表开发		

总股本	15120.00	流通 A	4410.00	流通 B		流通 H	
审计单位		审计意见	未审计				

主要财务指标

年度	2004.6	2003	2002
每股收益/扣除后(元)	-0.0081	-0.0300	-0.3400
每股经营现金流量(元)	-0.0040	-0.0100	0.1000
每股净资产/调整后(元)	0.6370	0.6900	0.7000
每股公积金(元)	0.2368	0.2368	0.2364
净资产收益率(%)	0.1900	2.8300	-46.6700
总资产(万元)	25517.44	25841.01	24209.68
股东权益(万元)	11232.63	11210.86	10887.24
未分配利润(万元)	-8458.82	-8480.36	-8797.79
主营收入(万元)	5370.29	8131.70	6262.00
资本公积金(万元)	3580.97	3580.75	3574.55
主营利润(万元)	1053.30	1531.02	469.27
其他业务利润(万元)	9.88	435.61	-0.67
营业利润(万元)	-122.78	-298.61	-5425.48
投资收益(万元)	28.80	464.53	-33.93
补贴收入(万元)	45.54	142.78	-0.08
营业外收支(万元)	69.99	8.73	0.09
利润总额(万元)	21.55	317.42	-5080.96
净利润(万元)	21.55	317.42	-5080.96

十大股东

序号	股东名称	股份性质	持股数(万股)	比例(%)
1	成都天兴仪表(集团)有限公司	国有法人股	10710.00	70.83
2	李鑫海	流通 A 股	28.00	0.19
3	吴冬玉	流通 A 股	20.70	0.14
4	张竹胜	流通 A 股	18.36	0.12
5	叶紫	流通 A 股	15.73	0.10
6	何太升	流通 A 股	15.00	0.10
7	孙英	流通 A 股	14.67	0.10
8	杨思明	流通 A 股	13.95	0.09
9	胡燕	流通 A 股	13.85	0.09
10	周章福	流通 A 股	13.66	0.09

股东人数	2004.6	2003.12	2003.6	2002
	10703	10970	12441	14763

近年分配		近年配股/增发	

重大事项

2003 年 4 月 25 日公司与中国建设银行成都市第九支行、四川工业学院签署委托贷款合同，公司委托中国建设银行成都市第九支行贷款 1000 万元给四川工业学院用于四川工业学院新校区建设项目，贷款期限 2 年，贷款利率 5.76%，本报告期公司取得投资收益 28.8 万元。公司对四川移动通信有限责任公司提供楼顶租赁业务取得租金收入 2.8 万元。

二〇〇三年以来市场表现

2003 年涨跌幅(%)	-43.36
2003 年最高(元)	8.63
2003 年最低(元)	3.82
2003 年换手率(%)	266.17
2004.06 涨跌幅(%)	-1.23
2004.06 最高(元)	5.92
2004.06 最低(元)	3.81
2004.06 换手率(%)	129.16

黑龙江天伦置业股份有限公司

公司概况

公司名称	黑龙江天伦置业股份有限公司	股票代码	000711
注册地址	哈尔滨市经济技术开发区	邮政编码	150090
法人代表	张雄	董秘	赵润涛
电话	0451-82335442	传真	0451-82334782
主营业务	松花江索道项目		

总股本	10726.56	流通 A	5110.56	流通 B		流通 H	
审计单位		审计意见	未审计				

主要财务指标

年度	2004.6	2003	2002
每股收益/扣除后(元)	0.0586	0.2720	0.2000
每股经营现金流量(元)	-0.4740	0.0200	-0.3316
每股净资产/调整后(元)	3.1280	3.1000	2.8231
每股公积金(元)	0.7889	0.7889	0.7889
净资产收益率(%)	1.9000	8.8900	7.2200
总资产(万元)	59185.34	61240.56	39733.94
股东权益(万元)	33553.62	33237.71	30282.11
未分配利润(万元)	11535.12	11219.21	8706.95
主营收入(万元)	10614.32	25624.71	8839.59
资本公积金(万元)	8462.21	8462.21	8462.21
主营利润(万元)	1677.78	6059.06	2967.08
其他业务利润(万元)			
营业利润(万元)	795.59	4486.63	2312.83
投资收益(万元)	-1.57	1.76	-0.30
补贴收入(万元)	0.13		
营业外收支(万元)	5.75	0.19	0.00
利润总额(万元)	799.90	4488.58	2344.71
净利润(万元)	637.71	2955.60	2185.75

十大股东

序号	股东名称	股份性质	持股数(万股)	比例(%)
1	广州天伦集团控股有限公司	境内法人股	2857.00	26.63
2	深圳市禾海投资发展有限公司	境内法人股	1855.00	17.29
3	上海国欣科技发展公司	境内法人股	220.00	2.05
4	上海卓成资产管理有限公司	境内法人股	200.00	1.86
5	黑河市经济合作区房地产开发有限公司	国有法人股	196.56	1.83
6	哈尔滨市商业银行股份有限公司	国有法人股	84.24	0.79
7	上海众人安居房产销售有限公司	境内法人股	83.20	0.78
8	上海文辉企业咨询有限公司	境内法人股	50.00	0.47
9	谢勇峰	流通 A 股	44.13	0.41
10	吴秀林	流通 A 股	41.23	0.38

股东人数	2004.6	2003.12	2003.6	2002
	15660	15409	17470	17383

近年分配	2004 年 7 月 13 日 10 派 0.30	近年配股/增发	

重大事项

广州润龙合富置业有限公司于 6 月 7 日与公司签署股权托管协议，将其所持广州润龙房地产有限公司 10% 的股权全部委托给本公司管理。托管期自 2004 年 5 月 1 日起至所托管股权转让时止。托管期内，托管股权的表决权和收益权归本公司所有，处置权归广州润龙合富置业有限公司所有。

二〇〇三年以来市场表现

2003 年涨跌幅(%)	-16.03
2003 年最高(元)	10.97
2003 年最低(元)	6.21
2003 年换手率(%)	102.14
2004.06 涨跌幅(%)	-7.66
2004.06 最高(元)	9.95
2004.06 最低(元)	6.39
2004.06 换手率(%)	111.70

广东锦龙发展股份有限公司

公司概况

公司名称	广东锦龙发展股份有限公司	股票代码	000712
注册地址	广东清远市经济开发试验区2号区内	邮政编码	511518
法人代表	杨志茂	董秘	刘光芒
电话	0763-3369393	传真	0763-3362693
主营业务	房地产、棉纺织		
总股本	15231.15	流通A	3809.20
流通B		流通H	
审计单位		审计意见	未审计

主要财务指标

年度	2004.6	2003	2002
每股收益/扣除后(元)	0.0382	0.0581	0.0600
每股经营现金流量(元)	0.1850	0.2800	-1.1990
每股净资产/调整后(元)	2.8300	2.8700	2.7400
每股公积金(元)	1.0707	1.0602	1.0468
净资产收益率(%)	1.0900	1.8600	2.8800
总资产(万元)	165026.00	158772.33	127976.11
股东权益(万元)	43793.41	43916.85	42895.10
未分配利润(万元)	8185.76	9076.01	8474.68
主营收入(万元)	22763.16	32898.53	22380.41
资本公积金(万元)	16307.52	16147.52	15943.81
主营利润(万元)	6051.92	8855.01	5548.90
其他业务利润(万元)	178.74	34.80	-0.57
营业利润(万元)	2214.29	3812.00	2329.14
投资收益(万元)	-808.64	-1309.15	-390.42
补贴收入(万元)			
营业外收支(万元)	-21.13	-104.42	-0.81
利润总额(万元)	1384.51	2398.43	2319.79
净利润(万元)	478.12	818.05	1234.85

十大股东

序号	股东名称	股份性质	持股数(万股)	比例(%)
1	东莞市新世纪科教拓展有限公司	境内法人股	4532.79	29.76
2	东莞市荣富实业有限公司	境内法人股	4417.03	29.00
3	广州市锦麟投资有限公司	境内法人股	2472.14	16.23
4	梁燕容	流通A股	37.34	0.25
5	汤庆松	流通A股	20.00	0.13
6	缪岳良	流通A股	16.36	0.11
7	黄永华	流通A股	12.82	0.08
8	解建国	流通A股	11.98	0.08
9	简瑞霞	流通A股	11.80	0.08
10	温国康	流通A股	11.80	0.08

股东人数	2004.6	2003.12	2003.6	2002
	15778	15180	15687	15088

近年分配	2004年7月23日10派0.50	近年配股/增发	

重大事项

2004年5月28日召开的2003年度股东大会审议通过了《2003年度利润分配方案》:以2003年末总股本15231.1524万股为基数,向全体股东每10股派发现金0.5元(含税)。本公司及控股子公司广州正信投资顾问有限公司分别收购了东莞市富麟实业有限公司70%和30%的股权的议案。相关后续已于2004年4月23日办理完毕。

二〇〇三年以来市场表现

2003年涨跌幅(%)	-41.81
2003年最高(元)	10.58
2003年最低(元)	5.30
2003年换手率(%)	117.90
2004.06涨跌幅(%)	3.67
2004.06最高(元)	7.77
2004.06最低(元)	5.56
2004.06换手率(%)	124.75

合肥丰乐种业股份有限公司

公司概况

公司名称	合肥丰乐种业股份有限公司	股票代码	000713
注册地址	安徽省合肥市长江西路727号	邮政编码	230088
法人代表	吴大香	董秘	徐松林
电话	0551-5326607,5326606	传真	0551-5310401
主营业务	农作物种子、农药等		
总股本	22500.00	流通A	10530.00
流通B		流通H	
审计单位		审计意见	未审计

主要财务指标

年度	2004.6	2003	2002
每股收益/扣除后(元)	0.0657	0.0520	-0.8100
每股经营现金流量(元)	0.3702	0.1400	0.2700
每股净资产/调整后(元)	1.8300	1.7500	1.4600
每股公积金(元)	0.6509	0.6509	1.4114
净资产收益率(%)	4.3000	3.7500	-46.7000
总资产(万元)	81505.03	85540.85	89885.04
股东权益(万元)	42312.00	40491.77	38973.41
未分配利润(万元)	3026.92	1206.68	-18953.91
主营收入(万元)	28575.78	38232.44	36467.47
资本公积金(万元)	14644.82	14644.82	31756.91
主营利润(万元)	9027.61	11280.05	6658.18
其他业务利润(万元)	1.50	74.05	-1.00
营业利润(万元)	1918.98	1117.26	-9902.34
投资收益(万元)	49.14	-35.69	-7650.56
补贴收入(万元)			
营业外收支(万元)	-28.62	-333.34	5.14
利润总额(万元)	1939.50	748.23	-18527.36
净利润(万元)	1820.23	1518.36	-18198.86

十大股东

序号	股东名称	股份性质	持股数(万股)	比例(%)
1	合肥市种子公司	国有法人股	11970.00	53.20
2	惠州大亚湾亚康保健品有限公司	流通A股	70.00	0.31
3	徐庆龙	流通A股	40.32	0.18
4	赖元基	流通A股	36.04	0.16
5	九方制药	流通A股	34.67	0.15
6	隽美琴	流通A股	34.63	0.15
7	吕顺发	流通A股	32.80	0.15
8	李三章	流通A股	31.66	0.14
9	胡志华	流通A股	30.99	0.14
10	杜广华	流通A股	26.69	0.12

股东人数	2004.6	2003.12	2003.6	2002
	37954	38168	38984	42981

近年分配		近年配股/增发	

重大事项

根据公司三届董事会第三次会议决议,公司投资120万元占60%股份,设立北京丰乐金港大酒店有限公司,并拆借资金1200万元给北京丰乐金港大酒店有限公司,用于对该公司管理的北京安徽大厦内部装璜。

二〇〇三年以来市场表现

2003年涨跌幅(%)	-22.75
2003年最高(元)	7.58
2003年最低(元)	4.20
2003年换手率(%)	344.66
2004.06涨跌幅(%)	-6.57
2004.06最高(元)	6.86
2004.06最低(元)	4.38
2004.06换手率(%)	185.48

中兴-沈阳商业大厦(集团)股份有限公司

公司概况

公司名称	中兴-沈阳商业大厦(集团)股份有限公司	股票代码	000715
注册地址	沈阳市和平区太原北街 86 号	邮政编码	110001
法人代表	姚海星	董秘	徐成华
电话	024-23836008	传真	024-23836008
主营业务	商品零售与批发		

总股本	21462.00	流通 A	5695.06	流通 B		流通 H	
审计单位				审计意见	未审计		

主要财务指标

年度	2004.6	2003	2002
每股收益/扣除后(元)	0.1519	0.2132	0.1733
每股经营现金流量(元)	0.0987	0.4000	0.4600
每股净资产/调整后(元)	3.0300	3.0300	2.7900
每股公积金(元)	1.4804	1.4804	1.4804
净资产收益率(%)	4.9300	6.5700	6.1900
总资产(万元)	91936.68	94880.00	94122.50
股东权益(万元)	66172.85	65269.67	61068.92
未分配利润(万元)	8886.93	8636.55	5275.95
主营收入(万元)	85962.31	155383.25	142160.98
资本公积金(万元)	31771.74	31771.74	31771.74
主营利润(万元)	14909.48	27239.55	24820.30
其他业务利润(万元)	821.35	1556.59	-330.18
营业利润(万元)	4867.08	7284.63	5789.77
投资收益(万元)		-26.88	
补贴收入(万元)			
营业外收支(万元)	4.56	-429.82	9.80
利润总额(万元)	4871.64	6827.94	5010.36
净利润(万元)	3264.00	4287.23	3783.00

十大股东

序号	股东名称	股份性质	持股数(万股)	比例(%)
1	沈阳市商业国有资产经营有限公司	国家股	7805.00	36.37
2	中信信托投资有限责任公司	境内法人股	7805.00	36.37
3	中兴大连商业大厦	境内法人股	76.00	0.35
4	沈阳联营公司	境内法人股	38.00	0.18
5	沈阳市五金商业集团股份有限公司	境内法人股	38.00	0.18
6	万会平	流通 A 股	22.30	0.10
7	孙勇涛	流通 A 股	17.55	0.08
8	陆玉芳	流通 A 股	15.19	0.07
9	朱文灿	流通 A 股	14.20	0.07
10	过亦清	流通 A 股	12.58	0.06

股东人数	2004.6	2003.12	2003.6	2002
	26087	25679	26310	24130

近年分配	2004 年 6 月 9 日 10 派 1.10	近年配股/增发	2004 年 6 月 9 日 10 转 5

重大事项

2004 年 4 月 15 日,公司 2003 年度股东大会通过了公司 2003 年利润分配方案,即向全体股东每 10 股派现金红利 1.10 元(含税)。股权登记日为 2004 年 6 月 20 日,除权除息日为 2003 年 6 月 23 日。

二○○三年以来市场表现

2003 年涨跌幅(%)	-13.51
2003 年最高(元)	9.25
2003 年最低(元)	5.89
2003 年换手率(%)	216.47
2004.06 涨跌幅(%)	-9.91
2004.06 最高(元)	8.22
2004.06 最低(元)	6.00
2004.06 换手率(%)	139.12

广西斯壮股份有限公司

公司概况

公司名称	广西斯壮股份有限公司	股票代码	000716
注册地址	广西南宁市民主路 8 号	邮政编码	530021
法人代表	赵明	董秘	赵东晨
电话	0771-5306588	传真	0771-5308090
主营业务	房地产开发、商贸		

总股本	17825.95	流通 A	10134.88	流通 B		流通 H	
审计单位				审计意见	未审计		

主要财务指标

年度	2004.6	2003	2002
每股收益/扣除后(元)	-0.0699	-0.2354	-0.3900
每股经营现金流量(元)	-0.1800	-0.0017	-0.3400
每股净资产/调整后(元)	1.4400	1.3400	1.2900
每股公积金(元)	0.7767	0.7767	0.7766
净资产收益率(%)	2.3900	2.1000	-26.8800
总资产(万元)	57763.65	56228.30	51508.59
股东权益(万元)	26877.29	26233.86	25683.18
未分配利润(万元)	-5697.45	-6396.97	-6891.14
主营收入(万元)	5471.99	3286.88	3998.60
资本公积金(万元)	13844.78	13844.78	13844.37
主营利润(万元)	1763.82	96.21	-27.28
其他业务利润(万元)	1.10	1.08	0.02
营业利润(万元)	-413.72	-2911.67	-6758.74
投资收益(万元)	1776.22	3166.43	-435.95
补贴收入(万元)		10.38	10.38
营业外收支(万元)	7.94	71.67	1.77
利润总额(万元)	1370.43	336.81	-7076.37
净利润(万元)	643.43	550.26	-6904.26

十大股东

序号	股东名称	股份性质	持股数(万股)	比例(%)
1	广西投资集团有限公司	国有法人股	2613.83	14.66
2	广西容县容州宾馆有限责任公司	境内法人股	871.56	4.89
3	珠海轻捷商贸有限公司	境内法人股	830.45	4.66
4	柳州市城市投资建设发展有限公司	国有法人股	730.23	4.10
5	北京中外名人科贸有限责任公司	境内法人股	595.30	3.34
6	南宁正业工贸有限责任公司	境内法人股	522.08	2.93
7	广西南方投资有限责任公司	境内法人股	446.47	2.50
8	桂林五洲旅游股份有限公司	境内法人股	390.64	2.19
9	南宁人本广告策划有限责任公司	境内法人股	153.45	0.86
10	广西斯壮建筑有限责任公司	境内法人股	76.89	0.43

股东人数	2004.6	2003.12	2003.6	2002
	31151	29343	26292	24980

近年分配		近年配股/增发	

重大事项

公司于 2004 年 5 月 22 日与香港畅旺发展(中国)有限公司签订股权转让合同,以 2,020 万元的价格转让所持有广西斯壮房地产开发有限公司 51% 股权;公司于 2004 年 6 月 30 日与邝悦浓签订《股权转让合同》,以 2,823.70 万元的价格转让所持有广西斯壮城市综合开发有限公司 98% 股权;公司将所持有的广西斯壮鹏丰房地产开发有限责任公司 51% 股权以 1,420 万元价格转让给广西科建建筑工程有限公司。

二○○三年以来市场表现

2003 年涨跌幅(%)	-48.23
2003 年最高(元)	9.31
2003 年最低(元)	3.65
2003 年换手率(%)	177.39
2004.06 涨跌幅(%)	-3.77
2004.06 最高(元)	6.51
2004.06 最低(元)	3.91
2004.06 换手率(%)	170.55

广东韶钢松山股份有限公司

公司概况

公司名称	广东韶钢松山股份有限公司				股票代码	000717	
注册地址	广东省韶关市曲江县马坝				邮政编码	512123	
法人代表	曾德新			董秘	余子汉		
电话	0751-8787265			传真	0751-8787676		
主营业务	钢铁产品及其副产品						
总股本	83820.00	流通 A	37020.00	流通 B		流通 H	
审计单位	广东正中珠江会计师事务所			审计意见	标准无保留		

主要财务指标

年度	2004.6	2003	2002
每股收益／扣除后(元)	0.8814	1.0803	0.7800
每股经营现金流量(元)	0.5800	1.6200	1.8614
每股净资产／调整后(元)	5.7200	5.1400	6.0826
每股公积金(元)	2.2747	2.2747	3.4028
净资产收益率(%)	15.4000	22.7300	12.7900
总资产(万元)	946193.00	804851.69	527386.62
股东权益(万元)	480786.31	431891.75	272890.00
未分配利润(万元)	171134.22	97093.69	55556.80
主营收入(万元)	486210.06	716086.44	443083.31
资本公积金(万元)	190666.91	190666.91	152173.95
主营利润(万元)	80281.12	152498.64	66406.55
其他业务利润(万元)	557.15	1747.81	-12.86
营业利润(万元)	70608.05	136438.50	52299.40
投资收益(万元)			
补贴收入(万元)			
营业外收支(万元)	16.12	-2537.32	-12.58
利润总额(万元)	70624.18	133901.19	51455.70
净利润(万元)	74040.54	98172.81	34907.98

十大股东

序号	股东名称	股份性质	持股数(万股)	比例(%)
1	广东省韶关钢铁集团有限公司	国有法人股	46800.00	55.83
2	华夏成长证券投资基金	社会公众股	1233.50	1.47
3	博时价值增长证券投资基金	社会公众股	817.99	0.98
4	全国社保基金一零七组合	社会公众股	730.00	0.87
5	上海中科生龙达生物技术(集团)有限公司	社会公众股	249.45	0.30
6	中国建设银行-博时裕富证券投资基金	社会公众股	217.46	0.26
7	黄燕	社会公众股	198.40	0.24
8	上海双龙高科技开发有限公司	社会公众股	190.36	0.23
9	山西证券有限责任公司	社会公众股	189.80	0.23
10	魏新俊	社会公众股	157.88	0.19

股东人数	2004.6	2003.12	2003.6	2002
	78570	69326	65500	71634

近年分配	2004年6月18日10派3.00	近年配股/增发	

重大事项

公司2003年度利润分配方案经公司2004年4月23日召开的2003年度股东大会审议通过，以公司2003年末总股本83820万股为基数，每10股派3元人民币(含税)。股权登记日为2004年6月17日，除息日为2004年6月18日。

二〇〇三年以来市场表现

2003年涨跌幅(%)	129.41
2003年最高(元)	10.67
2003年最低(元)	4.47
2003年换手率(%)	534.94
2004.06涨跌幅(%)	-20.61
2004.06最高(元)	13.36
2004.06最低(元)	7.58
2004.06换手率(%)	339.56

吉林纸业股份有限公司

公司概况

公司名称	吉林纸业股份有限公司				股票代码	000718	
注册地址	吉林省吉林市林荫路九号				邮政编码	132002	
法人代表	张孝中			董秘	董琨		
电话	0432-2703225			传真	0432-2772883		
主营业务	新闻纸和纸袋纸						
总股本	39973.91	流通 A	18860.40	流通 B		流通 H	
审计单位				审计意见	未审计		

主要财务指标

年度	2004.6	2003	2002
每股收益／扣除后(元)	-0.2008	-1.0900	-0.2830
每股经营现金流量(元)	0.0100	-0.0100	-0.2600
每股净资产／调整后(元)	0.8500	1.0800	2.3700
每股公积金(元)	1.3160	1.3160	1.3159
净资产收益率(%)	-21.9100	-114.0700	-23.9600
总资产(万元)	242826.52	248260.11	280107.00
股东权益(万元)	36496.06	44491.89	95238.96
未分配利润(万元)	-68832.59	-60836.77	-10084.57
主营收入(万元)	106.26	3263.25	10348.32
资本公积金(万元)	52606.90	52606.90	52601.77
主营利润(万元)	-31.09	-1334.95	400.47
其他业务利润(万元)	559.55	-622.00	-0.01
营业利润(万元)	-3951.06	-22766.58	-11393.35
投资收益(万元)	9.12		11.40
补贴收入(万元)			
营业外收支(万元)	-4053.89	-27985.62	-192.03
利润总额(万元)	-7995.83	-50752.20	-22817.03
净利润(万元)	-7995.83	-50752.20	-22817.03

十大股东

序号	股东名称	股份性质	持股数(万股)	比例(%)
1	吉林市国有资产经营有限责任公司	国有法人股	20009.81	50.06
2	沈阳化工集团有限公司	境内法人股	312.00	0.78
3	中国轻工集团公司	境内法人股	156.00	0.39
4	大连经济技术开发区吉兴纸业公司	境内法人股	135.72	0.34
5	肖培益	流通A股	115.05	0.29
6	邝英海	流通A股	80.40	0.20
7	宁波银盛投资有限公司	境内法人股	70.00	0.18
8	凌义民	流通A股	68.21	0.17
9	中国轻工物资供销东北公司	境内法人股	49.00	0.12
10	戴志强	流通A股	46.90	0.12

股东人数	2004.6	2003.12	2003.6	2002
	72624	78750	82824	88567

近年分配		近年配股/增发	

重大事项

2003年10月29日，公司收到吉林省人民高级法院关于受理中国长城资产管理公司长春办事处诉我公司、吉林造纸(集团)有限公司、吉林化纤股份有限公司借款担保合同纠纷一案的应诉通知书及传票。原告要求立即支付所欠银行贷款人民币6495元，并承担本案诉讼费。2004年1月14日，公司收到此案的判决书。

二〇〇三年以来市场表现

2003年涨跌幅(%)	-42.45
2003年最高(元)	4.98
2003年最低(元)	2.30
2003年换手率(%)	171.41
2004.06涨跌幅(%)	-17.50
2004.06最高(元)	3.25
2004.06最低(元)	1.92
2004.06换手率(%)	142.52

焦作鑫安科技股份有限公司

公司概况	公司名称	焦作鑫安科技股份有限公司			股票代码		000719	
	注册地址	河南省焦作市民主路北路15号			邮政编码		454000	
	法人代表	谢国胜			董秘		秦海员	
	电话	0391-2925951-288			传真		0391-2919211	
	主营业务	化工(含化学试剂)原料制造						
	总股本	12937.57	流通 A	4917.12	流通 B		流通 H	
	审计单位				审计意见		未审计	

主要财务指标	年度	2004.6	2003	2002
	每股收益/扣除后(元)	0.0193	0.0640	0.1400
	每股经营现金流量(元)	-0.0290	0.2800	0.3000
	每股净资产/调整后(元)	2.1570	2.1400	2.1200
	每股公积金(元)	0.6229	0.6229	0.6229
	净资产收益率(%)	0.8900	3.2900	6.4600
	总资产(万元)	80137.19	78774.29	80634.34
	股东权益(万元)	28585.01	28330.82	28154.23
	未分配利润(万元)	5095.22	4841.02	4829.12
	主营收入(万元)	11069.95	26107.68	32514.91
	资本公积金(万元)	8059.43	8059.43	8059.43
	主营利润(万元)	2105.13	4246.31	6175.05
	其他业务利润(万元)	-24.49	203.99	3.68
	营业利润(万元)	371.95	1288.34	2740.82
	投资收益(万元)	12.00		
	补贴收入(万元)	33.01		
	营业外收支(万元)	-4.56	18.30	-0.21
	利润总额(万元)	379.39	1306.64	2750.86
	净利润(万元)	254.19	932.07	1819.20

十大股东	序号	股东名称	股份性质	持股数(万股)	比例(%)
	1	河南花园集团有限公司	境内法人股	3750.60	28.99
	2	中泰信托投资有限责任公司	境内法人股	3622.52	28.00
	3	河南觉悟科技有限公司	境内法人股	647.33	5.00
	4	李学彦	流通A股	30.37	0.23
	5	孙胜辉	流通A股	27.67	0.21
	6	王德才	流通A股	22.00	0.17
	7	张会民	流通A股	15.50	0.12
	8	陈新华	流通A股	14.86	0.11
	9	萧信伟	流通A股	14.40	0.11
	10	孙玉琴	流通A股	13.59	0.11

股东人数	2004.6	2003.12	2003.6	2002
	20428	20883	21667	22286

近年分配		近年配股/增发	

重大事项

本公司与焦作市土地收购储备中心于2003年12月24日签订了《资产置换协议书》,公司拟以所属的燃气发展分公司的整体资产与焦作市土地收购储备中心位于焦作市高新技术开发区的一宗国有土地进行等额置换。该事项于2004年2月18日2004年第一次临时股东大会批准通过。

二〇〇三年以来市场表现

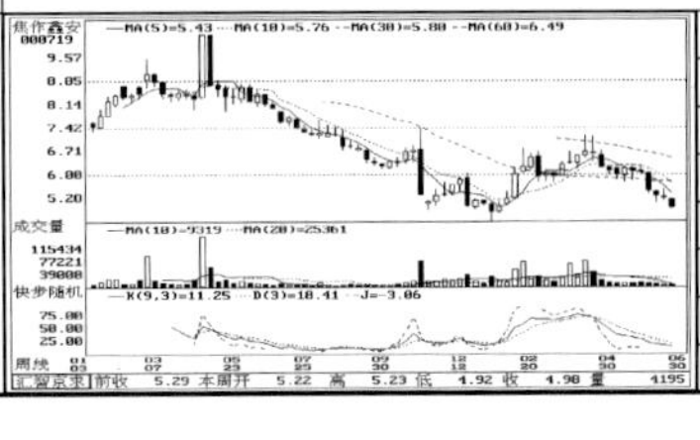

2003年涨跌幅(%)	-33.64
2003年最高(元)	10.23
2003年最低(元)	4.90
2003年换手率(%)	187.32
2004.06涨跌幅(%)	-2.16
2004.06最高(元)	7.15
2004.06最低(元)	4.57
2004.06换手率(%)	126.15

山东鲁能泰山电缆股份有限公司

公司概况	公司名称	山东鲁能泰山电缆股份有限公司			股票代码		000720	
	注册地址	山东省泰安市文化路62号			邮政编码		271000	
	法人代表	林铭山			董秘		初军	
	电话	0538-8539812			传真		0538-8539810	
	主营业务	生产电线电缆、电力						
	总股本	86346.00	流通 A	49874.29	流通 B		流通 H	
	审计单位				审计意见		未审计	

主要财务指标	年度	2004.6	2003	2002
	每股收益/扣除后(元)	0.0180	0.1200	0.1600
	每股经营现金流量(元)	0.2130	0.1900	0.3600
	每股净资产/调整后(元)	1.5580	2.8300	2.7000
	每股公积金(元)	0.2975	1.1354	1.1330
	净资产收益率(%)	1.1200	4.6200	6.0500
	总资产(万元)	357025.72	249164.20	291895.44
	股东权益(万元)	134734.08	135756.78	129425.10
	未分配利润(万元)	3117.99	13606.79	9261.54
	主营收入(万元)	69866.59	167847.64	175536.69
	资本公积金(万元)	25684.79	54466.79	54349.39
	主营利润(万元)	11828.55	30420.34	38141.72
	其他业务利润(万元)	-36.92	682.04	104.65
	营业利润(万元)	3535.69	15214.32	18646.62
	投资收益(万元)	578.79	194.81	269.71
	补贴收入(万元)	10.00	23.50	23.50
	营业外收支(万元)	-59.27	-320.23	3.90
	利润总额(万元)	4065.21	15112.40	17022.79
	净利润(万元)	1503.70	6270.84	7830.51

十大股东	序号	股东名称	股份性质	持股数(万股)	比例(%)
	1	鲁能泰山电缆电器有限责任公司	国有法人股	25941.71	30.04
	2	山东鲁能物资集团有限公司	国有法人股	10530.00	12.20
	3	湘财证券有限责任公司	流通A股	2172.45	2.52
	4	中国建设银行-博时裕富证券投资基金	流通A股	270.84	0.31
	5	王莉	流通A股	48.63	0.06
	6	张惠芳	流通A股	48.48	0.06
	7	王勇	流通A股	46.62	0.05
	8	刘加珍	流通A股	41.33	0.05
	9	亓汉丰	流通A股	33.81	0.04
	10	庞庆华	流通A股	31.59	0.04

股东人数	2004.6	2003.12	2003.6	2002
	22903	21820	24429	23255

近年分配	2004年6月11日10派0.50	近年配股/增发	2004年6月11日10送2转6

重大事项

经公司2004年5月29日召开的2003年度股东大会审议通过,公司控股子公司山东聊城热电有限责任公司以现金收购了山东聊城鲁能热电有限公司第一分公司的全部产权。2004年1月12日,经公司三届十八次董事会会议审议通过,公司与山东鲁能泰山电力设备有限公司、原股东鲁能泰山电缆电器有限责任公司、山东泰开电气有限公司在山东省泰安市签署了《增资扩股协议》。

二〇〇三年以来市场表现

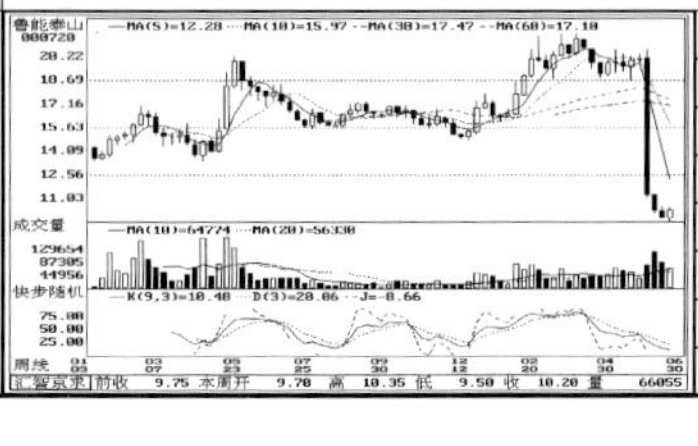

2003年涨跌幅(%)	21.52
2003年最高(元)	11.19
2003年最低(元)	7.44
2003年换手率(%)	45.69
2004.06涨跌幅(%)	4.40
2004.06最高(元)	12.06
2004.06最低(元)	8.89
2004.06换手率(%)	25.93

西安饮食服务(集团)股份有限公司

公司概况

公司名称	西安饮食服务(集团)股份有限公司			股票代码	000721
注册地址	陕西省西安市东大街298号			邮政编码	710001
法人代表	刘龙宇			董秘	陶光仲
电话	029-7232416,7210407-8303			传真	029-7232416,7251354
主营业务	餐饮、宾馆、娱乐				
总股本	17162.27	流通A	6201.18	流通B	流通H
审计单位				审计意见	未审计

主要财务指标

年度	2004.6	2003	2002
每股收益/扣除后(元)	0.0440	0.1075	0.1762
每股经营现金流量(元)	0.1340	0.1300	0.3400
每股净资产/调整后(元)	1.3770	1.3200	1.7500
每股公积金(元)	0.3873	0.3873	1.0807
净资产收益率(%)	2.8200	7.0300	6.2900
总资产(万元)	97935.27	92528.96	72794.01
股东权益(万元)	30045.61	29197.58	27142.73
未分配利润(万元)	4504.68	3656.65	1894.90
主营收入(万元)	19459.98	32904.09	35183.63
资本公积金(万元)	6647.65	6647.65	12364.75
主营利润(万元)	9718.32	17168.20	17459.01
其他业务利润(万元)	562.15	624.41	18.27
营业利润(万元)	1361.76	3233.46	3177.97
投资收益(万元)	3.01	-35.52	-100.81
补贴收入(万元)			
营业外收支(万元)	2.59	10.29	-0.10
利润总额(万元)	1367.37	3208.22	2677.44
净利润(万元)	848.03	2051.20	1707.30

十大股东

序号	股东名称	股份性质	持股数(万股)	比例(%)
1	西安市财政局	国有法人股	5250.00	30.59
2	西安维德实业发展有限公司	境内法人股	1334.06	7.77
3	西安米高实业发展有限公司	境内法人股	1226.55	7.15
4	西安龙基工程建设有限公司	境内法人股	1221.26	7.12
5	西安领先投资发展有限公司	境内法人股	982.17	5.72
6	西安卫康商店	境内法人股	668.57	3.90
7	西部证券股份有限公司	流通A股	515.12	3.00
8	陕西京天投资咨询有限公司	流通A股	95.85	0.56
9	陕西深德投资咨询有限公司	流通A股	90.81	0.53
10	陕西高新技术产业投资有限责任公司	流通A股	61.48	0.36

股东人数

2004.6	2003.12	2003.6	2002
17060	15259	14946	18305

近年分配

近年配股/增发	

重大事项

2004年元月5日,就本公司与西安旅游(集团)股份有限公司(西安旅游)借款合同纠纷一案,鉴于西安旅游与西安商贸房地产公司签定了《协议书》,将最高人民法院"(2002)民二终字第205号民事判决书"所确定的所有权利转让给西安商贸房地产公司,并已收讫西安商贸房地产公司依据《协议书》支付的2500万元;同时公司与西安旅游达成《和解协议书》。

二○○三年以来市场表现

2003年涨跌幅(%)	-17.74
2003年最高(元)	8.63
2003年最低(元)	4.39
2003年换手率(%)	80.35
2004.06涨跌幅(%)	-4.71
2004.06最高(元)	7.48
2004.06最低(元)	4.71
2004.06换手率(%)	137.00

湖南金果实业股份有限公司

公司概况

公司名称	湖南金果实业股份有限公司			股票代码	000722
注册地址	湖南省衡阳市金果路15号			邮政编码	421001
法人代表	邱中伟			董秘	邓朝晖
电话	0734-8211188			传真	0734-8250038
主营业务	农产品收购加工				
总股本	22677.45	流通A	13785.41	流通B	流通H
审计单位				审计意见	未审计

主要财务指标

年度	2004.6	2003	2002
每股收益/扣除后(元)	0.0185	0.0290	0.1500
每股经营现金流量(元)	-0.5420	-0.3750	0.1400
每股净资产/调整后(元)	4.6000	4.5600	4.5600
每股公积金(元)	3.1418	3.1283	3.1283
净资产收益率(%)	0.3800	0.5800	3.3600
总资产(万元)	239540.77	217103.94	195336.41
股东权益(万元)	104868.26	104160.16	103677.56
未分配利润(万元)	6500.61	6097.01	6047.21
主营收入(万元)	26293.70	48850.85	43702.00
资本公积金(万元)	71247.21	70942.73	70942.47
主营利润(万元)	7652.42	13561.82	13616.80
其他业务利润(万元)	265.29	348.33	-0.64
营业利润(万元)	844.97	1518.91	3219.81
投资收益(万元)	111.73	-7.74	515.15
补贴收入(万元)		23.05	29.45
营业外收支(万元)	-22.31	-180.94	-0.87
利润总额(万元)	934.39	1353.29	3699.09
净利润(万元)	403.61	605.97	3458.86

十大股东

序号	股东名称	股份性质	持股数(万股)	比例(%)
1	中国银泰投资有限公司	境内法人股	5649.30	24.91
2	衡阳市供销合作社联合社	境内法人股	1818.02	8.02
3	泰阳证券有限责任公司	流通A股	911.65	4.02
4	衡阳市国资局	国家股	640.55	2.82
5	湖南耒能实业总公司	境内法人股	240.00	1.06
6	宗义民	流通A股	134.42	0.59
7	汪时雄	流通A股	133.75	0.59
8	海南神龙股份有限公司	境内法人股	120.00	0.53
9	财富证券有限责任公司	境内法人股	120.00	0.53
10	湖南省经济建设投资公司	境内法人股	89.05	0.39

股东人数

2004.6	2003.12	2003.6	2002
56852	57608	57443	67818

近年分配

近年配股/增发	

重大事项

公司2004年6月23日召开的第五届董事会第十二次会议,通过公司和中国银泰投资有限公司进行资产置换的议案;公司拟以张家界水电开发有限公司35%的股权,郴州方舟化工有限公司14.9%的股权、湖南澧县艳洲水利电工程管理局的2,809.64万元债权及5,827.96万元存货与中国银泰投资有限公司持有的三亚瑞达置业有限公司95%的股权进行置换。

二○○三年以来市场表现

2003年涨跌幅(%)	-30.51
2003年最高(元)	10.50
2003年最低(元)	5.56
2003年换手率(%)	127.56
2004.06涨跌幅(%)	-2.37
2004.06最高(元)	7.44
2004.06最低(元)	5.60
2004.06换手率(%)	145.07

福州天宇电气股份有限公司

公司概况

公司名称	福州天宇电气股份有限公司			股票代码	000723	
注册地址	福州市新店南平路天宇科技大楼			邮政编码	350012	
法人代表	尚衍国			董秘	朱庆华	
电话	0591-7916429			传真	0591-7916449	
主营业务	输变电成套设备					
总股本	13959.92	流通 A	6967.92	流通 B		流通 H
审计单位				审计意见	未审计	

主要财务指标

年度	2004.6	2003	2002
每股收益/扣除后(元)	0.0896	0.2010	0.1730
每股经营现金流量(元)	-0.2182	0.5100	0.4300
每股净资产/调整后(元)	1.5400	1.5200	1.3900
每股公积金(元)	0.3250	0.3250	0.3250
净资产收益率(%)	4.9500	11.7800	11.3700
总资产(万元)	69947.08	71014.61	64445.73
股东权益(万元)	25456.11	24195.59	21346.35
未分配利润(万元)	5684.00	4423.87	2002.02
主营收入(万元)	33851.53	47168.98	45063.52
资本公积金(万元)	4536.74	4536.74	4536.74
主营利润(万元)	6170.95	12567.19	12274.01
其他业务利润(万元)	44.00	-15.08	-0.14
营业利润(万元)	1289.26	3040.77	2511.14
投资收益(万元)		-15.45	-104.39
补贴收入(万元)			
营业外收支(万元)	9.83	-278.93	-0.92
利润总额(万元)	1299.09	2746.40	2543.86
净利润(万元)	1260.52	2849.24	2427.97

十大股东

序号	股东名称	股份性质	持股数(万股)	比例(%)
1	许继集团有限公司	国有法人股	6423.60	46.01
2	中国工商银行福建省分行营业部	法人股	191.11	1.37
3	福州市信托投资公司	法人股	143.33	1.03
4	中国工商银行-裕元证券投资基金	流通股	128.01	0.92
5	福建水泥股份有限公司	法人股	122.41	0.88
6	博时价值增长证券投资基金	流通股	101.62	0.73
7	中国工商银行-裕泽证券投资基金	流通股	40.00	0.29
8	王文蔚	流通股	37.13	0.27
9	李玉▮	流通股	36.32	0.26
10	黄立清	流通股	34.16	0.24

股东人数	2004.6	2003.12	2003.6	2002
	14565	16784	17977	22293

近年分配		近年配股/增发	

重大事项

2004年4月15日，本公司控股股东许继集团有限公司分别与山西美锦能源集团有限公司及山西明坤科工贸集团有限公司签订股份转让协议，将其持有的本公司股份4150万股，占本公司总股本的29.73%转让给山西美锦能源集团有限公司；将其持有的本公司股份2273.6万股，占本公司总股本的16.28%转让给山西明坤科工贸集团有限公司。

二○○三年以来市场表现

2003年涨跌幅(%)	-2.58
2003年最高(元)	10.00
2003年最低(元)	6.67
2003年换手率(%)	143.29
2004.06涨跌幅(%)	15.21
2004.06最高(元)	11.48
2004.06最低(元)	7.19
2004.06换手率(%)	145.86

京东方科技集团股份有限公司

公司概况

公司名称	京东方科技集团股份有限公司			股票代码	000725	
注册地址	北京市朝阳区酒仙桥路10号			邮政编码	100016	
法人代表	王东升			董秘	王彦军	
电话	010-64366264			传真	010-64366264	
主营业务	网络信息显示终端					
总股本	146379.72	流通 A	12321.00	流通 B	74370.00	流通 H
审计单位				审计意见	未审计	

主要财务指标

年度	2004.6	2003	2002
每股收益/扣除后(元)	0.3560	0.6100	0.1500
每股经营现金流量(元)	0.1490	1.1300	0.4000
每股净资产/调整后(元)	3.5600	3.8000	3.9600
每股公积金(元)	1.5731	1.0850	2.1200
净资产收益率(%)	9.9800	15.6800	3.7900
总资产(万元)	1386863.37	1203887.37	678218.19
股东权益(万元)	522009.56	257086.87	218337.91
未分配利润(万元)	94580.46	43437.71	19296.26
主营收入(万元)	623421.25	1118010.62	478258.75
资本公积金(万元)	230265.89	105883.09	116506.51
主营利润(万元)	106669.69	172737.70	63555.13
其他业务利润(万元)	1073.95	3168.61	-10.75
营业利润(万元)	41933.17	43796.26	14516.81
投资收益(万元)	16517.99	7667.95	6537.92
补贴收入(万元)	171.72	444.30	12.06
营业外收支(万元)	-1094.83	-1891.53	-1.34
利润总额(万元)	57528.05	50016.97	21622.21
净利润(万元)	52118.62	40318.53	8283.66

十大股东

序号	股东名称	股份性质	持股数(万股)	比例(%)
1	北京京东方投资发展有限公司	国有法人股	52570.62	35.91
2	FIEIDS PACIFIC LIMITED	流通B股	9000.00	6.15
3	CUOTAI JUNAN SECURITIES HONG KONG LIMITED	流通B股	6428.81	4.39
4	北京东电实业开发公司	国有法人股	6006.60	4.10
5	上海香港万国证券	流通B股	4447.33	3.04
6	BANK OF CHINA GROUP SECURITIES LIMITED	流通B股	2135.61	1.46
7	中信资本证券有限公司	流通B股	1522.77	1.04
8	TOP RESPECT GROUP OIMITED	流通B股	1350.00	0.92
9	SUN HUNG KAI INVESTMENT SERVICES LTD-CUSTOMERS A/C	流通B股	1240.59	0.85
10	KGI ASIA LIMITED	流通B股	1032.98	0.71

股东人数	2004.6	2003.12	2003.6	2002
	46382	32901	55029	57233

近年分配	2004年6月9 10派0.10	近年配股/增发	2004年6月9日10转5

重大事项

公司二00三年度第一次临时股东大会审议通过《关于转让所持北京松下照明光源有限公司股权的议案》，根据北京市商务局于2004年1月9日签发的京商资字[2004]16号《北京市商务局关于北京松下照明光源有限公司股权转让为外资企业的批复》，公司将所持有的北京松下照明光源有限公司30%的股份转让给日本松下电器产业株式会社，转让价格为62,400,000元。

二○○三年以来市场表现

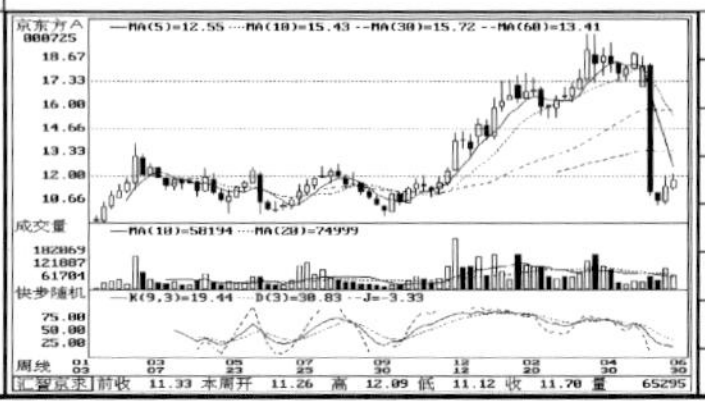

2003年涨跌幅(%)	79.62
2003年最高(元)	10.13
2003年最低(元)	5.18
2003年换手率(%)	214.64
2004.06涨跌幅(%)	24.07
2004.06最高(元)	13.33
2004.06最低(元)	9.33
2004.06换手率(%)	159.80

鲁泰纺织股份有限公司

公司概况	公司名称	鲁泰纺织股份有限公司			股票代码	000726	
	注册地址	淄博市高新技术开发区铭波路 11 号			邮政编码	255100	
	法人代表	刘石祯		董秘	秦桂玲		
	电话	0533-5285166		传真	0533-5282188		
	主营业务	棉涤纶纱、色织布					
	总股本	42243.24	流通 A	14196.00	流通 B	16224.00	流通 H
	审计单位			审计意见	未审计		

主要财务指标	年度	2004.6	2003	2002
	每股收益/扣除后(元)	0.3312	0.4500	0.3600
	每股经营现金流量(元)	0.2976	0.2100	0.8000
	每股净资产/调整后(元)	3.3600	3.4400	3.5600
	每股公积金(元)	1.7526	1.7522	2.3014
	净资产收益率(%)	9.6600	13.2000	9.9600
	总资产(万元)	325228.47	259076.11	179449.39
	股东权益(万元)	143228.80	145213.06	125994.58
	未分配利润(万元)	15292.33	1451.85	1089.12
	主营收入(万元)	82380.96	127051.24	95088.04
	资本公积金(万元)	74036.47	74016.76	81015.00
	主营利润(万元)	24712.97	41415.98	27151.77
	其他业务利润(万元)	899.91	2219.44	-5.82
	营业利润(万元)	16206.46	24578.87	15073.91
	投资收益(万元)	197.89	-530.20	40.31
	补贴收入(万元)	13.15	220.30	220.30
	营业外收支(万元)	-165.45	-1502.29	-1.24
	利润总额(万元)	16252.05	22766.68	14999.52
	净利润(万元)	13840.48	19173.39	12554.99

十大股东	序号	股东名称	股份性质	持股数(万股)	比例(%)
	1	淄博鲁诚纺织有限责任公司	发起人股	5911.62	13.99
	2	泰纶纺织有限公司	外资股	5911.62	13.99
	3	兴华证券投资基金	流通 A 股	936.95	2.22
	4	BTFE-VALUE PARTNERS INTELLIGENT FD-CHINA B SHS FD	流通 B 股	735.35	1.74
	5	嘉实增长开放式证券投资基金	流通 A 股	556.15	1.32
	6	华夏成长证券投资基金	流通 A 股	541.84	1.28
	7	华夏回报证券投资基金	流通 A 股	525.12	1.24
	8	SOUTH CAPITAL NOMINEES	流通 B 股	516.92	1.22
	9	DBS VICKERS LTD A/C CLIENTS	流通 B 股	501.27	1.19
	10	朱胜娣	流通 B 股	460.00	1.09

股东人数	2004.6	2003.12	2003.6	2002
	25990	30436	45717	41784

近年分配	2004 年 5 月 28 日 10 派 3.75	近年配股/增发	

重大事项

公司为控股子公司新疆鲁泰提供了两笔担保：一笔 1400 万元，时间为 2004 年 3 月 28 日至 2004 年 9 月 28 日，一笔 1000 万元，时间为 2004 年 4 月 29 日至 2005 年 4 月 29 日；为控股子公司鲁泰环中提供了一笔 3000 万元的担保，时间为 2004 年 6 月 30 日至 2005 年 6 月 30 日；为控股子公司鲁丰织染公司提供了两笔设备进口信用证担保：一笔 120 万欧元，时间 2004 年 5 月 21 日至 2005 年 5 月 20 日；一笔 729 万美元，时间 2004 年 5 月 21 日至 2005 年 5 月 20 日。

二〇〇三年以来市场表现

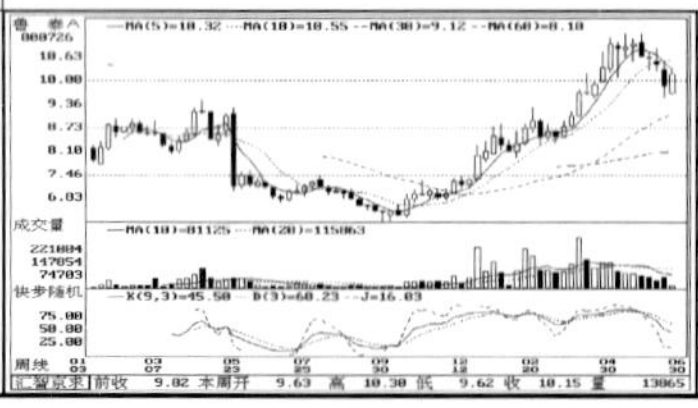

2003 年涨跌幅(%)	22.91
2003 年最高(元)	7.99
2003 年最低(元)	5.82
2003 年换手率(%)	123.08
2004.06 涨跌幅(%)	30.46
2004.06 最高(元)	11.26
2004.06 最低(元)	7.55
2004.06 换手率(%)	189.23

南京华东电子信息科技股份有限公司

公司概况	公司名称	南京华东电子信息科技股份有限公司			股票代码	000727	
	注册地址	南京市浦口高新技术产业开发区 D03 楼			邮政编码	210029	
	法人代表	赵竟成		董秘	伍华林		
	电话	025-84700090-568/228		传真	025-84702989,85319623		
	主营业务	真空电子器件					
	总股本	35915.73	流通 A	19681.45	流通 B		流通 H
	审计单位			审计意见	未审计		

主要财务指标	年度	2004.6	2003	2002
	每股收益/扣除后(元)	0.0351	0.0105	0.1742
	每股经营现金流量(元)	0.1360	0.0200	0.2380
	每股净资产/调整后(元)	3.0910	3.0420	2.9820
	每股公积金(元)	1.3645	1.3359	1.3302
	净资产收益率(%)	1.0860	0.5500	5.3240
	总资产(万元)	209020.87	203336.31	188284.81
	股东权益(万元)	112687.37	110434.39	109625.51
	未分配利润(万元)	19162.80	17938.53	17422.84
	主营收入(万元)	18889.18	27105.86	26723.81
	资本公积金(万元)	49077.06	47978.34	47775.15
	主营利润(万元)	2827.54	2337.46	4041.61
	其他业务利润(万元)	49.69	576.31	-35.77
	营业利润(万元)	-1760.19	-5977.84	-215.53
	投资收益(万元)	2778.39	4967.95	6285.58
	补贴收入(万元)			
	营业外收支(万元)	-36.66	-67.23	-0.49
	利润总额(万元)	981.54	-1077.12	6249.51
	净利润(万元)	1224.26	605.69	5836.71

十大股东	序号	股东名称	股份性质	持股数(万股)	比例(%)
	1	南京华东电子集团有限公司	国有法人股	16234.28	45.20
	2	中国工商银行-国联安德盛小盘精选投资基金	流通 A 股	800.93	2.23
	3	中国银行-海富通收益增长证券投资基金	流通 A 股	550.45	1.53
	4	中国工商银行-德盛稳健证券投资基金	流通 A 股	508.88	1.42
	5	裕隆证券投资基金	流通 A 股	350.00	0.97
	6	景阳证券投资基金	流通 A 股	319.71	0.89
	7	交通银行-海富通精选证券投资基金	流通 A 股	300.00	0.84
	8	成都市锦江区创信灯饰经营部	流通 A 股	246.93	0.69
	9	上海市职工保障助中心	流通 A 股	228.92	0.64
	10	招商银行股份有限公司-招商股票投资基金	流通 A 股	200.00	0.56

股东人数	2004.6	2003.12	2003.6	2002
	61237	83682	86413	80030

近年分配		近年配股/增发	

重大事项

截止到 2004 年 6 月 30 日，公司对外担保金额合计 9,983.50 万元，其中控股子公司-南京华联兴有限公司为公司控股股东南京华东电子集团有限公司提供的 1,450.00 万元贷款担保不符合通知规定。

二〇〇三年以来市场表现

2003 年涨跌幅(%)	-27.50
2003 年最高(元)	7.89
2003 年最低(元)	4.24
2003 年换手率(%)	263.18
2004.06 涨跌幅(%)	30.70
2004.06 最高(元)	8.07
2004.06 最低(元)	4.55
2004.06 换手率(%)	218.54

北京化二股份有限公司

公司概况

公司名称	北京化二股份有限公司				股票代码	000728	
注册地址	北京市朝阳区酒仙桥路乙 21 号				邮政编码	100022	
法人代表	吕常钦			董秘	李崇华		
电话	010-67758106			传真	010-67781459		
主营业务	聚氯乙烯、烧碱						
总股本	34521.00	流通 A	10400.00	流通 B		流通 H	
审计单位				审计意见	未审计		

主要财务指标

年度	2004.6	2003	2002
每股收益/扣除后(元)	0.1684	0.1560	0.0090
每股经营现金流量(元)	1.4280	0.4550	0.3000
每股净资产/调整后(元)	2.9300	2.7800	2.6400
每股公积金(元)	1.9564	1.9564	1.9540
净资产收益率(%)	5.3900	4.8300	0.3500
总资产(万元)	126948.45	147333.44	152708.31
股东权益(万元)	102125.78	96618.71	91865.70
未分配利润(万元)	-2670.85	-8177.92	-12847.78
主营收入(万元)	65742.20	104196.45	81699.48
资本公积金(万元)	67537.92	67537.92	67454.77
主营利润(万元)	10740.11	15019.26	7420.72
其他业务利润(万元)	-45.46	-299.46	-2.53
营业利润(万元)	5814.15	6231.35	603.42
投资收益(万元)		-261.10	-296.01
补贴收入(万元)			
营业外收支(万元)	-307.09	-1300.39	-0.16
利润总额(万元)	5507.06	4669.86	323.68
净利润(万元)	5507.06	4669.86	323.68

十大股东

序号	股东名称	股份性质	持股数(万股)	比例(%)
1	北京化学工业集团有限责任公司	国有法人股	24121.00	69.87
2	郑德吉	社会公众股	148.86	0.43
3	天华证券投资基金	社会公众股	102.59	0.30
4	南京证券有限责任公司	社会公众股	64.80	0.19
5	蔡先桃	社会公众股	51.50	0.15
6	田景翠	社会公众股	29.16	0.08
7	储惠勤	社会公众股	25.58	0.07
8	蓝天珑	社会公众股	21.70	0.06
9	谭炎华	社会公众股	20.61	0.06
10	刘会艳	社会公众股	20.40	0.06

股东人数	2004.6	2003.12	2003.6	2002
	44761	50962	52750	51863

近年分配		近年配股/增发	

重大事项

2004 年 4 月 28 日，北京化二股份有限公司 2004 年第一次临时股东大会在本公司会议楼召开，会议审议通过了《北京东方石化公司关于用现金一次性偿还对化二股份公司债务的议案》。2004 年 4 月 30 日，北京东方石化公司一次性将所占用本公司的欠款 276,318,179 元划入本公司帐户。

二〇〇三年以来市场表现

2003 年涨跌幅(%)	0.75
2003 年最高(元)	7.40
2003 年最低(元)	4.95
2003 年换手率(%)	267.12
2004.06 涨跌幅(%)	-3.89
2004.06 最高(元)	7.62
2004.06 最低(元)	5.00
2004.06 换手率(%)	186.45

北京燕京啤酒股份有限公司

公司概况

公司名称	北京燕京啤酒股份有限公司				股票代码	000729	
注册地址	北京市顺义区双河路 9 号				邮政编码	101300	
法人代表	李福成			董秘	刘翔宇		
电话	010-89490729			传真	010-89495569		
主营业务	啤酒产品的开发						
总股本	66849.97	流通 A	18827.52	流通 B		流通 H	
审计单位				审计意见	未审计		

主要财务指标

年度	2004.6	2003	2002
每股收益/扣除后(元)	0.2072	0.3600	0.3100
每股经营现金流量(元)	0.4290	1.1300	0.6500
每股净资产/调整后(元)	5.8900	5.8800	5.5100
每股公积金(元)	3.3131	3.2957	3.2933
净资产收益率(%)	3.5000	6.1200	5.4200
总资产(万元)	736795.81	601004.62	551274.19
股东权益(万元)	398545.34	395345.50	370988.37
未分配利润(万元)	66479.94	64548.73	46707.35
主营收入(万元)	225573.97	342772.09	276737.59
资本公积金(万元)	221127.33	219966.20	219801.91
主营利润(万元)	64214.59	94838.02	69447.23
其他业务利润(万元)	1458.42	2117.70	128.41
营业利润(万元)	22970.77	33657.76	22301.76
投资收益(万元)	107.72	323.20	547.63
补贴收入(万元)	345.29	604.42	24.78
营业外收支(万元)	-237.87	-837.73	-1.11
利润总额(万元)	23185.92	33747.65	23540.05
净利润(万元)	13945.54	24192.80	20117.85

十大股东

序号	股东名称	股份性质	持股数(万股)	比例(%)
1	北京燕京啤酒有限公司	境内法人股	46264.75	69.21
2	北京燕京啤酒集团公司	国有法人股	1757.70	2.63
3	申银万国-花旗-UBS LIMITED	流通 A 股	852.89	1.28
4	中国工商银行-裕元证券投资基金	流通 A 股	725.33	1.09
5	中国工商银行-申万巴黎盛利精选证券投资基金	流通 A 股	675.72	1.01
6	中国银行-华夏回报证券投资基金	流通 A 股	516.95	0.77
7	景福证券投资基金	流通 A 股	508.45	0.76
8	招商银行股份有限公司-招商股票投资基金	流通 A 股	410.36	0.61
9	中国建设银行-宝康消费品证券投资基金	流通 A 股	348.48	0.52
10	中国工商银行-南方稳健成长证券投资基金	流通 A 股	320.43	0.48

股东人数	2004.6	2003.12	2003.6	2002
	61254	84062	91430	95811

近年分配	2004 年 5 月 19 日 10 派 1.80	近年配股/增发	

重大事项

公司收购福建惠泉啤酒集团股份有限公司 9,537 万股国有股权。标的股权已于 2004 年 3 月 31 日过户完毕，惠泉啤酒的经营成果已从四月份起并入本公司。目前本公司持有"惠泉啤酒" 9,537 万股股份，占其总股本的 38.148%，为"惠泉啤酒"的第一大股东。

二〇〇三年以来市场表现

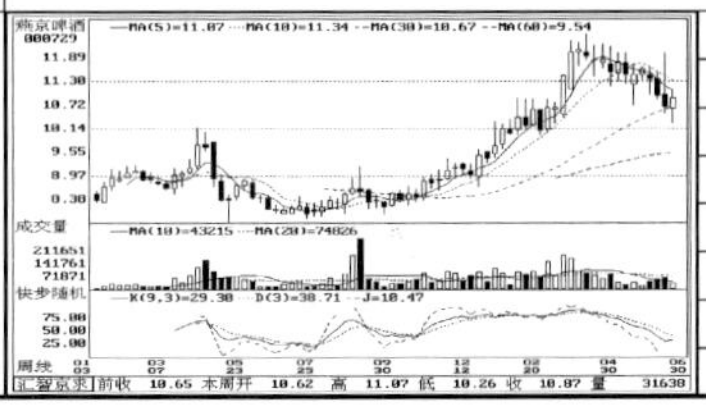

2003 年涨跌幅(%)	11.39
2003 年最高(元)	9.83
2003 年最低(元)	7.50
2003 年换手率(%)	142.42
2004.06 涨跌幅(%)	18.28
2004.06 最高(元)	12.29
2004.06 最低(元)	9.11
2004.06 换手率(%)	97.13

四川美丰化工股份有限公司

公司概况

公司名称	四川美丰化工股份有限公司			股票代码	000731	
注册地址	四川省射洪县太和镇新阳街87号			邮政编码	618000	
法人代表	张晓彬			董秘	舒绍敏	
电话	0838-2304235			传真	0838-2304228	
主营业务	生产合成氨、尿素					
总股本	24566.57	流通 A	10111.29	流通 B		流通 H
审计单位				审计意见	未审计	

主要财务指标

年度	2004.6	2003	2002
每股收益/扣除后(元)	0.3512	0.4370	0.3300
每股经营现金流量(元)	0.6870	0.7200	0.5300
每股净资产/调整后(元)	3.6710	3.6700	3.2200
每股公积金(元)	1.1837	1.1837	1.1837
净资产收益率(%)	9.4400	12.4100	10.1100
总资产(万元)	129294.69	129235.00	131094.69
股东权益(万元)	90185.12	90271.54	79066.46
未分配利润(万元)	17377.73	17464.15	7939.83
主营收入(万元)	42525.04	79226.54	51423.66
资本公积金(万元)	29079.42	29079.42	29079.42
主营利润(万元)	13183.51	18978.06	11491.27
其他业务利润(万元)	9.94	74.61	-0.30
营业利润(万元)	10135.44	12909.44	8307.79
投资收益(万元)	58.66	440.56	-211.16
补贴收入(万元)		483.18	17.78
营业外收支(万元)	-160.58	-92.76	-0.81
利润总额(万元)	10033.52	13740.42	9447.28
净利润(万元)	8511.88	11205.08	7996.38

十大股东

序号	股东名称	股份性质	持股数(万股)	比例(%)
1	成都华川石油天然气勘探开发总公司	国有法人股	4503.35	18.33
2	四川美丰(集团)有限责任公司	国家股	4370.74	17.79
3	四川天晨投资控股集团有限公司	法人股	2743.79	11.17
4	重庆国际信托投资有限公司	法人股	1861.73	7.58
5	招商银行股份有限公司-中信经典配置证券投资基金	流通股	475.93	1.94
6	交通银行-海富通精选证券投资基金	流通股	427.20	1.74
7	中国银行-同盛证券投资基金	流通股	316.24	1.29
8	中国工商银行-国联安德盛小盘精选证券投资基金	流通股	297.35	1.21
9	汉盛证券投资基金	流通股	279.41	1.14
10	东吴证券有限责任公司	流通股	262.85	1.07

股东人数	2004.6	2003.12	2003.6	2002
	26917	34934	37740	37344

近年分配	2004年5月19日10派3.50	近年配股/增发	

重大事项

公司2003年度利润分配方案即以公司现有总股本24,566.57万股为基数，向全体股东每10股分配现金股利3.50元(含税，扣税后社会公众股中的个人股东实际每10股分配现金股利2.80元)。本次派息的股权登记日为2004年5月18日，除息日为2004年5月19日。

二〇〇三年以来市场表现

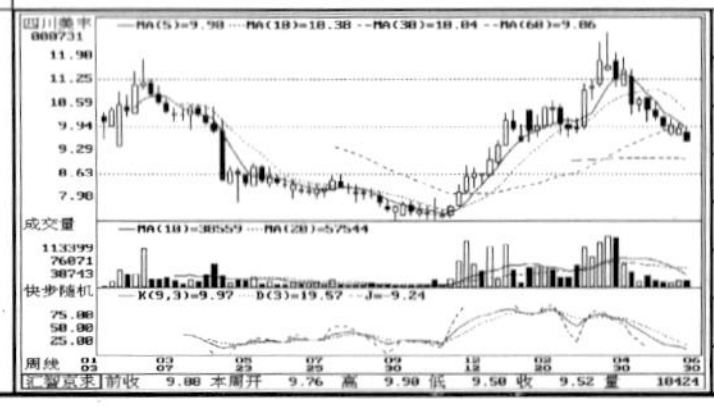

2003年涨跌幅(%)	-11.06
2003年最高(元)	11.23
2003年最低(元)	6.98
2003年换手率(%)	129.35
2004.06涨跌幅(%)	7.57
2004.06最高(元)	12.20
2004.06最低(元)	8.80
2004.06换手率(%)	138.42

福建三农集团股份有限公司

公司概况

公司名称	福建三农集团股份有限公司			股票代码	000732	
注册地址	福州市三明市梅列区徐碧			邮政编码	365000	
法人代表	黄一宪			董秘	姜炳华	
电话	0591-87800884			传真	0591-87810369	
主营业务	农药,精细化工产品					
总股本	19846.94	流通 A	11529.70	流通 B		流通 H
审计单位				审计意见	未审计	

主要财务指标

年度	2004.6	2003	2002
每股收益/扣除后(元)	0.0073	-0.0325	0.1013
每股经营现金流量(元)	0.2300	-0.0900	0.2850
每股净资产/调整后(元)	2.4370	2.3500	3.0937
每股公积金(元)	1.0035	1.0035	1.6003
净资产收益率(%)	0.2100	1.0800	3.1200
总资产(万元)	126481.10	125190.57	123635.38
股东权益(万元)	50336.37	50228.30	49623.33
未分配利润(万元)	7009.61	6901.54	6455.07
主营收入(万元)	36437.72	56061.63	48957.49
资本公积金(万元)	19916.63	19916.63	24431.69
主营利润(万元)	5743.26	8637.23	7174.53
其他业务利润(万元)	50.23	359.50	6.83
营业利润(万元)	1656.50	-244.82	-202.62
投资收益(万元)	-1397.79	787.09	1351.64
补贴收入(万元)	5.62	17.29	0.18
营业外收支(万元)	-0.04	-1.94	0.02
利润总额(万元)	264.29	557.61	1534.44
净利润(万元)	108.07	539.97	1546.92

十大股东

序号	股东名称	股份性质	持股数(万股)	比例(%)
1	西安飞天科工贸集团有限责任公司	境内法人股	4102.38	20.67
2	上海金威数码信息技术有限公司	境内法人股	2356.64	11.87
3	西安腾兴科技发展有限公司	境内法人股	796.33	4.01
4	福建赛克赛思投资有限公司	境内法人股	425.75	2.15
5	上海科技投资股份有限公司	境内法人股	421.20	2.12
6	福建省农资集团三明公司	境内法人股	38.61	0.19
7	长江经济联合发展(集团)股份有限公司武汉公司	流通A股	37.61	0.19
8	福建省农资集团公司	境内法人股	35.75	0.18
9	郑晓娟	流通A股	34.70	0.17
10	福州市仓山肪厦聚义鞋厂	境内法人股	28.60	0.14

股东人数	2004.6	2003.12	2003.6	2002
	42126	39096	39162	38893

近年分配		近年配股/增发	

重大事项

2003年10月30日，原告宁夏启元药业有限公司向北京市第一中级人民法院诉被告国家知识产权局专利复审委员会，北京市第一中级人民法院于2003年11月6日受理了此案，同时发函告知福建汇天生物药业有限公司作为第三人参加本案诉讼。本案经北京市第一中级人民法院审理，于2004年5月31日下达了维持被告国家知识产权局专利复审委员会第5338号无效宣告请求审查决定的行政判决书。

二〇〇三年以来市场表现

2003年涨跌幅(%)	-20.44
2003年最高(元)	6.12
2003年最低(元)	3.81
2003年换手率(%)	106.45
2004.06涨跌幅(%)	0.50
2004.06最高(元)	5.89
2004.06最低(元)	3.81
2004.06换手率(%)	167.84

中国振华(集团)科技股份有限公司

公司概况

公司名称	中国振华(集团)科技股份有限公司	股票代码	000733
注册地址	贵州省贵阳市国家高新技术产业开发区新天大道150号	邮政编码	550018
法人代表	陈清洁	董秘	邱三桃
电话	0851-6302675,6301078	传真	0851-6302674
主营业务	新型电子元器件		
总股本	35812.00	流通 A	17800.00
流通 B		流通 H	
审计单位		审计意见	未审计

主要财务指标

年度	2004.6	2003	2002
每股收益/扣除后(元)	0.0467	0.0700	0.1100
每股经营现金流量(元)	-0.1050	0.2700	0.2500
每股净资产/调整后(元)	5.0200	5.0500	4.8900
每股公积金(元)	3.7523	3.7514	3.7485
净资产收益率(%)	0.7600	1.7600	2.1100
总资产(万元)	251259.66	246213.30	236616.16
股东权益(万元)	183630.55	182204.55	178888.81
未分配利润(万元)	7298.24	6180.97	3613.56
主营收入(万元)	40062.97	91344.68	70638.64
资本公积金(万元)	134376.16	134346.75	134240.30
主营利润(万元)	9957.56	20314.40	17036.79
其他业务利润(万元)	524.54	1041.66	-9.67
营业利润(万元)	1674.34	1944.66	3163.45
投资收益(万元)	179.48	1680.10	209.63
补贴收入(万元)	37.26	4.31	0.04
营业外收支(万元)	-360.20	4.26	0.04
利润总额(万元)	1530.87	3633.33	4260.55
净利润(万元)	1396.58	3209.65	3773.35

十大股东

序号	股东名称	股份性质	持股数(万股)	比例(%)
1	中国振华电子集团有限公司	国有法人股	18012.00	50.30
2	中国航空集团财务有限责任公司	流通A股	300.00	0.84
3	上海联合石油液化气发展有限公司	流通A股	123.01	0.34
4	蒲世全	流通A股	56.00	0.16
5	中国工商银行-融通深证100指数证券投资基金	流通A股	46.57	0.13
6	蔡代阳	流通A股	37.23	0.10
7	郑裕耀	流通A股	36.02	0.10
8	洪礼兴	流通A股	30.02	0.08
9	夏庆喜	流通A股	27.90	0.08
10	三亚金泰实业发展有限銃	流通A股	26.61	0.07

股东人数	2004.6	2003.12	2003.6	2002
	90319	93581	94424	94201

近年分配		近年配股/增发	

重大事项

2004年3月25日本公司三届四次董事会审议通过,2004年4月28日本公司2003年度股东大会审议通过,将本公司所持贵州振华通信设备有限责任公司85.6%股权中的70.6%出让给中国振华电子集团有限公司。出让后,本公司持有贵州振华通信设备有限责任公司15%的股权。

二〇〇三年以来市场表现

2003年涨跌幅(%)	-20.05
2003年最高(元)	9.50
2003年最低(元)	5.80
2003年换手率(%)	129.83
2004.06涨跌幅(%)	-11.99
2004.06最高(元)	8.60
2004.06最低(元)	5.50
2004.06换手率(%)	116.19

海口农工贸(罗牛山)股份有限公司

公司概况

公司名称	海口农工贸(罗牛山)股份有限公司	股票代码	000735
注册地址	海口市珠江广场帝豪大厦9楼	邮政编码	570125
法人代表	邓传明	董秘	张小林
电话	0898-68585243	传真	0898-68585240
主营业务	猪、鸡等农副产品		
总股本	58725.40	流通 A	32542.00
流通 B		流通 H	
审计单位		审计意见	未审计

主要财务指标

年度	2004.6	2003	2002
每股收益/扣除后(元)	0.0131	0.0050	0.0640
每股经营现金流量(元)	0.1188	0.0200	0.0189
每股净资产/调整后(元)	2.2310	2.2200	2.1749
每股公积金(元)	0.8165	0.8164	0.8164
净资产收益率(%)	0.5600	1.5100	2.9100
总资产(万元)	210414.64	216721.45	214141.05
股东权益(万元)	131031.82	130304.44	128343.02
未分配利润(万元)	13122.52	12395.14	11139.99
主营收入(万元)	23358.22	35711.92	29115.04
资本公积金(万元)	47946.15	47946.15	47946.15
主营利润(万元)	4895.14	7326.32	6286.99
其他业务利润(万元)	432.97	1551.14	-21.97
营业利润(万元)	906.21	703.68	2193.91
投资收益(万元)	-97.88	1265.99	1766.90
补贴收入(万元)		30.00	30.00
营业外收支(万元)	-44.99	91.68	-0.49
利润总额(万元)	763.34	2091.35	3856.19
净利润(万元)	727.38	1961.42	3738.62

十大股东

序号	股东名称	股份性质	持股数(万股)	比例(%)
1	海口市国营罗牛山农场	国有法人股	9070.50	15.45
2	海口永盛畜牧机械工程有限公司	境内法人股	2764.46	4.71
3	湖北新锐科技发展有限公司	境内法人股	2113.10	3.60
4	海南京海中隆投资管理有限公司	境内法人股	1473.90	2.51
5	海南发海贸易有限公司	境内法人股	1445.00	2.46
6	海口宏昌贸易有限公司	境内法人股	1445.00	2.46
7	海南深兴贸易有限公司	境内法人股	1445.00	2.46
8	海南兴地实业投资有限公司	境内法人股	1300.50	2.21
9	海南伟润实业有限公司	国有法人股	900.00	1.53
10	中国经济开发信托投资公司	国家股	867.00	1.48

股东人数	2004.6	2003.12	2003.6	2002
	176290	186523	190383	196786

近年分配		近年配股/增发	

重大事项

截止2004年6月30日,公司累计对外担保总额为人民币11,944万元,占2004年上半年期末公司净资产的9.12%,与年初相比已有较大幅度下降。

二〇〇三年以来市场表现

2003年涨跌幅(%)	-9.89
2003年最高(元)	5.30
2003年最低(元)	3.77
2003年换手率(%)	111.29
2004.06涨跌幅(%)	-10.72
2004.06最高(元)	5.25
2004.06最低(元)	3.56
2004.06换手率(%)	112.35

重庆国际实业投资股份有限公司

公司概况

公司名称	重庆国际实业投资股份有限公司		股票代码	000736	
注册地址	重庆市渝北区紫荆路4号		邮政编码	401147	
法人代表	富庶	董秘	徐明华		
电话	023-67530016	传真	023-67530017		
主营业务	电力设备研制、开发				
总股本	6600.00	流通A	2599.87	流通B	流通H
审计单位		审计意见	未审计		

主要财务指标

年度	2004.6	2003	2002
每股收益/扣除后(元)	-0.2171	0.2900	0.3300
每股经营现金流量(元)	-2.4310	0.2300	0.0300
每股净资产/调整后(元)	2.7400	4.2200	3.9200
每股公积金(元)	1.5201	1.5201	1.5201
净资产收益率(%)	-53.8400	7.0700	7.2000
总资产(万元)	129465.60	119417.08	81253.86
股东权益(万元)	2.74	27862.72	25893.63
未分配利润(万元)	-2764.16	6690.79	4284.20
主营收入(万元)	24667.26	39103.83	25444.73
资本公积金(万元)	10032.52	10032.52	10032.52
主营利润(万元)	8339.99	15746.26	11585.74
其他业务利润(万元)	7.47	28.67	0.72
营业利润(万元)	-3.79	5796.40	3950.85
投资收益(万元)	-878.05	65.45	-388.39
补贴收入(万元)	36.00	142.05	4.78
营业外收支(万元)	-7391.55	-2.05	0.03
利润总额(万元)	-8237.39	6001.84	3751.51
净利润(万元)	-9751.81	1969.10	1865.02

十大股东

序号	股东名称	股份性质	持股数(万股)	比例(%)
1	北京中经四通信息技术发展有限公司	境内法人股	1200.00	18.18
2	重庆皇丰实业有限公司	境内法人股	926.60	14.04
3	上海万浦精细设备经销有限公司	境内法人股	746.60	11.31
4	上海华岳投资管理有限公司	境内法人股	286.40	4.34
5	江门汇盛投资管理有限公司	境内法人股	102.00	1.55
6	华夏证券有限公司重庆分公司	境内法人股	100.00	1.52
7	重庆庆通物业管理公司	境内法人股	100.00	1.52
8	重庆轻纺控股(集团)公司	境内法人股	50.00	0.76
9	海南谦益金源投资管理有限公司	境内法人股	50.00	0.76
10	重庆福瑞门科技发展有限公司	境内法人股	40.00	0.61

股东人数	2004.6	2003.12	2003.6	2002
	12291	10464	10829	10887

近年分配		近年配股/增发	

重大事项

2004年5月11日,深圳发展银行重庆分行起诉我公司,起因为我公司为重庆好望科技发展有限公司贷款1,800万元作了担保,重庆第一中级人民法院裁定:冻结我公司在华夏银行渝中支行银行存款1.5万元、招商银行江北支行银行存款27万元、中国银行江北支行银行存款3万元、中国光大银行江北支行银行存款3万元、兴业银行重庆分行帐户银行存款2万元;冻结我公司持有的北京瑞斯康达科技发展有限公司的1,600万股份。

二〇〇三年以来市场表现

2003年涨跌幅(%)	-28.04
2003年最高(元)	15.70
2003年最低(元)	9.02
2003年换手率(%)	124.01
2004.06涨跌幅(%)	-30.97
2004.06最高(元)	13.86
2004.06最低(元)	6.37
2004.06换手率(%)	223.18

南风化工集团股份有限公司

公司概况

公司名称	南风化工集团股份有限公司		股票代码	000737	
注册地址	山西省运城市解放路294号		邮政编码	044000	
法人代表	张文成	董秘	朱奇立		
电话	0359-8967035	传真	0359-2023302		
主营业务	化学产品开发、生产、销售				
总股本	45730.00	流通A	20956.00	流通B	流通H
审计单位		审计意见	未审计		

主要财务指标

年度	2004.6	2003	2002
每股收益/扣除后(元)	0.0113	0.0890	0.0800
每股经营现金流量(元)	0.3560	0.4400	0.4700
每股净资产/调整后(元)	2.9600	2.9700	2.9200
每股公积金(元)	1.5976	1.5976	1.5678
净资产收益率(%)	0.6100	2.7300	2.6000
总资产(万元)	344694.87	338930.06	323169.62
股东权益(万元)	141611.98	140752.05	135545.66
未分配利润(万元)	11442.04	10582.09	8009.12
主营收入(万元)	133914.17	279304.47	248172.05
资本公积金(万元)	73059.78	73059.78	71694.99
主营利润(万元)	20096.74	54106.67	51597.96
其他业务利润(万元)	763.35	1145.26	-32.75
营业利润(万元)	1628.67	7546.61	8991.76
投资收益(万元)	482.87	-118.07	-1412.88
补贴收入(万元)	161.08	114.37	3.82
营业外收支(万元)	-7.06	-397.61	18.14
利润总额(万元)	2265.57	7145.30	7223.99
净利润(万元)	859.95	3841.60	3521.82

十大股东

序号	股东名称	股份性质	持股数(万股)	比例(%)
1	山西运城盐化局	国有法人股	20418.00	44.65
2	西安日用化学工业公司	国有法人股	3960.00	8.66
3	全国社保基金一零三组合	流通A股	174.81	0.38
4	中国耀华玻璃集团公司	境内法人股	132.00	0.29
5	天津宏发集团公司	境内法人股	132.00	0.29
6	升华集团控股有限公司	境内法人股	132.00	0.29
7	中国工商银行-融通深证100指数	流通A股	58.47	0.13
8	金玉	流通A股	55.80	0.12
9	张荣	流通A股	35.00	0.08
10	张鸿飞	流通A股	32.20	0.07

股东人数	2004.6	2003.12	2003.6	2002
	74606	71187	67399	66688

近年分配		近年配股/增发	

重大事项

2003年11月18日,本公司与冠京控股有限公司就本公司持有北京维信诺科技有限公司(维信诺公司)38.33%的股权签署了《股权转让协议书》。2004年3月5日,冠京控股有限公司已将本次股权转让的价款2800万元划拨至本公司账户,本次交易完成,本公司不再持有维信诺公司的股权。

二〇〇三年以来市场表现

2003年涨跌幅(%)	-15.94
2003年最高(元)	6.86
2003年最低(元)	4.29
2003年换手率(%)	200.19
2004.06涨跌幅(%)	-18.10
2004.06最高(元)	6.16
2004.06最低(元)	3.78
2004.06换手率(%)	149.20

南方摩托股份有限公司

公司概况

公司名称	南方摩托股份有限公司			股票代码	000738		
注册地址	湖南省株洲市高新技术产业开发区天台西路1号			邮政编码	412002		
法人代表	王英杰			董秘	刘绍雄		
电话	0733-8559515			传真	0733-8559714		
主营业务	摩托车						
总股本	39780.00	流通A	13600.00	流通B		流通H	
审计单位				审计意见	未审计		

主要财务指标

年度	2004.6	2003	2002
每股收益/扣除后(元)	-0.0255	0.0110	0.0030
每股经营现金流量(元)	-0.1550	-0.3500	0.0150
每股净资产/调整后(元)	1.4400	1.4600	1.4600
每股公积金(元)	0.6603	0.6603	0.6603
净资产收益率(%)	-1.1500	0.8900	0.3400
总资产(万元)	115849.47	112289.83	110995.82
股东权益(万元)	66147.71	66909.99	66412.62
未分配利润(万元)	-54.23	708.05	183.43
主营收入(万元)	15352.02	46168.76	34752.31
资本公积金(万元)	26267.29	26267.29	26267.29
主营利润(万元)	744.62	5083.27	4822.01
其他业务利润(万元)	194.33	96.45	23.85
营业利润(万元)	-1142.97	271.71	366.25
投资收益(万元)	167.32	358.15	20.28
补贴收入(万元)			
营业外收支(万元)	-4.95	0.36	-0.00
利润总额(万元)	-980.60	630.22	316.21
净利润(万元)	-762.28	598.76	222.49

十大股东

序号	股东名称	股份性质	持股数(万股)	比例(%)
1	中国南方航空动力机械公司	国有法人股	26180.00	65.81
2	张凤鸣	流通A股	48.09	0.12
3	周获	流通A股	47.83	0.12
4	杜亭梅	流通A股	41.02	0.10
5	王兰敏	流通A股	38.97	0.10
6	陈利浩	流通A股	33.41	0.08
7	郭蕊	流通A股	31.27	0.08
8	深圳市千喜利实业发展有限公司	流通A股	31.27	0.08
9	单鑫江	流通A股	31.19	0.08
10	周建平	流通A股	29.43	0.07

股东人数	2004.6	2003.12	2003.6	2002
	48343	48510	49051	49673

近年分配		近年配股/增发	

重大事项

2004年6月27日本公司与中国南方航空动力机械公司签署《财务公司股权抵债协议》和《南雅减公司股权抵债协议》，中国南方航空动力机械公司分别以其持有的中国南动集团财务公司13.707%的股权和持有的株洲南方雅马哈减震器有限公司50%的股权抵偿其所欠本公司款项，以及由株洲南方摩托车制造有限公司转移给中国南方航空动力机械公司的所欠本公司款项。

二〇〇三年以来市场表现

2003年涨跌幅(%)	-27.83
2003年最高(元)	5.54
2003年最低(元)	3.07
2003年换手率(%)	164.59
2004.06涨跌幅(%)	5.64
2004.06最高(元)	5.17
2004.06最低(元)	3.14
2004.06换手率(%)	155.99

青岛普洛股份有限公司

公司概况

公司名称	青岛普洛股份有限公司			股票代码	000739		
注册地址	青岛市胶州路140号			邮政编码	266071		
法人代表	徐文荣			董秘	阎国强		
电话	0532-3870898			传真	0532-3890739		
主营业务	商品零售、医药行业投资						
总股本	14575.92	流通A	7375.57	流通B		流通H	
审计单位				审计意见	未审计		

主要财务指标

年度	2004.6	2003	2002
每股收益/扣除后(元)	0.1312	0.2157	0.2200
每股经营现金流量(元)	0.0330	0.7200	0.0200
每股净资产/调整后(元)	2.1700	2.0900	1.8600
每股公积金(元)	0.6859	0.6859	0.6859
净资产收益率(%)	6.4100	11.1900	11.6400
总资产(万元)	92599.44	86306.50	68927.83
股东权益(万元)	31872.08	30556.54	27137.30
未分配利润(万元)	5032.30	3716.77	1423.64
主营收入(万元)	39933.01	77025.12	65933.50
资本公积金(万元)	9997.03	9997.03	9997.03
主营利润(万元)	8045.06	15757.17	14682.11
其他业务利润(万元)	253.59	135.09	-9.67
营业利润(万元)	2960.81	5793.04	5590.29
投资收益(万元)	-173.81	-721.04	-601.32
补贴收入(万元)			
营业外收支(万元)	35.54	-64.14	2.21
利润总额(万元)	2822.54	5007.85	5114.51
净利润(万元)	2044.28	3419.24	3158.77

十大股东

序号	股东名称	股份性质	持股数(万股)	比例(%)
1	上海光泰投资发展有限公司	境内法人股	3229.80	22.16
2	东阳市恒通投资有限公司	境内法人股	1580.00	10.84
3	横店集团有限公司	境内法人股	1020.20	7.00
4	青岛市供销社资产运营中心	境内法人股	972.52	6.67
5	青岛市对外经济贸易实业公司	国有法人股	306.00	2.10
6	中国银行-嘉实成长收益型证券投资基金	流通A股	130.97	0.90
7	李元清	流通A股	48.59	0.33
8	佘卫华	流通A股	34.68	0.24
9	青岛市农业生产资料总公司	境内法人股	32.40	0.22
10	黄春英	流通A股	30.00	0.21

股东人数	2004.6	2003.12	2003.6	2002
	24796	27367	28346	25539

近年分配	2004年7月8日10派0.5	近年配股/增发	

重大事项

2004年5月8日，公司2003年度股东大会审议批准，将公司持有的青岛有线电视网络有限公司45.5%股权，按照账面净值一次性出让给横店集团控股有限公司。2003年12月12日，公司召开二届董事会十一次会议，审议批准了《关于收购横店集团上海药物研究院有限公司部分资产(股权)暨关联交易的议案》。2004年5月10日，完成本次收购资产(股权)的工商变更。

二〇〇三年以来市场表现

2003年涨跌幅(%)	-33.33
2003年最高(元)	10.14
2003年最低(元)	5.10
2003年换手率(%)	173.31
2004.06涨跌幅(%)	7.62
2004.06最高(元)	8.08
2004.06最低(元)	5.32
2004.06换手率(%)	174.85

湖南计算机股份有限公司

公司概况

公司名称	湖南计算机股份有限公司	股票代码	000748
注册地址	湖南省长沙市雨花路161号	邮政编码	410007
法人代表	高雷	董秘	杨林
电话	0731-5554610-588	传真	0731-5514776
主营业务	中西文字符图形终端		
审计单位		审计意见	未审计

总股本	流通A	流通B	流通H
27637.48	14000.00		

主要财务指标

年度	2004.6	2003	2002
每股收益/扣除后(元)	-0.1400	0.0044	0.1106
每股经营现金流量(元)	-0.6360	0.0200	-0.1620
每股净资产/调整后(元)	3.7840	3.9500	3.9430
每股公积金(元)	2.7282	2.7282	2.7282
净资产收益率(%)	-4.2900	0.2700	2.8400
总资产(万元)	147081.00	156917.27	156648.78
股东权益(万元)	106144.93	110698.96	110492.42
未分配利润(万元)	-4823.74	-269.71	49.86
主营收入(万元)	17576.61	55661.79	70152.95
资本公积金(万元)	75401.39	75401.39	75401.39
主营利润(万元)	4429.06	14658.68	19595.13
其他业务利润(万元)	59.53	174.56	-0.42
营业利润(万元)	-3886.02	-127.14	2252.20
投资收益(万元)	-756.83	705.69	1300.85
补贴收入(万元)	275.02	360.52	9.27
营业外收支(万元)	-15.57	-41.52	-0.37
利润总额(万元)	-4383.40	897.56	4113.88
净利润(万元)	-4554.03	301.66	3133.26

十大股东

序号	股东名称	股份性质	持股数(万股)	比例(%)
1	中国长城计算机集团公司	国有法人股	8090.30	29.27
2	湖南省信托投资有限责任公司	国有法人股	4372.48	15.82
3	湖南计算机厂有限公司	国有法人股	895.90	3.24
4	北京建银电脑公司	国有法人股	278.80	1.01
5	中国工商银行-融通深证100指数证券投资基金	流通A股	39.06	0.14
6	王淑吟	流通A股	34.45	0.12
7	朱启君	流通A股	25.40	0.09
8	陈德照	流通A股	25.14	0.09
9	陈永祥	流通A股	24.26	0.09
10	刘红燕	流通A股	23.50	0.09

股东人数	2004.6	2003.12	2003.6	2002
	69613	74193	73928	72154

近年分配		近年配股/增发	

重大事项

公司控股子公司-湖南湘计视讯信息科技股份有限公司(湘计视讯)诉万鸿集团股份有限公司(万鸿集团)一案,目前还未执行完毕。湘计视讯已根据:2003长中执字第192-3号冻结了武汉诚成文化投资集团股份有限公司在南方证券股份有限公司的股权1800万元,冻结期限为2004年7月9至2006年7月8日。

二〇〇三年以来市场表现

2003年涨跌幅(%)	-21.77
2003年最高(元)	8.91
2003年最低(元)	5.08
2003年换手率(%)	302.96
2004.06涨跌幅(%)	-0.17
2004.06最高(元)	8.51
2004.06最低(元)	5.68
2004.06换手率(%)	198.65

桂林集琦药业股份有限公司

公司概况

公司名称	桂林集琦药业股份有限公司	股票代码	000750
注册地址	桂林市育才路55号	邮政编码	541004
法人代表	刘及响	董秘	潘华
电话	0773-5878066,5876610	传真	0773-5875328
主营业务	化学原料药及其制剂		
审计单位		审计意见	未审计

总股本	流通A	流通B	流通H
21505.74	12220.00		

主要财务指标

年度	2004.6	2003	2002
每股收益/扣除后(元)	0.0050	-0.0423	-0.0017
每股经营现金流量(元)	0.0091	0.2149	0.3878
每股净资产/调整后(元)	2.6190	2.5973	2.6532
每股公积金(元)	1.6689	1.6689	1.6663
净资产收益率(%)	0.1600	0.3200	0.1800
总资产(万元)	121577.00	119219.43	102544.92
股东权益(万元)	60448.39	60351.50	60186.75
未分配利润(万元)	1064.42	968.78	806.20
主营收入(万元)	13392.48	22332.34	18843.97
资本公积金(万元)	35890.72	35890.67	35835.25
主营利润(万元)	4100.30	5637.53	6020.62
其他业务利润(万元)	14.62	418.87	-0.16
营业利润(万元)	2.38	-56.56	428.31
投资收益(万元)	107.69	190.63	-29.51
补贴收入(万元)	0.02	2.74	0.07
营业外收支(万元)	-11.38	-40.40	0.52
利润总额(万元)	-132.76	96.41	211.48
净利润(万元)	95.64	191.27	107.28

十大股东

序号	股东名称	股份性质	持股数(万股)	比例(%)
1	桂林集琦集团有限公司	国有法人股	8889.80	41.34
2	南宁市荣高实业有限责任公司	境内法人股	395.94	1.84
3	蔡宏毅	流通A股	19.92	0.09
4	孙云	流通A股	18.00	0.08
5	沈成方	流通A股	17.48	0.08
6	姜凌	流通A股	14.10	0.07
7	谢惠绒	流通A股	13.11	0.06
8	王永金	流通A股	12.25	0.06
9	冯玉洁	流通A股	12.20	0.06
10	刘焕棠	流通A股	12.00	0.06

股东人数	2004.6	2003.12	2003.6	2002
	72238	76344	79995	81812

近年分配		近年配股/增发	

重大事项

2004年2月27日,本公司与防城港市昌润码头仓储有限公司(昌润公司)于桂林签订《股权转让协议》,将所持本公司控股子公司南宁明秀建筑装饰材料市场有限责任公司之60%股权全部转让给昌润公司,交易价格为人民币6906.33万元。

二〇〇三年以来市场表现

2003年涨跌幅(%)	-22.77
2003年最高(元)	6.98
2003年最低(元)	3.90
2003年换手率(%)	112.56
2004.06涨跌幅(%)	5.16
2004.06最高(元)	6.19
2004.06最低(元)	3.94
2004.06换手率(%)	160.97

葫芦岛锌业股份有限公司

公司概况

公司名称	葫芦岛锌业股份有限公司			股票代码	000751		
注册地址	辽宁省葫芦岛市			邮政编码	125003		
法人代表	侯宝泉			董秘	曲路新		
电话	0429-2024121			传真	0429-2104084		
主营业务	锌锭、硫酸						
总股本	88109.88	流通 A	34702.20	流通 B		流通 H	
审计单位				审计意见	未审计		

主要财务指标

年度	2004.6	2003	2002
每股收益/扣除后(元)	0.0554	0.0310	0.0136
每股经营现金流量(元)	0.1770	0.1100	0.1100
每股净资产/调整后(元)	3.1200	2.2800	2.9900
每股公积金(元)	0.8820	0.8820	0.8820
净资产收益率(%)	1.7700	2.3900	1.0800
总资产(万元)	487331.34	477637.91	415020.37
股东权益(万元)	274959.94	270083.22	264453.69
未分配利润(万元)	74109.06	69963.85	66467.74
主营收入(万元)	115668.31	191881.48	174972.17
资本公积金(万元)	77713.25	77713.25	77713.25
主营利润(万元)	19946.35	26578.37	15878.31
其他业务利润(万元)	–823.63	21.97	–0.21
营业利润(万元)	7882.44	7666.49	–2624.15
投资收益(万元)	27.04	43.33	13.52
补贴收入(万元)			
营业外收支(万元)	–3.95	–88.18	–0.09
利润总额(万元)	7905.52	7621.64	–2600.23
净利润(万元)	4876.72	6445.01	2848.14

十大股东

序号	股东名称	股份性质	持股数(万股)	比例(%)
1	葫芦岛锌厂	国有法人股	51729.18	58.71
2	深圳市中科招商创业投资有限公司	境内法人股	547.00	0.62
3	中华企业股份有限公司	境内法人股	285.00	0.32
4	葫芦岛锌厂工贸实业总公司	国有法人股	234.00	0.27
5	上海瑞源投资有限公司	境内法人股	225.00	0.26
6	中国银行上海市分行	国家股	180.00	0.20
7	中国建设银行-博时裕富证券投资基金	流通 A 股	163.40	0.19
8	田勇	流通 A 股	105.00	0.12
9	重庆科星设备清洗有限公司	境内法人股	97.50	0.11
10	安海生	流通 A 股	86.90	0.10

股东人数	2004.6	2003.12	2003.6	2002
	170645	180445	186544	194641

近年分配		近年配股/增发	

重大事项

截止 2004 年 6 月 30 日，关联方占用本公司的资金余额为 693,692,272.51 元，其中大部分是经营性占用，主要为集团公司及控股子公司向关联方采购货物，劳务的预付款及向关联方提供货物及劳务的应收款项，属目前生产经营中不可避免的正常往来，滚动发生，及时清偿；非经营性占用，公司要求其制定了归还方案，正在积极实施。

二○○三年以来市场表现

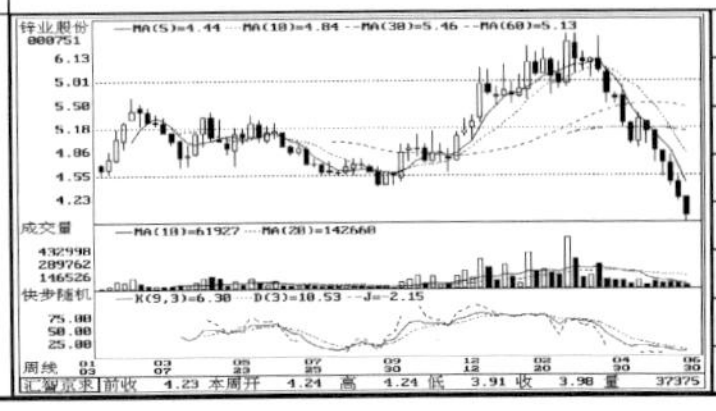

2003 年涨跌幅(%)	17.45
2003 年最高(元)	5.98
2003 年最低(元)	4.39
2003 年换手率(%)	98.83
2004.06 涨跌幅(%)	–27.90
2004.06 最高(元)	6.45
2004.06 最低(元)	3.91
2004.06 换手率(%)	106.55

西藏银河科技发展股份有限公司

公司概况

公司名称	西藏银河科技发展股份有限公司			股票代码	000752		
注册地址	西藏自治区拉萨市色拉路 36 号			邮政编码	850001		
法人代表	闫清江			董秘	牟春华		
电话	0891-6389377			传真	0891-6389377		
主营业务	啤酒、藏红花开发						
总股本	14583.90	流通 A	7342.60	流通 B		流通 H	
审计单位				审计意见	未审计		

主要财务指标

年度	2004.6	2003	2002
每股收益/扣除后(元)	0.1606	0.1888	0.2100
每股经营现金流量(元)	0.6420	0.5400	0.4300
每股净资产/调整后(元)	2.4700	2.3400	2.1500
每股公积金(元)	0.3915	0.3915	0.3915
净资产收益率(%)	5.3100	9.1600	9.5700
总资产(万元)	66262.86	66811.24	65832.13
股东权益(万元)	43794.86	41469.63	38197.92
未分配利润(万元)	15040.74	12715.51	10203.65
主营收入(万元)	9160.60	16199.05	16006.23
资本公积金(万元)	6884.84	6884.84	6884.84
主营利润(万元)	4402.86	6864.48	6235.11
其他业务利润(万元)	116.22	214.85	7.50
营业利润(万元)	3011.43	3865.71	4041.88
投资收益(万元)		–10.49	–178.21
补贴收入(万元)		386.80	–6.24
营业外收支(万元)	–17.63	–16.26	–0.03
利润总额(万元)	2993.81	4225.76	4104.01
净利润(万元)	2325.23	3799.23	3655.26

十大股东

序号	股东名称	股份性质	持股数(万股)	比例(%)
1	四川光大金联实业有限公司	境内法人股	6036.49	41.39
2	西藏自治区国有资产经营公司	国家股	4024.33	27.59
3	广东证券股份有限公司	流通 A 股	639.83	4.39
4	西藏明珠股份有限公司	境内法人股	74.89	0.51
5	申银万国-花旗-USB LIMITED	流通 A 股	70.00	0.48
6	西藏自治区矿业发展总公司	境内法人股	55.66	0.38
7	刘东	流通 A 股	24.98	0.17
8	圣地亚食品有限公司	境内法人股	24.96	0.17
9	四川英达资讯信息有限公司	境内法人股	24.96	0.17
10	姚根秀	流通 A 股	21.26	0.15

股东人数	2004.6	2003.12	2003.6	2002
	8284	4729	175838992	4734

近年分配		近年配股/增发	

重大事项

经 2004 年 4 月 28 日召开的公司第三届董事会第八次会议通过，公司与深圳市银河信息产业有限公司(深圳银河)签署协议。根据协议，本公司将所持有的东莞银河信息资讯有限公司(银河资讯)19% 权益转让给深圳银河，深圳银河以本公司于 2001 年置换时转让给深圳银河的部分资产作为对价交易支付给本公司。

二○○三年以来市场表现

2003 年涨跌幅(%)	–29.66
2003 年最高(元)	15.47
2003 年最低(元)	10.00
2003 年换手率(%)	139.29
2004.06 涨跌幅(%)	–23.95
2004.06 最高(元)	11.69
2004.06 最低(元)	7.22
2004.06 换手率(%)	114.84

福建闽南(漳州)经济发展股份有限公司

公司概况

公司名称	福建闽南(漳州)经济发展股份有限公司			股票代码	000753	
注册地址	福建省漳州市胜利东路漳州发展广场			邮政编码	363000	
法人代表	庄道火			董秘	李勤	
电话	0596-2671753			传真	0596-2671876	
主营业务	建筑材料、房地产开发					
总股本	36075.62	流通 A	14851.20	流通 B		流通 H
审计单位				审计意见	未审计	

主要财务指标

年度	2004.6	2003	2002
每股收益/扣除后(元)	0.0123	0.0700	0.2300
每股经营现金流量(元)	0.2100	0.3300	0.5400
每股净资产/调整后(元)	2.6160	2.5600	2.4400
每股公积金(元)	0.8395	0.8395	0.8395
净资产收益率(%)	1.9600	6.0100	7.0100
总资产(万元)	179112.98	144632.62	125786.36
股东权益(万元)	94612.93	92755.11	88110.42
未分配利润(万元)	20234.69	18376.86	14887.24
主营收入(万元)	6325.65	14348.53	21443.56
资本公积金(万元)	30285.92	30285.92	30284.55
主营利润(万元)	3233.14	7564.13	15209.99
其他业务利润(万元)	479.38	857.90	-2.62
营业利润(万元)	1532.10	5476.10	11721.23
投资收益(万元)	-312.78	-378.77	-689.87
补贴收入(万元)	1400.00	2800.00	2800.00
营业外收支(万元)	0.45	-53.64	0.56
利润总额(万元)	2619.77	7843.69	9403.22
净利润(万元)	1857.82	5578.95	6177.98

十大股东

序号	股东名称	股份性质	持股数(万股)	比例(%)
1	福建省漳州建筑瓷厂	国有法人股	9928.86	27.52
2	漳州公路交通实业总公司	法人股	4643.30	12.87
3	漳州市财政局	国家股	2642.80	7.33
4	漳州恒闽工贸有限公司	法人股	2196.36	6.09
5	漳浦鑫源现代农业发展有限公司	法人股	1311.92	3.64
6	漳州建业公司	法人股	368.51	1.02
7	上海向高投资咨询有限公司	社会公众股	148.26	0.41
8	漳州市建筑劳务纸箱厂	法人股	122.14	0.34
9	北京市京西实业公司	社会公众股	40.69	0.11
10	游娟	社会公众股	36.92	0.10

股东人数	2004.6	2003.12	2003.6	2002
	39199	36302	35258	32604

近年分配		近年配股/增发	

重大事项

公司因收购福建省汽车销售公司80%的股权,根据竞买条件承接其原有股东福建省汽车工业集团公司为其提供的3100万元流动资金贷款和9900万元银行承兑汇票授信担保。公司累计和当期对外担保金额为13000万元。

二〇〇三年以来市场表现

2003年涨跌幅(%)	-14.31
2003年最高(元)	7.20
2003年最低(元)	4.48
2003年换手率(%)	212.62
2004.06涨跌幅(%)	-2.68
2004.06最高(元)	6.68
2004.06最低(元)	4.63
2004.06换手率(%)	304.57

山西三维集团股份有限公司

公司概况

公司名称	山西三维集团股份有限公司			股票代码	000755	
注册地址	太原市高新技术产业开发区VI-4区			邮政编码	041603	
法人代表	仝立祥			董秘	张亚平	
电话	0357-6662666			传真	0357-6663566	
主营业务	化工、化纤、建材产品					
总股本	31105.38	流通 A	14196.00	流通 B		流通 H
审计单位				审计意见	未审计	

主要财务指标

年度	2004.6	2003	2002
每股收益/扣除后(元)	0.0132	0.0967	0.1980
每股经营现金流量(元)	0.3850	0.0537	0.2380
每股净资产/调整后(元)	3.2760	3.2700	3.0100
每股公积金(元)	1.7815	1.7815	1.5341
净资产收益率(%)	0.3900	2.7900	6.5300
总资产(万元)	247161.75	225663.73	159578.17
股东权益(万元)	106896.76	106484.20	87368.39
未分配利润(万元)	14673.72	14261.16	11735.70
主营收入(万元)	47070.34	78511.46	58717.96
资本公积金(万元)	55414.72	55414.72	42604.92
主营利润(万元)	4714.46	12370.41	15404.22
其他业务利润(万元)	1665.11	167.02	-2.87
营业利润(万元)	691.26	4428.66	8175.83
投资收益(万元)		37.95	174.89
补贴收入(万元)			
营业外收支(万元)	-69.99	-119.71	-0.41
利润总额(万元)	621.27	4346.89	8413.09
净利润(万元)	412.55	2972.02	5704.38

十大股东

序号	股东名称	股份性质	持股数(万股)	比例(%)
1	山西三维华邦集团有限公司	国有法人股	14691.14	47.23
2	山西省经济建设投资公司	国有法人股	1482.89	4.77
3	山西省经贸资产经营有限责任公司	国有法人股	678.02	2.18
4	泰和证券投资基金	流通A股	312.43	1.00
5	全国社保基金一零三组合	流通A股	286.53	0.92
6	中国工商银行-国联安德盛小盘精选证券投资基金	流通A股	241.27	0.78
7	银丰证券投资基金	流通A股	239.44	0.77
8	兴和证券投资基金	流通A股	127.48	0.41
9	贾明	流通A股	47.66	0.15
10	太原现代集团有限公司	境内法人股	33.19	0.11

股东人数	2004.6	2003.12	2003.6	2002
	70449	76469	73466	73575

近年分配		近年配股/增发	

重大事项

2003年8月20日,公司为山西海鑫钢铁集团有限公司向上海浦东发展银行西安分行申请办理流动资金贷款1亿元和8000万元人民币提供担保,担保期限均为一年,截止2004年6月30日尚在担保期。

二〇〇三年以来市场表现

2003年涨跌幅(%)	-17.62
2003年最高(元)	7.59
2003年最低(元)	4.54
2003年换手率(%)	197.61
2004.06涨跌幅(%)	-15.17
2004.06最高(元)	7.15
2004.06最低(元)	4.40
2004.06换手率(%)	124.78

山东新华制药股份有限公司

公司概况

公司名称	山东新华制药股份有限公司			股票代码	000756		
注册地址	山东省淄博市高新技术产业开发区化工区			邮政编码	255005		
法人代表	贺端湜			董秘	郭磊		
电话	0533-2166666			传真	0533-2287508		
主营业务	化学原料药						
总股本	45731.28	流通 A	7615.33	流通 B		流通 H	15000.00
审计单位				审计意见	未审计		

主要财务指标

年度	2004.6	2003	2002
每股收益/扣除后(元)	0.0513	0.0950	0.1500
每股经营现金流量(元)	0.0110	0.2900	0.0900
每股净资产/调整后(元)	3.1100	3.0900	3.0200
每股公积金(元)	1.2222	1.2222	1.2222
净资产收益率(%)	1.9200	2.9800	4.9800
总资产(万元)	239406.41	208538.06	190545.62
股东权益(万元)	142216.81	141330.45	137966.98
未分配利润(万元)	24593.92	23690.36	21453.21
主营收入(万元)	80213.60	132847.12	117355.00
资本公积金(万元)	55891.91	55891.91	55891.91
主营利润(万元)	14342.19	29263.09	31173.19
其他业务利润(万元)	92.50	209.72	4.36
营业利润(万元)	2714.23	5123.65	8504.71
投资收益(万元)	792.10	78.08	81.63
补贴收入(万元)	33.01	33.96	33.96
营业外收支(万元)	-304.33	-198.57	3.63
利润总额(万元)	3235.00	5037.13	8137.96
净利润(万元)	2732.81	4207.63	6876.43

十大股东

序号	股东名称	股份性质	持股数(万股)	比例(%)
1	山东新华医药集团有限责任公司	国有股、流通A股	21444.00	46.89
2	香港中央结算(代理人)有限公司	流通H股	14288.20	31.24
3	江苏省软件产业股份有限公司	流通A股	420.33	0.92
4	上海证大投资管理有限公司	法人股、A股	210.00	0.46
5	中国医药工业公司	法人股、A股	154.00	0.34
6	HOFGREN CARL GUNNAR	流通H股	101.00	0.22
7	中国医药对外贸易总公司	法人股、A股	100.00	0.22
8	山东环中制药股份有限公司	法人股、A股	100.00	0.22
9	汇丰银行代理人(香港)有限公司<A/C BR-79>	流通H股	90.20	0.20
10	汇丰银行代理人(香港)有限公司<A/C BR-80>	流通H股	90.20	0.20

股东人数	2004.6	2003.12	2003.6	2002
	33730	34810	34861	32447

近年分配	2004年8月3日10派0.4	近年配股/增发	

重大事项

2004年6月30日公司应收控股股东及其他关联方资金往来余额共计人民币39,624千元，较年初降低人民币1,585千元，其中，应收控股股东山东新华医药集团有限责任公司资金往来余额为人民币3,340千元，较年初降低人民币3,481千元；应收控股股东的子公司资金往来余额为人民币36,284千元；应收控股公司往来资金余额将从公司应付国有股现金红利中抵扣。

二〇〇三年以来市场表现

2003年涨跌幅(%)	-28.37
2003年最高(元)	9.74
2003年最低(元)	5.31
2003年换手率(%)	148.96
2004.06涨跌幅(%)	-8.73
2004.06最高(元)	7.23
2004.06最低(元)	5.18
2004.06换手率(%)	84.54

四川方向光电股份有限公司

公司概况

公司名称	四川方向光电股份有限公司			股票代码	000757		
注册地址	四川省内江市			邮政编码	641000		
法人代表	穆昕			董秘	徐琳		
电话	0832-2202757			传真	0832-2202720		
主营业务	单缸柴油机						
总股本	24386.74	流通 A	8772.90	流通 B		流通 H	
审计单位				审计意见	未审计		

主要财务指标

年度	2004.6	2003	2002
每股收益/扣除后(元)	0.0829	0.1100	0.0820
每股经营现金流量(元)	0.0170	0.0600	0.0023
每股净资产/调整后(元)	2.0200	3.1300	3.1100
每股公积金(元)	0.4924	1.3878	1.3869
净资产收益率(%)	3.6600	3.1800	2.4000
总资产(万元)	160895.08	158219.19	124404.39
股东权益(万元)	53252.58	51301.58	49658.22
未分配利润(万元)	8541.30	6590.30	6363.77
主营收入(万元)	74038.17	100913.73	51507.21
资本公积金(万元)	12006.97	21152.00	21139.28
主营利润(万元)	9214.14	12772.71	10165.85
其他业务利润(万元)	677.27	1456.06	-10.84
营业利润(万元)	2504.76	2175.45	1858.74
投资收益(万元)	81.52	157.83	159.65
补贴收入(万元)	1.02	51.80	1.05
营业外收支(万元)	-88.21	-157.28	9.09
利润总额(万元)	2499.09	2227.80	1925.86
净利润(万元)	1951.00	1630.65	1192.49

十大股东

序号	股东名称	股份性质	持股数(万股)	比例(%)
1	沈阳北泰方向集团有限公司	境内法人股	7200.00	29.52
2	深圳市汇银峰投资有限公司	境内法人股	3907.22	16.02
3	四川峨眉柴油机股份有限公司工会	境内法人股	1551.70	6.36
4	深圳市辰奥实业有限公司	境内法人股	1168.00	4.79
5	四川省信托投资公司	境内法人股	388.69	1.59
6	中国工行四川信托投资公司内江办事处	境内法人股	240.24	0.99
7	白马发电厂电力开发总公司	境内法人股	228.80	0.94
8	成都远大机械厂	境内法人股	205.92	0.84
9	四川内燃机厂青年油漆涂装厂	境内法人股	196.77	0.81
10	中国冶金进出口总公司秦皇岛办事处	境内法人股	183.04	0.75

股东人数	2004.6	2003.12	2003.6	2002
	10900	16250	19777	20331

近年分配		近年配股/增发	2004年6月9日10转6

重大事项

公司于2004年7月7日召开四届五次董事会，审议通过了《关于增加内江方向液晶显示设备公司投资的议案》：决定以经评估确认后的实物资产单方增加对该公司投资15,000万元。同时，四届五次董事会还审议通过了《调整子公司股本结构的议案》：董事会决定将持有的内江方向液晶显示设备有限公司的股权15000万股经评估确认后投入到方向科技公司。

二〇〇三年以来市场表现

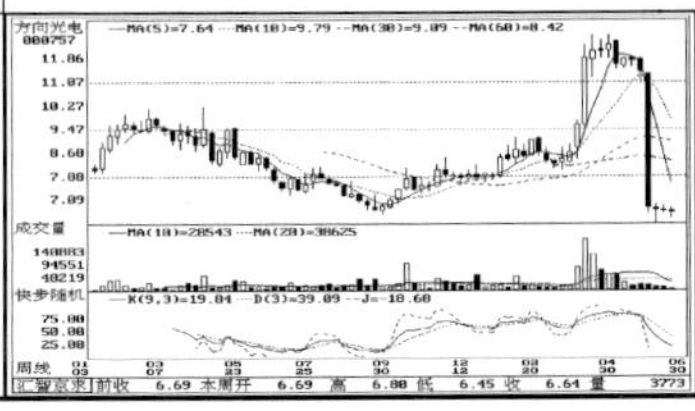

2003年涨跌幅(%)	-5.61
2003年最高(元)	6.37
2003年最低(元)	4.11
2003年换手率(%)	126.94
2004.06涨跌幅(%)	36.07
2004.06最高(元)	7.91
2004.06最低(元)	4.81
2004.06换手率(%)	98.51

中国有色金属建设股份有限公司

公司概况

公司名称	中国有色金属建设股份有限公司	股票代码	000758
注册地址	北京市海淀区复兴路乙12号恩菲科技大厦5楼	邮政编码	100038
法人代表	张健	董秘	杜斌
电话	010-63955911	传真	010-63965364
主营业务	有色金属行业工程承包		
总股本	38720.00	流通 A	18240.00
流通 B		流通 H	
审计单位		审计意见	未审计

主要财务指标

年度	2004.6	2003	2002
每股收益/扣除后(元)	0.0312	0.0540	–0.0820
每股经营现金流量(元)	–0.2980	0.2600	–0.0700
每股净资产/调整后(元)	2.3700	2.4100	2.2000
每股公积金(元)	1.3099	1.3099	1.3099
净资产收益率(%)	1.3000	7.9800	6.7900
总资产(万元)	174111.78	155414.31	126997.02
股东权益(万元)	99244.30	100323.70	92189.11
未分配利润(万元)	6333.11	7361.96	1036.97
主营收入(万元)	25320.66	38161.90	30430.08
资本公积金(万元)	50718.36	50718.36	50718.36
主营利润(万元)	4652.39	8434.36	2930.39
其他业务利润(万元)	135.50	485.92	543.41
营业利润(万元)	355.64	2444.48	–2496.92
投资收益(万元)	1155.87	7428.50	8619.51
补贴收入(万元)	2.95	38.28	0.52
营业外收支(万元)	81.78	90.85	–8.14
利润总额(万元)	1596.25	10002.10	6341.00
净利润(万元)	1294.35	8006.51	6256.27

十大股东

序号	股东名称	股份性质	持股数(万股)	比例(%)
1	中国有色矿业建设集团有限公司	国有法人股	20480.00	52.89
2	德盛稳健证券投资基金	流通A股	650.02	1.68
3	鸿阳证券投资基金	流通A股	416.46	1.08
4	海富通精选证券投资基金	流通A股	376.00	0.97
5	国联安德盛小盘精选证券投资基金	流通A股	323.21	0.83
6	民生证券有限责任公司	流通A股	291.65	0.75
7	长城久恒平衡型证券投资基金	流通A股	241.01	0.62
8	嘉实增长开放式证券投资基金	流通A股	69.39	0.18
9	融通深证100指数证券投资基金	流通A股	45.73	0.12
10	华夏成长证券投资基金	流通A股	45.57	0.12

股东人数	2004.6	2003.12	2003.6	2002
	74818	82091	90502	90005

近年分配	2004年7月15日10派0.60	近年配股/增发	2004年7月15日10转5

重大事项

公司为控股子公司广东珠江稀土有限公司在中国民生银行广州分行办理综合授信额度人民币30,000千元提供担保;公司为控股子公司广东珠江稀土有限公司在中国民生银行广州分行办理的流动资金贷款人民币10,000千元提供担保,担保期为2年。

二〇〇三年以来市场表现

2003年涨跌幅(%)	18.75
2003年最高(元)	7.34
2003年最低(元)	5.16
2003年换手率(%)	60.03
2004.06涨跌幅(%)	6.77
2004.06最高(元)	9.46
2004.06最低(元)	6.58
2004.06换手率(%)	94.43

武汉中百集团股份有限公司

公司概况

公司名称	武汉中百集团股份有限公司	股票代码	000759
注册地址	湖北省武汉市江汉区江汉路129号	邮政编码	430021
法人代表	汪爱群	董秘	杨晓红
电话	027-82777083	传真	027-82210291
主营业务	商业批发零售		
总股本	20954.19	流通 A	14667.51
流通 B		流通 H	
审计单位		审计意见	未审计

主要财务指标

年度	2004.6	2003	2002
每股收益/扣除后(元)	0.0518	0.1000	0.0600
每股经营现金流量(元)	0.8270	1.1090	0.5690
每股净资产/调整后(元)	3.1000	3.2400	3.3500
每股公积金(元)	2.4800	2.4800	2.4775
净资产收益率(%)	1.3900	2.7900	2.1900
总资产(万元)	205286.30	237891.44	195673.41
股东权益(万元)	79619.65	80187.81	77797.48
未分配利润(万元)	1612.87	1996.86	430.50
主营收入(万元)	207570.64	318747.94	220706.77
资本公积金(万元)	51966.15	51966.15	51914.17
主营利润(万元)	20978.35	37952.52	26301.59
其他业务利润(万元)	3593.73	4793.81	–27.23
营业利润(万元)	1287.31	4167.09	2993.84
投资收益(万元)	315.57	4.28	29.34
补贴收入(万元)		100.90	1.83
营业外收支(万元)	–202.45	–426.01	–1.07
利润总额(万元)	1400.44	3846.26	3155.54
净利润(万元)	1108.18	2235.43	1706.17

十大股东

序号	股东名称	股份性质	持股数(万股)	比例(%)
1	武汉国有资产经营公司	国有法人股、流通A股	3018.99	14.41
2	武汉华汉投资管理有限公司	境内法人股	1068.60	5.10
3	华宝兴业多策略管理有限公司	流通A股	434.29	2.07
4	嘉实服务增值行业证券投资基金	流通A股	359.78	1.72
5	上海新元投资有限公司	境内法人股	319.00	1.52
6	武汉信立投资管理有限责任公司	境内法人股	257.40	1.23
7	普丰证券投资基金	流通A股	242.30	1.16
8	长江经济联合发展股份有限公司	境内法人股	232.65	1.11
9	同盛证券投资基金	流通A股	200.00	0.95
10	中国纺织物资上海公司	境内法人股	198.00	0.94

股东人数	2004.6	2003.12	2003.6	2002
	49253	55004	56811	57143

近年分配	2004年7月14日10派0.80	近年配股/增发	

重大事项

公司下属百货分公司改组的有关手续正在办理中。改组后的武汉中百百货有限公司注册资本为12718万元,公司与武汉中百连锁仓储超市有限公司分别占其注册资本的97.64%和2.36%。

二〇〇三年以来市场表现

2003年涨跌幅(%)	–25.55
2003年最高(元)	6.83
2003年最低(元)	4.17
2003年换手率(%)	145.01
2004.06涨跌幅(%)	13.27
2004.06最高(元)	6.23
2004.06最低(元)	4.36
2004.06换手率(%)	155.14

湖北博盈投资股份有限公司

公司概况

公司名称	湖北博盈投资股份有限公司	股票代码	000760
注册地址	湖北省公安县斗湖堤镇荆江大道178号	邮政编码	434000
法人代表	管琪	董秘	孙燕
电话	0716-8526769	传真	0716-8270099
主营业务	汽车、拖拉机车桥		
审计单位		审计意见	未审计

总股本	10932.23	流通 A	5181.70	流通 B		流通 H	

主要财务指标

年度	2004.6	2003	2002
每股收益/扣除后(元)	-0.0167	-0.2900	0.0480
每股经营现金流量(元)	-0.1360	0.3500	0.0060
每股净资产/调整后(元)	2.7500	2.8000	3.1900
每股公积金(元)	1.7357	1.7351	1.7126
净资产收益率(%)	-0.5300	-8.9700	1.4720
总资产(万元)	53785.18	57537.60	52889.61
股东权益(万元)	32885.05	33053.13	35771.12
未分配利润(万元)	-658.06	-482.87	2480.95
主营收入(万元)	9910.34	10691.01	18342.90
资本公积金(万元)	18975.44	18968.32	18722.48
主营利润(万元)	1699.05	1630.71	3277.17
其他业务利润(万元)	232.97	83.85	1.89
营业利润(万元)	-181.66	-3059.75	843.54
投资收益(万元)	-3.23	-2.15	
补贴收入(万元)			
营业外收支(万元)	7.64	-2.21	0.02
利润总额(万元)	-177.26	-3064.11	883.06
净利润(万元)	-175.19	-2963.82	526.59

十大股东

序号	股东名称	股份性质	持股数(万股)	比例(%)
1	北京嘉利恒德房地产开发有限公司	法人股	2449.13	22.40
2	公安县经济开发投资公司	法人股	1094.76	10.01
3	坦博风险投资有限公司	法人股	855.85	7.83
4	北京颐和丰业投资有限公司	国家股	498.60	4.56
5	公安县振华环保工程有限公司	法人股	496.22	4.54
6	民生证券	流通股	183.37	1.68
7	湖北华通车桥集团有限公司	国家股	145.55	1.33
8	公安县华通商贸有限责任公司	法人股	75.54	0.69
9	江苏亚星客车集团有限公司	法人股	71.02	0.65
10	武汉市汉阳商场股份有限公司	法人股	49.71	0.45

股东人数	2004.6	2003.12	2003.6	2002
	17306	16700	18385	19414

近年分配		近年配股/增发	

重大事项

公司于2004年41日从荆州市房屋产权监理处了解到，因湖北成丰实业集团股份有限公司、荆州市森鑫人造板有限公司与上海人造板机器厂有限公司的诉讼纠纷，导致我公司下属子公司荆州市军沙商贸有限公司价值约8900万元的土地及房产已于2003年11月13日被上海市第二中级人民法院查封。现荆州市军沙商贸有限公司正在积极向上海市第二中级人民法院申请核实该资产无故查封事宜。

二〇〇三年以来市场表现

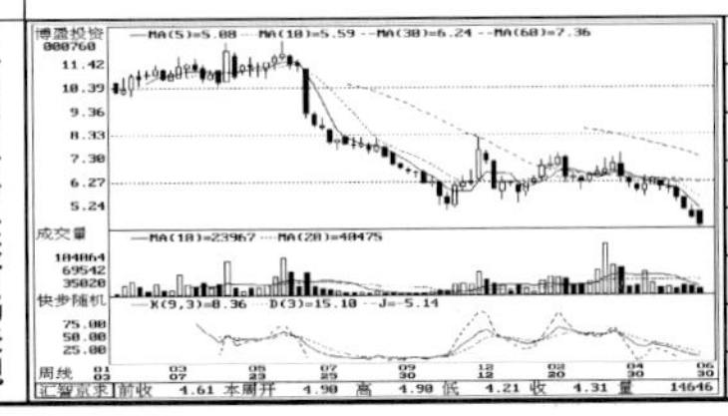

2003年涨跌幅(%)	-43.59
2003年最高(元)	12.45
2003年最低(元)	5.01
2003年换手率(%)	232.82
2004.06涨跌幅(%)	-29.00
2004.06最高(元)	7.49
2004.06最低(元)	4.21
2004.06换手率(%)	172.12

本钢板材股份有限公司

公司概况

公司名称	本钢板材股份有限公司	股票代码	000761
注册地址	辽宁省本溪市平山区人民路16号	邮政编码	117000
法人代表	李墨华	董秘	梁广德
电话	0414-7827344,7828360	传真	0414-7827004,7828009
主营业务	钢铁冶炼和板材轧制		
审计单位		审计意见	未审计

总股本	113600.00	流通 A	11997.00	流通 B	40000.00	流通 H	

主要财务指标

年度	2004.6	2003	2002
每股收益/扣除后(元)	0.1753	0.4514	0.3575
每股经营现金流量(元)	0.0664	0.8300	0.7400
每股净资产/调整后(元)	4.0400	3.8700	3.4100
每股公积金(元)	1.2312	1.2312	1.2300
净资产收益率(%)	4.3300	11.9300	9.94
总资产(万元)	719207.25	711864.94	705815.30
股东权益(万元)	459622.69	439727.09	387086.16
未分配利润(万元)	167971.14	148077.73	103476.16
主营收入(万元)	764843.19	1121019.62	775047.70
资本公积金(万元)	139864.08	139861.87	139693.39
主营利润(万元)	39247.62	95771.57	82816.94
其他业务利润(万元)			
营业利润(万元)	29725.78	76989.27	62165.87
投资收益(万元)			
补贴收入(万元)			
营业外收支(万元)	-34.14	43.00	-0.43
利润总额(万元)	29691.63	77032.27	59007.71
净利润(万元)	19893.39	52472.45	38491.52

十大股东

序号	股东名称	股份性质	持股数(万股)	比例(%)
1	本溪钢铁(集团)有限责任公司	国有法人股	61600.00	54.23
2	DEUISCHE BANK AG LONDON	流通B股	567.36	0.50
3	MELLON/VIRGINIA REIREMENT SYSTEM	流通B股	348.43	0.31
4	DIAM CHINA OPEN MOTHER FUND	流通B股	305.01	0.27
5	UBOC A/C UAM FUNDS INC ACADIAN EMERGING MKTS PORT	流通B股	299.56	0.26
6	YULAN DANG DE FERREYRA	流通B股	266.00	0.23
7	曾新榕	流通B股	261.61	0.23
8	黎伟卿	流通B股	257.93	0.23
9	张祖坤	流通B股θ	204.15	0.18
10	ACADINA EMERGING MARKETS EQUITY FUND	流通B股	203.63	0.18

股东人数	2004.6	2003.12	2003.6	2002
	89856	96835	103484	

近年分配	2004年7月6日10派2.00	近年配股/增发	

重大事项

公司与本钢集团公司对原《综合服务协议》进行了修改，签订了《本溪钢铁（集团）有限责任公司与本钢板材股份有限公司之原材料和服务供应协议》，并经2003年度股东大会批准，自2004年1月1日起执行。根据《深圳证券交易所股票上市规则》之有关规定，经本公司申请及深圳证券交易所批准，公司股票交易从2004年5月10日起撤销特别处理。

二〇〇三年以来市场表现

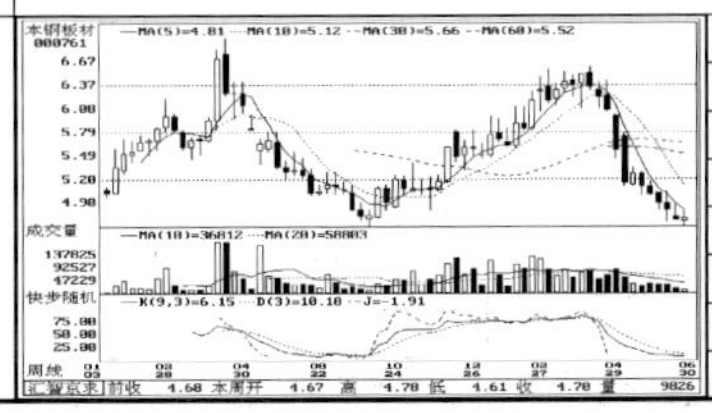

2003年涨跌幅(%)	8.25
2003年最高(元)	6.96
2003年最低(元)	4.61
2003年换手率(%)	184.17
2004.06涨跌幅(%)	-14.70
2004.06最高(元)	6.59
2004.06最低(元)	4.61
2004.06换手率(%)	123.56

西藏矿业发展股份有限公司

公司概况

公司名称	西藏矿业发展股份有限公司	股票代码	000762
注册地址	西藏自治区拉萨市扎基路 14 号	邮政编码	850000
法人代表	肖永恩	董秘	刘晓江
电话	0891-6384952	传真	0891-6386738
主营业务	铬铁矿的开采和销售		

总股本	20051.00	流通 A	7700.00	流通 B		流通 H	
审计单位				审计意见	未审计		

主要财务指标

年度	2004.6	2003	2002
每股收益/扣除后(元)	0.0409	0.0300	–0.2900
每股经营现金流量(元)	0.1390	0.2600	0.0200
每股净资产/调整后(元)	1.6830	1.7800	1.8200
每股公积金(元)	1.3447	1.3214	1.3193
净资产收益率(%)	1.5500	1.2700	–14.0300
总资产(万元)	65450.17	68374.70	65234.39
股东权益(万元)	43538.78	42422.89	41969.85
未分配利润(万元)	–4575.91	–5251.25	–5790.96
主营收入(万元)	12171.08	24076.65	15924.59
资本公积金(万元)	26963.42	26496.03	26453.68
主营利润(万元)	3747.79	5547.49	1295.05
其他业务利润(万元)	17.68	216.53	–0.35
营业利润(万元)	856.70	206.78	–6035.63
投资收益(万元)	67.33	–24.52	–157.87
补贴收入(万元)		251.75	–1.78
营业外收支(万元)	–255.74	–426.30	6.68
利润总额(万元)	668.29	7.71	–7302.26
净利润(万元)	675.33	539.71	–5888.87

十大股东

序号	股东名称	股份性质	持股数(万股)	比例(%)
1	西藏自治区矿业发展总公司	国有法人股	8043.70	40.12
2	四川都江堰海棠电冶厂	境内法人股	1647.30	8.22
3	西藏藏华工贸有限公司	境内法人股	1267.30	6.32
4	西藏山南地区铬铁矿	境内法人股	760.00	3.79
5	西藏山南地区泽当供电局	境内法人股	632.70	3.16
6	招商银行股份有限公司-中信经典配置证券投资基金	流通 A 股	261.39	1.30
7	张行萃	流通 A 股	111.50	0.56
8	田庆明	流通 A 股	84.00	0.42
9	袁定贵	流通 A 股	80.95	0.40
10	周禹芬	流通 A 股	69.42	0.35

股东人数	2004.6	2003.12	2003.6	2002
	22733	25706	23342	22239

近年分配		近年配股/增发	

重大事项

经公司 2004 年 4 月 5 日的临时董事会审议，同意用公司采矿权作为抵押，向农行西藏自治区分行申请 2004 年壹亿元人民币的贷款授信额度。公司的控股子公司"白银甘藏铬盐化工有限责任公司"注销，本公司在该公司基础上投资成立了"白银甘藏银晨铬盐化工有限责任公司"。

二〇〇三年以来市场表现

2003 年涨跌幅(%)	-9.38
2003 年最高(元)	8.48
2003 年最低(元)	4.92
2003 年换手率(%)	250.72
2004.06 涨跌幅(%)	-14.65
2004.06 最高(元)	8.07
2004.06 最低(元)	5.25
2004.06 换手率(%)	193.78

锦州石化股份有限公司

公司概况

公司名称	锦州石化股份有限公司	股票代码	000763
注册地址	辽宁省锦州市古塔区重庆路 2 号	邮政编码	121001
法人代表	吕文君	董秘	陈建军
电话	0416-4159024	传真	0416-4159024
主营业务	生产、销售石油产品		

总股本	78750.00	流通 A	15000.00	流通 B		流通 H	
审计单位				审计意见	未审计		

主要财务指标

年度	2004.6	2003	2002
每股收益/扣除后(元)	0.1856	0.0460	0.0240
每股经营现金流量(元)	0.1440	0.4700	0.5400
每股净资产/调整后(元)	2.1550	1.9700	1.9500
每股公积金(元)	0.9304	0.9304	0.9304
净资产收益率(%)	8.5840	0.9200	0.8200
总资产(万元)	275811.62	239855.37	235687.09
股东权益(万元)	170274.97	155659.23	154233.59
未分配利润(万元)	17119.74	2504.00	1292.20
主营收入(万元)	682437.06	1110386.75	903126.31
资本公积金(万元)	73268.50	73268.50	73268.50
主营利润(万元)	36365.75	30749.29	31388.60
其他业务利润(万元)	536.15	828.48	30.93
营业利润(万元)	21331.92	2439.30	1907.65
投资收益(万元)			
补贴收入(万元)			
营业外收支(万元)	0.38	–866.49	–24.75
利润总额(万元)	21332.30	1572.82	1261.03
净利润(万元)	14615.74	1425.64	1261.03

十大股东

序号	股东名称	股份性质	持股数(万股)	比例(%)
1	中国石油天然气股份有限公司	国有法人股	63750.00	80.95
2	兴华证券投资基金	流通 A 股	705.44	0.90
3	中国工商银行-普丰证券投资基金	流通 A 股	608.79	0.77
4	景博证券投资基金	流通 A 股	301.34	0.38
5	华夏成长证券投资基金	流通 A 股	100.01	0.13
6	全国社保基金一零七组合	流通 A 股	91.35	0.12
7	中国建设银行-博时裕富证券投资基金	流通 A 股	72.82	0.09
8	刘争云	流通 A 股	52.10	0.07
9	窦桂明	流通 A 股	50.01	0.06
10	中国银行-嘉实服务增值行业证券投资基金	流通 A 股	41.53	0.05

股东人数	2004.6	2003.12	2003.6	2002
	51396	54214	50538	47568

近年分配		近年配股/增发	

重大事项

公司与中国石油锦州石油化工公司签订不可撤消的经营性租赁合同，每年应支付土地租金最低付款额 16,754,000 元，2004 年 1-6 月份支付 7,442,769.00 元。

二〇〇三年以来市场表现

2003 年涨跌幅(%)	15.48
2003 年最高(元)	6.44
2003 年最低(元)	4.58
2003 年换手率(%)	263.88
2004.06 涨跌幅(%)	-11.17
2004.06 最高(元)	7.00
2004.06 最低(元)	5.00
2004.06 换手率(%)	203.38

通化金马药业集团股份有限公司

公司概况

公司名称	通化金马药业集团股份有限公司	股票代码	000766
注册地址	吉林省通化市江南路100-1号	邮政编码	134001
法人代表	刘立成	董秘	贾伟林
电话	0435-3910232	传真	0435-3907298
主营业务	中西成药、生化制剂		
总股本	44901.63	流通A	28493.40
流通B		流通H	
审计单位		审计意见	未审计

主要财务指标

年度	2004.6	2003	2002
每股收益/扣除后(元)	-0.0649	-0.4000	-0.1100
每股经营现金流量(元)	0.0680	0.2050	0.1600
每股净资产/调整后(元)	-0.1020	0.5100	0.9700
每股公积金(元)	0.8668	0.8668	0.8668
净资产收益率(%)	-11.2100	-65.9800	3.4100
总资产(万元)	123346.23	144092.02	153078.59
股东权益(万元)	26474.76	29442.13	48869.11
未分配利润(万元)	-68214.04	-67813.56	-48386.58
主营收入(万元)	6305.02	13689.65	16099.54
资本公积金(万元)	38922.36	38922.36	38922.36
主营利润(万元)	3449.35	8597.75	11909.97
其他业务利润(万元)	-11.28	-83.63	-0.16
营业利润(万元)	-2913.97	-17843.02	-2057.95
投资收益(万元)	0.29	-5.35	-4.10
补贴收入(万元)		80.00	0.81
营业外收支(万元)	-54.67	-1704.14	-0.03
利润总额(万元)	-2968.35	-19472.51	1666.44
净利润(万元)	-2967.37	-19426.98	1641.71

十大股东

序号	股东名称	股份性质	持股数(万股)	比例(%)
1	通化市三利化工有限责任公司	境内法人股	5931.36	13.21
2	通化市二道江区国有资产经营公司	国有法人股	5867.97	13.07
3	通化市特产集团总公司	国有法人股	4401.54	9.80
4	通化市石油工具厂	境内法人股	207.36	0.46
5	方德鑫	流通A股	46.00	0.10
6	吴冬阳	流通A股	42.20	0.09
7	周加明	流通A股	36.67	0.08
8	袁来添	流通A股	34.23	0.08
9	高润	流通A股	34.22	0.08
10	黎仕英	流通A股	33.54	0.07

股东人数

2004.6	2003.12	2003.6	2002
449016288	131073	134803	137086

近年分配		近年配股/增发	

重大事项

通化市中级人民法院就我公司与三利化工有限责任公司担保合同纠纷一案，于2004年5月27日下发《民事裁定书》。裁定如下：被执行人通化市三利化工有限责任公司持有的通化金马药业集团股份有限公司59,313,600股法人股，作价38,909,721.60元转给第三人通化市二道江区国有资产经营公司，所得款项用于清偿三利化工有限责任公司欠本公司的债务。

二〇〇三年以来市场表现

2003年涨跌幅(%)	-31.22
2003年最高(元)	5.87
2003年最低(元)	3.13
2003年换手率(%)	147.20
2004.06涨跌幅(%)	-26.07
2004.06最高(元)	4.84
2004.06最低(元)	2.36
2004.06换手率(%)	156.00

山西漳泽电力股份有限公司

公司概况

公司名称	山西漳泽电力股份有限公司	股票代码	000767
注册地址	山西省太原市五一路279号	邮政编码	030009
法人代表	孟振平	董秘	王一峰
电话	0351-3115109	传真	0351-3115168
主营业务	火力发电		
总股本	56550.00	流通A	15600.00
流通B		流通H	
审计单位		审计意见	未审计

主要财务指标

年度	2004.6	2003	2002
每股收益/扣除后(元)	0.2755	0.5300	0.3800
每股经营现金流量(元)	0.5100	1.2600	1.2700
每股净资产/调整后(元)	3.4260	3.1300	3.5700
每股公积金(元)	1.2931	1.2931	1.9810
净资产收益率(%)	8.9000	11.8700	6.1500
总资产(万元)	479656.62	465545.97	462486.28
股东权益(万元)	194468.12	177153.80	156118.98
未分配利润(万元)	45818.89	28504.55	10624.96
主营收入(万元)	110567.41	201656.30	158547.83
资本公积金(万元)	73123.98	73123.98	86173.98
主营利润(万元)	29914.83	58221.69	37967.85
其他业务利润(万元)	-29.41	82.10	-0.11
营业利润(万元)	25205.09	24973.28	10760.87
投资收益(万元)	359.39	1837.42	-146.01
补贴收入(万元)		30.00	-0.06
营业外收支(万元)	277.82	3793.34	-200.60
利润总额(万元)	25842.30	30634.04	13783.35
净利润(万元)	17314.34	21034.81	9593.77

十大股东

序号	股东名称	股份性质	持股数(万股)	比例(%)
1	山西省电力公司	国有法人股	23341.50	41.28
2	山西国际电力集团有限公司	国有法人股	17608.50	31.14
3	中行海富通收益增长证券投资基金	流通股	819.44	1.45
4	交行海富通精选证券投资基金	流通股	552.00	0.98
5	中原证券股份有限公司	流通股	337.69	0.60
6	山西省信托投资公司	流通股	250.99	0.44
7	工行国联安德盛小盘精选证券投资基金	流通股	209.49	0.37
8	全国社保基金一零八组合	流通股	204.17	0.36
9	上海科联投资管理有限公司	流通股	176.64	0.31
10	丰和价值证券投资基金	流通股	174.47	0.31

股东人数

2004.6	2003.12	2003.6	2002
50543	54036	52835	56358

近年分配	2004年7月8日10派2.60	近年配股/增发	2004年7月8日10转5

重大事项

2003年度利润分配方案：以2003年末总股本56,550万股为基数，每10股派2.6元(含税)现金股利，共计派发股利14,703万元；资本公积金转增股本方案：以2003年末总股本56,550万股为基数，每10股转增5股。本次转增股份共计28,275万股。派发股息的股权登记日为2004年7月7日，除息日、现金红利发放日、红股上市流通日为2004年7月8日。

二〇〇三年以来市场表现

2003年涨跌幅(%)	21.63
2003年最高(元)	11.63
2003年最低(元)	7.80
2003年换手率(%)	71.15
2004.06涨跌幅(%)	4.25
2004.06最高(元)	12.97
2004.06最低(元)	9.51
2004.06换手率(%)	66.37

西安飞机国际航空制造股份有限公司

公司概况	公司名称	西安飞机国际航空制造股份有限公司			股票代码	000768	
	注册地址	陕西省西安市高新技术产业开发区高新路国税大厦6楼			邮政编码	710089	
	法人代表	高大成			董秘	郝占富	
	电话	029-86846638			传真	029-86846031	
	主营业务	大中型飞机部件、飞机					
	总股本	39150.00	流通 A	17700.00	流通 B		流通 H
	审计单位				审计意见	未审计	

主要财务指标 年度	2004.6	2003	2002
每股收益/扣除后(元)	0.0436	0.0800	0.1100
每股经营现金流量(元)	–0.2440	0.4100	0.3500
每股净资产/调整后(元)	4.9300	4.9100	4.8400
每股公积金(元)	3.5750	3.5750	3.5750
净资产收益率(%)	0.6900	1.6500	2.3400
总资产(万元)	256281.73	236199.31	235799.52
股东权益(万元)	194265.12	192923.52	189731.31
未分配利润(万元)	5859.35	4517.74	1963.99
主营收入(万元)	42745.64	90572.27	101697.90
资本公积金(万元)	139961.23	139961.23	139961.23
主营利润(万元)	6712.74	12652.36	17446.29
其他业务利润(万元)	492.41	571.78	–8.08
营业利润(万元)	1879.12	3422.53	7585.80
投资收益(万元)	–404.69	–22.59	–1399.22
补贴收入(万元)			
营业外收支(万元)	–52.39	–5.47	0.06
利润总额(万元)	1422.03	3394.47	6067.48
净利润(万元)	1341.61	3192.20	4444.82

十大股东 序号	股东名称	股份性质	持股数(万股)	比例(%)
1	西安飞机工业(集团)有限责任公司	国有法人股	21450.00	54.79
2	上海东湖广告装饰有限公司	流通A股	99.98	0.26
3	上海淀山湖新城发展有限公司	流通A股	86.55	0.22
4	李卓	流通A股	80.83	0.21
5	太原市迎泽红光电维修服务中心	流通A股	71.99	0.18
6	周雅彬	流通A股	60.00	0.15
7	古宁	流通A股	55.00	0.14
8	顾永飞	流通A股	51.09	0.13
9	王强	流通A股	49.00	0.13
10	宁波市海曙龙翊宫休闲茶室	流通A股	48.99	0.13

股东人数	2004.6	2003.12	2003.6	2002
	87474	93993	95937	102376

近年分配		近年配股/增发	

重大事项

委托北京中德邦资产控股公司理财3,000万元协议已于2003年12月23日到期,经双方协商一致同意延期,因与保证方联合证券对损失的处理未达成一致意见,计提减值准备2,550万元。

二〇〇三年以来市场表现

2003年涨跌幅(%)	–9.61
2003年最高(元)	7.70
2003年最低(元)	5.36
2003年换手率(%)	87.29
2004.06涨跌幅(%)	–9.06
2004.06最高(元)	6.94
2004.06最低(元)	5.16
2004.06换手率(%)	77.11

大连菲菲澳家现代农业股份有限公司

公司概况	公司名称	大连菲菲澳家现代农业股份有限公司			股票代码	000769	
	注册地址	大连市中山区捷山街奋斗巷30号			邮政编码	116011	
	法人代表	赵也飞			董秘	张利群	
	电话	0411-83787883			传真	0411-83787882	
	主营业务	塑料薄膜彩印复合包材					
	总股本	18540.00	流通 A	8100.00	流通 B		流通 H
	审计单位				审计意见	未审计	

主要财务指标 年度	2004.6	2003	2002
每股收益/扣除后(元)	–0.0321	–0.2370	–0.1000
每股经营现金流量(元)	–0.0320	–0.0300	–0.0490
每股净资产/调整后(元)	2.0960	2.1000	
每股公积金(元)	1.1126	1.1126	1.1126
净资产收益率(%)	0.5200	–10.8300	–3.9600
总资产(万元)	52695.07	54575.00	58574.00
股东权益(万元)	40397.90	40186.40	44539.00
未分配利润(万元)	208.97	–2.84	4349.00
主营收入(万元)	278.35	93.54	512.00
资本公积金(万元)	20627.35	20627.35	20627.00
主营利润(万元)	152.82	17.51	121.00
其他业务利润(万元)		51.67	–0.13
营业利润(万元)	–644.27	–1624.85	–375.40
投资收益(万元)	806.92	–1383.65	–518.00
补贴收入(万元)			
营业外收支(万元)	–0.15	–1414.43	–0.14
利润总额(万元)	162.50	–4422.94	593.49
净利润(万元)	211.51	–4352.33	–1765.00

十大股东 序号	股东名称	股份性质	持股数(万股)	比例(%)
1	沈阳菲菲企业集团有限公司	境内法人股、国有法人股	5524.92	29.80
2	沈阳嘉达投资管理有限公司	境内法人股	2486.21	13.41
3	大连盛道集团有限公司	国有法人股	2097.00	11.31
4	沈阳市野森贸易有限公司	境内法人股	331.87	1.79
5	中国银河证券有限责任公司	流通A股	75.65	0.41
6	赵启胜	流通A股	29.76	0.16
7	刘贺松	流通A股	26.07	0.14
8	周志金	流通A股	20.97	0.11
9	李晟夫	流通A股	20.60	0.11
10	张芝茹	流通A股	19.08	0.10

股东人数	2004.6	2003.12	2003.6	2002
	28633	29207	28047	27577

近年分配		近年配股/增发	

重大事项

公司于2004年6月初收到中国证券监督管理委员会(中国证监会)下达的《行政处罚和市场禁入事先告知书》(法罚字第113–1号),关于我公司违反证券法一案已由中国证监会调查完毕,拟对我公司及相关责任人员进行处罚。我公司已聘请北京君泽君律师事务所对上述事项进行申辩,并保留了听证的权利。

二〇〇三年以来市场表现

2003年涨跌幅(%)	–40.41
2003年最高(元)	7.87
2003年最低(元)	3.85
2003年换手率(%)	248.82
2004.06涨跌幅(%)	–34.15
2004.06最高(元)	5.86
2004.06最低(元)	2.65
2004.06换手率(%)	249.81

延边公路建设股份有限公司

公司概况

公司名称	延边公路建设股份有限公司	股票代码	000776
注册地址	吉林省延吉市河南街1号	邮政编码	133001
法人代表	郭仁堂	董秘	张洪军
电话	0433-2810612	传真	0433-2810612
主营业务	构造物的建设与管理		
审计单位		审计意见	未审计

总股本	流通A	流通B	流通H
18411.00	9318.39		

主要财务指标

年度	2004.6	2003	2002
每股收益/扣除后(元)	0.0050	-0.1860	-1.1770
每股经营现金流量(元)	0.1810	0.1520	0.1360
每股净资产/调整后(元)	0.9040	0.8990	
每股公积金(元)	0.8548	0.8548	0.8549
净资产收益率(%)	0.5600	-20.8500	-105.1500
总资产(万元)	36555.04	39788.49	44698.00
股东权益(万元)	16645.12	16551.57	20271.00
未分配利润(万元)	-22437.06	-22530.61	-17895.00
主营收入(万元)	3903.37	7288.59	11976.00
资本公积金(万元)	15738.53	15738.53	15739.00
主营利润(万元)	1174.65	2954.15	5444.00
其他业务利润(万元)	10.00	12.02	12.02
营业利润(万元)	164.51	-3320.01	3348.43
投资收益(万元)	1.42	-0.71	-5790.00
补贴收入(万元)			
营业外收支(万元)	-6.69	-24.04	0.24
利润总额(万元)	159.24	-3344.76	2829.50
净利润(万元)	93.54	-3450.70	-21315.00

十大股东

序号	股东名称	股份性质	持股数(万股)	比例(%)
1	吉林敖东药业集团股份有限公司	国有法人股	4892.16	26.57
2	深圳国际信托投资有限责任公司	国有法人股	3467.52	18.83
3	大通证券股份有限公司	流通A股	906.05	4.92
4	吉林省公路机械厂	国有法人股	268.80	1.46
5	吉林省公路勘测设计院	国有法人股	232.96	1.27
6	延边公路工程处	国有法人股	177.41	0.96
7	娄底市恒通物资贸易有限责任公司	流通A股	150.43	0.82
8	陈艳	流通A股	64.79	0.35
9	王政国	流通A股	63.56	0.35
10	建行延边州中心支行城区办事处	国有法人股	53.76	0.29

股东人数

2004.6	2003.12	2003.6	2002
38672	41392	41395	42751

近年分配		近年配股/增发	

重大事项

本公司于2002年10月10日为延吉市规划管理局提供190万元的连带责任担保，借款已全部逾期，截止2004年6月30日，该项保证尚未解除。截止2004年6月30日，公司为控股子公司浙江省金华坤泰公路建设有限公司提供了总计1,700万元的担保，尚有1,450万元未履行。

二〇〇三年以来市场表现

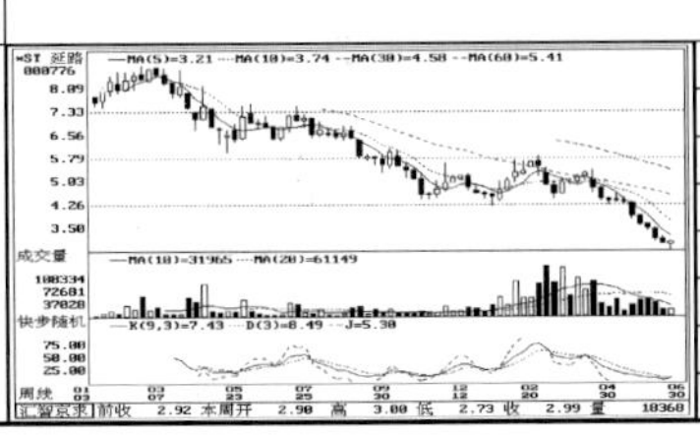

2003年涨跌幅(%)	-42.68
2003年最高(元)	8.86
2003年最低(元)	4.40
2003年换手率(%)	102.36
2004.06涨跌幅(%)	-33.56
2004.06最高(元)	5.84
2004.06最低(元)	2.73
2004.06换手率(%)	154.61

中核苏阀科技实业股份有限公司

公司概况

公司名称	中核苏阀科技实业股份有限公司	股票代码	000777
注册地址	苏州市新区珠江路501号	邮政编码	215001
法人代表	邵渭敏	董秘	沈澄
电话	0512-67533655	传真	0512-67533655-2577
主营业务	阀门设计、制造		
审计单位		审计意见	未审计

总股本	流通A	流通B	流通H
16800.00	6720.00		

主要财务指标

年度	2004.6	2003	2002
每股收益/扣除后(元)	0.0307	0.0060	-0.0640
每股经营现金流量(元)	0.0630	0.0800	0.0300
每股净资产/调整后(元)	1.5880	1.5300	1.5200
每股公积金(元)	0.3629	0.3629	0.3629
净资产收益率(%)	1.9300	0.8300	-2.7500
总资产(万元)	42882.61	44125.33	45298.02
股东权益(万元)	27457.53	26926.81	26702.69
未分配利润(万元)	1820.58	1289.86	1101.23
主营收入(万元)	14339.93	24427.64	22812.60
资本公积金(万元)	6097.30	6097.30	6097.30
主营利润(万元)	2733.32	5362.71	3789.72
其他业务利润(万元)	39.39	97.72	2.81
营业利润(万元)	403.56	-24.23	-1262.06
投资收益(万元)	256.10	244.24	561.10
补贴收入(万元)			
营业外收支(万元)	16.76	61.81	-0.19
利润总额(万元)	676.41	281.82	-727.28
净利润(万元)	530.72	224.12	-735.06

十大股东

序号	股东名称	股份性质	持股数(万股)	比例(%)
1	中国核工业总公司苏州阀门厂	国有法人股	10080.00	60.00
2	陈礼生	流通A股	52.28	0.31
3	易煌丁	流通A股	21.92	0.13
4	杜莜云	流通A股	18.76	0.11
5	吴南珊	流通A股	18.65	0.11
6	余敏生	流通A股	17.99	0.11
7	施文达	流通A股	17.25	0.10
8	陈庆定	流通A股	13.40	0.08
9	谢莲芝	流通A股	12.00	0.07
10	周婉茹	流通A股	11.97	0.07

股东人数

2004.6	2003.12	2003.6	2002
37609	39878	41470	44671

近年分配		近年配股/增发	

重大事项

苏州阀门厂与公司签订的原《国有土地使用租赁合同》、《注册商标使用许可合同》《房屋租赁合同》、《关于核定综合服务收费价格的协议》，2004年上半年进行了补充修订。2004年上半年公司向苏州阀门厂支付商标、专利使用费57,400.00元。根据苏州阀门厂与公司签订的《关于向股份公司清算水、电费情况说明》，2004年1-6月向苏州阀门厂上缴水、电、蒸汽、空压气费用共计3,562,333.67元。

二〇〇三年以来市场表现

2003年涨跌幅(%)	-26.79
2003年最高(元)	7.90
2003年最低(元)	4.42
2003年换手率(%)	144.89
2004.06涨跌幅(%)	34.04
2004.06最高(元)	7.15
2004.06最低(元)	4.62
2004.06换手率(%)	184.79

新兴铸管股份有限公司

公司概况

公司名称	新兴铸管股份有限公司	股票代码	000778
注册地址	河北省武安市上洛阳村北(2672厂区)	邮政编码	056300
法人代表	范英俊	董秘	曾耀赣
电话	0310-5792011	传真	0310-5796999
主营业务	离心球墨铸铁管		
总股本	62148.77	流通A	21970.00
流通B		流通H	
审计单位	河北华安会计师事务所	审计意见	标准无保留

主要财务指标

年度	2004.6	2003	2002
每股收益/扣除后(元)	0.5048	0.8921	0.6989
每股经营现金流量(元)	0.1640	0.5000	0.7600
每股净资产/调整后(元)	4.8880	4.4000	3.2500
每股公积金(元)	2.0697	2.0626	1.8480
净资产收益率(%)	9.9200	19.7900	20.6400
总资产(万元)	755846.31	686986.62	529722.19
股东权益(万元)	313367.16	282255.09	213828.41
未分配利润(万元)	75890.52	51554.18	6524.76
主营收入(万元)	422100.62	529651.69	359378.16
资本公积金(万元)	128626.05	128188.11	114850.12
主营利润(万元)	87458.79	149115.09	115198.90
其他业务利润(万元)	703.29	429.83	15.19
营业利润(万元)	48625.84	83582.72	62156.44
投资收益(万元)	-28.25	-56.49	-56.49
补贴收入(万元)		18.50	18.50
营业外收支(万元)	-296.96	766.69	22.10
利润总额(万元)	48300.64	84311.42	63256.16
净利润(万元)	31083.95	55846.71	44139.57

十大股东

序号	股东名称	股份性质	持股数(万股)	比例(%)
1	新兴铸管集团有限公司	国有股	40178.78	64.65
2	全国社保基金一零二组合	流通股	365.27	0.59
3	中国建设银行-华宝兴业多策略增长证券投资基金	流通股	348.98	0.56
4	中国工商银行-博时精选股票证券投资基金	流通股	258.55	0.42
5	深圳国际信托投资有限责任公司	流通股	230.01	0.37
6	交通银行-安久证券投资基金	流通股	200.00	0.32
7	中国银行-同盛证券投资基金	流通股	188.41	0.30
8	中国建设银行-博时裕富证券投资基金	流通股	126.59	0.20
9	中国工商银行-金泰证券投资基金	流通股	126.29	0.20
10	全国社保基金一零八组合	流通股	121.99	0.20

股东人数	2004.6	2003.12	2003.6	2002
	67092	58681	65187	65765

近年分配		近年配股/增发	

重大事项

2003年9月20日召开的2003年第一次临时股东大会通过了公司增发新股方案,该方案已在股东大会通过后报请中国证监会审核,目前仍在审核之中。2004年3月26日召开的2003年度股东大会决议通过修改公司章程之经营范围,工商变更登记于2004年4月6日完成。

二〇〇三年以来市场表现

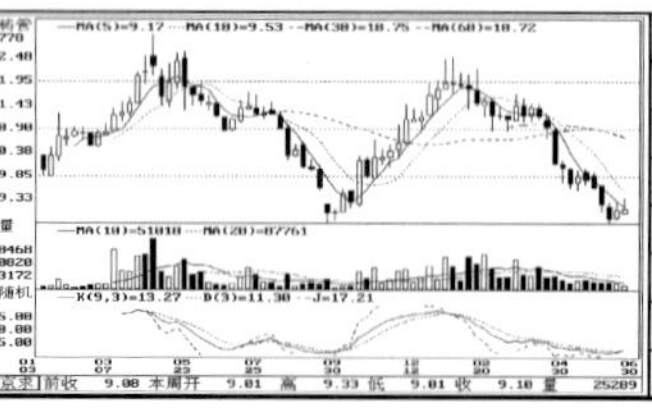

2003年涨跌幅(%)	14.57
2003年最高(元)	12.50
2003年最低(元)	8.80
2003年换手率(%)	182.88
2004.06涨跌幅(%)	-19.61
2004.06最高(元)	12.47
2004.06最低(元)	8.80
2004.06换手率(%)	108.52

兰州三毛实业股份有限公司

公司概况

公司名称	兰州三毛实业股份有限公司	股票代码	000779
注册地址	甘肃省兰州市西固区玉门街82号	邮政编码	730060
法人代表	陈敏仪	董秘	宋晓梅
电话	0931-7551627	传真	0931-7555200
主营业务	精纺呢绒系列产品		
总股本	18315.48	流通A	10179.00
流通B		流通H	
审计单位		审计意见	未审计

主要财务指标

年度	2004.6	2003	2002
每股收益/扣除后(元)	0.0604	0.0190	0.1100
每股经营现金流量(元)	0.0450	0.0800	0.2200
每股净资产/调整后(元)	4.2170	4.2200	4.1100
每股公积金(元)	2.1482	2.1482	2.1469
净资产收益率(%)	1.5600	3.1100	2.6600
总资产(万元)	99064.72	86363.09	90287.51
股东权益(万元)	79200.53	77965.28	75512.77
未分配利润(万元)	18054.97	16819.64	14756.68
主营收入(万元)	20216.45	19782.95	21421.03
资本公积金(万元)	39345.86	39345.86	39321.81
主营利润(万元)	3009.19	3978.48	6057.93
其他业务利润(万元)	-89.37	-144.54	-0.35
营业利润(万元)	1345.93	890.24	3585.84
投资收益(万元)	152.59	1665.36	-1219.18
补贴收入(万元)			
营业外收支(万元)	-5.20	-40.03	-0.23
利润总额(万元)	1503.72	2515.57	2421.36
净利润(万元)	1235.74	2422.34	2020.29

十大股东

序号	股东名称	股份性质	持股数(万股)	比例(%)
1	上海开开实业股份	境内法人股	5128.33	28.00
2	兰州三毛纺织(集团)有限责任公司	国有法人股	3008.15	16.42
3	汉盛证券投资基金	流通A股	213.45	1.17
4	金盛证券投资基金	流通A股	73.50	0.40
5	王平	流通A股	64.63	0.35
6	姚晓津	流通A股	46.75	0.26
7	孔繁项	流通A股	21.51	0.12
8	袁涵	流通A股	20.00	0.11
9	熊冬莲	流通A股	20.00	0.11
10	林成真	流通A股	17.82	0.10

股东人数	2004.6	2003.12	2003.6	2002
	42684	49251	53730	60060

近年分配		近年配股/增发	

重大事项

公司原第一大股东三毛集团,现持有本公司国有法人股3008.1456万股,占公司总股份的16.42%,该公司按照承诺于2003年2月9日,归还了占用本公司的资金2000万元。截止报告期末,三毛集团尚欠本公司款项6212.82万元,原该公司承诺在与上海开开股份有限公司的股份转让完成后,归还全部款项。

二〇〇三年以来市场表现

2003年涨跌幅(%)	-13.59
2003年最高(元)	7.77
2003年最低(元)	5.10
2003年换手率(%)	64.97
2004.06涨跌幅(%)	16.45
2004.06最高(元)	6.91
2004.06最低(元)	4.92
2004.06换手率(%)	47.05

内蒙古草原兴发股份有限公司

公司概况	公司名称	内蒙古草原兴发股份有限公司			股票代码	000780		
	注册地址	内蒙古自治区赤峰市元宝山区平庄镇			邮政编码	024076		
	法人代表	张振武			董秘	齐向前		
	电话	0476-3514285			传真	0476-3510053		
	主营业务	饲养、繁育种鸡						
	总股本	40911.77	流通 A	18617.04	流通 B		流通 H	
	审计单位				审计意见	未审计		

主要财务指标 年度	2004.6	2003	2002
每股收益/扣除后(元)	0.0636	0.0900	0.2100
每股经营现金流量(元)	0.3930	0.0810	0.4100
每股净资产/调整后(元)	4.5830	4.5330	3.6500
每股公积金(元)	2.4803	2.4803	1.2602
净资产收益率(%)	1.4400	2.0800	6.7300
总资产(万元)	357565.66	364147.72	255220.64
股东权益(万元)	190319.05	187572.56	105310.40
未分配利润(万元)	35100.63	32354.16	29165.60
主营收入(万元)	86518.26	210415.05	161809.14
资本公积金(万元)	101473.59	101473.59	35697.64
主营利润(万元)	21980.35	43597.29	34529.82
其他业务利润(万元)	-17.60	275.60	10.78
营业利润(万元)	2528.65	4067.27	7558.94
投资收益(万元)	24.19	18.86	-184.34
补贴收入(万元)	198.48	128.85	-1.46
营业外收支(万元)	-54.18	-240.32	6.24
利润总额(万元)	2697.14	3974.66	7045.33
净利润(万元)	2746.47	3901.64	7090.30

十大股东 序号	股东名称	股份性质	持股数(万股)	比例(%)
1	赤峰市银联投资有限责任公司	境内法人股	11945.48	29.20
2	赤峰大兴经贸有限责任公司	境内法人股	5487.65	13.41
3	赤峰万顺食品有限责任公司	境内法人股	4861.60	11.88
4	中国银河证券有限责任公司	流通 A 股	318.68	0.78
5	南京证券有限责任公司	流通 A 股	82.00	0.20
6	张金屏	流通 A 股	65.31	0.16
7	中国工商银行-融通深证 100 指数证券投资基金	流通 A 股	46.10	0.11
8	鄢小涛	流通 A 股	40.00	0.10
9	孙强	流通 A 股	38.57	0.09
10	北京瑞年投资顾问有限公司	流通 A 股	35.30	0.09

股东人数	2004.6	2003.12	2003.6	2002
	67699	71881	75040	64529

近年分配		近年配股/增发	

重大事项

公司拟向中国建设银行内蒙古自治区平庄专业支行(平庄建行)申请人民币 2.35 亿元贷款的授信额度,主要用于公司主营业务的开展及经营性周转等。经赤峰市银联投资有限责任公司(银联投资)同意,以其持有的 87,154,840 股社会法人股股权,为公司该项贷款授信额度提供质押担保。

二〇〇三年以来市场表现

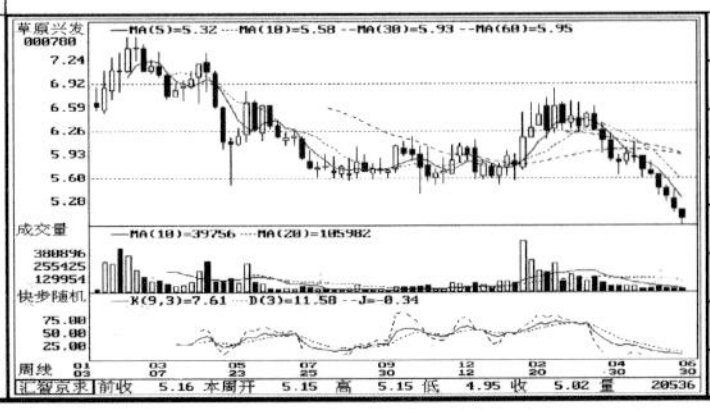

2003 年涨跌幅(%)	-15.67
2003 年最高(元)	7.57
2003 年最低(元)	5.38
2003 年换手率(%)	257.52
2004.06 涨跌幅(%)	-11.15
2004.06 最高(元)	6.84
2004.06 最低(元)	4.95
2004.06 换手率(%)	157.27

广东新会美达锦纶股份有限公司

公司概况	公司名称	广东新会美达锦纶股份有限公司			股票代码	000782		
	注册地址	广东省新会市会城镇江会路上浅口			邮政编码	529100		
	法人代表	梁广义			董秘	胡振华		
	电话	0750-6107981			传真	0750-6107975		
	主营业务	锦纶 6 切片、纺丝、织造						
	总股本	34200.00	流通 A	12745.60	流通 B		流通 H	
	审计单位				审计意见	未审计		

主要财务指标 年度	2004.6	2003	2002
每股收益/扣除后(元)	0.0991	0.1200	0.1000
每股经营现金流量(元)	0.1260	0.7000	0.4600
每股净资产/调整后(元)	2.4600	2.3700	2.3400
每股公积金(元)	1.1371	1.1371	1.1359
净资产收益率(%)	2.8000	1.6700	4.5000
总资产(万元)	210463.73	199137.02	182970.72
股东权益(万元)	84045.43	81695.10	80290.99
未分配利润(万元)	6942.80	4592.47	2529.60
主营收入(万元)	84016.30	125493.66	118300.11
资本公积金(万元)	38888.93	38888.93	38846.64
主营利润(万元)	13592.46	21677.92	16174.72
其他业务利润(万元)	110.00	321.71	5.78
营业利润(万元)	7025.21	9277.69	5798.89
投资收益(万元)	-1245.12	-2825.58	160.62
补贴收入(万元)			
营业外收支(万元)	-1037.53	-2735.93	-1.84
利润总额(万元)	4742.56	3716.19	6156.48
净利润(万元)	2350.33	1361.82	3616.21

十大股东 序号	股东名称	股份性质	持股数(万股)	比例(%)
1	广东天健实业集团有限公司	境内法人股	8181.82	23.92
2	工商银行广东分行信托投资公司	境内法人股	2000.00	5.85
3	广州市盈富创展投资有限公司	境内法人股	2000.00	5.85
4	广州市天秀经济发展有限公司	境内法人股	1760.00	5.15
5	江门市新会天健投资有限公司	境内法人股	1500.00	4.39
6	新会市新联贸易发展公司	境内法人股	1500.00	4.39
7	华夏证券有限公司	境内法人股	1000.00	2.92
8	广东新会美达锦纶集团公司	国有法人股	618.18	1.81
9	深圳市华能兴楠贸易有限公司	流通 A 股	500.00	1.46
10	广发证券股份有限公司	境内法人股	400.00	1.17

股东人数	2004.6	2003.12	2003.6	2002
	46486	51108	52625	53940

近年分配		近年配股/增发	

重大事项

2004 年 6 月 18 日本公司将全资子公司锦华企业(集团)有限公司 100%股权转让给英属 ABBA DEVELOPMENY LIMITED 按照《买卖股权协议书》,ABBA DEVELOPMENY LIMITED 已于 2004 年 6 月支付交易价款总额的 10%,存于本公司指定帐户。

二〇〇三年以来市场表现

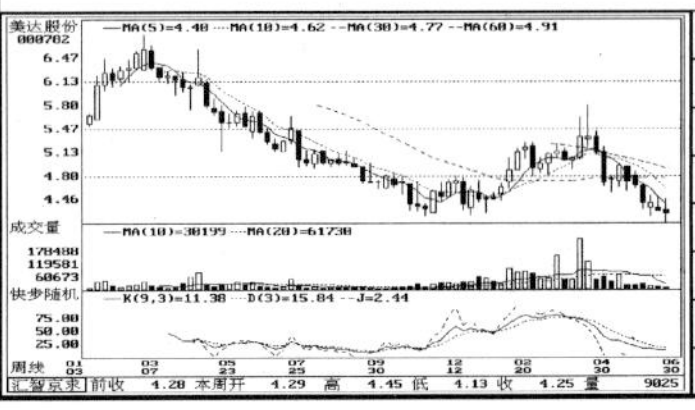

2003 年涨跌幅(%)	-19.31
2003 年最高(元)	6.73
2003 年最低(元)	4.21
2003 年换手率(%)	84.20
2004.06 涨跌幅(%)	-4.06
2004.06 最高(元)	5.80
2004.06 最低(元)	4.13
2004.06 换手率(%)	113.78

石家庄炼油化工股份有限公司

公司概况

公司名称	石家庄炼油化工股份有限公司	股票代码	000783
注册地址	石家庄市高新技术产业开发区黄河大道151号	邮政编码	050032
法人代表	毕建国	董秘	滕峰阁
电话	0311-5161160	传真	0311-5161138
主营业务	石油加工和销售		

总股本	115444.43	流通A	23400.00	流通B		流通H	
审计单位		审计意见	未审计				

主要财务指标

年度	2004.6	2003	2002
每股收益/扣除后(元)	0.0341	0.0505	-0.1650
每股经营现金流量(元)	0.1220	0.3300	0.1400
每股净资产/调整后(元)	1.4020	1.3600	1.4800
每股公积金(元)	0.6806	0.6796	0.6780
净资产收益率(%)	2.4000	3.1900	0.4500
总资产(万元)	273287.69	256448.66	273594.50
股东权益(万元)	163299.59	159258.70	173008.75
未分配利润(万元)	-37922.09	41713.00	-27540.42
主营收入(万元)	350443.62	601745.69	477411.69
资本公积金(万元)	78570.41	78450.68	78268.83
主营利润(万元)	12378.46	25718.09	17375.20
其他业务利润(万元)	655.69	1577.31	-0.99
营业利润(万元)	6658.42	9239.99	4194.01
投资收益(万元)		-175.35	-2586.35
补贴收入(万元)		80.00	80.00
营业外收支(万元)	-28.32	-1490.44	-0.99
利润总额(万元)	6630.10	7654.20	1970.50
净利润(万元)	3921.20	5084.68	774.28

十大股东

序号	股东名称	股份性质	持股数(万股)	比例(%)
1	中国石油化工股份有限公司	境内法人股	92044.43	79.73
2	中国银行-嘉实增长开放式证券投资基金	流通A股	144.23	0.12
3	山西证券有限责任公司	流通A股	102.35	0.09
4	中国建行-博时裕富证券投资基金	流通A股	98.42	0.09
5	中国工商银行-融通深证100指数证券投资基金	流通A股	67.47	0.06
6	谈大大	流通A股	67.21	0.06
7	薛青	流通A股	66.17	0.06
8	郁金才	流通A股	63.28	0.05
9	胡子罗	流通A股	60.00	0.05
10	王军	流通A股	59.00	0.05

股东人数	2004.6	2003.12	2003.6	2002
	93574	94330	91590	89521

近年分配		近年配股/增发	

重大事项

由于石油加工行业管理的特殊性,存在公司部分物资供应、原油采购、汽煤柴油主导产品销售,仍依赖于控股股东,需执行国家配置计划、国家指导价。

二○○三年以来市场表现

2003年涨跌幅(%)	19.65
2003年最高(元)	5.16
2003年最低(元)	3.84
2003年换手率(%)	215.26
2004.06涨跌幅(%)	-11.37
2004.06最高(元)	6.26
2004.06最低(元)	4.00
2004.06换手率(%)	195.40

武汉中商集团股份有限公司

公司概况

公司名称	武汉中商集团股份有限公司	股票代码	000785
注册地址	武汉市武昌区中南路九号	邮政编码	430071
法人代表	严规方	董秘	易国华
电话	027-87322635	传真	027-87307723
主营业务	百货零售批发		

总股本	25122.17	流通A	7132.12	流通B		流通H	
审计单位		审计意见	未审计				

主要财务指标

年度	2004.6	2003	2002
每股收益/扣除后(元)	-0.0158	0.0300	0.0400
每股经营现金流量(元)	0.2480	0.2000	0.3500
每股净资产/调整后(元)	1.6600	1.7500	1.7300
每股公积金(元)	0.3184	0.3184	0.3184
净资产收益率(%)	-0.6700	1.4600	2.3000
总资产(万元)	198740.80	200935.69	184927.05
股东权益(万元)	54838.36	55205.05	54475.59
未分配利润(万元)	3467.88	3834.57	3250.99
主营收入(万元)	116719.40	191322.62	187534.62
资本公积金(万元)	7999.88	7999.88	7999.88
主营利润(万元)	13683.32	22177.32	22085.26
其他业务利润(万元)	1518.43	2923.95	-137.06
营业利润(万元)	84.56	1390.14	2091.03
投资收益(万元)	91.88	257.72	545.56
补贴收入(万元)		9.55	0.17
营业外收支(万元)	-93.01	-129.42	3.14
利润总额(万元)	83.43	1527.99	2434.07
净利润(万元)	-366.69	803.72	1251.57

十大股东

序号	股东名称	股份性质	持股数(万股)	比例(%)
1	武汉国有资产经营公司	国家股、流通A股	13686.81	54.48
2	武汉银厦房地产综合发展公司	国家股	939.12	3.74
3	武汉开元科技创业投资有限公司	国有法人股	550.00	2.19
4	上海桥科工贸有限公司	境内法人股	349.44	1.39
5	湖北省电力公司	境内法人股	349.44	1.39
6	平安信托投资有限责任公司	境内法人股	349.44	1.39
7	华运投资有限责任公司	境内法人股	250.04	1.00
8	湖北徐东(集团)股份有限公司	境内法人股	218.40	0.87
9	海南百勤投资顾问有限公司	境内法人股	218.40	0.87
10	武汉市机械设备进出口公司	境内法人股	218.40	0.87

股东人数	2004.6	2003.12	2003.6	2002
	20020	20020	19666	19703

近年分配		近年配股/增发	

重大事项

公司根据相关法规和公司的实际情况,对公司章程有关对外担保等事项进行了修订,已获得公司2003年年度股东大会审议通过。为了进一步加强公司与投资者之间的沟通,根据相关法律法规并结合公司实际情况,经公司董事会审议,制定并通过了《公司投资者关系管理制度》。

二○○三年以来市场表现

2003年涨跌幅(%)	-36.77
2003年最高(元)	7.67
2003年最低(元)	4.08
2003年换手率(%)	201.50
2004.06涨跌幅(%)	3.31
2004.06最高(元)	6.48
2004.06最低(元)	4.22
2004.06换手率(%)	257.36

北新集团建材股份有限公司

公司概况

公司名称	北新集团建材股份有限公司	股票代码	000786
注册地址	北京市海淀区三里河路甲11号	邮政编码	100037
法人代表	包文春	董秘	常张利
电话	010-88082398	传真	010-88082383
主营业务	新型建筑材料		
总股本	57515.00	流通A	22815.00
流通B		流通H	
审计单位		审计意见	未审计

主要财务指标

年度	2004.6	2003	2002
每股收益/扣除后(元)	0.0323	0.1170	0.1330
每股经营现金流量(元)	0.0490	0.2200	0.2500
每股净资产/调整后(元)	2.2410	2.2800	2.1600
每股公积金(元)	0.8436	0.8436	0.8379
净资产收益率(%)	2.1000	5.2700	7.2000
总资产(万元)	286467.53	245197.27	219994.73
股东权益(万元)	131478.20	133353.00	125707.00
未分配利润(万元)	6436.28	8281.73	2990.55
主营收入(万元)	56994.88	103838.11	103147.69
资本公积金(万元)	48517.20	48517.20	48190.42
主营利润(万元)	7998.31	18042.02	17505.63
其他业务利润(万元)	297.87	759.23	-40.02
营业利润(万元)	1209.06	3885.01	5367.00
投资收益(万元)	121.74	1530.54	2195.52
补贴收入(万元)	1066.58	1592.03	218.08
营业外收支(万元)	16.34	-148.89	-0.21
利润总额(万元)	2413.73	6858.69	9243.10
净利润(万元)	2755.75	7024.38	9049.16

十大股东

序号	股东名称	股份性质	持股数(万股)	比例(%)
1	北新建材(集团)有限公司	国有法人股	34700.00	60.33
2	申银万国－花旗－UBS LIMITED	流通A股	296.19	0.51
3	苏州新区长江科技实业有限公司	流通A股	161.13	0.28
4	河清海	流通A股	101.00	0.18
5	邓敬香	流通A股	78.04	0.14
6	国际金融－汇丰－MORGAN STANLEY	流通A股	72.09	0.13
7	沈阳建业股份有限公司	流通A股	68.21	0.12
8	中国工商银行－融通深证100指数	流通A股	56.08	0.10
9	李欣秋	流通A股	47.59	0.08
10	叶树平	流通A股	47.29	0.08

股东人数	2004.6	2003.12	2003.6	2002
	74386	68374	65592	61628

近年分配	2004年6月4日10派0.80	近年配股/增发	

重大事项

公司与控股股东北新集团签订《资产及负债转让协议》和《资产置换协议》，公司拟以自有资金收购北新集团拥有的北京纳米港科技分公司；同时以非关联方应收款、其他应收款及拥有的下属公司股权和木业分公司与北新集团拥有的部分下属公司股权及动力分厂进行置换。

二〇〇三年以来市场表现

2003年涨跌幅(%)	-13.64
2003年最高(元)	6.21
2003年最低(元)	4.22
2003年换手率(%)	119.42
2004.06涨跌幅(%)	-2.60
2004.06最高(元)	6.40
2004.06最低(元)	4.36
2004.06换手率(%)	138.66

创智信息科技股份有限公司

公司概况

公司名称	创智信息科技股份有限公司	股票代码	000787
注册地址	深圳市南山区高新技术工业村管理楼207#	邮政编码	518057
法人代表	丁亮	董秘	吴启东
电话	0731-8909008	传真	0731-8909353
主营业务	计算机应用服务业		
总股本	25076.02	流通A	14206.00
流通B		流通H	
审计单位		审计意见	未审计

主要财务指标

年度	2004.6	2003	2002
每股收益/扣除后(元)	-0.0275	-0.2390	0.1200
每股经营现金流量(元)	-0.0125	-0.3500	0.3000
每股净资产/调整后(元)	3.2200	3.2500	3.6800
每股公积金(元)	1.9802	1.9802	1.9799
净资产收益率(%)	-0.6400	-11.6700	3.2800
总资产(万元)	117994.40	115970.29	130462.86
股东权益(万元)	83167.79	83696.30	93454.68
未分配利润(万元)	1248.20	1776.71	11632.07
主营收入(万元)	11627.96	38379.11	47559.16
资本公积金(万元)	49656.71	49656.71	49648.21
主营利润(万元)	3736.59	9649.73	16429.78
其他业务利润(万元)	56.14	300.88	-1.74
营业利润(万元)	-696.76	-6526.54	3682.03
投资收益(万元)	-55.40	-147.19	-193.27
补贴收入(万元)	223.77	82.26	82.25
营业外收支(万元)	31.65	-3837.48	-1.06
利润总额(万元)	-496.74	-10428.95	3385.65
净利润(万元)	-528.52	-9766.87	3067.49

十大股东

序号	股东名称	股份性质	持股数(万股)	比例(%)
1	湖南创智集团有限公司	境内法人股	4463.52	17.80
2	财富证券有限责任公司	境内法人股	2526.00	10.07
3	湖南华创实业有限公司	境内法人股	824.00	3.29
4	湖南创智实业有限公司	境内法人股	806.50	3.22
5	长沙电力经济技术开发总公司	境内法人股	160.00	0.64
6	席得胜	流通A股	124.74	0.50
7	湖南省融智资产经营有限公司	境内法人股	90.00	0.36
8	上海冠通投资有限公司	境内法人股	80.00	0.32
9	方向	流通A股	60.00	0.24
10	中国农业银行湖南省分行营业部生活服务部	境内法人股	50.00	0.20

股东人数	2004.6	2003.12	2003.6	2002
	75782	74596	74589	72945

近年分配		近年配股/增发	

重大事项

公司股东湖南金通投资咨询有限公司、上海长平信企业发展有限公司、湖南金桥物业发展有限公司分别将其持有的1436万股、1000万股、90万股法人股于2003年12月19日协议转让给财富证券有限责任公司，于2004年4月1日办理完毕过户手续并同时办理完毕原出让方（湖南金通）股权质押的解冻手续。

二〇〇三年以来市场表现

2003年涨跌幅(%)	-40.72
2003年最高(元)	9.93
2003年最低(元)	4.81
2003年换手率(%)	205.90
2004.06涨跌幅(%)	46.06
2004.06最高(元)	8.69
2004.06最低(元)	4.72
2004.06换手率(%)	435.74

西南合成制药股份有限公司

公司概况

公司名称	西南合成制药股份有限公司	股票代码	000788
注册地址	重庆市江北区寸滩水口	邮政编码	401147
法人代表	戴泽宇	董秘	高上
电话	023-67525366	传真	023-67525300
主营业务	医药原料药		
总股本	19250.00	流通 A	4950.00
流通 B		流通 H	
审计单位		审计意见	未审计

主要财务指标

年度	2004.6	2003	2002
每股收益/扣除后(元)	0.0270	–0.3700	–0.6200
每股经营现金流量(元)	0.0770	0.6700	–0.2200
每股净资产/调整后(元)	0.8300	0.7900	0.2500
每股公积金(元)	1.2870	1.2861	1.0705
净资产收益率(%)	3.4200	2.9500	–122.5200
总资产(万元)	76653.87	65040.77	78566.69
股东权益(万元)	17738.36	17115.61	12460.68
未分配利润(万元)	–34493.58	–35099.87	–35604.43
主营收入(万元)	19788.94	32570.81	26453.38
资本公积金(万元)	24774.61	24758.14	20607.76
主营利润(万元)	4087.48	4808.16	1861.39
其他业务利润(万元)	196.99	92.55	–0.41
营业利润(万元)	556.09	–4824.65	–11936.86
投资收益(万元)	–36.46	–131.21	–65.48
补贴收入(万元)	11.65	4000.00	–0.30
营业外收支(万元)	75.01	1460.41	–10.19
利润总额(万元)	606.29	504.56	–15267.13
净利润(万元)	606.29	504.56	–15267.13

十大股东

序号	股东名称	股份性质	持股数(万股)	比例(%)
1	重庆西南合成制药有限公司	国有法人股	9107.37	47.31
2	重庆市医药压力容器检测站	境内法人股	517.00	2.69
3	重庆长江制药厂	境内法人股	506.79	2.63
4	华夏证券有限公司	境内法人股	291.50	1.51
5	四川电力建设二公司	境内法人股	242.63	1.26
6	重庆市江北县江洛化工厂	境内法人股	181.50	0.94
7	西南合成制药厂科学技术学会	境内法人股	167.20	0.87
8	重庆力豪商贸有限责任公司	境内法人股	110.00	0.57
9	杭州萧山金创投资咨询有限公司	境内法人股	73.54	0.38
10	重庆润康药业有限公司	境内法人股	60.50	0.31

股东人数	2004.6	2003.12	2003.6	2002
	15710	16483	17470	19344

近年分配		近年配股/增发	

重大事项

本公司与重庆西南合成制药有限公司于2004年3月25日签订了《经常性关联交易框架协议》。本协议适用于本公司与重庆合成之间进行的经常性关联交易。关联交易合同的金额或当年累计金额,不超过人民币1亿元,每一会计年度终了后,本公司应对该年度内发生的经常性关联交易情况作出说明,并向股东大会报告。

二○○三年以来市场表现

2003年涨跌幅(%)	–5.32
2003年最高(元)	7.46
2003年最低(元)	4.55
2003年换手率(%)	301.08
2004.06涨跌幅(%)	–7.95
2004.06最高(元)	6.78
2004.06最低(元)	4.69
2004.06换手率(%)	88.72

江西万年青水泥股份有限公司

公司概况

公司名称	江西万年青水泥股份有限公司	股票代码	000789
注册地址	江西省南昌市	邮政编码	330029
法人代表	魏新安	董秘	方真
电话	0791-8161011	传真	0791-8161012
主营业务	熟料及硅酸盐水泥		
总股本	34050.00	流通 A	11050.00
流通 B		流通 H	
审计单位		审计意见	未审计

主要财务指标

年度	2004.6	2003	2002
每股收益/扣除后(元)	0.0389	0.1260	0.0460
每股经营现金流量(元)	–0.0350	0.3510	0.0510
每股净资产/调整后(元)	2.1040	2.1270	2.0100
每股公积金(元)	0.8794	0.8754	0.8718
净资产收益率(%)	1.8990	5.5210	2.1720
总资产(万元)	187979.16	160346.70	115955.59
股东权益(万元)	75270.40	76430.69	72089.55
未分配利润(万元)	7205.31	8499.97	4950.97
主营收入(万元)	33029.55	58072.07	39074.39
资本公积金(万元)	29942.26	29807.89	29686.31
主营利润(万元)	9308.79	17196.26	9501.62
其他业务利润(万元)	29.46	17.44	0.39
营业利润(万元)	2268.67	5933.34	2475.25
投资收益(万元)	–73.75	–1.67	39.58
补贴收入(万元)	172.16	410.17	–4.62
营业外收支(万元)	–6.40	–91.86	1.12
利润总额(万元)	2360.67	6249.98	2196.13
净利润(万元)	1429.34	4219.57	1566.06

十大股东

序号	股东名称	股份性质	持股数(万股)	比例(%)
1	江西水泥厂	国有法人股	23000.00	67.55
2	徐祖英	流通A股	50.40	0.15
3	北京市北宇物业管理公司	流通A股	46.94	0.14
4	潘俊(白+令)	流通A股	42.51	0.12
5	顾姣兰	流通A股	36.84	0.11
6	陈子卿	流通A股	33.01	0.10
7	付连英	流通A股	31.80	0.09
8	深圳市天融投资有限公司	流通A股	25.95	0.08
9	昆山市日和农副产品有限公司	流通A股	25.50	0.07
10	邓洪玲	流通A股	25.06	0.07

股东人数	2004.6	2003.12	2003.6	2002
	51719	46502	48002	47853

近年分配	2004年5月19日 10派0.80	近年配股/增发	

重大事项

公司以2003年末总股本34050万股为基数,向全体股东每10股派0.80元人民币现金(含税)。剩余利润5776万元转入下一年度。本次分红派息股权登记日:股权登记日为:2004年5月18日;除息日为:2004年5月19日。

二○○三年以来市场表现

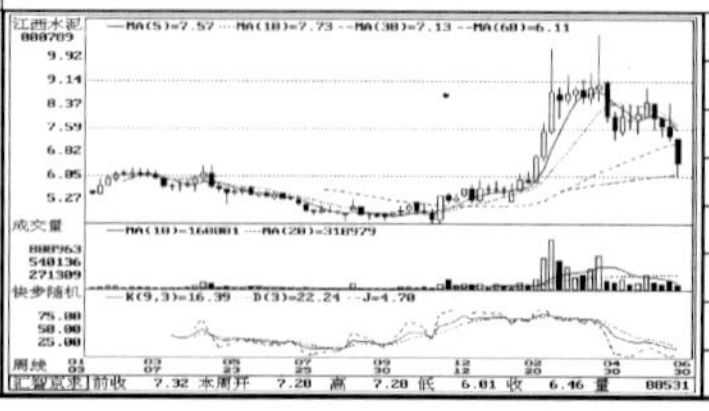

2003年涨跌幅(%)	–0.55
2003年最高(元)	6.24
2003年最低(元)	4.42
2003年换手率(%)	186.64
2004.06涨跌幅(%)	19.41
2004.06最高(元)	10.61
2004.06最低(元)	5.12
2004.06换手率(%)	606.82

成都华神集团股份有限公司

公司概况

公司名称	成都华神集团股份有限公司	股票代码	000790		
注册地址	四川省成都市十二桥路37号新1号	邮政编码	610075		
法人代表	彭旭东	董秘	魏依国		
电话	028-87751070,87739541	传真	028-87778104		
主营业务	中西成药				
总股本	12798.00	流通 A	3978.00	流通 B	流通 H
审计单位		审计意见	未审计		

主要财务指标

年度	2004.6	2003	2002
每股收益/扣除后(元)	0.0299	0.0700	0.1400
每股经营现金流量(元)	-0.0510	0.2800	0.0700
每股净资产/调整后(元)	3.1400	3.1100	3.0400
每股公积金(元)	1.1496	1.1496	1.1496
净资产收益率(%)	0.9200	2.4400	4.7300
总资产(万元)	68226.45	59734.31	57343.07
股东权益(万元)	40548.24	40174.05	39193.23
未分配利润(万元)	6268.00	5968.65	5184.00
主营收入(万元)	8397.55	16744.36	18809.82
资本公积金(万元)	14711.98	14711.98	14711.98
主营利润(万元)	2483.88	4828.12	6347.74
其他业务利润(万元)	16.12	34.33	-0.36
营业利润(万元)	432.65	1318.85	2070.66
投资收益(万元)	56.10	-0.13	144.05
补贴收入(万元)			
营业外收支(万元)	-16.19	-19.28	-0.28
利润总额(万元)	472.55	1299.43	2203.28
净利润(万元)	374.19	980.82	1855.60

十大股东

序号	股东名称	股份性质	持股数(万股)	比例(%)
1	四川华神集团股份有限公司	法人股	4320.00	33.76
2	成都新兴创业投资股份有限公司	法人股	2305.80	18.02
3	成都君众实业有限责任公司	法人股	900.00	7.03
4	深圳好亦特贸易发展有限公司	法人股	810.00	6.33
5	成都长华置业有限责任公司	法人股	484.20	3.78
6	陈坚树	流通A股	38.47	0.30
7	任广友	流通A股	33.65	0.26
8	鲁桂录	流通A股	33.64	0.26
9	周其富	流通A股	29.96	0.23
10	李德虎	流通A股	28.35	0.22

股东人数	2004.6	2003.12	2003.6	2002
	10769	9640	10559	10381

近年分配		近年配股/增发	

重大事项

经公司6届13次董事会和2003年度股东大会审议通过了《关于投资组建华神生物制药有限公司和华神兽用生物制药有限公司的预案》和《关于组建医疗产业投资公司、投资医疗产业的预案》。

二〇〇三年以来市场表现

2003年涨跌幅(%)	4.34
2003年最高(元)	12.43
2003年最低(元)	7.43
2003年换手率(%)	282.07
2004.06涨跌幅(%)	-20.33
2004.06最高(元)	10.89
2004.06最低(元)	8.05
2004.06换手率(%)	222.59

西北永新化工股份有限公司

公司概况

公司名称	西北永新化工股份有限公司	股票代码	000791		
注册地址	甘肃省兰州市东岗东路1205号	邮政编码	730020		
法人代表	杨德茂	董秘	曹忆峰		
电话	0931-4862482	传真	0931-8497112		
主营业务	油漆、涂料				
总股本	18900.00	流通 A	7920.00	流通 B	流通 H
审计单位		审计意见	未审计		

主要财务指标

年度	2004.6	2003	2002
每股收益/扣除后(元)	-0.0648	-0.1858	0.0100
每股经营现金流量(元)	-0.0470	0.0026	-0.0800
每股净资产/调整后(元)	1.8580	1.7200	1.9000
每股公积金(元)	0.9708	0.8669	0.8669
净资产收益率(%)	1.7900	-10.6200	0.3200
总资产(万元)	63889.52	61094.75	60989.83
股东权益(万元)	35154.46	32563.55	36008.55
未分配利润(万元)	-2428.54	-3057.26	389.53
主营收入(万元)	5198.52	10779.23	8012.48
资本公积金(万元)	18347.15	16384.96	16384.96
主营利润(万元)	846.97	944.71	1985.23
其他业务利润(万元)	34.11	98.33	-0.54
营业利润(万元)	-1250.91	-4238.48	-1525.01
投资收益(万元)	26.00	203.50	-335.27
补贴收入(万元)		75.00	2.88
营业外收支(万元)	1710.09	-19.37	-0.19
利润总额(万元)	485.18	-3979.34	188.03
净利润(万元)	628.72	-3456.92	115.86

十大股东

序号	股东名称	股份性质	持股数(万股)	比例(%)
1	西北油漆厂	国有法人股	10980.00	58.10
2	东吴证券有限责任公司	流通A股	211.19	1.12
3	李旭华	流通A股	32.28	0.17
4	周阳	流通A股	30.58	0.16
5	张景根	流通A股	26.17	0.14
6	宋玉霞	流通A股	19.98	0.11
7	童林华	流通A股	19.12	0.10
8	宁伟	流通A股	19.02	0.10
9	盛家明	流通A股	18.13	0.10
10	任军	流通A股	16.68	0.09

股东人数	2004.6	2003.12	2003.6	2002
	32227	36300	36980	39338

近年分配		近年配股/增发	

重大事项

控股子公司兰州陇神药业有限公司以定期存单6000万元作质押，为甘肃德昌投资有限公司在兰州市商业银行拱星墩支行6000万元贷款提供担保，担保期限为2003年12月20日至2004年12月20日。天津环球磁卡股份有限公司为甘肃德昌投资有限公司的上述6000万元贷款向兰州陇神药业有限公司提供反担保，担保方式为连带保证。

二〇〇三年以来市场表现

2003年涨跌幅(%)	-32.47
2003年最高(元)	8.15
2003年最低(元)	3.85
2003年换手率(%)	176.75
2004.06涨跌幅(%)	6.97
2004.06最高(元)	6.18
2004.06最低(元)	3.98
2004.06换手率(%)	132.02

青海盐湖钾肥股份有限公司

公司概况

公司名称	青海盐湖钾肥股份有限公司				股票代码	000792	
注册地址	青海省格尔木市察尔汗				邮政编码	816005	
法人代表	郑长山		董秘		张继文		
电话	0979-8448121,8448123		传真		0979-8417445		
主营业务	氯化钾的开发、生产和销售						
总股本	76755.00	流通 A	30000.00	流通 B		流通 H	
审计单位			审计意见		未审计		

主要财务指标

年度	2004.6	2003	2002
每股收益 / 扣除后(元)	0.0850	0.1881	0.3673
每股经营现金流量(元)	0.1050	0.2000	0.3200
每股净资产 / 调整后(元)	1.4690	2.2700	4.1500
每股公积金(元)	0.2693	0.9039	2.8083
净资产收益率(%)	5.8000	8.3200	8.5500
总资产(万元)	364166.97	359885.50	142606.23
股东权益(万元)	113366.70	117030.56	107306.40
未分配利润(万元)	5982.71	11106.96	3601.68
主营收入(万元)	20785.54	44828.52	43644.32
资本公积金(万元)	20667.40	46252.40	71849.20
主营利润(万元)	10233.41	19408.66	18319.54
其他业务利润(万元)	696.59	363.62	–0.38
营业利润(万元)	8096.64	12617.35	11615.73
投资收益(万元)	–6.48	–12.86	–14.64
补贴收入(万元)			
营业外收支(万元)	46.15	112.31	–0.13
利润总额(万元)	8136.31	12716.81	11636.15
净利润(万元)	6570.14	9735.96	9214.48

十大股东

序号	股东名称	股份性质	持股数(万股)	比例(%)
1	青海盐湖工业集团有限公司	国有法人股	407550.00	530.98
2	北京华北电力实业总公司	境内法人股	3000.00	3.91
3	安信证券投资基金	流通 A 股	1774.95	2.31
4	红塔证券股份有限公司	流通 A 股	1706.26	2.22
5	安顺证券投资基金	流通 A 股	1488.60	1.94
6	中国农业生产资料成都公司	境内法人股	900.00	1.17
7	天华证券投资基金	流通 A 股	778.26	1.01
8	广发聚富开放式证券投资基金	流通 A 股	733.08	0.96
9	中国科学院青海盐湖研究所	境内法人股	600.00	0.78
10	湖北东方农化中心	境内法人股	600.00	0.78

股东人数	2004.6	2003.12	2003.6	2002
	21786	33283	33317	31777

近年分配	2004 年 6 月 1 日 10 派 2.00	近年配股/增发	2004 年 6 月 1 日 10 转 5

重大事项

经公司 2003 年度股东大会批准通过的 2003 年度利润分配方案为:以截止 2003 年 12 月 31 日总股本 51170 万股为基准,用资本公积金向全体股东每 10 股转增 5 股。此项分配方案已于 2004 年 6 月 1 日实施。

二〇〇三年以来市场表现

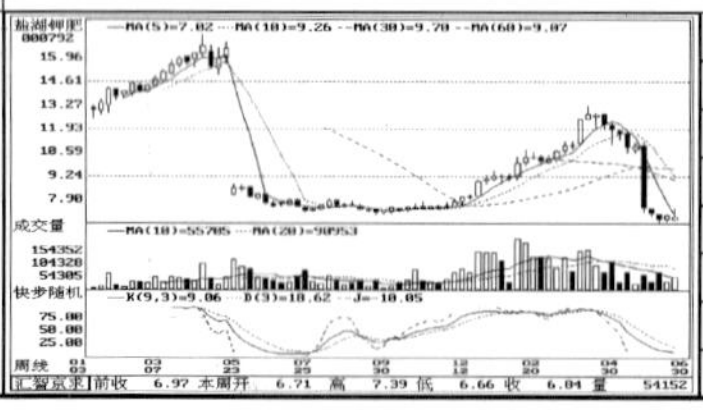

2003 年涨跌幅(%)	33.71
2003 年最高(元)	6.05
2003 年最低(元)	4.03
2003 年换手率(%)	79.51
2004.06 涨跌幅(%)	16.52
2004.06 最高(元)	8.67
2004.06 最低(元)	5.74
2004.06 换手率(%)	77.94

海南民生燃气(集团)股份有限公司

公司概况

公司名称	海南民生燃气(集团)股份有限公司				股票代码	000793	
注册地址	海口市海甸四东路民生大厦				邮政编码	570208	
法人代表	朱德华		董秘		金日		
电话	0898-66254650		传真		0898-66255636		
主营业务	煤气生产和供应						
总股本	68006.63	流通 A	42138.75	流通 B		流通 H	
审计单位			审计意见		未审计		

主要财务指标

年度	2004.6	2003	2002
每股收益 / 扣除后(元)	0.0077	0.1700	0.3300
每股经营现金流量(元)	–0.4220	–0.7100	0.6100
每股净资产 / 调整后(元)	2.6600	5.3100	4.1000
每股公积金(元)	1.1578	1.5578	1.9274
净资产收益率(%)	2.2000	5.2100	7.9500
总资产(万元)	431077.78	404199.69	279777.62
股东权益(万元)	184398.11	182713.11	121467.54
未分配利润(万元)	18012.59	23128.25	20842.46
主营收入(万元)	21217.84	54237.18	42409.96
资本公积金(万元)	78735.83	105938.48	56167.22
主营利润(万元)	5672.40	15923.18	11909.58
其他业务利润(万元)	52.54	28.82	0.81
营业利润(万元)	138.71	6086.32	4254.25
投资收益(万元)	2241.60	327.66	–194.04
补贴收入(万元)	2238.90	4233.32	171.47
营业外收支(万元)	–1.99	–358.10	–1.41
利润总额(万元)	4617.22	10289.21	9842.44
净利润(万元)	4065.23	9526.27	9653.16

十大股东

序号	股东名称	股份性质	持股数(万股)	比例(%)
1	上海新华闻投资有限公司	境内法人股	11334.40	16.67
2	北京华泰投资管理有限公司	境内法人股	6000.00	8.82
3	海口市煤气管理总公司	国有法人股	4850.00	7.13
4	南宁管道燃气有限责任公司	境内法人股	1670.00	2.46
5	海口德元实业有限公司	境内法人股	620.00	0.91
6	海南立林实业公司	境内法人股	533.49	0.78
7	中国建设银行-博时裕富证券投资基金	流通 A 股	221.38	0.33
8	海南椰海实业开发公司	境内法人股	120.00	0.18
9	王淑云	流通 A 股	115.00	0.17
10	珠海市煤气公司	境内法人股	100.00	0.15

股东人数	2004.6	2003.12	2003.6	2002
	33669	37709	40596	46957

近年分配	2004 年 4 月 23 日 10 派 0.70	近年配股/增发	2004 年 4 月 23 日 10 送 2 转 8

重大事项

公司第一大股东上海新华闻投资有限公司累计为本公司向银行借款 25,000.00 万元提供连带责任担保,中国华闻投资控股有限公司累计为本公司向银行借款 14,800.00 万元和开具商业承兑汇票 8,000.00 万元提供连带责任担保。公司以 4,912.00 万元的价格将所持有的弘泰信托投资有限责任公司 8.40%股权出售给国投电力公司。

二〇〇三年以来市场表现

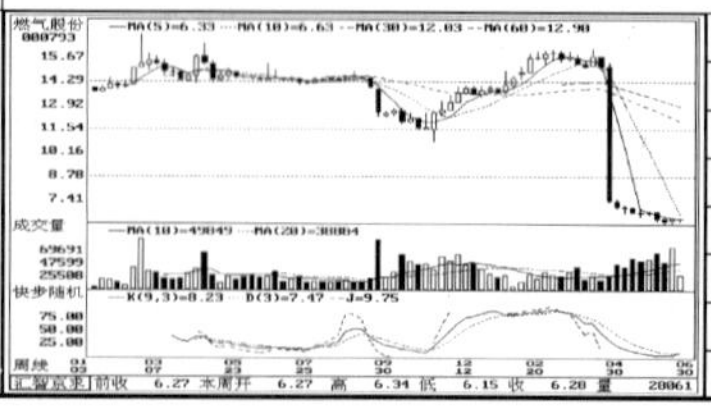

2003 年涨跌幅(%)	4.22
2003 年最高(元)	7.86
2003 年最低(元)	5.37
2003 年换手率(%)	38.64
2004.06 涨跌幅(%)	–9.12
2004.06 最高(元)	8.07
2004.06 最低(元)	6.03
2004.06 换手率(%)	20.37

太原双塔刚玉股份有限公司

公司概况	公司名称	太原双塔刚玉股份有限公司			股票代码	000795	
	注册地址	山西省太原市郝庄正街62号			邮政编码	030012	
	法人代表	杜建奎		董秘	周玉旺		
	电话	0351-4935313		传真	0351-4935097		
	主营业务	棕刚玉系列产品					
	总股本	27680.00	流通A	11439.21	流通B		流通H
	审计单位			审计意见	未审计		

主要财务指标 年度	2004.6	2003	2002
每股收益/扣除后(元)	0.0134	0.0120	-0.0302
每股经营现金流量(元)	0.1310	0.1710	-0.1300
每股净资产/调整后(元)	2.7100	2.6970	2.6940
每股公积金(元)	1.3981	1.3981	1.3867
净资产收益率(%)	0.5300	0.7300	-0.8570
总资产(万元)	151378.84	134296.70	100571.43
股东权益(万元)	76886.55	76481.18	75604.26
未分配利润(万元)	7983.32	7578.78	7294.95
主营收入(万元)	18228.32	27258.48	21333.62
资本公积金(万元)	38700.47	38699.64	38383.75
主营利润(万元)	3405.75	4448.70	2844.92
其他业务利润(万元)	21.94	46.47	2.97
营业利润(万元)	619.86	743.00	-568.77
投资收益(万元)			
补贴收入(万元)			
营业外收支(万元)	-37.47	1.89	-0.02
利润总额(万元)	582.39	744.89	-561.75
净利润(万元)	404.54	561.02	-648.25

十大股东 序号	股东名称	股份性质	持股数(万股)	比例(%)
1	太原双塔刚玉(集团)有限公司	境内法人股	11878.35	42.91
2	太原东山煤矿有限责任公司	国有法人股	4936.00	17.83
3	中国东方资产管理公司	境内法人股	425.65	1.54
4	徐兰华	流通A股	53.87	0.19
5	盖雪	流通A股	48.30	0.17
6	贾楠安	流通A股	40.98	0.15
7	上海申鹏科技发展有限公司	流通A股	35.16	0.13
8	曹天军	流通A股	32.50	0.12
9	申毅	流通A股	31.01	0.11
10	华联发展集团有限公司	流通A股	30.95	0.11

股东人数	2004.6	2003.12	2003.6	2002
	32154	33421	35073	38810

近年分配		近年配股/增发	

重大事项

公司接控股股东太原双塔刚玉(集团)有限公司通知,该公司将其持有公司11304万股法人股中的2600万股,质押给建行杭州市宝石支行,为横店集团有限公司伍仟万元人民币借款提供出质,借款期限一年,质押期限从2004年1月17日起。

二○○三年以来市场表现

2003年涨跌幅(%)	-16.67
2003年最高(元)	8.66
2003年最低(元)	5.45
2003年换手率(%)	67.55
2004.06涨跌幅(%)	-6.67
2004.06最高(元)	6.97
2004.06最低(元)	5.50
2004.06换手率(%)	65.16

宝鸡商场(集团)股份有限公司

公司概况	公司名称	宝鸡商场(集团)股份有限公司			股票代码	000796	
	注册地址	陕西省宝鸡市经二路114号			邮政编码	721000	
	法人代表	魏存功		董秘	董启怀		
	电话	0917-3215282		传真	0917-3215282		
	主营业务	商贸业、酒店业					
	总股本	19241.03	流通A	13532.92	流通B		流通H
	审计单位			审计意见	未审计		

主要财务指标 年度	2004.6	2003	2002
每股收益/扣除后(元)	0.0314	0.0495	0.1400
每股经营现金流量(元)	-0.2210	0.7100	0.5320
每股净资产/调整后(元)	3.6390	4.3500	4.2600
每股公积金(元)	1.7709	2.2251	2.2251
净资产收益率(%)	1.2300	1.9600	3.2000
总资产(万元)	112429.94	105498.67	96459.03
股东权益(万元)	70317.68	69854.26	68485.55
未分配利润(万元)	11868.72	13008.72	11871.17
主营收入(万元)	15977.49	28585.93	55797.45
资本公积金(万元)	34073.94	35677.36	35677.36
主营利润(万元)	2444.00	7208.46	6489.80
其他业务利润(万元)	1442.17	1032.69	46.61
营业利润(万元)	704.42	959.78	2414.09
投资收益(万元)	351.01	606.40	152.30
补贴收入(万元)			
营业外收支(万元)	60.18	18.03	0.52
利润总额(万元)	1115.62	1584.21	2593.66
净利润(万元)	864.01	1368.71	2188.61

十大股东 序号	股东名称	股份性质	持股数(万股)	比例(%)
1	宝鸡市国有资产管理局	国有法人股	1932.78	10.05
2	陕西省宝鸡卷烟厂	境内法人股	1651.42	8.58
3	包头市北普实业有限公司	境内法人股	808.70	4.20
4	宝鸡市大众投资有限责任公司	境内法人股	700.60	3.64
5	包头市浩宇科技实业有限公司	境内法人股	614.62	3.19
6	王小蓉	流通A股	75.05	0.39
7	谭容	流通A股	72.50	0.38
8	刘竣	流通A股	66.26	0.34
9	深圳新世纪饮水科技有限公司	流通A股	63.26	0.33
10	徐国庆	流通A股	45.35	0.24

股东人数	2004.6	2003.12	2003.6	2002
	35381	37249	37965	38043

近年分配	2004年5月28日10派0.25	近年配股/增发	2004年5月28日10送1转1

重大事项

2003年度利润分配方案:以2003年末股份总数160341951股为基数,向全体股东每10股送红股1股,每10股派发现金股利0.25元(含税)。2003年度资本公积金转增股本方案:以2003年末股份总数160341951股为基数,按每10股转增1股。所送红股及转增股份于2004年5月28日上市交易。

二○○三年以来市场表现

2003年涨跌幅(%)	-23.64
2003年最高(元)	6.31
2003年最低(元)	3.95
2003年换手率(%)	66.86
2004.06涨跌幅(%)	-3.57
2004.06最高(元)	5.31
2004.06最低(元)	4.05
2004.06换手率(%)	60.28

中国武夷实业股份有限公司

公司概况

公司名称	中国武夷实业股份有限公司	股票代码	000797
注册地址	福建省福州市北大路 240 号	邮政编码	350003
法人代表	悦胜利	董秘	林金铸
电话	0591-83170122	传真	0591-83170222
主营业务	工程建设项目		
总股本	38945.24	流通 A	13013.00
流通 B		流通 H	
审计单位		审计意见	未审计

主要财务指标

年度	2004.6	2003	2002
每股收益／扣除后(元)	-0.0772	-0.0380	0.1030
每股经营现金流量(元)	0.4750	-1.5200	-0.2100
每股净资产／调整后(元)	3.0700	3.1200	3.1100
每股公积金(元)	1.9531	1.9532	1.9530
净资产收益率(%)	-1.7600	0.4600	2.8300
总资产(万元)	382545.25	380823.03	349900.53
股东权益(万元)	125795.50	127923.68	127773.22
未分配利润(万元)	2472.03	4686.56	5107.14
主营收入(万元)	30789.52	61360.26	88530.20
资本公积金(万元)	76067.25	76067.25	76058.45
主营利润(万元)	6064.40	11756.78	20038.98
其他业务利润(万元)	273.83	2063.21	-11.31
营业利润(万元)	-947.00	-2941.66	7259.43
投资收益(万元)	-12.46	7123.87	1946.99
补贴收入(万元)	27.99	0.42	-0.01
营业外收支(万元)	-32.87	-61.44	-0.02
利润总额(万元)	-964.33	4121.19	9324.52
净利润(万元)	-2214.53	589.82	3616.74

十大股东

序号	股东名称	股份性质	持股数(万股)	比例(%)
1	福建建工集团总公司	国有法人股	25932.24	66.59
2	刘秀英	流通 A 股	234.37	0.60
3	李维敏	流通 A 股	168.42	0.43
4	黄琼琳	流通 A 股	51.84	0.13
5	黄长锦	流通 A 股	40.41	0.10
6	陈天和	流通 A 股	39.11	0.10
7	张晓鸣	流通 A 股	37.10	0.10
8	蒋工圣	流通 A 股	32.00	0.08
9	于光军	流通 A 股	28.98	0.07
10	何炳玉	流通 A 股	28.09	0.07

股东人数	2004.6	2003.12	2003.6	2002
	59790	63679	66609	69639

近年分配		近年配股／增发	

重大事项

截止 2004 年 6 月 30 日，公司大股东占用公司资金余额 58,880.58 万元，减少 5,777.23 万元，截止 2004 年 6 月 30 日，公司大股东控股的公司占用公司资金余额 6,550.75 万元，增加 607.07 万元。

二〇〇三年以来市场表现

2003 年涨跌幅(%)	-30.61
2003 年最高(元)	6.98
2003 年最低(元)	3.79
2003 年换手率(%)	102.58
2004.06 涨跌幅(%)	-7.11
2004.06 最高(元)	5.67
2004.06 最低(元)	3.78
2004.06 换手率(%)	113.87

中水集团远洋股份有限公司

公司概况

公司名称	中水集团远洋股份有限公司	股票代码	000798
注册地址	北京市西城区金融街 23 号	邮政编码	100032
法人代表	刘身利	董秘	陈明
电话	010-88067461	传真	010-88067463
主营业务	远洋渔业捕捞、加工		
总股本	25200.00	流通 A	6300.00
流通 B		流通 H	
审计单位		审计意见	未审计

主要财务指标

年度	2004.6	2003	2002
每股收益／扣除后(元)	-0.0213	-0.1560	0.0900
每股经营现金流量(元)	-0.1110	-0.0300	0.1800
每股净资产／调整后(元)	2.6600	2.6400	2.7800
每股公积金(元)	1.8446	1.8446	1.8363
净资产收益率(%)	0.8300	4.3100	3.5400
总资产(万元)	82780.57	84481.75	121507.91
股东权益(万元)	78430.86	77780.74	74802.08
未分配利润(万元)	3486.04	2835.92	406.27
主营收入(万元)	7114.84	17049.24	20369.19
资本公积金(万元)	46484.71	46484.71	46273.54
主营利润(万元)	1310.67	2888.25	5123.22
其他业务利润(万元)	107.69	584.09	-4.02
营业利润(万元)	-423.14	-3532.72	1748.12
投资收益(万元)	992.26	7076.58	-30.89
补贴收入(万元)		17.78	0.20
营业外收支(万元)	111.37	-67.53	-0.61
利润总额(万元)	680.50	3494.11	2534.51
净利润(万元)	650.12	3350.82	2647.12

十大股东

序号	股东名称	股份性质	持股数(万股)	比例(%)
1	中国水产(集团)总公司	国有法人股	6426.00	25.50
2	中国水产烟台海洋渔业公司	国有法人股	6237.00	24.75
3	中国水产舟山海洋渔业公司	国有法人股	6237.00	24.75
4	耿汝明	流通 A 股	43.81	0.17
5	张振龙	流通 A 股	30.00	0.12
6	孙玛	流通 A 股	26.99	0.11
7	王继东	流通 A 股	22.20	0.09
8	王荣礴	流通 A 股	22.00	0.09
9	开封市金地置业有限公司	流通 A 股	19.80	0.08
10	上海建筑装饰集团申兴装饰工程公司	流通 A 股	16.00	0.06

股东人数	2004.6	2003.12	2003.6	2002
	26911	27582	28022	294484

近年分配		近年配股／增发	

重大事项

根据本公司于 2004 年 4 月 19 日召开的第二届董事会第十九次会议通过关于 2003 年度利润分配议案：每 10 股普通股派现金 0.5 元(含税)，此决议已于 2004 年 6 月 24 日获股东大会批准。

二〇〇三年以来市场表现

2003 年涨跌幅(%)	-31.12
2003 年最高(元)	9.12
2003 年最低(元)	4.80
2003 年换手率(%)	117.44
2004.06 涨跌幅(%)	-4.05
2004.06 最高(元)	7.37
2004.06 最低(元)	4.80
2004.06 换手率(%)	112.30

酒鬼酒股份有限公司

公司概况

公司名称	酒鬼酒股份有限公司			股票代码	000799		
注册地址	湖南省吉首市			邮政编码	416000		
法人代表	刘虹			董秘	张儒平		
电话	0743-8312178			传真	0743-8312079		
主营业务	生产湘泉系列白酒						
总股本	30305.00	流通A	10725.00	流通B		流通H	
审计单位				审计意见	未审计		

主要财务指标

年度	2004.6	2003	2002
每股收益/扣除后(元)	0.0990	-0.3100	-0.5000
每股经营现金流量(元)	0.5380	-0.0300	0.0200
每股净资产/调整后(元)	3.4440	2.8300	3.0300
每股公积金(元)	2.3824	2.3824	2.3767
净资产收益率(%)	2.5930	-9.2800	-12.9600
总资产(万元)	206223.31	198323.87	227876.23
股东权益(万元)	104488.59	101778.77	111622.15
未分配利润(万元)	-17487.66	-20197.00	-10177.80
主营收入(万元)	21511.69	35016.87	40014.25
资本公积金(万元)	72199.95	72199.95	72026.22
主营利润(万元)	10354.00	14464.83	16466.50
其他业务利润(万元)	-13.16	89.48	1.45
营业利润(万元)	4742.93	-10106.08	-14036.78
投资收益(万元)	-288.51	-237.19	293.57
补贴收入(万元)	10.50		
营业外收支(万元)	-12.83	-214.13	3.32
利润总额(万元)	4452.08	-10557.40	-14332.50
净利润(万元)	2709.82	-9442.74	-14471.50

十大股东

序号	股东名称	股份性质	持股数(万股)	比例(%)
1	成功控股集团有限公司	境内法人股	8800.00	29.04
2	湖南湘泉集团有限公司	国有法人股	7780.00	25.67
3	上海鸿仪投资发展有限公司	境内法人股	3000.00	9.90
4	曲玮	流通A股	43.90	0.14
5	费步青	流通A股	38.65	0.13
6	王向东	流通A股	24.96	0.08
7	韩丽	流通A股	22.33	0.07
8	林宋标	流通A股	20.98	0.07
9	戴祝英	流通A股	20.00	0.07
10	张中刚	流通A股	19.34	0.06

股东人数	2004.6	2003.12	2003.6	2002
	60754	67488	70592	74028

近年分配		近年配股/增发	

重大事项

2004年4月21日，本公司第三届董事会第二次会议否决了第二届董事会2003年度第七次会议通过的《关于资产置换暨关联交易的议案》。决定放弃以三年以上的应收账款与湘泉集团持有的湘泉大酒店75%的股权以进行置换。

二〇〇三年以来市场表现

2003年涨跌幅(%)	-28.34
2003年最高(元)	8.11
2003年最低(元)	4.60
2003年换手率(%)	119.73
2004.06涨跌幅(%)	-10.86
2004.06最高(元)	6.26
2004.06最低(元)	4.13
2004.06换手率(%)	83.44

一汽轿车股份有限公司

公司概况

公司名称	一汽轿车股份有限公司			股票代码	000800		
注册地址	长春市高新开发区汽车研究开发园区			邮政编码	130012		
法人代表	竺延风			董秘	王文权		
电话	0431-5781108			传真	0431-5781100		
主营业务	轿车整车及配件等的产销						
总股本	162750.00	流通A	54600.00	流通B		流通H	
审计单位				审计意见	未审计		

主要财务指标

年度	2004.6	2003	2002
每股收益/扣除后(元)	0.1983	0.2718	0.1558
每股经营现金流量(元)	-0.4538	1.3500	0.6400
每股净资产/调整后(元)	3.0300	2.9200	2.6200
每股公积金(元)	1.4867	1.4867	1.4859
净资产收益率(%)	6.3100	8.8600	5.5400
总资产(万元)	801774.31	911534.94	666751.06
股东权益(万元)	511419.91	495447.19	446189.47
未分配利润(万元)	72629.14	56656.36	21664.10
主营收入(万元)	576241.50	955193.00	475558.16
资本公积金(万元)	241954.50	241954.55	241827.80
主营利润(万元)	102222.37	156952.72	100436.71
其他业务利润(万元)	1198.75	1440.73	-1.10
营业利润(万元)	38721.10	62407.93	36390.07
投资收益(万元)	1817.00	808.63	-1157.53
补贴收入(万元)			
营业外收支(万元)	-21.22	-4187.58	-12.13
利润总额(万元)	40516.69	59028.98	34290.05
净利润(万元)	32247.78	43896.80	24717.00

十大股东

序号	股东名称	股份性质	持股数(万股)	比例(%)
1	中国第一汽车集团公司	国有股	103550.00	63.63
2	上海新理益投资管理有限公司	社会法人股	1950.00	1.20
3	裕隆证券投资基金	流通股	1359.98	0.84
4	同益证券投资基金	流通股	1103.69	0.68
5	银丰证券投资基金	流通股	855.51	0.53
6	海通证券股份有限公司	流通股	577.00	0.35
7	上海宝翔物资有限公司	社会法人股	550.00	0.34
8	交通银行-华安创新证券投资基金	流通股	532.48	0.33
9	上海科美创业投资管理有限公司	法人股	500.00	0.31
10	上海达君贸易有限公司	社会法人股	470.00	0.29

股东人数	2004.6	2003.12	2003.6	2002
	112412	82530	82767	212898

近年分配	2004年8月20日10派0.8	近年配股/增发	

重大事项

公司2003年度利润分配方案经2004年6月25日召开的2003年度股东大会审议通过，决定以2003年末总股本162750万股为基数，向全体股东每10股派发现金股利1元(含税)。股权登记日为2004年8月19日，除息日为2004年8月20日，红利发放日为2004年8月20日。

二〇〇三年以来市场表现

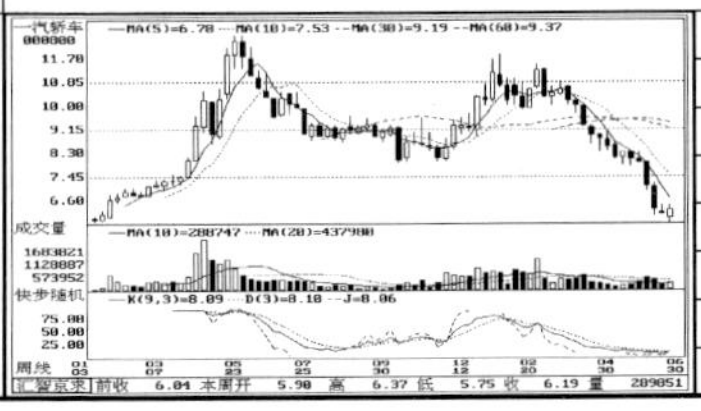

2003年涨跌幅(%)	76.61
2003年最高(元)	12.35
2003年最低(元)	5.60
2003年换手率(%)	441.65
2004.06涨跌幅(%)	-38.83
2004.06最高(元)	11.82
2004.06最低(元)	5.75
2004.06换手率(%)	210.13

四川湖山电子股份有限公司

公司概况

公司名称	四川湖山电子股份有限公司			股票代码	000801
注册地址	四川省绵阳市华兴西路1号			邮政编码	621000
法人代表	廖建明			董秘	陈禹
电话	0816-2312421,2336252			传真	0816-2336335
主营业务	专业音响、家用音响				
总股本	13203.59	流通A	3931.20	流通B	流通H
审计单位				审计意见	未审计

主要财务指标

年度	2004.6	2003	2002
每股收益/扣除后(元)	-0.0153	-0.0429	-0.1800
每股经营现金流量(元)	-0.0660	0.1900	-0.0300
每股净资产/调整后(元)	0.8400	0.8200	0.7400
每股公积金(元)	0.0352	0.0293	0.0170
净资产收益率(%)	0.5700	4.0200	-22.1000
总资产(万元)	18670.10	17481.03	19250.52
股东权益(万元)	11782.78	11636.39	11006.86
未分配利润(万元)	-5047.66	-5115.04	-5582.76
主营收入(万元)	6714.43	7524.38	4130.83
资本公积金(万元)	465.34	386.32	224.52
主营利润(万元)	1313.11	1684.61	1204.60
其他业务利润(万元)	19.74	42.17	-0.25
营业利润(万元)	142.85	458.88	-1844.09
投资收益(万元)	-7.41	-0.73	-573.87
补贴收入(万元)			
营业外收支(万元)	-10.38	14.95	-0.10
利润总额(万元)	125.06	473.10	-2452.08
净利润(万元)	67.37	467.73	-2432.98

十大股东

序号	股东名称	股份性质	持股数(万股)	比例(%)
1	四川九洲电器集团有限责任公司	境内法人股	3947.71	29.90
2	绵阳市投资(控股)集团有限公司	境内法人股	3540.29	26.81
3	上海纳米创业投资有限公司	境内法人股	1123.20	8.51
4	成都君信实业有限公司	境内法人股	399.11	3.02
5	绵阳市银星贸易公司	境内法人股	262.08	1.98
6	赵春茂	流通A股	55.24	0.42
7	孙群	流通A股	29.25	0.22
8	陈银珠	流通A股	27.50	0.21
9	朱继南	流通A股	24.86	0.19
10	刘培	流通A股	22.63	0.17

股东人数	2004.6	2003.12	2003.6	2002
	11555	12753	14149	18206

近年分配		近年配股/增发	

重大事项

2004年3月18日,公司原第二大股东四川千佛山生态旅游开发有限公司与绵阳市投资控股(集团)有限公司签订股权转让协议,由绵阳市投资控股(集团)有限公司受让四川千佛山生态旅游开发有限公司持有的本公司社会法人股份35,402,923股(占本公司总股本的26.81%)。

二〇〇三年以来市场表现

2003年涨跌幅(%)	-14.39
2003年最高(元)	10.36
2003年最低(元)	5.85
2003年换手率(%)	345.20
2004.06涨跌幅(%)	-14.08
2004.06最高(元)	9.03
2004.06最低(元)	5.91
2004.06换手率(%)	83.61

北京京西风光旅游开发股份有限公司

公司概况

公司名称	北京京西风光旅游开发股份有限公司			股票代码	000802
注册地址	北京市门头沟区新桥大街35号百花宾馆四、五层			邮政编码	102308
法人代表	刘利华			董秘	包卫刚
电话	010-69800572,89801019			传真	010-69805332
主营业务	旅游项目投资				
总股本	11625.00	流通A	3896.23	流通B	流通H
审计单位				审计意见	未审计

主要财务指标

年度	2004.6	2003	2002
每股收益/扣除后(元)	-0.1255	-0.5400	-0.5800
每股经营现金流量(元)	0.3370	-0.3000	0.7200
每股净资产/调整后(元)	1.5000	1.6000	2.1700
每股公积金(元)	1.8619	1.8619	1.8576
净资产收益率(%)	-6.6800	-32.9400	-22.0400
总资产(万元)	114999.02	114274.74	120224.90
股东权益(万元)	21679.74	23126.88	30695.73
未分配利润(万元)	-12863.24	-11416.10	-3797.24
主营收入(万元)	28538.61	34528.13	37334.27
资本公积金(万元)	21644.92	21644.92	21594.92
主营利润(万元)	3016.24	4943.25	5568.53
其他业务利润(万元)	266.54	419.01	16.96
营业利润(万元)	-1550.45	-3572.14	-4929.61
投资收益(万元)	-53.33	-2571.12	-1513.58
补贴收入(万元)			
营业外收支(万元)	12.18	-1316.03	-1.03
利润总额(万元)	-1591.60	-7459.29	-6538.40
净利润(万元)	-1447.14	-7618.86	-6764.04

十大股东

序号	股东名称	股份性质	持股数(万股)	比例(%)
1	北京戈德电子移动商务有限公司	国有法人股	7725.00	66.45
2	方勇	流通A股	37.32	0.32
3	陆熠	流通A股	24.00	0.21
4	陈锐强	流通A股	23.65	0.20
5	童德旺	流通A股	19.40	0.17
6	戈庆云	流通A股	15.18	0.13
7	王延英	流通A股	14.85	0.13
8	北京双盛楼饭店	流通A股	14.60	0.13
9	陈嘉平	流通A股	14.00	0.12
10	白莲娇	流通A股	13.00	0.11

股东人数	2004.6	2003.12	2003.6	2002
	13320	12133	13852	12831

近年分配		近年配股/增发	

重大事项

因向天津和平海湾电源集团有限公司(天津电源)对中国银行天津分行的4000万元人民币的贷款提供担保,因天津电源贷款逾期而被中国银行天津分行起诉的诉讼事项。近日公司收到天津市高级人民法院送达的民事判决书,获悉被告天津电源及本公司败诉。

二〇〇三年以来市场表现

2003年涨跌幅(%)	-38.64
2003年最高(元)	13.39
2003年最低(元)	5.71
2003年换手率(%)	222.73
2004.06涨跌幅(%)	-30.98
2004.06最高(元)	8.38
2004.06最低(元)	3.92
2004.06换手率(%)	352.80

四川金宇汽车城(集团)股份有限公司

公司概况

公司名称	四川金宇汽车城(集团)股份有限公司	股票代码	000803
注册地址	四川省南充市顺庆区延安路380号	邮政编码	637000
法人代表	陈虹宇	董秘	罗雄飞
电话	0817-2198989,2600868	传真	0817-2602653
主营业务	丝织品炼、印、染及房地产开发		
总股本	10136.10	流通A	4871.10
流通B		流通H	
审计单位	北京中喜会计师事务所	审计意见	标准无保留

主要财务指标

年度	2004.6	2003	2002
每股收益/扣除后(元)	–0.0758	0.0290	0.0220
每股经营现金流量(元)	0.1020	0.0900	0.0200
每股净资产/调整后(元)	1.6000	1.6800	1.4800
每股公积金(元)	0.1829	0.1821	0.0680
净资产收益率(%)	–3.8200	2.0000	2.0600
总资产(万元)	30438.10	30563.45	27562.49
股东权益(万元)	16451.30	17140.64	15272.86
未分配利润(万元)	1149.00	1835.88	1211.01
主营收入(万元)	2264.02	6342.49	7780.88
资本公积金(万元)	1853.81	1845.94	689.58
主营利润(万元)	71.09	664.40	888.99
其他业务利润(万元)	17.96	809.02	49.32
营业利润(万元)	–783.45	288.85	386.12
投资收益(万元)		105.49	–41.94
补贴收入(万元)		1.43	0.03
营业外收支(万元)	140.05	–16.05	–0.12
利润总额(万元)	–643.39	379.71	404.74
净利润(万元)	–628.32	343.08	315.04

十大股东

序号	股东名称	股份性质	持股数(万股)	比例(%)
1	成都金宇集团有限公司	境内法人股	3002.60	29.62
2	四川省南充市财政局	国家股	1381.00	13.62
3	四川省南充美亚时装公司	境内法人股	487.50	4.81
4	四川省南充市丝绸加工厂	境内法人股	195.00	1.92
5	四川省美鸿实业公司	境内法人股	117.00	1.15
6	上海金天网络信息有限公司	境内法人股	39.00	0.38
7	四川省岳池县蚕茧公司	境内法人股	19.50	0.19
8	四川省西充县晋新丝绸厂	境内法人股	19.50	0.19
9	张付友	流通A股	15.03	0.15
10	西安市浪花家政服务有限公司	流通A股	14.67	0.14

股东人数	2004.6	2003.12	2003.6	2002
	4012	4107	4252	4654

近年分配		近年配股/增发	

重大事项

2004年4月8日四川省广安市中级人民法院开庭审理了原南充绸厂职工周明成等人要求本公司返还股本金300万元及相应利息一案，本公司对原告诉请事项及理由均表示了反对，并提供了相关证据，目前有关诉讼正在审理中。

二〇〇三年以来市场表现

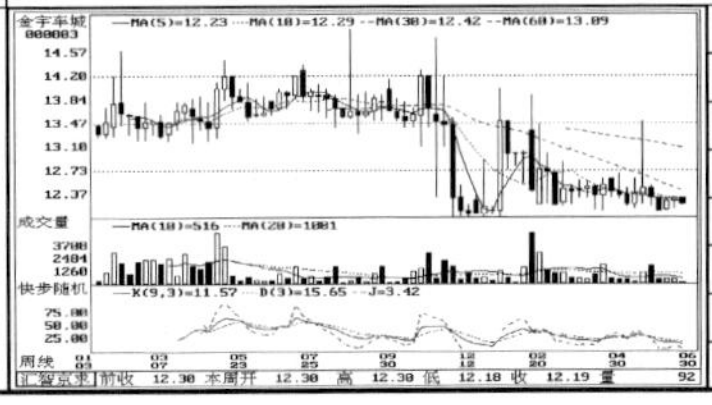

2003年涨跌幅(%)	–9.98
2003年最高(元)	14.94
2003年最低(元)	12.00
2003年换手率(%)	12.46
2004.06涨跌幅(%)	0.83
2004.06最高(元)	13.99
2004.06最低(元)	12.00
2004.06换手率(%)	4.82

江苏炎黄在线物流股份有限公司

公司概况

公司名称	江苏炎黄在线物流股份有限公司	股票代码	000805
注册地址	江苏省常州市新区河海路96号	邮政编码	213022
法人代表	陆兆祥	董秘	卢珊
电话	0519-5130805	传真	0519-5130806
主营业务	网络工程、软硬件		
总股本	5721.83	流通A	1441.82
流通B		流通H	
审计单位		审计意见	未审计

主要财务指标

年度	2004.6	2003	2002
每股收益/扣除后(元)	–0.2189	–0.0055	0.2100
每股经营现金流量(元)	–0.3110	–0.3500	–0.0400
每股净资产/调整后(元)	1.3080	1.7800	1.7000
每股公积金(元)	0.1648	0.1648	0.1638
净资产收益率(%)	–16.1500	0.7300	12.0300
总资产(万元)	21438.82	24466.79	22996.20
股东权益(万元)	7520.05	10277.77	10196.93
未分配利润(万元)	–101.57	2642.07	2594.16
主营收入(万元)	291.60	9402.09	15537.53
资本公积金(万元)	943.11	943.11	937.03
主营利润(万元)	–45.72	1564.32	2606.87
其他业务利润(万元)	120.79	137.59	9.12
营业利润(万元)	–1544.91	82.50	1234.44
投资收益(万元)	–17.28	–29.57	–21.09
补贴收入(万元)	35.00	144.39	1.83
营业外收支(万元)	2.98	–5.02	0.05
利润总额(万元)	–1524.21	192.30	1753.08
净利润(万元)	–1214.35	74.77	1226.80

十大股东

序号	股东名称	股份性质	持股数(万股)	比例(%)
1	常州东普科技发展有限公司	境内法人股	1685.33	29.45
2	银通创业投资有限公司	境内法人股	618.27	10.81
3	成都托普咨询有限责任公司	境内法人股	300.00	5.24
4	上海金专资产管理有限公司	境内法人股	250.00	4.37
5	常州嘉迅物流有限公司	境内法人股	70.00	1.22
6	上海合意实业有限公司	境内法人股	35.00	0.61
7	成都市桃花源新技术研究有限公司	境内法人股	26.40	0.46
8	吴伟英	流通A股	22.28	0.39
9	毛银全	流通A股	19.47	0.34
10	严伯顺	流通A股	17.59	0.31

股东人数	2004.6	2003.12	2003.6	2002
	8260	7931	8046	9647

近年分配		近年配股/增发	

重大事项

本公司于2004年4月向江阴市人民法院起诉江阴市成化高级中学，要求被告支付货款109,800元并承担案件诉讼费。本公司与江阴市成化高级中学于2002年7月签订买卖合同，合同货款总价183,000元，被告支付了30%款项，本公司按合同交付了货物，但被告未按合同约定及时支付60%款项计109,800元；根据合同约定，余款10%应在2004年底前付清。

二〇〇三年以来市场表现

2003年涨跌幅(%)	–40.51
2003年最高(元)	18.46
2003年最低(元)	8.90
2003年换手率(%)	163.24
2004.06涨跌幅(%)	–30.23
2004.06最高(元)	14.60
2004.06最低(元)	6.66
2004.06换手率(%)	270.90

北海银河高科技产业股份有限公司

公司概况

公司名称	北海银河高科技产业股份有限公司			股票代码	000806		
注册地址	广西北海市广东南路银河科技大厦八楼			邮政编码	536000		
法人代表	潘琦			董秘	徐宏军		
电话	0779-3202636			传真	0779-3201888		
主营业务	新型电子元器件产品						
总股本	34895.14	流通 A	18413.31	流通 B		流通 H	
审计单位				审计意见	未审计		

主要财务指标

年度	2004.6	2003	2002
每股收益/扣除后(元)	0.1934	0.2900	0.2500
每股经营现金流量(元)	0.1560	0.5800	0.2100
每股净资产/调整后(元)	3.6800	4.0100	3.5300
每股公积金(元)	1.6560	1.9044	1.8441
净资产收益率(%)	5.9100	10.0700	7.1200
总资产(万元)	257181.50	249252.16	218217.98
股东权益(万元)	129119.92	122464.40	107984.38
未分配利润(万元)	26614.94	24510.96	13713.30
主营收入(万元)	64821.29	95890.07	68167.95
资本公积金(万元)	57787.52	57787.52	55955.70
主营利润(万元)	17388.07	25810.18	18694.24
其他业务利润(万元)	156.20	440.85	29.96
营业利润(万元)	8130.89	10170.41	8719.22
投资收益(万元)	528.58	4082.73	161.67
补贴收入(万元)	80.14	264.28	11.70
营业外收支(万元)	-26.75	-46.81	-0.64
利润总额(万元)	8712.86	14470.61	9190.85
净利润(万元)	7632.84	12336.93	7693.29

十大股东

序号	股东名称	股份性质	持股数(万股)	比例(%)
1	广西银河集团有限公司	境内法人股	7466.17	21.40
2	苏州工业园区盛银投资有限公司	境内法人股	2060.23	5.90
3	北京市农村信用合作社营业部	境内法人股	1373.49	3.94
4	江苏新思维投资咨询有限公司	境内法人股	1201.80	3.44
5	中国银河证券有限责任公司	国家股	870.03	2.49
6	陕西电力燃料有限责任公司	流通 A 股	699.03	2.00
7	裕隆证券投资基金	流通 A 股	675.01	1.93
8	国航集团财务有限责任公司	流通 A 股	597.80	1.71
9	北海市高昂交通建设有限责任公司	国家股	493.58	1.41
10	中国银行－嘉实服务增值行业证券投资基金	流通 A 股	367.17	1.05

股东人数	2004.6	2003.12	2003.6	2002
	52127	57586	58190	55715

近年分配	2004 年 5 月 12 日 10 派 0.50	近年配股/增发	2004 年 5 月 12 日 10 送 1.5

重大事项

本公司控股子公司北海银河科技电气有限责任公司作为广西银河集团有限公司(本公司第一大股东)的一致行动人,收购贵州长征电器股份有限公司 22.19%股权。2004 年 3 月 12 日公司 2003 年度股东大会通过了 2003 年度利润分配方案,以方案实施前的实际股本 303,436,047 股为基数,每 10 股送 1.5 股派现金 0.5 元(含税),该项决议已于 2004 年 5 月 12 日实施完毕。

二〇〇三年以来市场表现

2003 年涨跌幅(%)	16.22
2003 年最高(元)	8.64
2003 年最低(元)	6.22
2003 年换手率(%)	244.65
2004.06 涨跌幅(%)	-2.46
2004.06 最高(元)	9.35
2004.06 最低(元)	7.00
2004.06 换手率(%)	171.98

云南铝业股份有限公司

公司概况

公司名称	云南铝业股份有限公司			股票代码	000807		
注册地址	云南省昆明市呈贡县			邮政编码	650502		
法人代表	陈智			董秘	张文伟		
电话	0871-7455858			传真	0871-7455605		
主营业务	铝冶炼、铝加工						
总股本	54600.00	流通 A	20100.00	流通 B		流通 H	
审计单位	中和正信会计师事务所			审计意见	标准无保留		

主要财务指标

年度	2004.6	2003	2002
每股收益/扣除后(元)	0.1366	0.4600	0.4400
每股经营现金流量(元)	-0.5540	0.4000	0.8500
每股净资产/调整后(元)	2.6900	4.0800	3.6340
每股公积金(元)	1.2635	2.3540	2.3529
净资产收益率(%)	5.1400	11.0400	11.5000
总资产(万元)	386911.44	348379.69	276153.53
股东权益(万元)	147084.12	148947.05	132457.27
未分配利润(万元)	8788.75	1231.66	636.81
主营收入(万元)	57120.99	146462.98	156279.69
资本公积金(万元)	68985.01	85685.01	85645.01
主营利润(万元)	9534.59	32056.65	31383.13
其他业务利润(万元)	2935.05	34.20	0.45
营业利润(万元)	5276.87	20493.87	18792.42
投资收益(万元)	3511.24	-311.91	72.01
补贴收入(万元)			
营业外收支(万元)	100.84	-820.36	-1458.94
利润总额(万元)	8888.95	19361.60	18040.46
净利润(万元)	7557.09	16449.79	15234.26

十大股东

序号	股东名称	股份性质	持股数(万股)	比例(%)
1	云南冶金集团总公司	国有股	34500.00	63.19
2	中国银行－金属成份股优选证券投资基金	流通股	120.00	0.22
3	梁淑珍	流通股	71.39	0.13
4	王多红	流通股	62.65	0.11
5	赵小龙	流通股	61.71	0.11
6	吉林天信投资管理股份有限公司	流通股	61.35	0.11
7	任再龙	流通股	61.01	0.11
8	于怀军	流通股	60.00	0.11
9	宁波大榭开发区投资控股有限公司	流通股	60.00	0.11
10	顾遵红	流通股	58.93	0.11

股东人数	2004.6	2003.12	2003.6	2002
	45279	50407	53341	

近年分配	2004 年 5 月 20 日 10 派 3.00	近年配股/增发	2004 年 5 月 20 日 10 转 5

重大事项

公司 2004 年 3 月 24 日召开的 2003 年度股东大会审议通过的 2003 年度利润分配方案为:以总股本 36400 万股为基数,每 10 股派发现金红利 3.0 元(含税);实施资本公积金转增股本,以总股本 36400 万股为基数,每 10 股转增 5 股。本次利润分配及资本公积金转增股本于 2004 年 5 月 20 日实施完毕。

二〇〇三年以来市场表现

2003 年涨跌幅(%)	-1.80
2003 年最高(元)	5.77
2003 年最低(元)	4.15
2003 年换手率(%)	153.95
2004.06 涨跌幅(%)	-11.43
2004.06 最高(元)	7.03
2004.06 最低(元)	4.04
2004.06 换手率(%)	102.56

四川中汇医药(集团)股份有限公司

公司概况

公司名称	四川中汇医药(集团)股份有限公司	股票代码	000809
注册地址	成都高新区技术创新服务中心西部园区基地A-215	邮政编码	610036
法人代表	封玮	董秘	余武柏
电话	028-87503810	传真	028-87509860
主营业务	各种规格的纺织品		
总股本	11457.00	流通A 3500.00	流通B / 流通H
审计单位		审计意见	未审计

主要财务指标

年度	2004.6	2003	2002
每股收益/扣除后(元)	0.0398	-0.5770	-0.4900
每股经营现金流量(元)	0.0230	0.1000	0.1500
每股净资产/调整后(元)	1.0360	1.0000	0.7900
每股公积金(元)	0.2748	0.2748	0.2748
净资产收益率(%)	4.0800	9.6200	-54.0000
总资产(万元)	22096.59	18870.97	38638.91
股东权益(万元)	11972.33	11483.76	10413.10
未分配利润(万元)	-3293.97	-3782.55	-4853.21
主营收入(万元)	4451.26	26337.01	31648.93
资本公积金(万元)	3148.70	3148.70	3148.70
主营利润(万元)	3554.92	1453.67	-1381.74
其他业务利润(万元)	-0.29	172.70	-9.94
营业利润(万元)	880.26	-4815.63	-5687.67
投资收益(万元)	-112.92	-252.71	-65.08
补贴收入(万元)			
营业外收支(万元)	-1.65	6050.83	-0.11
利润总额(万元)	765.68	982.49	-5763.35
净利润(万元)	488.57	1104.61	-5622.95

十大股东

序号	股东名称	股份性质	持股数(万股)	比例(%)
1	四川省纺织集团有限责任公司	国家股	5007.00	43.70
2	成都市国有资产投资经营公司	国家股	1550.00	13.53
3	成都市国有资产管理局	国家股	950.00	8.29
4	珠海经济特区富华投资公司	境内法人股	200.00	1.75
5	深圳市达晨创业投资有限公司	境内法人股	100.00	0.87
6	深圳宝恒集团股份有限公司	境内法人股	50.00	0.44
7	浙江省轻纺集团公司	境内法人股	50.00	0.44
8	陈铉	流通A股	43.00	0.38
9	成都纺织品进出口公司	境内法人股	30.00	0.26
10	何倩	流通A股	22.36	0.20

股东人数

2004.6	2003.12	2003.6	2002
13777	15795	16369	19157

近年分配		近年配股/增发	

重大事项

2004年3月23日,公司召开第五届董事会第五次会议,审议通过了《关于控股子公司—成都中汇制药有限公司向中国中医药研究院中汇制药公司收购厂房土地等固定资产的议案》。公司的控股子公司根据该决议于2004年4月5日与中医中汇签订《资产购买协议书》。根据《资产购买协议书》,本公司的控股子公司拟向中医中汇购买生产所使用的厂房、土地、办公综合楼等固定资产。以2003年12月31日为基准日,公司拟用自有资金和部分贷款,以5500万元作为资产收购价格进行购买。

二○○三年以来市场表现

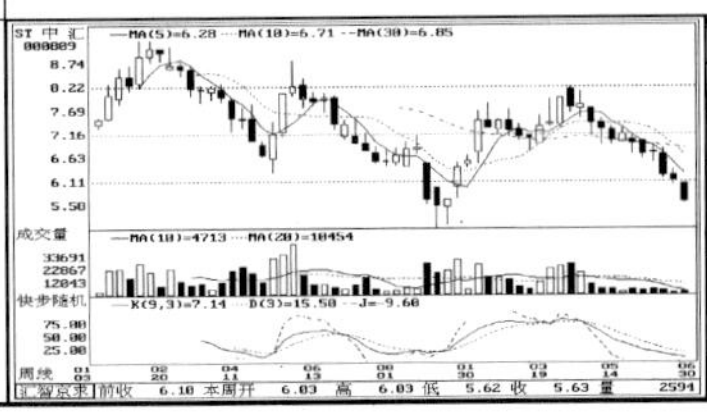

2003年涨跌幅(%)	-28.80
2003年最高(元)	9.27
2003年最低(元)	5.29
2003年换手率(%)	146.78
2004.06涨跌幅(%)	6.43
2004.06最高(元)	8.18
2004.06最低(元)	5.05
2004.06换手率(%)	85.16

华润锦华股份有限公司

公司概况

公司名称	华润锦华股份有限公司	股票代码	000810
注册地址	四川省遂宁市遂州中路309号	邮政编码	629000
法人代表	傅春意	董秘	张正斌
电话	0825-2287305	传真	0825-2283399
主营业务	纺纱、织布、纺织品		
总股本	12966.57	流通A 4914.00	流通B / 流通H
审计单位		审计意见	未审计

主要财务指标

年度	2004.6	2003	2002
每股收益/扣除后(元)	0.0170	0.0800	0.0900
每股经营现金流量(元)	0.2890	0.5100	0.1200
每股净资产/调整后(元)	1.5700	1.5100	1.3100
每股公积金(元)	0.2697	0.2617	0.2617
净资产收益率(%)	2.7800	7.2800	7.2100
总资产(万元)	79686.51	71488.92	59028.64
股东权益(万元)	20447.11	19775.28	18252.89
未分配利润(万元)	2813.65	2246.01	1038.51
主营收入(万元)	30373.38	46640.61	44264.12
资本公积金(万元)	3497.14	3392.95	3392.94
主营利润(万元)	3197.81	6889.33	7078.81
其他业务利润(万元)	146.68	253.21	-0.27
营业利润(万元)	881.33	2520.84	2398.77
投资收益(万元)	-37.45	-139.44	-95.27
补贴收入(万元)	333.00	362.46	-3.61
营业外收支(万元)	14.33	48.42	-0.11
利润总额(万元)	1191.21	2792.28	2469.60
净利润(万元)	567.64	1440.08	1315.32

十大股东

序号	股东名称	股份性质	持股数(万股)	比例(%)
1	华润轻纺(集团)有限公司	外资股	6612.30	50.99
2	遂宁兴业资产经营公司	国有股	1095.80	8.45
3	四川省遂宁锦华劳动服务公司	法人股	98.28	0.76
4	四川遂宁船山乡吴家湾村六社	法人股	81.08	0.63
5	四川遂宁船山乡吴家湾村七社	法人股	66.34	0.51
6	遂宁市金宁商贸有限公司	法人股	49.14	0.38
7	全国社保基金一零二组合	社会公众股	46.00	0.35
8	海口欣成装饰工程有限公司	社会公众股	36.17	0.28
9	王文金	社会公众股	25.27	0.19
10	四川省遂宁群康印染厂	境内法人股	24.57	0.19

股东人数

2004.6	2003.12	2003.6	2002
10126	11820	12566	4170

近年分配		近年配股/增发	

重大事项

2003年10月23日,本公司与华润纺织原料有限公司签署了关于本公司受让烟台华润纤维有限公司(华润纤维)52%股权的《股权转让协议》。华润纤维于2004年3月17日办理完毕工商变更登记手续并获烟台市工商行政管理局换发《企业法人营业执照》。

二○○三年以来市场表现

2003年涨跌幅(%)	-59.93
2003年最高(元)	17.45
2003年最低(元)	6.70
2003年换手率(%)	418.64
2004.06涨跌幅(%)	-11.13
2004.06最高(元)	9.99
2004.06最低(元)	6.05
2004.06换手率(%)	163.94

烟台冰轮股份有限公司

公司概况

公司名称	烟台冰轮股份有限公司	股票代码	000811
注册地址	烟台市芝罘区西山路 80 号	邮政编码	264000
法人代表	刘立新	董秘	孙秀欣
电话	0535-6243451-6503,6243558	传真	0535-6243558
主营业务	生产经营国防、科研		
总股本	17537.66	流通 A	6327.36
流通 B		流通 H	
审计单位		审计意见	未审计

主要财务指标

年度	2004.6	2003	2002
每股收益 / 扣除后(元)	0.1208	0.2008	0.2900
每股经营现金流量(元)	0.4690	0.1200	0.6700
每股净资产 / 调整后(元)	2.2500	2.2000	2.3000
每股公积金(元)	0.7524	0.7521	0.7745
净资产收益率(%)	5.2400	8.9100	12.2100
总资产(万元)	106600.06	97214.27	86855.42
股东权益(万元)	40154.56	39806.65	28969.60
未分配利润(万元)	3967.21	3624.41	2083.58
主营收入(万元)	39833.54	70807.11	52974.05
资本公积金(万元)	13195.20	13190.10	9577.95
主营利润(万元)	7821.44	14112.78	11785.27
其他业务利润(万元)	360.25	620.22	192.46
营业利润(万元)	1583.94	2679.90	3030.90
投资收益(万元)	1225.44	1811.86	1556.25
补贴收入(万元)		45.19	-0.13
营业外收支(万元)	-24.69	29.42	1.27
利润总额(万元)	2784.69	4566.37	4634.92
净利润(万元)	2102.21	3546.47	3535.87

十大股东

序号	股东名称	股份性质	持股数(万股)	比例(%)
1	烟台市国有资产管理局	国家股	8530.25	48.64
2	烟台制冷空调实业公司	境内法人股	2680.05	15.28
3	王欣	流通 A 股	28.36	0.16
4	梁明	流通 A 股	25.59	0.15
5	余斌	流通 A 股	25.35	0.14
6	何丽萍	流通 A 股	24.37	0.14
7	李幼兰	流通 A 股	16.22	0.09
8	李英杰	流通 A 股	15.67	0.09
9	练卫兵	流通 A 股	15.57	0.09
10	李明鑫	流通 A 股	15.30	0.09

股东人数	2004.6	2003.12	2003.6	2002
	25552	23371	23250	19032

近年分配	2004 年 5 月 19 日 10 派 1.00	近年配股 / 增发	

重大事项

2004 年 3 月 19 日召开的 2003 年度股东大会审议通过了 2003 年度利润分配方案：以 2003 年 12 月 31 日总股本 175,376,630 股为基数，向全体股东每 10 股派发现金红利 1 元(含税)。股权登记日为 2004 年 5 月 18 日，除息日为 2004 年 5 月 19 日。

二○○三年以来市场表现

2003 年涨跌幅(%)	-25.17
2003 年最高(元)	8.60
2003 年最低(元)	5.21
2003 年换手率(%)	194.94
2004.06 涨跌幅(%)	10.35
2004.06 最高(元)	7.65
2004.06 最低(元)	5.40
2004.06 换手率(%)	232.25

陕西金叶科教集团股份有限公司

公司概况

公司名称	陕西金叶科教集团股份有限公司	股票代码	000812
注册地址	陕西省西安市高新技术开发区(西区)高新三路 9 号	邮政编码	710016
法人代表	田晓康	董秘	王进春
电话	029-86246725	传真	029-86246715
主营业务	烟、酒、食品的包装		
总股本	23700.77	流通 A	11024.64
流通 B		流通 H	
审计单位		审计意见	未审计

主要财务指标

年度	2004.6	2003	2002
每股收益 / 扣除后(元)	0.0242	0.1670	0.1330
每股经营现金流量(元)	0.0330	0.4600	0.1000
每股净资产 / 调整后(元)	1.9860	2.1000	1.9400
每股公积金(元)	0.6866	0.6866	0.5676
净资产收益率(%)	1.0100	7.5300	6.9900
总资产(万元)	84664.94	88722.01	91819.07
股东权益(万元)	50683.89	52541.45	38853.53
未分配利润(万元)	5490.13	5282.45	4606.33
主营收入(万元)	12385.46	28528.28	29744.37
资本公积金(万元)	16272.28	16272.28	10789.89
主营利润(万元)	3058.97	6748.24	7599.52
其他业务利润(万元)	272.02	349.17	12.50
营业利润(万元)	726.88	2754.95	3247.13
投资收益(万元)	20.76	1894.94	539.37
补贴收入(万元)		71.85	-0.80
营业外收支(万元)	-72.10	-80.65	3.11
利润总额(万元)	675.55	4641.08	3713.81
净利润(万元)	512.53	3954.25	2716.79

十大股东

序号	股东名称	股份性质	持股数(万股)	比例(%)
1	陕西省印刷厂	国有法人股	3603.92	15.21
2	当阳市玉阳实业总公司	境内法人股	2095.32	8.84
3	中国烟草总公司陕西省公司	国有法人股	1231.72	5.20
4	宝鸡卷烟厂	国有法人股	832.55	3.51
5	陕西省投资公司	国有法人股	741.31	3.13
6	陕西省烟草公司西安分公司	国有法人股	553.51	2.34
7	当阳市兴利贸易公司	境内法人股	547.52	2.31
8	湖北三峡烟草有限公司	国有法人股	450.45	1.90
9	旬阳卷烟厂	国有法人股	416.28	1.76
10	延安卷烟厂	国有法人股	416.28	1.76

股东人数	2004.6	2003.12	2003.6	2002
	45018	44116	44795	46701

近年分配	2004 年 5 月 25 日 10 派 1.00	近年配股 / 增发	

重大事项

本公司 2003 年度股东大会审议通过的 2003 年度利润分配方案为：以 2003 年末总股本 237,007,658 股为基数，向全体股东每 10 股派现金人民币 1.00 元(含税，扣税后社会公众股中的个人股东和投资基金实际每 10 股派 0.8 元现金)。该方案于 2004 年 5 月 25 日已经实施。

二○○三年以来市场表现

2003 年涨跌幅(%)	-21.26
2003 年最高(元)	7.73
2003 年最低(元)	4.83
2003 年换手率(%)	81.89
2004.06 涨跌幅(%)	3.13
2004.06 最高(元)	8.50
2004.06 最低(元)	5.02
2004.06 换手率(%)	153.61

新疆天山毛纺织股份有限公司

公司概况

公司名称	新疆天山毛纺织股份有限公司	股票代码	000813
注册地址	新疆乌鲁木齐市银川路1号	邮政编码	830054
法人代表	张自强	董秘	刘冰
电话	0991-4336068	传真	0991-4310472,4310456
主营业务	羊绒衫、羊绒纱		
总股本	36345.60	流通A	10997.62
流通B		流通H	
审计单位		审计意见	未审计

主要财务指标

年度	2004.6	2003	2002
每股收益/扣除后(元)	-0.3140	-0.6400	0.0200
每股经营现金流量(元)	-0.0160	-0.0200	0.0880
每股净资产/调整后(元)	0.9210	1.1800	1.6910
每股公积金(元)	1.0625	1.0550	1.0551
净资产收益率(%)	-33.6900	-46.0400	0.8500
总资产(万元)	88454.59	105547.51	122418.93
股东权益(万元)	33927.87	44391.12	64946.68
未分配利润(万元)	-45562.09	-34700.82	-14217.80
主营收入(万元)	12278.44	37916.01	37209.63
资本公积金(万元)	38620.92	38343.58	38346.47
主营利润(万元)	3906.39	-1916.34	5341.53
其他业务利润(万元)	-32.15	-144.85	-0.38
营业利润(万元)	-5188.04	-18700.40	-902.99
投资收益(万元)	-6662.77	689.88	1249.83
补贴收入(万元)	75.63	58.30	2.46
营业外收支(万元)	-723.68	-2454.46	-0.37
利润总额(万元)	-12498.86	-20406.69	460.32
净利润(万元)	-11429.38	-20437.46	551.52

十大股东

序号	股东名称	股份性质	持股数(万股)	比例(%)
1	新疆维吾尔自治区国有资产投资经营有限公司	国家股	12310.82	33.87
2	香港天山毛纺织有限公司	外资法人股	8281.06	22.78
3	乌鲁木齐市国有资产经营有限公司	国家股	3077.70	8.47
4	香港国际棉业有限公司	外资法人股	892.24	2.45
5	新疆维吾尔自治区供销合作社联合社	境内法人股	785.77	2.16
6	解勤	流通A股	77.68	0.21
7	余林根	流通A股	33.67	0.09
8	王焕英	流通A股	29.68	0.08
9	张驰新	流通A股	29.43	0.08
10	陆海空	流通A股	23.56	0.06

股东人数	2004.6	2003.12	2003.6	2002
	63329	67205	68713	71825

近年分配		近年配股/增发	

重大事项

公司于2004年3月公告将公司所持有的乌鲁木齐有线广播传输有限公司3000万股份转让,目前仍有部分转让款项未能按协议收回,公司股权转让手续未在工商部门办理。

二〇〇三年以来市场表现

2003年涨跌幅(%)	-32.97
2003年最高(元)	6.50
2003年最低(元)	3.51
2003年换手率(%)	123.78
2004.06涨跌幅(%)	0.27
2004.06最高(元)	5.24
2004.06最低(元)	3.53
2004.06换手率(%)	140.57

宁夏美利纸业股份有限公司

公司概况

公司名称	宁夏美利纸业股份有限公司	股票代码	000815
注册地址	宁夏回族自治区银川市	邮政编码	751700
法人代表	刘崇喜	董秘	闫学廷
电话	0953-7679339	传真	0953-7679216,7679339
主营业务	机制纸的制造		
总股本	13200.00	流通A	6500.00
流通B		流通H	
审计单位		审计意见	未审计

主要财务指标

年度	2004.6	2003	2002
每股收益/扣除后(元)	0.2321	0.3600	0.3200
每股经营现金流量(元)	0.1970	1.0830	0.4168
每股净资产/调整后(元)	5.2700	5.0355	4.6922
每股公积金(元)	2.4787	2.4787	2.4778
净资产收益率(%)	4.3800	6.9175	6.9849
总资产(万元)	231775.84	238252.06	193098.12
股东权益(万元)	69609.00	66564.51	61948.20
未分配利润(万元)	19615.77	17002.93	13109.39
主营收入(万元)	37318.92	65163.94	47463.58
资本公积金(万元)	32719.13	32719.13	32707.45
主营利润(万元)	6473.95	11445.68	7711.92
其他业务利润(万元)	79.42	88.81	-1.35
营业利润(万元)	3043.11	4687.38	4291.09
投资收益(万元)	68.25		
补贴收入(万元)			
营业外收支(万元)	-65.71	-87.93	-0.27
利润总额(万元)	3045.65	4599.45	4330.37
净利润(万元)	3044.89	4604.62	4327.07

十大股东

序号	股东名称	股份性质	持股数(万股)	比例(%)
1	宁夏美利纸业集团有限责任公司	境内法人股	5300.00	40.15
2	包头市万龙房地产开发有限公司	境内法人股	482.56	3.66
3	上海北亚瑞松贸易发展有限公司	境内法人股	300.00	2.27
4	北京市自来水集团有限责任公司	境内法人股	217.44	1.65
5	宁夏回族自治区百货总公司	境内法人股	200.00	1.52
6	宁夏亘元集团有限公司	境内法人股	151.48	1.15
7	北京东方诚信投资有限公司	流通A股	79.50	0.60
8	郝新伟	流通A股	36.31	0.28
9	哈尔滨东安机电制造有限责任公司	流通A股	33.90	0.26
10	刁志华	流通A股	30.00	0.23

股东人数	2004.6	2003.12	2003.6	2002
	24559	25761	25194	25530

近年分配		近年配股/增发	

重大事项

在中国证券监督管理委员会发行审核委员会第28次会议上,本公司配股 申请未获通过。2004年上半年,公司对外担保余额为28320万元,其中对宁夏吴忠仪表股份有限公司提供担保27820万元,对北京绿色远景工贸有限公司提供担保500万元。

二〇〇三年以来市场表现

2003年涨跌幅(%)	-5.35
2003年最高(元)	9.21
2003年最低(元)	6.62
2003年换手率(%)	150.31
2004.06涨跌幅(%)	-9.66
2004.06最高(元)	8.55
2004.06最低(元)	6.50
2004.06换手率(%)	92.13

江苏江淮动力股份有限公司

公司概况

公司名称	江苏江淮动力股份有限公司			股票代码	000816		
注册地址	江苏省盐城市环城西路213号			邮政编码	224001		
法人代表	朱瑞龙		董秘	王乃强			
电话	0515-8881908		传真	0515-8881816			
主营业务	单、多缸柴油机						
总股本	30620.00	流通A	11440.00	流通B		流通H	
审计单位			审计意见	未审计			

主要财务指标

年度	2004.6	2003	2002
每股收益/扣除后(元)	0.0491	-0.5273	-0.4236
每股经营现金流量(元)	0.0370	-0.0500	-0.1400
每股净资产/调整后(元)	3.1470	3.1000	3.7900
每股公积金(元)	2.1685	2.1685	2.1696
净资产收益率(%)	1.4000	-19.4500	-11.3000
总资产(万元)	178600.98	168547.58	211074.30
股东权益(万元)	96420.52	95071.68	116083.38
未分配利润(万元)	-7123.42	-8472.26	12218.76
主营收入(万元)	74231.64	141449.36	160025.22
资本公积金(万元)	66398.84	66398.84	66432.78
主营利润(万元)	10611.61	23955.17	27954.16
其他业务利润(万元)	315.82	720.56	-6.42
营业利润(万元)	2147.58	-9922.07	-12317.47
投资收益(万元)	-56.14	-1657.05	-284.06
补贴收入(万元)	6.00	106.36	6.07
营业外收支(万元)	-176.01	-6337.08	-4.23
利润总额(万元)	1921.44	-17809.84	-12896.79
净利润(万元)	1348.84	-18494.20	-13116.56

十大股东

序号	股东名称	股份性质	持股数(万股)	比例(%)
1	江苏江动集团有限公司	境内法人股	19180.00	62.64
2	湘财证券有限责任公司	流通A股	541.93	1.77
3	叶利海	流通A股	163.26	0.53
4	重庆国际信托投资有限公司	流通A股	134.55	0.44
5	张丽萍	流通A股	120.01	0.39
6	陈敏	流通A股	89.36	0.29
7	张祥华	流通A股	81.30	0.27
8	詹永祖	流通A股	65.19	0.21
9	袁玉珍	流通A股	54.81	0.18
10	王和芳	流通A股	47.15	0.15

股东人数	2004.6	2003.12	2003.6	2002
	40146	47882	49421	51341

近年分配		近年配股/增发	

重大事项

公司根据与盐城市江动曲轴制造有限公司签订的《固定资产租赁协议》，向盐城市江动曲轴制造有限公司出租固定资产，其资产净值为941.64万元，并收取租赁费82.59万元。

二〇〇三年以来市场表现

2003年涨跌幅(%)	-23.11
2003年最高(元)	7.75
2003年最低(元)	4.42
2003年换手率(%)	152.55
2004.06涨跌幅(%)	-16.57
2004.06最高(元)	6.77
2004.06最低(元)	4.04
2004.06换手率(%)	125.14

辽河金马油田股份有限公司

公司概况

公司名称	辽河金马油田股份有限公司			股票代码	000817		
注册地址	辽宁省盘锦市兴隆台区振兴街			邮政编码	124010		
法人代表	王春鹏		董秘	李忠涛			
电话	0427-7298299		传真	0427-7298293			
主营业务	石油、天然气的勘探						
总股本	110000.00	流通A	20000.00	流通B		流通H	
审计单位			审计意见	未审计			

主要财务指标

年度	2004.6	2003	2002
每股收益/扣除后(元)	0.2496	0.5100	0.3600
每股经营现金流量(元)	0.4170	0.6700	0.6200
每股净资产/调整后(元)	2.6400	2.7800	2.2900
每股公积金(元)	0.7674	0.7674	0.7674
净资产收益率(%)	9.7000	17.6000	15.7900
总资产(万元)	317146.66	321583.28	293875.41
股东权益(万元)	289902.09	305784.94	251974.19
未分配利润(万元)	65580.66	81463.51	35724.36
主营收入(万元)	68763.99	138690.47	120589.18
资本公积金(万元)	84409.27	84409.27	84409.27
主营利润(万元)	42463.14	85319.66	67018.65
其他业务利润(万元)			
营业利润(万元)	40987.14	81922.55	63947.68
投资收益(万元)	986.76	3466.50	2070.40
补贴收入(万元)			
营业外收支(万元)	-8.00	-5353.53	-4950.55
利润总额(万元)	41965.91	80035.52	60668.91
净利润(万元)	28117.16	53810.76	39786.44

十大股东

序号	股东名称	股份性质	持股数(万股)	比例(%)
1	中国石油天然气股份有限公司	国有法人股	90000.00	81.82
2	天华证券投资基金	流通A股	312.93	0.28
3	裕阳证券投资基金	流通A股	117.43	0.11
4	上海富融投资有限公司	流通A股	110.73	0.10
5	中国建设银行-博时裕富证券投资基金	流通A股	94.06	0.09
6	陈欣	流通A股	50.00	0.05
7	健康元药业集团股份有限公司	流通A股	50.00	0.05
8	中国工商银行-融通深证100指数证券投资基金	流通A股	49.35	0.04
9	尹广兴	流通A股	42.94	0.04
10	魏燕	流通A股	39.93	0.04

股东人数	2004.6	2003.12	2003.6	2002
	71719	74298	80948	97129

近年分配		近年配股/增发	
	2004年6月2日10派4.00		

重大事项

经公司2003年股东年会审议通过，以报告期末总股本110000万股为基数，向全体股东每10股派发现金红利4元(含税)。此项利润分配方案已于2004年6月1日实施。

二〇〇三年以来市场表现

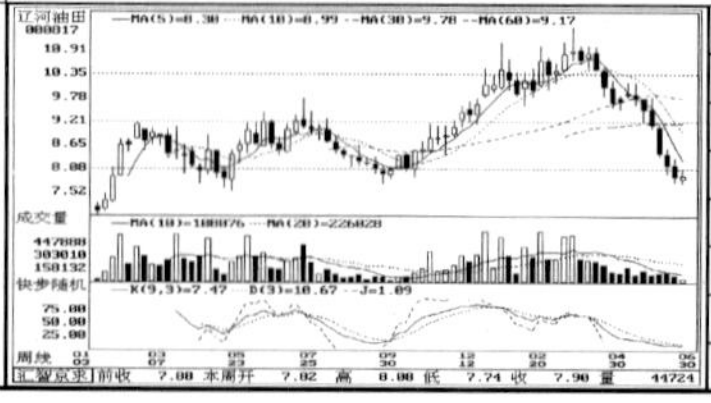

2003年涨跌幅(%)	43.61
2003年最高(元)	10.09
2003年最低(元)	6.35
2003年换手率(%)	567.83
2004.06涨跌幅(%)	-17.28
2004.06最高(元)	11.08
2004.06最低(元)	7.74
2004.06换手率(%)	295.12

锦化化工集团氯碱股份有限公司

公司概况

公司名称	锦化化工集团氯碱股份有限公司	股票代码	000818
注册地址	辽宁省葫芦岛市连山区化工街	邮政编码	125001
法人代表	陈世杰	董秘	赵志鹏
电话	0429-2709065	传真	0429-2901152
主营业务	烧碱、聚氯乙烯		

总股本	34000.00	流通 A	9000.00	流通 B		流通 H	
审计单位				审计意见	未审计		

主要财务指标

年度	2004.6	2003	2002
每股收益/扣除后(元)	-0.0097	-0.0472	0.0100
每股经营现金流量(元)	0.3550	-0.2000	0.6400
每股净资产/调整后(元)	3.2240	3.2400	3.2400
每股公积金(元)	2.1951	2.1951	2.1951
净资产收益率(%)	0.1030	0.5600	0.2400
总资产(万元)	349299.41	319913.66	310008.28
股东权益(万元)	115437.05	115318.65	114673.63
未分配利润(万元)	4607.47	4489.06	3844.04
主营收入(万元)	105807.11	177330.83	139040.80
资本公积金(万元)	74632.58	74632.58	74632.58
主营利润(万元)	7196.07	12657.39	5365.83
其他业务利润(万元)	54.29	293.39	5.64
营业利润(万元)	328.53	1801.66	-1759.56
投资收益(万元)		440.51	2218.10
补贴收入(万元)			
营业外收支(万元)	-158.78	-1242.16	-2.15
利润总额(万元)	169.75	1000.01	275.24
净利润(万元)	118.40	645.02	275.24

十大股东

序号	股东名称	股份性质	持股数(万股)	比例(%)
1	锦化化工(集团)有限责任公司	国有法人股	25000.00	73.53
2	张夏茹	流通A股	39.33	0.12
3	赵国生	流通A股	32.81	0.10
4	李冠丘	流通A股	27.60	0.08
5	陈斌煌	流通A股	26.30	0.08
6	张平	流通A股	19.75	0.06
7	刘振林	流通A股	19.12	0.06
8	刘明明	流通A股	18.76	0.06
9	陈吉	流通A股	18.01	0.05
10	徐峻宁	流通A股	17.93	0.05

股东人数	2004.6	2003.12	2003.6	2002
	33742	34289	35712	35427

近年分配		近年配股/增发	

重大事项

本公司在生产经营过程中，存在与控股股东关联交易和债权债务往来。本公司与控股股东签订了《动能服务合同》、《综合服务合同》、《委托处理污水协议》等关联交易项目协议，以规范和约定双方在关联交易中的权利、义务及行为。

二〇〇三年以来市场表现

2003 年涨跌幅(%)	-18.97
2003 年最高(元)	6.80
2003 年最低(元)	3.94
2003 年换手率(%)	237.57
2004.06 涨跌幅(%)	-0.49
2004.06 最高(元)	5.36
2004.06 最低(元)	3.98
2004.06 换手率(%)	121.84

岳阳兴长石化股份有限公司

公司概况

公司名称	岳阳兴长石化股份有限公司	股票代码	000819
注册地址	湖南省岳阳市云溪区	邮政编码	414012
法人代表	王胜利	董秘	彭东升
电话	0730-8843910	传真	0730-8843910
主营业务	聚丙烯、甲醇		

总股本	16513.39	流通 A	5210.32	流通 B		流通 H	
审计单位				审计意见	未审计		

主要财务指标

年度	2004.6	2003	2002
每股收益/扣除后(元)	0.0785	0.1180	0.0820
每股经营现金流量(元)	-0.1450	-0.6000	0.2570
每股净资产/调整后(元)	2.2960	2.2800	2.1980
每股公积金(元)	0.4831	0.4831	0.4825
净资产收益率(%)	3.4040	6.4000	6.4260
总资产(万元)	81469.80	70745.07	60869.39
股东权益(万元)	38402.37	38746.63	36729.06
未分配利润(万元)	5466.60	5810.86	4106.85
主营收入(万元)	64649.41	103828.79	81441.25
资本公积金(万元)	7977.16	7977.16	7967.16
主营利润(万元)	4457.97	8290.81	6739.36
其他业务利润(万元)	-57.79	30.26	0.33
营业利润(万元)	1792.29	3088.60	3144.38
投资收益(万元)	54.58	-60.22	-122.86
补贴收入(万元)		10.08	10.08
营业外收支(万元)	-33.20	606.79	-0.10
利润总额(万元)	1813.67	3645.24	3011.73
净利润(万元)	1307.08	2479.99	2360.21

十大股东

序号	股东名称	股份性质	持股数(万股)	比例(%)
1	岳阳长炼兴长企业集团公司	发起人股	4616.07	27.95
2	中国石化集团长岭炼油化工有限责任公司	国有法人股	4545.00	27.52
3	岳阳富兴集团有限公司	发起人股	1800.00	10.90
4	长炼职工技术协会	法人股	128.25	0.78
5	长炼职工大学	法人股	128.25	0.78
6	岳阳长炼长庆经贸公司	法人股	85.50	0.52
7	江苏弘业国际集团有限公司	流通股	48.10	0.29
8	汪廷秀	流通股	29.93	0.18
9	虞维平	流通股	28.59	0.17
10	张永和	流通股	26.62	0.16

股东人数	2004.6	2003.12	2003.6	2002
	17562	17588	17263	17803

近年分配	2004 年 5 月 13 日 10 派 1.00	近年配股/增发	

重大事项

2004 年 2 月 10 日，本公司与长岭炼化岳阳工程设计有限公司签订《资产转让协议书》，将 3 万吨/a 催化裂化催化剂装置工程项目，按该资产实际支付的价值进行转让，转让价格为 800 万元。

二〇〇三年以来市场表现

2003 年涨跌幅(%)	-42.81
2003 年最高(元)	11.91
2003 年最低(元)	5.89
2003 年换手率(%)	98.81
2004.06 涨跌幅(%)	8.07
2004.06 最高(元)	9.25
2004.06 最低(元)	6.10
2004.06 换手率(%)	85.35

金城造纸股份有限公司

公司概况

公司名称	金城造纸股份有限公司		股票代码	000820	
注册地址	辽宁省凌海市金城街		邮政编码	121203	
法人代表	柏丹		董秘	吕立	
电话	0416-8285085		传真	0416-8282534	
主营业务	机制纸浆、机制纸				
总股本	21141.60	流通 A	7736.46	流通 B	流通 H
审计单位			审计意见	未审计	

主要财务指标

年度	2004.6	2003	2002
每股收益/扣除后(元)	0.0100	0.0250	0.0270
每股经营现金流量(元)	0.0660	0.5600	0.0060
每股净资产/调整后(元)	2.4680	2.4600	2.5175
每股公积金(元)	0.6987	0.6993	0.6988
净资产收益率(%)	0.3400	0.8400	1.4500
总资产(万元)	171598.48	165190.64	152397.80
股东权益(万元)	54587.00	54412.27	54161.81
未分配利润(万元)	9689.16	9501.20	9368.93
主营收入(万元)	29959.92	55355.03	51967.90
资本公积金(万元)	14771.16	14784.39	14774.42
主营利润(万元)	7306.24	11679.96	11852.07
其他业务利润(万元)	-52.39	30.56	0.39
营业利润(万元)	314.26	458.09	1341.66
投资收益(万元)		0.02	
补贴收入(万元)			
营业外收支(万元)	-33.81	-110.31	4.52
利润总额(万元)	280.54	347.80	1193.78
净利润(万元)	187.96	455.88	784.38

十大股东

序号	股东名称	股份性质	持股数(万股)	比例(%)
1	金城造纸集团有限责任公司	国有法人股	6610.04	31.27
2	三亚南龙经贸有限公司	境内法人股	1000.00	4.73
3	深圳市汇银峰投资有限公司	境内法人股	1000.00	4.73
4	上海上科科技投资有限公司	境内法人股	868.00	4.11
5	龙口市名成投资管理咨询有限公司	境内法人股	500.00	2.37
6	宁夏大元化式股份有限公司	境内法人股	450.00	2.13
7	浙江茂华实业有限公司	境内法人股	300.00	1.42
8	三亚龙珠海产有限公司	境内法人股	300.00	1.42
9	三亚华创实业有限公司	境内法人股	250.00	1.18
10	江苏苏嘉投资集团有限公司	境内法人股	170.00	0.80

股东人数	2004.6	2003.12	2003.6	2002
	33066	34996	37255	38229

近年分配		近年配股/增发	

重大事项

公司第一大股东金城造纸(集团)有限责任公司因欠外部单位货款，其持有的本公司6610.04万股国有法人股，继续被锦州市中级人民法院冻结。2004年4月13日公司为深圳市辰奥实业有限公司提供5000万元的担保。

二○○三年以来市场表现

2003年涨跌幅(%)	-25.75
2003年最高(元)	7.57
2003年最低(元)	4.40
2003年换手率(%)	112.14
2004.06涨跌幅(%)	-15.96
2004.06最高(元)	5.94
2004.06最低(元)	3.69
2004.06换手率(%)	69.41

湖北京山轻工机械股份有限公司

公司概况

公司名称	湖北京山轻工机械股份有限公司		股票代码	000821	
注册地址	湖北省京山县新市镇轻机大道78号		邮政编码	431800	
法人代表	孙友元		董秘	罗贤旭	
电话	0724-7210972		传真	0724-7210972	
主营业务	纸箱、纸盒包装机械				
总股本	34523.88	流通 A	15780.89	流通 B	流通 H
审计单位			审计意见	未审计	

主要财务指标

年度	2004.6	2003	2002
每股收益/扣除后(元)	0.0699	0.1200	0.1400
每股经营现金流量(元)	0.0100	0.3200	0.1800
每股净资产/调整后(元)	3.1300	3.1700	3.0300
每股公积金(元)	1.3569	1.3569	1.3569
净资产收益率(%)	2.2700	3.6500	4.8200
总资产(万元)	157169.86	154644.77	149672.98
股东权益(万元)	109171.87	110143.77	106120.91
未分配利润(万元)	13824.18	14796.08	11341.25
主营收入(万元)	30167.13	59699.06	58521.58
资本公积金(万元)	46846.83	46846.83	46846.83
主营利润(万元)	5854.92	10803.07	11007.00
其他业务利润(万元)	0.05	45.92	-0.21
营业利润(万元)	3555.33	6321.97	7055.96
投资收益(万元)		-197.67	86.76
补贴收入(万元)		10.00	0.10
营业外收支(万元)	97.98	-161.13	-0.00
利润总额(万元)	3653.31	5973.17	7566.46
净利润(万元)	2480.49	4022.86	5111.66

十大股东

序号	股东名称	股份性质	持股数(万股)	比例(%)
1	湖北省京山轻工机械厂	境内法人股	14550.08	42.14
2	京山县国有资产管理局	国有法人股	2523.48	7.31
3	湖北省第一轻工包装公司	境内法人股	750.00	2.17
4	中国银河证券有限责任公司	流通A股	310.00	0.90
5	京山县京源机械有限公司	境内法人股	300.00	0.87
6	京山县天鸿轻工贸易公司	境内法人股	224.63	0.65
7	国联安德盛小盘精选证券投资基金	流通A股	167.36	0.48
8	京山县电信局开发总公司	境内法人股	75.00	0.22
9	湖北省京山县呢绒服装厂	境内法人股	75.00	0.22
10	京山县棉花公司	境内法人股	60.00	0.17

股东人数	2004.6	2003.12	2003.6	2002
	57861	57920	60730	57624

近年分配	2004年7月9日10派1.00	近年配股/增发	

重大事项

公司2004年5月15日召开的2003年年度股东大会审议通过了2003年度利润分配方案，即以公司现有总股本345,238,781股为基数，每10股派发现金1.00元（含税），本次分红派息的股权登记日为2004年7月8日，除权除息日为2004年7月9日，红利发放日为2004年7月9日。

二○○三年以来市场表现

2003年涨跌幅(%)	-16.47
2003年最高(元)	6.89
2003年最低(元)	4.40
2003年换手率(%)	132.60
2004.06涨跌幅(%)	-8.33
2004.06最高(元)	6.07
2004.06最低(元)	4.38
2004.06换手率(%)	104.23

山东海化股份有限公司

公司概况

公司名称	山东海化股份有限公司	股票代码	000822
注册地址	山东省潍坊海洋化工高新技术产业开发区	邮政编码	262737
法人代表	刘建华	董秘	吴炳顺
电话	0536-5329379,5329931	传真	0536-5329879
主营业务	纯碱、工业溴		
总股本	45870.00	流通 A	15600.00
流通 B		流通 H	
审计单位		审计意见	未审计

主要财务指标

年度	2004.6	2003	2002
每股收益/扣除后(元)	0.1919	0.3100	0.2900
每股经营现金流量(元)	0.1016	0.7900	0.7900
每股净资产/调整后(元)	4.1600	4.1200	3.7200
每股公积金(元)	1.9449	1.9384	1.9373
净资产收益率(%)	4.4100	8.4100	7.7900
总资产(万元)	468670.72	416011.47	299799.09
股东权益(万元)	194493.16	190199.83	174149.12
未分配利润(万元)	44317.85	40322.12	27203.78
主营收入(万元)	186979.50	265398.44	188230.28
资本公积金(万元)	89212.20	88914.59	88861.86
主营利润(万元)	30327.93	45330.64	39204.57
其他业务利润(万元)	199.11	1055.43	-0.26
营业利润(万元)	11961.98	21128.10	19816.97
投资收益(万元)	216.74	328.31	227.69
补贴收入(万元)	16.00	518.20	-0.22
营业外收支(万元)	-343.06	-75.62	0.91
利润总额(万元)	11851.66	21898.99	19597.79
净利润(万元)	8582.73	15997.98	13568.32

十大股东

序号	股东名称	股份性质	持股数(万股)	比例(%)
1	山东海化集团有限公司	法人股	30270.00	65.99
2	泰和证券投资基金	流通A股	935.67	2.04
3	中国工商银行-国联安德盛小盘精选证券投资基金	流通A股	660.25	1.44
4	中国银证数据网络有限责任公司	流通A股	457.10	1.00
5	招商银行股份有限公司-中信经典配置证券投资基金	流通A股	351.84	0.77
6	深圳市稳智达投资咨询有限公司	流通A股	228.22	0.50
7	山西证券有限责任公司	流通A股	137.80	0.30
8	袁德宗	流通A股	118.37	0.26
9	深圳国际信托投资有限责任公司	流通A股	115.03	0.25
10	上海博皓实业有限责任公司	流通A股	110.00	0.24

股东人数	2004.6	2003.12	2003.6	2002
	28627	38817	38803	39040

近年分配	近年配股/增发
2004年5月28日 10派1.00	

重大事项

公司于2004年3月27日召开的二○○三年度股东大会，审议通过了公司二○○三年度分红派息方案为：以公司2003年末总股本45870万股为基数，向全体股东每10股派1元人民币现金(含税)，该次派息股权登记日为2004年5月25日，除息日为2004年5月26日。

二○○三年以来市场表现

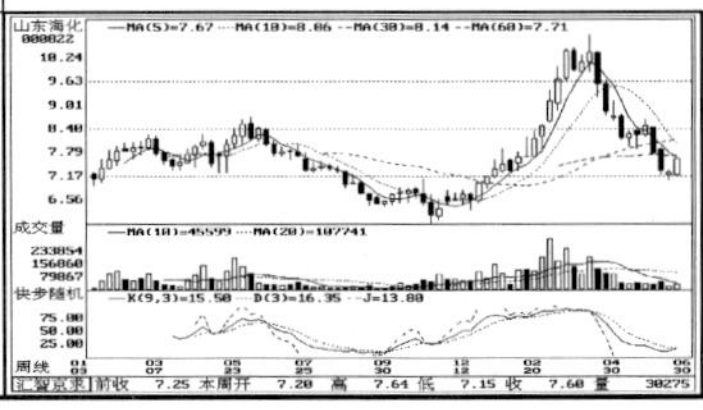

2003年涨跌幅(%)	-2.82
2003年最高(元)	8.50
2003年最低(元)	5.85
2003年换手率(%)	171.55
2004.06涨跌幅(%)	10.47
2004.06最高(元)	10.75
2004.06最低(元)	6.79
2004.06换手率(%)	164.59

广东汕头超声电子股份有限公司

公司概况

公司名称	广东汕头超声电子股份有限公司	股票代码	000823
注册地址	广东省汕头市兴业路21号	邮政编码	515041
法人代表	李大淳	董秘	陈东屏
电话	0754-8610992,8245666-4379	传真	0754-8628027
主营业务	印制线路板		
总股本	35920.00	流通 A	13520.00
流通 B		流通 H	
审计单位		审计意见	未审计

主要财务指标

年度	2004.6	2003	2002
每股收益/扣除后(元)	0.0735	-0.0999	0.0300
每股经营现金流量(元)	0.0840	0.0700	0.2600
每股净资产/调整后(元)	2.3040	2.2300	2.3200
每股公积金(元)	1.2817	1.2817	1.2817
净资产收益率(%)	3.3210	-4.3600	1.1300
总资产(万元)	221088.45	198934.91	165526.77
股东权益(万元)	85879.63	83027.75	86801.91
未分配利润(万元)	-727.73	-3579.61	194.55
主营收入(万元)	55402.85	73742.41	56857.80
资本公积金(万元)	46037.70	46037.70	46037.70
主营利润(万元)	11007.98	10599.86	10183.54
其他业务利润(万元)	86.25	177.65	4.79
营业利润(万元)	4138.06	-3877.83	2454.22
投资收益(万元)	-97.79	35.87	-153.84
补贴收入(万元)			
营业外收支(万元)	-25.09	-77.75	-0.17
利润总额(万元)	4015.17	-3919.71	2321.92
净利润(万元)	2851.87	-3617.59	980.69

十大股东

序号	股东名称	股份性质	持股数(万股)	比例(%)
1	汕头超声电子(集团)公司	国有法人股	22400.00	62.36
2	丰和价值证券投资基金	流通A股	147.05	0.41
3	中国工商银行-国联安德盛小盘精选证券投资基金	流通A股	88.17	0.25
4	上海金通物产公司	流通A股	50.08	0.14
5	交通银行-久富证券投资基金	流通A股	42.36	0.12
6	赵江	流通A股	40.01	0.11
7	中国银行-兴安证券投资基金	流通A股	40.00	0.11
8	交通银行-融通行业景气证券投资基金	流通A股	30.00	0.08
9	王正荣	流通A股	29.00	0.08
10	潘杭	流通A股	23.00	0.06

股东人数	2004.6	2003.12	2003.6	2002
	73891	72814	76864	74938

近年分配	近年配股/增发

重大事项

公司于2004年5月25日召开了第三届五次董事会，审议通过了关于为汕头超声印制板公司向中国银行汕头市分行申请流动资金贷款人民币3000万元提供保证担保的议案、关于为汕头超声显示器有限公司向中国银行汕头市分行申请流动资金贷款人民币3000万元提供保证担保的议案、关于为四川超声印制板有限公司向中国建设银行江油市支行申请流动资金贷款500万元提供保证担保的议案。

二○○三年以来市场表现

2003年涨跌幅(%)	-36.04
2003年最高(元)	7.61
2003年最低(元)	3.82
2003年换手率(%)	136.32
2004.06涨跌幅(%)	47.80
2004.06最高(元)	8.16
2004.06最低(元)	4.09
2004.06换手率(%)	378.85

山西太钢不锈钢股份有限公司

公司概况

公司名称	山西太钢不锈钢股份有限公司	股票代码	000825
注册地址	太原市尖草坪街2号	邮政编码	030003
法人代表	陈川平	董秘	张竹平
电话	0351-3017729,3017728	传真	0351-3017729
主营业务	冶炼、压延加工		
总股本	129140.40	流通A	58500.00
流通B		流通H	
审计单位		审计意见	未审计

主要财务指标

年度	2004.6	2003	2002
每股收益/扣除后(元)	0.3400	0.4800	0.2640
每股经营现金流量(元)	0.5870	0.7980	0.5640
每股净资产/调整后(元)	3.3430	3.1950	3.1280
每股公积金(元)	1.1678	1.1677	1.3137
净资产收益率(%)	10.3660	14.7800	8.4130
总资产(万元)	1059788.75	906543.62	613632.87
股东权益(万元)	432197.87	413214.37	337358.47
未分配利润(万元)	115306.53	96334.74	66144.72
主营收入(万元)	1017874.87	1656481.37	1008264.31
资本公积金(万元)	150813.09	150801.37	141380.80
主营利润(万元)	78907.56	114789.26	62512.25
其他业务利润(万元)	367.65	5389.33	-115.57
营业利润(万元)	62060.05	90295.08	44895.21
投资收益(万元)			1772.04
补贴收入(万元)			
营业外收支(万元)	862.45	-2703.61	-24.75
利润总额(万元)	62922.50	87591.47	45368.93
净利润(万元)	44799.87	61054.46	28381.51

十大股东

序号	股东名称	股份性质	持股数(万股)	比例(%)
1	太原钢铁(集团)有限公司	国有股	70640.40	54.70
2	泰和证券投资基金	流通股	2323.11	1.80
3	中国银行-嘉实成长收益型证券投资基金	流通股	881.15	0.68
4	裕隆证券投资基金	流通股	559.30	0.43
5	中油资产管理有限公司	流通股	502.23	0.39
6	同德证券投资基金	流通股	402.67	0.31
7	兴和证券投资基金	流通股	361.96	0.28
8	全国社保基金一零六组合	流通股	346.92	0.27
9	中原证券股份有限公司	流通股	295.65	0.23
10	中国建设银行-华宝兴业多策略增长	流通股	283.61	0.22

股东人数	2004.6	2003.12	2003.6	2002
	144802	117469	135821	119768

近年分配	2004年4月12日 10派2.00	近年配股/增发	

重大事项

2004年2月9日召开的二届十八次董事会审议通过了公司2003年度利润分配方案：公司以2003年末总股本129,140.4万股为基数，向全体股东每10股派送现金红利2.0元(含税)，合计分配现金红利25,828.08万元。该利润分配方案已在2004年4月12日实施完毕。

二〇〇三年以来市场表现

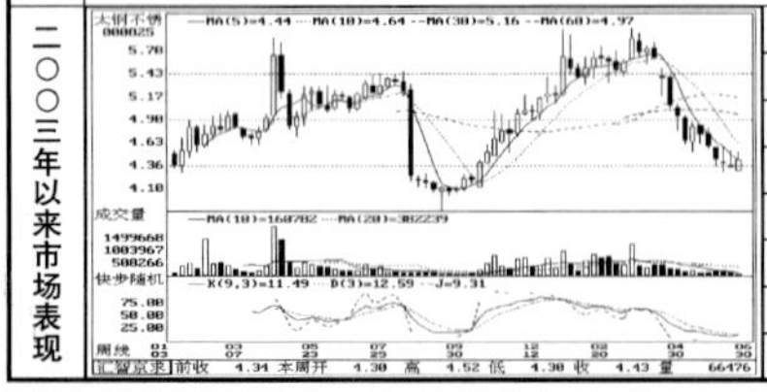

2003年涨跌幅(%)	39.55
2003年最高(元)	5.19
2003年最低(元)	3.33
2003年换手率(%)	325.49
2004.06涨跌幅(%)	-11.58
2004.06最高(元)	5.77
2004.06最低(元)	4.29
2004.06换手率(%)	169.29

国投资源发展股份有限公司

公司概况

公司名称	国投资源发展股份有限公司	股票代码	000826
注册地址	湖北省宜昌市沿江大道114号	邮政编码	443000
法人代表	文一波	董秘	吴晓东
电话	0717-6319012	传真	0717-6319011
主营业务	市政供水与污水处理		
总股本	18149.30	流通A	6500.00
流通B		流通H	
审计单位		审计意见	未审计

主要财务指标

年度	2004.6	2003	2002
每股收益/扣除后(元)	0.0342	0.0200	-0.3400
每股经营现金流量(元)	-0.0158	0.9400	-0.0800
每股净资产/调整后(元)	1.3560	1.3200	1.0700
每股公积金(元)	1.0178	1.0179	0.9419
净资产收益率(%)	2.5500	11.2900	-54.9000
总资产(万元)	34300.04	37661.85	36512.42
股东权益(万元)	24618.28	23991.62	19497.20
未分配利润(万元)	-18709.75	-19336.41	-22453.01
主营收入(万元)	2244.25	2623.22	4902.92
资本公积金(万元)	18473.35	18473.35	17095.54
主营利润(万元)	1314.17	1610.41	201.32
其他业务利润(万元)	0.86	197.26	-0.11
营业利润(万元)	842.86	2391.51	-6585.59
投资收益(万元)	22.77	-34.58	
补贴收入(万元)	5.30	257.00	257.00
营业外收支(万元)	0.02	387.20	-3.57
利润总额(万元)	870.95	3001.13	-10704.57
净利润(万元)	626.66	2708.36	-10704.57

十大股东

序号	股东名称	股份性质	持股数(万股)	比例(%)
1	北京桑德环保集团有限公司	境内法人股	10999.30	60.60
2	宜昌三峡金融科技有限责任公司	境内法人股	650.00	3.58
3	叶禾	流通A股	52.94	0.29
4	宋光润	流通A股	47.02	0.26
5	深圳市普维特资产管理有限公司叶禾	流通A股	35.34	0.19
6	许朋南	流通A股	32.28	0.18
7	大连非标机电设备有限公司	流通A股	31.20	0.17
8	王结石	流通A股	30.35	0.17
9	陶月红	流通A股	29.51	0.16
10	冉群英	流通A股	28.96	0.16

股东人数	2004.6	2003.12	2003.6	2002
	8366	5471	4637	3783

近年分配		近年配股/增发	

重大事项

2002年12月31日，本公司原国有法人股股东湖北红旗电工集团有限公司(红旗电工)、原国家股股东宜昌市夷陵国有资产经营有限公司(夷陵国资)分别与北京桑德环保集团有限公司(桑德集团)签订《股权转让协议》，红旗电工将其持有的本公司7150万股国有法人股转让给桑德集团；夷陵国资将其持有的本公司3849.3万股国家股转让给桑德集团。本次股权转让双方已于2004年4月1日依法办理完相关过户手续。

二〇〇三年以来市场表现

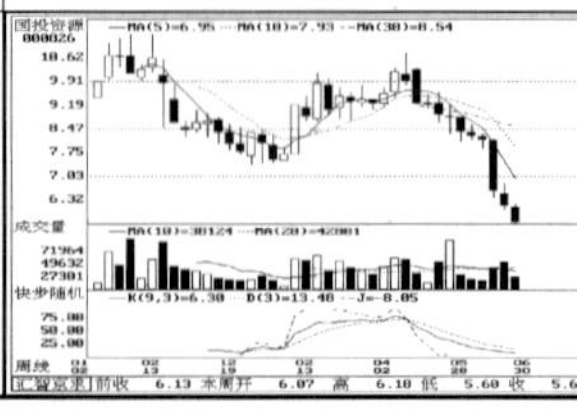

2003年涨跌幅(%)	-15.71
2003年最高(元)	11.34
2003年最低(元)	7.38
2003年换手率(%)	95.78
2004.06涨跌幅(%)	-28.97
2004.06最高(元)	10.74
2004.06最低(元)	5.60
2004.06换手率(%)	150.43

大连长兴实业股份有限公司

公司概况

公司名称	大连长兴实业股份有限公司		股票代码	000827	
注册地址	大连市瓦房店市长兴岛镇		邮政编码	116001	
法人代表	黄跃刚		董秘	宋连通	
电话	0411-82654998-8555,8002		传真	0411-82817598	
主营业务	软件产品的开发、销售				
总股本	6673.92	流通 A	2920.32	流通 B	流通 H
审计单位			审计意见	未审计	

主要财务指标

年度	2004.6	2003	2002
每股收益 / 扣除后(元)	–0.2053	–1.0366	–0.1200
每股经营现金流量(元)	–0.2030	–0.5800	0.5100
每股净资产 / 调整后(元)	1.5530	2.0300	3.5500
每股公积金(元)	1.8774	1.8774	1.8773
净资产收益率(%)	–13.1360	–54.2800	0.5500
总资产(万元)	45425.84	47351.71	52689.94
股东权益(万元)	13604.38	15391.43	25322.17
未分配利润(万元)	–7129.02	–5341.98	4568.69
主营收入(万元)	3898.33	9577.64	11035.99
资本公积金(万元)	12529.78	12529.78	12529.12
主营利润(万元)	924.64	1590.07	2751.89
其他业务利润(万元)	5.26	32.98	–1.08
营业利润(万元)	–1409.21	–3778.87	–1054.10
投资收益(万元)	22.78	3915.28	1341.22
补贴收入(万元)			
营业外收支(万元)	–442.97	–9051.99	–1.01
利润总额(万元)	–1829.40	–8915.59	237.99
净利润(万元)	–1787.05	–8354.66	138.29

十大股东

序号	股东名称	股份性质	持股数(万股)	比例(%)
1	大连市长兴岛经济开发区开发建设有限公司	境内法人股	1744.40	26.14
2	大连长兴食品技术开发有限公司	境内法人股	1210.80	18.14
3	大连经济技术开发区科利华电脑教室系统工程有限公司	境内法人股	300.00	4.50
4	深圳市英特泰投资有限公司	境内法人股	222.00	3.33
5	哈尔滨市道外投资有限责任公司	境内法人股	120.00	1.80
6	丁玉坤	流通 A 股	32.28	0.48
7	辽宁石化自动化工程有限公司	境内法人股	30.00	0.45
8	鞍山市腾鳌特区东联实业有限公司	境内法人股	27.60	0.41
9	上海万馨投资管理有限公司	境内法人股	27.60	0.41
10	大连金恒投资发展有限公司	境内法人股	24.00	0.36

股东人数	2004.6	2003.12	2003.6	2002
	4879	5160	4983	5920

近年分配		近年配股 / 增发	

重大事项

公司在中国农业银行大连友好支行贷款美元 52 万元于 2004 年 7 月 30 日到期，由于公司未及时付利息，2004 年 4 月 13 日，中国农业银行瓦房店支行向大连市中级人民法院起诉，2004 年 7 月 15 日大连市中级人民法院向公司下达了民事调解书，判公司对此借款履行偿还义务。

二〇〇三年以来市场表现

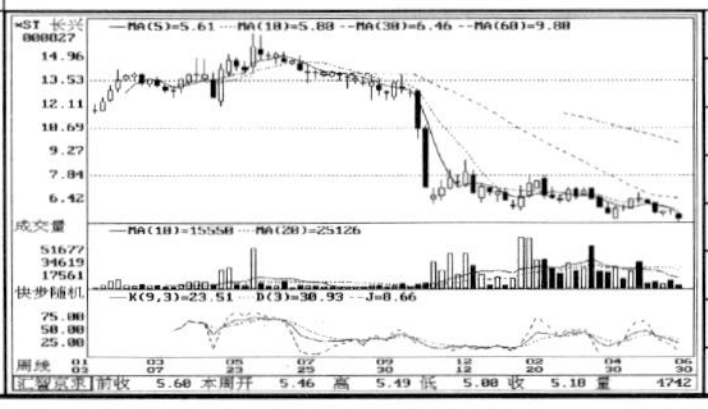

2003 年涨跌幅(%)	–43.37
2003 年最高(元)	16.38
2003 年最低(元)	6.11
2003 年换手率(%)	172.85
2004.06 涨跌幅(%)	–23.71
2004.06 最高(元)	7.83
2004.06 最低(元)	5.00
2004.06 换手率(%)	206.67

东莞发展控股股份有限公司

公司概况

公司名称	东莞发展控股股份有限公司		股票代码	000828	
注册地址	广东省东莞市南城区科技工业园科技路 39 号		邮政编码	523110	
法人代表	钟旭埃		董秘	张庆文	
电话	0769-2083320		传真	0769-2083320	
主营业务	交通运输辅助业				
总股本	116467.99	流通 A	24768.00	流通 B	流通 H
审计单位	北京兴华会计师事务所		审计意见	标准无保留	

主要财务指标

年度	2004.6	2003	2002
每股收益 / 扣除后(元)	0.0705	0.1530	0.0500
每股经营现金流量(元)	0.1220	0.2800	0.2300
每股净资产 / 调整后(元)	2.0210	1.9300	1.8300
每股公积金(元)	0.8780	0.8780	0.8775
净资产收益率(%)	3.4900	4.8400	2.8100
总资产(万元)	275975.84	278726.22	298568.12
股东权益(万元)	235442.52	227237.70	216173.80
未分配利润(万元)	8204.80	–6797.87	–17800.98
主营收入(万元)	16507.80	235384.31	206175.98
资本公积金(万元)	102257.65	102257.65	102196.85
主营利润(万元)	9342.81	35138.63	25007.23
其他业务利润(万元)	22.79	1146.91	54.02
营业利润(万元)	8096.18	11012.52	17088.30
投资收益(万元)	126.49	44.48	–2310.56
补贴收入(万元)			
营业外收支(万元)	–17.87	–53.89	0.55
利润总额(万元)	8204.80	11003.12	6067.55
净利润(万元)	8204.80	11003.12	6067.55

十大股东

序号	股东名称	股份性质	持股数(万股)	比例(%)
1	广东福地科技总公司	国有法人股	59897.76	51.43
2	福民发展有限公司	外资法人股	29117.09	25.00
3	东莞市财信发展有限公司	国有法人股	2194.75	1.88
4	广东粤财信托投资公司	流通 A 股	2101.26	1.80
5	东莞证券有限责任公司	流通 A 股	1531.82	1.32
6	东莞市经济贸易总公司	国有法人股	327.17	0.28
7	东莞市银川能源实业公司	国有法有股	163.58	0.14
8	建行博时裕富证券投资基金	流通 A 股	144.38	0.12
9	东莞市君科网络投资有限公司	流通 A 股	134.38	0.12
10	王立平	流通 A 股	95.75	0.08

股东人数	2004.6	2003.12	2003.6	2002
	41774	38758	42626	42151

近年分配		近年配股 / 增发	

重大事项

公司根据 2004 年 1 月 14 日召开的第三届董事会第六次会议通过的《关于用盈余公积弥补以前年度亏损的议案》，及 2004 年 2 月 18 日召开的 2003 年年度股东大会决议的精神，将公司的法定盈余公积 67,978,675.70 元转入利润分配，用以弥补以前年度尚未弥补完的亏损。

二〇〇三年以来市场表现

2003 年涨跌幅(%)	–3.06
2003 年最高(元)	8.56
2003 年最低(元)	5.30
2003 年换手率(%)	55.46
2004.06 涨跌幅(%)	–22.35
2004.06 最高(元)	8.69
2004.06 最低(元)	5.12
2004.06 换手率(%)	58.77

江西赣南果业股份有限公司

公司概况

公司名称	江西赣南果业股份有限公司	股票代码	000829
注册地址	江西省赣州市红旗大道20号	邮政编码	341000
法人代表	吴继光	董秘	何小林
电话	0797-8117002	传真	0797-8117152
主营业务	水果种植加工销售		
审计单位	深圳天健会计师事务所	审计意见	标准无保留

总股本	流通A	流通B	流通H
15750.00	6201.85		

主要财务指标

年度	2004.6	2003	2002
每股收益/扣除后(元)	0.2213	0.2526	-0.0461
每股经营现金流量(元)	1.0130	1.4730	0.3600
每股净资产/调整后(元)	2.2780	2.0600	1.5900
每股公积金(元)	0.6521	0.6511	0.6461
净资产收益率(%)	9.6500	15.7100	0.9500
总资产(万元)	274725.69	166498.73	34508.49
股东权益(万元)	35880.47	32398.34	27235.27
未分配利润(万元)	6421.37	3429.01	1.44
主营收入(万元)	348146.06	215504.77	9839.48
资本公积金(万元)	10270.26	10254.06	10175.80
主营利润(万元)	34425.40	25248.91	2540.51
其他业务利润(万元)	468.73	653.19	-1.44
营业利润(万元)	8709.76	10344.19	-16.43
投资收益(万元)	-1003.37	-513.10	-13.56
补贴收入(万元)	7.47	16.08	0.18
营业外收支(万元)	-52.06	-566.63	-3.36
利润总额(万元)	7661.80	9280.55	966.30
净利润(万元)	3461.48	5089.25	258.83

十大股东

序号	股东名称	股份性质	持股数(万股)	比例(%)
1	中国新闻发展深圳公司	国有法人股	4646.00	29.50
2	北京国际信托投资有限公司	国有法人股	1994.70	12.66
3	江西省发展信托投资股份有限公司	国有法人股	1473.00	9.35
4	赣州市国有资产管理局	国家股	1431.75	9.09
5	余彦斐	流通A股	32.55	0.21
6	陈长清	流通A股	31.30	0.20
7	江雪贞	流通A股	26.64	0.17
8	金伟民	流通A股	22.08	0.14
9	李培良	流通A股	20.00	0.13
10	刘雪贞	流通A股	20.00	0.13

股东人数

2004.6	2003.12	2003.6	2002
17364	17882	18805	101263

近年分配		近年配股/增发	

重大事项

公司于2004年6月16日签订了《股份转让协议》,约定将公司持有的燕京啤酒(赣州)有限责任公司22.55%股权以19,840,313.96元价格转让给北京燕京公司、将持有的赣州燕京公司17.04%股权以15,000,000元价格转让给江西燕京公司。

二〇〇三年以来市场表现

2003年涨跌幅(%)	-24.71
2003年最高(元)	10.78
2003年最低(元)	6.00
2003年换手率(%)	115.47
2004.06涨跌幅(%)	11.45
2004.06最高(元)	10.44
2004.06最低(元)	6.55
2004.06换手率(%)	150.49

山东鲁西化工股份有限公司

公司概况

公司名称	山东鲁西化工股份有限公司	股票代码	000830
注册地址	山东省聊城市鲁化路68号	邮政编码	252000
法人代表	张金成	董秘	梁和军
电话	0635-8332286	传真	0635-8334366
主营业务	尿素、碳酸氢铵		
审计单位		审计意见	未审计

总股本	流通A	流通B	流通H
31201.28	9000.00		

主要财务指标

年度	2004.6	2003	2002
每股收益/扣除后(元)	0.1364	0.3090	0.2900
每股经营现金流量(元)	0.3100	0.7800	0.5800
每股净资产/调整后(元)	3.7490	4.3500	3.9200
每股公积金(元)	1.5970	2.1163	1.9610
净资产收益率(%)	3.6300	7.0400	7.2600
总资产(万元)	319794.72	305366.12	208332.67
股东权益(万元)	117465.75	113194.82	97958.88
未分配利润(万元)	28433.40	24162.47	18351.02
主营收入(万元)	109667.33	200916.27	124660.77
资本公积金(万元)	49827.11	55027.32	48852.37
主营利润(万元)	16730.70	27523.26	18374.63
其他业务利润(万元)	153.67	173.61	18.01
营业利润(万元)	6497.66	11452.31	9391.97
投资收益(万元)			
补贴收入(万元)		862.85	19.00
营业外收支(万元)	20.56	-91.82	1.31
利润总额(万元)	6518.21	12223.34	10625.10
净利润(万元)	4270.93	7971.45	7115.58

十大股东

序号	股东名称	股份性质	持股数(万股)	比例(%)
1	山东聊城鲁西化工集团有限责任公司	国有法人股	20893.84	66.96
2	聊城市国有资产管理局	国家股	571.76	1.83
3	国海证券有限责任公司	流通A股	263.20	0.84
4	全国社保基金一零七组合	流通A股	234.86	0.75
5	兴华证券投资基金	流通A股	105.88	0.34
6	华夏证券有限公司	流通A股	49.33	0.16
7	梁锦国	流通A股	32.40	0.10
8	杨勇国	流通A股	17.35	0.06
9	詹奕君	流通A股	14.72	0.05
10	柴智杰	流通A股	13.74	0.04

股东人数

2004.6	2003.12	2003.6	2002
37213	38332	38899	44698

近年分配		近年配股/增发	2004年5月25日10转2

重大事项

经2004年5月12日公司召开的股东大会批准,2003年年度利润分配及资本公积金转增股本的方案为:以2003年末总股本260,010,683股为基数,以资本公积金向全体股东每10股转增2股。股权登记日为2004年5月24日,除权日为2004年5月25日。转增股份的起始交易日为2004年5月25日。

二〇〇三年以来市场表现

2003年涨跌幅(%)	-18.21
2003年最高(元)	7.89
2003年最低(元)	4.87
2003年换手率(%)	99.13
2004.06涨跌幅(%)	-1.08
2004.06最高(元)	6.99
2004.06最低(元)	5.29
2004.06换手率(%)	66.72

山西关铝股份有限公司

公司概况

公司名称	山西关铝股份有限公司	股票代码	000831
注册地址	山西省运城市解州新建路36号	邮政编码	044001
法人代表	许复活	董秘	郑启家
电话	0359-2825373,2825490	传真	0359-2800974
主营业务	重熔用铝锭		
总股本	36300.00	流通A	14625.00
流通B		流通H	
审计单位		审计意见	未审计

主要财务指标

年度	2004.6	2003	2002
每股收益/扣除后(元)	0.0897	0.2800	0.3000
每股经营现金流量(元)	0.8050	1.5500	0.5100
每股净资产/调整后(元)	2.8060	2.7100	2.6400
每股公积金(元)	0.9437	0.9437	0.9437
净资产收益率(%)	3.3800	10.1700	11.2400
总资产(万元)	419183.78	348438.84	225670.52
股东权益(万元)	102842.26	99366.59	96156.18
未分配利润(万元)	25614.32	22138.65	20475.73
主营收入(万元)	113794.22	172087.83	149580.91
资本公积金(万元)	34257.64	34257.64	34257.65
主营利润(万元)	13533.38	27804.21	24957.38
其他业务利润(万元)	490.86	637.65	-13.04
营业利润(万元)	5077.58	11740.99	13059.63
投资收益(万元)	-34.29	29.64	36.23
补贴收入(万元)	16.75	155.59	-3.97
营业外收支(万元)	-19.26	-109.43	1.35
利润总额(万元)	5040.77	11816.80	12601.46
净利润(万元)	3475.67	10107.41	10810.64

十大股东

序号	股东名称	股份性质	持股数(万股)	比例(%)
1	山西关铝集团有限公司	国有法人股	18204.00	50.15
2	山西省经济建设投资公司	国家股	1860.00	5.12
3	山西省经贸资产经营有限责任公司	国家股	1380.00	3.80
4	全国社保基金一零二组合	流通A股	217.00	0.60
5	山西运城制版集团股份有限公司	境内法人股	115.50	0.32
6	山西省临猗化工总厂	境内法人股	115.50	0.32
7	刘艳	流通A股	53.11	0.15
8	全国社保基金一零六组合	流通A股	48.32	0.13
9	王建平	流通A股	46.50	0.13
10	王文成	流通A股	38.59	0.11

股东人数	2004.6	2003.12	2003.6	2002
	51123	57628	56630	53810

近年分配		近年配股/增发	

重大事项

2003年11月7日，本公司与本公司控股股东山西关铝集团有限公司签订了关于山西关铝股份有限公司收购山西关铝集团有限公司持有关铝集团海门电子铝材有限责任公司75%股权的《股权收购意向书》,2003年12月16日签署了《股权收购协议书》。2004年6月1日,本公司完成对该公司的收购。

二〇〇三年以来市场表现

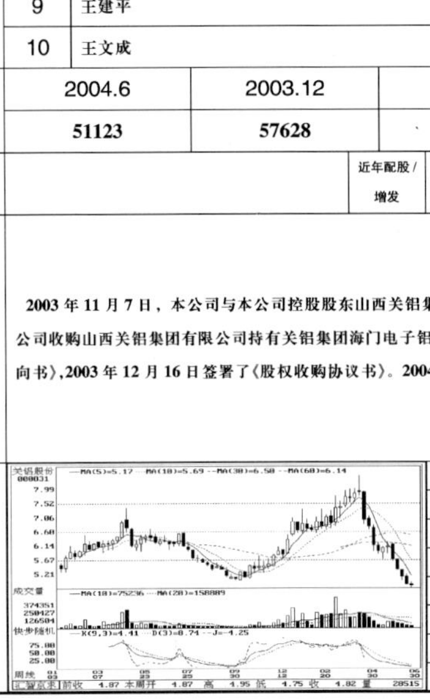

2003年涨跌幅(%)	21.76
2003年最高(元)	7.28
2003年最低(元)	5.00
2003年换手率(%)	223.51
2004.06涨跌幅(%)	-27.63
2004.06最高(元)	8.45
2004.06最低(元)	4.75
2004.06换手率(%)	260.13

黑龙江龙涤股份有限公司

公司概况

公司名称	黑龙江龙涤股份有限公司	股票代码	000832
注册地址	黑龙江省阿城市和平街	邮政编码	150316
法人代表	赵瑞民	董秘	刘克奇
电话	0451-53715276	传真	0451-53717473
主营业务	聚酯熔体、聚酯切片		
总股本	35206.98	流通A	18360.00
流通B		流通H	
审计单位		审计意见	未审计

主要财务指标

年度	2004.6	2003	2002
每股收益/扣除后(元)	-0.4507	-1.3400	-0.9097
每股经营现金流量(元)	-0.8610	0.0600	0.4400
每股净资产/调整后(元)	0.4370	1.2200	3.6200
每股公积金(元)	1.3498	1.3498	1.3498
净资产收益率(%)	-103.1100	-107.6900	2.7300
总资产(万元)	184349.59	205853.39	185308.44
股东权益(万元)	15387.93	42782.00	127884.16
未分配利润(万元)	-63870.75	-48023.00	35776.94
主营收入(万元)	70377.11	146559.55	125258.44
资本公积金(万元)	47521.25	47521.25	47521.25
主营利润(万元)	3619.82	4160.90	8707.66
其他业务利润(万元)	107.43	333.23	44.31
营业利润(万元)	-31236.32	-56063.62	5623.58
投资收益(万元)		-952.84	
补贴收入(万元)			
营业外收支(万元)			
利润总额(万元)	-31236.32	-57016.46	5623.58
净利润(万元)	-15867.31	-46069.93	3486.88

十大股东

序号	股东名称	股份性质	持股数(万股)	比例(%)
1	黑龙江龙涤集团有限公司	国有法人股	8516.02	24.19
2	KING SHEEN INVESTMENT LIMITED	境内法人股	1000.00	2.84
3	哈尔滨阿斯宝化纤有限公司	境内法人股	498.00	1.41
4	黑龙江省国际信托投资公司	境内法人股	492.80	1.40
5	哈尔滨威德计算机工程有限公司	境内法人股	462.00	1.31
6	陕西省纺织品进出口公司	境内法人股	434.00	1.23
7	深圳市民润农产品配送连锁商业有限公司	境内法人股	399.98	1.14
8	中达国际经贸集团有限责任公司	境内法人股	362.53	1.03
9	黑龙江龙涤包装材料有限公司	境内法人股	308.00	0.87
10	中国纺织物资(集团)总公司	境内法人股	280.00	0.80

股东人数	2004.6	2003.12	2003.6	2002
	58763	65649	67822	68536

近年分配		近年配股/增发	

重大事项

本公司与龙涤集团签订《服务合同》,双方约定由龙涤集团负责供应本公司生产所需水、电、汽,有市场价格的按市场价格执行,无市场价格的,双方协商定价。公司控股股东的改制仍在与战略投资者及省政府各方的积极磋商中。

二〇〇三年以来市场表现

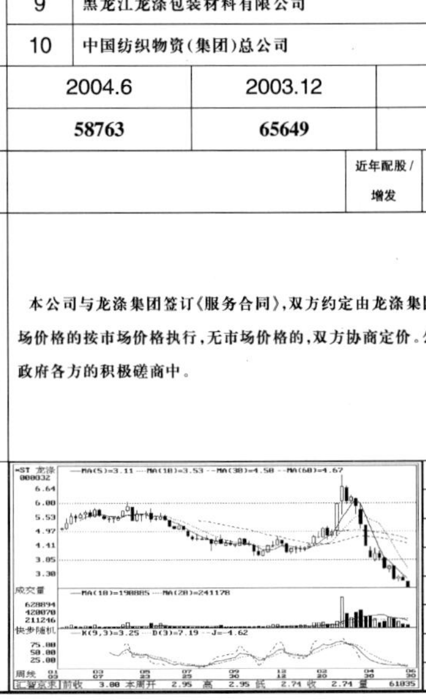

2003年涨跌幅(%)	-15.02
2003年最高(元)	6.13
2003年最低(元)	3.99
2003年换手率(%)	104.25
2004.06涨跌幅(%)	-36.28
2004.06最高(元)	7.20
2004.06最低(元)	2.74
2004.06换手率(%)	278.15

广西贵糖(集团)股份有限公司

公司概况

公司名称	广西贵糖(集团)股份有限公司			股票代码	000833		
注册地址	广西贵港市幸福路100号			邮政编码	537102		
法人代表	黄振标			董秘	杨正		
电话	0775-4262888-1381			传真	0775-4260088		
主营业务	甘蔗制糖及蔗渣造纸						
总股本	25268.85	流通A	9858.95	流通B		流通H	
审计单位				审计意见	未审计		

主要财务指标

年度	2004.6	2003	2002
每股收益/扣除后(元)	0.0654	–0.0300	0.0260
每股经营现金流量(元)	0.1370	0.3900	0.5700
每股净资产/调整后(元)	2.2800	2.2300	2.3000
每股公积金(元)	0.9895	0.9895	0.9895
净资产收益率(%)	2.8000	–7.2200	1.2600
总资产(万元)	130264.86	139970.45	130695.01
股东权益(万元)	58648.96	57005.31	61794.02
未分配利润(万元)	5427.43	4030.33	8717.70
主营收入(万元)	39078.11	75598.74	84011.05
资本公积金(万元)	25004.16	25004.16	25004.16
主营利润(万元)	7950.64	9728.83	11726.02
其他业务利润(万元)	49.67	42.96	0.64
营业利润(万元)	1884.60	–3617.46	1139.38
投资收益(万元)	–12.50	–25.00	–85.00
补贴收入(万元)			
营业外收支(万元)	–9.20	–461.31	–0.50
利润总额(万元)	1862.89	–4103.77	1008.84
净利润(万元)	1643.65	–4113.15	781.22

十大股东

序号	股东名称	股份性质	持股数(万股)	比例(%)
1	广西贵糖集团有限公司	国有股	10000.00	39.57
2	国海证券有限责任公司	社会公众股	1211.55	4.79
3	深圳市执新投资顾问有限公司	法人股	1014.40	4.01
4	肇庆市云庆贸易有限公司	法人股	590.00	2.33
5	渤海证券有限责任公司	法人股	243.00	0.96
6	福建正通投资有限公司	法人股	227.30	0.90
7	全国社保基金一零三组合	社会公众股	189.42	0.75
8	杨娟	社会公众股	171.02	0.68
9	太原市唐都大酒店	法人股	150.00	0.59
10	广西贵港甘化股份有限公司	法人股	150.00	0.59

股东人数	2004.6	2003.12	2003.6	2002
	36238	39894	41881	40386

近年分配		近年配股/增发	

重大事项

本公司与控股股东广西贵糖集团有限公司下属的子公司广西洁宝纸业投资股份有限公司(洁宝公司)签订了《水、电、汽、漂白蔗渣浆、白板纸销售协议》,此协议涉及交易总金额46,576,080元,于2004年6月6日起履行至2005年6月5日。

二〇〇三年以来市场表现

2003年涨跌幅(%)	-46.54
2003年最高(元)	10.86
2003年最低(元)	4.23
2003年换手率(%)	474.30
2004.06涨跌幅(%)	8.86
2004.06最高(元)	6.67
2004.06最低(元)	4.42
2004.06换手率(%)	255.88

上海隆源双登实业股份有限公司

公司概况

公司名称	上海隆源双登实业股份有限公司			股票代码	000835		
注册地址	上海市浦东新区杨高中路1900号27栋208室			邮政编码	200120		
法人代表	王光友			董秘	张明伟		
电话	021-58820181			传真	021-58872439		
主营业务	阀控式铅酸蓄电池						
总股本	10800.00	流通A	2700.00	流通B		流通H	
审计单位				审计意见	未审计		

主要财务指标

年度	2004.6	2003	2002
每股收益/扣除后(元)	0.0181	0.0718	–0.0600
每股经营现金流量(元)	–0.5973	–0.1000	0.1000
每股净资产/调整后(元)	1.5990	1.5700	1.440
每股公积金(元)	0.0621	0.0621	0.0620
净资产收益率(%)	1.4700	4.3700	–3.9000
总资产(万元)	41710.77	38003.86	47137.00
股东权益(万元)	17383.59	17128.75	17504.00
未分配利润(万元)	3826.37	3444.92	2228.00
主营收入(万元)	6581.57	16020.31	20867.00
资本公积金(万元)	670.89	670.89	670.00
主营利润(万元)	1480.21	5241.87	9840.00
其他业务利润(万元)	101.10	147.97	–2.03
营业利润(万元)	268.06	1094.63	6451.43
投资收益(万元)	43.10	–127.35	–468.00
补贴收入(万元)		15.00	0.16
营业外收支(万元)	–16.96	85.49	–0.57
利润总额(万元)	333.73	1067.76	3091.43
净利润(万元)	254.84	748.92	–683.00

十大股东

序号	股东名称	股份性质	持股数(万股)	比例(%)
1	四川圣达集团有限公司	法人股	3105.00	28.75
2	中泛投资有限公司	外资股	1731.78	16.04
3	怡威发展有限公司	外资股	1731.78	16.04
4	深圳市巨擘网投资有限公司	法人股	777.60	7.20
5	新兴创业投资管理有限公司	法人股	753.84	6.98
6	汪淑娟	流通股	19.80	0.18
7	长治县预算外资金管理局	流通股	12.24	0.11
8	夏吉敏	流通股	11.25	0.10
9	贺来毅	流通股	8.00	0.07
10	谭艳玲	流通股	7.58	0.07

股东人数	2004.6	2003.12	2003.6	2002
	16162	17424	17873	18352

近年分配		近年配股/增发	

重大事项

2004年4月5日,本公司将持有的江苏隆源双登电源有限公司10%股权以550万元的价格转让给江苏双登集团有限公司。出售产生了76.49万元的股权转让收益。由于公司仍持有江苏隆源双登电源有限公司41%股权,为该公司第一大股东,对该公司有实际控制力,报告期内公司合并报表范围不变。

二〇〇三年以来市场表现

2003年涨跌幅(%)	-49.19
2003年最高(元)	16.56
2003年最低(元)	6.40
2003年换手率(%)	526.30
2004.06涨跌幅(%)	11.14
2004.06最高(元)	12.33
2004.06最低(元)	7.18
2004.06换手率(%)	255.47

天津天大天财股份有限公司

公司概况

公司名称	天津天大天财股份有限公司	股票代码	000836
注册地址	天津新技术产业园区华苑产业区	邮政编码	300384
法人代表	寇纪淞	董秘	李君毅
电话	022-83710888,83710188	传真	022-83710199
主营业务	计算机软硬件		
总股本	12275.46	流通 A	6100.00
流通 B		流通 H	
审计单位		审计意见	未审计

主要财务指标

年度	2004.6	2003	2002
每股收益/扣除后(元)	-0.4761	-3.0000	0.0300
每股经营现金流量(元)	0.9650	-0.2500	-2.0900
每股净资产/调整后(元)	4.6000	4.6100	7.6500
每股公积金(元)	5.4437	5.4437	5.4437
净资产收益率(%)	-0.2400	-65.7700	3.3600
总资产(万元)	136291.44	180034.66	239915.50
股东权益(万元)	57731.60	58051.48	96568.54
未分配利润(万元)	-25139.73	-24995.57	13182.70
主营收入(万元)	14270.43	49552.31	126087.42
资本公积金(万元)	66824.34	66824.34	66824.34
主营利润(万元)	-484.18	-1652.51	13911.00
其他业务利润(万元)	299.62	141.37	1.92
营业利润(万元)	-1543.27	-36955.91	1426.70
投资收益(万元)	-30.69	-21.77	2891.31
补贴收入(万元)	78.52	57.25	-6.29
营业外收支(万元)	1460.61	-1661.58	-0.80
利润总额(万元)	-34.83	-38582.01	4294.08
净利润(万元)	-144.15	-38178.27	3247.34

十大股东

序号	股东名称	股份性质	持股数(万股)	比例(%)
1	天津大学	国有法人股	2998.76	24.43
2	天津大学实业发展总公司	国有法人股	784.79	6.39
3	中国船舶重工集团公司第七研究院第七〇七研究所	国有法人股	784.22	6.39
4	丹东菊花电器(集团)公司	国有法人股	400.00	3.26
5	天津经济建设投资集团总公司	国有法人股	314.75	2.56
6	天津科技发展投资总公司	国有法人股	314.70	2.56
7	国家开发投资公司	国有法人股	260.05	2.12
8	天津市增瑞工贸有限公司	国有法人股	96.83	0.79
9	海南万泉热带农业投资有限公司	境内法人股	65.01	0.53
10	天津华泽(集团)有限公司	国有法人股	62.95	0.51

股东人数	2004.6	2003.12	2003.6	2002
	38277	42144	44965	45426

近年分配		近年配股/增发	

重大事项

2004年1月1日，本公司与北京中关村海龙资产经营管理集团有限公司签订将本公司从该集团购买的北京中关村海龙大厦退还该集团的协议书。2004年2月18日，公司决定将位于天津新技术产业园区华苑(环内)产业区地号为1-(22)-1和1-(22)-2两地块国有土地使用权退还天津海泰控股集团有限公司。

二〇〇三年以来市场表现

2003年涨跌幅(%)	-44.69
2003年最高(元)	16.60
2003年最低(元)	7.51
2003年换手率(%)	202.13
2004.06涨跌幅(%)	-13.83
2004.06最高(元)	11.88
2004.06最低(元)	6.43
2004.06换手率(%)	220.40

陕西秦川机械发展股份有限公司

公司概况

公司名称	陕西秦川机械发展股份有限公司	股票代码	000837
注册地址	陕西省宝鸡市姜谭路22号	邮政编码	721009
法人代表	龙兴元	董秘	吴煜
电话	0917-3670654	传真	0917-3390960
主营业务	数控精密机床		
总股本	23247.84	流通 A	12540.00
流通 B		流通 H	
审计单位		审计意见	未审计

主要财务指标

年度	2004.6	2003	2002
每股收益/扣除后(元)	0.0921	0.1229	0.0750
每股经营现金流量(元)	0.2340	0.0900	0.3000
每股净资产/调整后(元)	2.4430	2.3900	2.3000
每股公积金(元)	0.8799	0.8799	0.8778
净资产收益率(%)	3.6600	5.2300	4.4100
总资产(万元)	109499.91	103082.02	93852.03
股东权益(万元)	57967.21	56356.49	53551.21
未分配利润(万元)	10856.15	9245.42	7031.97
主营收入(万元)	24797.49	41971.07	35063.90
资本公积金(万元)	20455.09	20455.09	20405.96
主营利润(万元)	6222.24	9952.99	7907.55
其他业务利润(万元)	34.70	32.68	-0.14
营业利润(万元)	2638.44	3549.48	2189.45
投资收益(万元)		124.74	248.50
补贴收入(万元)	50.35	51.63	0.56
营业外收支(万元)	-82.23	-73.24	1.24
利润总额(万元)	2606.56	3652.62	2825.89
净利润(万元)	2122.18	2944.99	2362.61

十大股东

序号	股东名称	股份性质	持股数(万股)	比例(%)
1	秦川机床集团有限公司	国有法人股	9638.40	41.46
2	杨凌秦川节水灌溉设备工程有限公司	境内法人股	577.92	2.49
3	中国浦发机械工业股份有限公司	境内法人股	272.64	1.17
4	上海浦发金桥联合发展有限公司	境内法人股	145.92	0.63
5	裕隆证券投资基金	流通A股	132.50	0.57
6	高秋课	流通A股	45.49	0.20
7	刘晓叶	流通A股	40.62	0.17
8	安康水电联合实业有限责任公司	境内法人股	38.40	0.17
9	陕西省国际信托投资股份有限公司	境内法人股	34.56	0.15
10	马胜军	流通A股	33.82	0.15

股东人数	2004.6	2003.12	2003.6	2002
	47556	46730	47481	49127

近年分配	2004年6月17日10派0.22	近年配股/增发	

重大事项

2004年5月11日，本公司为深圳市秦众电子有限公司向深圳市商业银行申请额度不超过200万美元综合授信额度提供连带责任担保，期限半年。2003年10月22日，本公司为杨凌秦众电子信息有限公司向中国招商银行西安分行城东支行申请1000万元贷款提供连带责任担保，期限一年。

二〇〇三年以来市场表现

2003年涨跌幅(%)	-21.11
2003年最高(元)	7.38
2003年最低(元)	4.38
2003年换手率(%)	158.57
2004.06涨跌幅(%)	10.88
2004.06最高(元)	6.91
2004.06最低(元)	4.33
2004.06换手率(%)	166.92

西南化机股份有限公司

公司概况

公司名称	西南化机股份有限公司			股票代码	000838		
注册地址	四川省德阳市泰山南路230号			邮政编码	618000		
法人代表	蔡挺			董秘	阎建军		
电话	0838-2300511			传真	0838-2300522		
主营业务	化工机械设备						
总股本	6511.99	流通A	1755.00	流通B		流通H	
审计单位				审计意见	未审计		

主要财务指标

年度	2004.6	2003	2002
每股收益/扣除后(元)	0.0679	0.0496	0.0460
每股经营现金流量(元)	0.0130	0.0300	–0.1310
每股净资产/调整后(元)	1.2580	1.1900	0.5840
每股公积金(元)	0.3200	0.9343	0.4860
净资产收益率(%)	5.4000	6.2900	17.8600
总资产(万元)	13180.28	12587.88	16881.16
股东权益(万元)	8193.07	7750.53	4344.45
未分配利润(万元)	–402.75	–4845.29	–5332.42
主营收入(万元)	4676.49	8851.34	10390.01
资本公积金(万元)	2083.83	6083.83	3164.89
主营利润(万元)	834.77	2105.80	1513.07
其他业务利润(万元)		20.87	–1.01
营业利润(万元)	442.46	490.85	301.33
投资收益(万元)			55.00
补贴收入(万元)			
营业外收支(万元)	0.07	–3.72	0.04
利润总额(万元)	442.54	487.13	775.75
净利润(万元)	442.54	487.13	775.75

十大股东

序号	股东名称	股份性质	持股数(万股)	比例(%)
1	中国蓝星(集团)总公司	国家股	2459.89	37.77
2	德阳市化机持股联合会	境内法人股	334.10	5.13
3	深圳市泉来实业有限公司	境内法人股	305.00	4.68
4	深圳西来洋发展有限公司	境内法人股	260.00	3.99
5	上海浦东任辰贸易有限公司	境内法人股	214.00	3.29
6	深圳市旭能投资有限公司	境内法人股	130.00	2.00
7	成都嘉泰投资有限公司	境内法人股	130.00	2.00
8	海南爱邦贸易有限公司	境内法人股	85.00	1.31
9	上海市玮经贸有限公司	境内法人股	70.00	1.07
10	深圳市巨湾实业发展有限公司	境内法人股	65.00	1.00

股东人数	2004.6	2003.12	2003.6	2002
	7919	7622	7532	7742

近年分配		近年配股/增发	

重大事项

本公司向长城证券有限责任公司借款300万元已逾期，经深圳市中级人民法院(2001)深中法经一终字第1301号判决由本公司偿还借款300万元及利息。目前本公司正在与长城证券有限责任公司协商调解之中。

二〇〇三年以来市场表现

2003年涨跌幅(%)	–43.22
2003年最高(元)	14.88
2003年最低(元)	7.70
2003年换手率(%)	99.35
2004.06涨跌幅(%)	32.78
2004.06最高(元)	12.90
2004.06最低(元)	7.80
2004.06换手率(%)	136.14

中信国安信息产业股份有限公司

公司概况

公司名称	中信国安信息产业股份有限公司			股票代码	000839		
注册地址	北京市海淀区海淀南路32号			邮政编码	100020		
法人代表	李士林			董秘	廖小同		
电话	010-65068509			传真	010-65061482		
主营业务	信息网络基础设施						
总股本	66000.00	流通A	24837.21	流通B		流通H	
审计单位				审计意见	未审计		

主要财务指标

年度	2004.6	2003	2002
每股收益/扣除后(元)	0.1377	0.2102	0.2140
每股经营现金流量(元)	0.0460	–0.8418	0.2369
每股净资产/调整后(元)	4.0820	4.0929	3.7924
每股公积金(元)	2.4002	2.3994	2.3963
净资产收益率(%)	3.7100	6.8800	6.9100
总资产(万元)	604526.25	593875.37	460018.69
股东权益(万元)	283664.56	279678.16	261542.03
未分配利润(万元)	40711.24	36775.45	21731.85
主营收入(万元)	71951.76	162724.52	93756.62
资本公积金(万元)	158412.02	158361.37	158153.27
主营利润(万元)	23480.68	42685.62	25652.68
其他业务利润(万元)	244.98	510.21	–14.83
营业利润(万元)	5871.83	12303.51	10947.42
投资收益(万元)	6031.05	15912.61	12402.93
补贴收入(万元)	2048.69	74.54	0.85
营业外收支(万元)	–92.68	–167.31	3.31
利润总额(万元)	13858.88	28123.35	23573.96
净利润(万元)	10535.79	19229.27	18068.79

十大股东

序号	股东名称	股份性质	持股数(万股)	比例(%)
1	中信国安有限公司	国有法人股	41162.79	62.37
2	中国建设银行–博时裕富证券投资基金	流通A股	109.45	0.17
3	刘佃翠	流通A股	103.73	0.16
4	中国银行–嘉实服务增值行业证券投资基金	流通A股	102.18	0.15
5	全国社保基金一零一组合	流通A股	99.74	0.15
6	长江证券有限责任公司	流通A股	92.00	0.14
7	民生证券有限责任公司	流通A股	74.19	0.11
8	中国工商银行–融通深证100指数证券投资基金	流通A股	67.50	0.10
9	招商银行股份有限公司–长城久泰证券投资基金	流通A股	46.91	0.07
10	樊崇娇	流通A股	32.32	0.05

股东人数	2004.6	2003.12	2003.6	2002
	135397	134635	136739	144813

近年分配		近年配股/增发	
	2004年6月18日10派1.00		

重大事项

公司2001年第二次临时股东大会审议通过了关于由公司控股子公司中信国安通信有限公司受让由中信国安集团公司持有的中国联合通信有限公司1.8%股权的议案，受让金额为8.964亿元。截止2004年6月30日，中国联合通信有限公司已经办理完上述股权变更相关的工商登记手续。

二〇〇三年以来市场表现

2003年涨跌幅(%)	3.11
2003年最高(元)	18.50
2003年最低(元)	11.75
2003年换手率(%)	406.56
2004.06涨跌幅(%)	–6.70
2004.06最高(元)	18.39
2004.06最低(元)	11.95
2004.06换手率(%)	228.16

河北承德露露股份有限公司

公司概况

公司名称	河北承德露露股份有限公司	股票代码	000848
注册地址	河北省承德市高新技术产业开发区	邮政编码	067000
法人代表	王宝林	董秘	李文生
电话	0314-2066791-3088	传真	0314-2063525
主营业务	杏仁露、果蔬汁		
总股本	25925.00	流通 A	9100.00
流通 B		流通 H	
审计单位		审计意见	未审计

主要财务指标

年度	2004.6	2003	2002
每股收益 / 扣除后(元)	0.0833	0.1340	0.2000
每股经营现金流量(元)	-0.2600	0.3100	0.6000
每股净资产 / 调整后(元)	2.7500	2.8600	2.7600
每股公积金(元)	1.1744	1.1744	1.1742
净资产收益率(%)	3.0200	3.8000	7.2200
总资产(万元)	117825.72	114464.92	111222.88
股东权益(万元)	71211.78	74247.40	71422.10
未分配利润(万元)	6302.39	9338.01	7314.74
主营收入(万元)	45417.54	104890.81	107539.24
资本公积金(万元)	30446.97	30446.97	30442.17
主营利润(万元)	14312.76	34459.03	28207.88
其他业务利润(万元)		2.21	2.21
营业利润(万元)	3259.14	7156.93	8136.81
投资收益(万元)	-54.15	-106.50	-77.55
补贴收入(万元)	272.50		
营业外收支(万元)	-10.14	-934.82	64.84
利润总额(万元)	3467.35	6115.60	6995.59
净利润(万元)	2149.38	2820.49	5157.16

十大股东

序号	股东名称	股份性质	持股数(万股)	比例(%)
1	露露集团有限责任公司	国有法人股	10084.50	38.90
2	深圳通联投资有限公司	境内法人股	6740.50	26.00
3	程德兴	流通 A 股	30.69	0.12
4	石蕾	流通 A 股	25.70	0.10
5	王伟征	流通 A 股	16.42	0.06
6	范明路	流通 A 股	15.85	0.06
7	陈少龙	流通 A 股	14.90	0.06
8	边书平	流通 A 股	13.72	0.05
9	肖和平	流通 A 股	11.20	0.04
10	黄婉仪	流通 A 股	10.40	0.04

股东人数	2004.6	2003.12	2003.6	2002
	51538	53003	55452	56541

近年分配		近年配股 / 增发	

重大事项

2004 年 4 月 23 日，公司决定“以 2003 年 12 月 31 日总股本 25 925 万股为基数，向全体股东分派现金红利，派现比例是每 10 股派发 2.00 元（含税），共分派红利 51 850000.00 元（含税），余额 41 530 095.92 元转作下年利润分配”。该次利润分配工作已于 2004 年 5 月 18 日完成。

二○○三年以来市场表现

2003 年涨跌幅(%)	-27.86
2003 年最高(元)	8.44
2003 年最低(元)	4.85
2003 年换手率(%)	79.22
2004.06 涨跌幅(%)	-3.09
2004.06 最高(元)	7.33
2004.06 最低(元)	4.99
2004.06 换手率(%)	119.93

安徽华茂纺织股份有限公司

公司概况

公司名称	安徽华茂纺织股份有限公司	股票代码	000850
注册地址	安徽省安庆市纺织南路 80 号	邮政编码	246018
法人代表	华冠雄	董秘	王功著
电话	0556-5516615	传真	0556-5510166
主营业务	棉、毛、麻、丝		
总股本	45552.00	流通 A	16004.76
流通 B		流通 H	
审计单位	安徽华普会计师事务所	审计意见	标准无保留

主要财务指标

年度	2004.6	2003	2002
每股收益 / 扣除后(元)	0.0638	0.1100	0.1900
每股经营现金流量(元)	0.1380	-0.0800	0.1200
每股净资产 / 调整后(元)	1.8700	1.7700	2.1800
每股公积金(元)	0.2748	0.2747	0.6571
净资产收益率(%)	3.2670	7.1500	9.3900
总资产(万元)	179712.44	171665.67	118247.60
股东权益(万元)	85255.82	82464.93	76571.93
未分配利润(万元)	20075.28	17703.16	12853.07
主营收入(万元)	51774.76	79899.18	66711.15
资本公积金(万元)	12517.35	12512.35	23024.13
主营利润(万元)	8243.38	13840.25	14031.60
其他业务利润(万元)	70.73	15.06	-0.04
营业利润(万元)	4336.73	8550.27	8521.14
投资收益(万元)	-191.16	526.74	1506.19
补贴收入(万元)			
营业外收支(万元)	-70.86	8.30	0.09
利润总额(万元)	4074.71	9085.31	10145.64
净利润(万元)	2785.89	5892.78	7192.81

十大股东

序号	股东名称	股份性质	持股数(万股)	比例(%)
1	安徽华茂集团有限公司	国有法人股	29547.24	64.86
2	安徽省农垦集团有限公司	流通 A 股	106.87	0.23
3	安徽省皖北煤电集团有限责任公司	流通 A 股	96.83	0.21
4	望江县电力实业公司	流通 A 股	52.70	0.12
5	罗书琴	流通 A 股	50.91	0.11
6	池州市贵池区许桥银矿	流通 A 股	49.85	0.11
7	苏春华	流通 A 股	47.65	0.10
8	乐兴元	流通 A 股	39.50	0.09
9	广东省创典文化实业公司	流通 A 股	36.09	0.08
10	何贵全	流通 A 股	32.31	0.07

股东人数	2004.6	2003.12	2003.6	2002
	10734	6352	6357	4554

近年分配		近年配股 / 增发	

重大事项

本公司与安庆市纺润实业总公司于 2004 年 3 月 9 日签订了股权转让协议，将本公司持有的厦门中科大展信通信有限公司 32.5% 股权，以协议价 1430.16 万元的价格一次性转让给该公司。本项交易金额为 1430.16 万元，公司已于 2004 年 3 月 26 日收讫，并已办理工商登记变更手续。

二○○三年以来市场表现

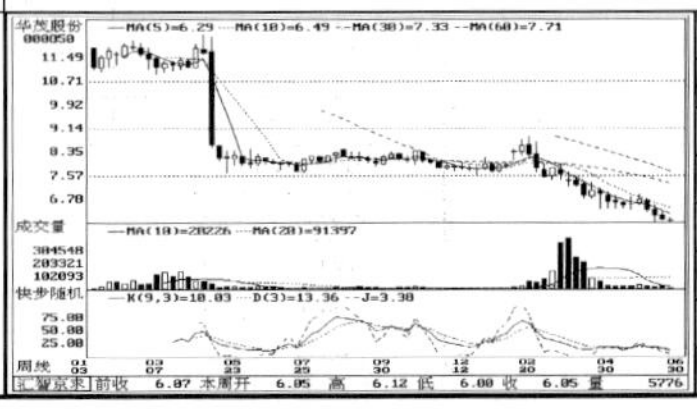

2003 年涨跌幅(%)	-11.80
2003 年最高(元)	9.33
2003 年最低(元)	7.58
2003 年换手率(%)	54.47
2004.06 涨跌幅(%)	-24.37
2004.06 最高(元)	8.85
2004.06 最低(元)	6.00
2004.06 换手率(%)	73.63

大唐高鸿数据网络技术股份有限公司

公司概况

项目	内容	项目	内容
公司名称	大唐高鸿数据网络技术股份有限公司	股票代码	000851
注册地址	贵阳国家高新技术产业开发区金阳知识经济产业园A-1-63号	邮政编码	100088
法人代表	付景林	董秘	王芊
电话	010-82074801	传真	010-82073701
主营业务	多业务宽带电信网络产品		
总股本	22490.00	流通A	7748.00
流通B		流通H	
审计单位		审计意见	未审计

主要财务指标

年度	2004.6	2003	2002
每股收益/扣除后(元)	0.0413	0.0900	−0.3400
每股经营现金流量(元)	−0.2413	0.2800	0.0800
每股净资产/调整后(元)	0.9900	0.9400	0.6000
每股公积金(元)		0.6377	0.6377
净资产收益率(%)	4.1500	10.7900	−47.2000
总资产(万元)	45805.97	35301.24	28852.38
股东权益(万元)	22308.16	21381.26	19074.04
未分配利润(万元)	−1392.92	−20231.93	−22377.23
主营收入(万元)	10469.05	12776.35	10761.32
资本公积金(万元)		14341.87	14341.87
主营利润(万元)	3654.16	5334.08	246.44
其他业务利润(万元)	10.41	14.42	−0.06
营业利润(万元)	1194.18	2675.25	−8623.00
投资收益(万元)		32.17	19.10
补贴收入(万元)		100.00	−0.29
营业外收支(万元)	−0.91	−7.14	0.07
利润总额(万元)	1193.27	2800.28	−9003.10
净利润(万元)	926.90	2307.22	−9003.10

十大股东

序号	股东名称	股份性质	持股数(万股)	比例(%)
1	贵州达众磨料磨具公司	国有法人股	6728.34	29.92
2	国投机轻公司	国有法人股	3433.92	15.27
3	贵州省电力公司	国有法人股	1287.00	5.72
4	贵州省国资局	国家股	1241.50	5.52
5	贵州宝安房地产开发公司	法人股	286.00	1.27
6	中国磨料磨具进出口公司	法人股	250.97	1.12
7	北京兴宏投资公司	法人股	198.00	0.88
8	贵州东伟实业公司	法人股	143.00	0.64
9	第六砂轮厂	国家股	132.99	0.59
10	中国七砂集团	国家股	100.00	0.44

股东人数	2004.6	2003.12	2003.6	2002
	18292	19237	18332	22892

近年分配		近年配股/增发	

重大事项

根据公司第四届第十二次董事会决议，公司拟采购大唐电信科技股份有限公司不超过2000万元的通信类工业制成品代理销售，已经公司2004年第一次临时股东大会审议批准。

二〇〇三年以来市场表现

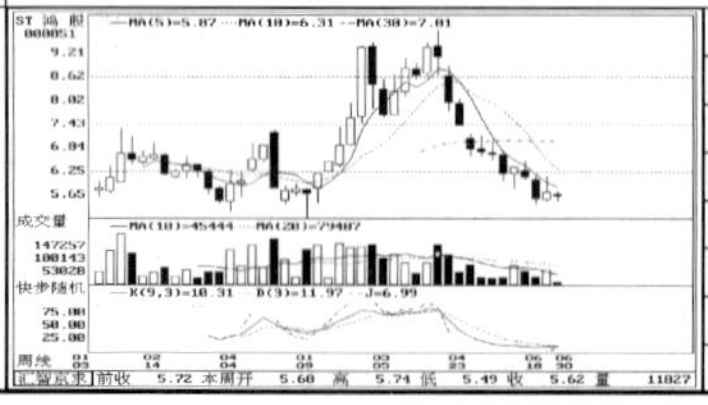

项目	数值
2003年涨跌幅(%)	−0.17
2003年最高(元)	7.30
2003年最低(元)	5.21
2003年换手率(%)	203.47
2004.06涨跌幅(%)	−3.77
2004.06最高(元)	9.80
2004.06最低(元)	5.06
2004.06换手率(%)	265.85

江汉石油钻头股份有限公司

公司概况

项目	内容	项目	内容
公司名称	江汉石油钻头股份有限公司	股票代码	000852
注册地址	湖北省武汉市洪山区珞瑜路456号	邮政编码	430223
法人代表	常子恒	董秘	赵进斌
电话	0728-6518598	传真	0728-6518598
主营业务	油用及矿用材料		
总股本	30800.00	流通A	7684.68
流通B		流通H	
审计单位	大信会计师事务所	审计意见	标准无保留

主要财务指标

年度	2004.6	2003	2002
每股收益/扣除后(元)	0.1318	0.2090	0.2450
每股经营现金流量(元)	0.0090	0.2200	0.1100
每股净资产/调整后(元)	2.1900	2.2700	2.2200
每股公积金(元)	0.5844	0.5844	0.6427
净资产收益率(%)	5.7100	9.1900	10.6400
总资产(万元)	107767.20	101044.82	93070.70
股东权益(万元)	69264.14	71466.54	64895.90
未分配利润(万元)	13525.58	16320.85	13536.33
主营收入(万元)	24348.70	44355.57	41117.86
资本公积金(万元)	18000.52	18000.52	17996.29
主营利润(万元)	10975.66	19483.88	17694.09
其他业务利润(万元)	190.57	476.80	−15.80
营业利润(万元)	4761.83	7447.27	7066.86
投资收益(万元)	1.25	48.32	341.29
补贴收入(万元)			
营业外收支(万元)	−94.97	−13.88	−0.13
利润总额(万元)	4668.11	7481.71	8018.47
净利润(万元)	3957.60	6566.41	6906.17

十大股东

序号	股东名称	股份性质	持股数(万股)	比例(%)
1	中国石化集团江汉石油管理局	国有法人股	23100.00	75.00
2	国信证券有限责任公司	流通股	242.62	0.79
3	北京通航技贸易有限公司	流通股	172.00	0.56
4	黄东生	流通股	42.52	0.14
5	刘晓晶	流通股	33.21	0.11
6	银力	流通股	27.00	0.09
7	孟繁强	流通股	19.40	0.06
8	徐丽媛	流通股	15.13	0.05
9	李润荣	流通股	14.58	0.05
10	邱志英	流通股	13.04	0.04

股东人数	2004.6	2003.12	2003.6	2002
	29689	29514	29997	26909

近年分配	2004年7月2日10派2.00	近年配股/增发	

重大事项

2004年5月20日，公司2003年年度股东大会审议通过了《公司2003年度利润分配方案》，以2003年12月31日股份总数30,800万股为基数，每10股派2元人民币(含税)。股权登记日是2004年7月1日，除息日是2004年7月2日。

二〇〇三年以来市场表现

项目	数值
2003年涨跌幅(%)	−35.51
2003年最高(元)	9.23
2003年最低(元)	5.29
2003年换手率(%)	139.86
2004.06涨跌幅(%)	−0.52
2004.06最高(元)	7.65
2004.06最低(元)	5.61
2004.06换手率(%)	123.25

唐山陶瓷股份有限公司

公司概况

公司名称	唐山陶瓷股份有限公司			股票代码	000856	
注册地址	河北省唐山市路北区缸窑路 29 号			邮政编码	063022	
法人代表	邢平均			董秘	张树来	
电话	0315-3291354			传真	0315-3291354	
主营业务	日用陶瓷、卫生陶瓷					
总股本	17500.00	流通 A	6500.00	流通 B		流通 H
审计单位				审计意见	未审计	

主要财务指标

年度	2004.6	2003	2002
每股收益/扣除后(元)	0.0072	–0.1600	0.0300
每股经营现金流量(元)	–0.0020	–0.2100	–0.0300
每股净资产/调整后(元)	2.1400	1.7500	2.6500
每股公积金(元)	1.6084	1.6084	1.6075
净资产收益率(%)	0.7500	–6.7000	0.4100
总资产(万元)	107818.69	105802.50	110138.40
股东权益(万元)	43498.91	43189.87	50453.92
未分配利润(万元)	–1715.04	–2024.16	869.19
主营收入(万元)	24797.54	39455.91	45137.34
资本公积金(万元)	28146.64	28146.71	28131.88
主营利润(万元)	6683.23	8526.34	11021.33
其他业务利润(万元)	141.99	68.22	0.78
营业利润(万元)	241.05	–2897.21	471.44
投资收益(万元)	0.52	–55.34	–65.07
补贴收入(万元)	194.45	157.82	2.20
营业外收支(万元)	5.02	–441.79	–17.21
利润总额(万元)	441.04	–3236.53	593.72
净利润(万元)	326.23	–2893.35	205.04

十大股东

序号	股东名称	股份性质	持股数(万股)	比例(%)
1	唐山市城市建设投资有限公司	国有股	4706.40	26.89
2	唐山陶瓷集团有限公司	国有股	2410.00	13.77
3	唐山市建设投资公司	国有股	2376.54	13.58
4	唐山华美陶瓷有限公司	国有股	1507.06	8.61
5	姜国华	社会公众股	18.99	0.11
6	张振华	社会公众股	14.10	0.08
7	刘玉涛	社会公众股	11.90	0.07
8	任征刚	社会公众股	11.17	0.06
9	严钢	社会公众股	10.22	0.06
10	余涛	社会公众股	10.00	0.06

股东人数

2004.6	2003.12	2003.6	2002
30529	32213	33384	34300

近年分配

近年分配		近年配股/增发	

重大事项

本公司控股子公司唐山华美陶瓷有限公司向公司股东唐山陶瓷集团有限公司所属第一瓷厂及白玉瓷厂提供原料并收购其产成品，所销售原料以生产成本价结算，所购买产品以生产成本价为依据，经双方协商确定。

二〇〇三年以来市场表现

2003 年涨跌幅(%)	–34.66
2003 年最高(元)	7.42
2003 年最低(元)	3.97
2003 年换手率(%)	131.65
2004.06 涨跌幅(%)	–2.44
2004.06 最高(元)	5.83
2004.06 最低(元)	3.98
2004.06 换手率(%)	139.19

宜宾五粮液股份有限公司

公司概况

公司名称	宜宾五粮液股份有限公司			股票代码	000858	
注册地址	四川省宜宾市翠屏区岷江西路 150 号			邮政编码	644007	
法人代表	王国春			董秘	彭智辅	
电话	0831-3565878			传真	0831-3555958	
主营业务	五粮液系列酒					
总股本	271140.47	流通 A	76377.60	流通 B		流通 H
审计单位				审计意见	未审计	

主要财务指标

年度	2004.6	2003	2002
每股收益/扣除后(元)	0.1982	0.5200	0.1900
每股经营现金流量(元)	0.2480	0.7710	0.9300
每股净资产/调整后(元)	2.3130	4.4160	4.7000
每股公积金(元)	0.3516	0.4516	1.2837
净资产收益率(%)	8.5600	11.7000	11.5600
总资产(万元)	866315.87	826278.00	726173.50
股东权益(万元)	627583.50	601003.00	530705.56
未分配利润(万元)	151271.59	249029.53	200724.84
主营收入(万元)	345730.03	633309.06	570651.75
资本公积金(万元)	95320.35	122434.39	145029.44
主营利润(万元)	130985.48	217122.72	173417.77
其他业务利润(万元)	206.45	370.39	84.85
营业利润(万元)	81782.06	109500.51	87314.24
投资收益(万元)	34.43	–55.44	17.89
补贴收入(万元)			
营业外收支(万元)	–188.16	–721.00	–10.21
利润总额(万元)	81628.33	108724.07	86907.04
净利润(万元)	53694.52	70297.45	61323.46

十大股东

序号	股东名称	股份性质	持股数(万股)	比例(%)
1	宜宾市国有资产经营有限公司	国有法人股	194762.87	71.83
2	丰和价值证券投资基金	流通 A 股	1572.43	0.58
3	宏源证券股份有限公司	流通 A 股	842.58	0.31
4	中国银行-景宏证券投资基金	流通 A 股	360.12	0.13
5	全国社保基金一零六组合	流通 A 股	345.45	0.13
6	中国建设银行-博时裕富证券投资基金	流通 A 股	338.37	0.12
7	张军	流通 A 股	335.24	0.12
8	招商银行股份有限公司-招商股票投资基金	流通 A 股	321.48	0.12
9	苏柏荣	流通 A 股	294.70	0.11
10	泰和证券投资基金	流通 A 股	294.20	0.11

股东人数

2004.6	2003.12	2003.6	2002
159963	104588	116759	113504

近年分配

近年分配		近年配股/增发	
2004 年 4 月 13 日 10 派 2.00		2004 年 4 月 13 日 10 送 8 转 2	

重大事项

公司董事会于 2004 年 4 月 13 日完成了 2003 年度分配方案每 10 股送红股 8 股、公积金转增 2 股、派现金 2 元〈含税〉的送转股实施工作。送转股可流通股份于 2004 年 4 月 13 日上市流通。

二〇〇三年以来市场表现

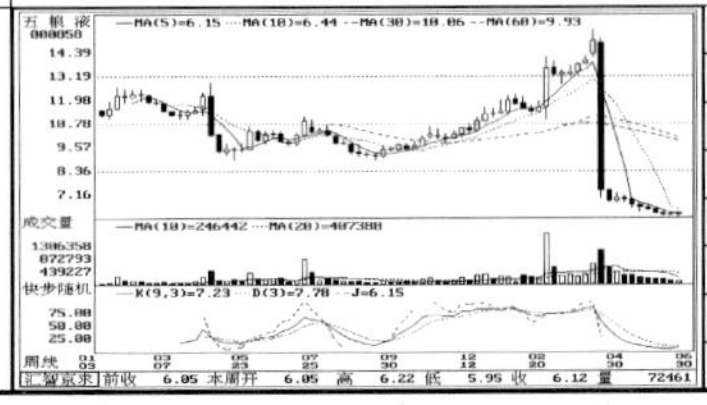

2003 年涨跌幅(%)	16.07
2003 年最高(元)	5.69
2003 年最低(元)	4.34
2003 年换手率(%)	98.90
2004.06 涨跌幅(%)	11.48
2004.06 最高(元)	7.70
2004.06 最低(元)	5.37
2004.06 换手率(%)	118.26

安徽国风塑业股份有限公司

公司概况

公司名称	安徽国风塑业股份有限公司	股票代码	000859
注册地址	安徽省合肥市国家高新技术产业开发区天智路	邮政编码	230088
法人代表	郑忠勋	董秘	吴亚
电话	0551-5336138	传真	0551-5336777
主营业务	塑料制品		
总股本	42048.00	流通 A	18720.00
流通 B		流通 H	
审计单位		审计意见	未审计

主要财务指标

年度	2004.6	2003	2002
每股收益/扣除后(元)	-0.0071	-0.0021	0.2000
每股经营现金流量(元)	-0.1010	0.0400	0.3800
每股净资产/调整后(元)	2.3500	2.3600	3.7500
每股公积金(元)	0.9918	0.9918	2.1867
净资产收益率(%)	0.1610	0.5000	5.2800
总资产(万元)	191201.87	180146.42	190121.66
股东权益(万元)	99433.87	99273.49	98856.89
未分配利润(万元)	11788.54	11628.16	11352.32
主营收入(万元)	47979.63	86597.71	75904.57
资本公积金(万元)	41701.90	41701.90	57465.57
主营利润(万元)	4469.37	9459.28	17663.66
其他业务利润(万元)	106.12	195.66	-1.38
营业利润(万元)	480.12	540.91	8573.09
投资收益(万元)	-82.57	-165.34	-160.10
补贴收入(万元)		30.00	0.32
营业外收支(万元)	6.63	117.49	-0.97
利润总额(万元)	404.18	523.06	8276.50
净利润(万元)	160.38	495.63	5215.31

十大股东

序号	股东名称	股份性质	持股数(万股)	比例(%)
1	安徽国风集团有限公司	国家股	23328.00	55.48
2	周春霞	流通 A 股	41.65	0.10
3	王书玲	流通 A 股	28.86	0.07
4	张敏西	流通 A 股	27.81	0.07
5	蹇宏新	流通 A 股	27.58	0.07
6	张洪文	流通 A 股	25.50	0.06
7	严加彬	流通 A 股	24.00	0.06
8	黄备英	流通 A 股	24.00	0.06
9	徐华	流通 A 股	23.30	0.06
10	沈在明	流通 A 股	22.50	0.05

股东人数	2004.6	2003.12	2003.6	2002
	58593	54508	52755	39738

近年分配		近年配股/增发	

重大事项

本公司于 2004 年 2 月 24 日与新华信托投资股份有限公司签订《资金信托合同》,委托新华信托理财 18000 万元。本公司于 2004 年 8 月 2 日与安徽丰原生物化学股份有限公司签订《互保协议》。协议约定双方相互为对方提供连带责任担保,担保金额以 1.8 亿元人民币为限,有效期限为一年。

二〇〇三年以来市场表现

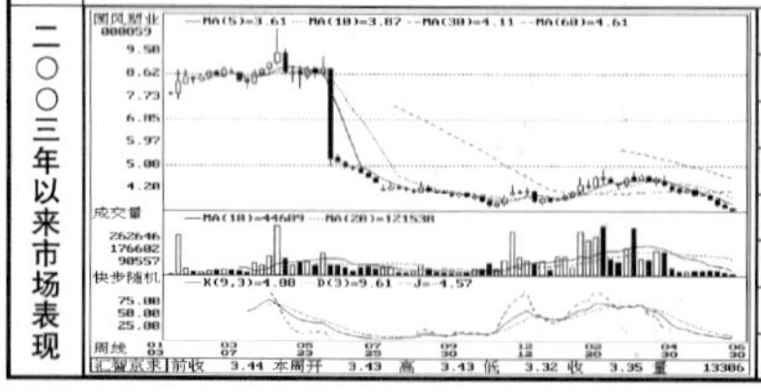

2003 年涨跌幅(%)	-26.32
2003 年最高(元)	6.49
2003 年最低(元)	3.42
2003 年换手率(%)	191.46
2004.06 涨跌幅(%)	-7.97
2004.06 最高(元)	4.92
2004.06 最低(元)	3.32
2004.06 换手率(%)	163.51

北京顺鑫农业股份有限公司

公司概况

公司名称	北京顺鑫农业股份有限公司	股票代码	000860
注册地址	北京市顺义区站前街南侧	邮政编码	101300
法人代表	李维昌	董秘	田建国
电话	010-69420860	传真	010-81499846
主营业务	粮食作物,经济作物		
总股本	33145.00	流通 A	11830.00
流通 B		流通 H	
审计单位		审计意见	未审计

主要财务指标

年度	2004.6	2003	2002
每股收益/扣除后(元)	0.1153	0.2730	0.2440
每股经营现金流量(元)	0.0540	0.4300	0.0400
每股净资产/调整后(元)	3.9200	3.6600	3.3500
每股公积金(元)	2.3129	1.8736	2.0349
净资产收益率(%)	2.9400	7.1300	6.8700
总资产(万元)	216043.02	193863.91	161330.70
股东权益(万元)	134723.31	116511.61	107993.44
未分配利润(万元)	15338.81	14415.87	8251.89
主营收入(万元)	97203.00	132460.84	103768.88
资本公积金(万元)	76659.82	62101.05	61890.36
主营利润(万元)	17402.62	28457.66	23587.59
其他业务利润(万元)	120.75	681.96	-19.43
营业利润(万元)	3692.22	7775.19	5726.88
投资收益(万元)	11.67	-65.94	205.09
补贴收入(万元)	1009.20	1908.76	-570.41
营业外收支(万元)	63.96	-98.65	-0.64
利润总额(万元)	4777.05	9519.35	7944.80
净利润(万元)	3964.44	8307.48	7416.17

十大股东

序号	股东名称	股份性质	持股数(万股)	比例(%)
1	北京顺鑫农业发展集团有限公司	国有法人股	21315.00	64.31
2	中国建设银行-华宝兴业多策略增长证券投资基金	流通 A 股	295.34	0.89
3	方正证券有限责任公司	流通 A 股	121.13	0.37
4	袁妙玲	流通 A 股	55.00	0.17
5	岳丽芳	流通 A 股	44.10	0.13
6	李清仙	流通 A 股	37.75	0.11
7	苏志琦	流通 A 股	33.00	0.10
8	中国建设银行-宝康消费品证券投资基金	流通 A 股	29.98	0.09
9	池宝强	流通 A 股	29.69	0.09
10	国海证券有限责任公司	流通 A 股	29.21	0.09

股东人数	2004.6	2003.12	2003.6	2002
	51972	51663	53501	55425

近年分配		近年配股/增发	
	2004 年 3 月 18 日 10 派 1.00		

重大事项

报告期内,公司在 2004 年 2 月 20 日召开的公司 2003 年度股东大会审议通过了 2003 年度的分红派息方案,以公司 2003 年末总股本 304,150,000 股为基数,向全体股东每 10 股派发现金红利 1.00 元(含税),扣税后,社会公众股中的个人股东实际每 10 股派 0.80 元。茂化永业 000861

二〇〇三年以来市场表现

2003 年涨跌幅(%)	-7.30
2003 年最高(元)	8.30
2003 年最低(元)	6.03
2003 年换手率(%)	74.56
2004.06 涨跌幅(%)	-12.60
2004.06 最高(元)	8.11
2004.06 最低(元)	5.50
2004.06 换手率(%)	105.65

茂名永业(集团)股份有限公司

公司概况

公司名称	茂名永业(集团)股份有限公司	股票代码	000861
注册地址	广东省茂名市环市西路61号	邮政编码	525024
法人代表	邵建明	董秘	潘尉
电话	0668-2327411-8038	传真	0668-2326412
主营业务	炭黑系列产品		
审计单位		审计意见	未审计

总股本	11125.45	流通A	5466.87	流通B		流通H	

主要财务指标

年度	2004.6	2003	2002
每股收益/扣除后(元)	0.0196	0.0100	–0.2200
每股经营现金流量(元)	0.1030	0.2000	–0.0800
每股净资产/调整后(元)	1.6930	1.6700	1.6300
每股公积金(元)	0.7748	0.7748	0.7748
净资产收益率(%)	1.0600	3.1100	–12.7000
总资产(万元)	42516.35	43514.73	43029.04
股东权益(万元)	20018.96	19805.84	19190.12
未分配利润(万元)	–1131.70	–1344.83	–1720.16
主营收入(万元)	10677.87	21148.57	17616.37
资本公积金(万元)	8619.94	8619.94	8619.94
主营利润(万元)	2800.91	4966.54	3220.15
其他业务利润(万元)	96.05	258.56	–0.01
营业利润(万元)	499.77	1110.83	–1857.77
投资收益(万元)		3.19	–3.28
补贴收入(万元)		7.75	–0.02
营业外收支(万元)	–4.95	96.89	–0.54
利润总额(万元)	408.47	1218.66	–1981.41
净利润(万元)	213.13	615.72	–2436.49

十大股东

序号	股东名称	股份性质	持股数(万股)	比例(%)
1	广州海印实业集团有限公司	境内法人股	2928.82	26.33
2	中国石化总公司茂名石油化工公司	境内法人股	507.00	4.56
3	广东茂名信托投资公司	境内法人股	90.09	0.81
4	广东茂名化学工业总公司	境内法人股	69.81	0.63
5	应连香	流通A股	67.88	0.61
6	广东茂名兴达发展总公司	境内法人股	57.53	0.52
7	广东茂名工业开发公司	境内法人股	52.65	0.47
8	肖大友	流通A股	34.31	0.31
9	胡根妹	流通A股	33.00	0.30
10	南宁铁中分局茂名站	境内法人股	32.37	0.29

股东人数	2004.6	2003.12	2003.6	2002
	8843	8155	9472	11529

近年分配		近年配股/增发	

重大事项

2003年1月17日，本公司第一大股东茂名市财政局与广州海印实业集团有限公司签署了《股权转让协议书》，茂名市财政局将其持有的本公司2928.8184万股国有股，全部转让给广州海印实业集团有限公司。2003年11月12日，上述国有股转让事项获国资委批准。2003年12月4日，茂名市财政局与广州海印实业集团有限公司在中国证券登记结算有限责任公司深圳分公司办理了上述国有股转让的过户登记手续。此次国有股转让完成后，本公司第一大股东发生了变化，茂名市财政局不再持有本公司股份。

二〇〇三年以来市场表现

2003年涨跌幅(%)	-6.64
2003年最高(元)	10.29
2003年最低(元)	5.66
2003年换手率(%)	156.53
2004.06涨跌幅(%)	-29.25
2004.06最高(元)	8.38
2004.06最低(元)	5.32
2004.06换手率(%)	68.20

吴忠仪表股份有限公司

公司概况

公司名称	吴忠仪表股份有限公司	股票代码	000862
注册地址	宁夏吴忠市利通区朝阳街67号	邮政编码	751100
法人代表	冯奇峰	董秘	刘伟盛
电话	0953-3929060	传真	0953-3929057
主营业务	工业自动化仪表		
审计单位		审计意见	未审计

总股本	21834.00	流通A	11700.00	流通B		流通H	

主要财务指标

年度	2004.6	2003	2002
每股收益/扣除后(元)	0.0111	–0.1500	0.0500
每股经营现金流量(元)	–0.2320	–0.0800	0.0400
每股净资产/调整后(元)	3.2300	3.2100	3.3700
每股公积金(元)	2.1281	2.1281	2.1280
净资产收益率(%)	0.3100	–3.7200	1.2500
总资产(万元)	143582.75	141865.11	139026.09
股东权益(万元)	71556.92	71406.33	74104.87
未分配利润(万元)	845.35	662.40	3319.40
主营收入(万元)	16335.90	24287.98	37538.01
资本公积金(万元)	46464.13	46464.13	46463.30
主营利润(万元)	4616.81	6864.34	12949.94
其他业务利润(万元)	185.25	56.79	0.82
营业利润(万元)	134.84	–3869.17	1857.62
投资收益(万元)	224.90	872.23	–237.20
补贴收入(万元)		152.57	152.57
营业外收支(万元)	–20.15	–72.37	1.84
利润总额(万元)	339.59	–2916.74	1499.20
净利润(万元)	221.85	–2657.00	925.31

十大股东

序号	股东名称	股份性质	持股数(万股)	比例(%)
1	吴忠仪表集团有限公司	国家股	9144.00	41.88
2	广州隆怡投资发展有限公司	境内法人股	945.00	4.33
3	杨伟	流通A股	141.06	0.65
4	机械工业部第十一设计研究院	境内法人股	45.00	0.21
5	包永琴	流通A股	29.27	0.13
6	陈筱萍	流通A股	24.75	0.11
7	李建强	流通A股	23.14	0.11
8	潘鸿章	流通A股	22.74	0.10
9	吴秀芹	流通A股	22.70	0.10
10	中国银河证券有限责任公司	流通A股	22.01	0.10

股东人数	2004.6	2003.12	2003.6	2002
	54942	56180	58684	58102

近年分配		近年配股/增发	

重大事项

依据公司2004年半年度财务报告结果以及就公司担保事项对相关人员问询结论，2004年上半年公司为宁夏美利纸业股份有限公司贷款担保5,000万元。截至2004年6月30日，公司累计对外担保余额为34,930万元，其中违规担保4,000万元。

二〇〇三年以来市场表现

2003年涨跌幅(%)	-30.41
2003年最高(元)	8.47
2003年最低(元)	4.62
2003年换手率(%)	153.02
2004.06涨跌幅(%)	-7.48
2004.06最高(元)	6.67
2004.06最低(元)	4.62
2004.06换手率(%)	130.07

深圳和光现代商务股份有限公司

公司概况							
公司名称	深圳和光现代商务股份有限公司			股票代码	000863		
注册地址	深圳市福田区滨河路北 5022 号联合广场 B 座 1002、1003			邮政编码	518033		
法人代表	吴力			董秘	赵明		
电话	0755-82900028			传真	0755-82900046		
主营业务	商业自动化产品						
总股本	13562.03	流通 A	3900.00	流通 B		流通 H	
审计单位				审计意见	未审计		

主要财务指标

年度	2004.6	2003	2002
每股收益 / 扣除后(元)	0.0266	0.1200	0.1300
每股经营现金流量(元)	-1.7940	0.5100	0.3400
每股净资产 / 调整后(元)	2.2600	2.1900	1.9800
每股公积金(元)	0.4461	0.4462	0.4370
净资产收益率(%)	1.4800	5.9200	5.7500
总资产(万元)	110343.48	107182.93	97118.47
股东权益(万元)	32544.76	32062.05	30039.97
未分配利润(万元)	10774.01	10200.22	7854.80
主营收入(万元)	38701.00	86667.29	99614.42
资本公积金(万元)	6050.76	6050.76	5926.78
主营利润(万元)	3181.06	9549.00	9312.27
其他业务利润(万元)	-28.03	314.42	-43.76
营业利润(万元)	433.86	2123.93	2081.48
投资收益(万元)	138.48	190.22	-10.43
补贴收入(万元)			
营业外收支(万元)	-0.27	-6.54	0.07
利润总额(万元)	572.06	2307.62	2010.90
净利润(万元)	482.72	1898.10	1726.53

十大股东

序号	股东名称	股份性质	持股数(万股)	比例(%)
1	沈阳和光集团股份有限公司	境内法人股	3887.02	28.66
2	沈阳中天电子发展股份有限公司	境内法人股	2665.39	19.65
3	海口保税区保顺实业有限公司	境内法人股	1954.62	14.41
4	长白计算机集团公司	国有法人股	888.46	6.55
5	沈阳市建设投资公司	国有法人股	266.54	1.97
6	尉世鹏	流通 A 股	15.49	0.11
7	罗厚莲	流通 A 股	13.34	0.10
8	陈雅坤	流通 A 股	11.11	0.08
9	杨贵林	流通 A 股	9.72	0.07
10	管象谦	流通 A 股	8.50	0.06

股东人数	2004.6	2003.12	2003.6	2002
	22683	22824	21920	21740

近年分配		近年配股/增发	

重大事项

公司于 2004 年 6 月 14 日与沈阳和光系统集成有限公司于签订《股权转让协议》，将本公司所持沈阳和光电子技术有限公司（和光电子）80%的股权转让给沈阳和光系统集成有限公司，转让双方协商同意，转让价格为人民币 494.07 万元；本次转让后本公司不再持有和光电子的股权。

二〇〇三年以来市场表现

2003 年涨跌幅(%)	-33.30
2003 年最高(元)	11.98
2003 年最低(元)	6.50
2003 年换手率(%)	373.65
2004.06 涨跌幅(%)	0.29
2004.06 最高(元)	10.09
2004.06 最低(元)	6.85
2004.06 换手率(%)	210.02

中国石化扬子石油化工股份有限公司

公司概况							
公司名称	中国石化扬子石油化工股份有限公司			股票代码	000866		
注册地址	南京高新技术产业开发区学府路 1 号			邮政编码	210061		
法人代表	戴厚良			董秘	严明		
电话	025-57787735,57787739			传真	025-57787755		
主营业务	石油炼制						
总股本	233000.00	流通 A	35000.00	流通 B		流通 H	
审计单位				审计意见	未审计		

主要财务指标

年度	2004.6	2003	2002
每股收益 / 扣除后(元)	0.7342	0.7100	0.2800
每股经营现金流量(元)	0.4220	1.0631	0.4900
每股净资产 / 调整后(元)	3.6400	3.1948	2.4800
每股公积金(元)	0.9238	0.9238	0.9238
净资产收益率(%)	20.1400	22.1200	10.7000
总资产(万元)	1498095.00	1333030.87	1347350.75
股东权益(万元)	852034.25	750356.00	584349.06
未分配利润(万元)	296876.47	195198.20	96783.22
主营收入(万元)	1448131.62	2200513.50	1514922.37
资本公积金(万元)	215251.27	215251.27	215251.27
主营利润(万元)	265284.47	256541.58	141429.80
其他业务利润(万元)	-665.34	5671.91	-40.59
营业利润(万元)	202447.95	181690.09	73945.44
投资收益(万元)			
补贴收入(万元)			
营业外收支(万元)	-1638.46	-15913.20	-29.12
利润总额(万元)	200809.52	165776.91	71480.08
净利润(万元)	171578.25	166006.94	62514.92

十大股东

序号	股东名称	股份性质	持股数(万股)	比例(%)
1	中国石油化工股份有限公司	国有法人股	198000.00	84.98
2	科瑞证券投资基金	流通 A 股	1794.66	0.77
3	天津中集北洋集装箱有限公司工会委员会	流通 A 股	1362.58	0.58
4	中国国际海运集装箱(集团)股份有限公司	流通 A 股	1064.39	0.46
5	易方达平稳增长证券投资基金	流通 A 股	995.14	0.43
6	海富通收益增长证券投资基金	流通 A 股	729.70	0.31
7	海富通精选证券投资基金	流通 A 股	700.02	0.30
8	博时精选股票证券投资基金	流通 A 股	669.15	0.29
9	安顺证券投资基金	流通 A 股	600.00	0.26
10	青岛海信电子产业控股股份有限公司	流通 A 股	518.68	0.22

股东人数	2004.6	2003.12	2003.6	2002
	31639	53344	106610	124474

近年分配	2004 年 8 月 23 日 10 派 2.4	近年配股/增发	

重大事项

2004 年 6 月 28 日召开的公司 2003 年年度股东大会审议通过了公司 2003 年度利润分配方案：以 2003 年末总股本 233,000 万股为基数，向全体股东每 10 股派发现金红利 3.0 元(含税)，共计派息 6.99 亿元，未分配利润 1,252,982,008.21 元结转下一年度。

二〇〇三年以来市场表现

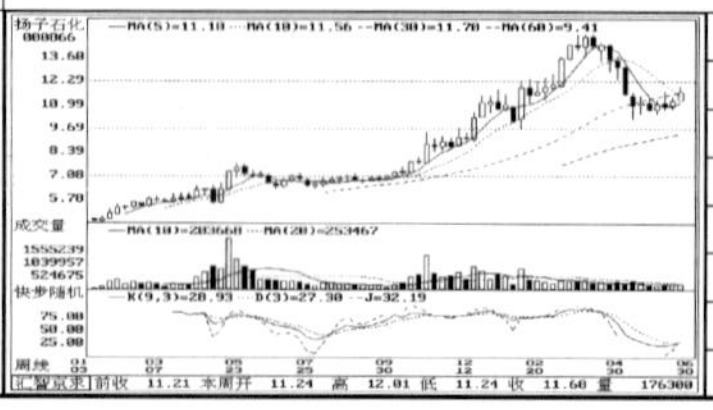

2003 年涨跌幅(%)	129.57
2003 年最高(元)	11.51
2003 年最低(元)	4.48
2003 年换手率(%)	616.36
2004.06 涨跌幅(%)	8.25
2004.06 最高(元)	14.90
2004.06 最低(元)	9.66
2004.06 换手率(%)	210.59

安徽安凯汽车股份有限公司

公司概况							
公司名称	安徽安凯汽车股份有限公司			股票代码	000868		
注册地址	安徽省合肥市葛淝路1号			邮政编码	230051		
法人代表	王志远			董秘	王军		
电话	0551-4844712,4844826			传真	0551-4844710		
主营业务	“ANKAI 牌”高档客车						
总股本	22100.00	流通 A	10140.00	流通 B		流通 H	
审计单位				审计意见	未审计		

主要财务指标 年度	2004.6	2003	2002
每股收益/扣除后(元)	0.0171	0.0880	-0.1020
每股经营现金流量(元)	0.3270	0.9300	0.1600
每股净资产/调整后(元)	2.7100	2.6800	2.6500
每股公积金(元)	1.8829	1.8623	1.8614
净资产收益率(%)	0.6300	3.1200	-6.4300
总资产(万元)	109879.79	109139.22	97109.94
股东权益(万元)	64382.89	63611.57	61806.81
未分配利润(万元)	-266.95	-670.91	-2658.51
主营收入(万元)	36953.91	73251.99	48797.34
资本公积金(万元)	41612.64	41156.64	41136.64
主营利润(万元)	3578.85	10273.06	7317.59
其他业务利润(万元)	61.35	-23.29	-0.19
营业利润(万元)	-30.80	1640.80	-2332.97
投资收益(万元)	234.87	42.88	
补贴收入(万元)			
营业外收支(万元)	26.10	18.52	-0.19
利润总额(万元)	230.17	1702.20	-4042.42
净利润(万元)	403.96	1987.60	-3973.72

十大股东 序号	股东名称	股份性质	持股数(万股)	比例(%)
1	安徽江淮汽车集团有限公司	国家股	6214.00	28.12
2	安徽省投资集团有限责任公司	国家股	5746.00	26.00
3	国联安德盛小盘精选证券投资基金	流通A股	279.16	1.26
4	隆元证券投资基金	流通A股	279.09	1.26
5	南方稳健成长证券投资基金	流通A股	206.63	0.93
6	南方宝元债券型基金	流通A股	87.80	0.40
7	裕元证券投资基金	流通A股	77.82	0.35
8	张联华	流通A股	21.00	0.10
9	曾颖	流通A股	20.00	0.09
10	无锡南泉健康中心	流通A股	20.00	0.09

股东人数	2004.6	2003.12	2003.6	2002
	33082	36193	37920	40106

近年分配		近年配股/增发	

重大事项

本公司生产的底盘主要销售给安徽安凯车辆制造有限公司,销售价格执行市价。2004年度平均售价为:D11系列179,029.70元/台;D04系列161,780.09元/台;D24系列产品54,154.67元/台;D29系列产品181,935.96元/台;D34系列产品185,561.89元/台。

二○○三年以来市场表现

2003年涨跌幅(%)	-8.56
2003年最高(元)	8.55
2003年最低(元)	4.62
2003年换手率(%)	188.41
2004.06涨跌幅(%)	-3.51
2004.06最高(元)	6.78
2004.06最低(元)	4.80
2004.06换手率(%)	77.54

烟台张裕葡萄酿酒股份有限公司

公司概况							
公司名称	烟台张裕葡萄酿酒股份有限公司			股票代码	000869		
注册地址	山东省烟台市大马路56号			邮政编码	264000		
法人代表	孙利强			董秘	曲为民		
电话	0535-6633658			传真	0535-6633658		
主营业务	酒精及饮料酒制造						
总股本	40560.00	流通 A	4992.00	流通 B	13728.00	流通 H	
审计单位				审计意见	未审计		

主要财务指标 年度	2004.6	2003	2002
每股收益/扣除后(元)	0.2357	0.4900	0.4280
每股经营现金流量(元)	0.4370	1.1200	0.3500
每股净资产/调整后(元)	4.0100	5.0200	5.4400
每股公积金(元)	1.6738	2.4760	3.1712
净资产收益率(%)	5.7000	9.6500	7.8600
总资产(万元)	199507.12	195099.69	182987.83
股东权益(万元)	162891.16	156727.25	141601.86
未分配利润(万元)	39615.23	33451.32	21351.01
主营收入(万元)	65186.20	113263.67	92821.90
资本公积金(万元)	67890.25	77250.25	82450.25
主营利润(万元)	35758.71	56541.13	46641.00
其他业务利润(万元)	103.69	152.89	-3.18
营业利润(万元)	15359.84	24857.17	18969.48
投资收益(万元)	-197.00	236.26	
补贴收入(万元)			
营业外收支(万元)	-465.74	-971.20	-88.72
利润总额(万元)	14697.10	24122.22	18086.14
净利润(万元)	9283.91	15125.38	11124.06

十大股东 序号	股东名称	股份性质	持股数(万股)	比例(%)
1	烟台张裕集团有限公司	国有法人股	21840.00	53.85
2	乔晓辉	流通B股	492.45	1.21
3	HSBC CHINA MOMENTUM FUND	流通B股	389.99	0.96
4	DEUTSCHE BANK AG LONDON	流通B股	376.83	0.93
5	NBP/FRUCTILUX SICAV	流通B股	334.02	0.82
6	嘉实增长开放式证券投资基金	流通A股	329.69	0.81
7	GT PRC FUND	流通B股	325.00	0.80
8	NBP PARIBAS LUX S/A PARVEST	流通B股	318.10	0.78
9	FIRST ASIA INVESTMENTS VENTURES LITD.	流通B股	276.73	0.68
10	GUOTAI JUNAN SECURIES HONG KONG LIMITED	流通B股	259.36	0.64

股东人数	2004.6	2003.12	2003.6	2002
	26941	21399	37353	36608

近年分配	2004年6月11日10派1.00	近年配股/增发	2004年6月11日10转3

重大事项

本公司于2004年5月21日审议通过了2003年度利润分配方案及资本公积金转增股本方案:以2003年12月31日公司总股本31,200万股计算,按照每10股派1.00元人民币的比例向全体股东分配现金红利,共计3,120万元;按照每10股转增3股的比例,进行资本公积金转增股本,计9,360万股,转增后本公司股本总额达到40,560万股。

二○○三年以来市场表现

2003年涨跌幅(%)	-4.96
2003年最高(元)	9.58
2003年最低(元)	7.01
2003年换手率(%)	86.15
2004.06涨跌幅(%)	16.94
2004.06最高(元)	11.62
2004.06最低(元)	8.58
2004.06换手率(%)	62.99

吉林电力股份有限公司

公司概况

公司名称	吉林电力股份有限公司	股票代码	000875
注册地址	吉林省长春市工农大路 3088 号	邮政编码	130021
法人代表	徐元样	董秘	宋新阳
电话	0431-5791088	传真	0431-5791077
主营业务	开发建设经营电站		
审计单位		审计意见	未审计

总股本	流通 A	流通 B	流通 H
63000.00	38000.00		

主要财务指标

年度	2004.6	2003	2002
每股收益 / 扣除后(元)	0.0755	0.1127	0.1600
每股经营现金流量(元)	0.2070	0.0900	0.2100
每股净资产 / 调整后(元)	3.6200	3.6300	3.6800
每股公积金(元)	2.5090	2.5090	2.4792
净资产收益率(%)	1.9600	2.9800	4.3900
总资产(万元)	267220.41	269686.25	279360.00
股东权益(万元)	241240.22	242801.42	233676.87
未分配利润(万元)	12423.98	13985.18	7825.50
主营收入(万元)	57670.99	107036.43	95197.64
资本公积金(万元)	158067.39	158067.39	156189.52
主营利润(万元)	5402.03	9009.04	11849.14
其他业务利润(万元)	3.22	47.43	3.71
营业利润(万元)	4629.34	6531.08	10675.14
投资收益(万元)	966.08	1734.96	1784.56
补贴收入(万元)			
营业外收支(万元)	-20.37	8.27	-0.08
利润总额(万元)	5575.05	8274.32	12383.10
净利润(万元)	4738.79	7246.68	10257.86

十大股东

序号	股东名称	股份性质	持股数(万股)	比例(%)
1	吉林省能源交通总公司	国有法人股	11800.50	18.73
2	浙江绍兴华宇印染纺织有限公司	流通 A 股	569.04	0.90
3	吉林省信托投资有限责任公司	境内法人股	400.00	0.63
4	吉林省华能发电公司	境内法人股	300.00	0.48
5	长春海通物业管理中心	境内法人股	300.00	0.48
6	安徽华茂纺织股份有限公司	流通 A 股	214.12	0.34
7	长春市天驰经贸有限公司	境内法人股	125.00	0.20
8	中国石化集团新星石油有限责任公司	流通 A 股	117.84	0.19
9	吉林省永丰实业公司	境内法人股	100.00	0.16
10	中国银行-金鹰成份股优选证券投资基金	流通 A 股	100.00	0.16

股东人数

2004.6	2003.12	2003.6	2002
181256	190427	188842	135010

近年分配	近年配股 / 增发
2004 年 7 月 6 日 10 派 1.00	

重大事项

公司第四届董事会第三次会议拟定了 2003 年度利润分配预案，即：以 2003 年 12 月 31 日总股本 630,000,000 股为基数，向全体股东每 10 股派发现金红利 1.00 元（含税），共派发现金 63,000,000.00 元，剩余未分配利润 76,851,815.84 元结转下年度。

二○○三年以来市场表现

2003 年涨跌幅(%)	43.52
2003 年最高(元)	6.70
2003 年最低(元)	4.01
2003 年换手率(%)	788.50
2004.06 涨跌幅(%)	-18.06
2004.06 最高(元)	6.71
2004.06 最低(元)	4.78
2004.06 换手率(%)	210.18

四川新希望农业股份有限公司

公司概况

公司名称	四川新希望农业股份有限公司	股票代码	000876
注册地址	四川省绵阳国家高新技术产业开发区	邮政编码	610016
法人代表	刘永好	董秘	曾勇
电话	028-86666298,82870869	传真	028-86673344
主营业务	各种饲料的开发		
审计单位		审计意见	未审计

总股本	流通 A	流通 B	流通 H
31529.22	10400.00		

主要财务指标

年度	2004.6	2003	2002
每股收益 / 扣除后(元)	0.2335	0.3850	0.3830
每股经营现金流量(元)	0.1230	-0.1500	0.4660
每股净资产 / 调整后(元)	4.7200	4.2800	3.5770
每股公积金(元)	2.4925	2.2599	1.9613
净资产收益率(%)	4.8910	9.0000	10.5800
总资产(万元)	350769.12	323611.16	229225.78
股东权益(万元)	152931.45	138119.66	114640.61
未分配利润(万元)	33063.68	25584.53	15042.47
主营收入(万元)	111036.99	198595.64	114078.98
资本公积金(万元)	78586.67	71254.02	61837.54
主营利润(万元)	17418.17	32972.64	18137.54
其他业务利润(万元)	454.45	564.11	-3.80
营业利润(万元)	2640.44	6656.33	6900.43
投资收益(万元)	7740.54	10100.45	6784.29
补贴收入(万元)	271.76	404.91	-2.01
营业外收支(万元)	-95.62	-76.37	-3.68
利润总额(万元)	10557.13	17085.32	13754.81
净利润(万元)	7479.15	12434.85	12132.78

十大股东

序号	股东名称	股份性质	持股数(万股)	比例(%)
1	四川新希望集团有限公司	境内法人股	16903.38	53.61
2	成都美好房屋开发公司	境内法人股	3089.11	9.80
3	成都希望大陆实业有限公司	境内法人股	925.49	2.94
4	裕隆证券投资基金	流通 A 股	240.00	0.76
5	全国社保基金一零一组合	流通 A 股	128.42	0.41
6	成才好吃街餐饮娱乐有限公司	境内法人股	105.63	0.34
7	成才和普饮料贸易有限公司	境内法人股	105.63	0.34
8	中国工商银行-国联安德盛小盘精选证券投资基金	流通 A 股	100.28	0.32
9	张沂	流通 A 股	87.18	0.28
10	中国建设银行-华宝兴业多策略增长证券投资基金	流通 A 股	84.53	0.27

股东人数

2004.6	2003.12	2003.6	2002
23146	21425	19739	25158

近年分配	近年配股 / 增发

重大事项

公司决定将四川华西乳业有限责任公司、四川新阳平乳业有限公司、四川新华西乳品饮料有限公司三家公司合并，共同组建四川新希望乳业有限公司。四川新希望乳业有限公司注册资本 18,571.88 万元，主营业务为乳及乳制品、饮料及冷冻食品的生产和销售，注册地四川省眉山市，本公司占其 80.86% 的股份。

二○○三年以来市场表现

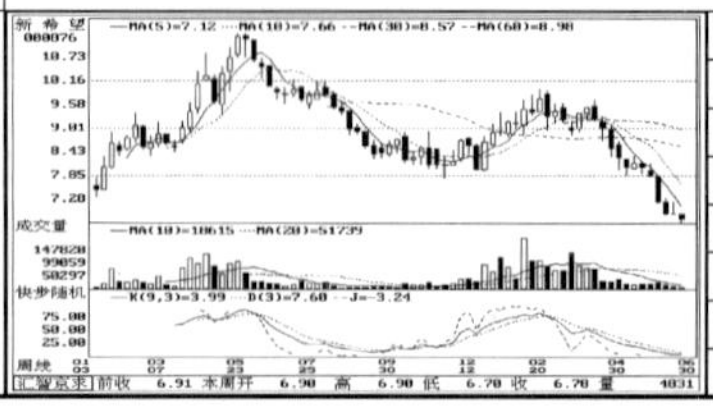

2003 年涨跌幅(%)	11.08
2003 年最高(元)	11.31
2003 年最低(元)	7.31
2003 年换手率(%)	171.35
2004.06 涨跌幅(%)	-23.13
2004.06 最高(元)	9.95
2004.06 最低(元)	6.70
2004.06 换手率(%)	142.42

新疆天山水泥股份有限公司

公司概况

公司名称	新疆天山水泥股份有限公司			股票代码	000877
注册地址	新疆乌鲁木齐市北京南路钻石城11号银通大厦三楼			邮政编码	830001
法人代表	张丽荣			董秘	周林英
电话	0991-3660950-8012			传真	0991-3663534
主营业务	水泥产品				
总股本	17335.20	流通A	7800.00	流通B	流通H
审计单位	五洲联合会计师事务所			审计意见	标准无保留

主要财务指标

年度	2004.6	2003	2002
每股收益/扣除后(元)	-1.1173	0.5800	0.5953
每股经营现金流量(元)	0.6200	1.0300	1.2800
每股净资产/调整后(元)	3.4050	5.2500	4.6600
每股公积金(元)	2.3854	2.3831	2.2878
净资产收益率(%)	-30.5500	10.8500	12.4800
总资产(万元)	479720.50	407315.12	276758.66
股东权益(万元)	62667.12	93208.14	81761.47
未分配利润(万元)	-6875.70	20415.50	15750.10
主营收入(万元)	76885.01	145490.62	88607.67
资本公积金(万元)	41351.88	41311.65	39659.10
主营利润(万元)	16990.97	41079.52	29118.71
其他业务利润(万元)	270.56	715.53	-0.38
营业利润(万元)	-2991.02	5187.94	7507.16
投资收益(万元)	-18465.04	1228.41	486.09
补贴收入(万元)	3031.67	9827.82	-223.61
营业外收支(万元)	-617.10	-480.72	-2.63
利润总额(万元)	-19041.50	15763.46	14602.59
净利润(万元)	-19147.43	10114.33	10200.10

十大股东

序号	股东名称	股份性质	持股数(万股)	比例(%)
1	新疆屯河投资股份有限公司	国有法人股	5100.00	29.42
2	新疆天山建材(集团)有限责任公司	国有法人股	3482.40	20.09
3	新疆石油管理局	国有法人股	360.00	2.08
4	新疆对外贸易(集团)有限责任公司	国有法人股	180.00	1.04
5	新疆金融租赁有限公司	法人股	180.00	1.04
6	黎明	流通股	145.16	0.84
7	中国建筑材料西北公司	国有法人股	120.00	0.69
8	新疆天山水泥制品有限责任公司	国有法人股	112.80	0.65
9	殷晓敏	流通股	64.30	0.37
10	安秀海	流通股	34.96	0.20

股东人数	2004.6	2003.12	2003.6	2002
	24882	24133	23146	23755

近年分配	2004年7月28日10派0.50	近年配股/增发	2004年7月28日10转2

重大事项

公司于2004年5月19日召开的第二届董事会第二十二次会议审议通过受让新疆德隆(集团)有限责任公司持有的吐鲁番旅游发展有限公司64.41%股权的议案，相关款项以德恒证券有限责任公司欠本公司债务抵付，该股权受让事项尚须经本公司股东大会批准。

二〇〇三年以来市场表现

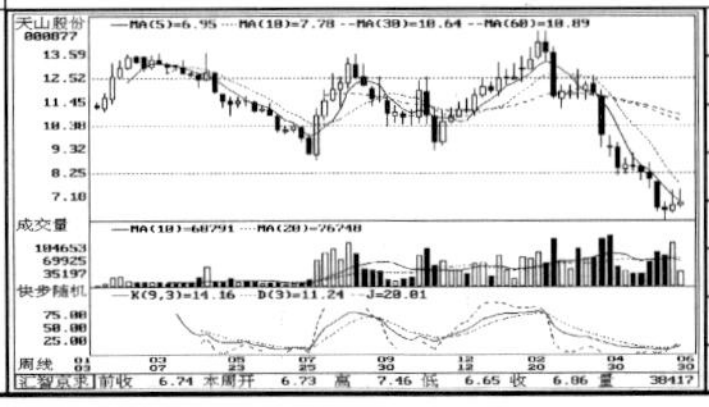

2003年涨跌幅(%)	7.96
2003年最高(元)	13.58
2003年最低(元)	8.80
2003年换手率(%)	209.35
2004.06涨跌幅(%)	-43.16
2004.06最高(元)	14.66
2004.06最低(元)	6.11
2004.06换手率(%)	225.87

云南铜业股份有限公司

公司概况

公司名称	云南铜业股份有限公司			股票代码	000878
注册地址	云南省昆明市西郊王家桥			邮政编码	650102
法人代表	邹韶禄			董秘	陈少飞
电话	0871-8390873			传真	0871-8390874
主营业务	电解铜、铜线杆				
总股本	79868.88	流通A	28072.28	流通B	流通H
审计单位				审计意见	未审计

主要财务指标

年度	2004.6	2003	2002
每股收益/扣除后(元)	0.0702	0.1300	0.0690
每股经营现金流量(元)	-1.2990	0.4420	-0.3400
每股净资产/调整后(元)	2.5100	2.4210	2.2200
每股公积金(元)	1.1974	1.1974	1.1142
净资产收益率(%)	2.9900	5.1100	2.6200
总资产(万元)	641974.69	467198.06	429322.94
股东权益(万元)	200438.94	194446.81	177858.55
未分配利润(万元)	6780.44	788.30	949.25
主营收入(万元)	298117.28	409128.81	300282.16
资本公积金(万元)	95636.87	95636.87	88991.19
主营利润(万元)	20852.28	35707.53	26185.44
其他业务利润(万元)	-14.65	116.68	2.73
营业利润(万元)	6936.95	12176.54	6412.21
投资收益(万元)	939.78	100.84	-21.34
补贴收入(万元)	3.81		
营业外收支(万元)	-152.19	-242.24	3.26
利润总额(万元)	7728.35	12181.84	5571.33
净利润(万元)	5992.13	9942.59	4662.91

十大股东

序号	股东名称	股份性质	持股数(万股)	比例(%)
1	云南铜业(集团)有限公司	国有法人股	51788.88	64.84
2	中国建设银行-博时裕富证券投资基金	社会公众股	153.25	0.19
3	中国工商银行-融通深圳100指数证券投资基金	社会公众股	73.71	0.09
4	招商银行股份有限公司-长城久泰中信标普300指数证券投资基金	社会公众股	52.79	0.07
5	上海市企业年金发展中心	社会公众股	46.56	0.06
6	李波	社会公众股	44.64	0.06
7	陈欣	社会公众股	42.00	0.05
8	蒋鹰	社会公众股	40.00	0.05
9	吴林	社会公众股	39.00	0.05
10	李向荣	社会公众股	37.64	0.05

股东人数	2004.6	2003.12	2003.6	2002
	135750	146790	142878	148338

近年分配		近年配股/增发	

重大事项

公司在2004年5月26日二届董事会第二十三会议上通过公司准备与大连保税区华恒国际工贸有限公司共同出资组建云南铜业再生资源有限公司和准备意向性收购云南冶炼厂部分资产的决议。公司于2004年6月29日召开2003年度股东大会，批准了2003年度利润分配方案，以公司现有总股本798688800股为基数，向全体股东每10股派1.00元现金(含税)。

二〇〇三年以来市场表现

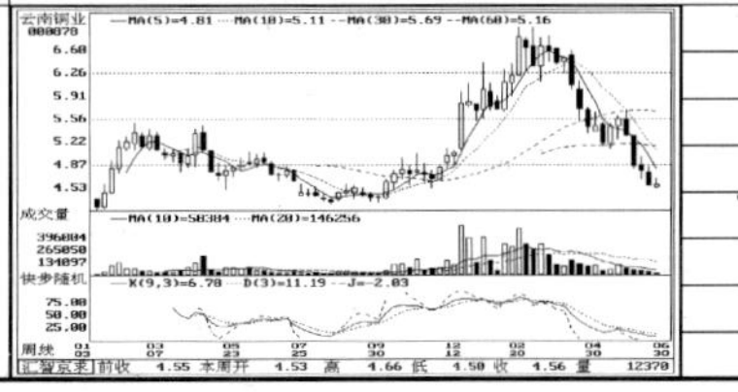

2003年涨跌幅(%)	29.23
2003年最高(元)	6.09
2003年最低(元)	4.13
2003年换手率(%)	131.06
2004.06涨跌幅(%)	-18.13
2004.06最高(元)	6.95
2004.06最低(元)	4.50
2004.06换手率(%)	137.07

山东巨力股份有限公司

公司概况

公司名称	山东巨力股份有限公司			股票代码	000880	
注册地址	山东省潍坊市长松路 69 号			邮政编码	261021	
法人代表	张卫东		董秘	郭勇		
电话	0536-8185698		传真	0536-8185678		
主营业务	农用三轮运输车					
总股本	27610.05	流通 A	13213.50	流通 B		流通 H
审计单位			审计意见	未审计		

主要财务指标

年度	2004.6	2003	2002
每股收益 / 扣除后(元)	0.0067	–0.1600	0.0100
每股经营现金流量(元)	–0.0740	–0.3200	0.6200
每股净资产 / 调整后(元)	1.7850	1.7800	2.4700
每股公积金(元)	1.0165	1.0165	1.0165
净资产收益率(%)	0.3920	–19.7900	6.1600
总资产(万元)	127590.70	119299.57	111688.13
股东权益(万元)	49284.33	49091.30	68418.35
未分配利润(万元)	–9465.66		8226.29
主营收入(万元)	53263.07	156019.47	185643.42
资本公积金(万元)	28066.25	28066.25	28066.25
主营利润(万元)	4640.61	7021.69	13772.74
其他业务利润(万元)	241.23	91.33	1.89
营业利润(万元)	169.66	–3422.12	6399.55
投资收益(万元)		–939.83	15.06
补贴收入(万元)			
营业外收支(万元)	9.28	–5360.27	–0.35
利润总额(万元)	178.93	–9722.22	6380.26
净利润(万元)	193.03	–9713.22	4216.62

十大股东

序号	股东名称	股份性质	持股数(万股)	比例(%)
1	北京盛邦投资有限公司	境内法人股	8000.00	28.97
2	潍坊巨力机械总厂	境内法人股	4514.95	16.35
3	潍坊市潍城区国有资产管理局	国家股	1881.60	6.81
4	戴令军	流通 A 股	263.38	0.95
5	李树民	流通 A 股	39.57	0.14
6	杨路	流通 A 股	33.89	0.12
7	珠海盈飞实业有限公司	流通 A 股	32.64	0.12
8	杨润霖	流通 A 股	27.23	0.10
9	陈秀云	流通 A 股	25.81	0.09
10	焦德忠	流通 A 股	24.63	0.09

股东人数	2004.6	2003.12	2003.6	2002
	54260	55200	56192	55917

近年分配		近年配股 / 增发	

重大事项

公司为潍坊巨龙化纤集团有限公司(巨龙化纤),提供人民币借款担保 4580 万元,担保期限自 2001 年 6 月 29 日至 2002 年 6 月 29 日,巨龙化纤因逾期未还借款被建设银行潍坊市寒亭区支行起诉。公司在有效期内向山东省高级人民法院提起了上诉。2004 年 6 月 10 日,公司向山东省高级人民法院申请撤诉,高院已于 2004 年 6 月 11 日下达民事裁定书,准许撤诉。

二〇〇三年以来市场表现

2003 年涨跌幅(%)	–30.24
2003 年最高(元)	7.20
2003 年最低(元)	3.81
2003 年换手率(%)	185.75
2004.06 涨跌幅(%)	–10.78
2004.06 最高(元)	5.22
2004.06 最低(元)	3.50
2004.06 换手率(%)	149.86

中国大连国际合作(集团)股份有限公司

公司概况

公司名称	中国大连国际合作(集团)股份有限公司			股票代码	000881	
注册地址	辽宁省大连市西岗区黄河路 219 号			邮政编码	116011	
法人代表	朱明义		董秘	李枫		
电话	0411-83780066,83780139		传真	0411-3780186		
主营业务	国内外工程承包					
总股本	30891.84	流通 A	15762.72	流通 B		流通 H
审计单位			审计意见	未审计		

主要财务指标

年度	2004.6	2003	2002
每股收益 / 扣除后(元)	0.0548	0.0600	0.0900
每股经营现金流量(元)	–0.9860	–0.0600	–0.2200
每股净资产 / 调整后(元)	2.3800	2.3100	2.1400
每股公积金(元)	0.8212	0.8212	0.8206
净资产收益率(%)	2.2100	3.0400	3.7600
总资产(万元)	280068.44	244693.39	182796.44
股东权益(万元)	74091.20	72469.52	70161.35
未分配利润(万元)	8969.38	7329.86	5569.32
主营收入(万元)	57934.26	122142.43	96712.00
资本公积金(万元)	25369.59	25369.59	25351.29
主营利润(万元)	10427.56	19209.92	14903.35
其他业务利润(万元)			
营业利润(万元)	1905.13	2287.56	2703.29
投资收益(万元)	–218.26	–123.32	–25.36
补贴收入(万元)	14.78	223.21	4.36
营业外收支(万元)	–17.77	–43.77	–0.16
利润总额(万元)	1683.88	2343.69	3152.83
净利润(万元)	1639.52	2200.68	2639.52

十大股东

序号	股东名称	股份性质	持股数(万股)	比例(%)
1	中国大连国际经济技术合作集团有限公司	国家股	8064.00	26.10
2	大连瀚盛投资有限公司	法人股	1152.00	3.73
3	大连俪友投资有限公司	法人股	1045.44	3.38
4	大连铁道有限责任公司	法人股	864.00	2.80
5	大连万益股份有限公司	法人股	576.00	1.86
6	大连市总工会劳动服务公司	法人股	576.00	1.86
7	上海邦联创业投资有限公司	法人股	528.00	1.71
8	辽宁东方证券公司	流通 A 股	379.85	1.23
9	大化集团有限责任公司	法人股	288.00	0.93
10	大连机床集团有限责任公司	法人股	288.00	0.93

股东人数	2004.6	2003.12	2003.6	2002
	60500	65904	68148	71804

近年分配		近年配股 / 增发	

重大事项

2004 年 5 月 31 日公司与华夏银行复兴门支行签订最高额担保合同,为公司控股子公司北京凯因生物技术有限公司提供最高余额不超过折合人民币叁仟万元的贷款担保,担保期限自 2004 年 5 月 31 日至 2006 年 5 月 31 日。

二〇〇三年以来市场表现

2003 年涨跌幅(%)	–24.17
2003 年最高(元)	7.60
2003 年最低(元)	4.11
2003 年换手率(%)	178.38
2004.06 涨跌幅(%)	10.85
2004.06 最高(元)	5.94
2004.06 最低(元)	4.23
2004.06 换手率(%)	88.66

北京华联商厦股份有限公司

公司概况

公司名称	北京华联商厦股份有限公司	股票代码	000882
注册地址	北京市海淀区复兴路46号	邮政编码	100037
法人代表	徐勇	董秘	李翠芳
电话	010-68341188-6301	传真	010-68365030
主营业务	商品零售业		
总股本	24920.00	流通A	6300.00
流通B		流通H	
审计单位		审计意见	未审计

主要财务指标

年度	2004.6	2003	2002
每股收益/扣除后(元)	0.0056	–0.2500	–0.0100
每股经营现金流量(元)	0.0400	0.7900	0.7100
每股净资产/调整后(元)	1.7500	1.7300	1.8100
每股公积金(元)	0.5709	0.5709	0.5700
净资产收益率(%)	0.4600	–5.1800	1.8500
总资产(万元)	162870.00	147709.78	120550.29
股东权益(万元)	45691.83	45482.85	47817.14
未分配利润(万元)	4232.78	4023.79	5782.50
主营收入(万元)	62641.00	111011.21	65685.36
资本公积金(万元)	14227.46	14227.46	14204.22
主营利润(万元)	8700.00	16700.86	8428.93
其他业务利润(万元)	6240.67	8248.09	–221.46
营业利润(万元)	–312.02	–6641.67	–1974.90
投资收益(万元)	511.78	3565.78	1877.65
补贴收入(万元)	30.80		
营业外收支(万元)	77.29	70.94	0.82
利润总额(万元)	307.85	–3004.95	435.27
净利润(万元)	208.98	–2357.53	886.20

十大股东

序号	股东名称	股份性质	持股数(万股)	比例(%)
1	北京中商华通科贸有限公司	国有法人股、境内法人股	7247.20	29.08
2	北京世纪国光科贸有限公司	境内法人股	5896.00	23.66
3	北京华联集团投资控股有限公司	国有法人股	5476.80	21.98
4	华夏证券有限公司	流通A股	345.20	1.39
5	陈莉	流通A股	19.15	0.08
6	杨彦芬	流通A股	19.12	0.08
7	卿凌云	流通A股	16.15	0.06
8	曾杨	流通A股	13.70	0.05
9	北京协同利山经济咨询有限公司	流通A股	13.66	0.05
10	贾晓天	流通A股	12.20	0.05

股东人数	2004.6	2003.12	2003.6	2002
	16935	17101	18811	18916

近年分配		近年配股/增发	

重大事项

本公司与中国工商银行北京市分行新街口支行(工商银行)于2004年6月24日签订房地产买卖合同,购买工商银行所属位于北京市朝阳区安贞西里5区4号第4、5层的房地产,总建筑面积14,942.46平方米,购买价格19300万元。

二〇〇三年以来市场表现

2003年涨跌幅(%)	–37.01
2003年最高(元)	8.64
2003年最低(元)	4.46
2003年换手率(%)	92.90
2004.06涨跌幅(%)	–3.89
2004.06最高(元)	6.15
2004.06最低(元)	4.20
2004.06换手率(%)	80.84

湖北三环股份有限公司

公司概况

公司名称	湖北三环股份有限公司	股票代码	000883
注册地址	湖北武汉市武珞路356号	邮政编码	430070
法人代表	舒健	董秘	何一心
电话	027-87273368	传真	027-87271902
主营业务	内燃机进排气门等及汽车配件产销		
总股本	28538.77	流通A	12767.19
流通B		流通H	
审计单位		审计意见	未审计

主要财务指标

年度	2004.6	2003	2002
每股收益/扣除后(元)	0.0188	0.0500	0.1400
每股经营现金流量(元)	0.1844	0.1600	0.5400
每股净资产/调整后(元)	2.9300	2.9000	3.1200
每股公积金(元)	0.8508	0.8505	1.0334
净资产收益率(%)	1.2500	1.9300	3.8000
总资产(万元)	224368.30	204440.27	167456.50
股东权益(万元)	85910.72	84832.98	83140.95
未分配利润(万元)	20142.33	19072.59	17762.97
主营收入(万元)	89375.44	129106.82	186027.84
资本公积金(万元)	24279.96	24271.96	26811.39
主营利润(万元)	9103.97	18677.04	21369.95
其他业务利润(万元)	226.13	329.02	7.46
营业利润(万元)	631.07	1705.22	5583.51
投资收益(万元)	4.17	0.22	–7.95
补贴收入(万元)	6.00	597.17	–1.20
营业外收支(万元)	617.28	–314.01	5.75
利润总额(万元)	1258.51	1988.59	4967.73
净利润(万元)	1069.73	1637.03	3159.33

十大股东

序号	股东名称	股份性质	持股数(万股)	比例(%)
1	三环集团公司	国有法人股	12566.77	44.03
2	武汉钢铁(集团)公司	境内法人股	650.51	2.28
3	东风汽车公司	国有法人股	585.64	2.05
4	十堰市财务开发总公司	境内法人股	341.22	1.20
5	麻城市地方投资(控股)公司	境内法人股	315.38	1.11
6	湖北美尔雅纺织服装实业(集团)公司	境内法人股	271.52	0.95
7	襄阳汽车轴承股份有限公司	境内法人股	159.72	0.56
8	武汉太光通讯设备有限公司	境内法人股	159.72	0.56
9	黄冈市金潮物贸总公司	境内法人股	88.71	0.31
10	李道林	流通A股	62.25	0.22

股东人数	2004.6	2003.12	2003.6	2002
	40587	40521	39331	39961

近年分配		近年配股/增发	

重大事项

公司原董事陈桂祥先生和别传远先生所持高管股合计15972股于2004年上半年解冻。2004年上半年利润构成及主营业务结构中,占公司销售收入58.92%的专用汽车出现亏损,导致公司盈利能力下降,气门产品因销量和毛利率实现双增长成为盈利最大的产品,其他产品盈利能力未发生重大变化。

二〇〇三年以来市场表现

2003年涨跌幅(%)	–16.94
2003年最高(元)	8.10
2003年最低(元)	4.38
2003年换手率(%)	166.97
2004.06涨跌幅(%)	–4.99
2004.06最高(元)	6.18
2004.06最低(元)	4.30
2004.06换手率(%)	100.65

洛阳春都食品股份有限公司

公司概况

公司名称	洛阳春都食品股份有限公司	股票代码	000885
注册地址	河南省洛阳市西工区春都路126号	邮政编码	471001
法人代表	刘亮	董秘	王璞
电话	0379-2312922	传真	0379-2312922
主营业务	猪、牛等农副产品		
总股本	16000.00	流通A	6000.00
流通B		流通H	
审计单位	西安希格玛有限责任会计师事务所	审计意见	标准无保留

主要财务指标

年度	2004.6	2003	2002
每股收益/扣除后(元)	-0.1659	-0.1923	-0.4900
每股经营现金流量(元)	-0.1220	0.2000	0.0843
每股净资产/调整后(元)	0.8450	0.9800	0.6140
每股公积金(元)	2.7627	2.7606	2.4358
净资产收益率(%)	-17.2900	14.0200	-77.4900
总资产(万元)	34606.85	38008.14	45269.20
股东权益(万元)	15287.75	17897.61	10192.26
未分配利润(万元)	-46140.52	-43496.61	-46005.17
主营收入(万元)	6909.30	16782.37	6164.17
资本公积金(万元)	44203.66	44169.62	38972.82
主营利润(万元)	318.16	1428.16	-1208.31
其他业务利润(万元)	4.07	-49.20	0.88
营业利润(万元)	-2530.30	813.04	-7867.76
投资收益(万元)	-126.41	1285.35	
补贴收入(万元)	32.00	341.83	341.83
营业外收支(万元)	-21.33	50.54	-0.20
利润总额(万元)	-2646.04	2490.76	-7900.57
净利润(万元)	-2643.90	2508.56	-7898.14

十大股东

序号	股东名称	股份性质	持股数(万股)	比例(%)
1	郑州华美科技有限公司	境内法人股	6000.00	37.50
2	河南省建设投资总公司	国家股	3340.00	20.88
3	中航公关广告公司	国有法人股	660.00	4.13
4	上海伊天科技信息有限公司	流通A股	45.52	0.28
5	董慧雯	流通A股	35.82	0.22
6	施海琴	流通A股	29.86	0.19
7	肖伟基	流通A股	29.80	0.19
8	田宝桂	流通A股	28.82	0.18
9	卢召	流通A股	28.02	0.18
10	朱玉兰	流通A股	26.30	0.16

股东人数	2004.6	2003.12	2003.6	2002
	13827	14483	14502	15860

近年分配		近年配股/增发	

重大事项

2004年4月8日，经公司第二届董事会2004年第一次临时会议审议通过，公司与洛阳市建设投资有限公司签订《债权转让协议》，将公司拥有郑州华美科技股份有限公司的4100万元债权以帐面值转让给洛阳市建设投资有限公司。

二〇〇三年以来市场表现

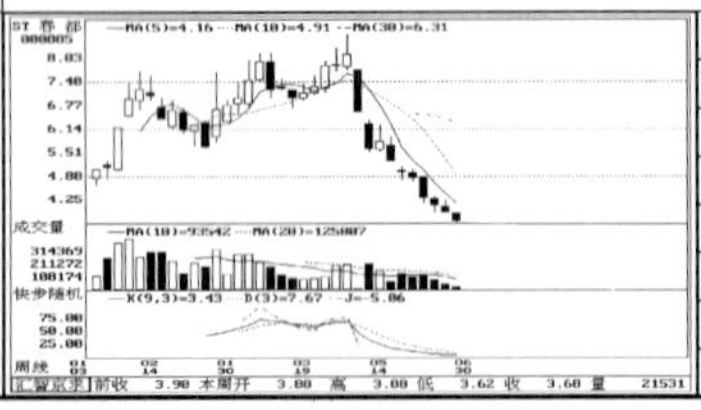

2003年涨跌幅(%)	16.53
2003年最高(元)	7.67
2003年最低(元)	4.64
2003年换手率(%)	464.21
2004.06涨跌幅(%)	-34.75
2004.06最高(元)	8.66
2004.06最低(元)	3.62
2004.06换手率(%)	539.28

海南高速公路股份有限公司

公司概况

公司名称	海南高速公路股份有限公司	股票代码	000886
注册地址	海南省海口市蓝天路16号高速公路大楼	邮政编码	570203
法人代表	邢福煌	董秘	陈求仲
电话	0898-6678394	传真	0898-66790647
主营业务	海南东线高速公路		
总股本	98882.83	流通A	24781.24
流通B		流通H	
审计单位		审计意见	未审计

主要财务指标

年度	2004.6	2003	2002
每股收益/扣除后(元)	0.0030	-0.0580	0.0100
每股经营现金流量(元)	0.0570	0.0020	0.0700
每股净资产/调整后(元)	1.9900	2.2700	2.1800
每股公积金(元)	0.9546	0.9546	0.9537
净资产收益率(%)	0.1500	-2.5000	0.9800
总资产(万元)	541892.31	553637.25	544456.00
股东权益(万元)	222707.11	224405.41	234273.27
未分配利润(万元)	11182.71	10852.26	16484.20
主营收入(万元)	16323.57	22751.85	37964.49
资本公积金(万元)	94393.02	94393.02	94308.29
主营利润(万元)	5324.01	8092.78	11897.71
其他业务利润(万元)	-98.21	-45.27	-0.33
营业利润(万元)	-1627.64	-7568.34	2021.41
投资收益(万元)	-65.37	-2407.38	-1832.50
补贴收入(万元)		310.50	4.97
营业外收支(万元)	13.80	-252.16	-0.00
利润总额(万元)	-1679.21	-9917.38	994.49
净利润(万元)	330.45	-5608.35	2306.31

十大股东

序号	股东名称	股份性质	持股数(万股)	比例(%)
1	海南金城国有资产经营管理有限责任公司	国家股	23352.12	23.62
2	中国信达资产管理公司	境内法人股	5400.00	5.46
3	中国银行海南省分行	境内法人股	4968.00	5.02
4	海南华控实业投资有限公司	境内法人股	1116.20	1.13
5	山东远东国际贸易公司	境内法人股	858.80	0.87
6	上海英博企业发展有限公司	境内法人股	644.60	0.65
7	上海华中实业(集团)有限公司	境内法人股	500.00	0.51
8	海南省交通服务公司	境内法人股	450.00	0.46
9	海南达四方实业有限公司	境内法人股	450.00	0.46
10	郑美权	境内法人股	450.00	0.46

股东人数	2004.6	2003.12	2003.6	2002
	118153	123350	127752	129298

近年分配		近年配股/增发	

重大事项

2004年3月31日，根据海南省政府2002年第64期省长办公会议纪要的精神，海南省交通厅、国家开发银行与公司签订了《国家开发银行人民币资金借款合同变更协议》，将以公司名义借入的用于海南东线高速公路（琼海至三亚段）扩建工程建设的项目贷款450,000,000元的借款人变更为海南省交通厅，由该厅负责还本付息。

二〇〇三年以来市场表现

2003年涨跌幅(%)	-12.12
2003年最高(元)	5.53
2003年最低(元)	3.87
2003年换手率(%)	74.26
2004.06涨跌幅(%)	-8.37
2004.06最高(元)	4.85
2004.06最低(元)	3.62
2004.06换手率(%)	69.93

安徽飞彩车辆股份有限公司

公司概况

公司名称	安徽飞彩车辆股份有限公司	股票代码	000887
注册地址	安徽省宣城市宣南路口	邮政编码	242000
法人代表	洪理芳	董秘	李靖
电话	0563-2612568	传真	0563-2612568
主营业务	三轮农用车		
总股本	30100.00	流通 A	9100.00
流通 B		流通 H	
审计单位		审计意见	未审计

主要财务指标

年度	2004.6	2003	2002
每股收益/扣除后(元)	0.0177	0.0422	0.0532
每股经营现金流量(元)	-0.2834	-0.4917	0.6208
每股净资产/调整后(元)	2.4600	2.4900	2.5300
每股公积金(元)	1.2067	1.2067	1.2067
净资产收益率(%)	0.7000	1.7700	2.2600
总资产(万元)	209329.06	197727.53	185420.16
股东权益(万元)	77434.22	78399.92	77011.38
未分配利润(万元)	6708.08	7673.77	6567.89
主营收入(万元)	27871.77	76971.30	84169.40
资本公积金(万元)	36322.66	36322.66	36322.66
主营利润(万元)	3811.37	9357.39	10317.80
其他业务利润(万元)	173.27	199.66	5.49
营业利润(万元)	794.95	2226.41	2807.04
投资收益(万元)	3.18	10.59	-6.06
补贴收入(万元)			
营业外收支(万元)	3.20	138.59	3.96
利润总额(万元)	801.32	2375.59	3015.02
净利润(万元)	539.30	1388.54	1744.30

十大股东

序号	股东名称	股份性质	持股数(万股)	比例(%)
1	安徽飞彩(集团)有限公司	国有股	21000.00	69.77
2	赵向明	流通 A 股	30.46	0.10
3	黄元英	流通 A 股	27.85	0.09
4	方澄江	流通 A 股	26.29	0.09
5	王纳新	流通 A 股	21.49	0.07
6	张鹏	流通 A 股	20.00	0.07
7	吉林高新技术产业开发区风险投资有限公司	流通 A 股	18.51	0.06
8	赵寿金	流通 A 股	17.65	0.06
9	陈婕施	流通 A 股	17.30	0.06
10	陈建东	流通 A 股	15.96	0.05

股东人数

2004.6	2003.12	2003.6	2002
38861	39219	41155	42710

近年分配		近年配股/增发	

重大事项

经 2004 年 4 月 27 日召开的公司二〇〇三年年度股东大会审议批准，公司二〇〇三年度分红派息方案为：以公司 2003 年末总股本 30100 万股为基数，每 10 股派发现金股利 0.5 元(含税)。

二〇〇三年以来市场表现

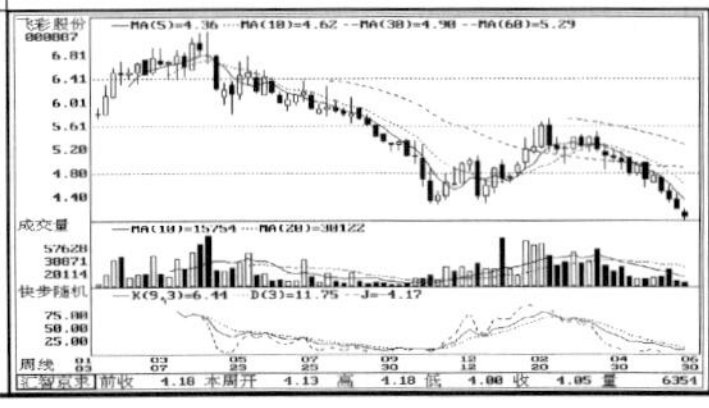

2003 年涨跌幅(%)	-18.48
2003 年最高(元)	7.16
2003 年最低(元)	4.27
2003 年换手率(%)	121.14
2004.06 涨跌幅(%)	-14.19
2004.06 最高(元)	5.73
2004.06 最低(元)	4.00
2004.06 换手率(%)	86.75

峨眉山旅游股份有限公司

公司概况

公司名称	峨眉山旅游股份有限公司	股票代码	000888
注册地址	四川省峨眉山市名山南路 41 号	邮政编码	614200
法人代表	马元祝	董秘	周栋良
电话	0833-5544568	传真	0833-5526666
主营业务	峨眉山风景区游山票		
总股本	11866.00	流通 A	4000.00
流通 B		流通 H	
审计单位	四川君和会计师事务所	审计意见	标准无保留

主要财务指标

年度	2004.6	2003	2002
每股收益/扣除后(元)	0.1129	0.2100	0.2500
每股经营现金流量(元)	0.3000	0.5500	0.5000
每股净资产/调整后(元)	3.4300	3.4700	3.1500
每股公积金(元)	2.0612	2.0612	2.0612
净资产收益率(%)	3.2000	7.5600	6.7800
总资产(万元)	60906.82	58077.52	49788.38
股东权益(万元)	42074.95	42862.93	39184.68
未分配利润(万元)	3430.90	4218.88	1094.00
主营收入(万元)	11271.86	16013.60	17243.80
资本公积金(万元)	24458.34	24458.34	24458.34
主营利润(万元)	4566.54	7319.56	7622.53
其他业务利润(万元)	77.08	108.27	-17.12
营业利润(万元)	1600.66	2769.52	3079.22
投资收益(万元)	-2.83	-2.85	
补贴收入(万元)		550.00	550.00
营业外收支(万元)	9.83	-32.49	-0.15
利润总额(万元)	1607.65	3284.18	3107.83
净利润(万元)	1347.90	3239.85	2655.43

十大股东

序号	股东名称	股份性质	持股数(万股)	比例(%)
1	峨眉山旅游总公司	国有法人股	6565.12	55.33
2	乐山市红珠山宾馆	国有法人股	1300.88	10.96
3	裕隆证券投资基金	社会公众股	142.89	1.20
4	山西信托投资有限责任公司	社会公众股	119.29	1.01
5	汉盛证券投资基金	社会公众股	77.07	0.65
6	中国建设银行-华宝兴业多策略增长证券投资基金	社会公众股	72.36	0.61
7	景阳证券投资基金	社会公众股	47.14	0.40
8	中国银行-嘉实服务增值行业证券投资基金	社会公众股	37.72	0.32
9	中国银行-嘉实增长开放式证券投资基金	社会公众股	19.24	0.16
10	程红霞	社会公众股	17.45	0.15

股东人数

2004.6	2003.12	2003.6	2002
18789	22099	22357	22530

近年分配		近年配股/增发	
	2004 年 4 月 9 日 10 派 1.80		

重大事项

2004 年 3 月 1 日本公司与峨眉山旅业发展有限公司签订《酒店供汽和洗涤服务协议》，2004 年 1-6 月支付峨眉山旅业发展有限公司向本公司供应的蒸汽费用为 344,370.00 元洗涤费用为 282,848.70 元。

二〇〇三年以来市场表现

2003 年涨跌幅(%)	-16.38
2003 年最高(元)	10.92
2003 年最低(元)	6.96
2003 年换手率(%)	98.50
2004.06 涨跌幅(%)	11.91
2004.06 最高(元)	11.28
2004.06 最低(元)	7.84
2004.06 换手率(%)	142.83

秦皇岛渤海物流控股股份有限公司

公司概况

公司名称	秦皇岛渤海物流控股股份有限公司	股票代码	000889
注册地址	河北省秦皇岛市河北大街152号	邮政编码	066000
法人代表	魏超	董秘	焦海青
电话	0335-3733868	传真	0335-3023349
主营业务	电子商务、信息咨询		
总股本	29452.83	流通A	16034.89
流通B		流通H	
审计单位		审计意见	未审计

主要财务指标

年度	2004.6	2003	2002
每股收益/扣除后(元)	0.0537	0.0440	0.1190
每股经营现金流量(元)	0.0820	0.0800	-0.2100
每股净资产/调整后(元)	2.5800	2.5100	2.4400
每股公积金(元)	1.1376	1.1376	1.1368
净资产收益率(%)	1.9800	3.9160	5.0200
总资产(万元)	174838.81	173673.05	164458.70
股东权益(万元)	78283.86	76730.10	74938.49
未分配利润(万元)	8128.34	6574.58	5214.00
主营收入(万元)	26494.68	53886.87	61796.34
资本公积金(万元)	33505.88	33505.88	33481.57
主营利润(万元)	9016.45	16154.02	18872.08
其他业务利润(万元)	1830.69	3455.07	-37.78
营业利润(万元)	2264.95	2387.89	6070.98
投资收益(万元)	-6.07	-24.63	-85.82
补贴收入(万元)			
营业外收支(万元)	-26.21	1498.78	-0.51
利润总额(万元)	2232.67	3862.05	5932.43
净利润(万元)	1553.76	3004.95	3762.86

十大股东

序号	股东名称	股份性质	持股数(万股)	比例(%)
1	安徽新长江投资股份有限公司	境内法人股	6500.20	22.07
2	秦皇岛市国有资产监督管理委员会	国家股	3501.40	11.89
3	中国糖业酒类集团公司	国有法人股	1112.24	3.78
4	秦皇岛市银河物资经销公司	境内法人股	1037.86	3.52
5	金鑫证券投资基金	流通A股	651.23	2.21
6	中信秦皇岛有限公司	境内法人股	348.72	1.18
7	中国耀华玻璃有限公司	国有法人股	311.36	1.06
8	上海汽车股份有限公司	境内法人股	234.00	0.79
9	孙辉	流通A股	79.83	0.27
10	江阴市澄星运输发展有限公司	流通A股	76.35	0.26

股东人数

2004.6	2003.12	2003.6	2002
49805	59685	61872	61179

近年分配		近年配股/增发	

重大事项

因政府市政改造安排,经公司董事会2003(06)次会议决议同意,公司就全资子公司所属资产商业服务楼被拆除,与秦皇岛市房屋拆迁公司、秦宇房地产公司进行了拆迁补偿、收购资产交易,交易金额合计5107.35万元,其中应由秦皇岛市房屋拆迁公司支付本公司的757.35万元事项仍未了结。

二〇〇三年以来市场表现

2003年涨跌幅(%)	-27.24
2003年最高(元)	7.08
2003年最低(元)	4.00
2003年换手率(%)	107.95
2004.06涨跌幅(%)	1.40
2004.06最高(元)	7.44
2004.06最低(元)	4.24
2004.06换手率(%)	136.67

江苏法尔胜股份有限公司

公司概况

公司名称	江苏法尔胜股份有限公司	股票代码	000890
注册地址	江苏省江阴市通江北路203号	邮政编码	214433
法人代表	周建松	董秘	张越
电话	0510-6119890	传真	0510-6106634
主营业务	金属制品、光缆		
总股本	29203.20	流通A	16972.80
流通B		流通H	
审计单位		审计意见	未审计

主要财务指标

年度	2004.6	2003	2002
每股收益/扣除后(元)	0.0502	0.0600	0.1200
每股经营现金流量(元)	-0.1450	0.1400	-0.1300
每股净资产/调整后(元)	3.1300	3.1400	3.0900
每股公积金(元)	1.9100	1.9100	1.9100
净资产收益率(%)	1.6000	2.0600	3.6800
总资产(万元)	300983.94	267810.28	197658.02
股东权益(万元)	94472.42	94420.88	92954.26
未分配利润(万元)	3443.18	3391.63	2721.72
主营收入(万元)	60735.62	93098.08	66522.59
资本公积金(万元)	55776.72	55776.72	55776.72
主营利润(万元)	10525.53	16575.34	10962.42
其他业务利润(万元)	635.78	767.80	-9.68
营业利润(万元)	2916.72	3290.35	3314.47
投资收益(万元)	116.76	119.45	847.08
补贴收入(万元)			
营业外收支(万元)	14.17	41.84	-0.14
利润总额(万元)	3047.65	3451.64	4171.92
净利润(万元)	1511.70	1949.04	3419.75

十大股东

序号	股东名称	股份性质	持股数(万股)	比例(%)
1	法尔胜集团公司	国有法人股	11415.04	39.09
2	金鑫证券投资基金	流通A股	724.33	2.48
3	金泰证券投资基金	流通A股	500.39	1.71
4	江阴金属制品研究所	境内法人股	305.76	1.05
5	中国冶金进出口江苏公司	国有法人股	127.40	0.44
6	青岛第六橡胶厂	国有法人股	127.40	0.44
7	辽宁省五金矿产进出口公司	国有法人股	127.40	0.44
8	国海证券有限责任公司	流通A股	111.94	0.38
9	山东省国际信托投资公司	国家股	111.46	0.38
10	陈沛兰	流通A股	54.48	0.19

股东人数

2004.6	2003.12	2003.6	2002
45898	43132	41983	36318

近年分配	2004年7月9日10派1.00	近年配股/增发	

重大事项

2004年3月4日本公司第四届第十三次董事会审议通过关于转让所持有的深圳法尔胜通讯有限公司55%股权的议案,转让价格为165万美元(折合人民币1365.62万元),受让方为深圳市银佳电子发展有限公司。

二〇〇三年以来市场表现

2003年涨跌幅(%)	-26.48
2003年最高(元)	7.70
2003年最低(元)	4.45
2003年换手率(%)	170.29
2004.06涨跌幅(%)	3.50
2004.06最高(元)	6.77
2004.06最低(元)	4.82
2004.06换手率(%)	178.49

长丰通信集团股份有限公司

公司概况

公司名称	长丰通信集团股份有限公司	股票代码	000892
注册地址	重庆市渝中区邹容路 50 号	邮政编码	400010
法人代表	覃辉	董秘	卢少平
电话	023-63782555	传真	023-63782700
主营业务	通信产业投资		
总股本	41387.69	流通 A	12000.00
流通 B		流通 H	
审计单位	深圳鹏城会计师事务所	审计意见	标准无保留

主要财务指标

年度	2004.6	2003	2002
每股收益 / 扣除后(元)	0.0759	0.1872	0.1800
每股经营现金流量(元)	-0.0040	0.2100	-0.6600
每股净资产 / 调整后(元)	1.9000	1.8200	1.6600
每股公积金(元)	0.0928	0.0928	0.0927
净资产收益率(%)	3.8900	11.8800	12.5500
总资产(万元)	274371.84	271109.69	233853.19
股东权益(万元)	80230.76	77109.26	69430.72
未分配利润(万元)	20262.02	17140.52	12544.95
主营收入(万元)	44310.29	98657.58	54213.32
资本公积金(万元)	3838.83	3838.83	3838.70
主营利润(万元)	16107.71	30549.94	19745.15
其他业务利润(万元)	110.34	220.30	8.72
营业利润(万元)	7414.72	12901.96	8058.30
投资收益(万元)	-2017.34	-1901.29	-1409.65
补贴收入(万元)		152.18	1.95
营业外收支(万元)	-18.77	-47.89	-0.47
利润总额(万元)	5378.60	11104.97	11252.76
净利润(万元)	3121.50	9159.02	8710.35

十大股东

序号	股东名称	股份性质	持股数(万股)	比例(%)
1	卓京投资控股有限公司	境内法人股	11012.64	26.61
2	金信信托投资股份有限公司	境内法人股	9600.00	23.20
3	重庆朝阳科技产业发展有限公司	境内法人股	5505.05	13.30
4	金华市金威产权管理服务有限公司	境内法人股	1344.00	3.25
5	深圳市渝祥电脑系统有限公司	境内法人股	880.00	2.13
6	金鑫证券投资基金	流通 A 股	589.90	1.43
7	中国银行上海市分行	境内法人股	450.00	1.09
8	安徽省信托投资公司	境内法人股	200.00	0.48
9	孙立军	流通 A 股	190.00	0.46
10	上海达君贸易有限公司	境内法人股	150.00	0.36

股东人数

2004.6	2003.12	2003.6	2002
38264	43237	41036	41842

近年分配		近年配股 / 增发	

重大事项

本公司第三大股东重庆朝阳科技产业发展有限公司为北京英斯泰克视频技术有限公司在华夏银行北京万柳支行获取 5000 万元短期流动资金借款，将其持有的本公司法人股 5505 万股质押给华夏银行北京万柳支行，质押期限为 2004 年 1 月 12 日至 2005 年 1 月 12 日。

二〇〇三年以来市场表现

2003 年涨跌幅(%)	0.62
2003 年最高(元)	10.98
2003 年最低(元)	6.94
2003 年换手率(%)	630.72
2004.06 涨跌幅(%)	-4.18
2004.06 最高(元)	11.90
2004.06 最低(元)	7.48
2004.06 换手率(%)	327.97

广州冷机股份有限公司

公司概况

公司名称	广州冷机股份有限公司	股票代码	000893
注册地址	广州市白云区人和大街 12 号	邮政编码	510470
法人代表	魏长明	董秘	石革燕
电话	020-86453838	传真	020-86450724
主营业务	制冷压缩机		
总股本	22200.00	流通 A	5696.76
流通 B		流通 H	
审计单位		审计意见	未审计

主要财务指标

年度	2004.6	2003	2002
每股收益 / 扣除后(元)	0.0258	-0.1800	0.0200
每股经营现金流量(元)	-0.0050	0.1000	0.1000
每股净资产 / 调整后(元)	1.3000	1.0700	1.3400
每股公积金(元)	1.3038	1.3038	1.2933
净资产收益率(%)	1.7000	-13.4200	1.8600
总资产(万元)	89910.99	83347.79	82546.66
股东权益(万元)	29795.80	29287.88	32985.15
未分配利润(万元)	-22163.51	-22671.44	-18740.30
主营收入(万元)	29925.82	42229.99	35525.00
资本公积金(万元)	28944.70	28944.70	28710.83
主营利润(万元)	4593.92	4591.02	8063.83
其他业务利润(万元)	148.24	75.35	-1.24
营业利润(万元)	147.69	-5765.25	717.98
投资收益(万元)	425.71	1901.67	
补贴收入(万元)			
营业外收支(万元)	-64.76	-39.23	1.49
利润总额(万元)	508.64	-3902.81	663.94
净利润(万元)	507.93	-3931.14	612.53

十大股东

序号	股东名称	股份性质	持股数(万股)	比例(%)
1	广州万宝集团有限公司	国有股	15041.00	67.75
2	无锡市嘉亿商贸有限公司	境内法人股	459.00	2.07
3	山西昌泰工贸有限公司	境内法人股	450.00	2.03
4	上海浦东任辰贸易有限公司	境内法人股	180.00	0.81
5	山西爱德投资有限公司	境内法人股	100.00	0.45
6	上海超人贸易有限公司	境内法人股	100.00	0.45
7	上海信义水处理有限公司	境内法人股	100.00	0.45
8	荆州市楚维实业有限公司	境内法人股	50.00	0.23
9	胡蓉	境内法人股	27.00	0.12
10	许哲	境内法人股	23.20	0.10

股东人数

2004.6	2003.12	2003.6	2002
21542	20789	22272	21947

近年分配		近年配股 / 增发	

重大事项

2004 年 3 月 31 日，本公司与控股股东广州万宝集团有限公司签订了《股权转让合同》，本公司将持有的对家电控股公司 30.66% 的股权转让给广州万宝集团有限公司，交易价格为 1.439 亿元人民币，付款方式为现金支付。

二〇〇三年以来市场表现

2003 年涨跌幅(%)	-37.20
2003 年最高(元)	8.31
2003 年最低(元)	3.81
2003 年换手率(%)	219.68
2004.06 涨跌幅(%)	16.20
2004.06 最高(元)	5.97
2004.06 最低(元)	3.58
2004.06 换手率(%)	272.50

河南双汇投资发展股份有限公司

公司概况

公司名称	河南双汇投资发展股份有限公司	股票代码	000895
注册地址	河南省漯河市双汇路1号双汇大厦	邮政编码	462000
法人代表	张俊杰	董秘	祁勇耀
电话	0395-2676530,2676158	传真	0395-2693259
主营业务	食品加工及销售		
总股本	51355.50	流通A	20175.00
流通B		流通H	
审计单位		审计意见	未审计

主要财务指标

年度	2004.6	2003	2002
每股收益/扣除后(元)	0.2734	0.7847	0.5860
每股经营现金流量(元)	0.3020	1.2200	0.5300
每股净资产/调整后(元)	3.0400	4.8600	4.0600
每股公积金(元)	1.1663	1.4974	2.2409
净资产收益率(%)	8.9100	15.6800	14.1700
总资产(万元)	317378.91	310530.91	262158.87
股东权益(万元)	158435.06	168170.19	141625.87
未分配利润(万元)	32661.12	42514.51	20101.29
主营收入(万元)	363921.09	717945.50	475970.37
资本公积金(万元)	59897.30	76897.52	76721.72
主营利润(万元)	47513.47	95295.78	74422.95
其他业务利润(万元)	1420.40	1303.59	-121.91
营业利润(万元)	21861.52	40315.52	34326.44
投资收益(万元)	1396.72	3499.47	2415.81
补贴收入(万元)	125.65	450.81	450.81
营业外收支(万元)	20.44	-1771.81	181.09
利润总额(万元)	23404.33	42493.99	34756.27
净利润(万元)	14112.51	26368.50	20061.63

十大股东

序号	股东名称	股份性质	持股数(万股)	比例(%)
1	河南省漯河市双汇实业集团有限责任公司	国家股	18341.63	35.72
2	漯河海宇投资有限公司	境内法人股	12838.88	25.00
3	申银万国证券股份有限公司	流通A股	2515.58	4.90
4	金鑫证券投资基金	流通A股	2122.56	4.13
5	同益证券投资基金	流通A股	797.07	1.55
6	易方达平稳增长证券投资基金	流通A股	538.23	1.05
7	中信经典配置证券投资基金	流通A股	533.42	1.04
8	易方达策略成长证券投资基金	流通A股	530.09	1.03
9	金泰证券投资基金	流通A股	526.27	1.02
10	博时价值增长证券投资基金	流通A股	457.43	0.89

股东人数	2004.6	2003.12	2003.6	2002
	11487	14221	19237	26142

近年分配	2004年4月7日10派7.00	近年配股/增发	2004年4月7日10转5

重大事项

经2003年度股东大会审议通过，公司2003年度利润分配方案为：以公司总股本34237万股为基数，向全体股东按每10股派7元(含税)、转增5股的比例实施利润分配和资本公积金转增股本方案。股权登记日为2004年4月6日，除权日、除息日为2004年4月7日，红利发放日为2004年4月7日。

二〇〇三年以来市场表现

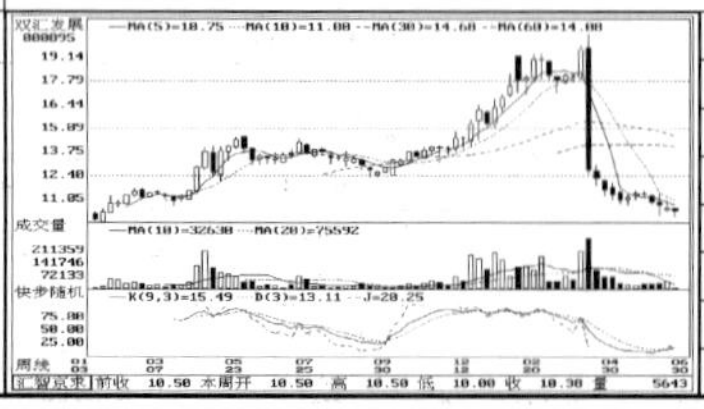

2003年涨跌幅(%)	67.32
2003年最高(元)	10.49
2003年最低(元)	5.67
2003年换手率(%)	105.87
2004.06涨跌幅(%)	1.37
2004.06最高(元)	13.34
2004.06最低(元)	9.60
2004.06换手率(%)	103.77

天津津滨发展股份有限公司

公司概况

公司名称	天津津滨发展股份有限公司	股票代码	000897
注册地址	天津经济技术开发区第一大街二号	邮政编码	300457
法人代表	唐建宇	董秘	李明国
电话	022-66201301	传真	022-66202480
主营业务	天津开发区基础设施		
总股本	67949.95	流通A	21248.96
流通B		流通H	
审计单位		审计意见	未审计

主要财务指标

年度	2004.6	2003	2002
每股收益/扣除后(元)	0.0078	0.0240	0.1090
每股经营现金流量(元)	-0.2837	-0.2900	-0.1400
每股净资产/调整后(元)	1.3500	2.0400	2.0200
每股公积金(元)	0.2959	0.6269	0.9391
净资产收益率(%)	0.5900	1.3500	7.1700
总资产(万元)	291528.12	312995.56	227823.84
股东权益(万元)	92674.30	93328.32	92547.96
未分配利润(万元)	1604.19	2418.14	1794.73
主营收入(万元)	30136.54	48049.74	47673.07
资本公积金(万元)	20109.51	42599.57	42541.85
主营利润(万元)	7257.35	11896.85	14882.20
其他业务利润(万元)	-2.22	-78.94	-78.94
营业利润(万元)	1058.84	53.62	5493.23
投资收益(万元)	192.56	1083.17	1461.10
补贴收入(万元)	36.42	1206.22	27.06
营业外收支(万元)	-8.48	-106.93	-5.93
利润总额(万元)	1279.34	2236.08	9000.89
净利润(万元)	545.05	1260.36	6633.61

十大股东

序号	股东名称	股份性质	持股数(万股)	比例(%)
1	天津泰达建设集团	国有法人股	29003.05	42.68
2	天津华泰集团股份有限公司	境内法人股	17697.95	26.05
3	冯刚	流通A股	92.81	0.14
4	王文玉	流通A股	72.40	0.11
5	陈德余	流通A股	58.90	0.09
6	王李立	流通A股	43.76	0.06
7	北京华星天物经济投资有限公司	流通A股	38.69	0.06
8	王玉珍	流通A股	37.09	0.05
9	杨珉	流通A股	32.40	0.05
10	西安经济技术投资担保有限公司	流通A股	28.79	0.04

股东人数	2004.6	2003.12	2003.6	2002
	63488	61897	64696	65633

近年分配	2004年4月30日10派0.30	近年配股/增发	2004年4月30日10转5

重大事项

经公司第二届董事会2004年第一次临时会议于2004年6月26日审议通过，并根据公司与天津国际游乐港有限公司签定的《土地使用权转让合同》，公司将以14500万元现金购买天津国际游乐港25万平方米的土地，作为公司的土地资源储备。

二〇〇三年以来市场表现

2003年涨跌幅(%)	-17.82
2003年最高(元)	4.54
2003年最低(元)	2.79
2003年换手率(%)	51.85
2004.06涨跌幅(%)	4.53
2004.06最高(元)	5.37
2004.06最低(元)	2.83
2004.06换手率(%)	120.59

鞍钢新轧钢股份有限公司

公司概况

公司名称	鞍钢新轧钢股份有限公司			股票代码	000898		
注册地址	辽宁省鞍山市铁东区南中华路 396 号			邮政编码	114003		
法人代表	刘玠			董秘	付吉会		
电话	0412-6334293			传真	0412-6727772		
主营业务	生产、销售冷轧板						
总股本	296284.75	流通 A	75384.76	流通 B		流通 H	89000.00
审计单位				审计意见	未审计		

主要财务指标

年度	2004.6	2003	2002
每股收益 / 扣除后(元)	0.2349	0.5000	0.2000
每股经营现金流量(元)	–0.0590	0.6750	0.7100
每股净资产 / 调整后(元)	3.0600	3.0100	2.5300
每股公积金(元)	1.0411	1.0408	1.0398
净资产收益率(%)	7.6900	16.0000	7.9200
总资产(万元)	1417726.62	1501187.00	1242535.00
股东权益(万元)	905332.31	894826.81	750936.12
未分配利润(万元)	223513.91	213171.70	98571.60
主营收入(万元)	988985.50	1452073.62	1077107.75
资本公积金(万元)	308474.19	308364.81	307869.31
主营利润(万元)	139931.20	229905.20	127268.00
其他业务利润(万元)	4004.90	3669.10	–181.53
营业利润(万元)	105433.40	181558.80	87938.60
投资收益(万元)	6.50	0.60	
补贴收入(万元)			
营业外收支(万元)	–6.30	–6281.10	–48.19
利润总额(万元)	105433.60	175278.30	85199.90
净利润(万元)	69598.50	143257.91	59458.80

十大股东

序号	股东名称	股份性质	持股数(万股)	比例(%)
1	鞍山钢铁集团公司	国有法人股	13190.00	4.45
2	香港证券登记有限公司	流通外资股	87976.19	29.69
3	银河银泰理财分红证券投资基金	流通 A 股	2750.14	0.93
4	国信证券有限责任公司	流通 A 股	2045.01	0.69
5	银丰证券投资基金	流通 A 股	1940.05	0.65
6	汉兴证券投资基金	流通 A 股	1683.37	0.57
7	申万巴黎盛利精选证券投资基金	流通 A 股	1251.89	0.42
8	全国社保基金一零一组合	流通 A 股	1011.56	0.34
9	天元证券投资基金	流通 A 股	700.00	0.24
10	银河稳健证券投资基金	流通 A 股	635.77	0.21

股东人数

2004.6	2003.12	2003.6	2002
163328	169995	215844	260058

近年分配

近年分配	近年配股 / 增发
2004 年 6 月 30 日 10 派 2.00	

重大事项

本公司董事会于 2004 年 3 月 23 日批准本公司与鞍钢集团公司签署《资产收购协议》，根据该协议，本公司将收购鞍钢集团公司厚板厂及线材厂水站。该部分资产包括 61,858.57 平方米的土地及房屋建筑、机器设备等固定资产，收购价格按境内评估师的评估值人民币 62,205,800 元。

二〇〇三年以来市场表现

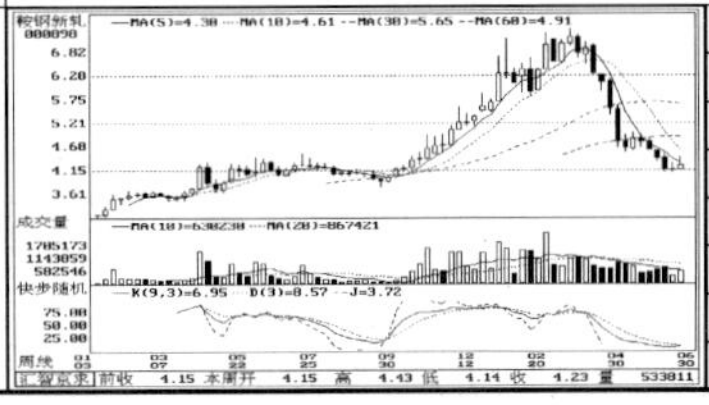

2003 年涨跌幅(%)	88.65
2003 年最高(元)	5.66
2003 年最低(元)	2.77
2003 年换手率(%)	311.44
2004.06 涨跌幅(%)	–20.49
2004.06 最高(元)	7.14
2004.06 最低(元)	3.87
2004.06 换手率(%)	301.46

江西赣能股份有限公司

公司概况

公司名称	江西赣能股份有限公司			股票代码	000899		
注册地址	南昌高新技术产业开发区火炬大街 199 号			邮政编码	330029		
法人代表	姚迪明			董秘	曾宜勇		
电话	0791-8109899,8102329			传真	0791-8106119		
主营业务	火力发电						
总股本	54803.20	流通 A	17888.00	流通 B		流通 H	
审计单位				审计意见	未审计		

主要财务指标

年度	2004.6	2003	2002
每股收益 / 扣除后(元)	0.0451	0.1260	0.0700
每股经营现金流量(元)	0.0340	0.2500	0.2100
每股净资产 / 调整后(元)	2.6300	2.6700	2.5200
每股公积金(元)	1.3212	1.3212	1.3212
净资产收益率(%)	2.4100	5.4200	2.7900
总资产(万元)	177563.28	166833.62	160278.16
股东权益(万元)	144879.81	146863.98	138903.66
未分配利润(万元)	5587.13	7571.30	821.18
主营收入(万元)	27376.04	56808.32	51554.10
资本公积金(万元)	72405.79	72405.79	72405.79
主营利润(万元)	3158.03	11495.14	10555.90
其他业务利润(万元)	7.36	–99.83	–0.01
营业利润(万元)	600.90	6609.48	6099.83
投资收益(万元)	2810.87	2658.94	–1067.06
补贴收入(万元)			
营业外收支(万元)	–6.70	–101.75	1.44
利润总额(万元)	3405.07	9166.67	4674.29
净利润(万元)	3495.16	7960.32	3873.73

十大股东

序号	股东名称	股份性质	持股数(万股)	比例(%)
1	江西省投资公司	国有法人股	22887.42	41.76
2	江西省电力公司	国有法人股	14027.78	25.60
3	北京国际信托投资公司	流通 A 股	91.83	0.17
4	王向峰	流通 A 股	37.60	0.07
5	姜玉华	流通 A 股	35.15	0.06
6	任春梅	流通 A 股	34.70	0.06
7	陈运娣	流通 A 股	25.91	0.05
8	程平雄	流通 A 股	25.74	0.05
9	郑振禹	流通 A 股	22.52	0.04
10	北京力诺资产管理有限公司	流通 A 股	22.14	0.04

股东人数

2004.6	2003.12	2003.6	2002
93807	93090	96144	101263

近年分配

近年分配	近年配股 / 增发
2004 年 7 月 9 日 10 派 1.00	

重大事项

2004 年 5 月 26 日召开的公司 2003 年度股东大会通过了 2003 年度利润分配方案：以公司 2003 年末总股本 548,032,000 股为基准，向全体股东每 10 股派发现金红利 1.0 元(含税)，未分配利润结转下一年度分配。2004 年 7 月 8 日为股权登记日，2004 年 7 月 9 日为除息日。

二〇〇三年以来市场表现

2003 年涨跌幅(%)	20.72
2003 年最高(元)	6.65
2003 年最低(元)	4.83
2003 年换手率(%)	96.21
2004.06 涨跌幅(%)	–11.83
2004.06 最高(元)	7.46
2004.06 最低(元)	5.19
2004.06 换手率(%)	77.24

现代投资股份有限公司

公司概况

公司名称	现代投资股份有限公司	股票代码	000900
注册地址	长沙市八一路 466 号	邮政编码	410007
法人代表	宋伟杰	董秘	陈满林
电话	0731-5558888-1102	传真	0731-5163009
主营业务	投资经营公路		
总股本	39917.00	流通 A 21436.59	流通 B / 流通 H
审计单位		审计意见	未审计

主要财务指标

年度	2004.6	2003	2002
每股收益/扣除后(元)	0.2393	0.1300	0.2300
每股经营现金流量(元)	0.6880	0.9000	0.9500
每股净资产/调整后(元)	6.5200	6.3800	6.1300
每股公积金(元)	3.9467	3.9467	3.9460
净资产收益率(%)	3.6500	2.1300	3.5800
总资产(万元)	566416.31	452575.47	440414.31
股东权益(万元)	261717.62	256150.95	250860.64
未分配利润(万元)	50721.75	45155.08	40757.04
主营收入(万元)	40924.16	49185.50	53517.59
资本公积金(万元)	157539.95	157539.95	157511.98
主营利润(万元)	29733.47	31623.21	35764.34
其他业务利润(万元)	65.61	119.68	-0.75
营业利润(万元)	13439.11	7131.17	14105.83
投资收益(万元)	604.17	1036.79	508.26
补贴收入(万元)			
营业外收支(万元)	-1.10	-176.96	3.34
利润总额(万元)	14042.19	7991.00	14230.17
净利润(万元)	9558.33	5446.33	8993.32

十大股东

序号	股东名称	股份性质	持股数(万股)	比例(%)
1	湖南高速公路建设开发总公司	国有法人股	14571.00	36.50
2	华北高速公路股份有限公司	国有法人股	3909.00	9.79
3	中国建设银行——华宝兴业多策略增长证券投资基金	流通 A 股	226.02	0.57
4	裕隆证券投资基金	流通 A 股	223.55	0.56
5	中国工商银行——博时精选股票证券投资基金	流通 A 股	60.00	0.15
6	中国工商银行——银河银泰理财分红证券投资基金	流通 A 股	58.08	0.15
7	张卫立	流通 A 股	58.08	0.15
8	中国工商银行——融通深证 100 指数证券投资基金	流通 A 股	54.33	0.14
9	袁得保	流通 A 股	34.00	0.09
10	苏州市信托投资公司	流通 A 股	32.00	0.08

股东人数	2004.6	2003.12	2003.6	2002
	81109	85421	84284	86812

近年分配	2004 年 6 月 16 日 10 派 1.00	近年配股/增发	

重大事项

经公司 2003 年度股东大会审议通过,2003 年利润分配方案为:以 2003 年末总股本 399,165,900 股为基数,每 10 股派发现金红利 1.00 元(含税)。股权登记日 2004 年 6 月 15 日,除息日 2004 年 6 月 16 日,红利发放日 2004 年 6 月 16 日。公司收购了京珠高速公路衡阳至耒阳段公路收费经营权,收购价格 10.96 亿元,收购期限为 20 年,从 2004 年 1 月 1 日至 2023 年 12 月 31 日。

二〇〇三年以来市场表现

项目	数值
2003 年涨跌幅(%)	-3.33
2003 年最高(元)	8.38
2003 年最低(元)	6.50
2003 年换手率(%)	103.17
2004.06 涨跌幅(%)	10.79
2004.06 最高(元)	8.05
2004.06 最低(元)	6.63
2004.06 换手率(%)	127.82

哈尔滨航天风华科技股份有限公司

公司概况

公司名称	哈尔滨航天风华科技股份有限公司	股票代码	000901
注册地址	哈尔滨市平房区哈平西路 45 号	邮政编码	150060
法人代表	殷兴良	董秘	王玉伟
电话	0451-86781288	传真	0451-86781158
主营业务	汽车电子组合仪表		
总股本	22176.00	流通 A 6720.00	流通 B / 流通 H
审计单位		审计意见	未审计

主要财务指标

年度	2004.6	2003	2002
每股收益/扣除后(元)	0.0100	0.0562	0.1330
每股经营现金流量(元)	0.0510	-0.5500	0.1200
每股净资产/调整后(元)	1.6610	1.6500	2.2100
每股公积金(元)	0.3132	0.3132	0.8354
净资产收益率(%)	0.6200	4.0500	6.6100
总资产(万元)	65978.58	69687.74	55630.04
股东权益(万元)	36889.38	36649.20	35116.47
未分配利润(万元)	4829.04	4598.60	3411.37
主营收入(万元)	6859.71	19971.47	20348.46
资本公积金(万元)	6945.40	6945.40	13232.70
主营利润(万元)	2401.64	6098.96	7484.61
其他业务利润(万元)	160.11	332.82	8.15
营业利润(万元)	334.68	1637.45	2855.76
投资收益(万元)	-2.29	-1.83	-2.25
补贴收入(万元)	1.40		
营业外收支(万元)	6.92	226.43	-55.24
利润总额(万元)	340.72	1862.05	3068.95
净利润(万元)	230.44	1484.03	2322.16

十大股东

序号	股东名称	股份性质	持股数(万股)	比例(%)
1	中国航天科工集团公司	国有法人股	6164.25	27.80
2	航天固体运载火箭有限公司	国有法人股	2968.00	13.38
3	哈尔滨工业大学高新技术开发总公司	国有法人股	1940.08	8.75
4	哈尔滨市通用机电技术研究所	国有法人股	1894.30	8.54
5	天通计算机应用技术中心	国有法人股	1192.65	5.38
6	哈尔滨亚科工贸有限责任公司	国有法人股	672.00	3.03
7	杭州锦园丝绸有限公司	国有法人股	624.72	2.82
8	杨荫芹	流通 A 股	42.00	0.19
9	沈馥	流通 A 股	24.78	0.11
10	赵征南	流通 A 股	19.84	0.09

股东人数	2004.6	2003.12	2003.6	2002
	23241	15816	4073	6483

近年分配		近年配股/增发	

重大事项

公司控股子公司贵阳航天林泉科技有限公司与中国江南航天工业集团林泉电机厂于 2004 年 4 月 22 日在贵州签署了股权转让协议书,贵阳航天林泉科技有限公司转让其持有的贵州林泉微电机有限公司 90%的股权给中国江南航天工业集团林泉电机厂。

二〇〇三年以来市场表现

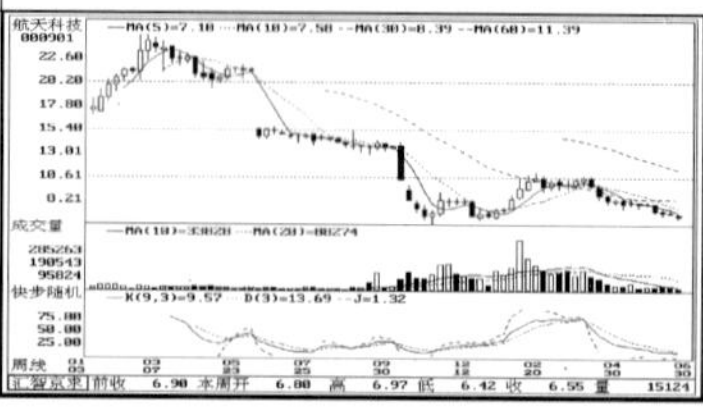

项目	数值
2003 年涨跌幅(%)	-47.07
2003 年最高(元)	17.86
2003 年最低(元)	5.81
2003 年换手率(%)	313.68
2004.06 涨跌幅(%)	-0.76
2004.06 最高(元)	11.07
2004.06 最低(元)	6.42
2004.06 换手率(%)	385.00

中国服装股份有限公司

公司概况

公司名称	中国服装股份有限公司			股票代码	000902
注册地址	北京市新技术产业开发试验区丰台科技园区			邮政编码	100020
法人代表	方玉根			董秘	郭恒
电话	010-65817498			传真	010-65812147
主营业务	纺织服装类产品				
总股本	21500.00	流通 A	6500.00	流通 B	流通 H
审计单位				审计意见	未审计

主要财务指标

年度	2004.6	2003	2002
每股收益 / 扣除后(元)	-0.0177	-0.6100	0.0100
每股经营现金流量(元)	0.1120	0.1600	0.0630
每股净资产 / 调整后(元)	1.1990	1.1500	2.1200
每股公积金(元)	1.3184	1.3184	1.3278
净资产收益率(%)	0.3000	-40.8800	0.4600
总资产(万元)	136658.36	96441.24	98429.42
股东权益(万元)	33249.92	33147.83	46902.35
未分配利润(万元)	-17923.35	-18023.57	-4471.92
主营收入(万元)	49681.77	49446.73	51529.15
资本公积金(万元)	28346.66	28344.79	28547.67
主营利润(万元)	2817.09	-335.33	6197.03
其他业务利润(万元)	8.59	-1.19	-0.01
营业利润(万元)	-46.88	-12583.62	985.91
投资收益(万元)	451.51	-387.41	-287.31
补贴收入(万元)	65.17	220.39	-3.23
营业外收支(万元)	-26.58	-1020.30	-0.07
利润总额(万元)	443.22	-13770.94	836.10
净利润(万元)	100.22	-13551.65	216.49

十大股东

序号	股东名称	股份性质	持股数(万股)	比例(%)
1	中国纺织物资(集团)总公司	国有法人股	10967.75	51.01
2	吴江工艺织造厂	法人股	3030.52	14.10
3	通化市人造毛皮联合公司	国有法人股	1001.73	4.66
4	景阳证券投资基金	流通 A 股	153.04	0.71
5	徐步兰	流通 A 股	40.65	0.19
6	刘宏纲	流通 A 股	33.79	0.16
7	许明	流通 A 股	32.33	0.15
8	戚建芬	流通 A 股	23.91	0.11
9	李季春	流通 A 股	20.00	0.09
10	唐国伟	流通 A 股	17.71	0.08

股东人数	2004.6	2003.12	2003.6	2002
	24689	25323	27080	24876

近年分配		近年配股 / 增发	

重大事项

公司与中纺机于 2004 年 6 月 2 日签署《关于中国服装股份有限公司吴江分公司的净资产/吴江吴伊时装面料有限公司之资产转让协议书》,本公司拟将所持有的吴江分公司净资产、吴伊公司 75% 的股权转让给中纺机。本公司与恒天集团于 2004 年 5 月 10 日签署《资产转让协议》,本公司拟将位于北京市朝阳区建国路 99 号中服大厦的房屋建筑物资产转让给恒天集团。

二○○三年以来市场表现

2003 年涨跌幅(%)	-46.74
2003 年最高(元)	9.36
2003 年最低(元)	4.52
2003 年换手率(%)	165.92
2004.06 涨跌幅(%)	0.44
2004.06 最高(元)	6.74
2004.06 最低(元)	4.20
2004.06 换手率(%)	211.45

昆明云内动力股份有限公司

公司概况

公司名称	昆明云内动力股份有限公司			股票代码	000903
注册地址	云南省昆明市穿金路 715 号			邮政编码	650224
法人代表	段华生			董秘	雷升逵
电话	0871-5625802			传真	0871-5633176
主营业务	多缸柴油机的开发				
总股本	19980.00	流通 A	7800.00	流通 B	流通 H
审计单位				审计意见	未审计

主要财务指标

年度	2004.6	2003	2002
每股收益 / 扣除后(元)	0.1571	0.4000	0.5500
每股经营现金流量(元)	-0.0440	0.7500	1.2600
每股净资产 / 调整后(元)	4.4600	4.6600	4.1500
每股公积金(元)	2.5846	2.5846	2.5846
净资产收益率(%)	3.5400	11.1500	12.0300
总资产(万元)	176665.92	166729.00	146040.14
股东权益(万元)	90001.32	93810.55	83349.98
未分配利润(万元)	9727.08	6543.31	5168.18
主营收入(万元)	82357.89	107218.00	109073.94
资本公积金(万元)	51640.31	51640.31	51640.31
主营利润(万元)	12190.77	21381.69	21747.12
其他业务利润(万元)	457.79	387.55	-42.51
营业利润(万元)	3357.47	10579.42	12719.99
投资收益(万元)	212.39	2906.84	-535.09
补贴收入(万元)			
营业外收支(万元)	52.17	-245.55	-3.12
利润总额(万元)	3622.02	13240.71	12046.75
净利润(万元)	3183.77	10460.57	10024.99

十大股东

序号	股东名称	股份性质	持股数(万股)	比例(%)
1	云南内燃机厂	国有股	12180.00	60.96
2	国泰君安证券股份有限公司	流通 A 股	170.69	0.85
3	振泰实业	流通 A 股	164.36	0.82
4	上海电气集团财务有限公司	流通 A 股	125.00	0.63
5	上海奕翠贸易有限公司	流通 A 股	69.45	0.35
6	陕西合记联合实业总公司	流通 A 股	52.33	0.26
7	王振明	流通 A 股	46.33	0.23
8	中国工商银行-国联安德盛小盘精选证券投资基金	流通 A 股	42.67	0.21
9	上海嘉华投资有限公司	流通 A 股	37.02	0.19
10	许少玉	流通 A 股	28.21	0.14

股东人数	2004.6	2003.12	2003.6	2002
	26813	19738	18210	21115

近年分配	2004 年 4 月 23 日 10 派 3.50	近年配股 / 增发	

重大事项

公司 2003 年年度股东大会通过的利润分配方案为以 2003 年年末股本总数 199,800,000 股为基数,向全体股东每 10 股派发现金股利 3.50 元(含税)。2004 年 4 月 23 日公司实施了 2003 年度利润分配方案。

二○○三年以来市场表现

2003 年涨跌幅(%)	-7.83
2003 年最高(元)	13.15
2003 年最低(元)	7.35
2003 年换手率(%)	197.98
2004.06 涨跌幅(%)	-23.64
2004.06 最高(元)	10.79
2004.06 最低(元)	7.42
2004.06 换手率(%)	193.76

厦门路桥股份有限公司

公司概况

公司名称	厦门路桥股份有限公司	股票代码	000905
注册地址	厦门市嘉禾路侨星大厦八楼	邮政编码	361009
法人代表	黄灵强	董秘	刘翔
电话	0592-5049881	传真	0592-5326893
主营业务	厦门大桥过桥费		
总股本	29500.00	流通 A	9500.00
流通 B		流通 H	
审计单位		审计意见	未审计

主要财务指标

年度	2004.6	2003	2002
每股收益/扣除后(元)	0.1741	0.2660	0.2340
每股经营现金流量(元)	0.3480	0.6070	0.5660
每股净资产/调整后(元)	3.6050	3.3910	3.1120
每股公积金(元)	1.7122	1.7122	1.7122
净资产收益率(%)	4.7530	8.7000	8.5700
总资产(万元)	262245.53	272137.31	283879.87
股东权益(万元)	108134.72	103244.61	94486.04
未分配利润(万元)	21272.24	16344.71	8899.93
主营收入(万元)	19332.83	41537.05	33018.64
资本公积金(万元)	50510.12	50510.12	50510.12
主营利润(万元)	8835.81	17731.74	16030.39
其他业务利润(万元)	249.66	346.60	-8.81
营业利润(万元)	6152.00	11072.57	9335.64
投资收益(万元)	19.37	228.91	336.49
补贴收入(万元)			
营业外收支(万元)	2.30	-105.72	-0.28
利润总额(万元)	6173.71	11195.77	9650.13
净利润(万元)	5139.51	8978.52	8100.77

十大股东

序号	股东名称	股份性质	持股数(万股)	比例(%)
1	厦门市路桥建设投资总公司	国家股	16262.00	55.13
2	华建交通经济开发中心	国家股	3738.00	12.67
3	同德证券投资基金	流通A股	102.00	0.35
4	西部信托投资有限公司	流通A股	60.03	0.20
5	李军	流通A股	46.81	0.16
6	李彩梅	流通A股	16.31	0.06
7	吴火炉	流通A股	15.32	0.05
8	陈志忠	流通A股	15.00	0.05
9	王涛	流通A股	13.94	0.05
10	王娜	流通A股	13.00	0.04

股东人数	2004.6	2003.12	2003.6	2002
	60579	60278	61845	62030

近年分配		近年配股/增发	

重大事项

根据公司第二届董事会第十三次会议决议以及第十八次会议决议，本公司拟以合法拥有的两座大桥的资产和相对应的负债以及在储运公司、房地产公司和旅游公司的权益性资产与厦门港务集团合法拥有的东渡分公司全部净资产以及其在理货公司、物流公司、外代公司、船务公司、国内船代和鹭榕水铁等公司的权益性资产和部分土地使用权进行置换。

二〇〇三年以来市场表现

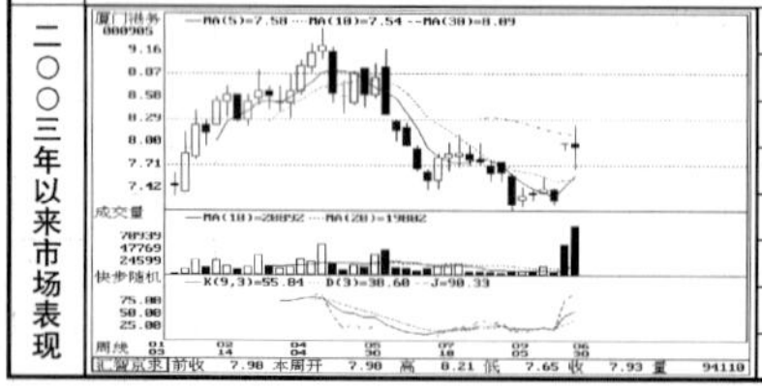

2003年涨跌幅(%)	2.84
2003年最高(元)	8.95
2003年最低(元)	6.80
2003年换手率(%)	65.89
2004.06涨跌幅(%)	9.38
2004.06最高(元)	8.21
2004.06最低(元)	7.65
2004.06换手率(%)	15.87

南方建材股份有限公司

公司概况

公司名称	南方建材股份有限公司	股票代码	000906
注册地址	湖南省长沙市芙蓉中路29号	邮政编码	410011
法人代表	刘平	董秘	谭昌寿
电话	0731-2225271	传真	0731-4453546
主营业务	生产、销售建筑材料		
总股本	23750.00	流通 A	6650.00
流通 B		流通 H	
审计单位		审计意见	未审计

主要财务指标

年度	2004.6	2003	2002
每股收益/扣除后(元)	0.0172	0.0780	0.1150
每股经营现金流量(元)	0.1900	0.9600	0.5300
每股净资产/调整后(元)	1.7000	1.6800	1.5900
每股公积金(元)	0.2347	0.2347	0.2285
净资产收益率(%)	1.0200	4.5000	6.3200
总资产(万元)	139669.95	127493.59	119307.63
股东权益(万元)	41339.34	40919.03	38739.24
未分配利润(万元)	8662.69	8222.64	7005.13
主营收入(万元)	77414.08	161459.94	135255.42
资本公积金(万元)	5574.78	5574.78	5426.55
主营利润(万元)	7100.41	16807.26	14904.49
其他业务利润(万元)	383.01	513.06	-8.79
营业利润(万元)	1363.81	3651.60	4425.24
投资收益(万元)	-51.14	25.27	-81.42
补贴收入(万元)	6.89	214.92	214.93
营业外收支(万元)	-24.74	-201.04	-0.56
利润总额(万元)	1294.82	3690.75	4299.82
净利润(万元)	420.31	1840.06	2447.21

十大股东

序号	股东名称	股份性质	持股数(万股)	比例(%)
1	湖南华菱钢铁集团有限责任公司	国家股	8740.00	36.80
2	湖南同力投资有限公司	国有法人股	5950.00	25.05
3	湖南金球房地产开发有限公司	国有法人股	2410.00	10.15
4	南京恒宁投资有限公司	流通股	67.73	0.29
5	北京嘉业投资管理有限公司	流通股	66.36	0.28
6	张嘉洪	流通股	60.81	0.26
7	何松海	流通股	51.55	0.22
8	徐州市微网网络技术有限公司	流通股	36.72	0.15
9	何燕生	流通股	35.80	0.15
10	吴秀琼	流通股	25.00	0.11

股东人数	2004.6	2003.12	2003.6	2002
	5768	4258	4019	6363

近年分配	2004年7月23日10派0.15	近年配股/增发	

重大事项

公司2003年年度股东大会审议通过的2003年度利润分配方案为：以2003年度末总股本23,750万股为基数，向公司全体股东每10股派发现金红利0.15元(含税)。以2004年7月22日为股权登记日，7月23日为除权除息日。

二〇〇三年以来市场表现

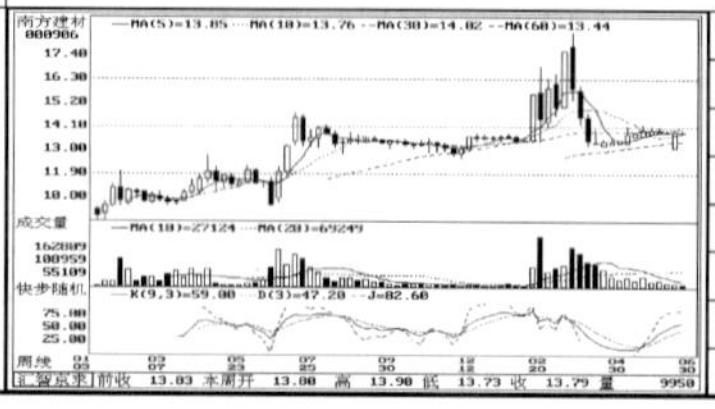

2003年涨跌幅(%)	31.36
2003年最高(元)	14.69
2003年最低(元)	9.68
2003年换手率(%)	285.20
2004.06涨跌幅(%)	1.92
2004.06最高(元)	18.50
2004.06最低(元)	13.09
2004.06换手率(%)	213.22

湖南天一科技股份有限公司

公司概况

公司名称	湖南天一科技股份有限公司	股票代码	000908
注册地址	湖南省平江县城关镇南街339号	邮政编码	410013
法人代表	彭深根	董秘	郑盈
电话	0731-8902528	传真	0731-8902528
主营业务	泵业及输变电设备		
总股本	28000.00	流通A	9000.00
流通B		流通H	
审计单位		审计意见	未审计

主要财务指标

年度	2004.6	2003	2002
每股收益/扣除后(元)	0.0270	0.0380	0.0500
每股经营现金流量(元)	0.0050	0.0800	0.0630
每股净资产/调整后(元)	1.9000	1.8600	1.8253
每股公积金(元)	0.4287	0.4287	0.4287
净资产收益率(%)	1.5000	2.6700	2.7400
总资产(万元)	87002.95	84938.21	86667.46
股东权益(万元)	53366.79	52568.82	51117.71
未分配利润(万元)	10971.36	10173.39	8979.83
主营收入(万元)	9804.82	24719.46	21444.97
资本公积金(万元)	12003.83	12003.83	12003.83
主营利润(万元)	2218.58	5138.60	4752.29
其他业务利润(万元)	34.56	524.59	-63.14
营业利润(万元)	514.19	934.29	1144.75
投资收益(万元)	348.00	726.06	488.82
补贴收入(万元)	19.58	59.73	1.44
营业外收支(万元)	0.32	14.28	-0.06
利润总额(万元)	882.09	1734.36	1723.29
净利润(万元)	797.97	1403.15	1401.84

十大股东

序号	股东名称	股份性质	持股数(万股)	比例(%)
1	平江县国有资产管理局	国有法人股	13664.00	48.80
2	中国长城资产管理公司	国有法人股	4936.00	17.63
3	长沙致大实业有限公司	国有法人股	400.00	1.43
4	刘广耀	流通A股	12.27	0.04
5	过仁师	流通A股	12.00	0.04
6	陈静林	流通A股	11.11	0.04
7	罗坤生	流通A股	11.00	0.04
8	惠小惠	流通A股	10.00	0.04
9	邓奋刚	流通A股	9.00	0.03
10	杨源	流通A股	8.52	0.03

股东人数

2004.6	2003.12	2003.6	2002
69515	72561	74698	77024

近年分配	2004年7月6日10派0.4	近年配股/增发	

重大事项

2004年5月16日,公司2003年年度股东大会通过的利润分配方案,以公司现有总股本2.8亿股为基数,向全体股东每10股派0.4元人民币现金(含税),扣税后,社会公众股中个人股东、投资基金实际每10股派0.32元现金。

二〇〇三年以来市场表现

2003年涨跌幅(%)	-25.23
2003年最高(元)	8.40
2003年最低(元)	4.77
2003年换手率(%)	90.16
2004.06涨跌幅(%)	-0.82
2004.06最高(元)	7.18
2004.06最低(元)	4.63
2004.06换手率(%)	101.25

数源科技股份有限公司

公司概况

公司名称	数源科技股份有限公司	股票代码	000909
注册地址	浙江省杭州市西湖区教工路一号	邮政编码	310012
法人代表	章国经	董秘	丁毅
电话	0571-88271018,88271028	传真	0571-88271038
主营业务	数字(模拟)彩色电视		
总股本	19600.00	流通A	6000.00
流通B		流通H	
审计单位		审计意见	未审计

主要财务指标

年度	2004.6	2003	2002
每股收益/扣除后(元)	0.0091	0.0210	0.0200
每股经营现金流量(元)	0.0290	-1.1900	0.6900
每股净资产/调整后(元)	2.7200	2.7200	2.7000
每股公积金(元)	1.6414	1.6414	1.6414
净资产收益率(%)	0.2900	0.8000	0.7600
总资产(万元)	101088.27	99607.93	98342.79
股东权益(万元)	53775.89	53622.59	53193.93
未分配利润(万元)	1204.56	1051.26	668.82
主营收入(万元)	29730.33	54840.24	37273.43
资本公积金(万元)	32172.28	32172.28	32172.28
主营利润(万元)	3304.98	7359.37	4404.30
其他业务利润(万元)	115.36	-21.13	-0.17
营业利润(万元)	579.72	1241.96	938.11
投资收益(万元)	-47.43	26.17	13.85
补贴收入(万元)			
营业外收支(万元)	0.50	-17.37	-0.14
利润总额(万元)	532.79	1250.77	1041.35
净利润(万元)	153.30	428.66	405.76

十大股东

序号	股东名称	股份性质	持股数(万股)	比例(%)
1	西湖电子集团有限公司	国有法人股	13600.00	69.39
2	黄洪才	流通A股	18.50	0.09
3	张金发	流通A股	16.35	0.08
4	冯侃	流通A股	16.18	0.08
5	李建民	流通A股	14.70	0.08
6	张正会	流通A股	13.78	0.07
7	上海海通房地产租赁有限公司	流通A股	13.11	0.07
8	西藏赛亚经贸服务公司	流通A股	13.08	0.07
9	周惠刚	流通A股	11.20	0.06
10	陈徐华	流通A股	10.65	0.05

股东人数

2004.6	2003.12	2003.6	2002
38498	40648	42005	41599

近年分配		近年配股/增发	

重大事项

2004年6月24日,本公司与西湖电子集团有限公司签定了《工矿产品购销合同》,根据合同,本公司向西湖电子集团有限公司(西湖电子集团有限公司数源移动通讯分公司)出售V6型手机关键件17530套,金额共计2650.536万元。

二〇〇三年以来市场表现

2003年涨跌幅(%)	-17.76
2003年最高(元)	9.36
2003年最低(元)	5.60
2003年换手率(%)	187.70
2004.06涨跌幅(%)	24.10
2004.06最高(元)	9.75
2004.06最低(元)	6.39
2004.06换手率(%)	277.91

大亚科技股份有限公司

公司概况

公司名称	大亚科技股份有限公司		股票代码	000910	
注册地址	江苏省丹阳经济技术开发区金陵西路 95 号		邮政编码	212300	
法人代表	陈兴康	董秘	王顺		
电话	0511-6883666,6882222-2143	传真	0511-6885000		
主营业务	彩色印刷、柔性印刷				
总股本	23125.00	流通 A	8000.00	流通 B	流通 H
审计单位		审计意见	未审计		

主要财务指标

年度	2004.6	2003	2002
每股收益 / 扣除后(元)	0.1029	0.2910	0.2670
每股经营现金流量(元)	0.0560	0.2890	0.5090
每股净资产 / 调整后(元)	4.1380	4.0380	3.7590
每股公积金(元)	1.8957	1.8991	1.9055
净资产收益率(%)	2.5100	7.1800	7.1100
总资产(万元)	201898.05	197487.59	161578.64
股东权益(万元)	96381.14	94044.13	87439.94
未分配利润(万元)	22409.66	19994.59	14596.96
主营收入(万元)	77147.57	159336.91	78520.06
资本公积金(万元)	43838.98	43917.05	44064.42
主营利润(万元)	16678.33	30941.53	17079.98
其他业务利润(万元)	428.41	658.03	-101.10
营业利润(万元)	5243.01	12912.93	9334.99
投资收益(万元)	48.61	127.07	192.90
补贴收入(万元)		14.38	14.38
营业外收支(万元)	-55.05	-19.89	-0.15
利润总额(万元)	5236.57	13034.49	9590.95
净利润(万元)	2415.08	6751.57	6217.40

十大股东

序号	股东名称	股份性质	持股数(万股)	比例(%)
1	江苏大亚集团公司	境内法人股	12992.36	56.18
2	上海凹凸彩印总公司	国家股	1997.35	8.64
3	王敏	境内法人股	67.65	0.29
4	全国社保基金一零二组合	流通 A 股	52.13	0.23
5	北京兴昌达博房地产开发有限公司	流通 A 股	50.00	0.22
6	潘敏	流通 A 股	40.00	0.17
7	成都五牛科美投资集团有限公司	境内法人股	33.82	0.15
8	北京市牛奶公司	境内法人股	33.82	0.15
9	疗美仙	流通 A 股	26.21	0.11
10	林佩如	流通 A 股	23.80	0.10

股东人数	2004.6	2003.12	2003.6	2002
	33838	34920	36515	36204

近年分配		近年配股/增发	

重大事项

2004 年 1 月 9 日，公司控股股东江苏大亚集团公司在中国证券登记结算有限责任公司深圳分公司办理完成了证券账户注册资料变更的有关事项，证券账户名称由“江苏大亚集团公司”变更为“江苏大亚集团有限公司”。

二〇〇三年以来市场表现

2003 年涨跌幅(%)	-18.78
2003 年最高(元)	8.77
2003 年最低(元)	5.73
2003 年换手率(%)	112.29
2004.06 涨跌幅(%)	6.49
2004.06 最高(元)	8.75
2004.06 最低(元)	6.00
2004.06 换手率(%)	146.68

南宁糖业股份有限公司

公司概况

公司名称	南宁糖业股份有限公司		股票代码	000911	
注册地址	广西壮族自治区南宁市亭洪路 48 号		邮政编码	530031	
法人代表	熊可模	董秘	王国庆		
电话	0771-4914317	传真	0771-4910755		
主营业务	机制糖、酒精				
总股本	24080.00	流通 A	7280.00	流通 B	流通 H
审计单位		审计意见	未审计		

主要财务指标

年度	2004.6	2003	2002
每股收益 / 扣除后(元)	0.3577	0.4700	0.2500
每股经营现金流量(元)	0.5130	0.6300	0.7400
每股净资产 / 调整后(元)	3.1300	2.9600	2.7200
每股公积金(元)	1.6763	1.6622	1.6757
净资产收益率(%)	11.0600	15.0800	8.5300
总资产(万元)	187246.31	167950.20	147179.12
股东权益(万元)	78198.98	74263.31	68610.11
未分配利润(万元)	7877.30	5577.64	1246.98
主营收入(万元)	89888.81	150077.72	142010.62
资本公积金(万元)	40365.63	40025.44	40351.66
主营利润(万元)	22176.16	28853.17	29430.88
其他业务利润(万元)	182.41	687.20	-6.96
营业利润(万元)	9934.41	10339.50	11211.96
投资收益(万元)	-0.70	49.89	55.03
补贴收入(万元)			
营业外收支(万元)	46.58	-4.78	0.05
利润总额(万元)	9980.29	10384.61	11015.70
净利润(万元)	8652.27	11198.25	5855.22

十大股东

序号	股东名称	股份性质	持股数(万股)	比例(%)
1	南宁振宁资产经营有限责任公司	国有法人股	16800.00	69.77
2	中国工商银行-国联安德盛小盘精选证券投资基金	流通 A 股	232.83	0.97
3	裕隆证券投资基金	流通 A 股	225.70	0.94
4	招商银行股份有限公司-中信经典配置证券投资基金	流通 A 股	128.17	0.53
5	光大证券有限责任公司	流通 A 股	116.97	0.49
6	交通银行-兴科证券投资基金	流通 A 股	102.34	0.43
7	华夏成长证券投资基金	流通 A 股	99.82	0.41
8	中国银行-嘉实成长收益型证券投资基金	流通 A 股	58.83	0.24
9	同德证券投资基金	流通 A 股	53.24	0.22
10	中国银行-华夏回报证券投资基金	流通 A 股	42.66	0.18

股东人数	2004.6	2003.12	2003.6	2002
	26000	26683	27520	27687

近年分配		近年配股/增发	
	2004 年 4 月 12 日 10 派 2.10		

重大事项

经公司第二届董事会 2004 年第 1 次临时会议审议通过，继续为托管企业南宁华侨投资区糖厂提供担保 2500 万元，借款期限三年，根据中国证监会的有关规定，华侨糖厂以自有房产和机械设备向本公司提供了反担保。

二〇〇三年以来市场表现

2003 年涨跌幅(%)	-11.92
2003 年最高(元)	8.69
2003 年最低(元)	5.67
2003 年换手率(%)	118.07
2004.06 涨跌幅(%)	14.46
2004.06 最高(元)	8.90
2004.06 最低(元)	6.42
2004.06 换手率(%)	184.15

四川泸天化股份有限公司

公司概况								
公司名称	四川泸天化股份有限公司				股票代码	000912		
注册地址	四川省泸州市纳溪区				邮政编码	610031		
法人代表	任晓善			董秘	索隆敏			
电话	0830-4125103			传真	0830-4125103			
主营业务	生产、销售尿素							
总股本	58500.00	流通 A	19500.00	流通 B		流通 H		
审计单位				审计意见	未审计			

主要财务指标

年度	2004.6	2003	2002
每股收益/扣除后(元)	0.2794	0.2800	0.2540
每股经营现金流量(元)	0.6270	0.8000	0.6400
每股净资产/调整后(元)	2.8330	2.8100	3.2780
每股公积金(元)	1.1353	1.1351	1.7732
净资产收益率(%)	9.2890	9.6500	7.4700
总资产(万元)	353481.94	357523.34	366238.34
股东权益(万元)	169793.27	169222.12	152785.45
未分配利润(万元)	30704.71	30142.78	17319.35
主营收入(万元)	154855.70	215184.77	169417.55
资本公积金(万元)	66412.41	66403.21	79794.77
主营利润(万元)	44821.33	59661.03	41717.49
其他业务利润(万元)	65.57	-286.84	25.80
营业利润(万元)	26802.75	22535.06	13566.20
投资收益(万元)	-898.01	-540.06	372.64
补贴收入(万元)	725.32	3410.30	-80.96
营业外收支(万元)	32.43	-553.65	11.02
利润总额(万元)	26662.50	24851.64	15185.87
净利润(万元)	15771.93	16328.22	11416.55

十大股东

序号	股东名称	股份性质	持股数(万股)	比例(%)
1	泸天化(集团)责任有限公司	国有法人股	39000.00	66.67
2	中原证券股份有限公司	流通 A 股	418.00	0.71
3	天华证券投资基金	流通 A 股	394.91	0.68
4	国联安德盛小盘精选证券投资基金	流通 A 股	388.72	0.66
5	泰和证券投资基金	流通 A 股	310.34	0.53
6	光大证券有限责任公司	流通 A 股	167.62	0.29
7	南京证券有限责任公司	流通 A 股	155.31	0.27
8	华宝兴业多策略增长证券投资基金	流通 A 股	103.50	0.18
9	华夏回报证券投资基金	流通 A 股	63.36	0.11
10	嘉实服务增值行业证券投资基金	流通 A 股	50.00	0.09

股东人数	2004.6	2003.12	2003.6	2002
	67063	62663	63512	61687

近年分配	2004 年 5 月 27 日 10 派 2.60	近年配股/增发	

重大事项

2004 年 3 月 25 日，本公司与泸天化(集团)有限责任公司签定《股权转让协议》，收购泸天化(集团)有限责任公司所拥有的四川泸天化绿源醇业有限责任公司 15.38% 的股权。收购完成后，本公司占该公司注册资本的 36.92%，成为该公司的第一大股东。

二〇〇三年以来市场表现

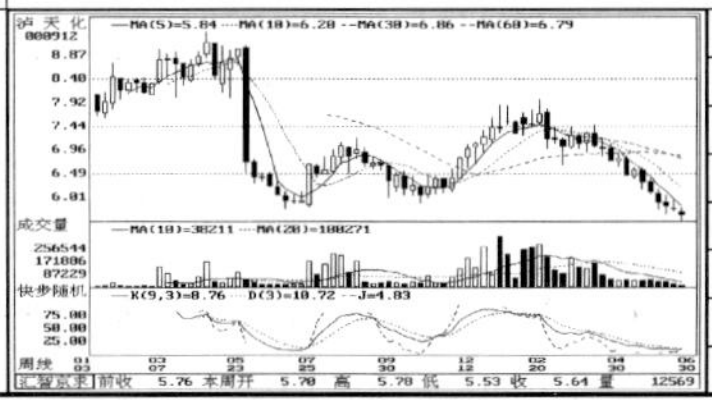

2003 年涨跌幅(%)	19.01
2003 年最高(元)	7.09
2003 年最低(元)	5.43
2003 年换手率(%)	166.60
2004.06 涨跌幅(%)	-18.85
2004.06 最高(元)	7.71
2004.06 最低(元)	5.53
2004.06 换手率(%)	149.93

浙江钱江摩托股份有限公司

公司概况								
公司名称	浙江钱江摩托股份有限公司				股票代码	000913		
注册地址	浙江省温岭市经济开发区				邮政编码	317500		
法人代表	陈筱根			董秘	林先进			
电话	0576-6192111			传真	0576-6139081			
主营业务	摩托车及其配件							
总股本	45353.60	流通 A	13520.00	流通 B		流通 H		
审计单位				审计意见	未审计			

主要财务指标

年度	2004.6	2003	2002
每股收益/扣除后(元)	0.0878	0.1200	0.1600
每股经营现金流量(元)	0.4550	0.5300	-0.1500
每股净资产/调整后(元)	2.4100	2.7700	2.6400
每股公积金(元)	1.1656	1.1656	1.1650
净资产收益率(%)	3.7500	4.3100	5.9900
总资产(万元)	214460.05	187598.30	190930.42
股东权益(万元)	109401.99	125708.00	120366.49
未分配利润(万元)	4720.44	21026.45	16588.68
主营收入(万元)	155477.73	308301.72	270059.87
资本公积金(万元)	52863.51	52863.51	52838.12
主营利润(万元)	20152.64	38212.60	27359.71
其他业务利润(万元)	302.61	-421.22	-1.44
营业利润(万元)	7957.19	11227.79	10632.05
投资收益(万元)	-374.61	-869.90	419.44
补贴收入(万元)		3.06	0.03
营业外收支(万元)	39.06	-628.71	-42.90
利润总额(万元)	7621.65	9732.24	11107.47
净利润(万元)	4103.11	5416.11	7207.20

十大股东

序号	股东名称	股份性质	持股数(万股)	比例(%)
1	钱江集团有限公司	国有法人股	21753.60	47.96
2	金狮明钢有限公司	外资法人股	10080.00	22.23
3	林文清	流通 A 股	93.50	0.21
4	王双华	流通 A 股	48.48	0.11
5	孔素霞	流通 A 股	45.87	0.10
6	新疆口岸投资合作有限公司	流通 A 股	38.10	0.08
7	肖和平	流通 A 股	38.03	0.08
8	武燕蓉	流通 A 股	37.42	0.08
9	纪广明	流通 A 股	37.00	0.08
10	张如立	流通 A 股	35.46	0.08

股东人数	2004.6	2003.12	2003.6	2002
	27013	23806	23244	20953

近年分配	2004 年 5 月 27 日 10 派 4.50	近年配股/增发	

重大事项

2004 年 6 月，钱江集团有限公司与兴业银行台州支行签订了最高额保证合同，合同约定钱江集团有限公司在 2004 年 6 月 8 日至 2005 年 6 月 1 日，为公司在兴业银行台州支行人民币 1.4 亿元内的债务承担连带保证责任。2004 年 6 月 9 日，公司向兴业银行台州支行借款 5,000 万元；2004 年 6 月，公司向兴业银行台州支行申请开具银行承兑汇票人民币 1.5 亿元。

二〇〇三年以来市场表现

2003 年涨跌幅(%)	-7.63
2003 年最高(元)	6.67
2003 年最低(元)	3.81
2003 年换手率(%)	138.24
2004.06 涨跌幅(%)	-13.07
2004.06 最高(元)	5.86
2004.06 最低(元)	3.75
2004.06 换手率(%)	116.26

山东山大华特科技股份有限公司

公司概况

公司名称	山东山大华特科技股份有限公司	股票代码	000915
注册地址	山东省临沂市沂南县县城振兴路6号	邮政编码	250061
法人代表	张兆亮	董秘	刘洪渭
电话	0531-5198006,5198606	传真	0531-2666189
主营业务	环保、医药等		
总股本	15357.12	流通A 7825.16	流通B　流通H
审计单位		审计意见	未审计

主要财务指标

年度	2004.6	2003	2002
每股收益/扣除后(元)	0.0059	0.0237	0.0347
每股经营现金流量(元)	0.0100	0.0200	-0.1100
每股净资产/调整后(元)	1.6700	1.6600	1.6300
每股公积金(元)	0.3717	0.3716	0.3647
净资产收益率(%)	0.5800	1.4200	2.1200
总资产(万元)	68663.94	71506.52	56143.09
股东权益(万元)	25811.01	25659.17	25189.25
未分配利润(万元)	2886.76	2737.02	2560.24
主营收入(万元)	10589.28	17167.96	9973.67
资本公积金(万元)	5708.74	5706.65	5600.38
主营利润(万元)	7061.28	10996.44	3378.77
其他业务利润(万元)	4.02	55.42	-0.12
营业利润(万元)	1464.36	1716.89	107.40
投资收益(万元)	-201.54	-4.01	393.43
补贴收入(万元)	56.98	536.98	-4.47
营业外收支(万元)	-7.01	27.44	-0.10
利润总额(万元)	1312.79	2277.30	727.18
净利润(万元)	149.74	363.65	532.87

十大股东

序号	股东名称	股份性质	持股数(万股)	比例(%)
1	山东山大集团有限公司	国有法人股	4590.00	29.89
2	宁波达因天丽家居用品有限公司	境内法人股	1866.77	12.16
3	山东沂蒙实业集团公司	境内法人股	179.20	1.17
4	山东省临沂地区公路局水泥厂	境内法人股	112.20	0.73
5	沂南县发达硅砂有限公司	境内法人股	74.80	0.49
6	潍坊顺源证券咨询服务有限公司	法人股	74.80	0.49
7	沂南县城区建筑公司	法人股	56.10	0.37
8	成都城建投资发展股份有限公司	法人股	56.10	0.37
9	宁夏伊斯兰国际信托投资公司	社会法人股	56.10	0.37
10	济南行者实业有限公司	社会法人股	56.07	0.37

股东人数	2004.6	2003.12	2003.6	2002
	25522	21371	21555	19266

近年分配		近年配股/增发	

重大事项

2004年5月26日,公司原第二大股东能基投资有限公司与宁波达因天丽家居用品有限公司签订《股权转让协议》,拟将其持有本公司的法人股转让给宁波达因天丽家居用品有限公司。股权转让的过户手续完毕后,宁波达因天丽家居用品有限公司成为本公司第二大股东。

二○○三年以来市场表现

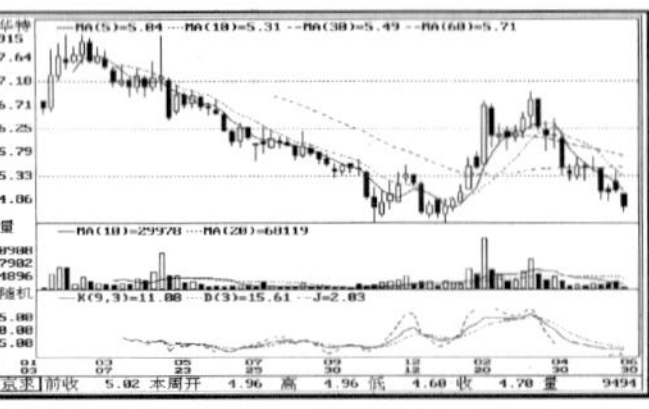

2003年涨跌幅(%)	-32.49
2003年最高(元)	8.10
2003年最低(元)	4.40
2003年换手率(%)	248.89
2004.06涨跌幅(%)	3.75
2004.06最高(元)	6.96
2004.06最低(元)	4.40
2004.06换手率(%)	203.05

华北高速公路股份有限公司

公司概况

公司名称	华北高速公路股份有限公司	股票代码	000916
注册地址	北京市经济技术开发区宏达北路10号	邮政编码	100176
法人代表	刘长宽	董秘	周会平
电话	010-58021999	传真	010-58021122
主营业务	经营京津塘高速公路		
总股本	109000.00	流通A 34000.00	流通B　流通H
审计单位		审计意见	未审计

主要财务指标

年度	2004.6	2003	2002
每股收益/扣除后(元)	0.0924	0.1524	0.1508
每股经营现金流量(元)	0.1500	0.2600	0.2453
每股净资产/调整后(元)	2.6300	2.6400	2.4729
每股公积金(元)	1.2295	1.2295	1.2270
净资产收益率(%)	3.4600	6.0200	6.3300
总资产(万元)	305683.66	305293.94	295844.16
股东权益(万元)	290720.66	291687.56	273859.56
未分配利润(万元)	24348.47	25175.80	10219.54
主营收入(万元)	29703.26	49620.90	44416.10
资本公积金(万元)	134017.69	134017.69	133746.20
主营利润(万元)	16908.43	28818.18	28496.38
其他业务利润(万元)	106.32	338.85	-8.30
营业利润(万元)	14418.80	24843.86	23783.72
投资收益(万元)	390.90	449.86	-1249.57
补贴收入(万元)		750.03	10.43
营业外收支(万元)	-1.22	1.35	-0.01
利润总额(万元)	14808.48	26045.10	24980.72
净利润(万元)	10072.67	17556.51	17348.25

十大股东

序号	股东名称	股份性质	持股数(万股)	比例(%)
1	华建交通经济开发中心	国家股、流通A股	28958.35	26.57
2	天津京津塘高速公路	国家股	28470.00	26.12
3	京津塘高速公路北京市公司	国家股	14625.00	13.42
4	河北公路开发有限公司	国家股	3405.00	3.12
5	中国建设银行-博时裕富证券投资基金	流通A股	188.97	0.17
6	杭州信谊经济信息咨询有限公司	流通A股	146.00	0.13
7	中国高新投资集团公司	流通A股	110.00	0.10
8	中国银行-嘉实服务增值行业证券投资基金	流通A股	99.54	0.09
9	中国工商银行-融通深证100指数证券投资基金	流通A股	92.42	0.08
10	国元证券有限责任公司	流通A股	70.00	0.06

股东人数	2004.6	2003.12	2003.6	2002
	123889	127677	129048	135565

近年分配	2004年6月11日10派1.00	近年配股/增发	

重大事项

本公司2003年度利润分配方案:每10股派发现金股利1.00元(含税)。经2004年4月13日召开的2003年度股东大会审议通过,股权登记日为2004年6月10日,除息日为2004年6月11日,红利发放日为2004年6月11日。

二○○三年以来市场表现

2003年涨跌幅(%)	7.42
2003年最高(元)	5.78
2003年最低(元)	4.44
2003年换手率(%)	108.08
2004.06涨跌幅(%)	-9.15
2004.06最高(元)	5.68
2004.06最低(元)	4.38
2004.06换手率(%)	84.27

湖南电广传媒股份有限公司

公司概况

公司名称	湖南电广传媒股份有限公司		股票代码	000917	
注册地址	长沙市浏阳河大桥东金鹰影视文化城		邮政编码	410003	
法人代表	龙秋云		董秘	周竞东	
电话	0731-4252080,4251998		传真	0731-4252096	
主营业务	信息传播服务				
总股本	33592.00	流通 A 15340.00	流通 B	流通 H	
审计单位	湖南开元会计师事务所		审计意见	标准无保留	

主要财务指标

年度	2004.6	2003	2002
每股收益/扣除后(元)	0.0845	0.1900	0.1600
每股经营现金流量(元)	0.0300	2.5400	-1.6000
每股净资产/调整后(元)	7.0100	9.1500	8.8400
每股公积金(元)	5.3688	7.2784	7.2664
净资产收益率(%)	1.3100	1.9900	1.7300
总资产(万元)	506814.62	498453.94	487709.75
股东权益(万元)	239254.55	238672.81	233606.69
未分配利润(万元)	17934.45	17379.69	13921.89
主营收入(万元)	70515.44	96808.65	68404.44
资本公积金(万元)	180348.37	188073.41	187764.47
主营利润(万元)	19465.45	25819.00	25083.06
其他业务利润(万元)	336.98	412.45	42.01
营业利润(万元)	-1338.49	-7873.94	-7860.78
投资收益(万元)	4507.43	8713.10	8058.17
补贴收入(万元)		15.20	15.20
营业外收支(万元)	51.26	-82.51	7.87
利润总额(万元)	3220.19	771.84	104.16
净利润(万元)	3138.77	4757.19	4033.87

十大股东

序号	股东名称	股份性质	持股数(万股)	比例(%)
1	湖南广播电视产业中心	国有法人股	16900.00	50.31
2	深圳市芙蓉投资有限责任公司	境内法人股	507.00	1.51
3	湖南省金帆投资管理有限公	国有法人股	338.00	1.01
4	恒泰证券有限责任公司	流通 A 股	182.62	0.54
5	湖南金海林建设装饰有限公司	境内法人股	169.00	0.50
6	湖南省凯地经济发展有限公司	境内法人股	156.00	0.46
7	湖南汇丰泰科技产业发展有限公司	境内法人股	143.00	0.43
8	景阳证券投资基金	流通 A 股	130.12	0.39
9	谈桂兰	流通 A 股	103.84	0.31
10	北京财政证券公司	流通 A 股	68.50	0.20

股东人数

2004.6	2003.12	2003.6	2002
61708	66537	66333	68751

近年分配	近年配股/增发
2004 年 5 月 15 日 10 派 1.00	2004 年 5 月 12 日 10 转 3

重大事项

经公司 2003 年度股东大会决定,公司 2003 年度利润分配方案为:以 2003 年末总股本 25,840 万股为基数,向全体股东每 10 股派发现金红利 1.00 元(含税);资本公积金转增股本方案为:以 2003 年末总股本 25,840 万股为基数,向全体股东每 10 股转增 3 股,共转增 7,752 万股。股权登记日为 2004 年 5 月 11 日,除息日为 2004 年 5 月 12 日。

二〇〇三年以来市场表现

2003 年涨跌幅(%)	-16.33
2003 年最高(元)	11.97
2003 年最低(元)	7.63
2003 年换手率(%)	166.11
2004.06 涨跌幅(%)	3.13
2004.06 最高(元)	11.85
2004.06 最低(元)	8.20
2004.06 换手率(%)	126.18

湖南亚华种业股份有限公司

公司概况

公司名称	湖南亚华种业股份有限公司		股票代码	000918	
注册地址	长沙市岳麓区银盆南路 289 号万和大厦五楼		邮政编码	410011	
法人代表	邹定民		董秘	徐远忠	
电话	0731-2566572		传真	0731-2566602	
主营业务	农作物种子、种苗				
总股本	27200.32	流通 A 9600.00	流通 B	流通 H	
审计单位			审计意见	未审计	

主要财务指标

年度	2004.6	2003	2002
每股收益/扣除后(元)	0.0686	0.1990	0.0860
每股经营现金流量(元)	0.1050	0.4880	0.1220
每股净资产/调整后(元)	2.4220	3.7700	3.7110
每股公积金(元)	1.0555	2.2887	2.2846
净资产收益率(%)	2.3400	4.4650	2.4170
总资产(万元)	183637.91	223623.73	220040.45
股东权益(万元)	70772.22	69115.89	66226.41
未分配利润(万元)	9881.82	8225.49	6012.07
主营收入(万元)	55913.77	118639.97	72214.04
资本公积金(万元)	28709.07	38909.19	38838.45
主营利润(万元)	20648.04	42605.01	25081.20
其他业务利润(万元)	66.15	157.85	10.03
营业利润(万元)	721.38	4450.60	2702.34
投资收益(万元)	1687.59	-944.43	-411.43
补贴收入(万元)	5.00		
营业外收支(万元)	-194.00	-436.33	-56.47
利润总额(万元)	2219.97	3069.83	1885.45
净利润(万元)	1656.33	3086.12	1601.01

十大股东

序号	股东名称	股份性质	持股数(万股)	比例(%)
1	湖南省农业集团有限公司	国有法人股	6896.00	25.35
2	深圳市舟仁创业投资有限公司	一般法人股	5600.00	20.59
3	湖南省南山种畜牧草良种繁殖场	国有法人股	3696.00	13.59
4	北京世方旅游投资有限公司	一般法人股	768.00	2.82
5	怀化元亨发展有限公司	一般法人股	640.00	2.35
6	同益证券投资基金	流通 A 股	148.77	0.55
7	健桥证券有限责任公司	流通 A 股	51.20	0.19
8	孙清	流通 A 股	43.20	0.16
9	谢玲	流通 A 股	42.40	0.16
10	曹毅	流通 A 股	42.04	0.15

股东人数

2004.6	2003.12	2003.6	2002
23321	16928	16092	17092

近年分配	近年配股/增发
	2004 年 5 月 12 日 10 转 6

重大事项

2003 年度,公司拟实施每 10 股转增 6 股的公积金转增股本方案,此方案经 2004 年 4 月 22 日召开的 2003 年度股东大会审议并通过,股权登记日为 2004 年 5 月 11 日、除权日为 2004 年 5 月 12 日、新增可流通股上市日为 2004 年 5 月 12 日。

二〇〇三年以来市场表现

2003 年涨跌幅(%)	-21.42
2003 年最高(元)	6.71
2003 年最低(元)	3.76
2003 年换手率(%)	114.82
2004.06 涨跌幅(%)	-7.16
2004.06 最高(元)	6.59
2004.06 最低(元)	3.85
2004.06 换手率(%)	164.06

金陵药业股份有限公司

公司概况

公司名称	金陵药业股份有限公司	股票代码	000919
注册地址	南京经济技术开发区新港大道58号	邮政编码	210009
法人代表	倪忠翔	董秘	徐俊扬
电话	025-3112999-8513,8511	传真	025-3112486
主营业务	中药原料和制剂		
总股本	33600.00	流通 A	9600.00
流通 B		流通 H	
审计单位		审计意见	未审计

主要财务指标

年度	2004.6	2003	2002
每股收益/扣除后(元)	0.2121	0.3800	0.3940
每股经营现金流量(元)	0.2360	0.5800	0.4700
每股净资产/调整后(元)	4.7320	4.5500	4.0800
每股公积金(元)	2.2712	2.2712	2.2712
净资产收益率(%)	3.8300	10.3600	11.2600
总资产(万元)	177947.78	163518.03	153769.09
股东权益(万元)	132537.78	127466.57	114262.19
未分配利润(万元)	27731.57	22660.36	12346.81
主营收入(万元)	49220.76	84971.65	62956.03
资本公积金(万元)	63592.55	63592.55	63592.55
主营利润(万元)	21825.66	36262.53	30694.85
其他业务利润(万元)	265.25	363.49	-3.55
营业利润(万元)	9574.89	15163.66	15668.73
投资收益(万元)	-2635.40	2959.43	2116.49
补贴收入(万元)	2.00		
营业外收支(万元)	-51.57	-381.88	-2.93
利润总额(万元)	6889.92	17741.21	17618.73
净利润(万元)	5071.21	13204.39	12868.08

十大股东

序号	股东名称	股份性质	持股数(万股)	比例(%)
1	南京金陵制药(集团)有限公司	国有法人股	13263.62	39.48
2	福州市医药总公司	国家股	2449.32	7.29
3	浙江省交接办	国家股	1529.64	4.55
4	南京医药集团有限责任公司	国家股	1461.43	4.35
5	合肥市医药工业公司	国家股	1295.99	3.86
6	钱瑞华	流通A股	101.28	0.30
7	陈小留	流通A股	99.89	0.30
8	蒋美凤	流通A股	75.78	0.23
9	国海证券有限责任公司	流通A股	66.08	0.20
10	钱胜华	流通A股	65.70	0.20

股东人数	2004.6	2003.12	2003.6	2002
	25344	24522	27514	24901

近年分配		近年配股/增发	

重大事项

浙江省军队武警部队和政法机关企业交接工作办公室将所持本公司1529.636万股股权(占总股本的5.46%),无偿划转给浙江省建筑材料集团有限公司持有,股权过户手续正在办理之中。

二〇〇三年以来市场表现

2003年涨跌幅(%)	-34.94
2003年最高(元)	16.55
2003年最低(元)	9.00
2003年换手率(%)	127.22
2004.06涨跌幅(%)	-11.90
2004.06最高(元)	11.98
2004.06最低(元)	8.50
2004.06换手率(%)	102.83

南方汇通股份有限公司

公司概况

公司名称	南方汇通股份有限公司	股票代码	000920
注册地址	贵阳国家高新技术产业开发区	邮政编码	550018
法人代表	黄纪湘	董秘	高锡忠
电话	0851-4470866	传真	0851-4470866
主营业务	铁路运输设备开发、制造、销售		
总股本	21100.00	流通 A	9100.00
流通 B		流通 H	
审计单位	北京兴华会计师事务所	审计意见	标准无保留

主要财务指标

年度	2004.6	2003	2002
每股收益/扣除后(元)	0.1449	0.2800	0.5100
每股经营现金流量(元)	-1.1944	-0.5700	0.3100
每股净资产/调整后(元)	4.2560	4.3400	3.3000
每股公积金(元)	2.8120	2.7886	1.9950
净资产收益率(%)	2.0300	6.6900	15.3100
总资产(万元)	246569.64	182477.83	123088.05
股东权益(万元)	90174.52	92073.53	62877.55
未分配利润(万元)	3958.36	6351.77	1171.62
主营收入(万元)	76495.53	93324.41	54282.19
资本公积金(万元)	59334.24	58839.84	37905.64
主营利润(万元)	16953.89	25680.54	16661.58
其他业务利润(万元)	363.96	156.39	2.20
营业利润(万元)	6245.01	7116.09	9877.49
投资收益(万元)	-1291.71	74.37	555.29
补贴收入(万元)	280.58	407.26	-1.33
营业外收支(万元)	47.35	-134.95	-2.86
利润总额(万元)	5281.24	7462.76	10440.44
净利润(万元)	1826.69	6161.79	9628.31

十大股东

序号	股东名称	股份性质	持股数(万股)	比例(%)
1	中国南方机车车辆工业集团公司	国有法人股	12000.00	56.87
2	金鑫证券投资基金	流通A股	457.57	2.17
3	天华证券投资基金	流通A股	415.95	1.97
4	中国银行-银华优势企业(平衡型)证券投资基金	流通A股	275.80	1.31
5	东方证券有限责任公司	流通A股	207.26	0.98
6	中国工商银行-金泰证券投资基金	流通A股	206.69	0.98
7	博时价值增长证券投资基金	流通A股	205.73	0.98
8	交通银行-国泰金鹰增长证券投资基金	流通A股	95.92	0.45
9	中国银行-嘉实增长开放式证券投资基金	流通A股	90.18	0.43
10	中国工商银行-金元证券投资基金	流通A股	68.96	0.33

股东人数	2004.6	2003.12	2003.6	2002
	8521	21563	25017	28821

近年分配	2004年6月8日10派2.00	近年配股/增发	

重大事项

公司与中富证券有限公司(中富证券)签定了《委托资产管理协议书》及《委托资产管理补充协议书》,约定公司出资3,000万元,由中富证券进行委托资产管理,管理期为一年,即从2004年2月24日至2005年2月23日,约定收益率为10%。

二〇〇三年以来市场表现

2003年涨跌幅(%)	1.00
2003年最高(元)	12.99
2003年最低(元)	7.10
2003年换手率(%)	128.19
2004.06涨跌幅(%)	40.50
2004.06最高(元)	26.77
2004.06最低(元)	9.61
2004.06换手率(%)	163.97

广东科龙电器股份有限公司

公司概况

公司名称	广东科龙电器股份有限公司			股票代码	000921		
注册地址	广东省佛山市顺德区容桂街道容港路8号			邮政编码	528303		
法人代表	顾雏军			董秘	刘从梦 李志成		
电话	0757-28362570			传真	0757-28361055		
主营业务	制造电冰箱、空调						
总股本	99200.66	流通 A	19450.10	流通 B		流通 H	45958.98
审计单位				审计意见	未审计		

主要财务指标

年度	2004.6	2003	2002
每股收益/扣除后(元)	0.1571	0.1900	0.1000
每股经营现金流量(元)	0.5300	1.0200	0.5000
每股净资产/调整后(元)	2.8250	2.6400	2.6100
每股公积金(元)	1.5291	1.5290	2.4845
净资产收益率(%)	5.3700	7.2000	3.9300
总资产(万元)	1140483.87	943279.12	776775.56
股东权益(万元)	296351.84	280873.09	268621.72
未分配利润(万元)	34362.86	18443.62	-111233.87
主营收入(万元)	493101.62	616811.00	487825.69
资本公积金(万元)	151686.20	151678.77	246462.06
主营利润(万元)	102801.09	168454.48	102545.28
其他业务利润(万元)	2321.58	4839.99	-25.43
营业利润(万元)	17007.65	26525.95	29413.20
投资收益(万元)	-1233.33	-5018.27	-9647.94
补贴收入(万元)		1.82	-0.25
营业外收支(万元)	-233.12	490.85	28.92
利润总额(万元)	15541.20	22000.35	20351.11
净利润(万元)	15919.24	20218.02	10127.70

十大股东

序号	股东名称	股份性质	持股数(万股)	比例(%)
1	广东格林柯尔企业发展有限公司	境内法人股	20477.58	20.64
2	香港上海汇丰银行有限公司	流通H股	14851.16	14.97
3	顺德市经济咨询公司	境内法人股	6866.67	6.92
4	渣打银行(香港)有限公司	流通H股	6099.10	6.15
5	佛山市顺德区信宏实业有限公司	境内法人股	5743.64	5.79
6	国泰君安证券(香港)有限公司	流通H股	3701.00	3.73
7	第一上海证券有限公司	流通H股	2710.90	2.73
8	申银万国证券(香港)有限公司	流通H股	2373.50	2.39
9	花旗银行	流通H股	1791.65	1.81
10	廖创兴银行有限公司	流通H股	1600.00	1.61

股东人数	2004.6	2003.12	2003.6	2002
	66132	68996	74372	78037

近年分配		近年配股/增发	

重大事项

公司收购了西安高科远东制冷有限责任公司70.62%的股份，并通过变更注册成立西安科龙有限公司【西安科龙】，截止2004年6月30日，西安科龙压缩机新线已部分投产，旧线搬迁改造预计将于2004年年底完成。

二〇〇三年以来市场表现

2003年涨跌幅(%)	-0.89
2003年最高(元)	8.79
2003年最低(元)	5.55
2003年换手率(%)	128.52
2004.06涨跌幅(%)	-12.13
2004.06最高(元)	8.28
2004.06最低(元)	5.82
2004.06换手率(%)	68.54

阿城继电器股份有限公司

公司概况

公司名称	阿城继电器股份有限公司			股票代码	000922		
注册地址	哈尔滨市南岗区赣水路高新技术产业开发区15号楼			邮政编码	150302		
法人代表	朱大萌			董秘	王永利		
电话	0451-55151060			传真	0451-55151050		
主营业务	继电器等元件类产品						
总股本	29843.50	流通 A	13430.00	流通 B		流通 H	
审计单位				审计意见	未审计		

主要财务指标

年度	2004.6	2003	2002
每股收益/扣除后(元)	0.0170	0.0304	0.0900
每股经营现金流量(元)	-0.7390	0.0500	0.3200
每股净资产/调整后(元)	1.8730	1.8400	3.0100
每股公积金(元)	0.6235	0.6235	1.7598
净资产收益率(%)	1.9300	2.2900	3.0700
总资产(万元)	99843.27	96232.09	90399.23
股东权益(万元)	55911.66	54834.18	53574.18
未分配利润(万元)	3394.65	2317.17	1248.43
主营收入(万元)	12041.13	25216.04	25516.50
资本公积金(万元)	18608.11	18608.11	30893.95
主营利润(万元)	3703.41	8551.19	8359.23
其他业务利润(万元)	26.73	58.13	-0.35
营业利润(万元)	561.60	1676.50	1783.56
投资收益(万元)	-6.80	0.36	75.20
补贴收入(万元)	574.93		
营业外收支(万元)	-4.49	-149.04	-0.63
利润总额(万元)	1125.24	1527.82	1968.81
净利润(万元)	1077.48	1257.35	1642.12

十大股东

序号	股东名称	股份性质	持股数(万股)	比例(%)
1	阿城继电器集团有限公司	国家股	16413.50	55.00
2	娄少秋	流通A股	50.70	0.17
3	欧丽和	流通A股	40.56	0.14
4	杨恒之	流通A股	34.71	0.12
5	刘廷辉	流通A股	28.26	0.09
6	蓝韩忠	流通A股	24.14	0.08
7	刘加林	流通A股	21.20	0.07
8	郭寅声	流通A股	20.80	0.07
9	孟宪忠	流通A股	20.40	0.07
10	周玉昆	流通A股	18.94	0.06

股东人数	2004.6	2003.12	2003.6	2002
	44079	36216	34798	37298

近年分配		近年配股/增发	

重大事项

2004年上半年，公司向控股股东及其子公司提供资金的发生额303,919,100.92元，余额219,012,615.81元。截止2004年6月30日，控股股东占用本公司资金219,012,615.81元，如在2004年末控股股东不能偿还占用资金，按规定将提取5%的坏帐准备，计提后将对公司2004年度业绩产生较大影响。

二〇〇三年以来市场表现

2003年涨跌幅(%)	-4.87
2003年最高(元)	6.68
2003年最低(元)	4.09
2003年换手率(%)	130.15
2004.06涨跌幅(%)	1.34
2004.06最高(元)	6.57
2004.06最低(元)	4.25
2004.06换手率(%)	238.94

河北宣化工程机械股份有限公司

公司概况

公司名称	河北宣化工程机械股份有限公司			股票代码	000923		
注册地址	河北省张家口市宣化区东升路 21 号			邮政编码	075105		
法人代表	王建军			董秘	庞廷阆		
电话	0313-3186012			传真	0313-3186026		
主营业务	推土机、装载机						
总股本	16500.00	流通 A	5500.00	流通 B		流通 H	
审计单位				审计意见	未审计		

主要财务指标

年度	2004.6	2003	2002
每股收益 / 扣除后(元)	0.0372	0.0300	0.0400
每股经营现金流量(元)	-0.0330	0.0400	-0.3500
每股净资产 / 调整后(元)	2.4800	2.5000	2.4900
每股公积金(元)	1.1870	1.1870	1.1843
净资产收益率(%)	1.4400	0.9900	1.5700
总资产(万元)	86271.00	81132.61	80979.78
股东权益(万元)	41937.00	41743.72	41284.74
未分配利润(万元)	4669.94	4476.66	4121.81
主营收入(万元)	29474.34	62132.31	40780.60
资本公积金(万元)	19585.26	19585.26	19541.05
主营利润(万元)	4726.56	8602.36	6527.04
其他业务利润(万元)	112.87	329.55	-285.00
营业利润(万元)	487.85	977.94	928.75
投资收益(万元)	291.70	205.28	84.82
补贴收入(万元)			
营业外收支(万元)	-11.75	-64.65	-0.01
利润总额(万元)	767.80	1118.56	1014.60
净利润(万元)	605.78	414.77	647.61

十大股东

序号	股东名称	股份性质	持股数(万股)	比例(%)
1	宣化工程机械集团有限公司	国有法人股	7036.97	42.65
2	河北宣工福田重工有限公司	境内法人股	3137.25	19.01
3	北汽福田汽车股份有限公司	境内法人股	627.45	3.80
4	中国华能财务有限责任公司	国有法人股	198.33	1.20
5	北京双龙鑫汇投资管理有限公司	流通 A 股	101.10	0.61
6	杨友兰	流通 A 股	59.31	0.36
7	黄成宪	流通 A 股	55.23	0.33
8	吕道珍	流通 A 股	46.30	0.28
9	吴惠珍	流通 A 股	40.45	0.25
10	陈雪英	流通 A 股	36.04	0.22

股东人数	2004.6	2003.12	2003.6	2002
	14900	20121	31736	32964

近年分配	2004 年 5 月 17 日 10 派 0.25	近年配股 / 增发	

重大事项

2004 年 6 月 15 日公司第二届董事会第九次会议，审议通过关于本公司拟将持有的宣化工程挖掘机有限公司 90%股权转让于宣化工程机械集团有限公司的议案。根据双方签署的《股权转让协议》以及北京市德威评估公司出具的资产评估报告，本次股权转让的交易价格为 298.41 万元。

二○○三年以来市场表现

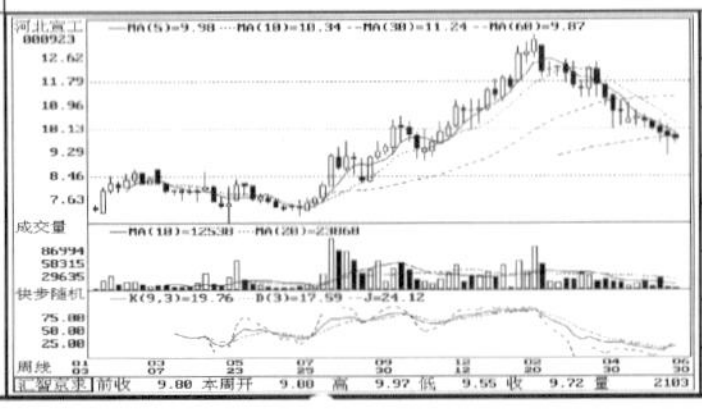

2003 年涨跌幅(%)	54.90
2003 年最高(元)	11.49
2003 年最低(元)	6.78
2003 年换手率(%)	248.66
2004.06 涨跌幅(%)	-14.51
2004.06 最高(元)	13.42
2004.06 最低(元)	9.16
2004.06 换手率(%)	114.70

浙江浙大海纳科技股份有限公司

公司概况

公司名称	浙江浙大海纳科技股份有限公司			股票代码	000925		
注册地址	杭州市高新区 2 号路之江科技工业园区 6 号楼			邮政编码	310053		
法人代表	薛卫国			董秘	赖慧芳		
电话	0571-86696336			传真	0571-86696336		
主营业务	单晶硅及其制品						
总股本	9000.00	流通 A	3000.00	流通 B		流通 H	
审计单位				审计意见	未审计		

主要财务指标

年度	2004.6	2003	2002
每股收益 / 扣除后(元)	0.0601	0.1400	0.1400
每股经营现金流量(元)	0.0210	0.2900	0.7300
每股净资产 / 调整后(元)	4.4020	4.3400	4.2000
每股公积金(元)	2.7015	2.7015	2.7015
净资产收益率(%)	1.2900	3.0300	3.3400
总资产(万元)	60506.30	58590.10	51916.76
股东权益(万元)	39613.34	39100.40	37913.95
未分配利润(万元)	4672.17	4159.24	3150.04
主营收入(万元)	9212.55	13421.11	17340.20
资本公积金(万元)	24313.61	24313.61	24313.61
主营利润(万元)	2160.40	3685.50	3525.44
其他业务利润(万元)	9.96	-12.70	-0.05
营业利润(万元)	1120.19	1998.95	1393.99
投资收益(万元)	-42.62	159.29	527.51
补贴收入(万元)	7.03	1.57	0.02
营业外收支(万元)	0.28	-10.29	0.39
利润总额(万元)	1084.87	2149.51	1978.14
净利润(万元)	512.93	1186.45	1265.43

十大股东

序号	股东名称	股份性质	持股数(万股)	比例(%)
1	珠海经济特区溶信投资有限公司	法人股	2560.00	28.44
2	海南皇冠假日滨海温泉酒店有限公司	法人股	2160.00	24.00
3	浙江大学企业集团控股有限公司	国有法人股	900.00	10.00
4	浙江省科技风险投资公司	国有法人股	200.00	2.22
5	刘蝶孙	流通 A 股	69.04	0.77
6	赵建	法人股	45.00	0.50
7	褚健	法人股	45.00	0.50
8	李立本	法人股	45.00	0.50
9	张锦心	法人股	45.00	0.50
10	瞿栋木梁	流通 A 股	19.39	0.22

股东人数	2004.6	2003.12	2003.6	2002
	21770	22520	23364	24371

近年分配		近年配股 / 增发	

重大事项

浙江大学企业集团控股有限公司将其持有本公司的 2560 万股国有法人股过户至珠海经济特区溶信投资有限公司名下。浙江大学企业集团控股有限公司将其持有本公司的 2160 万股国有法人股过户至海南皇冠假日滨海温泉酒店有限公司名下。

二○○三年以来市场表现

2003 年涨跌幅(%)	-37.65
2003 年最高(元)	18.79
2003 年最低(元)	10.00
2003 年换手率(%)	64.29
2004.06 涨跌幅(%)	12.02
2004.06 最高(元)	16.80
2004.06 最低(元)	10.43
2004.06 换手率(%)	131.20

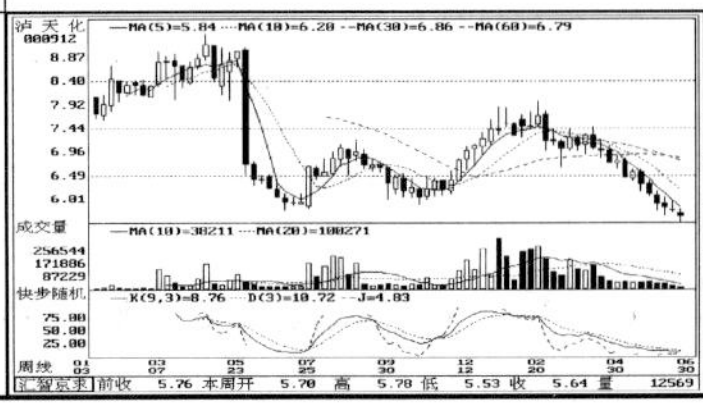

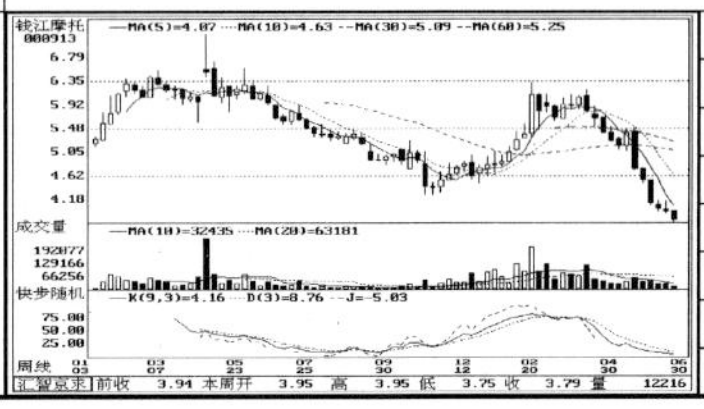

湖北福星科技股份有限公司

公司概况

公司名称	湖北福星科技股份有限公司	股票代码	000926
注册地址	湖北省汉川市沉湖镇福星街 1 号	邮政编码	431608
法人代表	谭功炎	董秘	杨望云
电话	0712-8740018,8740038-8028	传真	0712-8740018
主营业务	金属丝,绳及其制品		
总股本	26669.50	流通 A	10051.69
流通 B		流通 H	
审计单位		审计意见	未审计

主要财务指标

年度	2004.6	2003	2002
每股收益/扣除后(元)	0.2699	0.3300	0.1700
每股经营现金流量(元)	0.5970	–0.9510	–0.7700
每股净资产/调整后(元)	3.0800	2.9150	2.5900
每股公积金(元)	0.7103	0.7103	0.7102
净资产收益率(%)	8.7100	11.2000	6.6400
总资产(万元)	265584.37	231919.16	153425.56
股东权益(万元)	82234.12	77738.35	69056.08
未分配利润(万元)	26518.94	22023.17	15528.10
主营收入(万元)	62720.50	85576.80	43613.80
资本公积金(万元)	18942.46	18942.46	18941.51
主营利润(万元)	16802.50	22946.04	10216.33
其他业务利润(万元)	89.81	157.71	–17.73
营业利润(万元)	10974.93	13122.24	4456.37
投资收益(万元)		453.03	2917.16
补贴收入(万元)			
营业外收支(万元)	–54.74	–199.82	16.89
利润总额(万元)	10920.19	13375.45	7147.48
净利润(万元)	7162.72	8704.70	4585.36

十大股东

序号	股东名称	股份性质	持股数(万股)	比例(%)
1	湖北省汉川市钢丝绳厂	法人股	14458.80	54.21
2	湖北生盛投资有限责任公司	法人股	1000.00	3.75
3	中工美投资有限责任公司	法人股	500.00	1.87
4	孝感市产权交易中心	国有股	429.00	1.61
5	东昊证券有限责任公司	流通股	393.66	1.48
6	交通银行–科瑞证券投资基金	流通股	301.86	1.13
7	兴业证券股份有限公司	流通股	283.52	1.06
8	湖北鑫诚工贸有限公司	法人股	214.50	0.80
9	广发证券股份有限公司	流通股	200.00	0.75
10	全国社保基金一零五组合	流通股	134.84	0.51

股东人数

2004.6	2003.12	2003.6	2002
25319	42733	45101	29522

近年分配	近年配股/增发
2004 年 7 月 29 日 10 派 1.00	

重大事项

福星惠誉公司与原武汉华建安装工程股份有限公司签订的关于"福星城市花园"项目 1、2、3 号楼地下室设计变更合同金额 3,000 万元,截止 2004 年 6 月 30 日,上述款项已全部支付完毕。

二〇〇三年以来市场表现

2003 年涨跌幅(%)	–3.10
2003 年最高(元)	9.80
2003 年最低(元)	5.90
2003 年换手率(%)	300.12
2004.06 涨跌幅(%)	11.35
2004.06 最高(元)	10.40
2004.06 最低(元)	6.87
2004.06 换手率(%)	227.59

天津一汽夏利汽车股份有限公司

公司概况

公司名称	天津一汽夏利汽车股份有限公司	股票代码	000927
注册地址	天清市西青区中北斜乡李楼南	邮政编码	300380
法人代表	竺延风	董秘	孟君奎
电话	022-23056032	传真	022-23056034
主营业务	轿车、汽车发动机		
总股本	159517.41	流通 A	23980.00
流通 B		流通 H	
审计单位		审计意见	未审计

主要财务指标

年度	2004.6	2003	2002
每股收益/扣除后(元)	0.0229	0.1800	–0.5000
每股经营现金流量(元)	0.2110	–0.1700	0.7800
每股净资产/调整后(元)	1.6900	1.6100	1.4700
每股公积金(元)	0.8212	0.8203	0.8188
净资产收益率(%)	2.7000	10.9700	–33.2700
总资产(万元)	812665.12	740386.56	759289.00
股东权益(万元)	277623.37	263704.12	237536.62
未分配利润(万元)	–35151.89		–68658.90
主营收入(万元)	310259.34	536971.87	415128.78
资本公积金(万元)	131000.58	130855.07	130618.35
主营利润(万元)	19628.03	63083.67	–2206.16
其他业务利润(万元)	1250.30	3263.29	–8.56
营业利润(万元)	–4167.89	3551.75	–68816.69
投资收益(万元)	11478.75	26323.48	–9766.87
补贴收入(万元)	150.79	69.37	–3.17
营业外收支(万元)	42.87	–994.99	–9.90
利润总额(万元)	7504.53	28949.61	–79025.91
净利润(万元)	7488.30	28920.22	–79036.57

十大股东

序号	股东名称	股份性质	持股数(万股)	比例(%)
1	中国第一汽车集团公司	国家股	81322.44	50.98
2	天津汽车工业集团有限公司	国有法人股	54214.95	33.99
3	世纪证券有限责任公司	流通 A 股	1564.26	0.98
4	普惠证券投资基金	流通 A 股	1136.19	0.71
5	普丰证券投资基金	流通 A 股	938.64	0.59
6	中信经典配置证券投资基金	流通 A 股	704.80	0.44
7	裕元证券投资基金	流通 A 股	550.00	0.34
8	普华证券投资基金	流通 A 股	520.13	0.33
9	景宏证券投资基金	流通 A 股	501.49	0.31
10	银丰证券投资基金	流通 A 股	355.06	0.22

股东人数

2004.6	2003.12	2003.6	2002
25377	22213	25652	81030

近年分配	近年配股/增发

重大事项

2004 年 6 月 18 日,公司与公司与长春富奥–江森自控汽车饰件系统有限公司签署了《天津一汽夏利汽车股份有限公司和长春富奥–江森自控汽车饰件系统有限公司股权转让协议》。公司拟将华丰公司 48%的股权以 137,235,800 元的价格转让给长春富奥—江森自控汽车饰件系统有限公司。

二〇〇三年以来市场表现

2003 年涨跌幅(%)	54.06
2003 年最高(元)	11.35
2003 年最低(元)	5.59
2003 年换手率(%)	446.84
2004.06 涨跌幅(%)	–38.34
2004.06 最高(元)	10.70
2004.06 最低(元)	5.00
2004.06 换手率(%)	172.69

吉林炭素股份有限公司

公司概况

公司名称	吉林炭素股份有限公司	股票代码	000928
注册地址	吉林省吉林市和平街9号	邮政编码	132002
法人代表	李勇智	董秘	宠志光
电话	0432-2749800	传真	0432-2749375
主营业务	炭素石墨制品		
总股本	28290.00	流通 A	12004.90
流通 B		流通 H	
审计单位		审计意见	未审计

主要财务指标

年度	2004.6	2003	2002
每股收益 / 扣除后(元)	0.0035	0.0050	-0.0650
每股经营现金流量(元)	0.0640	0.3700	0.3600
每股净资产 / 调整后(元)	2.9480	2.9900	3.0000
每股公积金(元)	1.9605	1.9605	1.9605
净资产收益率(%)	0.0960	0.0800	-2.3000
总资产(万元)	315567.87	317740.28	287235.84
股东权益(万元)	100600.05	100503.27	100424.69
未分配利润(万元)	4716.62	4619.83	4589.46
主营收入(万元)	49900.21	85890.33	78508.98
资本公积金(万元)	55462.33	55462.33	55462.33
主营利润(万元)	6819.01	11665.34	9220.03
其他业务利润(万元)	1145.21	1473.31	-16.87
营业利润(万元)	177.11	205.55	-2654.86
投资收益(万元)	-74.03	-26.89	495.78
补贴收入(万元)	18.27	14.34	-0.07
营业外收支(万元)	-20.37	-140.99	2.16
利润总额(万元)	100.98	52.00	-2573.06
净利润(万元)	96.79	78.58	-2269.93

十大股东

序号	股东名称	股份性质	持股数(万股)	比例(%)
1	吉林炭素集团有限责任公司	国有法人股	15018.00	53.09
2	攀钢成都无缝钢管有限责任公司	境内法人股	200.00	0.71
3	本溪钢铁集团有限责任公司	境内法人股	150.00	0.53
4	天津钢管公司	境内法人股	100.00	0.35
5	龙建路桥股份有限公司	境内法人股	100.00	0.35
6	大连钢铁集团有限责任公司	境内法人股	100.00	0.35
7	无锡锡兴钢铁股份有限公司	境内法人股	100.00	0.35
8	四川川投长城特殊钢股份有限公司	境内法人股	100.00	0.35
9	杭州钢铁集团公司	境内法人股	60.00	0.21
10	贵阳特殊钢有限责任公司	境内法人股	50.00	0.18

股东人数	2004.6	2003.12	2003.6	2002
	53831	56369	56652	58901

近年分配		近年配股 / 增发	

重大事项

截至2004年6月末,吉林炭素集团有限责任公司占用资金48,818.65万元,吉林炭素集团有限责任公司供销公司占用资金868.14万元,吉林炭素集团有限责任公司长春有限公司占用资金1,080.76万元,吉林炭素集团上海炭素厂占用资金1,348.67万元,桂林市吉炭贸易有限公司占用资金282.14万元,吉林市吉炭工程有限责任公司占用资金135.40万元,吉林市鹏展文化传播有限责任公司占用资金0.87万元。

二〇〇三年以来市场表现

2003年涨跌幅(%)	-9.07
2003年最高(元)	6.65
2003年最低(元)	4.55
2003年换手率(%)	141.54
2004.06涨跌幅(%)	-14.77
2004.06最高(元)	5.95
2004.06最低(元)	4.10
2004.06换手率(%)	103.31

兰州黄河企业股份有限公司

公司概况

公司名称	兰州黄河企业股份有限公司	股票代码	000929
注册地址	甘肃省兰州市中山路金运大厦22层	邮政编码	730030
法人代表	杨世江	董秘	魏福新
电话	0931-8449054	传真	0931-8449005
主营业务	啤酒、麦芽、饲料		
总股本	16497.60	流通 A	7560.00
流通 B		流通 H	
审计单位		审计意见	未审计

主要财务指标

年度	2004.6	2003	2002
每股收益 / 扣除后(元)	0.0308	-0.1400	0.0300
每股经营现金流量(元)	0.2710	0.1500	0.3100
每股净资产 / 调整后(元)	1.9870	1.9400	2.8600
每股公积金(元)	1.0586	1.0575	2.5530
净资产收益率(%)	1.4900	-4.7800	0.9000
总资产(万元)	86461.29	81922.14	74344.89
股东权益(万元)	33341.43	32752.70	34267.00
未分配利润(万元)	-1088.54	-1585.80	-8899.95
主营收入(万元)	20749.08	25184.17	17789.29
资本公积金(万元)	17464.65	17445.88	30084.27
主营利润(万元)	4739.87	4886.11	3718.31
其他业务利润(万元)	118.81	138.95	-3.93
营业利润(万元)	834.89	-1880.15	-3384.57
投资收益(万元)	0.21	233.38	778.34
补贴收入(万元)			
营业外收支(万元)	-10.67	-6.20	0.07
利润总额(万元)	824.43	-1652.98	95.07
净利润(万元)	497.26	-1564.19	309.45

十大股东

序号	股东名称	股份性质	持股数(万股)	比例(%)
1	兰州黄河企业集团公司	境内法人股	3920.00	23.76
2	中国长城资产管理公司	境内法人股	2800.00	16.97
3	北京首都国际机场商贸公司	境内法人股	840.00	5.09
4	甘肃省工业交通投资公司	国家股	840.00	5.09
5	中国石化集团第五建设公司	境内法人股	504.00	3.05
6	赵百川	流通A股	47.33	0.29
7	唐炳生	流通A股	36.40	0.22
8	刘国平	流通A股	34.57	0.21
9	倪建飞	流通A股	29.00	0.18
10	周义忠	流通A股	27.50	0.17

股东人数	2004.6	2003.12	2003.6	2002
	21834	17656	17628	18191

近年分配		近年配股 / 增发	

重大事项

兰州黄河企业集团公司继续为本公司的3,9万0元0银行贷款提供了担保;以所持本公司1,1万2股0股权为公司控股子公司兰州黄河啤酒有限公司2,万元银行贷款提供了质押担保,另为兰州黄河啤酒有限公司70万0元贷款提供担保;为兰州黄河麦芽有限公司1,6万0元0贷款提供担保。

二〇〇三年以来市场表现

2003年涨跌幅(%)	-34.80
2003年最高(元)	7.84
2003年最低(元)	4.12
2003年换手率(%)	159.49
2004.06涨跌幅(%)	-3.96
2004.06最高(元)	6.24
2004.06最低(元)	3.81
2004.06换手率(%)	244.48

安徽丰原生物化学股份有限公司

公司概况

公司名称	安徽丰原生物化学股份有限公司			股票代码	000930	
注册地址	安徽省蚌埠市大庆路73号			邮政编码	233010	
法人代表	李荣杰			董秘	湖海涛	
电话	0552-4926486			传真	0552-4926733	
主营业务	有机酸及其盐类					
总股本	32657.20	流通A	17001.01	流通B		流通H
审计单位	安徽华普会计师事务所			审计意见	标准无保留	

主要财务指标

年度	2004.6	2003	2002
每股收益/扣除后(元)	0.2144	0.3100	0.3460
每股经营现金流量(元)	-0.5280	0.4530	0.5970
每股净资产/调整后(元)	5.2500	4.9790	4.6740
每股公积金(元)	3.0836	2.9005	2.8974
净资产收益率(%)	3.9700	6.2100	7.3900
总资产(万元)	524984.12	471709.06	304011.16
股东权益(万元)	172470.70	158993.11	149008.36
未分配利润(万元)	34184.14	27342.99	19235.11
主营收入(万元)	112661.07	154735.84	119941.61
资本公积金(万元)	98231.88	92405.97	92301.04
主营利润(万元)	22276.33	28487.63	24419.92
其他业务利润(万元)	255.64	356.67	17.24
营业利润(万元)	10624.53	13964.69	13207.14
投资收益(万元)	428.55	690.53	146.89
补贴收入(万元)			
营业外收支(万元)	-224.39	-158.65	-0.77
利润总额(万元)	10828.68	14496.57	16505.27
净利润(万元)	6850.85	9879.63	11017.36

十大股东

序号	股东名称	股份性质	持股数(万股)	比例(%)
1	安徽丰原集团有限公司	国家股	15300.00	46.85
2	中国银行-景宏证券投资基金	流通A股	473.86	1.45
3	裕隆证券投资基金	流通A股	409.84	1.25
4	招商银行股份有限公司-中信经典配置证券投资基金	流通A股	391.40	1.20
5	交通银行-科瑞证券投资基金	流通A股	296.76	0.91
6	中国工商银行-科翔证券投资基金	流通A股	176.12	0.54
7	包头钢铁集团机械设备制造有限公司	流通A股	163.84	0.50
8	朱天元	流通A股	137.03	0.42
9	中国银行-大成蓝筹稳健证券投资基金	流通A股	120.97	0.37
10	合肥市高科技风险投资有限公司	境内法人股	118.73	0.36

股东人数	2004.6	2003.12	2003.6	2002
	21203	33690	39543	29176

近年分配		近年配股/增发	

重大事项

公司于2003年12月29日召开了2003年第三次临时股东大会,审议通过了关于整体收购蚌埠涂山热电有限公司的议案。截止2004年6月30日,本公司已收购丰原集团持有蚌埠涂山热电有限公司95%的股权,并于2004年1月26日办理了相应手续。

二〇〇三年以来市场表现

2003年涨跌幅(%)	-5.26
2003年最高(元)	9.35
2003年最低(元)	5.98
2003年换手率(%)	390.84
2004.06涨跌幅(%)	17.21
2004.06最高(元)	11.45
2004.06最低(元)	6.97
2004.06换手率(%)	196.27

北京中关村科技发展(控股)股份有限公司

公司概况

公司名称	北京中关村科技发展(控股)股份有限公司			股票代码	000931	
注册地址	北京市海淀区中关村南大街32号			邮政编码	100081	
法人代表	张贵林			董秘	鲍克	
电话	010-62140168			传真	010-62140038	
主营业务	高新技术产业投资					
总股本	67484.70	流通A	37484.70	流通B		流通H
审计单位				审计意见	未审计	

主要财务指标

年度	2004.6	2003	2002
每股收益/扣除后(元)	0.0147	-0.5971	-0.2626
每股经营现金流量(元)	0.0413	0.2300	-0.3700
每股净资产/调整后(元)	-0.5220	0.0600	2.0800
每股公积金(元)	1.3257	1.3257	1.3057
净资产收益率(%)	2.5000	-70.2400	-12.3600
总资产(万元)	630774.81	745733.19	739930.19
股东权益(万元)	95674.94	90153.45	152188.95
未分配利润(万元)	-69494.18	-75036.94	-11713.57
主营收入(万元)	92243.06	59649.77	93761.48
资本公积金(万元)	89466.80	89466.80	88116.32
主营利润(万元)	27039.85	29138.69	29265.32
其他业务利润(万元)	25.92	-347.86	-2.39
营业利润(万元)	1415.03	-42434.31	-25144.51
投资收益(万元)	2216.94	3778.28	5285.86
补贴收入(万元)	175.40	76.10	76.10
营业外收支(万元)	-275.34	-25579.16	-21.68
利润总额(万元)	3532.03	-64159.10	-21858.77
净利润(万元)	2390.70	-63323.36	-18808.01

十大股东

序号	股东名称	股份性质	持股数(万股)	比例(%)
1	北京住总集团有限责任公司	国有法人股	27000.00	40.01
2	北京市国有资产经营有限责任公司	国有法人股	1100.00	1.63
3	北京实创高科技发展总公司	国有法人股	500.00	0.74
4	北京市新技术产业发展服务中心	国有法人股	500.00	0.74
5	北京北大方正集团公司	国有法人股	300.00	0.44
6	联想集团控股公司	国有法人股	300.00	0.44
7	博时裕富证券投资基金	流通A股	215.63	0.32
8	武汉国际信托投资公司	境内法人股	180.00	0.27
9	北京中信兴业证券营业部	流通A股	144.93	0.21
10	黄河证券有限责任公司	境内法人股	120.00	0.18

股东人数	2004.6	2003.12	2003.6	2002
	274042	301262	314806	326416

近年分配		近年配股/增发	

重大事项

公司将所持北京科技园建设股份有限公司6,000万发起人法人股按法定程序转让给该公司股东北京国有资产经营有限责任公司,每股转让价格为1.10元,转让价款总计6,600万元。2004年2月24日,转让双方签订了《股权转让协议》。

二〇〇三年以来市场表现

2003年涨跌幅(%)	-45.89
2003年最高(元)	11.40
2003年最低(元)	5.10
2003年换手率(%)	129.72
2004.06涨跌幅(%)	-33.65
2004.06最高(元)	7.78
2004.06最低(元)	3.42
2004.06换手率(%)	134.51

湖南华菱管线股份有限公司

公司概况

公司名称	湖南华菱管线股份有限公司		股票代码	000932	
注册地址	湖南省长沙市芙蓉中路二段111号华菱大厦20楼		邮政编码	410011	
法人代表	李效伟		董秘	汪俊	
电话	0731-2245198		传真	0731-4447112	
主营业务	钢坯、无缝钢管				
总股本	176537.50	流通 A	45000.00	流通 B	流通 H
审计单位			审计意见	未审计	

主要财务指标

年度	2004.6	2003	2002
每股收益/扣除后(元)	0.2808	0.4431	0.3114
每股经营现金流量(元)	0.2597	1.0900	0.8900
每股净资产/调整后(元)	3.4200	3.1200	2.7400
每股公积金(元)	1.2417	1.2417	1.2413
净资产收益率(%)	8.1500	13.2000	10.7100
总资产(万元)	1545699.37	1264917.12	922771.81
股东权益(万元)	606948.75	575153.75	499150.59
未分配利润(万元)	157565.78	108116.97	68775.43
主营收入(万元)	993088.25	1279222.62	976397.75
资本公积金(万元)	219199.97	219199.97	219133.59
主营利润(万元)	106881.89	186327.69	112488.22
其他业务利润(万元)	1353.09	1284.00	-7.37
营业利润(万元)	73347.21	120974.83	73112.18
投资收益(万元)	-137.94	-212.08	-738.69
补贴收入(万元)		607.60	-2.86
营业外收支(万元)	-11.71	-10291.88	-23.61
利润总额(万元)	73197.57	111078.47	70643.37
净利润(万元)	49448.81	75936.76	53463.63

十大股东

序号	股东名称	股份性质	持股数(万股)	比例(%)
1	湖南华菱钢铁集团有限责任公司	国有法人股	131250.00	74.35
2	长沙矿冶研究院	国有法人股	250.00	0.14
3	博时裕富证券投资基金	流通A股	228.24	0.13
4	南京证券有限责任公司	流通A股	227.86	0.13
5	李国琪	流通A股	215.65	0.12
6	裕隆证券投资基金	流通A股	150.00	0.08
7	耿红兵	流通A股	123.80	0.07
8	何胜利	流通A股	120.00	0.07
9	融通深证100指数证券投资基金	流通A股	117.91	0.07
10	航天机电财务有限责任公司	流通A股	114.79	0.07

股东人数	2004.6	2003.12	2003.6	2002
	173175	178845	185543	186962

近年分配	2004年4月16日10派1.00	近年配股/增发	

重大事项

公司第二届十次董事会及公司2003年度股东大会通过了关于延长可转换公司债券发行方案有效期的议案，2004年4月23日，公司可转换公司债券发行方案获得中国证监会发行审核委员会2004年第22次工作会议核准。

二〇〇三年以来市场表现

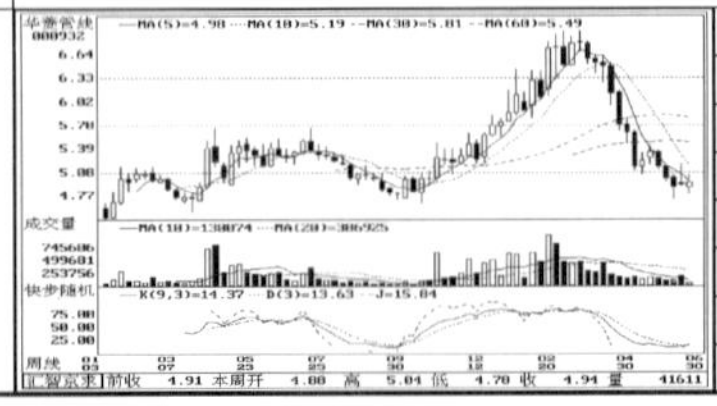

2003年涨跌幅(%)	22.77
2003年最高(元)	5.73
2003年最低(元)	4.26
2003年换手率(%)	223.83
2004.06涨跌幅(%)	-10.18
2004.06最高(元)	6.85
2004.06最低(元)	4.71
2004.06换手率(%)	182.19

河南神火煤电股份有限公司

公司概况

公司名称	河南神火煤电股份有限公司		股票代码	000933	
注册地址	河南省永城市新城区光明路		邮政编码	476600	
法人代表	李孟臻		董秘	王培顺	
电话	0370-5114055,5982722		传真	0370-5114822	
主营业务	煤炭、洗选加工				
总股本	25000.00	流通 A	9100.00	流通 B	流通 H
审计单位	亚太(集团)会计师事务所		审计意见	标准无保留	

主要财务指标

年度	2004.6	2003	2002
每股收益/扣除后(元)	0.5828	0.6449	0.4490
每股经营现金流量(元)	0.3430	1.2340	1.0040
每股净资产/调整后(元)	4.9060	4.6100	4.2410
每股公积金(元)	3.0291	3.0291	3.0291
净资产收益率(%)	11.7820	14.0300	10.5200
总资产(万元)	205276.06	155204.20	137022.84
股东权益(万元)	123676.89	116105.56	106815.96
未分配利润(万元)	12537.83	159.26	313.10
主营收入(万元)	57534.38	80627.65	71670.92
资本公积金(万元)	75728.08	75728.08	75728.08
主营利润(万元)	27449.37	31436.57	25083.72
其他业务利润(万元)	1102.38	1080.18	-20.93
营业利润(万元)	22724.37	23968.02	16762.98
投资收益(万元)	32.05	-38.64	-450.97
补贴收入(万元)	152.26	46.54	0.75
营业外收支(万元)	-29.10	-133.68	1.77
利润总额(万元)	22879.57	23842.24	15857.77
净利润(万元)	14571.34	16289.60	11232.15

十大股东

序号	股东名称	股份性质	持股数(万股)	比例(%)
1	河南神火集团有限公司	国有法人股	7604.79	30.42
2	商丘市普天工贸有限公司	境内法人股	3605.21	14.42
3	河南惠众投资有限公司	境内法人股	2550.00	10.20
4	商丘新创投资管理有限公司	境内法人股	2140.00	8.56
5	华泰证券有限责任公司	流通A股	1120.51	4.48
6	安信证券投资基金	流通A股	353.49	1.41
7	华夏回报证券投资基金	流通A股	300.69	1.20
8	海富通精选证券投资基金	流通A股	260.00	1.04
9	海富通收益增长证券投资基金	流通A股	225.29	0.90
10	兴和证券投资基金	流通A股	213.67	0.85

股东人数	2004.6	2003.12	2003.6	2002
	15172	21949	24251	25947

近年分配		近年配股/增发	

重大事项

公司2003年度利润分配方案是以公司2003年底总股本25,000万股为基数，向全体股东每10股派送股息2.80元(含税，扣税后社会公众股中个人股东和投资基金实际每10股公司派送股息2.24元)。

二〇〇三年以来市场表现

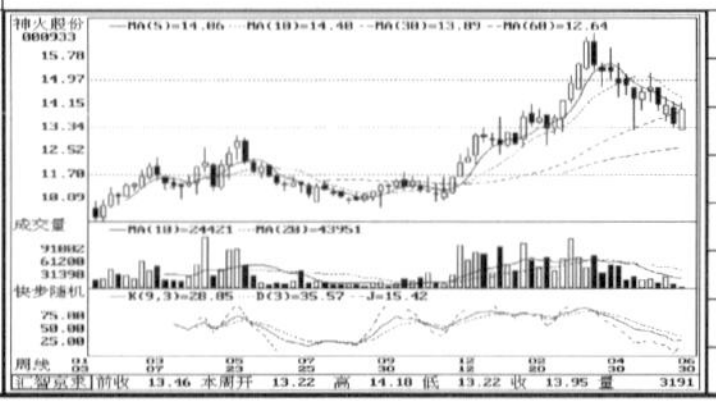

2003年涨跌幅(%)	25.15
2003年最高(元)	13.29
2003年最低(元)	9.39
2003年换手率(%)	177.81
2004.06涨跌幅(%)	9.07
2004.06最高(元)	16.60
2004.06最低(元)	12.40
2004.06换手率(%)	129.50

四川双马水泥股份有限公司

公司概况

公司名称	四川双马水泥股份有限公司	股票代码	000935
注册地址	四川省江油市二郎庙镇	邮政编码	621716
法人代表	唐月明	董秘	蒲小洪
电话	0816-3724276	传真	0816-3721498
主营业务	水泥的生产、销售		
总股本	31941.00	流通 A	10440.00
流通 B		流通 H	
审计单位		审计意见	未审计

主要财务指标

年度	2004.6	2003	2002
每股收益/扣除后(元)	-0.0412	0.0261	0.1200
每股经营现金流量(元)	-0.1400	0.2700	0.2600
每股净资产/调整后(元)	1.6360	1.6900	1.5400
每股公积金(元)	0.4944	0.4944	0.4780
净资产收益率(%)	-2.6700	1.3200	6.1000
总资产(万元)	116006.61	106974.24	88689.97
股东权益(万元)	64971.68	56439.67	53774.08
未分配利润(万元)	4162.28	5630.26	3798.93
主营收入(万元)	21924.71	49080.50	44142.32
资本公积金(万元)	15792.52	15792.52	15267.10
主营利润(万元)	2893.58	9551.95	12631.51
其他业务利润(万元)	118.89	256.93	-0.19
营业利润(万元)	-1675.17	202.75	5345.91
投资收益(万元)	-11.08	55.21	-184.66
补贴收入(万元)	140.84	266.60	266.60
营业外收支(万元)	-151.52	-131.48	-0.33
利润总额(万元)	-1696.94	393.08	5134.90
净利润(万元)	-1467.99	746.20	3278.48

十大股东

序号	股东名称	股份性质	持股数(万股)	比例(%)
1	四川双马投资集团有限公司	国家股	21240.00	66.50
2	成都建材(集团)有限公司	境内法人股	72.00	0.23
3	四川矿山机器厂	境内法人股	72.00	0.23
4	四川广旺能源发展(集团)有限责任公司	境内法人股	63.00	0.20
5	四川省信托投资公司	境内法人股	54.00	0.17
6	佛山市顺德区网盈电脑科技有限公司	流通 A 股	35.58	0.11
7	汪廷秀	流通 A 股	32.91	0.10
8	陆霞	流通 A 股	29.30	0.09
9	芦盛河	流通 A 股	25.28	0.08
10	刘淑文	流通 A 股	25.21	0.08

股东人数	2004.6	2003.12	2003.6	2002
	49674	52814	53980	55260

近年分配		近年配股/增发	

重大事项

本公司与集团公司签订的《原料供应协议》和《综合服务协议》，两项关联交易经本公司2001年第二次临时股东大会批准。协议的有效期按年计算。如一方要求变更或终止协议，应在每年协议到期日一个月前书面通知另一方，如双方均未在规定时间内提出变更或终止协议的要求，则协议有效期自动延长一个年度。两项关联交易协议条款的一般性修改，以及协议效力的延长和终止，由公司总经理决定。但两项关联交易协议的交易项目、定价原则、付款方式、质量标准或服务标准等发生显著变化，须提请股东大会审议。

二〇〇三年以来市场表现

2003 年涨跌幅(%)	-10.25
2003 年最高(元)	6.12
2003 年最低(元)	4.10
2003 年换手率(%)	124.86
2004.06 涨跌幅(%)	-20.91
2004.06 最高(元)	5.45
2004.06 最低(元)	3.62
2004.06 换手率(%)	132.68

江苏华西村股份有限公司

公司概况

公司名称	江苏华西村股份有限公司	股票代码	000936
注册地址	江苏省江阴市华士镇华西村	邮政编码	214420
法人代表	包丽君	董秘	卞武彪
电话	0510-6217188,6217149	传真	0510-6217177
主营业务	纺织品和服装		
总股本	30274.34	流通 A	7594.34
流通 B		流通 H	
审计单位		审计意见	未审计

主要财务指标

年度	2004.6	2003	2002
每股收益/扣除后(元)	0.0940	0.3467	0.3800
每股经营现金流量(元)	0.0690	-0.0700	0.5300
每股净资产/调整后(元)	2.1800	3.7900	3.4400
每股公积金(元)	0.3961	1.3021	1.3021
净资产收益率(%)	4.5200	9.3500	11.0700
总资产(万元)	194808.52	147696.80	85654.64
股东权益(万元)	66320.52	63939.67	57962.02
未分配利润(万元)	19404.13	20613.39	15623.27
主营收入(万元)	113681.00	87401.36	82009.48
资本公积金(万元)	11990.76	21875.00	21875.00
主营利润(万元)	6775.67	9931.16	10723.59
其他业务利润(万元)	177.30	1506.08	-15.71
营业利润(万元)	3970.71	8745.05	8466.12
投资收益(万元)	4.94	-12.81	138.89
补贴收入(万元)	1.14		
营业外收支(万元)	133.40	-12.53	-0.03
利润总额(万元)	4110.19	8719.71	8608.96
净利润(万元)	2995.52	5977.65	6417.16

十大股东

序号	股东名称	股份性质	持股数(万股)	比例(%)
1	江苏华西集团公司	境内法人股	21442.36	70.83
2	江阴华士华西冷轧带钢厂	境内法人股	1031.94	3.41
3	江阴华明实业总公司	境内法人股	102.86	0.34
4	江阴前进实业公司	境内法人股	82.27	0.27
5	李文君	流通 A 股	45.91	0.15
6	单生虎	流通 A 股	39.64	0.13
7	张国兴	流通 A 股	31.88	0.11
8	蒋晓东	流通 A 股	30.64	0.10
9	王网娣	流通 A 股	29.35	0.10
10	周秋萍	流通 A 股	28.80	0.10

股东人数	2004.6	2003.12	2003.6	2002
	14480	13546	14891	15212

近年分配	2004 年 6 月 16 日 10 派 0.50	近年配股/增发	2004 年 6 月 16 日 10 送 2 转 6

重大事项

2004年5月21日，经公司2003年度股东大会批准，公司2003年度利润分配方案为：以公司2003年度分红派息股权登记日收市后的总股本为基数，向全体股东每10股派发现金红利0.5元(含税)，每10股送红股2股，剩余利润结转下年度。以公司2003年度分红派息股权登记日收市后的总股本为基数，以资本公积金向全体股东每10股转增6股。

二〇〇三年以来市场表现

2003 年涨跌幅(%)	-12.90
2003 年最高(元)	7.63
2003 年最低(元)	5.04
2003 年换手率(%)	71.08
2004.06 涨跌幅(%)	-10.79
2004.06 最高(元)	7.08
2004.06 最低(元)	4.75
2004.06 换手率(%)	64.62

河北金牛能源股份有限公司

公司概况

公司名称	河北金牛能源股份有限公司	股票代码	000937
注册地址	河北省邢台市中兴西大街 191 号	邮政编码	054000
法人代表	刘庆法	董秘	刘彦春
电话	0319-2068242	传真	0319-2068888
主营业务	煤炭生产及洗选加工		

总股本	42500.00	流通 A	10000.00	流通 B		流通 H	
审计单位		审计意见	未审计				

主要财务指标

年度	2004.6	2003	2002
每股收益/扣除后(元)	0.3056	0.3058	0.4379
每股经营现金流量(元)	0.5520	1.2600	0.8700
每股净资产/调整后(元)	4.1100	3.9400	3.9200
每股公积金(元)	1.8112	1.8285	1.8627
净资产收益率(%)	7.4200	8.1100	11.3000
总资产(万元)	268579.41	253956.56	242037.86
股东权益(万元)	175598.86	168622.06	167023.62
未分配利润(万元)	40789.34	35030.49	34028.90
主营收入(万元)	106974.69	128591.19	139916.27
资本公积金(万元)	76975.91	77711.73	79166.63
主营利润(万元)	35672.42	43608.01	51274.18
其他业务利润(万元)	1641.56	2508.32	-148.62
营业利润(万元)	19456.25	22330.58	27087.27
投资收益(万元)			
补贴收入(万元)	10.05	807.21	-28.20
营业外收支(万元)	-25.82	-3569.70	-6.84
利润总额(万元)	19440.48	19568.08	27134.87
净利润(万元)	13025.12	13678.34	18841.56

十大股东

序号	股东名称	股份性质	持股数(万股)	比例(%)
1	邢台矿业(集团)有限责任公司	国有法人股	32500.00	76.47
2	国都证券有限责任公司	流通 A 股	518.12	1.22
3	中国工商银行-南方宝元债券型基金	流通 A 股	289.74	0.68
4	北京大源非织造有限公司	流通 A 股	282.05	0.66
5	中国工商银行-南方稳健成长证券投资基金	流通 A 股	258.09	0.61
6	中国银行-嘉实成长收益型证券投资基金	流通 A 股	239.66	0.56
7	裕隆证券投资基金	流通 A 股	199.50	0.47
8	兴和证券投资基金	流通 A 股	196.37	0.46
9	中诚信托投资有限责任公司	流通 A 股	176.00	0.41
10	全国社保基金一零六组合	流通 A 股	152.49	0.36

股东人数	2004.6	2003.12	2003.6	2002
	18416	17394	19558	21335

近年分配		近年配股/增发	

重大事项

公司 2003 年临时股东大会审议通过了《关于公司发行可转换公司债券的方案》、《关于公司发行可转换公司债券募集资金投向可行性的议案》等议案，公司发行 7 亿元可转换公司债券工作正式启动，报公司发行 7 亿元可转换公司债券的申请于 2004 年 4 月 30 日获中国证券监督管理委员会股票发行审核委员会的通过。

二〇〇三年以来市场表现

2003 年涨跌幅(%)	0.94
2003 年最高(元)	11.23
2003 年最低(元)	8.47
2003 年换手率(%)	100.07
2004.06 涨跌幅(%)	-3.18
2004.06 最高(元)	13.30
2004.06 最低(元)	10.00
2004.06 换手率(%)	110.76

清华紫光股份有限公司

公司概况

公司名称	清华紫光股份有限公司	股票代码	000938
注册地址	北京市清华大学紫光大楼	邮政编码	100084
法人代表	徐井宏	董秘	齐联
电话	010-62770008	传真	010-62770880
主营业务	信息电子类		

总股本	20608.00	流通 A	6400.00	流通 B		流通 H	
审计单位		审计意见	未审计				

主要财务指标

年度	2004.6	2003	2002
每股收益/扣除后(元)	0.0341	0.0880	0.0110
每股经营现金流量(元)	-0.5955	0.5690	-1.3440
每股净资产/调整后(元)	3.0950	3.1460	3.0190
每股公积金(元)	1.8597	1.8597	1.8425
净资产收益率(%)	1.6160	3.2500	1.6000
总资产(万元)	172959.52	164331.89	150979.62
股东权益(万元)	64027.76	65054.01	62587.96
未分配利润(万元)	1918.02	2944.26	1254.44
主营收入(万元)	153498.98	230080.52	189905.67
资本公积金(万元)	38325.38	38325.38	37971.21
主营利润(万元)	9890.10	18529.66	16169.62
其他业务利润(万元)	351.64	786.45	-41.63
营业利润(万元)	741.51	2284.18	1738.94
投资收益(万元)	546.37	442.05	125.67
补贴收入(万元)	147.78	185.60	-10.60
营业外收支(万元)	-10.24	-19.40	-0.15
利润总额(万元)	1425.43	2892.43	2095.34
净利润(万元)	1034.55	2111.86	1002.04

十大股东

序号	股东名称	股份性质	持股数(万股)	比例(%)
1	清华紫光(集团)总公司	国有法人股	12800.00	62.11
2	中国北方工业公司	国有法人股	640.00	3.11
3	中国电子器件工业总公司	国有法人股	432.00	2.10
4	钢铁研究总院	国有法人股	256.00	1.24
5	北京市密云县工业开发区总公司	国有法人股	80.00	0.39
6	国元证券有限责任公司	流通 A 股	39.16	0.19
7	郭生敏	流通 A 股	31.53	0.15
8	普丰证券投资基金	流通 A 股	20.76	0.10
9	高新技术产业开发区东亚石材磨具	流通 A 股	18.28	0.09
10	陈平兰	流通 A 股	14.00	0.07

股东人数	2004.6	2003.12	2003.6	2002
	58376	59844	60841	62250

近年分配	2004 年 6 月 4 日 10 派 1.00	近年配股/增发	

重大事项

2004 年 4 月 16 日召开的 2003 年度股东大会审议通过了公司 2003 年度利润分配方案，即以 2003 年末公司总股本 20,608 万股为基数，向全体股东每 10 股派发现金股利 1 元（含税），共计派送现金 20,608,000.00 元，未分配利润尚余 8,834,623.28 元，结转以后年度进行分配。公司已于 2004 年 6 月 4 日实施完毕。

二〇〇三年以来市场表现

2003 年涨跌幅(%)	-32.08
2003 年最高(元)	17.38
2003 年最低(元)	9.40
2003 年换手率(%)	111.17
2004.06 涨跌幅(%)	23.47
2004.06 最高(元)	18.48
2004.06 最低(元)	10.10
2004.06 换手率(%)	253.10

武汉凯迪电力股份有限公司

公司概况

公司名称	武汉凯迪电力股份有限公司			股票代码	000939
注册地址	武汉市武昌区武珞路586号江天大厦22楼			邮政编码	430223
法人代表	陈义龙		董秘	曹维垣	
电话	027-67869005		传真	027-67869028	
主营业务	新能源、电力环保				
总股本	28119.00	流通A	13788.68	流通B	流通H
审计单位			审计意见	未审计	

主要财务指标

年度	2004.6	2003	2002
每股收益/扣除后(元)	0.1635	0.4200	0.4100
每股经营现金流量(元)	0.1820	1.3000	0.8200
每股净资产/调整后(元)	2.2800	2.8500	2.4400
每股公积金(元)	0.2616	0.6401	0.6401
净资产收益率(%)	6.7600	13.9900	16.0900
总资产(万元)	166268.86	157541.09	120216.23
股东权益(万元)	65697.65	63419.67	54605.79
未分配利润(万元)	24869.83	22591.86	15060.62
主营收入(万元)	81263.32	90951.47	55298.96
资本公积金(万元)	7355.67	13844.67	13844.67
主营利润(万元)	10653.26	17835.79	17365.19
其他业务利润(万元)	0.83	0.56	0.01
营业利润(万元)	5592.17	11060.45	10722.93
投资收益(万元)	–53.96	308.39	59.04
补贴收入(万元)			
营业外收支(万元)	–333.27	–546.73	–5.48
利润总额(万元)	5204.94	10822.12	10506.86
净利润(万元)	4440.97	8870.67	8783.60

十大股东

序号	股东名称	股份性质	持股数(万股)	比例(%)
1	北京中联动力技术有限责任公司	国有法人股	3767.44	13.40
2	中国电力投资有限公司	国有法人股	2184.00	7.77
3	洋浦新华能电力发展有限公司	境内法人股	1380.02	4.91
4	江西省电业开发总公司	国有法人股	1365.00	4.85
5	武汉水利电力大学	国有法人股	1310.40	4.66
6	开元证券投资基金	流通A股	962.00	3.42
7	冶金工业部武汉钢铁设计研究院	国有法人股	819.00	2.91
8	中国水利电力物资有限公司	国有法人股	819.00	2.91
9	湖北省电力公司	国有法人股	819.00	2.91
10	南方稳健成长证券投资基金	流通A股	709.18	2.52

股东人数	2004.6	2003.12	2003.6	2002
	23324	23421	24014	26682

近年分配	2004年6月1日10派1.00	近年配股/增发	2004年6月1日10转3

重大事项

2004年5月公司投资人民币1.36亿元参股设立义马环保电力有限公司,占其注册资本的85%。2004年6月公司投资人民币4,500万元参股设立武汉凯迪电力环保有限公司,占其注册资本的90%。

二〇〇三年以来市场表现

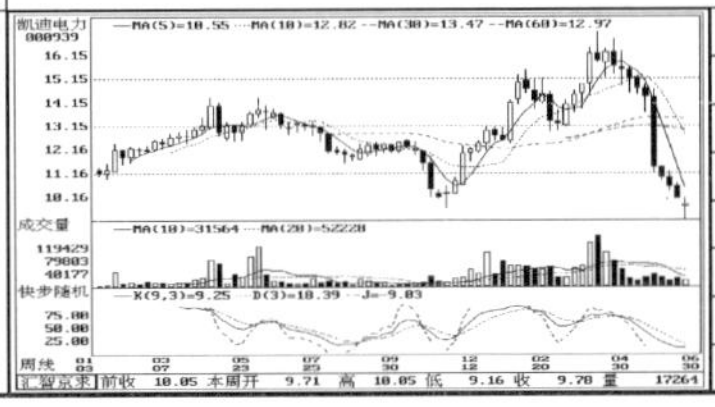

2003年涨跌幅(%)	12.50
2003年最高(元)	10.89
2003年最低(元)	7.33
2003年换手率(%)	87.93
2004.06涨跌幅(%)	–0.31
2004.06最高(元)	13.12
2004.06最低(元)	9.16
2004.06换手率(%)	95.84

云南南天电子信息产业股份有限公司

公司概况

公司名称	云南南天电子信息产业股份有限公司			股票代码	000948
注册地址	云南省昆明市高新技术产业开发区软件园创新大厦			邮政编码	650041
法人代表	郑志刚		董秘	姜东	
电话	0871-3366327		传真	0871-3317398	
主营业务	信息业软件开发				
总股本	14000.05	流通A	4000.00	流通B	流通H
审计单位			审计意见	未审计	

主要财务指标

年度	2004.6	2003	2002
每股收益/扣除后(元)	0.0249	0.0085	0.2900
每股经营现金流量(元)	–0.9370	0.9400	–1.2000
每股净资产/调整后(元)	3.5400	3.5300	3.4300
每股公积金(元)	2.2429	2.2429	2.1830
净资产收益率(%)	0.8100	0.7300	8.3300
总资产(万元)	101918.73	70738.50	85810.31
股东权益(万元)	50581.75	50172.51	48967.66
未分配利润(万元)	409.28	0.04	641.30
主营收入(万元)	52134.18	62758.46	73659.17
资本公积金(万元)	31401.24	31401.24	30562.03
主营利润(万元)	7391.10	13374.26	17538.69
其他业务利润(万元)	269.42	443.00	–9.31
营业利润(万元)	–227.03	448.66	3506.00
投资收益(万元)	227.99	–614.38	327.45
补贴收入(万元)	219.60	328.58	–0.50
营业外收支(万元)	262.77	59.81	0.65
利润总额(万元)	483.34	222.67	4515.09
净利润(万元)	409.25	365.64	4078.51

十大股东

序号	股东名称	股份性质	持股数(万股)	比例(%)
1	南天电子信息产业集团公司	国有法人股	6465.14	46.18
2	深圳九夷投资有限责任公司	境内法人股	2934.92	20.96
3	云南医药工业股份有限公司	境内法人股	500.00	3.57
4	李宏坤	自然人股	100.00	0.71
5	杨伟	流通A股	62.43	0.45
6	王丽	流通A股	15.00	0.11
7	任春青	流通A股	13.72	0.10
8	林德成	流通A股	10.18	0.07
9	文国亮	流通A股	9.01	0.06
10	马黎春	流通A股	8.35	0.06

股东人数	2004.6	2003.12	2003.6	2002
	29848	32313	33560	35201

近年分配	2004年7月8日10派0.7	近年配股/增发	

重大事项

公司2003年度股东大会审议通过的2003年度利润分配方案为:以2003年12月31日的总股本140,000,552股为基数,每10股派现金0.70元(含税)。2004年7月7日为股权登记日,7月8日为除权除息日。

二〇〇三年以来市场表现

2003年涨跌幅(%)	–38.75
2003年最高(元)	14.07
2003年最低(元)	7.06
2003年换手率(%)	93.69
2004.06涨跌幅(%)	0.78
2004.06最高(元)	11.88
2004.06最低(元)	7.55
2004.06换手率(%)	106.51

新乡化纤股份有限公司

公司概况

公司名称	新乡化纤股份有限公司				股票代码	000949	
注册地址	河南省新乡市北站区锦园路1号				邮政编码	453011	
法人代表	陈玉林			董秘	王文新		
电话	0373-3978813			传真	0373-3911359		
主营业务	粘胶纤维						
总股本	49057.14	流通A	18582.10	流通B		流通H	
审计单位				审计意见	未审计		

主要财务指标

年度	2004.6	2003	2002
每股收益/扣除后(元)	0.1311	0.2983	0.1500
每股经营现金流量(元)	0.0970	0.4900	0.4800
每股净资产/调整后(元)	2.5840	2.5400	2.1400
每股公积金(元)	0.7353	0.7353	0.7252
净资产收益率(%)	5.3900	15.4700	7.0600
总资产(万元)	272123.12	214607.27	159520.41
股东权益(万元)	126747.40	124823.86	105217.06
未分配利润(万元)	29007.77	27084.23	10840.05
主营收入(万元)	67442.11	107698.42	80395.53
资本公积金(万元)	36072.56	36072.56	35576.56
主营利润(万元)	15952.52	31121.23	14891.80
其他业务利润(万元)	818.67	919.41	-5.45
营业利润(万元)	9556.41	22463.69	10297.17
投资收益(万元)		-14.93	
补贴收入(万元)			
营业外收支(万元)	1.09	-40.40	0.48
利润总额(万元)	9557.50	22408.36	10039.63
净利润(万元)	6829.25	19310.49	7430.56

十大股东

序号	股东名称	股份性质	持股数(万股)	比例(%)
1	新乡白鹭化纤集团有限责任公司	国有法人股	30475.04	62.12
2	同益证券投资基金	流通A股	617.58	1.26
3	中国工商银行-国联安德胜小盘精选证券投资基金	流通A股	478.72	0.98
4	博时价值增长证券投资基金	流通A股	295.19	0.60
5	兴华证券投资基金	流通A股	281.81	0.57
6	裕隆证券投资基金	流通A股	180.00	0.37
7	泰和证券投资基金	流通A股	153.26	0.31
8	中国银行-嘉实服务增值行业证券投资基金	流通A股	146.26	0.30
9	中国银行-大成蓝筹稳健证券投资基金	流通A股	120.95	0.25
10	中国工商银行银河银泰理财分红证券投资基金	流通A股	120.03	0.24

股东人数	2004.6	2003.12	2003.6	2002
	52354	55009	61845	71622

近年分配	2004年6月11日10派1.00	近年配股/增发	

重大事项

2004年4月23日公司第十二次股东大会(2003年度股东大会)通过了2003年度利润分配方案,即以2003年末总股本为基数,每10股派发现金1.00元(含税),已于2004年6月10日进行股权登记,2004年6月11日进行除息,本次分红派息已实施完毕。

二〇〇三年以来市场表现

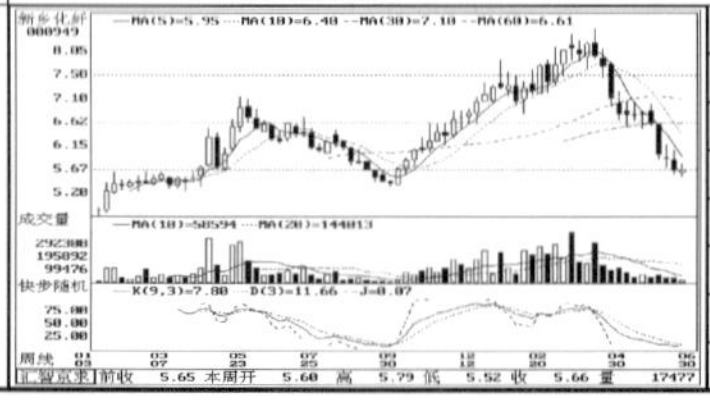

2003年涨跌幅(%)	50.00
2003年最高(元)	7.32
2003年最低(元)	4.57
2003年换手率(%)	240.80
2004.06涨跌幅(%)	-19.37
2004.06最高(元)	8.43
2004.06最低(元)	5.52
2004.06换手率(%)	191.29

重庆民丰农化股份有限公司

公司概况

公司名称	重庆民丰农化股份有限公司				股票代码	000950	
注册地址	重庆市沙坪坝区井口镇经济桥30号				邮政编码	400033	
法人代表	袁代建			董秘	邓清明		
电话	023-65180743,65180666			传真	023-65180655		
主营业务	农药系列产品						
总股本	15500.00	流通A	5500.00	流通B		流通H	
审计单位				审计意见	未审计		

主要财务指标

年度	2004.6	2003	2002
每股收益/扣除后(元)	-0.2130	-0.8600	-0.5560
每股经营现金流量(元)	0.1100	-0.0200	0.2608
每股净资产/调整后(元)	0.9200	1.1700	2.0624
每股公积金(元)	1.5173	1.4921	1.4921
净资产收益率(%)	-21.2400	-77.3200	-0.2991
总资产(万元)	74131.73	71152.19	90567.46
股东权益(万元)	15628.61	18558.60	32907.87
未分配利润(万元)	-24679.00	-21359.01	-7009.74
主营收入(万元)	14301.48	35621.70	33429.08
资本公积金(万元)	23517.90	23127.90	23127.90
主营利润(万元)	-1225.41	-590.32	-862.59
其他业务利润(万元)	-182.29	-29.04	0.45
营业利润(万元)	-3301.34	-9119.88	-8624.34
投资收益(万元)		6.81	0.93
补贴收入(万元)	11.43		
营业外收支(万元)	-30.08	-5236.21	-15.86
利润总额(万元)	-3319.99	-14349.28	-9843.58
净利润(万元)	-3319.99	-14349.28	-9843.58

十大股东

序号	股东名称	股份性质	持股数(万股)	比例(%)
1	重庆农药化工(集团)有限公司	国有法人股	9117.18	58.82
2	重庆合川盐化工业有限公司	国有法人股	300.58	1.94
3	重庆康达机械(集团)有限责任公司	境内法人股	291.12	1.88
4	广东高力实业有限公司	境内法人股	145.56	0.94
5	重庆嘉陵化学制品有限公司	境内法人股	145.56	0.94
6	张国强	流通A股	23.96	0.15
7	王洪	流通A股	22.80	0.15
8	赵保国	流通A股	17.75	0.11
9	吴庆海	流通A股	16.76	0.11
10	张福利	流通A股	15.05	0.10

股东人数	2004.6	2003.12	2003.6	2002
	20346	20439	10621	12093

近年分配		近年配股/增发	

重大事项

2003年9月24日,公司以7,000万元定期存单为重庆农药化工(集团)有限公司向华夏银行沙坪坝支行的人民币贷款7,000万元提供担保。2004年3月24日华夏银行沙坪坝支行要求其提前归还贷款。2004年3月25日,华夏银行沙坪坝支行提前支取公司用于担保的7,000万元定期存单。

二〇〇三年以来市场表现

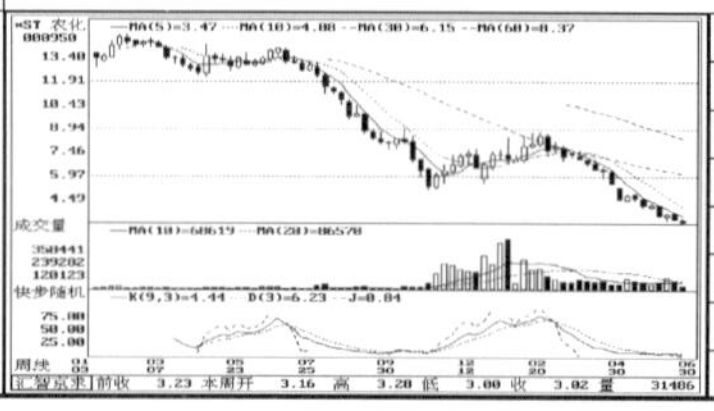

2003年涨跌幅(%)	-50.91
2003年最高(元)	14.88
2003年最低(元)	5.11
2003年换手率(%)	399.28
2004.06涨跌幅(%)	-54.99
2004.06最高(元)	8.75
2004.06最低(元)	3.00
2004.06换手率(%)	550.43

中国重型汽车集团济南卡车股份有限公司

公司概况	公司名称	中国重型汽车集团济南卡车股份有限公司				股票代码	000951	
	注册地址	济南市市中区党家庄镇南首				邮政编码	250116	
	法人代表	王浩涛			董秘	刘波		
	电话	0531-5587586,5587588			传真	0531-5587003		
	主营业务	全自动滚筒洗衣机						
	总股本	25397.50	流通 A	9000.00	流通 B		流通 H	
	审计单位	中和正信会计师事务所			审计意见	标准无保留		

	年度	2004.6	2003	2002
主要财务指标	每股收益 / 扣除后(元)	0.2895	-0.4100	-0.8300
	每股经营现金流量(元)	0.8800	-0.6100	0.0400
	每股净资产 / 调整后(元)	1.1000	0.6800	1.0800
	每股公积金(元)	1.3000	1.2878	1.2852
	净资产收益率(%)	26.3500	-37.7700	-69.5500
	总资产(万元)	298562.91	146559.31	129166.05
	股东权益(万元)	28728.75	20858.99	30042.72
	未分配利润(万元)	-30249.22	-37819.65	-28571.99
	主营收入(万元)	292839.78	24896.82	30036.85
	资本公积金(万元)	33005.27	32705.94	32642.01
	主营利润(万元)	34493.77	3634.45	5697.05
	其他业务利润(万元)	1449.51	148.71	2.58
	营业利润(万元)	7604.60	-8720.56	-20345.75
	投资收益(万元)			
	补贴收入(万元)			
	营业外收支(万元)	-34.17	843.15	-3.40
	利润总额(万元)	7570.44	-7877.41	-20912.92
	净利润(万元)	7570.44	-7877.41	-20893.90

	序号	股东名称	股份性质	持股数(万股)	比例(%)
十大股东	1	山东小鸭集团有限责任公司	国家股	12159.00	47.87
	2	中国重型汽车集团有限公司	国家股	4141.00	16.30
	3	交通银行-科瑞证券投资基金	流通 A 股	213.21	0.84
	4	嘉峪关龙泰矿山建设有限责任公司	流通 A 股	130.00	0.51
	5	鸿飞证券投资基金	流通 A 股	119.97	0.47
	6	胡龙宝	流通 A 股	109.41	0.43
	7	中国粮油食品进出口(集团)有限公司	流通 A 股	100.00	0.39
	8	常州市高玛商行	流通 A 股	99.46	0.39
	9	王若鹏	流通 A 股	87.90	0.35
	10	南方证券有限公司	流通 A 股	53.50	0.21

股东人数	2004.6	2003.12	2003.6	2002
	10322	12179	12784	54373

近年分配		近年配股/增发	

重大事项

2003 年 9 月中国重型汽车集团有限公司对上市公司提出了"收购前两名大股东股权，实施近乎 100%资产置换"的重组方案，该方案于 2003 年 12 月 18 日获得中国证监会的核准，公司 2003 年第一次临时股东大会审议通过后，于 2003 年 12 月 31 日完成资产交割。截止 2004 年 6 月 30 日，公司资产置换所涉及部分资产的产权过户手续尚在办理之中。

二〇〇三年以来市场表现

2003 年涨跌幅(%)	70.73
2003 年最高(元)	13.35
2003 年最低(元)	5.40
2003 年换手率(%)	263.44
2004.06 涨跌幅(%)	16.19
2004.06 最高(元)	12.42
2004.06 最低(元)	7.75
2004.06 换手率(%)	78.94

湖北广济药业股份有限公司

公司概况	公司名称	湖北广济药业股份有限公司				股票代码	000952	
	注册地址	湖北省武穴市江堤路 1 号				邮政编码	435400	
	法人代表	何谧			董秘	汪宏勇		
	电话	0713-6216068			传真	0713-6212108		
	主营业务	生产经营医药原料药和兽药原料等						
	总股本	17122.60	流通 A	7076.77	流通 B		流通 H	
	审计单位				审计意见	未审计		

	年度	2004.6	2003	2002
主要财务指标	每股收益 / 扣除后(元)	0.0263	0.0640	0.1170
	每股经营现金流量(元)	-0.1090	-0.0900	0.4500
	每股净资产 / 调整后(元)	2.9800	2.9600	2.9200
	每股公积金(元)	1.1728	1.1728	1.1728
	净资产收益率(%)	0.8600	2.1000	3.9200
	总资产(万元)	91116.08	86693.84	81990.69
	股东权益(万元)	52218.74	51771.19	50685.77
	未分配利润(万元)	11814.55	11367.01	10444.40
	主营收入(万元)	12577.69	20409.62	20215.96
	资本公积金(万元)	20082.23	20082.23	20082.23
	主营利润(万元)	2890.89	7328.48	7457.60
	其他业务利润(万元)	-0.13	-0.18	-0.18
	营业利润(万元)	748.41	2140.69	2790.77
	投资收益(万元)	-50.90	-350.78	-58.53
	补贴收入(万元)		29.76	-30.95
	营业外收支(万元)	-3.00	-10.16	0.15
	利润总额(万元)	694.52	1809.52	2729.27
	净利润(万元)	447.54	1085.42	1986.70

	序号	股东名称	股份性质	持股数(万股)	比例(%)
十大股东	1	武穴市国有资产经营公司	国有股	4108.23	23.99
	2	上海龙都投资管理有限公司	境内法人股	1500.00	8.76
	3	合肥市高科技风险投资有限公司	境内法人股	1450.00	8.47
	4	琼海梅恩房地产开发公司	境内法人股	910.00	5.31
	5	海南海牛农业综合开发有限公司	境内法人股	700.00	4.09
	6	上海励诚投资发展有限公司	境内法人股	550.00	3.21
	7	北京浩金网络技术开发有限公司	境内法人股	500.00	2.92
	8	武穴市财振会计实业公司	境内法人股	327.60	1.91
	9	庄木婵	流通 A 股	35.63	0.21
	10	翁金星	流通 A 股	31.32	0.18

股东人数	2004.6	2003.12	2003.6	2002
	26304	28013	30045	28078

近年分配		近年配股/增发	

重大事项

截止 2004 年 6 月 30 日，公司对外担保总额为 3000 万元，被担保方海口农工贸(罗牛山)股份有限公司为公司的担保进行了反担保:该公司为本公司向银行贷款 3000 万元提供了担保。

二〇〇三年以来市场表现

2003 年涨跌幅(%)	-34.94
2003 年最高(元)	9.95
2003 年最低(元)	4.99
2003 年换手率(%)	191.42
2004.06 涨跌幅(%)	-0.19
2004.06 最高(元)	7.08
2004.06 最低(元)	5.14
2004.06 换手率(%)	81.47

广西河池化工股份有限公司

公司概况							
公司名称	广西河池化工股份有限公司			股票代码	000953		
注册地址	广西壮族自治区河池市			邮政编码	547007		
法人代表	何元军			董秘	韦文甫		
电话	0778-2266832			传真	0778-2266882		
主营业务	尿素及复合肥						
总股本	29405.94	流通 A	11204.30	流通 B		流通 H	
审计单位				审计意见	未审计		

主要财务指标			
年度	2004.6	2003	2002
每股收益/扣除后(元)	0.0487	-0.2098	0.0400
每股经营现金流量(元)	0.1060	0.2000	0.2100
每股净资产/调整后(元)	1.1400	1.1000	2.0600
每股公积金(元)	0.1532	0.1532	0.7210
净资产收益率(%)	4.0200	-17.7800	3.1100
总资产(万元)	98836.55	98239.05	108842.57
股东权益(万元)	35192.13	33779.00	41453.65
未分配利润(万元)	-1718.55	-3131.68	4615.94
主营收入(万元)	18857.32	31370.46	36360.96
资本公积金(万元)	4505.45	4505.45	14134.63
主营利润(万元)	4055.60	2287.26	6507.80
其他业务利润(万元)	147.79	110.27	3.57
营业利润(万元)	1372.09	-6178.94	490.78
投资收益(万元)	41.85	328.04	90.86
补贴收入(万元)		56.38	0.59
营业外收支(万元)	0.71	-172.84	-0.13
利润总额(万元)	1414.65	-5967.37	1482.63
净利润(万元)	1413.13	-6005.69	1289.61

十大股东				
序号	股东名称	股份性质	持股数(万股)	比例(%)
1	广西河池化学工业集团公司	国家股	17722.09	60.27
2	河池市农业生产资料总公司	境内法人股	198.00	0.67
3	广西富满地农资股份有限公司	境内法人股	198.00	0.67
4	龚雪华	流通 A 股	86.80	0.30
5	苗新政	流通 A 股	63.26	0.22
6	王影荣	流通 A 股	54.97	0.19
7	杜亚娟	流通 A 股	45.00	0.15
8	张庆华	流通 A 股	40.00	0.14
9	张正民	流通 A 股	39.03	0.13
10	黄征	流通 A 股	33.36	0.11

股东人数	2004.6	2003.12	2003.6	2002
	35977	33537	30202	25709

近年分配		近年配股/增发	

重大事项

公司于 2004 年 4 月 15 日与广西河池化工(集团)建筑材料股份合作有限公司(建材公司)签署了《常年供电协议书》,本公司将热电厂生产的自发电出售给建材公司,月交易金额约 87.5 万元,年累计交易金额约 1050 万元。该项交易已获得 2004 年 4 月 15 日的董事会审议通过。

二○○三年以来市场表现

2003 年涨跌幅(%)	-34.08
2003 年最高(元)	7.28
2003 年最低(元)	3.22
2003 年换手率(%)	296.86
2004.06 涨跌幅(%)	3.39
2004.06 最高(元)	5.60
2004.06 最低(元)	3.35
2004.06 换手率(%)	263.92

海南欣龙无纺股份有限公司

公司概况							
公司名称	海南欣龙无纺股份有限公司			股票代码	000955		
注册地址	海南省澄迈县老城工业开发区			邮政编码	570125		
法人代表	郭开铸			董秘	魏毅		
电话	0898-68581055			传真	0898-68582799		
主营业务	无纺布系列产品						
总股本	22550.00	流通 A	6050.00	流通 B		流通 H	
审计单位				审计意见	未审计		

主要财务指标			
年度	2004.6	2003	2002
每股收益/扣除后(元)	0.0093	0.0218	0.0400
每股经营现金流量(元)	1.4610	0.2200	0.1670
每股净资产/调整后(元)	2.1090	2.1000	2.0700
每股公积金(元)	1.0565	1.0565	1.0565
净资产收益率(%)	0.8800	0.9900	1.7600
总资产(万元)	96123.21	89349.02	80159.74
股东权益(万元)	50040.15	49597.31	49162.45
未分配利润(万元)	1962.85	1520.02	1237.36
主营收入(万元)	12431.13	22796.77	15081.13
资本公积金(万元)	23823.57	23823.57	23823.57
主营利润(万元)	2174.89	4418.65	3908.57
其他业务利润(万元)	-3.21	0.82	-0.00
营业利润(万元)	308.12	502.74	615.22
投资收益(万元)		-5.17	
补贴收入(万元)	200.22	27.76	0.30
营业外收支(万元)	33.11	-21.77	-0.11
利润总额(万元)	541.45	503.55	959.37
净利润(万元)	442.83	492.06	865.21

十大股东				
序号	股东名称	股份性质	持股数(万股)	比例(%)
1	海南欣安实业总公司	法人股	5557.20	24.64
2	海南柯鑫投资有限公司	法人股	3759.09	16.67
3	合盛投资有限公司	外资法人股	3092.10	13.71
4	上海申达股份有限公司	发起人境内法人股	3005.92	13.33
5	海南东北物资开发公司	发起人境内法人股	668.25	2.96
6	甘肃华原企业总公司	发起人境内法人股	417.45	1.85
7	李迅	流通股	31.77	0.14
8	夏恩虎	流通股	30.07	0.13
9	周建慈	流通股	17.95	0.08
10	何洛文	流通股	10.90	0.05

股东人数	2004.6	2003.12	2003.6	2002
	25077	24759	24921	24339

近年分配		近年配股/增发	

重大事项

截止 2004 年 6 月 30 日,本公司控股股东及其关联方原占用本公司资金总额全部清理完毕。公司管理层已解决了海南欣业投资有限公司的出资问题,双方已达成了将本司代其垫付的投资款项 16,124,026 元转为公司投资的协议,工商变更相关手续正在办理中。

二○○三年以来市场表现

2003 年涨跌幅(%)	-31.88
2003 年最高(元)	9.65
2003 年最低(元)	4.61
2003 年换手率(%)	225.00
2004.06 涨跌幅(%)	-2.89
2004.06 最高(元)	6.85
2004.06 最低(元)	4.57
2004.06 换手率(%)	141.13

中国石化中原油气高新股份有限公司

公司概况

公司名称	中国石化中原油气高新股份有限公司			股票代码	000956
注册地址	河南省郑州市高新技术产业开发区			邮政编码	450001
法人代表	刘恩学			董秘	李洪海
电话	0371-7981018			传真	0371-7984573
主营业务	石油天然气勘探开发				
总股本	87465.00	流通 A	25499.85	流通 B	流通 H
审计单位				审计意见	未审计

主要财务指标

年度	2004.6	2003	2002
每股收益/扣除后(元)	0.3047	0.6000	0.5700
每股经营现金流量(元)	0.6030	1.1000	0.4700
每股净资产/调整后(元)	5.0140	4.9100	3.9900
每股公积金(元)	1.6083	1.6083	1.1640
净资产收益率(%)	6.1400	12.1600	14.3900
总资产(万元)	485578.78	473701.31	401613.31
股东权益(万元)	138520.73	429074.91	325358.78
未分配利润(万元)	156434.91	146989.08	105256.86
主营收入(万元)	97556.10	205444.09	179423.84
资本公积金(万元)	140670.34	140670.34	94984.48
主营利润(万元)	38482.84	84061.07	72721.12
其他业务利润(万元)	–57.15	–34.57	–0.08
营业利润(万元)	31647.05	69453.22	57651.53
投资收益(万元)	41.11	–3566.15	314.40
补贴收入(万元)			
营业外收支(万元)	2.42	–5288.07	–43.77
利润总额(万元)	31690.58	60599.00	55560.13
净利润(万元)	26938.83	52165.27	46832.85

十大股东

序号	股东名称	股份性质	持股数(万股)	比例(%)
1	中国石油化工股份有限公司	国有法人股	61965.00	70.85
2	银河银泰理财分红证券投资基金	流通 A 股	1142.24	1.31
3	巨田基础行业证券投资基金	流通 A 股	510.85	0.58
4	普丰证券投资基金	流通 A 股	460.07	0.53
5	银河稳健证券投资基金	流通 A 股	145.40	0.17
6	华安兴业多策略增长证券投资基金	流通 A 股	357.33	0.41
7	天元证券投资基金	流通 A 股	324.64	0.37
8	安信证券投资基金	流通 A 股	200.00	0.23
9	南方稳健成长证券投资基金	流通 A 股	200.00	0.23
10	景福证券投资基金	流通 A 股	196.23	0.22

股东人数	2004.6	2003.12	2003.6	2002
	62351	66323	62718	65683

近年分配	2004 年 7 月 8 日 10 派 2.00	近年配股/增发	

重大事项

公司 2003 年度利润分配方案经 2004 年 5 月 12 日召开的 2003 年度股东年会审议通过。以 2003 年末股份总数 8.7465 亿股为基数，向全体股东按每 10 股派发现金红利 2 元(含税)；共计派发现金 17493 万元；尚余 129496 万元，结转下年度分配。本次分红派息股权登记日为：2004 年 7 月 7 日，本次分红派息除息日为：2004 年 7 月 8 日。

二〇〇三年以来市场表现

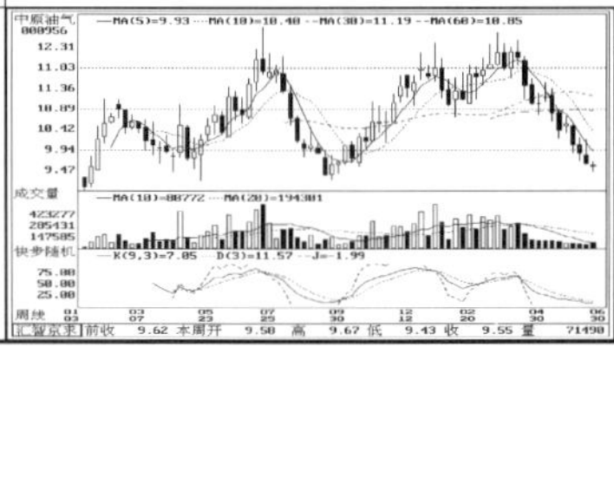

2003 年涨跌幅(%)	26.31
2003 年最高(元)	12.18
2003 年最低(元)	8.94
2003 年换手率(%)	382.05
2004.06 涨跌幅(%)	–17.46
2004.06 最高(元)	12.65
2004.06 最低(元)	9.43
2004.06 换手率(%)	207.35

中通客车控股股份有限公司

公司概况

公司名称	中通客车控股股份有限公司			股票代码	000957
注册地址	山东省聊城市建设东路 10 号			邮政编码	252000
法人代表	王庆福			董秘	于春印
电话	0635-8322765			传真	0635-8328905
主营业务	客车、挂车、汽车底盘				
总股本	23850.49	流通 A	12637.74	流通 B	流通 H
审计单位				审计意见	未审计

主要财务指标

年度	2004.6	2003	2002
每股收益/扣除后(元)	0.0160	0.0200	0.0700
每股经营现金流量(元)	0.0252	0.1000	–0.0400
每股净资产/调整后(元)	1.9580	1.9800	1.9500
每股公积金(元)	0.5918	0.5918	0.5899
净资产收益率(%)	0.7900	1.7900	3.6300
总资产(万元)	105549.41	107296.03	87712.21
股东权益(万元)	47667.47	47289.89	46399.49
未分配利润(万元)	6790.37	6412.78	5694.47
主营收入(万元)	26290.32	51196.56	42569.42
资本公积金(万元)	14115.83	14115.83	14070.50
主营利润(万元)	2522.52	6145.83	6839.77
其他业务利润(万元)	226.56	283.52	244.71
营业利润(万元)	567.10	775.84	2215.01
投资收益(万元)		9.04	–29.55
补贴收入(万元)		576.58	–6.22
营业外收支(万元)	–6.76	–72.51	–0.53
利润总额(万元)	560.34	1288.95	2682.16
净利润(万元)	377.58	845.08	1683.26

十大股东

序号	股东名称	股份性质	持股数(万股)	比例(%)
1	山东聊城客车工业集团有限责任公司	国有法人股	5365.90	22.50
2	中国公路车辆机械总公司	国有法人股	2811.95	11.79
3	聊城市昌润投资发展有限责任公司	国家股	1540.00	6.46
4	山东双环车轮股份有限公司	境内法人股	1174.90	4.93
5	山东省交通工业集团总公司	国有法人股	320.00	1.34
6	兴业证券投资基金	流通 A 股	125.00	0.52
7	敖学英	流通 A 股	78.12	0.33
8	翁金荣	流通 A 股	74.70	0.31
9	陈秀珍	流通 A 股	73.98	0.31
10	曲大名	流通 A 股	72.00	0.30

股东人数	2004.6	2003.12	2003.6	2002
	46191	47191	50669	46335

近年分配	2004 年 7 月 7 日 10 派 1.00	近年配股/增发	

重大事项

2004 年 5 月 15 日召开的 2003 年年度股东大会通过的 2003 年度分红方案为每 10 股派发红利 1 元(含税)，股权登记日为 2004 年 7 月 6 日。除息日为 2004 年 7 月 7 日，红利发放日为 2004 年 7 月 7 日。

二〇〇三年以来市场表现

2003 年涨跌幅(%)	–15.47
2003 年最高(元)	7.50
2003 年最低(元)	4.32
2003 年换手率(%)	293.77
2004.06 涨跌幅(%)	–8.09
2004.06 最高(元)	6.58
2004.06 最低(元)	4.20
2004.06 换手率(%)	133.64

石家庄东方热电股份有限公司

公司概况

公司名称	石家庄东方热电股份有限公司	股票代码	000958
注册地址	石家庄市建华南大街 161 号	邮政编码	050031
法人代表	李德时	董秘	胡俊芳
电话	0311-5078768	传真	0311-5087068
主营业务	热力、电力		
总股本	34372.50	流通 A	14122.50
流通 B		流通 H	
审计单位		审计意见	未审计

主要财务指标

年度	2004.6	2003	2002
每股收益 / 扣除后(元)	0.1016	0.2200	0.2500
每股经营现金流量(元)	-0.0250	0.1900	0.2900
每股净资产 / 调整后(元)	3.7100	3.6500	5.2000
每股公积金(元)	1.9853	1.9853	3.3749
净资产收益率(%)	2.7200	6.0300	6.0500
总资产(万元)	231809.16	237795.16	208259.30
股东权益(万元)	127728.19	126310.69	119057.99
未分配利润(万元)	18314.31	16896.80	13442.31
主营收入(万元)	34606.81	51721.44	41531.73
资本公积金(万元)	68239.55	68239.55	77335.35
主营利润(万元)	8039.78	16389.01	9918.21
其他业务利润(万元)	323.07	426.16	-42.63
营业利润(万元)	4845.98	10593.36	4889.17
投资收益(万元)	14.73	-307.17	
补贴收入(万元)			
营业外收支(万元)	-20.36	-82.86	1.32
利润总额(万元)	4952.17	10203.33	7391.04
净利润(万元)	3479.86	7614.74	7206.42

十大股东

序号	股东名称	股份性质	持股数(万股)	比例(%)
1	石家庄东方热电集团有限公司	国有法人股	20002.50	58.19
2	银河稳健证券投资基金	流通 A 股	680.00	1.98
3	上海中勇投资有限公司	流通 A 股	124.56	0.36
4	上海宽博实业发展有限公司	境内法人股	112.50	0.33
5	金鹰成份股优选证券投资基金	流通 A 股	106.07	0.31
6	石家庄医药药材股份有限公司	国有法人股	75.00	0.22
7	河北鸣鹿服装集团公司	境内法人股	60.00	0.17
8	王威	流通 A 股	43.00	0.13
9	陈图明	流通 A 股	40.00	0.12
10	杜淑英	流通 A 股	36.50	0.11

股东人数	2004.6	2003.12	2003.6	2002
	38173	35787	29776	25630

近年分配	近年配股/增发
2004 年 4 月 30 日 10 派 0.60	

重大事项

本公司控股股东——石家庄东方热电集团有限公司拟将其 75% 的国有股权转让给受让方，即加拿大汉博和汉博有限公司占 28%，河北永和房地产开发有限公司占 27%，石家庄江山房地产开发有限公司占 20%。另外，国有股保留 10%，集团公司管理层及员工持股 15%。

二○○三年以来市场表现

2003 年涨跌幅(%)	-14.19
2003 年最高(元)	8.83
2003 年最低(元)	5.45
2003 年换手率(%)	229.11
2004.06 涨跌幅(%)	-12.98
2004.06 最高(元)	7.92
2004.06 最低(元)	5.48
2004.06 换手率(%)	158.04

北京首钢股份有限公司

公司概况

公司名称	北京首钢股份有限公司	股票代码	000959
注册地址	北京市石景山区石景山路	邮政编码	100041
法人代表	朱继民	董秘	章雁
电话	010-88293727	传真	010-68873028
主营业务	钢铁冶炼、钢材轧制		
总股本	231000.73	流通 A	35000.74
流通 B		流通 H	
审计单位		审计意见	未审计

主要财务指标

年度	2004.6	2003	2002
每股收益 / 扣除后(元)	0.2103	0.3300	0.2900
每股经营现金流量(元)	0.4440	0.7900	0.3800
每股净资产 / 调整后(元)	2.3800	2.5300	2.0900
每股公积金(元)	0.9793	0.9888	1.0079
净资产收益率(%)	8.7700	13.9700	13.3900
总资产(万元)	1392351.12	1294973.87	1001358.75
股东权益(万元)	565592.94	587462.50	509772.72
未分配利润(万元)	55659.02	75330.70	5553.68
主营收入(万元)	1015546.87	1562501.62	1258059.87
资本公积金(万元)	226219.05	228417.70	232818.50
主营利润(万元)	91790.18	166470.69	130739.28
其他业务利润(万元)	299.51	233.92	8.73
营业利润(万元)	70457.94	126827.91	83891.87
投资收益(万元)	2815.60	1738.13	1009.96
补贴收入(万元)			
营业外收支(万元)	-312.13	-6448.06	-63.29
利润总额(万元)	72961.41	122117.98	81769.67
净利润(万元)	49628.32	82090.61	68257.85

十大股东

序号	股东名称	股份性质	持股数(万股)	比例(%)
1	首钢总公司	国有法人股	196000.00	84.85
2	中国建设银行-博时裕富证券投资基金	流通 A 股	199.98	0.09
3	青岛国信实业公司(有限)	流通 A 股	145.00	0.06
4	中远财务有限责任公司	流通 A 股	102.00	0.04
5	中国工商银行-融通证券 100 指数证券投资基金	流通 A 股	87.62	0.04
6	李平	流通 A 股	58.50	0.03
7	上海市上投房地产公司	流通 A 股	50.47	0.02
8	吴灶佳	流通 A 股	41.83	0.02
9	肖雁卿	流通 A 股	40.15	0.02
10	江峰	流通 A 股	40.14	0.02

股东人数	2004.6	2003.12	2003.6	2002
	175051	177988	186176	185700

近年分配	近年配股/增发
2004 年 5 月 31 日 10 派 3.00	

重大事项

2004 年 5 月 18 日，公司 2003 年度股东大会通过 2003 年度利润分配方案，即向全体股东每 10 股派现金红利 3 元人民币(含税)。该方案已于 2004 年 5 月 31 日实施。公司为控股子公司北京首钢嘉华建材有限公司向银行借款 2355 万元提供连带责任保证，期限一年。公司已于 2004 年 6 月 29 日为上述借款提供了连带责任保证。

二○○三年以来市场表现

2003 年涨跌幅(%)	11.58
2003 年最高(元)	6.95
2003 年最低(元)	4.86
2003 年换手率(%)	142.85
2004.06 涨跌幅(%)	-12.28
2004.06 最高(元)	6.96
2004.06 最低(元)	5.00
2004.06 换手率(%)	100.38

云南锡业股份有限公司

公司概况

公司名称	云南锡业股份有限公司			股票代码	000960		
注册地址	昆明高新技术产业开发区			邮政编码	650118		
法人代表	肖建明			董秘	杨奕敏		
电话	0873-3118667			传真	0873-3118308		
主营业务	采、选、冶,精锡						
总股本	35790.40	流通 A	13000.00	流通 B		流通 H	
审计单位	中和正信会计师事务所			审计意见	标准无保留		

主要财务指标

年度	2004.6	2003	2002
每股收益/扣除后(元)	0.4436	0.1526	0.0031
每股经营现金流量(元)	0.1550	0.3467	-0.2500
每股净资产/调整后(元)	3.6700	3.3085	3.2100
每股公积金(元)	1.9906	1.9893	1.9893
净资产收益率(%)	10.9700	3.8100	0.1000
总资产(万元)	275808.09	234082.91	224862.05
股东权益(万元)	133552.69	120296.05	115531.17
未分配利润(万元)	20521.55	5877.35	3543.43
主营收入(万元)	142529.25	162112.44	122044.21
资本公积金(万元)	71245.65	71198.13	71198.13
主营利润(万元)	30246.12	25363.56	16466.04
其他业务利润(万元)	46.99	69.64	5.63
营业利润(万元)	19334.05	5334.73	555.77
投资收益(万元)	3.59	17.35	-45.75
补贴收入(万元)	39.18	4.56	4.56
营业外收支(万元)	-1484.98	-837.05	-6.32
利润总额(万元)	17981.84	4519.59	148.45
净利润(万元)	14644.21	4578.47	115.62

十大股东

序号	股东名称	股份性质	持股数(万股)	比例(%)
1	云南锡业集团有限责任公司	发起人国有法人股	22500.00	62.87
2	招商股票投资基金	流通股	286.53	0.80
3	广发聚富开放式证券投资基金	发起人境内法人股	273.13	0.76
4	第一创业证券有限责任公司	社会公众股	270.90	0.76
5	景阳证券投资基金	发起人境内法人股	210.14	0.59
6	广发证券股份有限公司	社会公众股	200.00	0.56
7	苏州市信托投资公司	流通股	198.62	0.55
8	久嘉证券投资公司	流通股	170.00	0.47
9	个旧市锡资工业公司	发起人境内法人股	123.42	0.34
10	久富证券投资基金	社会公众股	123.39	0.34

股东人数	2004.6	2003.12	2003.6	2002
	61075	78741	85274	88978

近年分配	2004年6月14日10派0.40	近年配股/增发	

重大事项

公司拟进行资本公积金转增股本，资本公积金转增股本预案为：以2004年6月30日总股本357,904,000股为基数，每10股转增5股。云南省财政厅批准云南锡业集团有限责任公司将Yuntjnjc公司转让给本公司,有关转让事宜于二零零四年一月份办理完毕,该公司为本公司控制的全资子公司。

二〇〇三年以来市场表现

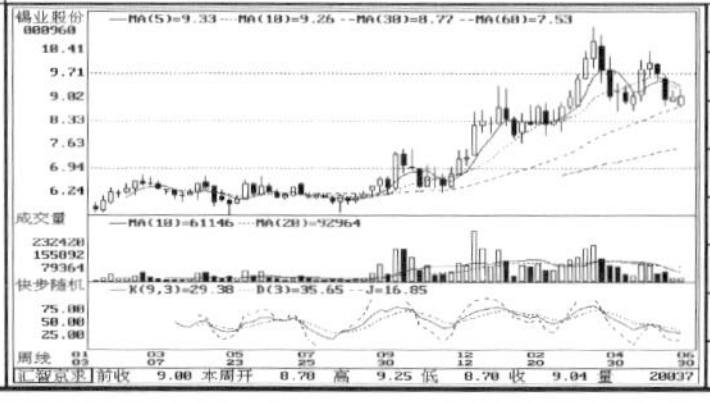

2003年涨跌幅(%)	41.04
2003年最高(元)	8.59
2003年最低(元)	5.50
2003年换手率(%)	134.40
2004.06涨跌幅(%)	11.47
2004.06最高(元)	11.06
2004.06最低(元)	7.63
2004.06换手率(%)	119.31

大连金牛股份有限公司

公司概况

公司名称	大连金牛股份有限公司			股票代码	000961		
注册地址	辽宁省大连市甘井子区工兴路4号			邮政编码	116031		
法人代表	赵明远			董秘	周建平		
电话	0411-86676868			传真	0411-6678899		
主营业务	特殊钢型材、棒材						
总股本	30053.00	流通 A	13000.00	流通 B		流通 H	
审计单位				审计意见	未审计		

主要财务指标

年度	2004.6	2003	2002
每股收益/扣除后(元)	0.0506	0.0800	0.1500
每股经营现金流量(元)	0.7110	0.3200	0.2400
每股净资产/调整后(元)	3.4900	3.5300	3.3600
每股公积金(元)	1.9248	1.9147	1.9141
净资产收益率(%)	1.7600	2.2300	4.3000
总资产(万元)	356517.12	320005.28	300687.03
股东权益(万元)	107772.56	106171.21	103781.75
未分配利润(万元)	16693.66	15396.53	13380.53
主营收入(万元)	134665.17	178420.42	119884.09
资本公积金(万元)	57847.43	57543.21	57525.52
主营利润(万元)	10751.97	17281.60	16850.96
其他业务利润(万元)	16.29	723.80	-2.88
营业利润(万元)	2456.57	3776.92	6566.88
投资收益(万元)			
补贴收入(万元)			
营业外收支(万元)	376.55	-64.85	-0.28
利润总额(万元)	2833.12	3712.07	6547.39
净利润(万元)	1898.19	2371.77	4386.75

十大股东

序号	股东名称	股份性质	持股数(万股)	比例(%)
1	辽宁特殊钢铁集团有限责任公司	国有法人股	16500.00	54.90
2	瓦房店轴承集团有限责任公司	国家股	130.00	0.43
3	兰州炭素集团有限责任公司	国家股	130.00	0.43
4	吉林炭素股份有限公司	境内法人股	130.00	0.43
5	大连华信信托投资股份有限公司	国家股	98.00	0.33
6	吉林铁合金集团有限责任公司	国家股	65.00	0.22
7	孟强	流通A股	32.29	0.11
8	区树标	流通A股	23.00	0.08
9	梁伟业	流通A股	22.30	0.07
10	金增庆	流通A股	22.08	0.07

股东人数	2004.6	2003.12	2003.6	2002
	67518	71891	74276	75788

近年分配	2004年6月14日10派0.20	近年配股/增发	

重大事项

经公司2003年年度股东大会审议通过,公司以2003年12月31日总股本30,053万股为基数,向全体股东按每10股派发现金红利0.20元(含税),社会公众股的个人股东扣税后,实际每10股派发现金红利0.16元。股权登记日为2004年6月11日,除息日为2004年6月14日。

二〇〇三年以来市场表现

2003年涨跌幅(%)	-6.03
2003年最高(元)	6.72
2003年最低(元)	4.60
2003年换手率(%)	127.53
2004.06涨跌幅(%)	-15.83
2004.06最高(元)	5.97
2004.06最低(元)	4.18
2004.06换手率(%)	94.24

宁夏东方钽业股份有限公司

公司概况

公司名称	宁夏东方钽业股份有限公司	股票代码	000962
注册地址	宁夏回族自治区石嘴山市大武口区冶金路	邮政编码	753000
法人代表	聂明亮	董秘	叶照贯
电话	0952-2098563	传真	0952-2098562
主营业务	钽铌铍的冶炼、加工		
总股本	35640.00	流通 A	14040.00
流通 B		流通 H	
审计单位		审计意见	未审计

主要财务指标

年度	2004.6	2003	2002
每股收益 / 扣除后(元)	0.0575	0.0300	0.0310
每股经营现金流量(元)	0.3020	0.5500	0.2200
每股净资产 / 调整后(元)	3.0500	3.0400	2.9900
每股公积金(元)	1.2530	1.2530	1.2511
净资产收益率(%)	1.6800	1.6000	1.4300
总资产(万元)	131073.55	132027.20	149336.34
股东权益(万元)	108940.25	108536.28	106729.21
未分配利润(万元)	20715.74	20311.76	18919.68
主营收入(万元)	28931.06	44481.34	41900.34
资本公积金(万元)	44656.39	44656.39	44589.43
主营利润(万元)	6923.17	9290.65	7783.32
其他业务利润(万元)	10.63	37.51	-3.39
营业利润(万元)	2587.24	2127.62	1470.41
投资收益(万元)	63.24	-335.21	-100.70
补贴收入(万元)		15.79	-0.09
营业外收支(万元)	-460.02	351.51	39.62
利润总额(万元)	2190.46	2159.71	1757.13
净利润(万元)	1829.57	1740.11	1529.39

十大股东

序号	股东名称	股份性质	持股数(万股)	比例(%)
1	宁夏有色金属冶炼厂	国有法人股	20736.00	58.18
2	华西兴业多策略增长证券投资基金	流通 A 股	539.09	1.51
3	华西证券有限责任公司	流通 A 股	362.37	1.02
4	上海国智置业发展有限公司	流通 A 股	310.69	0.87
5	全国社保基金一零三组合	流通 A 股	221.89	0.62
6	青铜峡铝业集团公司	国有法人股	216.00	0.61
7	宁夏恒力钢丝绳股份有限公司	境内法人股	216.00	0.61
8	中国有色金属工业技术开发交流中心	国有法人股	216.00	0.61
9	中国石油宁夏化工厂	国有法人股	216.00	0.61
10	隆元证券投资基金	流通 A 股	185.91	0.52

股东人数	2004.6	2003.12	2003.6	2002
	53186	60697	57631	60697

近年分配	近年配股/增发
2004 年 5 月 10 日 10 派 0.40	

重大事项

2004 年 4 月 23 日，根据公司章程关于投资权限的规定和公司董事长的授权决定，公司(甲方)与改制后的西北证券有限责任公司(乙方)签订了委托投资国债协议书，委托金额 3,000 万元，委托期限为一年，委托国债年收益率为 6%，超过部份归乙方。

二〇〇三年以来市场表现

2003 年涨跌幅(%)	-13.38
2003 年最高(元)	10.46
2003 年最低(元)	6.01
2003 年换手率(%)	224.04
2004.06 涨跌幅(%)	-11.52
2004.06 最高(元)	9.72
2004.06 最低(元)	6.70
2004.06 换手率(%)	160.94

华东医药股份有限公司

公司概况

公司名称	华东医药股份有限公司	股票代码	000963
注册地址	杭州市下城区中山北路 439 号	邮政编码	310011
法人代表	李邦良	董秘	鲍建平
电话	0571-88172165	传真	0571-88172165
主营业务	中西原料药及制剂		
总股本	38000.00	流通 A	12635.42
流通 B		流通 H	
审计单位		审计意见	未审计

主要财务指标

年度	2004.6	2003	2002
每股收益 / 扣除后(元)	0.0574	0.0732	0.1276
每股经营现金流量(元)	-0.0650	0.2400	0.0600
每股净资产 / 调整后(元)	1.4700	1.4800	1.4000
每股公积金(元)	0.2928	0.2928	0.2922
净资产收益率(%)	3.9100	5.3000	8.4400
总资产(万元)	160366.02	143498.77	137094.72
股东权益(万元)	57251.77	57720.01	55113.43
未分配利润(万元)	3070.33	3496.86	1307.92
主营收入(万元)	134171.19	232571.09	206569.75
资本公积金(万元)	11125.60	11125.60	11103.60
主营利润(万元)	22129.79	37904.60	31013.52
其他业务利润(万元)	1239.36	2296.73	-737.81
营业利润(万元)	4520.16	7346.17	7963.31
投资收益(万元)	5.88	-102.92	71.24
补贴收入(万元)	14.00	97.00	113.94
营业外收支(万元)	75.31	32.64	-0.28
利润总额(万元)	4615.35	7372.89	7959.57
净利润(万元)	2233.47	3057.91	4652.95

十大股东

序号	股东名称	股份性质	持股数(万股)	比例(%)
1	杭州华东医药(集团)公司	国家股	7693.27	20.25
2	中国远大集团公司	法人股	7000.00	18.42
3	珠海海湾大酒店	法人股	7000.00	18.42
4	浙江远大房地产开发有限公司	法人股	1410.74	3.71
5	天一证券有限责任公司	流通 A 股	834.99	2.20
6	浙江省新昌制药股份有限公司	法人股	448.00	1.18
7	珠海经济特区丽珠医药有限公司	法人股	224.00	0.59
8	倪棋	流通 A 股	182.62	0.48
9	广州花城制药厂	法人股	112.00	0.29
10	石家庄市第二制药厂	法人股	112.00	0.29

股东人数	2004.6	2003.12	2003.6	2002
	9024	9495	10203	8274

近年分配	近年配股/增发
2004 年 5 月 25 日 10 派 0.70	

重大事项

2003 年度利润分配方案于 2004 年 4 月 27 日召开的股东大会审议通过，以 2003 年 12 月 31 日总股本 38000 万股为基数，每 10 股派发现金股利 0.7 元(含税)。报告期内公司控股子公司杭州中美华东制药有限公司对航天中汇集团股份有限公司提供的担保，因合同期满于 2004 年 4 月 10 日解除了对其担保合同。

二〇〇三年以来市场表现

2003 年涨跌幅(%)	-38.19
2003 年最高(元)	11.84
2003 年最低(元)	7.33
2003 年换手率(%)	128.34
2004.06 涨跌幅(%)	-10.79
2004.06 最高(元)	9.01
2004.06 最低(元)	6.03
2004.06 换手率(%)	58.72

天津水泥股份有限公司

公司概况

公司名称	天津水泥股份有限公司	股票代码	000965
注册地址	天津市和平区贵州路4号	邮政编码	300051
法人代表	周宝泉	董秘	王鸿林
电话	022-23046662	传真	022-23046081
主营业务	水泥、新型建筑材料		
总股本	23870.54	流通A	7700.00
流通B		流通H	
审计单位		审计意见	未审计

主要财务指标

年度	2004.6	2003	2002
每股收益/扣除后(元)	0.0131	0.0670	0.0500
每股经营现金流量(元)	0.0240	0.0200	–0.0600
每股净资产/调整后(元)	2.4760	2.2500	2.3300
每股公积金(元)	1.2762	1.2762	1.2658
净资产收益率(%)	0.5500	2.3700	2.0300
总资产(万元)	107128.82	105427.31	116527.60
股东权益(万元)	62966.12	62619.67	61035.39
未分配利润(万元)	6134.61	5857.46	4785.24
主营收入(万元)	16903.01	45850.61	46550.58
资本公积金(万元)	30463.65	30463.65	30216.42
主营利润(万元)	2149.66	5646.85	5796.81
其他业务利润(万元)	28.34	81.51	–0.44
营业利润(万元)	164.75	216.97	315.96
投资收益(万元)		–43.18	–167.39
补贴收入(万元)	310.60	1757.70	–65.74
营业外收支(万元)	34.68	–202.15	–2.88
利润总额(万元)	510.02	1729.35	1405.13
净利润(万元)	346.44	1484.65	1238.21

十大股东

序号	股东名称	股份性质	持股数(万股)	比例(%)
1	天津建筑材料集团(控股)有限公司	国有法人股	16022.70	67.12
2	张海军	流通A股	48.55	0.20
3	杭州大红鹰酒业有限公司	流通A股	38.96	0.16
4	天津市新型建筑材料房地产开发公司	法人股	36.96	0.15
5	天津市天材房地产开发公司	法人股	36.96	0.15
6	天津建筑材料进出口公司	法人股	36.96	0.15
7	天津市建筑材料科学研究所	法人股	36.96	0.15
8	谢双月	流通A股	32.62	0.14
9	陈文珍	流通A股	31.64	0.13
10	周礼文	流通A股	27.66	0.12

股东人数	2004.6	2003.12	2003.6	2002
	30825	31319	32323	34671

近年分配		近年配股/增发	

重大事项

公司于2004年6月25日再次与上海浦东发展银行天津分行签订了短期贷款保证合同，该保证合同为天津人农药业有限责任公司于2004年6月30日向该行取得的短期借款3000万元提供担保，该笔贷款于2005年4月29日到期。

二〇〇三年以来市场表现

2003年涨跌幅(%)	–21.64
2003年最高(元)	8.48
2003年最低(元)	4.89
2003年换手率(%)	105.56
2004.06涨跌幅(%)	–18.47
2004.06最高(元)	6.94
2004.06最低(元)	4.30
2004.06换手率(%)	113.75

国电长源电力股份有限公司

公司概况

公司名称	国电长源电力股份有限公司	股票代码	000966
注册地址	武汉市武昌区徐东路	邮政编码	430077
法人代表	刘彭龄	董秘	赵虎
电话	027-86778352,86778357	传真	027-86786970
主营业务	电力生产		
总股本	37014.20	流通A	10800.00
流通B		流通H	
审计单位		审计意见	未审计

主要财务指标

年度	2004.6	2003	2002
每股收益/扣除后(元)	0.0792	0.1500	0.0998
每股经营现金流量(元)	0.0386	0.3400	0.0200
每股净资产/调整后(元)	2.3190	2.3500	2.2200
每股公积金(元)	1.0721	1.0721	1.0555
净资产收益率(%)	3.3240	6.4800	4.3300
总资产(万元)	296963.16	268032.09	236565.41
股东权益(万元)	86208.29	87784.12	83591.81
未分配利润(万元)	2687.00	4262.83	3350.16
主营收入(万元)	52369.46	103990.86	91899.30
资本公积金(万元)	39682.95	39682.95	39067.88
主营利润(万元)	4939.75	15626.65	13246.45
其他业务利润(万元)	31.70	62.41	–4.32
营业利润(万元)	754.07	8076.98	6522.59
投资收益(万元)	2655.33	2162.59	1019.87
补贴收入(万元)			
营业外收支(万元)	–87.15	–238.09	–91.90
利润总额(万元)	3322.26	10001.49	7471.02
净利润(万元)	2865.87	5686.29	3615.77

十大股东

序号	股东名称	股份性质	持股数(万股)	比例(%)
1	湖北省电力公司	国有法人股	13369.25	36.12
2	湖北省电力开发公司	国有法人股	6948.16	18.77
3	武汉银厦房地产综合发展公司	国有法人股	2016.00	5.45
4	上海证大投资管理有限公司	法人股	1776.00	4.80
5	湖北民源电力实业发展有限责任公司	法人股	1113.60	3.01
6	华中电力开发公司	国有法人股	561.60	1.52
7	武汉市建银房地产开发公司	法人股	198.00	0.53
8	东风汽车公司	国有法人股	189.00	0.51
9	湖北友宁建筑装饰工程有限公司	法人股	42.00	0.11
10	王宗任	流通股	29.69	0.08

股东人数	2004.6	2003.12	2003.6	2002
	55225	57486	55834	56923

近年分配	2004年7月12日10派1.20	近年配股/增发	

重大事项

公司与中国建设银行武汉市省直支行、招商银行水果湖支行和中信实业银行武汉分行分别签订了四笔合计金额为1.3亿元的借款合同，用于流动资金周转，并采取信用方式担保。公司与关联方国电集团、荆门市城市建设投资公司于2004年5月签署了股东协议书，投资建设荆门热电厂三期扩建工程。

二〇〇三年以来市场表现

2003年涨跌幅(%)	15.90
2003年最高(元)	9.12
2003年最低(元)	6.53
2003年换手率(%)	185.20
2004.06涨跌幅(%)	–15.13
2004.06最高(元)	8.79
2004.06最低(元)	6.58
2004.06换手率(%)	147.40

浙江上风实业股份有限公司

公司概况

公司名称	浙江上风实业股份有限公司			股票代码	000967	
注册地址	浙江省上虞市上浦镇			邮政编码	312375	
法人代表	徐灿根			董秘	竺铭浩	
电话	0575-2366261			传真	0575-2366328	
主营业务	各类轴流风机					
总股本	13678.61	流通 A	4500.00	流通 B	流通 H	
审计单位				审计意见	未审计	

主要财务指标

年度	2004.6	2003	2002
每股收益 / 扣除后(元)	0.0073	0.0794	0.1093
每股经营现金流量(元)	-0.9470	0.1443	-0.1682
每股净资产 / 调整后(元)	3.5000	3.5100	3.2800
每股公积金(元)	2.1339	2.1339	1.8745
净资产收益率(%)	0.1300	2.2200	3.2700
总资产(万元)	61591.13	62201.28	56094.15
股东权益(万元)	50109.25	50730.05	46055.15
未分配利润(万元)	3426.55	4047.36	3097.87
主营收入(万元)	9039.30	18443.14	16317.97
资本公积金(万元)	29188.83	29188.83	25640.29
主营利润(万元)	2778.85	6195.51	5506.89
其他业务利润(万元)	8.26	27.53	-0.03
营业利润(万元)	140.89	1293.85	1150.64
投资收益(万元)	92.22	488.06	962.13
补贴收入(万元)		125.65	3.56
营业外收支(万元)	-54.33	-38.71	0.80
利润总额(万元)	178.78	1868.85	2227.81
净利润(万元)	63.12	1126.36	1507.53

十大股东

序号	股东名称	股份性质	持股数(万股)	比例(%)
1	浙江风机风冷设备公司	法人股	2735.72	20.00
2	美的集团有限公司	法人股	2489.80	18.20
3	中山市佳域投资有限公司	法人股	2153.09	15.74
4	上海新理益投资管理有限公司	法人股	450.00	3.29
5	海南普林投资管理有限公司	法人股	275.00	2.01
6	上海明方复兴工程造价咨询事务所有限公司	法人股	253.00	1.85
7	杭州济和科技投资有限公司	法人股	242.00	1.77
8	浙江华强企业投资有限公司	法人股	200.00	1.46
9	上海荣福室内装璜有限公司	法人股	120.00	0.88
10	台州翔鑫贸易有限公司	法人股	100.00	0.73

股东人数	2004.6	2003.12	2003.6	2002
	28001	29058	29486	29377

近年分配	2004 年 7 月 16 日 10 派 0.50	近年配股 / 增发	

重大事项

2004 年 5 月 18 日,公司 2003 年度股东大会通过了 2003 年度利润分配方案,按每 10 股派发现金红利 0.50 元(含税),计 6,839,304 元。公司于 2002 年 6 月向联营企业上虞绍风钢管制造有限公司出借的资金款 5,000,000.00 元。

二〇〇三年以来市场表现

2003 年涨跌幅(%)	-38.17
2003 年最高(元)	11.79
2003 年最低(元)	5.98
2003 年换手率(%)	171.61
2004.06 涨跌幅(%)	8.89
2004.06 最高(元)	9.49
2004.06 最低(元)	6.15
2004.06 换手率(%)	146.26

山西神州煤电焦化股份有限公司

公司概况

公司名称	山西神州煤电焦化股份有限公司			股票代码	000968	
注册地址	山西省太原市和平南路 83 号			邮政编码	030024	
法人代表	王良彦			董秘	刘恩孝	
电话	0351-6019365			传真	0351-6199887	
主营业务	原煤、焦炭、精煤					
总股本	39519.00	流通 A	15000.00	流通 B	流通 H	
审计单位	山西天元会计师事务所			审计意见	标准无保留	

主要财务指标

年度	2004.6	2003	2002
每股收益 / 扣除后(元)	0.2528	0.1865	0.0797
每股经营现金流量(元)	0.3850	0.6100	0.0185
每股净资产 / 调整后(元)	2.3370	2.7900	2.5993
每股公积金(元)	1.6825	1.6804	1.6725
净资产收益率(%)	7.3400	5.6200	4.1600
总资产(万元)	225671.52	223133.69	209618.16
股东权益(万元)	135147.56	125733.50	118343.46
未分配利润(万元)	21708.06	13862.23	8108.54
主营收入(万元)	70601.53	113735.77	80536.37
资本公积金(万元)	66491.83	66406.83	66093.74
主营利润(万元)	21928.30	29238.36	16553.14
其他业务利润(万元)	434.17	1909.47	-860.51
营业利润(万元)	13329.43	10376.36	6318.39
投资收益(万元)	-41.71	1165.68	292.08
补贴收入(万元)			
营业外收支(万元)	-575.15	-1896.93	-6.35
利润总额(万元)	12712.58	9645.11	6129.12
净利润(万元)	9921.85	7066.95	4921.33

十大股东

序号	股东名称	股份性质	持股数(万股)	比例(%)
1	太原煤炭气化(集团)有限责任公司	国有法人股	23934.00	60.56
2	通乾证券投资基金	流通 A 股	714.72	1.81
3	中国工商银行-银河银泰理财分红证券投资基金	流通 A 股	455.51	1.15
4	山西省经济建设投资公司	国家股	455.00	1.15
5	中国建设银行-长城久恒平衡型证券投资基金	流通 A 股	354.78	0.90
6	中国农业银行-银河稳健证券投资基金	流通 A 股	310.00	0.78
7	中国工商银行-裕元证券投资基金	流通 A 股	220.99	0.56
8	招商证券股份有限公司	流通 A 股	184.95	0.47
9	裕隆证券投资基金	流通 A 股	180.06	0.46
10	泰和证券投资基金	流通 A 股	176.05	0.45

股东人数	2004.6	2003.12	2003.6	2002
	61622	75731	83030	86149

近年分配	2004 年 6 月 2 日 10 派 0.15	近年配股 / 增发	

重大事项

本公司于 2004 年 4 月 13 日收悉集团公司《关于股权质押的通知》,集团公司于 2003 年 3 月借入中国光大银行太原支行的 5000 万元流动资金贷款全部按期归还,集团公司质押冻结的用于该笔贷款的所持有的本公司国有法人股 2533 万股已于 2004 年 3 月 23 日办理了解冻,并于 2004 年 3 月 26 日将上述股份全部再次予以质押冻结,用于再次借入中国光大银行太原支行流动资金贷款 5000 万元,质押期限为自 2004 年 3 月 26 日至债务清偿之日止。

二〇〇三年以来市场表现

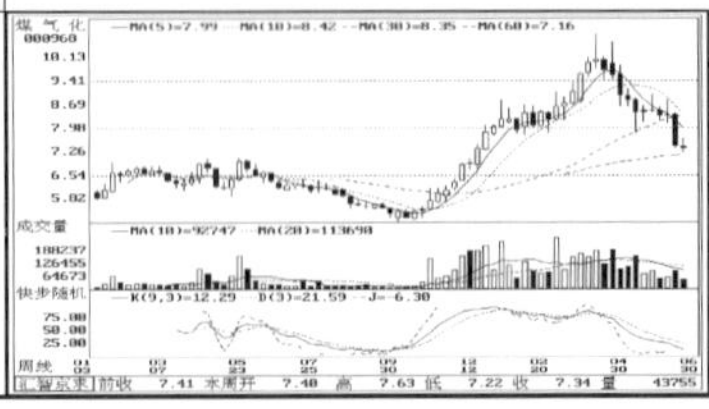

2003 年涨跌幅(%)	31.48
2003 年最高(元)	8.04
2003 年最低(元)	5.08
2003 年换手率(%)	161.28
2004.06 涨跌幅(%)	-6.02
2004.06 最高(元)	10.84
2004.06 最低(元)	7.22
2004.06 换手率(%)	189.38

安泰科技股份有限公司

公司概况

公司名称	安泰科技股份有限公司	股票代码	000969
注册地址	北京市海淀区学院南路 76 号	邮政编码	100081
法人代表	干勇	董秘	钱学军
电话	010-62188403	传真	010-62182695
主营业务	新材料与制品		
总股本	24416.00	流通 A	9600.00
流通 B		流通 H	
审计单位		审计意见	未审计

主要财务指标

年度	2004.6	2003	2002
每股收益 / 扣除后(元)	0.1605	0.2996	0.2916
每股经营现金流量(元)	0.0200	0.1500	0.2124
每股净资产 / 调整后(元)	4.7930	4.7800	4.4600
每股公积金(元)	3.1228	3.1228	3.1212
净资产收益率(%)	3.8310	6.9400	6.3500
总资产(万元)	221826.81	200251.11	134830.89
股东权益(万元)	117922.02	117505.87	109310.64
未分配利润(万元)	8506.90	8090.75	2367.17
主营收入(万元)	60698.46	76551.38	51617.56
资本公积金(万元)	76245.10	76245.10	76207.96
主营利润(万元)	10368.94	13398.48	10940.44
其他业务利润(万元)	95.72	171.17	-1.19
营业利润(万元)	4966.66	7945.54	7173.49
投资收益(万元)	739.22	857.82	166.58
补贴收入(万元)		6.97	6.97
营业外收支(万元)	-25.53	-22.67	0.36
利润总额(万元)	5680.34	8787.67	7277.09
净利润(万元)	4518.04	8158.09	6938.30

十大股东

序号	股东名称	股份性质	持股数(万股)	比例(%)
1	钢铁研究总院	国有法人股	14480.00	59.31
2	中国银行-海富通收益增长证券投资基金	流通股	392.41	1.61
3	交通银行-海富通精选证券投资基金	流通股	380.36	1.56
4	中国工商银行-国联安德盛小盘精选证券投资基金	流通股	248.12	1.02
5	金瑞新材料科技股份有限公司	流通股	223.00	0.91
6	国际金融-汇丰-MORGAN STANLEY&CO.INTERNATIONAL LIMITED	流通股	200.00	0.82
7	黑龙江省电力有限公司	流通股	160.00	0.66
8	国泰君安证券股份有限公司	流通股	153.01	0.63
9	富国动态平衡证券投资基金	流通股	150.03	0.61
10	中国建设银行-宝康灵活配置证券投资基金	流通股	110.83	0.45

股东人数	2004.6	2003.12	2003.6	2002
	28946	40283	39076	41959

近年分配	近年配股 / 增发
2004 年 6 月 9 日 10 派 1.68	

重大事项

本公司 2003 年度分红派息方案为:以 2003 年末总股本 24,416 万股为基数,向全体股东每 10 股派发 1.68 元人民币现金(含税),共计 41,018,880 元。该方案已于 2004 年 6 月 9 日实施完毕。

二〇〇三年以来市场表现

2003 年涨跌幅(%)	-22.24
2003 年最高(元)	12.37
2003 年最低(元)	7.04
2003 年换手率(%)	175.47
2004.06 涨跌幅(%)	20.79
2004.06 最高(元)	13.93
2004.06 最低(元)	8.21
2004.06 换手率(%)	156.87

北京中科三环高技术股份有限公司

公司概况

公司名称	北京中科三环高技术股份有限公司	股票代码	000970
注册地址	北京市海淀区白石桥路 3 号友谊宾馆迎宾楼 D 座	邮政编码	100080
法人代表	王震西	董秘	王东明
电话	010-68945729,010-68498888-1279	传真	010-68712144
主营业务	稀土永磁和新型磁性材料		
总股本	25380.00	流通 A	11340.00
流通 B		流通 H	
审计单位	北京京都会计师事务所	审计意见	标准无保留

主要财务指标

年度	2004.6	2003	2002
每股收益 / 扣除后(元)	0.1959	0.2670	0.1390
每股经营现金流量(元)	0.2620	0.2580	0.2500
每股净资产 / 调整后(元)	2.7300	1.9020	1.5800
每股公积金(元)	1.1203	0.4361	0.4406
净资产收益率(%)	7.6500	14.2600	8.8900
总资产(万元)	146906.48	94536.85	75475.29
股东权益(万元)	69985.00	45298.72	38163.06
未分配利润(万元)	13405.67	8050.73	2542.90
主营收入(万元)	41796.64	67163.45	46371.39
资本公积金(万元)	28432.38	11066.97	10349.03
主营利润(万元)	12903.25	19325.71	12234.30
其他业务利润(万元)	1.84	111.28	-5.02
营业利润(万元)	7175.39	9077.19	5205.58
投资收益(万元)	-54.23	292.72	217.92
补贴收入(万元)			
营业外收支(万元)	-254.56	-24.92	-0.14
利润总额(万元)	6866.60	9344.99	5414.70
净利润(万元)	5354.94	6457.52	3392.25

十大股东

序号	股东名称	股份性质	持股数(万股)	比例(%)
1	北京三环新材料高技术公司	国有法人股	7974.88	31.42
2	美国特瑞达斯公司	外资法人股	1849.28	7.29
3	宁波电子信息集团有限公司	国有法人股	1705.75	6.72
4	台全(美国)公司	外资法人股	1426.06	5.62
5	宁波联合集团股份有限公司	国有法人股	993.44	3.91
6	南京宝盈科技创新投资有限公司	流通 A 股	108.28	0.43
7	联想控股有限公司	国有法人股	90.58	0.36
8	胡纯林	流通 A 股	85.04	0.34
9	张祖成	流通 A 股	62.87	0.25
10	于钱歧	流通 A 股	59.61	0.23

股东人数	2004.6	2003.12	2003.6	2002
	28249	9253	10458	10988

近年分配	近年配股 / 增发

重大事项

2004 年 4 月 16 日,本公司的控股子公司南京金宁三环高技术磁业有限公司与中山集团财务有限责任公司签订了《保证合同》,为南京金宁电子集团有限公司申请了自 2004 年 4 月 16 日至 2004 年 12 月 16 日的 700 万元人民币借款提供连带责任担保。2004 年 5 月 14 日,本公司为控股子公司北京环磁新技术有限公司向深圳发展银行中关村支行申请的为期 1 年的 2,000 万元贷款额度提供连带责任担保。

二〇〇三年以来市场表现

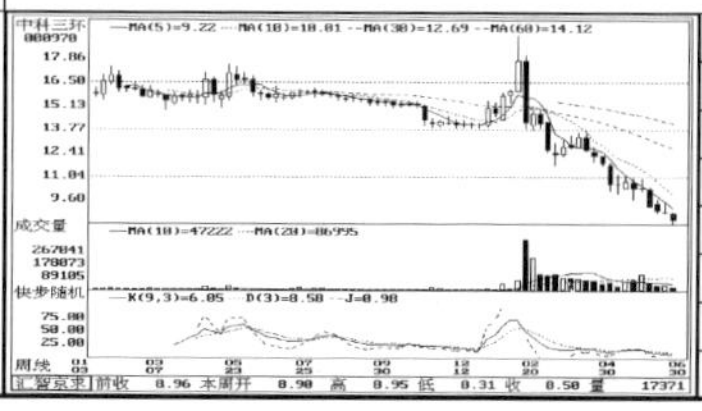

2003 年涨跌幅(%)	-2.94
2003 年最高(元)	15.94
2003 年最低(元)	13.08
2003 年换手率(%)	23.30
2004.06 涨跌幅(%)	-40.23
2004.06 最高(元)	17.26
2004.06 最低(元)	8.31
2004.06 换手率(%)	196.36

湖北迈亚股份有限公司

公司概况

公司名称	湖北迈亚股份有限公司		股票代码	000971	
注册地址	湖北省仙桃市勉阳大道 131 号		邮政编码	433000	
法人代表	叶金堂		董秘	彭新波	
电话	0728-3275828		传真	0728-3275829	
主营业务	拉舍尔毛毯				
总股本	18700.00	流通 A	8140.00	流通 B	流通 H
审计单位			审计意见	未审计	

主要财务指标

年度	2004.6	2003	2002
每股收益 / 扣除后(元)	0.0346	0.1300	0.1400
每股经营现金流量(元)	0.1070	0.4800	0.3800
每股净资产 / 调整后(元)	2.4110	2.2600	2.2500
每股公积金(元)	1.0261	1.0261	1.0261
净资产收益率(%)	1.6290	5.7700	6.2800
总资产(万元)	99924.98	99635.86	94543.11
股东权益(万元)	45522.80	44787.11	42203.70
未分配利润(万元)	3363.50	2627.80	431.91
主营收入(万元)	10972.76	25831.50	25328.26
资本公积金(万元)	19187.61	19187.61	19187.61
主营利润(万元)	2342.38	7002.18	6601.37
其他业务利润(万元)			
营业利润(万元)	965.52	3700.69	3445.04
投资收益(万元)		20.29	-5.45
补贴收入(万元)			
营业外收支(万元)	132.54	134.85	-56.95
利润总额(万元)	1098.05	3855.83	3868.59
净利润(万元)	735.69	2583.40	2648.78

十大股东

序号	股东名称	股份性质	持股数(万股)	比例(%)
1	湖北仙桃毛纺集团有限公司	国有法人股	9216.00	49.28
2	仙桃市彩凤实业公司	境内法人股	570.00	3.05
3	仙桃市财务开发公司	境内法人股	510.00	2.73
4	湖北省纺织品公司	境内法人股	240.00	1.28
5	潘富和	流通 A 股	67.77	0.36
6	李谊君	流通 A 股	66.38	0.35
7	张素林	流通 A 股	31.98	0.17
8	鹤山市健美针棉织造总厂	境内法人股	24.00	0.13
9	梁军	流通 A 股	23.29	0.12
10	梁阳	流通 A 股	20.39	0.11

股东人数	2004.6	2003.12	2003.6	2002
	28377	31502	34925	34341

近年分配		近年配股 / 增发	

重大事项

公司 2004 年 6 月 28 日召开的公司 2003 年度股东大会通过了 10 派 1.25 元(含税)的公司 2003 年度利润分配方案,公司将于 2004 年 8 月 27 日之前实施分红派息。

二〇〇三年以来市场表现

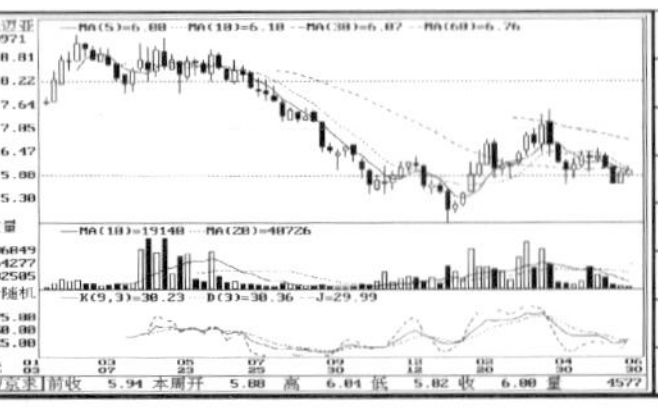

2003 年涨跌幅(%)	-28.66
2003 年最高(元)	9.27
2003 年最低(元)	5.39
2003 年换手率(%)	167.13
2004.06 涨跌幅(%)	10.09
2004.06 最高(元)	7.50
2004.06 最低(元)	4.71
2004.06 换手率(%)	127.04

新疆中基实业股份有限公司

公司概况

公司名称	新疆中基实业股份有限公司		股票代码	000972	
注册地址	新疆乌鲁木齐市青年路 17 号		邮政编码	830002	
法人代表	刘一		董秘	成屹	
电话	0991-8852972,8852110		传真	0991-8816688	
主营业务	农业种植;畜禽养殖				
总股本	12458.92	流通 A	4500.00	流通 B	流通 H
审计单位			审计意见	未审计	

主要财务指标

年度	2004.6	2003	2002
每股收益 / 扣除后(元)	0.0698	0.5200	0.2000
每股经营现金流量(元)	-0.9610	2.1600	0.0400
每股净资产 / 调整后(元)	3.8600	3.8800	3.3100
每股公积金(元)	1.9902	1.9902	1.9793
净资产收益率(%)	2.4100	16.0800	8.8000
总资产(万元)	243718.86	191814.69	141036.17
股东权益(万元)	50919.09	51015.89	42676.52
未分配利润(万元)	7024.35	7148.08	1492.64
主营收入(万元)	56844.95	94882.69	67676.48
资本公积金(万元)	24795.95	24795.95	24660.05
主营利润(万元)	11934.40	21812.27	15587.67
其他业务利润(万元)	270.37	1527.85	-83.26
营业利润(万元)	573.37	6715.66	2529.84
投资收益(万元)	781.11	1854.76	1563.89
补贴收入(万元)	11.33	272.33	5.60
营业外收支(万元)	-12.02	-47.00	-0.14
利润总额(万元)	1353.78	8795.75	4633.48
净利润(万元)	1226.40	8203.47	3756.15

十大股东

序号	股东名称	股份性质	持股数(万股)	比例(%)
1	兵团农五师 87 团	国有法人股	1361.51	10.93
2	兵团农二师 21 团	国有法人股	1298.60	10.42
3	乌鲁木齐三木实业有限公司	境内法人股	1099.65	8.83
4	兵团农十二师五一农场	国有法人股	1043.64	8.38
5	上海邦联科技实业有限公司	境内法人股	949.37	7.62
6	兵团建设工程(集团)有限公司	境内法人股	651.60	5.23
7	新疆生产建设兵团投资中心	国家股	632.93	5.08
8	兵团和管局乌市果品加工厂	国有法人股	331.33	2.66
9	兵团农六师军户农场	国有法人股	290.29	2.33
10	乌鲁木齐楠悦工贸有限公司	境内法人股	240.00	1.93

股东人数	2004.6	2003.12	2003.6	2002
	26642	29530	31907	33714

近年分配	2004 年 5 月 17 日 10 派 1.00	近年配股 / 增发	

重大事项

公司 2003 年度利润分配方案:派息以 2003 年末总股本 124,589,173 股为基数,向全体股东每 10 股派发现金红利 1.00 元(含税)。配股方案为:以公司 2003 年 12 月 31 日的股份总数 124,589,173 股为基数,按每 10 股配售 3 股的比例向全体股东配售。

二〇〇三年以来市场表现

2003 年涨跌幅(%)	-11.08
2003 年最高(元)	12.05
2003 年最低(元)	6.65
2003 年换手率(%)	187.77
2004.06 涨跌幅(%)	6.57
2004.06 最高(元)	13.33
2004.06 最低(元)	8.71
2004.06 换手率(%)	140.32

佛山塑料集团股份有限公司

公司概况

公司名称	佛山塑料集团股份有限公司	股票代码	000973
注册地址	佛山市汾江中路 82 号	邮政编码	528000
法人代表	冯兆征	董秘	罗汉均
电话	0757-3988189	传真	0757-3988186
主营业务	生产双向拉伸薄膜		
总股本	40836.99	流通 A	15131.70
流通 B		流通 H	
审计单位		审计意见	未审计

主要财务指标

年度	2004.6	2003	2002
每股收益 / 扣除后(元)	0.1193	0.2910	0.3120
每股经营现金流量(元)	-0.0960	0.4900	0.6200
每股净资产 / 调整后(元)	3.5140	3.3700	3.0550
每股公积金(元)	2.0140	1.5920	1.7408
净资产收益率(%)	3.5060	9.2200	10.0400
总资产(万元)	345804.59	311213.31	249754.41
股东权益(万元)	145768.80	127774.18	115993.05
未分配利润(万元)	10141.49	5030.33	2858.84
主营收入(万元)	137050.27	229054.45	174125.41
资本公积金(万元)	82245.75	65011.76	65011.76
主营利润(万元)	12123.50	25690.50	26693.24
其他业务利润(万元)	1078.05	2084.89	-138.49
营业利润(万元)	2289.97	7611.73	8830.97
投资收益(万元)	2589.69	4884.19	4536.13
补贴收入(万元)	49.80	268.29	-0.02
营业外收支(万元)	15.08	79.24	-0.21
利润总额(万元)	4944.55	12843.45	13340.26
净利润(万元)	5111.16	11781.12	11642.77

十大股东

序号	股东名称	股份性质	持股数(万股)	比例(%)
1	佛山塑料工贸集团公司	国有法人股	14702.85	36.00
2	佛山富硕宏信投资有限公司	境内法人股	11002.44	26.94
3	中国建设银行－华宝兴业多策略增长证券投资基金	流通 A 股	407.63	1.00
4	上海汽车股份有限公司	流通 A 股	188.17	0.46
5	信达投资有限公司	流通 A 股	186.60	0.46
6	佛山市锦龙塑胶制品厂	流通 A 股	161.00	0.39
7	深圳市国傲通实业有限公司	流通 A 股	119.09	0.29
8	佛山市南山物资经营公司	流通 A 股	112.45	0.28
9	全国社保基金一零八组合	流通 A 股	69.18	0.17
10	佛山市万溢经贸有限公司	流通 A 股	68.30	0.17

股东人数

2004.6	2003.12	2003.6	2002
42473	37008	36056	34274

近年分配		近年配股/增发	

重大事项

经 2004 年 3 月 12 日召开的公司二〇〇三年年度股东大会批准，2003 年度利润分配方案为：以公司 2003 年末股份总数 373,450,600 股为基数，按每 10 股派现金 2.10 元（含税），共分配普通股股利 78,424,626 元。本次派息股权登记日为 2004 年 3 月 18 日，除息日为 2004 年 3 月 19 日，派息日为 2004 年 3 月 19 日。

二〇〇三年以来市场表现

2003 年涨跌幅(%)	-14.27
2003 年最高(元)	8.46
2003 年最低(元)	6.01
2003 年换手率(%)	101.05
2004.06 涨跌幅(%)	-6.07
2004.06 最高(元)	8.11
2004.06 最低(元)	5.98
2004.06 换手率(%)	147.80

南方科学城发展股份有限公司

公司概况

公司名称	南方科学城发展股份有限公司	股票代码	000975
注册地址	重庆市黔江区联合镇西山坪水井湾东侧	邮政编码	510663
法人代表	黄中发	董秘	张辉
电话	020-61397318	传真	020-82357822
主营业务	基建、环卫		
总股本	53280.00	流通 A	23040.00
流通 B		流通 H	
审计单位		审计意见	未审计

主要财务指标

年度	2004.6	2003	2002
每股收益 / 扣除后(元)	0.0586	0.2300	0.1600
每股经营现金流量(元)	0.0850	0.4500	0.5600
每股净资产 / 调整后(元)	2.7450	2.6800	2.4300
每股公积金(元)	1.2686	1.2686	1.2682
净资产收益率(%)	3.8190	9.4500	9.4800
总资产(万元)	94731.33	92043.96	91172.57
股东权益(万元)	82094.03	79550.53	72020.42
未分配利润(万元)	11024.83	8481.33	1774.64
主营收入(万元)	12220.11	24997.31	20401.46
资本公积金(万元)	37550.07	37550.07	37538.39
主营利润(万元)	7259.62	14714.54	11491.82
其他业务利润(万元)	202.86	-0.42	0.00
营业利润(万元)	6262.52	12498.51	8754.65
投资收益(万元)	-364.48	-68.98	-26.56
补贴收入(万元)		90.80	1.26
营业外收支(万元)	-4.58	-21.23	0.22
利润总额(万元)	5893.46	12499.09	7831.20
净利润(万元)	3135.50	7518.44	6828.27

十大股东

序号	股东名称	股份性质	持股数(万股)	比例(%)
1	广州凯得控股有限公司	国家股	15746.54	29.55
2	重庆市黔江区新禹水利电力有限责任公司	国有法人股	1053.46	1.98
3	重庆国际信托投资有限公司	流通 A 股	895.62	1.68
4	南京新港高科技股份有限公司	流通 A 股	288.00	0.54
5	南方工业咨询服务有限责任公司	流通 A 股	194.69	0.37
6	黑龙江华富电力投资有限公司	流通 A 股	160.00	0.30
7	孙明珍	流通 A 股	121.96	0.23
8	北京南方科质技术开发有限公司	流通 A 股	73.75	0.14
9	江苏中环机械厂	流通 A 股	68.61	0.13
10	上海湘海房地产发展有限公司	流通 A 股	54.48	0.10

股东人数

2004.6	2003.12	2003.6	2002
25334	18985	17068	12369

近年分配		近年配股/增发	
近年分配	2004 年 7 月 8 日 10 派 0.2	近年配股/增发	2004 年 7 月 8 日 10 转 8

重大事项

2004 年 4 月 19 日第二届董事会第十一次会议通过了为控股子公司——环保科技公司向深圳发展银行广州分行羊城支行申请的流动资金一年期人民币 2000 万元综合授信额度提供担保。

二〇〇三年以来市场表现

2003 年涨跌幅(%)	-26.36
2003 年最高(元)	9.93
2003 年最低(元)	5.32
2003 年换手率(%)	80.66
2004.06 涨跌幅(%)	7.88
2004.06 最高(元)	10.70
2004.06 最低(元)	5.68
2004.06 换手率(%)	97.22

广东开平春晖股份有限公司

公司概况	公司名称	广东开平春晖股份有限公司			股票代码	000976	
	注册地址	广东省开平市长沙港口路10号			邮政编码	529300	
	法人代表	方伟洪			董秘	陈伟奇	
	电话	0750-2276949,2228111-287			传真	0750-2276959	
	主营业务	差别异型涤纶长丝					
	总股本	42114.60	流通A	18502.92	流通B		流通H
	审计单位				审计意见	未审计	

主要财务指标 年度	2004.6	2003	2002
每股收益/扣除后(元)	0.0482	0.0992	0.1471
每股经营现金流量(元)	-0.2530	0.7900	0.7478
每股净资产/调整后(元)	2.4500	2.5600	2.4523
每股公积金(元)	1.2560	1.2560	1.2560
净资产收益率(%)	1.9200	4.1500	5.7800
总资产(万元)	176501.27	174676.11	198219.89
股东权益(万元)	105829.80	108005.00	103299.57
未分配利润(万元)	3339.11	5581.91	1514.69
主营收入(万元)	69791.57	149820.81	133914.78
资本公积金(万元)	52897.28	52897.28	52897.28
主营利润(万元)	4661.21	14222.79	12504.59
其他业务利润(万元)	635.39	986.40	-5.82
营业利润(万元)	2766.37	8264.69	7935.06
投资收益(万元)		-1049.03	-638.10
补贴收入(万元)			
营业外收支(万元)	0.34	8.37	-0.01
利润总额(万元)	2766.71	7224.02	7295.64
净利润(万元)	2036.26	4480.10	5968.92

十大股东 序号	股东名称	股份性质	持股数(万股)	比例(%)
1	广东省开平涤纶企业集团公司	国有法人股	13117.59	31.15
2	开平市工业实业开发公司	境内法人股	4140.00	9.83
3	开平市工业材料公司	境内法人股	4140.00	9.83
4	开平市工业供销公司	境内法人股	1825.27	4.33
5	开平市工业资产经营公司	境内法人股	267.08	0.63
6	南海市西樵景泰贸易有限公司	流通A股	153.35	0.36
7	开平市锅炉设备安装公司	境内法人股	62.86	0.15
8	杨安	流通A股	61.77	0.15
9	开平市装饰工程开发公司	境内法人股	58.88	0.14
10	黄维谋	流通A股	46.24	0.11

股东人数	2004.6	2003.12	2003.6	2002
	69146	69868	65426	67360

近年分配	2004年7月8日10派1.00	近年配股/增发	

重大事项

2003年6月19日,中国东方资产管理公司广州办事处向广东省江门市中级人民法院递交《民事起诉状》,请求判令本公司为开平市二轻包装厂向中国银行开平支行的保证借款本金加利息承担连带清偿责任。广东省江门市中级人民法院于2004年2月4日冻结了本公司在中国银行开平支行活期存款的4,500,000.00元。2004年3月18日,广东省江门市中级人民法院判决本公司承担连带清偿责任,本公司对其判决不服,向广东省高级人民法院提起上诉。

二○○三年以来市场表现

2003年涨跌幅(%)	-20.84
2003年最高(元)	7.13
2003年最低(元)	4.41
2003年换手率(%)	214.29
2004.06涨跌幅(%)	-8.07
2004.06最高(元)	6.95
2004.06最低(元)	4.28
2004.06换手率(%)	233.78

浪潮电子信息产业股份有限公司

公司概况	公司名称	浪潮电子信息产业股份有限公司			股票代码	000977	
	注册地址	山东省济南市山大路224号			邮政编码	250014	
	法人代表	孙丕恕			董秘	张磊	
	电话	0531-8932888-8591			传真	0531-8958704	
	主营业务	计算机软硬件产品					
	总股本	21500.00	流通A	6500.00	流通B		流通H
	审计单位				审计意见	未审计	

主要财务指标 年度	2004.6	2003	2002
每股收益/扣除后(元)	0.0452	0.1240	0.2030
每股经营现金流量(元)	-0.1336	0.1700	0.6000
每股净资产/调整后(元)	3.9900	3.9600	3.8100
每股公积金(元)	2.3598	2.3597	2.3590
净资产收益率(%)	1.1000	3.3800	5.9700
总资产(万元)	191283.59	172574.23	159541.37
股东权益(万元)	87841.81	86946.83	83999.08
未分配利润(万元)	11055.70	10163.27	7813.09
主营收入(万元)	62401.16	122384.80	89805.78
资本公积金(万元)	50735.07	50732.52	50719.54
主营利润(万元)	14459.53	29993.15	15679.25
其他业务利润(万元)	992.30	1255.05	32.77
营业利润(万元)	2165.04	6859.43	6322.20
投资收益(万元)	1227.41	-655.26	1831.68
补贴收入(万元)	1531.40	1818.41	-4.26
营业外收支(万元)	-3.24	65.94	-0.09
利润总额(万元)	4920.61	8088.52	8487.45
净利润(万元)	969.48	2934.77	5015.31

十大股东 序号	股东名称	股份性质	持股数(万股)	比例(%)
1	浪潮集团有限公司	国家股	12870.00	59.86
2	烟台东方电子信息产业集团有限公司	国有法人股	1000.00	4.65
3	北京算通科技发展有限公司	境内法人股	500.00	2.33
4	山东时风(集团)有限责任公司	国有法人股	280.00	1.30
5	山东金达实业有限公司	境内法人股	200.00	0.93
6	全泰电脑(惠阳)有限公司	境内法人股	150.00	0.70
7	杨伟	流通A股	133.15	0.62
8	李保霖	流通A股	18.09	0.08
9	尤其龙	流通A股	12.00	0.06
10	王琦	流通A股	10.00	0.05

股东人数	2004.6	2003.12	2003.6	2002
	49241	51988	54823	57285

近年分配		近年配股/增发	

重大事项

2001年12月31日和2004年2月18日,浪潮软件第二大股东泰安国资局与第一大股东齐鲁有限签署了《股权委托代理协议》和《股权委托代理补充协议》,将其持有的占浪潮软件总股本13.78%的国家股股权委托给齐鲁有限代理行使,委托代理期限至2006年12月31日止。

二○○三年以来市场表现

2003年涨跌幅(%)	-25.49
2003年最高(元)	14.08
2003年最低(元)	7.70
2003年换手率(%)	117.38
2004.06涨跌幅(%)	4.44
2004.06最高(元)	13.75
2004.06最低(元)	8.38
2004.06换手率(%)	151.73

桂林旅游股份有限公司

公司概况

公司名称	桂林旅游股份有限公司	股票代码	000978
注册地址	广西桂林市榕湖北路17号	邮政编码	541001
法人代表	陈青光	董秘	周茂权
电话	0773-2863839	传真	0773-2863880
主营业务	游船客运、旅行客运		
总股本	17700.00	流通A	6000.00
流通B		流通H	
审计单位		审计意见	未审计

主要财务指标

年度	2004.6	2003	2002
每股收益/扣除后(元)	0.0696	0.0570	0.2670
每股经营现金流量(元)	0.1610	0.1430	0.3680
每股净资产/调整后(元)	2.1410	2.1260	2.0690
每股公积金(元)	0.9210	0.9141	0.9136
净资产收益率(%)	3.2000	2.6200	12.4900
总资产(万元)	69200.20	56740.14	58071.96
股东权益(万元)	3858.00	38108.28	37100.47
未分配利润(万元)	1108.86	64.95	162.99
主营收入(万元)	9661.97	14708.12	22540.28
资本公积金(万元)	16301.63	16179.73	16170.05
主营利润(万元)	3580.11	5129.53	8765.61
其他业务利润(万元)	211.50	372.00	9.63
营业利润(万元)	1037.52	777.41	4836.10
投资收益(万元)	440.80	587.04	1005.52
补贴收入(万元)			
营业外收支(万元)	-21.02	-121.31	26.07
利润总额(万元)	1457.30	1243.14	5713.04
净利润(万元)	1234.17	998.12	4634.80

十大股东

序号	股东名称	股份性质	持股数(万股)	比例(%)
1	桂林旅游发展总公司	国有法人股	7642.77	43.18
2	桂林五洲旅游股份有限公司	境内法人股	3621.74	20.46
3	桂林三花股份有限公司	境内法人股	145.16	0.82
4	桂林集琦集团有限公司	国有法人股	145.16	0.82
5	桂林中国国际旅行社	国有法人股	145.16	0.82
6	林鸣	流通A股	29.54	0.17
7	洛桑云丹	流通A股	21.76	0.12
8	黄政民	流通A股	20.00	0.11
9	帕力旦木	流通A股	18.14	0.10
10	周平	流通A股	15.90	0.09

股东人数	2004.6	2003.12	2003.6	2002
	15714	11232	6914	8223

近年分配	2004年5月27日10派0.50	近年配股/增发	

重大事项

公司2003年年度股东大会审议通过了每10股派发现金0.5元(含税)的2003年度利润分配方案,以2004年5月26日为派息股权登记日,2004年5月27日为除息日。本公司于2004年1月16日召开的2004年第一次临时股东大会通过了关于公司投资6,200万元建设桂林市琴潭汽车客运站的议案。

二〇〇三年以来市场表现

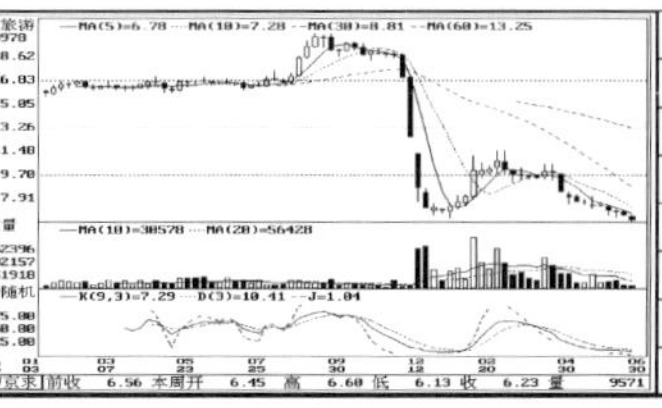

2003年涨跌幅(%)	-57.73
2003年最高(元)	20.35
2003年最低(元)	6.55
2003年换手率(%)	241.93
2004.06涨跌幅(%)	-7.70
2004.06最高(元)	11.45
2004.06最低(元)	6.13
2004.06换手率(%)	252.91

安徽省科苑(集团)股份有限公司

公司概况

公司名称	安徽省科苑(集团)股份有限公司	股票代码	000979
注册地址	安徽省宿州市浍水路271号	邮政编码	234023
法人代表	吴立平	董秘	欧阳明
电话	0557-3920707	传真	0557-3912448
主营业务	生物工程、精细化工		
总股本	9400.00	流通A	4000.00
流通B		流通H	
审计单位		审计意见	未审计

主要财务指标

年度	2004.6	2003	2002
每股收益/扣除后(元)	0.0353	-0.1800	-0.2100
每股经营现金流量(元)	0.0340	0.5200	0.1000
每股净资产/调整后(元)	4.8000	4.7700	4.7400
每股公积金(元)	3.7436	3.7436	3.7190
净资产收益率(%)	0.8800	0.3100	-4.0100
总资产(万元)	95175.10	93875.95	80564.21
股东权益(万元)	46143.11	45736.22	45142.63
未分配利润(万元)	303.83	-103.07	-247.03
主营收入(万元)	18871.69	32425.07	28692.05
资本公积金(万元)	35189.58	35189.58	34958.17
主营利润(万元)	2169.40	3760.02	3892.99
其他业务利润(万元)	749.20	127.84	-0.97
营业利润(万元)	353.67	-1362.65	-2909.47
投资收益(万元)	20.64	1752.73	853.72
补贴收入(万元)	34.91		
营业外收支(万元)	126.11	70.97	-0.51
利润总额(万元)	535.33	461.04	-2143.41
净利润(万元)	406.89	143.96	-1808.85

十大股东

序号	股东名称	股份性质	持股数(万股)	比例(%)
1	安徽省应用技术研究所	发起人法人股	4914.00	52.28
2	宿州市技术服务公司	发起人法人股	270.00	2.87
3	汪德荣	个人股	54.00	0.57
4	李健	个人股	40.50	0.43
5	夏洪亮	个人股	40.50	0.43
6	刘勇	个人股	40.50	0.43
7	胡明	个人股	40.50	0.43
8	乔岳	流通A股	19.38	0.21
9	张月华	流通A股	15.82	0.17
10	林海滨	流通A股	14.15	0.15

股东人数	2004.6	2003.12	2003.6	2002
	28230	29016	29333	32478

近年分配		近年配股/增发	

重大事项

2004年5月31日,本公司与上海亚安投资有限公司签订《协议书》,将原委托给平安证券有限责任公司伍仟万元委托资产管理权、收益权等各项权益以伍仟万元的价格转让给上海亚安投资有限公司。

二〇〇三年以来市场表现

2003年涨跌幅(%)	-40.24
2003年最高(元)	14.68
2003年最低(元)	7.20
2003年换手率(%)	135.76
2004.06涨跌幅(%)	1.40
2004.06最高(元)	11.98
2004.06最低(元)	7.80
2004.06换手率(%)	104.96

黄山金马股份有限公司

公司概况

公司名称	黄山金马股份有限公司	股票代码	000980
注册地址	安徽省黄山市歙县壕城路1号	邮政编码	245200
法人代表	应建仁	董秘	高美庆
电话	0559-6537831	传真	0559-6537888
主营业务	汽车仪表、摩托车仪表		
总股本	15000.00	流通 A	5800.00
流通 B		流通 H	
审计单位		审计意见	未审计

主要财务指标

年度	2004.6	2003	2002
每股收益/扣除后(元)	0.0204	-0.0798	0.6456
每股经营现金流量(元)	-0.5480	0.4400	0.6100
每股净资产/调整后(元)	2.5900	2.5200	2.4700
每股公积金(元)	2.0348	2.0348	2.0079
净资产收益率(%)	0.8100	2.2800	-23.8000
总资产(万元)	65784.25	58480.42	88795.13
股东权益(万元)	38895.26	38578.29	37293.85
未分配利润(万元)	-7844.76	-8161.73	-9042.31
主营收入(万元)	6892.49	13106.78	21645.57
资本公积金(万元)	30522.51	30522.51	30118.65
主营利润(万元)	1424.61	1915.80	1489.77
其他业务利润(万元)	64.40	41.62	0.46
营业利润(万元)	340.99	-524.87	-8473.03
投资收益(万元)			396.23
补贴收入(万元)	20.48		
营业外收支(万元)	-9.08	1651.77	-6.98
利润总额(万元)	352.38	1126.89	-8876.96
净利润(万元)	316.97	880.58	-8877.03

十大股东

序号	股东名称	股份性质	持股数(万股)	比例(%)
1	黄山金马集团有限公司	境内法人股	9030.30	60.20
2	杭州永磁集团有限公司	境内法人股	65.27	0.44
3	胡卫洪	流通A股	46.31	0.31
4	黄山徽新金塑有限公司	境内法人股	39.16	0.26
5	中国兵器工业第二一四研究所	境内法人股	32.63	0.22
6	黄山普乐房产开发公司	境内法人股	32.63	0.22
7	林鹭芬	流通A股	21.42	0.14
8	国元证券	流通A股	18.17	0.12
9	曹端	流通A股	18.03	0.12
10	陈杏元	流通A股	18.00	0.12

股东人数	2004.6	2003.12	2003.6	2002
	25317	27135	29116	34098

近年分配		近年配股/增发	

重大事项

2003年4月25日，歙县财政局受黄山市财政局委托与铁牛实业和永康模具签订了《收购协议书》及《股权转让协议》。歙县财政局将其受托持有的金马集团的11700万元的股权转让给铁牛实业，将其受托持有的金马集团的1300万元的股权转让给永康模具。目前，该股权转让的有关事项已办理完毕。

二〇〇三年以来市场表现

2003年涨跌幅(%)	-30.47
2003年最高(元)	8.46
2003年最低(元)	4.65
2003年换手率(%)	190.34
2004.06涨跌幅(%)	-11.76
2004.06最高(元)	6.53
2004.06最低(元)	4.20
2004.06换手率(%)	107.95

甘肃兰光科技股份有限公司

公司概况

公司名称	甘肃兰光科技股份有限公司	股票代码	000981
注册地址	甘肃省兰州市高新技术产业开发区张苏滩573号8楼	邮政编码	518031
法人代表	路有志	董秘	李伟
电话	0755-83321515	传真	0755-83354195
主营业务	高科技电子信息产品		
总股本	16100.00	流通 A	5000.00
流通 B		流通 H	
审计单位		审计意见	未审计

主要财务指标

年度	2004.6	2003	2002
每股收益/扣除后(元)	-0.0080	0.0670	0.1040
每股经营现金流量(元)	-0.2640	0.4300	-0.1530
每股净资产/调整后(元)	3.9600	3.9700	3.6600
每股公积金(元)	2.7205	2.7205	2.7205
净资产收益率(%)	0.0690	2.5000	2.4400
总资产(万元)	120636.51	134389.06	130685.60
股东权益(万元)	64520.86	64654.88	63161.95
未分配利润(万元)	3732.09	3687.53	2521.04
主营收入(万元)	30472.85	70113.70	74225.44
资本公积金(万元)	43800.26	43800.26	43800.26
主营利润(万元)	3226.34	7971.07	6003.24
其他业务利润(万元)	-36.60	61.65	1.43
营业利润(万元)	102.87	2104.14	847.12
投资收益(万元)	68.46	132.50	-141.01
补贴收入(万元)	1.64	6.90	0.48
营业外收支(万元)	-13.34	-48.92	2.18
利润总额(万元)	159.63	2194.62	650.14
净利润(万元)	44.56	1615.97	1542.57

十大股东

序号	股东名称	股份性质	持股数(万股)	比例(%)
1	深圳兰光经济发展公司	国有法人股	9910.00	61.55
2	北京科力新技术发展总公司	境内法人股	600.00	3.73
3	凌源钢铁股份有限公司	境内法人股	220.00	1.37
4	上海创思科技有限公司	境内法人股	180.00	1.12
5	深圳大学文化科技服务公司	境内法人股	100.00	0.62
6	西安通盛科技有限责任公司	境内法人股	90.00	0.56
7	赖玉培	流通A股	11.14	0.07
8	王凤英	流通A股	10.35	0.06
9	江苏华西村股份有限公司	流通A股	10.00	0.06
10	中信国安信息产业股份有限公司	流通A股	10.00	0.06

股东人数	2004.6	2003.12	2003.6	2002
	36495	38185	40687	43004

近年分配		近年配股/增发	

重大事项

2004年6月26日，本公司与北京科力新技术发展总公司(科力公司)、北京市科学器材公司(科器公司)在深圳签署"出资转让协议"，科力公司将其持有的北京北科兰光能源系统技术有限责任公司全部注册资本37%转让给本公司；北京市科学器材公司将其持有的北京北科兰光能源系统技术有限责任公司全部注册资本14%转让给本公司。

二〇〇三年以来市场表现

2003年涨跌幅(%)	-38.05
2003年最高(元)	13.25
2003年最低(元)	6.56
2003年换手率(%)	162.34
2004.06涨跌幅(%)	0.87
2004.06最高(元)	9.98
2004.06最低(元)	6.80
2004.06换手率(%)	109.49

宁夏圣雪绒股份有限公司

公司概况

公司名称	宁夏圣雪绒股份有限公司	股票代码	000982
注册地址	宁夏回族自治区银川市解放西街363号	邮政编码	750001
法人代表	侯羽乾	董秘	房进贤
电话	0951-5026999,5048418	传真	0951-5043634
主营业务	羊绒及其制品的生产		
总股本	7400.00	流通 A	3000.00
流通 B		流通 H	
审计单位		审计意见	未审计

主要财务指标

年度	2004.6	2003	2002
每股收益/扣除后(元)	-0.0327	-0.2900	-0.0100
每股经营现金流量(元)	0.0910	1.7700	0.3100
每股净资产/调整后(元)	4.6500	4.6800	4.5300
每股公积金(元)	3.2858	3.2827	3.0887
净资产收益率(%)	1.4200	1.2100	1.5400
总资产(万元)	135408.59	156696.98	142053.02
股东权益(万元)	36871.38	36693.05	35116.29
未分配利润(万元)	3094.15	2876.16	3092.06
主营收入(万元)	13430.04	56142.69	51218.65
资本公积金(万元)	24314.94	24291.62	22856.54
主营利润(万元)	2941.83	7847.11	9446.16
其他业务利润(万元)	35.51	-101.34	-0.34
营业利润(万元)	781.28	-749.99	1254.69
投资收益(万元)	46.18	1998.80	177.37
补贴收入(万元)			
营业外收支(万元)	-4.55	-129.74	-0.92
利润总额(万元)	822.91	1119.08	1753.29
净利润(万元)	525.00	442.58	541.03

十大股东

序号	股东名称	股份性质	持股数(万股)	比例(%)
1	宁夏圣雪绒国际企业集团有限公司	国有股	4000.00	54.05
2	深圳市日神实业集团有限公司	法人股	400.00	5.41
3	姜宏斌	自然人	28.53	0.39
4	赵桂霞	自然人	20.02	0.27
5	陆裕彬	自然人	15.58	0.21
6	郭维康	自然人	14.90	0.20
7	齐国威	自然人	12.70	0.17
8	卢泽梅	自然人	12.27	0.17
9	徐富德	自然人	11.18	0.15
10	翟人萱	自然人	10.86	0.15

股东人数

2004.6	2003.12	2003.6	2002
11241	12895	15155	16579

近年分配

近年分配	近年配股/增发
2004年7月13日10派0.50	2004年7月13日10转10

重大事项

2004年3月26日公司第二届董事会第二十次会议，通过了关于出让宁夏圣雪绒纺织有限公司股权的议案，公司将持有该公司90%的股权，2880万元出让给宁夏浩海房地产开发有限公司，2004年3月30日，公司与宁夏浩海房地产开发有限公司签订了《宁夏圣雪绒纺织有限公司股权转让协议书》。

二○○三年以来市场表现

2003年涨跌幅(%)	-25.59
2003年最高(元)	14.40
2003年最低(元)	7.08
2003年换手率(%)	62.57
2004.06涨跌幅(%)	14.80
2004.06最高(元)	14.95
2004.06最低(元)	9.41
2004.06换手率(%)	29.46

山西西山煤电股份有限公司

公司概况

公司名称	山西西山煤电股份有限公司	股票代码	000983
注册地址	山西省太原市西矿街319号	邮政编码	030053
法人代表	李仪	董秘	宁志华
电话	0351-6137052	传真	0351-6127434
主营业务	煤炭生产、洗选加工		
总股本	80800.00	流通 A	28800.00
流通 B		流通 H	
审计单位		审计意见	未审计

主要财务指标

年度	2004.6	2003	2002
每股收益/扣除后(元)	0.3534	0.3600	0.2500
每股经营现金流量(元)	0.5900	0.9300	0.3900
每股净资产/调整后(元)	4.1800	4.0200	3.7200
每股公积金(元)	2.2028	2.2028	2.2024
净资产收益率(%)	8.3200	9.0400	6.7800
总资产(万元)	675660.06	539510.75	451411.06
股东权益(万元)	343697.12	331276.47	301409.69
未分配利润(万元)	68641.79	56221.13	30863.22
主营收入(万元)	169937.52	284828.47	209706.78
资本公积金(万元)	177984.67	177984.67	177950.73
主营利润(万元)	58924.77	96991.03	77620.62
其他业务利润(万元)	814.50	1213.34	28.00
营业利润(万元)	38981.35	42621.65	29975.50
投资收益(万元)		1446.29	
补贴收入(万元)	20.97	236.75	-0.86
营业外收支(万元)	39.80	-759.97	-0.17
利润总额(万元)	39042.11	43544.72	30021.57
净利润(万元)	28580.65	29955.99	20433.27

十大股东

序号	股东名称	股份性质	持股数(万股)	比例(%)
1	山西焦煤集团有限责任公司	国有法人股	50953.00	63.06
2	银河银泰理财分红证券投资基金	流通股	769.97	0.95
3	通乾证券投资基金	流通股	762.60	0.94
4	华安创新证券投资基金	流通股	730.00	0.90
5	华安证券有限责任公司	流通股	663.32	0.82
6	广发聚富开放式证券投资基金	流通股	600.00	0.74
7	上海证券有限责任公司	流通股	580.25	0.72
8	开元证券投资基金	流通股	532.21	0.66
9	申万巴黎盛利精选证券投资基金	流通股	529.22	0.65
10	太原市杰森实业有限公司	法人股	466.00	0.58

股东人数

2004.6	2003.12	2003.6	2002
63306	109378	120734	139405

近年分配

近年分配	近年配股/增发
2004年6月16日10派2.00	

重大事项

2004年4月7日，公司为控股子公司山西兴能发电有限责任公司向中国银行太原市北城支行申请5亿元贷款提供了担保。2004年3月16日，公司为控股子公司山西西山晋兴能源有限责任公司向中国工商银行太原市西山支行申请2亿元贷款提供了担保。

二○○三年以来市场表现

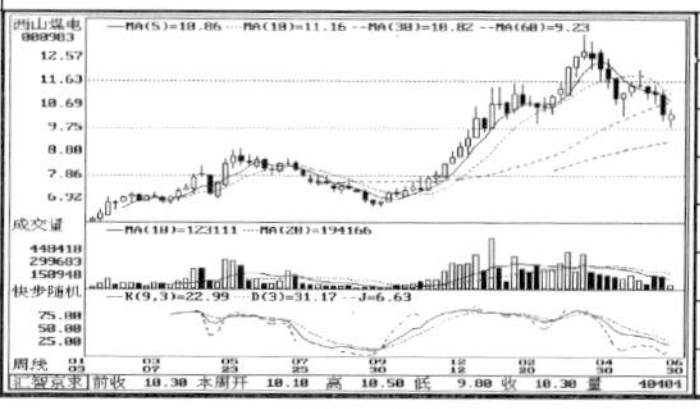

2003年涨跌幅(%)	62.99
2003年最高(元)	10.40
2003年最低(元)	5.68
2003年换手率(%)	186.52
2004.06涨跌幅(%)	8.76
2004.06最高(元)	13.31
2004.06最低(元)	9.40
2004.06换手率(%)	181.11

大庆华科股份有限公司

公司概况

公司名称	大庆华科股份有限公司	股票代码	000985
注册地址	大庆高新技术产业开发区建设路239号	邮政编码	163316
法人代表	万志强	董秘	孟凡礼
电话	0459-6291061,6280287	传真	0459-6282351
主营业务	聚丙烯		
总股本	11500.00	流通A	3000.00
流通B		流通H	
审计单位		审计意见	未审计

主要财务指标

年度	2004.6	2003	2002
每股收益/扣除后(元)	0.0340	0.0740	0.0800
每股经营现金流量(元)	0.2528	0.2250	0.4600
每股净资产/调整后(元)	3.4300	3.4600	3.3800
每股公积金(元)	2.1780	2.1780	2.1780
净资产收益率(%)	0.8500	2.6500	2.6100
总资产(万元)	47279.28	47910.35	52384.29
股东权益(万元)	39621.44	39972.98	39030.73
未分配利润(万元)	1007.15	1358.69	595.27
主营收入(万元)	32923.17	61162.25	48977.17
资本公积金(万元)	25046.66	25046.66	25046.66
主营利润(万元)	1847.28	5027.71	4878.30
其他业务利润(万元)	100.15	-31.60	-0.21
营业利润(万元)	387.35	849.99	909.13
投资收益(万元)	5.32		34.08
补贴收入(万元)		2.50	0.05
营业外收支(万元)	-57.68	-0.67	-0.01
利润总额(万元)	334.98	851.82	1166.02
净利润(万元)	338.46	1059.45	1019.69

十大股东

序号	股东名称	股份性质	持股数(万股)	比例(%)
1	大庆高新技术产业开发区高科技开发总公司	国有法人股	8398.09	73.03
2	徐良浩	流通A股	45.97	0.40
3	大庆龙化新实业总公司	境内法人股	33.97	0.30
4	大庆高新区华滨化工有限公司	境内法人股	33.97	0.30
5	大庆龙源石化股份有限公司	境内法人股	33.97	0.30
6	宋金华	流通A股	21.20	0.18
7	方俊星	流通A股	18.61	0.16
8	喻红华	流通A股	17.84	0.16
9	深圳市华秋实业有限公司	流通A股	11.75	0.10
10	嵇洪玉	流通A股	10.70	0.09

股东人数

2004.6	2003.12	2003.6	2002
19602	20552	21540	22132

近年分配	2004年7月6日10派0.6	近年配股/增发	

重大事项

公司2004年5月25日召开的2004年第一次临时董事会会议及2004年6月27日召开的2004年第一次临时股东大会审议通过了关于将药业分公司全部固定资产、土地使用权及在建工程租赁给大庆医药有限责任公司的议案。

二〇〇三年以来市场表现

2003年涨跌幅(%)	-37.15
2003年最高(元)	13.62
2003年最低(元)	7.15
2003年换手率(%)	108.05
2004.06涨跌幅(%)	7.34
2004.06最高(元)	11.89
2004.06最低(元)	7.55
2004.06换手率(%)	123.80

广州友谊商店股份有限公司

公司概况

公司名称	广州友谊商店股份有限公司	股票代码	000987
注册地址	广东省广州市环市东路369号	邮政编码	510095
法人代表	房向前	董秘	邓美薇
电话	020-83577980	传真	020-83572228
主营业务	百货零售、批发		
总股本	23930.54	流通A	8856.00
流通B		流通H	
审计单位		审计意见	未审计

主要财务指标

年度	2004.6	2003	2002
每股收益/扣除后(元)	0.1098	0.1600	0.1500
每股经营现金流量(元)	0.0320	0.6300	0.4400
每股净资产/调整后(元)	2.6910	2.6300	2.5500
每股公积金(元)	0.7513	0.7513	0.7513
净资产收益率(%)	4.0000	6.2500	6.2500
总资产(万元)	96846.42	99555.96	80874.29
股东权益(万元)	65658.74	65665.40	61358.13
未分配利润(万元)	7857.74	7864.41	4233.86
主营收入(万元)	57992.25	100605.17	90445.05
资本公积金(万元)	17979.69	17979.69	17979.69
主营利润(万元)	11401.56	18427.91	19285.19
其他业务利润(万元)	2651.97	3865.07	-25.78
营业利润(万元)	3876.23	5964.92	5291.46
投资收益(万元)	-13.20	303.07	-306.74
补贴收入(万元)			
营业外收支(万元)	-1.85	47.52	-0.62
利润总额(万元)	3861.18	6315.51	5011.46
净利润(万元)	2625.69	4106.70	3832.49

十大股东

序号	股东名称	股份性质	持股数(万股)	比例(%)
1	广州市国有资产管理局	国家股	15074.54	62.99
2	中国银行-嘉实服务增值行业证券投资基金	流通A股	107.64	0.45
3	冯玉魁	流通A股	67.11	0.28
4	庞华龙	流通A股	19.59	0.08
5	叶镁镁	流通A股	17.02	0.07
6	杨斌	流通A股	16.84	0.07
7	方志远	流通A股	15.30	0.06
8	林海	流通A股	14.92	0.06
9	袭荣	流通A股	13.37	0.06
10	陈汉顺	流通A股	13.19	0.06

股东人数

2004.6	2003.12	2003.6	2002
39616	40458	41195	41357

近年分配	2004年6月4日10派1.10	近年配股/增发	

重大事项

公司2003年度利润分配方案已经2004年5月12日召开的2003年度股东大会审议通过，以公司年末的股份总数239,305,405为基数，向全体股东每10股派送现金1.10元(含税)，支付的现金红利共26,323,594.60元。公司已于2004年6月4日实施了现金红利的发放。

二〇〇三年以来市场表现

2003年涨跌幅(%)	-34.04
2003年最高(元)	8.57
2003年最低(元)	4.51
2003年换手率(%)	91.62
2004.06涨跌幅(%)	8.00
2004.06最高(元)	6.76
2004.06最低(元)	4.86
2004.06换手率(%)	108.46

华工科技产业股份有限公司

公司概况

公司名称	华工科技产业股份有限公司	股票代码	000988
注册地址	武汉东湖高新技术开发区华中科技大学科技园	邮政编码	430223
法人代表	王延觉	董秘	杨兴国
电话	027-87180121	传真	027-87180126
主营业务	激光技术、软件		

总股本	29900.00	流通 A	7800.00	流通 B		流通 H	
审计单位				审计意见	未审计		

主要财务指标

年度	2004.6	2003	2002
每股收益 / 扣除后(元)	0.0700	0.1500	0.3200
每股经营现金流量(元)	0.0070	0.1000	-0.4500
每股净资产 / 调整后(元)	2.1700	2.8400	5.3000
每股公积金(元)	0.9092	1.0631	3.6506
净资产收益率(%)	3.2400	5.7000	6.5500
总资产(万元)	66281.99	116727.67	105626.56
股东权益(万元)	65671.21	66042.23	61692.31
未分配利润(万元)	3671.52	3842.28	5246.84
主营收入(万元)	29368.43	40079.00	34705.21
资本公积金(万元)	27185.38	31785.38	41981.80
主营利润(万元)	7243.13	13067.72	12094.17
其他业务利润(万元)	393.96	73.04	0.87
营业利润(万元)	2462.58	3449.58	4652.06
投资收益(万元)	-12.79	395.47	83.40
补贴收入(万元)	81.24	234.07	-3.69
营业外收支(万元)	-39.60	-21.43	-0.18
利润总额(万元)	2491.42	4057.69	4867.89
净利润(万元)	2129.24	3766.56	4041.61

十大股东

序号	股东名称	股份性质	持股数(万股)	比例(%)
1	武汉华中科技大产业集团有限公司	国有法人股	17018.27	56.92
2	华中理工大学印刷厂	国有法人股	1827.12	6.11
3	江汉石油钻头股份有限公司	境内法人股	1782.72	5.96
4	武汉建设投资公司	国有法人股	1034.15	3.46
5	武汉鸿象信息技术公司	国有法人股	227.79	0.76
6	华中理工大学机电工程公司	国有法人股	209.95	0.70
7	肖冬连	流通 A 股	40.69	0.14
8	莫云	流通 A 股	22.60	0.08
9	陈毅军	流通 A 股	19.94	0.07
10	陆杰	流通 A 股	17.24	0.06

股东人数

2004.6	2003.12	2003.6	2002
39210	29668	28586	30554

近年分配	近年配股 / 增发
2004 年 4 月 8 日 10 派 1.00	2004 年 4 月 8 日 10 转 2 送 1

重大事项

2004 年 6 月 3 日，公司第二届董事会第十二次会议通过了《关于转让同济部分股权的议案》，同意公司将所持有武汉同济现代医药有限公司（同济现代）57.88%的股权分别转让给湖北胜世投资有限公司和武汉安博医药科技投资有限公司，转让价格共计人民币 3100 万元。

二〇〇三年以来市场表现

2003 年涨跌幅(%)	-12.15
2003 年最高(元)	14.08
2003 年最低(元)	7.60
2003 年换手率(%)	276.82
2004.06 涨跌幅(%)	15.90
2004.06 最高(元)	13.65
2004.06 最低(元)	8.48
2004.06 换手率(%)	293.39

九芝堂股份有限公司

公司概况

公司名称	九芝堂股份有限公司	股票代码	000989
注册地址	长沙市芙蓉中路一段 129 号	邮政编码	410008
法人代表	余克建	董秘	汪崇湘
电话	0731-4499905	传真	0731-4499905
主营业务	中成药、中药饮片		

总股本	26184.99	流通 A	12360.27	流通 B		流通 H	
审计单位				审计意见	未审计		

主要财务指标

年度	2004.6	2003	2002
每股收益 / 扣除后(元)	0.1443	0.3620	0.3800
每股经营现金流量(元)	0.1240	0.3800	0.5650
每股净资产 / 调整后(元)	4.0670	4.8700	2.9500
每股公积金(元)	2.7074	3.4479	1.8776
净资产收益率(%)	4.7500	7.5900	12.3400
总资产(万元)	127401.23	133738.34	101908.58
股东权益(万元)	108980.02	108151.65	51002.22
未分配利润(万元)	7483.16	6675.40	262.84
主营收入(万元)	48526.52	101856.68	90513.09
资本公积金(万元)	70892.02	75235.59	31395.15
主营利润(万元)	18187.67	39293.70	32979.00
其他业务利润(万元)	15.85	22.88	0.28
营业利润(万元)	4335.09	9044.13	6809.52
投资收益(万元)	1109.86	84.16	-68.58
补贴收入(万元)	14.00	39.05	0.45
营业外收支(万元)	472.98	952.44	-0.04
利润总额(万元)	5931.93	10119.78	7012.67
净利润(万元)	5171.93	8208.78	6292.09

十大股东

序号	股东名称	股份性质	持股数(万股)	比例(%)
1	长沙九芝堂集团有限公司	境内法人股	12186.72	46.54
2	国投创业投资有限公司	国有法人股	1404.00	5.36
3	裕隆证券投资基金	境内法人股	475.57	1.82
4	五矿集团财务有限责任公司	境内法人股	434.18	1.66
5	华宝信托投资有限责任公司	境内法人股	312.42	1.19
6	海南湘远工贸有限公司	国有法人股	124.80	0.48
7	湖南省医药公司	国有法人股	78.00	0.30
8	天津华汇科技投资发展有限公司	境内法人股	76.86	0.29
9	北京大学教育基金会	境内法人股	69.43	0.27
10	交通银行-富国天益价值证券投资基金	境内法人股	48.75	0.19

股东人数

2004.6	2003.12	2003.6	2002
35432	34552	27446	26304

近年分配	近年配股 / 增发
2004 年 5 月 12 日 10 派 2.00	2004 年 5 月 12 日 10 转 2

重大事项

本公司控股子公司成都金鼎原股本金为 2693.19 万元，本公司持有 91.5%的股权，2004 年 4 月 10 日使用自有资金 53 万元收购该公司自然人股东蒋明持有的 1.5%的股权，持股比例增至 93%。同时，报告期内本公司以 GMP 改造投资资金单方面对该公司进行增资扩股，股本金增至 5407.2 万元，本公司现实际持有该公司 96.51%的股权。

二〇〇三年以来市场表现

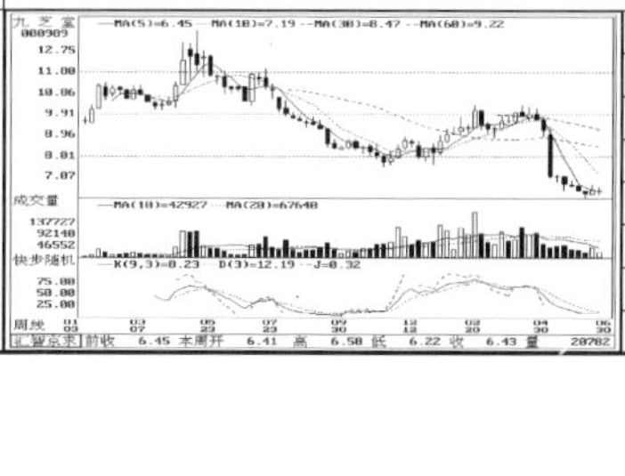

2003 年涨跌幅(%)	-11.56
2003 年最高(元)	10.97
2003 年最低(元)	6.08
2003 年换手率(%)	154.66
2004.06 涨跌幅(%)	-4.46
2004.06 最高(元)	8.42
2004.06 最低(元)	6.12
2004.06 换手率(%)	140.98

诚志股份有限公司

公司概况

公司名称	诚志股份有限公司			股票代码	000990	
注册地址	江西省南昌市庐山中大道60号			邮政编码	330013	
法人代表	荣泳霖		董秘	许晓阳		
电话	0791-3826898		传真	0791-3826899		
主营业务	日用化学产品					
总股本	17925.00	流通A	7200.00	流通B		流通H
审计单位			审计意见	未审计		

主要财务指标

年度	2004.6	2003	2002
每股收益/扣除后(元)	0.1146	0.2680	0.2530
每股经营现金流量(元)	-0.1570	0.4200	0.3300
每股净资产/调整后(元)	4.2800	4.2400	3.9400
每股公积金(元)	2.4075	2.4074	2.4074
净资产收益率(%)	3.0200	7.3100	7.9800
总资产(万元)	174293.37	159247.09	141021.62
股东权益(万元)	77680.81	76586.97	70986.25
未分配利润(万元)	12038.04	10946.26	6465.69
主营收入(万元)	67651.68	145611.80	81106.07
资本公积金(万元)	43155.21	43153.14	43153.14
主营利润(万元)	10384.44	20626.90	18005.26
其他业务利润(万元)	53.47	569.32	-1.56
营业利润(万元)	2996.62	6864.30	5400.75
投资收益(万元)	-160.49	-136.40	-69.58
补贴收入(万元)	440.32	941.22	518.72
营业外收支(万元)	-3.12	-59.40	-0.43
利润总额(万元)	3273.32	7609.71	6433.43
净利润(万元)	2346.53	5600.72	5530.24

十大股东

序号	股东名称	股份性质	持股数(万股)	比例(%)
1	清华控股有限公司	国有法人股	5198.25	29.00
2	清华同方股份有限公司	境内法人股	3861.18	21.54
3	鹰潭市经贸国有资产运营公司	国家股	832.91	4.65
4	江西草珊瑚企业(集团)公司	国有法人股	725.42	4.05
5	罗来冰	流通股	195.47	1.09
6	杨谦	流通股	140.51	0.78
7	赵华	流通股	117.49	0.66
8	唐学成	流通股	78.62	0.44
9	陈敏	流通股	76.13	0.42
10	何文利	流通股	66.42	0.37

股东人数	2004.6	2003.12	2003.6	2002
	27754	24309	29726	31792

近年分配		近年配股/增发	

重大事项

公司为下属控股子公司江西诚志医药集团有限公司向建行江西省分行申请3000万元贷款提供担保;公司为下属控股子公司诚志生命科技有限公司向建行江西省分行申请5000万元贷款提供担保。公司为下属控股子公司珠海诚志通发展有限公司向广东发展银行吉大支行申请2000万元授信额度提供担保。

二〇〇三年以来市场表现

2003年涨跌幅(%)	-9.55
2003年最高(元)	11.58
2003年最低(元)	7.96
2003年换手率(%)	228.35
2004.06涨跌幅(%)	-8.19
2004.06最高(元)	12.38
2004.06最低(元)	7.60
2004.06换手率(%)	175.82

福建闽东电力股份有限公司

公司概况

公司名称	福建闽东电力股份有限公司			股票代码	000993	
注册地址	福建省宁德市蕉城区环城路闽东大广场华隆大厦8-10层			邮政编码	352100	
法人代表	翁小巧		董秘	杨建华		
电话	0593-2098123		传真	0593-2098993		
主营业务	水电开发					
总股本	30000.00	流通A	10000.00	流通B		流通H
审计单位			审计意见	未审计		

主要财务指标

年度	2004.6	2003	2002
每股收益/扣除后(元)	-0.1305	-0.3100	0.0300
每股经营现金流量(元)	-0.0870	-0.4136	0.2300
每股净资产/调整后(元)	4.2200	4.3581	4.6700
每股公积金(元)	3.7496	3.7496	3.7452
净资产收益率(%)	-3.0000	-7.0421	1.5600
总资产(万元)	235703.53	258037.67	242334.19
股东权益(万元)	132040.95	136004.27	145017.70
未分配利润(万元)	-13048.00		148.86
主营收入(万元)	9048.54	22084.27	23026.94
资本公积金(万元)	112488.96	112488.39	112355.03
主营利润(万元)	1111.50	6547.09	11755.34
其他业务利润(万元)	136.56	194.46	3.10
营业利润(万元)	-5198.69	-8129.15	2432.17
投资收益(万元)	1400.14	-777.61	935.23
补贴收入(万元)			
营业外收支(万元)	-90.06	-229.93	5.98
利润总额(万元)	-3888.61	-9136.69	2987.51
净利润(万元)	-3963.89	-9577.60	2256.10

十大股东

序号	股东名称	股份性质	持股数(万股)	比例(%)
1	宁德市国有资产投资经营有限公司	国家股	19847.00	66.16
2	江苏综艺股份有限公司	流通A股	196.50	0.66
3	上海市黄浦区市政建设有限公司	流通A股	103.19	0.34
4	福建省盛德家私装饰有限公司	流通A股	78.62	0.26
5	宁德市电力电器厂	境内法人股	45.60	0.15
6	福建省闽东水电综合服务公司	境内法人股	39.00	0.13
7	巨化集团公司	流通A股	37.00	0.12
8	宁德市电力勘察设计所	国有法人股	35.80	0.12
9	宁德市昌达输变电工程有限公司	国有法人股	32.60	0.11
10	张恒永	流通A股	28.00	0.09

股东人数	2004.6	2003.12	2003.6	2002
	49515	54059	55665	49127

近年分配		近年配股/增发	

重大事项

2004年1月本公司与福州吴航钢铁制品有限公司签定股权转让协议,本公司将宁德榕航不锈钢有限责任公司48%股权转让给福州吴航钢铁制品有限公司,转让价格1200万元,本期收到600万元。

二〇〇三年以来市场表现

2003年涨跌幅(%)	-7.83
2003年最高(元)	8.69
2003年最低(元)	5.41
2003年换手率(%)	141.80
2004.06涨跌幅(%)	-16.98
2004.06最高(元)	7.20
2004.06最低(元)	5.20
2004.06换手率(%)	100.89

甘肃皇台酒业股份有限公司

公司概况

公司名称	甘肃皇台酒业股份有限公司				股票代码	000995	
注册地址	甘肃省武威市新建路55号				邮政编码	733000	
法人代表	张景发		董秘	毛宏			
电话	0935-6139888,6139893		传真	0935-6139888			
主营业务	酒类的酿造和销售						
总股本	15400.00	流通A	4400.00	流通B		流通H	
审计单位			审计意见	未审计			

主要财务指标

年度	2004.6	2003	2002
每股收益/扣除后(元)	0.0106	-0.7900	-0.0600
每股经营现金流量(元)	0.0100	-0.0400	-0.0600
每股净资产/调整后(元)	2.1300	2.1000	3.2000
每股公积金(元)	1.8028	1.8028	2.0830
净资产收益率(%)	0.4900	-35.0000	0.4700
总资产(万元)	54367.19	54466.23	66845.36
股东权益(万元)	33309.73	33145.28	46287.54
未分配利润(万元)	-10438.98	-10603.42	616.51
主营收入(万元)	3867.77	5055.81	10548.62
资本公积金(万元)	27762.58	27762.58	29162.51
主营利润(万元)	1299.47	725.18	3807.99
其他业务利润(万元)	79.29	81.08	1.35
营业利润(万元)	221.29	-12424.98	600.63
投资收益(万元)		5.86	
补贴收入(万元)		2982.57	-2.67
营业外收支(万元)	0.12	-2298.88	-0.12
利润总额(万元)	221.42	-11735.44	857.06
净利润(万元)	164.45	-11576.76	217.48

十大股东

序号	股东名称	股份性质	持股数(万股)	比例(%)
1	北京皇台商贸有限责任公司	国有法人股	5545.93	36.01
2	武威鼎泰亨通有限公司	境内法人股	4466.00	29.00
3	北京丽泽隆科贸公司	境内法人股	329.36	2.14
4	上海人民印刷八厂	境内法人股	329.36	2.14
5	温州天元新技术有限公司	境内法人股	164.68	1.07
6	北京兴泽隆科贸公司	境内法人股	164.68	1.07
7	凌锡华	流通A股	23.28	0.15
8	田顺义	流通A股	20.97	0.14
9	陈树龙	流通A股	20.37	0.13
10	晏小兵	流通A股	20.02	0.13

股东人数	2004.6	2003.12	2003.6	2002
	20923	23306	24282	23967

近年分配		近年配股/增发	

重大事项

截止2003年年末,本公司之实际控制人皇台集团累计占用上市公司资金3,124.45万元;截止2004年6月30日,皇台集团累计非经营性地占用上市公司资金2784.7万元,主要是以前年度形成的垫付款项。皇台集团累计占用上市公司之资金余额下降了10.87%。

二〇〇三年以来市场表现

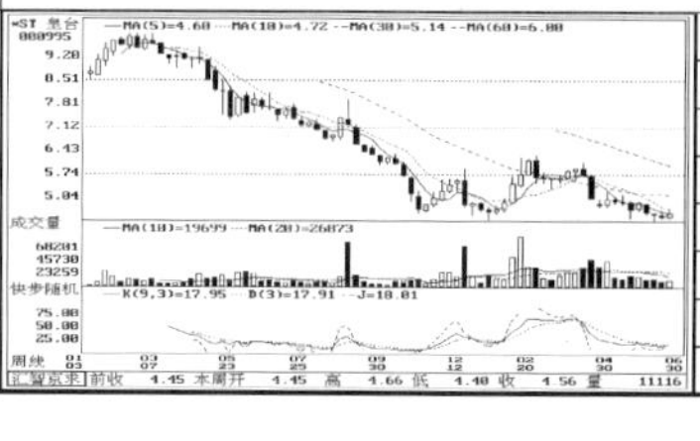

2003年涨跌幅(%)	-41.01
2003年最高(元)	8.99
2003年最低(元)	4.48
2003年换手率(%)	164.80
2004.06涨跌幅(%)	-2.15
2004.06最高(元)	6.30
2004.06最低(元)	4.35
2004.06换手率(%)	144.96

捷利实业股份有限公司

公司概况

公司名称	捷利实业股份有限公司				股票代码	000996	
注册地址	黑龙江省哈尔滨市南岗区宣义街1号				邮政编码	150001	
法人代表	姜新		董秘	徐朝武			
电话	0451-53608158,53608168		传真	0451-3608944			
主营业务	投资管理物流项目						
总股本	11500.00	流通A	3500.00	流通B		流通H	
审计单位			审计意见	未审计			

主要财务指标

年度	2004.6	2003	2002
每股收益/扣除后(元)	0.0080	-0.1300	-0.0800
每股经营现金流量(元)	-0.1730	-0.4400	-0.2500
每股净资产/调整后(元)	3.4680	3.4700	3.4400
每股公积金(元)	2.2600	2.2600	2.2577
净资产收益率(%)	0.2280	0.7000	-0.0600
总资产(万元)	54499.48	56082.19	57893.65
股东权益(万元)	39994.80	39903.65	39584.97
未分配利润(万元)	69.76	-21.39	-945.83
主营收入(万元)	5566.63	14936.51	13815.90
资本公积金(万元)	25989.51	25989.51	25963.93
主营利润(万元)	1167.24	1789.73	2224.84
其他业务利润(万元)		-66.65	-0.17
营业利润(万元)	152.46	-1616.11	-1260.25
投资收益(万元)	-8.05	1957.36	101.00
补贴收入(万元)	22.00		
营业外收支(万元)	-0.50	-148.37	1.66
利润总额(万元)	165.90	192.89	-2453.86
净利润(万元)	91.16	293.09	-2345.25

十大股东

序号	股东名称	股份性质	持股数(万股)	比例(%)
1	北京恒得创新投资有限公司	法人股	3280.00	28.52
2	哈尔滨嘉利科技发展有限公司	法人股	3220.00	28.00
3	广州骏益投资有限公司	法人股	150.00	1.30
4	赵苏明	流通股	12.00	0.10
5	徐素波	流通股	11.90	0.10
6	沃为红	流通股	11.60	0.10
7	邓宏	流通股	11.30	0.10
8	许志明	流通股	10.00	0.09
9	方凤珠	流通股	10.00	0.09
10	周毅	流通股	8.82	0.08

股东人数	2004.6	2003.12	2003.6	2002
	25313	23985	25313	25845

近年分配		近年配股/增发	

重大事项

2003年11月5日,公司与本公司独立董事熊道平达成协议,协议约定,本公司将持有的宁都创业投资有限公司8.33%的股权计1,000万股以每股1.00元的价格转让给熊道平,转让总额10,000,000.00元,款项已于2004年4月15日收到,相关股权转让过户手续办理完毕。

二〇〇三年以来市场表现

2003年涨跌幅(%)	-35.63
2003年最高(元)	12.88
2003年最低(元)	6.90
2003年换手率(%)	159.84
2004.06涨跌幅(%)	0.70
2004.06最高(元)	10.10
2004.06最低(元)	6.91
2004.06换手率(%)	90.20

福建新大陆电脑股份有限公司

公司概况

公司名称	福建新大陆电脑股份有限公司	股票代码	000997
注册地址	福建省福州市马尾区儒江西路1号	邮政编码	350015
法人代表	胡钢	董秘	李祖荣
电话	0591-3979997	传真	0591-3979997,3977666
主营业务	高科技电子产品		
总股本	23200.00	流通A	6200.00
流通B		流通H	
审计单位		审计意见	未审计

主要财务指标

年度	2004.6	2003	2002
每股收益/扣除后(元)	0.0999	0.3600	0.2700
每股经营现金流量(元)	-0.3740	0.2400	0.4000
每股净资产/调整后(元)	2.8400	5.4900	5.1400
每股公积金(元)	1.4429	3.8858	3.8902
净资产收益率(%)	3.5100	6.5000	6.3400
总资产(万元)	95861.63	98522.51	76119.80
股东权益(万元)	66304.27	63978.45	59987.26
未分配利润(万元)	5953.32	3627.50	192.37
主营收入(万元)	16248.04	38865.99	35700.11
资本公积金(万元)	33475.76	45075.76	45125.91
主营利润(万元)	5861.46	9915.57	9721.09
其他业务利润(万元)	19.99	78.22	-0.04
营业利润(万元)	2237.30	4301.36	3548.76
投资收益(万元)	312.60	173.93	555.93
补贴收入(万元)	164.62	344.78	-3.97
营业外收支(万元)	-14.44	-19.69	-0.03
利润总额(万元)	2700.09	4800.38	4292.06
净利润(万元)	2325.83	4155.91	3805.98

十大股东

序号	股东名称	股份性质	持股数(万股)	比例(%)
1	福建新大陆科技集团有限公司	境内法人股	13396.00	57.74
2	福建新大陆生物技术股份有限公司	境内法人股	1700.00	7.33
3	福建新大陆药业有限公司	境内法人股	1020.00	4.40
4	福建新大陆光电薄膜有限公司	境内法人股	340.00	1.47
5	福州开发区新大陆置业有限公司	境内法人股	340.00	1.47
6	北京科希盟科技集团有限公司	境内法人股	204.00	0.88
7	吴慧慧	流通A股	27.24	0.12
8	孙勇	流通A股	23.36	0.10
9	林宝富	流通A股	23.00	0.10
10	黄莺	流通A股	22.89	0.10

股东人数	2004.6	2003.12	2003.6	2002
	13661	14981	17495	18649

近年分配		近年配股/增发	2004年5月26日10转10

重大事项

本公司于2004年4月7日与控股股东福建新大陆科技集团有限公司(科技集团)签订了《委托代理及购销协议》:就本公司2004年度进口的、用于行业应用软件开发及服务配套销售的计算机设备,委托科技集团代理进口或由科技集团负责进口并销售给本公司。

二〇〇三年以来市场表现

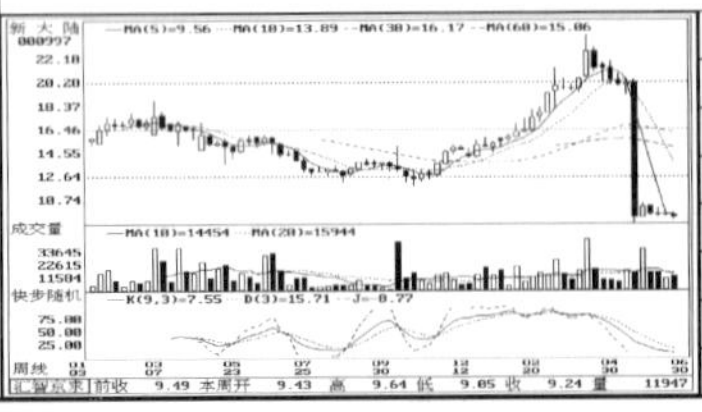

2003年涨跌幅(%)	0.26
2003年最高(元)	9.25
2003年最低(元)	5.90
2003年换手率(%)	103.60
2004.06涨跌幅(%)	21.10
2004.06最高(元)	12.05
2004.06最低(元)	7.29
2004.06换手率(%)	60.38

袁隆平农业高科技股份有限公司

公司概况

公司名称	袁隆平农业高科技股份有限公司	股票代码	000998
注册地址	湖南省工商行政管理局	邮政编码	410001
法人代表	左连生	董秘	彭光剑
电话	0731-2183880,2181658	传真	0731-2183859,2181758
主营业务	杂交水稻、杂交辣椒		
总股本	10500.00	流通A	5500.00
流通B		流通H	
审计单位		审计意见	未审计

主要财务指标

年度	2004.6	2003	2002
每股收益/扣除后(元)	0.1269	0.1730	0.0960
每股经营现金流量(元)	0.3570	-1.5140	-0.3070
每股净资产/调整后(元)	7.7930	7.7690	7.5630
每股公积金(元)	6.3433	6.3433	6.3433
净资产收益率(%)	2.1090	2.6990	1.2650
总资产(万元)	113978.95	110572.25	103235.23
股东权益(万元)	82018.85	81759.46	79552.64
未分配利润(万元)	1783.26	53.88	88.32
主营收入(万元)	34776.14	46476.54	37459.06
资本公积金(万元)	66604.21	66604.21	66604.21
主营利润(万元)	6500.81	14614.81	10514.19
其他业务利润(万元)	48.36	115.04	-1.00
营业利润(万元)	1678.77	2299.16	2973.27
投资收益(万元)	212.65	1332.54	-608.67
补贴收入(万元)			
营业外收支(万元)	388.25	-257.71	-7.28
利润总额(万元)	2279.67	3373.99	2172.85
净利润(万元)	1729.39	2206.82	1006.12

十大股东

序号	股东名称	股份性质	持股数(万股)	比例(%)
1	湖南省农业科学院	国有法人股	2650.00	25.24
2	湖南杂交水稻研究中心	国有法人股	1250.00	11.90
3	湖南东方农业产业有限公司	境内法人股	500.00	4.76
4	袁隆平	个人股	250.00	2.38
5	中国科学院长沙农业现代化研究所	国有法人股	150.00	1.43
6	郴州种业发展有限公司	国有法人股	100.00	0.95
7	湖南省信托投资有限责任公司	国有法人股	100.00	0.95
8	杨伟	流通A股	15.89	0.15
9	吴卓阳	流通A股	12.04	0.11
10	成秀芳	流通A股	10.90	0.10

股东人数	2004.6	2003.12	2003.6	2002
	48110	51384	53228	57189

近年分配	2004年7月26日10派1.40	近年配股/增发	

重大事项

经公司2003年度股东大会决定,公司2003年度分红派息方案为:以公司2003年期末总股本10500万股为基数,向全体股东每10股派1.4元人民币现金(含税),股权登记日为2004年7月23日,除息日为2004年7月26日。

二〇〇三年以来市场表现

2003年涨跌幅(%)	-32.51
2003年最高(元)	18.93
2003年最低(元)	10.14
2003年换手率(%)	108.37
2004.06涨跌幅(%)	7.23
2004.06最高(元)	17.18
2004.06最低(元)	11.06
2004.06换手率(%)	138.09

三九医药股份有限公司

公司概况

公司名称	三九医药股份有限公司			股票代码	000999		
注册地址	深圳市罗湖区银湖路口			邮政编码	518029		
法人代表	孙晓民			董秘	周辉		
电话	0755-83360999-3579			传真	0755-82118858		
主营业务	研制中、西药品						
总股本	97890.00	流通A	26000.00	流通B		流通H	
审计单位				审计意见	未审计		

主要财务指标

年度	2004.6	2003	2002
每股收益/扣除后(元)	0.0648	0.1800	0.1900
每股经营现金流量(元)	0.0320	0.0300	0.6600
每股净资产/调整后(元)	2.8800	2.9200	3.0700
每股公积金(元)	1.5233	1.5180	2.2712
净资产收益率(%)	3.0100	7.1800	6.1100
总资产(万元)	823666.81	829624.56	685021.12
股东权益(万元)	300492.75	290930.69	269888.09
未分配利润(万元)	41321.06	32279.23	14631.10
主营收入(万元)	136450.09	267445.50	216567.77
资本公积金(万元)	149115.48	148595.27	171022.19
主营利润(万元)	60268.49	130351.57	105255.61
其他业务利润(万元)	593.32	1146.51	-11.28
营业利润(万元)	11632.36	29592.65	19678.07
投资收益(万元)	-1051.78	-1613.59	-1110.25
补贴收入(万元)			
营业外收支(万元)	23.39	-692.17	-2.33
利润总额(万元)	10603.97	27286.89	18920.84
净利润(万元)	9041.83	20879.51	16501.96

十大股东

序号	股东名称	股份性质	持股数(万股)	比例(%)
1	深圳三九药业有限公司	国有法人股	61393.75	62.72
2	三九企业集团	国有法人股	8272.96	8.45
3	厦门阜成贸易发展有限公司	国有法人股	1000.00	1.02
4	厦门国际信托投资有限公司	国有法人股	700.00	0.72
5	江阴市基础产业总公司	国有法人股	220.00	0.22
6	山东省工贸总公司	流通A股	219.70	0.22
7	同盛证券投资基金	流通A股	207.86	0.21
8	普丰证券投资基金	流通A股	203.05	0.21
9	内蒙古远兴天然碱股份有限公司	国有法人股	173.29	0.18
10	东吴证券有限责任公司	流通A股	169.16	0.17

股东人数	2004.6	2003.12	2003.6	2002
	93717	110906	114207	117174

近年分配	2004年7月9日10派0.45	近年配股/增发	

重大事项

经本公司董事会2004年第二次会议审议，同意为公司子公司深圳市三九医药连锁股份有限公司之子公司昆明三九济民医药连锁有限公司的总额为人民币1,500万元流动资金贷款提供连带责任担保，深圳市三九医药连锁股份有限公司已承诺为我公司提供反担保。

二〇〇三年以来市场表现

2003年涨跌幅(%)	-16.61
2003年最高(元)	8.20
2003年最低(元)	4.68
2003年换手率(%)	100.88
2004.06涨跌幅(%)	10.15
2004.06最高(元)	9.22
2004.06最低(元)	5.00
2004.06换手率(%)	219.93

成都宗申热动力机械股份有限公司

公司概况

公司名称	成都宗申热动力机械股份有限公司			股票代码	001696		
注册地址	四川省双流县东升镇			邮政编码	400054		
法人代表	左宗申			董秘	左毅		
电话	023-66372632			传真	023-66372648		
主营业务	摩托车制造业						
总股本	13686.40	流通A	5158.40	流通B		流通H	
审计单位				审计意见	未审计		

主要财务指标

年度	2004.6	2003	2002
每股收益/扣除后(元)	0.2139	0.2989	0.3720
每股经营现金流量(元)	0.3370	1.0400	1.3015
每股净资产/调整后(元)	1.4470	1.2083	-0.0476
每股公积金(元)	0.1939	0.8328	0.3113
净资产收益率(%)	14.6800	26.0700	15.3400
总资产(万元)	57453.80	52166.03	38947.41
股东权益(万元)	19808.66	16541.99	5092.78
未分配利润(万元)	2513.67	-10795.27	-15000.12
主营收入(万元)	69046.85	99324.54	13975.97
资本公积金(万元)	2653.26	11397.52	4260.29
主营利润(万元)	7605.35	10916.75	1877.90
其他业务利润(万元)	298.10	828.20	18.00
营业利润(万元)	3851.10	6089.39	1231.73
投资收益(万元)			2.00
补贴收入(万元)	0.34	462.93	-16.11
营业外收支(万元)	-30.52	-328.05	-0.03
利润总额(万元)	3820.92	6224.27	1587.81
净利润(万元)	2906.94	4311.98	781.05

十大股东

序号	股东名称	股份性质	持股数(万股)	比例(%)
1	重庆宗申高速艇开发有限公司	境内法人股	4078.55	29.80
2	重庆国龙实业有限公司	境内法人股	3257.36	23.80
3	重庆雪羚汽车部件有限公司	境内法人股	602.20	4.40
4	成都联益集团有限公司	境内法人股	495.04	3.62
5	成都市双流异型扎钢厂	境内法人股	47.42	0.35
6	成都经益投资有限公司	境内法人股	47.42	0.35
7	黄国芳	流通A股	41.59	0.30
8	尤仁章	流通A股	41.14	0.30
9	陆钧	流通A股	40.28	0.29
10	胡蓉	流通A股	33.60	0.25

股东人数	2004.6	2003.12	2003.6	2002
	10305	12417	10903	11265

近年分配		近年配股/增发	

重大事项

深圳发展银行广州分行海珠广场支行诉本公司分别为广东飞龙高速客轮有限公司、广东宝力机械修造有限公司向深圳发展银行广州分行海珠广场支行贷款100万美元和300万元人民币提供担保案，一审判定本公司承担连带保证责任。

二〇〇三年以来市场表现

2003年涨跌幅(%)	-41.89
2003年最高(元)	9.68
2003年最低(元)	5.53
2003年换手率(%)	192.98
2004.06涨跌幅(%)	33.68
2004.06最高(元)	10.48
2004.06最低(元)	5.60
2004.06换手率(%)	184.51

河南豫能控股股份有限公司

公司概况

公司名称	河南豫能控股股份有限公司	股票代码	001896
注册地址	郑州高新技术产业开发区合欢街 6 号	邮政编码	450001
法人代表	李兴佳	董秘	李继富
电话	0371-7984649	传真	0371-7984647
主营业务	火力发电		

总股本	43000.00	流通 A	8000.00	流通 B		流通 H	
审计单位		审计意见	未审计				

主要财务指标

年度	2004.6	2003	2002
每股收益 / 扣除后(元)	0.0057	0.1355	2.1010
每股经营现金流量(元)	0.0732	0.0480	0.3750
每股净资产 / 调整后(元)	2.1670	2.1648	2.0980
每股公积金(元)	0.7996	0.7996	0.7988
净资产收益率(%)	0.2150	6.1700	4.5500
总资产(万元)	120289.70	129832.41	135918.95
股东权益(万元)	93341.00	93140.39	90328.72
未分配利润(万元)	2405.25	2204.68	582.64
主营收入(万元)	23762.88	51075.55	47469.16
资本公积金(万元)	34380.93	34380.93	34347.97
主营利润(万元)	2194.00	12678.02	14051.60
其他业务利润(万元)	13.30	40.75	0.52
营业利润(万元)	537.60	5721.65	6966.27
投资收益(万元)		1298.71	-1524.27
补贴收入(万元)		4.61	0.06
营业外收支(万元)	-49.58	-92.85	-1.62
利润总额(万元)	39095.37	6932.12	5404.76
净利润(万元)	200.67	5749.71	4114.02

十大股东

序号	股东名称	股份性质	持股数(万股)	比例(%)
1	河南省建设投资总公司	国家股	16100.00	37.44
2	河南省电力公司	国有法人股	14000.00	32.56
3	华中电网有限公司	国有法人股	3500.00	8.14
4	焦作市投资公司	国家股	1400.00	3.26
5	国元证券有限责任公司	流通 A 股	98.31	0.23
6	余镇丰	流通 A 股	21.23	0.05
7	麦明潮	流通 A 股	20.20	0.05
8	王晨	流通 A 股	19.63	0.05
9	沈阳志诚投资有限公司	流通 A 股	19.00	0.04
10	郑大凯	流通 A 股	17.84	0.04

股东人数	2004.6	2003.12	2003.6	2002
	40299	42552	42926	45585

近年分配	近年配股 / 增发
2004 年 7 月 15 日 10 派 0.50	

重大事项

2004 年 5 月 19 日，公司召开 2003 年年度股东大会，审议通过了 2003 年度利润分配方案：以 2003 年 12 月 31 日总股本 430,000,000 股为基数，向全体股东按每 10 股派现金红利 0.50 元(含税)。此次派息股权登记日为 2004 年 7 月 14 日，除息日和红利发放日为 2004 年 7 月 15 日。

二〇〇三年以来市场表现

2003 年涨跌幅(%)	-0.92
2003 年最高(元)	8.26
2003 年最低(元)	5.54
2003 年换手率(%)	114.69
2004.06 涨跌幅(%)	-20.34
2004.06 最高(元)	7.38
2004.06 最低(元)	5.06
2004.06 换手率(%)	70.82

浙江新和成股份有限公司

公司概况

公司名称	浙江新和成股份有限公司	股票代码	002001
注册地址	浙江省绍兴市新昌县城关镇江北路 4 号	邮政编码	312500
法人代表	胡柏藩	董秘	陈晓晖
电话	0575-6128136,6124919	传真	0575-6124975,6128136
主营业务	化工产品及饲料添加剂的生产销售		

总股本	11402.00	流通 A	3000.00	流通 B		流通 H	
审计单位		审计意见	未审计				

主要财务指标

年度	2004.6	2003	2002
每股收益 / 扣除后(元)	0.3207		
每股经营现金流量(元)	0.5680		
每股净资产 / 调整后(元)	6.0600		
每股公积金(元)	3.1515		
净资产收益率(%)	5.7700		
总资产(万元)	153233.09		
股东权益(万元)	69420.66		
未分配利润(万元)	18020.14		
主营收入(万元)	56146.70		
资本公积金(万元)	35932.94		
主营利润(万元)	12833.94		
其他业务利润(万元)	441.49		
营业利润(万元)	5752.79		
投资收益(万元)	-113.96		
补贴收入(万元)	343.24		
营业外收支(万元)	-58.28		
利润总额(万元)	5923.79		
净利润(万元)	4007.61		

十大股东

序号	股东名称	股份性质	持股数(万股)	比例(%)
1	新昌县合成化工厂	境内法人股	7878.00	69.09
2	张平一	自然人股	120.00	1.05
3	袁益中	自然人股	100.00	0.88
4	石程	自然人股	100.00	0.88
5	胡柏剡	自然人股	63.00	0.55
6	交通银行-久富证券投资基金	流通 A 股	52.50	0.46
7	石观群	自然人股	48.20	0.42
8	王学闻	自然人股	44.30	0.39
9	徐菊仙	流通 A 股	36.87	0.32
10	胡斌	流通 A 股	27.44	0.24

股东人数	2004.6	2003.12	2003.6	2002
	20711			

近年分配	近年配股 / 增发

重大事项

经二届董事会第六次会议决议，为充分利用双方各自的资源优势，同意公司继续与关联企业大连保税区新旅程国际贸易有限公司依公允的市场价格及交易方式达成购销协议，双方在执行具体购销业务过程中，可具体签订有关合同，以确定购销产品的具体价格、数量、发货时间、结算方式等，执行时间 2004 年 1 月 1 日至 2004 年 12 月 31 日。

二〇〇三年以来市场表现

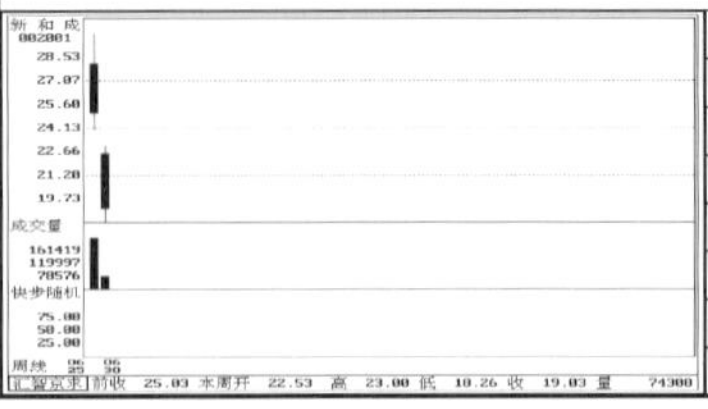

2003 年涨跌幅(%)	0.00
2003 年最高(元)	0.00
2003 年最低(元)	0.00
2003 年换手率(%)	0.00
2004.06 涨跌幅(%)	0.00
2004.06 最高(元)	30.00
2004.06 最低(元)	18.26
2004.06 换手率(%)	92.38

江苏琼花高科技股份有限公司

公司概况

公司名称	江苏琼花高科技股份有限公司	股票代码	002002
注册地址	江苏省扬州市邗江区杭集镇曙光路	邮政编码	225111
法人代表	于在青	董秘	嵇雪松
电话	0514-7270833	传真	0514-7270939
主营业务	从事各种PVC片材和板材的研发等		
总股本	9170.00	流通A	3000.00
流通B		流通H	
审计单位		审计意见	未审计

主要财务指标

年度	2004.6	2003	2002
每股收益/扣除后(元)	0.1152		
每股经营现金流量(元)	-0.0110		
每股净资产/调整后(元)	3.4400		
每股公积金(元)	1.8902		
净资产收益率(%)	3.2300		
总资产(万元)	47426.66		
股东权益(万元)	31612.90		
未分配利润(万元)	3774.74		
主营收入(万元)	13767.90		
资本公积金(万元)	17333.20		
主营利润(万元)	2704.13		
其他业务利润(万元)	130.78		
营业利润(万元)	1802.44		
投资收益(万元)	-61.68		
补贴收入(万元)	1.13		
营业外收支(万元)	-3.05		
利润总额(万元)	1738.84		
净利润(万元)	1020.48		

十大股东

序号	股东名称	股份性质	持股数(万股)	比例(%)
1	江苏琼花集团有限公司	境内法人股	5203.78	56.75
2	江苏新科科技发展有限公司	国有法人股	302.33	3.30
3	扬州市轻工控股有限责任公司	国有法人股	302.33	3.30
4	扬州市电力中心	国有法人股	201.76	2.20
5	扬州市盈科科技发展有限公司	境内法人股	109.21	1.19
6	中国科学院长春分院技术开发中心	国有法人股	50.59	0.55
7	赵莉	流通A股	26.13	0.28
8	张九如	流通A股	25.00	0.27
9	通宝证券投资基金	流通A股	20.40	0.22
10	徐保忠	流通A股	16.79	0.18

股东人数	2004.6	2003.12	2003.6	2002
	19339			

近年分配		近年配股/增发	

重大事项

2004年2月22日，公司2003年度股东大会审议通过2003年度分配方案为每股派发现金红利0.25元、不进行公积金转增股本。公司已于2004年2月29日完成上述股利的派发工作。2004年6月29日，公司为扬州德龙化工有限公司向银行短期借款提供800万元质押担保。

二〇〇三年以来市场表现

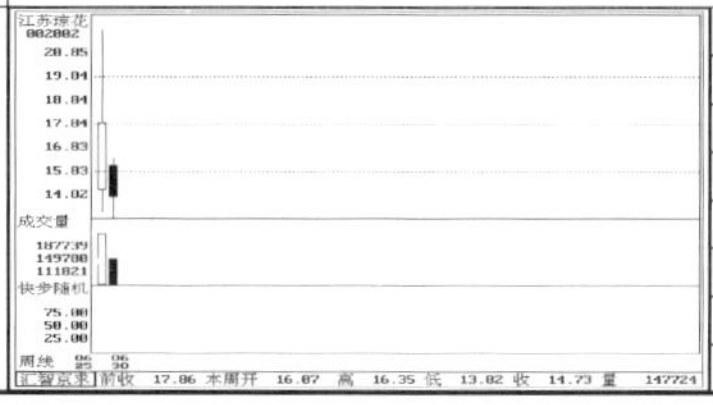

2003年涨跌幅(%)	0.00
2003年最高(元)	0.00
2003年最低(元)	0.00
2003年换手率(%)	0.00
2004.06涨跌幅(%)	0.00
2004.06最高(元)	21.85
2004.06最低(元)	13.82
2004.06换手率(%)	124.47

浙江伟星实业发展股份有限公司

公司概况

公司名称	浙江伟星实业发展股份有限公司	股票代码	002003
注册地址	浙江省临海市花园工业区	邮政编码	317025
法人代表	章卡鹏	董秘	谢瑾琨
电话	0576-5125002	传真	0576-5126598
主营业务	经营钮扣、拉链等服装辅料		
总股本	7478.34	流通A	2100.00
流通B		流通H	
审计单位		审计意见	未审计

主要财务指标

年度	2004.6	2003	2002
每股收益/扣除后(元)	0.1293		
每股经营现金流量(元)	0.0320		
每股净资产/调整后(元)	2.8900		
每股公积金(元)	1.6632		
净资产收益率(%)	4.1400		
总资产(万元)	40586.72		
股东权益(万元)	21928.87		
未分配利润(万元)	1168.83		
主营收入(万元)	14375.82		
资本公积金(万元)	12438.06		
主营利润(万元)	4069.07		
其他业务利润(万元)	228.90		
营业利润(万元)	1393.40		
投资收益(万元)	68.65		
补贴收入(万元)	10.56		
营业外收支(万元)	-78.68		
利润总额(万元)	1393.93		
净利润(万元)	908.38		

十大股东

序号	股东名称	股份性质	持股数(万股)	比例(%)
1	伟星集团有限公司	境内法人股	3551.82	47.49
2	章卡鹏	自然人股	810.87	10.84
3	张三云	自然人股	536.83	7.18
4	谢瑾琨	自然人股	267.87	3.58
5	香港威事达有限公司	境外法人股	210.95	2.82
6	宝盈鸿利收益证券投资基金	流通A股	58.61	0.78
7	黎睿咨	流通A股	15.00	0.20
8	中国工商银行-国联安德盛小盘精选证券投资基金	流通A股	14.75	0.20
9	徐逸君	流通A股	11.00	0.15
10	董菊花	流通A股	9.40	0.13

股东人数	2004.6	2003.12	2003.6	2002
	13422			

近年分配		近年配股/增发	

重大事项

根据公司2004年第一次临时股东大会决议，公司2003年度按税后利润10%提取法定盈余公积金，按税后利润5%提取法定公益金后，以2003年末总股本5,378.3433万股为基数，向发起人股东每股派发现金红利0.56元(含税)。

二〇〇三年以来市场表现

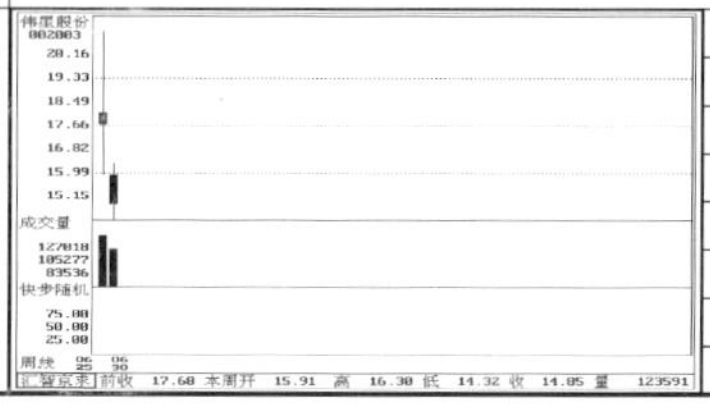

2003年涨跌幅(%)	0.00
2003年最高(元)	0.00
2003年最低(元)	0.00
2003年换手率(%)	0.00
2004.06涨跌幅(%)	0.00
2004.06最高(元)	21.00
2004.06最低(元)	14.32
2004.06换手率(%)	129.69

重庆华邦制药股份有限公司

公司概况

公司名称	重庆华邦制药股份有限公司			股票代码	002004		
注册地址	重庆市歇台子南方花园科园四街 55 号			邮政编码	400041		
法人代表	张松山			董秘	彭云辉		
电话	023-68695322,68600730			传真	023-68600738		
主营业务	研发、生产和销售化学药药品						
总股本	8800.00	流通 A	2200.00	流通 B		流通 H	
审计单位	四川华信(集团)会计师事务所			审计意见	标准无保留		

主要财务指标

年度	2004.6	2003	2002
每股收益 / 扣除后(元)	0.2359		
每股经营现金流量(元)	0.2500		
每股净资产 / 调整后(元)	4.1800		
每股公积金(元)	2.0935		
净资产收益率(%)	5.7700		
总资产(万元)	45195.43		
股东权益(万元)	36772.90		
未分配利润(万元)	7751.14		
主营收入(万元)	12271.14		
资本公积金(万元)	18422.98		
主营利润(万元)	9037.49		
其他业务利润(万元)	1.26		
营业利润(万元)	2622.63		
投资收益(万元)	2.39		
补贴收入(万元)			
营业外收支(万元)	-0.11		
利润总额(万元)	2624.92		
净利润(万元)	2122.29		

十大股东

序号	股东名称	股份性质	持股数(万股)	比例(%)
1	张松山	自然人股	1544.22	17.55
2	重庆渝高科技产业(集团)股份有限公司	境内法人股	1425.60	16.20
3	潘明欣	自然人股	1070.43	12.16
4	杨维虎	自然人股	483.65	5.50
5	黄维敏	自然人股	205.92	2.34
6	黄维宽	自然人股	205.92	2.34
7	李强	自然人股	197.12	2.24
8	陈敏鑫	自然人股	191.66	2.18
9	吴必忠	自然人股	191.66	2.18
10	陆毅	自然人股	158.40	1.80

股东人数	2004.6	2003.12	2003.6	2002
	14455			

近年分配		近年配股 / 增发	

重大事项

公司于 2004 年 4 月与蒋建华先生签订《出资协议书》,共同出资设立原料药出口基地,该项目注册资本为 3600 万元,重庆华邦制药股份有限公司出资 3240 万元,占注册资本的 90%,蒋建华出资 360 万元,占注册资本的 10%,出资双方以根据所签署的协议,完成了出资。

二〇〇三年以来市场表现

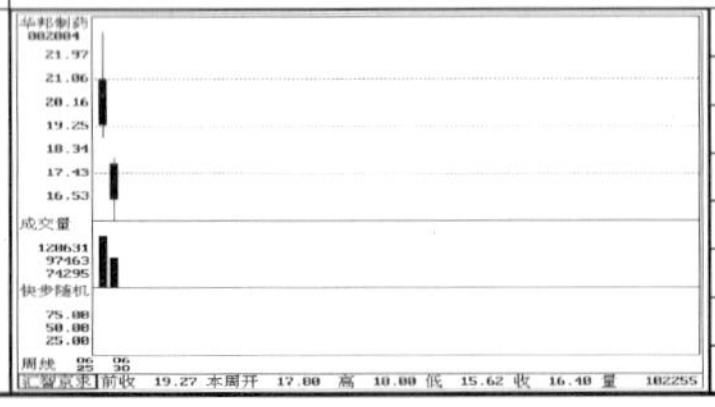

2003 年涨跌幅(%)	0.00
2003 年最高(元)	0.00
2003 年最低(元)	0.00
2003 年换手率(%)	0.00
2004.06 涨跌幅(%)	0.00
2004.06 最高(元)	22.88
2004.06 最低(元)	15.62
2004.06 换手率(%)	74.56

广东德豪润达电气股份有限公司

公司概况

公司名称	广东德豪润达电气股份有限公司			股票代码	002005		
注册地址	广东省珠海市香洲区唐家湾镇金凤路 1 号			邮政编码	519085		
法人代表	王冬雷			董秘	王光平		
电话	0756-3390188,3390237			传真	0756-3390238		
主营业务	家用电器的研究、开发、经销						
总股本	10100.00	流通 A	2600.00	流通 B		流通 H	
审计单位				审计意见	未审计		

主要财务指标

年度	2004.6	2003	2002
每股收益 / 扣除后(元)	0.1258		
每股经营现金流量(元)	-0.9530		
每股净资产 / 调整后(元)	6.7000		
每股公积金(元)	4.1974		
净资产收益率(%)	1.8800		
总资产(万元)	174467.30		
股东权益(万元)	70227.10		
未分配利润(万元)	15229.64		
主营收入(万元)	42951.07		
资本公积金(万元)	42394.22		
主营利润(万元)	9875.12		
其他业务利润(万元)	96.03		
营业利润(万元)	1436.76		
投资收益(万元)	-8.66		
补贴收入(万元)			
营业外收支(万元)	38.57		
利润总额(万元)	1466.66		
净利润(万元)	1317.40		

十大股东

序号	股东名称	股份性质	持股数(万股)	比例(%)
1	珠海德豪电器有限公司	境内法人股	3825.00	37.87
2	珠海通产有限公司	境内法人股	1650.00	16.34
3	深圳市百利安投资发展有限公司	境内法人股	1350.00	13.37
4	王晟	个人股	600.00	5.94
5	胡长顺	个人股	75.00	0.74
6	中国建设银行-国泰金马稳健回报投资基金	流通 A 股	10.59	0.10
7	郑素娥	流通 A 股	10.00	0.10
8	胡心平	流通 A 股	7.85	0.08
9	陈晓晖	流通 A 股	7.82	0.08
10	王赞文	流通 A 股	7.19	0.07

股东人数	2004.6	2003.12	2003.6	2002
	20729			

近年分配		近年配股 / 增发	

重大事项

控股股东珠海德豪电器有限公司为本公司的融资提供担保,截止 2004 年 6 月 30 日,担保总额为 32,671 万元,其中银行承兑汇票保证 7,621 万元,短期借款担保 19,050 万元,长期借款保证 6,000 万元。

二〇〇三年以来市场表现

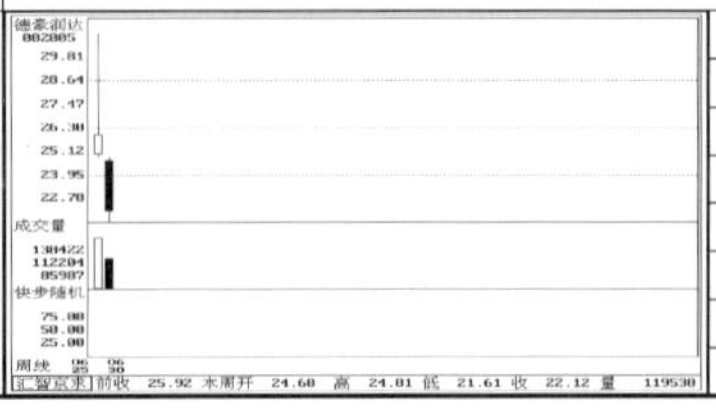

2003 年涨跌幅(%)	0.00
2003 年最高(元)	0.00
2003 年最低(元)	0.00
2003 年换手率(%)	0.00
2004.06 涨跌幅(%)	0.00
2004.06 最高(元)	30.98
2004.06 最低(元)	21.61
2004.06 换手率(%)	109.30

浙江精工科技股份有限公司

公司概况

公司名称	浙江精工科技股份有限公司			股票代码	002006	
注册地址	浙江省绍兴市绍兴县柯桥镇柯西工业区			邮政编码	312030	
法人代表	孙建江		董秘	黄伟明		
电话	0575-4138692		传真	0575-4138692		
主营业务	高新技术产品的研发、制造等					
总股本	8000.00	流通 A	3000.00	流通 B		流通 H
审计单位			审计意见	未审计		

主要财务指标

年度	2004.6	2003	2002
每股收益/扣除后(元)	0.1324		
每股经营现金流量(元)	0.1640		
每股净资产/调整后(元)	4.1500		
每股公积金(元)	2.4620		
净资产收益率(%)	3.4500		
总资产(万元)	48214.85		
股东权益(万元)	33386.14		
未分配利润(万元)	4668.39		
主营收入(万元)	13419.74		
资本公积金(万元)	19696.33		
主营利润(万元)	3143.37		
其他业务利润(万元)	112.51		
营业利润(万元)	1705.85		
投资收益(万元)	6.14		
补贴收入(万元)	37.00		
营业外收支(万元)	-0.38		
利润总额(万元)	1748.62		
净利润(万元)	1151.50		

十大股东

序号	股东名称	股份性质	持股数(万股)	比例(%)
1	精功集团有限公司	境内法人股	3195.50	39.94
2	孙建江	自然人股	574.50	7.18
3	邵志明	自然人股	500.00	6.25
4	中国科技开发院浙江分院	境内法人股	480.00	6.00
5	浙江省科技开发中心	国有法人股	250.00	3.13
6	王黎刚	流通 A 股	46.00	0.58
7	施东晨	流通 A 股	20.00	0.25
8	黎睿咨	流通 A 股	17.00	0.21
9	胡斌	流通 A 股	12.10	0.15
10	李顺	流通 A 股	8.39	0.10

股东人数	2004.6	2003.12	2003.6	2002
	19728			

近年分配		近年配股/增发	

重大事项

2004 年 1 月,公司与精功集团有限公司签订了《办公楼续租协议》,约定精功集团将其拥有的位于绍兴柯桥金柯桥大道 112 号的精功大厦 5 楼办公场所继续租赁给本公司。租赁期限自 2004 年 1 月 1 日至 2004 年 12 月 31 日止,租赁价格为每月 10,000 元。

二〇〇三年以来市场表现

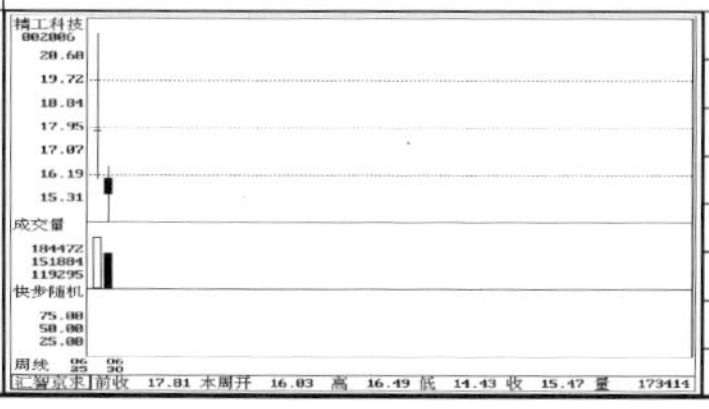

2003 年涨跌幅(%)	0.00
2003 年最高(元)	0.00
2003 年最低(元)	0.00
2003 年换手率(%)	0.00
2004.06 涨跌幅(%)	0.00
2004.06 最高(元)	21.48
2004.06 最低(元)	14.43
2004.06 换手率(%)	130.16

华兰生物工程股份有限公司

公司概况

公司名称	华兰生物工程股份有限公司			股票代码	002007	
注册地址	河南省新乡市华兰大道甲 1 号			邮政编码	453003	
法人代表	安康		董秘	范蓓		
电话	0373-5056905		传真	0373-5056911		
主营业务	生产、销售自产的生物、血液制品					
总股本	6700.00	流通 A	2200.00	流通 B		流通 H
审计单位			审计意见	未审计		

主要财务指标

年度	2004.6	2003	2002
每股收益/扣除后(元)	0.3570		
每股经营现金流量(元)	0.2770		
每股净资产/调整后(元)	7.2050		
每股公积金(元)	4.6264		
净资产收益率(%)	5.0010		
总资产(万元)	70207.07		
股东权益(万元)	48314.33		
未分配利润(万元)	9370.08		
主营收入(万元)	16388.26		
资本公积金(万元)	30996.96		
主营利润(万元)	5314.62		
其他业务利润(万元)	0.72		
营业利润(万元)	2435.21		
投资收益(万元)			
补贴收入(万元)			
营业外收支(万元)	29.77		
利润总额(万元)	2464.99		
净利润(万元)	2416.97		

十大股东

序号	股东名称	股份性质	持股数(万股)	比例(%)
1	新乡市华兰生物技术有限公司	法人股	1503.00	22.43
2	苏州金康工贸发展公司	法人股	1287.00	19.21
3	香港科康有限公司	外资法人股	1125.00	16.79
4	北京东方世辰生物技术有限公司	法人股	360.00	5.37
5	成都夸常科技有限公司	法人股	225.00	3.36
6	中国工商银行-国联安德盛小盘精选证券投资基金	流通 A 股	30.70	0.46
7	中国工商银行-融通蓝筹成长证券投资基金	流通 A 股	23.19	0.35
8	中国银行-金鹰成份股优选证券投资基金	流通 A 股	20.40	0.30
9	孙明峰	流通 A 股	16.90	0.25
10	济宁市永安医疗器械有限公司	流通 A 股	15.77	0.24

股东人数	2004.6	2003.12	2003.6	2002
	15590			

近年分配		近年配股/增发	

重大事项

公司召开第二届董事会第二次会议修改《公司章程》,并将提交下次股东大会审议批准。公司证券部已拟定了《华兰生物工程股份有限公司投资者关系管理制度》草案,拟提交第二届董事会第三次会议审议,批准生效后执行。

二〇〇三年以来市场表现

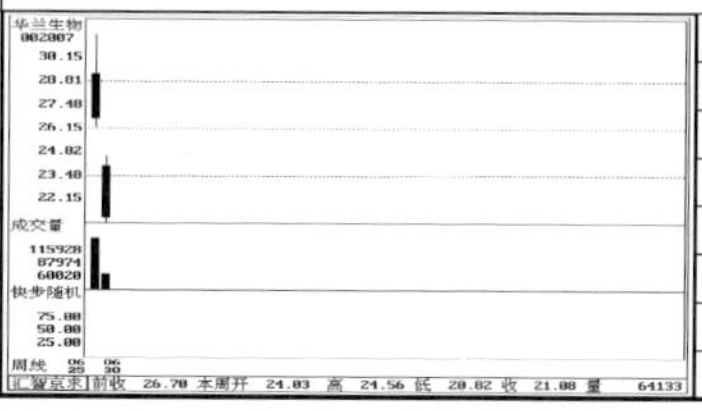

2003 年涨跌幅(%)	0.00
2003 年最高(元)	0.00
2003 年最低(元)	0.00
2003 年换手率(%)	0.00
2004.06 涨跌幅(%)	0.00
2004.06 最高(元)	31.48
2004.06 最低(元)	20.82
2004.06 换手率(%)	94.55

深圳市大族激光科技股份有限公司

公司概况

公司名称	深圳市大族激光科技股份有限公司			股票代码	002008	
注册地址	广东省深圳市福田区燕南路条达小区405栋厂房三楼西			邮政编码	518031	
法人代表	高云峰			董秘	董英	
电话	0755-83268759			传真	0755-83265154	
主营业务	激光加工设备的研发、制造及销售					
总股本	10701.60	流通A	2700.00	流通B		流通H
审计单位				审计意见	未审计	

主要财务指标

年度	2004.6	2003	2002
每股收益/扣除后(元)	0.1666		
每股经营现金流量(元)	0.0662		
每股净资产/调整后(元)	3.6100		
每股公积金(元)	0.0001		
净资产收益率(%)	6.1200		
总资产(万元)	55695.91		
股东权益(万元)	38647.08		
未分配利润(万元)	5586.85		
主营收入(万元)	20996.58		
资本公积金(万元)	21149.69		
主营利润(万元)	8312.00		
其他业务利润(万元)	326.04		
营业利润(万元)	2207.25		
投资收益(万元)			
补贴收入(万元)	562.60		
营业外收支(万元)	23.21		
利润总额(万元)	2793.05		
净利润(万元)	2363.82		

十大股东

序号	股东名称	股份性质	持股数(万股)	比例(%)
1	深圳市大族实业有限公司	境内法人股	2320.46	21.68
2	高云峰	个人股	2320.46	21.68
3	海南洋浦华洋科技发展有限公司	境内法人股	800.16	7.48
4	红塔创新投资股份有限公司	国有法人股	640.13	5.98
5	大连正源企业有限公司	境内法人股	640.13	5.98
6	深圳市东盛创业投资有限公司	境内法人股	640.13	5.98
7	深圳市高新技术投资担保有限公司	国有法人股	400.08	3.74
8	肖虎	个人股	240.05	2.24
9	徐菊仙	流通A股	24.35	0.23
10	郑素娥	流通A股	20.00	0.19

股东人数	2004.6	2003.12	2003.6	2002
	20293			

近年分配		近年配股/增发	

重大事项

本公司控股子公司——深圳市大族数控科技有限公司与大族实业有限公司(香港注册)因代理海外销售产品存在关联交易。此关联交易以市场公司允价格为定价依据。深圳市大族实业有限公司和高云峰无偿为公司贷款提供担保，股东深圳市高新技术投资担保有限公司以其公允的担保价格收取提保费。

二〇〇三年以来市场表现

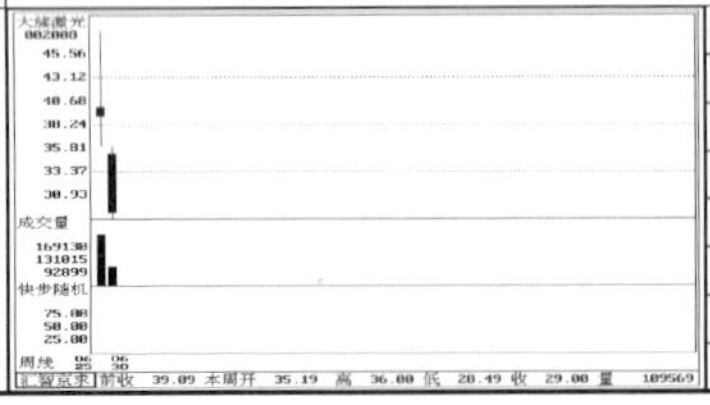

2003年涨跌幅(%)	0.00
2003年最高(元)	0.00
2003年最低(元)	0.00
2003年换手率(%)	0.00
2004.06涨跌幅(%)	0.00
2004.06最高(元)	48.00
2004.06最低(元)	28.49
2004.06换手率(%)	117.34

江苏天奇物流系统工程股份有限公司

公司概况

公司名称	江苏天奇物流系统工程股份有限公司			股票代码	002009	
注册地址	江苏省无锡市惠山区洛社镇人民南路			邮政编码	214001	
法人代表	白开军			董秘	费新毅	
电话	0510-2720289			传真	0510-2720289	
主营业务	设计、制造和管理物流输送系统等					
总股本	5755.49	流通A	2500.00	流通B		流通H
审计单位				审计意见	未审计	

主要财务指标

年度	2004.6	2003	2002
每股收益/扣除后(元)	0.2126		
每股经营现金流量(元)	0.3576		
每股净资产/调整后(元)	4.5300		
每股公积金(元)	2.4554		
净资产收益率(%)	4.6600		
总资产(万元)	46715.82		
股东权益(万元)	26329.41		
未分配利润(万元)	5633.46		
主营收入(万元)	12764.51		
资本公积金(万元)	14132.12		
主营利润(万元)	3113.58		
其他业务利润(万元)	26.34		
营业利润(万元)	1844.31		
投资收益(万元)			
补贴收入(万元)	6.00		
营业外收支(万元)	0.47		
利润总额(万元)	1850.78		
净利润(万元)	1227.99		

十大股东

序号	股东名称	股份性质	持股数(万股)	比例(%)
1	黄伟兴	个人股	1627.75	28.28
2	白开军	个人股	533.90	9.28
3	银通创业投资有限公司	境内法人股	292.99	5.09
4	无锡新伟博企业咨询有限公司	境内法人股	260.44	4.53
5	机械工业部第四设计研究院	国有法人股	227.88	3.96
6	杨雷	个人股	214.86	3.73
7	深圳市鑫瑞森实业发展有限公司	境内法人股	97.66	1.70
8	戴敏	流通A股	23.71	0.41
9	王振宇	流通A股	16.19	0.28
10	王余兰	流通A股	15.31	0.27

股东人数	2004.6	2003.12	2003.6	2002
	13396			

近年分配		近年配股/增发	

重大事项

2004年6月14日，公司向二级市场投资者定价配售的发行方式向社会公开发行人民币普通股2500万股，每股发行价格6.89元，预计募集资金1.65亿元。2004年6月29日，公司25,000,000股人民币普通股股票在深圳证券交易所上市交易。证券简称为"天奇股份",证券代码为"002009"。

二〇〇三年以来市场表现

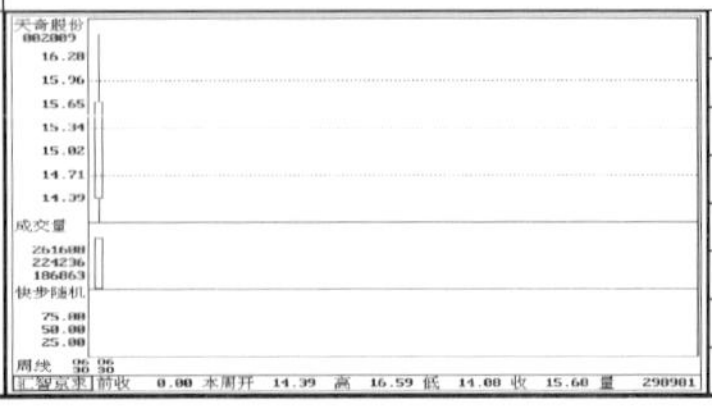

2003年涨跌幅(%)	0.00
2003年最高(元)	0.00
2003年最低(元)	0.00
2003年换手率(%)	0.00
2004.06涨跌幅(%)	0.00
2004.06最高(元)	16.59
2004.06最低(元)	14.08
2004.06换手率(%)	119.59

浙江传化股份有限公司

公司概况

公司名称	浙江传化股份有限公司		股票代码	002010	
注册地址	浙江省杭州市萧山经济技术开发区		邮政编码	311215	
法人代表	徐冠巨		董秘	冯国祚	
电话	0571-82872991		传真	0571-82871858	
主营业务	纺织印染助剂的生产、加工、销售				
总股本	8000.00	流通 A	2000.00	流通 B	流通 H
审计单位			审计意见	未审计	

主要财务指标

年度	2004.6	2003	2002
每股收益/扣除后(元)	0.1905		
每股经营现金流量(元)	-0.6420		
每股净资产/调整后(元)	4.2700		
每股公积金(元)	2.1148		
净资产收益率(%)	4.3500		
总资产(万元)	47565.85		
股东权益(万元)	34142.81		
未分配利润(万元)	7928.14		
主营收入(万元)	29813.84		
资本公积金(万元)	16918.62		
主营利润(万元)	6962.09		
其他业务利润(万元)	61.63		
营业利润(万元)	2305.88		
投资收益(万元)			
补贴收入(万元)	1.55		
营业外收支(万元)	-91.42		
利润总额(万元)	2216.01		
净利润(万元)	1483.90		

十大股东

序号	股东名称	股份性质	持股数(万股)	比例(%)
1	徐冠巨	个人股	1966.67	24.58
2	浙江大学创业投资有限公司	境内法人股	1200.00	15.00
3	徐观宝	个人股	1133.33	14.17
4	徐传化	个人股	1100.00	13.75
5	浙江航民实业集团有限公司	境内法人股	300.00	3.75
6	浙江省科技风险投资有限公司	国有法人股	300.00	3.75
7	东方证券股份有限公司	流通 A 股	27.40	0.34
8	陈天河	流通 A 股	13.19	0.16
9	李永强	流通 A 股	12.91	0.16
10	黄刚徐文	流通 A 股	12.00	0.15

股东人数	2004.6	2003.12	2003.6	2002
	12488			

近年分配		近年配股/增发	

重大事项

经中国证监会证监发行字[2004]76号文核准，公司于2004年6月15日通过深圳证券交易所和上海证券交易所的交易系统向二级市场投资者定价配售发行人民币普通股(A股)股票2000万股，每股面值1元，每股发行价格9.91元，并于2004年6月29日在深圳证券交易所中小企业板块挂牌上市。

二〇〇三年以来市场表现

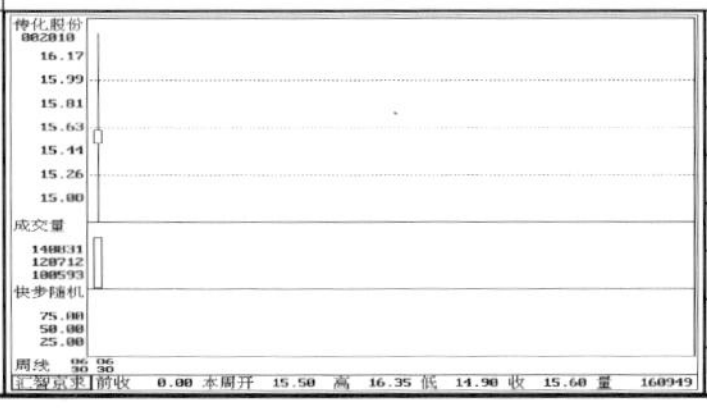

2003年涨跌幅(%)	0.00
2003年最高(元)	0.00
2003年最低(元)	0.00
2003年换手率(%)	0.00
2004.06涨跌幅(%)	0.00
2004.06最高(元)	16.35
2004.06最低(元)	14.90
2004.06换手率(%)	80.47

深圳本鲁克斯实业股份有限公司

公司概况

公司名称	深圳本鲁克斯实业股份有限公司		股票代码	200041	
注册地址	广东省深圳市南山区南油中兴工业城11栋		邮政编码	518054	
法人代表	黄先锋		董秘	沈焰雷	
电话	0755-26068614,26068025		传真	0755-26068031	
主营业务	产销血液制品和医疗器械产品				
总股本	6050	流通 A		流通 B	1573	流通 H
审计单位			审计意见	未审计	

主要财务指标

年度	2004.6	2003	2002
每股收益/扣除后(元)	-0.089	-0.3000	0.0500
每股经营现金流量(元)	-2.7562	-0.9300	0.2400
每股净资产/调整后(元)	1.6800	1.7600	1.9100
每股公积金(元)	0.4933	0.4933	0.4933
净资产收益率(%)	-5.1689	-16.8100	2.3300
总资产(万元)	31263.33	30518.21	26214.47
股东权益(万元)	10188.92	10729.55	12532.77
未分配利润(万元)	-2017.46	-1476.83	326.39
主营收入(万元)	1810.99	4957.49	5693.87
资本公积金(万元)	2984.72	2984.72	2984.72
主营利润(万元)	481.98	1928.35	2541.00
其他业务利润(万元)	42.89	34.47	-0.07
营业利润(万元)	-566.74	-2022.11	731.90
投资收益(万元)	12.22	484.22	12.22
补贴收入(万元)			
营业外收支(万元)	-0.21	-11.03	-0.07
利润总额(万元)	-554.72	-1548.92	765.50
净利润(万元)	-540.63	-1803.22	292.17

十大股东

序号	股东名称	股份性质	持股数(万股)	比例(%)
1	海南如来木业有限公司	社会法人股	1466.86	24.25
2	香港佳利精密制造有限公司	社会法人股	1424.73	23.55
3	武汉华兴电子有限公司	社会法人股	847.30	14.00
4	蛇口汉盛电子有限公司	社会法人股	488.95	8.08
5	香港捷利音响工业有限公司	社会法人股	103.96	1.72
6	汪燕	流通 B 股	30.79	0.51
7	CHEUNG,HON HING	流通 B 股	27.44	0.45
8	王勇	流通 B 股	24.70	0.41
9	KOTO TRANSPORT LTD	流通 B 股	20.00	0.33
10	王俊刚	流通 B 股	16.58	0.27

股东人数	2004.6	2003.12	2003.6	2002
	5252	5369	5654	5735

近年分配		近年配股/增发	

重大事项

2004年4月1日，公司接到广州市中级人民法院的民事裁定书：广州市中级人民法院受理原告华夏银行股份有限公司广州分行诉被告广州市索尔科技有限公司、武汉华兴电子有限公司银行承兑协议纠纷一案，原告华夏银行股份有限公司广州分行提出财产保全申请，要求查封武汉华兴电子有限公司所持有的我司发起人股8,473,001股。该院裁定，查封上述股权，司法冻结期为2003年10月17日至2004年10月16日。

二〇〇三年以来市场表现

2003年涨跌幅(%)	-20.67
2003年最高(元)	9.48
2003年最低(元)	5.91
2003年换手率(%)	84.46
2004.06涨跌幅(%)	-12.42
2004.06最高(元)	8.55
2004.06最低(元)	5.51
2004.06换手率(%)	53.30

深圳赤湾石油基地股份有限公司

公司概况

公司名称	深圳赤湾石油基地股份有限公司	股票代码	200053
注册地址	广东省深圳市赤湾	邮政编码	518068
法人代表	傅育宁	董秘	傅加林
电话	0755-26694211	传真	0755-26694227
主营业务	码头、港口服务		
总股本	23060.00	流通 A	
流通 B	11118.00	流通 H	
审计单位		审计意见	未审计

主要财务指标

年度	2004.6	2003	2002
每股收益/扣除后(元)	0.1925	0.3270	0.2740
每股经营现金流量(元)	0.1700	0.2990	0.1360
每股净资产/调整后(元)	2.8840	2.6930	2.3660
每股公积金(元)	0.9478	0.9478	0.9478
净资产收益率(%)	6.5440	11.9200	11.3050
总资产(万元)	79293.76	70010.77	63871.82
股东权益(万元)	67636.96	63209.97	55674.98
未分配利润(万元)	7144.39	8761.34	2733.35
主营收入(万元)	7512.43	10961.93	9547.36
资本公积金(万元)	21856.44	21855.82	21855.82
主营利润(万元)	4239.87	6311.86	5145.83
其他业务利润(万元)	3.58		
营业利润(万元)	3271.26	5357.27	5050.67
投资收益(万元)	1652.58	3005.74	2015.70
补贴收入(万元)			
营业外收支(万元)	-12.76	-7.33	0.13
利润总额(万元)	4911.08	8355.68	7048.93
净利润(万元)	4426.37	7534.99	6293.95

十大股东

序号	股东名称	股份性质	持股数(万股)	比例(%)
1	中国南山开发(集团)股份有限公司	境内法人股	11942.00	51.79
2	OFFSHORE JOINT SERVICES (BASES) COOF SGP PTE LTD	外资法人股	5118.00	22.19
3	SEMBCORP LOGISTICS LTD	流通B股	40.09	0.17
4	ZHANG TAO	流通B股	26.68	0.12
5	张延强	流通B股	26.34	0.11
6	林永青	流通B股	25.94	0.11
7	周丽卿	流通B股	25.20	0.11
8	舒建平	流通B股	25.00	0.11
9	XU, YUENAN 许跃南	流通B股	20.62	0.09
10	LEE, HOI 李海	流通B股	19.16	0.08

股东人数	2004.6	2003.12	2003.6	2002
	13307	13106	13296	13229

近年分配	近年配股/增发
2004年7月23日10派2.4614港	

重大事项

2003年10月23日,公司2003年第2次临时股东大会审议通过了《关于收购赤湾仓储有限公司90%股权的议案》,公司以人民币3737.97万元的价格受让中国南山开发(集团)股份有限公司和赤湾港航(香港)有限公司在深圳赤湾仓储有限公司持有的90%的股权及相关债权。本公司已于2004年1月29日支付完毕该关联交易全部款项。

二〇〇三年以来市场表现

2003年涨跌幅(%)	27.05
2003年最高(元)	7.18
2003年最低(元)	4.88
2003年换手率(%)	109.18
2004.06涨跌幅(%)	-21.29
2004.06最高(元)	7.40
2004.06最低(元)	5.10
2004.06换手率(%)	49.61

重庆建设摩托车股份有限公司

公司概况

公司名称	重庆建设摩托车股份有限公司	股票代码	200054
注册地址	重庆市九龙坡区谢家湾正街47号	邮政编码	400050
法人代表	陈永强	董秘	鞠冰
电话	023-68676987	传真	023-68676987
主营业务	摩托车及其零部件		
总股本	47750.00	流通 A	
流通 B	12000.00	流通 H	
审计单位		审计意见	未审计

主要财务指标

年度	2004.6	2003	2002
每股收益/扣除后(元)	-0.0042	-0.1200	-0.3400
每股经营现金流量(元)	0.1870	0.5800	-0.0500
每股净资产/调整后(元)	0.2500	0.2300	0.3300
每股公积金(元)	1.1902	1.1765	1.1377
净资产收益率(%)	4.6000	9.6200	-92.6200
总资产(万元)	210438.70	169741.00	110759.80
股东权益(万元)	18036.60	16556.90	16309.90
未分配利润(万元)	-99112.30	-99941.80	-98332.30
主营收入(万元)	91915.00	138471.59	48895.00
资本公积金(万元)	56830.30	56180.10	54323.60
主营利润(万元)	9180.00	8392.60	-667.00
其他业务利润(万元)	2481.20	3414.60	-218.23
营业利润(万元)	928.00	1838.80	-15021.10
投资收益(万元)	-50.60	-221.40	-153.40
补贴收入(万元)	96.80	155.50	155.50
营业外收支(万元)	-21.10	60.80	355.97
利润总额(万元)	953.10	1833.70	-15114.20
净利润(万元)	829.50	1592.50	-15106.80

十大股东

序号	股东名称	股份性质	持股数(万股)	比例(%)
1	建设工业集团有限责任公司	国有法人股	33962.50	71.13
2	中国北方工业深圳公司	国有法人股	1787.50	3.74
3	HARUHIKO SUZUKI	流通B股	142.06	0.30
4	SEUNGYEOL PARK	流通B股	112.89	0.24
5	JANG JING YUAN	流通B股	91.45	0.19
6	杨洋	流通B股	71.55	0.15
7	列志东	流通B股	69.60	0.15
8	李建平	流通B股	62.19	0.13
9	陈云娥	流通B股	61.60	0.13
10	刘炳添	流通B股	59.12	0.12

股东人数	2004.6	2003.12	2003.6	2002
	19473	20998	22536	23578

近年分配	近年配股/增发

重大事项

公司诉江苏东亚股份有限公司拖欠货款人民币1,180千元一案,2004年2月重庆市九龙坡区人民法院开庭审理,于2004年3月2日依法判决该公司偿还货款。目前,判决书已发生法律效力,公司正准备向人民法院申请强制执行该公司的有关财产。

二〇〇三年以来市场表现

2003年涨跌幅(%)	-24.12
2003年最高(元)	2.68
2003年最低(元)	1.62
2003年换手率(%)	113.43
2004.06涨跌幅(%)	8.09
2004.06最高(元)	2.97
2004.06最低(元)	1.63
2004.06换手率(%)	74.39

深圳大洋海运股份有限公司

公司概况

公司名称	深圳大洋海运股份有限公司	股票代码	200057
注册地址	深圳市福田区电子科技大厦A座1805室	邮政编码	518001
法人代表	徐向红	董秘	陈雄
电话	0755-82201484	传真	0755-82201581
主营业务	集装箱运输		
总股本	19800.00	流通A	
流通B	7920.00	流通H	
审计单位		审计意见	未审计

主要财务指标

年度	2004.6	2003	2002
每股收益/扣除后(元)	-0.0185	-0.3300	-0.1500
每股经营现金流量(元)	0.0510	-2.4091	-0.1200
每股净资产/调整后(元)	-1.0600	-1.0400	-0.7400
每股公积金(元)	0.3621	0.3621	0.3547
净资产收益率(%)	1.8000		
总资产(万元)	3610.89	3636.85	9330.61
股东权益(万元)	-20403.26	-20036.24	-8994.40
未分配利润(万元)	-48631.87	-48264.85	-37076.24
主营收入(万元)			
资本公积金(万元)	7169.26	7169.26	7022.48
主营利润(万元)			
其他业务利润(万元)			
营业利润(万元)	-367.02	-6442.01	-2874.73
投资收益(万元)			
补贴收入(万元)			
营业外收支(万元)		-4600.06	-1.90
利润总额(万元)	-367.02	-11042.07	-3057.14
净利润(万元)	-367.02	-11042.07	-3057.14

十大股东

序号	股东名称	股份性质	持股数(万股)	比例(%)
1	江西江南信托投资股份有限公司	境内法人股	4302.33	21.73
2	深圳市金业集团有限公司	境内法人股	3284.37	16.59
3	广东格林发展有限公司	境内法人股	2651.67	13.39
4	深圳东方吉达商业有限公司	境内法人股	1641.63	8.29
5	许景新	流通B股	113.03	0.57
6	雷祖云	流通B股	71.47	0.36
7	顾群	流通B股	62.70	0.32
8	张国良	流通B股	65.82	0.33
9	叶玲芬	流通B股	54.94	0.28
10	OBESTRELIANCEINVESTM ENTS LTD	流通B股	51.64	0.26

股东人数	2004.6	2003.12	2003.6	2002
	8095	8915	9458	8980

近年分配		近年配股/增发	

重大事项

2004年5月19日,本公司的第一大股东江西江南信托投资股份有限公司与佛山市远东投资有限公司(佛山公司)签定了《股权转让协议》,协议约定将其所持有本公司的所有股权43023256股(占21.73%)转让给佛山公司,转让价格分别为:7,800,000元。

二〇〇三年以来市场表现

2003年涨跌幅(%)	-31.94
2003年最高(元)	2.81
2003年最低(元)	1.33
2003年换手率(%)	166.07
2004.06涨跌幅(%)	12.93
2004.06最高(元)	2.10
2004.06最低(元)	1.39
2004.06换手率(%)	99.78

山东航空股份有限公司

公司概况

公司名称	山东航空股份有限公司	股票代码	200152
注册地址	山东济南遥墙国际机场	邮政编码	250014
法人代表	李俊海	董秘	郑保安
电话	0531-5698987	传真	0531-5698679
主营业务	民用航空的客运		
总股本	40000.00	流通A	
流通B	14000.00	流通H	
审计单位		审计意见	未审计

主要财务指标

年度	2004.6	2003	2002
每股收益/扣除后(元)	0.0642	0.0500	-0.1100
每股经营现金流量(元)	0.7800	0.7600	0.1500
每股净资产/调整后(元)	1.1700	1.1000	1.0100
每股公积金(元)	0.2072	0.2072	0.2072
净资产收益率(%)	4.5000	4.8100	-8.6800
总资产(万元)	421862.84	399624.75	332791.22
股东权益(万元)	57783.43	55186.04	52532.93
未分配利润(万元)	7207.84	4610.44	1961.74
主营收入(万元)	103925.12	172384.48	159658.95
资本公积金(万元)	8288.97	8288.97	8288.97
主营利润(万元)	20493.90	34188.61	26657.29
其他业务利润(万元)	470.42	641.47	45.46
营业利润(万元)	2367.38	2125.27	-4253.74
投资收益(万元)	219.67	50.89	-2093.83
补贴收入(万元)		420.00	5.96
营业外收支(万元)	28.69	19.17	0.22
利润总额(万元)	2615.72	2615.33	-4848.01
净利润(万元)	2597.40	2653.10	-4558.41

十大股东

序号	股东名称	股份性质	持股数(万股)	比例(%)
1	山东航空集团有限公司	国有法人股	25920.40	64.80
2	陈春蓬	流通B股	154.33	0.39
3	白玲	流通B股	107.71	0.27
4	吴浩源	流通B股	94.57	0.24
5	JOHN POSS	流通B股	93.40	0.23
6	CHEN YIK KIAN	流通B股	67.00	0.17
7	徐兆欢	流通B股	60.80	0.15
8	何达强	流通B股	60.00	0.15
9	刘丽亚	流通B股	51.91	0.13
10	徐倩	流通B股	50.00	0.13

股东人数	2004.6	2003.12	2003.6	2002
	23088	23155	23721	24064

近年分配		近年配股/增发	

重大事项

2003年12月15日,山航集团承诺于2004年6月30日前以股权转让所得款项偿还其所欠本公司全部款项。但山航集团向中航集团转让本公司部分股权事宜仍处在国家有关部门审批过程中。2004年3月26日本公司与山航集团、中航集团又签署补充协议,三方约定由中航集团根据股权转让进度按山航集团欠款额直接将股权转让款支付给本公司,

二〇〇三年以来市场表现

2003年涨跌幅(%)	-6.32
2003年最高(元)	4.54
2003年最低(元)	2.16
2003年换手率(%)	155.70
2004.06涨跌幅(%)	-13.78
2004.06最高(元)	4.41
2004.06最低(元)	2.81
2004.06换手率(%)	64.30

承德帝贤针纺股份有限公司

公司概况

公司名称	承德帝贤针纺股份有限公司		股票代码	200160	
注册地址	河北省承德县下板城镇		邮政编码	067400	
法人代表	王淑贤	董秘	陈志国		
电话	0314-3115048,3115049	传真	0314-3182013		
主营业务	各种针织服装				
总股本	43860.00	流通 A		流通 B	23460.00	流通 H	
审计单位		审计意见	未审计		

主要财务指标

年度	2004.6	2003	2002
每股收益/扣除后(元)	0.1715	0.3200	0.3200
每股经营现金流量(元)	0.2030	0.2800	0.4400
每股净资产/调整后(元)	1.7400	1.5800	1.5100
每股公积金(元)	0.1043	0.1043	0.1252
净资产收益率(%)	9.7500	20.5000	20.8200
总资产(万元)	251693.09	231099.28	183966.11
股东权益(万元)	77202.02	69677.51	55372.85
未分配利润(万元)	22470.81	14946.30	10097.34
主营收入(万元)	33613.94	52360.01	46308.79
资本公积金(万元)	4575.68	4575.68	4575.68
主营利润(万元)	9993.05	22511.61	18072.97
其他业务利润(万元)	567.37	351.71	-0.38
营业利润(万元)	9006.49	18381.75	13924.16
投资收益(万元)	116.07	14.28	
补贴收入(万元)			
营业外收支(万元)	0.47	22.25	-0.06
利润总额(万元)	9123.03	18418.28	13928.71
净利润(万元)	7524.51	14304.66	11530.35

十大股东

序号	股东名称	股份性质	持股数(万股)	比例(%)
1	王淑贤	自然人股	17360.40	39.58
2	承德县北方实业总公司	境内法人股	1543.14	3.52
3	王正松	自然人股	1110.66	2.53
4	RIPPERTON ASSETS LIMITED	流通B股	708.44	1.62
5	CSSC INTL LTD 南证国际有限公司	流通B股	653.00	1.49
6	王文胜	流通B股	604.83	1.38
7	中国中小企业发展基金有限公司	流通B股	588.00	1.34
8	PERFECT SPACE INVESTMENTS	流通B股	454.30	1.04
9	GRANDLOYAL INVESTMENT LTD 帝豪投资有限公司	流通B股	420.00	0.96
10	MAIN FORCES ASSETS LIMITED	流通B股	404.67	0.92

股东人数	2004.6	2003.12	2003.6	2002
	14148	12453	12163	11002

近年分配		近年配股/增发	

重大事项

公司下属子公司帝贤时装公司及下板城公司与日本山下商事株式会社签署对承德阪禾化纤仿真织物有限公司股权变更协议,变更后,帝贤时装公司出资占阪禾　公司注册资本的40%,日本山下商事株式会社出资占阪禾公司注册资本的35%,下板城公司出资占阪禾公司注册资本的25%。

二〇〇三年以来市场表现

2003年涨跌幅(%)	63.81
2003年最高(元)	5.30
2003年最低(元)	3.02
2003年换手率(%)	87.38
2004.06 涨跌幅(%)	-24.81
2004.06 最高(元)	5.18
2004.06 最低(元)	3.55
2004.06 换手率(%)	32.07

广东雷伊(集团)股份有限公司

公司概况

公司名称	广东雷伊(集团)股份有限公司		股票代码	200168	
注册地址	广东省普宁市军埠镇美新工业园		邮政编码	518000	
法人代表	陈鸿成	董秘	周皓琳		
电话	0755-82960823	传真	0755-82960383		
主营业务	服装设计、生产				
总股本	31860.00	流通 A		流通 B	15457.50	流通 H	
审计单位		审计意见	未审计		

主要财务指标

年度	2004.6	2003	2002
每股收益/扣除后(元)	0.0612	0.1200	0.1800
每股经营现金流量(元)	0.2380	0.2300	0.5600
每股净资产/调整后(元)	1.4700	1.7200	2.3200
每股公积金(元)	0.1617	0.2831	0.5246
净资产收益率(%)	3.4900	10.3700	9.7600
总资产(万元)	122074.56	114470.77	95849.27
股东权益(万元)	47829.45	45870.06	41112.10
未分配利润(万元)	3321.51	4309.41	7345.15
主营收入(万元)	33092.17	48828.88	47682.27
资本公积金(万元)	5152.55	7515.26	9285.26
主营利润(万元)	8452.18	15771.59	11166.45
其他业务利润(万元)	275.84	306.05	-0.55
营业利润(万元)	3590.05	7722.69	5025.93
投资收益(万元)	-237.30	-466.79	-243.06
补贴收入(万元)	61.66	283.37	-10.13
营业外收支(万元)	-106.32	-14.31	0.18
利润总额(万元)	3308.09	7524.96	4927.82
净利润(万元)	1667.09	4757.96	4014.59

十大股东

序号	股东名称	股份性质	持股数(万股)	比例(%)
1	深圳市升恒昌实业有限公司	发起法人股	11785.50	36.99
2	深圳市日昇投资有限公司	发起法人股	3402.00	10.68
3	陈美香	外资流通股	2570.17	8.07
4	汕头市联华实业有限公司	发起法人股	1215.00	3.81
5	SKANDIA GLOBAL FUNDS PLC	外资流通股	778.63	2.44
6	王瑛	外资流通股	76.74	0.24
7	BEST RELIANCE INVESTMENTS LTD	外资流通股	53.26	0.17
8	姚金根	外资流通股	49.57	0.16
9	潘秀玲	外资流通股	41.12	0.13
10	程爱学	外资流通股	37.17	0.12

股东人数	2004.6	2003.12	2003.6	2002
	17493	16424	15132	15250

近年分配		近年配股/增发	2004年5月18日 10送1转1

重大事项

公司2004年4月5日召开的2003年年度股东大会审议并通过了公司2003年年度利润分配及资本公积金转赠股本方案:以2003年12月31日的总股数265,500,000为基准,用未分配利润每10股送红股1股,用资本公积金每10股转增1股;合计为每10股送红股1股、转增1股。该方案实施后公司总股本扩张为318,600,000股。

二〇〇三年以来市场表现

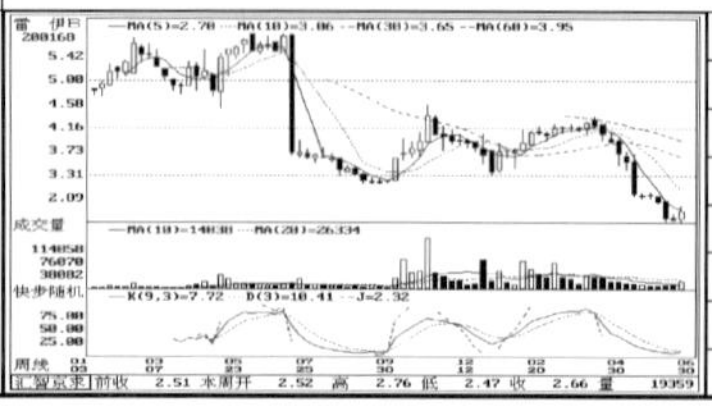

2003年涨跌幅(%)	7.78
2003年最高(元)	3.79
2003年最低(元)	2.50
2003年换手率(%)	62.17
2004.06 涨跌幅(%)	-8.59
2004.06 最高(元)	3.62
2004.06 最低(元)	2.47
2004.06 换手率(%)	44.70

南京普天通信股份有限公司

公司概况

公司名称	南京普天通信股份有限公司	股票代码	200468
注册地址	南京市秦淮区普天路 1 号	邮政编码	210012
法人代表	黄志勤	董秘	肖兆开
电话	025-52418518-2278,52409954	传真	025-52409954
主营业务	数据通信产品		
总股本	21500.00	流通 A	
流通 B	10000.00	流通 H	
审计单位		审计意见	未审计

主要财务指标

年度	2004.6	2003	2002
每股收益 / 扣除后(元)	0.0158	–0.0387	–0.2910
每股经营现金流量(元)	0.2260	0.3150	0.4900
每股净资产 / 调整后(元)	1.5810	1.6900	1.6600
每股公积金(元)	0.8479	0.8477	0.8378
净资产收益率(%)	0.9300	0.6600	–15.7600
总资产(万元)	105233.59	104204.40	99580.58
股东权益(万元)	38235.46	37864.60	37395.20
未分配利润(万元)	–4043.92	–4356.85	–4781.34
主营收入(万元)	41780.48	81864.75	62587.20
资本公积金(万元)	18228.78	18225.79	18012.50
主营利润(万元)	7748.43	18198.43	14776.29
其他业务利润(万元)	184.22	11.19	0.12
营业利润(万元)	251.90	–614.01	–5208.78
投资收益(万元)	–30.64	352.67	–688.33
补贴收入(万元)		109.13	1.37
营业外收支(万元)	17.83	589.23	–0.76
利润总额(万元)	239.09	437.01	–5468.87
净利润(万元)	355.26	251.68	–5892.66

十大股东

序号	股东名称	股份性质	持股数(万股)	比例(%)
1	中国普天信息产业集团公司	国有法人股	11500.00	53.49
2	王宣宣	流通 B 股	124.24	0.58
3	陈根好	流通 B 股	50.20	0.23
4	蔡位厂	流通 B 股	46.00	0.21
5	李毅	流通 B 股	35.18	0.16
6	徐炳南	流通 B 股	32.70	0.15
7	林晓燕	流通 B 股	32.32	0.15
8	叶转有	流通 B 股	32.29	0.15
9	WONG LAI	流通 B 股	30.86	0.14
10	张志梅	流通 B 股	28.56	0.13

股东人数	2004.6	2003.12	2003.6	2002
	18658	18575	19375	19757

近年分配		近年配股 / 增发	

重大事项

2004 年 3 月 31 日，公司第三届董事会第七次会议审议通过了以 8.5 万元的价格收购自然人股东所持的南京普天长乐通信设备有限公司 1.7% 股权的议案，股权转让后，本公司对南京普天长乐通信设备有限公司的持股比例由 49% 提高到 50.7%。2004 年 3 月 31 日，公司第三届董事会第七次会议审议通过了关闭控股子公司南京普天计算机产业有限公司的议案。

二〇〇三年以来市场表现

2003 年涨跌幅(%)	12.37
2003 年最高(元)	5.06
2003 年最低(元)	3.18
2003 年换手率(%)	138.17
2004.06 涨跌幅(%)	–20.64
2004.06 最高(元)	5.37
2004.06 最低(元)	3.20
2004.06 换手率(%)	55.35

厦门灿坤实业股份有限公司

公司概况

公司名称	厦门灿坤实业股份有限公司	股票代码	200512
注册地址	福建省厦门市	邮政编码	361006
法人代表	蔡渊松	董秘	罗青兴
电话	0592-5600887	传真	0592-5600886
主营业务	开发、生产家用电器		
总股本	101122.73	流通 A	
流通 B	37443.02	流通 H	
审计单位		审计意见	未审计

主要财务指标

年度	2004.6	2003	2002
每股收益 / 扣除后(元)	0.0005	0.1196	0.3530
每股经营现金流量(元)	–0.3810	0.2600	0.6000
每股净资产 / 调整后(元)	1.3410	1.5500	1.8400
每股公积金(元)	0.1018	0.1170	0.1499
净资产收益率(%)	0.7900	8.9200	19.0600
总资产(万元)	529170.81	471593.19	264799.97
股东权益(万元)	139672.52	138570.80	126097.85
未分配利润(万元)	6387.24	14070.39	26186.75
主营收入(万元)	296510.41	420466.91	348481.47
资本公积金(万元)	10290.64	10290.64	10136.88
主营利润(万元)	45407.25	54869.05	69335.56
其他业务利润(万元)	2.27	2966.83	–48.30
营业利润(万元)	1216.92	13576.30	33790.35
投资收益(万元)	–60.62	–121.24	–121.24
补贴收入(万元)	4.63	13.83	0.17
营业外收支(万元)	1193.46	1038.68	–9.16
利润总额(万元)	2354.39	14507.57	26546.78
净利润(万元)	1110.13	12361.73	24029.26

十大股东

序号	股东名称	股份性质	持股数(万股)	比例(%)
1	FORDCHEE DEVELOPMENT LIMITED	外资法人股	29516.91	29.19
2	EUPA INDUSTRY CORPORATION LIMITED	外资法人股、流通 B 股	29516.89	29.19
3	FILLMAN INVESTMENTS LIMITED	外资法人股	14758.45	14.59
4	TIMMERTON CO INC	流通 B 股	1318.69	1.30
5	MERRILL LYNCH INTERNATIONAL	流通 B 股	836.45	0.83
6	CORE PACIFIC YAMAICHI INTERNAT(H.K.)LIMITED	流通 B 股	572.46	0.57
7	TSAI SHU HUI	流通 B 股	390.40	0.39
8	SKANDIA GLOBAL FUNDS PLC	流通 B 股	372.88	0.37
9	LAU MING TO	流通 B 股	237.94	0.24
10	TSAI CHIEN FANG	流通 B 股	179.86	0.18

股东人数	2004.6	2003.12	2003.6	2002
	20371	20409	19858	18897

近年分配		近年配股 / 增发	2004 年 6 月 16 日 10 送 1 转 0.5

重大事项

2004 年 6 月 15 日，本公司依照股东大会核准，执行 2003 年度分红派息方案。分红派息方案为每 10 股派发红股 1 股、任意盈余公积转增股本每 10 股转增 0.5 股，共计 131,899,218 股；截至 2003 年 12 月 31 日，本公司总股本数 879,328,125 股，本次分配方案完成后，总股本数将达到 1,011,227,343 股，全数为 B 股。

二〇〇三年以来市场表现

2003 年涨跌幅(%)	13.70
2003 年最高(元)	4.10
2003 年最低(元)	2.41
2003 年换手率(%)	51.66
2004.06 涨跌幅(%)	–1.30
2004.06 最高(元)	3.71
2004.06 最低(元)	2.30
2004.06 换手率(%)	28.98

瓦房店轴承股份有限公司

公司概况

公司名称	瓦房店轴承股份有限公司	股票代码	200706
注册地址	辽宁省瓦房店市北共济街一段1号	邮政编码	116300
法人代表	王路顺	董秘	张兴海
电话	0411-85509888-3829	传真	0411-85500794
主营业务	轴承、机械设备		

总股本	33000.00	流通 A		流通 B	13000.00	流通 H	
审计单位				审计意见	未审计		

主要财务指标

年度	2004.6	2003	2002
每股收益/扣除后(元)	0.0785	0.0962	0.0414
每股经营现金流量(元)	0.1410	0.3200	0.2900
每股净资产/调整后(元)	3.2000	3.0100	2.9100
每股公积金(元)	1.5979	1.5954	1.5793
净资产收益率(%)	2.5400	2.7200	1.4400
总资产(万元)	211679.30	209858.14	204138.45
股东权益(万元)	106375.22	103585.57	101408.04
未分配利润(万元)	16533.84	13827.29	12407.80
主营收入(万元)	80112.71	124648.74	109898.72
资本公积金(万元)	52730.93	52647.83	52116.01
主营利润(万元)	15337.96	25764.69	20703.43
其他业务利润(万元)	594.03	1417.23	-6.25
营业利润(万元)	2683.70	3124.18	589.42
投资收益(万元)	722.27	1448.28	1302.98
补贴收入(万元)			
营业外收支(万元)	115.17	-609.94	-7.16
利润总额(万元)	3521.13	3962.51	1697.85
净利润(万元)	2706.55	2813.01	1470.84

十大股东

序号	股东名称	股份性质	持股数(万股)	比例(%)
1	瓦房店轴承集团有限责任公司	国有法人股	20000.00	60.61
2	AKTIEBOLAGET SKF	流通B股	6500.00	19.70
3	李俊成	流通B股	30.39	0.09
4	钟连娣	流通B股	22.84	0.07
5	骆实	流通B股	20.26	0.06
6	王卫红	流通B股	20.00	0.06
7	陈镜坤	流通B股	19.40	0.06
8	林永忠	流通B股	17.60	0.05
9	何雁飞 HE YANFEI	流通B股	17.60	0.05
10	WU,KIN YEUK 胡建跃	流通B股	17.11	0.05

股东人数

2004.6	2003.12	2003.6	2002
12579	12283	12307	12395

近年分配	2004年8月19日 10派0.2828	近年配股/增发	

重大事项

2003年度公司按税后净利润10%提取法定盈余公积金,5%提取法定公益金,以期末总股本33000万股为基数,每10股派发现金0.3元人民币(含税),剩余利润结转以后年度安排。

二〇〇三年以来市场表现

2003年涨跌幅(%)	13.96
2003年最高(元)	4.90
2003年最低(元)	3.28
2003年换手率(%)	50.43
2004.06涨跌幅(%)	-19.25
2004.06最高(元)	4.85
2004.06最低(元)	3.03
2004.06换手率(%)	24.78

武汉锅炉股份有限公司

公司概况

公司名称	武汉锅炉股份有限公司	股票代码	200770
注册地址	湖北省武汉市武珞路586号	邮政编码	430070
法人代表	陈伯虎	董秘	刘成祥
电话	027-87652719	传真	027-87655152
主营业务	各类电站锅炉		

总股本	29700.00	流通 A		流通 B	12500.00	流通 H	
审计单位				审计意见	未审计		

主要财务指标

年度	2004.6	2003	2002
每股收益/扣除后(元)	0.0693	0.1000	0.0690
每股经营现金流量(元)	-0.0830	0.4000	0.5300
每股净资产/调整后(元)	1.7410	1.7260	1.6320
每股公积金(元)	0.5136	0.5126	0.5040
净资产收益率(%)	3.6300	5.4800	3.9300
总资产(万元)	226713.17	220489.31	174033.94
股东权益(万元)	55369.88	54518.34	51275.63
未分配利润(万元)	7689.29	6867.55	4596.93
主营收入(万元)	91492.17	123773.93	63050.08
资本公积金(万元)	15254.84	15225.04	14967.50
主营利润(万元)	12837.60	18263.09	13498.45
其他业务利润(万元)	423.77	360.65	16.33
营业利润(万元)	3134.26	4790.95	3341.31
投资收益(万元)	72.40	48.47	143.42
补贴收入(万元)		0.09	0.09
营业外收支(万元)	-73.48	-170.12	-31.30
利润总额(万元)	3133.18	4669.39	3321.84
净利润(万元)	2009.74	2985.16	2014.10

十大股东

序号	股东名称	股份性质	持股数(万股)	比例(%)
1	武汉锅炉集团有限公司	国有股	17200.00	57.91
2	王家宜	外资股	218.00	0.73
3	GT PRC FUND	外资股	178.95	0.60
4	GUOTAI JUNAN SECURIES HONG KONG LIMITED	外资股	149.88	0.50
5	吴乃文	外资股	108.68	0.37
6	陈倩芬	外资股	71.01	0.24
7	DBS VICKERS (HONG KONG)LTD A/C CLIENTS	外资股	61.54	0.21
8	BEST RELIANCE INVESTMENTS LTD	外资股	56.10	0.19
9	上海香港万国证券	外资股	47.80	0.16
10	林旦	外资股	45.51	0.15

股东人数

2004.6	2003.12	2003.6	2002
19170	19496	20667	20844

近年分配	2004年6月25日 10派0.3770	近年配股/增发	

重大事项

公司2003年度利润分配方案经年度股东大会审议通过:以2003年12月31日公司总股本297,000,000股计算,按照每10股派发现金红利0.40元人民币共计分配利润11,880,000.00元人民币。B股最后交易日为:2004年6月24日,除息日为2003年6月25日。

二〇〇三年以来市场表现

2003年涨跌幅(%)	42.77
2003年最高(元)	4.99
2003年最低(元)	2.79
2003年换手率(%)	152.82
2004.06涨跌幅(%)	-14.19
2004.06最高(元)	5.22
2004.06最低(元)	3.61
2004.06换手率(%)	73.50

杭州汽轮机股份有限公司

公司概况

公司名称	杭州汽轮机股份有限公司	股票代码	200771
注册地址	浙江省杭州市石桥路357号	邮政编码	310022
法人代表	聂忠海	董秘	何建航
电话	0571-85780198	传真	0571-85780433
主营业务	工业汽轮机开发研究		

总股本	22000.00	流通 A		流通 B	8000.00	流通 H	
审计单位				审计意见	未审计		

主要财务指标

年度	2004.6	2003	2002
每股收益/扣除后(元)	0.2989	0.1860	0.1560
每股经营现金流量(元)	1.0840	1.0200	0.3600
每股净资产/调整后(元)	2.3500	2.2500	1.9200
每股公积金(元)	0.7441	0.7441	0.6806
净资产收益率(%)	12.3500	8.5800	7.6300
总资产(万元)	150206.20	102237.54	68548.03
股东权益(万元)	53476.67	51274.54	45478.35
未分配利润(万元)	10499.60	8297.47	4789.38
主营收入(万元)	42006.57	43993.62	32602.78
资本公积金(万元)	16369.98	16369.98	14974.04
主营利润(万元)	16673.88	17109.18	12848.41
其他业务利润(万元)	62.85	113.96	-1.61
营业利润(万元)	8618.43	6846.87	5326.46
投资收益(万元)	-30.76	-83.53	-156.12
补贴收入(万元)	441.05	292.31	-3.23
营业外收支(万元)	6.25	-27.96	0.29
利润总额(万元)	9034.98	7027.69	4330.78
净利润(万元)	6602.13	4400.25	3470.67

十大股东

序号	股东名称	股份性质	持股数(万股)	比例(%)
1	杭州汽轮动力集团有限公司	国家股	14000.00	63.64
2	GT PRC FUND	流通股	300.00	1.36
3	TOYO SECURITIES ASIA LIMITED—A/C CLIENT	流通股	203.00	0.92
4	内藤证券株式会社	流通股	146.53	0.67
5	CUITAI JUNAN SECURIES HONG KONG LIMITED	流通股	138.13	0.63
6	JYSKE INVEST KINESISKE AKTIER	流通股	96.00	0.44
7	中国光大证券香港有限公司	流通股	63.39	0.29
8	李谊君	流通股	63.00	0.29
9	MOROHARA HCAHIRO 诸原八郎	流通股	55.31	0.25
10	SKANDIA GLOBAL FUNDS PLC	流通股	52.76	0.24

股东人数	2004.6	2003.12	2003.6	2002
	10993	11787	12760	12557

近年分配		近年配股/增发	

重大事项

公司于2004年6月19日举行的2003年年度股东大会审议批准了董事会提交的2003年度利润分配预案即以2003年12月31日的总股本220,000,000股为基数，向全体股东每10股派发现金红利2.00元人民币。B股最后交易日为2004年7月2日，除息日为2004年7月5日。

二〇〇三年以来市场表现

2003年涨跌幅(%)	52.72
2003年最高(元)	7.02
2003年最低(元)	3.35
2003年换手率(%)	186.53
2004.06涨跌幅(%)	17.83
2004.06最高(元)	7.90
2004.06最低(元)	5.54
2004.06换手率(%)	125.64

佛山华新包装股份有限公司

公司概况

公司名称	佛山华新包装股份有限公司	股票代码	200986
注册地址	广东省佛山市季华五路18号	邮政编码	528000
法人代表	王奇	董秘	陈海燕
电话	0757-83981729	传真	0757-83992026
主营业务	高级涂布白纸板		

总股本	43950.00	流通 A		流通 B	14950.00	流通 H	
审计单位				审计意见	未审计		

主要财务指标

年度	2004.6	2003	2002
每股收益/扣除后(元)	0.1020	0.2110	0.2090
每股经营现金流量(元)	-0.0150	0.1100	0.2500
每股净资产/调整后(元)	2.1500	2.1600	1.9300
每股公积金(元)	0.5770	0.5770	0.5700
净资产收益率(%)	4.7400	10.1100	11.2000
总资产(万元)	151367.34	128995.91	138203.98
股东权益(万元)	95107.52	95438.34	85485.52
未分配利润(万元)	17933.81	18264.63	10066.10
主营收入(万元)	28969.27	60653.12	74061.07
资本公积金(万元)	25360.65	25360.65	25053.15
主营利润(万元)	4592.87	9999.19	14902.49
其他业务利润(万元)	98.92	172.92	-8.50
营业利润(万元)	1651.73	4464.68	6398.60
投资收益(万元)	3505.50	6726.47	5484.89
补贴收入(万元)			
营业外收支(万元)	30.14	82.65	-0.25
利润总额(万元)	5187.37	11273.80	11848.23
净利润(万元)	4503.68	9645.32	9571.11

十大股东

序号	股东名称	股份性质	持股数(万股)	比例(%)
1	佛山华新发展有限公司	境内法人股	28653.22	65.20
2	吴浩源	流通B股	114.97	0.26
3	SURE WIDE INTERNATIONAL LIMITED 瑞宏国际有限公司	流通B股	100.96	0.23
4	李顺卿	流通B股	97.22	0.22
5	朴光实 PIAO JOY GUANGSHI	流通B股	69.60	0.16
6	罗曼玲	流通B股	69.06	0.16
7	张婵慈	流通B股	60.14	0.14
8	乔力	流通B股	49.59	0.11
9	佛山市新辉实业发展有限公司	境内法人股	49.54	0.11
10	广东省技术改造投资有限公司	境内法人股	49.54	0.11

股东人数	2004.6	2003.12	2003.6	2002
	22280	22235	22882	23041

近年分配		近年配股/增发	

重大事项

公司于2004年5月20日召开的2003年度股东大会通过了2003年度公司利润分配方案：以2003年12月31日公司股本总数43950万股为基数，向全体股东每10股派现金1.1元人民币(含税)。最后交易日为2004年7月12日，除息日为2004年7月13日。

二〇〇三年以来市场表现

2003年涨跌幅(%)	6.95
2003年最高(元)	4.97
2003年最低(元)	3.25
2003年换手率(%)	91.41
2004.06涨跌幅(%)	-18.25
2004.06最高(元)	4.82
2004.06最低(元)	3.12
2004.06换手率(%)	47.52

山东省中鲁远洋渔业股份有限公司

公司概况	公司名称	山东省中鲁远洋渔业股份有限公司		股票代码	200992
	注册地址	山东省济南市和平路43号		邮政编码	250014
	法人代表	刘长霞		董秘	周烽
	电话	0531-6553278,6553276		传真	0531-6943084
	主营业务	远洋捕捞及加工			
	总股本	26607.13	流通A	流通B 13800.00	流通H
	审计单位			审计意见	未审计

主要财务指标 年度	2004.6	2003	2002
每股收益/扣除后(元)	0.0105	-0.7300	-0.8500
每股经营现金流量(元)	0.1120	-0.0800	0.1800
每股净资产/调整后(元)	0.2800	0.2500	1.0200
每股公积金(元)	0.7599	0.7563	0.7408
净资产收益率(%)	3.3800	-294.8700	-82.9500
总资产(万元)	55075.13	56273.88	80417.70
股东权益(万元)	7591.96	7239.66	27703.24
未分配利润(万元)	-41416.03	-41672.85	-20793.64
主营收入(万元)	12564.88	31886.50	31098.28
资本公积金(万元)	20219.51	20124.03	19710.76
主营利润(万元)	2866.06	5834.36	3154.36
其他业务利润(万元)	93.29	26.68	-0.12
营业利润(万元)	344.82	-18179.43	-18835.06
投资收益(万元)	0.43	-854.69	723.96
补贴收入(万元)			
营业外收支(万元)	-23.72	-2479.89	49.14
利润总额(万元)	321.53	-21514.01	-23101.49
净利润(万元)	256.83	-21347.25	-22980.86

十大股东

序号	股东名称	股份性质	持股数(万股)	比例(%)
1	山东水产企业集团总公司	国有法人股	12573.13	47.25
2	COREPACIFIC-YAMAICHI NTERNATIONAL(H.K.)LIMITED	流通B股	957.48	3.60
3	KINGSWAYFINANCIAL SERVICES GROUP LIMITED-CLIENTIS′	流通B股	427.96	1.61
4	中国重汽集团济南卡车有限责任公司	国有法人股	195.00	0.73
5	NIHK-CUSTOMERS SEGREGATED ACCOUNT	流通B股	119.20	0.45
6	伊影	流通B股	107.82	0.41
7	刘丹	流通B股	99.15	0.37
8	梁玉贞	流通B股	90.72	0.34
9	NATWEST SECURITIES HONG KONG LIMITED	流通B股	82.64	0.31
10	翁政文	流通B股	65.15	0.24

股东人数	2004.6	2003.12	2003.6	2002
	19699	21446	23819	24067

近年分配		近年配股/增发	

重大事项

2004年4月23日根据本公司(甲方)与舟山东亿船务有限公司(乙方)签署的《船舶买卖协议》,将本公司自有的超低温金枪鱼延绳钓船TAIYIN轮,出售给乙方,售价人民币29万元,船只的账面价值为23万元,出售船只的净损益为-7万元,目前双方已完成船舶交接。

二〇〇三年以来市场表现

2003年涨跌幅(%)	-42.74
2003年最高(元)	3.99
2003年最低(元)	2.09
2003年换手率(%)	104.28
2004.06涨跌幅(%)	-24.40
2004.06最高(元)	2.63
2004.06最低(元)	1.45
2004.06换手率(%)	56.54

第四章　证券业中介服务机构

第一节　会计师事务所

天华会计师事务所

天华会计师事务所是1998年3月经财政部、中国注册会计师协会批准的为社会提供会计、审计、税务、管理咨询等全方位专业服务的大型合伙制会计师事务所。

天华总部设在北京，在上海和南京设有分所，成员所遍布广州、深圳、长沙、青岛、石家庄、唐山、昆明、沈阳、大连、徐州、厦门、成都、银川等地。根据2002年底的统计，天华员工1200余人（其中：注册会计师541人；注册税务师128人；注册评估师191人；工程造价师135人），全年业务收入15000万元。

天华具有财政部、中国证监会批准的证券、期货业审计和资产评估资格；财政部、中国人民银行批准的金融审计一类资格；中国注册会计师协会许可并推荐的大型国有企业审计资格；建设部颁发的工程造价审计甲级资质；国家税务总局批准的税务代理资格。

天华的主要合伙人均为80年代初派赴国外专修审计的研究生，后在国际"四大"会计师事务所从业和在国家部委工作的多年。天华将国际先进财务管理理论和实务与国内具体实践融会贯通，形成了具有天华特色的业务程序和质量控制体系，在为数百家企业提供各种专业服务的过程中，赢得了广大客户和各级政府监管部门的赞誉。

天华员工平均年龄29岁，专业人员都接受过大学高等教育，其中百分之十五的人员具有硕士以上学历。天华系统引进和安排国内外先进职工培训项目，注重培养员工的敬业精神和团队精神，有计划地提高员工技术水平和客户沟通能力，形成一支奉行"质量第一、客户至上"原则、具备会计、审计、财务、税务、金融等多方面知识和经验的专业服务队伍。

北京天华会计师事务所（总部）
地址：北京市西城区复兴门外大街A2号中化大厦17层
邮编：100045
电话：+86 10 68569800
传真：+86 10 68569590
Email：tinwha@tinwhacpas.com
首席合伙人、总经理：夏执东

天华博太投资咨询有限责任公司
地址：北京市西城区复兴门外大街A2号中化大厦17层
邮编：100045
电话：+86 10 68569800
传真：+86 10 68569590
邮箱：tinwha@tinwhacpas.com
法人代表：夏执东

北京中天华资产评估公司
地址：北京市复外大街甲28号京润大厦6层
邮编：100037
电话：+86 10 68041926
传真：+86 10 68041917
邮箱：iris9660@sina.com
网站：http://www.caa—bj.com.cn/
负责人：李晓红

天华会计师事务所上海分所
地址：上海市淮海中路283号香港广场南座2103号
邮编：200021
电话：+86 21 63906501
传真：+86 21 63906506
邮箱：shtw@tinwhacpas.com
所长：邓辉

天华会计师事务所江苏分所
地址：南京市集庆路198号江苏通信大厦23层2305室
邮编：210006
电话：+86 25 52300356
传真：+86 25 52300356
邮箱：jstw@tinwhacpas.com
所长：朱蓬

山东天华会计师事务所
地址：青岛市香港中路52号时代广场23层
邮编：266071
电话：+86 532 5779588
传真：+86 532 5779855
邮箱：sdtw@tinwhacpas.com
网站：http://www.sdicpa.org.cn/shiwusuo/qd_tianhua_z/
主任会计师、所长：潘桂荣

辽宁天华会计师事务所
地址：沈阳市惠工街泽工南巷24号
邮编：110013
电话：+86 24 22723980
传真：+86 24 22723973
邮箱：lntw@tinwhacpas.com
主任会计师、董事长：韩峰

广东天华华粤会计师事务所
地址：广州市广州大道北398号3楼
邮编：510620
电话：+86 20 38867839
传真：+86 20 38816843
邮箱：gdtw@tinwhacpas.com

主任会计师、所长：吕伯坚

湖南天华会计师事务所
地址：长沙市芙蓉区朝阳路297号省审计厅7楼
邮编：410000
电话：+86 731 4159726
传真：+86 731 4159727
邮箱：hntw@tinwhacpas. com
网站：http://www. hntwcpas. com/
主任会计师、所长：谭宪才

云南天华会计师事务所
地址：昆明市南平街4号省国托大厦A座10楼
邮编：650031
电话：+86 871 3155555
传真：+86 871 3152444
邮箱：yntw@tinwhacpas. com
主任会计师、所长：温琳

山西天华会计师事务所
地址：太原市新建南路文源巷15号
邮编：030001
电话：+86 351 4062225
传真：+86 351 4034744
邮箱：sxtw@tinwhacpas. com
主任会计师、所长：郝树平

徐州天华会计师事务所
地址：徐州市彭城路1号市级机关北院5号楼
邮编：221005
电话：+86 516 3719958
传真：+86 516 3711844
邮箱：xztw@tinwhacpas. com
主任会计师、所长：顾芬

河北天华会计师事务所
地址：石家庄市红旗大街216号
邮编：050091
电话：+86 311 3856830
传真：+86 311 3859835
邮箱：hbtw@tinwhacpas. com
主任会计师、所长：李艳生

唐山天华会计师事务所
地址：唐山市西山道7号
邮编：063008
电话：+86 315 2824005
传真：+86 315 2801374
邮箱：tstw@tinwhacpas. com
网站：http://www. tstinwhacpas. com
主任会计师、所长：韩余

深圳天华会计师事务所
地址：深圳市福田区车公庙天安数码城创新科技广场A1801
邮编：518040
电话：+86 755 83433600
传真：+86 755 83433728
邮箱：sztw@sztwcpa. com
网站：http://www. sztwcpa. com/chinese/
主任会计师、董事长：潘玲曼

厦门天华会计师事务所
地址：厦门市湖滨北路118号振兴大厦2楼
邮编：361012
电话：+86 592 5361298
传真：+86 592 5035439
邮箱：xmtw@tinwhacpas. com
网站：http://www. netcpa. com. cn/
主任会计师、所长：林四清

宁夏天华会计师事务所
地址：银川市延宾东路39号
邮编：750004
电话：+86 951 4104511
传真：+86 951 4120538
邮箱：nxtw@tinwhacpas. com
主任会计师、所长：王海智

四川天华会计师事务所
地址：成都市鼓楼南街117号世贸中心A座803
邮编：610015
电话：+86 28 86784822
传真：+86 28 86742039
邮箱：sctw@tinwhacpas. com
主任会计师、所长：李旭

天津天华会计师事务所
地址：天津市河西区琼州道101号(财政部驻天津市监察专员办事处院内)
邮编：300203
电话：+86 22 83818575
传真：+86 22 83817687
邮箱：tjtw@tinwhacpas. com
主任会计师、所长：翟红兵

厦门天健华天会计师事务所

天健华天是中国目前最大的会计师事务所—天健会计师事务所集团的发起成员之一，具有从事证券期货相关业务资格、国有大型企业审计业务资格、金融相关审计业务资格和其他各种业务资格，在国内会计市场都享有较高的声誉，也是福建省规模最大、最具实力的会计师事务所。

我们拥有100多名精通会计、审计、证券、法律、税务以及计算机、外语的专业人才，业务范围涉及能源、交通运输、石油、化工、冶金、机械、矿业、电子、建筑以及金融、证券、保险等，客户遍布全国各地。

我们真诚的期望为您服务，替您解忧，与您携手共进，创造21世纪的辉煌！

天健华天一贯秉承"求实为本、以法为准、质量一流、服务至诚"的经营信条,凭籍"崇尚执业理性、提倡勤勉创新、鼓励团队精神、强调个人正直"的文化取向,秉持"以质量求信誉,以信誉求发展"的宗旨,依赖全体同仁良好的职业操守、严谨的工作作风和较高的专业水平,赢得了中外客户和同行的信赖与支持。

通讯地址:厦门市湖滨南路57号金源大厦17～18层
邮政编码:361004
联系电话:(0592)2218833(总机)
图文传真:(0592)2217555
电子信箱:zhaopin2002@pccpamail.com

北京京都会计师事务所有限责任公司

客户至上宗旨

作为中国境内具有影响力的会计公司之一,北京京都会计师事务所有限责任公司致力于协助客户在竞争中取得成功。

北京京都会计师事务所是中国境内大规模的事务所之一,拥有230余名员工,由会计、税务、金融、法律、商业顾问、管理咨询及电脑方面的专家组成。

北京京都会计师事务所始终重视客户的利益,以满足客户的需求为每个员工恪守的原则。我们能够为您在进行商务决策的各个阶段提供高品质的专业服务,为您提供最新的会计税务信息,为您提供有价值的咨询建议以满足您的业务发展需要。

作为您的战略合作伙伴,我们的目标是以增值的服务协助您在商业竞争中不断取得成功。

全方位的服务

北京京都会计师事务所是中国注册会计师协会会员,经财政部、中国证监会批准,具有从事证券期货相关业务资格,并拥有A级资产评估资格的北京京都资产评估事务所和具有税务代理资格的北京京都税务代理资格的北京京都税务师事务所。因此,我们能够以在各行业的专家人才在专业领域的丰富经验为您提供全方位的服务。

自成立以来,我们已在工业制造业、通讯业、信息产业、金融业、制药业、酒店业、建筑业、房地产业、出版业、餐饮业及化妆品业等领域为客户提供了审计、会计服务、会计咨询、资产评估、税务代理、税务咨询及管理咨询等专业服务。

基于丰富的审计及会计咨询经验以及对中国法律法规的充分把握、对境内市场动态的广泛了解,我们已成功地为上海、深圳证券交易所的多家上市公司及改革开放后进入中国市场的跨国公司、外商投资企业以及境内国有企业和私营企业提供了强有力的专业支持。

全球网络支持

北京京都会计师事务所经财政部批准成为浩华国际会计公司成员所,浩华国际会计公司在全球90多个国家及地区的400余个城市设有成员机构,共有10,000多名专业人士。浩华中国服务网络已在北京、上海、深圳、大连等城市基本形成。

作为浩华国际的成员所,我们将与尊敬的客户共享资讯时代浩华国际全球网络的技术资源及专业经验,获得您所需要的专家支持和咨询服务。

地址:北京建国门外大街道22号赛特广场五层
邮编:100004
电话总机:(010)65264838
行政部办公室:(010)65227520
传真:(010)65227521

安徽华普会计师事务所

安徽华普会计师事务所成立于1988年8月,脱钩改制前名称为安徽会计师事务所,是我省唯一同时具有证券业审计和评估两项资格的会计师事务所,也是我省实力较强的会计师事务所之一。2000年9月,为扩展市场份额,铸造安徽省注册会计师行业的"航空母舰",与安徽中天会计师事务所、安徽金海会计师事务所合并,合并后名称仍为"安徽华普会计师事务所"。

自成立以来,华普所不仅取得了执行证券、期货相关业务审计资格和执行证券期货相关业务评估资格、金融相关业务审计一类资格,同时还取得了工程预决算审核、工程咨询、土地估价、房地产评估等多项执业资格。华普所实行主任会计师负责制,内设四个审计业务部、两个分所、基建评估部、质量监管部、综合部和财务部等部室,现有从业人员201名,其中注册会计师99名,注册评估师41人,具有从事证券、期货相关业务资格的注册会计师30名,还有一批注册税务师、房地产估价师、造价工程师等专业人员,有60余人参与并熟悉金融相关审计业务,中高级职称的专业技术人员占总人数的比例62%,现已行成了一支整体业务素质较好、人才结构合理的专业服务队伍。华普所自成立以来,共完成15家上市公司的上市改制业绩审计业务,占安徽省发行A股上市公司总数的70%;完成了山东鲁抗等3家上市公司改制上市的前期审计业务,目前正在进行23家拟上市公司的上市改制业绩审计业务;并先后承接了安徽省信托投资公司、安徽省国际信托投资公司、安徽省证券公司、中国建设银行安徽分行、中信实业银行合肥分行等金融机构的会计报表审计项目,上述工作均得到了有关部门的肯定。"以质量求信誉、以信誉求发展",安徽华普会计师事务所随着我国加入WTO,必将获得更大的发展。

地址:安徽省合肥市荣事达大道100号(振信大厦B座8楼、9楼、10楼)
邮编:230001
电话:0551—2646135;传真:0551—2652879
邮箱:postmaster@ahhpcpa.com.cn
网站:www.ahhpcpa.com.cn

德勤华永会计师事务所

德勤华永会计师事务所是一所由众多成员所/公司组成的机构,致力于提供卓越的专业服务及咨询。我们重视客户服务,并在约150个国家切实执行我们的全球性客户服务战略。依托由12万名专业人士组成的全球网络,我们的成员所/公司(及其分支机构)在审计、税务、顾问和财务咨询等四个领域,为全球超过一半的最大型企业、全国性大型企业、公共机构以及众多发展迅速的全球性的成长型公司提供专业服务。

德勤中国

德勤是中国居领导地位的专业服务机构之一,于中国的

九个城市 — 北京、大连、广州、香港、澳门、南京、上海、深圳和天津均设有事务所，拥有专业人员超过2,500名。德勤为客户提供审计、税务、顾问和财务咨询等服务。德勤在中国为多家大型跨国公司以及本地一些重要的企业提供专业服务。在香港，德勤更为大约三分之一的在香港联合交易所上市的公司提供服务。若想获得更多有关德勤的资料，请浏览我们的网站 www. deloitte. com. cn.

北京　德勤华永会计师事务所有限公司北京分所
北京东长安街1号东方广场东方经贸城 西二办公楼8层
邮政编码：100738
直线：86(10)85207025
总机：86(10)85207788
传真：86(10)85201218

大连　德勤华永会计师事务所有限公司大连分所
中国大连市西岗区中山路147号森茂大厦14楼
邮政编码：116011
电话：86 (411) 360 9292
传真：86 (411) 360 3297

广州　德勤华永会计师事务所有限公司广州分所
中国广州市东风中路410号健力宝大厦23楼
邮政编码：510030
电话：86 (20) 8393 6339
传真：86 (20) 8348 7156 / 7157

香港　德勤关黄陈方会计师行
香港干诺道中111号永安中心26楼
电话：(852) 2852 1600
传真：(852) 2541 1911

澳门　德勤关黄陈方会计师行
澳门罗理基博士大马路223—225号南光大厦14楼I座
电话：(853) 712 998
传真：(853) 713 033

南京　德勤华永会计师事务所有限公司南京分所
中国南京市广州路188号苏宁环球大厦18层1812及1818座
邮政编码：210024
电话：86 (25) 8324 1133
传真：86 (25) 8663 3915

上海　德勤华永会计师事务所有限公司
中国上海市延安东路222号外滩中心30楼
邮政编码：200002
电话：86 (21) 6335 0202
传真：86 (21) 6335 0003

深圳　德勤华永会计师事务所有限公司深圳分所
中国深圳市深南东路5002号信兴广场地王商业中心1909—16室
邮政编码：518008
电话：86 (755) 8246 3255
传真：86 (755) 8246 3186 / 3222

天津　德勤华永会计师事务所有限公司天津分所
中国天津市南京路75号天津国际大厦2308室
邮政编码：300050
电话：86 (22) 2332 1671/1672
传真：86 (22) 2332 2840

福建华兴有限责任会计师事务所

福建华兴有限责任会计师事务所原由福建华兴会计师事务所更名，于1999年元月正式成立。现拥有从业人员138多名，其中，注册会计师、从事证券、期货相关业务注册会计师、注册资产评估师、工程造价师、注册税务师、房地产估价师、土地估价师等具有各类专业资格的员工占从业人员的75%以上；本所为各类客户提供服务中，以为证券、期货、金融企业、股份制企业、外资企业和其他中型企业提供审计、资产评估和会计顾问服务见长。服务对象遍布省内外和港澳地区，是一家具有较大影响的会计师事务所。

我所从诞生至今已走过了二十年不平凡历程，在工作中积累了丰富经验，业务建设中集中了一批高素质、高学历的高级人才，本所138多名员工中大专以上学历的占90%以上，其他业务人员都具有大专以上学历。具有经济、会计、工程类的专业高级人才50%以上，并与境外、国外会计公司建立了长期的业务合作关系。1993年以来，经中华人民共和国财政部、中国证券监督管理委员会确认具有证券业务审计资格，2001年3月经中华人民共和国财政部、中国人民银行获准从事金融相关审计业务资格，还具有国有大中型企业审计、资产评估、基建预决算审计、房地产评估等相关执业资格。

福建华兴有限责任会计师事务所将通过建立有效的经营管理机制和科学的执业规范体系，使事务所规模水平不断发展和提高，以适应改革开放和建立社会主义市场经济的需要，充分发挥注册会计师、注册资产评估师在经济活动中的鉴证和服务作用，维护社会公共利益和投资者的合法权益。

我们服务范围包括：会计审计服务、工商登记服务、税务咨询服务、资产评估服务、基本建设项目审计、工程造价咨询服务、管理咨询服务。

在多年的工作中，我们一贯恪守以质量求信誉、以信誉求发展的建所方针，认真执行财政部、中注协制定的各项执业规范，不断完善业务工作质量控制制度，严格遵守《中国注册会计师职业道德准则》，在社会上和客户中牢固树立了“独立、客观、公正”的良好形象。目前我所正在贯彻实施《中国注册会计师独立审计准则》，以不断提高执业质量为突破口，推动业务的快速发展。我们十分珍惜已取得的业绩和信誉，在成绩面前，居安思危，力争把本所建设成为让客户满意的会计师事务所。

地址：福建省福州市中山大厦B座7F—9F
邮编：350003
FAX：0086—591—7840354
电话：7852574
E—Mail：PostMaster@fjhxcpa. com

广东康元会计师事务所有限公司

广东康元会计师事务所有限公司(广州本部)是顺应会计师事务所"上规模、上水平"的要求,由原广州会计师事务所(广东省财政厅所属,成立于1981年2月)、原广东审计师事务所(广东省审计厅所属,成立于1985年8月)的主要专业人员重组设立的国内规模较大的会计师事务所,并于汕头设立了汕头分所,在香港设立了香港康元会计师事务所。重组后的广东康元会计师事务所有限公司既秉承了长期服务之丰富经验,又致力于更新服务理念,力求富于新生活力,适应市场化经济大潮之发展方向,是一个可提供多元化服务的中介机构。

·主要专业人员自1986年起从事注册会计师业务,具有丰富的执业经验

·主要专业人员自1991年起服务于中国证券市场,具有数十家企业股份制改组及上市的审计、咨询之丰富经验

·经财政部、中国证监会授予证券、期货相关业务执业许可证

·经财政部、中国人民银行授予金融相关业务审计资格

·税务代理资格

·资产评估资格

·司法会计鉴定资格

·工程造价咨询资质

·会计电算化验收公证资格

近年经营业绩

2002年度,完成审计、验资、评估、工程造价咨询等业务845项,业务收入2622万元,上缴税费300多万

2001年度,完成审计、验资、评估、工程造价咨询等业务近800项,业务收入2300万元,上缴税费270余万

地址:广州市体育西路57号红盾厦13楼
邮政编码:510620
联系电话:(020)85591700
传真:(020)85591702

大信会计事务有限公司

大信会计师事务所(以下称大信)系由我国资深注册会计师、武汉大学兼职教授吴益格先生创建于1985年11月,是中国成立最早的第一家民办会计师事务所,是国际著名会计公司一浩华国际成员所,也是中国目前规模较大、服务功能较齐全的一家会计中介机构。大信所为适应业务需要,在中国首都北京和中国中部城市武汉设有业务总部,并在深圳、广西、江西及湖北三峡地区设有分支机构,常年客户达800余家,遍布全国大多数省市区。其业务收入居全国同行业前列,被中国注册会计师协会排列为"百强所",其上市公司客户连续六年居中国证监会排名前10位,称之为"十大"。被媒体誉为"一家受上市公司欢迎的会计师事务所"、"注册会计师行业一个知名品牌"。

(一)事务所

总经理、主任会计师:吴卫星

北京通讯地址:北京市海淀区知春路1号学院国际大厦15层
电话:010—82330558 82330559
传真:010—82327668
电邮:postmaster@daxincpa. com. cn

武汉通讯地址:武汉市中山大道1166号金源世界中心AB座七一八楼
电话:027—82814094、82824302、
82792648、82809031、82200210
传真:027—82816985
电邮:daxincpa@public. wh. hb. cn

广东恒信德律会计师事务所有限公司

广东恒信德律会计师事务所有限公司是经广东省财政厅批准设立的具有证券相关业务审计资格和证券相关业务评估资格的会计师事务所,也是全国首批取得从事金融相关审计业务资格的会计师事务所之一,是珠海市最大的一家会计师事务所,也是珠海市唯一一家具有法人资格并具有证券审计和金融审计资格的会计师事务所。本所在江西省南昌市、广东省广州市、东莞市等地设有分所,本所有注册会计师87人,以及注册资产评估师、房地产估价师、造价工程师、土地估价师和其他专业人员100多人。我们竭力为国内外各类客户提供包括审计、验资、评估、税务代理及咨询、管理咨询以及上市业务。

恒信德律以良好的职业操守严谨的工作作风和较高的专业水准,赢得了中外客户、各级政府部门和业内同行的信赖和赏识。恒信德律"以质量求信誉,以信誉求发展"为宗旨,与新老客户合作并提供优质专业服务。

本所服务范围:从事证券相关业务(包括审计与评估);审计,验资,咨询,培训,企业整体评估,会计电算化,设计财务管理制度,会计顾问,税务代理,办理建设工程预决算编制及工程造价审查,设计、销售会计管理软件,土地评估,司法会计鉴证。

总所地址:珠海市香洲康宁路16、18号
电话:0756—2114788、2116258
传真:0756—2217643

珠海德律税务师事务所:珠海市香洲康宁路16、18号
电话:0756—2232965
传真:0756—2217643

江西分所地址:南昌市叠山路119号8楼
电话:0791—6829301、6829302
传真:0791—6829301

东莞分所:东莞市莞城东城西路二号海联大厦9楼
电话:0769—2503116
传真:0769—2482391

广州分所:广州市黄埔大道西163号 富星商贸大厦东塔14G
电话: 020—87562407
传真: 020—87564163

广东正中珠江会计师事务所有限公司

广东正中珠江会计师事务所有限公司(以下简称正中珠江)是根据国家有关规定,为迎接中国加入 WTO 的挑战,贯彻财政部关于扩大会计师事务所规模的指导精神,实行强强联合,由成立于 1981 年的广州会计师事务所与成立于 1985 年广州市珠江会计师事务所的一批经验丰富的注册会计师发起设立的大型会计师事务所,注册资金 200 万元。

广州会计师事务所与珠江会计师事务所是我国两家成立时间较长的会计师事务所,其中广州会计师事务所是建国以来全国第二家成立的会计师事务所。近二十年来,两所本着"以质量求信誉,以信誉求发展"的宗旨,为客户提供了全方面而高效率的服务。以客观公正的态度,依据有关法规及审计准则,从事专业工作以昭社会公信。

原广州会计师事务所与原广州市珠江会计师事务所均为具有证券期货相关业务资格、资产评估资格、税务代理资格的大型会计师事务所;并具有编审工程预结算、审核建筑工程标底和监理工程造价等业务资格。在审计、会计、税务、管理咨询、基建咨询、资产评估等方面拥有大量的客户,涉及行业包括:金融业、制造业、交通业、高科技业、水力电力业、商业、饮食业、房地产业和综合业等。

正中珠江汇集原广州所和原珠江所之优秀人才,拥有一批既有专业知识,又具有丰富实践经验的会计、审计、税务、金融、管理、法律、评估、计算机及工程技术等各类专业人才,绝大部分拥有中级以上职称,其中具有高级职称、博士、硕士学位的有十余人。全所百分之 五十以上的人员具有注册会计师、注册评估师、注册税务师、律师或两种以上执业资格。具有证券期货相关业务执业资格的注册会计师人数在广东地区会计师事务所中亦名列前茅。

正中珠江充分关注职业道德对会计师事务所工作的重要性。将其视为本所得以生存的生命线。"独立、客观、公正、严谨"是我们要求员工必须恪守的基本执业道德准则。

正中珠江严把业务质量关,建立健全了科学的业务质量控制程序,在日常业务工作中严格要求按照质量控制程序执行,有效地保障了业务的质量。

正中珠江历来注重员工基本素质的培养及其专业水平的提高,曾派多人多次去澳大利亚、香港等地的大型会计师事务所培训学习,包括参与其大型金融企业的审计工作。我们的审计工作充分借鉴了国际五大会计师事务所的先进经验。在 2001 年度财政部组织的全国范围内的《会计法》知识大赛活动中,本所派出四位员工参加了在广州地区举行的会计知识大赛,取得了团体第一名,个人第一名、第三名的好成绩,应广州市的要求,我们的这支队伍又代表广州市参加广东省的比赛,又获得个人全能第二及第三的好成绩。

正中珠江与国内外会计审计界同行保持着良好的关系,委托国际五大会计师事务所为本所培训业务人员。聘请北京大学、清华大学、厦门大学、中南财经政法大学、中山大学、暨南大学等国内著名高等院校的专家组成本所的顾问网络,成为本所专业技术的强大后盾。

江苏天衡会计师事务所

江苏天衡会计师事务所的前身是江苏会计师事务所(创建于 1985 年 10 月)。

本所是江苏设立时间早、规模大,在会计及社会各界享有盛誉的注册会计师专业机构。1992 年,经中华人民共和国财政部和中国证券监督管理委员会批准,成为中国首批取得从事证券期货相关业务财务审计许可证的会计师事务所。1993 年,经国家国有资产管理局和中国证券监督管理委员会批准,成为中国首批取得从事证券期货相关业务资产评估许可证的会计师事务所。2000 年,经中华人民共和国财政部和中国人民银行批准,成为中国首批取得金融机构财务审计资格的会计师事务所。

本所凝聚会计、审计、金融、工程、税务、法律等专业的英才,秉承独立、客观、公正的执业原则,致力于先进审计理论与技术的实践与探索,始终如一地坚持以良好的职业道德、严谨的工作作风和较高的专业水准,为社会公众提供高质量的专业服务。

江苏天衡会计师事务所业务范围

企业股份制改组与上市服务

* 公司上市前的可行性研究
* 公司上市的前期工作,为公司上市方案提供专业意见
* 上市公司前三年的审计
* 上市公司的资产评估
* 上市公司的盈利预测审核
* 上市公司的注册资本验证

审计服务

* 上市公司、外商投资企业及其他各类企业的中期、年度会计报表审计
* 企业清算审计
* 工程项目预算、决算审计
* 外汇收支审计
* 验证注册资本
* 其他各种特定目的的审计 企业收购/兼并的专业咨询服务
* 寻找合适的投资或收购/兼并对象
* 进行财务调查
* 对收购/兼并方案、重组方案提供专业意见
* 协助收购/兼并事项的谈判
* 提供收购/兼并所涉及财务、会计问题的解决方案

会计和管理咨询服务

* 设计或评价企业内部控制制度
* 税务代理和税务咨询
* 项目可行性研究和项目评价
* 为企业管理、重组、投资、清算等经济活动提供专业咨询意见
* 接受委托介绍经济合作对象,参与谈判,拟订经济合同、公司章程及其他经济文件
* 代理工商企业注册登记、商标注册、专利申请
* 提供专业顾问服务,代理记帐,培训会计人员

资产评估服务

* 资产拍卖、转让时的资产评估
* 企业兼并、出售、联营时的资产评估
* 企业股份制改组与上市时的资产评估
* 与外国公司、企业和其他经济组织或者个人开办中外合资企业或者中外合作企业时的资产评估
* 企业清算时的资产评估
* 资产抵押及其他担保时的资产评估
* 企业财产租赁时的价值评估

地址:南京市正洪街18号东宇大厦8楼
邮编:210005
电话:(025)4711188

江苏天华大彭会计师事务所有限公司

江苏天华大彭会计师事务所有限公司在江苏天华会计师事务所(原江苏省审计事务所)、徐州大彭会计师事务所(原徐州市会计师事务所)的基础上合并设立。公司经江苏省财政厅批准,依法在江苏省商行政管理局登记注册,注册资本210万元,为独立法人资格,注册地设在中国南京。公司实行自收自支、独立核算、依法纳税,是承担有限责任的社会中介机构。

公司内设十部一室:财务审计一、二、三、四部;资产评估、验资部;基建工程审核一、二部;管理咨询培训部;市场开发部;质量管理部;办公室。目前从业人员159名,其中:注册会计师68名(证券、期货注册会计师23人),注册评估师29人;房地产估价师3名;注册造价师21名;监理工程师5名;注册税务师15名;有双重资质的占38%,大学本科以上学历的占从业人员的60%以上。平均年龄33.5岁。

公司具有国家财政部、中国证券监督管理委员会颁发的《执行证券、期货相关业务许可证》;国家财政部、中国人民银行批准的《金融相关审计业务资质》;国家建设部颁发的《工程造价咨询单位资质证书》,资质等级为甲级;国家财政部颁发的《资产评估资格证书》;江苏省建设厅颁发的《房地产价格评估机构资格证书》;国家财政部颁发的《中央企业查证业务资格》等执业资质。

公司主要从事证券、期货、金融相关业务审计;审查企业会计报表;验证企业资本;各类资产评估;基建工程的技术经济咨询、编制、审核工程概、预、结、竣工决算、招投标代理业务;办理企业合并、分立、清算及法律、行政法规规定的其他审计业务;担任会计顾问,提供财务咨询、财务人员培训等业务。

按照《中华人民共和国注册会计师法》、《中国注册会计师独立审计准则》的规定,公司奉行"重合同、守信用、优质量、高效率"的准则,恪守独立、客观、公正的原则,坚持"服务第一、质量第一、信誉第一"的宗旨,依法维护客户的合法权益,坚持严密的操作规范和质量控制制度。坚持从严治所,稳步发展,以人才求发展,以管理求效率,以质量求信誉,以服务求市场。公司自成立以来,坚持为省内多家行业和大型企业如省交通、教育、出版、外贸、轻工、盐业、滩涂、金陵饭店、希尔顿大酒店、禄口机场、沪宁高速公路、宁靖盐、苏嘉杭高速公路等提供财务审计、工程造价咨询、竣工决算审核以及资产评估服务。2000年10月公司取得证券、期货相关业务审计资质以来,先后为省内外20多家股份制改制企业(拟上市)提供财务审计和资产评估服务。多年来,赢得了政府有关部门和国内外客户的一致好评。

本公司竭诚为更多的国内外客户服务,为中国注册会计师事业的发展作出应有的贡献。

公司地址:中国南京市宁海路80号(省高院对面)
董事长 总经理(所长):陈宏青
公司总机:025—83721886
传真:025—83716000

徐州所地址:徐州市淮海路38号中联大楼5楼
总经理(所长):张书义
联系电话:0516—5836099
传真:0516—5836100
联系电话:0516—5836099
电子信箱:thdp@thdp.com.cn
公司网址:www.thdp.cn

南京永华会计师事务所

南京永华会计师事务所于1998年12月根据财政部(1998)22号文件精神,由原南京会计师事务所脱钩改制后新设立的有限责任会计师事务所,目前是南京地区最大的注册会计师执业机构。

该所坚持以"服务第一、质量第一、信誉第一"为宗旨,坚持独立客观公正的原则,紧抓改革与发展两大主题,依据《中华人民共和国注册会计师法》和有关法规的规定承办审计、验资、资产评估告示法定业务,并向社会提供工程造价咨询、会计咨询、财会培训、会计电算化服务等多元化服务项目,是国内会计服务功能最完善的会计师事务所有制之一,成为具有一定规模、较高执业质量和良好社会声誉的综合性会计师事务所。中央有关主管部门和地方政府对该所的业绩给予充分肯定。

1993年2月,财政部、中国证监会授予我所"从事证券期货相关业务许可证";1993年5月,国家国有资产管理局、中国证监会授予我所"从事证券业务资产评估许可证";1996年4月,中国人民银行总行首批推荐为具有从事金融业务资格的会计师事务所;1997年6月,被国家建设部授予"工程造价咨询甲级资格证书"。

1996年,本所被江苏省财政厅授予"江苏省先进财会工作集体";1997年被中共南京市委、市政府授予"建设新南京先进单位";1994年至1998年连续五年被评为"南京市三资企业管理先进单位";1998年被中共南京市委、市政府授予1996—1997年度"文明单位"等荣誉称号。

本所拥有一支以注册会计师、注册资产评估师、高中级会计师为主体,并有高级工程师、高级经济师、教授及法律、金融、税务等专业人员组成的执业队伍和专家网络。现有各类执业人员共计178人,其中具有中国注册会计师资格的82人,经财政部和中国证监会认定的具有证券业务执业资格的注册会计师18人,注册资产评估师18人,有工程(预)决算资格证书的工程师20人。

建所以来,该所内抓管理、外求开拓、从严治所、精心服务,各项工作得到了迅速发展,逐步实现了业务国际化、管理规范化、办公现代化、服务多元化的目标。执业范围以南京为主,辐射到省内外及境外企业。随着改革开放不断深入,涉外企业得到迅速发展,先后为江南一小野田水泥有限公司、南京南宇玻璃有限公司、南京旺旺食品有限公司等200多家三资企业做好审计、验资、会计顾问等项服务,为三资企业健康发展,改善投资环境,促进外向型经济发展,起了积极作用。在建立现代企业制度方面,1988年在全国率先开展了国营企业年报审计,1992年以来,在推进现代化企业制度改革中,围绕转换企业经营机制、结构调整、资产重组、提供多层次、全方位服务。为南京及本省80多家企业股份改制以及南京新街口百货商店股份有限公司、南京熊猫电子股份有限公司、常柴股份有限公司等12家上市公司(A、H、B股)提供了财务审计或资产评估服务,积累了丰富的经验。该所努力为金融机构提供优质高效的综合配套服务，先后对南京城市合作银行、南京国际信托投资公司等十多家金融机构提供了审计、清产核资、资产评估等项服务。为了适应南京城市建设发展需要，自1994年以来，积极开拓工程概（预）决算审核及审计业务，先后完成了沪宁高速公路南京连接线、南京国际会议中心、江东路南下工程、禄口国际机场连接线等80多项大（中）型工程竣工决算审计，都取得圆满成功。财务培训不断发展，由单一的会计证培训发展到会计职称、职称外语、注册会计师、会计电算化等培训业务，都取得了良好的效果。

该所积极加强国内、国际业务合作交流，先后接待了十多个国际会计公司和会计师事务所的来访，和著名的安永、普华、永道、浩华、安达信等国际会计公司建立了友好合作关系，并被财政部、中沆协选派出三批专业人员去香港地区会计师事务所学习工作。1998年该所组团访问了台湾的会计师事务所，为促进两岸统一和交流起了积极推动作用。该所在为南京的改革开放、经济发展、城市建设和增加财政收入作出了突出贡献，得到了政府有关部门、社会各界、中外客户的信赖和好评。

上海上会会计师事务所

上海上会会计师事务所（原名上海会计事务所）成立于1981年1月，是为适应改革开放的新形势，由财政部试点成立的全国第一家会计师事务所。经财政部、中国证券监督管理委员会和国家国有资产管理局批准，我所是具有上市公司查证和A级资产评估资质的会计师事务所之一。1998年底按财政部、中国证券监督管理委员会的要求，我所已正式改制为由注册会计师个人出资经营的负有限责任的会计事务所。

我所建所20多年来，由于讲究业务质量和服务质量，崇尚职业道德，业务不断扩展，深得客户信赖。我所与国际著名的会计师行有着良好的业务合作关系，目前全所员工有近170人，其中注册会计师60余人，所有注册会计师都具有大专以上学历，定期参加国内培训和后续教育，有的还派赴香港或国外进行培训、实习，具有良好的事业心和实践经验，可以说，我所是一家颇具规模、历史最长、信誉良好的会计师事务所。

地址：上海市威海路755号文新报业大厦20楼
电话：021－52920000
传真：021－52921369
邮政编码：200041

上海立信长江会计师事务所有限公司

上海立信长江会计师事务所有限公司由朱建弟、李德渊、周 琪、戴定毅、郑帼琼、王德霞、钱志昂、施国梁、孟荣芳等人于2000年6月发起设立，经国家批准，依法独立承办注册会计师业务，具有从事证券期货相关业务的资格。本所服务对象为国营企业、股份制企业、外商投资企业、集体企业、私营企业、事业单位、国家机关、团体法人等。

本所继承和发扬潘序伦先生倡导的“信以立志、信以守身、信以处事、信以待人”的准则，一贯注重职业道德、服务质量、立信于社会。客户遍及十余个省、市和经济特区。其中股份有限公司有100多家，其中上市公司有60多家，外商投资企业有2,000多家。

本所总机构设在上海，共设有18个审计业务部以及管理咨询部、工程审价部、资产评估部、法律服务部、行政部、培训部、国际业务部、审控部。

本所现有专职人员500多人。其中有注册会计师200多人，有中国证券业从业资格的注册会计师60人。

在专业人员中，有多名资历深、经验丰富，在会计界有影响的会计专家，还有一批既有专长，又有实践经验的各类专业人员，机构健全，人才荟萃。在改革开放的新形势下，本所将一如既往地坚持公正、客观、实事求是的原则，重视职业道德和执业质量，竭诚为国内、外客户提供优质服务。

地址：上海市南京东路61号4楼　邮编：200002
电话：021－63391166
传真：021－63392558
E_mail：sh. lixin@pcpa. com. cn

深圳天健信德会计师事务所

深圳天健信德会计师事务所（“天健信德”）成立于1992年3月，是我国最早获得从事证券、期货相关业务审计、资产评估许可证的会计师事务所之一，同时具有金融相关审计业务资格和执行A股公司补充审计试点业务资格，已先后协助数十家企业在境内外成功上市，并为国内数百家不同行业的大、中型企业提供专业服务，特别在中国企业发行A股、B股、H股、可转换债券，以及承办证券投资基金、证券公司审计等领域积累了丰富的专业经验。同时，天健信德设立了上海分所、深圳佩德企业管理咨询有限公司、上海天健信德企业管理咨询有限公司，以求在时代的变革中不断发展壮大。

· 信德资深会计师早在一九八八年就参与我国第一批公司股份制改组与上市工作，是我国最早获得从事证券、期货相关业务审计、资产评估许可证的会计师事务所之一

· 首批获准从事金融相关审计业务资格的专业机构

· 具备执行A股公司补充审计试点业务资格

· 已先后协助数十家企业在境内外成功上市，并为国内数百家不同行业的大、中型企业提供专业服务

· 国务院国有企业监事会工作办公室推荐的全国二十七家从事特大型国有企业审计的会计师事务所之一

· 被中央党政机关金融类企业脱钩工作小组推荐为可以对有关金融类企业进行清产核资的会计师事务所之一

深圳办公室
地址：深圳滨河大道5020号证券大厦十五、十六层
邮编：518033
电话：86－755－82903666
传真：86－755－82990751
电子信箱：SCHINDA@SCHINDA. COM

上海办公室
地址：上海西藏中路18号港陆广场1110室
邮编：200001
电话：021－53852399　传真：021－53852311
电子信箱：SCHINDASH@SCHINDA. COM

天职孜信会计师事务所

天职孜信会计师事务所成立于1988年5月8日，注册地北京。天职孜信是我国最早获得从事证券、期货相关业务审计，证券、期货相关业务资产评估双重执业资格，以及工程造价(甲级)咨询单位资质的会计师事务所之一，并首批取得财政部、中国人民银行颁发的金融相关审计业务资格，是具有国际会计公司背景的大型会计师事务所集团。

天职孜信经过十多年的发展，依靠各行业客户的支持、广泛的公共关系资源、优秀的企业文化和诚信意识，完成了规范化、集团化和国际化三大跨越，成为以北京为中心，以全国中心城市为重点，覆盖全国的一流会计师事务所，并成为目前国内规模最大、执业资格最全的会计师事务所之一。在中国注册会计师协会最近排定的中国会计师事务所百强中，天职孜信位列第17位。

天职孜信会计师事务所总部

地址：中国北京海淀区车公庄西路乙19号华通大厦B座二层

邮编：100044

总机：010—88018766　　传真：010—88018737

网址：http://www.tzcpa.com

邮箱：tzcpa@tzcpa.com

董事长 主任会计师 陈永宏

天职孜信(北京)会计师事务所

地址：北京海淀区车公庄西路乙19号华通大厦B座208

邮编：100044

总机：010—88018766　　传真：010—88018737

副所长：吴晓华　010—88018733　13911160161

天职孜信(湖南)会计师事务所

地址：湖南省长沙市车站北路329号证券大厦

邮编：410001

电话：0731—2183800　　传真：0731—2183808

所长：龚道树　0731—2183703　13907487439

天职孜信(深圳)会计师事务所(筹)

地址：中国深圳深南东路5002号信兴广场地王商业中心2702—2703

邮编：518008

电话：0755—82478418

负责人：丁景东

天职孜信(上海)会计师事务所

地址：上海浦东新区东方路800号宝安大厦3401A

邮编：200122

电话：021—50814615

传真：021—50814615

所长：胡建军　021—50814218　13917369142

河南岳华会计师事务所

河南岳华会计师事务所(原岳华集团(河南)会计师事务所)是我国首家集团会计师事务所—岳华会计师事务所之紧密型成员所。

河南岳华会计师事务所现有从业人员60余人，其中注册会计师33人，注册资产评估师20人，证券特许注册会计师9人，高级职称7人，中级职称32人。许多执业人员同时具有注册会计师、注册资产评估师等多种执业资格。执业人员均为大专以上学历。本所具有河南省国资局授予的资产评估资格；河南省建设厅授予的房地产价格评估及工程造价咨询乙级资格；河南省土地局授予的从事土地评估业务资格；河南省财政厅颁发的准予承办大型企业年度会计报表审计和债权转股权企业审计的资格；河南省物价局授予的收费许可资格。

详细地址：河南省郑州市经三路26号思达数码大厦十五层

联系电话：(0371)5793282　5793283　5793286　5793280

电子邮件：hnyh@gbccpa.com.cn

深圳南方民和会计师事务所有限责任公司

深圳南方民和会计师事务所(以下称“本所”)于1990年9月经中华人民共和国审计署和深圳市人民政府批准成立，1997年12月改制成为具有法人资格的会计师事务所，现为马施云国际会计师事务所成员所。

本所由12名合伙人发起成立，从业人员318人(海外留学归国人员8人)，其中：中国注册会计师113人，中国注册评估师35人，具有证券期货相关业务资格的注册会计师近40人，中国注册税务师28人，造价工程师15人，房地产估价师、土地估价师10人，从业人员中具有会计、审计、法律、经济、工程技术等高级技术职务的20人，具有中级专业技术职务的占81%，同时建立了金融、财务、审计、重组、工程造价咨询、海外上市等专家咨询网络系统，致力于为客户服务。本所下设八部二室，三个全资子公司，三个分所。

我们的执业理念：创新服务，立信百年

我们的执业原则：独立、客观、公正、守信

我们的执业宗旨：质量第一，信誉第一，服务第一

我们的指导方针：以质量求信誉，以信誉求发展

总所：深圳南方民和会计师事务所有限责任公司

地址：深圳市福田区深南中路2072号电子大厦7—8楼

电话：(0755)83781235　83781856　83781047

传真：(0755)83780119　83781481

邮编：518031

邮箱：nfmh@szscpa.com

深圳市建信工程造价咨询有限公司

地址：深圳市深南中路2072号电子大厦8楼

电话：(0755)83781856 83780905

传真：(0755)83781323 83781481

法定代表人：燕健

邮编：518031

邮箱：jx@szscpa.com

湖南分所：深圳南方民和会计师事务所有限责任公司湖南分所

地址：湖南省长沙市芙蓉中路468号湖南财富中心财座

1909

电话:(0731)4450510,4432361—81

所长:姚运海

传真:(0731)4450511

邮编:410005

邮箱:hnfs@szscpa.com

深圳市民和资产评估责任有限公司

地址:深圳市深南中路2072号电子大厦7楼

电话:(0755)83780536

传真:(0755)83781481

法定代表人:周武重

邮编:518031

邮箱:mhpg@szscpa.com

北京分所:深圳南方民和会计师事务所有限责任公司北京分所

地址:北京市朝阳区樱花西街18号楼祺洋商务中心17层1703—1705—1709

电话:(010)64446428,64446791

所长:侯玉珍

传真:(010)64446791

邮编:100050

邮箱:bjfs@szscpa.com

深圳南方税务师事务所有限责任公司

地 址:深圳市深南中路2072号电子大厦8楼

联系电话:(0755)83781856

传 真:(0755)83781323

江西分所:深圳南方民和会计师事务所有限责任公司江西分所

地址:江西南昌苏圃路111号江铃财务公司8楼

电话:(0791)6254894

所长:欧阳凤

传真:(0791)6255161

邮编:330006

邮箱:jxfs@szscpa.com

信永中和会计师事务所

信永中和会计师事务所是国内知名的大型专业服务机构。经历了三年持续高速度发展和颇具力度的整合之后,在中国注册会计师协会发布的"2003年度会计师事务所全国百家信息"公告所排定的会计师事务所百强座次中,我所在评估业务收入未能被统计其中且仅以单体所数据参与统计的情况下,在包括国际"四大"及国内群体所在内的事务所中排名第九位,足以体现了我所的综合实力。

截止2003年12月31日统计,本所员工人数为553人(北京462人,深圳91人)。事务所设有如下业务部门:审计一至八部、评估一部、二部、管理咨询部、会计与税务服务部、工程造价部;以及业务支持部门:行政管理部、财务部、人力资源部、IT部、信息资料部。此外,为迅速有效地开辟日资业务版块,经多方运筹,组建了由山本晃博士(原普华永道日本业务合伙人)出任负责人的"审计部日本组",2003年7月日正式运行。本所在此方面取得的突破性的进展在国内事务所中尚属首例,受到业界广泛关注。

事务所北京本部有一个非常团结协作的合伙人团队,由十三名高素质、高学历、在CPA行业均有着10年以上工作经历和丰富经验的资深专业人士组成。特别是他们中的很多人见识并亲历了代表着国际最高水平会计师事务所的管理,深刻理解国际事务所的管理理念、质量标准、风险控制体系,并把这些理论体系和专业系统延续承袭下来,经过不断的扬弃和整合之后,时至今日,已将这一代表国内会计师事务所最高管理水平和业务标准的管理模式实施于信永中和。

信永中和承袭了中信永道会计师事务所的管理系统、执业标准、专业规范以及质量控制系统,同时又有为国内大型国有企业服务方面的丰厚的沉淀与积累。在设立了技术标准与风险管理委员会的同时,我们组织了大量的人力并投入了较多的时间对我们承袭的系统、标准与服务大型国企、民企、上市公司的经验进行整合,整合的过程中全面吸收了国外的先进管理执业规范和管理模式,形成了国际先进理念与方法和中国的具体实践相结合的一整套执业与管理系统,为给客户提供优质的服务提供了保障。

信永中和有审计、评估、管理咨询、税务咨询、造价咨询等五大业务板块,同时拥有CPA行业的所有主要的执业资格,包括证券业审计资格、证券业评估资格、资产评估资格、国有大型企业审计资格、金融企业审计资格、土地A级评估资格、工程造价甲级资格、工程招标代理资格、首次发行证券专项复合业务资格、最高人民法院授予的司法鉴定资格、北京市司法局授予的会计鉴定资格、财政投资评审资格等。因此,我们能够为客户提供优质的、全方位的、一站式的全程服务。

事务所有一支年轻的员工队伍,具有CPA资质的平均年龄为35岁,都是具有大学本科以上学历的研究生、本科生。本所不仅吸纳了一大批国内优秀的"CPA"人才,同时还不断引进具有国外专业资质的专业人员,现有日本公认会计师一名,澳大利亚执业注册会计师一名,澳大利亚会计师公会会员三人。我们的员工队伍是一支专业素养良好、培训充分、朝气蓬勃的非常能战斗的队伍。

信永中和会计师事务所有协调一致的合伙人团队、高素质的员工队伍和先进的管理体系,这给我们为客户提供超值的服务,与客户一起成长提供了坚实的保障。展望未来,我们对前景充满自信。信永中和将以专业能力为支点,以为客户创造价值为理念,以持续超越历史、超越自身为目标,与您携手,一起走向成功的彼岸。

浙江东方会计师事务所

浙江东方会计师事务所(浙江东方资产评估公司、杭州东信税务师事务所、浙江东方财经专修学校)是由注册会计师、注册资产评估师、注册税务师、注册造价工程师等资深专业人士发起设立并取得法人资格的社会中介机构。经过改制前后13年的发展历程,已在多领域多层次拓展业务并拥有长期稳定的客户群体,是国内和浙江省具有较大规模和证券业执业资格的事务所。

事业宗旨:建所以来,本所始终坚持独立、客观、公正的原则,坚持"以质量求信誉、以信誉求发展"的办所宗旨;坚持急客户所急,想客户所想的服务态度。遵守 国家、地方及相关行业的各项法律法规和职业道德规范,维护委托人和有关各方的合法权益,竭诚为社会各界提供优质、高效、全面的服务。

为促进我国经济建设的规范、稳定和快速发展作出最大贡献。

人力资源：我所坚持以人为本的管理思想，我所现有从业人员近200人，本科以上学历占85%以上。目前拥有注册会计师67人(其中具有证券业务资格的注册会计师26人)，注册资产评估师37人，注册税务师41人，注册造价工程师8人，预结算编审资格员工16人。高、中级以上职称的会计、经济、工程、计算机等专业技术员工近百人。

经营范围：审查会计报表，出具审计报告；验证投入资本，出具验资报告；承办资产评估，出具评估报告；承办解体清算，出具清算报告；受理经济案件，提供会计鉴定；核实工程造价，审计预算结算；代理税务事项，提供税务咨询；担任会计顾问，提供财会咨询；设计会计制度，培训会计人才；承办外汇年检，提供管理咨询；

服务对象：股份制企业(含上市公司)、国有企业、集体企业、联营企业、外商投资企业、私营企业、个体企业、其他企业、行政事业单位、人民团体及自然人。

地址：杭州市清泰街563号
邮编：310009
传真：0571—87819700
总机：0571—87810030　0571—87810130
主页：www.zecpa.com

华证会计师事务所

华证会计师事务所(以下简称“华证”)是根据《中华人民共和国注册会计师法》于1995年组建、经中华人民共和国财政部批准并在国家工商行政管理局登记注册、具有独立法人资格的有限责任会计师事务所。华证在北京设立服务总部，并在合肥、上海、深圳设有分支机构，为遍及全国各地的客户提供优质服务。

华证具有财政部和证监会联合颁发的证券、期货相关业务许可证，拥有特大型国有企业审计资格证书和资产评估资格证书。

华证成立以来，全体员工恪守“独立、客观、公正”的原则，遵循“客观公正，依法办事，求实高效，服务社会”的宗旨，秉承“诚信为本、勤勉尽责”的理念，为国内外客户提供完善的服务，在业内树立了良好的专业形象。

华证所现有各类专业人员近300余人，其中注册会计师118人(证券特许资格注册会计师29名)，注册资产评估师46人，注册税务师8人，造价工程师8人。这些由会计专家、税务专家、法律专家和教授、学者等方面优秀人才组成的专业队伍凭借自身良好的专业经验，精深的专业知识和严谨的工作作风为国内外客户提供全面的审计、税务、管理咨询服务。

北京总部：北京市西城区金融街27号投资广场A座12层
电话：(8610)66211199　传真：(8610)66211196

安徽分所：合肥市阜南路166号润安大厦14层
电话：(860511)2837311　传真：(860551)2836400

上海分所：上海市浦东大道720号国际航运金融大厦24楼M座
电话：(86021)50366439　传真：(86021)50366437

深圳业务部：深圳市南山区蛇口招商大厦103室
电话：(86775)26691597　传真：(86755)26692365

江苏公证会计师事务所有限公司

江苏公证会计师事务所有限公司(江苏公证)由原无锡公证会计师事务所有限公司、常州正大会计师事务所有限公司和苏州天辰会计师事务所有限公司合并而成，并在苏、锡、常、宁地区设立分所。现拥有从业人员300多名，其中，注册会计师、注册资产评估师、工程造价师、注册税务师、房地产估价师、土地估价师等具有各类专业资质的员工占从业人员的75%以上，具有从事期货证券业务资格的人员25名，35岁以下的人员占从业人员的85%以上，所有从业人员均具有大专以上的学历。

我们在为各类客户提供服务中，以为证券、期货、金融企业、股份制企业、外资企业和其他大中型企业提供审计、资产评估和会计顾问服务见长。服务对象除遍布江苏省各地外，在外省市如北京、重庆、宁波等地均有我们的客户，我所是一家具有较大影响的会计师事务所。

江苏公证会计师事务所在长期的工作实践中积累了丰富的经验，并取得了执业所需的各类资质。这些资质包括：证券、期货相关业务审计和资产评估、金融相关审计业务、特大型企业集团相关业务、工程造价咨询业务、司法会计鉴定业务等

江苏公证在多年的工作中一贯恪守以质量求信誉、以信誉求发展的建所方针，认真执行各类执业规范，不断完善业务工作质量控制制度，严格遵守《中国注册会计师职业道德准则》及其他相关规定，在社会上和客户中牢固树立了“独立、客观、公正”的良好形象，取得了较好的经济效益和社会效益，2003年业务收入达到了6833万元，在江苏省名列前茅。此外，03年中国注册会计师协会借鉴国际通行做法，对会计师事务所按照业务收入、注册会计师数量等相关指标进行排序，我所排名第12位。(中国注册会计师协会关于发布“2003年度会计师事务所全国前百家信息”的公告)。

江苏公证通过建立有效的经营管理机制和科学的执业规范体系，逐步扩大事务所规模，不断提升事务所品牌，充分发挥注册会计师、注册资产评估师等专业人员在经济活动中的鉴证和服务作用，维护社会公共利益和投资者的合法权益.

江苏公证会计师事务所
地址　无锡市新区旺庄路52号
传真　86—510—5210549
电话　86—510—5210549
信箱　mail@jsgzcpa.com
邮编　214028

无锡分所
地址：无锡市梁溪路28号
传真：86—510—5885275
电话：86—510—5888988、5888067、5809873
电子信箱：wxfs@jsgzcpa.com
邮编：214061

常州分所
地址：常州市化龙巷1号恒利大厦A座5楼
传真：86—519—6605893

电话：86—519—6622612、6622484、6623821
电子信箱：czfs@jsgzcpa. com
邮编：213003

苏州分公司
地址：苏州市新市路54号宏基大厦5F
传真：86—512—65186030
电话：86—512—65260880
电子信箱：szfs@jsgzcpa. com
邮编：215007

南京分公司
地址：南京市洪武路23号隆盛大厦9楼
传真：86—25—6899602
电话：86—25—6899606
电子信箱：njfs@jsgzcpa. com
邮编：210005

利安达信隆会计师事务所有限责任公司

利安达信隆会计师事务所有限责任公司（简称利安达信隆），是按照财政部关于会计师事务所上规模、上档次、上水平的要求，经中华人民共和国财政部批准，国家工商行政管理局注册登记，由利安达会计师事务所（原挂靠对外贸易经济合作部）与黑龙江龙源会计师事务所（原挂靠黑龙江省财政厅）、珠海经济特区嘉信达会计师事务所（原挂靠珠海市审计局）的中国注册会计师发起设立。

利安达信隆坚持集团化、规范化、国际化的发展战略，经过多年的努力奋斗，目前已具有财政部和中国证监会批准的执行证券、期货相关业务资格、财政部和中国人民银行批准的从事金融相关审计业务资格及承担大型国有企业审计资格，并且加入德豪国际（BDO）成员所，在中国各大城市设有14个分支机构和成员所，已发展成为能够为广大客户提供审计、会计、税务、评估、咨询、培训等全方位服务的大型综合性中介机构，以雄厚的实力跻身于中国知名会计师事务所的行列。遍布国内各大城市的利安达网络及其与之紧密联系的国际网络，将便利地满足客户在全国范围乃至全球范围拓展业务的需要。

利安达信隆会计师事务所自创始至今，历经八个寒暑春秋，这八年星艰苦创业的八年，是超常发展的八年；脱钩改制使利安达信隆焕发勃勃生机，中国即将“入世”，又给我们开拓了一个充满机遇和挑战的广阔市场空间。站在世纪之交，回首过去，展望未来，我们豪情满怀。

“雄关漫道真如铁，而今迈步从头越”。我们相信，经过多年的知识和经验的积累，在崭新的世纪里，利安达信隆规范化、规模化、国际化的步伐将迈得越来越坚定和从容。利安达信隆有信心肩负起历史的重任，与有志于注册会计师行业的国内外同仁们携手共进，为国民经济的健康，稳定发展做出自己应有的贡献！

浙江天健会计师事务所

浙江天健会计师事务所的前身是浙江会计师事务所。

浙江天健会计师事务所是浙江省创立时间最早、规模最大的一家会计中介机构，于1992年获得全国首批从事证券相关业务资格。2002年，在全国具有证券从业资格的会计师事务所中，按承办的上市公司数量排名，浙江天健会计师事务所位居第三位。2002年，经财政部和中国证券监督管理委员会确认，具备执行A股公司补充审计试点业务及首次发行证券过程中的专项复核业务资格。

浙江天健会计师事务所具有审计、资产评估、税务代理、工程造价咨询、工程项目咨询、工程预结算审价、财务软件开发、专业培训及其他管理咨询等诸多资格。内设十三个审计业务部、基建审计部、资产评估部、管理咨询部、税务代理部、保险公估部、电脑开发部和培训中心。还拥有九家关联公司：浙江天健税务师事务所、浙江勤信资产评估有限公司、浙江天健工程造价咨询分公司、浙江天健司法会计鉴定事务所、浙江天健远见电脑有限公司、杭州浙台港会计咨询有限公司、浙江天健保险公估有限公司、浙江天地房地产事务所有限公司和浙江天健财经专修学校。

目前，浙江天健有三个联系所及一个分所：嘉兴中明会计师事务所、湖州恒生会计师事务所和宁波科信会计师事务所及浙江天健会计师事务所宁波分所。

天健会计师事务所集团系由北京天健会计师事务所、深圳天健（信德）会计师事务所、浙江天健会计师事务所、厦门天健华天会计师事务所，根据《中华人民共和国注册会计师法》及其他法律、法规的有关规定，按照平等自愿、友好协商、通力合作、共同发展的原则发起组建的专门从事注册会计师业务的大型会计集团，共有从业人员2000余人，年业务收入2亿元。现有成员所六家，均具有证券、期货相关业务从业资格。

天健集团管理委员会成员：朱祺珩、陈建明、胡少先、黄世忠、傅思福、高凤元。

天健会计师事务所集团成员单位：
北京天健会计师事务所
地址：北京市西城区金融街27号投资广场A座17层、B座5层
邮编：100032
电话：010—66212130—40
传真：010—66212110
邮箱：bj@pccpa. com. cn
网址：http://www. pccpa. com. cn

深圳天健信德会计师事务所
地址：深圳市滨河大道5020号特区证券大厦16层
邮编：518033
电话：0755—82903666
传真：0755—82903427
邮箱：schinda@schinda. com
网址：http://www. schinda. com

浙江天健会计师事务所
地址：杭州文三路388号钱江科技大厦14—20层
邮编：310012
电话：0571—88216888
传真：0571—88216999
邮箱：zjcpa@panchina—cpa. com

厦门天健华天会计师事务所
地址：厦门市湖滨南路57号金源大厦17—18层

邮编:361004
电话:0592—2218833
传真:0592—2217555
邮箱:xmtj@pccpamail. com
网址:http://www. pccpa—online. com

重庆天健会计师事务所
地址:重庆渝中区人和街 74 号 12 楼
邮编:400015
电话:023—63651145
传真:023—63651161
邮箱:webmaster@hycpas. com. cn
网址:http://www. hycpas. com. cn

辽宁天健会计师事务所
地址:沈阳市沈河区北京街 16 号人才大厦
邮编:110013
电话:024—22515988
传真:024—22533738
邮箱:scztsw@ln. cei. gov. cn

香港何锡麟会计师行
地址:香港皇后大道西 2 至 12 号
地址:深圳市滨河路北联合广场 A 座 5407 室
电话:(852) 2545 4254/4251 (香港)
0755—82900800 (深圳)
传真:(852)2854 0438/2541 5324 (香港)
0755—82900815 (深圳)
邮箱:hoandho@netvigator. com (香港)
cpa@hoandho. cn (深圳)
网址:http://www. hoandho. cn

中瑞华恒信会计师事务所

中瑞华恒信会计师事务所是由原隶属于财政部、国家税务总局、国家电力公司、中国石化集团公司的四家大型会计师事务所组建而成的。它是我国目前最大的会计师事务所之一。

中瑞华恒信会计师事务所北京总部现有员工 400 多名,设在上海的分所现有员工 30 多名,与法方合作成立的 RSM 萨理德中瑞会计师事务所现有员工 80 多名。常年财会、税务顾问及审计、评估客户 1000 余家;具有从事证券、期货相关业务审计和评估双重资格,同时还具有从事金融相关业务审计资格。

中瑞华恒信会计师事务所将恪守独立、客观、公正的原则,坚持"服务第一、信誉至上"的执业宗旨,依法承办查帐验证、资产评估、管理咨询、税务代理、培训和信息服务等各项业务,优质高效地为社会各界服务。

中瑞华恒信会计师事务所愿与国内外朋友真诚合作,愿为中国和世界注册会计师事业的发展作出自己应有的贡献。

地址:北京市西城区金融大街 35 号国际企业大厦 A 座 8 层
邮编:100032

中审会计师事务所有限公司

中审会计师事务所有限公司(简称中审所)创立于 1988 年 8 月,原系国家审计署直属的中国审计事务所。1999 年改制为中审会计师事务所有限公司。2000 年吸收合并辽宁兴华、四川华西、天津华北、山西华晋、河南中州、山东华鲁、湖北华中;2004 年设立厦门分所。是目前国内规模大、资质全、实力强、信誉好的大所之一。2003 年度跨入全国会计师事务所百家排名前 10 位。

中审所由总部和八个分所组成。总部设在北京,下设综合办公室、质量监管部、规划发展部、审计部、基建工程部、评估部、管理咨询部。现有从业人员 561 人。其中注册会计师 264 人(有证券审计资格的 42 人),注册评估师 81 人,注册造价工程师 45 人,注册税务师 68 人,土地估价师、律师等 13 人。具有博士、硕士、大学本科和专科以上学历的人员 483 人,占从业人员总数的 92%。

中审所主要从事各类审计、资产评估、基建工程审核及企业管理咨询等业务。具备证券期货相关业务审计、评估资格;基建工程审核甲级资质;大型国有企业会计报表审计资格;金融业务审计资格;财政投资评审资格;最高人民法院和北京司法局批准的审计、评估和会计司法鉴定业务资格;保监会指定会计师事务所资格;税务鉴证资格。服务对象涉及金融、电力、石化、石油、保险、通讯、基建等诸多领域。

通信地址:北京市海淀区阜成路 67 号银都大厦 6 层
北京市海淀区翠微中里 16 号南楼 2 层
邮 编:100036
电 话:010—88415996 010—68252981
传 真:010—88415997 010—68252982
网 址:Http://www. cacpa. com. cn

广州华穗会计师事务所有限公司

随着我国会计师事务所脱钩转制工作的逐步完成,本公司于 2000 年 1 月 3 日领取新的营业执照,并正式对外营业,注册资本为人民币壹佰万元,本公司拥有经验丰富、专业水平高的业务队伍,其中注册会计师、注册评估师 23 名,具有高中级职称的人数占总体的 60%。

本公司继承了前身"广州华穗会计师事务所"一贯以质量求信誉、以信誉求发展的宗旨,在继续为原有二百多家客户服务的同时,更努力开拓新客户与新业务,务求在巩固与发展自身优势的基础上向多元化方向发展。

我们秉承一贯良好声誉,基于卓越的专业技术与知识水平,本着客观的判断及实事求是的原则,再加上我们对中国繁复并变化多端的市场及行业透彻了解,累积了稳固的业务关系。本公司非常注重人才的培训,凭借着年轻化及优质化的业务队伍,我们与客户建立了良好的关系,公司规模亦日益壮大。

我们坚信,凭借着专业知识及敏锐的洞察力,华穗将助您踏上成功之路。

我们的承诺

我们的职业准则一客观、公正、独立、实事求是。

我们的工作作风一高质量、高效率、严保密。

我们的责任和义务一维护社会公共利益、维护委托人合法权益。

地址：广州市东川路 80 号四楼
传真：(020)83874807
电话：(020)83874794、83840196、83871342
MAIL：huasuicpa@huasuicpa. com

广州健明会计师事务所有限公司

广州健明会计师事务所有限公司是根据国家有关规定，由原广州市国家税务局属下的广州健明会计师事务所改制成立，并依法独立承办注册会计师业务、资产评估业务和税务代理业务的具备独立法人资格的单位。

公司现有员工 100 多人，其中既有专业知识，又具丰富实践经验的各类专业人才占员工总数的 80%，大专以上学历人员占 95%，技术力量雄厚，现拥有中国注册会计师 43 名(其中：高级职称 4 人)，中国注册资产评估师 15 名(其中：高级职称 2 人)，注册税务师 30 名(其中：高级职称 2 人)。

广州健明会计师事务所自创建以来，业务不断开拓、创新和发展。目前接受了数百家国内大中型企业和外商投资企业、外国企业聘任为会计、财务、税务常年顾问，并受各方委托办理注册会计师业务、资产评估业务、及税务代理业务，涉及行业包括：金融业、制造业、交通业、高科技业、商业、饮食服务业、公用事业等。凭着卓有成效的工作成果及丰富经验，事务所在行业中和社会上树立了良好的形象和声誉。广州健明会计师事务所有限公司全体员工将一如既往，秉承"以质量求信誉，以信誉求发展"的宗旨，恪守"独立客观、公正"的职业道德，以遵守国家法规、维护客户利益为前提，竭尽专业职守，为新老客户提供优质和高效的专业服务。

广州市德信会计师事务所

广州市德信会计师事务所，全称为广州市德信会计师事务所有限公司，其前身是广州市番禺审计师事务所。根据全国性的会计师、审计师事务所脱钩改制的部署，经广东省财政厅粤财注协[1999]97 号文批准，广州市番禺市审计师事务所改制为广州市德信会计师事务所有限公司(简称广州市德信会计师务所)，并已在广州市工商行政管理局登记注册，是番禺市首家完成转制的会计中介机构。

改制成立的广州市德信会计师事务所，继承了原广州市番禺审计师事务所的经营宗旨和业务，其性质是由中国注册会计师发起设立的，具有独立法人资格，依法独立承办《中华人民共和国注册会计师法》规定业务的社会审计机构。

详细地址：中国广州番禺平康路 177 号
联系电话：020－84618024
电子邮件：webmaster@decent. com. cn

广州新中南会计师事务所有限公司

广州新中南会计师事务所有限公司之前身为广州中南会计师事务所(创建于 1989 年)，按照国家财政部、中国注册会计师协会的要求，于一九九九年依法改制为由中国注册会计师共同出资发起组建的有限责任公司制的独立会计师事务所一广州新中南会计师事务所有限公司。本所经广东省财政厅批准具有从事注册会计师法定业务、资产评估业务、会计电算化评审业务及会计咨询、会计服务和税务代理业务的从业资格。

随着中国改革开放的进一步深化和中国注册会计师行业的不断发展，在广东省注册会计师协会和广州市注册会计师协会的大力支持下，本所与其他五家会计师事务所共同组建了广东省第一家集团所一"广州正业会计师事务所集团"。为顺应世界经济一体化的形势，迎接中国加入 WTO 的到来，拓展本所与世界各国同行业的交流与合作，本所已加入世界著名的会计师公司一尼克夏国际有限公司 NEXIA LIMITED(INTERNATIONAL)，并与尼克夏有限公司亚太地区的成员所香港马炎璋会计师行(CHARLES MAR FAN&CO.)开展合作，成为继北京、上海后 NEXIA INTERNATIONAL 在中国华南地区设立的唯一的联系所。新中南所与正业集团和尼克夏国际有限公司的结合，既加深了国内同行业的合作，又增强了国际交流，从而使新中南所与国内外同行业实现优势互补，资源共享，为社会各界提供多元化、全方位的专业服务。

本所坚持"以质量求生存，以信誉求发展"的办所方针，恪守"独立、公正、客观、实事求是"的执业原则，本着"质量第一、信誉至上"的服务宗旨，切实维护国家、客户及其投资者的合法权益，赢得了客户及有关各方的信赖和好评。随着二十一世纪的到来，本所全体同仁将以全新的姿态面对新世纪的挑战，加倍努力，竭诚为社会各界提供更优质的专业服务。

地址：广州市解放北路 618－620 号(府前大厦 A 座)17 楼
邮编：510030
电话：(020)83321022，83326625，83321053，83321239
传真：(020)83321300
业务信箱：aaa@gzcpa. com

上海沪中会计师事务所有限公司

上海沪中会计师事务所有限公司是经上海市财政局批准，是具有独立法人资格的中介机构，成立于 1986 年。具有法定部门核准的大型企业审计、金融企业审计、特种企业审计、司法鉴定、工程造价咨询、工程招投标代理、工程审价、资产评估、房地产估价、政府采购招投标代理等十项资质。

上海沪中会计师事务所有限公司是由各类资深执业人员投资，注册资本为人民币 100 万元。实行董事会领导下的主任会计师负责制，下设十六个部四室和资产评估公司。我们依托 120 多名具有敬业精神的执业资格人员和专业人才的智慧，建立完善的质量控制制度，服务于包括国内外知名企业的各行业客户。

事务所主要的业务是为中外企业提供企业设立资本金验证、变更验证、工商年检；会计报表审计、经济责任审计、工程决算审计、各种专项审计；工程招标投标代理、工程造价咨询、工程预算结算审价；各类资产评估；房产地产估价；司法鉴定；政府采购招标投标代理；审计、会计、税务、投资咨询；代理记帐、代理纳税。服务范围遍及工业、商业、房地产业、建筑业、服务业等各个领域。

十多年来，事务所坚持"诚信为本 操守为重"的所训，始终不渝地推行一流专业服务，赢得了客户的信任，在企业的发展中不断发展自身。

地 址：中国上海 陕西北路 678 号　邮 编：200041

电 话：021－62722288 021－62728822
传 真：021－62726443
E_mail：shhzcpa@online. sh. cn
网 址：www. hzcpa. com

海南兴业富华会计师事务所

海南兴业富华会计师事务所于1999年4月经海南省财政厅(琼财注字[472]号)批准，由原属海南省财税厅的海南兴业会计师事务所和原属海南省农垦总局的海南富华会计事务所合并改制成立，注册号：4601022000028。本所具有会计师事务所执业资格，资产评估资格，房地产估价资格，土地估价资格等相关执业资格以及司法会计鉴定资格，是海南省会计中介服务机构中资格种类较全、等级较高的事务所之一。可从事会计报表审计，司法技术鉴定，验证注册资本，资产评估服务，房产地产估价，工程预决算审计，项目可行研究，财务策划咨询，投资理财顾问，建帐建制培训，工商税务咨询，代理记帐服务等等多种业务。事务所下设审计部、资产评估部、房地产评估部、经济案件鉴证部、基建工程审计部、咨询代理部、信息技术部、质量控制部、培训中心、客户服务部、行政财务部等职能部门。

本所是以中、青年注册会计师、注册资产评估师、注册房地产估价师、造价工程师、注册税务师、注册土地估价师等为主体的充满生机和活力的知识密集型社会中介机构，从业人员文化层次高，知识结构合理，在职人员具有审计、会计、经济、工程类的专业学历的高级人才占90%以上，其中：注册会计师10名、高级审计师4名、注册资产评估师5名、房地产估价师5名、土地估价师5名、注册税务师3名，均是在各自领域中具有精深理论知识和丰富实践经验的优秀专业人士。

本所充分应用现代化办公技术，建立事务所内部局域网，实现办公自动化，建立了培训中心，配备了投影仪、视频展示台等现代化多媒体教学设备。本所位于市龙昆北路18号龙园别墅A8幢，交通十分便捷，办公面积300余平方米，独立、整洁的职员工作区配以现代化的办公设备，为全所员工及来所办事人员提供了宽松愉快的工作环境，提高了办事效率。本所现合伙人为注册会计师、土地估价师蔡文娟女士，注册会计师、注册税务师毛晓明先生，注册资产评估师、房地产估价师李学忠先生。三位合伙人作为本所的领头人，立志高远，秉承"品质卓越，成就不凡"的企业宗旨，建立有效的经营管理机制和科学的执业规范体系，重视人才引进和培养，严格按《中国注册会计师独立审计准则》规范执业行为，业务范围不断扩大，人员素质迅速提高，在海南中介服务市场享有较高的声誉并具有稳定的客户。本所除了拥有海南省会计中介服务市场足够的份额外，其余财税咨询、可行研究等业务已拓展到北京、广州、北海、湛江、成都等地。我们将一如既往地恪守"以质量求信誉、以信誉求发展"的建所方针，在执业中恪守"独立、客观、公正"的注会精神，以科学严谨的执业规范、独具特色及多方位的服务项目，打造财经领域的专业品牌！并成为您真诚的事业伙伴！

杭州中岳会计师事务所有限公司

杭州中岳会计师事务所有限公司经浙江省财政厅批准由原杭州市上城区审计事务所改制而来，经杭州市工商行政管理局上城分局登记注册，成立于2000年1月23日。公司的经营范围：财务审计、验资、会计咨询、工程项目预决算审核、招投标咨询的服务。公司位于杭州市上城区惠民路56号(省商业厅2号楼4楼)，法定代表人：朱瑞忠。公司现有员工近30人，其中专业人员13人，按工作需要下设一个综合部和五个业务部。公司成立以来，极其注重业务质量的提高，定期对从业人员进行培训，不断提高从业人员的业务水平和服务质量。对于所出具的报告，严格遵循《中国注册会计师独立审计准则》人力求真实、客观、公正。我们努力做到信誉第一、服务第一，并因此得到相关部门(如工商行政机关及财税机关等)的认同和信任。公司秉承"服务社会、方便客户"的宗旨，以具备专业水准的从业人员和良好的服务态度为客户提供满意的服务，做到以优质的服务取信于客户。

杭州中岳会计师事务所
所长：朱瑞忠
联系：(0571)87819271 13857171888
传真：(0571)87815345
地址：杭州市上城区惠民路56号(省商业厅2号楼401室)
主页：www. zycpa. com
E－mail：hzzysws@sina. com

湖南开元有限责任会计师事务所

湖南开元有限责任会计师事务所是于1998年11月在原湖南省会计师事务所的基础上脱钩改制，由注册会计师等专业人士出资组建成立的专门从事审计、评估、咨询工作的中介机构。其前身—湖南省会计师事务所成立于1985年2月，是经国家财政部批准成立的湖南省首家会计师事务所。事务所奉行"正直、勉强、诚信、进取"的宗旨，经过近二十年的精心运作，其规模由小到大，市场竞争力由弱到强，执业范围不断扩大，目前是全国具有证券资格的会计师事务所之一，也是湖南省规模最大的会计师事务所。在2002年度全国证券会计师事务所上市公司审计业务收入中，事务所排名第11位；2002年度发行审计数量，名列全国第5位。

事务所具有以下的执业资格：从事证券、期货相关业务财务审计资格；从事证券、期货相关业务资产评估资格；从事金融相关审计业务甲级资格；承办大型企业年度会计报表的审计资格；承办注册资本在5000万元以上的外商投资企业、对外经济合作企业、大型工交企业及大型商品流通企业年度会计报表的审计资格；房地产中介服务资格；工程造价咨询甲级资格；湖南省高级人民法院、长沙市中级人民法院司法鉴定、审计、评估等专项业务资格。

事务所具有一支专业门类齐全、专来素质精良的执业队伍，现有员工150余人，其中大专以上学历人员占95%。注册会计师77人(其中具有证券特许资格的27人)，注册资产评估师34人，注册房地产估价师4人，造价工程师14人，注册税务师16人，律师2人。

事务所一直坚持"独立、客观、公正"的审计原则，坚持"质量第一、客户第一"的服务理念，为近10000家客户提供了审计、评估、咨询等服务，特别是为省内外近30家已上市公司和20多家拟上市公司提供了服份制改造和融资上市服务，为国家的经济体制改革，特别是为湖南的经济和社会发展作出了巨大的贡献，获得了有关主管部门和社会各界的一致好评。

湖南天平有限责任会计师事务所

湖南天平有限责任会计师事务所是经省财政厅批准，于1998年底第一批完成脱钩改制的具有独立法人资格的会计师事务所，具有自己的网站 www. hntpcpa. com 和全省唯一的财会、工程造价热线咨询电话 16082198，是湖南省大型会计师事务所之一，注册资本300万元。我所现有固定专业人员60名，其中：注册会计师30名，注册资产评估师8名，高级会计师5名、注册造价工程师10名。我所具备大型国有企业和金额5000万元以上的外商投资企业审计资格，我所是湖南省高级人民法院指定的司法鉴定单位，湖南省公安机关经济犯罪案件司法鉴定定点单位。同时还具备基建工程造价审计、资产评估和房地产评估资格、司法鉴定资格、政府采购业务代理资格。目前，我所及我所投资设立的张家界分所、湖南省天平招标代理有限公司、湖南省天平司法鉴定所三位一体已显出“天平集团”的雏形。广泛优秀的人力资源，开拓创造的发展思维，唇齿相依的团结精神是天平取得成功的根本保证。

通过几年的积极进取，我所取得了大型国有企业审计查证资格、工程造价咨询乙级资格、标的金额5000万元以上外商投资企业审计资格，资产评估资格、房地产评估资格；与北京中企华资产评估公司已合作达五年业务关系，能承接上市公司评估业务。

改制前后9年来，我所共接受各级法院、检察院、公安、仲裁委和其他业主的委托近1000项，涉及标的金额上仟亿元，仅2001年，我所完成资产审计金额达百亿元，参与完成资产评估金额达340亿元，基建工程造价审计及鉴定金额11亿多元，我所对客户实行全方位服务，不仅为客户提供高质量，信得过服务，还为客户改制、上市、兼并、合资、联营、控制工程造价法律方面等提供咨询意见，为此还专门开通了16082198热线咨询电话，由于我们坚持客观公正、实事求是的原则，严守执业规程，恪守职业道德 一这就是我们取得事业成功的根本保证。

湖南天平有限责任会计师事务所
地址：长沙市韶山路78号袁家岭鑫天大厦四楼
邮编：410011
电话：0731—2244306—244309)
业务咨询电话：16082198

上海公信中南会计师事务所

上海公信中南会计师事务所自1987年成立至今，规模不断发展，业务领域遍布各行各业，向社会各界提供了优质、高效、周到的服务，获得广大客户的充分信任和良好信誉。

本所享有上海市财政局办法的从事大型企业集团和国有企业会计决算的审计资格；上海市建设委员会颁发的工程预决算一级资质；被上海市司法局、上海市公安局、上海市高级人民法院、上海市第一中级人民法院、上海市第二中级人民法院聘为司法鉴证单位。

上海公信中南资产评估有限公司拥有财政部颁发的资产评估B级资格证书上海市房地局颁发的房地产价格评估B级资质。

上海公信中南工程造价咨询有限公司具有上海市建设和管理委员会颁发的造价咨询单位乙级资质。本所业务收入连年位居上海市同行前茅，2001年度各类业务收入4058万元，2002年度4483万元，2003年度5050万元。2003年度位列全国百强会计师事务所第20位。

本所现有工作人员180人，其中注册会计师82名，司法鉴定会计师16名，税务师28名，资产评估师26名，房地产估价师18名，注册造价工程师16名。各类专业人员在会计、审计、经济、税务、工程等方面具有丰富的专业知识和工作经验，是一个富有朝气充满进取精神的群体。

2000年8月本所经中华人民共和国财政部批准成为华利信国际(Morison International)成员所，在全球范围内与成员所保持密切的业务往来。公司注重人员素质培养，每年均派出业务人员赴海外成员所培训。

本所以“公正审计，诚信服务”为宗旨，竭诚为国内外客户服务。

上海公信中南会计师事务所
电话：63785350
传真：63084377　63137194
地址：陆家浜路804弄28号
邮编：200011

普华永道中天会计师事务所有限公司

普华永道是世界上最大的专业服务机构，在全球142个国家及地区拥有125，000余名员工。我们在北京、上海、广州、深圳、大连、重庆、西安、天津及苏州设有办事机构，共有三千余名员工。

上海市淮海中路333号瑞安广场12楼
邮政编码：200021
联 系 人：Sophie Hu
联系电话：021—63863388
传真：021—63863300

毕马威华振会计师事务所

KPMG公司在全球155个国家拥有85300名雇员(59700名为专职人员)。在北美数百家办事处中共有25200名雇员(KPMG是五大会计公司中唯一一家欧洲业务规模超过北美的公司)。KPMG为全球最大的五百家银行及100家保险公司的半数提供服务。首席执行官 Stephen Butler 为KPMG制定了新的名为“The Power of One”的计划。这一计划包括三个主要组成部分：成为业内第一；以统一方式运作；将公司的成功与每位员工联系起来。KPMG宣称，“公司将力争在所有业务领域内成为第一”。

主要业务有：审计、会计、税务、管理咨询、公司财务、公司重整及其他服务。

1. 审计和会计。

包括：审计或鉴证、财务审慎调查支持、法庭与调查会计、信息风险管理、内部审计、养老金或退休金计划、管制和其他特殊报告、证券发行等；

2. 税务。

包括：公司税合规性审核及报告、关税和其他间接税. 全球经济咨询、个人财务计划、州和地方税、税务条款的解释、税负最小化服务等；

3. 管理咨询。

包括：作业效益提高、数据存储、电子商务、人力资源管理、IT 战略和经营、一揽子解决方案、政策和经济研究、供应链管理、全球融资、计算机 2000 年问题等；

4. 公司财务。

包括：采购和处置战略、资本结构或资金筹措建议、交易管理、私有化服务、估价等；

5. 公司重整。

包括：管理和破产管理、破产、公司重组、清算等；

6. 其他服务。

包括：保险精算服务、公司法律服务、信托服务、环境服务、ISO9000、法律支持、所有者管理的企业服务等。

北京华夏正风会计师事务所有限责任公司

本所的执业人员已达 90 人，其中拥有注册会计师 36 人，注册税务师 10 人，高级会计师、高级经济师、高级工程师共 14 人，会计师、经济师、工程师 15 人。本所的注册会计师、注册税务师均受过金融、财会、税务、法律方面的高等教育及培训，具有良好的专业理论基础，曾服务于国家机关、外资企业、大型国有企业等单位，熟练掌握国家的法律、法规、政策，精通企业会计、财务、审计、税务和咨询等各项业务。

本所成立了由一批专家、教授组成的顾问委员会，他们中有各行业的会计权威、享受 国家政府津贴的老专家，也有知名的博士、硕士研究生导师，他们丰富的理论知识和专业水准是我所为客户提供全面优质服务和高质量的执业水平的坚实保障。

详细地址：北京市东城区东中街 58 号美惠大厦

联系电话：65545269，65545273，65545274

上海上审会计师事务所有限公司

上海上审会计师事务所有限公司是上海市审计局直属的本市成立最早的一家审计事务所一上海审计事务所，1999 年脱钩改制更名为“上海上审会计师事务所有限公司”。曾被国家审计署列为全国百强审计事务所前八名；被上海市建筑业管理办公室评为经营行为优良表彰单位；自 1997 年来连续多年被上海市财政局确认为具有大型企业年度会计报表审计资格。

公司可接受中央及地方国有企业、集体企业、私营企业、“三资”企业及机关社会团体、政策性银行、金融行业等的委托进行审计鉴证业务，注册资金验证，并可承接三千万以上的大型工程的基建审价工作(甲级造价咨询资质)。

公司本着“质量第一、服务第一、信誉第一”的宗旨，遵循“客户至上”的原则，建立了一套完善的内部流程和质量控制制度，从而保证审计质量的优质和审计速度的高效，以完整的内部机构设置从组织上保证各项工作的顺利发展。

曾承接完成了中国银行上海分行、浦东发展银行、申银万国证券、中国农行上海分行、上海银行、财政证券公司、中保人寿保险上海分公司、农工商集团、衡山集团、浦东新区经贸局、轻工控股集团等集团公司的财务年底报表审计及专项审计，宝钢集团财务审计及资产鉴证审计，上海市国际货运代理企业(行业)换证审计及旅游系统年检审计等。

承接完成了新沪钢铁厂企业改制评估，福建省漳泉铁路改制评估等整体企业评估业务。承接完成了东方明珠广播电视塔，上海大剧院，国际会议中心，证券大厦，上海城市外环线，地铁二号线河南南路站、东方路站、中央公园站，上海工商大厦等单位和整体的工程造价咨询业务。1999 年累计完成工程造价咨询业务达 1080 项，其中 1000 万元以上 76 项，10000 万元以上 8 项，送审金额 4695 亿元，核减率达 13.6%。1999 年完成业务收入 4028 万元。2000 年完成业务收入 4400 万元，2001 年完成业务收入 4800 万元，呈逐年上升趋势。

公司现有员工 168 人。其中：高级职称 18 人，中级职称 106 人，中国注册会计师 67 人，注册造价工程师 20 人，审价证 37 人，资产评估师 26 人，房地产估价师 14 人，土地评估师 2 人，注册税务师 8 人。

深圳执信会计师事务所

深圳执信会计师事务所于 1994 年 8 月经广东省财政厅批准成立，具备《会计师事务所执业许可证》和财政部批准的资产评估资格，领取了深圳市工商行政管理局核发的《合伙人企业营业执照》。

本所的业务内容为审计、验资、资产评估和企业管理及财税咨询。

我们为企业提供的审计服务包括了企业会计报表审计、企业合并、分立、清算事宜中的审计、企业经营者离任审计及法律、行政法规规定的其他审计。我们为新注册成立的公司提供设立验资，也为企业变更注册资本提供变更验资。

我们也为企业提供整体资产评估和单项资产评估(包括：房地产、机械设备、流动资产、无形资产等)服务。

在企业管理及财税咨询方面，我们的服务内容包括：企业发展战略及围绕企业核心能力的管理要素整合、公司及业务重组、组织结构框架设计及结构优化、财务控制程序设计及税务问题答疑及平衡记分卡应用。同时，我们也扮演企业投资咨询的角色，通过对行业及市场状况的定性、定量调查研究，为企业投资作可行性分析、项目论证。我们的优势在于对各类企业实际情况和管理环境细致入微的了解和把握，在审计过程除了按独立审计准则的要求关注被审计企业外，我们还审视其业务运作方法、管理人员的配备和绩效等，并将同行业的企业经营、管理模式进行类比，开拓出一条有自己特色且可实施的咨询评价方法。除了长期工作在第一线的会计师和经济师外，本所拥有暨南大学、厦门大学的教授专家智囊，不仅可以随时把握世界上最新的管理咨询动态，同时也将具体的咨询项目与学术研究相结合，使人才优势和知识优势相互结合。

自从我所执业以来，为社会提供了大量的专业服务，并在行业内建立起良好的信誉。尤其在为政府提供专业服务上，多年来与政府有关职能部门保持良好关系，因良好的执业质量被深圳市财政局选定为参予市属国有企业财政核查任务，及被深圳市国有资产管理办公室推荐参与国企改革评估的事务所。

多年来，本所坚持以“质量第一、效益第一、服务第一”为宗旨，恪守“独立、客观、公正”原则，为企业提供全方位的服务。从企业项目的可行性分析、财务制度设计、财务咨询、企业问题的诊断，到企业审计、评估等，我们都尽心尽力完成好客户委托的各项任务。我们的特点是善于与客户沟通，以达到最佳的服务效果。

自 1994 年我所成立以来，已为深圳市及国内多家集团提供了良好的专业服务。部分已提供专业服务的集团公司及大型国营企业名单如下：

深圳地铁公司、深圳市投资管理公司、深圳市燃气集团有限公司、深圳市经济特区发展（集团）公司、深圳南油（集团）有限公司、中信集团（深圳）公司、深圳市粮食集团有限公司、深圳国际信托投资公司、中国爱地集团公司、深圳市深信泰丰股份有限公司、广东雷伊股份有限公司、深圳市免税商品总公司、深圳市鹏基工业总公司、深圳市西湖企业发展公司、深圳市深华运输实业总公司、深圳市龙岗大工业区投资发展有限公司、深圳市航运总公司、深圳特发高尔夫俱乐部有限公司、南京六朝实业有限公司、腾讯科技有限公司、深圳香蜜湖度假村有限公司、深圳新江南投资有限公司、深圳市益田房地产开发有限公司、范梅勒糖果（深圳）有限公司。

地址：深圳市上步中路 1043 号深勘大厦 16 楼
电话：(0755)83755862 83755190
传真：(0755)83674889

深圳广深会计师事务所

为适应我国社会主义市场经济发展和特区建设的需要，依据深圳市人民政府颁发的《深圳市会计师事务所体制改革实施办法》，经深圳市社会审计体制改革领导小组办公室和深圳市注册会计师协会批准，原深圳广州会计师事务所依法改制为普通合伙性质的深圳广深会计师事务所。

广州会计师事务所（由广东省财政厅创办）于一九八二年十一月设立了广州会计师事务所深圳分所，成为深圳市第一家配合对外开放，引进外资需要的从事注册会计师业务的财务会计鉴证专业机构。一九九三年八月经深圳市注册会计师协会同意，广东省财政厅批准，广州会计师事务所深圳分所更名为“深圳广州会计师事务所”。一九九七年十二月深圳广州会计师事务所依法改制为深圳广深会计师事务所，已领取深圳市财政局颁发的会计师事务所执业许可证。

十多年来，本所本着“以质量求信誉，以信誉求发展”的宗旨，承办业务严格遵守有关法律、法规、合同、章程的规定，恪守“独立、公正、客观、实事求是”的职业道德准则，切实维护了国家、客户及其投资者的合法权益，赢得了客户及有关各方的信赖和好评在社会各界的大力支持下，本所业务健康稳步地发展。同时，在长期业务实践中，本所建立起一支由会计、审计、税务、财务、投资方面的专家及其助理人员组成的实力雄厚的专业队伍，以适应为社会提供高质量专业服务的需要。该队伍包括注册会计师、执业税务师、律师、注册资产评估师、房地产估价师等高级专业人才

深圳广深会计师事务所的成立，是本所发展史上的一个里程碑。本所全体同仁将以崭新的姿态加倍努力，为社会各界提供更优质的会计、审计服务，为社会主义市场经济的健康发展作出贡献。

广东广信会计师事务所有限公司

广东广信会计师事务所有限公司是经广东省财政厅批准，经广东省工商行政管理局注册登记于 1992 年成立.原隶属国家审计署驻广州特派员办事处，2000 年 1 月完成脱钩改制，改制成为具有法人资格的有限责任会计师事务所.

广信现拥有九十多名财会、审计、金融、经济管理和工程技术等方面的专业人士，其中执业注册会计师、注册资产评估、注册造价工程师、房地产估价师、注册税务师共 40 多人，同时广信专家顾问委员会聘请多名专家教授。广信内部机构设置为专家顾问委员会、六个审计部、资产评估部、咨询部、税务代理部、基建审计部、财务部、人力资源部、办公室。

经中华人民共和国审计署批准，获大中型企业审计查证资格；经广东省国有资产管理局批准，获资产评估资格；经广东省建设委员会批准，获工程造价预算审计资格；经广州市国家税务局批准，获税务代理资格；经广州市财政局批准，获代理记帐资格，是广东省注册会计师协会核准的具有审计国有大中型企业资格的 10 家事务所之一。经中国人民银行批准，获金融企业审计资格。本公司与国家各行政机关部门保持良好关系，与国内外同行建立友好合作关系。

总经理　电话：020—87608618
E—mail：kent@gdgxcpa.com
副总经理　电话：020—87620600
E—mail：ruhu@gdgxcpa.com
总审计师　电话：020—87623166
办公室人力资源部　电话：020—87619089
传真：020—87619982
E—mail：gxoffice@gdgxcpa.com

北京正大会计师事务所

北京正大是由北京市财政局批准设立的，一家年轻的合伙事务所，现有员工六十余人，主要由高学历的中青年专业人员组成，注册会计师、注册资产评估师、注册造价工程师、高级会计师、高级经济师、高级工程师等六十余人，共同组成一支志同道合，锐意进取，充满活力的专业队伍。为力求服务专业话，更好地为客户提供专业的优质服务，已成立了审计一部、审计二部、资产评估部、税务咨询部、管理咨询部。

“北京正大”的目标是向客户高品质的会计、审计、资产评估、税务及管理咨询服务，以集体的智慧、诚挚的服务来赢得客户的赞许，树立行业服务的口碑。

主要业务：

审计业务、验证资本、财务会计 、税务策划、管理咨询 、公司清算。

联系方式：
地址：北京市海淀区苏州街 78 号
邮编：100080
电话：010—62526128
传真：010—62651876

上海佳华会计师事务所有限公司

上海佳华会计师事务所有限公司成立于 1991 年，是上海成立较早的会计和专业顾问公司，主要为外商投资企业及在中国从事其他商业活动的人士提供专业服务。目前，我们在长宁、嘉定、浦东及漕河泾设有业务部，有近 80 名专业员工，其中注册会计师 29 名。经过 10 多年来经过不断的实践和培训，我们的会计师在执业时可提供广泛而细致的专业服务。至今为止已有近 1000 家外商投资企业、代表处及个人成为我们的常年客户。同时，为了适应国际化的需求，我们加入了贝

克(BKR)国际会计公司,贝克国际是全球排名前20位的会计公司,在全世界200多个城市有近300家独立的成员所。该组织良好的运作方式和培训、交流制度,为我们向客户提供多方位、全球化的服务提供了有效的保障。

“真诚、专业、有效、成为您最信任的事业伙伴”是我们佳华的原则和目标,我们将信守承诺,来赢得您的支持和信任,并与您共同成长。

延安西路业务部:
地址:上海市延安西路889号太平洋中心25层
邮编:200050
电话:86—21—62128822　62113410
传真:86—21—52392811　52392812
网址:http://www.audit.com.cn/
E—mail:jahwa@jiahuacpa.com.cn

嘉定业务部:
地址:上海市嘉定区清河路48号6楼
邮编:201800
电话:86—21—59525248
传真:86—21—59522299

山东大地会计师事务所

山东大地会计师事务所共有从业人员100多人,具有财务审计、税务代理、资产评估、房地产专项评估、基建工程审计等多种资质。并经中国人民银行等国家机关批准,具有金融企业国有大型审计及债转股,股份制企业改制评估等多种特殊资质。从事过各类大中型企事业单位离任审计,国家重点工程项目的决算审计,各类企业的税收筹划,管理咨询,资本运作及投资筹划等服务。人民银行,财政部公布的第二批获准从事金融相关审计的事务所。

本所恪守独立、客观、公正的执业原则,坚持“服务第一、质量第一、信誉第一、效率第一”的宗旨,为社会各界提供审计、验资、资产评估、工程造价咨询、税务代理、税收筹划等服务。

我所成立以来,先后为德州商业银行改制评估审计、青岛橡胶集团债转股、青岛前湾码头的工程决算审计等大型企事业单位及大型项目进行了年终决算、领导离任、清算等各种目的的审计、清产核资、资产评估以及工程结算的审核。

重庆康华会计师事务所

重庆康华会计师事务所是在原重庆审计事务所改制基础上组建成立的有限责任会计师事务所。

康华致力于完美专业品质之塑造。在康华近百名从业人员中,有中国注册会计师、注册资产评估师、造价工程师等各类资格人员60余名,各类资深学者、专家及高中级专业技术人员占80%。

康华主要有以下特点及优势:

1、具有上市公司资产评估的资格和经验

康华是目前重庆市唯一具有上市公司资产评估资格的评估机构。多年来先后对重庆东源钢业股份公司、重庆中药材股份公司、重庆川仪股份公司(现重庆华立控股股份公司)、重庆国际实业股份公司、重庆路桥股份公司、重庆啤酒股份公司、重庆太极实业股份公司、重庆四维瓷业股份公司、重庆民丰农化股份公司、重庆三爱海陵股份公司、重庆港九股份公司、重庆九龙电力股份公司等上市公司以及重庆钢铁股份公司(H股)的资产进行评估,近年来累计评估资产约800亿元人民币,有力地支持了企业股份制改造,赢得了客户信任。

2、具有承担大型基建工程预决(结)算审计的资格和经验

康华具有工程造价咨询甲级资质资格。近年来先后承担了成渝高速公路东段、重庆长江二桥、黄花园大桥、重庆菜园坝长途汽车站、重庆啤酒(集团)公司、渝长路工程、重庆嘉滨路工程、西南合成制药总厂、重庆农化(集团)公司等大型基本建设项目的决(结)算审计工作;累计审计金额500余亿元人民币。

3、具有大型企业和中央在渝企业审计查证资格和经验

为维护正常的会计秩序,受政府部门或企业的委托,康华先后对本市大中型企业及中央在渝企业如重庆钢铁(集团)公司、重庆川仪总厂、华西包装(集团)公司、重庆卷烟厂、长寿化工总厂等1000余户企业进行过审计工作。

4、具有司法鉴定审计、评估的资格和经验

多年来,康华先后接受重庆高级人民法院、中级人民法院和基层人民法院及检察系统、国家仲裁委等单位的委托,承接了大量的经济案件鉴定审计、评估业务,如金山酒店经营权易主鉴定案、北京博仁达公司与秀山武陵卷烟厂鉴定案(该鉴定报告向最高级人民法院质证后获得了好评)、国泰证券公司与某股民鉴定案、江苏江阴商业公司与重庆建设销售公司鉴定案、马可波罗实业有限公司鉴定案等;在执业中,康华的独立、客观、公正形象深受原被告及委托方的高度评价。

5、具有金融机构和债转股企业审计、评估的资格和经验

康华先后接受中国银行重庆市分行、光大银行重庆分行、重庆城市合作银行、兰州、西宁城市合作银行、中国东方、华融、信达资产管理公司和西南证券公司、国泰证券公司、重庆国际信托投资公司、银海租赁有限公司等金融机构和非银行金融机构的委托,圆满完成各项审计、评估业务,积累了丰富的执业经验。

康华与海内外众多知名中介机构、会计师事务所、财务公司有着友好而广泛的业务联系,时刻保持专业领先。康华始终坚持“质量第一,信誉第一,服务第一”的宗旨,在执业中注重向客户提出具有建设性意见的管理建议书,深受客户和政府赞誉。

地址:重庆市渝中区中山三路168号中安国际大厦22层
邮政编码:400015
联系电话:023—63870921
传　　真:023—63870920
互联网址:www.kh—cpas.com.cn
电子信箱:cqaudit@public.cta.cq.cn

重庆万隆方正会计师事务所有限责任公司

重庆万隆方正会计师事务所有限责任公司,是上海万隆众天会计师事务所有限公司在重庆地区的唯一成员事务所,是香港正风咨询集团公司成员之一,是香港正风会计师事务所(国际IA亚太地区主席)在重庆的唯一代理机构,可代理各类企业在香港上市的审计、推荐等专业服务,是专业从事审计、评估、咨询、资本运作策划的中介公司。审计业务有:财务审计、注册资本验证、资产清算和工程造价审计等中介业务;评估业务具有:财政部授予综合B级资产评估资格的高级资

产评估公司；可在全国范围内专业从事会计、审计、资产评估、项目评估、工程造价咨询等中介业务。

上海万隆众天会计师事务所有限公司是经中国证监会、财政部颁发的具有从事证券期货相关业务审计资格；经中国人民银行、财政部颁发首批获准从事金融相关审计业务资格；工程造价甲级资格；证券期货相关业务评估资格。重庆万隆方正会计师事务所有限责任公司于2002年加入以上海万隆众天会计师事务所有限公司为主体的上海万隆专业集团。上海万隆专业集团现有成员15家，遍布中国上海、北京、深圳、重庆等大中城市。

我们承担过包括世行信贷项目的评估和上市公司独立财务顾问业务在内的各类资产与项目评估和审计，咨询业务甚至涉猎到政策咨询领域，是具有良好信誉和高度市场化的咨询企业。与美国评值公司、安达信公司、德勤会计公司等国际一流的咨询公司保持有密切的合作关系。

地址：重庆市渝中区上清寺路环球广场9楼C座
电话：023－63639293
传真：023－63610267

重庆天健会计师事务所

重庆天健会计师事务所是天健会计师事务所集团的成员之一，是全国首批完成脱钩改制的具有证券期货从业（审计）资格的会计中介服务机构（改制前身为重庆会计师事务所，改制后先为重庆华源会计师事务所），也是目前西南地区最具规模的会计师事务所之一。

本所主要为客户提供审计、资本金验证、资产评估和管理咨询等专业服务，具有财政部和中国证监会认证从事上市公司证券业务（审计）资格。我们本着“追求卓越”的哲学理念，以一流的设施和工作手段，以一流的专业人才和一流的管理，为客户提供一流的服务，助企业蓬勃发展。20年的专业服务铸就我们享誉业界的一流品牌，并赢得了社会各界的普遍赞誉和高度信赖，在社会公众心中树立了良好的企业形象。

本所现有员工230人，平均年龄28岁，其中专职执业人员210余人，注册会计师92人（具有从事证券期货审计资格的注册会计师23人），中国注册资产评估师36人，注册土地估价师20人，注册税务师20人，房地产估价师14人，造价工程师17人；硕士研究生学历占10%，大学本科学历占80%；40%的员工拥有中、高级专业技术职称。

重庆天健会计师事务所将秉承“诚信立业、专业为本、卓越服务”的经营理念，不断提高执业水平，为客户提供更专业、更优质的服务，向国际化的目标迈进。

总经理：付思福　研究生学历，中国注册会计师，证券业特许会计师，中国注册资产评估师，高级会计师，长期从事会计、审计和管理咨询工作，具有丰富的专业服务和管理经验，曾组织领导本所在渝钛铂资产重组过程中的财务策划和方案设计工作，使渝钛铂资产重组成为我国上市公司实现成功资产重组的经典范例。同时担任中国注册会计师协会理事、中国资产评估协会理事、重庆市注册会计师协会副会长、重庆市司法鉴定委员会委员等职务。

地址：中国重庆渝中区人和街74号12楼　邮编：400015
传真：023－63651161

山西天元会计师事务所(有限公司)

山西天元会计师事务所（有限公司）是根据财政部财协字『2000』27号《关于印发〈会计师事务所合并审批管理暂行办法〉的通知》要求，经山西省财政厅晋财会协字『2000』49号文批准由山西中元会计师事务所（原山西会计师事务所）、山西晋元会计师事务所（原太原会计师事务所）合并新设。

山西天元会计师事务所（有限公司）是山西省唯一经财政部、中国证监会批准独立具有执行证券、期货相关业务执业资格的会计服务中介机构。经批准具有为国有大、中型企业、上市公司、银行、非银行金融机构、外商投资企业、中央企业提供各类审计、验资；各类资产评估；各类基建工程预（结）算；工程造价咨询；财会人员培训；财务制度设计；各类会计代理等专业服务能力。

全所现有员工一百余名，平均年龄34岁，具有证券、期货相关执业资格人员23人，注册会计师75人，注册资产评估师、注册税务代理师、注册造价工程师等25人，高级会计师20人，高级工程师12人。

作为山西省大型事务所的山西天元会计师事务所，将立足山西，面向全国，以财政、税务及财经院校为依托，可为不同行业、不同类型的社会各界提供优质、高效的经济鉴证、会计专业服务。

合并新设，带来的不仅是业务领域的不断拓展，我们还将在继续加强与国内同行交往、合作、交流的同时，继续加强与美国、英国、德国、瑞士等国同行及亚太区我国香港、台湾等同行在业务交流、资料交换、人员等方面的合作。

我们将一如既往地恪守独立、客观、公正的原则，以优质、高效、全面的服务迎接国内外每一位新老客户。

为了您事业的发展，也为了注册会计师事业，期待着与您的合作。

律华会计师事务所

律华会计师事务所是经中华人民共和国财政部批准成立的合伙制会计师事务所，在国内拥有广泛的服务网络，结合国际、国内的财务专业经验向国内外客户提供多方面的专业服务。

律华会计师事务所拥有财务，会计，审计，税务，经济法规，经济管理，法律，会计电算化，计算机软硬件管理服务等方面的专业人士，主要专业人员来自中外合作会计师事务所，国内大型会计师事务所等，从事过多年的审计、会计咨询、税务咨询、法规咨询等业务，承担过外资企业、股份制企业等大、中、小型企业的审计、会计服务等业务，具有丰富的业务经验。

事务所执业人员具备高水平的专业知识，随时了解掌握有关最新政策法规和会计准则、会计知识以及相关的规定。事务所的几位负责人曾有着在财政部，税务总局，其他中央部委工作多年的经历。事务所国际部汇集了来自美国，英国，澳大利亚，意大利，香港等地的富有国际业务经验的专业人士，能为客户提供高水平、高质量、高效率之服务。

我们的主要服务对象为外商投资企业，包括外商独资，中外合资、合作的企业，以及外国公司驻华代表处等，同时，我们还为集团公司、股份制企业等各种性质及类型的单位以及个人提供各种专业服务。服务的企业类型包括制造业，通信，信息技术，咨询，商贸企业，物流，广告，房地产业，建筑业以及非政府组织等。

我们提供如下全方位的财务及商务管理服务：

审计：按中国企业会计制度或国际会计准则的要求编制的财务报告进行审计，包括不同准则之间的调整。我们按审计准则的要求审查系统和内部流程并对风险进行评估。在此基础上向客户提供管理建议。

税务：全面综合的税务服务包括建立税务优化策略，联络税收征管机构，核报退税等等。同时还包括帮助个人税务需要。

财务会计：提供从代理首席财政官职能到簿记、办公室管理及工资支付等专业财会服务，包括协助制定公司内部制度和工作流程手册。

管理会计：提供市场成长的相关服务，包括在财务预算、财务预测、现金流量管理和经营战略过程中提供培训服务和帮助。

企业管理：提供管理咨询和企业融资服务，包括协助制定市场进入战略、帮助企业合并、收购和剥离、企业及财务管理尽职调查、企业调查研究、公司内部协调沟通与并购整合等等。

公司改制：该服务是为了帮助公司在转换时克服任何财务，战略以及运作中的困难，或者是处理破产和财务模式好转的结果，增强它的企业价值。还包括企业和资产评估。

我们深刻认识到每一个客户都是独一无二的，并具有其独特的业务需求。我们的专业人员将密切与您合作，以充分了解您独特的业务及其独特的服务需求，从而提供满足您所需要的最新、最高质量的专业服务。

中嘉会计师事务所有限责任公司

中嘉会计师事务所有限责任公司成立于 1993 年，1999 年 4 月由国家财政部批准脱钩改制，经国家工商行政管理局登记注册成为独立法人单位，改制为中嘉会计师事务所有限责任公司，注册资本 200 万人民币，依法从事注册会计师、注册资产评估师、注册税务师、注册工程造价师有关业务。

执业多年以来，始终以“以质量求信誉，以信誉求发展”的服务宗旨；遵循《独立审计准则》、会计准则和惯例以及国家的法律、法规、制度；恪守独立、客观、公正、实事求是和廉洁的原则；坚持高效率、高品质；维护客户合法权益，为客户保密，提供优质周到服务。由于我们的努力在社会上取得了良好的信誉，有一定知名度。

中嘉会计师事务所有限责任公司现有员工近百人，拥有一支力量雄厚的专业人才队伍，其中注册会计师、注册税务师、注册工程造价师、注册资产评估师、房地产估价师 45 名。专业人员中具有学士以上学位的占 80%以上，有高级会计师、高级经济师、高级工程师 10 名，一批具有在国际会计师事务所工作经历的优秀人员已成为中嘉会计师事务所的中坚业务骨干，中嘉会计师事务所同时聘请了多名国内知名专家、学者为顾问，组成一支高素质的专业人才队伍，成为中嘉会计师事务所为客户提供优质服务的有力保证。

中嘉会计师事务所有限责任公司在执业过程中始终恪守独立、客观、公正的原则，坚持质量第一、信誉至上的宗旨，在国内外客户及国家有关政府部门中赢得了较好的口碑和较高的信誉。
管理方面，执行出资人会议领导下总经理负责制，注册会计师和注册评估师为有限责任公司出资人，公司的重大事务由总经理提交董事会作出决议，报出资人会议表决。

业务方面，设执业标准委员会、审计部第一业务部和第二业务部、资产评估部、咨询部、基建工程审核部、教育培训部、信息服务部及办公室等。在业务质量的研究和发展方面由技术标准研发部具体负责。

中嘉会计师事务所有限责任公司愿与国内外各界朋友真诚合作，为企业改制及其资产管理作出积极的贡献。

北京市宣武区广内大街 319 号广信嘉园 C 座 12 层(100053)

电话/传真：(010)83131090/1091/1092/1093

公司信箱：webmaster@zjcpas. com

中建华会计师事务所

中建华会计师事务所是经财政部批准，由建设部所属的原中建审计事务所、华建会计师事务所合并，经国家工商行政管理局注册成立的有限责任制企业，是中国注册会计师协会的直管所。

本所具有财政部核发的会计师事务所执业资格及资产评估资格、建设部核发的工程造价咨询单位甲级资质、北京市房地产管理局核发的房地产价格评估资格。现有注册会计师 63 名，注册税务师 23 名，注册资产评估师 8 名，注册房地产估价师 6 名，注册造价工程师 12 名，多数具有两种以上执业资格。本所实行董事长(主任会计师)负责制，下设综合管理部、研究发展部、内资企业审计部、外商投资企业审计部、特种业务审计部、基建工程审计部、资产评估部。

本所自成立以来先后承办了各类业务一千多项，常年为包括中国建筑总公司、中国广顺房地产开发公司、中国农垦(集团)总公司、中国纺织品进出口总公司、北京市地下铁道建设公司等百余家客户提供服务。

本所在基建工程审计领域有较强的优势，从业人员主要来自建筑施工、工程设计、房地产开发等企业，有丰富的工作经验，精通有关法规政策，同有关部门保持有密切的联系。同时还聘有多名全国知名的财税、法律和工程等方面的专家为顾问。

本所坚持“质量第一、信誉第一、服务第一”的方针，以质量求生存，以信誉求发展，把提高服务质量视为本所的生命，在执业过程中，严格恪守中国注册会计师独立审计准则，遵循中国注册会计师质量控制准则，竭诚为客户提供优质服务。

地址：北京市三里河路 13 号中国建筑文化中心北楼六层

电话：010－88082171、88082172、88082173、88082175

传真：88082174

希格玛有限责任会计师事务所

希格玛所是 1998 年在原西安会计师事务所(中国成立最早的八家会计师事务所之一)的基础上改制设立的综合性会计师事务所。事务所机构健全、队伍精干、资格齐全、管理规范，现以其雄厚的综合实力跻身于中国名牌事务所之列。

希格玛所下设办公室、人事教育部、财务部、经营管理部、业务监管部、培训部等职能部门和财务审计部、资产评估部、工程造价咨询部、管理咨询部、杨凌分所等业务办事机构。事务所现有员工 200 余人，其中具有注册会计师、资产评估师、注册税务师、造价工程师等资格的专业人员占人员总数的

75%以上,平均年龄38岁。

希格玛所具有中国政府授予的证券期货相关业务资格、金融相关审计业务资格、特大型国有企业审计资格、资产评估资格、工程造价咨询甲级资格,同时也是中央企业工委监事会工作部聘请的特别技术助理单位。

希格玛所建立了完整的制度管理体系和严密的质量控制系统,各项工作均在规范化轨道运行,执业人员严守职业道德,坚持独立、客观、公正的原则,以严谨、求实的作风和优良的服务赢得了社会充分的信赖。

希格玛所现已形成了以证券、期货相关业务为龙头、财务审计、金融审计、资产评估、工程造价咨询为核心、集管理咨询、税务代理、专业培训等业务于一体的服务网络,业务涉及各行各业,市场拓展到中国二十多个省、市和自治区。希格玛所正以全新的姿态立足中国,走向世界。

地址:中国.西安高新区高新路25号希格玛大厦
电话:0086—29—88275921 0086—29—88275911
传真:0086—29—88275912
Email:office@xigema.com

浙江中汇会计师事务所

"浙江中汇"溯自于1994年,经过十年的积累和成长,时至今日,已发展成为浙江省最具规模和实力的大型综合性专业服务机构之一,能为客户提供会计、审计、税务、评估、咨询、工程、培训等全面的专业服务。

如今的"浙江中汇"是由浙江中汇会计师事务所有限公司、浙江中汇税务师事务所有限公司、浙江中汇资产评估有限公司、浙江中汇会计咨询服务有限公司、浙江中汇财经培训中心以及戴尔国际英语学校等专业服务机构组成的共同体。拥有执业人员逾160人,汇聚了一支由注册会计师、注册税务师、注册资产评估师、注册房地产估价师、注册造价工程师以及高级会计师、高级工程师等资深专家组成的专业队伍,是一个稳健、理智、专业而又富于热情的执业团队。

本公司在发展历程中,与财政、审计、税务、工商等政府部门及银行业、证券商、律师行等专业服务机构建立了广泛的网络和良好的合作关系,藉此能为客户提供卓有成效的解决方案,协助客户实现公司的目标。同时,我们也致力于和境外同行的紧密联系,与香港、澳门、台湾地区及新加坡等国家的会计师行建立了协作联盟(GCAA),运用联盟网络资源,可为客户制订拓展国际业务的有效商业方案。

我们的信念是矢志成为一家以提升客户价值为使命的专业服务机构,与客户架起一座双向沟通的桥梁。我们确信,凭藉足堪信赖的专业经验和良好的协调、沟通能力,定能协助客户不断成长。而客户的成功,也正是我们的成功。

地址:杭州市解放路18号铭扬大厦4F
邮编:310009
电话:0571—87178855
传真:0571—87178856
Email:zhcpa@zhcpa.com

北京国友大正资产评估有限公司

北京国友大正资产评估有限公司是具有独立法人资格的专业资产评估机构,具有中国证券监督管理委员会、财政部授予的证券业务资产评估资格。公司注册资本100万元人民币。经过多年磨合,资产评估人员已经形成了一个以注册评估师、高级会计师、高级经济师、高级工程师(包括机械设备、建筑工程、电子化工行业)为主的最佳人才组合。公司拥有近三十名注册资产评估师和十余名房地产估价师和注册会计师。公司董事长王永禄先生系北京注协常务理事和《中国证券业年鉴》编委。公司与各大会计师事务所、律师事务所、证券公司保持着经常性的业务联系,与证监会、财政部等国家政府部门保持着密切的关系,能为客户提供全方位和多层次的服务。

公司已经完成企业上市、股份制改造、中外合资合作和无形资产评估等各种类型的评估项目100余个,其中经原国家国有资产管理局和财政部以及各省市国有资产管理局或财政部门确认的项目,确认率达百分之百,投诉率为零。

法人代表:王永禄先生
地址:北京西城区金融街27号投资广场B座1503、1505
邮编:100032
电话:(010)66211635/36
传真:(010)66211634

中通城资产评估有限公司广西分公司

公司概况:中通城广西分公司由原广西无双资产评估有限责任公司的原班人马组成,是经中国财政部和广西财政厅批准,设在广西首府南宁市的分支机构。中通城广西分公司前身组建于1990年,系南宁市国有资产管理局所属的南宁市资产评估事务所,于1993年10月获取财政部和中国证券监督管理委员会颁发的证券业务评估资格,于1999年第改制为广西无双资产评估有限责任公司,2001年第与通诚资产评估有限公司合并,继续持有证券业务评估资格。中通诚广西分公司现有从业人员28人,从业人员中有中国注册评估师13人,房地产估价师6人,中国注册会计师1人,造价工程师1人。中通诚广西分公司下设有综合管理开发部、质量控制部、评估一部、评估二部、评估三部等业务部和南宁无双房地产评估公司。

经营业绩:作为广西最早成立的专职资产评估机构,自成立以来一直被评估机构管理部门认定为执行质量较好的资产评估机构,在财政部1998年西南地区评估质量检查中得到较好评价。十余年来,在广西各界人士的热情关心与大力支持下,本公司业务从南宁市扩展至广西各地、广东、湖南、湖北、深圳等省区,接受委托业务2000多项,评估值达500多亿元。本公司还注重评估理论方面的学习与探讨,在《中国资产评估》、《国有资产研究》及《广西审计》等刊物发表十余篇资产评估方面的文章,被有关理论研究部门评为优秀、二等、一等论文奖,是一家理论水平和时间水平都比较高的评估机构。目前,不论是从机构规模还是评估质量和信誉方面,一直处于广西的前列,得到同行业的好评。

业务范围及评估对象:中通诚资产评估有限公司就下列经济行为承担单项资产评估和企业整体资产评估业务,并提供财务、技术防买内的可行性研究以及资产评估技术培训等。组建集团/进行有限责任公司、股份有限公司改制/A股、B股、H股上市/国有股股东以实物资产认购上市公司国有股配股/上市公司与其国有股股东进行资产置换/企业分立、改组、兼并、收购、出售、转让股权/企业以实物资产、无形资产对外投资、联营、认购股权/中外合资或合作经营/企业破产清算、资产拍卖、转让/企业融资、租赁、承包/企业偿债能力评估/资产抵押及担保/组织承办资产评估业务培训及其他。

涉及的评估对象：整体资产（资产及负债），机器设备、生产线、建筑物、房地产、土地使用权，专利、专有技术、商标、特许权等无形资产，森林资源、经济林木、旅游资源等。评估服务涉及的行业工业企业、房地产业、百货、外贸、旅游、公路、港口、船舶、矿山、煤矿、农业、林业、科技、石化、铁道等各个领域。

海南中力信资产评估有限公司

公司概况：海南中力信资产评估有限公司是海南省成立最早（于一九九一年成立）的一家专业从事资产评估业务的中介机构，前身为海南资产评估事务所，改制前隶属于海南省财政厅。

一九九三年经原国家国有资产管理局和中国证券监督管理委员会联合批准，成为海南省唯一一家具有从事证券业务资产评估资格的专业评估机构。后经海南省财政厅批准，改制设立成立“海南中力信资产评估有限公司”。总经理：冯刚。

经营业绩：新设立的“海南中力信资产评估有限公司”将成为海南省唯一一家具有从事证券业务资产评估资格，同时具有房地产评估资格和土地评估资格的专业评估机构，改制后的海南中力信资产评估有限公司拥有21名注册资产评估师，7名房地产评估师，11名土地估价师，从业人员达66人，是海南省目前规模最大且跨省域的专业评估机构，这将有利于我公司的业务开拓和事业发展。

成立以来，我公司在海南资产评估工作领域创造了非常突出的业绩，先后承揽省内外企业股份制改造、定向募集股份、二板市场、资产重组等股份公司的评估近百家，其他类型评估近八百多家。承办了琼能源、琼化纤、琼民源、琼港澳、富岛基金、华侨投资、琼海药、海盛船务、中国石化、海南华凯、海南农垦热作等公司的上市资产评估项目，截止二00一年末，我公司评估的资产总值已达1300多亿元。

近二年来承揽完成较大的评估项目有：

1、中国石化、海南华凯、海南农垦热作等公司上市的资产评估项目；

2、海南天人降解塑料制品有限公司、海南惠普森医药生物技术有限公司等二板上市资产评估项目；

3、中行海南分行和光大银行海南分行、海南省评券公司、贵州证券、湛江证券、海南信托深圳证券营业部、琼能源、琼海德等金融证券机构及上市公司资产重组资产评估项目；

4、海口美兰机场股份制改造资产评估项目；

5、海南航空股份有限公司海口基地、海航宾馆、飞机项目及新华航空资产重组等评估项目；

6、中国电信集团海南省电信公司大型资产评估项目；

7、海南新大洲摩托车股份有限公司与天津本田资产重组大型资产评估项目；

8、厦门国泰、北方五环、恒泰芒果、大东海、重庆啤酒集团、浙江华立科技开发股份有限公司、北京赛迪传媒股份有限公司、山西航天、北京卡斯特系统控制公司、贵州水晶化工公司等上市公司资产重组、股权置换资产评估项目；

9、博鳌亚洲论坛博鳌金海岸大酒店资产评估项目等。

本公司一贯重视业务人员的后续教育。在国内各类培训的基础上，又先后与国外著名评估机构进行相关理论研讨、交流等，并赴美国、法国、德国、荷兰、香港等国家和地区考察学习，与境外评估机构建立了长期业务联系。

符合特大型国有企业审计条件事务所名单

序号	单　位	邮　编	通信地址	传　真	电　话
1	华证会计师事务所	100032	北京市西城区金融街27号投资广场A座12层1201—1204室	010—66211196	010—66211199
2	中鸿信建元会计师事务所	100044	北京市海淀区首体南路22号国兴大厦E座4层	010—88354830	010—88354830
3	中一会计师事务所	100055	北京市丰台区莲花池东路116—2号北京西客站东辅楼6层	010—51824150	010—51824130
4	天健会计师事务所	100032	北京市西城区金融街27号投资广场A座17层	010—66212110	010—66212130
5	北京中洲光华会计师事务所	100032	北京市西城区复兴门内大街158号远洋大厦F105室	010—66414115	010—66414118
6	天一会计师事务所	100032	北京市西城区金融街27号投资广场A座1804室	010—66212117	010—66212115
7	北京京都会计师事务所	100004	北京市朝阳区建外大街22号赛特广场5层	010—65227521	010—65227520
8	中喜会计师事务所	100031	北京市西城区西长安街88号首都时代广场422室	010—83913756	010—83915232
9	中科华会计师事务所	100080	北京市海淀区苏州街78号	010—62536723	010—62547564
10	北京中路华会计师事务所	100045	北京市西城区二七剧场路甲6号	010—68028642	010—51870346
11	天职孜信会计师事务所	100044	北京市海淀区车公庄西路乙19号华通大厦B座—208室	010—88018737	010—88018728
12	北京中兴新世纪会计师事务所	100086	北京市海淀区北三环西路48号科技会展中心1号楼B座6K	010—62161721	010—62119536
13	中瑞华恒信会计师事务所	100032	北京市西城区金融街35号国际企业大厦A座8层	010—88091199	010—88091188
14	北京中兴宇会计师事务所	100031	北京市西城区西长安街88号首都时代广场818室	010—83915077	010—83915599
15	中审会计师事务所	100036	北京市海淀区阜石路67号银都大厦6层	010—88415997	010—88415996
16	北京中威华浩会计师事务所	100037	北京市西城区南礼士路44号月坛商务中心C座2层	010—68056194	010—68055997
17	北京天华会计师事务所	100045	北京市西城区复兴门外大街A2号中化大厦17层	010—68569590	010—68569800
18	中勤万信会计师事务所	100044	北京市西城区文兴东路1号国谊宾馆迎宾楼2层	010—68366060	010—68361881
19	岳华会计师事务所	100016	北京市朝阳区霄云路26号鹏润大厦B座1201室	010—84584428	010—84584405
20	北京永拓会计师事务所	100020	北京市朝阳区东大桥路关东店北街1号	010—65955570	010—65950411
21	信永中和会计师事务所	100027	北京市东城区朝阳门北大街8号富华大厦12—11层	010—65541612	010—65542288
22	中兴财会计师事务所	100032	北京市西城区金融街33号通泰大厦C座715室	010—88087125	010—88087218
23	北京中天华正会计师事务所	100037	北京市西城区阜成门外大街2号万通新世界广场B座18层	010—68046250	010—68051737

24	中磊会计师事务所	100032	北京市西城区西单商业区中水大厦307室	010—88067057	010—88067052
25	利安达信隆会计师事务所	100006	北京市东城区新东安市场写字楼2座8层805—811室	010—65263767	010—65263760
26	安达信华强会计师事务所	100004	北京市朝阳区建外大街1号国贸中心1座11层	010—65051828	010—65053333
27	安永华明会计师事务所	100027	北京市朝阳区北大街6号北海万泰大厦802—807室	010—65544718	010—65545577
28	毕马威华振会计师事务所	100004	北京市朝阳区建外大街1号国贸中心2座1608室	010—65056306	010—65056300
29	华寅会计师事务所	100011	北京市西城区德外五路通街19号院2号楼	010—62378010	010—62378090
30	兴华会计师事务所	100037	北京市西城区阜成门外大街2号万通新世界广场708室	010—68587589	010—68587588
31	天津五洲联合会计师事务所	300051	天津市和平区西康路33号康岳大厦6层	022—23559069	022—23559068
32	河北华安会计师事务所	050000	河北省石家庄市裕华西路158号22层	0311—7028803	0311—7028802
33	山西天元会计师事务所	030002	山西省太原市水西门街67号山西省税务局大楼21层	0351—4211600	0351—4211595
34	辽宁天健会计师事务所	110013	辽宁省沈阳市沈河区北京街16号人才大厦9层	024—22533738	024—22516988
35	大连华连会计师事务所	116001	辽宁省大连市中心区同兴街67号邮电万科大厦24层	0411—2813033	0411—2650270
36	上海众华沪银会计师事务所	200120	上海市延安东路550号海洋大厦12层	021—63525566	021—63525500—801
37	安永大华会计师事务所	200080	上海市昆山路146号	021—63243522	021—63934214
38	上海立信长江会计师事务所	200002	上海市南京东路61号4层	021—63501004	021—63601100
39	普华永道中天会计师事务所	200021	上海市淮海中路333号瑞安广场12层	021—63863300	021—63863388
40	上海上会会计师事务所	200080	上海市四川北路1318号9层	021—63070565	021—63070566
41	德勤华永会计师事务所	200002	上海市延安东路222号外滩中心30楼	021—63350202	021—63350003
42	上海公信中南会计师事务所	200011	上海市陆家浜804弄28号	021—63137194	021—63785350
43	上海上审会计师事务所	200010	上海市河南路665号18层	021—63672675	021—63666967
44	上海东华会计师事务所	200031	上海市太原路87号(甲)	021—64663920	021—64458722
45	上海万隆众天会计师事务所	200011	上海市迎勤路168号17层	021—63787882	021—63788399
46	江苏公证会计师事务所	214061	江苏省无锡市梁溪路28号	0510—5885275	0510—5887801
47	江苏天衡会计师事务所	210005	江苏省南京市正洪街18号东宇大厦8层	025—4724882	025—4711188
48	江苏苏亚金诚会计师事务所	210008	江苏省南京市云南路31—1号苏建大厦21—22层	025—3235046	025—3231630
49	南京永华会计师事务所	210008	江苏省南京市中山北路26号新晨国际大厦8—10层	025—3309819	025—6635344
50	江苏天华大彭会计师事务所	210024	江苏省南京市鼓楼区宁海路80号5层	025—3716000	025—3721886
51	浙江天健会计师事务所	310012	浙江省杭州市文三路388号钱江科技大厦15—20层	0571—88216999	0571—88216702
52	浙江万邦会计师事务所	310007	浙江省杭州市体育场路538号金祝大厦11—13层	0571—85215010	0571—85215015
53	浙江东方会计师事务所	310009	浙江省杭州市清泰街563号	0571—87819700	0571—87818488
54	安徽华普会计师事务所	230001	安徽省合肥市荣事达大道100号振信大厦B区8—10层	0551—2652879	0551—2646805
55	福建华兴会计师事务所	350003	福建省福州市湖东路152号中山大厦B座8层	0591—7827990	0591—7840354
56	福州闽都会计师事务所	350005	福建省福州市六一中路102号闽都会计师事务所大楼6层	0591—3323577	0591—3312895
57	厦门天健华天会计师事务所	361004	福建省厦门市湖滨南路57号金源大厦17—18层	0592—2217171	0592—2217555
58	福建弘审会计师事务所		福建省福州市华林路294号弘审会计师楼	0591—7594446	0591—7570043
59	山东乾聚会计师事务所	264001	山东省烟台市胜利路201—209号汇丰广场12层	0535—6224381	0535—6224385
60	山东正源和信会计师事务所	250063	山东省济南市泺源大街5号良友富临大酒店4层	0531—6966278	0531—6966578
61	山东汇德会计师事务所	266071	山东省青岛市东海路37号金都花园金海大厦14层	0532—5722264	0532—5830810
62	山东天恒信会计师事务所	276004	山东省临沂市新华路65号	0539—8311614	0539—8101466
63	亚太(集团)会计师事务所	450008	河南省郑州市红专路84号实力大厦	0371—5747567	0371—5713799
64	河南兴豫会计师事务所	450008	河南省郑州市东明路207号	0371—5639520	0371—5639507
65	湖北大信会计师事务所	430013	湖北省武汉市中山大道1166号金源世界中心AB座8层	027—82816985	027—82814094
66	武汉众环会计师事务所	430022	湖北省武汉市解放大道单洞路口国际大厦B座16层	027—85424329	027—85426261
67	湖北中正会计师事务所	470071	湖北省武汉市武昌区中南路80号中南大厦A座5层	027—87896566	027—87277821
68	湖北发展竞江会计师事务所	430071	湖北省武汉市武昌民主路786号华银大厦9层	027—87339649	027—87336559
69	湖南开元会计师事务所	410015	湖南省长沙市芙蓉中路490号	0731—5165291	0731—5165290
70	广州羊城会计师事务所	510030	广东省广州市东风路410号健力宝大厦25层	020—83486116	020—83486228
71	广东正中珠江会计师事务所	510050	广东省广州市东风路555号奥海集团大厦10层	020—83800977	020—83859808
72	广东恒信德律会计师事务所	519000	广东省珠海市香洲康宁路16—18号	0756—2217643	0756—2114788
73	四川华信(集团)会计师事务所	610041	四川省成都市洗面桥街8号3层	028—5592480	028—5560449
74	四川君和会计师事务所	610016	四川省成都市走马街68号锦城大厦10层	028—6670906	028—6712050
75	重庆天健会计师事务所	400015	重庆市渝中区人和街74号12层	023—63651161	023—63651196
76	重庆金汇会计师事务所	400015	重庆市渝中区人民路231号	023—63876333	023—63876333
77	云南华昆会计师事务所	650032	云南省昆明市东风西郊123号三合商利16层	0871—3648687	0871—3648687
78	云南亚太会计师事务所	650011	云南省昆明市拓东路23号	0871—3184386	0871—3120203
79	西安希格玛会计师事务所	710068	陕西省西安市太白北路3号	029—8484956	029—8489136

80	五联联合会计师事务所	730000	甘肃省兰州市民主东路249号移动通信大厦412室	0931—8897315	0931—8897262
81	新疆驰远天合会计师事务所	830002	新疆乌鲁木齐市解放北路30—1号财联大厦14层	0991—2835927	0991—2831844
82	深圳南方民和会计师事务所	518042	深圳市深南中路2072号电子大厦8层	0755—3780119	0755—3781235
83	深圳鹏城会计师事务所	518002	深圳市东门南路2006号宝丰大厦5层	0755—2237549	0755—2203222
84	深圳天健信德会计师事务所	518026	深圳市滨河大道5020号证券大厦15层	0755—2990751	0755—2903666
85	深圳大华天诚会计师事务所	518026	深圳市福田区滨河大道5022号联合广场B座11层1102室	0755—2900965	0755—2966010
86	华建会计师事务所	100830	北京市西城区展览路北露园1号	010—68341481	010—68360384

2003年度北京地区业务收入前100家会计师事务所名单

单位:元

序号	单位名称	业务收入合计	其中兼营评估收入
	总　计	1,867,398,744.91	49,324,073.66
1	安永华明会计师事务所	206,341,045.26	
2	普华永道中天会计师事务所有限公司北京分所	184,872,919.24	
3	毕马威华振会计师事务所	168,210,177.28	
4	德勤华永会计师事务所有限公司北京分所	127,662,401.17	
5	信永中和会计师事务所有限责任公司	74,029,069.23	
6	中瑞华恒信会计师事务所有限公司	73,680,029.00	6,481,405.00
7	北京京都会计师事务所有限责任公司	60,284,144.61	
8	天健会计师事务所有限公司	39,327,466.00	
9	利安达信隆会计师事务所有限责任公司	36,488,022.34	
10	中审会计师事务所有限公司	35,816,261.05	2,884,420.00
11	北京天华会计师事务所	31,920,034.87	
12	岳华会计师事务所有限责任公司	30,443,210.28	4,114,955.00
13	北京中威华浩会计师事务所有限公司	24,092,735.87	4,391,086.50
14	北京中兴新世纪会计师事务所有限公司	23,121,354.33	1,500,169.00
15	天职孜信会计师事务所有限责任公司	23,120,907.80	552,000.00
16	华证会计师事务所有限公司	22,020,205.60	
17	北京中洲光华会计师事务所有限公司	21,495,469.74	512,500.00
18	北京中天恒会计师事务所有限责任公司	21,240,131.64	745,845.00
19	北京方圆华信会计师事务所有限公司	20,992,317.66	2,596,600.00
20	中喜会计师事务所有限责任公司	20,565,933.00	3,194,133.00
21	北京兴华会计师事务所有限责任公司	20,084,933.00	
22	北京中平建会计师事务所有限公司	19,874,795.21	951,600.00
23	华建会计师事务所有限责任公司	18,515,592.00	170,000.00
24	北京永拓会计师事务所有限责任公司	18,373,529.25	647,000.00
25	北京兴洲会计师事务所有限责任公司	17,617,827.00	
26	中兴华会计师事务所有限责任公司	16,196,000.00	284,500.00
27	北京中天华正会计师事务所有限公司	15,970,720.00	
28	北京中兴宇会计师事务所有限责任公司	15,922,549.60	131,000.00
29	北京中京华会计师事务所	15,109,691.00	
30	中鹏会计师事务所有限公司	15,052,029.86	1,564,549.00
31	北京中路华会计师事务所有限责任公司	14,620,696.00	144,000.00
32	华寅会计师事务所有限责任公司	13,839,873.09	270,000.00
33	中建华会计师事务所有限责任公司	12,518,013.02	109,000.00
34	中鸿信建元会计师事务所有限责任公司	11,714,536.52	
35	北京爱思济会计师事务所有限责任公司	11,120,327.80	
36	新华会计师事务所有限责任公司	10,408,140.00	
37	中勤万信会计师事务所有限公司	10,318,010.00	104,500.00
38	中磊会计师事务所有限责任公司北京分所	10,179,739.36	
39	北京中瑞诚联合会计师事务所	9,513,280.49	1,014,633.00
40	北京华夏正风会计师事务所	9,315,860.84	
41	北京华通鉴会计师事务所有限责任公司	9,291,426.00	
42	中一会计师事务所有限责任公司	9,222,364.70	
43	北京正和信会计师事务所有限责任公司	9,092,323.00	
44	萨理德中瑞会计师事务所	8,926,370.16	
45	长城会计师事务所有限责任公司	8,710,261.76	3,264,800.00
46	中磊会计师事务所有限责任公司	8,131,576.50	2,471,585.00
47	中天会计师事务所有限责任公司	8,045,633.78	417,520.00
48	北京华龙会计师事务所有限责任公司	7,782,515.52	
49	北京中燕通会计师事务所有限公司	7,702,829.84	
50	北京公正会计师事务所有限公司	6,834,411.00	
51	北京国嘉联合会计师事务所	6,469,940.68	100,000.00
52	北京凌峰会计师事务所有限公司	6,379,952.00	
53	北京市华颂会计师事务所有限公司	6,277,883.00	
54	中逸会计师事务所有限公司	6,263,350.00	2,559,820.00
55	北京正义会计师事务所有限责任公司	6,221,937.57	154,000.00
56	北京兴中海会计师事务所有限公司	6,208,969.77	374,800.00
57	北京中伦信会计师事务所有限责任公司	6,190,439.00	
58	北京岳华天运联合会计师事务所	6,130,680.00	
59	北京中润达会计师事务所有限公司	6,129,169.45	
60	北京安必盛会计师事务所有限责任公司	6,068,751.85	657,928.00
61	北京中润华会计师事务所有限责任公司	6,036,345.40	194,800.00
62	华实会计师事务所	5,732,162.68	
63	中实会计师事务所有限责任公司	5,718,715.00	377,389.00
64	北京高商会计师事务所有限责任公司	5,652,248.80	404,600.00
65	北京科勤会计师事务所有限责任公司	5,639,700.00	
66	北京天正华会计师事务所	5,600,200.00	297,000.00
67	北京京华会计师事务所有限责任公司	5,583,936.20	209,700.00
68	北京明鉴会计师事务所有限公司	5,531,187.00	
69	北京鼎新立会计师事务所有限责任公司	5,525,572.00	
70	北京华庆会计师事务所有限责任公司	5,430,004.73	
71	北京正宏会计师事务所有限责任公司	5,315,290.00	294,950.00
72	北京普洋会计师事务所	5,231,800.60	
73	北京心田祥会计师事务所有限公司	5,207,332.06	414,414.88
74	北京华益会计师事务所有限责任公司	5,192,645.00	
75	中大会计师事务所有限公司	5,117,938.00	398,200.00
76	北京安佳信会计师事务所有限公司	4,858,945.66	
77	北京精诚立信会计师事务所	4,821,700.00	
78	北京希文会计师事务所有限责任公司	4,764,945.00	274,270.00
79	北京鼎嘉会计师事务所有限责任公司	4,706,064.00	
80	北京中证国华会计师事务所有限公司	4,526,074.00	46,845.00
81	北京达州会计师事务所有限责任公司	4,508,536.00	754,300.00
82	北京燕平会计师事务所有限责任公司	4,495,462.00	
83	北京博坤会计师事务所	4,472,130.00	
84	北京全企会计师事务所有限责任公司	4,356,840.80	
85	北京达兴会计师事务所有限责任公司	4,335,164.93	1,153,729.28
86	北京昊海东方会计师事务所有限责任公司	4,309,888.62	
87	北京安立德会计师事务所有限责任公司	4,285,340.00	
88	中经会计师事务所有限责任公司	4,235,615.20	5,700.00
89	中诚信会计师事务所有限责任公司	4,132,822.00	371,227.00
90	北京中交会计师事务所有限公司	4,070,401.07	
91	北京中全联会计师事务所有限责任公司	4,052,281.00	
92	北京欣诚万达会计师事务所有限责任公司	4,048,350.00	517,100.00
93	北京天同信会计师事务所有限公司	4,024,707.00	
94	北京信益兴会计师事务所有限公司	4,008,884.00	651,800.00
95	北京天平会计师事务所有限责任公司	3,984,660.40	
96	北京敬业瑞之会计师事务所有限责任公司	3,982,870.17	
97	北京精与诚会计师事务所有限责任公司	3,982,742.00	593,700.00
98	京洲会计师事务所有限责任公司	3,978,943.00	
99	中蓝特会计师事务所有限责任公司	3,950,475.00	
100	北京华威会计师事务所有限责任公司	3,919,060.00	

(统计资料:会计师事务所上报我会的2003年度会计报表)

具有证券、期货相关业务许可证的会计师事务所名录

（数据截止日期：2002 年 12 月 2 日）

新证号	事务所	法定代表人	联系电话	传真	通讯地址	邮政编码
1	中天华正	梁春	010—68051740	010—68051737	北京市西城区阜成门外大街2号万通新世界广场B座18层	100037
2	中洲光华	宁有华	010—88091826	010—88091825	北京西城区金融街35号国际企业大厦B座1131	100032
3	中鸿信建元	濮良洪	010—66131996	010—66131954	北京市阜内宫门口三条一号	100034
4	中喜	张增刚	010—83915232	010—63510032	北京市西长安街88号首都时代广场422室	100052
5	中勤万信	胡柏和	010—68368080	010—68366060	北京市西城区文兴东街1号国谊宾馆	100044
6	中瑞华恒信	顾仁荣	010—88091188	010—88091199	北京西城区金融街35号国际企业大厦A座8层	100032
7	中磊	熊靖	010—68331952	010—68331948	北京市西城区西单中水大厦308室	100044
8	天华	夏执东	010—68569800	010—68569590	北京市西城区复兴门外大街A2号中化大厦17层	100045
9	天健	陈建明	010—66212130	010—66212110	北京市西城区金融街27号投资广场A座17层	100032
10	天职孜信	陈永宏	010—88018766	010—88018737	北京市海淀区车公庄西路乙19号华通大厦B座2层	100044
11	北京中兴宇	周均才	010—83915599	010—64209052	北京市西长安街88号首都时代广场818室	100031
12	北京永拓	吕江	010—65950511	010—65955570	北京市朝阳区东大桥路关东店北街1号国安大厦13层	100020
13	北京兴华	王全洲	010—68587588	010—68587589	北京市西城区阜成门外大街2号万通新世界广场708室	100037
14	北京京都	徐华	010—65227520	010—65227521	北京市朝阳区建外大街22号赛特广场5层	100004
15	华证	俞兴保	010—66211328	010—88091074	北京市西城区金融街27号投资广场A座12号	100032
16	华寅	柳协春	010—62378090	010—62378010	北京市西城区德外五路通街19号院2号楼	100011
17	安永华明	葛明	010—65246688	010—85188298	北京市东城区长安街1号东方广场东方经贸城东三办公楼16层	100738
19	毕马威华振	颜泽蘷	010—65056300	010—65056306	北京朝阳区建外大街1号国贸中心2座1608	100004
20	利安达信隆	黄锦辉	010—65263760	010—65263767	北京建内大街8号中粮广场B1009	100005
21	岳华	李延成	010—84584402	010—84584428	北京市朝阳霄云路鹏润大厦B座1201—1203号	100016
22	信永中和	张克	010—65542288	010—65541612	北京市东城区朝阳门北大街8号富华大厦C座12层	100027
23	五洲联合	王福才	022—23559001	022—23559045	天津市和平区西康路33号康岳大厦6—10层	300051
24	河北华安	刘国忠	0311—7026827	0311—7028803	石家庄市裕华西路158号燕山大酒店22层	050000
25	山西天元	陈广清	0351—3180537	0351—3184102	山西省太原市水西门街国税大楼21层	030002
26	大连华连	张耀麟	0411—2819300	0411—2813033	大连市中山区同兴街67号邮电万科大厦24楼	116001
27	辽宁天健	高凤元	024—22515988	024—22533738	辽宁省沈阳市沈河区北京街16号人才大厦9层	110013
28	上海万隆众天	王晓鹏	021—63788398	021—63769001	上海市迎勋路168号17楼	200011
29	上海上会	刘小虎	021—52920000	021—52921369	上海市威海路755号文新报业大厦20楼	200041
30	上海东华	唐玉芳	021—64458590	021—64663920	上海市太原路87号（甲）	200031
31	上海立信长江	朱建弟	021—63606600	021—63501004	上海市南京东路61号新黄浦金融大厦4楼	200002
32	上海众华沪银	林东模	021—58799970	021—58872507	浦东大道288号7楼	200120
33	安永大华	汤云为	021—63252134	021—63243522	上海市昆山路146号	200080
34	德勤华永	郑树成	021—63350202	021—63350003	上海市延安东路222号外滩中心30楼	200002
35	普华永道中天	Kent watson	021—63863388	021—63863300	淮海中路333号瑞安广场12楼	200020
36	江苏公证	马惠兰	0510—5888988	0510—5885275	江苏省无锡市梁溪路28号	210461
37	江苏天衡	余瑞玉	025—4711188	025—4724882	江苏省南京市新街口正洪街18号东宇大厦8楼	210005
38	江苏天华大彭	印茂枫	025—3734348	025—3716000	南京市武夷路5号	210024
39	江苏苏亚金诚	詹从才	025—3235002	025—3235046	南京市云南路31—1号苏建大厦21—22层	210008
40	南京永华	杜文俊	025—3305054	025—3309819	南京市中山北路26号8—10层	210008
41	浙江天健	胡少先	0571—5178168	0571—5178268	浙江省杭州市体育场路423号	310006
42	浙江东方	胡建军	0571—87819695	0571—7819700	浙江省杭州市清泰街563号	310009
43	安徽华普	肖厚发	0551—2646805	0551—2652879	合肥市荣事达大道100号振信大厦B座8—9楼	230001
44	厦门天健华天	黄世忠	0592—2218833	0592—2217555	厦门湖滨南路57号金源大厦17、18层	361004
45	福州闽都	黄秀泉	0591—3312779	0591—3323577	福建福州南门古田路双福楼东四层	350005
46	福建华兴	刘久芳	0591—7827990	0591—7840354	福州市湖东路152号中山大厦B座7—9层	350003
47	山东天恒信	邱伟	0539—8311614	0539—8311614	山东临沂市新华一路65号	276004
48	山东正源和信	王传顺	0531—6966578	0531—6966278	济南市泺源大街5号良友富临四层	250063
49	山东汇德	王庆和	0532—5830810	0532—5722264	山东省青岛市东海路37号金都花园金海大厦14层	266071
50	山东乾聚	刘天聚	0535—6224381	0535—6224381	烟台市胜利路201—209号汇丰广场12F	264001
51	亚太（集团）	崔守忠	0371—5745911	0371—5747567	郑州红专路84号	450008
52	湖北大信	吴益格	027—82833521	027—82816985	武汉市中山大道1056号金源世界中心AB座7—8楼	430013
53	湖北中正	孙耀南	027—87277821	027—87896566	武汉市中南路中南大厦A座4—5楼	430071
54	武汉众环	黄光松	027—85426261	027—85424329	武汉市解放单洞路口武汉国际大厦B座16楼	430022
55	湖南开元	周重揆	0731—5165290	0731—5165291	湖南省长沙市芙蓉中路490号	410015
56	广东正中珠江	蒋洪峰	020—83859808	020—83800977	广州市东风东路555号粤海集团大厦27楼	510050
57	广东恒信德律	潘荣卿	0756—2116258	0756—2217643	广东省珠海市香洲康宁路16、18号	519000
58	广东康元	俞俊雄	020—83606070	020—83606299	广东省广州市东风中路509建银大厦三十楼	510045
59	广州羊城	陈雄溢	020—83486113	020—83486116	广州市东风中东路410号健力宝大厦25楼	510030
60	深圳大华天诚	邬建辉	0755—3777002	0755—3777627	深圳市华强北路3号深纺大厦C座西门4楼	518031

61	深圳天健信德	朱祺珩	0755—82903666	0755—82990751	深圳市福田区滨河大道5020号证券大厦16层	518026
62	深圳南方民和	谷杨	0755—3224036	0755—3259828	深圳市深南中路28号华南电力大厦8楼	518031
63	深圳鹏城	饶永	0755—2203222	0755—2237549	深圳市东门南路2006号宝丰大厦5楼	518002
64	海南从信	吴文平	0898—8534236	0898—8535584	海南海口市国贸大道CMEC大厦12楼	570125
65	四川华信（集团）	李武林	028—5560449	028—5592480	四川成都洗面桥街5号	610041
66	四川君和	尹淑萍	028—66585812	028—6712050	成都市走马街68号锦城大厦10楼	610016
67	重庆天健	付思福	023—63651145	023—63651161	重庆市渝中区人和街74号12楼	400015
68	云南亚太	杨守任	0871—3184387	0871—3184386	云南省昆明市拓东路23号	650011
69	西安希格玛	吕桦	029—8489083	029—8484956	西安市太白北路3号	710068
70	五联联合	焦点	0931—8897088	0931—8897315	甘肃省兰州市城关区民主东路249号移动通信大厦四楼	730030
71	天一	黄俊	010—66212115	010—66212117	北京市西城区金融街27号投资广场A座18层	100032
	中审	杨池生	010—88415996	010—88415997	北京市海淀区阜石路67号银都大厦6层	100036

具有证券、期货相关业务许可证的资产评估机构名录

序号	许可证编号	原机构名称	机构名称	法定代表人	地址	邮政编码	区号	电话
1	000143	北京中企华资产评估公司	北京中企华资产评估公司	孙月焕	北京市朝外大街22号泛利大厦910	100020	010	65881818
2	000057	中咨资产评估事务所	中资资产评估公司	张宏新	北京市阜外大街甲28号京润大厦15层	100037	010	68042230
3	000110	攀枝花资产评估事务所	中联资产评估公司	王子林	北京市西城区阜外大街一号四川大厦东路22层	100037	010	68365066
4	000092 000091	宁夏资产评估公司（宁夏瑞衡） 陕西资产评估公司（陕西同盛）	中宇资产评估有限责任公司	王益龙	北京西城区安德路67号	100011	010	62072228
5	000122	中华财务会计咨询公司	中华财务会计咨询公司	傅继军	北京市西城区月坛北街2号月坛大厦709	100045	010	68081472
6	000148	北京中机审计事务所（信永中和）	中和资产评估公司	杨志明	北京市东城区朝阳门北大街8号富华大厦C座11层	100027	010	65542288
7	000042	陕西岳华会计师事务所	岳华会计师事务所	李延成	北京市朝阳霄云路鹏润大厦1201—1203号	100016	010	84584405
8	000060	南宁市资产评估事务所（广西无双、通诚）	中通诚资产评估公司	刘公勤	北京朝阳区樱花西街胜古北里27号楼1层	100029	010	64417689
9	000007	兴业会计师事务所	北京天健兴业资产评估公司	吴建敏	北京市西城区金融街27号投资广场A座17层	100032	010	66211006
10	000073 000105	河北省资产评估公司 北京资产评估公司	北京京都资产评估公司	郭兴海	北京朝阳区建国门外大街22号赛特广场5层	10004	010	65227608
11	000108	汕头资产评估公司	中天华资产评估事务所	李晓红	北京市西城区阜外大街甲28号京润大厦6层	100037	010	68041920
12	000130	北京中锋资产评估公司	北京中锋资产评估公司	张梅	北京海淀区西直门外大街168号腾达大厦609室	100044	010	88577598
13	000075	北京德威评估公司	北京德威评估公司	邓小丰	北京市车公庄西路20号水科院泥沙中心8层	100044	010	68438528
14	000089 000106	邯郸会计师事务所 石家庄会计师事务所	中喜会计师事务所	张增刚	北京西城区西长安街88号首都时代广场422室	100031	010	83915232
15	000103	中建资产评估公司	北京六合正旭资产评估公司	薛勇	北京市复兴路12号恩菲科技大厦B309	100038	010	63965468
16	000085	哈尔滨市资产评估事务所（哈尔滨中盛）	北京德祥资产评估公司	李振华	北京市朝阳区东大桥路关东店北街1号国安大厦十二层	100020	010	65955310
17	000094	北京中正评估公司	北京中证评估公司	冯道祥	北京市西城区金融街27号投资广场A座12层	100032	010	66211199
18	000114	青海会计师事务所（青海兴华）	中科华会计师事务所	王恩艳	北京市海淀区苏州街78号	100080	010	62536723
19	000002	中华会计师事务所	中瑞华恒信会计师事务所	尹永利	北京市西城区金融大街35号国企大厦A座8层	100032	010	88091188
20	000118	陕西秦军会计师事务所（陕西华德诚）	中威华德诚会计师事务所	赵继平	北京丰台区丰北路甲79号冠京饭店6层601室	100073	010	63853713
21	000001	中发国际资产评估公司	中发国际资产评估公司	陈涛	北京海淀区中关村南大街乙56号方圆大厦1010室	100044	010	88026190
22	000080	南昌会计师事务所	中磊会计师事务所	熊靖	北京西城区西单商业区中水大厦307室	100032	010	88067056
23	000061	柳州市资产评估事务所	北京北方亚事资产评估有限责任公司	阎全山	北京市崇文门西大街7号	100005	010	65137463
24	000059	海南大正会计师事务所（海南海正）	中保资产评估有限公司	杜传利	北京市东城区朝阳门北大街8号富华大厦F座17层	100027	010	65542719
25	000087 000139 000101	吉林市资产评估事务所 长春市资产评估事务所 吉林省资产评估事务所	中商资产评估公司（原吉林纪元）	王加春	北京海淀区中关村南大街甲56号方圆大厦B座1303室	100044	010	88026164
26	000138	宜宾资产评估事务所（四川新源）	中元国际资产评估有限责任公司	黄晓英	北京市西城区宣武门西大街甲129号	100031	010	66417407
27	000088	内蒙古中华会计师事务所	北京中天华正会计师事务所	梁春	北京市西城区阜外大街2号万通新世界广场B座1806号	100037	010	68051737
28	000005	中国投资咨询公司	北京市世纪智源资产评估公司	张星原	北京市复兴路丙12号	100038	010	63960702
29	000053	长城会计师事务所	长城会计师事务所	施祥新	北京市海淀区紫竹院路车道沟甲八号	100089	010	68768476
30	000040	成都资产评估事务所（成都鸿坤）	中水资产评估有限公司	曹言胜	北京市西城区前半壁街66号	100035	010	88119982
31	000146	北京国友大正资产评估公司	北京国友大正资产评估公司	王永禄	北京市西城区金融街27号投资广场B座1503	100032	010	66211636
32	000140	黑龙江省资产评估事务所（黑龙江龙源）	北京龙源智博资产评估有限责任公司	靳玉荣	北京东城区王府井大街138号新东安写字楼2座8层808	100006	010	65263760

33	000128	贵州会计师事务所	天一会计师事务所				
	000032	昆明会计师事务所					
34	000054	中国审计事务所	中审会计师事务所	杨池生	北京市海淀区阜石路67号银都大厦	100036	010	68422248
35	000004	中信会计师事务所	中天信会计师事务所					
36	000079	天津市资产评估事务所	天津市津评协通会计师事务所	杨秀玲	天津市河西区解放南路256号泰达大厦6层	300042	022	23201488
37	000077	天津会计师事务所	天津中联会计师事务所	李金才	天津市南开区宾水西道333号万豪大厦十层	300381	022	23733333
38	000126	天津华夏会计师事务所	天津华夏松德有限责任会计师事务所	方文森	天津市河西区围堤道146号华盛广场B座19层	300201	022	88238268
	000127	天津中环会计师事务所（天津中环松德）						
39	000121	秦皇岛会计师事务所	秦皇岛嘉华会计师事务所	王振民	河北秦皇岛市河北大街292号	066000	0335	3028284
40	000145	山西省资产评估中心	山西中新资产评估公司	刘锋	山西省太原市文源巷18号	030001	0351	4036273
41	000104	大连资产评估事务所	大连源正资产评估公司	丛达	辽宁省大连市宏大路18号万达大厦2501室	116001	0411	2817789
42	000134	鞍山资产评估事务所	辽宁正和资产评估公司	陈晶	辽宁省沈阳市和平区和平北大街78号鸿运大厦1003	110001	024	23255216
43	000131	辽宁资产评估事务所	辽宁华诚信资产评估公司	关晓红	辽宁沈阳市沈河区北京街16号市人才大厦8层	110013	024	22524409
44	000133	沈阳中沈资产评估公司	沈阳中沈资产评估公司	周东明	辽宁沈阳市和平区和平北大街69号总统大厦C0702室	110003	024	22812205
45	000034	大连中华会计师事务所	大连众华资产评估公司	李妍	辽宁大连市中山区宏大路18号万达大厦12层	116001	0411	2820377
46	000141	黑龙江国通资产评估公司	黑龙江国通资产评估公司	夏双实	黑龙江省哈尔滨市南岗区花园街235号东方大厦1202室	150001	0451	3666072
47	000086	黑龙江注册审计师事务所	黑龙江中龙会计师事务所	刘书亭	黑龙江哈尔滨市南岗区三姓街45号	150001	0451	2517967
48	000144	哈尔滨华通资产评估公司	哈尔滨华通资产评估公司	苗福乾	黑龙江省哈尔滨市道里区西八道街马迭尔大厦八层	150010	0451	4573026
49	000136	上海东洲资产评估公司	上海东洲资产评估公司	王小敏	上海长宁区定西路1279号名光大厦2楼	200050	021	62251997
50	000135	上海立信资产评估公司	上海立信资产评估公司	张美灵	上海市肇嘉浜路301号23楼	200032	021	64871125
51	000137	上海财瑞资产评估公司	上海财瑞资产评估公司	虞建华	上海市延安西路1357号汇中商务楼	200050	021	62261357
52	000067	上海中华社科会计师事务所	上海众华资产评估公司	陈悦	上海市徐汇区虹桥路313号403室	200030	021	58204469
53	000066	上海长信会计师事务所	上海长信资产评估公司	顾洪涛	上海市浦东东方路818号众城大厦25楼	200122	021	62741963
54	000013	上海会计师事务所	上海上会资产评估公司	管文建	上海黄浦区黄河路355号2号楼607室	200003	021	63586267
55	000014	上海大华会计师事务所	上海大华资产评估公司	李则兆	上海市六合路98号港路黄浦中心大厦17层	200001	021	63508098
14	000055	中庆会计师事务所	上海万隆资产评估有限公司（原北京中兴宇）	周羲	上海黄浦区迎勋路168号16楼	200011	021	63768528
	000071	黑龙江兴业会计师事务所						
57	000132	辽宁第一资产评估事务所（辽宁东方）	上海汇业资产评估公司	张军	上海市宛平南路381号宛轻商务楼419室	200032	021	64647755
58	000095	常州资产评估事务所	江苏中天资产评估公司	何宜华	江苏常州市博爱路72号博爱大厦12楼	213002	0519	8157878
59	000069	无锡公证会计师事务所	江苏公证会计师事务所	马惠兰	江苏省无锡市梁溪路28号	214061	0510	5888988
60	000125	苏州资产评估事务所	江苏仁合资产评估公司	张雨歌	江苏省苏州市竹辉路301—1号	215007	0512	65194850
61	000017	江苏会计师事务所	江苏天衡会计师事务所	余瑞玉	江苏南京市新街口正洪街18号东宇大厦8楼	210005	025	4711188
62	000024	南京会计师事务所	南京永华会计师事务所	杜文俊	江苏省南京市中山北路26号8—10楼	210008	025	3305054
63	000084	浙江资产评估公司	浙江天健资产评估公司	朱炳有	浙江杭州市文三路388号	310012	0571	88216967
64	000119	杭州资产评估事务所	浙江东方资产评估公司	马超	浙江省杭州市清泰街563号	310009	0571	87819692
65	000096	绍兴资产评估事务所	绍兴天源资产评估公司	周应苗	浙江省绍兴市解放南路245号四楼	312000	0575	5130084
66	000129	宁波市资产评估事务所（宁波永德）	浙江万邦资产评估有限公司	梅芳	浙江省宁波市江北槐树路36号港房大厦19楼	315040	0574	87322027
67	000028	安徽会计师事务所	安徽华普会计师事务所	肖厚发	安徽省合肥市容事达大道100号振信大厦B区9楼	230001	0551	2648722
68	000124	安徽资产评估事务所	安徽国信资产评估公司	杨皖林	安徽省合肥市益民街28号文采大厦7楼	230061	0551	2650041
69	000147	福建省资产评估中心	福建中兴资产评估公司	陈依航	福建省福州市湖东路152号中山大厦B座11层	350003	0591	7822168
70	000070	福州资产评估事务所	福州联合资产评估公司	商光太	福建福州市六一中路110号4楼	350011	0591	3323575
71	000049	厦门大学资产评估事务所	厦门大学联盟资产评估公司					
	000051	厦门资产评估事务所(联盟)						
72	000033	青岛市资产评估事务所	青岛天和资产评估公司	高国轩	山东省青岛市东海路37号金都花园C座15层	266071	0532	5830805
73	000036	山东审计师事务所(申元)	山东正源和信会计师事务所	王传顺	山东省济南市泺源大街5号良友富临大酒店4层	250063	0531	6461263
	000037	山东会计师事务所（正源和信）						
74	000097	山东烟台会计师事务所	山东乾聚会计师事务所	刘天聚	山东省烟台胜利路201—209汇风广场12层	264001	0535	6628145
75	000115	山东淄博会计师事务所	山东博会会计师事务所	杨德宝	山东省淄博市张店区潘南西路8号	255020	0533	3186484
76	000068	山东济南审计事务所	山东海天会计师事务所	韩春兰	山东省济南市民生大街68号	250001	0531	2900154
77	000047	河南审计事务所	河南联华会计师事务所	周秀月	河南省郑州市纬二路27号	450003	0371	5959587
78	000090	亚太资产评估事务所	亚太（集团）会计师事务所有限公司	崔守忠	河南省郑州市红专路84号五楼	450008	0371	5713799
79	000026	湖北资产评估公司	湖北众联咨询评估公司	张国增	湖北省武汉市武昌中北路津津花园B座12层	430071	027	87235991
80	000076	武汉市审计事务所	湖北大信竞江资产评估公司	徐建新	湖北武汉市武昌民主路786号华银大厦9楼	430071	027	87339649
81	000025	武汉资产评估公司（武汉国咨民和）	湖北大信资产评估公司	周国章	湖北省武汉市江岸区南京路135号金宝大厦6层C—G座	430014	027	82783507

82	000133	湖北万信会计师事务所	湖北万信资产评估公司	李银松	湖北省武汉市武昌东湖路7—8号	430071	027	87828357
83	000027	湖南资产评估事务所	湖南湘资会计师事务所	聂鑫	湖南省长沙市芙蓉中路486号	410015	0731	5165300
84	000046	湖南省会计师事务所	湖南开元会计师事务所	李双桂	湖南省长沙市芙蓉中路490号	410015	0731	5111140
85	000055	长沙会计师事务所	湖南天职孜信会计师事务所	陈永宏	北京海淀区车公庄西路乙19号华通大厦B座2楼	100044	010	88018735
86	000015	广州资产评估公司	广州中天衡评估公司	王兴中	广东省广州市府前路2号府前大厦8楼	510030	020	83126588
87	000030	广东资产评估事务所	广东大正联合资产评估公司	陈喜佟	广东省广州市东风路555号粤海集团大厦19楼	510050	020	83859728
88	000100	深圳维明资产评估事务所	深圳市中勤信资产评估公司	刘鸿玲	深圳市深南中路2070号电子科技大厦C座23层AB室	518031	0755	83683607
89	000031	珠海市资产评估事务所	珠海市正大新资产评估公司	赵炳伟	广东省珠海市新香洲梅华东路487号	519000	0756	2511855
90	000045	羊城会计师事务所	广州羊城会计师事务所	陈雄溢	广东省广州市东风中路410号健力宝大厦25楼	510040	020	83486228
91	000062	深圳蛇口信德会计师事务所	深圳天健信德会计师事务所	朱祺珩	深圳市滨河大道5020号证券大厦16楼	518033	0755	82903666
92	000078	江西会计师事务所	广东恒信德律会计师事务所	潘荣卿	广东省珠海市香洲康宁路16、18号	519000	0756	2116258
93	000010	深圳资产评估事务所	深圳市德正信资产评估公司	李太奎	深圳市罗湖区人民北路3146号永通大厦	518001	0755	82221352
94	000058	海南资产评估事务所（海南普诚华通）	海南中力信资产评估有限公司	孟兆胜	海南省海口市金贸区德派斯大厦C座402室	570125	0898	68533173
95	000034	重庆审计事务所	重庆康华会计师事务所	朱秉义	重庆市渝中区中山三路168号中安国际大厦22层	400015	023	63620933
96	000029	四川省资产评估事务所	四川华衡资产评估公司	唐光兴	四川省成都锦江区天仙桥南路3号汇江楼5楼	610021	028	86654455
97	000083	东方资产评估事务所	东方资产评估事务所	魏铁冰	四川成都市清江东路198号	610071	028	87362727
98	000112	云南会计师事务所	云南亚太会计师事务所	杨守任	云南省昆明市拓东路23号	650011	0871	3121203
99	000041	西安正衡资产评估公司	西安正衡资产评估公司	雷华锋	陕西省西安市和平路108号佳腾大厦11层	710001	029	7436025
100	000048	甘肃第三会计师事务所	甘肃弘信会计师事务所	王东海	甘肃兰州市城关区中山路349号桥门大厦16楼	730030	0931	8446313
101	000074	新疆审计事务所	新疆华信会计师事务所	蒋岩	新疆乌鲁木齐市中山路49号	830002	0991	2811107
102	000111	新疆资产评估事务所	新疆华夏资产评估公司	邱四平	新疆乌鲁木齐市解放北路30号财联大厦11楼	830002	0991	2828007

中国注册会计师协会发布的2003年度全国会计师事务所前百家信息

排序	事务所名称	2002年度收入汇总（万元）	CPA总计（人）	CPA总计排名	年龄			学历				
					小于30	30—50	大于50	博士	硕士	大学	大专	其他
1	普华永道中天会计师事务所	76,631	391	1	270	118	3	1	15	362	13	0
2	毕马威华振会计师事务所	33,439	176	10	124	51	1	0	12	147	17	0
3	德勤华永会计师事务所	29,152	105	33	74	29	2	0	4	82	18	1
4	安永华明会计师事务所	24,632	146	16	91	52	3	0	10	128	8	0
5	上海立信长江会计师事务所	10,089	223	4	63	122	38	0	4	87	127	5
6	岳华会计师事务所有限责任公司	8,342	321	2	59	216	46	0	19	140	152	10
7	中瑞华恒信会计师事务所有限公司	7,081	165	11	27	96	42	0	7	124	32	2
8	北京京都会计师事务所有限责任公司	6,498	160	13	47	103	10	0	9	96	53	2
9	信永中和会计师事务所有限责任公司	6,464	191	8	44	122	25	0	13	144	32	2
10	中审会计师事务所有限公司	6,324	238	3	42	119	77	0	2	100	124	12
11	安永大华会计师事务所	5,524	127	23	76	42	9	1	9	80	37	0
12	江苏公证会计师事务所	4,762	130	21	34	78	18	0	1	44	78	7
13	上海众华沪银会计师事务所	4,744	89	45	32	45	12	0	7	43	39	0
14	广州羊城会计师事务所	4,531	80	59	21	55	4	0	4	40	33	3
15	中兴财会计师事务所有限责任公司	4,530	205	6	28	104	73	0	5	56	111	33
16	上海东华会计师事务所	4,342	146	16	29	67	50	0	2	47	85	12
17	天职孜信会计师事务所有限责任公司	4,204	110	31	39	58	13	0	4	51	50	5
18	北京中天华正会计师事务所有限公司	4,088	96	26	8	58	30	0	2	35	39	20
19	天健会计师事务所有限公司	3,976	91	43	29	58	4	3	11	58	19	0
20	上海公信中南会计师事务所	3,796	65	86	12	31	22	0	1	26	33	5
21	利安达信隆会计师事务所有限责任公司	3,711	144	19	36	92	16	0	10	97	33	4
22	＊＊＊天一会计师事务所有限责任公司	3,684	214	5	43	131	40	1	7	110	85	11
23	天津五洲联合会计师事务所	3,616	104	36	24	59	21	0	4	54	37	9
24	江苏苏亚金诚会计师事务所	3,588	105	33	20	63	22	0	0	60	39	6
25	浙江天健会计师事务所	3,565	149	15	92	51	6	1	21	109	14	4
26	山东正源和信有限责任会计师事务所	3,531	128	22	30	84	14	0	6	83	36	3
27	上海上会会计师事务所	3,499	63	90	36	26	1	0	2	25	36	0
28	深圳大华天诚会计师事务所	3,367	72	72	22	47	3	2	5	47	18	0
29	湖南开元有限责任会计师事务所	3,337	67	80	17	43	7	0	2	41	24	0
30	中喜会计师事务所有限责任公司	3,268	146	16	23	88	35	0	4	60	68	14
31	广东正中珠江会计师事务所	3,232	80	59	29	47	4	2	7	39	31	1
32	江苏天衡会计师事务所	3,196	64	87	20	42	2	0	3	48	13	0
33	深圳鹏城会计师事务所	3,145	116	28	13	94	9	1	10	37	64	4
34	武汉众环会计师事务所有限责任公司	3,135	113	29	29	69	15	0	4	37	66	6
35	北京中路华会计师事务所有限责任公司	3,088	199	7	15	64	120	0	1	76	75	47
36	广东恒信德律会计师事务所	3,009	81	55	16	56	9	0	0	40	39	2

排序	事务所名称	2002年度收入汇总（万元）	CPA总计（人）	CPA总计排名	年龄			学历				
					小于30	30—50	大于50	博士	硕士	大学	大专	其他
37	湖北大信会计师事务有限公司	3,002	105	33	27	67	11	0	4	45	51	5
38	甘肃五联联合会计师事务所	2,962	102	38	12	78	22	0	1	47	41	13
39	山东汇德会计师事务所有限公司	2,948	93	41	25	55	13	0	1	59	28	5
40	云南亚太会计师事务所	2,898	126	24	34	56	36	0	1	68	43	14
41	北京永拓会计师事务所有限责任公司	2,834	179	9	31	127	21	0	13	78	78	10
42	中磊会计师事务所有限责任公司	2,786	138	20	25	89	24	0	6	60	65	7
43	深圳南方民和会计师事务所	2,768	83	51	21	58	4	0	2	45	36	0
44	广东天华华粤会计师事务所	2,742	67	80	9	42	16	0	2	30	31	4
45	北京中洲光华会计师事务所有限公司	2,701	117	27	26	64	27	0	11	67	36	3
46	福建华兴有限责任会计师事务所	2,658	79	62	24	49	6	0	2	52	25	0
47	亚太集团会计师事务所有限公司	2,633	66	85	13	46	7	0	0	32	33	1
48	江苏天华大彭会计师事务所	2,631	84	49	17	51	16	0	4	24	49	7
49	广东康元会计师事务所	2,629	81	55	19	52	10	0	8	41	29	3
50	浙江东方会计师事务所	2,596	78	63	28	36	14	0	1	53	20	4
51	安徽华普会计师事务所	2,576	84	49	14	52	18	0	2	29	30	23
52	重庆天健会计师事务所	2,553	88	44	42	41	5		8	49	29	2
53	华寅会计师事务所有限责任公司	2,545	121	25	20	70	31		2	49	56	14
54	厦门天健华天有限责任会计师事务所	2,537	76	68	28	45	3	3	12	47	12	2
55	深圳天健信德会计师事务所	2,504	71	73	33	34	4	0	12	47	11	1
56	西安希格玛有限责任会计师事务所	2,503	64	87	6	47	11	0	1	23	36	4
57	四川华信（集团）会计师事务所有限责任公司	2,411	78	63	23	43	12	1	2	30	44	1
58	南京永华会计师事务所	2,344	62	94	9	42	11	0	1	29	29	3
59	中天银会计师事务所有限公司	2,337	165	11	16	43	106		2	35	81	47
60	上海上审会计师事务所	2,319	55	106	7	29	19	0	0	14	39	2
61	湖北发展竞江会计师事务有限公司	2,211	81	55	18	47	16	0	1	27	45	8
62	北京兴华会计师事务所有限责任公司	2,193	75	69	23	45	7	1	5	46	23	0
63	山东乾聚有限责任会计师事务所	2,154	83	51	19	54	10	0	0	60	16	7
64	河北华安会计师事务所有限公司	2,149	77	65	25	38	14	0	1	45	26	5
65	北京天华会计师事务所	2,141	75	69	26	47	2	0	9	55	11	0
66	北京中威华浩会计师事务所有限公司	2,105	69	75	3	42	24	0	3	25	33	8
67	上海万隆众天会计师事务所	2,103	63	90	11	50	2	0	2	25	36	0
68	江苏天业会计师事务所	2,023	55	106	4	24	27	0	0	16	33	6
69	中勤万信会计师事务所有限公司	2,021	99	39	15	61	23	0	3	33	60	3

排序	事务所名称	2002年度收入汇总（万元）	CPA总计（人）	CPA总计排名	年龄			学历				
					小于30	30—50	大于50	博士	硕士	大学	大专	其他
70	华建会计师事务所有限责任公司	1,990	57	102	10	28	19	0	4	25	20	8
71	福建弘审有限责任会计师事务所	1,967	67	80	17	36	14	0	2	39	18	8
72	辽宁天健会计师事务所有限公司	1,961	106	32	25	72	9	0	11	66	28	1
73	浙江万邦会计师事务所	1,917	86	47	18	45	23	0	0	31	42	13
74	上海宏大会计师事务所	1,902	30	#	1	14	15		2	9	19	
75	北京中证国华会计师事务有限公司	1,893	62	94	10	40	12	0	2	19	39	2
76	山东万隆齐鲁会计师事务所有限责任公司	1,885	69	75	18	33	18	0	1	40	23	5
77	四川君和会计师事务所有限责任公司	1,877	82	54	20	56	6	0	2	52	27	1
78	上海永诚会计师事务所	1,875	20	#	1	10	9			3	14	3
79	中鸿信建元会计师事务所有限责任公司	1,860	97	40	17	52	28	1	7	70	19	0
80	华证会计师事务所有限公司	1,803	80	59	13	52	15	0	5	39	30	6
81	河南兴豫会计师事务所有限公司	1,778	63	90	8	33	22	0	1	20	29	13
82	北京中兴新世纪会计师事务所有限公司	1,769	81	55	14	28	39	0	5	43	31	2
83	北京中兴宇会计师事务所有限责任公司	1,753	104	36	26	64	14	0	17	56	29	2
84	广州健明会计师事务所	1,712	36	178	6	19	11	0	0	18	14	4
85	中鹏会计师事务所有限公司	1,705	43	134	5	23	15	1	1	17	22	2
86	山东天恒信有限责任会计师事务所	1,689	92	42	23	56	13	0	0	45	41	6
87	江苏兴光会计师事务所	1,679	28	#	5	13	10	2	13	9	4	
88	上海佳华会计师事务所	1,673	33	#	5	24	4	0	3	11	13	6
89	上海光华会计师事务所	1,659	23	#	4	7	12			5	12	6
90	新疆驰远天合有限责任会计师事务所	1,649	55	106	9	35	11	0	1	22	25	7
91	江苏华星会计师事务所	1,606	23	#	6	13	4			7	16	
92	大连华连会计师事务所	1,586	71	73	10	46	15	0	10	35	26	0
93	上海东亚会计师事务所	1,579	32	#	6	11	15		1	9	22	
94	四川红日会计师事务所有限责任公司	1,561	83	51	18	46	19	0	0	23	53	7
95	北京中天恒会计师事务所有限责任公司	1,540	67	80	16	34	17	0	1	27	36	3
96	上海同诚会计师事务所	1,536	14	#	1	2	11				10	4
97	山西天元会计师事务所有限公司	1,534	77	65	10	58	9	0	2	37	34	4
98	新疆瑞新有限责任会计师事务所	1,514	77	65	7	27	43	0	2	16	31	28
99	北京中平建会计师事务所有限公司	1,513	55	106	4	31	20	0	3	24	23	5
100	广西祥浩会计师事务所	1,512	48	119	13	28	7	0	0	10	32	6

统计口径说明：

1. 排序原则，借鉴国际通行做法，以"年业务收入"作为会计师事务所排名的主要依据，业务收入最高的排在第一位，按递减原则。

2. 会计师事务所，以独立法人（含分所）为单位，暂未合并计算成员所或有投资关系的其他机构的收入。有关会计师事务所总分所的设置情况，依据中国注册会计师协会注册管理系统截止 2003 年 8 月 31 日的数据。

3. 业务收入汇总，取自各会计师事务所上报的经过审计的 2002 年度会计报表数据，并经过省级协会及中国注册会计师协会审核确认。

4. 注册会计师总计、排名、年龄结构及学历构成，均根据中国注册会计师协会注册管理系统截止 2003 年 8 月 31 日的相关数据。注册会计师总计最高的排在第一位，按递减原则。上表中有少数注#，表示其注册会计师总计排名在 200 家之外。

5. 中国注册会计师协会将每年更新会计师事务所全国前百家信息。

6. 注＊＊＊ 经北京市财政局批准，天一会计师事务所已分立为中和正信会计师事务所和大正会计师事务所。

国际会计公司中国成员所一览表

制表日期：2004 年 3 月 18 日

国际公司名称	中国成员所名称	批准日期	城市	通讯地址	邮编	电话	传真	总经理	
1 浩华国际 HOR-WATH	北京京都会计师事务所	1996.5	北京	建外大街 22 号赛特广场五层	100004	(010) 65227520	(010) 65227521	徐华	1
	山东汇德会计师事务所	2000.12	青岛	东海路 37 号金都花园金海大厦 14 层	266071	(0532) 5830911	(0532) 5722264	王庆和	2
	上海立信长江会计师事务所	2000.12	上海	南京东路 61 号四楼(新黄埔金融大厦)	200002	(021) 63606600	(021) 63501004	朱建弟	3
	南京永华会计师事务所	2001.2	南京	中山北路 26#8—10F	210008	(025) 3305054	(025) 3309819	杜文俊	4
	湖北大信会计师事务所	2001.12	武汉	中山大道 1056 号金源世界中心 AB 座 7—8 楼	430013	(027) 82833521	(027) 82816985	吴益格	5
	大连连信会计师事务所	2002.3	大连	沙河口区五四路 203—1 号	116021	(024) 4306475	(024) 4306039	文继光	6
2 摩斯伦国际 MOORES ROW-LAND	山东华茂会计师事务所	2000.6	烟台	环山路 115—6		(0535) 6205046	(0535) 6234654	于希茂	7
3 浩信国际 HLB INTL	北京永拓会计师事务所	1997.1	北京	朝阳区国安大厦十三层	100600	(010) 65950708	(010) 65950822	吕江	9
	上海东华会计师事务所	2000.4	上海	徐汇区太原路 87 号(甲)	200031	(021) 64458590		唐玉芳	10
4 华利信国际 MORISO NINTL.	云南亚太会计师事务所	1999.11	昆明	拓东路 23 号	650011	(0871) 3184387	(0871) 3184386	杨守任	11
	海南从信会计师事务所	2000.1.	海口	海口市国贸大道 CMEC 大厦 12 楼 1202 室	570125	(0898) 8540036	(0898) 8535584	李进华	12
	湖南长城会计师事务所	2000.6	长沙	长沙市人民路 226 号燕兴大厦六楼	410000	(0731)		肖信坚	13
	上海公信中南会计师事务所	2000.8	上海	南市区陆家浜路 804 弄 28 号	200011	(021) 63785350	(021) 63084377	陈德	14
	西安华利信会计师事务所	2002.9	西安	青年路 101 号	710000			雷春杰	15
5 马施云国际 MOORES TEPHENS	北京兴华会计师事务所	2000.1	北京	西城区阜成门外大街 2 号万通新世界广场 708	100037	(010) 68587588	(010) 68587589	王权洲	16
	深圳南方民和会计师事务所	2000.3	深圳	深南中路 2072 号电子大厦 8 楼	518042	(0755) 3781856	(0755) 3781323	谷杨	17
	青岛振青会计师事务所	2000.12	青岛	青岛市明霞路 37 号	266002	(0532) 2677811	(0532) 2677123	顾旭芬	18
	上海公正会计师事务所	2000.12	上海	东湖路 56 弄 52 号	200031	(021) 4738642	(021) 4737871	陈德荣	19
	辽宁正大会计师事务所	2002.4	沈阳	和平区南京南街 52 号鸿源大厦 606 室	110001	(024) 23224775	(024) 23860021	李宏	20
6 安博亚太国际 APACT	宁波科信会计师事务所	2000.12	宁波	宁波保税区发展大厦 603—G				罗国芳	21
7 德豪国际 BDO IN-TL.	上海众华沪银会计师事务所	2001.2	上海	延安东路 550 号海洋大厦 12 楼	200001	(021) 63525500	(021) 63525566	林东模	22
	利安达信隆会计师事务所	2002.9.24	北京	东城区王府井大街 138 号新东安写字楼 2 座 808 号	100006	(010) 65263760	(010) 65263767	黄锦辉	23
8 信盟国际 SUMMIT	华安德会计师事务所	2001.2	北京	朝阳区霄云路 28 号华园写字楼 A 座 2508 室	100027	(010) 64627936	(010) 64627940	王国起	24
9 贝克国际 BKR IN-TL.	上海佳华会计师事务所	2001.4	上海	江苏路 828 号尚联国际大楼 6 层	200052	(021) 62128822	(021) 62113412	王恒忠	25
10 克瑞斯顿 Kreston	南京公证会计师事务所	2001.11	南京	中山北路 107 号六楼	210000		(025) 3311964	杨道远	26
	上海金茂会计师事务所	2003.1	上海	南京西路 580 号南证大厦 10F	200041	(021) 52340058		郭康玺	27
11 香港颜裕龙	怀化利华会计师事务所	2002.12	湖南怀化	怀化市迎丰中路 189 号	418000	(0745) 2253056		李传平	28

国际会计公司中国联系所一览表

制表日期：2001 年 12 月 12 日

国际公司名称	中国联系所名称	批准日期	城市	通讯地址	邮编	电话	传真	总经理	备注
1 普华永道 PwC	羊城会计师事务所	1997.11	广州	大德路 187 号 9 楼	510120	(020) 83324195	(020) 83338016	陈雄溢	1
2 均富国际 GTI	福建诚信联合会计师事务所	1999.6	福州					陈韬	2
	上海长信会计师事务所	2000.10	上海	武夷路 727 弄 1 号				顾洪涛	3
3 尼克西亚 NEXIA	北京兴业会计师事务所	2000.10	北京	东城区安外大街丙 88 号中路大厦	100011	(010) 84254603	(010) 64285411	吴建敏	4
	上海新中创会计师事务所	2000.11	上海	昌平路 868 号恒森广场 506—508 室	200042	(021) 62714127	(021) 62726017	徐鸿娣	5

＊ 羊城会计师事务所为普华永道国际的联营所。福建诚信联合会计师事务所为均富中国成员所—中京富的联系所。

第二节　律师事务所

上海市震旦律师事务所

上海市震旦律师事务所(原上海市第二律师事务所)是我国律师制度恢复后,首批成立的实力雄厚的综合性律师事务所。

本所实行专业分工。按照专业服务领域设置了:外国投资、金融证券、海事海商、房地产、经济、刑民等专业法律事务部。

上海市震旦律师事务所共拥有律师近一百名。其中合伙律师 11 名,聘用律师 80 余名。以十三位经验丰富、社会知名度高、业务业绩良好的高级律师引领一批具备高等法学专业学历、精通外语,法律业务造诣深的中青年律师。本所现拥有自英、美、日研修回国律师与法学硕士 12 名。

一、外国投资法律事务部:

是从事涉外法律事务的专业机构。受聘担任外商投资企业和涉外单位的常年或专项法律顾问,参与代理中外合资、中外合作、外商独资企业和技术引进项目的谈判;草拟、审查、见证或处理法律文书;代办经济、贸易、金融、税务、保险、技术贸易与转让,租赁、抵押、信托、企业清盘核产、股权变更与转让、招标等法律事务;承办国外、港澳地区委托和介绍的法律事务,并代为联系委托外国、港澳地区律师办理有关法律事务;代理涉外事务的仲裁或诉讼等。

二、金融证券法律事务部:

上海市震旦律师事务所是中国司法部、中国证监会确认的首批具有从事证券法律业务资格的律师事务所之一。该所从八十年代中期开始参与了股份有限公司的筹建,先后为上海兰生股份有限公司、上海轮胎橡胶(集团)股份有限公司等几十家企业的股份制改制及发行、上市 A 股、B 股、H 股以及为申银万国、国泰、华夏等证券公司承销股票提供全套法律服务并出具法律意见书。该所还担任数十家证券公司的常年法律顾问,承办了大量证券纠纷案件。该所还为多家中外银行提供多次法律服务,包括起草、修改、见证国际融资协议,抵押货款协议,购房按揭贷款协议,出口协议,融资租赁协议等。

三、海事海商法律事务部:

其业务范围是:接受国内外法人、公民的委托,代理海事、海商纠纷的调介、仲裁和诉讼。同时担任国内外贸易、航运企业及事业单位、社会团体的法律顾问。代理船舶估价、拍卖、代办海事声明签证等法律事务。

四、房地产法律事务部:

接受国内外法人委托,担任企业常年法律顾问及房地产项目顾问;参与联建、参建、土地批租、土地转让、建筑工程招投标、商品房预售、销售等,指导企业依法进行房地产开发经营活动;协助草拟、审查、修改有关法律文书;提供法律见证,出具法律意见书;担任非讼或诉讼代理,参加调解、仲裁或诉讼,帮助公民、法人处理纠纷,维护委托方的合法权益。

五、经济法律事务部:

专门从事经济法律事务,受聘担任常年法律顾问。参与各类经济合同(协议)的谈判、见证,起草和修改各种法律文书;代办各类程序性法律事务,诸如工商登记、知识产权、金融、保险、税务、财产转让等;代理各类经济合同(协议)纠纷的协商、调解、仲裁和诉讼,使企事业单位的合法权益得到法律保障。

六、刑民法律事务部:

接受法人、公民委托,办理各类民事案件的诉讼,以及接受刑事自诉案件当事人、公诉案件被告人聘请担任代理人;接受刑事被告人及其近亲属的委托或法院指定,为刑事案件的被告人进行出庭辩护;并接受各类行政案件的代理,参与仲裁、诉讼和接受非讼案件的调解。

本所是上海市第一批被授予涉外法律见证资格的律师事务所,曾受委托办理上海市第一个向境外融资借款合同的法律见证。本所也是上海市第一批被授予证券法律服务资格的律师事务所,曾受托办理本市及外埠数十家企业的股份制改制、股票发行及上市的证券法律事务。

自 1986 年以来,本所被连续评为上海市级机关和上海市文明单位。1995 年被评为上海市先进律师事务所。1996 年又被评为司法系统先进集体。现为司法部文明服务窗口之一。

本所与美国、英国、德国、日本、加拿大、新加坡、马来西亚、香港等国家和地区的二十多家律师楼建立了合作关系,为海外及港澳台地区的投资者提供全方位的、优质有效的法律服务。

地址:上海市四川北路 1688 号 福德广场南楼 16 楼
邮编:200080
电话:63568800
传真:63569988
E—mail:zhendan@lawyers. com. cn

上海市中信正义律师事务所

上海市中信正义律师事务所成立于一九八四年十月,并于一九八四年十一月经中国政府主管部门批准为涉外经济法律见证单位;一九九四年七月经中国司法部、中国证监委批准取得执行证券法律业务许可证。本所现有执业律师 206 名、大部分是华东政法学院国际法系、经济法系、刑事司法系等部门的法学专家、教授、研究人员和教师、其中高级职称占 39%、其余多为中级职称,是上海市目前拥有律师人数较多、人才较集中、层次较高的律师事务所之一。本所现设:金融证券事务部、商务投资事务部、房地产事务部、综合业务部、专利商标事务部、律师学研究所以及接待室等分支机构。

联合律师事务所

上海市联合律师事务所成立于一九八五年,是目前具有较大规模和影响的律师事务所之一。全所共有律师六十余名。

作为上海市一家主要的综合性律师事务所,联合律师事务所从事范围广泛的法律事务,包括:诉讼、国内外投资、金融证券、期货交易、银行业务、知识产权、房地产、航空、运输、产品质量等领域,力求为国内外客户提供全面的法律服务,以满足客户的需要。

本着公正、高效、维护社会正义的宗旨,联合律师事务所在为客户服务过程中兢兢业业、克尽职守,为此,曾多次受到司法部、上海市司法局和律师协会的赞誉,先后被评为"上海市先进律师事务所"、"文明单位"、"文明窗口"。

联合律师事务所主任朱洪超先生为现任"中华全国律师协会"副会长、"上海律师协会"副会长。高级合伙人江宪先生为中华全国律师协会金融证券委员会副主任委员、上海律师协会证券委员会委员。

随着中国日益走向世界，联合律师事务所与欧、美等世界各地著名的律师事务所及有专长的律师建立了密切的合作关系，逐步形成了全球范围的服务网络，以便为国内外客户提供及时、周到的服务。

同时，联合律师事务所还注重不断提高从业律师的业务素质，经常举行各种形式的专业研讨会，选派人员到国内外法学院进修法律，或到国外律师事务所培训、工作。

联合律师事务所已经形成多个专业部门，包括：金融证券法律部、期货法律部、房地产法律部、知识产权法律部、外国投资法律部等。考虑到不同个案的需要，联合律师律师事务所还可以由不同专业领域的律师组成专门的工作小组，以便集中所需的专业知识和技巧，为客户提供最有效的服务。

联合律师事务所拥有一流的办公场地和先进的办公设备以及丰富的图书资料。联合律师事务所具有完善的内部电脑系统，并与国际互联网络联网。联合律师事务所律师能够用中(包括沪语、广东话)、英、日等多门语言处理业务。

联合律师事务所代理的国内外客户，除个人外，还涉及的行业包括：工业、电力、机械、能源、电子、通讯、交通、航空、运输、冶金、建筑、商业、新闻、金融、证券、期货等。

中国上海浦东新区陆家嘴东路 166 号中国保险大厦 1405—1410 室
邮政编码：200120
电话：(86—21)68419377、68419577
传真：(86—21)68419499
电子邮件：master@unitedlawfirm. com

上海市新华律师事务所

上海市新华律师事务所创立于 1981 年 9 月，系上海市第八家注册成立的律师事务所，同时为上海市保护未成年人律师事务所，1993 年被司法部、证监委授予“从事证券法律业务资格”事务所。

本所现有执业律师 45 名，拥有一批经验丰富、学有专长的复合型人材。全所律师中，具有本科生、研究生及 10 年以上执业经历的分别占 80%以上。本所自成立之日起，已办理各类案件逾 2 万余件，并先后被 1400 余家商业机构及社团聘为常年法律顾问，其中有中国国际航空公司上海基地、上海新锦江大酒店股份有限公司，上海飞乐股份有限公司和全球第三大软件公司－AUTODESK 公司华东区等。本所律师还出版了《刑之辩》、《侵权与赔偿》、《离婚诉讼代理技巧》等学术专著，在各种报刊、杂志及论坛上发表论文 50 余篇，不少获得上海市律师优秀论文奖等。

1995 年 10 月，上海市司法局授予本所“上海市先进律师事务所”称号；

1995 年 12 月共青团上海市委员会命名本所新华热线为“共青团号”

1997 年 4 月、1999 年 5 月上海市人民政府两度授予本所为“上海市文明单位” 称号；

1998 年 4 月中华人民共和国司法部命名本所为“部级文明律师事务所”；

1999 年 3 月上海市司法局为本所记司法行政系统“集体二等功”。

本所热忱于社会公益事业，在上海市首家开通法律咨询专线“新华法律咨询热线”，并出资 50 万元人民币在上海社会科学院和华东政法学院分别设立了“上海社会科学院新华教育基金”，和“华东政法学院新华奖学金”。

另外，本所律师多人多次分别被授予上海市十佳律师、上海市律师职业道德标兵、部级优秀律师、个人三等功、律师辩论赛最佳辩手、优秀辩手等荣誉称号。

总部：中国上海市法华镇路 555 号 D 座 1—5 楼
邮编：200052
总机：0086—021—62824200 转各室
电话：62821768、62824478
传真：62825966
电子邮件：xinhualf@online. sh. cn

上海市浦栋律师事务所

上海市浦栋律师事务所于 1992 年初创建，律师来自上海各主要律师事务所，均已执业多年，并在涉外业务方面具备丰富的经验，本所主要从事金融、证券、投资、国际贸易、海事海商方面的法律事务。

在证券业务方面，本所律师根据上海境内外证券机构集中的特点主要作为境内外承销商或上市公司的法律顾问参与有关企业的股份改制及 A、B、H、N 股发行工作，另外，对在香港及东南亚上市公司新股发行或增资就中国资产部分出具法律意见。协助各有关中介机构起草、修改、验证有关的承销协议、承销团协议、招股说明书、信息备忘记录并出具法律意见书。同时，本所律师还作为公司法律顾问参加了部分上海及临近省份企业的股份改制及股票发行工作，为其起草章程、审阅合同、进行资产剥离、转变经营机制及申报股票发行。

在金融业务方面，本所为中国银行上海分行、浦东分行、建设银行上海分行、浦东分行、交通银行上海分行、爱建信托投资公司、法国里昂信贷银行、香港上海汇丰银行、新加坡华侨银行、日本第一劝业银行等中外银行提供了多项法律服务，包括起草、修改、见证国际融资协议、抵押贷款协议、购房按揭贷款协议、出口信贷协议、融资租赁协议。

在投资方面，本所主要参与外商独资、中外合资、中外合作、国内合资项目的策划与谈判；承担项目建议书、可行性研究报告、合同、章程等有关法律文件的起草、见证工作；协助办理外商投资企业、内资企业的申请登记；提供项目、国际招标、土地使用权有偿转让等方面的法律服务；代理国内外投资纠纷的调解、仲裁或诉讼；担任国内外公司、企业和个人的常年法律顾问。

在国际经济贸易法律事务方面，本所主要担任跨国公司、三资企业的公司法律顾问，起草、审阅有关实物贸易、工业产权转让、专有技术许可有关文件，参与商业谈判，代理各类国际商业和贸易纠纷(包括国际结算、国际运输、货物索赔和票据等)的调解、诉讼或仲裁。

在公司业务方面，本所主要参与公司设立、重组、兼并等项目谈判，提供公司重组、兼并方案，负责起草有关法律文件；对公司日常经营提供法律服务，包括起草、审查、修订公司对外合同，代表公司处理经济纠纷、参与调解、诉讼、仲裁；对公司内部管理提供法律服务，包括起草、审查、修订劳动合同、规章制度，代表公司处理劳资纠纷；参与公司清算事务；为集团性公司提供公司管理法律服务，包括投资、资产配置、股权转让、收购、兼并等各方面。

在海事、海商法律事务方面，本所主要代理各类海事、海商案件(包括船舶碰撞、海难救助、共同海损、货损货差、船舶拖带、租赁、运费、保险等)纠纷的调解、仲裁或诉讼；代办申请船舶货物的保全措施；担任航运、保险等部门和单位的常年法律顾问。

此外，本所还接受归侨、侨眷、华侨、华裔和港澳台同胞和境外人士的委托，办理婚姻、财产继承、信托、买卖等项涉外民事法律事务；参与经济项目谈判和有关财产权益及经济纠纷的调解、仲裁或诉讼；担任侨资和港澳台地区企、事业单位、社团和个人的常年法律顾问。

地 址：上海市东方路710号六楼
邮 编：200122
电 话：021—58204822
传 真：021—58203032
电子邮箱：pdlo@lawyers.com.cn
高级合伙人：毛柏根　杨良骐　乔文骏　孙志祥

上海市华亭律师事务所

上海市华亭律师事务所是我国恢复律师制度后首批成立的律师事务所，为全市排名前十位的律师事务所，被首批授予中华人民共和国司法部部级文明律师事务所和上海市文明单位。全所现有律师28名，律师助理、行政后勤人员及翻译7名。执业律师都具有本科学历，4人具有研究生学历，现有8人为在读法学硕士研究生；80%的执业律师都具有专业特长和长期的实践经验，70%的执业律师具有一门以上外语的听、读、写和会话能力，60%的执业律师系中高级律师。

事务所内设金融银行法律部、房地产法律部、国际贸易海事部、知识产权部、证券部、涉外法律部、民事诉讼部、刑事诉讼部和行政办公室等9个部室。事务所担任政府、企事业单位、集团公司和外资机构等常年法律顾问有100余家。每年办理的各类诉讼案件和非诉讼法律事务近千件。事务所与美国、英国、新加坡、澳大利亚、法国、香港、台湾等国家和地区的律师同行有业务往来和交流。事务所办公设备现代化，交通工具、通讯手段在同行中处领先水平，是全市第一家进驻五星级宾馆办公的律师事务所。

华亭宾馆办公室
地址：上海市徐汇区漕溪北路1200号华亭宾馆主楼四楼4048—4056
邮编：200030
电话总机：64391000转4048、4050、4052、4054、4056
传真：64395767

闵行莘庄办公室
地址：上海市闵行区沪闵路雅致路215号“置业大厦”15楼
邮编：201100
电话总机：64140668转11、12、13、15、16、17、18
传真：64140608

北斗星律师事务所

公司概况：北斗星律师事务所原名贵州省经济师律事务所，1985年2月经贵州省人民政府批判成立，是贵州省司法厅直属第一家专业性大型律师事务所。以一流的队伍、一流的业绩，被载入1997年2月出版的国家外宣刊物《迈向二十一世纪的中国司法行政》大型画册，1999年1月被贵州省司法厅、人事厅授予“省级文明律师事务所”和“先进集体”。主任：孙忠仁。

经营业绩：北斗星律师事务所现有注册律师30余名，其中有高中级律师、法学专家、法学教授、高中级工程师和会计师等专业职称，人才济济。多位律师担任了贵阳仲裁委仲裁员；有的担任贵州省法学会理事；有的担任贵州省民法、经济法研究会理事；有的担任贵州省知识产权学会理事；有的获“贵州省优秀律师”等称号。部分律师还出版了多部专著或发表了多篇专业论文，理论知识和实践经验丰富。

本所业务广泛，专业特长明显，设有法律顾问、知识产权、证券金融、房地产、公司商务等十二个业务部，先后担任法律顾问百余家，办理各类案件三千余件。而且是贵州省首家获国家“证券法律业务资格”和首批获国家“国有资产产权法律事务资格”及“集体科技企业产权界定法律业务资格”的律师事务所。1993年被省政府办公厅指定参与贵州省股份制试点工作。

上海市锦天城律师事务所

上海市锦天城律师事务所(“锦天城”)是由上海市锦联律师事务所、上海市天和律师事务所及长城律师事务所上海分所三家律师事务所于一九九九年初合并成立的迄今为止上海市最大规模的合伙制律师事务所。

上述三家律师事务所中，上海市锦联律师事务所是上海市规模较大的综合性律师事务所之一，拥有多名博士、硕士学位的律师，向国内外客户提供包括证券、企业并购、项目融资、国际投资、贸易、知识产权、房地产等全方位的法律服务，享有良好的声誉；上海市天和律师事务所成立于一九九四年，具有司法部、中国证监会颁发的从事证券法律业务资格证书，以证券、期货、金融业务为特色，曾担任多家公司资产重组、股份发行的公司/券商的法律顾问，积累了相当丰富的经验；长城律师事务所上海分所是经对外贸易经济合作部同意组建，主要为跨国公司、跨国金融机构、外商投资企业提供投资、贸易、公司重组等方面法律事务的律师事务所。上海市锦天城律师事务所借鉴国外著名规模所的成功办所经验，综合原先三所的实力、优势和特色，并吸纳其他事务所的精英人才加盟，成为在上海乃至全国规模大、专业门类齐全、高级律师人才汇聚的一个全新合伙律师事务所。

上海市锦天城律师事务所办公总部设在设施、管理一流的中华第一楼——金茂大厦内。除浦东总部外，在浦西港泰广场还拥有1600多平方米的办公场所。事务所内电脑全部通过局域网络相互联接，拥有先进完善的文印系统、信息资料系统和网络通讯系统，并且在国际互联网上拥有自己的顶级网站。在综合竞争能力及规模效益方面，上海锦天城律师事务所属上海一流，也是全国最优秀的律师事务所之一。本所被国际权威评级机构例为世界上200个最主要的提供法律服务的机构之一。

上海市锦天城律师事务所由前华东政法学院院长、中国国际律师培训中心主任史焕章先生任主任，另外三位负责人为原三家律师事务所主任。本所拥有八十余名专职、兼职及特邀律师，其中80%以上具有高、中级职称，受过律师专业高等教育，其中具有博士、硕士学位和教授、副教书职称的律师有50余名。有24名律师在美国、英国、德国、加拿大、法国、日本等地从事过法律研修并获取外国法学学位，并有国外律师事务所的执业经历。一些律师还曾在政府部门、企业、大学及研究机构工作，有着各方面的实际工作经验，他们优良的学术背景，为其在国际商业事务、法律诉讼及解决纠纷等方面的出色表现奠定了基础，在国内外赢得了良好的声誉。本所还专门聘请了一批曾从事过中国对外贸易、经济法规的起草、决策工作和有关国际公约谈判的专业人士及证券法方面的权威人士作为本所的特别顾问。此外本所已同包括美国、加拿大、英国、德国、法国、荷兰、比利时、澳大利亚、新西兰、新加坡、香港、澳门、台湾等国家及地区的130多家律师事务所建立了良好的合作关系，并培训了一批来自国外的律师，他们回国后都从事与中国事务相关的法律方面的工作。

本所主要为跨国公司、跨国金融机构、外商投资企业、国家机关和国内外企事业单位提供投资、贸易、知识产权、金融、期货、证券、技术转让、房地产、公司筹建、兼并、海商，海事、国际融资、以及股权转让等各方面法律服务。

为更好地提供法律服务，本所具有以下多种专业资格：

· 司法部、中国证券监督管理委员会颁发的从事证券法律业务资格证书；

· 外经贸部批准的外商投资项目咨询代理资格；

· 司法部、国家科委、国家国有资产管理局颁发的从事集体科技企业产权界定法律师业务资格证书；

· 上海市司法局批准的涉外见证法律事务资格；

· 上海市工商行政管理局批准的企业登记代理资格等各项专业法律服务资格；

· 司法部、国家计委颁发的从事基本建设大中型项目招投标法律业务资格。

为了适应世界经济一体化、法律服务国际化的需求，锦天城律师事务所加盟了世界律师事务所联盟——TerraLex，成为该世界联盟唯一的中国成员。此外，本所系长江律师（业务）联盟上海地区唯一成员，该联盟由大陆、香港、台湾“两岸三地”各大城市二十二家著名律师事务所组成，构成了跨地域的法律服务网络，为客户开展境内商务活动提供多层次、高质量的服务。

上海锦天城律师事务所是一个全方位服务的规模所，我们尊重及接受来自不同语言、文化及政治背景的客户，我们的律师能以世界各主要语种，如英语、德语、法语、韩语、俄语、日语等，竭诚为您和您的公司提供各项法律服务。我们的服务宗旨是“优质、高效，诚信、敬业”。在处理新的及复杂的法律问题方面、我们一定会做得更完善。

浦东办公室
地址：上海市浦东新区世纪大道88号金茂大厦2501室
邮编：200121
电话：(8621)5049—8946
传真：(8621)5049—8947

浦西办公室
地址：上海市延安东路700号港泰广场12层
邮编：200001
电话：(8621)5385—0388
传真：(8621)5385—0389

上海市国茂律师事务所

上海市国茂律师事务所（原上海市国际经济贸易律师事务所）是由中国国际贸易促进委员会上海市分会赞助，成立于1984年，是为国际经贸活动提供全方位法律服务历史最长的专业律师事务所，曾经参与本市众多投资项目法律事务及涉外经济贸易纠纷的处理。该所现设有商务室、海商海事室、金融部及知识产权室。

该所现有执业律师19名，全部具有大学以上学历。其中高级律师4名，并有9名律师分别在美国、英国、德国、新西兰、新加坡、澳大利亚、日本及香港特别行政区进行专业学习和工作，具有为广大客户提供国际贸易、外商投资及境外投资、金融业务、股票债券发行、股权转让、房地产开发、技术引进等方面法律服务，并代理进行国内外经贸调解、诉讼和仲裁等良好基础和能力。该所是经国家司法部和证监委批准指定的可以从事证券法律业务的律师事务所。1999年2月上海市对外经济贸易委员会再次确认，为从事技术引进合同进行法律见证的法律事务所。

一九九九年，该所被新聘担任上海峻岭发展有限公司、上海杰新智能化系统有限公司等近30家常年法律顾问，该所黄文主任受聘担任外高桥保税区法律顾问团成员。全年共受理和办结经济纠纷案400余件，全年办理了股权转让、技术引进、合资项目、房地产开发等非诉讼法律事务300余件。由于其高效、优质的服务赢得国内外众多客户的赞誉和信任。

该所十分重视社会效益，竭诚为广大客户在经贸活动中提供法律服务，处理在实际工作中遇到的法律问题。新的《合同法》颁布实施以后，该所为上海奔驰公司、上海通用汽车有限公司及贸促会会员单位开设了《合同法》专题讲座。十一月份又举办了2000国际贸易价格术语及进出口贸易仲裁实务的专题讲座，邀请顾问单位的外贸企业主管和负责法律事务有关人员参与。并与《国际商报》共同开辟“热心大律师”专栏，回答广大读者在经贸活动中的法律问题。编辑了《国茂法苑》为顾问单位提供法律信息，介绍成功案例经验，解答法律难题。随着新世纪的临近与“入关”相关的法律问题近在眉睫，以及网上贸易的迅速发展，为抓住机遇，迎接新的挑战，该所已组织力量进行专题研究，开拓这一领域的法律服务。

为了适应信息社会的需要，该所已建立了自己的网站，网址：WWW. GUOMAO. LAWYERS. COM. CN。同时在我分会的网站下，设有该所的详细介绍，网址：WWW. CCPIT—SHANGHAI. COM，欢迎国内外广大客户上网访问。

事务所可以为国内外客户提供下列服务：

1、担任外国公司驻中国机构、外商投资企业和国内企业、事业单位的常年法律顾问；

2、担任投资项目、房地产项目、大型工程项目、经济贸易、技术贸易、技术合作项目的法律顾问；

3、担任国内经济、金融、房地产等案的调解、仲裁和诉讼代理；

4、担任国际经济贸易、海事、保险、运输等案的调解、仲裁和诉讼代理；

5、代理商标；

6、注册申请、承办商标；

7、版权、专利权侵权纠纷案件；

8、承办企业股份制改制；

9、境内外发行股票、债券及借款、贷款、按揭等金融方面的有关法律事务；

10、接受国际经济贸易交往业务的法律咨询；

11、起草或审阅各类法律文书、出具法律意见书和见证书；

12、承办公司设立、兼并、股权转让和破产清算等方面法律事务；

13、承办土地批租、土地使用权抵押和转让以及房屋租赁买卖等房地产方面法律事务；

14、承办工程招标；

15、投标；

16、工程建设、承包方面的法律事务；

17、承办进出口贸易和境外投资活动中的法律事务；

18、受当事人委托办理其他有关业务。

地址：上海金陵西路 28 号 4 楼
邮编：200021
电话：63843500

岳成律师事务所

岳成律师事务所现有律师一百余名，汇集了全国知名院校培养的各类专业人才。本所下设建设工程、公司证券、金融保险、招标投标、知识产权、涉外业务、房地产、医疗纠纷、刑事、民事、行政、经济、劳动争议、私人律师、法律顾问、理论研究等十六个专业部门，可满足不同领域客户的需要。

本所现受聘担任百余家政府机关、社会团体、新闻机构、企事业单位的常年法律顾问。

本所实行案件集体讨论制度，努力争取把每一案件都办成全所最高水平，令当事人满意。

本所实行律师过错责任赔偿制度，如因承办律师的重大过错致使客户的权益受到损害，则由本所对客户的损失给予赔偿。

中伦金通律师事务所

中伦金通律师事务所创建于 1993 年，秉持一贯的稳健和敬业精神，伴随中国改革开放的全面深化和经济的持续增长，中伦金通十多年来不仅帮助许多中外客户取得成功，自身也因此而发展壮大。从一家最早只有几个律师的小型事务所，发展成为一家真正意义上的大型合伙制律师事务所，目前已发展成为中国最具规模和影响力的综合性事务所之一，在北京、上海、深圳三地设有办公室，执业律师和各类专业人员总数逾 200 人。

作为一家立足中国、面向全球不同行业客户的综合性法律服务机构，中伦金通旨在不断地适应经济全球化和服务专业化的新趋势，巩固自身于房地产、国际投资、金融、资本市场和商事诉讼仲裁等领域的传统优势，同时以稳健和创新的风格日益增强国际化、多元化服务的竞争力。我们最根本的长远战略目标：使我们的服务意识和服务水准成为最佳，使中伦金通成为每个客户最信赖的伙伴。

北京所：北京市朝阳区建国路 118 号招商局中心 01 楼 12 层　邮编：100022
电话：010－6568 1188
传真：010－6568 7317/1838
电子邮件：beijing@zhonglun. com

上海分所：上海市浦东新区银城中路 200 号中银大厦 28 楼
邮编：200120
电话：021－5037 2668
传真：021－5037 2678
电子邮件：shanghai@zhonglun. com

深圳分所：深圳市深南东路 5047 号深圳发展银行大厦 17 楼 D
邮编：518001
电话：0755－2587 0808
传真：0755－2584 7000
电子邮件：shenzhen@zhonglun. com

国浩律师集团事务所

国浩律师集团事务所成立于 1998 年 6 月，是中华人民共和国司法部批准组建的中国第一家亦为唯一一家律师集团事务所。

国浩律师集团事务所系由北京市张涌涛律师事务所、上海市万国律师事务所、深圳市唐人律师事务所基于合并而共同发起设立，并在中华人民共和国司法部登记注册的集团律师事务所。唯前述三家参与发起设立之事务所业已于 1992 年及 1993 年间组建，至今至少已有长达十年之历史。

国浩律师集团事务所是中国最大的跨地域合伙制律师事务所。其在北京、上海、深圳、杭州、广州设置执业机构；在香港设有联络机构。集团一昆明办公室、成都办公室将在近期设立。

国浩律师集团事务所现有三十余名合伙人。90％以上的合伙人具有硕士、博士学位和高级职称，其中多名合伙人为我国某一特定领域法律及相关专业之著名专家和学者。而执业律师、律师助理、律师秘书及支持保障人员约 290 人。

国浩律师集团事务所设有银行与金融专业委员会、证券与资本专业委员会、公司与商业专业委员会、知识产权与电子商务专业委员会等四个专业化法律服务机构，开创了中国律师业规模化、专业化、团队化之先河。

国浩律师集团事务所十五名律师经中国司法部、中国证券监督管理委员会审核，具有从事证券业务之专业资格，需要特别指出的是，在取消律师事务所从事证券事务的资格以前，本所即具有从事证券业务之专业资格。

国浩律师集团事务所十一名律师经中国司法部、国家科委、国家国有资产管理局审核，具有从事产权界定之专业资格。

国浩律师集团事务所六名律师经中国司法部、国家计委审核，具有从事国家基本建设大中型项目招投标业务之专业资格。

国浩律师集团事务所七名律师经中国司法部、经贸部审核，具有从事外贸企业股份制改造职工持股业务之专业资格。

国浩律师集团事务所及部分律师系香港联合交易所、美国纽约证券交易所、美国 NASDAQ 证券交易市场、澳大利亚悉尼证券交易所、新加坡证券交易所等国外证券交易机构认可的可为证券、基建项目出具法律意见的中国律师事务所及中国律师。

国浩律师集团事务所对涉及的众多服务领域，都特别强调出色的专业服务、对交易的商业理解、节约的成本以及快速的反应。

国浩律师集团事务所律师能和客户合作无间，并真实、彻底地了解每一位客户的业务特点和法律需求，并提出准确、精深的专业意见，提供富于创新的法律服务。国浩律师集团事务所的业务范围业已覆盖整个中国及世界多个国家和地区。

国浩律师集团事务所建立高效和负责的内部汇报制度，工作气氛友好轻松，以确保内部信息迅速传递，使处理客户事务的专业委员会及相关律师之间保持紧密联系。

国浩律师集团事务所设有专门的研究机构为相关专业委员会及执业律师搜集资料和协助律师了解有关法律和业务的发展情况。

国浩律师集团事务所以人为本，注意培育人才成长和发展的环境和氛围。专家主事、学者掌舵，成为国浩律师集团事务所人力资源积聚和配置最鲜明的特点之一。

国浩律师集团事务所出版的内部刊物《金融与法律》、《财经政策与法规月报》，受到广大客户的关注，该刊物已成为与客户联系的桥梁，宣传经济法律的论坛。此外，本集团还先后出版了《证券法律：投资银行律师实务》(28万字)、《金融律师咨询精粹》(33万字)、《证券市场若干法律问题研究》(35万字)、《证券法析义与证券规范操作》(35万字)、《网络与电子商务》(56万字)等多本专著。

国浩律师集团事务所相信，为使学识精湛高深，业务蒸蒸日上，一定要坚持律师的忠诚独立和勤勉尽责，确保全体专业人员经验丰富、热爱工作，保持国浩律师集团事务所处理客户事务的一贯作风，即：高效、诚实、信用、审慎、果断。

北京办公室：北京市建国门内大街贡院西街六号贡院六号E座9层
邮编：100005
电话：010—65171188
传真：010—65176800

上海办公室
地址：上海市南京西路580号南证大厦31层
邮编：200041
电话：021—52341668
传真：021—52341670

深圳办公室
地址：深圳市深南中路2070号电子科技大厦17楼
邮编：518031
电话：0755—83781073
传真：0755—83781395

杭州办公室
地址：杭州市中山北路310号中大广场五矿大厦7003室
邮编：310003
电话：0571—85775888
传真：0571—85775643

广州办公室
地址：广州体育西路189号城建大厦9楼
邮编：510525
电话：020—38799345
传真：020—38799335

昆明办公室
地址：云南省昆明市人民中路20号美亚大厦16楼
邮编：650031
电话：0871—3185875
传真：0871—3175962

康达律师事务所

康达律师事务所建立于1988年，总部设在首都北京，主任付洋律师。

康达律师事务所是中国大陆最大的综合性律师事务所之一

作为一家综合性律师事务所，康达以多种形式向客户提供全面的法律服务，包括依照中国法律和国际惯例，提供法律咨询或出具有关对中国法律的理解和适用的意见书，参与各类项目的谈判，拟订相应的法律文件，担任常年法律顾问，提供国际国内贸易投资、融资知识产权、股票发行、工程建设、招投标等方面的专项代理业务等等。康达并擅长在各个不同专业领域代理和协助国内外客户处理商事纠纷，进行相关的诉讼、仲裁，向客户提供及时、明确、中肯的法律分析和最佳方案。

康达律师事务所是中国大陆最具规模化的律师事务所之一

康达以高素质法律人才为事业基础，聚集了近百名有志于法律事业的基础理论扎实、专业特长突出的执业律师，能够以一些主要外国语种从事专业工作。康达高质、高效服务的运作整体，为提供全方位的高质量法律服务奠定了良好基础。

康达律师事务所是中国大陆拥有最广泛服务网络的律师事务所之一

康达始建初期，就确立了向国际水平冲击的目标，致力于规模化建设。继北京总部，先后在西安、深圳、海口、上海、广州、福州、杭州、南京、沈阳等地设立了分所或办事机构。同时与许多相关机构、组织建立了长期密切的合作关系。这一网络使康达的业务覆盖内地各省份，并依托该网络向港、澳、台地区以及美国、新加坡、日本、法国、挪威、德国、英国、韩国等国家的客户提供了大量的法律服务。

康达律师事务所与国际律师界建立了广泛的联系

康达在国际业务中与各国和港、澳、台地区的许多国际性律师所建立了良好的业务合作关系，其涉及领域十分广泛。康达客户可以通过这种联系迅速获得第一流的国际化和专业化法律服务。

康达律师事务所与分所之间，分所之间，律师之间是一个密切协同的整体

律师间的集体协作、相互配合，以专人联络、全所服务为特点的服务方式，体现了康达发挥整体优势，向社会提供一流法律服务的追求。这种追求适应了现代社会商务活动日益复杂，专业化分工越来越细的需要，使康达面对日新月异变化万千的经济发展，始终能令客户感觉安全和满意。

北京总部
主任：付洋
地址：北京市工人体育馆院内
邮编：100027
电话：(010)65085840
传真：(010)65060852
E—mail：kangda@public.bta.net.cn

北京分部
主任：张佳春
地址：北京市朝阳区建国门外大街19号国际大厦703室
邮编：100004
电话：(010)85262828
传真：(010)85262826
E—mail：kangdabj@163bj.com

上海分所
主任：童明友
地址：上海市徐家汇路555号广东发展银行大厦11A室
邮编：200023
电话：(021)63901100
传真：(021)63901010
E—mail：Kangda@sh163.net

广州分所
主任:方晓梅
地址:广州市天河北路中信广场 5602 室
邮编:510620
电话:(020)87521091
传真:(021)87520305
E—mail:Kangdagz@public. guangzhou. gd. cn

深圳分所
主任:王和平
地址:深圳市黄岗口岩滨河大道爱地大厦 1811 室
邮编:518045
电话:(0755)3551101
传真:(0755)3551822

海口分所
主任:王瑞揆
地址:海口市海甸岛沿江四路东颐和花园七号楼 121 室
邮编:570003
电话:(0898)66254181
传真:(0898)66255316
E—mail:kdlss@public. Hk. hi. cn

福州分所
主任:林星玉
地址:福州市华林路 84 号福建日报社 6 楼
邮编:350003
电话:(0591)7095427
传真:(0591)7095417
E—mail:fzkangda@pub3. fz. fj. cn

西安分所
主任:吕延峰
地址:友谊西路 61 号天金大厦 606、607
邮编:710068
电话:(029)8412362
传真:(029)8411655
E—mail: kangdaxa@pub. xaonline. com

南京分所
主任:邱海洋
地址:南京市龙蟠路盛世华庭 B5 栋
邮编:210042
电话:(025)5423775
传真:(025)5422696

杭州分所
主任:李磊
地址:杭州市体育场路 229 号 9 楼 906 室
邮编:310003
电话:(0571)65779933
传真:(0571)65779955
E—mail:abcdky@mail. hz. zj. cn

沈阳分所
主任:乔佳平
地址:沈阳市和平区青年大街 386 号华阳国际大厦 A 座 0855 号
邮编:110003
电话:(024)23180589
传真:(024)23180590
E—mail: kdlfsy@163. net

北京市大成律师事务所

北京市大成律师事务所是于 1992 年 4 月,经北京市司法局批准成立的合伙制律师事务所,现有律师 80 名,其中合伙人 11 名,证券律师 7 名,注册会计师 3 名,硕士以上学历律师 28 名。"大成"曾多次被评为北京市文明律师事务所,并于 1998 年被司法部授予"部级文明律师事务所"称号(全国仅 20 家)。

"大成"以"笃诚、守信、勤勉、高效"为宗旨,以"弘扬法治、服务社会"为己任。

"大成"注重集合高素质的法律人才,发挥团队精神,不断向客户提供优质、可靠、有效的法律服务;"大成"以开拓创新的方式处理纷繁复杂的法律问题,正确、有效地完成客户的目标、期望;"大成"注重分析深层次的客户商业哲学,发展与客户的长期关系。

"大成"下设金融、证券、外商投资、期货、房地产、刑事、民事、经济、行政九个工作部,业务涉及领域广泛,是目前国内规模最大的合伙制律师事务所之一。

"大成"在上海、武汉、成都设有分所,在全国设立了多处分部,业务覆盖全国。

"大成"依国际惯例运作,与海外多家律师事务所建立了广泛的合作、协作关系,进行信息交流和互相委托办理国际法律业务。

"大成"建立了"律师资料信息中心",投资建立了可同时接 8 个咨询的"16880168"热线电话,及时为客户提供最快捷的法律服务。

地址:北京市东城区东直门外大街 48 号东方银座写字楼 12 层
邮编:100027
电话:+8610 84476788
传真:+8610 84476208
E—mail:dclf@dclf. com. cn

观韬律师事务所

观韬律师事务所于 1994 年成立。经过数年发展,观韬律师事务所现已成为中国一流的专业化、综合性的大型律师事务所。目前,观韬律师事务所由众多造诣精深且经验丰富的律师组成,其中包括了各个法律专业领域的专家。观韬始终坚持"高效和优质"的原则,倡导"诚实、严谨"的风格,始终坚持"委托人的利益高于一切",为不同行业的客户提供着优质的法律服务。基于其在法律专业领域取得的杰出业绩以及在业界赢得的广泛赞誉,观韬律师事务所被中国司法部授予"中华人民共和国司法部部级文明律师事务所"称号。

观韬律师事务所的法律服务范围涵盖了银行业、证券业、保险业、电信业、建筑业、房地产业、机械制造业、能源业、化工业、医药业、科研业和服务业等领域。业务领域涉及国际投资、国际贸易、企业收购与兼并、风险投资、资产重组、产权界定、股份制改造、股票和债券的发行与上市、知识产权、高新技术、电信、房地产、金融、招标与投标,以及反倾销等诸多方面。

同时兼顾传统的商业诉讼与仲裁法律事务。

在为不同行业的众多客户提供法律服务的过程中，观韬律师事务所积累了丰富的执业经验和雄厚的法律资源，并造就了众多资深律师，更与各地的律师界以及司法界建立了广泛的合作与联系。此外，除北京总部以外，观韬还在上海、成都、西安、大连、深圳设有分支机构，力图能为各地客户提供优质快捷的法律服务。

观韬律师事务所在此基础上，将以迅速并稳定的发展趋势不断地提高服务水平，并拓展新的业务领域，以期能满足不断增长的客户群体的服务需求，全方位地为各界人士服务。

北京总部
地 址：西城区金融大街33号通泰大厦B座6层
邮 编：100032
电 话：(010)88086638
传 真：(010)88086645

上海分所
地 址：长宁区仙霞路299号远东国际广场B座2309—2312
邮 编：200051
电 话：(021)62350120/0126/0127/0129
传 真：(021)62350131

西安分所
地 址：环城南路(西段)140号含光商务大厦九层
邮 编：710068
电 话：(029)88422608
传 真：(029)88420929

四川分所
地 址：高新区新光路8号银都花园嘉苑10单元201室
邮 编：610041
电 话：(028)85189460、85189470
传 真：(028)85189480

大连分所
地 址：中山区人民路26号人寿大厦11层1109室
邮 编：116001
电 话：(0411)82829601/9701/9801
传 真：(0411)82829901

深圳分所
地 址：深南东路4003号世界金融中心A座15B
邮 编：518008
电 话：(0755)25980259
传 真：(0755)25980259

海商海事部上海办事处
地 址：上海市张扬路628弄东明广场3号2楼A座
邮 编：200120
电 话：(021)58357146/47/4/49
传 真：(021)58357150

天达律师事务所

天达律师事务所以亚太为中心，形成北京总所、上海分所、东京代表处三位一体的格局，在国内律师界处于领先地位。自1993年1月成立初始，我们即致力于将自身创建成为高标准的律师事务所，并承诺使客户得到满意的服务。目前我们已成为在国内外客户中享有信誉的有规模的律师事务所。天达律师事务所律师本着敬业求实的宗旨，以热忱和真诚的态度及丰富的业务经验高效率地为客户解决法律问题。我们被《亚太法律500强》评为亚洲五百强律师事务所。

天达律师事务所的服务准则是客户至上。因此我们的中心目标是帮助我们的客户在实现他们所追寻的商业目标的同时减少面临的法律风险。当我们的客户面对重大抉择，我们将发挥团队优势，针对客户的不同行业要求，由相关专业的资深律师组成项目法律工作组为客户提供全方位多层次的法律服务。

我们能够以中文、英文、日文、法文和俄文提供优质高效的法律和商业服务，我们确信我们提供的跨文化、跨语言、跨国界的服务能够让不同文化背景、不同工作语言及处于不同司法管辖区内的客户满意。作为综合性律师事务所，我们提供门类齐全的法律服务，主要业务领域包括公司、证券、金融、融资租赁、WTO与国际贸易、知识产权等。

为能够更好地服务于客户，我们已经取得以下特殊行业的从业资质：

· 证券法律业务资格；
· 企业工商注册代理资格；
· 国家基本建设大中型项目招投标业务资格。

天达律师事务所
地址：中国北京朝阳区东三环北路8号亮马河大厦写字楼2座19层
邮编：100004
电话（Tel）：(8610)6590—6639
传真（Fax）：(8610)6590—6650 / 6590—6651
E—mail：tdlaw@tiandalaw. com. cn

天达律师事务所上海分所
地址：中国上海徐汇区安福路288号话剧大厦17层
邮编：200031
电话：021—54653300
传真：021—54652099
E—mail：ealaw_sh@ealawfirm. com

天达律师事务所东京代表处
联系人：吴婷 律师
Email：t_wu@jurists. co. jp

湖北天元兄弟律师事务所

一、律师事务所成立情况

本所原名武汉天元律师事务所，成立于1993年3月24日，1999年8月5日更名为湖北天元兄弟律师事务所。本所是武汉地区成立最早的合伙制律师事务所，全体合伙人依法按章平等享有权利及承担义务。经过近十年的发展，本所现拥有624平方米的自购律师写字楼及先进的微机网络系统及通讯、交通工具。自成立以来本所连续多年被评为武汉市先进律师事务所，连续四度被评为湖北省文明律师事务所，2001年度还被评为武汉市“人民满意的政法单位”和湖北省“十佳律师事务所”；本所执业律师中有全国优秀律师1人、湖北省十佳律师1人、武汉市十佳律师2人、武汉市劳动模范1人、荣获武汉市“五一”劳动奖章 2 人、荣获武汉市“人民满意的政法干警”称号 1 人，有 7 人被聘为武汉市仲裁委员会仲裁员，2 人受聘为湖北省人民政府采购办的专家，有 8 人参加了由中国证监会举办的《上市公司独立董事培训班》的培训并取得结业证书。

1993 年 11 月，本所三位律师通过了中国证监会、司法部组织的首批证券法律业务资格培训及考试。1995 年 10 月 20 日本所获得第 284 号《律师事务所从事证券法律业务资格证书》，1996 年 7 月 8 日换证为第 27103 号《资格证书》。1998 年 3 月 18 日本所获第 163 号从事集体科技企业界定法律业务资格，同年 3 月 24 日获从事国家基本建设大中型项目招标法律业务资格，以及从事外经贸企业内部职工持股工作资格。

二、律师事务所主要业务范围及成功案例

为顺应改革开放和市场经济的时代潮流，我所广纳业界精英，不断拓展业务领域，大力倡导律师服务专业化，在证券、涉外、金融、房地产、知识产权等方面已经具备了较高的专业服务水平。

经过近几年的发展，本所已成为具备综合服务能力的律师事务所，服务领域不断扩大，主要业务范围包括：为国内、外客户办理产权交易、企业资产重组、股票发行上市、企业股份制改造、境内外投资项目咨询、楼宇交易和抵押按揭、国际商贸、知识产权代理登记、企业破产清算等法律事务；担任金融、房地产、外资、外贸、交通、物资、商业、生产等各类型企业、社会团体、国外公司驻中国的办事机构及政府机关的常年或单项法律顾问；承接刑事、民事、经济、海事海商、行政诉讼案件及国际国内的商务仲裁案件。

本所律师成功案例有：

1. 行政争议、复议、诉讼案件：作为武汉地区最早承办此类法律事务的专职律师，成功地办理了武汉地区首例工商、外汇、海关行政复议案和首例税务、卫生、计划生育、烟草、专利行政诉讼案。

2. 涉港、台及涉外类：在武汉市中级人民法院判决的首例涉港购销合同纠纷案件中，为作为被告的武汉某公司赢得了胜诉；在该院判决的首例涉港委托船舶运输合同纠纷案件中，为作为原告的咸宁某外资企业赢得了胜诉；在武汉首例涉台合资经营纠纷中，担任台商代理人参加国际经济贸易仲裁，成功地维护了其合法权益，受到政府及众多台商的好评；1997 年 10 月起，担任武汉市某大型企业法律顾问及赴美国诉讼首席法律代表，代其赴纽约赢得了中国国企起诉美国公司巨额欺诈首例胜诉；1998 年起，担任世界银行贷款 15 亿元人民币的武汉市特大项目的首席调解员；2002 年 1 月代理某大型企业参加国际经济贸易仲裁胜诉，避免了上亿元人民币的损失.

3. 金融、证券、期货类：1994 年，在本地区人民法院审结的首例股票交易和期货交易纠纷案中，均代理原告赢得了胜诉；1995 年，在最高人民法院审结的首例证券回购纠纷案中，为原审原告、被上诉人赢得了胜诉；1997 年 3 月，在湖北省高级人民法院判决的首例标的达两亿余元的特大借款纠纷案中，为原告赢得了胜诉。

4. 房地产类：1994 年，在最高人民法院提审审结的全国首例房地产大案中，为原告赢得了胜诉；1995 年，在湖北省高级人民法院审结的首例山林、土地权属纠纷案中为被告赢得了胜诉。

5. 知识产权类：1994 年，在武汉市中级人民法院审结的首例以湖北省专利局为被告的专利争议案中，为作为原告的专利权人赢得了胜诉；1996 年，在马来西亚一商人投诉的涉外商标侵权案中，积极地维护了武汉某进出口公司的合法权益；2000 年在两起有较大影响的商标权和计算机软件著作权纠纷诉讼中，很好地维护了当事人的合法权益。

三、律师事务所及执业人员

本所共有人员 55 人，注册执业律师达 35 人，其中国家一级律师 3 名、二级律师 2 名，三级律师 11 名；有研究生以上学历的律师 6 名；证券、涉外、产权交易、知识产权、大型项目招投标等方面的专门人才 14 名。本所主任柳平律师系全国知名律师，现任中华全国律师协会理事、湖北省律师协会副会长，多次被评选为湖北省和武汉市的“十佳律师”。我所积极倡导“敬业、勤业、精业”的天元精神，全体律师以优秀的业务素质、良好的职业道德和勤勉尽责的工作态度，为客户提供优质的法律服务，被评选为湖北省和武汉市的法律服务系统文明示范窗口。

目前本所共有合伙人 13 人，其中 6 人有证券法律业务资格，包括柳平（证号：270562）、崔宝顺（证号：270564）、彭波（证号：271352）、周平衡（证号：271363）、吴和平（证号：271364）、黎晖（证号：271365），上述律师取得的证券法律业务资格均是经过统一严格培训考试后，由中国证监会、司法部共同审批授予的。

本所各类律师人员长期以来，均能严格遵纪守法，努力为当事人提供良好服务，不仅按期完成了各年度的业务指标，且至今保持了未被当事人投诉的先进记录。

四、律师事务所证券业务简介

1996 年 7 月，经司法部、中国证监会批准，本所取得从事证券法律业务资格，之后专门成立了金融证券部，组织专门人才对我国现行证券管理体制、法律制度以及公司上市的理论和实践进行了深入细致的研究，制定了系统的公司证券业务法律服务工作规程，已经形成较为完备、规范的公司证券法律服务体系。我所已先后承办 30 余件公司证券法律事务，为武汉九头鸟房地产综合开发股份有限公司、武汉中山集团股份有限公司等多家公司股票上柜提供法律服务；为武汉楚天激光（集团）股份有限公司、湖北潜江制药股份有限公司等 17 家公司提供了包括股份制改造、资产重组、公司设立、增资扩股、股票上市在内的较为全面的法律服务，得到有关方面的一致好评。

近两年，本所作为湖北迈亚股份有限公司（该公司股票已于 2000 年 4 月 27 日在深圳证券交易所挂牌交易）、湖北三峡新型建材股份有限公司（该公司股票已于 2000 年 9 月 19 日在上海证券交易所挂牌交易）、湖北龙发股份有限公司、湖北绿世界环保科技股份有限公司、武汉金丰环保塑料制品有限公司（该公司拟赴香港创业板上市）、武汉健民药业集团股份有限公司、湖北武大有机硅新材料股份有限公司、湖北武大绿洲生物技术有限公司、武汉瑞达网络安控股份有限公司、湖北省枣阳四海化工有限公司、湖北回天胶业股份有限公司、湖北建昌机器股份有限公司、湖北中基包装材料股份有限公司的法律顾问，为公司股票发行上市提供法律服务；本所还作为主承销商法律顾问为武汉东湖高新技术股份有限公司、湖北省凯乐塑料管材（集团）股份有限公司（该公司股票于 2000 年 7 月 6 日在上海证券交易所挂牌交易）、武汉春天生物工程科技股份有限公司、武汉市汉商集团股份有限公司的股票发行及配股承销以及十几家企业“二板”上市等项目提供法律服务。目前本所正接受中国华融资产管理公司的委托，为湖北汽车集团公司、武汉锅炉集团有限公司、湖北宝石水泥集团有限公司、湖北东光集团有限公司、国营长江有线电厂、武汉重型铸锻厂等六家国有大中型企业的债权转股权项目提供专项法律服务。同时，派员组成专门小组，长时间地服务于“武汉光谷”内的高新企业，探索并积累了一定的新型服务经验。

五、本所律师参与撰写的主要著作及论文

《涉外经济合同实用手册》(1989、合著人荣延春、柳平),2.《股份有限公司设立中的律师实务》(92.6),3.《股份有限公司监事会受聘律师实务初探》(93.1),4.《关于期货交易中三个问题的思考》(94.8),5.《武汉旧城区房地产开发拆迁中的律师实务》(94.11),6.《新闻媒介避免侵害名誉权诉讼的对策》(95.9),7.《证券回购:举足轻重的交易手段》(96.3),8.《律师执业技巧概述》(96.11),9.《境内企业到香港创业板市场上市的有关问题》(2000.5),10.《境内企业到香港创业板上市若干法律问题》(2000.6),11.《公司治理中的独立董事问题》(2001.10),12.《三种情况下有期徒刑裁量追求刑罚公正价值之我见》(2002.8),13.《关于公司关联交易及独立董事职责的思考》(2003.3),14.《关于〈律师法〉修改的思考》(2003.7)。

目前,本所律师仍担任武汉市委办公厅、武汉市人民政府、市地税局、市劳动局、市总工会、省人事厅、武汉海关等机关的常年法律顾问,并为已上市公司湖北迈亚股份有限公司、湖北三峡新型材料股份有限公司、武汉锅炉股份有限公司、武汉长江通信产业集团股份有限公司、武汉人福高科技产业股份有限公司以及武汉华工大学科技园发展有限公司、武汉东湖高新技术开发区发展总公司、湖北移动通信有限责任公司、东方汉航空武汉公司、武汉可口可乐饮料有限公司等众多著名公司提供常年法律服务。本所还继续受聘担任总投资达数十亿元的跨世纪特大建设项目一“武汉展览馆改造工程”武汉市政府专项法律顾问。

地址:武汉市解放大道1328号中原大厦九楼(永清街站)
电话:027－82740060/1/2/3/5/6　传真:027－82740069
邮编:430010

广东经天律师事务所

广东经天律师事务所创办于1985年初,原名深圳经济特区经济贸易律师事务所。1992年成为国内第一批获准从事证券业务的律师事务所。1994年初转制为合伙制律师事务所,并更名为广东经天律师事务所。

广东经天律师事务所现有近四十名执业律师,多数律师在国内或国外著名大学法学院接受过高等法律专业教育,有较深厚的法律理论素养。许多律师具有十年以上的执业经历,实践经验丰富。

成立伊始,广东经天律师事务所就倡导律师走出“打官司”的局限,率先提出“全方位法律服务”的构想和理念。基于这一理念,广东经天律师事务所自成立始即广泛参与境内外企业重组、购并、股份制改造、证券发行等事务,是国内最早从事股份制改造和证券发行业务的律师事务所,并与政府机关、司法机关、证券监管机关、证券交易所、社会各界和境内外知名律师事务所建立了广泛的联系,拥有良好的职业形象和信誉。

●服务宗旨

法律至上,客户至上,效率至上。

法律至上一在法律服务中坚持法律高于一切,严格依法办事。

客户至上一把客户的合法权益和要求作为我们法律服务的目标。

效率至上一为客户提供法律服务及时、优质、高效。

●服务内容

经天律师事务所一直致力于拓展非诉讼领域的法律业务,但诉讼事务是律师的基础业务,只有深谙诉讼事务才能在非诉事务中发现问题。因此,经天律师事务所一直坚持诉讼与非诉讼并重发展的策略。

诉讼、仲裁代理事务

本所律师熟知法庭、仲裁机构及其他司法机关的运作方式,能有效地代理客户处理各类刑事诉讼、民事诉讼、行政诉讼及商事仲裁案件。

非诉讼法律事务

1、公司法律事务

a、可向各类公司提供全方位的法律服务;

b、为公司的设立、注册登记、政府审批、合并与分立、收购兼并、破产清算、股权转让、资产重组、股权组合、员工持股计划、内部监控制度等事务进行策划、起草审核相关法律文件并提供法律意见,为公司的经营管理及投资活动提供法律意见。

c、为公司各种形式的联合、合作经营提供方案设计和策划。

d、为公司完善内部管理制度,包括草拟劳动合同、代办社会保险、税务申报及合理避险方案的设计。

e、代理公司事务的资信调查、见证、贸易产证、保证金的信托保管。

2、金融、证券法律事务

a、为金融机构的信贷、担保及保险业务进行资信调查、法律风险分析。

b、担任证券发行人、承销商法律顾问,为股票的发行、上市和交易,各种债券和基金的募集、发行和交易,提供策划方案和法律意见。

3、房地产法律事务

土地使用权的取得及转让,房地产开发项目立项、报建、规划许可审批;房屋买卖、租赁、抵押项目用地征用及拆迁、补偿、安置,按揭贷款。

工程的勘察,设计,招、投标,施工,工程管理,工程结算和验收。

4、知识产权法律事务

专利、商标注册申请与保护,著作权保护及使用许可,商业秘密及特许经营权的使用和保护,反不正当竞争等。

●服务方式

常年法律顾问

以常年法律顾问身份为客户提供日常咨询服务,包括提供口头和书面咨询意见、参与商业决策并为决策者提供涉及经营活动的法律可行性方案或进行法律可行性论证、起草或修改合同文件等。

聘请常年法律顾问,客户可根据自己的需要,在充分考虑商业成本和效益的情况下,选择付费方式

按估算工作小时付费

按年估算律师工作小时,一次性计付常年顾问费后,律师在不超过估算时数范围内的工作,不再收取费用。

按约定工作类别付费

按工作类别约定律师工作,一次性计付常年顾问费后,律师在约定范围内工作,不再收取费用。

签约费

事前既不能确定需要律师工作的内容,也不能确定预约律师工作量的客户,可采取支付签约费方式聘请常年法律顾问,律师费将在实际工作发生后另行计付(可以选择按时或按件计付或协商确定)。

专项法律顾问

客户可就特定事项聘请本所作为专项法律顾问,参与其特定事项的谈判、起草相关法律文件,提供专门的法律意见。

聘请专项法律顾问，客户可选择一次性估算律师工作量后包干支付律师费，也可以选择按律师实际工作小时计时付费。

代理诉讼、仲裁或调解

按委托人的授权权限、以委托人的代理人身份参加以委托人为一方的各类诉讼、仲裁或调节。

聘请我所律师担任诉讼、仲裁或调解委托代理人，通常按照每件案件涉及标的金额的一定比例确定律师费用，由客户一次性包干支付。对于个别不能按照标的金额确定费用以及客户选择按时计费的，可以采取按律师工作小时计时支付律师费。

刑事辩护

根据委托人的委托或人民法院的指定为犯罪嫌疑人提供辩护和法律帮助。

聘请我所律师担任刑事辩护人与代理人，通常根据案件进行的阶段按件计费，当客户需要时，也可以选择全程代理方式，由客户一次性包干支付全部费用。

地址：深圳市滨河大道 5022 号联合广场 A 座 25 楼
邮编：518026
行政部电话：(0755)82910800

广东大同律师事务所

广东大同律师事务所是广东省司法厅直属律师事务所，是由高层次法律人才按国际惯例成立的律师事务所。它以新型的律师体制进行运作，拥有现代化的通讯、交通办公设备，实行高层次、现代化的管理。本所在珠海经济特区设立了分所。

大同律师事务所律师实力雄厚，律师均具有国家名牌法学院校法学学士以上学历。本所秉承“全方位、高层次、高质量、高效率”之服务纲领，以严谨务实的作风及刚直不阿的办案风格，维护中外当事人的合法权益。大同律师事务所拥有特邀顾问机构、顾问中有中央、省、市政法界的老前辈，有法学院校一批教授及副教授，有刑事、民事经济、知识产权、海事海商、金融保险、信托投资、对外贸易、工商、房地产等诸方面的法律专家或业务行家。大同律师事务所在北京、上海、深圳、珠海、汕头、佛山、江门、中山、东莞等地设有律师业务合作联络点，拥有一套调查取证和业务委托系统，与香港及境外律师楼有密切的业务合作关系。

本所历来经办了许多海内外具有影响的经济、民事、刑事案件、境内外新闻媒体作了许多报道。本所业务遍及海内外，参与了国家许多项目的建设及大量的法律援助活动，并以大同思想为理念，从事许多社会公益活动，并担任 100 多家企、事业单位的法律顾问，强调经济效益与社会效益并重，为国家法制建设作出了积极的贡献，为加强同实业界的密切联系，充分发挥律师为企业经营保驾护航的作用，本所特开辟“免费法律咨询服务”项目，为企业解惑释疑。

地址：广州市环市东路 339 号国际大酒店 A 附楼 19A、19C
电话：83312001　83312003　83312718
83312918　83312792　83312787
传真：83315058
邮编：510095
Email：surelee@gddatong.com.cn

北京市恒德律师事务所

北京市恒德律师事务所成立于 1997 年，由加拿大归国的徐蓬主任及一批资深律师创立的合伙制事务所，吸引了中青年执业律师的加盟，使事务所充满了蓬勃向上的朝气。

本所执业律师大多毕业于国内著名大学，其中博士一人、硕士一人、双学位 人，且数人具有大学教授、系主任等资历，拥有多年律师执业经验，部分合伙人具有在美国和加拿大律师事务所工作和学习的经历。在多年的律师执业工作中，本所同社会各界建立了广泛的联系，并聘请了一批各领域的专家作为专业顾问，开展法律服务工作。

本所下设：金融部、房产部、法律服务部、诉讼部、办公室等部门，服务对象为国内各大银行、金融部门、房地产开发公司、跨国公司三资企业、国有大中型企业、民营高科技企业和大众媒体；同时本所承担法律援助义务，参与社区法律服务工作。

本所的业务范围涉及：金融法律事务，房地产按揭服务，公司、企业法律事务，合同法律事务，知识产权事务，经济仲裁，民事纠纷的调解与诉讼，劳动争议，医疗事故，行政诉讼，刑事辩护，并可为个人提供私人律师服务。

“信誉、承诺、质量、效率”是恒德律师事务所的宗旨，“客户利益至上”是恒德人的座右铭，我们愿在为您服务的过程中以我们的专业法律知识，给您争取最大的合法权益，希望相互帮助，能使咱们成为朋友。

北京恒德律师事务所
地址：北京市朝阳区西坝河南路甲一号
新天第家园 A 座 706 室
电话：0086－10－64465211
传真：0086－10－64465211
邮编：100028
电邮：hd@hdlawfirm.com

甘肃金城律师事务所

甘肃金城律师事务所成立于 1992 年 6 月 18 日。是我省设立的第一家专业化合作制律师事务所(原甘肃金城经济贸易律师事务所)。甘肃金城律师事务所拥有一支奋进向上、观念更新、业务创新、经验丰富的中青年律师队伍。甘肃金城律师事务所与国家信息中心法律数据库互联网相连，并与西部时空网站合作创建法律天地栏目。所内全部实现电脑化办公，是目前全省办公自动化条件最好的律师事务所。甘肃金城律师事务所在贸易、投资、金融、房地产等方面拥有业务特长。为了给西部开发、甘肃的投资项目提供高优质的法律服务。甘肃金城律师事务所与上海市申达律师事务所实现了业务合作，双方共同办理沿海与内地的相关法律事务。

地址：兰州市七里河区西津西路 4 号 403、402、401 室(友谊宾馆东侧)
电话：2332066、2332067、2318728
传真：(0931)2332066
邮编：730050
电子信箱：jclo@public.lz.gs.cn

信利律师事务所

信利律师事务所是中国最大的律师事务所之一，直属于中国司法部。本所始建于 1995 年，前身是直属于司法部之中国法律事务中心(中国恢复律师体制后全国第一家律师事务所)。其前首席合伙高宗泽先生目前担任中华全国律师协会会长及中国法律服务(香港)有限公司董事总经理。

信利律师事务所共有 150 多位具有高度敬业精神和丰富专业知识的执业律师，有法学博士、硕士 17 人，其中全国十佳律师 1 人。在多年的执业中，信利律师事务所的律师在公司法、税法、金融证券、保险期货、知识产权、风险投资、外商投资等领域均具有丰富的专业知识与执业经验。

信利律师事务所在北京、上海、广州、深圳、青岛已获得司法部批准设立分支机构，并在新加坡、香港等国家和地区分设机构。

信利律师事务所拥有多名具有丰富经验和业务技巧的公司律师，客户包括金融机构、工商业企业及公司，范围涉及各类国内、国际公司法律事务，为众多客户提供常年法律顾问或单项法律服务。

·公司组建法律业务

有限公司、股份有限公司的设立和组织机构的设置、中国公司在境外设立分公司

·公司营运和内部管理法律业务

产权界定；股权纠纷；职工持股；内资公司收购境外资产；产权转让；公司治理；股权托管；债权转股权；公司集团化及集团内部产权结构与管理结构；特许经营与连锁经营

·公司合并、分立、清算法律业务

公司合并与分立；收购与兼并；解散、破产与清算

·股份制改造法律业务

企业、公司产权结构调整与重组；股份制改造

·公司经营法律业务

公司经营风险管理；合同管理制度；合同纠纷解决；应收帐款的管理与催讨等

·【地址】建国门内大街 18 号恒基中心一座 609—611 室
·【邮政编码】100005
·【电话】010—65186980

君泽君律师事务所

君泽君律师事务所成立于 1995 年，是国内较早设立的合伙制律师事务所之一，得益于中国经济的快速发展和法律参与国家经济社会生活程度的提高，以及君泽君律师的不断开拓和勤奋工作，君泽君迅速成长，业务领域日益展宽，专业团队日见壮大，客户资源日渐丰富，并跻身成为国内名列前茅的以从事商事领域法律服务为主业的法律服务机构。君泽君目前已在上海、深圳等地设有分所。

君泽君聚集了来自于政府部门、金融证券及投资行业和法学界的许多具有广博知识、丰富经验及专业特长的优秀法律职业人员，君泽君能够充分运用所拥有的专业技能、经验及社会资源为客户服务，提供最佳的问题解决方案、安排交易、规避经营风险及创新增值服务。

君泽君现有公司事务部、国际业务部、投资银行部、金融部、诉讼与仲裁部、反倾销与 WTO 部、房地产与建筑事务部、知识产权部八个业务部门，同时为了提升专业素养，君泽君还设有研究与信息部、君泽君法律研究所等专业研发机构。为了更了解客户需求，不断改善和提高服务质量和效率，君泽君在 2003 年设立了客户服务部，与客户开展有效沟通，同时对事务所业务人员的服务质量、服务效率、专业规范等各方面予以监督。

君泽君的理念：客户利益至上，并与客户共同发展。

北京：北京市东城区东四十条 68 号平安发展大厦 3 层
邮编：100007
电话：(8610)84085858
传真：(8610)84085338
网址：http://www.junzejun.com

上海：上海浦东大道 1 号船舶大厦 12B07A
邮编：200120
电话：86—021—68860543
传真：86—021—68861066
E—mail：shanghai@junzejun.com

深圳：深圳福田区福华大厦一路 88 号中心商务大厦 7 层
邮编：518048
电话：86—0755—33348180
传真：86—0755—33348150
E—mail：shenzhen@junzejun.com

君合律师事务所

君合律师事务所成立于一九八九年四月。总部设在北京，在上海、深圳、大连、海口、纽约设有分支机构。

自创立以来，君合一直严格遵守国际公认的律师执业规则，并坚持以建立国际一流的律师事务所为目标，力求为国内外客户提供高效率、多方位的法律服务。

高素质的律师团队，是君合实现向客户承诺的基本保证。君合的律师均毕业于中国最著名的高等学府，其中许多律师或拥有英、日、美等国一流法学院校的学位，或具有外国律师执业资格和工作经验。

为确保高质量的法律服务，君合制定了系统的内外结合的培训计划，其中包括不断选派律师到国外深造，定期邀请国内外专家来所授课。同时每年都接受一定数量的外国律师来所进行业务交流和实习。君合的目标是将自己的法律服务提升至国际先进水准。

君合与众多国家和地区的律师事务所保持着密切的业务协作关系，曾多次代表中国律师主办或出席各类专业性国际研讨会，数次被国际知名法律杂志评为中国排名最高的律师事务所之一。自 1996 年至今，在国际律师组织(MULTI-LAW、LEX MUNDI)中，君合是代表中国的唯一成员。

君合的专业知识、服务经验、社会支持、以及准确、及时、完整的信息资源，都保证君合能够满足各类客户寻求高水平法律服务的各项要求。由于君合在遵守职业道德和提供高质量的服务方面的卓越表现，已被社会各界公认为中国最优秀的、最可信赖的律师事务所之一。今日的君合仍在不懈地为取得更辉煌的业绩而努力！

地址：建国门北大街 8 号华润大厦 20 层
联系电话：(86—10) 8519—1300
传真：(86—10) 8519—1350
电子信箱：junhebj@junhe.com
邮编：100005

上海市沪一律师事务所

上海市沪一律师事务所原名上海市第一律师事务所，于一九七九年恢复建所，于二000年更名为上海市沪一律师事务所，是上海市成立最早、规模较大、业务范围广泛的一家综合性律师事务所，成立至今，曾经先后担任过近3000家国有企业、民营企业、外商投资企业、有限公司、事业单位、社会团体的常年法律顾问，累计已经承办二万多件各类案件和非讼法律事务，享有较高的社会知名度。

本所积二十三年之执业经验，长期为中外各界客户提供各类法律服务，包括：担任法律顾问，担任各类诉讼案件的代理人，参加调解、仲裁活动，提供诸如投资、贸易、金融、知识产权、房地产、公司筹建购并、产权交易等方面的法律服务，解答法律咨询，代书以及见证等。

本所经国家知识产权局批准设有专利分所，代理各类专利业务。

本所现有执业律师近四十名，其中多数为执业多年的资深律师。本所律师勤勉敬业，竭诚为客户提供优质高效的法律服务。

地址：上海市淮海中路1285弄8号
电话：021－64311118、64315437
传真：021－64315436
邮编：200031
E－mial：master@no1lawoffice. com

湖南启元律师事务所

湖南启元律师事务所（"启元所"），原名"湖南楚天律师事务所"，成立于1994年7月，是湖南省第一家合伙制律师事务所，以能向客户提供迅速、有效、收费公道和有创新的专业法律服务而自豪。

启元所是从事公司和证券法律服务为主的专业性律师事务所，具备从事证券法律业务资格，在办理企业股份制改造、资产重组、证券发行与上市、公司兼并与收购以及合资企业等法律业务方面有着丰富的经验。

启元所是湖南金融证券市场的主要法律顾问，客户主要包括湖南省内外若干实力雄厚、信誉良好的上市公司、拟上市企业、民营高科技企业和证券公司。自开业以来，启元所律师运用在金融证券市场和投资业务方面的专长为客户提供了高效优质的法律服务。启元所的成绩赢得了客户的一致赞誉和业界的瞩目。

湖南省长沙市芙蓉中路465号金源大酒店901室（邮政编码：410007）
电话：＋86－731－554 0103
传真：＋86－731－555 7267
E－mail：qiyuanzhuqi@vip. sina. com

金鼎英杰律师事务所

金鼎英杰律师事务所，由江苏金鼎达、英立杰律师事务所合并而来，始创于1996年，设址于六朝古都江苏南京，为一家规模化提供综合法律服务的合伙制律师事务所。本所秉承"精诚合作，尽职尽责"的服务宗旨，汇集高素质的法律人才，凭借现代化的管理体制，运用科学化的服务手段，已迅速发展成为一家规范经营、注重专业发展、颇具规模的律师事务所。多年来，本所以优质、高效、规范的专业服务赢得了客户和社会的高度赞誉，多次荣获"先进律师事务所"、"人民满意司法行政单位"、"省级文明律师事务所"等称号。

金鼎英杰律师事务所以高学历、高素质和经验丰富的律师为骨干，他们来自政府机关、工商企业、大学及研究单位等不同的部门，均具有多年的理论研究和实践经验，且有多位律师曾在国外大学、国外律师事务所学习和工作过。本所吸收各类学有专长的复合型人才，形成一支具有综合实力的法律服务队伍。律师按不同的法律及商业范围分成不同的专业组别，各小组各有所长又互相合作。本所亦为律师提供强有力的行政及技术上的支援和保障。因此本所能够凭借其整体广泛的经验、知识和能力为客户提供全面与综合的法律服务。

金鼎英杰律师事务所拥有广泛的客户群体，其中有政府机构、银行、保险公司、证券公司、外商投资企业及各类大中型工商企业，所涉行业包括金融、证券、交通、航空、外贸、房地产、商业等。本所亦与香港、英国、美国等地的律师事务所建立起长久有效的合作关系。本所在为客户提供全面优质法律服务的同时，亦为所服务的客户之间构筑了经济与商务交往的桥梁。

金鼎英杰律师事务所专门成立了法律资源信息部，建立起自己的图书资料库，辅之以现代化的通讯网络设备，从而为律师提供全面专业的法律服务奠定了可靠的基础。更为重要的是本所建立了独特的管理规范、律师行为规范、业务质量监督办法、持续培训计划，保证了法律服务的高水平和高质量，能够有效地防范客户和事务所法律风险，并使本所的服务领域迅速地向全国乃至全球拓展。

专业服务的质量和效率是我们骄傲的资本，客户的忠诚和信任是我们信心的保证。

中国·南京·中山北路223号 建达大厦六楼　210009
电话：86－25－83346580
传真：86－25－83346590
E－mail：jdlawyers@jdlaw. com. cn / jdlawyers@jdlaw. cn

江苏国泰新华律师事务所

江苏国泰新华律师事务所属江苏省司法厅直属律师事务所，是由江苏新华律师事务所整所转制设立的合伙律师事务所，成立于1993年，是当时司法厅直属的少数综合性律师事务所之一。经过不断地发展，目前已发展成为江苏省地区规模较大、知名度高、业务广泛的综合性律师事务所。现有执业律师25人，其中具有法律硕士以上学位的律师10人。执业律师均毕业于著名高等法律院校，已形成一个业务水平高，办案经验丰富的律师队伍。

多年来，全所律师本着"诚实守信，优质高效"的服务宗旨和忘我的敬业精神，先后承接了一批有影响的重大的民事、经济、行政、刑事案件，参与多起项目投资和公司改制的法律事务，担任数十家政府部门和大中型企业事业单位的法律顾问。全所律师在办案及代理各类法律事务过程中，勤勉敬业，严格依法办事，尽职尽责为当事人提供法律服务。为当事人挽回巨额经济损失，深受各界人士的好评。

本所律师成功办理了许多重大、复杂、疑难的各类案件和非讼法律事务。其中标的额在千万元以上的经济民事案件就达数十件；如中江公司诉南京市市政工程总公司海外工程承包案诉讼标的1.5亿元。为更好地实现债权人的合法权益，本所已和拍卖机构、评估审计机构等多家中介组织建立紧密的合作关系，而快捷、有效是本所律师办理法律事务的特点，如南京机电公司与梅山冶金公司某建筑安装公司追索货款一案、上海晋生电脑与江苏汽车工业公司欠款纠纷案等，承办律师从接受法律事务到全部执结，不到二个月，受到委托人的交口称赞。本所已成功的为江苏鑫苏投资公司、建设银行南京分行、江苏省国际信托投资公司、铁道部第十四局、南京市市政工程总公司、江苏省中程建设工程总公司等数十家单位追索应收债权，均获得圆满结果，并以探索出有效实现债权的法律途径。

本所在服务经济改革，促进依法治国的精神鼓舞下，大胆探索，锐意进取，继94年取得企业股份制改造从业资格后，又于1999年通过司法部证券委的评审，获得了从事证券法律业务的资格，成为江苏省为数不多的具有从事证券业务资格的律师事务所之一。办理了江苏艺龙股份有限公司的股份制改制及南京众星集团、省国防科工办等多家单位的股份制改制、设立、并购工作。目前，本所已在金融投资项目服务、企业股份制改造、证券法律事务、房地产、知识产权、公司法务等领域形成自己的专业服务特色。并积极拓展新的服务领域，为当事人提供更优质高效的服务。

地址：南京市拉萨路五台山1—6号
电话：025—6553690，6553691，6553692，6553693，6669195，6553686，6669197
传真：025—6553689
邮编：210029
E—mail：Xinhualo@jlonline.com

孟繁旭律师事务所

孟繁旭律师事务所坐落于哈尔滨市南岗区西大直街241号。这里高楼林立，人口密集，市场繁华，交通便利，地理位置十分优越。

孟繁旭律师事务所创办于1993年年末，是全国首批以个人名字命名的律师事务所。1998年，为了适应形势发展需要，进一步扩大业务范围，壮大律师队伍，该所不惜巨资购置了近2000平方米的现代化写字楼，被誉为“孟繁旭律师楼”，成为黑龙江省规模最大的律师事务所，在全国律师界也屈指可数。整幢办公楼全面实行楼宇自动化管理，配有楼宇监控、电脑联网、电话联网、中央空调和独立采暖设备。律师楼按照功能分为律师工作区、接待服务区、行政管理区、后勤资料档案管理区、网络中心区、娱乐活动区等六大工作区。所内现代化设施齐全，资料库藏书丰富，并引入最先进的法律法规电脑检索系统。2003年，该所又投资20余万元建立全国首家律师事务所网络中心，致力于法律网站的建设。

孟繁旭律师事务所现有员工百余人，律师全部为本科以上学历。其中研究生和在读研究生占30%，律师中有15人被高等学校聘为客座教授或兼职教师。是一支老、中、青搭配合理、专业齐全、人材精干的律师队伍。该所目前发展迅速，开展业务涉及八大类二十个专业，并专门配备素质高、能力强的律师负责劳动争议、医疗事故、交通肇事、金融、保险、税务、房地产、股票债券、企业破产、企业改制、产权重组、知识产权、涉外等专业性很强的业务。该所尤其擅长承办一些疑难、重大、复杂型案件，黑龙江孟繁旭律师事务所年收案2000余件，收费1000余万元。

黑龙江孟繁旭律师事务所于2000年10月取得了《律师事务所从事证券法律 业务资格证书》并成立了非诉讼业务部，下设金融、保险、公司、证券等专业机构。分别负责 为企业股份制改造、资产重组与购并、股票首发上市与配售、上市公司配股、增发、发行可转 债等事项提供专项法律服务、及为上市公司、拟上市公司、商业银行、保险公司、信托公司、期货经纪公司及其他各类企业提供法律服务、担任常年法律顾问和专项法律顾问。

孟繁旭律师事务所自创办以来，可谓是名声显赫，成绩斐然，闻名遐迩，有口皆碑。不仅令上级主管部门和百姓满意，业内人士也是交口称赞。仅1995年至1998年三年间便承办了30余件在全省乃至全国有重大影响的案件。其中“乔四”流氓集团案、俄罗斯米哈依尔抢劫案、刘金彪诈骗案、哈市国贸城张庭浦专案等特大案件的成功办理，引起了社会强烈反响。与此同时，该所还借助担当黑龙江省电视台、黑龙江省电台交通广播、新晚报、党的生活杂志、伙伴杂志等十几家新闻媒体的法律顾问向社会提供无偿的法律咨询服务，积极参与各种法律援助活动。为普及全民法律知识，提高全民法律意识做出了突出贡献。

为了使执业律师的水准不断提高，跟上时代步伐，适应新形势的发展，与国际接轨，该所大力加强律师业务培训，除在所内学习基础上，还鼓励律师回到校园二次充电。选送优秀律师到省内外知名的高等学府进修研究生、博士生课程，输送优秀人才到美国、加拿大等国家学习国外法律，提高涉外业务能力。

孟繁旭律师事务所十年来所取得的骄人业绩得到了社会的认可和众多媒体的广泛传播。中央新闻媒体、省内重要报刊杂志、香港《大公报》等均频繁报道，电视、广播等更是热门追踪。1999年该所被黑龙江省司法厅评为“省级文明律师事务所”、“学东莱创建人民满意政法单位、政法干警活动达标单位”；2000年被黑龙江省直属机关精神文明建设指导委员会评为“省直文明单位标兵”，同年做为黑龙江省唯一一家律师事务所被司法部授予“部级文明律师事务所”称号，并荣获黑龙江省首届律师电视辩论大赛团体冠军。

随着孟繁旭律师事务所在全省及全国所产生的巨大影响，该所的主要负责人孟繁旭律师更是名声大振，妇孺皆知，赢得了“问不倒的律师”、“辩场煞星”的美誉。他仪表英俊威严，为人善良、正直、执着，原则性强，谙熟法理、法条，有“活法典”之称。他在承办各类案件中，从不接受当事人钱物和宴请，对当事人只究案情，不徇私利。在法庭辩论中，他永远是那样的镇定自若，坦坦荡荡，以事实为依据，以法律为准绳，用自己的雄辩之才和凛然正气维护着法律的尊严和当事人的合法权益。他的义正言辞、铿锵有力的辩护，每每使法官、当事人双方和旁听者的心灵感到震颤，不时展现出大律师的风采，令人叹首折服。由于他正义诚信，懂法守法，所以受到社会各界敬慕和青睐。1992年孟繁旭在全省律师“双十优”评选活动中被评为优秀刑事辩护律师；1994年当选第三届“黑龙江省十大杰出青年”，并被评为黑龙江省首届十大优秀律师；1996年被评为全国司法行政系统英雄模范；1998年当选模范工作者标兵；1999年他的事迹被载入大型文献《<中华魂>中国百业领导英才大典》，同年被评选为第二届全国十佳律师。如今他是黑龙江省政协常委，哈尔滨工业大学兼职教授，黑龙江省工商联常委，黑龙江省律师协会副会长。

黑龙江孟繁旭律师事务所不仅重视律师队伍建设、重视提高服务质量回报社会，更重视法律人才的培养和教育。本所与东北农业大学联合创办了“东北农业大学孟繁旭律师学院”，此举不仅对本所事业的发展有重要意义，同时对促进黑龙江乃至全国律师的培养、队伍建设都具有深远的意义。

辉煌的业绩和普遍的赞誉使孟繁旭本人及全所律师极为振奋，他们决心珍惜所获得的荣誉，以更高的标准要求自己，精准地运用法律为人民全心全意服好务，不懈进取，再接再厉，再铸辉煌。

地址:黑龙江省哈尔滨市南岗区西大直街 241 号
电话号码:0451—86350670　0451—86350671
0451—86350672　0451—86350673
0451—86350674　0451—86350675
0451—86350676　0451—86350677
传真号码:0451—86350679
电子邮箱:mfanxu@mfxlawyer. com

江苏红五星律师事务所

江苏红五星律师事务所是经江苏省编委和省司法厅批准成立,江苏省法学会主办的省直属国办律师事务所。事务所以高层次、专业化、规模化为发展目标,在金融证券、建筑房地产、公司法律、国际贸易、涉外业务、刑事诉讼等领域有较强的实力,成功地承办过多起在省内外有影响的经济案件和非诉讼法律业务。

我所现有执业律师及辅助人员 46 人。在执业律师中,既有法学理论功底较深的教授、研究员、硕士生,也有一批在省市长期从事司法业务的老律师。中青年律师多数在著名学府受过正规教育,他们都具有丰富的执业经验。

事务所在市中心地带拥有宽敞的办公用房,现代化的办公设施,并配备电脑,建有信息法律库及其它通讯工具,保障准确、快捷、优质地为当事人提供法律服务。

近来,根据业务发展的需要,经司法厅批准,本所在南京市大厂区、浦口高新技术开发区分别设立接待站,并有律师在此办公。

本所一贯坚持服务第一、信誉至上的原则,竭诚为广大客户提供全方位的法律服务。

地址:南京市上海路 160 号南楼
电话:(025)3308455(总机)
3306385　6638814　3306375
传真:(025)3325116
E—mail:wxlawyer@public1. ptt. js. cn
http://www. lawyers—cn. com

海南方圆律师事务所

[公司概况]

海南方圆律师事务所 1994 年经司法部、中国证监会批准,取得从事证券法律业务资格。本所自成立以来,尤其是自获得从事证券法律业务资格以来,参与了相当数量的企业,公司的股份制改组和股票发行上市,现担任海南近十家上市公司的法律顾问。主任:涂显亚。

[经营业绩]

1、海南省清澜港火电厂项目,我所负责该项目的谈判、法律策划和论证,合同审查与修改。

2、海南爱普电子有限公司的设立和运营,这是海南省重大高科技项目,我所负责公司设立、技术转让、股权设置等方面的合同起草、方案制订、法律论证等法律事务。

3、海南中富证券经纪有限公司的重组设立,该公司的设立以海南中商期货交易所的资产重组为基础,我所参与了中商所的资产重组、中富公司的设立,为其提供全方位的法律服务。

4、海南金海股份有限公司的股票发行上市(1996 年),我所作为发行人律师。

5、海南寰岛实业股份有限公司股票发行上市(1997 年),我所作为发行人律师。

6、海口农工贸(罗牛山)股份有限公司股票发行上市(1997 年),我所作为发行人律师。

7、海口农工贸(罗牛山)股份有限公司配股(1999 年),我所作为发行人律师。

8、海南椰岛股份有限公司股票发行上市(1999 年),我所作为主承销商广发证券有限责任公司的律师。

9、海南欣龙无纺股份有限股票发行上市(1999 年),我所作为发行人律师。

10、海南恒泰芒果产业股份有限公司资产重组法律顾问(2001 年)。

11、罗牛山申请增发,我所作为发行人律师(2001 年)。

目前,本所为其担任常年法律顾问的上市公司有:海南欣龙无纺股份有限公司、海口农工贸(罗牛山)股份有限公司、海南轻骑海药股份有限公司、海南新大洲控股股份有限公司、海南大东海旅游中心股份有限公司、海南新能源股份有限公司、海南高速公路股份有限公司、中钨高新材料股份有限公司。

证泰律师事务所

证泰律师事务所(以下简称证泰)是经中国司法行政机关批准设立的合伙制律师事务所。作为一家综合性律师事务所,本所以著名专家、学者、国内外著名大学毕业的博士、硕士并具有多年丰富执业经验的资深律师组成一个强大的专业团队,在专业化分工的基础上,进行各种资源的优化配置与整合,本着“信誉第一、质量为本、客户利益至上”的服务理念,奉行强烈的团队精神,精诚合作,为国内外客户提供优质高效的法律服务。

证泰律师在执业过程中始终以寻求及维护当事人合法权益最大化为唯一宗旨,基于对当事人需求及项目背景的深刻理解,侧重于为当事人提供积极的、具有建设性及可操作性的个性化解决方案。

证泰律师在执业过程中精益求精并始终遵循上述宗旨,成功地维护了众多当事人的合法权益,取得了一系列出色的成绩,这是证泰律师取得国内外广大当事人充分信赖的坚实基础。

邮政编码:100005
地 址:北京市东城区建国门内大街 8 号中粮广场 B 座 11 层
电 话:(010)85118701/02/07/08
传 真:(010)65238668
电子信箱:zt148@zt148. com

培明律师事务所

培明律师事务所成立于一九八四年,积近二十年律师工作之经验,是一家无可争辩的资深律师事务所。

诚信、高效、专业、杰出是培明律师事务所的立所之本及郑重承诺。

“培浩然正气,明法理是非“的所训体现了诚信为本的宗旨。

遵循热情严谨、慎密快捷、追求高效的工作原则。

四十余名专业律师组成多个专业部门,提供具有针对性的专业化服务。

事务所主任郑培明律师任云南省律师协会副会长及昆明仲裁委员会专业仲裁员多年,从事法律教学和律师工作三十余年,具有较高的社会知名度和声望。

全所律师以出色的专业知识和诚信敬业的工作态度为社会各界提供满意、杰出的法律服务。

培明律师事务所是值得您信赖的朋友。

地址:中国昆明龙井街1号云旅大厦12层
邮政编码:650021
电话:(0871)3627597、3627589
传真:(0871)3640812、3627596
E—mail:pm@pmlaw.net
主页:www.pmlaw.net

中华全国律师协会

中华全国律师协会成立于1986年7月,是社会团体法人,是全国性的律师行业自律性组织,依法对律师实行行业管理。

中华全国律师协会的宗旨是:团结和教育会员,维护宪法和法律的尊严,忠实于律师事业,恪守律师职业道德和执业纪律;维护会员的合法权益;提高会员的业务素养;加强行业自律,促进律师事业的健康发展,以发展社会主义民主,健全社会主义法制,促进社会的文明和进步。

中华全国律师协会每三年举行一次全国律师代表大会,选举产生理事会,理事会选举本会会长、副会长和常务理事。在全国律师代表大会和理事会闭会期间,常务理事会行使理事会的职权,执行全国律师代表大会的决议。秘书长领导执行机构进行日常工作。

依《中华人民共和国律师法》,中华全国律师协会的主要职责为:

(一)保障律师依法执业,维护律师的合法权益;
(二)总结、交流律师工作经验;
(三)组织律师业务培训;
(四)进行律师职业道德和执业纪律的教育、检查和监督;
(五)组织律师开展对外交流;
(六)调解律师执业活动中发生的纠纷;
(七)法律规定的其他职责;

律师协会按照章程对律师给予奖励或者给予处分。

中华全国律师协会现共有团体会员31个(即各省、自治区、直辖市律师协会),个人会员十万余人。

中华全国律师协会现设有六个专门委员会:维权委员会、律师执业纠纷调处委员会、律师行业规则委员会、律师发展战略研究委员会、纪律委员会、财务委员会。八个业务委员会:刑事、民事(包括传统民法、房地产、公司法三个专业组)、海商海事、金融证券(包括金融、证券两个专业组)、知识产权、经济、涉外(包括反倾销、业务指导、对外交流三个专业组)和行政法律业务委员会。业务委员会由优秀执业律师组成,制定行业规则,规范律师的执业行为,总结交流业务工作经验,提高业务素养和执业技能,参与相关业务领域法律、政策的制定,进行对外交流。

中华全国律师协会执行机构由秘书长领导,下设办公室、会员部、业务调研部、培训部、国际部(中国国际律师交流中心),主办会刊"中国律师"杂志。

办公地点:中国北京东城区东四十条24号青蓝大厦五层
邮政编码:100007
办公联络电话:64060213 84020216(传真)

第三节　证券投资咨询机构

证券投资咨询机构及其执业人员名单

（截至 2002 年 4 月 30 日）

序号	机构名称	通信地址	机构证书编号	电话	具有证券投资咨询执业资格人员
北京					
1	北京清华紫光投资顾问有限公司	北京市西城区阜外大街甲 28 号京润大厦 13 层	0017	010—68042152	沈铭、王爱武、李兴宇、张展、郑威
2	北京君之创证券投资咨询有限公司	北京市朝阳区建外大街 19 号国际大厦 2601 室	0014	010—85262723	符德智、韦抗生、李建忠、曾德垓、陶丹
3	北京京放投资管理顾问有限责任公司	北京市朝阳区北辰东路八号	0006	010—64916225	汪洪、彭吉海、张邦明、彭作纲、袁程武
4	和讯信息科技有限公司	北京市朝阳门外 22 号泛利大厦十层	0005	010—65888866—6070	孙小凡、江婉婷、田娜、孙卫党、张明星、李津文、周晓红、裴三中、王玫、赵战明、安伟、王艳
5	北京中鼎信理财顾问有限公司	北京市朝阳区光华路 7 号汉威大厦 11B1	0008	010—65612518	魏斌、邵东亚、赵奎勋、杨洋、赵永强
6	北京首证投资顾问有限公司	北京市旧鼓楼大街庆丰大厦 216 室	0013	010—64038974	杨成义、董旭海、高铁军、龙江虹、曹远钢、乔庆海
7	北京融正投资顾问有限公司	北京市西城区北营房东里 13 号今儒大厦 B 座 410	0015	010—68362440	宋国良、李广超、彭焱、何兴壮、张泽晓
8	华夏证券有限公司	北京市东城区新中街 68 号	0012	010—65516569	齐亮、张望、彭砚苹、诸建芳、孙鹏勃、李森、董晨、何媛媛、仇彦英、戴春荣、吴春龙、殷亦峰、陈丽辉、袁建军、钱宏伟、许君、于江勇、施中华、沈周翔
9	北京证券有限责任公司	北京市西城区阜外大街 2 号万通广场 B12 层	0016	010—68581166	吕立新、冯玉成、崔海萍、吕松、侯金涛、王晓鹏
10	北京汇正财经顾问有限公司	北京市东城区安外胜古北路 5 号	0011	010—64939642	李刚剑、李庆阳、刘凤鸣、吴喻慧、肖振良、林漳、赵普文、张志标、廖黎辉
11	北京新兰德证券投资咨询有限责任公司	北京市西城区灵境胡同 42 号	0018	010—66072087	王天甫、王颖聪、乐强、邵原、余湛、张大光、张学庆、张景东
12	北京海融资讯系统有限公司	北京 9799 信箱 30 分箱	0003	010—64948698—329	姚振山、夏时柏、周钰、刘琰、谢小磊、林涛、李志刚、金洪涛、董黎明、崔建波、吴浩、丁剑、宣震、黄颖
13	北京东方高圣投资顾问公司	北京友谊宾馆 5 号楼 50539 室	0110	010—68498113	陈健、林仁兴、高磊、梁嘉原、胡海元、蒋颖、冉卫东
14	北京市海问投资咨询有限责任公司	北京市海淀区车公庄西路甲 19 号华通大厦 820 室	0133	010—64957030	姜波、程苹、董利华、雷春雨、崔华峰
15	北京中方信富投资管理咨询有限公司	北京市朝阳区东三环北路甲二号京信大厦 0956 室	0121	010—64660827	田新民、侯积良、赵宇、葛成、何敏志、尤欣
16	北京中咨北方投资顾问有限公司	北京西城区阜外大街 1 号	0134	010—68364899	卢信群、孙少勇、秦雪青、吴建军、刘自敏、慎永海、胡雪明、孔小红
17	中国银河证券有限责任公司	北京市西城区复兴门内大街 158 号	0132	010—66421592	陈东、陈晓宇、陈欣、崔江红、方琴、费庆武、傅斌、郭济敏、何应泽、胡英新、胡永贵、黄格非、黄娇敏、黄旭庆、黄毓平、黎世明、李兵、李立生、李潭、刘光耀、陆琦、罗峰、罗维俭、毛昂、宁占平、浦蕾、祁红、任承德、任剑宏、佘志宏、沈建明、沈洁、苏宏鸣、孙勇、索峰、谭德敏、唐震斌、王建中、王喜峰、王亦雷、魏纪周、吴涛、吴珣、吴月香、吴祖尧、楚刚、谢棋文、徐向华、杨一平、易小斌、张琪、张庆军、张庆生、张庆升、张艳丽、章庆华、赵波、周旭、万彬、陶建中、马霖、熊贤煌、高飞、胡立峰、杜书明
18	北京和君创业咨询有限公司	北京市朝阳区慧忠路 5 号远大中心 B 座 10F	0155	010—84891078	周洪兵、梁军虎、林国春、罗庆丰、王双华
19	北京金美林投资顾问有限公司	北京市朝阳区白家庄 6 号 527	0154	010—68460085	朴曙光、郑刚、黄旻宏、李晓宇、王翔、崔春
20	北京天相投资顾问有限公司	北京市朝阳区幸福村中路锦绣园 D 座	0157	010—84533152	林义相、陈朝阳、陈仕华、于海松、谢德龙、赵宏亮、姜海霖
21	北京中和应泰管理顾问有限公司	北京市海淀区白石桥路 3 号友谊宾馆会议楼四层	0156	010—68728578	王蔚、李振宇、周里勇、李科、王海鸥、刘继东、程辉、王锦海、张欣
22	北京信鼎创富证券投资咨询有限公司	北京西城区黄寺大街 23 号福丽特宾馆 301—302	0052	010—64961535	董敬华、石晓斌、陈卫、叶栩彪、杨瑞
23	北京东方趋势投资顾问有限责任公司	北京市西城区赵登禹路 277 号先锋写字楼 5 层	0019	010—66138520	暂缓通过 2000 年年检，暂停业务
天津					
1	天津证券投资咨询有限公司	天津市和平区西康路 72—74 号云翔大厦 20GH	0089	022—83850149	孙伟、李伟、张雷、张永贞、郑飞虎、黄赛刚、王娟
2	天津市中融投资咨询有限公司	天津市南开区长江道 30 号	0092	022—27421335	韩东、郑晓明、刘春胜、杨湘东、周晓辉、兰海、翟明杰、刘庆忠
3	天津市万科投资咨询有限公司	天津市和平区宜昌道 60 号金腾公寓 302	0090	022—23526228	张旭东、张珣、陈向军、严莉、马晓军、崔立新、李宇、林涛
4	渤海证券有限责任公司	天津市经济技术开发区第一大街 29 号	0164	022—28451813	谢富华、尹召红、张晓君、张蕾、周金涛、杨光炜、张尚政、赵文慧、王怡强
山西					
1	山西广瑞投资财务顾问有限公司	山西省太原市迎泽大街 318 号	0056	0351—4937324	邸永忠、毛春临、赵树人、牛向阳、周晓东
2	山西证券有限责任公司	太原迎泽大街 282 号	0102	0351—4062188	武建峰、郑敬忠、刘文康、邬展霞、张科职、文建伟、张彦君、田莉华、党银良、石志勇、尤济敏、郭建兴、乔永朝、韩冬梅、孙小利、朱晋平、原登峰
内蒙古					
1	内蒙古证券有限责任公司	呼和浩特市新城北街 62 号	0122	0471—4965261	张俊峰、张宗友、冯亮、崔智、白云
2	内蒙古方达证券咨询有限责任公司	呼和浩特市新城区昭乌达路 85 号建发大厦 3 楼	0160	0471—4991464	布拉格、张宇、杜轶学、赵普文、郭威
辽宁					
1	沈阳汇融投资咨询服务有限公司	沈阳市和平区太原北街 1 号金城宾馆	0113	024—23402566	王璐、余涛、孙伟、肖朗、张凯、胡昱明、石贵臣
2	鞍山市金龙投资咨询有限公司	鞍山市铁东区前进路 8 号	0138	0412—23960659	周凤武、王天奇、张勇、李胜、李鹏
3	沈阳渤海投资咨询顾问有限公司	沈阳市和平区 13 纬路 70 号	0158	024—22857433	赵宏宇、严九鼎、王秀英、黄震、李辉、张实、何玉清
大连					
1	大连北部资产经营有限公司	辽宁省大连市西岗区中山路 141—3 号	0051	0411—3688879	杨红桥、董政、徐梦寒、陆新宇、赵立国
2	大连宝鼎咨询有限公司	大连市西岗区市场街 201 号	0153	0411—3626588	李娜、董晓芳、徐晓冬、杜英勃、钱来智、吴英杰
3	大通证券股份有限公司	大连市中山区人民路 24 号	0163	0411—2539633	胡爱国、吉喆、张立渲、王平、付佐民、高旭、梁小乐、刘辉、孙艳萍、刘启东、张宏全、石巍、尹娟娟
吉林					
1	吉林省北方万盛投资管理顾问有限公司	吉林省长春市光明路 2 号金融大厦营业部三楼	0047	0431—8922381—2681	于永、赫荣祥、程世永、马振江、李晓冬、贾元鹏
2	东北证券有限公司	吉林省长春市长春大街 142 号	0135	0431—8910424	焦志常、韩健、贺义、张迹、章关荣、刘鹏、毕子男
黑龙江					
1	黑龙江省容维投资顾问有限责任公司	哈尔滨市南岗区西大直街 161 号电子大厦 703	0033	0451—4649709	刘宝华、翁伟东、张健、丁莹、徐桂英、姜鸣
上海					
1	国泰君安证券股份有限公司	上海市延平路 135 号	0073	021—62674110	姚蓉勤、胡隽、施任梅、胡远航、芦新梅、张戬非、王剑梅、胡崇俊、彭韬、潘洁、向波、孙玲玲、韩孝亮、向宇明、魏晖、杜丽娟、杨青丽、张骏、黄敏、

					秦嘉学、胡建发、莫言钧、哈索库、魏兴耘、马玖军、孟庆亮、赵贵来、渠洪喜、张峡、刁悦、许滨、夏有力、王戈、陈希怡、张凌云、冯智勇、王青怡、李开、江伟、史沛然、唐毅俊、黎平刚、曹勇志、曹紫涛、陈广志、靳贤明、初同新、范海洋、黄昕、李小勇、吴寿康、吴军、肖利娟、谢建军、徐凌峰、王福、阮克竖、张剑文、张敏、张大军、郑学璋、舒晓光、李志凌、刘广宇、刘泉、刘令仪、刘瑀、林彬、魏业华
2	上海申银万国证券研究所有限公司	上海市南京东路99号3楼	0065	021—63298888 63298868	高清、魏道科、强立、董樑、钱启敏、牟永宁、黄燕铭、杜松宁、秦曦、廖舒天、严爱娥、张岚、赵金厚、蔡国华、鞠学良、盛亮、单永志、王艳、陈晓琳、朱安平
3	海通证券有限公司	上海市唐山路218号	0071	021—65845291	高道德、刘军、娄伟、程昕、朱吕陈、马婴、张峦、胡祖刚、于小丽、陈绍胜、胡曙光、王益聪、熊旭敏、张均宇、金铭、顾峥、王建敏、邵佳民、郎唯群、金冠峰、张崎、张卫东、杨晖、凌如水、陆成渊、张士军、余颖舟、乔雷璋、李保国、陈久红、顾青、梅文胜、刘宇英、张晓红、葛向红
4	上海亚洲商务投资咨询有限公司	上海市延安西路2558号8号楼	0072	021—62959001	何晓军、陆敏、陈广浪、高宇、戴群中、刘劲林
5	上海世基投资顾问有限公司	上海市瑞金路65号	0070	021—56371511	陈宪、其实、鲁晓云、黄永东、王凌霄、徐磊、徐敏毅、徐鸣、冯舒鸣、沈益伟、江铁、汪洋洋、赵治忠、陈实、郑旻、廖晖、杨蕾
6	上海中广信息传播咨询有限公司	上海市昌平路556弄206室	0063	021—63861243	焦宏坤、吴坚、袁丽、吴为民、干宝雁、胡锰、徐军、陈磊、姜韧、孟中伟
7	上海证联投资咨询服务有限责任公司	上海市金陵中路72号2楼	0066	021—58703410	陶永根、陈黎明、钱伟海、张延兵、丁建厂、雷建辉、沈钧、汪昕赟
8	上海万国股市测评咨询有限公司	上海市122—007信箱	0062	021—58358128	张长虹、王永辉、余海华、陆飞、林震、张晓峰、陈玫、唐军、戴俊、李浩、赖湧涛、杨伟权、赵力行
9	上海点津投资顾问有限公司	上海市浦东南路528号证券大厦北塔15层	0061	021—6881111 —268	周倜、沙俊涛、邹炜、徐宣宣、谢红娟、喻家庆、孔莉、何锦晖、罗志勇、张宪龙、杨柳
10	上海新兰德证券投资咨询顾问有限公司	上海市浦东大道2000号阳光世界15楼	0059	021—58525969	曲静瑶、俞志强、梁琦、陈宇、郭禹令、张鲁东、刘力军、陈全胜
11	上海证券综合研究有限公司	上海市浦东新区银城东路139号华能大厦35楼	0069	021—68863288 —666	郭勇斌、励列俊、孙雷民、郭胜、郑侠、耿依宁
12	东方证券有限责任公司	上海市浦东东方路1025号	0060	021—62569213	陶晋、李峰、梁宇峰、阮斐、程俊豪、赵雷、冯玉明、吴一萍、伍军、鲁伟铭、夏锐鹏、顾伟、吴晓晖、魏立波
13	光大证券有限责任公司	上海市浦东南路528号证券大厦南塔15、16楼	0068	021—68816000	杨旭、张奇英、陈建东、杨建华、赵红蕾、宋健、杨小川、邓小明、罗江涛、罗晓群、周照利、朱铟、王宏业、陈晓明、侯良智、卢文伟、刘向军、高玉喜、吴美萍、戴绪鹏、张琼
14	上海赛德投资咨询有限公司	上海市茂名南路265号1001—1003室	0067	021—64678880	潘敏立、钱锋、吴江、俞力、赵远军、薛永胜、刘佳、胡柏良
15	上海金信证券研究所有限责任公司	上海市长乐路1219号长鑫大厦17楼	0064	021—64716524	刘踊翔、顾宇萍、王汇涛、刘园萍、杨兴君、陈兆洪、侯英民、许祥、徐毅、金巍
16	上海金汇信息系统有限公司	上海市南京西路1168号中信泰富广场17楼	0111	021—52984455	胡少红、李智、刘宇、武鹏、廖冰、曾巍、申庆九、林志宗、王永胜、肖星、张泽
17	上海万盛投资资讯有限公司	上海吴凇路357号	0112	021—63575253	赵海林、赵立强、季敏波、刘鄂秋、王伟纲、陆洁华、袁利军、邹胜、王飚
18	上海新世纪投资服务有限公司	上海四平路953号美鑫大楼楼401室	0114	021—65363892	潘翠英、陈剑芬、韩晔、许国才、钟智伦
19	上海市涌金理财顾问有限公司	上海市云台路80号301室	0116	021—68865126	朱锦伟、许德培、乔志城、陈月敏、刘铮、周福民、徐静
20	上海中智富投投资研究有限公司	上海市淮海东路85号15楼	0139	021—63555888	陆正阳、王艳、袁洪波、周群、茅有为、吴鸣、姚蔚冰、陈茹
21	上海君创财经顾问有限公司	上海市东方路985号20楼E座	0140	021—50818602	黄忠明、钱伟琛、孙枝来、吴缨、邹永新、杨继宏、郭瑞
22	上海益邦投资咨询有限公司	上海市甘河路8号明道大厦三楼	0144	021—62446568	雷俊、孙凯、王波、王锦凌、张善炎、凌有法、邓辉、贺桂光、周巍巍、方焰松、蒋高峰、韩令杰、任文辉、马小涵
23	上海新资源投资咨询有限公司	上海陆家嘴桃林路18号环球广场B座2608、2609宅	0161	021—58213312	梁文斌、杨蕾、贾秉杰、孟繁智、马建、林蔚先
24	上海证券有限责任公司	上海市九江路111号	0159	021—63237899	杨明、郑伟刚、姚新民、姚兴涛、强盾、蔡钧毅
25	上海上证吉龙投资咨询有限公司	浦东南路855号世界广场29楼C座	0048	021—38870448	刘晓东、张礼进、赵俊峰、潘宇伟、王建平、王新宇、张德良
江苏					
1	华泰证券有限责任公司	江苏省南京市中山东路90号华泰证券大厦	0049	025—4579777	李杰、郝国梅、瞿醒、毛昽、武晓春、钱建、潘伟荣、朱伟、顾立新、李响、王鑫、武廷山、张世国、朱建平、何叶、周志军
2	江苏现代资产投资管理顾问有限公司	南京汉中路180号星汉大厦7楼D栋	0099	025—6799451 —801	王成君、周昊、丁玉芳、吴耀、闫近伦
3	江苏天鼎投资咨询有限公司	南京市北京东路31号楼四楼	0123	025—4716225	甘丹、秦洪、金战、邱敬萍、钟华、胡凯、韩勇
4	太仓证券投资咨询有限公司	太仓市城厢镇体育东路8号	0136	0512—53952804	陈红兵、王 翀 、马晓阳、穆宝敏、周朝晖
宁波					
1	宁波海顺投资咨询有限公司	浙江省宁波市望京路燎原桥2号帝力大厦	0095	0574—7345707	王栋、钟天强、单雄鸣、陈睿
2	天一证券有限责任公司	上海市北京西路99号六楼	0162	021—63192126	杨晟、孙泱、江伍平、鲁俊、张恩业、魏舟辉、叶伯年、徐兴夫、贺红波
浙江					
1	浙江证券有限责任公司	浙江省杭州市延安路400号	0094	0571—7084931	马文新、吕小萍、范国祖、余雷、胡建平、王爱凡
2	杭州新希望证券投资顾问有限公司	杭州下城区朝晖五区华东设计院招待所内	0098	0571—5069013	王玮、王治平、胡俊、凌俊杰、楼荣荣、乐坤久
3	杭州三元证券投资顾问有限公司	杭州市上城区涌金路起171号—15	0124	0571—7068018	吴劲松、谭志浩、王雷杰、杨惠忠、龙华
安徽					
1	安徽新兴证券投资咨询有限责任公司	安徽省合肥市长江路357号证券大厦	0002	0551—7037488	袁立、康淑敏、贺晓、常硕永、王世清、刘锦峰、丁国宇、郭松平
2	合肥皖建投资咨询有限责任公司	安徽省合肥市屯溪路306号金安大厦1405室	0125	0551—4666990	张本照、袁家春、徐建新、姚禄仕、陈晓辉、杜士平、孔文方、姬冠容、王雪涛、付智颖
福建					
1	福建省闽发证券有限公司	福建省福州市五四路158号环球广场28—29层	0022	0591—7804468	林瑾、黄列、陈许峰、吴秋容、汪贵华、王金叶、郑景利、杨卫东、周新风、邱少甦、陈东
2	福建省企业顾问有限公司	福建省福州市湖东路天骜大厦6层	0001	0591—7567384	欧阳建勋、吴鹍祥、关菁、林炳华、林挺、张云峰、江用峰、王峰
3	兴业证券股份有限公司	福建省福州市湖东路99号标力大厦	0021	0591—7543143	熊伟佶、吴明、邱江传、彭李雯、刘锋、申庆、王传序、刘秋芬、郑捷、吴齐华、刘景、方有伟、许颖、俞园、林朵、颜克益、陈慨、

					张俊东、吴怀坤、唐嘉平、张训苏、宋淮松、郭光琛、王锐
4	福州天力投资顾问有限公司	福州鼓楼区井观外观巷中华大厦415室	0103	0591—7851045	贾新华、姚迅、卓敏、吕文德、聂成文、杨震、蒋皓如、陈文彬、汪少雄
5	福建儒林信息技术发展有限公司	福州市五一路32号元洪花园水仙阁2—C	0150	0591—3323649	叶金兴、黄汉杰、林辉、刘晓军、陈朝荣、陈少东、陈冬、张杰军、郑跃明、林访勇
6	福建天信投资咨询顾问有限公司	福州市五一北路1号力宝天马广场14层E/F	0151	0591—3372508—207	胡维清、黄清、周强、刘代叶、林丽
厦门					
1	厦门市鑫鼎盛证券投资咨询服务有限公司	福建省厦门市湖滨南路鸿翔大厦12楼C、D座	0024	0592—5185714	卢镇金、杜朝运、颜长胜、肖杨清、徐宝林、蒋峰、颜开强、伍伯宏
2	厦门新汇通投资咨询有限公司	福建省厦门市长青路惠元大厦14层	0023	0592—2043363	孔志卫、冷元庆、姚正禹、周翔、黄国典、林军、江培煌、华国
山东					
1	山东神光咨询服务有限责任公司	山东省济南市佛山街51—A	0054	0531—6032100—811	孙成钢、董佳芳、李立宗、刘建刚、赵卫国、孙佃民、文国峰、申敬松、栾丽萍、汪贻文、王全胜、廖晓媛、陈品轩、梅养和、朱澄宇
2	山东国发投资顾问有限公司	济南解放路165号8楼810室	0109	0531—6994404	马刚、盛昕、牛立军、谢永华、王法力
3	山东百益顾问咨询有限责任公司	济南市经四路267号	0117	0531—2910242	宋振学、华东、李海明、刘瑞花、马强、侯文生
4	济南英大证券投资咨询有限责任公司	济南市馆驿街318号	0128	0531—6035544	迟雷、殷彩雷、刘传东、徐朝晖、王金栋、朱筠
青岛					
1	青岛安信投资顾问有限责任公司	青岛南区宁夏路120号裕丰大厦601室	0100	0532—5753392	李群、唐建平、赵强、汪辉、李国柱
2	青岛市大摩投资咨询有限责任公司	青岛瞿塘峡路47号海富楼702户	0141	0532—2667321	徐胜治、吴军、聂福刚、任奎斌、马欣、于伟
3	万通证券有限责任公司	青岛市延吉路42号	0149	0532—5829452	刘志亭、官晓滨、孟令福、陈亮、雷洪志、郭泽军、李锦、董文
河南					
1	河南省金博投资咨询有限公司	河南省郑州市纬四路东段19号12层	0036	0371—5614901	薛保谦、薛胜利、刘继广、张金科、柳循晓、谢清喜、于军礼
2	河南万国咨询开发有限公司	河南省郑州市政二街3号	0038	0371—5951334	宋全启、宋绪钦、许四海、刘吉斌、王丽英、王宏伟
3	河南华证金融投资咨询有限公司	河南省郑州市纬五路9号	0037	0371—5905304	张爱民、刘增学、王晓刚、杨中贤、郭兵、朱小会、马海燕、陈恺、王义
4	河南博星投资咨询有限公司	郑州纬二路31号附19号	0101	0371—5741018	袁光顺、张保盈、高颖生、刘乐宇、江松伟、陈禹、彭娟娟、秦阿峰、穆伯达、艾越进
湖北					
1	武汉证券有限责任公司	湖北省武汉市江岸区沿江大道130号	0040	027—82847643	张戢、陈国平、马传刚、张泽宇、吴金娇、余进洋、褚卫、姜振中、方文洲、许军、肖显义、高民、郑义彬、杨鲁德、田俊、张国新、胡飞宇、张涛
2	武汉新兰德投资顾问有限公司	湖北省武汉市汉口竹叶山黄河路特1#+C71	0039	027—82863007	李勇、叶学平、宋雨桐、曾刚、刘诗亮、黄国庆
3	三峡证券有限责任公司	湖北省武汉市武胜路泰合广场30楼	0042	027—85712077	宋辉旺、李玉清、赵天如、郭小芳、罗嗣红、周辉、刘澈、匡小新、候向前、何卫、陈俊洪、陈蕾、叶迎春、肖兰、穆兵、陈亚陵、王星华、张子任
4	长江证券有限责任公司	湖北省武汉市汉口新华下路特8号	0041	027—85481722	聂祖荣、李晓昌、刘开忠、黄斌、邵稳重、张义波、赵祐启、陈春艳、叶颂涛
湖南					
1	湘财证券有限责任公司	湖南省长沙市黄兴中路63号中山国际大厦12楼	0046	0731—2233425	张银旗、王建文、夏星舟、陈静、谭青春、王骁敏、赵景星、宋绍坤、唐文萍、焦巍、许超、李洁球、张结、余劲松、吴巍、周帅军、徐嘉昌、刘勇、朱晓明、胡爱军、唐利民
2	湖南金证投资咨询顾问有限公司	湖南省长沙市芙蓉中路489号银河证券3楼	0045	0731—5559056	杨扬、冯晖、柳旌、蒋慕飙、文哲
3	湖南运达投资管理顾问有限公司	湖南省长沙市芙蓉中路29号金属大厦	0043	0731—2250576	曾三、杨孟华、吴晓佳、彭木乔、吴策
4	湖南证券研究所有限责任公司	湖南省长沙市韶山北路359号国税大厦	0044	0731—5382247	申文高、周銛文、曹桂香、余加权、张茂槐、何亚刚、汪劲松、邹文超、熊冰、胡建清、李文捷、程学军、白云、郭晋炜、罗印华、李大庆
5	湖南君士国际投资有限公司	湖南省长沙市芙蓉中路29号金属大厦8楼	0115	0731—2564537	邓可人、吴镇南、马杰、施为民、张晓红
广东					
1	广东科德投资顾问有限公司	广东省广州1232信箱	0025	020—87539978	王泽辉、张旭晖、张亚梁、杨城、蔡志强、林燕群、邢茂荣、张宏、林健明
2	广东金手指投资顾问有限公司	广东省广州市天河南天荣路1号天虹阁201	0029	020—85594195	冯博、柯松平、蔡振武、苏宇春、彭中明、易军、鲁俊海
3	广州市万隆证券咨询顾问有限公司	广东省广州市中山一路21号天兴大厦东塔20楼E	0030	020—87770333	王震宇、孟向东、蔡英姿、陈志斌、吴孔银、黄永耀、江伟、冯剑修、刘慧、潘涛
4	广州越声理财咨询有限公司	广东省广州市人民北路686号	0027	020—8668961	陈新亮、关妙钿、黄鹏、吴向伟、周銛、高宇涛
5	广发证券有限责任公司	广东省广州市天河北路183号大都会广场	0028	020—87555953	谢国满、徐子庆、郭勇、朱项平、方红、游文峰、于小飞、刘文红、童志荣、王建明、闫鸣、肖雯、李华乾、章丹群、徐茂谦、黄统华、黄奕、林国春、李德文、尚大伟、刘炳锋、王晓彬
6	广州证券有限责任公司	广州市先烈中路69号东山广场5楼	0032	020—87322668	彭培祥、陈里强、丁训刚、王苓、陈小坚、徐佑军、黄美田、石志华、胡瑜萍、路志刚、许振、李赞、颜新雯、官照辉、陈建军、罗路石、郭永青、李楠、梁礼平
7	广东证券股份有限公司	广东省广州市东风东路703号	0026	020—87305710	刘新华、胡天存、宋华、蔡裕鹏、邵一帆、向进、汪志德、黄国城、林穗林、蒋罡、陈秋伟、蒋建光、刘慧红、刘小勇、丘海云、王晖、黎维、邓清华
8	广州新升咨询顾问有限公司	广东省广州市文明路178号	0118	020—87750973	胡代强、程传功、尤晓光、王建立、刘莉、梁群力、黎志坚、龙纪明、王东升、苗禾壮、李林、叶朝晖、程昭
9	珠海博众证券投资咨询有限公司	珠海市吉大海滨南路光大国贸中心2602房	0127	0756—2273851	葛隆志、沈飞、何勤阳、赵凤义、徐迁、吴稷
10	广州市运财行投资理财顾问有限公司	广州市环市中北较场路19号金鹰大厦西座9楼	0142	020—83801958	黄伟刚、戴少军、蓝永增、徐浙军、汪旻杰、段超、盖翊中、郭岗、赖剑
11	广东百灵信投资顾问有限公司	广州市海珠北路228号4楼	0143	020—83484091	周建新、程峰、刘小华、张志立、吴佳、陈钟、唐斌兵
12	广州博信投资咨询有限公司	广州市五羊新城寺右南一街一巷9号	0145	020—87386078	林庆廉、李科杰、郭世忠、李龙波、余次娥、胡星城、余春江、唐翔
深圳					
1	南方证券有限公司	深圳市嘉宾路4028号太平洋商贸大厦	0081	0755—2138364	周龙华、蒋露洲、罗延新、陈建钢、郭芃、王勇健、钟立琼、詹诗华、孟浩、刘细兵、朱文晖、田世欣、汪前明、程志斌、王义国、杨冬梅、高戈、桑卫峰、杨宗耀、周绍晓、胡洪涛、顾宝成、鲁亦斌、陈红、陈淼、刘仁和、涂斌、符致东、王创练
2	中信证券股份有限公司	北京市朝阳区新源南路6号京城大厦3层	0009	010—64661492	黄卫中、张明莉、王丹林、孙林、刘伟、宋文雷、周鹰、武昂、孙超、沈宇飞、张淑绵、周扣山、黄涛、林继东

3	联合证券有限责任公司	深圳市深南东路5047号发展银行大厦10、24、25层	0080	0755—2492037	英定文、张弘、段海虹、杜丽娟、谭伟成、山鹰、蓝滨、王逸钢、王晓东、左恩林、周世杰、陈炜、向南忠、霍光、姜殿耀、陈东胜、闵晓蒙
4	深圳市尊悦证券投资顾问有限公司	深圳市华强北路新世纪酒店9楼924	0084	0755—3264567	梁涌、王光明、万海龙、熊勇兵、陈少勇、翁建雄
5	深圳市周明海询商务投资顾问有限公司	深圳市八卦一路鹏盛村一栋2212室	0075	0755—2401632	刘建军、郑炜、陆欣、王宋、姚欣东、黄治雄
6	深圳新兰德证券投资咨询有限公司	深圳市红荔西路上步工业区201栋4A02	0078	0755—3253821	黄玲、吕万珍、曾伟、林昆仑、刘月新、孙亚铭、陈文杨、裴继伟
7	深圳市怀新企业投资顾问有限公司	深圳市深南东路5045号深业中心3104	0083	0755—2083077	聂根红、赖宏斌、杨新波、陈映鹏、刘斌、关登成、郑树钿、刘纯浩、张剑峰、王斌、覃欣
8	深圳华鼎财经资讯股份有限公司	深圳市建设路23号国际金融大厦27层	0082	0755—2220394	祁大成、黎松、傅子恒、徐泽林、杨淑梅、黄家坚、李华、薛树东、刘建武、曾祥进
9	深圳市珞珈投资咨询有限公司	深圳市福田区笋岗西路银华大厦9A01	0077	0755—3791802	陈杰、邓学文、吴敬远、林师顺、杨波、陈炜、冯明波、樊五州、张勇、曾勇、蔡红标
10	国信证券有限公司	深圳市红岭中路1012号国信证券大厦	0079	0755—2130833	郑育淳、何劲、殷怀义、文德军、邵兵、邢修元、姜必新、王海平、曲亚男、刘惟进、邱光福、李文辉、苏细强、周建新、白燕阳、马志新、张文、赵兵、李世新、梅松
11	国通证券有限责任公司	深圳市福田区深南中路34号华强佳和大厦座8—11楼	0076	0755—3796300	汪顺德、任远果、彭小泉、尹中立、喻洪涛、周力、范路、李昕虹、沈剑冰、刘越、邓良生、王国青、张悠金、邱波、段敏、李稷文、康剑雄、郭业胜、周崇武、程国发、马逸伦
12	大鹏证券有限责任公司	深南东路5002号信兴广场地王商业大楼8层	0074	0755—2463388	梁天喜、康凯、艾民、沈彤、杨刚、陈作为、高声敢、李硕、林田、蒋顺才、李军、曲俊生、谈自力、于克银、钟精腾、刘伟平、李翔、洪海、居培明、胡伟涛、祝朝安、李保东、王晓路、田军伟、余志情、李军、曲胜、李敬献、牛承悦、黄凯军、武增祥、刘军云、王孝德、李卫红、翟斌、龚小万、李冬梅
13	长城证券有限责任公司	深南大道6008深圳特区报业大厦16/17楼	0108	0755—3516234	王勇、邬玮、刘希玮、梁燕华、王玮、梅律吾、邓红郢、林采宜、徐涛、熊俊、顾颖杰、黎瑛
14	深圳中证投资资讯有限公司	福田区深南中路国际科技大厦1608室	0107	0755—3760415	高文伟、吴学杰、马越、王曦、张志民
15	平安证券有限责任公司	深圳市福田区八卦岭八卦三路平安大厦	0119	0755—2262888—3118	唐勇、陈守红、林贤苏、刘中学、南方、周艳、杨谷、王云峰、刘文弟、陈瑶、徐晓东、金晖、包乃群、钱巍、徐刚、俞静
16	深圳特区证券公司	深圳市福田区彩田南路证券大厦	0131	0755—3379333—2223	纪方舟、杨军、熊艳、王军、徐兴华、李贺光、管卫泽
17	蔚深证券有限责任公司	深圳市振华路飞亚达大厦8楼	0146	0755—3236188—824	龚滨、刘萍、郭涤、吴险峰、张弛、梁卫东、王苏生、杨春华、李海燕、肖建军、李国华、陈晓
18	深圳市晓声投资顾问有限公司	深圳市赛格科技园西三栋C517室	0147	0755—3264311	谢俊扬、高非明、李佐高、夏和平、陈华
19	深圳市芙浪特证券投资顾问有限公司	深圳市福田区景田3号(新闻路)深茂商业中心二层东	0152	0755—3916121	徐莉、杨溢、张宏伟、胡春辉、崔家炳

海南					
1	海南精信资讯有限公司	海南省海口市龙昆北路2号珠江广场帝豪大厦6楼	0034	0898—6754870—262	徐明贵、尹红卫、肖超、符绪永、冯冠、丘晓红、于涛
2	海南港澳咨讯产业有限公司	海口国贸大道港澳大厦2层	0105	0898—8513922	赵重国、田文斌、张诚、陈晓栋、邢军、刘斐
成都					
1	华西证券股份有限公司	四川省成都市西玉龙街10号	0085	028—6741176	陈建平、朱伟、王锦、曾钟吉、毛胜、胡清泉、王勇、胡兰、宋宁、吴坤、陈群
2	成都证券有限责任公司	成都市顺城街南延线大业路39号大业大厦16层	0020	028—7789477	莫春阳、杨华、邹宏、汤咏梅、罗杰、苏小育、赵小玲、黄伟军、肖腾文、杨晓春、文革、穆海权、王虹、曾凤、任福萍、韩震宇、陈芝妮、邹斌、蒙宇、郑伟、仲崇岗、袁炜、钟惠敏、余雪红
3	成都道博投资咨询有限公司	四川省成都市中西顺城街1号四川国际大厦26楼	0087	028—6520073	焦寅、谭翔、傅浩、张丽君、林楠、屈小民
4	成都倍新投资咨询有限责任公司	四川省成都市一环路南三段47号南方证券大厦6楼	0086	028—5577614	严为民、林兰、李小伟、郝彤、王志华、张建锋
5	成都银华投资资讯有限公司	成都市浆洗街10号双玺红楼2楼	0148	028—5560290	董蓉、张燕、熊莹、陈彤、刘曜、杨敏
重庆					
1	西南证券有限责任公司	重庆市渝中区临江支路2号合景国际大厦A幢	0097	023—63794430	况雨林、刘亚林、朱进明、胡虎、梅新岩、陈远明、肖颖、许利民、曹军、吴恒、曾力、张一鸣、吕丹、梁祖芝、赵波、冯德建、刘艾、蒋山洪、牟钢、陈纪元、张艳华、陈敏、陈鹏、黄亮、张刚、赵津蒙、陈敏
2	重庆正友证券投资咨询有限公司	重庆市渝中区沧白路21号31楼	0096	023—63822706	刘艳平、蒋晓东、王晋航、罗栗、蒋志刚、陈蓉
3	重庆市成长财经顾问有限公司	重庆市中山四路渝中大厦22层	0129	023—63623824	王志勇、周庆华、蔡轩、彭毓、刘晖、宋华、莫耀华、邓运盛
云南					
1	昆明博闻证券投资咨询有限责任公司	云南省昆明市西昌路374号	0093	0871—3190727	庄恩达、邓志民、杨学禹、蒋冠、聂方元、高春涛
陕西					
1	陕西巨丰投资资迅有限责任公司	陕西省西安市朱雀门里大保吉巷24号伟业大厦	0057	029—7257154	崔卫东、候鉴、廖晓东、王磊、胡海青
2	陕西融泰投资咨询有限公司	西安市南二环东段正信大厦15层	0120	029—2248823	杨志平、李西君、杨桦、何炜、赵建勋
河北					
1	河北证券有限责任公司	河北省石家庄市裕华东路81号冶金大厦	0035	0311—6082966	许国齐、张海利、王腾、李振梓、曲文波、边丽云、陈淑翠、徐国锋、韩长风、王金晖
2	河北源达证券投资咨询有限公司	石家庄康乐街副19号	0104	0311—7013218	郭增金、张万华、王琪、尚国明、成涛 、张艳芸、张明、郭爱文
青海					
1	青海证券有限责任公司	青海省西宁市东大街103号	0053	0971—8236883	苏武康、徐传豹、黄硕、常锦、仲建强、刘兵、谭去非
宁夏					
1	宁夏嘉信证券投资咨询有限公司	银川市民族北街15号	0130	0951—6014037	刘忠川、刘安定、蔡旭、邓春朝、王宏伟、王文生、卢琦、李辉
新疆					
1	新疆证券有限责任公司	乌鲁木齐市人民路13号附1号	0126	0991—2302164	唐纪平、张高丽、王刚、孙晓明、朱振杰、顾中曙、张海、王峰
2	宏源证券股份有限公司	乌鲁木齐市建设路2号	0165	010—62267799—6421	王德全、刘利、张红霞、高红、谢红涛、高云山、江静、顾君珍、王新辉、杜华、袁磊
甘肃					
1	华龙证券有限责任公司	甘肃兰州市静宁路138号	0166	0931—8888088	杨俊峰、陈曦、李小勇、顾海、陈翠华

第五章　证券业理论研究

2004 年经济形势及证券市场展望

经济发展和资本市场都有自己内在的运行规律，证券市场的变化受经济发展运行规律与资本市场运行规律的影响。在宏观调控政策及其他因素的影响下，2004 年经济增长会有所放缓，呈现先快后慢的特点。与此相适应，中国股市仍然是在经济结构调整与产业产品升级过程中寻找产业竞争力与公司利润的支撑平台，调整仍是主导，个别板块会有较大上涨。

新一轮重复建设带来低效增长

2003 年的经济高速增长，是由投资拉动的。这轮高增长应该能够持续到 2004 年的第二季度或第三季度，但是，2004 年下半年尤其第四季度会大大放慢。

2003 年，新一届地方政府在政绩冲动刺激下，以圈地建开发区与大规模出售国企为诱饵的招商引资，在各地全面推开。低地价或无土地使用成本的诱惑，使众多企业纷纷加大固定资产投资规模。从这一轮投资重复性建设会大大降低资源配置效率。

可以说，这一轮投资确实增加了 GDP 的总量并保证各地两位数以上的经济增长。但是，会进一步降低全国的资本收益率和形成某些行业的绝对过剩。

宏观调控与经济规律的滞后影响

宏观调控与经济规律发挥作用，往往有一个滞后期。影响 2004 年经济增长的因素主要有四大类：

一是宏观调控政策。从 2003 年下半年开始至今后一段时间内，人民银行、财政部、国土资源部等职能部门宏观调控政策逐渐发生作用，提高准备金率、降低出口退税率、严控企业所得税减免、查处违规圈地、整顿市场秩序、加大三污排放查处力度等措施，会使目前的盲目重复投资热有所降温。

二是经济发展评价指标调整。为了加快与国际惯例接轨并扼制盲目重复投资热，2004 年的经济评价指标将有很大改变，GDP 增长仅是指标之一，而且 GDP 的统计要进行分类并作剔除。此外，还要提高新增就业、人均收入增长、人均消费增长等指标在评价中的权重。

三是原材料与能源价格上涨。原材料与能源价格上涨，不仅会影响大多数企业的资金周转速度，而且会降低许多行业的市场利润率。由此会使企业减少新上项目的投资，降低增长速度。

四是居民消费价格上涨。居民消费价格的持续上涨，会降低居民的消费需求与消费增长，尤其是在居民收入增长不能同步的条件下，会使居民消费更谨慎，形成新一轮的产品积压与过剩。

股市仍以寻找支撑平台的调整为主

股市近年来的持续低迷，既不是政策导致的，也不是少数人操纵的，而是上市公司盈利能力与资源配置效率的反映。2004 年证券市场仍将寻找产业竞争力与公司利润平台的支撑，股价全面上涨的“牛市”条件还没成熟。

加入 WTO 以后，中国证券市场主要受两个因素的影响：一是产业竞争力；二是上市公司盈利能力。到目前为止，宏观经济政策一直致力于经济结构与产业结构调整，而产业升级的关键与产业竞争力的提高，取决于“中国制造”能否从“工业产品制造”转向“工业设备制造”。而 2003 年新一轮的经济增长，对推动产业升级的作用较小。因此，可以说中国证券市场的产业竞争力平台并不是很牢固。与产业升级缓慢相适应，上市公司的产品结构调整及产品升级也受到束缚，2004 年不会出现许多利润大幅增长的上市公司。

需要强调指出的是，在政策推动下，外资购并上市公司与外资企业直接上市，会使证券市场在 2004 年形成一个全新的板块。受此影响，上市公司之间的吸收合并也会在 2004 年形成一个新板块。这两大板块可能塑造出一些具有稳定投资价值的上市公司，从而积聚人气，带动股市缓慢回升。

通过功能整合促进证券市场成熟

为了充分发挥证券市场的资本聚集功能，提高全社会的资金效率，中国股市应以盈利能力为核心聚集资本，为有竞争力的公司提供融资。为此，要考虑解决三个问题。

首先是风险融资应从已有的证券市场中分离。

在股市持续低迷之前的牛市中，股价涨幅较大的多是高科技或以高科技外壳包装的股票，进入持续低迷的熊市后，投资者损失较多的也是高科技公司。排除包装的因素，大多数高科技公司达不到利润预期，高科技产业及高科技项目具有极大的不确定性。沪深两个市场由起步阶段的扶植国有企业到今天扶植高风险的科技产业，中小投资者作出了巨大牺牲。为了让证券市场聚集资本的功能得以发挥，让中小投资者得到利润回报，应该把风险融资从证券市场中分离出来，建立专门的方便高科技产业融资的场外交易市场或创业板市场。

其次，公司上市应以现实利润为基数降低平均融资额度。

上市公司以高于 20 倍甚至高达 80 倍市盈率上市融资，带来的直接结果是公司融资以后的资金使用效率极低，甚至会诱发其他的违法行为。因此，股市应严格限制上市公司的融资额度，以低于 10 倍的市盈率进行首次上市融资。

此外，应以上市公司之间的吸收合并替代上市前的规模拼凑。

我国上市公司规模小是不可回避的现实，通过上市前的拼凑形成规模而上市，虽然可以做大上市公司，但是上市前的关联交易或不可告人的交易及包装，不仅为上市后的监管留下了隐患，而且为上市后的公司经营管理留下了障碍。因此，应该重点支持公司上市以后的吸收合并。为有利于上市公司之间的吸收合并，还要明确一个最后的期限，自此以后的上市公司应是全流通股。

文宗瑜，博士，任职于财政部财政科学研究所，兼任全国九省市经济顾问，六家非银行金融机构的经济顾问，十二家企业集团的财务顾问，五家上市公司的独立董事。

2004年中国经济和证券市场十大猜想

通胀会不会卷土重来

正方:在投资增长的带动下,生产资料价格会进一步走高,并逐步传导进入消费品,抬高其成本,促使其价格上扬;农副产品价格将延续目前的走势,继续上涨;居民用水用电价格以及房租、教育等其他服务项目价格也将呈上涨之势。这些因素有可能推动2004年CPI上涨3%以上,形成轻度通货膨胀。

反方:在银根有所收紧的货币供给环境下,投资增速将逐步回落,难以继续推动生产资料价格大幅上涨;消费品整体而言仍是供大于求,不会出现持续性上涨;随着供给的增加,明年下半年起,农副产品价格就可能走软;服务项目在CPI中占的比例较低,其价格的温和上涨,不会大幅推高CPI。

股指能否超越"6·24"

正方:宏观经济走好,自会"水涨船高"。虽然结构调整仍会继续,但核心资产的"权重"地位不容撼动。"一元股"的出现反而会进一步强化核心资产对综指的影响力,"综指成分化"情形可能出现。

反方:核心资产导演了今年的"二八现象",在这种"贫富分化"严重的情况下,综合指数失真早已不是什么秘密。"上证50"的推出将进一步促使市场资金向核心资产聚拢,而2004年价值投资的继续盛行只会促成"局部牛市"。

全流通试点能否破题

正方:有关试点方案已近成型,正待最后拍板,预计2004年很可能在一些条件适合的上市公司开始试点。监管部门与市场已达成一定程度的共识,全流通是大势所趋,晚解决不如早解决。

反方:全流通问题可能会延后解决。全流通问题是一个复杂的系统工程,特别是在国有资产产权的相关立法尚未完全建立的情况下,2004年很难有明确的解决方案。

创业板会不会推出

正方:十六届三中全会决定已写得很清楚:要"推进风险投资和创业板市场建设"。单是主板,不能满足中小型企业特别是成长型的中小企业直接融资的需要,建立多层次资本市场体系的任务异常急迫。随着2002年以来全球创业板市场的回暖,人们对创业板的担心已经大为消退。深圳在监管手段、市场营销经验、人才储备、财务支持、技术硬件等方面已具备条件。"内地与香港建立更紧密经贸关系的安排"也给创业板的推出提供了难得的天时、地利。

反方:主板市场种种与生俱来的缺陷、发展过程中积聚起来不规范之处不容忽视,这些问题有的还很严重。三板市场也有待完善。怎么能保证创业板的制度设计能够使其避免成为"第二主板",旧创未愈又添新伤?另外,国家经济社会战略、国内外宏观经济走势、区域竞争格局都蕴藏着若干不确定因素,可能使创业板的推出好事多磨。

QDII有没有戏

正方:推出可能性增大。中国资本项目对外开放在未来的几年里会提速,而作为过渡措施的QDII推出可能性越来越大,内地资金进入海外资本市场的步伐会加快。加快资本项目的对外开放,一可为人民币升值解压,二可使企业的投资不只局限在国内,三是给出了价格调整的信号,四是方便了基金以回报为主要标准进行投资。QFII已顺利推出,实施QDII应是顺理成章之事。

反方:推出QDII的风险较大,应慎重抉择。QDII的推出只能支撑香港股市,而对香港市场的影响也只能是短期的。已有很多内地资金通过各种方式转战香港市场,再贸然推出QDII只能给前面进入香港的资金逃离的机会。另外,如监管不严,QDII会造成洗钱行为的大量发生。QDII肯定还会冲击A股市场。

人民币汇率是"稳"还是"浮"

正方:保持汇率基本稳定。一个国家的汇率制度和政策,应根据本国经济发展水平、企业和银行承受风险的能力及国际收支状况综合进行决定,目前的汇率是适宜的。

反方:将升值3%,即汇率应在正负3%的范围内浮动。在长期基本固定的汇率制度下,人民币币值已被人为低估。如果任其发展,一旦汇率扭曲加重时再调整,则会加大对国内经济的冲击。明年,良好的经济形势和预期为人民币币值重估提供了有利时机。升值还可望缓解来自外部的压力,改善我国政治经济发展的环境。

升息的可能性有多大

正方:升息可能性较大。这主要取决于以下几点:其一,CPI增长可能持续超过3%;其二,广义货币供给量M2的增长可能逾19%,信贷增速可能高于23%;其三,如果世界经济持续向好,同时美国上调其基准利率,则人民币升值压力将有所减弱,央行货币政策的运作空间将被放大,提高利率的可能性将加大。

反方:升息可能性不大。升息会进一步加大人民币升值压力;目前CPI上涨主要是由农副产品价格上涨引起的,并非需求膨胀所致,升息对抑制CPI上涨作用不大;升息对启动汽车、住房等消费热点有明显的不利影响。

标志性庄股会否消亡

正方:2004年,市场仍将高举价值投资的大旗。在绝大多数投资者都对标志性庄股"敬而远之"的情况下,尽管又制造出最时髦的QFII炒作概念,但走向价值回归已成必然,一旦它们紧绷的资金链条松动,股价一泻千里将是它们最后的归宿。

反方:标志性庄股经三年熊市而不倒,显示出幕后"提线儿"的庄家实力不可低估,尽管目前它们被市场极度边缘化,但庄股们的生存土壤在相当长一段时期内还将存在,一旦2004年市场转暖,它们可能又有了喘息甚至卷土重来的机会。

券商"并购潮"能否掀起

正方:入世保护期行将结束,国内券商小而弱的"小舢板团队"除并购整合外别无它途。若干家业内领军券商急于稳固已有的地位,有望成为并购的"中坚力量"。而资产质量与经营业绩不错的中小券商,尤其是风头正健的新锐券商,急于做大做强,则可能成为以市场化方式动作并购的"急先锋"。三年熊市使券商的财务状况普遍恶化。由地方政府或证券管理部门出面,对"问题券商"实施兼并重组将是较为现实的做法。

反方:三年熊市,预期中波澜壮阔的并购潮并没有出现,如果明年日子有所好转,更容易出现"喘口气等等再说"的心理。131家券商中,地方政府的"融资窗口"占有相当大比例,只要还有毛可拔,它们的东家多半不愿撒手;但如果已放成"烂柿子",又有谁愿意去拣?

国债期货能否推出

正方:国债期货明年可以推出。随着我国债券市场利率风险的日益突出，市场上迫切需要能有效规避利率风险的国债期货。与1995年相比，债券现券市场有了迅猛发展，操纵市场的难度也大为增加；我国利率市场化程度已较高，债券收益率波动频繁；三是期货市场规范化程度明显提高。

反方：明年推出国债期货条件不成熟。目前我国债券现货市场期限结构不合理，流动性不足；我国目前利率市场化仍然是局部的，存贷利率还未放开；利率形成机制也不健全。

2004年中国经济发展十大趋势

2003年，中国经济成功抵御了伊拉克战争和非典的两大冲击，进入新一轮扩张周期。初步预测，2003年国内生产总值增长8.6%，比上年提高0.6个百分点。2004年，中国经济将继续保持持续、稳定发展并呈现十大趋势。

一、现实经济接近潜在经济增长水平，GDP有望增长8.5%

从中长期看，一个经济体的经济潜在增长水平是由资本积累、劳动力在数量和质量上的提高以及资本和劳动力等生产要素配置和使用效率决定的。从决定潜力经济增长的几个因素看，今明两年，我国资本积累的速度加快，全要素生产率增长速度不会慢于改革开放以来平均3%的水平，潜在生产能力在9%左右，略高于1997－2002年8.5%左右的潜在增长水平。

从现实经济增长因素看，2004年，国际国内有利于我国经济保持较快增长的因素很多。首先，世界政治环境趋于缓和，经济环境有所好转，投资者和消费者信心恢复，国际金融市场稳中趋升，美元汇率趋于稳定，石油价格下跌，主要发达国家为加快世界经济增长、防止全球性通货紧缩普遍采取财政和货币双扩张政策，徘徊了三年多的世界经济有望出现较快的复苏态势。2004年世界经济增长率可望达到4%左右，比2003年提高1个百分点。世界经济加快，我国经济发展的国际环境将有所改善。其次，国有资产管理体制、投资体制改革、政府职能转变步伐加快，重化工业化、城市化、市场化进程加快引导的内生经济增长活力进一步增强，将基本形成城镇消费结构升级、产业结构升级、企业自主投资能力提升、就业增加、城市化进程加快、消费结构进一步升级的良性循环。再次，稳健货币政策将继续维持，间接融资渠道仍较通畅，企业债券等直接融资渠道有较大扩张空间。2004年经济发展对积极财政政策依赖会有所减弱，但国家仍将继续发行适量国债，以满足在建项目和社会发展的需要，我国经济社会协调发展能力进一步增强。当然，国内环境中也存在一些不利因素，主要是重化工业化发展阶段第二产业就业弹性下降，城乡就业矛盾依然突出，二元结构遗留下的社会发展方面许多深层次矛盾逐步显性化，社会稳定压力增大。

综合考虑以上因素的影响，2004年中国经济将承接2003年的发展势头，继续保持高增长态势，国民经济有望增长8.5%左右，我国的经济增长周期由复苏阶段向繁荣阶段发展。

二、社会总供求关系有所改善，物价水平小幅回升

2003年以来，我国社会总供求关系朝着平衡的方向变化，作为先行价格指标的生产资料价格指数1－10月累计上涨了7.5%；居民消费价格总水平在持续下降14个月后，出现连续12个月的上涨，1－10月份，累计上涨0.8%，近年来一直困扰我国经济发展的通货紧缩压力有所缓解。

2004年，我国的社会总供求关系继续改善，物价涨幅有所提高。生产资料价格的上涨最终要传导到消费环节，近年来粮食播种面积减少、产量下降、国际市场粮油价格走高会继续推升我国粮油价格上涨，经济较快增长也会继续拉动服务业价格的上升，2004年我国居民消费价格指数会有所上升。但我国实际经济增长速度仍未达到潜在增长水平，并不存在严重通货膨胀的压力；对外贸易依存度已近60%，多数可贸易商品的价格受制于国际市场，在全球总体价格水平偏低的条件下，我国可贸易商品价格上涨的可能性很小，即使少数商品短期内出现供给不足的局面，我国有足够的外汇储备用于扩大进口，约束经济扩张的资源限制在很大程度上可以通过国际市场来解除。预计2004年居民消费价格上涨2%左右，涨幅比2003年提高1.2个百分点。

三、经济增长对就业带动作用增强，城乡就业有所增加

近年来，第三产业成为我国吸纳劳动者就业的主体产业，1998－2002年，第三产业为全社会新增了2658万个就业岗位，占全部新增就业的68%。2003年，受非典影响，第三产业发展缓慢，前三季度第三产业仅增长5.4%，分别比GDP和第二产业的增长速度慢3.1和6.4个百分点，增速差距之大为历年之最。经济增速加快并未带来新增就业岗位的相应增加，使原本就比较严峻的就业矛盾进一步加剧。估计全年新增就业岗位约为800万个、下岗失业人员再就业约400万人，城镇失业人员总量增加，城镇登记失业率达到4.5%。

2003年中以来，面对非典给我国就业带来的不利影响，出台了一系列促进第三产业发展和做好就业、再就业工作的政策。这些政策将在今年年底和明年显效，预计2004年第三产业增加值增长率比2003年提高近1.7个百分点，拉动第三产业新增就业500万人以上，全部新增就业900万人左右，下岗职工再就业400万人。从2004年劳动力供给来看，新增劳动力基本与2003年持平，约为1000万人左右，企业下岗人员的规模大约为300万人，比2003年减少300万人。因此，2004年就业形势略好于2003年，年末城镇登记失业率可控制在4.5%左右。

四、外汇储备增长减缓，人民币汇率基本稳定

到今年10月末，国家外汇储备余额为4010亿美元，累计比去年末增加1146亿美元，比贸易顺差和实际利用外资总和多出近600亿美元，人民币升值压力加大。为减轻人民币升值压力，打击“热钱”赌人民币升值的行为，我国政府采取了多方措施，保持了人民币汇率稳定。

从目前情况看，国际收支不平衡和升值压力是左右人民币汇率的主要原因。2004年，国际收支顺差会继续增加，但增量减缓，人民币升值压力有所减轻。服务贸易逆差有可能扩大；收益项目略有逆差；货物贸易收支基本平衡；在本外币正向利差和人民币升值预期下，侨汇收入会继续较快增长，通过个人渠道流入的外汇会继续增加，转移项目顺差会成为经常项目顺差的主要来源。资本和金融项目继续保持顺差，利用外商直接投资有可能超过700亿美元；境外筹资额将会扩大，证券投资项目将出现顺差；外国金融机构获得QFII资格的数量会增加，资金调入加大；出口企业提前收汇、进口企业延期付汇的情况仍将大量存在，贸易信贷顺差将居高不下；人民币利率高于美元、欧元的趋势仍将维持，利差的存在将刺激一部分套利资金通过各种渠道进入国内市场，形成一定数量不稳定的外资流入。经常项目略有顺差和资本项目顺差将导致外汇储备的增加，预计到2004年底，中国外汇储备比2003年底增加1000亿美元，外汇储备总额达到5300亿美元，但

2004年外汇储备总量将比2003年减少500亿美元左右。

汇率问题从来都不是一个简单的经济问题，而是政治和经济利益的综合表现。对中国这样一个发展中大国而言，判断汇率是否合适关键要看国内经济在这种汇率制度和汇率水平下的运行状况和经济发展的可持续性。2004年，人民币升值压力仍需化解，但人民币汇率应继续保持基本稳定为宜。

五、消费需求明显回升，消费结构继续升级

2004年，有几大有利因素促使消费需求增长。一是消费环境改善，国务院明确规定了今后五年整顿与规范市场秩序的目标，要求与市场秩序有关的法律法规制度基本建立和完善，执法水平和依法行政水平明显提高，社会信用体系初步建立，市场秩序总体上有所转变《汽车产业发展政策》和《汽车消费政策》年内有望出台，将促使国内的汽车市场及消费环境有较大的改善。二是以人均收入超过3000美元为标志的中产阶层正在我国形成和扩大，由其主导的住房、汽车、旅游、教育、文化等消费热点将带动消费需求增长和消费结构升级，并成为我国内需稳定增长的最大内生动力。三是非典疫情影响了2003年二、三季度的消费需求，2004年餐饮、娱乐、旅游、居民服务等服务性消费会出现补偿性、反弹性高增长。四是提高个人所得税起征点酝酿多时，广州、上海、北京、深圳等地区已根据当地情况不同程度的提高了起征点，这一政策有利于广大中低收入阶层特别是工薪阶层提高实际收入水平，扩大消费。五是城市化进程加快，目前，我国城市化水平保持在每年提高1—1.5个百分点，是改革开放以来增长最快的时期。城市化起着转移农村剩余劳动力、实现人口向城市聚集、消费和生活方式向规模化、集约化、社会化转变的作用，城市化步伐的加快有利于消费需求增加。但失业率高企和农村居民收入增幅不高不利于短期消费增长。

预计2004年社会消费品零售额实际增长10%左右，实际增幅比2003年高出2个百分点，服务性消费大幅回升，总消费对经济增长的贡献率有较大幅度的提高，近年来消费和投资增长背离的状况将有所好转。

六、投资增速高位回落，市场导向型企业投资依然活跃

2003年，实际投资增长速度仅次于1992年和1993年，是改革开放25年以来第三高增长年份。2004年，市场引导企业投资活力依然强劲，投资仍处于快速增长区间，主要原因在于：投资体制改革会迈出实质性步伐，投资权将直接下放给企业，市场机制引导投资的作用强化，国家将主要采取经济的、法律的、技术的手段，辅之以必要的行政措施，调控地方和企业的投资方向，企业投资环境会明显改善；企业效益水平大幅提高，自有资金丰裕，企业投资能力和意愿强劲；消费结构升级带动我国进入重化工业化发展阶段会继续推升房地产、汽车以及电子通讯等相关产业的投资；城市化进程进入加速发展阶段，市政建设和基础设施建设投资需求进一步增加。

当然，也有一些减缓投资增长的因素，2004年投资会高位回落。首先，建设国债功能从反经济周期向促进经济社会协调发展转变，国债建设的社会发展项目使用银行配套贷款较少，国债项目带动投资增加的能力变小。其次，抑制投资过快增长的宏观调控政策效应将逐步显现，信贷规模有所紧缩。第三，国家将实行最严格的土地保护制度，强化对土地使用的审批和监督，政府主导的盲目投资和低水平重复建设活动受到抑制。最后，2003年投资增长基数较高，也将影响明年投资增幅的进一步提高。综合判断，预计2004年全社会固定资产投资实际增长11%左右，比2003年低6个百分点。

七、进出口恢复平稳增长，贸易顺差减少

世界经济增长加快将带动世界贸易增长，国际市场对我国产品需求增加，我国出口会保持一定的增长速度；外资带动出口作用继续增强，我国政治经济稳定，市场容量大，劳动力素质高、成本低，加入WTO使经济规则和经济立法与国际基本接轨，国际制造业不断向我国转移，会继续带动加工贸易的出口。但在人民币继续钉住美元并保持基本稳定的前提下，美元稳中趋升导致我国出口产品价格竞争力下降，不利于出口增加；国际贸易保护主义对我国外贸的约束趋强；我国降低出口退税率也会影响出口的增长。考虑到2003年出口基数高的特点，预计2004年出口达到4730亿美元，增速下降到14%左右。国内经济增长将带动先进技术设备和短缺能源、原材料进口的增加，商品进口配额扩大，对进口的促进作用日趋明显；为减缓与我国贸易顺差较大的美国、欧盟一再要求人民币升值的压力，我国会鼓励企业适当增加进口。预计2004年进口达到4670亿美元，增长16%左右。贸易顺差约60亿美元，比上年减少60亿美元左右，净出口对经济的贡献率下降。

八、税制调整稳步推进，积极财政政策功能转型

2004年将是税制改革力度较大的一年，部分税制调整将在全国范围内开展。经过几年试点，2004年农村税费改革将在全国范围内推开，国家将降低农业税税率，取消农业特产税，以减轻农民负担，增加农民收入。进一步完善出口退税机制，促进出口产品结构优化，从2004年起，平均出口退税率下调3个百分点，其中对国家鼓励出口产品不降或少降，对一般性出口产品适当降低，对国家限制出口产品和一些资源性产品多降或取消退税，加大中央财政对出口退税的支持力度，建立中央和地方共同负担出口退税的新机制。探索如何由生产型增值税改为消费型增值税，鼓励企业增加固定资产投资。继续推进其他各项税费改革，创造条件尽快统一企业所得税，实行综合和分类相结合的个人所得税制。

积极财政政策的功能从反经济周期转向促进经济社会协调发展，国债发行规模有所减少。积极财政政策已实行了6年，共发行长期建设国债8000亿元，成效显著，其逐步淡出的时机基本成熟。但考虑到国债投资对经济社会协调发展的支撑作用，国债规模将保持在1100亿元左右，除用于续建和收尾项目外，重点向改善农村生产生活条件、经济结构调整、生态环境建设、东北老工业基地改造、中西部地区发展等方面倾斜，特别是中西部农村地区的公共产品供给，包括九年免费义务教育、农村公共医疗、农村基础设施建设等。同时注重经济和财政可持续发展。

九、货币政策强化微调预调，货币信贷适度增长

1998年以来，我国实行了稳健的货币政策，配合积极财政政策拉动内需。国家通过向以商业银行为主体的银行间债券市场发行特种国债，进行国债投资；政策性银行及四大国有商业银行向国债投资项目提供相应的配套贷款。这样的政策组合在经济景气度较低的情况下，保证了我国经济增长"七上八下"。随着我国经济进入新一轮扩张期和积极财政政策功能转型，2004年，财政政策将不再担纲主力宏观调控政策，一直处于配合地位的货币政策作用相应上升、重要性加强。在货币政策和财政政策主导地位转换的背景下，为保证新一轮经济平稳增长，央行将坚持稳健的货币政策，并根据经济形势变化采取预调和微调办法合理调控货币供应量的增幅，保持信贷总量的稳定增长。灵活运用多种货币政策工具，特别是利用"窗口指导"及时传达货币信贷政策意图，引导社会预期。

积极支持资本市场的发展，提高直接融资比例，防止金融风险不断向银行体系集中。初步预测，2004 年全年广义货币 M2 同比增速将达到 18.5%左右，狭义货币 M1 增速将达到 18%左右，人民币存贷款利率保持基本稳定。

十、坚持全面、协调、可持续发展观，各项改革向纵深发展

十六届三中全会通过《决定》，明确表示要坚持社会主义市场经济的改革方向，以人为本，树立全面、协调、可持续的发展观，促进经济社会和人的全面发展。全面、协调、可持续发展与市场经济体制改革相辅相成，没有全面、协调、可持续发展，各种社会矛盾就会激化，市场经济体制改革将难以推进；相反，不加速市场经济体制改革，就建立不起好的市场经济，全面、协调、可持续发展就没有基础和动力。（国家信息中心经济预测部祝宝良）

2004 年中国经济走势大预测

当前中国经济出现了“热”的症状，但并没有“过热”。中国经济就如天气进入“初夏”，离“酷夏”仍然有一段距离。几位长期做宏观经济研究的专家对当前宏观经济形势作出了自己的基本判断。

预测和分析

2004 年中国经济将处于新的一轮经济增长的上升阶段。国务院发展研究中心宏观经济研究部第一室主任张立群与国家发改委经济研究所经济运行与发展室主任王小广作出相同的判断。

张立群对 2004 年中国经济走势给出的答案是：2004 年正处于新一轮增长的上升阶段，预计我国经济将在较高水平上继续稳定增长。从三大需求看，在“非典”之类疫情不大规模发生的情况下，受消费结构升级的推动，消费增长率预计将恢复到 9%以上，高于去年水平；在货币政策保持稳定的情况下，受产业升级的推动，投资将继续较快增长，预计将稳定在去年的增长水平，即 30%左右；由于外贸环境趋于严峻、出口退税率下调和出口基数较大等原因，预计今年出口增长率将回落到 10%左右，受国内市场升温的拉动，进口将继续高增长，增幅超过出口，贸易顺差将继续减少。综合定性分析和宏观经济计量模型预测结果，今年 GDP 增长率可望达到 8.5%。

王小广认为，新一轮经济增长的需求条件、供给条件、增长的内容和结构特征、增长的机制和体制特征都与以往不同，是我国现代生产力和经济制度全面建立过程中的一轮较高水平的增长，如果政策调节适当，改革推进顺利，则其可以达到的高度、持久性、稳定性要超过以往任何一轮增长。

专家的这种判断来自对中国经济的分析

在扩大消费的诸项政策措施推动下，特别随住房制度改革到位，我国居民以住、行为主的新一轮消费结构升级开始启动，家庭汽车和住房持续热销，带动了房地产和汽车工业高速增长；各项改革措施推进了产权的明确，市场经济秩序的规范和政府职能的转变，各类企业的自身素质和发展环境不断改善，使企业逐步适应了市场竞争的环境，经济自主增长能力提高。这就必然启动以消费结构升级拉动，以市场调节为主的新一轮经济增长。

虽然经济预测将保持较快速度增长，但总供给与总需求的均衡点提高，可以实现高增长和低物价，物价将不会出现人们担心的“高增长”。今年的物价预计将继续保持较低水平。具体分析，居民消费价格受翘尾因素影响，涨幅将高于上年。预计一季度将在 3%以上。推动居民消费价格上涨的主要是食品价格和服务价格，随着粮食产量的增加，预计食品价格将趋于稳定；服务价格受能源运输和部分生产资料紧张的影响，预计会继续有所上涨，但其在居民消费价格指数中约占 20%的比重，影响不会大。工业消费品总体还是供大于求的格局，因此上游产品价格变化很难在这一领域表现出来。综合看，居民消费价格将大体呈现平稳走势，预计上半年略高，下半年略低，全年涨幅保持在 3%左右。生产资料价格也将呈现平稳走势。主要因为，一是 2003 年涨幅较大，基数较高。二是 2003 年下半年已经开始对增长过快的行业加以引导和控制，这些措施的作用在今年会逐步显现。另一方面，居民购房、购车的速率预计会由初期的猛烈提高转为相对平稳（房地产和汽车工业的崛起是能源、交通、重化工原材料需求迅猛增长的主要原因）。三是能源和短缺原材料供给增长很快。预计今年生产资料供求形势不会出现明显紧张，价格水平将保持大体平稳的走势，全年生产资料出厂价格指数的涨幅预计不高于 4%。

在经济较快增长的判断中，一个重要因素屡屡被专家提及：新一轮重化工业化过程开始启动，从而拉动投资高增长。房地产和汽车工业的产业影响力程度较高，根据 1995 年的投入产出表计算，建筑业的影响力程度为 2.97，交通运输设备制造业的影响力程度为 3.26，在各生产部门中居于较高水平。特别是其对重化工原材料、机电设备制造、能源、交通等部门带动力度很大。因此房地产和汽车工业的快速发展，带动了重化工部门以超常的速度发展，与食品、纺织、家电等产业比较，我国加工制造业体系正在进行全面调整，重化工业化的特征日益突出。在经过曲折的道路以后，我国工业化开始进入市场调节下的全面重化工业化阶段。社会生产结构迅速复杂化，规模空前扩大，工业制造业对城市的依赖程度迅速提高，工业经济提速推动城市经济提速，带动农村人口加快转移，推动城市化步伐大大加快。我国经济结构变化开始进入一个新的历史时期。这一过程必然带动投资持续高速增长。如果没有大力的政策调节，预计今年投资将保持与去年大体相当的增速。

隐忧与对策

张立群认为，当前市场已经在我国经济的大多数领域发挥主要调节作用，但在金融方面程度还较低。资金、证券等要素市场发育滞后，社会融资活动仍然以几家大的国有商业银行为主，风险主要集中于政府，信贷活动受政府行为的影响较大。需求约束突出时，政府以控制风险为主，加强了对国有商业银行、大型国有企业和各级政府部门的融资、投资活动管理，用行政手段建立了这些方面的风险约束；与此同时，承受风险能力较强的非国有金融机构和民间投融资活动则有较快发展，经济的增量结构开始向好的方面发展。由于国有商业银行、大型国有企业和各级政府部门承担的主要是任期内风险，随着当前需求约束逐步缓解，任期内风险也得到明显缓解，这就刺激了这些方面投融资活动的扩张。由于国有商业银行的融资主渠道地位，以及与政府和国有大企业的密切联系，使经济增量中政府部门、国有部门扩张所推动的部分明显增大。应该看到，这些扩张活动的财产风险约束较低，风险过度集中于政府，因此其带来的问题和隐患都较大，经济增量结构出现了不良变化倾向。

同时，新的结构性矛盾有所显露。比较突出的是电力和钢材等部分原材料供应出现紧张，同时很多领域的产能过剩仍然存在。从电力、钢材等方面情况看,市场对生产的调节相当灵敏。今年以来电力、钢材和有关原材料的投资项目增加很多,发电设备产量增幅超过70%,预计这些产品的供给紧张状况不会持续很久。随着电站建设的加快和煤炭需求的增加,运输也可能出现紧张局面。在交通运输体系发展规划和建设方面,应注意吸取电力的教训,避免陷于被动。对于普遍存在的产能过剩问题,也要通过市场机制促进调整,不要轻易运用行政手段限制供给增长(例如1994年以后限制电站建设),否则会加剧以后的结构性矛盾。一些领域"重复建设"的症结,在于行政干预和行政主导的投资扩张,应当对症下药,用市场手段促进竞争,尽可能少用行政手段。

就业形势仍然严峻。随经济升温,城镇总体就业情况逐步好转,绝大部分地区就业都有明显增加的趋势。值得注意,这轮经济增长以重化工业为主,吸收劳动力的能力相对较低。在就业总量增长中,正规就业增长较慢,新增就业主要是非正规就业(正规就业主要是指在正规部门工作并且形成了稳定劳动关系的就业;非正规就业既包括诸如个体、自雇佣等非正规部门的就业,也包括在正式部门的非正式雇佣)。与正规就业相比,非正规就业的稳定性差,特别是非正规就业人员一般难以进入制度化的社会保障体系,一些基本权益也难以得到有效保护,增加了这部分人群未来生活的不稳定性。此外,大量人员处于非正规就业状态,对于社会管理的挑战也很大。如果以是否参加制度化的社会保障为尺度,我国目前城镇非正规就业人员总量已经超过正规就业人员。

环境保护和国土资源利用的问题开始突出。随着产业升级步伐加快和重化工业化的启动,经济发展与环境保护的矛盾进一步突出了。其一,某些基础产品又显现供不应求的状况,由于竞争不充分,对一些技术水平较低,投入和消耗较高的产品市场也可以接受,对环境的不利影响加大。目前煤炭冶金等行业就出现了许多浪费资源、污染环境的小企业。其二,重化工业化是产业规模迅速扩大,产业内容更加复杂的工业化阶段,由此使工业化与环境的矛盾加大了。其三,与我国加工制造业发展紧密联系的国际产业转移,也会将一部分对环境影响较大的生产转移进来。总体看,经济发展与环境的矛盾更加突出了。

对2004年经济发展的对策,张立群给出了自己的建议。当前的经济回升是建立在市场基础上的,应当倍加珍惜,充分发挥市场对居民消费和企业生产投资活动的调节作用,优化重大经济比例关系,提高经济增长的效益和质量。同时要特别注意转变宏观调控的思路和模式,努力适应主要由市场调节经济运行的新形势。特别要注意防止各种非市场因素加大经济增长的波动幅度和风险。在宏观经济政策保持连续性和稳定性的前提下,稳定总量政策,强化结构性政策。

在新的发展观前提下,以货币金融调节为主,调整和完善宏观调控政策体系。当前我国需求增长已经达到了较高水平,不需要继续刺激。防止投资需求的过快扩张成为需求调控的重点。因此应该以货币金融政策为主调整和完善宏观经济政策体系。全面把握货币政策与财政政策、汇率政策之间的联系,以财政政策转型的速度、稳定汇率的要求为前提,考虑经济运行调节的需要,准确实施相应的货币政策。由于对当前需求变化的特点还把握不准,因此影响投资信心、影响预期进而影响货币需求的措施必须谨慎,例如调整银行利率等,防止由此导致市场需求大幅度回落。货币政策操作的重点宜放在调控货币供给方面。这方面的措施,例如调高存款准备金率,公开市场操作等,也要紧密跟随货币市场供求情况的变化,注意短期拆借利率的变化,以稳定货币供求关系为原则,防止由于货币供给约束增强而抑制货币需求。

进一步增强鼓励消费增长的政策力度。当前经济回升的根本拉动力量是居民消费结构的升级,因此,扩大内需的重点应从投资转向消费。政府在促进消费增长方面的工作重点可考虑:一是进一步拓展消费领域,鼓励发展新的消费热点和消费方式,清理限制性的消费政策,大力促进消费结构的升级活动;二是完善社会保障制度和发展社会公共事业,增强居民的安全感,改善居民的支出预期;三是促进低收入群体的收入稳定增长,特别是加大对农民减负增收的支持力度;四是继续整顿市场经济秩序,改善消费环境,增强消费信心。

积极化解外经贸困难,进一步发展开放型经济。重点可考虑:积极发展区域经济合作,努力争取一个较好的国际经贸环境;遵循世贸组织规则,合理运用有关机制,妥善解决贸易磨擦,规范出口秩序,积极扩大出口。在利用外资方面,应加强对外资结构和投向的引导,进一步完善有关法律法规、管理制度、市场开放、基础设施等方面的投资环境。

加强对重大战略问题的研究,把年度工作与中长期发展规划衔接起来。当前我国工业化、城市化、市场化、国际化的进程全面加快,面对这一新的形势,政府在粮食、石油、水、重要矿产等资源供给、基础设施和基础产业长远发展规划、城市发展规划、国土规划和生态环境保护方面,应该加大工作力度,增强科学性和预见性。建议结合"十一五"计划制定,组织各方面力量,加快完成这些方面的研究和规划工作,提交人代会审议确定,防止随意更改。此外应结合国防建设的要求,加大基础性研究和核心技术的开发力度,为我国产业升级奠定坚实基础。(杨明炜)

2004年中国社会发展的问题和趋势

2003年对于中国新发展观的确立来说是非常重要的一年,新一届中央领导集体不断地倡导和呼吁要统筹兼顾、协调发展,今后要特别注重统筹城乡发展、统筹区域发展、统筹经济社会发展、统筹人和自然和谐发展,统筹国内发展和对外开放的要求。在经济开始新一轮增长、市场日益成为资源配置的基础性力量、发展不协调有可能进一步加剧的情况下,这种强调具有了更加深刻和更加紧迫的意义,也预示着发展战略的重大调整和新发展战略的形成。

2003年中国经济社会发展的状况和问题

1. 经济增长重新步人快车道。尽管2003年出现"非典"疫情的重大影响,但中国经济增长速度仍然超过了学者们的预料。这新一轮经济增长的促成因素,一是在连续数年财政扩张的基础上,2003年上半年的货币供应有所松动,说明已经从单纯的财政扩张政策转向辅助以灵活的货币政策;二是投资和进出口的拉动;三是城市新型消费热潮到来的推动。

但新一轮发展也面临着一些隐忧:一是金融风险。一旦出现新的生产过剩,大量的贷款投资就会因收不会本息而产生新的巨额金融不良资产,根据对党政领导干部的调查,金融风险被列为各种社会风险的首位。二是城市生产与农村消费断裂。三是潜在的无通胀过热。

2. 就业将成为影响今后社会发展的最大难点。随着产业结构调整、国企改革、资本和技术对劳动的替代以及劳动年龄人口的持续供给,经济增长的就业弹性不断下降。从影响就业的各种因素来看,就业在相当长阶段都会成为中国社会发展的一个严峻问题,必须从发展战略选择的高度来认识和规划就业,既要防止重走国家包下来和反城市化的老路,又要在完善劳动力市场过程中高度重视就业机会的持续增加。

3.贫富差距扩大的趋势是社会稳定的潜在威胁。尽管就业是当前社会发展中最大难点,但贫富差距和腐败问题却可能是社会不稳定问题最容易爆发的导火索。现在我国人均GDP已达到和超过1000美元,但各种影响因素表明,收入差距不但没有开始缩小,而且还在快速扩大。关键是要建立社会公正的秩序,铲除造成不平等的不公正因素,如官员腐败、权钱交易、侵吞公有资产、偷税漏税骗税等,特别要注意国家财政分配必须有利于社会平等,防止以集体名义获取特殊收益。

控制贫富差距应当成为今后社会发展路径选择的一个重要视角,一方面要努力促进并保护市场经济制度下的自由竞争,另一方面也要通过对社会经济资源的优化配置,为那些相对薄弱的地方和弱势的群体提供更多的扶助,使他们也能分享到改革开放和社会进步的成果,而绝不能让他们成为"马太效应"的牺牲品。

4.城市化道路的选择要坚持城乡统筹兼顾。"三农问题"是我国全面建设小康社会面临的最大难点。我们必须充分估计农村转变的困难,在政策和措施上做出相应的选择,努力实现关键性结构的基本转换。

现在中国有大中城市单面突进的趋势,城乡的差距越来越大。重要的并不仅仅是怎么建设城市,而是怎样改变农村,怎样填平城乡之间的鸿沟。而填平鸿沟的关键,又是如何提高农民的收入,必须使广大农民具有普遍兼业的可能性。城市化和全面建设小康社会首先要考虑怎样使农民的生活环境逐步城市化。

5.社会保障要起到规避市场风险和调节收入分配的作用。目前我国社会保障的最大问题,是解决个人帐户空转的问题。在现收现付的制度下,社会保障基金不但缺乏积累,而且存在很大缺口。我国的社会保障基本上还只是城镇社会保障,没有覆盖到农村地区。

中国的社会保障制度建设面临着很大的困惑,一方面,城镇社会保障制度要进一步完善;另一方面,社会保障制度必须考虑帮助农民规避市场风险和调节城乡差距的问题。作为一种可操作的选择,今后恐怕要以最低生活保障制度作为突破口,逐步建立城乡统筹的最低生活保障体制。

6.人口结构变动中出现的新问题。伴随着人口增长的减缓,出现了一些新问题:一是过快进入老龄化社会;二是人为选择出生婴儿性别的情况严重;三是人口出现教育素质的逆淘汰,即城市家庭的生育率低,而农村家庭的生育率高;四是农村人口的健康情况成为农村贫困的一个新诱因。

中国的人口政策今后面临着两难选择,放松人口控制就会使数字庞大的人口增长绝对数出现反弹,而继续严格控制人口则会加剧人口结构出现的老龄化、性别失调、逆淘汰等新问题,有控制地适度调整人口政策,可能是别无选择的选择。

7.国民教育要走向平民教育和精英教育并重。在近几年家庭消费的增长中,教育是增长最快的消费。在这种强大需求的刺激下,教育出现向精英教育发展的趋势,出国留学潮也开始向中学生蔓延,而平民教育在很多地区却有被忽略的倾向。正像一个国家的潜在购买力不是以人口总量来衡量,更重要的是看人均购买力,一个国家的人力资源也不仅是看劳动力总量,而是看人均的劳动力素质。

中国要全面实现小康社会,使贫困阶层能够通过选择能力的提高改变命运,使我们的劳动力在国际上长期具有比较优势和竞争力,就要大力发展平民教育,至少要使平民教育和精英教育并重。

8.社会心态的变化和社会观念的碎片化。随着社会阶层构成发生的深刻变化,社会观念也有碎片化的现象,即原有的社会阶层经由社会观念达到集体行动的逻辑发生了某种断裂,社会观念的利益化和个体化倾向明显,过去围绕改革方式、路径和方向而产生的左与右、激进与保守、自由与权威之间的观念分野,已经被围绕关键性社会问题而产生的新的阵营组合所取代。今后,社会观念的冲突将围绕就业、收入分配、社会保障、教育、医疗健康、环境等具体社会问题展开,随着问题的变化,争论的阵营也不断重新组合,这是社会观念冲突发生的一个新变化。

2004年中国经济社会发展可能出现的新问题

以上所分析的那些影响中国社会发展的基本因素,将决定着2004年中国社会发展的基本走向。这个走向的基本特征,一是经济很可能出现新一轮的高增长期;二是经济单项突破的路径走到了尽头,统筹协调发展的新发展观正在形成;三是改革将进入最为艰难的阶段,所有的改革深化都与利益格局的调整密切相关,如何在改革过程中分享改革成果的问题日益提上议程;四是对外开放的扩大和加入WTO承诺的时间表将形成改革的倒逼机制,推动经济、政治、社会等方面体制的深层改革;五是社会观念的冲突将围绕社会发展的关键问题产生新的利益分野。

2004年可能的走势以及可能出现的社会问题分析如下:

1.统筹、协调的新发展观和新发展战略将进入具体的实施和落实过程,并进而对经济、政治、社会资源的配置产生全局性的影响,但经济发展本身已经进入主要由市场推动和调节的轨道。

2.经济增长进入新一轮高潮,增长率可能会超过近若干年来保持的7%—8%的平均水平,消费市场有望走出近年来的低迷和通缩,个别领域甚至会出现过热现象,从而导致原材料、能源和资金市场的紧张。为防止经济增长出现新的不平衡和生产过剩状况,政府会采取一些新的措施来防止经济过热。

3.投资向长江三角洲和珠江三角洲集聚的势头将更加凸显,在东西区域发展差距将进一步扩大的基础上,南北区域发展差距也将进一步扩大。

4.经济增长与社会发展的不协调的状况,在新一轮增长高潮中将进一步加剧,经济增长与股市行情、就业状况、低收入群体收入增长的脱节甚至背离的情况将成为如何分享改革成果的棘手问题,但消费市场的多年低迷有望得到扭转。

5.振兴东北老工业基地的发展战略,将在众多的疑虑和困惑中成为一个新的亮点,并与东南地区的加快发展和西部大开发形成发展战略的三足鼎立之势。

6.大学生就业难的问题在2004年将更加突出,就业的紧张将使大学生的初职收入预期进一步降低,并由此产生倒逼机制,迫使高校的专业和课程设置实行改革。

7.工业化和城市化的加快速度以及土地价格上涨的预期,将引发新一轮的"圈地运动",并有可能带来各种土地纠纷、拆迁冲突和地权矛盾的冲突升级。

8.城市水资源的紧张状况将会越来越明显,城市的普遍缺水将成为城市发展的严重制约因素。艾滋病、结核病和乙肝病在农村的蔓延,以及农村地表饮用水的污染,会成为公共健康安全巨大的潜在威胁。

9. 随着对外开放的扩大和走向现代化的进程，人力资本建设的重要性变得更加突出，无限供给的一般劳动力与急需人才的结构性紧缺形成的矛盾，给面向劳动力市场的教育和培训提出新的要求，人才工程和能力建设将成为一个新的重要议题。

10. 粮食等农产品价格近期出现上涨的问题，虽然引起广泛关注，但这是市场调节农业生产比较收益不断下滑的正常反映，在坚持自产为主、进口调节的政策下，粮食安全不会成为影响全局的严重问题。（中国社会科学院社会学研究所副所长 李培林）

2004 年稳健货币政策面临新考验

2003 年宏观经济形势与货币政策的几个争议

最近几个月来，中国宏观经济形势的判断问题已成了决策层、经济学界及部分国外机构和专家关注的焦点，其中颇具争议的方面是：

中国 GDP 的实际增速到底是多少。在国外有一种说法，即认为 2003 年中国 GDP 的增长率约为 11%。他们的理由是，中国到 9、10 月间一直保持的 15%左右的用电增长率、高速增长的房地产、汽车和钢铁等带有宏观经济色彩的重点行业投资，值得注意的是：这种观点也得到了像吴敬琏这样的重要经济学家的支持。从国家统计局的年增长率约 8.5%的官方口径看，国外经济学家这种说法的弦外之音是：中国对经济增长数据似乎是故意低估了 2.5 个百分点。

中国是否已出现了投资过热。从决策层和经济学界的主流观点看，目前的中国不存在全局性经济过热，但承认某些行业发展速度过快已构成了影响经济稳定协调发展的局部性和苗头性问题。与这种判断具有明显差别的看法则来自 12 月 11 日标准普尔在北京发布的一份分析报告，这个报告的核心观点是：中国事实上已存在投资过热；投资过热将导致新一轮不良贷款；政府应减少浪费性投资。

银行信贷扩张有过猛之嫌。我们业已看到，截至 2003 年 10 月，中国商业银行的贷款同比增速仍达 23%以上，这说明，在中国经济高速增长和局部投资过热的背后，商业银行的放款行为在起着重要的支撑作用。在这方面，经济学界有一种声音，即认为目前的信贷扩张不存在过快过猛倾向，因为断言中国已经摆脱了通货紧缩的威胁仍然言之过早。还有一种意见即以中央银行的经济学家为代表，认为实际上中国已出现了通货膨胀预期，因为过快的信贷增长率一定要在 6 个月以后的传导时滞完成后凸显在物价水平的上涨变动上。

如何评价 2003 年货币政策调节动作。今年以来，中央银行采取了三个引人注目的政策调节行动：一是 6 月份出台了抑制房地产信贷增速的“121 文件”；二是 8 月份将存款准备金率上调了 1 个百分点；三是前几天发布公告，决定从明年 1 月 1 日起扩大金融机构贷款利率浮动区间，同时从 12 月 21 日起将金融机构在央行的超额准备金存款利率由 1.89%下调至 1.62%。这三个举动中的前两个引起了较大争议，尤其是“121 文件”更是在房地产界掀起了轩然大波。几个月来，121 文件对商业银行的房地产信贷已产生一定的约束性作用。而法定准备金率上调 1 个百分点直接冻结商业银行的超额准备金虽然只有约 1600 亿，但对债市价格、银行间资金市场的利率及一些中小型资金来源不甚充裕的中小银行已产生了相当明显的影响。至于金融机构在央行的超额准备金存款利率下调 0.37 个百分点这一政策变动的效应将在 2004 年存款资金来源充足的商业银行的放贷行为中得到体现。

对宏观经济形势和货币政策的四点看法

对 2003 年的宏观经济形势与货币政策，我个人有几个基本观点：

第一，2003 年中国的宏观经济表现出人意料，其特征是：经济增长速度创近几年来新高；工业企业盈利能力增强；外资继续保持快速流入势头；消费品价格指数已止降回升；预计城乡居民收入增长率可分别达到 8%和 4%；外向经济比重进一步提高，全年进出口总额有望达 8000 亿美元，人民币的国际声望亦不断上升。

第二，当局运用货币政策财政政策调控总需求的技巧更加娴熟。自 1998 年以来，我们一直在为扩张内需问题忧心忡忡，但 2003 年的宏观调节实践证明，在现有条件下，货币政策和财政政策可以在遏制通货紧缩趋势中有效地发挥作用。

第三，银行信贷增长有过快之嫌，但商业银行的业务扩张由多种因素决定。在今年的银行贷款结构中，排在前两位的是贴现贷款和基建贷款。尽管在庞大的银行票据贴现业务中存在着相当数量的欺诈性案件，但我早在若干年前就提出：“票据贴现是银行信贷扩张的最安全方式，”因此我认为贴现业务量越大说明生产流通企业的交易越活跃。基建贷款实际上是风险程度相对较高的贷款。其原因在于：其一，地方政府是本轮基建投资的重要推动力量，而地方政府的许多项目都具有期限长及收益不确定性较大的特点。其二，在一些地区，较大型的商业银行分支机构存在着一些放贷期限逐渐拉长，如超过五年期限的贷款比重明显上升的现象。而这一现象又常常与干部的上级任命期和每四至五年换岗的周期性特点有关，一些干部在任时把业务做大，而把本金的最后回收期推至下届管理者，这些带有道德风险的放款行为目前已屡见不鲜。其三，商业银行的盈利动机促使其尽量转向有政府背景项目的大宗贷款。从以上的简单分析可以看出，23%左右的贷款增长速度是由较复杂的体制因素决定，而中央银行在 8 月份将存款准备金率提高 1 个百分点，事实上已经表明了调节当局的一种倾向，即不希望这样高速扩张的局面继续下去。

第四，无论是财政政策还是货币政策，目前都还没有表现出有效的结构调整能力。2003 年，由于投资高速增长，使得中国的产业结构出现明显的结构失衡状况，最突出的表现是大量货币资金由于投资增速过快而流向了呈现短期供应紧张特征的传统产业如钢材、水泥、电解铝等行业，电力、煤炭等能源产业在特殊的国际国内背景下又出现了若干年来未见的瓶颈制约作用，与此相对照，在洛桑管理学院发布的 2003 年全球竞争力报告中，中国的全球竞争力排名比上一年又滑落了 11 个名次，由 2002 年的第 33 位跌至今年的第 44 位。在技术竞争力和商业竞争力方面，中国甚至出现了同印度差距进一步拉大的情况。由此可见，中国产业结构的最大隐忧就是实物资源的流向一方面产生了全局性浪费，另一方面却没有丝毫缩小同先进国家在技术竞争力和商业竞争力方面的差距。

2004 年货币政策面临的新挑战

在世界上，经济发展水平和体制性差异使得不同的国家和地区有各种各样的宏观调节模式。例如，有的国家根本没有中央银行，有的国家有中央银行却没有独立的货币政策，而中国“大体上”属于既有中央银行，又有“相对独立的”货币政策一类。为什么要用“大体上”和“相对独立”这样的限定词呢？原因就在于：中国的中央银行是国务院领导下的一个调节部门，它没有完全的政策自主决定能力。许多调节政策和改革相关政策的出台都要经过“部际协调”和上报国务院的审批程序，再加上比较特殊的金融微观基础，这也许就是中国货币政策行使调节职能时不能不注意到的最大国情。作为一个具有独立运行调节工具但在行使权利时却不能完全超脱的宏观调节部门，中国的中央银行在选取货币政策目标时首先就要在政府目标和自主形势判断之间进行内在协调。例如：当政府高度关注经济增长速度和提高就业水平时，中央银行就不可能不顾一切地高喊保卫币值。这样特殊的国情事实也大体指明了：货币当局应该做的和能够做的永远是在现有的体制条件下和宏观环境下尽可能地矫正宏微观层面的负倾向性，为经济的健康持续成长提供政策条件。

在货币政策实施过程中，几十年来在理论界一直存在的一个争议性问题是规则调节还是权衡调节。早年的规则调节以米尔顿·弗里德曼的单一货币供给增长率为代表，现在这个调节操作建议又出现以利率波动区间控制为内容的“泰勒规则”；而权衡调节自始至终都以逆对经济风向的短期微调为基本内涵。在中国，由于经济体制条件的变动不居及宏观经济环境的经常性变化，我们一时还无法找到一条可供货币当局直接运用的“简单规则”，并设想将其往中央银行行长的办公桌上一扔就可以闭起眼睛来调控宏观经济运行。眼下及今后相当一段时期我们的现实选择只能是权衡式的货币政策执行方式。当然，在这种方式下，我们还可以沿袭过去的一贯做法：在年初制定一个指导性的货币供给增长率及新增贷款指标，然后在年度经济运行中再根据新情况去综合运用利率、法定存款准备金率、再贴现利率和再贷款等各种手段应对新情况。

从近几年的实践看，年初中央银行订立的货币供给增长率和新增贷款指标在相当意义上只起到“预期引导”作用，在实际操作中，真正死扣指标迫使商业银行收束或扩张以落实年初计划的现象并不多见。这也许是一种中国特色的“规则与权衡”的混合运用。

2004年，我觉得将宽口径的货币M2供给增长率订立在不超过19%可能比较合适，其理论依据是我在几年前就提出的所谓“1∶3规则”，即在GDP增长7%和M2增速13%的对应基点上，每欲得到1个百分点的边际收入(GDP)就一定要额外增加3个百分点的M2。我认为，中国潜在GDP的年增长率大约为9%，因此，M2增长以不超过19%为宜。这个目标一旦确定，其他指标都可以当成这个反映了货币供给牵引效率、金融结构状况的综合指标的实现手段。在执行政策的过程中，货币市场资金供求、资本市场行情、外汇市场压力等方面都可以出现一些短期的波动状况，货币当局可以根据具体情况选择适当的工具去实现调节。但19%的M2增长率却已经暗含了：(1)达到生产可能性边界和物价水平大体稳定这两个最重要的宏观经济目标；(2)比2003年的实际数据要低，这种温和的压缩可以促使信贷结构做适当调整，如抑制重复建设性投资的配套贷款、房地产贷款等等。（社会科学院财贸经济研究所 王松奇）

中国金融市场存在结构性割裂之痛

视点

■当前我国金融市场结构性问题主要表现在三个方面：第一，直接融资滞后于间接融资，且趋势进一步加大；第二，债券市场发展滞后于股票市场，且整个债券市场相互割裂、不统一；第三，货币市场、资本市场、保险市场是三个分割的市场，资金不畅通，价格不统一。

■要促进金融市场均衡发展，首先必须解决各个金融子市场的结构性问题，在此基础上，协调各个市场之间的均衡发展。当前，重点是解决债券市场、股票市场以及货币市场等的结构性问题，确保这些市场均衡发展。

■金融市场的迅速发展，特别是结构性问题突出，给央行宏观调控带来了新的挑战。在转型经济时期，市场经济同时面临总量失衡与结构调整的双重困难，对此，央行到底是实行总量调控还是选择性调控，这是一个难题。

■很明显，经济发展越不平衡，信贷资金的配置就越有可能倾向于富裕地区、城镇以及高收入阶层，甚至在结构设置上完全不顾社会效应。在结构性问题依然存在的市场格局下，仅仅依靠总量控制，很难达到预期效果，甚至有可能适得其反。

中国金融市场体系正在由银行主导向金融市场为主、由单一银行体系向多边市场体系转变。在此过程中，金融市场与经济增长的相关性也在逐渐增强。同时，金融市场在发展过程中面临的问题也与以往不同，其中最突出的问题已经不是总量增长、规模扩张的问题，而是如何保持均衡协调发展的问题、是结构的问题。

一、金融市场结构性问题表现突出

按照木桶理论，最短的一边，决定了一个木桶的容积大小。金融市场发展也是如此，一旦结构失衡，发展就会受阻。当前我国金融市场就面临着这样的结构性问题。金融市场的结构问题主要表现在三个方面。

第一，直接融资滞后于间接融资，且趋势进一步加大。2003年，国内非金融部门融资总量为3.52亿元，其中银行贷款占85%。与2002年相比，贷款融资比重上升了4.9个百分点，其他融资比重均下降，国债下降4.4，企业债下降0.4，股票下降0.1。直接融资发展滞后的趋势进一步拉大。直接融资滞后的结果，全社会的融资风险过度集中到银行体系，上市公司资金大量闲置，中小企业资金短缺。

第二，债券市场发展滞后于股票市场，且整个债券市场相互割裂、不统一。2003年，股票市场筹资总额1357亿元，企业债358亿元，两者相比为3.79∶1。相比较而言，国债与政策性金融债却发展迅速，三项合计达到了11199亿元，筹资总量多于股票融资。同时，债券市场依然不统一，交易所市场与银行间市场分立并存。

第三，货币市场、资本市场、保险市场是三个分割的市场，资金不畅通、价格不统一。资金的期限配比、利率结构以及流动性与盈利性的结合，因市场分割而无法实现，这是整个金融市场发展中最为突出的问题。如何引导保险资金入市，以及协调货币市场与资本市场发展是解决金融市场结构性的首要问题。

金融市场的结构性问题与分业监管有很大关系。金融市场，其本义指的是金融交易或金融合同的市场，一般有几种分类，期货市场与现货市场，资本市场与货币市场，货币市场、资本市场与保险市场等。后两种分类，存在一定问题。首先，前者是按照期限划分的，但是期限本身就十分模糊，一笔交易合同的原始期限是固定的，但是剩余期限是长还是短，是可变的，况且短期融资到期可以转长期，长期资产可提前偿还，都淡化了期限。所以，许多国家已经不再重视期限标准。其次，第三种分类的标准，融期限与机构于一体，本身就不是单一标准，何况保险市场本就模糊，难免会有交叉区域。

由于分类模糊，在实行按业务、按机构监管的体制下，金融市场的子市场与相对应的监管体制无法匹配。结果是很难形成一个统一、协调的金融市场，结构性矛盾突出。

在金融市场发展初期，制度建设至关重要，这是一个帕累托改进的过程。在这个过程中，市场各方利益逐渐实现新的均衡。在发展中国家，这个过程的时间长短、成本大小、完善与否，不仅与经济增长程度有关，还与政府与市场的关系以及各个监管部门的职责息息相关。债券市场的发展最具有典型特征。财政部、发改委、人民银行以及证监会，甚至还有银监会，分别按各自职责监管，的确有利于各司其责，有利于市场发展初期的制度建设，有利于制衡，但是无形中割裂了一个完整的市场，形成了交易所市场和银行间市场。问题是，谁来协调市场发展，谁又有能力协调市场发展？

金融市场的健康发展，制衡很重要，协调更重要。要比较协调的成本与制衡的收益，判断孰轻孰重，要科学地把握一个“度”。没有良好的制衡，市场很有可能会超前发展，会冒进，脱离经济增长步伐；过度制衡，会加大协调成本，会止步不前，延缓市场发展，成为木桶中的短边。

近期，发布了《国务院关于推进资本市场改革开放和稳定发展的若干意见》，重视发展资本市场，这对整个金融市场的发展，对金融市场结构性问题的改善，特别是对债券市场、股票市场以及货币市场的健康发展具有重要意义。我们注意到这里指的资本市场基本上局限在直接融资性质的资本市场范围内，不包括银行信贷。实际上，对整个金融市场而言，证券市场的发展具有较强的外部性，有两个问题值得关注。第一，货币市场如何与资本市场协调发展；第二，间接融资性质的信贷市场如何与直接融资性质的资本市场相协调。推进资本市场发展固然有利于解决金融市场的结构性问题，但是在监管分立的市场格局下，一定要警惕均衡发展，不能解决了老问题，又产生了新问题。

二、促进直接融资市场均衡发展

要促进金融市场均衡发展，首先必须要解决各个金融子市场的结构性问题，在此基础上，协调各个市场之间的均衡发展。当前，重点是解决债券市场、股票市场以及货币市场等的结构性问题，确保这些市场均衡发展。

关于债券市场的结构性问题。当前，债券市场的结构性问题主要是，两个分割的市场同时并存以及期限结构不合理、品种单一，债券收益率市场化程度不高，债券市场还没有形成一个有效的基准收益率曲线。发展债券市场，制度建设与市场创新固然重要，但核心问题是如何形成一个有效的基准收益率曲线。基准收益率曲线，包含了对当前经济走势的判断及对未来经济走势的预期，涵盖经济增长、通货膨胀、资本回报率等一系列经济指标，反映了债券市场长短期利率结构之间的关系。逐步联通两个市场，建立一条科学、合理、有效的基准收益率曲线，才能确保债券市场健康发展。

关于股票市场的结构性问题。股票市场的结构性问题表现在，缺乏一个健全的市场体系。当前，股票市场具有较强的歧视性、排他性特征，完全是大企业的市场，几乎没有中小企业，始终没有向中小企业敞开。中小企业贷款难，是国际性的难题，世界各国采取了财政补贴、政策性贷款、信用补充等多种方式，来解决这一问题。我国采取了建立担保体系、实行财政补贴等多种措施，特别是提出组建创业板市场。较长时间来，由于组建创业板的呼声很高，导致上海交易所与深圳交易所的准入制度不一致，深圳市场一度停止发行。我国中小企业数量众多，占全部企业的99%以上，是吸纳就业的主要力量，尽快组建创业板市场，特别是科技型的创业板市场，建立一个有差别的准入制度，形成一个分层次的市场体系，有利于实现股票市场均衡发展，活跃市场经济，保持社会稳定。

关于货币市场的结构性问题。货币市场的结构性问题主要是，票据市场发展滞后，货币市场交易品种结构单一，缺乏储蓄替代性产品。票据市场是货币市场的重要组成部分，是货币当局调控再贴现率的基础。总体看，票据市场一波三折，绝大多数是银行承兑汇票，没有融资性票据，一级市场发展快，二级市场不发达，缺乏专业的造市商制度。如何加强票据市场制度建设，逐步推出融资性票据，成立专门的票据金融公司，是我国货币市场发展中的重要工作。去年，居民储蓄存款余额 10.4 万亿元，全年增加 1.7 万亿元。在新增储蓄存款中，定期储蓄存款占 58%，稳定性较强。调查报告显示，居民储蓄意愿很强，储蓄存款仍然是居民金融资产首选。主要原因是投资渠道狭窄。储蓄替代型证券的基本特征是流动性充足、风险规避、收益锁定，能够起到替代储蓄的功能。目前，我们已经有了国债、金融债、准货币市场基金、保本基金、债券基金等几个品种。尽快推出货币市场基金以及研究地方政府债券、政府保证债券、其他政府部门债券、抵押债券、境外债券、教育储蓄基金和退休储蓄基金等交易品种，是实现货币市场流动性与投资性的重要措施。

三、协调直接融资与间接融资市场发展

要解决金融市场的结构性问题，必须在提高直接融资比重的同时，积极稳妥地降低间接融资比重，推动以银行为主的融资体系逐步转向以金融市场为主的融资体系。

首先，非借贷融资性质的竞争约束，能够有效降低间接融资比重。根据梅耶斯提出的新优序融资理论，企业优先偏好内源融资，外部融资偏好债务融资，但是我国由于股权融资存在制度性缺陷以及股票市场的有效性低，企业更偏好股权融资。一是分红成本极低；二是几乎没有负动力成本，增发新股稀释了原有股东权重，但没有股权激励效应；三是几乎没有信息不对称成本，新股发行不会被视为企业经营恶化。由此吸引一些好企业，特别是大企业，积极寻求股权融资途径解决资金需求。这种非借贷融资性质的竞争约束，迫使商业银行从大客户、期限长、垄断行业转向中小客户，从传统的借贷业务转向中间业务、投资业务。当前，这种竞争性约束尚未形成，商业银行依然倾向于贷大、贷长、贷垄断，这与国家实施积极财政政策、地方政府的基础设施扩张偏好有关。一旦非借贷融资性质的竞争约束形成，将促使商业银行随之转变，从而降低间接融资比重，推动金融市场均衡发展。

其次，商业银行可以成为直接融资市场的发行主体。一般认为银行业具有较为平坦的 U 型成本曲线，中型银行效率较高。实践表明，股份制商业银行效率最高，四家国有独资商业银行以及大量的城乡信用社效率很低，如何提高商业银行经营效率始终是金融改革的重点。直接融资市场发展，为此创造了条件。一是商业银行可以以债权融资形式，通过发行金融债筹集资本；二是可以通过股权融资，发行股票上市。1998 年以来，国有商业银行市场份额有所减少，行业集中度下降，竞争度上升，市场效率提高，由市场势力导致的社会福利净损失减少，与部分股份制商业银行优先上市，效率提高有很大关系。

再次，尽快推行信贷资产证券化。近年来，商业银行倾向于贷大、贷长、贷垄断，可以实行证券化的资产迅速扩张，特别是住房贷款，到 2003 年，贷款余额高达 11780 亿元，比 1997 年增长了 61 倍，占商业银行各项贷款的 9%，相当于 GDP 的

10%。这些贷款导致商业银行资产负债不匹配，积累了很大的利率风险和流动性风险。实行证券化，把信贷资产转变成债券，具有重要意义。第一，降低了直接融资比重，提高了间接融资比重，仅住房贷款一项，如果绝大部分实行证券化，就可以为商业银行减少近10%的长期资产，为债券市场带来近亿元的融资量；第二，改善了商业银行的资产负债期限错配状况，降低了流动性风险；第三，资本充足率低于8%，是商业银行贷款膨胀、盲目扩张、抗风险能力不足的重要原因之一。国家已经采取了划拨不良资产、发行2700亿元特别国债、注资450亿美元的外汇储备等多种方式予以解决，但这毕竟是政府行为。证券化则是依靠商业银行自身的信贷资产，来消化长期资产，提高资本充足率，完全是市场行为，是市场化的解决途径。

最后，允许部分信贷资金进入直接融资市场，缓解股票市场的流动性不足。当前，证券市场投资性强，流动性不足。主要原因是国家限制信贷资金用于股本权益性投资，禁止信贷资金流入虚拟经济，强制贷款支持实体经济。这在金融市场发展初期，有利于市场稳定，但割裂了不同性质的两个市场，阻塞了资金的流通路径，导致股票市场流动性不足。突出表现在证券公司以及上市公司兼并收购困难。兼并收购，往往所需资金量很大，依靠兼并方的自有资金很难实现，需要短期的过渡性融资渠道与工具。银行不贷款的结果是，重组行为或者受阻，或者成本高昂，效率低下，最终期待以兼并重组改善公司治理结构的努力失效。

转型经济时期，利率管制产生租金，并在几个部门间配置租金。金融市场发展的结果是，资本市场与银行部门争夺民间部门的资金，使垄断的银行部门失去部分收益最高的借款人，带来银行部门的特许权价值损失，减少了银行部门的租金。因此，这一过程必须积极稳妥地进行，以免产生风险。麦金农指出，“对一个高度受抑制的经济实行市场化，犹如在雷区行进：你的下一步很可能就是你的最后一步”。促进直接融资与间接融资协调发展，还有一个重要的内容是银行业要规范发展。当务之急是要建立一个有效的市场退出机制。实践证明，多年来行政接管的金融机构，没有一家彻底结束，都是悬案。破产才是终极之路。银行破产与企业破产不同，无法适用一致的破产原则。银行破产必须考虑到系统性风险，一般由金融监管当局而不是法院裁决，破产的条件不能依靠无流动性、资不抵债这样的条件。现有的《破产法》并不适用银行破产。应研究制定相对独立的法律框架，尽快建立有效的银行退出机制。

四、加强对金融市场的宏观调控

金融市场的迅速发展，特别是结构性问题突出，给中央银行宏观调控带来了新的挑战。特别是去年以来，中央银行采取了一系列政策措施，抑制货币增长，金融市场的结构性矛盾更加突出，货币政策调控遇到了一些新的问题，有效性和灵活性受到挑战。在转型经济时期，市场经济同时面临总量失衡与结构调整的双重困难的情况下，中央银行到底是实行总量调控还是选择性调控？

传统的宏观经济理论无法理解20世纪80年代以来许多国家出现的经济波动，因为在利率、物价和实体经济均处于平稳运行的情况下，危机发生。罪魁祸首不是来自产品市场或要素市场而是资产价格波动。例如日本，在泡沫经济破灭前，宏观经济指标一切正常，通货膨胀在2%左右，失业率在2%左右，长期利率维持在3%的水平上，消费、投资、进出口都处于正常的波动区间，而仅仅是由于缺少选择性调控，以房地产市场和股票市场为代表的资产市场价格急剧飚升，就导致日本经济陷入长达十年的萧条中。日本教训引发的争论之一是，中央银行到底要对金融市场实行总量调控还是选择性调控。

在货币政策的职能中，总量控制总是第一位的。但是，转型国家的中央银行绝不能忽视选择性控制对金融市场的重要作用。由于转型国家普遍存在结构性问题，如果没有选择性控制，中央银行就没有权力或办法在金融市场的萧条部门或市场鼓励扩张，或限制那些进一步扩张会导致不协调的其他部门或市场。如果一个或几个金融部门的过高（投机的）增长率造成了扭曲，从而威胁到整个金融的稳定，那么单纯依靠总量控制将处于两难境地。因为总量控制是非歧视性、非排他性的，要么允许不平衡的扩张继续发展下去，要么实行普遍限制，后者会在一定程度上影响到所有金融部门。如果一些部门本来就不景气，那么总量控制将使它们的情况变得更糟，结果是不利于金融的普遍稳定。究竟是对金融市场实行总量调控还是选择性调控的根本问题是，中央银行到底是关注总量还是关注结构，到底是关注价格还是关注数量，或是同时兼顾？信贷紧缩与回收流动性一样，结果都是导致金融市场的结构性矛盾更加突出。

首先，总量紧缩的是货币市场上的资金，而不是中长期借贷市场上的资金，紧缩的是中小银行的流动性而不是大银行的流动性。去年以来，面对货币贷款超常增长，中央银行先后推出央行票据回收流动性、紧缩房地产贷款抑制泡沫以及上调存款准备金率1个点回收1500亿元资金等各种措施，目的是防止信贷失控，控制贷款增长。总体看，效果显著，贷款增长有所下降，全年控制在2.77万亿元。但是，信贷紧缩的结果是，中长期借贷市场上的资金并没有因紧缩而大幅度减少，相反，货币市场陷入困境，货币市场利率大幅上升，国债、央行票据流标。同时，大银行的流动性并没有显著下降，流动性紧张突出表现在中小银行。最终，通过公开市场微调，以数量招标而不是价格招标的方式，才逐渐缓解了流动性，货币市场利率才逐渐平稳。

其次，在借贷市场上，总量紧缩的也不是发达地区、大企业、大项目的贷款，而是落后地区、小企业、个人贷款。今年以来，中央银行的调控原则定为货币信贷增长要低于去年的实际水平，M1、M2为17%左右，贷款2.6万亿元。1月份，调控的效果有所显现，货币信贷有所收敛。但是，背后的问题并不简单。贷款少增主要是消费信贷少增，其次是贴现贷款少增。市场机制下的资源配置结构，与最终需求结构是一致的，而最终需求结构又决定于分配结构。很明显，经济发展越不平衡，信贷资金的配置就越有可能倾向于富裕地区、城镇以及高收入阶层，甚至在结构设置上完全不顾社会效应。在结构性问题依然存在的市场格局下，仅仅依靠总量控制，很难达到预期效果，甚至有可能适得其反。

不可否认，在货币政策工具的选择上，许多国家由直接向间接转变，政策工具更加市场化，以前政府曾经强制运用的工具，不断弱化，甚至逐渐消失，公开市场业务等完全市场化的货币政策工具迅速发展，货币政策操作更具弹性、市场化、更富有效率。但是，由于金融市场的一系列结构性问题，仅仅依赖总量性调控，很难起到应有的效果，需要实施选择性调控，依靠排他性控制，对特定市场发挥调控作用而不受制于整体经济。比如实施窗口指导、再贴现、存款准备金率以及利率等。1998年，中央银行取消了贷款限额控制，开始实行指导性计划。指导性计划是一种软约束。去年贷款超常增长，中央银行多次实施窗口指导，目的就是控制限额。再贴现与存款准备金率，都是中央银行通过调节商业银行的资金供求，实施选择性控制。再贴现由于票据市场发展滞后，难以发挥很大作用。存款准备金率则是普遍执行7%的标准。差别准备金率是非常重要的结构性调节政策。在尚未执行8%资本充足率的情况下，是否按照不良贷款率等指标合理确定差别准备金率，约束商业银行盲目追求信贷扩张、变相降低不良贷款率等行为，是当前值得研究的重要问题。

几个工具中，最值得关注的是利率。很长时间以来，我国一直实行差别利率，这就是一种有效的价格调控。虽然基准利率一致，但是在浮动幅度上，大企业与中小企业不同，农村信用社与商业银行不同，住房贷款与其他贷款不同，目的就是缓解中小企业、农民贷款难，刺激住房消费。目前总体利率已经处于较低水平，由于2003年CPI始终维持正增长，11月份达到3%，今年1月份达到3.2%，已经出现了实际负利率水平。近年来，世界各国都纷纷采取低利率政策，维持较为宽松的货币环境以促进经济增长。但是，我国的突出问题不是需求不足，而是结构性失衡，是供给过剩，因此对低利率政策需要研究。首先，扩张性利率刺激的是总需求，解决不了供给过剩，当期的需求扩张的确可以缓解当期的供求矛盾，但是很有可能带来下一期更大的过剩。其次，长期低利率的结果是，信贷资金过度集中到重化工业，促进了重化工业的迅速扩张，导致部分行业过热。2003年，重化工业得以迅速发展，汽车、化工等行业过热，虽然有其特殊的历史原因，有政府强力推动的原因，但重化企业都是大企业，实行长期低利率是原因之一。重化工业迅速扩张有可能潜藏很大金融风险。1998—2002年间，我国规模以上工业企业负债率由63.74%下降为58.72%，下降了5个百分点。2003年有色金属、冶金等行业资产负债率明显上升，新增负债占新增资产的比重均超过2/3。负债增加主要来自于银行贷款，如果不适当控制，会因过剩而导致不良资产剧增。最后，低利率政策，还造成经济低水平扩张，也是当前"五小"复苏、盲目投资以及低水平重复建设的重要原因之一。

实际上，贷款利率已经结构性调高。1月份，扩大了金融机构的贷款利率浮动幅度，不同金融机构实行不同的利率浮动幅度，就是变相地提高了部分贷款利率水平。不过，与此前利率调整不同的是，此次利率调整，不是按照大中小企业，而是按照不同机构实行差别利率。当前需要研究的主要问题是，存款利率水平在什么点上比较合适。（中国人民银行高玉泽）

中国经济进入关键的发展敏感期

■去年我国人均GDP超过1000美元，这是我国经济进入关键历史阶段的重要标志。从世界上许多国家和地区的发展情况看，在人均GDP达到1000美元之后，经济发展都遇到过各种各样的问题，出现了不一样甚至截然不同的结果，有许多经验教训。

■历史经验表明，稳定的社会环境是经济持续快速发展的重要基础，确保国家经济安全是经济持续快速发展的重要保障，科学规划并实施经济发展战略是经济持续快速发展的重要前提。

■在人均GDP达到1000美元的关键阶段，要确保我国国民经济持续快速协调健康发展，必须把握好以下几个方面：提高对关键阶段的认识，珍惜人均GDP达到1000美元的大好形势；关键阶段更要贯彻落实好科学的发展观；关键阶段要把稳定作为头等大事来抓；关键阶段要重点加强对经济安全工作的领导；关键阶段要搞好经济发展战略的规划，加强对经济发展的短期监测。

2003年我国人均GDP达到1090美元，超过了1000美元。这是我国经济发展取得的辉煌成绩，更是我国经济进入一个充满机遇、面临风险的关键阶段的重要标志。世界上许多国家和地区在人均GDP达到1000美元之后，经济发展都遇到过道路选择问题，出现了不一样甚至截然不同的结果，有许多经验教训。现在，我国经济也进入了发展的关键阶段，面临着前所未有的机遇和风险，只要我们趋利避害，积极应对，我国经济仍会快速发展，仍有可能用10年左右的时间实现GDP翻一番，为全面建设小康社会打下坚实的基础。

人均GDP达到1000美元后，经济发展需要关注的经验教训

从一些国家和地区的发展历程看，在人均GDP达到1000美元后，有些国家和地区的经济能继续保持持续快速的发展态势，并能较快地步入发达国家和地区的行列，如新加坡和我国香港现在人均GDP都已超过了2万美元，韩国超过了1万美元；而有些国家和地区经济发展却步伐缓慢，甚至停滞，如巴西、阿根廷现在人均GDP不足3000美元。同样是在20世纪70年代中期人均GDP达到1000美元的国家和地区，如韩国与巴西，在经过不到30年的发展之后，为什么会出现如此大的差别，很值得研究。这其中的经验教训值得借鉴。

一、稳定的社会环境是经济持续快速发展的重要基础

人均GDP达到1000美元后，往往会出现社会阶层分化、中产阶级势力壮大、民主意识增强、各种文化思潮泛起、收入分配差距扩大等现象，极易产生政治动荡、社会矛盾突出、民族关系紧张等问题，处理得好，经济就能持续快速发展；处理不当，就会引起经济发展放慢、波动甚至停滞。

经济持续快速发展需要一个稳定的社会政治环境。在新加坡人均GDP达到1000美元的1971年，正值新加坡脱离马来西亚独立的第6个年头，新加坡政府通过采取严厉的控制措施、建立一党执政的政治体制、建立严密的社会组织、强化政府机构、加强廉政建设、从严执法，积极实施了稳定社会秩序的政策，使新加坡的政治社会长期处于稳定状态，保证了经济的平稳增长。韩国在1977年人均GDP达到1000美元后，公众的民主意识开始增强，1980年5月爆发了"光州事件"，面对动荡的社会形势，韩国政府采取了果断措施，保持了政局的稳定。马来西亚是一个多民族国家，民族矛盾比较突出，但马来西亚政府在人均GDP达到1000美元的1977年前后，通过采取以民族政策为核心的治国方略等，较好地缓解了民族矛盾。而巴西和阿根廷两国长期存在着政治斗争和不断冲突的社会矛盾，政局不稳，社会动荡，影响了经济发展的社会环境，经济出现了长期缓慢、波动甚至停滞的局面。

经济持续快速发展需要有一个相对合理的分配格局。在人均GDP达到1000美元之后，收入分配是否合理是影响社会稳定的又一个重要因素，收入分配差距过大极易产生社会各阶层之间的不平衡，引起社会动荡，公众情绪的不稳定。亚洲"四小龙"在收入分配问题上解决的是比较好的。如我国的台湾和韩国的基尼系数在人均GDP达到1000美元后都处在比较合理的0.35以下的水平。新加坡和我国香港的基尼系数虽居于严重的0.4左右，但都采取了积极有效的调节措施，比如新加坡就采取了中央公积金制度、住宅建设计划和居者有其屋计划，发放教育津贴等，建立了较为可靠的社会福利保障，以调节收入分配差距的问题。而拉丁美洲的巴西、墨西哥和阿根廷对收入差距的问题解决的就不很理想，基尼系数在人均GDP达到1000美元之后处于严重的0.35—0.45之间，后来又达到了更严重的0.45甚至接近0.6，差距加大，加之缺乏相应的调节措施，导致社会矛盾非常突出。

二、确保国家经济安全是经济持续快速发展的重要保障

人均GDP达到1000美元，很大程度上都是发展中国家实行对外开放和体制改革的结果，没有对外开放和体制改革，也就没有人均GDP达到1000美元的结果，但不讲国家经济安全，不切实际地盲目对外开放和体制改革，不仅不利于经济发展而且还有损于经济持续快速发展。针对拉丁美洲经济过分依附他国经济并造成严重后果的情况，在拉丁美洲曾经盛行，并且至今仍有影响的"依附论"，就曾对此作了精辟的分析，认为依附的结果是依附国丧失调控经济的自主权，经济长期处于落后地位。从拉丁美洲经济发展的历程中，不难得出这一结论。

经济持续快速发展需要一个适度的外债规模。20世纪80年代拉丁美洲出现债务危机，虽然原因是多方面的，但最根本的原因还是这些国家选择了过分依赖外国资本的发展路线，导致外债越积越多，远远超过适度规模。在巴西和墨西哥人均GDP刚达到1000美元的1975年，拉丁美洲外债余额为784亿美元，到1982年就达到了3083亿美元。其中巴西为939亿美元，墨西哥为861亿美元，阿根廷为436亿美元。在这种形势下，20世纪初世界经济的衰退，很快地就传递到拉丁美洲，整个拉丁美洲的经济出现全面衰退。

经济持续快速发展需要对关系本国经济命脉的领域具有控制力。拉丁美洲国家的外来投资参与了所有的工业部门，并利用其竞争优势排挤和吞并内资企业，其中巴西在债务危机发生时制造业纯资产的95.8%为外资拥有，一些重要的行业甚至被外资垄断。而危机发生后，拉丁美洲国家又全盘接受了国际货币基金组织、世界银行和美国的新自由主义的经济调整方案，听任国际组织和美国的摆布，其结果是本币大幅贬值，财政开支紧缩，税负增加，投资下降，利率上升，通胀加剧，经济长期停滞。如墨西哥在1989年和1990年通货膨胀率竟高达3080%和2314%。

经济持续快速发展需要一个符合本国国情的金融政策。在人均GDP达到1000美元前后，拉丁美洲的一些国家纷纷开始推行金融自由化改革，利率由市场决定，结果导致了利率的大幅上扬，不仅制约了投资的增长，而且还吸引了大量外国贷款，为后来发生拉丁美洲金融危机埋下了隐患。在亚洲以泰国为代表的一些国家，在人均GDP达到1000美元后不久，也开始推行金融自由化改革，出台了减少资本控制和外汇管制，取消利率上限等一系列措施，结果是资本大量流入，外债余额剧增，终于在1997年引爆了亚洲金融危机，给泰国乃至亚洲经济带来了不利影响。

三、科学规划并实施经济发展战略是经济持续快速发展的重要前提

人均GDP达到1000美元后，针对经济结构、投资增长、消费需求、劳动力成本、能源消耗、对外经济等方面出现的显著变化，如何科学规划并实施经济发展战略显得比以往更为重要。

在人均GDP达到1000美元后，新加坡在认真分析所处环境基础上，制定了一系列正确的内外经济、政治和社会发展战略；韩国根据自身经济的发展阶段和外部环境，制定并切实实施了向重化工业发展的战略。而巴西虽然也制定了由进口替代向劳动密集型产业的发展战略，但在实施该战略过程中，由于"贪大求洋"的思想主导，导致劳动密集型产业在巴西始终未形成气候。尽管各国发展战略着力点各不相同，但有几点在规划经济发展战略时值得高度关注：

一是重视按本国经济发展要求调整产业结构。1970年代初，韩国根据国内市场狭小，本国矿产和土地资源贫乏以及劳动密集型产品出口受阻等现实，提出了以钢铁、汽车、造船和石油化工为核心的重工业和化工业发展的战略。随着这一发展战略的实施，韩国重化工业得以突飞猛进的发展，由此促进了国民经济持续快速发展。新加坡调整了主要依靠转口贸易支撑经济发展的状况，提出了优先支持出口贸易、旅游和造船等制造工业的发展战略。

二是重视基础设施建设，积极促进居民消费升级。新加坡设置专门机构如经济发展局，专门从事港口、机场、桥梁等基础设施的兴建和扩建，政府直接负责基础设施建设。我国台湾在20世纪70年代实施了包括铁路、港口、高速公路等为主的十项建设，为经济持续快速发展提供了坚实的基础保障。

三是重视能源发展战略，切实解决能源供应。人均GDP达到1000美元后，人均能源消费量呈现出大幅上升的趋势。1977年韩国人均GDP达到1000美元时人均耗电量627千瓦小时，10年后的1987年分别为1525千瓦小时；1988年泰国人均达到1000美元时人均能耗618油当量，10年后的1998年人均能耗1112油当量。其他国家也曾出现类似情况。对这一变化，一些国家和地区都采取了积极的应对措施，如我国台湾在1979年7月制定台湾经济建设十年计划的首要任务就是开发能源资源，提高能源供给能力和使用效率。

四是针对劳动力成本上升，积极促进产业升级，扩大对外投资。随着GDP达到1000美元后，工资收入的不断增加，劳动力成本也呈现出明显上升的趋势。如韩国在1977年人均GDP达到1000美元后的10年间，劳动力成本上升了5倍，竞争优势明显下降。面对这一形势，一些国家和地区积极促进产业升级。如东亚开始发展以熟练劳动力、资本和技术密集型为基础的制造业，生产既能替代进口、又可面向出口的资本货物和耐用消费品。与此同时还积极扩大对外投资。1977年韩国对外投资仅为0.2亿美元，到2002年已达26.7亿美元。其中，大部分海外投资是投向拉丁美洲和东南亚劳动力成本较低的国家和地区。

人均GDP达到1000美元需要把握的几个问题

在人均GDP达到1000美元的关键阶段，要确保我国国民经济持续快速协调健康发展，必须把握好以下几个方面。

一、提高对关键阶段的认识，珍惜人均GDP达到1000美元的大好形势

人均GDP达到1000美元为国民经济持续快速协调健康发展奠定了良好的基础，要以对党和人民高度负责的精神，珍惜来之不易的成绩，要有紧迫感。但同时也要清醒地认识到人均GDP达到1000美元后经济发展面临的风险，要看到经济领域的不确定性在增多，社会领域的复杂性在增强，外界影响的力度在加大。对此，决不能掉以轻心，要有忧患意识。

二、关键阶段更要贯彻落实好科学的发展观

统筹城乡发展、统筹区域发展、统筹经济社会发展、统筹人与自然和谐发展、统筹国内发展和对外开放的要求，是科学发展观的基本要求。搞好五个统筹是关键阶段经济社会全面发展的需要，是关键阶段国民经济可持续发展的需要，是关键阶段进一步对外开放的需要。关键阶段重要的是要处理好收入分配与经济社会全面发展的关系，处理好能源消耗与经济可持续发展的关系，处理好劳动力成本与对外开放的关系。

三、关键阶段要把稳定作为头等大事来抓

社会的稳定是经济持续快速发展的基本保证，没有稳定的社会环境，经济就难以持续快速发展，不仅难以提高人均GDP达到1000美元的水平，反而可能会出现停滞甚至倒退。一定要把社会稳定工作当作头等大事来抓，不可懈怠。要重视提高低收入群体的收入水平，抓紧建立健全覆盖全社会的社会保障体系、福利和救济体系。

四、关键阶段要重点加强对经济安全工作的领导

要加强对外资流入流出的监管，外资的大流入大流出是一些国家人均GDP达到1000美元后出现金融危机以至经济出现缓慢、波动甚至停滞的重要原因。要加强对金融部门资金的监管，进一步降低金融部门的不良资产。要加强对能源供应的长期规划，充分认识到人均GDP达到1000美元后能源消耗明显增多的趋势。

五、关键阶段要搞好经济发展战略的规划，加强对经济发展的短期监测

要进一步加快结构调整，着重加快制造业的发展，积极推进产业结构的升级。在考虑到效益和投资方向的同时重视基础设施和基础产业的建设。要进一步消除体制性障碍，积极引导居民消费升级。

[视点]趋利避害　把握机遇

去年我国人均GDP超过1000美元，这个指标不同一般，它是我国经济发展进入新的历史阶段的重要标志，是我国经济发展的重要里程碑。它标志着我国国民经济在实现了第二步战略目标之后又上了一个新的台阶，标志着我国人民将在一个新的起点，开始全面建设小康社会的新的征程。

从中华民族和平崛起的历史进程看，这个指标还显示出中国人民有能力有决心实现中华民族的伟大复兴，实现民富国强的伟大目标；显示出中国人民有能力有决心健全完善社会主义市场经济体制，积极推进对外开放，实现国民经济持续快速协调健康发展。

我国人均GDP现在已超过1000美元，还说明20多年来党的一系列方针政策是正确的，特别是在近年来国际形势复杂多变的环境下，在国内突发事件时有发生的情况下，党中央和国务院及时果断地采取的一系列政策措施是正确的；说明全国人民贯彻落实党的方针政策是坚决的，没有全国人民强有力的支持，人均GDP去年要实现1000美元是难以想象的。

从国际社会的经验看，人均GDP达到1000美元之后，经济社会的关系都会发生一系列深刻变化，经济发展既充满机遇，又面临风险，是一个非常关键的转折阶段。在这一关键阶段，经济发展有可能出现两种趋势：一种是乘势而上，经济继续保持快速发展，经济总量可以在较短时间内实现翻一番；另一种是不进则退，经济发展缓慢、波动剧烈甚至停滞。

在人均GDP达到1000美元这个关口，一些国家和地区选择了不同的发展道路，采取了不同的应对措施，因此也就有了不同的结果(见表一、表二)。一些国家和地区抓住了的机遇，克服了风险，经济保持了持续快速发展，经济总量很快实现了翻番，步入了发达国家和地区的行列。如新加坡、韩国等，在人均GDP达到1000美元后，经济均保持了20年甚至30年以上年平均6%甚至7%以上速度的增长，而且仅用了8年到12年的时间实现了GDP的翻一番。另有一些国家由于没能很好地抓住机遇，克服风险，经济发展缓慢，甚至停滞。如阿根廷、墨西哥等，这些国家在人均GDP达到1000美元后，经济长期保持在年平均4%以下的低速增长，而且用20甚至30多年的时间才实现GDP的翻一番。

现在，我国人均GDP也已达到1000美元，经济发展进入了一个非常重要的关口。经济增长有可能继续保持6%甚至7%以上的速度，有可能用10年左右的时间实现GDP的翻一番；也有可能出现4%以下的低速增长，有可能用20年以上甚至更长的时间才实现GDP的翻一番。结果如何，关键在于发展道路的选择，在于是否能够把握机遇，采取切实措施，应对发展中可能出现的各种各样的问题，化解矛盾，趋利避害，保持经济平稳较快地增长。

表一、人均GDP达到1000美元后持续快速增长国家和地区的增长情况

国家和地区	人均GDP达到1000美元的年份	人均GDP达到1000美元后至2002年的年平均增长速度(%)	人均GDP达到1000美元后GDP翻一翻所需的时间(年)
新加坡	1971	7.4	9
韩国	1977	6.9	10
中国台湾	1976	7.3	10
中国香港	1971	6.4	8
马来西亚	1977	6.4	12
泰国	1988	5.8	8

表二、人均GDP达到1000美元后缓慢增长的国家和地区的增长情况

国家和地区	人均GDP达到1000美元的年份	人均GDP达到1000美元后至2002年的年平均增长速度(%)	人均GDP达到1000美元后GDP翻一翻所需的时间(年)
巴西	1975	3.0	22
阿根廷	1961	1.9	31
墨西哥	1974	3.4	18
印度尼西亚	1995	2.3	—
菲律宾	1995	3.8	—

中国经济崛起将产生历史性的深远影响

所谓中国经济的崛起，包含两个层面的含义：一是中国GDP持续快速增长，与世界经济的融合不断加快；二是中国对其他国家的影响显著增强。

中国崛起和历史上其他国家十分相似。有所不同的是，历史上许多国家在经济崛起时都呈现经常帐户逆差，但中国则表现出经常帐户顺差。

虽然到目前为止，中国经济增长及其对全球经济的影响与历史上其他国家的经济崛起非常相似，但有理由相信中国最终将比历史上其他国家的经济崛起发挥更重要的作用。她将可以通过多种渠道尤其是贸易渠道和金融渠道来影响世界经济发展。

一个国家受到的影响程度取决于其与中国的贸易模式是互补性还是竞争性。不同的国家和地区受到的影响程度不同，但世界福利水平将有所提高。

随着中国的金融业、国有企业、劳动力市场以及社会保障体系结构性改革的不断深入，中国经济能够持续发展，对世界经济的影响也将不断加深。

中国经济崛起的四大特征

把中国经济崛起和历史上某些国家和地区的经济崛起进行系统性的比较，尤其是把中国过去25年的经验和日本、亚洲“四小龙”以及亚洲“四小虎”当初经济崛起时的情况相比，有助于分析中国经济崛起可能产生的影响。

首先，中国崛起和历史上其他国家十分相似。

从历史的角度看，中国的经济崛起与历史上其他国家的经济崛起存在许多相似的特点，中国的经验并没有特别之处：一是中国目前经济增速完全正常，虽然以市场汇率计算的GDP占世界GDP的份额正在增加，但远远低于当年日本经济崛起时的水平，仅略高于亚洲“四小龙”和亚洲“四小虎”；二是贸易壁垒逐步降低并消失，进出口迅速增加。实际上，中国占世界贸易的份额远远低于日本和亚洲“四小龙”经济崛起时的水平，略高于亚洲“四小虎”；三是中国出口迅速增长，在日本、美国和欧盟等主要出口市场的份额不断上升。虽然出口主要还是以劳动密集型产品为主，但正向多元化发展；四是中国从主要国家和地区的进口迅速增长，尤其是从周边国家(包括亚洲“四小龙”以及亚洲“四小虎”)的进口增长更为迅速，这反映出中国作为地区性再加工中心和制造中心的地位不断增强，表明中国作为该地区增长引擎的作用不久将有可能超越日本；五是中国已经成为越来越重要的初级产品的进口国，在一些重要初级产品(原油，铜，大豆)中的贸易份额逐步加大。

其次，中国经济崛起呈现出经常帐户顺差。

这一点与历史上的经济崛起有所不同，历史上许多国家在经济崛起时都呈现经常帐户逆差。主要原因：一是中国改革初期高估的人民币币值回落以及贸易自由化进程加速，使得20世纪80年代人民币实际有效汇率贬值，促进了出口；二是虽然自90年代初期以来人民币名义汇率和实际有效汇率相对稳定，但在90年代后期劳动生产率的快速增长和廉价的劳动力成本使中国保持了强大的出口竞争力。

第三，中国在吸引外国资本方面还存在很大空间。

中国的外国资本流入数量相对GDP的比值小于历史上经济崛起国家的水平。例如，虽然中国吸引的外国直接投资增长迅速，但是和亚洲“四小龙”的崛起时期(尤其是新加坡和中国的台湾)相比而言，其数量并不多。相反，中国的政府和公共部门持有大量的外国证券，到2002年中期，中国是美国长期债券的第二大持有者，约为1650亿美元，占整个外国资产的6.5%(2000年为4.9%，1994年为2.1%)。这主要是因为中国的资本帐户目前还没有完全放开，金融市场还很不发达，反映了当前中国在金融领域实行资本控制的政策。

第四，中国经济崛起将比历史上的崛起产生更深远的影响。

虽然到目前为止，中国经济增长及其对全球经济影响与历史上其他国家的经济崛起非常相似，但有理由相信中国最终将比历史上其他国家的经济崛起发挥更重要的作用：一是中国在金融部门、国有企业以及劳动市场正面临着严峻的结构改革挑战，随着这些问题得到很好的解决，中国的快速增长和融合将会在长时间内继续下去；二是中国储蓄率长期保持在高水平，即使稍有下降，也可以使物质资本形成在中期内保持在一个高水平；三是中国目前的人力资本存量虽然比历史上经济崛起时的国家低，但正在保持快速增长并拥有相当大的潜力；四是低生产率的农业部门劳动力向高生产率的城市工业部门转移大大促进了中国经济的增长，并且中国目前人均GDP1060美元的水平只是日本，亚洲“四小龙”和亚洲“四小虎”国家经济崛起时的一小部分，还有很大的发展空间。所以中国经济崛起将对世界经济比以前形成更大的冲击，尤其将对某些地区和部门造成的潜在冲击更为强劲。

中国经济可以通过多种渠道影响世界经济

中国经济快速增长，加之贸易和金融自由化的深入，可以通过多种渠道影响世界经济发展，其中两个比较重要的渠道是贸易渠道和金融渠道。

从贸易渠道来看，一方面，中国劳动密集型产品的出口增加将使世界市场价格下降，使净进口相关产品的国家获益；中国国内需求扩大将使某些国家出口价格上升并从中获益，这包括生产资本密集型和技术密集型产品的国家以及生产食品、能源和中间投入品的国家。另一方面，面对中国的竞争，一些国家的贸易条件恶化并形成产业空心化；一些拥有大量非熟练劳动力并和中国争夺出口市场的国家将会面临需求减少，价格下降的困境；一些净进口国家将因某些商品价格被中国推高导致贸易条件恶化。同时，贸易条件的改变将对国家之间或一国之内的部门构成和收入分配产生重大影响，中国大量非熟练劳动力的存在使世界范围内资本型和技术型劳动力的收入上升，降低非熟练劳动力的收入，进而对相关部门造成冲击。

从金融渠道来看，15年来中国吸引外国直接投资的扩张不但使中国获益(主要是促进了贸易增长)，而且使外国投资者在赚取收益的同时形成了投资方式多元化的格局。世界整体将会从中国的发展中获益，但一些发展中国家将与中国争夺有限的国际资本，流入中国的国际资本多了，流入其他国家的资本自然就少了。然而从另一个角度看，中国对外直接投资增加将会增加世界其他国家的直接投资流入。值得注意的是，分析中国净资本的流动变化存在一定困难，因为一方面投资者有更多的机会进行证券投资以追求高回报，中国证券投资的份额进一步加大；另一方面，随着中国投资率下降，外国资本流入可能减少。中国资本帐户开放的时间和形式将会影响这两种资本相反流向的强度。

值得指出的是，中国经济通过世界贸易和金融渠道产生动态效应。

这些动态效应虽然无法定量分析，却是非常重要的。因为，中国经济崛起可能不仅仅会刺激要素积累和生产率增长，还要通过贸易条件效应、金融资本分配改善以及竞争加剧等形式刺激其他国家的改革，形成一种互动的动态促进效应。评价其对产出和福利动态的影响是比较困难的，但这些动态影响是有积极意义的，比静态影响更加广泛和深远。

另外，从经济周期的角度来看，中国与世界发达国家的经济相关性较小，对于缓解世界经济的周期性波动风险具有重要意义。但随着中国经济与世界经济的进一步融合，其经济周期将会与世界经济周期趋于同步。

客观分析中国经济崛起对世界经济的影响程度

一个国家受到的影响程度取决于其与中国的贸易模式是互补性还是竞争性。

一方面，亚洲“四小龙”国家与中国属于贸易互补性关系，从中国的加工贸易中获益，主要体现在中间产品和零部件对中国的出口迅速增长。虽然中国的出口正在沿着附加值链条不断上升，国内零部件的生产快速增长，可能存在对这些国家的负面影响，但随着产业内贸易逐渐占主导地位，这些国家仍会受益。另一方面，东盟和南亚国家与中国的贸易属于竞争性关系。由于存在与中国劳动密集型产品出口的竞争，一些东盟国家不得不进行大规模的调整。例如，中国服装出口增长将对这些经济体产生负面影响，尤其是一些国家曾经在WTO“纺织品贸易协定”的配额安排下获益，“纺织品贸易协定”的取消会给这些国家造成一定的困难，但其中一些国家可以增加向中国服装原材料出口来减小这一负面影响。另外，由于中国在这一地区吸收越来越多的外国直接投资，东盟国家必须做出结构调整，逐步采取措施保证技术创新和生产率继续提高。

世界福利水平将有所提高。国际货币基金组织预计从2002—2020年，世界经济增速平均为2.7%，福利水平提高5.3%；发达国家经济平均增速为2.0%，福利水平提高0.1%；世界其他国家和地区经济增速平均为4.6%，福利水平提高0.1%；中国经济增速平均为7.6%，中国占世界GDP的份额将增长为现在的两倍以上。由于中国劳动密集型工业品出口以及初级产品和技术密集型工业品进口的扩张，中国的贸易条件将恶化，下降7.0%，但其整体的福利将大大改善，提高126.1%。

不同的国家和地区受到的影响程度不同。虽然从总体上来说，中国经济崛起对世界其他国家和地区以及行业的影响是非常有限的，一般不超过1个百分点，但是某些国家和地区的某些行业受到的影响较大，比如东盟国家的纺织行业的需求将会迅速下降，因而产出将下降，进而导致产量减少12%。拉美发展中国家的农业将会从贸易模式的转变中获益，产出将增长4.0%。另外，非熟练劳动力受到的负面影响比较大，中国非熟练劳动力的实际工资水平虽然从绝对数量上来说是上升的，但相对于熟练劳动力的实际工资水平来说却下降了，这将使东盟一些与中国竞争较为激烈的国家的劳动密集型制造业受到的负面影响较大，整个东盟劳动密集型制造业产出将下降6.6%。

中国经济将继续保持增长活力

改革开放25年来，中国GDP年均增长在9%以上，比改革开放前加快了3个百分点，这主要是由于资本积累和劳动生产率增长所致。全要素增长在改革开放后是经济增长的主要动力，增长速度从零增加到3%；资本积累对GDP增长贡献为4—6个百分点；劳动力平均增长1%，对GDP贡献0.5个百分点。结构改革是这一时期经济增长的主要动力，20世纪80年代的农业改革和90年代的市场化改革直接促进了生产率的提高，同时使农业劳动力释放出来，转移到边际生产率高的部门，间接促进了生产率的提高。

根据国际货币基金组织的预测，只要中国目前的改革继续推进，中国经济增长将保持在6%—9%之间。随着结构改革进行，金融部门在信贷运作方面将更加商业化，资本积累会放慢，但即使投资率从目前占GDP的40%下降到30%—35%。资本积累仍将保持7%—8%的增长，对整个经济增长贡献为4—5个百分点；劳动力增长对GDP的贡献率仍将保持在0.25个百分点左右，这一贡献基本上与计划生育政策下的人口自然增长速度一致。然而，从农业中转移出来的劳动力流入到工业和服务业部门的数量是相当大的，估计中国目前共有7亿4000万劳动力，工业和服务业部门有3亿7千万，农业剩余劳动力有1亿5000万。农业中的剩余劳动力转移到生产率高的工业和服务业部门可以对生产率增长贡献1—2个百分点；外国直接投资也将在促进效率和加快技术转移方面发挥重要作用。总体来说，中国可以保持2%—4%的全要素增长率。

中国经济的前景很大程度上取决于改革的深入，进一步实行关键性的结构改革可以使中国经济保持快速增长。中国面临的主要任务是加强金融市场和国有企业改革，加强政府财政管理，建立一个运行良好的劳动力市场，继续推进多个领域的结构改革是中国经济持续强劲发展的关键因素。随着中国的金融业、国有企业、劳动力市场以及社会保障体系结构性改革的不断深入，中国经济能够持续发展，对世界经济的影响也将不断加深。中国经济20年来的增长可以按照每年6%至9%的速度持续下去，并对世界上其他国家和地区产生深远的影响。

中国经济形势分析与预测

目前的宏观经济形势分析

2003年我国宏观经济发展取得了巨大的成绩，基本扭转了自亚洲金融危机以来GDP增长率徘徊在7%—8%之间的局面，走出了通货紧缩阴影，GDP增长率达到9.1%，宏观经济运行进入了经济周期的上升阶段。同时，随着宏观经济的快速增长，又出现了一些可能影响未来经济持续稳定增长的新因素。确实，目前我国经济增长处于一个非常关键的时期，一个使我们面临新的考验的时期。我们应该进一步作好宏观调控工作，保持宏观经济快速稳定增长的良好势头，在未来的若干年内实现宏观经济持续稳定快速协调增长，避免出现又一次经济的大起大落，给国民经济发展造成损失。

在目前我国宏观经济运行中一个引人关注的问题是宏观经济是否已经“过热”，在未来一段时期内是否会出现通货膨胀。不到一年以前的时候，我国价格水平还处于通货紧缩的压力之中，而现在如此之快地就出现某些产品价格的大幅度上涨，确实需要密切关注。

引起目前价格水平出现明显上涨的原因主要有：第一，2003年全社会固定资产投资高速增长，引起某些投资品，特别是原材料价格的大幅上涨；第二，我国连续数年粮食播种面积和粮食产量连续下降，引起粮食及相关产品的价格上涨；第三，未来抑制对某些部门的低水平重复建设而采取的限制措施后，造成的相关产品的价格在短期内的上升；第四，世界经济出现复苏，许多重要商品在世界市场上的价格也明显上涨，对我国国内有关商品的价格上涨造成的拉动作用；第五，世界原油价格持续走高，也会对我国经济产生推动价格上涨的影响。此外，随着我国经济总量的日益增加和对外开放的深入，以及世界经济全球化趋势的不断加强，我国国内市场的价格水平与国际市场价格水平的关联互动、相互影响的关系日益明显，这一因素也增加了我国国内价格水平出现较大波动的可能。上述可能引起总体价格水平上涨的因素，加之去年下半年以来出现的价格上升对今年的翘尾影响，我国总体价格水平在一段时期之内出现较明显上涨的可能性不容忽视。

另一方面，目前我国的GDP增长率还在一位数区间，处于潜在增长率的范围内，货币供给的增长基本适度。虽然某些生产资料和粮食的价格上涨过猛，但是，作为衡量通货膨胀主要指标的居民消费价格指数的上升幅度仍在较为温和的范围内，有些重要的消费品价格还有所下降。商品供求关系既存在供不应求的品种，也存在供大于求、或供求基本平衡的品种。总的来说居民消费需求还需要进一步启动。因此，目前出现的价格上涨与1988—1989年和1993—1994年出现的通货膨胀是不一样的，在程度上是有巨大差别的。应该说，目前的价格形势是，通货膨胀压力在较快地增大，但是出现恶性通货膨胀的可能性还不大。

我们必须注意到，目前上游产品的价格急剧上涨是不争的事实，其潜在的危险是客观存在的。由此可能引发的通货膨胀将主要是成本推动型的通货膨胀。最后是否会导致全面的价格上涨，关键在于目前上游产品的价格上涨如何传导，以及在多大程度上传导到下游产品的价格中去。如果对目前增长过猛的地方投资意愿不加控制，对投资率不断攀升的趋势无法有效扭转，那么即使最终消费需求不明显上升，由于成本推动，在半年到一年的时间内，目前上游产品的价格上涨趋势也有可能逐步传导下去，引发全面的价格上涨。

但是更可能出现的情况是：目前上游产品的价格上涨不能完全传导到下游产品中去。做出这种判断的主要原因是：第一，下游多数制造业产品目前处于供大于求的状况，不少行业由于种种原因仍存在着相当的利润空间，他们必须也有可能自行消化成本的上涨；第二，居民消费需求增长相对来说仍处于较低水平，由于居民总体收入增长在过去的一段时期内低于 GDP 增长，因此居民消费需求很难出现爆发式的增长，因而从需求方面限制了上游产品价格上涨的向下传导；第三，我们已经采取了一些宏观调控措施会对价格上涨的传导产生抑制作用。

上游产品的价格上涨不能完全传导到下游产品中去的结果既有有利的方面，也可能有不利的方面。有利的方面是：第一，有利于依靠市场力量推动结构调整；第二，有利于加强市场竞争，通过优胜劣汰提高企业效益水平；第三，有利于调整利益分配结构，特别是增加农民收入。不利的方面是：第一，一些效率低、竞争力差的企业会出现经营困难，甚至破产，会造成新的下岗失业，增加全社会的就业压力；第二，存在着一段时期后再次出现通货紧缩压力的问题。

投资问题分析

当前价格上涨较为明显的一个主要原因是一段时期以来，投资增长速度过快，引起了某些投资品价格的急剧上涨。投资是当前需要重视的问题。目前，投资一方面是经济增长的主要动力；另一方面又是引起宏观经济结构问题的重要原因，具有两面性特点。因此，当前投资问题处理得是否妥当将对经济社会的长期稳定协调发展将会产生重要影响。

1. 投资与消费的比例关系急需调整

目前需要重视投资与消费的比例关系调整的原因有三点：

第一，投资占 GDP 比例偏高。自新中国建立以来，投资率（或积累率）偏高一直是长期困扰我们的问题。在 20 世纪 50 年代和 60 年代中，一些经济学家曾经研究过在我国当时条件下适当的积累率应该是多少。他们的结论是积累率应该在 25%－30%之间。但是，当时的计划经济体制造成投资率不仅偏高而且大幅度剧烈波动：在 50 年代后期“大跃进”期间，积累率高达 51%以上；而在 60 年代初期“三年困难时期”，积累率又低到仅为 16%左右。改革开放以来，为了加快经济发展速度，我们主动保持了一个较高的投资率。在制定“八五”计划的时候，提出了 30%的投资率指标，并以此投资率来综合平衡宏观经济增长计划。但是在 20 世纪 80 年代和 90 年代中，我国的投资率实际上没有一年低于 30%，而是基本上保持在 35%－40%的水平上。特别是自 90 年代后期亚洲金融危机发生，我国开始实施积极的财政政策以来，由于积极的财政政策的导向明显地倾向于投资，因此投资率进一步明显攀升。2002 年按支出法计算的投资率已经达到39.4%，全社会固定资产投资占 GDP 的份额超过 41%。2003 年按支出法计算的投资率达到 42.7%，全社会固定资产投资占 GDP 的份额进一步上升，已经超过了 47%。据预测，2004 年全社会固定资产投资占 GDP 的份额甚至可能接近 50%。

第二，投资增长率偏高。自 20 世纪 80 年代初期以来，我国出现过三次经济“过热”，每一次过热之初，都伴随着投资的过高增长。1986 年第一次“过热”时，1984－1985 年投资增长率为 28.2%和 36.8%；1988 年第二次“过热”时，1987－1988 年投资增长率为 21.5%和 25.4%；1993 年第三次“过热”时，1992－1993 年投资增长率为 44.4%和 61.8%。当然，投资较快增长并不一定必然意味着经济“过热”，但是，2003 年我国全社会固定资产投资增长 26.7%，确实需要我们注意可能出现的负面影响。

第三，投资增长对 GDP 增长的贡献率持续攀高。自 1998 年开始实施扩张性的财政政策以来，由于这一政策的投资导向性，使得投资增长与消费增长对 GDP 增长的贡献率的大小发生了逆转。在 1998 年时，投资增长和消费增长对 GDP 增长的贡献率分别约为 30%和 66%。而到 2003 年投资增长的贡献率逐步上升到 55%，而消费增长的贡献率下降到 45%。

上述三种情况说明，从宏观上看，适度地调整投资与消费的比例关系，控制投资，确实是当务之急。

2. 一段时期以来某些部门的投资超高增长的问题明显存在

总体来看，2003 年以来，我国全社会固定资产投资增长速度明显加快，表明投资需求显著增加。出现这种局面的主要原因是：

第一，20 世纪 90 年代末开始实施的扩张性的财政政策以扩大投资为导向，以政府主导的国债投资为重要内容。一方面各级政府投资热情高涨，国债投资项目带动了大量的固定资产投资增长；另一方面扩张性的财政政策实施多年逐步带动了社会投资，非政府投资增长速度明显加快。

第二，在世界经济不十分景气的环境中，我国出口增长显著。但是另一方面，我国经济的外贸依存度也在迅速提高。出口退税对出口的刺激作用，使得国内资源的配置也出现一定程度的扭曲，也在一定程度上促成了投资的增加。

第三，近几年来重化工业增长速度一直明显快于其他工业部门，在重化工业内部形成一定程度的自我循环的投资需求。

第四，居民消费结构升级，住房、汽车等产业的迅速发展不仅加速了固定资产投资总量的增长，而且对投资结构的变化产生了重大影响。

第五，收入分配中存在的投资与消费比例失调、城乡发展差距扩大、居民收入差距拉大等问题日趋严重，某些高收入阶层的超前消费，不仅使总体消费的供给结构出现某种程度的扭曲，而且造成投资总量和结构的相应问题。

目前，调整投资结构的重点应该是控制某些部门的低水平重复建设投资。2003 年某些部门的投资增长确实出现了超高速增长：钢铁、电解铝、水泥的投资分别增长了 96.6%，92.9%，121.9%。（此外，纺织、汽车、煤炭的投资也分别增长了 80.4%，87.2%，52.3%。）出现这样的情况需要进行认真的分析。这些部门投资的超高速增长的直接原因是市场对这些部门产品的需求大幅度上升，这是与我国经济发展进入经济周期的上升阶段相联系的。但是，还有一个重要的原因是这些部门产品的供给相对不足。其深层次的原因又在于自 20 世纪 90 年代后期以来对这些提供能源和基础原材料产品的部门的投资的相对不足。我们计算了对煤炭、非金属材料、钢铁、有色金属、电力、铁路6个部门的历年投资情况。发现与20世纪80年代相比，对这6个部门的投资占总投资的比例在21世纪初都有不同程度的下降。从1997—2001年对上述6个部门投资的年均增长速度分别为－8.7%，－2.7%，－2.0%，11.1%，8.7%，7.1%。除了有色金属部门外，均低于全社会固定资产投资在同期的年均增长速度。对煤炭、非金属材料和钢铁部门的投资年均增长速度甚至为负数。前期投资不足.应该说是目前供给与需求产生矛盾的重要原因之一。

这种情况的出现，说明三个问题：

第一，目前对某些提供能源和基础原材料产品的部门的投资的超高速增长，在一定程度上是对前期这些基础性部门投资不足的补偿，因此具有一定的必然性和合理性。

第二，随着宏观经济进入经济周期的上升阶段，市场对资源的配置作用和竞争机制在逐步加强。同时，扩张性的财政政策正在发挥带动社会投资活跃的效果。

第三，目前市场竞争机制的表现和社会投资主体的行为，还带有明显的不成熟性，甚至扭曲性，因此，在目前阶段加强宏观调控仍然是十分必要的。

3. 注意防止出现三个方面的问题

总结20世纪80年代以来我国宏观经济增长过程中出现的各种问题，特别是曾经出现过的三次“过热”的经验教训，为了保持经济社会的长期稳定协调发展，目前，在对某些部门投资超高速增长进行宏观调控的时候，需要注意防止出现三方面的问题：

第一，防止过高的投资增长，造成经济“过热”，引发通货膨胀，出现20世纪80年代后期和90年代初期由于投资的“过热”引发了总体经济“过热”的局面。在调整收入分配政策的基础上，加强宏观调控，切实解决全社会固定资产投资占GDP的比例不断上升的趋势，已经成为保持经济社会长期稳定协调发展的当务之急。

第二，防止对提供能源和基础原材料产品部门的投资不足，而引发在下一轮经济上升期出现对基础原材料产品的供不应求。在保持经济社会稳定协调发展的同时，特别要注意对基础部门投资的稳定增长，防止在一定时期内产生“瓶颈”制约。因此，目前保持对这些部门一定规模的投资是必要的。

第三，防止社会投资主体受短期市场利益的驱使，盲目投资，特别是低水平的重复建设投资，造成未来供给能力的过剩，且由于水平低而缺乏竞争能力，从而对全社会形成通货紧缩压力。解决这一问题的关键在于进一步加速深化投资体制改革和金融体制改革。各级政府要加强对投资的引导和指导作用，遵循市场规律，进行宏观调控。

政策措施建议

未来实现经济社会全面、协调、可持续发展的目标，根据目前宏观经济形势的特点，我们应该采取因势利导的方针，密切关注，认真应对，将形势引导到相对最为有利的方向上去。总的原则应该是：第一，控制过高的投资需求；第二，进一步启动消费需求。而实现这一目标需要货币政策和财政政策联动。具体建议如下：

①在财政政策方面，扩张性的财政政策要进一步“淡出”，要进一步调整国债的发行力度和使用方向，坚定不移地加强国债资金对农村的投人和对社会保障体系建设的投人。如果“三农”问题不能得到有效改善，如果社会不稳定因素不能得到有效缓解，就无法实现经济社会的全面、协调、可持续发展。

②在货币政策方面，除了已采取的必要措施之外，要动用利率政策，调高银行存贷款利息率。如果在未来的两三个月内，居民消费价格指数的上升率在3%—5%以上，则还应该采取进一步的必要措施。

现行的银行利率水平是在前一段存在通货紧缩问题时制定的，目前宏观经济形势已经发生了明显变化，实际利率已经变为负数。实际利率长期扭曲，不利于抑制盲目投资。利率的调整是宏观调控的重要信号和手段，较之单纯的行政控制，具有更好的宣示性、普适性和公平性。调高银行利息率不仅有利于调整实际利率水平，保持正常的宏观经济运行环境，同时有利于从货币供给源头上控制上游产品价格上涨的趋势进一步发展，控制某些部门盲目投资、低水平重复建设的蔓延。同时调高利率还有利于在存在通货膨胀压力的情况下保护一般居民利益不受或少受影响，体现“注重以人为本”和“关心人民群众切身利益”的原则。

③要注意保护各方面的积极性。调整投资与消费的比例关系，控制投资过快增长的主要办法，不是简单地压投资。在市场经济环境中，一定的“过度”投资对于加强市场竞争来说也是必要的。解决投资问题的一个重要的方面是调整收入分配政策，实现在宏观经济运行过程中，使居民收入水平能够得到有效提高，改变前一段时期中总体居目收入增长落后于GDP增长的状况，通过增加居民收入、扩大消费需求、拉动经济增长，以实现投资的稳定协调增长，保持投资与消费的合理比例关系，最终促进经济社会的全面、协调、可持续发展。

中国上市公司治理评价研究报告

作者：南开大学公司治理研究中心公司治理评价课题组
日期：2004年02月24日

文章内容：

■南开大学公司治理研究中心公司治理评价课题组
课题主持人：李维安
课题组顾问：童道驰
课题组主要成员：谢永珍、程新生、武立东、马连福、牛建波、徐伟、王世权、张国萍、张耀伟、袁庆宏、唐跃军

一、上市公司总体治理状况评价

本报告利用对中国上市公司治理状况的调查数据，运行中国公司治理指数模型，对2002年中国上市公司总体治理状况进行了评价与分析。结果显示中国上市公司经过十余年的发展，监管部门以及上市公司在公司治理结构与治理机制的建设方面，取得了一定的成绩，但离规范的要求还有一段距离，提高公司治理质量任重而道远。同时对公司治理指数与公司绩效的关系的实证分析显示良好的公司治理将使公司在未来具有较高的财务安全性，良好的公司治理将有利于公司盈利能力的提高，良好的公司治理有利于上市公司股本扩张能力的提高。

1. 中国上市公司总体治理状况

样本公司治理总指数呈现正态分布趋势，公司间治理指数差异较大。观察数据显示样本公司治理指数平均值为49.62，上市公司间公司治理状况差异较大。全部样本公司中达到70—80的只占2.15%，在60—70之间的上市公司占8.59%；在50—60间的占42.75%；指数为40—50以下的占42.32%；指数为40以下的占4.19%。表明中国上市公司

经过十余年的发展，监管部门以及上市公司在公司治理结构与治理机制的建设方面，取得了一定的成绩，但离规范的要求还有一段距离。

从公司治理的各个角度来看，①控股股东行为为平均指数为53.70。全部样本公司中只有2家达到80—90，44家达到70—80。表明在规范上市公司控股股东行为方面取得了一定的成绩，但仍需进一步完善。②董事会治理的平均指数为43.4，在各治理要素中最低，且上市公司间差异很大。董事会治理指数在70—80间的只有7家，占0.75%，有73.58%的上市公司董事会治理指数在50以下。数据表明中国上市公司在董事会的建设方面取得了一定的成绩，但董事会的决策制衡作用尚未很好发挥，仍需进一步强化。③监事会平均治理指数为48.64，上市公司间差异较大。监事会治理指数低于50的占56.82%。上市公司监事会的作用尚未充分发挥。④上市公司经理层的任免、激励以及执行保证程度的平均评价值为47.44。上市公司经理层的制度建设，取得了一定的成绩，但仍需进一步完善。⑤样本公司信息披露平均指数为58.44，在决定公司治理质量的五个维度中的指数最高。表明监管部门的监管与外部市场的制约使上市公司更加注重信息披露的制度建设，并取得了较好的成绩。

2. 中国上市公司行业治理状况

样本数据显示2002年中国上市公司行业间治理状况呈现不同的特征，且行业治理状况与地区经济发展水平具有一定的关联度。根据分析结果将五大行业的治理特征概括为：治理状况偏好型、偏差型、稳定型、波动较大型四类。公用事业类为偏好型，63家样本公司的平均治理指数为50.11，在五大行业中为最高，较全部样本公司治理指数平均值高1.15个百分点；工业类为治理状况偏差型。工业类629家样本公司的平均治理指数为48.71，低于全国平均水平0.25个百分点；服务业为稳定型。服务业上市公司治理状况在按治理指数的分组的比重样本偏差为2.25%，比重最高一组与最低一组相差6.21%；综合类为波动较大型。综合类上市公司第一组的比重达到20.45%，而比重最低组2、3、5组的比重只有6.82%，相差13.63%。

对行业治理状况与地区经济的发展水平显示，公用事业、工业以及农业类上市公司的治理状况与地区分布具有显著相关性，工业、公用事业以及农业三类上市治理指数东部沿海地区高于中部地区，中部地区高于西部地区，其中工业尤为显著。这一现象表明，公司治理的状况与地区的经济发展水平具有一定的相关性。经济发展水平较高的东部地区注重公司治理机构与治理机制的建设，并取得了一定的效果。

3. 上市公司治理状况与企业绩效的实证分析

本报告认为衡量公司治理的效果，不应仅局限于传统的企业绩效指标，还应系统考虑其在对增加上市公司市场价值、增强上市公司股本扩张能力以及有效防范上市公司经营风险，提高财务安全性等方面的贡献。本报告将从上市公司的市场价值、盈利能力、成长性、股本扩张能力以及未来财务安全性等五个方面系统考虑公司治理的绩效。

为了准确反映公司治理指数与企业绩效的关系，我们将全部上市公司依据治理指数的高低分组。全部样本公司按CCGINK平均数分为5组，以CCGINK60分以上一组为标准，比较其与各组绩效指标的差异，结果显示公司治理状况的好坏与上市公司绩效有着密切的关系。样本数据显示中国上市公司中公司治理指数最高的前1/4组公司的治理治理指数平均值为55.03，而后1/4组上市公司治理指数为42.89，相差12.14个百分点。相应地绩效差异十分明显。公司治理指数前1/4组上市公司的净资产收益率为后1/4组的4.79倍，主营业务利润率为1.27倍，每股收益为5.43倍，每股净资产为1.14倍。

对上市公司指数与公司绩效的回归结果显示，上司公司未来的财务安全性与CCGINK呈现正相关，表明良好的公司治理结构与完善的治理机制，有利于规避财务风险，提高财务的安全性；上市公司每股收益与CCGINK呈现出正相关关系；主营业务利润率与CCGINK也呈现正的相关性。表明良好的公司会治理结构与治理机制，有利于公司盈利能力的提高；公司治理指数与公司成长性以及公司股本扩张能力的回归结果显示样本公司治理的质量与公司成长能力未呈现出显著的相关性，表明目前我国上市公司治理的状况未能增强上市公司的成长能力；公司治理指数与每股净资产呈现显著的正相关性，表明在中国治理质量好的上市公司倾向于股权融资，同时也从另外一个角度说明由于上市公司拥有高质量的治理结构与治理机制，因而容易从资本市场上采用股权融资的方式筹集资金；公司治理指数与公司的市场价值等呈现不显著正相关，我们认为这与我国资本市场尚处于发展阶段，资本市场的市场化程度不高有关；第一大股东持股比例与每股市价表现出了负相关关系，但关系不显著。从某种程度上说明一股独大对我国上市公司的市价具有负面的影响。反映公司控制权市场竞争程度的指标第二大股东至第五大股东持股比例之和与托宾Q值的不显著的正相关性，一定程度上表明，公司控制权竞争有利于公司价值的提高。公司控制权市场竞争越激烈，越有利于提高公司价值。

二、上市公司控股股东行为评价

1. 公司股东行为的治理状况

(1)控股股东行为的总体状况

由于经济转型过程中体制因素的影响，使得我国上市公司与其控股股东之间存在着种种的关联，控股股东对上市公司的行为往往超越了上市公司的法人边界。如：控股股东通过“隧道行为”转移上市公司的资源。

控股股东行为指数基本上符合正态分布，平均值53.7，统计结果表明我国上市公司控股股东行为具有较强的负外部性。

(2)关联交易状况

关联交易指数平均值为53.74，中值为54.01，关联交易指数整体水平是偏低的。在被测样本中，控股股东与上市公司存在同业竞争的占58.02%；有68.16%的企业存在关联交易；通过关联交易实现的利润占当年利润总额50%以上的公司占61.3%；有23.48%的公司存在控股股东违规占用上市公司资金；有40.37%的公司为控股股东及关联方提供担保，而这部分提供担保的样本中，有20%的公司的董事长、总经理和个别董事就有权通过担保决议。关联交易指数状况表明，我国上市公司控股股东在企业运营层面，存在着较强的“滥用关联交易”的倾向。一方面出于“保壳”的动机而进行盈余管理、另一方面通过“隧道行为”获取自身收益。

(3)上市公司的独立性状况

上市公司的独立性有所提高，指数平均值为78.02。在上市公司独立性方面的指标状况，可以看出多数的上市公司在资产、财务等方面能够保持独立，在被测样本中，财务部门具有独立性，不接受控股股东的财务会计部门的领导和业务指导的占71.83%，独立拥有生产经营场所的土地使用权无需向控股股东租用占79.66%。但是，我们在评价中发现，在人员、业务方面上市公司与控股股东仍存在较多的关联，如：上市公司董事长不在控股股东处兼职的仅占41.46%，能够独立完成原材料采购或产品销售的占38.64%，表明控股股东与上市公司之间的关联走向更加隐蔽。

(4)股东大会状况

股东大会的指数相对较高(平均值为63.91)，但在被测样本中，近三年股东大会平均参会代表所代表的股份占总股份的比例，超过70%的仅占3.78%；低于40%的多达51.24%。这一指标表明中国上市公司股东大会的参与性很低，在召开程序、代表资格等方面，还存在着诸多对中小股东不利的地方，为控股股东控制重大决策、封锁信息创造了条件。

(5)中小股东权益保护状况

中小股东权益保护平均值仅为7.19，在被测样本中，股东大会在选举董事、监事时采用累积投票制的仅占11.36%；在召开股东大会时，发生过征集投票权的仅占0.84%；发生过单独或合并持有公司有表决权股份总数10%以上的股东请求召开临时股东大会的仅占2.15%；在年度股东大会上，单独或合并持有公司表决权股份总数5%以上的股东或监事会提出过临时提案的仅占18.34%。在我国上市公司中还没有形成对控股股东行为有效的约束机制，保护中小股东的制度还未得到很好的实施，没有形成有效的中小股东参与的氛围，保护中小股东制度体系的建设尚处在起步阶段。

2.不同性质控股股东行为指数的比较分析

从整体指标来看，在国有性质控股股东中，最低是“政府或国有资产管理部门类”(平均值44.02)。由政府直接控制上市公司时，对中小股东产生会形成更大的负外部性，这种负外部性主要来自上市公司独立性方面，“政府或国有资产管理部门类”明显低于其他类。导致“政府或国有资产管理部门类”指数偏低的主要原因在于，直接由政府或国有资产管理部门控制的上市公司中，人员、财务的独立性很差。可见，“政府或国有资产管理部门”类的控股股东更偏好与直接干预上市公司的人事与财务。而业务的不独立已经成为上市公司的普遍现象(平均值只有23%)。

三、上市公司董事会治理评价

1.董事会治理整体状况分析

董事会治理指数基本呈现正态分布趋势，从实际分析结果看，样本公司董事会指数最高值为74.51，最低值为1.56，平均值为43.40，样本公司董事会治理整体状况相对较差。

我国上市公司董事会治理指数整体偏低，公司间差异较小，但各子因素间的差异较大，这说明我国的上市公司并未能从整体上建立起有效的董事会治理机制。不同公司只是在董事会的某些方面做得较好(尤其是证监部门有强制性要求的方面)，而在监管政策尚未涉足的、属于上市公司主动性提升董事会治理质量方面却亟待完善。

2.董事会治理子因素状况分析

从董事会评价指数子因素层评价指数分布中可以看出，总体上来说董事会运行状态与独立董事制度状况偏好，这说明在监管部门连续出台相关政策法规规范的方面，董事会治理效果较为明显；在董事会运行状态子因素中，董事会人数和外部董事指数良好，平均值分别达到99.68和61.00；而董事会成员来源与董事人选指数则较低，平均值分别为35.75与22.43。这说明在董事会治理方面，各上市公司基本上都符合有关法律法规的要求，但在运作机制方面仍亟待改善。董事权利与义务指数最差，子因素董事长对外投资决策指数平均值仅为16.54，董事会未能有效地参与决策。这说明我国上市公司在董事会治理方面虽然依法建立了相应的治理机构，但未能形成有效的治理机制。公司董事长仍然包揽一切，董事会在公司决策中远没有起到应有的作用。

四、监事会治理评价

1.监事会治理的总体分析

从总体上看，样本公司监事会，平均治理指数为48.64，公司之间差别较大，上市公司监事会治理质量最好的上市公司治理指数为77.7，最差的为11.98。总体来讲，监事会治理指数呈现正态分布，但监事能力保证性和监事会运行的有效性两个指标却呈现出不规则的分布。并且各企业监事会运行有效性指标值大多低于监事能力保证性，这说明中国上市公司监事会尽管在功能设置上日益完善，但在具体运行机制方面，目前仍存在诸多问题。

2.监事会治理的行业分析

不同行业的监事会治理治理状况存在一定差异，公用事业类的监事会治理指数为53.04，工业类上市公司监事会治理治理指数为46.85，农业类监事会的治理指数为46.29，综合类上市公司监事会的治理指数为48.22，服务业监事会的治理指数为47.6。公用事业类上市公司监事会治理质量高于其他行业。这是因为公用事业类上市公司，从事的大都为有关国计民生的产业，如电力、能源等，因此政府具有强烈的参与意识，政府在监事会建设过程中发挥了重要的作用。

五、上市公司经理层治理评价

1.经理层治理评价指数的总体状况

样本公司经理层治理评价指数呈现正态分布趋势，样本公司经理层治理指数最高值为77.74，最低值为11.98，平均值为47.44。从经理层评价的次级指标来看，样本公司经理层任免制度指数平均值为63.07，经理层激励与约束机制指数平均值最低，平均值仅为33.02，经理层执行保障指数平均值为61.77。由此可见，虽然我国上市公司在经理层治理方面已经取得了较大进展，但总体治理状况仍较低，特别是在激励与约束机制方面。

2.经理层治理指数的行业比较分析

从经理层治理的行业状况来看，房地产业是经理层平均治理状况最好的产业，指数得分为50.46，其在任免制度、执行保障和激励约束机制三个次级指标上均得分较高，位居三甲。综合类行业公司的综合得分(50.42)位于第二位，但在下一级指标中，只有在任免制度方面的得分仍然列入前三名，其他两个方面，则相对较差。这说明在综合类行业中，虽然总体水平相对较好，但经理层治理制度建设方面没有得到均衡发展，要进一步建设和完善经理执行保障、激励约束制度。而综合排名列第三位的农、林、牧、渔业，其所有次级指标排名中，均排在三甲之外，说明虽然经理层治理的各项制度建设中没有很突出的，但由于注重制度的全面建设，因而总体治理水平较好。综合指数排名居于中等水平的信息技术业，其在任免制度方面建设的比较出色，在该方面的得分为所有行业得分中的最高值。

3.经理层治理指数的第一大股东性质比较分析

通过分析我们得出，第一大股东为民营企业、集体企业和外资公司的经理治理总指数的得分位居前列，分别为49.73、49.38和49.05，而这三类股东的产权较为明晰已经是公认的事实，说明产权明晰有利于提高经理层治理的水平，提高对经理层激励约束的效果；经理层总指数得分较差的股东为非银行金融机构、大专院校、科研机构及其他事业单位和政府、国有资产管理或其他政府部门,得分为 44.50、47.13 和 47.51,说明公司的第一大股东为这三类时,由于它们所追求目标的多元化,容易与上市公司经营目标的发生偏离,制约了经理层治理水平的提高。

4. 经理层治理评价指数与企业绩效的相关分析结果

通过经理层治理评价指数与企业绩效的相关性实证研究发现,经理层治理评价指数与每股收益和每股净资产有显著的正相关关系,经理层治理评价指数得分平均提高 10,公司的每股收益就会平均增加 0.0278 元,每股净资产平均增加 0.1044 元。

从经理层治理评价的次级指标来看,任免制度建设状况得分与每股收益高度显著正相关,显著性水平为 5%,回归系数为 0.409,反映了上市公司任免制度建设对公司的业绩有着非常重要的影响。

六、上市公司信息披露评价研究

1. 信息披露具体项目分析

信息披露具体项目分析包括:审计意见类型、近三年会计政策变更、近三年会计师事务所变更、会计师事务所提供非审计业务情况分析、监事会在信息披露中的作用、委托理财信息披露等。

(1)审计意见类型

样本公司中有 165 家企业未说明审计意见类型;有 63.37%(590 家)的公司近三年来年度财务报告没有被出具非标准无保留意见;有 176 家上市公司(18.91%)近三年来年度财务报告曾被出具非标准无保留意见。

(2)近三年会计政策变更

有 691 家(占 74.22%)样本公司近三年来有会计政策或会计估计变更,未作回答的有 21.48%,这将可能影响到上市公司信息披露的真实性,造成投资者理解的困难甚至误解,降低了会计信息的连续性、可比性和可用性,甚至导致一定程度的混乱。

(3)近三年会计师事务所变更

样本公司中有 260 家样本上市公司(27.93%)近三年更换了会计师事务所,同时有 11.92%的上市公司对此问题未作回答。被更换的会计师事务所提出异议或作过申诉的占 2.31%,未予回答的占 6.54%。

(4)会计师事务所提供非审计业务情况

除了 187 家未作回答之外,近三年为上市公司提供财务报告审计服务的会计师事务所有 51.56%(480 家)为公司提供其他业务,这将很可能对会计师事务所的独立性造成不良影响,例如降低审计的独立性。

(5)监事会在信息披露中的作用

样本公司监事会发挥作用的程度有限,仅有 5 家上市公司的监事会曾发现并纠正公司财务报告不实之处,占总体样本的 0.54%。

(6)股东大会、董事会、监事会决议披露情况

除 56 家未作回答之外,93.77%(873 家)上市公司及时充分披露股东大会的会议决议;除 66 家未作回答之外,92.05%(857 家)上市公司及时充分披露了董事会的会议决议。上市公司应按规定准确、及时地披露注册会计师的审计意见。样本上市公司定期报告披露基本上是及时的,推迟披露的情况为 7.95%,总共 74 家。876 家(占总体样本的 94.09%)上市公司都充分披露了监事会会议的决议。

(7)关于委托理财信息披露

在回答问题的 267 家所选样本上市公司中有 163 家(61.05%)达到了这一要求,而有 104 家(38.95%)样本公司不符合规定。因此可以说,所选样本上市公司在委托理财上的财务透明性有待加强,为此,必须规范上市公司重要信息的披露,以减少信息不对称性。

2. 信息披露评价值与股东会、董事会、监事会、经理层治理指数相关性分析

第一,信息披露与股东会治理效率有一定的相关性。这在一定程度上说明我国上市公司股东会功能有所发挥,特别是一股独大,控股股东行为直接影响到信息披露质量。也反映出信息披露质量在较大程度上取决于治理结构之外的因素。

第二,上市公司董事会治理对信息披露质量的影响不大,其中原因可能在于董事会功能弱化或者信息披露质量主要来自于高层经理的影响。

第三,公司经理层治理对信息披露质量产生积极影响。经理层行为直接影响到信息披露质量。

七、政策建议

针对转轨经济时期中国公司治理的特征和一般规律,提出改善上市公司治理质量的政策性建议。

(一)优化制度环境,限制控股股东滥用“关联交易”,损害中小股东利益的行为。优化制度环境,即完善的法律法规体系是改善控股股东行为的必备前提,如以立法的形式强制实行累计投票制度等项制度,以形成有效的中小股东权益保护机制。对上市公司要进一步加强监管,以使内部关联交易和“隧道行为”的预期风险足够大,这样才能使公司行为向“最优公司治理结构行为”收敛。

(二)发挥独立董事主动参与的积极性、加大董事激励力度、加速董事市场的建设,以强化董事会的战略决策功能。一是强化董事会的战略决策功能,尤其是董事会参与战略决策的功能应该发挥重要的作用;二是充分发挥独立董事主动参与治理的积极性,今后进一步改进和完善独立董事的提名、选聘机制,如限制或取消控股股东的提名权;三是加大董事激励力度,选择合适的董事激励方式;四是强化董事会的文化建设;五是加速董事市场的建设,构建健康有序的董事市场运行机制。

(三)从制度建设与结构设计两方面确保监事会监督职能的实施,解决其虚置问题。为充分发挥监事会的监督作用,最重要的就是以优化股权结构为契机,在监事会成员的选聘、激励、党政兼职以及监事会的结构、会议召开的有效性等方面加以完善;在监事会的结构方面,通过必要的法律法规等制度安排,确定适当的规模、内外部监事比例,适时引入独立监事。

(四)弱化对经理层的行政治理,适度提高经理层的薪酬水平,并实现动态激励、长期激励与显性激励。首先,要实际取消经理层的行政职务;其次,适度提高经理层的报酬水平,实现企业与经理人员的双赢;再次,科学设计经理人员的薪酬结构,要体现出薪酬水平与企业绩效及企业价值的动态性关系,适度提高经理人员的股权激励,以形成长期经营行为;最后,我国目前对经理层的激励大多是隐性的,这种非制度性激励的风险越来越大,因此我们应努力把这些隐性激励显性化、制度化。

(五)完善治理结构,加大信息披露监管力度,提高审计独立性。

当前提高信息披露的关键是对经理层的治理。为了提高信息透明度,维护利益相关者权益,应更多地关注经理层行为对信息披露的影响,特别是要关注上市公司会计政策变更,关

注会计师事务所变更等。

（六）打造企业长期竞争优势的关键是构建完善的治理结构与治理机制。

打造企业长期竞争优势的关键是构建完善的治理结构与治理机制。应从强化公司治理入手，利用各种可行的公司治理方案，降低企业的非理性行为。

（七）提高财务安全性的关键是要完善公司治理结构与治理机制。

公司治理状况与财务安全性呈现正相关的实证结果表明降低公司财务风险，提高财务安全性的关键是要靠科学的决策与监督制衡机制实现。科学的决策机制的实施有利于降低因决策失误而带来的财务风险，而监督制衡机制的完善又是减少实施过程中有可能影响财务安全性的各种因素。同时提高公司治理与管理的匹配性，也是降低财务风险的重要途径。

中国证券供给保荐制度创新的理念与制度因素
——对中国证券市场保荐制度的一种剖析

2004年7月6日

2004年2月1日起正式施行保荐制度，标志着证券发行上市进入了一个“有保荐、讲责任”的新阶段。笔者认为，作为近几年实施证券发行核准制以来的经验总结和核准制下市场化改革的深化与延伸，保荐制度的推出旨在围绕明确和强化证券供给的责任这一中心，通过建立发行上市的市场约束机制和市场主体之间的良性竞争机制，从源头上促进证券供给质量的改进和上市公司质量的提高，促进中介机构和人员职业精神的弘扬和执业素质的提高，促进证券市场优化资源配置基本功能的形成和强化。这是证券市场真正从制度上“强本固基”的重要方略。

本文旨在通过解读中国证监会第18号令《证券发行上市保荐制度暂行办法》（以下简称《办法》）及相关配套文件，解析保荐制度这场革命的应有之义，剖析其中所蕴含的保荐制度创新理念和制度因素，期望保荐制度的实施步入一条有效的轨道，期望保荐制度通过发挥应有的制度功能支撑证券市场长期可持续发展。

一、开创一条构建证券供给质量市场约束机制和证券业良性竞争机制的根本出路

提高证券供给的质量是一项世界性难题，更是我国的一项特殊难题。我国长期以来证券发行上市存在一个不良惯性，就是多数公司自上市之日起就出现价值递减，从而使证券投资的价值相对于初次认购证券时呈递减趋势。同时，市场信息披露质量不高，市场规则透明度差，市场受不确定性及预期紊乱的左右，“人气”受损。这种市场是典型的粗放式、低效型的市场。这种市场状况制约着上市公司可持续发展，严重损耗着证券市场信用和投资者信心的源泉。这应是一段时间以来市场信心不足最根本的原因。这种状况不改变，任何监管努力都可能事倍功半。使市场信心有一个大的改变，不能寄希望于宣传说教，须从根本上寻求破题之策。

从我国实际出发，推出保荐人制度可能成为根治上述问题的一种根本性的制度选择。保荐制度的实质在于构建一种“市场本位”的约束机制。其机理非常简单，就是从制度上科学量化瞻前顾后的责任、明确保荐人（以下保荐人均包括保荐机构和保荐代表人）作为保荐责任主体（发行人及其他中介机构以及监管者本身各负其责）、建立对保荐代表人和保荐机构注册登记和持续信用监管以督促其尽责。这样简单的制度机理发挥作用的结果，可能通过与市场主体利益直接挂钩的方式，形成一种新型良性竞争关系，推动市场“稳健务实、瞻前顾后、讲究责任和诚信”，使“专业审慎”、“稳健保守”和“留有余地”成为市场新风。同时市场将形成一种专业、敬业和比质量、比信用、比效益的良性竞争关系，从中长期看改进证券发行上市的质量。

二、对证券发行上市责任体系做出适度科学界定并构建有效的制度保障

从出台的法规看，保荐制度的最大特点在于明确证券发行上市的责任，即形成了一个瞻前顾后的责任体系。具体讲，对负责保荐的保荐机构和保荐代表人明确规定了相关的辅导责任（四项基本要求）、尽职调查和审慎核查责任、推荐文件承诺（八大承诺）、主动配合审核（四项要求）、上市推荐及其承诺、上市后持续督导责任（六大责任）、与发行无利益冲突（四项要求）的要求等。可以讲，这五大责任保障机制，都是围绕发行上市质量，强调“各负其责”，核心在于强化以自律自觉为基础的市场机制。保荐制度不仅对各项责任均做了具体的规定，而且量化了责任追究的具体措施。《办法》在落实有关法律、法规对发行上市的法律责任（主要是行政处罚和追究民事、刑事责任）的前提下，提出了采取“冷淡对待”和“信用监管”的国际通行做法。

保荐制度讲的责任是一种“双保”的责任，即保荐机构和保荐代表人既作为一个责任整体共同对发行上市承担责任，又各自成为一个单独的责任个体承担责任。这种“双保机制”有别于过去简单规定证券机构的责任，而是将责任量化到个人，落实到个人。保荐代表人作为一个监管的责任对象，单独接受监管的“信用”处罚和“冷淡对待”，增强了监管的可操作性和有效性。同时，保荐代表人个人受到责任追究不一定殃及证券公司集体。

作为一项严密的制度，保荐制度在定责的前提下，形成了一个严密的责任保障体系。概括起来，一是保荐机构和保荐代表人的注册登记和持续信用监管制度；二是保荐人与其他中介服务机构的协调机制；三是中介机构与发行人之间的互相配合机制；四是保荐问责机制或保荐事故的责任追究机制，包括有关的信用公示和免责机制等；五是持续信用监管的注册登记系统，主要是围绕九大表格的诚信申报形成动态监管机制。建立一套完整的电子化保荐信用监管系统，采用公开信息发布形式，及时公布所有机构和人员的诚信记录及中国证监会采取的监管措施，努力做到公平执法，实现向“阳光下的监管”模式转变。

三、形成证券发行上市的全程化保荐服务

从保荐责任的履行过程来看，保荐服务不是一次性的行为，而是一种对发行上市证券的“瞻前顾后”式的过程行为。这种过程主要包括“尽责推荐”（responsiblesponsoring）和“尽责持续督导”（responsiblesustainablemaintaining）两个阶段。

对于尽责推荐阶段，关键在于推荐合格的发行人，必须以审慎尽职为本。发行人的质量不仅与推荐者的声誉攸关，而且推荐者对发行人发生虚假记载、误导性陈述或重大遗漏等违法违规行为还得承担依法核查的连带责任，对因发行人质量较差或可持续发展能力出现危机要承担监管的责任和信用上的风险。并且，从“瞻前顾后”角度看，如果推荐的发行人质量存在问题或者信息披露不合规，将直接影响持续督导的维护成本。保荐人推荐发行人公开发行并成为上市公司之后，“推荐者”的角色就延伸到“持续督导者”角色，负有持续训示、关注、督促、指导、反应等连带义务。特别在“新兴加转轨”市场，发行人成为上市公司后保荐人还得“扶上马送一程”。这有些类似于“立政”之后有一个“训政”期，也类似于产品销售后要有一个“质量保证”或“保修期”。在这个持续保荐期内，保荐人要对初“人道者”进行必要的“训示”或专业指导。具体讲，要求发行人知悉涉及信息披露或规范运作的事项，遇到“麻烦”须知会或质询保荐人这一专业机构，在出现“问题”时保荐人有义务对发行人进行专业指导，必要时保荐人可对发行人的信息披露及有关文件进行审阅。当保荐人与发行人缺乏真诚有效的合作，发行人“不听话”或拒绝接受专业意见时，在一定程度上出现了“保荐失败”。这对保荐人来讲，意味着必须承担“保荐风险”。这时的保荐人必须充当“风险提示者”(riskdiscloser)，必须充当得罪“客户”的“恶人”，必须进行及时(timely)的或事后的“反应”(afterwardresponse)。保荐人可以举证申请“免责”(exemption)或要求降低处罚。这通常会在确信自己正确的情况下，发表明确的保留意见以示没有“同流合污”，或者进行公开声明以向公众“告状”，或者向监管部门报告“告状”。当然，出现“保荐失败”是谁都不愿看见的，也是难以避免的。原因要么是推荐时尽责调查出现偏差，要么是出现发行人恶意运用“道德风险”欺诈保荐人。保荐人必须首先做出“保荐补救”(compensation)，这可能最终“免责”，但却总要付出“信用损失”(lossofcredit)的代价。道理很简单，就是“谁叫推荐这样的发行人”。

由此持续督导产生的保荐必然衍生出一种“信用信息”(creditinformation)，即在证券市场向投资者昭示一个“指数行情”(priceindex)之外，还昭示一个“信用行情”(creditin-dex)。“指数行情”与“信用行情”两者相互影响，共同为投资者提供服务。

很显然，保荐的过程是保荐人对于其自己培育、辅导、推荐的发行人，或者对于其推荐提供到公众市场的证券产品，进行依法的、信用的、道义的质量信誉担保的行为过程。这里讲的担保，实际上是一种专业服务性的保障，是一种以尽职调查、尽职核查、审慎推荐、持续跟踪服务等为内含的专业工作保障。这种担保与一般经济意义上的担保不同，也不是取代发行人、取代其他中介机构、取代监管部门应有的角色功能。证券市场讲究“各司其责、各负其责”，保荐责任的强化并不弱化其他市场活动主体的功能。

四、建立起投资银行业务的特许制度和注册登记式的保荐人行政许可制度

保荐制度建立起一项新的行政许可制度。《行政许可法》将于2004年7月1日实施。保荐制度建立的对保荐机构和保荐代表人的注册登记被视为一种行政许可，取得全国人大有关部门的同意，最后由国务院做出专门决定授权证监会实施。但是，对保荐机构和保荐代表人的注册登记不是一般意义上的行政审批，而是一种规则主导下的专业监管。

保荐制度下的注册登记监管形成了一系列创新的内含。概括起来，一是自我陈述与申报，强调以诚信为前提；二是登记存档，强调申报积累，事后问责；三是注册资质，当事人必须具备一定的资质要求，通过注册体现自我资质申报，监管认可且加以登记；四是持续监管，注册登记与一般行政审批不同之处在于对登记主体的资质进行持续考察和动态考核，这促使注册登记人必须自觉“慎独”慎众；五是公开透明下的社会监督，注册登记往与公示相联，将监管行为和监管对象置于社会监督之下，公开性的结果就是质量的持续维护。

保荐制度的注册登记制度最重要的理念在于建立一种自我陈述申报(self－statement)的理念，申报人自我申报、自我陈述、自行对言辞负责。监管部门可以不做事先审核，但却保留事后追究任何虚假陈述或重大遗漏的主动权，这是典型的申报备案机制。执行得好，可以起到“资格事先审批”更好的效果。这是一种典型的注册制。需要特别说明的是，《办法》规定监管部门建立“保荐信用监管系统”，对保荐机构和保荐代表人进行电子化的备案登记监管。其实，对保荐机构和保荐代表人的监管在香港更为严厉，香港申请人须报送文件，交易所进行审批，上市委员会进行讨论决定建立公开名单。对丧失条件的，由上市委员会讨论并从名单中去掉，建立保荐机构和保荐人合格主管的“黑名单”制度。香港交易所不具备执法地位，但仍然采取对保荐人“冷淡对待”和“信誉监管”的做法，这很值得借鉴。

此外，《办法》规定，监管部门实行注册登记的年度自动备案更新登记，这看起来属于例行公事，但实践中对保荐机构和保荐代表人会形成巨大的自觉的威慑力，监管者掌握着执行规则的主动权，这是国际通行的登记注册监管的必要手段和常见做法。

应当讲在证券市场发展十余年后推行保荐人的注册制而不是资格审批制度，既有市场发展的基础，也存在监管的客观需要。保荐制度下保荐人承担自我申报负责的自觉义务，还强调申报“内容”变化的自觉更新义务，自动申报和更新，责任在被监管者，监管部门通过建立电子登记系统，不必做实质性审查，监管的工作量不大。这是一种监管方式的重大改进。

五、确立现阶段保荐人与辅导机构、发行推荐人、主承销商、上市推荐人、持续督导服务人“六位一体”的证券发行上市服务模式

按照保荐制度的规定，证券公司集保荐机构、辅导机构、发行推荐人、主承销商、上市推荐人和上市后持续服务商于一身。从发达市场的经验看，保荐人(sponsor)与主承销商(leadmanagers)、簿记负责人(book－runner)等角色

可能不是由一个机构担任的。但考虑到我国市场的实际情况，考虑到我国现阶段的特殊情况，为保障保荐责任的落实，《办法》构建的保荐机构和保荐代表人制度，规定保荐机构担任同一发行人的发行推荐人、主承销商、上市推荐人以及上市后的持续督导服务人。《办法》还规定，保荐人推荐其他机构辅导的企业上市，还须辅导至少半年。

在保荐制度下，监管部门主要强调证券公司的保荐责任，不必对证券公司作为主承销商的行为及风险进行直接控制，对承销商行为的监管应逐步淡化。今后，对主承销资格的监管重点应是关注证券公司从事承销业务的能力、特别是净资本等流动性资格以及与经纪、自营、研究等业务之间的内控及风险防范等。证券供给的主承销商将同此变成保荐承销商(sponsoringunderwriter)，即成都市提供持续督导服务的证券商。正是在这个意义上讲，作为保荐公开发行和上市证券这一特许服务行业，监管部门必然要求只有符合一定资质的机构和专业人士才能从事这种服务。同时，推荐公开发行和上市证券作为一种中介服务(intermediariesservices)，不仅要考虑自身的商业利益，还必须考虑公众(投资者)的权益，或者说考虑不确定多数的潜在中小股东的权益。有关专业人士除了满足客户服务要求，还要满足投资者这一消费者的要求。因此从本质上讲，保荐是一种社会义务(socialliability)，是一种超脱于商业利益又与商业利益相伴而生的一种社会义务。实施保荐制度的目的就在于为二级市场提供可投资可依赖的证券产品(reliablesecuritiesproducts)，即有保荐人做一定信誉和质量担保的产品。

六、推动建设证券市场“以人为本”的新理念，构建以保荐代表人为核心的“投行人力资源库”

发达市场的经验表明，优良的的证券供给必须以一批职业化的投资银行专业人士作为人力保障，“以人为本”应是发行市场监管的基本理念和证券公司投行业务管理的灵魂。保荐制度的一个最大亮点在于建立起证券行业专业人士的高端“持牌人”机制，这充分体现证券市场“以人为本”的管理理念，这是证券市场走向深化的标志。

在保荐制度下，投资银行业务必将形成证券公司内部专业团队和中介协作团队两大专业人士构成的团队。在证券公司内部，保荐代表人与公司负责人、投行负责人及内核负责人、项目主办人之间构成一个整体，共同组成了“大投行”的团队保障，彼此间既相互合作配合，又须保持必要的专业独立。《办法》还明确，投行负责人、分管投行负责人、内核负责人均对保荐机构负责，是“一把手”指定和管理保荐代表人的职能支持世间领导支持，并且均要签名或列名于推荐文件和公开募集文件，承担其相应的保荐责任及法律责任。需要指出，保荐代表人与公司负责人、投行负责人及内核负责人、项目主办人之间的关系，会因各公司情况而有所区别，但所有公司均应对内部管理模式进行适当调整，以建立起既能发挥各成员作用，又能促使其密切配合的保荐工作团队。实施保荐制度，由于保荐代表人是投资银行业的优秀代表和责任主体，在一定程度上将成为一种市场稀缺资源，不限制人才正常流动体现一种与市场化相溶的胆识，体现了监管者无畏无惧的品质，这有利于促进保荐代表人素质提高、促进保荐机构加强改进内部管理。需要指出，《办法》及配套文件没有限制保荐代表人的流动，但却对保荐代表人的过度竞争有一定的程序性抑制。作为一种“理性人假说”，监管者从一开始就没有过度担心保荐代表人的非理性流动。

现行保荐制度对保荐代表人流动的非理性抑制将主要体现在以下几方面：(一)保荐机构将自动抑制。保荐工作权利义务的主体仍是保荐机构，而不是保荐代表人。那种认为《办法》实施后，保荐代表人承担具体的保荐责任将弱化保荐机构及其他团队成员责任的观点是对《保荐办法》的误解。保荐代表人受保荐机构“一把手”指定具体从事保荐工作，较之团队中的其他人员(如内核、投行部门负责人等)承担了更重的个别监管责任。保荐代表人承担着持续督导的义务，一般不能随意放弃持续督导的义务。(二)保荐代表人必须也只能在保荐机构的“团队作业”中发挥作用。虽然保荐代表人具体负责保荐工作不受非正当因素的干预，但保荐代表人也不是“自由职业人”或“合伙人”。《办法》具体明确了保荐制度下的投行是一个大投行的“团队执业”业务。投行负责人、分管投行负责人、内核负责人均对保荐机构负责，是“一把手”指定和管理保荐代表人的职能支持，并且均要签名或列名于推荐文件和公开募集文件。离开团队的保荐代表人将面临执业上的风险。(三)注册登记为保荐代表人必须通过所任职的保荐机构向中国证监会提出申请。而且，对保荐代表人调离保荐机构或其投资银行业务部门的，中国证监会将其从名单中去除。该人士若想继续获取保荐代表人资格，必须重新申请注册登记。从名单中去除超过 6 个月的，再次申请注册登记还需要重新参加保荐代表人胜任能力考试。

通过以上分析，我们有理由相信，保荐制度的推行需要通过竞争产生一批优秀的保荐代表人，同时通过保荐制度的施行可能培育为发行市场的保荐代表人“人力资源库”，这应是监管努力和市场竞争共同发挥作用形成的“动态资源库”。这是一个“可控库”，是一个具有价值且自律性很强的“资源库”，是发行市场的宝贵财富，是发行监管要为之培育、珍惜和鞭策的“库”。过去证券发行市场一个令人辛酸的现实是，“经验人士”不断流失，“上升”无门即退出，“新手”穷于应付，对法规和知识缺乏积累，而一些投行和公司的主管领导不精于业务，出现不同程度的“官僚化”，这是发行市场专业化和职业化过程中的巨大掣肘。今后保荐代表人这一“人力资源库”动态优化，可以作为证券供给质量的一个重要支持。

七、确立保荐代表人这一“高端持牌人”的素质准则

保荐代表人应是比一般证券从业人员要求更高的发行市场专业人士，要对保荐机构集体负责，也要对发行人负责并组织提供对发行人的保荐服务，还要代表保荐机构对监管部门和公众履行保荐义务。香港市场对“持牌人”采取分层次设置标准、进行不同层次的考试、进行资格审批、备案登记和持续胜任能力监测等做法，这对于培育市场的专业意识和职业精神非常重要。香港称保荐人的代表为“合格主管”(eligiblesupervisors)，必须首先是“适当人选”(fitandproperpersons)，其次必须在证监会取得资格牌照(license)，再次要遵循融资顾问准则的要求，最后要达到证监会和交易所对保荐合格主管的经验、资格、操守等要求。

我国借鉴香港等发达市场的经验，首先在证券发行市场培育一批高素质的保荐代表人，在发行市场形成一种讲究操守、信守职业道德、不断累积专业经验、提高执业技能的专业人士。建立起发行市场的保荐代表人制度应只是证券市场专业化管理的一种探索，今后还应继续在其他方面(如基金经理人、投资咨询顾问、证券分析师等)推行类似的制度。建立起适合中国市场国情的专业人士持牌制度，健全对专业人士的职业操守、执业规范，是建立比较规范的职业标准，这应成为提高市场素质的中长期规划。

保荐制度对保荐代表人的资格未采取行政审批的惯常做法，而是采取自我申请、诚信陈述和提供证明的做法，这是一项重大的进步。如果申请人陈述不实不当，或者提供的证明不合适，或者在持续过程中更新的内容不合适，登记备案机关均可质疑。这种监管方式与国际通行的备案监管的做法相一致，既可达到监管的目的，也可培育一种市场内在的自觉。保荐制度规定保荐代表人申请时由其所供职保荐机构的董事长或总经理本人签名的“书面委任书”，体现了一个不可忽视的监管细节。

这说明保荐代表人是保荐机构的委任代表，而不是自由执业人，也不是“合伙人”，而必须是保荐机构执业团队中的一员。保荐制度将委任明确为保荐机构“一把手”委任，而不是一般的法人单位盖章委任，目的在于强化本人签名承担个别责任，而不是委托人代签或“不问事由和不明责任”的随便签名，有利于强化个别责任，增强签名委任的职业意识。强调由保荐机构的“一把手”签名，这是建立我国市场的“个别签名”并对自己的言行负责的基础工作，是培养市场诚信文化的一个细节。保荐制度的施行要求保荐代表人“以诚信和合规为本”，因而对保荐代表人的诚信记录非常看重。保荐制度的设计以信用监管为红线，贯穿于《办法》及有关配套文件，体现了与发达市场接轨的监管理念。从证券发行市场的经验教训看，诚实守信是证券市场健康发展的基石，市场参与各方只有根据正确的信息才能进行合理预期，并做出正确的判断。为此，《办法》对《公司法》第 57 条不得担任公司董事、监事、经理的部分限制，《证券法》第 125 条不得担任证券公司董事、监事或经历的部分限制。《办法》及其《通知》非常重视保荐代表人的自我诚实守信，要求保荐代表人向中国证监会提交有关材料要反映真实情况，并对其申请材文件材料的实质内容的真实性、准确性和完整负责。监管部门主要依靠保荐代表人提交的有关文件了解申请人的诚信情况，但却更多地通过其持续的执业表现来判断其诚信。诚实守信必须以事后责任追究为保障。同时，监管部门还将鼓励新闻媒体、社会各界监督申请人的诚信情况。

保荐代表人的认定非常看重执业经历，这是保荐工作作为一项专业性很强的工作的特殊需要。保荐代表人要对发行人进行辅导、尽职调查、尽职推荐发行人证券发行上市，发行人证券发行上市后还需持续督导其履行规范运作、信守承诺、信息披露等义务。做好这些工作，要求具备实践经验。因此，《办法》及其《通知》对保荐代表人的认定非常看重执业经历。保荐制度对于保荐代表人经验的具体要求，体现了对我国市场实际的总结。对保荐代表人的限制有一个阶段性的任务，就是要用保荐代表人和保荐机构暂时取代"通道"的"闸门"控制功用。保荐制度对保荐代表人的胜任能力提出了非常高的要求，这主要体现在胜任能力考试。保荐代表人胜任能力考试的目的在于通过敦促保荐代表人重视与证券发行上市相关的法律法规和专业知识技能的持续学习，形成一种学习钻研业务的压力，提高自身素质和持续胜任能力，这是提高保荐工作质量的辅助措施。

保荐制度要求保荐代表人保持专业操守独立。保荐代表人是专业人士，接受保荐机构的指定，具体负责保荐工作，因此，保荐机构必须对其进行统一管理，建立竞争、激励和约束的机制。但是，保荐代表人又是一种接受注册登记管理的相对独立的专业人士，在众多签名人员中，保荐人承担直接的监管责任，执业风险较大，如果不能做到独立判断和专业独立，就不利于发行市场的风险防范和保荐代表人的良性发展。为此，《办法》第四十七条规定，"保荐代表人从事保荐工作受到非正常因素的干扰，应当保留独立的专业意见，并记录于保荐工作档案"。但是，保荐代表人必须清醒地认识到保荐执业的组织环境，意识到在一个缺乏内部管理机制、组织制度风险较大、竞争力较弱的保荐机构，将面临着执业风险。保荐制度要求保荐代表人具有较强的组织协调和配合能力。在笔者看来，保荐代表人必须能够协调四个方面的关系，一是协调投资银行内部团队成员之间的关系，包括与项目主办人、内核人员、公司行政领导（投资银行部门和公司的负责人）、公司负责销售、研发、客户关系的专业人士等的关系；二是协调中介服务团队，特别是与发行人律师、审计机构等的关系；三是协调与发行人管理层的关系；四是协调与各级监管部门的关系。

八、提出了保荐人自觉尽职调查和审慎推荐的监管要求

在保荐制度下，证券市场供给质量的基本保障在于中介机构的尽职调查（duediligence）和尽职核查。为此，一方面将尽职调查与推荐责任的追究挂起钩来，从而使尽职调查成为市场竞争约束的内在要求和监管约束的外在强制。另一方面，对尽职调查工作做出基本的监管规定，一是要求对发行人依法进行辅导；二是对发行人的申请文件进行内部核查；三是要对发行人律师、审计机构的专业意见进行合理质疑并进行独立的判断、核查；四是要对发行人及其实际控制人进行必要的调查；五是要在做出实质性审查承诺的基础上进行审慎推荐。在这个意义上，尽职调查是保荐业务的基本功，其质量也是其后审慎推荐和持续督导成本高低的的决定性因素。

要求保荐人做尽职调查和尽职核查的"双核查"，一项基本要求是要求其有充分理由确信所推荐的发行人不存在虚假记载、误导性陈述或者重大遗漏，且不存在一般投资者认为还需质疑的重要事项。从国际经验看，判断是否存在重大遗漏的底线是确信未发现可能对市场一般投资者（reasonableperson）投资决策产生重大影响的事项。这样的规定是在证券法、公司法基本要求的基础上，参考美国、香港对信息披露核查义务的职业要求，即对信息披露的充分性和完整性应由保荐人"把关"，这样就可以减轻监管审核的繁琐工作。有了保荐人的实质性核查，就可能实行备案注册，减少监管审核的成份，这不是在弱化监管，而是在强化中介执业自律，监管以有效的中介自律为前提，这是监管方式的进步。

保荐制度要求保荐人履行尽职推荐义务时应当按照法律、行政法规和中国证监会的规定，对发行人及其发起人、大股东、实际控制人进行尽职调查、审慎核查。对发行人及其大股东、实际控制人的尽职核查应是保荐制度下的法定责任，这旨在引导保荐机构采取法律手段和协议手段有效履行法定责任，实质是赋予保荐人更多的权利。根据最高人民法院《关于审理证券市场因虚假陈述引发的民事赔偿案件的若干规定》，发行人的大股东、实际控制人违反规定虚假陈述给投资人造成损失的，应当承担赔偿责任。由此，保荐机构可通过督导发行人履行信息披露义务来制约发行人的大股东、实际控制人的不当行为。应当讲，发行人与其大股东、保荐机构及其他中介机构的根本利益是一致的，但现实中在短期利益与局部利益问题上会不可避免存在矛盾，为此应当通过协议的方式（而不仅是规定的方式）、沟通的方式、协调的方式形成上述主体之间的良性合作关系，形成保荐机构专业制衡的权威，这应当是保荐机构应着力培养的能力。

九、推动形成证券发行上市后的专业持续督导服务体系

保荐制度明确规定了持续督导的最低时间要求。根据《办法》第二十九条的规定，首次公开发行股票的，持续督导的期间为证券上市当年剩余时间及其后两个完整会计年度；上市公司发行新股、可转换公司债券的，持续督导的期间为证券上市当年剩余时间及其后一个完整会计年度。持续督导的期间自证券上市之日起计算。对发行人"扶上马，送一程"，不仅作为一种道义，而且作为一种法定的要求，体现了保荐业务的特殊性。保荐制度还体现了无条件追究保荐责任的思想。保荐机构在尽职推荐期间、持续督导期间未勤勉尽责的，持续督导期届满，保荐机构仍应承担相应的责任。《办法》第三十条进一步规定，持续督导期届满，如有尚未完结的保荐工作，保荐机构应当继续完成。

应当讲，保荐制度规定的持续督导责任是有限的。根据《办法》第二十八条规定，保荐机构履行的持续督导责任体现为"四督导"和"两关注"。具体包括：（一）督导发行人有效执行并完善防止大股东、其他关联方违规占用发行人资源的制度；（二）督导发行人有效执行并完善防止高管人员利用职务之便损害发行人利益的内控制度；（三）督导发行人有效执行并完善保障关联交易公允性和合规性的制度，并对关联交易发表意见；（四）督导发行人履行信息披露的义务，审阅信息披露文件及向中国证监会、证券交易所提交的其他文件；（五）持续关注发行人募集资金的使用、投资项目的实施等承诺事项；（六）持续关注发行人为他人提供担保等事项，并发表意见。此外保荐人还须履行中国证监会规定及保荐协议约定的其他工作。保荐人履行持续督导职责并不意味着将替代发行人的规范运作，亦不会大量增加重复性劳动。原因在于保荐人承担上述持续督导责任并不是要求保荐机构来代替发行人做这些事，而是要求保荐人对发行人持续提供专业指导和服务，发行人应配合保荐人履行保荐义务。当发行人出现重大问题时，保荐人应在第一时间予以反应，向发行人提出，如果发行人不听，应当保留意见，并及时在符合法规规则的前提下发表声明，或者向中国证监会和交易所报告。

保荐机构承担的持续督导专业服务在一定程度上体现为尽职推荐服务的必要延伸，有些类似于对投资者提供的"连带保修"服务和事后专业服务。如果"产品"质量过关，发行人及其会计师、律师等中介机构与保荐机构配合得当，这种服务劳动就会比较少，反之则比较多，这是体现质量优势的竞争性服务。保荐制度规定的持续督导服务实质上给予了发行人更多享受保荐专业服务的机会。发行人证券上市后，如果遇到问题可以寻求保荐机构的专业指导。保荐制度规定了保荐机构持续督导发行人履行相关义务，即为发行人在规范运作、信守承诺、信息披露等诸方面能够获得持续的专业服务提供了制度保证。保荐制度也规定了发行人必须配合保荐工作的义务。发行人应当按照《办法》的规定，出现重大问题时应及时通知保荐机构，确保保荐机构知情权的实现。

十、形成了保荐过程中的风险揭示机制和保荐责任事故的及时监管行动机制

在有效的证券市场上，对上市公司行为的约束是全方位的。大体可包括六个层次，第一个层次是公司股东之间的相互约束及对代理人的自我监督管理约束，第二个层次是公司利益相关者（主要是债权人及客户）对公司信用的约束，第三个层次是市场中介机构（主要是融资中介、会计师、律师、评级机构等）对公司的服务型督导约束，第四个层次是大众媒体（包括买方分析师、卖方分析师、新闻媒体等）对公司的曝光型约束，第五个层次是证券监管部门的事前规则及事后责任追究，第六个层次是法庭、诉讼、仲裁以及其他行政监督约束。应当讲，前三个层次的约束是市场约束的基础，第四五个层次的约束服务社会公众型约束，第六个层次的约束属于强制性约束。在保荐制度下，证券市场的供给是"荐而有保"、"荐而有督"、"荐而有导"的，保荐人必须承担对发行人的持续督导义务，进行一定期限的过程指导（processingguidance）。这样的过程指导，实际就是风险发现、预警、揭示、释放和化解的过程，这是证券市场走向理性，走向成熟的重要内含。在这个过程中，保荐人就同时担当了对发行人的辅导人、核查人、推荐人、承销人、督导人、风险揭示人、告状人、报告人的角色。

保荐制度还规定，对发行人拒绝配合或出现分歧，保荐人可以按照协议约定行使有关权利或采取相关措施。同时，《办法》也明确规定了出现上述情形时的处理方式。第五十一条规定，证券发行前，"发行人不配合保荐机构履行保荐职责的，保荐机构应当发表保留意见，并在推荐文件中予以说明；情节严重的，应当不予推荐，已推荐的应当撤销推荐"。对于证券发行后，第五十二条规定，"证券发行后，保荐机构有充分理由确信发行人可能存在违法违规行为以及其他不当行为的，应当督促发行人说明、限期纠正；情节严重的，应当向中国证监会、证券交易所报告"。

十一、塑造了证券市场"专业说话"的新权利观

证券发行上市作为一种特许行业，对中介服务的依赖很高。在过去的理论、法规和实践中，券商、律师、会计师均是各自分散为发行人提供服务，承担规定的市场义务，分工协作的效率不够高。保荐制度确立了保荐机构的牵头人和协调人角色。为此，《办法》第五十三条规定，保荐机构应当组织协调中介机构及其签名人员参与证券发行上市的相关工作。另外，保荐机构还可以通过与中介机构订立协议的方式，明确各方在保荐工作中的权利义务。保荐人承担了与发行人、其他中介机构连带的保荐责任，同时赋予保荐人协调中介机构团队的地位，也赋予其对发行人行使的权利。保荐制度规定，保荐机构和保荐代表人可以根据规定以及通过协议安排的方式对发行人行使特定的权利。《办法》第四十九条规定保荐机构履行保荐职责及保荐代表人从事保荐工作时，可对发行人行使以下权利：（一）要求发行人按照本办法规定、保荐协议约定的方式，及时通报信息；（二）按照中国证监会、证券交易所信息披露规定，对发行人违法违规的事项发表公开声明；（三）中国证监会规定或者保荐协议约定的其他权利。

对于不尽职的律师、注册会计师，保荐人可以根据《办法》采取相应的措施。第一，保荐机构对律师、注册会计师出具的专业意见审慎核查。《办法》第二十四条规定，"保荐机构对发行人公开募集文件中有中介机构及其签名人员出具专业意见的内容，应当进行审慎核查，对发行人所提供的资料和披露的内容进行独立判断。保荐机构所作的判断与中介机构的专业意见存在重大差异的，应当对有关事项进行调查、复核，并可聘请其他中介机构提供专业服务"。第二，对违法规违行为采取相应的措施。《办法》第五十五条规定，"保荐机构有充分理由确信中介机构及其签名人员出具的专业意见可能存在虚假记载、误导性陈述或重大遗漏等违法违规情形或者其他不当情形的，应当及时发表意见；情节严重的，应当向中国证监会、证券交易所报告"。此外，保荐机构还可以根据协议的约定对不尽责的律师、注册会计师采取向发行人提出建议的相关措施。律师、注册会计师的专业独立原则是否会因施行保荐制度受到干预或削弱？保荐机构协调其他中介机构，目的是做好协调和专业沟通工作，并不表明保荐机构能够干预其他中介机构的正常工作，也不表明其他中介机构将为此丧失专业独立性，保荐机构发挥协调作用的前提在于各中介人独立运作、各自承担相应的责任。为此，《办法》第五十六条规定，"中介机构及其签名人员应当保持专业独立，对保荐机构提出的疑义或意见进行审慎的复核判断，向保荐机构、发行人及时发表意见，并可依法向相关部门及中国证监会、证券交易所报告"。

应当指出，保荐机构和保荐代表人行使的协调中介机构的权利也好，行使督导发行人的权利也好，行使的都是专业权利，其目的在于确保保荐人切实履行保荐职责。形成和强化这种权利关键在于保荐机构与发行人及其聘请的律师、会计师之间形成良性合作关系，在于保荐机构及其保荐代表人具备专业能力，专业权利是一种不同于行政规定的、上下级关系衍生的权利，是一种更高层次的、更体现专业价值的权利。这也将是决定保荐机构竞争力的重要标志。

十二、构建了易于实施的"扶优汰劣"的淘汰机制

为将执业质量低下的保荐代表人淘汰出局，提高整个保荐代表人队伍的执业水准，保荐制度在三个方面体现"扶优汰劣"，体现责任科学量化、"扶优汰劣"的监管理念。

第一，《办法》第66、67、68条对保荐代表人、第69条对保荐机构设定了"末位淘汰"的规定。保荐代表人一个自然年度内发生二次相应情形且排名前十位的，中国证监会自确认之日起十二个月或六个月内不受理相关保荐代表人具体负责的推荐，已受理的责令保荐机构更换保荐代表人。末位淘汰是针对违规行为频繁，多次遭受监管处分的保荐代表人和保荐机构实行的一种处理方式。

第二，强调通过市场竞争机制的淘汰。由于保荐制度对保荐人及相关各方的责任进行了明确量化，保荐人必然付出

"合规成本"(compliancecosts)。在过去体制下,取得资格的券商"入门"即可坐收垄断收益。在保荐制度下,进入保荐人行列的机构和个人均要承受更大的压力和风险。但是,对于内控好、管理优的保荐人,可能"合规成本"很低,甚至为零或为负。反之规模小、内控差、管理弱的保荐人则不堪"合规成本"重负。这种合规"成本差别化"的竞争,也是一种典型的良性竞争。这种竞争也可能促使一部分券商"做大做强",一部分则会被市场自然淘汰。

第三,在注册登记环节进行控制。保荐机构、保荐代表人实行能进能出的更新注册登记制,而不是终身制,这对于保证保荐机构、保荐代表人的执业质量具有重要意义。将不符合要求的保荐机构、保荐代表人从名单中去除,是对保荐机构、保荐代表人进行持续监管的一个重要手段,它有利于保持保荐机构、保荐代表人的专业素质,提高保荐工作的质量。

十三、构建了保荐制度下疏而不漏的追究机制

保荐制度的功能发挥关键在于实施,在于建立责任追究机制,形成"问责"、处罚以及任何形式的监管行动规范,这是保荐制度明确责任的重要保障。对此,保荐制度采取国际通行做法,认真总结了中国的实践经验与教训,进行了独特的创造。在笔看来,保荐制度下的责任追究具有以下特点:

一是及时行动。为此,监管部门必须形成监管联动且实施到位的监管责任制,确保系统监管力量形成合力,保持联动,运作有效,致力于长期建设浓厚的实施文化氛围,强化监管"警察精神",做到"一有保荐责任事实就有监管行动、一有监管行动就要及时有效"。重点在于内研究拟定以保荐责任的"逆向问责"、"顺向定责和尽责"以及"勤勉尽职和免责"的"定责、尽责、问责、免责"的实施"四责"体系。

二是对保荐人采取与推荐权利挂钩的中国特色做法。对于违反规定或未尽保荐义务达到一定程度的,中国证监会采取不受理或不再受理保荐人签名推荐的做法,这是典型的"冷淡对待"做法。

三是实施"末位淘汰"。如果说采取不受理或不再受理的做法属于"软淘汰",那么采取"末位淘汰"就属于"硬淘汰",可以将执业质量低下的保荐代表人或保荐代表人淘汰出局,有助于提高整个保荐代表人执业水准,有利于强化保荐代表人和保荐机构责任追究的力度。

四是持续信用记录并公示。保荐制度特别强调信用的记录和诚信的累积,为此监管部门在设计保荐制度时动了很大的心机建立"保荐信用监管系统",旨在强化信用的适时记录和诚信的积累。

五是采取谈话提醒等监管办法。《办法》第七十三条规定,保荐机构及其保荐代表人、发行人及其高管人员、中介机构及其签名人员违反本办法规定的,中国证监会可以对其采取谈话提醒、重点关注、责令改正、认定为不适合担任相关职务者等监管措施。

六是对个人和对机构的追究有所区别。《办法》一方面体现了保荐机构和保荐代表人的共同责任观念,另一方面对保荐代表人责任的追究并不直接连带保荐机构,这就避免了"一人犯错,团队遭殃"的效应。

七是对发行人与其他中介机构同样追究责任。

八是对监管者采取问责。保荐制度考验着"警察队伍"的执法素质,为此建立保荐责任事故的监管"尽责和问责"机制是一个重要的内容。

九是采取依法监管。《办法》第七十四条规定,保荐机构及其保荐代表人、发行人及其高管人员、中介机构及其签名人员违反法律、行政法规,依法应予行政处罚的,依照有关规定进行处罚;情节严重涉嫌犯罪的,依法移送司法机关,追究其刑事责任。

需要指出,保荐制度下的责任追究不同于过去制度下的责任追究,在制度规定上更具有刚性,不是简单采取机械主义的执法和事后执法,而是既将"关口前移"又强调市场自律;既可避免事后执法的迟滞效应,也可避免"头痛医头"式的是局部治理。如果说,过去的监管更多借鉴"西医"疗法,那么保荐制度下的监管即更多地强调"中医"疗法。

十四、构建了保荐制度勤勉尽责前提下的免职申辩机制

由于发行上市的责任规则是各司其责,因此对保荐责任的追究必须有一个边界,那就是勤勉尽责的边界。为此,保荐制度的一大创新在于设置了保荐人的免责申辩机制。保荐制度规定的免责机制体现一种专业申辩的渠道。保荐制度下责权利的规定,保荐业务的实践,监管的行动,无不体现一种更加专业化的特点。规定勤勉尽责下的免责机制,就是一种专业精神的体现。

免责机制确立了一种科学、合理、合情的保荐责任追究机制。出现保荐责任事故,监管部门应当首先采取"问责"行动,但这种"问责"必须以是否勤勉尽责为处罚的依据。对于保荐人勤勉尽责的,应当减轻或免除监管责任的追究。但免责需要举证,且举证责任在于保荐人,保荐人必须证明自己勤勉尽责。需要指出,免责是相对人,即便免责了,也不能完全消除保荐人信誉上的损失,不能消除保荐人在竞争中受到的损害。

需要指出,免责申请的情形只能是有限的。《办法》第七十条规定,对中国证监会采取的监管措施,保荐机构及保荐代表人提出申辩的,如有充分证据证明下列事实且认为理由成立,中国证监会应当予以采纳:(一)发行人或其高管人员故意隐瞒重大事实,保荐机构和保荐代表人已履行勤勉尽责义务;(二)发行人已在公开发行募集文件中做出特别提示,保荐机构和保荐代表人已履行勤勉尽责义务;(三)发行人因不可抗力致使业绩、募集资金运用等出现异常或未能履行承诺;(四)发行人及其高管人员在持续督导期间故意违法违规,保荐机构和保荐代表人主动予以揭示,已履行勤勉尽责义务;(五)保荐机构、保荐代表人已履行勤勉尽责义务的其他情形。

十五、形成证券发行市场的大投行体系,推动证券公司业务模式和内部管理模式的转变

保荐制度下的大投行是指为公开发行上市提供的系统化、流程化、专业化的投资银行业务。从内部体系看应当包括包括尽职调查、制作发行申请文件材料、进行内部核查、组织承销、进行分析定价、推荐发行上市、上市后持续跟踪服务等在内的一整套"瞻前顾后"、自我创新、自担责任和风险的专业服务活动。

从从业者的结构看,应当是由由包括保荐代表人、公司主管负责人、投行部门负责人、内核负责人、项目主办人、提供法律、会计、行业、研究、销售网络、技术系统等的专家支持以及其他相关参与人员在内的专业人员与非专业人员分工协作的团队活动。实施保荐制度后,发行上市的推荐将从刚性的"推荐通道控制"转变为"活的保荐机制",保荐机构的职能和角色应当发生较大的变化。保荐人执业的重点放到提高保荐质量、降低保荐成本及控制保荐风险。从保荐职责的履行过程来看,保荐将成为一种对发行上市证券进行尽责推荐和尽责持续督导的"瞻前顾后"式的过程行为。保荐制度的实施对保荐人进一步健全内部风险控制体系、完善以大投行团队运作为特征的投行业务模式、以及改进相应的业务管理架构提出了更高的要求。保荐制度对于保荐人需要建立健全的内部制度进行了明确规定。根据《办法》第31、32、33、34条的规定，保荐机构应建立健全以下几项制度：(1)内部控制体系；(2)发行上市的尽职调查制度，目的在于确保保荐工作小组对发行人能够产生实质性的了解；(3)对发行上市申请文件的内部核查制度，目的在于从保荐机构这一层面确保申请文件的真实、准确、完整；(4)持续督导制度，指在发行人证券上市后持续履行保荐工作的制度；(5)内部培训制度，目的在于对保荐代表人及从事保荐工作的其他人员进行有效的持续培训；(6)档案制度，对每一个保荐项目单独建立保荐工作档案，保荐工作档案应真实、准确、完整，保荐工作档案的保存期不少于十年，中国证监会可根据需要调阅保荐工作档案。

保荐制度推行的是一种"人本主义"的监管理念，证券公司必须以新的内部管理哲学为指导，由过去简单的行政式管理转向"以人为本"的专业化管理。具体讲，要通过形成健全的内部制度，公司的激励和约束机制必须围绕专业人才发挥作用进行设计和再造，公司将更多地以"专业说话"取代级别权力，公司的权力应衍生于专业精神和知识而不是简单的经验、主观意志。

能否建立起有效的内部管理制度是将决定各保荐人市场竞争力的基础。保荐业务的竞争将形成保荐人围绕保荐质量形成的一套内部竞争、激励和约束机制，形成包括对保荐代表人在内的"投行团队"的有效管理机制。各保荐人既要防范保荐代表人的及其相应人员的"道德风险"，又要激励他们的创造力发挥。为降低保荐成本和保荐风险，保荐人必须探索建立健全适合自身实际的内部控制体系，保障这些制度的有效实施，构建公司内部有效的竞争、激励和约束机制。这是保荐机构竞争力强弱的根本标志。

十六、确立了上市公司董事尽责的三个境界：诚实守信(信守承诺和信息披露)、规范运作和持续价值创造

公司是一个资合、人合和信合的社会组织，以公司董事为核心的高级管理层肩负着为全体股东及潜在投资者负责的直接责任，必须出以公心，恪尽职守。根据保荐制度的精神，笔者认为，董事尽责应包括三个境界：

第一个境界是诚实守信，这是证券市场的基本要求，也是监管的底线要求，也是监管的基本要求。诚信是证券市场的生命线，这是因为证券市场所营运、交易和监管的，不是别的，而是一种信用。证券市场的任何产品都是由实体经济(realeconomy)派生的，建立在证券发行人对过去相关情况的陈述申报及对未来的承诺基础之上，都是一种诚信的凝炼和责任的体现。保障这种诚信和责任，不仅是保护投资者权益之需，更是证券市场得以生存、得以繁荣之本源。不诚信，证券产品的价值就不能确定甚至毫无价值可言，不诚信就是欺诈。董事的诚信是证券市场诚信最基础的层次。董事的诚信应当包括两个方面，一是对公司的资产、业绩的历史和现状要真实、准确、完整、及时地向投资者披露，二是对吸引投资者的任何承诺必须讲究一个兑现的原则。

第二个境界是规范运作，这是证券市场法律、法规、监管规则的要求，公司董事必须以确保公司法人财产安全、确保公司治理达到法定要求、确保信息披露合法合规、确保公司章程及各项规定得到实施为主要内容，做到努力履行公司董事会集体职责和努力履行董事个别职责两个方面尽到义务。这些规范运作的要求也是董事勤勉尽责的基础。

第三个境界是持续为公司创造价值，或者实现股东利益的最大化。这是上市公司经营的目标，也是公司董事必须确立的准则。创造股东价值应成为董事作为职业经营者阶层的最高境界，董事的价值与其所创造的股东价值应当成正比。

十七、确立了中介执业规范的三个境界：诚实守信、勤勉尽责和敬业专业

根据保荐制度总则的规定，保荐人执业应有三个层次的追求，一是诚实守信，二是勤勉尽责，三是敬业专业，其他中介机构也应当如此。

第一个层次诚实守信是证券市场公认的伦理原则，也是法律、法规和监管的底线要求。中介机构的诚实守信是证券市场健康运行的重要屏障。

第二个层次是勤勉尽责，这是监管的要求，也是中介机构服务的基础准则。勤勉尽责有监管水准，也是自律水准，还有个性化水准三个层次。这次保荐制度的设计，监管者设计了一个不算太高的保荐代表人勤勉尽责的监管标准，就是"良性＋道德＋60％专业努力＝保荐安全"，随着市场发展，中介机构勤勉尽责的水准应当提高。

第三个层次是敬业专业，这是中介服务的最高境界，属于监管标准之上的专业化追求境界，也是决定竞争优势的因素。现行保荐制度设计体现了有限的保荐责任与无限的保荐服务质量、无限的专业追求、永无止境的最好最高追求的有机结合，形成了保荐人良性竞争的市场机制。

十八、开拓了公司治理的制度创新之路：保荐人与中介团队的促进

经典的公司治理主要是内部治理，现代公司治理越来越重视外部相关治理因素。在保荐制度设计中，构建了一种保荐中介协助机制，保荐人通过对发行人发行上市相关的辅导、对发行人及其大股东、实际控制人的尽职调查、对发行人发行上市后的持续督导等，均表现为对公司治理的促进和规范化协助。保荐人对公司治理的协助，从本质上体现为一种外在制衡，应当与公司的根本利益相一致，但在近期可能表现为不一致。

很显然，推荐也好，持续督导也好，保荐的行为都是保荐人与发行人协作、保荐人与发行人聘请的律师、会计师等中介服务机构之间的合作。这并不意味着保荐人可以干预发行人、干预其他中介人的独立性。证券的供给与服务是一个专业化协作的过程，各个角色"各司其职，各负其职"，必须以各自独立为前提。保荐人影响发行人的决策行为，主要是一种专业的训示和专业的辅助；保荐人协调其他中介人，主要是从履行保荐义务出发从共同服务于发行人出发进行的工作协调和专业沟通。所有这些保荐行为的实际影响均不属于保荐人的干预，而是以合规、专业、共同利益为前提的一种善意协作。证券市场就是这样一个矛盾的统一体，客户需要"花钱"请一个或多个"专业权威"，来制约自己的不当行为。正是在这个意义上，保荐服务的出现，将对现代公司治理产生一种外在的"补助功能"，它将是股东治理、独立董事治理、信贷人治理等制约力量之外一种有效的"公司治理因素"(factorsofcorporategovernance)。同时，保荐服务的出现将使中介服务"团队化"，形成一种新的中介合力，克服中介服务各自为战的局限或偏差。这样的服务将从本质上起到"净化市场"和抬升市场的积极功效。

十九、推动了监管者角色的市场化换位

保荐制度的推行将从根本上实现由"关口控制"到"通道管理"，由"建关设墙"到建立"插孔"或"管道"的监管。过去，只有证券监管部门在做"审批关口控制"(approvalcontrol)和实质性判断(merit－basedjudgment)。这好比监管者费心劳力修建一座高高的"城墙",但面对市场万千个博弈者"技巧高超"的"攻关",再高的墙哪怕"长城"也很容易越过。保荐制就有可能将这一"关口"或"城墙"拆掉,或者叫前移,或者叫移到市场,使这种"关口"或"城墙"无所不在,变成一座座"道德之墙"(moralwall)(而不是发达市场戏称的"中国墙"chinawall)浮在市场人士心中,使其变成不仅"挡关"而且"入关"后仍连续验证跟踪违规者的"镜鉴"(mirrors)。监管者要做的,就是修一个"管道"(channel),通过这个管道,能使市场参与者都参与到监管者倡导的或者市场本来要求的努力中去。由设置"监管城墙"转向构筑"道德法规墙",由设置"关口"转向构建"管道",将是一种市场模式的转变,一种监管理念的升化。这样的"管道"将不是由行政权力维护,而是由道德、法规、良心、责任心、敬业精神、专业知识和技能、信誉、质量、职业贡献等因素共同维护和疏通的。在新的模式下,市场运行和监管都将是"阳光下的行为"(transparentbehaviors),任何市场参与者都以自觉(self—commitment)为内在要求,这是真正"净化市场"的可持续途径。

保荐制度体现了一种"信用监管"(creditregulating)的监管新理念。证券市场本质上是一个信用市场,证券市场经营、监管的都是信用,因为证券产品是一种建立在过去的陈述和对未来的承诺,必须以信用为基本。发行上市的责任说到底是一种诚信的责任。落实发行上市的责任说到底就是建立信用的保障机制,这主要体现在保荐人的注册登记、强制披露、事后责任追究、冷淡对待、淘汰机制等诸多环节。保荐制度的一项重大创新在于建立了一整套与依法监管并重的以"冷淡对待"为主的信用监管措施。保荐制度体现了不可控性监管向可控性监管转化的新理念。过去做法主要考虑对发行质量和风险的直接监管控制。在"通道控制"下的通道是不可控的,实质性判断审核标准是不可控的。但在保荐制度下"事后责任"的追究是可控的,对保荐代表人这人力资源库的数量是可控的,对审核节奏是可控的,对保荐机构和保荐代表人的数量和行为都是相对可控的。保荐制度致力于构建一个追究保荐责任事故的疏而不漏的网络,实现维护证券市场最低诚信度和合格度、维护证券市场基本监管标准的制度保障。

保荐制度推动监管理念的创新,形成以德监管与信用监管相结合的新理念。投资者权益得以保障,需要形成市场合力,即投资者的约束、价格约束、中介约束和社会媒体的约束。监管者的职能在于制定游戏规则和公平执法的裁判。为此,需要两者都是以促进市场的发展为重心,而是不以打击市场违法为重心,这是市场成熟的标志。也应是新兴加转轨市场的重要使命。依法监管与以德监管的有机结合,出发点不是打击少数坏分子,而是维持一个行业的竞争和执业水准。

总之,保荐制度的顺利实施,可能使监管者不必代表市场的中介机构进行尽职调查、不必代替市场的上市公司进行治理的协调、不必代替市场的投资者进行投资选择的操劳。监管者长期习以为常且越来越心力交瘁的"事前审批"、实质性审核或判断将被大大"贬值",而监管者建立起来的信用监管体系、保护良性竞争机制的环境、维护正当权益的"铁腕"或"执法的严肃性一致性"将凸现其市场的价值。监管者将是体现严格地、一贯地执法的"依法监管者"形象与积极倡导和鼓励诚实守信、勤勉尽责、敬业专业的"以德监管者"形象的统一,显示其在市场中的裁判权威。

二十、推动形成良性竞争机制这一市场根本大计,形成证券市场信用品牌联盟的垄断竞争格局

证券公司履行保荐义务的持续实践,将推动证券公司提高素质,也形成一种"比服务、比质量和比信誉"的投资银行"三比"竞争,这种良性竞争将使整个证券中介行业的执业水平得以抬升。保荐人决策将体现几项最小化的目标选择,一是保荐成本的最小化,二是保荐风险的最小化,三是防范保荐失败、保荐事故的出现。这种良性竞争的结果将呈现保荐成本的差异化,这种差异化不仅决定着券商的竞争力,而且改善证券市场的总体素质。

良性竞争的结果将形成这样的格局,即对于不同的保荐对象有不同的持续"保荐成本"(sponsoringcost),有不同的保荐工作量。如果推荐的发行人质量好,保荐人从理论上讲可以"睡大觉",或者讲付出较低的"维护成本"(maintaining-cost),甚至支付"负成本"或"溢价"(premium)。反之对推荐相对不成功的发行人,保荐人则是既摆脱不了责任,也必须支付各种成本。这种"维护成本"的差异化正体现对保荐人审慎推荐和服务质量的市场公平评价。这种保荐维护的"成本差别化"竞争,是一种典型的良性竞争。

在充分的良性竞争机制的作用下,证券公司这一行业的"主导者"将迎来新的发展机遇,同时必然出现两极分化,即有的做大做强,有的遭到市场无情淘汰。这样的竞争持续三五年,中国的保荐人必然是"做大做强者"与"有特色者"生存,出现"垄断竞争"(monopolistcompetition)的新格局。在发行市场上,投资银行之间良性竞争会产生另一个积极结果,就是市场诚信度高和质量信誉高的发行人将与具有市场"口碑"和"信誉品牌"的保荐人联姻,并且使这样的发行人"融资成本"(financingcosts)大大差异于诚信度低和质量信誉差的发行人。良性竞争还会产生另一个积极结果,就是"做大做强"的保荐人将与讲信用且专业优的律师、会计师、评估师等专业服务机构形成"中介同盟"(intermediaryalliance),共同为优秀的公司提供融资的服务,共同为投资者提供可依赖的证券产品,共同成为市场竞争的"赢家"(winners)。这些人士越来越成为"监管免检"和"投资者免检"的"特权阶层"。

保荐制实施的再一个积极结果,就是新生上市公司以及上市公司的再融资将面临保荐人的竞相筛选,出现"上市公司差别化"。"新的将是更好的"(thenewcomersarebetter)将成为市场的普遍现象。市场融资将成为市场"新宠","蓝筹公司"将受到市场各方青睐。与此同时诚信受到鞭笞的上市公司将成为受到市场"抛弃"的"另类",无法再融资或者再融资成本很高。投资者的选择余地或空间加大,投资者的信心也将得到根本保障。中国之大,何愁资本不足;中国之大,何愁发行人太多或不足。证券市场这个"活水库"的功能就会因此显现。"问渠哪得清如许,为有源头活水来"将成为证券市场的生动写照。

二十一、设计了九张保荐制度登记申报表,为走向注册登记制奠定基础

实施保荐制度将推动证券发行体制从核准制向注册制转变。证券发行施行核准制,确立了各市场参与主体"各司其职、各负其责、各尽其能、各担风险"的基本原则。实施保荐制度是对核准制这一基本原则的进一步贯彻落实,是发行监管体制从审批制向核准制变革的进一步深化。可以预见,保荐制度的实施将实质性提高上市公司的信息披露质量,促进上市公司规范运作和可持续发展,有力推动市场诚信建设。随着证券市场的不断发展和市场供求关系的基本平衡,监管部门对发行方式、发行价格、发行数量、发行节奏的行政干预也将逐步淡化,交由市场来决定。发行监管体制最终将从现行的仍有较强行政色彩的核准制转变为主要由市场主体选择的注册制。因此,实施保荐制度将为我国证券发行监管体制最终向注册制的过渡奠定基础。

为了推动证券发行制度从核准制向注册制转变,证监发[2004]1号文件特别设计了九张与注册登记、持续监管及其发行上市推荐相关的报表,将《办法》对保荐机构和保荐代表人的职责及基本监管要求以报表形式加以体现。其设计体现了注册登记监管的理念,基本满足保荐机构和保荐代表人注册登记、持续监管及其发行上市推荐的实施要求。报表的设计借鉴了美国S1和F1报表的合理内核,并结合现阶段中国的实际情况,表格力求简明、便于操作、且与中国证监会"保荐信用监管系统"实际运作保持衔接。可以预期,随着保荐制度的实施和注册登记的完善,发行制度由核准制向注册制的转变势所必然。

笔者认为,实施保荐制度进一步推动发行体制由注册制转变,主要围绕推动市场自律和自觉将不断强化以下方面:一是确立有限监管责任与权利的理念,为此必须适应转变发行审核和发审委制度的转变,不断弱化实质性优劣判断,淡化直接控制和管理,由决定企业发行上市准入到完善信息披露;二是继续通过保荐持续督导的责任,强化事后责任追究;三是建立健全市场主体的诚信申报机制,通过九张表的试验不断将监管标准化、规范化,确立"诚信申报、言责自负"的规则;四是推动业内由粗放到集约、由集功近利到可持续,证券市场将逐步由浮夸不实到"挤水分"的稳健保守,由"假大空"到"真谨实",保荐制度将引领中国经济社会风尚的转变。

结论:证券发行上市核准制改革实践三年多之后,证券市场又推出了保荐制度,这一新的制度构建了证券供给的根本性制度框架,确立了以明确责任为中心的市场约束基础和以中介自律为主导的质量保障机制,确立了良性竞争的制度规则。虽然保荐制度本身还待完善,其实施的效果还有诸多不可预期的因素,但是透过对保荐制度建立的制度框架及其包含的制度创新因素的功能分析,我们有理由相信保荐制度将构成证券市场健康运行的制度基础。

解读2004年中国金融政策
货币政策实施的软肋

中国金融政策的出台,仍延续着计划体制下的传统,年初布置工作并发布金融政策。2004年的金融工作重点有三,一是控制新增信贷总量的增长,二是稳定汇率,三是国有银行的改革。

贷款可能难度加大,融资成本可能提升

国家经济政策中莫过于货币政策对企业的影响大了。2004年,中国货币政策的解读是两个字:"较紧"。2004年货币政策的预期调控目标是,M1(狭义货币,现金和活期存款)和M2(广义货币,M1+定期存款)分别增长17%左右,而在2003年,M1和M2的增长分别是18.67%和19.58%;全部贷款新增2.6万亿,比2003年的2.99万亿减少3000多亿。这是在连续五六年的较宽松的货币政策后,中央银行根据市场形势发出的一个政策变化信号。尽管对中国经济是否过热有不同的判断,在大多数情况下,不同的判断是人们所属职业、行业、地区和角度不同的货币政策期望所致。

企业家、尤其是地产商希望一个宽松的货币政策,一个低利率政策;各级政府官员希望GDP比前任增长的更快,新增就业人数更多;证券公司希望股市更加火爆。但是,以保卫人民币币值稳定为己任的中央银行,相对其他行业、部门甚至政府,对币值的稳定都更加敏感和宏观。

一个比前几年"较紧"的货币政策对企业家有何影响?中国式的货币政策有何特点?

一是贷款会较前几年难,尤其是中央银行所列出的行业,如钢铁、公路、水泥、城建、汽车、房地产等等,这些行业所涉及的上游和下游产业和行业几乎囊括了整个国民经济。二是利率有上调可能和空间,企业的融资成本会加大。

货币政策实施也有"软肋"

但是,货币政策的制定是一回事,货币政策的实施又是另一回事。相对于成熟的市场经济而言,中国的货币政策有其特点:一是,货币政策的"力度强"而缺乏其"柔韧性",二是,中国的中央银行缺乏有效实施政策的环境。这分别是,中国中央银行货币政策工具的匮乏和央行的非独立性两个"软肋"所致。我们知道,市场经济成熟的央行的货币政策工具是一个"组合拳",有利率、公开市场操作、汇率、准备金率、贴现窗口等等。而中国的汇率"钉死"一种外币,失其一利器;利率尚未市场化,又失其一利器;贴现窗口和公开市场操作由于利率的管制,使其政策传导受阻,又失其一利器的大部分锋芒;计划经济下的"信贷额度管理"已经取消,又失其一利器。仅剩的是准备金率、利率的官方调整、大打折扣的再贴现和公开市场操作。去年第四季度,中央银行为控制信贷的过快增长,所采取的政策也只有将准备金率调高和"道义劝告"。

中国货币政策的第二个"软肋"是,与世界上大部分市场经济的国家不同,刚刚通过的《中华人民共和国中国人民银行法》再次规定,中国的中央银行是完全在政府的领导之下,没有独立性。这就导致中国的货币政策不是"央行的货币政策",而是"政府的货币政策"。政府的货币政策与央行的货币政策的重要区别在于,保卫人民币币值的稳定仅是政府在GDP增长速度、就业增加、区域经济平衡发展、保持出口增长等一系列重要政策中的一项,而保卫人民币的币值稳定则是央行所追求的唯一目标。很明显,当通货膨胀的压力还未足以损害GDP的增长,当通货膨胀还未产生比就业更沉重的压力,当通货膨胀还仅仅是一种可能或苗头的时候,让政府断然下定采取"较紧"的货币政策也是一个艰难的抉择。

2004年的中国货币政策的预计,政府、特别是央行已感到了通货膨胀的压力,力图采取适度紧的货币政策,同时,希望避免对国民经济造成过大的影响。但是,较紧的货币政策能不能真正实施,最终还取决于什么是中央政府面临的最最重要的问题和挑战。

影响汇率的变量很多

2004年金融政策或改革的另一个要点是,汇率的稳定与改革。官方的讲法是,逐步完善人民币汇率形成机制,保持人民币汇率在合理、均衡水平上的基本稳定。什么叫"形成机制",能理解的人恐怕不多;什么叫"合理、均衡",市场供求决定的就是合理、就是均衡,所以,合理的就是均衡,均衡的自然合理;变动百分之几叫"基本稳定",这都是一头雾水。尽管,理论上有很多"汇率假说",其实,我的理解是,汇率是"市场加密谋"的结果。毫无疑问,市场供求是决定汇率基本的、长期的趋势,而在此基础上的"密谋"则决定了短期的波动。就长期趋势看,一国汇率的走向,与其经济规模在全球经济中的相对扩大,与其经济竞争力在全球经济中的相对提高成正比。我们只需拿30年前的德国、日本,20多年前的中国台湾、韩国、新加坡的汇率与今天的汇率做一个对比,就不难发现其中的规律。只要中国的国力不断增强,全球竞争力不断提高,人民币的走强将是一个长期趋势。但是,就短期看,就2004年看，则是一个多变量的随机事件。这些变量重要的有，国际收支、价格、经济增长、就业、国际环境、重要能源的供需等等，还有国内外政治的因素。这是一个仁者见仁、智者见智，常常让人大跌眼镜的扑朔迷离，又千变万化的市场。对企业家来说，能做的只有采取各种措施规避短期汇率风险，可惜的是，我们的银行所能提供的汇率风险规避工具太少。

银行改革不破"死结"没结果

2003年底，政府决定动用国家外汇储备450亿注资两家国有商业银行，尽管笔者对注资一事，从程序、从对国民经济的影响和改革的绩效提出了不同的看法，但是，这毕竟是拉开了国有商业银行改革的帷幕。

如果我们暂时抛开银行经营的产品是"货币"外，银行就其性质与我们企业家经营的各种企业没有任何区别，银行就是企业，是经营货币的企业。它要以市场需求为导向，要不断降低成本，要持续地创新，生产新的产品，要提高效益，要扩大市场，要加强管理，要降低风险，要提高利润，以创造对股东投资价值的最大回报为目标。我们这样讲是要说明，相对于货币政策和汇率政策具有一定专业理论性外，就其银行的体制改革，银行问题产生的原因，企业家们可能更洞若观火，理解的更深刻。试想，一个没有产品创新冲动的企业，一个几乎在所有方面没有自主权利的企业，一个常年大量生产废品（贷款）还可以存活的企业，一个领导人（行长）是组织任命的企业，它要进行一场洗心革面的改革，恐怕靠"输血"是不能奏效的。我们可以想象的到，其实，这次"输血"并不是像有些学者说得那样，是银行改革的"壮举"，而是一种无奈的选择。因为，政府为此承担上太大和太多的道德、法律、政治和施政风险。而这种风险又由于对公众不公开的"财技"运用而增大。

银行改革能否成功，前提是要改革政府对待银行的监管哲学和理念，不能仅把银行看成是管理和统治经济的工具，而是首先要把它看成是一个企业和产业。指出这点十分重要，因为这是在我们学习西方的过程中最容易忽视的地方，是造就西方银行制度的"隐含前提"。这个"隐含前提"在关于西方的银行或企业的论著中很少提及，这是因为，自法国大革命和美国《独立宣言》发表后，制度性和宪政性的安排"政府权力"和"企业（或公民）权利"，已经是一切现代企业和公民发展的不言而喻的前提和成熟的文化环境，而这对我们来说，甚至对"中文语言"环境下的社会来说都是陌生的。本文不打算就此展开讨论，仅是指出，由于银行经营产品的公益性和社会性，由于银行产业对国民经济的重要，导致政府权力在其他产业和行业不断减小和限制的同时，在银行产业中被毫无忌惮地扩大，而且现在还有更进一步的"强化和加强监管"的趋势，银行的权利已荡然无存，这怎能产生出具有竞争力的银行和金融产业。要提及的是，一个从政治科学和思想学说讨论中的关于"权力"和"权利"引出的命题，在中国金融界很有市场，这就是，"坏政府也比无政府好"，即"一个效率低下，但'稳定'的金融体系也比具有竞争力，但更具'破坏性'的银行好"。"权力"天然的扩张和残忍，"权利"天然的贪婪，如何制度性的安排好政府的"权力"与银行的"权利"，是中国银行改革的"死结"。

金融创新推动券商突破转型"瓶颈"

大鹏证券公司董事长　徐卫国

金融创新，这几乎成了一个老话题，但是，这个话题还得不断地讲，不断地去做。最近新出台的《证券公司客户资产管理业务管理暂行办法》和《证券发行上市保荐制度暂行办法》就将"金融创新"这一话题再一次摆到了券商的面前。我们经常在问自己，在大分化、大重组的市场面前，我们券商下一步走向何处？哪里才是券商们的诺亚方舟和垦荒之地？券商在中国的资本市场打拼十多年后已经到了一个必须转型、务必调整的关键时刻，那么，如何转型、转型的突破口到底在哪里？有感于最近两个"暂行办法"的出台和其间所透出的重要信息，下面是个人的一些思考：

"产品缺失"制约券商业务转型销售能力与投资能力是金融机构的两大支柱，也是其竞争能力的集中体现。对券商而言，销售能力指通过各种渠道有效地向投资者提供有关金融产品的各种信息、并促使投资者购买这些产品的能力；所谓投资能力则是将销售产品筹集到的资金进行投资所能获得收益的能力，具体体现为向产品购买者提供的风险收益的水平。

销售和投资的连接点是各种金融产品。券商通过销售获得资金，而产品的投资风格、风险收益水平反映了它的投资能力，客户根据产品特点决定是否购买这种产品。券商从销售和投资中取得佣金和管理费，成为主要收入来源。其他类型的金融机构也大致如此。

——券商的传统业务模式渐行渐远传统的销售业务模式。长期以来，券商经营的产品以股票产品为主，由于政府管制的原因，再加上证券市场的结构性缺陷，券商主要提供的是一种多层次的通道服务（投资银行业务提供的也是一种通道），或者再加上向客户提供的如同算命先生般的咨询，相应地券商收取的佣金主要是通道费用。因此对券商而言，交易量是收入来源，而交易量受行情左右。市场初兴时期的高换手率造就了高交易量和高收入。

传统的投资管理模式：由于中国证券市场存在高比例的国有股，流通股股东的利益难以得到保护，股价运动实际上是资金推动的结果。这种特点决定了在投资方面大多采取集中投资模式，资金规模决定盈利水平。这种运作特点吸引券商将大量资本金和拆借资金用于证券投资。资产管理业务也由于机构客户不愿意承担风险给予保底收益（常常高达10%以上），因此也基本上是自营模式的复制和放大。

这种销售模式和投资模式适合当时的市场特点。但是，随着市场结构的变化，股票市场的结构性缺陷逐渐暴露出来，这种业务模式遇到越来越多的问题。以2001年年中开始的市场调整为标志，佣金收入大幅度下降，自营投资和委托理财深陷泥潭，传统业务模式基本上走到了尽头。

——"产品缺失"制约券商转型近两年来整个金融市场正在发生着一场深刻的变化，这场变化的核心是投资者结构的变化及由此引发的金融市场由卖方市场向买方市场的转变。

一些敏锐的券商感受到投资者需求和市场结构的变化，认识到传统业务模式的弊端和转型的迫切性，并进行了多方面的探索。这些探索主要集中在两方面：一是培养销售能力，建立销售体系；二是按照成熟市场惯例建立新的资产管理业务模式，提高产品定价水平。

券商转型遭遇到多方面困难，从而显得步履维艰。突出的问题是：缺乏合适的金融产品这个连接点，使得券商缺乏一个能够培育销售能力和投资能力的市场化平台。

在原来以股票产品为主的产品结构下，市场结构的畸形和市场定价的非理性使得产品风险结构趋同，难以实质性发展不同收益目标的投资产品，特别是面向广大个人投资者的产品。

由于缺乏合适的金融产品，导致对销售模式和投资模式转型的探索显得相当艰难。没有合法的标准化金融产品，销售体系的结构显得无所适从，销售成本居高不下。比如股票经纪人模式实际上是将原来由公司收取的佣金的相当部分（有些高达50%以上）支付给经纪人，导致公司盈利能力进一步下降。一些新型理财产品如开放式基金，销售主要依赖于银行，券商只是次要的销售渠道之一，且总体规模有限，对业务模式转型不能产生实质性影响。

从投资模式的角度看，受制于监管政策和法规的约束，券商不能根据市场需要开发面向广大个人投资者的理财产品，只能进行有限的创新，如面向机构投资者进行一对一谈判，由于各个机构投资者的资金性质和期限不同，券商的资产管理策略也势必受到影响。结果是销售和投资管理业务的转型都显得相当缓慢。

当然，在这种情况下仍有一些券商坚持规范透明的管理制度，取得突出成绩。

问题的焦点已经集中在金融产品上，缺乏合适的金融产品成为券商转型的“瓶颈”。2003年初一些券商推出的集合理财计划就是一次自发的创新行动。这种自发行动得到管理层的响应。

投资者需求牵引金融创新近期管理部门推出的一系列措施特别是资产管理产品的创新和发行市场的改革代表了中国金融创新的一种新模式：即投资者需求牵引金融创新。

这些创新最根本的推动力来源于中国金融市场正在发生的结构性变化，就资本市场而言，这种结构性变化的核心在于投资者需求结构的变化。追求稳定回报、承担较低风险的稳健型个人和机构投资者成为市场上一个新的不断增长的投资者群落，追求高额回报的激进型个人和机构投资者的力量在市场调整中不断受到冲击，自身也在不断调整风险收益预期。这种变化导致资本市场从卖方市场向买方市场转变。

这场转变更深刻的背景是：在中国经济的持续高速成长和转型过程中，居民财富稳定增长，社会保险、企业年金、保险公司等机构投资者的力量也迅速壮大。每年十几万亿元的国民生产总值、七八千亿的增量财富、近11万亿元的居民储蓄、近1万亿元的保险资产及逾9000亿元的邮政储蓄都迫切需要一个有效的投资场所。单纯的银行存款满足不了这些资金的巨大需求。这些都产生了对理财性投资的迫切需求。

正是在这种转型中，金融业的产品结构与居民和机构的理财性需求出现了很大的脱节，造成金融产品过分集中在这样两极：一极是以银行存款为代表的无风险、极低收益的产品，另一极是以偏离投资价值的股票为代表的高风险产品。缺乏一个完整的风险收益相匹配的产品系列，特别是具有低风险、稳定收益特征的理财性投资产品，从而制约了储蓄向投资的转化。近几年迅速成长起来的一些机构投资者如保险资金、社保资金和企业年金更是面临理财性投资产品的匮乏局面。

市场调整加速了投资者结构的变化。原来追求高回报的个人和机构投资者的力量受到影响，其在市场上的地位和影响力都在下降，并处于不断的调整之中。追求低风险和稳定回报的新型投资者则成为快速上升中的力量。正是在这种新成长起来的投资者（买方力量）的牵引下，开放式基金、货币市场基金、集合信托产品等创新型金融产品不断出台。券商也在客户资产管理业务方面进行了多方面的探索和创新，并且业务规模不断发展，在充分了解这一市场需求和业务创新后，主管机关主动介入这一市场活动的规范和管理，并在综合考虑市场各方建议的基础上，制定并颁布了资产管理业务办法。这一政策的出台反映了与日俱增的投资者对金融产品和服务的多样化需求，也是金融机构和业务创新实践和监管机构的监管能力提高等条件成熟的必然产物：一方面，反映投资者需求的金融机构的产品和业务创新提出了对制度的创新需求，另一方面，监管机构的监管能力在分业经营的情况下逐步得到加强，促使政策出台的条件逐渐成熟。这一立法过程体现了市场在资源配置中的基础性作用正在逐步得到发挥，市场成为政府决策的源头活水，并使得政府的市场规则更加贴近市场，操作性更强。通过这一政策对金融机构尤其是银行和证券公司市场创新的肯定和引导，可以在资本市场和货币市场之间建立桥梁，进一步推动储蓄向投资的转化，从而提高社会资金的配置效率。发行市场的改革也体现了这种趋势。

金融创新推动券商转型金融创新给证券公司带来了丰富的多样化的金融产品系列。主要包括：通道产品、证券投资基金产品、货币市场基金产品、集合理财产品、养老金产品、年金计划、一对一的理财方案等，在发行市场的定价和销售改革逐步到位和保荐人制度推行之后，投行保荐的上市证券产品将成为真正市场化的投资品种。

不仅是产品种类的丰富，金融产品的特征也发生了根本性的变化。

新型资产管理产品具有以下特征：一是客户资产的独立管理。客户资产与券商自有资产、其他客户的资产相互独立，分帐管理。二是第三方托管。证券公司须将集合资产管理计划的资产全部交由独立的资产托管机构托管，在资产托管机构的监督下管理和运作集合资产管理计划的资产；定向资产管理业务也要根据客户要求将客户资产交由资产托管机构进行托管。三是信息披露。证券公司应当至少每三个月一次向客户提供准确、完整的资产管理报告，保证客户的知情权和查询权。四是外部监管。中国证监会、证券交易所、证券登记结算公司和证券业协会将各自履行职责，监督证券公司、资产托管机构的业务活动，保护投资者和客户的合法权益。同时，证券公司在年度审计时应对资产管理业务及集合资产管理计划的运作情况进行专门的审计。

这些机制安排使客户资产的安全性得到保证，资产管理在规范、透明的环境下运行。集合资产管理计划更具有标准化基金产品的特征。

这些创新产品大大扩展了券商的潜在客户基础，一方面吸引了新的投资者进入，主要是那些追求低风险和稳定收益的稳健型个人和机构投资者。另一方面也会促使原来的追求高回报的激进型个人和机构投资者转向新产品。

更重要的是，管理资金的期限和性质也发生了变化，长期的、低风险承受能力、适度投资收益预期的资金成为主流。新客户群体无论在资金规模还是在资金性质所产生的稳定性方面将远远超过传统客户。这样一个规模的客户基础、更重要的是不同的资金性质将有利于券商行为方式的转变，从而支持券商的业务转型。

第一，开发多样化金融产品，培育投资能力，推动投资管理模式转型。

金融创新使券商能根据客户需求开发各种风险收益特征的系列金融产品，满足各种客户的需求，券商则从中收取管理费。这将成为券商资产管理业务的基本盈利模式，从而使资产管理业务成为券商一个稳定的收入来源，避免以往随行情变化大起大落的情况。

第二，整合多层次销售渠道，培育综合销售能力，推动销

售能力转型。

券商可以向客户提供多层次、多元化的金融产品，使真正意义上的客户理财服务成为可能，这种服务能给客户带来附加价值，从而可以成为券商稳定的收入来源。这将为销售业务注入充沛的活力。

多元化金融产品将带来多层次销售渠道的拓展。除了券商通过自身营销网络的直销，证券经纪公司、银行、保险公司都将成为重要的销售渠道。此外还可能出现以销售为主要业务的投资咨询公司或专业理财服务公司。券商将以其投资能力和产品设计能力整合这些销售渠道，提升自身的综合销售能力，并带动管理资产规模的扩大。

以保荐人制度为标志的发行市场的根本性变革将强化券商在为企业提供融资服务过程中的责任，推动企业融资的市场化。在市场化环境下，券商的定价能力和销售能力成为竞争力的关键要素。投资银行业务的盈利模式将有根本性变化。

金融创新刚刚开始，还需要其他的金融创新支持。以《证券公司客户资产管理业务暂行办法》和保荐人制为代表的金融创新的模式将是一个有益的经验。还需要有进一步的创新产品支持，比如向券商开放企业年金产品管理、个人养老基金帐户管理等。此外，未来通过混业经营构造更加强大的产品和销售平台，加速产品创新能力可能成为一个重要方向。

证券公司之间的竞争真正开始。金融创新为证券公司业务模式的转型创造了良好基础，对券商来说意味着一个难得的机遇。

当然这个机遇不是所有券商都能抓住，可能意味着更加激烈的竞争的开始。以前的竞争大多是具体的营销手段和业务方式的竞争，可以说仍然是一种有限度的竞争。随着部分证券公司业务转型的完成，券商将在一个市场化的基础上，在一个全新的平台上展开白热化的竞争。比较开放式基金的发展经验，这种竞争首先可能是在销售渠道方面，但最核心的竞争将集中在投资能力上。竞争对券商的产品设计能力和投资能力提出更高要求，投资能力和信誉成为核心竞争力。投资能力和销售能力的差别将带来券商之间的急剧分化。没完成转型或竞争能力差的券商可能被淘汰。分化和集中的速度将显著加快。

除了券商之间的竞争，券商与基金管理公司、信托公司，甚至商业银行之间的竞争也将更为激烈。在这种竞争中将有越来越多的混业型金融企业出现。

券商转型意义深远相对于其他机构投资者特别是基金、信托、保险公司甚至商业银行，券商的生存环境近三年来一直不断恶化，罔谈发展。问题的关键在于：券商的新业务模式尚未形成，而传统模式已经失效。证券行业连续两年出现整体性亏损。这种局面对整个金融业的影响则更为深刻，挪用客户保证金、券商破产的连带效应及整个行业竞争能力的下降关系到金融行业的稳定和整体竞争力的提升。

比较而言，开放式基金的推出推动了基金业的转型，信托公司的整顿和重新登记推动了信托业转型。转型后它们都获得了前所未有的发展机会，行业竞争能力也得到提高。而券商几年来一直在为生存而疲于奔命。近期的一系列金融创新给券商提供了实现新盈利模式的机会，摆脱了连续几年的彷徨。这对于解决证券市场的遗留问题、实现证券市场的稳定发展具有重要意义。

券商完成业务转型后，在资产管理业务方面取得了与信托投资公司、证券投资基金基本平等的地位。三者形成竞争、分工的互动关系。从培养综合竞争能力的角度出发，不同类型金融机构之间的融合将成为趋势。

新的游戏规则正在建立，新的市场空间已经打开，能率先实现业务转型的公司将成为竞争中的强者。

经济高增长催动资本市场加快发展

宏观经济运行与资本市场运行相背离的情况持续了二年多，这不是由于两者不存在正向关系，也不是由于宏观经济的持续利好无法传递到上市公司的业绩增长上，造成股市的低迷，主要原因是长期存在的股权分置问题使投资者信心不足。展望2004年中国股市的走势，我们相当乐观，一方面，2004年宏观经济继续向好，产业升级的加速及企业效益的继续改善等都将为股市走出"中期性低迷"创造良好的环境，特别是宏观经济已经进入将持续相当长一段时间（至少10年）的新一轮高速增长周期，将促进股市的长期向好。另一方面，十六届三中全会提出的加快资本市场发展及1月19日国务院发布的九项指导意见，为资本市场发展提供新的历史性机遇。

加快资本市场发展战略意义凸现

2003年是中国经济发展的一个重要的转折点。不仅经济增长明显加速，宏观经济开始进入新一轮快速增长周期的上升期，而且以消费结构升级、产业结构升级及各类体制改革步伐的加速为基础的新的增长动力开始形成，中国经济发展由此将迎来一个全新的时代。在这种新形势下，大力发展资本市场的战略意义凸现。

首先，规范和积极发展资本市场是深化改革的重要内容，是改革攻坚的核心部分之一。从今年1月份发布的《国务院关于推进资本市场改革开放和稳定发展的若干意见》可以明显地看出这样的信号："大力发展资本市场是一项重要的战略任务"的共识已经形成，要实现深化改革和促进经济结构调整这两大攻坚任务，离不开资本市场的支撑。因为：(1)资本市场是将社会资本转化为长期稳定投资的一种相当有效的机制。资本市场作为市场经济的上层组织，其健康发展和成熟是一个国家市场经济体制完善的重要标志，大力推进资本市场发展，将逐步形成一种"把社会资本有效地转化为长期投资"的机制，从而大大提高资本市场优化资源配置的功能。(2)资本市场的快速发展，将加快中国产业结构的升级步伐，如此轮经济增长的一个显著特征是重化工业加快发展和升级，需要大量的资本予以直接推动，同时，这一过程中资产重组将发挥十分重要的作用，而资本市场的快速发展将为其提供一个非常坚实及有效运作的平台。(3)加快资本市场发展，是加快国有企业改革的重要途径，不仅有利于国有经济的战略性重组，而且有利于合理的公司法人治理结构形成，提高整体企业效率。最近两年我国股市融资的大幅下降既是由于股市低迷造成的整体融资规模的减小，又是由于上市公司多数仍是"一股独大"的不合理股权结构，资产利用效率相对低下，大量的公司失去了配股资格，使上市公司再融资能力大幅下降，如2001年股票配股筹资为430.6亿元，2002年和2003年则萎缩到仅56.6亿元和74.9亿元。(4)加快资本市场发展将大大改善我国金融资本结构和市场结构，降低金融风险，提高金融体系的效率，特别是有利于推进国有银行体制的改革。

其次，要实现宏观经济持续快速稳定增长，需要得到资本市场的有力支撑。过去的两年中，我国宏观经济形势不断向好，连续两年经济增长保持8%以上，但资本市场却持续处于相对低迷的状态，这是不正常的，资本市场对宏观经济的稳定快速增长不能发挥应该有的作用，是一种缺陷。投资高增长、银行贷款的高增长与股市融资本低迷形成明显的资金配置的结构性失衡。2003 年全社会固定资产投资增长 26.7%，贷款增长 21.1%，分别比上年提高 9.8 个和 4.2 个百分点，而 A 股发行融资下降 17.2%，连续第三年明显下降，国内股市融资呈 5.1%的微弱增长主要是靠可转债融资的增加，2003 年共实现可转债融资 180.6 亿元，比上年增加 139.1 亿元，增长了 335.2%。

这一状况如果持续下去，将会对宏观经济和微观经济造成较大的损失：(1)将使社会资金的运用集中于银行，增加金融风险，如 2003 年我国房地产、钢铁、有色金属等行业出现了较明显的过热倾向，这些行业对银行贷款的依赖度很高，房地产开发企业的资金的 2/3 左右来自于银行，2003 年 1—12 月份累计钢铁和有色金属新增负债对新增资产的贡献率分别为 64.91%和 73.3%，这些行业投资如果持续过快增长，将会增加金融风险。扩大直接融资将会大大降低银行金融风险。(2)在重化工业化新阶段，越来越起主导作用的资本密集型产业如汽车、重型机械装备工业等需要大量的长期资本支撑，银行提供长期资金不仅风险大，而且容易产生流动性陷阱。而扩大资本市场对这些工业升级型行业的支持，不仅将减少金融的风险，而且将会使这些产业发展得到持续稳定的支撑，从而使产业升级过程更加迅速和顺利。(3)资本市场的快速健康发展将会降低整体经济的风险，增加宏观经济的稳定性和持续性。我们认为，作为虚拟经济的重要载体的资本市场，有分散宏观经济运行风险的作用。实体经济和虚拟经济成为经济发展中两个同样重要的层面，特别是虚拟经济的发展使实体经济可能产生的高通货膨胀风险得以有效释放和分散(部分是分担)。资本投资家与实体经营专家的职业分离和结合，使得实体经济运行中的价格波动风险在相当程度上通过虚拟的资本市场得以规避。如货币供应量快速增长，经济增长加速，但过多的货币不再像过去那样主要是在实体经济中运转，形成价格上升，而是流入到虚拟经济中，通过投资的风险和收益分担机制使通货膨胀率降低。但虚拟经济发展不能造成过多的泡沫，否则将会对实体经济形成长期性伤害。

宏观与微观均支撑资本市场快速发展

首先，宏观经济的持续向好及宏观经济政策的稳定和宽松有利于资本市场实现良性增长。2003 年中国经济增长率高达 9.1%，其中有三个季度超过了 9.5%，增势相当强劲，为 1997 年以来宏观经济增长最好的时期，中国经济完全摆脱了持续达五六年之久的调整型增长态势，进入到新一轮快速增长周期。宏观经济处于新一轮增长周期，无疑将会推动股市进入新一轮快速发展期，股市的发展可以在短期内与宏观经济相背离，但中长期来看将是相互促进的。从今年 1 月份的宏观经济运行看，2004 年将会继续保持 8%以上的高增长，这为资本市场的持续向好奠定了基础。1 月份工业和消费继续强劲增长，出口实现适度快速增长。规模以上工业增加值增长 7.2%，扣除春节因素(今年 1 月份因春节放长假比上年少了 7 个工作日)实际增长 19.1%，增幅比上年同期快 4.3 个百分点；消费需求在“两节”因素的作用下加快增长，1 月份消费品零售总额 4569.4 亿元，同比增长 11.8%，创近年来新高，扣除价格因素实际增长 9.9%；外贸出口呈回落趋势，但仍然保持适度快速增长，当月出口总额 357.15 亿美元，同比增长 19.8%，比上年同期回落 17.5 个百分点，比去年 12 月回落 30.9 个百分点。更值得注意的是，宏观经济继续保持高速增长的同时，通货膨胀压力不大，1 月份全国消费价格指数同比上升 3.2%，与去年 12 月份持平，并未加速，而且这是在去年同期价格指数增长仍为负的基础上实现的。同时，货币供应量的增长也在缓步放慢，1 月末 M1 和 M2 分别增长 18.7%和 19.6%，比去年 12 月末有所放慢，这有利于货币政策的稳定，即银行升息的压力减缓。通胀压力不大及货币供应量增长趋于放慢，均有利于资本市场的稳定发展。

其二，在促进中国经济发展的政策取向上，政府将更加注意经济增长各部门的协调。其中包括间接融资与直接融资的协调，目前从金融最高管理层传出的一个明显信号是金融政策将会注意协调性，更加注意资本市场的发展，努力提高直接融资比重，为新一轮高增长提供更多、更安全的长期资金来源，同时增加金融系统的安全性。这将从主观上促进资本市场的发展。

其三，新一轮高增长是由一些新兴产业及传统产业升级推动的，将体现结构性增长的特征。一批具有明显规模经济效益(大资本)的产业的高速增长将催生股市发展进入理性发展阶段，长期投资及“蓝筹股”的理念将逐步形成，以各类基金为代表的长期稳定投资机构将成为市场投资的主体。

其四，微观经济活力的增强及效益的明显改善，将为资本市场的繁荣发展提供强有力的微观基础。2003 年我国规模以上工业企业利润总额突破 8000 亿元，达 8152.4 亿元，增长 42.7%，比上年加快 22.1 个百分点，2003 年 1—9 月份上市公司(截止到 10 月 29 日公布的 983 家上市)，加权平均每股收益为 0.174 元，每股净资产 2.693 元，净资产收益率为 6.45%；加权平均每股收益同比增长 30.82%，净资产收益率增长 26.97%，全年预计接近 3 成的增长。利润总额居前五位的行业为石油天然气开采业、交通运输设备制造业、电力热力的生产和供应业、钢铁业及通信设备制造业，分别实现利润为 1237.78 亿元、772.39 亿元、662.43 亿元、593.76 亿元和 529.16 亿元，合计利润达 3795.52 亿元，占全部规模以上工业利润总额的 46.56%，对新增利润的贡献率达接近一半(48.23%)。利润增长最为明显的是汽车行业和钢铁行业。这些行业效益的显著改善已在股市中得到明显的反映，而且，我们认为，中国企业效益已经走出了长期低迷期，进入到一个新的高速增长平台，这为资本市场的快速增长提供坚实的微观基础。

更重要的是宏观经济进入新一轮加速增长周期将有利于制约资本市场长期稳定增长问题的解决。如股权分置问题在经济加速增长的情况下解决起来相对容易些，在这种情况下考虑到对流通股东利益的保护及降低对市场的冲击，优先减持长期效益较好的一些行业，是一种好的选择，结果将是出现多赢的局面，流通股东得利、国家达到了减持的目标、企业的股权结构及相应的法人治理结构得到优化。目前的钢铁业的景气上升特别是其效益的大幅增长，是加快钢铁企业体制改革、结构优化的最好时机，减持这些企业的国有股权比以前要容易得多且不会造成对市场的巨大冲击。再例如，市场退出机制也是在宏观经济环境好时容易推进。

金融政策须向资本市场长期倾斜

相对于宏观经济及其主导产业的良好表现，资本市场的发展明显滞后，而且明显不配套；作为直接融资的主要载体，资本市场发展不充分、缺乏活力，将难以实现金融市场结构优化及多元化的目标要求。主要原因是长期以来我们对资本市场发展的战略意义认识不到位，对解决一些制约资本发展的深层次问题和结构性矛盾缺乏有效的指导原则和方向。这两大方面的问题在这次国务院出台的《意见》中均得到了较圆满的回答,资本市场发展由此将翻开新的一页。接下来的是金融政策的细化和有力配合,我们同意一些专家提出的国家应采取积极的股市发展政策,而且认为整体金融政策设计要长期向资本市场倾斜。

首先,规范和鼓励各类社会投资机构的成长。既要大力发展开放式基金、积极支持社保基金等公益基金进入股市,而且要大力发展包括私募基金在内的各种社会投资机构。

其次,在稳定发展的前提下,积极稳妥地解决股市"全流通"这一历史遗留问题。在解决这一问题时,要始终坚持保护投资者特别是公众投资者的利益,要"靓女先嫁",做到两个优先,一是"新一轮升级产业优先"及"竞争性行业中效益好的产业优先"。可考虑加快减持目前高成长的汽车、钢铁、通讯制造业的国有股权等。解决全流通问题必须有利于股市的短期稳定和长期的企业产权结构优化和产业升级。

其三,增加更多的投资品种。一方面适时推出适合市场需要的股票、债券等金融衍生工具,另一方面鼓励基金、证券公司大胆进行投资品种创新。

四是拓宽证券投资机构的融资渠道及支持上市公司兼并重组的"过桥"融资。加快合格证券公司的上市融资步伐或发行长期债券筹集长期资金,制定证券公司收购兼并和证券承销业务贷款的审核标准;上市公司兼并重组是优化产业结构、提高资源配置效率的重要途径,对上市公司在兼并重组过程中对资金的需求,要采取多种积极的方式予以满足,从而提高股票市场在资源再配置上的功能。

全球经济增长与宏观政策选择

在过去几个月中,全球金融市场的剧烈震荡说明,投资者对于政策变动的信号的反应是十分迅速的一些在中期来看能承受的风险可能会在瞬间被突然放大,从而使政策制定者的空间大大减小。6 月 28 日,国际清算银行第 74 届年会在瑞士巴塞尔召开,国际清算银行行长诺特·韦林克在年会上回顾了全球经济,并表示,由于世界经济发展的不平衡,如果要保持中期内的稳定增长,各国应适当收紧货币政策。

经济增长为何超预期?

先来回顾一下全球经济,全球经济的表现比一年前人们所担心的要好得多了,现在预计全球经济增长在 2004 年达到 4.5%,是 2000 年以来的最高水平。美国再一次成为全球经济增长的动力,但中国急速的工业化发展也刺激了全球增长。

全球经济增长为何会超过预期?有两个解释,其中一个比另一个要更让人放心。

第一个解释就是市场动力的全球化。经济活动越来越多地由市场调控,仅仅过了 15 年,一些管制经济已经转变为市场经济,发展中国家进行了重要的经济改革,这些都为增长带来了活力,特别是在中国、印度、俄罗斯。

第二个解释则不是那么令人放心,全球经济增长都是在非常扩张的宏观经济政策下实现的。这些扩张政策包括:美国采取了大量财政刺激手段,主要经济体的利率都达到了几乎是二战后的最低水平,一些亚洲国家进行了前所未有的外汇干预。与结构性改革不同的是,这些政策的效果只能是暂时的,不可能无限制地使用。

财政、货币和汇率政策

越来越多的证据表明,全球将需要采取紧缩的宏观政策。在采取紧缩政策时,一个重要的挑战是,不要使经济暴露在风险之下。因此,财政政策、货币政策和汇率政策都应在考虑之列。

首先来说一下财政政策。财政状况恶化在最近几年几乎成为一个全球趋势,许多国家的财政状况使得 20 世纪 90 年代所取得的进步付诸东流。先说说发达国家吧。美国财政预算赤字经历了自二战以后最坏的情况,今年赤字会达到 GDP 的 5%,但在 2000 年,美国财政还有相当于 GDP1.5%的盈余。日本财政赤字仍然占到 GDP 的 8%,欧元区许多主要经济体的赤字状况都高于欧元区稳定与增长公约规定的不得超过 GDP3%的上限。尽早采取措施防止财政恶化十分重要,因为这些工业国家在中期内几乎无一例外地面临巨额的卫生保健和养老费用。

在新兴市场,虽然对限制财政赤字做了很多努力,但公共机构的债务一直在增长,已经超过了 GDP 的 50%,一些政府还面临国有企业或者银行潜在亏损而带来的巨额债务。此外,新兴市场背负的外汇债务也使它们面临外汇风险。

再来看货币政策。目前必须紧缩货币政策的普遍性通货膨胀还没有出现。高失业率限制了名义工资增长,全球制造业产能过剩也使物价上涨受压。更重要的是,由于长达 10 多年的通货紧缩,人们更能容忍一定程度的通货膨胀。但是,通货膨胀的迹象越来越多,如果比较与通货膨胀挂钩的美国债券的收益率,我们可以看到市场预期通货膨胀将上升。日本也正缓慢走出通缩阴影。而中国消费者物价指数在最近数月快速上升,其他一些亚洲国家也已经有迹象表明,物价在上涨。

商品价格快速上涨可能最能够威胁到全球物价的稳定了。原油价格在最近几个星期维持在每桶 35 至 40 美元,期货价格表明油价将在一段时间维持高位。其他商品价格也上涨了,在过去两年中,几乎所有商品价格都上涨了不少。

第三个重要的宏观经济政策就是为了阻止货币升值的外汇干预。2003 年亚洲外汇储备增长了 4800 亿美元,这样的水平前所未有,人们只能猜测这将会带来什么样的长期后果。一个结果可能是,如果不早一点允许一定程度的汇率灵活变动的话,汇率最终的变动可能会十分突然。第二个结果可能是,亚洲不断大量买入美国国债可能会影响到各个细分市场的定价。另外一个后果则可能是,外汇干预会给市场带来过多的现金,从而引起通货膨胀。最后,市场可能过度依赖于外汇干预,以致任何政策改变的信号都可能引起金融市场的动荡。

两点忠告

毫无疑问,消除全球不平衡需要美国改善财政赤字,欧洲实现更多的经济增长,以及亚洲实行更加灵活的外汇机制。而中国是重要的一环。以中国为中心的亚洲贸易越来越多,这个地区希望维持汇率的稳定,已经不是个秘密。中国已经认识到,从中期来说也需要一个更加灵活的汇率制度,但是任何变动都可能影响到金融系统的稳定以及目前极具活力的经济,这种担心是正确的。中国面临的挑战是,需要设计可行的过渡措施,既能使外汇机制更加灵活有效,又能保证足够的货币政策手段。

中国和印度融入全球经济既带来了机会也带来了挑战。中国生产的廉价商品可能就是机会的最好证明。至于挑战,也不难看出,越来越多的劳动力进入全球经济,资本与劳动力的比率会下降,从而带来工资减少的压力。缺乏劳动技能的劳动者将受到冲击,政府当然不应该限制进口,而是应该采取措施提高适应能力,以从全球经济中受益。

对全球经济诺特·韦林克有两个警告:一是如果需要在中期保持稳定,宏观政策就不能还像现在那么极富扩张性;二是必须缓解全球不平衡,要实现这点,最好是避免两个极端,既不能让汇率承担一切,也不能让汇率一成不变。

在过去几个月中,全球金融市场的剧烈震荡说明,投资者对于政策变动的信号的反应是十分迅速的,一些在中期来看能承受的风险可能会在瞬间被突然放大,从而使政策制定者的空间大大减小。

强势经济增长中酝酿微调

国家发改委经济研究所《经济形势与政策动向》课题组

2003年是相当不平凡的一年,在面对三大不利因素的影响下,中国经济则保持强劲攀升的好势头,出口、投资和工业增长一路高歌,均创出了1997年以来的新高。12月各项宏观经济指标继续高位运行,但一些迹象表明,强势的经济增长正在酝酿着短期性小幅回调。

宏观经济呈现了醒目的“关门红”

最后一个季度GDP增长高达9.9%,与一季度持平,短期经济呈现了强劲的“V”型增长态势。就当月形势来讲,经济运行有两个最显著的亮点,一是出口大幅劲升,二是消费增长明显回升,其他指标则保持了快速平稳增长的状况,也就是说消费和出口增长的加速是2003年最后一个季度实现“关门红”的主要原因。12月份出口总额高达480亿美元,同比增长50.7%,创近年来单月出口新高,比两年前的同期翻了一番。这主要是因为,从2004年开始,国家对出口退税政策进行调整,使各地努力将2004年出口计划“前挪”。受出口短期骤增及内需增长强劲的拉动,进口也出现大幅增长,12月份出口和进口增幅分别比11月加快7.8个和18.8个百分点,比上年同期加快20.5个和19.0个百分点。全年出口总额高达4383.7亿美元,增长34.6%,比上年加快12.3个百分点,比上年净增1098亿美元,首次增加额超过1000亿美元,这预示着我国出口规模再上一个大台阶。进出口总额也跃上8000亿美元的新台阶,达8512.1亿美元。出口连续两年保持20%以上的高增长,显示我国对外开放效应的大释放。主要是在“入世”、加大对外资的开放和不断放松国内企业出口经营权等因素的作用下,我国优势产业和和产品的出口效应得到较充分的集中释放。

消费增长明显提速,这既是受因春节长假而出现的季度性旺销的影响,又是受消费结构升级及消费热点的逐步扩散的拉动。全年社会消费品零售总额45842亿元,同比增长9.1%,其中12月份增幅超过了11%,呈加速增长态势,消费不足的状况已得到了明显的改善。城市消费在城镇居民家庭人均收入连续保持10%以上的快速增长的推动下明显回升,而农村消费在农产品明显回升而形成的收入预期上升的影响下也在开始走出低迷状态。

经济强劲增长正酝酿着小幅回调

12月份在多数宏观经济指标强势增长的背后也出现了一些调整的迹象:

一是货币供应量及贷款增幅逐步回落,表明金融微调政策正在开始对局部过热的经济产生影响。12月末狭义货币(M1)和广义货币(M2)均比上月又所回落,同比分别增长18.7%和19.6%,分别比11月末放慢0.2个和0.8个百分点。M2增长率比最高点的8月份回落2个百分点,M1增长率比最高点的6月份回落1.5个百分点。双双增幅均降到了全年月平均值以下,全年月平均值M1增长率为19.2%,M2增长率20%。这显示十分宽松的货币供给有所收紧,这主要是因为银行加强了对房地产、钢铁等过热行业的贷款控制。金融政策的适当微调也明显地反映在货款增长的有所放慢上。12月末全部金融机构本外币各项贷款余额为17万亿元,比上年末增长21.4%,分别比10月末和11月末回落1.7个百分点,全年贷款增加3万亿元,比上年多增1.1万亿元。而10月末各项机构各项贷款比上年同期多增加额便达1.11万亿元,说明最后两个月新增贷款并未多增。中长期贷款继续明显增加但对房地产等消费贷款有明显放慢。12月末中长期贷款比上年同期多增6040亿元,基本建设贷款增加6373亿元,比上年多增3199亿元,个人中长期消费贷款增加4784亿元,比去年多增1265亿元。基建贷款比11月末增加906亿元,多增244亿元,以住房消费贷款占主导的个人中长期消费贷款仅比上月多增加60亿元。

二是工业增长继续有所上升,但除外商投资企业加速增长外,其他类型的工业企业均表明出继续减速的趋势。12月份全部规模以上工业增加值为4351亿元,月度工业增加值首次突破了4000亿元,增长18.1%,比上月加快0.2个百分点。主要拉动力来源于外商及港澳台投资的加速,12月份外商及港澳台投资企业工业增加值增长21.8%,比上月加快2.2个百分点,这明显是受当月出口骤增的刺激。因此12月份工业的加速是特殊因素作用的结果,整体工业增长正在呈现短期性缓慢回调态势。当月股份制企业和国有及控股企业分别增长19.0和15.3%,分别比11月回落1.5个和0.2个百分点,集体企业去年初以来一直处于相当低迷的增长状态。再结合工业一些过热行业产出增长开始有所放慢及库存明显增加等情况分析,不难得出2004年一季度工业增长将会逐步减速的结论。

三是出口高增长将出现明显的调整。主要是受以下因素的影响:(1)我国出口总额不仅在增长速度上,而且在绝对规模上,均达到了相当高的程度。受双重高基数的影响,2004年出口将会出现大幅回落。(2)“入世效应”递减因素。尽管入世效应的释放仍有一定的空间,但将逐步减弱,使出口增长恢复到常规的状态。(3)跨国公司的转移效应将下降。西方发达国家经济复苏步伐加快将使外资向中国流入的速度继续有所放慢,短期内出口转移效应相对降低。(4)出口退税政策调整对出口增长将产生明显的短期压力。一方面,为了减少地方政府出口退税负担,各地采取各种方式将2004年出口计划“前挪”,造成2003年四季度特别是最后一个月出口骤增;另一方面,降低出口退税率等新政策将使企业扩大出口的积极性有所下降。(5)世界贸易摩擦的日益增多及世界贸易保护主义抬头,将会对我国进一步扩大出口产生一定的负面影响。

总之,在宏观经济政策(主要是金融政策)微调及市场自发因素的作用下,经济增长在一季度将会有所放慢,预计出口增幅明显回落,而投资和工业增长将会温和回调,消费增长的明显好转与投资继续保持相对较快的增势将支撑经济保持8.5%以上的增长。

首季GDP增长率预计为8.5%

一季度GDP增长率预计为8.5%左右。受新的内在增长机制明显增强及政府适当调整政策的影响,今年一季度

GDP增长估计将达8.5%，继续保持高速增长态势。其中投资和出口增长将会有一定的回落，但消费相对于去年同期和第四季度，增长将加速。预计固定资产投资(不包括集体和个体)增长22%，比上年同期回落4个百分点；出口增长20%，比上年同期回落12个百分点左右。但消费增长将达到11%左右，比上年同期提高1.8个百分点左右。

各类需求和各产业增长的协调性提高。投资与消费两大需求增长由不协调逐步转向协调。投资继续保持适度高速增长是现阶段我国经济结构升级的客观要求，但投资增长过快而消费增长偏慢将影响经济的协调、持续发展，这种不够协调的增长估计在今年一季度便有一定的改观，即消费将加速，而投资则适当减速。同时，在宏观经济政策适当调整的作用下，一些行业和地区投资的过快增长势头也会得到一定的遏制，从而使行业间和地区间的投资增长比较协调。而城乡之间的消费增长差距也将有一定的缩小，估计两者增长率之差将由2003年的3.4个百分点缩小到2.5个百分点左右。另外，各产业之间增长的协调性也将提高。一是轻重工业之间将趋于协调。二是第二产业与第三产业增长关系将趋于协调。三是出现过热苗头的房地产及相关的钢材、有色金属等行业，在自身内在调整要求及央行信贷政策适度调整的作用下，估计增幅将会明显回落，与其他产业的关系趋于协调。

物价水平继续回升，但通货膨胀压力不大。消费增长的加快将促进居民消费价格指数中工业品价格止跌回升。预计一季度消费价格指数上升3%左右，零售指数达到1%－1.5%。但目前的物价上升相对于1996年、1997年而言，主要是恢复性的，通货膨胀的压力不大。一些生产资料价格增幅过大，甚至接近或超过了1993年的水平，但多数价格指数及多数产品的价格仍然处于相对较低的水平。另外，尽管2003年第四季度的物价同比增长明显加快，但环比增长并未加速，表明物价继续加速盘升的动力不足。

就业增长将有所加快。估计今年一季度末城镇单位就业将达到或超过1.1亿人，与上年同期持平，比去年第三季度增加近100万人左右。这两方面的数据表明随着中国经济开始进入新一轮加速增长周期，就业增长也在逐步恢复。

外贸顺差继续减少，一般贸易出现逆差。出口增长放慢而进口增长有较强的刚性，决定了2004年贸易顺差将明显缩小，有可能出现1994年以来的首次贸易赤字。受2003年基数高、入世效应递减、跨国公司出口转移效应下降、出口退税政策的影响，估计自今年一季度开始出口增长将明显减速，预计一季度出口增长15%－20%。而进口受石油和很多工业原料进口刚性强的影响，估计增长将达20%－25%。因此，今年一季度我国贸易将出现50亿美元以上的逆差。这有利于缓解人民币升值的压力，但对国内工业增长特别是沿海外向型为主的经济增长形成一定的短期压力。

上市公司国有股减持贯彻五个原则

王国刚

对中国来说，减持国有股是一项复杂艰巨而又涉及面很广的系统工程。2001年6月出台的上市公司国有股减持政策，在勉强推行了4个月后，于10月份被暂停执行，又于2002年6月24日最终被停止。在这个过程中，中国证监会从社会各界提出的4000多件议案中归纳整理出了7类16种上市公司国有股减持的方案，但有关方案尚在征求意见中就受到了市场的“否定”。2003年下半年，在中国证监会有关部门的引导下，新一轮“国有股减持”的方案探讨再次展开，但时至今日依然没有结果。为何国有股减持如此一波三折？笔者认为，问题在于将以往的思路过份局限于减持方案的研讨上，未能从弄清上市公司国有股减持的深层特性入手，理清国有股减持的基本原则，达成各方的共识。换句话说，如若各方能够在减持国有股的基本原则上达成共识，减持方案既易于形成也易于实施，因此，解题的关键不在于具体的减持方案，而在于减持的主要原则。上市公司国有股要能够顺利而切实地减持，必须以确立五个相互关联的原则为基本前提。

一、尊重历史：贯彻“不与民争利”的原则

减持上市公司的国有股，首先涉及到运用何种机制决定国有股的减持价格？从1998年以来，在上市公司国有股减持价格的决定机制上，就始终存在两种完全不同的取向：一是按市价原则确定国有股的减持价格。其内在根据是，中国既然已经以建立市场经济新体制为目标，股市又是一个由市场原则支配的交易场所，那么，减持国有股的价格由市场机制决定就是理所当然之事，这也符合股权平等的原则。2002年初，中国证监会提出的国有股减持方案(征求意见稿)和2003年下半年以来的探讨也都建立在这一立论之上。二是按历史原则确定国有股的减持价格。其在内根据是，上市公司国有股的净资产是在公司发行股票中通过高溢价方式获得的，多年来股市运行过程中的高股价格局又是在国有股不可流通的状态形成的，在这种背景下，如果选择按市价减持国有股，国有股东以低成本股份进入股票交易市场，就不仅将不公平地获得巨额差价收入，使投资者蒙受巨大损失，而且将打乱股市运行的态势。持前一种观点的人认为，后一种观点缺乏经济理论的支持，在立论上难以达到“以理服人”形成共识；后一种观点认为，前一种观点缺乏实践的可能性，在立论上近乎空谈。笔者支持后一种主张，认为上市公司国有股减持应贯彻“不与民争利”的原则，主要理由有三：

第一，在1992年以后的历史中，在行政的强制机制作用下，国有股已获得了巨额的资产收益，没有必要再与民争利。在上市公司国有股的形成历史上，有三个事件直接引致了国有资产价值的超常规增加：

其一，清产核资。1992年以前，国有企业实行的都是资金平衡表体系，根本没有资本、净资产等概念，而在1984年以后实行“拨改贷”、“投改贷”的政策又决定了它们的绝大多数资产均由银行贷款等债务性资金形成。1992－1995年间，按照中央统一部署，国有企业普遍展开了清产核资工作。在清产核资中，各种固定资产的价值基本按照重置成本法进行评估计价。所谓“重置成本”，在清产核资的规定中，是指按照80年代以来的物价上涨程度来重新确定固定资产价值。在这个过程中，资产总值大致上升了50%以上，一些早已折旧完毕或已不能使用的机器设备、厂房等固定资产不仅具有了新价值而且新价值的数额甚至超过了原先的购买价。由于银行贷款等债务性资金依然按帐面价值计算，所以，将清产核资后的资产总值减去负债额，就得出了国有企业净资产的数额。在此基础上，国有企业开始实行资产负债表体系，也就有了可供后来折为股份的第一笔净资产。由此可见，国有企业第一笔净资产(从而资本)是通过用重置成本方法评价而形成的。

其二，资产评估和折股。在设立股份有限公司以前，根据有关规定，国有企业必须进行资产评估。资产评估针对全部资产展开，并加入了无形资产部分。在“防止国有资产流失”的背景下，经过资产评估，国有企业的资产总值大多上升了30％—50％，而按帐面值减去负债额后，净资产的增长幅度就更大。在此基础上，再进行折股，确定股份数量。如果说在1994年以前，国有企业改为股份公司中的净资产折股尚没有明文规定，因此，高于2：1的折股个案尚能找到的话，那么，在1994年11月3日国家国有资产管理局出台了《股份有限公司国有股权管理暂行办法》以后，按其中第12条的规定，国有净资产折股比例不得低于65％(即每1元净资产折为股份的数额不得低于0.65股)，国有净资产的折股比例就不可能再超过1.5：1的了。在这个过程中，显而易见的情形是，国有净资产增加和国有股的形成，一方面是资产评估增值的结果(其中，值得一提的是，所谓“商誉”等无形资产的价值评估，尽管不增加企业的1分钱的销售额和1分钱的利润，但确大幅增加了国有净资产数额)，另一方面是国有净资产低价折股的结果。

其三，发行新股。1992年起，股票发行实行指标制并重点向国企倾斜。实行指标制有种种理由，但客观效果是造成了股票的严重供不应求，由此形成了高溢价发行股票的格局。在此背景下，一旦公开发行股票，上市公司中的国有净资产数额就猛然增加。假定，某一国企原有净资产1.5亿元，折为1亿股，然后，向社会公众首发0.5亿股，发行价为6元/股，获得资金3亿元，由此，该公司发股后净资产为4.5亿元，股份总额为1.5亿股。由于在股份公司中，各个股东是按照他们各自持股的比例来计算所占净资产数额的，所以，国有股占有的净资产从原先的1.5亿元上升到3亿元，而社会公众股占有的净资产从投资购股的3亿元减少到1.5亿元。类似的情形，在国企上市公司的配股、增发新股等过程中进一步发生。就此而言，上市公司中的国有净资产是通过高溢价发股而大幅增加的。

从上述三个事件中不难看出，上市公司中的国有净资产(从而国有股)从无到有、由小变大依靠的主要是行政机制和政策优势，在非市场过程中形成，因此，已得到了足够多的益处，没有必要在“减持”中再与民争利。

第二，国企上市公司在发股募资后，由于各种原因，不仅严重浪费了募股资金的效益，而且严重浪费了募股资金的本金，因此，已没有理由在“减持”中再与民争利。

从国企上市公司运作来看，如果国企上市公司能够按照《募股说明书》中披露的公司盈利水平和发展前景来有效运作募股资金，上述三个事件所导致的国有净资产从而国有股的高幅增值本来也可存而不论，但可惜的是，大多数国企上市公司都忙于“圈钱”而忽视了“股票是各种融资工具中成本最高的工具”。所谓“圈钱”，主要指的是上市公司在不重视股东权益条件下不负责任地使用募股资金的状况。就资金状况而言，主要事件有四：

其一，上市公司的募股资金大量被母公司占用。在这一场合，不仅这部分募股资金无助于上市公司的经营业绩提高，而且由于与募股前相比，上市公司的股份总额有了较大的增长，所以，在运作资金的效益增长低于股份增长比例的条件下，股份收益水平呈下落走势。无需讳言，在这个过程中，母公司通过各种方式将优良资产注入上市公司的现象也时有发生，但就总体而言，选择这一举措的主要目的是为了使上市公司经营业绩能够符合配股、增发新股等的规定，因此，更多的不是考虑如何提高上市公司的发展潜力而是考虑进一步“圈钱”。

其二，通过关联交易，上市公司的资金大量转移到母公司手中。上市公司与母公司之间的关联交易有种种情形：一是资产的关联交易。公司上市后，运用募股资金“收购”母公司的不良资产。这在“国企解困”政策的支持下频频发生。二是业务的关联交易。母公司通过与上市公司之间的上下游产品交易或竞争性产品转移等方式，将本来应由上市公司得到的利润转入母公司帐上，使上市公司帐面盈利水平“控制”在母公司许可的范围内。三是品牌的关联交易。母公司通过将与上市公司共用的商标、商号等高价卖给上市公司(一个商标的卖价可达几亿元乃至十几亿元)，将上市公司的资金转移给母公司。此外，投资的关联交易、成本的关联交易等情形也时有发生。

其三，一些地方政府部门运用行政机制强求上市公司投资于政府部门安排的投资项目，如市政建设、基础设施建设、解困工程、首长工程等等，使上市公司的大量募股资金处于低效、无效甚至亏损的运作态势中。

其四，上市公司乱投资。相当多国企上市公司的高管人员视募股资金为无偿资金，认为既然投资入股的风险由股东自己承担而企业经营运作又客观上存在着各种风险，那么，募股资金即便损失了也在情理之中，因此，对募股资金的使用不需珍惜。一个突出的现象是，相当多的上市公司获得募股资金以后，以各种理由来改变募股时公开披露的资金投向，而由于国有股占控股地位又使这种改变募股资金投向的议案在股东大会上能够顺利通过。据统计，2000年有154家上市公司改变了募股资金投向，2001年则有233家上市公司进行了251次变更募资投向，此后，在中国证监会的加强监管下，虽说改变募股资金投向的比率有所降低，但事件数依然呈上升走势。

这四方面事件普遍且持续发生的一个直接结果是，社会公众投入了大量资金来支持上市公司的经营运作，但这些资金在相当大的程度上不仅没有给投资者带来应有的投资回报，而且发生了本金的巨额损失。一个简单的事实，多年来，绝大多数上市公司提供的股利回报远远低于《募股说明书》中披露的投资效益，上市公司整体的每股收益率水平逐年降低(舍去当年新上市公司)，同时，每年进入亏损行列的上市公司数量快速增加。在发生了这一系列严重损害公众投资者权益的事件后，在不讨论对这些损失予以“追究”的条件下，再强调国有股减持价格应遵循市场“公平”的方式来确定，与民争利，实在是缺乏投资者可接受的理由。

第三，不与民争利，对国有资产来说，既没有什么损失，也不导致国有资产流失。一些人强调，在国有股减持中应贯彻“不与民让利”的原则。这实在是缺乏道理。

其一，如上所述，在10多年的历史中，就总量关系而言，屡屡发生的事件是，国企上市公司借助政府部门的行政机制和政策优势通过资产评估、高价发股、低效使用募股资金等方式直接或间接地从公众投资者手中获得巨额利益，并未发生过“与民让利”的事件。因此，从历史的角度说，谈不上“与民让利”问题。

其二，所谓“不与民争利”，指的是上市公司的国有股按照不高于净资产/股的价格减持。在这个过程中，国有股的利益并没有减少，因此，也谈不上“与民让利”。

值得指出的是，那种认为“按净资产/股来减持国有股”的观点缺乏理论根据的认识是有失偏颇的。一方面从经济理论中看，中外任何一本有关证券投资或股票价格的教科书都有关于净资产决定股票价值的专门知识和原理，这恐怕不能说不是理论；在上市公司财务分析中，“净资产”、“每股净资产”、“净资产收益率”等都是财务理论的基本概念，这恐怕也不能说不是理论；托宾 Q 理论中的“资产净值”虽与净资产有一定的差别，但也以净资产为基础，这恐怕还是不能说不是理论。另一方面，从股市实践来看，“净资产/股”是投资者在分析股票投资价值时的重要指标，也是中国证监会在核准上市公司首发、配股和增发新股的重要指标，既然实践决定理论，那么，这些实践是否也决定了“上市公司国有股的价值是由其净资产决定”的这一原理呢？显然，在国有股减持价格上不见得只有按照市价减持才符合经济理论的规范。

其三，股市中的资金是公众投资者投入的，股票市价高于净资产/股的差额部分是由这些资金所形成的，并非由净资产/股所构成的。这一结构决定了，如若按市价减持国有股，就将使公众投资者的大量资金转为政府财政资金，这不论对股市的稳定发展还是实现国有股的真实减持都是极为不利。2001 年 7 月以后，在国有股减持的背景下，股指大幅下落就是一个明证。反之，如若按净资产减持国有股，则国有资产没有什么损失，而公众投资者在利益不继续面临损失的条件下也容易接受，由此，国有股减持可以落到实处。从这个意义上说，“不与民争利”的实践含义是，国有股减持不应以获得股市差价收益从而将公众投资者投入股市中的资金转为政府财政资金为取向。

二、股权结构：贯彻改变“一股独大”的原则

“减持国有股”是一个有着丰富内涵的命题，就 1 家国企上市公司来说，国有股减持的数量关系至少包含了全额减持、减持至控制力之下和部分减持而不丧失控股权(包含第一大股东)等三种情形。不论从直接目的还是长远目的来说，国有股减持都不在于使其成为政府财政收入的一个新来源，而在于贯彻十五届四中全会精神，实现国有经济的“有所为有所不为”，推进上市公司的规范化建设和股市规范化建设，为此，减持国有股必须以改变国企上市公司中的国有股“一股独大”格局为一个基本原则。具体来看，国有股减持应达到三个目标：

第一，上市公司的规范化建设。自 1978 年起，实现“政企分开”就成为国企改革的一个主要目标。由于在国有独资的条件下，要使国企摆脱行政关系的支配极其困难，所以，通过产权多元化和上市来推进国企运行机制的转变就成为一种必然的选择。但是，从 10 多年来国企上市公司的经营运作状况来看，在国有股“一股独大”的背景下，国企运行中的三个机制继续发挥强力作用：

其一，国企上市公司仍然是带有很强行政性色彩的机构。这些上市公司不仅保留着原先的行政级别，董事、监事和高管人员等的候选人需要先由上级行政部门审查后再交由股东大会、董事会等选举任命，上级行政机关有权根据其管辖范围调动、任免、处分公司高管人员，而且各项对国有独资和国有控股企业实行的制度和纪律全都适用于这些上市公司；同时，相关政府行政部门也主要运用行政手段来管理这些上市公司，包括高管人员配备、资源配置、信息传递、关系协调、事件处理等等，而上市公司一旦发生不规范行为，上级行政机关也将寻找种种理由和措施予以“保护”。因此，对国企上市公司中的高管人员来说，满足上级行政部门的要求常常成为经营运作的第一目标。

其二，职工的利益要求占居重要地位。“企业即职工集体”的观念在国有企业中根深蒂固，在国企上市公司中得到继续贯彻；同时，上级机关也时常将职工的意见和评价作为评判和选任高管人员的重要标准，这决定了对公司高管人员来说职工的利益要求属“硬约束”范畴。因此，努力提高职工的收入水平和福利待遇是相当多国企争取上市和上市后经营运作的一个主要目标，更不用说，随着职工收入的提高，高管人员的收入也可“水涨船高”。一个突出的现象是，相当多国企上市公司的职工收入和福利待遇随着公司上市而成倍增加，但公司经营效益却逐年下滑。

其三，拿他人的财产冒险。在国企经济关系中，高管人员不是财产的所有者却是财产使用的决策者，长期的经营活动使他们形成了一种乐于花钱而不重视财产所有者要求从而资金价值的习惯。在国企上市后，这种状况并未发生根本改变。一个突出的现象是，相当多国企上市公司的高管人员缺乏机会成本概念，在投资前常常缺乏对可投资项目的风险一收益关系进行充分的可行性研究，继续依靠感觉(或拍脑袋)来确定投资资金的运用，一旦投资失误，就以“交了学费”一言了之，结果是不仅大量募股资金浪费在“乱投资”之中，而且公司上市后的每股收益逐年下落。

在中国股市中发生的上市公司不重视中小股东权益、经营业绩大幅滑坡、财务作假、信息披露不真实、与其他机构联手操纵股价等诸多现象，均与上述三个机制的作用直接相关，因此，要规范上市公司行为和股市运行，就必须改变国有股“一股独大”的股权格局，彻底消解行政机制直接介入上市公司经营运作的财产基础。

第二，股市的规范化建设。中国股市是一个相当不规范的市场。所谓“不规范”，指的是受计划经济机制的影响和制约，股市中存在着大量不符合市场经济规范的现象。各种不规范现象的存在，既是维护国有资产和国企特权的结果，又是导致国企上市公司行为不规范的原因。在 10 多年的股市发展中，下列现象的发生与国有股(或国有资产)直接相关：

其一，法律法规不公。为了支持国有经济发展，从 1992 年的《股份有限公司规范意见》到 1994 年的《公司法》再到此后的一系列法规政策都主要考虑国有企业的要求和状况而制定，其中，相当一些条款直接将有关融资权力赋予国有企业或对国有企业实行“优惠”。例如，《公司法》第 77 条规定：“股份有限公司的设立，必须经过国务院授权的部门或省级人民政府批准”；第 152 条关于股票上市条件中规定：“开业时间在 3 年以上，最近 3 年连续盈利；原国有企业依法改建而设立的，或者本法实施后新组建成立，其主要发起人为国有大中型企业的，可以连续计算”。又如，在申请发行股票的上报材料中必须有一份由国有资产管理局出具的资产确认文件(无此文件，则证券主管部门不受理申报)，而国资局仅确认国有企业的资产，不确认非国有企业的资产。

其二，发股上市政策向国有企业倾斜。在财政缺乏足够资金来继续支持国有企业发展而继续利用银行贷款来扩展国有企业经营又将引致金融风险过大(尤其是，国有企业资产负债率居高不下)的条件下，利用股市的集资功能来给国有企业“输血”就成为支持国有经济发展的一个重要政策选择。如果说实行按计划指标发股，在 1993 年以前还主要是为了避免“乱发股”现象的话，那么，在 1995 年以后就已成为利用行政手段来支持国有企业集资的政策要求，而在 1997 年以后更是直接成为服务于“国企解困”的政策措施。正是在这样一种政策环境下，在 1300 家 A 股上市公司中国企上市公司占到了 80%以上。

其三，股市价格难以均衡。由于占上市公司总股本约2/3的国有股、法人股不可流通，可交易的社会公众股“股盘”较小，由此，在四个机制的作用下，股市价格长期波动不稳：一是股市的资金供给明显大于可供交易的股票数量，从而，股票价格、市盈率等长期居高不下。二是决策层为贯彻其意向而通过不时出台政策来“调控”股市走势，使中国股市走势与经济走势相分道，呈现出“政策市”的基本特征。三是一些机构通过场外交易以大大低于市价的价格协议收购国有股、法人股，入主上市公司；其中，一部分机构又通过利用控股权、资产重组、内幕交易等方式，将个股价格炒高，获得收益以补偿收购国有股、法人股的成本支出。四是上市公司利用内幕信息与一些机构联手，操纵其个股价格，期望用炒股利润来弥补经营成本和填补经营利润。

其四，证券监管处于“执法难严”的境地。由于国企上市公司处于政府行政系统的“保护”之下，相当一些不规范行为直接或间接地与地方政府部门利益相关，而证券监管的强化又必然要影响到相关上市公司及地方政府部门的利益，因此，在一些重大事件处理中，不仅调查取证困难重重，而且形成处罚决定也遇到诸多阻力（有人甚至认为，对国企上市公司的处罚，将导致国有资产流失）。

显而易见，不解决上市公司中的国有股“一股独大”问题，要达到股市规范化运行的目标是极其困难的，要化解股市不规范所形成的风险也是极其困难的。

第三，国有资产的产业分布。国有资产主要是由财政投资形成的，而财政收入主要来源于税收，因此，从资金来源角度说，形成国有资产的投资资金实际上是由纳税人无偿地提供给政府的。在经济领域中，政府部门的主要功能是稳定并改善经济生活秩序、维护公平竞争的市场环境、保障经济增长，通过财政投资而形成国有资产也基本服务于这些功能的发挥。鉴此，国有经济应“有所为有所不为”，一方面从完全竞争的产业部门退出，推进政府部门职能的转变，另一方面，集中国有经济的资源服务于政府部门功能的发挥，由此，改变国有资产介入各个产业部门所造成的市场竞争不公平而国有资产又未能有效履行其经济职能的状况。

应当看到，中国加入世贸以后，政府部门继续运用行政机制来“支持”竞争性领域的国企上市公司已不符合履行入世承诺的要求，同时，国内市场上的国际竞争格局形成也不允许我们用太多时间来实现国有经济从竞争性领域的缓慢退出。

鉴于上述这些因素，在减持国有股中，值得认真重视的：一是在竞争性领域中，最低限度应将国企上市公司的国有股一次性地减持至第一大股东之下，使国有股不再成为行政机制介入上市公司的财产基础；而最佳选择则是，国有股的一次性全部减持。那种“按10%的比例逐步减持国有股”的政策思路，是错误的。二是在非竞争性领域（如公用事业）中，国企上市公司的国有股可以根据政府部门意向选择比例减持、不减持甚至增加等方式，以利于国有经济的“有所为”。三是从股市的公平原则来说，上市公司国有股减持的制度含义应是“国有股依法全额可流通”，即从制度上规定上市公司中的国有股全额可流通，至于国有股何时卖出、如何卖出、卖出后是否再买入等等，由国有资产管理部门（或国有股持有者）根据特定上市公司所处的产业领域特性决定。因此，那些属竞争性领域中的国有股可流通、非竞争性领域中的国有股也应实现完全可流通。就此而言，那种认为，上市公司国有股不可全流通的观点，是错误的。

三、利益结构：贯彻“谁持有减持收入归谁”的原则

上市公司国有股减持以减持“国有股”为对象，因此，众多研讨和减持方案也将“国有股”作为一个没有内在差别的股份总量来看待。在2001年6月国务院出台的国有股减持政策中更是将“国有股”一律视为中央政府持有的股份，要求减持国有股所获得的收入一律归中央帐户（如社保基金）。但事实上，这种认识是错误的。

在上市公司中，国有股是相对于法人股、社会公众股等的一个总概念。如果从持有人角度进行划分，国有股大致可分为三类8种：

第一类为国家股。国家股是指由国有资产转变而来又没有明确由哪个法人机构持有的国有股。1994年11月3日，国家国有资产管理局出台的《股份有限公司国有股权管理暂行办法》第二条中规定：“国家股是指有权代表国家投资的机构或部门向股份公司出资形成或依法定程序取得的股份”。据此，在现实中，国家股实际上可划分为三种：中央政府股、省级政府股和市级政府股。10多年来，各级政府部门也是按照这种对应关系，一方面对所属国企上市公司的董事、监事和高管人员的任职资格进行审查、任免、调动和处分，另一方面在国企上市公司分配股利时，将股利收入本级财政部门。党的十六大报告明确指出：“国家要制定法律法规，建立中央政府和地方政府分别代表国家履行出资人职责，享有所有者权益，权利、义务和责任相统一，管资产和管人、管事相结合的国有资产管理体制。中央政府和省、市（地）两级地方政府设立国有资产管理机构”。由此，国家股具体划分为中央政府股、省级政府股和市级政府股将成为制度规定。毋庸赘述，各级政府的具体情况和具体要求不尽相同，这决定了这些股份不可能在“国有股”的统一名称下按照一个实施方案展开减持的具体运作，也不可能将减持收入一律划归中央政府。

第二类为国家法人股。国家法人股是指由上市公司的母公司（如集团公司）持有的国有股，其形成路径主要由二：一是一些大型国有企业集团将其所属的一个（或一部分）企业改制上市，由此，这些上市公司中的国有股直接由集团公司持有；二是在国有资产授权经营过程中，一些上市公司的国家股被授予某个集团公司持有并授权由这个集团公司经营。据此，国家法人股可分为两种：原始的国家法人股和授权的国家法人股。就股权性质而言，这两种国家法人股没有多少差别，但在实践运作中，它们则有着一些重要不同。例如，原始的国家法人股来说，由于上市公司原先属于母公司的一个分厂或车间，是母公司整体经营不可缺少的组成部分，所以，一旦国家法人股减持到母公司可控制的比例以下，经营活动的整体关系就可能发生较大的（甚至是实质性的）变化；而对授权的国家法人股来说，此类问题相对较少，除非在国家股划入后，母公司对所属上市公司与其他企业之间的产业进行了整合。

第三类为国企法人股。国企法人股是指国有企业以发起人身份直接投资入股于上市公司或通过协议转让“收购”上市公司国有股而持有的股份。根据资金来源和持股来源的不同，国企法人股可分为三种：国企发起人股、职工法人股和国企收购股。其中，国企法人股是指在上市公司改制为股份有限公司时国有企业以法人的身份直接投资入股于上市公司而形成的股份；职工法人股是指在上市公司改制为股份有限公司时国有企业通过内部职工集资而以企业法人身份将这些资金投入上市公司所形成的股份；国企收购股是指国有企业通过协议转让等途径“收购”上市公司中的国有股而持有的股份。这三种国企法人股形成的机理不同、利益关系不同，内在要求也不尽相同。但有一点是共同的，这些国有股减持的收入不能简单划入政府财政。

“国有股”概念之下所存在的三类八种股份的格局，决定了要有效实施国有股减持，就必须注意处理好各种国有股持有人之间的“公平”问题，其中至少包括两方面的问题：

第一，投资与收益的关系。不论是哪种国有股都存在着投资与收益的对应关系问题。从国家股来说，在几十年的历史中，国有企业的归属曾发生过多次变动，各级政府财政为支持所属国有企业的发展也曾进行过诸多投资，如今在国有股减持的总概念之下，如果不考虑到各级地方政府的利益要求，不仅不合情理，而且将促使一些地方政府加快逆向选择步伐。例如，2001年6月以后，随着国有股减持政策的出台，有的地方政府已感到按此方案走下去，不利于本级财政利益，因此，提出了这样一种备选方案：今后国企改制上市前，先尽可能多地将国有股协议转让给其他机构，将获得的资金留在本级财政。另一方面，国有股减持很难运用行政机制来强制实施，由此，如果不能“公平”地处理好投资与收益的关系，对国家法人股、国企法人股的持有人来说，既然减持国有股的收入不进入他们的财务，那么，他们最简单的选择就是“不减持国有股”，这样做至少可以保证每年得到对应的股利分配收益。对地方政府来说，这种选择在相当多场合也是成立的。

虽然说国有股减持后的资金分配属国有经济内部事务，但因国有股减持的步速和后果直接影响到国企上市公司的经营运作规范化和股市规范化建设，所以，如果发生这样一种情形，就将使国有股减持流于形式：国有股减持政策，没有公平地考虑到国有股各类持有人的权益，要求将国有股减持收入划归中央帐户(如社保基金)，使各种国有股持有人认为，与其减持国有股还不如继续持有国有股(即不卖出国有股)更加有利，从而，形成减持国有股的政策“雷声大”而实际减持的步伐“雨点小”的格局。

第二，资本数量和财务关系的处理。对国家法人股和国企法人股的持有人来说，如果减持国有股后的资金不归入他们的财务收入范畴，至少将发生四个问题：

其一，公司资本数量或净资产数量变动。例如，某个国有企业持有上市公司的国有股1亿股(1元/股)，其注册资本4亿元。在这1亿股的国有股减持收入上划到中央帐户后，对这家国有企业来说，就面临两种财务处理：一是在企业的公积金(包括资本公积金和盈余公积金)大于1亿元的条件下，通过核减企业的净资产数量来冲销“长期投资”的减少；二是在公积金数额少于1亿元的条件下，通过核减企业注册资本数额来冲销“长期投资”的减少。在这种财务处理中，一方面企业资本数量核减，需要重新进行工商登记注册，从而，应有相应的法规为依据；另一方面，企业净资产核减必然影响到财务资料的连续性，从而，也要有对应的法规予以配套。换句话说，如果没有配套的法规政策出台，仅仅由于财务处理的困难，国有股减持就很难落实。

其二，公司资产负债状况变动。对国家法人股和国企法人股持有人来说，国有股在企业帐面上对应的是净资产运用，即《公司法》中规定的对外投资总额不得超过净资产的50%。一旦国有股减持收入不回归到他们的财务帐上，在资产负债率居高不下的条件下，就意味着这些企业的资产负债率进一步上升，由此，使这些企业的信用能力进一步降低，财务风险进一步加大，从而，向银行申请贷款或通过其他途径融入资金的难度更大，给企业的经营运作带来严重影响。对那些以所持上市公司国有股为质押从银行获得贷款的企业来说，国有股减持收入不回归到财务帐上就意味着这部分资产和对应贷款资金的双重减少。

其三，公司经营效益和经营规模变动。国有股减持不回归到持有人的企业财务帐上，直接意味着这些企业经营的资产规模缩小和从这些国有股中获得的股利收益丧失，由此，考核和统计的各项经济指标都将发生对应的变动。

其四，职工投资款的回收。在职工法人股状况中，以国有股名义出现的股份实际上是由国企职工投资形成的。不论当初职工集资并以国企名义投资于上市公司是否符合规范运作，只要这些国有股的减持收入不能回到国企并归还给职工，就可能引致一系列严重的问题。

“国有股”范畴内部的复杂关系决定了，要保证国有股减持的顺利实施，就必须注意处理好各种国有股持有人之间的公平关系，给他们以必要的利益“补偿”，为此，在国有股减持中，必须承认国有股持有人的现实状态，贯彻“谁持有减持收入就归谁”的原则。

四、实施步骤：贯彻“减持与全流通同步实施”的原则

“减持国有股”与“国有股全额可流通”这本来是同一过程的两个方面，因此，没有分别研讨的必要。1998－2002年间有关国有股减持的研讨始终将这两个问题视为一个过程，2001年6月出台的国有股减持政策也将这两个问题作为同一过程看待。但是，2002年6月出台的停止国有股减持决定中却明确指出，在国有股减持政策停止执行后，国有股的协议转让仍可继续进行，这实际上意味着“国有股减持”与“国有股全额可流通”将分为两个过程展开；此后，2002年11月，中国证监会和国家经贸委联合发文，准许外资购买上市公司中的国有股，则意味着外资收购国有股与这部分股份的全额可流通必然将分为两个过程而展开。2003年下半年，国有资产管理部门又明确提出“国有股减持”与“国有股全流通”应分为两个不同的政策。

通过协议转让而将“减持国有股”与“股份全流通”分为两个过程来展开，在客观上由两方面因素所决定：一是有关国有股减持的具体方案在近期内难以出台。从十六大关于国有资产管理体制改革的要求看，拟定以至出台有关中央政府和省、市(地)两级地方政府享有所有者权益的法律法规需要一段不短的时间，按照这些法律法规再设立三级国有资产管理机构也需要一定的时间。在此背景下，即便各有关方面对国有股减持的具体方案已达成共识，这一方案的实施也需要待新的国有资产管理体制建立后才能有效实施；更不用说，在新的国有资产管理体制尚未建立，省、市(地)两级地方政府的所有者权益尚未明确的条件下，国有股减持的具体方案实际上是难以真正形成的。二是现实经济运行中的“两个转变”不可能等待。转变经济增长方式和转变经济体制(即“两个转变”)是1996年以来就一直在实施的重大经济决策。要实现这两个转变，推进国有经济的“有所为有所不为”和国有企业的建制转机，国有股的转让就不可能停止。事实上，在2001年6月出台国有股减持政策之前，上市公司国有股的协议转让和拍卖转让也一直在进行中。从这一角度来看，上市公司国有股的协议转让是一个不得已而为之的选择，它更多是着眼于“实现两个转变”的需要。

但值得注意的是，上市公司国有股协议转让(或拍卖转让)具有将“国有股减持”与“股份全流通”分割为两个独立过程的功能，由此，将使这些股份在日后迈入“全流通”进程时更加复杂困难，同时，也将使未实现转让的国有股部分通过全流通方式减持更加复杂困难。具体来看，以下几个问题是需要特别关注的：

第一，国有股转让价格的负效应。受两方面因素制约，近年来已发生的国有股转让价格均高于净资产/股：一是在“防止国有资产流失”强制影响下，前些年国有资产管理部门出台的有关国有股转让政策中明确规定，国有股转让价格不得低于净资产/股，由此，净资产/股实际上成为国有股转让价格的最低线。2003 年底，国有资产管理部门的有关规定再次明确这一底线。二是在上市公司国有股转让中，转让价格通常以交易价格为重要的参照系，买方在很大程度上是看中了转让价格与市价的差额，卖方也十分关心这一差价(以避免被误解为造成国有资产流失)。如若以高于净资产/股的价格转让上市公司国有股成为一种惯例，则意味着日后要出台按照不高于净资产/股的价格减持国有股的政策，既不符合国有股的转让实践状况，也极难令各方面人士达成共识。

第二，股份全流通的难度明显增大。在“国有股减持”与“股份全流通”分为两个过程的条件下，通过协议转让(或拍卖等)途径，上市公司的国有股转移到法人机构(包括外资机构，下同)手中，就这一过程而言，“国有股减持”是实现了，但这部分的全流通问题并没有解决，反而比国有股未减持条件下更为困难了，主要原因有二：

其一，转让价格成为解决股份全流通的难点。在国有股未减持条件下，净资产/股有可能成为减持国有股的价格基础，主要理由有二：一是在国有股形成的历史过程中，国有经济已获得了足够多的利益；二是政府部门不是一个以盈利为目标的机构，为了股市的稳步发展和规范化建设，在国有股减持价格做出“不与民争利”的决策是可行的。但当国有股协议转让后，对持有这些股份的法人机构来说，情况就完全不同了。一方面这些法人机构通过协议转让所获得的股份，是实实在在付出足额资金的。在这个过程中，他们并没有“已获得足够多利益”的问题。另一方面，他们都是以盈利为目的的经营机构，不能要求他们贯彻“不与民争利”的原则。由于转让价格是这些机构出售股份的价格底线，按此价格卖出股份，对他们来说，意味着从购入股份到卖出股份期间内的投资处于无收益状态，即机会成本极大，所以，在正常情况下，这部分股份要实现全流通，其价格就应高于转让价格。这样一来，要按照净资产/股的价格减持这部分股份就几乎不可能了。

其二，股市投资者难以接受按市价实现这部分股份的全流通。在转让价格之上出售这部分股份，实际上就是按照市价出售股份。2001 年 7 月以后的实践证明，对股市投资者来说，按照市价接受这部分股份的全流通是不可能的。由此，在原先国有股全流通中的股市投资者与政府部门之间的利益反差转化为股市投资者与以协议转让价格“收购”国有股的法人机构之间的利益反差的背景下，这部分股份的全流通不免陷入这样一种两难境地：一方面股市投资者无法接受按照市价实现这部分股份全流通，所以，如果要运用政策机制强行实现这部分股份的全流通，股市投资者通过“用脚投票”就将使股市处于大幅下落的走势状态。在这个过程中，股市投资者的利益将受到严重损失，而持股的法人机构也未必能够获得出售股份的有利时机，其结果，即便不是“两败俱伤”，也很难形成“一方有利”的格局。如果股市因大幅下跌而“大伤元气”，那么，后果就更加严重。另一方面，如果说在减持国有股过程中政府部门还可以运用行政机制在“不与民争利”的基础上形成原则一致的减持价格的话，那么，在协议转让后，由于这部分股份已由各个不同的法人机构持有，同时，他们持有这部分股份的价格、时间和意向不尽相同，由此，在这部分股份以何种原则定价以实现全流通的问题上，政府部门就很难再运用行政机制来调解股市投资者与持股法人机构之间的利益反差了；但是，离开了政府部门的调解，受股市投资者和法人机构之间在全流通价格上的利益反差制约，这部分股份的全流通又难以实现。

第三，大量股份不可流通的状况不能久拖不决。2/3 股份不可流通的状况，不仅严重影响了“同股同权”原则的贯彻，而且严重影响了股市规范化建设和国际化进程。在“国有股减持”与“全流通”分为两个过程的条件下，从政府部门角度来说，“全流通”问题的压力和紧迫程度大为减弱，由此，股市投资者与法人机构之间利益不易权衡就成为拖延解决股份全流通问题的最好理由。在这种状况中，随着新股继续上市，股市中累积的不可流通股数量将不断增加，解决全流通问题的难度也将不断提高，其结果将使中国股市的规范化建设和健康运行面临越来越大的风险。

解决不可流通股的全流通问题，是防范股市风险的重要机制。要避免因“国有股减持”与“股份全流通”分为两个过程所引致的一系列问题和股市风险增大，就必须确立“国有股减持”与“股份全流通”同步解决的原则，在制定国有股减持方案中充分考虑解决“股份全流通”的问题。

五、经济机理：贯彻“国有股减持与社保基金脱钩”的原则

2001 年 6 月，国务院出台的上市公司国有股减持政策中，明确提出应将国有股减持的收入划归社保基金，以弥补社保资金的缺口。在 2002 年 6 月，在出台停止国有股减持政策后，虽然就 A 股而言，随着国有股减持的停止也就停止了减持收入划归社保基金，但是，将国有股减持收入与社保基金挂钩的问题并没有因此而结束，主要表现有二：一是境外上市公司在发股募资中，继续贯彻着按照发股募资数额的 10%减持国有股并将这部分资金划入社保基金；二是在 2003 年以后的研讨中，一些人继续主张将国有股减持收入划归社保基金。

我们认为，国有股减持不应以弥补社保资金缺口为目的，为此，在上市公司的国有股减持中，应贯彻减持收入与社保基金脱钩的原则。主要理由有三：

第一，“减持国有股”的提出与“弥补社保资金缺口”之间并无直接联系。自 1992 年以来，关于“国有股流通”问题的提出集中在两个方面：一是在国有股不可流通的条件下，国有资产的价值流失。其中，1995－1998 年间，一些人强调说在配股、增发新股、股权转让等事件中国有股因不可流通而引致国有资产大量流失，曾引起有关方面的重视。二是近年来由国有股“一股独大”所引致的上市公司和股市中的一系列不规范问题，引起了社会各界的广泛关注和股市投资者的强烈不满，由此，提出通过减持国有股来消解“一股独大”的负面效应。在这些讨论中，不论各方观点如何，均没有提出需要将国有股减持资金用于弥补社保资金缺口观点。

从形式上看，减持国有股所获得的收入属财政收入范畴，社保资金缺口的弥补也需财政支付，由此，通过“财政机制”似乎可以将“国有股减持”与“弥补社保资金缺口”联系到一起。但是，这种联系是不符合财政收支机理的内在逻辑的。从财政收支关系上看，减持国有股所获得的资金属财政收入范畴，社保资金缺口的弥补属财政支出范畴，二者分属不同范畴，有着不同的内在机制。众所周知，政府财政收入主要通过税收、出售国有资产等方式获得，但财政支出科目与财政收入科目并不一一对应，因此，财政支出总是根据财政收入总量来安排的。

在市场经济条件下，政府应根据其财政收入状况妥善地安排各项财政支出以保障政府功能的有效发挥，就此而言，很难谈得上将某项财政收入直接固定地与某项财政支出相挂钩以形成“专款专用”的格局。在计划经济条件下，虽较普遍地发生“专款专用”现象，但这种“专款专用”也只是针对财政支出而言，即“买酱油的钱不能用于买醋”。如今，在推进市场经济体制建设的过程中，将某项财政收入与某项财政支出直接挂钩，以形成“卖柴的钱只能用于买米”的格局，就几乎是荒唐的。如果这种机理能够成立，那么，当行政经费不足时，是否可以直接规定“关税收入只能用于行政开支”？当财政投资不足时，是否可以直接规定“企业所得税收入只能用于财政投资”？如此等等。其结果是，统一的财政收支关系将被肢解为一系列支离破碎的直接“挂钩”。

第二，以“弥补社保资金缺口”为目的，不利于国有股减持顺利实施。减持国有股本来是国有股股东的权力，减持后的资金用途本来完全没有必要告知其他股东（或投资者），而将“弥补社保资金缺口”与“减持国有股”相连接，就容易发生如下几种情形：

其一，影响“国有股减持”的研讨从而影响国有股减持政策的科学性。社保资金是一种带有极强公益性的资金，与此对应，“弥补社保资金缺口”也是一个带有极强公益性的行为。在将“弥补社保资金缺口”与国有股减持直接联系在一起的条件下，国有股减持的价格越接近市价直接意味着社保资金缺口得到弥补的有效程度越高，由此，受伦理道德观念制约（从极端的角度说，为了公益性事业，无偿捐款都是合乎情理的），就可能发生忽视股市的内在运行机制、股市投资者的权益和股市发展前景而简单地从社保基金对资金的需求出发来确立国有股减持思路及其方案的倾向。这种情形在2001年6月至10月国有股减持政策出台到暂停的过程中得到了反映。另一方面，就内在规定上来说，国有股属全民所有，而加入社会保障体系的人员迄今只是城市居民的一部分，因此，一些人认为不应拿全民财产来解决少部分人的社会保障问题，并主张将“国有股减持”方案提交全国人大审议。

其二，不利于社保基金的管理运作。目前中国的社会保障体系大致由养老保险、失业救济、医疗保险和住房公积金四大系统和中央、省（市、自治区）、市（地）三个层次构成，虽然眼下所说的“社保资金缺口”主要指的是现收现付制下的养老金系统的收付缺口，但今后难保其他系统不发生缺口。在将减持国有股与社保基金收入相联系的条件下，很容易发生三方面情形：一是在将国有股减持获得的资金划给社保基金的条件下，由于在国有股形成中各地方财政曾做过重要贡献，所以，各地方政府就将以其管辖的社保资金存在缺口为由，要求社保基金予以弥补。如果各地方政府的要求予以充分满足，则地方财政对社保资金的供给就将减少，同时，社保基金是否有足够的资金用于这方面分配也还是问题；如果各地方政府的要求不予重视，则地方政府可能运用其行政机制来影响国企上市公司的国有股减持和国有企业的上市进程，由此，随着社保基金运作陷入协调各级社保资金缺口的复杂关系中，国有股减持也将受到影响。二是在将国有股减持部分直接划归社保基金并由社保基金根据股市走势卖出这些股份的条件下，一方面社保基金的财务帐目将难以核算，原因是这部分股份的财务入帐无法确定按照何种价格（面值、净资产/股、减持价、市价等）计算，而在社保基金可入市买卖股票的条件下，这种财务计算更为困难。另一方面，社保基金运作将成为影响股市走势的重要因素，而投资者又无法预期社保基金何时卖出所持有的国有股，由此，股市走势将更加难以平稳。三是在社保基金集中大量资金而相当一段时间内又不用于解决现实资金缺口的条件下，这些资金的运作效率可能被严重浪费，或者发生大量资金闲置的现象，甚至可能引致其他方面问题的产生。如果将这些资金大量且长久地投资于股市或其他证券，则与“弥补社保资金缺口”的说法相矛盾，同时与“社保基金”的公益性质也不相符合。

其三，容易给股市投资者造成信息误导。为了避免国有股减持给股市走势带来严重影响，一些人再三强调，通过国有股减持而流出股市的资金将通过社保基金入市而回流股市，因此，股市的资金供给不会减少，投资者不必过于担心或紧张。这种说法实际上是一种误导。一方面既然交给社保基金的国有股减持资金是用于弥补社保资金缺口，那么，可供再投入股市的资金量就必然小于从股市流出的资金量，更不用说，受社保基金管理办法限制，社保基金能够投入股市的资金只是其可运作资金的一部分。另一方面，社保基金将资金委托给有关机构（如基金管理公司、证券公司等）运作，为了在竞争中获得尽可能多的委托资金，这些机构必然要努力使社保资金的运作收益“跑赢”股市。近年中国股市的基本态势是，每年上市公司盈利总额小于每年印花税加交易手续费从而股市投资者整体处于实际亏损中。在这种格局中，一部分机构投资者（包括社保基金）“跑赢”股市直接意味着，其他投资者不仅承担了股市投资者的全部亏损而且为这些“跑赢”股市的机构投资者支付了利润。

第三，国有股减持的主要目的是为了在国企上市公司中真正实现“政企分开”、改变由于国有股“一股独大”而导致的继续由行政机制支配这些上市公司运行的态势，推进法人治理结构的完善和公司质量的提高，由此，促进股市的规范化建设。但是，在强调“弥补社保资金缺口”的场合，国有股减持的主要目的被冲淡被忽视，出现了为获得资金（有人将其称为“圈钱”）而“减持”国有股的倾向，甚至提出应按照社保基金对资金的需求进度来安排国有股减持进程的想法。事实上，弥补社保资金缺口有着多种途径（例如，现今社保基金的资金来源主要有财政拨款、一部分利息税和国有股减持资金等），随着中国经济的进一步发展和市政建设的完善，社保基金的来源将更加丰富，没有必要选择直接与国有股减持相挂钩的方式来解决。

综上所述，“弥补社保资金缺口”不应成为国有股减持的主要目的，国有股减持资金应直接划归财政收入，不应直接与“弥补社保资金缺口”相挂钩。

立法推进上市公司独立董事制度建设

独立董事制度首创于美国。美国的公司治理结构中除了股东大会和董事会以外，没有专设的监督机构。由于美国公司的股权非常分散，以至于没有一个股东能够有效控制公司，因此容易导致内部控制人问题。独立董事制度正是针对防止公司被内部人控制而建立的。

独立董事不同于一般的内部董事或投资人董事。独立董事与公司没有个人和经济利益上的关系，其职责主要定位于保护公司的安全稳健运行，监督公司的财务、内部董事和高级管理人员的职务行为，维护股东尤其是中小股东的合法权益等。为保证独立董事能够独立和客观地表示意见，并在公司董事会中占据相当的比例及能够发挥至关重要的作用，美国为此制定了诸多法律法规加以强制性的规定。如美国《投资法》就规定，投资公司董事会60%以上的董事应当是与公司无利害关系的董事；美国特拉华州《公司法》甚至规定，涉及董事与公司的合同或交易，唯有无利害关系的董事对是否批准该合同或交易有表决权，即使无利害关系的董事人数未达法定人数也不妨碍表决的效力。独立董事制度在美国的法律法规体系保护下对公司治理发挥了积极的作用，故而在现代企业管理中受到各国的重视并纷纷引入推行。

我国的独立董事制度最先是通过中国证监会《关于在上市公司建立独立董事制度的指导意见》和《上市公司治理准则》等行政规章上建立起来的。《公司法》中并没有对独立董事有所规定。换言之，独立董事在《公司法》中没有相应的地位。在上市公司治理过程中，通过多方面的共同努力和一个时期的实践，应该说独立董事制度对于推进上市公司向着现代企业制度迈进、有效控制风险以及维护中小股东和投资者的合法权益、促进市场规范发展等发挥了重要作用。但是，由于多方面的原因，独立董事制度的作用发挥的并不尽如人意。独立董事能够独立发表客观、公正的意见，有效对公司实施监督并受到重视的现象还不普遍；不少公司的独立董事还形同虚设，难以真正发挥其应有的监督功能。究其原因，除了我国的上市公司存在着一股独大、股权结构特殊等因素，缺乏对独立董事制度的立法，难以利用法律法规的权威性、强制性、规范性推行独立董事制度应是其中的一个主要原因。

随着独立董事制度在公司治理中越来越发挥出重要作用，原有的部门性文件和规章制度已不能适应公司治理发展的需要。立法推进上市公司独立董事制度建设，已成为企业、监管部门和司法机关及社会人士的共识。实践已经表明并将继续表明，在社会主义市场经济向着法制化发展的新形势中，只有建立健全独立董事的法律法规体系，才能保证独立董事具备履行职责的独立性和客观公正性；只有独立董事具有完善的法律地位，才能确保独立董事严格履行权利与义务，做到勤勉尽责和有效行使监督职能。鉴于此，在《公司法》的修改和完善中增加独立董事的专门内容和条款，或制定专门的独立董事的法律法规就显得十分必要，也越来越为紧迫。

立法推进独立董事制度建设，从已有的上市公司监管的实际情况而言，当前应着重在以下方面加大立法研究和条款设置的工作力度和深度。

一是如何制定公正有效的独立董事的选聘机制。从上市公司独立董事的选聘方式来看，目前公司的独立董事大多是由董事会选聘的。由此产生的问题是：一方面，独立董事的主要职责是监督公司的董事会和经营管理层，防止“一股独大”和“内部人控制”；另一方面，独立董事却又由作为大股东的控股股东所左右的董事会来进行选聘，由此，再要求独立董事能够独立客观公正地发表意见就未免差强人意。必须建立和完善独立董事的选聘制度，增强其透明度和市场化运作程度。引入独立董事的目的主要是监督控股股东及其所控制的董事会，据此在选聘独立董事时，应制定选聘由中小股东为主、大股东实行回避的制度，以保证独立董事的选聘具有公正性，确保独立董事在履行职责时能够独立客观公正地发表意见。

应完善独立董事制度。独立董事制度建设的内容中应包括：独立董事的选聘和辞退；独立董事的权利与义务；独立董事的激励及奖惩机制；独立董事的职责考核机制；董事会中独立董事与非独立董事的人员比例以及对诚信尽责独立董事的免责和保护机制等。

二是如何界定和监督独立董事履行权利与义务。市场经济是法治经济。从法律的关系来说，参与市场的每一个主体，都应有明确的法律地位，都必须严格履行相应的权利与义务。独立董事作为一个市场参与主体，同样应明确其法律地位，也同样必须严格履行其相应的权利与义务。依法明确的权利与义务保证独立董事行使监督职权，同时，也依法受到必须勤勉尽责的监督以及受到相应的保护。独立董事的权利应有独立发表意见、获得薪酬奖励和培训保护等；独立董事的义务应有接受审查考核、受到监督起诉等。有关独立董事的权利与义务在法律法规上一旦界定，全部应强制纳入公司章程，使其公开透明并易于监督。

三是如何制定独立董事的任职资格、考核、监督、奖惩和保护体系。担任上市公司的独立董事，不仅必须具备足够的法律、财会、经济等方面的专业知识和资本市场运作的理论与经验，而且还必须熟悉相关行业的经营运作、交易规则、工作经验及诚信品质，否则就无法从实质上对公司董事会和控股股东起到监督作用。因此，借鉴上市公司的一些经验和做法，必须建立科学的独立董事的任职资格申请、审查、确认、考核、奖惩、培训和保护程序，才能确保独立董事的质量，有效履行其职责。

四是如何建立独立董事与中小股东联系的有效渠道。关注中小股东的合法权益不为控股股东所损害，是独立董事肩负的重要职责。但是，独立董事如何关注中小股东的合法权益、通过什么方式维护中小股东的合法权益却成为实施中的实际难题。上市公司应建立一个制度或机制，确保独立董事能够有效履行维护中小股东合法权益的职责。这个制度的内容大致可包括：独立董事所具有的必须维护中小股东合法权益的权利和义务；独立董事与中小股东沟通联系的正常渠道；中小股东合法权益受到损害时的投诉程序；独立董事履行维护中小股东合法权益职责的方式；对独立董事在履行维护中小股东合法权益职责的评价考核办法等。

上市公司委托理财现状分析

胡天存　陈　超

一、上市公司委托理财统计分析

我们收集了从 2001 年开始至 2004 年 6 月 15 日所有上市公司关于委托理财的公开信息。从 2001 年至 2004 年 6 月 15 日，共有 216 次上市公司委托理财的信息披露，涉及 182 家上市公司，委托理财的资金规模达到 120 多亿。从发生的委托理财次数和委托资金的规模都可以看出，上市公司委托理财呈下降趋势。

1. 委托资金规模。大多数公司委托理财资金规模在 5000 万元，规模超过 1 亿元的委托理财次数 39 次，占总次数的 18%。如国风塑业委托资金达 18000 万元；上海贝岭委托资金 17000 万元；ST 吉轻工 15000 万元。大部分资金是公司自有资金，但也存在使用募集资金进行委托理财的个别情况。

2. 委托资金的投资范围。有 180 次委托理财与受托方约定了委托资金的投资范围，占总数的 83%。其中，委托购买国债的有 89 次；约定参与股票、基金投资的约 70 次。也有个别公司的理财计划还较为另类，如三一重工的 9000 万元是用于购买信托产品；上海梅林、全柴动力则用于委托贷款；金地集团则同公司第二大股东金信信托投资股份有限公司签定了一个房地产投资资金信托合同。

3. 委托理财投资期限。委托理财期限是 3 个月到 60 个月不等。其中，60% 的公司委托期限为一年。超过一年的 5 例，如东方钽业委托期限为 24 个月，金地集团委托期限为 60 个月。

4.受托机构。受托机构主要为证券公司、特别是知名证券公司，另外也包括信托投资公司、资产管理公司、投资公司和银行，其中受托方为证券公司的198次，占92%。

二、委托理财缺乏约束机制

由于长期以来我国国有股股东缺位，中小股东利益保护机制不健全以及公司治理结构不完善，导致实际权益资本成本低于负债资本成本，引发上市公司盲目圈钱行为。上市公司从股票市场募集资金的资本成本较低，且对所募资金的使用没有相应的硬约束机制，这是上市公司将大量募集资金进行委托理财的主要原因。

通货膨胀的出现导致上市公司委托理财升温。目前储蓄存款的实际利率为负，这就意味着，现在的银行存款，无论是企业存款，还是居民存款，都是在不断缩水，如果任这种趋势进行下去，那么对于上市公司来说，需要创造更多的利润才能弥补负利率带来的损失。因此，对于上市公司，与其被动地把资金放在银行导致企业价值缩水，还不如主动进行对外投资，来实现企业价值的增值保值。可以说，是负利率的出现，催热上市公司委托理财。

委托理财资金大部分流入了股票市场，且委托理财协议规定的期限一般在一年左右，因此委托理财应看成短期投资的一种方式。对于亏损的上市公司将大量资金用于"短、平、快"的委托理财，注重短期利益，试图通过委托理财扭亏为盈。

三、委托理财风险进一步加大

由于上市公司委托理财的资金相当一部分进入了股票市场，大多数上市公司为了保证一定的投资收益率，在委托协议中都加入了保底收益条款。而保底收益条款缺乏法律保护，只能凭借协议双方的信用维持。上市公司委托理财主要面临以下三种风险：

1.市场风险。股票市场本身具有高风险性，一旦股市行情欠佳，上市公司就会出现投资亏损，有时甚至血本无归。自今年5月下旬以来，由于委托闽发证券进行国债托管等委托理财业务而发布风险提示公告的上市公司达到6家，涉险资金少则1000万元，多则达到1.5个亿。

2.法律风险。主要体现在以下几方面：上市公司委托理财没有按照股东大会或董事会的授权进行，而不按照董事会授权比例委托投资等违规行为有可能招致证监会的查处。上市公司没有按照规定及时披露委托理财的相关信息。之所以未及时披露委托理财信息，除法律意识淡薄外，还有下列原因：一是委托理财资金来源不明，操作不规范，难以理清是自有资金还是募集资金；二是上市公司与主承销商关系不明，尤其是对首次公开发行的再融资的上市公司来说，如果委托理财的受托机构是主承销商，那么主承销商必须对募股时的投资承诺负责，因此上市公司不愿公布委托理财事项。上市公司委托理财协议中的保底收益条款违反了《证券法》的相关规定，这些保底收益条款并不能得到法律的保护。上市公司全权委托证券公司等机构代为理财违反了《证券法》的相关规定，而部分上市公司的委托理财实质上就是一种全权委托。这种风险在股市行情欠佳、证券公司损失惨重致使上市公司难以收回资金时表现得尤为突出。

3.受托机构信用风险。受托公司包括证券公司、投资公司、资产管理公司。由于受托机构的相互竞争，很多机构为了拉生意不计成本，而一旦出现亏损，只能用自有资金或银行贷款填补，甚至互相拆借、连环抵押。目前券商的净资产总额多的也只有数十亿元左右，而其管理的资产总量有的却超过几百亿元。当行情出现调整时，大多数券商损失惨重，且委托理财协议规定的期限一般在一年左右，因此券商将面临严重的偿还危机。

四、委托理财的风险防范

1.限制委托理财资金规模

由于委托理财实质上只是对外投资的一种方式，而上市公司对外投资规模不得超过其净资产，因此委托理财资金限制在其资产的一定比例内，有利于整个证券市场的发展和上市公司自身的经营与资金安全。此外，建议在有关法规中将此责任具体落实到个人。

2.加强监督募集资金使用

3.完善公司治理结构

上市公司治理结构不完善是委托理财泛滥的根本原因之一，在公司未建立有效的约束与激励机制的情况下，公司高级管理人员或董事会很有可能自行决定将募集资金用于委托理财，而无须经过股东大会的授权。监督并制约董事会投资权限主要依靠监事会和独立董事。而目前我国上市公司监事会和独立董事的监督作用普遍未能发挥，造成投资的随意性和低效率，容易将上市公司拖入高风险的境地。

未来十年中国经济增长的制约因素

未来十年就是到2015年以前。说到未来十年中国经济增长的制约因素，首先应该对到2015年以前中国经济增长的阶段有一个判断。

德国著名学者霍夫曼曾经提出过一个著名理论，即重工业一旦在全部工业产出中的比重达到一半就进入了工业化中期阶段，而达到2/3以上，一个国家的工业化就算是基本完成了，用重工业与轻工业的比率关系看，一半就是1，2/3就是2，这就是著名的"霍夫曼系数"。上世纪70年代中期的日本，"霍夫曼系数"已经达到3，80年代中期的"亚洲四小"都达到2，都是基本上完成工业化的标志。中国在改革开发前由于特殊的发展战略也曾达到3，但不是正常的工业化道理，改革以来进行了很大调整，80年代出现了轻工业的超前增长，重工业比重虽之下降，但是到90年代以来，重工业的比重又开始上升，目前的"霍夫曼系数"约为1.25，所以可以说已经进入到工业化中期阶段。按照日本和"亚洲四小"的经验，到2015年"霍夫曼系数"将可能超过2，工业化任务也将进入到后期阶段，人均GDP将达到3500美元。

从国际经验看，工业化进入到中后期阶段也是城市化的高潮，中国由于过去一直采取工业化超前战略，城市化率与工业化水平相比极不同步，所以在未来十年中城市化高潮还会更"高"一些。城市化和工业化都是生产要素向非农领域转移的过程，不仅人口要进城，资金、土地等生产要素也向城市和工业转移，资金还好说，目前就有较多剩余，主要是土地极为稀缺，因为中国虽然国土辽阔，但平原只占12%。工厂、城市和道路都要建设在平原，而平原又是中国最宝贵的农业资源。中国有超过19亿亩耕地，其中坡度低于8度的平耕地只有9亿亩，主要在平原，都是耕作条件最好的优质耕地，以粮食亩产来说，平耕地的亩产量是其他耕地的两倍以上。世界发达国家的人均粮食消费量平均在1000公斤，亚洲国家膳食结构不同，消费粮食少一些，也要500公斤。中国到2015年人口将超过14亿，人均500公斤总量就是6亿吨，1998年是中国粮食产量的高峰，达到5.1亿吨，但是自1998年以来由于工业化和城市化速度加快，以及退耕还林等原因，耕地减少了6364亿亩，年均减少超过1000万亩，产量也减少到今年的不到4.5亿吨。虽说又粮价下跌、农民减少种粮的因素，但耕地减少的影响更大。如果由于耕地不断减少，粮食产量停滞不前甚至继续下降，到2015年的供需缺口就可能扩大到1.5亿吨。长期以来，世界的粮食贸易量稳定在2亿吨上下，如果中国有3/4让中国买走是不可想象的事，但是没有粮食，工业化也好，城市化也好，统统提不上。我们可以简单地算一笔帐，1998年以来中国耕地面积减少如前，而非农人业口增加了5140万人，人均城市化占地是1.23亩，去掉退耕还林面积也要0.8亩，按此计算，如果到2015年中国的非农业人口再增加3个亿，中国的城市化率也才达到45%，耕地却要占掉2.5亿亩，这怎么了得？所以，土地以及粮食供给与工业化和城市化的矛盾关系就成了未来经济发展的极大制约。

工业化进入到重工业主导阶段，最显著特点是能源、矿产资源消耗大量增加。轻工业主要是生产吃穿用品，所以消耗的原材料主要是需要地表以上的农产品资源，而重工业主要是生产住和行的产品，消耗的原材料主要是金属和能源，资源指向也就从地表以上转为地表以下。中国虽然人口占世界1/5以上，但发展重工业所需要的主要能源、矿产资源如石油、天然气、铁矿、铝土矿等的蕴藏量却都在世界的5%以下，人均排在世界80位以后，所以相对于需求来说极为不足。以钢铁来说，去年中国的产量已经是美、日产量之和，今年的总消费量将达到2.5亿吨，明年可能上升到2.8亿吨，但从发达国家的工业化历史经验看，人均消费都是1吨钢。中国对钢铁的需求可能还要高一些，有两个原因：一是中国正在承接世界制造业的转移，消耗的钢铁还有满足世界其他国家需要的内容。二是中国的人均平原面积太少，为了减轻城市化与农业在土地资源上的矛盾，必然要走大城市化的道路，这就会使中国城市的"容积率"水平比任何国家都高得多。容积率高就高楼大厦多，而高层建筑每平米所消耗的钢材比一般性建筑要多出1/3。人均1吨钢2015年14.5亿吨，，差不多是目前全球每年的钢铁产量的两倍，许多人认为中国近两年钢铁生产和投资的增长率太高了，已经高得"离谱"，认为人均500公斤即总产量7亿吨都不可能，但是，去年浙江的钢材人均消费量差不多就是500公斤，浙江人目前的生活水平就是未来中国人追求的目标吗？但是仅有需求还不行，还得看供给条件，自己生产不足就得进口。今年中国铁矿砂的进口量超过1.5亿吨，已经超过日本，已买进了世界可贸易量的30%，7亿吨就得把目前世界铁矿砂的全部出口都买下来，而14亿吨世界铁矿砂的产量就得翻一番。

与石油比较，钢的矛盾还不算最突出，因为世界铁矿砂的可采储量还有3500万吨，如果中国需要供给还可能增加，但目前世界石油的可贸易量只有16亿吨，而且产量增加的难度很大，后备资源也不多。发达国家人均消费的原油至少是1吨，美国是4吨，日本是2吨。中国从1993年已成为石油净进口国，今年的石油进口将达到8000万吨，比去年要增加1000万吨，到2015年如果人均消费一吨油，总量就要14亿吨，国产能力可能只有2亿吨，就要进口12亿吨，等于要把全球3/4的贸易量买下来。由于世界石油资源的短缺，大国的石油利益已经不仅是经济问题，而且是国际政治和军事问题。但是中国人均石油消费上不来也搞不成现代化，目前中国私人轿车的保有量只有400万台，家庭拥有率只有0.3%，而发达国家都在70%以上，如果没有宽敞的住宅和家庭轿车，中国人追求现代化目标还有什么意义？所以资源的需求与供给差距矛盾是中国未来经济发展中的又一个制约。

此外，还有水资源的制约问题。

环境因素也是很大的制约因素。中国由于缺油，未来经济发展的能源供应在相当程度上是靠煤，而煤的燃烧会排放大量有害气体污染大气。中国的有限的平原面积90%集中在沿海，中国未来的工业化、城市化都会在这些地区展开，为了尽量减少占用耕地，工厂和城市都会在有限的地域上集中，也就会造成有害气体、液体和气体排放物的集中，其集中程度可能只有日本才能相比。但日本是岛国，国土呈狭长状，海洋大气环流的运动，使日本比较容易净化大气，工业和城市污水也可很快流入海洋。中国则不行，中国的地势是西高东低，受海洋季风的影响，大气主要是自东向西流动，例如每年刮的台风，运动方向都是从海洋向内陆吹，就不容易净化大气。河流也比日本长得多，不利于污水的排放。

还有就业问题。轻工业的特点是劳动密集型，而重工业具有资本、技术密集型的特点，所以进入到重工业主导增长阶段，经济增长与就业的关系就发生了变化。20世纪90年代以来，中国进入到重工业主导增长阶段，产业发展对劳动力的吸纳力明显衰减。在20世纪80年代，中国经济增长率只要能达到7%以上，就能基本上吸收掉当年新增的劳动力，但是近几年中经济增长率都在8%以上，却出现了失业率上升的趋势。中国由于改革前的特殊工业化道路，造成了工业产值超前增长而农村劳动力转移滞后的"二元结构"矛盾，至今从事农业生产的劳动力仍高达3.7亿，可实际约只需要1.5亿人就够了，富裕的劳动力就是剩余，需要向非农产业转移。可90年代中期以来，由于重工业化的趋势，导致农村劳动力转移停滞，就出现了"三农"问题。如果不能有效地解决农村人口城市化的问题，到2015年虽然中国的人均GDP增加到3500美元，而农村仍然是9亿甚至是10亿人口，中国说什么也不是现代化国家，人均收入的增长只能意味着富者逾富而贫者逾贫，社会发展就难以保持稳定。

总之，在未来的工业化、城市化与现代化建设过程中，我们将面临着许多前所未有的新矛盾，新问题，有些问题如能源、矿产供给问题在"十一五"期间就会显得极为尖锐，这就需要我们未雨绸缪，制定好正确的发展战略与政策。中华民族是勤劳智慧的民族，在现代化进程中没有战胜不了的困难。因为篇幅所限，这篇文章重点是谈限制因素，中国实际上还有很多有利的国际、国内因素，只要我们善于运用这些有利因素，就可以化不利为有利，实现在新世纪中国经济的腾飞。

我国证券市场引入做市商制度的思考

吴林祥

一、引入做市商制度的不同出发点

关于是否有必要在中国证券市场引入做市商制度以及如何引入问题的讨论由来已久。在市场经历长达三年之久的持续调整后，有关该问题的讨论又再度热闹起来。目前，对引入做市商制度比较感兴趣的主要有三个方面的力量。首先是中国证券市场的监管层。这不仅包括中国证监会，而且包括与证券市场息息相关的其他机构等。他们主要从有利于加强监管的角度出发来看待引入做市商制度。这些管理层人士推动在中国证券市场引入做市商制度，其诉求点并非是"活跃市场"，而是"规范市场"。

他们认为,"中国股市的最大问题是操纵,而做市商制度恰恰可以抑制操纵"。其中,比较有代表性的是中国证监会高层人士所提出的观点:"做市商与庄家有根本的区别,做市商的交易行为是透明的,而庄家的行为则是不透明的"。这个观点也回应了对做市商制度的一个主要指责:较难对做市商进行有效的监管。

与监管层不同,深沪交易所主要从流动性出发来考虑在我国证券市场引入做市商制度,认为引入做市商制度主要是为了解决可能存在的流动性不足问题。因此,对未来市场流动性判断的差异决定了深沪交易所对引入做市商制度的态度。目前,中国证券市场(特别是股票市场)不缺乏流动性的观点得到了较大的认同,人们对用换手率、价差等主要指标表示的市场流动性的看法比较一致,即我国主板市场的流动性居于世界各主要证券市场的前列,主板市场不缺乏流动性。关于市场流动性的主要分歧在于两个方面,一是目前主板市场之外其他市场的流动性,二是未来创业板市场的流动性。对于目前主板市场之外其他市场,如银行间债券市场、代办股份转让市场等,人们普遍认为其流动性较低;对于未来的创业板市场的流动性,则有两种截然不同的看法。一种认为我国创业板市场会像主板市场一样具有很高的流动性,另一种认为我国创业板市场部分股票可能缺乏流动性。不论是哪种情况,只要认为市场缺乏流动性,则引入做市商制度就会被看做是一个解决流动性不足问题的备选方案而加以考虑。

第三类考虑引入做市商制度的主体是券商,尤其是在我国证券市场居主导地位的几个主要券商。他们的主要出发点是:引入做市商制度将创造新的盈利模式,成为券商新的利润来源。自2000年以来,随着实施浮动交易佣金制、限制委托理财等措施的实施,特别是三年多来市场的持续调整,券商整体的盈利能力受到极大的削弱,因此,券商在努力节流的同时,也在不断尝试开源,而做市商制度则被各大券商寄予厚望。一旦引入做市商制度,这些券商希望成为首家或首批做市商,从做市行为中获得一定的收益,在承销、经纪和自营之外创造第四个重要的利润来源。此外,券商认为,引入做市商制度有利于活跃市场,促进二级市场交投,从而增加经纪业务、自营业务等的收入。

二、从交易制度的发展趋势看引入做市商制度

那么,到底有无必要在我国证券市场引入做市商制度?如何引入做市商制度?我们认为,有必要从交易制度的发展趋势来考察这个问题。

价格形成方式是区分交易制度的主要依据。一般地,依据价格形成方式的不同,交易制度被分成竞价制度和做市商制度两种。竞价制度,也称指令(委托)驱动交易制度、双向拍卖制度,主要特点是严格遵循价格优先、时间优先的原则。竞价制度又分成连续竞价制度和集合竞价制度,前者适用于日内连续交易,对市场流动性的要求最高;后者适用于确定开盘、收盘价格等,对市场流动性的要求相对较低。我国证券市场目前正是采用了这两种制度。做市商制度又称报价驱动交易制度,主要特点是存在拥有优先地位的做市商,在交易系统中存在做市商的报价。做市商制度分成垄断做市商制度和竞争性做市商制度两类。在垄断做市商制度下,一个证券只有一个做市商(也称专家经纪人、专家、庄家),典型的如纽约股票交易所中的专家(Specialist,也译成庄家);在竞争性做市商制度下,一个证券至少有两名以上(含两名)做市商,典型的如NASDAQ中的做市商。

总体上看,这四种交易制度具有如下的特点:

交易制度		对流动性的要求	交易成本
竞价制度	连续竞价制度	最高	最低
	集合竞价制度	高	低
做市商制度	竞争性做市商制度	低	高
	垄断做市商制度	最低	最高

世界各主要证券市场所采用的证券交易制度的基本情况是:欧美成熟市场以做市商制度(竞争性或者垄断性)为主,亚洲等新兴市场以竞价制度为主。自20世纪80年代开始,随着计算机技术在证券市场中的广泛运用,交易制度也发生了一些重要的变化,基本趋势有两个。

一个趋势是原先采用做市商制度的市场逐渐引入竞价交易制度。在欧美成熟市场上,这一趋势尤为明显。基本途径是,由垄断做市商制度过渡到竞争性做市商制度,再逐渐过渡到混合交易制度。标志性的重要事件主要有:NASDAQ于1997年实行"限价委托显示规则"和"报价规则",伦敦证券交易所(LSE)于1997年10月推出SETS全自动委托簿竞价系统(SecuritiesElectronicTradingSystem),将部分流动性较好的股票改为竞价交易。NYSE的专家制度则从一开始就融入了竞价交易成分。NYSE的专家收集所有投资者的委托并撮合成交(收取一定佣金),可以不用自己的资金和股票进行交易。专家也可以用自己的资金和证券与投资者进行交易,但是,其报价必须优于投资者已经提交的报价。近年来,专家的交易量占总交易量的10%左右。在做市商市场引入竞价制度有两种具体方式,一是同时对一个股票实行两种方式,如NYSE和NASDAQ。其中,1997年之后的NSADAQ市场采用了竞价制度+竞争性多元做市商制度(即每个证券有多个做市商负责)的混合模式,NYSE采用的竞价制度+垄断性做市商制度(即每个证券只有一个固定的做市商)的混合模式。另一种是对不同的股票实行不同的交易制度,如LSE。

第二个趋势是在原先采用竞价制度的市场引入做市商制度。具体有两种方式,一是对不同的股票实行不同的方式,如日本JASDAQ市场,另一种是同时对一个股票实行两种方式,如香港交易所。在前一种方式下,对实行做市商制度的股票而言,已经完全摒弃了竞价制度,转而实行纯粹的做市商制度(竞争性或垄断性);在后一种方式下,做市商与普通投资者在交易系统中的地位并无差异,做市商的双边报价与投资者的委托共同参与集中竞价,做市商只承担市场冷清时双边报价的义务。不难发现,这两种方式与原先做市商市场引入竞价制度的两种具体方式是基本一致的,真可谓"殊途同归"。但是,必须指出,引入做市商制度的竞价市场并不多见,流动性很高的市场没有进行过类似的试验。如新兴市场绝大部分采用竞价制度,但是,至今为止,鲜有引入做市商制度的实践。因此,竞价市场引入做市商制度,很大程度上是作为解决市场流动性不足的权宜之计,而不代表了一种发展趋势。

三、混合交易制度真的那么尽如人意吗?

关于在我国证券市场引入做市商制度,一种比较常见的观点是,"以电子自动撮合的竞价制度为主、以竞争性多元做市商制度为辅、投资者的报价与做市商的双边报价共同参与集中竞价的混合交易模式,这样既不抛弃原有的比较成型的交易制度,同时又能够融合做市商制度的优点"。这种观点看似有理,其实经不起仔细推敲。

从性质上说,这种模式就是前面所说的"港交所模式"。这种制度的最大特点是,在不改变原有的集中竞价交易制度情况下引入做市商制度,这也就决定了做市商不可能在集中竞价过程中享有特殊地位。交易仍然严格按照“价格优先、时间优先”的原则进行。

然而，这种混合交易制度的最大缺陷也正在于此。由于没有特殊的地位，因此，在做市商履行了义务的情况下，其权利如何得到保证，就成了最大的难题。尽管做市商也可以得到诸如交易手续费减免等方面的优惠，但是这种优惠并不能促使做市商有动力承担做市义务。例如在香港证券交易所《证券庄家规例》中，“证券庄家的权利及义务”和“附有特许证券商的证券庄家之权利及义务”两节中对庄家的义务做出了详细的规定，但是未见多少权利的规定。又例如，《郑州商品交易所期权做市商管理办法》(征求意见稿，第六次修订)的第十一条规定，做市商享有以下权利：(一)享有期权交易手续费优惠的权利；(二)享有同品种期货交易手续费优惠的权利。做市商的主要义务是：在每个交易日按照协议规定为买入期权系列和卖出期权系列提供双边报价，并执行协议规定的每笔报价差额、每笔下单量和每笔挂单时间等。不难看出，相对于做市商所承担的风险，这种补偿显得有点微不足道。

从更深层次看，问题的关键在于，目前的委托驱动制度下，券商完全可以不承担做市商的“名”而享有做市商的“实”。在委托驱动交易制度下，如果券商认为某一证券的价差过大或者没有委托，并且认为能够通过双向报价来赚取价差收益，那么，该券商完全可以提交双向委托来获得差价收入。如果券商的报价是最优的，那么他事实上充当了做市商的角色，它们提交的委托(报价)实际上向市场提供了流动性。我们曾在市场上看到过这种情况。2003 年 3 月 3 日前，由于基金的最小报价单位为 0.01 元，相对于不到 1 元的价格，其价差显得过大。因此，机构投资者发现了其中的“套利机会”，通过报出价差为 0.01 元的双向报价来牟利。从某种意义上说，过大的价格变动单位使投资者发现充当“事实上”的做市商有利可图，因此，不用鼓励也不用申请，就有券商主动充当了“义务做市商”。显然，他们很容易做到无“名”而有“实”。一旦市场条件发生变化，充当“义务做市商”无利可图，他们自然就不会继续做“义工”，因为本来就“无名份”，因此，退出也是轻而易举的事。

相比之下，一旦券商承担了做市商的“名”，做市商就会面临两个方面的不利。首先，在无利可图时，他们不能随意放弃双向报价的义务，这样其责任就明显高于权力。其次，在有利可图时，其他券商就会主动加入成为“无名却有实”的做市商，只要提供稍优的报价(在目前的情况下是 0.01 元或 0.001 元)，就可以把原本属于做市商的盈利机会夺走，即“非做市商”的可以用相当低的“插队”成本抢走“做市商”的盈利机会。也就是说，“无名却有实”的非做市商可以保其“相机抉择”的权力，在有利可图时可以抢夺做市商的好处。显然，充当做市商所得到的权利和所承担的义务是不对等的。

这里涉及的一个基本原理是，价格最小变动单位越小，则投资者越不愿意率先提交委托(报价)，向市场提供流动性。这是因为，价格最小变动单位越小，则投资者保持“相机抉择”权利的代价越小，即“插队”的成本越小，只要花相当于一个“价格最小变动单位”的成本就可以在“指令簿”(委托排序上)取得优势。对做市商制度而言，价格变动单位越小，做市商通过提供报价而盈利机会越小，越容易被他人“插队”，不管这个插队者是其他做市商还是普通投资者。这就是为什么实行做市商制度的市场迟迟不能采用十进制报价以缩小最小价格变动单位的主要原因。这个道理同样也能解释，为什么大多数采用竞价交易制度的市场采用了视价格而定的可变最小价格变动单位。

如果允许其他投资者的更优指令可以显示出来，那么，对做市商而言，能够与他们争夺盈利机会的，不仅包括其他做市商，也包括了普通投资者。这样，他们的盈利机会就会大大减少。这也能解释为什么 NASDAQ 直到 1997 年才开始允许普通投资者的更优指令显示在报价系统中。也就是说，揭示投资者更优指令的规则使得做市商无法获得原先的优惠。

一个必须面对的问题是，既然港交所模式不能解决做市商权利和义务对等的问题，那么，作为其蓝本的 NASDAQ 模式为何具有很强的生命力。我们认为，在这种交易制度下，只有在特殊条件下做市商才具备盈利机会，这些条件包括：较大的最小价格变动单位、视委托规模而定的分层次交易市场等。NASDAQ 市场刚好具备了这些条件。首先，NASDAQ 模式是在原先做市商制度向竞价制度转化过程中形成的，因此，这样的制度安排很好地实现了和历史的衔接。其次，更为重要的是，NASDAQ 具有很明显的分层次性。单就指令规模而言，进入竞价交易系统完成交易的多数是小额交易指令。NASDAQ 早在 1984 年就建立了小额交易自动委托系统 SOES，不须通过做市商完成交易，使小额投资者的交易更有效率，至 1996 年由 SOES 执行的交易量占总交易量的 15%。在 1997 年，新的指令揭示规则实施后，虽然投资者的更优指令可以揭示出来，但在数量上无法与做市商的报价相比。所以，有一种观点认为，从根本上说，做市商制度是一种适用于大宗买卖的交易制度，适合于以机构投资者为主导的市场，而不一定适合于以散户为主的市场。美国 NASDAQ 市场正是以机构投资者为主的市场，机构投资者占大多数，做市商主要以机构投资者为交易对象。因此，特殊的市场结构使得做市商仍有一定的盈利空间。虽然从理论上看存在这样的问题：在无名时可以无名而有实、一旦有名却很难做到有名而无实，所有交易者都想保留这种相机抉择的权利，但是，较大的最小价格变动单位使得“插队”成本较高。因此，做市商的盈利机会不会被轻易抢走。当然，原先采用做市商制度的市场引入竞价制度后，虽然做市商可能还得到一些其他的优惠，但是，总体看，有更多的主体可以分享原来属于做市商的盈利机会，因此，不难预见，这类交易制度下做市商的作用会日渐缩小。

上述分析表明，在我国证券市场引入做市商制度的难点可能在于，如何让券商有动力做市。必须面对的一个悖论是：如不放弃集中竞价制度就意味着券商没有来自交易的盈利机会，因此必须给做市商特殊的优惠，这些优惠绝不能仅仅来自于交易的买卖价差。而放弃集中竞价制度就意味着整个市场交易制度的全面更改。

四、海外市场的经验与教训

海外市场能够提供两个方面的经验。第一个方面，欧美主要证券市场原先采用的是比较纯粹的做市商制度，后来通过各种形式引入了竞价交易的成分，典型的如 NASDAQ 市场、伦敦股票交易所等。第二个方面，有些交易所原先采用的是纯粹的竞价交易制度，后来又引入了做市商制度。这两种情况都形成了混合交易制度。但是，竞价制度和做市商制度混合的方式又有两种。第一种是在不同股票上采用不同的交易制度，一部分采用竞价交易制度，另一部分采用做市商制度，两部分间相互独立，并不在一个股票同时实行两种制度。第二种是同时在一个股票上实行竞价交易制度和做市商制度。

我们着重考察原先采用竞价制度的市场引入做市商制度的两种模式。

1. 日本 JASDAQ 市场引入做市商制度的实践

JASDAQ(日本证券业协会自动报价系统)市场由日本证券业协会直接管理与运营。

JASDAQ 市场一直定位于交易所(主要为东京证券交易所)的准市场,一方面为交易所培养后备军,另一方面接收从交易所退出的企业。但近年来在日本政府继续推行发展风险企业的政策背景下,JASDAQ 市场进一步确立了风险企业融资市场的定位和形象,被视为一个与风险企业同步成长的市场。1998 年 10 月,日本修订了证券交易法,JASDAQ 与交易所之间从原来的纵向主附关系变成了横向竞争、相互协调的平等关系。

目前,JASDAQ 市场同时并用委托驱动与做市商报价驱动两种交易方式。自 1976 年正式设立柜台交易市场起,JASDAQ(1991 年正式成立)就一直采用与东京证券交易所相同的委托指令驱动交易制度。从 1998 年 12 月开始,JASDAQ 开始尝试引入做市商制度,选出部分股票以报价驱动方式进行交易。这些尝试的主要内容包括:

(1)做市商对指定其负责做市的股票进行报价。

(2)做市商有义务按其提出的报价进行交易。

(3)取消股票价格浮动的限制。

(4)做市商必须将成交行情迅速传送给日本证券业协会。

(5)对于报价驱动系统内的股票,切断其委托驱动系统的交易。

(6)一般证券商的股票买卖必须在做市商提出的报价范围内进行。

对同一只股票在实施做市商制度前后两天的交易情况进行比较,发现其流动性有了明显的提高,实行做市商制度的股票基本都比前一天的交易量大幅度提高,有的甚至提高了 20 倍。1998 年 12 月至 1999 年底,JASDAQ 市场实行做市商交易的股票范围逐步扩大,达 160 余只,占市场总体的 18%。从 2000 年 6 月的交易量来看,做市商成交数量占市场整体的 26.5%,交易额占 23.9%。做市商制度逐步在 JASDAQ 市场的运作中发挥作用。伴随做市商制度的引进,日本证券业协会对 JASDAQ 系统作了更新,在原系统附加做市商交易系统(TheJASDAQMarketMakerSystem)。该系统于 2000 年 3 月开始运作,在很大程度上提高了市场的交易容量和流通速度。

JASDAQ 市场做市商制度的第一个值得借鉴之处是,在上市之初对股票的流动性进行要求,这样,上市公司就会考虑采用做市商维持其股票的流动性。根据 JASDAQ 市场的做法,在实施做市商制度的同时,日本证券业协会对 JASDAQ 市场的退市出标准作了调整,其中股票的流动性成为一个很重要的指标,如果达不到规定的指标则必须退出市场。企业在申请上市的时候自然把上市后的流动性问题作为一个重要因素来考虑,在 JASDAQ 市场新上市的企业基本选择了做市商交易方式。

JASDAQ 市场做市商制度的第二个值得借鉴之处是,采用纯粹的做市商制度。即,做市商制度与竞价交易制度是非此即彼的关系,而不是同时在一个股票上采用两种制度。此外,构建了独立的做市商交易系统等措施也具有一定的借鉴意义。

2. 香港市场的经验与教训

2000 年之前,香港股票市场在股票期权、指数期权等品种上采取做市商制度,极大地促进了期权市场的活跃。香港交易所期权交易做市商的权利主要包括:做市商有权将开价盘输入期权交易系统,并可获准同时输入多个开价盘;有权享有董事会不时指定的费用折扣(履行义务后)。做市商的义务主要包括:做市商在收到所负责的期权类别的一个期权系列开价要求(QuoteRequest)后,应该在规定时间内提供双边报价,价差不能大于当时规定的数量,下单量不能小于当时规定的数量,并维持规定的最短时间。做市商报价方式有两种,一种是上面介绍的在收到开价要求后积极回应,另一种是没有收到开价要求时,也根据市场具体情况持续报价。交易所对两种报价情况分别管理,对采用第二种方式报价的做市商,优惠稍大些,但第二种报价方式对技术水平要求较高,仅有一两家做市商采用。香港市场指数期权交易能够成功采用做市商制度的一个重要理由是,有现货市场的对冲机制,做市商可以通过现货市场上相反头寸的交易来对冲期权市场上的风险。

2000 年之后,香港市场在股票现货交易市场推行以竞争性报价为主、做市商报价为辅、投资者的报价与做市商的双边报价共同参与集中竞价的做市商制度。这是一种简化改良的做市商交易模式,具有香港市场的特色,兼有自动交易及做市交易的好处。目前港交所内的 NASDAQ 上市股票及权证交易使用做市商交易模式。香港的做市商特色在于投资者的交易对手不一定是做市商,做市交易通过交易系统进行自动配对,自动配对的原则是价格及时间优先,做市商除负责输入报价确保指定证券有合理的流通量及买卖差价外,其他方面的地位与普通经纪并无两样,并无买卖的优先权。做市商负责的证券交投稀少时,才显现做市商的责任,在所负责的证券交易活跃时,做市商无做市责任。在技术系统方面,做市商交易模式只是在自动交易的模式上,增加了做市商特有的报价输入功能,同时设定做市商在数据传输速率方面较普通经纪快。据悉,香港做市商交易模式的实施主要是依赖业务制度来维持运转,承担做市商责任的券商并无多少积极性来主动维持双向报价。

五、我国银行间债券市场的尝试:借鉴意义有多大?

我国银行间债券市场的双边报价商制度可以为证券市场引入做市商制度提供一些直接的借鉴和指导。

银行间债券市场采取分步实施的策略,由双边报价商制度逐渐过度到做市商制度。2000 年 4 月 30 日,中国人民银行发布《全国银行间债券市场债券交易管理办法》,明确金融机构经批准可开展债券双边报价业务。经央行批准,2001 年 7 月 25 日,中国工商银行等 9 家银行成为银行间债券市场的双边报价商。因此,我们可以把银行间债券市场的双边报价商制度看做是做市商制度的雏形。

根据人民银行对双边报价业务的规定,双边报价商的权利包括:

(1)承销便利;

(2)融券便利;

(3)融资便利;

(4)享有同业拆借中心的技术支持。双边报价商的义务包括:①做市商在做市某一种债券时,必须事先向债券交易系统登记注册;②做市商对做市的债券在债券交易时间同时连续报出现券买卖报价,并保持一定的交易量;③应及时满足央行公开市场货币政策操作的需要,保证央行交易优先成交(价格优先和时间优先)。

央行推出双边报价商的目的在于活跃债券现券交易,提高货币政策传导的及时性和有效性。在双边报价商的推动下,银行间债券市场的流动性得到一定程度的提高。据悉,2001 年银行间债券市场引入做市商制度以及债券发行规模的扩大,使 2001 年现券市场呈现出质的变化,流动性得到了明显提高,价格对市场利率的反应也更为理性化。2003 年 1 月到 7 月,双边报价商对做市券种的做市成交量达到这些券种在市场成交量的 37%。

三年多来的实践使银行间债券市场的双边报价商制度得到了充分的检验。作为做市商制度的雏形和过渡形式,银行间债券市场双边报价商制度所暴露的最大难题是,双边报价商在履行了义务的情况下,其权利如何得到保证。目前的双边报价商基本只是履行义务,而没有相应的权利。例如双边报价商按照规定必须履行双边报价的义务,但在中国银行间债市经常性单边市的情况下,债券价格下跌则双边报价商的买价全被点击,这样一来就意味着双边报价商将被迫买下大量债券,承受债券价格下跌的损失;而一旦债券价格上涨,则双边报价商的卖价全被点击,又损失了机会收益。据称,在 2002 年债券价格下跌的时候,9 家双边报价商基本上都因买下债券而遭受损失。

其次,非真实报价也在一定程度上阻碍了双边报价商制度的实行。我国银行间债券市场是一个场外市场,实行询价交易的交易方式。投资者在双边报价商所报价格的基础上,与双边报价商进行讨价还价,使得严格按双边报价商所报价进行成交的交易并不多,这不利于形成双边报价商的真实报价。为了提高市场流动性,双边报价商必须在所报出的买卖价格基础上,无条件地接受交易要求。但中国双边报价商通过双边报价成交的交易并不多,双边报价商为维持市场流动性所发挥的作用并不明显。

第三,在缺乏相应的金融衍生产品的情况下,银行间债券市场双边报价商缺乏规避利率风险的手段和方式,使双边报价商面临比其他市场成员高得多的风险,制约了双边报价商报价的积极性,也影响了双边报价商向做市商的转变。

为了支持双边报价商的发展,中国人民银行于 2002 年 5 月份出台了《中国人民银行与双边报价商融券业务操作规则》,允许双边报价商为了双边报价的目的向中国人民银行借入债券。但业内人士称央行并没有足够的债券应付双边报价商的融券行为。显而易见的道理是,如果缺乏完善的融券市场,做市商双边报价功能及效果都将受到抑制。

银行间国债市场双边报价商制度的一个值得借鉴之处是,双边报价商取得了很重要的承销便利。例如,2003 年 6 月 24 日,中国人民银行贴现发行 2003 年第十六期、第十七期央行票据,发行总量 300 亿元,其中 120 亿元向 9 家双边报价商以非竞争性招标方式配售。这是国债市场双边报价商在国债认购方面所得到的优先地位。但是,国债市场双边报价商也承担了明确的做市责任:第十六、十七期央行票据在银行间债券市场上市流通后,通过认购便利方式购买央行票据的双边报价商须将这两期央行票据作为做市债券,根据中国人民银行有关规定,在银行间债券市场进行做市交易。

六、引入做市商制度:需要解决的难题

根据前面的分析,我们认为,现阶段在我国引入做市商制度主要存在三个方面的障碍。首先,如果引入真正的做市商制度,在部分证券上采用纯粹的做市商制度,则会面临比较大的法律障碍。根据目前我国证券法中的相关规定,在交易所上市的证券必须进行"集中竞价交易"。所谓集中,就是指所有在交易所上市股票的交易必须在交易所进行,排除场外交易市场(OTC)存在和发展的可能。从技术手段角度看,以中央登记结算公司来保证"集中"的实现。所谓竞价,是指采用指令(委托)驱动交易制度,严格遵循"价格优先、时间优先"原则,在交易系统中所有参与者的地位平等,无特殊地位的交易者(如做市商)。目前来看,短时间内修改证券法中关于集中竞价交易条款可能会有困难。我国证券市场从成立之初就一直采取竞价交易制度。十多年的运行表明,在市场不缺乏流动性的前提下,竞价交易制度能够保证很高的交易效率,并且有利于维护市场的公平。

其次,如果在竞价制度基础上引入做市商制度,对部分证券同时采用竞价制度和做市商制度,虽然可以避免产生法律问题,但是,如何平衡做市商的权利和义务就成了问题。前面的理论分析已经表明了这种情况不可行。据了解,目前券商对承担做市商角色具有一定的先决条件,包括融资融券的权利、消除《公司法》和《证券法》中关于单个投资者持股比例的限制、新股发行时取得一定数量的"初始券"的权利、得到交易信息披露方面的优惠、减免手续费和印花税等多个方面。这些条件虽可在一定程度上提高做市商的做市动力,但现在看来,这些条件多半不可行。

第三,如何解决监管做市商的难题。如果引入纯粹做市商制度,则对做市商的监管就会成为一个问题。由于做市商享有特殊的地位,因此极有可能发生与个别投资者联手进行内幕交易以及做市商之间联手垄断价格的现象,这些都加大了监管难度。虽然有观点认为,"做市商与庄家有根本的区别,做市商的交易行为是透明的,而庄家的行为则是不透明的",但是,从世界各主要交易所的教训看,对做市商做市行为的监管是相当困难。这方面的教训很多。

与此直接联系的问题是,引入做市商制度能否解决"暗庄"问题。通过引入做市商制度来解决"暗庄"(如私募基金)操纵市场的问题,这是监管层对做市商寄予希望的主要原因。那么,做市商制度能否有效抑制市场操纵呢?认为做市商有利于抑制市场操纵的原理是,由于做市商对某种股票持仓做市,使得有意操纵股价者有所顾及,既不愿意为做市商"抬轿",又担心做市商抛压;另外,做市商还可以利用技术手段来平抑股价——当市场出现买卖指令不均衡、有过大的买盘过度推高价格或者是有过大的卖盘过度压低价格时,做市商可以插手其间,平抑价格波动。但反对的观点称,做市商事实上也是庄家,也有可能滥用享受的特殊权利,甚至和其他做市商合谋串通,产生新的操纵行为。因此,从理论上看,并没有做市商制度能够抑制市场操纵的理由。另外,从海外证券市场做市商制度的实践看,做市商制度并没有在抑制市场操纵方面显示出优势。因此,我们认为,借助做市商制度来解决市场操纵问题,是一种值得怀疑的看法,至少在海外市场上没有类似的经验可供借鉴。可以说,希望做市商制度来解决市场操纵问题,是中国证券市场赋予做市商制度的全新任务。

七、初步的结论

1. 首先需要从解决市场流动性问题的角度考虑引入做市商制度

从本质上看,做市商制度是组织市场交易的一种方式。从海外市场的经验与教训来看,引入做市商制度的目的都是为了解决市场流动性不足问题。既有的理论分析表明,做市商制度具有其适用性:流动性不高的市场(由市场技术条件、股票自身性质等决定),但是交易成本较高。因此,对原先以做市商制度为主的欧美市场来说,在市场得到进一步发展、流动性有所提高后,其交易成本高的不足就会凸现出来。此时,一般的做法是引入竞价制度。而对原先采用竞价制度的新兴市场而言,只有在市场流动性不足以至于竞价制度不成功的情况下,才会考虑采用做市商制度为市场提供流动性。考虑到我国证券市场的发展趋势,有可能出现创业板市场上市股票或者其他类型证券流动性不足的问题，此时，做市商制度可以作为一个解决流动性不足问题的方案加以考虑。

2.我国引入做市商制度的可行模式

引入做市商制度的具体模式主要有两类。第一类是在单个股票上同时实行两种交易制度（港交所模式），第二类是在不同股票上实行不同交易制度（JASDAQ模式）。在第一类模式下，做市商可以享有不等的优先地位，甚至不享有任何优先地位。但是，对于已经采用竞价制度的新兴市场而言，在不改变原有竞价制度情况下，引入的做市商制度只能是一种形式，不会在市场上起到作用。事实上，香港交易所模式就是一种“伪”做市商制度。在第二种模式下，一个股票只能采用一种交易制度，当然，可以在不同时间采用不同制度。最常见的情况是，正常情况下采用竞价交易制度，当流动性不足时采用做市商制度。日本JASDAQ市场就是采用这种模式。

根据前面的分析，我们认为，在我国证券市场引入做市商制度的最可行方案是纯粹竞争性做市商制度。在这种模式下，做市商利润由所有做市商分享。从竞争角度看，对利润的争夺可以使得做市商有动力保持合理的报价。

3.是否有必要采取其他方式弥补流动性的不足

我们认为，可以考虑采用其他的办法来解决可能存在的流动性不足问题。作为做市商制度的替代，定期分盘集合竞价制度也是解决流动性不足问题的重要手段。首先，集合竞价制度有利于解决流动性不足问题有比较一致的理论和实证证据作支持。其次，采用集合竞价制度解决流动性不足问题有海外市场的成功经验。巴黎股票交易所等就曾对不活跃的股票采取一个交易日集合竞价一次或两次的交易方式。第三，我国证券市场初步拥有了相关经验。中国证券业协会已经在代办股份转让系统尝试采用开放式分盘集合竞价方式来产生每日成交价格。

采用分盘集合竞价方式弥补流动性的不足，可以使我们暂时回避引入做市商制度所须面对的法律障碍问题，最大限度地实现与主板市场交易制度的衔接并解决流动性不足的问题。从目前世界各主要证券市场的发展趋势看，由做市商制度提供流动性的成本是巨大的，因此，我们认为，首先应该选择分盘集合竞价而不是做市商制度来弥补可能出现的流动性不足，其次才是选择纯粹竞争性做市商制度。

四大指标显示中国国际竞争力高升

■2004年中国国际竞争力在60个国家和地区中位居24位，位次比上年提升5位，国际竞争力明显增强。中国国际竞争力大幅提升，是宏观经济运行、政府效能、企业效益和基础设施四个要素共同作用的结果。除基础设施的国际竞争力位次未变外，其余三项的国际竞争力位次都有不同程度的上升。

■中国现在已是WTO的正式成员，在参与国际分工的同时，应注意比较优势对中国竞争力的影响。而作为发展中国家，也应注意后发优势对中国竞争力的影响。而亚洲国家和地区在未来会经历三个发展阶段，并最终在全球具有更高的竞争力。未来50年，世界的竞争格局将因亚洲国家和地区，尤其是中国、印度的快速发展而发生根本性变化。

近日瑞士洛桑管理学院公布了世界主要国家和地区的国际竞争力排位，并把国际竞争力测评的国家和地区由上年的59个增加到60个。结果显示，2004年中国国际竞争力在60个国家和地区中位居24位，位次比上年提升5位，国际竞争力明显增强。

一、今年中国国际竞争力大幅提升

1.中国在测评的60个国家和地区的国际竞争力位次由上年的第29位上升到24位，比上年提升5位。今年中国、中国浙江、中国香港和中国台湾均被列为测评国家和地区。中国浙江由第38位上升到19位，中国香港由第10位上升到第6位。2004年在测评的60个国家和地区中，竞争力排在第1位的仍是美国，自1989年测评以来一直稳居前列。前5位的国家和地区依次是美国、新加坡、加拿大、澳大利亚和冰岛。但第2位的新加坡与美国相比，差距很大，竞争力总水平相差11个分值。排在最后的委内瑞拉分值还不及美国的1/4。中国竞争力总体分值70.72分，比上年提高9.8分。

2.中国在亚太15个测评的国家和地区中的国际竞争力位次由上年的第8位后移到第9位。中国浙江省由第11位上升到第7位，中国香港稳定在第3位。总体来说，亚太地区是今年全球经济发展的亮点，尤其是亚洲的几个国家和地区。2003年在60个参评对象中经济发展最快的10个国家和地区有6个在亚洲地区。其中中国浙江拔得头筹，经济增长达14%。中国9.1%，印度增长8.1%。

3.中国在人口超过2000万的30个测评国家和地区中的国际竞争力位次由上年的第11位上升到第10位。中国浙江由第14位上升到第6位。前5位依次是美国、加拿大、澳大利亚、中国台湾和马来西亚。从总体来看，三大经济体美国、加拿大、澳大利亚表现较好，连续两年稳居前3位，但欧洲大陆的表现与亚洲形成鲜明对比，几个大国的竞争力水平都有所下降。英国位居第8位，法国位居12，意大利位居21。分别比上年下降3位、4位和6位。而政局动荡和国内局势不稳定的印度尼西亚、阿根廷和委内瑞拉连续几年都排在后三位。

4.中国在竞争力位次上升最快的前10个参评对象中占有4位。2004年，竞争力位次升幅最大的前3个参评对象是中国浙江、印度和德国巴伐利亚州，他们的提升位次均达到了两位数以上。分别是19位、16位和11位。中国4个参评对象均在这10名之中，表现非常突出。

二、中国国际竞争力提升的主要原因

2004年，中国国际竞争力大幅提升，是宏观经济运行、政府效能、企业效益和基础设施四个要素共同作用的结果。除基础设施的国际竞争力位次未变外，其余三项的国际竞争力位次都有不同程度的上升。

1.宏观经济运行的国际竞争力居第2位。2004年中国宏观经济运行的国际竞争力分值为79.24分，在60个测评国家和地区中居第2位，仅次于美国。今年，中国宏观经济运行竞争力水平高，主要有以下几个方面的原因。

一是2003年中国经济增长达到了9.1%，成为全球经济增长最快的国家。今年一季度国民经济在上年快速增长的基础上，继续保持强劲的增长势头，增长9.8%。虽然从全年来看，增长率有可能低于上年，但在世界范围内仍将是增长较快的国家。

二是对外贸易增长强劲。2003年中国已成为世界第四大商品贸易出口国，仅次于德国、美国和日本。今年一季度进出口继续保持较快增长，同比增长38.2%。而且中国加入WTO后，已逐步渡过不适应期，平均关税也从1992年的46.5%降到2003年的6.9%。这些都有利于中国进出口贸易的进一步发展。

三是利用外资进一步扩大。在过去的10年里，中国

GDP平均增长超过了8%，外汇储备突破4000亿美元大关。宏观环境的改善非常有利于吸引国外直接投资。2003年中国吸引外商直接投资535亿美元。今年一季度为141亿美元，增长7.5%。而据国际投资银行测算，2003年全球超过60%的外商直接投资流入亚洲，中国就占其中的32.5%。

四是逐步走出通货紧缩的阴影。1—3月，全国居民消费价格总水平同比上涨2.8%，涨幅比上年同期上升2.3个百分点。

2.政府效能的国际竞争力居第21位。2004年中国政府效能的国际竞争力分值为62.04分，比2003年提高5.9分。在60个测评国家和地区中居第21位，比上年提升1位。政府效能主要是反映一个国家和地区政府制定的政策的可操作性和可竞争性。完全是从政策是否为市场经济发展考虑，是否为提升国家和地区竞争力水平考虑。在这一指标中，得分较高的是一些中小国家和地区，前5位分别是新加坡、澳大利亚、中国香港、芬兰和丹麦。这也从一个侧面反映出，中小国家和地区的经济结构较大国要单一，同样一项政策要比大国灵活和适用。中国这一要素国际竞争力位次的逐年上升，说明中国政府制定的经济政策越来越科学，越来越有效。

政府通过在资本市场、补贴、生产标准、竞争条例等方面的政策直接影响到国家和地区、企业的国际竞争力。一个最典型的例子就是日本的企业国际竞争力以及国家国际竞争力在二战后的迅速提高。日本之所以能够在二战以后重新崛起，从一个企业、国家国际竞争力均十分落后的国家迅速发展成为世界经济强国，政府所起的作用是十分明显的。改革开放后，中国政府在宏观经济政策、立法与条规的确立与颁布、经济结构与社会结其他构的调整等方面，所扮演的一个“硬的”政府的角色也逐渐被国际社会所认可。因为它为投资提供了稳定的环境，并且为政策的有效贯彻提供了所需的机构。这大大提升了中国政府效能的竞争力。

3.企业效益的国际竞争力居第35位。企业效益这一要素主要反映企业在产品、技术更新方面的投入，利润实现情况，企业对员工、对社会的负责任的态度等。2004年中国企业效益的国际竞争力分值为48.5分，比上年提高12.6分；位次由上年的第46位上升到第35位，在四个要素中上升速度最快。2003年中国企业利润大幅增加，规模以上工业企业实现利润比上年增长44%；亏损企业亏损额继续下降；企业在产品改造、技术改造方面的投入加大，员工福利、环保支出增加。

企业的竞争力取决于很多因素。一是生产要素的状况，指生产产品所需要的各种投入，其中包括：自然资源、人力资本、知识、金融资本及基础设施等。如何开发和更新高等要素已成为企业竞争力的重大决定条件。二是企业的经营战略、结构与竞争方式。这类要素是指企业的组织结构、战略决策特点及竞争程度所赖以存在的国家和地区环境等。近几年随着现代企业制度的进一步推行，尤其是中国加入WTO后，企业的内在改制和外部营销能力不断增强。企业在国际上的竞争力也不断加强。

4.基础设施的国际竞争力稳定在第41位。基础设施包括硬件基础设施、科学、技术、环境和人力资源等，实质是测评基础设施的完善程度、科学技术普及和发展及人力资源素质对经济发展的满足程度。2004年中国基础设施的国际竞争力分值为40.8分，位次稳定在第41位。现代基础设施应当包括以下几个方面：其一，基本基础设施，主要是交通、能源等设施；其二，技术基础设施，包括信息基础设施；其三，科学基础设施；其四，环境、卫生、教育等基础设施。近几年，中国在拉动内需的同时大力投资和完善基础设施，成效相当显著。

三、影响中国国际竞争力的主要因素

虽然2004年中国的国际竞争力位次有了较大的提升，但四个要素的国际竞争力的表现却有很大的差别。尤其是企业效益和基础设施的国际竞争力仍不是很高，宏观经济运行中的就业也不够理想，这些都是影响中国整体竞争力水平的重要因素。

1、就业形势仍较严峻。就业是宏观经济运行要素的一个子要素。虽然2004年中国宏观经济运行竞争力较强，仅次于美国，但实际分值却相差很多。美国分值为90.5分，中国只有79.24分，相差11.26分。而其中就业不够理想是一个很重要的因素。2003年，中国仍有不在岗职工1785万人，虽比上年略有减少，但规模仍相当大。

2、企业效益整体竞争力水平较低。虽然2004年企业效益的国际竞争力提升的幅度最大，但位次和分值均还比较低，分别为35位和48.5分。从测评的60个国家和地区来看，此要素的国际竞争力提升最多的是印度，其次是韩国和德国的巴伐利亚。印度企业的效益竞争力分值已达60.2分，比中国高出24.1%。而中国浙江省此项竞争力分值竟高达83.7分，仅次于美国和中国香港，位居第3位。中国企业效益整体竞争力水平低，其主要原因一是我们的企业管理水平、技术等比较落后；二是企业没有形成规模经济，成本高、竞争力差；三是市场竞争意识尤其是国际市场竞争意识还不是太强。

3、基础设施有待进一步改善。基础设施在四个要素中的国际竞争力的位次和分值均最低。2004年的分值为40.81分，仅相当于第1位美国的40%，第22位中国香港的66%。从经济发展来看，不同类型的基础设施在经济发展的过程中所起到的作用也发生着实质性的变化。在经济增长的初级阶段，自然资源是一国和地区经济增长的重要源泉；而在经济增长的中、高级阶段，自然资源的作用相对减少，生产要素中的高等要素如现代化的通讯网络等的作用在逐渐增强，且日益成为一国和地区经济增长的重要基础。在瑞士洛桑管理学院《世界竞争力年鉴(1998)》中，基础设施国际竞争力与国家和地区竞争力之间的相关系数为0.85，可见基础设施国际竞争力与国家和地区国际竞争力之间存在较强的正相关性。

四、比较优势与中国的国际竞争力

通过以上分析我们可以看出，国家和地区与国家和地区之间的竞争，并不是你输我赢的竞赛游戏，而是一种正向的、双赢的竞争。因此，参与国际竞争对于中国来说既是挑战也是机遇。通过国际竞争力的比较，分析我们存在的问题和制约因素，学习和借鉴别国的经验，对于促进中国国际竞争力的提高是非常有益的。同时，中国现在已是WTO的正式成员，在参与国际分工的同时，应注意比较优势对中国竞争力的影响。而作为发展中国家，也应注意后发优势对中国竞争力的影响。

在瑞士洛桑的国际竞争力报告中，他们对包括中国在内的亚洲国家和地区给予了较高的评价和细致的预测。认为亚洲国家和地区在未来会经历如下的三个发展阶段，并最终在全球具有更高的竞争力。

第一阶段：中国、印度和大多数亚洲国家和地区将是美国、日本和欧洲企业的廉价劳动力的提供者。最终，中国将成为世界经济的制造、加工中心。印度将成为办公室服务的提供者。泰国将成为重要的异地组装者。

第二阶段：这些国家和地区将产生一批积累了大量财富

的中产阶级，并形成巨大的购买力。中国是世界上经济发展最快的国家，也是世界上最大的手机、汽车和钢材市场。印度也会像过去十年中马来西亚和新加坡那样，生产和消费更多的物品。

第三阶段：亚洲将会成为世界各地的强有力的竞争者，他们将培养一批本土的全球性公司，并会出口本地的品牌产品。这些产品开始较便宜，但逐渐会成为附加值较高的世界级品牌。中国的一些品牌，如海尔、华威、TCL 等，虽然现在卖得很便宜，但不用太久将会被世界更多的人所熟知，并跻身世界级品牌之列。

世界投资银行的高得曼先生在 2003 年的一篇论文中预测，2050 年，中国的 GDP 将达到 444530 亿美元，超过美国成为世界最大经济体。印度的 GDP 也将达到 278030 亿美元，成为世界第三大经济体。之后依次是日本、巴西和俄罗斯。欧洲各国将进入较小经济体之列，整个欧洲的 GDP 将达到 250000 亿美元。因此，未来的 50 年，世界的竞争格局将因亚洲国家和地区，尤其是中国、印度的快速发展而发生根本性变化。

国际竞争力测评

瑞士洛桑管理学院是世界上较早进行国际竞争力研究并最具影响的机构。在他们的测评中，总体竞争力水平由四大要素构成：(1)经济运行：包括国家和地区内经济实力和国际化程度。是对国家和地区经济力量和参与国际贸易和投资程度的整体评估。(2)政府效能：指政府政策和社会环境对竞争力的有利程度。(3)企业效益：指企业在管理、盈利、创新和应变等方面的表现。(4)基础设施：指软、硬基础设施为满足经济发展和社会需求的程度。

瑞士洛桑管理学院将国际竞争力定义为：国家和地区国际竞争力是一个国家和地区在市场经济竞争的环境和条件下，在国际竞争的比较中，所能创造的增加值和国民财富的持续增长和发展的系统能力水平。因此，一个国家和地区的国际竞争力反映的是一个综合水平。既包括已有的财富基础，也包括未来的竞争潜力；既反映经济的发展，也反映宏观环境的改善。(国家统计局郑泽香)

2004 年世界 60 个国家和地区竞争力排名与分值

国家和地区	2004 年		国家和地区	2004 年	
	排名	得分		排名	得分
美国	1	100	西班牙	31	67.414
新加坡	2	89.008	巴黎大区(法国)	32	64.646
加拿大	3	86.626	以色列	33	63.458
澳大利亚	4	86.046	印度	34	62.971
冰岛	5	86.015	韩国	35	62.201
中国香港	6	85.765	苏格兰	36	62.026
丹麦	7	84.378	罗纳一阿尔卑斯省(法国)	37	61.429
芬兰	8	83.636	马赫拉什特(印度)	38	59.557
卢森堡	9	83.083	葡萄牙	39	58.485
爱尔兰	10	80.303	斯洛伐克	40	57.462
瑞典	11	79.578	哥伦比亚	41	57.37
中国台湾	12	79.543	匈牙利	42	57.209
奥地利	13	78.933	捷克	43	56.44
瑞士	14	78.809	希腊	44	56.346
荷兰	15	78.613	斯洛维尼亚	45	55.498
马来西亚	16	75.919	伦巴第(意大利)	46	55.27
挪威	17	75.468	圣保罗(巴西)	47	55.008
新西兰	18	74.394	约旦	48	54.131
中国浙江	19	74.265	南非	49	53.786
巴伐利亚(德国)	20	73.73	俄罗斯	50	52.14
德国	21	73.435	意大利	51	50.307
英国	22	72.186	菲律宾	52	49.666
日本	23	71.915	巴西	53	48.13
中国	24	70.725	罗马尼亚	54	47.997
比利时	25	70.324	土耳其	55	43.459
智利	26	69.901	墨西哥	56	43.239
卡特劳尼亚(西班牙)	27	69.802	波兰	57	41.953
爱沙尼亚	28	68.426	印尼	58	38.095
泰国	29	68.235	阿根廷	59	36.937
法国	30	67.673	委内瑞拉	60	24.748

着力控制投资引致型金融风险

■我国正处于工业化中期阶段——重化工业化阶段。在这一阶段，重化工业和高科技产业的迅速发展，以及对传统工业的改造都将带动大量投资。这两方面的投资又因全球产业结构的调整和加工制造业向我国转移而加强。

■无论从发达国家进入工业化中期阶段后的普遍经历，还是从我国目前的情况看，我国投资率保持较高水平的状况将持续到 2010 年左右。2010 年之后，投资高增长的状况才有可能逐步回落。

■从现在开始到 2010 年的这段时期，投资增长率的大起大落将成为影响我国金融稳定的一个主要因素。这一时期恰逢我国资本帐户从封闭走向开放的过渡时期，对国内金融市场和金融机构将带来新的考验，投资引致型金融风险将出现新的变化。

一、我国投资引致型金融风险的由来

如果说，20 世纪 80 年代我国经济增长是由投资与消费共同拉动的，那么 20 世纪 90 年代以来的经济增长具有明显的投资拉动特征。我国的投资率已经由 20 世纪 80 年代前期的 34.1%增加到 20 世纪 80 年代后期的 36.8%，20 世纪 90 年代的平均水平为 38.6%。近年来，投资拉动型经济增长的特征更加明显，投资率由 2001 年的 38%增至 2002 年的39.4%，2003 年进一步激增到 42.7%。相应地，资本形成总额对经济增长的贡献度由 20 世纪 80 年代的 31.5%增加到 20 世纪 90 年代的 36.2%，2001 年以来平均在 80%左右。

与消费拉动型经济增长相比，投资拉动型经济增长往往导致经济剧烈波动。1984—85 年、1991—1993 年和 2002—2003 年在较高投资增长的带动下，形成了三次较为明显的经济扩张。前两次经济扩张期后，投资增长率锐减，经济迅速收缩。最近一次经济收缩期发生在 1998—2001 年，主要也是由于投资低迷造成的。

按照国际清算银行(BIS)的定义，金融稳定是指构成金融体系的主要机构和市场的稳定。金融机构的稳定是指不存在潜在的、能够衡量的、超过限度的经济损害的压力，不发生中断或需要外界援助才能够履行合同义务的事件；金融市场的稳定是指不存在引起更广泛危害的价格变动，市场的参与者有信心以能够反映市场基本力量的价格进行交易，在基本因素没有发生变化时，市场不会在短期内剧烈波动。

在我国，在投资拉动型经济增长以及以间接融资为主体的情况下，投资增长率的大起大落对金融稳定构成严重威胁。投资大起大落的背后是货币供给量和信贷资金的急剧扩大和收缩，这往往导致通货膨胀率的急剧变化，影响金融和产品市场的稳定。如果投资是低效率或无效率的，又会导致不良贷款增加，影响金融机构的稳定。在本文中，把这种由于投资大起大落，以及低效率带来的金融风险定义为投资引致型金融风险。

我国正处于工业化中期阶段——重化工业化阶段。在这一阶段，重化工业和高科技产业的迅速发展，以及对传统工业的改造都将带动大量投资。这两方面的投资又因全球产业结构的调整和加工制造业向我国转移而加强。无论从发达国家进入工业化中期阶段后的普遍经历，还是从当前我国人均收入处在下中等收入国家水平的现实，以及党的十六大确定的战略目标看，我国投资率保持较高水平的状况将持续到2010年左右。2010年之后，投资高增长的状况才有可能逐步回落。

从现在开始到2010年，既是我国投资率保持较高增长的时期，也是我国资本帐户对外开放的重要时期。资本帐户的开放对改革滞后的我国金融业来说，意味着新的挑战，将带来新的金融不稳定因素。这一时期，投资引致型金融风险也会出现新的变化。

二、投资引致型金融风险的传导途径

在各种经济增长模型中，劳动和资本存量是决定经济增长的两个最基本的生产要素。对于有着丰富劳动力资源和劳动力供给相对充足的发展中国家来说，作为新增资本存量的投资是决定经济增长的最重要因素。投资增长不仅能够创造需求，而且也是使企业竞争能力和国民经济结构得到提升的主要手段。伴随着投资增长，如果技术进步和全要素生产率同步增长，还意味着经济增长效率的提高，从而表明投资在量和质两个方面推动着经济增长。

我国固定资本投资与经济增长率间的相关关系非常明显，特别是20世纪80年代中期我国进入投资拉动型经济增长阶段以来，经济增长率随着固定资产投资增长率的波动而波动，两者的相关系数为0.76。

在短期分析中，凯恩斯的投资决定理论和货币理论从两个方面对投资、经济增长和货币供给间的关系进行了论述。在凯恩斯理论中，投资、经济增长和货币供给间存在两个传导机制。一是内生传导机制，沿着“利率→投资→总产出→货币需求→货币供给”的途径传导；二是外生的传导机制，是指中央银行在执行货币政策时沿着“货币供给→利率→投资→总产出”的途径传导。投资、经济增长与货币供给间的关系是内生与外生传导机制的统一。

在我国，从投资到货币供给的传导机制与标准凯恩斯模型中的传导机制有所不同。凯恩斯模型中“利率→投资→货币供给”的内生传导途径在我国并不顺畅，从“货币供给→利率”和“利率→投资”的链条是断开的。这主要有两个原因：一是我国还没有形成西方经济理论所论述的标准投资函数。决定国有企业投资与非国有企业投资的因素具有明显的差别，国有企业投资除了受市场利率和投资者预期的影响之外，更主要地受一些非市场性因素的影响，尽管这些影响在近年来明显淡化。这些影响包括，中央和地方政府经济发展目标，为了享受政府各种优惠政策而增加投资等等。非国有企业投资者尽管更多地体现投资主体的特征，但由于“所有制歧视”和“信贷偏向”等问题普遍存在，国有商业银行不愿向这些企业提供贷款。二是目前我国存贷款利率仍然由中央银行控制，还没有形成市场化的利率。国有企业投资的利率弹性几乎为零，非国有企业投资尽管对利率较为敏感，但按市场利率仍然难以融到资金。

在利率链条中断的情况下，投资增长仍然会引致货币供给的增长，货币供给的紧缩也会导致投资增长的大幅度下降。经检验，1985—2003年我国固定资产投资增长率的名义值与狭义货币M1增长率间的相关系数为0.64。但事后看，货币供给的增加既可能是货币当局政策调控的结果，也可能是投资增长导致产出和货币需求增加，从而使货币供给被动增加的结果。

通过对名义投资增长率、狭义货币M1增长率与物价指数(CPI)三个变量两两变量间的Granger因果关系检验，验证了我国从投资到货币供给的传导途径。从检验结果可以看出：

(1)在滞后期分别为1年、2年和3年内，名义投资增长率是M1增长率的Granger原因，其中滞后期为2年时Granger因果关系最明显，显著性水平为1.736%。当滞后期延长至2—3年时，M1增长率是名义投资增长率的Granger原因。这说明，我国货币供给与投资互为因果关系。投资增加(或减少)会导致货币需求和货币供给的增长(或下降)，货币供给量紧缩(或扩张)也会带来投资的紧缩(或扩张)，只不过从投资传导到货币供给需要1—2年的滞后期，而从货币供给传导到投资需要2—3年的滞后期。

(2)在1—2年滞后期内，M1增长率是CPI的Granger原因，在3个滞后期内，CPI都不是M1增长率的Granger原因。这说明，货币供给的增加或减少是CPI上涨或下跌的Granger原因。从货币供给到CPI的传导非常迅速，时滞越短，两者的因果关系越明显(本文中滞后期为1年时，显著性水平为0.058%)。

(3)在1—3年滞后期内，名义投资增长率是CPI变动的Granger原因，相反的关系不成立。其中，滞后期为1年，因果关系最明显，显著性水平为0.04%。这说明，投资增长(或下降)会导致CPI上涨(或下跌)。

三、对投资引致型金融风险的检验

在以上由投资引致的货币需求和货币供给的变化中，如果物价出现超出限度的上涨或下跌，即出现较高的通胀或通缩，将对金融市场的稳定产生影响。如果投资引致的信贷需求由于投资低效率，或者由于经济环境的变化而不能得到偿还时，将形成不良贷款。当金融机构的不良贷款比率达到一定限度时，将对金融机构的稳定产生影响。因此，投资在推动产出增长的同时，通过引致货币供求关系的变化，也会形成金融风险。

在资本帐户不开放的条件下，投资引致型金融风险主要表现在两个方面，即整体物价水平超限度的剧烈波动，以及银行贷款迅速扩大和收缩导致的不良贷款比率的增加。下面对1985—2003年间我国投资引致型金融风险进行检验。

1、对投资增长率大起大落导致整体物价水平剧烈波动的检验

通过以上对我国“投资→货币供给”传导途径的分析，进一步检验了投资增长率的大起大落对物价变动的影响。同时，还可以从另一个角度证实投资增长率变动对物价水平变动的影响。投资增长首先导致生产资料价格的上涨，经过一年左右的滞后期再传递到CPI上，造成CPI的上涨。20世纪90年代以来，我国上年生产资料价格指数与当年CPI间的相关系数高达0.87。1987年和1993年实际投资分别比上年增长24.1%和27.9%，经过一年的滞后期，1988年和1994年CPI分别比上年增长18.8%和24.1%，物价水平明显超出了金融和经济稳定所能够承受的限度。当1989年和1999年实际投资比上年分别增长－11.3％和5.5％时，1990年和1999年的CPI分别比上年增长3.1％和－1.4％。正是由于1997－1999年以来投资的连续低增长，导致我国在1998－2002年发生了轻度的通货紧缩，从而影响了金融和经济的稳定。

2、对投资增长率大起大落和低效率导致不良贷款增加的检验

由于我国资本市场不发达，企业融资活动主要依靠银行贷款，信贷资金成为固定资产投资的一个主要来源。20世纪80年代中期以来，国内贷款占固定资产投资来源的比例平均在20％以上，仅次于企业自筹资金。反映在投资资金来源中国内贷款增长率与固定资产投资增长率间的关系上，两者有着非常高的相关性，贷款增长一直是拉动固定资产投资增长的重要因素。回归分析表明，当年固定资产投资增长率与上年国内贷款增长率的相关系数为0.82。在1985年、1987年、1992年和2002年的固定资产投资资金来源中，国内贷款分别增长97.4％、32.4％、68.4％和22.4％，导致接下来的1986年、1988年、1993年和2003年固定资产投资分别增长22.7％、25.4％、61.8％和26.7％，形成了阶段性投资高峰或次高峰。相反，国内贷款增长率较低的年份，如1989年、1997年和1999年，固定资产投资的增长率也较低。上述三个年份的固定资产投资增长率分别为－7.2％、8.8％和5.1％，成为阶段性投资的谷底。

之所以存在上述关系，是因为投资高涨要有一个融资准备期，企业的信贷需求也要在较为宽松的信贷环境下才能得到满足。因此，从某种意义上说，投资高涨是信贷繁荣推动下的投资超高速增长；而投资之所以陷入低潮，多是金融机构信贷紧缩的结果。

这一过程可以进一步描述为：为了满足企业的投资需求，金融机构放松信贷，导致投资增长和物价上涨。物价上涨首先会增加企业利润，增加投资者的预期收益，产生凯恩斯所说的“血气冲动(animalsprite)”，从而进一步刺激投资增长。这在我国国有企业存在预算软约束，地方政府出于追求投资高增长的目的而对企业投资和金融机构贷款过多干预的情况下，加速投资冲动，往往造成信贷失控和投资增长速度迅速升高，投资质量下降。同时，在投资推动型经济增长中，对投资的数量扩张和各地的低水平重复建设问题很难用市场经济的办法加以控制，结果也会带来物价上涨和项目投产后竞争的加剧。物价上涨会带来企业生产成本和投资成本的增加，预期投资收益下降，从而导致投资减少。但从我国的实际情况看，还没有等到企业减少投资，央行就开始对高涨的物价和失控的信贷进行调节，大幅度收缩信贷的结果，往往导致投资增速的急剧下降。

投资的大起大落，以及投资资金来源中国内贷款的扩张和收缩已经成为金融机构不良贷款的一个重要来源。1985年以来，几乎每次投资高涨都会伴随着信贷资金的失控。1996年以前，为了应对投资高涨和信贷失控，政府实施财政与信贷“双紧缩”的政策，结果形成了许多“半截子”工程，许多贷款成为不良贷款。在我国不良贷款形成的三个主要阶段中，有两个阶段不良贷款的形成与投资和信贷的收缩有关。这两个阶段分别在20世纪80年代末和20世纪90年代初的经济过热时期。这两个阶段形成的不良贷款分别占目前不良贷款总量的1/3左右。

四、资本帐户开放条件下的投资引致型金融风险

1997年席卷东亚的金融危机，很大程度上就是一些国家的金融产业和金融市场在走向全球化的过程中，未能对金融风险进行充分应对的结果。在从现在开始到2010年的这段时期，投资增长率的大起大落仍将成为影响我国金融稳定的一个主要因素。这一时期也恰逢我国资本帐户从封闭走向开放的过渡时期，对国内金融市场和金融机构将带来新的考验，投资引致型金融风险也将出现新的变化。无疑，这段时期将成为我国金融风险最敏感的时期之一。

1.资本帐户开放条件下投资与金融风险间的关系

按照我国金融改革的次序和中央银行的计划，资本市场将逐步开放。资本市场的开放意味着我国金融市场上的利率水平将与国际金融市场上的利率水平基本保持一致。在固定汇率制度下，央行把维护汇率稳定放在第一位。一旦我国金融市场上的利率偏离国际金融市场上的利率水平，为避免短期套利资金的流出或流入，将通过抛售外币回购本币或抛售本币收购外币的方式，紧缩或扩大货币供给，从而保证国内利率达到国际市场上的利率水平，以维持资本帐户的平衡。

根据蒙代尔－弗莱明模型，在资本帐户开放条件下，投资的减小在投资乘数作用下会导致产出的减小。产出减小对应的货币需求和货币供给量也将减小。由于此时的利率水平低于国际市场的利率水平，国内资金会大量流出。为防止出现这种情况，货币当局将进一步紧缩货币供给(抛售外币回购本币)，直到货币供给量减小到国内市场利率与国际市场利率相等的程度，从而避免因国内资金流出而导致的资本帐户失衡。这时的货币供给更大程度地减小，宏观经济进一步收缩。

相反，投资的增加在投资乘数作用下会导致产出增加。产出增加对应的货币需求和货币供给也将增加。由于此时的利率水平高于国际市场利率水平，国际市场上的资金会大量流入。为防止出现这种情况，货币当局将进一步扩大货币供给(抛售本币收购外币)，直到货币供给量进一步增加到国内市场利率与国际市场利率相等的程度，从而避免因国际资本流入而导致的资本帐户失衡。这时的货币供给进一步增加，宏观经济进一步扩张。

可见，在资本帐户开放条件下，投资的变动更容易引起产出的更大幅度变动，从而加大了宏观经济的波动。虽然我国目前资本帐户还没有全面开放，但亚洲金融危机以后，人民币贬值和升值预期导致我国实际结汇水平的波动明显影响我国外汇占款渠道投放的基础货币数量，加大了我国宏观经济波动的压力。

同时，在资本帐户开放条件下，投资引致型金融风险无论在程度上还是影响面上，都要超过资本帐户封闭时的情况。在资本帐户开放条件下，投资引致型金融风险主要表现在三个方面：

一是由于货币供给与物价间存在同比例的变动关系，由投资变动导致的产出和最终货币供给的大幅度波动将导致物价水平更大幅度的波动，从而出现高通胀或高通缩的风险明显增加了。

二是投资变动也将导致货币需求相应地大幅度波动，从而可能会导致银行信贷资金的大幅度扩张或收缩，加剧不良贷款问题并危及金融机构的稳定。

三是为了维护固定汇率制度，防止资金的大规模流出或流入，央行必须保有数量庞大的外汇储备，否则有可能酿成金融危机。

2.我国资本帐户开放条件下的投资引致型金融风险已开始显现

2002年11月,我国开始实行引入合格的境外机构投资者(QFII)制度,从而拉开了境内资本市场对外开放序幕。截至2003年底,中国证监会共批准10家境外机构投资国内证券市场,总额度为17亿美元。在国内机构对外投资方面,也已经开始起步。

然而,无论是对境外机构开放境内市场,还是对境内机构投资国际资本市场的管制放松方面,都仅仅开了一个很小的口子,还不是完全意义上的资本帐户开放。例如,QFII在境内开立的人民币特殊帐户资金收付的用途要受到境内托管行的限制,QFII的资本流入、流出也要受到一定程度的限制。

事实上,随着我国对外贸易规模和引进外资规模的不断扩大,国内外资金的流出流入存在多种渠道,防不胜防。受其影响,近年来,人民币利率与国际市场利率水平间的变动趋势越来越趋于一致,利差越来越小。近两年来由于国际市场上普遍存在着对人民币升值的预期,国外资金通过各种渠道流入国内的数量明显增加,外汇储备迅速提高。2003年末我国外汇储备增加1168亿美元,比全年贸易顺差和实际使用外资的总和还高377亿美元。

为了保持人民币汇率的稳定,近年来中央银行对外汇市场进行了大力干预,大量买入外汇。2003年全年外汇占款增加1.15万亿元,同比多增6850亿元。多增加的外汇储备占全年基础货币增加额的91.3%,按货币乘数换算相当于M2新增余额的80%。外汇占款已经成为20世纪90年代中期以来基础货币投放的主要渠道。外汇占款的大量增加,通过货币乘数,扩大了货币供给,与投资增长所导致的货币需求增加的效应相叠加,成为推动2003年物价回升的两个重要原因。同时,在人民币利率受美元利率比价效应的影响越来越大的情况下,为避免国际资本流入的继续增加,央行尽量避免通过上调利率的办法调整货币政策。为收缩货币供给量,2003年中央银行先后上调存款准备金率,调低超额存款准备金利率。

在货币需求与产出增长方面,金融机构新增贷款增长率与GDP增长率的比率已经由2000年的0.75上升到2001年的1.73,2002年和2003年进一步上涨到2.11和2.32,显示出随着投资和产出的增长,信贷需求呈加速增长之势。在目前的社会信用状况、政府行为和银行运行机制下,信贷需求的膨胀意味着新增贷款的相当部分有可能形成新的呆坏帐,从而对金融机构的稳定产生严重影响。

[对策]风险控制需要新思路

今年年初以来,为了控制由于固定资产投资的超高速增长可能引致的金融和经济风险,国家采取了一系列政策措施加强宏观调控。这些调控措施虽然取得了一定成效,但市场的预期与以往有很大不同。究其原因,主要是因为我国的宏观调控环境正在发生深刻变化。一方面,已经由过去的计划经济体制转变为市场经济体制;另一方面,正在由过去的封闭经济转变为现在的半开放经济,并向开放经济过渡。

在这种情况下,以货币政策为代表的宏观调控政策难以得到商业银行和其他调控对象的全力配合,一些调控对象甚至还采取了“反调控”的措施,还有一些调控对象(如外资企业、外资银行)游离于货币政策的调控范围之外。例如,商业银行出于追求利润、缩小存贷差的需要,通过加大“以存定贷”的力度或采取将贷款期限由长拆短等手段来创造流动性,导致货币乘数增加。今年一季度的货币乘数由去年底的4.23提高到4.49,这样即使一季度央行基础货币的投放由去年底的5.23万亿元减少449亿元,但M2仍然从去年底的22.1万亿元上升到23.2万亿元。货币内生性增加,不仅在我国,即便在发达国家也是导致货币政策失效的最主要原因。因此,在重视货币政策的同时,更应重视改善货币政策发生作用的机制和作用环境。

我们认为,控制投资引致型金融风险,应立足于控制投资率和投资增长速度。通过对改革开放以来,特别是20世纪90年代以来投资率的比较,考虑未来一个时期工业化、国际化水平提高的影响,我们认为投资率在30%-40%的区间内、投资增长速度在12%-20%的区间内比较适宜。

根据对投资引致型金融风险的分析,要调控投资率和投资增长速度,在发挥货币政策中心作用的同时,还应从其他四个方面入手。

第一,改进投资与货币供给间的传导机制,发挥利率的调节杠杆作用。要加快利率市场化改革的步伐,增加投资和资金需求对利率变动的敏感性。尽快实现贷款利率的市场化,建立健全商业银行的风险评价体系,并且将其与贷款利率的浮动结合起来,使商业银行根据企业的信用等级和投资回报来确定贷款利率。

第二,大力发展资本市场,提高直接融资比例,分流储蓄资金对商业银行的压力。要按照资本市场和商业银行各自的功能来发挥其作用。把资本市场定位在解决企业,特别是大企业长期发展的资金需求上,把金融机构定位在解决企业,特别是中小企业短期资金需求上。这样,既可以降低企业负债结构,又可以缓解金融机构的压力和系统性风险。要为更多大企业在国内市场上市和发行债券创造条件,同时鼓励符合条件的大企业在国外上市。

第三,加快投融资体制改革,形成企业自主决策、银行独立审贷、政府宏观调控、健全中介服务体系的基本框架。在推进投融资体制改革方面,要通过投融资体制改革,理清企业、银行、政府和中介组织间的相互关系,划清各自的职能,增加企业和银行对投资的决策权,强化监督反馈协调机制,避免政府主导投资、干涉信贷的行为。

第四,采取灵活的汇率调节手段,完善汇率形成机制,扩大汇率浮动范围,消除其对金融风险放大效应的作用基础。

此外,还要注意发挥财政政策等其他政策的作用。要发挥税收政策和转移支付等经济“内在稳定器”的作用,缓解经济波动。这其中的关键是建立健全与之相适应的经济体制和税收体制。例如,健全社会保障体制,增加转移支付的力度,实行包括负税率在内的个人所得税,扩大累进税制的比率等。

抓住良机下决心解决股权分置问题

◇我国经济与股市正面临一二十年一遇的有利发展时机。

◇2002-2003年是解决股权分置问题的最佳时间窗口。我们已经在迟疑不决中错失了这一最佳时机。

◇2004年将是解决股权分置问题的次佳时间窗口。而到2005-2006年,我们将进入相对不利的时间窗口。进一步的迟疑不决,将使我们基本上丧失利用这一轮经济与股市上升周期解决股权分置问题的历史良机。

◇不论上次大讨论中形成的“统一规则、集中决策”,还是本次大讨论中主流观点所主张的“统一规则、分散决策”,都无法妥善解决股权分置问题,都将导致错误的战略指导思想。

◇解决股权分置问题，应遵循“统一规则”指导下的集中决策与分散决策相结合、自上而下与自下而上相结合的原则，通过集中决策解决股权分置问题中的重大难点问题，形成改革的突破；通过分散决策调动广大市场参与者的积极性，扩大改革成果，推动改革向纵深发展。

◇在这方面，国家有关主管部门应集中抓好两件事：“抓大放小”和“以新促老”，以突破改革的僵局。

我国经济与股市正面临有利发展时机

我国经济与股市正处于一轮新的上升周期的初始阶段。

从经济周期的运动形态看，我国经济自20世纪78年改革开放以来，已开始显现一个大约十年左右的经济周期循环。

其中，1980年开始我国市场经济的第一个上升周期，大约于1990年结束。

1990年开始我国市场经济的第二个上升周期，大约于2002年结束。

2002—2003年开始我国市场经济的第三个上升周期，预计于2012至2015年左右结束。

因此结论是：我国经济和我国股市正处于一个新的上升周期的初始阶段。

解决股权分置机不可失

从国际政治经济形势看，国际经济与政治周期在这一时期将处于周期交替阶段。根据康德拉提耶夫长周期理论推断，在2000—2010年期间，国际经济将处于前一个康氏长周期的结束与新一轮康氏长周期开始的交替阶段。因此，国际经济格局在这一阶段将表现为较为激烈的国际地区间的区域经济调整与国际产业结构性调整。

概括来说，目前国际政治周期运动正处于一个国际战乱仍不断加剧的上升周期结构，大约在2010至2020年左右才能达到顶点。因此，国际政治环境将仍处于一个趋于严峻的周期阶段。

把国际经济与国际政治的周期运动合并考虑，在我国经济这一轮上升周期的背景下，国际经济与国际政治周期对我国经济周期运动并不处于同步状态，其影响合起来将可能是中性偏负面。这将使我国这一轮经济上升周期与前两轮经济上升周期相比，将面对相对较为不利的国际经济与政治环境，这可能会对我国这一轮经济上升周期的运动产生某种压制作用。

但总体来说，由于我国经济仍保有相当程度的自主性以及相对广阔的内需市场，这种来自国际经济与国际政治环境的负面影响不致起到决定性的作用。

我国目前面临解决股权分置问题的有利时机，机不可失。

在2001年第一次国有股全流通大讨论时，我提出了利用“利益共享的预设未来流通权计划”解决全流通问题的设想。（见《中国证券报》2001年12月10日及《中国证券报》2003年12月20日）。这一设想的基石是对我国国民经济的改革发展以及我国上市公司整体业绩不断提高的前景抱有坚定不移的信心。这一方案正是要把解决股权分置问题放在这一大背景之下逐步解决，并且把我国国民经济的持续发展和上市公司整体业绩的不断提高作为解决股权分置问题的基本条件和基本推动力。

从那时起，一转眼两年过去了。令人十分担心的是，我们很可能在迟疑不决中错失解决这一历史问题的有利时机。

2003年是利用“利益共享的预设未来流通权计划”解决股权分置问题的最为有利的时间窗口。如果那时或之前采纳了这一方案，一批大型优质国有上市公司目前已经达到或接近达到全流通标准。我国股市股权分置问题中的核心资产部分已接近解决。

2004年是利用“利益共享的预设未来流通权计划”解决股权分置问题的较为有利（次佳）的时间窗口。因为预计大型优质国有上市公司的股价水平在这一年将达到虽然比较前一两年相对较高，但从今后三至五年的眼光看仍可接受的水平。

但是，如果2004年仍在迟疑不决中度过，到2005—2006年期间，我们将进入对解决股权分置问题较为不利的时间窗口。因为很多公司的股价水平届时从今后三至五年的眼光看可能会令人难以接受。

那时，我们将基本丧失利用我国经济与股市这一轮上升周期解决股权分置问题的机会。

如果如此，历史将证明是一次严重的决策延误。历史将证明我国股市的今后发展将为这一决策延误付出沉重的代价。我相信我国股市投资者将难以原谅这样的重大决策延误。

解决股权分置问题的基本战略构想

第一，无论“统一规则、集中决策”和“统一规则、分散决策”，都无法平稳解决股权分置问题，都是错误的战略思想。

对于解决我国股市中的股权分置问题（或称“全球通”问题），已经经历了将近3年的两轮大讨论。这两轮大讨论中通过“民主化”程序，共提出了两种解决问题的战略构想，即：

第一次大讨论中提出了“统一规则、集中决策”的战略思想；

本次大讨论中提出了“统一规则、分散决策”的战略思想。

这两种战略思想，都不能正确引导股权分置问题的解决，都是错误的战略指导思想。

“统一规则、集中决策”，讲的是依靠“自上而下”的作业流程，依靠单一的决策点，解决股权分置的全局性问题。

“统一规则、分散决策”，讲的是依靠“自下而上”的作业流程，依靠平面的多个决策点，解决股权分置的全局性问题。

这两种决策模式看起来相互间尖锐对立，实质上共同犯了以下错误：“统一规则、集中决策”和“统一规则、分散决策”，都对解决股权分置问题这一过程的性质做出了错误的判断。

“股权分置”问题的性质，是我国股市在诞生与初长时期，受到我国经济结构中计划体制与市场体制的双重作用，而产生的上市公司股权结构中的双重结构。它是我国经济改革发展的历史过程对我国股市的发育施加影响的产物。正确的判断应当是：这一问题的解决过程，仍将延续这一历史过程，应是我国经济体制进一步改革发展过程的一个有机部分。

因此，我们应将解决股权分置问题的历史过程，定位于“改革”的过程，即我国股市结构随国民经济改革的深化而不断改革的过程。

但是，“统一规则、集中决策”和“统一规则、分散决策”，都明显偏离了对解决股权分置问题的性质是“改革”过程的判断。

“统一规则、集中决策”，是一种自上而下地推动社会和市场变革的模式，它只适用于“改良”进程，而不是“改革”。纵观人类社会的发展史就可以清楚了解，这种自上而下的社会变革推动模式只能适用于“改良”进程，而“改良”不以“破”为主要目标，而是以“立”为主要目标。但是，对中国股市而言，如果在90年代中期以前，在股权分置问题产生的弊端还未达如此之深的情况下，用“改良”方式加以修正或许可以达到政策目标，但现在已属不可能。这已由上次大讨论后试点方案的失败而证实。

“统一规则、分散决策”，是一种自下而上地推动社会和市场变革的模式，这是一种“群众运动”式的推动方式。这种模式只适用于“革命”进程，而不是改革。纵观人类社会发展史同样可以清楚看到，这种自下而上的社会变革方式只适用于“革命”进程，而革命以“破”为主要目标，难以兼顾“立”的目标。但是，对中国股市而言，目前尽管由股权分置造成很深的积弊，但我国股市的基本结构对我国国民经济改革发展的进程尚能提供基本的保障，还远未达到需要“推倒重来”的地步。而任何“革命”的解决方式，一旦启动其过程就很难控制，其预后就很难预测。因此我认为，在我国股市目前的市场条件下，这种战略思想提出的是一种高风险或者说是高危险的解决方式。

因此概括来说，对解决股权分置问题的性质可以有三种判断：“改良”、“改革”、“革命”。我个人认为应将解决股权分置问题的性质定位于“改革”。

针对“改良”、“改革”、“革命”等性质不同的判断，可以有三种不同的战略思想：

“统一规则、集中决策”，是一种“自上而下”的推动方式，适用于“改良”型的社会变革，适用于以“立”为主的政策目标，因此不适用于解决股权分置问题。

“统一规则、分散决策”，是一种“自下而上”的推动方式，适用于“革命”型的社会变革，适用于以“破”为主的政策目标，因此也不适用于解决股权分置问题。

对于以“改革”为基本特征的解决股权分置问题的过程，应选择“集中与分散相结合”，“自上而下与自下而上相结合”，“破和立相结合”的决策推进模式和战略思想，这点下文还将详述。

“统一规则、集中决策”和“统一规则、分散决策”，都企图“毕其功于一役”，都排斥了“渐进式”的改革模式，都排斥了“时间”对改革成功的保障作用。

由上文，如果我们将解决股权分置问题的过程定性于“改革”，那么我国经济改革最值得借鉴的历史经验就是应遵循“渐进”式的模式，通过一定的时间跨度保障改革过程的平稳过渡。

但是，无论“统一规则、集中决策”，还是“统一规则、分散决策”，从其各类提案的具体设计看，都是遵循的一种激进的变革诉求，都是企图“毕其功于一役”。

对于“统一规则、集中决策”来说，它是企图在全局范围内“毕其功于一役”。

对于“统一规则、分散决策”来说，它是企图在微观范围内、在每一公司的范围内“毕其功于一役”。

但是，在我们的视野内，在我国经济改革的历史过程中或在国外有关经济改革的历史过程中，我们能找到通过“毕其功于一役”而达到成功改革的案例吗？没有。相反，我们倒是能找到此类的大量失败的案例。

“统一规则、集中决策”和“统一规则、分散决策”，都没有建立正确的“风险承担”模式，因此难以建立正确的“风险决策”机制，都会导致全局性的混乱。

任何一项改革的成功，其基石一定是正确的“风险一收益”分配机制，以及由此而生成的“风险决策”机制。也就是说，应当是谁承担风险谁受益，谁承担较大的风险谁受较大的收益。

但是恰恰在这一点上，“统一规则、集中决策”和“统一规则、分散决策”这两种决策模式都犯下根本性错误。

我们应当清楚，解决股权分置问题最终将涉及两类风险评估与风险决策：即“宏观风险”与“宏观决策”及“微观风险”与“微观决策”。而对“统一规则、集中决策”和“统一规则、分散决策”的主张者来说，他们都没有意识到解决股权分置问题中的决策风险和决策模式将涉及宏观和微观两个层面。这里说的宏观风险及宏观决策，是指对市场全局有重大而普遍性影响的风险及决策。例如大型国有骨干企业的解决方案。例如新股解决方案，等等。而这里所说的微观风险及微观决策，是指对市场全局不产生重大影响的上市公司的个体风险及个体决策。

对于“统一规则、集中决策”模式来说，它实际上要求最终的集中决策者不但承担宏观风险及宏观决策的责任，而且还将承担微观风险及微观决策的责任，即对每个上市公司的解决方案承担最终责任。这就很可能导致两种结果：一是可能找不到愿意承担责任的最终决策者，二是市场在微观层次上拒绝强加于人的外来决策。而这两种不利结果在上次大讨论后恰好都发生了。

对于“统一规则、分散决策”模式来说，它实际上要求市场上的微观活动者共同承担宏观决策风险及宏观决策责任，而这种要求是不切实际的。这种要求的结果很可能是微观活动者都回避宏观决策风险及宏观决策责任，而只关心微观风险及微观决策。这样一来，解决股权分置问题中的宏观风险将无人承担，宏观决策机制将无从建立。而这恰好是目前的局面。

虽然此次大讨论相当活跃，但是凡涉及到全局性的风险决策问题，例如“新股全流通”如何解决的问题，国有大型骨干企业的股权流通如何解决的问题，等等，都处于基本无人关注的状态。

因此，从解决股权分置问题的“风险承担”模式和“风险决策”机制的设计来看，无论“统一规则、集中决策”，还是“统一规则、分散决策”，都存在重大错误。

“统一规则、集中决策”和“统一规则、分散决策”的两次大讨论，都是试图通过服从多数人的意见寻找改革方向。古往今来，从来没有一种真正正确的改革设想是通过多数人举手选举出来的。

前后两次全流通大讨论的共同做法，是企图通过多数人举手的方式寻找“正确”的解决方案，其区别不过是第一次大讨论是在内部讨论的圈子里举手通过，而第二次讨论是试图在舆论范围内举手通过。

这种方式实际上都是形式化了“民主”，极容易由寻求“民主”而走向“民粹”。

解决股权分置问题是一项改革事业，而改革意味着创新。古往今来的任何一项改革，任何一项创新，都不可能事先获得社会大多数人的批准。任何改革方案的最好结果，最多只能是事先由少数人支持，多数人不反对。有时甚至是少数人支持，多数人不赞同。现代大众心理学的研究表明，社会上大多数人一致赞同的意见往往具有破坏性而不是建设性，往往具有守旧性而不是创新性。

两次全流通大讨论都没有广泛深入地调查了解非流通股股东的意见。

在历时三年的两次全流通大讨论中，非流通股股东一直基本上被排斥在外，媒体所谓的“全流通总动员”，实际上是流通股股东的总动员。在这两次大讨论中，我都一直呼吁要注意广泛深入地听取非流通股股东的建议。我认为排斥非流通股股东的倾向是非常不正常的。

在我国股市十几年的发展中，由于市场结构的缺陷，非流通股股东从股市发展中获得了巨大的经济利益（共获利12100亿元），而流通股股东蒙受了巨大的经济损失（共损失8900亿元），独自承担了我国股市发展的成本。这一点是非常不公平的，我曾撰文深入剖析了这一状况（见《中国证券报》2003年10月20日）。

但是，要解决我国股市中股权分置的结构性问题，不能由此就主张由一方"清算"另一方的解决方法。

我认为我们目前面临的形势很像打倒四人帮的初期，一大批老干部被解放之后，主流的呼声是要求清算那些曾参与整过老干部的具体的人和事。那时党中央高瞻远瞩，提出历史问题不纠缠，要求一致向前看的主张，避免了"冤冤相报"的狭隘主张，实际上是真正站在这些受害者的长远利益一边。

我们可以再想一想西安事变之后，毛泽东和周恩来等少数派是如何努力说服了多数派放弃了"公审、枪毙"蒋介石的激进主张的。

历史一再证明，不是为受害一方的眼前利益提出激进主张，就是在真正代表着受害一方的长远根本利益。

第二，解决股权分置问题之正确的战略思想：

在统一规则指导下，"集中决策与分散决策相结合"，"自上而下与自下而上相结合"，通过集中决策解决股权分置问题中的重大难点问题（如国有大型骨干企业的全流通与新股全流通），形成改革的突破；通过分散决策调动广大市场参与者的积极性，扩大改革成果，推动改革向纵深发展。

如上文所述，股权分置问题是我国股市处于计划经济和市场经济两种体制交互作用下的产物，是我国股市发育中随国民经济改革和发展进程而产生的市场现象，它本身的问题经过十年的积淀，已经产生了宏观层次（即结构性、全局性）及微观层次（即各上市公司内部）这两个层面的问题。能否认清这一点对能否制定正确的战略思想至关重要。

对于由股权分置而产生的宏观层次的障碍，必须采取集中决策的方式加以突破，必须采取自上而下的推进方式加以突破。如果国家有关主管部门在这一方向上采取放弃责任的态度，不能采取积极主动出面承担责任的态度，那么解决股权分置问题的战役将不可能迈出突破性的第一步，或者由于缺乏对解决关键点及难点问题的把握而导致改革全局的失控。

对于由股权分置而产生的微观层次的问题，应当采取分散决策的方式加以解决。应当采取自下而上的推动方式加以解决。对于这一类问题，国家有关主管部门不应当也不可能大包大揽，而应放手由各相关当事机构自行寻求解决之道。也只有如此，才可能获得足够的来自基层的积极性，以推动改革向纵深拓展。

因此我认为，对于股权分置这类既包含宏观层次矛盾，又包含微观层次矛盾的市场结构性问题，必须采取在统一规则之下的集中决策与分散决策相结合的战略加以解决，既要体现"自上而下"的决断及对重点、难点的突破，又要体现"自下而上"的积极参与及对问题的多样性、复杂性的关注。

建议国家主管部门在解决股权分置问题的集中决策方面主要做好两件事："抓大放小"和"以新促老"，以突破改革的僵局

股权分置问题的解决中有两个关键问题事关全局，也是此次改革的重点、难点，这就是：大型国有骨干优质上市公司（特别是中央直属上市公司）的股权分置改革；以及在股权分置改革中如何处理好新股改制与老股改制的关系问题。

通过"抓大放小"，以自上而下的决策模式解决大型国有骨干优质上市公司的股权分置改革，而对其他类型的上市公司（统称为"小"），尤其在统一规则下自行解决。

大型国有骨干优质上市公司，是一个事关13亿人的全局性问题，而不仅仅是事关6000万人（股市投资者）的局部性问题，这一点无论是在上次全流通大讨论还是此次全流通大讨论中，都是被众多讨论参与者所混淆的问题。这一类公司问题的解决，绝不可能由该上市公司自行或自主进行，必须有国家相关主管部门的直接参与才有可能。

也正是因为这些大型上市公司的动作事关全局，这两次大讨论中所提出的各类要求对其进行"利益分割"的方案很难被国家相关主管部门接受。

我个人认为，对这类上市公司，"利益共享的预设未来流通权计划"是非常有吸引力的解决方案，提供了可供讨论的基础。而就方案本身的设计原理而言，解决方案应是相当简洁的。这里应当提请注意的还是时机问题。如果进一步迟疑不决，则会丧失解决问题的市场条件。如果两年前就能就这一方案认真探讨并有所行动，那么在两年后的今天我们实际上已经可以看到相当一批胜利成果了。

通过"以新促老"，下决心通过"预设未来流通权"方案至少先解决新股问题，以遏制住股权分置问题的不断扩大。

"以新促老"是指以新股全流通促老股全流通。而"以新促老"，只有在"利益共享的预设未来流通权计划"的框架之下才有可能平稳实行。

在两轮全流通大讨论中要求以利益重新分割为特征的任何方案，都不可能妥善解决"新股全流通"与"老股全流通"的关系问题，都极可能引发市场分割及市场动荡。

而从方案的设计原理而言，只有"利益共享的预设未来流通权计划"才对这一关键性难点问题提出了具可操作性且过程可控的解决方案。

对新股的全流通，不可能通过"自下而上"的分散决策方式解决，只能通过"自上而下"的集中决策方式解决。

建议不论上文所提"抓大放小"进展如何，都应先做好"新股"在"预设未来流通权"基础上的全流通方案，以控制住股权分置问题的增量。以"利益共享的预设未来流通权"方案解决新股全流通问题相当简洁，即在今后新股发行时增加一个全流通的附加条款即可。即在新股上市当日收盘价的基础上规定一个统一的加价幅度，由此计算出未来全流通的最低限价。当未来该股股价运动到该股预设的全流通最低限价之上并且只能在该限价之上时，非流通股才可获得流通权。按照这一方案，交易所还应提供相应的技术保障，以保障该最低限价的有效性。

以"利益共享的预设未来流通权"方案解决新股的股权分置问题，将不会对老股（无论老股如何及何时）解决股权分置问题形成冲击。原因是对新股设置的是未来流通限价，并未改变新股的现状。因此这是两次大讨论中所提各类方案中，唯一可以解决新股与老股在全流通中矛盾冲突的方案。

综上所述，国家有关主管部门应通过"抓大放小"和"以新促老"，以自上而下的集中决策方式对股权分置的改革进程形成突破，并且通过抓住这两个关键节点，控制住对股权分置问题改革的全局。唯有如此，解决股权分置问题的改革进程才可能顺利展开。

这个风险和责任是国家有关主管部门必须承担的。而正因为承担了这一风险和责任，才可能取得由解决这一中国股市的历史性难题而应有的历史性功绩。

两年前围绕"利益共享的预设未来流通权计划"曾有过哪些争论?

两年前,在第一次全流通大讨论中,"利益共享的预设未来流通权计划"作为当时"七招十六式"中的一"招",曾在内部范围讨论过。当时的主要反对意见可归纳为以下几点:

一种反对意见认为:中国股市完全是庄家操纵和资金操纵的市场。庄家会避开这类"预设流通权"的股票。预设的未来流通价格会永远达不到。

我的反驳意见:中国股市的庄家现象一定会迅速削弱。价值投资的理念一定会迅速成长。只要这个公司的价值不断提升,只要公司的股票是物有所值或者物超所值,这个预设的全流通价格就一定会突破。这个公司股票的全流通就一定会实现。这个方案正是一个激励上市公司不断改善经营的方案.现状:两年过去了,我国股市的发展已经证明了孰是孰非。庄家的影响力已被大大削弱,价值投资的理念以比两年前不可想象的程度为市场所接受。

另外一种反对意见认为:中国的股市正在走向大熊势,10年20年都不会出现你所说的这种牛势(指涨幅50%以上)。你对中国股市的预期过于乐观,过于理想化。

我的反驳意见:股市和任何市场经济现象一样,景气循环都是不以人的意志为转移的。即使在全流通问题迟迟不能解决的情况下,股市仍然会遵循其内在客观规律呈现景气循环。下一轮牛市的到来不以人的意志为转移,也不会受全流通解决与否的制约。当然这种牛势会伴生有很多问题。退一步说,即使中国股市出现了日本股市九十年代那种持续十年以上的大熊市,也会有一部分企业脱颖而出,也会有一部分企业能通过"预设流通权"方案达到全流通条件。而且即使在这种最悲观的情景下,任何其他方案则更加不可能工作。"预设流通权"方案还将是最有效率的方法。

坦白地说,我对这一条反对意见最为反感。我曾不止一次地反问:如果你对中国这么没有信心,那么你为什么还在中国呆着?如果你对中国股市这么没有信心,那么你为什么还在证券业从业?你的工作就是为了骗人吗?

现状:两年过去了,我国股市的发展已经证明了孰是孰非。一批优质国有上市公司已经脱颖而出,如果两年前我们采纳了这一方案,他们今天本来可以或者已经非常接近达到全流通标准了。

还有一种反对意见:在按该方案所设的"未来流通限价"附近会形成心理障碍价位,永远都不可能被突破。因此也永远都不可能实现全流通条件。

我的反驳意见:在股票、期货、外汇等品种的投资实践中,我们的确会不时看到心理价位的明显作用。但是,无论是长期投资的实践,还是大量数据的实证研究,还是纯粹的经济学及大众心理学理论,都说明由市场纯心理因素造成的供求关系的变化是一种局部的和中短期的市场现象,心理因素最终要服从于由市场价值判断所引起的供求关系的变化。而后者才是影响市场价格走势的最基本因素。

这种反对意见所代表的观点,突出反映出我国股市长达十余年的庄家文化对人们思想认识的毒害。

现状:两年过去了,我国股市的发展已经证明了孰是孰非。中石化就是一个很好的例子。

中石化的例子就相当于我们预想的预设流通权的案例。按反对派的观点,全国社保在中石化四元多价位的巨量持股,会对股价形成所谓永不可逾越的心理障碍。这两年一些股评也一直如此鼓吹。的确,中石化股价在四元附近也曾两次无功而返。但最后结果如何?当市场最终认识到中石化股价已远远物超所值时,不就一举轻松突破了这一心理价位吗?

今年以来,我们在农产品期货、金属期货上不是也多次看到曾貌似坚不可破的心理价位最终被一举轻松突破的事例吗?

从决策科学的角度看"预设未来流通权"方案

从科学决策的角度看,一个正确的决策应当是对各类方案的"风险—收益"做出准确评估及对其利弊做出正确权衡。

对"利益共享的预设未来流通权计划"来说,它的"风险—收益"之比是各类方案中最为有利的:

它的近期决策风险趋近于零,因为它不主张改变现实的利益格局。它的长期收益可准确预期并可达到最大化,因为它的作用建立在我国经济及股市的运行处于长期向上发展的基础之上。

而其他以"利益分割"为特征的解决方案,都是恰好相反:它们的短期决策风险不可预期,短期利益也不可准确预期。同时,它们均面临相当突出的长期性决策风险,以及对长期利益的完全不可预见性。从科学决策的角度看,从宏观决策的角度看,这类方案的"风险一收益"之比是相当不利于决策者及当事各方的。

在过去关于"预设未来流通权方案"的多次讨论中,从来没有人否认过该方案在短期内风险极小这一判断,反对者最主要的观点就是认为将来做不到这个预设价位。关于这一点上文已有反驳。但是这里我要指出的是,即使按照这些人的反对意见,也无法反驳说按照科学决策的原则就不应当选择采纳"预设未来流通权方案"。因为即使在"风险最小,未来收益不可知"的情况下,对该方案的选择使用也可以做到即使"无益",也至少"无害":

你先选择这一方案,然后你再尽可以去研讨去争论其他方案,又有什么妨碍?我们也已一再指出"预设未来流通券方案"有着极大的灵活性和兼容性。为什么不能先做再争论呢?这并不妨碍你愿意争论继续争论呀!

况且,该方案的"未来收益是否真是不可知",其本身早已有实证数据给予了充分的反驳,又有了这两年的股市实践给予了充分的反驳。因此,关于该方案的争论其实可以归纳为两种看法:

一种认为该方案"短期无害,长期是否有利不可知";

一种认为该方案"短期无害,长期有利"。

按科学决策的选择原则看,这两种看法其实不都在支持应当选择这一方案吗?

阻断金融风险财政化的传导路径

改革开放20多年来,投资一直是促使我国国民经济保持高速增长的巨大引擎,而给此引擎提供原始动力的很大一部分是财政与金融。在为国民经济发展"输血"、"供氧"的同时,财政与金融又因边界不清、职能模糊、体制摩擦等问题给整个国民经济体系带来了系统性风险。尤其是在加入WTO后,随着我国经济国际化程度的逐步提高,全球经济运行中的不确定因素将会通过国际贸易和国际资本流动等途径传入我国,这不仅增添了国家财政金融政策的执行难度,也使国民经济运行环境变得日趋复杂。因为外因只有通过内因才能发生作用，所以外来风险能否影响我国经济的发展，也需视我国经济运行体系是否健康、安全而定。因此，搞清我国财政风险的主要来源，以及财政风险与金融风险之间的关系，是我们深化财政金融体制改革，防范和化解国家宏观经济风险的前提与条件。

一、财政风险的主要表现

1、财政风险的涵义

所谓财政风险就是由于各种原因导致政府债务均衡状态遭受破坏的可能性。改革开放20多年来，我国财政体制正逐步从“吃饭”财政向公共财政转变。与传统意义上的财政风险相比较，现代财政风险（或公共财政风险）的内涵发生了很大的变化。对前者的研究，主要涉及财政赤字、国债规模、中央与地方事权划分等问题，而对后者的研究，除了要涵盖以上几个方面外，还要涉及公共财政体制下政府职能的方方面面。凡是涉及体制转轨过程中的社会、政治、经济问题与矛盾，都需囊括到现代财政风险的研究之中。

借助世界银行提出的政府隐性债务和或有债务概念，可将我国的总体债务划分为四大类：直接显性债务、直接隐性债务、或有显性债务、或有隐性债务等。直接显性债务是任何情况下政府都要承担的债务，不以任何事件的发生为条件。由于直接显性债务的可控性，与之相对应的直接财政风险也是可控制的；直接隐性债务、或有显性债务、或有隐性债务（下面将三者简称潜在债务）是政府的条件债务，它是否构成政府的现时义务，还要以条件是否发生及政府是否会最终确认为前提。又由于它们大多是由准财政行为或非财政行为引发的，有着很强的不确定性，所以很难对其进行量化和估计，因此与之相对应的间接财政风险具有不可测性和不可控性。

2、我国财政风险的主要表现

从以上的分析可知，我国财政风险是由直接显性债务和潜在债务均衡状态遭到破坏而引起。而根据中国人民大学承担的一项国家社会科学基金课题研究结果表明：由直接显性债务和潜在债务组成的国家综合负债水平约占GDP的115%—118%，而其中仅潜在债务就约占GDP的90%左右。可见潜在债务构成了我国财政风险的主要来源。

财政风险范畴的大小与财政运行体制有着极大的关系。我国目前的财政体制，既非过去那种包打天下的统收统支的计划财政，也非标准意义上的公共财政。由于财政管理体制改革滞后，常常出现政府管理职能缺位、越位、不到位的现象。

根据我国现行财政活动所涉猎的范围看，我国各级政府不仅生产“公共品”，同时还生产着大量的“非公共品”。所以我国潜在债务的主要表现形式有：部分外债（主要是指“巧借”、“巧还”没有登记的外债）处理金融机构不良资产所形成的或有债务、社会保障资金缺口所形成的债务、国家政策性银行及其他公共部门发行债券所形成的债务、国债投资项目配套资金形成的或有债务、国有企业亏损所形成的债务、对供销系统及农村合作基金组织援助所形成的或有债务，以及由地方层级所形成的隐性与或有负债等（主要包括地方政府乱担保、乱集资，地方金融机构支付缺口与金融机构关闭、重组所引起的隐性和或有负债）。

从整体来看，外债、金融机构不良资产和社会养老保障欠款是我国隐性和或有债务（即政府的潜在债务）的主要组成部分。而从广义上讲，它们都是我国金融领域所潜藏的主要风险。目前这些风险还没有转化为整个金融业的危机，主要靠的是国家财力的支撑。从中央到地方，从政府部门到企业，由各种债务所组成的链条之所以能够延伸下去并没有断裂，就在于这个债务链由金融在时刻给其“供氧”。为了保证不因债务链条断裂而产生财政风险或危机，金融体系（尤其是国有金融机构）自愿或不自愿地首先担起了“救火队”的角色，通过进一步“输血”以保障原有债权、债务关系的正常维持。只有到了金融无血可输时，财政才作为最后的兜底买单人出场。在我国，财政风险先是通过金融领域集中，然后再通过财政显性化。所以有人说，在中国金融风险就是财政风险，有一定的道理。

二、金融风险在财政领域的传导途径

1、金融风险向财政传导的主要途径

自1997年亚洲金融危机以来，我国政府对金融风险问题一直保持着高度的警觉性，并采取了积极的应对之策，使金融领域的风险得到了有效地控制。由于金融问题的公共性，以及国有独资或控股金融机构在整个金融体系中占主导地位的现实，解决金融风险的重担自然要落到政府财政的身上。虽然解决金融问题的主要措施是财政手段，但针对不同情况，其具体方式也不相同，经过总结归纳起来有以下几种：

股权无偿划转：由于我国金融业在1999年以前实行过一段时期的混业经营，国有商业银行持有相当数量的证券公司、信托投资公司的股权，为了控制混业带来的风险，国家对银行、证券、信托、保险实施了“分业经营、分业管理”的体制，并将银行持有的其他金融机构的股权作了无偿划拨的处理。

追加注资：如1998年3月，财政部发行特种国债2700亿元，用来补充国有独资商业银行的资本金，以加强国有银行的抗风险能力。2004年1月，国家又动用外汇储备450亿美元，向中国银行和中国建设银行注资。

冲销呆帐：如，1997年冲销了国有商业银行的呆帐300亿元，1998年冲销了400亿元。

间接减征营业税：通过缩短国有商业银行应收未收利息的计收年限，以减小国有商业银行营业税税基。

成立资产管理公司：将四大国有商业银行的不良资产剥离出来。

债权转股权：将有问题金融机构的债权转化为股权，以减轻原债务人的负担，使其得以继续延续下去。

中央银行再贷款：为了化解金融机构的支付危机，并对其重组，中央银行往往需要增加再贷款支持。但中央银行贷款损失最终还要中央财政补助。

地方财政的支持：在处理地方金融机构问题时，地方财政也需要提供多种形式的支持。

中央财政的直接补偿和暗补：某些被关闭金融机构的外债，由中央财政负责偿还，这些外债多为应付国际金融机构的主权债务。在处理一些被关闭金融机构时，对接手其相关资产和债务的国有商业银行，在一定期限内，可减免上交中央银行的再贷款利息。

除了对四大国有商业银行采取以上的财政措施以外，国家还对其他有问题的股份制商业银行、保险公司、证券公司、信托公司，以及其他地方性金融机构采取了关、停、并、转等措施，以化解金融危机。

2、金融风险财政化的历史渊源与现实选择

我国金融风险财政化的缘由可从历史与现实两个方面分析。

从历史的角度看，国家财政对金融业（主要是国有银行业)有"欠帐"。1979 年,我国实施改革开放政策后,计划体制、金融体制、财政税收体制、价格体制、投融资体制等方面的改革随之全面展开了。20 世纪 80 年代以后,"减税让利"是国家财政政策的基本趋向,我国经济也由此进入了一个高速增长期,GDP 年均增长率为 9.7%。从改革开放之初到 1996 年前后,我国财政体制改革走的是一条"放权让利"的道路。国民收入分配格局发生了巨大的变化,收入在分配上向居民、企业、地方倾斜。因此,曾一度出现财政收入占 GDP 比重和中央财政收入占全部财政收入比重双下滑的局面。

这一时期的国家财政状况是,中央财政收入增长慢于财政支出的增长,财政赤字和债务规模不断扩大,预算内资金十分拮据。同时,由于部门与地方政府出台的各种集资、收费、基金项目分散了政府资金,影响了国家预算的统一性,致使中央财政调控宏观经济的作用受到了挑战。中央财政配置社会资源的职能被弱化后,其肩负的社会经济发展责任并没有因此而减轻。在中央财政捉襟见肘之时,居民储蓄和银行存款却有了快速增长。有着充裕资金的国有银行正好垫补了中央财政这一时期在投融资和宏观调控方面留下的真空,并在相当长的一段时期内肩负着部分财政职能,获得了"第二财政"的称号。

国有银行在行使部分财政职能的同时,也为时至今日承载的不良资产打下了"伏笔"。当时,银行与财政被认为是政府的两个"钱袋子",在社会经济发展需要财力支持时,是银行拿钱还是财政拿钱?其区别仅在于是政府动"左手"和"右手"的关系。传统体制下的财政、银行、企业三者之间的关系也一直拉扯不清,国有企业作为一个经营性主体承担了本不应该承担的社会责任,当其出现效益滑坡、偿债困难时,政府理应出面救助,不过其前提是政府必须有足够的财力。当政府财力吃紧,爱莫能助时,只有靠银行给企业提供发展资金和"安定"贷款了,这也就是所谓的"吃"了财政、"吃"银行现象。但当财政、银行体制改革走到今天,已到"亲兄弟,明算帐"的时候,毕竟财政、银行的职能不同,所肩负的责任各异。所以,金融风险(主要是指国有银行不良资产问题)财政化,也算是财政对银行"欠帐"的一种历史注解。

金融风险财政化,其缘由在我国除了财政与国有银行的特殊历史渊源外,还在于金融是现代经济的核心,其稳定与否直接决定着整体经济的安全与稳定,所以一旦金融体系出现危机,政府有必要即时帮助那些处于危机中的金融机构。这既是公众的预期,也是政府的道义责任。

从各国处理金融危机的措施看,金融机构重组、关闭都有财政的介入。如 20 世纪 80 年代末,美国国会曾批准拨款 1300 亿美元,用于当时信托公司的重组,以及 800 多家储蓄贷款机构破产关闭时的债务清偿等;20 世纪 90 年代末,日本政府也计划耗资数千亿美元用于解决银行、保险业存在的问题。1997 年亚洲金融危机发生以后,泰国、韩国、印尼等亚洲危机国家,在解决银行破产、债务清偿、冲销坏帐方面也动用了大量预算资金。可见,当金融这个"准公共"领域稳定出现问题后,由财政即时对其施以援手既是各国的通常做法,也是我国的现实选择。

五条对策化解金融风险财政化弊端

金融风险财政化既是我国经济体制转轨过程中的"内生"现象,又是现代社会经济稳定发展对政府职能的客观要求。

首先,处于体制转轨时期的我国经济,其主体依然是由政府、银行(主要是国有银行)企业(主要是国有企业)三者共同组成的"巨型集团公司"。由于三者职能的某种重叠,导致了其边界模糊不清,所以,区分风险因谁而起、责任由谁分担并不重要,反正都是国家的事情,这也是金融风险财政化的内在逻辑。

其次,金融是现代经济的核心,金融的稳定自然关系到社会与经济的稳定,所以提供"稳定"这一公共物品就成了"守夜人"的天职。因此,从历史与现实的角度看,金融风险财政化都有其客观必然性。但从国际经验来看,我国化解金融风险的手段过于单一,相关制度建设滞后。从市场逻辑看,目前的风险化解方式也缺乏效率。随着社会经济的发展,我国金融风险财政化的模式也暴露出其制度性缺陷,存在着许多弊端和不尽合理的地方。

一、金融风险财政化的主要弊端

在西方发达国家,金融风险是金融风险,财政风险是财政风险,其边界比较明晰,至少责任是明确的。但在我国,金融风险(主要是指国有独资或控股金融机构的风险)与财政风险往往是交织在一起的,一般很难将它们完全区分开来。如果说国家财政对陷入困境的国有金融机构提供帮助是缘自其历史"欠帐"的话,那么对陷入困境的其他金融机构提供帮助则是出于道义上的考虑。由政府财政出面化解金融风险在获得真正的社会效应(遏制金融风险向其他经济领域蔓延)的同时,也带来了一系列的负面效应,如增加财政本身的脆弱性、助长金融机构败得行为、减少国民社会福利等。

1、增加财政的脆弱性。所谓财政的脆弱性是指由于各种原因引致政府财政状况恶化,进而造成政府财政政策目标不能实现的状态。

由于政府潜在债务的存在具有其客观必然性,所以财政本身也就具有了内在脆弱性。潜在债务平时处于潜伏状态不易觉察,一旦显性化,就变成政府的现时义务,冲击原有的预算平衡,给财政预算留下缺口,造成政府财政收支状况的恶化。

国际经验表明,当一国金融体系的稳定性出现危机时,基于公众压力和道义责任,最终政府总会被迫出面救助。对一国政府而言,金融系统就是一个"布满"隐性和或有负债这类"地雷"的重灾区,如果踏上这片"雷区",就必然要作出牺牲。对处于体制转轨时期的我国而言,金融领域的隐性和或有债务更多,金融风险的转移更易增加财政的脆弱性。

2、助长败德行为。由于考核、监督机制不完善,委托代理链条过长,国有银行等金融机构为了完成国家或上级交给的任务,可能会自觉不自觉地利用隐性和或有债务的方式做表面文章。而这些机构的领导人,有时甚至为了自身的利益,不惜拿国家的钱财去冒险,因为成功的话,可以获得冒险成本若干倍的回报。不成功的话,损失由国家兜着,自己只是调换一个岗位,充其量也就是失去现有的工作罢了。每当中央政府或地方政府出面救助出问题的金融机构时,也给其他金融机构或其债权人造成一种预期:当我们出问题时,政府也不会袖手旁观。政府一次又一次的救助活动,更强化了它们对"太大而不能倒闭"的预期。同时也助长了它们的败德行为,正如央行一位学者指出的那样,"面对国内无实质区别的单一性市场退出机制,高风险的机构投资者将不断被'复制':赢了是自己的,亏了是中央银行的。其推论是:不去追逐风险是非理性的,大胆寻求高风险收入是最优的"。

3、侵蚀公民的社会福利。一般来说,一国公民在消费公共产品获得正效用的同时,也可能要承受相应副产品(财政风险)带来的负效用。当金融风险是由非人为因素造成的时候,因国家财政出面化解金融风险而带来的额外支出,将构成全体公民的福利损失。当金融风险是由人为因素造成的时候,而相应的财政救助支出将由大多数公民承担,而那些制造风险的人则通过风险这一途径将本应由大多数公民享有的福利转移到了自己的手上。如果是前一种情况,那是全体公民应尽的义务,如果是后一种情况,则显然有失公平。纵观我国发生的众多金融机构破产倒闭事件,多数与人为因素有关。

二、化解金融风险财政化弊端的对策

现阶段,由于我国社会经济改革中的各种矛盾与问题都要直接、间接地反映到财政上来,所以财政所承担的风险是全方位的。金融风险财政化既是我国目前阶段下化解金融风险的一种模式,也是经济体制转轨时期的一种必然制度安排。因此,要解决金融风险财政化问题,除了要做一些技术性改进外,更重要的是要在政府宏观财政、金融管理体制改革上下功夫。

1、进一步明确政府与市场的关系是化解政府潜在债务的首要环节。政府和市场应是互补关系,而非相互替代的关系,因为二者都有失灵的时候。虽然经过20多年的改革,计划经济时代政府财政包打天下的做法有所改进,但政府现在的许多工作作风仍带有浓厚的计划经济色彩,一些不应该有政府介入的领域也出现了政府的身影,由此产生了许多不应有的潜在债务。尤其是一些地方政府出于“政绩”和“形象”的考虑,依然有着不可遏制的投资冲动,盲目投资和重复建设把本来就很拮据的财力沉淀在无望的工程上。所以划清政府与市场边界是化解政府潜在债务首要的一环。

同时,在政府内部还要明确中央政府和地方政府各自的责任,完善现行的分税制体制,按照“一级政权、一级事权、一级财权、一级税基、一级预算、一级产权、一级举债权”的原则,建造完整的分级财政,彻底解决事权与财权不统一的问题,以堵住地方政府因事权和财权不对称“倒逼”中央财政的口子。

2、深化国企改革,理顺和规范银、企关系。我国财政风险主要来自于金融领域,而金融领域的风险又与国有企业经营业绩不佳有着十分密切的关系。由于我国金融资源有60%集中于国有商业银行,而国有商业银行金融资源又有70%流向了国有企业。国有企业尽管占用了70%左右的银行信贷资源,但对GDP的贡献率不到40%,对经济增长的贡献率不到20%。所以国有企业整体效益不佳是导致金融财政风险的主要原因。深化国企改革,建立“产权明晰、权责明确、政企分开、管理科学”的现代企业制度是防范和化解金融财政风险的重头戏。

要明确银、企关系,首先就是要明确银、企的产权关系,所以在深化国企改革的同时,也要加快金融体制改革,改变单一的国有商业银行产权制度,通过股份制改造,建立多元主体的现代商业银行体系。加快有条件的国有商业银行上市步伐,并强化财政作为出资人的监督作用。

最后通过银、企改革,改变过去国有商业银行预算约束软化,国有企业过分依赖银行的局面。

3、完善政府投融资体制,把有限的政府财力投向公共物品和公共服务领域。随着国有经济战略性调整,政府投资要从一般性竞争性领域退出,把有限的政府财力投向公共物品和公共服务领域。同时,还要加强投资决策的民主化,以杜绝政府投资决策的随意性和投资行为的短期化。特别是对地方政府而言,如果投资行为不受约束,其投资范围越广,资金缺口越大,在缺少合法融资渠道的情况下,通过各种方式集资、担保所带来的隐性债务就越多。又由于地方政府融资的隐蔽性,很难对其行为加以约束。因此,对目前地方政府的各种融资方式加以规范化显得非常急迫,在条件成熟的地区,允许地方政府发行市政债券,以解决它们资金缺口问题,当然,还要做好相应的立法工作。

4、建立政府潜在债务监控体系,防范潜在债务向显性债务的转化。金融风险财政化模式其实质是对既存金融风险的事后认定,具有明显的被动性。长期以来,我国只统计政府的直接显性债务,不考虑政府潜在债务,实际上是回避了潜在债务所蕴藏着的巨大财政风险。为了弥补这一风险化解方式的不足,有必要建立一套政府潜在债务监控体系,将事后的认定变成事前的监控。

由于潜在债务的隐蔽性特征,所以统计起来非常困难,但通过建立适当的模型,来估计潜在债务转化为显性债务的概率还是有可能的。而建立政府潜在债务监控体系更重要的目的是在源头上减少潜在债务的诱发因素,防范潜在债务向显性债务的转化。

5、构建潜在债务管理的法律框架,将潜在债务风险管理纳入法制化轨道。通过立法,将潜在债务风险管理纳入法制化轨道,是我国财政管理体制改革所面临的一项新的课题。

在我们构建的潜在债务管理法律框架中,至少要包括两方面的内容:一是通过潜在债务监控系统,对债务出现异常情况的地方政府或金融机构发出预警信号,对出现债务危机的地方财政和金融机构依法实施接管或限期整改;二是当地方财政出现紧急情况时,从法律上明确中央政府向地方政府提供援助的标准和程序。

[链接]防范财政风险的国际经验

金融风险财政化是我国在处理金融风险问题上的一个特殊概念,它带有很强的体制转轨特征,也是我国财政与金融紧密裙带关系的一种具体表现形式,国外并无相应的概念。尽管如此,在以下几种防范政府债务风险的国际模式中,大多数是针对地方政府直接显性债务风险而言的,但对我国防范政府潜在债务风险还是有很大借鉴意义的。

美国模式

通过立法的形式防范和化解地方政府债务危机在美国还是比较成功的。不过,美国没有联邦政府对州及州以下政府(华盛顿例外)债务危机进行干涉的法律,但有相应的州级法律,即州政府在地方政府出现财政危机时,可以进行相应的法律干预。特别值得关注的是美国俄亥俄州“地方财政紧急状态法”。在俄亥俄州,经核查当一个地方政府的财政状况出现法律认定的某种不稳定情形后,州计审局就将其列入“预警名单”,并向这个地方政府提供改善财政收支状况的免费咨询服务。州政府通过成立财政计划与监督委员会,可临时接管该地方政府的财政权力,并责成地方政府制定和实施相应的整改计划,以恢复其偿债能力。

巴西模式

1998年,巴西参议院签署的78号法案对地方政府借款制定了一套极为严格的条款,法案主要从借款规模、偿债成本、债务总规模、担保余额、债券发行等方面对地方政府借款行为作了规范,同时,还对地方政府不得从其所有的企业和供应商那里借款作了禁止性规定。

1999年,巴西国家金融管理委员会又颁布了一项新规定，赋予中央银行两项监督地方政府从银行借款的权力：第一，授权中央银行以监管者身份控制商业银行对地方政府的贷款；第二，授权中央银行具体执行参议院78号法案关于对地方政府借款监控的条款。根据第二项授权，所有地方政府在向参议院提出借款申请时，其申报材料均须先经中央银行审查。如果中央银行有理由认为申请人违反了78号法案的任何一条要求，均有权拒绝向参议院转交申请。

哥伦比亚模式

1993年以前，哥伦比亚地方政府借款不受财政部监控，只需登记备案即可，但随后通过的几项法案则加强了对地方政府借款限制。比较具体的有第358号法案。针对各个地方政府的贷款要求，有关金融机构会根据上述法案规定的两个比例指标（地方政府的利息支出与操作性盈余之比；债务余额与经常性收入之比）计算出相应的“交通信号灯”颜色，如果是黄色或红色，该贷款须获得财政部的许可。同时，获得贷款的地方政府还须与金融机构签订改善其财政收支状况的合同，如果在规定的时间内，该地方政府不能达到合同规定的目标，则其未来借款便会受到限制。

新西兰模式

新西兰是少数几个对中央政府潜在债务进行统计和监控的国家之一。尽管新西兰的做法是针对中央政府而言的，但其方法也可为地方政府潜在债务风险的预防所借鉴。根据有关法律规定，新西兰中央政府应在向议会提交的年度和半年度财政报告中披露政府有关潜在债务信息，并且在互联网上予以公告。

国际经验与启示

在政府债务监控方面，大多数国家都为监控地方政府（或中央政府）直接显性债务或潜在债务专门设计了风险预警系统。其中美国模式是为州政府控制州以下政府债务而建立的，巴西和哥伦比亚模式旨在为中央政府控制地方债务提供依据。而新西兰模式则是议会为控制中央政府潜在债务设计的。这些模式有一个共同特点，就是它们均在既定的法律框架下运作，债务风险控制流程与危机处理程序都非常透明。

国际经验表明，通过立法来建立一个有效的地方政府债务监控系统本身并不是目的，其真正目的是为中央政府监督地方政府债务状况提供法律与决策依据，并迫使那些处于财政危机边缘的地方政府主动采取措施来调整其未来财政收支政策，避免财政危机的发生。

在处理地方政府债务风险和危机方面，国际经验给我们最重要的启示就是：我国缺少处理地方债务问题的法律框架，所有问题都以“一事一议”的方式处理。往往地方政府又以财权和事权不对等为由，在债务危机问题处理上进行讨价还价。结果是，危机的解决是以中央为地方增加转移支付和提供再贷款而告终。这种体制意味着中央政府为地方政府各种财政活动或非财政活动提供了隐性担保，并间接地鼓励了地方政府通过提供担保和过度举债来维持自身运转。

以市场化取向解决股市根本性问题

中国社科院金融研究所　王国刚　2003年9月30日

如果说就市场规模而言，中国股市用10年左右走完了某些发达国家用100多年才走完的路程的话，那么，就市场运行机制而言，中国股市至今未达到发达国家股市在100多年前已达到的水准。中国股市该何去何从？

□从现在到2005年是深化改革的关键时期。股市发展应选择“在规范中发展”的基本取向。

□落实“在规范中发展”的基本取向，首先应出台国有股减持和股份全流通的原则意见，实现新股的全流通。国有股减持要贯彻五个原则：一是国有股减持应以规范股市运行为目的，而不应以获取尽可能多的差价收益为目的。因此，国有股应一次性减持至控股股东之下；二是国有股减持应以“不与民争利”为基本点，即以不高于净资产/股的基准确定国有股的减持价格；三是应贯彻“谁持有减持收入就归谁”的原则；四是国有股减持应与股份全流通合为一体考虑，不应分割为两个过程，以免给股市的日后发展留下严重隐患；五是国有股减持不应与社保基金挂钩。

□2005年左右，历史遗留问题已大致解决，全面运用市场规则着力推进多层次股市建设的条件已大致具备，选择“全面贯彻市场经济规则”基本取向的时机相对成熟。

股票市场是中国资本市场不可或缺的构成部分。10多年来，在推进中国经济发展、市场经济体制建设和现代企业制度建设过程中，股市功不可没，但中国股市是在双重体制并存的条件下建立的，计划机制深刻地影响着股市的运行。如果说就市场规模而言中国股市用10年左右时间走完了某些发达国家用100多年时间才走完的路程的话，那么，就市场运行机制而言，中国股市迄今未达到发达国家股市在100多年前已达到的水准，因此，深化体制改革，调整运行机制，使其达到符合市场规则的要求，是中国股市在发展中必须全力解决的根本性问题。

市场化是根本出路

股市是资本市场的重要组成部分。1992年3月以后，股市的发展所以成为中国资本市场发展的重头戏，就直接原因来说，主要有三个相互关联的方面：

其一，资本初始积累。在40多年经济实践中，中国只有“资金”概念没有“资本”概念，而市场经济新体制要求，建立现代企业制度需要确立企业的资本关系、建立资产负债表制度。在这个背景下，众多企业终于明白了一个过去从未想过的基本问题——资本关系和资本数量是企业发展的基础性条件，由此，通过各种可能利用的金融机制筹集资本金，实现资本的初始积累，就成为实现企业发展战略的一个基本选择。

其二，融资体制的突破。自80年代起，企业运营和发展所需资金几乎完全依赖于银行贷款。由于银行贷款受到国家信贷计划的严格控制，所以，各个企业要获得经营发展所需资金不仅应经过层层审批而且受到其他诸多条件的制约。1992年3月以后，股份公司可以通过公开发行股票获得巨额无需还本付息的资金，由此，打破了基本由银行垄断的融资体制，不仅使企业在申请银行贷款之外又多了一条融资渠道，而且使企业有了一定程度的融资“自主权”，这给众多企业以强烈刺激和激励。一些企业说到“发股上市就等于办了一家银行”，这多少反映了他们对突破由政府控制的融资体制的渴望。

其三，地方经济发展。在小平同志南巡讲话发表之后，加速经济发展成为各地方政府的首要经济目标。在资金瓶颈的严重约束下，一旦发股就可在短期内获得几亿元乃至更大数额的资金，由此，对资金的渴求转变为对发股募资的渴求。这些引致股市快速发展的原因，同时也蕴育着计划机制复归的可能。1992 年 3 月以后，在发股募资热潮的推动下，一些地方“先走一步”，将内部职工股卖给社会公众并形成地方交易市场。1992 年 6 月，原本准备讨论各地发股安排的会议转变为整顿各地“乱发股”的会议，此后，发股的审批权上收中央部门；同年深圳发生的“8・10”事件更是给整顿发股市场秩序、由中央部门统一审批股票发行的理由。1 年多后，1993 年 8 月青岛啤酒的股票发行才正式拉开了中国股市发展的帷幕。自此开始，股市发展就在行政机制的安排中展开。10 年来，上市公司从最初的几十家增加到了 1200 多家，可流通股的日交易额从几百万元增加到几十亿元、几百亿元，但股市的行政化也在同步增强。主要表现在：

第一，股票发行制度的行政化。从 1993 年起，股票发行就实行了审批制与指标制相结合的体制，这决定了股票发行从指标下达、选择发股公司、推荐发股公司到初审、复审和终审，从发股数额、发行价格、发行方式到发行时间、发行组织等均出于行政安排之中。2001 年 4 月，发股指标制被发股通道制所替代，发股的行政化本应减弱，但事实状况是，这种行政化在某些方面更加强化了。一个突出现象是，原本发股申请一旦经发审会通过就下达股票发行通知书，有关公司和承销商就可安排发股承销事宜，但在 2001 年下半年以后，即便发股申请由发审会通过了，何时下达股票发行通知书从而可以安排发股承销事宜依然需要由主管部门安排。

第二，股票交易市场的单一化。1992 年就开始清理一些地方形成的“自发性交易市场”，使股票交易向证券交易所集中，但此时还有 STAQ、NETs 等法人股交易系统存在。1993 年 6 月停止了 NETs 的新股上市，实际上宣布了这一系统行将寿终正寝；1997 年 5 月，在抑制 1996 年 5 月的股市高涨和违法违规操作的过程中，沪深证交所上划由中国证监会直接管理；1998 年 4 月，在防范金融风险的背景下，对涉及 18 个省市、有 520 家公司上市的 41 家股票交易场所(其中包括 26 家证券交易中心和 STAQ 系统)进行了以“清理整顿”为名的摘牌工作，由此，完成了股票交易市场的单一化进程。

第三，运用政策机制调控股市走势。政策是影响股市走势的一个重要因素，但主管部门有目的地运用政策机制频繁调控股市则是中国特色。正是这种原因，中国股市有了“政策市”之称。

第四，运用行政机制控制所辖经营机构和股市组织。1993 年 7 月之前，从事股票业务的金融机构包括商业银行、证券公司、信托投资公司、财务公司、保险公司等等，由此，中国证监会也将业务监管作为监管活动的重心。1993 年 7 月开始的“整顿金融秩序”，提出了金融分业的政策，在此背景下，商业银行、财务公司和保险公司等退出了股票业务的经营行列，监管部门职能也开始向主管部门转变。1998 年《证券法》出台以后，在贯彻经营股票业务的机构必须冠之以“证券”二字的条件下，信托投资公司也退出了经营股票业务的行列，由此，证券监管部门基本成为实实在在的主管部门。不仅如此，证券交易所在 1997 年划归中国证监会管理以后，机构、业务乃至高管人员的行政化色彩也愈加浓厚。

第五，运用行政方式处理各种违法违规行为。面对股票市场中发生的造假发股、操纵股价、内幕交易、财务造假、母公司挪用上市公司募股资金、证券公司挪用客户保证金等诸多违法违规行为，监管部门本应依照有关法律法规予以坚决打击，但多年来，监管部门基本依主管部门的行政方式来处理相关事件，以致于一些违法违规行为呈现愈加严重的态势。以母公司挪用上市公司资金为例，人民银行早有规定，企业间不准进行资金借贷，而母公司挪用上市公司资金属企业间资金借贷行为，但在股市中这一问题一直得不到有效解决，以致于发展到 2002 年有 977 家上市公司(占上市公司总数 80%左右)被母公司挪用资金高达 1175 亿元的境地。再以证券公司挪用客户保证金为例，早在 1993 年中国证监会就已严令禁止证券公司挪用客户保证金，但迄今没有因此而受到公开处罚的证券公司，以致于证券公司挪用客户保证金的数额增加到数百亿元之多。

计划机制使得中国股市实际上成为一个中央集权式单一化的市场。这在世界各国独一无二。正如中国 30 年的实践证明，计划经济体制是没有前途的一样，在行政机制控制下的股市前景也令人堪忧。股市融资额占全国当年融资额的比重从 2000 年的 12%下落到 2002 年的 1.6%。从这个意义上说，中国股市的出路在于对计划机制的全面改革。

发展是硬道理。改革计划机制不可能在静态中展开，只能通过股市的发展，在动态中付诸实践。股市的发展目标是，建立多层次多样化的股票市场。所谓多层次，既包括主板市场也包括创业板市场还包括场外交易市场，既包括全国性市场也包括地方性市场。

就具体措施而言，发展股票市场需要着力解决 10 个方面问题：

一是减持上市公司中的国有股，实现股份全流通和国企上市公司的运行机制转变；二是改革股票发行制度，改变股票长期供不应求的格局；三是设立创业板，激励全社会的创业精神，支持成长型和高新技术中小企业的发展，推进高新技术产业化进程；四是取消审批制，改革证券监管体制和监管方式；五是改革证券交易场所的行政管理体制，使其真正成为会员自律组织；六是取消经营股票业务的行政壁垒，放松对商业银行等金融机构从事股票业务的行政管制，鼓励各类金融机构之间的竞争；七是依托银行柜台交易系统，发展场外交易市场，推进多层次股市的形成；八是根据资本帐户开放进程，适时归并 A、B 股，使其成为统一市场；九是进行以股票为基础的产品创新，推出股指期货、股指期权、股票期权等交易产品；十是逐步实现股市的国际化。

近期发展以“在规范中发展”为取向

近期发展在时间上的概念是指 2 年左右(即到 2005 年)。这段时间是深化改革的关键时期。因此，股市发展应选择“在规范中发展”的基本取向。选择“在规范中发展”，应注意解决好三个问题：

其一，“规范”应是市场经济规范。在中国现实中，发“规范”可分为计划经济规范和市场经济规范。如若不重视“规范”的真实含义，继续用计划经济规范来“规范”股市发展，则股市不仅将离市场经济要求更远而且将进一步陷入困境。深化改革的实质含义就是用市场经济规范替代计划经济规范，因此，不可偏离市场规则的基本要求。

其二，应着力解决股市中的历史遗留问题。“着力”的含义是抓紧时间花大气力。股市中遗留的一系列历史问题已成为严重制约股市进一步发展的障碍，仅仅将眼睛盯在有多少家新的上市公司、每年发股融资数额、股指高低、成交额等数量指标上是远远不够的，还应在解决这些历史遗留问题上有新举措。

其三，必须着眼于中国股市的市场体系建设。股市发展绝不仅仅意味着A股市场发展，它还应包括诸如创业板市场、场外交易市场等的发展，因此，应从股票市场体系建设角度全面发展股票市场。

落实“在规范中发展”的基本取向，需着重解决五个方面的问题：

第一，出台国有股减持和股份全流通的原则意见，实现新股的全流通。国有股减持需要贯彻五个原则：一是国有股减持应以克服由国有股“一股独大”所引致的种种弊端，实现国企上市公司的运行机制转变，规范股市运行为目的，而不应以通过减持从二级市场投资者手中获取尽可能多的差价收益为目的，因此，国有股应一次性减持至控股股东之下；二是国有股减持应尊重国有股的形成历史，以“不与民争利”为基本点，即以不高于净资产/股的基准确定国有股的减持价格；三是鉴于国有股内部关系比较复杂，应贯彻“谁持有减持收入就归谁”的原则，以正确处理好中央、省、市各级政府部门以及政府部门与集团公司、企业之间在国有股减持中的售股收入关系；四是国有股减持应与股份全流通合为一体考虑，不应分割为两个过程，以免给股市的日后发展留下严重隐患；五是国有股减持不应与社保基金挂钩。

在减持国有股中，需要处理好几个关系：

其一，国有股减持原则与国有股减持方案的关系。截至2003年6月，国企上市公司数量已达900多家。各家上市公司具体情况差别很大，要用一个统一的具体实施方案来实现这些上市公司的国有股减持是不现实的；同时，从前段国有股减持的实践来看，真正难点不在于减持的具体方案而在于明确减持原则，因此，应着力明确国有股的减持原则。在减持原则明确以后，应准许各家上市公司根据自己的具体情况制定具体的减持实施方案，选择不同时间实施国有股减持。

其二，国有股减持的时间效应。随着股市发展，国企继续发股上市是一个必然的现象。如果国有股减持原则不早日明确，则不仅累积的国有股数量将越来越大，日后的减持难度将越来越大，而且国有股在不可流通状态下所引致的国有资产的价值损失也将越来越严重，因此，国有股减持原则的出台应抓紧时间。

其三，国有股减持与股市稳定的关系。按上述五个原则进行国有股减持，将有利于保障股市投资者的利益，因此，对股市运行来说，是一个重大利好，有利于股市稳步发展。如若一味强调国有股应按市场价格减持，不仅将严重影响股市的正常运行秩序，而且国有股也不可能真正减持。2001年7月以后的实践已做出证明。

其四，国有股减持与法人股流通。法人股与国有股在形成机理、购股价格和对上市公司治理结构影响等方面都不同，不应采取统一原则对待。法人股的全流通，应在明确了国有股减持原则和实施了国有股减持以后，采取直接进入交易市场按照市场价格出售的方式来解决。

其五，国有股减持与新股全流通。在国有股减持中可考虑实行“新股新办法、老股老办法”的政策，但“新股新办法”的推出应以明确以“老股老办法”为基本前提，否则，将严重影响股市运行，新股新办法也难以有效实施。

第二，加快设立创业板市场的步伐。

中华民族是一个有着很强创造精神和创造力的民族，要激励这种创造精神并使其转化为创业行为，仅仅靠宣传教育是不够的，还必须充分运用市场机制；另一方面，中国企业数量众多，几百万家中小企业和高新技术企业的发展状况，不仅直接影响着经济的可持续发展态势，而且严重影响着综合国力提高和中国经济的国际竞争力。发股上市是加快中小企业发展的重要措施，但A股的规则不适合中小企业发股上市的要求，因此，有必要设立创业板市场，激励社会各界的创造精神和创造力，有效服务于成长型中小企业和高新技术企业的发展。

自2000年以来，在有关方面的努力之下，《公司法》已进行了相应修改，设立创业板市场的技术系统也已调试就位，眼下需要解决的关键问题是，出台有关创业板市场的管理办法。这一管理办法有五点应当明确：一是创业板市场的发股上市条件应明显低于A股市场；二是创业板市场上的股份应能够全流通；三是创业板市场上的股票发行应实行登记制，应强化承销商和其他中介机构的责任；四是创业板市场应是一个独立于A股的股票市场，即不能是挂靠在A股市场上的一个板块；五是创业板市场应有明确的退市机制。

同时，设立创业板市场应避免五种倾向：一是创业板市场成为A股市场的复制品。创业板市场规则必须充分考虑市场规则和与国际惯例接轨，摆脱A股的思维方式和A股的运作框架。二是在名称上反复争论。设立创业板市场的目的在于建立一个能够有效激励创造精神和创业行为、支持成长型中小企业和高新技术企业发展的股票市场，至于这一股市的名称不是最重要的问题，关键是早日设立。三是为维护A股价位而延缓设立创业板。创业板市场的运行必然影响A股的股价，一些人以此为由而不赞成设立创业板。实际上，即便没有创业板，受计划机制的影响，A股的价格逐步走低也是必然的。但创业板给投资者以更多的投资选择机会，在更大程度上维护了投资者权益，因此，不会对全体投资者的总体利益产生多少负面影响。四是设立“改良”的创业板市场。这一思路实质上是不主张设立创业板市场。“改良”的思路只能使设立创业板市场的努力步入“误区”或“雾区”。五是对创业板市场求全责备。设立创业板市场应从一开始就尽力避免、化解和克服各种可预见的弊端和风险，但在中国设立创业板市场毕竟是一个新生事物，有相当多的问题可能需要在未来的实践中才能逐步解决，同时，迄今全球也还没有一个十全十美的股市，因此，不应用求全责备的态度来对待创业板市场，而应用积极发展的态度来对待创业板市场。

第三，取消股票发行的通道制。

2001年4月以后实行的股票发行“通道制”是对指标制进行改革的产物。经过2年多的实践，可以说“通道制”优于“指标制”，但也有着内在的弊端：一是通道制依然未完全摆脱行政机制。一家证券公司拥有多少“通道”很大程度上依然由行政机制确定，因此，各家证券公司为多获得一个“通道”不得不进行各种“攻官”，或听命于行政安排。二是通道制不利于证券公司之间展开股票发行市场的竞争。受“通道”限制，实力强的证券公司难以充分发挥优势，而实力弱的证券公司可凭借“通道”获得市场份额。三是通道制不利于处理好拟发股公司与证券公司之间的平等关系。一些拟发股公司为了能够获得“通道”，千方百计“攻”证券公司的“关”，而一些证券公司也利用“通道”向拟发股公司要价，以致于形成了一个“通道”值1200万元—1500万元的“业内共识”。

取消“通道制”的含义就是，中国证监会不再给各证券公司下达“通道”数量，各证券公司向中国证监会推荐的发股公司家数不再受“通道”数量限制，由此，实力强的证券公司可以推荐更多的公司发股，实力弱的证券公司将在发行市场竞争中被淘汰。取消“通道制”，有利于改变因发股家数控制所引致的股票数量供不应求从而股票发行价格过高的状况，为实现发股登记制准备必要的条件。

实行保荐人制度，应是中国股市的一项创新，它对于强化证券公司等中介机构的尽职义务有着积极意义。但是，保荐人制度并非国际惯例，即便在创业板市场中也只是有限国家和地区实行了这一制度。实行保荐人制度应与取消通道制相联系，以激励证券公司之间的市场竞争，否则，负面影响将更加严重。

第四，完善上市公司治理结构。

上市公司质量状况直接关系着股票市场发展的基础是否坚实。完善上市公司的治理结构主要工作有四：一是在国有股减持的条件下，调整上市公司的股权结构，完善股东大会、董事会、监事会和高管人员结构，完善议事规则和决策程序。需要强调的是，实行执行董事和执行监事制度是完善公司治理结构的基础性工作。在缺乏执行董事、执行监事的条件下，独立董事制度是难以切实到位的。二是通过建立质量认证体系和信息管理系统，使上市公司的各项管理活动和运作流程标准化和透明化。管理的标准化透明化，是工业化的基本构成内容，缺乏这种标准化透明化，就不可能实现工业化。与此对应，在缺乏标准化透明化的条件下，上市公司的内部治理结构是难以完善的；三是建立有效的激励—约束机制，实行股票期权制度、年薪制度及其他激励机制，将选择和实施这些激励机制的权力交还给上市公司。四是完善上市公司财务管理制度和信息披露制度，严格防止财务造假事件的发生，坚决纠正母公司挪用上市公司资金，强化母公司与上市公司之间的关联交易监管。

第五，加快发展机构投资者。

主要内容有四：一是加快发展证券投资基金，尤其是开放式证券投资基金；二是放松对保险基金直接进入股市的政策限制，适度增大保险基金投资于股市的比例；三是通过 QFII，继续发展合格的境外投资者；四是运用信托机制规范委托理财、资产管理和集合投资，发展其他机构投资者。

在发展机构投资者中应避免四种倾向：一是给予机构投资者特殊的优惠政策。机构投资者和个人投资者同是股市投资者，应处于平等地位，不应利用政策机制给机构投资者以特殊权益，使它们在股市运作中的政策优势高于个人投资者。二是将机构投资者作为“调控”股市的机制。股市只能监管，不能调控。监管部门不应通过组织机构投资者“做市”来达到自己维护股市平稳运行的目标。三是采用不规范的机制来发展机构投资者。发展机构投资者始终重视市场规则的规范化要求和金融运行的规范化要求，应防止为了部门利益或单纯发展机构投资而忽视甚至放弃规范化要求的现象发生。四是机构投资者成为股市庄家。股市中的庄家，是指通过操纵个股价格来获取股价差额收益的机构投资者。操纵股价是严重违法的行为。在发展机构投资者中，应防止为维护或满足机构投资者的利益而放纵其操纵股价或放松监管的现象发生，应坚决打击“庄家”行为。

中长期发展全面贯彻市场经济规则

中期发展在时间上的概念是指在上期发展之后的 3－5 年左右时间(即 2005 年之后的 3--5 年内)。在上期发展的基础上，历史遗留问题已大致解决，全面运用市场规则着力推进多层次股市建设的条件已大致具备，选择“全面贯彻市场经济规则”基本取向的时机相对成熟。在这一阶段，应着重解决的主要事项至少有五个方面：

一是实行股票发行的登记制。主要内容有四：其一，调整股票发行市场的监管思路，实现“事前监管以防范为主”与“事后监管以执法为主”的有机结合，使监管行为成为实现法治的基本环节。所谓“事前监管以防范为主”，是指在制定相关法律法规时充分考虑到各种可能发生的不符合市场规则的现象从而予以限制或禁止；所谓“事后监管以执法为主”，是指对违法违规行为予以坚决打击和处罚。其二，改革股票发行制度，变核准制为登记制，改变股票市场的供不应求格局，促使股价向市场均衡价靠拢。在这个过程中，需要制定相关行政法规、登记文件格式和登记程序，停止股票发行核准委员会的工作，停止对发股申报材料的实质性审核工作。其三，实行股票发行的包销制度，加强承销商的经济责任，强化证券公司之间的市场竞争，实现市场规则要求的“优胜劣汰”。其四，加强对股票发行市场的监管力度，将重心放在打击违法违规行为方面，同时，加大处罚力度，使利用登记制而弄虚作假的有关各方不仅无利可图而且将蒙受重大损失。

二是发展场外交易市场。依托银行柜台交易系统，发展股票场外交易市场，从而形成由主板市场、创业板市场和场外市场构成的多层次股票市场体系。在这个过程中，关键的问题是达成共识。中国作为一个发展中的大国，各地经济、技术、资源和生产力差别极大，仅靠证券交易所的股票市场是很难满足各类企业发展要求的，要适应多层次生产力和多梯级经济的发展要求，就必须发展多层次的股票市场；同时，从主板市场和创业板市场中退市的上市公司股票客观上也要求有一个继续交易的场所，以满足投资者的需要和这些上市公司并购重组需要，由此，发展场外交易市场有其内在的必然性。在达成共识的基础上，充分借鉴发达国家的经验，制定发展场外交易市场所需要一系列相关管理制度，包括场外交易市场的组织制度、股票交易制度、做市商制度、信息披露制度等。

发展场外交易市场应与建立地方股票市场相连结，即在这一股市中，交易是在各地方市场展开的，行情是在全国统一显示的，由此，使场外交易市场成为一个全国统一报价和行情显示而交易在各地方展开的不同于 A 股市场和创业板市场的新市场。发展场外交易市场应避免地方政府的行政干预，尤其是地方财政投资或国有独资、国有控股企业的投资，从产权关系上化解地方政府行政干预的可能性。

三是改革股票交易场所的行政组织关系。证券交易所和场外交易系统，在组织制度上，实行的是会员制，会员大会是其最高权利机构。但长期以来，在中国股市中，交易场所的会员制形同虚设，有关政府部门运用行政机制直接干预证券交易场所的会员大会、理事会和高管人员任免，甚至直接将证券交易场所纳入行政编制范畴。这种状况的继续存在不利于监管部门将主要精力集中于市场监管，容易使其继续运用行政手段进行市场管制，同时，也不利于各家证券交易场所通过提高服务质量、进行服务创新等展开市场竞争。

改革证券交易场所的行政组织关系，需要解决四个方面的问题：一是理清并明确证券交易场所的财产关系。沪深证交所在组建初期时的投资是由政府财政投入的，10 多年来这些投资所形成的固定资产一直在使用着但始终未予以明晰，这成为政府部门运用行政机制管理证券交易所的财产基础。要使证券交易场所成为具有独立民事主体地位的法人机构，必须理清这些国有投资数额，并明确这些财产的偿还方式和偿还期限，使证券交易场所的财产基础由国有制转向会员制。二是取消证券交易场所的行政关系。其中包括取消证券交易所的行政级别、证券交易所高管人员的行政级别，取消证券交易场所的行政隶属关系和对应的行政待遇。三是维护证券交易场所的法人权益，其中包括确立证券交易场所的法定职责、确认其独立法人权益等。四是完善会员制的治理结构。其中包括完善会员制的组织结构，如会员大会、理事会和经营班子之间的责、权、利关系，完善会员制条件下的证券交易场所的财务关系和财务公开制度，完善证券交易场所内部的决策程序、业务流程和运行机制。

四是进行股票市场的产品创新。主要内容有二：一是在条件成熟时，及时推出认股权证、股指期货、CDR 等新产品，以活跃股市交投，给投资者以更多的投资选择余地。二是适时推出做空机制，使投资者能够通过反向对冲交易来调整投资运作方略。

五是调整监管体制。主要内容有三：一是调整监管取向。证券监管部门应将监管取向从以防范股市风险为重心转变为打击违法违规行为、维护股市运行秩序为重心，通过维护股市运行秩序来维护投资者权益。二是调整监管对象。证券监管部门应将监管对象从证券经营机构和上市公司转变为股市业务和市场行为，将从事股票业务的商业银行、保险公司及其他金融机构的相关活动都纳入监管范畴，从而，实现“机构监管”向“业务监管”的转变。三是调整监管方式。证券监管部门应改变通过审批、审查等机制来筛选“好人”的思维定势，确立处罚违法违规事件就是保护合法合规经营的监管理念，将监管重心从“行政管理”转移到以“市场监督”、“业务监督”为基础的“依法管理”上来。

“全面贯彻市场经济规则”的过程，也就国际化的过程。在上述五个方面问题解决的过程中或解决之后，中国股市的国际接轨进程也将大为加快。

国际化是一个过程，而国际接轨则是国际化的实现结果。中国股市的国际化大致可分为五个方面：一是机构的国际化。例如，设立中外合资的证券公司、中外合资的基金管理公司或外资独资的证券公司、外资独资的基金管理机构等。二是股票的国际化。例如，B 股，中外合资公司、外资独资公司在 A 股市场上市，CDR 等。三是股票交易的国际化，即境内居民（包括机构和个人，下同）可直接介入境外股市交易，境外居民也可直接介入境内股市交易。四是股市制度的国际化，即股市各项规则基本达到国际市场规则的要求或国际标准。五是股市监管的国际化，即监管部门按照国际股市的要求实行监管且监管质量达到国际水平。对中国来说，前两方面的国际化相对容易做到，后三方面的国际化则有相当大的难度，需要着力创造条件予以推进，而在实现国际接轨中，真正有实质意义的也是后三方面。

在中国股市国际化进程中，需要着重解决的问题至少有六个方面：

一是制定与股市国际接轨相关的各项制度。在资本帐户基本开放的条件下，涉及股票的国际性发行和国际性交易的制度主要有五项：境内公司到境外发行股票的管理办法；境外公司到境内发股上市的管理办法；境外上市股票申请在境内交易场所上市的管理办法；境内居民投资于境外股票市场的管理办法；境外居民投资于境内股票市场的管理办法。

二是完善股票发行的登记制。主要内容有三：完善境内外各类公司在境内申请发行股票的登记程序和登记条件，实行国民待遇；明确并落实股票承销商及其他中介机构（包括中资机构、外资机构、中外合资机构等）的职能和法律责任；实行境内公司到境外发行股票的报备制度。

三是推进股票交易场所的国际化。主要内容有二：一是连接境内外股票交易系统，准许境外居民直接投资于境内股票交易市场，同时，放松对境内居民投资于境外股票交易市场的限制；二是建立股票国际性交易的登记、过户、交割、结算系统。

四是实现 A、B 股的并轨。在股市实现了国际接轨以后，继续维持 A、B 股分市场格局已没有实质意义，同时，也具备了二者并轨的条件，因此，可顺利地将 A、B 股合并为一类股票。

五是完善股票产品的创新。在进一步完善认股权证、股指期货等品种的基础上，在条件成熟时，及时发展分类股指期货、股指期权、分类股指期权、个股期权等衍生产品，实现股市交易品种与国际股市的基本接轨。

六是建立适应股市国际化的监管机制。主要内容有三：加强国际监管合作，完善国际性监管机制；监控机构投资者的国际间资金流动，严格防范股票国际间交易可能引致的金融风险；加强市场预警系统和预警机制的建设，强化处理突发事件的能力和机制。

通胀呈逐级加大　预警需关口提前

1997 年之后的国内外经验证明，中央银行的宏观调控既要关注通货膨胀，也要提防通货紧缩，因为通胀和通缩都会影响市场主体对经济运行现状信心和前景的判断、扭曲资源配置，对经济发展和社会稳定产生不良影响，阻碍国民经济持续稳定协调增长。

当前针对我国经济发展中出现的某些过热现象和各类物价指数的走势，各方面对通货膨胀的认识众说纷纭。从经济运行情况看，当前正处于由通货紧缩趋势缩小向通货膨胀压力增强转换的特殊时期。在此过程中，要密切关注通货膨胀压力，防范通货膨胀的出现。而要防范通货膨胀，缓解通货膨胀压力就必须正确引导通货膨胀预期，认清当前通货膨胀压力的存在和通货膨胀压力的来源。

一、当前出现的通货膨胀压力不同以往，成因复杂

当前出现的通货膨胀压力既有经济自身重复建设、盲目投资的原因，也有货币快速投放的因素，同时也受到世界经济复苏、国际商品价格上涨的影响。

首先，经济运行结构问题是决定性因素。所谓经济运行自身因素产生的通货膨胀压力，主要是因为结构不均衡加剧。当前通货膨胀压力主要来自经济运行中某些地区、某些行业的低水平重复建设和盲目投资。2003 年全社会固定资产投资强劲增长，投资总额名义增长率为 26.7%，投资率达到 40%。仅次于九十年代初期的经济过热时期，而对某些行业来讲则实际上是出现了投资过热。2003 年钢铁、电解铝、水泥的投资增长率分别达到 96.6%、92.9%和 121.9%。加剧了原材料和能源的供求矛盾，对企业商品物价造成的压力不言而喻。

现在我国经济发展已进入产业结构升级和消费结构升级阶段。以投资为主的新一轮经济增长，加大了投资增长速度与消费增长速度的差距。2000 年全社会固定资产投资和社会消费品零售总额两者增长率之差为 0.6 个百分点，2001 年为 2.9 个百分点，2002 年为 8.1 个百分点，2003 年扩大到 17.6个百分点。结果在初级、中间和最终消费三类产品的价格几乎同时转为正增长的情况下，由于市场供求状况不同，初级产品价格上升快，而中间产品和最终产品仍然供大于求。这就使得投资品价格既有上升的强劲压力，又有结构不平衡导致的价格惰性。

其次，投资和信贷的快速增长是重要资金因素。投资和信贷的快速增长已经成为使通货紧缩趋势缩小，并向通货膨胀压力渐强过渡的转折性因素。回顾 20 世纪 90 年代中期至 2001 年间，我国投资增速、货币供应量增速和价格涨幅都相对较低。而 2002 年下半年以来，投资和货币信贷供应发生变化，物价由负增长开始向正增长移动，波动性加强。在连续 3 年分别比上年增长 3063、4296 和 6286 亿元的基础上，2003 年全社会投资总额达到 55118 亿元，增加 11615 亿元，为改革开放以来的最大增加额。2003 年广义货币 M2 余额达到 22.1万亿元，同比增加 3.6 万亿元。2003 年全部金融机构本外币贷款余额 16.9 万亿元，比年初增加 3 万亿元，同比多增 1.1万亿元。其中，人民币贷款比年初增加 2.8 万亿元，同比多增 0.9 万亿元。

其三，国际商品价格上涨是重要的引致因素。根据英国《经济学家》杂志的“世界商品价格指数”(不含石油，按美元计算)继去年 12 月上升 2%后，2004 年 1 月份该指数平均较上月再升 3.9%。按英镑计算的路透社“世界大宗商品价格指数”继去年 12 月上升 1.4%后，今年 1 月份再升 1.9%。去年我国外贸进出口达到 8512 亿美元，比前年增长 37.1%。出口大出，进口大进，全年进口原油 9112 万吨，增长 31.3%，钢材 3717 万吨，增长 51.8%，必然受到国际商品市场价格的影响。例如 2003 年全球钢材价格暴涨 66%。伦敦金属交易所铜现货交易价格去年 5 月份到今年 2 月 20 日的 9 个月里价格上涨 83%。而 OPEC 认为 2003 年石油平均价格是 28.10 美元/桶；布伦特石油期货价格达到 28.48 美元/桶，上升 19%，达到 20 年来最高价。进口原材料价格上涨直接影响国内原材料价格随涨，使国内产品生产成本增加，形成通货膨胀压力。

由于投资增长快速和结构扭曲的二重性，当前的通货膨胀压力呈现出某种复杂性。例如：在消费物价压力中，既有促使其上升的因素(如粮食价格、住房价格等)，也有促使其下降的因素。在推动企业商品价格总体上升的因素中，上游产品普遍有所上升，而一些下游产品却回升缓慢或有所下降。在影响物价总水平上升的因素中，既有国内投资需求的拉动因素，也有国际商品价格上升因素。也就是说，当前通货膨胀压力形成的渊源是错综复杂的，是国内外因素的混合、结构周期的混合、投资融资的混合。因此，容易出现公说公有理的不同判断。

此外，需要说明的是，通货膨胀的发生往往伴随着股市的大幅上涨，而目前我国股市经过一段时间的恢复性上涨后出现了调整的态势，似乎并不能表明通货膨胀压力的存在。但深入观察不难发现我国股票市场的发展受到一系列因素的制约，如悬而未决的全流通问题、上市公司治理问题等等。而居民储蓄的巨大存量、各大机构投资者的资金充裕(如社保、保险等)则说明市场行情的上升迟滞还存在投资信心因素的阻碍和对资金流动、价格传导的某些政策性制约。

二、认清新时期通货膨胀压力的特殊表现，防止通胀的关口需提前

按照古典通货膨胀理论，通货膨胀可以划分为需求拉动型通货膨胀和成本拉动型通货膨胀，前者是指由于社会总需求的过度增长带来的物价水平的变动，后者又分为工资推进和利润推进两种情况，指由于工资和利润因素造成总供给曲线的位移，从而引起物价水平的变动。无论是需求拉动型通货膨胀或成本拉动型通货膨胀，其中必然有货币信贷因素，至于信贷总量的大小，取决于中央银行投放的基础货币总量和货币流通速度。然而，古典通货膨胀理论不能完全解释我国当前通货紧缩趋势尚未完结，通货膨胀压力有所加大的特殊时期的物价变动情况，例如过快的货币信贷投放并未迅速传导到价格上，企业生产价格的上升也并未直接传导到消费物价上，而且预期的作用已经远超出经济金融运行本身的实际状况。新时期通货膨胀形成不会像在短缺经济时代那么直截了当，在市场供大于求、企业自主性增强的条件下，要有一个磨合过程，一个传导过程，一个势能积聚过程，从宏观经济调控部门来说还有一个观察判断的过程。这样一来中央银行就有可能将对通货膨胀的治理防范关口提前，即不必等到通货膨胀形成而将其缓解在通货膨胀压力形成的过程中。只要我们保持清醒的头脑和客观的认识，讲求对通货膨胀压力的警惕性，讲求调控的科学性和前瞻性，这是完全可以做到的。

在此，有必要提出一个关于完善社会主义市场经济体制新时期的通货膨胀压力观，它特指物价水平由负增长走向正增长，进而走向温和上涨，最终走向物价全面大幅上涨的三级增压过程；它包括固定资产投资价格上涨，企业商品生产价格上涨，最终推动消费物价上涨的三级传导过程；它涵盖通货膨胀压力苗头、通货膨胀压力积聚和通货膨胀爆发的三级扩展程序。该理论不是简单地将通货膨胀与消费物价上涨直接相联系，而是与潜在通货膨胀变为现实通货膨胀可能的随机实现过程相联系。它与传统通货膨胀理论的明显区别是：从出现通货膨胀苗头到通货膨胀实现有一个压力积聚的中间过程。在压力苗头时期，虽可见微知著，但人们对压力的认识不易统一，调控部门难下决心；而把握压力积聚时期，重在事前预警和风险缓解，将使通货膨胀实际发生概率最小化。对通货膨胀或通货膨胀压力进行预警和调控的效果远胜于通货膨胀压力转化为事实通货膨胀后的大张旗鼓地调控治理。

这个通货膨胀压力观的立足点，不是对业已形成通货膨胀态势严重程度进行分析，而是发现经济运行中可能积聚通货膨胀压力的因素及其早期缓解措施。它强调的是，必须密切关注通货膨胀压力形成的因素，在消费需求不足情况下要关注投资和生产价格的上升压力，在投资领域应该关注重复建设、盲目投资对物价上升的压力，在生产流通领域应关注企业商品价格的波动压力。调控部门必须秉持随时跟踪调查、及时预警提示和适时缓解防范的态度。这也正是作为货币政策制定和执行者的中央银行的科学预见性和前瞻性之所在，也是中央银行对通货膨胀防范关口提前的理论基础。

三、观察通货膨胀形势的方法与角度需要调整

当前对于通货膨胀的认识有一些差异是正常的。例如有一种观点认为，现在消费价格指数上涨不是太快，未来也不会大涨，言外之意只有等到生产价格传导到消费价格领域，才可以谈论通货膨胀压力问题。我认为，在目前形势下这种观察通货膨胀形势的方法需要研究。

首先，在新时期消费物价指数已经不是考核通货膨胀的唯一指标。进入建设小康社会时期的通货膨胀，应该不同于计划经济和改革开放初期的通货膨胀，因为那时皆属于短缺经济时期，人们收入不高，供给不足，投资稍许放大，即可影响消费物价，因此那时考量通货膨胀的唯一指标就是消费物价指数（当时多用"商品零售物价指数"表示），或许可以直接称之为"消费型（短缺型）通货膨胀"（在国家控制价格时期又称为"隐性通货膨胀"）。而现在人均收入超过1000美元，又开始重化工业建设时期，经济生活中的通货膨胀表现形式（包括压力形式和实现过程）就会有所不同，而且要更加复杂。消费物价的变动显然不能反映全部经济活动，由于经济规模扩大，经济增长方式的变化，投资、生产链不断扩展，已成为一个具有一定自我循环功能的"生态网络"，这就使得价格的传导机制发生了变化，这从另一方面证明：在完善社会主义市场经济体制新时期，企业商品价格和资产市场价格的波动，将逐渐占据主导地位，其持续性上涨将成为新形势和新条件下通货膨胀压力的突出表现，或许可以将其概括为投资型（或结构型）通货膨胀压力。

其次，缓解投资型通货膨胀压力是宏观调控的重要任务。必须清醒地认识到在"急刹车"和"一刀切"都不可取的前提下，投资需求扩张、结构性过热和企业商品价格的总体上涨将会有一定的持续性，无论是否会迅速传导到消费价格领域，都应该引起我们的重视。既然当前主要是生产型通货膨胀压力较大，就需要控制某些行业的过度投资，以免其逐步向消费物价传导，促成物价的全面持续上涨。我们既不能因当前的消费物价的温和水平而忽略在投资和生产领域的物价上升压力，也不能因核心物价较低而忽略非核心通胀的衍射效应。

第三，通货膨胀预期已经成为加大通货膨胀压力的重要因素。在完善社会主义市场经济体制的进程中，通货膨胀预期对经济生活的影响将越来越大，有时比实际物价上涨的作用还大，即不用等到通货膨胀实际显现，通货膨胀压力就已存在，通货膨胀预期就已开始影响经济运行；而当公众普遍存在价格上涨预期时，经济行为主体自发调节经济活动，潜在通胀压力随即就会变成现实通胀。它已成为一种敏感性指标，是我们需要密切关注的。在信息披露不充分的情况下，我国经济主体的预期行为与完全的理性预期是有差距的，在信息不对称的情况下，在公众对宏观调控政策和手段尚不能充分理解时，更容易形成通货膨胀预期。为说明通货膨胀预期作用，一个相似的例子是一段时期以来国际市场对人民币升值的预期，这种预期促使一些投机资金通过各种渠道涌入我国，给人民银行货币调控带来了挑战，若不加以对冲操作，就会加大国内通货膨胀压力。近期外界对央行加息有所猜测，在一定程度上也反映出公众对未来的物价上涨可能超过银行的存款利率的预期。在此情况下中央银行为稳定币值所能做的就是关注通货膨胀压力、消除通货膨胀的预期。

缓解通胀压力应是货币政策重点

当前，既然通货膨胀压力客观存在，随着通货紧缩的逐步消解而着力加强对通货膨胀压力的关注和缓解，应当是今后一段时期中央银行稳健货币政策的侧重点。

中央银行对于通货膨胀压力的关注始于去年第一季度，防范于去年年中，并随之出台了许多应对措施。去年第一季度GDP增长9.9%，比上年同期加快2.3个百分点，成为自1996年一季度以来同期增长最快的季度。央行一季度货币政策报告就此指出，"2003年初物价连续三个月正增长引起有关各界的关注"，"我国物价总水平在今后一段时间会继续保持正的增长"。可以看出央行开始觉察到通货膨胀压力的苗头已经出现。同期在央行一份关于金融稳定运行的报告中指出在固定资产投资中某些行业"存在结构不合理和重复建设的问题，从长远角度看，这部分（行业）的贷款风险较大"。非典过后，央行第三季度的货币政策报告又指出："目前，生产价格、固定资产投资价格、房地产价格快速回升，要防止出现资产价格过快上升，形成资产'泡沫'的危险"，并提出适度控制货币信贷增长的政策意向："适度控制货币信贷的增长，既可以防止通货膨胀，又可以防止通货紧缩"。而央行第四季度货币政策报告更是直言不讳地提出："在经济快速增长中也存在一些影响经济、金融持续健康发展的矛盾和问题，部分行业盲目重复建设、能源交通出现了多年少有的瓶颈制约，通货膨胀压力加大"。至此，央行对通货膨胀压力的判断已经形成。

针对部分行业出现的通货膨胀压力苗头，央行率先采取了引导措施。2003年6月，发布了《关于进一步加强房地产信贷的通知》（简称"121号文件"），对商业银行的房地产信贷提出了指导性的意见。此外，央行还运用窗口指导，要求商业银行控制信贷流向盲目投资、低水平重复建设的行业。

为了防止货币信贷总量过快增长，控制形成通货膨胀压力的货币因素，从2003年9月21日起央行决定提高存款准备金率1个百分点，即存款准备金率由6%调高至7%，减少商业银行可贷资金。

同时，央行灵活开展公开市场操作，回笼资金，适时收回市场过多的流动性。去年央行共发行63期央行票据，发行总量为7226.8亿元，发行余额为3376.8亿元，净回笼基础货币2694亿元。今年初到3月10日，共发行央行票据20期，3000多亿元，若加上债券回购业务，今年以来共回笼货币资金5000多亿，力度持续加大。

就目前而言，央行一系列措施对通货膨胀压力进行预调和微调，其作用和效果都是十分明显的。

央行既要关注当前的通胀压力，也要关注未来可能出现的通胀压力。这是因为，从货币供应量过度增长到出现通胀，至少有半年时滞，而生产资料价格的上涨传递到消费价格上也需要一定的时滞，而通胀压力转移到诸如房地产、股票等资产中形成资产"泡沫"的时滞可能更长，但如果等通货膨胀明显出现和资产"泡沫"形成，对经济的破坏程度和治理的难度就更大了。从这一点上来说，关注未来可能出现的通货膨胀压力,显得更加重要。

非常可喜的是,现在相关部门和行业也采取了一些应对举措,抑制地区、行业的投资过热和结构不均衡状况。如国家发展改革委员会要求控制钢铁、电解铝、水泥三个行业的过度投资;证监会控制上述三个行业的市场融资;银监会正在检查五个热点行业的信贷资金投放情况,等等。各部门的行动实际上是为抑制投资过热、缓解通货膨胀压力采取的釜底抽薪措施。另外,一些地方、行业依据科学的发展观,对所在地区、行业已经出现和行将出现的投资过热现象也开始采取措施,保持警惕。可以说,当前宏观管理部门已经初步形成了缓解通胀压力的协调、合作机制。这显然会提高各方对通货膨胀压力风险的认识。

在防止通货膨胀的问题上,要正确引导公众的通货膨胀预期,以达到防范于未然的目的。去年央行所采取的预调是缓解通货膨胀压力的先导,制定适宜的2004年的货币信贷供应指标是调控经济运行保证物价稳定的政策延续。近期央行负责人关于密切关注通货膨胀压力的讲话是对社会的风险提示。这些都将对公众的通货膨胀预期产生正面影响。

缓解通货膨胀压力还要注意宏观调控手段的审慎运用,避免经济的大起大落。缓解通货膨胀压力既要注意通过包括货币信贷政策在内的宏观经济政策调控来解决,也要注意通过深化体制改革和均衡经济发展来实现。必须看到经济结构调整并非一日之功,治理经济的结构性过热也不能毕其功于一役,还要注意保护好、引导好、发挥好各方面发展的积极性。换言之,今后央行仍然会综合运用多种调控工具来缓解通货膨胀压力。但要综合考察对我国经济发展各方面的影响,注意我国仍然存在着某些通货紧缩因素的实际情况。

从发展趋势看,随着央行和有关部门调控措施作用的发挥,2004年货币政策和监管政策的认真实施,有希望做到“不战而屈人之兵”,即不一定经过加息调率,也可引导通货膨胀预期,降低通货膨胀压力,促进我国经济平稳较快健康地发展。

[视点]通胀压力表现明显

从日前公布的统计数字可以看到,当前我国经济增长的总体态势很好,2003年经济增长速度达到9.1%,今年第一季度有可能继续达到9.3%的较高增长水平。同时也要看到,我国宏观经济调控处于重要关口,一些行业和部门投资过度和重复建设十分明显,物价上涨趋势也鲜明可见。宏观经济调控失去力度将会导致通货膨胀;宏观经济调控发力过度将会使经济重新陷入通货紧缩覆辙。经济学中的通货膨胀理论表明:在需求旺盛,物价总水平持续较快上涨时,要关注和抑制通货膨胀;而在需求疲软,物价总水平持续负增长时,要注意防止通货紧缩。当前,突出的问题是要同时关注通货膨胀压力和防止通货膨胀出现。也就是说,尽管对于我国通货膨胀是否已经出现,可能还要观察一段时期的经济运行情况和物价走势才能准确定论,但我国已出现明显的通货膨胀压力,却是勿庸置疑的。

为了便于讨论,我们有必要区分“通货膨胀压力”和“通货膨胀实现”两个概念。这里所说的通货膨胀压力是指通货膨胀能量的积聚和蓄势待发,物价水平在可承受范围内部分或整体上升;而通货膨胀实现则是指各类物价指数大幅攀升,物价总水平持续上涨,且加速势头难以抑制。目前我国通货膨胀指标表现相对温和,分类物价指数正在持续上升,但还不是全面大幅度上涨,因此尚不能视为通货膨胀已经出现。

下面各类价格指数可以从不同角度说明通货膨胀压力的现实存在。

1、居民消费价格(CPI)波动性上升。2003年前8个月居民消费价格指数(CPI)同比持续小幅平均正增长0.6,表明通货紧缩趋势初步受到抑制;9月份开始CPI开始快速上升,月环比分别为1.2%、0.9%、1%和0.6%,同比增幅在去年12月为3.2%。;今年1月份同比增长仍然是3.2%,2月份为2.1%,与1月份比,下降0.2%,但食品价格仍然上涨5.6%。物价上涨中值得注意的是,近年来持续低迷的农产品价格出现了上调趋势,2003年粮食价格上涨2.3%。按照国务院发展研究中心的预测,根据目前相当低的粮食库存水平,2004年粮价的上涨可能在5%左右或者更高,CPI中食品的平均比重估计在1/3左右,因此仅2004年粮食价格上升就会推动CPI上升1.7个百分点。

2、企业商品价格快速上升。2003年我国固定资产投资增长速度比消费品零售额高17.6%。在投资需求的强劲带动下,2003年企业原材料购进价格和工业品出厂价格分别比上年上涨4.8%和2.3%。2004年1月份,与去年同月相比,工业品出厂价格上涨3.5%,原材料、燃料、动力购进价格上涨7.4%。另据中国人民银行监测的企业间商品批发价格(CGPI)变动情况显示,企业商品价格已经连续13个月上升,2003年第四季度和今年1月份,连续5个月以高于CPI的速度增长;1月份企业商品价格总水平较上月上升1.2%,较上年同期上升6.7%,上涨较快。

数据分析表明,近年来从工业生产价格上涨到居民消费价格上涨的过程已经较过去拉长,传导时滞有所延长。20世纪90年代中期之后,我国多数工业消费品生产能力相对过剩,最终消费需求不旺,难以拉动价格水平总体上涨;但是,伴随国内居民消费结构升级,工业化、城镇化速度加快,电力、钢铁、石油化工、有色金属产品等重化工业的扩张性发展,工业品价格内部传导进程发生了变化,特别是上游产品价格快速攀升,使我国企业商品价格进入较快上涨过程之中,资源约束矛盾加剧,通货膨胀压力上升。

3、投资品价格加速上涨。2003年上半年固定资产投资价格增长率为1%,第3季度升至1.5%,第4季度更是达到了2.2%。房地产投资已连续六年以双位数高速增长,去年全国房地产开发投资达到10106亿元,同比增长29.7%,远远超过当年国内生产总值9.1%的增速,也超过26.7%的全部固定资产投资增速。2003年房屋销售价格按季度分别上涨4.8%、4.9%、4.1%和5.1%,分别比上年同期高0.5、1.3、0.1和1.6个百分点。

4、GDP缩减指数跳升。综合反映通货膨胀压力的GDP缩减指数变动率,2000年为0.8%,2001年是0%,2002年是负1.2%,2003年上升到4.5%,这几乎可以表明通货紧缩结束,通货膨胀压力已经显现。(景学成)

行业投资局部过热　股市亟待恢复吸引力

前一段时期,尽管各种媒体对于今年以来宏观经济与中国资本市场发展呈现不协调的趋势进行了较为系统的讨论,并质疑中国股市是否发挥着宏观经济“晴雨表”的功能,我们认为排除中国资本市场结构性和制度性的因素，宏观经济运行态势及调控政策仍然对中国资本市场的基本趋势具有极为重要的影响。为此，我们希望通过讨论今年下半年以来经济运行特点及重大纲领性政策，分析和预测宏观经济及调控政策对今后一段时期资本市场总体趋势可能产生的影响。

新纲领完善资本市场结构恢复市场有效性

十月召开的中共十六届三中全会无论是对于中国经济社会的全面发展还是资本市场的建设都具有极为重大的意义。从宏观层面上看，全会无疑勾画了未来中国走向完全市场经济、法制文明社会的路线图；从微观层面上看，十六届三中全会的主要文件对于涉及资本市场发展的各领域进行了比较系统的阐述，确立了直接融资和资本市场的主流地位，为今后一段时期中国资本市场的发展奠定了制度基础。

尽管大力发展直接融资和资本市场是我国金融改革早已确定的战略措施，但近年来直接融资在我国金融体系总融资额中的比重却呈下降趋势。统计显示，我国股市融资占总融资额的比重已由2001年的7.5%降至今年上半年的1.6%。与此同时，银行贷款所占比例却由75.4%一路上升至89.5%；而股票融资占GDP的比重更是由2000年的2.27%逐年下滑至今年上半年的0.92%。中国股市发展十多年来直接融资比例不断提高的趋势，随着近年来市场的持续低迷出现了逆转。这种趋势显然不利于达成我们建设多元化、均衡协调发展的金融市场体系。如何突破瓶颈，激活直接融资市场？十六届三中全会提出了纲领性的思路，即完善资本市场结构，丰富资本市场产品，建立多层次的资本市场体系。

以规范和发展为主题，逐步解决困扰中国股市发展的一系列结构性、制度性问题，恢复主板市场的有效性

众所周知，中国股票市场成立十多年来走过了一条非常不平坦的道路。虽然市场规模本身的各项指标扩张很快，上市公司和投资者规模急剧扩张，但困扰股票市场发展的深层次、制度性问题始终未能得到找到比较有效的解决方式。这些问题随着近两年股市的持续下跌暴露得更加充分，矛盾日益突出，这在最近几个月市场各方对于中国股市“边缘化”、“缺乏吸引力”的大讨论中得到充分的反映。建立一个以法制为基础的市场、提高上市公司质量、解决制度性结构性问题、提升投资者信心已经成为决策层和市场参与各方的基本共识。以招商银行发行可转债为导火线所激发的流通股股东与上市公司和非流通股股东之间的利益冲突，昭示着多年累积的问题已经到了必须创造条件加以解决的时候。只有解决了包括股权割裂、流通股股东权益得不到保障等一系列重大问题后，才能真正建立起一个规范高效的主板市场。我们有理由预期，在新纲领的指引下，监管层将在与市场参与各方充分沟通的基础上制定和完善市场运行规则，妥善解决遗留问题，保护公众投资者的合法权益，从而逐步提升资本市场在优化资源配置、提供高效融资及投资渠道方面的功能，增强中国股票市场的吸引力。

建立健全多层次的资本市场体系

在十六届三中全会《决定》中，多层次资本市场建设这一资本市场发展的目标，第一次被正式写入我国经济改革与发展的纲领性文件，成为深化金融体制改革的重要举措和突破口。

事实上，资本市场建立的目的在于为不同规模和产业类型的企业提供融资途径，同时满足不同风险和收益偏好投资者的投资需求，因此建立多层次资本市场体系既是我国经济发展、产业成长的实际需要，也有利于扩展资本市场本身的广度和深度。我们不仅需要健全为大中型企业融资而开设的主板市场，也需要逐步开设为中小型企业、科技创新企业提供融资途径的创业板。事实上，中小型民营企业和科技企业正在成为中国经济成长的重要推动力，为这些活跃的市场群体提供有力的金融支持，就是为中国经济可持续增长提供了新的动力。

实际上，中小企业融资困难的问题一直受到各方的高度关注。前一段时期大力发展风险投资、开设创业板市场的呼声很高，上海和深圳两个交易所的功能定位问题也为众人瞩目。经过较长时间的探讨争论，目前包括管理层在内的市场各方基本达成共识，即上海交易所以大中型企业融资为主、深交所未来以中小企业融资为主，从而形成各有侧重、功能互补的市场格局。深交所在开设中小企业融资主板市场经验的基础上，为探索开设真正意义上的创业板奠定基础。

发达的资本市场体系，不仅包括证券交易市场，还拥有场外交易、柜台交易、直接的产权转让等多层次、多形式的交易方式。我们应当看到，目前我国资本市场的单一性，决定了多层次资本市场建设只能是一个逐步建立的过程。这一过程的推进取决于中国经济改革的纵深发展与金融体系多元化的进程，然而，一个多层次、内涵丰富的资本市场必将成为下一阶段中国金融市场建设的重要目标。

完善资本市场结构经过十三年的快速发展，资本市场的诸多结构性、制度性问题也开始集中凸现，并已经成为制约市场进一步发展的重重障碍。由此，完善资本市场结构也成为提升资本市场有效性的必然选择。

首先应丰富资本市场产品结构，创新投融资产品。长期以来，债券市场在国内资本市场的发展中相对滞后，与股票相关的金融衍生产品近乎为零，A股成为市场资金的主要选择。为此，加强金融创新，丰富投资品种，开发适宜当前市场条件的衍生工具，才能为投资者提供分散风险的机会。针对公司债券市场发展迟缓，《决定》要求，积极拓展债券市场，完善和规范发行程序，扩大公司债券发行规模。这将为企业债券市场的扩展提供较为广阔的空间。以国际成熟资本市场为参照，制订合理可行的公司债发行管理办法，创新更为有弹性的债券定价机制，将使得公司债市场焕发出新的生机与活力。

其次应优化投资者结构，培育成熟理性的投资理念。为中小投资者为主体的投资者结构始终是困扰我国资本市场的一个重大问题，由于中小投资者缺乏一应有的专业分析技巧和信息渠道，很难形成较为理性的投资判断，往往加剧了新兴资本市场的震荡。随着《证券投资基金法》的出台，越来越多的以共同基金为代表的机构投资者将在证券市场上扮演更为重要的角色。今年以来，投资基金所倡导的以“核心资产股”为代表的价值投资，代表着机构投资者对宏观经济和主导产业的合理投资价值判断，极大地影响了公众投资者的投资理念及市场趋势。随着包括QFII在内的境内外机构投资人、社保基金、保险公司在内机构投资群体的扩大，中国资本市场上因投机盛行而引致的非理性震荡将大大减少，这将有利于培育一个真正具有投资价值的专业投资市场。

第三是要健全上市公司产业结构与股权结构，尤其要在解决股权隔离等重大问题上取得突破。在增量上，要让更多经济支柱行业的公司、更多具有良好业绩回报的企业进入资

本市场，从总体上改变上市公司目前的形象；另一方面要直面股权分裂的现实，在充分保护流通股股东利益和减少二级市场波动的前提下，致力于解决这一扭曲了资本市场固有功能的"万恶之源"问题。

宏观经济：总体适度与局部失衡

事实上，宏观经济运行对于资本市场的影响主要通过两条途径反映：一是对于调控宏观经济运行的货币政策、财政政策及汇率政策等的预期；二是这些调控政策对企业尤其是上市公司业绩的实质性影响。因此，分析判断宏观经济运行的基本态势尤为重要。随着第三季度宏观经济各项指标公布，关于经济运行总体态势的判断出现了较为明显的分歧。自今年下半年以来中国经济显然出现了加速增长的趋势。1—9月份，我国国内生产总值达到79114亿元，同比增长8.5%；其中第三季度的GDP增长达到9.1%。中国经济是否已经出现过热的征兆？我们需要分析今年经济增长的主要特征：

固定资产投资的高增长是今年经济快速增长的主要拉动力

一至三季度，消费需求保持平稳，净出口需求增长下降，投资需求成为拉动经济快速增长的最主要因素，其中固定资产投资3.4万亿元，同比增长30.5%，比上年同期加快8.7个百分点。由于目前我国的投资品价格较低，所以今年扣除价格因素的实际投资增长率仅次于1992—1993年，成为我国历史上投资增长最快的时期之一。

货币供应量及信贷规模快速增长从5月份开始，广义货币增长速度保持在20%以上，9月末广义货币M2余额21.4万亿元，同比增长20.7%。狭义货币M1余额7.9万亿元，同比增长18.5%。流通中现金M0余额1.8万亿元，同比增长12.8%；前三季度，现金累计净投放1028亿元，同比多投放484亿元。广义货币M2和狭义货币M1增速分别比年初高3.9和1.7个百分点，广义货币M2增速比同期经济(GDP)增长加消费物价(CPI)涨幅之和高11.5个百分点。与此同时，9月末，金融机构本外币贷款余额16.7万亿元，比年初增加2.7万亿元，同比多增加1.3万亿元。其中，人民币贷款比年初增加2.5万亿元，比去年全年贷款增加量还多6240亿元，同比多增1.1万亿元；外汇贷款比年初增加238亿美元，同比多增加179亿美元。在人民币新增贷款中，一季度为8082亿元，同比多增4758亿元；二季度为9728亿元，同比多增4752亿元。非典之后，人民银行加强了对货币信贷总量的调控，上调了法定存款准备金并对金融机构信贷进行窗口指导。从三季度开始，金融机构贷款多增态势开始减缓。第三季度金融机构人民币贷款增加6905亿元，比二季度少增2823亿元，但仍比去年同期多增1664亿元。当前金融机构贷款增速总体仍然偏快。除各级财政以外，银行贷款是今年固定资产高增长的主要资金来源。今年1—8月银行贷款流向固定资产投资的总额增幅超过50%。

消费需求回升，居民消费价格小幅攀升

前三季度，社会消费品零售总额3.3万亿元，同比增长8.6%，比上年同期回落0.1个百分点。上半年，受非典疫情影响，一贯增长平稳的消费需求出现了大幅度的下滑，5月份实现社会消费品零售总额同比增长4.3%，这一增长速度仅为上年同期增速的一半。下半年消费增长开始回升，7、8、9月份全社会消费品零售总额分别增长9.8%、9.9%和9.5%，均高于上年同期增长水平。1—9月份，我国居民消费价格总水平比去年同期上涨0.7%。居民消费价格的小幅攀升主要由于食品和部分服务项目的上涨，而食品价格的波动又主要源自季节因素和一些外部冲击，如非典、自然灾害等。据国家统计局测算，前三季度，我国食品价格上涨2.2%，带动整个价格水平上涨0.7个百分点。尤其是非典过后，全国居民消费价格总水平逐步回升，8月和9月环比分别上涨0.7%和1.2%，其中9月份食品价格同比上涨3.2%，环比上涨2.7%。

进出口均保持快速增长，净出口需求未出现明显增长

2003年以来，我国进、出口均保持快速增长，前三季度进出口总额6063亿美元，同比增长36%。其中，出口3077亿美元，同比增长32%；进口2986亿美元，同比增长40.5%，累计实现贸易顺差91亿美元，比上年同期减少近110亿美元，为近年同期最低。

从上述主要统计数据可看出，今年经济的强劲增长主要由投资大幅增加带动。我们的总体判断是：中国经济总体增长仍在可接受的潜在增长水平内，也没有偏离过去25年我国经济9.4%的长期均衡增长区间。虽然受国内固定资产投资及经济高增长的拉动，我国的生产价格和固定资产投资价格已经快速回升，前三个季度，工业品出厂价格比上年同期上涨2.4%，其中一、二、三季度分别上涨3.6%、2.3%和1.4%；但居民消费价格指数尚在较低位置运行，显示消费需求依然偏弱。理论上，投资过热能否导致成本推动的通货膨胀需要有两个条件：一是消费需求的上升；二是劳动力成本的上升。从目前来看，消费需求能否同步增长尚待观察，而工资率的增长受到严峻就业形势的制约(今年上半年城镇登记失业率上升到4.1%，下岗失业人员再就业率下降到不足30%)，短期内出现劳动力成本大幅增长的可能性比较小。因此，短期内由成本推动导致全面通胀的决定性因素尚未显现。相反，我们对局部行业投资过度可能在今后一段时期加剧产能过剩、重新引发通货紧缩存在担忧。

主导产业：繁荣下的隐忧

能源及基础原材料产业今年以来由投资需求带动的经济增长显著提升了能源及基础原材料产业的行业景气度。1至9月原油价格上涨24.9%，钢材价格继续上涨，中厚钢板上涨20.3%，薄钢板上涨13.1%，线材上涨14.3%，普通中型钢材上涨13.7%。原材料、燃料、动力购进价格上涨4.5%，其中一、二、三季度分别上涨4.6%、4.7%和4%。从工业企业经济效益看，8月份，39个工业大类行业中有38个行业利润比去年同期增加，盈亏相抵后实现利润总额5015亿元，比上年同期增长52.3%。新增利润最多的五个行业分别是：石油和天然气开采业、交通运输设备制造业、黑色金属冶炼及压延加工业、化学原料及化学制品制造业、电力、热力的生产及供应业。特别是石化、建材、机械3大行业利润增幅在60%以上。包括原油、钢材、电力、水泥在内的主要能源及原材料等均出现价格大幅度上升的态势并惠及这些行业的企业。据统计，到8月底15625家石油与化学工业企业实现销售收入同比增长31%，实现利润总额同比增长73%。1至8月电力行业实现发电量同比增长16%，实现销售收入同比增长19%。同期我国累计生铁、钢和钢材同比分别增长18%、21%和19%，包括宝钢、鞍钢等在内的主要钢铁生产厂商经营效益大幅提高。

然而，尽管原材料价格涨幅较大，但下游产品产能过剩，市场竞争激烈的局面并没有扭转，价格向下游产品的传导能力有限。据中华商业中心测算，目前600种主要消费品中，供大于求的有513种，而供不应求的商品则没有。在这种情况下，虽然上游产品涨价较多，但多数下游企业只能是加强管理，降低成本以及压缩利润空间进行消化。或许有些行业会联手提价，向最终消费者转嫁原材料涨价因素，但却难以把涨价压力完全转移出去。

另一方面，固定资产投资需求旺盛固然是基础产品涨价的推动因素，我们却不能忽视国际能源价格上升对国内能源和大宗商品价格的直接影响。按照有关专业机构分析，由美元持续贬值导致的国际能源和大宗商品价格上涨对于中国能源和大宗基础商品价格上升的解释能力达到70－80%。若果真如此，那么排除国际价格因素，国内投资品的需求并不能支持某些基础产品行业的大规模投资扩张。相反，对于包括钢铁、水泥、煤炭等长线产业的大规模投资有可能在短暂的繁荣之后导致产能利用率的进一步下降，甚至加剧未来中国经济的通货紧缩。特别是我国相当部分基础原材料产业呈现“小、散、乱”的格局，比如280多家钢铁企业平均规模不到70万吨，超过500万吨的钢铁生产企业不到10家。在行业景气刺激下的大规模、低水平重复建设，极大地降低了行业的资源配置效率。

我们预计，由于国际原油价格近期有所回落，国内石化产品的价格有可能小幅下降。由于电力供应能力增长较慢，与高速增长的电力需求相比仍显不足，因此电力行业总体将保持较高的景气度。

汽车产业

2003年1至9月中国汽车产业呈现高速增长的态势：一共生产轿车319万辆，同比增长36%；一共销售轿车311万辆，同比增长30%。然而随着汽车产销的高速增长，汽车库存也相应上升。整个行业本年新增库存从去年同期的4万辆上升至8万辆，同样口径的汽车库存率上升至2.52%；而轿车本年新增库存快速增至近7万辆，库存率上升至近5%。尽管上述库存率尚在合理范围内，但快速上升的库存率显示汽车产业的价格压力逐步增大。今年1月到8月，共有80个车型、20多个品牌调整价格，平均降幅超过6.9%，其中最高降幅高达18%。

据国家发改委公布的数据，2002年汽车行业销售收入1515亿元，比上年增长30.8%，实现利润431亿元，增长60.94%，行业的平均利润率为28.45%，个别中高档轿车企业的单车利润率更是高达10多万元。而目前全社会的平均利润率最高在10%－15%之间，高出社会平均利润率2倍以上，称之为“暴利”恐怕不算过分。而在国外，投资一个新厂获取利润的时间至少需要3年至5年，利润率达到3%－4%已属十分不易。

然而，表面繁荣的背后是汽车产业发展的两大“硬伤”。一是行业集中度低。在123家汽车生产厂商中，产量超过50万辆的只有2家；超过10万辆的企业只有8家。据不完全统计，目前我国的汽车整车制造企业有100多家，全国有27个省(市)生产汽车，有17个省(市)生产轿车，有23个省(市)已建成轿车生产线，不少地方政府都把汽车工业作为本地区的支柱产业。从国际汽车产业发展来看，生产能力在100万辆以下的汽车企业已经不能单独生存，200万辆的规模企业也面临重组的压力，因此中国汽车产业的合并重组势在必行，只有那些依托国际大厂商技术支持、具备规模化生产的成本优势和服务网络的厂商才能保持生命力和竞争力。二是以散件组装为主的盈利模式不能支撑汽车产业的长久繁荣。以去年为例，上市的数十款新车大部分是合资公司通过CKD(全散件组装)和SKD(半散件组装)的方式快速推向市场的，汽车特别是轿车的新产品开发和推出的重要环节基本上被外商所控制。KD的风行，对中国汽车工业造成了三大“伤害”：首先，由于大量进口国外零部件在国内组装生产，国内零部件行业将无法得到发展；其次，消费者的利益会受到损害，它将直接增加国内消费者的负担；再次，KD对中国汽车工业会造成不可挽回的伤害，散件组装都是短期行为，它会白白耗费中国汽车工业发展的“宝贵”时间，这样中国汽车工业的开发、设计能力都提高不了，制造水平和工艺也得不到锻炼，就会陷入“越没有能力越依赖、越依赖越没有能力”的怪圈。

当然，中国大多数制造业都重复过引进到进口、进口替代到出口这一产业循环，比较成功的当为家电和计算机制造业，手机制造业也在经历这一过程。这也是“以市场换技术、最后以低成本取胜”的中国制造业竞争战略。然而，即使是计算机和移动电话产业，我们在核心技术比如芯片开发方面至今依赖进口。中国的汽车厂商能否利用高利润率所取得的盈利加大研发力度、创制核心部件、提升服务质量，关系到中国汽车产业在未来3至5年内能否持续繁荣，关系到以市场换来的是本国厂商核心竞争力的提高还是对国际厂商的长期依赖。

房地产业 2003年无疑是中国房地产业继续高速繁荣兴旺的一年。这种繁荣兴旺首先表现为大中城市房地产价格上涨。国家发改委和国家统计局公布了今年三季度全国35个大中城市的房地产价格。与去年同季相比，35个大中城市房屋销售价格上涨4.1%，而北京涨了0.2%。与去年同比，今年三季度屋销售价格涨幅比二季度回落0.9个百分点。房价涨幅最大的是上海，涨21.5%。三季度，全国土地交易价格比去年同季上涨8.8%，比二季度涨幅增加1.7个百分点。其中，土地交易价格涨幅最大的是杭州，高达42%，北京土地交易价格的涨幅是0.9%。一季度，全国商品房平均销售价格为2511元/平方米，同比增长5.1%；上半年，商品房平均销售价格为2424元/平方米，同比增长5.4%。1至9月份，商品房平均销售价格为2460元/平方米，同比增长4%。二是表现为房地产开发投资的急剧增长。1－8月份，全国房地产开发投资5566亿元，同比增长33.1%，增幅比去年同期增加3.1个百分点。其中，商品住宅完成投资3814亿元，同比增长28.2%，占全部房地产开发投资的比重达到68.5%；而办公楼和商业营业用房的增幅均超过40%。三是表现为商品房新开工面积的增长。1－8月份，全国商品房新开工面积为3.25亿平方米，同比增长31.2%，比去年同期增加13.7个百分点。其中，商品住宅新开工面积为2.64亿平方米，同比增长29.8%；办公楼新开工面积802万平方米，同比增长10.2%；商业营业用房新开工面积继续高速增长，增幅超过40%。

然而仍有两个问题值得注意：一是商品房空置面积继续增加。1－8月份，全国商品房空置面积同比增长5.6%，低于上月增长7%的水平。分地区观察，东部地区商品房空置面积保持负增长，而中、西部地区空置面积的增速有所加快。二是部分大中城市的房价涨升已经与租金涨升的程度明显背离。比如北京、上海的平均房价上升已经明显高于同期房屋租金的上涨，这不能不引起我们对房屋投机炒作征兆的担忧。我们预期，随着央行对房地产信贷调控的加强，房地产开发局部过热的态势会得到较为有效的控制。

政策组合：利率、汇率及税率

基于我们对宏观经济总体运行态势的上述判断，我们有必要对今后一段时间内宏观调控政策及其影响进行进一步分析。事实上，中国经济从没有像今年这样，对于协调财政、货币及汇率政策产生如此紧迫的需求，这一方面显示中国经济开放度加大、与世界经济的景气循环产生密切联系；另一方面说明宏观调控必须摆脱“头痛医头、脚痛医脚”的模式，协调各种政策的调控效应，确保经济运行沿着较为理想的轨迹前进。

众所周知，今年中国经济以投资需求带动为基本特征，而积极的财政政策和宽松的货币政策是投资需求增长的重要助推器。可以预见的是，随着GDP增长率的加快及人们对通货膨胀日益增长的担忧，实际上决策层已经开始逐步调整财政政策与货币政策。基于中国经济的开放度日益加大，中国的货币政策与财政政策已经不再局限于调控国内经济运行的各项指标，而且必须考虑对外经济贸易各项指标的均衡。因此未来一段时期内，利率、汇率及税率政策的组合选择将成为宏观经济调控的主要手段，并且对于中国能否保持高速均衡的GDP增长产生关键性影响。

今年下半年以来，为了抑制上半年货币供应量增长过快可能带来的消极影响，央行先后采取了各种非利率的调控手段。一是加大公开市场业务对冲操作力度，从4月22日至9月30日，共发行42期央行票据，发行总量为5450亿元；二是从9月21日起，提高法定存款准备金率一个百分点，大体冻结商业银行1500亿元的超额准备金，约占金融机构手持国债、金融债、央行票据的6%；三是适时对金融机构进行“窗口指导”，加强房地产信贷管理，对房地产信贷进行了风险提示。从第三季度的贷款增量及货币供应增量来看，央行的从紧措施确实收到了一定成效。但是，央行的从紧货币政策直接对国债市场的发行与交易产生了直接影响。今年8月和9月2003年记帐式(七期)国债(0307国债)和八期国债在发行过程中即遭遇困难，央行上调存款准备金率消息公布，整个国债市场急剧下跌，致使拟议中的记帐式九期国债招标不得不取消。

我们认为，今后一段时间决策层将采取适度从紧的财政政策与货币政策组合。一方面减少政府直接投资，加大对长线产业投资的行政调控；另一方面加强对先导性上涨领域的信贷控制，比如房地产行业，避免由于过度投机引致银行不良贷款的增长。但是，我们预计短期内人民银行上调利率以抑制通货膨胀的可能性较小。首先，上调利率将引起国外游资进入中国逐利，进一步加大人民币升值的压力；其次，上调利率有可能压制民间投资意愿，对尚未走出通货紧缩阴影的行业和地区产生消极影响。已经实施的下调出口退税率等措施就试图在人民币不直接升值的前提下调节出口供给，减轻升值压力。我们注意到，近期决策层多次提到逐步完善人民币汇率形成机制，预计人民币中期小幅升值的可能性正在增大。

基于对宏观调控政策组合的上述判断，我们预计调控政策将在如下方面影响资本市场：(1)证券市场的总体资金面从紧，这从第三季度资金拆借市场平均利率上升即可看出；(2)国家在基础产业的投资有所收缩，银行对长线产业及房地产等行业的信贷控制将逐步降低这些产业的投资温度和价格攀升；(3)受央行“窗口指导”的影响，商业银行的信贷扩张速度将有所下降，商业银行在降低不良资产比率的压力下，规模扩张带来的业绩增长有可能减速。

消除股权分裂　重构市场基础

中国人民大学金融与证券研究所课题组

正视股权分裂问题

如果以1990年两个交易所的正式设立为标志，中国资本市场屈指算来已经有13年的历史了。没有人能够低估资本市场在中国金融改革和经济改革中的作用，也没有人能低估在当时的意识形态下，做出这种决定所受面临的困难、所需要的勇气。但是，时至今日，同样也没有人能够否认，我们的市场存在着先天性的制度缺陷，存在着重大的安全隐患。

显然，这就是中国上市公司的股权分裂。这一问题不解决，中国新生的资本市场不可能健康持续地发展。

我们的观点是：中国资本市场流动性变革的目标绝非为国有股股东或某一类股东寻求股权退出的途径，而是从根本环节上重构整个资本市场的制度基础。

由于流动性变革涉及到中国资本市场发展最深刻、最复杂的症结，又关系到市场各方巨大利益和诸多既有市场规则的更改，因此其难度不言而喻。应当说，流动性变革不是一项简单、孤立的改革，而是中国资本市场根本性的变革与完善，是一项长期、渐进的系统工程和艰难之路。那么，若不能走过流动性变革这一艰难之路，中国资本市场存在哪些重大问题？

建立在信息真实基础上的资本市场透明度无法构建

建立在信息真实基础上的市场透明度是资本市场赖以存在和发展的基础，也是资本市场各项功能得以有效发挥的必要条件。资本市场的各项交易，是最典型的信息不对称交易，资金需求者比资金供给者拥有更多关于融资项目的信息。因此，如果信息不对称问题得不到有效解决，资金需求者和供给者虽然具有交易意愿，也会因为信息的不对称，交易成本过高而使交易难以持续进行，更谈不上交易规模和交易范围的有效扩大。中国资本市场当前正处于深化发展的关键时期。纵观历史上的经验教训，可以发现中国资本市场秩序失衡、功能失常大都缘于信息透明度的失真。这其中最重要的症结之一即在于股权流动性割裂而导致包括市场价格、发行价格、总市值、流动性、市盈率等在内的一系列市场信息全部失真，市场透明度无从谈起。在这一基础上，资本市场应发挥的风险转移、资产定价、资源配置和促进产业结构升级等功能也都受到严重损害。流动性变革战略的实施将从根本上改变这一现状，使资本市场各类信息能够较为准确地反映整个上市公司真实状况，有效提高市场透明度，市场各项功能的发挥也将拥有坚实的基础。

资本市场公平、稳定的预期机制难以形成

资本市场是信用经济高度发展的产物，信用是资本市场存在的根基。而市场信用的建立和完善离不开市场各方对未来建立公平、稳定的预期。近年来中国资本市场诸多深层次问题凸现，探其根源就出在资本市场预期机制被破坏，从而市场稳定发展的根基被严重伤害。国有股减持方案曾经数次草率推出，最终又不了了之或是被停止执行，导致市场参与各方对于规模巨大的非流通股和市场未来发展方向缺乏预期。加之中国资本市场本身缺乏避险制度安排和衍生金融工具，投资者的系统风险无法对冲，只能选择退出市场。展望未来，流通性变革战略的实现，将从根本上解除市场参与各方头悬的达摩克利斯之剑，公平、稳定的预期机制得以重建。中国资本市场的持续健康发展将由此具备重要的信心基础。

各类股东利益机制矛盾并与市场价格走势背离

在股权流动性割裂情况下，非流通股股东和流通股股东的利益机制是不一样的。非流通股股东在资本市场上的主要利益来源，是公司经营业绩改善所带来有限的每股净值上升和高溢价股权融资带来的净资产增值，但是无法从市盈率放大了的股票市场价格上涨中直接获利。广大流通股股东的利益来源在中国上市公司分红不多和参与公司治理困难的情况下，主要是二级市场价格的上升。上述利益机制的差异，诱使很多上市公司大股东将主要工作重心转移到三件事情上面：如何利用信息优势在二级市场上独自或联手做庄获利；如何包装上市公司经营业绩或者通过投机性重组骗取股权再融资资格；如何利用一系列手段滥用上市公司资源（例如担保、无偿占用）或通过非公正的关联交易转移利润。流动性变革将有助于从根本上改善上述一系列问题。在全流通格局下，全体股东利益机制趋于一致，都能够从股票市场价格的上升当中获益，而无需违规做庄；全流通格局下，原来通过高溢价发行股票带来非流通股净资产值大幅增长的基础不复存在；全流通格局下，大股东违规侵占上市公司利益的各类行为将面对更为有力的内部和外部公司治理约束。

各类股权完全平等之立法精神不能真正实现

股权平等是国际公认的准则，也是我国证券法基本原则之一。但是在股权流动性割裂格局下，股权平等仅仅停留在理想和立法原则中，于现实却是无法实现的。前已论及，股权分裂导致上市公司非流通股股东与流通股股东利益机制不一致，甚至对立；股权分裂在制度上诱致大股东充分利用其信息优势的内幕交易盛行；股权分裂导致上市公司控股股东扭曲的战略行为和资产重组行为；股权分裂导致大股东融资行为异化，滥用高溢价发行或配股增发，直接套走流通股股东利益。中国资本市场上述种种弊端只有通过流动性变革战略实施，才能从根源上解决，回复各类股权完全平等的本质。股权平等意味着上市公司各类股东的权利义务配置、风险收益配置重新恢复统一和均衡，各类资金和投资者才会放心地进入这个市场。

面对这些不容回避的事实，我们不得不反思 13 年前就应该问的一个基本问题。

我们究竟为什么需要资本市场？

经济的循环增长核心在于储蓄能够充分有效地转化为投资，而投资的基本标准是投入能够有回报，换言之，未来收益按一个折扣率换算成现值后能否超过当期投资，这就是所谓的“净现值法则”。这个折扣率就是收益率。因此，金融体系的核心功能就是决定这个收益率，收益率一旦确定，拥有未来收益的资产的价格也就决定了。这一收益率集中反映了市场交易各方对未来的预期和风险偏好。

一般说来，有两种融资模式可以决定这一收益率。一种是银行，分散的投资者将资金存入银行，由银行来决定贷款利率，从而决定投资的机会成本。在历史上很长时期中，在目前以德国、日本为代表的一些国家中，这是最主要的融资模式，称之为“银行主导的金融体制”。另一种模式则是借助强大的资本市场，大量的上市公司资产经过股权形式的细分，在不断的交易过程中，形成资产收益率，引导资金从而引导实际资源的配置，称之为“市场主导的金融体制”。本文无意从理论上比较银行与市场的功能，只是简单地指出，从理论上看，两者各有分工，静态竞争、动态互补。但是，70 年代以来，各国金融体系整体变革的趋势表明，市场力量的加强是一个不争的事实。这背后有着深刻的经济原因，主要在于技术变革、经济金融全球化等因素极大地降低了金融业的交易成本，刺激了竞争。

银行体系在提供基础流动性方面具有无可替代的功能，但是资本市场在此基础上进一步传递了信息、分散了风险，拓展和深化了金融体系的功能。

资本市场在现代经济中的重要作用体现在以下几个方面：

第一，资本市场的发展意味着实体经济部门的产权能被匀质地细分，通过自由交易，集合了所有投资者的供求预期和风险偏好，形成收益率，从而决定资产价格，引导实际投资，这就是所谓的“价格发现机制”。

第二，产权细分，使得生产资源能够更有效地随着经济主体消费偏好和技术条件的改变而进行重组，推动产业结构升级，从而提高了资产的动态配置效率。

第三，产权细分，通过交易活动和大量的并购重组，对企业的管理层形成有力的外部约束，这种“市场纪律”是解决现代经济中因为所有权——经营权分裂而产生委托——代理关系的一个重要的机制。

中国的金融体系一直是以银行为主，尤其是国有银行，由于半行政、垄断性特点，在疏通储蓄——投资转化方面效率十分低下，从经济长期发展看，一个健全的资本市场至关重要。问题是，中国资本市场自创立以来，从指导思想至具体的制度安排，都存在重大的偏差，亟待改革。

我们需要基础健全的资本市场

由以上的简单分析可以看出，资本市场在现代经济体系中具有非常重要的作用，这种作用绝非单纯的“融资功能”，而是集中信息、分散风险、发现价格、便利并购、形成市场纪律、改善公司治理。换言之，市场的重点不在“融资规模”，而在“融资效率”。

但是，所有这些功能的实现都必须有一个基本的制度保证，这就是股权能够充分流动，自有交易。没有股权的流动，公司的信息就会失真，价格就会被扭曲，公司并购重组就不会与经营业绩直接挂钩，而是与投机炒作相联系；公司经营的好坏不受市场的惩罚，而是继续受到政府的保护，公司治理就无从谈起，投资者的利益就得不到根本的保证。

我国资本市场建立之初，就被简单赋予为国企融资解困的使命，在落后的意识形态下，以国有控股为前提，人为限制了国有股权的流动，这样一种计划性的制度安排，导致了市场上不公平的利益分配，实际上固化、强化了低效率的国有资本，违背了资本市场的基本规律，严重破坏了市场的功能。

因此，我们真正需要的市场，必须是一个基础健全的市场，在此，我们并不简单地鼓吹“私有化”，甚至也不先验地要求解决产权问题，我们只是要求赋予市场应有的含义，允许各种产权公平、公正地自由竞争，只有这样，整个社会的资源才能得到最优利用。

出路何在？

流动性变革方案设计的核心原则

就中国资本市场的流动性变革方案设计而言，我们可以预见的一点就是，将不可能存在一种放之四海而皆准的统一方案，或者说由于不同公司之间在行业、规模以及成长性等方面的差异，而会有多种不同的方案设计。本着“尊重历史，体现市场公开、公平、公正”的基本思想，我们认为在当前的中国资本市场中，无论不同公司的股权流动性变革方案在具体设计上存在多大的差异，一些基本的准则是各种方案设计所必须遵循的。

非流通股的定价原则

(1)市价贴水原则

在流动性变革方案设计中，如何为原本不具有流通性的国有股、法人股等非流通股股权进行定价是问题的症结所在。本文所谓的“非流通股定价的市价贴水原则”核心思想就是在为非流通股的定价时，必须抛弃一度曾在国有股减持方案中实行过的以现有流通股具有市场价格作为定价基准的想法，而应是在考虑股权获得成本历史背景以及流通股股权具有“流动性溢价”的前提下，只能以一个较大的市价折扣贴水获得流通性。

之所以确定这样一种定价的基本原则，是因为我们不能忽略中国资本市场中两个方面的经济影响：

一是历史方面的原因，即虽然我国《公司法》曾明文规定：“股票的发行，实行公开、公平、公正的原则，必须同股同权，同股同利。同次发行的股票，每股的发行条件和价格应当相同。任何单位或者个人所认购的股份，每股应当支付相同价额”，但在实践中，从中国市场创建伊始，这一“同股同资”的规定并没有得到执行——国有股、法人股股东作为发起人在取得上市公司股份时，一般是以净资产或净资产折价入股，通常每股价值在1—2.5元之间；而社会公众股股东在一级市场上取得原始股时，是以抽签认购的方式，以15倍左右的市盈率购买股票，存在一个较大的发行溢价(即使不考虑认购时的资金成本和中签概率，其每股的认购价格也通常在6—12元，是净资产的3—6倍，有些甚至更高)。这意味着，不仅从原始股权成本而言，两者就存在巨大差异，而且公司上市之后的数次新股增发、配售，更使得这种成本有了极大的扩大。

二是市场内在的原因，即作为资产的一种属性，流动性对于资产持有者而言，本身就是定价的一个重要决定因素，或者说非流通股与流通股之间的“流动性溢价”是市场运行的内在要求。不仅如此，考虑到当初中国流通股发行时，建立在“非流通股暂不流通”，进而供给较为有限的预期之上的，而现在非流通股的流通事实上把这一前提打破，进而股票供给有了重大变化的基础之上的，因此，相对于非流通股而言，中国流通股具有的“流动性溢价”理论上说要比西方理论计算的更大。

正是由于历史成本以及流动性溢价两方面因素的存在，想要流通股股东盲目忘却历史与现实，接受市价流通是不现实的——2001年的国有股减持试点失败就是前车之鉴。因此，流动性变革方案设计中，只能采用市价贴水的原则。当然，这种折扣贴水原则的实现形式是多样的，既可以采用直接的每股市价折扣(如以低于市价的净资产值为定价基准)，也可以采用较为间接的“折股或缩股”方式。

(2)以净资产值为基础的具体定价原则

非流通股股东作为发起人在取得上市公司股份时，一般是以净资产或净资产折价入股，通常每股价值在1—2.5元之间；社会公众股股东在一级市场上取得原始股时，通常是以抽签认购的方式，以15倍左右的市盈率购买股票。即使不考虑认购时的资金成本和中签概率，其每股的认购价格也通常在6—12元。如此大的价格获取差距是在设计股份全流通方案时必须考虑的重点。

原始股获取方式的不同进一步造成了两类股票在交易转让时作价方式的不同。从已有的案例来看，非流通股的二级市场目前是以买卖双方谈判商定价格后，以协议转让的形式交易的。其协议转让价格一般是以净资产作为估值标准，在其上加5%左右的溢价作为成交价格；非流通股的另外一种流通形式是通过法院判决后的拍卖而强制性的流通。上市公司的大股东多以股权抵押的方式从银行借款，在到期不能偿债时，银行有权拍卖其股份，此时的买家有可能以等于或低于净资产的价格成交。

参考非流通股最初认购的成本和核算及其后的转让价格，我们认为非流通股进行流通时的价格应该以净资产值为基础，同时结合该上市公司的行业前景、盈利状况具体确定，但其上限不应超过流通股认购的平均15倍的市盈率

股权流动性变革的一致性与稳定性原则

所谓股权流动性变革的一致性原则，就是指对于我国现存的国有股、法人股、内部职工股以及其他各类非流通股股份而言，在流动性变革时，必须统筹考虑，在定价、方式选择等问题上保持一致性与稳定性。这意味着，一旦我们确立了某一个或某一类上市公司国有股流动性变革的基本方案，那么，不但这一公司的法人股、内部职工股(如存在的话)以及其他非流通股股份的变革必须保持统一性与持续性，而且后续公司的流动性变革方案设计时同样必须具有统一性与稳定性。

这一原则的确立，主要是考虑到一方面就中国资本市场的整体而言，股权的流动性变革是一项非常现实但又极为复杂的大系统工程，直接关系着市场信心和市场预期机制的稳定性，另一方面，在现实信息的收集、处理与反应问题上，无论从能力还是可能性而言，大股东和中小投资者都处于极不对称的地位，即大股东具有天然优势，而中小股东总体则永远处于劣势，因此，我们认为虽然不同行业、不同成长性公司的流动性变革方案可以存在较大的差异性，但这种差异性绝对不能无限放大，一个公司一个样——因为这样做的话，只能会加剧中国市场的混乱，无助于市场预期机制的稳定，最终损害市场的长远发展。较为合理的做法则应该是在确立方案之后，就事先有效、明确披露，并坚持约定原则，而不能随意变更。这样既可以增强流动性变革中非流通股售卖的预见性，也可以发挥改革过程中的民主性，形成潜在的制约机制。

流动性市场的统一性原则

在流动性变革中，所谓流动性市场的统一性原则指的是在赋予非流通股流动性的时候，必须把现有的非流通股纳入当前既有的二级市场之中，不要去人为地构建一个新的市场，重新造成现实的市场分割，最终损害市场长远发展的基础。

在既有的众多流动性变革方案中，曾经出现过创建一个全新的“C股市场”的设想，即与现存的流通股交易市场相对应，为了避免现有的众多国有股、法人股等非流通股股份上市流通给市场所带来的巨大冲击，通过设立一个新的市场，让各类非流通股在这个市场上交易，进而通过股权的流动优化资源配置。在我们看来，这样一种方案设计存在严重的制度缺陷，即与现存的股权分裂一样，这样一种市场设计事实上通过市场的不同承认存在两类不同性质的股权，因此，这样一种方

案并没有从根本上解决股权分裂，相反在某种程度上，通过所谓的全新市场倒上强化了这种股份性质上的差异，最终使问题更为复杂化，或者说最终解决问题的难度加大了。

投资者利益特别是流通股股东利益保护原则

在中国的流动性变革中，由于一方面控股股东事实上掌握了公司的实际运营与决策权，而中小流通股投资者则处于一种受到利益掠夺的"弱势"群体，另一方面，正如前文所说的那样，流动性变革在短期之内主要体现为一种财富或利益的重新配置，因此，这里所谓的"投资者利益保护原则"主要体现为应使众多中小流通股股东在流动性变革方案设计中享有一定的方案选择决策权，并通过这种决策权的现实行使来保护其自身的合法权益。

从中国上市公司治理结构目前的安排现状来看，这一原则的体现形式已经有了一些，如独立董事制度的引进与推广就是一例。问题是，从治理的实际情况来看，包括独立董事制度在内的众多制度安排初衷虽然不错但其实际效果却很难说尽如人意，尚须不断探索。目前可以努力的一个方向就是在股东大会的决策机制中尝试引入"类别投票机制"，即在对公司重大事项进行决策时，流通股股东与非流通股股东的投票分类别进行，当非流通股股东意见多数一致时还必须有流通股股东多数同意决策才能生效，相反，即便占公司股权多数的非流通股股东意见一致但流通股股东认为严重损害他们利益进而提出反对意见时，这一决策将不能通过。

已有流动性变革方案评述

在明确并坚持上述股权全流通变革的基本原则后，具体的全流通方案应该由市场、企业和投资者根据上市公司的具体情况自行确定。不应该也不可能出现对行业各不相同、股权结构千差万别的1200多家上市公司普遍适用的股份流通方案。在遵循前述核心原则的基础上，当前可供选择实施的相对较为成熟的股份全流通方案可以分为如下几类。

回购类股份全流通方案

根据《公司法》第一百四十九条规定"公司不得收购本公司的股票，但为减少公司资本而注销股份或者与持有本公司股票的其他公司合并时除外。公司依照前款规定收购本公司的股票后，必须在10日内注销该部分股份，依照法律、行政法规定变更登记并公告"，上市公司股东大会可决定以上市公司为主体向非流通股股东回购非流通股股份并注销这部分股份。回购类全流通方案的优点是以上市公司为主体回购并注销非流通股股份，不会形成对二级市场的股份供给压力，但受到上市公司资金状况的严重制约。

迄今为止，我国股市出现的最成功的一起国有股流通案例即1999年底申能股份经财政部批准而进行的10亿股国有法人股的回购，就是采取上述非流通股回购方案。回购类方案主要适用于现金流量充裕、负债率较低及企业主业发展空间受国家限制的上市公司，如酿酒类、造纸类等企业。在实践中，如果上市公司的控股股东投入上市公司资产已实现一定幅度增长；上市公司已经或正在实施变更主营业务，因而上市公司不会因为原控股股东投入资产的出售影响自身发展，那么，上市公司可以以非现金资产回购非流通股，如顺利实施，将促进上市公司的产业升级，同时也有利于原控股公司的资产增长，实现收益。以上市公司非现金资产回购非流通股，将极大地提高回购类方案的适用范围，实现多种利益主体的多赢局面。

配售类股份全流通方案

非流通股股东首先确定一个股份减持的比例，随后确定出让价格，这个出让价格的确定应该以净资产值为基础。非流通股股东与承销商签订包销协议，公告配股除权日，向老股东配发减持股份。老股东以配股价买入新股，非流通股股东减持股份同时获取兑价，实现非流通股向流通的社会公众股的转换。

配售类股份全流通方案的优点在于逐步削减非流通股的比例，不会对股市产生大的震荡。其适用对象是已经进入业务成熟期的低价大盘蓝筹股。购股对象应是不谋求公司控制权、追求长期资本收益的战略投资人。因此只有进入业务成熟期，并能为投资者提供持续稳定现金流量的上市公司才适用于配售类股份全流通方案方式。

非流通股缩股全流通方案

首先确定非流通股缩股的市价计算基准日和基期，比如基准日前一年或半年的收盘价的算术平均值或交易量加权平均值；确定非流通股净资产值的计算基准，比如以上年末或前三年的平均净资产值为计算基准，得出每股净资产值；将每股市价与净值两者相除，得出缩股比例，按此比例换算出非流通股股东所持的可流通股份数；非流通股股东不出售股权时，所持有的非流通股在分红及表决权数量上仍然按原股数计算，只有当其在二级市场上出售股票后，才办理缩股变更的手续，注销掉相应数量的非流通股。

缩股全流通方案最大的优点在于可以从理论上使所有非流通股缩为可流通股，而现实上的流通与否则取决于各上市公司非流通股股东的选择。因此，缩股全流通方案既从制度上消除了长期存在的股权分裂问题及其所带来的弊端，又为非流通股股东利益与二级市场股价建立了直接联系，从而使非流通股股东和流通股股东之间建立了共同的利益指向。而对流通股股东而言，缩股后上市公司的每股净资产和每股收益等指标都将有所上升，因而也具有稳定并推动二级市场股价的作用。

非流通股转为优先股或者债权的全流通方案

对于部分净资产值较低并且负债率过低的上市公司而言，可以考虑按照净资产值为基准，把部分非流通股转为债权。而对于部分关系国民经济命脉的超级大盘股，也可以考虑按照净资产值把部分非流通股转为优先股，以减轻全流通对市场带来的扩容压力与资金压力。

非流通股转为优先股或债权的方案首先有利于国有资产保值、增值。投资人的投资目的是获取利益，用国有资产投资的目的也不例外。但在目前我国上市公司中普遍存在一个现象：年终不分红利或分红很少，致使国有股的权利得不到保障，国有资产不能良性运转。将国有股转换为优先股后，由于优先股具备可赎回权，一旦满足赎回条件，国有优先股持有人就可要求公司将优先股赎回。而在制定赎回条件时已考虑国有资产保值的问题，从而可使国有资产得到保障。因为优先股具备了股利优先权，可实现国有资产增值的目的。虽然没有投票权，但是也不用承担公司经营上的风险，而且在公司清算时，较之普通股有优先分配权。无疑，国有股权的利益较普通股更有保障，社保基金也有了稳定的收益来源。同时，该方案也有利于公司法人治理结构的规范和完善。国有股划转为优先股后，流通股持有人持有的普通股的地位相对更加重要，普通股持有人可以以纯粹市场化的思维对上市公司经理人提出要求,从而完善公司治理结构。

流动性变革宜早不宜迟

我们认为:实施流动性变革适当其时,宜早不宜迟。其原因就在于目前市场的规模尚弱小,解决股权分裂问题尚容易,等未来问题的积累越来越大,解决起来就会越困难。此外,资本市场发展最重要的基础就是市场各方对未来建立起稳定、均衡、公平的预期机制,而目前股权分裂的现状恰恰是破坏了市场各方对未来的预期机制,在目前这样没有预期的基础上,市场健康发展是无从谈起的。

当前有一种论点认为中国资本市场尚不具备实施股权流动性变革的条件,这种观点的实质是在一定程度上混淆了流动性变革与国有股减持的概念。实际上,流通性变革不等于国有股减持,这是两个性质截然不同的概念,不能混为一谈。

中国资本市场流动性变革的核心是“赋予非流通股可流通的性质和权利”,也就是解决多年来没有解决的同股不同权问题,彻底改变非流通股在二级市场上不能流通的状况。至于国有股减持,则是履行国有资产出资人代表职责的各级国资委或其他国有股持股主体,在其授权范围之内的一种市场化售卖行为。也就是说,通过实施流动性变革,上市公司所有股权都拥有了可流通的性质和权利,但是否会真实售卖,则是由股东根据具体售卖规则和市场状况自行决定的事情。

必须强调的是,流动性变革虽然“赋予非流通股可流通的性质和权利”,但绝不意味着控股大股东可以不受节制地随意出售其所持有的股份。由于这些控股大股东拥有对上市公司信息绝对优势,为了维护“三公原则”,构造一个对各类股东公平的制度环境,国际上成熟证券市场通常会对这些股东的售卖行为制定限制性规则。这些限制性规则一般包括:事先披露、分批出售、规定出售时间等。由于流动性变革与大股东售卖行为之间存在一定的联动性,中国的全流通方案设计也应相应考虑对大股东减持股票行为制定限制性规则。

结语:我们对流动性变革应有的理念

经过13年的“带病运行”,中国资本市场上行政计划因素与市场力量冲突日益激烈,使我们付出了极大的社会成本。以2001年国有股减持为契机,人们对股权分裂的严重性已经有了越来越多的共识,关于国有股减持、全流通已经提出过几十条原则,几百个方案,无需赘述。这一问题看似复杂,实则非常简单,这就是政府如何认识国有资产,如何采取行动。

这确是一项前无古人的事业,但是仍有两个历史案例值得玩味。其一是俄罗斯的“私有化改革”。到目前为止,可以说是失败的尝试,教训多于经验。但是教训究竟是什么呢?本文认为教训不在于方向,而在于条件。没有相应规模的民间资本配合,没有公平、透明的市场机制,仓促的产权改革,打破了经济的循环过程,引发了系统的贪污腐败。这一点恰恰说明了一个健全的资本市场对于产权的有效配置具有何等重要意义。其二是日本的明治维新。明治初期,为了“引导”民间资本,日本政府创办了大量的官办企业,几年下来,冗员充斥、效率低下,亏损累累,于是明治政府果断地以极低的价格拍卖甚至赠送给民间,从此日本走上了真正的富国强兵之路,拉开了与中国的距离。

中国资本市场发展到今天,俨然是一把双刃剑,它虽然人为地强化了低效率的国有体制,但同时也为国有资产有效流动构建了一个制度框架。目前,我们已经到了一个临界点,在这个关键的时刻,解决股权分裂,推动流通变革,需要站在历史的高度,需要拿出和13年前建立资本市场是同样的勇气、智慧、和胆略。

证券市场突发事件应对机制研究

深圳证券交易所博士后工作站　陈铭新

一、国内外证券市场应对突发事件的经验和教训

突发事件是指对国家安全、社会稳定、经济运行和环境具有重大影响的紧急事件。随着社会发展、科技进步和全球经济一体化的深入,突发事件的产生原因日趋复杂,发生频率越来越大,表现形式越来越多样化,影响范围越来越广,造成的破坏和损失越来越大。作为国民经济“晴雨表”的证券市场也不可避免地受到突发事件的冲击。特别是20世纪80年代后期以来,这一时期是国际上证券市场迅速发展的时期,同时也是突发事件集中爆发给证券市场造成极大破坏的时期,其间先后发生了1987年10月纽约股灾、1992年英镑危机、1994年墨西哥金融危机、1997年东南亚金融危机、1998年美国长期资本管理公司倒闭等重大的金融危机。在此期间,处于幼年时期的我国证券市场由于突发事件的影响也经历了几次大波折,如“327”国债期货事件、国有股减持等,不仅给投资者造成了不应有的损失,而且延缓了我国证券市场的产品和制度创新、多层次市场体系的建设以及对重大历史遗留问题的彻底解决。

2003年4、5月间,一场突如其来的非典型肺炎疫情(SARS)袭击了我国大部分地区,并波及到证券市场。在成功地遏制了对证券市场的冲击之后,一个重要的课题走上了中国证监会的议事日程,即如何建立健全我国证券市场突发事件应对机制,以便对突发事件进行监控、预警和科学的处置,最大限度地减少突发事件对证券市场的破坏,切实有效地保护投资者的利益和维护证券市场的安全运行。

本课题就是在这样的背景下产生的。本报告借鉴了国内外证券市场应对突发事件的经验教训,对我国证券市场的基本特点和风险传导机制进行了具体分析,并在此基础上就处置突发事件的基本原则、应急委员会的职责和工作程序、突发事件的事前监控和预警、事中紧急状态下的特别市场稳定制度和救助制度,以及事后的善后处理提出了一系列的建议。

(一)国内外证券市场重大突发事件的主要类型

对重大金融危机进行分析可以发现,作为金融危机诱因的突发事件主要有下列几种类型:(1)政治事件,如导致墨西哥金融危机的突发事件是墨西哥总统遇刺身亡、“9.11”恐怖袭击是由于美国在中东推行的一系列政策引起了极端恐怖组织的报复;(2)自然灾害和公共卫生事件,如1995年2月日本神户大地震、2003年4月我国爆发SARS疫情;(3)以对冲基金为首的国际投机资本的冲击,如1997年东南亚金融危机和1998年香港金融风暴;(4)大规模投机失败,如我国“327”国债期货事件和美国长期资本管理公司(LTCM)倒闭;(5)政策失当,如2001年我国股市的国有股减持事件。

(二)突发事件发生作用的机制和风险传播过程

分析国外历次大规模金融危机的演化过程可以发现,突发事件只是一个导火索,是金融危机的外因,市场内部的风险源是引发危机的内因。突发事件之所以能够对证券市场造成重大冲击，是因为市场内部潜在的风险源被突发事件激活，并且通过市场风险传导机制在短时间里迅速扩散，最终引发系统风险，这就是突发事件触发金融危机最基本的机制，也是“外因通过内因起作用”这一辩证法基本规律在金融危机的体现。

1、主要的风险源。证券市场内部的风险源是指风险承受能力较差、从而易受突发事件破坏的市场构成要素，主要有以下几种类型：(1)高负债投资者(高杠杆投资者)；(2)资金融出者；(3)价值被高估的证券；(4)受突发事件严重影响的上市公司；(5)在突发事件爆发前已陷入经营危机的证券经营机构；(6)风险控制力较差或有缺陷的交易制度；(7)错配的对冲组合；(8)市场技术体系和基础设施的薄弱环节，以及证券经营机构密集的地区。

2、风险传导过程和风险传导机制的主要构件。从金融风险传导的基本过程来看，首先是风险被引爆，这就需要引爆器；其次是风险沿着一定途径传播和扩散；第三是风险被放大。因此，风险传导机制由以下三个方面构成：(1)作为风险引爆器的“羊群”效应。投资大众对突发事件做出过度反应，大量抛售证券引发市场在短时间里急速下跌，拉开了金融危机的序幕，所以是风险传播的引爆器；(2)风险传播途径有四个：其一是市场参与者之间的债权债务关系，市场参与者被相互之间的债权债务关系所形成的资金链(网)捆绑在一起，当市场在突发事件的冲击下大跌时，风险承受力较差的参与者首先受到损失而无法偿还债务，就累及了与之有债权债务关系的其他参与者而形成链式反应，是风险在市场参与者之间传播的基本途径。其二是固定汇率制度和金融市场之间的联动关系，最典型的是外汇市场、货币市场和证券市场之间的联动关系，是风险在不同金融市场之间传播的基本途径。其三是国民经济的货币化程度，指国民经济的证券化程度或者是银行贷款在GDP中所占的比例，是风险由金融市场扩散到国民经济体系、造成宏观经济滑波和社会动荡的途径。其四是经济结构的趋同性，是风险由一国(地区)传播到另一国(地区)的途径；(3)作为风险放大器的杠杆交易和投机性保证金交易。金融衍生产品交易是基于保证金的，投机者以少量的资金持有大量的金融衍生产品，所产生的杠杆效应在传播过程中起着风险放大器的作用。

(三)突发事件造成的后果

风险被突发事件引爆、传播和放大的过程具有自我驱动、自我增强和自我加速的特性，将可能造成一系列的严重后果：(1)投资者信心崩溃。这是金融危机的必然结果，同时也是使危机进一步升级的基本原因；(2)市场下跌幅度巨大，投资者损失惨重；(3)大量银行、证券经营机构破产倒闭；(4)货币大幅贬值，国民经济严重衰退；(5)失业率上升，国民生活水平下降；(6)社会动荡，游行示威、骚乱乃至武装暴动频频发生；(7)政府下台；(8)出现区域性甚至全球性的经济萧条。上述种种都是我们在东南亚金融风暴、墨西哥、阿根廷和土耳其等国金融危机中所能看到的可怕图景。

(四)国内外证券市场应对重大突发事件的主要措施

1、停止交易。美国股市在“9.11”恐怖袭击发生后休市6天，我国股市在SARS疫情爆发后延长了五一休假，也属停市之列。但是，停止交易只是一种辅助性的手段，其作用在于为决策层采取进一步的措施和稳定市场情绪争取时间。如果停市期间决策层不能推出有效的措施，投资者的恐慌心理不能得到缓冲，那么停止交易就难以取得良好的效果。

2、采取特别的市场稳定制度。主要有两个方面：一是在突发事件发生期间减小跌停幅度，对卖空交易进行监控和限制。台湾股市也有涨跌停板制度，正常情况下涨跌幅为7%。但在1999年8月间因台海局势紧张和2000年3月大选期间台湾证券监管当局将跌幅下限修改为3.5%，涨幅上限不变，在一定程度上缓和了股市的下挫。二是对卖空交易进行规管。1998年香港金融保卫战期间香港金管局在9月7日颁布了外汇、证券交易和结算的新规定，对卖空交易进行限制，要求大户报告卖空头寸，对非法交易进行打击，使国际投机者的投机受限制，确保金融保卫战的胜利。

3、进行救助。主要包括对重要的市场主体进行支援和动用财政资金入场救市，目的在于避免重要的市场主体破产造成更加严重的金融动荡，和避免市场进一步下挫给投资者造成更大、更加难以挽回的损失。1998年俄罗斯危机爆发后长期资本管理公司(LTCM)濒临破产，其所持有的总值高达12500亿美元之巨的投机头寸将使整个国际金融体系遭受灭顶之灾。美国政府动员了以MerrillLynch、J. P. Morgan为首的15家国际性金融机构注资37.25亿美元购买了LTCM共90%的股权，共同接管了LTCM，既避免了其倒闭的厄运，也使得国际金融体系逃过一劫。在1998年香港金融保卫战当中，香港特区政府先后动用了1200亿美元的外汇基金入场救市，与对冲基金展开殊死的搏斗。实施救助是一种地地道道的政府干预行为，即使是美国这样一个崇尚自由经济的国家在危急时刻也不得不实施，充分证明了在市场自我调节机制由于重大突发事件的冲击而失灵的情况下，措施得当的政府干预不仅是必需的，而且也是有效的。

4、调整利率。即提高或降低利率。1997年香港对付对冲基金的唯一办法就是提高利率，目的在于增加投机炒作的成本，以抗拒国际投机者的狙击，维持联系汇率，新兴市场应对金融危机也屡屡采用此法。但国外证券市场(包括房地产市场)对利率的变化非常敏感，利率上升往往对股市和楼市产生极大的杀伤力。所以，在东南亚金融危机和墨西哥、阿根廷及土耳其等国的金融危机中，当事国政府都采取过提高利率的办法，不但没能抑制投机炒作，反而促使股市和楼市进一步大幅下跌。而美国在LTCM濒临破产时以及“9.11”恐怖袭击发生后采取的办法是降低利率，虽然在短期内难以取得明显的效果，但从长期的角度来看的确有助于市场的稳定。1998年俄罗斯危机爆发和LTCM被接管后以及“9.11”恐怖袭击发生后，美国股市虽然在短期内发生激烈的波动，但很快就趋于稳定，很大程度上应归功于美联储及时地下调利率。

二、处置突发事件的基本原则

在突发事件爆发并对证券市场构成重大威胁的特定情况下，如何保持市场的连续性、如何保护投资者的利益、如何披露信息等重要问题都远比在正常情况下处理这些问题更加困难和复杂，这就需要一些原则作为指导，具体有以下几点：

(一)市场优先原则

证券市场时时刻刻都在经受各种事件的冲击。每当事件对市场产生作用时，市场自我调节机制和基本的价值规律就会发挥其自动调节的功能，化解事件所产生的影响。只有在事件对市场的冲击太大、以至于市场自我调节机制和基本的价值规律失灵的情况下，才可以启动应急机制处置突发事件。

因此,市场优先原则是指在处置突发事件时应尽量避免干预市场机制的自动调节功能,尽量保持市场的连续性。突发事件应对机制是市场自我调节机制和基本价值规律的补充,前者只是在后者因突发事件的冲击而失效的情况下才发挥作用。突发事件应对机制的最终目的是帮助市场尽快恢复其自我调节功能和基本价值规律的作用,而不是取而代之。

(二)保护投资者利益的原则

投资者是证券市场最重要的参与者,投资者的信心是市场得以发展壮大的根本保证。只有当投资者的利益受到有效的保护,他们才会对市场充满信心。在突发事件的打击下,投资者的利益既可能受到突发事件本身的损害,还可能受到管理层处置突发事件时使用的一些不当方法的损害。因此,在处置突发事件的特定情形下,保护投资者利益的原则不仅是指使投资者尽量免于受到突发事件的损害,而且还要特别注意处置突发事件的手段和方法本身不应给投资者造成另一种伤害。

(三)及时公开信息的原则

在突发事件爆发的特定环境里,及时公开信息的原则是指及时披露事件的真相和严重性,向市场表达管理层对投资者利益高度负责、并且有信心有能力处置突发事件。在突发事件爆发的时候,市场参与者特别希望了解并且有权了解事件的性质和真相、管理层的态度、可能采取的措施,以及其他参与者的反应等重要的信息。隐瞒真相或者对事态轻描淡写的做法非但不能缓解市场参与者的恐慌,反而会使之对管理层的责任心和处理危机的态度和能力产生极大的不信任,怀疑自己的利益不能受到保护,从而变得更加恐慌,使突发事件的破坏性更强,处置的难度更大。及时公开信息,让市场参与者迅速了解真相,既有利于缓解市场的恐慌情绪,也有利于投资者采取措施保护自己,更有利于建立投资者对管理层的信赖和对管理层所采取的应急措施的支持及配合,最终有利于突发事件的成功处置。

(四)全过程监控的原则

该原则要求我们首先应加强对突发事件的监测和预警,尽可能把突发事件消灭在萌芽状态。其次是当突发事件爆发时,所采取的措施既要坚决、果断和切中要害,又要充分考虑处置措施本身可能留下的后遗症,尽量避免"为补眼前疮,割却心头肉"的做法。最后,当突发事件得以控制之后,应该做好善后工作,消除处置措施本身留下的不利影响,并以处置突发事件为契机完善市场的自我调节机制。

(五)区分不可避免损失和可避免损失的原则

突发事件造成的损失可分为不可避免损失和可避免损失,前者是指突发事件一旦爆发后直接受其影响的市场参与者必然要遭受的损失,也可称为第一时间损失,这是事后采取的应对措施所不能挽回的,只能通过事前对突发事件的监测和预警来尽量避免;后者是指突发事件的影响进一步扩散给更多的市场参与者造成的损失,也可称为后继损失,这是采取得当的事后应急措施所能挽回的。区分不可避免损失和可避免损失的目的在于明确事前监控和事中应急的任务——事前监控是为了尽可能地降低突发事件爆发后所造成的不可避免损失,而事中应急则是为了尽量减少可避免损失,这也是我们事后评价突发事件事前监测和预警机制是否有效、事中应急措施是否得当的重要依据。

(六)依法处置突发事件的原则。证券法律法规应授权监管层采取应急措施,使突发事件的处理在法律法规的框架内进行。如对突发事件的界定、在何种条件下宣布市场进入紧急状态、如何启动应对机制,等等,都应有法律依据,以避免主观性和随意性。因此,应在证券法律法规中明确规定紧急状态下证监会、交易所、会员、机构、证券服务中介、证券新闻媒介和普通投资者的权利和义务。特别地,应在证券法律法规中引入制衡机制,既要确保管理层有充分的权力迅速、高效地处理突发事件,又要保证市场各方参与者(特别是投资者)的基本权利不因紧急状态而被随意剥夺。此外,在关键时刻管理层为了保全整个市场的大局,可能不得不牺牲部分市场参与者的合法权益。所以,证券法律法规中还应当有补偿机制,在事后对那些为配合管理层平息突发事件而牺牲自身利益的市场参与者进行合理的补偿,这不仅有利于管理层在紧急状态下迅速调动各方面的资源,而且有利于鼓励市场参与者积极配合管理层的行动。

三、关于建立我国证券市场突发事件应对机制的建议

(一)建立突发事件应急委员会

为避免突发事件爆发时出现群龙无首和处置突发事件时政出多门、市场无所适从的混乱局面,建议中国证监会牵头组织深沪交易所、登记结算公司和证券通讯公司参与组建应急委员会,全权负责处置突发事件的事宜。应急委员会的基本职责和工作程序如下:1、对突发事件的产生原因、事态发展和可能产生的影响进行研究并及时报告,并着重分析市场中哪个环节最为薄弱,以及哪些参与者受到的影响最大、最需要得到保护;2、制定应急措施并评价其可行性,估计应急措施所需动用的资源,分析应急措施实施后可能导致的后果,准备好备用的措施,以便应急措施不能产生预期的效果时,能够迅速采用备用措施;3、协调各方参与者的立场,调和各方参与者之间的矛盾,保证各方参与者的行动尽可能一致;4、事后分析、评价和总结,即评估突发事件给市场造成的破坏,总结应急措施是否及时、得当;5、保持与新闻媒体的沟通,及时披露相关信息。在处置突发事件的整个过程中,应急委员会代表管理层和新闻媒体进行充分的沟通与合作,本着及时、真实和公开的原则向市场披露事件的真相和可能造成的破坏,向市场传递领导层维护市场稳定和保护投资者的信心和能力。

(二)市场参与主体的救助制度

1、建立证券同业互助基金,在突发事件爆发时互相救助。由中国证监会和证券业协会牵头组建证券同业互助基金,由各券商从每个财政年度的收入中提取一部分注入基金,用于对陷入暂时流动性危机的同行提供支援,和对那些应管理层的委托对陷入危机的机构进行收购、合并的行为提供支持。同时,国家财政每年从证券交易印花税中拨出一定的额度注入证券同业互助基金,这是符合"取之于市场,用之于市场"的原则的。证券同业互助基金的管理和运作应由专门的机构负责,并接受财政部、证监会、证券业协会和加入基金的各券商的共同监督,保证其运作的透明度。对券商申请援助的额度、申请的程序进行明确的规定,并对券商使用援助的情况进行跟踪和监督,要求券商及时披露使用援助的情况。同业互助基金可投资于质地优良的固定收益证券和业绩良好的大盘蓝筹股,定期公布投资组合、收益和费用,以及用于援助同业的支出情况等重要信息。证券同业互助基金一方面体现了"证券经营机构自救、证券同业互助和国家财政救助"三结合的特点,可以较为有效地摆脱过度依赖国家财政的被动态势;另一方面体现了积少成多的特点，可以较为有效地缓解财政一次性支付的压力。

2、设立市场稳定基金，在必要的时候入场救市。当市场在突发事件的打击下持续下跌时，建立市场稳定基金在恰当的时机入场救市可以起到稳定市场和鼓舞投资者信心的作用。1998年香港特区政府为抗击对冲基金的冲击和2000年台湾大选期间台湾当局都曾用过此法并取得成功。由于市场稳定基金入场救市实际上是对全体市场参与者的救助，所以我们将它纳入救助制度的框架内。这种措施的成功实施有三个要点：第一是要有充足的财政储备；第二是要选准入场的时机；第三是要得到市场参与主体的配合。市场稳定基金主要以财政资金为主，可以适当地吸纳证券经营机构参加。

（三）建立突发事件的监测和预警机制

突发事件的监测和预警机制的作用在于对于市场内部的风险源和市场外部的突发事件进行监测，首先是要把突发事件控制在萌芽状态，其次是要在突发事件爆发后为应急委员会制定科学、及时和适用的应急措施提供全面和准确的信息支持。因此，整个监控和预警机制应当包含这样几个重要方面：首先是完备的市场信息统计分析体系，这是整个应对机制有效运转的根本保证；其次是对市场内部风险源进行风险评级，并着重考察风险源在突发事件的冲击下风险等级会发生何种变化；第三是风险信息的发布制度，目的是让市场参与者及时了解潜在的风险；第四是设置合理的风险警戒线，对进入高风险区的市场主体发出预警，引起管理层和投资者的警觉。

1、进一步完善市场统计信息体系

我国证券市场统计体系在历经十几年的发展后，目前已经形成较为完整的市场统计指标体系，但主要侧重于对市场总体概况的描述和对市场运行若干重要方面的分类统计，对风险监测和预警的支持作用比较有限。因此，建议在现有的统计体系中逐步增加描述市场总体风险和上市公司、证券经营机构风险的指标，一方面使得整个市场统计指标体系更加完整，另一方面也为风险监测和预警提供更有力的信息支持。

2、建立健全风险评级制度，及时发出风险预警

风险评级对于风险的识别、衡量、防范和化解具有重要的作用。目前我国证券市场也有一些风险评级机构和风险评级指标体系，但在独立性、客观性、公正性和专业性等方面都存在着较大的改进余地。因此，应当推动专业评估机构的发展，鼓励评级机构之间的竞争，通过市场竞争来提升风险评级的权威性，同时把评级机构纳入市场监管的框架内，防止评级机构和上市公司、证券经营机构互相串通，为害市场。结合到突发事件的监测上，应当着重分析证券经营机构和上市公司在突发事件的影响下，外部经营环境是否发生显著的不利变化，主要业务和盈利能力是否受到影响，以及风险等级是否将恶化。为了使管理层及时掌握和投资者及时了解上市公司和证券经营机构的风险等级及其变化，风险评级机构应当定期和不定期地向市场发布风险评级信息。

3、评估每一项新出台的政策和制度的风险

长期以来我国股市受到国家政策的显著影响，并且当前我国股市正处于关键的转型时期，各种证券法律法规和制度规则的变化较为频繁。每一项新出台的政策和制度往往都会引起市场的波动，并且在某些情况下市场的反应相当激烈。因此，在设计和推出新政策和新制度的时候，应当充分考虑新政策和新制度后市场参与主体会采取哪些对策、以及这些对策是否将导致新政策和新制度失效并引致新的风险。

4、加强对投资者的风险教育

加强投资者风险教育的目的在于提高投资者对市场风险的正确认识和高度警觉，提高投资者在风险面前的自我保护能力，避免投资者受错误信息的误导。

5、做好技术系统的安全防护和灾难备份工作

我国证券市场是一个委托指令驱动型的电子化市场，通讯一交易一结算系统和证券经营场所的安全对于交易的连续性具有重大的意义。为了防止突发事件对市场技术系统造成重大破坏，首先是加强技术系统的防护，其次是做好灾难备份工作。应特别加强对中国证监会、深沪交易所、登记结算公司和证券通讯系统的保护。对于证券经营机构密集的城市（如北京、上海、深圳和广州），中国证监会的派出机构应会同当地公安、消防机关加强证券经营场所的安全防护措施。灾难备份工作主要包括技术系统、数据资料、营业场所和工作人员等四个方面，备份场所与日常经营场所应尽量保持地域上的分离，备份的数据资料应实时更新，备份系统应当定期检测和维护，核心的业务领导和技术骨干人员应当有所储备。中国证监会分管技术系统的部门应负起指导和督促深沪交易所、登记结算公司、各个券商和基金管理公司做好灾难备份工作的职责。

6、在不同的金融市场之间设立隔火墙

在不同的金融市场之间设立隔火墙的目的是既要防止其他金融市场的风险波及证券市场，也要阻止证券市场的风险扩散到其他金融市场，避免危及整个金融体系。但是，隔火墙的存在将损害金融体系的效率，所以隔火墙的设立应当充分地考虑维持效率和防范风险之间此消彼涨的关系。应当特别注意的一点是，隔火墙的基本特点是信用紧缩，在突发事件爆发期间设立隔火墙极易导致资金链的断裂，加剧突发事件的破坏性。美国著名的经济学家弥尔顿·弗里德曼就认为，在1929年10月纽约股市大幅下挫之后，美国商业银行纷纷收紧信用导致了纽约股市的崩溃并将美国经济拖入了漫长的萧条中。在那之后，美国应对金融危机的主流方法基本上是实行救助。所以，隔火墙的设立应当是作为事先的防范措施，在突发事件平息后进行完善。

（四）建立突发事件发生期间的特别市场稳定制度

在突发事件爆发之后，正常情况下的市场稳定制度往往失去其应有的稳定市场的功能，因而必须有相应的特别市场稳定制度发挥作用。针对突发事件爆发时证券市场三种普遍现象——市场恐慌、指数剧烈波动和巨额抛单频频出现，我们认为特别市场稳定制度应包括以下三个方面的内容：

1、停止交易

停止交易是证券市场应对突发事件所采取的一种最为普遍的措施，其特点是简单易行和实施成本较低，并且可以为领导层估计事态的性质和影响并据以调用资源和采取进一步措施争取时间，也为市场参与者冷静分析和避免过度反应留出宝贵的时间。美国股市应对"9.11"恐怖袭击和我国股市应对SARS疫情即采取停市的做法。应急委员会向中国证监会发出停止交易的书面建议，由中国证监会主席签发停止交易的命令，并通报国务院分管部门、银监会和保监会。

2、在突发事件发生期间减小跌停幅度

参照国际上一些证券市场的经验，我国股市可以考虑在突发事件爆发并对市场的安全稳定运行构成威胁时，将跌幅

下限修改为5%(ST和*ST类个股为2.5%),涨幅上限不变。

3、控制巨额卖单,要求大单买卖一律通过大宗交易平台进行

突发事件对证券市场的破坏最终是通过恐慌性的巨额卖单表现出来的。因此,在突发事件爆发期间可以考虑对单笔卖单的数量和金额进行限制,加强对持仓大户的大单交易(特别是卖单)的监控,防止恶意砸盘的行为。为此,我们建议突发事件爆发期间强制要求大单买卖一律通过大宗交易平台进行,这是因为按照目前深沪交易所的《大宗交易规则》,一方面大宗交易是不计入指数的,这就避免了大单买卖对市场的冲击;另一方面大宗交易是在盘后进行的,不会对盘中交易产生影响。为此,建议对深沪交易所的交易规则进行修订,将上述特别稳定制度补充进去,并对启动特别稳定制度的条件、程序和终止进行详细的规定。

(五)做好突发事件的善后处理

1、恢复正常的市场交易活动和投资者的信心

当应急委员会确信突发事件已经得到平息,其对证券市场的影响已经消除,就应当建议管理层终止特别市场稳定机制,恢复正常的市场交易活动和投资者的信心。

2、防止事态出现反复

在突发事件平息之初,一方面投资者的信心仍然比较脆弱,另一方面突发事件本身可能具有一定的反复性。稍有不慎,突发事件就有可能重新发作,刚刚建立起来的市场信心可能再次崩溃,市场可能再次陷入危机之中。那时重新启动应急机制可能要耗费更多的资源,而且可能会遇到更大的困难。因此,防止事态出现反复是突发事件善后处理的重要组成部分。

3、按照事先约定对部分市场参与者进行补偿

管理层在处置突发事件时可能需要紧急征用市场参与者的资源,在突发事件平息后就应当给予这些参与者充分的补偿,这直接关系到管理层的信用和下一次应对突发事件时市场参与者的支持与配合。

4、以突发事件的处理为契机完善相关的制度、规则和监管机制

任何事物都具有两面性,突发事件也不例外。它在给证券市场造成严重破坏的同时,也让管理层清楚地看到某些制度、规则和监管机制的缺陷。因此,以突发事件的处理为契机完善相关的制度、规则和监管机制,有利于突发事件得到圆满处理,也有利于树立管理层在投资者心目中的形象,更有利于我国证券市场的健康发展。

证券交易所会员监管制度研究

深圳证券交易所博士后工作站　周琳杰

一、我国证券交易所的会员监管特点

(一)我国证券公司的监管体制

目前,我国证券公司是证券交易所的会员主体(只有少数境外特别会员),但规范和监管证券公司的机构并不仅限于证券交易所,还包括中国证监会、国家财政机关、审计机关以及证券业协会等监管机构。证券公司的监管体制包括法律法规和监管主体两个部分。

从法律法规看,我国适用于规范证券公司行为的法律主要有《公司法》、《证券法》,部门规章则包括《证券公司管理办法》、《证券公司检查办法》、涉及证券公司日常业务(承销、资产管理等)的规章,以及交易所的《章程》、证券业协会的《会员管理办法》等。

从监管主体看,中国证监会、国家财政机关、审计机关行使政府监管职能,证券业协会和交易所行使自律监管职能。根据目前的法律法规,中国证监会对证券公司的监管主要有注册、分支机构设立与撤销的审批、高层管理人员的任命与撤换、财务及业务报表检查、投诉调查、违规处分等。中国证券业协会对证券公司的监管有注册和从业人员的资格考试等。交易所对证券公司的监管包括:会员注册、席位管理、报表审查、违规处分等,但除了席位管理之外,交易所的其他监管职能基本属名义上的,并未充分落实。

本报告是从证券交易所的角度对完善我国交易所会员监管制度进行探讨。

(二)我国交易所在会员监管中存在的主要问题

1、法源基础薄弱而保守

尽管从总体看,我国的证券法律法规建设已经初具规模(包括对证券商的规范),但在金融危机背景下以风险防范为基调制定的《证券法》目前面临诸多修改之处,根据偏于保守的证券法制定的《证券交易所管理办法》、《证券公司管理办法》、《证券交易所章程》以及《交易所会员管理办法》等同样需要修正。

2、政府监管与自律监管力度失衡

我国证券市场的建立与发展与国外成熟市场的发展历程有着明显的不同。欧美成熟市场主要是在民间自发产生的,市场参与者具有很强的自律意识,即使政府干预出现以后,自律监管仍发挥着较大的作用。也许正因为此,证监会国际组织(IOSCO)在其提出的"证券监管的目标和原则"中曾明确指出,证券监管系统应当充分发挥自律组织在市场把握等方面的优势,使之起到直接监管的作用,这是其原则之一。

而我国证券市场从市场的设立、法规的出台、参与主体的资格认定、市场监察、违规惩处等主要监管措施的实施都是以政府为主导展开的。中国证监会作为主要的市场监管机构,通过制定规则和监督实施,为我国证券市场的快速发展和规范发挥了重要作用。但是,随着市场的发展,证监会监管的内容越来越多,负担日益沉重,这种状况很容易导致监管效率的降低和监管成本的增加。与此同时,证券业协会和交易所在自律监管方面职责较少、手段缺乏、力度有限。

3、政府监管与自律监管的职责分工尚不够清晰

证监会国际组织指出,监管者中的各监管主体应职责明确、分工合理,最好以法律的形式予以清楚表述;监管程序应当清晰透明,应当使被监管者和其他可能受到影响的人充分了解监管政策。但从我国情况看,各监管主体(证监会、证券业协会、交易所)在对券商监管方面还存在职责分工不够明晰和透明的问题,对违规证券机构的调查与处分也缺乏明确的、可预期的合作方式。

4、证监会和交易所缺乏一套完善的投诉、调查、处分以及纠纷处理的应对机制

保护投资者是证监会国际组织提出的证券监管的三大目标之一,历来被各国监管机构所重视,在其内部往往设有处理

投资者投诉和解决投资者与证券商或上市公司之间纠纷的组织和机制，并规定了完善的程序。交易所对会员的检查、调查和处分也应有一套合理的程序，这也是维护市场公正(证监会国际组织提出的证券监管的三大目标之一)的需要。但是，我国目前在证监会内部(不包括交易所)仅有一套非透明的处理投资者上访的信访制度，这虽然可以在一定程度上为投资者的投诉提供了一条渠道，但它还不是那种严格意义上的处理投诉、调查和纠纷等的应对机制。而这一机制的缺乏，必然会影响对各类市场参与者的监管和保护，影响到证券监管目标的实现。

总之，国内交易所会员的监管做法有许多方面与证监会国际组织提出的具有普遍适用性的监管原则不符，这可能造成：证监会监管负担很重，交易所对会员监管乏力，行业协会职能虚多实少，各监管主体的监管内容经常重复，监管资源浪费，监管成本提高，监管效率下降，直接影响到证券市场监管目标的实现。这种情况要求我们对国内交易所会员的监管思路作出适当调整。

二、海外市场交易所会员监管体制

(一)海外市场交易所会员监管体制的特点

通过考察美国、英国、日本、加拿大、澳大利亚等证券业发达、交易所会员监管经验丰富的成熟市场，以及新加坡、马来西亚等新兴市场，我们可以发现这些海外市场交易所会员监管体制具有以下特点：

第一，近年来各国的市场监管体制发生了较大变化，法律法规的修正更为频繁。英国不仅制定了新的金融法律(《2000年金融服务和市场法》)，而且在监管体制上形成一个横跨银行、证券期货和保险的全能型监管机构。日本也将金融监管职能从大藏省脱离出来而成立金融厅。

第二，成熟市场对交易所会员的监管层次比较分明。一般而言，分为政府部门、行业自律组织、交易所三个层次，各层次的职责权限都有比较明确的法律授权或行政授权。具体来说，政府监管机构一般拥有市场准入权、调查制裁权、甚至准司法权。证券业协会在不同的国家具有不同的权力，如美国的全国证券交易商协会(NASD)拥有非常大的权力，而日本、新加坡、马来西亚以及澳大利亚的证券业协会的监管权力则比较有限。交易所对会员的监管权力普遍很大，其监管权主要包括对会员分类注册、财务状况的持续性监管、交易行为的监察、帐册报表的检查、纠纷的处理、违规调查、听证裁决等。

第三，自律监管在各国市场中发挥着很重要的作用。政府监管机构与自律组织之间的职责划分非常明晰，自律监管有着明确的法律法规保障。

第四，世界上成熟的证券交易所大多已由会员制改为公司制。例如纽约、伦敦、东京、澳大利亚、新加坡等著名交易所都在近年实施了非互助化改革，成为营利性交易所。

(二)证券交易所的改制及对会员监管的影响

近年来，各国交易所为在竞争中处于有利地位，纷纷将治理结构实行非互助化(Demutualization)或与其他交易所建立联盟。

传统上，各国交易所的组织形式为会员制的商业互助组织，主要特点是：交易所的所有权、控制权与其产品或服务的使用权相联系；不以营利为目的；会员集体决策自律监管。但公司制的交易所以营利为目的，其所有权、控制权与交易权不挂钩；经营决策与管理机制等同于股份制公司。从长远看，由于在决策机制、市场反应、服务成本、融资成本等方面的突出优势，公司制的治理结构应是证券交易所的发展方向。

在会员监管上，会员制和公司制交易所的差别在于，前者是“会员俱乐部惩罚其中违规的会员”，后者是公司监管使用其交易设施的交易参与者，即公司的客户，其中可能还包括交易所股东。因此公司制交易所在对其交易参与者的监管上面临着较严重的利益冲突，这一状况曾使市场监管当局担心交易所会放松自律监管，但事实证明这种担心并无必要，两种治理结构的交易所在会员或交易参与者监管方面并无实质差别。因此国外运作规范的交易所，不论其组织形式如何，都对我们完善国内交易所的会员监管制度具有借鉴意义。

(三)我国证券交易所组织形式的特殊性

从《证券法》和《证券交易所管理办法》的相关条款来看，我国证券交易所基本符合会员制的特征，但事实上这一特征却并未得到真正的贯彻。目前的交易所主要是政府监管部门行政命令的执行机构，其应有的组织、监管市场权力并没有到位。因此，我国证券交易所实际上既不是真正意义上的会员制组织，也不是股份公司制组织，而是一种特有的“第三种模式”。

从今后几年看，我国证券交易所很可能不会向公司制转变，原因可从我国证券市场所处的发展阶段、监管法规的完善程度等角度加以分析。现实的做法是进一步完善和落实真正意义上的会员制，但同时应积极开展将我国目前交易所转变为公司制交易所的研究。

三、会员分类、资格、权利及义务

(一)国外交易所会员分类和资格管理的主要特点

1、交易所会员的分类各有特点，并不一致。大多数交易所是根据其交易产品的类型来划分会员类别的；也有按照结算资格(如新加坡)或投票权(如吉隆坡)划分的；还有根据会员使用的交易系统来划分的，如澳大利亚。

2、会员资格管理包括会员注册、会员资格的持续性监管、撤销注册等内容。在会员注册方面，一般由政府监管部门首先实施市场准入注册，然后再由自律组织(协会和交易所)注册为会员。而政府部门和自律组织的注册条件并非完全一致，通过政府注册而未成为交易所会员的证券商在许多国家并不罕见。会员资格的持续性监管及撤销注册也由政府部门和自律组织共同实施。

3、各国证券业协会在交易所会员资格管理方面的作用差异较大，多数国家协会的作用很有限，但在美国却截然不同，例如 NASD 在接纳会员时可以采取有保留的认可制度，即对这种会员的业务施加一些限制。

(二)国外交易所会员权利和义务的规定

1、多数交易所在对会员权利的表述方面不够明确，新加坡交易所的规定相对较好，其会员权利包括市场准入权、结算权、会员资格转让权。但是会员不享有资产分配权，也不享有投票权。

2、各国交易所对会员义务的规定比较详细，但各有特点。一般来说，共同的义务规定包括遵守法律法规和交易所规则(有时也包括结算所规则)、缴纳各种费用或基金、各种报告义务等。但各交易所对于会员发生哪些事项需要审批或者报告的规定，则有很大的不同。

(三)国内交易所会员资格管理和权利义务规定之特点

1、国内交易所会员分类比较简单

由于交易产品较少和市场开放度较低等原因，我国交易所会员仅有普通会员和特别会员两种，前者都是证券公司，后者目前主要是国内的四大资产管理公司和少数境外证券机构。

2、交易所会员的注册基本由政府监管机构独家实施

《证券法》赋予中国证监会审查证券公司的设立和颁发营业许可的职权，证监会根据《证券公司管理办法》注册证券公司，并审批其分支机构的设立与撤销。

通过证监会资格认可的证券公司几乎自然就成为中国证券业协会和交易所的会员，因为这两个自律组织在对会员的资格要求方面，与证监会用以审查证券公司申请资格的依据基本一致，因此其对会员资格的认可几乎形同虚设。

3、资格管理规定不够具体

除了对证券商注册明确规定由中国证监会负责之外，在资格管理的其他方面都缺乏很清楚的规定，起码也是缺乏透明度。交易所对会员资格管理方面，则几乎没有可以在实际中运用的权力。而且，交易所也没有关于普通会员资格的申请程序（但已有境外特别会员的资格申请程序）、会员申请的拒绝以及由此可能引起的复议申请或上诉、会员的退会、交易权的转让等方面的具体规定。

4、会员权利与义务规定相当明确

我国证券交易所关于会员权利与义务的规定都在“交易所章程”中。其中，会员权利有出席会员大会的权利、会员理事的选举权和被选举权、重大事项的提议权和表决权、交易权、监督权、席位转让权等。会员义务包括遵守国家法律法规和交易所规则、维护交易所利益和证券市场秩序、保护投资者合法权益、按规定交纳费用和提供有关信息资料、接受交易所监管等。

四、会员的行为规范与财务监控

由于篇幅和资料两方面的限制，本部分将考察吉隆坡证券交易所对会员行为的要求，和纽约证券交易所对会员的财务监控方法。

（一）会员行为规范

吉隆坡证券交易所（KLSE）规则中的第三章详细规定了其会员公司应遵守的行为规范，内容包括禁止行为、客户关系、最佳商业模式等。

交易所理事会和其授权的任何人在其权力范围内作出的所有决定和命令，对会员公司来说都是最终性的和具有约束力的。会员不得从事对交易所的商誉或公众形象造成负面影响的行为，也不得从事可能有损投资者信心和妨碍证券市场健康发展的非道德行为。会员应当按照交易所理事会批准的方式，为自己的服务或股票经纪业务或其他事务进行广告宣传。会员应重视对员工证券业务的专业性培训，不得招募其他会员公司的员工。未经交易所理事会书面同意，任何会员不得直接持有另一家会员公司的股份或权益，也不得任命另一家会员公司的董事为本公司董事。

会员及其经纪代表的行为应当以诚实为本，为客户的最佳利益着想，妥善保管客户资产，并尽力维护市场的公正有序。会员应当建立良好的内控机制和风险管理体系，重点监控异常的大宗交易、频繁的保证金追缴、以及其他明显增加风险暴露的行为。会员应对其监督和内控体系进行定期审查，并将这些审查的书面记录保存好。会员还应制定有效的政策和程序，尽量减小可能存在于会员与其客户之间的利益冲突；如果这种冲突不可避免，会员应在交易执行前将利益冲突情况全部告知客户。如果会员发现另一家会员有违规行为，或者有理由相信另一家会员出现违规，应当将这一情况书面上报交易所。职能较多的会员还应完善防火墙制度。

（二）对会员的财务监控

监控会员的财务风险是交易所监管会员的一个重要方面，对此纽交所主要有现场检查和项目检查两种方法。

1、现场检查

为了证实会员财务报告的真实性和完整性，交易所每年都对面向公众的会员组织（大约250名）进行现场检查，主要检查帐薄和各种应做的记录，内容包括财务（主要是净资本指标）、业务运作、投资者保护和销售行为等。

（1）确定风险等级和检查周期。由于工作量的原因，纽交所无法现场检查所有会员，其采取的办法是根据会员的风险等级确定检查周期，风险较大的会员其检查周期较短。

（2）检查前的准备。在实施现场检查前，纽交所通常要召开计划会议，该会议由市场监察、会员监管、执法部门的人员参加，综合考虑会员的业务性质、财务状况、过去经营和受处分纪录等因素，评估会员的风险等级，以决定受查会员之检查周期，并编制工作计划。

（3）实施检查。根据会员的风险等级和业务复杂情况，合理安排检查人员的数量、专业性质以及检查期限。检查内容通常包括过去的处分记录、财务报表、会员在中央登记存管系统（CRD）的资料、客户的投诉档案等。

2、项目检查

项目检查主要依靠纽交所的计算机系统来进行。各会员的数据资料预先输入该系统，系统可以通过网络实时监控会员的交易行为和经营动态，当会员出现异常时，纽交所将对其实施更严密的监控，要求其更加频繁地提供财务和业务报告。该系统的另一个功能是对会员定期提交的财务报告进行综合分析。计算机监控和分析是一种有效的非现场检查。

除现场检查和项目检查之外，纽交所还要求面对公众的会员公司每年须聘请独立的公共会计师对其进行审计，并将审计报告提交给交易所。

总之，从对会员的财务监控方面看，纽交所的现场检查方法有很多借鉴之处。另外，我国交易所虽然也实施了以计算机分析为辅助手段的非现场检查，但在广度和深度上都与纽交所存在很大差距，对数据资料的深层次分析和挖掘能力也明显不足。

五、调查、处分、听证与上诉

本部分将以纽约证券交易所为例，考察其对会员实施检查、调查、处分等做法，以及相关的听证、上诉程序，并指出国内在这方面的情况。

（一）监察、检查与调查

根据通常的理解，监察是一个时刻都在进行监督的过程，检查往往是定期实施审查的行为，而调查一般是针对某个事件或对某种行为表示怀疑时才实施的深入了解。

纽交所对会员和会员公司的监察、检查和调查是由三个部门分别执行的。交易所的市场监察部负责监察会员和会员公司的交易活动，会员公司监管部负责对会员公司实施定期检查，监督其财务状况、运作情况和销售行为。执法部负责调查会员、会员组织及其雇员、联合会员等，并对可能违背交易所规则、1934年证券交易法、以及证监会规则的行为进行起诉。以上三个部门一起构成了纽交所负责对会员群体执行监管职能的监管组。

执法部实施调查的案件主要来源于投资者的投诉、会员公司的要求以及交易所其他部门的建议。但并非所有投诉或要求都进行调查，而是要经过筛选，原则是选择影响大、涉及金额多的案件。

（二）处分、听证与上诉

处分是交易所对违规会员实施惩罚，听证是实施处分前的一道程序，上诉则是对有异议者提供的机会。国外许多交易所都规定了详细的听证和上诉程序，以便更好地维护会员权益。

纽交所执法部在经过前文所述的调查程序之后，如果发现违规行为属实，在获得交易所监管组同意的情况下，将把案件移交给交易所的听证委员会，由该委员会安排的听证小组负责对所有移交来的纪律处分案件进行听证。听证委员会是交易所的一个独立部门，并不依附于交易所的执法部门。听证小组的决定只有交易所董事会有权进行复议。

如果听证小组认为被指控的有关会员、会员组织或其他人员有过错，将采取驱逐、暂停或限制交易、暂停或取消注册、罚款、谴责等处分措施。这些被指控对象如对听证小组欲实施的制裁有异议，可以向交易所董事会申请复议。如果有关当事人对交易所董事会的复议决定仍有异议，可以进一步上诉到SEC，甚至美国上诉法院直至最高法院。

（三）我国交易所对会员的检查、调查与处分

1、法律法规

我国《证券法》在涉及证券交易所的部分，不仅没有明确交易所的自律监管组织的地位，而且也没有明确赋予交易所对会员（以及上市公司）进行检查、调查的权力；对处分权的规定也很含糊（第116条）。

《证券交易所管理办法》赋予交易所对会员进行检查和处分的权力（第47、48、50条），但仍未明确赋予其对会员的调查权。

《证券公司管理办法》仅赋予中国证监会对证券公司的检查、调查和审计的权力（第44、46条），而并未提及证券交易所对证券公司的监管，尽管我国证券公司都是证券交易所的会员。

可见，我国法律法规中还缺乏对交易所监管会员的一些必要权力的明确授权。

2、实施情况

迄今为止，国内监管机构尚未对所有的证券公司进行一次全面的检查。2001年证监会机构监管部曾经计划联合两个交易所以及有关中介机构等对国内证券公司一起进行一次现场巡检，得到了交易所的积极响应，但后来因故未能实行。此后，这种例行检查也未实施，目前几乎呈一种真空状态。

当然，国内监管机构对证券公司违规行为的调查并未停止，并对严重违规者进行了处分，如大连证券、南方证券等公司。

六、仲裁与调解

在证券业中，解决证券商之间或证券商与客户之间纠纷的重要途径是仲裁和调解。纽约证券交易所的仲裁和调解制度具有代表性，本部分将考察其基本做法，以期为我国证券交易所建立纠纷解决机制提供思路。

（一）仲裁

根据纽交所章程第六章和纽交所仲裁规则，任何发生在会员、联合会员、会员组织之间的纠纷，或者发生在会员、联合会员及会员组织与其他人之间、缘于会员业务或者会员组织解散的纠纷，都需要提交到交易所进行仲裁。仲裁程序按照交易所董事会制定的规则执行，但董事会如果认为某种纠纷不适于由交易所仲裁，则有权拒绝仲裁。

纽交所的仲裁分为简单仲裁和一般仲裁两种。简单仲裁是针对所涉金额不超过25000美元的争端，原告须向仲裁主任提交一份"执行的提交协议书"、索赔书、证明材料、以及规定的文档费和听证存款等。仲裁主任将尽快将原告的提交协议书和索赔书副本传给被告人。被告应在收到索赔书20个日历天内分别向有关当事人和仲裁主任提交一份执行的提交协议书和被告答复书。答复书中可以列明对索赔的反驳，或者提出反索赔或第三方索赔。如果反索赔超过原来的索赔，原告有权撤销索赔，仲裁程序将终止。一般仲裁需要进行听证，除非当事各方一致同意放弃听证；但如果多数仲裁员主张听证，听证仍应进行。仲裁由仲裁主任指定的仲裁小组来执行，仲裁小组至少包括三名仲裁员，其中多数应来自非证券行业；不过，客户或非会员组织可以要求仲裁小组中的多数仲裁员来自证券行业。在仲裁过程中，原告、被告或第三方被告，都各有一次回避请求权，即有权要求某仲裁员回避。仲裁决议遵循多数通过的原则，不执行仲裁决议的当事人可能受到纪律处分。

（二）调解

对于争端的解决，纽交所在仲裁之外还有调解。即使纠纷案件已经进入仲裁程序，只要当事人同意，仍可以通过调解解决，但调解并不妨碍仲裁的进行。对于适于仲裁解决、但尚未开始仲裁程序的纠纷，只要当事人同意，都可以调解解决，但需要当事人向交易所提交同意调解的协议书，并缴纳一笔数额与仲裁相同的文档费（除非仲裁主任豁免）。如果调解没有能解决纠纷，当事人可以选择进行仲裁。

从我国情况看，交易所纠纷解决机制近乎空白，而这一机制本应是现代交易所的基本制度之一。

几点建议

根据前文的论述，这里从法律法规和交易所会员监管体制两个角度提出有关建议。

（一）法律法规

首先是对《证券法》的修改。目前的《证券法》除了在其他方面应作相应修改之外，至少还应考虑以下四个方面的修正或补充：一是要为证券交易所的公司化以及交易所之间建立联盟预留空间；二是强调自律监管是证券市场监管的重要组成部分，并赋予自律组织一定的监管权力；三是允许或提倡自律组织内部建立一套仲裁和上诉机制与程序，以维护各类市场参与者的权益；四是允许国务院证券监督管理机构授权下属或其他机构或人员行使某些职权。

其次应根据修改后的《证券法》对当前的《证券交易所管理办法》以及《证券公司管理办法》进行修正，真正落实证券交易所的自律监管地位。

（二）交易所会员监管体制

1、中国证监会与证券交易所签署谅解备忘录（MOU），以清晰划分彼此的监管职责。备忘录可以是综合性的，内容包括上市公司监管、会员监管、市场监管等，也可以是单项的，如仅就交易所会员监管签署备忘录。其中的关键是界定“严重事件”,对非严重事件交易所可以直接调查并采取相应处分。对严重事件,由证监会牵头组织调查,交易所及社会中介机构予以协助。

2、中国证监会应尽快完善市场参与者资格管理制度,这包括参与者的分类、注册申请程序、申请的拒绝以及被拒绝者要求复议或上诉的程序、已注册的参与者自愿放弃或被迫取消资格的规定、各类参与者的申请资格要求、参与者出现各种违规行为时涉及到参与者资格方面的惩罚规定等等。这是完善市场监管制度的一项重要基础工程。

3、在自律组织(包括交易所、证券业协会、期货业协会)内建立仲裁制度或调解制度(以仲裁为主),这同样是完善我国证券市场监管制度、强化自律监管作用的基础性工程。为此应制定专门的仲裁规则或调解规则。

4、证券交易所内部建立听证制度,设立听证委员会,以更好地维护会员的合法权益。

5、除了在交易所内设立上述提到的仲裁委员会和听证委员会之外,还建议交易所在其法律部门增加执法的职能(或者设立独立的“执法部”),执法职能(或执法部的主要职责)包括对重要投诉或其他事件进行调查,以及在违规被查实后提出初步处分建议等。

6、在对会员的财务风险监控方面,一是建议借鉴纽交所的计算机综合分析方法,会员监管部门应积极考察和研究这种代表发展方向的非现场检查手段,主持开发适合国情的计算机分析系统;二是建议会员监管部门对会员建立风险等级档案,制定风险等级和检查周期对应表,以此作为现场检查的重要参考;三是建议国内交易所和结算公司以适当的方式合作监控券商的财务状况。

7、对证券公司(或交易所会员)的检查和调查实行制度化。检查的制度化是指在检查方式、检查人员的组成、检查周期、检查范围、检查费用、检查报告的处理等方面,都有明确的规定,基本做到有章可循。调查的制度化是指调查实施的缘由、调查人员的组成、调查费用、调查报告的处理等也都有制度性规定。当然,这种制度化必然要以各个监管机构之间明确的职责划分为依据。

8、提高证券公司稽核部门的独立性。目前,尽管各证券公司基本都按《证券公司管理办法》的要求设立了稽核部门,负责对公司经营的合规性进行查核;但从证券公司发生违规的情况看,其内部的稽核部门并没有发挥应有的作用,主要原因在于该部门的独立性不足,在履行职能时缺乏充分的授权。因此,建议中国证监会以《证券公司管理办法》补充规定的方式,或者证券交易所以会员规则的形式,要求证券公司给予其稽核部门更充分的政策和权力。此外,还建议中国证监会或交易所要求证券公司设立稽核委员会,稽核部门直接对稽核委员会负责。为保证稽核委员会享有充分的独立性,建议该委员会可以直接对中国证监会或交易所(而不是对该证券公司)负责。

9、深沪两个交易所如何分工合作监管会员(如对证券商的例行检查、财务监控等),应是检查、调查制度化的重要内容。因为证券公司一般同时是两家交易所的会员,因此宜由证监会牵头,组织两家交易所协商分工,将检查或调查结果进行共享并相互认可。这是避免重复监管、提高监管效率的重要保障。

从国际油价硝烟看经济金融安全

5月7日纽约市场6月原油期货价格一度冲破40美元/桶,达到13年来的最高价40.05美元/桶,并创下39.93美元/桶的收盘记录。国际石油价格一路飙升,引起国际社会的高度关注,美联储主席格林斯潘表示,石油和天然气期货价格“急剧”上涨将“极大地影响美国经济的长期走势”,包括通货膨胀。经济界人士认为,油价一旦突破40美元/桶,将会蚕食正在复苏的世界经济。现在,石油价格走势已成为各国关注的焦点,包括石油价格、石油金融在内的石油战略,已移至国际政治、经济关系的中心位置,也成为发达国家和新兴经济国家维护本国经济与金融安全和能源安全的重要内容。

我国从1998年开始对国内成品油市场实行动态管理,即根据国际市场原油价格的涨跌来调整国内的成品油价格。在我国能源消费开始对国际能源市场产生重要影响的同时,国际油价的波动也导致了我国国内的油价波动。而油价的巨幅波动,不仅影响石油及上下游企业的经营绩效,同时也对我国经济的走向产生广泛影响。有鉴于此,我们应当加快实施“国家石油储备战略”,开展石油期货交易,完善国内成品油市场的价格形成与调整机制,维护我国的石油安全和金融安全,以确保国民经济健康稳定发展。

一、短期石油价格波动的综合因素

今年以来,国际石油市场价格的波动上涨不仅大大超出市场先前的乐观预期,使市场多数所希望的低位油价16—20美元/桶完全落空,而且也没有出现少数市场人士所预期的50—80美元/桶的悲观价位。石油价格远远高于OPEC框定的22—28美元/桶的水平,在OPEC价格目标区的高端之上运行。5月7日,纽约市场6月原油期货价格达到13年来的最高价40.05美元/桶,并创下39.93美元/桶的收盘价,伦敦7月份原油期货也达到了37美元/桶价位。深入分析,石油价格波动的因素比较复杂。

1、石油价格与美元汇率的联系。国际石油问题从根本上说是国际政治和经济博弈的焦点。国际金融市场上三大货币比重变化、市场份额的推移以及投资组合的变幻,都可能成为国际油价波动的重要诱因,反过来油价高低也成为国际金融市场变化甚至动荡的重要参数。

国际油价波动和石油恐慌的传染效应,已经反映为国际金融市场上金融商品价格与战略资源产品价格的联动和交错盘整,汇率、股价、金价等常规性金融价格指数,已经与石油价格的波动产生自然的联姻效应。美元汇率、美股价格乃至黄金价格与石油价格的波动,具有深度联动关系:美元资产价格上扬,油价或金价就相应走低;美元资产价格下跌,油价或金价就明显走高。直观看,国际石油价格急剧上涨的一个重要原因就是美元贬值。2003年美元兑欧元汇率贬值达到25%左右,兑日元贬值了15%左右;而同期美元报价的国际石油价格则上涨25%。近期美联储例会维持利率不变,使美元见弱,石油价格趋势上窜,已经接近40美元/桶。

美国经济走势、美国石油需求是形成国际石油价格风险的重要参数。美国经济重要支撑之一就在于其自身拥有丰富的石油资源,并从其他地区廉价攫取了大量石油。美国经济增长从1990年的2%增长至2000年的接近5%,经济规模已经达到10.5万亿美元，几近世界经济总量的1/3，其石油需求占全球总量的26%，因而形成对国际石油供求态势的主导。美国的对外石油战略包括主导国际能源市场价格波动；加快能源战略性调整，逐渐降低对中东的依赖；同时扩展对中东、中亚里海和非洲几内亚湾三大世界石油储藏区的政治军事渗透。美国政府将能源安全放在美国对外贸易和外交政策的首位，如去年以来改善与加拿大、沙特阿拉伯、委内瑞拉和墨西哥等产油国的贸易关系，加强了与海湾产油国的关系，甚至与曾经被列为"邪恶国家"的重要石油输出国利比亚恢复关系，以保障石油供给，支持其经济复苏；参与开发里海和俄罗斯的石油资源，关注亚洲石油动向等，则为美国能源供应加大了保险系数，开辟了新的来源。

2、石油战略与地缘政治的影响。美国的石油战略处于国际石油战略研究的中心。石油是美国全球政治利益的主要战略目标。布什执政以来，美国的经济决策和对外关系的转变都与石油战略紧密联系。21世纪初期，争夺海湾石油资源是美国首要的战略目标。伊拉克战争对石油领域产生的实质性破坏作用和心理忧虑，使纽约和伦敦石油市场的价格快速上涨。美国是世界第三大石油生产国，更是世界第一大能源消费国，也是第一大能源进口国。目前每天大约消费2000万桶石油，占世界总石油消费量的26%，但其开采仅占世界开采量的9.9%，美国石油消费在其能源结构中的比重约为40%，其中一半以上依靠进口。美国的主要进口石油国有25个国家和地区，大多来自伊拉克、伊朗、沙特阿拉伯、阿拉伯联合酋长国、科威特、墨西哥、加拿大、委内瑞拉等。其中沙特阿拉伯和伊拉克是美国的主要供应国。特别是中东是目前世界已经探明的石油储量最多的地区，2002年为6856亿桶，占世界总储量的65.4%，其石油供给战略意义不言而喻，对石油市场的影响也明显可见。

中东在相当长的一段时期都是全球地缘政治的焦点，美国在反恐名义下开展的石油政治、石油外交、石油军事和石油战争，都体现着美国经济利益的需要，并围绕着石油产出丰饶的热点区域展开。对美国而言，地缘政治的重要涵义之一就是确保美国的海外石油供给，地缘政治风险就是要消除影响美国全球石油战略的任何可能性。如果美国海外石油来源区域出现政治经济不稳定，影响美国的石油供给，美国就会在那里插手干涉。近期伊拉克暴力事件再起，伊拉克战争硝烟又燃，美国虐待伊拉克战俘事件等，使石油战略的地缘政治再度成为焦点。美国资本主导的沙特石油、天然气的勘探和开发已经有所转向，开始由欧洲、俄罗斯分割，这是最近的一个新动向。布什政权的石油战略开始调整，正在从以往依靠沙特的路线向重视俄罗斯、中亚和非洲的方向转变。

3、石油需求与经济增长的关联。石油价格的变化与经济增长高度相关，是形成油价上升的重要基础因素之一。如全球经济增长态势不好，石油需求便会下降，石油价格下跌；全球经济增长态势转好，便会导致石油资源和产品需求不断扩大，石油价格上升。此外，经济结构和消费结构的升级都会加大持续增长国家（地区）的石油需求和进口的数量与规模。1997年亚洲金融危机拖累了世界经济运行，亚洲国家的经济增长骤然下降，甚至出现了负增长，普遍减少了对石油的进口需求，国际石油价格在1998年逐步下跌，年平均价格水平为12美元一桶，最低点仅9美元/桶。1999年以后，世界经济开始走出亚洲金融危机的阴影，出现了逐步趋强的态势；近年来，美国经济、欧洲经济开始复苏、日本经济出现曙光、亚洲经济逐步回暖、拉美及非洲经济保持稳定，由此带动了世界各国对石油需求的逐步增长。

国际能源署的最新月度石油市场报告指出，2004年全球石油日需求量增长预估上调6万桶至168万桶。这是国际能源署连续第五个月调高全球石油需求增长预估。其在去年11月报告时仅对2004年全球石油需求增长的预估为每日108万桶。在经济增长因素中，石油库存的结构性值得关注，也就是说在石油的总供给量基本稳定的情况下，一些国家（地区）的石油库存量会略有不足，在石油需求扩大中出现结构性短缺的情况，其中不乏大国的国际石油战略的谋划效应和市场投机因素。1997年底，由于油价偏低，OPEC却开始增产石油，其增产的大部分原油基本为西方国家的石油公司所购入，从而使西方国家相对储备了大量的石油。而2004年在库存绝对量增加的背景下，又呈现出石油产品的结构性短缺现象。一段时期以来，美国政府在公开市场上大量买入石油，以增加美国的战略石油储备。为此，部分国家和地区政府则效仿美国，也争相增加本国战略石油储备，进而导致石油价格攀升。

4、石油供给与OPEC政策的转变。作为一个整体，OPEC无论在已探明石油储量，还是在对国际石油市场的供应方面都具有举足轻重的地位。据OPEC统计，2002年，全球已探明的石油储量为10672亿桶，其中OPEC占79.4%；虽然OPEC的石油产量目前只占全球的三分之一强，但在国际市场上，OPEC原油占到了55%左右。据国际能源机构的统计，世界石油消费量在2000年和2001年时平均每天为6800万桶；其中有42%约2900万桶是由OPEC国家供给的。由于OPEC具备剩余生产能力，其调整产量的余地很大，2001年OPEC的剩余生产能力为每天400万桶。因此其可以通过调整产量来控制石油价格。在近期国际石油价格的波动上涨中，OPEC连续的减产举措对石油供给产生了重要影响。2003年12月1日和2004年4月1日OPEC两次石油减产之后，国际石油价格都出现了急速的上升趋势。尽管OPEC誓言打击超配额生产，不包括伊拉克的OPEC10个产量受配额约束的成员国，还是要在2004年4月维持远超过新配额的实际产量。该10国日产超出3月产量配额130万桶，较之在3月31日再度确认的始于4月1日的新产量上限，OPEC实际日产高出了230万桶。面对国际石油市场价格难以预估的状况，OPEC减产在一定程度上是担心石油市场资金外逃，石油市场投资者手中拥有的约150亿美元，如果因油价下跌脱逃，将会对石油市场和生产国带来巨大的风险。近期国际石油价格持续上涨引起普遍关注。美国、英国、日本以及欧元区等都对油价上涨，以及OPEC减产举措表示不满，忧虑石油价格扩大上涨对经济复苏产生的压力。预计2004年6月3日的OPEC例会将有可能提高产油配额。

5、石油供求与国际投机的刺激。石油是流动的美元，石油与美元联姻炒作在所难免。石油市场和外汇市场的投机行为联系密切。美元趋强，石油市场资金转向外汇市场；美元疲软导致市场投机转向石油市场，使得石油期货价格走高，石油现货价格难以下行；油价与美元汇率相背离，则衍生新的投机，这是石油商品市场和金融产品市场连接的运行规律。自1997年亚洲金融危机之后，各国政府大大提高了防范金融风险意识，特别是对金融市场的监管，国际社会也逐步加强了国际监管合作，国际投机势力越来越难以对金融市场发动深度攻击。但资本的逐利本性注定了国际投机资本想方设法通过各种可能的投资渠道进行投机炒作，世界石油市场便是其联动炒作的一个对象。据近期路透社的一份调查显示，分析家们估计投机因素使美国市场的原油价格每桶抬高了约 8 美元。

当今国际市场投机的方向，一是炒作资源商品价格，还有就是与金融市场特别是外汇市场联动投机。特别是低利率和疲软美元以及低迷股市都使国际金融资产具有不确定风险，股市和汇市回报缩水，导致对冲基金、有实力的投资机构和部分投资者在别无选择的情况下，云集于国际石油市场投机炒作。加之，委内瑞拉、尼日利亚和伊拉克等国的政治经济局势不稳状况，使人们担心这些重要石油产出国会突然停止出口石油，或恐怖袭击可能破坏石油设施，冲击石油市场价格，这些状况将有可能刺激和吸引国际游资在石油市场兴风作浪。另据估计，石油期货市场真正的需求方只占交易总量的 30%，其余均为套利者。例如，纽约商品交易所每天的原油交易约为 7000 万桶左右，即使以高价格每桶 35 美元计算，日交易额不过 20 多亿美元，相对于国际外汇市场约 2 万亿美元的日交易额，以及对冲基金数千亿美元的规模，可以说是微不足道的。国际油价的非理性大幅度上涨决不是偶然的，其中一定有大型的国际资本在进行运作。石油期货交易量目前约为现货交易的好几倍，如纽约商品交易所 2000 年以来的原油期货交易规模就扩大了 1 倍。

二、长期石油政策抉择和金融博弈

石油作为一种关系到国计民生的重要战略资源，历来是影响各国乃至世界经济发展的重要因素之一。尤其是当今世界经济处于经济调整的复苏阶段，各国经济结构和产业结构的转折、更新，进一步扩大了对国际石油的需求，其中一些新兴市场国家和地区的经济快速发展和经济升级周期，更加大了对石油能源资源的需求。由此可以看出石油价格的重要性。如果石油价格过高，将促使生产成本上升、物价上升，直接制约经济的发展速度；反之，如果油价过低，将使石油出口国的外汇收入大大减少，从而损害了石油出口国的经济利益；因此，中期看，如何将国际石油价格维持在一个合理的水平，是国际社会需要妥善解决的一个重大问题。

1、世界经济增长的不确定性。国际石油价格持续上涨是世界经济进一步增长的不确定因素。据国际货币基金组织估计，国际石油价格每桶上涨 5 美元，1 年内世界经济的增长速度将下降 0.3 个百分点。石油生产和价格涨跌是一个周期性问题，并且会影响不同类型国家的经济增长。国际油价处于高位时会导致石油生产过剩、供过于求，继之价格又会暴跌，由此又导致石油生产收缩，石油价格上涨，这已经是由历史证明的经验。因此，有关国家经济增长不能不受这种石油生产——价格周期的影响，相比之下，石油输入国将比较出口国更易受到这种经济周期波动的冲击。目前工业发达国家经济复苏对石油的需求也有增无减，石油是发达国家最重要的进口项目，并且是对外贸易中最大的逆差项目。国际石油价格的波动对于严重依赖进口的欧元区国家所产生的影响将最为直接，欧元贬值最为重要的原因之一就在于国际石油价格上涨所造成的欧元区通货膨胀上升的压力。即使由于石油输出国增产，使涨价问题一时得到缓解，也不可能改变这一基本走势。

从发展中国家看，近年来亚洲经济复苏势头比较好，扩大了对石油供给的需求。1990－1999 年期间，除西亚产油国外，亚洲东部国家的石油需求增幅约占全球石油需求增幅的 80%；如果油价居高不下，将对亚洲国家的财政收支、通货膨胀、国际贸易收支、偿还外债能力等都形成较大的压力，影响亚洲经济继续增长的良好势头。北美、欧洲和亚洲是世界的三大石油市场，其中亚洲的石油需求增长速度最快，但是作为亚洲主要产油国的产油量却基本上没有增长，这使亚洲各国从中东的石油进口量大幅度上升。另外，主要产油的发展中国家和地区的政治、经济动荡性也直接影响着油价的波动上涨，如委内瑞拉的政治问题使石油减产严重，沙特阿拉伯经济引起的设备老化石油减产，以及伊拉克破坏性的石油资源状况，都是油价潜在波动隐患。在产油国中，一些严重依赖石油收入拉动经济的发展中国家或经济转轨国家，如俄罗斯等，受到石油价格波动的影响较大，涨价使之大喜，跌价则大悲。2003 年以来国际石油价格的上涨已经在很大程度上制约了世界经济的总体复苏态势和增长水平。随着伊拉克紧张局势因突发暴力事件再度恶化，国际油价的高企可能成为世界经济复苏的障碍。

2、能源需求结构调整的必然性。伴随经济全球化、生产力的迅速发展，各国国民经济实力的快速增强以及经济增长质量提高，各国对能源的需求越来越大，2004 年世界石油需求每日增加 165 万桶，石油日消费量达到 7990 万桶。同时，国际能源需求的结构正在发生根本性变化，世界原油库存在减少，石油开采的资源、技术与设备综合问题凸显；还有燃煤需求有所下降，燃油及燃气需求迅速增长，从而使国际燃油供需矛盾越来越突出；随着新经济高科技含量的增加，国际石油生产、运输、储存等也有高新技术的更新改造，替代石油以及原油资源组合也逐渐显现，天然气、氢气等能源开发也对国际石油供求格局具有影响。由于世界经济面临传统经济转向新经济的转换，特别是出口拉动转向投资带动的结构转型，各国内需的扩大不仅增加了投资需求，也促使国际原材料价格急剧上涨，石油与钢铁、煤炭等原材料的上涨便具有连带反应。全球化商品流动时代使国际石油市场出现运输瓶颈和储存技术难题，运输成本的高企、港口和道路拥挤、储存成本上升都在一定程度上刺激了油价进一步上扬。

美国能源署预计，全球对各种形式能源的需求将在今后 20 年中增长 54%，仅原油日消费量就将可能增长至 4000 万桶；美国能源资料协会（EIA）的 2025 年远景预测还显示，发展中国家能源使用增长将最为强劲，尤其是中国和印度，因经济颇具活力，将进一步加大能源需求。预计今后 20 年中，发展中国家的能源使用量将锐增 91%，而工业化国家用量将增长 33%。2025 年全球石油需求预计将增至每日 1.21 亿桶，2004 年为每日 8100 万桶。美国、中国以及亚洲其他发展中国家将消化近六成的新增原油。有数据显示，亚洲 2004 年的能源需求将增长 8%－10%，石油对经济增长的支持作用不言而喻。

3、国际经济关系的协调性。石油问题在国际经济关系中具有多层面的复杂性，比如 OPEC 与非 OPEC 之间的矛盾，石油供给国与需求国之间的矛盾，进而延展至大国与大国、强国与强国、富国与富国、大国与小国、富国与穷国等不同层次的复杂协调合作关系。国际石油价格不确定的波动干扰了世界经济的复苏，增加了主要国家和地区的经济政策协调的难度。国际石油问题引发的国际经济关系中石油产出和需求的关系变异，聚焦在金融安全与经济利益，石油问题成为国别关系强化与松散、重组与离合的重要筹码，其中主导的突出影响因素是美国经济利益、政治霸权、军事强权及其在金融市场中独特地位。石油问题是美国对外政治、贸易、经济与外交关系的主线，也是美欧日经济金融竞争与较量的主要战线之一。统计数据显示，美国从中东的石油进口占其石油进口总量的25%，欧洲占60%，日本占80%，美欧日三大利益集团竞争源于石油，又怨于石油。

世界经济发展供求格局的日益明显，发达国家是主要石油消费国，而大部分石油出口集中在一些发展中国家和经济转轨国家，这里既相互需要，又相互矛盾，是一种需要不断调整和协调的关系。此外，美俄、日俄、中俄、中日以及新老欧洲之间的多重和复杂的国际关系均有石油色彩的渗入，政治意图也已成为油价波动的重要诱因。特别是俄罗斯与西方一些大国的利益交错，其中既有西方对外扩展与俄罗斯深化利益需求的意图，也有西方对俄罗斯石油需求的战略意图，日本的西伯利亚输油管线举动的动机已经路人皆知，美国更是谋划长远。

从资源地域角度看，海湾石油是工业发达国家所用石油的主要依托点。因此，世界舞台上的国际力量都紧紧盯住海湾巨大的石油储量，巴以冲突不断、海湾战事连连，也就不难寻味。海湾石油是世界经济和政治问题的焦点之一，它的起伏跌宕预示着国际局势的发展趋势。美国对伊拉克战争结束之后，预测国际石油前景将更为困难，战事对石油市场影响超出预期。2004年政治因素将对石油价格起主导作用，随着政治问题的化解减弱和积聚增强，油价波动继续扩大。

4、全球化和区域化的差异性。自欧元问世以来，对欧元的排挤和打击一直是美国国际金融战略的主旨，有形和无形较量已经使欧元承受了巨大的压力与风险。美欧根本性的差异对立在于全球化与区域化理念的博弈。美日是经济全球化的极力推崇者，因为美日经济规模与市场份额和发展水平的主导，使他们在本地区内难以与弱势的广大发展中国家或新兴市场经济体相融合，担心在区域化中付出"代价"，他们必然以全球化显示其优势并巩固其利益；而欧洲则是政治、经济、金融和贸易等相对均衡的发达国家经济体，具有实现区域化的先天优势，欧盟5月1日东扩10国的实现，使新老欧洲的融合形成更强大的经济联合体，无论经济、人口或市场已经超出美国。美日和欧洲之间全球化利益主导和区域化利益差异，以及不均衡和均衡的状况，是形成各自经济全球化和欧洲经济区域化理念不同的主要原因。美欧日经济金融理念的差异也反映在金融市场汇率、股价、金价或油价等价格竞争中。在国际石油的争夺上，三大经济体或货币体也必然会以各自经济全球化或区域化理念，加大国际资源产品的竞争。以科索沃和阿富汗、伊拉克战争冲击原来的石油供求格局，辅之以货币竞争，则是不可忽视的美国全球化战略意向。从日本看，为弥补自身石油需求，其加紧与亚洲、中东国家的经贸合作，改善甚至强化与俄罗斯的关系，其动向也值得揣摩和研究。

特别需要指出的是，国际石油价格走势已经超出市场相对乐观平和的预期，石油作为政治战略筹码的用途大有提升，并潜藏有美国等大国金融战略的策划。美国可以运用美元报价体系的优势，以美元挂钩石油报价手段控制油价，并伴之石油储存的策略，进一步显示其全球石油战略和金融战略的综合优势。

[对策]国际油价走势与我国石油战略

国际石油价格因全球经济复苏需求而扩大，因产油国政策调整而紧张，因地缘政治因素而恶化，因季节因素而变化，未来前景不容乐观。无论如何，石油持续走高必然影响世界经济增长。预计国际石油市场价格趋势短期内难以稳定向下，中期将会继续持续高企。因此，2004年的国际石油价格高点将会突破40美元/桶乃至45美元/桶，全年石油平均水平将可能达到35美元/桶左右，高于去年31美元/桶的平均价；如果国际石油价格一段时间维持35—40美元/桶的高位，世界经济增长至少有0.2个百分点的减值；未来2—3年，国际石油价格将继续在涨跌中高企，但年平均价格有可能在33—38美元/桶区间波动。对于世界经济而言，金融风险与石油危机都不可掉以轻心，更值得关注与防范因石油价格变化所引发的国际金融风险，包括美元动荡性风险和欧洲货币潜在的危机风险，这两大货币汇率走势与石油价格水平直接联系，必将影响全球经济、金融、贸易和投资等相关层面的变化与调整。今年以来已经召开和即将再聚会的G7，都一直关注石油与汇率问题，突出表明了石油与金融安全的必然联系和重要影响。而全球利率上调的动向，将会进一步加大国际金融市场与国际石油市场联动效应。

我国是国际石油市场一个新兴的战略因素。扩大石油进口成为国际石油价格的一个重要影响。随着经济持续增长，我国已经成为石油需求大国，去年进口石油达到9941万吨，今年可能达到1.1亿至1.2亿吨，这也是4年来世界石油消费量的最高点。近期国际能源署的预测指出，中国石油需求增长将继续超出预期，为高企的国际油价提供支撑。国际能源署将我国2004年第一季石油日需求量上调18万桶，至614万桶，较去年同期增长18%。目前中国是仅次于美国的全球第二大石油消费国，2003年原油及油品进口量平均为每日210.6万桶。我国2月石油日进口量猛增至创纪录的316.2万桶，比1月高28.3万桶。我国海关总署的统计数据显示，我国2004年前3个月的原油进口量达3014万吨，较上年同期飙升35.7%。而OPEC在近期的月度报告中也指出，由于中国经济高速发展，OPEC将提高2004年度的世界石油消费量预期，2004年世界石油消费量预期由原来的每天2387万桶提高到2617万桶。

在我国能源消费开始对国际能源市场产生重要影响的同时，国际油价的波动也导致了我国国内的油价波动。我国从1998年开始对国内成品油市场实行动态管理，即根据国际市场上原油价格的涨跌来调整国内的成品油价格。国际市场油价的巨幅波动，不仅影响石油及上下游企业的经营绩效，加大了相关企业的经营难度，同时也对我国经济的走向，特别是价格走向产生广泛影响。有鉴于此，我们应当加快实施"国家石油储备战略"，开展石油期货交易，完善国内成品油市场的价格形成与调整机制，维护我国的石油安全和金融安全，以确保国民经济健康稳定地发展。（景学成谭雅玲）

六大因素影响货币政策有效传导

■对于当前货币政策调控的现实困惑更需要探讨的是，央行调控的政策意图如何有效地传导并实现货币、信贷的预期调控目标，而不只是进一步的 GDP 等宏观经济目标。

■外汇占款不断增多的压力、国有商业银行现有盈利模式的制约、处理历史坏帐和体制转轨的压力、总体流动性偏多、商业银行超额储备的不平衡、金融市场欠发展等六大因素，影响了央行的政策意图屡屡不能有效地在银行体系中得到传导，不能有效地取得预期的政策效果。

■现在可以采取的对策是按照市场原则，相机抉择，确确实实推进有管理的浮动汇率政策，以提高央行货币政策的自主性。必须加快金融改革，加快银行业务创新，发展可交易金融工具品种，从总体上增强债券市场对信贷市场的传递性。发展银行货币市场基金帐户，减轻银行的资本充足率压力，进而进一步推进存贷款利率的市场化进程。

近年来，我国的货币政策传导机制有了很大的改善，但仍不甚理想。本文的重点不想完全从西方教科书的标准理论框架出发，分析货币供应量的增减如何通过投资、消费和国际贸易等渠道传导到 GDP 等宏观经济目标。因为本人认为，对于中国当前货币政策调控的现实困惑更需要探讨的是，中央银行调控的政策意图如何有效地传导并实现货币、信贷的预期调控目标，而不只是进一步的 GDP 等宏观经济目标。

一、传导机制非有效性的表象

1、央行八次降息

央行从 1996—2002 年的 7 年间，连续八次降息。除了个别年份外，其目的很清楚，通过降息适度放松货币、信贷的供应。但执行的结果，除第 8 次降息外，其他一些年份的货币、信贷不仅没有增长反而是下降，一些年份则表现很不规则。

2、三个时期分析

从中央银行的政策调控意图与实施结果看，我把从 1998 年到 2003 年分为三个时期进行分析。

1998—1999 年为货币适度扩张的时期。亚洲金融危机后，央行为了克服商业银行“惜贷”行为，采取了有力措施以放松银根。1998 年 3 月、7 月、12 月及 1999 年 6 月，在较短的一年多时间内进行 4 次降息；1998 年 5 月恢复公开市场操作，1998 年与 1999 年通过公开市场操作共投放了基础货币 2621 亿元；而且也是在 1998 与 1999 年 2 年内两次下调存款准备金率。1998 年由 13%下调至 8%，1999 年由 8%下调至 6%。但执行结果如何呢？与实体经济发展直接相关的贷款，2 年内平均同比增长了 11.9%，M2 平均同比增长 14.8%。2 年消费物价指数平均下降 1.1%。放松银根的政策意图不甚理想。

2000—2002 年 8 月，此时期的货币政策意图应该说仍是稳中偏松的时期。此时期通货紧缩的趋势进一步为社会各方所关注，所议论。进入 2000 年，尽管 M2 的同比增长率 12.3%，比 1999 年 14.7%下降幅度不大，下降 2.4 个百分点，但信贷的同比增长率却在 1999 年的 8.33%低水平增长基础上，进一步下降到 6.01%的水平，又下降了 2.32 个百分点，出现了亚洲金融危机后近 6 年的最低历史水平。在下降到最低历史水平之前未作出前瞻性的预调，但当 2001 年信贷出现逐步爬升时，2002 年年初又宣布第 8 次降息。尽管如此，从 2000 年到 2002 年 8 月，约 3 年内平均贷款同比增长率仍为 11.2%，比 1998—1999 年 2 年间的平均贷款同比增长率仍低了 0.7 个百分点。此间，消费物价指数为 0.6%。应该说通货紧缩的现象并未完全消失。

2002 年 9 月—2003 年 16 个月，此期间可以概括为通货适度紧缩的时期。即面对 2002 年 8 月开始的货币、信贷的增速加快，到 2003 年年中尽管遇到非典，货币信贷增长速度进一步加快。为此，央行频繁进行公开市场操作，意图予以收缩信贷。但货币、信贷的增长势头仍不减，迫不得已，央行在 8 月间宣布在 9 月间提高一个百分点存款准备金率。配上窗口指导及其他有力的行政性影响因素，第四季度货币、信贷增长势头得到控制。但从 2003 年全年看，货币、信贷的同比增长率出现了亚洲金融危机后的第一个高增长年份，而且也出现了多年未见的贷款增长速度高于货币增长的现象。

二、传导机制非有效性的原因

是什么因素影响了央行的政策意图屡屡不能有效地在银行体系中得到传导，不能有效地取得预期的政策效果？初步分析有以下 6 个因素。

1、外汇占款不断增多的压力

在目前的汇率制度下，随着我国外汇储备的不断增多，央行公开市场对冲操作的压力不断增强。当有时出现回收货币的速度抵不上外汇占款增加的速度时，自然会出现违背政策决策者的意图，货币政策呈扩张效应。此压力在近 2 年中表现得尤为突出。

2、国有商业银行现有盈利模式制约

众所周知，四大国有银行是我国银行体系的主体。但四家国有银行 2002 年营业收入中，利差收入占 83%(1566 亿元)，中间收入仅为 6.6%(124 亿元)。因此，特别是在过去几年中，当央行根据经济形势发展需要利用利率手段进行调控时，如果同时不同幅度地调整存贷款利率，缩小利差，将直接影响银行的经营，甚至是银行的安全。但如果存款利率不动，若欲收紧银根，不缩减基础货币投放，或缩减力度不够，仅提高贷款利率，据统计分析得到的结果：存款利率不变，贷款利率向均衡水平提高一个百分点（即提高贷款利率），贷款规模将增长三个百分点。即利差扩大，将刺激银行放大贷款，政策效应反而又减弱。

3、处理历史坏帐和体制转轨的压力

(1)再贷款压力。亚洲金融危机后，尽管我国坏帐形成的原因不一，我国也着手加紧处理金融机构坏帐，或直接关闭一批金融机构需处理一批坏帐。在缺乏存款保险机制条件下，为维持社会稳定，在合并、关闭一批信托投资公司、城乡信用社和个别城市商业银行过程中，在农信社试点改革需支付成本的过程中，不管当时金融调控松与紧的需要，不管当时基础货币处于吞或吐的特殊阶段，中央银行不得已通过增加再贷款予以解决。中央银行再贷款中的这部分贷款比重自 2000 年达 40%之多，到 2002 年达 50%。这笔贷款几乎难以收回。客观上造成了维护金融安全与货币调控间的矛盾，造成了只能加大央行一定时期内金融调控的压力，扭曲了央行的调控意图。

(2)商业银行不良贷款的压力。2003 年我们曾做的模型分析表明：中国不良贷款率下降 1 个百分点，将导致信贷增长 1.4 个百分点。当 2002 年前通货出现紧缩倾向时，恰遇是我国不良贷款率、不良贷款额处于最高的时期；而近一年多通货出现扩张，物价出现上升压力时，又恰遇不良贷款率、不良贷款额出现“双降”的时期。理应由于不良贷款的高低会直接影响商业银行实际信贷规模的增长，因此央行货币信贷调控目标的制定不得不考虑巨额不良贷款的水平。但长期以来这一状况并未引起人们的高度认识，即在制定货币信贷调控目标时，未能充分考虑巨额不良贷款的因素，客观上不会不对调控目标的实现打了折扣。

(3)邮政储蓄利率改革的影响。从2003年8月1日起，邮政储蓄新增存款转存央行部分，按利率1.89%计息，此前的转存款仍按现行的4.131%计息。

2003年7月31日，邮政储蓄存款8464亿元，转存央行8290亿元。到2004年1月，邮政储蓄存款高达9315亿元，转存央行8489亿元，释放基础货币652亿元。而此时正遇央行竭力抑制通货扩张的时期，因此生不逢时的邮储利率改革又形成一股抵消、影响央行宏观调控目标实现的势力因素。

4、总体流动性偏多

从走势看，不得不承认我国金融市场上的总体流动性偏多的现象。M2/GDP接近2倍，在世界上不管是发达国家还是不发达国家中都是不多见的。总体流动性偏多的现象，在通货紧缩时，此矛盾并不凸现。当遇通货扩张时，多年积累的过多的流动性会形成对央行宏观调控很大的压力因素。出现当前总体流动性偏多的现象不能归之于今年内央行宏观调控的失效，那是多年来货币运动的结果。究其原因：第一，是中国25年来计划经济向市场经济过度中，货币不断深化的结果。是体制的、历史的因素，有合理的部分。从自给自足的农户生产转化为大规模粮食出口，到目前成千上万亩土地买卖需要货币媒介，体制转轨中历史性地发生了货币需求的成倍扩张累积。

第二，不能不看到，在25年改革中，尽管我国经济结构不断处于调整中，但由于我国的改革是逐步推进的过程，经济结构的不合理，仍是经济发展中经常遇到的困惑。当央行调控意图需松货币时，"松"的货币未必能流到央行调控意图中的行业和企业，到央行调控意图需紧货币时，也未必能从央行调控意图中的行业和企业收回货币。这时总量与结构的矛盾，导致多少年来简单数量调控中在市场上积累了大量的多余流动性。如1998年到2001年4年中，处于惜贷"时期，央行实行的是较为扩张的货币政策，M2累计增长了74%，但信贷累计增长仅48.6%，就是典型一例。

5、商业银行超额储备的不平衡因素

在国外银行体系中这是不多见的现象：即中国不同类型银行中超额储备水平存在相当大的差异。股份制商业银行是我国银行类机构中公认的经营水平较高的一类银行。但恰恰在超额储备水平方面，此类银行又是最高的。究其原因，是清算支付系统效率问题？还是流动性管理水平问题？还是流动性的可获得性问题？需作进一步的实证研究。

一个简单的情况是，国有银行网点多，负债方长期储蓄是主体，而股份制银行网点少，负债方居民长期储蓄是非主体。不同的负债结构决定了不同的银行尽管在流动性管理水平上可趋同一，但在资产结构实际运用上，不得不残留下不同负债结构的痕迹。但不管什么原因，商业银行之间存在超额储备严重的不平衡因素，对于既肩负宏观调控又肩负整个金融体系安全的央行来说，在货币信贷调控上不能说不是一个制约因素。

6、金融市场欠发展

再间接一些的因素，是由于中国金融市场的欠发展，央行政策调控意图通过金融市场再传递到实体经济，其效果不甚明显。原因如下：

(1)一级市场的基本核准制，意味着并不是好企业能够如意上市融资，以提高整个社会资金要素市场配置的效率。二级市场价格不能灵敏反映企业的经营业绩，因此，市场上货币的多与少，其政策效应难以正确地传递到实体经济。

(2)短期债券利率与长期债券利率信号传递欠灵敏，甚至在二级市场上出现长期债券利率不高，短期债券利率不低的现象，扭曲了市场资金收益长短期趋势水平，直接扰乱了央行调控措施的实现。

(3)社会保障体制的不健全及居民可选择的金融资产较少，大量社会资金集聚于商业银行，既增大了央行近期的调控难度，又增大了央行远期的调控压力。

三、进一步努力的方向

1、中期政策

(1)必须加快金融改革。尽快解决部分机构多年积累的坏帐，培育央行能够松紧调控自如的敏感对象。加快银行业务创新改革，减少业务收入中的利差收入比例，提高利率调控的敏感度。改善清算支付体系，提高商业银行流动性管理水平。加快发展可交易金融工具品种(加大商业银行债券持有比重，尽快推行资产证券化)，从总体上增强债券市场对信贷市场的传递性。发展银行货币市场基金帐户，减轻银行的资本充足率压力，进而进一步推进存贷款利率的市场化进程。

(2)加快社会保障体制改革，解决居民收入预期减少的担忧，以增强货币政策传导机制中的财富效应。

(3)稳步、持续推进利率市场化(重点是存款利率市场化)，但同时必须发展利率套期业务，以减轻利率市场化后的商业银行利率风险压力。

(4)巧妙、逐步地抽回市场多年积累的多余流动性，以提高货币政策的敏感度。应该看到，这方面还是又余力可挖。2003年中国全部银行准备金、应收现金、同业往来三项占12.49%。而美国全部银行该项指标，1960年前为20%，20世纪90年代中期已下降为6%。

2、近期政策

按照市场原则，相机抉择，确确实实推进有管理的浮动汇率政策，以提高央行货币政策的自主性。配合政府其他部门的政策手段，继续贯彻适度从紧的货币政策。但必须处理好以下几点：

第一，要看到调控中部分行业和地区的调控重点与调控手段主要是总量、数量手段的局限性。

第二，差别存款准备金的出发点是积极的，但有限的实施范围使其作用相当有限，因此随着金融改革的深入，应择机决定差别存款准备金率的使用范围，以真正发挥其作用。

第三，逐步降低超额存款准备金率的利率，直至降到零，以提高央行调控的灵敏度。

第四，正确引导货币市场利率预期，使市场利率走势尽可能反映央行一段时间内的货币政策意图。因此短时间内公开市场操作不宜频繁交错使用政策意图相反的价格招标，扰乱金融机构的预期，最终影响了央行自身的调控政策目标。

第五，要进一步深入研究利率、汇率和准备金手段的各自利弊。在经济过热难以抑制、利率与准备金手段作用难以实施时，尽管应强调汇率的稳定性，但仍不能完全放弃在一定条件下汇率一定程度的调整的必要性和可能性。

(国务院发展研究中心金融研究所夏斌)

调控措施将改变行业利润增长格局

一季度全国工业企业利润延续了去年全年的较高增长势头，规模以上工业盈亏相抵后实现利润总额 2347.5 亿元，比上年同期增长 44.2%，增幅与去年全年基本相当（去年全年利润增幅为 42.7%）。在 39 个工业大类行业中，一季度有 22 个行业利润增幅高于去年全年水平，占行业大类总数的 56%。利润增幅提高的多数是上游行业，而下游行业利润增幅与去年相比普遍有所下降或增幅提高有限。

从分行业看，一季度利润增长格局发生了较大的变化，特别是考虑到今年 4 月份以来国家连续出台的宏观调控措施，对整体经济发展以及部分行业将产生较大影响，对今后工业经济走向以及工业企业利润的增长趋势判断，就成为当前各方面普遍关怅心的重要话题。

宏观调控尽管只是针对个别投资过热行业，但政策一旦实施对多数行业都将产 生一定影响，投资预期将发生变化。部分行业本身对调控政策不敏感，但只是影响程度不同而已。预计二季度全国工业利润增幅整体上会有所回落，但回落幅度不大。预计上半年全国规模以上工业实现利润 4900 亿元，比上年同期增长 35%。

一、一季度过半数行业利润增幅高于去年全年水平

在国家统计局监测统计的 39 个工业大类行业中，一季度有 22 个行业利润增幅高于去年全年水平，占行业大类总数的 56%。利润增幅提高的多数是上游行业，而下游行业利润增幅与去年相比普遍有所下降或增幅提高有限。利润增幅提高较大的行业主要有：铁矿开采，一季度利润增长 7.77 倍，而去年全年增长 1.77 倍，增幅提高整整 6 倍。建材业，一季度利润增长 2.8 倍，去年全年增长 85.1%；煤炭开采，利润增长 1.24倍，去年全年增长 62%；有色金属冶炼及压延加工，一季度利润增长 1.33 倍，去年全年增长 72.4%；农副食品加工，一季度利润增长 89.4%，去年全年增长 41.2%；木材加工，一季度利润增长 83.6%，去年全年增长 37.9%。以上几个行业一季度利润增幅基本上是去年全年利润增幅的一倍，利润增长势头强劲。

此外，某些行业虽然一季度利润提高幅度没有上述行业大，但利润总量大，绝对增幅高，对其他行业的影响很大，如钢铁行业，一季度实现利润总额 268.5 亿元，居石油开采业之后列工业各大行业第二位，同比增长 1.37 倍，比去年全年增幅提高 36 个百分点；石油加工业，一季度实现利润总额 81.6 亿元，列工业各大行业第八位，同比增长 2.13 倍，比去年全年增幅提高 38 个百分点。电力行业虽然利润增幅没有以上行业突出，但增长十分稳定，一季度电力行业实现利润总额 180.3 亿元，列工业各大行业第三位，同比增长 38.3%，比去年全年增幅提高 15 个百分点。通信设备、计算机及其他电子设备制造业自去年下半年以来利润增长出现加快迹象，一季度利润同比增长 48.2%，比去年全年增幅提高 22 个百分点。

一季度利润增幅超过去年全年水平的行业还有：化工行业，一季度利润增长 90%，增幅比去年全年提高 25.3 个百分点；非金属矿开采，利润增长 72.4%，增幅提高 13.5 个百分点；有色金属矿开采，利润增长 73%，增幅提高 6.6 个百分点；造纸业，利润增长 30.6%，增幅提高 11.3 个百分点；印刷业，利润增长 33.7%，增幅提高 8.7 个百分点；专用设备制造业，利润增长 66.6%，增幅提高 13.6 个百分点；电气机械及器材制造业，利润增长 46.6%，增幅提高 18.1 个百分点。

受国际原油价格影响，石油开采业是少数一季度利润增幅比去年下降的上游行业之一，一季度石油开采业实现利润总额 356 亿元，同比下降 2.6%，而去年全年增长 35.5%，反差明显。

多数下游行业一季度利润增幅低于去年全年水平，其中，部分行业受到上游行业价格上涨的影响，利润增长势头减缓。如食品制造业，一季度利润增长 11.3%，增幅比去年全年回落 28 个百分点；饮料制造业，利润增长 22.9%，增幅回落 1.7 个百分点；烟草制造业，利润增长 19.7%，增幅回落 9.5 个百分点；化纤制造业，利润增长 42.4%，增幅回落 23.7 个百分点；橡胶制品业，利润增长 24.4%，增幅回落 23.1 个百分点；金属制品业，利润增长 34.5%，增幅回落 3.7 个百分点。另一部分行业受出口退税率下调等因素影响，利润增势受阻，如纺织业，一季度利润增长 16.6%，增幅比去年全年回落 12.1 个百分点；纺织服装、鞋、帽制造业，利润增长 11.5%，增幅回落 11.8 个百分点；皮革、毛皮、羽毛（绒）及其制品业，利润增长 12.8%，增幅回落 25.4 个百分点。还有一部分行业受上游行业价格上涨和出厂价格下降双重因素影响，利润增长形势严峻，如交通运输设备制造业（含汽车制造），一季度利润增长 15.5%，增幅比去年全年回落 35.3 个百分点；仪器仪表及文化、办公用机械制造业，利润增长 4.9%，增幅回落 38.2 个百分点；医药制造业，利润增长 16.3%，增幅回落 9.6 个百分点。

二、一季度各细分行业利润增长趋势

1、一季度工业利润增幅提高主要受六大行业拉动

一季度全国规模以上工业企业利润增幅比 1—2 月份提高 5.9 个百分点，这与去年下半年以来工业利润增幅逐月回落的状况形成了反差，一季度工业利润能够在 1—2 月份较高增长水平上再上一个台阶主要受铁矿开采、钢铁、有色金属、电力、电子、农副食品加工等六大行业拉动，一季度铁矿开采利润增幅由 1—2 月份的 6.73 倍提高到一季度的 7.77 倍，钢铁由 1.22 倍提高到 1.37 倍，有色金属由 1.11 倍提高到 1.33 倍，电力由 25.5% 提高到 38.3%，电子由 22% 提高到 48.2%，农副食品加工由 72.9% 提高到 89.4%。另外，交通运输设备制造业由于 1—2 月份利润增幅下降幅度过大，一季度又有所提升，利润增幅由 1—2 月份的 6.7% 提高到一季度的 15.5%，其中，汽车制造业由 5.2% 提高到 14.6%。

一季度电力生产中，火电占 87.5%，但火电利润却占 91.8%，整个电力行业利润的增长仍主要取决于火电企业；水电企业受来水量影响，利润极不稳定，一季度主要是三峡电力利润大增，扣除该企业，整个水电行业处于净亏损状态；核电行业一季度利润则基本上没有增长。有色金属行业中铝冶炼（含氧化铝、电解铝）一季度利润占整个有色金属行业的 40%，增长 103%，增幅比 1—2 月份还提高了 20 个百分点；铜冶炼由于上年同期基数很低，一季度利润增长了 14 倍。电子行业整体显露出利润增长上的复苏迹象，但各子行业差异较大，表现最突出的是通信设备制造，已由前两年利润持续下降转为今年以来的大幅增长，该行业去年全年利润下降 1.5%，今年 1—2 月份同比增长 33.5%，一季度利润增幅则急剧上升到 103%，显示出利润增长的加速态势非常明显；电子器件和电子元件制造一季度利润分别增长 101% 和 68%，增幅较去年都继续提高；电子计算机制造和家用视听设备制造利润增势受阻，一季度电子计算机制造利润下降 27%，而去年全年则增长 30%，这主要是受计算机整机制造利润下降

55%影响，计算机网络设备制造利润则增长了75%，计算机外部设备利润增长3%；家用视听设备制造利润去年全年增长33%，而一季度则近乎零增长。交通运输设备制造业利润增长呈明显下滑态势，一季度汽车整车制造利润同比仅增长12.4%，虽比1—2月份的3%有所恢复，但与去年全年58.6%的增长已不可同日而语；摩托车制造一季度利润增长93%，但与1—2月份和去年全年相比都有明显回落；铁路运输设备制造一季度净亏损，且亏损额继续加大。

2、三大行业一季度利润增长高位回落

石油加工、化工、建材三大行业均为一季度利润高增长行业，但与1—2月份相比，增长幅度已出现高位回落的明显迹象。石油加工业利润增长由1—2月份的305%快速回落到一季度213%，3月份新增利润仅占1—2月份的34%，这与原油价格的居高不下有直接的关系，但炼焦子行业受焦炭需求居高不下的刺激，一季度利润仍增长2.6倍，增幅没有下降。化工行业一季度利润增长90%，增幅比1—2月份回落了17个百分点，这主要受化肥等农资产品提价受限、成本上升等因素影响，合成材料等子行业利润增幅则继续提高。建材行业利润增幅很高，但波动也较大，一季度建材行业利润同比增长2.8倍，而1—2月份则增长4.7倍，增幅回落了近一半；其中，玻璃及玻璃制品、砖瓦石材等子行业利润增幅有不同程度地回落，但占建材行业利润近半的水泥制造利润增幅却继续提高，一季度水泥制造实现利润30亿元(去年同期是净亏损)，利润总额和新增利润都接近1—2月份的一倍，考虑到市场水泥价格去年9月份才由降转升，水泥制造利润的超常增长有基数较低的因素。

3、轻纺行业利润普遍增幅较低，部分下游行业受原材料成本上升影响增幅回落

一季度食品制造、饮料、烟草、纺织、服装、皮革、文教体育用品等轻纺行业利润增幅普遍较低，与上年同期相比，一季度利润增幅分别为11.3%、22.9%、19.7%、16.6%、11.5%、12.8、13.3%，利润增幅多数都低于销售收入增幅，处于增产不增收的状况。这些行业普遍市场竞争激烈，价格上涨难度大，而成本却普遍上升，纺织、服装等行业还由于受出口退税率下调影响，利润受到较大影响。食品制造各子行业利润增长乏善可陈，液体乳及乳制品制造一季度实现利润8亿元，同比仅增长10.8%，增幅远低于1—2月份和去年水平；焙烤食品制造、方便食品制造、罐头制造等子行业利润下降；一季度营养、保健食品制造利润增长稍高，达40%，但利润总额仅1.5亿元，对整个食品制造行业影响不大。饮料制造业中，一季度啤酒制造由去年同期亏损转为盈利2亿元，黄酒利润增长68%，瓶(罐)装饮用水制造利润增长57%，果菜汁及果菜汁饮料制造利润增长73%；而白酒、葡萄酒、传统碳酸饮料、固体饮料、茶饮料等利润增幅都在15%以下，均处于较低水平。化纤制造业一季度利润同比增长42.4%，但与1—2月份和去年相比都呈回落态势。

通用设备制造业和专用设备制造业一季度利润同比分别增长57.7%和66.6%，增幅不低，但与1—2月份相比分别回落了5.9和6.8个百分点，其中，金属加工机械、起重设备制造等子行业利润增幅有所回落；但船舶、电站等用内燃机、汽轮机子行业利润增幅继续提高，一季度增幅都在50%以上。一季度建筑工程用机械制造利润同比增长69%，而1—2月份增幅为131%，回落幅度明显，且一季度实现利润总额10.5亿元，为去年全年的四分之一，显示出工程机械行业利润绝对额的增长较为有限。电气机械及器材制造业利润增长相对较为稳定，一季度利润同比增长46.6%，与1—2月份增幅相比回落幅度较小，其中，受电力投资需求拉动的子行业普遍盈利增势良好，如发电机及发电机组制造由去年同期亏损转为盈利1.5亿元，输配电及控制设备制造利润增长58.9%，电线电缆制造利润增长46.5%，电池制造利润增长68%。此外，白色家电业一季度利润增长了32.6%，好于去年水平，但较1—2月份仍有所回落，家用空调器行业表现较好，尽管空调价格继续下降，但依靠产销量增长30%以上，利润增长60%，在如此激烈的竞争格局下实现利润的大幅增长，难能可贵。

三、上半年全国工业及主要行业利润增长趋势判断

今年以来，全国工业利润总体上保持了稳定增长势头，但行业分化局面更加明显，如去年全年利润增幅超过100%的大类行业有3个，今年一季度则增加到7个，而去年全年利润增幅低于50%的24个大类行业中，有13个行业今年一季度利润增幅下降，这说明当前行业利润增长"强者恒强"的特征比较突出。由于今年4月份以来国家连续出台多项宏观调控措施，对部分行业乃至整体经济发展都将产生一定影响，行业增长的趋势或力度可能会发生相应的变化。

1、石油开采业——受国际原油价格直接影响

我国天然原油受储量限制，近年来产量一直保持在1%—2%的超低增长水平，不足部分只能依赖进口。因此，国际市场原油价格对国内油价的影响越来越大，从2000年开始，国内油价就已基本上与国际市场原油价格接轨。今年一季度，我国天然原油产量同比仅增长2.4%，石油开采业的利润几乎完全取决于原油价格涨跌。去年3月份，由于伊拉克战争的影响，国际市场原油价格一度逼近40美元/桶，由此形成了去年全年的油价制高点。以国内有代表性的大庆现货原油价格为例，去年一季度大庆原油平均价格为31.73美元/桶，为去年四个季度的最高价格；今年一季度，大庆原油平均价格为30.84美元/桶，平均下降2.8%，在这种情况下，一季度国内石油开采业利润同比下降了2.7%。进一步观察去年原油价格走势可以看出，二、三季度原油价格持续走低，大庆原油去年二、三季度平均价格分别为28.43美元/桶和27.53美元/桶，四季度回升到30.50美元/桶。而近期国际市场原油价格大幅飙升，最高突破了41美元/桶，且上涨的势头仍未停止。如果国际原油价格保持目前的水平，那么二季度国内油价同比将上升10%以上。因此，我们认为二季度国内石油开采业利润将出现大幅回升走势，二季度石油开采业利润同比将增长20%左右，上半年累计增长约8%。目前，石油开采业利润占整个工业利润的15%，地位举足轻重，将给全国工业利润增幅贡献2—3个百分点。

2、钢铁行业——宏观调控预期强烈

钢铁行业对我国经济的影响越来越大，作为大宗原材料和中间需求，钢铁行业上游需要大量的铁矿石、废钢、焦炭等原料和15%的工业用电，下游面向房地产业(用钢量占55%)、汽车制造业(用钢量占5%)、机械工业(用钢量占13%)以及钢铁工业自身需求和其他产业用钢。今年4月份以来，国家出台多项宏观措施严控钢铁、水泥、电解铝等行业投资，近期政策又波及到房地产业等其他行业。钢铁投资项目资本金比例提高到40%，而且钢铁项目从严审批，贷款从严掌控，这些将极大地制约钢铁企业新项目的上马，在建项目特别是初建项目将受到较大影响。预计未来两年钢铁行业新增生产能力大幅上升的势头将明显受阻。从钢材需求看，钢材半数以上投向了房地产业，而钢铁企业自身投资所需钢材比重不是很大(不到10%)，严控钢铁业的投资并不会立即对钢材需求产生大的影响。作为钢材需求最大的房地产业，由于将资本金比例提高到35%，如果再配合加息，对资金需求巨大的房地产业的冲击会比较大，预计首先受到冲击的将是资金实力不足的中小房地产商。另外，如果房地产业的需求下降，对钢铁行业的影响主要是建筑用钢，如线材和螺纹钢，会导致这些钢材的价格下降。

目前，线材和螺纹钢价格已连续六周走低，并拖累了其他钢材的价格走势，这并非是由于建筑用钢需求已直接发生变化，而是由于市场在宏观调控的强烈预期下所进行的自发性预调节，预计近期钢材价格将出现回稳，不太可能出现1993年以后持续下降的走势，原因是当年铁矿石等原料价格并未暴涨，国际市场钢材价格不高，国内钢材价格单兵冒进必然暴跌；而目前铁矿石、焦炭等原料价格涨幅超过钢材价格，且国际市场钢材价格高于国内价格，呈倒挂现象，国内钢材价格属于成本推进和需求拉动双重因素作用。另外，去年4、5月间钢材价格也出现过一次正常的调整。从投资特点上看，项目一旦开工除非采用"硬着陆"方式，否则就具有难以调整的刚性。因此，钢材实际需求近期出现大幅萎缩的可能性不大。从钢铁行业情况看，5月下旬和6月份钢材价格将出现探底回升走势，但各企业出现分化再所难免，板材类企业和有新项目投产的企业利润将继续保持稳步增长，预计二季度钢铁行业利润增势将受到一定制约，但利润总额仍将超过一季度的268亿元，达到550亿元，同比增长80%左右。

3、水泥制造业——受投资影响大

水泥主要用于房地产业和基础设施建设，受投资影响较大。水泥制造业一季度实现利润30.5亿元，而去年同期全行业亏损0.5亿元。水泥价格自去年9月份以后才由降转升，3月份水泥价格仅比去年同期高4%－5%，本身不具有多少下降空间，水泥制造业利润的大幅增长有去年基数较低的原因，目前仅属于恢复性质。另一方面，水泥制造业利润增加较多也与水泥产销增长较快有关，一季度全国水泥产销增幅在23%左右，是近年来的较高水平。因此，水泥制造业二季度的利润状况将直接取决于投资情况的好坏，从投资数据看，一季度投资增幅已经比头两个月回落不少，在宏观调控下，预计二季度投资增幅还将有一个较大的回落。再考虑到去年二季度以后水泥制造业利润快速回升的情况，预计二季度水泥制造业的利润增幅将有明显回落，回落幅度将超过钢铁行业，上半年水泥制造业利润将达到65亿元，同比增长2.5倍。

4、有色金属冶炼及压延加工——受国际市场和宏观调控双重制约

有色金属特别是电解铝受到国家宏观调控政策的一再关注，近期在宏观调控政策持续打压下，国际国内铜铝期货持续暴跌，其中，已在某种程度上表现出对调控政策预期的过度反应。高盛在5月中旬发布的研究报告中指出，"近期对中国经济放缓的担忧，已令基本金属价格过度下跌，且供给量缩减，因此，其价格将在未来数月中反弹。"由于铝冶炼（含氧化铝、电解铝）利润占有色金属行业的40%，铝铜合计则占一半，因此，虽然从生产上看，一季度十种有色金属产量增长了20%以上，但铜铝价格的过度下跌还是会对二季度有色金属行业的利润产生负面影响，预计二季度有色金属行业利润增幅将会有一个比较明显的回落，三季度有所回升。预计上半年有色金属行业实现利润110亿元，同比增长65%。

5、其他行业——影响程度与行业地位相关

汽车行业受宏观调控影响有限，其市场运行主要受行业自身发展规律影响，行业投资以外资和企业自筹资金为主，对贷款依赖程度不高，且投资的高峰即将过去，需求主要受市场制约。政策对需求有一定影响的是汽车信贷消费收缩，但目前信贷购车比例仅为20%，影响有限。汽车价格一直处于下降之中，与宏观调控关系不大。由于年初汽车制造业利润滑坡较严重，二季度不会产生更负面的变化。预计上半年汽车制造业利润340亿元，同比增长18%。

目前煤炭、电力行业总体上处于超负荷运转状态，火电设备年利用小时大幅上升，宏观调控将在一定程度上缓解高耗能企业对能源的需求，由于价格的刚性，煤炭、电力行业的利润近期基本上不受宏观调控的影响，但下半年或明年初将有所显现。预计煤炭行业上半年利润为115亿元，同比增长100%；电力行业上半年利润365亿元，同比增长25%。（国家统计局高级统计师江源）

保荐制下投资银行的转型与发展

2004年2月1日，《证券发行上市保荐制度暂行办法》（以下简称"《办法》"）正式施行。作为继审批制、核准制之后的又一项重大创新，保荐制无疑会给我国投行业带来深刻的变化。在这种全新的制度安排下，投行业唯有全面深刻地理解保荐制的内涵和外延，切实有力地推动业务转型，才能适应新制度的要求，并取得长足的发展。

一、保荐制是柄"双刃剑"

与国外以及香港证券市场实行的保荐制相比，《办法》充分考量了我国证券发行制度在政策环境、法治基础、历史演进等具体情况，在规则的细致性和严格性上可谓有过之而无不及。但是，从另一个角度看，保荐制也为我国投行业优化结构、做大做强提供了大好机遇。

第一，在保荐制下，市场信誉已经不是简单的道德准则，而是参与竞争的有力武器。

保荐制要求券商从项目培育、发行上市以至上市后一段时期内为企业提供全流程的服务，与发行人"亲密"接触时间在三年以上。在如此长的时期内，保荐人的执业质量得以全面反映，而市场可以由此形成对其工作态度、工作能力的判断。发行人作为保荐人的"产品"，如果出现虚假信息披露、业绩非正常下滑等问题，保荐人不仅在这一个项目上难辞其咎，而且必然对今后的业务开展造成困难。

第二，保荐制有利于建立优胜劣汰的行业发展机制。

保荐制的一个重大突破是扫除了行政干预因素，为投行提供了公平竞争的平台。投行获得项目的多少、收费的高低完全取决于执业的质量，包括服务的个性化、服务的深度、服务的附加值等因素。可以预见，那些内部机制灵活的券商将能够抓住发展的机遇，而那些机制僵化、信誉不佳的投行很可能面临无米下锅的命运。

第三，保荐制为投行开展咨询顾问业务创造了条件。

在保荐制条件下，保荐承销业务仍然依赖于证券市场的状态。如果券商认为可以无节制地加快发行速度，无疑是一种错误的看法。但是，保荐制要求投行在企业上市之前以及保荐期内上市公司的规范运作，而发行人对于资本市场和证券法规往往并不了解，这在客观上就为券商担任其财务顾问提供了排他性条件，因此是券商进行深度挖掘的大好机遇。

从欧美、香港等证券市场看，如果市场活跃则保荐和承销业务踊跃，反之则反是。以美国为例，随着2000年中期以后股指连续大幅下挫，2001年IPO公司数下跌到97家，2002年只有86家。这种波动也反映在美林、高盛等投行巨头上，两者 2002 年的承销收入分别比 2000 年下降了 37% 和 52%。但是，投行总收入却没有发生很大改变，原因是其咨询服务收入走出了稳中有升的“独立行情”，占了投行总收入的半壁江山。同时，以高智能为基本特征的咨询服务附加值高，平均利润率高达 30%，而证券发行业务利润率已经连续下降，目前不足 20%。由于咨询业务能有效屏蔽外部市场的波动，国外常常称其为“温室业务”，而具有强大的咨询能力也是投行创新意识的体现，是投行走向成熟的标志。

二、投行应对保荐制的举措

券商应当在深刻领会保荐制的精神实质，认真分析自身的优势和劣势，积极采取相应的对策，化适应性的被动调整为战略性的主动转型，形成新形势下的核心竞争力。

1、确立科学的推荐标准，形成与保荐对象的激励相容关系，降低执业的风险。

在保荐制下，券商要为发行人由于信息披露的虚假、误导和遗漏而给投资者造成的损失承担赔偿责任，这是一种无过错性的法定担保责任。即使券商虽然主观无过错，也应为上市公司的违反法定义务的行为承担赔偿责任。由此可见，券商由推荐制下的“介绍人”转变为保荐制下的“监护人”，一旦保荐对象“出事”，券商的损失比推荐制下大得多。

从海外券商的经验看，评判发行人的素质不能只依赖于保荐人代表的个人判断，而应建立一套包括企业的市场地位、业务前景、经营策略、管理素质以及公司治理等多方面指标的综合考察体系，根据这套指标体系进行筛选评判，防止过多的人为因素，确保企业质量的可靠性、优质性和成长性。同时，保荐人要积极开展深层次的咨询服务，参与发行人的业务重组、公司治理、战略规划等工作，帮助其改善经营业绩。这既有利于投行培育新的利润增长点，也有利于克服保荐风险，是一种激励相容的正反馈关系。

2、建立行业分工的组织结构，处理好业务广度与深度的关系，注重形成自身的特色。

在保荐制下，企业的行业属性、质地和发展前景成为能否成功上市的关键，在客观上需要投行对发行人进行“深加工”。因此，按照行业进行重新分工成为投行优化组织结构的必然趋势。这种分工方式不仅便于收集行业信息，从上而下地了解企业的行业地位，更好地满足客户对较高专业技术含量服务的要求，而且有助于券商在特定行业中形成竞争优势，建立投行品牌。如高盛公司在电信、媒体和娱乐、高科技、能源和电力以及保健领域的实力无人匹敌；所罗门美邦在债券承销和医疗行业的建树闻名于世；比尔·斯蒂恩斯则是国防工业、垃圾债券、零售、传媒和电信等行业的明星；而并购咨询和债券业务无疑是莱曼兄弟公司的发动机。即使是以经纪业务见长的普天寿证券也在“中间市场”一多数大投行不屑一顾的小公司一找到了突破口。

3、转变行为方式，树立“质量第一”的观念，实现长期的可持续发展。

在指导思想上，要由原先的帮助发行人制造“概念”转变为准确、客观的陈述，要“优势说够、风险说透”，既把发行人的优势充分表现出来，也要把其的风险因素充分揭示出来。不能为了满足被保荐人的意志或迎合市场的需求而虚构“故事”，为自己“埋地雷”，作茧自缚。如百富勤在承担金蝶软件香港上市的项目中，一共披露了 38 个风险因素。其中关于公司业务的风险披露了 26 个，关于行业风险因素有 9 个，关于中国的风险因素有 2 个，关于股份承销政策的风险因素有 1 个。

4、建立合理的产权机制，消除道德风险，形成科学完善的人才储备。

《办法》对保荐人代表的责任提出了若干要求，但实际工作中往往难以清晰地认定，或认定的成本过高而不可行；同时，从保荐人代表考试的资格看，主要是对于工作经历进行了规定，而对诚信表现则没有具体要求，所以保荐人代表的道德风险尤其要引起重视。投行应在《办法》的指引下，对保荐人代表的权利、责任、利益进行明确的规定。为此，可以探索实行有限合伙制的产权制度，把保荐人代表的利益与公司捆绑在一起。

由于《办法》对保荐代表人的资格要求较高，因此，保荐人代表将是今后市场上的稀缺资源。大量券商只有两三个人通过考试更加剧了这种局面。除引进人才外，还必须着眼于内部，培育合格人才梯队。如果人才外流或断档，无疑会增加券商的成本和风险，因此券商应通过产权机制增强业务人员的稳定性。三、投行转型还需外部环境助力。保荐制远不只是一项制度的演进，而是全局的系统性变革，是一项系统工程。根据入世协定，外资券商将在五年之后获得国民待遇，届时将对中国投行业形成严峻的挑战。

1、在立法与执法上，要形成对发行人及其高管人员的硬约束。保荐制是一种强化中介机构对发行人进行“他律”的制度，但实施的效果主要取决于发行人的“自律”。如果发行人缺乏自我约束，仍旧会出现业绩造假或变脸的情况，香港创业板市场已经暴露了这个问题。在英美法系国家，上市公司面对的是股东集体诉讼制度和辩方举证制度。一旦被确认有罪或过失，公司及其高管人员以及有关中介机构将面临巨额的经济惩罚甚至刑事责任。但我国的法律环境不完善，《刑法》、《公司法》和《证券法》对未能勤勉尽责的高级管理人员没有有效的处罚措施。即使有法可依，在很多情况下执行和实施的难度也非常大，惩处力度也不足以起到震慑作用。

此外，发行监管部门也常常受到外部力量的干扰，如中信证券、中科合臣、南方航空次新股都在上市不久就变脸。如果不能摆脱这种外部干扰，保荐人的责任也就难以追究。

2、管理层仍应对市场进行调控，但不应继续控制发行价格。按照财务学的一般理论，发行股票是成本最高因而也是企业最后考虑的融资方式。但我国实际情况远非如此，大量企业视股权融资为软约束，因此普遍存在制度性的“融资饥渴症”，企业存在着极大的上市冲动。而证券市场的稳定发展客观上需要供求关系相对平衡，因此管理层必须对市场的承受力有一个科学的测度，在相当长的时期内仍有必要关注发行节奏。否则，就很可能一哄而上，导致市场暴跌。但另一方面，如果发行的定价权仍然掌握在管理层手中，不同资质的企业都以同样的市盈率发行股票根本体现不出投资银行的价值，保荐人在帮助企业改善业绩方面就缺乏根本的积极性。因此，如果仍然沿袭这种制度，券商的差异只表现为“诚信”的差异，而不能体现出“能力”的差异。从国际大型投行的竞争力看，诚信只是最基本的要求，而强大的客户网络、证券配售能力、研究开发水平、完善的服务功能才是在竞争中胜出的法宝。

3、推进投行的产权改革，形成严格的自我约束机制。近年来，随着很多上市公司问题的曝光，投行诚信缺失的问题突出地暴露出来。究其原因，既有风险控制技术层面的问题，更有深层次的矛盾，主要是风险收益不对称导致的约束机制没有形成。在券商以国有产权为主的情况下，公司高管人员和业务人员往往是负盈不负亏，自然倾向于违规和冒险，出现问题后司法部门往往难以真正查处。因此，如果不同步解决这个问题，企业在券商的帮助下伪装上市就难以避免。

4、在保荐制下，建立综合性的全面监管体系势在必然。从一定程度上说，与通道制相比，保荐制对监管部门发现问题和查处问题的及时性与准确性提出了更高的要求。从发达市场的经验看，高效的监管体系由政府监管、中介机构内部控制、行业自律、新闻媒体监管等多个层次组成。但目前我国证券市场这几个层次都存在缺陷和不足，特别是行业自律不够完善，政府监管也往往滞后，证券监管人员的业务素质和执业经验不足，对证券市场的内在规律认识不够，越位和缺位的问题同时存在。（吴士君）

发展货币市场基金　强化利率传导效应

■我国居民储蓄增长迅速，显示一般类货币市场基金的潜在市场空间巨大。由于货币市场基金具有薄利低风险的特点，其规模设计也必然与薄利多销策略衔接才能获得足够的利润，即货币市场基金需要有一定的规模才能取得收益，因此面向广大居民储蓄的一般类基金是最有规模潜力的。

■发展货币市场基金对商业银行有诸多有利影响。一是商业银行代理发售货币市场基金可以增加商业银行中间业务收入；二是为商业银行开发金融创新如支票便利等提供机会；三是为商业银行进行混业经营提供可能的空间；四是增加货币市场资金来源，给资金融入方如中小商业银行提供更多的融资渠道。

■货币市场基金增加了市场资金供应主体，并充分利用货币市场的套利机会，进一步联通银行间市场和交易所债券市场之间的资金流动和利率走势。货币市场基金有很强的利用市场信息和中央银行政策取向的动机，这有利于提高货币市场的流动性，提高市场效率。而市场效率的提高，也将有利于货币市场形成合理的利率风险结构。

■发展货币市场基金对货币政策调控目标、调控方式和货币政策传导都有较大的影响。从货币政策调控目标角度来看，在我国目前以数量调控目标为主的情况下，货币市场基金改变了货币供应量的范围和结构，对货币政策数量目标设计会有影响。从调控效应来看，发展货币市场基金有利于提高货币政策调控的有效性。从调控方式来看，发展货币市场基金有利于促进货币政策调控从数量调控向价格调控转变。

近来，人们对央行频繁调整存款准备金率调节货币供应颇有议论，而股市、债市的反应更是引人关注。其实，央行在利用货币政策工具对资金供给进行微调时，还可以通过推出一些金融创新措施来吐纳社会资金，影响其流向与流量，比如建立货币市场基金就是一种有效的办法。自1997年我国银行间市场开始迅速发展以来，关于建立货币市场基金的呼声就不断出现。而2003年底以来，数只现金增值、增利基金在关于货币市场基金的讨论热潮中发行，尽管它们没有以货币市场基金冠名，但是其投资范围的设定显示其就是货币市场基金的一类，而每只基金40亿元至80亿元的发行金额，也初步显现了货币市场基金吸收大量资金、进行规模运作的特征。本文对发展我国货币市场基金及其货币市场基金的增长前景、种类设计，对货币市场运行和商业银行经营的影响，以及与宏观经济金融环境和货币政策调控的关系、市场监管等问题进行了细致的探讨。

一、发展货币市场基金的经济环境

在我国，货币市场基金作为一种新的金融产品，目前的经济金融环境存在很多对其发展有利的因素：

1、当前的宏观经济形势有利于增强货币市场基金的吸引力。2003年以来的宏观经济形势发生了很大的变化，消费物价上涨幅度已经远远超过了储蓄存款利率1.98%（扣掉利息税后为1.58%）。居民储蓄因此面临很大压力需要转移出去获得较高收益，如购买货币市场基金等其他金融产品。

2、金融市场资产种类少的状况为货币市场基金发展提供较大空间。随着经济增长，我国居民储蓄增长迅速，但是金融市场工具种类非常有限。这种状况既不利于金融机构进行资产负债管理，也不利于居民高效率地安排储蓄和投资，但却是为货币市场基金等产品的发展留下了较大的空间。

3、居民对低风险且有相对较高收益的投资工具的需求很大。在金融资产种类有限的情况下，股票市场成了居民试图获得较高投资回报的主要场所。由于我国股票市场价格波动过大，居民希望获得比银行存款利息高但比股市风险低的投资机会，货币市场基金在一定程度上满足了这样的需求。

4、货币市场资金供求现状表明需要有新类型的资金供应方进入市场。1997年以来，我国货币市场交易量增长迅速，但是银行间市场在一定程度上存在单边性，国有独资商业银行成为市场资金供应的绝对主力，不利于市场充分竞争，从而也不利于市场有效率地运行。而货币市场基金的发展将会增加市场资金供应，有利于改变市场单边性的状况，会受到资金需求机构的欢迎。

当然，经济金融环境将来的变化会对货币市场基金的发展、运作产生不同的影响，对此应予以关注。

二、我国货币市场基金的种类设计

货币市场基金从不同的角度可以有不同的分类。从基金发行的对象来分，货币市场基金有一般类（机构和个人投资者都可以购买）和机构类（只向机构投资者发售）两类。无论是一般类还是机构类货币市场基金，多数都有最低投资要求，在美国是从500美元到5万美元不等，但是一般类的最低投资金额要求小于机构类的。

从基金的发行者来分类，货币市场基金可以主要分为金融投资公司发行和商业银行发行两大类。金融投资公司发行货币市场基金是比较普遍的。商业银行从事货币市场基金业务的种类较多：一是通过设立投资公司来发行和管理货币市场基金，这种模式在德国比较普遍；二是由商业银行信托部门设立货币市场基金。在美国1970年代末，一些大的银行信托部门设立短期投资基金进行货币市场投资；三是商业银行设立货币市场存款帐户，于1982年在美国出现，商业银行通过设立该帐户吸收公众资金，并向开户者支付相当于货币市场基金收益的利率。

另外，从投资的金融资产特征来看，货币市场基金也可以因投资组合策略不同而分成不同的类别。有的分散投资于国库券、政府机构债券、商业票据、存单，有的将投资局限于一类债券，如国债。货币市场基金的投资组合可能由于投资债券的种类不同，也可能由于投资各种债券的比例不同，也有在其他方面，如投资领域、费率、收益率、赎回方式等有所区别。

设计我国货币市场基金种类，应该考虑以下一些因素：

一是操作成本。机构类货币市场基金的操作成本相对较低，主要是因为其最低开户金额较高，购买者不像一般类的那样分散，而主要是针对企业和机构客户进行流动性管理和理财运作的金融产品。

二是规模。我国居民储蓄增长迅速，显示一般类货币市场基金的潜在市场空间巨大。由于货币市场基金的薄利低风险的定位，其规模设计也必然与薄利多销策略衔接才能够获得足够的利润，即货币市场基金需要一定规模才能取得收益，而面向广大居民储蓄的一般类基金是最有规模潜力的。

三是现有金融法规限定。我国实行金融业分业经营的法律规定(但是新的《商业银行法》对发展混业经营留有余地)，由商业银行通过内设部门发行和管理货币市场基金、或者设立货币市场存款帐户的作法近期看来不太现实，但是商业银行设立独立法人资格的货币市场基金管理公司是可以探讨的，这有利于发挥商业银行机构网点多、货币市场经营经验丰富的优势。

四是货币市场发展现状。由于我国货币市场工具种类较少，货币市场基金可选择的投资策略非常有限。而一定时期内，为丰富投资组合，发展“准货币市场基金”，即将基金投资于货币市场和中期债券市场等的策略也是可以考虑的。

三、我国货币市场基金的增长前景

我国货币市场基金的增长前景，除了受经济金融环境的影响，主要还取决于货币市场发展、货币市场基金收益和风险管理、以及利率市场化进程等因素。

货币市场是金融机构进行流动性管理、短期投资和风险管理功能的场所，货币市场基金增长以货币市场发展为基础。目前我国货币市场工具种类较少，融资性商业票据、银行存单等产品还没有出现，货币市场工具的开发和丰富情况将对我国货币市场基金增长与发展有较大影响。

风险较小是货币市场基金区别与其他证券投资基金的重要特征之一，但是货币市场基金也是有风险的，对利率风险、信用风险以及流动性风险的管理控制成功与否会直接影响到货币市场基金成长和发展状况。

货币市场基金的重要吸引力就是提供比较稳定而又比银行存款利息高的收益。目前对银行储蓄存款征收利息税的制度一定程度上给货币市场基金提供了盈利空间。以 1 年期存款为例，商业银行利息成本为 1.98%，而储蓄存款人收益时为 1.58%，货币市场基金的收益空间大约是(1.58%，货币市场利率)。在以商业银行为主导的货币市场上，1 年期市场利率是高于同期银行存款利率的(7 天回购利率的底线也会大于超额准备金存款利率 1.62%)，所以货币市场基金存在盈利空间。这只是静态的简单比较。货币市场基金收益取决于市场空间、市场变化、基金管理人运作等多种因素，货币市场基金收益与其他金融产品收益的比较是影响货币市场基金增长的主要因素。

四、发展货币市场基金对商业银行业务经营的影响

发展货币市场基金对商业银行业务经营有多方面的影响。

第一，货币市场基金会分流一部分银行存款。货币市场基金作为一种金融产品，从安全性、流动性、收益性特征来看，最容易替代的就是银行存款，货币市场基金会从银行分流出存款。理论上，货币市场基金可能从地方银行机构抽出资金，并且这些资金不会再回流到当地，而是流向大银行和大公司，因为货币市场基金会投资于大银行的存单或者大公司的票据。

货币市场基金发展还可能改变商业银行的负债结构。存在银行存单的情况下，当货币市场基金扩张时，银行存款很可能会被存单代替。美国 1960 年代中期，存款折帐户是最常用的个人储蓄工具，而到了 1970 年底，储蓄信贷协会 60%以上的储蓄为存单，这些存单利率不一，但是都高于存款折帐户的利率。

从我国实际情况看，货币市场基金分流部分银行存款将是不可避免的，这一定程度上有利于缓解商业银行资金运作的压力，有利于商业银行控制贷款增长速度，满足资本充足要求，减少银行因经营范围狭窄而积累的风险，是改变金融资产结构、促进金融市场发展、提高企业和居民财务管理的好现象。

但是需要关注的是，从吸收资金的角度来看，商业银行和货币市场基金的竞争并不很公平。如前所述，居民储蓄存款利息要上缴 20%的利息税，而货币市场基金的投资收益不需要缴税，商业银行在这方面处于不利地位。

第二，发展货币市场基金对商业银行有诸多有利影响。一是商业银行代理发售货币市场基金可以增加商业银行中间业务收入，二是为商业银行开发金融创新如支票便利等提供机会，三是为商业银行进行混业经营提供可能的空间，四是增加货币市场资金来源基金，给资金融入方如中小商业银行提供更多的融资渠道。

近年来，国外货币市场基金与商业银行的合作越来越密切，除了商业银行保管基金的资产、商业银行对基金投资商业汇票等提供咨询服务外，货币市场基金还与商业银行的合作，开发出支票便利等新业务(投资者在商业银行开立帐户，可以依据该帐户签发支票，也可以委托商业银行通过该帐户购买基金；当投资者需要资金或者投资者的帐户余额不足以支付划款时，投资者或商业银行可以通知基金出售投资者的基金股份并将款项存入该帐户)。在中国，商业银行与货币市场基金管理公司可以探讨合作开办此项创新业务。

在我国，可以考虑将发展货币市场基金作为商业银行试行混业经营的突破口。货币市场基金风险相对较小，商业银行在货币市场上的运作经验丰富，商业银行通过一定的方式，如设立独立法人资格的投资公司经营货币市场基金，有利于改变目前商业银行经营范围狭窄的局面，为其逐步实现综合经营打下基础。

五、货币市场基金的风险管理

货币市场基金的风险管理主要涉及到利率风险、信用风险和流动性风险管理三种。货币市场基金的风险，与短期债券的风险有很多相似之处。由于货币市场基金多投资于短期债券以及与大机构之间的短期融资，一般其信用风险相对较低，而系统性风险较大。

一般地，货币市场基金投资于短期资产，其利率风险相对较小，即利率波动造成的短期债券价格波动幅度小于长期债券价格波动幅度，但是金融市场上短期利率的波动性更大，加强利率风险管理仍然很重要。并且，由于货币市场资产利率波动的方向和趋势非常相似，一般的投资组合并不能降低利率风险这种系统性风险。

规避利率风险的方式主要有两种：一是预测市场上影响利率因素的变化情况，其中包括货币政策操作的变化。在美国 1970 年代末，联储货币政策中介由联邦基金利率转移到货币供应量，预测货币供应量成为市场分析师们的一项重要工作，因为联储对货币供应量的调控会影响货币市场利率。二是利用金融衍生产品交易。在衍生产品发达的金融市场，利率风险可以通过远期、互换、期货、期权等产品锁定，一定程度上市场参与者可以锁定利率风险。

由于多种原因，我国货币市场利率在某种情况下会波动较大，货币政策操作对货币市场利率也有一定的影响。在中国货币市场以及其他金融市场上还基本没有衍生产品的状况下，一般不能通过避险交易锁定利率风险，所以预测宏观经济形势和货币政策操作就成为货币市场基金风险管理的重要工作。尽管这种预测在有避险交易产品的金融市场上也是重要的，但是预测却难以成为完全有效的避险手段。

在中国货币市场、债券市场发展到较大规模，宏观经济形势发生变化，利率市场化不断推进的背景下，建立、健全衍生金融产品市场应该提上议事日程，对此银行间市场和交易所市场都可以进行探讨，当然在制度建设上首先要考虑规范市场交易操作和控制市场投机行为。

除了利率风险，信用风险和流动性风险也是货币市场基金风险管理不能忽视的因素。特别是如果将来扩大货币市场基金投资范围后，对于具体短期金融资产的风险，如票据、企业债、拆借的信用风险要高度重视。同时也要加强流动性风险管理，货币市场基金作为开放式基金，随时可能有赎回要求，尽管在利率变化，债券价格下跌时，基金公司可以持有资产至到期，但是要满足赎回要求，必须要安排好流动性才能最大地获得投资收益。

六、货币市场基金与货币市场运行

发展货币市场基金有利于提高货币市场运行效率，促进市场形成合理的利率结构。目前我国货币市场发育还不成熟，表现在货币市场利率走势上有两方面特征：第一，货币市场利率的波动较大。一是货币市场利率受股票发行申购的影响太大。例如，2003 年 10 月末，长江电力股票发行，银行间市场 7 天期回购利率上涨了约 70 个基点。二是货币市场利率对货币政策调控信号的反应存在失当现象。2003 年 8 月中央银行宣布将于 9 月 21 日上调法定准备金率 1 个百分点，货币市场出现一定的恐慌，市场交易出现异常。第二，货币市场不同期限的利率走势比较凌乱，特别是同业拆借市场上不同期限的利率水平月度变化相差很大，说明不同期限的市场关系并不紧密，某个期限的拆借利率由该期限的拆借市场供求决定，市场预期的作用不大。

货币市场利率变化的这些特征，是我国货币市场效率不高的表现，而货币市场参与者、市场构成和市场制度方面存在的问题则是造成市场运行效率不高的深层原因：

1、货币市场竞争不足。目前我国的货币市场还是一个以数量不多的主力交易者占据主导地位的市场，货币市场竞争程度还不够高。

2、金融市场制度不健全，信息分布不对称。一是货币市场缺乏信用评级制度，市场缺乏对货币市场金融工具及其发行人最基本的风险评估信息。二是货币市场交易中介制度发展滞后。目前我国货币市场的经纪人和做市商制度还没有建立，货币市场交易信息难以快速充分地传递，同时也不利于市场流动性的提高。

3、市场参与者的理性程度有限。市场参与者治理结构不够合理，激励约束机制不够完善，市场信息分析能力有待提高。

发展货币市场基金可以促进货币市场竞争程度。货币市场基金增加了市场资金供应主体，并充分利用货币市场的套利机会，进一步联通银行间市场和交易所债券市场之间的资金流动和利率走势。作为货币市场的专业投资者，货币市场基金有很强的利用市场信息、努力把握宏观经济金融运行态势和中央银行政策取向的动机，这些都有利于提高货币市场的流动性，提高市场效率。而货币市场效率的提高，也将有利于货币市场形成合理的利率风险结构和期限结构。充分发挥货币市场基金对于货币市场运行的积极影响，需要推动更多的货币市场基金发行，进一步放宽货币市场基金的投资范围和交易方式，开发更多的货币市场工具，货币市场基金与货币市场二者的发展是相辅相成的。

七、如何对货币市场基金进行监管

货币市场基金作为一种投资基金，在国外一般由证券监管当局负责日常监管。在美国金融法规中，《联邦证券法》和《联邦投资公司法》对货币市场基金的影响最大。这两个法律主要从市场投资角度对货币市场基金存在约束。《联邦证券法》要求基金必须充分真实地进行信息披露，并且按照证券交易委员会的要求发布招募基金声明，《联邦投资公司法》提出了一整套保护投资者的框架。

历史上各国和地区证券监管当局长期以来非常重视对资本市场特别是股票市场的监管，对货币市场基金的监管相对较少。但是由于一些货币市场基金为追求高回报而投资于高风险的证券，导致巨额亏损并损害了投资者利益，1990 年代以来，各证券监管当局加强了对货币市场基金的监管。1991 年美国证券交易委员会规定货币市场基金投资在比顶级证券（在全国性证券评级机构，即穆迪、标准普尔、费奇、德莱·费尔普斯信用评级公司四家的评级中，至少有两家对该证券的评级在其最高的等级中）低一档次的证券数量不超过 5%，对单个公司发行的证券持有量不能超过其净资产的 1%。同年，证券交易委员会允许货币市场基金购买期限由 12 个月延长到 13 个月，但是将投资组合的平均期限由最长 120 天减少到最长 90 天。1996 年证券交易委员会对货币市场基金投资于风险较大的衍生金融工具进行限制，以减少利率波动可能威胁到货币市场基金稳定性与清偿力的风险。证券交易委员会还提醒广大公众，在货币市场基金的储蓄不受联邦保险的保障。

在国外，中央银行对货币市场基金一般不提取存款准备金。美国联储系统曾经在 1980 年要求资产规模超过一定水平的货币市场基金缴纳 15% 的存款准备金，后来又降到 7.5%，几个月后，联储取消了这项要求。原因之一是货币市场基金不是存款类机构，基金购买者自担投资风险，基金管理者没有固定收益的承诺，联邦存款保险公司也不予以保险。

近年来，针对货币市场基金与商业银行的合作业务创新，证券监管当局与银行监管当局加强了关于货币市场基金的监管合作。

在我国，与其他证券投资基金相比，货币市场投资资产风险较小。在货币市场上，基金管理公司相比于商业银行、保险公司规模较小，所谓“炒作”的机会不大；并且由于基金资金的托管机制，挪用资金的可能性也很小，监管难度相对较小。目前我国关于货币市场基金、货币市场和债券市场监管方面需要加强的工作是促进市场评级体系的建立，这无论是对于推进发展融资性商业票据市场、企业债券市场还是为货币市场基金运作提供投资依据来说，都是重要的制度性建设。

在我国，金融当局合作监管将是货币市场基金监管的要点。目前我国货币市场基金是由证券投资基金管理公司发行和管理，同时货币市场基金主要在银行间市场上经营，而交易的对象可能为银行机构，将来交易的方式可能包括贴现银行票据等行为，将来商业银行可能设立独立法人的投资公司发行和管理货币市场基金，所以作为银行间市场监管者的人民银行、证券业监管者的证监会和银行业监管者的银监会，都需要对货币市场基金有关方面进行必要的监督管理，同时需要分业监管当局加强合作。

八、货币市场基金与货币政策调控

发展货币市场基金对货币政策调控目标、调控方式和货币政策传导都有较大的影响。

从货币政策调控目标角度来看，在我国目前以数量调控目标为主的情况下，货币市场基金改变了货币供应量的范围和结构，对货币政策数量目标设计会有影响。货币市场基金相当于一种货币资产，非机构持有的货币市场基金在美国被列入M2。考虑到货币市场基金与居民储蓄有高度相似性和替代性，我国货币供应量统计也应将其纳入。同时，货币市场基金数量的变化，会影响到M2中货币结构的变化，也可能造成货币供应量与物价等宏观经济变量的数量关系发生一定的变化。还有，货币市场基金在货币市场上的交易增加了货币的金融交易需求，一定程度上也增加了经济体系对货币需求的数量。当货币市场基金发展到一定规模时，这些影响货币政策调控都要考虑到。

从调控效应来看，发展货币市场基金有利于提高货币政策调控的有效性。目前，我国货币市场利率波动对货币政策的不当反映，干扰了货币政策调控行为及其效果。并且，货币市场利率波动过度，也增加了中央银行调控的成本和难度。货币市场利率期限结构不合理的状况，不利于中央银行货币政策调控在货币市场上的传导。发展货币市场基金有利于促进货币市场的竞争，提高货币市场的流动性和市场效率；而货币市场效率提高无论对于货币政策的数量调控还是价格调控，都有利于及时、灵敏、恰当的反映货币政策调控意图，有利于提高货币政策调控的效应。

从调控方式来看，发展货币市场基金有利于促进货币政策调控从数量调控向价格调控转变。

首先，发展货币市场基金有利于促进利率市场化。我国利率市场化的阶段性目标是贷款利率控制下限，存款利率控制上限。在整个金融市场上，存款利率水平是最具有基准意义的，促进存款利率市场化是下一步推进利率市场化的关键。货币市场基金作为准储蓄，其市场化的利率对于实现更多金融资产利率市场化打下一定的基础。

其次，发展货币市场基金有利于促进货币市场利率的充分市场化。价格调控主要是中央银行对货币市场利率进行调控。从货币市场角度来看，理论上的利率结构大致是银行短期贷款利率一商业票据贴现率一中央银行再贷款利率一中央银行再贴现率一银行同业拆借利率一债券回购利率一银行短期存款利率一短期国债利率一法定准备金存款利率一超额准备金存款利率。目前在短期金融市场上，起决定意义的还是后三种存款利率。当货币市场基金规模对存款规模的比例较高时，货币市场基金的利率会一定程度上替代短期存款利率，在市场上发挥影响。

还有，发展货币市场基金有利于增强利率调控的传导效应。货币市场基金吸收大量企业和居民资金，一方面促使这些资金更多地与货币市场利率联系起来，强化利率对企业和居民的敏感性；另一方面，中央银行对货币市场利率的影响也会通过货币市场基金传导到企业和居民，有利于中央银行对货币市场利率影响的传导，增强货币政策价格传导的效应。

货币市场基金应运而生

货币市场基金是指专门投资于短期金融资产（主要有短期存款、短期债券、商业票据、银行承兑汇票、银行存单）的基金。货币市场基金既可以看成是一种金融机构，也可以看成是一种金融产品。作为一种机构，货币市场基金吸收定额或不定额的资金，将其投资于短期金融产品；作为一种金融产品，货币市场基金是一种证券类资产或帐户，由金融机构销售给投资者，有的货币市场基金帐户还可以签发支票转帐。

货币市场基金的产生、运作、发展与其所处的经济金融环境密切相关。翻阅国外金融史发现，美国货币市场基金出现在社会对经济、金融机构信心下降时期，即经济滞胀的1970年代。美国经济在1960年代增长良好，人均GNP年均增长约为3%，物价年均增长2.3%；1970年代人均GNP增长率下降为2%，物价却年均增长7.1%。由于经济疲软，很多著名的公司面临盈利困难，一些银行遇到严重的问题，公众对股票市场的信心下降。这一时期，美国金融市场利率不断上升，市场利率特别是短期利率波动越来越大，主要原因是通货膨胀压力以及中央银行为抑制通胀而实施紧缩的货币政策（1970年代，联储逐渐将货币政策中介目标由联邦基金利率转移到货币供应量，造成市场利率被动升降）。市场利率风险增大，越来越多的银行倾向办理短期存贷款业务。浮动利率工具替代传统工具，金融期货市场上，很多银行增加负债管理，利用联邦基金、存单、回购、欧洲美元等保护流动性头寸，货币市场交易量迅速增长。同时，金融竞争日趋激烈，存款机构提供可转让支付帐户，信用卡公司增长快速，商业票据所努力降低贴现票据率，银行贷款利率被迫压低。商业银行面对竞争，很多重组为金融持股公司（1980年约三分之二的银行资产已属于持股公司附属银行）。1975年，证券公司手续费由固定变为不固定，很多公司渗入银行和其它机构的业务领域开拓收入，竞争使金融机构的业务越来越综合化。

美国的货币市场基金就是在这样经济滞胀、银行存款利率受管制、市场利率走高且波动频繁、金融竞争日趋激烈的背景下产生并发展起来的。在经济、金融不确定的时期，人们倾向选择期限短、安全、流动性好的投资工具。货币市场基金1972年创设，1979年资产规模已与债券一股票基金相当，短短几年时间发展成为市场主要的金融中介。

从国外经验看，货币市场基金发展中最显著的特征之一就是增长非常迅速。在美国金融史上，没有任何一种金融中介的发展像货币市场基金这样快。美国在1972年创设货币市场基金，1973年底为4家基金，总计有1亿美元资产，而1979年货币市场基金的规模就已经与债券一股票基金的规模相当。1979年一1981年货币市场基金资产增长了3倍，1982年资产达到2000多亿美元。1977年一1993年美国货币市场基金资产年均增长率为33%，2003年底资产基金规模约2万亿美元，占美国投资基金资产总额的35%左右。

美国货币市场基金发展迅速，主要有以下几方面原因：一是基金回报率不受存款利率Q条例的限制，二是增加了小的投资者进入货币市场的机会，三是基金持有高质量（违约风险低、价格波动有限）的资产，四是给投资者提供了分散投资于各类短期资产的工具，五是对提前取款的受托人不进行罚款，六是投资者买卖方便，大多数货币市场基金允许客户签发支票灵活地买卖基金，一些新技术如计算机、通讯等的发展也促进了货币市场基金的增长。在诸多因素中，货币市场基金回报率和银行存款利率的差别是货币市场基金快速增长的重要原因。1970年代，特别是1974年一1975和1978年一1982年间，两种收益率差距较大，货币市场基金增长迅速。（中国人民银行货币政策司张敬国博士）

QDII对证券业的影响分析

国家外汇局局长郭树清明确表示，2004年将推出包括允许境内合格机构对外证券投资等措施，允许获得批准的境内机构（如投资银行、保险公司等）在境外市场进行投资，并探索允许少数符合条件的非银行金融机构将一定比例的资产用于境外运作。因此,笔者认为,研究 QDII 制度及其实施的影响,无论对证券市场来说,还是对证券行业来说,都是非常现实和重要的命题。

QDII(QUALIFIED DOMESTIC INSTITUTIONAL INVESTORS)制度,是"认可本地机构投资者"制度的简称,由中国香港特区政府最早提出,在资金的流动方向上与 QFII 制度相对,具体是指在资本项目未完全开放的国家,允许本国投资者通过特许的机构投资者,投资境外资本市场的一种机制。目前我国证券市场所说的 QDII,是指在资本项目未完全开放的情况下,允许中国内地投资者在海外资本市场进行投资的方式。由于证券市场对"双 Q"关注的时间较长,在 QFII 制度实施之后,市场在 QDII 推出的时间、可能参与的主体,海外资本市场的范围以及 QDII 的资金量等方面作了较多的预测。对证券行业说,投资者的资格认定、进出资金的监控、许可投资的证券品种和比例限制是重要的关注内容。笔者认为,QDII 制度的实施,加快了证券业国际化市场的进程,并将进一步推进证券业乃至整个金融业的经营融入全球化的范畴。

一、QDII 再次促动证券业经营思路的变化

QDII 的实施,体现为在多个市场进行资源的最优化配置,涉及到全球各金融市场,如发达的资本市场、新兴的资本市场以及发展中的资本市场等。由于每个市场的特点不同,有利于投资者在更为广泛的范围内配置资源,分散风险。因此,面对投资者需求的变化,以及证券业自身发展的需要,QDII 制度下,证券业的经营思路和视野需要进一步开放。QDII 将成为 QFII 之后,加速全球化经营观念在证券业进一步渗透的又一重要政策。

证券行业的最佳经营状态之一,就是帮助客户对其金融资产实现最优化配置,并使其价值实现稳定增值。由于 QDII 要引导投资者的资金在海外进行投资,因此,从资金的流向和资金的数量变化方面,较之以前来看,资产配置的内容就愈加复杂,影响国内证券市场变动的因素也更加多变。这种复杂、多变的态势,要求证券行业的经营者们必须用全球化的视觉审视所投资的市场的变化、客户需求的变化以及不同市场监管政策的变化。以对 A 股二级市场的投资研究为例,QFII 实施后,证券业曾预测到境外机构投资者们会选择"绩优蓝筹"的股票长期持有,并相对准确地判断了 QFII 不会选择具有 H 股的 A 股进行投资。同样,QDII 还未开始实施,证券市场也在预期该制度实施以后,对 A 股市场产生的现实影响和潜在影响,并在短期内 A 股的二级市场方面,显示出来的投资动力不足。其中,最为直观的比较来自于 H 股与 A 股股价相比较,如以 6 月的平均水平来看,27 家既有 A 股又有 H 股的公司,A 股与 H 股比价最高的是 *ST 洛玻,达到 85%左右;ST 吉化、新华制药、广州药业、广船国际、南京熊猫、东方电机的比价也在 70%以上。而两者比价最低的青岛啤酒,A 股较其 H 股也有 15%左右的溢价。因此,QDII 制度的长远效应是投资理念的接轨,并要求证券业从全球视野的角度评估上市公司的内在价值,以质论价成为未来 A 股市场投资的准则。

二、QDII 要求证券业基于市场联动性的基础上研究和经营

QDII 制度的实施,对证券业的投资选择和金融服务范畴,提供了更多的选择机会。无论 QDII 对国内证券业的影响表现为短期性还是长期性,国内证券行业的经营重点都应该做出积极的调整。

目前来看,QDII 至少在以下三个方面会对证券业带来变化。

第一,投资行为必须考虑不同市场的联动效应。

在 QDII 下,各个国家或地区证券市场的变化会对国内 A 股市场产生影响。国内证券业应该适应这种变化,并在研究资产配置和方案选择上,体现出不同市场的联动影响。这就要求证券业无论是对自有资产的配置,还是对客户资产配置,都应基于更多的专业化研究基础之上实现最大化目标。这些专业化的研究既包括对本国证券市场的研究与判断,也包括不同国家证券市场的可能变动对本国证券市场产生的影响。随着今后 QDII 的实施,这种不同证券市场的联动效应及变动对证券业的影响更为直接。

第二,投资银行的并购业务会在全球范围内展开。

随着 QDII 制度的实施,由于国内投资者基于对国内企业的了解,国内资金对在境外上市的国内企业会形成必然的追捧。近几年来,国内许多优质企业已开始热衷于在境外上市。数据显示,截至 2003 年,境外上市前十位中国企业的净资产总额为 1.06 万亿元,净利润总额达 1460 亿元,相比之下,国内流通市值最高的前十位企业净资产总额仅为 2729 亿元,净利润只有 262 亿元。而早在境外上市的中移动一年的利润就相当于国内全部上市公司利润之和。2003 年,中国人寿、中国人保、首创置业、中芯国际等重量级国有企业相继在境外发行股票。其中,中国人寿以融资 35 亿美元 IPO 创下全球 IPO 的最高纪录。目前,这一势头还在发展之中,建设银行、中国银行等国有银行上市工作正在忙碌地筹备着。除国企蓝筹股之外,一些资质优良、成长性较好,且具有浓郁民营背景的中小企业对在海外上市有着更为浓厚的兴趣。随着国内投资者资金在不同市场流动性的加强,国内投资银行业的并购范围也会向海外渗透,具体包括如对国内企业在海外上市的前期培育、辅导,协助企业寻找海外的战略投资者,帮助企业发行海外债券,对不同市场的融资效率进行设计和优选等。QDII 制度实施后,会促使投资银行家将并购业务的领域和范围向海外业务扩展。

第三、经纪类业务的客户需求具有多样化的特性。

经纪业务在经过制度、环境的变化之后,其经营模式从单纯的经纪服务转向了营销服务。QDII 实施后,客户对不同市场金融产品的投资需要呈现为多样化、多层次的表现,因此,经纪业务对营销方式和服务内容的准确定位之后,需要为客户设计出令人信服的投资组合,其中包括对海外市场的投资建议。虽然这样做在短期内会加大一部分客户资金的流出量,但也容易吸引来相应的客户。与此同时,经纪业务与投资银行业务的结合也愈加紧密。投资银行业务在协助客户完成海内外并购业务的同时,对不同市场的游戏规则有着充分的了解,在此情况下,也有利于配合经纪业务的高端客户解决投资方案中的一些专业性问题。

三、QDII 推动证券业制度创新

伴随着 QDII 制度的实施,QDII 在制度推出初期,合格的境内机构投资者至少会落在两类机构的身上:一是国外的投资银行且在国内运作相对成熟的机构;二是在海外长期设置分支机构的国内非银行机构。这些机构的运营模式会促使国内证券业参照或模仿,并在此基础上根据自身的经营特点完善制度或进行创新。基于国际化、全球化经营获取的利益将直接触动证券行业对自身制度进行再造。

第一,完善经营单元的风险控制制度和评估系统

投融资市场的开放,打开了证券业的经营业务空间,但与此同时,伴随的经营风险、政策风险、市场风险等与证券业务相关的风险放大。对不同风险控制制度的完善和制度创新将成为整个行业重要内容之一。从这个意义来说，QDII下，证券的风险控制制度需要在两个层面建立：从整个行业的角度进行定期研究风险、揭示风险并评估风险；从企业的角度形成风险控制系统、制度和机制。应该说，在风险控制方面，笔者更提倡“制度再造”。因为从微观的层面考察，证券行业在经营的重要环节形成的风险具有一定的普遍性，如委托资产管理业务等。因此，在QDII下，证券业的风险控制也应从粗放型转向集约型。风险控制理念和风险控制水平都需要在制度建立和制度执行上体现出来。

第二，融资、融券制度需要有更大的突破

QDII下，证券业面临的资本市场更加广阔，投资的品种或参与的投资银行项目更为复杂或频繁。在此背景下，证券业的融资、融券制度急需进一步完善或稳定执行。应该说，证券市场越开放，证券业的融资渠道越需要宽松。笔者认为，这也是证券业制度创新的最高境界，同时也是证券经营单元的制度创新基础。以并购业务为例，在国际化、一体化发展的趋势下，国内证券经营机构将帮助国内企业实现从国内市场到国际市场的转变。这种转变除了证券经营机构有专业化人才、技术性的手段之外，还需要有培育并购企业的启动资金或作为战略投资者的战略性投资。因此，对证券经营机构来说，完善融资、融券制度，是国内证券业参与国际化、走向全球化的重要基础。

第三，QDII下证券业需要形成动态的人才升级体系。

证券行业经过近十年的发展，储备了大量的专业型人才。QFII下，受国际市场复杂性、多样性的影响，专业人才必须向专业细分化的方向发展。

例如，仅债券业务，就会细分出不同市场债券的品种及适应性分析、同一种债券在不同市场应用的可能性分析以及与债券相关的一些衍生产品分析。证券业人才的培养越专业化，越容易形成成熟的专家队伍，也就越容易取得全行业利润的最大化。QDII之下，全球化的竞争环境，证券业只有将压力转化为动力，并促使经营机构从上到下对人才形成高度的认同。

笔者认为，人才的储备、培养机制仍然需要完善的制度和强有力的行业文化、企业文化作做基础。

总之，虽然短期内QDII对证券行业的影响还并不明显，但是，渗透于全行业的全球化经营理念、市场化运营模式和专业化的金融服务意识对国内证券行来说，积极意义非常明显。

四、QDII进一步影响现有委托资产管理的经营模式

目前，证券业的委托理财业务仍呈现出较为严重的混乱状况。据不完全统计，现在透明与不透明的委托理财超过2500亿元，违规的超过1000亿元，100多家券商或大或小都有委托理财纠纷。究其原因，主要是因为买方业务的过度膨胀导致了资产管理业务的混乱。在欧美发达国家，投资银行一直作为卖方(sellside)的身份出现，即出售其创造和经营的产品。而对应的买方(buyside)应该是基金、保险、年金、资产管理等机构投资者。与此不同的是，国内券商赚取佣金的过程，基本上减少了买卖撮合的过程，因此，卖者的身份和功能始终没有得到充分的发展。相反，国内券商只能通过自营、委托理财等资金不断买卖股票获取利润。在委托资金不能到期偿还时，又促使国内券商不断以更高的保底承诺开展委托理财业务。委托理财的风险不断积聚。

QDII政策实施后，合格的境内机构投资者作为委托理财的机构，是独立于其投资银行组织机构之外的，采取的是独立的有限公司经营模式经营，风险在较高的程度上实现了规避。但是我国证券公司的资产管理，一方面含混在证券公司内部，蕴含了较大的买方业务风险；另一方面黑箱运作，不遵循基金公司等买方机构共同的信息披露和监管规则，产生了保底、欺诈、坐庄等一系列行为，进一步扩大了资金链问题。所以，QDII后，我国券商的委托理财经营模式将会发生变化，这种变化不仅来自于组织形式的变化，还会来自于由此形成的对风险的规避和信息披露的透明等深层次的变化。这些变化，有利于券商从根本上明晰作为投资银行去创造和销售证券产品的功能，并进一步明确其存在的价值。

从以上意义来说，QDII实施对推进证券业的良性发展和国际化进程也是意义重大。(康　静)

QFII制度对机构投资者投资理念及策略变化的影响

摘要：瑞银等QFII在国内市场的投资和QFII在台湾等市场的发展历史，是我们当前观察和揣测QFII投资理念的两个主要渠道，本文试图从这两个方面入手探讨QFII制度对当前市场投资理念的影响。

一、QFII在我国的发展现状

从2002年底合格境外机构投资者(QFII)制度正式实施以来，经过一年的发展，截至2003年12月15日渣打银行香港分行、日兴资产管理有限公司的QFII资格获证监会批准，QFII的数量已达12家，获得批准的投资额度总计17亿美元，折合人民币约140亿元，具体情况如表一所示。QFII制度是在资本项目未实现货币自由兑换的情况下，有限度地开放资本市场的过渡性制度，我国台湾省、韩国等国家或地区在上世纪都先后实行了QFII制度，根据他们的发展经验，引入QFII制度后，随着合格境外投资者数量和入市规模的不断扩大，他们从境外发达市场带来的先进的投资理念和策略，将对市场产生深远影响。

表一

序号	名　称	获批额度	序号	名　称	获批额度
1	瑞士银行有限公司	6亿美元	7	德意志银行	2亿美元
2	野村证券株式会社	5000万美元	8	荷兰商业银行	1亿美元
3	花旗环球金融有限公司	2亿美元	9	摩根大通银行	5000万美元
4	摩根士丹利国际有限公司	3亿美元	10	瑞士信贷第一波士顿(香港)有限公司	5000万美元
5	高盛公司	5000万美元	11	渣打银行香港分行	
6	香港上海汇丰银行有限公司	1亿美元	12	日兴资产管理有限公司	

由于QFII没有信息公开披露的义务，我们至今难以详细了解他们的投资情况，但是从上市公司公告等其他公开信息渠道，我们仍可以了解到一些QFII的投资情况，到目前为止QFII涉及的投资品种包括股票、基金、可转债等，表二是公开媒体上公布的部分QFII投资情况。

表二

投资品种	内容	投资机构
股票	宝钢股份、外运发展、上港集箱、中兴通讯、山东黄金	瑞士银行有限公司
新股增发	中集集团、紫江企业	瑞士银行有限公司
可转债申　购	国电转债、邯钢转债、首钢转债	瑞士银行有限公司
	国电转债、西钢转债、华西转债、云化转债、邯钢转债	花旗环球金融有限公司
二级市场买入可转债	山鹰转债、丰原转债	花旗环球金融有限公司
	山鹰转债、万科转债、丰原转债	瑞士银行有限公司
基金	博时裕富指数基金	花旗环球金融有限公司
	长盛债券基金	

从公开信息我们可以看到，多数QFII采取的是十分保守的投资策略，他们目前进入中国资本市场的目的更多的是基于对人民币升值的预期和寄希望于中国证券市场的未来。与保守低调的其他同行相比，瑞士银行有限公司（以下简称瑞银）和美林环球金融有限公司是较为活跃的投资者，尤其是瑞银，凭借早年作为QFII参与台湾证券市场投资取得巨大成功的经验，对国内证券市场十分重视，在QFII中处于较为领先的地位，第一批取得了QFII资格；先后两次申请投资额度，目前获批的投资额度最大，达6亿美元；最先在国内A股市场下单。据媒体报道，瑞士银行在12月首次向外界披露，在6亿美元的QFII投资额度中，已有2/3的资金投入A股市场，具体投资组合包括35只股票、11只可转换债券以及10只证券投资基金，涉及超过10个行业，包括电力、钢铁、运输、金融及汽车等，但没有披露这些行业具体个股。

二、QFII的投资理念和投资策略

我国QFII的发展还处于起步阶段，数量少，资金规模不大，面对我国这样一个不熟悉的新兴市场，他们的投资还十分谨慎，多数属于试探性的操作，一般很少向外界披露信息，大家对QFII的认识更多地来源于舆论界单方面的猜测。我们对QFII投资理念的认识目前主要有两个来源，一个是瑞银等少数较为积极高调的国内QFII，另一个是QFII在台湾等市场中的投资情况。

根据瑞银中国证券部主管袁淑琴介绍，瑞银在选择股票时，最为关注四个方面的因素：1、股票市值和流通量，达不到一定规模的企业通常不予考虑。2、企业的经营管理水平及公司的透明度。3、公司的盈利增长能力相对股价是否合理。4、所属行业是否能够受惠于中国经济的整体增长，是否行业龙头。瑞银第一批购入的四支股票宝钢股份、外运发展、上港集箱、中兴通讯正是体现了这种思路。瑞银的投资额度中绝大多数是受客户委托的，瑞银自营部分占的很少，据说它的第一单是其用自营资金做的象征性的操作，不能够代表全体QFII的投资取向，但是这种投资思想代表了QFII进行选股的一种思路。

QFII在台湾市场中的发展历史也有助于我们了解合格投资者的投资理念。台湾省在1991年元月开始推行QFII制度，在初始阶段，对QFII资格要求较为严格，限制太多。在1993年后的若干年里，台湾多次放松了对QFII在资格、投资额度、持股比例和外汇管制等方面的限制，每一次对QFII的重大松绑，都推动了股市上涨。QFII在台湾的不断壮大促进了市场走向成熟，1996年摩根斯坦利资本国际公司（MSCI）宣布将部分台股纳入新兴自由市场指数，这说明台湾市场已经得到了权威机构的认可，投资者也有了进行风险对冲的工具，QFII可以更加大胆地进入台湾股市，台股被纳入MSCI成为QFII在台湾发展的重大转折点，此后更多的外资进入了台湾市场。此外，由于MSCI所纳个股通常都是规模较大，形象好的知名企业，外资通常在纳入MSCI的股票中选股，这对台湾市场树立理性投资理念起到关键的作用，QFII成为领导市场投资理念的带头人，他们持有的股票经常受到市场的追捧。

QFII在台湾市场的投资具有以下特点：

1、QFII偏好于将资产配置于台湾优势产业，即在世界市场上具有竞争优势的行业。比如电子行业是台湾的支柱产业，支撑了上世纪台湾科技、经济的飞速发展，电子科技股成为QFII重点投资的对象，QFII也因此获利颇丰。据统计2002年QFII投资最多的行业排名前三名分别为：电子行业、纺织行业、塑料行业，均是台湾的传统优势行业。

2、QFII一旦发现具有符合它的选股标准的“好公司”，通常会重仓买入，长期持有。表三所示为今年12月10日台湾证券交易所外资持有股数最多的前十支股票排名，对于象台积电这样规模大、效益好、行业中排名靠前的公司，QFII往往会大量买入，长期持有，在表三所列十家公司中，外资持股比率超过51%的绝对控股标准的就达4家，QFII对股票通常是投资而不是投机。

表三

证券名称	发行股数	全体外资持有股数	全体外資持股比率	法令投資上限比率
台积电	20,266,618,984	11,175,306,487	55.14	100.00
联电	16,140,743,463	5,970,271,290	36.98	100.00
中信金	5,496,199,967	2,718,865,068	49.46	100.00
富邦金	8,254,119,344	2,375,951,600	28.78	100.00
日月光	3,580,280,000	1,982,750,035	55.37	100.00
仁宝	2,964,300,000	1,900,478,259	64.11	100.00
台塑	4,806,817,519	1,550,625,373	32.25	100.00
南亚	6,587,348,292	1,503,467,454	22.82	100.00
鸿海	2,519,174,400	1,304,988,089	51.80	100.00
中华电	9,647,724,900	1,257,511,012	13.03	20.00

三、QFII对机构投资者投资行为的影响

QFII目前的规模还很小，他们对国内市场的影响更多地体现在投资者的思想上，而不在市场本身，QFII的引入加快了我国证券市场与国际接轨的进程，有利于股票市场的持续健康发展，QFII对机构投资者现在和未来的影响主要集中在以下几个方面。

1、QFII促进了理性投资理念在中国市场的树立。长期以来我国证券市场投机气氛浓厚，股价严重脱离公司的基本面，绩差股升天，绩优股失宠。今年以来以绩优大盘股为代表的价值股受到了追捧，股票的涨跌与行业和上市公司基本面的相关性不断提高，投资分析特别是基本分析得到空前地重视。这种变化与QFII虽然很难说有必然的联系，但是QFII的到来，无疑强化了人们对市场投资理念与国际市场接轨的预期，加快了这种变革的进程。瑞银第一单买入的宝钢股份、上港集箱、中兴通讯、外运发展四股票均是基金重仓股，这种“巧合”是QFII对基金投资理念的肯定，也是对国内市场机构投资者的投资策略与国际靠拢的肯定，目前“价值投资”、“核心资产”等概念已经深入人心。

理性投资理念得到树立的另一个表现在于，今年市场上股票的价格发生前所未有的分化，宝钢股份等少数蓝筹股票大幅飙升，而长期价格脱离基本面的绩差股发生了大幅回调，世纪中天等庄股出现了崩盘，“二八现象学”越来越能够反映这种价格分化，这种效应在深圳市场上尤为明显，截止2003年12月18日，集中了深市多数绩优大盘股的深证成指较年初上涨了23%，而深综指却下跌了约1%，这种背离在深市历史上还少有发生，这说明市场价格体系正在发生着变化。

2、跨市场操作的策略已经为部分机构所采用。国外发达国家对机构投资者的投资行为少有限制，一般专业投资者都在股票、期货、外汇、黄金等不同投资品种上进行资产配置，在不同的市场间进行套利和操作，这种跨市场跨品种的操作手法是境外投资者常用的投资手段。我国证券市场长期以来一直是一个封闭的市场，国内券商、证券投资基金等机构投资者只能投资于国内市场的A股和债券两个品种，国内股票市场与境外市场以及其他品种市场的相关度较低。随着QFII制度的引入，情况开始有了改变。一些具备多市场操作能力的资金更加活跃，使市场间的相关度开始提高。2003年10月初A股市场异常萧条，交投清淡，10月8日沪市创出了日成交30亿元的地量，此时有资金涌入市盈率较低的深圳B股市场，深B股大幅飙升，最终逐渐带活了A股市场，从当时的盘面上可以明显观察到深B股对A股市场领涨领跌的作用。B股历来对A股有领先作用，利用这特点，以较少的资金运作流通市值较低的深B股市场，最终翘起了“千钧”的A股市场。表四为12月5日各市场市值和市盈率情况的比较。

表四

市场	流通市值(亿元)		平均市盈率(倍)	
	A股	B股	A股	B股
全国	12,200	898	40	28
上海	7,687	434	41	82
深圳	4,513	464	39	18

今年港股市场与国内市场也有互动效应，今年香港恒生指数上涨了28%，而国企指数上涨了97%，对此通过各种渠道流入香港的大陆资金可谓功不可没。随着H股的飙升，带H股的“海归”A股的也表现不俗，我们利用聚源分析软件构造的“海归”股指数，截至12月8日，上涨了26%，同期上证指数上涨了约8%。我们有理由相信熟悉香港市场的QFII和回流的大陆资金与此不无关系。此外，今年有色金属等期货市场和石油、黄金等国际市场的价格波动对国内A股票市场的相关股票也产生了重大影响。

3、QFII的研究模式将成为国内机构投资者仿效的对象。QFII进入国内市场以后，许多上市公司中都闪现了他们的身影，理性投资必须有足够的研究力量作为支持，年轻的中国证券行业与来自成熟市场的QFII相比，最大的差距就体现在研究上。在广度上，QFII的研究是放在全球的开放背景下进行的，我国机构的研究往往限于国内，这样QFII较我们站得高，看得远。在研究深度上，国外的证券分析师专业性强，分工细，分析师通常长期跟踪一个行业或公司，研究工作做得非常透彻。在研究指导思想上，QFII的分析师重点关注的是公司3—5年长期的发展，这与他们长期投资的理念相关，我们却往往执著于公司当年的业绩。在研究的方法上，QFII的分析师是以投资银行进行尽职调查的方法来调查上市公司，不仅要调查上市公司本身，还要向公司的供应商、客户和同行等相关各方进行调研，我们上市公司调研往往是走马观花，醉心于挖掘上市公司题材。随着QFII在国内市场投资的成功，QFII的研究方法必将被国内投资者效仿。(邓纬安)

深交所上市公司治理状况调查分析报告

深圳证券交易所于2002年5月份对深交所上市的公司治理状况进行了问卷调查，从控制权归属及其实现形式、董事会决策、独立董事制度、监事会作用及其他利害相关者共同治理几个方面展开问题，在调查所获取的数据为基础上，深交所综合研究所对深市上市公司治理效果进行了实证分析，并在分析结果基础上探讨了公司治理未来改革的方向并提出了相应的政策建议。

前言

随着知识经济和新技术革命的来临，在中国经济走向国际化、区域化、全球化的背景下，顺应中国经济体制转轨及国有企业改革的实践需要，公司治理成为国内理论及实务界关注的“热点”问题。对处于企业改革前沿的上市公司而言，能否提高业绩、持续成长已成为促进中国资本市场良性发展的“第一推动力”，有效的公司治理是关键环节。实践表明，治理结构失衡和治理机制失效是导致“内部人控制”、“大股东剥削小股东”等诸多委托代理问题的主要动因，也是当前中国上市公司最需迫切解决的难题。

为了解当前中国上市公司治理的整体状况，探讨建立完善的治理结构和设计科学的治理机制以保护股东和其他所有利害相关者的利益，以中国证监会“上市公司治理准则”的出台为契机，通过了解“上市公司治理准则”在实施过程中所遇到的难点和问题，向证券监管部门提出相应的“加强市场监管，改善公司治理”的政策建议，深圳证券交易所有关部门于2002年5月对在深交所上市的所有公司进行了治理状况问卷调查，该调查以上市公司的董事会秘书为对象，共发放问卷500份，回收有效问卷397份，回收率近80%。问卷调查内容涉及公司控制权的归属和实现形式、董事会监督、债权人监督、经理人员决策效果、公司社会责任等7个部分，约70个问题。

在对问卷调查结果进行详细分析的基础上，结合深圳证券交易所相关部门提供的上市公司信息披露评价结果、“巨灵”数据库的上市公司财务指标等其他信息，本文基于“利害相关者共同治理”这一完整的理论框架全面系统地考察了深交所上市公司的治理状况，探讨了不同治理机制的运作机理及其有效性，从公司财务业绩和信息披露质量两个方面评价了不同治理机制之间的交互作用对公司治理效果的影响程度。本文的研究结论将对股权控制通过何种形式得以实现，股权结构对控制权的实现形式产生哪些影响，控制权市场能否约束大股东及经理人员的机会主义行为，董事会决策、监督及激励机制是否有效，独立董事是否“在其位、谋其政”，监事会是否发挥了所预期的作用，公司经理层是否有足够的动力提高公司业绩以回报投资者，公司从哪些渠道进行融资以及融资渠道的选择如何影响公司的治理结构，公司是否积极承担社会责任、协调与诸多利害相关者的关系从而树立诚信形象以获取“信誉”价值等问题提供答案。

此外，本文的研究结论还能为上市公司治理监管提供一定程度的决策参考。在上市公司数量迅速增加的同时采取有效措施提高上市公司的质量，建立起“优胜劣汰”的良性市场机制，已经成为中国资本市场由初级阶段向成熟阶段过渡的关键环节，强有力的公司治理将是实现这一转折的重要推动力。“上市公司治理准则”的出台就是证券监管部门推动公司治理改革的具体举措之一。这些政策的实施效果如何？是否符合政策设计者的初衷？如果存在未尽合理之处，如何改进？等等。本文的分析结论将对这些问题做出解答，为证券监管部门“推动公司治理改革，促进中国资本市场良性发展”的政策制订提供一定程度的决策参考。

最后，本文的研究结论还将对上市公司治理的实践产生积极影响。公司治理机制本质上是一种经济机制，它的有效性最终决定于诸多公司治理主体之间在“利益最大化”内在动力趋使下的行为“理性化”程度。股东(董事会)在完善治理结构和设计治理机制时，必须完全弄清楚何种治理机制对该公司是有效的？何种治理结构能够提高公司战略决策的科学性？当某些治理机制失灵时，相应的替代机制是什么？等等。本次问卷调查覆盖近400家上市公司，基于大样本研究所得出的结论能够为上市公司自发进行的公司治理改革提供参考和指引。

政策建议

为了防止控股股东对上市公司的过度控制导致的中小股东利益受损情况的发生，对股东大会的决策程序进行适当调整，在提名和选举董事时引入累积投票制和差额选举，能够在一定程度上提高公司治理效果。

控股股东对上市公司重大投资决策的严格控制既可能造成筹集资金的"滥用"，也可能导致上市公司在面临复杂的市场环境时应变能力不足。解决这一问题的有效举措是改革董事会的投资决策流程，在董事会中成立包含一定数量独立董事的"公司战略委员会"，由该委员会对公司的重大投资决策进行评估。

没有建立科学的执行董事及经理人员业绩评价制度，依据业绩评价结果提供相应的报酬激励，这是导致许多上市公司治理效果不佳的重要原因。无论是公司业绩，还是公司信息披露质量，都与经理人员的业绩评价及报酬激励显著正相关，因此设计"激励相容"的经理人员报酬机制是当前公司治理改革的重要内容。经理人员报酬制度改革的基本方向是将业绩评价结果与报酬直接挂钩，拉大经理人员与一般雇员的收入差距，增加股份和股份期权等长期激励。

推动上市公司董事会设置审计、报酬、提名等次级委员会，强调独立董事在这些次级委员会运作中应发挥主导作用，明示次级委员会的工作内容、程序和时间以使其真正做到"各司其责"。以规定参加董事会议的次数、每次会议的持续时间的形式对独立董事的工作时间做出最低限定。吸引具有专业知识的人员担任独立董事，强化独立董事的"决策参与"职能。

改革以"协议转让"为主的控制权转移方式，引入竞争和市场机制，使控制权市场成为约束控股股东和经理人员过度自利行为的有效机制。限制上市公司执行董事及经理人员兼任控股公司职务，能够在一定程度上减小控股股东对上市公司经营的过度干预。

改革监事会，解决监事与独立董事职能重叠的积弊。

提倡"诚实信用"，推动上市公司注重公司形象和信誉价值，在沟通公司利害相关者、履行社会责任方面做出更多努力。

样本描述及研究设计

样本公司总计397家，约占同时期深交所上市公司总数的75%。在规模、上市时间、注册地点、所属行业等基本描述性统计量方面，样本公司与深交所全部上市公司相比并不存在显著差异。除非特殊说明，所有样本公司数据为2001年末数据。

本文主要从公司财务业绩和信息披露质量两个指标来测度上市公司的治理效果。之所以选择这两个指标，除了考虑数据的可获得性之外，更重要的是因为它们在很大程度上反映了上市公司重大决策活动的结果。公司财务业绩是资产报酬率、净资产收益率、净资产收益率的增长率、主营业务收入比率和每股收益比率5个基本财务业绩指标合成的综合指标。信息披露质量得分是深圳证券交易所有关部门对上市公司2001年度信息披露情况进行综合评价的结果。信息披露综合评价的满分是100分，样本公司平均得分为76分，最高98分，最低23分。除上述两个基本指标外，本文还选择上市公司规模，总资产，和负债比率两个指标作为辅助测度指标。

由于问卷调查的内容涉及整个上市公司治理体系，所以本文采用分组检验与关联检验相结合的基本分析方法：

首先，根据答卷人对每一个问题的回答结果将样本公司分成不同的次组，比较处于不同次组的上市公司在财务业绩、信息披露质量、规模和负债比率等定量指标的均值差异的统计显著性，解释指标显著差异的经济意义。

其次，对同一答卷人就不同问题做出的回答进行相关性检验，考察经验证据的一致性和互补性。最后，综合两方面的检验结果对上市公司治理效果进行总体评价。分组检验侧重于单一治理机制的作用，关联检验则在一定程度上反映了不同治理机制之间的交互作用对治理效果的影响。

股权集中度低的公司多为非国有控股的公司，股权集中度高的公司多为国有控股公司，而后者的治理效果相对较好。因此，本文并不支持"股权分散化、民有化是当前控制权归属改革的主要趋势"的观点

以"协议转让"为主要形式进行的控制权转移和争夺并不是有效的治理机制，控制权的多次转移易导致公司治理效果的下降。

独立董事在公司治理中发挥着重要作用。

"建立执行董事及经理人员业绩评价制度，将业绩评价与科学的、长短期激励并存的报酬体系相联系"应该成为未来公司治理改革的重要内容。

控制权归属及其实现形式

1、国有与非国有控制(最终控制股东)的上市公司在公司治理效果方面并不存在显著差异。与非国有控制的上市公司相比，国有控制的上市公司规模大、信息披露质量高，但财务业绩指标基本持平。

总之，本次问卷调查分析结果所提供的经验证据并不支持以最终控制权归属来判断上市公司治理效果，并以所有权改革作为资本市场发展前提的观点。

2、与未发生控制权转移的公司相比，发生了控制权转移的公司业绩差、信息披露质量低。如果发生多次控制权转移，信息披露质量的降低会更加显著。

对于这一结论的一个可能的解释是当前上市公司控制权转移主要通过"协议转让"实现，其他形式较少运用，市场机制并未真正发生作用。例如，约三分之一的样本公司发生过控制权转移，但绝大部分是通过"协议转让"的形式进行的，惟一的市场机制"法院强制拍卖"只占2.5%。总之，以"协议转让"为主要形式进行的控制权转移和争夺并未对公司治理效果产生积极影响。国有控制的上市公司由于国家股权比重高或受政策限制难以发生控制权转移。非国有控制的上市公司发生控制权转移并未带来公司治理效果的提高，与之相反，控制权多次发生转移反而使公司治理效果下降。

控制权转移能够减少"内部人控制"导致的代理成本。"内部人控制"是国有控股上市公司的主要问题，因为在国有控股的上市公司中，控股股东名义上是国有资产管理部门，但实质上是"缺位"的，上市公司的经理人员很容易掌握公司的实际控制权，最大化自身利益而不是所有者的利益。由于"人事控制"是控制权的主要实现形式，控制权转移所伴随的人事变动能够有效地抑制源于"内部人控制"的委托代理问题。然而，调查结果却显示，限于各种因素，国有控股公司的控制权受各种因素影响较少发生转移，因此控制权转移作为治理机制的有效性无从谈起。非国有控股上市公司的主要问题不是"内部人控制"，而是"大股东剥削小股东"。对于"贪得无厌"的大股东而言，控制权转移不仅不是有效的治理机制，反而是其"圈钱生利"工具。

3、与股权集中度低(控股股东持股比例低于30%)的公司相比，股权集中度高(控股股东持股比例超过50%)的公司规模大、信息披露质量高、财务业绩较好。如果股权集中度与

较高的代理成本相联系，那么公司业绩与信息披露质量会有显著下降，这种推断恰与本文实证检验所得出的证据相悖。

与股权集中度低的公司多为非国有控股的公司，股权集中度高的公司多为国有控股公司这一事实相联系，本次问卷调查分析结果并不支持“股权分散化、民有化是当前控制权归属改革的主要趋势”这一流行主张。

为了进一步探讨这一问题，本文将非国有控股（股权集中度低）的上市公司分为两组，一组是通过发起成立的上市公司，另一组是通过控制权转移上市的公司。前面的分析显示，对于非国有控股的公司，控制权转移不仅未解决委托代理问题，反而使之恶化。相对于国有控股的公司，通过发起成立上市的非国有控股公司由于能够降低源于“内部人控制”的代理成本而具有业绩优势。实证检验结果显示，发起成立的非国有控股公司在信息披露质量方面与国有控股公司没有显著差异，但财务业绩略好（弱显著）。而通过控制权转移上市的非国有控股公司无论是信息披露质量，还是财务业绩都明显逊于另二者。

4、“人事控制”和“资产控制”是控制权的重要实现形式。“人事控制”主要体现在控股股东对董事长和总经理两个关键职位的争夺。超过60%的公司在控制权转移后更换了董事长与总经理，这说明控股股东希望通过控制这两个职位的人选对上市公司运营决策施加影响。进一步分析显示，更换了董事长的上市公司信息披露质量显著下降，上市公司控制权转移前后信息披露质量的变化可能与董事长职位的变更相关。总经理的变更与信息披露质量无关，基本上由控制权的实现形式决定。

“人事控制”还体现在股东对董事会代表权的争夺。大部分样本公司（68%）采用等额选举的方式选举董事。由于股东按照持股比例提名董事，等额选举有利于大股东直接控制董事人选。约20%的公司采用了差额选举或累积投票制，由于累积投票制可使中小股东集中其所拥有的股份推举共同的代理人，所以有利于保护中小股东利益。然而问卷调查分析结果却显示，董事选举方式与公司业绩、信息披露质量、公司规模均无关。一个可能的解释是大股东完全控制了董事提名，中小股东并不关心董事的选举方式，因为即使是累积投票制或差额选举，中小股东仍不能在提名董事方面发挥作用。因此，在控股股东持股比例相对较低的情况下，对股东大会的决策程序进行适当调整，如在提名和选举董事时采用累积投票制和差额选举，可能起到保护中小股东利益，提高公司治理效果的作用。

控股股东通过限制董事会的投资决策权限以实现“资产控制”。大部分控股股东（78%）对上市公司的投资决策权实施严格控制，然而这种较严的投资决策控制却与较差的公司业绩和信息披露质量相联系。一个可能的解释是大股东对上市公司投资决策权限的严格控制导致了上市公司董事会决策权限不足，投资决策延缓，难以适应千变万化的市场环境而落后于其他公司。

董事会与执行董事

1、控股股东能够对样本公司执行董事的提名施加强有力的影响。只有18%的公司具有控股股东之外的大股东提名的执行董事候选人，完全由控股股东提名执行董事的上市公司占样本总数的40%，说明控股股东对执行董事人选的影响力较大。只有8家公司成立了专门的董事会提名委员会，中小股东在影响执行董事提名方面作用微弱。

绝大部分样本公司的董事长是由控股股东提名的董事当选（87%）。非控股股东提名董事长的上市公司只占样本公司总数的8%。受政策因素影响，如公司治理准则的要求、行业行为规范的约束等，控股股东既可能直接提名本公司职员出任上市公司的董事长，也可能间接推举一些关联人士出任上市公司董事长。与控股股东直接任命董事长的上市公司相比，控股股东间接推举董事长的上市公司信息披露质量较高，但业绩差异不明显。

2、执行董事在控股公司与上市公司的双重兼职与公司财务业绩存在弱的负相关。由于本文无法判定这种弱相关的因果关系，即是由于上市公司业绩较差而导致控股公司直接派遣职员到上市公司任职以期改变局面，还是由于执行董事双重兼职导致了上市公司业绩的下降，所以本文只能慎重指出，从完善公司治理的角度出发，执行董事双重兼职应该受到限制。

3、董事会规模与公司规模高度正相关。相对于小公司，大公司执行董事中具有专业技术知识的人数较多。大约有四分之一的样本公司设置了董事会次级委员会。设置了次级委员会的上市公司信息披露质量高，业绩优。进一步分析显示，设置的次级委员会越多，上述关系越显著。审计委员会的设置与信息披露质量显著正相关。报酬委员会的设置与经理人员业绩评价体系的建立、进而与公司财务业绩显著正相关。因此，是不是设置次级委员会、设置多少个次级委员会都会对公司治理效果产生影响。

4、与投资决策权限较小的公司相比，董事会投资决策权限较大的公司业绩较好。在信息披露方面，二者并不存在显著差异。董事会投资决策权限较大的公司占样本总数的42%，投资决策权限较小的公司占样本总数的58%。87%的样本公司在公司章程中对董事会的投资决策权限予以明确。13%的公司没有在公司章程中明确董事会决策权限。60%的样本公司将重大资产处置权授予了董事长或总经理。40%的公司董事会对待重大资产处置以集体决策形式进行。在进行个人授权的公司中，62%的公司将权力授予了董事长，36%的公司将权力授予了总经理。进一步分析显示，董事会决策以集体决策为主，还是以个体决策（董事长或总经理）为主，并未造成样本公司在财务业绩和信息披露质量方面的显著差异。因此，董事会是否进行重大投资决策授权、授予何人、是否正式确认这种授权对公司治理效果并不具有显著影响。

战略决策是董事会的核心职能。上述分析结果显示样本公司董事会的决策职能并未受到足够重视，突出表现为董事会投资决策权限小，决策授权不明确，很多公司未在公司章程中明确说明董事会的决策权限和范围，未对董事会决策的效果进行评价等。更为重要的是，即使一些公司的董事会具有较大的投资决策权限，明确了决策授权，也未带来公司治理效果的提高，这些措施很可能只是流于形式，并未真正落到实处。

5、大部分样本公司（85%）的执行董事以工资、年度奖金和津贴为主，股票期权等长期激励形式较少。与未建立业绩评价制度的公司相比，定期考核执行董事和经理人员业绩并根据考核结果确定报酬的公司业绩好，信息披露质量高。因为样本公司的执行董事及经理人员的报酬以固定报酬为主，缺乏长期激励，他们的决策动力可能不足，这将对董事会决策效果产生消极影响，所以建立既能提高短期收益又能最大化长期收益的经理人员报酬制度，并将报酬制度与业绩评价制度相联系，将会显著提高公司治理效果。与执行董事持股较少的公司相比，执行董事持股较多（全部执行董事直接和间接持有的股份超过流通总股本的5%)的公司财务业绩较好。

独立董事

1、独立董事的提名方式并不直接影响公司业绩及信息披露质量。多数样本公司(85%)的独立董事提名由董事会做出,少数(15%)由大股东及实际控制人提名。独立董事的第一来源(68%)是高校及科研机构,第二来源(44%)是会计师、律师及证券中介机构,第三来源(37%)是企业经营管理专家,如退休CEO,关联公司执行董事等。进一步分析显示,以来源为基础界定的非执行董事独立性高低并不与公司治理效果的优劣相联系。与仅具有单一来源独立董事的上市公司相比,聘用多种专业人士担任独立董事的上市公司业绩较好。

2、样本公司的独立董事在董事会监督方面发挥着较大的作用。61%的样本公司聘请了1—2名独立董事。34家样本公司聘请了高于董事会总人数1/3的独立董事,多数样本公司(90%)聘请的独立董事人数占董事会总人数的比例少于1/3。进一步分析显示,独立董事较多的公司信息披露质量高,规模较大,董事长更可能由非控股股东提名的代表担任,控股股东提名的执行董事人数较少,兼任控股公司职务的执行董事人数较少,更有可能设置次级委员会及建立执行董事业绩评价与报酬相联系的业绩评价制度。另外,独立董事兼职并不直接影响公司业绩和信息披露质量。

3、独立董事能否有效行使职能主要依赖于其专业知识和获取公司信息的能力及方式。大部分样本公司(86%)认为独立董事与执行董事之间并不存在显著的信息非对称。独立董事主要从董事会秘书(91%)获得信息,也从董事长及总经理(64%)获取信息,大多数公司(89%)主动提供书面材料给独立董事,独立董事亲自获取信息的占38%,说明独立董事的信息源相当全面。与独立董事只能从单一渠道获取信息的公司相比,独立董事能从多种渠道获取信息的公司信息披露质量高,业绩好。

4、约四分之一的样本公司独立董事的年均报酬在20000元。年均报酬在20000至50000元之间占61%,50000元以上的占13%。独立董事报酬的多少与独立董事功能作用的发挥程度(主观评价)、控股股东对独立董事人选的提名并不存在显著的相关关系。独立董事的工作涉及到参与重要决策(90%),提供专业意见(75%),培训经理人员(20%),对关联交易发表意见(90%),监督信息披露(71%)等诸多方面的内容。在这些工作中,决策参与、专业咨询和业务培训属于决策职能。对关联交易发表意见和审核信息披露属于监督职能。

5、绝大多数样本公司(97%)认为独立董事在决策参与和监督制衡两方面都发挥着重要作用。其中,认为独立董事充分发挥作用的占41%,部分发挥作用的占56%。进一步分析显示,样本公司认为独立董事难以充分发挥作用的首要原因是参与公司事务的时间与精力有限(92%)。第二位的原因是无法获取全面信息,与执行董事之间存在信息非对称(15%),第三位的原因是受制于大股东,缺乏独立性(14%),第四位的原因是缺乏激励(7%)和自身素质低下(7%)。

其他

1、尽管大部分样本公司(81%)认为监事人员具有独立性,但是监事人员的独立性并未对其职能发挥产生显著影响。约2/3的样本公司认为独立董事与监事存在职能重复,监事是否具有独立性并不重要,关键是独立董事能否充分发挥作用。样本公司平均监事人数为3人,监事人数与公司规模高度相关。国有控股公司监事人数显著高于非国有控股公司的监事人数。约59%的样本公司存在监事会成员在控股公司和上市公司兼职现象。几乎全部样本公司都聘请了外部监事,但外部监事的加入并未提高公司治理效果。监事的报酬主要来自于工资和津贴,基本上没有来自于股份或股份期权等长期激励。监事获取信息的主要渠道(91%)是列席董事会,极少样本公司(4%)的监事通过其他渠道主动获取信息。

2、虽然根据"上市公司治理准则",董事长与总经理两个职位应该由不同的人担任,但是仍有51家样本公司存在董事长与总经理兼任现象。进一步分析显示,总经理与董事长兼任并未造成公司业绩和信息披露质量的显著差异。大部分样本公司(77%)的总经理由执行董事担任,但有40家公司的总经理不是董事会成员。自上市以来,除因控股股东变更的原因外,约64%的样本公司发生过总经理变更。总经理变更的首选原因是工作调动或年龄、身体难以满足工作需要。总经理变更与公司业绩关系密切。与发生过总经理变更的公司相比,未发生总经理变更的公司规模大,业绩好,负债率低。

样本公司高管人员的薪酬以固定报酬为主,经理人员年薪与普通工人薪金差别较小,约有65%的样本公司经理人员的年均收入与普通员工的年均收入差距在5倍以内。约45%的样本公司经理人员未持有公司股份。持有公司股份的经理人员的持股比例(与总股本相比较)全部在1%以下。与其他公司相比,经理人员年均收入高于普通员工的年均收入5倍以上的公司财务业绩好,信息披露质量高。因此建立科学的经理人员报酬制度,合理拉开经理人员与一般雇员的收入差距,提供股份或股份期权等长期激励是完善公司治理的重要措施。

3、样本公司融资方式选择的顺序为短期借款(41%),配股(30%),利润留存(12%),长期借款(8%),发新股(7%),发公司债(1%)。74%的样本公司偏好股权融资,26%的公司偏好债权融资。偏好股权融资的原因依次是:融资成本较低(59%);不必还本、分红易于掌握,可降低财务风险(28%)。偏好债权融资的原因依次是:债券利息可计入成本,可节约税金(58%);主观感觉负债融资成本低于股权融资成本(22%),负债融资比股权融资困难(12%)。绝大部分公司(96%)债权融资的数额低,仅占外部融资总额的10%以下。上市公司未曾发行债券的主要原因依次为:证监会对企业债要求很高(43%);债券发批过程过于繁琐(29%);投资者对债券缺乏兴趣(13%)。大部分样本公司(70%)期望的负债比率是50%。

综上所述,由于债权融资数额低,成本高(主观判断),债权融资在样本公司的融资方式选择中处于次要地位。

4、占样本总数86%的公司主导产品商标的知名度限定在"国内名牌"。绝大部分样本公司(98%)在进行重大经营决策时会考虑主要债权人、供应商和客户的利益,听取他们的意见。进一步分析显示,与其他公司相比,重视社会责任、公司形象和信誉价值的样本公司业绩优,信息披露充分,公司治理效果较好。(深圳证券交易所博士后工作站　何卫东)

MBO不是企业改革的方向

一段时间以来,被称为MBO的管理层收购在全国掀起了热潮。理论界有人为MBO正名,投行和信托公司更是为了业务拓展的需要为管理层收购鸣锣开道或推波助澜。更新的做法是把职工收购与管理层收购结合,称之为EMBO。管理层收购从小企业延伸到大、中型企业,从有限责任公司到上市的公众股份公司。那么,MBO是企业改革的方向或主要出路吗?

三中全会之后,公有制企业股份化改制将成为改革的潮流,不少地方把内部人收购定为改革的主要方向。这就使得搞清MBO这个问题迫在眉睫。

MBO本不具有普遍意义 MBO即ManagementBuy—out,原意是说在一个合伙或合股的企业或业务中,主要股东兼管理人把别人的份额买下来,从而将其他的合伙或合股人卖出去,因此MBO的准确含义是管理层买断。现代西方这种情况一般发生在企业因业务需要在各地设立的小分支单位。根据业务发展或市场变化,企业有时觉得将这些分支单位卖给当地的经营管理人更能提高效率和效益。另外有时也会发生的情况是,当一个企业经营困难濒临倒闭时,管理层出钱来收购企业,重整业务,有时更容易得到债权人的支持。

其实,撇开MBO即管理层买断不说,管理层参股倒是现代企业的常例。但由管理层通过融资等方式来收购控股权包括公众上市公司的控股权,则是极为罕见的。因为在正常的市场经济条件下,很难指望任何金融机构会提供全部或主要资金来实现你自己的收购冒险。杠杆收购在金融市场发达的社会中虽然并不少见,但通常是提供给自己已经拥有相当实力和资产的投资人,在担保或抵押基础上的锦上添花。对于雄心勃勃但又囊中羞涩的管理层来说,极少有人会去雪中送炭,冒险去给收购股权的人提供全额资金。这次中银香港对周正毅在香港买壳提供巨额过桥贷款,之所以被认为不够谨慎,引起执法部门调查,就是因为这位曾号称上海"首富"周的财产抵押和担保还不够。对于企业中其他不控股的投资人来说,与一个基本上是靠负债而取得控股地位的大股东合作,如果不是很危险至少也是很不谨慎的行为。这样,管理层收购在西方自然就会被限制在若干特殊和偶然的场合。

变了"味"的国企职工收购

现在国有企业风行的其实主要是MBC即管理层收购控股权,而不是MBO即管理层买断。更新的做法是也有EMBO或EMBC,即由职工和管理层共同买断或收购控股权。

职工参与收购自己所在的企业,在国内外都曾时行过一阵,但从来没有开展开来。这是因为除了少数职工本身也是企业核心价值创造者的小型高科技企业。职工入股本身并不能真正解决企业的动力问题。人人都是主人翁的想法固然不错,高度生存竞争的市场环境中,民主共治并不是一个有效的企业组织机制。特别是随着组织人数的增加,平均主义或小额的股权并不能提供充分的动力。职工股份制在不同国家和时期的实践表明,在企业这样一个内部必须按照严格分工组成的等级体制中,职工股份制,如果名副其实,往往造成决策上的笨拙和迟缓;如果名不符实,那就没有太大的必要。

职工股份制受到普遍的责疑,还因为它不仅把一个普通职工的工作岗位—这对于职工来说往往是头等重要的,而且他或她的储蓄都锁定在同一企业,这显然不符合现代社会分散风险的原则,也不符合现代经济要素自由流动的趋向。对于职工自身来说,更是过于冒险的投资而不值得提倡,更不能强求。我国部分企业曾经搞过的职工集资入股,大多并没有什么明显作用,相反许多最后都导致了复杂的后遗症和社会问题。

在我国的特殊条件下,由于本来就缺乏健全的社会保险和企业附加保险,社会商业性保险又很不发展,与西方享受高福利的现代雇员相比,绝大多数职工积蓄和财产都还极其有限,基本上无力在企业作额外的投资。现在所谓EMBO的做法,实际上是用转换身份把国家补偿他们的养老保险金等算作入股投在本企业,这是非常危险的做法。这种做法,短期看起来似乎代价和振动较小,肉烂在锅里,麻烦较少,政府一下子扔了包袱,但如果企业一旦经营恶化,职工衣食无着,势必引起连锁反应包括政府连带责任问题,普遍推广,势必后患无穷,这是不能不引起警觉的。

当然,不少人并不隐讳,他们对职工参与收购本来就没有抱有多大的希望,只是把他们所说的EMBO作为MBO的一个过渡阶段,以便假职工之名,减少改革的阻力和争取改制中更大的优惠,以后还是要过渡到管理层收购上去,因此所谓内部职工共同收购,实质还是管理层收购。

内部人收购问题多

应当指出,除了我们在文章开头指出的个别情况外,内部人(管理层)收购一般既不会发生在传统的私营企业,也不会发生在产权明晰的现代西方企业,而只会发生在国有或公有制企业的改制中。俄罗斯在形式上公平的私有化浪潮中,大量财富迅速落入内部人手中,造就了一大批百亿和千亿富翁,控制了从自然资源到银行、媒体等国家的几乎全部经济命脉,内部人在改制中的威力和潜力从此可见一斑。

内部人在公有企业改制中的特殊有利地位主要是来自传统公有制企业的所有者或出资人缺位,因而长期以来实际上处于内部人控制的状态。由于企业不是普通商品,而是一个投入产出的黑箱。在信息不对称的情况下,没有内部人的帮助,外部人很难掌握企业的真实资产状况和盈利潜力。企业适应竞争环境形成的金字塔式等级结构,使自下而上的内部监督很难有效。在缺乏资本市场的强制性信息披露和公众外部监督的情况下,企业本来主要依赖所有者的控制和监督。但是,国有或国有控股企业往往是换汤不换药的官营体制。企业领导人靠的是政府组织部门的一纸任命,长期命运身不由己,短期在位权力很大。政府部门事务繁多,对企业多头管理,以管人为主。这样随着改革过程中不断对企业放权让利,使得企业的实际控制权落到了内部人即管理层手中。管理层管不了自己的命运,但管得了企业的命运。企业落在这样一批由于体制缺陷而人格错位的人手中,如果管理层碰巧觉悟不高,自然命运堪忧。政府主管穷于应付,有时管起来也是东鳞西爪,有一着没一着,或者干脆浅尝辄止,投鼠忌器。企业与所有者的关系变成了官员和内部人之间的博弈,有时甚至是交易关系。内部人管理层的待遇也是千差万别。胆大的又被网开一面的,收入已达数十万、上百万,提前与国际接轨,高过管他们的官员们几十倍。胆小的或周围气候不适宜的,还拿着公务员的低薪。新设立的出资人代表国资委能否跳出这个怪圈还有待起步和实践,这就是目前改革过程中企业控制权分配的现状。

在这种情况下,管理层收购的大门一开,内部人自然就捷足先登。而且,近水楼台先得月的往往还不是经营有素、效益显著的企业。因为这样的好企业往往由于经济或政治影响因素轻易不会或至少不能率先改制,而是那些经营困难或业绩平平的企业。这样,管理层收购往往把企业控制权出让给了最不该得到它的人手中,并沉重打击了那些还在兢兢业业为所有者服务的好企业中经理人的士气。

应当指出,内部人收购能成为时尚是和许多金融、投资机构拓展业务的大力推动分不开的。这些金融或准金融机构之所以敢于提供主要甚或全部收购资金,并不是他们对内部人有什么特别的信心或自己特别胆大敢冒险,而是看中了内部人控制的整个企业资产的价值,知道自己融资收益并不冒多大的风险。换句话说，内部人是用自己控制的包括其他产权所有人的资产，即以别人的资产，不合法地为自己谋取了利益。这是投融资机构决不会借几千万给一个没有财产的外部人去收购企业的原因。

内部人收购引起关注的首要原因当然是因为公平的问题。公有制企业特别是国有或国有控股企业是公共财产，不是内部人的财产。内部人在理论上是公共财产的委托代理人。由于信息优势和操纵的便利，应当是公共财产转让改制中首先要避嫌和防范的对象，而不应是特权或优惠的对象。所以，在发展中国家中有着广泛国际经验的世界银行专家们一贯主张公共财产转让应当公开、公正、透明，最好避免转让给企业的内部经理人，以防范暗箱操作和程序不公。这决不是没有道理的。如果我们一方面，几乎每天都在把捞了几万、几十万的官员送进监狱，另一方面又让另一些派到企业的官员们能够在一夜间通过所谓 MBO 合法地成为千万、亿万富翁，这不能不使我们的反腐败斗争大打折扣。

内部经理人收购同样也涉及效率问题。首先，内部人收购一般会妨碍公平竞争或使竞争不充分，公共财产就很难得到有效率的价格评价。其次，如上所述，业绩不佳的企业多少已经说明其经营层是不太称职的管理人，转让给他们也不利于提高资产的社会使用效率。最后，国有企业的领导人往往是经常调换的官员，即使经营不错的企业也未必主要是其现任领导的功劳，因而改制时的内部人未必正好是优秀的资产管理人。把几十年积累起来的企业资源，优惠地转让给现任的管理层，显然既不是能提高效率也不是公平的举措。

当然，从这里我们可以引出一种情况是内部管理层收购负面评价的例外。这就是当企业的主要经营层是长期稳定的管理人，而且他们主要不是靠自然资源或政策的垄断因素创造了企业的辉煌和发展。企业的成功中包含他们特别的贡献，而这在传统的企业分配体制里完全没有得到公正评价。在这种情况下，新到位的国有资产出资人应当主动设计管理层收购或参股的机制，以激励他们和更多的代理人努力工作，从而实现国有资本的更大增值。

否定 MBO 的经济学含义

主张 MBO 或经理人收购的主要理由是说这样可以靠个人利益的关心来真正搞好企业。不错，经济学家说过，如果其他条件不变，控制管理权与剩余索取权尽可能的合一有利于解决动力问题。不过，经济学家往往没有说清楚的是，由于其他条件是变化的，因此两权合一在很多情况下要付出太高的代价，从而得不偿失，因而委托一代理关系是现代经济中最为普遍和更有效率的形式。

在一定意义上说，创业者的企业或家族管理的企业可以被看成是 MBO 的完成形态。但是，应当看到，他们成为企业的所有者并不是因为他们是管理人。相反，正如马克思曾经正确地指出的那样，他们之所以成为管理人是因为他们本来就是所有者。现代经济的趋势是，所有者，即本来是老板的人，包括家族企业的后代，越来越倾向于雇佣职业经理人去管理，而不是所有老板都死死地自己抓住管理权，自己管理。换句话说，所有权与控制权（以前我们常翻译为经营权）的分离而不是两权合一是现代经济和企业的发展趋势。

MBO 或管理层收购之所以不能成为企业改革的方向或普遍的经济现象在于它有一个自我摧毁的内在逻辑矛盾：如果两权合一即所有者自己直接管理是最有效率的，那么，当配角的经理根本就没有 MBO 的机会，或者说所有者自己直接管理已经是 MBO 的完成式了，从而不再有任何 MBO 的空间；如果两权合一并不总是需要的，即至少在某些情况下，所有者直接管理并不是最有效率，而使用职业经理人更有效率，那么 MBO 就没有必要，职业经理人觊觎所有者的位置就是一种职业上的不道德，鼓励 MBO 或经理人收购就是鼓励离心离德的腐蚀剂。因为整天在琢磨着如何廉价将别人的家业收购过来据为己有的经理人，不可能诚心诚意去为所有者工作而履行自己的职责，也不是合格和具有职业道德的经理人。试想，如果中国的经理人都在打老板财产的主意，外国投资者还敢进来吗？实际上，两权分离之所以成为现代经济的一个大趋势，从根本上说，就是因为所有者并不总是优秀的经营管理者，特别是即使一个天才的创业企业家也没法保证他的后代还继续是一个优秀的经营者或者甚至对企业管理还有兴趣。这样才产生了对职业经理人的需要。如果所有的经理人天生就想当老板，都在打着所有者财产家业的主意，而且制度环境又允许或鼓励他们这么做，那么，两权分离根本就不会产生，那就轮不上有什么管理层收购。因此，经理人老老实实当好代理人，尽心尽力去为所有者谋利益，这是他们自己人力资本最大化的体现，也是社会分工和市场竞争优化的需要，是资本和要素市场化的结果。世界上的大企业和跨国公司其中大多数股权都已高度分散，最大的股东持股往往也只有百分之几，而且大股东通常还是基金会，是几百万乃至几千万人的储蓄或养老金，如美国最大的基金投资人是人口最多的加州教师退休基金和加州公务员退休基金。在这种情况下，管理层如果没有职业道德，如果政策法规鼓励或有利于管理层把公司据为己有，那么，现代市场经济的产权基础就被破坏了。

例如，即使是一度被认为是全球最杰出的 CEO 如韦尔奇对通用电气公司作出了巨大的贡献，他仍然没有侵占股东利益的权利。他在正常收入之外谋取的特殊尽管也算合法的福利待遇，在股东的压力下仍然要吐出来。管理层可以有合理合法的收入包括所谓打工皇帝般的高收入，但绝不能让管理人有侵占所有者权益的非份之想。因为那样，社会分工就乱套了，产权不可侵犯的基础就被颠覆了。

要说明 MBO 不是企业改革的方向，姑且用经营大师韦尔奇来做一个典型范例。因为一个自然的问题是，如果两权合一更能提高效率，那么为什么不能让天才经营大师韦尔奇收购通用电气？

从经济学上来说，原因有三。

其一，如果允许管理人可以见财起意，那么，所有者从一开始就会严密防范和限制管理人，甚至不论是否适当和需要，都会尽可能坚持自己管理，从而大大提高代理成本，造成社会经济效率的重大损失和改变现代公司的游戏规则。其二，假定韦尔奇用其全部个人财产加上举债能够收购通用电气公司，韦尔奇是否还能像他在做打工皇帝时那样心态平和、思路开阔而不会因为自己把全部家当放在一个篮子里或者因为负债累累、神经紧张而压缩了自己的聪明才智，改变了风险和投资偏好，显然都是悬而未决的问题。其三，韦尔奇是通过多年的杰出业绩，干到快退休时才被公认为一流管理人的。随着财富增加、地位上升，其后期的生活已经日渐奢华，继续做下去能否还有当年的精力和奋斗精神，也是很大的问题。况且，韦尔奇年事已高，即使让他 MBO，他自己显然也管不了几天，那么他是否有一个和他一样天才的子女而且恰好也愿意献身于通用电气的发展，更是未知的问题。如果血统论不能成立，天才的韦尔奇很难恰巧有一个年龄恰好的天才子女来接任，这样，让其不那么优秀的后代接任，就是财产和能力不太好的结合。如果聪明的韦尔奇不让子女，而是让职业经理人管理，那么这和由现在的所有者直接找代理人有什么区别？而且新的代理人是否也会来个 MBO，从而把韦尔奇及其家族扫地出门呢？我们假设的韦尔奇案例揭示的经济学原理，其实只是说明了一点，简单的私有逻辑不能解释现代企业现象，一些经济学家所说的两权合一其实并不是现代企业的发展方向。（华　生）

对当前工业品价格上涨的冷思考

■本轮工业品价格上涨到目前已延续了 16 个月。这是自 1990 年代中期以来出现的第二轮工业品价格上涨。与上次维持了 15 个月的上涨相比，这次上涨的幅度明显高于上一次，上涨持续的时间也将超过上一次。

■与 1990 年代前期的生产资料、生活资料价格共同上涨有所不同，本轮工业品价格上涨是在石油、钢铁、煤炭、有色金属等主要生产资料产品价格上涨的带动下出现的上涨。生产资料价格上涨对下游的加工工业和生活资料价格的传导作用减弱，滞后期也有所拉长。

■应该说，2003 年价格水平全面稳定回升，是宏观经济较高速度增长的客观反映和内在要求，是持续几年价格下降后的恢复性上涨。但从今年一季度的物价走势来看，这种影响在逐步扩大，应引起我们的注意。预计 2004 年工业品出厂价格总水平将明显高于上年，原材料、燃料、动力购进价格的涨幅将有可能达到两位数。

去年以来，受工业生产及固定资产投资大幅度增长的影响，国际、国内生产资料需求迅速增加，其对国内工业品价格的拉动作用日益明显，生产资料的出厂价格及原材料、燃料、动力的购进价格迅速上涨。如何看待本轮工业品价格的上涨，如何判断其对下游价格的传导作用，成为人们十分关心的话题。本文将就这些问题谈点个人的看法。

一、当前工业品价格上涨的特点

这一轮的工业品价格上涨始于 2002 年年底（12 月同比上涨 0.4%），到目前已延续了 16 个月。这是自 1990 年代中期以来，或者说结束大规模的生产资料价格改革以后，出现的第二轮工业品价格上涨。2000 年受原油涨价的影响，工业品价格曾出现过一次上涨，那次的上涨维持了 15 个月。从目前情况看，这次的上涨幅度明显高于上一次，上涨持续的时间也将超过上一次。

（一）生产资料价格上涨的传导时间拉长，作用有所减弱。

本轮工业品价格上涨是在石油、钢铁、煤炭、有色金属等主要生产资料产品价格上涨的带动下出现的上涨，与 1980 年代后期、1990 年代前期的生产资料、生活资料价格共同上涨有所不同。生产资料价格上涨对下游的加工工业和生活资料价格的传导作用减弱，滞后期也有所拉长。具体看，生产资料出厂价格自 2002 年 11 月开始上涨（同比上涨 0.2%），生活资料出厂价格自 2004 年 1 月开始上涨（同比上涨0.3%），滞后期达 13 个月。从生产资料内部看，采掘工业出厂价格自 2002 年 5 月开始上涨（同比上涨 1.2%），原料工业出厂价格自 2002 年 9 月开始上涨（同比上涨 0.1%），加工工业出厂价格自 2003 年 4 月开始上涨（同比上涨 0.2%），滞后期分别为 3 个月和 11 个月。由此可见，生产资料价格上涨在上游传导的速度要明显快于下游。

（二）能源、原材料价格的上涨是本轮工业品价格上涨的始作俑者，在时序上具有产业递进的显著特征。

1、煤炭价格上涨最早、持续时间最长。煤炭价格的上涨最早可以追溯到 2001 年，当时受国际市场煤炭行情看涨的影响，我国煤炭出口大幅增长，国内整治小煤窑、资源开发得到有效控制，煤炭产品价格稳步上涨。2001 年，原煤出厂价格比上年上涨 6.9%，2002 年涨幅高达 13.2%。2003 年，煤炭价格在连续上涨两年之后仍继续上涨，特别是进入四季度以后，由于部分省、市水力发电紧张，火力发电用煤需求大幅增加，拉动煤炭价格继续上涨，原煤出厂价格全年上涨3.9%。进入 2004 年以后，煤炭市场需求继续增加，价格上涨的势头又有所加快，1—4 月份原煤出厂价格又比去年同期上涨 10.1%。

2、石油价格涨幅最高。原油价格自 2002 年 9 月开始上涨，随后受伊拉克战争的影响，国际原油价格涨势迅猛，国内价格也随之大幅上涨。2003 年 3 月，原油价格涨幅高达51.8%。这之后受涨价滞后因素消失的影响，涨幅开始有所回落，但价格一直在高位上徘徊。受原油价格上涨的影响，汽油、柴油的出厂价格也居高不下。原油、成品油价格波动几乎同步。

3、黑色、有色金属等原材料价格上涨紧跟其后，生产资料价格上涨向加工工业递进。2002 年下半年后，国际钢铁市场在经历了低迷之后，世界范围内以板材为主的钢材价格上涨，我国外经贸部对韩国、日本、俄罗斯等国进行反倾销立案调查，对 9 种钢铁产品实施为期 6 个月的关税配额，刺激了国内钢材价格回升。2002 年 10 月份钢材价格开始上涨，2003 年受需求的拉动钢材价格继续上涨，全国黑色金属冶炼及压延业产品出厂价格比上年上涨 10.1%，成为拉动全国工业品出厂价格上涨的重要因素之一。进入 2004 年以后，钢材价格上涨更加迅猛，1—4 月份黑色金属冶炼及压延业产品出厂价格比去年同期上涨 22.4%，达到本轮工业品价格上涨以来的最高值。

2003 年上半年以后，受国际有色金属市场价格回升及国内市场需求回升的影响，国内有色金属价格也稳步上涨，2003 年有色金属冶炼及压延业产品价格比上年上涨 5.1%，锑、镍等常用有色金属价格涨幅均较高。

受能源、原材料价格上涨的影响，电力、煤炭、钢铁、石化、有色金属等产品供应开始出现缺口，由此拉动了相关产品价格的上涨。2003 年 4 月，加工工业出厂价格开始上涨，到今年 4 月份同比指数达到 5.1%，这是 1996 年以来的最高涨幅。价格上涨在产业上的递进效应日益明显，价格的联动及扩散力增强。

（三）工业行业中重化工业行业价格涨势明显。

2003 年，在所调查的 39 个工业行业中，有 21 个工业行业出厂价格呈上涨态势，占 53.8%。其中，涨幅最高的行业是石油天然气开采业，涨幅高达 19.1%，石油加工炼焦及核燃料加工业、黑色金属矿采选业、黑色金属冶炼及压延加工业、有色金属矿采选业涨幅也较高，分别比上年上涨 14.7%、10.4%、10.1%和 7.2%，重化工业带来的涨价效应十分明显。

（四）不同地区的工业品价格变动差异较大。

2003 年，在全国开展工业品价格调查的 30 个省份当中，工业品出厂价格涨幅超过全国平均水平（同比上涨 2.3%）的有 20 个省，其中涨幅较高的几个省份是：新疆上涨 15.1%、山西上涨 12.2%、黑龙江上涨 11.9%，甘肃上涨 10%；涨幅较低的几个省份是：广东下降 0.7%、海南下降 0.5%、四川上涨 0.5%、浙江和重庆分别上涨 0.6%。由此可见，目前工业品价格上涨的地区主要集中在以石油、钢铁为代表的资源大省。

二、生产资料价格上涨的成因

经过数年的积极财政政策，以及货币政策从适度从紧向适度放宽的重大转变，我国经济已明显走出通货紧缩趋势的阴影，在保持经济一定增速的各项宏观政策的影响下，新一轮的经济增长周期已基本启动，这是本轮工业品价格上涨的主要原因。具体看来：

（一）需求大幅增加，带动生产资料价格上涨。

从国内看，2003 年全国固定资产投资增长强劲，比上年增长 26.7%，达到近 10 年来的最高点。今年一季度增势不减，投资再创新高。工业生产也高速增长，2003 年全部工业增加值比上年增长 12.6%。今年 1—2 月份，全社会实现生产资料销售总额 15295 亿元，按可比价格计算，增长 23%，增幅比上年同期提高 0.8 个百分点，再创近 10 年来销售增幅新高。投资需求及生产需求的急剧增加，扭转了主要生产资料市场供大于求的局面，最终牵动了钢材、有色金属等生产资料价格的上涨。从国外看，2003 年我国进出口总额均大幅度增加，出口需求的急剧增加在一定程度上带动了国内生产资料价格的上涨。自加入 WTO 后，我国经济逐步与国际接轨，国际市场对国内市场的影响不断加大，特别是一些进出口量较大的品种，其国内价格与国际价格的联系日益紧密。一些产品受国内资源的制约，对国际市场的依赖程度明显提高。2003 年，我国原油对外依存度已经达到 35%，铁矿石达到 36.2%，氧化铝达到 47.55%，天然橡胶达到 68.24%。由此而引发的价格互动效应十分明显。

（二）生产成本增加，推动工业品出厂价格整体上扬。

2003 年，原材料、燃料、动力购进价格比上年上涨 4.8%，今年 1—4 月份又比上年同期上涨了 10.5%，其涨幅相当于同期工业品出厂价格涨幅的 2.6 倍。原材料购进价格涨幅高于工业品出厂价格涨幅，工业企业“高进低出”状况比较明显。企业的购进价格涨幅大大高于出厂价格的涨幅，在工业企业内部积聚了成本压力，对工业产成品形成了较大的涨价压力，同时在企业成本消化力较弱，产品市场竞争激烈的背景下，将直接影响工业企业盈利水平和经济效益。

三、生产资料价格上涨的影响及未来走势展望

目前，生产资料价格的迅速上涨，对宏观、微观经济都带来了一定的影响。

（一）从微观上看，生产资料价格的迅速上涨，给下游的加工企业带来了直接的影响。

对产品供不应求的企业来说，大多是通过产品提价来转移原材料价格上涨的影响；对产品供过于求的企业来说，只能通过技术革新减少消耗或减少利润来转嫁影响。据北京一家电机股份有限公司反映，2004 年由于原材料价格上涨将使企业成本增加，企业在采取各种增收节支措施以后，仍不得不将电机售价在 2003 年的基础上提高 5%以上。

（二）从宏观上看，生产资料价格的迅速上涨，其影响更加广泛。

首先，由于主要能源、原材料价格的过快上涨，使能源、原材料的瓶颈制约更加明显，由此对电力、石油、电煤等国家控制的一些产品价格改革的呼声更加强烈。其次，生产资料价格上涨的传导作用有所加强。目前生产资料出厂价格对生活资料出厂价格的传导作用已开始有所显现，但对居民消费价格的影响还不是十分明显。生活资料出厂价格自 2004 年 1 月开始上涨，具体从四大分类看：食品类出厂价格自 2002 年 12 月开始上涨，衣着类自 2003 年 11 月、一般日用品类自 2003 年 12 月均开始上涨，但上涨幅度还不是很大，只有耐用消费品类价格还在继续下降。这说明生产资料价格上涨对工业消费品价格的推动作用还在传导之中，但具体的推动作用有多大，现在还不好说。因为现在的市场比较规范，工业消费品供大于求的格局还没有改变。按以往的经验，生活资料出厂价格的上涨会领先居民消费价格半年左右。因而随着生活资料出厂价格的缓慢上涨，其对居民消费价格的影响也会有所加大。

居民消费价格的上涨始于 2003 年 1 月份，其主要是在鲜菜、鲜果价格上涨带动下出现的上涨。可以说 2003 年三季度前的居民消费价格均是此原因的上涨。而 2003 年四季度后，特别是 2003 年年底以来的价格上涨则主要是粮食价格上涨带动的物价上涨。从我们统计的结果看，原材料购进价格中的农副产品购进价格自 2002 年 11 月开始上涨，出厂价格中的农副食品加工行业出厂价格自 2002 年 12 月开始上涨，两者基本同步。而食品制造业出厂价格自 2003 年 11 月开始上涨，基本与居民消费价格中的粮食价格上涨时间同步。所以，目前要着重注意粮食价格上涨对居民消费价格上涨的影响，而下半年特别是三季度后要特别注意工业消费品价格上涨的影响。

应该说，2003 年价格水平全面稳定回升，是宏观经济较高速度增长的客观反映和内在要求，是持续几年价格下降后的恢复性上涨。但从今年一季度的物价走势来看，这种影响在逐步扩大，应引起我们的注意。从目前情况看，原材料购进价格升势明显加快，受成本拉动作用的影响，出厂价格中的加工工业出厂价格涨幅也明显升高，生活资料出厂价格转降为升，说明工业品价格的传导作用有所加强。但是，由于日用工业品供大于求的局面依然存在，客观上抑制了价格的过快上涨；此外，由于国家加大宏观调控力度，尤其是严格控制新投资项目上马，因而预计今年上半年工业品价格将继续上涨，下半年随着国内生产大幅增加及进口惯性增长的影响，黑色、有色金属等资源供给将迅速增长，此外受涨价滞后因素减小的影响，价格涨幅将会有所回落。预计 2004 年工业品出厂价格总水平将明显高于上年，原材料、燃料、动力购进价格的涨幅将有可能达到两位数。

●从关键指标看调控效果

最近一段时间人们议论较多的话题是，政府加大宏观调控的效果是否已经产生？从目前看，宏观调控的作用已经部分显现，但这种效果能否继续扩大或延长，需要进一步观察。

据国家统计局发布的最新信息，4 月城镇固定资产投资同比增长 34.7%，增幅比 3 月份数据 43.5%回落了 8.8 个百分点，而 1—2 月份数据为同比增长 53.0%，1 季度数据为同比增长 43.0%，由此显见我国固定资产投资增速开始逐渐回落。固定资产投资增速的显著回落，反映了我国宏观调控的效果已经出现。

我国固定资产投资增速之所以会出现明显回落，首先，来自于有效地遏止了投资过热势头的影响，第二产业投资尤其是工业投资增速出现明显回落。例如，在固定资产投资增长的结构中，第二产业投资增幅回落较大。1—4 月份，第二产业投资同比增长 58.1%，增幅比 1—3 月回落 8.5 个百分点；其次，受到了对过热行业采取适度紧缩信贷的突出影响，货币信贷增速回落是一个证明。4 月份人民币贷款余额增长 19.9%，环比增幅回落 0.2 个百分点，同比增幅回落 0.8 个百分点，消除季节因素后的月环比增长速度折年率为18.5%。

国家宏观调控效果初步显现，也可以从一些生产资料产品价格回落的迹象中得到进一步验证。例如，4月份生铁和钢材价格开始回落，分别比3月份回落了2.6%和1.9%，水泥等建筑材料价环比上涨幅度明显减弱。另外，4月份投资品价格上涨幅度明显回落。

尽管宏观调控的效果已经产生，但另外一些经济指标仍然显示投资过热及通货膨胀压力仍然没有减缓。由央行日前提供的"2004年4月份企业商品价格变动情况"的数据看，4月份企业商品价格总水平较上月上升0.7%，较上年同期上升9.3%，表明物价上涨的压力并没有得到减缓。另外，国家统计局最新公布了4月份CPI数据为3.8%，接近4%的水平。CPI的上升势头，突出地反映了我国物价显著上升的趋势非常明显。虽然与我国1990年代接近20%多的通货膨胀率相比，CPI所反映的物价上升幅度并不大，但物价上涨的压力已经成为一个突出问题。

众所周知，造成目前我国物价上涨或通货膨胀压力的原因是多方面的。主要是来自于一系列生产资料产品价格上涨。经济快速增长及一些行业的过度投资，导致钢铁、水泥等生产资料价格上涨，又催生了能源供应瓶颈的出现，导致了水、电及燃料价格上涨。还有，农业供应瓶颈出现，抬高了粮食和油脂等农产品价格。

为此，政府今年以来连续出台了一系列控制过度投资的政策措施，来控制住物价上涨。例如，紧缩信贷和采用行政手段等，严控过热行业的范围，也从钢铁、水泥和房地产业等扩大到了目前的10多个行业。国外有些经济学家认为，这多少反映出我国政府试图通过我国的经济体系来消化物价上涨或通货膨胀压力的意图，使我国经济实现"软着陆"。

这表明，虽然此轮宏观调控的效果已经产生，但这种效果是否能持续或继续扩大，目前还很难说。因为，CPI上涨势头还没有得到有效遏止、固定资产投资同比增长仍然没有下降到25%左右范围内、以及货币供应增速也没有回落到17%预期目标内。在这些主要经济指标没有改善之前，我们对宏观调控的效果应该持谨慎乐观的判断，还需要进一步观察主要经济指标是否继续好转，由此我们才能判定国家宏观调控的影响是否真正"落地"。(乐嘉春)

●工业品价格最新走向

产品价格信息对投资决策行为有重要影响。4月份，工业品出厂价格与去年同月相比上涨5%，涨幅比3月份增加1.1个百分点。原材料、燃料、动力购进价格上涨10.5%，涨幅比3月份增加1个百分点。1—4月份累计，工业品出厂价格上涨4%，原材料、燃料、动力购进价格上涨8.9%。

4月份，涨幅较高的行业有黑色金属矿采选业、黑色金属冶炼及压延加工业、有色金属矿采选业、有色金属冶炼及压延加工业、煤炭开采洗选业和农副食品加工业，分别比去年同月上涨74.5—16.8%。降幅较大的行业有通信设备、计算机及其他电子设备制造业和医药制造业，分别下降5.1%和2.6%。

4月份，采掘工业产品价格上涨9.3%，原料工业产品价格上涨7.1%，加工工业产品价格上涨5.1%。生活资料出厂价格比去年同月上涨1.8%，涨幅比3月份增加0.9个百分点。生活资料中，食品类出厂价格比去年同月上涨6.1%，衣着类价格上涨1.1%，一般日用品类价格上涨1.8%，而耐用消费品类价格下降3.1%。

原油出厂价格4月份比去年同月上涨3.8%。汽油出厂价格微升0.1%，煤油和柴油出厂价格分别上涨7.3%和5.3%。

煤炭开采和洗选业出厂价格与去年同月相比4月份上涨13.1%，涨幅比3月份增加2.7个百分点。其中，原煤出厂价格上涨13.9%。

钢材价格特别是建筑用钢材价格4月份已出现下降趋势，如线材比上月下降1.1%，螺纹钢下降2.3%，圆钢下降1.1%。从目前情况看，部分钢材价格回落以华东、华北地区较为明显，东北地区没有出现明显回落，只是涨幅缩小。

黑色金属冶炼及压延加工业出厂价格4月份比去年同月上涨24.3%，涨幅与3月份持平。其中，普通大型钢材上涨27.9%，普通中型钢材上涨36.1%，普通小型钢材上涨26.4%，线材上涨35.4%，中厚钢板上涨20.1%。普通大型钢材、普通小型钢材和线材的涨幅均比3月份有所回落。与钢铁生产有关的产品出厂价格继续保持强劲上涨势头。其中，炼钢用铁矿石上涨84.0%，铁精矿粉上涨50.9%，锰矿石上涨54.9%，焦炭上涨36.8%。

有色金属冶炼及压延加工业出厂价格4月份比去年同月上涨21.4%，涨幅比3月份增加1.3个百分点。从具体产品看，镍、锡、铅、氧化铝、铜和锌的出厂价格分别上涨62.6%—20.5%。

4月份，原材料、燃料、动力购进价格与去年同月相比上涨10.5%，涨幅比3月份增加1个百分点。所调查的九大类购进产品中，黑色金属材料类、有色金属材料类和农副产品类价格涨幅较高，分别上涨24.8%、22.1%和17.3%。其余七大类产品价格也有不同程度的上涨。

对当前国家宏观经济调控政策走势

改革开放以来，我国根据经济运行态势和体制环境变化进行过四次收缩性的宏观调控，其时间段分别是1979—1981年、1985—1986年、1989—1990年、1993年下半年—1996年。从去年下半年开始的本轮宏观调控是第五次收缩性的宏观调控。这次调控有如下特点：一是态度坚决的调控。中央采取了各种经济手段乃至土地政策、行政处罚等行政手段，力图使经济尽快降温。二是预防性、前瞻性的调控。本次调控政策全面出台时并没有出现象1989年那样出现不可控制的问题，各种政策的出台追求的是可持续发展的长远目标。三是区别对待的调整。国家限制措施主要针对高耗能、高污染和重复建设行业，执行的是有保有压的措施。四是循序渐进的调整，采取走一步看一步的办法。中央的每一项政策出台都经过反复调查研究，不断观察经济指标的变动，再合理作出下一步决策。

一、本轮经济过热及结构失调的成因

本轮调控针对的问题主要是三个：一是部分行业过热；二是产业结构失调；三是粮食生产可能出现问题，其中核心的问题是经济过热问题。那么，为什么在去年上半年还是防通货紧缩，一下子又是经济过热呢？我们认为主要原因有以下七个方面。

(一)经济增长仍然沿袭粗放式增长方式

改革开放以来，我国国民经济取得了举世瞩目的伟大成就，GDP年均增长9.4%，经济结构不断优化。但要清醒地看到，我国经济快速增长在很大程度上是依靠资金、劳动力和自然资源等生产要素粗放投入实现的。主要表现在：

1、外延式经济增长方式特征明显。首先，投入产出率低。“九五”时期，我国的 ICOR（增量资本产出率，即每增加一元 GDP 需要的投资额）为 2.8；2003 年，我国的 ICOR 为 3.8，高于发达国家 1.5 左右的水平；我国的投资率是 42.9％，大大高于美国、德国、法国和印度等国家的水平；我国将 43％的国民收入用于投资来维持 9％的 GDP 增长率；而印度只用 20％的国民收入作为投资，就能保持接近于中国的增长率。其次，能耗和物耗高。目前我国 GDP 总量不及世界的 1/30，而每年消耗的钢、煤炭和水泥分别占世界的 25％、30％和 50％；我国单位产出能耗为 0.49 千克油当量/美元，分别比美国和日本高 2.3 倍和 5.1 倍；2003 年，我国电力消耗弹性系数为 1.7，高于上个世纪 80、90 年代的 0.8 和 0.85；全国生铁的消耗弹性系数由 2000 年的 0.563 上升到 2.224；钢由 0.425上升为 2.541；钢材由 0.850 上升为 2.859；十种有色金属由 1.913 上升为 2.235；水泥由 0.538 上升为 1.812。第三，环境污染依然严重。目前我国每增加 1 个单位 GDP 的废水排放量比发达国家高 4 倍，单位工业产值产生的固体废弃物比发达国家高 10 倍；2003 年，湖南省监测的 14 个城市中，只有 3 个城市空气质量达到二级标准，占监测城市数的21.4％，比上年下降 7.4 个百分点；道路噪声污染严重的城市占 42.9％。第四、循环经济落后。目前，我国的能源利用率为 33％，工业用水重复使用率为 55％，矿产资源总回收率为 30％，分别比国外先进水平低 10 个、25 个和 20 个百分点。第五、技术进步减缓，技术效率下降。科技对经济增长的贡献率不高。1979－1995 年，中国的 TFP（全要素生产率）增长率为 4.63％，下降到 1996－2001 年的 0.6％。2002 年湖南高技术产业增加值占全省制造业的比重为 6.5％，远远低于发达国家的水平（如 2002 年美国为 23.0％、韩国 20.9％）。

2、政府主导型的经济增长方式特征明显。1997 年以来，面对亚洲金融危机和通货紧缩的经济形势，国家宏观经济层面上执行的是扩大内需政策，各级政府主要通过贯彻落实积极财政政策和稳健货币政策，增加投资需求，以促进经济快速发展。在这个大的背景下，政府对经济增长的行政推动起了相当大的作用，在应当由市场起主要作用的某些领域扮演着投资决策者的角色。如政府直接参与了土地开发、工业园区建设、项目招商引资等。据国家统计局实际测算，1999 年，政府对 GDP 的带动率为 51.9％，拉动 GDP 增长 3.7 个百分点，其中政府投入的贡献率为 26.4％，拉动 GDP 增长 1.9 个百分点；湖南省通过近 300 亿元的国债资金及其带动其他资金投入年均拉动湖南省经济增长在 2 个百分点以上。但是，在现行的管理体制下，以政府或国有企业为主的投资项目，虽然也关注市场需求和价格的变化，但往往注重政府任期内的目标，对项目中长期发展考虑不周、论证不足，投资的效益不高、风险很大。此外，政府本身作为投资活动的监管者，在其直接参与投资时，为了地方经济发展，往往减弱了这方面的职能，甚至出现缺位失职的行为，容易出现软预算约束、投资的盲目扩张冲动，导致资源配置效率低下和巨额浪费。

3、经济增长方式中传统政绩观的特征明显。前段时期，一些干部在政绩的认识上，出现一些偏差，以“速度、形式”论英雄，把发展是硬道理理解为 GDP 总量与增长率是硬道理，“赶超冲动”和“攀比型政绩”较为普遍。加上目前干部的评价考核体系不科学，使一些地方政府为了任期内的政绩，把主要精力放在争项目、拚资金上，一些决策行为缺乏周密的可行性论证和长远规划，造成了低水平重复建设。同时，各地为了获得最大最快的收益，往往注重热门产业的项目，造成了地区产业结构趋同，加剧了结构失衡。

（二）现有的投融资体制容易产生投资冲动

改革开放以来的 1983 年、1988 年、1993 年、1998 年和 2003 年为政府换届后头一年，无论是全国，还是湖南省，当年投资增幅基本上处于一段时期内的最高点，表明政府在其中起着重要推动作用。而政府的投资行为，是由投融资体制决定的，而现行的投融资体制容易产生“体制性的投资冲动”。一是项目的外源性融资渠道基本上被政府控制。改革开放以来，固定资产投资资金的供给主体逐步多元化。但是，在实际的投资运行过程中，项目的外源性融资渠道仍然被政府以各种方式控制。2003 年湖南省全社会投资总额中，自筹资金占 6 成，外源性资金占 4 成。在外源性资金中，国家预算内资金占 14.6％，国内银行贷款占 46.2％，利用外资占7.7％，其他资金占 30.9％。其中国家预算内资金全部由政府控制；用债券、股票等手段从社会公众手中募集的投资资金不管是总量还是使用方向，基本上是政府以行政指令的方式直接控制着。招商引资（包括内资和外资）也基本上由政府主导。作为社会资金融通主渠道的银行基本上全是国有的，工、农、中、建四大专业银行为国家独资，占金融市场份额的 80％以上；国家开发银行为政策性银行，被政府直接控制；另外其他一些规模较小的股份制银行和商业银行，也基本上被政府以控股等方式直接或间接控制；各类信用社等具有民间性质的金融机构要么是政府严格控制其设立，要么是通过合并集中的方式来加强控制。政府控制了金融机构，对银行贷款投向就具有很强的影响力，也就等于控制了这一主要的投资资金融通渠道。二是政府在很大程度上控制着投资项目决策权。改革开放以来，投资体制改革逐级逐层下放投资项目审批权限，但是，这并没有触及计划经济体制中投资体制的根源——依靠行政权力对项目进行审批。决策权的下放只是权力在中央政府和地方政府之间的转移，并没有从政府转移到企业。政府投资管理部门在项目投资决策时仍然拥有很大的权限，企业的投资主体地位并未真正落到实处。三是多数国有企业尚未建立投资约束机制。目前大部分国有企业产权不清、动力不强、机制不活，企业经营管理者不能够占有未来投资收益一定的份额，因此没有足够的动力促使资本收益最大化；经营管理者对企业没有足够的财产所有权，因而无法也不必承担由于投资失误而造成的资本损失的风险。所以在国有企业投资活动中，既没有人真正关心投资收益，也没有人真正关心投资风险，国有企业进行投资扩张的动力依然存在，其投资总量仍然占有很大比重。2003 年，湖南省国有投资仍然占全社会投资的 45％，如果考虑国有控股投资，比重高达 70％。四是银行等金融机构在很大程度上还未形成独立的市场主体。由于银行的国有及其非真正的商业性质，资本资源由市场机制配置的比重还不高，在很大程度上受到政策性和行政性的影响，贷款决策人更愿意将贷款投向公有部门，使信贷资金收益不高，不良资产率居高不下。2003 年，湖南省用于固定资产投资的银行信贷资金有 63.4％投向国有单位的投资项目。目前国有商业银行的不良资产中，政策性贷款导致的占 29.2％，位列首位。同时，现有的银行等金融机构获利的金融产品太少，在金融机构储蓄快速增长，存贷差进一步扩大的形势下，为了维持自身正常的运转，信贷投放几乎是获得收益和降低不良资产率的唯一选择。

（三）民营经济的自主性作用增强

民营经济成为新一轮经济增长的重要支撑力量。在国内生产总值中，2003年，全省非公有制经济所占比重达到46%，比1995年提高20个百分点；全省规模工业中非公有制企业增加值所占的比重达到51.6%；1990—2003年，湖南非国有经济投资从52.16亿元扩大到855.66亿元，年均增长24.0%，占比由42%提高到55%。在民营经济自主性作用增强的同时，由于目前市场机制发育不全，信息披露不透明，政府引导不力，在这一轮经济快速增长中，民营企业对项目投资选择往往带有较大的盲目性和投机性，在生产经营活动中不太考虑外部不经济，往往低估了生产成本而进行过度投资，对结构失调和经济过热起着推波助澜的作用。江苏“铁本”事件，是民营企业发展中值得深思的一个典型案例。

（四）国际分工和产业转移

在经济全球化的背景下，由于发达国家劳动力成本不断上升和生活质量的提高，迫使其劳动密集型和资源密集型产业纷纷转向发展中国家，同时，发达国家凭借其技术优势，纷纷将其低技术的产业转移出去。根据中国在国际分工中的地位，我国是发达国家转移低技术产业、资源密集型、劳动密集型和高能耗产业的主要地区之一。如发达国家炼钢所需要的焦炭大都依赖中国的出口，中国的产量已经占到世界的60%。今年上半年，湖南省规模工业中高能耗行业出口交货值49.4亿元，占全部规模工业出口交货值的比重为53.6%。同时，这种定位的长期影响决定了我国经济增长需要消耗大量的原材料和能源。2003年，中国进口的铁矿石占世界出口量的1/3，买进了世界原油新增产量的40%。

（五）人民币升值的预期和国际市场普遍低利率政策

一段时期来，人民币升值的预期较高，对国际资本，尤其是国际金融资本产生巨大的吸引力，流向中国的国际资本进入高速增长期。同时，世界主要发达国家普遍实行低利率政策。如美国2001年1月以来，美联储连续13次降息，6月30日前联邦基金利率为1%，处于45年来的最低点；日元利率已经低到不能再低，去年一段时间居然出现了贷款负利率的现象；欧元区的基准利率为2%，也处于较低的水平；全世界许多国家进入了一个所谓“低利息时代”。相对而言，目前中国的利率水平仍然较高，是国际资本套利的主要流入地区。2003年，中国实际利用外商直接投资535.1亿美元，成为全球最大外商直接投资接收国。国际资本的大量流入，一方面，拓宽了国内投资主体的融资渠道，加速了投资的增长；另一方面，在相当程度上抵消了中国紧缩货币政策的效果。

（六）经济起飞初始阶段容易诱发经济过热

2003年，中国已经跨入了人均GDP1000美元的重要关口，进入了经济起飞阶段。一是目前中国经济处于工业化中期的重化工业化阶段，对钢铁、汽车、装备、化工等重化工产品需求上升。这一阶段，重工业增长速度快、比重大，工业部门的能源消耗比重就会上升。80年代末期，我国重工业所占比重还不到50%，目前已接近60%；2003年，湖南省重工业增加值562.96亿元，占比为63.4%；增速比轻工业快3.5个百分点。在这一阶段，由于第二产业特别是工业的快速增长，一方面，对投资品的需要旺盛，加速投资的快速增长；另一方面，第二产业单位产出能耗和物耗往往要高于第一和第三产业。1985年我国工业部门消耗的能源占全部能耗的1/3，目前则上升到70%以上；2003年，湖南省第二产业用电占全社会的比重高达74%，远远高于第一产业的2.6%和第三产业的11%。二是中国经济处于城市化发展加速期，各地对市政、道路、交通、房地产、水电等基础设施投资需求强烈。根据有关方面测算，一个农民进城定居，各方面配套投资，80年代2万元，90年代5万元，而现在需要20万元。三是消费结构升级，从万元级升至十几万、几十万元阶段，住房和汽车成为这一阶段的消费热点。2003年全省限额以上贸易企业汽车零售额同比增长46.7%；住宅销售额增长44.9%。住房和汽车行业是一个关联度高的产业部门，对钢材、水泥等行业的拉动力强劲。2003年，湖南省房地产业用钢量占全社会用量的55%，汽车行业占5%。房地产和汽车工业的快速发展是能源、交通、重化工原材料需求迅猛增长的主要原因。

（七）经济过热如果和结构失衡以及粮食安全问题合并出现，将造成严重的后果

粮食安全，也称为粮食经济安全，是在20世纪70年代由联合国粮农组织提出来的，其概念是保证任何人在任何时候都能够得到为了生存与健康所需要的足够食品。2003年，我国粮食产量4.31亿吨，比1998年的5.12亿吨少8160万吨，比中国的粮食年产量警戒线的4.85亿吨差5000多万吨。尽管我国有大量存粮，但由于连续五年减产，粮食库存在去年已出现了明显下降。据国土资源部的资料，1998、1999、2000、2001和2002年全国耕地面积分别减少了392万、655万、1444万、941万和2529万亩；近5年间粮食播种面积下降了12.6%，如果不引起注意，粮食安全问题将成为中国的突出问题。中国投资增长过快，已出现了结构失衡。2003年，国有及其他经济投资增长28.2%，比1995以来的平均增幅高14.5个百分点，其中工业投资增长39.0%，比上年加快16.8个百分点，比农业投资快35.3个百分点，其中钢铁投资增长96.6%，电解铝增长92.9%，水泥增长121.9%，汽车增长87.2%，而能源工业的基本建设投资只增长16.0%。工业内部也是高耗能、高污染行业比重过高，地区产业结构趋同，部分行业生产能力过剩，结构不合理的问题越来越突出。当两个问题共生时，就有可能导致严重的经济问题。

综上所述，这次过热，不是我们的政策出了什么大的问题，主要是经济发展模式转轨以后，经济发展到一定阶段的规律性表现。只要我们坚持执行中央的决定，做好宏观调控的各项工作，保持经济的协调稳定发展是完全可能的。

二、中央宏观调控的政策取向

本轮宏观调控的重点是控制投资过快增长，缓解煤电油运和重要原材料供应紧张的矛盾，加强农业和粮食生产等薄弱环节。据我们分析，中央用于观察宏观调控成效的指标有如下四个方面：

一是主要行业投资与生产情况方面的指标。目前国家重点调控的钢铁、水泥、电解铝、建材等过热行业的投资和生产增幅都出现回落。1—5月，全国钢铁、有色和水泥行业投资增幅比前4个月分别回落22.5个、9.7个和23.7个百分点。上半年，全国生产钢材13721.72万吨，增长23.2%，分别比1—4月和1—5月回落4.8个和1.1个百分点；生产水泥42466.96万吨，增长17.9%，分别比1—4月和1—5月回落3.4个和2.2个百分点；生产铝310.66万吨，增长23.3%，分别比1—4月和1—5月回落0.3个和1.3个百分点。

二是总体固定资产投资指标。上半年，全国全社会固定资产投资增长28.6%，比一季度回落14.4个百分点，其中城镇固定资产投资同比增长31%，分别比一季度、1—4月和1—5月回落16.8个、11.8个和3.8个百分点。

三是金融机构信贷增幅指标。6月末，广义货币（M2）和狭义货币（M1）同比分别增长16.2%和16.2%，增幅比上月

回落1.3和2.4个百分点，比上年同期回落4.1和4.7个百分点，广义货币和狭义货币增幅呈稳步回落的态势，目前增长幅度均处于央行年初制定的增长17%的调控目标内。上半年人民币贷款增加1.43万亿元，按可比口径比去年同期少增3501亿元，其中6月份少增2396亿元。上半年累计回笼现金728亿元，同比多回笼407亿元。这表明控制货币供应量增长已初见成效。

四是原材料、燃料、动力等上游产品价格指标。目前钢材产品价格比上月普遍下降，工业品出厂价格总水平涨势趋缓。6月份，全国黑色金属冶炼及压延加工业出厂价格同比上涨18.5%，涨幅比上月回落2.6个百分点；工业品出厂价格同比上涨6.4%，购进价格上涨11.8%。

但是，资源"瓶颈"约束仍很突出，能源、运输和重要原材料的供求形势依然紧张，能源产品价格大幅上涨。前5个月，发电量同比增长16.1%，其中火电增长16.6%；原煤产量增长16.1%；原油加工量增长17.3%。铁路货运量增长9.3%，均为上世纪90年代以来增长最快的。但是，快速增长的供给仍然满足不了需求，煤电油运供求形势依然紧张。6月份，原油价格比去年同月上涨20.9%，汽油上涨13.2%，柴油上涨20.6%，煤油上张18.1%。上半年煤炭开采和洗选业比去年同期上张12.1%，其中6月份上涨19.1%。原煤出厂价格上半年上涨12.9%，其中，6月份上涨18.2%。5月末，全国直供电厂电煤库存为863万吨，比年初减少235万吨，平均可供天数8天左右。拉闸限电的范围由去年同期16个省份增加到24个，三季度电力缺口预计可能超过3000万千瓦。前5个月，铁路日均装车完成9.7万车，请车满足率由去年同期的52%下降到35%左右；其中煤炭日均装车达到4.26万车，占44%。沿海港口出现多年未有的压船压港现象。

我们分析，在上述四个方面指标中，中央在本轮调控中作为风向标的最终还是上游产品价格，特别是能源、原材料价格指标。认定本轮调控是不是取得了最终成效，调控的目标是不是达到了，最终要看能源、原材料紧张的局面是否得到好转。当然，我们也要考虑到世界油价今年出现异常暴涨的因素。

用这个观点来看国家政策走势，我们可以得出如下结论：第一、在党中央、国务院的领导下，经过全国人民的努力，宏观调控已经取得明显成效。第二、本轮宏观调控的任务还未完成，积极的财政政策已经淡出，货币政策也开始采取适度从紧的取向，国家是不是会进一步启用利率杠杆调控经济还有待进一步观察。第三、在当前形势下，既要防止反弹，又要注意力度，防止投资紧缩过度，经济大起大落。第四、国家宏观调控的最终价值取向是建立高增值、资源高效利用，低能耗、区域合理布局的新型产业结构。就具体措施而言，国家在二季度大量调控政策出台以后，根据上半年的指标分析，我们判断国家调控政策将出现如下变化：第一，进一步贯彻落实已出台的调控措施，近期内出台新的力度更大的调控政策的可能性不大。第二，进一步密切关注煤电油运供求关系，采取相应有效措施予以缓解。第三，根据宏观经济形势的走势，可能会对土地控制政策、信贷政策等调控措施进行微调；由于经济增速依然过快，国家不排除出台温和上扬的利率政策。第四，后阶段国家宏观调控的重点将放在优化结构、加快体制改革和转变增长方式上。在严格控制部分行业过度投资盲目发展方面不会放松力度，但在加强和支持经济发展中薄弱环节方面会加大力度，以促进经济平稳较快发展。（湖南省统计局研究室 马勇 高勇 曾斌求 彭积龙 周曙东 周碧红）

煤炭行业走新型工业化道路的思考

加快科技进步和先进科技成果以及信息技术的推广应用，不断提高煤炭工业整体素质注重生产经营和产品质量管理，降低生产成本，适应市场变化，稳定和提高经济效益加强资源管理和开发利用，优化资源配置，提高煤炭资源回收率推行清洁生产、文明生产方式，使生产建设与生态环境建设相协调提高劳动者素质，增加职工收入，改善职工生活环境，促进职业安全与健康。

总体目标

建立符合市场经济的煤炭资源评价体系和完善的煤田地质勘查机制，煤炭资源勘探适应生产开发需要，稀缺煤种得到有效保护和合理开采。煤炭科技创新能力明显增强，大中型矿井采掘机械化程度达到世界先进水平，安全状况实现根本好转。洁净煤技术、矿区资源综合利用实现产业化，产品适应市场需要。矿区废弃物得到有效利用或无害化处理。企业组织结构趋于合理，形成一批跨地区、跨行业、跨所有制、跨国经营和具有国际竞争力的特大型煤炭企业或企业集团。煤炭职工队伍综合素质明显提高，职工生活达到小康水平。

工作重点

一、加强煤炭资源勘探与评价，促进资源有效开发及利用。

1.建立与国际接轨的煤炭资源评价和管理体系，适应市场经济发展要求。我国是煤炭资源大国，蕴藏的资源总量达5万亿吨以上，保有储量1万亿吨。我国煤炭资源的开采条件居世界中下等，不及美国、俄罗斯、澳大利亚及南非，大体与欧洲的波兰、德国等国的条件相当。2000年底我国煤炭剩余可采储量1145亿吨，人均可采储量为90.5吨，约为世界人均可采储量的55%。在市场经济体制条件下，煤炭资源所处地理位置、开采技术经济条件和各项质量指标，是决定能否实现商业性开发利用的主要条件。因此，开展并完成我国煤炭资源的技术经济评价和生态环境、地质条件等制约因素评价，基本查清不同地区、不同赋存条件和不同煤种的经济可采储量，已成为煤炭行业走新型工业化道路的重要基础工作。

2.加大公益性勘查投入和探索商业性勘查投资机制，提高煤炭资源勘探程度及有效供给能力。截止到2000年底，全国煤炭保有储量1万亿吨，其中生产、在建矿井已占用3400亿吨，尚未利用的6600亿吨。而在尚未利用的保有储量中，可供建井的精查储量仅为600多亿吨。按照原国家经贸委编制的《2003年～2010年全国煤炭生产开发规划》确定的开发目标，2003年～2010年期间，需要开工新建的矿井中近一半未达到精查勘探程度，不能满足新建矿井的需要。因此，要建立完善的煤炭资源勘查投融资体制，增加财政对煤炭资源勘查公益性投入，探索完善的煤炭资源勘查商业性投资机制，加快煤田地质勘查进度，保障煤炭资源对生产开发的有效供给。

3.加强煤炭生产开发监管，提高资源回收率。在经济利益的驱使下，部分煤炭生产企业在生产开发过程中存在着"采厚弃薄"、"吃肥丢瘦"等浪费资源现象，尤其是在煤炭资源丰富、开采条件较好的地区更加突出。部分地区中小型矿井资源回收率不足20%，破坏和浪费资源问题极为严重。因此，要尽快完善有关法规和产业政策，制定切实可行的监管办法，加强矿井生产过程中资源管理的基础工作，依法制止浪费资源的行为，提高资源回收率。

4.实施对稀缺煤种保护性开采和资源的合理利用，保证稀

相关。如果最小报价单位过大,将限制投资者之间的报价竞争,从而人为地扩大买卖价差(Bid—askSpread),降低市场的宽度,使渴望即时交易的投资者面临较高的交易成本。

Harris(1994)研究表明,最小报价单位和报价价差正相关,即最小报价单位越小,则报价价差也越小。Bacidcore(1996)年对多伦多证券交易所将最小报价单位由 0.1 加元改为 0.05 加元前后的价差进行了比较,结果发现买卖价差大约下降了 17.0%~27.0%。魏力和施东晖对 2003 年 3 月 3 日前上海证券交易所的基金买卖价差进行了研究,发现封闭式基金在改革前的最小价差约为 0.01 元,相对价差为 1%左右,这远远高于国内股票市场的买卖价差,也高于国际市场平均水平,并认为由于基金最小报价单位过大,限制了投资者之间的委托价格竞争,导致了基金市场交易效率的低下。

1.2 最小报价单位和市场流动性之间的关系研究

Stigler(1964)认为,流动性是在使市场没有明显价格波动的前提下,一种吸收市场买卖订单的能力,其中市场宽度和市场深度是反映流动性的两个主要指标。市场流动性是考察股票市场运行效率和功能发挥程度的重要指标。在股票市场中,流动性的高低是以买卖盘的即时差价和挂盘时间体现的。在低流动性的市场中,买卖盘差价较大,挂盘时间过长,价格不能及时地反映可以获得的信息,使价格长时间偏离市场的均衡水平,影响了市场功能的正常发挥。流动性的缺乏或丧失增加了机构投资者构造最佳投资组合的约束条件,降低了投资者尤其是机构投资者参与市场的兴趣,直接影响了市场的活跃和稳定。

最小报价单位虽然有助于降低股票买卖价差,但最小报价单位并非越小越好。因为在一个"价格优先和时间优先"的市场中,过小的报价单位将降低投资者在限价委托簿中进行"插队 Front—running"的成本,投资者只需报出一个比现有最佳委托稍高一点的买价或稍低一点的卖价,就可以使其委托得到优先撮合,从而对采用限价委托的投资者不能提供足够的价格保护,降低了投资者提供流动性的积极性。

Harris(1994)发现 NYSE 和 AMEX 的最小报价单位改变对市场流动性上产生显著的经济影响力,他同时也指出高的最小报价单位将使流动性的供应更加丰富。1994 年,他设计了一个包含相应价差、交易量和市场深度的方程式并用其来测算报价单位从 \$1/8 降低到 \$1/16 对市场的影响。他的研究发现,对一个低于 10 美元的股票来说,低的最小报价单位将导致买卖差价减小 36%以及市场深度下降 15%,但由于报价单位的减小在交易成本上和市场深度上存在相反反应,导致 Harris 难以判断一个更小的报价单位是否最终增加市场的运行效率。

1.3 最小报价单位对不同投资者影响研究

布朗(Brown,1991)认为,报价单位的大小对于一般投资者和机构投资者的影响是不同的,报价单位较小,有利于提高中小投资者的参与积极性,但场内做市商及短线交易者的交易热情会下降,因为他们觉得价格波动太慢了,因此在以做市商为主体的市场中,小的报价单位可能会造成流动性降低。

从交易策略的角度来看,交易量很小的中小投资者更希望以较低的交易成本获得流动性,因而偏好较小的报价单位,与之相反,进行大额交易的机构投资者希望其交易不对股价造成巨大冲击,因而对良好的市场深度更感兴趣,偏好较大的最小报价单位。

尽管国内交易系统是电子报价驱动,没有类似西方的做市商,但魏力和施东晖认为,由于基金分改厘前最小报价单位相对于基金绝对价格水平设置过高,使部分机构投资者自觉地扮演了"做市商"的角色。Harris(1994)的研究表明,报价单位减小将导致作为主要流动性提供者的机构投资者的交易减少,而散户投资者的交易增加,并且一个显著的事实是,每笔交易规模减少非常显著。

1.4 报价单位对总体交易量的影响研究

大部分交易所改变最小报价单位的目的是为了活跃市场,增加佣金收入,从西方实证研究来看,报价单位的减小同市场整体交易量增加的关系不尽相同。早期的研究(Harris,1994)表明,报价单位的减小导致整体交易量增加了 30%,Niemeyer(1994)对瑞典斯德哥尔摩证券交易所的研究表明:报价单位变小后,整体交易量也增加,但增加幅度并不是很大。Hee(2001)对东京证券交易所的研究表明,在东京证券交易所对某些证券减小报价单位后,市场整体交易量并没有显著增加,对于和西方不同的结果,Hee 认为在电子报价系统下,尽管散户的投资热情在报价变少后增加了,但机构交投热情下降了,两者相抵,实际上并没有有效促进交易量的增加。

但是,截至目前,还没有看到报价单位减小后市场交易量显著下降的实证结果。

本报告将利用沪深证券交易所 54 个封闭式基金分笔交易数据对上述四个问题分别进行实证分析,除此,本文还研究了分改厘前后基金折价幅度的变化,以分析分改厘政策能否增加封闭式基金的市场投资价值。

二、样本选择和数据

我们选取当前在沪深交易所交易的 54 个封闭式基金作为研究样本,出于分析的目的,将这 54 个基金按规模大小分成四个组别:第一组包括规模在 25 亿元至 30 亿之间的 13 个封闭式基金(以下简称为最大基金组);第二组包括规模在 15 亿元至 30 亿元之间的 14 个封闭式基金(以下简称为中大基金组);第三组包括规模在 8 亿元至 10 亿元之间的 6 个封闭式基金(以下简称为中小基金组),第四组包括规模在 5 亿元的 21 个封闭式基金(以下简称为最小基金组)。

本报告选择样本期间为 2002 年 9 月 1 日至 2003 年 11 月 30 日,样本期间以基金分改厘改革开始的 2003 年 3 月 1 日为界,分成前后不相交的两部分,其中 2002 年 9 月 1 日至 2003 年 3 月 1 日为改革前样本,期间共有 116 个交易日,2003 年 3 月 1 日至 2003 年 11 月 30 日为改革后样本,期间共有 183 个交易日。

在分改厘前的样本期间内,上证指数从 1668.77 点下跌至 1511.93 点,下跌幅度为 9.4%,在分改厘后的样本期间内,上证指数从 1511.93 点下跌至 1397.23 点,下跌幅度为 7.6%,分改厘前后样本期间的市场下跌幅度基本相当,这就最大限度地消除了股票市场波动对基金交易的影响。本报告选择的数据来源于宏汇行情系统提供的分笔封闭式基金交易数据,宏汇行情提供的数据包括历史每笔交易时间、交易价格、交易性质(主动性卖或者买)、交易金额和交易量,这些数据是研究市场微观结构的基础。在过滤行情变动的影响后,通过比较分改厘前后市场微观结构的变化,我们就可以比较准确地评估分改厘政策对市场诸多因素的影响。

三、实证分析结果

3.1 交易价差的变化

买卖价差是市场流动性的一个重要衡量指标。买卖价差越小,则表示立即执行交易的成本越小,市场的流动性也越好,最小报价单位减小使较小的报价成为可能,从理论上分析,报价单位的减小显然会缩小买卖盘报价的差距。

设在某一交易时刻基金的成交价格是P,委托序列中最低卖出价(卖一)是p1,委托序列中最高买入价(买一)是p2,则绝对价差为p1－p2,相对价差为2×(p1－p2)/(p1＋p2)。

虽然宏汇行情系统没有提供历史上即时的买卖盘报价,但我们可以通过其提供的连续每笔交易数据获得近似的买卖盘报价数据。实际上,在连续成交数据中,相邻两笔不同成交性质(即主动性买卖不同),并且主动性买价高于主动性卖盘的两个成交数据恰是前一笔交易前的卖盘价格和买盘价格,通过买盘价格和卖盘价格的数据,我们就可以计算基金交易的绝对买卖价差和相对买卖价差。表一列出了基金分改厘前后,最大基金组、中大基金组、中小基金组和最小基金组的市场平均绝对交易价差和市场平均相对交易价差。

表一、封闭式基金绝对价差和相对价差变化

时间	分改厘前		分改厘后	
组别	绝对价差(分)	相对价差(%)	绝对价差(分)	相对价差(%)
最大基金组	1.007	1.23%	0.146	0.17%
中大基金组	1.009	1.22%	0.148	0.19%
中小基金组	1.012	1.17%	0.157	0.18%
最小基金组	1.015	1.25%	0.176	0.23%

从表一可以看出,基金分改厘前后绝对价差和相对价差都出现了大幅度下降,绝对价差由分改厘前的1分左右下降到分改厘后的0.15分,下降了约85%,而相对价差由改革前的1.23%下降为改革后的0.19%,下降幅度也约为85%,价差发生了显著的下降。同最小报价单位相比,改革前的价差实际上基本等于最小报价单位,而改革后的价差却是最小报价单位的1.5倍,这说明前者是由于最小报价单位约束了报价,导致买卖价差过大,而后者却说明了报价单位实际上已经足够小,至少从绝对价差评价来看,以2厘为最小报价单位和1厘为最小报价单位的交易效果是相同的。表一同时也表明不同基金分组的绝对价差和相对价差同基金的规模成反比,但不同规模基金间的绝对价差和相对价差在同一时间段内基本相同,没有显著差异,说明基金规模对价差基本没有影响。

与基金相比较,上海A股市场的绝对价差为2.6分左右,相对价差仅为0.17%,可见,基金分改厘前的相对价差要远远高于目前国内股票的相对价差,而改革后的基金交易相对价差基本和股票的平均相对价差持平,同国际市场平均0.2%的买卖绝对价差也比较接近。

3.2 市场流动性

按照Kyle(1985)给出的证券市场流动性的微观衡量办法:根据所需目的不同,市场流动性可由下面两个指标来刻画:(1)市场宽度(width),即交易价格偏离市场有效价格的程度,它是投资者支付的流动性升水。市场宽度的观测值是买卖盘的最小报价差额,只有当这个差价为零时,才可以认为市场完全达到流动性。(2)市场深度(Depth),即在不影响当前价格下的成交量。从市场深度来看,流动性好意味着在当前价格下投资者可以大量买入或者抛出资产。在这两个市场流动性衡量指标中,市场宽度包含了价格变化因素,市场深度包含了交易量因素。

本报告通过市场宽度和市场深度两个指标来衡量市场流动性的变化,流动性指标作如下设计:

(1)市场宽度

市场宽度是指在特定的时间段内,一定交易量下所产生的价格波动程度。市场宽度的计算公式如下:

$$W_a=2(P_H-P_L)/(P_H+P_L)$$

其中P_H,P_L分别为达到a交易量时的最高价和最低价。

在实证研究中,我们将所有的交易时间分为若干个10分钟时间段,预设交易量为750手,表二列出了封闭式基金分改厘前后市场宽度的变化情况,表中观察数按照10分钟内达到预设交易量,对10分钟达不到预设交易量的样本予以舍弃,合格频率系合格时间段数目占总观察时间段数目的比率。

表二:基金分改厘前后市场宽度的变化情况

时间段	分改厘前			分改厘后		
组别/项目	观测时段	合格频率	均值	观测时段	合格频率	均值
最大组	35742	46.4%	0.00747	56308	59.6%	0.00210
中大组	38136	37.0%	0.00753	59940	52.4%	0.00232
中小组	16355	43.0%	0.00733	25160	49.3%	0.00226
最小组	53883	32.2%	0.00712	83351	35.76%	0.00270

由于市场宽度代表价格波动的程度,根据流动性的定义,市场宽度均值较低的流动性较高。考虑到统计过程中舍掉一些不合格时间段,我们还要兼顾合格频段的大小。从表二可以看出,分改厘后市场宽度的均值约为0.0074,而分改厘后市场宽度约为0.0023,下降了69%。分改厘后,市场宽度的绝对数量是下降了,对中小投资者来说,由于交易规模不会对市场形成冲击,市场宽度的下降显然对其有利;对机构来说,合格频率过低代表大部分时间交易规模的不足,大单交易的市场流动性未必得到提高,市场深度对机构更为重要。

(2)市场深度

市场深度是指在特定时间段内,一定价格波动区间所容纳的交易量的大小,即价格首次突破$[P_5-C,P_5+C]$时基金交易量的大小。其中P_5为初始价格,C为设定波幅。

由于分改厘前最小报价单位为0.01元,价格波动区间最低要设为1分,我们将时间段长度定为15分钟,价格波动的区间为[初始价格－1,初始价格＋1],取15分钟内未超过这一波动区间的交易量作为市场深度值。

由于分改厘后最小报价单位为厘,启用1分为波动幅度显然过大,在机构投资者动用大规模交易时,关注的是上下买卖挂单能否允许交易作为判断的标准,而分改厘后市场一般都能同时看到3个买卖单,因此对分改厘后市场深度的波幅定为3个最小报价单位,即3厘,价格波动的区间[初始价格－0.3厘,初始价格＋0.3厘],取15分钟未超过这一波动区间的交易量作为市场深度值,表三列出了分改厘前后市场深度的变化情况。

表三　分改厘前后的市场深度变化情况

时间段	分改厘前(波动幅度为1分)			分改厘后(波动幅度为3厘)		
组别/项目	观测时段	合格频率	深度均值	观测时段	合格频率	深度均值
最大组	23573	98.75%	5924.7	37475	89.6%	4488
中大组	25466	98.6%	3318.63	40169	88.4%	3236
中小组	10836	98.3%	6102.83	16990	87.2%	2835
最小组	36777	98.23%	1978.13	57774	85.4%	1289

对分改厘前的基金交易说,在15分钟内突破一个最小报价单位的概率不到2%,在上下一个最小报价单位内的交易量较大,市场深度非常适合于机构大规模交易。一个有趣的现象是分改厘前市场深度最大的是中小规模组的基金,而并非随着基金规模增加而深度递增,这似乎意味着市场在分改厘前更“喜欢”中小规模基金组,这有悖常理。但是分改厘后,这种现象得以扭转,市场深度随着基金规模增加而增加,和推理一致。

表三中一个明显的事实是：分改厘后，市场的深度有所下降。这可以从两个方面加以佐证：一是合格频率下降到85%左右，它意味着观察时间段有15%的概率跑出原先价格上下3个报价范围内(所能看到的所有报单)，二是市场深度即15分钟在指定范围的交易量也下降了，平均下降幅度为25%，这对机构投资者进行大规模交易并不利。考虑一个机构投资者需要迅速变现卖出5000手的封闭式基金，由于他只能看到下面三档买入订单(即买一、买二、买三)，而由于市场深度较差，下三档买入报价的总额可能达不到5000手的规模，因此，他只能击穿买三的订单以实现出货的目的(表三显示有将近15%的概率击穿买三)，并且即使击穿买三后，由于不知道下面买单的情况，出货显得相当困难，大单交易不如分改厘前来的轻易。

而且，在报价单位分变厘后，在市场深度减小的前提下，大单交易会给市场形成冲击。Gerard认为，市场中只有少部分是信息充分者，大部分都是信息缺乏者(也称噪声交易者)。市场信息缺乏者对信息关注、搜集较少，主要是根据市场价格和交易量变化进行信息猜测，他们的交易行为是交易数据变动的函数，而非信息变动的函数。在流动性较少的市场中，一些偶然的大单交易都可能会在瞬间给市场带来较大的供给或需求冲击，导致价格迅速偏离均衡水平(如下跌)。由于信息不对称，市场中的非信息交易者可能会认为这种下跌是由于信息充分者经过信息分析而做出的某种交易行为的结果，因此他们会下调自己的价格预期，并通过交易行为(如止损)导致价格的进一步下跌。在市场充斥噪声交易者的情况下，大单交易击破3档挂单后可能导致价格激烈朝大单交易者不利的方向推进，分改厘后击破下三档买单(或上三档卖单)概率的增加，以及市场深度的下降，表明机构投资者的流动性反而较分改厘前有所下降，交易成本也可能因为价格冲击较大而增加。

3.3 对不同投资者的影响

基金分改厘前，由于报价单位过大，因此一些机构利用跑道的优势双向挂单，实际上充当了流动性提供者的坐市商角色。在交易过程中，散户构成流动性的需求者，因此倾向于喜欢小的报价单位，而机构是流动性的提供者，因此倾向于大的报价单位；如果这种推理成立，那么在分改厘后投资者的交易结构会发生变化，散户的交易将趋于活跃，而机构的投资活跃程度将下降，我们可以通过观察交易结构的变化来推测不同规模投资者对分改厘政策的反应。

我们将每笔成交数据分成三类，一万股以下、一万至五万、五万以上，在这里我们视一万股以下的成交数据为散户主动性成交，五万股以上视为机构主动性成交，一万至五万的数据为中性，表四和表五分别是分改厘前后市场成交结构的变化情况。

从表四和表五可以看出，在分改厘前，市场的主动性买单和主动性卖单基本是持平的，比例平均维持在1:1.05，5万股以上的主动性买单和主动性卖单基本也维持在1:1左右的比例。但分改厘后市场的主动性买单和主动性卖单的比例发生了很大的变化，主动性卖单显著超过主动性买单，平均主动性买单和平均主动性卖单的比例约为1:1.28，比例增加了25%左右，这说明分改厘后投资者主动性离开市场的比例要超过主动性进入的比例。进一步的分析表明，实际上，交易规模为1万股以下主动性买卖盘比例在分改厘后基本维持平衡，而单笔成交在5万股以上的投资者主动性卖盘要显著超过主动性买盘，平均比例达到1.66:1，这说明分改厘后主动性卖出的主要是成交5万股以上的投资者，正在主动性选择离开市场，这部分反映了机构投资者更倾向于在报价单位较大的市场内进行交易。至于散户(我们这里将单笔成交1万股以下视为散户的代表)，虽然从日成交笔数绝对数量上并没有显著增加，基本和分改厘前相当，但是，鉴于下半年基金市场持续低迷，能维持分改厘前的主动性买卖水平，至少也反映了散户相对活跃，也就是说，相对于机构投资者而言，散户更愿意在分改厘后的市场内进行交易。

表四　分改厘前市场成交结构

交易性质	主动性买盘情况（平均成交笔数）			主动性卖盘情况（平均成交笔数）		
类别	日均成交	1万以下	5万以上	日均成交	1万以下	5万以上
最大组	76.3	36.2	13.1	71.2	32.5	13.8
中大组	63.8	35.3	8.3	65.3	34.1	9.2
中小组	72.5	32.6	16.4	90.3	33.9	15.4
最小组	54.8	29.9	7.3	54.3	28.4	7.5

表五　分改厘后市场成交情况

交易性质	主动性买盘情况（平均成交笔数）			主动性卖盘情况（平均成交笔数）		
类别	日均成交	1万以下	5万以上	日均成交	1万以下	5万以上
最大组	72.2	35.8	10.0	89.3	37.29	19.0
中大组	65.4	35.6	7.8	81.0	38.9	14.1
中小组	59.2	29.5	12.3	80.6	20.8	18.2
最小组	49.5	26.1	6.5	58.4	30.6	9.6

3.4 交易量的变化

在分改厘政策改革前，人们都期望分改厘政策能够刺激基金市场的活跃，从西方的实证分析来看，报价单位的变少，往往导致做市商交易热情的下降，而普通投资者投资热情却上升，由于普通投资者的交投数量高于做市商的交易数量，因此市场整体的交易规模是上升的。在国内电子报价系统下，分改厘前由于存在"夹板"交易，部分机构投资者可以成为类似于西方的做市商，但在分改厘后，这种现象不复存在，交易量能否增加取决于机构投资者和普通投资者交易此消彼涨的相对程度。

表六列出了分改厘前后市场成交量的变化情况。

表六　分改厘前后市场成交量变化情况

时间段	分改厘前（平均日成交手数、比例）			分改厘后（平均日成交手数比例）		
类别	日均成交	1万以下	5万以上	日均成交	1万以下	5万以上
最大组	103212	2.55%	86.22%	90987	2.59%	80.82%
中大组	58930	4.35%	80.91%	66656	3.43%	78.21%
中小组	109684	2.29%	86.59%	56278	3.88%	64.76%
最小组	34657	5.18%	71.56%	26330	11.07%	60.45%

注：这里的比例是指单笔交易在1万股或者5万股所对应的交易量占全天交易总量的比例。

从表六中可以看出，除中大基金组在分改厘后交易量出现13%增长外，分改厘后市场的整体交易量显著下降，最大基金组、中小基金组和最小基金组在分改厘后市场平均交易量分别下降11.8%、48.7%和24%，下降幅度是比较显著的。与此形成鲜明对比的是：分改厘前市场同期深圳证券交易所股票市场平均成交34.42亿，分改厘后同期深圳股票日均交易量为45.3亿，成交量却是增加的，这说明分改厘前后交易量减少是由于基金市场本身的原因，并未受股票行情的影响。

一个奇怪的现象是：分改厘前中小基金组的日均交易量非常大，其换手率显著超过了最大基金组和中大基金组的换手率，似乎有"投机"的嫌疑，而分改厘后，几个基金组的日均交易量基本正常，基金日均成交量和基金规模保持一致，这说明基金分改厘后在中小基金组上的"投机"现象减弱了。

进一步的分析表明，在基金交易中，单笔成交5万股以上的交易量占全天交易量的绝大部分，在分改厘前，这种交易占全天交易量的80%左右（最高的中小基金组为86.59%，最低的最小基金组也有71.56%），而分改厘后，单笔5万股以上的交易量占全天的交易量也在70%左右（最高的最大基金组为80.82%，最低的最小基金组也有60.45%），也就是说，无论是分改厘前还是分改厘后，机构交易都是基金市场交易的主体。但是，正如上文分析，分改厘后，市场深度下降了，机构投资者瞬间进出市场较分改厘前的难度有所增加，这对追求强流动性的机构投资者无疑是不利的，这或许成为机构投资者逐步选择撤离市场的原因之一。

3.5 分改厘政策和基金折价率

净值是衡量基金内在价值的最重要要指标，折价率系基金净值和价格的比率，它在一定程度上反映了市场对基金投资价值的判断。应该说，基金分改厘政策本身不会影响基金最核心的价值判断，但它可以在流动性等其他方面影响基金的投资价值，假设其他因素不变，那么基金在分改厘前后折价的变化基本上反映了市场对分改厘政策的判断结果。

系2002年8月30日至2003年11月28日四种不同规模组基金折价率的变化情况。

折价率在2002年8月30日至2003年11月28日之间基本是增加的，表明封闭式基金逐步被边缘化，基金分改厘并没有改变折价率增加的趋势，而且分改厘前后也没有出现跳跃式的变化，说明连短期影响都几乎没有。很显然，分改厘政策并没有有效扭转投资者对封闭式基金的边缘化趋势，封闭式基金的边缘化可能涉及到很多方面的原因，比如开放式基金的替代作用等，不完全是分改厘政策导致的结果。在这里，我们很难从整体上判断基金分改厘政策是提升基金的投资价值还是降低了基金的投资价值，但是，即使基金分改厘政策提升了封闭式基金的投资价值，但也非常有限，与其他负面因素相比，显然是微不足道的，也就是说，分改厘政策并没有显著增加封闭式基金的投资价值。

四、结论

按照我们的实证分析，2003年3月3日开始执行的分改厘政策在减小交易价差和绝对市场宽度、节省交易成本、减轻市场过度投机等方面改善了市场的微观结构，提高市场的交易效率。中小投资者是分改厘政策的最大受益者，分改厘政策对中小投资者基本没有负面影响，统计分析显示，中小投资者在分改厘后的低迷基金行情中仍然能维持分改厘前的交投热情。

但是，由于分改厘后原先"夹板"盈利模式的消失，先前充当"坐市商"角色的部分机构投资者丧失了利用跑道优势的盈利机会。在电子报价系统下，分改厘后不再有机构充当"坐市商"角色，而缺乏"坐市商"提供的流动性，市场深度下降，这增加了机构投资者快速进出市场的难度，也增加了其交易成本。加上分改厘后市场的日平均波动幅度从分改厘前的日均1.8%下降到0.85%，行情的呆滞其实并不利于投机。有充分证据显示，分改厘后活跃机构投资者正在逐步撤离封闭式基金市场，这中间包括那些依靠"夹板"模式盈利而在盈利模式不再存在必须离开市场的机构投资者，也包括由于流动性受损而受影响的机构投资者，尽管这些机构投资者大部分可能都是以"投机"（或者利用交易规则）为主，但是，对机构交易量占总交易量75%的国内基金交易市场来说，投机为主的活跃机构投资者的撤离无疑给基金交易市场产生了消极的影响，一方面市场交易活跃度下降，另一方面封闭式基金的折价率逐步增加，这又很大程度上影响了封闭式基金长期投资者的利益，部分机构投资者也可能因此而离场观望。

一种观点可能认为，封闭式基金市场分改厘前就存在着投机现象，分改厘恰好是一个挤"泡沫"过程，因此认为投机性机构投资者的离场是一种正常的现象。但是，我们并不赞同这种观点。我们认为：为维护市场的强流动性，任何市场都必须拥有足够的投机者，投机者充当了市场的润滑剂，没有投机者的市场必然缺乏流动性，市场运行效率也必然低下。为吸引足够多的投机者，市场必须给予投机者一些盈利机会，但是，分改厘后，最小报价单位一下子缩小了10倍，上下3档交易模式导致"夹板"盈利模式不在存在，行情呆滞影响限制了投机者的盈利机会。从国外经验来看，报价单位的改革大都是逐步推进的，一次改革大概缩小为原先的一半左右，而国内分改厘调整幅度太大，这导致沪深交易所的最小报价单位改革出现了与西方不同的效果：在西方，最小报价单位变小往往伴随着交易量的增加，而在国内，报价单位减小后交易量却出现了显著的下降。

我们需要重新评估一厘为最小报价是否合适，在西方，如何选择最优的报价单位一直是一个极具争议的理论和政策问题。从效果来看，基金分改厘政策执行后市场深度下降了。2003年12月8日后沪深交易所开始执行五档交易报价制度后市场深度会因为报盘的增加而改善，由于缺乏足够的数据，我们难以对五档交易报价是否能弥补分改厘政策带来的不足作出实证分析。但是，我们认为，如果将最小报价单位改为二厘，应该可以维持分改厘前活跃机构投资者大部分盈利模式，此时，上下报价有二分的差距，活跃投机者仍然可以以"夹板"交易模式盈利，并乐意提供流动性，市场深度也会随着最小报价单位变为二厘而增加，在盘面可以观察的最大报价价差可以达到二分，和分改厘前日平均波动基本相当。在这种方式下，中小投资者利益可能部分受损，但是，这也是为活跃机构投资者提供强流动性的合理补偿，在最小报价单位改为二厘的情况下，最小报价单位与股价的比率也称相对最小报价单位维持在0.3%左右，落在国际上通常的0.2%至0.5%中间，因此，以二厘为最小报价比一厘为报价单位更适合国内封闭式基金交易市场。（金元证券）

沪、深两市大宗交易制度研究

内容提要

随着我国证券市场不断发展，机构投资者比重在市场中快速上升，整体实力大大增强，市场参与者对证券市场的流动性提出了更高的要求。在此背景下，沪深两市大宗交易制度应运而生。大宗交易制度诞生以来，沪深两市大宗交易并不活跃，从交易量和交易占比的角度与国外大宗交易市场相比相差甚远。在深交所即将推出大宗交易电子系统之际对这一制度进行研究具有一定的现实意义。

根据对我国大宗交易市场数据分析，我们发现沪深两市大宗交易呈现以下几个特点：(1)市场交易不活跃，市场占比十分低；(2)市场对大宗交易反应不明显，难以起到降低市场波动的效果；(3)大宗交易有利于增强市场流动性，但这是在价格制度规定下的被动效果；(4)目前市场上大宗交易主要集中在券商包销的滞留券种上，市场参与者相对较为单一。

在本文第三部分，分析了国外交易所大宗交易制度的条款特征，并重点分析了东京交易所大宗交易制度，结合沪深两市大宗交易制度条款作了比较分析。并在文章的最后一部分，提出了我国大宗交易制度应当在交易方式、交易时间、交易价格限制，以及大宗交易制度的其它方面提出了放宽条款限制的建议。

一、沪、深两市大宗交易制度的演进

1.1 大宗交易制度产生背景

(1)、机构投资者队伍的快速增长有力推动了大宗交易制度的产生。20 世纪 70 年代以来，投资者法人化、机构化已经成为国际证券市场的一大发展趋势。近几年来，伴随我国证券市场的快速成长，在管理层大力倡导“培育规范机构投资者”的政策下，国内机构投资者队伍步入超常规发展阶段，以基金公司、证券公司、私募基金等为主体的主要机构投资者入市规模和流通市值占比快速增长。据统计，2001—2002 年我国机构投资者总规模约为 1.98 万亿元，其中入市资金规模为 8300 亿元左右，约占沪深两市总市值的 55.7%，2003 年这一比例大幅度提升，表 1 是 2003 年 12 月份国内机构投资者市场份额情况。

表 1:机构投资者市场份额

投资者名称	证券投资资金规模(亿元)	在证券市场中的份额(%)	在股市中的市场份额(%)
开放式基金	1013.57	5.93	8.69
封闭式基金	817	4.7	8.7
财务公司	463	2.71	3.96(股票投资 27 亿)
保险公司	442.4	2.59	3.79
证券公司	435.56	2.55	3.73
社保基金	228.1	1.33	1.95
QFII	85.075	0.5	0.73
信托公司	16.38	0.1	0.14
小计	3501.09	20.49	29.99
私募基金	7000	40.95	59.94
合计	10501.09	61.44	89.93

数据来源:港澳咨询 2003/12/05

(2)、在国内机构投资者快速增长的同时，资本市场中的兼并收购活动越来越多，大额股权转让日益增多成为推动大宗交易出现的又一重要因素。有统计显示，2002 年涉及中国企业的兼并与收购交易总值较 2001 年翻了两番，总金额超过 300 亿美元，占亚洲地区(除日本外)所公布同类交易价值总额的五分之一。在 2003 年第一季度，尽管并购总额下降逾 20%，但与中国企业相关的交易仍占已公布交易总值约 16%。随着我国国有股和法人股的流通，以股权转让为手段的兼并收购活动将日益增加。沪深交易所适时推出大额交易制度对于活跃大额股权转让、降低交易成本、推进市场主体整合具有重要意义。

1.2 沪、深两市大宗交易制度产生与演进

虽然我国大宗交易制度出现时间较短，但从制度演进过程和市场情况来看可以分为三个阶段：

第一阶段:2002 年 2 月 25 日—2003 年 1 月 9 日

第一阶段以深交所推出大宗交易制度为标志。为了给上市公司重组与兼并工作创造有利条件，完善我国证券市场的场外交易市场体系，增强有价证券的流动性，深交所于去年 2 月 25 日率先推出大宗交易制度，并以银河证券与上海金证咨询公司之间的罗牛山(000735)1980 万股股权转让完成了国内证券市场首笔大宗交易。但是，在随后将近一年内，国内大宗交易市场完全停滞，直到 2003 年 1 月 8 日国风塑业(000859)近 2000 万股大额交易的出现，才重新点燃了国内大宗交易业务的开展。

第二阶段:2003 年 1 月 10 日—2003 年 8 月 19 日

第二阶段以 2003 年 1 月 10 日上交所推出大宗交易制度为标志，两个市场都出现了大宗交易制度。上交所在深交所推出大宗交易制度将近一年后，今年年初首次推出大宗交易制度。与深交所同期大宗交易制度相比，主要在以下几点存在差异：

1、上交所交易制度覆盖了更多的交易品种，不但包括深交所大额交易制度所覆盖的 A 股、基金和国债，而且还包括 B 股、国债回购等交易品种；

2、时间上上交所采用了盘后交易制度，在连续竞价交易结束后半个小时内进行大额交易的申报和交易，而深交所需要在 14:55 前完成大额买卖申报；

3、交易价格上，上交所没有作出具体的规定，深交所则规定在当天成交最低价格与最高价格区间内进行报价，若当日无成交则以前日收盘价为交易价格；

4、大宗标准存在差异。深交所以量作规定:A 股、基金不少于 50 万股(份)，债券不少于 5 千手；上交所采用量(成交量)和值(成交金额)两个指标:A 股不低于 50 万股或不低于 300 万元人民币；B 股不低于 5 万股或不低于 30 万美元；基金不低于 300 万份或不低于 300 万元人民币；债券不低于 2 万手或不低于 2000 万元人民币；债券回购不低于 5 万手或不低于 5000 万元人民币。

5、交易席位。深交所规定要在同一交易席位进行申报，而上交所规定投资者可以通过自己经纪商的交易席位进行交易操作，即可以在不同交易席位进行。

上交所大宗交易制度推出激活了市场大额交易业务的开展，到 2003 年 7 月底，上交所共发生大额交易 24 笔，涉及金额 19 亿元左右。但同期深市大宗交易仍不活跃，无大宗交易发生。

第三阶段:2003 年 8 月 20 日—至今

第三阶段以上交所大宗电子交易系统和沪深两市大宗交易最新细则启用为标志。2003 年 8 月 20 日上交所正式使用独立大宗交易系统办理大宗交易业务，同时修订了《上海证券交易所大宗交易实施细则》，在交易制度方面对申报价格和限制申报条款做了明确规定。上交所大宗交易系统推出后，8—12 月份共完成 23 笔交易，涉及金额 13 亿元人民币。

与此同时，为了提高投资者在深圳证券市场进行大宗交易的便利性，深圳证券交易所在广泛听取市场意见的基础上对《深圳证券交易所大宗交易实施细则》进行修订，并于 8 月 25 日起正式实施。从深交所的制度修订上看，主要在以下几个方面进行了改进：

1、交易品种范围有所扩大，包括了 B 股和债券回购业务；

2、大宗交易标准采用量和值两种度量方式，旧交易规则是以交易量来作为衡量标准，新交易规则采取双标准制度，既采用交易量标准也采用交易金额标准；

3、交易时间上，新制度采用了盘后交易申报并成交的规则，连续竞价交易结束前不接受大额买卖申报；

4、在交易席位方面，由原来的在同一交易席位改为可以在不同交易席位上进行大宗交易申报。

5、其它主要是在申报限制条款、申报撤销和交易费用等方面做了明确的定量或改动。

经修订后的深交所大宗交易制度丰富了交易品种，增强了大宗交易标准的弹性，提高了投资者操作的便利程度，并在交易费用方面显示了较大的吸引力。新制度实施以后，深交所的大宗交易相对于旧制度实施期间有了明显的活跃，到目前为止，深交所共有六笔大宗交易发生，涉及股票总量4296.27万股，金额3.84亿元，转债229.542万张，金额2.58亿元。但是相对于上交所交易总量和成交金额看，活跃程度仍然较低。

表2:沪深交易所交易规则

交易所	深交所		上交所	
交易规则	旧大宗交易规则	新大宗交易规则	旧大宗交易规则	新大宗交易规则
制度实施期间	02/2/25—03/8/24	03/8/25以后	02/1/10—03/8/19	03/8/20以后
交易品种	A股、基金、债券	A股、B股、基金、债券、债券回购	A股、B股、基金、债券、债券回购	A股、B股、基金、债券、债券回购
交易时间	14:55前输入交易系统，确认后成交	15:00—15:30	15:00—15:30	15:00—15:30
交易价格	当日最低价与最高价之间；当日无成交的，以前日收盘价为交易价格	同左	买卖双方根据大宗买卖信息协商	当日最低价与最高价之间；当日无成交的，以前日收盘价为交易价格
交易数量	A股、基金不少于50万股(份)，债券不少于5千手	A股不低于50万股或不低于300万元人民币；B股不低于5万股或不低于30万港币；基金不低于300万份或不低于300万元；债券不低于2万张或不低于200万元；债券回购不低于5万张或不低于500万元。	A股不低于50万股或不低于300万元人民币；B股不低于5万股或不低于30万美元；基金不低于300万份或不低于300万元；债券不低于2万手或不低于2000万元；债券回购不低于5万手或不低于5000万元。	同左
交易席位	同一交易席位	不同交易席位	不同席位(有形或无形)	不同席位
申报限制	无具体限制	全天停牌的申报不予受理	当日停市或全天停牌的不受理15:00前仍处于停牌状态的不予受理	
申报撤销	系统接收后不得撤销	申报经系统确认后不予撤销	本所确认后的成交申报，不得变更	同左
交易费用	无具体规定	A股下浮30%；B股、基金下浮50%；债券和回购不浮动	股票、基金下浮30%；债券下浮10%	同左
大盘影响	成交量和成交金额纳入总成交量和总成交金额统计，但不纳入实时行情和指数的计算。	同左	大宗交易不纳入指数计算，成交价不作收盘价，成交量计入当日成交总量	大宗交易不纳入指数计算，成交价不作收盘价，成交量计入当日成交总量

二、沪、深两市大宗交易特征

2.1 交易量小、交易活跃程度低

这里我们对2003年1月1日到12月25日的上海证券交易所和深圳证券交易所的股票交易数据及其大宗交易数据进行统计，并作分析(考虑到2002年深交所实施大宗交易制度以来，年度内仅有一笔交易发生，在此不予分析)。

表3:2003/1/1～2003/12/25成交情况

交易所	全部上市证券		巨额交易						
	成交金额(亿元)	成交股数(百万)	成交金额(亿元)	成交金额比例(%)	成交股数(百万)	成交股数比例(%)	笔数	每笔成交金额(百万)	每笔成交股数(万股)
上交所	20075	257245	16.41	0.0817	157.96	0.0614	30	54	526.5
深交所	11084	144151	5.07	0.0346	62.9	0.0298	10	50.7	629
合计	31159	401396	21.48	0.069	220.86	0.055	40	53	552.2

表4:1999～2001年美国、日本、台湾巨额交易情况

年份	美国		日本		台湾	
	成交股数(百万)	巨额交易占比	成交股数(百万)	巨额交易占比	成交股数(百万)	巨额交易占比
1999	102293	50.2%	11634	7.4%	627	0.092%
2000	135772	51.7%	15623	8.9%	565	0.089%
2001	148056	48.1%	17547	8.5%	344	0.0567%

根据以上两表的统计情况可以发现：

(1)整体来看，国内证券市场大宗交易市场不够活跃，两市合计成交数量和成交金额占整个市场的比例不足0.1%，分别为0.055%和0.069%。

(2)从今年沪、深两市大宗交易绝对数量和占比情况来看，沪市虽然推出大宗交易时间较晚，但在成交笔数、成交数量和成交比例上看，明显高于深市，大概在三倍左右，沪市大宗交易相对较为活跃。

(3)与国外相比，国内大宗交易过于清淡，1999年到2001年期间美国大宗交易占市场交易份额平均为50%，日本为8.26%，分别是我国的909倍和150倍。我国大宗交易市场的清淡程度与台湾十分相近，自从台湾1998年实行了预收巨额交易款券制度以后，台湾的大宗交易迅速减少，活跃程度与我国证券市场差不多。

2.2 大宗交易与市场反应

由于我国大额交易比较清淡，对于整个证券市场波动影响十分微弱。在这里我们通过实证的方法探讨市场对发生大宗交易的个股有何反应。

定义：$\sum$是对某个交易日所有个股收益率减去该日大盘收益率的差额求和，即所有个股相对于大盘的超额回报率之和。

假设：(1)在正常情况下，个股的走势与大盘走势一致，两者具有相同的收益率变化，在大宗交易发生时，市场有可能会对发生交易的个股作出反应；(2)在某个交易日，正常情况下$\sum=0$；(3)如果市场对大宗交易没有反应，在没有其它特殊情况下样本符合假设(1)，那么根据选取的样本数据计算出的$\sum=0$；如果市场对大宗交易有反应，$\sum\neq0$。

样本与样本数量：20个在T交易日发生大宗交易的股票。选取T、T+1、T+2三个交易日的大盘及发生大宗交易股票的收盘价。

根据对选取的样本数据进行实证的结果如下：

(1)$\sum\neq0$，但$\sum$非常小；

(2)经过对T、T+1、T+2三个交易日的样本平均超额回报率($\sum/20$)进行检验，结果如下：

交易日	$\sum/20$	t检验值
T	−0.45%	−1.26
T+1	−0.16%	−0.46
T+2	0.09%	0.25

根据上面的实证结果，我们可以看出t检验并不显著，也就是说市场在大宗交易发生的当日(T)和以后的两个交易日(T+1、T+2)，并没有发生明显的市场反应。

分析原因，我们认为在盘后交易的方式下，由于沪、深两市大宗交易比较清淡，绝大部分交易是券商包销的剩余证券，投机性不强，对市场的冲击较小。深交所第一笔大额交易罗牛山股票转手后，对市场的影响十分明显，我们认为是市场对金融创新的过渡反应导致的。

2.3 大宗交易与市场流动性

根据国外的研究文献对大宗交易对市场宽度(SPREAD)

和市场深度(DEPTH)影响的实证数据来看,大宗交易制度的推出有利于提高市场的流动性。我国沪、深两市大宗交易制度规定,大宗交易在连续竞价结束后进行,并且交易价格在当日即时行情显示的最低价格与最高价格之间确定,如果当日无成交价格,根据前交易日收盘价确定,成交量计入当日成交量。无须对沪深两市进行实证分析,我们就可以推断这种制度的设置有利于提高市场深度和缩小市场宽度,从而提高市场的流动性。

但我们认为在目前情况下,大宗交易对市场流动性的影响非常微弱,由于大宗交易的发生对市场反应的影响效果并不明显,那么,在对交易价格放开之前,其对流动性的影响是完全正面的,而不会出现负面效果(即不会降低市场的流动性)。

2.4 大宗交易性质

总结2003年沪、深两市有过配股或增发并且发生大宗交易的股票,我们得到了表5(注:我们仅仅统计了发生大额交易中的一部分股票)。从下表我们可以看到,2003年大宗交易的卖出营业部与该股票配股或增发的主承销商高度一致。由此,在一定程度上我们可以推断:大宗交易制度的推出,为券商处理包销的剩余证券提供了通道,而且包销剩余证券成为大宗交易的主要交易对象。大部分大宗交易实质上是券商处理包销剩余证券的过程,至少目前具有这一明显特征。

表5:2003年部分大宗交易股票配股、增发承销商

代码	简称	主承销商	买入营业部	卖出营业部
000024	招商局A	银河证券	银河证券	银河证券
000659	珠海中富	北京证券	北京证券	北京证券
000793	燃气股份	联合证券	联合证券	联合证券
600125	铁龙股份	山西证券 中关村证券	山西证券	山西证券
600215	长春经开	西南证券	大鹏证券	西南证券
600608	上海科技	上海证券	上海证券	上海证券
600881	亚泰集团	国信证券	国信证券	国信证券
600000	浦发银行	光大证券	申银万国	光大证券
000562	宏源证券	银河证券	宏源证券	银河证券

数据来源:根据金融街网站数据、上交所、深交所数据整理

三、国内外大宗交易制度的比较分析

在本部分的比较分析中,我们汇总分析世界上一些主要证券交易所的大宗交易制度,由于东京是采用盘后交易制度的为数不多的交易所之一(与我国相同),在这里我们会作重点分析,并与我国的制度条款作比较。

3.1 大宗交易的主要交易形式

目前各个交易所的大宗交易主要通过以下四种方式进行:

(1)、通过普通交易系统。目前部分交易所(如澳洲、东京交易所)对普通交易系统的交易数量并不设上限,投资人进行大宗买卖并不需要寻找对手,就在普通市场内与其它人交易,这种方式的缺点是成交时间和成交价格都无法确定。在巴黎和澳洲交易所还为投资者提供“冰山委托”交易服务,就是投资人限定每次在市场上揭露的最大委托量,当该揭露数量成交完成后,另一揭露数量由系统控制自动产生并出现在委托档中。如果大宗交易找到买卖双方,在巴黎和澳洲交易所允许特定人在当市电脑买卖委托档中最佳委托价格区间内议定价格,输入普通交易系统以配对成交转帐交易。

(2)、经由专属交易系统。从目前世界各国交易所设置专属交易系统的并不多,除德国交易所真对巨额交易另设一套系统外,日本和台湾交易所利用盘后交易系统撮合大宗交易。

(3)、经由会员转帐。这是一种较为普遍的交易方式,但交易人谈妥价格后在转帐方式上,不同的交易所也许不同,大致有以下几种:由会员透过证券交易所转帐交易;由会员自行转帐交易后,依据交易所规定汇报结果;采用事先核准制,巨额交易先申报证交所后,由证交所转帐成交。纽约交易所是通过专业会员转帐及巨额交易商转帐两种方式并用。

(4)、场外买卖。目前交易所没有提供巨额交易的证券市场也存在巨额交易,在证券交易所外进行。东京和韩国在提供了巨额交易的特殊管道之外,也允许在柜台进行大宗交易。

东京交易所的交易方式比较齐全。其一般交易方式是通过CORES系统完成,巨额交易则有三种交易方式:一是一般委托通过CORES系统竞价交易;二是通过盘后交易ToSTNeT—1系统交易;三是通过盘后交易ToSTNeT—2系统交易;四是通过场外交易方式。

目前,我国上交所采用专属大宗交易系统进行盘后大宗交易,但与东京交易所相比较为单一。根据《上海、深圳证券交易所交易规则》,股票(基金)单笔申报最大数量应当低于100万股(份),债券应当低于1万手,当单笔超过规定数量时,只能通过盘后交易系统唯一方式来完成。

3.2 大宗交易的最低买卖标准

从标准的类型和适用范围的比较来看,目前世界上各证券交易所订立的标准如下:

最低买卖标准		证交所
标准类型	量	台湾伦敦香港
	值	巴黎德国澳洲东京
	量值并行	纽约韩国新加坡泰国
标准适用范围	同一标准 一体适用	台湾香港纽约澳洲 东京韩国新加坡泰国
	分类订立 不同标准	巴黎德国伦敦

标准类型:目前各个交易所都以量(股数或交易单位)或值(买卖金额)作为衡量是否是大额交易的标准。现在台湾、伦敦和香港交易所采用量作为衡量的标准,但有些交易所,如纽约、韩国、新加坡、泰国同时采用值作为衡量的标准;巴黎、德国、澳洲和东京单独采用值作为衡量的标准。另外,澳洲、东京及韩国等证券交易所还订立了一篮子股票巨额交易规则,一般规定交易必须包含5—15种标的股票且买卖总金额不低于一定的标准。

标准适用范围:大部分证交所均规定一套适用于所有股票的标准,除欧洲的巴黎、德国、伦敦之外,很少将各个股票分类后分别订立不同的巨额交易买卖标准。

日本证券市场由于有多个交易方式,因此在标准规定方面呈现多样化的特点。在一般委托方式下,不设定最低标准;盘后交易ToSTNeT—1系统下,对于单一有价证券要求为一交易单位或整倍数,对于一篮子大额交易要求至少有15个标的股票且达到1亿日元以上的标准;在ToSTNeT—2系统和场外交易方式下没有具体限制。

沪深两市大宗交易制度改革以后,对大宗交易的标准根据券种类别不同作了详细的规定。具体参见表1。

3.3 大宗交易时间

在大宗交易时间安排上,纽约、巴黎、德国、伦敦、澳洲、新加坡、香港、泰国等八家交易所均允许巨额交易在一般时间与

普通交易同时进行，其中巴黎、伦敦、澳洲、新加坡等交易所更是全天24个小时均可进行交易。东京和韩国两家交易所的巨额交易除了可以在一般时间进行系统内交易外，还可以通过场外交易进行。因此，从时间上看，国外的交易所的大宗交易除了可在收盘后进行外，还可以同一般竞价市场同时进行。

日本大宗交易时间具有很好的弹性，不同的交易方式下其交易时间也存在差异(见下表)，我们可以看到，由于可以选择多种交易方式，大额交易在时间方面几乎没有什么限制。

交易方式	交易时间
一般委托	一般交易时间
盘后系统 ToSTNeT－1	一般交易时间外：8:20—9:00 11:00—12:30　15:00—16:30
盘后系统 ToSTNeT－2	一般交易时间外：8:45 12:15　16:00
场外交易	一般交易时间

相比较来看，沪深交易所大宗交易时间仅仅在15:00—15:30分之间进行，时间上过于偏短。

3.4 交易价格限制

交易所的股票交易价格一般由买卖双方竞价决定，但在巨额交易中，其价格发行往往带有一些附加性限制。根据限制的程度，我们可以把价格发现分为三类：无弹性价格、有限弹性价格和完全弹性价格。

目前台湾采用以收盘价作为交易价格，东京、韩国依据开盘价、收盘价或根据交易量加权平均价格，德国依据参照市场中最佳买卖价的中价。这几个交易所是典型的无弹性定价机制。巴黎、澳洲证券交易所价格发现则相对有限弹性。伦敦、香港、新加坡、泰国，以及东京、韩国、澳洲交易所的部分市场采用了无限制的完全弹性价格发现机制。

东京交易所虽然在不同的交易方式下，存在不同的价格限制条款(如下表)，但投资者可以根据不同的价格倾向选择不同的大宗交易方式，实现对价格定价机制的选择。

交易方式	价格限制
一般委托	价格不限
盘后系统 ToSTNeT－1	最后成交价上下7%或成交量加权平均价(VWAP)；一篮子股票总值5%上下
盘后系统 ToSTNeT－2	收盘价或 VWAP
场外交易	根据单一有价证券成交金额大小限制不同，电脑买卖委托档最佳买卖价内、最近成交价上下3%或7%；一篮子股票在总值上下5%

我国沪深两市大宗交易制度规定：以当天成交最低价格与最高价格区间内进行报价，无成交者以前收盘价为交易价格。当日如果没有成交价格时，大宗交易价格就变的完全无弹性，而且投资者无法根据大额交易信息突破当日成交价格区间进行定价。

3.5 资讯揭示

一般对于普通交易市场上的大宗交易，其性质相对于其它交易并没有大的差异，一般也无须揭示。但是，对于找到买卖对手的大宗交易，通常在成交后进行揭示。

目前提供匿名性的证交所已经很少，基本上都对大额交易进行信息披露，披露内容主要包括申报披露和成交披露两项内容，但在时间上不同的证交所可能有所不同。对于由交易系统撮合成交的大宗交易，如台湾、东京和德国的证券交易所，在成交之前申报资讯已经非常透明；但对于私下议价的配对交易，成交后才会进行资讯揭示。在时间上，通过专属交易系统的大宗交易成交后自然会立即揭示，比如在德国、东京交易所。

我国沪、深交易所在信息披露方面，主要通过证券交易所公告的形式，公布大宗交易的证券名称、成交量、成交价格以及买卖双方所在会员营业部或席位的名称。

四、结论及建议

沪深两市的大宗交易制度自出现以来，各自都进行了一次修订，修订后的制度在许多方面进行了改进。交易制度在交易品种、交易时间、交易价格限制、交易席位等方面两个交易所作了统一性的规定，但在交易数量标准、申报限制和撤销、交易费用等方面体现了差异性。我们认为这种差异性对于增进我国证券市场大宗交易多样性方面具有重要的意义。

从本文第二部分分析中可以看出，我国大宗交易存在以下几个明显的特征：市场交易不活跃，市场占比十分低；市场对大宗交易反应不明显，难以起到降低市场波动的效果；大宗交易有利于增强市场流动性，但这是在价格制度规定下的被动效果；目前市场上大宗交易主要集中在券商包销的滞留券种上，市场参与者相对较为单一。因此，如何在大宗交易制度上放松管制，活跃市场，提高市场参与者通过大宗交易系统进行大额交易的积极性，对于改变目前状况具有十分重要的意义。尤其在深交所即将推出大宗交易电子系统之际，探讨和研究大宗交易制度规则更具有实践上的意义。

在对我国大宗交易制度、市场分析，并与国外交易所大宗交易制度作比较的基础上，针对两市应如何优化该项制度、活跃市场提出几点自己的建议：

1、沪、深交所在大宗交易制度方面，可以根据两个证券市场的优势与劣势，在考虑投资者需求的基础上，制定出自己的交易规则。但由于沪、深两市股票交易不能在两个交易所之间交叉进行，即便是沪深两市具有差异性和多样性，但由于制度原因而无法进行自由选择，也就无法分享多样性的好处。因此，每个交易所制度的宽松程度对于活跃市场、推动大宗交易制度的开展具有重要影响。

2、丰富大宗交易方式。这是影响我国大宗交易清淡的一个重要因素，丰富大宗交易方式十分必要，比如开展场外交易和一般委托交易(为防止影响市场波动，可采用"冰山委托"的方式)等。盘后交易系统由于具有交易费用的优势仍然具有很强的吸引力，交易方式的丰富并不会弱化专属系统的优势。

3、在交易时间上，沪深两市都集中在收盘后15:00—15:30之间，交易时间显然过短，严重影响了市场大宗交易的活跃程度。借鉴日本大额交易制度，适当放款交易时间，比如在早盘结束后中午时间11:30～13:00之间在一定价格区间内进行大额交易，这对于活跃市场，提高大额交易量具有重要的意义。

4、在交易价格限制上，我认为应当作适当的修正。在当日有成交价格的情况下，对价格限定可以进一步放松，在《上海、深圳证券交易所交易规则》的基础上，可以通过增加定价规则(比如收盘价上下浮动一定的幅度)体现大额交易的价格弹性，丰富定价方式选择。

5、目前沪、深两所的大宗交易制度均是面向已经找好了买卖对手的大额交易，虽然电子交易系统提供了议价的功能，但是功能和服务仍然不够丰富，如果能够同时提供大宗交易的自由竞价功能则更为理想。随着机构投资者不断增多，大宗交易需求日益增强，通过大宗交易电子系统进行自由竞价的需求也将会越来越强烈，这对于活跃市场、促进市场价格发现功能的发挥具有重要意义。(金元证券)

上证联合研究计划系列课题

董事会如何发挥应有作用

董事会的治理效率直接关系到公司业绩和股东利益，在竞争激烈的证券市场上，无效的董事会将导致公司产生各种问题甚至破产或被收购。

实证研究发现，在我国，董事会作为一种新型的治理机制仍然没有发挥其应有的作用，上市公司董事会独立性较低、效率不高，存在“弱董事会”现象。但随着监管部门的重视，董事会的效率正逐步提高。

董事会作为联结股东与经理层的纽带，是公司治理机制的重要组成部分。在我国，董事会作为一种新型的治理机制，其治理效率如何、是否发挥了其应有的作用呢？研究结果表明，整体上，我国上市公司董事会独立性较低、效率不高，存在“弱董事会”现象。

我国上市公司董事会特征

一、董事会规模略微偏大 1999 年—2002 年，我国上市公司董事会规模平均 9.69 人，但各公司之间差异很大，最小的仅有 5 人，最大的则高达 19 人，正好符合《公司法》规定的下限和上限。2002 年样本公司的董事会规模显著增大，均值由上年度的 9.47 人上升至 10 人，这可能是由于证监会要求增加独立董事人数造成的。

从董事会规模的频率分布来看，董事会规模主要分布在 7 至 11 人之间，处于此区间的观测值占样本总数的76.77%。考虑到我国公司的规模较小，与美国标准普尔公司（董事会规模平均为 10 人）相比，我国公司董事会规模略显臃肿。值得注意的是，按照国际通行做法，董事会成员最好为奇数，以防董事会表决时出现僵持局面，但样本中有约 15%观测值的董事会人数为偶数。

二、董事会构成逐步合理化。我国上市公司的独立董事比例最小为 0，最大 0.454。2001 年样本公司的独立董事比例显著大于 2000 年，同时 2002 年又比 2001 年显著增大，均值由 2000 年度的 0.016 上升至 2002 年 0.228，但是仍未达到《指导意见》规定的三分之一，也远低于发达国家上市公司的水平。

四年来，我国上市公司管理董事（董事兼高管）一直稳定在 2—3 人左右，管理董事比例稳定在 30%左右，随着独立董事的引进，管理董事比例有所下降。少数公司董事会全部由管理董事组成，董事会只不过是经理班子的翻版，值得注意。

三、董事长与总经理两职尚未完全分离。统计表明，我国上市公司中 279 家公司是董事长兼任总经理，占 15.1%，1152 家公司的总经理兼任董事，占 62.5%，完全实行两职分离的公司仅 416 家，占 22.4%。总体而言，CEO 兼任董事的现象较为普遍。可喜的是，证监会建议董事长与总经理两职应该分离后，董事长兼任总经理的公司数和比例均呈明显下降趋势，两职分离现象日趋明显。不过，2002 年仍有 47 家占本年样本数 10.2%的公司董事长兼任总经理。

四、董事会会议流于形式。我国《公司法》规定董事会每年度至少召开两次以上会议。但从统计结果来看，461 家公司在 1999 年至 2002 年间平均每年召开董事会会议 6.28 次，低于美国公司平均的 7.45 次，会议次数最少为 1 次，最多为 29 次。这些样本公司的会议频率呈现逐年递增的趋势，2002 年我国上市公司的会议频率已经达到 8.48 次，与美国上市公司差不多。会议次数在 4 至 8 次的公司占的比重很大，约为 75%。5 家公司一年竟然只召开 1 次董事会，81 家公司一年只召开 2 次董事会，175 家公司一年只召开 3 次董事会，也就是说平均每个季度不到一次，这显然是不合理的。从会议内容来看，平均讨论通过经营战略决议 3.85 项，财务安排决议 3.15 项，人事变动决议 2.64 项，制度建设决议 2.2 项，显然我国上市公司董事会关注和工作的重心在经营规划和财务安排上。

五、董事会成员持股过少。从统计分析来看，我国上市公司董事会成员持股数量平均 10.4 万股/公司，人均只有 1 万股左右。50%公司董事持股在 2.87 万股以下，有 17%的公司董事会持股为零，零持股现象比较严重。董事会成员持股数差距很大，最小为 0 股，最大为 788 万股。四年来，无论平均数还是中位数都基本呈下降的趋势，1999 年平均数为 11 万股，到 2002 年只有 9.58 万股。总体来说，我国公司董事会成员持股数都不大，各年的中位数都在 2—3 万股左右。

董事会特征与盈余管理

近年来，一些上市公司会计信息严重失真，盈余管理现象十分严重。造成盈余管理的因素很多，有内部的，也有外部的；有会计行业的因素，也有公司治理的因素。董事会作为公司内部治理机制的重要因素，无疑对公司盈余管理会产生很大的影响。

一、研究假设。假设 1：董事会规模与盈余管理成正比。假设 2：独立董事比例与盈余管理成反比。假设 3：总经理兼董事长的公司更可能发生盈余管理。假设 4：董事会会议次数与盈余管理成反比。假设 5：董事会成员持股量与盈余管理负相关。

二、盈余管理的度量。国外大多采用主观应计额（非正常应计利润）来度量盈余管理。因为非主观应计部分是相对客观的，而主观应计部分则被认为是企业基于特定私人利益目的刻意安排或调整创造出来的，是可以操控的。一些研究表明，我国上市公司利用应计项目进行利润操纵。但中国上市公司借以操纵利润的主要项目并不是西方学者主要关心的应计项目，而是营业外收支等线下项目。因此对于盈余管理的度量，本文采用两种方法：一是采用 Jones 修正模型计算出来的主观应计额的绝对值代替；二是采用线下项目未预期净收益的绝对值代替。

1、解释变量（董事会特征变量）。本文的主要目的是为了研究董事会特征与盈余管理之间的关系，作者选取了五个特征变量：董事会规模、独立董事比例、领导结构、董事会会议次数和董事会成员持股数。

2、控制变量。

（1）公司规模。公司规模往往与政治成本大小相关，国外一些研究认为，大企业更难防御不利的政治行为，从而偏向于降低盈余的会计程序。在我国，很多企业与政府存在着千丝万缕的关系，规模越大，对该地区的经济影响也越大，受到政府的影响和控制也越多。大公司受到社会公众关注的程度也较高，相对来说，信息不对称现象较轻，盈余管理会受到限制。本文采用资产总额的对数作为公司规模的控制变量。

（2）净资产收益率。公司进行盈余管理的主要目的就是为了提高或降低净资产收益率。为了树立公司盈利形象，一些公司就竭尽所能让报表“扭亏为盈”。特别是我国，由于 ST 和 PT 的规定，为了保住“壳”资源，公司往往会进行盈余管理。因此，本文选择净资产收益率作为公司业绩的控制变量。

（3）资产负债率。债务契约往往会影响到企业的会计选择。在我国，债务契约限制也越来越多。当公司接近债务契约条款限制或接近违约时，公司就有动机进行盈余管理以避免违反契约。一般来说，资产负债率越高，则受到的契约限制越多，公司盈余管理的动机越强。因此，我们采用总负债与总资产之比作为控制变量。

(4)第一大股东持股比例。股权结构对公司的内部控制会有很大的影响。国外很多研究也表明，第一大股东持股比例与盈余管理大小相关。本文选取第一大股东持股比例作为股权结构的控制变量。

3、模型设计。本文采用多元回归模型来分析盈余管理与董事会特征之间的关系。通过对回归结果的分析：

1、董事会规模与盈余管理系数虽然为负，但检验不显著。

2、独立董事比例与盈余管理大小成反比。我们发现，当独立董事为1人时，盈余管理反而较高，超过1人后盈余管理才开始下降。这可能是由于独立董事人数或比例过小时，独立董事势单力薄，只是摆设，不敢跟管理层和大股东作对，往往跟在大股东或管理层后面举举手；当独立董事比例增大到一定程度后，其力量加强，独立性相对也会增强，管理层和大股东对其控制力减弱，因此公司进行盈余管理时就相对会收敛很多。

3、领导结构与盈余管理的系数大于零，说明总经理兼董事长的公司内部人控制更严重，盈余管理程度较高。

4、董事会会议数与盈余管理大小成显著正相关，会议次数越多，盈余管理程度越大。

5、董事会成员持股量与盈余管理大小关系不显著。这可能是因为我国公司董事会持股普遍较少，对董事会成员行为影响不大。

董事会特征与总经理变更

一、我国上市公司总经理变更现状

1、总经理变更频繁。我国上市公司总经理变更范围广、比例高，且过于频繁，不利于公司的稳定经营。461家样本公司中70%的公司在1999—2002年四年间更换了总经理，共发生总经理变更458次，变更比例达23.64%。特别是，有的公司在一年内数次更换总经理，如四砂股份在2000年4次更换总经理，鲁银投资等5家公司一年内2次更换总经理；有的公司则连续多年变更总经理，如22.13%的公司在4年的研究期间内2次变更总经理。比起其它国家和地区这一数字超常的高。美国CEO变更率一般为12%左右，印度、巴西、韩国、台湾等八个新兴市场的平均CEO变更率为12.2%。

2、总经理变更原因多种多样。统计发现，有19%的公司未做任何解释，由于公司治理要求而更换总经理的情况最多，达33.84%，其次为工作变动(22.71%)和离职(11.79%)。值得注意的是，这些原因究竟是否为总经理更换的真正原因，单从上市公司披露的信息来看，不得而知。

3、总经理年龄呈年轻化趋势。一般而言，企业单位职工正常的退休年龄为60岁。当高管人员年龄达到退休年龄规定时，离开工作职位，这是正常的更换。从统计结果来看，离职总经理年龄最小26岁，最大65岁，平均46岁，继任总经理年龄最小25岁，最大60岁，平均42岁，总体而言继任总经理的年龄要小于离职总经理的年龄，间接可以看出继任管理者呈年轻化的趋势。

二、公司业绩、董事会特征与总经理变更的关系

公司业绩与总经理变更关系的研究表明：公司的会计业绩(每股主营业务利润)，无论是绝对值还是相对值(剔除行业因素公司的业绩)都不能对总经理变更起到显著的解释作用。然而公司股票的市场业绩(股票年收益率)与总经理变更成正相关关系。

董事会特征对总经理变更影响的研究表明：对相对业绩下降公司的总经理变更能起到显著解释作用的变量只有董事会会议的次数和公司的领导结构。董事会会议次数与相对业绩下降公司的总经理的变更概率呈反向显著的关系。董事长与总经理两职分离有利于赶走不称职的管理者。

总经理变更对上市公司后续年份业绩影响的研究表明：总经理变更与否对公司后续一年的会计业绩和市场业绩都没有显著的影响，总经理变更与否对公司后续一年的相对会计业绩和相对市场业绩都具有显著的影响，总经理变更能有效地提高公司下一年的相对会计业绩，但却会显著地降低下一年的相对市场业绩。

董事会特征与公司绩效

研究表明：

1、董事会规模与公司绩效负相关。2、独立董事比例与公司绩效负相关。独立董事不但不能提高公司绩效，反而降低了公司绩效，原因可能是：

第一，上市公司绩效下降也许正是独立董事发挥监督作用的体现。众所周知，上市公司利润操纵现象严重，随着独立董事的引入，这些上市公司不得不显露其真实面目，从而导致绩效下降。

第二，独立董事制度在我国还是新生事物，引入历史较短，其作用也许并未显现。上市公司在短时间内引入独立董事制度的成本可能大于由此带来的利益。

第三，大部分独立董事是由公司管理层或大股东请来的“人情董事”，独立董事的独立性很难保证。

第四，独立董事缺乏一个稳定的、可靠的、畅通的信息渠道，无法掌握企业的全面信息，因此独立董事的决策可能是片面的甚至错误的。

3、董事会会议频率与公司绩效之间存在着一种反向关系。

4、两职合一将降低公司绩效。

政策建议

以上研究表明，虽然《公司法》对董事会职能做了明确规定，但在实践中，董事会往往成了闲置的橡皮图章，未能发挥应有的作用。我国上市公司董事会的效率整体上不高，存在“弱董事会”现象。基于此，我们认为应借鉴西方公司董事会运作经验，结合我国公司的现实状况，通过多种途径去加强当前在我国公司治理中的董事会这一薄弱环节。

首先，上市公司应适当控制董事会规模。研究发现虽然董事会规模对总经理变更未能起到解释作用，但董事会规模越大，进行盈余管理的可能性越大，公司的绩效也越差。我们认为，我国上市公司的董事会规模偏大，影响了董事会在决策中的沟通和协调，降低了董事会的决策效率。除了独立董事外，上市公司董事会包含了一定比例的非执行董事。这些董事是大股东的代表，往往不在上市公司领薪也不持有公司股票，他们也许是董事会规模过大的重要原因。提高独立董事比例应该从缩小董事会规模入手，而不是大力引进独立董事。

其次，继续推进独立董事制度的建设和完善。虽然研究发现，独立董事与公司绩效负相关，对总经理变更作用不明显，但独立董事比例与盈余管理呈负相关关系，增加独立董事比例能提高董事会的有效性，降低盈余管理程度。这两个结果看似矛盾，实际上正说明了现阶段的独立董事更多地是在发挥监督作用，由于独立董事的有效监督，上市公司操纵利润有所收敛，并在一定程度上挤出了上市公司的“利润泡沫”。

在目前情况下，扩大独立董事比例是提高董事会有效性，完善公司治理结构的一个较好措施。但独立董事作用的发挥，必须有足够的数量保证。在我国不少公司"一股独大"的特殊环境下，一两个独立董事在董事会中的作用犹如"杯水车薪"。因此，应积极创造条件推进独立董事制度的建设和完善，严格独立董事人选的条件，规范独立董事产生的途径，加强独立董事的激励与约束，通过更明确的法律条款和董事保险制度使董事对股东更负责，通过信息披露及程序性规定使董事会更独立，通过培训促进董事职业化，使独立董事能更加诚信、勤勉地履行职责，独立董事的作用也将日益显著。

第三，提高董事会会议效率和质量。研究发现，董事会会议频率与盈余管理正相关，与总经理变更、公司绩效负相关。公司绩效降低导致董事会会议次数增加，董事会会议是一种"灭火器"，只有公司出了问题才召开董事会会议。应增加会议频率以加强董事，尤其是独立董事之间的沟通，以便于独立董事尽快进入角色，但更重要的是要提高董事会会议质量，避免董事会会议形式化、空洞化，让董事有足够的时间来讨论公司的战略问题，而不是事后频繁开会"灭火"。

第四，董事长和总经理两职应该完全分离。两职合一的公司更有可能进行盈余管理，在相对业绩下降时总经理变更的概率较小，两职合一公司的绩效较差。2002 年仍有 10%的公司董事长和总经理两职合一，这会影响董事会的监督能力，不利于董事会作用的有效发挥。

第五，应有条件地推行以激励为主的期权计划，以增大董事会成员的持股比例，因为从本文的研究来看我国上市公司董事会现有的持股数量不足以对董事起到激励作用。

第六，建立健全董事任用和业绩评估机制。我国上市公司基本上还没有建立与现代企业制度相适应的董事任用和评估机制，应该通过改革董事提名程序、强化董事任职辅导和培训、建立和健全董事业绩评估制度，探索出符合中国国情的董事任用和评估制度，使得董事不仅有职有责，而且能够受到考核和评估，切实增强董事会的有效性。

第七，积极培育公司外部治理市场。替代性假说认为，董事会功能与市场接管功能具有替代性，在资本市场与经理市场和市场接管技能较弱的情况下，董事会的职能应该加强。我国公司的董事会不力，资本市场、经理人市场又没有发育健全，导致公司治理结构难以有效发挥作用。我们应一方面强化董事会职能，另一方面从减持国有股开始，活跃公司控制权市场，同时积极发展我国的经理人市场，这样既可以对公司现任董事和高管人员起到压力作用，又可以及时更换不称职的董事和高管人员。课题研究单位：厦门大学管理学院 厦门证券有限公司

课题组负责人：李常青

课题研究与协调人：上海证券交易所 卢文莹

课题组成员：赖建清、张俊生、管连云、黄荣坦、傅仁辉、杨芳、林平忠

上证联合研究计划系列课题

ETF 的发行会使套利空间减少

由美国、中国香港及日本的经验来看，ETF 的发行的确会使套利空间减少，原因可分为以下几点。首先，随着 ETF 的发行，套利经验的累积，套利成本缩小。第二，ETF 取代现货投资组合，成为指数现货及期货间套利的最佳工具，降低了指数期货与现货价格的偏离，强化了价格发现功能。

交易成本假说认为，交易成本越低的工具的价格发现能力越佳，与期货及期权相比较，ETF 交易成本最低。因此，应致力于提高基金管理效率，降低基金管理费，以及减免或降低交易手续费及税费。交易限制假说认为，某投资工具交易越不受限制，越有价格发现功能。因此，在制定 ETF 相关配套措施、法规规范时，不应过度限制。市场信息假说认为，产品设计应具市场整体性，越能代表整体市场信息的工具，其价格发现功能越强。因此，ETF 的设计应涵盖代表性指数的成分股，这样才能更好地代表整体市场信息。

一、ETF 简介

交易所交易基金（ETF ExchangeTradedFund）是一种投资组合证券化凭证，其交易方式与一般股票无异，可在证券交易所买卖。ETF 的交易分为一级市场和二级市场，投资者于一级市场支付指定的投资组合，申购创设出新的 ETF 凭证；也可采用赎回方式，缴回 ETF 凭证，换取指定的投资组合。

ETF 一级市场的创造赎回机制与开放型基金相当类似。由基金公司集结大量资金，将资金购买指数成分股以达到分散风险的目的，由基金管理人操作以使基金绩效能成功追踪指数。但 ETF 信托基金与一般开放型基金不同之处在于，ETF 在申购赎回时必须以特定的标准投资组合为单位，该组合须依目标指数成分股的比重制定。

投资者进行申购时，向 ETF 信托基金管理人换取整数倍创造基数(Creation or Prescribed Units)的 ETF，也就是投资者将投资组合资产透过信托机构分割成许多单位的凭证。同时投资者可将 ETF 在二级市场流通交易，故 ETF 又具资产证券化的特性。同样地，机构投资者在赎回时，必须以整数倍创造基数的 ETF 交付基金管理人换取一篮子股票组合。

在一级市场，只允许规定单位的 ETF 及标准化的投资组合交易，涉及金额庞大，以 TTT（追踪台湾 50 指数）为例，约需 100 余万美金。而二级市场所交易的 ETF 为其所代表的投资组合切割后的单位凭证，其面额较小，以 TTT 为例，仅约 1000 余美金。个人投资者或资金较不足的投资者可以透过二级市场购买到分散风险的投资组合。

以往由于股指样本股投资组合难以大量买卖，因此即使现货与期货间存有套利空间，投资者仍无法通过买(卖)期货、卖(买)现货的方式套利来消弭差价。如今 ETF 配合股指期货一起推出，解决了投资者无法一次大量购入及放空现货的困难。

ETF 的特点在于 ETF 的绩效完全贴近指数表现，并且其被动式的管理大幅降低了管理费用。ETF 的优点可使现货与期货间的套利更具效率，增强了市场价格发现功能。

本报告旨在研究美国、日本、中国香港及台湾地区所发行的 ETF，是否能有效降低套利难度，使市场更具效率，使套利机会随 ETF 上市而减少。在本报告第二部分概述了全球 ETF 发展状况。第三部分介绍 ETF 相关商品的套利操作。第四部分探讨了相关文献。第五部分为实证研究。第六部分则为结论与建议。

二、全球 ETF 的发展

多伦多证交所于 1989 年发行首只 ETF：TIPS。但 TIPS 的规格与 ETF 不完全相同。而后美国证券交易所参考 TIPS 的架构，发行以 S&P500 为追踪标的的 SPDR。SPDR 的推出使得投资者能低成本地分散风险并进行套利，从而受到投资者的青睐。此后类似产品便层出不穷，除美、加外，德国、荷兰、瑞士、英国、日本、新加坡、韩国、澳洲、中国香港及台湾地区都有指数股票型基金上市（详见表 1），法国、意大利与中国

内地也正在积极规划中。

2003年9月全球共269只ETF于28个国家和地区交易，总规模达1767亿美金，其中美国为全球ETF上市最多的国家，ETF资产规模占全球的67.8%，其次为日本，占16.2%。

三、ETF的套利方式与套利模型

ETF套利可分为无风险套利及风险套利。在无风险套利的情况下，ETF相关产品的理论价格不等于市场价格时，套利机会便会产生。ETF衍生金融工具包括ETF期货、ETF所追踪指数的期货、ETF期权、ETF所追踪指数的期权、ETF认购(售)权证、ETF连结票据等。这些商品之间的价格具有关联性，当产品价格之间产生偏差，便可藉相关产品的一买一卖来消弭错价。错综复杂的价格连结所产生的可能无风险套利机会约36种，但其中部分套利在实际操作时可能无法进行。

1.指数现货及期货套利

在市场上最为常见的无风险套利，为指数现货及期货的套利。套利策略可分为两类，即正向套利策略和反向套利策略。正向套利策略乃为期货实际价格高于理论价格，故放空期货、买现货并持有到期，期货到期日时以手中现货部位交割；而反向策略为期货价格低于理论价格时，买期货并放空现货，在期货到期日时拿现货回补放空部位。

在ETF未发行上市前，指数现货及期货产生正向套利机会时，投资者必须于市场上买入一篮子投资组合并放空期货，来赚取套利空间；当指数与指数期货产生反向套利机会时，必须买入期货并放空一篮子证券。

但涉及现货投资组合的买卖存在操作上的困难。首先，一篮子证券的购买必须支付相当多的交易成本，套利利润会被交易成本侵蚀。再者，套利的进行必须及时，一篮子证券的购买必须在瞬间完成，若无法及时完成投资组合的建立，可能会产生无法买到有利价格的风险。第三，股票的交易往往有平盘之下不得放空的限制。

套利策略

ETF的发行为投资者提供了买卖现货组合的工具。投资者以ETF取代一篮子投资组合的交易，有利于进行现货及期货的套利。当现货及期货产生正向套利机会时，投资者可以买入ETF并放空期货；反之，当现货及期货产生反向套利机会时，投资者可以买入期货并放空ETF。

价格关系式

指数现货与指数期货的价格关系式，首先采用持有成本方法计算理论指数期货价格，再以理论价格考虑交易成本确定套利区间，并考虑现金股利的发放。股票股利并不影响期货价格，故无须考虑。投资者可将现金股利再投资，亦可握在手中不作任何投资，故考虑现金股利的关系式于上限时，不考虑现金股利的再投资价值。

股票占指数的权重

D(T)：为已考虑时间价值累积的现金股利

F(t)：为指数期货在t期的价格

股票发放的现金股利金额

2.ETF市场价格与基金净值之套利

套利策略

在ETF特殊的交易机制下，ETF的市场价格与基金净值应该相等。当ETF市场价格高于基金净值时，可采用申购策略，在市场上买入一篮子股票，并卖出ETF；当ETF市场价格低于基金净值时，可采用赎回策略，在市场上买入ETF并在市场上卖出一篮子股票。

价格关系式

ETF市场价格MV与NAV在未考虑交易成本时应相等，而在考虑交易成本后的合理价格关系式如下：

NAV(t)：为ETF在t时点的基金净值

MV(t)：为ETF在t时点的市场价值

C1、C2：为交易成本

交易成本包括税、交易手续费、申购(赎回)手续费及市场冲击成本。其中市场冲击成本乃为套利交易时需在现货市场买进卖出相当规模之股票数量，可能影响到的市场价格变化。此外，执行交易也可能面临不同步问题，成交价格与理想的不一致，产生交易风险。买卖ETF成分股的市场冲击成本的计算，臧大年、林文政(1996年)的市场冲击成本估计方法如下：国内不同价位的股票适用不同升降单位(Tick)，故先计算个别股票的升降单位占其市价的比例(升降单位幅度)，而后依个股在投资组合中所占投资比例的加权平均升降单位，再取二分之一作为市场冲击成本。其计算公式如下：

投资组合之市场冲击成本＝

Ti：i股票的升降单位

Pi：i股票价格

：i股票在投资组合中所占比例

买卖ETF的冲击成本的计算不同于买卖ETF成分股，买卖ETF成分股等于买卖一投资组合，故需考虑加权平均之概念，而ETF买卖等于交易一只股票，故其冲击成本采用下式方法计算：

买卖ETF之市场冲击成本＝

四、ETF相关产品套利之研究

ETF自1993年SPRD发行以来，便有许多学者研究ETF对市场的影响，以下分别就TIPs、SPDR、QQQ和DIAMOND探讨ETF相关实证研究结果。

1.TIPs

Park和Switzer(1995年)研究多伦多35指数期货于TIPs上市后交易量及价格误差情况的改变。其使用GARCH(1,1)模型检定TIPs发行后多伦多35指数期货的错价与错价绝对值是否减少。其实证结果是TIPs上市使多伦多35指数产品的避险、套利交易更容易进行，增加了多伦多35指数期货的交易量，并且多伦多35指数期货价格更贴近理论价格。但是该研究使用期货与指数的日资料来进行研究，并无考虑日内交易的价格变化。

Ackert和Tian(1998年)探讨TIPs上市后，多伦多35指数与期权价格之间定价效率的关系，发现TIPs虽然活跃交易，但并没有增加期权定价效率，而Ackert和Tian(1998年)认为没有改善的原因是TIPs价格没有完全贴紧多伦多35指数及TIPs所存在的赎回成本。

2.SPDRs

Switzer，Varson和Zghidi(2000年)研究了SPDRs上市对S&P500指数期货定价效率的影响。以1990年1月2日至1996年1月3日间每小时日内资料进行研究，实证证实S&P500指数期货有显著但微小的正价格误差，也就是期货理论价格低于期货市场价格。同时也证实SPDRs上市后价格误差减少，期货定价效率改善。此外Switzer，Varson和Zghidi(2000年)亦证明，指数的累积股利率越高、期货距到期天数越长且交易量越大，则定价误差越大。

Ackert和Tian(2001年)使用两种方法探讨SPDRs上市前后S&P500现货与指数期权的价格关系，两种方法分别为买卖权限制式与买卖权评价联合检定及考虑买卖权价差的箱子价差(BoxSpread)检定。实证结果认为由于交易成本及放空限制使套利策略受限,SPDRs上市后期权价格并不会更具效率。

Chu和Hsieh(2002)认为SPDRs的四种特性将改善S&P500指数期货的定价效率。四种特性分别为:(1)SPDRs的追踪误差相当低,价格表现贴近S&P500指数。(2)0SPDRs的交易方式类似股票,其快速的交易可减少套利的时间落差。(3)不受平盘以下不得放空的限制,降低了当期货价格低于理论价格时的交易成本。(4)降低指数套利所需的庞大资金额度。在Chu和Hsieh(2002年)实证结果中,SPDRs上市后期货价格穿越理论价格下方区间次数减少,证实SPDRs不受平盘以下不得放空限制,使套利操作更容易进行。

张美媛(2002年)使用日内资料探讨SPDRs推出对S&P500指数期货定价效率的影响,实证结果发现SPDRs的推出并没有明显改善S&P500指数期货的定价效率,但有改善期货价格低估的现象。此外S&P500现货波动性越大、期货交易次数越不频繁且期货到期日越长时,S&P500指数期货价格错价越明显。

3. QQQ

Kurov和Lasser(2002年)采用Nasdaq100指数及期货的文件次交易资料(tick—by—ticktransactiondata),研究QQQs上市后Nasdaq100指数期货定价效率,并以自相关模型纳入指数波动幅度及期货交易量对期货价格的影响。

唐婉崴(2002年)探讨NASDAQ100指数、期货及ETF之间的价格发现关系,结果证实指数期货及指数ETF具较佳的价格发现能力,符合交易成本假说及市场信息假说。

4. DIAMONDs

孙毓徽(2002年)以1997年10月6日至1998年8月13日间道琼指数及期货文件次资料,研究DIAMONDs上市对道琼指数期货定价效率的影响。实证结果显示,DIAMONDs上市后套利机会、套利空间及利润减少,但仍有31.35%的套利交易能实现套利利润。此外,孙毓徽(2002年)以回归分析探讨指数波动幅度、期货交易量及期货距到期日天数对期货价格误差的影响,其结果显示价格误差并未受其他因素的影响。

五、ETF套利实证

本报告实证研究分为台湾地区所发行的TTT,及美国、日本、中国香港特区发行的ETF两部分。

1. ETF市场价格与期货价格间的套利

ETF市场价格与期货价格仅考虑交易成本下的关系式为:

TF(t):为指数期货在t期的价格

D(T):为已考虑时间价值累积的现金股利

:股票发放现金股利金额

:股票占指数的权重

考虑交易成本、买卖价差不同及相异借贷成本的关系式:

rB:借款利率

rL:存款利率

QEF:期货保证金

METF:放空ETF所需的保证金

由于MV(市场价格,market value)的计价为指数的百分之一,故为使MV与期货单位价值一致,必须将MV乘以100。

当指数期货价格大于理论价格时,可于T=t时,买进ETF并放空指数期货(正向套利策略);反之,当指数期货价格小于理论价格时,于T=t时买期货,并融券放空ETF,到期日时买ETF回补,并现金结算指数期货(反向套利策略)。交易策略及交易策略每一步骤产生的交易成本、现金流量整理如下表2:

台湾地区ETF实证结果

台湾地区ETF于2003年6月30日开始交易,本报告就TTT上市以来至2003年8月7日间的每分钟数据进行套利仿真。资料来源为Bloomberg数据库。

结果发现期货价格在研究期间内几乎都低于MV,为逆价差的情形,可能原因除投资者看空市场或对未来行情不确定之外,期货成交量偏低也是造成期货价格低于现货的重要原因。

在研究期间,期货结算日为7月16日,MV及台湾50期货价格于结算日时收敛,但至8月7日前逆价差扩大。而正向获利机会多集中于期货结算日附近,反之,反向获利机会集中于距到期日较远日期间。

研究期间(6月30日至8月7日),共935笔资料中,有66次正向套利机会,484次反向套利机会。

SPDR、盈富基金、TSE TOPIX ETF

资料期间取自ETF上市前三个月及2003年4月至6月底的日资料,因此SPDR上市前三个月的研究期间为1993/1/22至1993/4/22、盈富基金为1999/11/12至2000/02/11、TSETOPIXETF为2001/7/11至2001/10/11。资料由Goldman Sachs AssetManagementInternational所提供。

SPDR的ETF市场价格与期货价格在研究期间内有逆价差的情况,因此仅有反向套利策略产生。在反向套利下,价格偏离高于0.20%的次数占总次数的比重(比率2)同样有下降趋势,由上市初期的98.21%下降至2003年第二季度的3.33%。

中国香港盈富基金及日本TSETOPIXETF在ETF市场价格与期货价格的关系中,比率2的表现同样皆明显下降。中国香港盈富基金的比率2,正反两面分别由80.70%下降至0%及由60.00%下降至3.51%。而日本TSETOPIXETF的比率2,正反两面分别由50.00%下降至6.25%及由73.17%下降至3.28%。

2. ETF市场价格与基金净值的套利

以前述ETF市场价格及净值的价格关系式(公式2)为准则,进行套利仿真。当MV超过合理价格范围时,即存在套利空间。MV大于NAV加上交易成本时,可采用买入ETF成分股,然后申购ETF,并于市场上卖出ETF。MV小于NAV扣除交易成本时,买入ETF,向基金经纪公司申请赎回,获得一篮子股票,同时在市场上卖出。套利的交易成本及现金流量表:

台湾地区ETF实证研究结果

研究区间为6月30日至8月7日的每分钟资料,资料来源为Bloomberg数据库。而其间平均ETF冲击成本为0.03%;依成分股占指数比重及升降单位所计算的指数成分股市场冲击成本为0.2441%。赎回策略(在市场上买入ETF并在市场上卖出一篮子股票)的交易成本约1.66%,申购策略(在市场上买入一篮子股票,并卖出ETF)的交易成本约1.86%。

MV与NAV的走势及套利机会图标于下,可以发现MV及NAV的走势几乎一致,这主要是因为ETF为特殊的开放型基金，通过申购及赎回机制维持合理价格，并不会因投资者大量放空及买进而产生价格的大幅波动，故价格不合理的现象较少产生。

研究期间内共有6406笔成交资料，其中发生16次套利机会，皆是触及MV的理论价上限，主要集中于开盘时及ETF刚上市阶段。16次套利机会点数之总和为1.8717。

SPDR、盈富基金与TSE、TOPIX、ETF实证研究结果

SPDR发行后3个月内，价格偏离高于0.20%占总次数比重，正、反向分别为10.53%及28.21%（比率2）。到2003年4月至6月之正、反向比率2下降为6.25%及7.14%。表示若套利成本占0.20%时，有效的套利机会减少。

中国香港盈富基金及日本TSETOPIXETF在比率2的表现上，皆明显下降。中国香港盈富基金的比率2，正反两面分别由89.89%下降至9.09%及由100%下降至7.69%。而日本TSETOPIXETF的比率2，正反两面分别由97.30%下降至5.41%及由23.08%下降至8.00%。

3. ETF净值与期货的套利机会

SPDR、中国香港盈富基金及日本TSETOPIXETF之ETF净值与期货的套利关系，在以套利成本假设为0.20%时，比率2同样有下降趋势。SPDR反向套利策略的比率2，由95.00%下降至3.23%。中国香港盈富基金的比率2，正反两面分别由25.00%下降至0%及由22.41%下降至3.51%。而日本TSETOPIXETF反向套利策略的比率2，由98.41%下降至3.28%。

4. 指数现货与期货的套利机会

中国香港盈富基金及日本TSETOPIXETF的指数现货与期货的套利关系，在以套利成本假设为0.20%时，比率2同样有下降趋势。中国香港盈富基金的比率2，正反两面分别由68.00%下降至7.69%及由87.14%下降至6.45%。而日本TSETOPIXETF反向套利策略的比率2，由34.78%下降至6.25%。

当反向套利机会产生时，可买期货放空现货来进行套利；而正向套利机会产生时，即期货价格高于理论期货价格，可买现货放空期货来赚取价差。在ETF发行前，在反向套利策略的执行上，会受到现货无法放空的限制，因此反向套利机会会多于正向套利机会。ETF发行后，期货相关套利机会无论在美国、中国香港或日本都有明显降低趋势。

六、结论

由美国、中国香港及日本的经验来看，ETF的发行的确会使套利空间减少，原因可分为以下几点。

第一，随着ETF的发行，套利经验的累积，套利成本缩小。

第二，ETF取代现货投资组合，成为指数现货及期货间套利的最佳工具，降低了指数期货与现货价格的偏离，强化了价格发现功能。

理论上影响市场效率的因素包含杠杆假说、交易成本假说、交易限制假说及市场信息假说。

杠杆假说认为杠杆程度越高的工具，价格发现功能越佳。以ETF、期货及期权等较多投资者适用的投资工具而言，期货的杠杆最高，价格发现功能最强。

在交易成本假说下，交易成本越低的工具的价格发现能力越佳，同样以ETF、期货及期权相比较，ETF交易成本最低。同理，为了强化ETF的价格发现能力，应该致力于提高基金管理效率，降低基金管理费，以及减免或降低交易手续费及税费。

在交易限制假说下，某投资工具交易越不受限制，越有价格发现功能。因此在制定ETF相关配套措施、法规规范时，不应过度限制。根据各国各地区发展ETF的经验，皆有放松平盘下不得放空的限制。

市场信息假说认为产品设计应具市场整体性，越能代表整体市场信息的工具，其价格发现功能越强。Boot和Thakor（1993）将股票分类为信息敏感及信息不敏感两类，其中信息敏感的股票在反映市场信息时，有较少的噪音产生，受到个别因素干扰的程度较小。而投资者在反映其所获信息时，偏好信息敏感类的股票或工具。因此ETF的设计应涵盖代表性指数的成分股，这样才能更好地代表整体市场信息。

课题主持人　David Voon　李存修

课题研究与协调人　上海证券交易所　杨懿

课题研究员　李存修

表1：各交易所推出之ETF一览表

ETF产品	发行日期	追踪指数
TIPS/HIPS(iUnits)	1989	标普/台湾60(S&P/TSE 60)（加拿大）
SPDRs	1993	标普500(S&P 500)（美国）
MidCap SPDRs	1995	标普400(S&P 400)（美国）
WEBS (ishares)	1996	MSCI系列指数(MSCI indexes)（美国）
Diamonds	1997	DJIA（美国）
Sector SPDRs	1998	标普板块(S&P Sector)（美国）
Qubes(QQQ)	1999	纳斯达克100(Nasdaq−100)（美国）
TraHK(香港)	1999	恒升(Hang Seng)（中国香港）
LDRS	2000	道琼斯Stoxx(Dow Jones Stoxx)（德国）
shares	2000	富时(FTSE)（英国），道指(DJ)，标普(S&P)，Russell（美国）
日本ETF	2001	TOPIX（日本）
新加坡ETF	2002	新加坡海峡时报指数
韩国ETF	2002.1	KOSPI（韩国）
台湾地区ETF	2003.6	台湾50(TW50)（台湾地区）

上证联合研究计划系列课题

改革公司资本制度需打破资本信用桎梏

由立法、司法及《公司法》理论所构筑的资本信用制度和理念，培育了一代国人质朴的资本信用意识，使复杂的公司信用判断被表面的注册资本认定所取代。资本的作用被神化，而资本信用则有意无意地冲淡了人们应有的风险意识。这是中国民商法制度建立以来，整个社会所陷入的一个很大误区。而建立在资本信用基础上的中国《公司法》制度却并未产生预期效果，其对债权人的保护是如此的软弱无力，以至于在频频发生的公司破产风险面前奏效甚微。因此作为《公司法》的支撑性制度之一，公司资本制度与公司治理机制交织在一起，使《公司法》效率得以实现。狭义地讲，公司资本制度是指公司资本的形成、维持、退出等方面的制度安排；广义地讲，公司资本制度是围绕股东的股权投资而关于公司资本运作的一系列概念网、规则群与制度链的配套体系。无论是公司资本制度抑或公司治理制度，均致力于融合法律、规范及公司运作，协助公司获得资金及人力资源，以增加股东的财富，从而发挥公司组织的兴利与防弊的双重功能。在全球竞争经济背景下，如果说公司治理成为一个全球性的检讨话题的话，公司资本制度功能的重要性丝毫不亚于公司治理机制的价值。

我国公司资本制度亟待检讨

我国公司资本制度以《公司法》为核心，其核心理念是保护交易秩序与安全的防弊观，其采纳的立法规则是以强制性规则为主，其主导思路是倾向债权人利益的保障，其制度模式可归结为“以事先形式安排为特色的严格的法定资本制”。就

我国既有的公司资本制度面临的问题而言，可归结为以下几个方面：

其一，我国既有公司资本制度以防弊的心态，简单化地限制一切可能存在负面影响的机制，远远偏离"推动资本形成"的首位目标。在既有的公司资本规则之下，公司对外筹资的成本高昂。

其二，我国既有公司资本制度以为民作主的姿态，事先对公司资本运作设定了划一的强制性安排，从而导致严重欠缺公司资本灵活运作的自治空间。其结果，公司无法灵活效率化运营以实现股东利益最大化，股东投资回报与投资退出空间极为狭小或者实现投资回报与退出的成本高昂。

其三，我国既有公司资本制度未能平衡公司参与人之间的利益衡量。在防弊心态压倒兴利目标的既定框架内，偏重债权人利益保障，忽视甚至阻碍股东的投资回报与投资退出的内在需要，从而在保障公司参与人利益方面出现规制上的失衡。

现行资本制度上述问题形成的根本原因在于中国《公司法》《公司法》所体现的资本信用的基本理念。虽然并无旗帜鲜明的昭示，但从立法到司法及至整个《公司法》的学理，中国《公司法》都表现出鲜明的、贯穿始终并协调一致的资本信用的理念和法律制度体系。在立法上，中国《公司法》首先毫无疑问地以资本信用为基础构建了自身的体系。从公司资本制度到股东出资形式，再到公司权利能力和行为能力的限制无不体现了资本信用的明晰观念和要求。

在资本制度上，《公司法》贯穿了资本确定、维持、不变的基本原则，规定有设立公司的最低资本额的条件和增加资本、减少资本的严格法律程序。该制度设计的立法用心十分明显，就是以公司资本奠定公司的经营能力和责任能力，以公司资本作为公司债权人利益基本保障。在股东出资制度上，《公司法》实行严格的出资形式法定主义，只规定了货币、实物、土地使用权、工业产权和非专利技术五种出资形式，并规定了工业产权等无形资产出资的最高比例限制，而排除了劳务、信用、股权、债权等其他经营要素和条件的出资，不允许当事人对出资形式作另外的约定。此种出资形式的法定主义和严格限制是与资本信用相辅相成的配套制度。在公司行为规则方面，《公司法》设有一系列对公司或其股东行为的严格限制，其中包括：对公司转投资比例的严格限制；禁止股份的折价发行；禁止公司收购本公司的股份；禁止股东退股。

司法和执法领域对资本信用的亦步亦趋也显而易见。司法机关只关注公司资本是否真实，股东出资是否到位，以及公司成立之后是否抽逃资本，而不甚关注公司资产的合理变化和对异常变化的追踪和监控。注册资本的作用已被抬高至无以复加程度，不仅规定以注册资本来确定出资不到位的投资者的责任范围，而且把是否达到注册资本的最低限额作为公司是否具有法人人格和地位的标准。与虚报注册资本、出资不实民事责任的追究相应的是整个社会对公司资本担保功能的误解和过度期望，市场活动的交易者往往只关注对方的注册资本，而疏于对其整个资产状况的了解；只看重对方成立时的资本数额，而忽视其目前的资产结构和真实、可变现的财产价值；只相信公司注册登记和营业执照上显示的表面信息，而忽略了社会中介机构对公司资产的实际调查和评价；只依赖公司自身财产对债权的保障，而放弃了公司之外各种担保手段的采用。

资本信用基础上的中国《公司法》客观上形成了资本信用的神话。立法、司法及《公司法》理论所构筑的资本信用制度和理念，培育了一代中国人质朴的资本信用意识，复杂的公司信用判断被表面的注册资本认定所取代。资本的作用被神化了，人们对资本已经产生了深深的信赖或依赖，资本信用有意无意地冲淡和误导了人们应有的风险意识。这的确是中国民商法制度建立以来，整个社会所陷入的一个很大误区。

然而，建立在资本信用基础上的中国《公司法》制度却并未产生其预期的效果，其对债权人的保护是如此的软弱无力，以至于在频频发生的公司破产风险面前奏效甚微。中国《公司法》颁布前后所发生的许多形形色色的公司破产，使债权人蒙受着巨大的损失，众多的债权人在痛定思痛之余，都不能不对资本信用产生深深的怀疑：既然债务人公司拥有达到法定限额的资本，既然该公司的资本规模巨大，既然该公司的资本额远远超过与债权人公司的交易额和债务额，却为何陷入资不抵债或不能支付、并致债权人无从受偿的境地？

道理显而易见，公司资本不过是公司成立时注册登记的一个抽象的数额，而决不是公司任何时候都实际拥有的资产。公司资产与资本的脱节是公司财产结构的永恒状态。公司资本一经确定，不得随意也不会自动变更。而公司资产完全不同，随着公司经营的赢利或亏损、公司财产的增值或贬值，公司资产每时每刻都在发生着程度不同的变化。而通常情况下，公司经营存续的时间越长，资产与资本之间的差额就越大，以至于资产与资本会完全脱节，从公司资本无以判断公司的资产，从公司的资产也无以判断公司的资本。而公司赖以对外承担财产责任的恰是公司的资产，而不是公司的资本。公司资产的数额就是公司财产责任和清偿能力的范围，公司的资本再大，不能扩大公司的责任范围，公司的资本再小，也不能缩小公司的责任范围。因此，从实际的清偿能力而言，公司资本几乎是没有任何法律意义的参数，以资本为核心所构筑的整个公司信用体系根本不可能胜任对债权人利益和社会交易安全保护的使命。

公司资本制度改革的基本思路

◇从资本信用到资产信用

决定公司信用的并不只是公司的资本，相反，公司资产对公司的信用起着更重要的作用，与其说公司的信用以公司的资本为基础，不如说是以公司的资产为基础。从资本信用到资产信用，是对公司信用科学分析基础上的理性选择，是《公司法》发展的历史轨迹，也是中国《公司法》正在形成的发展趋势。

很明显，资本信用已经成为中国《公司法》发展的枷锁，成为《公司法》制度创新的桎梏，面对法定资本制的过度要求和出资方式的不当限制，我们常常会感到作茧自缚和削足适履的苦恼和无可奈何的屈从。突破了资本信用，失去的只是一个虚幻的担保，而获得的却是对投资者的解放和对债权人更为切实的保障。从资本信用到资产信用的转变，其突出的法律意义不在于设计多少新的法律制度和需要增加多少法律条文，而在于对现行《公司法》制度的变革，在于取消由资本信用决定的、阻碍公司发展的不合理和不必要的制度和约束，改革现行的资本制度和出资制度，发展和完善公司的财务会计制度，并从而实现对公司债权人利益的全面和根本性的保护。

◇从法定资本制到授权资本制

以资产信用取代资本信用，首当其冲的是法定资本制本身的改革。早在大陆法国家严守法定资本制的时期，在英美国家就形成了可以分次发行股份、不必一次缴足股款的授权资本制。由于法定资本制的固有弊端和授权资本制的优越，后来多数大陆法系国家已纷纷采用授权资本制，或借鉴授权资本制对法定资本制进行修正，形成了认可资本制或折中授权资本制。毫无疑问，中国《公司法》实行的是典型的法定资本制，如果说在资本信用之下，这种法定资本制还有其存在的根据，为了奠定公司的债务清偿能力，中国《公司法》不得不容忍法定资本制带来的公司设立难度大、公司资金闲置与浪费、增资程序复杂等弊端，那么，在资产信用之下，对授权资本制或折中授权资本制的采纳就是必然之选。其原因在于，既然公司以资产为其信用基础，资本是一次还是分次发行，公司名义资本与其实缴资本是否一致都只是关涉公司自身需要和内部关系的安排，而不会决定公司实际的债务清偿能力，也不会导致债权人对公司信用判断的误解。况且，目前对中国公司和外商投资公司要求上内外有别，外商投资公司实行“授权资本制”，内资公司则实行“法定资本制”的作法，也不符合WTO规则的要求和国民待遇原则。

资本制度及其相关制度的改革

◇最低资本额制度的改革

最低资本额制度的调整和取舍是资本制度改革的重要内容之一。中国《公司法》上的资本的确负载太重，我们对资本的要求和期望的确过多，由此导致的结果则是超越现时许多中国公民的投资能力，阻碍或剥夺了许多投资者开办公司的机会。在资产信用之下，公司的最低责任能力不再取决于其最低资本额，资本不再背负公司信用基础的功能，不再赋予资本以债权担保的使命，它主要是作为公司自身经营的物质手段交由公司的股东自行判断和决定，因而，《公司法》大可不必对其设定过高的条件，甚至最终彻底放弃最低资本额制度也并无不可。尤其是对那些智力密集型的高科技企业，也许只需要简单的办公设备和少量的办公经费就足以开展经营活动，大量的资本只会导致多余资金的闲置和浪费。在经济高度发达、投资实力强大的欧美国家和香港地区，都只需很低、甚至根本没有最低资本的限额，也大可不必过分忧虑我国对最低资本额的降低或取消所可能导致的后果。

◇股东出资制度的改革

在资本信用之下，公司股东的出资制度不得不迁就屈从所谓债权人保护的要求，而完全忽略了对投资资源全面、充分的利用，牺牲了投资者的自身投资优势和公司的实际需要。股东的出资本来具有经营和债务清偿与担保两方面的功能，而且经营功能应是基本的、主要的，偿债功能应是从属的、次要的。但在资本信用之下，出资的经营功能被弱化，偿债功能被强化，一些经营功能很强而偿债功能不足的出资形式被排除在法定的出资形式之外，公司迫切需要的经营手段无法施展，投资者富有价值的投资资源不能开发，经营者的重大利益无法实现。

以资产信用取代了资本信用，法律对股东出资形式的硬性限制也就可以放宽、直至彻底解除了。既然资本不再担负债权担保的使命，股东的出资也就不是必有债务清偿的功能，具有经营功能的任何资源和要素都可以作为股东的出资，唯一的条件应是股东的认可和同意。由此，股权、债权、劳务、信用等当然都可成为出资的标的，而严重影响了技术密集型公司设立、影响技术、尤其是高科技技术的充分开发和利用、抑制了科技人员和脑力劳动者创业和积极性的无形资产出资的最高比例限制完全可以解除。《公司法》的立法原则将从完全的出资法定主义走向出资自由主义或法定主义与自由主义的适当结合。而随着这一原则的调整，现行出资评估制度和验资程序的强制性和严格要求也可以适当的弱化并使其具有多一些的弹性和灵活性，减少国家强制和干预的范围，给当事人留出更大的意思自治和利益协调的空间。

◇资本缴纳制度改革

我国现行《公司法》采行严格的法定资本制，要求在公司设立时，股东的出资必须一次性予以全部缴纳的实缴资本制度。在要求修改我国《公司法》的呼声中，法学界和实务界对改革此项制度的呼声最为强烈。本来，这一制度的宗旨在有效地保障债权人和交易安全。然而，它却存在着为公司设立人为设置障碍、忽视公司运营的实际需求、造成大量资本闲置、阻碍民间投资和高新技术企业发展等严重弊端。因此，实缴资本制已经不适应中国公司的发展要求，放宽公司资本的分期缴纳应是明智的选择，为此，我们建议：允许股东缴纳一定比例的出资，公司即可成立；授权董事会在章程酌定的额度内，发行新股或向股东催缴出资。同时增加规定不履行出资的股东失权的法律后果。

◇公司转投资制度改革

我国《公司法》对于转投资的严格限制根本上说是在资本信用体系下的产物。公司的转投资是公司对财产的支配和自主经营行为，本应服从公司经营战略和盈利追求的需要，在财产能力上，它也只是公司资产的形态转换问题，并不直接影响资本真实与维持，只是影响资产的变现能力和程度，其对债务清偿产生的影响完全属于债权人对公司资产信用判断的因素。即使在法定资本制的国家，也少有严格法律限制，如以资产信用取代资本信用，更无限制转投资比例的理由。而事实上，中国股份制改革和国企公司化的实践早已突破了现行《公司法》的比例限制；首先，在国有企业的改制过程中，许多国有企业从自己公司资产中剥离大部分优质的资产到新设的股份制公司，原有的国有企业几乎成为一个空壳，早已突破了50%的限制。其次，在公司之间进行产权交易、财产置换的过程中，以及公司的兼并、收购等活动中，突破转投资限额的限制已经是必然的。

当然，在我国目前情况下，要一次性废除有关转投资行为限制的条款，可能会造成突然放松管制后的混乱局面。较为可行的办法是借鉴台湾《公司法》关于转投资比例限制的灵活规定，即在立法中仍然有原则性的比例限制和投资对象的限制，但是允许公司通过章程或股东会决议的方式突破法律的规定，从而事实上达到适当放宽转投资数额限制的目的。此外，还应配套完善一系列相关的制度和法律法规，比如信息披露制度、董事的责任和义务、表决权和相互持股的限制等具体制度，以便从比较宏观的层面更好的消除转投资行为带来的负面影响。

◇股份的折价发行禁止的改革

股份的折价发行被我国在内的许多国家严格禁止。迄今为止，学界与实务界很少质疑股份的折价发行，几乎无人怀疑股份的折价发行会损害债权人和公司的利益，而禁止折价发行恰是资本维持原则的必然要求。然而，在改变了以往的资本信用观念之后，如不再严守资本维持的原则，公司的名义资本与实缴资本的脱节得到允许时，股份的折价发行也许已无必要再严格禁止，公司设立的特殊背景和当事人之间利益调整的需要也许使股份的折价发行具有一定的合理性。

对于股份的折价发行，虽然绝大多数国家都予以禁止，但为了回应资本市场的现实需要，一些国家和地区的《公司法》对此已有灵活性规定，如香港、韩国、美国等。实践表明，毫无例外地强制禁止折价发行，无疑阻却了跌破面值且急需筹措资金以度难关的业绩不佳企业的对外筹资渠道。有鉴于此，我国公司立法应修正目前严格地一律禁止折价发行的规则模式，而给予跌破面值且急需资金的亏损企业以筹集资金与再生的机会。关于《公司法》的修正，可采用两种对策：其一，终极性地取消面值股份。其二，设定严格的折价发行的批准程序。

◇股份回购禁止与限制制度的改革

正在发展的股份或股票期权制，是充分发挥公司管理人员和员工积极性、增强企业凝聚力和竞争力的有效方式和途径，但其中的股份回购却与现行《公司法》完全抵触。在资本信用之下，基于资本维持的严格要求，股份回购为《公司法》所当然禁止。突破了资本信用和僵硬的资本维持原则，允许股份回购也就不再成为立法的障碍。

股份回购是一种利弊共存的机制。虽然其减少了公司股东权益，降低了公司资产的流动性，并可能损害债权人的利益，但也具有回报股东、防范敌意收购的措施、执行员工持股计划或认股期权计划，调整公司资本结构，维持公司股票的市场价值等积极作用。在我国资本市场上，股份回购还特别具有如下三种功能：减持国有股份或国有法人股，相对增加在外流通股份比例，经由优化股权结构，从而健全和完善上市公司的法人治理结构；作为执行认股期权、员工持股计划的股票来源方式之一；稳定股价为目的的流通股回购。

为此，我们建议在实行折中授权资本制的同时，赋予公司在设立、增资时预留部分股票的权利；允许公司有条件地回购公司股票，但应对其原因、数量、回购后持有的时间，作出限制性规定；允许公司董事、监事和高管人员在股票期权下买卖公司股票；简化股票期权下的股票发行，由法律对新股发行程序和方法作出单独或例外规定。

◇与资产信用相配套制度的建立与完善

从资本信用到资产信用的转变不只是现行公司制度的局部修正和补充，而是整个公司立法、司法和理论的战略性调整，它将使我们的注意力从静态不变的资本转向动态变化的资产，从资本的确定、维持、不变转向现有资产的结构分析、流向监控和合理性认定，从固化的原始财产金额转向现实的债务清偿能力或支付能力。

在资产信用之下，维护公司资产的稳定和安全具有根本性的意义。因此，必须建立一套监控公司资产流向的法律制度，公司的资产演变必须具有法律和财务上的合理性，任何债权人在公司资不抵债时，都应有权提出审查公司资产流向的要求，公司必须提供相关资料并对其资产的变化作出充分的说明，对于恶意逃债及资产的非正常转移和流失，债权人除可以通过合同法上的撤销权予以救济外，应可追究公司相关人员的个人责任，直至否定公司的法人人格而追究股东的清偿责任。

公司的财务会计制度恰是资产流向监控的主要手段。为此，应赋予债权人对无力清偿其债务的公司以财务审计的申请权；应规定与债务人公司发生交易往来的当事人配合财务审计的法律义务；应对缺少完整财务记录、财务帐册虚假而无法确定和说明公司资产去向和变化情况下债务责任的追究作出明确规定；受理和处理公司债务纠纷的司法或行政机关应在财务保全、财务审计和财产追索方面作出相应的、简捷高效的程序安排并采取有力的措施。

资产信用之下，公司资产信息的作用极为突出。因此，必须建立一套系统的、与资产信用配套的信息服务体系，在依法维护当事人商业秘密的前提下，应赋予债权人就债务人公司的土地、房产、机动车、股权、知识产权等资产进行调查和收集信息的权利；应规定管理相关事务的政府部门或单位按法定条件向债权人提供资产信息的义务；对于金融、保险、证券等特殊资产信息，在更为严格的条件下，司法机关应根据当事人的请求协助索取；应鼓励和发展更为完善的征信业务和征信制度，为债权人提供更为丰富有效的市场信息服务。

中国政法大学课题组

课题主持人：中国政法大学教授 赵旭东

课题研究与协调人：上海证券交易所 郭洪俊

课题研究员：傅穹、薄燕娜、李　智、秦莉王毓莹、吕　莉、孙有强

上证联合研究计划系列课题

公司治理与购并动机

背景：近年来，在我国内地的资本市场中，以上市公司为对象的企业购并行为频繁发生。然而，在企业购并浪潮中，我们可以观察到大量标准经济学理论无法解释或与传统理论解释相悖的现象。而且，实证的结果同样令人惊讶，虽然一些学者在早期的研究中发现短期内(一般为当年)购并公司业绩有所上升，但近年来许多学者关于我国证券市场购并重组绩效的研究成果表明，样本公司经营绩效普遍呈现出非持续性，即购并行为并没有为上市公司带来相应的中长期经营绩效或其他财务收益。

在本文中，我们把推动我国上市公司购并的动因分为三类：一是企业以公司价值(或整体股东利益)最大化为目标实施的购并，其动因定义为市场因素；二是企业在地方政府的干预(推动和政策影响)下，或企业管理者因行政动机而实施的，追求行政利益而非公司价值最大化的购并行为，其动因定义为行政因素；三是企业在特定的公司治理结构和资本市场结构下，出于内部人利益而非公司价值最大化的动机而实施的购并，其动因定义为治理因素。

对第一类购并动因的理论阐述和实证分析是目前我国学者关注的热点，在对市场因素的分析论证方面已经形成了较为丰富的成果，但上述研究的结论同时告诉我们：纯粹由市场因素作为内在动机推动的购并，在我国上市公司购并案例中较为少见，也就是说我国目前还缺乏规范意义上的标准购并行为。

第二类动机推动的购并是我国上市公司购并中的重要现象，但是对这类动因的研究面临的问题是：1、目前的理论分析基本停留在对各方利益及其分配机制的描述性研究(如博弈分析)上，还没有对政府干预行为或企业家行政动机进行实证研究的有效工具；2、在经济体制改革和证券市场对外开放的大背景下，上述行政因素推动的购并行为正在日益减少。所以，对第二类动因进行研究的现实意义正在削弱。

因此，我们认为，对第三类动机即治理因素推动的上市公司购并行为的研究，既是目前理论界较少涉及的一个选题，具有创新价值，又能反映当前我国上市公司购并动机中起主要作用的因素，能较为深刻地揭示导致我国上市公司购并行为的深层次原因。据此，我们提出从根本上规范和优化公司购并行为、提高购并效率的政策建议。

公司治理与购并动机的实证研究

一、大股东利益的最大化与控制权溢价的关系

上市公司股权集中度较高是我国证券市场的一种普遍现象。目前我国已上市企业第一大股东平均持股达到50.81%。高度集中的股权结构使大股东掌握大量的投票权，通过选举“自己人”进入董事会，实现对企业的超强控制，从而拥有超过

现金流权利的更大控制权收益。

在大股东具有超强控制权的股权结构中，典型的治理问题表现为大股东和中小股东之间的利益冲突。此时，大股东能够利用控制权为自己谋取利益，即超过他们所持股份的现金流权利的额外收益，而这一额外收益恰恰是大股东通过各种途径对其他股东实施权益侵占所获得的。

近年来，在我国证券市场中大量披露的大股东利用上市公司过度融资盲目圈钱、大股东违规占用上市公司资金甚至掏空上市公司、大股东与上市公司之间违反公允价值标准的关联交易等一系列问题，集中反映出当前我国上市公司所面临的治理问题。而且，由于我国证券市场的监管有一个完善过程，对投资者的法律保护有限，大股东通过控制上市公司获得的控制权收益更为显著，对投资者的权益侵害程度亦更甚。因此，我们认为，对控制权利益的攫取，是推动我国上市公司购并的重要动因之一。

实证研究中，较难对控制权大小或大股东侵害程度进行直接测算，通常使用间接的方法，即通过观测控制权转移过程中公司股票交易价格的变化来加以度量。这一方法的理论基础在于，如果控制权意味着能够通过侵占小股东利益为自己牟取私利，那么市场就会对控制权进行定价。

在 Bradley 和 Barclay 等国外学者的研究中，控制权溢价是通过控制权交易者的出价与市场交易价格之间的差额来描述的，它反映了企业购并过程中控制权交易双方对控制权价值博弈和度量的结果。但是在我国的股票市场上，上市公司存在着大量未流通的国有股和法人股，真正的流通盘只占总股本的一部分，这种状况使得我国绝大部分上市公司的购并既不可能通过二级市场进行公开要约收购，也不可能对非流通股的大宗协议转让按照二级市场交易价格定价。

因此，在本文中我们在 Barclay 和 Holdness、Zingales 等外国学者所采用方法的基础上，根据我国证券市场特殊股权结构下控制权交易的定价原则，通过运用相应模型来度量大股东所获得的控制权收益。

1、样本数据的选取

本项研究选取样本的标准是：(1)样本属于 1999 年至 2002 年间在我国沪深两市 A 股市场发生购并行为的上市公司，B 股市场上发生的购并不属于我们的考察范围；(2)购并是一种市场行为，即购并双方以协商的方式自愿进行，不包括以无偿划拨形式实现的股权转让；(3)转让的股份可以是非流通的国有股也可以是非流通的法人股，但必须是一种协议行为，因此不考虑流通股交易导致的控制权转移；(4)购并行为最终成功，即购并实现了控制权转移和控股股东的变更。根据上述标准，我们选取了 1999 年至 2001 年间可获取协议转让价格的 87 宗上市公司大股东(控股股东)发生转移的案例作为样本。全部样本数据来源于上市公司股权转让公告和中国上市公司资讯网。

2、实证分析结果

与发达资本市场一般超过 5%到 10%的股权转让即意味着控制权转移不同，在我国上市公司购并中为获得控股权，收购方需要购入的股份数量还是很大的，平均达到 26.87%，这也从一个侧面反映了我国上市公司股权结构过于集中的问题。样本公司股权转让的价格平均值达到 2.21 元，最高可达 6.92 元。统计中之所以出现 0.039 元的最小值，是因为 ST 板块的部分股票每股净资产已经为负值，只能以极低的价格转让；样本公司的净资产收益率波动很大，有的高达 50%多，有的竟低至－600%多，样本的平均净资产收益率偏低。说明在我国上市公司的购并案例中，业绩好或差的公司均可能成为被兼并的对象，但总体而言，业绩差的公司比业绩好的公司被购并的可能性大，当然也可能是由于收购业绩好的公司所要求的成本更高从而阻止了来自外界的购并。可见，我国上市公司购并对象选择中的投机性因素较为显著。为此，我们对统计结果进行了更为详细的描述(见表)。

从表中我们可以发现，样本公司转让股份的协议价格平均高于其每股净资产达 49.8%，最高为 908.2%，最低为－51.8%，扣除增长预期以后的控制权溢价也达到 43.39%的水平。这一现象直观地描绘出大股东为了获得控股权往往愿意支付相当高的代价，同时也揭示了控制权获得者对控制权收益的乐观估计，或控制权转让者对控制权价格的较高要求。

此外，样本公司购并过程中的平均溢价总值竟占了股份转让总值的近 39%，进一步说明了被购并方的大股东往往在获得一个相当高的回报之后才愿意交出公司的控制权，可以想象上市公司的控制权是一种十分有价值的权利。当然，相对于被购并方的主营业务和总资产而言，溢价所占的比例仍是较少的，大股东仍能通过较低的成本得到大额资产的控制。

我们认为，大股东通过购并谋求控制权收益以实现自身利益最大化，已经成为推动我国上市公司购并的重要动因之一。同时，超过 40%的控制权溢价和较高的相对水平，也可以解释当前我国相对活跃的购并市场和频繁的购并行为的内在动力。

二、内幕人利益的最大化与累积非常规收益

从理论上说非流通股的大宗转让并不会直接推动流通股市场价格的变化，这与西方发达资本市场企业购并过程中，由于收购方大量购买流通股引发短期供求矛盾而推动股价上涨具有不同的机理。然而，国内一些学者的研究及市场参与者普遍观察到的现象均表明，我国股票二级市场对于购并事件的反应却又异常显著。

如何理解在我国目前的股票流通制度下二级市场股票价格对购并事件的反应，非流通股转让与流通股价格波动的传导和联系机制呢？

我们认为，当前股票市场中流通股和非流通股分裂的市场结构，导致流通股的价格波动不会直接影响非流通股的转让定价。因此，内部人完全有可能凭借其掌握的购并信息，在支付有限的股权转让价格的同时，扮演“内幕交易者”的角色，即凭借内幕信息从缺乏相应监管的二级市场获取巨大的流通股差价利润。

与西方资本市场的投机性购并行为不同，这种投机性利益的存在为购并方在非流通股转让中支付的成本和高额溢价提供了一种短期内得到充分补偿的机制，从而助长了企业购并中的“盲动”取向，并由此演化为中国证券市场特有的制度缺陷和治理危机。近年来，投资者中流传的所谓“零成本收购”，反映了这一机制对我国上市公司购并的现实推动作用。

我们通过运用“事件研究法”，度量购并事件发生之前与事件发生之后，以及包含这两个区间的股价实际日平均收益率与正常日平均收益率的差额，检验证券市场对上市公司购并事件的股价反映，测定内幕人在股票二级市场上的获利可能性及其空间，以此对购并中的投机性动机进行实证分析。

从分析结果看，在当前我国证券市场分割和投资者成熟程度不足的市场背景下，必然存在内部人(大股东、利益相关者等)利用信息优势，在对上市公司实施购并的同时，在二级市场进行内幕交易或操纵股价，以补偿非流通股收购溢价的支出及其他一系列购并成本；或者纯粹从二级市场投机中牟利。这从一定角度解释了我国证券市场存在着对购并的外在激励或补偿机制，也在一定程度上说明了为什么国内有众多企业存在盲目扩张、购并的冲动。

三、经理人利益最大化与管理主义动机

购并中的管理主义动机是西方学者关注的一个重要代理问题。发达国家上市公司股权极为分散，经理人对企业的内部人控制普遍存在，管理主义动机成为推动企业购并的主要治理因素。而在我国，上市公司股权结构高度集中，但由于国有控股企业所有权虚置的问题并未从根本上得到解决，“委托与代理”矛盾依然存在。由于代理人缺乏有效监督和缺乏有效率的经理人市场，在内部人控制的治理结构下，经理人会通过各种途径实施利己行为，进行权力扩张。同时公司规模的大小在很大程度上决定了经营者报酬的高低及其获得报酬的稳定性，因而国企经理人普遍存在很强烈的扩大公司规模的动机，而购并显然是扩大规模的有效且便捷的手段。此时，购并已不再是企业提高经营绩效、实现股东价值最大化的途径，相反成为经理人为自己提高薪酬的砝码。

这里，我们试图通过对购并前后经理人收入变化的考察，揭示我国上市公司购并中的管理主义动机。在 Mueller 的研究中，假定经理的报酬是公司规模的函数，以此检验购并中的管理主义动机。在本文中，我们则进一步考察了购并前后经理人报酬与公司绩效之间的回归关系。

从回归结果来看，由于在收购发生当年，企业帐面绩效普遍有所改善，管理层的薪金变化与企业实施收购之后头一年的净资产收益率成正相关关系；但我们发现，管理层薪金与企业实施收购之后第二年的绩效却呈现出负相关关系，也就是说，一年以后公司业绩普遍出现下滑。显然收购行为并没有给样本上市公司带来持续的经营绩效，但企业管理层的报酬则具有极强的刚性。于是，人们可以想象：通过一次次无效率的购并，经理人的收入不断上升，对企业资源的控制日益强化。我们认为，相关统计结果从一定程度上反映了经理人对自身收入及其他利益最大化的要求，这是推动我国上市公司购并的又一项重要制度动因。

研究结论

在本文中，我们从一个特定的角度—公司治理与市场制度结构，研究了我国上市公司购并中的动力因素。通过实证分析及市场和会计方法的检验，验证了我国上市公司购并过程中存在显著的内部人（大股东、内幕人和经理人）获取非常规私人收益的可能，而正是对上述利益的追求以及上述利益在购并主体间的配置结构，推动了我国上市公司活跃的购并行为。本文的具体结论如下：

1、在大股东具有超强控制权的企业股权结构下，大股东通过购并谋求控制权收益以实现自身利益最大化，已经成为推动我国上市公司购并的重要动因之一。

由于我国证券市场的监管力度不足、对投资者的法律保护有限，大股东通过控制上市公司所能获得的控制权收益将更为显著，同时，超过 40％的控制权溢价和较高的相对水平，也解释了控制权收益对我国相对活跃的购并市场和频繁购并行为的内在激励。

2、在当前我国证券市场分割、缺乏有效监管和投资者成熟程度不足的市场背景下，必然存在内部人（大股东、利益相关者等）利用信息优势，在二级市场进行内幕交易或操纵股价的行为。

由于其投机性收益能够充分补偿非流通股收购溢价的支出及其他一系列购并成本，这一对上市公司购并的外在激励或补偿机制，也是国内众多企业盲目扩张、进行购并的一项重要原因。

3、管理主义动机对购并的推动作用在我国虽然不象成熟资本市场那样突出，但同样对我国上市公司特别是国有控股的上市公司实施购并行为产生着重要的影响。

由于经理人可以通过扩大公司规模增加薪酬收入，而不受公司业绩下降的影响，我们认为，经理人对自身收入及其他利益最大化的要求，是推动我国上市公司购并的又一项制度动因。（本文有所删节）

政策建议

根据本文的理论分析和实证结果，我们认为，当前我国证券市场存在的市场制度和公司治理的缺陷，构成了我国上市公司低效购并频繁发生的独特制度背景和重要诱因。

要从根本上规范和优化我国上市公司购并行为、提高购并效率，需要决策机构和监管者在上市公司股权结构和治理结构优化、提高证券市场法制与监管效率等方面提供更为有效的政策支持。

1、降低上市公司股权集中度是我国证券市场发展必须面对的一项任务。通过优化上市公司股权结构，逐步实现上市公司股权结构的多元化、合理化，削弱大股东对上市公司的超强控制权，形成互相制衡的现代企业产权主体。

2、在当前我国上市公司高度集中的股权结构短期难以从根本上改变的情况下，首先应致力于重构上市公司权力机构、改革股东大会制度，引进累积投票制，限制控股股东表决权，提倡股东民主、完善独立董事制度，引进独立监事制度，改造和重新定位董事会和监事会职能。

3、改革现行国有资产管理体制和国有资产运营模式，切实解决国有上市公司所有者缺位和经理层的内部人控制问题，实施有效的中长期激励机制，建立与公司绩效密切联系的经理人薪酬体系。

4、尽快解决非流通股流通问题。推出符合大多数投资者利益的股票全流通方案，改变我国股市价格严重扭曲的现状，从根本上消除内幕人在二级市场获利的空间，形成有效的公司价值市场评估机制。

5、强化证券监管立法，提高证券市场监管部门对购并事件的监管力度，加强现场监管和事后监管的力量和能力，积极运用“事件研究法”等技术手段监督购并过程中的内幕交易和价格操纵行为，切实保护广大中小投资者利益。

购并中的控制权溢价分析

	平均值	最大值	最小值	标准差
转让股份溢价水平(％)	49.8	908.2	－51.83	74.61
转让股份溢价水平％(扣除预期)	43.39	904.6	－61.28	75.97
转让股份溢价总值(万元)	1109.9	20460	－5948	3569
溢价总值占股份转让总值比例(％)	38.84	257.2	－107	65.63
溢价总值占总收入比例(％)	11.2	129.1	－41.88	18.98
溢价总值占公司总资产比例(％)	2.71	39.5	－22.03	4.77

课题主持人

姚先国（浙江大学经济学院常务副院长、教授、博士生导师）

汪炜（浙江大学证券期货研究所副所长、副教授）课题协调人

刘逖（上海证券交易所）课题组成员

李兴建、封丽萍、文勇、骆爱萍、胡浩、沈铨林

上证联合研究计划系列课题

股市投资价值在哪里

从基本面看股市

一、市盈率从基本面来看，中国上市公司平均按流通股市值计算市盈率达40—60倍，与国外资本市场15—20倍的市盈率相比偏高。由于历史与政治原因，非流通股的价值被普遍认为低于流通股，所以若实行全流通则很有可能会形成流通股的溢价。为简便起见，我们分别把非流通股票定价为相应流通股股价的25%，50%，75%和100%，计算相应的P/E，在一定折扣下的基本面指标应该更接近事实。

分析发现，不同时期的平均市盈率有很大的差异。平均市盈率在1996—1997年间，即亚洲金融危机前，一直在上升，由8变成20左右。亚洲金融危机给中国经济，尤其是中国的出口造成了负面的影响，投资者调低了对中国经济增长的预期，使得股票价格下降，导致平均市盈率由1998年的20下降到1999年15左右。1999年—2000年P/E又开始上扬，可能是由于网络泡沫驱动了股票价格的上扬，维持在20～30之间。从2001年始至今，IT行业和金融行业进入不景气，平均市盈率下降，到现在只有20左右。另外中国股市受政策影响较大，当资金来源紧缩时，股市由于没有新的资金进入，而无法维持在高位；而当资金充裕时，则股市会有大量的资金涌入，从而会不断上涨。当非流通股票定价为相应流通股股价的25%时，中国股票市盈率维持在20～30之间，仍然高于美国股票市盈率。

行业间的市盈率差异比较大。低于平均水平的有公用事业、原材料、能源、交通运输四个行业，高于平均水平的有金融、消费品及服务、信息技术、医药、综合、房地产和投资品几个行业。公用事业平均市盈率比较小可能是因为其增长的速度有限，而且收入比较平稳。而金融业较高的平均市盈率是因为其在1999年前高速的增长。

市盈率高的股票的市盈率波动比较大。尽管高市盈率的行业的市盈率波动大，但是在样本区间上基本上都大于市场平均水平。金融类股票平均市盈率在5～55间波动。波动幅度较大，从时间上看，波动较剧烈。同样，低市盈率的行业的市盈率总是低于市场平均水平。公共事业类股票平均市盈率在10～20间波动。从时间上看，波动幅度较小，波动比较平稳。

研究发现，不同时期的平均市盈率差异变大。平均市盈率在1996—1997年间，即亚洲金融危机前，一直在上升，由15变成50左右。亚洲金融危机后，平均市盈率由1998年的50下降到1999年32左右。1999年—2000年间市盈率又开始上升，维持在40～60之间。从2001年始至今，由于中国整个股票市场价格的下降，平均市盈率下降，到现在只有40左右。显然远远高于美国股票市盈率。行业间的市盈率差异比较大。市盈率高的股票的市盈率波动比较大。在后文的分析中，我们用流通股价格的25%来计算非流通股的价格，并进行总市值的计算。由此可以发现：中国股票市盈率偏高。市盈率偏高有四种原因，一是股票价格被高估，二是上市企业的高增长，三是投资者要求的投资回报率比较低，四是我国上市公司盈利能力有较大的提高空间。到底是什么原因导致收益率偏高呢？中国国内生产总值(GDP)的年增长速度近年来一直保持在7%以上，是美国经济增长速度的2—3倍。与其相对照，中国上市公司的平均净资产回报率(ROE)只有5%—6%，低于20世纪90年代的水平；而美国标准普尔(S&P)500公司在过去25年的平均净资产回报率却高达18%。也就是说，中国上市公司的资金使用效率尚不及S&P公司平均水平的1/3。所以收益率高并不是由于中国净资产回报的高增长率导致的。从时间上看，中国两个交易所的指数上升就伴随着收益率的上升，所以市盈率过高是由于股票价格过高导致的。

二、市盈率与股票收益率。美国著名学者Fama和French的研究表明，高市盈率股票的平均回报率要远低于低市盈率股票的平均回报率，投资回报率与股票市盈率之间存在显著的负相关关系。股票的市盈率越高，在今后的6—18个月内收益率就越低。

我们把深交所和上交所所有的股票作为样本，逐年考察所有股票1995年7月—2003年6月间各年股票的月收益率和上月市盈率间的关系，除1998年外，1995年7月—2003年6月间的每一年中，股票月收益率与股票的市盈率成反向变化关系，市盈率越高的股票的月收益率越低，市盈率越低的股票的月收益率越高。在1998年，股票月收益率与股票的市盈率成反向变化关系，市盈率越高的股票月收益率越高，市盈率越低的股票月收益率却越低。这说明样本期间内大多时段，市盈率越高的股票月收益率相对要低，但是在某些时间段，股票市盈率与股票月收益率不一定成反向关系。其中一个原因可能是高市盈率股票的股价在短期内并不会下降，使得股票价格调整到合理的水平。

逐月考察所有股票1995年7月—2003年6月间股票月收益率和市盈率间的关系，发现股票月收益率与上一个月市盈率的倒数(E/P)的相关关系是不确定的。在有的时段是正相关关系，在有的时段是负相关关系。这是因为在短期内，股票价格的调整有限，价格高估股票的价格并没有下降，有的价格依然在上涨，使得股票月收益率与上一个月市盈率的倒数(E/P)成负相关关系。而价格被低估的股票的价格继续下降，使得股票月收益率与上一个月市盈率的倒数(E/P)成负相关关系。所以短期内，股票月收益率与上月市盈率的倒数(E/P)没有一致性的相关关系。

总体上，市盈率的倒数(E/P)与股票年收益率有显著性的正相关关系，但是在不同的年份会有出入，在少数时段，二者有负正相关关系，在大多数时段，成正相关关系；市盈率的倒数(E/P)与股票月收益率没有一致的相关关系；可以试图用市盈率(P/E)的预期股票年收益率，但是不能预期股票月收益率。

三、股票收益率与B/P(市净率倒数)

考察所有股票1995年7月—2003年6月间股票年收益率和B/P间的关系，发现股票年收益率与B/P成正相关关系，B/P越高的股票的年收益率越高，B/P越低的股票的年收益越低。逐年考察所有股票1995年7月—2003年6月间股票月收益率和上月B/P间的关系，股票各年月收益率与上月B/P成正相关关系，而且相关性显著。但是在不同的年份相关程度不一样，介于0.01～0.07之间。逐年考察所有股票1995年7月—2003年6月间用6月份市值计算的B/P与该年7月初到下年6月末股票年收益率之间的关系。总体上，用6月份市值计算的B/P与该年7月初到下年6月末股票年收益率的相关系数为0.41。在大多数时间段内二者是正相关关系。

总体上，B/P(股票面值比股票市值)与股票年收益率有显著的正相关关系。B/P与股票月收益率没有一致的相关关系，但是大多数情形下都是正相关关系。所以可以试图用B/P预期股票年收益率，也可以基本上试图预期股票月收益率。股票月收益率与B/P的相关关系仍然有着较为显著的季节效应。

四、ROE(净资产回报率)与股票收益率。逐年考察所有股票1995年7月—2003年6月间ROE与该年7月初到下年6月末股票年收益率之间的关系，发现股票年收益率与ROE的相关关系是不确定的。考察所有股票1995年7月—2003年6月间上月ROE与股票年收益率之间的关系，发现股票年收益率与ROE成正相关关系，相关系数为0.00024983，相关程度很弱。股票月收益率与ROE没有一致的相关关系，因此不能根据净资产回报率预期股票年回报率。逐月考察所有股票1995年7月—2003年6月间ROE与股票月收益率之间的关系。发现股票月收益率与ROE没有一致的相关关系。因此不能根据净资产回报率预期股票月回报率。

总体上，ROE与股票年收益率有正相关关系，但是在不同的年份会有出入，有的成弱正相关关系，有的成弱负相关关系；总体上ROE与股票月收益率有弱的正相关关系，但是不同的时间段相关关系不同，有的成弱正相关关系，有的成弱负相关关系。不能用ROE预期股票年收益率，也不能预期股票月收益率。

五、ROA(资产回报率)股票收益率逐年考察所有股票1995年7月—2003年6月间上月ROA与股票月收益率之间的关系。股票月收益率与ROA没有一致的相关关系。因此不能根据资产回报率预期股票年回报率。考察所有股票1995年7月—2003年6月间上月ROA与股票年收益率之间的关系。总体上来看，股票年收益率与上月ROA有正相关关系，但是相关的程度非常弱，只有0.00026275。所以不能用ROA来预测股票月收益率。逐年考察所有股票1995年7月—2003年6月间上月ROA与股票月收益率之间的关系，股票月收益率与ROA没有一致的相关关系。大多数时期存在比较弱的相关关系，相关系数小于0.01。所以ROA不是一个预期股票月回报率的好指标。逐月考察所有股票1995年7月—2003年6月间ROA与股票月收益率之间的关系，表明股票月收益率与ROA的相关系数大多数在−0.05～0.05之间，说明二者相关度很弱，而且符号不确定。所以用月度的ROA(资产回报率)来预测股票月收益率的效果将很差。

总体上，ROA与股票年收益率没有一致的相关关系，ROA与股票月收益率也没有一致的相关关系。不能用ROA预期股票年收益率，也不能预期股票月收益率。

每股收入

总收入六、X·(用代替)与股票收益率股价

调整后的市值

逐年考察所有股票1995年7月—2003年6月间X与股票下年收益率之间的关系，总体上看，股票年收益率与X的关系成正相关关系，X越高的股票的年收益率越高，所以可以用X来粗略估计股票年收益率。但是股票年收益率与X的相关关系在每年都不同。考察所有股票1995年7月—2003年6月间X与下月股票月收益率之间的关系，回归结果说明股票月收益率与X有显著性的正相关关系，相关系数为0.00934。当X上升，则股票月收益率也会增加。逐年考察所有股票1995年7月—2003年6月间X与股票月收益率之间的关系，发现X与股票月收益率有正相关关系，除了1998和2001年外，相关系数在0.005～0.013之间，而且相关关系显著。因此可以用X作为一个指标来预测股票月收益率。逐月考察所有股票1995年7月—2003年6月间X与股票下月收益率之间的关系，X与股票月收益率没有一致的相关关系，有时候是正相关关系，有时候是负相关关系。因此用X并不能很好的预期股票的月收益率。

总体上，X与股票年收益率有显著性的正相关关系，但是X与股票年收益率没有完全一致的相关关系。可以试图用X预期股票年收益率，但不能预期股票月收益率。

七、股票的回报率与股票的M/B(市场价值比帐面价值)和股票规模

我们根据股票的M/B，从低到高把股票分成5组，1为价值股，即M/B最低的一组，5为成长股，即M/B最高的一组。把股票年收益率作为被解释变量，E/P(市盈率的倒数)作为解释变量，回归的结果显示：

当M/B(市场价值比帐面价值)增大，相关系数越来越大。当M/B增大，股票年回报率与E/P(市盈率的倒数)相关系数越来越大。当M/B比较小时，E/P增加使得股票年回报率增加的幅度没有当M/B比较大时E/P增加使得股票年回报率增加的幅度大。

我们根据股票规模，从低到高把股票分成5组，1为小盘股，即规模最小的一组，5为大盘股，即规模最大的一组。把股票年收益率作为被解释变量，E/P(市盈率的倒数)作为解释变量，应用OLS方法回归的结果显示：

当规票规模增大，股票年回报率与E/P(市盈率的倒数)相关系数越来越小。当M/B比较小时，E/P增加使得股票年回报率增加的幅度比当M/B比较大时，E/P增加使得股票年回报率增加的幅度大。

中国市场市盈率高于西方市场也有其内在的原因。首先，中国经济的成长率高于西方经济两三倍。虽然股市不能完全体现中国整体经济，但适当地选股可以发现与中国经济同步增长地企业。其次，中国公司在很多方面效率并不很高，如管理和财务，故而ROE很低。这样中国的上市公司才有更大的空间提高效率，加速利润的成长。假如中国公司的ROE接近西方的平均水平的化，中国股市则出于被低估的水平。在这样的市场里，高水平的研究选股会带来高回报。

市场有效性理论认为在高效率的市场里不会有什么指标能够预测股票回报。在中国股市有些指标能够有预测性说明中国市场还处在一个走向成熟的过程。今年上半年价值投资的胜利也从一个侧面验证了我们的结论：价值投资能带来超额回报。很多市场内的资金为相对短线资金，很难去追求长线回报，随着机构投资者的成熟与壮大，可以预计市场的可预测性也就会逐渐减弱，这个市场必将越来越走向成熟。

本研究报告从三个层面对中国股票市场进行分析。首先从基本面对中国股票市场进行分析；其次是从制度层面对中国股票市场进行分析；最后是从技术层面对中国股票市场进行分析。

实证研究表明，投资者尤其是机构投资者可以采取相应的投资策略来发掘投资机会。这些策略包括：(1)买入小盘输家组合(2)买入高换手率的大盘输家组合(3)买入低换手率的大盘赢家组合或者(4)这几种策略的组合。

从制度上看股市

一ST股票的事件研究在我国企业进入证券市场存在准入制度的情况下，并实行“总量控制，限报家数”，上市公司的上市资格成为政府授予的垄断权力，拥有这种资格可获得垄断收益。上市公司成为“壳”公司，它被重新利用后能够为利用者带来较大的收益。这说明壳资源有一定的价值。

"壳公司"的价值构成包括三部分:资产价值、无形资产价值以及虚拟价值。资产价值是由"壳"公司的净资产价值决定,"壳"公司的净资产价值相对来说是比较低的。无形资产价值主要是指在不同购并目标下的相关收益,比如"壳"公司已有的市场份额、"壳"公司的广告效应、税收优惠、"壳"公司产品的商标价值等。这部分价值通常也可以通过资产评估确定。虚拟价值纯粹由于壳资源的稀缺而产生,它是超越净资产价值的虚拟价值,它代表着上市流通的权力。

假定中国股票市场是有效的,对于与公司价值有关的信息都会反映在股价上,所以研究股价的变化就可以判断这一事项对公司未来的实际影响。因此对于壳资源的市场价值,可通过这些公司股票的市场价格表现出来,我们通过研究公司股票的市场价格变动情况来反映公司壳价值的。壳公司的市场价值可以通过股价法来进行分析。

我们选用的样本为 2001 年之前的 ST 公司。找到了 66 家 ST 公司,但是由于 3 家 ST 公司缺乏相关的数据,所以我们将其排除。我们算的 22 个月内的累计平均超常收益为 36.69%,数据分析结果见表 3。其中,中值(median)为 41.85%,最大值为 204.97%,最小值为 -97.2%。该样本的方差很大,达到了 34.42%。ST 事件说明了我国壳资源的价值还是很高的。

从技术面看股市

—过度反应与延迟反应的实证检验

股票市场的基本面与制度面是投资的客观环境。国内市场与国外市场相比在这两方面的差异,导致投资者在投资理念、投资策略、思维方式等方面的显著区别。但是,当我们强调监管环境、上市公司质量、信息披露等诸多市场缺陷给投资者带来系统性或制度性风险的同时,加强投资者教育、提高投资者的投资能力更是当务之急。

投资者对信息的不同反应或者在股价判断上的差异是证券交易的基础。现实的股票市场绝不像有效市场假说描述的那般完美,股价不是随机游走的,即使在信息披露做得最好的市场中,投资者也不可能根据贝叶斯定律对新的信息进行处理,也不会墨守期望效用函数进行投资决策。投资者的羊群效应、过度自信、保守偏差等行为导致投资中的非理性和股票市场的非有效性,同时是即使成熟市场也很难达到"半强势有效"的重要原因。在投资过程中,受感情、心理因素影响导致的非理性行为对投资效果的影响是需要研究的一个重要课题。在本章中,我们主要考查投资者对新信息的过度反应导致的对收益的影响。

一、我国股市的过度反应与延迟反应情况。在本节,我们将考查赢家组合和输家组合在检验期上获得的超额收益率情况以及他们在形成期和检验期上的股价、市净率及换手率等特征。我们的实证结果表明,赢家组合表现出极为显著的过度反应现象,在所有检验期上,赢家组合均获得显著小于零的相对收益,而且随着检验期的延长,股价相对于整体市场的下跌幅度越大;输家组合也表现出较为显著的过度反应现象,在绝大多数检验期上获得了正的超额收益;相应地,买入赢家组合、卖出输家组合的冲量操作策略始终获得的是负的收益。从股价反向纠正的幅度来看,赢家组合纠正的幅度大大超过输家组合的幅度,也就是说,逆向操作策略的盈利主要来自于赢家组合的下跌。

有两个变量常用来衡量股票受投资者关注的程度,即涨跌幅与换手率。股票的涨跌幅越大、换手率越高,往往吸引更多的目光。可以认为,换手率的差异代表了投资者对股票的关注程度,换手率越高的下跌股票,其相关信息在投资者群体中的传递越充分、迅速。而这种关注,却导致了更高的过度反应。

从组合在形成期初和期末的市净率、平均股价和净资产收益率来看,赢家组合与输家组合在形成期上的市净率均高于其它股票的平均水平,在检验期上,赢家组合的市净率进一步提高,而输家组合的市净率则回到了市场平均水平。各组合的净资产收益率在形成期和检验期上都非常的接近,股价的变化或者净资产的变化没有对应净资产收益率的变化,我们认为,这是我国股市炒作中"重势不重质"的一种体现,股价的变化没能够体现公司真实盈利能力的变化。

从组合的平均股价看,在形成期初,赢家组合的平均股价与市场水平非常接近,而输家组合的平均股价则远远高于市场水平;在形成期末,情况恰好相反,赢家组合的平均股价远高于市场水平,而输家组合则略低于市场水平。结合市净率和净资产收益率进行思考,这些现象似乎意味着输家组合的下跌是高价股价格的回归,而赢家组合的上涨是平价水平向高价股的提升,基本面对股价的影响似乎主要在于为二级市场的"运作"提供题材,而股价的差异并未体现当期盈利能力的差异。我们认为,我国市场上,引起股价的过度反应或者延迟反应的信息,主要是二级市场的信息,或者是与公司真实经营状况关系较小的信息(如虚假信息、传言等)。

总的说来,我国股票市场存在较为显著的过度反应现象,存在明显的投资机会和获利空间,投资者可以利用买跌卖涨的逆向操作策略赚取低风险超额利润。

二、过度与延迟反应的原因。为了进一步分析发生过度反应的原因,我们分析了换手率与收益率的关系。为了剔除掉规模因素对换手率的影响,我们先按流通市值进行了分组,然后再按形成期收益率和换手率分组。

1、低换手率大盘股的延迟反应。在研究中首先我们发现,低换手率的大盘股存在非常显著的延迟反应现象。几乎在所有的形成期和检验期组合上,低换手率的大盘输家组合都获得了负的相对收益,而低换手率的大盘赢家组合则获得了正的相对收益。而高换手率的股票组合,不论大盘股还是小盘股,都表现为过度反应;低换手率的小盘股尽管也表现为过度反应,但过度反应的幅度远不及高换手率的股票组合。

进一步的研究表明,信息扩散速度能够解释低换手率大盘股的延迟反应现象。我们发现,在形成期中高(低)换手率的股票在形成期前一年仍然具有高(低)换手率。这表明,股票在形成期上换手率的高低不是受到了形成期收益率的影响而变高或者变低的,而是先于形成期股价的变化而存在的。这就意味着,形成期上换手率低的股票在形成期之前一段时间就已经不被投资者关注了,而形成期上换手率高的股票在形成期之前也是受人瞩目的。

新信息传导速度的不同导致了高、低换手率大盘股的不同表现。因为换手率低的大盘股在形成期之前一段时间就已经不被人关注了,所以关于这些股票的新信息在投资者中的扩散要慢于换手率高的股票,导致投资者对这些股票的信息延迟反应。

2、低换手率小盘股的过度反应。低换手率的小盘股表现为过度反应而低换手率的大盘股表现为延迟反应,对此我们的解释是:

(1)我国市场上长期流行"跟庄"的投资理念,投资者选择股票时重势不重质,而小盘股又易于被操纵,所以投资者对小盘股的关注程度远远大于大盘股，加之主力在操作时往往故意放出小道消息，更加助长了投资者的过度反应行为。

(2)小盘股股价的稳定性要低于大盘股，承受买方或者卖方冲击的能力也弱于大盘股，所以小盘股更易于产生过度反应，即使只有一小部分的投资者过度自信，股价也会出现过度涨跌。

3、高换手率股票的过度反应学术界对股票市场过度反应主要有两种解释，其一是认为过度反应是投资者对信息的理解偏差如过度自信引起的，另一种解释认为投资者的交易行为导致了过度反应。后一种解释主要来自于HongandStein(1999)的"信息渐进传导模型"，该模型认为信息的渐进传递性导致在新信息公布后的一段时间内，股价将表现为延迟反应，但当投资者观察到股价的持续性上升或下跌时，他们的买涨杀跌行为将推动股价过度反应。本文的实证结果表明，在我国市场上，过度反应主要是由于投资者的过度自信导致的，而不是追涨杀跌行为引起的。

三、构筑逆向投资策略。利用我们的实证结论，投资者尤其是机构投资者可以构造相应的投资策略来发掘投资机会。由于我国是单边市场，没有卖空机制，我们可以利用的策略有：(1)买入小盘输家组合、(2)买入高换手率的大盘输家组合、(3)买入低换手率的大盘赢家组合或者(4)这几种策略的组合。

通过实证研究发现，高换手率的大盘输家组合的超额盈利能力较低；低换手率的小盘输家组合的盈利在大多数情况下没有高换手率的小盘输家组合高；而在短期内，低换手率的大盘赢家组合能够获得更高的超额收益。我们建议在短期上(一年内)持有低换手率的大盘赢家组合，在较长时间上(一年到四年)持有其他3种策略(低换手率小盘输家、高换手率小盘输家、高换手率大盘输家)的组合。我们相信，这种组合式的投资能进一步降低投资风险。在投资组合的维护上，应当及时清除原来组合中的小盘赢家组合和低换手率大盘输家组合以及高换手率大盘赢家组合，减少可能的损失。

本文在分析中没有考虑交易成本的影响，但是由于本文构建的逆向操作策略不涉及频繁交易，且在长期上逆向操作策略的盈利比较显著，交易成本对结论的影响将是不显著的。

课题承接单位：北京大学光华管理学院　中国证监会规划发展委员会　清华大学经济管理学院

课题主持人：周春生　张宁　廖理

课题组成员：李华建　刘彬　罗洪涛　赵锋　张祖华　穆雯

课题协调人：上海证券交易所　王建春

上证联合研究计划系列课题

管理层收购融资体制国际比较
记取西方三个方面经验

上市公司管理层收购正成为我国证券市场一个热点，而引起各方关注的焦点有两个：融资来源和转让价格。

"融资"对于管理层收购的顺利实施发挥着重要的作用。事实上，正是因为垃圾债券、次级债务、混合融资等金融工具的产生，为管理层收购的顺利进行创造了条件和实现可能。而为管理层收购提供融资的金融机构因此而获得收益和承担风险，成为金融市场体制中重要的一环。所以，无论从收购者、目标企业的微观层次，还是从一个国家金融体制的宏观角度看，融资都是管理层收购的核心。

一、管理层收购是一种全球性经济现象

全球性企业重构浪潮是推动管理层收购发展的重要原因。

1、管理层收购发展概况

英国

欧洲大陆的管理层收购在20世纪90年代以后发展迅速，在1992年至1997年间增长了150%。1999年，欧洲管理层收购总额达251亿英镑。而英国的管理层收购活动大致经历了1989年、1997年两个高潮期。

美国

美国是管理层收购最活跃的地区之一。在1979年至1987年期间，管理层收购曾占全部收购交易额、交易数量的22%以上。

日本

在20世纪80年代以前，日本的企业兼并、收购市场一直不活跃。从20世纪90年代开始，日本国内经济形势恶化、复杂的银企关系、庞杂的业务体系、集团内部官僚化的层级体制，使大批日本企业陷入经营困境，被迫进行以业务剥离为核心的企业重构，业务剥离的对象成为管理层收购的重要来源。

东欧、俄罗斯

在东欧、俄罗斯等市场经济转型的国家和地区，管理层收购成为计划经济向市场经济过渡、国有经济向民营企业转让的重要手段。至1994年，15个中欧、东欧和前苏联的30740家国有大中型企业，以及前苏联的75000家、捷克22000家、乌克兰33000家中小企业被出售给了私人投资者，其中大约有三分之二的企业被原企业管理者和员工收购。

2、管理层收购的目标公司来源

由于各国的经济周期、政府政策、企业状况等不同，管理层收购目标公司大致有以下五种渠道：剥离本国企业、剥离外国企业、私人企业、破产企业、其他等等。

3、管理层收购提高了经营效率

管理层收购带有明显的战略倾向，促进了管理层收购后企业绩效的改善。据对欧洲1992年至1997年发生的300起管理层收购的调查表明，收购后企业的业务收入、息税前利润(EBIT)、出口都有所增长，就业数量增加和就业质量得到改善。

二、国外管理层收购几种集中融资模式的比较

管理层收购过程中，受不同国家和地区金融机构、监管制度的影响，在融资来源及其比例、金融工具运用、融资成本和运作方式上都有所区别，形成了英国、美国、俄罗斯及东欧国家、日本等为代表的四种管理层收购融资模式。

1、美国：债权人主导的融资模式

美国管理层收购更多依靠债务融资实现，被称为"债权人主导的融资模式"，其原因有：

(1)债务融资是全部融资的主体

美国管理层收购的债务融资高于英国，是全部融资的主体。在典型的管理层收购融资结构中，优先债的融资比例为50%至60%，次级债的融资比例为20%至30%，管理层出资的融资比例为1%至10%，其他机构投资者出资的融资比例为10%至15%。

(2)债权人在并购后的重整中发挥了关键作用

在美国典型的管理层收购中，债权人不仅是融资的主体，并且通过持有目标公司股份，参与管理层收购后的重整工作，对管理层的经营进行监督、考察，最终保障债务的安全。对于那些不能实现预期目标的经理人员，债权人可以利用所掌握的公司股份，罢免经理人员，重组管理层，对企业重整发挥关键作用。

(3)高负债是管理层收购能够成功实施的关键

管理层收购后的经理阶层面临归还大量债务本金和高昂利息压力，同时也面临债权人和外部机构投资者收购、兼并的压力。高负债成为管理层收购成功实施的关键。

2、英国：权益投资者主导的融资模式

与典型的管理层收购大量依靠债务融资不同，权益融资日益成为英国管理层收购的主要融资方式，具有如下特征：

(1)权益融资的作用越来越重要

从20世纪80年代开始，权益资本一直是英国管理层收购融资的重要方式。进入90年代，经济界开始对高财务杠杆进行反思，垃圾债券发行困难，优先债、次级债等进一步减少，权益资本融资增长迅速，在整个管理层融资中所占比例由80年代的20%至30%上升到40%左右，发挥了更加重要的作用。

(2)权益融资比例高

同美国典型的杠杆收购具有显著差异，英国管理层收购融资较少利用高财务杠杆，权益投资在外部融资中占有较大比例。而债务融资仍然是英国企业管理层收购的主要来源，所占比例在50%以上。权益融资一直保持在30%到40%之间，大大高于其他国家管理层收购的权益融资比例。

(3)权益投资在管理层收购融资中一直发挥关键作用

无论在20世纪80年代，还是以风险资本作为权益融资主体的20世纪90年代，权益投资在管理层收购融资中发挥了关键作用。这包括：权益投资者是管理层收购最大的风险承担者；发挥积极机构投资者的作用；权益投资一般为中长期投资，关注企业绩效的长期改善和企业内在价值的长期提升。

3、俄罗斯、东欧：银行主导的融资模式

与市场经济发达的国家不同，俄罗斯、东欧等市场转型国家和地区的金融体制还有待完善。由国有银行转型而来的商业银行是管理层收购融资的主要提供者。例如在斯洛伐克，管理层收购的贷款主要来源于国内两家最大的国有银行—VUB和RIB。此外，俄罗斯、捷克等国家，还有一些由商业银行成立的投资基金对管理层收购进行股权投资，这些基金类似于英国的信托投资，与管理层共同出资收购目标公司，并参与重组工作。当然，这些投资基金的主要股东还是国有商业银行，因此，这些国家的管理层收购融资可以概括为银行主导的融资模式。

4、日本：政府推动的融资模式

20世纪90年代日本企业陷入经济危机，在政府推动下，日本企业被迫进行一系列的重组。其中，管理层收购被认为是适合日本企业重组的一种方式。管理层收购融资主要依靠银行贷款、收购基金提供，而企业收购基金的成立是政府推动的结果。由于日本国内的并购市场并不发达，一些兼并、收购的金融工具并没有得到广泛采用。为了支持企业的“选择和集中”，日本政府1999年出台了《产业活力再生特别措施法》，支援收购企业。在政府的推动下，日本金融界成立了专门为收购提供融资的收购企业基金，累计达1万亿日元，其中，专门为管理层收购设置的“MBO基金II”达300亿日元。收购基金在管理层收购的融资体系中产生着重要作用。

三、管理层收购中融资的退出

1、债务融资的回收

债务融资是管理层收购的主要来源。目前，发达国家管理层收购中一般利用复杂的债务融资工具，这些融资工具受偿的优先顺序、回收时间、预期报酬率、担保状况等都有所不同。

有优先权的周转债务是一些有抵押担保的短期债务，包括抵押短期贷款、质押短期贷款、优先票据等。担保物可以是固定资产、流动资产、股权，主要用于补充营运资金。由于一般为短期债务，通常不超过6个月，因此在所有债务中，预期收益率最低。

有优先权的定期债务，主要包括抵押中长期贷款、质押中长期贷款、优先票据等，需要债务人提供担保抵押，且贷款期限较长，一般为1到5年，长的可以达到15年。这种债务长期、稳定，要求的收益率高于短期形式的有优先权的周转债务，是支付收购资金的重要来源。

有优先权的周转债务和定期债务统称为优先债，在英国，其预期收益率是伦敦银行同业贷出利率(LIBOR)基础上加2%到3%。在所有债务中，优先债可以优先受偿，债权清偿的风险较小。

优先次级(从属)票据，属于夹层融资，主要是一些无抵押的从属债务，其债权人一般可选择获得部分股东权益；或者债权人只能得到并购融资中为先偿债务作担保的资产的次级留置权。优先次级票据一般为投资银行家安排，由保险公司、养老金、投资基金持有。其债务清偿顺序优于次级票据，预期收益率也比优先债高，一般高于LIBOR利率3.5%到4%。

次级票据，最典型的是垃圾债券，发行人以未来收益作为发债的基础，承诺在一定的条件下次级票据可以转换成优先股。

相对于优先债，优先次级票据和次级票据都属于次级债，其受偿等级低于优先债，但相应的，预期收益率较高。英国次级债的预期收益率一般高于伦敦银行同业贷出利率(LIBOR)4%到5%。

归还债务融资有四个方面的资金来源：出售业务部门，获得短期现金流，偿还有优先权的周转债务；企业经营利润分配；二次融资；破产清算中优先受偿等。

2、权益资本融资的退出

在发达的市场经济国家，管理层收购权益资本退出的方式主要有5种：发行上市、出售股份、二次管理层收购(second MBO)、股份回购，破产。权益投资者通过各种方式退出管理层收购公司，能够获得25%到30%的报酬率，远远高于债务融资的预期收益率。

四、我国上市公司管理层收购融资

“红帽子”现象与明晰产权、国有企业改组、创业型管理者的企业家精神兴起，成为推动中国管理层收购兴起的主要原因。

1、中国上市公司管理层收购融资的特征

通过对已公开披露的9起上市公司管理层收购案例分析，管理层收购融资体现出以下特征：

(1)从公开披露信息看，管理层收购资金大部分来自管理层自筹资金。从交易情况看，管理层为收购成立的新公司注册资本都比较高，其中，洞庭水殖、特变电工、胜利股份、鄂尔多斯、宇通客车等5家公司的注册资本均高于收购所需资金。管理层在这些收购平台公司中所占权益比例高，表明收购资金大部分来自管理层自筹资金。

(2)从最终来源看，个人融资是管理层收购资金的重要渠道。然而，中国管理层收入水平相对较低，据统计，2001年上市公司高管平均年薪仅为81595元。在上市公司的管理层收购中，管理层参与收购的入股资金动辄上百万，多则上千万。

因此,合理的推测是管理层收购的资金大量来源于个人借款。个人融资成为管理层收购资金的重要来源。

(3)缺乏外部权益融资。在典型的管理层收购中,权益资本是重要的融资形式,例如在英国,外部权益资本可以占整个管理层收购融资的40%左右。在以上案例中,除洞庭水殖的管理层收购利用了20%的外部机构投资者权益资本,其他收购活动全部依靠管理层自筹资金入股解决。

(4)股权质押成为管理层收购再融资的重要手段。在完成管理层收购后,一些注册资本低于收购资金的受让人都进行了再融资,例如收购粤美的的美托、开联公司进行了股权质押,其中,美托公司股权质押贷款3.2亿元,与收购所需资金缺口相差无几。深方大的收购者邦林、时利和公司也进行了股权质押贷款。

(5)分期付款具有卖方融资的性质。分期付款作为一种融资技巧,被应用到管理层收购中。如佛塑股份管理层收购中,通过与原第一大股东协商,在签署股权转让协议后,支付首期转让款,另外在1年内付清剩余的16457.198万元。通过分期付款,实施管理层收购的富硕公司得到了卖方16457.198万元的1年期融资。

2、融资来源

结合部分上市公司管理层收购的公开披露信息和实地调研,上市公司管理层收购的融资来源大体分为:个人抵押(质押)贷款,私人借贷,民间金融借贷,信托机构融资,利用收购平台公司进行股权融资。

3、管理层收购融资的中外比较

西方国家发达的金融体系主要表现为拥有更加发达的金融组织及完善的金融服务中介功能、更为丰富的管理层收购融资工具。

在发达国家,管理层收购融资工具运用广泛,构成复杂。与发达国家相比,由于受有关法律和金融制度的限制,中国上市公司管理层收购融资工具比较单一,具体表现为:银行提供的优先债融资工具单一;次级债市场融资工具单一;管理层收购不能发行优先股;普通股发行的范围狭小,权益融资对象单一;缺乏混合融资工具。

记取西方三个方面经验　优化管理层收购融资体制

优化管理层收购融资体制,可以促进上市公司管理层收购健康、规范地发展,从西方国家管理层收购融资的实践看,有三个方面的经验值得记取。

一、培育机构投资者,优化我国上市公司管理层收购融资结构

无论是英国"权益投资者主导"还是美国"债权人主导"的管理层收购融资模式,合格的机构投资者是管理层收购步入良性发展的关键和核心。机构投资者影响管理层收购主要有以下几种途径:参与融资谈判,影响管理层收购;直接参与董事会,行使股东权利;引导二次管理层收购(second MBO);通过债券与股权转换,维护自身利益、影响管理层决策;主要债权人发挥了类似于机构投资者的作用;通过管理层收购竞价,引入外部市场监督。

机构投资者的主要作用体现为:通过长期投资,促使管理层进行着眼于企业中长期发展的战略性重组;通过持有的权益资本,有效参与管理层收购后的重组,监督、约束、控制管理层的经营行为,促进治理结构优化和收购后重整;通过自身具有的专业化、管理、人才和投资经验优势,减小投资的盲目性,促进并购市场理性、健康发展,减少中小投资者由于缺乏专业性带来的盲目投资;此外,机构投资者具有资金量大、分散投资等特点,有利于降低投资风险,在一定程度上化解个人融资可能带来的金融风险。因此,引进机构投资者有利于促进管理层收购的稳定、理性、健康发展。

目前,缺乏合适的融资渠道和融资机构,使我国上市公司管理层收购的大部分通过民间资本借贷解决。大量通过个人间协议流动的民间资本,一方面反映了管理层收购对融资的现实需求,另一方面隐含了不能到期还债而潜在的金融风险和社会不稳定因素。因此,如何规范发展管理层收购融资市场,成为重要的现实课题。在管理层收购改组国有上市公司过程中,培育机构投资者是规范我国上市公司管理层收购行为,促进上市公司健康发展的重要途径。

现在,我国资本市场上的机构投资者已经初具规模,但在投资的功能上却还存在一定的欠缺,主要表现为缺乏以产业投资,以及专业化从事兼并重组的机构投资者,从管理层收购的现实需要出发,可以结合新的融资工具创新,发展以下几种机构投资者:信托投资公司;专项基金(MBO基金)证券公司;资产管理公司;信用担保公司;风险投资公司。

二、管理层收购融资工具创新及其配套金融制度改革

相对于西方发达国家,我国企业管理层收购的融资工具较少,主要体现在债务融资中,缺乏信用贷款、卖方融资、公司债券、次级票据、商业票据等融资工具;在权益融资中,不能发行优先股;权益融资和债务融资之间,也缺乏相应的转换工具。我国企业管理层收购融资工具的丰富、创新,有赖于进行配套的金融制度改革。借鉴西方发达国家管理层收购使用的融资工具,并结合我国企业管理层收购的现实融资需要,通过金融制度改革,创新管理层收购融资工具,为企业综合利用多种融资工具、组合风险和收购成本提供了可能,将有利于促进管理层收购的健康、快速发展。这包括:推进信用评级,促进信用贷款发展;逐步放宽商业银行贷款的有关限制;放宽企业债券的发行限制;探索次级债务工具;建立企业优先股融资机制。

三、建立和完善上市公司管理层收购融资的退出机制

在发达国家,管理层收购各种融资退出机制比较完善,表现为多种债务融资工具具有不同的退出时间、方式,权益融资具有多种退出途径,多层次、相互交叉转换的混合融资工具和退出途径构成了管理层收购融资退出机制。我国上市公司管理层收购融资的退出途径相对比较单一,表现为债务融资退出途径不通畅,权益融资退出的渠道不畅、交易成本过高。

西方发达国家管理层收购融资退出机制的启示意义在于:第一,管理层完成收购以后必须进行大规模的重组,以大幅度提高公司业绩,减少高负债带来的还款压力;第二,建立债务融资与权益资本相互转换的混合融资工具,例如可转换债券、认股权证等,在保证债务安全性的同时,增加债权人的灵活选择机制,是管理层收购各种融资主体重要的退出途径,而且可以有效监督债务人的行为。

课题主持人　广发证券博士后工作站　叶　勤
暨南大学经济学院　刘少波
课题协调人　上海证券交易所　鹿小楠
课题研究员　魏　建　姜绪荣　蔡文生　齐安甜

上证联合研究计划系列课题

交易所市场债券品种亟待创新

1981年财政部正式发行国债以来,我国债券市场已经经历了二十多年的发展，特别是近几年来有了较为迅速的发展，规模不断增大，品种不断增多。但是，相对于股市而言，债券市场的发展远远不足，数量、品种少，交易不太活跃。虽然与银行间债券市场相比，交易所市场债券流动性强得多，但比起发达国家债券市场而言，仍处于较低水平。

发展现状

自1981年财政部正式发行国债以来，我国债券市场已经历了二十多年的发展，特别是近几年来有了较为迅速的发展，规模不断增大，品种不断增多。但是，相对于股市而言，特别是相对于经济发展和企业需求而言，债券市场的发展远远不足，数量、品种少，交易不太活跃。虽然与银行间债券市场相比，交易所市场债券流动性强得多，但比起发达国家债券市场而言，仍处于较低水平。

我国债券市场已经历了二十多年的发展，规模不断增大，品种不断增多。但相对于经济发展和企业需求而言，债券市场的发展远远不足。

上海证券交易所1999年、2000年、2001年的国债周转率分别为1.6次/年、1.3次/年、1.3次/年，远远低于发达国家平均30多次/年的债券周转水平。我国债券市场流动性低的原因是多方面的，品种稀少是其中一个重要原因。

当前，根据市场需求进行现有产品交易模式的创新更具有现实可行性，但从交易所债券市场的长远发展来看，当市场主体的成熟度足以接纳较高层次、全新的债权债务关系时，应适时推出相应的债券衍生品种。

债市与股市的平衡发展问题实际上是一个货币市场与资本市场平衡发展的问题。和许多新兴市场一样，我国也是股市发展在前，债市发展滞后。同时，债券市场只有现货，而没有衍生产品。这些都限制了国内债券市场的发展，同时股票融资市场压力过大，资本市场总体效率偏低。

品种创新

交易所的债券品种创新既包括原创性的债券创新——一种全新的债权债务关系的确立，也包括吸纳性的债券创新—现有债券品种仅在交易模式方面的改变。根据市场需求，从基于某一债券品种交易模式的改变到全新债权债务关系的确立是一个从量变到质变的过程。

交易所的债券品种创新总体而言是应各方交易主体的需求产生的，在中国债券市场发展的当前阶段，根据市场需求进行现有产品交易模式的创新更具有现实可行性，但从交易所债券市场的长远发展来看，当市场主体的成熟度足以接纳较高层次、全新的债权债务关系时，应适时推出相应的债券衍生品种。

基于此，交易所债券品种创新主要可立足于如下几个方面：(1)合理设计创新的债券交易方式；(2)设计不同的期限品种系列和利率品种系列，并设计不同品种之间的转换产品；(3)实现大额批发性和小额零售性债券业务同时发展，根据债券品种流动性不同设计在不同范围内流通的品种系列；(4)设计不同风险等级的债券品种系列。

经过十多年的发展，我国交易所市场各项功能日臻完善，特别是股票市场在国民经济中发挥着不可忽视的作用，但是交易所债券市场的发展却在近年来相对滞后，除了政策导向外，其中一个重要原因是交易制度和交易品种的发展不能满足市场的需求。

我国债券一级市场由银行间债券市场、交易所债券市场和柜台市场组成，二级市场由银行间市场和交易所市场组成。虽然交易所债券市场是债券市场的重要组成部分，但交易所债券市场的发展却在逐步放缓。

现阶段交易所债券市场主要特征之一是品种少，而且各种债券品种的期限结构也不很完善。目前在交易所进行交易的债券品种主要有国债、企业债券和可转换债券，债券市场上规模巨大的金融债券只能在银行间市场上发行和交易。而且与此相对应的债券期货、期权和债券基金等衍生产品市场尚处于空白或刚起步阶段。

在目前的债券市场中，除信用机制不健全、利率市场化程度低等因素导致债券市场风险增加外，我国还没有发达国家市场中的债券期货、债券期权等衍生产品，债券品种结构存在较大缺陷，债券市场缺乏有效的风险规避工具，一旦利率出现反转，将对各金融机构造成巨大冲击。

从债券市场内部均衡的角度而言，进行债券品种创新是发展交易市场的必要条件。我国的债券发行市场与交易市场增长情况存在明显的不同步现象，这说明必须对我国的债券市场进行交易制度、交易方式、交易品种等方面的创新，以保证债券市场本身能得到均衡发展。

从债市和股市的关系而言，债市与股市的平衡发展问题实际上是一个货币市场与资本市场平衡发展的问题。和许多新兴市场一样，我国也是股市发展在前，债市发展滞后。目前，除了国债、金融债、企业债外，没有地方债券和市政债券，也没有资产抵押债券。同时，债券市场只有现货，而没有衍生产品。这些都限制了国内债券市场的发展，同时股票融资市场压力过大，资本市场总体效率偏低。

平衡发展是现代金融运行的客观需要，无论是商业银行还是其它投资人，无论是参与资本市场中的中长期信贷市场，还是参与资本市场中的股权融资市场，都不能缺少资产负债管理、流动性管理和风险管理的工具与途径，资本市场越是要发展，对金融产品的要求也就越高。我国应当在解决债市发展的策略中充分考虑增加债券创新品种的问题，只有在债券品种充分丰富，发行和交易数量足够大的情况下，才能逐步缓解对股票市场的依赖程度，中国资本市场才有可能走上持续、稳定、健康发展的轨道。

保持较高的流动性，是债券市场完善、成熟的标志之一，而品种创新是增强债券市场流动性的有效途径之一。流动性低是我国债券市场各种不足的综合反映。衡量债市的流动性不仅要看换手率的高低，而且要看大宗交易的成功率以及是否对市场价格有影响，从这两方面看，目前场内、场外市场的流动性均存在缺陷，要通过制度与品种创新提高市场的流动性。

通过实证分析，我们可以看出，随着债券品种的增加，其对数价格比越来越小，也就是说，随着债券品种的增加，其价格变动的幅度越来越小，这从密度的角度，即买卖价差的角度说明，随着债券品种的增加，上交所债券市场交易的流动性增加，债券市场的效率提高。

解决方案

结合目前交易所的市场状况，在现阶段可以考虑从开放式回购和国债远期交易等几种产品进行品种创新。

（一）开放式回购 1、基本原理。开放式回购是指债券卖出方（回购方）卖出债券的同时与该笔债券买入方（逆回购方）约定在将来某一时间按约定价格买回债券的交易，在回购期内，该债券为逆回购方所有并可以使用，相当于两笔买断的债券业务：一笔即期，一笔远期。在开放式回购的回购期内，该债券并不失去流动性，逆回购方预期债券价格将出现下跌时，可将该笔债券抛售，只要在回购到期日前补回即可。这种回购方式对债券的购买者来说，使其手中的债券获得了充分的流动性，但是对债券的卖出方来说，若第三方在回购到期日不能按时交付卖出者的回购券种，则他有可能会承担第三方的违约风险，不能按时赎回所需券种。在此情况下就可以通过一些衍生工具来避免这种风险的产生，并且还可对此交易进行套利。

2、操作方式。开放式回购的主要流程包括：(1)由回购的双方签订回购协议，协议约定交易双方的债券回购属于所有权转移行为还是仅属使用权转移行为，两次清算处理因回购的性质而定；(2)由交易所操作，将回购方的债券过户或转借到逆回购方的帐户下，资金同时由逆回购方帐户划转到回购方的帐户下；(3)回购期结束时，交易所根据协议要求将逆回购方帐户下的债券过户或归还到回购方的帐户下，资金同时由回购方的帐户划转到逆回购方的帐户下，从而完成一次完整的回购交易过程。

在所有权转移的开放式回购中，回购应当理解为一种特殊的、附条件的两次债券买卖行为，买方取得的不应是债券的质押权，而应当是所有权，只是回购到期时逆回购方按照约定必须将这种权利出卖给正回购方并相应收回融出的资金，因而担保法律规范并不适用于这种开放式回购交易。在所有权转移的开放式回购中两次交易被分割为一次即期交易和一次远期交易，且性质也变为现券交易，与单纯的融资行为存在一定区别，而且在报价方式上要增加远期报价程序。

而在使用权转移的开放式回购中，回购是一种约定将来某一时间归还债券的融资行为，逆回购方取得的不是债券的所有权，而是处置权，虽然在回购期内可以对债券进行处置，但在回购到期时必须归还相应的债券并为取得该债券的处置权而支付一定的费用。这种方式继承了质押式回购的法律关系，即两次交易属于一个不可分割的合同，报价也沿用质押式回购的报价方式。

在会计处理和税收关系的处理方面，作为融资行为，使用权转移的开放式回购的收入和支出，应计入金融企业往来收入与支出科目中，其收入是免征营业税的，会计处理可沿用质押式回购的处理方式。在应计利息的处理上，回购期间的票息应属融资方所有，在实际操作中可将应计利息单列出来，于到期第二次交割时将应计利息返还，并在会计处理上仍视同持有处理，则可避免应计利息的处理差异。

作为所有权转移的开放式回购，两笔交易均为现券交易，回购收入转为现券收入，需征收营业税，同时回购收入冲减了投资成本，使得帐面投资下降，频繁的交易将使帐面投资不断发生变动。同时，应计利息应包括在第二次交易的价格中，由于国债利息免征所得税，这使得本应由正回购方享有的免税利息改由逆回购方享有，逆回购方在价格中的补偿冲减正回购方的投资成本，正回购方在实现收益时将缴纳所得税。

由于在所有权转移的开放式回购中，双方对债券形成一种所有权的转让，转让价格是债券的市场价格，从本质上来说，针对第二次清算行为的约定属于一种远期和约。如果在第二次交易时发生违约行为，则此违约行为属于对远期和约的违反。

在使用权转移的开放式回购中，双方约定的是使用权的转让，形成融资关系，从融资关系本身而言，回购方支付的是融资的费用，逆回购方则应支付融券的费用。针对第二次清算行为的约定受《合同法》的约束，如果在第二次清算时发生违约行为，应适用《合同法》进行解释。但无论是哪一种开放式回购模式，从控制违约风险的角度，回购双方应按照一定的比例向交易所交纳保证金，产生违约行为时，在协商解决无法调和的情况下，对违约方按照一定比例进行处罚。

3、积极效应首先，由于开放式回购不需要冻结质押债券，因此保证了市场上可供交易的债券量，增强了债券市场的流动性。其次，引入开放式回购之后，交易双方都可以利用融来的资金或者债券捕捉市场机会并获得投资收益，促使回购交易的交易双方处于对称的地位。

最重要的是，开放式回购的推出，将在债券市场中引入短期“做空机制”，为投资者提供了规避利率风险、利用市场变化套利的手段。目前的债券市场和股票市场一样，只有价格上涨才能盈利，但对交易所市场中许多大型机构而言，不可能通过卖出所有债券来规避价格风险，迫使投资者只能通过推高现券价格这一方式获取盈利，这就使得我国债券市场资金推动型的特征非常明显。引入开放式回购这种衍生交易方式，投资者可以更便利地运用资金，债券市场短期市场利率会更趋于合理，促使投资者逐步向价值投资型转变。

实际上，这种交易行为在2002年的债券市场上已隐隐约约出现，它源于市场参与者债券结构调整、交割安排以及规避利率风险等方面的需求。虽未出现什么问题，但既不规范，也无法律保护，长此以往不利于市场发展。此次财政部决定加快推出开放式回购，既适应了市场需求，又为未来债券市场更多衍生金融工具的应用奠定了基础。

4、风险因素：首先，在开放式回购中，当逆回购方回购项下债券出现破产情况或财产被法院冻结时，正回购方可能无法及时收回卖出的债券，因而存在MARGIN的流动性风险；

其次，在债券的开放式回购中，对于逆回购方而言，债券头寸的放大，意味着相对于初始资金放大了债券市场的波动幅度，获利的潜力和亏损的可能性同样等比例放大了；

第三，开放式回购的推出将提高债券市场的流动性，同时也会导致交易费用风险；推出开放式回购后，交易次数和交易环节增多，各笔交易环环相扣，需要具备良好的管理能力、外部信息和交易渠道，外部条件不可控性导致风险增加。

这些风险因素要求交易所债券市场在推出开放式回购的过程中注意有针对性地设计产品，最大限度规避可能出现的产品风险。

(二)国债远期交易

1、基本原理远期交易就是约定在将来的某一时刻做一笔买入或卖出的交易，其期限、金额与利率都是预先约定的，到期进行实际交割。债券远期交易与现券交易不同，现券交易目前有T+0交割与T+1交割，而远期交易则是更远期的交割，它除了时间上与现券交易有差别外，其他并没有差异。

债券远期交易和债券期货交易相比，二者虽然都是约定未来某一时间买卖某种债券，但却有着实质上的不同。首先是履约方式不同，期货交易有实物交割和对冲平仓两种履约方式，绝大部分的期货合约是通过对冲平仓方式了结的，远期交易履约方式主要采用实物交收方式，国债远期交易中，买卖双方的目的是进行实际券种的交割，即同目前市场现券交易方式一样，必须进行券款的实际交割，而不能对冲；其次国债远期与国债期货在信用风险和保证金制度上也存在区别，由于国债远期属于非标准合同，经协商可以不交纳保证金，因而可能比国债期货存在更大的风险。国债远期与国债期货也有许多相似的地方，其中最突出的一点是两者均为买卖双方约定于未来某一特定时间以约定价格买入或卖出一定数量的某种国债，所以国债远期交易是国债期货交易的雏形。

2、操作方式根据交割方式不同，国债远期交易可进一步细分为强调国债标的远期交割的递延交割式远期交易，以及对到期差价主要采取现金结算的现金清算式远期交易。由于清算的方式不同，两种远期交易模式在具体运作中存在一定的差异。

远期交易的动机主要是市场利率变动的不确定性要求投资者对自己的资产进行套期保值，或市场感觉灵敏者根据自己对利率走势的预期，通过远期交易赚取差价收益。针对交易所集中撮合的交易特点，在交易所进行国债远期交易的具体模式设计中，对债券远期交易的合约设计可像回购一样，设定不同的期限档次：7天、14天、21天、1个月、3个月、6个月、一年等档次，按T+远期天数进行交割。出于对市场价格波动的考虑，远期交易的期限不应短于7天；出于对交易风险的控制，远期交易的期限不应长于一年（360天）。至于具体的交易方法可以通过双方协商加以完善。

3、积极效应：1）、国债远期交易有利于投资者实现对国债资产的保值，有利于新券的发行和预发行机制的引入；

2）、运用国债远期可以有效规避国债的价格风险和相关的利率风险；

3）、国债现货和国债远期市场上的套利交易有助于促进形成统一的金融市场基准利率；

4）、国债远期交易能防范国债远期市场的流动性风险；5）、能够为国债期货交易的开展奠定一定的基础，并有利于做市商制度的进一步实施。

（三）同时推出开放式回购和国债远期交易的协同效应

在开放式回购中包含两次交易行为：第一次交易时，正回购方（资金融入方）将债券出让给逆回购方（资金融出方），并取得相应的资金，同时，双方约定在未来某一时间，由正回购方按照约定价格从逆回购方将上述债券购回，第二次交易实质上就是一种远期交易行为。可见，开放式回购与远期交易在交易本质上有着必然联系，开放式回购是远期交易的一种特殊形式。

同时推出开放式回购和国债远期交易具有以下协调效应：

1、从提高市场流动性的角度而言，开放式回购和国债远期交易的组合，将提高债券流动性的同时引进做空及套期功能；

2、从完善债券市场品种组合的角度而言，通过不同期限的回购交易和远期交易可构造具有完满利率期限结构的国债组合系列产品，同时揭示出更为平滑和完整的无风险收益率曲线；

3、从风险控制的角度而言，开放式回购和国债远期交易两种交易模式结合在一起实施，将有效规避两种衍生产品的市场风险。

（四）推出开放式回购和国债远期交易的可行性分析。一、交易所债券市场的交易技术、内部控制制度逐步成熟。从硬件方面，交易所加大了硬件设施的投入，进一步完善技术基础设施建设；软件方面，逐步建立和完善了新一代交易系统和新一代信息系统，为交易所未来金融产品的推出与交易方式的创新提供了技术准备。

二、交易所市场的风险控制能力逐步增强。交易所的债券市场目前已经发展成为一个法规制度比较健全的市场，从法律层次上加强了对市场参与主体交易行为的约束，并不断制定新的法规制度。

三、交易所债券市场投资者构成更加合理、投资理念更加成熟。目前，交易所市场的参与者包括了除商业银行和信用社以外的所有金融类、非金融类机构和城乡居民，债券市场的参与者结构变得更加合理，机构投资者的比例不断上升。

四、交易所债券交易系统的交易机制为开放式回购和国债远期交易提供了强大的支持平台：（一）交易所债券交易系统的钱券兑付机制能部分规避开放式回购和国债远期交易的信用风险；（二）大宗交易模式为在交易所推出国债远期交易提供强大的技术支持；（三）异质性的交易群体使开放式回购和国债远期交易更为活跃；（四）交易所交易平台易于对开放式回购和国债远期的违约行为形成监控和预警系统。

风险控制

一、结算风险及控制途径。在开放式回购和国债远期交易中，如果交易双方的资金、债券不能按约定的时间同步交付，则对先交付的一方来说便形成了两种风险：如果另一方一直不交付则对先交付的一方形成信用风险；如果另一方延迟交付，则对先交付的一方形成流动性风险。防范结算风险的途径是由中国证券登记结算公司在开放式回购和国债远期交易的交割阶段安排“券款对付”的结算机制。

二、MARGIN风险及其处理。在质押式回购中，为了使资金融出方能牢牢地控制风险，融入方，即债券“卖方”可以让质押出去的债券的价值比较多地高于对应的资金，即给予融出方较大的MARGIN（边际担保），而不必过分担心对方在回购到期时不将债券再次“返售”给自己；而在开放式回购交易中，MARGIN的损失风险或流动性风险是经常存在的。在开放式回购中逆回购方出于对自己权益的保护，首先需要对具体券种进行质量评估，控制MARGIN风险的另一条途径是维护回购市场价格的公允性。

三、违约风险及其控制。在开放式回购中，当逆回购方出现破产等情况或故意违约时，正回购方将面临着无法通过二次交易收回债券的潜在风险。在交易所进行一对一交易的国债远期交易中，交易群体的多样化和交易和约的个性化将增加交易的操作难度，同时也使交易双方都面临交割时的违约风险。

化解这类风险的途径是事先明确界定交易双方取得债券的权属性质和实现权利的途径，使得在对方违约时能迅速有效地启动法定程序保护自己的利益。针对违约风险，交易所有必要采取一定的措施对清算会员的信誉进行评估，并采取一定的措施控制风险：其一，交易所可以引入保证金制度，必要时以其清算席位的保证金作为违约处罚的依据；其二，在交易所推出开放式回购和国债远期交易的同时，对交易成员实施准入制度，为控制违约风险有必要针对性地启动即时监控系统和风险识别机制，依据风险程度对可能的违约方帐户进行警告和敦促；其三，对会员的违约行为进行适时披露，对严重违约者限制其进入相应的交易领域；其四，制定相对严厉的违约处罚规则，从而提高交易双方的违约成本。为减少违约事件的发生，对违约方的处罚的原则是使其违约成本足以大于其违约收益，迫使交易双方到期履约。

总体而言，目前我国交易所债券交易和清算系统的运作和监督平台足以支持开放式回购和国债远期交易在交易所推出，从完善操作细节的角度我们提出以下改进建议：

一、将交易所债券市场主席位的债券和客户的债券分别清算。

在交易所国债回购上，目前实施的是国债回购抵押标准券的二级托管制度，采取席位托管制度，交易所债券市场的二级清算制度为清算会员在进行开放式回购和国债远期交易的过程中挪用客户债券的行为提供可能，为防范市场风险在交易所会员和客户之间传播，建议采取如下措施：

一是从管理规范上禁止以租券、借券或挪券方式从事开放式回购和远期交易，按规定回购和远期交易的应是自己的券；二是将交易所债券市场的主席位托管改为分层次的帐户托管，建立按投资人（债券持有人）实名托管的制度，从根本上杜绝挪券行为；三是由交易所对会员单位采取严格的管理措施，杜绝由于交易所债券市场的二级清算制度所导致的同一会员所属营业部之间相互透支债券的行为。

二、对具体券种进行属性认定和对回购资金进行监督。

目前，交易所对回购交易抵押的国债现券实行标准化管理，即不分券种，统一按面值及其折算率计算会员单位的持券量及抵押券库存。而在开放式回购中，融券方取得债券后具有在回购期间进行其他交易的权限，如果采用标准券，则与该券种市场价格之间存在一定的差异，不利于后续交易的进行。因此要求对具体券种进行认定，使得回购双方对标的券种具有较为清晰的价值评估。同时，应加强对回购融得资金的管理，对于融入的资金，应在签订协议时限制其资金用途，并限制该部分资金划出券商营业部的条件。

三、针对交易所场内交易系统自动撮合的交易特征，仿照回购交易设计几个以期限为特征的远期交易合约品种，并对开放式回购和国债远期交易设定交易保证金制度和市场准入制度。

鉴于交易所交易系统的特点，为提高国债远期交易的效率、降低违约风险，可考虑仿照回购交易设计几个以期限为特征的远期交易合约品种，将场外远期交易的有纸化合同转化为场内交易的电子化合同，投资者仅对国债品种、价格、数量进行具体约定，通过交易所的大宗交易系统进行一对一询价交易。

同时，针对开放式回购和国债远期交易建立保证金制度。保证金的定位是在市场成员违约情况下的罚金，不能取代守约方的合法追索行为和主管机构的其他处罚措施。建议由中国证券登记结算公司作为保证金的集中托管机构，并根据市场价格的变化，建立保证金追加制度，一旦发现市场参与机构的恶意操纵市场行为，主管机构有权利强行终止该机构的相关交易或平仓。

对于开放式回购和国债远期交易设立市场准入制度，对于有不良信用记录、缺乏敞口头寸管理等内控制度、资金实力过小的机构应限制进入。可根据各机构的资产负债情况、交易情况、制度建设状况等设置开放式回购和国债远期交易的操作资格和限额。

此外，设立单一券种的敞口头寸防止发行量较小的券种受到操纵，结合超限额申报制度，既控制卖空数量，又不限制业务开展规模。

四、针对开放式回购和国债远期采取对话报价和公开报价方式。

投资者可以通过大宗交易系统进行对话报价和公开报价的方式进行远期交易。在大宗交易系统框架内，客户可以委托指定的证券营业部进行意向报价，报价可采用对话报价和公开报价方式两种方式进行，报价信息通过上证所大宗交易网络发布，证券营业部可以显示和查阅相关业务大宗交易的报价信息。

五、推出开放式回购和国债远期交易的初期，针对期限和交易品种进行试点，然后逐步放开。

首先，兼顾市场需求和监管需求，设置债券开放式回购和国债远期交易的期限；其次，建议在交易所系统中增设一个开放式回购和国债远期交易的模块，其交易价格和交易量应该对现券市场行情不造成影响，可自由定价。这样既为成员提供一个降低债券成本的合法途径，又可方便监管；此外，建议针对交易量较大的债券品种（如 7 年期国债）先行试点，设计几种规范化的合约，选择几个固定的交易期限品种，如 7 天、14 天、1 月等，待时机成熟后逐步放开。

课题研究单位：同济大学经济与管理学院

课题组负责人：黄运成 张 凡

课题组成员：申屹 安义宽 李焰 张晓菊 黄解宇 黄小龙 黄格非 蔡立辉 阎晓春 刘春彦

课题协调人：王风华

上证联合研究计划系列课题

美国证券集团诉讼法研究

集团诉讼，指诉讼一方当事人人数众多、不可能同时参加诉讼，以一个或若干个成员作为集团代表人，代表整个集团提起的诉讼。

本文中的集团诉讼专指美国式集团诉讼。《联邦民事诉讼规则》第 23 条（以下简称第 23 条）是研究集团诉讼的基本资料。国会于 1995 年通过的《私人证券诉讼改革法》（以下简称《改革法》）是研究美国证券集团诉讼的基本资料。

一、证券集团诉讼的必要性

集团诉讼对社会有益，既能补偿证券欺诈案中的受害者，又能遏制公司经理层的未来不法行为，因而有利于提升人们对证券市场的信心。

政府缺乏资源，难以对众多违反《证券法》的行为进行调查和处罚。证券交易委员会是联邦政府负责执行《证券法》的主要机构，但多年来一直面临经费不足的问题。联邦最高法院认为，私人执行《证券法》是政府监管努力的必要补充。国会亦认为，私人证券诉讼的社会利益的确超过诉讼成本。集团诉讼对社会有益，既能补偿证券欺诈案中的受害者，又能遏制公司经理层的未来不法行为，因而有利于提升人们对证券市场的信心。

在证券市场上遭受损失的投资者可能获得的赔偿额一般不足以使其聘请律师对欺诈诉求进行调查。作为一种程序工具的集团诉讼使得合并成千上万个具有类似遭遇的投资者的损失成为可能，并使得提起私人证券欺诈诉求具有经济上的可行性。集团诉讼能节省诉讼开支并能吸引律师的注意，因为律师可能愿意以风险收费为基础代理大量遭受损失的投资者提起诉讼。这样，原告集团律师充当了"私设检察官"。

二、证券集团诉讼的确认

证券集团诉讼维持条件的发现涉及主导性和优越性。举行听证会是集团确认裁定的例行程序的一部分。

集团诉讼必须满足以下前提条件：

(1)拟定集团人数众多；

(2)至少有一个共同的事实或法律问题；

(3)具名原告的诉求在全体成员中具有典型性；

(4)具名原告能公正和充分地代表集团。

证券集团诉讼还必须满足以下维持条件：集团成员具有的共同问题与个别问题比具有主导性；集团诉讼与可以利用的其他方法时比具有优越性。

集团诉讼前提条件的发现涉及以下四个方面：

(1)人数众多。判断拟定集团人数是否众多以至于应确认集团，通常较为直观；

(2)共同性。确定共同问题通常要求审查当事人的诉求，找出当事人期望提交的证据类型及决定当事人需要单独而不是共同证明的问题；

(3)典型性。决定典型性需要裁定具名原告的诉求和每一个集团成员的诉求是否源于同一事件，是否涉及类似的法律争议。法院还必须确认，拟定集团代表人的诉求不受不适用于集团其他成员的特有抗辩的制约；

(4)代表的充分性。具名原告首先必须证明集团律师有资格、有经验，在诉讼中能够保护集团的利益。原告还必须证明指定代表人无与拟定集团成员利益相冲突的实质利益，代表人愿意努力进行该诉讼。

证券集团诉讼维持条件的发现涉及主导性和优越性。为了分析主导性，法官必须认定是否存在个别事实，其与共同问题的关系如何。接着，法官必须审查集团诉讼与以下可供利用的其他选择之间的关系：单独诉讼；共同诉讼；合并诉讼；介入诉讼。

为了分析优越性，法官将需要从当事人那里获得有关处理拟定集团的诉求的其他方法及其面临的抗辩。法官必须决定拟定证券集团是否具有可操作性。

举行听证会是集团确认裁定的例行程序的一部分。在听证会之后，法院应对可以适用的每一个标准所涉及的事实进行认定并下一法律结论。第23条第6款规定，如果在命令发布之日起十天提出申请，上诉法院可以允许对地区法院集团确认或否认命令上诉。上诉不中止地区法院程序，除非地区法官或上诉法院发布中止诉讼令。是否允许上诉在上诉法院的自由裁量权范围之内。

确认证券集团诉讼的典型范例可以以证券欺诈案为例。例如，某公司对其证券的内在价值向公众作了一次虚假陈述，此后不久对其真实价值作了披露。在虚假陈述以后，证券价格飙升；在真实情况披露以后，证券价格急剧下跌。在虚假陈述以后更正性信息披露以前从公开市场购买了该公司证券的众多投资者提起了诉讼。该案完全符合第23条所规定的条件。原告在处境上完全相同：他们所购证券的市场价格因一次虚假陈述而被抬高且抬高幅度相同(共同性)。每一名原告在单独诉讼中都要证明其有权获得赔偿(典型性和充分性)。构成欺诈市场理论的所有因素—重大性、故意、因果关系和损害都是共同问题，并且在任何个别问题中，共同问题均具有主导性。最后，由于小投资者损失额不大，如果强制其个别起诉，可能不足以吸引律师为其代理案件，集团诉讼形式具有明显的优越性。

三、证券集团诉讼中的首席原告

《改革法》之首席原告条款要求提起证券集团的原告在提交诉状时，还要提交一份宣誓证明书。《改革法》还指示原告在起诉后不久应发送详细通知，以告知潜在成员已提起了证券集团诉讼。

在《改革法》之前，法院通常任命第一个提交诉状的原告及其律师为首席原告和首席律师。由于首席律师通常获得了大额律师费，该规则导致律师竞相向法院提起诉讼，并产生了一些不良后果。

《改革法》之首席原告条款要求提起证券集团的原告在提交诉状时，还要提交一份宣誓证明书：

(1)确认原告未在律师指导下购买该争议证券；

(2)表明原告愿意代表集团充当代表人；

(3)说明原告在相关期间内对争议证券的所有交易；

(4)说明原告在过去3年中充当或试图充当代表人的所有其他诉讼；

(5)确认原告所获赔偿额将以其股票份额为限，除非法院另行发布命令。

该法还规定，在过去3年中担任过5个以上证券集团诉讼首席原告的任何人都不能再次担任首席原告。

《改革法》还指示原告在起诉后不久应发送详细通知，以告知潜在成员已提起了证券集团诉讼。通知还必须说明，任何拟定集团成员均可以在通知发送之日后60天内提出充当首席原告的动议。

该法进一步推定最能充分代表集团的人是在所寻求的救济中拥有最大经济利益并满足了第23条要求的原告或原告集团，但该推定可以被推翻。如果证明原告不能公正地和充分地保护集团利益，或受限于会损害其代表能力的特有抗辩，则可以推翻推定。

四、证券集团诉讼中的首席律师

在相互竞争的申请人之间进行选择有好几个方法。到目前为止，最常见的是所谓“私人指定法”：律师们同意谁作为首席集团律师，法院在审查后认为被选择的律师能够充分代表集团利益，因而批准该选择。

第23条第7款规定了任命集团律师的标准。在每一个案件中，法官必须询问律师在调查和发现个案时所完成的工作；律师处理集团诉讼、其他复杂诉讼的经验和本案的诉求类型；律师对可适用法律的了解；律师代表集团承诺使用的资源；与律师公正和充分代表集团能力有关的任何其他因素。最后一项可能包括协调能力，以协调涉及同一诉讼标的的其他州集团诉讼、联邦集团诉讼和单独诉讼。要求任命为集团律师的人必须找出其参与的相关诉讼。法官确保律师不与集团利益相冲突这一点很重要。

在相互竞争的申请人之间进行选择有好几个方法。到目前为止，最常见的是所谓“私人指定法”：律师们同意谁作为首席集团律师，法院在审查后认为被选择的律师能够充分代表集团利益，因而批准该选择。

在“指定法”中，法官从无法在首席集团律师上达成协议且相互竞争以获任命的律师中进行选择。在审查了第23条第7款所列举的一系列因素及其他因素后，法官就能决定哪一个律师最能代表集团利益。

第三个方法即“公开招标法”，相对较新，它要求申请任命为集团律师的人提交竞争性出价。裁决的律师费是选择律师要考虑的诸多因素之一。

《改革法》对首席律师的任命作了规定。根据该法，在证券集团诉讼案中，任命首席律师必须采用“授权原告法”。该法定方法规定，最充分原告应在法院的批准下选择和聘用代表集团的律师。在决定是否批准首席原告选择的首席律师时，法院主要考虑以下因素：首席原告选择律师的程序，律师费结构的建议，律师事务所是否有充足的资源，律师事务所及律师所拥有的证券集团诉讼经验。

五、证券集团诉讼的和解

法院在和解建议审查中的地位是至关重要的，但只限于批准和解建议、拒绝批准或有条件批准，法官不能改写协议。

第23条第4款要求法院必须对在集团诉求、争议点或抗辩上所达成的和解进行审查。法院在和解建议审查中的地位是至关重要的，但只限于批准和解建议、拒绝批准或有条件批准，法官不能改写协议。法官在审查和解建议时应提防以下反复出现的滥用集团诉讼行为：

(1)进行“反向拍卖”，即被告从相互竞争的集团律师中进行选择，并与愿意接受最低集团赔偿额的律师达成协议，作为交换，通常给予大量律师费；

(2)给予集团成员虚幻的非金钱利益，如购买被告更多产品的折扣券，而以现金形式给予大量律师费；

(3)实施严格的资格条件或过于繁琐的权利主张程序，使得许多成员不太可能会主张利益，特别是在和解协议规定无人申领的基金将返还给被告时；

(4)给予地位类似的集团成员不同待遇，例如，反对者的和解金额远远高于其他成员；

(5)放弃未对集团和解作出贡献的当事人的诉求；

(6)以高估集团获得的非金钱救济价值为基础计算律师费，或以被告已划拨的基金而不是以集团成员实际申领并分发的基金为基础计算律师费。

第 23 条第 4 款要求和解必须公正、合理和充分。公正要求比较分析集团成员之间的待遇及集团成员与拥有类似诉求的非成员之间的待遇。合理取决于集团诉求与集团和解之比较分析结果。充分性要求在集团诉讼所获救济与集团成员在没有使用集团诉讼程序时所能获得的救济之间进行比较。

代表集团的律师负责将和解告知集团代表人并最终告知集团成员。即使在集团代表人采取律师认为损害匿名集团成员利益的立场时，律师亦有责任从整体上保护集团利益。集团律师必须和集团代表人讨论向集团提出的和解条款。然而，接受或拒绝集团代表人的提议并不能豁免律师的义务，因为其必须以集团整体利益行事。同样，集团律师应提醒法院注意以下事实：集团代表人认可和解，但律师从整个集团出发认为法院不应批准和解。

法院应严格审查集团代表人对和解建议所提出的反对意见。和解听证会通知可以说明集团律师和集团代表人在哪些和解条款上有分歧。尽管集团代表人拒绝和解建议可能会导致集团律师不向法院提交和解协议，但集团代表人不能单独否决和解，特别是在和解协议已提交法院并获得其批准时。如果法官认定集团代表人将其个人利益置于集团利益之上并阻挠对集团全体成员有利的和解，法官应采取必要措施，如向集团发送和解建议通知或取消集团代表人的资格或同时采取这两项措施。当集团代表人赞成和解建议而集团律师认为不充分或不公正，应允许代表人将和解协议提交法院作初步批准，而法院可以发布举行听证会的命令。尽管法院通常不会批准律师未提出建议的和解，但与集团代表人一样，集团律师无权否决集团诉讼和解。

在法院审查和解建议条款时，反对者可以充当一个有用的角色。然而，反对者的利益和动机与其他律师和当事人有很大不同。反对者对和解是否公正、充分和合理可以提供重要信息。在找出和解建议需要审查及需要改进之处时，反对者亦能充当一个有益的角色。然而，某些反对意见可能并不合适，并且只会给反对者及其律师带来利益。

六、证券集团诉讼的通知

在确认集团诉讼并初步批准和解建议时，法官通常将集团确认通知与和解通知合二为一，并把申请律师费的通知也纳入其中。

1938 年通过的第 23 条要求在“真实”集团诉讼被驳回或达成妥协时发送通知。该要求在 1966 年对联邦集团诉讼规则进行修订时得以保留，并要求在第 23 条第 2 款第 3 项之集团诉讼得以确认时及集团诉讼和解时向集团成员发送通知。在通知的重要性获得了普遍认同时，关于《宪法》修正案第五条和第十四条之正当程序条款的解释已把通知提升到了宪法层面，认定通知是正当程序不可分割的组成部分。

在以下三种情况下要求向集团成员发送通知：

(1)在集团确认时；

(2)在当事人提出对集团有约束力的和解或自愿撤诉时；

(3)当律师或当事人提出律师费请求时。

在确认集团诉讼并初步批准和解建议时，法官通常将集团确认通知与和解通知合二为一，并把申请律师费的通知也纳入其中。被确认为集团诉讼并发送了通知的案件，在后来达成和解时应要求另行发送独立的和解通知。第 23 条第 3 款详细规定了通知中必须包含的信息，诸如诉讼的性质，集团的定义，诉求、争议点和抗辩。该规则要求通知以简单且易懂的语言写成，并简要而清晰地说明主要条款。此外，在需要保护集团成员时或为了诉讼公正进行时，法院可以要求发送通知。

《改革法》规定，在提交诉状之日起 20 天内，原告必须向集团成员发送通知。此“早期通知”独立于第 23 条规定的任何通知，并且必须告知集团成员以下事项：

(1)已提起的未决诉讼、所主张的诉求和拟定集团期间；

(2)在通知刊发之日起 60 天内，拟定集团的任何成员可以向法院提出动议，要求任命其为拟定集团首席原告。

早期通知要求最重要的影响是将消除因合并集团确认通知和集团和解通知而产生的问题。因此，拟定集团成员一开始就有机会参加诉讼并且不会完全被挡在和解谈判程序之外。除了对正当程序能产生正面影响之外，早期通知还能给集团成员带来诉讼价值。此外，《改革法》对和解通知的具体内容提出了要求。

在证券集团中，通知的作用之一，让成员有机会将其排除在诉讼之外。选择退出程序应简单，并应向集团成员提供合理的时间让其行使选择权。法院通常在邮寄或公开通知之后 30—60 天内确立一个具体时间让集团成员选择退出。通知中可以包括为希望选择退出的拟定集团成员准备的表格；通知应清晰而简要地解释可能的选择及其后果。

七、证券集团诉讼的律师费

从历史上看，律师费从共同基金中支付并按一定比例计算，此即比例收费法。而指标收费法是指以合理花费的工作时间乘以可适用的市场费率来计算律师费的办法。

以实际授予集团成员的利益来补偿律师是裁定律师费的基石。关注的焦点是集团成员所实际获得的结果。该方法以集团成员实际获得的有形利益为前提。在比较律师所申请的律师费和授予集团的利益时，如果向集团成员分发的利益是现金，则法院的任务很简单。如果集团成员接受的是非金钱利益，则更为复杂。此时，法院必须决定这些利益的价值。非金钱利益可采取一系列形式。在第 23 条第 2 款第 3 项案件中，非金钱利益包括折扣券、折扣或证券等。在审查律师费申请时，法院把这种利益的评估与审查作为和解审查的一部分非常重要。如果和解向集团提供的利益仅仅是投机性的、不确定的，则难以用美元估计其价值。

证券集团诉讼属于共同基金案件，即案件在和解或判决时获得的赔偿是诉讼创设的基金，而该基金由原告及其律师共同分享。共同基金案件有两种裁定律师的方法：比例收费法和指标收费法。从历史上看，律师费从共同基金中支付并按一定比例计算，此即比例收费法。而指标收费法是指以合理花费的工作时间乘以可适用的市场费率来计算律师费的办法。在尝试使用指标收费法后，绝大多数联邦上诉法院现在允许或指导地区法院在共同基金案中适用比例收费法。

在实践中，指标收费法难以适用，耗费时日，结果不一致并可能受到操纵。此外，指标收费法提供了拖延诉讼的内在动力，并使律师投入的工作时间太多。比例收费法亦被指责为武断地决定律师费，特别是在法院自动适用某一比例时。依据比例收费法裁定律师费通常在基金的25%—30%之间。好几家法院确立基准比例，将某一特定比例或比例范围作为参照，并根据案情上调或下调。共同基金案给予25%的律师费最为典型。然而，任何固定的基准比例是武断的，因为其不能适用集团诉讼的变化。固定基准比例经常导致不能获得赔偿风险相对较小的集团诉讼律师费过高。

法官在部分共同基金案中采取指标收费法或结合使用指标收费法和比例收费法。至少指标收费法在交叉核查比例收费法是有用的。采用指标收费法，法官要估计律师在本案中花费的时间和费率，并使用律师费申请人提供的宣誓证明书和其他信息。当基金规模异常巨大时，与比例收费法相比，指标收费法可能更合适。指标收费法在分发为补偿多个律师而设立的共同基金时亦可能是合适的方法。

美国证券集团诉讼对我国的启示

单独诉讼有利的一面是案件简单化，便于查清事实和及时判决。但如果主要依靠单独诉讼解决证券市场侵权民事赔偿纠纷，则有难以克服的局限性。首先，诉讼效率低下；其次，诉讼成本加大；再次，不利于保护投资者和对市场行为的规范。

与单独诉讼相比，证券民事赔偿案件适用共同诉讼具有以下优点：

第一，有利于降低诉讼成本；

第二，有利于法院调解和促使当事人和解；

第三，共同诉讼更具有公正性；

第四，共同诉讼对证券市场更具规范作用。

但与集团诉讼相比，证券民事赔偿案件适用共同诉讼也有不少局限性，主要有：共同诉讼的规模难以扩大；共同诉讼无法解决搭便车问题；代表人制度不太适合于证券民事赔偿案件。

我们认为，证券民事诉讼形式的完善可以分三步进行。

第一步，引入人数不确定的代表人诉讼；

第二步，对共同诉讼加以改造，使之向集团诉讼演进；

第三步，待条件成熟时，修改民事诉讼法及相关法律，全面引入美国式集团诉讼。

如果最高人民法院能克服目前困难并采取鼓励证券民事侵权诉讼的立场，则在现有民事诉讼法框架内，引入人数不确定的代表人诉讼是最佳选择。人数不确定的代表人诉讼的一个最大特点是通过人民法院的公告和登记程序来最终确定原告的数目，这是运用国家公权力来鼓励广大投资者积极维护自己的权利，这样广大投资者通过诉讼渠道维护自己的权利的成本就大大降低了。同时，如果权利人没有参加登记，在诉讼时效内又提起诉讼的，只需要经受诉人民法院裁定就可以适用人数不确定的代表人诉讼的判决。这就为没有在公告期内及时登记自己权利的权利人实现权利提供了很大的便利。

由于人数不确定的代表人诉讼仍需投资者选择加入，在小投资者可能因各种原因未选择加入或未提起诉讼时，被告欺诈收益仍可能大于成本，这不足以遏止证券市场上的不法行为。我们建议从以下几个方面进行完善，使之向集团诉讼演进。首先，建议通过司法解释适当调整民事诉讼法的有关规定，适用明示退出、默示参加的做法，并允许选择退出；其次，建议在司法解释中对诉讼代表人的产生方式作如下规定：诉讼代表人可以由当事人自荐并经法院认可或由法院指定；再次，建议赋予诉讼代表人充分的权力，除和解与撤诉需获得法院同意之外，诉讼代表人可以行使一切必要的诉讼权力。最后，应明确允许采用风险收费代理并允许律师垫付诉讼开支。

如果我国在未来能消除引入集团诉讼的障碍，则全面引入集团诉讼并非没有可能。当然，全面引入集团诉讼难度大，是一项系统工程。既有理论上的争议，又有实践中的困难。既涉及个人权利与公共利益的平衡问题，又涉及与传统诉讼理论的协调问题，还涉及相关机制的配套问题。既有政治上的障碍，又有经济上的障碍，还有法律上的障碍，甚至思想上的障碍。而且集团诉讼也有缺陷，因为利用律师获得律师费的动力来为投资者提供赔偿并执行法律会带来严重的代理成本问题和利益冲突等问题。在全面引入集团诉讼时应相当谨慎并进行周密的制度设计。为此，我们建立如下：

第一，应明确证券集团诉讼的确认条件。证券集团诉讼应具备以下六个条件：

(1)拟定集团人数众多；

(2)至少有一个共同的事实或法律问题；

(3)具名原告的诉求在全体成员中具有典型性；

(4)具名原告将充分地代表集团；

(5)集团成员具有的共同法律或事实问题与个别问题比具有主导性；

(6)集团诉讼与其他方法比具有优越性。

此外，由于确认集团对各方当事人利益攸关，法律应允许当事人对集团确认裁定上诉。

第二，应对任命首席原告加以规范。首席原告应由法院任命，法院应确保首席原告没有利益冲突，能在诉讼全过程中充分代表证券集团。法院应要求拟任首席原告披露由其担任首席原告的案件，禁止任何人在3年期间内担任首席原告的次数超过5次，禁止首席原告获得超过其相应份额的赔偿。法律还应推定具有最大经济利益的原告为首席原告，并原则上禁止首席原告由多个投资者甚至众多投资者充任。

第三，应确立任命首席律师的方法。首席律师应采“授权原告法”，即原则上应由首席原告选择首席律师，但应获得法院批准。如果法院不同意首席原告选择的首席律师，应给予首席原告再次选择的机会，如果法院仍不同意，则可以由法院指定。

第四，应建立和解规则。和解应对所有未选择退出的集团成员具有约束力，并应获得法院批准。法院只限于批准和解，拒绝批准或有条件批准，而不能改写协议。法院应确保和解公正、合理和充分，并为此举行听证会。在听证会上，法院应允许集团律师、集团代表人和反对者充分发表各自意见，并特别提防滥用集团诉讼的行为。

第五，应确立通知规则。证券集团诉讼在以下四种情况下应发送通知：原告代表所有集团成员提起诉讼时；集团确认时；集团和解时；申请律师费时。法律应对通知对象、通知方式、通知时间、通知内容和通知费用等问题加以规定。

第六，应对律师费和诉讼开支加以规范。明确承认风险收费合法，允许律师垫付诉讼开支，且其偿还以案件胜诉为条件，但律师费和诉讼开支应获得法院批准。法院应确保律师费和诉讼开支合理，并原则上使用比例收费法。

课题负责人：钟志勇

课题协调人：上海证券交易所　施东晖

课题研究员：徐崇利　韩龙　翁晓健　刘志云　唐东楚

上证联合研究计划系列课题

民营上市公司为何绩效高

研究发现，民营企业在运营状况、盈利、资本结构和市场评价四大绩效方面的表现都优于非民营企业。但是，由于民企的素质良莠不齐，潜在的风险也较高。民企和非民企在绩效上的差异主要是由其公司治理机制效率的差异造成的。因此，仅仅从控股权上将现有国有企业改制成民营企业远远不够，更重要的是改变企业的治理结构。

自1992年6月2日第一家民营企业华源实业(000014)在深圳证券交易所开始挂牌交易以来，民营上市企业的队伍不断发展壮大。尤其是1998年之后，其增长不断加速，截至2002年底，我国的上市公司中的民营企业已经接近200家。但与此同时，证券市场关于是否“一民就灵”的争论却是旷日持久且至今尚无定论。民营上市企业在绩效表现方面是否一定优于非民营上市企业？如果是，原因又是什么？

民营化运动席卷全球

在过去的20多年中，世界经济发生了翻天覆地的变化，其中的标志之一就是席卷全球的“民营化”运动。顾名思义，民营化就是指将政府控股的企业(一般为颇具影响的大型企业)的股份售予民间个人投资者，使其产权更加清晰化，以充分调动企业各方的积极性。

其实，世界民营化运动由来已久，早在1961年，前西德阿登纳政府就已经进行了所谓的“非国有化”的尝试。他们于1961年和1965年先后两次将原先由政府持有的Volkswagen和VEBA的大部分股份出售给个人投资者，且主要是小投资者，但是由于股市整体滑坡的拖累，最后不得不由政府出面解救那些陷入困境的小投资者。这样，由于此次非国有化尝试的效果不理想，所以并没有引起其它国家的注意。

十多年后非国有化运动再次重现，在1979年撒切尔夫人当选英国首相后不久，就开始了大规模地出售国有企业的政府股份，其中以出售英国航空和英国电讯等大型国有企业的股份最为成功，此时非国有化政策才逐渐得到原本持怀疑态度的公众的认可。于此同时，由管理学大师彼德·德鲁克提出的“民营化”的名称也正式取代了原先的“非国有化”的名称。

英国民营化运动的成功，向全世界展示了民营化众多诱人的正面效应。若设计和执行得当，民营化确实可以带来政府、企业、消费者和投资者四方共赢的局面。对于政府，民营化减轻了其财政负担、增加了收入并促进了国民经济效率的提高；对于企业，民营化使企业的绩效明显好转；对于消费者，民营化带来了更多、更好的产品和服务；对于投资者，民营化则使得他们获得了丰厚的资本回报。

随后，民营化政策渐渐被多国政府所接纳。在法国，希拉克总统在1986至1988年间进行了22家企业、约12亿美元的民营化资产转换。意大利、德国、西班牙和日本等国自90年代以来也开始实行了大规模的民营化活动。除了这些发达国家和地区之外，民营化的浪潮也遍及了拉丁美洲和非洲等发展中国家。同时，在前计划经济国家，如独联体国家和东欧国家，民营化已成为其经济体制由计划向市场转轨的一个重要的组成部分。根据亨利·吉本编撰的《国际民营化》记载，截至1999年底，全球的民营化金额超过1万亿美元。

尽管民营化运动已经取得了一定的成绩，但其发展并非一帆风顺，也出现了不少失败的例子，尤其是在独联体国家和部分拉美国家。这充分说明了民营化运动本身的复杂性，它是整体经济转型的一个较长期的过程，并非一个单纯的事件或政策，不可能一蹴而就、迅速实现人们所期望的高效率和低成本等脱胎换骨式的转变，而是需要因地制宜，要有宏观经济环境和法制基础相配套，只有这样民营企业才可在适宜的环境中发挥其特长。因此，人们最为关心的两个问题是：1、相对于非民营企业，民营企业是否确实具有绩效方面的优势？2、如果民营企业具有优势，其原因何在？

我国民营化运动成绩斐然

我国是发展中国家里民营化运动的先驱者，也是最成功的国家之一。众所周知，我国民营经济发展是经济改革中最为重要的一个组成部分，它在过去二十年间使中国经济和社会旧貌换新颜。据统计，从1989年至1999年间，民营经济所创造的国民生产总值平均每年以28%的高速增长，远高于同期国有经济的增长率，且对国民经济的贡献已超过了国有经济部门。另外，从1994年以来民营经济每年平均增加就业达820万人，是唯一能够吸纳从国营企业下岗及农村剩余劳动力的经济部门。

上市民营企业正是我国民营经济迅猛发展的一个缩影，所以对上市民营企业的争论不仅是证券市场的一个重要问题，也事关整个国民经济。正因为如此，我们就上述两个问题对1999—2001年间我国A股市场中的民营企业做一个全面的分析。我们首先比较民营企业与非民营企业在经营绩效上的差异，然后从公司治理的角度深入分析导致这一差异的主要原因，以期望我们的发现可以对证券市场监管者、投资者、上市公司管理者、乃至宏观经济决策部门有所帮助。

首先，我们对上市公司中的民营企业进行了确认。以第一大股东是否是自然人、民营企业或职工持股会为标准，我们对沪深两地的上市公司进行了逐一的筛选，最终我们确定了截至2002年底，沪深两市中共有197家民营上市公司。

民营企业上市的方式可以简单归为以下三类：IPO、MBO、买壳上市。在所有的197家民营企业中，通过IPO直接上市的有71家，占总数的36%；通过管理层收购(MBO)而间接上市的有6家，占总数的3%；通过买壳上市的有120家，占总数的61%。民营上市公司分布在14个不同的行业。其中，综合类的民营上市企业最多，达到50家，占总数的24%；其次是电子和通讯行业，总共有34家，占总数的16%；第三是医药行业，共20家，占总数的10%；第四是轻工业，共18家，占总数的9%。

上市民企的绩效特点

对上市公司中的民营企业进行了确认之后，我们将比较民营上市公司与非民营上市公司之间的绩效。除了对民营上市公司与非民营上市公司整体的比较之外，我们还做了分地区(东、中、西)和分行业的比较。绩效主要由四个主要方面反映：(一)运营状况，包括三个指标：主营业务收入、主营业务成本效率和主营业务人均收入。(二)盈利状况，包括四个指标：销售回报率、净资产回报率、资产回报率和人均净利润。(三)资本结构，包括两个指标：长期财务杠杆比和总财务杠杆。(四)市场评价，指标为托宾Q值。

我们发现，非民营企业的平均主营业务收入都是民营企业的两倍以上。但是，众所周知，主营业务收入一方面取决于企业规模，另一方面取决于企业的运营效率，所以需要使用其它指标来进一步分析民营和非民营企业的效率。从另两个指标—成本效率和人均销售收入来看，成本效率二者基本相似，民营企业略好于非民营企业，可在人均销售收入方面，非民营企业则大大高于民营企业。显而易见，非民营企业在主营业务收入方面的优势主要是由于其规模大大超过民营上市企业所致。相比之下，民营企业的优势在于管理效率比较高，体现在人均销售收入方面，民营企业大大好于非民营企业。

在反映盈利能力的在四个指标上，民营的平均水平都高于非民营企业，显示出其较强的盈利能力。在长期财务杠杆方面，民营企业大大低于非民营企业，而在总财务杠杆方面，民营企业则要高于非民营企业。这说明非民营企业的长期财务风险要大于民营企业，且从这一差异我们可以推断，民营企业通过短期的借贷形式进行融资的比例高于非民营企业。换言之，非民营企业更容易得到长期信贷的支持，这在某种程度上从一个侧面说明了民营企业长期融资瓶颈的存在。

托宾的Q值是反映投资者对于上市企业总体评价的指标，Q值越高则表明市场对于该上市公司的市场评价和预期越高。在A股市场上，民营企业的Q值大大高于非民营上市企业。这说明，平均而言，市场上的投资者对于民营企业的市场评价和预期均高于非民营企业，这一结果与之前这两类企业在运营状况、盈利能力、财务杠杆(财务风险)方面的差异是一致的，表明市场对这两类企业的评价是比较理性的。

总而言之，上市民企在绩效表现方面呈现出四大特点：(1)规模虽小但效率高；(2)盈利能力强；(3)短期负债比例高、长期融资难；和(4)市场评价高。

西部上市民企表现优异

从分地区的比较看东部地区的上市公司，无论民营和非民营，运营效率都比较高，民营企业的人均销售收入略高于非民营企业。中部地区的民营和非民营上市公司的运营效率普遍比较低，民营企业甚至劣于非民营企业；西部地区的民营企业与非民营企业的差异非常大，民营企业在运营效率方面远优于非民营企业。其中，最令人意外的是，西部地区的民营企业表现优异，其运营状况接近于东部水平。

除了简单的比较之外，我们还使用的更加复杂、严格的统计计量方法检验了两类企业的绩效，结果与上述结论完全一致。研究结果表明，西部地区的民营化步伐远较中部地区为快，体现在民营上市公司的数量、质量、经营规模和效率诸方面。从另一个侧面来看，它向我们展示了西部大开发必须走“国退民进”的道路，只有这样才能真正缩小目前东西部之间的巨大差距。

民企治理结构的四大优势

如上所述，民营企业与非民营企业在绩效方面出现了颇大的差异，原因究竟是什么？我们认为，主要原因是两类上市公司在治理机制方面的差异。为了验证这一看法，我们选取了五个主要治理指标：前五大股东持股比例之和、前五大股东持股赫芬戴尔指数(各股东持股平方之和)、第一大股东持股比例、高级管理人员持股比例和董事会中外部董事比例。

众所周知，公司治理的目的即在于解决股东和管理层之间的利益冲突(即代理成本问题)以及大股东和小股东之间的利益冲突(即“隧道行为”问题)。我们选取的这五个指标正是关系到这两大利益冲突的最为重要的治理机制。前三个指标主要反映了股权的集中程度。股权集中程度越高，大股东对管理层实行监督的积极性就越高，代理成本也就越小；但同时股权集中程度越高，大股东进行“隧道行为”的可能性也就越高。从这三个指标也可以看出其他大股东(如第二至第五位)对第一大股东的制约作用。制约力越强，则大股东的积极作用越容易实现而消极作用越不容易体现。管理层持股比例反映了公司的代理成本，管理层持股越多，对其激励就越高，企业的代理成本也就越小。外部董事占董事会比例越高，对大股东的制衡就越强，企业发生“隧道行为”的可能性也就越小。

前五大股东持股比例之和的平均值民营企业略低于非民营企业。具体而言，民营企业前五大股东持股比例约为52%左右，而非民营企业则为60%左右。民营企业的赫芬戴尔指数也要低于非民营企业。这说明民营企业的股权集中程度低于非民营企业，此乃民企治理结构的第一大优势。从第一大股东持股比例可以看到，民营企业的第一大股东持股比例要少于非民营企业达10%以上，因此我们得出进一步的结论，民营上市企业较非民营上市企业大股东持股集中程度较小，尤其体现在第一大股东持股比例较少；而在第二到第五位大股东持股方面两类企业基本相当，因此在民营企业中其他大股东对第一大股东的制约力更强。后者为民企治理结构的第二大优势。

虽然高级管理人员大量持股这一现象在我国目前尚不普遍，但民营企业的这一指标略高于非民营企业，这说明民营企业在对经理层的激励—约束机制设计方面优于国有企业，此乃为民企治理结构的第三大优势。对于董事会中外部董事所占的比例，民营企业的外部董事比例普遍高于非民营企业，显示民营企业相比非民营企业更加注重这一公司治理机制，此为民企治理结构的第四大优势。

治理优势转化为优异绩效

比较告诉我们，民营上市公司的公司治理较非民营上市公司更加合理。但是，不同的公司治理结构的效果如何，即不同的公司治理水平是如何导致不同的企业绩效的，这个问题还需要使用更加复杂的方法去研究。我们通过回归分析的方法对上述几个主要的公司治理机制与企业绩效之间的关系进行了检验。

结果显示，对于非民营企业和民营企业，持股集中度与企业绩效之间存在着“U”型关系，即随着股权集中程度的提高，企业绩效先下降，然后在到达最低点后转而上升。这个结果和发达国家市场的情况恰恰相反，在这些成熟市场中，企业绩效与股权集中度之间呈现一个倒“U”关系。根据经典的公司治理理论，出现这一差异的原因是因为在发达市场中的市场规范、法律保护比较完善，而新兴市场在这些方面则比较欠缺。大股东对企业的作用实际上是一柄双刃剑，既有积极的又有消极的因素。两种因素孰大孰小则取决于市场规范、法律保护的完善程度。在成熟、发达的市场环境中，由于法律保护比较完善，大股东的股权大量集中弊大于利；而当法律保护较不完善时，股权集中则利大于弊，成为一种“次优选择”。研究发现，在发达市场中，股权集中超过适宜的程度之后就对企业绩效产生负作用；而在我国A股市场中，需要股权的大量集中才能够增进企业绩效。

虽然民营上市公司和非民营上市公司都有着“U”型曲线”，但是对于两类上市公司，相同的公司治理机制对企业绩效的影响力是不同的。我们发现，对于民营企业，随着股权集中程度的提高，企业的绩效会急剧提高；而对于非民营企业，尽管股权集中度的提高也会带来绩效收入的提高，但是提高的幅度相比民营企业要小很多。也就是说，同样程度的股权集中度提高，对于民营上市公司的作用大于非民营上市公司。

尽管目前在我国证券市场上，股权集中对企业有着正面作用，但我们绝对不能忘记第一大股东扮演着双重角色，既有正面的监督管理层的作用又有负面的隧道效应，因此它对企业价值的提升则取决于两种效应的相对强弱。实证检验表明，上市公司的隧道行为在我国相当普遍，民营上市公司也不例外，只是它的表现形式有所不同而已。非民企一般通过另一国有母公司转移共用资源，民企则基本上将共用资源转移至背后的自然人。对于这一问题，我们认为就公司治理本身而言，发挥其他大股东对第一大股东的监督是有效的选择。政府主管部门也应该通过制订和完善相关的条例及法规来限制第一大股东不利于企业和小股东的负面行为，引导其积极作用的发挥；同时也需要杜绝其他大股东与第一大股东形成在利益上的垄断联盟。

高级管理人员持股和外部董事这两个治理机制与企业绩效关系并不显著。前者的原因在于与国际比较，高级管理人员持股这一机制在我国尚不普遍，因此如何设计出更加合理有效的方法来充分发挥他们的积极性将是一个意义非凡的任务。而外部董事这一措施，在目前看来并未实现原先期望的监督作用，因此有必要对外部董事职能、责任、专业知识以及道德水平作出进一步的规范，以充分发挥其作用。

改善治理结构重于简单改制

从研究结果来看，我们认为，仅仅从控股权上将现有国有企业改制成民营企业远远不够，更为重要的是改变企业的治理结构，要设立一个合理的股权结构，充分发挥大股东和董事会监督高级管理人员的机制及经理层的激励一约束机制，同时将大股东隧道行为的负面效应降至最低。尽管大多数民企仍属于家族企业，有许多治理上的薄弱环节，但实证结论表明至少在现阶段这种形式还是相当有效的。长期以来，社会上流行着只强调改制而忽略治理结构的观点，我们认为这种观点不全面，研究中部地区民企绩效逊于非民企的实证证据支持了上述观点。

香港大学课题组

课题主持人：张俊喜

课题协调人：上海证券交易所　张卫东

课题组成员：张俊喜　张　华

上证联合研究计划系列课题

哪类上市公司偏好发行可转债

中欧国际工商学院一香港中文大学财务系联合课题组

◆同直接公司债和银行贷款相比较，可转债在解决道德风险和过度投资问题上的成本是三种债务融资方式中最高的。理性的内部投资者只有在需要解决企业面临的其他问题，如信息不对称造成的企业价值低估或企业风险高估时才会选择可转债。对于一个完善的债务融资体系，必须完善直接债券融资和银行贷款功能，才能降低融资体系在道德风险和过度投资问题上的成本

◆在内部投资者发行可转换公司债的选择偏好的实证研究上，我们发现，内部投资者在资产负债率、货币资金占流动资金比例、净资产/市值比率上有显著偏好。资产负债率低、货币资金占流动资产比例高、净资产/市值比率高的企业倾向于发可转债。净资产收益率低的企业也倾向于发可转债，但这种倾向不是很显著。企业的流通股比例对企业发行可转债倾向的影响不显著。在行业上，金融企业比较显著的倾向于发行可转债企业融资行为是以控制权利益最大化为目标，因此有必要研究控制权利益拥有者的融资决策模式和以控制权利益最大化为目标的融资决策对普通投资者的影响。

不同债务融资的成本比较

我们建立了一个模型，来反映出转债和普通公司债券的区别。模型是基于内部投资者和外部投资者之间的非合作静态博弈。这里只考虑债务融资的问题。为简化模型，我们假设公司只有一个内部投资者，并忽略其他的外部股权投资者，同时假定无风险利率为零，投资者风险中性。一般来说，在有效的资本市场中，外部投资者在市场上整体保持盈亏平衡，所有由于代理人和道德风险问题造成的成本，则是由内部投资者承担。我们认为：比较三种债务融资工具中由于代理人问题造成的道德风险和过度投资形成的成本。在只考虑道德风险和过度投资问题的成本上，转债是不如普通公司债的。这个结论的直观解释就是由于转债在项目进行良好时，外部投资者会更多的分享利润而导致内部投资者的积极性降低，而二者在解决过度投资问题上的成本是相同的。结合 Rajan 的结论，可转债是这三种融资方式中最差的，企业不会选择可转债。

上述结论没有考虑信息不对称问题、阶段融资问题等，因此不能用于否定可转债的作用。上述结论的政策指导意义就是可转债不可能完全替代直接企业债券的作用。从债务融资角度看，发展直接企业债券市场和加强银行在企业融资中的外部监察作用都是非常必要的，完备的和有效的市场工具有助于提高社会资金的效率。

谁偏好转债融资

为比较上市企业发行可转债的倾向性，我们从 2001 年到 2003 年间上市 A 股公司中找出符合发行可转债条件的公司，作为预案样本的参照。选择的主要条件是"最近 3 年内连续盈利，且公司最近三个会计年度加权平均净资产利润率平均在 10%以上；属于能源、原材料、基础设施类的公司可以略低，但是不得低于 7%"的条件限制。

从资产负债率上的统计看，2001 年和 2003 年提出预案的公司资产负债率水平较低，平均为 21.66%和 38.85%，低于可发行公司的 33.93%和 45.53%的水平；更低于整体上市公司 38.64%和 48.65 的水平。2002 年提出预案的公司的负债率要高于可发行公司水平，也高于整体上市公司水平，三者分别是 39.69%，25.31%，36.66%。考虑到 2000 年和 2001 年增发的公司数量比较多，2001 年底上市公司整体负债率有所下降。而提出转债预案的公司在 2000 到 2001 年中增发过新股的不多，这可能是造成 2002 年预案公司资产负债率水平高的原因。因此我们认为，负债率低的企业更倾向于发行可转债。

2001 年提出预案公司平均货币资金量是 3.83 亿元，可发行公司是 2.91 亿，整体上市公司是 2.69 亿；2002 年三类公司分别是 4.98 亿、3.8 亿和 3.26 亿。这表明，提出发行可转债企业的货币资金数量明显高于可发行公司和整体上市公司水平。而且相对水平，即占企业总资产比重和占企业流动资产比重也和其他公司水平相当。

股权结构的统计结果显示，提出转债预案和流通股比例之间的关系不是很明显。

目前对可以发行转债的企业在盈利上有要求，高于增发和配股的要求，因而提出转债预案的公司比一般上市公司的赢利能力要高，但这不代表内部投资者的选择倾向。这里我们主要比较可发行公司和提出预案公司间的差异。我们用上一年度净资产利润率来反映企业盈利能力的强弱。我们发现，转债预案企业整体上明显好于上市公司整体，但比有资格发行转债的公司的赢利能力稍弱。

我们发现，预案公司的净资产/市值要显著高于可发行公司，也高于上市公司整体水平，说明选择发行可转债的企业并

不是成长性好的企业。

我们选择提出预案的公司最多的2001年做为回归分析的样本,即2001年所有可发行转债的公司和提出转债预案的公司作为我们的总样本。在2001年,根据“3年内连续盈利,且公司最近三个会计年度加权平均净资产利润率平均在10%以上;属于能源、原材料、基础设施类的公司可以略低,但是不得低于7%”的要求得到334个满足要求的可发行转债的样本,和提出预案的54家企业合并后,我们得到了364个样本。这里我们注意到,有些提出预案的公司不满足证监会关于发行可转债的要求。由于我国上市公司发行证券要通过证监会核准,从向证监会申请到实施一般要一年的时间,如果有些企业预计企业在最近一年中的经营中能够达到要求,也会提前提出预案,因此我们也将这些企业列入样本。

何佳、谭峻、吴林祥(2002)企业增发的倾向研究结果表明,资产负债率高的企业提出增发的概率大。比较企业选择增发和可转债的差异可以看作企业在股权融资和债务融资上的选择性。在对待负债率的差异上,企业行为符合企业融资中避免财务危机的理论。这也说明即使企业把转债当作股权融资的间接手段,企业还是考虑了转债融资中债务的特性,也说明转债给企业形成了一定的约束。但这种约束能否改善我国企业治理中再融资过程中的问题,还需要观察。

净资产收益率的系数为-4,在10%水平显著,这说明经营状况良好的企业进行转债融资的意愿较弱。我们发现内部投资者在股权融资和债券融资选择上对净资产收益率的偏好是相反的。

净资产/市值变量的系数是3.5776,在1%水平显著。净资产/市值高说明市场认为企业的成长性差。成长性差的企业倾向于发行可转债的一个可能原因是企业认为价值被低估,发行股票融资会使内部投资者利益受损。这种解释还需要其他方式的验证。

最后我们看到,货币资金占流通资金比例高的企业倾向于发可转债。货币资金占流通资金比例解释变量的系数为0.0144,显著水平为1%。这似乎显示企业融资倾向不是由资金需求驱动的。

从倾向性分析结果看,内部投资者在选择转债方案上有明显的倾向性,资产负债率、净资产收益率、净资产/市值比和货币资金占流动资产的比例都是内部投资者决策时考虑的因素。

从行业分析看,金融保险业比较倾向发可转债,而电力,煤气及水的生产和供应行业倾向于不发行可转债。其他行业倾向不显著。对于金融保险业倾向发可转债是一个值得关注的现象。我国转债发行中的一个特点是金融行业发行可转债融资的倾向非常强,而且融资额度很大。目前可转债单只发行量最大的是民生转债,40亿人民币;招商银行也提出了100亿人民币的可转债融资方案。大规模的金融行业可转债融资对我国银行发展是利还是弊需要仔细研究。一方面,随着我国加入WTO,资本市场要逐步开放。面对外资银行的竞争,我国银行提高自有资金水平是增强竞争力的一个重要手段。另一方面,通过可转债融资后,银行等金融企业短期内资金充足,可以解决目前面临的一些问题。但暂时充足的资金也可能掩盖我国金融体系中存在的一些问题。我国目前金融企业的问题是不良资产率高和银行在中介服务项目收益低,这些问题需要提高管理和服务水平,健全内部控制体制来解决。提高自有资金只能解一时之困。日本银行也曾大规模发行可转债用于解决资金上的问题,这样反而推迟了日本银行改革的时间,使日本金融体系问题更加严重。我国目前融投资体系不是很完善,商业银行在中小企业发展中没有起到金融中介的作用,银行中介服务利润不高,单靠融资来获得发展不是能够持续的策略。

考虑到这两个行业有其独特性,我们对剔除这两类公司后的样本进行了回归分析。在子样本中,企业在净资产收益率上的倾向不再显著,略低于10%的显著水平。资产负债率、货币资金占流动资产的比重,净资产/市值比率这几个解释变量的影响依然显著,符号也和总样本结果保持一致。这说明企业在选择转债融资的倾向性上还是相当显著的。

通过以上的研究结果我们得到的结论是:我国上市公司在选择可转债融资方案上有明显的倾向性,资产负债率低,货币资金占流动资产的比重高,净资产/市值比率的企业明显倾向于选择转债融资。在满足发行可转债条件的公司中,资产净收益率低的企业似乎倾向于发行可转债。企业选择可转债融资方案受流通股比例的影响不明显;通过和增发倾向的比较发现,企业对于运用可转债和增发两种融资工具的选择倾向上有所不同,转债并不是被简单当作股权融资手段的替代。

转债融资预案公告对股价的影响

前面的研究都是针对内部投资者融资选择的问题,对外部投资者,也就是流通股股东的利益的影响没有考虑。保护外部投资者的现金流权利不受控制权的侵犯是发展我国资本市场的重要支柱。我们希望通过研究融资方案对外部投资者影响的大小,为制定政策提供依据。同增发公告对超额收益率的影响相比较,转债预案公告对当日或次日的股票价格冲击不如增发公告影响大。转债预案公布当日的超额收益率是-1.08%,根据何佳、谭峻、吴林祥(2002)的研究结果,增发公告当日的超额收益率是-3.52%,二者同为利空反应。这一方面说明市场把企业再融资总体上是看作对原有股东的利空消息。另一方面反映出市场对不同的融资工具的反应有所不同。

从累积超额收益率的变化看,在转债预案公告前累积超额收益率已开始下降,显示出市场对融资方案有所预期,或是预案消息已被泄露,市场提前作出了反应。除公告日或次日累积超额收益有一个显著下跌外,在公告后,累计超额收益率变化不大。从转债预案公告前后100天的累积超额收益率看,转债预案造成的累积超额收益是-2.94%。何佳、谭峻和吴林祥(2003)关于增发预案的超额收益率研究显示,公告前后120天的累积超额收益率是-2.98%。从累积超额收益率看,我国增发和转债二者差别不大。上述结果表明,我国外部投资者对于企业发行转债是作为股票的利空消息看待。

从转债超额收益的研究我们得出的结论是:投资者将转债作为股票利空的消息看待,但投资者对增发和转债两种融资方式的看法有所区别;转债方案在公告前已被市场所了解,且股票价格在公告前已反映了利空的判断。

课题主持:何佳 朱宏晖

课题研究与协调人:上海证券交易所 卢文莹

课题研究员:朱宏晖 曹敏

上证联合研究计划系列课题

如何确保债券市场高效运行

通过对交易所债券市场与银行间债券市场的流动性、波动性、收益率曲线、托管结算制度的比较分析发现,两个市场是一种互补而非替代关系。债券市场的统一,并不是由一个市场取代另一个市场,而是通过改革债券托管结算体制以及市场参与制度,实现债券在两个市场间的自由转托管,交易者能够在两个市场自由进行交易,通过不受阻制的套利来均衡两个市场的价差,共同确保整个债券市场运行的顺畅与高效。

从1981年恢复国债发行算起,中国债券市场已经走过了22年的风雨征程,整个债券市场经历了从无到有、从不完善到逐步完善、从不规范到逐步规范的坎坷历程。发展到现在,作为场内市场的交易所债券市场和作为场外市场的银行间债券市场并存的格局已基本成型。但是,两个市场的分割状态却饱受诟病,市场统一已是大势所趋。但这种统一应该采取哪种模式,两者间是互补关系还是替代关系,这些都离不开对目前两个市场的计量性实证比较研究。

计量性研究

一、债券价格波动性分析。我们从以下三个角度测度债券价格波动性:一是用收益率或利率对价格的影响来测度债券价格波动性,二是用债券市价与其内在价值的偏离度来测度债券价格波动性,三是用市价年波动率来测度债券市价波动性。

分析发现交易所国债市价波动具有如下特征:其一,随着剩余年限的缩短,债券市价的波动额逐步趋于下降。

其二,从总体趋势上看,债券市价波动额随着市场利率的下降而下降,即在高利率时期,相比于低利率时期,同样幅度的收益率变动所引起的债券市价的变动额较大,但这并不等于说高利率时期的债券价格波动性就一定大于低利率时期,因为市价波动额大小主要还由期限因素所决定。

其三,由于过去近8年的时间里,中国的名义利率一直处于下降过程中,即使期间较为市场化的利率(主要是同业拆借利率)有所波折,但也是下降过程中的短暂调整,所以,很难比较利率上升和下降过程中债券市价波动幅度的差异。有关上海证券交易所国债市价这一指标值的变化没有表明长期债券的投机性就一定比短期债券大(而发达市场上长期债券的投机性要大于短期债券),这可能反映了中国债券市场的不发达状况,因为债券市场的投机性可能没有受期限因素太大的影响,交易商们并没有因长期债券对利率更加敏感而更多的在长期债券上进行投机,或者说,基于长短期债券在偏离理论价格的幅度上没有太大差别,交易商们在选择炒作债券对象时更多是随机性的。

二、债券市场流动性分析。衡量流动性的方法大致包括价格法、交易量法、价量结合法和时间法四种,相应地,衡量流动性的指标也大致包括四大类。常用的衡量流动性的指标包括买卖价差、交易量、交易频率、换手率、净交易活动和弹性等。为了便于对各个市场流动性历史变化进行纵向比较和相互间的横向比较,我们选择了交易量和换手率作为衡量中国债券市场流动性的指标。

通过对上海证券交易所债券市场流动性的历史比较,我们发现,回购交易的换手率明显高于现货交易的换手率。现货交易的月换手率一直在20%左右的水平上下波动,没有很明显的周期特征;回购交易的月换手率从1998年6月开始就一直围绕80%左右的水平上下波动,表现出明显的周期特征,波动周期的长度大概为10个月。在过去5年的时间里,交易所债券市场的换手率没有明显的上升或下降趋势,这说明,在此期间该市场的流动性状况没有太大的改善。

计量分析发现,新股发行、新债发行以及股票二级市场都是影响债券市场流动性的因素,但这些因素对两个市场的影响却不一致。在2002年5月股票发行制度由资金申购改为市值配售之前,新股发行对债券回购交易的流动性有较大影响,之后新股发行对债券回购交易的流动性就基本没有什么影响;在2002年5月前后,新股发行对债券现货交易流动性都没有影响。

为了验证传统投资理论关于股票市场和债券市场之间的"跷跷板关系"在中国当前是否存在,我们对上证股票指数与上交所债券市场换手率进行了相关分析,发现两者间的相关系数为0.299,上证股票指数与国债现货换手率不存在相关关系。

三、债券市场收益率曲线分析计量分析发现,在上交所,固定利率国债的收益率曲线与CPI、一年期银行存款利率、90天同业拆借利率、新股发行额以及7天和91天回购收益率之间存在正相关关系,与M1、M2、外汇占款以及新债发行额之间存在负相关关系;除了与90天同业拆借利率和新股发行额之间没有明显相关关系之外,浮动利率国债与上述其它因素之间的相关关系类似于固定利率国债的情况,只是相关程度有所差异。

两个市场比较

一、波动性比较。比较发现,随着利率的波动——无论是在利率发生微小变动还是较大变动时—交易所国债市场的市价波幅均大于银行间债券市场,也就是前者对利率变动的敏感度更大。这也意味着,如果某些条件具备,当利率发生变化时,两个市场间的套利利润对交易商的吸引力是很大的。

就单只国债较长时间内市价变动标准差变化态势而言,两个市场之间存在差异,但这种差异没有一定的规律,这说明两个市场都有较强的投机性,而且投机程度相差不大。

从两个市场同一时期不同剩余年限国债的市价变动标准差变化趋势看,银行间债券市场并没有呈现出市价变动标准差就一定随剩余年限的延长而明显上升,这一点同交易所市场所呈现出的现象是相同的。

从相近剩余年限数量有限的几只国债在2003年上半年市价变动标准差的情况看,交易所市场的标准差大于银行间债券市场,这说明在这一时期内,交易所市场的投机性强于银行间债券市场,但我们认为仍然很难判断在较长时间内哪个市场的投机性更大。

另外,无论就单只债券在较长时间内在两个市场上的表现而言,还是从同一期间内不同市场上不同剩余年限国债的表现观察,银行间债券市场上的国债市价年度波动率高于交易所市场,但这并一定意味着银行间国债市场就一定比交易所市场更加活跃,或者说,正因为银行间债券市场的国债现货交易的不活跃,有些债券在连续几个月内没有交易,才使其市价年度波动率普遍较高,而不像交易所市场那样交易比较连续,交易比较活跃,流动性较高,使得交易所市场的国债市价波动率并不高,这也从一个侧面反映了交易所市场在流动性方面要优于银行间债券市场。

二、流动性比较 1.整体比较。比较发现,交易所市场比银行间市场更具有流动性,这其中的主要原因有三:其一,交易所债券市场的发展历史比银行间市场早;其二,交易所债券市场的参与者比银行间市场活跃;其三,两个市场的交易制度不一样。

我们还发现,交易所市场的流动性表现出很明显的周期波动特征,其换手率波动幅度要远远高于银行间市场换手率波动幅度,而银行间市场的换手率则表现出明显的上升趋势。两个市场的换手率之间的相关系数只有0.142,而且在统计上没有意义,这说明债券市场存在严重的分割现象。因此,如何将交易所债券市场和银行间债券市场统一起来，仍然是中国债券市场发展所亟待解决的一大问题。

2.两个市场现货交易和回购交易的流动性比较。两个市场的回购换手率都要高于现货换手率，而交易所市场的回购换手率和现货换手率又分别高于银行间市场的回购换手率和现货换手率。

3.不同因素对两个市场流动性的影响。比较新股发行和股票二级市场对两个市场流动性的影响基本上是一致的，其中尤其需要注意的是，新债发行有助于提高银行间债券市场回购交易的流动性，但对上交所债券市场回购交易的流动性以及两个市场现货交易的流动性都没有显著影响。

三、两个市场收益率曲线比较。各种相关因素对两个市场国债收益率的影响基本一致，所引起的收益率变动方向也相同，但仍有以下两点需要说明：

第一，银行间债券市场国债收益率与基础货币和90天同业拆借利率的相关关系不明显，而上交所债券市场国债收益率与基础货币和90天同业拆借利率均呈显著的相关性。

第二，总体来看，交易所债券市场国债收益率与各影响因素的相关性要大于银行间债券市场，其原因主要在于交易所债券市场比银行间债券市场具有更高的流动性，该市场的交易比银行间市场更为活跃。这也从另一个角度说明，目前两个主要的债券交易市场仍然处于分割状态。

结论与建议

一、我国债券流通市场的发展取决于政府债券流通市场的发展

当前，有关大力推动中国债券市场发展的呼声很高，但应当予以提醒的是，债券市场的发展在很大程度取决于流通市场的培育，如果没有一个流动性较好的二级市场，即使债券发行量再多，也不可能建立与发展起一个真正有效的债券市场，况且过去二十多年的实践已经证明，流通市场的落后严重制约着债券发行机制的市场化程度，也影响了债券市场应有功能的释放。所以，目前如何推动债券流通市场的发展是关键。

过去、现在以及将来的趋势都表明，政府债券市场将是我国债券市场的主体，没有一个发达的政府债券市场就不可能发展一个符合预期目标的债券市场，而且还会影响到整个金融市场的应有发展，因为国债市场是生成整个债券体系与其它金融资产定价的基准。由此，应当重点考虑的问题是如何在国债流通市场已有发展的基础上，完善各方面的措施，进一步推动中国国债流通市场的建设与发展。

二、正确处理不同国债交易组织方式间的关系

交易所债券市场与银行间债券市场都是推动债券流通市场发展所必需的，两者是一种互补关系。

债券尤其是国债在中国当前需要场内交易与场外交易的相互配合。从发达市场的经验以及理论上讲，政府债券更适合于场外市场交易，这主要是由于以下几个原因：

一是基于信用、风险与流动性等原因，政府债券尤其是国债的交易差价较小，交易商为了获取一定的利润需要大量的资金运作，一般是大宗交易，因而那种集中撮合竞价的交易所交易并不能够有效地符合这种债券交易特点，而是更需要一对一的询价报价的场外交易方式，或者与做市商进行交易，而做市商制度是场外市场交易制度的典型体现；

二是由于国债属于豁免有价证券，其上市流通不需要诸如交易所这样的自律组织审查登记，更不需要证券监管机构的审批与注册，因而也无需非得集中到交易所交易；

三是国债市场的风险在有价证券市场中是最低的，其投机性也较小，因而无需像股票那样非得集中到交易所按一定规则、在强有力监督下进行交易。当然，这几点原因是就发达市场和理论角度而言的，但本研究报告的实证分析却表明，中国的国债市场仍处于较落后的初级阶段，受各种因素的影响，该阶段国债市场的投机性较大，来自市场层面的风险也比较大，价格波动性较大，同样幅度的利率所引起的市价变动额较发达市场要大得多。为了抑制过度的投机与操纵市场行为，控制市场总体风险，就有必要将国债集中到按一定规则运行、具备强有力监管力量的证券交易所进行交易。同时，基于债券的本身属性，也有必要在场外市场进行交易。需要注意的是，随着世界证券市场的发展，发达国家与地区纷纷对场外交易市场的运作机制和管理体制，从市场基础设施的改造和法律管理方面，作了一些人为的改造、变更，使场外交易市场渐渐以一种特有的市场运作模式展现在世人面前。现代的场外证券市场既包括类似美国NASDAQ这样比较有组织的非交易所报价系统，也包括在证券经纪机构商柜台交易的市场以及交易商通过电话在交易所之外自行询价报价进行交易的市场。

就我国当前和今后的发展趋势看，真正有效的场外证券交易市场最起码要具备以下五个条件：一是有合理的政府制度安排；二是要有自律性组织及其相应的规则安排；三是有严格的做市商制度和高效的同业经纪人制度；四是有为市场交易提供清算结算服务的权威的托管清算结算系统；五是有确保市场信息及时准确传播与披露的技术传递系统，保证市场具备足够程度的透明性。对照起来看，我国目前的银行间债券市场就属于这种有着统一组织（统一的前台报价系统与后台托管清算结算系统）和规则的现代场外市场，但距离上述五个条件尚有一定差距。所以，债券在银行间市场交易也是需要的，只不过，银行间债券市场仍然需要在组织规则、基础设施与信息披露制度等方面加强建设，以提高这一市场的效率。因此，交易所债券市场与银行间市场应该是互补关系而非替代关系。我们强调两个市场的统一，并不意味着一个市场取代另一个市场，而是指通过改革债券托管体制与结算体制以及市场参与制度，至少使债券在两个市场之间自由转托管、交易者能够在两个市场自由进行交易，通过不受阻制的套利来均衡两市场价差，从而使两个市场在这一意义上趋于统一，共同确保整个债券市场运行的顺畅与高效。

三、改革债券托管体制，加快统一高效的债券托管结算系统的建设

目前，债券托管结算体制的明显特征是其分割性，共有两类债券托管结算系统：一类是由中国人民银行监管的中央国债登记结算公司，作为银行间债券市场的后台支撑系统，负责银行间债券市场交易的各类债券的托管与结算事宜；一类是由中国证监会监管的中国证券登记结算公司，其下又分上海分公司与深圳分公司，分别负责上海证券交易所与深圳证券交易所包括债券在内的所有场内证券的托管清算结算事宜。

现在看来，这一托管体制的问题主要体现于以下几点：

一是两类托管结算系统存在表现形式不一的竞争关系，相互间没有很好的协调机制，其结果要么使得债券难以在交易所市场与银行间债券市场之间转托管，要么转托管的成本太高，造成两市场间的套利难以进行，这也是形成我们在研究报告实证部分所揭示的种种问题的一个原因，加重了债券市场的分割与无效。

二是中央国债登记结算公司的效率有待进一步提高，而且同作为银行间债券市场前台的中国外汇交易中心存在一定矛盾，前后台的协调性有待改善，这导致了这一市场参与者交易成本的加重，影响了该市场的效率。

三是中国证券登记结算公司是在原属两个证券交易所的证券登记结算公司基础上由行政手段强行建立的，无论就管理经验而言，还是从技术系统与相应手段的建设方面，都尚显得不足与欠缺，难以形成对上海与深圳两个分公司有效的统一与协调机制，不利于市场效率的提高。

因此，就债券市场将来发展趋势而言，有必要加强对债券托管结算系统建设。

—进一步加强中央国债登记结算公司目前负责的债券托管结算系统的建设，首要的是应进一步明确为市场服务的观点意识，转变已崭露头角的某些不良倾向，提高市场效率。

—切实按照市场化的要求与方向加强对两个交易所市场的托管清算结算系统建设。对在交易所交易的包括债券在内的各种有价证券的托管清算结算系统有所统一，是符合世界发展趋势的，但这一过程必须是市场化的，应有助于降低市场交易成本与提高市场效率，而不应过于运用行政手段进行干预，更不应该将机构建设与系统运行行政化，否则，无助于市场的统一与效率提高。那么，就目前中国大陆情况而言，即使在中国证券登记结算公司框架内对交易所托管清算结算系统进行统一化建设，也急需在人才与技术建设方面加强这一框架的力量，并切实本着市场化的原则协调两个交易所已在运行的托管结算系统。而作为分支的两个交易所的托管清算结算系统在债券市场方面也需要从细处加强建设，因为目前正是由于这两个系统自身的不足，加之交易所会员机构融资渠道狭窄的刺激，使得交易所债券交易存在较大风险，这种风险某种程度使得交易国债的风险并不亚于股市，这也是造成交易所债券市场投机性较大的重要原因。

—建立中央国债登记结算公司与中国证券登记结算公司的高效协调机制。这首先取决于这两个机构的监管当局—中国人民银行与中国证监会在这方面的高度重视，在此前提下，两机构本着为市场服务的意识与促进债券市场统一发展的原则，就债券托管清算结算事宜进行定期与不定期协调，目的是方便市场参与者能够低成本自由地在两个市场间转托管，并为控制两个市场的总体风险而共同采取有效措施。

—为了促进债券市场的发展，在托管结算系统建设方面，最终目标应当是在遵循市场化原则下统一两类托管清算结算系统，建立真正统一高效的债券托管清算结算系统，否则，债券市场的统一发展目标难以切实实现。

四、应当增加通过证券交易所发行的国债量，允许金融债券在证券交易所交易

既然交易所市场对发展债券流通市场在我国必不可少，而我们的实证研究又发现，由于近几年通过交易所发行的国债量大大减少，致使交易所市场流动性受到严重影响，不仅助长了这一市场的投机性，也影响到该市场的深化。所以，从促进债券市场发展的角度出发，或者加大国债通过交易所的发行量，或者今后所发行的可流通国债均可在两个市场自由交易；除此之外，应当允许金融债券在交易所上市交易，从而增加交易所市场上可交易的债券量，这也有助于债券衍生产品的推出，因为债券衍生产品的推出依赖于债券现货市场具备一定厚度，而债券衍生产品除了最初的回购交易与一般远期交易均可在场内与场外交易外，其它诸如期货与期权交易则必须在交易所交易，所以，如果交易所可交易债券量还像目前这种状况，不能有非常大幅度的增加，推出债券衍生产品、推动中国金融市场创新就只能是一句空话。

五、加快债券市场衍生产品的推出步伐，强化债券流通市场的均衡机制，扩展债券市场的作用

实证研究表明，由于交易方式的单一，债券市场尤其是交易所债券市场的均衡机制脆弱，不仅影响到债券市场的有效运行，也制约了债券市场向深度发展的步伐。另外，从中国目前经济金融的发展需要看，尤其是随利率市场化进程的加快，急需利率风险管理工具，而各种国债衍生产品就是最好的利率风险管理机制。所以，应当结合中国利率市场化的进程、金融市场对外开放的进展以及债券市场自身发展的需要，加快债券衍生产品的引进与推出。从目前来看，应当在银行间债券市场推出一般性债券远期交易与带有限制性卖空条件的开放式回购交易，在交易所推出开放式回购交易，由此可使国债市场开始成为一个双向交易的市场，即不管利率上升还是下降，都能使国债市场存在双重的交易力量，从而避免目前这种单向市场状态下容易积蓄投机力量、市场投机性较浓的情况。待这两种交易方式实施一定时间后，根据市场情况与金融制度改革情况，研究恢复国债期货交易。只有如此，才能强化债券流通市场的均衡机制，使债券市场的功能得到充分发挥。

课题主持：袁东

课题研究与协调人：上海证券交易所 鹿小楠

课题研究员：袁东、屈李坤、赵围、范国英

上证联合研究计划系列课题

上市公司反收购亟待规制

得益于收购政策的不断完善，中国的并购市场日益活跃。如何规制反收购行为的问题也凸现了出来。

规范反收购行为最根本的原则是程序公正、透明规范，既保护中小投资者的权益，又不至于压抑并购市场。而规制的重点在于明确目标公司管理层可以采取的反收购措施，以及在并购过程中目标公司管理层应做到的尽责和诚信义务。

一项对中国沪深交易所 1996 年 1 月 1 日至 2000 年 12 月 31 日期间发生的 56 起整体并购、6 起控股式并购的研究发现：整体并购的，经营业绩改善为 58.93%，经营业绩没有改善以至恶化的为 41.07%；控股式并购的，改善的和未改善、恶化的分别占比 33.33%和 66.67%。这表明，中国证券市场确实既有好的并购，也有坏的并购。目标公司管理层进行反收购、监管当局进行反收购规制都很有必要。

但是，迄今为止包括《股票发行与交易管理暂行条例》、《禁止证券欺诈行为暂行办法》、《公司法》、《《证券法》》在内的规范企业行为与证券市场的法律法规都没有涉及到上市公司的反收购规制问题。《上市公司收购管理办法》（2002 年 12 月 1 日施行）第十五条、第二十条、第三十一条、第三十二条、第三十三条、第四十五条、第五十七条对反收购行为有原则性的规制。但对于目标公司可以采用的其他措施以及目标公司进行反收购的权利和自由空间仍然没有具体规范。而这些是需要法律尽快明确的。

目标公司股东是公司的所有者，当然有权自由地决定是否采取反收购措施。因此所谓的反收购措施规制实际上是指对目标公司管理部门采取反收购措施的规制。保护目标公司股东利益是反收购规制的总指针。一方面，反收购可以防止敌意收购的负面作用，这符合股东利益，所以在规制上应给予目标公司管理层反收购以空间；另方面，敌意收购也有正面作用，这也符合股东利益，所以在规制上应给予目标公司管理层反收购以限制。

我国股市的不成熟性更使规制尤为迫切。本来，如果股市的效率比较高，管理层反收购行动的合理性与是否成功还可以从股价波动上反映出来。而中国的股价投机性较强，股价不能反映公司的业绩前景。

对反收购行为的规制主要指通过制定反收购的法律法规、条例及办法来明确反收购行为的合法及非法，从而规范上市公司的反收购。针对我国目前证券市场的现状，对反收购行为的规制重点在于明确反收购决定权之归属、董事和监事的任职资格和程序、反收购条款的规范以及建立相关司法救济制度。

基本原则

在中国，对于反收购的立法和监管来说，最根本原则是程序公正、透明规范，既保护中小投资者权益，又不至于压抑并购市场。

一、给予反收购适当的生存空间

中国的证券市场上，股东、特别是中小股东处于信息弱势。因此，根据《公司法》关于董事责任的法理，公司管理部门应尽到合理的仔细和勤勉，并诚实地为公司及股东的最大利益行事。目标公司管理层必须洞悉收购者获得控股权的目的，即到底是扶持上市公司做强做大，还是把上市公司作为圈钱渠道。如果是后者，目标公司管理层就应采取合理的措施，以免公司股东利益受到侵害。在司法实践上，如果目标公司董事会有充分事实和理由证明反收购行为不是为维护其个人私利，反收购行为有利于维护中小股东的利益，就可以适当免责。

二、股东享有最终并购防御决定权

股东是公司利益的最终享有者，公司是股东的公司，而非董事会和管理层的公司。根据《公司法》第一百四十三条的规定，股东持有的股份可以依法转让。作为出资者的股东转让其所持股份的权利是法定的，除法律有明文规定外，不容任何人以任何方式剥夺和限制，公司董事会也不应当以任何理由予以阻挠。同时，《公司法》第一百一十二条规定董事会行使10项职权，没有任何一项职权使董事会具有决定股权转让的权力。我国的上市公司运作实际状况也强化了需要由股东享有最终的并购防御决定权的理由。

因此，采取反并购措施的决定权原则上应归属于目标公司股东大会。目标公司的董事会在没有获得股东大会的批准同意之前，不能决定或采取任何抵抗行动。

三、切实维护中小股东利益

中国上市公司的股权结构特殊，国有股一股独大，上市公司的董事会实际掌控于大股东手中，因而董事会以及经营管理层与大股东利益保持高度一致。大股东的利益也不是简单地为了公司增值，更多地掺杂了集团、个人利益。所以，对于国有股公司来说，常见的不是股东与董事会之间的矛盾，而是大股东与中小股东之间的矛盾。

公司收购涉及到收购者、目标公司股东、目标公司管理层，以及其他众多的利益相关者，各方当事人的利益相互交叉，错综复杂。然而公司收购立法的首要目的在于保护目标公司股东，尤其是目标公司的小股东的利益。原因在于：(1)收购者与目标公司股东之间的不平等。在信息的掌握与分析上，目标公司小股东远比不上收购者。(2)目标公司股东之间的不平等。目标公司的大股东有较强的与收购者讨价还价的能力，小股东却没有这种力量。根据《公司法》理，“公司在基于股东资格而发生的法律关系中，不得在股东间实行不合理的不平等待遇，……”因此须进行法律规制。

切实维护中小股东利益，需要制度上的构建：(1)规定股东大会作出的反并购决定必须以2/3的多数票通过。(2)赋予少数股东就反并购问题以股东大会召集请求权和自行召集权。(3)赋予少数股东提请法院撤消修改公司章程条文决定的权利。英国《公司法》中的少数股东条款规定：达到全体股东人数15%的少数股东可在21日内要求法院撤消修改公司章程条文的决定。(4)建立派生诉讼制度。若大股东操纵的股东大会通过的反收购决议直接侵害了某个或某一类股东的权益时，单个或少数股东可以直接以自己名义提起损害赔偿之诉。

四、鼓励收购、严格规制反收购行为

公开收购所具有的公司控制权转移功能，就是重新调配资源，对于我国的经济结构调整、产业结构整合意义的十分重大。严格限制董事会采取反收购措施，有利于通过出价收购，发挥兼并收购在资源配置中的作用，使资产从无能低效的经营者转移到高效率的经营者手中。

在我国目前的上市公司治理结构中，股东权的保护机制薄弱。由于管理层对收购的不合作、采取反收购措施，将收购消灭于无形，从而使得投资者难以获得溢价转让股票的好处，尤其是多年管理不善的上市公司。

根据我国《公司法》第123条规定：“董事、经理应当遵守公司章程，忠实履行职务，维护公司利益，不得利用在公司的地位和职权为自己谋取私利。”因此目标公司管理层采取反收购措施的目的，应当是基于维护股东利益，而不是维护自己在公司的地位。

规制重点之一：目标公司管理层的反收购措施

《上市公司收购管理办法》第三十三条已对禁止的目标公司反收购措施作了列举。有此规定，国外所谓焦土术、毒丸术等反收购措施便被明文禁止。对并购后的目标公司管理层待遇，我国虽无明文规定，但诸如引入金降落伞、灰降落伞或锡降落伞等，也可归入重大合同加以禁止。因为，这些极有可能是变相的瓜分公司资产或国有资产。许可的目标公司管理层反收购措施有：

一、相互持股制度

相互持股，即关联公司或关系友好公司之间相互持有对方股权，在其中一方受到收购威胁时，另一方施以援手。我国有关法律尚未对相互持股作出明确的规定。不过，互控股份需要占用双方公司大量资金，实质上是相互出资。在我国上市公司普遍饥渴圈钱的情况下，上市公司未必愿意或能够如此行动。

二、在公司章程中置入反收购条款

一是分期分级董事会制度。即在公司章程中规定董事的更换每年只能改选1/4或1/3等。二是多数条款。即由公司规定涉及重大事项(比如公司合并、分立、任命董事长等)的决议须经过绝大多数表决权同意通过。

三、管理层收购

在我国，实行管理层收购还存在一定的制约，如收购主体的合法性、收购资金来源问题。所以，目前在我国要实施管理层收购，还需要作一些变通。比如，根据《公司法》，发起人持有的本公司股份，自公司成立之日起三年内不得转让；公司董事、监事、经理在任职期间内不得转让所持有的本公司股份。这样，若管理层已持有一定股份，也将有效制约收购者。又如，管理层可寻找一个友好的公司(“白衣骑士”)，使其以更高的价格向目标公司的股东发出要约，以挫败敌意收购者。

四、股份回购

股份回购在我国存在法律障碍。《公司法》第149条原则规定，“公司不得收购本公司的股票，但为减少公司资本而注销股份或者与持有本公司股票的其他公司合并时除外”。国有股的回购价格也难以确定。因此，我国的股份公司很难也很少操作股票回购。但还可以采取间接的方法，如：目标公司可以联络一家收购公司，先让该收购公司注册一家公司以收购目标公司股票，然后再由目标公司从汪册的新公司手中收购股票。

五、司法救济

诉讼策略是目标公司管理层在反收购中常用的措施。诉讼的理由主要有三条：一是披露不充分。《上市公司收购管理办法》第二十六条对收购人的要约收购报告书应当载明事项作了详细的10项列举；二是反垄断；三是收购操作过程存在欺诈等犯罪行为。运用诉讼策略，至少延缓了收购时间，便于目标公司管理层采取进一步的反收购措施。

规制重点之二：目标公司管理层的尽职诚信义务

一、充分的收购信息披露

要保证程序的公开性和透明度，就必须实行充分的收购信息披露。美国的《威廉姆斯法案》被认为是一部披露法。披露的内容包括：(1)公司接到的或觉察到的所有有关收购信息，如大量持股变动；(2)目标公司的真实经营状况，这种披露还要得到目标公司独立财务顾问的认可；(3)收购者对目标公司管理层的许诺；(4)收购人的收购意图、收购要约以及与收购有关的信息，特别是收购人的财务信息。

我国的《股票发行与交易管理暂行条例》及《《证券法》》，均未对目标公司管理层的信息披露义务作出规范。结果带来了很多问题。《上市公司收购管理办法》有了很大进步，其第二十条、第三十一条、第三十二条，对目标公司管理层的披露义务、提供决策支援义务作了详细规定，第五章还规定相应的法律责任。需要强调的是，董事会就收购问题向股东大会出具的意见书，必须真实、准确、客观，不得有欺诈或误导性陈述。当董事会内部成员间关于收购问题意见发生分歧时，少数派董事的意见必须同样予以通报，以使股东全面权衡。

二、对股东选择提供决策支援

前已述及，目标公司股东与收购人在并购交易中处于信息弱势。目标公司管理层有义务利用其经营管理信息、专业技能，对股东选择提供决策支援。《上市公司收购管理办法》第七条规定：“收购人不得利用上市公司收购损害被收购公司及其股东的合法权益。禁止不具备实际履约能力的收购人进行上市公司收购，被收购公司不得向收购人提供任何形式的财务资助。”第八条规定：“收购人对其所收购的上市公司及其股东负有诚信义务，并应当就其承诺的具体事项提供充分有效的履行保证。”收购人的上述行为需要目标公司管理层来监控。

目标公司管理层在洞悉收购公司欲实施收购后，应首先分析收购者的收购动机及其实力，明晓自身对收购方的吸引力在何处，判断对方的收购意图是否真实。董事必须本着注意义务和忠实义务的要求，具体分析收购要约的性质和后果，尤其要考虑收购要约的报价是否充分，收购要约的时间安排是否适当，收购是否有违法行为，收购对债权人、客户、公司雇员等相关利益者有何影响，收购不能完成的风险有多大，作为收购对价的证券品质是否优良，等等。

三、争取对股东最有利的被收购条件

收购者为了能够顺利完成收购，往往给予持有股份数量较多的股东以一定的优惠条件，这构成了对中小股东的歧视、不公正。因此，各国法律都规定了价格平等、价格最高原则。在司法实践中，美国还贯彻所谓“拍卖义务”理论，即如果目标公司被收购是不可避免的，则反收购措施的唯一合法目的就是通过类似拍卖的程序，为股东获得最佳的收购条件，而不得挫败收购人的收购。所以，目标公司管理层必须要为全体股东争取到最有利的收购条件。《上市公司收购管理办法》第三十四条对收购人确定要约收购价格作了量化的原则性规定，以最大限度保护目标公司股东利益。

四、禁止收购双方管理层共谋

收购双方管理层的共谋普遍存在。在我国，一方面国有公司所有者缺位，企业内部控制松弛；另一方面股票价格也还不能正确反映股票的价值。这样，收购双方管理层的共谋将更加严重，共同瓜分国有和中小股东的财产。尤其在管理层收购中，管理层利用职务之便，通过调剂或隐瞒利润的方法扩大帐面亏损，从而压低股价；甚至直至上市公司被ST后再以更低股价收购。而一旦MBO完成，管理层再通过调帐等方式使隐藏利润合法再现，提高年底公司分红。

对此种共谋行为，必须严厉禁止。主要是要在上市公司内建立科学的决策机制、制衡的内控机制以及充分的信息披露制度。在法律上，列明管理层隐瞒收购信息、欺诈股东所应承担的法律责任，如赔偿损失、将违反忠实义务所得及利息归入公司。对于MBO，还应规定给予原股东在MBO完成后的一定时期保留对原公司财务状况的知情、质询、追查的权利。

反垄断也是反收购规制的重点。经济全球化时代，各国对合并越来越多地采取宽容政策。我国应重点控制政府主导的企业合并行为，宽容市场自发的合并行为；同时将横向合并作为控制的重点，对垂直合并和混合合并采取宽容的控制政策。加入WTO后，外资并购逐渐成为热点。为限制其消极作用，有必要严格规制外资股权并购行为，如确立大型外资并购审查制度、实施外资并购的产业政策限制、限制外资并购的超国民待遇、力求公正的国有资产评估价格。

成熟市场的四大反收购措施

针对收购兼并的价值源泉及实质合并的操作过程，成熟资本市场目标公司的各种反收购措施主要有以下四种类型。

类型之一：毒丸术

提高收购者的收购成本，降低目标公司的收购价值。主要有毒丸术、金降落伞、降低公司收购价值的财务措施等。

就提高成本而言，主要措施是设立专门的企业章程，规定一旦企业被敌意收购者控制，收购者要向企业的各利益主体，如原有的股东、债权人以及企业的高级管理者支付一笔客观的补偿金额，从而给收购设置极高的附加成本，驱赶潜在的套利者。具体的措施包括，一旦企业控制权转移，就向原有股东低价发行新股票或者要求收购者立即兑付企业原先债券的毒丸术(poisonpill)；在企业章程中规定，管理层重组时收购者需向企业原来的高级管理者支付巨额的补偿金的金降落伞计划(Goldparachute)；就降低企业在敌意收购者眼中的价值而言，被收购方可以采取出售或者分拆被收购者看重的优良资产、增加企业的负债额以提高企业的杠杆比率、向股东发放额外的红利等一般性的财务性措施。

类型之二：白衣骑士

提高相关者的持股比例，增加收购者取得控股权的难度。主要有防御性的股权结构设计、员工持股计划、管理层收购、股份回购、白衣骑士战略、帕克曼防御术等。

具体的措施有：在没有收到并购要约前就采取措施增加目标企业相关者的持股比率，如绝对的自我控股设计、与关联企业的交叉持股结构、推行员工持股计划(ESOP)、管理层收购(MBO)、回购企业在外的流通股等等;在受到外部敌意并购威胁时,邀请与企业较为友好的“白衣骑士”持有股份、采取主动的措施收购收购者的母公司股票以收回并购要约,即帕克曼防御术(PacMan)。以上的措施分别从事前和事中提高了收购者获取企业控股权的难度。

类型之三:分类董事会

制定策略性的公司章程,提高外部人改组管理层的难度。主要有绝对多数条款、公平价格条款、分类董事会等。

具体的措施包括在公司章程中规定企业是否接受合并等重大事项须经大多数股东而不是半数股东同意才能有效;公平价格条款即外部收购者需向所有股东提供一个较高的相同价格的收购要约;分级董事会制度即董事会的轮选必须分年分批进行,而不能一次全部更换;投票权不是一股一票,而是各类型的股东投票权有所区别;等等,这一类的措施使得即使收购者在名义上掌握了企业的控股权,也很难真正对目标企业采取财务上、金融上的反收购措施,实现并购的预期效果。

类型之四:绿色邮件

贿赂外部收购者,以现金流换取管理层的稳定,主要是绿色邮件。

通过给予收购者一定的经济利益,促使目标企业和收购方达成一定的妥协,收购方最终收回收购要约,从而使得目标公司达到反收购的目的。主要的手段是所谓的绿色邮件(Greenmail)。但是由于这种政策直接以牺牲股东利益为代价来换取管理层的稳定,一般受到各国监管当局的严格禁止,基本上属于公司私下里的行为。一旦发现,管理层通常被处以严重的惩罚。

据美国学者 RichardEpstein 统计,20 世纪 90 年代以来,由于美国在反收购立法上越来越倾向于保护管理层,如允许毒丸术的运用,使得 80 年代一度盛行的敌意收购在 90 年代迅速减少。另外一项由哈佛大学学者主持的研究表明,分类董事会制度使得任何一个敌意收购者在取得控股权后至少等待一年、经过两次时间上分离的董事会选举才有可能掌握企业的实际控制权。这些表明,美国自 20 世纪 90 年代以来加强反收购措施已经使得敌意收购变得非常困难。

中国的反收购实践

《上市公司收购管理办法》第 2 条对上市公司收购加以定义:“本办法所称上市公司收购,是指收购人通过在证券交易所的股份转让活动持有一个上市公司的股份达到一定比例、通过证券交易所股份转让活动以外的其他合法途径控制一个上市公司的股份达到一定程度,导致其获得或者可能获得对该公司的实际控制权的行为。”

反收购,则是指目标公司管理层为了防止公司控制权转移而采取的旨在预防或挫败收购者收购本公司的行为。可见,反收购的核心在于防止公司控制权的转移。

上市公司的收购是从 1993 年 9 月“宝延风波”开始的。1996 年 1 月 1 日至 2000 年 12 月 31 日期间,沪深市场上发生的并购事件就有 999 起,其中整体并购 56 起、控股式并购 6 起。收购、反收购之争不断发生。若干反收购案例,如延中与宝安、爱使股份与大港油田、方正科技与上海高清、济南百货与华建电子,引起极大市场震动。

2002 年,得益于收购、反收购政策的不断完善,2002 年中国的并购市场异常活跃。汤姆逊财务公司称,中国是 2002 年第二季度亚洲并购最为活跃的市场,期间共进行了 155 笔交易,价值高达 119 亿美元。另据统计,2002 年 1 至 10 月我国上市公司涉及的并购共有 495 笔,并购金额达到 410 亿元人民币。

中国上市公司的反收购运作环境

一、外部环境

外部环境是指所有影响反收购行为和过程的公司外部条件。可以把对上市公司反收购的外部环境分成以下三类:

在经济政策环境方面,具有里程碑意义的是《中共中央关于国有企业改革和发展若干重大问题的决定》(1999 年)和党的十六大报告。《决定》提出了国有资产战略性重组是实现经济体制改革目标的重要方式;十六大报告则推出了新的国有资产分级管理制度。特别是国有资产分级管理制度如果得以实行,将大大加快上市公司的重组步伐。

在法律环境方面,《上市公司收购管理办法》对涉及我国上市公司收购作了较为详尽的规定。但对反收购行为还缺乏明确的法律规制。

在金融市场环境方面,上市公司在金融市场上进行并购活动时仍面临着较严重的制度约束,如金融资本市场筹资功能的缺失,金融工具缺少和市场中介发展不成熟等等。

二、内部环境

上市公司反收购的内部环境是指影响反收购行为和过程的公司内部状况,主要包括公司的股权结构、组织结构以及内部激励机制等涉及公司内部法人治理结构的各个方面。

在股权结构方面,在绝大多数上市公司中,占据控股优势的首先是国家股股东,其次是法人股股东。由于这两大持股集团所持股票均不允许流通,从而形成了非流通股股东占绝对控股地位的不正常股权分配格局。

在组织结构方面,由于许多公司存在着内部人控制的治理结构,使得不仅是股东大会,而且董事会和监事会在很大程度上也形同虚设。

在内部激励机制方面,当前上市公司内部人控制现象严重,大多数董事和经理人员都不是竞争条件下产生的,基本上不存在什么约束机制,自然也就不存在什么激励机制。

国有股过度集中,并且缺乏相应的“退出机制”,极大地增加了兼并收购的难度,使得公司外部治理机制失效。

课题主持 周春生 吴治宇 黄金老

课题研究与协调人

上海证券交易所 卢文莹

课题研究员 周春生 黄金老 吴治宇 常海林 武清成 冯安铭 徐则荣 程永康

上证联合研究计划系列课题

上证 180 指数与 ETF 可产生良性互动

流动性理论

◇本课题研究指导理论与思想

流动性微观指标是交易性指数质量评判的主要标准。传统的股票指数理论以指数是否代表市场为目的,而新兴的股票指数理论更多地把兴趣转向了所构造的指数是否适合作为标的构建各种指数衍生物。相应地存在两种股票指数构造的理论体系:以市场代表性为目的的指数构造理论和以衍生物金融创新(以后简称为交易性)为目的的指数构造理论。这两种指数构造理论框架在股票指数构建的基本问题上存在很大的差异。以市场代表性为导向的指数理论将会从行业的代表性,市值规模以及交易量等方面来设计指数的大小规模以及筛选合格的成份股票。而以交易性为导向的指数理论将会从设计一个最佳标的物的角度出发，以股票流动性为主要标准去筛选成份股，虽然交易性指数理论也考虑市场代表性问题，但这一标准并不处于首要位置。很容易验证在同一市场不同的指数之间往往有很高的相关性，不同的指数之间的表征差异太小了，那么如何判断哪些指数更适合作为指数衍生产品的标的呢？流动性的差异就成为衡量指数质量的指标。在金融市场中，流动性就代表了市场的交易成本，不同的指数之间流动性会有巨大的差别。

流动性有两种概念：一种是以换手率（或成交量）为代表的宏观流动性概念；另外一种是以报价价差、报价深度以及交易频率为代表的金融市场微观结构理论的流动性概念。这两类流动性的内涵相差很大。第一种流动性是指宏观的市场交易活跃程度，在传统的市场代表性股指构造理论中也被用作主要的成份股筛选标准。而第二种流动性概念是由金融市场微观结构理论发展而来，最早是以买卖报价价差作为测量指标，由 Demsetz 于 1968 年提出，后来发展出一系列的指标体系，代表了股票市场流动性引起的交易成本，市场流动性越好这部分的交易成本就越低。

当股票市场交易者之间的信息不对称时，市场交易就存在逆向选择成本，价差流动性就反映了市场的交易信息不对称程度。在实际中宏观流动性（如交易量）好，并不能保证微观流动性也好，因为宏观流动性不代表交易成本以及反映市场信息对称程度。以交易性为导向的指数理论用流动性作为分析筛选基础而不是以宏观流动性（如换手率）作为筛选基础。

指数流动性质量对 ETF 的运作成功影响至关重要。标的指数的流动性良好与否影响 ETF 对标的指数的跟踪能力，标的指数的微观流动性越差，ETF 对标的指数的跟踪误差就会越大，从而削弱 ETF 的套利功能，甚至导致 ETF 市场开发的失败。因此标的指数的微观流动性对 ETF 能否发挥实现原有的设计功能至关重要。对于任何一个新的 ETF 项目，都有必要对其标的指数的微观流动性进行测量评价或者设计符合流动性要求的标的指数。

从理论角度考察，流动性与交易价格的非同步变化（或交易的离散性）相关联，基于报价的市场指数值往往和市场真实价值存在滞后，这就会引致伪自相关以及使波动估计存在一个向上的偏差。从时间角度考察，指数流动性不好就意味着会增大交易成本，以及增加指数基金的跟踪误差。在 ETF 交易中，指数流动性不良会使“套利失效”范围扩大，在该范围内的偏差是没办法套利的，但是由此引致的基础风险却必须承担，从而削弱了 ETF 的功能。

ETF 有助于促进标的指数及其成份股的流动性。ETF 除了具备自身固有的套利和避险功能外，它的出现往往还能极大地促进市场整体的流动性，国外的相关经验已经证明了这一点。ETF 提供了对标的指数的套利功能，将会吸引大量的投资于指数的机构投资者和私人投资者，它们在交易时间内连续不断地跟盯 ETF 和指数的偏离，一旦出现机会，就会大量交易进行套利直至 ETF 价格与指数价值完全一致，这些高频率大量的套利交易会提高标的股票的活跃性，减低指数成份股的交易摩擦，从而促进标的指数的流动性，并且还减轻指数的波动，保持市场的稳定性。大量投资者（特别是中小投资者）往往缺乏内幕交易信息，为了避免标的成份个股的高波动和高风险，会增加 ETF 的交易而减少成份个股的交易，所以在标的成份个股的交易者中，不知情交易者的比例就会降低，个股投资者之间的信息更对称，从而就会降低标的成份股交易中的信息不对称程度。根据金融市场微观结构理论，这就意味着交易摩擦的减低，促进了市场的流动性。

◇有关指数流动性的理论

指数的流动性噪声。Black 于 1978 年最早对股票价格噪声现象进行研究，认为股票市场上的投资者可以分为两种类型，一类投资者是拥有私有信息的，他们知道股票的确切价值，所以他们之间的交易价格是相对稳定；另一类投资者不拥有任何私有信息，不知道股票的确切价值，也不知当时市价是高于内在价值还是低于内在价值，他们参与交易只是为了套利或投资的需要，所以这类投资者对股票价值的认识有很大的差异性，他们的交易就会引起股票价格的不规则波动，Black 就定义这类不规则的股价波动为噪声。

股票流动性噪声是指由于股票流动性不够良好而引起的噪声。流动性噪声同样具有一般噪声的随机性质，但是流动性噪声却已经指明了引发噪声的原因，即流动性不良而引起的那一部分噪声，并非股价波动所包含的全部噪声。流动性噪声本质上是由于成交价格的变化滞后于股票买卖报价变化而引起的价格波动，也简称为交易价格的非同步问题。因为市场上的交易是离散的，不存在完全连续的交易，当交易发生的越频繁，交易的连续性就越好，反之连续性就越差。而市场的某只股票的每一次交易都产生一次价格，当次交易至下一次交易的间隔内，因为没有任何交易发生，所以仍用原有的交易价格来表示股票的当前真实价格，事实上在两次交易的时间间隔内，股价价值是在不断变化的，而所公布出来的价格仍是上一次的成交价格，直至下一次交易价格形成才有可能产生变化，这就滞后于股价买卖报价差的变化。很显然，股票的流动性越好，交易越频繁，相邻交易的时间间隔就越短，则股价由于时滞而偏离其买卖报价中点的可能性就越小。价格滞后而引发的偏离就被定义为流动性噪声，显然股票的流动性越好，其流动性噪声就越小。流动性噪声也反映了市场吸收信息和反映信息的速度，在一个效率很高的市场中，任何影响股票价格的信息能很快地被吸收并反映到价格，这就要求市场有很好的流动性，交易很活跃频繁，使得价格能反映瞬时的信息以及真实价格的变化，如果股票交易频率很低，价格滞后很多，总不能经常反映股票买卖报价中点，对市场信息就会反映很迟钝。

指数流动性噪声就是指数成份股流动性噪声的综合，反映了以指数为基础的市场组合的交易成本。但是指数流动性噪声与单个成份股流动性噪声还有很大的不同。

由上分析可知，指数流动性噪声除了是流动性的问题，同时也是指数计算中样本点取值的问题。目前世界金融市场上，指数计算普遍采用的方法是使用每只成份股票的最新成交价格（简称 LTP）计算指数，采用 LTP 方法，每隔 30 秒对所有成份股样本选取一次最新成交价格，绝大部分的成份股的交易频率不可能与指数样本值选取频率完全一致，也就会产生上文所述的滞后价格与股票价值不一致的现象。所以 LTP 方法计算的指数含有流动性噪声。LTP 所包含的流动性噪声的比重会随着成份股流动性的提高而下降，如果指数成份股的流动性提高了，交易频率也随之提高，这样成份股在指数选取值时刻发生交易的可能性就会提高，而股票发生交易时刻的价格与股票价值是一致的，就意味着指数中的流动性噪声减少了。

但在实际中，股市指数的成份股不可能有如此良好的流动性，就必然会产生流动性噪声问题，该问题的不良影响简述如下：假设某只成份股的买价报价和卖价报价之间不会发生变化，买卖价格中值所代表的真实价格并没有发生变化，而成交价格总在买卖报价之间发生，按照 LTP 方法计算的股票的价格发生了波动，这就是流动性噪声中的买卖报价“反弹带”问题。买卖报价“反弹带”的大小就表示了价格反映价值的真实程度，这一反弹带越小，价格就越真实，反之则失真。

流动性的测量。微观结构理论中的流动性测量指标有很多，但对于不同的交易制度，他们有不同的适用性。目前世界股票交易市场上的交易制度按照交易价格的驱动方式主要可以划分为两种：一、做市商驱动的交易制度，例如美国的 Nasdaq 市场。二、开放式指令驱动的交易制度，例如中国的沪深股票市场。

目前市场微观结构理论和流动性理论以做市商交易制度为研究的主流，绝大部分研究都以价差作为分析工具，这说明了价差很适合用于分析做市商交易制度的流动性问题。但是指令驱动的交易制度却被研究的不多，这可能因为指令驱动交易制度主要在新兴的国家中使用，未被视为主流。因为指令驱动的交易制度与做市商交易制度有不同的流动性产生方式，并且更加复杂，所以价差工具并不是分析指令驱动市场的最佳工具。

对于中国的限价指令市场，因为限价指令簿中的未成交指令为市场提供了流动性，所以限价指令簿的价格冲击成本是比较合适的流动性测量指标。价格冲击成本的涵义以下例说明：某股票的买卖报价价差是 99 元/101 元，如果五分钟后有一个委托量为 1000 股的指令在 105 元价位上成交，则市场冲击成本可表示为 1000 股的成交引起 5%的冲击成本。

利用指令簿数据就可以计算任意交易时刻的所有交易规模的价格冲击，这要比价差更全面丰富地反映了流动性。利用指令簿数据可以计算任意交易时刻的所有交易规模的冲击成本。指令驱动市场报价价差的流动性测量方法与指令簿冲击成本方法相比较，存在两个缺陷：真实价差常要小于报价价差；大交易量的执行成本不易预计。开放指令市场因为公开部分买卖报价信息，所以指令套利人比较容易准确估计交易成本，从而减小执行风险。

指数的可交易性。指数的可交易性是指某只指数是否适合作为标的物，据此开发相关的指数金融衍生品。如果基于某只指数开发的衍生品非常成功，交易很活跃，实现了该衍生品的所有设计功能，则称该衍生品的标的指数有很强的可交易性。如果相关的指数衍生品交易很冷清，很少投资者参与交易，就存在两种可能的原因：一、指数可交易性差；二、衍生品本身的交易合约和其他交易条件不好。

指数衍生品对基础指数可交易性的要求是：一个成功的指数衍生品必须有可交易性良好的标的指数，如果标的指数缺乏良好的可交易性，那么无论指数衍生品的合约设计得多么好，其交易条件，管理条件多么优越以及宣传多么充分，也不可能基于该指数开发出成功的指数衍生品。当然仅仅具备可交易性优良的指数，还不能保证其衍生品的成功，如果指数衍生品的合约设计以及其他交易条件不佳，也同样会导致指数衍生品的失败，从这一角度考察，指数的可交易性是指数衍生品成功与否的必要条件，但不是充分条件。指数可交易性的核心是指数是否能够被准确地复制。因为任何指数衍生品都是以标的指数为基础，他们的定价依赖于标的指数的基础价值，本质上是复制或反映标的指数价值的市场组合，这是指数衍生物最基础的关系，他们的基本功能如套利功能，都必须基于这一基本关系而发挥。如果指数衍生品复制或影射标的指数价值的能力下降，其他的基本功能就会受到相应的削弱，甚至会致使衍生品的失败。

而指数能否被准确地复制取决于“套利失效”范围。“套利失效”范围是指当指数价格不是其价值的无偏估计时，存在一个偏离程度，投资者无法从指数价格推知更精确的指数价值，即衍生品对标的指数的复制精度是无法小于指数价格对指数价值的偏离范围。由于在这一偏离范围内，投资者的决策精度同样无法超越指数价格的精度，所以衍生品对指数价格的背离就无法精确套利，称之为“套利失效”范围。指数价格的“套利失效”范围是由指数流动性决定，实质上就是前面所述的指数流动性噪声，以指数为中心，以指数流动性噪声为带宽的范围就是“套利失效”范围。标的指数的流动性越好，指数流动性噪声就越弱，相应地，“套利失效”范围就越窄。

“套利失效”范围将指数可交易性，衍生品功能和流动性联系了起来，指数的流动性越差，指数的可交易性就越差，由于流动性噪声的增大，就相应扩大了指数的“套利失效”范围，增加了流动性噪声在整体价格波动中所占的比重。很显然，流动性噪声的比重会妨碍标的指数价格波动向指数衍生品价格波动传播的途径，使指数衍生物的价格不能非常敏感地跟随指数价格的波动，如果指数流动性噪声占指数价格波动很大比例，就会蒙蔽指数价格信号，衍生品价格在很大范围内的变动与标的指数的价格变动无关，使得衍生品的基本功能钝化。由于衍生品无法反映标的指数，就难以吸引套利投资者，其结果是衍生品的交易活跃度和流动性都很差，严重的将会导致衍生品的失败。

指数基金投资于指数标的物。当其所基于的指数流动性不好时，指数基金收益率和指数收益率之间就会产生比较大的“跟踪误差”。该误差会削弱基金的功能并且使得监督基金经理的行为更加困难。如指数基金所跟踪的基础指数的可交易性很差，那么基金的投资组合就很难准确地完全复制基础指数，使得指数基金收益率和指数收益率之间产生较大的“跟踪误差”，该误差会削弱指数基金的基础功能。

实证结果及政策建议

本课题数据跨度 20 天，180 指数成立前 10 工作日，指数成立当天（2002 年 7 月 1 日）和指数成立后 9 工作日的数据。数据总样本包括 180 指数的全部 180 只股票，数据的取样频率是每分钟一组数据，包括最新成交价，成交量，卖一～卖三价，卖一～卖三量，买一～买三价以及买一～买三量。共约 86 万组数据。

◇180 指数的成立对市场流动性影响积极

上证 180 指数成立后市场流动性得到提高，各项流动性价差指标都有显著的改善，相对报价价差指标在指数成立后和成立前之比是 0.833，相对有效价差的比值是 0.800，相对实现价差的比值仅仅是 0.714，这说明了 180 指数成立后，成份股指数流动性有约 17%～28%的改良幅度。进一步对流动性改良的原因进行分析，发现流动性价差缩小主要是由于非对称交易成本大幅下降引起的，180 指数成立后非对称信息交易成本仅仅为成立前的 0.676，这说明 180 指数成立后交易中的非对称信息成分减少了约 1/3，由此可知 180 成份股流动性改善主要原因是 180 指数的成立改善了市场交易的信息不对称程度，从而促进了市场的流动性。

◇180 指数有较强的可交易性

通过模拟指数价值，计算出 180 指数的整体流动性噪声程度，发现 180 指数由于流动性不良而引起的噪声非常低。这表明从 ETF 跟踪误差角度考察，180 指数很容易被跟踪，非常适合作为 ETF 的标的物。180 指数的低流动性噪声也说明了180指数本身的流动性非常好,其交易成本非常低。

◇ETF对标的指数流动性具有促进作用

根据海外的数据和经验,ETF会对标的指数流动性有良好的促进效应。ETF的各项流动性指标都要好于相应的指数,特别是ETF的深度可达到相应指数的5—50倍,这说明了ETF的流动性很好,尤其能大幅度地提高市场的交易活跃程度。一方面ETF极大地提高了市场的交易深度和交易活跃程度,另一方面ETF同时改善了市场交易的信息不对称状况。

◇推出ETF能进一步改善指数流动性的深度指标

180指数本身的成立虽然已经有效地促进了市场的流动性,但在交易深度和交易活跃程度方面改善不明显,这说明180指数对市场的流动性和活跃性的少数指标产生了负面作用。而根据海外的经验,ETF能极大地提升交易深度和交易活跃性,如果推出ETF,将能非常有效地弥补180指数在这方面的不足。另外由于180指数具有很强的可交易性,所以本研究认为以180指数为标的的ETF的推出能够成功。

◇关注ETF对成份股流动性影响

尽管ETF对指数的流动性有很大的促进作用,但是美国实证还表明ETF的成立对不同的成份股的促进作用是不一样的:成份股的权重越大其流动性的改良程度就越明显,而成份股越小,流动性改良程度就越不明显。

本课题对180指数成立前后的流动性变化与180成份股的权重关系作了实证研究,发现大部分流动性的变化与成份股的权重没有显著关系,只有逆向选择成本与成份股权重呈现负向关系,这说明了180指数成立的流动性改善效应对不同权重的成份股是没有区分的。但是仍有一项指标逆向成本符合与成份股权重成负相关的关系,并且其他三项指标虽然不显著,但都与权重成负相关关系,因此如果推出180指数的ETF,180成份股的流动性变化很有可能与权重成显著的反比关系,即180指数中权重越小的成份股,流动性的改善效果越差。所以建议管理层关注推出ETF对小盘成份股流动性的影响。

上海交通大学证券金融研究所课题组

课题组组长:杨朝军

课题协调人:施东晖 曾刚

课题组成员:杨一文 陈启欢 王宁 陈秋 蔡明超

上证联合研究计划系列课题

完善券商退出法律机制势在必行

自2002年以来,伴随着鞍山证券的撤销,大连证券的关闭和富友证券的经纪业务资格被撤销,证券公司强制退出机制的功能日益彰显。大量实例表明,高风险证券公司可能给整个证券市场带来巨大的系统性风险和社会风险。因此完善券商退出法律机制势在必行

现行券商强制退出规定缺失

我国现行的有关证券公司强制退出的规定分散于《公司法》、《证券法》等法律以及《证券公司管理办法》、《证券经营机构自营业务管理办法》、《证券经营机构股票承销业务管理办法》、《客户交易结算资金管理办法》等行政规章中。相关规定不仅在外观上缺乏严密的逻辑性,而且在实质上也存在相当程度的缺失:

首先,我国现行《证券法》关于撤销证券公司业务范围核定、责令关闭的规定过于原则,适用范围狭隘,很难适应监管工作的实际需要。《证券法》关于撤销业务范围核定或责令关闭的规定主要是针对证券公司从事严重违法违规行为,基于合规性监管而强制其退出的情况,对于证券公司出现严重财务风险,基于审慎性监管需要强制退出的情况没有进行规定。我国的现行规定实际上限制了证券监管机关应有的审慎性监管权限。

其次,有关证券公司退出的行政执法程序的规定缺乏系统性和可操作性。在证券公司的强制退出中,通常需要实施组成专门的工作组、宣布停业整顿、指定托管证券营业部、转移客户等行政执法措施,但是,对这些执法程序没有明确具体的规定,实践中只能参照《金融机构撤销条例》及中国人民银行的一些相关规定执行。

第三,规定行政处罚措施的规范效力层次过低。我国目前尚没有关于证券公司退出监管的专门性行政法规。而根据《行政处罚法》的规定,中国证监会作为国务院授权具有行政处罚权的直属机关,只有权在法律、行政法规规定的给予行政处罚的行为、种类和幅度的范围内作出具体规定。由此,在法律规定不明确、缺乏专门行政法规的情况下,中国证监会部门规章所规定的一些行政处罚措施(如责令停业整顿)可能在合法性上面临考验。

第四,对证券公司与相关当事人之间的基础法律关系的性质,立法中没有明确规定,由此造成了法律关系的混乱。从实践情况来看,在证券公司停业整顿和清理其违规资产负债的过程中,最为棘手的问题是认定客户交易结算资金和客户委托管理的资产在所有权上的归属。立法上对基础性法律关系的定性不明导致了执法和司法过程中的诸多不确定性。

证券公司停业整顿、责令关闭及证券营业部强制托管制度

◇停业整顿制度

从证券公司监管法理分析,证券公司监管可分为审慎性监管和合规性监管两种类型。前者的落脚点主要在于证券公司的财务状况方面:即通过监管来确保证券公司的资本充足性,使其保持足够的流动性和清偿能力,并由此达到保护投资者利益和减少系统性风险的目的。后者则主要着眼于证券公司的业务行为方面:即禁止证券公司在从事业务活动时利用自己的信息优势从事违法行为,并由此保护市场的公平、透明和效率。监管机关以行政权力介入证券公司的市场退出行为,对其风险进行处置,应当基于维护社会稳定,保护股民和债民利益,防范和化解金融风险的需要。从这一监管目标出发,应当认为,只有当证券公司违反关于审慎性监管或合规性监管的法规、规章,并已经出现或可能出现支付危机或者清偿危机时,监管机构才可以基于保护投资者利益和防范系统风险的需要,对其实施停业整顿。

停业整顿的具体程序包括停业整顿决定的发布和公告,停业整顿工作组的构成和主要职责等。本报告依据已有的监管实践,对这些内容作了简要概括和分析。证券公司被停业整顿并不必然导致其法人资格终止或业务资格的丧失。对证券公司进行停业整顿后,有三种可能的结果:

被停业整顿的证券公司恢复正常经营能力,证券监管部门停止对其的停业整顿,证券公司交由管理者继续经营。证券公司严重违规经营或无力支付债务,无法恢复正常经营时,依法责令关闭该证券公司,该公司随即进入关闭清算程序。

停业整顿工作组发现证券公司资不抵债,从而向法院提起破产申请,法院裁定宣布该证券公司破产,监管机构据此终结停业整顿程序,由法院牵头对证券公司进行破产清算。

◇责令关闭制度

与停业整顿不同，责令关闭必然导致证券《公司法》人资格的消灭，并且该措施具有《公司法》和《证券法》规定的合法权源。但是，《证券法》目前规定的证券公司责令关闭制度的适用范围较为狭窄，仅限于证券公司违规程度严重的行为。事实上，财务风险显著、需要强制退出的证券公司不一定从事了依法应予关闭的严重违法违规行为，对这类公司的关闭，目前尚无法律依据。此外，《证券法》和《公司法》对责令关闭的清算程序也未作出具体规定，这些都有待立法的进一步完善。

责令关闭的程序主要包括处罚决定的发布和公告以及被关闭的证券公司的清算。就清算而言，如果清算组在清理公司财产、编制资产负债表和财产清单后，发现公司财产不足清偿债务，应当在报经中国证监会批准后，立即向人民法院申请宣告被撤销证券公司破产。

◇证券营业部的强制托管制度

在启动停业整顿或责令关闭程序的同时，为了最大限度地保障证券公司客户的合法利益，同时也为了防止被处罚的证券公司风险外溢而冲击社会和金融系统，监管机关有必要对被处罚公司的证券公司营业部采取强制托管措施。证券营业部托管因牵涉到托管方、被托管方、营业部员工、客户及其他债权人等多方利益关系，而成为整个处置过程中最关键最复杂的环节，必须依法谨慎处理。然而，我国目前在证券公司营业部托管方面并无明确的法律法规规定。无论是类推适用《金融机构撤销条例》，还是参照人民银行在以往处置信托投资公司时形成的“指定托管”惯例，都无法满足当前强制托管的实际需要。因此，有必要尽快制定并颁布《证券经营机构关闭条例》，在其中明确证券营业部强制托管的具体规则。

由于现行证券监管制度在诸多方面存在缺失，我国证券公司在利益驱动下存在多种违规行为，而证券公司一旦破产，就难免发生类似银行挤兑的风险。有鉴于此，我国证券公司即使出现严重的经营危机，也不宜将其直接引入破产清算程序，而应当借鉴银行危机处置中的整顿、托管等手段，首先化解其已经产生或可能产生的社会风险。

风险处置工作组在组织托管过程中应积极寻求最终的资产和风险处置方案，而退出托管的方式主要有以下三种：

一是转卖，即将被托管的证券营业部整体转让给其他证券公司。

二是在弥补挪用的客户交易结算资金和兑付自然人债权后，将被停业证券公司的客户及其交易结算资金整体转移，撤销该公司。当前的实践主要采用这种方式。

三是申请破产。

证券公司的破产

实施停业整顿和责令关闭，都可能引发证券公司破产，而证券公司的破产涉及一些特殊的法律问题，明显有别于普通的破产清算程序：

◇取回权

取回权与破产财产的界定密切相关，但它实际上只是认可具有实体法律关系基础的取回性权利，并不是破产法上特设的新的权利类型。就投资者与证券公司的关系而言，基于信托关系，客户投资者在证券公司开立的帐户中的现金和证券都属于信托财产，没有客户的指令，证券公司不得处分这些财产。但要从根本上保护投资者利益，还应从源头上锁定信托财产，保证客户资金专款专户，杜绝挪用和混同的情况，使得客户资金真正具有信托财产的独立性。

◇破产预防制度

破产清算毕竟只是不得已而为之的手段，若能避免证券公司的清算，不仅可以维护投资者、债权人和证券公司自身的利益，而且可以节省清算所需的巨大成本耗费。因此，比较一般商业公司而言，证券公司的破产预防制度更显示出其实际意义。不少国家的破产法都规定了防止破产清算发生的预防措施，较为典型的有和解制度、公司更生制度和公司重整制度，这些制度值得我国借鉴。

◇国外关于证券公司破产的特别法律规定

国外立法中较有代表性的是美国破产法的“清算”一章中以专节规定的股票经纪人清算制度。该节由《证券投资者保护法》的相关规定补充和细化，由此构成了证券公司破产情形下的特别处理制度。其中，以下两方面的规定尤其值得我国借鉴：第一，明确赋予证券投资者保护公司及其指定的托管人在破产程序中的特别权利；第二，证券公司破产中的一些特别处理规则，包括对未生效的合同的处理、对帐户的处理以及对特定客户请求权的劣后处理。

证券投资者保护基金制度

证券公司破产中，应优先保护普通客户的利益，而设立证券投资者保护基金是实现该目标的理想途径，这已被各国实践所证明。总体来看，国外投资者保护基金的运作模式可分为两种：一种是独立模式，即成立独立的投资者赔偿或保护公司，由其负责投资者保护基金的日常运作，原则上所有经纪商、自营商都应该成为该公司的成员，美国、英国、爱尔兰、德国等国均采用了这种模式；另一种是附属模式，即由证券交易所或证券公司协会等自律性组织发起成立保护基金，并负责基金的日常运作，加拿大、澳大利亚、香港、台湾、新加坡等国家和地区采用了此种模式。若采用后一种模式，首先由于基金的设立需基于自愿原则，且自律组织对其成员没有强制的约束力，因而在我国目前证券市场低靡的形势下，有多少证券公司愿意主动参加尚存疑问；其次，基金的管理和运用完全取决于自律组织的判断也可能不利于公平保护投资者的利益；此外，没有加入基金的证券公司的客户就无法得到相应的保护。由此可见，采用独立模式可能更适合于我国的现状。在独立模式下设立证券投资者保护基金时，我国应当充分借鉴境外的经验，尤其是美国较为完备的保护基金立法和丰富的实践运作经验。

证监会的角色定位和权力

依据证券公司退出可分为强制退出和商业退出。商业退出，本质上是证券公司的商业行为，对其监管应当采取市场化引导的方式，证监会应尽量减少行政干预。而强制退出则是法律强制力介入证券公司行为的结果，且大多是在风险累积到相当程度时作为万不得已的选择。在这种情势下，如果证监会采取消极态度，不仅会损害自身的监管权威，使证券公司只生不死，难以实现优胜劣汰，还可能导致投资者承受不必要风险，最终减损其对证券市场的信心。因此，证监会对强制退出的监管应采取一种积极的姿态，主动发现证券公司累积的风险，采取有力措施进行风险揭示及控制，以最大限度地减少投资者的损失。

作为我国证券市场的集中监管者，中国证监会是证券公司强制退出机制中无可替代的主角。但是，证监会职权依据的缺失在很大程度上影响到其作用的发挥。在“依法行政”的今天，证监会行使职权的行为同样要受到司法审查；同时，无合法权源的监管权的存在本身也是证券市场发展不成熟的一个标志，并将在很大程度上影响市场的法治化进程。因此，证监会在自身地位、行政权力依据方面的缺失应当尽快消除：首先，应在《公司法》、《证券法》中明确规定中国证券监督管理委员会对证券市场有全面的行政监管权，澄清现行规定中的模糊之处；其次，应完善《证券法》等法律和行政法规中有关证券公司强制退出的相关规定，使证监会目前已经采用的一些必要且颇显成效的监管措施和手段合法化，以解除执法的后顾之忧。

券商挪用客户交易结算资金问题本报告认为，证券公司与其客户之间的资金帐户合同应界定为信托合同，证券公司对客户交易结算资金及其管理负有信义义务。证券公司不得利用保管的便利挪用客户证券和资金；在证券公司破产或者被清算的情况下，投资者作为信托人及受益人对客户交易结算资金等信托财产可以行使取回权。在很大程度上，客户交易结算资金的权属和相关法律关系性质不明确，是我国证券公司挪用客户交易结算资金问题无法得到妥善解决的重要原因之一，对此应在修改《证券法》时加以明确。

另一方面，现行《客户交易结算资金管理办法》无法从根本上解决我国证券公司挪用客户交易结算资金的问题。其原因主要有两条：一是现有监管手段属事后监管，不能预先防范挪用行为。二是从结算资金存管的监管制度看，商业银行归其他主管部门监管，如不履行对客户交易结算资金的协助监管职责，证监会难以对其进行处罚。同时，由于证券公司是存款方，有较大的选择余地，在商业银行竞争日趋激烈的情况下，存管银行出于商业机会的考虑，可能缺乏主动协助证监会进行客户交易结算资金监管工作的激励。

在上述制度背景下，不少证券经营机构仍在挪用客户交易结算资金。个别证券公司甚至以所挪用的巨额客户交易结算资金为筹码，有意使监管部门在对其进行风险处置时投鼠忌器，这使证券监管部门在实际工作中非常被动，由此也形成了严重的负面“示范”效应。此外，即使最终对这些机构采取了停业整顿或责令关闭措施，国家财政也需付出很大代价。因此，证券经营机构挪用客户交易结算资金问题必须从根本制度上得到解决，否则，证券公司的规范和发展都将受到严重的影响。

证券公司挪用委托理财资产

证券公司挪用委托理财资产是指挪用委托人交付的委托管理资产，用于证券自营业务、为客户融资融券、擅自借与第三方使用等非投资事项。对此，《证券法》第 73 条和证监会《关于规范证券公司受托投资管理业务的通知》都作了明确的禁止性规定。

挪用受托投资管理资产的行为首先是一种违约行为。尽管证券公司在挪用资产后可能及时归还而不会给委托人造成实际损害，但其潜在的危害性却不容忽视。一旦挪用的投资活动发生亏损而证券公司或实际使用人又无力弥补亏损，委托人的合法利益就难免受到损害。这必然会给证券市场增添非正常的风险因素，从而减损投资者对市场秩序的信心，并使得证券市场的筹资功能无法正常发挥。同时，证券公司往往将挪用的资产用于“坐庄”或炒作房地产，一方面是人为地改变了资金的流向，影响了证券市场的资源配置功能，另一方面大量投机资金的流入又成为金融、房地产市场泡沫的催生剂，进一步增加了资本市场的整体风险。

按照《证券法》第 193 条的规定，挪用委托理财资产的应当承担相应的行政责任和刑事责任。但是，它并未对相应的民事责任进行规定。作为监管证券市场的基本法，投资者的利益保护是立法的基本宗旨之一，因此，在修改《证券法》时应完善相关的民事赔偿规定。此外，还应注意协调证券监管机关与法院在各类责任追究体系中的职能协调。

完善券商退出机制的立法建议

在上述考察和分析基础上，本报告提出了进一步加强和完善我国证券公司退出机制的具体立法建议。主要包括：

◇通过修改《证券法》和制定《证券经营机构关闭条例》，明确证券监管部门在证券公司强制退出机制中的行政处罚权力和行政执法程序

首先，现行《证券法》没有赋予监管机关对证券公司实施停业整顿的权力，而关于责令关闭的规定又过于原则，且适用范围过窄；对证券公司出现严重财务风险、基于审慎性监管需要强制退出的情形没有进行规定。这显然不能满足监管实践的需要。因此本报告建议，在修改《证券法》时应补充或扩展相应的规定。

其次，现行《证券法》有关强制退出的行政执法程序的规定缺乏系统性和可操作性。在证券公司的强制退出中，通常需要采取组织专门工作组、发布停业整顿决定、指定托管证券营业部、转移客户等行政执法措施，这些行政措施不仅需要有合法的权源，而且应当依照法定的行政程序进行。考虑到监管机关在证券公司退出过程中的行政执法程序较为复杂，与《证券法》的其他规定相比，具有一定的独立性，故本报告建议参照《金融机构撤销条例》制定《证券经营机构关闭条例》，在其中对证券公司停业整顿、责令关闭和强制（指定）托管制度作出具体规定。

◇在破产法中专门规定证券公司破产的特殊问题

鉴于证券公司破产中存在的特殊问题以及优先保护投资者的政策考虑，在今后的破产立法中应对证券公司破产进行专门规定。

◇改革和完善证券公司客户交易结算资金监管法律制度。根据现已公开的资料，目前中国证监会、证券登记结算公司和部分证券公司正在积极研究改革现有客户交易结算资金存管模式。目前的思路可以归纳为三种：一是对现有存管制度进行升级；二是将客户交易结算资金完全交给银行存管，证券公司不再直接管理客户交易结算资金；三是建立一家新的存管机构，该机构可以独立新设，也可以在中国证券登记结算公司现有的资金管理平台上增加一部分功能。由于相关行业利益分配的原因和技术支持上的考虑，不同机构的改革思路暂存在较大分歧，故对此问题仍需进一步研究。

◇通过修改证券法和颁布专项行政法规建立证券投资者保护基金制度

为了化解证券公司被强制退出时的风险，保护投资者的合法权益，有必要建立证券市场专项补偿基金，对非因投资者投资决策、发行人经营、收益及证券市场变化导致的投资者损失予以赔偿。为此，应当由国务院制定专门的《证券市场专项补偿基金管理办法》，其主要内容应包括：基金的管理机构，由中国证监会组织设立赔偿基金管理委员会，依法对基金的管理和使用等重大事项做出决定。为了保证基金管理的效率和安全，管理委员会的成员应包括证监会、财政部、审计署等政府部门、证券业协会的代表以及证券从业律师和会计师等专业人士的代表以及专家学者；基金的资金来源，主要是各证券公司交纳的基金份额，但是在基金成立之初，可以考虑由财政提供少量的初期融资；基金的补偿对象，应限于在证券公司合法开立证券资金帐户、并委托证券公司从事证券买卖的的自然人投资者，但应排除与证券公司倒闭密切相关的股东、董事、经理等过失方；可获赔偿的损失及其限额。专项补偿基金对于投资者受到的下列损失应予以赔偿：由于证券公司破产

导致客户存管于公司的交易结算资金发生损失；由于对证券公司实施行政关闭导致客户存管于该公司的交易结算资金发生损失。同时，该《办法》应当对单个证券投资者可以获得的赔偿数额及对于同一补偿事件耗用的基金总额设定上限。

◇强化证券公司退出中的个人法律责任

从我国目前有关的法律法规和部门规章来看，当证券公司实施了违法违规行为时，公司本身应负行政责任或刑事责任；对于某些违法行为，有关规定对其主要负责人和直接责任人员科以行政处罚或刑事责任。该体系存在两大缺陷：第一，缺乏对控股股东及其高级管理人员追究责任的规定。第二，缺乏对有关人员追究民事责任的规定，致使在证券公司的违法违规行为受到处罚后，受损害的投资者利益无法得到应有的补偿。因此，在修改《证券法》时，应从以下两个方面完善证券公司退出中的个人责任制度：首先，应以实际控制人为主线，全方位地追究有关责任人（尤其是自然人）的法律责任。其次，应在《证券法》上明确对证券公司强制退出负有直接责任的人员承担民事责任。即使在设立证券投资者专项补偿基金后，受损害的投资者可能获得的赔偿仍有最高限额，因此，《证券法》应当允许未获得充分补偿的投资者向违法行为人主张民事赔偿。此外，投资者保护基金管理委员会在对投资者进行补偿之后，应当获得相应的代位求偿权，《证券法》对此应当予以确认。

清华大学法学院课题组

课题组主持：王保树教授、汤欣副教授

课题研究与协调人：上海证券交易所　王风华

上证联合研究计划系列课题

我国新股发行机制亟待优化

我国股票发行监管模式的变迁

股票发行监管是我国证券市场监管体系中的重要组成部分，主要包括发行审核、发行方式、发行定价等环节的监管。我国股票发行监管模式的形成主要表现为“逆向形成”的特点。即在没有证券市场、没有股份公司的情况下，通过借鉴西方国家证券市场的经验，结合我国实际情况，制定政策、法规和条例，在政府主导与推动下，建立证券市场，推动股份制改革，构建市场主体。西方成熟市场经济国家的股票发行监管是按照经济发展的客观需求自发形成的，为了保证发行的秩序、公平和效率，针对市场的缺陷，进行一系列制度安排，形成并完善股票监管体系。从我国股票发行监管模式的发展历程看，在政府与市场的互动过程中，“政府主导型”的监管模式逐步形成，并逐步向“市场化、国际化和规范化”方向发展，其“新兴加转轨”的市场特色比较突出。

发行监管主体的演变在中国证监会成立之前，公司发行股票的审批权较为分散，对股票发行的监管比较薄弱，并且不成系统。具有发行审批权的是人民银行及其分支机构，对股票发行履行监管权的是人民银行及其分支机构、国家及地方体改委、计委等经济管理部门。当时的股票发行带有试点性质，发行范围的地域性较强，发行的对象多为特定区域的特定人员，发行企业的选择多为行政分配。

中国证监会成立之后，发行审批权及发行监管权逐渐集中到中国证监会，地方政府或部委成立了专门从事证券管理的部门，成为推荐本地区、本部门企业发行股票的机构，并承担初审职能。1998 年 8 月国务院决定将地方证券监管部门划归证监会垂直领导，成为中国证监会的派出机构，形成了集中统一的证券监管系统。

依据《《证券法》》，目前监管主体主要是指中国证监会及其派出机构、中国证券业协会及上海、深圳证券交易所等，其核心权力机关为中国证监会。中国证监会属于政府机构，交易所的监管权利主要也来自于中国证监会的授权。

从监管主体的演变可以看到，我国股票发行监管体制的形成源于政府对证券监管权力的划分和调整，监管模式的形成与此密切相关，是政府主导型监管模式，这当然是我国经济体制变迁的必然逻辑，其“新兴加转轨”的特色非常典型。

发行监管主体的国际比较从世界范围看，政府主导型监管模式与监管主体是否是政府机构没有关系。美国、日本与台湾省的监管主体都是政府机构，香港证券监管机构为证监会，是法人团体，专门负责监管市场运作的联交所则是民营公司，两者均不是政府机构。

发行监管方式的演变从理论上看，审批制向核准制转变的过程是一个从实质性审核到合规性审核的转变。但从我国的实践看，核准制的建立并没有脱离实质性审核加价值判断的监管思路。

在 2000 年 3 月以前，我国新股发行采用行政审批的监管方式，主要实行发行额度的计划管理模式，发行资源的分配具有浓厚的行政和计划色彩。2000 年 3 月，新股发行开始实施核准制，发行公司的推荐人由地方政府转为券商。这一转变是向市场化迈进的重要一步，使发行市场的市场化和专业化程度明显提高。

但现行核准制并未贯彻合规性审查的原则，仍然按实质管理原则，对证券发行申请进行实质条件审查，是一种异化的审批监管制度。现行核准制给证券管理部门赋予了某些关键条件的价值判断权，使其具有决定企业能否发行的权利。这种行政管理的方式存在两个主要缺陷：一是核准机构的价值判断不一定完全正确，有时甚至会出现审核失误，使原本符合条件的公司不能及时从证券市场筹集资金，既影响了企业的发展，又失去了证券发行市场的公平；二是审核机构事先对发行申请进行实质性审查，容易给投资者发出错误导向或使投资者产生依赖心理，不利于培养投资者自我承受风险的能力。核准制不是要限制企业的融资需求和取代投资者的自主决策，随着市场的逐渐成熟，管理机构必须根据市场和投资者的成熟程度，逐渐调整审查范围，放松审查标准，最终将价值判断和选择权交给投资者。

新股发行方式的演变

我国在新股发行方式方面的改革大约可以分为两个阶段：

第一个阶段是从 1984 年股份制试点到 90 年代初期。这时的股票发行特点包括：一般按照面值发行，但面值不统一；发行对象多为内部职工和地方性公众；发行方式多为自办发行，专业中介机构的参与程度不深。

第二个阶段是从 90 年代初期到现在。这个阶段的股票发行方式充分利用了证券市场的电子交易系统，使得发行更公开、更公平、更快捷、成本更低。

新股发行的方式较多，主要分为网上发行和网下发行两种类型。早期采用较多的是有限量发行认购证方式、无限量认购申请表摇号中签方式、全额预缴款方式和与储蓄存款挂钩方式等网下发行方式，这些方式存在发行环节多、认购成本高、社会工作量大、效率低、一级市场投资风险不容易控制的缺点，随着电子交易技术的发展，这类方式逐步被淘汰。目前，主要采用的是网上发行方式，包括定价发行和竞价发行。

为了使股票发行定价更为合理，让一级市场积聚的大量资金流向二级市场，证监会也开始尝试向机构投资者配售股票，旨在通过引入不同类型的机构投资者，达到两个目的：一是充分发挥机构投资者在评估企业内在价值等方面的技术优势，形成良好的定价机制；二是避免发行大盘股时引起二级市场股价的剧烈波动。

上述发行方式的改革，使发行方式逐渐走向成熟，并取得了较好的效果。但是在发行方式、发行时机的具体选择上，还缺乏灵活性，常常与二级市场的状况脱节。

新股发行定价的演变

发行价格决定发行人、承销商和投资者的利益，因此如何定价是各方在股票发行中最关心的问题。

新股发行定价的四个阶段。20 世纪 90 年代初期，公司股票的发行数量、发行价格和市盈率基本上由证监会确定，大部分采用固定价格发行。从 1994 年开始，曾在一段时间内实行竞价发行，由于当时股票市场规模太小，股票供给与需求极不平衡，股票发行定价往往较高，投机气氛太浓，只在四家公司试点。

90 年代中后期，新股发行使用的是相对固定市盈率的定价方法，市盈率水平一般定在 12～15 倍，并以 15 倍为上限。由于股票发行方式和发行价格均带有明显的行政色彩，发行市盈率与二级市场的平均市盈率脱节，造成股票发行价格和二级市场交易价格之间的巨大差异，新股上市当天有 50%～250%的涨幅。

1999 年 7 月 1 日生效的《《证券法》》规定，股票发行价格由发行人和承销商协商后确定，表明我国在证券市场的价格机制上，向市场化迈进了一大步。此后颁布的《关于进一步完善股票发行方式的通知》对新股发行定价的市场化作了进一步的明确规定，要求发行人和承销商在协商定价时，机构投资者也要参与定价(当然这种定价也要通过证监会的审核)。在市场运行中，形成了累计投标的新股发行定价方式。新股发行定价开始突破传统的市盈率限制，采取路演和向机构投资者询价的发行方式，具体采用了“总额一定，不确定发行量，价格只设底价，不设上限”做法。结果是新股发行市盈率大幅提高。2000 年首发新股闽东电力竟以 88.69 倍的市盈率创出历史新高，其计划募集资金 4.7 亿元，实际募集资金竟达到 11.5 亿元。

2001 年证监会发布《新股发行上网竞价方式指导意见》明确了累计投标定价方式。

2001 年下半年，由于国有股减持引发股市大幅下挫，几乎所有按市场定价发行的新股都跌破了上市首日的收盘价，甚至不少股票跌破发行价，使投资者承担了高价发行的巨大风险。管理层也注意到市场化发行的种种弊端，于是在 2001 年下半年，在首发新股中重新采用控制市盈率的做法，发行市盈率不超过 20 倍。

海外市场新股定价方式不同，发行定价方式的区别体现在两个方面：一是在定价前是否已经获得并充分利用投资者对新股的需求信息；二是在出现超额认购时，承销商是否拥有配发股份的灵活性。根据这两个标准，各证券市场新股发行定价方式基本上可以分为四种类型，即固定价格允许配售方式、累计投标方式、竞价方式和固定价格不允许配售方式。在实践中，各国往往根据市场的实际情况，规定可以采用其中一种或几种方式。

对全球主要证券市场的统计表明，20 世纪 90 年代以前，以固定价格允许配售方式所占比重最大，达到 43%；累计投标方式次之，占 37%。进入 90 年代后，累计投标方式已经成为新股发行定价中使用最多的方式。

美国 IPO 定价方式。累计投标方式是美国 IPO 市场较为通行的新股发行方式，这是由其机构投资者的主导地位决定的—机构投资者的投资行为相对理性，累计投标的结果比较贴近市场价格。虽然美国市场在新股发行定价中券商针对采用代销方式承销的小盘股也采用了固定价格发行方式，但这不是主流方式。

日本 IPO 定价方式。日本 IPO 定价主要是根据需求调查结果乘以折扣率得出。公开募集价格的决定一般通过累积投标方式。

香港 IPO 定价方式。香港市场一般使用的是混合招股发行定价，发行中引入公开认购比例部分最低规定、回拨机制及公开认购中 A、B 组的划分等，在一定程度上保护了中小投资者利益，也达到了充分发挥机构投资者对发行定价的主导作用。

优化我国新股发行机制的思路

优化我国新股发行机制的原则。优化我国新股发行机制应当坚持三个原则：

第一，既要立足于我国国情，又必须着眼于国际市场的发展方向，吸收和借鉴他国的成功经验。

第二，既要体现《证券法》的权威性、严肃性和可操作性，规范市场各方的行为、责任，依法办事，依法治市；又要赋予证监会一定的权限，在保护公众利益和投资者权益的前提下，有权依据《证券法》相关条款颁布相应规则以体现立法精神和与市场俱进的灵活性。

第三，在相关法律条款设计上，既要考虑我国资本市场的历史发展阶段和现有的市场容量水平，又应具有前瞻性，从而为我国证券业的持续发展预留充足的空间和余地。

优化我国新股发行机制的制度安排根据我国证券市场发展的现状和海外证券市场的成功经验，我国新股发行机制的制度安排宜从“政府主导型监管模式”向“市场主导型监管模式”方向发展。当然，这种改革不是一步到位式的，而是渐进式的，中间需要过渡型的监管模式。目前，这种过渡型的监管模式集中体现在“注册制下的核准制”和“保荐人制”两个方面。

一是实行注册制下的核准制。无论是审批制、核准制还是注册制，每一种发行制度都对应于一定的市场发展阶段。审批制是完全计划发行的模式；核准制则是从审批制向注册制过渡的中间形式。注册制则是目前成熟资本市场普遍采用的发行体制。

从长远看，由于我国股票发行改革的目标是大力推进发行机制的市场化，确立市场机制对配置资本市场资源的基础性地位。从这点分析，我国股票发行的审核制度最终将过渡到市场化程度较高的注册制。结合我国的具体情况，借鉴国际成熟市场国家的经验，我们认为，目前我国证券市场发行审核制度改革要走一条核准制和注册制共存的道路，形成中国特色的核准制，即注册制下的核准制。待条件成熟时，再逐步过渡到市场化的注册制。

注册制虽然是市场化程度最高的形式，更能体现公开、公平和公正的市场原则，但它对市场参与主体的素质要求较高，弱化了政府的实质管理，不利于对中小投资者的保护；而注册制下的核准制既能体现市场经济的公平竞争，又贯彻了政府的实质管理。

从我国投资者素质和投资者结构看，我国证券市场建立的时间不长，无论是机构投资者，还是中小投资者都有一个逐渐成熟的过程。在目前机构投资者比重较小的情况下，大力培养机构投资者的同时，还要保护中小投资者的利益。从海外的情况看，有时二者之间的矛盾是难以调和的。这就需要在实行市场化程度较高的监管制度时，通过适度的政府干预，来保护弱势群体的利益，即实行注册制下的核准制。

由于我国股份制企业改造任务艰巨，股份制企业数量较多，上市压力较重，特别是民营中小企业。在这种情况下，最好对发行人实行区别对待，实行不同的审核制度。

在注册制的核准制度下，可以对规模较小、筹资额不大的企业，实行注册制的审核方式，以便最大程度地发挥市场的作用；对于规模较大、筹资额较大的企业实行核准制。但是这种核准制也有别于过去的审核制，分解发行与上市环节，建议参照国际惯例，将发行审核委员会改为上市审核委员会，主要进行上市审核。

关于股票发行条件与审核标准的确定，应考虑在我国建立多层次资本市场的发展需要。《证券法》规定的股票发行上市的条件，应当根据不同的市场层次要求做出不同的规定，并割断股票发行和上市的必然联系，为今后建立多层次的资本市场体系预留发展空间。

二是推行并完善保荐人制度。由于保荐人制度能够较为有效地防范上市公司质量风险，因此被广泛地采用，NASDAQ、香港创业板，以及许多证交所均实行“保荐人”制度。

实施保荐人制度，可以从以下三个方面促进我国证券市场建设：

强化保荐人及保荐代表人的责任。在保荐制下，一旦保荐人推荐的企业出现问题，保荐人及保荐代表人将承担连带责任，因此他们会加强对公司尽职调查和信息披露。

提高上市公司质量。实行保荐人制度。一方面通过加大券商的责任，促使上市公司规范化经营；另一方面，也迫使券商在项目选择上更为谨慎，推荐法人治理结构健全、经营业绩稳定的企业上市，有助于提高上市公司质量。

监管与市场各归其位。保荐人制度把项目判断风险由监管部门转移到市场主体（上市公司及中介机构），很大部分监管职责将从证监会转移为券商的自律监管，有利于监管部门专事监管，而不是去判断企业的优劣，并有利于提高资本形成效率。

今后，保荐人制度在以下几个方面需要进一步完善：

保荐人的责任与权利应对称。在加大券商保荐责任的同时，必须给予其保荐权利，即券商对申请人能否公开发行、挂牌上市事实上的决定权。在政府监管部门形式审核的模式下，根据信息完全披露原则，只要发行文件是真实完整准确披露了发行人的有关情况即可获准发行；而在交易所实质审核的模式下，交易所核准与否的决定也极大地依赖券商的推荐意见，交易所并不会对推荐意见作过多评判和质疑。正是由于这样一种发行审核机制，在国外无论是发行还是上市，承销商与推荐人均处于整个外部监管层次的第一层。

反观国内的发行制度，政府干预的程度较深，连发行时机和发行价格也由于事实上的排队发行机制和净资产两倍、市盈率二十倍的“双二指标”而受到实际的行政干预。因此，虽然核准制与通道制的实行使原先各地方政府以及部委拥有的指标分配权被主承销商的发行推荐权所取代，但由于现行的审核机制以及事实上审核部门预审人员和发审委的角色，使该推荐权在性质上更多的还只是申报发行的推荐权，离其应当在保荐人制度下所享有的资本市场进入推荐权还有较大距离。由此可见，一方面主承销商没有足够充分的推荐权，却要为此承担过多的责任；另一方面，政府涉入过深，影响了监管资源的有效运用并导致监管信用的弱化。

国外保荐人制度移植到国内证券市场的适用性。目前国内讨论的上市保荐人制度主要取法于香港联交所的创业板上市规则，而香港联交所保荐人的职责包括上市推荐时的保荐责任和上市之后的持续保荐责任，相应地可分别称为上市推荐人与留任保荐人。其中上市推荐时的保荐责任在各国交易所上市规则或者有关证券发行上市的法律中均有要求，而有关上市之后的持续保荐责任要求只存在于英国伦敦交易所、香港联交所、加拿大多伦多交易所，而且除了香港联交所主板的 H 股上市亦适用以外，其他交易所只适用于中小企业和高科技企业上市的二板市场。H 股上市适用强调持续保荐责任的保荐人制度的原因是，上市公司上市地与公司注册地尤其是主要业务经营地分离，导致对企业信息的确认尤其是民企发起人身份等缺乏有效途径，故需要有保荐人的判断和确认作支持。显然，上述境外保荐人制度存在的理由不能完全适用于国内作为主板上市的沪深交易所，如果照搬香港的制度，则保荐人实施的效果必定会事与愿违。

优化我国新股发行的方式。建议在原有发行方式基础上，增加打包发行方式。

所谓打包发行，就是以筹资金额为依据，将几只单个筹资额不大的新股捆绑在一起同时发行，并在发行前进行公示，说明发行家数及筹资总额。我们的建议是：每两周发行一次，每次打包发行 5—10 家上市公司；每次打包发行筹资额控制在 15—20 亿元；新发行股份的 50%采用一级市场申购，50%适用二级市场配售；打包发行适用于流通盘在 5000 万股左右的中小盘股票。打包方案的推出主要是为了解决新股发行出现“塞车排队”的现象，减少股票发行对二级市场的冲击。

优化我国新股发行的定价机制。目前新股发行定价方式僵化、单一，不能真实反映市场需求，因此应该针对公司的不同情况，给予承销商和发行人根据实际情况决定发行价格的权利。

累计投标发行定价方式。我们建议有限度地采用累计投标发行定价方式。所谓“有限度”指的是：

第一，发行价格的确定不能完全依赖机构投资者的询价结果。我国证券市场中小投资者比重仍然较高，在机构投资者极有可能存在过度投机行为的情况下，发行价格的确定也需要中小投资者的积极参与。

第二，尽快推行新股发行“绿鞋”制度，让主承销商能够根据市场供求状况及时决定是否行使超额配售选择权，起到维护和稳定市场的作用。

第三，把积极稳妥地培育机构投资者作为我国证券市场监管和发展的主要方向。应尽快立法规范私募基金，使合法的机构投资者能够成为承销商较好的合作伙伴。

上网竞价发行定价方式。2001 年 5 月，管理层发布了《新股发行上网竞价方式指导意见（征求意见稿）》，但一直没有付诸实施。我们认为，可以考虑将该指导意见运用于大盘股发行，其中申购倍率改进法、基准价格法发行定价方式在当前市场环境中，既能充分发挥价格发现功能，又能符合大多数投资者意愿，具有现实性和合理性。

□新疆证券有限责任公司课题组
课题主持人：巴曙松　陈若愚
课题研究与协调人：上海证券交易所　张卫东
课题研究员：孙锦华煦　潘焕焕　宋建彪
吴红光　陈玉辉

上证联合研究计划系列课题

怎样防范内幕交易与价格操纵

分析发现,我国现阶段的内幕交易和价格操纵非常复杂,其特点为:(1)在内幕交易方面,内幕交易主体人以基本内幕人为主;内幕信息以兼并收购、利润分配为主;(2)在价格操纵方面,价格操纵的主体人主要是机构投资者,尤其是证券类公司和内部人,此外还包括投资咨询公司;操纵的类型主要是交易操纵。

上市公司信息披露制度应该由静态监管向动态监管转变;加强强制性信息披露的同时,鼓励自愿性信息披露;加强对网上信息披露的监管。一个可以采取的现实措施是,监管部门应该要求各证券类网站设置专门人员监控各自论坛上的"小道消息"发布。

目前,投资者教育在内容上应该侧重于:普法教育、金融投资知识教育、风险意识教育。在教育投资者时不仅应该使其认识到内幕交易者、价格操纵者可能受到的严重处罚,此外,投资者教育还应该与对监管者的教育相联系。对证券市场运行的不熟悉将会导致监管者的无所适从。

内幕交易和价格操纵的特征

截至2003年4月底,中国证监会已经查处并公布结果的内幕交易和价格操纵案例总共涉及到25个股票、基金次,其中,涉及到内幕交易的股票次为11;涉及到价格操纵的股票次为16、基金次为1。

通过分析可以看出,我国现阶段的内幕交易和价格操纵非常复杂,总体上呈现出如下特点:(1)在内幕交易方面,内幕交易主体人以基本内幕人为主;内幕信息以兼并收购、利润分配为主;(2)在价格操纵方面,价格操纵的主体人主要是机构投资者,尤其是证券类公司和内部人,此外还包括投资咨询公司;操纵的类型主要是交易操纵;操纵的主要方式是连续买卖、洗售、合谋、对敲;操纵者利用多个帐户,其中主要是个人帐户,并持有大量股票进行操纵。此外,其它多种违规事实伴随内幕交易和价格操纵同时发生,使内幕交易和价格操纵过程变得更加复杂。内幕交易者和价格操纵者所受的处罚以罚款为主,同时还可能受到取消或暂停营业资格、市场禁入等其它处罚。

内幕交易的实证分析

我们以截至2003年4月底被证监会公开查处为内幕交易的11只股票为分析样本,以统计分析、潜在概率法(PotentialProbabilityDisgorgement,PPD)和LMSW法(Llorente等人,2001)为研究方法,实证研究了以下问题:内幕交易对股票价格的影响;内幕交易是否获取超常收益;内幕交易过程中的信息不对称问题。

统计分析表明,内幕交易能够促使股票价格上升、同时增加了股票价格的波动性。该结论与Leland(1992)和Repullo(1999)关于风险厌恶内部人的理论相一致,与BhattacharyaandDaouk(2002)关于内幕交易对股价影响的结论一致。

PPD方法测量的内幕交易股票在信息公告后第一天的超常收益(5%概率)。从表中可以看出,所有内幕交易者在信息公告后第一天都获取了超常收益,并且,内幕交易者获取了巨额非法所得。

在处罚内幕交易前必须确定该交易者使用了内幕信息。判断一条信息为内幕信息的一个重要标准是该信息的重大性。如果信息是重大的,那么当它被披露之后,股价应该发生较大的变化,内幕交易者从而获取较大的超常收益。因此,PPD方法也可以用来判断信息的重大性,这对于那些内幕交易在信息公告前就已经结束的案例更加有效。从上面的分析中可以看出,被证监会处罚的内幕交易者都使用了重大信息。实际中的内幕信息大多为利润分配、资产重组。

在支持与反对内幕交易观点争论中,一个关键问题是内幕交易对市场公平性的侵犯。赞成者试图回避这个问题,而认为内幕交易是一种无罪行为。他们认为内幕交易可以促使股价向内幕信息方向运动,不仅内幕交易者从中获利,而且非内幕信息者也可以获利,尤其利好的内幕信息更是如此。而反对者认为投资者应该具有获取相同信息的平等机会,任何对内幕信息的自私性利用都是对市场公平性的破坏。

我国股票市场中内幕交易股票在内幕交易期间及其前后30天内的信息不对称程度的度量。其中,Ci2用来衡量非内幕交易期间的信息不对称,Ci3用来衡量内幕交易对信息不对称的影响,Ci4用来衡量信息公开对信息不对称程度的影响。Ci2、Ci3、Ci4的大小与信息不对称程度成反比。当Ci2、Ci3、Ci4大于0时,市场中的信息不对称程度比较严重;而当市场中的信息不对称程度比较轻微时,Ci2、Ci3、Ci4就小于或等于0。对于估计过程中可能存在的自相关和异方差,我们采用Newey—West方法对其进行了调整。

8个C2中有4个系数是显著的。其中2个为正,正的显著系数的绝对值小于负的显著系数的绝对值。另外4个C2中的三个为负。因此,在没有发生内幕交易时期,信息不对称程度比较轻微。在C3的系数中,正的和负的各有一半,但是在3个显著系数中只有1个为负,而且其绝对值相对于正的显著系数的绝对值要小得多。因此,内幕交易的发生加剧了交易过程中的信息不对称。对于C4,虽然他们的系数绝大多数为正,但是显著的系数只有一个而且为负。因此,从总体上看,信息公开有利于减少交易过程中的信息不对称。

价格操纵行为的实证分析

我们以截至2003年4月底被证监会公开查处的价格操纵的17只股票(其中,1只为基金)为分析样本,采用事件研究、统计分析和SETAR(Self—ExcitingThresholdAuto—Regression. TiaoandTsay,1994;Potter,1995)模型等研究方法,实证研究了以下问题:价格操纵和内幕交易的混合;价格操纵的影响因素;被操纵股票的价格特征。

在分析不同操纵者操纵的股票之后,我们发现总体的被操纵股票超常收益在估计期的上升和下跌主要由投资咨询公司和个人操纵的股票的超常收益引起,总体被操纵股票在事件期内的超常收益下跌主要由个人操纵引起。证券类公司和内部人操纵股票的超常收益呈现出惊人的一致,他们在操纵结束前20个交易日及结束后的100个交易日内没有发生太大的变化并且与0相差无几。投资咨询公司操纵的股票在操纵结束后也于0非常接近。因此,我们推测所有的机构投资者在操纵同时都进行了内幕交易。在个人操纵案例(600803)中,操纵结束后的某些事件逐步为0,操纵过程比较短(只有20个交易日)并且操纵期间及其前后半年内未出现过利润分配、股权变动等类似重大事件,因此该案例中的违规者可能没有进行内幕交易。由于操纵过程中有可能伴随内幕交易的发生,因此在防范价格操纵的同时也应该注意对内幕交易的防范,把对价格操纵和内幕交易的防范相结合。

我们从庄家因素、个股因素和基本面因素等三个方面分析对操纵程度的影响。选取股票在被操纵期间的最高价与最低价之差和最低价的比例作为股票的超额振幅，以被操纵股票的超额振幅与同期市场超额振幅之差作为股票的被操纵程度。选取操纵者最高的持仓率、所利用的总帐户数、操纵的总交易日为操纵者因素，即"庄家"因素。这些数据来源于证监会公告文件，其中最高持仓率为操纵者最高持有的股票占该股票流通股的比例。选取被操纵股票在操纵期间的日均换手率与同期大盘换手率之差作为股票的超常换手率。我们以超常换手率和流通股本来作为反映股票的市场状况，即个股因素。在基本面因素方面，我们选取上市公司操纵期间的经营业绩、盈利能力及操纵结束之后经营业绩、盈利能力变动的四个指标，即操纵期间的每股净资产、每股收益和操纵结束之后的每股净资产、每股收益的变化率。

我们发现，被操纵的股票大多具有较大的"庄家"最高持仓率、小流通股本和低换手率的特征。但是，在结束股票被操纵时，只有换手率和操纵时间具有一定的解释能力。进一步我们采用 Spearman 相关系数检验方法检验了操纵程度和各因素的关系，发现操纵时间在解释操纵程度时最有效。因此，我们应该尽早发现、阻止操纵，以减小股票被操纵的程度，从而减小操纵对市场的影响。

由于我国股票市场没有做空机制，因此操纵者在操纵时几乎采取同样的策略——先期低价吸筹，然后高价出货。操纵者在预定的股价范围内大量吸货，当市场价格由于操纵者本身的"努力"或市场总体性的影响而超出操纵者的成本范围时，操纵者的任务就是顺势获利了解。当然操纵的过程并不仅仅是这么简单的两个过程，在这两个过程中，操纵者可能会采取反常策略。但是，总体上的低价吸筹一高价出货的操纵特征大致一样。

因此，操纵股票的价格在两个不同的阶段应该呈现出不同的特征。鉴于此，我们采用分析经济周期的一种非线性时间序列分析方法—SETAR 模型来刻画操纵股票的价格特征。我们发现，所有被操纵股票的 Davies 值都是显著的，表明这些股票的价格应该呈现出两种而非一种状态。当我们采用与 SETAR 模型具有同样滞后阶数、带有常数的一般 AR 模型相比较时，一般 AR 模型的 AIC 值都大于 SETAR 模型的 AIC 值，一般 AR 模型的对数似然值都小于 SETAR 模型的对数似然值，因此 SETAR 模型比一般 AR 模型更适合描述操纵股票的价格走势。

内幕交易和价格操纵的判别

1. 样本选取。我们选取发生过内幕交易、价格操纵的股票在股本发生变动前后一个月（22 个交易日）的平均日收益率（Return）和平均日换手率（Turnover）为判别的指标。日收益率为经过除权处理后的收益率再取自然对数，换手率为日成交股数与该股流通股本之商再乘以 100 后取自然对数。在确定某一时期的股票是否为内幕交易或价格操纵案例时，我们经过反复的试验后采取如下规则：如果股本发生变动时间前后 3 个月（66 个交易日）内发生了内幕交易或操纵，我们就将其定义为事件案例（取 1），不在这段时间内的股票则不为事件案例（取 0）。如果两次股本发生变动的时间间隔非常短（如送股后一个月内配股）并且短于 100 个交易日，则我们取第一次股本变动时间。

2. 判别分析结果我们采用 Logistic 模型来建立判别体系。其中，自变量为如上所述的日均收益率、日均换手率及二者的平方项及交叉乘积项（共 5 个变量）。我们的判别体系的原则为：以正确判断出内幕交易和价格操纵的发生为首要目标，同时兼顾对非内幕交易和非价格操纵事件判别的正确性。按照这个原则，在由上述 5 个变量的任意组合的模型（内幕交易和价格操纵各有 31 个模型）中选取最优的。

按照价格操纵样本、内幕交易的最优判别模型的参数估计。从表中可以看出，价格操纵和内幕交易的估计模型的似然比率（LR 值）都是显著，这说明 Logistic 模型是有效的。在两个模型估计中，包含日均收益率项的系数都特别大，这是由于日均收益率本身的值特别小导致的。在价格操纵模型中，日均换手率和常数项是显著的，表明换手率对操纵的发生具有强的预测能力，日均收益率、日均收益率平方项及日均收益率与换手率的乘积项不显著。内幕交易模型中的参数估计情况大致与价格操纵模型的估计一致，即日均换手率系数和常数项显著，日均换手率不显著，日均换手率的平方项没有进入方程。

接下来，我们用 Logistic 模型对所选取的样本进行判别。按照我们前面原则的判断结果。从表中可以看出，我们的判别模型一定能够判别出内幕交易和价格操纵的发生，对内幕交易、价格操纵事件的正确判别率达到了 100%。任何 Logistic 模型的对事件的正确判别率经过适当的调整后都可以达到 100%，但是经过调整后的模型对非事件的正确判别率一般非常低，通常为 0 或在 10%以下。而我们的判别模型对非事件的正确判别率也比较高，分别为 42.31%（非内幕交易）、44.9%（非价格操纵）。因此，我们的判别模型非常成功。Logistic 判别模型中比较关键的是阀值的确定。如果估算出来的事件发生概率小于阀值，则认为其是非事件，反之，则认为其为事件。通常的阀值被定为 0.5。但是实际上事件发生概率并不是 0.5，因此有时 0.5 并不是恰当的阀值。上述的判别模型的阀值分别为 0.08（内幕交易）、0.14（价格操纵）。我们分别把 0.08、0.14 的阀值与 0.5 的阀值进行了比较，发现虽然 0.5 的阀值的总体判别率要高，但是 0.5 的阀值对各类事件（即内幕交易、价格操纵的发生）的正确判别率非常低。因此，最优阀值的选取可以体现监管层的成熟程度。监管层在不同的市场环境中应该相机抉择采用不同的阀值，即在市场氛围比较紧张的情况下选择最严厉的阀值，如我们上面计算出的 0.14（价格操纵）、0.08（内幕交易）），在市场氛围比较宽松的情况选择一般的阀值即可（如 0.5）。

内幕交易和防范价格操纵的国际比较

1. 内幕交易防范的国际比较。内幕信息一般指那些秘密的、重大的信息。

秘密性的含义包括：严格按照信息公开程序披露信息；在其他投资者接受内幕信息并对此作出反应前，内部人不得进行交易；披露内部人的交易；禁止中介机构接受可能是内幕交易的指令；要求上市公司采用处理内幕信息的机制，以确定谁以及何时获得内幕信息。重大性主要包括：重要公司事件的分类；以内幕信息公开后价格波动判别信息重大性；以基于特定信息交易的交易者行为来判断他对内幕信息重大性的理解；重大信息必须与上市公司或其在受监管市场上市的证券相联系；衍生工具市场上的重大信息必须与其基础价值相关。

在定义内幕信息者时必须注意：是否所有能直接接近内幕信息的人都应该是基本内幕信息者；是否基本内幕信息者应该被认为拥有内幕信息并认识其重大性和秘密性；是否对基本内幕信息者的处罚应该比第二内幕信息者严厉；是否所有从基本内幕信息者得到内幕信息的人都应该被认为是第二内幕信息者；是否第二内幕信息者进行的交易及所受的处罚应该与基本内幕信息者受到同样的对待。

各国司法在防范内幕交易时通常禁止下列行为：基于内

幕信息的交易;内幕信息泄漏;基于内幕信息建议第三方投资。上述禁止行为不仅涉及受监管市场,还应该涉及不受监管的市场。第二内幕信息者的相关行为也应该受到禁止。特别是第二内幕信息者不应该泄露信息,进行投资建议。

在决定对内幕交易者进行处罚时,应该考虑:是否应该对违反内幕交易规定者进行民事、行政或刑事处罚。由于在证明内幕交易罪时需要提供毫无合理怀疑证据的困难性,一些国家可能倾向于民事或行政处罚。此外,还要考虑是否对第二内幕信息者应该进行较轻的处罚。

在防范内幕交易过程中,监管机构的职责应该包括:在调查内幕交易行为时获取必要的信息;与监管机构相关的机构也应该享有这种权利。此外,自律组织也应该起重要作用。

2.价格操纵防范的国际比较操纵行为在不同的国家有所不同。基于所运用的方法、目的和涉及者目的不同,操纵基本上可以分为如下类型:渲染、洗售、合谋、拉抬、拉高出货、作尾市、囤积居积(轧空)、挤榨、散布虚假信息。通常的操纵者或操纵相关者包括:证券发行者、证券市场、衍生工具市场或其基础资产的现货市场的参与者、市场中介以及上述各主体中任意几个主体的组合。

阻止证券市场和衍生工具价格操纵的方法和措施是多种多样的,这些措施主要目的在于保持证券、衍生工具及其资产、的市场价格的真实性,确保价格由正常的购买者集体决策形成,以及阻止向市场传播虚假信息或市场滥用。

在防范操纵时,不少国家将操纵作为欺诈处理。此外,各国普遍采取下列措施防范操纵:在证券市场的卖空规则、发行中的限制性参与规则、指数调整法以及衍生市场中的合约设计和头寸限制。

相当一部分操纵案例涉及到不同的交易所,其中有些案例还涉及到不同的国家。因此加强监管的国际、国内合作非常重要。国内的合作包括:交易所之间的合作、交易所和监管者间的合作、监管者和其他当局者的合作。国际上的合作包括:国际监管者间的合作、国内监管者和国外监管者之间的合作、国内监管者和国外交易所的合作以及不同国家交易所之间的合作。

政策建议

根据实证研究和国际比较所得的结论,我们提出如下的内幕交易和价格操纵的全面防范体系:

1.加强对交易的监管。包括:监管层可以考虑建立一个基于本文结论的内幕交易和价格操纵的判别体系;加强监控股权集中度较高、小流通股本和低换手率的股票交易中各帐户的行为;交易所在监管过程中应该起主要作用;依靠证券公司加强对交易的监控;加强对交易监控的另一个含义是加大对内幕交易者和操纵者的处罚力度,提高对内幕交易者和价格操纵者的威胁来增加其成本。

2.加强信息披露制度建设。包括:上市公司信息披露制度应该由静态监管向动态监管转变;加强强制性信息披露的同时,鼓励自愿性信息披露;加强对网上信息披露的监管,一个可以采取的现实措施是,监管部门应该要求各证券类网站设置专门人员监控各自论坛上的“小道消息”发布;在各个层次上进行信息共享、公开,监管部门也应该加强信息披露。

3.加强投资者教育。包括:(1)投资者教育应该遵循下列原则:投资者教育应该有助于投资者保护;投资者教育不能代替监管者的监管;投资者教育应该依据不同的环境而采取多种不同的方式;监管者应该保持参与投资者教育的其他市场参与者的独立性,并且监管者在投资者教育中不应该向投资者提供投资建议。(2)借鉴国际经验。从国际范围来看,监管者在进行投资者教育时主要采取以下措施:向投资者发行公共刊物,介绍监管政策、风险意识和其他相关信息;通过热线电话和网站向投资者进行教育;投资者警示,向投资者介绍一些特别值得注意防范的问题,如 Internet 欺诈和突然的电话建议(ColdCalling);通过针对学生年龄段和接近退休年龄段的投资者开展集体性的金融知识培训;和当地政府、行业协会举办同城投资者会议,发布投资者教育信息;此外,监管者还可以采取一些特别的措施进行投资者教育,譬如可以在网上专门为投资者建立一个成本计算中心,帮助投资者进行投资决策,或者设立专门的投资者教育部门。不管用哪种方式进行投资者教育,有一点必须注意的是,应该尽量采取容易理解的语言和容易接受的方式。(3)在我国具体的实践当中,投资者教育在内容上应该侧重于:普法教育;金融投资知识教育;风险意识教育。此外,在教育投资者时不仅应该使其认识到内幕交易者、价格操纵者可能受到的严重处罚,这些行为破坏了证券市场的正常功能。投资者教育的层次应该包括:投资者层次;从业人员层次;上市公司层次。最后,投资者教育还应该与对监管者的教育相联系。对证券市场运行的不熟悉将会导致监管者的无所适从。

东北财经大学金融工程研究中心课题组
课题负责人:东北财经大学金融工程研究中心　史永东
课题研究与协调人:上海证券交易所　张卫东　刘　逖
课题研究员:史永东　蒋贤锋　杜两省

上证联合研究计划系列课题

证券监管模式与我国证券监管体制创新

在证券市场监管方面,政府与证券自律监管组织之间还存在相互协作的关系。主要表现在:第一,执法上的协作。双方建立信息交流机制和协调机制,定期举行联合会议以及签订谅解备忘录等。第二,二者互为补充,互相为对方提供监管条件。第三,以政府监管为主导的证券监管体制仍然是目前的主流,有效的自律监管体系必须在政府监管的框架内定义。总之,政府监管机构和自律组织之间应当加强交流和联系,建立良好、密切的合作关系,避免角色冲突和职能重复,以改善监管质量,提高监管效率。

完善证券监管体制:放松政府管制

1、独立的控制委员会—中国证监会的重新定性

改进我国证券监管模式、完善我国证券监管体制,首先必须对我国政府管制证券市场的主体—证监会的法律性质予以正确定位。

将中国证监会定位为法律、法规授权的组织这一性质并不能完全满足证监会监管证券市场的需要。因此有必要重新考虑中国证监会的法律性质。需要注意两个问题:第一,证监会集中统一地对我国证券市场监督管理,行使的是典型的行政权力。从证监会拥有权力的范围上看,其所拥有的权力已远远超过了一般意义上的法律、法规授权的组织,与一般的行政机关已没有什么差别。第二,目前我国证监会的所有经费均来源于市场,而不是财政拨款。同时,证监会的组成人员多为业内专家。这些做法都是为了增强证监会的独立性。因此,在重新定位证监会时既要使其拥有足够的权力以承担监管证券市场的职责,又要使其独立、公正地完成任务。

参考国外的相关法律制度,我们认为将证监会定位为独立的控制委员会是较好的选择。这样定位有以下几个优点:

首先，可以同时满足证监会的独立性的确立和足够的行政权的获得和使用这两个要求。在美国，独立的控制委员会作为一种行政组织，就拥有独立的法律地位和较大的权力。其次，这样定位有利于整个改革过程的平缓，符合当前以稳定为主的战略方针。最后，这样定位有利于全国人大直接对其进行监督。

2、政府管制的实体性放松—政府监管职能的合理定位

针对我国目前政府对证券市场干预过多的问题，政府必须撤出部分管制领域，改由市场和自律组织调控。此即政府管制的实体性放松。具体而言，政府应当主要负责决策，而由非政府组织主要负责具体执行，政府应当承担宏观调控的职责，而由非政府组织承担微观处理的职责。结合我国的情况，政府应将精力集中到宏观决策和监管规划等方面的问题上，凡涉及执行性、事务性和操作性等职能的领域都应当放松政府管制。如果一项事务，证券自律组织比政府干得好，那就应当就给证券自律组织去干，政府应当放松该部分的管制。反之，政府不应当放松该部分的管制。如果二者干得一样好，政府仍应当放松该部分的管制。

3、政府管制的程序性放松—政府监管方式的科学定位

政府与证券自律监管机构在职能上有重叠的地方。虽然二者在管理方式上并不一样，可以并行不悖，但二者同时管理并非总是最佳的选择。

自律组织管理证券市场往往比政府管理有效，而成本也比较低。因此，应当让自律组织先行管理证券市场上出现的问题，如果能达到效果，那么政府就不必出面。如果不能达到效果，再由政府出面。这就极大地限制了政府运用权力的机会，较好地放松了管制。证券自律组织监管的机会越多，政府放松管制的程度就越大。

放松管制实际上是政府职能的转变，而政府职能的转变中非常重要的一个部分就是政府管理方式的变更。政府应当主要采用现场稽核或利用外部审计、市场退出的监管、信息批露、紧急处理措施等方式，而尽量减少或不用市场准入审核、报送稽核等方式。另外，加入 WTO 后，我国的证券监管机构不仅必须注意金融监管方式、方法的现代化发展，而且应该及时掌握新的方法，以提高监管的适应性和效率。

完善证券监管体制：加强自律监管

1、证券自律监管：对政府监管的补充

证券自律监管能良好地补充政府监管的不足，完善证券监管体制。这主要表现在：第一，证券自律监管能提高市场道德。证券自律组织可以通过制定行业内部道德标准和守则约束其成员的行为，通过行业内部的舆论和良好风气改善成员的行为规范。第二，证券自律组织能高效地处理证券市场问题。证券自律组织比政府更加贴近证券市场，证券市场主体对证券自律组织的认同度比较高，证券自律组织比政府更加灵活。第三，自律监管的成本较低。证券自律组织比证监会更高效，所以花费更少。它与被监管者之间的心里隔阂比较浅，所遇到的抵触要小一些，这势必降低监管成本。此外，证券自律组织的会员有很大的内在动力限制自律组织费用的增加。

2、完善证券业协会的自身建设

加强我国证券业自律监管，就是要充分发挥证券自律组织的自律监管功能。就证券业协会而言主要是要完善其自身建设。

我国的证券业协会尚不能完全承担自律监管的任务，主要是因为其本身存在着需要完善之处。适当的法律方式能帮助完善证券业协会。第一，法律应当赋予证券业协会独立的地位，保证其他组织，尤其是政府不会随意对其侵犯。第二，法律应当加强对证券业协会的监督，确保其公正性。第三，法律应当规定该协会与其会员的联系制度和决议的产生方式，增强其代表性。第四，法律应当明确其性质、地位和作用，保证移交给它的职能是合理的。

目前我国证券业协会的法律性质不明确，这个问题必须得到解决。首先应该把证券业协会行使的权力定位为公权力。因为：第一，这些权力的行使的目的是为了完成一定的公务。第二，这些权力同政府所行使的权力一样会被滥用。第三，我国证券市场的权力性质比发达国家的证券市场的权力性质都要强，将证券业协会行使的权力定位为公权力更符合我国的实际情况。依此，应该将证券业协会视做公法人。这样有利于保证证券业协会充分地行使权力，解决当前证券业协会难以实现自律监管的问题并更有效地保障其他证券市场主体的合法权益。

3、加强证券交易所的自律监管

根据我国法律的规定，证券交易所是一个会员制法人。但是，有关法律规范同时规定证券交易所的设立、解散，其章程的制定和修改和重要人事任免都取决于政府。因此，我国的证券交易所根本就不是一个独立的会员制法人。这种现象不利于证券交易所自律功能的实现。

随着经济全球化的深入和网络科技的迅速发展，证券交易所面临的竞争十分激烈。为求生存和发展，当前国际上证券交易所的发展趋势是向公司制靠拢，建立非互助式的结构。鉴于我国证券交易所产权不清导致了各种问题的产生，建议将我国的证券交易所改制为公司制，以推动交易所的市场化发展，提高我国证券市场的竞争力，增强证券交易所的独立性，为其创新性的提高提供一个良好的基础。

在将证券交易所改为公司制之后，仍需着重强调保证证券交易所的独立性。第一，政府不能随意干涉证券交易所的内部事务和正常的自律监管活动。第二，制定更高位阶的法律规定证券交易所的自律性质。第三，保证证券交易所不受地方政府的干预，充分发挥其自律监管作用，维护证券市场秩序。

此外，证券业协会与证券交易所之间还应就自律监管建立一种协调的关系，以便于自律监管体系的顺畅。证券业协会与上海证券交易所、深圳证券交易所之间可以建立联席会议和联系人制度以加强监管信息的沟通和交流，建立协作机制，合作开展会员培训，共同开展证券市场的调研工作，进一步改进和完善代办股份转让系统的有关内容，在独立董事培训、证券公司风险控制等工作中进行合作，共同推进证券业自律。

完善证券监管体制：协调政府监管与自律监管

证券自律监管与政府管制同为我国证券监管体制的组成部分，必须协调两者之间的关系，以充分发挥二者的作用，实现协调统一监管。

1、完善政府对证券自律组织的监管

证券自律监管组织所代表的行业利益会与公共利益发生冲突，尤其是在证券交易所的公司化后。同时，证券自律组织可能引发行业自闭，妨碍竞争。因此，政府必须加强对证券自律监管组织的监管。具体包括：设立监管，由国家监管证券业协会和证券交易所的成立，《证券法》和《社会团体登记管理条例》已有这方面的规定；业务管理，政府有权对证券自律监管组织的日常业务活动进行监督管理，在《证券法》和《社会团体登记管理条例》都规定了证监会的相应权力;激励型监管,我们建议设立针对证券自律监管组织的激励型监管机制,由政府对证券自律监管组织的监管业绩进行评估,对有效的监管给予适当的奖励,激励证券自律监管组织有效地实施监管行为。

2、合理划分政府与自律组织监管权限

合理划分政府与自律组织的监管权限,受如下因素的影响:第一,政府、证券自律组织各有所长。政府擅长于宏观决策、事后制裁、强制执行等,证券自律监管组织则更贴近市场,更灵活性,市场认同感更强。第二,就现阶段而言,政府主导证券监管体制仍是合理的选择。第三,根据《行政许可法》的规定,证券市场的准入需要、证券业从业资格的确定、公司证券发行的核准、公司证券上市的审查、确定证券公司主体资格的确定这些事项可以不设立行政许可,而由证券自律组织来监管。

考虑以上因素,并结合证监会国际组织自律监管组织咨询委员会的题为《有效监管模型》的报告,我们提议,证券交易所主要负责一线市场并对其股东实行监管,包括核准公司证券的发行,审查公司证券的上市,对证券市场活动的监管,对违反规则的行为进行调查、惩处和纠正,制定内部规章制度等;证券业协会主要在一线市场外对证券公司实行监管,授权批准市场中介机构的市场准入及其标准制定,行业标准的制定和实施,审查证券公司的设立,监督证券市场主体在一线市场内的活动,对违反法律规范和行业规范者给予纪律处分,主持召开证券业内的论坛,开展市场参与者和公众投资者教育活动,确定证券业从业资格;政府对一线市场内外的行为都实行监管,但以间接监管为主,在监管程序上,与证券自律组织的功能重复的部分以自律监管为先决程序。政府应当集中精力于制定证券监管的规定,对违法行为的事后惩处,对各监管机构的执法决定的执行以及协调诸监管主体之间的关系等方面。

3、加强政府与自律监管组织的协作

政府与证券自律监管组织之间还存在相互协作的关系。主要表现在:第一,执法上的协作。双方建立信息交流机制和协调机制,定期举行联合会议以及签订谅解备忘录等。第二,二者互为补充,互相为对方提供监管条件。第三,以政府监管为主导的证券监管体制仍然是目前的主流,有效的自律监管体系必须在政府监管的框架内定义。总之,政府监管机构和自律组织之间应当加强交流和联系,建立良好、密切的合作关系,避免角色冲突和职能重复,以改善监管质量,提高监管效率。

市场、政府与证券监管模式选择

政府管制证券市场的必要性

市场经济条件下的证券业发展史证明,证券业不能仅靠市场的自发调节。在证券市场的萌芽和发展初期,证券市场主要依靠其自身的调节,政府对证券市场没有进行干预,但1929年美国股市的崩溃使得政府不得不进入证券市场,行使管理职能。

事实证明,政府对证券市场进行监管是必要的,这是因为:第一,证券市场中存在信息不对称。个人往往利用信息的不对称采取不正当的手段获取暴利。第二,证券市场活动具有外在性。证券活动会对其它市场主体和社会整体造成不利影响。此时该证券活动的主体并未就该活动对其他市场造成的不利影响承担相应的责任。第三,证券市场具有高风险性。证券市场中大量投机者的存在会使证券市场的价格长期、普遍、严重地背离正常的价值,并使证券市场动荡不已。而信息不对称所导致的操纵行为会扭曲证券市场的正常价格,造成证券市场的高风险性。现代证券市场的交易大规模、高速度则极大地增加了这种风险。第四,证券市场具有公共性。证券市场与国民经济和公众生活关系密切。一旦证券市场出现问题,整个社会都会有连锁反应。

为了规范证券发行和交易行为,维护社会经济秩序和社会公共利益,必须有一个规范而又权威的证券监管机关代表政府来对证券业实施管制。

政府管制证券市场的局限性

虽然政府对证券市场的介入已为社会上大多数人所接受,且已经在实践中发挥着极大的作用,但也受到了许多质疑。

第一,政府管制有成本。首先,制定法律规范和执行这些法律规范需要成本。其次,证券市场主体遵守有关法律规范需要成本。再次,政府管制还会增加风险成本。投资者会因为政府管制而增加信心,降低谨慎度。

第二,公共选择理论对政府管制的质疑。该理论认为,政府是由人组成的。个人在政治活动中与在经济活动中都是“经济人”,存在用自己的权力最大限度地追求自己利益的可能。自利的政府极有可能偏离甚至背叛公共利益。

第三,寻租理论对政府管制的质疑。政府对经济活动的管制,可能不公平地使特定集团的利益增加,使其它集团的利益受损。

第四,认识论对政府管制的质疑。哈耶克认为,自生自发的秩序是经济发展的真正规律,一个组织(包括政府)的规则不能应对市场中的所有问题。因此,政府不可能单独对证券市场进行有效的监管。

第五,行政学对政府管制的质疑。现代行政学强调行政的主体的多元化。政府垄断公共行政的局面应该被打破,竞争机制必须被引入到公共服务领域中。

第六,法学对政府管制的质疑。法学中的辅助原则强调公民应具有独立性和自主性,国家只能是对公民社会的一种辅助,不能进行过多的限制。

如此多针对政府管制的质疑说明,应当将政府管制严格限制在一定范围内,以尽可能缩小政府干预缺陷的负面效应。

证券监管模式的选择

就世界范围而言,目前主要有三种不同的监管模式,即以美国为代表的集中型监管模式、以英国为代表的自律型监管模式和以德国、法国为代表的中间型监管模式。

集中型监管模式是指政府通过设立专门的全国性证券监管机构,制定和实施专门的证券市场管理法规来实现对全国证券市场的统一管理。其优点在于政府监管机构超脱于市场参与者之外,能更为公平、公正、客观、有效地发挥监管职能,监管力度比自律监管强。缺点是效率较低、风险较大等。

自律型监管模式是指政府较少对证券市场进行集中统一的干预,更注重证券自律机构对证券市场的监管。其优点是自律机构比较灵活,能做出迅速而有效的反应,监管效率比较高,也比较切合实际。缺陷是监管权威性和力度不够,协调性较差,公正性不够,缺乏对投资者利益的有效保障。

中间型监管模式是介于集中型模式和自律型模式之间的一种监管模式,也是这两种监管模式相融合的产物。其既有政府监管的成分,又有自律管制的因素。目前,世界上大多数实行集中型或自律型管理的国家已逐渐向中间型过渡。

证券监管的发展趋势表明政府监管和证券自律监管都很重要,同时发展二者是完善一国证券监管体制的必要条件,而结合本国的实际情况，协调好两种监管将成为决定证券监管体制成败的关键。

我国证券监管体制演变历程

一、我国证券监管体制发展过程

我国的证券监管制度经历了一个从地方监管到中央监管、从分散监管到集中监管的过程，大致可分为三个阶段：

首先是国务院证券委和中国证监会成立前的阶段。我国证券市场起步于国债的发行。1992年8月，中国人民银行成立了证券管理办公室，管理全国的证券市场。发展迅速的证券市场使得国务院其他部委也依据相关的职能参与了证券市场的管理。但多头共管制导致主体不明，权限不清，政出多门，步调不一，造成了监管的混乱。

接着是集中统一监管的过渡阶段。国务院于1992年10月成立了国务院证券委员会和中国证券监督管理委员会。1993年1月国务院发布了《国务院关于进一步加强证券市场宏观管理的通知》，这标志着我国《证券法》实施以前的证券市场监管体制开始向集中监管过渡。这一阶段较好地克服了证券市场监管的无序和效率低下等弊端。但是，国务院证券委员会和中国证监会的实际作用不明显，多头管理的局面仍存在，证券监管机构的有效性、权威性明显不足，中央与地方关系难以理顺。

目前是政府集中监管与自律监管相结合的监管模式初步确立的阶段。国务院自1998年4月起决定对证券监督管理体制进一步改革，明确由中国证监会对全国证券期货市场实行集中统一监管。这标志着由政府实施集中统一监管的体制基本形成。1998年通过的《中华人民共和国《证券法》》明确规定我国在证券市场上实行政府集中监管与自律相结合的证券监督模式。以上改革不仅克服了以往的一些弊端，表明我国证券监督管理体制已进入到一个新的历史时期。

二、现行体制下证券监管特点

1、监管机构的主导性。《证券法》在法律制度上确立了监管机构在监管中的主导地位。监管机构不仅作为监管规则的执行者在监管体系中处于中心，并有权对自律机构实施监管，而且在一定程度上享有市场规则的创制权。

2、监管内容的实质性。我国《证券法》和《公司法》都规定了实质性管理制度。在股份有限公司的设立和证券的发行上，政府都采取了实质性管理的方式。

3、自律监管的从属性。《证券法》确立的是以政府监管为主、自律监管为辅的证券监管模式。在国务院证券监管机构集中统一监督管理的前提下，各种自律性组织的监管作用获得了法律的认可，并起辅助作用。

我国现行证券监管体制存在三大问题

1、政府对市场的干预过多

我国证券市场上政府活动的领域非常广泛，已经产生一些负面效应，表现在：其一，政府在授予发行权时有意无意地将募集资金与国有企业改制、国企脱困联系在一起，没有公平地对待民营企业和国有企业。其二，虽然《证券交易所管理办法》简化了证券发行的程序，但实际操作过程却并非如此，证监会行使职权受到多方面的牵制，证券发行的程序非常复杂。其三，政府监管机构对证券市场的监管效果不理想，市场内有令不行、有禁不止的现象比较普遍。其四，政府对证券市场的过度介入，以及对自律监管没有给予足够重视，削弱了市场自发的调节功能，加剧了市场外在的不稳定性。

2、证监会的法律地位不清晰

《证券法》并未明确规定证监会的法律性质。根据《中国证券监督管理委员会机构职能配置、内设机构和人员编制规定》(以下简称《三定方案》)等的规定，中国证监会是一个事业单位。事业单位并不是正式的行政主体，其行使行政管理职能只能来自于法律、法规的授权，而《三定方案》不是行政法规，因此也就不能使中国证监会成为法律、法规授权组织。但根据《证券法》第210条的规定，证监会又应当属于被授权组织。再者，《国务院关于减持国有股筹集社会保障资金管理暂行规定》等法律规范授予证监会以行政强制实施权，而法规是不能将行政强制实施权授予被授权或受委托组织的。这些冲突使得证监会的性质无法确定。

3、自律监管的辅助作用未得到有效发挥

在我国，证券业的自律实际上只有行业协会和证券交易所的自律。而且，目前证券业协会尚不能承担自我管理的任务，证券交易所的监管权力也很有限。依照《证券法》的规定，证券业协会主要是会员之间关系的协调性机构，实际上并不具有明显的自律管理性质，协会对会员也缺乏约束力，难以实现自律。同时，证券业协会与证券商的关系并不密切，证券商也不把证券业协会视为自律组织。而政府对证券业协会的活动干预偏多，导致证券业协会的独立性较差。就证券交易所的监管而言，其自律作用也未得到有效的发挥。这是因为，长期以来证券交易所都被置于行政力量主导之下，不具有市场化意义下的自律组织色彩。近年来虽有改变，但其作为监管主体的地位尚不够独立，自律监管职能发育还不够完善。同时，证券交易与证监会“分享监管权”，二者之间的权限划分很模糊。这种情况容易导致相互推诿、争权夺利等情况的发生。此外，由于证券交易所在税收和资金上成为地方政府的重要财源，其自律监管功能受到地方政府非规范性干预的挑战，从而造成交易所的自律监管作用被削弱。

武汉大学课题组
课题主持人：周佑勇
课题协调人：上海证券交易所　张卫东
课题研究员：周佑勇　步　兵　曾　刚